国家出版基金项目
NATIONAL PUBLICATION FOUNDATION

全民國詞

曹辛華　編纂

第一輯

①

浙江古籍出版社

惜黄花慢　庚辰重九對菊作

寶靨秋妍，奈瘦頭破帽，難掩華顛。未堪簪鬢，慣試將
勸酒，杯深貯淚，花淡忘言。砌闌不辭相遮護，幾曾耐霜
苦風酸。意萬千、賦情盡改，吟抱誰寬。　今朝[illegible]漫倚虛軒，
念故人厚我，九日糕盤。地偏江迥，倚樓甚處，籬荒徑
鎖，滿袖何緣。數枝莫慰淒涼夢，但開向、重疊愁邊。恨
逝川，送人淚水彫年。

圖書在版編目(CIP)數據

全民國詞 第一輯 / 曹辛華編纂. —杭州:浙江古籍出版社, 2018.12
ISBN 978-7-5540-1434 9

Ⅰ.①全… Ⅱ.①曹… Ⅲ.①詞人—列傳—中國—民國②詞(文學)—作品集—中國—民國 Ⅳ.①K825.6 ②I222.86

中國版本圖書館 CIP 數據核字(2018)第 268898 號

"十二五"國家重點出版物出版規劃項目
國家社科基金重大項目"民國詞集編年敘録與提要"(13&ZD118)相關成果
中華詩詞研究院、上海大學中華詩詞創作與研究中心戰略合作成果

全民國詞 第一輯

曹辛華 編纂

出版發行 浙江古籍出版社
(杭州市體育場路 347 號 郵編:310006)
網　　址 www.zjguji.com zjgjcbs.tmall.com(天猫旗艦店)
書名題簽 鍾振振
責任編輯 路 偉 伍姬穎 陳小林
封面設計 劉 欣
責任校對 余 宏
責任印務 樓浩凱
照　　排 浙江時代出版服務有限公司
印　　刷 浙江新華數碼印務有限公司
開　　本 880mm×1230mm 1/32
印　　張 226.125
插　　頁 20
字　　數 4050 千
版　　次 2018 年 12 月第 1 版
印　　次 2018 年 12 月第 1 次印刷
書　　號 ISBN 978-7-5540-1434-9
定　　價 2380.00 圓

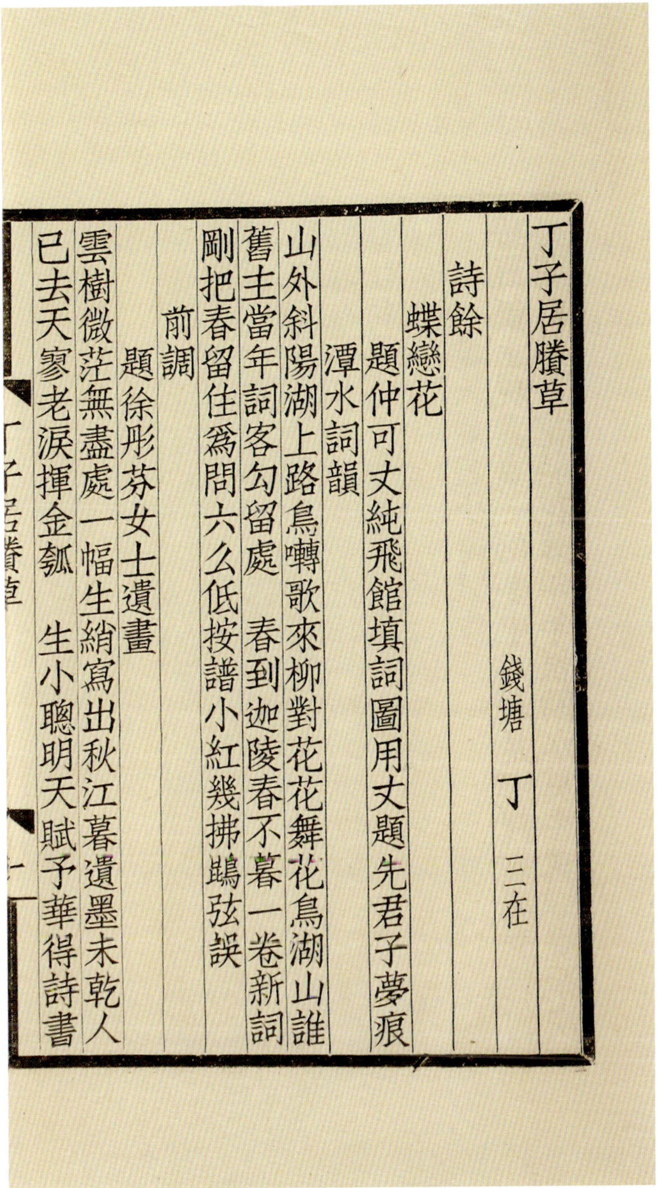

丁子居賸草

錢塘　丁三在

詩餘

蝶戀花

題仲可丈純飛館填詞圖用丈題先君子夢痕潭水詞韻

山外斜陽湖上路鳥囀歌來柳對花花舞花鳥湖山誰舊主當年詞客勾留處　春到迦陵春不暮一卷新詞剛把春留住爲問六么低按譜小紅幾拂鵾弦誤

前調

題徐彤芬女士遺畫

雲樹微茫無盡處一幅生綃寫出秋江暮遺墨未乾人已去天寥老淚揮金瓠　生小聰明天賦予華得詩書

丁子居賸草

丁三在《丁子居賸草・詩餘》民國十年丁氏鉛印本

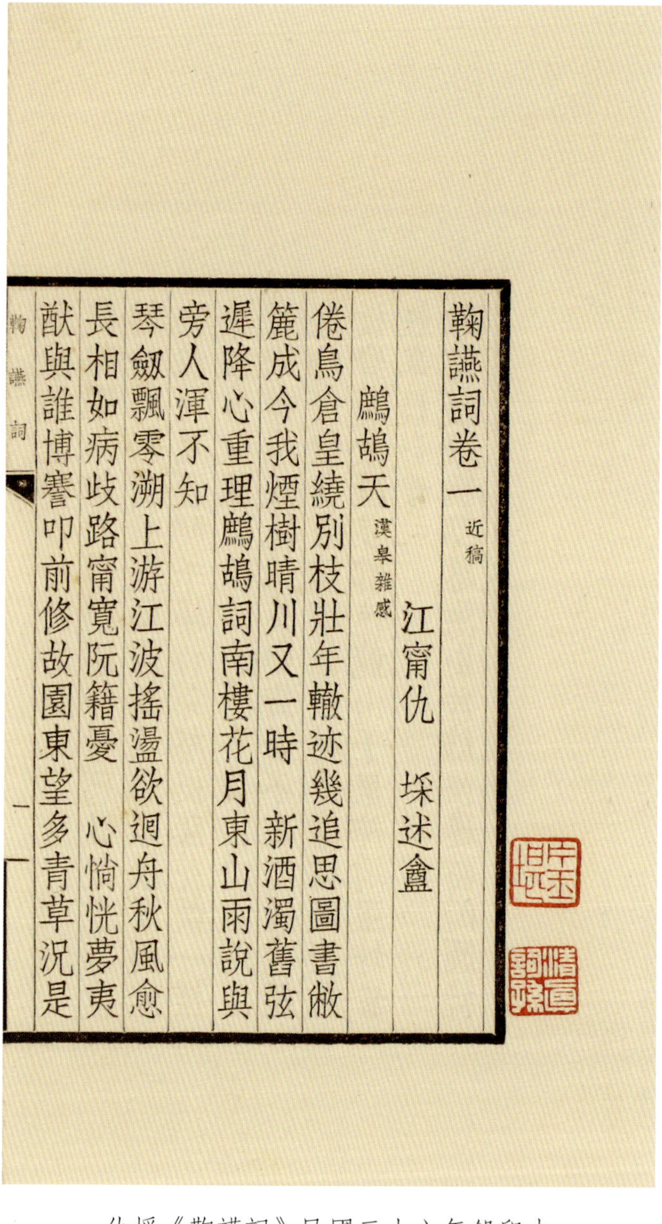
鞠讌詞卷一　近稿

江甯仇　埰述盦

鷓鴣天　漢皋雜感

倦鳥倉皇繞別枝壯年轍迹幾追思圖書倣
簏成今我煙樹晴川又一時　新酒濁舊弦
遲降心重理鷓鴣詞南樓花月東山雨說與
旁人渾不知
琴劍飄零溯上游江波搖盪欲迴舟秋風愈
長相如病歧路甯寬阮籍憂　心惝怳夢夷
猷與誰博謇叩前修故園東望多青草況是

鞠讌詞　一

仇埰《鞠讌詞》民國三十六年鉛印本

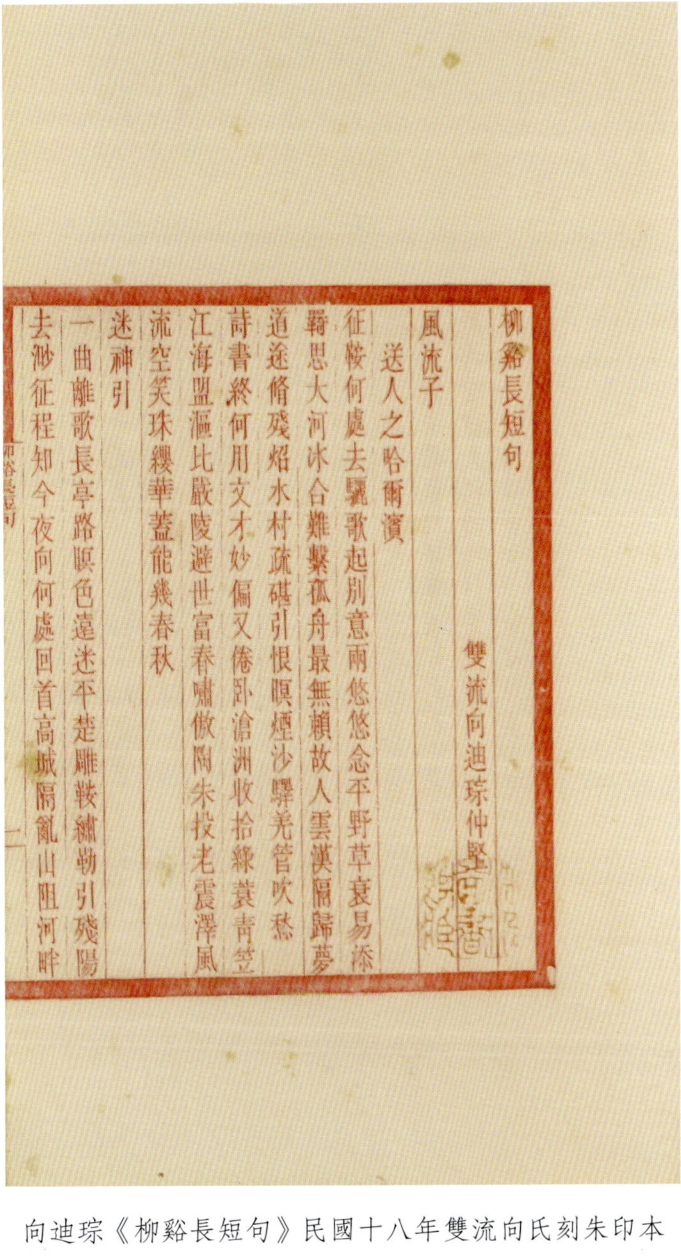

柳谿長短句

雙流向迪琮仲堅

風流子

送人之哈爾濱

征鞍何處去驪歌起別意兩悠悠念平野草衰易添
羇思大河冰合難繫孤舟最無賴故人雲漢隔歸夢
道途脩殘熖水村疏磧引恨暝煙沙驛羌管吹愁
詩書終何用文才妙偏又倦卧滄洲收拾綠蓑青笠
江海盟漚比嚴陵避世富春嘯傲陶朱投老震澤風
流空笑珠纓華蓋能幾春秋

迷神引

一曲離歌長亭路暝色遠迷平楚雕鞍繡勒引殘陽
去渺征程知今夜向何處回首高城隔亂山阻河畔

向迪琮《柳谿長短句》民國十八年雙流向氏刻朱印本

霜厓詞錄

長洲吳梅瞿安譔　　受業盧前冀野校

虞美人　劉子庚毓盤斷夢離痕圖

鏤荷迴照紅波淺。小扇難遮面。碧紗如夢悄寒時。雨雨風風天氣最相思。　尋常巷陌都經慣。老去情懷嬾。鬧紅一舸可憐宵。不信錢唐今夜不通潮。

清波引　可園送春

小園聽雨早。簾外落紅幾許。歲華飛羽。了無俊遊侶。莫指舊門巷。怕見漫天烟絮。勸君休報春歸。對風色感遲暮。　荒雞唱午。可容我滄浪暫駐。嫩寒庭宇。甚幽夢都阻。題香墜歡渺。不是嬋娟三五。

吴梅《霜厓詞録》民國三十一年貴陽文通書局鉛印本

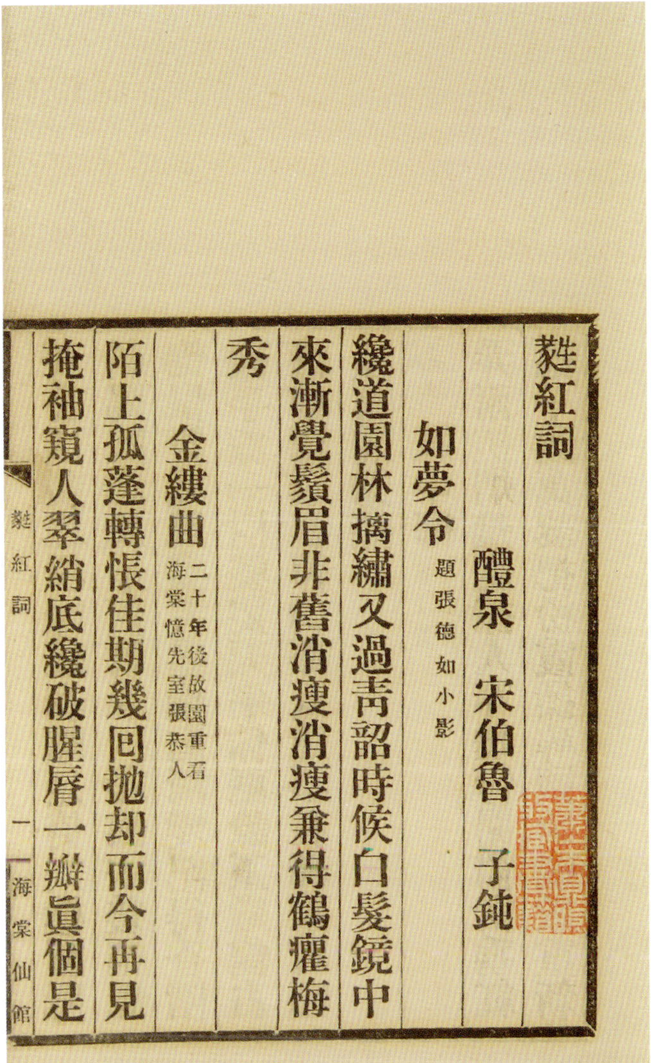

蕤紅詞

醴泉 宋伯魯 子鈍

如夢令 題張德如小影

纔道園林摛繡又過青韶時候白髮鏡中來漸覺鬢眉非舊消瘦消瘦兼得鶴癯梅秀

金縷曲 二十年後故園重看海棠憶先室張恭人

陌上孤蓬轉悵佳期幾回拋却而今再見掩袖窺人翠綃底纔破腥脣一瓣真個是

宋伯魯《蕤紅詞》民國三年海棠仙館鉛印本

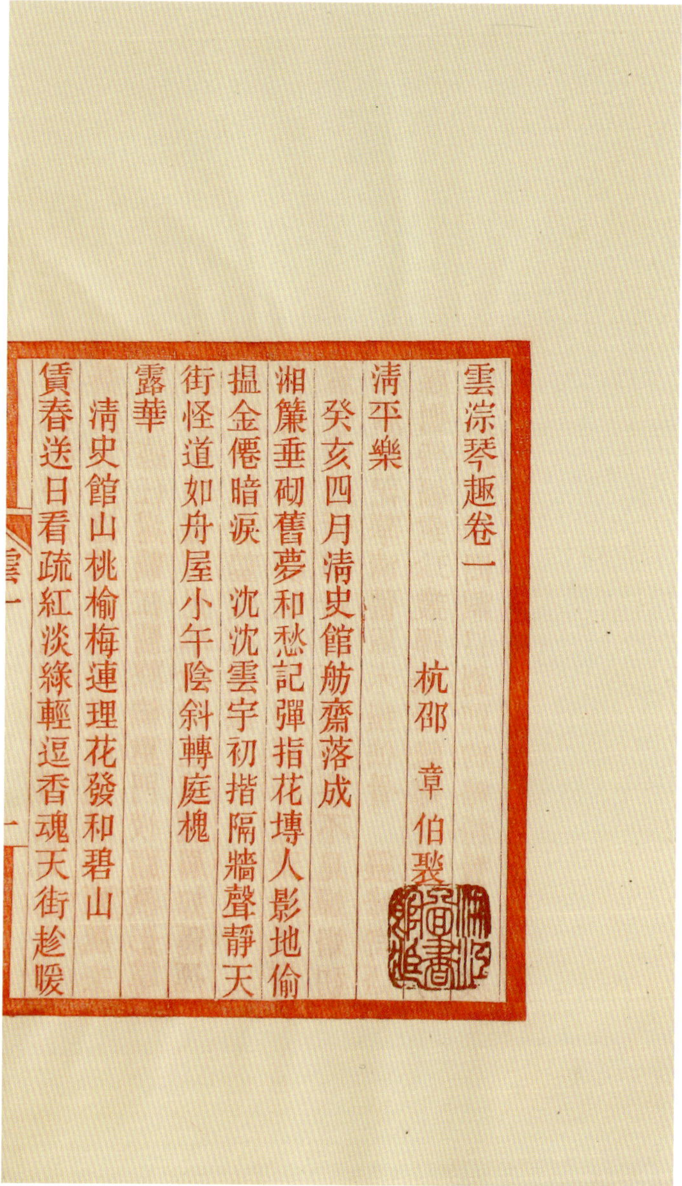

雲淙琴趣卷一

杭邵　章　伯褧

清平樂

癸亥四月清史館舫齋落成

湘簾垂砌舊夢和愁記彈指花塼人影地偷搵金僊暗淚　沈沈雲宇初揩隔牆聲靜天街恠道如舟屋小午陰斜轉庭槐

露華

清史館山桃榆梅連理花發和碧山

賃春送日看疏紅淡綠輕逗香魂天街趁暖

邵章《雲淙琴趣》 民國十九年邵氏倬盦刻本朱印本

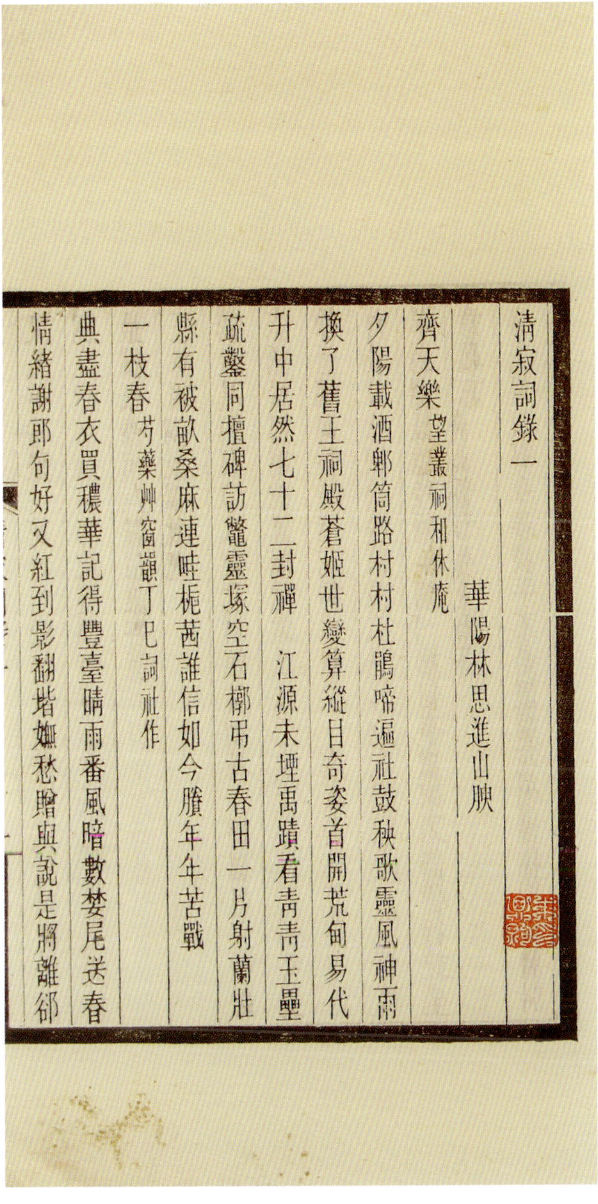

清寂詞錄一

華陽林思進山腴

齊天樂　望叢祠和休庵

夕陽載酒郫筒路村村杜鵑啼遍社鼓秧歌靈風神雨換了舊王祠殿蒼姬世變算縱目奇姿首開荒甸易代升中居然七十二封禪　江源未堙禹蹟看青青玉壘疏鑿同擅碑訪鼈靈塚空石槨弔古春田一片射蘭壯縣有被畝桑麻連畦梔茜誰信如今賸年年苦戰

一枝春　芍藥艸窗韻丁巳詞社作

典盡春衣買穠華記得豐臺晴雨番風暗數婪尾送春情緒謝郎句好又紅到影翻堦廡愁贈與說是將離卻

林思進《清寂詞録》民國三十二年成都刻本

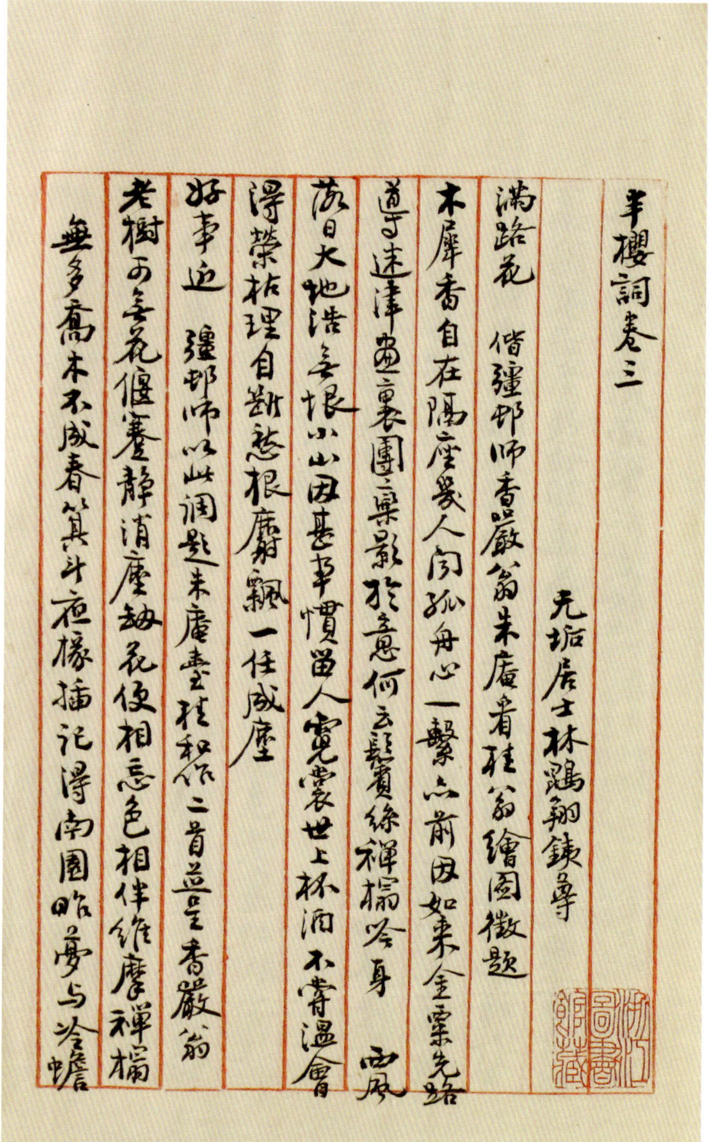

半櫻詞卷三

无垢居士林鵾翔鐵尊

滿路花　偕彊邨師香嚴翁朱庵看桂翁繪圖徵題

木犀香自在隔塵寰人間孤舟心一繫亦前因如來金粟先路

導迷津畫裏團團葉影於意何云鬢絲禪榻客身　震

落日大地浩無根小山因甚事慣留人寬囊世上杯酒不嘗溫會

浮榮枯理自斷愁根磨礪一任成塵

好事近　彊邨師以此調題朱庵壺桂和作二首並呈香嚴翁

老樹可無花偃蹇靜消塵劫花便相忘色相伴維摩禪榻

無多高木不成春算斗庭榛插記得南園昨夢與冷蟾

林鵾翔《半櫻詞》卷三稿本

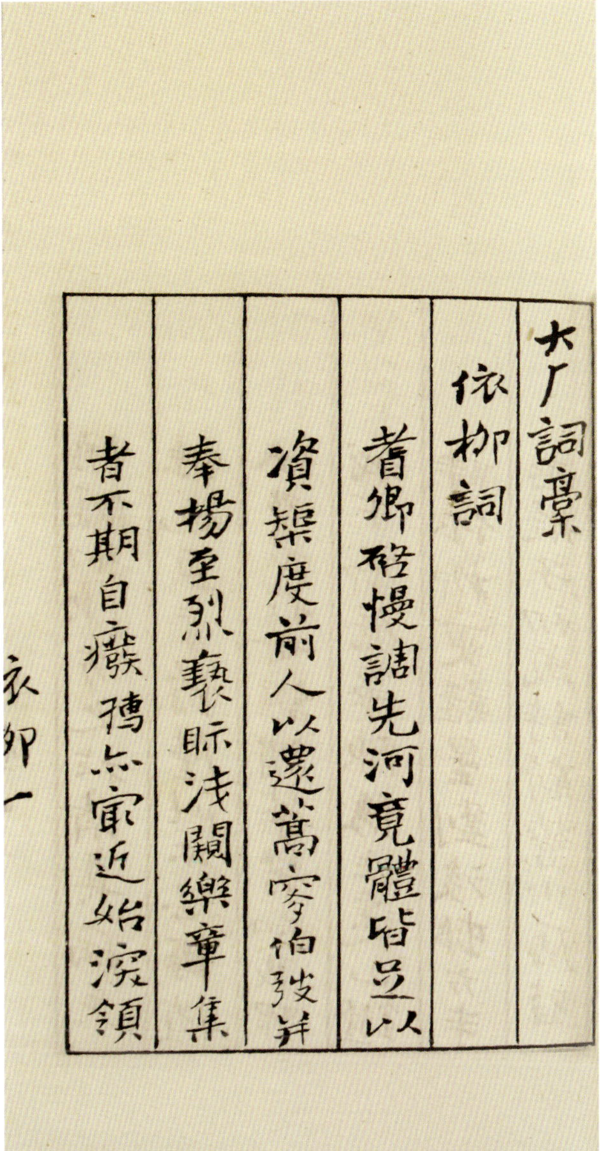
大厂詞稾

依柳詞

耆卿啓慢詞先河寛體皆足以人資槼度前人以還篇寥伯弢并奉揚至烈褻眎浅闚樂章集者不期自癡穗点宧近始濱領

衣卿一

易孺《大厂詞稾》民國二十四年上海商務印書館影印本

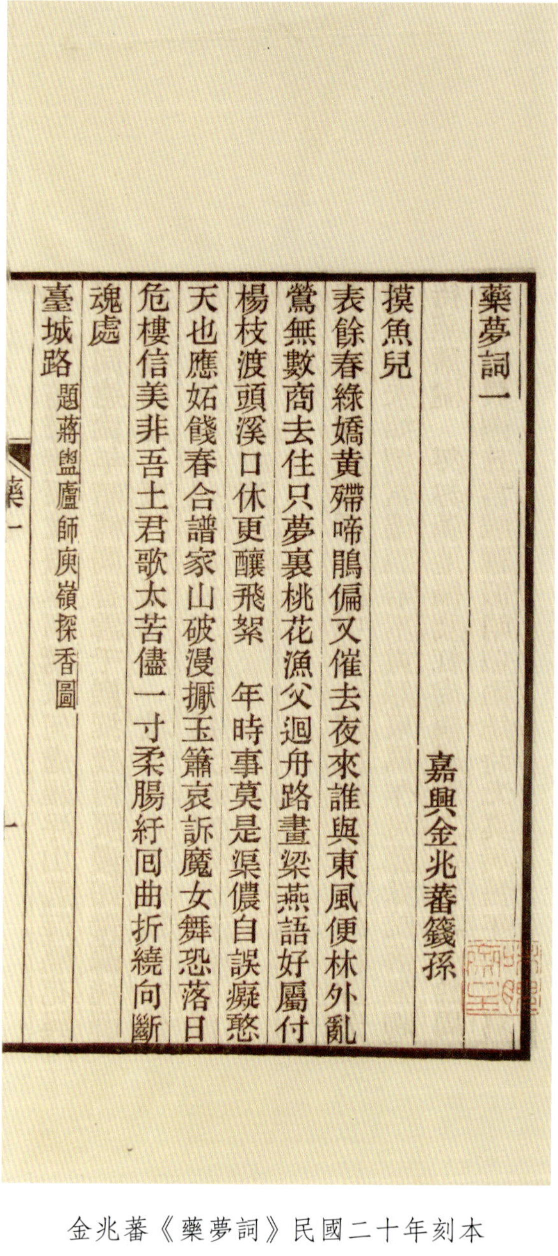
藥夢詞一

嘉興金兆蕃籛孫

摸魚兒

表餘春綠嬌黃殢啼鵑偏又催去夜來誰與東風便林外亂鶯無數商去住只夢裏桃花漁父迴舟路畫粱燕語好屬付楊枝渡頭溪口休更釀飛絮　年時事莫是渠儂自誤癡憨天也應妬餞春合譜家山破漫擫玉簫哀訴魔女舞恐落日危樓信美非吾土君歌太苦儘一寸柔腸紆回曲折繞向斷魂處

臺城路　題蔣盥廬師庾嶺探香圖

金兆蕃《藥夢詞》民國二十年刻本

蜀雅卷一

威遠周岸登道援

邛都詞

高陽臺 過邛徠九折坂

雪嶂參霄冰苔篆樹山深寂不知春谷響雲孤高寒路隔紅塵迴車舊轍今猶昔上青天叱馭如閒算千秋通道西南終屬詞人　長卿自有凌雲氣縱長門諫獵未稱高文諭蜀何功端宜筆掃千軍南荒更續驂鸞錄繡弓衣愁染蠻熏待歸來城上芙蓉紅競秋旻

周岸登《蜀雅》民國二十年上海中華書局鉛印本

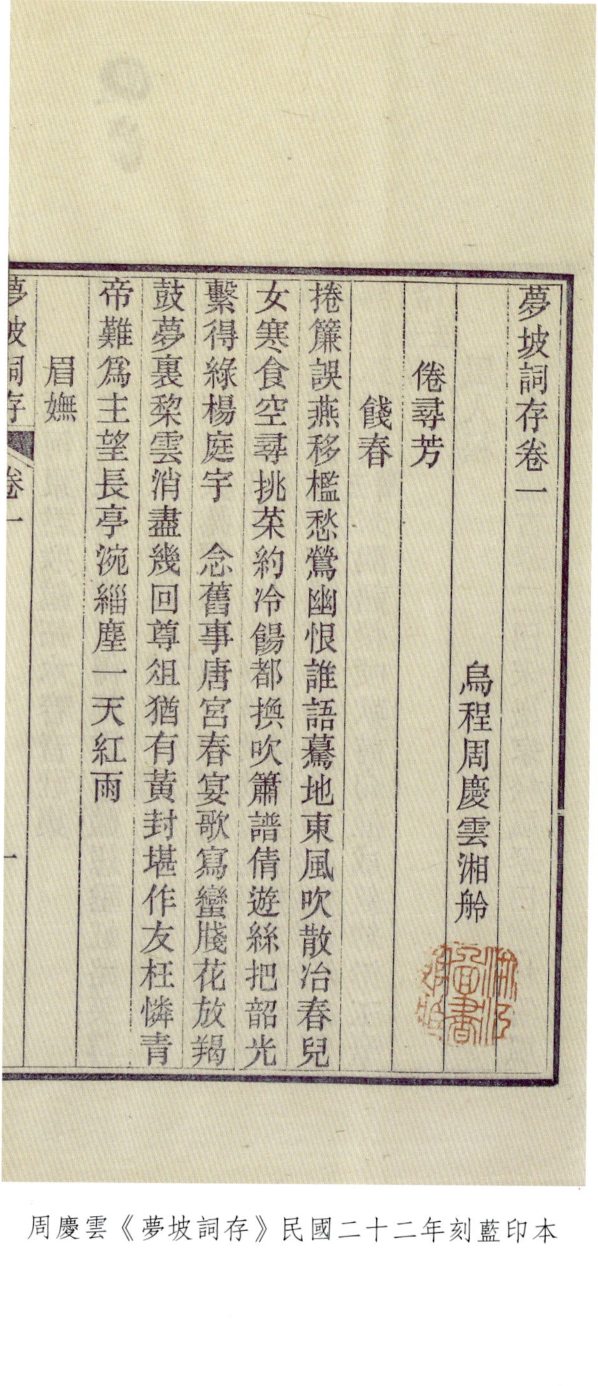

夢坡詞存卷一

烏程周慶雲湘舲

倦尋芳

餞春

捲簾誤燕移檻愁鶯幽恨誰語驀地東風吹散冶春兒女寒食空尋挑菜約冷餳都换吹簫譜倩遊絲把韶光繫得綠楊庭宇　念舊事唐宮春宴歌寫鸞牋花放羯鼓夢裏黎雲消盡幾回尊俎猶有黃封堪作友枉憐青帝難爲主望長亭涴緇塵一天紅雨

眉嫵

周慶雲《夢坡詞存》民國二十二年刻藍印本

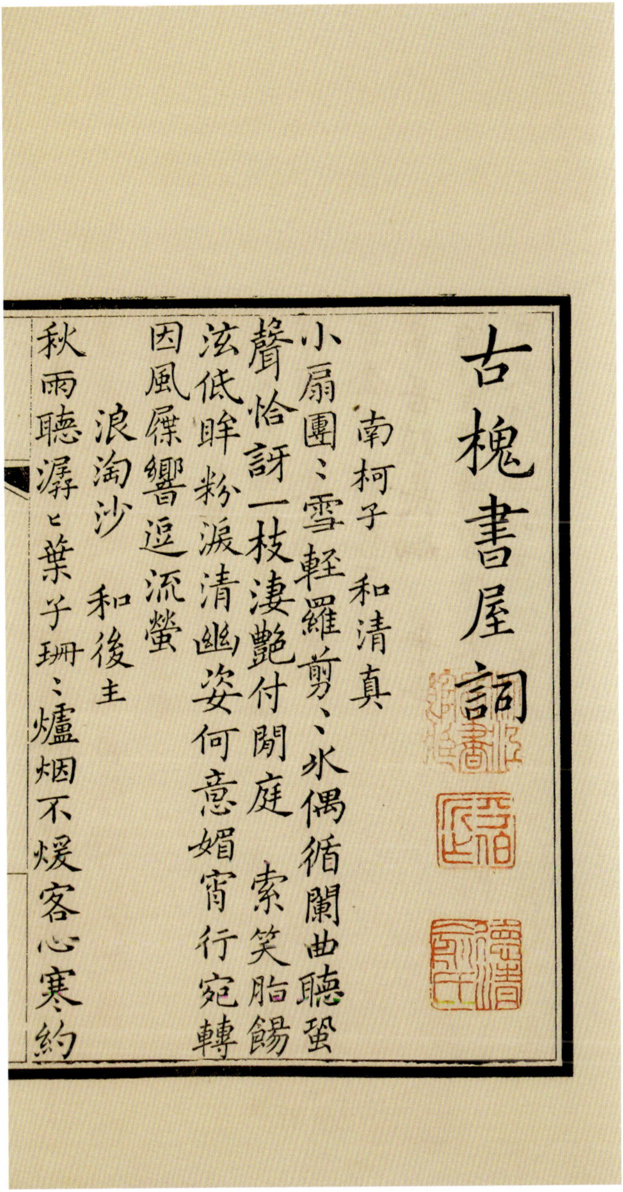

古槐書屋詞

南柯子　和清真

小扇團團雪輕羅剪剪冰偶循闌曲聽蛩
聲恰訝一枝淒艷付閒庭　索笑胎餳
泫低眸粉淚清幽姿何意媚宵行宛轉
因風屧響逗流螢

浪淘沙　和後主

秋雨聽潺潺葉子珊珊爐烟不煖客心寒約

俞平伯《古槐書屋詞》民國石印本

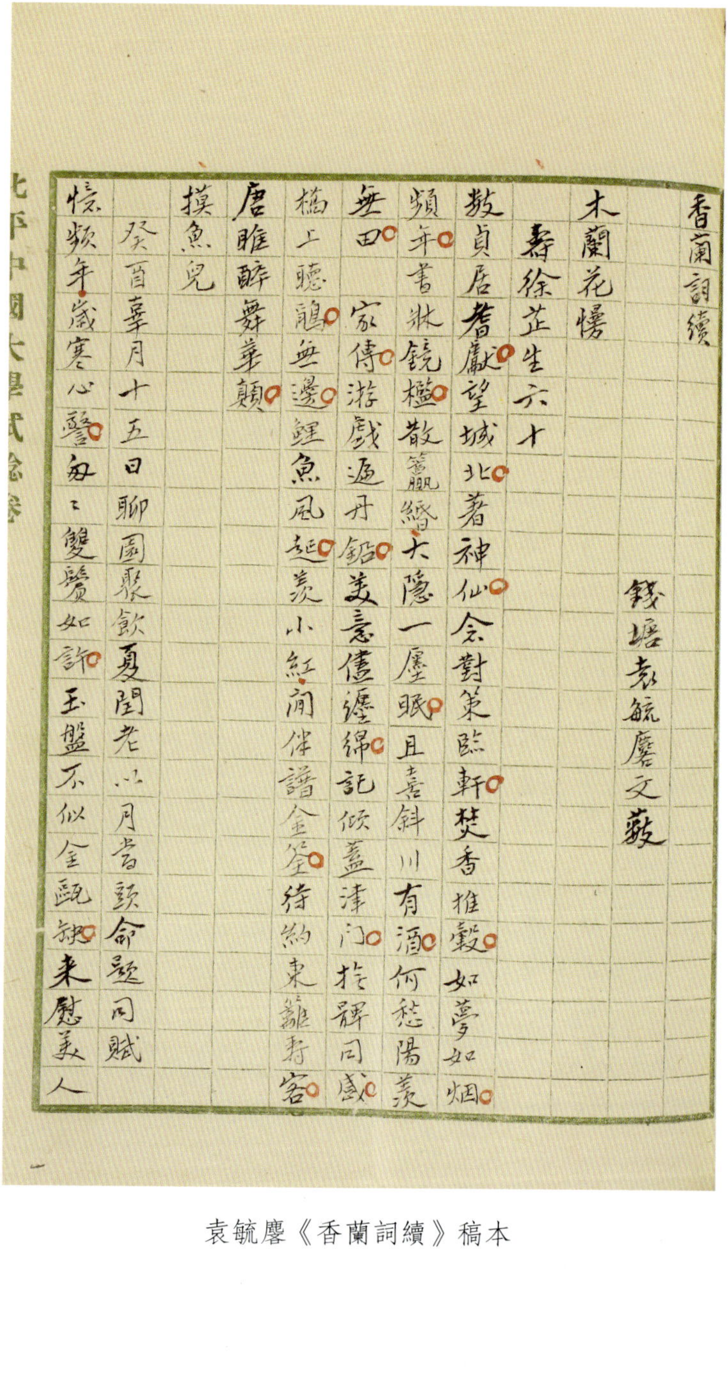

香蘭詞續

錢塘袁毓麐文藪

木蘭花慢

壽徐芷生六十

數貞居耆獻，望城北，著神仙。念對策臨軒，焚香推轂，如夢如烟。頻年。書牀鏡檻，散簪颿縉，大隱一廛眠。且喜斜川有酒，何愁陽羨無田。

家傳游戲遍丹鉛。美意儘纏綿。記傾蓋津門，拄髀同戲，橋上聽鶉，無邊鯉魚風起，羨小紅、閒伴譜金荃。待約東籬壽客，唐雎醉舞華顛。

摸魚兒

癸酉辜月十五日聊園聚飲夏閏老以月當頭命題同賦

悵頻年、歲寒心驚，匆匆雙鬢如許。玉盤不似金甌缺，來慰美人

北平中國大學試卷

袁毓麐《香蘭詞續》稿本

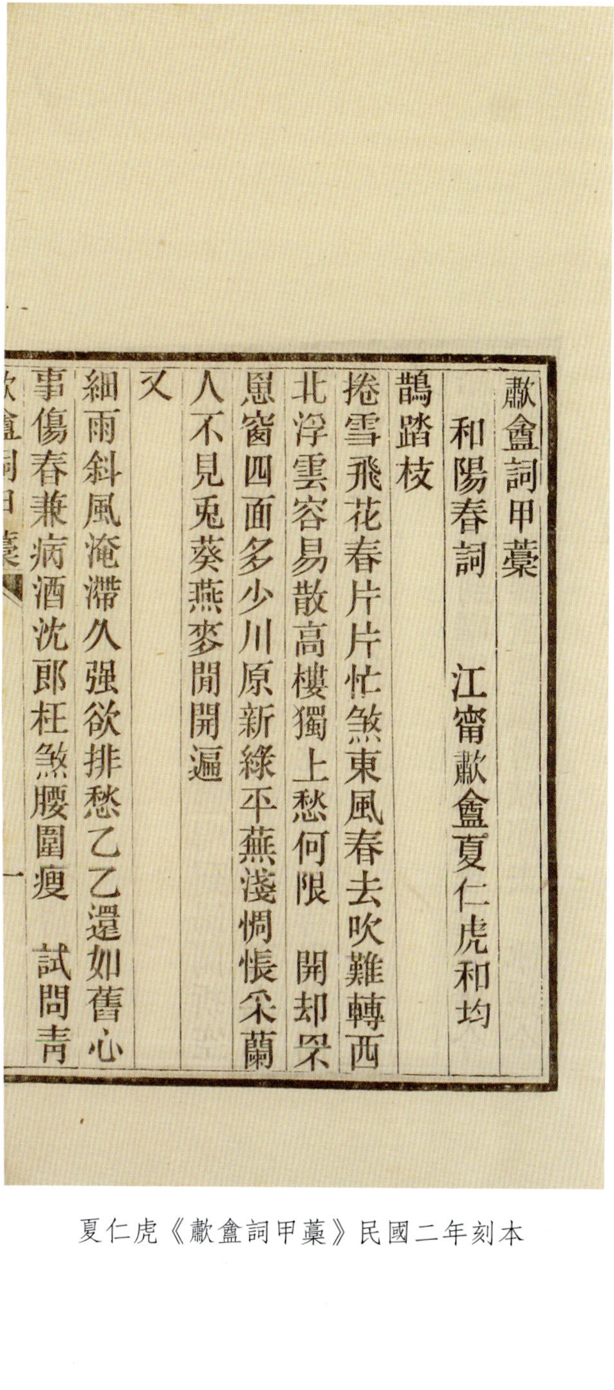
歗盦詞甲藁

和陽春詞　　江甯歗盦夏仁虎和均

鵲踏枝

捲雪飛花春片片忙煞東風春去吹難轉西北浮雲容易散高樓獨上愁何限　開却罘罳窗四面多少川原新綠平蕪淺惆悵采蘭人不見兔葵燕麥閒開遍

又

細雨斜風淹滯久強欲排愁乙乙還如舊心事傷春兼病酒沈郎枉煞腰圍瘦　試問青

歗盦詞甲藁　一

夏仁虎《歗盦詞甲藁》民國二年刻本

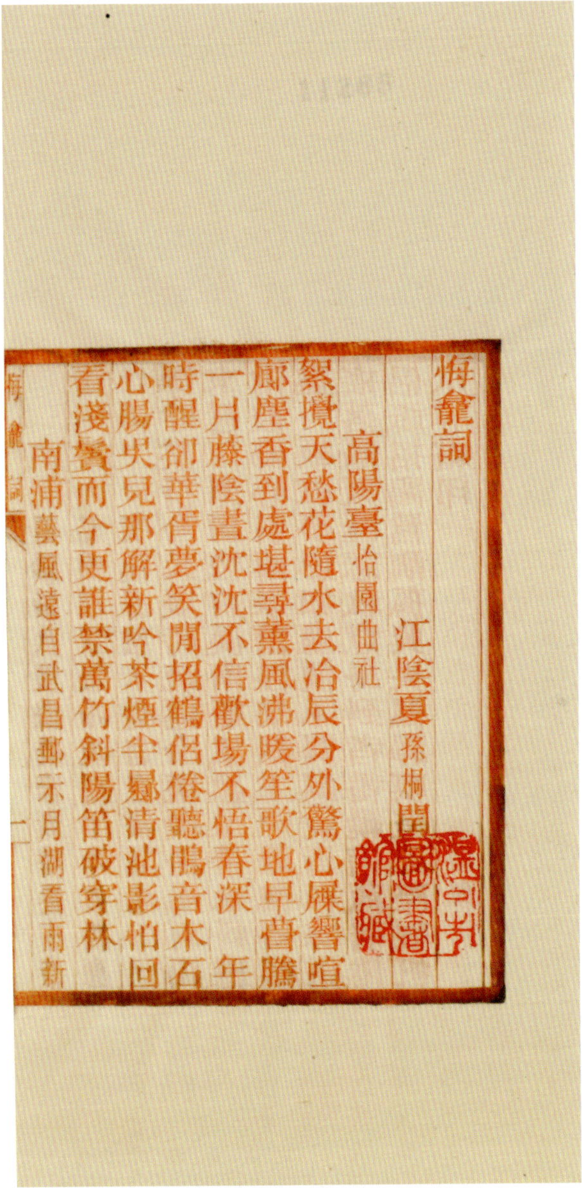

悔龕詞

江陰夏孫桐閏

高陽臺 怡園曲社

絮攪天愁花隨水去冶辰分外驚心屧響喧廊塵香到處堪尋薰風沸暖笙歌地早替騰一片藤陰晝沈沈不信歡場不悟春深　年時醒卻華胥夢笑閒招鶴侶倦聽鵑音木石心腸吳兒那解新吟茶煙半颺清池影怕回看淺鬢而今更誰禁萬竹斜陽笛破穿林

南浦 藝風遠自武昌郵示月湖看雨新

悔龕詞　一

夏孫桐《悔龕詞》民國刻朱印本

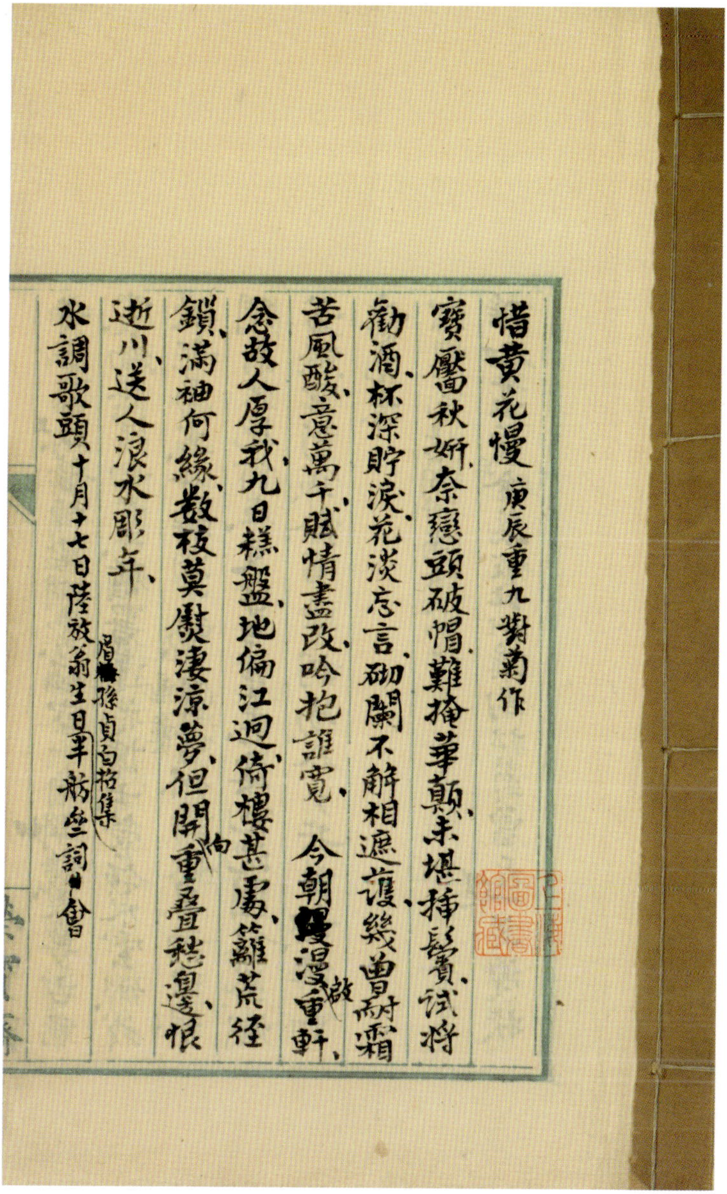

惜黃花慢　庚辰重九對菊作

寶靨秋妍，奈戀頭破帽，難掩華顛。未堪插鬢，試將勸酒，杯深貯淚，花淡忘言。砌闌不解相遮護，幾曾耐霜苦風酸。意萬千，賦情盡改，吟抱誰寬。　今朝[illegible]漫（故）重軒，念故人厚我，九日糕盤。地偏江迴，倚樓甚處，籬荒徑鎖，滿袖何緣。數枝莫歎淒涼夢，但開（向）重疊愁邊。恨逝川，送人浪水彫年。

水調歌頭　十月十七日陸放翁生日，筆[illegible]簽詞[illegible]會　眉[illegible]孫貞白拾集

夏敬觀《吷庵詞》稿本

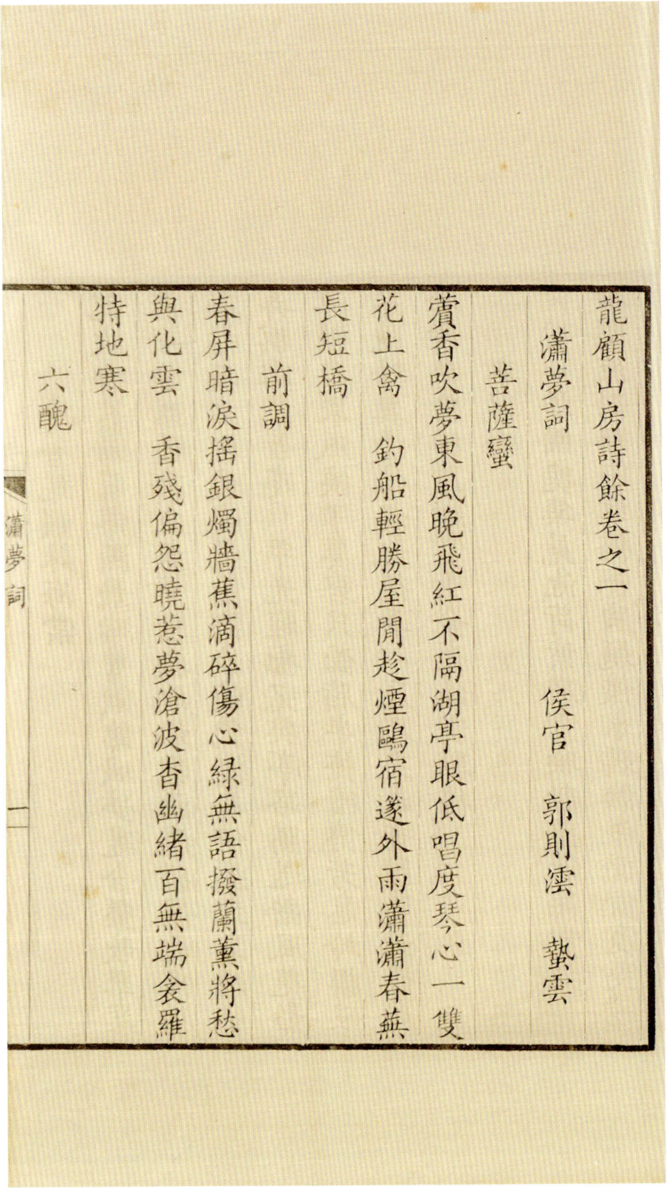

龍顧山房詩餘卷之一

瀟夢詞　　侯官　郭則澐　蟄雲

菩薩蠻

賫香吹夢東風晚飛紅不隔湖亭眼低唱度琴心一雙花上禽　釣船輕勝屋閒趁煙鷗宿遂外雨瀟瀟春燕長短橋

前調

春屏暗淚搖銀燭牆蕉滴碎傷心綠無語擬蘭薰將愁與化雲　香殘偏怨曉惹夢滄波杳幽緒百無端衾羅特地寒

六醜

瀟夢詞　一

郭則澐《龍顧山房詩餘》民國栩樓刻本

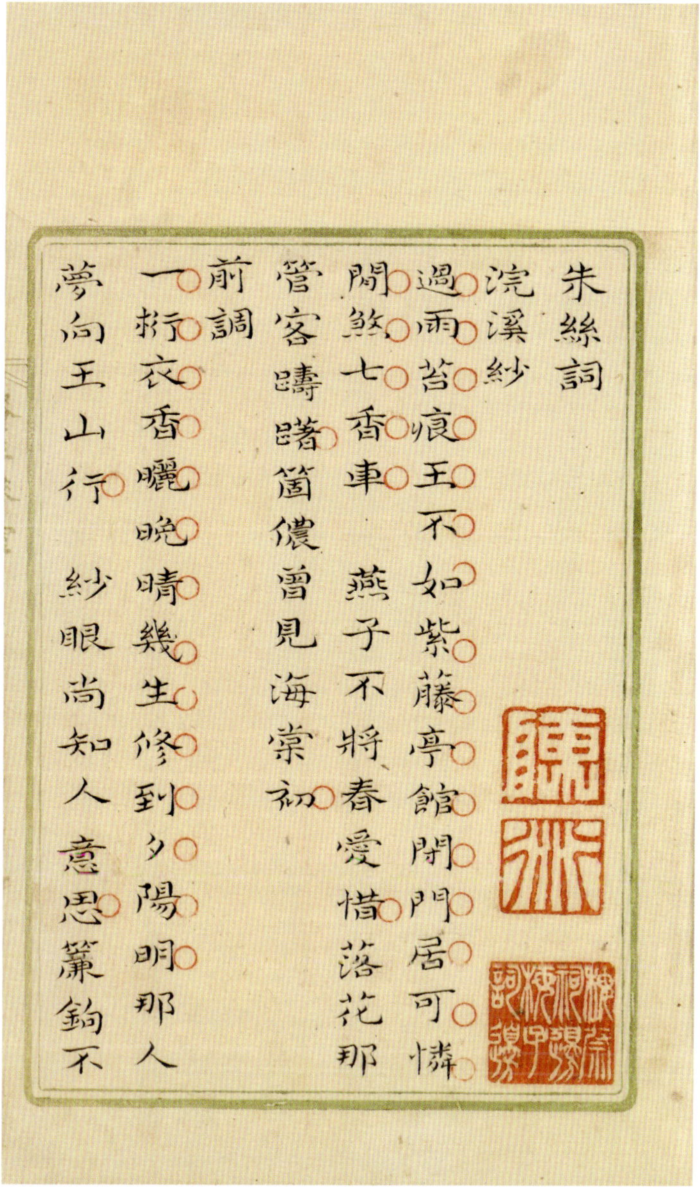

朱絲詞

浣溪紗

過雨苔痕玉不如紫藤亭館閉門居可憐
閒煞七香車　燕子不將春愛惜落花那
管客躊躇箇儂曾見海棠初

前調

一桁衣香曬晚晴幾生修到夕陽明那人
夢向玉山行　紗眼尚知人意思簾鈎不

陳衍《朱絲詞》蕭道管寫本

詞

鶯啼序

偶於舊篋中檢得甲子陽歷除夕所作未完之稿時在丁卯相隔已十二年矣第三闋所指爲誰則已渺如塵夢憶不清矣荳蔻年華似爲小蓉時方十二歲也

紅鑪細添香獸映華燈如雪儘分取插鬢梅花笑容齊上雙靨正排定團圓綺席當窗可惜無明月仗冬青絡索明珠巧裝春節　豆蔻年華屈指暗數怪人家錯說再須過廿四晨昏井梧纔展新葉怎匆匆頻來鳳曆便催換宜春鴛牒未甘心棄舊迎新要留一頁　誰憐小玉索到銀瓶夜寒正砭骨似凍雀啾啁私語雪地來去撲入茸幃滿身冰屑天公惡劇將伊欺虐斜風一路飛蝴蝶待今有酒無須熱浪仙多事祭詩何必今宵鸚哥也忒饒舌　明年後夜臘八剛逢算

陳栩《栩園遺稿·詞》民國二十九年鉛印本

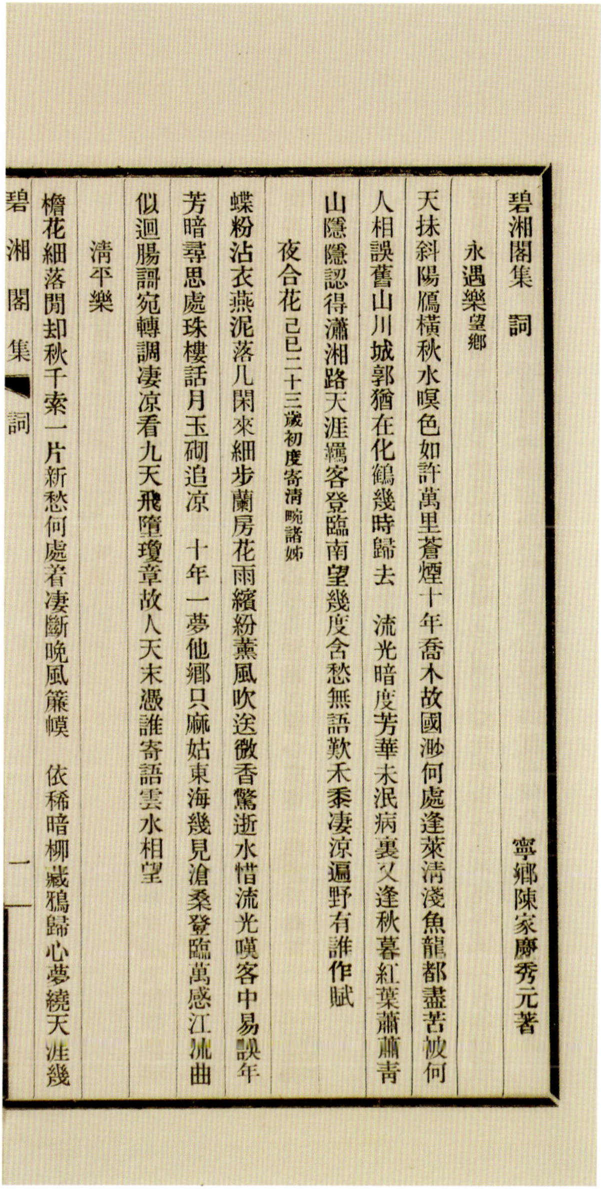
碧湘閣集　詞　　寧鄉陳家慶秀元著

永遇樂 望鄉

天抹斜陽鴈橫秋水暝色如許萬里蒼煙十年喬木故國渺何處逢萊清淺魚龍都盡苦被何人相誤舊山川城郭猶在化鶴幾時歸去　流光暗度芳華未泯病裏又逢秋暮紅葉蕭蕭靑山隱隱認得瀟湘路天涯羈客登臨南望幾度含愁無語歎禾黍凄涼遍野有誰作賦

夜合花 己巳二十三歲初度寄清畹諸姊

蝶粉沾衣燕泥落几閑來細步蘭房花雨繽紛薰風吹送微香驚逝水惜流光嘆客中易誤年芳暗尋思處珠樓話月玉砌追涼　十年一夢他鄉只麻姑東海幾見滄桑登臨萬感江流曲似迴腸謌宛轉調凄涼看九天飛墮瓊章故人天末憑誰寄語雲水相望

清平樂

檐花細落閒却秋千索一片新愁何處着凄斷晚風簾幙　依稀暗柳藏鴉歸心夢繞天涯幾

碧湘閣集　詞　一

陳家慶《碧湘閣集·詞》民國二十二年鉛印本

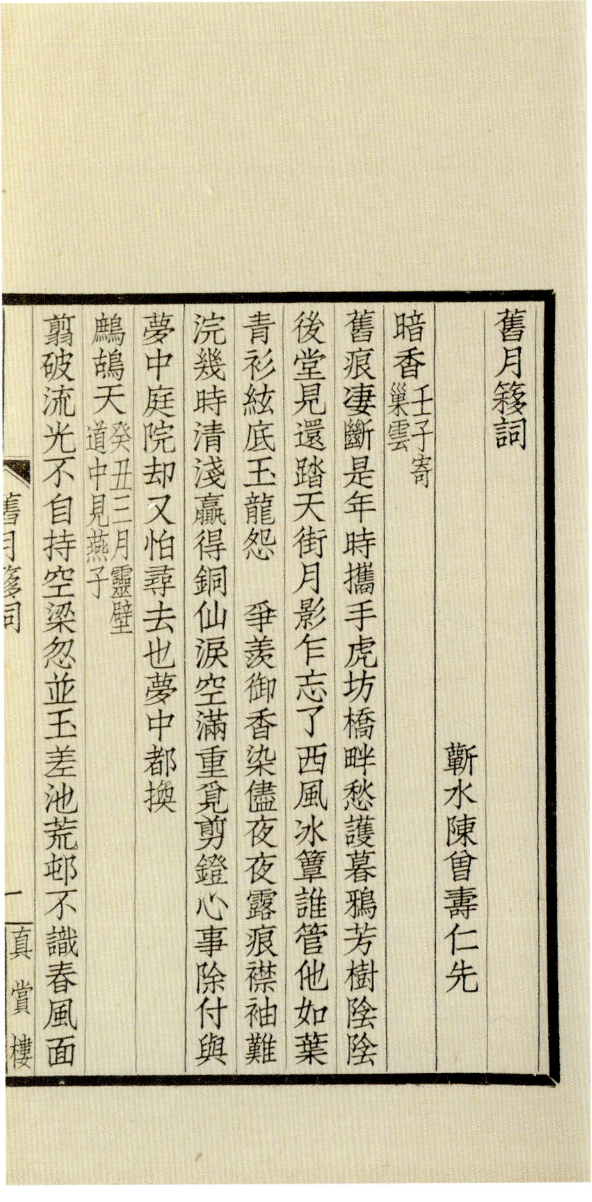
舊月簃詞

蘄水陳曾壽仁先

暗香 壬子寄巢雲

舊痕凄斷是年時攜手虎坊橋畔愁護暮鴉芳樹陰陰後堂見還踏天街月影乍忘了西風冰簟誰管他如葉青衫絃底玉龍怨　爭羨御香染儘夜夜露痕襟袖難浣幾時清淺贏得銅仙淚空滿重覓剪鐙心事除付與夢中庭院却又怕尋去也夢中都換

鷓鴣天 癸丑三月靈璧道中見燕子

翦破流光不自持空梁忽並玉差池荒邨不識春風面

陳曾壽《舊月簃詞》民國十一年江寧蔣氏真賞樓鉛印本

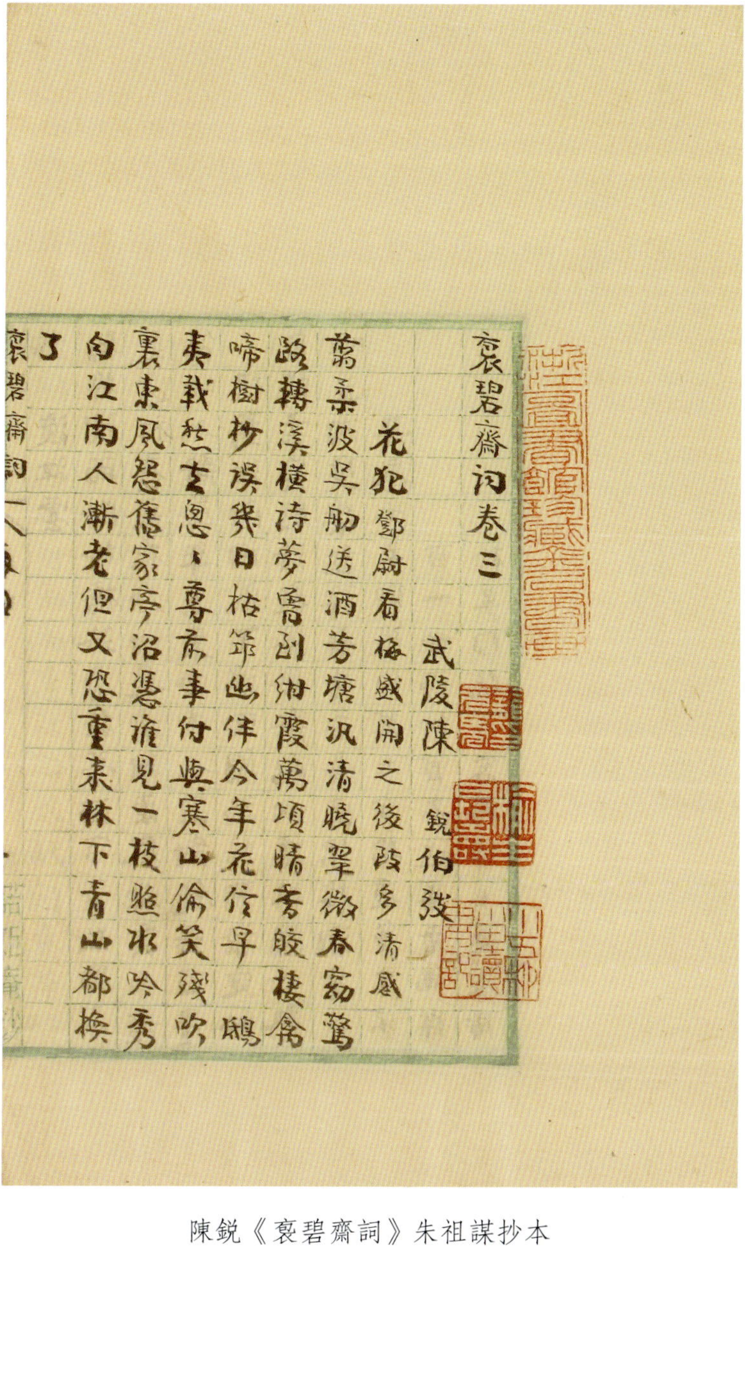

褒碧齋詞卷三

武陵陳　銳伯弢

花犯　鄧尉看梅盛開之後頗多清感

蕩柔波吳舠送酒芳塘汎清曉翠微春窈鶯
路轉溪橫詩夢魯到紺霞萬頃晴香皺棲禽
啼樹杪誤幾日枯節幽侔今年花信早　鷗
來載愁去恩々尊前事付與寒山倫笑殘吹
裏東風怨舊家亭沼憑誰見一枝照水吟秀
向江南人漸老但又恐重來林下青山都換
了

褒碧齋詞

陳銳《褒碧齋詞》朱祖謀抄本

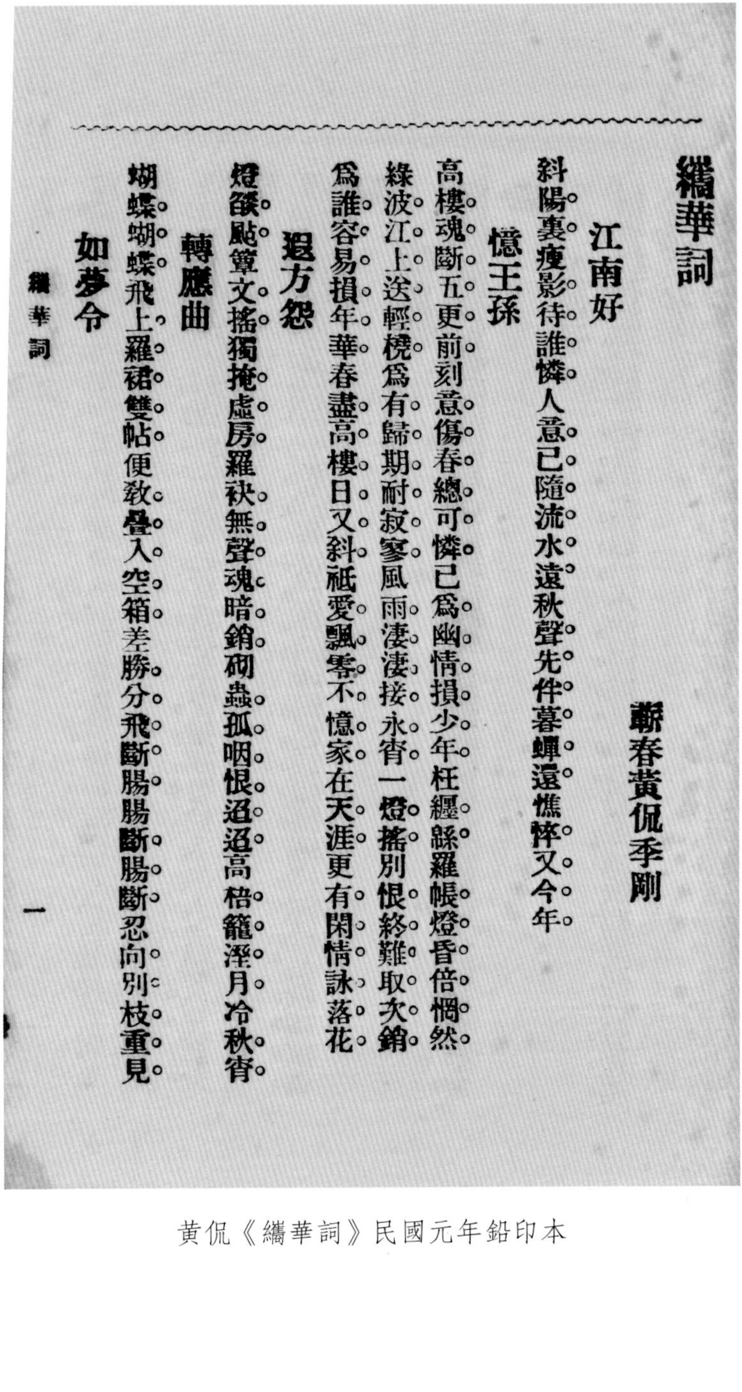

纗華詞

蘄春黃侃季剛

江南好

斜陽裏，瘦影待誰憐。人意已隨流水遠，秋聲先伴暮蟬還。憔悴又今年。

憶王孫

高樓魂斷五更前，刻意傷春總可憐。已爲幽情損少年。枉纏緜。羅帳燈昏倍惘然。

綠波江上送輕橈。爲有歸期耐寂寥。風雨淒淒接永宵。一燈搖。別恨終難取次銷。

爲誰容易損年華。春盡高樓日又斜。祗愛飄零不憶家。在天涯。更有閑情詠落花。

遐方怨

燈欲颭，篝文搖。獨掩虛房，羅袂無聲魂暗銷。砌蟲孤咽恨迢迢。高梧籠淫月，冷秋宵。

轉應曲

蝴蝶，蝴蝶，飛上羅裙雙帖。便教疊入空箱。差勝分飛斷腸。腸斷，腸斷，忍向別枝重見。

如夢令

黃侃《纗華詞》民國元年鉛印本

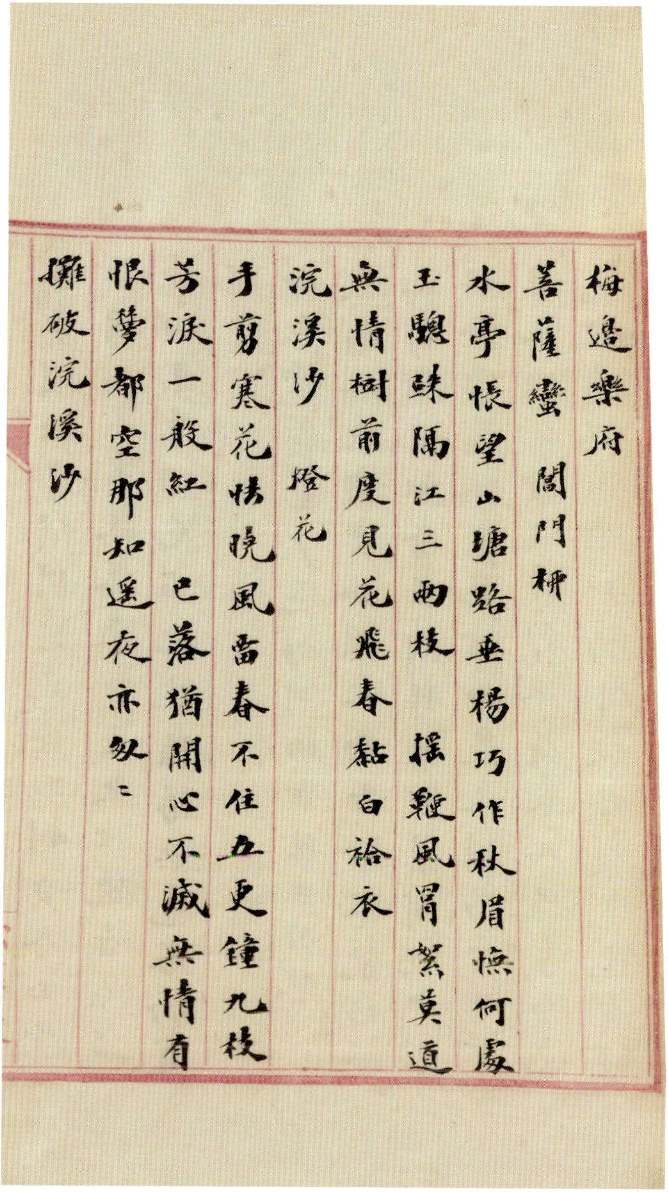
梅邊樂府

菩薩蠻　閶門柳

水亭悵望山塘路垂楊巧作秋眉憮何處玉驄蹄隔江三兩枝　搖鞭風罥絮莫遣無情樹前度見花飛春黏白袷衣

浣溪沙　燈花

手剪寒花怯曉風留春不住五更鐘九枝芳淚一般紅　已落猶開心不滅無情有恨夢都空那知遥夜亦匆匆

攤破浣溪沙

孫景賢《梅邊樂府》抄本

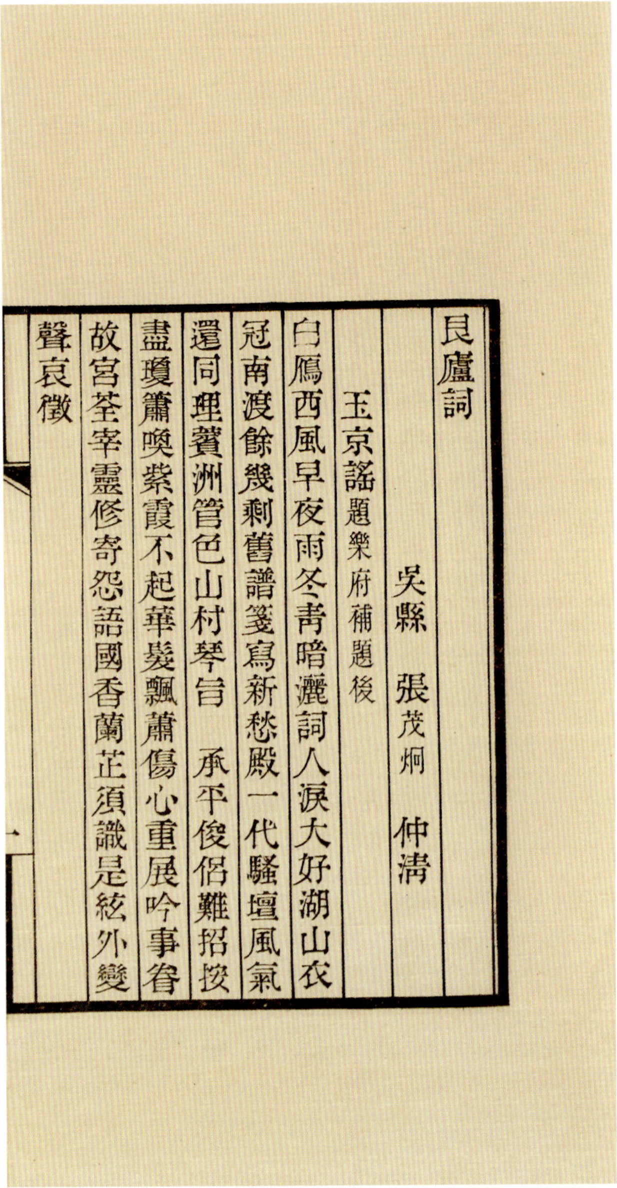

艮廬詞

吳縣 張茂炯 仲清

玉京謠 題樂府補題後

白鴈西風早夜雨冬青暗灑詞人淚大好湖山衣冠南渡餘幾剩舊譜箋寫新愁殿一代騷壇風氣還同埋贅洲管色山村琴旨 承平俊侶難招按盡瓊簫喚紫霞不起華髮飄蕭傷心重展吟事眷故宮荃宰靈修寄怨語國香蘭芷須識是絃外變聲哀徵

張茂炯《艮廬詞》民國二十三年石印本

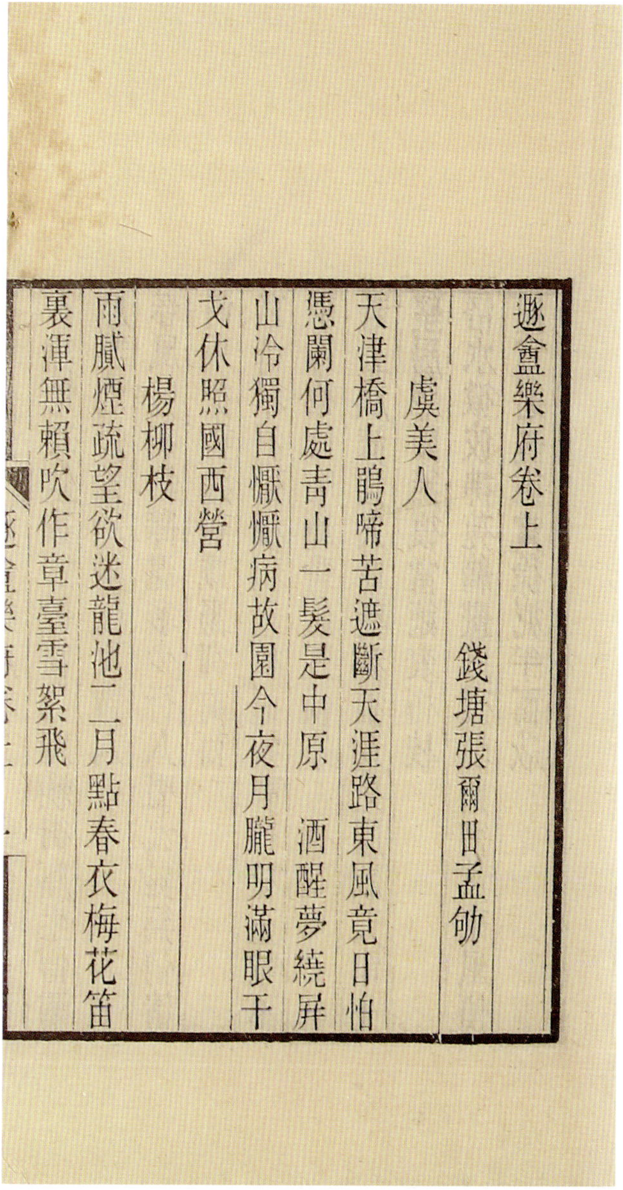

遯盦樂府卷上

錢塘張爾田孟劬

虞美人

天津橋上鵑啼苦遮斷天涯路東風竟日怕憑闌何處青山一髮是中原　酒醒夢繞屏山冷獨自懨懨病故園今夜月朧明滿眼干戈休照國西營

楊柳枝

雨膩煙疏望欲迷龍池一月點春衣梅花笛裏渾無賴吹作章臺雪絮飛

張爾田《遯盦樂府》民國三十年萬載龍氏忍寒廬刻本

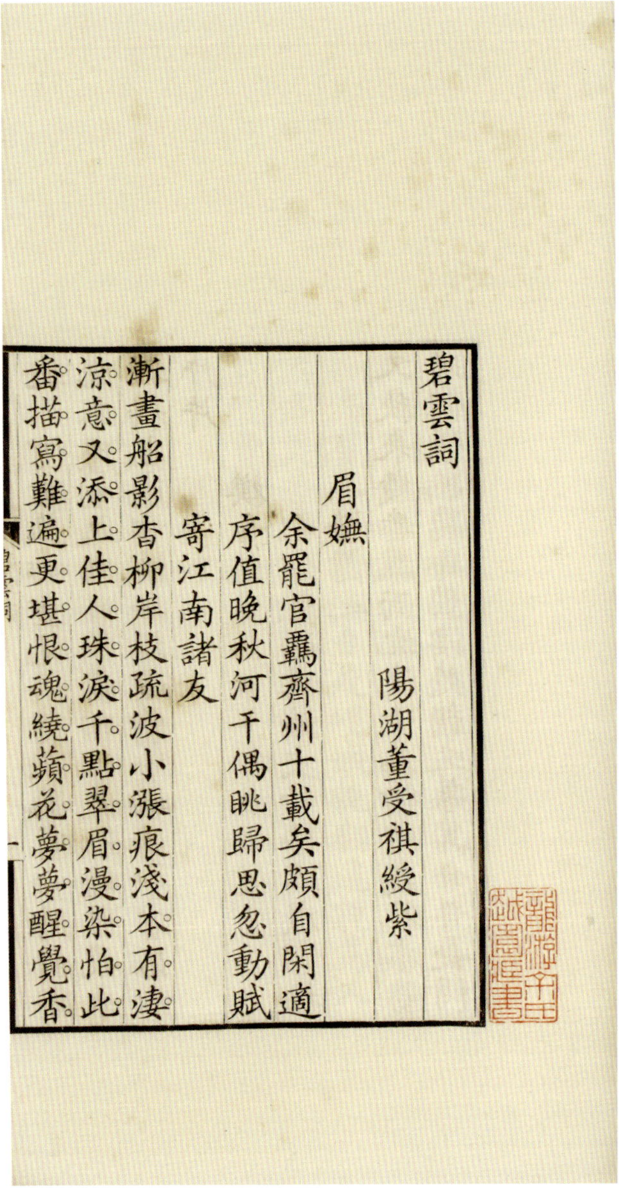

碧雲詞

陽湖董受祺綬紫

眉嫵

余罷官羈齊州十載矣頗自閑適序值晚秋河干偶眺歸思忽動賦寄江南諸友

漸畫船影杳柳岸枝疏波小漲痕淺本有淒涼意又添上佳人珠淚千點翠眉漫染怕此番描寫難遍更堪恨魂繞蘋花夢夢醒覺香

碧雲詞 一

董受祺《碧雲詞》民國十一年董氏誦芬室刻本

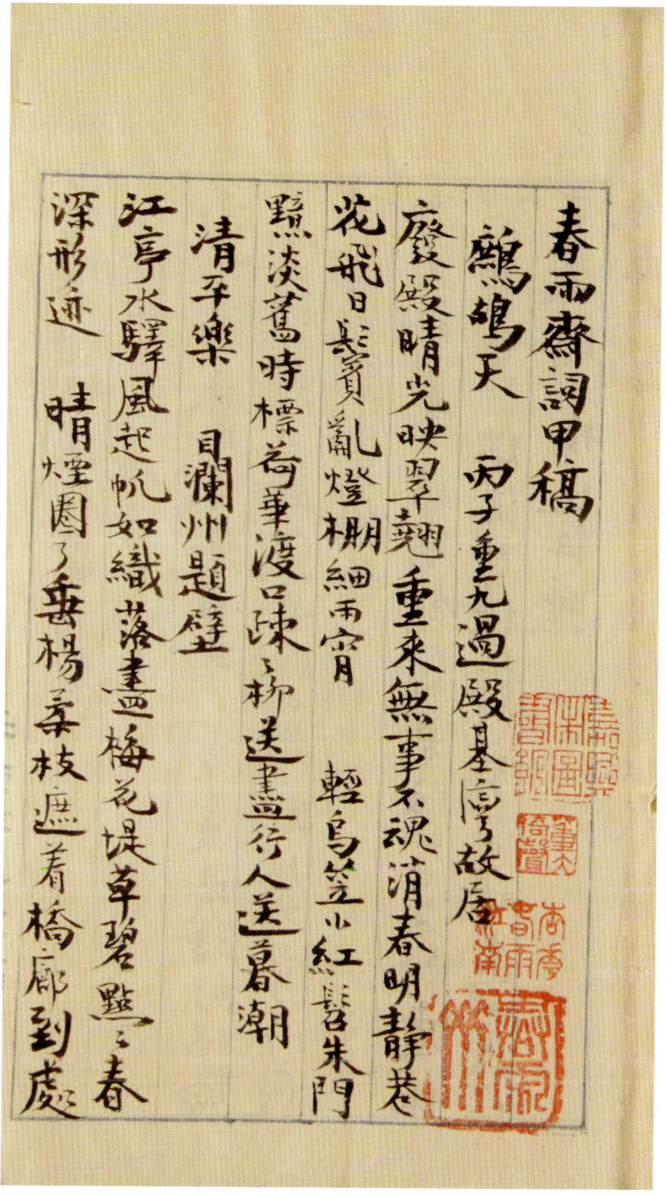
春雨齋詞甲稿

鷓鴣天　丙子重九過殿基亭故居

廢殿晴光映翠甍　重來無事不魂消　春明靜巷花飛日　鬢亂燈棚細雨宵　輕烏笠　小紅髻　朱門黯淡舊時標　荷華渡口疎疎柳　送盡行人送暮潮

清平樂　目瀾州題壁

江亭水驛　風起帆如織　落盡梅花堤草碧　點點春深形迹　晴煙圍了垂楊　柔枝遮着橋廊　到處

董巽觀《春雨齋詞甲稿》稿本

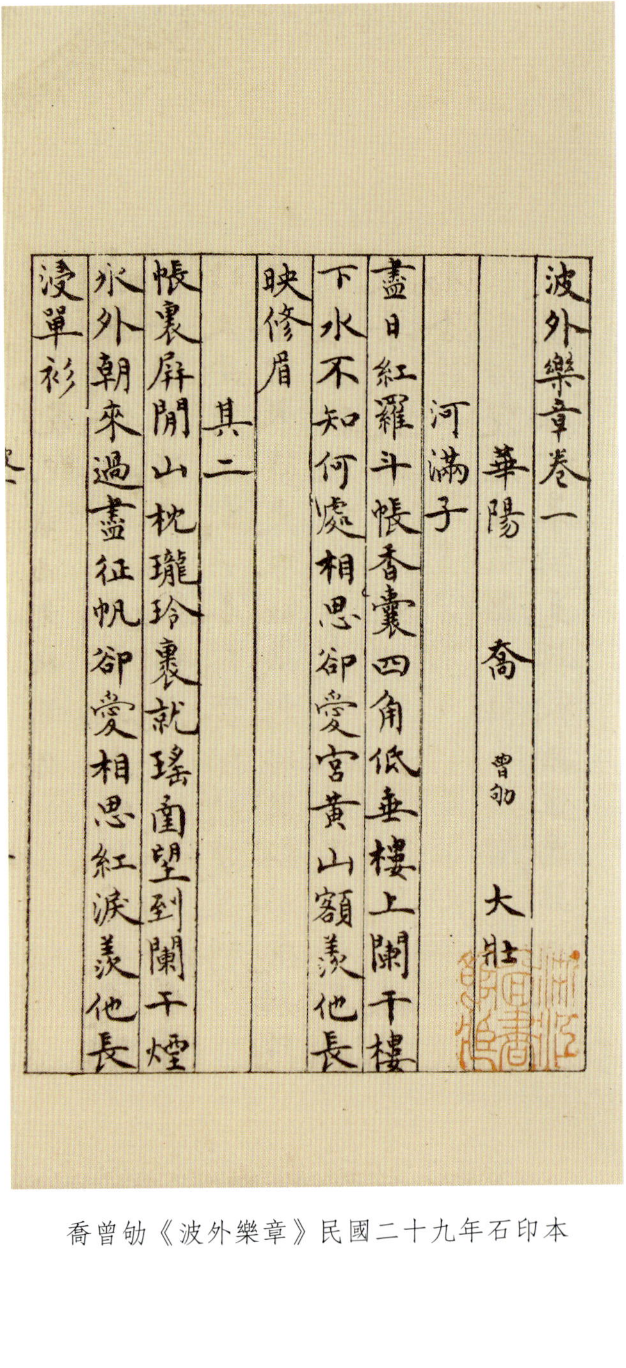

波外樂章卷一

華陽　喬　曾劬　大壯

河滿子

盡日紅羅斗帳香囊四角低垂樓上闌干樓下水不知何處相思卻愛宮黃山額羨他長映修眉

其二

帳裏屏閒山枕瓏玲裏就瑤臺望到闌干煙水外朝來過盡征帆卻愛相思紅淚羨他長浸單衫

喬曾劬《波外樂章》民國二十九年石印本

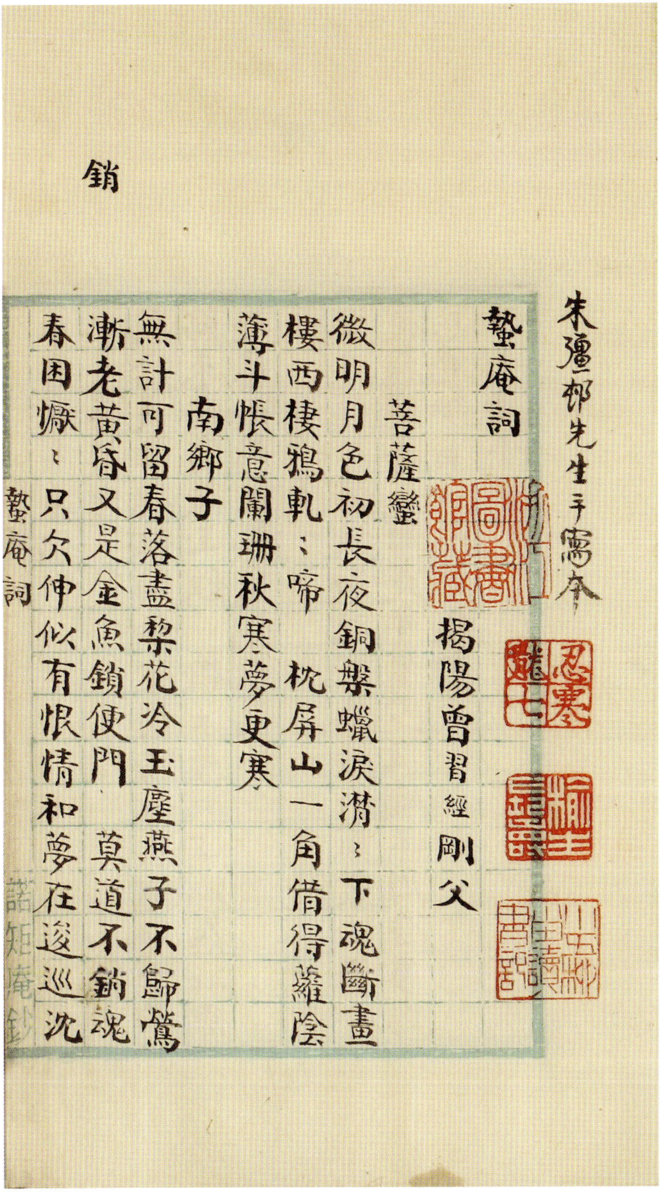
朱彊邨先生手寫本

蟄庵詞

揭陽曾習經剛父

菩薩蠻

微明月色初長夜銅盤蠟淚潸潸下魂斷畫樓西棲鴉軋軋啼　枕屏山一角借得蘿陰薄斗帳意闌珊秋寒夢更寒

南鄉子

無計可留春落盡梨花冷玉塵燕子不歸鶯漸老黄昏又是金魚鎖便門　莫道不銷魂春困懨懨只欠伸似有恨情和夢在逡巡沈銷

蟄庵詞

諾矩庵鈔

曾習經《蟄庵詞》朱祖謀抄本

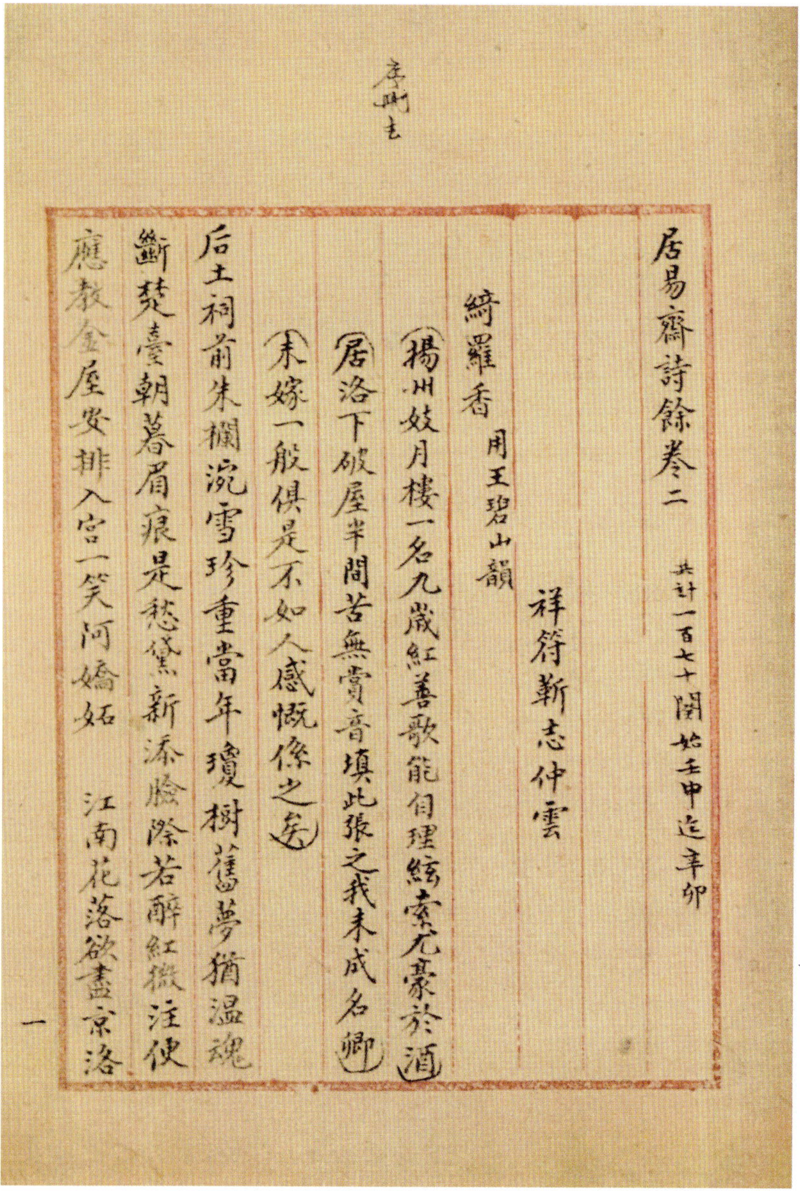

李晰去

居易齋詩餘卷二　共計一百七十闋　始壬申迄辛卯

祥符靳志仲雲

綺羅香　用王碧山韻

（揚州妓月樓一名九歲紅善歌能自理絃索尤豪於酒）

（居洛下破屋半間苦無賞音填此張之我未成名卿）

（未嫁一般俱是不如人感慨係之矣）

后土祠前朱欄浣雪珍重當年瓊樹舊夢猶溫魂斷楚臺朝暮眉痕是愁黛新添臉際若醉紅微注使應教金屋安排入宮一笑河嬌妬　江南花落欲盡京洛

一

靳志《居易齋詩餘》卷二稿本

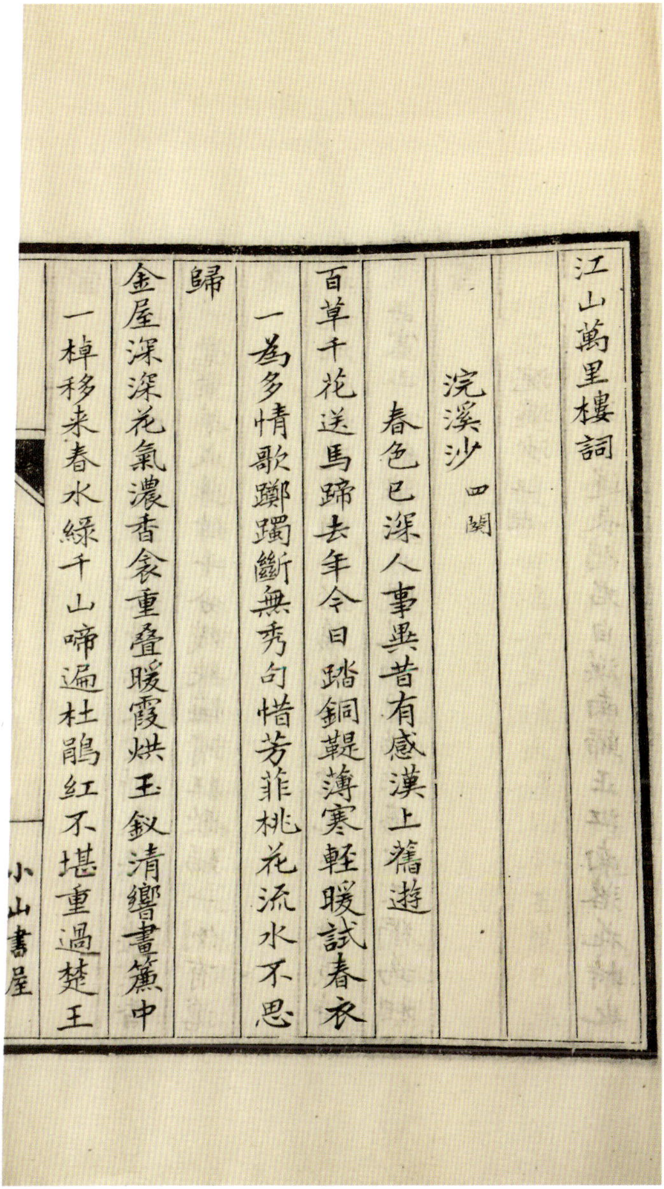
江山萬里樓詞

浣溪沙 四闋

春色已深人事異昔有感漢上舊遊

百草千花送馬蹄去年今日踏銅鞮薄寒輕暖試春衣

一為多情歌躑躅斷無秀句惜芳菲桃花流水不思

歸

金屋深深花氣濃香衾重疊暖霞烘玉釵清響畫簾中

一棹移来春水綠千山啼遍杜鵑紅不堪重過楚王

小山書屋

楊圻《江山萬里樓詞》抄本

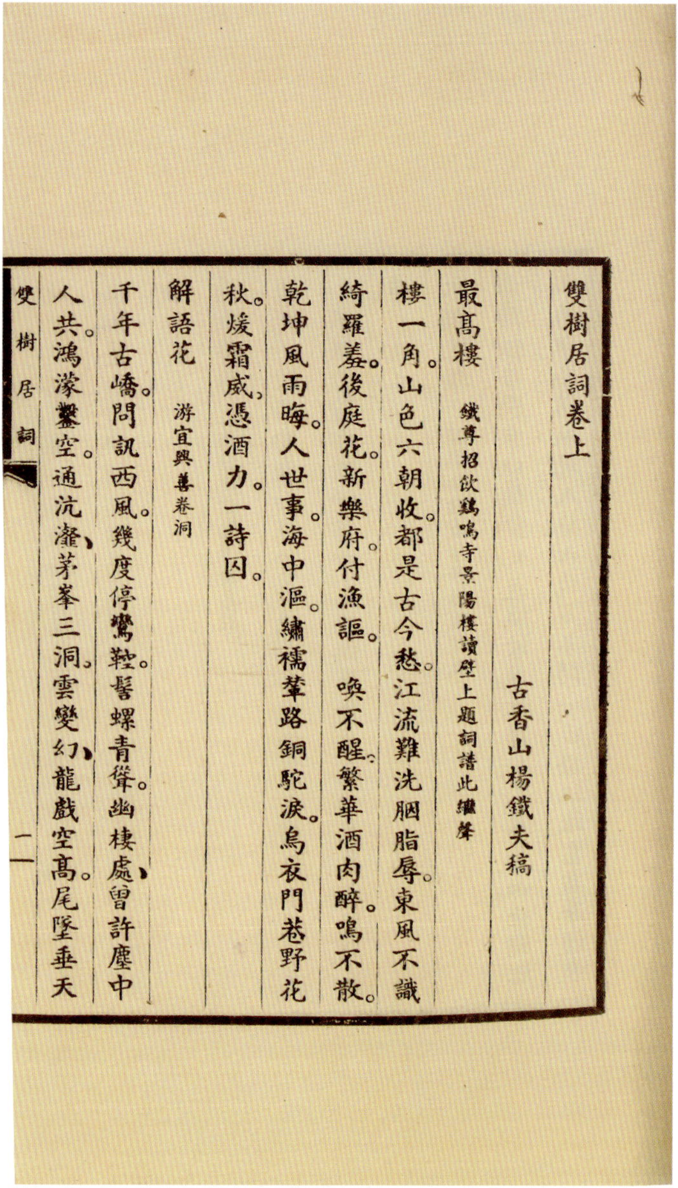
雙樹居詞卷上

古香山楊鐵夫稿

最高樓　鐵尊招飲鷄鳴寺景陽樓讀壁上題詞譜此繼聲

樓一角。山色六朝收。都是古今愁。江流難洗胭脂辱。東風不識綺羅羞。後庭花。新樂府。付漁謳。　喚不醒。繁華酒肉醉。鳴不散。乾坤風雨晦。人世事。海中漚。繡襦輦路銅駝淚。烏衣門巷野花秋。焌霜威。憑酒力。一詩囚。

解語花　游宜興善卷洞

千年古嶠。問訊西風。幾度停鸞鞚。髻螺青聳。幽棲處、曾許塵中人共。鴻濛鑿空。通流瀣、茅峯三洞。雲變幻、龍戲空高。尾墜垂天

雙樹居詞　一

楊鐵夫《雙樹居詞》民國鉛印本

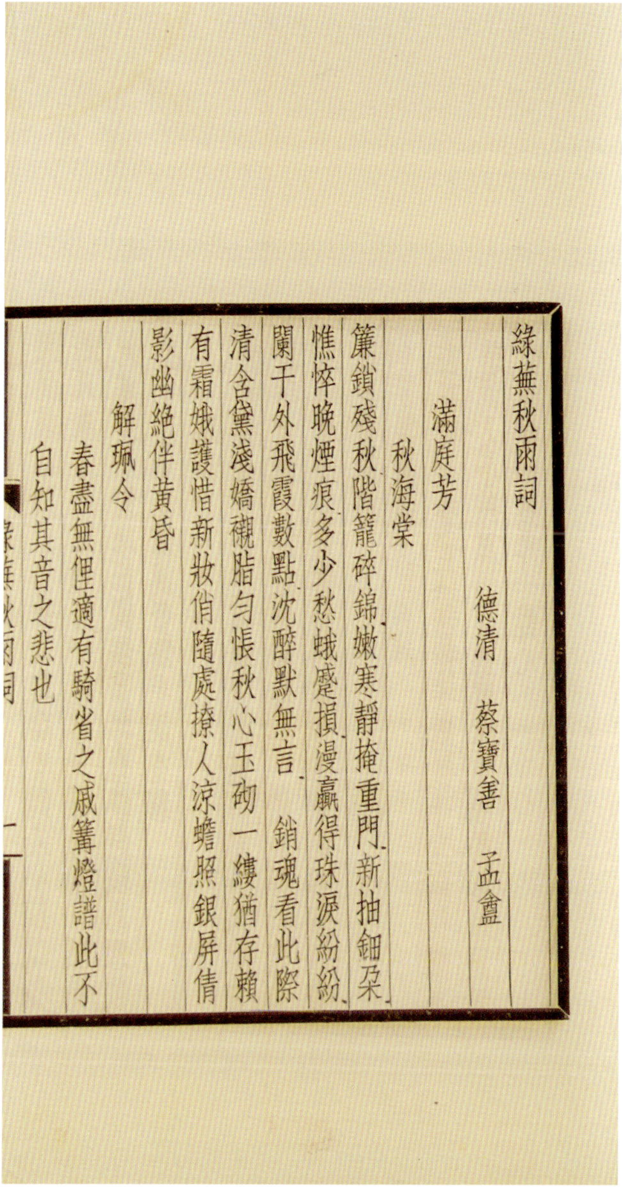
綠蕪秋雨詞
德清　蔡寶善　孟盦
滿庭芳
秋海棠
簾鎖殘秋階籠碎錦嫩寒靜掩重門新抽鈿朶
憔悴晚煙痕多少愁蛾蹙損漫贏得珠淚紛紛
闌干外飛霞數點沈醉默無言　銷魂看此際
清含黛淺嬌襯脂勻悵秋心玉砌一縷猶存賴
有霜娥護惜新妝俏隨處撩人涼蟾照銀屏倩
影幽絕伴黃昏
解珮令
春盡無俚適有騎省之戚篝燈譜此不
自知其音之悲也
綠蕪秋雨詞　一

蔡寶善《聽潮音館詞集·緑蕪秋雨詞》民國十九年鉛印本

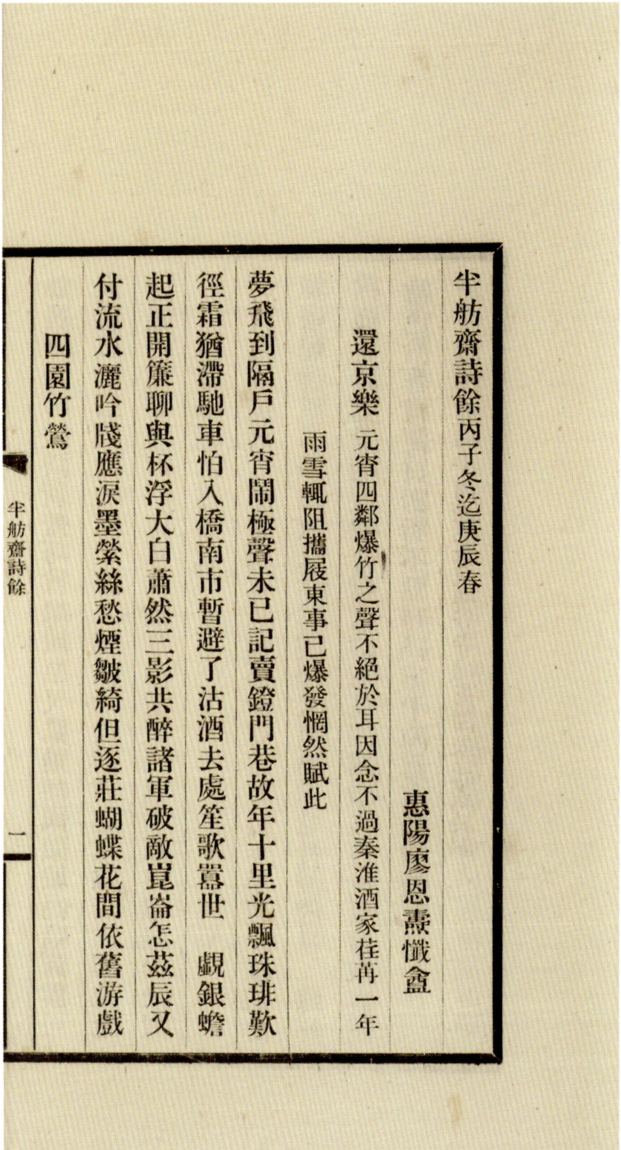
半舫齋詩餘丙子冬迄庚辰春

惠陽廖恩燾懺盦

還京樂 元宵四鄰爆竹之聲不絕於耳因念不過秦淮酒家荏苒一年

雨雪輒阻擕屐東事已爆發惘然賦此

夢飛到隔戶元宵鬧極聲未已記賣鐙門巷故年十里光飄珠琲歎
徑霜猶滯馳車怕入橋南市暫避了沽酒去處笙歌囂世 覷銀蟾
起正開簾聊與杯浮大白蕭然三影共醉諸軍破敵崑崙怎茲辰又
付流水灑吟牋應淚墨縈絲愁煙皺綺但逐莊蝴蝶花間依舊游戲

四園竹 鶯

廖恩燾《半舫齋詩餘》民國二十八年鉛印本

野棠軒詞集卷一

吉林奭　良

露華　史館榆葉梅和閏庵用碧山平韻

踏青人嬾恰峭風吹得困損春魂不分明處猶餘一縷芳痕儘有浮花浪蕊是幾番嫁杏拖裙渾未覺東皇有意潛與移根　淒清低鬟斂靨似新入平陽退處長門溶溶淡月能消幾度黃昏坐對繁英薄媚只莫忘流水孤村春去也斜陽一抹斷雲

前調　和閏庵用碧山仄韻

亞枝蕊坼怎一晌勻回舊日顏色翠葆細含偏有天紅縈拂寂寥分擲牆陰撩亂又穿窗格珊珊意嚴妝薄施細認天骨　憑欄無限心惻儻奏乞通明留住冰魄簇擁嫩香蜂蝶忍便輕摘可愛有

奭良《野棠軒詞集》民國十八年吉林奭氏刻本

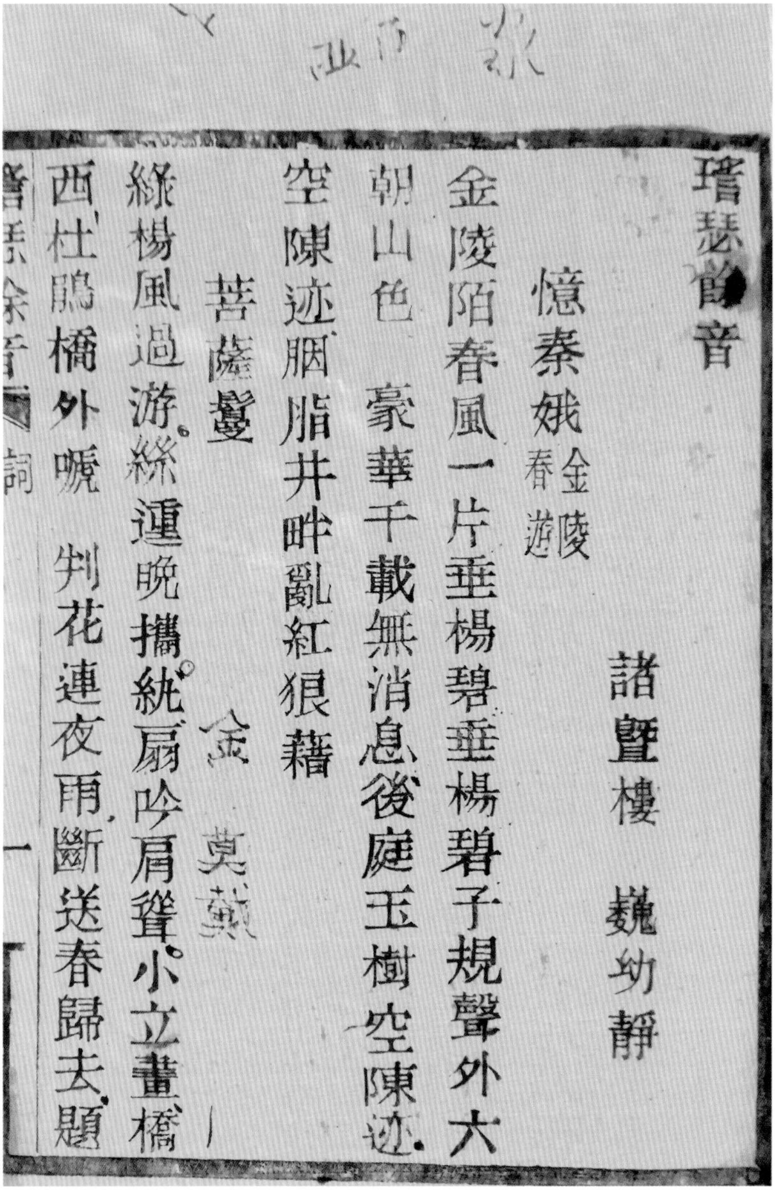

瑤瑟餘音

諸暨樓　巍幼靜

憶秦娥　金陵春遊

金陵陌。春風一片垂楊碧。垂楊碧。子規聲外，六朝山色。　豪華千載無消息。後庭玉樹空陳迹。空陳迹。胭脂井畔，亂紅狼藉。

菩薩蠻

絲楊風過游絲逗。晚攜紈扇吟肩聳。小立畫橋西。杜鵑橋外喚。　判花連夜雨。斷送春歸去。題

瑤瑟餘音　詞　一

樓巍《越吟樓詩詞稿·瑤瑟餘音》民國二十九年排印本

序一

施議對

吾國倚聲填詞，歷唐、宋、元、明、清，以迄於民國、共和，千載而下，亦如胡適之所云，由本身歷史、替身歷史，進而至鬼之歷史，其間生成演變，投胎轉世，交合正變，殊難一一辨證。然則，倚聲填詞既爲吾國樂歌之一體，其本末淵源俱在。自政治而言，中華民國之起始與終結，或已大致論定，而民國填詞則猶未也。吾國樂歌之興衰遞嬗，殊非與朝代更替同步。其音聲與歌詞，每多異代同質相承，甚或歷百年而文體格局大率如舊者。倚聲填詞亦然。故勘察民國填詞歷史，乃宜以詞人之世代爲本，先之以人物，次之以事件。如此漸次規劃，方能深契其真面。

以人物論，民國詞人之涵括世代者，約略有三。生於清咸豐五年（一八五五）之後者爲第一代；生於清光緒元年（一八七五）之後者爲第二代；生於清光緒二十一年（一八九五）之後者爲第三代。三代互承繼，亦類乎二十世紀五代詞學傳人前三代之相接續。惟第一代之組合或稍異耳。二十世紀五代詞學傳人之第一代，以王鵬運、文廷式、鄭文焯、朱祖謀、況周頤後先主盟詞壇，隸屬於古詞、古詞學，尚未入今詞、今詞學之列；此則以清同治元年（一八六二）爲界，復加規劃，將此前及此後詞人，劃歸古今二部，合而觀之，統稱民國填詞之第一代。此三世代，適越三階段。一曰：預備階段。自清光緒二十一年（一八九五）至三十三年（一九〇七）。二曰：開拓階段。自清光緒三十四年（一九〇八）至民國七年（一九一八）。三曰：創造階段。自民國八年（一九一九）至三十八年（一九四九）。各階段之人物活動，可決事件之性質，亦可促其轉變與化成。預備階段，第一代人物當世。學詞與詞學，古今並存，民國之特色未顯。開拓階段，第二代人物登場。彼於二十世紀五代詞學傳人，亦屬第二代，乃過渡一代。自古及今之過渡，亦由晚清至民國之過渡。開拓階段步趨二十世紀詞學演進軌迹，其古與今之分界，同以清光緒三十四年（一九〇八）王國維發表《人間詞話》爲標誌。其時填詞，初具民國特色。至若創造階段，第三代人物應運而生。三十年間，無論左翼，抑或右翼，亦無論解放派，抑或尊體派，其於聲學與艷科，均曾戛戛獨造，自呈面目。若徐行恭、陳聲聰、張伯駒、夏承燾、唐圭璋、龍榆生、丁寧、詹安泰、李祁、沈祖棻諸輩，或掌教上庠，或隱居山林，並稱當代十大詞人。因其聲學與艷科並重，爲時、爲事而作與爲己而作，二者並行，故其填詞與詞學，得以兼顧，盡顯民國特色。此三階段，三世代之人物活動，於歌詞創作、詞學考訂、詞學論述悉加推進。是爲完整之詞學。

《詩大序》有云：在心爲志，發言爲詩。倚聲填詞初合於詩體，故其特質亦類乎詩；迨詞與詩分流，詞體之聲學與艷科特質始彰。檢古之樂歌，詩之與詞，離合之間，正變寓焉，文體生成，亦緣乎此。民國之詞，正變之道，當作如是觀。瞿禪先生云：詞之初起，與詩同科。至飛卿以側艷之體，逐管弦之音，始多爲拗句，嚴於依聲。謂自溫庭筠出，詞與詩由同科而不同科，其聲學與艷科之特質因此而形成，是爲詞體之正。詞本身歷史如此。其後，詞之演化爲曲，由本身而替身，此於歌詞以及歌詩，尚不失其正。至明詞曲化，則不能不謂之爲變。有清詞學，謂爲中興，宗尚一歸於正。然鬼則鬼矣，何能復歸爲人？清季五大家，固返魂之術者也，然其於詞學傳舊之餘，猶爲民國填詞肇其端倪，故預備階段之填詞與詞學仍可謂之爲正。至開拓階段之變，非歌詞與歌詩之間分與合之變，乃詞體自身舊與新，亦即古與今之變。當其時也，或悉依舊作，字字恪遵，令不失此中矩矱；或不以能歌、協律爲務，惟以詞體作新詩，其間固有傳舊與始創之異，然其要旨乃於變中之舊另覓路徑。至於創造階段，民國填詞由正而變，復由變而再歸之於正。於詞體之『多』求其全；於詞體之『一』，則著手詞學學科之創立。吾國倚聲填詞由此不期然而成之爲二十世紀獨立之學科。今詞、今詞學，亦因此而造其極。

今之讀者，生當二十一世紀，必欲明民國填詞之一『正』字，仍須著眼於『大當代』。此爲拙編《當代詞綜》所標舉概念。以生年論，凡於清同治元年（一八六二）之後出生之詞人，一歸之於大當代。而此所謂大當代者，非指凡近意義上之現代或當代，乃近乎『今天』之一特定概念也。若與千年古詞、古詞學相提並論，此則爲今代詞、今代詞學，乃彰顯今代人、今代事、今代思與今代情之一代樂歌。其民國特色云者，正斯之謂也。故民國填詞之正，不惟紹述千年古詞、千年古詞學之正，抑且開啓今代詞、今代詞學之正。雖則以今之立場言之，因中華民國之終結，三階段填詞亦相繼告成。然則一部《全民國詞》，典型猶在，民國填詞之正，必藉此得以驗證。此外，猶有可言者，乃民國四年（一九一五）之後出生之詞人，序列二十世紀五代詞學傳人之第四代，亦差可列爲民國填詞之第四世代。當江山易代之際，此一世代雖已届而立之年，惟於民國詞壇尚未明其位置。由民國而共和，身處今詞、今詞學之蜕變期。聲學與艷科偏廢，爲時、爲事而作與爲己而作兩相對立。半世紀學詞與詞學，其分離或皆由此而生。此一世代人物之所謂變，固已逾越民國範圍之外，然適以其事反證民國填詞之正。其人其事在題外，其思其義則仍在題内。今逢新世紀，吾國今詞、今詞學，重焕開拓與創造之異彩。此《全民國詞》，皇皇巨卷，惟願於題内、題外，正面、反面，俾供借鏡。

曹君辛華既承唐圭璋刊布《全宋詞》《全金元詞》鴻業之緒餘，復獲乃師楊海明、莫礪鋒、鍾振振諸君扶持，遂有《全民國詞》編纂之舉。其心可佩，其志可嘉。因略陳其事，以明其道，並與共勉。是爲序。

丙申雨水前一日，濠上詞隱施議對謹識於香江之敏求居。

序　二

鍾振振

或問：唐五代詞可得而史論之乎？曰：可。唐五代詞，蓋可盡讀，有《全唐五代詞》在故也。

或問：宋詞可得而史論之乎？曰：可。兩宋之詞，亦可盡讀，有《全宋詞》《全宋詞補輯》在故也。

或問：金元詞可得而史論之乎？曰：可。金元之詞，亦可盡讀，有《全金元詞》在故也。

或問：明詞可得而史論之乎？曰：可。明人之詞，亦可盡讀，有《全明詞》《全明詞補編》在故也。

或問：清詞可得而史論之乎？曰：未也。清人之詞，難於盡讀，《全清詞》之版行者，今止順康、雍乾二編，嘉道、咸同、光宣等編，尚闕如焉。

或問：民國詞可得而史論之乎？曰：今固未能，指日可待。民國之詞，不難盡讀，《全民國詞》殺青既已，版行在即故也。

前十數年，歲在壬午、甲申間，曹君辛華從余爲第二站博士後，時問詞學於吾舊居騰龍里。

一日，以個人中長期治學方向爲諮詢。余曰：三唐兩宋，已成顯學。譬之江湘二浙，久習精耕。蒔稻藝桑，於兹熟土，地既無尺寸之增，畝難有斤兩之益。金元明清，開拓方興，篳路以啓，先鞭已失。惟民國勝朝，勢在必争。上承乾嘉，舊學術之薪積；東漸歐美，新文化之風行。天雷相搏，地火并噴。鴻鶩一瞥，時僅三十八年；豹變屢更，實勝百千萬世。大澤深山，是生龍虎；聞風聽水，何待見知？吾斷其詞之有可觀者必矣。而治舊文學者，每薄其近而不屑爲；治新文學者，每難其古而不能爲。是以忽略者衆，從事者寡，致其蒙昧荒莽，雪冷冰寒。此誠大可用武之地也，墾闢之任，君其有意乎？如其有意，請自《全民國詞》編纂始。君聞言喜，曰：唯唯，謹受教！自此乃矻矻從事矣。

十數年後，君以《全民國詞》規模初成，請序於余。忽憶四十年前始從恩師唐圭璋先生讀研究生時，先生曾誨之以《論語》載孔子引南人之言：『人而無恒，不可以作巫醫。』若曹君，可謂『有恒』者矣。又思《全民國詞》既就，民國詞即可得而史論之矣。君盍賈其餘勇，並《民國詞史》之最稱完備者而亦爲之乎？吾已儲佳釀十斗，以須其成。君其勉旃！

序三

彭玉平

曩讀寅恪公《俞曲園先生病中囈語跋》云：『以觀空者而觀時，天下人事之變，遂無一不爲當然而非偶然。……蓋今日神州之世局，三十年前已成定而不可移易。當時中智之士莫不惴惴然睹大禍之將屆，況先生爲一代儒林宗碩，湛思而通識之人，值其氣機觸會，探演微隱以示來者，宜所言多中，復何奇之有焉！』此録俞曲園《病中囈語》其八云：『人間從此又華胥，偃武修文樂有餘。璧水圜橋觀廢禮，山巖屋壁訪遺書。』誠多於新世局或收拾綱常以爲古物之憂。三十年代之初，陳寅恪身歷其事，初奉此詩即恍然增感，頓悟俞曲園之湛思通識有不可形容者，故特爲跋語以爲紹介，此亦足見其心中依傍。

吾國自辛亥事起，國體遂一變其舊，迄四九立國之年，雖中經張勳復辟、滿洲僞國諸事叨擾，然共和體制實成不可逆轉之勢。民初之時，一如寅恪公所言，頗有因國體變化而導致文化變異之深憂，故陳寅恪之視王國維之自沉乃『文化神州喪一身』，吴宓之視陳寅恪乃『文化神州何所繫，觀堂而後信公賢』，皆以之爲文化托命之人。寅恪公曾喟然歎曰：『招魂楚澤心雖在，續命河汾夢亦休。』以今視之，未免惆悵過甚。蓋文化之承傳固有自身之規律者，匪以代分，亦難以國體斷者也。不違言國體劇變，自有新舊文化融通之跡，即一體之嬗變，亦有國體易代之難以限量者。於當世而言，文學之貫通中西久已蔚成風尚，然傳統體制亦何曾消歇！若格律詩詞、文言之文實代有人作。故以通人之眼，裁斷新舊，實各具神采而已。

民初新文化運動席捲南北，胡適、陳獨秀二氏扇之最烈，胡適之欲以新詩一體盡掩詩詞曲諸體，其初在應白話之需者也。而今思之，胡、陳二氏乃多出以政治家之眼，而非詩人之眼也。不違言二公固多舊體之作，即稍檢《嘗試集》之所謂新詩者，亦多舊詩刷洗之跡，故研習新文學者，於其舊文學亦須參酌其中。無論『中國現當代文學』，抑或『二十世紀文學』，稱名雖有異，然若棄舊體文學於不顧，余不知其可也。若郁達夫固多小説上之巨獻，然彼嘗用心特甚、矜爲自得者，適在舊體詩詞一域，則衡估郁達夫文學地位，舊體詩詞，焉能忽之！故薈萃民國之詞，既可見民國詞推演之犖犖大端，亦可將新舊文學彼此對勘，或大多不過相似心跡，裁爲新舊兩體而已。故民國之詞匪惟具舊體之價值，實亦具新體之底蘊，其與新體之文學，離之則兩傷，合之則雙美，即此之謂也。

民國詞人躬逢數千年未有之變局，入乎其內，觸摸時代之脈息；出乎其外，敘寫時代之心聲。職是之故，一代分體文獻，固可見一代社會之變遷，亦可見一代詞人心史之動盪，故燭照民國世事民心之變，詞之一體實約略具備，此彙集民國詞之要義所在也。

曹君辛華教授，有志彙輯民國之詞者有年，余於其網羅一代詞之雅意，心有戚戚焉。數載經營，成此巨編，其潛入之志、裁斷之力、組織之功、搜羅之富，令余頓起敬重之心。因草此文，小言詹詹，以爲鼓吹。

戊戌年壬戌月庚子日，彭玉平於康園。

前言

曹辛華

《全民國詞》的編纂是一項規模宏大、任務艱巨、頗具挑戰意義的文獻整理與研究項目。由於長期以來，現代文學側重新文學研究，導致民國舊體文學的整理與研究相當薄弱。於此筆者將在綜論民國詞當前研究現狀的基礎上，論述整理民國詞的實現途徑。

一、界説

名不正則言不順，首先須對與『民國詞』相關術語與範疇進行界定。

儘管各種詞學論著都會對何爲『詞』這一問題有所界説，但由於時代不同，對『詞』的定義與界定還是有所差異的。筆者對詞的定義是：樂府『格』『律』化而成詞。這一闡釋旨在説明詞體是按樂府的寫作方式，先按一定格式（音樂格式或文字格式），將其文字的平仄、韻脚等格式當作固定規律來創作的文體樣式。通常來講，凡是按固定的傳統詞調創作的有一定『格』『律』的文字作品，即是詞作。此定義基本上也適應於民國時期『詞體』與詞作的判定。

民國時期還出現了幾種異於前代的類詞體。一是外來新曲詞，如翻譯外來歌曲形成的歌詞，或以外來歌曲爲曲譜重新填詞而形成的新歌詞。對此，筆者不視爲傳統詞體的詞作。一是新體樂歌歌詞，當時葉恭綽、龍榆生都曾提倡與創作。此與外來新曲詞一樣，都是採用新音樂來重新填詞，但由於大多不是用詞體寫成，也不當視作詞。此際還有一批舊詩詞或重新改編詞體樣式來配新音樂者。舊詞配新樂者，可視爲『聲詩』之詞，而改編詞體重新填詞配樂形成的歌詞，仍可視爲詞作，因其採用了傳統詞體。一是白話詞，即以白話語言用傳統詞體創作的作品。如胡適《嘗試集》中的白話詞作，梁啓超等人的白話詞亦是其例。對此，仍可視爲詞作。因白話詞自古已有，清代之前的白話詞還有不少存世，胡適等人提倡白話詞是有歷史依據的。

按當前學界慣例，民國專指清滅亡以後、中華人民共和國成立之前這段時期。故『民國詞』主要指在此階段創作的詞作。又根據嚴迪昌《清詞史》中所論云：

和『清末四大家』唱酬較多、交往頻密的詞人尚有端木埰（著《碧瀣詞》）、陳鋭（著《抱碧齋詞》）、陳洵（著《海綃詞》）、夏孫桐（著《悔龕詞》）等，陳洵和夏孫桐卒年都遲至一九四〇年以後。此外，以詩和詩論聞名的陳衍（著《烏絲詞》）、詩人易順鼎（有《鬘天影事譜》）、梁鼎芬（有《欵紅樓詞》）等亦擅詞，並皆卒於民國以後，擬入『民國詞史』。

嚴氏將由清入民國的詞人均視作民國詞史當論列的民國詞人。

另外，《全明詞》收入清而亡的詞人全部作品（包括入清後所作作品），《全清詞·順康卷》收明亡後入清的詞人在明代所作的詞作。故『民國詞』的範圍亦準此例，對易代之際詞人詞作全部收録。

『全民國詞』這一概念包含多重内涵。一方面，『全民國詞』是與『全唐五代詞』、『全宋詞』、『全金元詞』等同樣性質的一代詞集的總彙，是對民國時期詞人詞作進行整理的大工程。另一方面，『全民國詞』之『全』是一個有彈性的字眼。正如『全宋詞』至今也不敢言已搜求殆盡宋代所有詞作，『全明詞』編纂過後又有重編之役，此處之『全』只是預設的目標，要達到真正的齊全，以民國歷史、文化等的複雜性來説，恐怕尚需時日。『求其上，得其中』，此『全』字不可去，當努力以求之。

筆者在綜論民國詞史時曾指出，『細分起來，民國詞人當由四代作者組成』。第一代詞人一生大部分時間生活在清朝，中華民國成立時，已步入晚年。此代詞人以清朝遺老爲多。第二代詞人是出生於光緒年間。他們或參與過中華民國的建設，或在中華民國建立時已活躍在詞壇。第三代詞人指當中華民國成立時，或已經出生，或正步入青年，剛開始步入詞壇的文人。其生年介於一八九〇年至一九一二年間，是民國詞創作的生力軍。第四代詞人是生年介於一九一二年至一九二九年之間者。之所以將此代詞人下限定在一九二九年，乃因生於一九二九年以後者，到一九四九年中華人民共和國成立時還未成年，其詞學活動當完全屬於『當代詞史』的討論範圍。由以上對民國詞『四代人』的界定來看，民國詞史探討的主要詞人當在後三代。故《全民國詞》是對這四代詞人創作進行的全面整理，其重點在後三代詞人詞作的整理上。

二、編纂的基礎

《全民國詞》整理所涉主題，不僅包含詞學、近代文學、現代文學、近現代歷史與文化等各層面，也包含民國詞集的總目、編年、敘録、提要等民國詞學文獻整理與研究的層面，至少涉及詩詞學、近代文學、現代文學、文獻學、歷史學等五大學科。因此，以上相關主題的整理現狀，爲民國詞的編纂提供了一定基礎和先期條件。

在斷代文體作品研究與整理領域，各代詞作全集伴隨著各代詩歌作品全集的編纂業已展開。當前，自唐至清，各代詞作大型總集的整理均已展開，《全唐五代詞》從林大椿、張璋至曾昭岷、王兆鵬等，已逐漸精審完備。《全宋詞》由唐圭璋、王仲聞諸先生基本完成。《全金元詞》則由唐圭璋先生完成了編纂工作。《全明詞》已有饒宗頤等先生於二〇〇四年完成，周明初先生於二〇〇七年又有《全明詞補編》問世，最近周先生又啓動了《全明詞》重編工作。《全清詞》編纂由於量大任重，在程千帆先生的引領下，又經過張宏生先生等學者的努力，目前已完成了《順康卷》《雍乾卷》的編纂。

民國詞的整理相對較晚，二〇〇六年，筆者開始著手《全民國詞》編纂工作。相關基礎也比之前有很大提高。

表現之一，自民國至當前已有不少詞選集、總集出現。早在民國時期，已有《雍園詞鈔》《近人詞録》《廣篋中詞》之類的民國詞選本出現。新時期以來涉及民國詞的重要選本有：華鍾彦《五四以來詩詞選》（一九八七）、毛谷風《二十世紀名家詩詞鈔》（一九九三）、嚴迪昌《近現代詞紀事會評》（一九九五）、施議對《當代詞綜》（二〇〇二）、錢理群等《二十世紀詩詞注評》（二〇〇五）、劉夢芙《二十世紀中華詞選》（二〇〇八），以及楊子才《民國五百家詞鈔》（二〇〇八）等。

表現之二，涉及民國詞的大型叢書在新時期出現不少。這些叢書保存與整理了一部分民國詞相關文獻。如十九世紀三十年代所纂《續修四庫全書提要》，其中收録晚清民國之際詞人集達十種。民國時期的大型叢書《萬有文庫》，不僅包含有詞學書籍，也含有民國詞人的詩文集。黄山書社所出版《二十世紀詩詞名家别集叢書》，含《翠樓吟草》等二十餘種，又《安徽近百年詩詞名家叢書》，含《還軒詞》等八種。巴蜀書社二十世紀九十年代初推出《吴芳吉集》《趙熙集》等現代舊體别集多種。上海社科院出版社推出《温州文獻叢書》，含《黄群集》《楊青集》等多種現代舊體别集。上海書店影印出版的《民國叢書》中收有《遐庵彙稿》《雙照樓詩詞集》等多種。上海古籍出版社出版的《中國近代文學叢書》中的許多詩文集都含有民國時期的詞作。中國人民大學出版社和社科文獻出版社九十年代推出的《南社叢書》中收有不少詞集。嶽麓書社近年推出《湖湘文庫》，含《王先謙詩文集》等近現代舊體文集二十餘種。由福建人民出版社推出的《福建文史叢書》，含《何振岱集》等七種。張劍主編的《中國近現代稀見史料叢刊》中也收有一定的民國文人稿本别集。鍾振振教授與筆者近年所主持的國家出版基金項目『民國時期詩詞文獻珍本整理與研究』中收録了民國詞家專集，凡十六種。臺灣地區所出版的大型叢書《近代中國史料叢刊》中包含有民國詞集十餘種。

表現之三，自民國以來大量的詩詞别集或詞集在一九四九年後又得以出版印行。由於數目衆多，兹不一一臚列。

民國詞屬於現代文學的範疇，當前現代文學研究界對民國時期各類新文學文體的整理已卓有成效。早在一九三五年前後學者們已編纂了『新文學大系』（包含新詩、小説、戲劇、散文、理論等卷）大型叢書。民國時期出現的新文學家專集已出版殆盡。由於不少新文學作家在民國時期也從事舊體詩詞創作，因而他們的全集或别集中也含有詞作，如朱自清、冰心、闗露等即是其例。而新文學研究界已對民國舊體詩詞有所整理與研究，如于友發等《新文學舊體詩選注》、錢理群等《二十世紀詩詞注評》等均屬於此。研究著作方面，民國時如謝无量《中國大文學史》、錢基博《現代中國文學史》、陳子展《最近三十年中國文學史》、胡適《五十年來中國之文學》、陳柱《四十年來吾國之文學略談》等著作均涉及大量的民國詩詞家。新時期以來，如朱文華《風騷餘韻論——中國現代文學背景下的舊體詩》（一九九八）、劉士林《二十世紀中國學人之詩研究》（二〇〇五）等專門對舊體詩詞進行研究。尤值一提的是由劉納主編的《清末民初文人叢書》（一九九八）和孫中田主編的《中國近現代文學名家詩詞系列解析叢書》（一九九九）對民國舊體詩詞界不少名家名作展開深入的個案研究，這是現代文學界對民國舊體詩詞研究做出的重要貢獻。

《全民國詞》的編纂與民國史、民國學術、民國文化等大有關聯，當前相關的整理與研究已有不少成果出現，歷史類者，如姜克夫編著《民國軍事史略稿》（一九八七—一九九五），卞孝萱、唐文權編《民國人物碑傳集》（一九九五），熊尚厚、嚴如平等主編《民國著名人物傳》（一九九七）。此外，還有一批民國學術、歷史、文化的大型圖書出現。如張豈之主編《民國學案》（二〇〇五），鄭逸梅著《民國筆記概觀》（一九九一），團結出版社《民國珍本叢刊》（二〇〇六），大象出版社《民國史料叢刊》，國家圖書館出版社《民國時期出版書目彙編》《清末民國舊體詩詞結社文獻彙編》等。這些圖書的編纂與出版，爲整理與研究民國詞提供了重要文獻支撑。

民國詞的全面整理與研究又屬於近代文學與民國舊體文學史的研究範圍，對民國舊體文學的研究爲《全民國詞》的編纂提供了啓示與借鑒。『民國舊體文學史』的研究範圍，與其他斷代文學史一樣，具有豐富多樣的特點。歸納起來當有通史研究、分體研究、作家作品研究、創作理論與批評研究、史傳研究、文獻整理與研究、專題史研究等七項。然而，由於種種原因，民國舊體文學史的建構一直未完全提上日程。筆者於《論民國舊體文學史的建構及其意義》（見《中國文學從古典向現代轉型研討會論文集》）中在説明建構方式的同時，也對當前研究的不足與意義進行過深入揭示。當前爲止，學界對包括詞體在内的民國舊體文學的研究基本集中在三大層面。一方面是各種舊體文學作品與理論的整理，前面已經有述及。另一方面是民國舊體文學的歷史及其批評的研究。如胡迎建《民國舊體詩史稿》、吴海發《二十世紀中國詩詞史稿》、張振國《晚清民國志怪傳奇小説集研究》、劉夢芙《近百年名家舊體詩詞及其流變研究》、馬大勇《二十世紀詩詞史論》、王達敏民國舊體散文史研究以及筆者《民國詞史》等均屬此列。再一方面是民國舊體文學社團流派名家的個案、專題研究。如南社的研究就極爲火熱。臺灣地區林香伶有《南社研究》，筆者博士後出站報告即爲《南社詞學研究》，南社研究會還策劃出版了《南社學術叢書》等。

伴隨著詞學研究的興盛與發達，研究民國詞史、詞學的成果逐漸湧現，這昭示着民國詞及其詞學的研究熱點的來臨，也爲編纂《全民國詞》提供了可能性。

總目類可資民國詞總目編纂借鑒的成果，多集中前代文學總集的斷代整理上。《四庫全書總目》等傳統目録文獻，兹不羅列，僅述與民國詞集總目相關者。由於晚清民國的交替，如李靈年、陸林等編《清人別集總目》（二〇〇〇）、柯愈春《清人詩文集總目提要》二〇〇一）、袁行雲《清人詩集敘録》等總目成果中包含有大量民國詞集的文獻信息。域外部分，如日本西村元照編《日本現存清人文集目録》、松村昂《清詩總集一三一種解題》、韓國金學主《韓國重要圖書館所藏明清人文集目録》等也有利於民國詞的查尋。早在民國時期還出現了一些書目索引可供查找民國詞的綫索。如平心編《全國總書目》（開明書店，一九三五），楊家駱著《圖書年鑒》（商務印書館，一九三三），南軒圖書館編《南軒圖書館圖書目録》（一九三七）等。新時期以來，北京圖書館編《民國時期總書目：一九一一—一九四九》（書目文獻出版社，一九九五）爲查詢民國詞集的第一種總目；而《民國時期出版書目彙編》（國家圖書館出版社，二〇一〇）、《民國時期發行書目彙編》（國家圖書館出版社，二〇一〇）等，將民國時期八十四家一百四十七種大中小出版機構與書局所出版、發行的圖書目録、廣告、章程等影印出版，比《民國時期總書目》更全面、更豐富地保存了民國詞在民國的出版情況，方便了民國詞總目的編纂。目前爲止，專門的詞學目録也有出現。如趙尊嶽《詞目》、袁毓麐《袁文藪藏清詞目》、柳詒徵《詞籍目録初稿》、吴世昌《清人詞目録》等，均保留了不少民國詞集目録、版本信息。另外，還有不少包含綜述民國詞集書目的著述。如有不少詞學大辭典後附有相關目録，其中《中國詞學大辭典》中收不少民國名家詞集目録。吴熊和、嚴迪昌、林玫儀合編《清詞別集知見目録彙編》收録有部分晚清民國詞别集目録，黄文吉《詞學研究書目（一九一二—一九九二）》、林玫儀《詞學論著總目（一九〇〇—一九九二）》、王兆鵬所著《詞學史料學》中均收有一定數量的民國詞集目録。近年杜海華所編有《二十世紀全國報刊詞學論文索引》一書也爲查詢民國詞的信息提供了一定的方便。

提要類研究成果相當豐富，爲民國詞集的查尋、彙輯提供了重要信息。如《四庫全書總目提要》，王重民《中國善本書提要》《中國善本書提要補編》，來新夏主編《清代目録提要》等。

電子資料庫是新世紀以來出現的現代化整理文獻方式，較早出現與詞學相關的電子資料庫有南京師範大學所研發的『唐宋詞檢索系統』。南京師範大學朱崇才教授新近已完成教育部科研項目『詞學資料電子庫』（二〇一〇年結項）。當前爲止，與《全民國詞》相關的電子資料庫有兩類：一類爲全文影像資料庫；一類爲目録索引資料庫。這些資料庫中有些涉及了民國詞集相關文獻。如愛如生公司所出『中國基本古籍庫』中收有一部分民國詞集與民國詞學方面的影像文本。其他如愛如生近代圖書資料庫、新浪愛問近現代圖書資源庫、雕龍——中國日本古籍全文檢索資料庫、中美百萬册、Google圖書資源庫、超星數字圖書館、讀秀學術搜索、方正APABI數字圖書館、書生之家等均收録有一定數量民國詞及其相關圖書影像。這些資料庫也爲我們彙輯民國詞集相關文獻提供了便利。有些電子資料庫則基本上與《全民國詞》密切相關。如全國報刊索引、晚清民國期刊全文資料庫、大成老舊刊全文資料庫；中國近代報刊庫、學苑汲古、國家圖書館館藏民國期刊、國家圖書館館藏民國圖書、中國近代文獻聯合目録、重慶圖書館館藏民國文獻等。

綜上所述，與《全民國詞》的整理相關的研究成果已有豐富的積累，研究態勢也日漸增强。種種現狀説明，民國詞文獻整理的科研時機已到，亟需投入更多的人力、物力、財力與精力，以刺激與促進學界對民國詞及民國詞學乃至各種民國舊體文學進行突破性研究。

三、全民國詞整理的思路與問題

《全民國詞》的編纂工作主要有三方面：一是民國詞集及其作品全面排查、考察、獲取與刊印。二是民國詞史的傳統撰寫。以編年史、史傳、提要等，爲近代文學史、現代文學史、民國舊體文學史的建構與研究提供便利。三是文獻學或史料學的研究與運用。即做好對民國詞集的排查編目、編年、敘録、提要與彙輯刊印等，在此基礎上完善《全民國詞》的編纂，由此形成六大方面必須先行的研究課題。

其一，民國詞集總目提要。首先是對民國詞集的全面普查、獲取與編目，形成總目録。民國詞集的類别分民國詞别集、民國詞總集、民國詞社集、民國報刊上的詞集等。從分布地域上含大陸部分、港澳臺部分及國外部分；時間段上含晚清入民國、民國時期、新中國後三大段；以此爲《全民國詞》的整理與研究奠定基礎。其次，爲民國詞集作提要。即在基本獲取詞集文本的基礎上，以各種詞人傳記、版本考察、詞集序跋品評等爲各種民國詞集進行提要鈎玄，如簡述詞人生平、里籍、行實，明標版本情形，品評詞人及詞藝等。最後，彙合民國詞集總目提要的編纂。

其二，民國詞的編年。對民國詞集的寫定、刊刻時間進行編年以見其傳播。對民國詞集具體内容及其主要作品的創作時間進行繫年或編年，形成民國詞編年史。對民國詞學活動編年。民國詞集的創作活動如雅集、結社、唱酬、批評、傳播等亟需以編年體史書的方式進行考察與研究。如此才能完善編纂的次第與順序，標明編排詞人、詞集先後。

其三，民國詞集版本敘録與辨析。對迄今爲止出現的各種民國詞集版本進行辨别、考訂、梳理源流等。民國時期各種出版印刷、現代傳媒等紛紛出現，使得民國詞集的版本從稿本、抄本、刻本、鉛印本、石印本、油印本到報刊本等呈現多種多樣的形態。又由於民國詞人有不少跨代情形，對他們不在民國時期所寫定、刊行的詞集也須要從版本方面辨析剥離清楚。再加上特殊的政治原因，有不少詞人到臺灣地區與國外，他們的詞集版本也須專門考辨。對民國詞集版本的總體研究、逐一研究，是完成『民國詞集總目提要』必須要提前做的科研任務，也是總目提要完成時所産生的相關成果。只有對民國詞版本進行系統地敘録、考辨，才能辯正詞作、補輯缺漏詞作、剔除重複詞作。

其四，民國詞集序跋品評資料彙録。民國詞集中有大量的詞學資料，如詞集的品題、序跋、詞論、評點、評介等，亟需考辨、編年、彙録。

其五，民國詞人傳記資料彙録。民國詞人的數量、民國詞人的分布、民國詞人的行實、民國詞人的著述等都是在做提要時必須提前釐清的。特别是在展開民國詞集普查時，民國詞人姓名、基本行跡等都須先有簡目，才能以此爲綫索進行，又做提要時對詞人的詞風進行論斷，傳記史料也是必依文獻。

其六，《全民國詞》相關文獻電子資料庫。當前爲數字化電子時代，在前面研究的基礎上，形成種種相關的電子資料庫勢在必行，如民國詞集叢刊影像庫，民國詞集版本（含封面、裝幀、印刷等外部影像與序跋、品題、評點情形等内部影像），以及民國詞集總目、作者、時代、區域省份分佈等於一體的綜合電子資料庫，與民國詞集相關的民國詞學資料電子資料庫（含民國詞學活動史料、民國詞話、民國詞社、民國詞選、與民國詞相關的期刊雜誌、民國詞學論文、著作以及研究民國詞學的論著）等。

以上研究内容的設立與方案的提出，將爲《全民國詞》的整理鋪墊道路，也爲民國詞史的撰著準備充分的文獻史料與研究條件。

對民國詞文獻的整理的展開、計劃的實施、科研的實踐與任務的完成，將圍繞『有利於民國舊體文學深化、有利於《全民國詞》的編纂、有利於民國文學文獻學(特别是民國詞學文獻)的發展、有利於民國文學文化史料的展示』這四個中心目標進行。

《全民國詞》編纂的規模巨大,只有解決研究中的關鍵性問題,分清重點與難點,才能圓滿完成。

一方面,全方位地普查清『民國詞集』是最關鍵部分。没有民國詞集的總目,也就無法獲取文本,所有的提要、版本、編年等問題,都成空談。能否完備地編纂出『民國詞集總目』,決定了其他板塊能否及時、迅速、順利地展開。因此,必須以民國詞集總目的完善編纂爲首要任務。另一方面,能否全面占有文本,是完成民國詞編纂的第二個關鍵性問題。再一方面,文獻學功力的高下,是此課題品質、水準是否有保證的重要問題。民國詞集文獻的整理歸根到底是文獻學項目。編年、敘録、提要等均屬傳統學術的範疇,只有詩詞學與文獻學兼擅的學者才能發揮最大能量,文獻學水準在編纂過程中的作用不容忽視。因此,此課題的完成,有賴於文獻學功底深厚的詩詞學專家。

凡例

一　《全民國詞》踵繼前人之例，旨在彙輯民國詞作爲一編，然詞人衆多，卷帙浩繁，非短時内可蕆事，故擬分輯編纂，漸次成書。待各輯陸續告成後，復重爲排纂，以成一代之總集。此爲第一輯。

二　民國爲時甚促，生於民國而卒於民國之詞人甚鮮，故斷限爲難。今擬一通例：凡一九一二年至一九四九年間留有詞作者俱入編，不復問其人之身份及政治立場。然以人繫詞，前人成例，一人之創作勢難截然分割，故是編多闌入諸詞人晚清及一九四九年後詞作。雖名實稍悖，然欲見詞學之變遷流轉，亦莫善於此。民國詞作者政治傾向不一，難免有時代局限性，非編者所盡能贊同。爲保持作品完整性，不作删改。一九四九年後詞作附注説明之。

三　是編以詞人爲經，然其生卒多有難得其詳者，故暫以姓名筆畫爲序。俟全集完成後，復參伍比次，定其先後之序。

四　詞人小傳略述各人生卒、字號、里籍、仕履、著述等項，依姓名筆畫爲次，彙爲一編，附於全書之末。各傳下列其人詞作所在正文頁次，兼有索引之功用。

五　是編采録各家詞底本，以定本、善本、足本、原本爲主。篇目次序，一仍底本之舊。附見詞則從删削或移入各人名下。詞作散見於他本及他書者，亦爲輯録，略加詮次，附於各集之後，並標明出處。無詞集傳世者同之。

六　詞集序跋依舊例概從删略，唯詞集内有小序及跋有助於讀者領會詞旨者，亦間存之。位置有變動者並附按語説明之。

七　是編因文獻來源不同，各詞原格式參差不一，今統一以詞調爲正題，詞意標題爲副題，副題或小序均以小字列於正題之下，並依據實際情形略加調整，以求整飭。

八　本書於聯排同調之詞，自第二首起以『前調』標目，如係聯章，則自第二首起以『其二』『其三』等標目。凡底本標目與此不合者，徑加調整。

九　標點以簡明爲主，叶韻處用句號，句用逗號，讀用頓號。副題、小序、小傳、夾注等則依照一般標點規則。詞之正文，依《詞譜》《詞律》斷句，與之不合者，參酌語意標點。自度曲而譜律未載者，以語意、韻脚定其句讀。

十　近代文獻浩如煙海，遺漏難免，諸家之詞或有伏而未出者，且部分詞人喜改舊作，幾致面目全非，校勘殊難措手，故是編暫不出校勘記，於明顯訛誤之處則徑改。俟各輯成書後，再擬一校勘通例以貫通全集。

十一　全書之末附有徵引書目，並注明版本，以便查檢稽考。

目録

丁寧 二百二十七首

于右任　四十四首

王浩　七十四首

王邁　五首

王德方　四十九首

王鏡寰　一百三十首

仇埰　二百二十八首

朱兆蓉 五首

朱樂之 二百二首

朱應徵　五十首

任援道　八十二首

向迪琮　二百九首

丁三在

蝶戀花

題仲可丈純飛館填詞圖，用丈題先君子《夢痕潭水詞》韻

山外斜陽湖上路。鳥囀歌來，柳對花花舞。春到花鳥湖山誰舊主。當年詞客勾留處。爲問迦陵春不暮。一卷新詞，剛把春留住。六么低按譜。小紅幾拂鷗弦誤。

前調

題徐彤芬女士遺畫

雲樹微茫無盡處。一幅生綃，寫出秋江暮。遺墨未乾人已去。天寥老淚揮金瓠。生小聰明天賦予。華得詩書，俊得江山助。天忌何心天不語。勞勞塵世應難住。

摸魚子

西溪風木龕覓戲池

楝花風、一江春水，雙雙仙舄飛渡。方塘半畝清如許。留得碧毛雛鷺。煙際樹。對細柳澄波，芳草斜陽暮。棠梨靚處。有反哺慈烏，歸來野鶴，俯仰我生悟。茅庵古。翠竹蒼松雲護。當年先祖廬墓。紅羊歷刧灰猶熱，一霎感深霜露。今非作仄故。儘獨立蒼茫，無地盟鷗鷺。六州錯鑄。看弱羽隨流，妖鱗跋浪，阻絶武陵路。

少年游

爲人題名小青墓作

碧氍毹上現真真。一例夢中人。我是鄉親，卿原同姓，何必問前身。花開花落年年恨，酌水奠香魂。蝴蝶飛灰，杜鵑啼血，今古此傷神。

減字木蘭花　題三潭泛舟圖

輕舟穩坐。叢竹横空摇翠个。笑把蘭篙。刺入新荷傍小橋。　三家仙侣。添箇高郎豪自許。素月流波。對影飛觴爾我他。

浣溪沙　題西泠雅集圖

萬古牢愁付一巵。酒痕和淚影參差。莫嗟解后十年遲。　鏡裏蛾眉修黛色，畫中蟬鬢引烏絲。明湖回首暮春時。

羅敷媚

秋風容易吹人老，郎未歌殘。儂已吟殘。燭影摇紅淚墨乾。　記曾共泛西泠雨，相見何難。乍别尤難。月子彎彎兩度看。

西子妝　題西湖采蓮圖，用夢窗韻

初日酡顔，曉山翠黛，微帶一痕輕霧。畫船冉冉采蓮來，戰風荷、第三橋塊。香迷蝶舞。恰飛上、玉作平搔頭住。悄含情，笑一雙鸂鶒，夢深如許。　當年誤。艷絶西施，底向吴宫去。蓮房露冷浣紗溪，惹相思、望中雲樹。羊王斷句。《采蓮歌》始於羊祜，《采蓮賦》始於王勃。最蕭瑟、江關詞賦。漫悲秋，留聽殘聲夜雨。

減字木蘭花　題戲猫圖

霜毛柔美。戲劈紅絨穿嫩耳。長爪輕搔。更撮駝峯睡起腰。　荷香深處。獨倚闌干愁日暮。攜得烏圓。爲證前因唤阿蘭。

鵲橋仙 七夕悼亡

月蟾學拜，星螢輕撲，兒女癡情難已。流年默數渡河期，怕暗地、催人老矣。　玉梭空擲，金針虛度，六六光陰彈指。畫屏無寐聽殘更，問久別、天孫知否。

浣溪沙 爲芷畦題水村第五圖

一綫菱塘界越吴。憑誰管領到分湖。避秦端的讓漁夫。　碧水無情長瀲灔，粉圖歷刼未模糊。休將前後判王盧。

漁家傲 題煙波釣月圖

幾杵疏鐘天欲暮。白沙湖底銀蟾吐。小艇無人横野渡。魚可數。此中應有劉郎住。　一曲嗚榔江上雨。羊裘老子今漁父。爲問滄桑經幾度。留尺幅。輞川圖畫同千古。

孤雁兒 題《寄心瑣語》

零愁碎恨重提起。又添得、安仁思。鴛湖聞説鵲橋通，争奈無情流水。舊游回首，憑將毫素，寫出纏綿意。　黄泉碧落窮天地。灑不盡、人間淚。玉絃聲渺寶奩寒，我亦妝樓慵倚。相憐同病，偏君情重，瑣語從心寄。

菩薩蠻 題觀世音造像

憑虛撰出莊嚴相。非空非色非非想。無幻亦無真。現來清浄身。　世緣基乙卯。像爲魏天平二年乙卯造。歷刼知多少。恁地是婆心。慈悲忘古今。

少年遊 前詞意有未盡，重拈一闋，仍用盧尊韻，拉雜之誚，在所不免傳奇彷彿再來人。小青傳奇，清初曾一演于吴下，陳臥子、李舒章均以《彷佛行》記之。又覩舞腰身。血淚雙行，心香一瓣，我弔女兒魂。鍾情争説虞山事，見《列朝詩集小傳》。簧鼓欲離真。譚子攘名，牧齋無賴，唐突藐姑神。

以上《丁子居賸草·詩餘》

減蘭　爲佩絃題荀郎小影

宜嗔宜喜。省識春風圖畫裏。滿月年華。開到人間第一花。　紅牙按拍。望斷江南空冀北。問姓香薰。小字分明解受辛。

一痕沙　題武林同遊照片，次吹萬韻

醉夢生生死死。今昨非非是是。大地刧塵餘。此身殊。　喜得相携戚串。放浪酒邊吟畔。招隱有名山。待君還。

羅敷媚　題亞子、慮尊、越流、春航、小雲清波弄影照片

明湖游客分湖侣，潦倒名場。點綴歡場。同調元方與季方。　鶯簧柳浪聲聞寂，敷粉何郎。爇麝荀郎。一水盈盈鏡裏妝。

菩薩蠻　偕絳士、蘇新、恨生、亞父、冥飛、展庵三潭夜泛

半規朝月雙枝槳。瓜皮恰受人三兩。瑣瑣話平生。王門不作伶。　相逢疑舊雨。莫漫分賓主。長嘯印潭心。交情水比深。

相見歡　湖上對月調冥飛

窺他半面嫦娥。恨偏多。只恨張郎不與、晝雙蛾。　無情緒。聽私語。隔銀河。應悔廣寒歸去、奈嫦何。

減蘭 贈春柳劇場鏡若、絳士、蘇新、鏡澄諸子

現身説法。粉墨淋漓言笑狎。游戲人間。狡獪神通見一斑。中年哀樂。一例鸞飄嗟鳳泊。優孟衣冠。莫作尋常鞠部觀。

采桑子 贈恨生，爲冥飛作

西泠無那銷魂處，來也匆匆。去也匆匆。飄泊天涯類轉蓬。　柔情顛倒張公子，笑也春風。罵也春風。一霎雲遮鏡裏容。

浣溪紗 贈恨生

兩岸雲山十里波。兒家生小住瀏河。萍踪海上轉愁多。　南國親栽紅豆子，西湖低唱碧蓮歌。夜深可奈月明何。

減蘭 題戲貓圖

吴鹽晶皎。聘得烏圓嬌更小。細語喃喃。那野狐禪莫漫參。　倘逢裴謂。至畢兒貓誰是主。一味癡頑。嬾卧花磚放蝶還。

南歌子 自題三潭對影照片

倒影湖心暈，閒身水面漚。叔兮弟也賦同游。添個張騫、天地寄蜉蝣。　明月空潭净，斜陽斷塔收。亭亭亭外引清流。宛在中央、一色水天收。

以上見《南社詞集》

丁立棠

采桑子 題寄漚

結茆未遂平生願，庾信羈愁。海上驚秋。才

過中年已白頭。　風狂雨横前宵事，庭院清幽。　松菊仍留。偷得閑身賦小休。

相見歡

庚子仲秋，安宜道中

扁舟過了雙湖。夕陽無。驀聽得兩行征雁、入平蕪。　西風緊。村煙暝。客心孤。卻喜一鉤新月、伴長途。

浪淘沙

南通城南别墅，俛瞰清流，遥瞻狼阜，花竹蓊翳，菱芰香來，頗得幽居之盛。時啬莽先生將出長農商，話别其中，感而賦此

曲榭半臨河。菱藕花多。青山隱隱隔簾波。争似江南風景好，雲樹煙蘿。　歲月儘消磨。閑聽漁歌。時艱未許老巖阿。爲問平生風月侶，惆悵如何。

菩薩蠻

魯學居看牡丹，兼裒均如

蕭齋兀坐傷春老。韶光忽報君家好。小院夕陽遲。花開三兩枝。　月來花弄影。門掩黄昏静。江上太春寒。歸來同笑看。

摸魚兒

壬寅歲杪，同人消寒七集，酒闌製此

便朝朝、圍鑪痛飲，能消幾許愁緒。河山滿目添惆悵，况是歲殘風雨。凄絶處。問隄柳江梅，來日春歸否。茫茫時數。笑起舞劉琨，著鞭祖逖，壯志向誰訴。　清寒夜，兀自挑鐙無語。雪花時作飛絮。新詞寫出江南怨，且倩朝雲細譜。君聽取。怕此後歌聲，更比今宵苦。心情無主。願沈醉香醪，囊琴載鶴，一棹泛波去。

滿江紅 日俄之戰感賦

傾耳東風，聽不得、遼陽鼙鼓。且安頓、圖書幾卷，梅花深處。伏櫪那堪傷去日，開樽聊復懽今雨。好韶光、瞥眼是清明，愁如許。 租不盡，支那土。樵不盡，東陵樹。看中原今日，縱橫豺虎。欲學號寒難苟活，便爲精衛嗟何補。錦山河、徧地長烽烟，天無語。

金縷曲 書上元侯烈婦傳後

瘳繞西湖月。驀驚心、稾碪病返，菊花時節。擣藥籲天求代死，夜夜鑪香親爇。慟一夕、鴛幃淒絶。茹櫱飲冰非所恨，願相從、共赴瑶京闕。同心侶，忍長別。 殯宫突兆焚如劫。便六尺、桐棺無恙，也甘灰滅。説甚宋姬梁節姊，一片堅心似鐵。任在抱、孤雛哀咽。火宅妙蓮真浄土，葬貞魂、更比清池潔。纖骨燼，異香烈。

菩薩蠻 題楊蘅皋所藏東坡笠屐圖

三年遠謫儋州路。良朋風雨豪情訴。笠屐過田家。邨童笑語譁。 丰標千載上。留得丹青樣。莫認隱漁樵。心還魏闕勞。

前調 戊申春日，偕東生、蘅皋，登金陵臺城豁蒙廔

春風喚醒臺城柳。相逢聊復傾尊酒。扶醉一登樓。銷儂萬斛愁。 銅駝埋別徑。霸業湮沈盡。莫更話蕭梁。江山已夕陽。

前調 戊申九秋，遊石城莫愁湖

垂楊旖旎西城路。遊人豔説藏春處。一角好

湖山。西風夕照寒。英雄兒女事。歷歷皆彈指。六代付江流。湖還號莫愁。

揚州慢 戊申中秋，登石城清涼山

江上驚濤，湖邊落木，石城無限秋聲。悵六朝事業，都隨物飄零。問此後、臨流擊楫，聞鷄起舞，誰負澄清。任乾坤、莽莽中原，日已西征。　清涼山寺，憶昔年、遊屐曾經。歎卅載煙雲，滄桑變幻，客夢初醒。此日登臨情緒，似當年、蕭瑟蘭成。看秦淮東去，朝朝畫舫歈笙。

蝶戀花 題鮑聲父西泠感舊册子

感舊憂時情恁苦。劫歷紅羊，留得千金楮。無恙湖山欣復覩。當年詞客成千古。　早歲西泠遊釣處。物換星移，風景都非故。家國滄桑誰與訴。披圖猶識南屏路。

如夢令 贈秋月閣

廿載江湖浪別。今日重逢奇絶。對酒莫傷神，多少朱顏碧血。秋月。秋月。知否儂心猶熱。

燭影摇紅 南園小集書感

蓼紫薇紅，一年容易秋風又。驀驚往事恁淒涼，怕説花如舊。　今日草堂新構。破閑愁、良朋載酒。鶴歸何許，祠宇斜陽，一梧遥酎。

踏莎行 陳園菊花盛開，東飲草堂，即席賦此

霧蘂黄舒，霜苞紅褪。東籬花事關心最。風流誰似石湖仙，年年此日招同醉。　哥汝精神，璚瑤種類。就中別有秋滋味。人生難得

聚花前，漫揮他日憂時淚。

采桑子 庚戌春日，讀邸鈔感賦

陰雲匝地春無色，風雨颼飀。紅杏枝頭。吹入江邨逐水流。 花開花落渾閑事，緑黯紅收。韶景難留。乞我東皇一轉眸。

臨江仙 五十生日書懷

五十年華隨逝水，思量悔恨如何。半生哀樂儘銷磨。藏書多未讀，來日已蹉跎。 回首重幃冰檗操，天倫缺憾偏多。樽前一事可高歌。北堂萱艸茂，今夕醉顔酡。

酹江月 歲在丁未，五兄以《六十述懷》詩見示。余亦開五秩七年矣。回首少壯，不禁憮然，漫賦此解，以達情愫，不爲浮詞頌祝也

浮生忽忽，歎年華似水，都成拋卻。憶昔西泠隨侍日，壯歲偏憐弟弱。邗上鶯花，吳陵風雨，一一還如昨。分飛幾載，相看霜鬢零落。 年來棣蕚雕殘，蘭枝摧折，門祚傷衰薄。嬴得此身還健在，休感中年哀樂。十里春風，二分明月，且把金尊酌。海東遙祝，聯牀思踐前約。

前調 朝鮮感事

天驕彼虜，看千年王蹟，頓成銷歇。憶昔雄風爭海上，三駕徒勞大業。代有昏孱，朝多黨錮，元氣嗟中絕。窮山引虎，夜郎帝號空竊。 不見賣國呈圖，歸俘執梃，事事皆前轍。淒絕商賢箕子祀，更望誰人興滅。哭廟無靈，椎秦何補，志士空流血。仁江遙矚，故宮夜夜明

月。

蝶戀花　旅雁

淺水明沙橫遠渡。洲北汀西，旅影和煙住。祇爲瀟湘多伴侶。不辭千里拋鄉土。　一夜西風寒荻渚。嘹唳中宵，似把羈懷訴。秋老稻粱謀亦苦。關山風雪歸何許。

柳梢青　水仙

誰碾春煙。亭亭寒玉，如此清妍。弱步凌波，冰心在抱，真個神仙。　山齋伴我閒眠。冷香裏、蜂蝶無緣。洛浦魂歸，漢皋珮解，一別經年。

點絳脣　素心蘭

一縷香魂，化成碧玉清如此。湘簾捲起。靜對渾忘世。　春紫秋紅，都不關儂事。誰能似。在山泉水。長此冰心矢。

浪淘沙　辛亥仲春，京口寓樓臨眺

曉起凭江樓。一豁塵眸。春來底事冷於秋。堤上綠楊風雨裏，儘著颼飀。　峯影峙中流。幾點沙鷗。可能容我弄扁舟。苦念家山無限好，對此翻愁。

鞦韆索　辛亥端陽風雨

藥欄春盡渾無緒。更悵觸、舊愁如許。除卻焚香讀楚騷，問竟日、和誰語。　榴紅艾綠剛重午。又底事、蕭蕭風雨。欲向東皇訴此情，已輕放、韶光去。

高陽臺　壬子春仲，猶御重裘。中夜端居，悄然不樂，漫賦此解，以寫我憂倦旅天涯，驚心歲晚，庾郎蕭瑟何堪。無限韶光，都從臘鼓催殘。東君著意傳芳訊，送春歸、又釀春寒。看樓頭，陌上連番，風雨闌干。　雕梁燕子曾相識，歎新巢未穩，舊瘳仍酣。且下纖簾，莫教霜殢幽蘭。柳隄盼煞晴光暖，問何時、春滿江南。恁淒清，多少新愁，又上眉端。

望江南　東淘春感

春去也，花落又今年。庭院深深風鐸緊，房櫳悄悄月鉤纖。惆悵麥秋天。　愁心醉，欹枕獨成眠。許事已如猧亂局，浮生休笑燕窺簾。何處問桃源。

踏莎行　蛙

水國微生，山塘舊部。争來太液池邊住。兩般鼓吹儘喧闐，清歌瀏曲翻相妒。　善怒無端，能鳴自負。等閒竟把韶光誤。祇愁霜冷故宮秋，繁音歷亂無容處。

水調歌頭　壬子新秋，邗江舟次感賦

落日照城闕，鼓角動清秋。長淮千里南下，此地古揚州。便少江山天塹，憶昔功成謝傅，百萬破貔貅。大好廣陵國，雄鎮在吴頭。　魚米盛，鹽筴富，木無儔。況當間世奇傑，攬轡砥中流。任説楚歌四起，半壁東南事業，未必一時休。漫用豎儒筞，杯酒共君謀。

蝶戀花　答陳壽萼寄贈白鞠

花徑年年緣客掃。把酒東籬，艷説花能好。劫歷滄桑花事杳。可憐人共秋懷老。　小別無端歡會少。霜露蒹葭，北望烟波渺。兩翦

素秋隨雁到。此情我欲瓊瑤報。

酹江月　聞金陵收復感賦

驚濤乍歇，歎周遭山色，空圍故國。兩度競爭彈指事，贏得瘡痍滿目。鍾阜蒼涼，秦淮嗚咽，燐火宵飛綠。啼痕到處，可憐江岸南北。憶昔鐵鎖千尋，降幡一片，頻逐中原鹿。自古興亡皆浩劫，那有蒼生幸福。竈下中郎，爛羊都尉，一一勛書帛。臨流擊楫，問誰支此危局。

金縷曲　癸丑莫春風雨

過了清明節。問底事、風風雨雨，恁般淒切。谿上桃花堤上柳，愁煞柔條吹折。撥不盡、蠻雲千疊。釀出春光才幾許，語東皇、莫令成銷歇。珍重意，共誰說。天涯已自多啼鴂。更惹起、江間駭浪，濤聲嗚咽。千管錫簫吹不暖，真個芳心如結。怎盼到、荼蘼似雪。花信何曾儂錯記，誤韶光、都是遊蜂蝶。襟上淚，漸成血。

臨江仙　甲寅初春，于役昭陽，鄉人假拱極臺觴余及姜君證禪，即席賦此

回首髫年遊釣，高臺今復登臨。昭陽自古厭言兵。樵歌漁唱地，笳鼓不堪聽。飛到雙雙旅雁，煙波無限鄉情。滄桑身世總關心。家山何處是，落日下孤城。

南柯子　珠湖舟次曉起

客裏春將老，愁時夢未酣。篷窗曉起怯衣單。都道昨宵風雨、不勝寒。弱柳頻吹折，夭桃半落殘。多情燕子語呢喃。似說天涯簾幙、

總難安。

如夢令 秋夜寄漚獨坐

颯颯西風僝僽。又是涼秋時候。兀坐聽寒蛩，落盡鐙花紅瘦。消受。消受。明月簾櫳依舊。

蝶戀花 之園春感

小院輕寒簾幕密。幾日陰晴，釀出花消息。劫後芳心須護惜。等閒莫令殘紅泣。　兀坐虛堂春寂寂。容易黃昏，好夢難尋覓。生怕東風催雨急。天涯没個遊人蹟。

賀新涼 題江都王轂園詞稾

磊落真奇士。歎華髮、青衫贏得，漂零如此。鄂渚風煙隨苑月，寫入碧山詞史。知眼底、更無餘子。廿四橋頭重唱徹，看清狂、杜牧今猶是。湖海客，有誰似。　滄桑閱盡人間世。剩滿紙、傷離感舊，都成變徵。憶否漚園同瀹茗，鏤雪木蘭花底。悵别後、溪山獨自。檢取瑤編題一曲，倩東風、好送孤鴻遰。花外集，待君寄。

以上《寄漚詞稿》

丁寧

浣溪沙 丁卯二月

淒沁梨雲夢不温。冰鸞曇影渺無痕。清愁如水又黃昏。　芳草有情縈舊恨，游絲何計綰離魂。自甘腸斷向誰論。

浪淘沙

風信一番番。芳序將闌。櫻桃未熟楝花殘。記得片帆南浦日，料峭春寒。　煙樹迷漫。子規啼遍碧闌干。頻道不如歸去好，何處鄉關。

蝶戀花

如水輕寒天欲暮。廿四番風，不斷催春去。花外鵑聲簾外雨。斷腸草綠江南路。　幾度留春春不住。化箇浮萍，流到春歸處。此去天涯知幾許。漫漫風絮迷前浦。

一萼紅　戊辰春暮，題葬花美人

數芳辰。甚清明過了，依舊是傷春。撲蝶情慵，湔裙約嬾，無那如水黃昏。遶香徑、鴉鋤漫整，怕杜宇、啼醒落花魂。墮粉揉煙，亂紅凝露，腸斷真真。　猶記翦蛾方罷，又踏青挑菜，轉眼皆陳。燕老枝空，雲歸夢冷，惆悵輕影難捫。待重問、佩環恨杳，擣湘桃、和雪駐仙塵。日暮東風吹淚，都化愁痕。

臨江仙　秋宵不寐，憶文兒

心似三秋衰柳，情同五夜驚烏。柔腸已斷淚難枯。願教愁歲月，換取病工夫。　只道相尋有夢，那堪夢也生疏。西風涼沁一燈孤。魂牽還自解，分薄不如無。

甘州　畫菊

悄西風將恨上毫端，枯香又吹醒。看煙鬟亞月，清姿浥露，小劫曾經。莫道融冰研粉，辛苦綴寒英。不是霜華冷，倩影誰憑。　一自東籬秋老，便幾番風雨，幾度飄零。歎孤芳日暮，無復舊娉婷。待折取、銅瓶深護，怕蕭疏、已失故園情。淒涼感、把悲秋淚，洒向丹青。

臺城路　畫菊

碧梧搖落東籬暮。驚心亂蛩淒語。彈粉欹苔，銷金臥雨。一霎秋容非故。殘英欲貯。奈玉盒沈埋，冷香難護。寂寞寒枝，槿園寥落半風露。　孤根久辭幻土。是誰窺色相，倩影輕駐。薄袂扶煙，疏妝灩蠟，依約尊前初晤。霜魂甚處。怕清夜伶俜，欲歸還誤。展向吟窗，墨華和淚譜。

玉樓春　夜坐

青燈如死繁音息。意海恬流時起滅。微茫爐火曙天星，寥落門庭秋樹葉。　昏鴉不識中宵月。遶遍空枝還喋喋。幾回忍淚嗅殘梅，綽約孤芳寒似雪。

唐多令　細雨敲窗，峭寒欺夢，意有所感，賦此謝蘊真明日餞春之約

香燼篆難消。愁多夜轉遙。聽敲窗、風雨瀟瀟。寄語芳菲休便歇，且留取、待明朝。　陳夢漾如潮。幽懷卷似蕉。謝殷勤、俊侶相招。縱使花前拚一醉，任醉醒、總無聊。

南鄉子　懷梅妹

陳恨渺無邊。人去香沉月似弦。拚不思量還自解，偏偏。拋卻心頭又眼前。　長記嫩涼天。執手離亭語萬千。漫問別來多少淚，年年。一度秋風一惘然。

高陽臺　中秋坐雨，有懷味琴

細雨鳴廊，微吟和漏，秋衾初試吴綿。人病花愁，明蟾能幾回圓。舊游已是霜蓬散，况驚傳、江上烽烟。最凄然。渺渺蒼波，何日歸船。　高寒把袂當時語，甚冰輪未滿，先照離筵。雲海沉沉，清輝知在誰邊。孤尊對影從來慣，算銷魂、未抵今年。再休言。一樣情懷，千里嬋娟。

浣溪沙　一夕繁霜，秋容顦顇。盎楓盆菊，移置重簾繡幕間，覺别饒幽致，感賦此解

楓葉流丹菊彈黄。東籬昨夜有繁霜。深深簾幕護秋光。　已分伶俜寒徹骨，何愁風露十分凉。青燈如水注空牀。

浪淘沙

幽籟轉虚廊。落葉敲窗。無端陳恨費思量。待向枕函尋斷夢，夢也凄凉。　不語對殘釭。清淚凝霜。薄寒疏雨夜初長。屈指暗驚秋過半，明日重陽。

阮郎歸　往事如煙，清宵似水，年年秋葉黄時，病懷如是

丹楓黄葉一番番。秋光滿畫闌。還教一息罥人間。年年和淚看。　愁宛宛，夜漫漫。心隨寶篆殘。低頭無語掩屏山。西風吹夢寒。

臺城路　冷雨敲窓，亂愁擾夢，擁衾待旦，咽淚成歌。時己巳重陽後三日也

蝶衣零落西風冷，瀟瀟更聞凄雨。斷漏驚心，疏燈照影，殘夢依稀還駐。梨雲漫溯。但逝

景疑煙，助人酸楚。惘惘音塵，滿身涼意散輕霧。無端十年幻味，夜闌重喚起，清淚難數。咽恨成灰，銷殘碎錦，争遣閑愁如許。冰綃再撫。又羅幕生寒，蕊珠催曙。似慰伶俜，戍樓晨角語。

醉太平 春陰

東風乍醒。輕寒又凝。愔愔緑遍閒庭。正將晴未晴。　金鍼悄停。朱闌倦凭。小窗鎮日長扃。任苔青柳青。

臨江仙 題湖石水仙横幅

一夜天風仙夢冷，春光淡到無痕。試裁冰紵罥芳魂。依稀留色相，未許著纖塵。　照眼淩波曾幾劫，盈盈迴雪豐神。偶因萍梗示前身。翛然辭逝水，清境寄靈根。

一萼紅 辛未清明前二日，出北門視文兒墓，歸成此解

繞長堤。正東風孕絮，縹緲緑初齊。逝水情懷，浮雲世味，芳序回首淒迷。恨彈指、仙曇分短，賸此際、和淚憶牽衣。落日孤村，伶俜三尺，碧草天涯。　多少哀蟬心事，問青山無語，只是鶯啼。喚客疏鐘，催程薄暝，湖上燈火船歸。攬雙鬟、星星碎影，甚輕魂、不共紙灰飛。一夜空階細雨，還夢棠梨。

臺城路 夜涼不寐，聞隔院小兒喚母聲，極似文兒。悲從中來，更不能已

微涼一枕音塵遠，喁喁緑窗何處。聒耳呢喃，驚魂隱約，兜轉傷心無數。低迷認取。似學步階前，攬衣嬌語。强起凭闌，絮蛩催淚墮如

雨。　年來怕聞楚些，那堪温舊恨，燈下兒女。貼水犀錢，纓珠象珥，腸斷優曇難駐。重逢莫誤。待漚滅空泯，白楊黄土。喚月啼煙，北邙吾覔汝。

喝火令　月影侵簾，愁懷如織，書寄味琴

夢短愁難遣，愁深夢易驚。攬衣和淚下階行。又是月光如夢，庭户悄無聲。　碧簟涼於水，幽懷沁若冰。萬端塵恨一時縈。記得相逢，記得看雙星。記得曲闌干畔，笑語撲流螢。

前調　一夕西風，離懷百轉，再寄味琴

絮籟傳遥夜，淒其又五更。幾回推枕自評衡。不是梧桐庭院，底事作秋聲。　漏永雙眸澀，宵沈百感增。最難排遣此時情。偏是愁多，偏是夢難成。偏是夢難成也，新恨似潮生。

菩薩蠻　聽黄老談少年游俠事

霜矛宛轉紅蛟尾。寶刀弄影寒秋水。風急暮笳哀。天山千騎回。　星塵三萬里。故國蒼茫裏。長嘯倚吴鈎。西風吹客愁。

滿江紅　髯公索舊稿，賦此謝之

逝水沈沈，流不盡、倦懷千叠。卻幻作、零楠斷纈，暗傳嗚咽。離恨有天情自警，埋憂無地愁難絶。算柔腸、恰似網中絲，重重結。　淒涼雨，伶俜月。哀蟬怨，啼鵑血。歎十年禁受，一朝都決。陳夢漸隨青鏡黯，微吟半逐寒螿歇。更那堪、回首覓音塵，收蟫屑。

甘州　東風無力，花事將闌，去味琴京江之行已十有七日

甚東風不爲護春陰，偏傳子規聲。歎江南路

杳，歲華如電，殘夢星星。目斷埋香三徑，俊賞已飄零。寂寞梨雲冷，往事空驚。　遶遍紅闌十二，覓飛花無處，但聽啼鶯。記攀條遠浦，微雨正清明。且休縱、天涯萍迹，問扁舟、何日是歸程。離亭感、似階前草，春去還生。

喝火令　題春圃群仙圖

洛浦塵無迹，瑶臺夢有痕。自從流水悟檀因。不是清涼淨土，不願託孤根。　海國春猶早，湘靈韻已陳。誰將金粉駐仙雲。一樣冰姿，一樣玉精神。一樣亭亭素影，姑射是前身。

一萼紅　虞美人花

錦蹁躚。甚春光漸老，花事尚纏綿。嬌蕊垂珠，仙衣拂羽，清影愁倚芳煙。問誰省、虞兮舊譜，悵環佩、縹緲畫闌前。倦碧眠苔，墮紅沉土，腸斷年年。　千古淒涼塵海，信拔山有願，叠石難填。殘壘臨江，連烽照野，陳恨回首依然。賸日暮、靈芬娟娟，伴東風、吹遍奈何天。寂寞璇臺夜永，心事啼鵑。

憶秦娥　癸酉春暮，檢視舊稿，感賦

東風歇。流鶯啼倦流光別。流光別。銷魂碧草，斷腸紅葉。　杜鵑橋上花如雪。榆關回首煙塵叠。煙塵叠。青燈殘影，百年蟫屑。

浣溪沙　送味琴之京江

落葉斜陽影不留。淒風吹客暮江頭。白蘋紅蓼又經秋。　記得竹西三月暮，柳綿如雪送輕舟。那堪重省舊離愁。

點絳唇　雪中過味琴舊居

匝地瓊瑤，謝家庭院知何處。漫飛輕舞。惆悵東風絮。　花市沉沉，往事憑誰語。愁無數。不如歸去。寫入梅邊句。

鶯啼序　癸酉除夕，燭光如夢，往事縈心，文兒殁已十稔矣

疏更暗催灩蠟，颭輕虹萬轉。絳心苦、微語浮煙，似説身世如繭。峭寒重、繁聲漸息，前塵冉冉春雲亂。趁低迷摇蕩，沉宵倦懷重唤。　綺户春深，麝幌夜永，正茶消醉淺。繡荷罨、瑩雪窗閒，鬧蛾初試金綫。記牽衣、霜柑笑索，映柔靨、宫梅紅展。鏡幃寒、一覺華胥，賺人恩怨。　輕因迅羽，碎景澄波，絮萍歎過眼。遥夜起、驚飇不定，暗雨飄蕊，片霎吹愁，摘蓏長偃。圓菱罥霧，幽絃咽恨，悽禽啼黯青林月，悵歸來、無力優曇綰。哀吟漫觸，還尋賸墨零箋，斷腸翠匳塵滿。　心摧逝玦，分薄驚漚，看歲華又晚。對此際、依依清影，寤寐時縈，不信真常，聚離都幻。音塵倦數，殘宵難繫，蓮枝零落紅淚冷，顫晨風、如解華年换。颷光回首全非，慢擲冰綃，蛻煤更翦。

以上《還軒詞》卷一《曇影集》丁卯至癸酉（一九二七—一九三三）

望江南

多少憶，春色耐尋思。十里垂楊籠翡翠，一溪香霧溼胭脂。微雨杏花時。

其二

多少憶，惆悵最分明。清露凝香縈蝶夢，嫩寒

和雨澀鶯聲。萍小絮初成。

菩薩蠻

小庭日暖花枝舞。緑窗漫倚調鸚鵡。莫再喚梳頭。春人無限愁。 玉蟬籠鬢冷。淚溼東風影。清恨有誰知。隔簾蝴蝶飛。

其二

柳花風輭黏春水。朱櫻低簇長千里。雙燕語斜暉。卷簾人未歸。 畫沉銀蒜悄。鏡影青鸞小。惆悵畫屏風。海棠和淚紅。

大酺 春陰

漸柳煙迷，萍光轉，春滿江南江北。日長深巷靜，聽筠簫低咽，軟餳初熟。鬬草窗閒，探芳徑悄，無奈殘寒仍酷。愔愔亭皋路，被東風吹起，黯雲連屋。甚彈指黃昏，畫簾沉影，又將明燭。 莎庭青似沐。嫩梢展、新蕊寒猶束。對鎮日、湘絃寬杜，寶鏡融冰，更那堪、緑章重復。咫尺春明遠，誰解識、上陽仙曲。看金鴨、殘熏簇。林鳩頻喚，門外香泥如粥。俊游幾時更續。

江城子

熟梅天氣晚風柔。怕登樓。强登樓。記得清宵，記得月如鈎。記得荼蘼香雪裏，招燕子，話春愁。 悶來窗下理箜篌。夜悠悠。恨悠悠。宛宛音塵，腸斷幾時休。夢醒天涯啼杜宇，花自落，水空流。

卜算子 仙人拳花

皎皎月爲魂，的的霜成朵。彈指華胥不染塵，迅羽流光過。不願蝶蜂知，卻願荆榛鎖。薄霧微曦一笑逢，此志平生頗。

鷓鴣天　感懷，和忍寒

小劫輕塵夢已殘。冰綃猶染淚斑斑。魂隨逝水銷磨盡，心似沉灰宛轉寒。　愁渺渺，歲漫漫。嬾從青鏡問朱顏。南華讀罷添香坐，消得芸帷半日閒。

烏夜啼　盡日西風，衰秋難駐，浮生急景，回首淒然

西風鎮日蕭蕭。暗魂銷。惆悵春前多事、種芭蕉。　拋不去。輕如絮。是無聊。坐看紛紛黄葉、下林梢。

灼灼花　甲戌秋，題玉壺佳色攝影，和虹玫韻

連日西風惡。吹散東籬約。寂寞寒英，玉壺重貯，不教零落。謝秋心款款、鑑幽衷，證色空雙覺。　照影青鐙角。長對蕭疏萼。傲骨冰魂，幾曾消受，錦幡鈴幕。任嚴霜苦雨、自年年，也孤芳如昨。

慶春澤慢　歲暮寄淑莊

急景催年，沉陰作暝，小窗彈指黄昏。滿地寒霜，春光不到柴門。酥花粉荔蕭條久，負天涯、錦字繽紛。感離群。寂寞空齋，清影重温。　淒涼長記臨歧語，道休辜後約，莫苦吟身。細雨霏微，輕衫難辨啼痕。拈毫欲寄相思句，怕相思、都是愁根。暗銷魂。塵海蒼茫，何日逢君。

臨江仙

薄幻輕因經幾劫，枕函殘淚猶温。强扶倦影度朝昏。窗明塵不到，香燼篆無痕。 檢點清愁隨逝水，莫教悽斷吟魂。飄零何用問孤根。華年枝上露，往事夢中身。

前調 乙亥春日

簾影沉沉銀箭悄，殘陽消盡餘温。小窗閒倚待黄昏。荒庭春似夢，新緑舊苔痕。 料峭輕寒侵短袂，東風吹醒吟魂。飄萍無住絮無根。清因隨逝羽，何處問前身。

水龍吟 楊花，和忍寒，用東坡韻

亂鶯啼遍池塘，好春多逐輕雲墜。沾衣欲住，窺簾似怯，依依愁思。怕引游絲，暗牽幽恨，寂寥門閉。任蜂嗤蝶怨，禪心自警，更何意、因風起。 屈指大隄春曉，正蒙茸、蒨黄初綴。歲華莫綰，柔枝催老，碧匀瓊碎。微雨清宵，斷魂千里，夢隨流水。溯前因、待問浮沉，灑不盡、飄零淚。

其二

峭風一夕催春，柳綿似雪濛濛墜。低回拂檻，輕盈當路，無聊情思。春老枝空，雲歸夢杳，苔荒門閉。又斜陽暗澹，幽懷浩渺，歌未了、城烏起。 不恨淒煙楚雨，恨蟲絲、漫縈輕綴。輭紅十丈，孤根縹緲，芳心淒碎。怕問三生，嬾尋陳迹，緑蔭如水。賸伶俜倦影，穿窗度幕，賺愁人淚。

鵲踏枝　和忍寒，用《陽春》韻

斷雁零鴻凝望久。待得來時，消息仍如舊。心事常日閒愁濃似酒。吟魂悄共梅花瘦。　正同隄上柳。翦盡還生，新恨年年有。獨倚危闌風滿袖。朦朧淡月黃昏後。

其二

料峭餘寒欺袖薄。越綺吴綿，未許輕拋卻。欲借芳信難憑花又落。五湖空負鷗波約。　香醪酬寂寞。悄轉銀荷，背影成孤酌。隔院箏聲停更作。無端消盡閒哀樂。

其三

輕夢如煙飄欲墜。幾度驚回，輾轉難成寐。惘惘情懷中夜起。青燈照影寒於水。　淚盡何曾關恤緯。霧暝雲昏，端合重門閉。悽絶當時歌舞地。黃埃散漫春顦顇。

其四

啼遍城烏天欲曙。如水微涼，綽約牽幽緒。寶鴨花外番風吹曉霧。荒荒殘月隨雲去。　餘熏縈麝縷。百轉千回，彷彿愁來路。坐盡更籌還自語。華胥境杳無尋處。

其五

糝徑楊花知幾許。解道飄零，莫向天涯去。行盡枝上流鶯輕弄語。好春都被東風誤。　長隄愁萬縷。戍鼓荒煙，難問青溪路。回首斜陽腸斷處。鳳城芳序依然否。

其六

纔道閒愁隨雁去。薄暖輕寒，又是春將暮。惆悵過盡飛花江上路。東風多傍垂楊樹。

欲招雙燕語。門巷重來，依約當年否。遶遍珍叢空絮絮。烏衣夢渺知何處。

其七

撲簌殘英千萬片。亂點淪漪，灩灩回文轉。莫向東皇悲聚散。飄蓬斷梗知何限。簾角風回頻拂面。縹緲輕寒，釀就春深淺。燕嬾鶯嬌都不見。夕陽紅過闌干遍。

其八

攬鏡漫嗟吟鬢短。荏苒輕陰，門外風光換。日落荒城聞塞管。春寒三月霜初斷。擷盡紅心芳草岸。野馬驚埃，恍惚連宵漢。獨立蒼茫誰是伴。殷憂黯黯填胸滿。

驀山溪

江南故里，一別且二十年。丙子秋登平山堂，望隔江山色，感事懷鄉，遽成此闋，用美成均

迷漫煙柳，綠黯隋隄路。倚檻暗魂銷，渺鄉關、夕陽紅處。江山如此，莫更上層樓，誰可語。空延佇。目送征鴻去。　沉沉兵氣，恍見星如雨。往事念干城，悄西風、神鴉社鼓。蓴鱸秋老，何日是歸期，烽北舉。江東注。一息愁千縷。

燭影搖紅

秋宵用夢窗《元夕微雨》韻

縹緲秋光，越羅初試寒猶淺。小窗鐙火又黃昏，歌管誰家院。不盡珠圓翠暖。遏行雲、伊涼按遍。倚闌無語，漫整冰綃，啼痕重濺。

回首華胥，鏡幃多少哀蟬怨。蠹箋殘影黯吟魂，惆悵從頭看。屈指浮塵聚散。悄壺蓮、宵沉夢遠。幾番悽惻，竟夕西風，蕉心愁卷。

鷓鴣天　《薄命妾辭》和忍寒，用遺山韻

霧暝雲昏別翠樓。茫茫荆棘遍神州。眼前明月圓如夢，病裏春光冷似秋。　花自落，水空流。當時誰省此中愁。爐香空有回文意，不到成灰不肯休。

其二

解道飄零取次成。嬾從萍絮問前身。愁侵鬢縷看看改，夢斷音書緩緩迎。　風澹宕，柳輕盈。低迷逝景暗傷情。那堪數倦更籌夜，又聽離鴻喚侶聲。

其三

補屋牽蘿日已深。眼看桃李漸成蔭。卷葹拔葉春猶長，殘萼辭枝雨亦禁。　忘歲月，任浮沉。嬾將陳恨細追尋。天寒袖薄平生慣，一點冰心抵萬金。

臨江仙　志恨

歷盡酸辛償盡淚，燈前病裏吟邊。珠沉滄海玉生煙。寂寥春似夢，迢遞夜如年。　一瓣心香無限意，塵勞憂患都蠲。芳韶長駐月長圓。棗花多結子，柳穗莫飄綿。

望江南　贈含師迎春花

華年趲，芳訊到珍叢。秀萼乍舒金錯落，柔枝低亞碧玲瓏。先我坐春風。

甘州　重陽後四日，含師繪春夜園林圖見賜，賦此謝之

罨輕繒香霧凭霏霏，低回自評論。似何時曾見，人間芳圃，世外仙村。悵望層樓縹緲，簾

影隔紅塵。惟有亭亭月，長伴吟魂。　彈指鶯花如夢，又寒催刀尺，飲散萸尊。謝春風點染，珍重駐清芬。掩芸帷、心香低祝，問幾生、修到箇中身。深深拜、證無聲處，芳景重温。

浣溪沙

病裏新寒分外濃。添衣猶怯隔簾風。海棠零落不成紅。　着甚來由情惘惘，不教少駐歲匆匆。燕歸人去畫堂空。

鷓鴣天

稨豆花開亞短牆。輕寒薄病誤流光。小窗睡起渾無那，漫檢蟫編趁夕陽。　秋欲老，漏初長。朝來風雨夜來霜。碧梧摇落清陰減，多事東籬菊又黄。

前調

幾日秋心似斷蓬。黏愁縈恨自西東。愔愔黯緑侵晨雨，落落高梧昨夜風。　鷗夢杳，燕巢空。夕陽無語可憐紅。已拚閒淚濃於酒，消盡浮生一醉中。

高陽臺

秋雨連綿，悵然賦此

清籟催凉，繁雲做暝，撩人無限新愁。門掩黄昏，又看緑褪紅休。蕉心已自先秋碎，甚絲絲、欲住難收。苦淹留。晝永如年，屋小如舟。　依稀此景何從見，憶孤篷倦夢，繫纜荒洲。歷劫湖山，淒迷怕問重遊。幽懷一似寒蘆絮，散西風、萬緒千頭。思悠悠。罨了鑪香，下了簾鈎。

揚州慢　十月二十七日南行道中

哀角吟霜，倦雲低壘，峭風滲透離魂。過煙蕪一霎，認拾翠前村。自湖上、笙歌散後，柳疏蓮謝，難罄孤尊。只淒涼、鷗鷺依稀，殘夢猶溫。　舊遊漫溯，怕重來、憑弔無痕。待紫塞烽銷，青溪渡穩，往事誰論。北望故園何在，家國恨、暗逐輕輪。又斜陽如血，歸鴉喧趁黃昏。

摸魚子　丁丑江州歲除，大雪盡日。時倭亂方熾，又將南遷矣

渺黃昏、亂煙殘水，驚心又聽簫鼓。飛瓊舞罷河山改，縹緲玉塵隨步。春莫誤。看如此清寒，豈是東風絮。孤懷倦旅。儘柏琖留更，粃盆照夜，倚枕自淒楚。　虹橋路。煙景家家户户。流離知在何處。故鄉慣説蘋洲好，誰料故鄉非故。今且去。問如此江湖，怎寄閒鷗鷺。隔牆笑語。正共祝明年，時和歲稔，一再瓣香炷。

鶯啼序　輓碎玉詞人

斜陽似欺倦眼，散鄉愁萬縷。暮雲卷、不定煙塵，寂寥春去何許。聽花外、青禽悄喚，湖山別後多風雨。付狂瀾、一瞥驚漚，故人早露。　十載悽吟，淚染蠹紙，愧都無是處。賞音感、雲樹蒼茫，錦囊時惠新句。絶紛華、孤踪自警，謝觴韻、豪情常阻。早知他、薄分旋休，雋游誰負。　風萍小聚。陳迹殘僧，此身本寄旅。別緒繞、倉皇征棹，照眼烽舉。一曲離歌，頓成今古。清江波闊，滄州霧重，傷心明月當頭夜，破羈愁、尚擬稱觴譜。而今漫省，

那堪已隔人天，斷吟九泉見否。　滄桑換劫，生死微塵，看幾人醉舞。但沉恨、煙埋玉軸，露冷琴絲，絶響難招，是誰輕誤。淒涼怕展，題痕猶濕，驚心歸鶴臨別語。鶴歸來、不道君黄土。何時夢叩青林，喚起悲魂，凱音説與。

前調 戊寅春暮，避亂淞濱，萍梗屢移，烽煙未已。觸緒懷歸，漫吟成均

東風漫摇衆緑，感天涯倦旅。畫簾卷、縹緲輕寒，亂愁攙入飛絮。自江上、霜蓬散後，傷心怕問虹橋路。甚啼鵑、林外聲聲，不如歸去。

回首西溪，畫舸載酒，聽流鶯弄語。曉煙重、垂柳毵毵，碧痕零亂詩句。訪珍泉、明波千里，燦花市、良宵三五。海雲昏、輕把霜笳，替將簫鼓。　盟鷗夢渺，待雁音沉，峭帆似過羽。最悵念、等閒花木，舊賞池館，不道將離，更堪延竚。連烽照夜，驚塵窺影，寒枝踏遍棲難穩，歎江鄉、縱好非吾土。琳宮翠巘，蒼茫一例荒煙，暗潮又催輕櫓。　花空解脱，藕儘玲瓏，奈蓮心自苦。況此際、登樓情減，喚夢更長，斷盡羈魂，幾多離緒。思量待遣，青禽歸問，庭前紅藥無恙否。縱花開、依舊春誰主。淒涼滿眼斜陽，倚遍危闌，故園甚處。

鷓鴣天 題《嚶鳴集》

日日天涯望國門。斜陽銷盡未歸魂。詩成離黍情逾苦，舞訣萊衣淚尚温。　償素志，寄孤根。一生幾見海揚塵。漫言閲世惟青眼，多少傷心不可論。

望江南 旅窗雜憶

年時好，芳序最關情。困柳輕陰寒上巳，催花

疏雨溼清明。家住綠楊城。

其二

年時好，渾不解愁侵。笑煞棗花貪結子，怪他梔子慣同心。彈指便而今。

其三

年時好，最憶是初秋。清露沾衣尋絡緯，碧[illegible]引蔓護牽牛。陳夢恁悠悠。

其四

年時好，慣愛日高眠。寶鴨添香呼碧玉，錦氍分暖擁烏圓。回首倍悽然。

其五

幽棲好，自在可安禪。靜看花甎移日影，嬾開簾押放鑪煙。風月一年年。

其六

幽棲好，門巷絕塵囂。拂檻香風開茉莉，繞窗翠障種芭蕉。冰簟夜迢迢。

其七

幽棲好，吾自愛吾廬。滿院金風朝試劍，一簾涼月夜攤書。曾幾感離居。

其八

幽棲好，清供伴吟箋。欲去還留霜下客，未期先晤水中仙。歲晚共流連。

其九

吾鄉好，春色夠魂銷。夾岸有花皆芍藥，平湖無舫不笙簫。人語小紅橋。

其十

吾鄉好，煙景怕重提。十里芰荷連法海，幾家樓閣枕清溪。長憶竹橋西。

其十一

吾鄉好，往事耐思量。黄菊金橙桑落酒，霜螯白醋茈芽薑。時節近重陽。

其十二

吾鄉好，記得歲寒天。出水銀魛銀讓色，含漿雪蛤雪輸鮮。小飲富春園。

其十三

多少恨，閉户獨沉吟。不速自臨愁病老，長迷莫誤去來今。何處問圓音。

鷓鴣天

戊寅歲暮，明儀以小册索題，漫成一解。十年前事，固歷歷如昨也

記得提携喚小名。便將冰雪許聰明。果然幾度星霜改，雛鳳聲清四座驚。　珠照夜，桂含馨。佇看振翮入蒼冥。半生落落關情少，老眼今朝爲汝青。

唐多令

申江除夜，擁衾聽門外笙歌，憶年時歡樂，惘惘如夢。忽風振簷鐸，淒响泠然，恍如庭闈喚小名之聲。感音成調，效福唐體

何處辨春聲。香街簫鼓聲。旅魂驚、顧影無聲。往事如煙愁似水，驀又聽、喚兒聲。　倚枕暗吞聲。誰能爲此聲。繞風檐、寒鐸聲聲。淒咽丁寧千萬遍，都幻作、斷腸聲。

以上《還軒詞》卷二《丁寧集》甲戌至戊寅（一九三四—一九三八）

謁金門

留不得。腸斷危樓孤客。苦雨淒風寒惻惻。眼枯頭未白。　一自瞻依痛失。不得承親顔

色。夜夜夢魂空繞膝。覺來何處覓。

其二

歸不得。腸斷門庭猶昔。几案生塵迷手澤。蠨蛸當户織。　一自音容慘隔。不得聞親消息。淚溼麻衣都化碧。清温何處悉。

其三

行不得。江上鷓鴣聲急。滿目烽煙思故國。茫茫何所適。　一自牽裾無術。不得尋親蹤跡。月暗青林雲似羃。路遥兒莫識。

薄媚摘徧　己卯春日感賦

亂離情，零落感，世味嘗來徧。倚危闌，搔短鬢，歸心真箇如繭。沉沉雲樹，渺渺山川，消息阻烽煙。悵望天涯，天涯不似故鄉遠。　空説門庭安宴。未卜何年見。閒院北，小齋前，玉蘭應又花滿。思深易感，恨永難傳，腸斷更無言。漫數歸鴻，淒涼獨自遣。

鷓鴣天　感賦寄味琴

風裏輕蓬水上萍。一般身世兩飄零。漫從去日占來日，未必他生勝此生。　新舊恨，别離情。清因薄幻自分明。如何弄影江潭柳，猶向斜陽著意青。

前調　賦謝王君巨川招飲

刼後園亭付亂蓬。卻教海角寄萍蹤。書緣久客看看少，句爲傷離往往同。　煙塞闊，夕陽紅。疏林昨夜又西風。金尊縱使殷勤勸，爭奈閒愁比酒濃。

前調　旅窗即事

寒鵲聲聲媚午晴。吟窗漫倚旅魂驚。隨風葉似離鄉客，向日貓如入定僧。　歌白紵，撫青萍。聊將閒夢遣浮生。南檐儘使如春暖，難解幽懷一片冰。

前調　得味琴揚州來書

幾日霜寒著意濃。流光如夢去匆匆。萍能無住依然緑，花到將殘不肯紅。　千里月，五更鐘。此時情思問誰同。遠書欲報何由寄，雁自南飛水自東。

前調　過兆豐花園感賦

一載淞濱效避秦。尋幽問竹漸知津。昏昏薄日雲垂野，渺渺荒波海沸塵。　誰是主，孰爲賓。紅嬌緑暗自成春。凭闌多少淒涼意，惟有黃花似故人。

前調　旅懷

倦倚危樓百感生。近來情緒欠分明。愁堪破寂何須遣，夢可還家不易成。　光外影，静中聲。晚風吹葉下空庭。忽然會得交蘆意，笑取并刀剖碧橙。

好事近　雨夜

滴瀝響空階，歸夢終宵難覓。多少故園風雨，没這般悽戚。　起來和淚揭簾看，樓外雁程黑。縱使夢能成也，又怎生歸得。

南歌子　索居無俚，綴揚州土語，憶湖上舊游，兼懷船娃小四小艇偏生穩，雙鬟滴溜光。幾回兜搭隔簾張。却道皛莊那塊、頂風涼。　楊柳耶些緑，荷花實在香。清溪雖説没多長。可是緊干排遣、也難忘。

前調　晨起綴揚州土語

點個風兒没，絲毫雨也無。討嫌偏是鵓鴣鴣。冷不溜丟、花外一聲呼。　索度鄰家嫗，嘮叨故里書。大清早上費躊躇。無理無辜、耽誤好功夫。

沁園春　讀子有先生《歸梅》詞，爲梅代答一闋

小謫塵寰，玉骨冰魂，譽滿錦囊。歎無端飄泊，寄身闤市，煙欺秀萼，苔皺寒椿。鶴侶難招，隴愁誰遞，回首瑶臺夢一場。多生誼，謝孤山高士，贖取幽芳。　疏香。縹渺迴廊。又何用、金鈴繡幕張。更喜逢舊賞，尋蹤正苦，護持先澤，雅志期償。露覆當銘，春噓并感，莫道珠還固不妨。依依處，願長留清影，永伴吟觴。

小梅花　感懷

春醅緑。秋花馥。年時掌上珍如玉。掩雙扉。鎖雙眉。浮沈若夢，無語恨依依。斷魂怕見窗兒黑。别有傷心人莫識。要還家。定還家。一樣飄零，終不是天涯。　拚寥寞。拚離索。從今萬事都拋却。墨痕殘。酒痕殘。塵襟薄澣，休作淚痕看。伶俜簾外三更月。閲遍滄桑圓又缺。最難憑。似陰晴。未了今生，莫再問來生。

鷓鴣天　歸揚州故居作

湖海歸來鬢欲華。荒居草長緑交加。有誰堪語貓爲伴，無可消愁酒當茶。　三徑菊，半園瓜。煙鋤雨笠作生涯。秋來儘有閒庭院，不種黃葵仰面花。

木蘭花慢　夜雨鳴階，清寒沁夢，悄然成均

枕寒殘醉解，聽淒雨、一聲聲。正淅瀝循檐，琤瑽和漏，滴到三更。空庭。恍聞絮語，似春魂喚我話平生。冉冉清愁漫展，沉沉逝水堪驚。　分明。身世等浮萍。去住總飄零。任寫遍烏絲，歌殘白紵，都是傷情。伶俜。已無可戀，問當窗柳眼爲誰青。一寤亂鴉喧曙，夢魂紅入疏檠。

鵲踏枝　庚辰春暮

花外啼鶯啼不住。開到將離，猶説春無主。垂老幽棲如倦旅。瓣香漫懺多生誤。　往事遊絲牽弱絮。欲解還黏，没箇安排處。繞遍長廊無一語。驚心又聽黃昏鼓。

燭影搖紅　仙人拳花

煙萼玲瓏，照人依約春冰翦。黃昏簾幕獨開遲，不許斜陽見。窗隙流光似箭。驀驚心、芳華暗換。蘂珠薄幻。枳棘浮生，中情誰怨。　彈指優曇，炫晴烘影何曾慣。只應姑射是前身，風露常相伴。一白瑤京歸晚。把芙蓉、兜羅翠染。霧濃香淡。占盡清宵，月明庭院。

摸魚子　蟬

繞池亭、翠蔭重疊，泠泠知在何處。幽居已是拚顦顇，清夢幾回都誤。空自苦。歎銷盡宮魂，鬢影偏如許。伶俜漫數。怕執翳狂蛘，徘徊引頸，葉底正偷覷。　斜陽樹。彈指嗚弦換譜。冰箋陳恨慵賦。斷腸一曲清商怨，攙入暮天砧杵。誰可語。賸餘響流空，不與吟蛩伍。休嗟倦羽。試領略炎涼，荒柯暫寄，相伴有風露。

浣溪沙　愛貓黑寶

耄耋依稀似畫圖。隨裾繞膝不須呼。牡丹午蔭勝蓬壺。　不獨稱兒還道老，允堪爲將莫云奴。賴他勤護五車書。

前調　妙師家小犬獅兒

不解供庖具客餐。不將馳逐博歡顔。應門端的勝雛鬟。　曉趁晴曦眠畫榻，夜隨明月伴經壇。幾曾雲路羨劉安。

木蘭花慢　春申重客，人事都非，追溯舊游，恍如夢寐。重陽後十日，將歸揚州，賦别髯公、心叔

煙塵銷歲月，又彈指、幾滄桑。悵垂老幽棲，縱無從隱，何忍言狂。盈囊。零箋斷句，便不教追憶也難忘。往事西風一夢，驚心欲唱迷陽。　茫茫。甚處是吾鄉。休更話行藏。念此日扁舟，匆匆歸去，卻似投荒。吟觴。有誰共舉，渺長堤無復舊垂楊。莫問重來消息，相逢只恁淒涼。

鷓鴣天

匝地煙塵歲月賒。青燈如夢鬢將華。傷葵陳恨經秋切，倚竹清愁向晚加。　深夜雨，五更笳。飄零原不異天涯。江城幾日西風緊，霜染楓林葉似花。

前調

不説當前去與來。不將繁夢擾幽懷。偶因鳥語遲收果，常惜苔痕嬾下階。　環堵室，住爲佳。也知門外即天涯。海棠莫怨霜寒重，猶有梅花雪裏開。

浪淘沙慢

庚辰冬至前一日，夜寒無寐，往事如潮，忽憶醫士言胃疾將不治。生無少樂，死亦復佳，倚枕成歌，漫吟待曙

夜堂靜、霜明露檻，砌響風葉。哀柝敲寒未歇。殘燈弄影欲滅。又腸斷伶俜窺户月。似瓊匣、鸞鏡初缺。漫屈指、浮沉廿年事，幽懷萬千叠。　悽絶。此情更向誰説。賸倚竹清愁，飄蓬感、惘惘難自決。知淚也無多，和恨偏咽。倦魂暗結。尋舊吟，卻化西園枯蝶。　逝的皪釵蓮珊瑚玦。繁華散、幻塵盡撇。逝波促、行人歸意切。聽長漏、一刻三冬，怎怨得。朝來兩鬢飛輕雪。

臨江仙

題甘蕭大人中秋書《長恨歌》遺墨

莫謂拈毫偏寫恨，聰明原是愁根。簪花小字見丰神。彩雲驚逝影，明月證前身。　私語長生多少願，想知泡幻非真。滄桑彈指等微塵。不書連理句，怕種未來因。

生查子 自題拈花小影

未來似水流，過去如流水。何處問當前，浩浩無時已。　偶因過隙光，幻出浮漚謎。空有兩俱非，誰會拈花意。

滿江紅 聽無遮上人講《金剛經》，塵勞薰縛，真性久埋，自聽圓音，輕安復現。謹占一解，以代偈讚

識海奔流，數不盡、逝波千疊。卻幻作、浮光泡影，更相生滅。四大無常成假我，六塵永縛迷真月。謝吾師、一喝洞無明，湯融雪。　慈悲願，蓮花舌。如如偈，深深説。信繽紛華雨，人天俱悦。妙性本來無所得，明珠自有何須乞。願衆生、同解妙圓音，波羅蜜。

燭影摇紅 辛巳秋懷昧琴

鄉夢迷離，惱人偏是秋宵短。新愁依約月初三，清影看看展。閒了鸞箋象管。任消磨、藥爐茗琖。雋游難再，往事空驚，西風萍散。　一水盈盈，故園回首天涯遠。旅魂銷盡莫登樓，瀛海煙塵滿。隔院笙歌緩緩。擾歸心、凄吟欲斷。倦懷誰訴，萬里雲羅，涼天無雁。

鷓鴣天 白門小住，忽忽數月，終日消磨於劣詩蕪簡中，吟事都廢。夜窗課畢，昏燈罥霧，倦眼浮花，展視舊作，悄然成均

寂寞危樓夜已闌。峭風吹户畫簾單。倦來漸覺雙眸澀，坐久渾忘十指寒。　香欲燼，漏初殘。勞生纔得一些閒。吟囊幾葉飄蓬史，展向燈前作夢看。

水調歌頭 辛巳中秋，步月北極閣，萬象空明，涼波蕩影，幾疑身在冰壺玉鏡中。回顧林隙樓臺，燈火燦然，知騷人夜宴猶未已也

三五團圞月，底事愛今宵。一年秋已過半，隙影渺難招。獨向層巖絶頂。極目明波萬頃。幽賞興偏豪。魄磊久消盡，濁酒不須澆。 燦星珮，披涼霧，蕩冰綃。羽衣舞罷瑶闕，碧海夜迢迢。欲覓仙音何處。側耳嚴城更鼓。隱隱已三敲。振袂天風冷，玉宇望非遥。

鷓鴣天 得髯公書感賦

夢穩何愁行路難。時危轉覺醉鄉安。蔫曇豈與花争色，輕絮偏同雪比寒。 情落莫，態闌珊。明珠早似淚珠殘。牽蘿補屋年來慣，不向西風怨袖單。

高陽臺 九日感賦

霜意催砧，萸香戀袂，倦吟人在滄州。夢冷東籬，那堪重省清遊。近來身似庭前樹，感西風、一例驚秋。聽沉浮。不説飄零，只算淹留。 明年此日知何處，問夕陽無語，衰柳含愁。匝地風波，幾番誤了扁舟。蓴絲已共江烽老，甚人前、猶道歸休。恨悠悠。手把黄花，獨上層樓。

促拍醜奴兒 落葉

緣盡一身輕。轉荒煙、去住無憑。繁陰已是朝雲散，翩翩一霎，蕭蕭一霎，有甚閒情。 縱不上青冥。又何心、浪作秋聲。便教從此隨波逝，風吹不着，霜欺不着，也勝飄零。

鷓鴣天　柳枝詞，和忍寒

十里青蕪黯白門。幾番煙雨釀愁痕。因風弱絮拋家慣，拂水長條照影頻。　鄉夢斷，海雲昏。夕陽無語暗銷魂。春光駘蕩秋光促，搖落難分怨與恩。

一萼紅　蘆雁

渺天涯。正關河秋老，霜信到蒹葭。掠水橫斜，臨風斷續，殘夢時繞平沙。儘消受、菰青露冷，背落日、分影別昏鴉。永夜孤懷，伴砧隨月，淒迸哀笳。　江上偶逢邊侶，問前經游處，是也非耶。迷壘雲黃，垂煙黍熟，清景猶憶些些。　漫惆悵、衡陽望杳，怕瀟湘、歸去已無家。寂寞荒江歲晚，還倚蘆花。

夢江南　落葉，和忍寒，用翁山均

悲落葉，葉落怎回春。縱使成陰非舊葉，何曾轉綠向春人。魂斷碧痕新。

其二

悲落葉，葉落與秋期。願逐荒煙歸逝水，不因殘照戀高枝。去去且休遲。

滿江紅　壬午春暮，重過伯先公園

倦羽重來，人世改、江山依舊。曲闌外、徘徊小立，淚侵雙袖。此是年時遊賞地，新聲共按詞如繡。甚而今、孤旅倚斜陽，空回首。　花自落，春還又。時不再，歡何有。賸殷憂似影，相隨相守。爇繭成灰心自槁，紉蘭爲佩芳難久。繞層臺、一息幾迴腸，黃昏候。

水龍吟　題杜鵑、蝴蝶團扇

絳娥催轉瑶京，緑陰漸掩東風路。仙衣弄影，朱顔醖淚，芳華愁數。橘囿雲生，錦江波暖，故園何處。對殘更冷月，青林夢渺，家山恨、憑誰訴。　回首江南春暮。涴輕塵、幾番風雨。嘑紅怨粉，淒涼都幻，飄零萍絮。爇藹情疏，尋柯境杳，舊游難溯。謝丹青點染，香痕悄罨，付齊紈素。

金縷曲　午橋醫師以毛刻《谷音》爲贈，賦此謝之

撫卷增淒切。甚當時、殘山賸水，竟多高節。渺渺蘋花無限意，長共寒潮嗚咽。算今古、傷心一轍。搔首幾回將天問，問神州、何日煙塵歇。天不語，亂雲叠。　未酬素抱空存舌。更那堪、蒼茫離黍，斜陽似血。惟有君家壺中世，銷盡泉香酒冽。再休道、滄桑坐閲。好展平生醫國手，把孱夫、舊恨從頭雪。金甌舉，滿於月。

臨江仙　癸未三月十九日作

酒醒高樓聞細雨，淒涼又是三更。幾回支枕盼天明。緑舒當户柳，紅暗隔簾燈。　不定陰晴春已去，芳韶似夢堪驚。憐他萍絮慣飄零。漫空還皎皎，逐水自青青。

金縷曲　題醉鍾馗横幅

進士君休矣。想生前、觸階不第，幾多失意。死後偏教傳異蹟，顛倒三郎夢囈。誇妙筆、又逢道子。寫向人間圖畫裏。入端陽、緑艾紅榴隊。如傀儡，同魑魅。　早知饕餮非常計。

悔當年、希榮干祿，自殘同類。鬼國縱橫千載久，弱肉渾難臏記。到今日、獨夫群棄。五鬼不來供使役。對蒲觴、未飲先成醉。掩兩耳，昏昏睡。

鵲踏枝　甲申仲春寄味琴

莫道歸期歸也未。似影閒愁，去住難迴避。倒盡金尊還貯淚。小樓一夜添顦顇。　新困正同蠶欲蛻。强起披衣，依舊和衣睡。多謝鐘聲敲夢碎。夢回不到傷心地。

木蘭花慢　陳師母輓詞

華嚴彈指證，花十丈、藕如船。想縹緲金旛，霧鬢兩兩，香雨千千。雲邊。塵寰下視，信多生了結此生緣。百歲留銘窣堵，卌年隨唱文仙。　靈筵。乍謁轉茫然。小別竟人天。算第一難忘，自忘沉痼，念我顛連。荒園。縱教歸去，歎從今腸斷更誰言。忍淚危樓北望，隔江又聽啼鵑。

滿江紅　甲申七月

匝地悲歌，歎此曲、有誰堪和。莫認作、雍門孤唱，楚湘淒些。白日昏昏魑魅喜，清談娓娓家居破。問魯戈、何日振靈威，驕陽挫。　繁華夢，煙雲過。鷗波樂，何時可。笑鶵雛腐鼠，也言江左。竈下金魚難作膾，盤中紫芡偏成果。剩鍾山、一邏向人青，遮風火。

菩薩蠻

昨宵迅羽樓前過。櫻桃亂落珊瑚顆。金彈出林來。虹橋花怒開。　鵑聲江上遠。心事春雲展。漫道不如歸。歸時有阿誰。

前調 即事

西州風緊催歸急。青禽子夜窺雲闕。消息漫相猜。輕雷將夢回。 層樓三十六。悄影闌干曲。不語聽長更。驚心殘月明。

臨江仙 甲申冬至前夕，寄迂園世丈海上

積素長廊人悄悄，月痕斜度西櫺。流光屈指暗心驚。漫嗟薄袂，明日又陽生。 小盎檀英芳訊早，衝寒似念伶俜。三年塵擾眼誰青。海天遥望，南極一星明。

滿庭芳

露浥珠泥，香融粉絮，賓雲低亞蟠虬。神奇漫擬，依約祝温柔。莫更芸函點檢，應不減、蓑竹風流。真堪羡，繽紛瑞錦，曾向玉臺收。沉浮。休再問，縈青綴紫，難溯從頭。况匝地煙塵，鴻蹟誰搜。儘説滄桑彈指，藏山事、自足千秋。添佳話，金螭壓帙，還讓百城侯。

鷓鴣天

薄幻輕塵不暫留。那堪重過舊西州。愁懷閲日長於歲，老境逢春淡似秋。 拚一醉，解千憂。烽煙滿目怕登樓。分明已是無家客，偏向人前説去休。

燭影摇紅

喜溢明荷，綺屏卅六笙歌囀。繽紛華雨罥輕綃，隨步香雲展。莫道瓊枝良苑。鳳鸞儔、鴛鴦應羡。花開竝蒂，柳綰同心，一朝歡遍。 仙露凝芳，海棠嬌靨春霞燦。笑移紅燭照紅妝，尤勝年時見。户外東風似剪。麝蘭熏、芙

蓉繡暖。圓菱朝倚，細語商量，翠蛾深淺。

江城子 西樓對月，贈味琴

長廊嘉月爲誰明。伴文星。照書城。匝地涼波，人在鏡中行。恰似坡仙塵外語，清淨海，兩浮萍。　幾回搔首盼空庭。露無聲。欲三更。翦翦輕風，簾幙峭寒生。如此樓臺如此夜，問幾輩，有詩成。

踏莎行 題荷深蛙唤子團扇

紅藕花深，緑衣歌裊。粉痕融瀲冰紈小。莫教鼓吹怨西風，稻花香裏君恩報。　秦火難焚，清流自保。多言争似無言好。折波遺憾幾時消，池塘夢遍青青草。

淡黄柳 秋宵不寐，展視『宫槐花落西風起，鸚鵡驚寒欲唤人』便面，悄然成均

煙柯霧葉。多少愁痕結。夢冷家山雲亂疊。一片微茫夜色。依約閑庭舊明月。　自云別。芳華幾消歇。更誰解、貫珠舌。想清寒、未訴聲先咽。滿院西風，倚闌人杳，零落槐花似雪。

浣溪沙 丙戌重九

嬾向西風溯舊游。淡煙斜日古城秋。偶因佳節一登樓。　再不留連霜後葉，最難排遣客中愁。幾時散髮弄扁舟。

水龍吟 東風盡夕，花事闌珊，觸緒攄懷，漫吟成均

小庭一夜番風，亂紅如雨飛還墜。飄茵幾許，黏泥幾許，助人愁思。香渺枝空，晝長門閉，雋游難繼。甚春工費盡，繁華一瞬，渾不解、

東皇意。我亦緇塵顦顇。老叢殘、未成歸計。輕漚夢影，浮雲世味，早隨流水。爭忍言狂，更無從隱，又何心醉。賸殷憂黯黯，斜陽獨倚，濺傷時淚。

木蘭花慢 丁亥春暮，爲峋芝丈題悼亡册子

華鬘雙妙影，甚奇筆、一朝收。羨紫霧方回，天香旋降，幾輩能修。難留。算來好景，又驂鸞人去冷瓊樓。惆悵蘅蕪夢渺，碧雲西望悠悠。從頭。展卷漫尋搜。韻事更誰儔。縱具饌深懷，點酥清致，無此綢繆。偕游。得隨坡老，便不因仙佛也千秋。多少滄桑舊感，消將潘鬢閒愁。

鵲踏枝 感事，和一乘師

十載孤琴悲一顧。夢醒西州，忍説當時誤。縱使新聲堪按舞。綺衫繡扇情非故。漫檢沉檀金鴨炷。敲碎離心，又聽黃昏鼓。誰謂流光彈指度。長宵似水何時曙。

其二

往事如絲縈寂寞。心上眉頭，深鎖重重鑰。幾日自是春厨羹味薄。敢因食旨云姑惡。陰晴梅子落。雁去潮回，消息何由託。花外朱旛原有約。東風不管金鈴索。

其三

落盡繁櫻春雨膩。鬬草湔裙，一例銷魂地。回首嬾效西鄰新樣髻。是中多少拋家淚。浮雲連海際。如此風波，萍梗將安寄。莫道明珠曾繫臂。深盟豈許輕因替。

其四

病是愁根愁似葉。雨妬霜欺，薄分多生結。卻羨晶匳雙鳳玦。清輝皎皎圓於月。　記得相迎江上楫。見也匆匆，別也匆匆別。無那幽懷千萬疊。啼痕都化枝頭血。

洞仙歌　北湖泛月，和梅庵

盈盈一舸，載濃愁如酒。往事重提夢回又。素娥偏惹恨、倒影窺人，萍影暗，似惜朱顏非舊。　亂山殘水外，東望吾鄉，絲鬢風塵十年久。倦旅欲何歸、歸已無家，空魂斷、長堤煙柳。再莫向、尊前話飄零，歎話到飄零、淚殷雙袖。

鷓鴣天　送劉梅先先生退休回揚州

蕉葉隨珠散不收。火雲驅雨嬾成秋。那堪擾擾緇塵際，又聽勞人説去休。　湖海志，稻粱謀。輸君何止最高樓。遥知散髮南窗下，卧看滄江帶月流。

臺城路　題李佩秋先生虹橋斷夢圖

西風蕭瑟虹橋路。江關又逢秋暮。短夢如煙，濃愁似酒，惆悵歸來空賦。羈懷欲訴。恨一瞥飈輪，載愁無數。落葉添薪，幾人能識此情苦。　湘流記曾共溯。湖山佳麗地，油壁常駐。賸日歡悰，年時語笑，都化一襟憂緒。霜綃漫撫。歎寂寂音塵，佩環何處。淚涴丹青，鏡鸞慵再舞。

解連環

霖雨慳春，清愁款病，驀憶青溪探杏之約，不禁撫然

夜荷瑩碧。照虛堂孑影，旅懷愁織。試屈指、拾翠前溪，甚芳約未酬，竟隨陳迹。細雨空山，嬾重話、玉樓消息。儘孤根自信，幾度怨吟，鬢絲催白。　凄霖打窗似泣。更疏疏密密，塵恨都集。問故園、花好誰看，便一箭春帆，暫歸如客。夢已難尋，况展轉、何曾眠得。强排遣、漫揩倦眼，不教淚滴。

慶春澤慢

戊子孟秋，烏龍潭步月，聞絡緯感賦

澹月窺雲，昏煙閣水，夜涼清露初零。絡緯驚秋，凄吟直到三更。無端喚醒機窗夢，渺瀛涯、莫辨歸程。最銷魂，萬縷千絲，錦字難憑。　便教幽意從頭數，問迷金醉粉，能幾人聽。爲汝低回，有聲爭似無聲。青蕪未必埋愁地，勝筠籠、綺户長扃。許知音，風露深宵，螢火星星。

卜算子

牽牛花，己丑七夕作

嫋嫋晚風清，脈脈銀潢淺。澹月疏籬三兩枝，寂寞無人見。　相望一年年，別緒千千萬。化作秋魂也是愁，此境誰能遣。

前調

秋海棠

蛩語嫩涼天，葉落閒庭户。寂寞牆陰見幾叢，紅到銷魂處。　莫漫問秋心，且自和愁住。不爲西風也斷腸，何用金鈴護。

鷓鴣天

朱户銀鉤夢已非。霜風吹鬢欲成絲。縱教天意同芻狗，豈爲緇塵厭葛衣。　驚絶代，展深期。低迴忍説識君遲。靈湘清怨飄蓬感，銷盡心魂只自知。

前調　辛卯仲夏，月夜泛玄武湖，懷文玉

水眄煙鬟久不温。征衫無計澣緇塵。輕橈一夕將愁去，唤起蒼波舊夢痕。　明月夜，碧雲村。更從何處理芳尊。低迷燈火長堤路，幾度回頭恐未真。

前調　中元前夕，再泛玄武湖，往來荷花中，緑雲風動，紅香初零，意境幽絶

繞郭淪漣水一灣。粉痕零亂翠雲殘。吹香短笛憑煙語，並舫幽花帶露看。　塵夢渺，水天寬。滿身明月櫂歌還。十年絲鬢長干道，消得涼宵片晌閒。

甘州　壬辰吴門重九

又西風將夢過吴城，吟魂渺難收。似寒塘斷影，翛翛暮雨，吹墮滄洲。我已無家可戀，莫再説歸休。不盡飄零感，雲水空流。　誰念衰楊身世，恰枝枝葉葉，一例驚秋。儘江山如繪，獨客許淹留。待攜酒、層巒縱目，奈夕陽、無語下荒邱。重回首，問明年在，何處登樓。

以上《還軒詞》卷三《懷楓集》己卯至壬辰（一九三九—一九五二，《卜算子》以下爲附一九四九年後詞）

菩薩蠻

森森畫戟紅塵隔。蔥蘢佳氣生南國。寶扇紫騂騮。勲勞珍重酬。　朱門傳喚急。匣劍無顔色。舞罷縷金衣。星河秋雁飛。

前調

相思相望銀潢路。一朝離恨都抛去。多謝絳雲翁。夭桃著意紅。　霞綃千萬疊。黄竹江干泣。歌扇墨猶新。淒涼羅綺塵。

前調

龍蟠鳳翥阿房巧。馱金走馬山陰道。飛閣拂明河。簾櫳百尺波。　仙寰誰可語。檻外青燐舞。葵麥黯斜陽。紅樓春晝長。

前調

明姿慧質青娥小。吴音楚語天然好。燕雁幾春秋。瑶臺相對愁。　楊枝呼碧玉。閬苑桃初熟。珍重貯金盤。瓊漿熨齒寒。

前調

犀珠的皪清蕤結。霞綃虹佩嬌於月。點屧應春雷。驚鴻鸞袖迴。　踏摇花似霧。冉冉凌波去。惆悵弄梭人。霄窗蜜芭新。

前調

芙蓉兩兩胭脂涴。西風一夕臨青瑣。和淚别瑶京。太華殘月明。　嶺雲三十六。日暮迷金屋。何處問飛鸞。蘅蕪徹夢寒。

前調

螳蟬擾擾雞蟲得。循枝執翳無休息。飢雀漫徘徊。隔林驚彈來。　迷陽還卻曲。莫再傷吾足。何處問歸途。牟尼百八珠。

長亭怨慢

儘消受、一襟秋思。倦旅年年，夕陽情味。淝水東流，暮雲回望碧無際。綠楊坊陌，彈指又、西風起。莫再譜長亭，誰解識、淒涼如是。　歸計。縱因循不恨，只恨鬢星星矣。朱闌夢徧，猶倒影、一池寒翠。待重檢、蠹壁題痕，奈芳約、如煙難理。且打疊清愁，商略玉壺閒醉。

浣溪沙

十載湖山夢不溫。溪光塔影釀愁痕。數聲漁笛認前村。　芳草綠迷當日路，桃花紅似昔年春。天涯誰念未歸人。

臨江仙　贈元莊

憶昔綠楊城郭外，紙鳶風裏徜徉。朱顏秀髮最年芳。舊游如昨夢，兒女已成行。　卅載緇塵雙鬢改，重逢況在他鄉。感君情比海山長。佳辰憐寂寞，爲我具壺觴。

蝶戀花

鎮日停針調玉柱。高髻長眉，廣袖飄香霧。卻笑鄰姝空自苦。綺羅不慣甘荊布。　盼得佳期偏又誤。雀喜燈花，一例無憑據。日暮蘼蕪山下路。新愁舊恨家何處。

玉樓春　殘荷

白苹風起涼雲結。明日青墩還惜別。託根莫再話連枝，話到連枝愁欲絶。　銀塘夜雨鷗盟歇。敲碎離心秋葉葉。漂花休作等閒看，閱盡流波香不滅。

買陂塘　壬寅歲暮，偶向南圖借書，中夾舊書簽，尚係十餘年前所手訂。往事如煙，感成此解

拂芸編、舊香零落，依依陳夢縈繞。蒼茫劫海偷生際，曾向書城投老。危樓悄。記丹鑒宵深，落葉殷勤掃。　星霜草草。歎魂斷緗縢，蟫叢蹀躞，此意有誰曉。　西州路，頭白羊曇曾到。淒涼一片殘照。東窺西笑同宮繭，説甚庸中佼佼。今休道。問小妹、青溪占得春多少。安排孰早。看願滿藏山，名傳津逮，傑閣倚雲表。

金縷曲　前詞意有未盡，更成一解，亦不自知言之掩抑零亂也

攬鏡添新雪。更那堪、驚心臘鼓，歲寒時節。一寸芸簽無限意，往事千回百折。清晝永、簾波如纈。插架琳琅三十萬，老書城、不羨黃金闕。猿鶴訊，久消歇。　十年憔悴江南別。賸無情、東流淝水，助人悽咽。撲面緇塵家何處，身世秋風一葉。夢不到、竹西煙月。也識此行猶未已，甚鼠肝蟲臂爭偏烈。何日理，北溪楫。

玉樓春

冰霜銷盡萍光轉。綺陌清歌歸緩緩。江南草

長燕初飛，漠北沙寒春尚淺。　柳枝嫋娜同心綰。枝上流鶯千百囀。齊將好語祝東風，地老天荒恩不斷。

前調

小桃未放春先勒。幾日輕陰寒惻惻。夢中惜別涙猶温，醉裏看花朱亂碧。　鳴鳩檐外聲偏急。雲意沉沉天欲黑。呼晴喚雨兩無成，卻笑癡禽空着力。

前調

石尤風緊腥波惡。鱗翼迢迢誰可託。任他貝錦自成章，豈忍隋珠輕彈雀。　連朝急雨繁英落。過盡飛鴻春寂寞。休言花事在西鄰，回首蓬山天一角。

前調

當時常恐春光老。今日春來偏覺早。杜鵑啼罷鷓鴣啼，參透靈犀成一笑。　憐他慧舌如簧巧。訴盡春愁愁未了。緑陰冉冉遍天涯，明歲花開春更好。

前調

行人不畏征程苦。傾蓋何勞相爾汝。幽情纔譜惜分飛，密意先傳胡旋舞。　淒涼最是旗亭路。長記年時攜手處。歡筵彈指即離筵，一曲驪歌誰是主。

前調

雨雲翻覆桃呼李。暮四朝三惟自憙。欣看紅粟趁潮來，愁見雁行隨地起。　離群獨往由今始。帶礪河山從此已。幾回含笑向秋風，心事悠悠東逝水。

前調

伯勞飛燕東西別。落日河梁風獵獵。縱教舊約變新仇，誰見新枝生舊葉。　衷懷一似天邊月。閲遍滄桑圓又缺。浮雲枉自做陰晴，皎皎清輝常不滅。

鷓鴣天　六二年八月，赴黄山，重過裕溪口

淝水無情日夕流。十年前事漫尋搜。羈懷送日凋蓬鬢，歲晚遄征老敝裘。　多少憶，憶還休。衆芳如海繡神州。滿汀晴雪秋光好，莫指蘆花笑白頭。

慶春澤慢　黄山道中

野水涵煙，遥峰斂黛，依稀畫裏曾經。照眼凌波，驚看欲立亭亭。蘅皋月冷湘娥怨，翠盤擎、涼露初零。暗消凝。似水年光，都付鷗盟。　飄蕭雙鬢殷勤洗，待緇塵盡滌，漫步仙瀛。濟勝無功，羡他絶頂身輕。黄山自是吾家好，算登臨、如履師庭。報郵程。故攖吟懷，車笛聲聲。

點絳唇

雙鬢緇塵，山靈不許仙都卧。巖扉深鎖。濟勝偏相左。　萬壑流泉，雪浪桃溪過。山居課。行歌相和。撲面岩花墮。

望江南　游黃山

黃山好，風景世間稀。到處松雲皆入畫，當前泉石自神奇。游跡試重提。

其二

黃山好，飛閣枕桃溪。十里落英霏絳雨，一川亂石佈仙棋。俯檻翠微低。

其三

黃山好，微妙是温泉。濯足濯纓無住相，宜冬宜夏總天然。塵垢一時蠲。

其四

黃山好，林壑勝桃源。幾疊雲巒分遠市，一宵秋雨漲山泉。倚石聽鳴弦。

其五

黃山好，幽境隔紅塵。絶壑穿巖難辨影，奇峯夾徑欲凌雲。策杖過天門。

其六

黃山好，日出湧金輪。七寶光涵雲燦爛，萬山霞映氣氤氳。虹彩繡天閽。

其七

黃山好，雲起勢如潮。轉眼群峰迷雪浪，拂衣輕霧散冰綃。瓊海望迢迢。

其八

黃山好，到處盡奇松。勁質傲霜還傲雪，虬枝疑鳳復疑龍。振翮待天風。

其九

黃山好，怪石奪天工。疊嶂排空青菡萏，孤峰削玉碧玲瓏。回首白雲封。

其十

黃山好，清影細尋搜。最是文殊臺上夜，一丸涼月萬山秋。何日賦重游。

鵲踏枝 鴛鴦戲荷，玩具。紅蓮含苞，承以綠葉。手按機扭，則花瓣怒張，旋轉如輪。中有鴛鴦二，錦羽燦然，掩映於繽紛花影間，極絢麗可喜。爰賦一解，體物未工，殊不足狀其十一也

翠蓋紅裝嬌楚楚。羨殺文禽，蘂苑雙雙住。欲向飈輪尋過羽。華嚴彈指花如霧。記得凌波飛麝雨。小艇追涼，驚起閒鷗鷺。往事燈前誰可語。宵來夢遍青墩路。

臺城路 清明後五日，過五星寺，視元莊殯宮

野棠花落鶯聲悄，匆匆好春餘幾。拄壁殘幢，眠苔斷碣，消盡年光如水。虛廊徒倚。問紫陌春遊，錦韉來未。塵幔無聲，素盤殘蠟自垂淚。荒庭柳綿又起。大堤萬千縷，陳夢難繫。舞鏡鸞驕，循檐鵲喜。重展遠山新翠。閒愁漫理。又隔院昏鐘，喚人歸矣。悵望平林，斷霞呈晚霽。

臨江仙 贈王子玉

憶昔綠楊閒買醉，笑言初接清芬。酒痕零亂墨痕新。海堧春一角，嘉會結賢賓。卅載緇塵雙鬢改，飄蕭倦旅孤尊。藕花香裏忽逢君。舊遊如昨夢，回首倍酸辛。

臺城路 殊庵詩友輓詞

桃溪春水年時地。仙源尚留人世。白袷豐神，青囊仁術，談笑依然在耳。蒼茫故里。聽鶗鴂聲聲，未成歸計。撒手塵勞，月明如夢夜

如水。從今賞音有幾。黄罏休再過，清淚難已。雪夜回春，芳洲竚影，情景分明猶記。斯人去矣。問此後騷壇，光芒誰繼。鶴馭程遥，斷吟君聽未。

鷓鴣天　題《遺山新樂府校記》後

記得層樓把卷時。朱研墨審費尋思。卅年蓬轉無窮感，葉葉萍飄兩鬢絲。　行未已，逝如斯。晴窗重展意遲遲。緑楊坊陌知何處，魂斷隋堤萬萬枝。

滿江紅　題北湖消夏圖

煙水迷濛，渾不辨、故園甚處。細屈指、舊游歷歷，有誰堪數。小艇追涼迷麝雨，青墩惜别憐鷗鷺。更淒涼、隔浦玉簫聲，低回訴。　殘月落，宵將午。晨星燦，荒雞語。問幾人沉睡，幾人酣舞。清嘯一聲天地闊，東山又見紅輪吐。願此生、終老水雲鄉，忘今古。

臺城路　一九七六年八月二十六日夜半，坐卓氏中庭，聽揚州臨震消息，回憶三十九年前沙洲避亂時，光景依約似之，感賦

驚霆駭浪人間世。藏舟已無餘地。淝水孤萍，江關倦旅，又聽秋林哀吹。淒涼故里。歎卅載因循，未成歸計。轉眼榛蕪，竹西煙景付流水。　浮生可憐有幾。風煙銷歲月，陳夢猶記。野岸風高，荒洲露冷，夜半鵑聲如魅。鄉心欲碎。儘蹀躞虚廊，苦吟無寐。悵望遥天，密雲紅似醉。

慶春澤慢　詩友戴味琴輓詞。味琴，京江人。耆宿筑公先生之女，才豐命蹇，秉性堅貞，卅載樓居，終身縞素。自余遷皖後，音問遂阻。頃得

鄉人書，知去世已將十年。惡耗乍傳，肝膈爲碎，傾淚濡毫，以代痛哭

菊傲霜侵，蓮貞雨妒，衆芳搖落堪憐。雪魄冰魂，驂鸞竟返瑶天。蘂珠一任花如錦，想臨風、縞袂依然。渺荒煙。寂寞青山，何處長眠。味琴《雷塘懷古》詩有『寂寞青山臥夕陽』之句，因有他日卜葬雷塘，墓田鄰接之約。 百般端正天然好，信皎如玉潔，潤比珠圓。人去樓空，淒涼塵滿遺篇。明知此別無多日，顧蒼蒼、早盡餘年。恨綿綿。無限傷情，都付啼鵑。

鷓鴣天 贈戴增光醫生

蒲柳風欹玉露零。寒來暑往暗驚心。可憐五度星霜改，病骨支離一葉輕。 萊菔火，玉壺冰。採芝何處問山靈。謝他重席高談客，一服還丹續此生。

虞美人 重印《還軒詞》成，仿宋人聽雨詞意，漫成此解

兒時弄筆紅窗下。片語珍無價。中年覓食暫離家。不道故園從此、即天涯。 老來潦倒書城臥。蠹卷青燈佐。吟魂消盡漏將終。雙鬢蕭疎黃葉、墮西風。

金縷曲 病中聞隔院有唱催眠歌引小兒入睡者，音韻淒婉，極似余兒時所悉聞，感賦

市遠繁聲歇。峭寒侵、淒涼病榻，旅懷愁絶。何處歌聲春樣暖，喚起傷心葉葉。想繡褓、花枝交纈。慢撫輕憐珠在掌，繞迴廊、數遍花磚缺。偉大愛，無邊熱。 半生粟祿鄉關別。更那堪、南陔夢醒，鬢絲如雪。魂斷庭闈何處是，未

語柔腸先結。空夢繞、青林冷月。梗泊萍飄三十載，了枯禪、彈指輕漚滅。漫回首，倍嗚咽。

以上附《還軒詞》卷四《一厂集》癸巳至庚申（一九五三—一九八〇）

卜算子　墨菊

三徑冷香殘，老圃斜陽短。欲向疏枝問晚花，門外風光換。　空憶秀貞姿，莫喚霜魂轉。霧重煙寒素卷逢，日暮孤芳遠。

減蘭　六二年五一節

白駒過隙。念載蟫叢雙鬢雪。以館爲家。不爲蒓鱸起歎嗟。　書城蹀躞。願竭平生光與熱。學海無涯。笑看春風放百花。

滿江紅　中印邊界沖突書感

圖籍分明，問釁起、責將誰貸。燃戰火、陰謀蠶食，誅求一再。荼毒竟忘刀俎恨，支援贏得兒孫債。更無端、乞助向貪狼，誠難解。　憑正義，清疆界。避猖獗，雷霆耐。爲和平不惜，寬仁相待。永息邊烽脣齒固，倘侵寸土戈矛在。看紅旗、浪湧接青冥，風雲改。

臨江仙　一九六四年三八婦女節，『憶苦思甜』大會上作。（一）家庭回憶　童年

入世旬三萱蔭失，北堂色笑難溫。偏教五女聚衰門。賠錢常比貨，如鼠亦堪嗔。　釀就百花成大錯，蕭牆風折靈椿。早居繡屋暮荆榛。麻衣皆血淚，虎視尚紛紛。

其二 （二）婚姻回憶 青年

聞說扶牀初學步，赤繩繫定難更。隨鷄隨犬註前生。飄茵誠可喜，墮溷亦何憎。　欲借樊籠培短翮，當筵誓水盟成。從今塵夢不關情。澄心依古佛，力學老青燈。

其三 （三）職業回憶 中年

補屋牽蘿居不易，飄零且寄他鄉。危樓風雨恨茫茫。抄書愁日短，數墨歎更長。　歷盡酸辛歸宛委，百城坐擁琳瑯。已拚生死共存亡。守殘完素志，遠禍入清涼。

其四 （四）黨恩 晚年

日出東方雲霧散，頓教天地清明。啟愚立懦世同驚。典型遵馬列，革命爲蒼生。　一日仙都遊幾遍，幾番朱榜留名。風吹泥絮入青冥。黨恩深似海，粉骨報猶輕。

鶯啼序 元莊詞友輓詞 元莊即吳堅同志

涼颸乍傳過雁，帶秋聲滿樹。曉烟散、似姤繁蔭，碧梧飛隕零露。渺天末、蒼茫望眼，飈輪載恨今何處。愴輕漚不盡，音塵玉函深護。

回首芸帷，把卷問字，正垂髫十五。信冰雪、難喻聰明，錦箋時見新句。賦同仇、鴛盟早證，共爭羨、英年佳侶。溯洪流、風雨同舟，誓驅頑虜。　狂塵盡掃，旭日揚輝，看光明前路。淮楚瀾、暫停征轡，月滿淝水，巷近梨花，綠楊賡譜。羇人老矣，萍踪重聚，卅年前事渾猶昨，慰離懷、共話西窗雨。飄風一霎，袛餘逝影浮煙，斷腸恍聞淒語。　黃壚淚盡，孑影天涯，歎鬢霜似許。忍更對、良辰花月，舊景依稀，寂寞安仁，弱齡兒女。悲天不憫，天胡如醉，芳華彈指成夢幻，賸頽年、不使先黃土。傷心一曲歸來，蘋蘩重招，九原見否。

滿江紅　悼念周總理

匝地悲呼，都道是、國摧樑棟。看舉世、紛紛朝野，斗山争拱。盡瘁孤衷天日鑒，匡時偉績寰瀛頌。仰遺容、慟極淚難禁，如泉涌。　廉讓操，人民誦。彌留語，人民痛。要遺踪永伴，山河一統。以此精誠彌六合，神州士氣增英勇。顯聲威、努力掃欃槍，金甌鞏。

以上附《還軒詞·拾遺》

以上一九八一年油印本《還軒詞》

鷓鴣天　感懷，再和忍寒

和淚詞成淚已殘。濤箋隱隱墨猶斑。消諓誓水情逾苦，顧影驚沙膽尚寒。　心耿耿，恨漫漫。承歡無那强開顔。飄蓬散盡江蘺老，卻笑西風鎮日閒。

見一九五七年油印本《還軒詞》

前調　贈曹大鐵

廿載心儀阻世氛。每從傳語見丰神。可憐憔悴羈塵客，三絶坡仙再世身。　歌古調，挹清芬。菱花重聚舊精魂。虞山林壑清如許，俊賞飄零迹已陳。

見一九七八年油印本《還軒詞》

念奴嬌　題《虞美人》便面

拔山歌罷，賸悲風千載，尚流嗚咽。多少英雄家國恨，都付霜花輕決。夢裏關河，樽前兒女，彈指音塵絶。陽城朝市，漢家何處陵闕。幾許古燼寒灰，荒煙苦蔓，猶照娟娟月。滿地榛蕪雲縠冷，不見分釵遺玦。清淚隨風，芳痕暈碧，嬾向東皇説。斷腸春暮，杜鵑夜夜啼血。

淒涼犯

珮環寂寞蘅蕪杳，璇臺夢醒悽切。素因未斷，緗香魂欲化，趁春齊發。輕霞半摺。似新剪、緗羅葉葉。恍當年、離宫宴罷，舞袖衫雲疊。愁絶。煙塵夜，鐵騎驚嘶，怒虹寒掣。燕支涴地，漾靈蕤、蝶衣飄纈。露沁珠瑩，尚依約、啼痕暗結。又東風、滿苑簌簌，偃絳雪。

慶春澤慢

梅皺侵簾，苔紋疊砌，暖風吹老荼蘼。幾日酥霖，緑陰又遍天涯。鉢衣半逐朝雲散，嫋歌塵、倦影還飛。惜芳菲。小院長扃，羅幙長垂。　煙鬟綽約知何處，讓霞融蛤粉，霜砑桃緋。晚晚仙英，繁華猶認依稀。萋萋莎草埋香徑，更誰憐、蘂苑重歸。是耶非。扇角殘春，闌角斜暉。

望江南　題山水畫册

江南好，春色最相思。十里緑楊摇翡翠，一溪香霧濕燕支。細雨杏花時。

其二

江南好，清影勝桃源。幾疊雲巒分遠市，一宵梅雨漲新泉。閒上釣魚船。

其三

江南好，時節正清秋。霜葉醉同紅杏豔，青山閒共碧雲浮。人在最高樓。

其四

江南好，積雪滿溪山。涷蘂香沉難辨影，明蟾光冷不勝寒。短艇夜漫漫。

以上見《詞學季刊》一九三三年一卷一期

臺城路

孝昂先生以近作見示，漫成一解

寒濤嗚咽嚴城晚，萍蹤倦隨輕舸。振袂豪情，行吟孤抱，還照歌圍燈火。羈懷無那。趁一縷霜笳，隔江吹過。節物驚心，暗愁縹緲寄清些。　長宵唾壺擊碎，新辭霏白雪，惆悵誰和。息影盟鷗，浮生寓燕，沈恨金甌已破。狂塵莫涴。看歲盡東園，早梅催朵。醉臥疏香，快游堪道可。

見《詞學季刊》一九三六年三卷一期

謁金門

以上《懷楓集》別本共録四首，文字微有不同，第四首如下

忘不得。忘了也須追憶。最是斷腸將易簀。吘兒休儘泣。　一自棗梨初索。不肯離親朝夕。永訣慈親無百日。蓼莪悲罔極。

水調歌頭

元夕，和忍寒

塵世幾桑海，明月自清華。玉樓天半歌舞，日暮亂輕笳。借問旄旗何處。遼鶴歸來無語。一例付蟲沙。安得駐清影，夜夜照邊遐。　峭寒急，香霧濕，思無涯。人生原是行客，何用苦悲嗟。聞説長安如弈。渺渺浮雲西北。且自飲流霞。莫縱登臨眼，江上亂烽遮。

前調　和忍寒中秋『海元』輪上作

中夜望明月，殘夢落江天。勞生忽忽如寄，彈指便今年。百囀流鶯何在，十里垂楊空裊，門外碧溪寒。住事一回首，幽恨遍人間。　露華重，銀漢悄，不成眠。吟蛩似解相慰，悽語貫珠圓。休歎輕因浮幻，檢點閒箋零墨，福慧本難全。海内存知己，清影共娟娟。

好事近

搖首一長吟，嵐翠浮空欲滴。天生好山好水，壯先生行色。　幾回屈指問偕游，往事已陳迹。卻憶月輪湖上，正明朝生日。丙戌孟春十日，讀髯公宿雁宕常雲峰作，賦此乞正，懷楓拜草。

以上見《丁寧佚詞四首》

于右任

醜奴兒令　靈寶道中，弔妹仲華

沉吟往歲留題句，字也分明。恨也分明。淚濕關河百感生。　今來更有傷心事，兄也飄零。妹也凋零。木落天寒雁一聲。

眼兒媚　洛陽道中

衰時容易盛時難。獨自淚汍瀾。黍離殿閣，劫灰文物，殘霸河山。　無情道路多情夢，夢裏越重關。今宵洛浦，明朝盤豆，後日長安。

浪淘沙　潼關感賦

形勢望中收。故國神游。纖兒一逝潰齊州。如此雄關難坐守，豎子無謀。　驚鳥再來投。

瘖瘵恩仇。明知不返也難留。天降繁霜人雪涕，白盡烏頭。用文叔問先生詞句。

柳梢青 洛陽弔古

敗葉留紅，殘巖落翠，滿目風沙。故國山川，故家池館，故苑風華。無端夢墮天涯。空憑弔、楊家李家。一片閒愁，兩行清淚，幾曲悲笳。

醜奴兒令 硤石道中

車如旋磨人如蟻，萬折千盤。萬折千盤。鐵換輪蹄客未還。勞生自怨無奇骨，不耐關山。不耐關山。枉説人間道路難。

浪淘沙 黃鶴樓

煙樹望中收。故國神游。江山霸氣賸浮漚。黃鶴歸來應墮淚，淚滿汀洲。憑弔大江秋。爾許閒愁。紛紛遷客與清流。若個英雄淩絶頂，痛哭神州。

踏莎行 送楊篤生

絶好山河，連宵風雨。神州霸業憑誰主。共憐憔悴盡中年，那堪飄泊成孤旅。故國茫茫，夕陽如許。杜鵑聲裏人西去。殘山賸水幾回頭，淚痕休灑分離處。楊篤生爲《神州報》總主筆，因《神州報》改組將去英倫。時文叔問先生以《冷紅詞》贈予。予見其中有『神州霸業憑誰主』之句，戲謂篤生：『此似贈公者。』因爲足成此詞，以送其行。予以戲作多采文句，故集中不載。右任特記。

鷓鴣天 三首

十道瑯嬛去不回。吾家文物亦成灰。書生莫

弔龍蟠里，争得金甌帶血歸。三尺劍，一戎衣。園陵曾見五雲飛。蹉跎兵馬收京日，慘淡人民哭廟時。

其二

萬里河山染血痕。經年猶未浄胡塵。艱難皇祖開天戰，勞瘁元公破斧身。争獨立，與生存。成功讓爾我成仁。爲犧百萬佳兒女，祖國何由報汝恩。

其三

無限精誠接萬方。元戎秉鉞鎮非常。風雲作聖人争睹，雷雨及時夜未央。天運轉，地機藏。大風吹動太平洋。自由神女姍姍下，喋血人間認故鄉。

以上民前

金縷曲　鄉人來述家山之美勸北歸者，作此答之

百事從頭起。數髯翁、平生湖海，故人餘幾。褒鄂應劉寒之友，多少成仁去矣。到今日、風雲誰倚。人説家山真壯麗，好家山、須費工夫理。南與北，況多壘。乾坤大戰前無比。愧餘生、嵯峨山下，衛公同里。不作名儒兼名將，白首沉吟有以。料當世、知君何似。聞道傷亡三百萬，更甘心、血染開天史。求祖國，自由耳。

鷓鴣天　偕庚由自西安往成都機中作

凭倚高風且覺遲。身懸萬仞一凝思。山如列國争雄長，雲似孤兒遇亂離。秦嶺峻，蜀山奇。西南著我此何時。相隨更是金天雨，洗浄人間會有期。

減字木蘭花　武漢回渝機中回望

極天芳草。珍重王孫行遠道。如此江山。留戀詞人往復還。　詩情何許。畢竟尋思無著處。回首茫茫。江北江南幾戰場。

菩薩蠻　有述北戰場事者，因賦此

太行隱隱雲端見。胡兒昨夜窺防綫。妄想入中原。骨灰歸亦難。　凌晨風雪作。久戰創傷裏。奉命守黃河。天寒高唱歌。

擣練子　衡山兄愛石成性，所至選石攜歸，陳列室中，以爲旅行紀念。求題齋額與石居，因綴以詞

求石友，伴髯翁。取不傷廉用不窮。會見降旛來眼底，石頭城下慶成功。

以上一九三八年

浣溪沙　題章太炎先生贈丁鼎丞兄詩卷。民國二十四年三月，丁先生自南京訪太炎先生於蘇州，留兩日，太炎爲詩送之。二十九年兄在渝，出詩卷屬題

論韻疑年老益親。黄花節日雨頻頻。餘杭贈句墨如新。　學術昌明關運會，江山戰伐苦生民。西來白首祀經神。

以上一九四〇年

減字木蘭花　壽内子仲林六十

蟠桃正熟。笑看兒孫持祝福。怕我題詩。敘起當年伴讀時。　寬鞋窄襪。針綫勞勞今白髮。同是難忘。國泰民安到故鄉。

訴衷情　三十年九月十八日，同庚由自渝飛蘭州機中

雲間眼底現平川。最好是今天。摩天嶺上飛過，詩未就，以詞傳。 詞不盡，寫空間。漏人間。河山壯麗，無計形容，捋斷蒼髯。

極相思

題恕庵禮佛圖。恕庵者，吴禮卿兄在蘇州寓中禮佛處也。二十八年，大千爲作圖。禮卿兄嗣赴藏主持達賴喇嘛十四世坐床典禮，攜過印度，有泰戈爾題字

越來溪水澌澌。展卷一回思。陰陰芳樹，清清小院，明月來時。 白首巡方經萬里。爲生靈、早發慈悲。雪城吟雪，寶床呈寶，詩聖題詩。

菩薩蠻

題張秉三兄適園憶舊圖

鷓鴣溪畔層樓角。梅花香遠書聲作。名畫拓名園。藏經比海源。 寒梅餘晚翠。珍本分

離易。君莫念家鄉。乾坤一戰場。

以上一九四一年

齊天樂

勉青年軍人

中華民族齊心進，人人載歌載舞。急難鴒原，報恩祖國，此責興亡在汝。精誠所聚。便投筆從戎，經文緯武。天下一家，何人今後敢予侮。 時時紀念國父。祇生逢喪亂，難護陵樹。載道流亡，籲天耆老，望斷金天金鼓。有懷欲吐。仗龍虎風雲，百千兒女。萬歲歌中，一聲聲破虜。

暗香

野人山下一戰士

野人山下。有荷戈戰士，歌聲相亞。白骨夕陽，廢壘幽花自開謝。于役而今至此，依依是、孤懷難寫。但盼得、血洗關河，百戰作强

者。歌罷。倚征馬。見照耀叢林，星月如畫。幾番淚灑。想念流亡歲寒也。展望光明大路，愁萬壘、皇天應訝。等怎時、纔賜與，白雲四野。

浣溪沙 小園

歌樂山頭雲半遮。老鷹崖上日將斜。清琴遠遠起誰家。依舊小園迷燕子，翻憐春雨淚桐花。王孫緑草又天涯。

前調

自製新詞苦未工。山川清響古無同。沉思往事更朦朧。江作青龍蟠左右，關連玉壘拱西東。歸舟知趁幾番風。

滿江紅 平韻。十二月九日夜四時，不寐，用白石之調，寫武穆之心，遂成此詞

無數英雄，應運起、爭赴戰場。驚心是、執戈無我，祖國爲殤。喜馬高峰飛過去，怒江前綫打回鄉。看馬前、開遍自由花，天散香。新時代，新國防。新中國，壽無疆。把百年深痛，付太平洋。世界和平原有責，中華建設更應當。待短時、告廟紫金山，祈憲章。

百字令 題《標準草書》

草書文學，是中華民族，自强工具。甲骨而還增篆隸，各有懸針垂露。漢簡流沙，唐經石窟，演進尤無數。章今狂在，沉埋久矣誰顧。試問世界人民，寸陰能惜，急急緣何故。同此時間同此手，效率誰臻高度。符號神奇，髯翁發見，秘訣思傳付。敬招同志，來爲學術開路。

破陣子 祝《中華樂府》

三峽星河影動，五更鼓角聲悲。騷雅而還天道轉，關馬之興地運移。作家當戰時。　雨浥文人筆硯，雲生大將旌旗。漫説緇衣爲諷刺，豈有甘棠不療飢。太平先有詩。

鷓鴣天 題楚倫夫人吴孟芙女士憶親圖

翠滴松陰寶篆殘。望中何處是江南。階前春草增惆悵，窗外孤雲自往還。　慈母綫，報應難。書聲燈影又年年。蜀山千疊吴山遠，緑染春絲歲不寒。

烏夜啼 南岸觀梅，住康心如別墅，夜談新聞事業

願作依風記者，更爲載雪詞仙。放牛坪上游蹤在，猶自憶前緣。　吹笛隨歌古調，看梅那計明年。明年春到人東下，置酒孝陵前。

以上一九四四年

清平樂 心遠家中有余與内子仲林十年前在北平丁香樹下攝影，適外孫北大與汶梅君女士結婚，寫之以祝

連天芳草。隱約燕京道。幾樹丁香開正好。花下誰家翁媪。　孫兒成長如何。女兒新作婆婆。我倆何時歸里，同聽社鼓秧歌。

以上一九四五年

減字木蘭花 題沈聯璧家傳御墨圖。七七事變後，沈生聯璧來京，以其遠祖自樂公庋宣德御墨圖屬題。嗣因寇禍日急，余將去京，沈生不知所在，乃寄存其册於重慶美豐銀行庫中。還京時，沈生已以工作病逝海上，因覓其家人所在而歸之，乃爲此詞

雲間二沈。兄弟書名大下審。珍重貽謨。四

百年來御墨圖。流離蜀道。兵火之中時在抱。八載還京。物在人亡哭幾聲。

浣溪沙　哈密西行機中作

我與天山共白頭。白頭相映亦風流。羨他雪水溉田疇。　風雨憂愁成往事，山川憔悴幾經秋。暮雲收盡見芳洲。

人月圓　迪化至阿克蘇機中作

人生難得新機會，天上看天山。人間天上，人間天上，天上人間。　盧生冀野作曲，韓生樂然作畫，我捋銀髯。崑崙在左，白龍堆上，孔雀河前。

江城子　阿克蘇至喀什機中作

先生得意出陽關。在空間。且流連。烏魯木齊、河上月兒彎。又乘長風前進也，真不管，鬢毛斑。　多情好事亦因緣。説高寒。有嬋娟。争向機中、一孔看天山。聞道飛行戈壁上，沙漠漠，路漫漫。

浣溪沙　塔里木戈壁機中，憶阿克蘇、温宿之游

何代何王贖地牢。龜茲霸業已蕭條。西風吹雨過平橋。　高柳陰中馳駿馬，把衣園裏選蒲桃。別開舞派女兒腰。把衣者，財主也。

浪淘沙　哈密東歸皋蘭，因烏沙嶺大雨，機轉甘州

相對亦悠然。始識天山。天教回首看祁連。同是洛妃乘霧至，冰雪争妍。　烏嶺雨沉綿。雲起無端。龍吟霜匣劍飛還。轉到甘州開口笑，錯認江南。

采桑子 九月一日迪化東歸機中，時天山初降雪

高空日麗涼初透。往事悠悠。西望雲浮。等是人間不自由。　豪情依約歌還又。積雨才收。爽氣凝眸。笑看天山更白頭。

浣溪沙 蘭州東行機中作

不是崑崙獨惘然。人生樂事古難全。匆匆今又過祁連。　自古英雄矜出塞，如今種族是同天。何人收淚聽陽關。

南鄉子 蘭州東行機中作

上下白龍飛。秦隴川原是也非。萬里平安天與我，依依。迎我西來送我歸。　君莫問西陲。兄弟之間隙已微。塞上風雲成過去，區區。寫就天山紀念碑。

減字木蘭花 西安至南京機中作

機窗風峭。眼底關河似覺小。人樂人憂。容我天空看亞洲。　歸期不誤。隱隱園陵陵上樹。秦嶺雲開。自有佳音雁帶來。

以上一九四六年

浪淘沙 三月十七日攜想想、北大、梅君孝陵前看梅花，至舊温室前小坐，感賦

斧赦孝陵柴。亂後梅開。天風遠遠送香來。綠蕚而今存幾樹，有我親栽。　藝圃變蒿萊。行者增哀。國香終不受塵埃。嘉卉成畦還播種，新立名牌。

點絳唇 看天山之行攝影

飛越祁連，雪峰萬仞爭雄長。有懷相向。似現光明相。　老出陽關，那作功名想。君休

唱。白雲河上。一片孤城壯。

浣溪沙　輞溪翁消寒之約，遇雨。到臺灣後作

蘭桂同時各放香。杜鵑肥大不尋常。數株老樹一山莊。　重見幽香偏遇雨，争傳消息説還鄉。漁翁應醉輞溪旁。

以上一九四九年

前調　壽張大千先生六十

上將於今數老張。飛揚世界不尋常。龍興大海鳳鳴岡。　作畫真能爲世重，題詩更是發天香。一池硯水太平洋。

以上一九五八年

以上《于右任詩詞集·詞卷》（《浣溪沙》二首爲附一九四九年後詞）

王允晳

浣溪紗　海棠花下作

葉底游人不自持。枝頭啼鳥尚含癡。玉兒愁困有誰知。　淺醉未消殘夢影，薄妝原是斷腸姿。人生何處避相思。

夜行船

玉帳牙旗無定據。廻潮咽、岸沙如語。後夜南樓，一川煙月，歷亂倩誰爲主。　別夢曾過平楚路。儘官柳、半隄緑嫵。故國西風，行人回首，秋在角聲疎處。

好事近　臺江晚渡

帆影入桃花，花外青山斜日。報與黃昏潮信，

有過江殘笛。舟行同在畫中看，清景倩誰惜。準備一襟幽思，付夜蟾澄碧。

采桑子　湘翠樓夜話，效飲水體

城頭尚有三通鼓，雨歇梨花。月過窗紗。一剪輕寒透枕霞。　憑君莫話傷心事，春盡天涯。燕子無家。不道明朝鬢有華。

蝶戀花　春閨

瀚海漂流歸倦羽。玳瑁梁空，燕子愁言語。雨後半日香篝銷蕙炷。梨花却響疎疎雨。　芳草斜陽千萬樹。幾處珠簾，不隔蘅皋暮。縱橫無意緒。馬嘶漸近閑庭户。

前調

永夜牆陰虯水咽。羅帳玲瓏，春枕人如月。百舌枝頭啼未歇。東風只是清寒絶。　幾曲闌干飄茜雪。狼藉丁香，凍損千千結。睡起思量無可説。鏡中自看芙蓉頰。

點絳脣　題林東村畫扇

天接平橋，酒旗風外迢迢路。斷雲來去。野水無人渡。　十載閒鷗，夢向空濛住。今何許。幾絲莎雨。畫裏江南樹。

菩薩蠻

迴峯摺疊晴川色。玻璃一鏡酣春碧。鏡裏是兒家。蠻溪滿屋花。　東風吹别苦。直送雲帆去。昨夢故鄉看。月明千萬山。

清平樂　用玉田《題碧梧蒼石圖》韻

嚴城鼓斷。人立寒沙岸。月淺烟深涼汐漫。

柔艣雲邊逢雁。迢迢天上雙成。今宵須信憐卿。若待畫樓疏吹，人間恐有秋聲。

浣溪沙

玉潤花明未解愁。十年前事信輕柔。而今長定不宜秋。　偶逐流螢行繞樹，也聽涼雁臥當樓。病來情性太悠悠。

減字木蘭花

澄漪十里。眼看雛鴛銜錦翅。涼透魚天。多分春魂化暝煙。　柳條風細。每度斑騅來往地。夢繞橫塘。一夜蘋花不斷香。

浣溪沙

冰雪爲香玉作芽。山城二月見梅花。夢中雲物似天涯。　一架藤陰濃過墨，半窗苔色碧於紗。微吟何處著風華。

浪淘沙

疎雨過晴沙。岸上人家。春流繞户漲桃花。船檥水晶簾底路，一片明霞。　莫再聽琵琶。明日天涯。歸來題句滿窗紗。肯放黄昏閒過了，立盡啼鴉。

月底修簫譜　題陳子濩印譜

翦雲腴，裁玉潤，心手共纖麗。老矣陳郎，文采尚能爾。從教千百相思，連環密印，也難得、斷腸人寄。　共縈繫。當時翠被寒疎，殘月照春淚。滿屋藤花，同有少年事。奈何二月山城，匆匆見了，便無復、恁般清致。

浣溪沙

別夢淒清記未全。含啼人坐綠窗前。自家賺與自家憐。　無力層樓休更上，夕陽如水水如煙。好春衹在夕陽邊。

念奴嬌　春暮寄李佛客江南，用補柳翁韻

少年詞客，怪匆匆去國，鬢絲猶綠。回首西園吟賞地，何限屐期筇約。老石生雲，涼苔過月，竹暗闌干角。蕭閒人到，一尊時共春酌。　今日春去天涯，相思無準，夢向吴潮落。不恨前回容易別，只恨烟江帆索。傍水量寒，巡花度暝，處處東風惡。更誰知得，倦雲還臥林壑。

滿庭芳　爲韻舫題畫

小石圍涼，深篁送爽，月痕漸滿林扃。景閒人淡，琴意悄難成。總有新詞待譜，生衣上、吹綠冥冥。徘徊久，從君試聽，流水溼秋聲。　蕭疏猶在眼，誰攜倦墨，來寫山屏。似吾廬半畝，舊種青青。何日歸來散髮，人間事、露冷風清。歸無準，看看鬢影，搖蕩不勝情。

水龍吟　甲午十月，遼瀋邊報日急，偶過琴南冷紅齋閑話，感時憶舊，同賦

高齋不閉空寒，何人問取垂楊意。清霜未落，北風漸緊，叢叢荒翠。地冷無花，城空多雁，斜陽千里。祗故人此際，蕭然語罷，將絲鬢、臨流水。　何限閑愁待寄。有繁華、舊時塵世。斜階擁葉，危亭攲樹，秋來如此。病後逢

杯，夢中聽角，沈吟暗起。算十年心事，江湖醉約，倦鷗能記。

柳梢青

乙未九月八日作

若箇難忘。舊家輕俊，慣斷人腸。雪浪瀰甌，翠濤過甕，纖素曾量。　秋來便有微涼。酒醒後、人間夜長。雨枕迴燈，風窗添被，明日重陽。

邁陂塘

倪大藜仙新有黄門之悼。乙未秋杪，相遇於琯江蓮華峯下，款語移時，彌致悽眷。歸寄此闋，以廣其意

掃高寒、碧雲門逕，水鄉經歲幽屏。潘郎愁筆誰曾見，狼藉粉香猶凝。鴛夢醒。縱落盡芙蓉，不斷柔波影。心期暗省。算略似飄零，寒爐醉臥，酒味變淒冷。　江干路，涼汐潛穿笭箵。西風吹破詩境。年年畦菊黄時節，一片霜心清耿。君試等。借倦艣閒篙，還我山陰興。蓮華半暝。有海樹藏雲，山門挂月，相約聽秋磬。

壺中天

寓居多雨，庭前榆柳之屬，翠蔭如幄，用《漱玉》均書感

柳絲千尺，埽空濛一片，緑陰門閉。櫻筍韶光都過了，冷落衣篝香氣。小枕斜床，侵尋病酒，不是年時味。錦屏山遠，翠綃封淚誰寄。　猶憶粉絮闌干，春前春後，有那人同倚。瘦玉清冰天不管，旋把梨雲吹起。淺淡妝梳，尋常言語，難會深憐意。而今贏得，夢中頻問歸未。

點絳脣 題眠琴閣填詞圖

好片林巒，甚時吹墜先生手。半株風柳，猶舞君懷袖。占取高寒，茅屋三間有。秋來否。亂峯青透，琴夢和雲皺。

木蘭花慢 寓居興郡小西湖邊，杪春多雨，客感

洗紅連夜雨，吹不散、畫橋烟。歎景物關人，光陰在客，情味如禪。尋思刺船弄水，便歸歟何用買閑田。拚約春風爛醉，恨春輕老花前。　湖天。碧漲簟紋邊。日日憶家眠。料試衣未妥，暈妝還嬾，髩冷攲蟬。分明片時怨語，説相思金篋已無牋。雨歇西齋淡月，隔牆猶咽幽絃。

長亭怨慢

記風外、瘴花紅冷。二月鶯慵，五更鵑醒。一桁愁山，簾腰荒翠淡春影。酒邊愁緊，先暗換、潘郎髩。重到板橋西，有夾道、柳花廝引。　誰省。試移舟一寸，水上夜箏聲近。樓痕漫認，總銷向、緑蕪飛燐。遺鈿繡、鏃盡芳泥，忍重見、蕭娘愁粉。但廢壘深深，一片江空帆定。

一萼紅 興郡官廨宋梅，用碧山均，同韻舫太守賦

錦芳菲。背蒼寒嫩曉，重抹口邊脂。玉暈難銷，珠啼未醒，雲意還鎖山姿。似知有、詞仙俊賞，小羅浮、生翠總雙飛。官地花開，舊家人到，零亂春霏。　曾是先朝池館，念興亡似

埽，淚泫苔枝。橫吹無情，清愁易老，誰見殘客心期。抵多少、滄江煙雨，做青青、縈惹斷腸時。往日宮妝在否，百遍尋思。

長亭怨慢　韻舫見和前作，音調悽苦，悵然續賡

問誰奏、紅牙哀節。老淚闌珊，玉簫聲接。一對愁人，水天閒話暗潮闊。世間千恨，渾未抵、傷春闋。斷送好時光，算衹有、鶯鶯啼葉。　清切。望觚棱甚處，夢挂碧雲仙闕。宮溝膩漲，總流盡、粉芳凝結。待説與、舊日遊蹤，趁官閣、銀籤停發。又鼓角沈沈，催得人頭成雪。

琵琶仙　用石帚譜，叶四聲，爲錢塘許邁孫丈題賁夢軒填詞圖

梅影年年，惱人是、半幅紋紗風色。簾罅曾宿清霜，淒香戀鬢碧。良夜永、依依睡鶴，問誰管、小紅愁寂。玉抱泠然，溶化豔雪，還共今夕。　便真似、消渴才華，奈渾老、梁園舊詞客。多少月明幽事，指空林陳迹。紅漸冷、楓心未損，倩越娘、淡寫裙側。忍見千疊霞綃，又歸新筆。

木蘭花慢　答補柳冷紅齋夜坐見懷，用元韻

亭陰吹笛地，曾踏損、嫩苔煙。記暗竹遮燈，涼蕉捲墨，對寫秋禪。滄浪一宵倦枕，夢斜陽流水藕花田。便趁扁舟去也，大江直下門前。　鷗天。涼到誰邊。歸正好、却閒眠。怕故溪碧樹，陰陰如畫，頓老吟蟬。與子相思未久，甚商聲吹得滿銀牋。略説愁人氣味，半窗

暗雨危絃。

瑞鶴仙　遼陽道中書感，寄滄趣老人

黃塵嘶馬去。歎而今，不是少年羈旅。荒程渺何許。但雲水縱橫，亂山無主。人間事苦。有垂柳、青青倦舞。繞天涯、不見啼鶯，那見一春歸處。　凝佇。聽笳身世，換酒年光，黯如風絮。滄洲舊侶。總孤負，翠尊語。料溪橋南北，藤花零亂，長有愁香秀句。滄趣樓前後植紫藤數十本。甚匆匆、茶熟湖亭，便成間阻。

水調歌頭　爲談飽帆太史國楫題塞上臥薪圖

中夜不能寐，慷慨爲君歌。蕭蕭臥具如此，關塞夢橫戈。夢裏羅浮風雪，故國梅花開了，吹笛坐坡陀。舉似畫中景，相去定如何。　人間世，悲與樂，未爭多。桑田海水，變幻荊棘幾銅駝。不踏東華塵土，不聽西清鈴索，我欲臥煙蘿。秋氣漸堪掬，好去莫蹉跎。

鶯啼序　倦遊賦歸，由遼河買舟南下。前一日，談飽帆太史復以扇索詞，倚此爲別

荒城昨宵箏筑，把離愁暗聚。乍嗚咽、將斷還連，半牆霜月淒楚。祖帳晚、金尊自掩，青山一髮傷心路。甚東君歸後，程程尚隨飛絮。　紫塞黃塵，事與夢渺，有年時新雨。睡中漫、題了羊裙，等閒銷盡愁句。問何地、金狨繫馬，鎮長見、沈香窗户。酒罏在，殘醉扶歸，亂鴉休妬。　蘭成最少，射策歸來，却江關寄旅。苦記憶、戍烽驚後，白雁啼緊，碧血青燐，夜深來去。春陵檜柏，平蕪蒴麥，陰陰野哭千村雪，破麻鞵、更踏長安土。以上皆金州城破後事，飽帆爲余言者。而今何事，圖中彷彿南

冠，楚囚尚泣軍府。飽帆尊甫司馬，以金州事被議遣戍。飽帆得第後，奔走萬里，請於大府，願以身代。所圖塞上臥薪，蓋志在君父之間也。神州望久，客裏登臨，料送歸更苦。已緑遍、津亭芳草，鶗鴂聲聲，亂水渾河，倦帆移處。殷勤對把，風前衣袂，他時重見應未必，占江湖、容我閒鷗鷺。泠然一曲滄浪，音絶鑪香，故人念否。

徵招　丙申春仲送高歗農之杭州

春來似與人相避，離亭更攀春柳。一點送君心，蕩江波如酒。掛帆煙渡口。便凝想、越山深秀。只恐西湖，淡妝人去，黛眉非舊。　争似故家園，殘寒在、沈烟未收金斗。昨夜見籠鸚，説東風僝僽。粉香吹漸透。總輕負、梨花時候。院門晚、解怨飄零，有一枝清瘦。

齊天樂　秋日偕友遊臺江作

曲塘不是調鞭路，當當更聞珂馬。涼水斜門，疎花占屋，稱得蕭娘聲價。紅香慣惹。有事疊吟箋，淚藏離帕。再見蛾妝，俊懷銷滅定應訝。　江關詞賦縱好，少年情味在，秋氣難寫。跂脚眠雲，扶頭醉雨，换了當時臺榭。波容漫冶。消幾日相逢，渚蓮開謝。老盡愁鴛，暗霜飄翠瓦。

疏影　余以光緒丙申歸自塞外，信宿湖上。孤山梅候已過，嫩葉青青，停舟草際，光景奇麗。己亥冬日再至，獨登巢居閣，老柳荒波，蕭寥滿目，俯仰不能無感。適迪臣太守以孤山補梅圖屬題，用石帚自製調寫之

漣漪數尺。浸翠微雁影，涼思堆積。畫裏危亭，山冷花遲，不見逋仙行跡。詩翁此意無人

會，自斸遍、蒼寒苔壁。問舊時、春在誰家，總有斷雲知得。　堪笑當年倦旅，臥枝看未足，關上吹笛。萬里歸來，身世悠然，換了西泠愁碧。湖鷗不管人情怨，但勸我、重攜吟筆。又怎知、明日經過，漠漠半篷香泣。

八聲甘州　庚子五月，津門旅懷，寄太夷

又黃昏胡馬一聲嘶，斜陽在簾鉤。占長河影裏，低帆風外，何限危樓。遠處傷心未極，吹角似高秋。一片銷沈恨，先到沙鷗。　國破山河須在，願津門逝水，無恙東流。更溯江入漢，爲我送離憂。是從來、興亡多處，莽武昌、雙岸亂雲浮。詩人老、倘題詩寄，莫寄神州。

解連環　有憶，寄鄭仲良福州

石橋西畔。有尋常巷陌，舊曾行遍。倚醉語、強喚瑤箏，只無奈盈盈，夜深香怨。半老情懷，漫分付、啼綃悽惋。自東風去後，負了玉人，幾度微歎。　闌干嫩愁未遠。想紅疏翠窈，芳意誰款。縱豔游、得似從前，也難似從前，恁般心眼。中酒傷春，怎不把、楊花低勸。漸飄零、半如夢渺，甚時再見。

長亭怨慢　送張珍午入都

又還是、將離時節。酒盡江樓，雁聲相接。喚得愁生，半篙雲浪漲天闊。故人都散，爭忍唱、旗亭闋。那處不飄零，恨莫恨、長安秋葉。　淒切。擁吟鞭試望，縹渺夢華宮闕。盧溝過也，怕冰渡、暗澌先結。更問訊、近日西山，可猶有、梅花香發。念一片陰陰，誰掃蒼崖苔雪。

渡江雲

甲辰冬日，滄趣老人招陪易中實兵備、沈小沂内翰、鄭稚星孝廉、林惠亭太史登鄰霄臺，晚飲山樓

浮生身著腳，在家是客，隨分説登臨。這回歸侶俊，小扣船舷，海色淡詩襟。中實同船至閩。名藍步款，再逢他、分占冬心。談正熟、主人情重，呼喚踏霜岑。　幽尋。風吹雨打，幾片摩崖，倚荒寒還恁。斷送了、從來才筆，惟是苔侵。江山損盡平居眼，放斜陽、紅入雙林。僧去也、殘龕夜火同斟。

西子妝

雙清館題壁，兼呈高樓先生

勻碧球場，藏紅鏡户，畫裏輕盈稀見。天公無處裏春聲，判春風、共鶯流轉。芳歌未半。恁愁沁、江南平岸。冷襟懷，灑北來冰雪，吴兒争辦。　可勳嬾。幾度樓中，夢比闌干短。樓高同自感斯文，况相逢、近年多難。花枝在眼。算人老、須花拘管。倚斜陽，灩灩金杯勸滿。

燭影摇紅

蟾香閣本事，爲王子仁賦

月滿西樓，好天涼夜聽秋引。玉人真意比雲高，纖手絃絃緊。啼雁無情去盡。戰蘆漪、迴飈又近。一燈摇燄，兩客咨嗟，做成離恨。　轉首江皐，倦鴻不寄南來信。當時清淚滴郎衣，占斷人間俊。密約終歸未穩。步閒坊、絃聲試認。舊歡何在，片雲闌干，暗塵眠軫。

平韻滿江紅

贈饒佑卿

曲讌匆匆，記照影、春波翠涵。長堤外、朱樓連苑，千騎趁趲。客子逢迎紛水佩，侯家端正

見雲藍。奈沸天、歌吹換清笳，情暗堪。　承平夢，誰共諳。漚散沫，雨收嵐。歎人生難老，看柳江潭。白首重逢征戰裏，急觴揮雪取清酣。便淹留、猶及崦梅期，歸半帆。

玲瓏四犯　題嚴幾道江亭餞別圖

散策路紆，凝笳聲遠，都門風物如洗。向來攀躡處，唄歇松陰閉。荒陂也宜共醉。奈先生、便搖征轡。幾樹絲楊，半泓渟淥，渾是送歸淚。　長安海、傷心地。儘盟鷗淡語，猶然交棄。太夷題詩有『嚴書滿天下，身世尚交棄』二語。寺經戎馬後，夢在菰蘆底。春波萬疊堪容與，索還我、江湖漁計。圖畫裏。回頭黯、西山暮紫。

念奴嬌　端午

藕花開了，有畫橈簫鼓，輕盈如玉。水滿陂塘應自好，搖蕩雲心芳足。碎珮飄香，層簾挂夢，不礙鴛鴦宿。遊船歸後，波光都化蛾綠。　誰念間阻經年，多情無用，枉極煙中目。咫尺闌干千萬里，天入瀟湘圖幅。笛罷江空，酒醒人瘦，側臥聽風竹。一絲涼意，蕭然今夜詩屋。

疎影　菊影

蒼茫雁宇。蕩清霜弄晚，愁在何許。廢圃空陰，小苑微寒，銷得幾回悽顧。斜陽髩底疎蕪色，更漠漠、彌簪香霧。算也應、多謝秋孃，懶配斷魂鍼譜。　幽致常年共惜，月明細步繞，來往煙語。人老迷花，花自無言，冉冉窺人涼句。如今怕見西風面，悔不掩、籠燈深戶。又一枝、斜入多時，看到半籬鴉曙。

念奴嬌　爲臧硼秋題校史圖

半園松翠，記前年曾與，先生爲偶。爽入虛簷恰正是，料理牙籤時候。暗草徐芳，閒門自掩，寂寞娱清晝。丹黄輕點，古香零亂盈手。　留多愛小景蕭疏，煙窗月幌，免雙鬟垂袖。留滯周南試喚起，三兩傳燈尊宿。白首心期，青山世業，夢冷承平後。子雲玄在，一亭高致還又。

花犯　題徐又錚填詞圖

小橋西，雲陰四捲，延緣步明鏡。半湖清淺，放近遠山眉，空際澄映。向來愛好情難省。絲絲楊低厭整。又亂鎖、一陂風竹，和煙無醉醒。　閒篙倦櫓去悠悠，銷凝向幾度，迴汀淒暝。樓上眼，周郎在、甚人堪並。因君記、雁箏喚酒，波路短、紅墩深繫艇。但暗寫、月中幽素，魚天涵瘦影。

長亭怨　己未間，析津大水方退，湘楚易帥未定。又錚以《長亭怨》索和，依韻答之，不自知其詞之悽也

又珠館、斜飛寒露。鏡掩流塵，篋停紈素。水佩翩然，絳妃光趁暗潮去。石闌人悄，從絡緯、低聲訴。種菊不成芳，却迸入、西堂離緒。　波路。映征鴻接翅，滿地稻粱難住。層冰耀眼，算清絶、一年歸處。悵憶是、九畹無花，换瑶瑟、雲中酸苦。待喚起澄蟾，流照湘濱殘雨。

以上《碧棲詞》

浣溪紗 爲歌者順郎作

曉館看鴛露未晞。紫雲迴曲送將歸。歸來同倚玉交枝。瘦小知誰腰勢好，嬋娟多悔目成遲。新涼翠被分輪伊。

見《碧棲詞補遺》

望江南

蘆園好，梅訊動京華。有客輪袍談往夢，當時絃索送年涯。條脱事堪嗟。修禊會，采服映蘭芽。半闋未終天已醉，一盃相屬玉無瑕。聲價倚仙槎。己未上巳，畹華爲其祖母八十稱觴，徵詞於予，爲成此解，皆樊叟序中語也。

見《中華歷史人物別傳集》第六十二册《梅母陳太君八十壽言》

王芃生

憶少年 壬子春，登明孝陵

皇陵無恙，興亡似夢，欣逢今日。清威更何在，靖煙塵南北。欲起明人尋故物。認前朝、兩三痕跡。青峯縱如此，是當年春色。

清平樂 春日感事，補序 癸丑作於北平

孫大總讓位後，袁氏益無忌憚。三月刺殺鈍初先生於上海，噩耗傳來，全國震動。當時不得直書，聊作短詞誌感。

纔逢春半。何事成分散。千縷柔絲渾欲亂。忽被狂風吹斷。是誰粧就春容。更憐幾樹嫣紅。荒徑落花無主，一任雨洗煙封。

相思兒令　夏日感事　癸丑夏作

惡月風欺南國，花事付塵埃。禁得幾番惆悵，烏兔暗中催。祇恐又被伊催。倩芳魂、留待春回。應知輕薄東風，等閒莫任全開。《荆楚歲時記》『俗謂五月爲惡月』，約當新曆六月也。時袁氏下令免南方三都督，故云。

浣溪沙　過擂鼓臺，補序　乙卯暮秋作於舟中

乙卯秋，予被步兵統領偵卒告密。幸賴張孝仲、羅仲芳、趙樂平諸前輩掩護營救，得脱出北平，赴湖南護國軍効力。途有戒心，及過擂鼓臺入湘江，釋然心喜。當時托爲題擂鼓臺圖，實無人爲此畫也。

小小青螺夾岸横。晴江風定浪紋輕。布帆無恙客心驚。　擂鼓聲隨流水杳，洞庭秋似碧波清。是真是畫欠分明。

鷓鴣天　胞弟莪生遇險得救，並序　戊午孟秋作於日本東京

戊午夏，北兵犯醴陵，義民蜂起反抗。胞弟莪生於板杉舖被捉，同難二十餘人，監押於龍王庙，苦刑逼供，已槍斃十餘人。胞弟適見家父及門弟子朱武成君行經該地，因告急。朱君即日進縣，走告康三公、道源叔及家岳張銘愓公等，四出奔走。幸縣長王偉彤先生賢明，得以生存者提解縣署審訊，均獲釋免。時家父携長妹佩芬、二妹佩芳就養於東京寓次，得信悲喜交集。因賦一闋，并誌營救原委，以彰盛德，永感不忘。

亂世生涯特苦辛。人如鷄犬命猶輕。行將及我偏憐汝，有夢還家未是真。　憂國淚，救鄉心。兩般愁恨幾時伸。難瞞老父書先得，幸有仁人善解紛。

巫山一段雲　海參崴感事，並序　戊午季冬作

時出兵西伯利亞者，有日、英、美、法、中、捷克、波蘭等，而日本野心最大。北政府俯仰依人，當時真有虞虢之懼。日兵在北滿如在屬國，視中國如無人焉。

七國連營處，羣雄舌戰前。回看虞虢夢如煙。興廢倩誰憐。　頭向生公點。唇同范叔寒。重裘難禦北風尖。去住兩茫然。

攤破浣溪沙　赤塔聞魯僑談漠北土俗，並序

時住中華商會，僑紳閒談土俗。相傳貂爲仁獸，見人寒則趨而偎之，謂舊法以此捕貂。又云，熊雖猛，但畏人嘘氣，如遇熊，則嘘氣作許許聲，熊即走避，惟老熊則否云云。或偶有其事，不皆然也。僑居內外喜作緑色，與雪映成美觀，留春意也。己未夏日識。

貂鼠憐寒傍雪偎。黃熊嘘氣走如飛。貪利獵人都不管，説輕肥。　初夏杜鵑纔放蕊，千家油壁忌塗緋。猶想逗春添緑意，碧紗幃。

昭君怨　游蒙懷古　己未秋作於庫倫

回溯淳維何處。千古輔車難御。虎帳昔連營。塞雲横。　鐵騎東西馳騁。絶世戰功無影。杯酒洗餘腥。汗山青。《史記》：『匈奴，夏后氏之苗裔。其先曰淳維。』又汗山爲庫倫最上名勝，較途中之翠嶺爲雄偉。蒙人視爲聖地，禁採伐，故終年常青，爲曠漠中一壯觀。傳清帝康熙曾駐蹕於此。

少年游　觀李合肥書刻美總統格蘭德墓碑　辛酉季冬作於華盛頓

香花展墓立多時。翻恨我來遲。昔失琉球，今爭青島，依樣費匡持。斯人不起空相憶，

佳意尚誰知。遥想當年，少荃心事，特地樹豐碑。格氏卸任東游時，適逢中日琉球爭執。氏曾建議：以北部歸日，中部存琉球國，南部歸華。雖調停未成，佳意可念

好事近　温哥華感事　壬戌首夏作

碧水映明霞，佳景笑迎詞客。行近小園花路，却驚心羞愧。當年拳匪是耶非，人已異今昔。誰把虎蹲移此，恨銅駝荆棘。西人喜將八國聯軍鹵獲品，陳列各地。乃至温哥華公園口，亦有小田鷄砲兩尊。舊名虎蹲砲。予由美回國，船經此地。登陸作小游，覩此興致索然而歸。耀武耶？好奇耶？諒無故意侮華之心，然事過境遷，猶復有此，不知何意。令人有觀日本游就舘之慨。

清平樂　元旦述懷　癸亥作於青島

一年容易。百歲真如寄。閱盡前朝興廢事。惟有青山無異。漫嗟昨日蹉跎。休論來歲如何。爭似安閒今日，且宜沉醉高歌。

前調　青島接收週年紀念感賦　癸亥十一月十一日作於青島

其一　記清許德佔青島，圖苟安，竟先亡

漢宮仙質。未解調琴瑟。鉅野教案，與青島何涉？故以『未解調琴瑟』爲喻。然德竟藉此案，租借青島，與《馬關條約》許割戰火未及之臺灣，同一糊塗。出塞長思辭殿日。底事君王和北。康南海談，當時廷議多主戰，西太后怒，拔玉梳擲地碎，曰：『敢再言戰者，視此梳。』租讓膠灣之議遂決。連城吩咐青娥。將軍解甲婆娑。十八年來哀怨，舊京音信如何。德强租青島九十九年，然未滿十八年即被奪於日。德敗，而清且先亡。

其二　記日佔青島，久假不歸

押衙何處。乍喜還疑懼。八載風塵成小住。幾度歸期輕誤。日本自稱以歸還中國之目的，進佔青島。而盤踞八年，久假不歸，誠有東坡所謂『義士今無古押

銜』之感。 夢中鄉國依稀。醒來啼笑都非。遥望君王恩澤，何年贖取明妃。

其三 記巴黎和會争青島不得

胡城歡會。人隱珠簾外。誰料多情成怨艾。暗裡輕分羅帶。當時多以爲參戰必能收回青島，然《巴黎和約》卒以青島與日。中國等於坐甕受罰，故拒簽和約。『暗裡輕分羅帶』，指四國密約允以青島與日也。 前時輭語温存。而今好夢無痕。威爾遜總統初亦不知四國有密約，故允助中國。迨聯合國最高會議出示密約後，亦嘆愛莫能助。 莫信東皇呵護，空餘風展朱幡。當時日本代表謂仍將依約直接歸還青島，勸中國代表先簽和約。實則和會後，日本經營青島益亟，大批土地，均交日人租領。

其四 記華盛頓會議，會外交涉，約還青島

燈明華府。初試霓裳舞。偶趁餘歡探墜緒。不是尋常儔侶。中國參加國際會議而有小獲者，自『華會』始。當時實爲軍縮會議，魯案乃會外交涉，故以『餘歡墜緒』爲喻。 迎來七寶香車。阿儂碧玉年華。細數前塵如夢，伊人秋水兼葭。招請中國參加『華會』之美總統哈丁，在青島接收週年紀念之前，已逝世。

其五 記北平魯案會議，决還青島

重逢燕市。往事從頭記。畢竟阿儂多不是。爲問君心何似。當時日本委員，頗申悔意，求諒解。 還將十斛明珠。雙雙重繫羅襦。且趁酒温香暖，醉來笑語相扶。日本對華交涉，以魯案爲較開明老實。

其六 記接收青島

昨年今日。有詔還鄉國。恩怨積胸難盡述。回首胡塵蕭瑟。青島父老欣喜之餘，聚訴德、日佔領時情形，爲之凜然。 明駝歸路三千。香衾莫負嬋娟。時逢更迭接收委員長，羣情憤激，幾致罷工。予承乏接

收行政與公産兩委員會主任委員，戒同人勉抑私情，勿徒顧小節而忘大義。始獲完成接收事業，幸免騰笑中外，致貽他日不良之口實。　重領舊時風月，鴛鴦不羨神仙。

其七　青島接收週年紀念日誌感

一年彈指。又在西風裡。隔歲情懷重喚起，舊恨新歡如水。接收後，予承乏膠澳督公署『政務處長』兼『法規編查委員長』。雖於行政立法，畧具規模。然內外阻力殊多，深感事倍而功不半。　等閒商畧東風。依然慘緑愁紅。惆悵春明花訊，夢中煙雨濛濛。熊督辦潤丞雖初交，頗能言聽計從。無如北平各部，殊無以青島樹收復失地模範之念，紛來攘奪。余深有『一薛居州』之感，自是浩然有歸志矣。

臨江仙　遣懷　甲子夏作於青島

三十年來人海裏，此心没箇安排。分明未老減情懷。絃歌生寂寞，吟嘯遣悲哀。　不似欲燃還未死，寸心都已成灰。春花争共化香埃。相思誰與訴，舊事耐尋猜。

離亭燕　贈孤寒君　甲子季夏作

莫道三山仙侶。廿載風塵羈旅。第二故鄉何所戀，岱色河聲延佇。有夢昨還家，一樣關心齊魯。　驚近入秋時序。瓜果共消殘暑。閒話不眠緣底事，怎得清輝如許。待寫送君詩，纔識仍難歸去。

荷葉盃　明湖殘荷　甲子秋作於濟南

幾日湖容消瘦。難又。曾記盛開時。畫船人面亂花枝。臨水照燕支。　何意雨摧風折。殘葉。應憶舊鴛鴦。一年舒卷幾炎涼。真個小滄桑。

水調歌頭　和劉雪耘弟原韻，補序　甲子中秋作

雪耘與予同學詩詞，同入南社，自幼唱和即多。然濶別多年，滄桑屢易，少時酬答，散佚殆盡。偶於舊書中，夾見此稿，但原作遍尋不獲。此雪弟在濟南，予客青島時作也。乙酉夏補識。

何處弄絃管，引出一天秋。百年無數三五，幾見月當頭。飲水粗知冷暖，漫把良宵又負，濁酒自添籌。萬感如潮湧，身世等浮鷗。金風緊，銀漢静，怕登樓。清光誰共，爲貪幽獨轉添愁。哀樂莫縈魂夢，聚散終無痕影，往事總悠悠。此意惟明月，曾記廣寒遊。

奪錦標　詠梅，貽陳明侯先生　甲子冬作於濟南

嶺表寒消，溪邊影瘦，悵問花光消息。黄山谷在衡州花光山題畫卷云：『雅聞花光能墨梅，更乞一枝洗煩惱。』明侯談欲赴廣州被阻事，故云。落向江城笛裡，三弄誰聽，一枝空折。縱清標自賞，祇贏得、氷霜風骨。怕無端、春事匆匆，美景良辰虚設。待看成陰結實。轉緑回黄，晉人《休洗紅》歌：『回黄轉緑無定時，世事反復君所知。』明侯憤挫折甚多，故以喻之。料應枝頭繁密。夢裏撩人情緒，隔葉黄鸝，空山啼鴂。甚今年去歲，想荊南、依然如雪。張説詩：『去歲荊南梅似雪。』其後北伐時，明侯曾潛至襄陽，未幾殞命於雨花台。此詞多成讖語，見『青光』附註。更輕輕、一覺羅浮，翠羽仙姿堪憶。隋開皇中，趙師雄過羅浮山。天寒日暮，見林間酒肆，茅舍一美人淡粧出迎共飲。雄醉卧。及覺，乃在大梅樹下，翠羽鳴其上，惆悵而已。

相見歡　本意　乙丑春作

人如氷雪聰明。越娉婷。祇恐孤芳幽谷、太

伶仃。風和雨。朝還暮。總無情。願得化身千百、作金鈴。

其二

身如水面浮萍。暫相親。轉恨匆匆離合、總無因。多少淚。無限恨。眼前人。幾度低呼欲語、却逡巡。

其三

情如柳絮離枝。一絲絲。祇共春魂飄蕩、没人知。忘不了。無昏曉。酷相思。怎得與君長聚、不分離。

其四

心如舞倦游絲。强支持。直欲爲君留住、不須歸。將欲别。還佇立。兩依依。縱得相尋夢裡、隔天涯。

浣溪沙　題月薇畫扇　乙丑夏於東京

寂寞紅薇向晚開。乍疑花影没人來。悄將紈扇立空階。　望到月圓魂欲斷，轉愁雲散夢難諧。是何情味任君猜。乙丑，逃張宗昌之難，客居日本東京。屈用中兄出畫扇索題，率賦一闋。事後，詢知爲其未婚妻手筆，頓悟畫意爲花好月圓，而詞頗不祥。默然悔之，恐成讖語。後果香消玉殞。事雖偶合，特記之，用誌吾過。

金縷曲　題善定居士畫山水　乙丑夏作於東京

極望無行旅。想當年、江干折柳，有人延佇。翹首輕塵連岸杳，仍步虹橋歸去。漸剩下、空山誰主。欲繫青驄留不駐，恨垂楊徒有、絲千縷。時序换，添離緒。　隔江妙境知何處。問桃花、劉郎去後，可曾重遇。如此仙居輕撇棄，翻向人間愁訴。况絶岸、奇峯無數。縱是愚公移難動，歎天工、祇向毫端悟。神遊久，爲忘暑。

鶯啼序　京都懷古，補序　乙丑秋作

民國十四年秋，重遊日本西京。薄暮，獨登東山，憑弔嘯傲，賦此誌感。頃撿行篋，撫摩重讀，覺『西風又欺敗柳』及『釵光劍影，都隨風雨飄零盡，剩依稀、廢蹟蟠狸鼠』，與『機聲長夜猶未息，寄征衣、還惜關山阻』等句，似早爲今日倭軍閥末路寫照，亦詞讖耶？　甲申補識。

西風又欺敗柳，繫流光不住。且休道、來日如何，認取前事如霧。更追想、洪荒太一，空山野水誰爲主。漫相傳、曾駐仙蹤，怕都無據。

不審何時，浪蕩野老，偶飄流此處。得隨地、茅屋漁篷，聚來些箇儔侶。問當年、徜徉起伏，可曾識、繁華歌舞。舊京人、猶説平安，京都舊名。已成今古。　滄桑頻換，歲月難留，數變遷幾許。或未似、海枯山倒，也待憑弔，石馬銅駝，故宮禾黍。釵光劍影，歡場佳話，都隨風雨飄零盡，剩依稀、廢蹟蟠狸鼠。何妨此日，從容嘯傲東山，暫勿悵訴羈旅。　當前景物，萬户燈明，正乍涼節序。似有那、燈前兒女，軟語纏綿，綴繡偎人，濫絨嬌吐。誰知另有，樓頭思婦。機聲長夜猶未息，寄征衣、還惜關山阻。驚心時近中秋，一樣良宵，兩般音緒。

蝶戀花　詠石，戲答夏渠園先生，並序　乙丑冬

作於日本西京

渠園嘗曰：『人生誠苦矣。倘來世得如君願，欲何爲者？』曰：『願化爲石。』曰：『何謂？』曰：『爲其無情，無情庶無苦耳。』曰：『匠人雕琢，安知其無痛苦？　空山風雨，安知其不寂寞？　成無不毀，奚以石爲！』曰：『成佛生天，可期而難躋。

石似無情，宜可末滅。倘得爲石，不猶愈耶？』越日，遊法隆寺。歸途，無所事。渠園曰：『胡不吟詠自遣？』因憶曩言，成詠石五闋，藉伸前義。其爲遊戲，抑爲感喟？良不自知也。轉以質諸渠園先生。

聳立江干窺武夏。烈火燒來，祇是些兒赭。魏蜀吴人誰健者。空餘壁上漁樵話。　八陣神圖憑石寫。不轉江流，恐惹閒牽掛。遺恨何關吾事也。寃名一任詩人架。

其二

風雨山頭朝復夜。頑石依然，不共貞魂化。漏瘦生成誰得嫁。無情莫被多情惹。　艷説三生真亦假。精衛啣來，祇共哀湍瀉。縱遇女媧君勿下。補天填海愚人話。

其三

刻骨鏤心渾不怕。巧匠雕成，處處誇臺榭。亭主游人紛代謝。賸儂猶得憐荒瓦。　潛聽人言常猶訝。來説忘情，便是多情者。到底此情忘未也。冥頑纔算真瀟洒。

其四

我欲無言寧獨啞。曾悔能言，人道妖憑也。功罪是非今莫訝。任他絮絮叨叨話。　玉石何妨同一價。刖足誰憐，偏説由儂惹。哭向楚王終不捨。楚人畢竟真愚者。

其五

木石無情羞共道。樹亦猶人，曾把桓温惱。任汝海枯天亦老。阿儂爛去仍嫌早。　情辨有無都不妙。混混茫茫，欲説無言表。一去生公今不到。點頭應被生公笑。

浣溪沙 丙寅春，偕渠園喬梓登比叡山

一様春風此地遲。叡巔三月草猶萎。幾株蒼翠歲寒姿。　俯瞰羣峯山有浪，連天一水碧無涯。故鄉何處遠雲垂。

減字木蘭花 贈瀛洛寓主　丙寅首夏作

幽人何許。祇向緑陰深處住。翠色當窗。修竹喬松蔚作涼。　小樓閒話。煮黍浮瓜消永夏。偶爲停車。共道當年是一家。

法曲獻仙音 步韵，別宛亭詞人　丙寅首夏作

啼徹哀鵑，候廻孤雁，剩得閒愁難了。度入新聲，贈來香句，才情似君多少。聽譜到消魂處，心隨管絃繞。　漫焚草。待商量、那時懷抱。空自許、應有古人傾倒。終恐少知音，儘風流、誰愛高調。早不相逢，又匆匆、人共花悄。待從容酬唱，半晌客帆縹緲。

金縷曲 丙寅夏，宛亭詞人於一本松留作長夜之談，悵然有感

一枕忘長夏。陡驚心、論文約屆，晚霞微赭。慣自沉吟迷前路，萬户燈光似畫。正倒屣、開軒相迓。浴服科頭饒天趣，喜詩人、風度同王謝。疏脱處，見瀟灑。　清茶當酒消良夜。怕明朝、匆匆別去，幾時重把。細雨迎秋涼味永，難得深宵共話。悵此後、誰聯風雅。剩有相思酬知己，且高歌、寄意因君寫。浮世事，惹牽掛。

採桑子 夜話，再贈宛亭詞人　丙寅夏作

燈前閒却還鄉夢，話到芭蕉。夜雨瀟瀟。添

段離情未易消。聯吟不覺天將曉，猶説明朝。且駐蘭橈。如此風聲定有潮。

卜算子 留别，用東坡韵　丙寅秋作

心共岫雲飛，身似浮萍聚。已報行期忽又來，尋向山深處。欵欵有餘歡，草草毋歸去。花木蕭疏小院幽，雨更留人住。

臨江仙 丙寅秋，將歸國，京都諸友餞别，即席感賦

久未休兵同是客，分明住去都難。驚魂夜夜不曾安。相逢無可慰，猶説願加餐。我爲君歌君自舞，儼然蓮步珊珊。愁深莫遣强爲歡。醒時饒白眼，醉後笑紅顔。

其二

江户春深欣邂逅，等閒復感飄蓬。重逢不易且從容。亂離分手去，風月幾時同。花影酒痕都是幻，邇來猶自疏慵。聰明故意學朦朧。但嫌沽味薄，羞道旅愁濃。

蝶戀花 落葉哀响，補序　丙寅暮秋作

予以時難家貧，幼年屢拒婚議。及庚戌，先母病重，謂宅相不吉，自來無母得見兒媳者，欲及身破此不祥。辛亥秋，病篤，遂爲予兄弟訂婚，並擇吉完娶。時予在省參加革命，未之知也。及常德脱險歸，譚都督復命隨黄石陔諸同志北上刺袁，冀挽大局。因請假三日歸省，抵家始知其詳。默念此去生死莫卜，爲慰母心，一切惟命。先母欣然曰：『届期必歸，他不汝阻也。』迨由鄂得電促歸，至，則先母已棄養八日。遺囑：靈前結婚，三日後始得成服。人生慘痛，無逾此者！前妻張琴嘯女士，固同受此遺命者也。越四年，以難産後血崩，接往日本就醫，終非割治莫救，受術於慶大醫院。其後屢勸予另娶。予愛其賢，躊躇多年。

幼時曾兼祧家祥叔，至是大伯及家父將撫書寄來東京。適某君寡居，與琴嘯爲密友。三方同意，遂訂婚約。迨予由美過東京，某君欲偕歸成禮。予以距畢業僅年半，勸以學業爲重，畢業後不遲。越年，予正忙理青島市政，不料佳人已歸沙叱利矣。其間委曲，賦《蝶戀花》九闋記之，工拙非所計也。自此琴嘯屢欲大歸，予躊躇者又十年之久，始允退居，義兄妹名義歸母家，而與鍾賢英女士結婚。今重讀此詞，百感交集，附述梗概，以彰其賢，並誌吾憾。壬申秋補識。

漸欲離枝驚瘦損。憶自花飛，便着些兒病。已不禁風風愈緊。也無人惜無人診。　恨不當時同落盡。記得温存，值得今般悶。踐踏由人都不問。祇愁飄近臙脂井。

其二

枝亦堪憐良不忍。儂若離枝，更覺伊孤另。風雨飄來誰護襯。教人住去都難穩。　悔結前緣成坐困。葉若無枝，花亦無從認。一葉孤生情混沌。畧無牽掛饒風韻。

其三

轉恨東風成惡戲。吹得花飛，吹得花歸來。守定枯枝花不至。負儂一嚮留春意。　枝若無情真可異。欲共花飛，苦把儂牽繫。今日無花輕撇棄。向人應悔誇連理。

其四

葉自傷心誰與議。欲訴遊人，没箇重來地。花落當時曾有幾。況今憔悴儂如此。　花葉相扶花始媚。總説看花，慣把儂輕棄。莫信高人忘勢利。金鈴不向空枝繫。

其五

似有離人燃蠟燼。徹夜孤吟，也没人來問。願藉飄摇風一陣。送儂相伴憐同病。　幾度敲窗君未審。説甚蕭蕭，惹得眠難穩。任負深心儂不愠。莫教爲我添愁悶。

其六

一瓣癡心花未解。陰雨風霜，竟是誰遮蓋。落去不歸良可怪。苦儂枝上空相待。　未是存心將葉賣。去日匆匆，語短難交代。且自離枝尋墜彩。芳魂一縷疑猶在。

其七

祇要花心終不改。覓得香泥，守住春長在。雨蝕風侵凝一塊。三生還卻相思債。　遮莫枝頭多芥蔕。況是嬌憨，易被東皇紿。手把朱幡花不待。護花無計真難耐。

其八

花似聞言前致禮。憔悴容顔，無復當時媚。轉不勝憐違論理。聽來更惹心如醉。　誤嫁東風輕委地。欲墮還飛，無力終迴避。枝葉深情寧不憶。傷春併作悲秋淚。

其九

落葉來前吾語汝。再有春心，莫便輕輕吐。暫得萌芽心已苦。成陰墮井都無補。　葉亦如花能解語。捲地颼颼，化作空階雨。從此枝頭儂不去。人間儘有枯枝樹。

金縷曲　丙寅暮秋，將歸國參加北伐，新雨舊交聚飲於京都福合樓，賦此留别

海外初逢日。最關心、鄉音滿座，似曾相識。

偶向樽前詢名貫，盡是天涯倦客。且勸酒、同消今夕。聯慰孤情忘爾我，縱還家、有夢無痕跡。感此意，爲浮白。　故園雁斷烽煙隔。料殘紅、飄零滿地，倩誰憐惜。回首黃臺多少恨，瓜蔓何堪再摘。况此去、東西南北。休道重來容易事，怕來時、不是今裙屐。回望處，漫相憶。

采桑子　題醴磁同學張少蓮贈山水　丁卯夏作於漢口

予家赤貧，以無力繳高小末一期膳費，乃投考免費之磁業學堂藝徒班，習陶畫。校址在邑城北，淥水之傍，姜嶺之下。時張君爲同學長者，而予年最幼。爾來別二十餘年矣。北伐時，忽邂逅於漢皋。故人情重，作山水一幀見貽，不勝感舊懷鄉之念，爲題《采桑子》兩闋。

兩三帆影投何許，疑是歸航。怕是離航。流水無情晝夜忙。　山含白日霞成綺，疑是朝陽。怕是斜陽。欲問青天更渺茫。用吕本真體。

其二

酒旗如舊童顔改，每到春深。却有秋心。惹得閒愁總不禁。　胸中邱壑描難盡，祇伴孤吟。不耐登臨。淥水家山畫裏尋。

西江月　神户登輪歸滬有感，並序　戊辰十一月十六日作

濟南慘案後，復將對日發廢止商約通告。倭情鼎沸，勢將用武。儒堂部長囑予渡日宣傳，攻心奪魄，期以止兵。舌戰兩旬，始達目的。恐軍部老羞多詐，乘機反舌，爰留數月，赴各地作巡回講演，三島震動。周龍光在部，因忌工讒，幾僨國事。四面楚歌之來自外者，早在意中，而來自内者，殊出意外。歌以禳之，並祓穢惡。

八面楚歌聲裏，孤忠趙璧庭前。與身俱碎或能全。憂患譏疑難免。　彼岸虚傳薏苡，他年話剩魚筌。何求何忮更何愆。自慰良心一點。

鷓鴣天　讀書明志，并序

己巳夏，侍父在杭讀書。除閲日本書報，沉機觀變，以備來時外，重獲過庭詩禮之樂，尤愛誦《小雅》以自遣。偶有悟，成一闋。予三十初度，有『已驚頭鬌一莖白，長憶家山數點青』之句。當時疑爲偶然，今頂部已見數十莖矣。

莫向前賢問假真。曾參投杼叔敖貧。青山笑我原無累，白髮欺人算最平。　多少願，總難成。醫蛇螫手愛生嗔。蘧蘧恩怨都忘後，不爲訛言惜素心。

金縷曲　題楊令茀女史爲廉南湖先生畫桃源招隱圖，並序　辛未秋作於北平

南湖先生與令茀女史契於心而格於勢。令茀入清宫爲畫師，不嫁。時來平相訪，將别。南湖邀飲，出示此圖。予由他人側聞前事，爲賦一闋。事後頗覺冒昧。然嘗題《夢還集》，有『碧梧空老鳳歸遲』句，長者固未以爲非也。歸後手記。

苦憶前時路。悵漁郎、扁舟再往，已迷津渡。垂老栽桃猶未倦，寄寫平生奇遇。更不許、天台移去。恐惹相如消渴甚，悄無人、爲賜金莖露。春正好，漫輕負。　臙脂濕透花經雨。問何因、幾番開謝，幾番延佇。休道年來情味減，争奈重來崔護。任寫盡、汪倫離緒。依舊天涯淪落恨，對芳菲、草草成虚度。憑彩筆，逗春住。

望海潮　感事，並序　辛未冬作

辛未五月下旬，予對日情，已成總合觀察，推斷日本在東北必發動武力，至遲不出九月。時漢卿先生病，迭語左右，迄不得一晤。中秋後，予亦病臥德國醫院。九月二十二日，漢卿先生偕王廻波兄來院視疾，握予手嘆曰：『聞君早於數月前言之，然左右均不以報，予亦在病中，貽誤多矣。』囑愈後留平爲助。予曰：『曩者禍未發，地方容可作緩兵應變之謀。今則非中央統籌不可，予將南矣。』既而小愈。適顧少川先生電邀回南，預洽國聯調查團事。離平時不勝感慨，爰賦一闋。辛未歲暮呵凍識。

徙薪無分，焦頭何補，憧憧往事堪嗟。鵑泣暮春，梟鳴九月，邊城果起悲笳。胡帳樹高牙。愧寵誇先見，愁似黃花。萬落千村，望中烽火漫誰家。　空勞借箸停車。悵良時易失，新恨無涯。封豕未屠，長蛇待斬，還防伺隙蹈瑕。洒恥願猶賒。但卧薪嘗胆，聚米量沙。生教毋荒，沼吴休愛玉鈎斜。

人月圓　營救馬相伯先生令裔脱險，並序　壬申二月作於上海

一·二八禍作，予適在滬紅十字醫院，病莫能興。忽有面生者入室，央作書致倭酋救人。予以大夫無私交，何况兩國交兵，拒之。始言係馬相伯先生哲裔，被捕在虹口倭憲兵隊，三木交加，危在旦夕。勉爲致函矢部總領事，責以兩國交兵，哲裔何罪？得釋歸。賦此誌之。

迷天烽火延淞滬，雛鳳漫離巢。未防鷹犬，明窺暗伺，驚墮蓬蒿。兩軍鏖戰，同懷悲憤，何有私交。襄陽羊祜，難逢幼節陸抗字，誰與揮毫。

虞美人　讀先父遺墨有感，並序

先父未齋公，諱昌治。壯歲飢驅出門，曾北遊青、濟，南遊滇、越。晚年，適予留學日本，迎養于東京。先父哀時憂國之忱，每因外遊而益深。以育才興國爲志，終身盡瘁於教育，尤重明恥礪節。具見於手撰《六十自述》。家貧不事生計，一委于先母湯孺人。大小衣鞋，皆手織親製，而自奉極苦，甚至九年不能易一破棉襖。從無慼容，舉室恬然。所謂貧而樂者，非耶？事載先父手撰《湯孺人墓誌銘》。今潘變起，兒輩不能繼志匡時，愧對庭訓。重讀遺墨，賦此誌痛，無以自勗。時壬申八月，正渡歐預會前也。

瑯琊歸向安南道。晚更遊三島。隱憂積恨未曾消。負却復仇明耻、勗兒曹。　終身茹苦非温飽。總嘆英才少。授徒流徙老猶窮。合賸及門桃李、話春風。

蘇幕遮　日内瓦誌怪，用范仲淹體，並序　壬申歲暮作

十二月之國聯大會，中日雙方代表駁辨甚烈。關於田中密奏之真僞問題，松岡僅摭拾河上清在美所宣傳之飾詞四點，不值一哂。顧代表據理舉証，痛予反駁，聽衆頷首。日人料爲予所提供，十餘人深夜襲予寓。予寓固高，躡肩攀窗，敲打示威。時適游秘書在外室，予在内室，分别擬稿翻譯。游以入告。予囑以見怪不怪，其怪自敗。游以電話通知瑞警來捕。彼等聞電話聲，咕嚕作鳥獸散。次日顧代表以書面向日代表團抗議，旋派員來寓道歉慰問，遂未深究。岡野適來辭行，對未來大局，予以警告。爰作小詞記之

夾谷盟，葵邱會。和璧連城，寧與身俱碎。何意東人多譎詭。壇坫吞聲，深夜窺私第。　忌箴言，行小慧。褊隘堪憐，漏盡吾無畏。贏得誣詞成續尾。倚伏相因，異日應追悔。

攤破浣溪沙　巴黎觀迷宮　癸酉夏戲作

未到迷宮已着迷。不知歸路慣忘饑。難向歡場呼姓字，記依稀。　晴雨四時翻手妙，人天三界幻來奇。曾是匠心無限苦，有誰知。

點絳唇　崩壁述所見，並序　癸酉冬作

崩壁爲意國發掘十六世紀之火山噴蹟，游者甚衆。惟有一室，禁止女客參觀，雖夫婦亦不得偕入。如視爲藝術古蹟，男女宜可共賞。若以猥褻，則宜封禁，雖男客亦不得入矣。戲題一闋

聞道西方，不徒平等還尊女。短牆何處。獨阻伊人去。　一樣風光，爲甚添歧路。防輕負。新婚初旅。揮散鴛鴦侶。

浣溪沙　由土京過巴爾幹入蘇聯途中　乙亥季冬作

驗票查關鬧換錢。惱人國小路相連。終宵贏得竟無眠。　問伴纔知經五國，計時猶未滿三天。這番安睡過蘇聯。

阮郎歸　離日歸國感賦，并序　丙子孟冬作

丙子暮春，奉命隨許靜仁大使東渡。四月中旬抵東京。時值二·二六事變之後，猶在戒嚴。舊交出迎者皆受盤問，來訪者輒被攔阻。予設計撩之，始獲開展。日人亦數設陷阱，欲藉詞逐客，均被詗破。於百端艱危中，得完使命。最後獲知擴軍企圖，托張華輔兄齎呈。奉召歸國詳報，遂別大使先歸。私情不勝依戀，大局尤多隱憂，爰賦《阮郎歸》誌感。

天台重到覺非凡。陰森未解嚴。桃花人面兩無言。窺簷憐雀憨。　眉半語，口三緘。深心舊已諳。鶯聲空囀奈鷹頑。倦飛知自還。

歸國謠　本意，並序　用馮延巳體

奉召飛西安，陳事畢，旋請准辭職。以個人資格爲攻心緩兵之宣傳，並奉命續作覘變審機之研究。於丁丑五月十五日成總合報告。推論倭禍難免，戰機不出七月。嗣於六月十九日，由滬電牯嶺，陳報倭即將發動。適衛戍司令部張外事股長將赴日本有所謀，過訪問計，告以不如速赴平津偵察，即將有變。不兩旬而盧溝橋禍作，皆不幸而言中。及讀『廬山談話』，知大計已決。歸國以來，心如懸旌，至此始定，歌以頌之。七月廿一日記。

悲浩刼。東去伯勞呼曲突。無花解語空啼血。風詩遭變陳七月。輸忠烈。元戎未許金甌缺。

《七月》之詩，周公遭變，陳祖先創業艱難。此借用作雙關語。又當時倭方欲以所謂『華北五省特殊化』，妄冀成立地方協定。蔣委員長發表七月十七日之『廬山談話』。上兵伐謀，蠶食之計，忽告挫敗。國策既定，人心振奮。

南歌子　全州觀劇有感　丁丑冬作

激越禰衡鼓，淒涼伍子簫。動人風義認前朝。便似眼前歌哭、也魂銷。閱世黃粱熟，懷人青眼遥。千秋功罪付漁樵。留取凡心幾點、照雲霄。

菩薩蠻　感事，並序

辛巳十一月二十二及二十三日，連得滬、津轉報敵人南進兵力部署及寺內、山下、本間、飯田、今村等職域，與寺內向華北倭軍調參謀幹部赴安南諸緊急情形。當時信者甚少，甚或瞠目嗤鼻，疑爲揑造。鄭介民兄將於月杪飛港，特重視之。臨行過訪，囑抄全文携去。聞港督府及在港美武官亦相顧而哂，且有指桑訕槐者。迨十二月六日侵晨，星加坡督府探知倭艦隊向暹邏灣進發，始知此報真確。紛電戒備，然已晚矣。嗣後敵每佔一地域，即將首酋公布，全與預報吻合。自是外友踵至問計。羅斯福總統聞言，委托宋部長電予，詢當時美方何人貽誤，似將加懲處。予以事屬既往，請勿深究爲答。今茲太平洋戰爭週年紀念日，回思往事，歌以遣悶。

曾窺盜窟無人信。薄言往愬頻遭哂。海寇忽縱橫。南風吹血醒。喧傳賓奪主。名姓都無誤。紛至問前程。前塵自誤君。

惜分飛 題孔雀牡丹圖　壬午暮春作

雀不張屏花欲妬。軟語商量莫去。斷岸瞻前路。縱能飛也防深霧。富貴浮雲空解語。省識春風又誤。美景成虛度。拂箋矜尾頻廻顧。

臨江仙 唁李青選兄，並弔石夫人　壬午冬作

李君爲壬戌冬接收青島同寅。今青島復陷於敵，接訃回憶前塵，悵然有作。

完璧秦庭仍玉碎，愴懷青島當年。欣看裙屐正翩翩。雪泥留指爪，眷屬羨神仙。廿載東西頻浪跡，歸來滄海桑田。停琴不奏爲君憐。補天空有石，煎鳳悵無絃。

祝英臺近 和蔣理齋詞丈《感舊懷人》韻，似同席　癸未秋作

對芳樽，添別緒。佳會更何許。忙裡偷閒，草草成歡聚。漫嗟遍地烽煙，七年羈旅，且休問、爲誰憂懼。嘆遲暮。悔教此日相逢，匆匆又歸去。欲訂前期，人世多歧路。願言珍重加餐，畫中詩裡，總難忘、會心深處。

西江月 題《臺灣青年》雜誌　癸未孟冬作

卅八年前舊恨，九千里外遺民。宗周無恙獨沉淪。積憤抓愁難泯。狼子依然蠢動，蘆

溝又起煙塵。七年苦戰一朝伸。共喜歸期將近。

浣溪沙　集句題張君爲紀念亡友所作春懋圖　癸未冬作

翠羽驚啼莫怨猜。感恩傷別正難裁。幾多紅艷淺深開。　應爲花神無意管，不知香頸爲誰迴。濃妝美笑憶相偎。

其二

青鳥如何鴆鳥媒。舊交心爲絶絃哀。彩鸞歸去玉籠開。　祇恐夜深花睡去，似曾相識燕歸來。惜香直欲挽春回。

醉高春　題傅抱石先生醉高春圖　癸未冬作

清輝漸減，漸減爲思伊。天意迴、事難知。出岫無心雲掩月，欺人造物路多歧。悔難追，人未遠，夢相依。　失路驊騮行愈穩，舊時鷗鷺不須疑。風捲絮、藕連絲。憶從花落心良苦，珍重取、再開時。露華滋，恩情永，不分離。

蝶戀花　題黃君璧先生山水　癸未冬作

十二峯前人不見。雲掩山腰，莫辨山深淺。雲上空明雲下霰。箇中商略陰晴轉。　雲自無心風自捲。路繞峯迴，依舊廬山面。長愛高松青照眼，歲寒耐得春雲展。

定風波　題龐薰琴飛仙圖，用美成體　甲申春作

欲問飛仙可有愁。鳳簫曾引鳳臺遊。一自乘龍輕別去。空負。祇今珍重憶温柔。　海樣情深疑若妬，争知態遠爲含羞。明歲鵲橋應有路。重渡。舊來恩意這番酬。

惜分飛　題陳樹人先生畫紫藤花　甲申春作

看到藤花春欲暮。添上新愁幾許。轉綠回黃處。淚痕心影頻回顧。　慣自書空無可語。幾度低呼負負。來歲春歸否。料應花好人如故。

八聲甘州　步韻東孤桐詞丈　甲申春改作

春間作兩小詞，匆遽中殊難愜意。茲湘災畫展辦竣，爰取而删改之，畧可觀矣。

羨莊生止水似明湖。鷗鷺兩無虞。甚韓非孤憤，東方客難，圯上奇書。不問人間何世，大智却如愚。微醉常忘飲，情自傾輸。　緬想當年衞玠，念夜行踽踽，貽我明珠。正言歡江户，拂篠共踟躕。數知音、晨星迢遞，歎浮生、如客旅情孤。長程路、漫頻回首，幾輩同塗。

虞美人　題費成武兄畫迎春樂圖　甲申春爲湘災畫展作

花冠玉面人兒小。笑道今朝好。數聲劈拍起風煙。依樣龍燈竹馬、過新年。　何當删盡愁和惱。莫任孩提老。吮毫伸紙憶兒時。惹起閒情隨意、寫嬌癡。

臨江仙　題盧廣聲兄藏陳雪翁稚兔圖　甲申夏作

不共嫦娥靈藥悔，爲何走出蟾宫。青天碧海記曾同。古今如短夢，俯仰對長空。　歷刧度來憐瑟縮，蛙田容有私公。種來瓜豆可如農。難知惟黑白，誰與辨雌雄。

減字木蘭花　題雪翁畫胆瓶、紅梅、石砌、水仙、白茶花　甲申夏作

青裙玉面。陳與義《初識茶花》詩：『青裙玉面初相識。』伴得朱顔增靦靦。金盞銀臺。《本草》水仙條：『金盞銀台，花之狀也。』同抱冬懶問梅。　花羞不語。瓶隱《樹萱録》：『申屠有涯，放曠雲泉，常携一瓶，時躍入瓶中，因號「瓶隱」。』衹今何處去。石本無情。猶恨媧皇鍊未成。

江城子

題《畫船春恨圖》，並序

陳立夫先生爲湖北藝專校長唐義精昆仲遺族義賣畫展，用秦觀《江城子》詞意，作畫船春恨圖。因題三闋。

吴儂生小未知愁。草忘憂。月含羞。隨父飄流、來往任扁舟。南北東西渾不記，天渺渺，水悠悠。　長尋故事問根由。採蓮謳。緑珠樓。爲甚而今、偏欲替人愁。從此關情多不慣，人語杳，恨難休。緑珠樓，見《洛陽伽藍記》。

其二

良宵與子幸同舟。櫂中流。乍蒙羞。人語船頭、依約話温柔。驚起秋心眠不穩，貪夜坐，看牽牛。　晴天結綱倦慵收。細絲抽。眼相鈎。廻避無由、秋水射明眸。歡意濃時曾共笑，情惘惘，夢幽幽。裴諴詩：『細絲斜結網，争奈眼相鈎。』

其三

陰晴風雨幾經秋。意難收。願難酬。有恨難消、欲唔阻鴻溝。我似羈囚君似客，行不易，住無由。　十年影事繫心頭。憶前游。步芳洲。幽夢難尋、隨浪化浮漚。剩有丹青能記恨，和熱淚，寫嬌羞。

望江南 題匡懷瑾兄畫山水春景

江南好，柳岸碧如煙。遠浦連天無限意，抛書且放羨魚船。垂釣晚風前。

十六字令 前題夏景

瑩。雨後山光照水明。清陰好，窗竹動歸情。

浣溪沙 前題秋景

瘦却山容歲已深。猶餘紅葉待歸禽。爲誰惆悵到而今。　烽火未銷同作客，茱萸欲插不勝簪。最難驅遣故園心。

卜算子 前題冬景

斷岸見盤根，俯仰同心友。木落江南到歲寒，愛看松陰茂。　策杖且孤行，剩有風盈袖。玉宇無塵是此時，快雪新晴後。

浣溪沙 聞故鄉淪陷，有懷而作

甲申首夏，敵南犯及於湘邊。六月十三日夜，大瑶舖之敵企渡渌水，被我軍截阻，乃轉沿萍醴公路進犯。故鄉鷄犬不寧，親故多逃避山中。琴嘯久無信，或侍老母往東堡耶？心殊不安。時陪都猶有深夜歌舞者。賦此遣悶。

八載征塵志未紛。忽驚烽火滿鄉隣。想君知我最關情。　江上晚晴疑七夕，枕邊殘夢説三生。醒來揮淚惜伶丁。

前調

別鶴無聲倍覺哀。廿年甘苦憶相偕。亂離誰與共安排。　前院笙歌朝未歇，問郎何獨減情懷。更堪垂老遇兵災。

瑶臺第一層 題洪崖精舍圖，用宋張仲宗體

甲申秋作

離亂生涯，憐指爪、重來事總稀。年年閒恨，新歡苦短，舊徑多迷。此情何限有，願每虛、歲月空移。漫廻顧，任鴻飛冥窈，蓬轉東西。擁書堪奇。踞崖臨水，麗人仙客寄幽棲。希古，撫琴遺世，無悶忘機。伊誰真灑脱，怪獨自、慣費敲稽。且恬嬉。趁清光霽宇，共話襟期。

浣溪沙

壯翁詞丈出示子苾女史《涉江詞稿》，擊節共賞，爲題兩闋　甲申秋作

漱玉歌殘嗣響稀。柔情誰得似蛾眉。太虛應愧女郎詩。《涉江詞》多悲天憫人之懷，非『有情芍藥』『無力薔薇』之比，故云。　開卷喜如傾蓋語，斷魂難比涉江詞。酒痕花淚用杜詩『感時花濺淚』意，女史善以美人香草刺諷時事寄深思。

前調

破陣聲稀覓古歡。《破陣樂》，秦王作於戰塵中，後以文舞易爲《太平樂》。此調今少解人，故云。　徊翔鴛侶羅隱云『博士則徊翔于鴛侶』，本文士同僚之稱見猶難。偶飛香句托雲函。　空谷自芳蘭訊遠，亂絲誰識藕心寬。文同詩『藕心亂如絲』；女史『澈夜笙歌新貴宅』諸闋，具見胞與惻忍之懷，故反用文同句意。　慧根修得幾分憨。

釵頭鳳

紅岩雅集分得『欲』字　甲申季秋作

忙中暇。難酬價。字中禪味詩中畫。陽春曲。鶯花續。孟浩然詩：『傾盃魚鳥醉，聯句鶯花續。』故分險韵，怎調詩腹。蘇軾詩：『東坡調詩腹，今夜睡應休。』酷。酷。酷。　斜陽下。聯吟罷。此情留待他年話。西窗燭。清陰竹。徜能興

楚，可應思蜀。欲。欲。欲。

滿庭芳　疊公度賢伉儷酬壯翁『瑶』韻　乙酉夏作

水閣凉生，山城炎減，沛霖三夜纔收。漫分涇渭，齊向大河流。流到當年海上，重招手、應憶前鷗。沈吟久，才非濟難，聊與賦虚舟。　閒愁難打點，醒餘未去，醉後還休。悵孤懷寥落，翻喜君留。試看來今邃古，休相問、誰有良籌。空含有，萬行涕淚，莫解唱伊州。

一萼紅　用姜白石韻，答雪耘寄《落櫻》詞，並序

乙酉八月十五日作於受降聲中。雪耘以日本投降，寄示《清平樂·落櫻》詞近作，以美人香草之句，寫喪師辱國之慘。温柔敦厚，悲天憫人，視予舊作接收青島《清平樂》詞，益深珠玉在側之感。予填此調已多，且因勝益忙，聊效白石體韻，成《一萼紅》答之

想山陰。早春歸已久，櫻落未堪簪。江户風狂，平城月冷，花信隨地銷沉。歎飄盡、無人護惜，又鳥散、何處問兔禽。有海難填，靠山都倒，誰共登臨。　回憶十年前事，奈忠言苦口，怵目驚心。磨劍凌人，陳兵逼壘，徒自迷夢相尋。料遥念、當時楚客，誦前語、猶是價千金。漫説黄花過時，此意良深。自美軍佔領琉球，日本恐在九州登陸，居民多向山陰道方向疏散，亦非安宅。江户爲東京舊名。平城爲日本古都。予於去冬除日，在《大公報》發表《日本三條路》一文，勸其先德而降爲有利。然必待意降德倒，遂成孤城落日之慘，所謂『不到黄河心不死』耶？可嘆。

昭君怨　題張蒨英女士畫桃花

曾惜當時崔護。人面竟迷何處。此意語難

通。畫圖中。欲把桃源津渡。吩咐武陵漁父。重與笑春風。醉顏紅。

浣溪沙　題前人畫蝶與蝴蝶花

一夢蘧然醒後嗟。莊生迷蝶蝶迷花。幻來三世悟空華。　春意長留憑彩筆，小園雖美是誰家。此身猶似客天涯。註：『空華』，佛家語，見《圓覺經》。

春從天上來　柬許靜老　乙酉八月二十六日作於受降聲中

短髮科頭。素敝屣功名，曠放巢由。到老惟憫，飢溺窮愁。懃懇未雨綢繆。奈痌瘝胞與，想博濟、總惜難周。忽狂歡，報東隣屈膝，寰宇長謳。　當年徙薪蹢履，竟掩耳彎弓，悵少良儔。舉國無人，高懷誰語，歸客耿耿孤舟。念三山殘破，滄桑換、不似前游。數嘉猷。賸一生清白，長有千秋。

高陽臺　聞敵降誌感　乙酉新秋吉日作

卅載艱貞，千般困阻，孤忠耿耿忘家。南北東西，舟車遠極天涯。存韓救趙勞心計，任世人、毀譽交加。矢精誠，盡瘁宗邦，暗損年華。　元戎睿智勤宵旰，問蒼生夜半，沐雨風斜。獻替綢繆，誓屠封豕長蛇。而今酬得澄清願，久自甘、淡飯粗茶。最堪憐，贈策無人，借箸興嗟。

以上《莫哀歌草》卷下《詞》

蝶戀花　新聞情並序

我生於新舊過渡時代，幼年見當時所謂摩登父母，許議婚男女晤談來往者，便算自由結婚。其實社會環境和經濟背景，都没具備，那能有廣泛接觸自主擇配的自由？其間不倫不類，半新半舊的曲折心境，描來好笑，却也有趣。真正的自由結婚，不知待到何時。普遍的家庭幸福，也許屬於來者。但人事不可專憑理論，世情豈有刻版文章？要懂隨緣自得，纔是自求多福。縱令愛倫凱嫁着易卜生，未必真成佳耦，恐怕爭吵更多。爲之奈何？要是陳陳相因，固然無事不舊。若説念念遷謝，那便無時不新。茫茫宇宙，它始終是過渡的吧！何必執着我見，且試體貼人情。時予初識賢英，常同游西山、什薩海、中央公園等處。其間有目見耳聞，身歷意度，信手拈來，曲意描出，藉留社會某一斷面的殘影，以供他時某一些時的詠歎。詩可稱史，詞豈不然？始借白話新詞，冒充黃絹幼婦，未必逼真。不妨久假，敢曰傳心，聊誌婚俗而已。

其一 懷春

散髮修眉年十五。一段柔情，總怕人猜住。短信修成還抹去。從來不寫相思句。小妹嬌憨難共語。不解提防，定向傍人吐。哥嫂跟前羞又懼。惱儂没箇商量處。

其二 聞喜

料事猜來常八九。不説婚姻，衹算交朋友。仔細思量羞又醜。然而姐輩人人有。好笑爹娘新也舊。一歇莊嚴，一歇還將就。既是要儂親可否。又來説甚隨鷄狗。

其三 驚遇

慣唱歌兒還學舞。弟妹相邀，百遍何曾拒。忽見伊來都煞住。衹儂特地心無主。比似前時真没趣。爲甚而今，每事添躊躇。不應伊求伊似怒。恨伊惹得人難處。

其四　羞郎

弟妹嫌他更事少。姐輩哥兒，慣把人嘲誚。真相不知儂怎好。恨儂不大還非小。　没見伊時無事躁。待得伊來，一語何曾道。信筆塗鴉還自笑。不成文字胡顛倒。

其五　叨絮

少小不分男與女。笑罵歡嬉，總是儂寬恕。自有伊來談愛慕。惹人心窄時相忤。　像是温存還鹵莽。絮絮叨叨，費許多吞吐。那要這些閒淡語。没人管你私家務。

其六　微波

慣會笑儂甘落伍。説是摩登，没箇無情侶。不慣和伊輕爾汝。一無緣故時齟齬。　戲院公園儂懶去。不爲人多，不是因風雨。爲你躭些書要補。今朝纔是星期五。

其七　私覷

學伴招來嫌太鬧。獨伴伊時，又怕旁人笑。此際剛剛阿弟妙。咿唔走向儂求抱。　小小妖精偏作惱。一見生人，驀地胡啼叫。給箇洋囡抛不要。爹娘聽見如何好。

其八　薄怒

報道伊來翻欲避。如此人多，教我難爲地。昨日無人伊不至。怪儂老被伊拖累。　似學端莊低首侍。太殺風情，没甚男兒氣。爲甚前時花徑裡。輕狂故向儂偎倚。

其九　情柬

乍接伊函驚又懼。落到旁人，險算真憑據。被底偷看成薄怒。原來没甚真情吐。　待要抛封還細撫。一角紅箋，小小香囊貯。滿紙胡纏真夢語。任伊唐突何曾許。得見伊時偏要訴。憑空添得愁如許。纔得知心知已誤。嫁着伊時，更會難撑住。任汝央求儂不顧。今生休想儂爲侶。

其十 初戀

一晌矜持輸却漸。羞澀生人，倒是如今慣。一日不來還要欠。任人背地飛長短。往日尋伊嫌少伴。今日人來，反有些生厭。月下逗伊閒搭訕。隱身轉恨花陰淺。

其十一 密語

露濕衣襟忘太晚。月小風涼，老早人都散。幾度言歸身似懶。被他握得如綿軟。知是求婚聲已顫。何必明言，彼此都情願。硬要明言偏說緩。試他心事佯翻臉。

其十二 小別

嘗到相思真苦楚。待不思他，轉覺心無據。

其十三 調侃

越是真情越像假。義重恩深，偏說風涼話。我是無緣君不嫁。替您介紹人兒罷。慣聽胡言拚當耍。花下招呼，說是伊親姐。沒甚風聲先要怕。分明著急裝瀟洒。

其十四 求婚

不是難題偏要哂。逗得儂來，攜手今番緊。想要推開良不忍。讓伊央告憐伊窘。正待回言挨勿近。惱得人煩，可否都難定。狡獪心腸猜不準。待儂故意將他冷。

其十五　定情

不耐糾纏纔自悚。未審何時，被把情根種。故取書翻渾未懂。聽他娓娓真心動。　昨日嫌他今欲捧。多少才人，總没他莊重。那怕人前誇愛寵。拚將生死和他共。

其十六　佳期

隱約傳來慌又訝。恁地年青，爲甚連忙嫁。待向娘提聲似啞。臉紅唇顫難成話。　單是陪伊還也罷。要到依家，總有些兒怕。没甚排張隨便扯。支開暑假推寒假。

其十七　思量

定是伊來催得緊。按説當初，件件都難允。爲甚些時都不等。定規不讓伊僥倖。　打算伊來親自審。待要嚷他，又有些牽引。怪底儂心拏不定。恁般上當連根盡。

其十八　嘉禮

簫鼓悠揚心自警。女伴喧嬉，報是來親迎。偷眼覷他今日後。婚時不像求時窘。　禮序誰填真箇蠢。賺得人來，險要親簽印。逗我心情難得忍。賓朋老是胡挑釁。

其十九　佯惱

没計拋開情字惱。世世生生，再不和它攪。人到無情纔算妙。有情鐵石都柔了。　記得兒時多麼好。濶步高瞻，儘量由儂傲。怪底今朝難自保。任他捉弄還賠笑。

其二十　洞房

待不依他他又板。老不饒人，没像他心眼。拚着今宵儂不管。看他怎樣將儂賺。　不顧儂家嫌是願。一味胡纏，不當人調侃。再像今般儂要喊。今般饒你回初犯。

其二十一 樂園

曉起梳妝重自省。人海茫茫，那有真標準。古往今來如幻影。出家未必無艱梗。小小庭園成樂境。女愛男歡，祇要恩情永。多少朱門悲薄倖。隨郎且自圖安静。

其二十二 餘霞

昨日趦趄今不避。添著麻煩，也有新滋味。改口勸他同學妹。獨身不是終身計。謎底猜穿還是謎。似恁温存，也要生閒氣。不像從前柔到底。有時也怪儂多嘴。

以上《莫哀歌草》附録《白話詞》

王浩

春風嫋娜 春情

笑鴛鴦睡穩，夢暖池塘。榆莢小，柳絲長。捲珠簾、未覺天絲輕漾，楊雲無力，飛過紅牆。上苑鶯啼，後庭花發，洗盡鉛華淚不香。未許春風入羅幕，空餘瘦影伴啼妝。小夢沈酣初醒，薔薇自倚，愁無奈、私倩檀郎。遺玉珮，解明璫。掃空紅雨，喚住韶光。燕子歸來，拂殘霜剪，蝶兒飛去，落盡凝黄。佳人何處，看碧闌干外，亂紅狂舞，揉斷柔腸。

春宵曲 春夜獨酌

簾静風來軟，牆高月上遲。玉酒滿金巵。人生行樂耳，復何疑。

江南春　春憶

風淡淡，雨霏霏。看花凝曉淚，剪蝶補春衣。楊花飛向南家雲，高捲珠簾燕未歸。

前調　入蓼經年，出境，書春河壁

花有意，月無聲。留君多少日，送我短長亭。好風吹度陽關道，猶是王孫芳草情。

摘紅英　雜憶

東君惡。羅衣薄。空庭金井桐花落。鶯頻囀。鵑頻喚。芳草連天，玉樓人散。　封姨虐。柳腰弱。香綿無力怕飄泊。心空盼。腸空斷。姻緣如此，不須長歎。

賀新郎　新婚

夢斷蓬山路。甚心情、半壁斜陽，一窗紅樹。寒食清明春去也，空賸滿庭花雨。漸向晚、淒清誰訴。蒨閣芸窗三兩載，託鸞箋、寫盡銷魂句。憶往事，倍悽楚。　楚雲今日來神女。怪當年、情緒荒唐，愁懷辛苦。紅燭華燈忘永夜，兩兩背人私語。恰正值、月明三五。欲笑還顰羞並倚，怕紅簾、翠幌光如許。者正是，情深處。

珍珠簾　簾影

東風斜拂春波皺。難禁受、門外落花時候。捱到月黃昏，更香魂銷瘦。怕憶青燈相與伴，但自向、房櫳寒守。僝僽。看淚華彷彿，湘娥盈袖。　依舊。雲雨荒唐，正芳情不定，紅閨夢有。金縷和銀鉤，雜篆煙輕透。弱質如雲還似水，隔不住、玉蟾晴漏。知否。是檻外花光，拂殘白晝。

鳳凰臺上憶吹簫　病中作

暖帳慵開，繡衾重裹，休文病骨珊珊。正寒蟾初上，睡鴨將殘。恰是者般情味，愁無語、獨自長歎。又憶起，工愁宋玉，善病文園。　堪憐。夜寒不寐，更對著空房，瘦影難拚。念藥爐相對，誰與爲歡。生怕無聊太甚，披衣起、又怯衣單。衹尋得，半牀書卷，一枕邯鄲。

東風第一枝　有懷

燕尾初成，鶯簧未轉，那時小小情緒。似曾相識三年，取得寒暄數語。離腸斷夢，都付與、落花飛絮。空聽那、耳畔東風，便是夭桃嫁與。　看未足、者番風度。憶不盡、當年情愫。幾曾神女巫山，從此蕭郎陌路。偶然瞥見，又生怕、因風吹去。更無奈、明月黃昏，油壁輕車何處。

箇儂　有懷

問千卿甚事，寫不盡、鸞牋鳳紙。便是多情，也被多情累。相思如洗。奈一庭夜月，輕穿珠户，最動人情思。新愁舊恨思量起。孔雀屏前，畫眉窗裏。坐看東君得意。更金屋無緣，玉臺空寄。　眉頭眼尾。便至今猶記。半幅春山，一泓秋水。如今兩兩相倚。自聞調琴瑟，大家歡喜。早知是、恁般情味。更何必、崔護當年人面，桃花如此。傷心後、也知自悔。悔當初、輕卻三生石，佳期誤矣。

傳言玉女　走筆有寄

三載心情，腸斷不堪重説。多情爲我，更殷勤譜闋。雨打梨花，芳草王孫淒絶。數聲清韻，兩心明月。　紅豆相思，更那堪、多采擷。謝娘情重，肯同心重結。青鳥傳來，媿我怎生禁得。銷魂最是，黄昏時節。

玉女摇仙珮　次韻，答大兄

微波渺渺，新月娟娟，瓊珮仙裾皎皎。洛浦風神，巫山情味，能不教人傾倒。腸斷知多少。正閬苑花朝，上林春曉。卻不道、湖州舊恨，合浦珠存桃源路杳。待説到相思，一縷芳情，至今縈繞。　從此人間天上，無路相思，原怕傷伊懷抱。無奈蕭娘，瑶琴一曲，恰是王孫芳草。怎不添煩惱。歎傾城不再、東鄰易老。還説甚、拈花微笑。者回去也，那堪重憶風流調。傷心事、再休題了。

春從天上來　壬子立春

舊夢新翻。恨廿四花風，數盡年年。長安行樂，莫羨春天。春來更覺淒然。想一年消息，已付與、淡靄輕煙。更何須，幾番腸斷，一味心酸。　記得去年時候，正庾信飄零，蕭瑟江關。鳳琯吹殘，宜春帖遍，如今不異從前。怪合歡羅勝，一回看、一度難堪。最無端，片言珍重，半晌長歎。

百字令　書壁，用稼軒韻

芳華如夢，歎今番又是，淒涼時節。歲暮陰陽催短景，教我襟懷羞怯。千里關河，一春花事，風景何堪別。江山如此，滿腔心事誰説。　遥望楚尾吴頭，故鄉空見了，一天明月。杜宇欲歸歸未得，惹起濃愁千疊。長爪纖頎，休文銷瘦，怪底腰堪折。今年猶幸，鬢邊依舊玄髮。

鶯啼序

立春後一日，景物無春意。歲華轉燭，歸思茫茫，感書此解

蕭條碧雲歲暮，更東風又起。驚心事、料峭新寒，飄飄客夢如水。怪底事、星移物换，風雲浩浩來天地。尚依然、侯監夷門，朱亥屠肆。任百湖海飄零，江關蕭瑟，笑成名豎子。縱能教、他年年、詩酒銷磨，吾生如此而已。甚關情，滿地江湖，飛去，也未必、壯懷如此。圖書潦倒，歲月蒼茫，敢悲歌徙一生心事。但坐念、登樓王粲，不盡悲感，江左風流，倚。年年抱影，玄經未就，不曾投筆爲天涯涕淚。滿懷幽怨，故園都護，向如今、空自增憔悴。歸來瀟灑，重覓東望漫漫，今番我將歸矣。桃源，在白雲縫裏。儘消受、一邱一壑，但有關心，話到桑麻，便愁天氣。絳霞朝望，黄庭夜讀，閒時惜取風與月，更逍遥、不問人間世。再休侘傺風塵，擊筑燕臺，吹簫吴市。

金明池

詠鏡，與大兄聯句

鏤月爲魂，裁冰作質，天付風流淡雅。瘦。瓊窗畔、纖塵怕染，將半幅繡羅低下。曉。最銷魂、月上黄昏，長伴著、樓上晚妝纔卸。瘦。想却扇羞燈，臨牀理鬢，記得小喬初嫁。曉。銷瘦待君無曉夜。每照見飛蓬，惹人輕罵。瘦。禁晝困、香雲亂挽，乍曉起、春山誰畫。曉。卿憐我、我亦憐卿，聽自語自言，幾多情話。瘦。奈未唱刀鐶，長封寶匣，去去者番休也。曉。

內家嬌　歲暮，與大兄聯句

情懷正無著，歲闌候、獨處更淒清。曉。問底事隨人，風塵困頓，伊誰念我，頭角峥嶸。瘦。他鄉久，關河仍遠隔，歲月已頻更。曉。入夢莊周，翻疑蝶化，渡江祖逖，怕聽雞鳴。瘦。曾聞彭澤宰，遊興倦、便向故里歸耕。曉。念此荆天棘地，戎馬縱橫。瘦。但築室多謀，空云避世，買山無力，枉羨逃名。曉。一任年年臘鼓，傳遍春城。瘦。

小諸臯　詠史

宋玉招魂，文通賦恨，不盡古今悲思。甚興亡、俯仰蒼茫，浮沈天地。拚盡百年薤露，留得數行青史。儘風流、千古英雄如此。禹鼎千鈞，秦關百二。念當年、龍盤虎踞，嘗盡帝王滋味。一撒手，甘心矣。鐵鏁千尋，牙旗五丈，成敗想當然耳。還説甚、西北仁風，東南王氣。他日雄心愁絶，長卧白楊堆裏。也只是、青燐碧火而已。泰岱潛崩，江河偷逝。便吾生、草木同枯，誰復争光魑魅。君不見，東流水。

大酺　十八初度

似酒初醒，更纔轉，無限年華暗去。相如應未老，又匆匆過了，一回寒暑。江海翻瀾，風雲變色，怪底蘇裘如故。窮途羞浪苦，遣狂情銷盡，酒邊奇句。念千里鄉關，一囊書劍，亂愁如雨。　相逢又歲暮。且休道、年命如朝露。誰問取、區區天地，草草春秋，送多少、巫咸彭祖。今年將冠矣，但贏得、淒涼如許。回頭事、皆塵土。何須彈鋏，未識蓬萊何處。天邊空指舊路。

水龍吟　除夕，與大兄聯句

更聲又送華年，燭龍爍爍清宵永。曉。尊前往事，枕邊舊夢，一回猛省。瘦。陳跡慵題，昔遊如昨，依稀斷梗。曉。念錦心綺思，優遊卒歲，但贏得、青衫冷。瘦。　二十三年情景。半銷磨、茶煙燈影。曉。有書有劍，有詩有酒，動人清興。瘦。日下棲遲，槐陰惝恍，晨鐘爲警。曉。怕東風乍起，新愁又與，舊愁交并。瘦。

瑶華　正月二日

蟬鬢低鈿，螺髻拖釵，是豔妝濃飾。爲誰銷瘦，更覺得、一捻纖腰無力。偏偏見了，又恰是、舊時相識。知那人、病後如何，莫問近來消息。　春風又動春愁，想未免有情，怎生禁得。自從駕鳳，使未敢、稍稍望君顔色。吹簫人遠，念近日、空閨岑寂。但多情、何似無情，休把羅衣偷溼。

金縷曲　上元

九陌香紅軟。更華筵、葡萄漲緑，盡傾瑶琖。近日新愁濃是酒，爲甚倒將酒遣。但覺得、春心歷亂。往昔歡情和夢去，恨如今、夢斷天涯遠。空惆悵，舊遊倦。　晚風暗露空庭院。怎禁他、月明三五，離懷千萬。一點靈犀通未得，化作幾聲長歎。定知我、無腸可斷。白䕷青藜今已矣，問廣陵、誰解霓裳怨。意未盡，漏三轉。

南浦　春水，用玉田韻

晴碧瀉琉璃，出藍橋，做弄旳陂清曉。樓外小池塘，微風淡、一霎平波誰埽。銀袍白紵，畫橈撐出吴娥小。煙柳斜陽腸斷處，和入一天芳草。　迢迢暗向東流，是春江、正送春愁未了。花月夜深時，隋隄上、似有豔歌人到。湘瀾又渺。清光妥貼雲蟾悄。記得年時寒食雨，催動歸帆多少。

疏影　春雪

花魂玉骨。問誰裁白紵，春袖斜拂。弱質盈盈，幾度霑衣，不怕素姿淒絶。梨雲一片荒涼處，記魂斷、馬嵬時節。又相逢、籬角黄昏，低把玉梅寒折。　暗暗晶簾淡照，春波初動也，似有還滅。柳絮因風，不堪飛起，做弄舞顰啼靨。瑶宫貝闕知何處，但賸得、晚香痕溼。聽夜深、冷影敲雲，那更玉龍吹徹。

淒涼犯　病中作，用白石韻

暮雲一帶黄昏色，淒涼窗户蕭索。紅燈黯淡，羅衾歷亂，乍聽清角。晚風正惡。更簾裏單衫袖薄。又空巢、一雙野鴿，冉冉度煙漠。
此際重追憶，情懷不似，舊時歡樂。指尖寒瘦，漫無聲、淚鉛彈落。獨自醒來，想新夢依稀記著。尚迷離、不起怕誤，夢中約。

角招　病中雜憶，用白石韻

儘銷瘦。那回相見小腰，悽斷如柳。洛川湘浦遠，但得與君，魂夢攜手。別離未久。重收拾、相思田畝。便是如今見了，想紅蕚又無言，止顰眉低首。　惟有。紅襟窄袖。青裙素襪，玉質鍾靈秀。啄花鶯嘴溜，何事伊人，雙棲時候。芳心依舊，怪近日、閒愁如酒。醉在隔窗豔奏。問能否、重聽簫，郎歸後。

徵招　病中雜憶，用白石韻

相如緑綺清於水。風塵解憐狂士。舊事已三年，尚纏綿如此。近來人病矣。更悽絶、茂陵愁思。恰又梅花，一枝初發，窗前疑是。獨自。甚思量，冷清地、猶憶夢中情味。彷彿見瑶池，障巫峯十二。當年空爾爾。但難得、此中深致。夜寒悄、羅帳燈昏，正欲眠無計。

陂塘柳　送袁琅軒昆仲南歸

乍知君、青衫塵滿，春風吹又歸去。十年辛苦今拋卻，免得一生羈旅。君且住。遮莫是、天涯芳草尋歸路。酸風苦雨。問地棘天荊，江山如此，君去在何許。功名事，説甚屠龍畫虎。共君何日揮麈。明知風景江南好，誰解此時離緒。君知否。怕化作、浮雲奄忽難相聚。送君最苦。但半晌長歎，一聲珍重，此外更無語。

春宵慢　詞以入樂爲主，非徒以詞勝，亦在律也，故宋代諸大家能填詞者，概能製曲。清真、白石，名重一時。余學爲倚聲，不自度曲。偶與大兄夜談，兄因自製《春愁》一曲，用黄鐘均著之歌吹，悠揚協律。余有慕焉。青燈黯淡，夜寒風細，花蔭入窗，月色在壁，回顧其影，若甚悽楚者。因製《春宵慢》一曲

閒雲不染春空碧。正珪月淒清，紙窗淡白。挑盡殘燈，也只是、照見病餘孤客。春來春去無痕跡。在花前月下，幾回尋覓。算近日、愁

多夢少，教我怎將息。　岑寂往事，不堪重憶。念濁酒新亭，垂楊舊陌。十載香紅，但賸有、何遜春風詞筆。韶光如此誰經得。又南天雨過，北地風急。試一望、故園千里，憔悴憶江國。

聲聲慢　風琴

琵琶悽斷，羌管吹殘，廣陵何處新聲。逸韻飄來五更，涼月啼鶯。仙音似從天上，是誰家、花影吹笙。洛川遠，望風裳已渺，水珮猶鳴。　不盡王孫芳草，便聲聲變徵，私自叮嚀。乍暖還寒，伴人冷冷清清。羨他貼近繡履，任微尖、點拍輕輕。茜窗下，魂獨自、飛過畫屏。

高陽臺　病中作

桃影收煙，柳絲穿露，春光不與商量。病裏文園，等閒誤了春光。東風苦苦來相問，問三郎、何事郎當。又黃昏，暝色凝雲，寒鏁羅窗。　舊時簾箔知何處，任月魂照夢，霧氣吹香。洞户無人，夜深自怯衣裳。明燈暗帳真清絕，聽枯風、聲起虛堂。黯銷魂，六叠愁山，九曲柔腸。

鶯啼序　春詞，用夢窗韻

東皇盡催六轡，換殘山賸水。上林樹、燕語鶯啼，望中似吐新蕊。念近日、綺窗珠户，夕陽已向寒冥墜。更何堪、尚有黃昏，動人悲思。　宿雨纏綿，重扃幽獨，正空梅未子。簾櫳悄，好夢初成，杜鵑淒黯夜至。睡起來、朱絃重整，雁柱澀、亂寒侵指。暗思量，好日春光，怎含秋意。　風來亂影，雁去留聲，拚者番不寐。但轉念、春宵如此，令我魂斷，恁是無情，也應垂淚。金壺易換，玉籤便改，漫漫長夜何時旦，望空庭、能不傷憔悴。羅衣寬緩，從教落月啼烏，鏡明曙波天裏。　一番雨過，滿院花寒，儘凝紅暈翠。長記得、舊家庭院，往日歡娛，風景江南，不堪題起。佳辰百五，花風念四，海棠開盡春未去，向最無人處闌干倚。如今故國三千，愁到濃時，但勞鳳紙。

沁園春　次大兄韻

鸞鏡低開，蝦簾寒捲，孤幃自愁。念花翻小苑，杜鵑來了，人思遠道，楊柳青否。芳草多情，王孫無分，春意闌珊未可留。傷心處，恁睡紅醉纈，熱篆濃浮。　晚風明月高樓。更溼透、鮫綃不自由。歎闌干十二，倚來難遍，別離千萬，欲說還休。金屋黃昏，玉堂白晝，未嫁東風先自羞。牽情夢，在畫眉窗下，燕子樓頭。

憶舊遊　年時上巳，余徜徉蓼、六間，遊李氏園。桃花水漲，畫橈載酒，命儔嘯侶，景物宜人，嘗詩紀之。今余返汴水矣。蓼嗣遭兵難，蓼人流離遷徙。問之，有涕泣泫然而不忍言者。余別蓼時，書壁間云：『桃花已自隨流水，知否劉郎來不來？』至今尚在頹垣斷井中也。倚聲感之，用玉田韻

記棠花欲謝，蕉葉初長，有酒盈尊。小閣聽新雨，竟瀟瀟灑灑，過了春分。郊外柳風弄我，吹得絮無根。便畫槳凌波，狂歌載酒，問魄尋魂。　今存。一牀冷，夢帽影風痕。屐齒苔痕。依稀似無疑，有道渡頭黃日，和入黃雲。

聞説舊時飛燕，回首野煙昏。念崔護當年，桃花人面紅此門。

百字令　春暮渡黄河，用玉田韻

壯遊何處，笑年年獨嘯，大河南北。詩酒風魔今十載，眼底關山歷歷。高岸遥招，平沙遠臥，風緊流雲直。片帆飛動，悄然斜倚孤客。　惟遥望一髮青山，水波天接，住斜陽無跡。惟有殘春流不盡，爲我殷勤佇立。浪影翻愁，櫓聲索句，來往喧春碧。渡頭煙淡，野鳧一片斜白。

歸朝歡　送别大兄入都

下馬問君何處去。指點關山來往路。待君早去早歸來，離情猶挂西城樹。垂楊牽不住。鞭絲斜拂渾無據。望金門，馬蹄特特，令我屢回顧。　長安盡日多風雨。客騎蕭蕭誰伴侣。臨歧揮手道平安，教人立盡斜陽暮。十年辛共苦。脊令原上多離緒。向如今，閉門迴想，愁歎坐無語。

蘭陵王　不歸近十年矣，鱸膾之思，靡歲獲已。感書，用美成韻

大江直。江草煙花暈碧。家山路，野水涼雲，渺渺江村淡無色。高歌望舊國。笑我栖栖病客。算年來，風雨寒篝，篋裏空留劍三尺。　他鄉年華杳陳跡。念才盡詩囊，香炮琴席。他鄉久作無魚食。但蜀魄啼夜，楚魂臨舊，迢迢白水浸野驛。人尚在天北。　傷惻。十年積。常鄉夢淒淡，心事蕭寂。長懷漂漾無終極。況盡夜銀酒，過虹銅笛。吟情未冷，更坐聽，漏暗滴。

沁園春　月夜懷余鸞友，因以寄之

斗轉城荒，月暗鵶啼，悽然故人。念論交憶舊，叔牙知我，歸江攜笈，長爪憐君。人海蒼茫，風塵澒洞，何事還車載病身。燕臺路，便漸離有筑，誰共悲辛。　蕭然獨出秦門。賸數載、斑斑舊淚痕。媿未能送子，河湄山曲，也應念我，渭樹江雲。阮嘯猖狂，伍簫寂寞，飯顆依然認杜魂。纏綿意，折京書一尺，愁損文鱗。

露華　封署古唐槐

淳于夢覺。看滿地碎陰，晚景蕭索。散霧銜炎，倒影倦痕斑剥。飄殘簷雨櫺風，聽遍樓更城柝。滄海事，千秋萬秋，對此寥廓。　而今唐苑花落。早蔓草平原，野堠吹角。尚有老夫曉起，未忍梳掠。一自送過高郎，傳舍官衙忘卻。休冷淡，有人對君坐著。

疎簾淡月　閨情

官街晚鼓。又螢火燒涼，蟬吹吟暮。罷戲秋千，黛嬾謝娘眉嫵。梨雲一枕屏山雨。睡魂歸、蝶兒何處。被痕紅褪，綠香夜揭，紺紗如霧。　自笑我、雙成伴侶。鬥嬋娟不共，素娥青女。翠袖伶俜，爭似月中歸去。荷衣蓮帶空江渚。一思量、一回無緒。當年何事，畫堂深月，琴心先許。

月華清　閨情

春徑初空，秋橋未倚，月圓花好人壽。百尺高樓，樓上有人停繡。彩華散、光向軒飛，綺窗薄、影隨身瘦。盈袖。愛非花非霧，疑無疑有。應念飛瓊歸後。便金簪銀盌，有誰消受。莫是簾波，只管自家顰皺。問明月、底事干卿，空照我、蕙田百畝。回首。看流雲來去，冰蟾依舊。

青玉案　雜憶

白雲天半喧簫鼓。煙靄靄、庭前樹。金雀鴉鬟年十五。夜香如霧。冷紅隨步。行入燈深處。　謝公最小偏憐女。長日依依向阿母。環珮飛來還又去。水晶船冷，碎霜斜舞。門外鈿車路。

秋風怨　秋風已至，旅懷黯然，自製此曲

啾啾赤帝騎龍去，秋已到、暮涼槐院。一枕屏山淡夢裏，羈魂飛遍。誰省念、西風紈扇。把無端歌哭，有時談笑，强消盡、墨花香篆。恨未解、蘇裘篋龍，對酒羞看。　琴席寂，箏塵滿。河山亂後相見。暮雨斜陽，望白雲、黃葉銷散。休自許、八叉七盌。被月窗斜映，露廊微冷，早瘦了、沈腰一半。秋忒苦愁人，愁人底事相伴。

金縷曲　初秋，懷余鸞友

苦緒應難斬。醉而眠、醒而歌哭，病而愁慘。燭炧香銷無人處，爲汝通眉一斂。想終日、橫頤斷臉。何況如今商候也，更無端、宋玉添秋感。猶獨坐，聽更點。　共君京洛緇塵染。記當年、金臺市馬，吳宮談劍。一介書生而已矣，解甚霧淒雲暗。才不過、酒腸詩膽。射虎屠龍空事業，是侈談、奢論吾何敢。吟未了，亂蛩掩。

大江東去　自暮春來封，入國三月矣。今且去，曉起臨別，贈言謝璧，傚龍州體

雞鳴而起，是孳孳爲善，孳孳爲利。七尺之軀三尺劍，問汝胡天胡帝。濠上觀魚，江邊落雁，大概愁人事。楚狂歌後，鳳兮還又不至。　從古光武中興，朱明首義，都馬蹄過此。毋溷而公公且去，不問後來何似。君是旁觀，我其内熱，亦想當然耳。高人長往，數間破屋而已。

沁園春　燈下待發封父，和大兄題壁

燈下窗前，弔影慚魂，落月啼烏。歎聞雞起舞，人思擊檝，長歌彈鋏，我出無車。陶令歸兮，陸郎去矣，敢問人間天上乎。風塵裏，算從頭老去，多少狂徒。　吾家環堵蕭虛。並桁上、懸衣盎米無。念此生久住，漢關秦月，而今不羡，陶甓温裾。郢下清歌，隍中夢鹿，野火應燒河畔廬。吾行矣，待他年有夢，重過黄壚。

疎影　曉發，與大兄聯句

垂楊徑狹。有野烏啞啞，繞樹三匝。曉。阡陌交通，原隰平低，金蹄自向煙踏。瘦。晴沙遠入平蕪去，林盡處、淡雲迴合。曉。望柳河、老景澄涵，濤影樹聲遥答。瘦。　冉冉商聲動也，翠陰縱未了，已露蕭颯。曉。野驛荒村，短堠長亭，冷落陶巾劉鍤。瘦。還教歲歲征塵裏，劍氣盡、水沈龍匣。曉。向他年、煙水忘機，歸與倦鷗常狎。瘦。

水龍吟　大雨，渡黄河，與大兄聯句

黄河萬里龍門，殷雷怒浪谹谹大。瘦。雨拳漸緊，雲頭羣聚，短舟重簸。曉。白水吞天，驚沙捲雪，亂帆欹舵。瘦。算琴隨劍倚，長河浪跡，總未稱、蕭閒我。曉。　君且正襟危坐。看狂夫、提壺而過。瘦。蘧蘧倦客，滔滔逝水，頃成拋躲。曉。煙暝慵開，寒蓬夕捲，兩三星火。瘦。又荒荒四馬，幽蛩草際，暮愁吟破。曉。

鶯啼序　復鸞友都門

臣璋上言頓首，致鸞兄閣下。自春暮、一别芝暉，至今數月餘話。數月内、别來無恙，倏更寒暑春而夏。但邇來書信，慵疎殊覺驚訝。　正盼還雲，未久下午，接函疑君寫。待啟視、巨劄鴻裁，欣然大喜非假。悉吾君、長安不易，將負笈、自求瀟灑。且告余，青島之行，月中税駕。　勤宣令德，好自爲之，謂子且休罷。君可以、儲材磨礪，自反而往，不佞雖愚，敢云叩馬。春秋佳日，一尊清酒，祝君今去操全勝，諒將來、實學通歐亞。前修努力，爾時不負初心，勝吾酒徒詩霸。　勖哉夫子，夫子勖哉，亦無難相舍。特不可、過於心熱，憔悴厥躬，休息優遊，最宜人者。書函而外，别無他囑，窮愁終日徒自苦，脱如斯、則亦癡人也。匆匆佈復，伏維雅照不宣，月三日夜。

齊天樂　聽琴

秋聲淡淡欺窗户，深宵暗驚商序。落雁聲酸，哀蟬吟咽，獨有幽人寒語。殘砧斷杵。似野露摇煙，冷風和雨。玉珮丁丁，洛妃水上夜吹霧。相如近日愁否，聽緑綺聲中，總是淒楚。乍發清商，已成變徵，難遣碧雲留住。堪憐兒女。儘恩怨呢呢，自家愁訴。檢點羅衣，玉京天上路。

木蘭花 詠淚

新亭情思苦，敢命酒、哭愁人。問屈子江頭，賈生席上，能否銷魂。斑斑似鉛如血，更和風和雨亂霑巾。廿四風中思婦，八千里外孤臣。

傷神。桃李落羅裙。柳色灞陵分。況三年漢殿，一聲易水，七日秦庭。依稀横頤斷臉，是鮫珠萬斛向人傾。便問江州司馬，青衫猶有餘痕。

玉漏遲 秋夜

行年十九矣，儒冠誤我，年年如此。簷雨篝燈，愁絶已涼天氣。應念王郎天壤，已久是、秋風夢裏。差自喜。氾寒沈瘦，有誰堪此。

冉冉迅羽流光，幸通眉長爪，依然猶是。且自高歌，歸雁一聲千里。亦有蓴羹鱸膾，但愧我、未能料理。長嘯起。疎蛩又吟幽砌。

雨零鈴 秋雨

城雲如屋。自西方上，鬼母郊哭。南窗移枕野卧，聽商聲裏，痴龍寒浴。淅淅零零，盡鮫人、一萬餘斛。更今夕、無語無情，日暮淒淒倚修竹。

轆轤床上空愁獨。疑銀瓶、素綆牽寒玉。茂陵舊日曾病，巫峽裏、斷雲難續。一片纏綿，應是窮秋，冷我琴筑。待明日、指點階斑，繡石苔痕緑。

惜秋華　秋草

河畔江頭，對白雲、紅樹荒荒誰共。試望平原，無端恨填邱隴。斜陽天外無情，寧省念、芳心抱痛。曾記江南夢。金塞冷，胡沙萬里，尚留青冢。報春暉一寸，在池塘閒種。腸斷如今處處，霜濃露重。縱横野飲天邊，甚金風、把人做弄。摇動。是繁華、此時都送。

沁園春　遊仙

若有人兮，東海之東，西海之西。記龍爐鶴鼇，碧霞繚繞，楚腰衛鬢，香夢依稀。曾過桃源，幾來桂闕，雲護瑶窗鳳掩扉。銀河畔，爲成煙紫玉，留枕陳思。上清淪謫歸遲。嘆近日、靈風不滿旗。望九霄有路，雲輧無跡，三湘流水，瑶瑟停絲。八寶妝成，九華帳冷，仙犬重門路已迷。干天闕，願半空秦女，回首晨雞。

六州歌頭　學詞二載，歷境十數。秋夜挑燈，和窗外寒雨，朗誦一過。碱砆之價，良用自喜。感書數語，夜將半矣

南昌王子。自幼好爲詩。年十七，歲辛亥，始填詞。記初時。搦管無他技。但常喜。擬唐體。追五代，作小令，總如斯。豈解學詞非易。深且遠，童子何知。經後來吟誦，短歎作長噫。俊逸清奇。更加之。二周二白，秦淮海，王花外。史梅溪。坡老壯，龍州怪，稼軒悲。擬鶯啼。愛夢窗才調，凝練處，費尋思。三更後，秋窗畔，月初西。時或猿吟鶴唳。龍起海，瘦馬寒嘶。必王生歌哭，一讀一珠璣。狂病無疑。

水調歌頭

三載以來，大兄往來京洛間，不得舉酒爲壽。今幸燕然極唱酬之樂。機、雲自命，意緒良不惡也

庭中有奇樹，緑葉發華滋。今年且喜團聚，未用寄遐思。舊日茱萸遍插，後日窮通未卜，碌碌復何爲。願爲雙黄鵠，送子共高飛。將進酒，奉君壽，君莫辭。停杯聽我一曲，行樂及良時。江上秋風乍勁，天外斜陽未已，今復待來兹。但得尊常滿，兄弟可怡怡。

前調 秋懷

皓天舒白日，靈景耀神州。朝陽苦不再盛，白日忽西幽。渡口花開花落，道上人來人去，倏已幾春秋。回首浮雲裏，西北有高樓。人間世，賢者避，杞人憂。張良未佐漢業，不與赤松遊。愧我吟風弄月，終日飯蔬飲水，歲月也悠悠。但是能投筆，何事不封侯。

前調 共内子夜酌

我有一尊酒，共子且徘徊。殘燈對此虚幌，夜景亦佳哉。念我行年十九，猶自一琴一劍，長自隔天涯。趙女鼓清瑟，慷慨有餘哀。我與汝，已久是，在塵埃。長卿爲汝取酒，賺汝兩眉開。或亦共君皺珮，或亦共君負戴，且莫繫情懷。但聽西風裏，斷雁也飛迴。

前調 代内子答辭

君子無鬱鬱，今我不能歡。女蘿幸締松柏，長得侍君顔。君道洪都故郡，妾亦江南春草，無奈滯梁園。但得還瑶闕，何事在人間。歸家後，事耕織，也清閒。蒙被丘山之惠，賤妾

執拳拳。但妾幼而無父，有母家貧又老，從此隔關山。迢遞關山路，何日復來還。

山鬼謠

鸞友既於春時北上，歲六月，月三又入武昌。秋風夕勁，夜景黯然，同心離居，良用自愴，感作因並寄之

任西風、蕭蕭落木，夜中吹動秋氣。江魚朔雁長相憶，目斷燕雲漢水。離別味。算淪落天涯，止苦愁人耳。別時容易。望千里關山，臨流未得，送子幾行淚。　吾子去，吾亦行將去此。南山酒客寒死。身無彩鳳雙飛翼，還問立錐之地。今日起。是西江人淚西江水。吳頭楚尾。敢置酒東南，一杯爲祝，吾黨二三子。

三臺

秋陰，用詞隱韻

在邯鄲驚損舊夢，茂陵强銷涼雨。歎人高、詩苦滯夷門，悄然愁迴西浦。朝眠起、心緒抽千縷。眼摇動、半庭淒霧。顫野樹、浪浪天風，轉寒日、隆隆街鼓。　斂空濛欲雨未霽，胡雁斜穿斜去。是楚客、蜀雨未曾通，望峨髻、行雲神女。劉郎憶、舊別蓬山路。暗涼透、疎疎窗户。命横竹、吹裂哀雲，匣龍冷、亂愁如絮。　正有酒無酒未飲，半醒半酣已暮。意飄飄、解履上匡廬，振衣袂、萬峯高處。迨明日、重然天上炬。臨舊都、曾是新府。歌宛轉、怨曲慵題，野踟蹰、歸期休務。

向湖邊

秋色

階草萎黄，岫雲凝白，天外斜陽紅樹。雨後苔

蒼，共齒痕連步。望遥天、冷煙沈紫，遠山横翠，一片淡烏遮住。争忍黄昏，對青燈題紵。　白雁來時，暗憶江南路。誰復問舊柳，知垂條青否。秋水蒹葭，想故鄉如霧。况紅塵蒼狗成今古。又烏可、赤舄袞衣侣鷗鷺。但近中秋，被嬋娟留住。

南浦　秋鐘

街鄰蕭寺，聽老僧、夜半誤鳴鐘。驚起野烏幾樹，殘響入霜空。吴客欲眠無計，恨寒雲、嘹唳渡飛鴻。况紘繒大器，愁濃怨極，長嘯倚崆峒。　自顧貧非病也，甚如今、獨坐怨秋風。風不憐人幽緒，吹透半天中。半天清韻未歇，又下隨、落葉答秋蟲。道翠尊竭矣，教人高唱大江東。

浪淘沙慢　秋風

又捐扇，流光轉變，大氣磅礴。天裂濃雲乍豁。更闌野籟盡作。聽寥泬長空摇五嶽。隔嵩雲、人在天角。記舊日凋零季鷹事，鱸魚應最確。　寥廓。狂魂無故飄泊。對易水蕭蕭，荆卿淚、興趣應未惡。更塞北江南，唤起離索。但開羅幕。看此時景物，已思量著。　門外嚴霜倒飛落。青衫冷、半衾夢覺。念帝遺、天吴移海腳。尚有人、拂袖披襟，憶日昨。黄塵十丈高於閣。

氐州第一　秋燈

似水還清，將煙比瘦，摇摇一點明净。向晚房櫳，已凉天氣，賸有殘魂耿耿。無語無聊，但往往、伴人秋病。華胥路杳，悠揚歸夢，見時争忍。　水咽蟾蜍催漏永。簾未捲、涼波不定。玉尺聲中，金錢夜半，記淚鉛紅凝。也知捲、帷望月，紗空外、更無人影。篆炷香銷，對寒花、有誰共領。

八聲甘州　八月十四夜

更不堪人事日蕭條，如今已中秋。凡人逢佳節，每多佳緒，我則休休。非是今宵自苦，自願號多愁。實則愁難遣，於我何尤。　酒後一時耳熱，或向人喋喋，私道恩仇。恨此生潦倒，言耳豈能酬。矧人生、不才如我，甯敢望、肥馬與輕裘。夫如是、乃知季子，從古堪羞。

瑤臺聚八仙　壬子中秋

雁後霜前。涼空淨、初凝浮出宮蓮。絳河高揭，一天秋與雲圓。杜老心情休更說，中天月色好誰看。恁狂情，近來漸漸，追省當年。　當年風采未減，但吟才稱鬼，詩膽如天。越舲十載，汀州無浪無煙。床頭黃金盡矣，會月照、書床歸獨眠。眠又起，趁孀娥相對，猶有餘寒。

鶯啼序　八月望夜，與大兄聯句

遥空暗籠軟霧，悄銀蟾弄影。絳河隱、桂殿飛香，泠泠宵漏清永。恨歲歲、輪蹄歷亂，客愁如夢何時醒。笑今番、入洛機雲，但賸吟興。曉。　蛙瘦熊肥，往往數載，况蛟懷鳳應。檢京國、舊日長裾，野風鹹雨交并。素琴張、酒邊殘奏，夜絃促、商清徵冷。看中天，玉斧吴柯，漫修金鏡。瘦。　壎篪奏雅，棠棣生輝，問風流誰並。長自喜、幅巾紈扇，一室言笑，阮嘯猖狂，謝庭歌咏。名場久困，塵緣未斷，芒鞵竹杖他年事，儘青山、白水堪相稱。江湖滿地，言歸我竟難歸，天涯自傷萍梗。曉。煙痕盡掃，露腳斜飛，猶畫欄共凭。寧省念、羅衣寒重，玉笛聲殘，燭灺香銷，夜闌人靜。瓊樓玉宇，乘風飛去，蓬萊一望千萬里，白茫茫、惟見銀雲凝。直教角斷譙門，移枕重眠，舊愁細省。瘦。

前調 歷下高十一，少年倜儻有奇氣。與余交歷三歲，旅況蕭索，不得志而歸。賦此送之，用夢窗韻。春時既別鸞友，已復別月三，送人之苦，不復自堪也

秋空四驚斷雁，過詩流酒户。暗雲凝、斗轉參橫，夜怯商序衰暮。愁坐處、離絲棖觸，渭城朝雨長亭樹。待平明、煙染啼襟，曙裏分絮。信風汴水嵩雲，對酒啟齒，遣狂塵捲霧。信風暮、花裏逢君，審君高亮天素。聽空中、敲金縱玉，韓夢醒、神官羅縷。共羈情、十載狂遊，夜猿朝鷺。薊門霜緊，洛下衣緇，長安驚倦旅。渾未解、唾痕依隱，大事环玟，龍門秋江，九宮金雨。角聲乍起，商歌哀徹，班騅長繫垂楊岸，漫箜篌、高唱公無渡。臨分又遲，朝來灞水橋邊，面色黯淡如土。蕭蕭官柳，秋老夷門，望旗亭換苧。空自苦、温馗李鬼，別鳳離鸞，側帽行吟，瘦蛟寒舞。東林煙冷，高陽人散，南雲白水橫野棹，未歸來、三倚馮生柱。恨深子固無詩，倩紙微詞，曠懷見否。

前調 入梁十載，勝跡未獲遍歷。九日無風雨，偕伯仲登吹臺，因就壁間，各有所賦。凭高一笑，強盡數觥，未知心況奚似也。感作，用夢窗《豐樂樓》韻

晴雲半銜淡日，綻銀空爛綺。破重暝、蘸彩浮金，霧堞高瞰天際。帶城外、寒橋瘦柳，霜新露老煙如霽。悄輕颸、慵拂吟韉，向曉飄墜。九日登臨，久旅勝賞，乍高臺倦倚。履層殿、屧響廊鶩，遠波遥轉叢翠。寶幄欹、塵昏廟貌，撫殘碣、蝸痕凝水。感灰飛，大念長圖，曠懷高世。　關河繡眼，笳鼓驚心，風景未爲美。連臂起、咄今喟古，重鏤肝腎，豪素深情，秀儂能事。機雲洛苑，鄴枚梁國，狂遊歌斷歸風操，向天邊、覓取留題地。墨花淡漬，土宮碧暈陳陳，敗垣夢啼寒緯。　高吟夜凝，鵑拜秋殘，仰古祠暫遲。莫酒薦、白衣人遠，烏帽塵欹，懷土三千，熱闌十二。沙垠雪落，河流雷徹，疎楊淒淡榆影瘦，下嚥黃、冉冉縈秋袂。喧喧斷角橫吹，夾道嘶驄，鏡天萬里。

眉嫵　詠蟹

正平沙水舍，淡月清江，冉冉下燈影。野簖連空遠，楓洲畔，青筐紺戟斜整。王郎夜醒。料長卿、應動高興。更今日，一霎籬金遍，已秋老霜徑。　新酒菊天時矣。佐參軍帽落，吏部杯冷。寶氣文戈盡，羈人夢、江湖風味重省。壯懷休逞。恐外間、毒霧猶凝。但一室爲歡，誰更爲、老饕請。

以上《倚柱詞》

過秦樓　暢觀樓在三貝子花園西偏。勝清慈禧太后每自頤和園迴蹕，必信宿臨幸。樓中盛設，多自禁中移置。今且往矣，陳跡依然，爲賦此解

長樂離宮，遠條別館，乍隔閬風玄圃。龍漦未燼，豹尾初迴，道是翠華親駐。紅霧蹴起氈毹，簾幕霏微，綺羅來去。想看朱成碧，新桃

偷面，柳花飄户。 空記取。洞鑰葳蕤，屏山重疊，曾有內家分付。唾壺暈碧，妝鏡沈緋，寂寞漢宮眉嫵。誰更無愁，似他月裏麒麟，夢中鸚鵡。自雲軿去後，悽斷銅仙夜語。

見《廣篋中詞》卷三

霓裳中序第一 新秋江干步月，依草窗韻

螺環波幾疊。暝色沈江舟似葉。遥望羈懷菀結。正旅雁破雲，驚蟬嘶月。青蘆釀雪。歎素紈秋恨捐篋。成塵麝，金鞍誤約，往事向誰説。 幽絶。怒潮聲咽。指數點漁篝漸滅。盈盈良夜忍別。悵酒涴紅綃，佩遺芳玦。唾壺歌暗缺。倚晚風、鸞簫半闋。歸途倦，碧天如洗，夢影鎖香蝶。

見《全清詞鈔》卷三十九

王掞墀

滿江紅 寄赤城山人

黯黯魂消，早一櫂、煙波浩渺。縱添得、春江畫稿，桐江詩料。身到爛柯仙莫挽，愁如落葉誰同掃。況憐卿、孤枕夢惺忪，昏將曉。 山月澹，鵑猶叫。梨花瘦，風翻峭。想幾回減損，幾番顛倒。抵死難償文字誤，餘生辜負年華小。柰青衫、憔悴尚風塵，催人老。

前調 和崔磐石觀詧《尖山觀潮》原韻

莽莽江流，賴鎖扼、鼇亹絶斗。遥指點、雲容變倏，靈胥來否。雪練捲空蛟起舞，風鬟撼地獅奔吼。把盈虚、吞吐認分明，龕山口。 英雄氣，今猶有。奇險處，今曾守。且登高珥

節，對君酬酒。散雨飛從東浙過，亂濤折向西陵走。問神州、何日洗腥羶，回天手。

前調

後晉永和二十六周癸丑，湖上蔣祠、西泠印社重修蘭亭褉事，已賦二律矣，復補一詞

一例前塵，有幾許、雪鴻印爪。回首處、鶯花如夢，南朝人杳。墨妙永埋龍蜕後，春深況遣鵑啼曉。只蘭亭、流水自年年，餘斜照。　終讓與，湖光好。休孤負，年華老。且詞場選勝，酒尊同倒。褉事重修開蔣徑，仙蹤小聚來蓬島。有東瀛詩客來預會。溯永和、三日盪輕舟，山陰道。

憶江南　本意

長相憶，風景記依稀。六代江山如畫裏，千家簫鼓奏神祠。社賽太平時。

其二

闌干亞，水榭護香巢。紅板小橋看繫舫，白門新柳聽吹簫。湖影莫愁嬌。

其三

金陵古，天塹數南朝。留守不妨臣宋室，將軍畢竟祖黃巢。金甲未降銷。

其四

風波惡，極目雨花臺。一夜濤聲摧鐵甕，四圍山色黯秦淮。黃霧又黃埃。

其五

江流莽，煙鎖月籠沙。野哭幾家罹白刃，夷歌數處起黃笳。不數後庭花。

其六

書生弱，隻手縛雞難。憤酒狂傾澆塊壘，哀詞

怕唱念家山。枉自憶江南。

南浦 秋河

霄漢澹微雲，界青天，好似長虹夭矯。星斗望中明，渾難忘、前度乘槎人到。黄河碧海，羨他仙路風濤小。贏得支機親贈與，卜肆許能知道。　天孫嘉會秋宵，甚年年、駕鵲填橋不了。清淺照容光，銀潢畔、重訴愁多歡少。情波渺渺。總知潮汛紅牆繚。雁渡螢飛何處也，殘漏沈沈催曉。

瑣窗寒 秋露

有意零荷，無聲溼桂，曉晴初綺。涼痕猶印，巢鶴夜來濃睡。被驚醒、羽仙夢未，那時清絶桐陰裏。正天空月映，瑩圓顆顆，走盤珠似。　渺矣。紅塵地。儘潤沁芳心，冷凝花髓。方諸堪比，料應薔薇無此。獨秋深、淒咽候蛩，葭蒼葦白人千里。問何年、仙掌分來，馬卿消渴已。

水龍吟 秋潮

濤頭一綫遥來，天容如墨風雲妒。枚乘七發，錢塘八月，花團雪舞。不覺驚秋，遠連煙水，近疑風雨。記倚闌水際，江頭沙外，渾不見、帆飛處。　應是子胥餘怒。儘吞吐、水天秋素。山靈破膽，波臣蕩魄，潛蛟起訴。憑弔鴟夷，薦陳寒菊，素車來馭。縱鐃他、鐵弩橫飛，霜汛捲來朝暮。

臺城路 秋塞

玉門關外秋風早，年時不勝離别。雁斷雲間，羊歸隴上，萬里龍堆遼闊。昏沙暗月。歎絶幕荒寒，胡天草折。老矣蘇卿，此時辛苦海東節。　深宵鄉夢壓疊，更蘭閨訊杳，怕檢衣篋。長城飲馬，大漠屯兵，多少英雄消歇。邊笳冷咽。似爲訴離愁，遠人天末。何日刀環，共樓頭柳色。

甘州　秋圃

占寬閒隙地幾多弓，不用事春耕。正黄花時節，寒菘露梗，晚韭含英。留得豆棚瓜架，兒女課陰晴。算灌園終老，心跡雙清。　野色秋光較好，且消磨莫問，稼穡西成。但菜根香輭，滋味慰生平。恰門外、蓼紅蘆白，共漁樵、都寫入幽情。還何待、樊須再請，肯否先生。

新雁過妝樓　秋雁

鴻鷺相違。班序散、燕子又已長辭。數行銜接，横蘆尚自猜疑。落日沙平遵渚宿，曉天月淡帶霜飛。好臨池。戲鴻留影，揮洒依稀。　繫菰米波漂處處，笑啄餘雞鶩，反羨粱肥。足多情，何怕漢苑書遲。還聽小樓曳響，似感愴天涯人未歸。歸來否，記春泥賸爪，只是想思。

聲聲慢　秋蟲

苔階隱躍，草國浮沈，徐熙寫出精神。小扇輕羅，驀地撲得流螢。驚回一雙夢蜨，笑癡魂、涼透花陰。又葉底，秋絲吐處，漸蜕濃青。　待到昏黄月澹，輒疏籬絡緯，乙乙分明。衹是寒螿，因甚唧唧宵深。側耳露蟬疏斷，且自鳴、曳樹殘聲。最記憶，記釵頭、斜綴像生。

滿江紅 秋扇

燕子春鐙，記寫出、桃花小影。卻又是、初涼天氣，斜陽芳徑。纖素怕驚眠蝶夢，輕羅愛向流螢趁。願承恩、此日共徘徊，團圓準。　羨滿月，清光盛。嗟逝水，華年頃。認當時入握，指痕尚印。漢帝俄捐成薄倖，班姬終老歸長信。更詞人、名士漸相忘，飄零盡。

長亭怨 秋篴

問黃鶴、幾時仙遇。五月江城，落梅曾賦。待把霜筠，小樓低按依宮譜。隔隣何處，重惆悵、山陽舊侣。一曲秋風，還賸我、飄零如許。　孤旅。望蒼茫極浦，怕是李謩前度。舟橫瓜步，聽裂竹、悄無人語。似流水、又似飛鴻，直飛上、瓊樓玉宇。好醉共東坡，便欲乘風歸去。

以上《南浦》以下爲《九秋詞》

以上民國十二年鉛印本《蚓篴詞》

滿江紅 辛丑人日感懷

壓境强胡，問虜騎、何時去了。遥想望、空餘宮殿，零殘牋表。新鄘舊奸翻覆競，邪神野鬼覬覦鬧。竟蒼黃、西狩走崤函，朝廷小。　憤填臆，憑尊倒。憂侵骨，將詩料。况歲華方換，妖星斜照。夜半見東北角。幸有秦關稱古險，愁無春勝簪年少。獨嗟余、雙鬢影婆娑，坡仙老。

摸魚子 湖上

問胡爲、湖隄躑躅，先生顛頷如許。希踪澤畔行吟者，獨醒獨清詞句。自來去。儘敗梗殘荷，絲斷猶牽縷。祇宜鷗鷺。恰飛破夕陽，浴拳晴雪，陪我作儔侶。　從前事，非僅文章妨誤。何待而今始悟。炎涼滋味都嘗否，説與緑簑漁父。且喚渡。驀蒼紫丹黄，霜染楓酣處。松篁掩映。又斜抹紅牆，晚煙嘘暝，結箇團焦住。

金縷曲　丁未秋，爲浙路拒欵作

幾度滄桑記。即東南、半壁封圻，殘山賸水。已取燕雲如唾手，還向錢塘鞭指。乃朝局、真同兒戲。且酌貪泉甘飲酖，任呼號、哭灑蒼生淚。居妾婦，惟知媚。　楓丹菊緑秋光裏。淡濃妝、大好湖山，潰隄一蟻。此日江潮誰抵禦，鐵弩三千銷矣。嗟日暮、途窮何至。欲覓遺黎乾净土，只逃秦、避入桃源地。偕漁父，姑尋醉。

南鄉子　鷓鴣

品質比山雞。晴戲煙蕪浴小溪。細雨廉纖，花落也沿堤。滑澾春泥碧草萋。　牆角聽高低。兩兩相呼過竹西。撩得佳人，歌斷續重提。別恨幽愁客思淒。

醉花陰　即事

過了端陽時幾許。半臂猶衣絮。乍暖又輕寒，難得天晴，斷續黄梅雨。　看看水已没隄樹。攔也攔難住。芒種二蠶天，如此年時，知否田家苦。

滿江紅　爲胡敦元壽其寄母汪六十

負笈京華，只歲歲、誦絃昏曉。忽一朵、紅雲飛降，詩歌難老。寶婺九霄添綺彩，金蘐六秩開瑤島。敞瓊筵、預祝小春時，爐煙裊。風景麗，西湖好。芳訊逗，南枝早。悵北堂眉壽，介眉人杳。未與兒孫萊戲舞，遥知壻女花圍繞。算高年、筠操慰桑榆，騰歡笑。

前調 庭菊將闌，感賦

半畝芳庭，秋老矣、已憐憔悴。猶賴此、東籬叢菊，伴予尋醉。修竹蕭疏堪比並，臞梅娟潔同標致。便悠然、矯首見南山，扶笻未。　愁暝色，斜陽墜。驚落葉，西風恣。更苔階霜冷，歲華匆逝。孤寂空餘彭澤影，重來縱可襄陽意。算人生、花裏幾清游，須牢記。

以上民國十五年鉛印本《蠖廬續選·蚓篋詞》

王朝陽

齊天樂 西泠秋泛

暗霜凋盡蘇隄柳，湖山頓生秋怨。水葉啼紅，江蘺恨碧，冷落芳游車鈿。雲鬟暮捲。喜重見吴宫，舊時妝面。一舸鴟夷，晚風摇蕩鏡波軟。　西泠殘笛聽斷。六橋金粉地，分付誰管。柳外聞鶯，梅邊放鶴，往事可堪回眷。斜陽淚滿。酹杯酒蒼茫，古懷零亂。更上南峯，角巾還醉岸。

水龍吟 夜泛大明湖

四圍夜色沉沉，一舟横斷秋無際。沙平水闊，霄空雲薄，晚涼天氣。故國山川，長河風月，萬磧聲裏。怕銀潢路接，星槎誤入，江妃舞、蛟龍起。　歷下亭邊小憩，采香蘭、誰貽湘佩。垂虹舊夢，素波千頃，紫簫十平。里。酹酒蒼茫，倚歌平遠，滿湖詩思。念清蓮白石，詞仙老盡，隕牛山涕。

摸魚子

壬戌中秋前一日，偕蔣竹莊、金松岑、袁幼辛、劉北禾、汪仲周、孫翔仲游光福虎山橋

渺飛帆、具區千傾，波光山色吞吐。谿橋冷落游蹤少，三五釣徒爲伍。誰共與。泛一舸鴟夷，夢逐寒潮去。天涯倦旅。對斜日鱸鄉，西風稻岸，唱徹斷腸句。　傷遲暮。滿地江湖杜甫。懷沙人老誰賦。蘭成詞筆秋來健，和偏樂章琴趣。招俊侶。儘送卻浮生，半日閒時序。狂歌醉舞。待雪海梅香，崦西月上，重到此間住。

解佩令

中秋，登石樓萬峯臺

彈山南去。重樓高踞。上巉巖、藍輿初駐。箇箇修篁，撲翠袖、向人迎舞。一番風、一番涼雨。　滿衝如户。蟠螭如股。萬峯臺、諸峯環護。點點歸帆，半隔着、秋江寒霧。黯長天、斷雲孤鷺。

多麗

壬戌八月，吴瞿安招飲秦淮多麗舫，別後寄懷

羨吴郎。才名並世無雙。動詞場、春雷啓户，高文合賦長楊。彩雲飛、秦樓燕去，酒羣散、吴苑苔荒。庾信愁多，相如游倦，季鷹蒓思寄江鄉。記前席、舞裙歌扇，花月送清狂。　驚相看，廿年舊雨，兩鬢新霜。泛青溪、墜歡再拾，燈橋夢影淒涼。浣征衫、香銷荀令，訪髗

迹、人老崔孃。淚粉春魂，轢塵游事，玉容回首總情傷。試共翦、西窗畫燭，殘漏催歸裝。菰蘆約，登高日近，還醉秋航。

霜葉飛

壬戌季秋，偕吴瞿安、童伯章、汪鼎丞、吴粹倫、潘振霄、金松岑、杜倚劍、徐博泉同游天平。吴、童、汪、吴、潘五人深嫺音律，倚檻高歌，頗饒幽趣

短篷重見。吴宫面，蒼鬟向人凄怨。岸楓紅妬醉顔丹，愁鬢衰楊换。縱一葉、谿迴路轉。乘槎疑泛秋河漢。聽法曲仙音，倚玉笛、煙空蕩碧，綺思零亂。　長念勝節傳杯，登高漫賦，往迹都付吟管。卌年雙脚踏紅塵，詞客相如倦。且挈得芳游俊伴。囊錢來買湖山賤。稻蟹肥、重陽近，收拾悲歡，紫萸同薦。

秋霽

返沈濱故宅

蕭瑟關河，正雁落潮平，草盡秋暮。百尺寒塘，幾家村店，一竿酒旗斜舉。背鄉倦旅。十年待買長門賦。廿里浦。雙槳、夕陽孤艇載詩去。　空負曩日，火色鳶肩，壯懷銷磨，花月虚度。念家山、田園尚在，門前烏桕向人舞。便是小時遊釣處。水木凋謝，贏得比户絃歌，宛然猶識，敝廬風雨。

解佩令

偕王契華遊破山寺

青松如帚。蒼崖如臼。訪叢林、巖扉輕叩。幾陣西風，又況值、夕陽時候。一分秋、一分消瘦。　澗邊谷口。荒臺廢囿。醉霜楓、争翻紅袖。潭影山光，照竹徑、禪房依舊。强登高、已過重九。

浪淘沙　下關江樓

宵静客登樓。天末雲收。朔風寒氣襲貂裘。遥指兩三星火處，應是瓜洲。　夜色暗空浮。人醉蘭舟。曼歌聲送管絃愁。依舊六朝金粉地，花月風流。

霜天曉角　京口懷古

殘壁頹墉。弔孫吴故宫。陸弟周郎老去，形勝地、霸圖終。　江東人物空。但聞蕭寺鐘。十里遠山如睡，留一角、夕陽紅。

鶯啼序　過瓶叟墓廬，感賦

清明尚湖載酒，弔殘山賸水。暮煙鎖、庭宇沉沉，歲常攜屐過此。茂林照、斜陽萬瓦，蛛絲隔斷簷牙翠。念居停門内，緗桃似飄紅淚。

爲問雕梁，舊日燕子，换春秋幾次。　慨王謝、華屋荒邱，夢醒知已何世。廢園空、琴書宛在，畫樓黯、風霜垂圮。想當時，猿鶴深山，晚年情思。　東華往事，故老凋零，與更誰説起。家國恨、一枰殘局，一段青史，荏苒而今，幾更朝市。凄涼杜宇，郎當風鐸，聲聲勾得詩魂碎。感滄桑、過客添憔悴。孤臣去矣，依稀故里鶯花，寂寥舊家門第。　登高悵望，禹甸茫茫，徧四郊壁壘。漫記省、青宫侍讀，白首憐才，密詔更新，竟成虚議。興亡萬變，白平雲蒼狗，江山何處收拾起，向西臺、慟哭敲如意。回看三尺孤墳，宿草離離，夜臺静閉。

木蘭花慢　江問漁久滯京曹，倦游返里，訂期過訪，倚聲報之

望長安亂葉，黯關塞、動離愁。正四壁啼螿，

一城荒杵，皓月當樓。回頭。俊游夢香，歎浮生聚散逐沙鷗。世事風塵澒洞，草間身世蜉蝣。中秋。塞雁報書郵。倦羽返鄉邱。約紫萸佳節，黄花緑酒，來買吴舟。蘇州。故人問好，問年時白髮幾莖抽。目斷雲天萬里，蒹葭吟思悠悠。

夢揚州 寄懷顧康伯、吴滁樓廣陵

近重陽。正小園、籬菊初黄。信斷雁程，目極山高川長。竹西花木深秋裏，想半江、紅樹新霜。人何處，離雲黯，亂葭烟水蒼茫。回首前遊蜀岡。數幾曲清溪，幾樹垂楊。載酒畫船，未抵樊川清狂。十年一覺揚州夢，廿四橋、花月荒唐。關塞隔，何時把臂，同聽滄浪。

渡江雲 重九偕蔣韶九師、王君沂仲、屈君荆材、宗君翰章同游湖甸。屈君新集漁童數十，設學於尚湖庵。蔣師方避賄選南還，浩然有歸田之志。别後卻寄

四圍秋色裏，風帆隱隱，落日斂湖光。竹籬茅舍外，幾樹疏花，掩映讀書堂。頻年作客，動歸思、稻蟹江鄉。剛此日、扁舟容與，聊與子徜徉。商量。東畦種菊，南畝栽桑，學陶公元亮。誰管得、三邊戎馬，羣盜興亡。長安人海多風浪，莫誤拋、身世行藏。清興好、芳尊還醉重陽。

高陽臺 新春，至翁家莊，訪梅溪老人履園舊第，愴然有感

一曲清溪，無多老屋，名園飽閲星霜。梁燕歸來，依稀舊日風光。蕭齋寂寞琴書杳，臥墻

陰、斷碣苔蒼。草堂深，幾樹殘梅，猶送寒香。　江湖滿地名流盡，賸頹垣廢井，點綴窮鄉。弔古情懷，我來此際神傷。鶯花如夢春無主，鎖空庭、半壁斜陽。更誰尋，劫後遺黎，共話滄桑。

金縷曲

吴門兵後，萬户蕭條，愴然感賦

箭影年光驟。閣重陰、釵期望斷，鏡盟孤負。過眼風花紛如絮，一領青衫凝垢。況冷落、收燈時候。恨海荒波蛟龍惡，悶生涯、還把儂拖逗。人事改，沈腰瘦。　凄迷故國斜陽後。閱滄桑、歡場短夢，可堪回首。驀地思量秦樓月，唯有江山依舊。更那處、游船歌酒。芳燕歸來無消息，但愔愔、門巷扃清晝。誰繫馬，道旁柳。

繞佛閣

滯寒未退，佳訊阻隔，雲黯庭院。天際人遠。素書望斷、衡陽渺鴻雁。繡衾夢短。離恨萬緒，分付誰翦。吟袖塵滿。自憐杯底，光陰鏡中面。　過卻賞燈節，射眼青紅春已半。唯聽戍笳、聲聲芳景換。眺劫後山塘，花事零亂。舞蕙歌蒨。悵散了歡場，前度鶯燕。冷斜陽、舊家池苑。

暗香

可園觀梅，並聽孫寄螽吹笛，次白石韻

靚妝弄色。聽那邊喚起，一聲長笛。靜倚玉欄，瘦骨凌風不堪摘。春訊名園乍到，休孤負、江郎吟筆。儘解唱、怨曲紅情，芳意冷歌席。　香國。境清寂。買素縠絳綃，凍雲還積。蝶魂夜泣。仙夢羅浮許追憶。臨水三花兩蘂，疎影照、晴漪愁碧。展一幅、新畫稿，欲描未得。

玉漏遲 同孫樹人遊滄浪亭

歲華春夢裏。芳菲似舊，吟懷孤寄。尺五城南，花木漸銷兵氣。且約題裙俊侶，莫浪濺、哀時清淚。臨勝地。危欄曲處，滄浪亭子。片椽閱盡斜陽，共倦柳愁荷，向人凄異。半面雲窗，長抱一灣流水。借問重來舊燕，也忘却、人間何世。誰更記。名園幾番興替。

徵招

嫩晴枝上翻紅影，穠春去將過半。麗日正遲遲，倚曲闌人倦。吟魂凄欲斷。況門外、風花凌亂。破碎湖山，更誰追問，酒裙歌扇。淚眼閱滄桑，閒情緒、并入平玉龍哀怨。恨賦寫江南，怕題襟塵滿。流鶯渾不管。又偏向、愁邊低喚。卜消息、鏡裏年華，訝鬢絲青換。

探芳信 用玉田《西湖春感》韻

遣清晝。記繡陌停驂，官橋貰酒。歎亂離身世，風物換年舊。賓鴻社燕無消息，故國鶯花瘦。閣重陰、暗緑迷津，墜紅飄甃。孱羽避風驟。悵牖户漂摇，愁凝蛾岫。機織迴文，辛苦自知否。半生哀樂燈前夢，往事頻回首。占春光、合讓長門禁柳。

綺羅香

嚼曲文窗，添香畫閣，費卻光陰多少。乍煖還寒，天氣雨晴難料。乍香殘、綺閣妝梅，又緑徧、繡隄芳草。黯韶華、過眼匆匆，鏡容愁裏換年少。尊前人事萬感，空歎鵑紅故國，東風吹暴。怨柳凄花，都被暗鶯啼老。何處招、刼外春魂，無計遣、酒邊孤抱。倩誰傳、錦字鸞箋，斷鴻音信杳。

倦尋芳

長隄草色，曲巷鶯聲，催換時序。不定陰晴，幾陣妬花風雨。殘醉嬌扶人意倦，好春苦被餘寒阻。綵毫尖，寫迴腸萬感，客中情緒。悵門外、驚塵漲目，繚亂羣英，香國無主。載酒園林，負了舊時尊俎。百刼河山新涕淚，滿腔愁恨閒花絮。聽啼鵑，一聲聲，不如歸去。

瑞鶴仙　元塘歸棹

此鄉仍畫裏。抖綠簑歸去，釣竿慵理。孤帆共愁倚。正玉平杯春暖，尚湖波細。狂吟未已。蕩詩魂、風裳水帔。望遥峯、淡蹙雙蛾，兀自向人供媚。醒未。綺情歌底，俊約尊前，等閒拋棄。予懷倦矣，腰扇冷，暗塵翳。念中年心事，無端哀樂，拚向斜陽一醉。對青天、笑拍欄杆，試呼范蠡。

曲遊春　留別瞿安白門

浪迹征鴻爪，共天涯情黯，絲管慵理。刼後相逢，悵風塵澒洞，庾郎憔悴。軟綠秦淮水。容多少、感時新淚。好春光、不到江南，銷盡看花英氣。謾記。清游前事。泛畫舫青溪，同唱多麗。壬戌之秋，瞿安招飲秦淮多麗舫中，各賦《多麗》一闋。物換星移，付歡場俊夢，杜鵑聲裏。身世憑誰寄。敍哀樂、深宵杯底。又驛亭、馬影匆匆，恨題鳳紙。

齊天樂 松陵道中，次夢窗韻

輕舟重入松陵路，緑波軟侵舵尾。市酒澆愁，帆風送客，岑寂危檣獨倚。漁歌四起。隱天末斜陽，數峯蒼翠。柳眼多情，向人來去訴憔悴。　荒江一平片恨笛，幾朝興廢事，分付流水。巷陌烟空，川原繡蝕，民物都含秋意。塵衫未洗。墜滴滴襟前，看花清淚。待覓鴟夷，倦懷鷗夢裏。

西子妝 亂後重游虎阜，次夢窗韻

輕勒一鞭，嫩晴十里，錦陌遊塵如霧。碧波青舫自年年，鬬新妝、半塘橋堍。鶯歌燕舞。總難把、東風留住。賸垂楊，繫渡江胡馬，青青如許。　殘棋誤。似此湖山，又送芳節去。半邱殘日弔香魂，換緑陰、粉梅千樹。鸞牋秀句。寫杜牧、傷春詞賦。濕吟衫，幾點看花淚雨。

浪淘沙慢 次清真韻

晚煙鎖、江干秀壟，晝裏殘堞。荒驛輕裝整發。驪歌倦倚舊闋。亂別緒如絲千縷結。待持贈、澤柳堪折。念萬里關山夢魂遠，羅襟愁黯絕。　凄切。楚天雁影空闊。正鏡宇無塵，良秋夜、點點壺箭咽。除桂殿嫦娥，誰管離別。淚波易竭。將怨情傳語，尊前孤月。　要心事南雲相重疊。芳衾暖、麝薰乍歇。翠荷冷、風遥窗紙缺。問音信、屈指歸期，漫記憶，天涯滿袖征袍雪。

八聲甘州 乙丑春日，偕同人遊靈巖作

結芳儔三五事清游，相將泛春江。望修蛾蹙

黛，明波皺碧，錦繡橫塘。一路水風漁笛，覓句倚船窗。佳約休孤負，勝日湔裳。　對此山川殘霸，且緩斟低唱，共醉吳艭。道浣紗人去，舊夢早荒唐。待重尋、蘇臺麋鹿，祇故宮、零落野花香。推篷坐、付興亡恨，斜日鷗鄉。

前調　題靈巖寺壁，次夢窗《陪庾幕諸公遊靈岩》韻

倚層宵四顧吸湖光，平蕪緑星星。指蒼茫烟樹，悲笳隱隱，猶戀吳城。脚底桃花春水，魚浪捲風腥。還上琴臺頂，寥寂琴聲。　千古興亡如夢，幾爭雄稱霸，衆醉誰醒。擁妖姬何處，唯賸亂山青。襯無情、故宮花草，送夕陽、帆影落沙汀。殘僧老、向風塵客，還話承平。

滿庭芳　浴佛節，偕劉北禾重至留園

凝碧池臺，飛紅庭院，一片泉石清幽。江山殘破，花月箇中留。是處狂蜂浪蝶，香風捲、舞袖歌喉。閒廊廡，人天倦客，於此盪春愁。　回頭多少恨，年涯草草，心事悠悠。肯潘鬢消磨，酒暖衾柔。眼底斜陽故國，空想像、墩墅風流。芳塵黯，歡悰似夢，身世老狂遊。

凄涼犯　送春，倚白石自度曲

玉樓竟日風催雨，殘英撲地紅濕。牡丹謝後，鶯聲漸老，晝庭空寂。榆錢浪擲。怕難買、韶光一去刻。想前游、香車紫陌，回首總陳迹。　惆悵西園宴，點點青衫，酒痕狼藉。黯陽轉眼，最銷魂、試燈今夕。倦柳凄花，有枝上、愁鵑暗泣。歎芳塵、逐水去也，夢裏憶。

過秦樓　南園寄興，倚清真體

燕掠晴空，蝶迷清晝，黯黯曲臺芳榭。翻風絮白，炙日梅黃，又是困人初夏。偏愛萬緑濃陰，春雨池旁，道山亭下。露紅橋半面，絲楊千縷，自然圖畫。　空歎息、帶減圍腰，霜侵華鬢，暗地亂愁縈惹。傷春興緒，中酒情懷，但有鳳箋陶寫。人事何如，自憐忙煞年年，花開花謝。看斜陽影裏，飛盡荼蘼一架。

蘇幕遮　和月盦

雨絲絲，風細細。爛錦年華，斷送鵑聲裏。蝶攘蜂喧何日已。黯緑陰陰，換了人間世。　酒邊心，花底事。怨曲慵歌，短夢零星記。舊日青衫渾未洗。一半勞塵，一半傷春淚。

青玉案　和月盦

歌翻玉樹梨雲謝。冷落了、鞦韆架。斷夢迷離春去也。一庭煙草，一簾香絮。醉眼風花射。　藤陰匝地濃如畫。摘箇青梅薦新夏。萬斛閒愁何處寫。鶯兒休怪，燕兒休詫。相對斜陽話。

如夢令　和月盦

帳外鏡屏蔥蒨。照見去年人面。錦瑟怨無端，況值酒闌歌倦。腸斷。腸斷。一片緑蕪庭院。

謁金門　和月盦

芳思倦。花底流鶯千轉。惆悵年來歡事短。夢醒蝴蝶怨。　箏柱雙雙金雁。難遞天涯書簡。彈向東風腸屢斷。一番光景換。

南浦

偕北禾、鼎丞、賦瀏夜飲秦淮，重話壬子舊事，愴然有感

牢落酒杯心，話別情，名場短夢初覺。紅燭可憐宵，風塵裏、都是舊時年少。浮雲蔽目，雪泥空印征鴻爪。歲華草草。添一夕悲歡，幾回吟嘯。　江湖跌蕩琴樽，剩緑鬢清肌，相看俱老。花月冷秦淮，傷春緒、除却杜鵑知道。桃根誤約，碧波流恨芳蹤渺。浪游倦了。聽隔院笙歌，清時宮調。

聲聲慢

游復成橋倉園

如龍車馬，似水樓臺，芳華無恙新亭。舉目河山，滄桑一霎曾經。銅仙暗傷亡國，費移檠、鉛淚如傾。忍重聽，那風前殘笛，水曲哀箏。　還我承平江左，望復成橋下，船火星星。裙屐當年，紅欄花底同凭。依稀眼前影事，已登場、人物全更。憐舊月、照秦淮，誰與送迎。

念奴嬌

城灣觀荷，次白石韻

采香何處，盪輕舟、載得江湖吟侶。極目長天天接水，水面緑雲無數。亂葉喧涼，瓊姿沃雪，一陣跳珠雨。田田千頃，鏡光搖動詩句。　遲暮。消夏灣頭，江山如故，潮送鴟夷去。翠羽明璫今不見，應共珠沉湘浦。倦笛風清，哀蟬曲破，誰繫斜陽住。花間回首，鬧紅遮斷歸路。

洞仙歌

宮橋夜讌，偕況夔生丈、吴瞿安、張蟄公聯句

宮橋星聚，甚淒涼花事。瞿。飛去蘭成伴憔

悴。黯笙歌、四座悵觸無言，蕙。留意處，照眼瓊枝獨媚。鶴。珠喉調一串，掩抑聲聲，如聽流鶯度花底。蟄。裙屐冷歡場、回首滄波，早荒了、新亭危涕。瞿。漫更爲、明朝問陰晴，怕殘酒疏燈、夜涼如水。蕙。

解連環 秋情，用夢窗韻

客衫涼薄。漾簷前楚竹，晚風清邈。對媚景、悵觸無端，轉斜影，小蟾照窗虛白。酒綠燈紅，念前事、俊游零落。卜陰晴莫定，怕聽戍樓，短更殘角。 佳期信沉斷索。倚悲歌乍闋，舊夢新覺。歎宋玉、身世飄蓬，望風葉長安，亂雲依約。夜露多寒，更幾處、秋蟲鳴躍。問何時、看花紫陌，恨眉展萼。

玉蝴蝶 秋感，次耆卿韻

倦蝶低飛林曲，桂陰疊疊，微漏秋光。斷角疏碪，來伴詞客淒涼。袚清愁、釀開新綠，憐瘦影、屏掩流黃。總情傷。草間多露，身世茫茫。 相忘。江湖跌宕，長歌送日，短鬢催霜。九辯難招，蕙情蘭思寄瀟湘。酒衫薄、暗消吟骨，銀漢杳、誰泛仙航。黯凝望。謝堂秋燕，猶話殘陽。

甘州 遂園瞽者以指撥三絃，代喉度曲，絶藝也。爲賦此解

舊芒鞋踏徧好江山，天涯幾知音。慣風塵骯髒，隨緣乞食，單客孤琴。過眼滄桑一瞑，指調替哀吟。休閲人間世，去古來今。 留得麻姑仙爪，解移宮換羽，度盡金針。抵鶯喉千

囀，一往又情深。誤江船、琵琶傳恨，怕座中、司馬淚沾襟。伊誰共、聽開元曲，殘刼園林。吟。流光太快更裘葛，怕潘郎、別來霜鬢侵尋。賦擬大招，曾遇幾箇知音。歡事總憐夢無據，酒巾還戴菊盈簪。休獨向，西風裏，問節後晴陰。

石湖仙　石湖秋泛，倚白石體

秋容如洗。鎖山影江光，無限清麗。花舫石橋邊，渚蓮空、華妝已墜。湖雲舒捲，野趣在、綠蒲風裏。閒倚。賦楚招、寫恨杯底。芳時漫嗟易老，泛香溪、風懷俊美。暮色長隄，隱約笙簫羅綺。一槳西泠，一船西子。此游堪比。波瀰瀰。巫歌四處聲起。

綺寮怨　南國賞桂，倚清真體

徙倚疎林洗醉，滿懷風露香。傍檻曲、蒨影籠寒，朦朧裏、瘦損秋娘。山花應憐楚客，輕陰青溪雲影裏。現雙髻同心，數莖瑤蘂。珠聯璧合，靜掩晚風羅袂。定卜前生鴛侶，故兩兩、含情相對。天接水。鏡波蕩碧，玉梟飛起。莫是有女楊家，又寵擅唐宮，三千姝麗。芳年姊妹，重集霓裳歡會。一樣花開連理，漫酒勸、六郎俱醉。吟袖底。不盡楚江詩思。

雙瑞蓮　賦並蒂蓮，和蕤丈社作，次趙虛齋韻

月當廳　倚梅溪韻

玉笛又送商聲至，傷高念遠，無限秋心。桂影半牆，紅燭隔院深深。投老尚餘看花眼，還家、可有買山金。渺人海，千層波浪，付與孤

借、淡月横夜窗。悵數叢、故國西風，無人省、淚濕宫袖黄。　漢殿至今就荒。孀娥斂怨，何心更問霓裳。瘦蝶寒蛩。伴憔悴、井欄旁。長安萬家碪杵，且置酒、賞孤芳。滄波夢涼。瓊枝照眼處，魂黯傷。

曲玉管　秋日登虎邱冷香閣，倚耆卿體

撫景懷空，登高日近，川原冷落游蹤少。塔背斜陽紅薄，秋老林臯。楚魂銷。　剩水殘山，雄圖凋盡，闔閭舊墓埋衰草。綵舫笙歌，想見燈火虹橋。話前朝。　夢影滄桑，是誰引、江東裙屐去，儘教點綴湖山，飛樓斗聳雲霄。罨生綃。作去南州金粉，管領梅花十平萬，一回凝望，滿目淒迷，刬後芳郊。

秋宵吟　倚白石自度曲

瑣窗虛，畫燭闇。斗轉斜河光澹。西風緊、望萬里寒空，唳鴻悽慘。　遣黄昏，倚繡檻。聽徹嚴城更點。秋遲暮、想亂葉長安，素襟依黯。　恨緒千端，漸沈約、腰圍瘦減。楚騷愁賦，怨曲慵調，酒泛翠尊醲。岑寂重門掩。信絶音沉，羅帊淚染。數流光、又近重陽，狂竹吹裂意未慊。

憶舊游　九月三日，簡瞿安白門

記宫橋貰酒，曲院聽歌，未了清狂。一夢滄波晚，又鱸香菊老，節近重陽。墜歡幾時重整，花月冷金閶。奈捲地風笳，川途换目，瘦盡秋光。　心傷。舊游地，望鐵甕金山，戎馬倉皇。帶水通吴越，正江聲嗚咽，潮涌錢塘。去

塵不堪回首，歧路悵亡羊。向故國西風，銅壺擊缺悲夜長。

新燕過妝樓　倚夢窗《秋感》韻，呈况夔笙丈

被冷芙蓉。良宵靜、飛來暗笛牆東。俊盟灰盡，回想昔日歡蹤。漫惜年光如水去，驚鬢影點霜濃。傍燈前，探消問息，獨盼歸鴻。　悲歌誰憐楚玉，負翠樓夜月，短夢春空。亂絲心緒，分付怨抑寒蛩。川途怕更面目，又光燭、長淮烽火紅。瞢騰裏，念杜陵人老，殘角聲中。

霜花腴　偕童伯章、蔣青蕤、汪鼎丞、彭稼志諸君游天平山，倚夢窗自度曲

紺雲暮合，望遠天，斜行雁字排空。霜冷烟郊，石荒苔徑，樓臺亂倚西風。歲華轉蓬。語舊游、零落歡悰。悵投林、倦翼難飛，壯懷消盡酒杯中。　京洛暗塵如霧，換伊涼一曲，瘦損秋容。蕭瑟江關，凋年詞賦，銷魂舊日文通。更攜瘦筇。側上醉巾、同上吴峯。又登高、過了重陽，晚楓翻錦紅。

清波引　垂虹歸棹，倚白石自度曲韻

野雲橫浦。映霜岸、赤楓冷舞。楚魂何許。遠峯弄眉嫵。一棹鏡波軟，載送鴟夷歸去。望中秋氣蕭森，黯鄉國、斷腸處。　閒愁付與。綵毫底、風月魚夜切暗度。夢懷醒否。倚斜照誰語。飄零舊歌酒，莫問垂虹烟雨。對此如畫溪山，助人淒苦。

秋思　賦鞠，倚夢窗韻

金盞風前側。忍暮寒、裝綴故園秋色。荒翠

萬團，露黃千點，霜壓籬窄。緬彭澤高踪、自憐身世抱怨抑。黯錦叢、苔暈碧。儘傲骨難銷，玉容添瘦，慨美人遲暮，舊情空憶。昏夕。香霏細滴。映繡屏、冷豔羞飾。數莖蕭瑟。霓裳慵舞，凍畦月白。歎一霎重陽會過，歡事隨去翼。伴楚客、愁暗識。負怨蝶良宵，樊川秋夢作去聲得。信隔江湖雁北。

翠樓吟 步瞿安韻

客枕幽單，燈窗冷落，秋空盪愁無際。荒磧聽斷續，正江郭初寒天氣。滄桑回睇。黯滿目關河，傷時新淚。成孤寄。美人遲暮，舊情凋瘁。省記。芳治心期，捲暗塵京洛，賞春游騎。劫灰飛夢短，剩鉛杵生涯慵理。哀蟬身世。謝紫曲疏狂，無多歡意。霜鐘碎。小樓薰被，蝶魂醒未。

喜遷鶯 冬至前二日，次夢窗《冬分人別》韻

霜花淒別。又雁落晚空，天涯飛雪。鏡冷塵栖，燭銷人瘦，往事中懷傷絶。抱影自憐疏鬢，歲暮冬分時節。黯想望，悵藍橋人隔，歡盟釵折。飛越。身世夢，把酒問天，難解回腸結。投老鄉關，凋年風味，愁聽夜潮嗚咽。待招楚魂弱水，猶怯江湖波闊。情渺渺，送重雲千里，荒笳吹月。

玉京謠 倚夢窗自度曲

一臥滄江晚，夢影迢迢，過眼風花亂。歲序侵尋，流光飛趁蓬轉。念庾信、投老鄉關，歎緑鬢、新霜偷換。空凝想，酬花賞月，清時歌管。疏狂未了平生，待奮青雲，苦尾長翼短。邱

釵因循，荒懷拋盡詩卷。壯志隨、蘭麝香銷，往事感、客衫塵滿。持玉琖。愁對夜寒孤伴。

塞翁吟　歲暮感懷，倚清真體

夜色橫窗綺，霜氣緊逼簾櫳。暈冷翠，小盤龍。聽玉漏丁東。荒雞喚醒江湖夢，愁倚燼萼薰籠。鬢影薄，帶圍鬆。感身世飄蓬。匆匆。驚濤送、無情歲月，佳訊阻、雲山萬重。斗憶起、髫年舊事，恐無復、秉燭呼盧，往日歡悰。滄波過眼，婉娩芳華，分付瓊鍾。

宴清都　倚清真體

墜葉啼昏蕪。長宵寂，晝譙清漏遥度。歡盟梗斷，孤吟恨續，滿懷荒緒。生涯夢逐征鴻，算過盡、川途間阻。黯故國、剗地風笳，招魂宋玉重賦。歌塵韻事拋殘，天寒袖薄，誰念臣甫。尊前醉墨，機中錦句，舊愁難訴。羈情怨入箏鳳，正萬里、江空歲暮。問幾時、臘去春回，烘爐潤鼓。

絳都春　爲蕙風詞丈量珠賀，次夢窗韻

穿針引線。拜漢影度仙，銀虹天遠。扇動蕙風，吹落雲車停吳苑。秦樓聽徹瓊簫怨。怕詞客、相如心亂。海山蜃市，藏嬌護寵，洞房深院。還見。長亭送客，翠盤共、進酒寶妝幽蒨。夢想舊游，明月南橋鶯花換。芳梅初洗東風面。正枝上、春回臘轉。彩禽應效雙飛，繡窗夜煖。

拜星月慢　乙丑除夕，倚清真體

薦玉粔盤，簪鬢花勝，景物匆匆燭轉。蜜炬呼盧，結良宵清伴。念前事，滿腹、幽情密意難

遣,手撥銀箏彈怨。剪翠粘紅,又年涯驚換。趁疏狂、未愜平生願。江湖夢、怕聽荒雞喚。悵望海上仙槎,阻藍橋雲漢。黯笙歌、巷陌春聲亂。文園病、舊客相如倦。已看看、臘盡冬殘,隔芳期不遠。

以上《柯亭殘笛譜》

無悶 雪意

雪壓荒郊,水凍夜河,高閣黄昏獨倚。眺淚點山河,亂離如此。欲使鑾腥洗盡,望灑布、天池崑崙水。一場白戰,銀盔素甲,會看飛墜。 飄致。絮花似。羨謝女清才,滿懷詩意。暗古寺空城,薄粧凝涕。寰宇陰晴未穩,又悄換、西風人間世。且漫歸、三徑探梅,看取玉瑶鋪地。

見《詞綜補遺》卷三十七

王義臣

踏莎行 江甯懷古

花雨臺昏,秦淮月冷。山川寂寞餘形勝。白門楊柳綠年年,苔痕繡徧臙脂井。 往事悠悠,芳心寸寸。後庭歌曲排孤悶。當時佳麗滿吴宫,衹今鬟髻空留影。

攤破浣溪紗

説到分攜萬緒紛。那堪長笛隔江聞。宴罷離亭獨飛渡,日斜曛。 欲斫青山翹首望,片帆隨水水連雲。賸有閒鷗三四點,戲波紋。

西江月 春閨怨

明月窺簾透影。鴛鴦戲水銷魂。雙雙蛺蝶過

鄰園。快度良宵清景。乍惹芳心自警。蛾眉蹙帶啼痕。落花相對默無言。但恨夜深衾冷。

浣溪紗　閨情

月映樓臺樹影橫。薰風拂檻綺羅輕。晚涼如水踏莎行。　露浸苔階寒透骨，深閨獨處恨難平。天涯遥繫別離情。

滿江紅

放眼乾坤，看到處、烽烟瀰漫。嘆歐亞、窮兵黷武，一般淩亂。漠漠風沙飛絶域，團團殺氣衝霄漢。慨飛機、轟炸不曾停，民塗炭。　登樓望，懷王粲。思故里，親朋散。聽巫山猿惱，蜀江鵑怨。一片離愁無著處，三更互市空悲惋。問蒼天、推演到何時，消憂患。

踏莎行　題莘莊約翰孫仲仙《膩情集》

叔寶丰神，子荊文藻。韶華十九高懷抱。畫眉京兆擅風流，柔情艷句人傾倒。　柳線鶯穿，花房蝶鬧。長堤剗盡相思草。春來花事滿江南，紅塵拂面風光好。

解語花

雲横古驛，雪壓梅花，愁煞孤征客。獨勞行役。長亭別、萬里海天遥隔。魚書未獲。消息絶、芳心如結。高捲簾、斜倚樓頭，但把闌干拍。　爲嘆菱花暗缺。最撩人心事，鷓鴣饒舌。沉沉魚鑰。傷心處、巫峽猿啼腸裂。哀鳴泣血。更怕聽、關山鶗鴂。雙凝眸、望極瀟湘，衹暮山空碧。

蘇幕遮 代作

嘆無聊，懷往事。雲雨陽臺，舊夢從頭記。乍解羅襦香撲鼻。一剪秋波，撩亂心如醉。 骨冰清，肌粉膩。玉帳牙牀，被底鴛鴦睡。月貌花容雙嫵媚。曉起拈毫，畫得眉峰翠。

鎖窗寒

衾冷孤鸞，檐棲凍羽，月明珠箔。紗窗透影，又見斗橫參落。夢回時、朝霞映空，一群宿鳥離林壑。望楚峰縹緲，行雲何處，寂寥蘭閣。 情薄。身誰託。嘆雁旅隨陽，杳如黃鶴。天涯海澨，夢也竟難尋着。指庭梅、開後便歸，此情歷歷猶似昨。到而今、忍向勞勞，亭畔看紅藥。

離亭燕 送別

滚滚大江東注。獨自離亭凝竚。十八灘頭行不得，枝上鷓鴣啼苦。極目望孤帆，惆悵悠悠煙霧。 亭下落花如雨。風裏柳絲千縷。遠水浮天芳草緑，攪亂三春情緒。鴉背帶斜陽，默默無言歸去。

惜分飛

一片離愁無説處。寂寞朝朝暮暮。此恨從頭數。幾番卜得佳期誤。 我欲留春春不駐。倚偏闌干無緒。簾角空延佇。流鶯長咽垂楊樹。

卜算子 同社張子英雲由英吉利寄詩慰唁亡姬，賦此奉謝

佳節暮春時，人在重瀛外。萬里遥傳慰悼詩，

重滴相思淚。落月想丰神，交不忘傾蓋。海水茫茫別恨深，何日雲龍會。

踏莎行 冬日訪張方仁

木落千山，霜侵百草。脚邊落葉無人掃。朔風一路拂征衫，枝頭點點寒鴉噪。入耳幽音，余懷渺渺。誰家庭院歌聲繞。朱門訪罷故人回，荒塘塔影餘殘照。

望江南 燕

江南燕，細語話炎涼。翠影雙雙過別院，烏衣巷口賸斜陽。孤負舊雕梁。

點絳脣 社集賦詞，不限調，以『落花人獨立，微雨燕雙飛』爲韵，拈得『燕』字

日暖風和，春城到處翻花片。餘香時見。撲上紅妝面。簾捲紗窗，人立深深院。流鶯囀。繡餘神倦。妒煞雙飛燕。

浪淘沙

春到翠樓前。楊柳含煙。千紅萬紫鬥芳妍。已是畫眉人去也，忍貼花鈿。獨自理朱絃。絲惹情牽。宵來翻覆不成眠。薄倖兒郎何日返，對鏡淒然。

減字木蘭花 晚眺

晚來風動。江水流光明月湧。花落前汀。春去堤邊柳色新。薰風解凍。金井高梧棲彩鳳。玉宇無塵。滿地青青映繡茵。

浣溪紗 即席贈陳樹修

信步攜筇到草堂。東籬來賞菊花黃。秋英晚

節一時香。舉酒持螯同暢飲，無風無雨近重陽。江南亭榭好風光。

浪淘沙 寄武陵某校書

好個綺羅身。爛熳天真。嬌妍壓倒武陵春。料是姮娥嫌寂寞，偶到紅塵。　出俗擅丰神。文質彬彬。陽春白雪句驚人。愧煞鬚眉成底用，還服儒巾。

蝶戀花 訪武陵某校書不遇，感賦

雲鎖仙源芳草路。小艇重來，竟把漁郎誤。門户依前人不遇。離懷無限憑誰訴。　群玉山頭何日晤。寂寞空庭，悵望斜陽暮。賸有當年留別句。至今還用紗籠護。

畫堂春 月夜登武陵城樓作

暘山屹立數峰青。朗江漁火分明。天然一幅畫圖清。月伴人行。　獨自樓頭静坐，迢迢何處鐘聲。晚風斷續下邊城。又動離情。

鷓鴣天

已倦尋芳還倦遊。十年回首夢揚州。緑陰有子應無恨，但恨前生福未修。　看朗月，月如鈎。暗移清影上南樓。宵來偶見花枝嫋，添得新愁壓舊愁。

虞美人 月夜懷舊

蘭房不見芙蓉面。往事空留戀。巫山深鎖夢難通。勞燕分飛惆悵、各西東。　落花庭院無人掃。寂寞多煩惱。小窗静坐聽黄鶯。斷續聲聲如訴、別離情。

南柯子

暮靄浮霄漢，村烟近夕陽。落花墜砌燕泥香。閒看迴塘曲沼、戲鴛鴦。　每憶離情苦，層添別恨長。芳庭小約負蕭娘。清夢何曾一去、到瀟湘。

踏莎行　即景

檻外紅花，風前緑葉。枝頭眷戀雙飛蝶。聞香髣髴又無香，鉛華脱盡空尋躡。　綺閣重重，垂楊叠叠。湖山四面煙雲接。畫橋一碧水連天，清風吹送輕輕艓。

惜分飛　夜雨感懷

簾幕重重風入户。無那窓前夜雨。静坐將更

數。聽來點點添愁緒。　一晚風吹花上露。陣陣香飄玉樹。我欲留春住。不知春竟歸何處。

醉花陰　復興公園小飲，寄興

獨向花間閒放鶴。旭日明林壑。沽酒換輕裘，世局如棋，一笑浮雲薄。　自古英雄多磊落。喜結林泉約。我却愧無才，放眼乾坤，倣學騷人作。

減字木蘭花　閨怨

黯然傷別。明月幾回圓復缺。懶捲珠簾。生怕春寒入錦幨。　杜鵑啼血。古道關山音信絶。獨坐深閨。鎮日無心理黛眉。

蝶戀花 惜鄰人妻逃而作

架上忽驚鸚鵡語。似覺聲傳，梁燕雙飛去。憶昔華年憐頴悟。松間結得同心縷。　柳絮輕狂無足取。春到江南，紅豆拋愁緒。好夢難圓啼杜宇。有人望斷巫山雨。

點絳脣 癸巳春日，同社張夢痕偕陳、顧兩君暨我本家百里夫婦過訪，承示《蝶戀花》詞一闋，纏綿綺麗，愛不忍釋。且王夫人豪於飲，座客無有出其右者。賦此紀之

玉蘊山輝，紅嫣緑媚春光膩。奇香撲鼻。艷映雙眉翠。　麗句清辭，無限纏綿意。欣交臂。鶼鶼相比。難得開懷醉。

浪淘沙 題香山張某祖母鄭、母孫雙節圖

姑婦德齊芳。矢志冰霜。心同日月並争光。兩世松筠標勁節，國典褒揚。　顯德建雙坊。矜式鄉邦。徽音遠播更綿長。從此賢聲垂宇宙，萬古留芳。

西江月

善病不知卿瘦，愁城即是吾鄉。西樓春夢到垂楊。夢醒更添惆悵。　何處落花飛絮，誰家水榭銀塘。憑闌默默背斜陽。舊恨依然心上。

浪淘沙 哭弟益槐

骨肉永相關。朝夕同餐。芬芳棠棣慰親歡。況復小同騎竹馬，竟日盤桓。　風雨忍摧殘。月冷梅寒。從今無處問平安。廿八年來如一夢，回首心酸。

蝶戀花　春暮

草長花飛春欲暮。一度春來，一度銷魂去。何事東皇留不住。佳期却被春風誤。　十里揚州盤馬路。夢到江南，忍賦傷春句。春去翠樓人不語。垂楊却拂千絲縷。

浪淘沙　題春江獨釣圖

花落水長流。帆影悠悠。煙波江上櫓聲柔。兩岸山光青欲滴，映入漁舟。　名利兩無求。心似閒鷗。也無歡喜也無愁。高跡不同流俗轉，獨釣江頭。

青玉案　和張夢痕題畫韵

高山流水琴絲惹。有幾個、知音者。客子天涯風雪下。氣吞江海，節香氷麝。懶把雄心寫。　由基絶技穿楊射。張子點睛化龍畫。一片烟雲遮水榭。才追盧駱，學齊班馬。幾輩能揮灑。

蝶戀花　懷舊

回首春遊桃李夜。風送花香，陣陣來庭樹。攜手湖亭山石下。雙雙熱淚如珠瀉。　萬縷離懷情不捨。落月停雲，誰慰平生快。何日寒暄重敘話。幾行雁字雲中挂。

錦纏道　美人，用小宋《春遊》韵

日映紗窗，深院寂寥清晝。吐紅絨、鴛鴦停繡。含嬌倩影光斜透。獨下瑶堦，緩步頻回首。　看淩波洛神，雪膚玉手。滿園林、色濃如酒。羨暖紅、似錦斑蘭，問牡丹香處，美景誰家有。

青玉案　社集不限調，以『竹林七賢有劉王』分韻，拈得『有』字

狂懷不肯居人後。騰壯志、衝牛斗。戎馬當年經歲久。沙塲酣戰，城河攻守。醉飲葡萄酒。　挂冠便作烟霞叟。赤足滄浪濯塵垢。從此不教名利囿。竹林追夢，蘭亭回首。盛會何常有。

菩薩蠻　癸巳春日，訪張夢痕不遇，感賦

朝曦初上煙籠郭。春城處處閒花落。滿路踏餘香。行來幽興長。　那知緣分薄。孤負尊前約。掉首賦歸來。芳心懷古梅。

沁園春　春宵遣興

春鎖深閨，簾幙垂遮，阻斷別情。望天涯咫尺，鴻飛杳杳，樓臺聳立，燕過輕輕。月映梅花，風摇竹影，疑是天宫飄落英。斯時也，喜良宵静寂，撲鼻香清。　回頭乍遇佳人。見眉似、春山翠黛横。憶妲己褒姒，再看覆國，貂蟬西子，一顧傾城。薄倖成名，尋芳杜牧，潦倒情塲過一生。還更有，那風流君瑞，艷羨鶯鶯。

前調　題《醉花居詩稿》

景仰鴻才，一領青衿，上傲王侯。羨吟風弄月，清閒自適，看花醉酒，瀟洒同游。桂子雙株，蘭芽兩棵，頭角崢嶸罕匹儔。家聲遠，是前程跨灶，譽滿庾樓。　老來意興偏幽。喜日事、推敲樂未休。集團溪勝友，蟬聯白社，騷壇健將，虎嘯芳洲。雅韻賡酬，流風愈遠，江草江花筆底收。從頭讀，看芸編滿紙，氣味

香稠。

浪淘沙　月夜懷舊

明月透輝光。弔影淒涼。遠山雲樹接天長。有約來書書不到，望斷人腸。　別恨最心傷。耿耿難忘。天涯遥隔幾秋霜。何日西窓重剪燭，話舊飛觴。

鳳棲梧　慰郝少洲。少洲籍隸淮山，雅居別墅，自被日機炸燬後，流寓海上一草廬中。賦此慰之

彩筆花開，紙貴人争寶。春到江南風景好。江南住也休煩惱。　自古人才多潦倒。陋巷安居，勝向風塵老。詩句成時聊自笑。教人羡似抱林鳥。

脉接棲霞多麗藻。清棲霞郝恂九先生著述甚富。

沁園春　自題《海天嚶鳴集》

翰墨姻緣，締結神交，賴有嚶鳴。任河山阻隔，如親對語，雲泥迢遞，似快平生。八韵樓頭，三槐堂上，昕夕吟哦句共傾。深深想，想文章舊價，鸞掖聲名。　何人筆勢縱横。有擲地、鏗鏘金玉聲。羡才高七步，詩篇敏捷，學儲二酉，文字新清。緬想吟旌，他山北斗，白雪陽春月旦評。千秋後，説儒林角勝，聚會群英。

蝶戀花　自題《埋香集》

展轉幃屏空自注。一縷芳魂，縹緲歸何處。長夜悠悠誰共語。燈前賦罷埋香句。　寒食清明來掃墓。揮淚年年，踏遍荒郊路。一寸柔腸千萬緒。傷心怕聽風和雨。

沁園春　雪，和毛主席原韵

極目江山，浩蕩無垠，白雪亂飄。看瓊樓玉宇，曠懷渺渺，河流凍鎖，不見滔滔。翠嶂銀鋪，青巒汞染，一白峰頭積許高。憑君認，恁冰肌玉貌，更顯妖嬈。　琪葩瑶草都嬌。恍起舞、蠻姬細柳腰。羡堯皇舜帝，名垂紀録，即《紀元録》。屈原宋玉，賦擅離騷。絶藝堪驕，由基善射，百步穿楊勝貫鵰。胥去也，論千秋豪傑，要算今朝。

鎖窗寒　自題《槐庭自新集》

雨慘風淒，鄉鐺鐵鎖，扣牢雙臂。横眉冷眼，怕覷虎賁森衛。恁繁忙、遞囚鞫供，私衷佇望春風被。攬萬千情緒，花光月影，更添顦顇。　何意。心如醉。柰念友懷親，情深羈思。春光艷麗，不見眉峰雙翠。嘆東西、勞燕隔離，愁生兩地空墜淚。望丹山、彩鳳歸來，共展淩雲翅。

沁園春　月夜感懷，次毛主席韵

回憶當年，北里閒游，身若絮飄。慣紅顔倚翠，含情脈脈，青萍結緑，逝水滔滔。燕子樓頭，馬嵬坡上，此夜空懸月影高。長遺恨，惜黄沙塞外，掩盡嬌嬈。　玉人泣瘦啼嬌。竟不復、歌場見舞腰。使吴姬楚女，惟餘塵土，真娘蘇小，衹賸風騷。絶代才驕，則天武氏，一箭風流雙貫鵰。時過矣，雖黄花香斷，漫話前朝。

浪淘沙　代子敬題《自新集》

雲路羨飛鸞。躍馬銀鞍。扶摇直上九霄摶。

莫以姬人傷逝水，月冷梅寒。　願把釣魚竿。息影淞灘。幾聞才子戴南冠。若爲騷壇增閲歷，不用心酸。

沁園春　長沙，和毛主席韵。昨讀報載毛主席舊體詩詞十八首，覺其氣韻雄健，欽羨無已。聊和一闋，以表景仰之忱

氣宇横秋，湘垣曠蕩，夕照樓頭。望遠山如畫，近煙似水，洞庭浩淼，天際長流。月滿瀟湘，雲開嶽麓，歌舞昇平慶自由。金風爽，正霜花色艷，丹桂香浮。　生平快意優游。喜極目、山川草木稠。羨潭州麗翰，渾淪蒼健，京都劃策，宏闊雄遒。投筆從戎，揮戈逐敵，勝過班超定遠侯。氣磅礴，似湘江浪湧，勢欲吞舟。

以上《槐庭詩詞集·槐庭詞草》（含一九四九年後詞）

浪淘沙　見紅豆，念及亡姬，憮然賦此

奔走欲何爲。衣食驅馳。天涯客久亦安之。驟見江南紅豆子，又惹相思。　偌箇是情癡。採擷瓊枝。亂抛珠顆亂題辭。獨我傷心人不見，青浦埋姬。亡姬黄雪英葬青浦湖南公墓。

前調　自題《曹王唱和集》

天壤老王郎。秉性乖張。愛耽詩酒復疎狂。怕聽樓頭風雨夜，羈旅他鄉。　合卷署曹王。信口成章。慚無佳句貯奚囊。敢説新詩傳海宇，情自難忘。

以上見《槐庭娱晚集》

王邁

點絳唇

漫掩紗牕，閒情只與爐烟説。落花時節。怕向黄昏月。病意蕭條，夢短吟商咽。春乍別。新愁頓結。怎忍聽啼鴂。

清平樂

清歌永夜。誰是知音者。曲罷臺空人去也。餘韻繞梁難寫。聲聲咽咽嚶嚶。何如細柳啼鶯。年少聞歌未慣，斷腸莫怨賡賡。賡，歌者名也。

金縷曲

恰是霓裳侶。問幾時、瑶臺岑寂，誤來塵土。一片幽懷應有恨，付與清華舊譜。想月夜、輕寒院宇。翠袖吟商應更好，聽鳳凰、別有凝心處。只合向，嬋娟語。飛花儻作迴風舞。算年來、飄零異縣，添人凄楚。却笑林鶯無意思，不解紅芳無主。君試看、尊前夢雨。散入江烟流澹碧，怕無端、吹上新眉嫵。更惹得，愁幾許。

鳳凰臺上憶吹簫

逝將適梁，依依自戀，登船樓，倚聲一曲，離懷兀兀，不知所云

離笛一聲，吾今去也，暮烟欲遍江頭。算年來心事，盡付東流。孰信多情無益，空贏得、辛苦凝眸。誰憐我，一身憔悴，三載閒愁。休休。今生已矣，獨自去思量，且莫覊留。只家山堪戀，臨別登樓。見説梁園春好，更可歎、萍絮飄流。傷心處，天涯孤影，歲月悠悠。

以上《喬倩詩詞》

眼兒媚 戲爲友人李君述懷

長記梨花掩西廳。細與話生平。親親密密，心心印印，語語輕輕。　而今多病拚憔悴，心事已飄零。酸酸楚楚，沉沉懨懨，夜夜更更。

見《華報》一九三二年五月六日

王德方

菩薩蠻 借韋端己均

朱園曲檻春光好。燕飛官巷桃花老。水影若浮天。風寒趁早眠。　珠光揺素月。古鼎龍團雪。久客未還鄉。牽腸即斷腸。

王　鎡　釋克新　梁元帝　姚　合
唐太宗　文天祥　朱慶餘　毛熙震

莫思歸 初春寄丹隱夫子

楊柳千條拂面絲。莫教孤負好花時。春城月出人皆醉，梅徑香寒蝶未知。　觸目多添感，題得新詩寄所思。

温庭筠　馬　臻　岑　參
杜　牧　方　干　汪　珍

前調 所思

鶯語和人詩，煙樹參差見。君心幸莫移，社日雙飛燕。　東風舞酒旗，石氣生琴薦。春色似相憐，風逆花迎面。

白居易　陸　游　郭　震　權德輿
黄　滔　高　啓　李　白　庾　信

前調　早起

梔子詠同心，曉氣清餘睡。無人碧草芳，枕帶縈春意。　霞色赤城天，水竹幽閒地。虛擲此芳晨，檐外含山翠。

温庭筠　歐陽修　杜甫　文同
李白　張説　孟浩然　王昌齡

醉公子　雅安金鳳寺作

古木無人地。鐘響知雲寺。兹地似花臺。林喧覺雨來。　願接煙霞賞。谷静泉逾響。疎竹漏斜暉。雙雙燕竝飛。

劉長卿　方夔　沈亞之　韋莊
李端　王維　白居易　楊巨源

前調　烏尤寺作

佛寺乘舟入。杉竹清陰合。石徑有雲埋。清風吹我懷。　遠水兼天浄。啼鳥唤僧定。秀氣豁煩衿。桃源自可尋。

白居易　僧保暹、崔塗　段成己
杜甫　嚴粲　杜甫　杜甫

前調　舟行對雨，懷丹隱夫子

勞勸孤舟裏。對雨思君子。沙鳥與雲飛。緣崖一徑微。　天外浮煙遠。風細帆來穩。江上黯銷魂。何人更可言。

鄭谷　賈島　許棠　黄溍
姚合　趙汝鐩　綦毋潛　周賀

四换頭　春初

春入池亭好。庭變寒前草。酒味燕來初。梅花處士廬。芳氣微風度。繞屋看新樹。絃管不妨吟。開尊拂素琴。

姚　合　韓　愈　魏新之　翁　卷
白居易　劉　汲　李　中　白居易

前調　花潭春泛

春岸桃花水。鳥度屏風裏。野竹上青霄。城南萬里橋。曲渚回花舫。點翰詠新賞。仙仗緑楊開。泉香入茗杯。

杜　甫　李　白　杜　甫　田　澄
朱慶餘　江　淹　蘇　頲　高　啓

巫山一段雲　唐昭宗均

草色帶朝雨，猿聲隔樹煙。風帆一片水連天。曉雲多礙山。觸處風光奇絶。徘徊寸腸萬結。流鶯啼起去年心。花寒瘦不禁。

岑　參　張　祜　温庭筠　周端臣
李　甲　無名氏　周端臣　趙汝回

前調　毛平珪均

路向長江上，清涼八月天。天梯石棧相鉤連。三峽暮帆前。鐙影還家夢，鷗羣引客船。孤雲銜日落吟邊。遇境即神仙。

張　喬　白居易　李　白　杜　甫
嚴　粲　高　翥　劉仙倫　劉禹錫

阮郎歸 離席，用南唐後主均

平蕪盡處是春山。雲中一鳥閒。清明初過酒闌珊。笙歌祖帳閒。人成各，淚痕殘。桃妝襯小鬟。此身通脱屢酡顔。花先紅滿欄。

歐陽修　張九齡　蘇　軾　白居易
唐　氏　蘇　軾　蘇　軾　蘇　軾

山花子 落花

南國佳人思錦衾。春歸門巷静深深。從今豔色歸空後，思難任。未出塵埃真落魄，若教泥污更傷心。紅蠟有時還入夢，月將沈。

李　紳　高　翥　楊郇伯　韋　莊
高　駢　韓　偓　羅　隱　顧　敻

相思引 秋莫

貪記詩情忘酒杯。一籬疎菊又花開。別離情思，吟詠散秋懷。書閣不開梁燕去，江風吹送早寒來。舊攜手處，幽徑緑生苔。

白居易　許　渾　闕　名　白居易
錢　樵　方　干　周邦彦　陸　游

武陵春 歸燕

江上月明胡雁過。秋盡燕將歸。紅藕青苔人跡稀。尚繞故樓飛。西風昨夜吹簾幙，林翠帶煙微。夢裏還家漸覺非。相對似依依。

劉長卿　庾　信　歐陽修　李　嶠
范仲允妻　林　逋　蘇　軾　耿　湋

海棠春

海棠一夜東風輭。但認取、芳心一點。看取薄情人，似見燕支臉。　何當共翦西窗燭，依前是、粉牆別館。簾影散紅芳，誰更曾擡眼。

張　憲　周邦彦　温庭筠　歐陽修
李商隱　晏幾道　劉希夷　周邦彦

偷聲木蘭花　草堂人日

沙溪清淺橋邊路。天氣乍姓花滿樹。門外垂楊。人日題詩寄草堂。　半窗竹影棋聲去。細靄斜陽芳草莫。獨占風光。自有仙鄉在水鄉。

魏慶之　吴　激　晏幾道　高　適
陸　游　陸　游　趙長卿　曾　鞏

四犯令　送春

杜宇青山三月莫。慵困春情緒。滿地落花紅帶雨。且莫恁、匆匆去。　小玉窗前嗔燕語。莫羨顛狂絮。千里緑蕪江上路。更不怕、江闌住。

周　權　柳　永　韋　莊　王安石
牛　嶠　李之儀　周　漳　黄庭堅

憶餘杭　江樓

高樹夕陽連古巷。畫樓朱閣盡相望。芭蕉分緑上窗紗。留客伴嘗茶。　花曾識面香仍好。煙波江上吟芳艸。愁來即便去尋芳。莫負好時光。

盧　綸　王　維　楊萬里　白居易
蘇　軾　吴師道　黄庭堅　唐明皇

四換頭 緜陽謁李杜祠

李杜文章在。興與煙霞會。雲漏日微紅。趨塵拜下風。到此一長望。湖海詩懷壯。四面絶纖埃。平生意一開。

韓　愈　杜　甫　陸　游　蘇　軾
姚　鵠　盧　琦　周　賀　張　祜

卜算子 富樂寺

架竹起山樓，物外詩情遠。蕭寺春風正落花，晴塔松梢見。心跡喜雙清，閒步青苔院。不得年年向此居，藥院經行徧。

蘇　頲　姚　合　劉　滄　趙汝鐩
杜　甫　白居易　劉　滄　李　紳

四換頭 芙蓉溪上

卻馬川原静。路入峰巒影。楊柳伴啼雅。溪邊四五家。解帶園新竹。冷翠千竿玉。魚躍動清漪。獨游亭午時。

司空曙　姚　鵠　李　賀　杜　甫
柳宗元　陸　游　岑文本　柳宗元

前調 碧水寺

石甃青莎密。地牖窺朝日。羅景靄雲扃。漁歌起遠汀。柳緑花如霰。樹色中流見。此景屬詩家。前邨酒可賒。

李　紳　鮈　照　鮑　照　陸　游
楊巨源　張　祜　劉得仁　姚　合

前調　仙雲觀

寫籙扃虛白。海上求仙客。精舍在空山。好雲吟裏還。頂峭松多瘦。入座春風秀。世事未曾聞。人寰與此分。

項　斯　孟浩然　儲光羲　孟　貫
許　棠　元好問　賈　島　于武陵

前調　郊游寄丹隱夫子

即事遂幽賞。遠水平如掌。乘興入山家。園春蝶護花。遠岫當庭户。迸筍斜穿塢。時有燕雙高。思君正鬱陶。

孟雲卿　黄庭堅　高　球　許　渾
獨孤及　張　祜　李商隱　元　稹

前調　初夏田居

春草何曾歇。卷幔浮涼入。森木亂鳴蟬。白雲遥在天。竹露滴清響。迸筍侵窗長。蒼翠到門深。超然物外心。

姚　合　錢　起　杜　甫　儲光羲
孟浩然　姚　合　貫　休　唐高宗

前調　九日登相如琴臺

隔水看來路。幽石題名處。鳴鳳會重來。菊花時自開。九日無風雨。吟詠流千古。心折此淹留。江山多勝游。

杜　牧　姚　合　高　啓　張　憲
趙以夫　白居易　杜　甫　韓　愈

前調 從夫子謁丞相祠堂

時説南廬事。玉籍標人瑞。屢入武侯祠。狂題幾首詩。秋菊迎霜序。竹徑通鄰圃。萬木抱雲深。澹然怡道心。

曹松　温庭筠　杜甫　項斯
宋之問　朱慶餘　張説　高啓

前調 歲宴

塞雁銜寒過。梅蕊臘前破。帖牖作春書。思鄉歲欲除。離恨天涯遠。襟佩如相欵。詩膽大於天。寒將雪命篇。

殷堯　杜甫　張子容　張喬
王銑　賀鑄　劉叉　李商隱

前調 草堂寺春游

幽景臨溪寺。種竹交加翠。歲閏覺春長。西郊向草堂。天下干戈滿。孤夢家山遠。水向縣城斜。僧房卻厭花。

項斯　杜甫　元稹　杜甫
杜甫　杜牧　劉長卿　張祜

前調 青城山

幾度曾相夢。旭日媚春弄。合還與雲齊。青雲有舊蹊。川霽浮煙斂。尋勝不憚險。幽草緑無塵。至哉鍊玉人。

耿湋　干禹偁　謝朓　許渾
王勃　韓愈　温庭筠　鮑照

減字木蘭花

春心多少。盡日東風吹百草。無限思量。綠樹鶯啼清晝長。　對花無語。寂寞繡屏香一炷。小院輕寒。淺醉微吟獨倚闌。

歐陽修　蘇舜欽　秦觀　張耒
潘元質　韋莊　侯寘　陸游

前調

流光如箭。楊柳於人便青眼。身在蓬萊。悵望春襟鬱未開。　歡然一笑。喧夢卻嫌鶯語老。雲母屏風。萬里相思一夜中。

宋祁　李元膺　趙汝愚　崔塗
侯寘　李中　周邦彥　來鵠

連理枝

餞春

去也如何去。住也如何住。一任東風，吹開吹落，花梢微雨。綺筵開莫負、好時光，問春歸何處。　庭柳餘春駐。不道春將莫。小院輕寒，酒濃香軟，黛眉長聚。倚闌干一望、隔芳塵，念念相思苦。

石孝友　石孝友　賀鑄　賀鑄
趙彥端　晏殊　唐明皇　汪莘
張説　王安石　侯寘　侯寘
杜安世　南唐後主　高賓王　杜安世

青玉案

初夏，浣花溪上，《東山樂府》均

野梅官柳西郊路。見説春歸去。樹暗風微花氣度。巧傳心事，乍窺門户。曲徑通幽處。　白沙翠竹江邨莫。閒吟繞屋扶疏句。十載重來漫如許。一江流水，滿衣輕絮。天欲今朝雨。

蘇　軾　辛棄疾　賀　鑄　陳　棠
歐陽炯　周邦彥　常　建　杜　甫
蘇　軾　張　榘　張　榘　張　先
杜　甫

夏初臨

墜絮孳萍，懶鶯忙燕，綠陰嘉樹清圓。小院閒庭，看花又是明年。留連光景惜朱顏。甚芳非、繡得成團。清和時候，莫思身外，且鬥尊前。彫觴霞灩，翠幙雲飛，泉生幽谷，草暗斜川。輕衫乍試，不堪獨倚危闌。怕聽啼鵑。恨難任、微暈春山。惜清歡。枕簟邀涼，無語低鬟。

史達祖　盧祖皋　周邦彥　周邦彥

張　炎　南唐後主　毛　滂　趙師俠
周邦彥　陸　游　張　先　張　先
周紫芝　張　炎　揚无咎　趙　可
張　炎　顧　敻　呂渭老　晏　殊
姜　夔　張元幹

滿庭芳 與丹隱夫子枝步錦江上

數曲闌干，一奩越鏡，柳陰深鏁金鋪。暝煙兩岸，高竹自蕭疏。有客驂鸞翳鳳，趁佳景、游賞歡呼。偏奇處，寒泓淨碧，一艇箭回初。雨餘。沙草綠，看花索句，載酒提壺。乍醒醉，且教紅粉相扶。天際微雲過盡，殘陽裏、人賦歸歟。都說道，芙蓉竝蒂，行樂古來無。

宋　祁　吴文英　周　密　秦　觀
温庭筠　辛棄疾　王文昌　趙長卿
羅志仁　杜　牧　孟　貫　辛棄疾

王文昌　高賓王　蘇　軾　宋　祁
柳　永　張　炎　王文昌　晁端禮
王文昌

百字令　漁父詞

落霞相映，念渚蒲汀柳，越溪深處。緑水悠悠天渺渺，睡煞江南煙雨。孤鶩高飛，遠鷗浮没，鳧鵠嘯儔侶。斷蓬蹤跡，夜長人勸難度。惆悵萍梗無根，澄瀾拍岸，俯仰悲今古。莫惜醉來開口笑，彼此不論錢數。涼月橫舟，輕颸弄袂，旅雁蘆花浦。漁榔四起，獨客又吟愁句。

胡浩然　周邦彥　柳　永　晏　殊
白無咎　胡浩然　劉一止　陸　厥
柳　永　周邦彥　葉夢得　張　先
姜　夔　晏　殊　蘇　軾　張　埜
張　先　蕭元之　史達祖　張　炎

過秦樓　賞荷

翠葉招涼，寶臺臨砌，古香吹下雲頭。不共妖紅軟，正治思縈花，烟雨初休。曲檻俯清流。恨菱歌、驚起眠鷗。被晚風清颭，殷勤記省，前度綢繆。　趁凌波步影，擎空孤柱，獨芳温一念，鄉號温柔。箏幾番照我，任相將永日，蓼岸蘋洲。玉立照新妝，碧雲深、眷戀無由。看星河銀界，斜月朦朧，一段新愁。

姜　夔　吴文英　吴文英　葉夢得
張　炎　秦　觀　秦　觀　王沂孫
闕　名　馮艾子　馮艾子　仇　遠
仇　遠　蔡松年　秦　觀　姜　夔
李　甲　吴禮之　周　密　周　密
吴禮之　趙與鋤　李　甲　李清照

百宜嬌 桂湖

曲徑疏籬，紫苔蒼壁，漸爲尋花來去。金粟如來，蕊宮仙子，終朝露吟風舞。闌干四遶，貯立對、碧雲將莫。畫堂陰、一鏡無塵，冷香飛上詩句。　更一夜、聽風聽雨。去國履痕穿，夢中行路。萬里乾坤，九層天棧，幽恨無人晤語。沈思前事，歎帶眼、都移舊處。更悽然、秋月香中，獨醒凝注。

辛棄疾　辛棄疾　姜　夔　辛棄疾
辛棄疾　柳　永　周邦彦　柳　永
毛文錫　周　密　姜　夔　張　炎
楊　慎　史達祖　姜　夔　楊　慎
賀　鑄　周邦彦　周邦彦　張　炎
吳文英　趙以夫

高陽臺 薛濤井作

笑掩雲扃，閒依露井，小園曲徑疏籬。能幾番遊，留連豈是貪癡。登臨況值秋光莫，强開懷、細酌酴醾。莫思量，好景良時，冷落新詩。　霏霏涼露沾衣。早是荷枯柳敗，總是相思。蕩颺茶烟，心知漫與前期。斷霞孤鶩青山極，悄爲伊、瘦損香肌。月朧明，畫角聲殘，虛閣簾垂。

張　先　周邦彦　辛棄疾　張　炎
京　鏜　蔡　伸　吕渭老　蔣　捷
康與之　李　邴　周邦彦　潘希白
京　鏜　蘇　軾　周邦彦　張　先
康與之　韋　莊　左　譽　顧　敻

四換頭 秋日閒居

落葉秋風早。霽日園林好。幽壁靜蟲聲。庭

前藥自生。露浥紅蘭溼。捲幔天河入。人更瘦於前。同心私自憐。

李白　祖詠　方干　姚合
劉方平　沈佺期　貫休　白居易

臨江仙　溪邨春游

試問春風何處好,依然水館山邨。萋萋芳草憶王孫。黍苗侵野徑,風景似桃源。解道澄江浄如練,漁舟偏繫柴門。菖蒲絡石瘦生根。故園經亂久,回首一銷魂。

王安石　朱熹　趙光逵　虛中
于鵠　李白　朱繼芳　陸游
劉長卿　貫休

瑞鷓鴣　工部草堂作

小橋風月最相宜。結屋栽花度四時。夾岸綠楊聞社鼓,使君迴馬溼旌旗。側身天地更懷古,獨立蒼茫自詠詩。此境只應詞客愛,聞歌蜀道又堪悲。

陸游　高翥　宋德潤　杜牧
杜甫　杜甫　韋莊　韓翃

南鄉子　惜春

暗柳啼鴉。小園烟草接鄰家。燕子不來花著雨。三春暮。寂寞相思知幾許。

周邦彥　陸游　韓偓　郎大家
馮延巳

二郎神　步涪江東堤

露花倒影,曉陰重、東城閒步。擬招隱羊裘,尋盟鷗社,隱隱兩三烟樹。動是愁端如何向,怎奈向、此時情緒。碧袖一聲歌，對此争忍，獨醒歸去。　知否。滄波蕩晚，桃源無路。漸別浦縈回，津堠岑寂，俯仰已隨塵土。　草軟沙平，畫圖難足，暮景欲沈洲嶼。　閒徙倚、流浪征驂北道，游衍佳處。

柳　永　周邦彦　周邦彦　張　雨
張　雨　柳　永　徐　伸　柳　永
史達祖　柳　永　柳　永　陳允平
史達祖　李　甲　周邦彦　周邦彦
趙以夫　韓元吉　王安石　仇　遠
吳　融　賀　鑄　姜　夔

賀新郎　送春

誰復留君住。任殷勤、千金一刻，便成遲暮。歲月不留人易老，何况落紅無數。但記取、樽前白苧。午困沈沈春欲醉，算繁華、千載成虛負。相勸酒，情萬縷。　天涯芳草無歸路。寫新詞、龍蛇飛動，寄情惟汝。　往事不堪重記憶，脈脈此情誰訴。弔不盡、人間今古。　回首可憐歌舞地，爲君吟、花雜重重樹。　春已去，相思苦。

成　德　沈永啓　成　德　宋自遜
辛棄疾　鄒祗謨　應法孫　顧貞觀
李　賀　沈永啓　辛棄疾　曹　溶
曹　溶　沈永禋　辛棄疾　顧貞觀
杜　甫　李　白　杜　甫　王　建
王　勃

十拍子　碧水寺晚眺

壁外枯禪達磨，波涵天影清空。　兩岸春風好楊柳，一點漁鐙出葦叢。　人煙小徑通。　解劍獨行殘月，抱琴好倚長松。　卷簾白水青山裏，遥指孤城翠靄中。長堤如卧虹。

范成大　朱繼芳　胡炳文　張　汴
張　祜　蘇　軾　王　維　趙孟頫
陸　游　程　俱

蝶戀花　竹垞均

引鶴徐行三徑曉。松桂爲鄰，林僻來人少。繡户緑窗塵不到。小詩旋録兼行草。　春半工夫花繡了。燕燕于巢，斜竹垂清沼。塵世難逢開口笑。誤攻文字身空老。

真山民　上官昭容　杜　甫　王安中
陸　游　趙以莊　顧　况　李　賀
杜　牧　滕　倪

以上《滋蘭館詞》

王鏡寰

慶春澤　問月亭。

施郡城北碧波峯上有問月亭，唐李白謫夜郎時到此。後人建亭其上，即名問月亭

亭峙層空，窗臨絶巘，閒來約伴登臨。曲徑通幽，芒鞋踏破松陰。斷碑蝸篆模糊甚，仰名流、剔蘚搜尋。韵沈沈。咽石鳴泉，洗我詩心。　謫仙當日勾留處，悵天涯淪落，誰是知音。縱酒成狂，空邀月伴孤斟。淩雲豪氣人伊往，訪高踪、只有煙岑。到而今。憑弔蒼茫，且放清吟。

蘇幕遮　菊

夕陽明，新雨定。紫豔黄英，點綴重陽景。把

酒花前拚酩酊。吹送寒香，簾外西風冷。露華凝，煙縠淨。旅雁涼蛩，也是添詩興。玉漏沈沈深夜靜。霜月無聲，籬角横秋影。

金縷曲 問月亭懷古

地僻多名勝。趁中秋、石橋躡屐，草庵品茗。見説謫仙遺址在，隱約暗藏雲嶺。便挈伴、褰裳松徑。苔蝕斷碑藤挂壁，到而今、只有荒亭剩。舒長嘯，澗泉應。　晚霞幾點天將暝。聽鐘聲、隔峯催出，月華如鏡。懷古情深人不見，搔首青天難問。更誰識、豪情逸興。斗酒百篇今已矣，但江山、不改當年景。巖石上，且題咏。

離亭燕 菊影

老圃黄花初發。傍水幾枝清絶。鏡裏丰姿憐並瘦，應誤抱香寒蝶。數點映斜陽，簾角黛痕濃抹。　窗畔孤燈明滅。滿地和煙難折。移上屏山秋入畫，隱約雲陰輕疊。水墨冷摇風，攪碎一庭霜月。

憶江南 雪夜

西風勁，寒逼夢都醒。鶴守梅梢同不睡，紙窗淡白似天明。一夜雪無聲。

搗練子 冬夜

風漸定，雪初晴。月照梅花似有情。枕上夢回兼酒醒，重衾寒戀怕天明。

浪淘沙 憶竹

一簇碧檀欒。晨夕盤桓。數竿鳳尾拂闌干。自與此君離別後，夢繞琅玕。風雨昨宵寒。

鏟定摧殘。龍孫猶憶種時難。無奈故園千里隔，誰報平安。

菩薩蠻　咏梅

探梅緩步經林麓。格高避世藏幽谷。鐵幹鍊冰霜。寒凝數點香。　空山風月冷。獨自憐孤影。春意逗南枝。憑誰好護持。

蝶戀花　雪月

玉砌瓊樓凝積雪。夜色澄清，鍊出瑶臺月。鬬彩乾坤同皎潔。山河宛似玻璃結。　樹影蕭疏疑淡抹。畫角沈沈，蓮漏聲都咽。傍水梅花香徹骨。銀輝倒向冰壺澈。

滿庭芳　黄鶴樓

畫棟飛空，雕甍壓渚，樓高百尺雲撑。樓空鶴去，磯石咽濤聲。一片水天無際，風帆外、煙樹冥冥。空留得，梅花舊曲，玉笛韵淒清。多情。思往事，古人不見，何處瑶京。但題詩，崔李字蹟縱横。乘鶴已成幻説，傳千古、祇有才名。憑欄久、夕陽如夢，寂寞下江城。

憶王孫　寒夜

尖風逼牖怯憑欄。冷月窺窗覺袖單。獨聽城頭畫角酸。漏聲殘。雪壓梅梢鶴夢寒。

憶江南

燈黯淡，庭院雪初晴。寶枕錦衾寒意重，夢回酒醒月三更。梅影半窗横。

踏莎行　白梅

庾嶺横枝，孤山幾樹。縞衣仙子嬌無語。格

高韵冷絶纖塵，翛然遺世甘寒素。雪月尋盟，冰霜作侶。羣芳那得清如許。世人多解咏梅花，幾人識得梅花趣。

何滿子 遊月湖

攬徧琴臺勝景，林深地僻人稀。隔岸湖光澄似鏡，柳陰夕靄霏霏。一抹斜陽如畫，釣魚人坐苔磯。戲水鷗羣競泛，掠波燕子低飛。景色清奇堪悦目，静觀盡得天機。小艇自來自去，載將涼月同歸。

子夜歌 迴文

暮鶯啼徹聲聲雨。雨聲聲徹啼鶯暮。陰碧鎖深林。林深鎖碧陰。夢殘鶯笛弄。弄笛鶯殘夢。霞浸水邊花。花邊水浸霞。

其二

碧煙輕處深林隔。隔林深處輕煙碧。鶯囀聽音清。清音聽囀鶯。影篩花月冷。冷月花篩影。紅聚水迴風。風迴水聚紅。

蝶戀花 春思

滿院杏花香雨凍。燕子呢喃，也訴春寒重。秀暈一縷游絲飛不動。海棠消息憑風送。林間煙半擁。斷續鶯聲，怕聽簧兒弄。脈脈新愁渾似夢。此時情緒無人共。

相見歡 春寒

小樓春雨濛濛。夜來風。曉夢醒時人在、峭寒中。陰晴半。流光換。正怱怱。報道海棠猶勒、幾分紅。

采桑子　別情

去年憶過清明日，杏雨樓前。刻燭分箋。絃管聲聲徹舞筵。　今春又值清明夜，離恨纏綿。別夢縈牽。淡月梨花伴獨眠。

虞美人　春旅

隔窗鶯語驚殘夢。睡起春寒重。燕歸已動別離情。況是江城客裏、過清明。　天涯漂泊蹤無定。音訊真難問。峭風暗透綠窗紗。怕見一鈎淡月、映梨花。

生查子

小園碧草春，蜂蝶都成陣。珠箔曉寒輕，紅雨花梢潤。　畫堂雙燕歸，陌上清明近。梨院又東風，月下流香韻。

浣溪紗　三友軒

架樹依山築室初。引泉疊石繞階除。愛將三友伴幽居。　書籍香殘時走蠹，墨池水暖欲生魚。閒遊有鶴守吾廬。

點絳脣

柳外鶯啼，小樓春夢頻催醒。半簾紅杏。窗罅東風冷。　宿雨初晴，洗出江城景。黃昏靜。月華滿徑。踏碎梨花影。

臨江仙　客思

惻惻輕寒珠箔透，箇中情緒誰知。啼鵑喚起故園思。夢牽煙縷縷，愁織柳絲絲。　轉瞬韶光空擲度，無端誤卻歸期。梨花樹底倚欄時。小窗涼月白，獨自譜新詞。

南歌子 上水石

幽峭含雲久，玲瓏漏月遲。巖泉漱處蘚痕滋。底事天工雕鑿，怎生奇。

卜算子

一縷篆煙輕，隔座雲吹送。燕子爭泥掠畫簾，杏雨花梢重。　窗罅曉寒尖，倦把孤衾擁。只有鶯兒不解愁，又喚還家夢。

如夢令

碧草池邊雨定。紅杏樓頭風冷。夜靜夢醒時，窗外月明如鏡。如鏡。如鏡。滿地梨花弄影。

虞美人

香銷寶鼎煙猶裊。睡起愁多少。倚欄無語怨東風。怕見一天花雨、滴階紅。　流鶯穿樹棲初定。燕子歸梁靜。庭前月冷又黃昏。只有多情啼宇、送殘春。

憶江南

殘更盡，欹枕未成眠。鄉夢早經煙水隔，旅魂總被柳絲牽。心事訴啼鵑。

臨江仙

鵲腦燒殘金鼎冷，窺人莫恨東風。月痕如夢逗簾櫳。柳煙梳黛翠，花露沁嬌紅。　六曲屏山燈燄閃，鞦韆影上牆東。夢魂斷續五更鐘。鳥啼天欲曉，倚枕尚朦朧。

酷相思

煙柳牽風輕似縷。問底事、春無主。便一陣、落花紅似雨。燕啄也、留春住。蛛罥也、黏春住。寂寂簾櫳愁幾許。倚檻人無語。空目斷、連天芳草路。鶯啼也、鶯春去。鵑啼也、催春去。

憶江南　旅思

江城雨，旅館又清明。柳絮半簾雙語燕，梨花滿地一聲鶯。譜出別離情。

點絳脣　春草

綠染裙腰，和煙黛色生南浦。碧茵展處。紅繡催花雨。回首離亭，莫把歸期誤。春歸去。數聲啼宇。寒食天涯路。

唐多令

鶯語餞東君。池塘草展茵。任梨棠、碾作香塵。只有荼蘼開未了，猶挽住、可憐春。惆悵看花人。風風雨雨頻。更無端、病過芳辰。恨煞韶華留不得，空負卻、豔陽晨。

浣溪紗　春思

昨夜輕寒透碧櫳。翠禽枝上曉煙籠。啼鶯喚夢過牆東。飛絮池塘風剪剪，落花庭院雨濛濛。一春心事有誰同。

減字木蘭花　春晚

東風乍起。吹漲半溪新綠水。一瞬韶光。點點殘紅空斷腸。春歸何處。千萬柳絲難繫住。把酒離亭。醉後愁聽杜宇聲。

西江月

細雨江城寒食，落花庭院清明。東風吹送一

聲鶯。暈碧蘼蕪滿徑。孤枕迷離中酒，小樓隱約吹笙。水晶簾外月華生。幾樹梨棠弄影。

滿江紅

柳外流鶯，喚不住、良辰美景。空目斷、粘天芳草，萋迷滿徑。碧水池塘飛絮舞，緑陰庭院嫣紅映。儘梨棠、吹盡幾林花，東風勁。新雨霽，煙痕浄。天漸暖，還輕冷。聽啼宇聲聲，畫欄獨凭。別館夜傳絃管韵，隔牆月送鞦韆影。到黄昏、燕子未歸來，重簾静。

鷓鴣天 秋夜

竹院秋高露氣清。一聲早雁和砧聲。風催古井梧桐老，月照空庭絡緯鳴。殘暑盡，晚涼生。流螢幾點逗簾旌。銀河轉處天將曉，玉笛吹來夢又驚。

十六字令

清。風送城頭畫角聲。真淒切，攪起故園情。

臨江仙

小院三弓廊幾曲，小山疊石爲之。引泉便爾鑿成池。移梅宜傍檻，種菊自編籬。獨釣游魚親飼鶴，閒來竹裏敲棋。展蕉學字更題詩。箇中真樂趣，料得少人知。

憶江南 雨花臺

荒臺上，花雨憶南朝。碎石凝沙留舊址，夕陽如夢送寒潮。往事問漁樵。

眼兒媚

爲耽小酌釀新醅。花裏莫停杯。醉時一臥，床支白石，茵借蒼苔。　靜聽啼鳥聲頻換，節序又相催。已教吟徧，霜前幽菊，雪裏寒梅。

滿江紅　燕子磯

江水東流，淘不盡、六朝遺迹。看千古、石磯聳處，波涵蘚碧。激浪渾如孤島峙，插空一任驚濤拍。問雲斤、月斧幾時鐫，何年闢。　形勝地，今非昔。思往事，空霑臆。但秣陵小艇，往還如織。瓜步連雲帆影集，蔣山帶雨泉聲急。到而今、誰與説興亡，飄蓬客。

邁陂塘　金陵夜泊

打菰蒲、半篙涼雨，波光明浄如鏡。白蘋紅蓼煙猶溼，江面晚霞低映。天欲暝。著落照、歸鴉點綴清秋景。鄰舟夜静。早隔岸蛩啼，層霄雁語，凄切唤人醒。　挑燈起，回首石頭城下，飄零空繫孤艇。挂帆屢欲乘風去，可奈歸期未定。笳鼓競。偏攪得、新愁舊恨相交迸。篷窗獨凭。正幾點疎星，一鈎淡月，倒瀉夜江影。

踏莎行

香篆凝煙，簾波如霧。玳梁燕子辭巢去。滿庭落葉做秋聲，灑窗幾點芭蕉雨。　露菊千叢，霜楓幾樹。凄清總是添愁緒。半床明月夢醒時，豆籬花落涼蛩語。

霜天曉角　本意

江村寂静。夜半荒雞警。戍角聲聲吹徹，漸

催下、冰蟾影。茅店霜信冷。曉光侵竹徑。欲把征人喚起，先攪得、夢魂醒。

深院月　秋思

桐葉落，桂香浮。風動疎簾月滿樓。斷雁一聲清夢破，亂牽別緒織新愁。

南樓令

月色滿西樓。螢光繞砌流。看花枝、影上簾鈎。懊恨吟蛩聲似訴，還着意、助悲秋。何處問歸舟。征帆去不留。遞書函、莫漫沈浮。只恐南來征雁少，寄不盡、許多愁。

子夜歌

西風吹落梧桐影。淡煙衰草迷幽徑。涼意逗羅裳。夢回夜漸長。吟蛩如怨語。淒咽生愁緒。攙入雨聲聲。更添離別情。

夢江南　別意

魂消也，獨自上蘭舟。點點林花凝別淚，絲絲煙柳織離愁。誰倩雨勾留。

臨江仙　蟋蟀

幽夢醒來聞促織，聲聲恍動機絲。頻催應爲寄衣遲。憐伊音似訴，伴我説相思。露滴苔階霜信近，挑燈漫譜幽詩。淒清最是夜深時。峭風梧葉徑，涼月豆花籬。

南柯子　秋雨

燈暗頻摇影，簾疎未上鈎。簟紋如水嫩涼浮。窗外梧桐滴雨、做新秋。葉落聲相和，蛩啼韵共流。枕邊淅瀝更颼颼。偏是離人攪起、別離愁。

憶江南　施州石

峻嶒石，帶雨暈苔錢。岸㠋削成峯影峭，玲瓏漏處月光圓。雕琢借巖泉。

小闌干　絡緯

隔簾絡緯韵偏悠。斷續宛梭投。瓜圃煙青，豆籬月白，織就一天秋。夜深若破離人夢，惹起許多愁。絶塞風霜，深閨刀尺，爲問寄衣不。

醉花陰　雁

迢遞關山千里隔。結陣經沙磧。莫道没書來，字字横空，作意催歸客。丹楓倒映吴江碧。涼信添今夕。霜月夜三更，影落寒潭，滿渚蘆花白。

卜算子

小别已惘然，别久魂銷矣。不辨青衫舊酒痕，半是離人淚。搔首望鄉關，旅恨憑誰寄。數盡殘更夢未成，嘗徧愁滋味。

夢江南

韶光好，寒食又清明。剪影斜分穿柳燕，簧兒巧弄隔花鶯。莫負一春晴。

清平樂

漲添南浦。碧草裙腰路。掠水銜泥雙燕舞。小啄半黏飛絮。濛濛細雨江城。海棠依舊清明。正是養花天氣，東風滿樹啼鶯。

臨江仙

客裏光陰真激箭，怱怱瞬屆清明。春游並轡出江城。緑波三月暮，紅雨一村晴。　記否去年天較暖，試來白袷衣輕。蓉湖畫舫坐調笙。柳梢穿舞燕，花底語流鶯。

一叢花

嬉春曾記上香車。繞陌碾輕沙。而今一作經年別，悵心期、便隔天涯。珠箔半掀，畫欄獨倚，和月對梨花。　東風吹恨過窗紗。又被碧雲遮。愁多那更黄昏近，怨孤眠、任枕欹斜。生怕雨鈴，亂攙曉角，不放夢還家。

清平樂　早春

落梅弄影。柳眼頻番醒。料峭東風花信冷。留住半園桃杏。　鳥聲漸報芳辰。山櫻暗釀新春。昨夜霏霏煙雨，池塘碧草成茵。

夢江南

愁脈脈，如霧隔紗櫳。柳絮恨黏連日雨，梨花夢斷五更風。春在峭寒中。

醉花陰

蝶銜香蘂蜂銜粉。春色和煙潤。一瞬過清明，滿地梨花，昨夜東風緊。　羣芳吹過連番信。紅紫都催盡。更莫捲珠簾，雙燕歸來，又是添離恨。

如夢令

柳岸輕飛落絮。花徑亂翻紅雨。和蝶作團飛，剛倩蛛絲黏住。黏住。黏住。又被東風吹去。

夢江南

無情緒，鎮日掩重門。幾片落花驚絮夢，一簾絲雨織詩魂。錦字染啼痕。

十六字令

香。零落飛花點柳塘。鶯啼急，紅雨餞東皇。

風蝶令

梨院東風緊，桃溪宿雨晴。綠陰深處屧聲輕。暗摘櫻桃紅擲、隔花鶯。　別久空留恨，愁多無限情。荼蘼架底莫閒行。生怕一雙蝴蝶、夢魂驚。

浣溪紗

燈暗猶餘一穗紅。五更霜冷夢無蹤。天涯浪跡任西東。　匹馬嘶殘山店月，片帆飽受水程風。峭寒偏在客途中。

生查子

花梢杏雨寒，簾外東風緊。深院鎖黄昏，梨雪都吹盡。　無言獨倚欄，心事嗔人問。雙燕自歸來，春去空留恨。

風入松

海棠開後曉寒輕。日日醉園亭。舞筵歌院人初散，憑瓊檻、猶自吹笙。池畔煙籠碧草，枝頭露溼紅英。　尋芳蜂蝶鬧新晴。花韵逗簾旌。無端風弄鞦韆索，隔牆兒、影又斜横。春夢迷離誰喚，五更殘月啼鶯。

武陵春

花影當窗春晝永，欹枕聽黃鸝。香燼金猊玉漏遲。惆悵酒醉時。　訴與東風全不管，只恁寄相思。懊恨人歸未有期。空負兩心知。

憶江南

春如夢，脈脈織愁煙。眉黛奚如山黛好，情絲翻似藕絲纏。花雨奈何天。

臨江仙　女伶

霧鬟風鬢驚絕世，比花更比花妍。泥他伴我醉芳筵。背人嬌不語，嫵媚受人憐。　記得紅氍毹上見，驚鴻舞態翩翩。而今一別已經年。縱云情繾綣，怎致意纏綿。

浪淘沙　黃鶴樓

跨鶴出塵寰。苟費仙班。樓高百尺峙雲間。幾點風帆沙島外，無限江山。　終古笛聲寒。花落梅殘。大江東去幾時還。一抹斜陽憑弔處，何處鄉關。

南樓令

靜掩碧紗櫳。香銷寶鼎空。點蒼苔滿地殘紅。睡起曉寒猶惻惻，禁不起、五更風。　惆悵綺羅叢。年華若箇同。怎東君歸去忽忽。斷送一春花事了，多半在、雨聲中。

憶江南

春歸也，惆悵倚欄時。帶雨落花紅似繡，繅風弱柳碧成絲。織就送春詞。

賣花聲　問月亭

峭壁蘚紋斑。蘿徑縈彎。危亭高插翠微間。把酒記曾邀月飲，不放杯閒。　嵐氣逼人寒。莫倚闌干。澗松倒挂怪龍蟠。搔首古人今不見，剩此江山。

西江月　惜别

柳岸蘭舟催發，鶯聲譜出離情。試登樓上望征程。目斷楚天帆影。　拚箇今宵沈醉，莫教頓解餘酲。惺忪已是怕天明。又被鄰雞喚醒。

虞美人　上水石

懸崖溜洗青螺黛。蘿磴敲都碎。蜂窠點點盪成圓。笑問一拳瘦石、怎生鐫。　無聲細鑿含煙竅。潄玉真奇峭。雲斤月斧鏤來空。道是巖泉穿破、碧玲瓏。

浪淘沙　琴臺　漢陽月湖有伯牙琴臺，即鍾期聽琴處，故名琴臺

臺古擁深林。挈伴登臨。訂交易見古人心。笑語未親神早契，爲聽鳴琴。　倚檻對煙岑。濁酒頻斟。仰天長嘯發長吟。潦倒江湖仍落魄，誰是知音。

錦纏道　春曉

蓮漏將殘，金鼎篆煙猶裊。透窗紗、東風料峭。寺鐘斷續天將曉。春夢迷離，啼鳥聲偏巧。　滴園林露珠，尚凝芳草。問梨棠、昨開多少。捲簾看、殘月銜山，爲關心花事，催起人逾早。

深院月

花露重，柳煙低。庭院深深夜色迷。驚起小床詩客夢，半窗淡月曉鶯啼。

齊天樂 雨花臺

臺空見説留遺址，講經散花成雨。載酒探奇，褰裳攬勝，穿過深深煙樹。憑高延佇。悵身等浮萍，暗傷覊旅。如此江山，才人題徧斷腸句。風前雁語淒楚。和寒蛩怨蟀，幽恨同訴。古堠荒煙，故宮衰草，一片傷心無數。蒼涼如許。況獨自憑欄，此時情緒。世事滄桑，夕陽空弔古。

一剪梅

名勝頻將屐齒臨。昨過煙林。今上煙岑。塵根絶浄道根深。蘿製幽襟。曲譜幽琴。鎮日詩魔帶酒侵。興到狂斟。興發狂吟。箇中真趣共誰尋。梅是知音。月是知心。

如此江山 金山寺

插空峭石淩波峙，雲根倒懸瓊乳。苔鎖巖腰，蔓牽洞口，泉竇暗零珠雨。重簾捲處。但碧浪争洶，客帆來去。倚徧層樓，夕陽如夢下江渚。沈沈鐘磬催暮。看妙高臺上，新月初吐。風咽潮聲，江吞塔影，一片廣陵煙樹。且題詩句。任身世浮萍，天涯覊旅。搔首鄉關，漫添離别緒。

酷相思

蜂蝶多情來又去。空戀着、殘英樹。緣底事、韶華留不住。前宵也、添花雨。今宵也、催花雨。幽恨綿綿何處訴。獨自添淒楚。問客裏、多愁愁幾許。春來也、愁無據。春歸也、愁無據。

百字令　登石頭城，望雨花臺

停橈向晚，望石頭城畔，亂山羅列。指點講經遺址在，一帶斜陽明滅。藤罥頹垣，松横古壁，勝地真淒切。江天無際，寒潮夜夜嗚咽。　還憶講席初開，琳宮人會，天雨花如雪。塵世悠悠渾似夢，往事伊誰能説。古堞臨流，荒蕪滿目，六代繁華歇。而今何許，臺空只剩明月。

臨江仙　再游清涼山

苔徧空階莎徧徑，蒼涼山寺重經。雪泥留印感飄零。流光如激箭，雙鬢漸星星。　閒引茶甌看落照，汲來泉水清泠。幽禽獨自倚欄聽。土花依舊碧，山色可憐青。

滿江紅　焦山

石壁横空，看倒映、中流峯碧。剩千古、焦先高士，隱居遺迹。臨水垂簾風自捲，淩霄飛閣星堪摘。撼雲根、一任怒潮奔，驚濤拍。　三詔洞，今猶昔。塵世夢，朝還夕。且憑欄遠眺，水天一色。山寺曉鐘僧舍梵，譙樓暮鼓漁舟笛。發一聲、長嘯月輪高，江天白。

望江南　莫愁湖

湖如鏡，宛入畫圖中。翡翠斜飛秋水碧，鴛鴦輕泛夕陽紅。香送藕花風。

南歌子 白門

夕照江南路，秋風白下門。蟬聲古驛晚煙痕。賸有六朝疎柳，綰吟魂。

江亭怨 毘陵旅宿

漫上小樓獨倚。一望長天無際。數點未歸鴉，明滅斜陽影裏。夜半寺鐘動矣。霜重角聲又起。寒逼不成眠，諳盡客中滋味。

虞美人 悼琮兒

無端游戲來塵世。枉自多聽慧。蘭芽摧折小獅兒。不道暫時相見、即分離。傷心灑盡酸辛淚。此恨何時已。而今情緒頓成灰。憨絶汝哥望汝、再生來。

浪淘沙 出塞

風雪捲危旌。萬里長征。平沙莽莽接邊城。曉角暮笳聲斷處，牧馬悲鳴。虎帳夜談兵。刁斗頻驚。壯懷激烈死生輕。戍客古來知幾許，同此淒清。

賣花聲 西湖

塔影峙亭亭。風颭檐鈴。晚鐘聲緩出南屏。一抹斜陽紅影裏，數點峯青。歸鷺下漁汀。菱唱堪聽。柳絲漫綰隔湖舲。覓箇藕花深處泊，載酒西泠。

鷓鴣天 春游

出郭尋春西復東。園亭臨水畫圖中。貍奴戲弄鞦韆索，鳳子低穿錦繡叢。芳草地，紙鳶風。鶯聲斷續管絃同。繅煙柳線天然碧，帶露花枝分外紅。

浣溪紗

漸覺輕寒向午融。篆煙微透碧紗櫳。海棠已作可憐紅。　啼宇叫殘孤館月，曉鶯吟斷落花風。無端春盡鳥聲中。

金縷曲

戍角城頭起。一聲聲，吹來吹得，柔腸斷矣。霜重衾寒人不寐，況是五更天氣。早諳盡、孤眠滋味。春聽啼鵑秋聽雁，儘消磨、冷月淒風裏。愁千萬，怎生避。　淒涼偏是傷心地。最難堪、中秋七夕，小樓獨倚。料得夜臺同冷落，一樣相思誰寄。空溼透、羅巾別淚。暗悔當初真薄倖，逞豪懷、負爾深深意。欲酬答，此生已。

江城子　夜雨

隔窗誰和雨聲聲。漏聲輕。柝聲清。檐鐵無端、也自戛鏦錚。旅館深閨知幾許，多半是，帶愁聽。　跳珠敲玉韵泠泠。夢難成。恨難平。偏向離人、引起別離情。滴到花鈴鈴更響，真箇似，雨淋鈴。

賣花聲　秋夜

悶自數殘更。一粟燈青。此時心緒最淒清。四壁吟蛩知我意，代訴離情。　瀉竹露泠泠。亂滴花鈴。鏦錚攪得夢難成。不是獨眠人不覺，如此秋聲。

燕歸梁

露溼庭莎月滿樓。花影上簾鉤。無端舊恨到心頭。纔病酒、又悲秋。畫檐鵲噪，銀釭花燦，音信總沈浮。西風只送雁行遒。偏不解、寄離愁。

南鄉子

窗畔一燈青。畫角吹來夢屢醒。數徧殘更天未曉，淒清。諳盡深宵萬種情。夜雨滴花鈴。贏得愁如織錦成。暗悔當年真薄倖，吞聲。拚得孤眠過此生。

憶江南

江南憶，最憶是金焦。雙影平分瓜步月，兩山鎖住廣陵潮。螺黛鏡中描。

前調

江南憶，最憶闔閭城。翠柳陰中穿舞燕，碧桃花底語流鶯。畫舫坐調笙。

前調

江南憶，最憶莫愁湖。菰葉風輕翻翠鳥，藕花雨過躍銀魚。蓮動瀉盤珠。

前調

江南憶，最憶二泉亭。一院松風吹暑浄，半池荷露點波輕。茶味沁心清。

賣花聲 金陵懷古

一抹蔣山青。送斷金陵。南朝天子枉多情。王氣黯然收去也，剩有江城。勝地記重經。無限淒清。酒爐歌舫半凋零。儘自銷磨銷不光陰朝復暮，年來獨感飄零。何時易攪夢魂醒。霜天愁聽角，雨夜怕聞鈴。

望江南

湖山好，夕照畫南屏。波縠靜涵孤嶼碧，柳絲低拂六橋青。一棹到西泠。

浣溪紗

倚徧粧樓西復東。窗紗如霧雨濛濛。梨花零落五更風。　鏡裏眉峯新減碧，枕邊淚點暗凝紅。一春恨在別離中。

酷相思

寶鏡塵封音斷久。再不得、團圓候。儘淚把、枕衾都溼透。此情也、君知否。此恨也、君知否。　鎮日愁懷如中酒。生怕到、黄昏後。

盡，燕子春燈。

浣溪紗

桃杏芬菲各鬬妍。尋芳攜酒醉中仙。任人喚我作詩顛。　紅雨萬家寒食節，緑波三月豔陽天。一春恨少買花錢。

小闌干

無聊鎮日掩重門。香燼鼎猶温。翠減眉峯，紅凝臉暈，枕角染啼痕。　東風若解離人意，吹恨過江村。芳草如絲，落花似夢，和雨織詩魂。

臨江仙

落照沈沈鞭影外，絲絲柳拂長亭。征程迢遞記曾經。水村雙月白，山驛一燈青。　客裏漫訝道、而今真箇瘦。夜長也、難消受。夜寒也、難消受。

風蝶令

芍藥嬌含粉，蘼蕪細展茵。粉紅茵緑襯來勻。轉瞬催花風雨、捲殘春。淚比拋珠易，愁如織錦新。玉臺菱鏡暗生塵。誰伴半窗淡月、一愁人。

漁歌子 玄武湖

湖水粼粼映碧空。芰荷香透半湖風。菰葉緑，藕花紅。輕舟宛入鏡屏中。

唐多令

香篆冷金猊。簾波萃地垂。奈東風、又損花枝。斜倚枕函偷揾淚，心中事、怕人知。音信故遲遲。愁多無盡時。算年來、總誤歸期。訴與征鴻全不管，怎生寄、兩相思。

夢江南

人靜也，獨自費尋思。流水落花魂斷處，曉風殘月酒醒時。諳盡別離詞。

虞美人

朔風凜冽思添被。觸目魂銷矣。廿年好夢竟成空。賸有鴛衾不減、舊時紅。傷心物在人何在。往事空追悔。回思年少欠温存。怕見當年衾角、暗啼痕。

浣溪紗

日滿東窗睡起遲。夢醒欹枕尚迷離。鳥聲巧囀隔花枝。一架薔薇經雨豔，半庭芍藥餞春時。閒教兒女作詩詞。

前調　前韻

宿酒初醒起更遲。鶯聲喚夢夢迷離。隔窗日上海棠枝。　夜雨恰逢移竹後，春陰正到養花時。賞春漫譜惜春詞。

生查子

羅衾不耐寒，簾外瀟瀟雨。啼宇一聲聲，似訴春光暮。　離人驚夢醒，爲汝添愁緒。只解送春歸，不喚人歸去。

浣溪紗　丙辰三月三日清明

上巳清明共一辰。嫣紅姹紫鬬粧新。柳風吹縐碧粼粼。　拾翠纔經挑菜節，踏青更約采蘭人。賣花聲裏一城春。

憶江南　前題

重三節，上巳又清明。修禊更須沽酒飲，采蘭還約踏青行。最好一春晴。

酷相思　立夏前一日

見説明朝春欲去。便幾點催花雨。任千萬、柳絲難綰住。話別也、添離緒。惜別也、添愁緒。　一抹斜陽明遠樹。紅到銷魂處。記昨夢、且題長短句。情深也、琴難譜。恨深也、詞難譜。

臨江仙

綽約臨風驚玉立，嫣然絶世丰姿。那堪永別會無期。枕函都拍遍，此恨有誰知。　記否帳搖花燭影，梨渦紅暈胭脂。而今真箇悔當時。夜臺音信斷，怎地寄相思。

江亭怨

今世功名已矣。且領書中真味。倦即枕琴眠，頗得自然樂意。淡泊以明素志。除卻吟詩無事。莫笑少頭銜，新號梅花學士。

臨江仙

千古山河棋一局，消磨多少英雄。人生萬事總成空。劍光閃閃，擊碎唾壺紅。　轉瞬流光如激箭，年年容易秋風。舉杯且醉月明中。銅琶鐵板，高唱大江東。

喝火令

寒峭簾休捲，香殘被尚溫。更無聊賴掩重門。生怕海棠謝卻，寂寂又黃昏。　憶別人千里，消愁酒一樽。可奈催花風雨，可奈碎花魂。可奈子規聲裏，春去了無痕。

臨江仙

簾幙沈沈纔半捲，等閒不到花前。遲徊獨倚畫欄邊。霜天愁聽雁，月夜怕啼鵑。　拾翠尋芳無意緒，更無心戲鞦韆。而今真箇被情牽。淚沾紅袖雨，夢鎖碧窗煙。

以上《梅野集》卷二《梨雲館詞鈔》

仇垜

鷓鴣天　漢皋雜感

倦鳥倉皇繞別枝。壯年轍迹幾追思。圖書敝簏成今我，煙樹晴川又一時。　新酒濁，舊弦遲。降心重理鷓鴣詞。南樓花月東山雨，說與旁人渾不知。

其二

琴劍飄零溯上游。江波搖盪欲迴舟。秋風愈長相如病，歧路甯寬阮籍憂。心惝怳，夢夷猷。與誰博簺叩前修。故園東望多青草，況是新來嬾上樓。

其三

誰與驅車騁夕陽。中原好景已微茫。未應猿鶴皆忘侶，猶有苞桑若繫亡。歌未了，笑如狂。絳河星霧閱千場。竹芽怒挺藤花輭，一樣東風各主張。

其四

垂老何堪感亂離。鏡中衰鬢不成絲。病魔歷歷猶驚膽，餐飯朝朝强及時。瞻柳陌，妒花枝。青蕪故國夢都迷。龍山千里神消阻，竚看江皋日影移。

其五

甘蔗猶縈客邸思。洪山佳節倏逢時。隨園挑菜嗟無侶，靈谷開花第幾枝。鶯意嬾，燕歸遲。新蒲細柳緑誰依。庾郎欲寫江南賦，夜夜山樓聽子規。

其六

坐看平山眼欲低。樓前楊柳與眉齊。三山故國天彌遠，九派荆門渡欲迷。人攘攘，草離離。臨歧呼酒馬聲嘶。金戈一瞬銜枚走，江上澄波照幾回。

其七

秋影樓闌悵隔離。西園紅葉貯深思。不如歸

去聽嘑烏，誰識棲寒共一枝。
蠶豆熟，鱖魚肥。江鄉風物味依稀。櫻桃紅了芭蕉緑，約與山翁譜瘦詞。

其八

責酒何嘗即療飢。解嘲猶復説匡時。東風只逐桃花水，細雨生妨燕子泥。
芳草渡，驀山溪。蕭娘勸我製新詞。流鶯綰住春消息，江上爐香印未灰。

其九

往事遷移似轉車。幾人吟望尚清癯。精神到此輸龍馬，風雨無情滯簡書。
新睡起，晚晴初。饜心容有鑤花魚。燕磯隔歲留題句，山色江聲總不如。

其十

客裏清明夙願違。機聲鐙影夢依依。西州城外人都倦，南國播閒路欲迷。
家恨遠，紙猶飛。悤悤僑祭是耶非。青松翠柏應無恙，心上花林戀落暉。

其十一

聽徹陽關不損顔。鄰歌翻喜夜無眠。一番涼意侵書幌，萬轉愁腸入管弦。
推病枕，念家山。將軍大樹未單寒。秦筝若有心情在，記取英風芒碭間。

其十二

風雪深鐙夜閉關。幾人門下步闌珊。此行更覺嵇康嬾，有客争憐范叔寒。
談弭變，促怡顔。重重密意勸加餐。他時有夢如今日，從我難忘陳蔡閒。

其十三

薄酒微醺稱午眠。起來猶覺夢痕牽。窗前漏雨渾如注，臺上歌風亦可憐。　千里眼，萬重山。幾家兒女唱刀環。星河淒黯蘆溝水，轉瞬風光又一年。

其十四

病骨支離盡九秋。才知遠戍爲從周。本來佛國無雙品，散作壺天第一流。　无我相，邁前修。青天碧海寸心悠。如斯世變生奚補，卻喜逢君鸚鵡洲。

其十五

十月江樓慣送迎。客來未減議縱橫。坐看白日違三楚，賸有孤懷賦兩京。　鳩意拙，燕心驚。風花四散了無憑。飄零身世難爲計，夢裏龍山鬱曉星。

其十六

一歲羈棲又轉輪。過江行李倏紛紜。同儕未覺攀轅久，歧路猶逢餉黍殷。　襄渡水，鶴樓雲。後先勞燕總離羣。武昌魚好何須戀，憔悴行吟建業人。

前調　過汨羅

到眼澄清認汨羅。難中方許此經過。嗚鵶逆耳仍今日，服艾盈腰喚柰何。　看逝水，發悲歌。靈修欲叩夢都謌。虬龍鸞鳳同漂泊，千古傷心歧路多。

前調 抵九龍

閲盡湘巒似轉屏。珠江明處闃無聲。灰塵巾袖饒詩意，烽火舟車與夢縈。　攜故侣，上高層。揀棲才覺戒心平。荔枝香豔渾閒事，海月山鐙又一程。

薄倖 戊寅歲除，羈棲海上，寄懷天涯吟侣

夢程重記。正鬱鬱、煙霏霧翳。便悟得、流行逢坎，少定逐萍心事。念故山、松鶴盟寒，滄江晚臥難爲歲。趁劍閣雲開，辰溪飄轉，傾寫幽憂盈紙。　任悄翦、淞波影，都不稱、秣陵詩意。只凝思天外，驚塵千丈，斷鴻零亂飛無地。嚼冰花碎。甚蠻聲似海，盲歌醉舞昏黄世。登高放眼，容有清光尺咫。

熙州慢 題訒盦填詞圖

酒盃寬、記按曲雲謡，放醉棼尾。鶴説堯年，有畫圖能狀，看天心史。自隔上林鶯燕，睠念銅陌迷離。零亂萬感，箏弦雁絶，嘯吟花墜。　來翦淞江碧水。映山落、引領斜陽晴霽。重解繡鞍，平章月泉詩事。南閩詠歌未亡，想入夢、衣冠環起。暢弘旨。迦陵只稱餘子。

十二時 霜厓故於雲南大姚，倚屯田調悼之

古青蛉，夜風哀笛，吹夢驚寒千里。憶漢上、同傷萍寄。忍息斜陽車騎。故國平蕪，寥天斷雁，頓百憂叢起。清話憶、疾困憐余，醉湎止君，相與依依心裏。　今怎知，江皋一晤，遂竭卅年情意。繫馬五峯，移飄桂岸，更逐滇池隊。鶴歸華表否，宫花徑草恨委。　舊月

事兩心知。莫遣素娥窺。門掩漏聲催箭。人倦。銀月下簾櫳。玉闕迢遞去來鴻。消息夢痕中。

其二

玉勒幾人馳馬。春暇。贏得少年時。蔣山雲樹畫中思。淞水殢心期。江上晚鷗盟結。茹雪。相與蓼忘辛。笳聲淒黯四邊塵。彈淚到吟尊。

綠蓋舞風輕

獨酌困殊鄉，聽碎蟲聲，涼颸透秋襦。今夕何年，高邱餘淚目，反顧無女。撫枕西堂，更春草、鳴禽驚句。夢醒初，曲院荷風，蓮自心苦。淒楚。舊月當頭，勝侶阻山河，隱恨誰語。可惜鱗洲，碧雲昏、又是倚人花絮。墜粉湖邊，傾盃結社，誤比尋常歡會。遼學能傳，盈門桃李。步武湘真軌。曲調閒脈望，筝弦永留精氣。

歸國謠　擬温飛卿

金谷。繡帳酒醺雲簇簇。畫匳低照眉宿。撥弦心影曲。暗風夜翻紅燭。夢醒塵萬斛。去程瞻斷西北。染愁山水綠。

其二

簾捲。紫燕畫梁春已换。野風金簇飄箭。雨深花藥泫。户外亂蕪天遠。望天迷短眼。斷珠零蕊無限。印香心宛轉。

荷葉盃　擬韋端己

欲畫巫雲綿密。濡筆。鐙暗費遲疑。隔年幽

亭，盡遮斷、鴛鴦眠處。棹舷孤，江上轉愁歸路。

四園竹 寄懷金陵弢素、江津寄漚、馬龍太狷

秦淮換月，又誤好秋天。几江護壁，滇樹蔭扉，人隔千山。羈夢沈，淞水急、登樓轉眼。酒邊心事闌珊。　夜如年。蕭孃勸製新詞，西窗暗雨綿延。任令傳書委雁，癡想難諧，舊日花閒。芳影遠。念故國、淒迷稱醉眠。

玉京謠 淞居秋感

笛亂迴塘晚，數點飛鳧，斂影銜波去。引領西樓，斜陽猶戀晴宇。看逝水、消盡流光，任客夢、棲皇車露。茫無緒。尋秋有著，擎天難語。　江南大好湖山，畫鏡慵開，甚莽煙急雨。瑶瑟清湘，河梁誰倚新譜。賸半淞、雲罨孤灘，許萬里、落鴻成侶。還惜與。蘆上絮風辛苦。

鷓鴣天 題吴湖帆夫人潘静淑『緑遍池塘草』詞句

拙政蟾香韻不孤。衆香才望數三吴。詞聲續譜千秋歲，媲美齊稱一斛珠。　尋舊影，配新圖。鷗波吟館竹扶疏。海天風雨淒迷甚，喜有清光入畫初。

其二

勝日璇閨樂唱酬。描春秀句倏千秋。一雙妙筆無雙品，曠世良緣幾世修。　天亦妒，景旋休。從今孤館夢夷猶。梅花繞屋池生草，紅是相思緑是愁。

霜葉飛

己卯，羈棲淞濱，虛度重九，倚清真書感

戍臺笳鼓。秋心蕩，江潭頻殢風雨。故山松影罥萸囊，訝夢程隆古。只極目、寥天黯竚。呼羣零雁凋霜羽。鎮海角伶俜，未稱得、題糕意旨，筆倦慵賦。　休論燕麥前塵，蒼波人遠，亂葉飄怨如訴。望京今夜怕登樓，賸此身羈旅。甚插菊新畦換土。東籬回首渾無據。願鳳城、消煙瘴，盞酒明年，後期先許。

垂絲釣

題流行坎止圖。戊寅秋，余從鄂轉粤到滬。舊時從游諸子，由各地流浪到此者，先後達數十人。離亂相逢，況經久別，班荊道故，情話依依。感淪落於天涯，聊潛藏乎人海。己卯十一月，攝影爲記。余題句有云：『心上靡蕪衣上塵，流行坎止倍情親。』丁冠顏爲繪流行坎止圖，復倚清真此調寫之

蹇流就坦。平塘鷗夢初暖。乍洗露車，心影猶幻。盃酒淺。勸暫回醉眄。飄零慣。遇搴芳舊伴。　江潭徙倚，悽悽箏雁彈怨。亂雲障眼。還戀瞻天願。風雨寒枝揀。秋又晚。任半淞暗翦。

雪梅香

憶孝陵雪後觀梅

晚香國，苔枝綴玉布寒屏。繞橫溪疎影，依稀夢入瑶京。呼酒行歌羽仙曲，飲冰深挹蔣山青。有松柏，對照蔥籠，千古東陵。　風情。想前度，白下游驄，放隊郊坰。幾日蠻煙，頓教綺陌塵生。隴上鄉心正愁絶，笛邊吟侣各飄零。從天問，可許孤芳，重冠春城。

碧牡丹　題南通孫滄叟春申避地圖，依小山韻

況味秋風扇。心曲離巢燕。一夢醒來，只賸淞樓傷遠。露檝星牀，隨亂流行徧。墨花初醉吟院。　意無限。惓念鄉國晚。年年淚波驚換。野哭千家，訴與酒腸愁短。舊陌塵封，孤望京幽願。西山時佇歸雁。

黃鸝繞碧樹

駒隙流光驟，江皋弱柳，繫春將半。小燕瞋簾，對南園瘦碧，訝人歸晏。斷雲横雨，阻千里、凭高心眼。空記取、醉裏分攜往景，秦箏緘怨。　酒入冰腸已緩。好花朝、又輪風片。夢醒後、只腰圍帶窄，奩鏡顰淺。任有意珠暗示，柰遠隔離行雁。堪憐自轉游絲，亂愁無岸。

華胥引　題彊邨授硯圖

憐才蘇峻，懷德張華，藝林豔説。賸墨雙池，詞仙已老心篆結。別有一脈薪傳，共晚蟬哀脱。尋繹樵歌，瓣香流播馨烈。　吟望西江，早探原、候門深雪。等身淵著，從今然膏細拾。展眼雲腴低照，想故宮嘘靨。凝寫珍詒，范喬清淚同咽。

解蹀躞　題懺盦《半舫齋詞集》，用清真韻

萬里星軺歸後，倦看鶯花舞。夢尋煙月，羅浮遺羇旅。重理玉簡金荃，最憐寫怨孤桐，撫弦心苦。　黯無緒。猶記鍾山微步。行吟慣相遇。舊情商略、今宵晚淞雨。引睇一髮中原，佇君彈淚高歌，大江東去。

春從天上來

海上看桑。賸半頽臺榭，新燕猶翔。忍附東風，冶桃同舞，沈醉一晌春光。堪歎飄鐙窗晚，應莫問、入局猖狂。最傷懷，按十三弦柱，金雁離行。　空梁。曼聲甫振，已墜了驚塵，網户昏黃。京國繁花，不教萎謝，清尊呼酒難忘。蛺蝶尋芳心嬾，憑珍重、簾底秋裝。倚滄江。繞迴闌幾轉，立盡斜陽。

淡黃柳

崑玄路隔。空作雲游客。謇念前修心悒悒。過眼殷紅換碧。憑揀疏麻自攀摘。　恨無極。南都又春寂。莽塵影、只油麥。更鳴鶗、逆耳成今日。借問靈氛，佩纕誰解，長斷天閶信息。

兩同心　題吕貞白碧雙樓圖卷，依屯田韻

曉日樓臺，煖雲簾幙。醒春睡、游步花閒，傾旨酒、唱隨珠薄。憶潯陽，有信番風，著與紅藥。　説起紫簫前諾。畫圖能索。閒抽緒、蝶繭心頭，似張錦、鳳城天角。待月明，耿耿星河，蘂宫依約。

離別難　半櫻翁性情摯厚，古道照人，尊酒論文，彌深契合。丁丑世變，匆匆分袂，不知所之。戊寅，流轉到滬，正欲諮訪翁之蹤跡，忽遇於途，懽喜无量，自是相見無虚日。瞿安故於大姚，與余歎息備至，謂不堪吟夢。曾幾何時，翁亦遽逝。感念前塵，彌增悵惘，倚屯田此調悼之

花外雨弦忽折，思離況彌傷。倚秦淮、舊月梅岡。强分攜、流浪逐滄江。鎮相與、瘦笛賸洲，長歌淞浦，閒立斜陽。過豐樓、幾日深盃

情話，吟夢轉淒涼。　塵莽莽，意茫茫。背春湖、感歎英光。把櫻詞賸拍重理，柰孤山雲影已昏黃。爲佇想、飲海當年，飄鐙今夜，頻斷迴腸。更抱憾、渺渺違心一事，留眼看歸艎。

夏初臨　春圖卷　懺盦屬題郭頻伽、奚鐵生諸君西湖餞

目送芳華，心隨畫檝，輭風疎雨湖天。聽取黃鸝，喚春恩度今年。倦游詞客聯翩。寫西泠、遞付吟箋。瞋簾癡燕，黏隄怨緑，圖本爭傳。　惜花人往，移水舟新，再來勝侶，寄感依前。流光復爾，嗟非舊日青山。愁入鷗邊。好樓臺、拆繡堪憐。會凭闌。無窮幽緒，只問啼鵑。

定西番　效飛卿

漏點滴壺聲直。攢百感，入鐙檠。夢千程。　吴館月寒天窄。挂簾雲一屏。拚裂越綾爲翮。逐秋征。

其二

島上落鴻羈晚。天水急，海濤傾。徹宵聽。　南望陣雲淒斷。拔山孤夢驚。癡盼玉鈎簾捲。曉峯青。

其三

罷醆轉思棼尾。花倚月，酒盈裾。夢華胥。　重賦故園春水。寄情渾不如。江上爲誰搖緑，問新蒲。

破陣子 效小山

淺水輕陰梅院，綺雲輭繡花閒。記得薰風邀客至，十二昆臺奏月弦。凝情到曉舷。　倦蝶迴翔何地，寒蠶又繭今年。欲倩西州來往雁，勸與遥心入酒邊。心香兩印圓。

薄倖

太狷故於雲南馬龍近一年矣，時欲以詞悼之，而百感交縈，吐詞不出。秋宵不寐，棖觸悲懷，枕上率成此解，似猶未稱情於十一也

鳳飢巢邃。正鬱鬱、抛愁無地。便耐得、生涯蟲蓼，領悟習辛情意。柰廿年、歌哭相諧，京臺粉碎難爲計。甚漢陌分攜，辰谿流轉，魂返楓淒如此。　爲退抱、藏山想，駒隙過、一番身世。只餘江關賦，文章憎命，庾郎哀怨天猶忌。咽思君淚。便歸航灑酒，秋潭顧影心先瘁。危闌賸我，癡佇滇雲默倚。

河傳

如慕。如訴。晚蟲啾。風雨殊鄉又秋。臺城緑蕪傷昔游。登樓。亂流迷遠舟。　凝眼蠻雲無好轉。疏酒伴。明日筇枝嬾。憶東川。川路艱。滿天。月寒嘑斷猨。

月當廳

庚辰中秋夜清坐，寄懷寄漚、默庵東川

璧月透照團圓夜，秋心過半，琴軫彌涼。自揀故枝，霜葉欲抱枯香。休與砌蟲互訴，耐西風、也許晚娛桑。待吟賞，東籬花事，迴異蜂黃。　年來幻影新棋局，夢重重、鑿空心計難詳。笛裏舊戡，消瘦幾曲清商。聯想兩翁放歌處，几江鴉背歇斜陽。窗燭黯，魚箋短畫，不盡迴腸。寄漚爲畫鞠讌填詞圖寄滬。

一萼紅 題映盦填詞圖

古琴聲。與嵐光水影，雲物勝迦陵。詞派章江，豪鋒墨井，宗門精重修能。記曾共、閒鷗倦鶴，撫逝景、重感舊彈箏。老屋鐙窗，十年詩袂，秋夢千程。 南國青蕪滿地，便移宮換羽，裂竹難鳴。看海嬰心，箋天咽恨，何遜雙鬢星星。樹吟望、西園雅集，莽風雨、尊酒故人情。我得搴芳蘭芷，也慰飄零。

惜黃花慢 效夢窗賦菊，寄懷倦鶴、冀野東川

短竹風欺。對傲霜勁菊，未覺單棲。黯春消盡，墜芳逝水，飄萍似我，猶想東籬。醉忘幾度餐英冷，笑人瘦、還比花癡。念盛時。餞秋好景，心印都灰。 緘愁繪得今枝。倩去鴻萬里，傳與川湄。故山雲掩，露華自惜，滄江臥隔，節晚相期。唳空鶴奏伊涼調，枕邊感、寒雨淒其。舊會稀。碎金怨人琴絲。

長亭怨慢

錦帆遠、游仙傭賦。冷到芙蓉，客心清苦。徙倚虛堂，雁音兵氣歲云暮。白雲千里，迷緤馬、登峯路。聽徹琯葭聲，忽怨入、江潭煙雨。 欲訴。向鐙花卜問，只問放愁何處。歌懷倦矣，也荒落、故山無數。話不盡、莽莽神州，況風笛、沙頭難語。盼早轉春明，呼酒先溫眠緒。

瑤華 和答柯亭《賦冰花》，倚草窗

空花朗澈。天畫奇觀，想神工精絕。珍禽銀竹，呈幻象、漫擬滄州兵孽。干卿池水，正迎入、詩心晶結。凝眼間、雲物千形，等是煙環

霞紱。孤葩嬾附高枝，斂徹冷英光，還避蜂蝶。春泥墜錦，看誤盡、京國昏昏車轍。忍寒似此，只世外、尋盟松雪。便化身、亦占清流，澹泊未因人熱。

鷓鴣天　離鄉數年，先後聞故友逝於各地及里中者相繼，悲從中來，輒不成寐，次第以歌代挽

一代縹湘有異香。可園著作述能詳。鍾山何幸修文史，遺籍旁搜到建康。勤記載，細評量。故家曲墅總難忘。望鄉嗁鳥先腸斷，棠樾寒風徹夜狂。陳稻孫故於棠樾。

其二

省識文場弱歲盟。君家兄弟好才名。蓬瀛千里分春釀，風雨連宵共晦鳴。撐病眼，盼歸耕。無爲城上夢盈盈。茂陵正苦秋無賴，驚聽江濤激浪聲。夏梅叔故於無爲。

其三

程善高坊已式微。深鐙辛苦幻青藜。彌天風雨韜光久，經世文章曠代稀。神欲會，景全非。孤舟淒冷皖江湄。最憐卓絶師門傳，鄉國千年頓起衰。劉蓋丞故於和縣。

其四

塵滿征裾失舊青。盋山猶喜賸晨星。故家喬木傷狐鼠，原上寒風泣鶺鴒。無一語，慰勞生。淒涼里巷訝奇名。飾終有女稱賢孝，休歎招魂賦未成。夏博言故於漢口。

其五

贏得清名老畫師。江皋寄廡病支離。煙痕墨井描能活，筆勢雲麾走益奇。纔幾日，便追

思。奠君悲酒不成巵。皖江行役遲消息，烽火危舟已淚垂。施次衡故於漢口。

其六

藝苑書林鑒賞真。風情楊柳稱前身。錦囊只有閒居賦，玉尺曾爲隴上賓。巢燕暝，蓼蟲辛。紫芝未解病中貧。稀尊約我留詞句，碧草青山夢已陳。潘和卿故於里門。

醉春風　春盡日，游覺園，歸後作

石路隨松轉。行看春去箭。清鐘何處一聲聲，幻。幻。幻。樓外香雲，洞邊花陣，定情回盼。燕子窺簾倦。歸計猶天遠。杜鵑啼夜幾曾休，勸。勸。勸。惟有牀頭，會心明月，共人留戀。

卜算子慢　寄懷孟超香港，即題其清盦填詞圖

梅酸入調，薄翠注懷，一客倚樓心遠。別騎傳箋，記取雁風天半。回眄。忽飛紅滿地無人管。對畫閣、吟情省識，星槎嘯詠尤健。　好展南游眼。奈海上揚塵，荔支香淺。隔雨羅浮，佇想鷓鴣峯晚。誰遣。更蓬山、鎮日珠簾捲。問賦答、琅函繡句，寄迴文幾徧。

唐多令

休去倚樓欄。樓邊明月懸。照人家、盃滿歌殘。堪笑東風花裏住，能幾日、逐春歡。　猿淚溼千山。蠶絲纏萬端。便無情、也自單寒。一夜鵑聲枝染徧，强認作、舞紅看。

惜雙雙

百五芳韶過海嶠。嬴得黃鶯催覺。花露晞平曉。看看已是梅風到。　試馬光陰金勒老。説甚珊鉤鼇釣。閒撫雲根笑。晚窗心事供晴照。

玲瓏四犯　倚白石，和柯亭《賦落花》

著紫礙簾，飛紅迷檻，春韶流蕩如水。畫堂前夜酒，轉眼傷芰尾。驚心少陵濺淚。賸空枝、醉蜂猶倚。燕翦單寒，蝶衣低歛，韜影晚風裏。　飄零後、身何寄。想奇胎露曉，香韻餘幾。比情花筆夢，著作皆辭費。思量竟是浮生誤，甚嬴得、江山文綺。休説起。重來更、搴蘭采芷。

前調　倚梅溪，寄懷倦鶴東川

野鵬哀鳴，亂陣俛千門，消歇機杼。隔雨相望，卻怕繚蘅心苦。韋杜舊記城南，看四海、浪揚飆怒。試料量、江户將晚，回向也迷歸路。　雁書魚簡生疏久，夢華嚴、總虧情愫。羈棲盡屬嗁鵑意，難共荒雞語。同是倦客茂陵，空悵送、年年春去。盼九秋、重對東邊淮水，滌愁蘭楚。

彩雲歸　倚屯田

虛尊共我幾春閒。曠風光、水竹家園。當暮檣滯發留檐燕，曾寄語、管束蟫編。那堪遇，晚枰奇局，似昏雲黯煙。坐對處、便依鄰火，怕照華顛。　空閒。千形萬態，恨重重、未忍箋天。息心露井，懷素纖白，透省無言。看碧蕉、中藏又展，自損黃鞠霜前。黏泥誤，多少游絲不繫飛綿。

迷神引 倚屯田。柯亭譜此調索和，遂寫丁、戊以來流浪過程答之

一別蕭梁青山遠。醉怕酒痕猶泫。星牀露櫬，上荆襄岸。冷清清，相如病，霜絲亂。芒碭悲歌迫，棧塵滿。凝望湘江水，鷺羣散。看盡林巒，瞬轉緗屏換。倏粵雲，淞波翦。去年今日，總淒絶、凭高眼。故園荒，東川阻，耿幽怨。風雨供吟篋，情緒短。淮邊秦時月，照誰苑。

紫萸香慢 柯亭函示新作，譜此答之

遺詩懷、年年秋晚，客中冷月滄江。看虛堂留燕，也淒抑，欲還鄉。況是雲生孤島，殢南枝梅訊，怕歇寒香。便擎盃、自酌薄酒入迴腸。只醉夢、轉頭已涼。蒼茫。馬背斜陽。猶匿影、倚苞桑。正荒雞語短，邗風笛美，朴樹相望。幾重隔窗心事，任消受、浪吟狂。想東山、舊時歌嘯，雁行天遠，寥落後星霜。愁夜愈長。

六幺令 題蔣蘇龕烏榜新邨圖

冶山林下，邨落久閒逸。幾生宿緣今耦，巧與嘉名匹。依附蘭陔別墅，更占南湖席。定香橋側。門庭静好，鏡裏高峰妙無極。喜有三潭遥映，濡染鷗波筆。詠絮多少才思，郤稱題瓊客。感謝東風密意，紅豆雙雙出。豔霜吟陌。地因人勝，萬柳清塵不虛擲。

玲瓏玉　辛巳除夕大雪

沈悶年光，儘消得、白雪彌漫。流塵逐客，夢驚五度春還。只耐淞風臥晚，笑鐙屑花蕊，新爓闌珊。無眠。敲愁心、檐下鐸寒。　去日伶俜漫顧，賦江南哀感，難計家山。老倦情懷，羡誰人、錦籍川原。遥遥雞聲催曙，柰鴻訊、寥天闃寂，總拂吟箋。且閒醉，趁鄰娃、歌暈正圓。

踏莎行　丹徒潘君諾爲余寫真，譜此酬答

小隱滄江，充懷花事。凭闌點筆饒春意。歌鶯吟蟀總相諧，西梅風韻推君繼。　萍水相逢，芸香爇對。愷之更顯神交味。中泠清澈稱新盟，渾忘燕子昏黄世。

氐州第一　壬午暮春，返里後作

一别淞樓，春事向晚，征衫淚點猶聚。挂壁虚牀，當窗破硯，眉月窺人幾許。盈耳歌聲，尚醉戀、昏鑾花霧。解憶長安，何從喚出，睡奴心緒。　竚想鴻羣多倦旅。漫惆悵、城南韋社。墜樹梅黄，交籐檻翠，復暗含酸楚。好青山、無恙否。難尋問、飛雲北固。目送斜陽，恨重重、箋天甚語。

鶯啼序

深鐙斂屑暗語，數芳春賸幾。賦歸後、弦拍重尋，只覺歌嘯無地。醉方醒、河山换刼，晴煙黯雨知何世。念羈懷蕭亂，鑾珠遽爲愁碎。　雪渚移舟，貰酒味暖，作伶俜好計。白雲阻、消息鄉關，錦鴛難寄眉意。指天閶、靈修

路隔，眼波入、營營蠅市。泛寬盃，多少低徊，楚蘭心事。滄江臥晚，野筑塵流，此情付夢綺。欲訪取、六朝佳勝，境與人遠，漱玉寒潭，可憐清泚。西川漲怒，南園花笑，驚鴻迴影闌干曲，怨東風、掩抑傷高袂。青溪短笛，誰談去客桓伊，蘊結枉縐池水。閒門問竹，淺碧依依，照鬢華信美。試檢點、巢痕非故，倦羽單棲，引鳳迷途，聽鸝慵起。思量且忍，新蒲幽憤，茫茫今古如過雁，算長安、棋局皆兒戲。危樓立盡斜陽，舊月能明，撫琴自理。

蕙蘭芳引 依夢窗

歸燕繞梁，似淒語、畫堂今昔。瓠落此生涯，消與酒腸更窄。醉歌望遠，夢倦旅、菭花綦跡。淺睡還欲起，背寫尊絲一碧。爛錦年光，蒼波人事，流轉如客。趁野榼新釀，裝點茂陵瘦筆。嗚鵶入耳，佩蘅何日。明鏡寒、愁對鎖春眉額。

荔枝香近

鬢影飛花潛照，春去遠。竚看千尺桃潭，消損殷紅慣。金粉南朝一顧，只覺江山賤。迴望、敗井搖搖捲青蔓。擬帆舉，又黯惜、萍蹤倦。便上翠微，何日醉巾重岸。樹窈嬌鸚，渴想西樓未歸眼。游絲空起撩怨。

惜秋華 漚公書來，賦此寄答

罷酒闌干，聽蛩聲、掩抑驚秋懷抱。一紙雁書，攖心倦游情調。東川逝水頻年，換點點、蒼波人老。行看，挂萸囊，賦入西風茸帽。珍重吟身好。仗生花妙筆，江山文藻。且漫念、烏榜路，亂鴉殘照。閒門竟夕飄鐙，又幾番、風昏煙窈。催曉。問荒雞、曙光猶杳。

八聲甘州 癸未歲除遇雨，賦此遣懷

咽銅龍聽雨倚書城，年光換悤悤。甚黄塵千里，中原一髮，歌嘯無從。數到春江變酒，荏苒屈纖蔥。猶有辛盤暖，休負瓊鍾。　多少喧天笙管，正旲歈楚佩，待舞東風。照蓬窗心曲，贏得燭花紅。只伊人、西樓凝望，對灩盃、惆悵未歸鴻。晴曦轉、繫金鈴處，萬感皆通。

倦尋芳 題李楚材西澗尋詩圖

艷春妒雨，虚碧霾煙，詩夢驚晚。旭日當門，卻稱畫羅輕扇。東閣寒苔綦跡在，西溪芳草王孫怨。暢情懷，正新鶯伴與，支笻人遠。　漸領取、迴塘斜照，古寺疏鐘，雲海愁遣。徙倚鷗鄉，儘許白頭吟倦。南國江山空錦籍，桃源雞犬真閒散。更探尋，玉環涇，醉盃休淺。

絳都春 輯《金陵詞鈔續編》成，所采入博言、一夔、伯庚、梅叔、孝先、伯沆、寄伯、楚青、太狷、敬甫、巽人、叔怡諸故友詞，爲次第重校，凄然成詠，録寄東川同調諸君

吟歡已墜。向斷簡問蟫，凄迷重理。多少夢痕，流入哀絲閒宫徵。文章何與藏山事。歎詞客、幽靈孤寄。舊狂尊酒，空塵巷晚，遺愁無地。　遺世。零弦賸拍，更尋訪、替廣可園風義。醉墨故人，金粉南朝傷心淚。同聲誰解相思字。望天際、東川一水。爲伊憑徧闌干，繫情萬里。

金琖子

冬月上浣，得寄漚秋分前十日書，謡諑盡息，頓釋憂思，譜此寄答

冷逼吟肩，報几江魚訊，暖喧簷雀。離思起秋分，教驚聽，山關戍樓霜角。傳箋翠墨痕新，喜春生雲幄。應借問，東坡困居荒外，僞謡誰託。　依約。舊盃酌。聯情話，玉繩看下絡。番風望中遞轉，歸颿挂，凭高放眼數數。此鄉未老漁郎，倚蕢洲如昨。黄壚感、惟有燕子梅花，夢影摇落。來書告劍白逝世。劍白昔贈余牙章，精刻燕子、梅花，題云：『北江詞云：「燕子平生真恨事，不見梅花。」今反其意，爲燕子補恨。』故煞拍及之。

西平樂慢

雪沍寒深，江空歲晚，望春之念彌切，憮然成詠

凍雪霾雲，沍冰封檻，山黛鏡壓春遲。吹玉瞞愁，佩蘭修服，當窗舊月心知。試潑酒烘鑪潤鼓，誰請殷雷震户，青氈陋館流塵，絳燭低迷。腸斷千家野哭，一反顧、事往忽疑非。　渡江梅柳，年涯信短，極日天空，歸雁音稀。憑認取、猧棋新局，狄管寒灰，説甚高沙美島，織錦羅浮，鵬翼圖南願已違。行看鳳城，聲偕大吕，景復開元，夢醒蘼蕪，遞轉番風，鶯花笑舞瓊枝。

花心動

乙酉上元

歇雨天衢，好風光、都付等閒鶯燕。細繭朱絲，小閣青藜，各有探春心眼。去年親織輕羅襪，偏結綵、山高人遠。話鐙市，東鄰笑語，夢雲醉慣。　只怕花容欠浣。聽唬偏、城烏晚窗塵滿。轉燭韶華，飄笛街聲，迅景釀愁成片。渡江折取新梅柳，教凝望、西樓歡淺。瘴

煙埽、柑盃爲傳故院。

以上《鞠讌詞》卷一《近稿》

拋球樂　和陽春

槐柳新陰稱畫闌。斷隄流水足盤桓。山摇波鏡螺痕碧，風襲綃衫麥氣寒。莫擷新紅豆，留與村居佐酒歡。

其二

落盡黄梅弄晚晴。蕪平心遠夢痕輕。杜鵑枝上催春老，鸜鵒歌殘帶醉聽。記取香衫影，莫負當筵繾綣情。

其三

淒絶新聲拍後庭。南園迴望碧無情。幾家天水愁能滌，一夜遼雲夢不成。思挂江帆去，又恐春潮日日生。

其四

題鳳雕鸞未易才。搴幃癡竚燕飛回。紅情一片相思樹，碧酒更番瀲灩盃。花事年年换，愁説春人襟抱開。

其五

消得閒情唱比紅。悄無人處敞簾櫳。琴心潤透梨花雨，詩境清於梔子風。一枕蕉窗夢，都入黄鶯瘦語中。

其六

鏤玉亭臺琢翠盃。珠鐙散菽夜筵開。飛花不管黄鸝咄，廢壘誰憐紫燕來。休顧歌場晚，索取金尊醉一回。

其七

春盡江南興未殘。仙鄉丹鳥久忘餐。輕雲渡

嶺風吹翼，落日寥天人倚闌。何物消沈醉，膩雨酸風怯袂寒。

其八

户外重重叠叠山。妾家門巷古長干。頻聽鳩語傷春喚，爲護蠶眠愁晚寒。多少篝鐙夜，曾抵朱樓一夕歡。

點絳脣

銀漢瓊簫，分明記得來時路。野雲江樹。不是關情處。　梁燕依人，又逐芳春去。歡無據。游絲千縷。難挽黏泥絮。

清平樂

翠鈿依舊。只是眉痕瘦。欲撥檀槽銷永晝。怯試當筵歌袖。　蓬瀛一水無涯。碧山凝望人來。昨夜冷風吹雨，空庭緑盡莓苔。

浣溪沙

東去長江没盡時。江洲白鷺故飛飛。我來惆悵鳳臺詩。　癡夢千年填海石，空山一瞬爛柯棋。教人追悔夕陽遲。

前調

窗隙游絲晴欲舞。狂蜂浪逐輕紅去。芳訊偏遲雲外樹。　青春九十從頭數。美酒千鍾無一語。閉門霾怨黄昏雨。

鷓鴣天

劍白自京返青島，寄贈印章，於印旁精鐫梅、燕，題云：『從北江「燕子平生真恨事，不見梅花」詞句，反其意，爲燕子補恨。』賦此酬答

瓊島風高雁信傳。閒門正鎖一番寒。春泥帶

水思行轂，飛霞如花點畫闌。天未老，恨無端。平教梅燕締新歡。重重密意針鋒字，贏得琴邊倦眼看。

其二

一醉難降萬種愁。知君南望强登樓。我懷寥落無弦譜，天意微茫逝水舟。憑寸楮，記前游。廿年相與賽靈修。封侯擊筑渾閒事，留取寒花共白頭。

菩薩蠻

江關蕭寺殘陽冷。清鐘聲裏人無影。籠看碧紗低。教儂續舊題。幽懷撩便起。寫得愁爲水。不是感西風。鵑啼淚已紅。

夜游宮

忍受西窗暗雨。滿懷怨因風吹訴。最是風迴腸斷處。萬重山，幾行書，冰冷句。欲逐歸鴻去。又隔斷、長河雲樹。説甚江郎筆花舞。没文章，罄衷情，空延佇。

大酺

花事方酣，幽居岑寂，俊侶慳約，孤負春遊。倚清真此調，邀弢素同作，並柬紅漁

正落梅天，晴波動，凝想鳴泉茅屋。青蕪城郭夢，數良時尊酒，倦懷棖觸。勸折花枝，催牽柳線，悽斷蘋洲横竹。東園尋詩處，料方塘一水，舊盟鷗熟。奈空谷音稀，翠箋題罷，抱琴幽獨。　年年春事速。换絲鬢、驚影如飛轂。只自笑、欺風茸帽，傲醉蘭襟，倚新亭、看山留目。悵望擕筇客，頻怨入、月梁心曲。滯芳

躅、幸香國。歌飲無計，閒味柴門蔬菽。俊游暗傷轉燭。

玲瓏四犯

東園歸步，秋色漫天，遠山在抱。菜畦煙水，夢想六朝；柳影池塘，眼迷三塔。風吹酒袂，雲漾詩懷，俛仰流連，爲譜此解

陌柳弄詩，溪風吹酒，東園秋韻如許。半塘鷗鷺水，冷影涵今古。江南怕吟恨賦。況驚聞、雁聲衡浦。故壘侯門，夕陽蕭寺，桑海幾辛苦。　長橋裏、彎環路。是王孫繫馬，飛燕窺户。可憐黄葉醉，亂逐横流去。芙蓉院宇人何在，更閒煞、清歌游旅。憑説與。紅邊事、蘋洲好侶。

繞佛閣

雲黯簾櫳，晝陰欲暝。憶舊句有云：『煙鎖池塘迷畫境，闌干曲處詞心冷。』風景依稀，春愁棖觸，以清真澀調聲韻抑之

霽雲乍斂。煙樹鎖碧，春暗山館。吟鬢搔短。燕窺院宇、輕風動虛幔。　嫩寒袖滿。螺鏡望阻，江曠人遠。芳思幽婉。倦看冷柳，青青颺河岸。　故國舊詞客，記取秋尊擘紫綫。吹水縐池、緋桃迎酒面。問賦宴瓊臺，花際傳箭。幾時還見。甚夢雨荒唐，歌扇零亂。黯流光、笑眉猶展。

紅窗迥

錦瑟遲，銀燭悄。問何事、倚徧屏山，亂雲懶埽。怨到一春芳草。　看驚塵滿道。舊事如煙，新恨如水，抽絲嚼蘖，寄與倉庚情抱。聽嚶鳴、會心多少。强拋愁醉倒。

減字木蘭花

屏山若繡。客裏逢君依舊瘦。長日厭厭。倦

看飛花怕卷簾。吟心獨泠。悄爲幽蘭描澹影。何處通辭。生恐波光笑鬢絲。

鷓鴣天　過鳳臺山館留題

袖上清風陌上塵。又攜殘句步西堙。小窗雲罨書連屋，高樹聲喧鳥應門。　藜杖穩，柳陰勻。閒中雞犬睡猶温。菜花黄過來時路，紅杏依稀認舊村。

其二

莓氣絲絲出短牆。與君清話坐斜陽。細參茶味添詩意，記嚼梅花共酒香。　園自小，石能藏。少年塵夢兩襟忘。天涯竹實知無那，飲露何曾負鳳皇。

醉花陰

畫出鍾山差一點。蘸墨雲難染。金粉怨飄零，情是春濃，筆是秋雲淡。　黄昏煙雨梨花暗。只院門深掩。休去倚樓闌，樓外風光，更比年時減。

洞仙歌　詠天啟宮人提鈴唱夜事，依屯田百二十六字體，用原韻

淒雨長門慣。又漏壺數盡，天街寒淺。似人閒巷柝，冷風禪院。辜恩悄掩羞花面。向甚處、深鐙凝遠盼。青裙綰。共徹夜鵑啼，同悵回春晚。　繾綣。曼聲且引，振響旋諧，唱近橋溝，任有墜葉難題，碎得亂愁如翦。行行緩步幽於燕。要待報雞籌還幾徧。頻顧戀。歎宮斜，碧月星燐恨無限。曉靄散。未許結、瞻

雲願。賸牙彄規樣，舊時吟侶猶窺見。

十二郎 雞鳴山下，訪杜茶村故居遺址，依夢窗韻

鳳飢自喜，柰客路、恨深欲凝。訪小築雞籠，荒亭鶯懶，愁向潮溝泛艇。記取臺城煙林裏，有護竹、閒關人定。嗟韻笛已沈，年芳都換，頓迷詩境。　清興。澄懷對照，北湖如鏡。賸峭筆吟貧，奇茶通夢，難證幽居幻影。替想松風，悄尋花塚，秋樹白門淒冷。思舊事、拜碣歸來點點，絮飛春暝。

賀聖朝

客心寄與西樓畔。被黃鶯喚倦。誰將綵筆蘸胭脂，寫宮花新怨。　斜陽鵑語，輕塵蜨影，入傷春詞卷。夢迴猶自識梅花，憶寒潭清淺。

歸去來

江上愁煙雨。看阻了、征帆無數。儘教歌徹黃金縷。敞清尊、留客住。　天涯孰是停雲處。起多少、浪游情緒。旁人未解飄萍苦。猶爭說、乘風去。

燭影搖紅

野榼輕衫，伊誰浪走山陰道。東風吹起一襟秋，冷被閒花笑。　坐看層樓昏曉。換無限、綠雲縹緲。斷谿流澗，襟痕宿酒，清懷自照。

西河 金陵懷古，和清真

襟帶地。龍蟠故事誰記。滄桑換得幾人家，亂雲互起。燕銜落日上磯頭，空城潮盪無際。　後庭唱，商調倚。笛殘酒淺情繫。才詩霸

業説埋金，夢迷廢壘。半鉤月照古秦淮，甚時流恨遺水。悄聽曙鼓喚舊市。指長干、難認壚里。又是一番身世。驀重來袖溼，新亭淒對。蘆荻蕭蕭江風裏。

浪淘沙慢

黯銷凝，東風細柳，賸粉晴堞。苕玉年華潁發。瓔珠翠舞笑闋。甚一寸相思腸幾結。倚梅院、碧蕊難折。正萬里歸鴻去無語，吴天悵新絶。幽切。嘯歌散滿空闊。怕喚起春聲，撩情思、嫋嫋音又咽。尋幻夢青蕪，昏曉誰別。黯盃易竭。通婉懷惟有，牀頭明月。

門外遥山看重疊。鷗波遠、鷺盟漫歇。逞吟賞、雕闌雲已缺。更何處、曲縮芳心，盪暮色，飛瓊比認楊花雪。

鷓鴣天

幻影迷離稱醉眠。遥心寄與碧霞邊。玉關幾度勞歸雁，峽岸雙聲嘯困猿。瀛路阻，暮雲連。眼看落日下平川。何堪南内三更月，譜入新歌廿五弦。

一落索

不看山花紅紫。眼光雲洗。曾留帽影在江村，記比舍、棲霞寺。重挹峯頭秋意。煙迷難指。垂楊獨有故人情，爲拂拂、清風起。

轉調二郎神

鈔百名家成，漫題卷端，依呂聖求一百字體

錦花繡谷。護取冷芬餘馥。弄短笛、紅梅影下，消盡聲家黯曲。怨雨歡雲涼燠夢，尋換得、箔鐙今局。應留戀，故國蘭荃，比似化身金粟。　環讀。烏絲繭紙，月明華屋。儘忍著、傷高倦眼，一擊風前舊筑。綴拾珍珠千百字，算未負、晚秋吟篋。只天外、蕭瑟寒灰，吹上美人修竹。

還京樂

鏡匳啟，忽見青青送客隄上柳。又去帆如箭，替憐隔雨，紅樓人瘦。妒燕粱昏晝。偎花繞竹黄鶯友。夢萬里，難道畫裏，江城非舊。病無名久。寄丁香吟卷，思量諱説，春來常是倦繡。　朝朝怨入琴絲，度芳韶、自疏詩酒。省天涯、應對燭嬰心，看雲袖手。幾曲迴波緑，君邊誰爲吹縐。

清波引

秋暑溽蒸，游興蕭索。寄漚示讀泛舟北湖新作，極羨雅游。倚聲奉酬，藉訂後約

眼光雲洗。羨曾向、北湖徙倚。醉盃凭水。蔣山在眉底。碧沼弄清影，只照當筵歌袂。料君應遇閒鷗，問來客、甚情意。　江城畫裏。有多少、風雨況味。舊汀蘭芷。蘊香韻餘幾。何時共吟侶，約翦秋航疏葦。漫使洲上蘋花，笑人慵起。

曲玉琯

中秋風雨，弢素北行，臨歧握別，譜此爲贈，用屯田韻

卷草憂懷，漂萍别水，秦淮小閣銷凝久。一調驪歌金谷，腸斷清秋。黯横眸。　野芷芳孤，寒潭波晚，荻聲滿地鷗無偶。遠雁連雲，杳杳飛過江洲。路悠悠。　萬里傳箋，也知有、天風吹句，可堪酒醉今宵，難禁雨細爲愁。儘懽游。展何郎心眼，好貯歸囊吟料，北關榆盡，冷落高原，莫問城樓。

秋思　風雨之夜，砌蟲亂鳴，鄰機競織，遠笛淒涼。深巷闃寂，室内虚鐙照壁，清漏刻響，兀坐凝思，難乎其爲懷也。遂譜此解

宵影簷花落。萬籟清、清到萬懷無著。看劍暮年，借樽今雨，秋逼情索。甚南國春城、夢醒何處問舊鶴。怨夜沈、風又惡。待罷泣寒螿，輟機思婦，話與滿襟幽意，背鐙商略。　樓角。誰家繡箔。正鬧紅、婉唱低酌。淚弦繁數。聽來都是，後庭拍錯。賸一曲心香未灰，同病相慰託。爲燕客、愁寄幕。更醉滴梧桐，驚棲頻念倦雀。自覺東陽瘦削。

思帝鄉

聲聲。擊來殘筑鳴。偏是鶴哀猿嘯，有人聽。斗石共君都醉，眼逢燕酒青。休替吹簫吴市、怨飄零。

疏影　秋海棠

南薰惜别。有絳階瑣影，休怨芳歇。閣曉妝遲，縈得詩懷，簾陰認墜紅雪。幽蘭綴佩湘雲遠，倚夜蠟、西風腸結。只睡來、一夢驚秋，厭説好絲垂絶。　堪笑甜香蘊玉去，素馨號澹品，還近人熱。緑染低雲，密點輕緋，想是春閨脂屑。檀心吸透涼宵露，又閱徧、碧梧黄脱。把冷嬌、描入銀屏，引落幾回癡蝶。

秋宵吟　晚鞠猶妍，深鐙有味，展閲舊藏顧東橋《鞠譏吟卷》，漫題

短簾波，瘦鞠影。漏點聲聲宵静。吟編宛、展畫裏南都，舊懽重整。　倚秋堂，撫勝景。絳蠟金罍輝並。還傾念、是愛日亭臺，醉春彝

鼎。過眼名流，賸訴説、寒蛩露井。暮雲松塢，故宅青溪，幾度耐追省。餐得霜英冷。譜入無弦，幽夢頓醒。愴騷心、自謇前修，窗月如雪興更永。

惜秋華　重九，步夢窗韻

趁酒松樓，峭西風、冷落紅萸情抱。送盡陣鴻，寥天最憐殘照。蘇潭鏡掩芙蓉，漾野水、心旌雲擾。黃花，戀山翁、許插年年詩帽。相遇舊鷗老。和漁郎度曲，蕢洲秋好。往夢記、觴影裏，數峯青到。重來袖薄憑高。又眼中、雨昏煙窈。彈了。望江南、醉歌多少。

竹馬子　鄰舍燕巢爲風雨所毁

迷鷗館新陰，烏衣舊巷，翦風寒起。看紅襟散了，朱樓隔斷，徬徨棲止。忍説落寞江南，空梁夢短，墜泥成壘。好鳥語枝頭，黯相憐，生事依人非計。記取鴟鴞苦，綢繆未及，碎離如此。危巢淺幕餘幾。塵陌吹愁凝紫。一角故院斜陽，玉鈎難挂，雙宿今宵地。虛檽漏月，繡箔珠鐙替。

石州慢　太狷出示賦流水落花新作，依韻和之

客裏殘歌，溪上怨紅，鵑恨凝碧。誰教倚著東風，惹出百端狼藉。傷春甚事，試問幾許鴛鴦，嬉春能省春蹤跡。尋到活源頭，識仙鄉顏色。幽惻。逝年如水，流夢隨萍，慣經休惜。眼底天涯，惘惘相思無力。一池吹縐，頓起惝恍癡愁，琴波瑟錦成輕擲。恁字比宮題，有何人知得。

綺羅香　春雨，和梅溪

細水流簷，虚琴潤軫，雲罨朝匳疑暮。短竹欺風，還與碧絲纏住。尋冷話、跋燭西窗，想游棹、漲潮南浦。歎飄零、京國相如，秋心錯認茂陵路。　孤篷聽罷又續，凝到離襟似溼，歸舟難渡。柳陌横煙，都斂豔陽眉嫵。添輭浪、新鴨嬉時，黯緑叢、困鳩鳴處。怕明日、摧損嫣紅，倚簾和燕語。

傾盃

緑萼凝香，素蘭含語，花光笑拂吟席。貰酒味薄，轉燭興促，怯倚樓西北。江南別有尋詩地，指秣陵山色。春鐙燕子，憑認取、落落歌塵如昔。　勝客。招邀局近，翦綃泉底，同寄凌雲筆。甚舊閣重扃，而今何遜老，搴芳孤臆。冷玉苕華，微波星漢，欲託情無極。過人日。還樂數、草堂晨夕。

前調　乙亥上巳，烏龍潭禊集，分韻得『入』字

流水湔裙，輭風吹袖，商量禊酒今日。謝池恨草，盤谷瘦柳，鬱隔年愁碧。景陶燕說舊堂夢，認巢痕非昔。空潭照徹，吟硯裏、猶有揚花飛入。　漫嬉。落霞晴宇，暗塵隨馬，惆悵中原夕。甚醉買春壺，繫春無力仗，漚邊歌拍。粉碎河山，雨昏庭院，消領人頭白。看牕隙。尋颺起、游絲萬尺。

換巢鸞鳳

春別江南。又低迷遠水，送盡千帆。午闌鷗夢淺，晚笛翠寒尖。微波無語漾疏簾。舊痕忍看當年酒衫。芳華老，算紫燕、畫梁猶占。

門掩。晴冉冉。飛絮滿空，還共游絲颺。記曲雲謠，覆盃婪尾，應笑聽鶯懽減。山外蘼蕪碧無情，故園心事教回感。梨花天，夜溶溶、月地歌黯。

綺寮怨

飲馬咸池無地，轉車傷路艱。照冷月、悴盡關榆，憑高眼、醉眩年年。津橋飄零賸客，離亭宴、怨曲和淚彈。怕暗中、換卻東風，江樓黯、畫燭清夜闌。　漫問舊盟歲寒。相思到暝，天涯雁信誰邊。俊約春前。柰花事、已凋殘。芳洲偏尋蘅杜，只瘦柳、亂吹綿。斜陽墜淵。長安度好夢、千萬山。

玉蝴蝶

悵望紫藤陰下，簾紋似水，蝶夢迷茫。荏苒芳心，頻倚對月虛牀。檢薰篝、輕衫自整，鬱病枕、靈藥教嘗。悄思量。暗鐙殘漏，愁與宵長。　秋堂。相如老倦，幾辜佳節，又換新霜。芷辟蘭幽，好修何處指沅湘。送歸燕、生寒晚幔，守斷鴻、窮目斜陽。寫滄江。遣懷吟卷，笛裏清商。

惜紅衣

北湖觀荷，清歡易逝，秋風向晚，棖觸余懷，倚白石無射宮調

小艇雙篙，羣花四壁。醉中吟客。過眼西風，空潭漾漪碧。殘霞照影，誰更同、盟鷗消息。疏隔。前度葦灣，各傷心南北。　長橋短陌。迴望平蕪，鈿車舊塵迹。遥山漸看向夕。淡無極。枉惜館娃宮路，約按采蓮歌笛。怕粉房垂露，攙入越裳顔色。

水調歌頭　重陽書感，兼速枝巢南歸，依東山體

江國滿風雨。獨臥倦琴書。重陽情緒隔年，吟望鬱茱萸。看過春花無數。約得秋蟲相訴。癡夢悟華胥。人境囂塵阻。樂事是閒居。　向寥天，招鶴侶。速歸與。舊汀鷗鷺。蓮洲題字誤吾廬。吹帽龍山甚處。濡袂高邱誰顧。呼酒莫踟躕。衰草寒煙路。猶戀晚晴初。

鷓鴣天

自笑無貲亦買山。强謀棲息一枝安。身閒味似回甘果，心曲幽於亞字闌。　憐袖短，怯衣單。西風又是一番寒。眼中物態銷凝盡，對著秋雲當畫看。

其二

不剔鐙花祝夢圓。最移心事到琴邊。可堪細語蛩藏壁，翻羨嘹空雁有天。　思往境，幾茫然。萬鴉凌亂點秋煙。分明月露珍珠顆，誰與霜橋話少年。

夢揚州　秋病纏綿，夜不成寐，枕上倚聲代遣

雨聲休。趁爽風、攜酒登樓。醉眼看天，叠叠煙雲橫秋。晚川上搴芳侶，爲舊情、蘅若淹留。三湘路，行吟暮，曼歌頻寄離憂。　誰繫江潯夜舟。消淚點琵琶，鬢影鐙篝。夢黍墜花，莫數當年懽游。茂陵一病相如老，更暗飆、吹耳颼飀。空外響，南來雁陣，撩亂心頭。

曲游春

走馬章臺路，念倚樓人醉，懽夢重覓。畫閣深深，怨天涯楊柳，未憐行客。一曲淮波碧。看不似、舊時裙色。怕燕來、嬾入丁簾，孤卻俊游消息。　竚立。伊誰濡筆。狀煙裏斜陽，花外吟屐。前渡池塘，又驚心謝草，翦愁寒食。歌舞湖山窄。便蹵透、眉峰慵惜。任與浪蝭狂蜂，趕春竟日。

菩薩蠻　和小山九首

梨雲不礙相思路。如何沒箇相逢處。愁與酒爲緣。酒深和夢圓。　夢迴春欲去。江上多微雨。春事忒無情。鶯花頻弄人。

其二

畫樓朱閣雙雙燕。尋常巷陌頻相見。不語眼橫波。江南幽怨多。　青絲誰繫住。目送斜陽去。記取醉花天。花間人少年。

其三

春深怕聽黃鶯語。輕衫孰稱迴風舞。幽夢阻遼西。畫梁驚燕泥。　春人容易老。人妒春常好。酒漬舊時衣。心香灰印稀。

其四

含苞未綻香先吐。窺簾乳燕迷離語。花鳥意遲遲。莫歌連理枝。　盃深愁酒淺。心逐蓬山遠。休倚夕陽樓。人居樓上頭。

其五

苔茵淡著梨花雪。眉痕弓樣初三月。花外鏡中情。愁伊吟未成。　相思知有在。細撥琴弦待。酒暈是心紅。吹襟憐柳風。

其六

楊花算是春程雪。空潭未抵心頭月。屏上繡芙蓉。爲誰留舊紅。　東風傳社鼓。想見蠻衣舞。昨夜水衾寒。初知腰帶寬。

其七

青溪猶是當年曲。春波不似羅裙緑。吴語枉如弦。幽懷無處傳。　長亭愁怨慢。目極雲涯雁。望到水窮時。心和天共低。

其八

雨風庭院荼蘼白。沈陰悶坐江東客。默數舊相逢。秦淮明月中。　淮潮春有信。日祝佳期近。人倦倚樓時。看山眉黛低。

其九

愁紅慘緑相思苦。東風果解相憐否。誰與識春思。除非鶗鴂知。　蘼蕪腸斷處。還是春來路。横竹黯鳴時。好風吹送伊。

浣溪沙

小雨侵幃屋似舟。醒來書卷擁牀頭。凝情思夢冷颼颼。　無處聽鶯花也睡，生防去馬路如油。一春贏得是閒愁。

水龍吟

和大浩山人《春雨感事》韻

看花也是撩愁，等閒儘聽聯牀雨。家山夢遠，新亭人散，勸君且住。庭霰迷闌，邊塵起角，不關淒楚。衹西臺望斷，飄零劍客，傷心淚、無揮處。　説甚光陰逆旅。怨輕雲、芳華修阻。芙蓉玦在，葡萄盃滿，口心難語。秭鳺聲聲，叫殘昏晝，爲誰辛苦。向長干竚望，東風只是，送春潮去。

高陽臺 訪媚香樓遺址

幾曲迴波，當年倒影，扇風猶想清揚。暖翠西鄰，頹垣一樣斜陽。秦淮流盡閒脂粉，只菜傭、煙水餘香。費銷凝，別姓笙歌，塵簇空梁。
東林何與人家國，儘文章牢落，花月徜徉。鐙火舟車，青樓身世同傷。支牀蝶叟蕭寥感，更重來、燕子淒涼。賸如今，眼底江山，笛裏興亡。

泛清波摘遍 寄懷倦鶴

離弦黯語，疊鼓聲寒，千里壯懷驚歲晚。片帆斜日，點點飛鴻共君遠。長厓返。鞭絲古道，人影空潭，惆悵暮雲停舊館。夜雪漫漫，故國青山繫心眼。
冷梅苑。因念候風信遲，比較去年香淺。猶佇鐙花綻紅，玉壺偎暖。醉誰管。雙鬢自覺漸疏，危闌已經憑徧。待問滄江倦客，凍呵吟硯。

倚風嬌 和草窗《賦大花》

珠箔銀屏，萬千紅紫相伴。畫堂鍾美清歡滿。鏤玉繞迴闌。待月敞瓊筵。擫篴花閒。幾見承平宮苑。
重過錢唐，除卻天家鶯燕。誰識羣仙真面。繡錦山河夢成幻。傷今眼。怕輸故國春風半。

紅林檎近 春雨

朝雨眉峯鎖，夜香灰印殘。暝色布庭際，白雲沍林端。幾回芳心自轉，況是繡轂新懸。冷落如錦江山。消受一番寒。
可惜花徑溼，安得酒懷寬。晨昏漏點，絲絲愁入吟邊。怕黃鶯無語，紅窗睡起，夢回不覺春已闌。

前調　雨晴

林色明初霽，鳥聲喧亂枝。倦眼洗流水，輕風試單衣。多少江南過客，負卻草長鶯飛。此情蜂蝶心知。殷勤戀花時。　勝日晴更好，畫閣酒醒遲。王孫繫馬，重尋三月芳菲。甚玄都前度，青蕪故國，夢痕依約朝露晞。

繞佛閣　東園感事

鷲峯寺古。斜照隱約，淒聽鈴語。靈氣消阻。漸同過眼、迴光感雲樹。　勝游俊侶。花事看盡，還費延佇。歸燕誰主。尚依藻井，年年共春住。　故國賸淮緑，畫裏江城更平幾度。多少梵鐘、清聲隨水去。漫醉後重來，盟證鷗鷺。野鶯嘑暮。乍夢醒南朝，幽怨如訴。黯樓臺、望中煙雨。

訴衷情　用温飛卿體

眉語。心許。金鳳侶。錦書違。風皺水。花底。燕歸遲。冷落玉交枝。悽悽。闌干宵影移。報君知。

女冠子　用牛松卿體

蠻鶯嬌鳥。嘑損春芳多少。蹙眉端。心似丁香結，腸迴亞字闌。　錦帆遥落處，玉珮解應難。點滴花梢露，曉風乾。

以上《鞠䜩詞》卷二《前稿》

卜算子　用鷟翁韻

以上《鞠䜩詞》

吹冷一江春，何處舒新柳。隔院簫聲起暮寒，生恐重衾透。　鬢短入時新，眉曲當年舊。弓月才窺亞字闌，花影依人瘦。

朝中措 用鷲翁韻

六朝山色又今朝。眉黛幾回消。襟上酒愁如漬，枰邊棋刼尋敲。　秋心歌扇，春風畫檝，長板紅橋。揺盡當年柳影，斜陽煙水迢迢。

相見懽 用鷲翁韻

無端中夜雞聲。亂殘更。驀想盈盈天水、碧雲横。　夢不見。巫見遠。怕愁成。起寫相思吟卷、伴疏鐙。

醜奴兒 用鷲翁韻

年年金綫遲芳事，不怨東風。怨也由儂。孏繡花心不點紅。　登樓背倚斜陽影，樹似丹楓。人似脂容。看徧天涯似醉中。

人月圓 用鷲翁韻

送君劍外歸耕路，别夢在池南。前蹤漫憶，迴風舞袖，度水春衫。　海棠醉了，菱花拭後，絲鬢何堪。兩般情味，釀愁作恨，茹苦含甘。

踏莎行 用漚尹韻

疊綵傳箋，凝懽却扇。浪遊消受湖山徧。宫眉翻樣與時新，錦衣浴水鴛鴦變。　幾轉芳心，三春倦眼。天涯只是銀河怨。東風吹瘦出牆花，斜陽空照離巢燕。

眼兒媚 用漚尹韻

鸞簫聲冷月華明。吹恨上瑶京。牽牽舊路，藤蘿漫補，欲訪蕪城。　黄金難買同心結，眉蹙遠山青。倚闌羞説，雙攜歌袖，酒影猶盈。

小重山　用漚尹韻

亭影遥遥失翠微。清涼山上路、夢無依。祇餘蝸壁認遺詩。南朝事、值得幾回題。　何苦費尋思。江城潮打後、雁書稀。聲聲嗁鳥不如歸。空自解、怯怨上琴絲。

秋蕊香　用忍盦韻

不惜江南春去。日日釀風吹雨。當年楊柳誇張緒。減損丰神如許。　香車欲訪曾遊處。歧途誤。蛛絲馬跡迷前路。聽唱破家山苦。

太常引　用鶩翁第二韻

照沙低月斂殘潮。極目斷煙飄。西北戍樓高。話鶯影、心旌自搖。　補天妙手，纖塵不許，分付燕移巢。一語便魂銷。休更説、填成鵲橋。

燕歸梁　依夢牕體，用忍盦韻

刼後湖山病眼開。金碧換樓臺。東風不逐舊潮回。聽江城、角聲哀。　鬱金堂上春餘幾，禁得夕陽催。花香鳥語總相違。祇潭光、照深杯。

虞美人影　用漚尹韻

篴聲浮水梅清淺。吹碎離愁成片。曲裏宮移羽換。情似秋風扇。　垂鞭側帽征塵滿。贏得評花青眼。人在緑楊春岸。心與閒雲遠。

月中行　用鶩翁第二韻

酒歡不換別離心。何事滿盃斟。聲聲嗁鴂出平林。煙雨一春深。　閉門祇欲瞞愁過，偏教聽、隔院幽琴。不彈舊恨已難禁。彈恨到而今。

霜天曉角 用鶩翁第一韻

東山絲竹。空賸平蕪緑。典午風流慵數，人心澹、如秋菊。　舊曲。聲敲玉。泥人春睡熟。偏是啼鶯喚醒，滄浪水、幾清濁。

極相思 用忍盦韻

輸他轍迹關河。風雨枕邊過。檢書燒燭，引杯看劍，無限消磨。　除却閒雲都是礙，住蓬萊、幽恨猶多。高寒瑀宇，秋風遥怨，吹到姮娥。

戀繡衾 用忍盦韻

桃花逝盡潤氣涼。燕雙雙、猶試倩妝。東風懶、隨流去，賸空庭、芳草夢長。　殘紅心事伊誰管，偏天涯、都是醉鄉。消不盡、愁邊漲，看青溪、迴曲斷腸。

好事近 用漚尹韻

燕子畫樓空，陌上碧雲凝溼。滿眼春波流恨，又楊花飛入。　平蕪吹緑看天低，天亦憐行色。且訪閒情鷗侶，共東園吟席。

夜行船 用忍盦韻

喜露朝曦春乍霽。鞦韆影、弄花都碎。載酒江南，西樓北顧，漠漠烏雲重起。　濃碧一江人欲醉。煙程渺、魚書來未。翦紙禳晴，擲錢卜勝，心繫錦闈鐙裏。

訴衷情　用夢牕韻

飄蓬何止等浮漚。尋夢白蘋洲。春花叢裏璚笛，吹起石城秋。　殘刼影，勝棋樓。賸簾鈎。湖山大好，遲迴一着，歷歷心頭。

謁金門　用忍盦韻

花落後。怪道吹花風驟。鎮日懨懨人倦繡。聽鶯新語鬥。　殘照當樓依舊。照得詞心消瘦。劈取紅箋勞翠袖。挽春春住否。

醉落魄　用忍盦韻

斜飛悄瞥。雙雙瘦影輕於葉。故巢認取歸心切。絮語芹香，何處碧塘闊。　泮池夕照金明滅。眼中臺樹清歡歇。空梁泥冷真愁絕。簾外風光，錯認舊時月。

鬲谿梅令　用鶩翁韻

春慵枉費睡工夫。鬟雲疏。燕燕鶯鶯著意、把春扶。春愁消得無。　棗花簾下晚鐙初。獨踟躕。竚盼江魚千里、幾行書。濃情凝蕊珠。

海棠春　用鶩翁韻

長橋西畔迷芳院。畫闌外、春波平遠。孔雀不飛來，谿尾浮漚見。　芙蓉池館吟情斷。甚王謝、堂前舊燕。放眼欲揮愁，又被山城限。

醉桃源　用夢牕韻

傳柑鐙宴説京華。探巖宿絳霞。緋桃千樹暮煙加。雲迷仙闕花。　書錦字，逐香車。春光屬幾家。清新六合翥金鴉。殘陽望眼斜。

柳梢青　用鶩翁韻

柳影縱横。梨雲澹遠，芳序初更。無奈黄鶯，戀花如醉，欹枕慵聽。春風吹上新亭。問吹散、牢愁未曾。夢裏驚塵，眼中滄海，心事觚棱。

鳳來朝　用漚尹第二韻

控馬帽紅鞾。記章臺、彈丸道左。看櫻桃熟了、芳辰過。懶買醉、夕陽舸。望斷雙魚前墮。數深杯、香醪盡涴。只測置、低歌坐。爲料理、新詞課。

杏花天　用鶩翁韻

南天吹落新歌吹。衹添得、醾醾睡味。紅情不計人憔悴。淚漬鴛鴦枕底。看如鯽、名流並至。更説甚、龍門價貴。笙簧雜譜春聲脆。孤負題襟錦字。

少年游　用鶩翁韻

鏡中生怕數華顛。喜對雨晴山。斷簡青鐙，芳顔緑酒，休作刼餘看。天涯處處愁風絮，春夢不禁寒。過眼游絲，吹池縐水，底事是相干。

前調　又一體，用忍盦韻

瞢騰一醉，夢迴青鏡，花落燕襟寒。癡緑成雲，南山似睡，偏是倦中看。樓臺前度，關河萬里，古月至今圓。春去春回，年年此日，無語倚闌干。

畫堂春　用鷺翁韻

鴛鴦箏上帶離聲。馬頭殘月微明。梅窗竹影戀深更。乍醒春酲。　欲覓封侯何處，枉隨飛絮飄萍。遥山萬叠阻雲屏。脈脈吟情。

河瀆神　用忍盦韻

殘夢酒醒時。誰家笛裏幽思。王孫千里馬蹄遲。鏡中頻蹙修眉。　送春一曲情無限。説與堂前雛燕。拾取落紅雙片。襯箋天際吟卷。

更漏子　用鷺翁韻

竹欄底，花影直。寫出蕪庭春夕。人乍遠，雁初回。濃情和夢猜。　擘瑶牋，分日課。閒裏文章忙作。酒脈脈，月纖纖。舉杯對影三。

武陵春　用鷺翁韻

曲罷峯青誰見得，江上只聞歌。尋著桃源幻更多。谿水奈愁何。　荆棘銅駝成慣夢，玄髩笑雙皤。墜絮飛花倦眼過。歡酒未醒麽。

愁倚闌令　用漚尹韻

紅雨醉，碧霞凉。怨殘陽。欲啟琅函書錦字，不成行。　江上滿眼蒼茫。知音杳、漫把琴張。怨煞天涯雲樹影，隔瀟湘。

蜨戀花　用復葊韻

蜃市樓臺看不定。幅幅屏山，夢裏尋春影。遠了芳期花未近。吟心冷貯游仙枕。　嵐翠如環谿似鏡。雲薜煙蘿，都是鴻泥印。度嶺簫聲春未醒。再來已阻蘼蕪徑。

滿宮花　用鶩翁第二韻

罷高歌，驚過夢。一曲換巢鸞鳳。劉郎歸後話玄都，千樹緋桃誰種。　月光移，花影送。拂拂輕風簾動。春心黯澹似秋清，怨煞闌干雲重。

鶯聲繞紅樓　用忍盦韻

竹雨梅風入夏初。柳腰折、低倩誰扶。困人天氣繡工疏。閒煞翠羅襦。　來自仙都境，回頭憶、難畫難書。花間寄意費躊躇。黄鳥會心無。

南鄉子　用鶩翁韻

策馬别春城。瞥眼遥山失舊青。欲寫南朝金粉影，塵生。碧草愁煙處處横。　無限亂雲停。鼯鼠窺人白日傾。我欲登高舒倦眼，江聲。東去横流不可聽。

迎春樂　用清真韻

天街只是宫車跡。有多少、金臺客。又銀燈、不夜春風陌。看醉倒、瓊樓側。　睡裏朦朧愁月白。憶前度、青鸞消息。倚枕不成眠，情惘惘、人西北。

喜團圓　用忍盦韻

丁香落盡，青梅似豆，庭院輕塵。迴腸最是相思味，慢春去尋春。　年年過影，芳雲墜絮，暗雨飄茵。誰將笛裏，新聲一拍，寄與花魂。

上行杯　用忍盦韻

枇杷枝上黄雲動。梅雨酸風更迭送。酒歇歌

殘。樺燭明星總倦看。狂蜂浪蝶都無賴。燕子年年仍故態。碧草芳郊。望斷淮邊朱雀橋。

憶秦娥 用忍盦韻

清尊歇。太行山影遮明月。遮明月。愁笳幾拍，行雲都裂。　瘦鵑嘑盡江南血。庾郎一賦腸千結。腸千結。天涯芳草，夢邊秋葉。

紅羅襖 用漚尹韻

魯酒難爲醉，心事湧春潮。悵天遠家山，何堪入畫，夢迴明月，無處吹簫。　記當日、翡翠蘭苕。碧雲冉冉蘅皋。乳燕學箏調。卷翠幕、禁得客魂消。

巫山一段雲 用忍盦韻

虛壁蝸能畫，春風鳥曾吟。江潭空影月頻臨。徹悟入人深。　歌柳誰諧筑，彈梅獨弄琴。行雲流水兩無心。古意漫衡今。

品令 用鶩翁韻

落紅輕颺。正閒裏、情波盪漾。雙燕戲逐春雲宕。一泓碧水，泛作桃花浪。　漫待秋風汾水上。且細斟宿釀。醉蜂幻蜨都迷網。誰翻新樣。七寶成屏障。

滴滴金 用漚尹韻

蜘蛛網上垂珠絡。織斜陽、挂樓角。雨雨風風負春約。把芳心閒却。　年來一例吟腰削。庾郎愁、沈郎弱。怨笛聲聲出林薄。偏隔牆聽著。

惜春郎 用忍盦韻

玉關千里沈消息。似燕雁分席。朱樓坐雨，長亭迷霧，誰念疇昔。織錦迴文曾記得。枉說與孤憶。梨花淡、極月無痕，褪卻茜窗顏色。

醉鄉春 用忍盦第二韻

霜冷上林鴛瓦。猶記去年今夜。譜一曲，太平時，替做海桑閒話。漫把蕪城重畫。春又江南去也。怨楊柳，落梅花，客心日逐江河下。

天門謠 用鷲翁韻

躑躅長干道。訪塔影、蒼茫憑弔。天欲老。冷壯游情抱。看江上烏雲風欲掃。颺盡殘紅愁渺渺。靈犀小。問貯得、春魂多少。

憶夢令 用忍盦韻

酒雨香雲濃沸海。怨月黃無賴。生來杜牧傷春，爲離腸常在。寄興冰蟾外。訝桃花人改。甚拋卻、似水流年，輸翠禽雙黛。

留春令 用漚尹韻

夢迴無恙，幾番風過，一池波縐。不負搴芳十年情，又鄭重、分攜後。細數飛花拚坐久。儘瞢騰春酒。聽罷迴黃醉瓊蘇，問何福、消能彀。

鶴沖天 用忍盦韻

花影寂，酒醒時。雲冷燕雙棲。歡尊人去玳

筵非。歌扇更淒迷。　玉簫遲，銀漢迴。誰識蓬山風景。夢中尋夢境難同。情怯不禁風。

萬里春 用漚尹韻

朝朝莫莫。寄興新移宮羽。笑今年、負了東風，掩梨花門户。　何處消愁去。到湖上、又愁風雨。問美人、果是無愁，料芳心難語。

河傳 用鶩翁韻

門改。春在。認紅闌。楊柳池邊昔年。一鈎月明聞杜鵑。悠然。離歌繞儒絃。　不是東風花不老。都怨道。歲歲天涯草。逐帆飛。人未歸。頻催。斷腸遼水西。

蕃女怨 用忍盦韻

濕雲横抹春色暗。山黛頻斂。酒邊情，眉上語。萬端千緒。醒來清漏一聲聲。耐人聽。

燕瑶池 用忍盦第二韻

前身舊住。蓬山路。樹樹。彩雲飛舞如絮。簾櫳暮。離懷漫語。青驄去。　隔星河、仙緣差誤。憑誰訴。霓裳一曲孤負。情無據。新詞自注。紅牙譜。

以上見《倉庚詞》

卜算子 詠荷花，次白石《梅花八詠》韻

春老夢猶酣，戲逐青雲路。十刹花光照酒尊，鷗鷺閒相與。　可惜質娉婷，癡竚車塵處。贏得詞垣墨客來，寫入金台賦。清末庚戌，入都與友人觴飲於十刹海酒樓，賦荷有云：『可堪清豔娉婷質，癡

佇車聲攘攘中。』

其二

宮闕啓新華，映水樓臺迴。亦有雲裳玉佩裝，不及西泠静。　聯席互傳杯，飽矚居仁景。夢裏葫蘆未許窺，背指煤山影。己卯中夏，與中央師範教育會議，赴讌於新華宮居仁堂。舟過南海，荷花盛開。

其三

初識大明湖，買艇篷低覆。數點芙蕖幾隔離，風態迎秋瘦。　猛憶古滄洲，飛蝶閒吟就。偏是清標雜葦叢，我與孤心透。丁巳夏，赴濟南，買舟獨游大名湖。見湖邊數點疎荷雜叢葦中，有句云：『莫嫌亂葦翳清芬，留取冰珠照明月。』

其四

涼意襲鴛鴦，聯想孤山雪。花壁誰家屋似船，香入虛牕徹。　幾度泛西泠，帶酒隨攀折。一樣亭亭出水姿，託地真清絶。西泠裏湖某氏莊前，荷花極閒静，每游值夏，必往觀之。

其五

講席盋山開，世外閒山落。滿眼朱華似鑑湖，十里塵氛却。　天意倏蒼茫，驟雨狂風惡。重過烏龍潭上游，惆悵情誰覺。金陵盋山舊有尊經、惜陰兩講舍。門外烏龍潭，荷花盛時，士林恒觴詠其間。近卅年來，此景僅成追憶。

其六

花對鬱金堂，依約盧家樣。天子無愁妾莫愁，風月隨心賞。　一局話棋枰，千古留吟想。湖上人家幾廢興，付與蓮娃唱。莫愁湖荷花極盛，爲金陵荷花歷史之最久者，至今猶饒故態。

其七

煙景憶玄湖，溽暑涼風咽。買艇穿花拍櫂歌，一瞬三年別。變態看鍾山，素藕心仍潔。來路牽牽換舊題，花事從誰説。玄武湖荷花，全湖殆遍，亘數十年不衰。近年來鶩五洲之虚名，失名湖之本意，荷花亦因之減色。

其八

講舍繼鍾山，二水迴環細。手種千荷緑滿前，添得閒滋味。罷讀一凭闌，飲露餐風醉。話雨軒前月與花，消領絃歌意。金陵鍾山書院址後爲師範校舍。其地有方塘，爲東北鍾山、西北五台山二水所匯歸。予壬子到校，手種千荷以點綴之。話雨軒爲校友會集之所至，今鞠爲茂草，念之悵然。

以上見《午社詞》

鷓鴣天

佳客偕來若預招。玄湖雲物話蕭寥。早知白石遲雙槳，悔買青山住六朝。東井巷，大中橋。一回神往一魂消。言蘭語石渾閒事，空與西風激怒潮。

前調

玉宇高寒迴不侔。當年廣雅擅風流。文章氣魄今誰嗣，歌舞人家夜未休。羣獸走，萬花羞。横牀煙霧滿江洲。春風秋雨昏無極，孤負黄岡好竹樓。

以上見《民族詩壇》一九三八年一卷一期

前調

舊侶相依似故鄉。海桑閒話坐斜陽。自憐剩腹饒詩意，細數繁花覓睡香。身若贅，志猶昂。病餘未減只清狂。天涯竹實知無那，飲露何曾負鳳凰。

前調

不是泥塗負販姿。清門兒女任披靡。干戈未了來時憒，水火翻滋劫後危。　蠅逐利，犬爭糜。盜泉沈溺匪夷思。茲悲我佛猶相炫，愁煞江南人未歸。

以上見《民族詩壇》一九三八年一卷二期

西江月　懷盧冀野渝州

爭羨匡時偉略，看君西塞車塵。流行愧我等閒身。萬里心知同是未歸人。　撐住看桑老眼，蓼間集久忘辛。袖寒懷竹倚頻頻。癡佇春風還隔遠山雲。

見《民族詩壇》一九四〇年四卷一期

鷓鴣天　書贈梅元

幾月新紅醉若泥。起來扶杖怯腰肢。繫春苦恨游絲短，覓句還因午睡遲。　花照眼，燕窺幃。芳心澹似遠山眉。垂垂榆莢無情思。癡綠層雲老不知。

見《國學商榷》一九四五年一期

淡黃柳

商量邃密。通得詞消息。淺露深藏都格格。自把金鍼度出。留與聲家共相識。　夢花筆。從君狀琴色。止庵後、幾人敵。辨蘭荃、吸取新膏脈。夜夜青鐙，寄心微渺，應並吴江著席。

見《樂府指迷箋釋》題辭

玉并

浣溪紗　閨中即事

貪看巾箱祕本書。倦來黃嫋碧紗廚。斬新眉樣嬾描模。　垂柳鳥巢巢翡翠，落花蛛網網珊瑚。良人偎倚畫闌俱。

梧桐影　自題紅情琴

璧月圓，金風細。今夜美人來不來，梅花彈了還重理。

憶江南

闌干好，圍住小亭紅。搭柳幾絲橫代腕，兕花卍字正當胸。憑徧月明中。

其二

簾櫳好，輭碧勝玻瓈。煑茗鷓鴣香惹袖，挼花蝴蝶粉黏衣。人影認依稀。

其三

秋千好，平地學仙昇。畫板爭高疑弄玉，綵繩吹下誤飛瓊。誰敢賭身輕。

其四

薰鑪好，香奉讀書人。替理芸編分甲乙，同銷梨夢守庚申。寒夜總如春。

連理枝　次和夫子

畫倣貍奴戲。經教鸚哥記。芍藥階前，薔薇架下，赤闌閒倚。換帶羅。賸得許多。長把同心雙締。

菩薩蠻　寄夫子

小樓昨夜東風緊。杏花稀了鶯聲近。憑徧曲闌干。愁腸曲過闌。　那回歸信説。準在紅明節。今已到黄明。誰留醉不行。

如夢令　鸚鵡

放出金籠鸚鵡。翦舌會人言語。我欲懺情禪，輕拂紅絲談塵。驚去。驚去。飛過碧桃花樹。

眼兒媚　海棠

不藏金屋便瑶臺。紅露濕難揩。似靈芸淚，似楊妃汗，似苧蘿顋。　一枝斜戴蘭花鬟，香與步摇挨。胭脂蝶嗅，珊瑚燕覷，鞦韆鶯猜。

梅弄影　自題小影

紅傳明鏡。晃煜光相映。好似百身分潁。轉笑珍哥，自家描倩影。元武宗后遺硯，背鐫珍哥自寫小影。　異時重省。故態誰能證。恐比黄花瘦更。不是詞人，詞人同樣命。

一落索　又一體。憶鄰妹

紅窗睡做神仙費。縮壺中天地。乳鶯偏向遠人啼，夢醒仍千里。　别愁叠叠如山砌。這心窩餘幾。尋思怎化合歡仁，好同貯、桃兒裏。

春曉曲　春閟

東風吹得紅成陣。卻比春愁容易盡。枕中鴛夢暫尋歡，簷上鵲聲難作準。　春宵偏短身偏困。春日越長心越悶。此生修不到梅花，還算並頭蘭有分。

晴偏好　題畫

紅顔偏與花同命。紅愁又與花同病。誰能定。這爲花影春人影。

木蘭花　又一體。觀《木蘭從征》劇

孝烈將軍新色相。兒女英雄仍具兩。紅妝頃刻變戎妝，要與如花人做樣。　莫恨男兒還是假。終勝烏孫公主嫁。當年何不張作仄吾軍，參軍合使黄崇嘏。

齊天樂　家藏善孚齊王孫乘槎載妓圖，中有天游老人《齊天樂》一闋，爲集外之作，至可寶貴。老人，西林覺羅鄂文端曾孫女，寄養顧氏，被選爲幻園貝勒側福晉。楊留垞爲夫子題跋甚詳。老人詞云：『衆香國裏香風起，靈槎御風而下。天女腰肢，維摩眉宇，聞是王孫自寫。欲何爲也。有百八牟尼，一函般若。不著纖塵，屏除一切更嫻雅。　本來心在雲水，現官身説法。恁般瀟灑。不染峰巒，不增泉石，一片青天光射。翠鬟嬌奼。豈謝傅東山，管絃遊冶。載箇人兒，散天花侍者。』偶讀老人集，因補書此詞，并次韻題後

仙姬定是瑶池女，身從有情天下。美媲飛瓊，才侔漱玉，神妙新聲輒寫。生何晚也。幸入夢芝芙，一般般若。側帽風流，與鴛鴦社等儒雅。　西山隨唱最樂，又連鑣賞杏，筆對花寫。暈碧裁紅，搓酥滴粉，劍氣珠光并射。曾見老人杏花堂幅，並題《燕歸梁》一闋，幻園題七古於上。儂雖不奼。顧作瓣香人，像陪金冶。薄命相憐，幼孤如粲者。

菩薩蠻 和人閨怨

紅樓有箇人初起。起來呆立紅樓底。香夢自難成。這回休怪鶯。東風寒側側。小婢催容飭。忽見寶珠茶。幾時開了花。

單調采桑子 題牡丹

燕支多買將花寫，倘與花同。抑比花穠。試問花姑紅不紅。

武陵春 又一體 月夜遊北海

剛罷傷春還疰夏，好事半消磨。女伴催人泛液波。織水艇如梭。笑搦星辰爲澡豆，搓了手重搓。身願趺蓮化許多。且合十、可能麽。

桂殿秋 代簡

山疊翠，柳垂青。遮人望眼不分明。夜來同念金輪咒，妾夢遼西你夢京。

南鄉子 棠院養疴，譜此遣悶

本草當羹湯。五味年來已徧嘗。真箇此身爲苦器，堪傷。消瘦今春甚海棠。移榻就紅芳。綺恨和鸚懺一場。枕簟惹花薰夢去，甜鄉。虧得甜鄉夢亦香。

闌干萬里心 口占慰夫子

同牢人似鳥同棲。了卻塵緣便自飛。但願慈悲大準提。度大西。待化頻伽永不離。平日持準提齋咒，病中迭夢見之。

以上《香珊瑚館詞》

呂景蕙

買陂塘　奉題粟香世丈先生《仌泉倡和集》，即依酬穀厂元韻

展瑤編、詩人循吏，披吟如挹風度。蒼梧幾輩留陳迹，空憶當年烟樹。尋墜緒。仗丹荔黄蕉，渲染新題句。泉清亭古。算石甃銀牀，漫郎去後，賸有蘚痕補。　江鄉好，偶爲蒓鱸小住。前游歷歷堪據。費他多少才人筆，繪出南荒風土。微哦處。怎一樣詞壇，此便金湯固。墨花試舞。看珠玉前頭，箏琶細響，也要雜宮羽。

高陽臺　伯兄《聽雨不寐》元韻，與仲兄和之

静夜簾櫳，薄寒庭院，羅衣不耐更深。乍斷還連，料應灑遍花陰。孰教清漏添如許，一聲聲、冷透詩心。到天明，無限廉纖，無限蕭森。　偶然試寫巴山句，奈頻番剪燭，苦未成吟。卻憶横塘，荷衣零落難禁。小樓曾祝春無恙，潤蒼苔、舊徑堪尋。恨殘更，儘力將愁，壓上羅衾。

浪淘沙　春夜聽雨

雨滴漏聲殘。夢冷闌干。釀花天氣意闌珊。敲碎愁心渾不管，兀是潺潺。　寂寞小屏山。煙水瀰漫。杏花風裏捲簾看。底事重棉猶料峭，乍暖還寒。

滿庭芳　春暮，送玉泉妹赴湘潭

南浦歌殘，河橋煙冷，緑波時盪寒雲。遠山如黛，翠影落芳樽。最是長亭倦柳，一絲絲、織

就離痕。凝眸處，漫天煙絮，似我惜餘春。銷魂。芳草路，夢隨帆遠，愁共詩新。任楝花開遍，摇落江濱。此後潮回湘水，秋風起、可憶鱸蒓。人去也，幾聲柔櫓，寂寞倚黄昏。

百字令 題《望杏樓誌痛編》

文星驚墮，問前身、是否玉樓仙吏。慧業幾生脩得到，紅杏日邊曾倚。江夏方黄，東吴擬陸，衹覺輪英氣。峥嶸如此，聰明何竟遭忌。堪痛劍氣沈埋，珠光黯澹，寂寂杉齋閉。墨瀋淋漓雲變化，誰道神龍見尾。嬴博城遥，望思臺古，一掬西河淚。樓高休上，秋魂一片無際。

滿庭芳 詠並頭蘭，與外子分韻

幽谷分香，晴臯儷色，亭亭顧影無儔。籠煙泣露，雙穗燦枝頭。秀絶清芳共抱，問凡豔、慢鬬風流。長相伴，同心連理，應不替花愁。凝眸。低亞處，芭齊碧暈，跗並紅柔。願此花常好，芳醑濃浮。乞得輕綃珍護，簾波静、莫上銀鈎。南陔畔，好隨萱草，盡日詠忘憂。

摸魚兒 初夏，病中寄外

聽者番、重門寂寂，凉蟾一片任護。厭聞蓮漏聲聲急，況又語鈴如訴。縈别緒。便寫盡鵝箋，難盡相思句。愁懷似煮。正旅館燈昏，深閨夢遠，幾陣黄昏雨。迢迢路。屈指歸期恐誤。金錢遥卜無據。病魂已覺東風惡，忍見亂紅飛絮。閒凝佇。怎纔下心頭，又上儂眉嫵。短長亭樹。想攀徧柔條，歌殘金縷，漸覺風塵苦。

前調　冬夜寄懷泰州凝秋表妹

記當年、艫聲帆影，驪歌悽惻南浦。霜天月落空江冷，最憶長淮煙樹。往歲曾寓清淮，距今八載矣。縈別緒。把尺幅瓊箋，題徧懷人句。離情幾許。正病怯餘寒，風喧敗葉，寂寞掩朱户。

疎欄外，一片涼蟾任護。數聲歸雁斜度。夢魂欲趁江潮去，無奈曉鐘催曙。凝望處。料一樣、夊奩照盡愁眉嫵。何時重晤。待刻燭窗西，評詩硯北，同話聯牀雨。

貂裘换酒　和伯兄都門消寒之作，即依原韻

朋舊徵嘉會。羡豪遊、清狂俊賞，上林春醉。莽莽燕雲風雪地，飲似長鯨吸海。只雷岸、離懷未墜。寒雨蘸愁愁剗月，撫鏡鸞、瘦損清蛾改。飛緑蟻，烹銀膾。故園梅萼依然在。問何時、夜窗刻燭，清吟還再。悟徹浮生如夢霧，着我艱辛卅載。況春日、鶯花無賴。回首關山應悵望，隔雲泥、遥灑西風淚。千里外，鄉心碎。

百字令　題《同音集》

縹緗一卷，似驪珠顆顆，夜光飛吐。鮑謝家風傳誦久，須到鸞箋快覩。鏤月縫雲，搓香團雲，絕唱蘭亭句。玉臺人物，瑶清月姊應妬。

曾記畫舫笙歌，衣香鬒影，半面微波注。去秋，舟次曾晤芳徽，距今一載矣。疇昔湖山供點筆，雅稱詞壇高據。聞在武林與諸名媛有詩社之會。結社評花，褰裾鬬草，疎竹芳梅侣。霓裳同詠，棣花集又重譜。

賀新涼 題醉瞑勺藥圖

夢冷銀屏悄。倩誰描、琴心眉語，瑣窗深窈。紅雨一簾春曣晼，猛被翠鶯驚覺。但鎮日、黛蛾慵掃。花氣微涼人淺醉，賺東風、彈指情天曉。芳意歇，墜歡渺。　紅綃淚濕青樽老。更文園、詩魔酒病，拚將懊惱。只有畫圖聊解事，省識髩雲鬆裊。悵芰尾、餘香空繞。鈿約釵盟今已誤，賸吳綾、半幅想思稿。剗不盡，卷葹草。

買陂塘 暮秋晚眺

悵秋光、年年易老，霜花又飄繡幄。平蕪草沒斜陽道，隱約青山一角。凝愁目。看瘦菊如人，也怕西風惡。愁隨欄曲。正葉響空階，蟲吟暗壁，冷蜨抱香宿。　登臨處，最是晚煙漠漠，歸鴉幾點相續。蘆花吹盡砧聲急，忍令歲華輕逐。憐搖落，把、抹秋容，收入雲箋幅。何時願足。待覓徧奇峰，攜來樽酒，翠袖倚寒竹。

臺城路 歲暮有感，兼懷大兄

綺窗斜透蕭疏影，東風暗吹情緒。眉月窺人，鬢雲壓夢，賸有春魂如絮。淒迷雲樹。歎草草華年，流光難駐。無地埋憂，愁心還逐逝波去。　空庭幾番延佇。雁行天際遠，寒峭如許。薄霧欺煙，棲鴉啼月，點點離痕凝聚。惱人風雨。看憔悴青蛾，鏡鸞慵舞。小立回闌，夜深翠袖護。

貂裘換酒 庚子暮春，薄遊約園，歸後感賦

蟾影晴波側。照分明、千秋青史，一池碧血。

夾水長虹明鏡在，極目迷離遺跡。看踠地、垂楊如織。詞卷長留忠憤氣，約園主人有詞數卷，今已付梓。弔荒邱、擁翠亭邊月。園有擁翠亭，自兵燹後，僅存陳跡。風颯颯，聲嗚咽。重興賴有閨中傑。歷艱辛、肩扶畫棟，手攙殘碣。今約園主人矢志恢復，葺屋數楹，數易寒暑，始覩厥成。蒼翠山光輸粉本，罨盡游絲千尺。正花妥、蜨慵時節。我願攜鋤供汲掃，結芳鄰、待伴幽人窟。春雨細，曉煙濕。

菩薩蠻　題費屺懷夫人秋窗論畫圖兩闋

文紗静掩屏山曲。蘆簾紙閣人如玉。牙管一雙鐫。秋燈注畫箋。百城同坐擁。福慧前生種。此地即瑯環。聯吟且閉關。

其二

金題玉躞搜羅徧。明窗對勘霜毫靚。舊館署盟鷗。重登秋水樓。才名趙平聲管亞。我欲低頭拜。私淑在錢塘。重添一瓣香。蕙於近代閨媛，最仰錢塘汪小蘊夫人。

蜨戀花　寄外

隱約紅窗銀押護。嚦破簾櫳，恨煞黃鶯語。燕子啣將新恨去。萬千心事憑誰訴。舊約榴花芳訊誤。來詞有『榴花照眼，同泛香醪』之句。待卜歸期，試把金錢數。記得銀蟾雙照處。團圞兩字心頭鑄。

前調　秋夜寄外

微雨簾波清夢濕。斷續蟲聲，枕畔和愁說。一片濃霜寒杵急。黄昏人怨秋閨别。紅豆慢拈心似結。寸寸相思，併入眉峰窄。緘得瑶函和淚摺。不情最是團圞月。

前調 送外

窣地簾波春晝午。楊柳無情，緑徧長亭樹。已覺離懷如亂絮。那堪鵾鴂催人去。 莫向金樽傾緑醑。癡立花前，襟袖沾紅雨。 欲話愁心還又住。明朝便是天涯路。

買陂塘 秋夜，寄懷伯兄滬上

甚蕭條、西風容易，吟魂一片無據。井梧摇落楓江冷，幾點歸鴻斜度。閒凝佇叶仄。記刻燭宵深，題徧池塘句。商聲幾許。正黄葉敲愁，疏簾織夢，寂寞渭城樹。 關心處。最是砌蛩絮語。和將清漏如訴。蓴香鱸美江鄉味，憶否故園鷗鷺。牽別緒。賸一抹秋容，認取山眉嫵。聽琴海嶼。待商略扁舟，淞波煙月，同話茜窗語。

貂裘换酒 病中即事，寄呈伯兄

簾押深深護。認宵來、玉蟾影亞，金猊香炷。瞥眼韶華如過客，贏得病魔幾許。只一點、離痕難訴。回首春申江上月，最關心、花蕚樓深處。聯咏地，應重遇。 迷離蜨夢渾無主。怎禁他、風憔月悴，鶯欺燕妬。別有情懷愁未了，付與落花飛絮。賸宛轉、柔腸千縷。倚徧屏山凝望久，大雷書、喜報蘭芽吐。時伯兄得子旬日矣。欣入手，雙魚素。

百字令 秋夜，寄懷仲兄

涼飈起矣，漸西風、吹老半庭秋色。一片離情無着處，付與寒蟬嗚咽。霜葉凝愁，秋花織恨，無賴清砧急。商聲漸警，簾波纔上纖月。最是雷岸書歸，開緘無恙，喜溢眉峰碧。料得客中羈旅味，彼此天涯惜别。零落荷裳，悽迷雲樹，此景何堪説。幾時共醉，玉梅先逗消息。

金縷曲　題緯青遺集

一覽遺珠玉。認前身、瑶華宫裏，芳名萼緑。生本蓮胎遭小劫，偶向塵寰託足。況自古、清才妨福。鏤月裁雲今已矣，讀迴環、我欲爲君哭。泡影散，曇花落。　殘編零縑傷心曲。仗仙才、輯成蘭稿，纏綿盈幅。粲出生花微妙筆，心與浮雲相逐。問聲調、大家誰續。緑竹疎梅同色相，墮秋魂、一夜罡風惡。人世事，原棋局。

菩薩蠻　樓中晚眺

晚鴉幾點捎雲濕。朔風陣陣吹殘雪。清影入窗紗。呼童煑雪花。　疏林棲暝色。一抹炊烟碧。莫倚曲闌干。臨風增暮寒。

金縷曲　題錢夢龜詩集

展卷披吟處。競相看、毫端活現，詩人綺緒。咏絮清才應有幾，誰料而今重覯。更寫出、大家風度。乞得瑶草珍錦篋，滌塵氛、勝讀蘭成賦。鐙影暈，穗千縷。　思君試寫停雲句。聽歸鴉、叫殘涼月，紅凝楓樹。曲曲屏山遥徙倚，咫尺萍蹤待訴。把心事、濃題絹素。放眼蘭閨誰作者，歎浮生、一例皆塵土。容拜倒，詩壇主。

卜算子

足疾纏綿，欲歸不得，悵然于懷，口占小詞一闋，呈兩兄斧正

暑去晚涼生，酒醒人無寐。待向紗橱覓夢還，牆角蟲聲碎。　慢怨雨和風，花落人憔悴。剪剪輕寒薄袂生，點滴離人泪。

滿庭芳

頰暈潮紅，眉消煙翠，盈盈素靨含顰。拈花無力，依約困嬌雲。生就韋娘風度，行歌杳、顧曲何人。回眸處，雙渦微現，一枕印春痕。　殷勤。頻記取，紅箋淚瀉，誰寄温存。恨年年柳色，不解傷春。最是背鐙軟倚，相思字、譜入瑶笙。瓊筵畔，春情一掬，不語總銷魂。

前調

清明

草碧裙腰，花凝人面，緑蔭深處春濃。香塵十里，軟襯踏青驄。垂柳千條空裊，盼長堤、目斷東風。最好是，韶光三月，乳燕話簾櫳。　看依依倦分明曾記得，聲聲杜宇，已是春中。看依依倦蝭，還比人慵。惆悵鶯花漸老，更何堪、別意惶忪。大兄時將北上。儘流連，粘天飛絮，漫逐夕陽紅。

滿江紅

讀《岳武穆王傳》

一代孤臣，空遺得、千秋勁節。憑弔處、青山不老，暮雲萬疊。志吸强金軍百萬，胸吞洛水濤千尺。向長天、遥望北雲飛，增淒切。　今古恨，何從説，千載下，傳忠穴。嘆中原王氣，黯然銷滅。回首滄桑幾更換，傷心世事今非昔，聽墓門、林表杜鵑啼，聲聲血。

菩薩蠻　夏夜即事四闋

緑陰滿院中庭白。碧池流水蟬聲歇。露挹五銖輕。窺窗月轉明。寒蛩何嗚咽。不語凝愁立。倚偏玉闌干。涼螢逗薄紈。

其二

水晶簾挂纖纖月。明星摇漾銀河側。一枕卧松風。緑窗殘夢濃。玉爐香乍燼。燈閃蛾飛影。幾陣晚風涼。芰荷盡日香。

其三

參差竹影横塘立。蕉陰飛上琉璃格。石枕竹匡牀。南華蝶夢涼。瑶堦清露冷。憔悴嫌鸞鏡。不覺月痕西。暗香上翠微。

其四

思親夢繞關山月。迢迢泉路慈容隔。往事不堪思。低徊淚欲滋。燭花摇素影。極目淒涼景。難覓返魂香。寸心怎報償。

高陽臺　咏螢

扇影摇紅，苔痕緑，飈光微度簾旌。薄舞輕飛，依稀墮落殘星。瑶堦濕露冷冷白，點芳塘、砌畔初停。照分明。幾處書燈，幾陣蛩鳴。　隋宫舊跡休重省，騰荒臺堤冷，烟銷餘青。無限低徊，憐伊身世浮萍。閒情擬托寒蟬訴，奈寒蟬、不飄零。逗衣輕。半壁牆陰，一曲圍屏。

滿江紅　中秋

蟾影波光，渾疑是、瑶宫銀闕。舉眼望、星河不動，水天一色。萬里樓臺涵碧水，一鈎簾幙摇紅月。步虚廊、清露正瀼瀼，雲鬟濕。千古鏡，無明滅。人世事，有圓缺。問姮娥仙府，可容人識。金粟光凝香霧滿，玉壺朗照冰輪徹。原良宵、莫促漏聲殘，娱今夕。

金縷曲　玉蝀梅

洗盡凝脂迹。怎無言、孤山斜倚，一枝清絶。冷豔寒容誰得似，豈共凡葩鬭色。料偶被、罡風吹謫。乞得盈盈瑶闕種，琑窗前、疑是玲瓏月。鴻雁過，聲淒切。江城試探春消息。記當時、壽陽粧就，輸他清格。翠袖寒生人獨倚，莫使東風輕別。祇素蝀前生，緑酒釀愁未去，望長天、夢斷羅浮隔。多少事，付横笛。

前調　春光明媚，肝病纏綿，偶作小詞，以誌懷感

緑瘦蒼苔院。晝沉沉、狂花飛撲，重簾休捲。花妥蝀慵人意懶。底事離懷蕭索，正曉睡、被鶯驚逐。藥鼎爐烟今已慣。最難禁、愁損雙蛾緑。思往事，總悵觸。病魂不奈東風惡。忍聽他、幾聲歸燕，此心似繭。料得深宵烟雨後，花底酒香如昨。可知否、有人愁獨。欲向茜窗尋短夢，怕夢魂、不到深閨曲。殘月裏，曉風落。

以上《紉佩軒詩詞草》

朱自清

虞美人　十五年十一月二日

月華如水籠輕霧。人静聞砧杵。瓊樓玉宇説當年。賸有頹垣廢井、草芊芊。天邊野火明還滅。惹起愁千結。行行高柳寂無聲。又是清秋院落、夜三更。

前調　十二月十一日　丙辰年歲次一九七六，十一月十一日。夏曆九月二十日。湜鈔及是首，之距朱先生作此之日，正值半世紀。因記

西風衰柳斜陽影。簾卷重門静。澹雲遠水隔煙嵐。遥望羣山盡處、是江南。　年時消息渾難據。莽莽天涯路。凭闌漫聽亂鴉啼。一任無情無緒、没人知。

前調　十二月二十日

畫樓殘燭催人去。執手都無語。簾前鷩雁一聲寒。記取舊愁新恨、兩眉彎。　逢君只説江南好。月冷花枝嫋。脂車明日隔天涯。卻念江南微雨、夢回時。

編者按：此詞後原附俞平伯改本：『畫樓殘燭催人去。執手淒無語。簾前驚雁一聲寒。認取舊愁新恨、兩眉彎。　相逢只説江南道。待闕鴛鴦好。來朝陌上走輕車。不意江南從此、隔天涯。』

前調　二十八日倚枕竟夕，不能成寐，因賦二闋

天涯消息無憑準。冷暖誰相問。西風草草數行書。此日心情知似、舊時無。　新來秋與人俱瘦。門掩黄昏後。燈前兒女共清歡。獨自斜行小字、勸加餐。隱括内子書中語。

前調　十六年南歸津浦車中作

芙蓉老去秋江暮。江上青無數。片帆長是隔風煙。鎮日悄無人處、倚闌干。　夢魂欲去何時到。月冷關山悄。小樓欹枕背銀燈。怕聽花間更漏、一聲聲。

其二

煙塵千里愁何極。鎮日無消息。可憐弱絮不

禁風。幾度拋家傍路、各西東。一身匏繫長安道。歸思空縈繞。夢魂應不隔關山。卻又衾寒燈灺、漏聲殘。

前調 寧滬車中作

千山一霎頭都白。照徹離人色。宵來陌上走雷車。儘是摩挲兩眼、夢還家。 如今又上江南路。乍聽吴娃語。暗中獨自計歸程。驀地依依怯怯、近鄉情。

前調 寧滬車中，贈盛蘅君

三年相別還相見。乍見翻難辨。殷勤執手語絲長。人世白雲蒼狗、兩茫茫。 君看我已非年少。馬足關河老。與君意氣一時深。惜取眼前光景、莫沈吟。

李白菩薩蠻 十六年五月三十一日

煙籠遠樹渾如羃。青山一桁無顏色。日暮倚樓頭。暗驚天下秋。 半庭黄葉積。陣陣鴉啼急。躑躅計征程。嘶驄何處行。

張志和漁歌子 六月二日

紅樹青山理釣絲。扁舟流水任東西。微雨過，夕陽遲。酡顏一笑脱簑衣。

温庭筠菩薩蠻 六月十日

雲屏玉枕金猊冷。輕勻睡臉羞鸞鏡。依約渡頭山。春風吹夢殘。 纖纖凝皓腕。紅袖高樓晚。芳草滿天涯。繡簾長自垂。

前人更漏子 六月二十三日

錦衾寒，鴛枕膩。紅燭摇摇欲醉。微雨暗，小風喧。紙窗花又殘。　攜手處。江頭路。知否幾番凝佇。一夜夜，一更更。思量夢不成。

前人河傳　七月二日

雙槳。無恙。路迢迢。流水溪橋寂寥。欲言不言魂暗消。朝朝。去來潮兩遭。　碧柳絲絲風裏亂。鶯語緩。望斷歸舟遠。　葉盈枝。花滿蹊。邐迆。昔年郎馬蹄。

韋莊菩薩蠻　九日

春風又緑江南草。游人競放江南櫂。微雨柳如煙。簾前燕子閒。　酒邊明翠靨。宛轉黃鶯舌。揮手水天長。今生老異鄉。

薛昭蘊浣溪沙　十二日

望眼河橋思不禁。滿天飛絮晝愔愔。閒聽流水寫清音。　小雨空催春漲急，朱唇旋浣酒盃深。又看微月上遥岑。

牛嶠菩薩蠻　用原韻　十四日

仙裙雙舞泥金鳳。呢喃燕子驚人夢。狂絮逐風飛。玉驄何日歸。　無言勻粉淚。春入眉峯翠。幾度憶遼陽。金堂日影長。

張泌江城子　八月三日

小紅橋畔見伊行。水盈盈。遠峰青。一縷春雲、低繞碧天生。卻去問卿今許未，輕笑道，莫相驚。

牛希濟生查子　六日

平林餘薄煙，天際山如埽。殘月尚窺人，粉淚流多少。　語喁喁，情悄悄。攜手難分曉。

應念縷金裙，鳳舞雙雙老。

歐陽炯浣溪沙　十月七日

緑暗紅稀絮似煙。眼餳眉倦屢思眠。輕風敲竹小窗前。　翡翠屏閒成獨掩，鴛鴦枕冷惜雲鬟。一心長是在伊邊。

以上《敝帚集》附詞

朱兆蓉

金縷曲　題黄雲裳道裝小影

蓬瀛覽遍詞盈幅。羡汪洋、漢家叔度，貌如冠玉。氣宇軒昂身七尺，瀟灑襟期絶俗。愛坐玩、長松修竹。劍佩雍容多豪態，矧胸羅、書卷三千軸。洵不愧，五經腹。　頻年貰酒相徵逐。到宵來、紅蓮幕下，慣燒官燭。眷戀庭闈欣寫照，何碍綸巾道服。似慨惜、駒馳輕轂。大雅愔愔非逃世，算歸途、聯博娱親目。萊子事，許君續。

黄金縷　題孫小山先生《映雪軒遺草》

文字千秋終不改。回首桑田，容易成滄海。叢桂留香今尚在。開篇髣髴聞謦欬。　貧自能安痴不賣。歷劫餘生，苦苦還詩債。轉眼河山成異代。甯教隔斷仙凡界。

南歌子　題仕女畫幅

寶髻剛梳就，珠簾盡上鈎。悄無人處一凴樓。惟見暮雲秋樹、兩悠悠。　屈指歸來未，寒衣寄到不。梧桐葉子響颼颼。無賴西風著意、做成愁。

八寶妝

題秦散丈小睡足寮圖

千古詩豪，五朝文宿，羨煞洞庭幽處。誰許甜鄉成獨醒，睡足依然萍絮。滄浪聊濯我纓，端正閒身，彈冠憑爾登庸去。況是湖山洵美，偏留人住。　看遍七二芙蓉，者般妙境，寫來都變奇語。助唫嘯、古松倚户，伴瀟灑、脩篁沿路。幾曾有、紅塵暗度。酒酣落筆煙雲舞。把老眼、挼挲新圖，諦視驚人句。

金縷曲

戴子開太姻伯以壺園修禊圖郵寄索題。方與幕僚諸君子續修禊事於平昌署中，退食餘閒，倚醉覓句。內子偶拈一語，適合《金縷曲》起調，爰與連續成之，即用楊古醖師題圖原韻。時辛亥三月也

第二蘭亭記。者。趁芳辰、詩情畫意，壺園修禊。芙。高會耆英人十二，卻合陳摶年紀。者。卻饒有、幾分仙氣。芙。一任流光彈指去，倩丹青、寫上雲藍紙。者。觴詠罷，笑而起。芙。　江山莫問興和廢。者。算悤悤、功名蝸角，芙。韶華婪尾。者。信道人生行樂耳，有酒須當拚醉。芙。身外事、又何牽累。試把銀毫濃蘸墨，倚清狂、題上横斜字。者。工與拙，所不計。芙。

以上《染雪盦遺稿·染雪盦詞》

朱樂之

水龍吟

說詞代序

說詩曾識淵明，千秋祇有坡公到。詩餘詞境，低佪寄托，卷舒懷抱。不着人間，興觀群怨，嘲詼譎笑。更八音和協，相諧律吕，矜孤賞、知音少。　方寸澄清秋水。未沈吟、先空塵表。古今長在，空山流水，酒醒夢杳。唱易成

難，情深語淺，風神遺照。若無絃琴意，悠然遠適，去浮雲杪。

踏莎行

辛巳除夕，與鳳梧、萬里、少季集於交行大樓。萬里自方岩來，少季自皋蘭至。鳳梧謂：『今日之集，君應有詞。』余即席占此解

江國雲深，山城梅早。不關情處春先到。相欣離亂又重逢，重逢可惜人俱老。　別眼盈盈，憂心悄悄。誰知此是長安道。年年綵勝在天涯，今年却在天涯好。

滿庭芳

年前豪家夜宴，倩流人子女贈花。當時眉堪有詞，余見而許之，遂有和作

翠幕輕歌，瓊樓薄醉，今宵粉黛神仙。鵑雲彈淚，千里共嬋娟。一室香花綽約，人行處、散落筵前。誰曾見，狂風墮溷，歡笑倍堪憐人間。當此際，紅情怨誹，緑意纏綿。盡綺窗兒女，知在誰邊。從此飄零慣也，休回望、雲斷江天。深山去，懸崖絶磵，猶是長風烟。

浣溪沙

燈下看鏡裡桃花

鏡裡桃花笑向人。誤將團扇畫生春。移燈紅過醉顏温。　莫憶武陵溪上事，驚瀾轉棹失前津。仙源枉説避嬴秦。

長亭怨慢

留別楊家坪張家花園

記春減、花飛韶序。乍別庭園，緑陰如許。一載勾留，雪泥鴻爪本無主。此時人去。花似惜、人遲暮。　花對有情人，便一夜、飄殘紅雨。且住。向沙坪去也，依舊風光延佇。重回望眼，怕真個、長亭烟樹。何況是、芳草詩塘，怎忘得、夢思佳句。待燕子來時，追問討春情

愫。

滿庭芳 憶杭州

市列珠璣，家盈羅綺，江湖襟帶宫城。鯉魚風起，舟壓浪花腥。聞道吴山立馬，西湖上、百萬提兵。傷心事，冬青麥飯，誰祭漢家陵。人生。生長地，童時戲樂，老去歸情。漫關河回首，噩夢堪驚。幾度花開陌上，歌緩緩、未見人行。何時可，重扶殘醉，一賞宋魚羹。

祝英台近

理冰絃，調玉柱。繡箔映珠户。往事思量，脉脉黯無語。那堪三月鷃花，南朝紫陌，怎都被、啼鵑催去。與君訴。但覺怨慕哀思，别來負情愫。怕倚闌干，清淚猛如許。爲誰收拾繁華，風吹潮捲，賸蕭瑟、江關詞賦。

水調歌頭 八首

美人渺何許，相望海山深。風裳星珮遥想，輕被大雲陰。空對高山流水，曾理金徽玉軫，絃裊女環琴。倏忽顧清影，哀怨有遺音。朱闌迴，紅燭短，翠帷侵。絳河有恨，何事常照十年心。會得言情人老，追與春風年少，搔首費沈吟。人世死前别，此恨最難禁。

其二

去日足惜往，來日大艱難。囊書匣劍零落，來坐翠微間。每向酒邊微笑，更向花邊濺淚，未是異鹽酸。古月照華髮，寸夢繞平川。狎沙鷗，沈畫戟，脱儒冠。韋郎老矣，無復才筆助江山。悵望千秋迅電，回首歡娱若夢，世事幾人間。準擬刺船去，人在海雲邊。

其三

把酒問斜日，不語下中原。餘霞忽散錦綺，化作彩雲斑。舒展江山圖史，潛伏魚龍吟嘯，詩畫徧應删。俯視急流水，閒倚小闌干。　春已暮，人又去，若爲歡。素車白馬，風送天上怒潮寒。誰是神州豪傑，直上舵樓擊檝，飛駛大江還。今古幾多事，回首夜漫漫。

其四

意氣邈霄漢，心契擁烟鬟。紅顔遺棄軒冕，水石卧松關。祇惜西溪偕隱，管領荻花秋雪，摇蕩水雲灣。煙暝織詩句，雲影上魚竿。　泛扁舟，乘野興，去仍還。交蘆庵裡，樊榭收拾兩眉彎。我欲乘雲飛往，又恐天高無路，何處繫歸船。不作人間想，回顧一蒼然。

其五

屋下俯田水，屋後倚山巔。賞心千古高曠，意態展風烟。日射樓臺金碧，月映溪山銀白，綵筆繪青天。野水亂蛙吹，殘夜響紅鵑。　春如夏，醒如醉，室如船。槎頭漫釣，詩成句句盡堪傳。卓午農功小息，斜日兒童放學，人在翠屏間。一綫千燈映，談笑未思眠。

其六

歷盡一江水，看徧萬重山。笙歌當日何處，縹緲下雲輧。山憶人今天上，詞曲新翻水調，風珮曳徽絃。突兀喜高遠，杖履足追攀。　晨拄頰，延爽氣，倚西軒。平生芒屩，欲向魚鳥赴蒼烟。却好雲横匹練，先試黛螺一抹，雲散試冰紈。朝暮陰晴變，一日百回看。

其七

臺榭散巾髮，竹木亂青紅。山田崖岸廻曲，一目望無窮。斜下一行白鷺，輕掠雙翔玄鳥，物性固沖融。雨過瀉飛瀑，分霽飲長虹。倚郊原，攬勝概，俯晴空。高城非遠，飛盖欲駕易相從。開放雲煙窓户，消受溪山歲月，活計發農宗。天到滄溟外，人老醉醒中。

其八

雅志不虚負，世事早無營。願將一丘一壑，一往任平生。須信滄波成陸，本是人生如幻，更莫换浮名。倦鳥喜有托，吾自愛淵明。晚來烟，夜來雨，曉來晴。山丘華屋，回首烟草蔓縱横。少欲此身易足，富貴本非吾願，心與白鷗盟。門外滄浪水，可以濯吾纓。

燕山亭　讀陳萬里新著《瓷器與浙江》并贈

秘色宫窰，《宋會要》：開寶二年，錢惟濬貢金稜秘色瓷器。太平興國二年，惟濬進貢金扣越器。吴越舊甆，《陶録》：越窰，越州所造，始唐代，瓷色青，著美於時。翠奪千峰嵐影。陸龜蒙詩。深淺素青，琢玉鏤冰，修内郊壇猶賸。杭州鳳凰山郊壇下官窰，爲修内司太監邵成章所造。往跡龍潛，久埋没、二難相競。南宋時，龍潛有章生一、生二者，造哥窰、弟窰。蒼靚。門晉器吴塼，黛浮脂凝。杭州寶石山發現晉永康塚中明器。又一塚中發現吴赤烏年塼。　還記聽雨錢江，説遞嬗陶甆，邙墟遺殯。南國誌銘，餘姚上林湖出土王叔文夫人甆墓誌，爲元和五年製，時叔文已貶渝州司户賜死後四年矣。仿製壺尊，唐甆往往有仿三代銅器製者，吴、晉尚未見此風。風雲乍傳宵警。夜話巴山，憶大邑、清堅唐皿。杜甫詩。學問。非祇是、柴官汝定。

齊天樂

題畫菽水園圖，並序

寔父四兄、鄒夫人慧修伉儷邀冀野及余游渝郊菽水園。園爲仁懷詞人張箬農先生池館。詞人著有《枯桐閣詞稿》，絶似周、秦；詩宗温、李，畫仿王、惲，温馨悠遠，想見其人。園中相思明月樓，爲悼愛姬而題。繼游宦關中，中年而逝。詞人即鄒夫人之外祖也。幼時嘗嬉游樓下，今已易主三十年矣。歸後作圖并題此解。冀野、寔父俱有《菽水園游春》曲子

江村風色前朝墅，簾波拂雲低捲。徑發花香，竹摇珮響，燕子重來人换。流光暗轉。賸樓上殘書，蠹侵塵罥。竟夕相思，一彎明月彩雲散。　詞人心力枉盡，奈星河縹緲，紅豆清婉。畫裡銀鉤，吟邊錦瑟，偏是玉簫年短。長安厭倦。待鸚鵡傳言，幾回腸斷。舊雨殘陽，寫留圖畫看。

浣溪沙

題《枯桐閣詞稿》，和卷中鄧雨人題詞韻，與冀野同作

織錦嘔心鳳閣成。念奴鬲指换新聲。朱門低按小秦箏。　懷古風情疑友古，邦卿意境轉耆卿。願同臨桂細重評。

金縷曲

題冀野黑石山《雙調清江引》九曲刻石，爲懷吴碧柳而作

雙調清江奏。寫不盡、白屋深情，黑山懷友。下拜詩人梅花墓，夜照漆燈似晝。天不與、奇才白首。猛地烈風關山黑，乍江潭、摇落桓公柳。凄斷了，半宵漏。　從今漫自耽尊酒。黯銷魂、後事師前，新人送舊。北曲南詞盧參政，珍重遺音不朽。更珍重、聚奎星斗。來往白沙江間路，俯清流、一捋疏髯秀。浮黛影，

浸君袖。

摸魚兒　贈儲又雲

最撩人、洛陽風色，金墉留爾堪住。城頭同攬嵩高翠，雲壑撲人眉宇。携手步。訪古寺雍門，白馬圖騰塑。夷猶往古。撫邙麓荒墟，龍門斷像，太學晉雍礎。　南歸好，載得魏陶幾許。從頭碑誌温故。風塵一夜華鬢刼，鄉國可憐焦土。黃槝渡。又隔岸呼船，争上斜陽浦。隨風墮絮。曷同上山樓，任他風雨，抵足翦燈語。

菩薩蠻　題刻硯背，贈虞琹

雲腴細得如人膩。西清鑑古留遺意。潑墨寫關山。相思烟靄間。　韓陵一片石。歷盡滄桑刼。石上寄相思。此心如石癡。

鬲溪梅令

晚風微舉翠帷侵。茂森森。又是春光抛盡、緑成陰。杜鵑聲已瘖。　夢中詞句醒難尋。寄愁心。漫把盈盈一水、托徽音。夕陽江上深。

風流子

天風吹斷夢，斜陽下、身世老虚舟。記金勒錦韉，重經調馬，畫屏羅扇，曾笑牽牛。遠行客、身隨塵滚滚，心逐水悠悠。秦樹兩行，鵑雲千叠，半輪山月，一曲滄洲。　嫣紅都開遍，江村二月暮，芳意咸休。空悵暮雲南浦，夜雨西樓。况雲破月來，有時有恨，水流花謝，無地無愁。尋徧眉尖心上，無處埋憂。

醜奴兒慢　紅蕉

春陰漸老，還把殘紅留住。是一束、雲箋題翰，欲捲猶舒。解愠南風，吹來可有舊魂無。悲懷緘恨，鵑聲化血，空寄雙魚。　忍記那時，美人初見，未報瓊琚。便消得、繁英落盡，淚盛冰壺。直到而今，凄涼情緒爲君孤。黄梅時節，才晴又雨，隨閉吾廬。

蝶戀花

夜起披衣光皎潔。江上遺戈，山上遺殘堞。誰信南朝青瑣客。獨看天半峨眉月。　身入夔門離浩刼。夜鶴歸來，千嶺荒荒白。絶似鍾陵晴積雪。教人一夕生華髪。

其二

海上去天纔幾尺。似覺神山，早有行人跡。忽地狂風吹海立。驚濤回盪春江檝。　昨夜西池陪羽客。看取尊前，一樣傷離別。樓閣金銀禽獸白。江湖萍梗樊籠翼。

其三

緑葉成陰陰幾許。西蜀櫻桃，也是留春住。青鳥飛來無一語。一紅銜向天涯去。　閒殺畫梁雙燕乳。穩自棲香，倦了差池羽。千萬商量依囑付。人生翻被商量誤。

其四

有客嘉陵江上住。儘有閒情，無奈愁風雨。杜宇聲殘春又去。荷花欲卸紅衣舞。　畏諷憂讒心獨許。攬取長虹，荏苒斜陽暮。國破山河應不負。杜陵淚濺看花句。

浣溪沙 二首

遼鶴千年怨不歸。歌翻麥秀兩歧悲。人民城郭是還非。燕市霜高屠狗盡，延秋風急夜烏啼。眼枯飛電閃旌旗。

其二

一柱東南百戰艱。長壕萬里血花殷。楚山行盡又巴山。天塹金陵銷王氣，地維玉壘轉長安。幾多壯士錦衣還。

阮郎歸 題畫荷，和寔父

菱洲沙外繫船遲。台城煙柳絲。清吟未穩立多時。閒看山歛眉。　牽翠帶，墮紅衣。亭亭青盖欹。冷薰吹夢到江湄。此情知不知。

憶王孫 題畫荷，和寔父韻

暗傷清露泣香紅。舊識行雲春夢中。淪落江南任雨風。素秋空。可惜流光今夜同。

隔浦蓮近拍 題畫荷，用清真韻

高荷浮動羽葆。水濶環幽窈。對此生遐想，芒鞋欲同魚鳥。隨意洲上草。鳴虫鬧。艷冶明池沼。　晚窓小。耽詩困酒，青紅隨筆斜倒。香雲凝夢，又被斷鐘催曉。猛憶重湖恨不到。愁覺。荆沙横斷江表。

新荷葉 題畫荷

細雨輕雷，南薰未暑先秋。秋在毫端，得心隨共天游。拖藍破墨，將清怨、訴與靈修。花光忽折，碧雲滿紙如流。延佇神州，天心自古悠悠。曾幾涼風，可憐吹斷蘋洲。吴鈎看了，看斜陽、忽下西樓。垂虹橋下，何曾人住虛舟。

惜紅衣 題畫玄武湖荷花，贈何奎元

翠蓋邀涼，晶盤浥露，畫成無色。雨戰菰蒲，冷香送離席。胡巾墊角，誰問訊、江南消息。沈寂。詩扇畫橈，忍何時重覓。巴渝倦客。零落楓裙，襟痕早狼藉。檥舟又聽，水閣夜吹笛。可惜舞衣紅墮，夢冷一湖烟碧。快西平軍到，三十六鷗還識。

前調 題畫白荷

鷺立秋心，鷗尋舊夢，花能不白。睡起題詞，冷光沁餘墨。西風乍起，還未捲、雲裳廻雪。延立。香霧暝烟，織晴波搖碧。驚鴻一瞥。環佩淩波，生塵襪羅濕。拈毫試想，故國渺秋色。三十六陂重到，夢裡冷雲誰識。問緑雲深處，可有化城消息。

齊天樂 題畫白荷，贈楊蔭齋

緑雲十里香風度，輕紈乍裁團扇。曲曲銀塘，娟娟皓月，冰柱珠盤何限。青泥水染。任畫舫人歸，菱歌聲斷。一樣心魂，水仙香暗玉梅伴。　畫師俊才太少，數崔滕已往，餘幾筠管。褪粉幽情，調鉛逸興，也寫秋容清遠。菰蒲暗顫。怕玉腕徐來，碧筒頻勸。夜迴波明，水晶簾半捲。

念奴嬌 題畫白荷，贈戴亮吉

橫塘一抹，賞田田圓碧，泠泠烟水。可惜浣花人已去，倚蓋長天無際。暝霧飛涼，芳風消酒，依隱新秋意。擎盤還舞，金人鉛淚如洗。而況粉褪綃衣，珠藏翠卷，冷浸空房墜。白舫清波搖客夢，待覓風痕潮尾。且別開門，香雲不斷，宜與詞仙醉。冰心孤潔，夕陰猶蘸吟袂。

水調歌頭　題畫白荷，寄贈成都羅文謨

明月照溪上，一水碧雲流。縞衣翠葆天然，時世女兒羞。此是留侯風度，疑似何郎傅粉，已覺俗難侔。袖底惠風至，袢暑暗然收。　踏歌詞，淥水曲，採菱謳。銀杯羽化，承取清露掌中浮。安得梅花恁大，同與東林社友，塵外幾追游。切玉試鱸鱠，迴雪狎沙鷗。

南浦　題畫荷葉，贈程俊觀

匀碧鏡中摇，向芳洲，最好風來香滿。顧盼欲迴風，涼雲裡、翻把露盤傾轉。亭亭照影，遺簪更放秋心展。護得圓沙鷗夢穩，便是蓬萊清淺。　年時水榭流徽，記燕飛漢舞，掠波輕翦。忽折砑羅裘，江南岸、一任夕陽紅徧。屏山隔斷，人間幽怨誰曾管。漫把青藍拖滿幅，怕有淚痕難浣。

綺羅香　題西湖荷花

水面承風，波心點月，三十六陂人境。最好歸來，一舸碧窗秋靜。檥斷岸、白雨跳珠，倚水榭、翠奩開鏡。送凌波、俏舞輕綃，嫣然浮動暗香影。　年年湖上舊雨，容我叢祠小住，綠楊垂映。誰信今番，空向野塘摇暝。漫可惜、露泣紅衣，更傷亡、碧泥千頃。問西泠、白髮遺鷗，舊歡曾幾省。

點絳脣 題鴛湖荷花

照水鴛鴦，月波樓下鴛波媚。浪翻香被。驚起鴛鴦睡。　舊夢閒庭，依約留殘醉。荷珠綴。舞衣紅退。不見眉山翠。

念奴嬌 題畫梅，贈程俊觀

山城春色，問寒梅江路，占春多少。一夜陽和吹律轉，嶺上東風剛到。冷蕊幽香，不知甚處，幾點疏花好。江南誰見，謝池明月芳草。
　當日獨抱孤芳，襟期冰雪，那許人知道。清角黃昏疑玉笛，樓上胡床傾倒。千古風流，高情自在，不覺韶光早。羅浮一夢，杜鵑聲裡催曉。

暗香 去年曾賦此調，爲寔父題公彥畫五色梅花。嗣寄成都裝裱，不意中途失去。今年暑假中，公彥復寫一幀，索書前詞。載賡二解，仍用白石翁韻

冷香活色。有翠禽喚起，樓頭橫笛。妙手素心，蓓蕾青紅恐人摘。重打山中畫稿，却難續、清新吟筆。儘見得、天半朱霞，張錦映芳席。　香國。夜岑寂。寫緑萼絳跗，粉痕微積。玉山雨泣。長記冰魂暗相憶。應笑緋桃絶艷，渾未識、晴雲金碧。此一幅、香雪海，衹君悟得。

疏影

朱絃喚玉。向碧窗曉佇，催起雲宿。一點天心，占得春多，情絲翠裊黃竹。五雲深處東風早，開遍了、山南山北。有彩霞、麗日輕籠，不寫折枝幽獨。　回首江南舊事，詩壇幾唱和，

同飲湖緑。一脉清疏，花外行吟，應記水仙祠屋。草堂猶有題詩客，新譜得、蜀州詞曲。喜少年、調鼎微酸，已試䞓紅盈幅。

水龍吟　平居山池，新種紅蓮，葉茂盛而無花。田田緑雲，先生涼意。緩步池邊，幾忘溽暑

半山一曲池塘，偷閒小割冰壺住。有風無雨，無花有葉，有涼無暑。楚楚相依，亭亭俏立，翩翩低舞。任荷紉葵扇，炎情不惹，誰人識、眠鷗鷺。　高下疏籬圍繞，佇雲陰、冷光交互。水兼谷岸，碧兼芳稻，畫兼詩句。刼外仙源，林間心索，香中人語。料明年、更有紅衣皓腕，作荷花主。

浣溪沙　磁溪

一水磁溪彎復彎。層崖缺處見青山。渾疑畫扇掩螺鬟。　村店迎船沙磧上，人家避地石林間。怱忙過後得清閒。

渡江雲　平居新秋曉起

晨鐘鳴太學，田家炊飯，客路斷魂時。一天霞散綺，着色山頭，金碧暈朝曦。衍波麗曲，賦曉寒、先上征衣。餘幾處、殘燈斜月，映不到園扉。　天隨。江聲破睡，蛩語催涼，已做成秋意。容我賞、露晞芳徑，烟斂清溪。江山閒趣追游好，甚近來、舊夢重提。提也遠、漢陰猶未忘機。

前調　渝州秋怨

滄波流夢去，關河晚照，冉冉亂帆斜。白鷗纔幾點，又激酸風，那處認圖沙。銀河漸轉，向韶光、催送年華。何處是、黄花舊徑，門掩野

人家。懸崖。疏萍賸梗，瘴病蠻箋，望長安日下。空自憶、峰多障日，柳暗藏鴉。柔條無限青青色，怕重來、攀折堪嗟。人更遠、殘山倚斷殘霞。

齊天樂 和子大《戊寅歲避兵江行》

亂雲狼藉關山暮，愁心與天俱遠。廢壘沙平，新壕草長，雨帶潮聲春晚。親朋盡散。更怨角吹狂，故鄉橫斷。不及寒鴉，尚棲烟柳夕陽煖。山河依舊入眼。最傷辭廟日，金泥風捲。燧象排空，豐旌蔽日，回首背城堪戰。村醪暫勸。又今夜前村，破荷包飯。賸得毛錐，素書抛萬卷。

滿庭芳 華嚴寺晤陳匪石

香度雲房，水衝石幢，客來步履疏林。經壇風定，旛影晝沈沈。殿角相逢一笑，翻憐惜、別思難禁。無窮意，青山緑水，三省悟禪心。愔愔。懷古遠，破山法乳，聖可遺音。借茶烟半榻，鬢脚蕭森。漫道何時去也，江南夢、屏上侵尋。千秋事，興亡過眼，一例到而今。

高陽臺 新橋訪陳萬里，出示杭州攜來吳越錢王秘色宮瓷、脂奩、粉匣、眉硯等，索詞感賦

明聖湖前，表忠觀外，年年緩緩歸裝。粉蹟脂痕，消磨何限宮粧。常疑人是桃花面，付西陵、織履分香。好收藏。玉匣珠繻，藝苑縹緗。　蛾眉已共青山杳，恐黛螺淡掃，曾染瀟湘。明月羊車，游絲不繫柔腸。可憐又歷塵沙刼，慨西泠、遺事堪傷。最難忘。玉座苔衣，誰薦蒸嘗。

水龍吟　遠眺

楚雲欲斷淮流，楚天祇隔巫山遠。登樓極目，蜀山萬點，通衢千轉。難得年年，舊游今雨，嘉陵江畔。看曹衣風動，吴裝月到，誰真識、江山面。　暗恨韶華偷换。情無言、黄昏庭院。金徽琴引，畫梁燕語，風吹雲散。身在高峰，遺戈殘壘，驚心流盼。料也應憔悴，黄花翠羽，向西風怨。

鷓鴣天

香損紅衣倦倚闌。寒鴉遥帶夕陽還。晚來何事重惆悵，梧葉零零露不乾。　心似錦，月如紈。一方還向醉中看。不因乍醒金閨夢，那識人生負少年。

前調　閒眺

獨立懸崖送暮帆。携將紫翠展浮嵐。一行新雁斜題字，便覺風情迥不凡。　捐畫夾，掩詩匳。不須心力鬥新尖。先生杖履頻來往，胸次烟雲萬壑潛。

齊天樂　聞笛

一聲何處悠揚起，山陽舊廬詞賦。乍咽微風，還遺遠韻，暗把離愁深訴。飄摇又住。更感逝傷懷，頓成凄楚。欲度關山，斷音猶未過江去。　仙人樓上醉倚，吹梅花點雪，乘鶴飛渡。赤壁驚濤，玉門怨柳，風月何曾無主。青溪轉處。怕人識桓伊，踞床沙步。漫截湘筠，昔游誰共語。

前調　蟬

閒吟未了江村曲，殘聲別枝還起。冷透輕綃，烟凝薄鬢，風露高柯堪寄。金梧墜矣。甚衰柳飄揚，一絲遥繫。已脱形骸，遠游塵表尚如此。　銀屏乍回綺夢，爲誰頻怨苦，將斷猶繼。調激音悲，嘶長韵杳，遞訴關山幽意。懸崖逝水。與春晚鵑啼，化成清淚。獨抱秋心，寶箏移素指。

前調　絡緯

暮蟬遠曳殘聲去，黄昏又聞機杼。黛鬢纚絲，青衣製曲，不在芸窗朱户。哀音甚處。在豆蔓瓜叢，緑陰低護。金井闌空，夜來催織響如雨。　孤吟怎生强遣，與無眠怨思，同賦愁緒。欲贈回文，難挑錦字，翻和高城砧杵。更闌倦否。問壓綫催粧，爲誰辛苦。漫咏豳詩，薄寒還振羽。

梅子黄時雨　蟫

香澤銀衣，早時世遠遺，深蟄緗縹。向卷裡追尋，未須人曉。識味偏於無味永，垂垂祇合陳編老。君休笑。篋外錦囊，猶滿殘稿。　誰惱。粉痕狂掃。恨羽陵日曝，芸閣烟裊。看故紙峥嶸，篆紋多少。幾度囊螢乾至死，神仙先讓伊修到。虫天小。登臨一空塵表。

水龍吟　登歌樂山

下方雲海茫茫，數痕浮起修眉緑。昔人到此，天風環珮，飛軿歌樂。我覺孤高，一身突兀，群山低伏。看白雲歸去，排奔翠浪，風雷吼、山川沐。　欲挽銀河赤手，要陰符、閉關重讀。杜陵老矣，感時傷景，長歌當哭。今古無常，江山無恙，中原逐鹿。豈真能容忍，有人傍榻，醉眠酣熟。

臨江仙　題張次珊先生《瞻園詞續》

詞到光宣侔宋格，風騷直邁明清。應同臨桂鼎三分。半塘何處，不見況夔笙。　絶妙花間吟不盡，素絃獨理瑶琴。新聲移我古今情。曲終人遠，江海悵遺音。

八聲甘州　過花崖哀李葆初先生，時已於此下世，忽忽二年矣

對花崖零落故人魂，楚些不能招。況懷人惜往，風雲凄緊，關塞蕭條。悵惘清癯英采，彈淚濕生綃。舊事思邀夢，夢也迢遥。　欲問青山無語，祇斷流嗚咽，似訴南朝。記新亭烟驛，折柳上河橋。待人間、刼灰飛盡，把殘箋斷素當離騷。遺情渺、儘餐英去，此恨難消。

竹馬兒　寄昆明羅莘田

與君記、居仁堂前，舊國杏花春暖。又連鑣北郭，迎薰南海，讎書東觀。自逐征雁西來，朱顔頓老，故人天遠。臨水憶徽音，悵燕山緜邈，白雲横斷。　戰伐何時已，田園枉在，素書零亂。城頭畫角哀怨。恁把愁懷排遣。却賸愛慕餘情，倚聲敲韻，遥寄滇池畔。君知我否，一卧滄江晚。

摸魚兒　寄成都江梵衆

愛江天、幾番渲染，風華恁等娟秀。删除金碧歸疏淡，浙派晚明高手。君去後。已早把、餘縑兩載藏懷袖。風烟邂逅。問山墅歸來，江

湖病起，瘦損沈腰否。行藏事，不是如今始有。浮名何啻塵垢。筆床茶竈安排處，更要净瓶經呪。蓮社友。君不見、淵明難斷惟尊酒。閒雲出岫。想萬里橋邊，百花潭畔，逸興尚依舊。

沁園春 平居漫賦，呈雙修室主人

卜宅沙坪，義發農宗，書蔬魚豬。喜青山歌樂，白雲舒卷，人生意氣，故國平居。花外填詞，樓頭作賦，一室雙修福慧餘。西軒外，問朝來拄笏，爽氣何如。連崗更葺蘧廬。記杜甫、南隣也姓朱。有成蹊桃李，全收芋栗，門前種菜，濠上觀魚。臺閣硃衣，琴絲翠袖，分竹栽梅要自鋤。人間事，笑朝三暮四，戲逐群狙。

滿庭芳 秋日，渝州龍隱村作

落木蕭蕭，平沙渺渺，斷崖烟草微茫。一年佳景，風雨近重陽。我已窮通淡漠，人宛道、無事思量。傷懷處，繡林錦野，日暮上河梁。彷徨。游萬里，深情易感，幽怨難忘。任旁人整帽，笑我疏狂。飲罷何妨醉卧，人間世、別有真鄉。江天曉，風吹酒醒，枕上有餘香。

前調 霧

疑雨疑雲，非烟非靄，半空籠罩漫漫。滿身嵐氣，衣潤不勝寒。秋在模糊極處，渾不辨、低檻危欄。難尋覓，庭園莽蒼，疑泛米家船。茫然。凝望久，微明水際，輕散林端。聽足音空谷，喜有人還。卓午清風過也，遥天澗、日脚初圓。層崖外，山光縹緲，淺黛掃眉彎。

前調　秋懷

無盡江山，無邊風月，無窮往事填膺。心澄秋水，千古共清明。遍地黄花碧草，真堪付、獨客閒行。疏林外，平分斷靄，山貼雁邊横。高城。秋夢遠，連營角起，激楚歌聲。笑襴衫席帽，畢竟何成。無奈壯懷未已，驚遺恨、難向人傾。重回首，長河落日，千里暮雲平。

安公子　渝州九日作

秋老山光净。斜陽穿水池烟暝。雁貼凉雲魚躍處，凋荷摇柄。看點筆、無聲畫境吟秋興。人盡是、刀尺寒衣緊。對萬山千水，不待黄花心警。一往斜川徑。來斟桑落堪君飲。戲馬臺空曾謝客，裁詩相贈。更莫笑、葛巾要倩旁人整。早羞將、短髮還吹鬢。與兵戈關塞，認取山河殘影。

瑞鶴仙　丁丑八月，子大偕余，各携兒女避兵朱門，冬間始循江而上。輾轉江村，幾及一載，方達行在。寔父邀余移住渝郊山堂，忽忽五年。舊雨不來，光景時换，每於夜窗聽雨，離思黯然。感念昔游，作此寄懷

老來消意趣。祇遺興題詞，吟情如故。春衣酒痕污。問寥落關河，醉醒何處。孤城舊侶。也不易、歆燈共語。望白雲、一點相思，化作游絲飛絮。遲暮。黄花明日，白雁重來，九秋風露。情懷更苦。成漂泊，怨覊旅。怪荒田野屋，遺蹤終在，刼换龍華幾度。到而今、人老巴山，倦聽夜雨。

鷓鴣天

江上何人玉笛横。彩雲散盡月華生。凌寒擫孔成三弄，照水澄心欲五更。　初入破，又新聲。感傷何止玉關情。江妃催我騎鯨去，遠岸漁燈傍水明。

浣溪沙

漠漠江天生薄寒。山風吹渡瘴雲還。竹枝榕葉影斑斕。　故國深春歸夢少，故人厚禄得書難。箇中情味耐悲酸。

喜遷鶯 聽收音

歌音悽怨。漫呵壁問天，天都不管。雲脚斜飛，電波微盪，斷續度空何遠。千載琵琶胡語，六代鮮卑詞苑。對此要，動卿雲一曲，光華復旦。　繾綣。君聽取，酒緑燈紅，也似宵鶯囀。舊人何在，新詞唱盡，恁轉珠喉清婉。况是江南流落，還把紅牙低按。可憐甚，任桃蹊柳陌，畫裊團扇。

小重山 重觀《雷夢娜》影劇

褶裯雲裊匝地圓。錦屏春晝暖、認良緣。三生不負有情天。鴛衾外、人在翠壺間。　何事竟相殘。蛾眉傾國易、棄家難。興亡生死話悲歡。前塵影、含淚忍重看。

玉蝴蝶

猛憶舊都行樂，玉泉浮盞，瓊島流音。醉卧團城温殿，那識悲吟。掩歌扇、花光替月，迴舞袖、柳彩摻金。幾歡心。銀鞍調羽，繡户能琴。　如今。浮生一夢，黄粱未熟，豪氣銷沈。休説從前，綺年影事黯塵侵。故園在、蓴肥秋晚，音信杳、雁遠雲深。漫孤斟。壯懷渺渺，愁鬢駸駸。

西平樂　挽江百夔，用清真體韻

宣武斜街，玉皇香閣，記言未覺春賒。議策縱横，郵傳交錯，郎官十載周遮。慨世與滄桑三變，身在巴渝萬里，争知獨向衡陽，憮憮遂賦懷沙。年少風神白晳，車過處、慣使美人嗟。　藥爐經卷，寒燈苦茹，化度覃谿，翠墨欹斜。還永憶、莫愁泛雨，靈谷尋詩，笑與兒童角逐，書畫低回，人過中年感鬢華。吴越弄兵，重逢楚驛，吹墮罡風，目斷湘霞。料得遺情，應憐倦客無家。

水龍吟　自中渡口渡江，登虎崖

小舟横截江流，奔山急峽排雲起。沈沙斷岸，高低茅屋，米鹽孤市。南監飛樓，端居雲表，流離苦志。試追攀絶磴，虎崖雄踞，倚天望、風雲氣。　怪底江山起霧，渡層巒、欲低還逝。夢中游賞，蜀川主宰，嘉陵道子。縑素消砂，關河殘照，水流山峙。看有誰到此，卸帆繫纜，傍危磯檥。

前調　蓼花

小溪流向嘉陵，碧波還繞層崖裏。暮天風色，秋容冷澹，孤懷誰寄。水國蕭疏，白蘋花老，黄蘆雪墜。把餘妍付與，烟汀沙渚，遺芳淺、殘脂媚。　閒攬山光雲影，儘深秋、幾多生意。風欹雨重，數枝低亞，稀疏紅翠。江上推篷，橋邊曳杖，向人烟毯。是西風吹染，離離滿眼，伴霜林醉。

前調 平居同雙修室主人賞菊

素秋風物蕭森，還邀艷質繽紛至。上方佳種，故人高選，飛傳栽此。故國平居，人衣黃白，花衣緋紫。更晴光絢爛，微聞香澤，難安却、嘉名字。說與東籬莫品，恐悠然、一般疏蕊。玉裁金屑，朝濡暮染，綵雲瑰麗。身托靈根，不扶自直，人間得意。應風流長在，年年開處，向紅萸醉。

前調 寄成都虞琴、蒼根，有憶餘園叢菊

錦官江上清秋，芙蓉步障宣華苑。故園叢菊，景星璀璨，卿雲糺縵。朱户黏鷄，春盤生菜，青陽初轉。聽人間一曲，鈞天廣樂，同欣賞、閒絲管。擬倩征鴻寄與，記年時、繁華重换。分携秘種，平居移植，仍堪珍玩。祇惜西窓，秋池雨漲，翦燈人遠。願明年更健，又無風雨，去琴臺畔。

前調 雨晴，望歌樂山

九秋木落風高，嶙峋秀骨孤容傲。雨晴似沐，浮雲收練，峰巒青峭。一抹斜陽，望中遠目，風神輕矯。自峨眉不見，仙人去後，烟霞遠、滄波渺。堪笑一身萍寄，儘吟魂、遠浮江表。將愁供恨，攢眉擁髻，此情多少。羽化巴陵，胸吞雲夢，壯懷縈繞。問何時重攬，龍盤虎踞，未英雄老。

八聲甘州 汾水之戰，任念覺携歸昭和年製彈殼，用以當作花尊

說沈沙折鐵滿江湖。夜起角聲孤。對悲涼鼓吹，淒清官燭，憔悴兵符。突襲汾陽秋雁，飛虜墮雕弧。恁奈黃河曲，半壁儲胥。　歸拾殘戈斷鏃，洗土花漶漫，化作銅觚。問沙場醉卧，曾入帳中無。恨圍棋、遲回命屐，誤飛侵、一着竟先輸。遺年號、鑄昭和字，也算軍儲。

東風第一枝

寔父截梅枝作杖，自鐫『東風第一枝』五字。余戲作此詞，爲杖作解

鐵幹裁冰，蒼枝斷玉，提攜撥啟山路。清癯骨相凝寒，瘦勁綺思得助。登臨未倦，偏愛伴、芒鞋來去。漫惹起、一縷相思，三百故園芳樹。　喜有此、歲寒倚柱。還興動、探花妙緒。尋幽劃破叢苔，攬勝緩支淺渚。分烟度徑，隨處問、江梅開否。更要你、歸叩柴荆，知我捨藏行取。

以上《西谿壬午詞稿》

戚氏

錦江邊。獨客無語寄修椽。古堞鳴笳，斷沙危岸。雨如懸。蕭然。動江關。巫雲慘淡。隔平川。放翁昔日何苦，過此煙景泛吴船。永棄邊塞，重移軍府，壯心遠與雲連。奈辭巢燕翼，無主芳草，春麗湖山。　高館。聽雨潺湲。風過霧散。樹杪百重泉。還留眼、江深白帝，山帶烏蠻。倦風烟。對此麗景，颷輪轉地，飛盖行天。枕江草閣，背麓山堂，荏苒住有詞仙。　曠野棲遲久，驚青鬢白，忍話當年。蜀客歸尋楚峽，早秦人不見武陵源。別來曉敞鸎花，晚親卷簿，惟覺韶光短。輯舊聞、日近長安遠。思往事、迴首難歡。汗漫

遊、猶惜東還。棟花風、且慢送啼鵑。愴江村畔。浮花逝水，夢杳無言。

多麗 和蜕巖

晚天青。四山薄靄冥冥。漸春深、紅稀翠合，斷崖斜隔雲屏。畫堂深、梁棲海燕，書帷靜、星亂流螢。閒放深情，遠游多感，干戈星鬢共凋零。便呼酒、宿酲微解，歸夢総難醒。悠然意，琴絲拂檻，翠篠欹亭。　待黄昏、山窓雨過，更聞澗水泠泠。稻粱寬、深藏鸂鶒，芙蕖小、輕颭蜻蜓。桃李閒蹊，竹梧小徑，怨鵑啼處忍重聽。静垂釣、素絲三尺，牽動一潭星。梅梢月，正留圓照，未破烟汀。

西河 和清真

佳景地。東京夢華重記。龍飛鳳舞到錢塘，兩峰並起。漢家消息廣陵潮，銀濤回盪天際。　玉欄楯，堪徙倚。畫船岸柳曾繫。追從寸夢繞湖山，斷戈廢壘。錢王無復水犀軍，南枝枯瞰烟水。　綺羅蕩漾錦繡市。列珠璣、豪競隣里。此日人間何世。但遥將麗筆，屏山空對。如狎鷺花春游裏。

八聲甘州 和東坡

謝天風吹我蜀川來，年年未成歸。念黄金駿骨，烏衣燕壘，猶戀殘暉。人代茫茫太速，回首事全非。除是津橋客，誰識兵機。　悵望岷峨高處，正雨昏烟重，空翠搖霏。算天成妙手，如此古今稀。感飄零、遊絲萬里，任此身、終與故山違。平生事、應如何説，先已沾衣。

尉遲杯　江行，和清真

江村路。暮色起、目斷晴崖樹。津亭畫燭留君，還入江雲空處。春風似翦，翦不斷、柔條織前浦。傍危檣、燕子歸來，近人偏又飛去。迢遥楚尾吴頭，風吹亂、疏萍短梗重聚。野鶴相看驚相識，休再夢、酣歌醉舞。明朝又、風燈水驛，怨鵑共、嬌鷺各自語。更無人、念我殷勤，舊盟輸與勞侶。

瑞龍吟　和清真

臺城路。還且春水連天，晚鴉藏樹。年年寒食飛花，五侯舊邸，人歸甚處。久凝佇。催散晚吟池館，網縈窗户。忽忙恨別琹書，塵談未了，南朝俊語。郊陌風輪千轉，掩帷閒醉，休尋歌舞。惟愛倦途書來，今雨成故。誰家麗筆，猶夢池塘句。塵昏黯、東山賭墅，青溪邀步。淚逐寒潮去。無眠抱影，迴腸墜緒。玄鬢新霜縷。仍念到，齊梁樓臺烟雨。怨懷寄托，咽風輕絮。

瑣窗寒　和清真

樹影池塘，花光院落，白雲窗户。閒尋舊夢，屧響乍來今雨。述多聞、夜闌未休，向晨笑答黄鸝語。又禁烟時節，踏青挑菜，動人愁旅。朝暮。關情處。甚細雨柔風，日常十五。江村唤酒，换了旗亭詩侶。賞重來、桃李更濃，兔葵燕麥相認否。到春深、祇有楊花，與淚盈尊俎。

大酺　春雨，和清真

對夕陽收，東風悄，玄鳥飛還華屋。江天風色暮，便飄烟摇暝，亂雲低觸。浸濕春衣，涼侵廣袖，迴蕩琴絲窓竹。沈沈黄昏易暗，自吟斟薄醉，倦眠將熟。奈珠箔難歸，畫樓相望，暗傷幽獨。　啼鵑聲更速。歲華似、天馬馳飛轂。漫慨歎、金舖凝露，玉佩凌寒，阻層陰、畫圖留目。避地逃名客，空製得、蜀絃哀曲。最蕭瑟、詩書國。歸夢何處，江上烽塵如菽。檢書正堪炳燭。

芳草渡

客舍晚，又暝失江天，乍回津鼓。看蜀山遥遠，深藏萬里樓櫓。人世離亂苦。休從頭悲訴。飲痛恨，楚客亡秦，獨恃三户。　憂顧。九州太大，虜騎深窺江上去。漫凝望、河崩瀉地，金錢賤如土。夜闌夢醒，暗自勸、快收危慮。起翦燭，聽倦西窓夜雨。

花犯　山村桃花，和清真

短牆邊，低枝照影，堪憐舊情味。露珠圓綴。如淚臉盈盈，傷損妍麗。絳雲紺縷參差倚。條風分愠喜。最惋惜、一蹊紅雨，飄茵黏翠被。　重來看花正多情，無言似有恨，妝成先頳。前度賞，斜陽外、未多摇墜。如何又、暮春暗杳，人住久、鵑聲烟瘴裹。到洞口、忽迷津鼓，浮花隨逝水。

六醜　薔薇謝後作，和清真

笑黄金散盡，悔不早、當筵輕擲。趁春未歸，春歸如迅翼。一夢陳跡。暗記繁華事，斷魂風雨，誤賞心南國。江河瀉地成洪澤。悵惘修門，沈吟故陌。天涯更誰憐惜。對懸崖絶澗，紅翠遥隔。　虚堂人寂。漫魚天暮碧。爲問家何在，長歎息。東風也似征客。送殘英瘁蕊，别飃天極。簪花早、頗羞華幘。重扶起、一架長條裊裊，幾番傾側。飄零後、莫溯歸汐。漸暗熏、轉送香紅至，蓮花悟得。

蘭陵王　柳，和清真

柳絲直。摇影長堤漾碧。年華久，朝雨晚晴，猶綰斜陽映紅色。前塵緬上國。曾識。鵷鸞舊客。山城外，沙雁塞鴻，繫足何曾見書尺。　江潭舊行跡。念踠地垂條，攀贈離席。荒村誰與追寒食。思一箭春去，絮飛萍轉，人生離會在堠驛。倀天限南北。　惻惻。暮愁積。又倚馬河橋，津渡沈寂。烟帆渺渺知何極。況玉塞調羽，舊廬聞笛。尋思春夢，徧淚雨，夜半滴。

望海潮　渝州，和壯翳

山雄巴郡，江高巫峽，登臨顧盼雙流。船泊霧中，人行樹杪，晴烟萬竈渝州。山月半輪秋。又津亭送客，乍轉歸舟。入蜀楊妃，紅塵江路荔支樓。　追隨墮地旄頭。聽殘聲鵑怨，清淚猿愁。春樹暮雲，秋池夜雨，曾經詩袖重酬。閒處得天游。向頹垣斷瓦，今古夷猶。祇有青山未改，塵夢醒遺鷗。

小梅花

長城雪。長安月。金甌完固無傷缺。棄昇州。到渝州。江水無情淘盡古今愁。殘壕戰骨生塵土。少婦城南猶歌舞。柳營屯。棘門軍。萬里晴空咫尺起烟塵。楊花薄。梨花落。尊前往事難忘却。巫山冥。楚山晴。疑雲疑雨從古未分明。舊時花發閒庭院。人去天涯春不管。念奴嬌。惜奴嬌。一縷黃金無計遣春宵。

鷓鴣天 清明雨雪

如水流雲匝地來。迴廊延竚冷侵鞵。桃花落後清明雪，疑是梨雲天上栽。 青眼迴，白眉開。謝家風絮女郎才。靈和殿裏春誰主，一抹殘山青未揩。

虞美人

江山修阻離京洛。無限波濤惡。鈿車荒埭走輕雷。風急峨眉殘雪、上衣來。 等閒田野棲遲慣。來去無拘管。衹憐春半不還家。人世感時恨別、送年華。

南歌子

水國舟中市，山崖樹杪街。楚山行盡蜀山來。休向孤雲落照、傍琹臺。 地有江山趣，人多恨別懷。中天月色爲誰開。今夜銀屏畫扇、莫相猜。

還京樂 和清真

送春晚，忍把銀箏麗曲還再理。奈妙移金雁，素心隔遠，新詞空費。拭寶蟬塵際。朱絃懺急黃絁委。恨舊譜，攙有去燕、歸鴻淒淚。問風濤底。送年年多少，江東過客，流人羈旅世味。 劉郎去日新栽，近玄都、更多桃李。漫凝神、空黛色皴山，柔情繪水。縱有生花筆，丹青難畫人悴。

惜餘春慢

細雨浮魚，微風低燕，乍緑春陰庭院。無情遠樹，有恨遥天，怊悵綺思難遣。還似長安少年，車馬輕肥，五陵相見。恁如今長是，登臨懷想，雁沈書遠。　真可惜、枝上殘英，無多悠久，引起詞人哀怨。淡紅斜日，淺碧柔波，約住晚雲千片。争向花陰夢回，刻意傷春，翠眉慵展。倩游絲一縷，尋春歸路，把春攔轉。

滿庭芳　夏日山居，和清真

麥浪初平，蕉書剛展，翠巒漾海澄圓。地蒸山潤，脚底晚横煙。斷送殘英落盡，柔波暖、鳴水濺濺。閒情味，琅玕幾箇，人在小書船。　今年。生事换，新詞按譜，敗筆成椽。且從頭追賞，莫放尊前。隨分夷猶自悦，悠然忘、却在無絃。微吟罷，涼風夕起，支枕北窗眠。

前調　東坡韻

六合蒼茫，隨風一葉，颯然飄墮岷峨。飛崖環水，人遠亂山多。歲歲覉旅况味，早諳得、僰語巴歌。閒吟望，孤峰突兀，心地見平坡。　無何。春又去，舊遊似塵，急景如梭。問人生何處，可定風波。拚到超然物外，榮枯事、一笑南柯。聊相許，絲綸滿卷，堪與織烟蓑。

換巢鸞鳳　寄凌眉堪，用壯翳贈緗蘅韻

春樹晴皋。想京塵未浣，似草征袍。驪歌朝雨細，龍戰陣雲高。相思空惹夢魂勞。自今我聞狂風怒濤。沈吟久，過斷雁、數行書到。　芳草。人遠道。還是綺年，刷鬢膠青好。付與銀箏，莫彈金縷，深怕吴霜催早。欲寄臨

行又開封，神交心素應長保。哀江南，慨蘭成、一賦身老。

壯心難託。兼江天浪逐，暮潮音邈。念麗景、烟雨南朝，偏臺榭頡頏，綺羅迴薄。燕子春燈，罷文酒、還酬離索。別無言畫省，忍記去時，淚遍階藥。

解連環 和清真

盈盈水生下若。任斜陽蔓草，孤起寒角。問後約、遥向眠鷗，有如此江山，恁地忘却。雁足相思，更未寄、官梅紅萼。遺閒愁、聽風聽雨，暮春院落。

前調 燕，和玉田

過江春晚。悵雲天浩渺，舊游分散。人喚起、處處無家，正花暝柳昏，水遥山遠。惋惜空梁，淚寄與、泥痕千點。更差池不定，因循負了，主人青眼。

誰憐旅情繾綣。甚絲魂絮影，與鵑啼怨。翦翠羽、謝客紅橋，想如水春光，故園應轉。漫敢棲遲，待碧海、澄清重見。怕輸他、沙上眠鷗，素衣掩捲。

水龍吟 楊花，東坡和質夫均

夢殘如絮如綿，斜陽照影紛紛墜。因風漸起，無聲有韻，謝娘詩思。合與梅花，一春相伴，畫堂深閉。柰飄零未了，低將委路，東風過、重扶起。

也是如花飛盡，恠春池、遺痕萍綴。地衣鋪錦，香團滾雪，裁成偏碎。訴與春風，春風不管，暗隨流水。是離魂倩與，黏衣惹袖，遍情人淚。

解連環 送陳萬里游陽銅，用夢窓贈石帚韵

寸眉愁結。望江村斷目，迴天無極。向廣陌、

一霎征輪，便無數亂山，夕陽風色。舊雨江湖，戰塵黯、荆南燕北。去高峰獨秀，畫稿製成，故人相憶。　依然歲華暗擲。聽驪歌再疊，青鬢今白。遣自吟、自賞情懷，又展卷自題，麝痕凝碧。畫檝灘江，帶晚雨、春潮寒汐。料歸程、路餐夜宿，定應夢得。

水龍吟　孤雁，東坡韵

後飛望斷龍湫路，人外相呼嘹唳。金波漸淡，玉繩低轉，數聲應至。回首衡陽，平沙棲宿，水田菰米。恐低回雁蕩，傷弓流羽，蒹葭裡、神驚起。　河漢迢遥萬里。更年年、素書難寄。重雲相失，還憐孤影，已疏難綴。塞北春陰，江南日暮，空潭寒水。幸能鳴才調，主人不殺，墮離情淚。

鷓鴣天

雨過軒庭緑暗滋。水生涼浸芰荷衣。向人酒面温暾意，入座煙唇繚繞姿。　人語懶，夢行遲。山堂新緒有誰知。最憐世事成流水，更愛風光是舊時。

臨江仙　後主韵

紅英窣地春誰主，長堤草長鷺飛。荒雞啼徹小窗西。翠簾朱户，空悵暮雲垂。　山月不知人事改，照殘煙樹凄迷。斷魂閒逐弄潮兒。啼鵑催醒，蘭燼揔依依。

前調　黄桷樹

圓盖亭亭崖上立，信知大樹將軍。畫圖無此緑如雲。孤根纏斷石，密葉蔭行人。　夏日枝頭宜點雪，清芬移植蘭蓀。素秋凝碧綰斜曛。從知摇落易，翻恨早生春。

前調

舊雨江湖烟水濶，亂山點點新愁。緘書未寄怕成仇。五更清淚，寄與枕函收。　誰信鷺花三月暮，而今景似殘秋。蜀天濃霧白人頭。瓶笙聽倦，無意倚寒流。

八六子　雨晴寄懷城中子大，用補之《琴趣》韻

晚風晴。斷雲分霽，入山歸去如征。正淚濕蕉翰凝紅，波定秧鍼翦翠，殘春斷魂暗驚。郊原景色澄清。陌上芳菲歸思，江南烟雨深情。念舊侶歡游，暮雲鴻雁，幾人幽聚，水上疏萍。高城遠、賴把郵籤細貼，從教積愫重傾。夢還醒。移時夢痕又生。

一菆花　東坡韻

花開花落自年年。濺淚染暄妍。南薰五兩誰曾解，暗吹到、闌角籬邊。萱草數叢，紅蕉幾卷，梧葉午陰圓。　朝陽樓閣界青山。白鳥點蒼烟。臨江綺陌隨崖轉，恠車馬、接軫争先。投老未歸，寬閒自適，殘夢醒時眠。

摸魚兒　稼軒韵

怎能禁、夢中烟雨。尋春春早將去。春燈曲畔秋笳起，驚散燕鷺無數。憐去住。恠滿袖、霜花飄落天涯路。千言萬語。算過眼南朝，金蓮瓊樹，影事委泥絮。　華胥夢，一誤何堪再誤。沈吟還怕春妒。銀箏無限傷心調，悔肯向人輕訴。中夜舞。更莫賦、江山信美非吾土。離愁最苦。望舊日歡踪，寒蕪青磷，忍

見在何處。

念奴嬌　稼軒韵

一江萍絮，記來時、不雨不晴時節。偏地青蕪迷去路，夢轉潮音還怯。殘照春山，畫屏秋水，人世生前別。樓臺依舊，故家歸燕曾説。　淚從此事與星移，春隨人杳，顧影虛明月。與滄波同注海，愁與雲山重迭。擁髻燈前，戍笳風裏，心已無言折。吴孃暮雨，曲終青鏡華髮。

祝英臺近　稼軒韻

赤欄橋，芳草渡。帆影亂前浦。客舍青青，無計遣朝雨。傷心最是離人，人今何在，願松桂、也留人住。　夢中覷。千點城上青山，城西更無數。彈罷陽關，默默向誰語。思量祇有今朝，屏山狼籍，繞窮塞、都難歸去。

曲玉管

夜雨連吴，寒潮入楚，高流峻峽長江水。水上石尤風惡，濤捲荒磯。濺珠璣。　温嶠東征，桓公西上，流人又忍神州淚。峴首山前，暮靄遮斷斜暉。墮殘碑。　二水千山，望天外、冥鴻何處，羽書不斷飛來，材官戰馬馳歸。陣雲垂。每徘徊光景，枉負平生湖海，十年心緒，此日情懷，説與誰知。

洞仙歌　沙坪書堂晝見

生衣短袖，染吴江春水。生就修眉遠山翠。啟書囊、臨鏡照影徘徊，凝睇問，玉女明星孰美。　彄環金鑽艷，暗繫紅絲，新鏨名兒約纖指。相與掠犀梳、雙辮編成，笑猶是、昨朝風致。正不在、同歸比肩行，在温故知新、更多情思。

東風齊著力

孤嶼城高，雙流津合，鈿轂乘船。山樓倚麓，三面水雲灣。處處笙簧歌舞，良宵永、到曉猶歡。銅街畔，珠簾半捲，淺絳屏山。　磐石急流湍。舟過處、縴横險惡危灘。霧迷五里，咫尺晻層巒。壁下波輪水碓，香秔熟、金玉澄鮮。凝成雨，江深艸閣，五月仍寒。

綺寮怨　懷仲青，用清真韵

凜凜江風吹夢，酒和殘夢醒。記那日、走馬蘭臺，移春去、暗换園亭。當時抽簪珥筆，書千紙、麝墨熒鬟青。　念去年、水國離筵，銀荷畔、暗挹雙淚盈。　未信亂邦去程。關山間阻，何緣再許投瓊。對月歌清。捻金雁、忍重聽。貞元故人何在，訴未盡、舊時情。迢遥風城。雙魚錦字斷、朝露零。

紫玉簫　夏日悠然亭陪雙修室主小坐，和補之《琹趣》韵

蕉卷舒丹，葵紋雕玉，牽牛柔蔓輕盈。悠然小坐，賞四圍花雨，翠幄凉生。看西山好，曾賜與、拄笏嘉名。忘歸去，離思遠懷，别樣關情。　浮生倦問江海，休忍負清和，綺夢無憑。寬閒晝永，聽燕雛鳩婦，近换新聲。到華胥裡，容展簟、數尺冰瓊。功名事，猶在後頭，不待心驚。

一叢花　和六一

門前江水遠無窮。殘緑比情濃。鴛機織就迴

紋錦，遺誰寄、烟靄冥蒙。玉塞控弦，銀瓶索酒，塵黯舊游蹤。　青天碧海夜溶溶。曾幾夢魂通。金徽怕理相思引，恐還是、翠幕房櫳。踏浪弄潮，早知有信，帆飽一江風。

尾犯　又懷仲青，用《樂章》韻

茂苑別朝班，江水路遥，人境離索。一髮殘山，寄相思難貌。人暗老、星移物换，攬韶光、紅凋翠落。最傷懷處，忍把詩畫，恁等閒抛却。　情人應念我。信尺素、義重然諾。悔不當初，與青山相約。甚時已、銀髯如戟，把清尊、微憎箸酌。願仍歡會，與我簪筆修淵博。

滿庭芳　余於宣統三年與王少季往來於燕市，今已三十三年，重逢渝州。昔東坡重遇劉仲達於泗上，回思眉山相晤之日，正三十三年。爲製《滿庭芳》詞，今用其韻，併仍以三十三年爲起句。

三十三年，關山鞭影，鏡波沙鳥烟帆。佩珠相見，千縷襞征衫。我自江村放散，君還是、不厭塵凡。翻凝望，晴空玉壘，西嶺雪窓銜。　巉巉。峰轉處，瓊樓翠幄，古洞層嵓。况黄梅細雨，春晚纖纖。來去從游水國，尊前語、悲喜相攙。歸思遠，三更夢阻，屏上繞松杉。

念奴嬌　東坡韻

怒濤狂湧，記一時過盡，江東人物。萬里經游龍戰地，蛇鳥虛懸絶壁。折鐵荒壕，連空遠堠，衣涴胡天雪。菰蘆千里，此中應有奇傑。　休念去國芳菲，落花風景，陌上歌仍發。烈士暮年心事淡，一刺懷中磨滅。過眼浮雲，憂來惜往，負了青青髮。升沈休問，關河留恨今月。

鶯啼序　龕眉堪，夢窗韵

良宵漸催箭曉，數疏星掛户。攬衣起、重賞瑶篇，似説風會何暮。轉韶序、商飈換却，江潭舊日青青樹。記程程秋夢，悠揚漫隨萍絮。

十載南朝，謝屐幾緉，向清塵翠霧。慣無語、邀笛青溪，俊人三弄心素。展雲屏、山光水色，罷絲竹、鈿徽金縷。歎飄蓬，青瑣蘭臺，散行鵷鷺。

虚塋暗老，破鏡還明，水村寄倦旅。薄醉後、莫思身外，地遠山峻，阻絶銀河，捲殘零雨。横江浪惡，蒲帆斜卸，驚濤一起三山没，引箜篌、鼓曲公無渡。家山念破，依稀彩筆鴻泥，舊跡黯暈苔土。

懸崖迴目，落日孤雲，又晚涼縞苧。再浣濯、襟痕詩唾，尚有餘情，看賽神巫，戀歌蠻舞。南宫故事，西泠遺恨，哀絃彈與金雁怨，已晴絲、千尺縈筝柱。殷勤裁翦秋詞，水墨羅巾，贈題是否。

人月圓　第春女公于歸之喜

客來萬水千山外，隨喜到君家。風烟喬木，庭階瓊樹，道藴才華。　紅箋持贈，氷痕玉質，翠袖丹砂。鳳奩鸞鏡，月圓花好，雙引流霞。

臨江仙　同上

欲試眉山深淺，還憑胸壑嵯峨。燈前却扇展微波。前生同命鳥，此夕定情歌。　曾仰大家箴誡，爲圖修篠高柯。文鴛詩雁教鳴和。壯懷兒女事，談笑復山河。

高陽臺　瀘州旅思

褪粉樓臺，平蕪院落，橫山曲水低雲。風颭茶烟，幾家燈火晨昏。高柯不語興衰事，任人間、笑裏啼痕。到殘秋，難遣情懷，更過濃春。

流人江上難歸去，説乘流多難，浮海揚塵。獨倚危欄，年華枉付勞薪。游絲欲繞江南夢，怕江南、又有驚魂。莫思量，且注芳尊，且住吟身。

前調　寔父以和詞約往平居度歲，藉詞和答

霧脚催寒，山容斂暝，遥情暗入蒼雲。猶是曇天，明鐙易上黄昏。往年慣做鷗波夢，到今年、夢也無痕。好韶光，不管流年，又轉陽春。

人生只是離愁苦，况酒邊風色，燭外音塵。想得新槐，遺柯應束成薪。歲除準擬沙坪去，

約梅花、同返冰魂。僅倘佯，襟抱開懷，雲水抽身。

前調　小住瀘州將及一載，又倚裝欲往渝州，留別眉叔，並簡寔父，仍用前韻

薜荔垂簾，峰巒入檻，倚樓極目風雲。江上波濤，朝朝霧曉烟昏。一年塵事渾疑夢，動離愁、夢攪心痕。最無憑，萬刼清遊，一霎殘春。

明知小別歸非易，奈垂天迅羽，縮地輕塵。故園平居，小園許息勞薪。庾郎吟賦哀遲暮，憶平生、多少銷魂。話西窗，雨漲秋池，重寄閒身。

高山流水　贈寔父，夢窗均

興來彩筆倚春風。寫新詞、佳意蘢蔥。吟罷定場聲，銀箏柱換斜鴻。華筵畔、攏碧挑紅。

文鴛侶，猶見嬋娟二八，今夕房櫳。似連琴海上，緑水比情濃。　詞中。偷聲更添字，已暗解、换羽移宫。雲錦起迴瀾，賞音拍唾花茸。乍神來、語淺辭工。鳳臺上，邀住舊時月色，瀲灔瑶鍾。這平居也，好歸夢、應疏慵。

一萼紅　答寔父歸思，草窓均

晚窓幽。望流雲不斷，歸思未能休。冉冉斜陽，雍雍去雁，天意如此悠悠。過江上、征帆點點，問滄波、那點是歸舟。欲寫荒寒，敗蘆衰草，添入新愁。　楊柳於人舒眼，憶裁詩東閣，灑淚西州。小艷猶嬌，疏香未減，霞錦紅散層樓。爲問伊、孤山放鶴，應笑我、何事苦羈遊。此日芳尊太淺，難以銷憂。

金縷曲　答寔父，稼軒均

萬縷台城柳。恨春風、年年吹緑，幾回陽九。寥落江山成孤往，朝雨輕塵分手。笑殿上、風流如舊。羌笛陽關何須怨，只難堪、摇落江潭後。傷往事，惜今有。　關河行役諳雄秀。欠難登、峨眉汶嶺，名山知否。詞與離情同入夢，藉慰心雲歸岫。莫坐上、再還搔首。我已年今垂耳順，要扁舟、去也人長久。非爲飲，尊鱸酒。

過秦樓　清真均

紫陌風生，玉門寒至，向雪晚潮聲斷。爐温獸炭，户織冰花，敗篋尚藏紈扇。回盼照水秦樓，長夕無眠，滴殘銀箭。恨山川不語，鵠來風阻，雁歸雲遠。　魂夢落、塞北風烟，江東雲樹，幾處戰紅重染。巫雲蔽日，秦棧繁霜，隔嶺曉笳悽變。惟待行空寄書，雙鯉能傳，孤鸞難倩。看東流渺渺，輸與蒲帆數點。

前調　和潭秋均

錦瑟生塵，碧欄藏霧，夢覺影燈成暈。微波往事，過隙流光，慢褪畫堂金粉。人定細訴年華，佳曲重裁，別添新恨。記風臺月榭，詩成人散，暗飄蘭燼。　還見説、墜落旆頭，飛還金鑑，怕聽柳城梅信。椒盤綵小，葭管灰殘，荆楚歲時無盡。回首東京夢華，重趁梳妝，今還明靚。要當筵酒滿，休染吴霜到鬢。

少年遊　書晚興，寔父均

斷雲歸雨過危欄。人重晚晴天。綺疏黄昏，笑顏命酒，且放好懷寬。　東皇欲問梅花訊，瓶上綻春寒。背轉銀燈，分明乍見，新月滿層簷。

絳都春

春心錦幔。記鶯囀夢回，天長風暖。旋翦嫁衣，携得瓊枝栽梅館。拈花默訴花王願。正三月、天花零亂。艷陽樓閣，山環水繞，雨晴雲縵。　曾見。蘭叢少小，愛池上鬥草，歸來歌緩。翠被繡屏，金屋嬌深天香盎。藏春塢裏春長滿。鏡波映、春山眉展。竝禽飛上層霄，彩雲畫苑。

摸魚兒　戲贈琛弟並索寔父一笑，蜕巖均

喜佳期、畫船風轉，春衣催翦輕輭。三生石上如花眷，猩色錦屏春暖。書不卷。且放入、金泥翠羽乘鸞扇。年華嫵婉。問玉鏡臺前，水

晶簾畔，黛色恁清淺。平湖岸。甚處梅溪舊館。春風無賴吹懶。好春長在人長健，行坐天花飛散。君不見。見繚繞、春雲瑣住宜春苑。春波漾晚。料荷盖藏鴛，杏梁棲燕，雁足未天遠。

九張機　題自畫小册贈寔父

一張機。風光流轉女桑稀。從頭尺幅收千里，嶄新杼軸，無邊景物，能不憶當時。

兩張機。水高山峻悄尋思。滄江一卧鷺風色，遥山皴黛，柔情織水，難以洽珠璣。

三張機。春山萬里繞晴絲。晴絲怎繫柔條住，筆尖一髮，心頭萬緒，水墨錯花兒。

四張機。投梭綵影織參差。銀燈翠幕深宵聚，一般素質，千般麗景，各自費沈思。

五張機。將成羅綺更題詩。詩中欲織廻文錦，怕人未解，傳音漫與，寧使少人知。

六張機。舊機還在鳳城西。伶俜十載移棲息，如何偏恁，雲屏團扇，獨立咏多時。

七張機。七襄雲錦雁初飛。無端銀漢風波惡，年年長是，酸風苦雨，誰識畫中詩。

八張機。雲山在眼錦書遲。妝成嫁與情人去，憑將緗裹，莫教蟫損，長此照鬚眉。

九張機。梅花三百草堂詩。歸來扶醉尋花徑，一家春釀，舊時月色，同唱好詞兒。

念奴嬌　戊子重九，邵潭秋、朱君文約重大師友十五人登嘯龍頂聖泉寺秋禊。余與寔父因風雨未赴，分余韵，得『息』字

登山秋禊，又絶憐風雨，聯吟裹屐。冷淡黃花偏有信，衹是暄晴難即。漉酒烏巾，隨風紗

帽，猶未風流息。巘雲高瑣，禪房知否塵跡。山庭白雁玄猿，江高天遠，懶賦參軍筆。人世幾回開口笑，明歲此歡誰得。往事休論，好懷開處，繫住西趖日。引尊歡喜，紫萸傳賜今夕。

鷓鴣天　讀匪石近三年詞有贈

倦鶴閒鷗不世情。棲遲禪榻忍伶俜。云歸幕燕烏衣巷，又聽雲鵑蔓子城。深雨霧，幻陰晴。江天寬處陣雲明。神來一瞥徐黃筆，猶恐冬心畫不成。

沁園春　和匪石

雲斷笙歌，崖東蕘溪，懷向誰開。幸浮生慧命，觀濤翻海，間關避地，種菜盈階。庠帶梯田，兵藏洞壑，還慶書香時一來。何堪憶，又亂烟蔣阜，濁水秦淮。荒臺。夢思氛埃。任江上、青山一髮揩。對舊情契濶，裁詩懷遠，新知談笑，注酒呼儕。景易馳流，人難再好，杖策尋幽撥徑苔。平生事，怨山丘華屋，零落蒿萊。

滿江紅　和匪石《己丑立秋》

碧水嘉陵，觀吴畫、古今一色。何勞問、西泠烟抹，北湖沙積。萬里晴陰迷咫尺，一年音信無鱗翼。賦衍波、箋上曉凉詞，尋消息。千秋怨，江流石。無窮恨，流離客。悵歲華天錦，明河星夕。散綺餘霞仙嶺赤，滴梧疏雨塵窓黑。聽啼秋、絡緯憶寒砧，欄杆側。

瑞鶴仙　寄補氏還童丸與北京張寔父

亂山千片褶。寄小草當歸，静心眠食。研硃

浸山骨，問紐銜紅綬，可曾凝碧。黄壚舊跡。更忍聽、鄰家玉笛。自津亭、攀折垂楊，幾看畫中離色。　憐惜。參差林燕，葛帔西華，寸腸難結。囊書蠹帙。餘香在，総相識。要秋池漲雨，西窗重話，還慰江南勸客。過征鴻、報我平安，萬金抵得。

離別難　西南博物院鑑定文物後，同鄧只淳、葉石森、孫海波觀川劇，並送其歸北碚師院

花瘁草衰急迫，催人外年光。倚旗亭、迅轂分張。渺征塗、江樹鬱蒼蒼。記相對、繡陌樓頭，觀摩唐皿，開闔吴裝。愛才華、晚惜遺痕殘韵，歸夢好思量。　情繾綣，境迷茫。塹緘封、錦帶芸囊。賞生風畫筆吴水，縉雲山無語染斜陽。念小顧、秀眼修眉，紅牙哀怨，難翦柔腸。佇望際、冉冉鵷翎折上，今古恨偏長。

倦尋芳　寄北碚師院吴則虞

夜窗話雨，猶挹餘芬，染浸襟袖。過盡殘秋，難遣倦懷時候。一水當風吴畫麗，千山出霧曹衣秀。費思量，記宫裁院體，古今難又。　與誰語、茶烟初颺，濁酒微醺，燈耀更後。恨滿江村，雲外去鴻聲逗。流水不同人共逝，高山還比人先瘦。待相逢，换韶光，舊年春首。

木蘭花慢　寄寔父

恁清明過了，便春雨、偏江湄。正恨別驚心，投林燕羽，濺淚花枝。　沈思。夢華舊賞，悵深衣何故化塵緇。風色蓴鱸未省，簡書蝯鳥猶疑。　哀時。詞客怨歸遲。尊酒共誰持。付無限年光，殘燈書味，逝水襟期。微詞。素懷待寫，又山村樹杪晚鵑啼。休去危欄徙倚，白

頭吟望低垂。

燭影搖紅　春夜有懷寔父

乍暝猶寒，背燈雨過欹虛幌。三分春色二分歸，鵑語千山響。良夜人偏悵惘。倦無眠、芳尊蕩漾。年涯催送，彩筆停揮，絳帷休講。　人海王城，壯夫應惜雕龍匠。新鷺百囀上陽枝，葵滿東風盪。欲采蘋花寄往。託潮音、心痕惝怳。無靈天問，寸夢腸迴，孤懷誰傍。

鷓鴣天　光璈邀過平居

高館平臺異昔時。離懷難訴舊鷗知。履穿東郭扶筇倦，雲護西山閣雨癡。　人去住，燕差池。飛還遼鶴夢都非。微塵猶識紅桑換，那不臨風有所思。

前調

似水年華照玉尊。尊前人老鬢華新。酒腸迴蕩生芒角，吟筆蕭森動鬼神。　窮遠目，證多聞。關山猶有未招魂。斜陽紅到天涯路，芳草青於夢裏痕。

霜葉飛　秋晚得眉弟輦下書，細訴五年離緒，及觀賞故宮圖畫附詩，有『已料與君成永別，不圖同見太平年』之句，用夢窗韻寫懷寄盦

永嘉離緒。千山外，雲中遙辨江樹。雁塵飛墮酒邊來，欣帶春明雨。展一霎、鐙床勸羽。新痕重漲秋池古。上遠目層樓，海燕識紅桑，換了半生幽素。　曾記往跡星移，殘春夢短，怨曲思罷難賦。晚鴉啼斷後棲魂，寒喚哀蝯語。轉獨客、迴腸寸縷。還期散髮相從去。

要上陽、登臨賞，太液波澄，畫壇開處。

水龍吟　挽寔父

石湖真接三高，放翁還向滄江臥。芳馨未薦，郊原縱哭，招魂無些。百丈長松，萬間廣廈，迅雷摧破。賸不來舊雨，孤浮身世，翻堪羨、長星墮。　漢上襟題蜀道，飲瓊漿、雲英感和。斷雲梅館，迷林翠燕，淚珠千顆。詞客有靈，霸才無主，識君憐我。算龍華刼盡，紅桑蔭徧，有傳薪火。

解連環　歲晚至北碚，對則虞寓中案上紅梅，縱橫如畫。歸後瓶中白菊，鮮麗如恒。春蕚秋花，一時相並，用夢窗韻賦此遣懷

雁霜層結。眷楓林艷葉，瘁飄天極。賞歲晚、瓊綴南枝，便雲卧衣裳，酒醒風色。冷蝶伶俜，淚痕徧、神州西北。寫秋詞漱玉，麗句始裁，頓成追憶。　繁華竟拚浪擲。莫重彈怨曲，年少頭白。悵勌旅、蹔遣閒愁，又殘照關河，漲痕皴碧。夢託潮音，恁禁忍、瘴烟寒汐。老虛堂、暗吟暗拍，討春待得。

齊天樂　甲午八月十六日發渝州

高江噴笛奔殘夢，吴船乍催羈客。夜發清溪，朝辭白帝，歷數來時行跡。征途未息。怪漢佩遥連，數峯青碧。江水與洞庭相連，舟中遥見君山。換盡滄桑，怒濤狂瀉尚如昔。　還山難踐舊約，况天涯俊侶，長被雲隔。漫繞啼烏，飛隨斷雁，滿背斜陽無力。從今記得，莫金縷重彈，少年頭白。截取蠻烟，忍教歸去説。

解連環　寄渝州吴則虞，用夢窗韻

黯愁腸結。遞風塵病目，素秋無極。向倦旅、一別山城，便江樹暮雲，遠天離色。醉倚燈舷，又夢繞、荆南燕北。任狂濤亂叠，尺鯉障回，幾經相憶。　韶華早拚浪擲。度虚堂老木，玄鬢今白。遣曉烟、判雨情懷，枉繪水皴山，畫境金碧。卧月空梁，换枕外、空城潮汐。算歸來、路遥歲晚，賞吟自得。

齊天樂　金陵答佩乙

相看唤醒南朝夢，應憐十年孤客。注淚滄波，呼愁斷角，記省行吟狂跡。棲鴉暗息。尚遥憶尊肥，酒痕襟碧。帶雨春潮，夜深回打又今昔。　江流歸向甚處，對雲邊畫障，凝盼人隔。晚雁還來，殘鷺已去，似颺晴絲無力。空花悟得。早欺鬢青銅，盛年新白。欲訴離悰，待開懷抱説。

紫萸香慢　甲午九日遊玄武湖。晨出台城下新門，遍歷湖洲，薄暮始泛舟入玄武門而歸，賦此紀遊

滿闕山、淒風寒雨，江東九日初晴。正濃秋暄麗，繫雙屐，出台城。乍攬波光雲影，向新堤桃柳，杖策輕盈。奈重來倦客，碧樹不勝情。暗自想、可曾酒醒。　鮮明。淺絳南屏。螺髻斂、縠紋生。顧櫻枝擁腫，筠廊曲亞，堪浣塵纓。晚香著花猶未，賸殘桂、散餘馨。儘扁舟、載斜陽去，暮天高遠，回首秋與雲平。扶醉再傾。

鷓鴣天 過僧鸞故居

坊陌愔愔似舊時。西風負郭日斜暆。一庭紅淚無人識，幾點蒼苔有客知。　殘夢醒，斷魂馳。秋花抱蝶恨來遲。寒蛩晚杼争相和，獨立沈吟持此歸。

霜花腴 和夢窗均

佩纕暗結，問幾人，西風慣捲塵冠。尊引歸思，菊羞衰鬓，南山畫也仍難。夢遊路寬。恨暗笳、吹落燈前。念清游、舊約登樓，眷懷吾土幾暄寒。　萍跡散時還聚，悵迎淬笠屐，便換秋蟬。殘局多悲，哀時餘恨，沈吟淚濕吴箋。快斟酒船。喜灩波、流照便娟。待明年、健把茱萸，晚花人淡看。

渡江雲 乙未秋分日，湘江鷓鴣塘夜坐，有懷江南舊雨

明河斜界夕，銀蟾半吐，次第近中秋。夜長寒尚淺，露濕房櫳，凉潤故衣篝。傷高念遠，罨畫障、蘆雪滄洲。吟望低、白頭無語，聽女訴離愁。　颼颼。蛩悲荒砌，雁點疎星，又撩人物候。更何堪、狂飈催夢，乍轉歸舟。烟消日出湘江緑，任水花、風葉悠悠。書更遠、潮音緩逐江流。

徵招 乙未九日

好山翻隔登樓眼，沈吟半生覊旅。渺渺悵予懷，望美人何許。菊英還未吐。要明歲、插頭如故。執管慵題，覆杯難醉，惹時離緒。　遲暮。白蘋秋，波光外、欸乃一聲柔艣。感舊閒

鷗盟，愛雁邊書素。無絃仍自撫。似不異、徑荒吾土。商風緊、晚黯楓林，可有誰重賦。

念奴嬌　壽章佩乙七十

傲霜擎雨，占一年好景，君須記取。烟水瀟湘無限意，欲采蘋花寄與。海上盟鷗，山中野鹿，遥祝江湖侣。一尊將進，晚山還肯相語。
　應是踏雪飛鴻，人生何似，隨意菰蘆住。年到古稀心似月，明月窺人無數。春小梅先，庭寒雪皎，自琢新詞賦。垂虹遥隔，鷓鴣啼雨知否。

沁園春　壽楊仲子七十

上苑書城，海國瀛洲，人間古稀。早萊湖遊泛，風徽出世，雪山登眺，畫境携歸。遊藝中原，授詩殊域，袖裏烟蘿坐翠微。桐花社，喜酒邊笑語，人外忘機。
　虚堂五縷琴絲。愛目送、飛鴻手屢揮。倣軍符秦璽，綬拖朱鳳，卜文殷甲，紐鑿玄龜。小技雕蟲，文章壯士，莫笑英雄老不爲。還留眼，賞波光嵐影，雲澹烟霏。

霜葉飛　和佩乙《九日》

過江餘緒。千秋恨，斜陽紅上雲樹。暮笳催雁下滄波，飛帶菰蘆雨。趁一夕、飈輪迅羽。江峯青到君山古。念勝節淵明，倚杖插花回，漉酒避人情素。
　爭奈强約登樓，題糕興懶，半闋今夜重賦。晚香寒艷耐人思，淡對山靈語。早緑髮、繁霜寸縷。塵冠隨捲西風去。要佩纕、明年健，共纈萸囊，舊盟深處。

前調 簡佩乙，用清真均

岸霜凋草。湖湘路，風輪催自江表。半生孤覔有誰知，數倦游人悄。聽淅瀝、悲霖嚮曉。清流遥注君山小。又夢魂迢遞，伴雁宿、龍湫峻處，壁射迴照。　曾見翠竹叢斑，神巫醉舞，畫鵠雲外飛到。霰花雪絮歲寒心，慰冷香幽抱。寫一髮青痕未了。無聲纔是相思調。最可惜、滄波意，春轉重湖，故人來少。

西子妝 酬佩乙

梁廡激春，市簫覓句，向老歸山何晚。鏽殘龍劒作雄鳴，念平生、舊懷今换。金尊恨淺。恨不解、澆愁心眼。過東風，覩謝堂多少，窺梁新燕。　西園散。拆繡池臺，尚有雙屧跡。緑楊芳草隔天涯，攬碧裠、海桑三變。哀辭賦倦。更重譜、桃花歌扇。佩乙近製《桃花扇彈詞》。願相逢，墨浸羅巾淚滿。

解連環 夜雨有懷渝州則虞

酒邊風色。擁殘書素幄，熨寒無力。聽夜雨、人在巴山，盼魚雁早還，漲秋消息。目極關河，更淒斷、一聲長笛。對屏山水墨，勝地與君，不共經歷。　霜欺晚楓唤客。况高砧斷續，催響刀尺。便有約、重話西窓，也前度玄都，晚風葵麥。冀暖朝暾，覩雲壑、亂流千疊。忍今宵、怨懷恨緒，霤和淚滴。

慶春宫 和答則虞，用王可竹《謝草窗》韻見寄

朝蔭篩金，晚烟横練，風篁暗聽敲玉。大好秋山，不知名處，瘦容還慰幽獨。瓦醅新注，酒醒後、川原换目。嵐光點筆，樹色含情，小庭

花木。有人策杖徘徊，來寄修椽，舊游難續。機事能忘，生涯何許，一任野雲低觸。未同猿鳥，尚遥和、巴渝怨曲。一江湘水，浮動湘雲，爲君摇緑。

八聲甘州

佩乙見寄《八月九日虎丘登高》詩，成詞和畣

閏三春賒月度重陽，淺秋試登高。顧星文繡斷，沈池劒氣，猶冷霜毛。不盡古今奇字，先與客題糕。新樣元和脚，敢忝詩豪。　致爽閣名滌腸苦莽，問山靈舊約，肯負吾曹。待滿城風雨，期月近今朝。好溪山、俊游易逝，又抑揚、秋夢一程遥。遲歸去、過五叶平人墓，尊酒須澆。

金縷曲

訊鄭侯

卅載人如舊。倚滄江、風雲羈旅，浄懷銷受。抛却彈棊中心局，仍是無星主酒。枉贏得、題襟詩袖。費盡流人神州淚，儘安排、投老燈窓守。塵世换，怒濤吼。　今朝殿角春雷驟。要自惜、十洲夢醒，寒花開候。海氣澄明魚龍静，偏地紅桑髠柳。莫輕把、心期孤負。注海移山千秋事，要剪淞、珍重垂綸手。情不盡，訊安否。

蝶戀花

蟫堪以和皃公教授新詞見示，依韵兼呈二公

薄霧濃雺長閣雨。一夕風雷，麗日明如許。枝上流鶯難囀住。燕飛貼地還相語。　絶調高丘多怨女。唱盡新詞，歡笑仍無據。真個

杜鵑催得去，此身已化江干樹。

東風第一枝

畫引詩來，詩先畫在，詩懷畫境重譜。千秋開寶詩人，綵筆似題秀句。烟蘿叢篠，堪贈爾、高三十五。展鸞箋、暗度歐風，明昧景光如許。　猶嶺表、二樵里甫。羡君家、奇峰劍父。急搜粉本關山，預約清吟俊侶。江春梅柳，慰倦客、西窓聽雨。待裝成、芸帙縹緗，啟視染雲幽趣。

鳳歸雲　沙坪公園晨坐，有懷吴季子

過中秋，雨晴爽氣立危岡。緑蔭尚濃，襟袖起深涼。遊目行人，來去似織，遠遠別河梁。又是南鴻喚侶，慈鴉將子，斷烟横鎖圍牆。　承平關塞，荏苒風烟，延陵武俠，季重清才，不信成芻狗、恁蒼涼。風急霜高，菊瘦人懶，望極遠天荒。江行近山殘壘，遠雲孤塔，誰凝淚俯蒼茫。

安公子

秋渚殘荷盡。夜深霜氣侵幃冷。一抹朝陽明遠樹，映魚游清鏡。還道是、當年古風恣游興。望遠天、猶把紅闌憑。對一泓秋水，無盡蒼山魂凝。　又是懨懨病。罷歌止酒尊難趁。何日是舊游重省，□□□□□。念遠處、斜街翠柏擎天近。□□□、輕入煙蘿徑。□□□□□，□□□□□□。

浣溪沙　曼榆以餞別枝嚴詞見寄，會余卧病初起，悵觸感懷，賦此和答

遠寄驪歌暮雨生。玉瑲素燭鬥輕盈。酒邊弦

外若爲情。乍惜春光催晚騎，翻憐人海共晨星。歸來還是倚玄亭。

其二

商略黄昏到夜闌。連環未解玉笙寒。平生出處訴偏難。語苦未知心更苦，書成欲寄淚難緘。人間何地任雲還。

八聲甘州

謝長風送我一帆來，出門大江横。問詞仙三影，史官百藥，鳳管雙成。雲外數聲水調，持酒最堪聽。襟抱江天濶，偏賞清泠。夢裏慇懃晚節，賸絃歌無恙，轉燭浮生。衹相思别後，烱烱數晨星。誤長鯨、壯濤翻浪，渺蓬萊、仙苑舊時青。惟呼酒、酹滄波去，千里潮平。

一九六〇年庚子四月，張仲老八十三，李鄴老八十，章佩老七十四，三公集於海上。欲壽三公，猶滯蜀門，不無棖觸，因壽反而自壽，予真堪一笑。西溪拜藁。

見《西溪詞稿》稿本（《沁園春·和匪石》以下爲附一九四九年後詞）

滿庭芳

水飲虹橋，舟檥笛步，清溪兩岸垂楊。蒹葭如雪，白鳥帶新霜。多少南朝佳麗，荒烟外、漫艸斜陽。西風起，寒鴉蕭瑟，臨水點秋光。蒼涼。還憶舊，鈿車畫舫，人影衣香。漸風雲吹换，室冷臺荒。回首江山無恙，十年夢、事事堪塲。今何許，殘山一角，寂寞臥滄江。

前調

車走雷聲，旗纏雲影，馬隴暮色蕭蕭。淮南木落，天迴楚山高。蕭瑟古今詞客，江南怨、總未能消。移軍去，征人識路，折斷漸江橋。迢遥。成惜往，雕盤荒壘，雁下空濠。慨故人碧血，枉没蓬蒿。日載數行戰紀，繁華夢、付與荒郊。山河在，春深故國，花濺淚如潮。

鳳凰臺上憶吹簫

悟徹禪觀。難删綺語，浮生過我浮雲。早六根除盡，未盡情根。無限韶華易老，忍孤負、玳燕青春。從今向，淚痕注海，深過潮痕。

人身。本來業力，使一願娭死，便怎銷魂。更琴心詩意，誤盡芳辰。妬殺百年紅燭，拚殘夢、漏轉燈昏。誰知有，酒能祈死，瀲灩金尊。

前調 琴音

輕拂龍池，慢撚雁柱，横琴還自疏慵。把翠絃挑起，訴與仙翁。風嫋女環銀甲，柔情遠、都任春葱。鈿床上，平沙落雁，看畫微容。匆匆。這回彈罷，唱三疊陽關，朝雨朦朧。念廣陵散絶，犀點難通。錦瑟華年廿五，願成連、海上重逢。重逢處，曲終人遠，江上青峰。

揚州慢 贈相子大用白石韻

雨歇長干，月明牛渚，渡江脉史游程。指鍾山一抹，雲護晚峯青。争忍説、良辰美景，湖船山屐，堠火戈兵。衹寒潮、夜夜空回，還打孤城。　十年南史，到而今、華髮堪驚。早東北風塵，西南天地，一種深情。回首冥鴻何處，長天外、飛過無聲。剩金門楊柳，柔條攀盡還生。

金縷曲 讀子大《訴衷情》詞有感

往事從頭記。訴衷情、傷今惜往，淚痕盈紙。

天上猶閒星主酒，能不沈沈醉死。但願得、酒逢知己。人世已無乾淨上，衹空山、一點埋憂地。仙眷屬，讓蕭史。　十年我自甘孤寄。攬風懷、唱予和汝，詞盟詩契。刻意傷春兼送別，此恨綿綿無已。賴彼此、窮愁相慰。師友平生風義在，看今朝、此外無餘子。如我者，惟君耳。

人月圓

韋莊盡說江南好，偏住杜陵家。草堂何有，江村翠竹，人日梅花。　於今料理，吟邊醉夢，畫裏生涯。無端省得，春風來去，偷換年華。

明月棹孤舟

十萬人家千古在。幾番風、春光如海。深巷斜陽，小樓夜雨，明日杏花先賣。　始識春愁千萬態。懶凝眸、蜀山浮黛。一道澄江，六朝煙水，記取鳳城桃菜。

疏影　琴絲竹，冀野名之曰『情絲竹』

檀欒修潔。屋向牆陰，屋角數竿請絕。猶有遺痕，不染湘雲，却桂翠絃節節。江邊黄竹多幽怨，難解與、箋詩人說。悵東風、吹過欹斜，搖碎綠雲重疊。　最是廬山解意，幾番飄詠處，心痕凝碧。一往遥深，直上凌靈，自遇桃潭千尺。青鸞鏡裏難描寫，况黄玉、翠瓊映徹。更耐看、不化游絲，同與佳人欹月。

國香慢　魚子蘭

一例湘江。似無花隱現，却有天香。數縷風絃嫋嫋，綠轉輕黄。裝就金珠成串，抵人間、十斛難量。疏簾映瑶席，夏蕙春蘭，輸奇（下

闋）

以上《民族詩壇》一九四三年五卷二期

木蘭花慢　送沈延平東游

念家山何在，喜歸去、未還鄉。正月寄五溪，雲凝八桂，雁過三湘。風輪曲盤萬里，信江流真斷九廻腸。奪得謝公山水，登臨好浣征裳。　金閶。扶眼看胥江。今古一悲傷。慨故人宿草，故家喬木，故國滄桑。山村一時小別，莽神州極目立蒼茫。爲道江湖倦侶，有人玄鬢成霜。

八聲甘州　寄虞棊成都

記芙蓉步帳簿游初。碧艸滿平蕪。争別君歸後，吟邊興在，畫裏情孤。幾度屋梁斜月，烟水老菰蒲。錦字題詞處，飛夢雲疏。　重訂俊游舊約，要花溪泛棹，花市提壺。問者番喚酒，曾醉麗人無。想修眉、正添新緑，倚銀燈、親製冶春圖。還相許、登樓吹笛，側帽騎驢。

前調　寄城中子大

又闋山笛裏送新涼，秋思滿山村。正聽風聽雨，懷人感舊，夢忍重温。一樣浮沈片嶼，山月隔烟分。霧滴梧桐淚，暗自銷魂。　還記扁舟江上，共推篷望月，咏史初聞。問使君高誼，誰與素心論。念平生、遨游江海，數今人、孰與古人倫。西風過、樓頭一雁，唳入重雲。

其二

恨江潮有意送君來，無意送君歸。念黄金臺上，烏衣巷口，幾度斜暉。人海暗驚離索，物我總相違。誰似西谿老，相對忘機。　等是無家燕子，向海山空闊，何處孤棲。算平生推抱，如我與君稀。憶江南、人人説好，恐流人、祇合老川西。成都去、草堂還在，不應沾衣。

高陽臺

紅燭燒殘，青山游倦，綺懷無限春晴。淚盡腸迴，十年已忍伶俜。良宵枉有蘭衾夢，祇懵騰、夢也無憑。最淒清。音絶金徽，影背銀燈。　相思憑喚三生石，料前生已誤，何況今生。玉簡沈河，徒供後死先盟。此身長在情長在，縱無身、那便忘情。倚新聲。遥夜虚窗，遞和蟲鳴。

一萼紅

莽神州。又一行新雁，遥帶杜陵秋。黄桷欹山，翠篁拂水，斜陽忽下西樓。問江上千帆如葉，可何年、萬里泊吴頭。無限蒼涼，幾多幽怨，不勝清愁。　望極江波滚滚，任驚濤拍岸，不醒眠鷗。立馬吴山，窺兵越絶，關河烽火難收。更休笑、故山猿鶴，早相將、散髮入扁舟。往事何須重説，付與東流。

疏影

爲實父題公彦畫五色梅花，用白石韵

雙株削玉。更瓊枝璀璨，絪緼雲宿。雪裏春痕。潔抱芳心，明霞豔映修竹。山亭放鶴歸來否，有鵲踏、枝南枝北。喜時時、俊侣同看，不是倚樓人獨。　還記冷香閣上，高情正唱和，山剪眉緑。攜返永魂，第一東風，長在君家華屋。五雲深處春長好，更聽（下闕）

以上見《民族詩壇》一九四五年五卷三期

木蘭花慢 秋聲

又西風乍緊，催夜雨、滴芭蕉。聽初起泠泠，漸成淅淅，忽住瀟瀟。山村遠飄畫角，正高城寒急暮碪敲。嫋嫋洞庭波遠，新霜葉下亭皋。 迢迢。夜數漏聲遥。楚些最難招。況吟蛩自語，殘蟬輕曳，孤雁悲號。荒江葦花瑟瑟，對斷流嗚咽送寒潮。秋到無聲更苦，夜長悠夢飄搖。

疏影 舊游

舊游似昨。憶綺延畫扇，低舞華幄。如此南朝，多少樓臺，別樣雨窗煙幕。飈輪乍駐湖隄上，映一帶、緑楊城郭。聽定林鐘動，莫愁漁唱，井梧葉落。 幾次閒吟薄醉，指高城樹裏，夕陽詩閣。可惜雲山，石冷臺荒，賸得諸峯林壑。闌干曲處無人倚，知鮮繡、苔封牆角。送暮愁、一往冥鴻，却被翠衾寒覺。

鳳凰台上憶吹簫 仲青自海上惠寄故都名筆，謝以新詞

檀板金尊，棲鴉流水，兩般直得銷魂。更桓伊三弄，不語邀君。想見疏眉薄鬢，春江上、瓊樹風塵。還相憶，閒評舊畫，欣賞奇文。 殷殷。封題到也，一萬里長江，天外風輪。分琅環名筆，直至烟村。畫出嘉陵山水，端賴此、筠管生春。難爲報，瓊瑶遼落，衹贈出雲。

水調歌頭 實父邀訪李定宇先以詞往

神往幾多次，姓字百回看。天風吹來蜀道，我亦住三年。愛聽張侯高論，又遇劉郎前度，謂筱卿。恨未識君顔。閉户讀書易，涉世定交

難。喜今朝，攜手去，最心歡。從茲不應乖隔，祇有小重山。欲把神州重挽，一吐胸中雲夢，肝膽照風煙。煮酒過宵半，投轄不知還。

以上見《民族詩壇》一九四五年四—五期

朱應徵

慶春宮

壬寅十月二十九日，淑人來歸，時王父年八十，在堂。開宴於棠坡餘園最高處之月臺，然鐙秉燭，花萼交輝

佳得芳辰，初傳梅信，趁時喜溢湘城。花擁千重，門盈百輛，滿庭彩色懽聲。祖闈逢吉，老人應、長沙一星。參差亭館，鐙火黄昏，蘇縷香縈。還臨絶頂相迎。花樹交柯，謂臺前之連理紫薇。珠露溥零。嘉偶天人，京華引領，共誇冰玉雙清。瑟琴雍浹，信不減、劉綱董成。可堪吹夢，無奈罡風，斷送衷情。

玉燭新

癸卯秋初，舉一女，小字臻，取《易林》『祉禄來臻』之義

鞠香重九後。叶吉夢維虺，首基成就。試看墮地，呱呱泣、結實仙桃初漏。重闈色喜，迺第一添雛之候。臻祉禄、紈素偏嬌，玲瓏狎親懷褏。門楣額慶心懽，記滿座嘉賓，酒尊空否。蠟紅拇鬬。湯餅宴、戲指蟹螯肥瘦。頤豐目秀。準百歲相期皤首。胡厲氣、顛沛飛來，蒿歌竟奏。

風流子

甲辰秋，補博士弟子員，明年食廩餼

浮名如拾芥，金風裏、也算奪標歸。正瑞蓮並蒂，婉嬌疑語，畫梁雙燕，頏頡同差。得意處、壯懷馳玉勒，捷報展金泥。芹秀自香，此情差

遂，月圓無恙，何事堪悲。　博君同一笑，青青是、還勝柳汁霑衣。總覺大鵬初軔，未負心期。眄諼閣熙怡，慈顏款款，祖庭頤悦，星鬢垂垂。今日忍尋舊夢，心説君知。

齊天樂　乙巳三月，臻女殤

當年未步青雲路，今朝駕言非晚。命照天廚，時逢既廩，贏得秋江差剪。瑕瑜笑掩。落涼影疏簾，夢痕長簟。慧業自清，匣中先世萬千卷。琴心書味劍膽。得奇疑賞析，斯樂無限。日事登臨，風懷贈答，樓擁屏山翠轉。謂餘園之湧翠樓。唫情共遠。正露氣初凝，稻香新薦。獨歎平陽，似山花謝斂。

蚤梅芳近　丙午首夏，赴都祝外舅張文達公六十賜壽。明年公薨

春日遲，春風好。客味初嘗到。上都風景，頓異家園憶雙照。卻慚嚴武貴，不鄙元崇小。睹恩深雨露，閶闔九重曉。　壽無疆，兕獻了。返櫂湖湘道。京華迴望，慰誨慇懃出塵表。漢書添酒味，尚論攄冰抱。不移時，喆人天際杳。

西河　丁未七月庚兒生，適王父新健。逾年夏殤

諼蔭地。宜男草長堪記。公間燕喜九如篇，老翁病起。乍涼一味爽金飈，庭闈秋興無際。　愴瑶瑟，天半倚。玉驄轉眼難繫。悠悠悵望石橋西，故城故壘。壯游盛會幾何時，那堪前事流水。　鏡花水月結海市。最銷魂、空返鄉里。夢夢共生斯世。甚前因可説，芸窗閒對。愁現曇花微塵裏。

渡江雲

戊申九月，母壽六十，適李三妹自杭歸祝

棠坡承祖澤，發祥基地，老屋近安沙。憇廬迎耄叟，梅樹衝之養餘憇廬，王父所建也。往來棠坡諼圃間，必一宿焉。鶴髮梨眉，莞爾笑還家。孫曾載弄，趁照眼、明媚榴華。君子兮、方忻貽穀，可奈噪庭雅。何嗟。舒長清晝，檢點華堂，聽淮南木下。萱日永、蹁躚萊綵，演漾籠紗。歸甯乍返西湖櫂，卻記取、秋水蒼葭。簾卷處、年年冷徹霜花。

丁香結

己酉秋，君因食藕染下利，三年始瘳

桐感秋心，扇藏涼魄，惆悵物華零隕。怪風雷烈迅。釀瘴癘、底事璚瑤難潤。竟難占勿藥，真無妄、楚痛莫忍。河魚奚自，附骨不解方窮術盡。媒引。是雪藕絲絲，禍惹千番百陣。一瞬三年，藤兮苦縛，月兮愁暈。何況人事日左，攪碎柔腸寸。知根株深種，蠹也暗中蝕損。

鎖窗寒

此調諸家及毛氏均作《月下笛》。庚戌春孟，王父命全眷侍居城宅。三月，飢民撲衙署，四城縱火。王父出籌振務，乃平

舉室歡欣，重堂健鑠，好春桃碧。門庭抑抑。侍聽高樓長笛。謂心遠樓。合家懽、冠蓋似雲，往來世禄皆舊識。在南陔問對，常隨諸父，各陳衷臆。星移斗轉謹，燕侍城西，畫闌同拍。孤寒八百，總頌田家多客。倏沓鴻、亂飛苦鳴，九齡老淚時暗滴。更熒躔、變起倉皇，達旦猶未息。

法曲獻仙音 辛亥秋，去京師九日還里

雙闕崔嵬，五雲飛繞，一笑劉郎重度。飽領秋風，記覘春樹。行行夢中門户。問眼底驚心處。誰尋舊時雨。　客邊語。乍天涯、願償南阮，嗟鼎沸、歸路竹林共阻。帀月喜還家，認眉峯、猶自纖嫵。並倚西窗，道艱危、千萬心素。今悽情祝牧，便老故鄉投去。

念奴嬌 壬子冬，王父没，予於承重喪次嬰危疾，君封臂和藥，捄療以痊。先是，君考張文達公病篤，時君曾爲之，乃安。至性天成，何忍追述

噩音聽到，慘憧我王考，神還形寂。記得桃觴開百歲，恰是去平年春色。去歲爲王父九十壽辰。可奈旻天，鞠凶垂遘，萬籟今俱息。哀哀承重，更堪歲莫寒逼。　誰料塊經餘生，罹疴瀕殆，瘦損無人識。老母欷歔千淚下，道我少孤陳蹟。迺出精誠，戕身活我，往行尤難憶。傷生訣别，苟存追悔填臆。

荔枝香近 癸丑四月，誠兒生。自庚兒殤，已六年矣。今始得子

自失阿庚，暗地淚猶泫。期望同切，堂上年高，韶光瞥眼堪驚，蚤勸桃葉懷卷。絡秀、活計良時匪遠。　果然二雛，見鄧憂一散。母樂含飴笑，命即開歡宴。虧君料理，襁褓宜身妙裁翦。六年心事都遣。

蕙蘭芳引 甲寅正月，君突患羊癇，深種病根，百治不愈。夏五，奉安王父於杜塘。七夕，還增祉山莊

嬰奇疾、渾似馳電，逐流驚鶩。頓搖搦喝邪，

容貌黑侵雲綠。病根苦種，尚憫我、銜哀廬屋。遂隱憂各抱，五内懸旌搖竹。　榴眼蓮心，經營窀穸，正值暄燠。祇祈妥先靈，豈必求全委曲。乃遷增祉，一新面目。樂唱隨、真趣慰吾幽獨。

瑞鶴僊

乙卯七月，遷新河康莊

乍移家近郭。河畔路，迴絶塵囂煙漠。潮隨碧湖落。渡争喧，時應城樓寒角。霜清月弱。勝青山、秋水有約。爲陶朱舊業，思效伯高，緩急斟酌。　轉眼西風又莫，舞葉漫空，集昇臺閣。迎祥入幕。酬天澤，拜靈藥。喜城闉咫尺，偷閒忙裏，衷懷原自不惡。怎前籌負卻。猶復固窮靡樂。

氐州第一

丙辰歲杪，適母没於城西金線巷厲寢。君哀毁逾常，然曲慰予盡禮

殘臘交年，過了永巷，城西一角廬小。痛戚莪蒿，劬勞血淚，空望諼帷緲緲。銜恤無言，恁歲夜、靈缸虚照。我母何之，深恩罔極，自嬰徂老。　哀毁如君真箇少。悔無養、心肝鬩繞。怕憶寒苦，含悲忍涕，曲語紓予抱。準乎情、知順變，兒身健、天靈破笑。漏箭頻催，聽鄰家、迎年賀曉。

四園竹

丁巳夏，經營母墓，君共居棠坡。時有夢君姑詩『昨夜夢中猶共語，漫天何處侍清虚』句

瀧岡奉窆，來去候柴扉。庀工畚築，瞻我故廬，號泣慈幃。同仰蒼天曷極，君言夢裏。昨宵逢母誰知。　太淒其。分明舊日音容，頻

聆靄諭深期。甚處清虛近侍，孤句唫成，至性真辭。哀滿紙。況感慨、梧桐葉下稀。

倒犯

戊午，遷谿橋別墅。居未百日，猝驚風鶴，轉避申江

別墅樂新居，石苔徑花時埽。纖塵净縞。儻心願、此中幽窈。天全逸趣，長晝逍遥林亭悄。濯足有烏谿，市景横橋表。賦新詩，醉陳醥。張室謝墩，有客逢迎，盤飧不言窶。爾我富贈答，顧兒女，俱嬌小。準畫出、天倫好。閉閒門、從容研古道。奈鶴唳風聲，惡曜偏臨照。室空春易老。

紅林檎近

己未四月，三兒安安殤。兒生時，兒生母曾有龍飛鵲舞之兆，距哭庚兒十有三年矣。時滯海上辛園

何故三株樹，不曾千歲香。彩鳳弃林藪，大魚鄙池塘。甯丁清舒夏日，共把涕淚臨窗。寂寞卸盡殘妝。鸎舌正調簧。那忍牽往事，而況滯佗鄉。阿孃好夢，飛龍空落魚梁。祗春江終在，辛園似舊，解憂記取同盡觴。

芳草渡

庚申秋，歸故里

八月裏，有勸我歸尋，故園詩侶。遽駕言遄返，秋光罨好無雨。三載爲客苦。當離鄉號訴。靡寸挂，只道行行，一任前去。茫顧。幸堪息景，老屋谿橋芳草路。笑城郭、人民幾度。炊煙舊門户。舉家合浦，話不盡、絲絲心緒。且卒歲，領取梅開鶴舞。

驀山溪

辛酉，三叔父俱亡，君贈詩有『惜君憔悴羨君才』句

何來惡氣，斷雁摧聯陣。畢竟夏秋冬，至于三、盈顒淚暈。吁嗟世澤，衰到不堪言，風撼燭，草驚霜，食噎眠難穩。　是誠不造，敢把天公問。人道我先塋，運占凶、半傳疑信。年光一瞬，餞臘最傷心，憔悴裏，尚憐才，勗予成韻。

滿路花　壬戌夏，全家入佛

剛櫛杏花風，又浴楊花雪。茫茫人海夢、真愁絶。前思後顧，總覺魔難折。甯知無上道，纔遇因緣，入門正此時節。　師前懺悔，枉用心頭血。慈悲無量，儘初機接。一家拜德，喜捨君尤切。公案師頻説，方便多門，本來無二無別。

解蹀躞　癸亥九月，避地漢上，寓退庵從兄處，生母適自滬旋

驀地倉皇奇禍，㸑燧漫天舞。一聲呼起、匆匆又羈旅。可奈患難頻仍，夕陽勸鳥斜度。也忘艱苦。　没情緒。莫越雷池一平步。團欒後先遇。合家歡宴、同聽漢皋雨。又況賓至如歸，有兄誠切爲言，故鄉休去。

尉遲杯　甲子五月，李姬人卒，葬城南金盆嶺

城南路。莽聽得、鵬鳥鳴楸樹。嗟嗟嶺上金盆，涼月一痕籠處。千秋永逝，斷不似、傷心送南浦。記臨分、半結跏趺，刹那安養西去。　莫昏昏醉夢浮生，如萍絮、漚中偶爾停聚。虧頻向、道春條漂菱蚤，道拭目、佗年蹈舞。西窗剪燭，感君意、多方譬慰語。又豈堪、更

斷哀絃，在亡零落無侶。

綺寮怨

乙丑夏，恭寫《華嚴經》，凡五十九萬七千九百六十字，兩年始竣。生慈督命，一心無倦，勿悲已往

拜領師言恩篤，恍如春夢醒。鎮搦管、致志專心，朝煙散、不覺義亭。追蹤吴恢本意，華嚴部、敬事同殺青。愧古人、刺血成書，千秋歲、字字紅暈盈。六億數計工程。銀蟾廿四，光陰尺璧分璃。篆縷風清。眄堂上、諭曾聽。諄諄命兒無倦，已往事、莫關情。隄防意城。今餘兩淚眼、和露零。

滿庭芳

丙寅，隨師謁蘇、甯諸名勝。歲除登車，元日抵漢上，嗣赴金臺寺、阿育王寺、普陀山，普陀留最久。禮畢還里，三月望矣

無量婆心，有緣佛國，善根種智同圓。記歌行役，湘漢歲朝煙。犕備金臺供養，百千衆、聲應鳴濺。纔參禮，慈悲舍利，更泛落伽船。海天留半月，魚龍聽唄，花鳥侵椽。頓清風塵表，明月身前。真合桃源世外，樂太古、户誦家絃。尋歸路，芳春縱晚，三徑且高眠。

霜葉飛

丁卯莫春，轉徙滬上。四月既望，君始至。中秋後九日，生母見背。至是，重堂皆棄養，遂作永哀人

母兮安往，哀無極，漣漣空訴天表。舊游池館已俱非，舉目寒光悄。悵影事、驚人徹曉。囂塵爲客羈棲小。乍侍賞中秋，詎料好、團圓桂魄，竟作悽照。何況故里烽煙，鵑催人起，首夏嗟爾纔到。愛憐深至仰東山，拯我如提抱。奈負債層層莫了。聞聲都是傷心調。遂

永哀、延殘喘，論贖終天，百身還少。

拜星月慢　戊辰夏載，寫《華嚴》一部，十四月告成。願成人有德，小子有造。距書第一部時，已三年矣

二次書經，三年繼事，爲恐心迷被轉。旅舍蝸居，總喧闐門院。究忘卻，客裏、光陰几硯辛苦，但願人人迴向，好誓依修，定家珍能見。世間同、出世生來面。休辭畏、嘔血雞窗畔。自古事業精誠，澈千秋難散。記書帷、下昔年庭館。分明屬、未喪斯文歎。十四度、免滿西樓，未終朝間斷。

宴清都　己巳牛日，四女卒於滬寓。如願荼毗，瘞骨長沙太乙寺普同塔

徹夜聽更鼓。和阿姊，病中哀語悽度。荼毗誓願，菩提果行，蚤闢門户。生來穎悟多能，自出天人眷侶。又豈料、左素玲瓏，文姬學業空賦。常常替送窮愁，深謀遠慮，知我心苦。安然瞑目，飄然色喜，直同歸去。雲深太乙山寺，是汝骨、靈兮瘞處。問比來、母女相逢，情如舊否。

念奴嬌　庚午臘八，然香祈祐君痼疾斬除，菩提立就

未能去疾，苦病由叢雜，時時愁寂。臘八良辰勤禮佛，仰乞慈雲春色。特地然香，求哀深懺，總願能安息。勞君擔我，債臺萬疊頻逼。滋恩有漏因緣，無邊煩惱，本性終難識。帶水拖泥嘗試盡，没箇飛騰鴻蹟。可是徂飢，無衣卒歲，成事何堪憶。邯鄲幻境，枉紆籌策盈臆。

掃花遊

辛未三月，永女于歸內姪張甥衍之，海上成禮，今歸寓會城北

舊因至戚，笑傅粉乘龍，有才維楚。赤繩綵縷。綰並蔕芙蓉，老懷喜舞。暢敍連牀，卅載盧綸舊雨。谷雲去。妙對月一盃，同盡歡處。卅載前，與甥父連牀對語，如在目前。庚午有詩記之。棠坡餘園，亦稱雲谷。

從俗心最許。恁草草于歸，馬廳橋路。坐花宴俎。理絲簧第一，願償平素。弼顒如今，正賦閒居意苦。共延佇。聽湘城、北樓更鼓。

瑞龍唫

壬申春孟還鄉。五月，誠兒完娶

湘城路。纔始解卸行囊，仰瞻鄉樹。悠然心遠高賡，故居祖澤，春光到處。鎮歡佇。初了向平心願，喜盈庭户。安排綺席華鐙，百年好事，無非吉語。

成禮歸來懽動，酒尊檀板，鴛翔鸞舞。君我笑宜癡聾，今也非故。聯珠合璧，紗碧題佳句。人都道、吾兒得婦，侯韓能步。事事雍容去。堂前待曉，柔嘉令緒。連理綿香縷。調琴瑟，良辰和風酥雨。夢熊指顧，應期春絮。

解連環

壬申十一月遵九月生慈示夢，『生辰布施』四字，高揭牆頭，敬於彌陀誕設羅漢齋，供養上林、開福、護國、海潮、自在、正覺、青蓮、紫竹林各寺僧。因率家人，先夕宿綠江旅館，詰朝詣寺參禮

懺忱何託。惟慈悲我佛，格臨毋邈。供佛及、僧美酥酡，有羅漢菘齋，粥漿非薄。世路紜紜，看難斷、萬千繩索。仰當頭一棒，暗地護持，應病良藥。

慈親夢中儼若。載生辰布

施，張揭樓角。記寄蹟、江館無眠，且同待天明，困倦忘卻。共祝宜年，直企想、春華秋萼。終朝忙，上林古寺，法筵錯落。

大酺

壬申十二月初六日，君疾病。前二日，猶在上林寺，爲士英亡妹禮佛。先日赴湯餅宴，歸經史丈居，入談良久。先是，三月十三日，予静中得『秋風無人，玉燭有淚』八字，祇謂秋風已過，予患下利，轉危爲安，決無佗慮。豈知蠟燭有心，替人垂淚，畢竟蠟爲臘讖，而起慘變於殘臘邪？痛悔何及

自上林歸，華筵散，餘興高談鄰屋。明朝扶不起，祇哀言何故，被災橫觸。禮誦傾誠，巫醫竭力，扃盡門鈴窗竹。嗟人非金石，迺朝餐已絕，夜眠無熟。儘冥想千番，末如何也，苦哉君獨。旬來真變速。劇憐腹、如塊胸如轂。又況那、頑瘡侵鼻，惡痛臨身，不堪言、忍開雙目。錦瑟無端斷，絃五十、碎予心曲。問誰是、逍遥國。秋色挨過，無奈無人收菽。淚流識成蠟燭。

已上追述

看花迴

雪銷雲散，風緊桂魄空潔。那識此情此際，怪玉鏡匳邊，蛛絲猶結。重泉路杳，應似前邨泥滑滑。臨永訣、苦不曾休，數稱奇病太悽絕。

三十載、還零二月。自壬寅十月二十九日結褵，至没之月日，實三十年有二月。卻最少、遠離時節。回首寒宵細語，指鏡裏衰顔，嗤我皤髮。春烘蠟國，三兩梅枝誰共折。去無歸、悔無及，慘算千年別。

心怯空房，枯坐没緒，金檀灶燼煙小。別感千端，淒涼滿眼，前事而今緲緲。霜瓦風檐，露幾點、疏星憐照。片晌難留，崇朝斷送，不成偕老。　廿載流離清興少。總孤負、舊情縈繞。邁遠癡辭，秦嘉瑣語，蚤自唫同抱。奈幽明、音間隔，將何計、移愁作笑。展轉無眠，最堪傷、殘檠破曉。

夜飛鵲　立春

銀屏倚孤景，千樣差其。春到不見光輝。桃符忍換信無賴，清寒偏襲鶉衣。蕭然舊庭宇，鎮簾催銅漏，户閃風旗。癡人説夢，詎姍姍、若箇來遲。　回想去年今日，行李客中忙，珍重當歸。誰料今年今日，餘顔不見，人去雰迷。莫言再世，願當前、行願同齊。好親承佛旨、參居内院，定勝生西。

掃花游　三七日

奈何日遠，又過了燒鐙，越添酸楚。斷腸似縷。悔輕生一劍，一杯一平舞。那忍回眸，抵得許多淚雨。向誰去。怕對水問渠，看到窮處。　沈醉疑見許。待審眎低徊，一般迷路。薦蘋獻俎。儘靈犀萬點，莫傳幽素。半死枯桐，更感娑婆是苦。獨延佇。促城西、幾聲鐘鼓。

六醜

更無人慰藉。任血淚、千絲拋擲。紫燕頡頏，如何真折翼。竟没蹤蹟。最是分飛苦，問從何地，訪到烏衣國。林花黯淡春無澤。雨冷簾旌，煙浮巷陌。當時枉教憐惜。又黄昏近矣，愁對欞隔。沈沈寂寂。但籠金結碧。此憾緜緜，空餘太息。神龜菌草皆客。耿宵長夢短，債多窮極。渾無緒、緊寒侵幘。還忍憶、勝境烏谿好句，共唫橋側。無情水、漲有情汐。祇輭塵、擁蔽傷心處，追尋未得。

鎖窗寒　此調諸家及毛氏均作《月下笛》。二月七日，葬淑人於溢田衢之原

淚灑蒼冥，花開杜宇，慘年年碧。暘輪鬱抑，痛徹山歌邨笛。睇輀車、升極造顛，舊途水木猶自識。悵青峨黛皺，黄埃沙冷，隻身孤臆。

終焉永閟。總唤不歸來，玉尖還拍。蕭楊碣草，自此情傷行客。縱崇封、卜云吉兮，絮棉桂酒空一滴。太銷凝、地老天荒，別憾還莫息。

前調　去年花朝，曾譜《湘春夜月》，賞月祝花。是調創自黄孝邁，原詞有『一陂湘水，摇蕩湘雲』之句

欲謝瓶花，將殘篆縷，半開窗户。春愁不醒，又是兩旬寒雨。愴風枝、故巢已空，鵲雛尚作鉤輈語。總逝波不返，番風渾過，百年如旅。

投莫。淒清處。認客歲花朝，月明十五。今宵不見，月也憐人無侶。記湘雲、湘水舊腔，此情此句能繼否。面遺容、宛若生平，夙夜空陳俎。

驀山溪　清明

山南山北，遍是銷魂路。枉待令威來，指纍纍、人生盡處。何曾似笑，猶且瘴昏多，和誰語。同誰佇。黯黯長眠去。

酴醿一架，糝

徑鋪紅雨。柘景故偏斜，厭邨前、醉人社鼓。高岡況是，坯土未曾乾，雙眸舉。淚泉注。怨柳搖煙縷。問君聞否，斷續吏難堪，知甚日。穿桶底。同覓靈山美。

感皇恩 三月十二日，淑人生辰之奠，奠之

酹酒奠生辰，乍晴風定。滿眼殘春翠簾静。當筵迴顧，往事非醒非醒。去年剛五十，傷流景。一瞬一年，又何堪省。是爲誰愁爲誰病。昔時憐我，今日詢君不平膺。悄撫妝臺畔，孤鸞影。

驀山溪 三月二十四日聞鵑

看看殘月，五鼓舒弦尾。驚響徹青鵑，忖無計、清愁難避。好春嘑盡，底事不成聲，衾枕倚。慵困起。想像疑猜裏。　紅情緑意。終竟歸流水。望帝此時情，合萬種、淒涼不已。

還京樂 校録《閒與軒遺稿》，存詩七十二首，詞六首

會心處，賸有清詞麗句宜校理。望六虛清景，雁峯七二，休言辭費。付管城窗際。巾箱碩果何堪委。獨展卷，沈誦再四，聲聲俱淚。　眼前胸底。在當時流露，家傳孝友，天真悲樂意味。勞人不與偷閒，總夷猶、麴塵行李。儻相知、應默賞孤芳，同嗟逝水。悔唱酬空瞀，那償今日顣頞。

水龍吟 飛鸞問訊

斷無塵世紛紜應，登究竟華嚴地。人間小住，藕根無恙，淄泥蚤避。孰與商量，自君別後，

吟牋都閉。恁無邊苦難，勝前浩刦，又多少、傷心淚。　見説鸞飛霧底。彷鈞天、暗傳仙吹。肫誠所至，清風宛似，悲懷更起。不問家常，衹論心法，别饒深思。恐音容、設想難真，咫尺誤、天涯比。

畫錦堂　浴佛後一日，爲淑人卒哭之辰，哭之

浴佛匆過，流光太速，鐵馬悽響層檐。彊自卒無時哭，總蹙眉尖。常言清龢時節好，冷懷今日豈曾忺。徬徨處，入室望廬，羅煙淚燭波簾。　堪厭。塵路隔，芳信杳，蒼茫去平日頻添。欲把深愁説與，衹賺人嫌。蚤知吟出終無益，者番筠管又輕拈。憑誰奪，澆塊酒盃狂醉，慰我懨懨。

渡江雲　某歲重五，君有《午日山中即事》詩：『光陰容易又端陽，檻外榴花欲吐芳。多事鄰家小兒女，幾枝偷折助新妝。』

馳駒抛不轉，洞庭五月，又感賦飛沙。記紅榴好句，笑助新妝，豔色到鄰家。今朝便、一枝在手，弱不勝華。曾幾時、欲賞無人，則箇慘嗁雅。　咨嗟。如何佳節，别是愁天，咽清尊不下。那忍看、銀絲長縷，紈扇輕紗。荒涼艾景渾如舊，更怯聽、占候朱葭。瞻弗及、淒迷霧鬢雲花。

遶佛閣　中秋

莫煙欲斂。喧徹巷陌，高下池館。西陸看短。舉頭望極、長天卷秋幔。　玉蟾已滿。環佩寂寞，歸路遥遠。金粟香婉。可憐玉宇，猶横

鵲橋岸。漸漸催刀尺，縫到鴛鴦斜卻線。清照曾經、團欒開素面。不料有而今，空立更箭。此生不平見。獨弱骨闌珊，孤景零亂。嘅平生、幾曾眉展。

過秦樓 九日

甚處登臨，盡成蕭瑟，暗想幾番腸斷。秋殘九日，憾結千端，篋笥蚤捐紈扇。鴻也一字難書，雲薄慵簪，歲流如箭。正天高氣肅，人今何在，比天還遠。　頻問訊、瘦到黃華，飄來黃葉，作去弄苦顏誰染。霜磓斷續，蓮漏迢遥，應徹角聲齊變。腔裏尋思已窮，有夢難莊，何心爲倩。待遺囊整理，重疊衣痕淚點。

玲瓏四犯 癸酉十二月二十九日，除婦服，一慟

耐冷梅枝，獨不管悲涼，偏向呈豔。又是窮年，劉實忍舒愁臉。彈指十二蟾蜍，奈一算、一回悽亂。縱服終五内胡换，還説甚情文見。　甯筍廚禪悅空相薦。映帷軒、鴨爐浮蒨。甯知昔日言身後，都到今朝眼。從此歲歲歲時，怎免得、痛心一點。没古今海石，和泡景，終淪散。

已上永訣

以上《遥瀾簃詞鈔·哀逝集》

任援道

絳都春 春水

魚波細膩。看大外畫船，和雲飄起。浪卷落英，倒浸樓臺清無底。斜陽明滅風光麗。問南浦、銷魂曾幾。鴨頭新緑，迷將畧彴，舊時

遺址。還記。芳洲柳岸，小娃正、曬網臨流梳洗。更憶舊遊，罨畫溪邊藤花紫。迢迢暗動江湖意。感不盡、天涯行李。那時柁尾春鐙，聽風聽水。

長亭怨慢　送别

枉分付、芳菲遮路。苦恨啼鵑，喚君歸去。知己難逢，渭城歌斷恨難聚。送儂前度。今日是、儂爲主。奈水遠山遥，漸忘卻、君家何處。新句。把鶯悽蝶怨，題徧緑陰窗户。沈沈院落，算不合、鎖將愁住。縱畫舫、重到河橋，也空對、垂楊千縷。悵獨自歸來，長日閒翻花譜。

水龍吟

笑他鶴背游仙，蓬萊高處寒如許。緑窗夢醒，鶯聲歷亂，楊花飛舞。新緑池塘，萍飄蓬轉，兩三鷗鷺。悵尋常巷陌，飛來燕子，興亡恨、和愁訴。斜倚薰籠自語。怕思量、舊曾游處。靈和穉柳，未央殘月，而今誰主。花落無言，鵑啼有恨，留春不住。只孤吟屏角，似痴似醉，寫傷春句。

解連環　自題深柳讀書圖

數株垂柳。正書堂寂静，緑陰如繡。看那時、張緒依依，比今日，鏡中自憐消瘦。壓架縹緗，也抵似、百城雄富。縱羲皇夢好，忍卧北窗，負了清晝。回思一氈世守。有清芬未沬，名重文囿。幸此生、几净窗明，免挾策亡羊，帶經鋤耨。味道含英，會心處、醰醰醇酎。更思量一瓻，問字子雲在否。

摸魚兒　初夏

餞殘春、一天愁雨，林間都染新緑。三篙暖翠晴漪活，溪上臥虹如束。聊縱目。看桑柘陰稀，碧水新秧簇。吟情未足。儘翠幕深遮，柔茵細展，秀句遞賡續。閒庭院，回首隍中覆鹿。誰知游子衷曲。孤篷短艇如蓬轉，銷盡雨窗銀燭。南又北。好準備、疏簾清簟看棋局。猧兒睡熟。且手檢縹緗，希聲尚友，兀兀效雌伏。

月下笛　題青蕤老人詞卷

蘭畹揚芬，花間鬥艷，古人堪友。竹山雅唱，遥嬗宗風到齏臼。青蕤本是神仙侶，料夙世、蓬萊住久。儘詞場游戲，探驪獨得，寸珠擎手。　回首。滄桑後。感建業春蕪，薊門秋瘦。傷心麥秀。采薇歌斷淒奏。窺人一片前朝月，照彩筆、龍蛇競走。莫苦恨，少知音，且向旗亭貰酒。

憶江南

江南好，舊浦説春申。海國衣冠人影雜，神州金粉物華新。十丈輭紅塵。

其二

江南好，攬勝憶吴江。祠訪三高鶯脰畔，堂懷七子竹溪旁。十里白蓮香。

其三

江南好，七里泛山塘。苔鏽荒祠懷短簿，梨花小墓説真孃。遺跡訪鴛鴦。

其四

江南好，詩國重毘陵。纜繫沙堤尋古驛，屐移煙寺訪高僧。因果證禪鐙。

其五

江南好，生長愛荊溪。一壑風煙罨畫秀，重巒蒼翠國山奇。春日好尋詩。

其六

江南好，樓觀鬱金焦。襟帶江淮雄半壁，霸王事業溯前朝。風月付漁樵。

其七

江南好，騎鶴上揚州。史嶺梅香含正氣，隋堤柳色帶春愁。簫韻度紅樓。

其八

江南好，楊柳罨秦淮。十里珠簾鐙火鬧，數聲玉樹管絃催。商女不知哀。

前調

荊南好，城郭亘雙溪。祓禊年光山染黛，蹋青時節水平堤。春暖換羅衣。

其二

荊南好，歲歲感年華。畫艇載將樊榭酒，紫騮嘶過岳隄花。細柳受風斜。

其三

荊南好，簾卷夕陽斜。緑筍磁盤宜薦酒，瓦壺天水細煎茶。世外有人家。

其四

荊南好，筆硯領春光。纔覺輕風寒惻惻，又添晴旭影幢幢。冷暖費商量。

其五

荊南好，紫燕語雕梁。屋角杏梢纔暈白，隄邊柳綫未搓黄。春晝十分長。

其六

荆南好，曉夢亂啼鶯。一桁繡簾閒不卷，半韜菱鏡照還明。蘭息度疏櫺。

其七

荆南好，細雨過清明。紫燕銜泥營舊壘，黄鶯坐柳語新晴。風細落花輕。

其八

荆南好，靈秀毓詞人。梧月清芬追勝欲，迦陵豪氣邁蘇辛。紅友亦功臣。

摸魚兒 送客赴遼東

甚東風、莽催新緑，聲聲都作凄雨。春山無限斜陽裏，似我亂愁無數。天欲莫。聽枝上、流鶯語澀啼鵑苦。離情怎訴。便不送行人，魂銷無那，何況送君去。君知否。世亂堅貞爲主。功名三十塵土。勞勞骯髒窮於我，手把吴鉤狂舞。君記取。記此日、鶉衣縱酒長亭路。閒聽商女。正玉樹歌殘，興亡劫换，沈醉黯無語。

前調

倚迴欄、餞春歌罷，凄然重展新譜。無端一陣鵂鶹叫，换卻斷腸情緒。芳草路。賸千樹垂楊，裊裊隨風舞。斜陽古渡。甚年少翩翩，笙歌隊裏，樂極不知苦。綢繆意，愁煞將傾牖户。誰知徹彼桑土。千尋鐵索雙眉鎖，棖觸舊題詩句。還自語。盼好月將圓，圓到天心處。蠻煙瘴霧。把魚尾晴霞，紅燒四角，洗出蔚藍宇。

前調

悵凝眸、亂山殘照，孤城如墮雲海。濛濛不見朱藤影，何況舊時蘭茝。增感慨。想古月團圞，先我來天外。盈虛遞改。算照徧天涯，還窺簾隙，應笑我癡騃。　行吟苦，休再思量古代。年來愁已無奈。紅窗縱有鴛鴦夢，夢好覺來何在。歡不再。聽一片悲笳，陣陣催榆塞。連天暮靄。怕無賴東風，摧花折柳，欺我病軀憊。

前調　春柳

綰春魂、萬絲千縷，高樓煙鎖深窈。黃鶯坐把新晴訴，綺陌馬嘶聲鬧。雲水渺。曾記得、橫塘相遇秋風老。江潭繫棹。歎送遠傷離，關河酒醒，幾度懊和惱。　靈和事，我欲憑君細道。依依張緒今杳。南都風色新潮漲，紅板舊痕重到。歡意少。況更有、宮腰殿腳都堪悼。行吟未了。忍聽唱旗亭，曉風殘月，一曲古時調。

賀新涼　有懷西泠舊游，拈此志慨

明聖湖邊好。溯當年、鶯歌燕舞，墜歡多少。一自銅駝荆棘裏，身世渾如天寶。再休說、蘇隄春曉。膩雨柔煙楊柳岸，到而今、都作傷心稾。吟不盡，杜陵老。　江湖落拓悲年少。問何時、韶光望日，湧金垂釣。負卻水流雲在意，空向詞場厮鬧。算舊日、歡盟誤了。昨夜西泠橋上望，有障泥、油壁誇蘇小。情未展，夢雲杳。

高陽臺 外舅青蕤老人以李樹人《元夕寄懷》詞見示，依韻和之

殘雪留鴻，春波附鯉，新年快展雲箋。憶昔飢驅，天涯羈旅年年。故鄉歸好長橋夜，比三潭、月印清圓。羡詞人，花徑相羊，平地神仙。
　　年來幾許風塵夢，有稜稜傲骨，那受人憐。鐵笛悲涼，數聲黃鶴樓邊。古今多少興亡感，算滄桑、一煞雲煙。問何時，芸閣然藜，長對吟編。

前調 元夕感懷，再用樹人韻，呈青蕤老人

標建霞城，香飄雪海，春詞題徧蠻箋。三尺吳鉤，浮沈人海年年。故鄉罨畫溪邊月，算今宵、初度光圓。比桃源，洞裏風光，世外神仙。
　　偶從親戚攀情話，悵浮生如夢，何用相憐。一笑銜杯，相將沈醉梅邊。從今休抱興亡恨，伴漁樵、釣雪銜煙。把荆南，山色湖光，收向吟編。

前調 題李樹人繡春館填詞圖，疊前韻

斷浦雲沈，巉巖雪老，筵前分韻傳箋。緑笑紅嚬，鐙花點綴新年。鸞笙宛轉湘簾底，聽聲聲、玉潤珠圓。想三山，北固金焦，中有詞仙。
　　休言塵海風雲幻，看吳頭楚尾，到處堪憐。泛宅浮家，優游揚子江邊。好山好水都尋徧，助吟情、殘月寒煙。任千秋，紙貴江南，春繡瑶編。

憶舊游 題外舅香谷先生青蕤盦填詞圖

聽聲聲玉笛，宛轉悠揚，吹徹梅邊。罨畫溪山秀，有詞翁矍鑠，淺酌觥船。一簾紫藤花放，

風月不論錢。合添個雙鬟，紅牙按拍，低唱尊前。　連年。楚氛惡，悵馬策刀環，孤負林泉。此日歸來好，羡香生斑管，粉膩銀箋。勝流上追同調，才望比髯仙。更白首齊眉，烏絲替寫吴彩鸞。

高陽臺　牧之水榭

雲湧金波，煙籠寒水，乾坤俯仰悠悠。分韻傳箋，吟聲縈帶溪流。瓊筵敞處湘簾卷，有才人、緩帶輕裘。任優游。把酒臨風，還看吴鉤。　茫茫誰繼風流後，算谿山勝處，曾繫漁舟。一縷茶煙，鬢絲禪榻勾留。談兵豈是生平志，傲儒冠、兼笑兜鍪。愛當前，滿目鶯花，全勝揚州。

望海潮　錢友夔有鼓盆之戚，譜此奉慰

長空蕭颯，斜陽慘淡，伊人脈脈含愁。閒掩畫屏，哀吟錦瑟，憑闌日日凝眸。天際鎖重樓。悵寶匳塵滿，遺掛空留。月冷風清，佩環聲斷夢悠悠。　休嗟往事浮漚。看諸雛繞膝，鳳戲麟遊。古婺倡隨，句章涕淚，芳名浙水長流。仙侶幾生修。待團圞重證，天上千秋。寄語荀郎，莫將離恨掛心頭。

鷓鴣天　春日望虹橋

春日虹橋媚晚煙。平波魚戲縠紋圓。賞心惟有閑中好，佳句全憑象外傳。　思似水，酒如泉。與誰同泛畫溪船。清風明月無人管，分付漁翁一釣竿。

前調　西城玩月，有懷外舅香谷先生

城郭浮空水接天。銅峯長帶好雲煙。團欒更有天邊月，月映清溪分外圓。　花似錦，燭如椽。淺斟低唱憶詞仙。荊南自古多名勝，還仗春風筆底傳。

高陽臺　定齋就李公隄上重構牧之水榭，遼陽陳慈首爲致白描紫微畫像，及戲鴻堂刻杜書《張好好詩》

越浦柑黃，吴溪蟹紫，去來陽羨歸休。笑解金龜，風煙一壑夷猶。層巒疊翠滄波活，緬任公、且買漁舟。理絲綸，抛了終南，謝了揚州。
名賢一去田園廢，有詞人華谷，小揖蕢洲。吟榭重開，招來幾許名流。謝他舊日蓉城主，寫清高、遺像千秋。更兼金，詩購瑶篇，字訪銀鉤。

壺中天　小園移植宣南草本梅，端節後盛開如蝶

江城五月，問何人吹徹，南遷哀曲。西望長安天樣遠，誰伴石亭幽獨。粉傅香梢，丹涂紅萼，瘦影依文竹。晚煙斜日，蝶衣攢作橫幅。
回憶月滿羅浮，芳魂栩栩，曾共么禽宿。今日離懷無限苦，賸有榴花紅簇。縱挽春歸，難將愁去，空繞枝南北。縞衣相對，悄然飛上蛾緑。

買陂塘　壽狷叟媚丈

羨先生、羽衣仙步，春花秋月時候。朱顏白髮邀天眷，矍鑠是翁誰偶。彭澤柳。更徑菊園松，清福憑消受。神仙分有。看桂魄陰圓，歲

星光耀，人瑞應南斗。當年事，記得虞山聳秀。絃歌聲度林藪。棠陰蔽芾梁溪好，草長訟庭還又。名不朽。況梓里、湖光山色都如繡。金尊進酒。聽一曲長空，鶴南飛曲，同祝萬千壽。

齊天樂　和清真韻

緑天掃浄蕉聲碎，悤悤歲華催晚。夕照籠煙，涼颸盪月，秋意并刀難翦。堂虛悄掩。恰重展羅屏，乍收紋簟。額蹙微黄，怨情都付與試卷。　當年羈旅暗數，徧湘南楚北，愁思無限。海市江城，邊庭戍幕，空歎萍飄蓬轉。長安望遠。只紅友頻招，紫萸堪薦。百尺樓頭，且將豪氣斂。

前調　蟬

漢宮寥落無人問，哀蟬尚吟林杪。飲露思清，臨風韻咽，閱盡炎涼多少。秋容漸老。忍回首前塵，玉顔花貌。不慣飄零，依然還是故枝抱。　槐陰深處斷續，縱聲嘶語竭，幽憤誰曉。雁唳斜陽，蛄嘑落月，高潔難賡同調。綃衣敝了。算躲盡危機，丈人空惱。愧煞齊髡，對伊玄鬢好。

青玉案　感事

花驄解意頻迴顧。正綵袖、當筵舞。怕聽陽關三疊句。燕歌悲壯，胡笳淒咽，抵死催人去。　關河冷落秋如許。官柳絲絲繫愁住。一角斜暉渾不語。揚鞭峭岸，題詩古驛，重認來時路。

金縷曲 雪

萬里銀沙浄。逗吟情、輞川畫意，灞陵詩景。龍笛何人吹變徵，身入瓊田萬頃。渾不辨、溪橋路徑。今夕長空如有月，便廣寒、宫闕輸人境。游仙夢，不須醒。　園林雅素騷人領。記年時、孤山弔古，羅浮選勝。便使暗香疏影好，總遜天然清夐。休負卻、蹇驢逸興。轉瞬豔陽春意爛，對溪山、先爲年豐慶。擕杯酌，曲欄凭。

木蘭花慢 風阻水西，夢中用《破陣子》調倣稼軒作壯語，既醒忘之，感賦此闋

水村風味冷，數往事、感流年。況斜日昏昏，平林漠漠，暝色浮煙。清歡。暗隨水去，倩東風扶影上歸船。今夜魂飛鷗渚，昨宵夢到吟邊。流連。有淚濕征韉。曾記舊時緣。把玉笛横吹，青萍細看，傲骨依然。無言。倚篷悄坐，笑詞僊底事苦纏綿。拚卻君王天下，酣嬉兒女鐙前。

慶春澤 天春園爲田貴妃母家故址，有陳圓圓梳妝臺。園主爲叔父振采先生

榴火然紅，藤陰交翠，名園別樣清幽。碧檻朱闌，天教春色長留。漢家田竇椒房貴，矧嬋娟、别有妝樓。儘優游。圖史琴尊，南阮風流。　鳳城十里笙歌沸，對前朝影事，勾起閒愁。兒女英雄，人前欲説還休。登臨不盡滄桑感，譜新聲、低唱輕謳。暗凝眸。荒草斜陽，今古悠悠。

前調 小滯京華，與親朋攝影。南歸後，譜此奉寄。時宿桃溪舟中

蒲劍新硎，荷衣初試，物華人意留連。鏡裏傳神，相將也是前緣。天春園裏風光好，進蒲觴、一醉陶然。看牆頭，萬點榴花，紅翠暄妍。

交親偶逐萍蹤聚，況欣逢佳節，賓主纏綿。賦筆吟箋，燕臺韻事爭傳。英雄兒女都銷歇，賸吾曹、狂煞花前。悵今宵，獨宿孤篷，罨畫溪邊。

倦尋芳 藥圃即事。白雪詞社第八集

竹罏煮茗，花檻移芳，催賦新句。殿宇沈沈，還憶舊曾游處。韶景都隨炎序改，墜歡暗逐流光去。悵苔階，賸飛紅點點，鎖將愁住。

算只有、青梅薦俎。紅藥翻階，芳事堪數。蔣徑程門，詞客二三容與。甘讓徐陵壇坫長，爭誇華谷才情富。凭闌干，倚新聲，自修簫譜。

過秦樓 白雪詞社第九集。補題陳迦陵先生填詞圖，分得圖中鄧孝威題詞調韻

鳳琯聲清，鵲罏香暖，静院點塵難到。花明水繪，雪滿梁園，怎比故鄉春好。曾伴香膽紅鹽，薄醉微吟，隱囊紗帽。聽簫聲起處，雲郎何在，別愁盈抱。

還幸是、御苑從遊，瀛臺歡宴，競羨絕倫才貌。銀箋研粉，斑管生香，影事尚留鴻爪。山鳥山花，故人賸有鵑紅，惟餘鴂叫。只鄰娃解事，猶唱烏絲舊稿。

憶舊游 竹醉日。白雪詞社第十集

看清風被逕，亂影翻窗，秀茁龍孫。釀就黃梅雨，喜園丁解事，帶蘚移根。夢回楚江雲外，

何處覔湘君。賸砭俗虛懷，干霄壯氣，都付金尊。　斑痕。淚和血，化點滴殷紅，猶帶酸辛。記得黃岡路，罨樓頭莫靄，天也微醺。太息世人都醉，儂醉豈無因。只轉瞬明朝，依然醒眼看世人。

瑞鶴仙 白雪詞社第十一集。詠美人蕉

緑天初過雨。看鮮葩乍拆，飽含膏露。紅妝鬬風度。儘榴裙争豔，不嫌遲暮。離愁幾許。數紅豆、相思解否。繞迴闌、鳳尾翩翻，照映玉階朱户。　休妬。宫黃塗額，血色侵肌，自憐嬌娬。芳心欲吐。紈扇恨，向誰訴。歎黃花岡畔，風霜摧折，怕聽催歸杜宇。感興亡、香草年年，美人化去。

蘇幕遮 白雪詞社第十二集。青蕤盦逭暑。定齋約同人于來歲首春，泛湖之鄧尉探梅

卷湘簾，消永晝。三徑檀欒，一架青籐秀。更有鮮葩紅欲溜。不假秋風，暗拆香苞驟。　韻如蘭，情似酒。從古詞人，多半耽林藪。縞袂青禽遲我久。鄧尉探春，且待梅開候。

惜紅衣 白雪詞社第十四集。詠秋海棠

秀靨凝紅，愁眉斂碧。玉顔曾識。冷落秋階，纖柔怯無力。離亭望斷，險化作、山頭頑石。誰惜。金粉黯銷，賸釵鈿狼籍。　西風送客。蘋白葭蒼，當年感離席。蛩吟暗砌，愴惻伴儂泣。待得豔陽春到，依舊美人天北。趁月明良夜，清夢好尋芳國。

水龍吟　白雪詞社第十五集。分題得秋鴻

遠音響度長空，平沙欲落還驚起。羽儀叶吉，紛紛燕雀，安知壯志。嘹唳霜前，杳冥雲外，霎時千里。念窮邊獨客，歸期幾誤，天涯信、憑伊寄。　聽徹嗷嗷心悸。鎮哀鳴、稻粱謀未。來賓縱好，荒洲淺渚，淒然秋意。偶趁西風，縱橫筆陣，翻將寄字。笑援弓引繳，弋人思篡，展沖霄翅。

龍山會　白雪詞社第十六集。雙溪草堂作。重九

歲月駸駸驟。才過中秋，又是重陽候。相逢開笑口。瓊筵敞、賢主嘉賓非偶。勝會比龍山，千載後、風流依舊。快憑高，銅峯作案，太湖爲酒。　悽然悵觸前遊，黃鵠晴川，早試拏雲手。披巾凝望久。淹留恨、染徧淚痕襟袖。新句且題糕，肯一任、詩豪孤負。倚西風、黃花放也，卷簾人瘦。

念奴嬌　白雪詞社第十七集。題盧忠肅公遺印

煌煌天漢，痛賈莊一役，金甌輕擲。雙印傳情還劇恨，臣節堅貞如石。鏽徧苔紋，燒殘蟲篆，血染萇弘碧。神靈呵護，劫餘猶是完璧。　今古清議凜然，干戈玉帛，各執春秋筆。貝錦萋菲胡太甚，豺虎腥羶不食。贏得詞林，研硃摹搨，玉帶同珍襲。靈祠長庋，慣看虹氣千尺。

霜葉飛　白雪詞社第十八集。黃葉

漢宮秋早。涼蟬切，疏林巡徧深窈。晚晴庭館正蕭條，苦被驚飇掃。看上下、分飛煩惱。

淒然聽徹寒砧擣。賸冷落吟身，向古廟、揞筇暗歎，一林霜老。　還記舊日江南，山村隱隱，故鄉歸去偏好。不將顏色讓丹楓，獨寫昏黃稿。悵幾度、停杯細道。燕支山北吟魂繞。更那堪、風和雨，金井梧桐，攪人懷抱。

霜花腴

白雪詞社第十九集。亦園訪菊

冷香徹骨，正晚秋，新霜展盡愁痕。雲護簾櫳，霞烘庭院，銅臺誤鎖深春。一喬似嚬。任俊游、呼喚真真。倚西風、綽約蕭疏，引將花韻入詩魂。　吟遍昔年三徑，把荒籬舊圃，都付金尊。林下丰姿，夢中清景，芬芳暗襲羅巾。向誰細論。恍陶公、千載身親。共商量、一醉黃昏，小園看夕曛。

山亭宴

白雪詞社第二十集。小飲拙廬，登見山樓望南山

酩然醉唱延秋句。又登臨、畫樓容與。開户揖銅官，喜迎到、詞仙伴侶。煙光嵐翠展芙蓉，覺爽氣、撲人眉宇。把酒屬山靈，更莫問、賓和主。　樹邊屋角凝眸處。倚晴空、去天尺五。畫意與詩情，猛句起、閒愁萬緒。重巒疊嶂白雲深，任冉冉、斜陽今古。待遡最高峯，快極目、長安路。

青玉案

白雪詞社第二十一集。題朱捷臣母夫人儲太君紡績課子圖

遺書捧讀諸孤藐。況軋軋、機聲繞。寫入生綃神意肖。兄顏不戚，妹顏不惱。爲博慈顏笑。　游蹤半向天涯老。莽回首、湘雲杳。

一瞬韶光真草草。青鐙初上，熊丸初飽。還憶兒時好。

翠樓吟　白雪詞社第二十二集。閨思

日上珠簾，花飛繡閣，依依夢魂初轉。歸期空誤盡，望不見龍沙天遠。紅樓春晚。看一帶垂楊，幾雙棲燕。離腸斷。鏡中眉嫵，問誰深淺。暗歎。南浦分攜，賸別時絃索，送君悽怨。門前春草綠，枉杜宇聲聲催趲。愁懷難澣。只歲月頻添，韶華偷換。隣家院。管絃聲碎，攪人心亂。

渡江雲　白雪詞社第二十三集。分韻得言村

荒莊寒料峭，名賢暫憩，姓氏至今留。路長還似舊，一抹斜陽，曾照幾番游。銅官雋爽，解招賢、賓主綢繆。從宰罷、武城歸隱，桑柘更

添稠。凝眸。雲風馬鬣，月朗梟鐙，指虞山聳秀。讓臣里、文開儲巷，學啟任邱。新村早向荒洲闢，甚而今、翻效西歐。憑弔處、絃歌誰嗣前修。

千秋歲　白雪詞社第二十四集。浮虹石舫作。東坡生日

買田陽羨。南國谿山顯。畫像展。文星煥。千秋名不朽，一瓣香同薦。髯仙在，樓高學海流風遠。抛卻黃岡怨。肯向眉州戀。玉女侍，銅官伴。酒如溪水湧，舫逐虹光轉。春夢醒，功名都作浮雲看。

賀新郎

莫歎孤鸞運。怎無端、鶯悽蝶怨，片時難忍。做盡五陵年少樣，裘馬翩翩輕俊。原不解、歡

場有恨。一副傷心司馬淚，到而今、更有誰憐憫。沈思處，只搔鬢。　山盟海誓難憑準。悵分飛、雨花泥絮，維摩愁損。寂寞黄昏鐙黯黮，擬遣芳魂去問。怕神女、生涯太溷。飄泊情天無住處，猛東風、吹散鴛鴦陣。誰爲解，惱和悶。

綺羅香　春盡日，滬西兆豐花園哭擇生

紫燕留春，紅薇獻夏，草草光陰虚擲。懊惱情懷，一樹楝花風急。乍夢回、新綠池塘，便掃盡、亂紅坊陌。最憐他、蝩慘鶯悽，人間難遣是今夕。　歸風何處送遠，望斷斜陽影裏，空濛無跡。萬綠沈沈，回首更添悽惻。含舊恨、空覔餘香，寫新愁、嬾拈花拍。悵無端、螻蟈聲喧，水窗鐙暈碧。

買陂塘　七夕，與卓然同賦

問秋雲、碧空誰織，悤悤時序新換。池荷入夜多風雨，何況草蟲聲亂。銀燭院。有點點流螢，暗惹輕羅扇。明河似練。正月姊含羞，星娥爭豔，瓜果夜深薦。　江南路，幾處旗亭酒館。年來游興都懶。琵琶冷落霓裳曲，轉替女牛悲怨。情款款。便博望仙槎，得到銀河岸。離長會短。况日出扶桑，鵲橋都渺，漠漠水天遠。

臨江仙　白雪詞社第二十五集。經畬堂祭詞

詞場歲月駸駸驟，雕鐫也損心脾。周秦姜史是吾師。新詞成百首，血縷嘔千絲。　島佛當年留韻事，我今援例爲之。蕙肴椒酒好酬伊。歌聲諧竹爆，吟思逗梅枝。

念奴嬌

白雪詞社第二十六集。由荆溪泛舟，經梁溪、金閶，泊光福鎮。輿行鄧尉，過司徒廟、聖恩寺，登還元閣。題諸瞿上人一蒲團外萬梅花圖册，用翁相韻

五湖春泛，被山靈招隱，來尋僧侣。放眼還元高閣上，畫意詩情無數。入定梅邊，和羹花後，題墨含霖雨。憑闌高倡，廣平無此新句。只争柰上界鐘聲，前峯暝色，草草催人去。有癯仙情意重，留我扁舟南浦。老鶴長鳴，青禽對語，笑我蹤難住。禪心澄澈，霽蟾相迓歸路。

買陂塘

悼張君

引悲風、眼前琴劍，依依張緒何處。清才未展匡時畧，底事遽歸黄土。芳草路。賸月黑、千山杜宇聲聲苦。留春不住。任無賴東風，吹花折柳，零亂卷飛絮。思前事，攜手長橋日暮。登臨歡賞如許。鐙紅酒緑春宵短，惆悵夜闌人去。寒食雨。忍更聽、傷心宋玉招魂句。呼天細訴。悵後約丁寧，前塵泡幻，凝想總無據。

露華

白雪詞社第二十七集。雙溪草堂詠金絲桃。時婦亡四十日矣，壬戌六月初二日也

楚宫怨抑。任粉額塗黄，總帶愁色。韻比阿嬌，雅稱石家藏得。數枝露井重開，未許武陵人識。韶景異，黄絁綵裳，别樣風格。　華鬘小歷塵劫。悵果然瑶池，重换仙骨。賸有舊時金縷，尚留香澤。那堪路絶天台，一晌墜歡難拾。凝佇久，殘英向人似泣。

百字令 社集。壽倩仲表叔五十

雙溪佳處，稱伊人高臥，吟情逾遠。桃熟荷香都獻瑞，海屋籌添無算。斑管生花，銀箋研粉，簫譜雙鬟按。清才濃福，百齡今日才半。偶回省僕值秋曹，漏聲微度，月傍三霄滿。憶蓴鱸香味好，猛把荷衣輕換。騷續庚寅，詩編甲子，心事分明見。歲星清朗，永同王母歡宴。

換巢鸞鳳 社集。詠蚓，分韻得『憐』字

梅雨連緜。恰晴光乍轉，晚唱聲圓。忍飢餐稿壤，解渴飲黃泉。林昏月黑倍淒然。獨居夜吟幽憂可憐。秋風起，禁不住、歲華偷換。回面。人不見。蛩泣雁嘑，祇攪儂心亂。漫吸生機，只肥玄土，棲魄窪鄉怎慣。誰曉從來笛無聲，蟪蛄鳴處聞根眩。休將他，比於陵、濁世應罕。

水調歌頭 題李薪淵乘槎浮海圖

滄海渺無際，一葉駕潮頭。十洲三島游遍，歸泛五湖舟。記得海天明月，照徹琴歌詩卷，倚醉發清謳。星渚犯牛女，佳話也長留。　遼陽地，牛刀試，澤滂流。韶華似水，滔滔不盡古今愁。君已乘風破浪，我愧朝潮夕汐，誤了少年遊。賸有澄清意，與子共綢繆。

訴衷情

花枝折取當金釵。心事暗相猜。窗外白雲浮動，香雪印紅腮。　人意遠，酒懷開。夜深來。玉鑪添炷，繡幕微垂，催製春鞋。

疏簾淡月　蟄莽媚丈雪堂落成，譜此奉賀

河陽別墅。記寵柳嬌花，舊時容與。燕里鶯隣儘許，別開門户。虛堂雅稱詞仙住，逗吟情、灞橋詩句。絳帷無恙，青靈擅勝，雪鴻如許。　算都是、游楊立處。有薛廬相望，俞樓爲侶。玉局仙游，赤壁定傳新賦。春婆夢醒黄州路，愛荆溪虹舫長駐。雪中來訪，前身正伯，艤舟西浦。

雙調憶江南　雪堂作。人日

虹橋畔，韶景喜初融。嵐翠屏開山作障，波光環繞水爲宮。身在畫圖中。　長嘯處，詞客氣如虹。椒酒不辭人日醉，杜詩追步草堂工。游興十分濃。

湘春夜月　白雪詞社第四十集。春魂，限『魚』韻

醉瞢騰，昨宵人困酴酥。況是霧鎖林昏，飄泊正愁余。夢被蜀山攔住，問杜鵑啼苦，望帝歸無。　算莊生化蝶，蘧蘧栩栩，畢竟模黏。回頭綺約，音沈斷雁，書渺雙魚。牧笛聲中，還記取、一林紅杏，隔絕征途。旗亭貰酒，悔那時、煙雨停車。悵此際，只東風料峭、濛濛絮影，吹上輕裾。

八聲甘州　哭煥琪二舅

歎徐陵老去拙廬空，白雪賸新詞。展吟編低唱，搓酥滴粉，字字哀梨。回首西園高宴，花瘦紫螯肥。不盡清游興，都作淒其。　悵我萍飄身世，乍還轅薊北，又泛湘西。縱箋成天

問，依舊楚魂羈。算從今、牙琹罷鼓，比鍾期、一樣賞音稀。秋風起、聽嘑猿苦，寥落江湄。

菩薩蠻

戊寅秋，余寓居金陵寶華盦之西樓。寶華盦者，端陶齋督兩江時讌集賓朋、研討金石之所也。三十年來，傾圮已非舊觀。余既重修葺之，每逢月夜，輒與幕客數人徘徊庭前。刁斗寂静，萬籟無聲，遥望鍾山之麓，鐙火燭天，營壘接連十數里，蓋不勝其軍旅之思。偶譜此闋，高君冠吾以爲能好暇整焉

西樓待月凝情坐。井梧葉葉涼雲墮。何處得秋多。西風戰晚荷。　粉牆明月下。樹影天然畫。畫好倩誰鉤。憑將妙跡留。

以上《青萍詞》

琵琶仙

佛法由中土傳入三島，約在隋唐前。今年三月十一面觀世音聖像由日本來京，展拜之餘，不勝感嘆

風雨狂濤，正遥擁、大士西來宗國。蓬島三月春深，江城半寒碧。休暗憶、南朝歲月，只彈指、幾番陳迹。寶相莊嚴，靈光瑞靄，雄美無匹。　算應惱、塵濁紛紜，况寰海、修羅戰雲冪。還痛箕豆同根，相煎更何急。千萬刼、衆生慘絶，願慈航、早展神力。一瞬共慶清澄清，浪平波謐。

見《國藝》一九四一年三卷三期

鷓鴣天

虞美人花畫册，爲藤田中將題

四面歌聲壁壘空。八千子弟盡英雄。大王不向烏江渡，妾亦羞隨亭長東。　千載下，玉顏紅。還將嬌嫩傲霜風。江東兒女都憐我，我自蒼茫夕照中。

木蘭花慢　友人以和吴眉生放翁生日詞見示，觸余新痛，依韵和之

小樓人去遠，分鸞鏡、輟鵾絃。悵海國冠裳，神州鼙鼓，僕僕征鞭。平安。夢回逝水，數歡愁辜負幾流年。一霎生離死别，何如朝暮雲煙。　凄然。斗酒月斜偏。手澤薦青氈。又藐藐諸雛，麟遊鳳戲，感我華顛。川原。更懷舊迹，似孤鴻重到沈家園。試醞平生恩好，釀來血灑燈前。

以上見《同聲月刊》一九四一年一卷三期

燕歸梁　爲叔雍題高梧軒圖

百尺凌雲有鳳棲。清波眼、碧峯眉。佳人勝境自相宜。更不用、怨春遲。　西風一葉秋來早，感興廢、憶芳菲。嘉肴旨酒好同攜。且醉和、小山詞。

見《同聲月刊》一九四一年一卷八期

水調歌頭　辛巳中秋，金浩亭兄以和蘇髯詞見示，龍榆生兄亦有所作。賦此答之，即呈府主汪公

舉手邀明月，明月在中天。照遍千山萬海，已歷萬千年。一片芳姿清影，不是冰肌玉骨，争奈此高寒。俯仰幾今古，哀樂感人間。　看盈缺，對良夜，鎮無眠。人生莫似流水，願似月初圓。不苦滄桑寒暑，永伴花邊簾底，人月兩雙全。月共人長好，人比月嬋娟。

見《同聲月刊》一九四一年一卷十一期

向迪琮

風流子　送人之哈爾濱

征鞍何處去，驪歌起、別意兩悠悠。念平野草衰，易添羈思，大河冰合，難繫孤舟。最無賴、故人雲漢隔，歸夢道途脩。殘炤水村，疏碪引恨，暝煙沙驛，羌管吹愁。　詩書終何用，文才妙、偏又倦卧滄洲。收拾緑蓑青笠，江海盟漚。比嚴陵避世，富春嘯傲，陶朱投老，震澤風流。空笑珠纓華蓋，能幾春秋。

迷神引

一曲離歌長亭路。暝色遠迷平楚。雕鞍繡勒，引殘陽去。渺征程，知今夜，向何處。回首高城隔，亂山阻。河畔青青草，暗前浦。斷梗飄蓬，到此傷遲暮。覺客心孤，愁眉聚。　舊時詞筆，苦蕭瑟、空題句。黯陽天，芳菲景，黯無語。春老離憂接，風絮舞。千林鵑聲急，淚如雨。

玉樓春　和小山

雕輪行倦蘭舟住。日日江南江北路。愁心急似午時潮，別緒多於春後絮。　人生常恨華年誤。眼底華年成獨負。可憐花黯月明天，便是夢回腸斷處。

其二

紅廔相望殘陽裏。人在紅廔應第幾。欲知枕畔鹿轤心，聽取簾前虯箭水。　四絃輕撚舒纖指。指上新聲絃上意。從教秋月照無眠，肯信春雷彈不起。

其三

麗譙更盡人初醒。殘月當樓慵對鏡。香殘簾幙麝煙微，風落梧桐珠露淨。　新涼漸換芳菲逕。歸計蒓鱸猶未定。客中空訝帶圍寬，別後誰憐絲鬢賸。

其四

世間何物深情似。坐上琴心機上字。琴心難託賞音人，錦字空緘思婦淚。　危闌凝竚渾閒事。誰會傷高懷遠意。不知塞北有書無，憑問樓頭過鴈未。

其五

斑騅不爲須臾住。拂面楊花迷陌路。山遥海闊有窮時，夢斷香銷無覓處。　緑窗惟有圓蟾妒。落蘚侵階蟲挂户。春來還帶舊愁來，春去不將新恨去。

其六

妝奩塵暗鴛鴦鏡。病孏薰衣愁刷鬢。彩雲一片想來蹤，玉筯千條隨去信。　長亭三月春將盡。寂寞紅芳誰與問。江山管領古今愁，歲月推移新舊恨。

其七

朱奩夢散幸懽計。燕去梁空泥委地。花開花落豈無情，月缺月圓終有意。　春來處處闗心事。眉月含嚬花濺淚。浮生能得幾時閒，好酒不教千日醉。

其八

盈盈一水紅墻近。芳意難從青鳥問。眼前珠翠與心違，月下簾櫳憑夢認。　渡頭旦晚催潮信。潮落潮生何限恨。雁書魚訊到無因，渭樹江雲愁不盡。

其九

柳枝無力東風輭。枝上鶯黃黃似染。真珠簾外月常新，豆蔻梢頭春尚淺。　鳳城處處調絲管。豔舞嬌歌朝共晚。四絃心事幾人知，八字眉痕無計展。

其十

舊家庭院詢聲價。錦段酬歌珠買夜。妝如南國泰孃嬌，眉是西京張敞畫。　歡娛易逐斜陽下。紫陌愁看飛白馬。去時相送短長亭，別後難忘千萬話。

其十一

吳娃生小能歌舞。一曲春風花底度。座中眉語約同來，鏡裏臉波愁別去。　十年重踏湖州路。物是人非傷去住。蓬山迢遞海雲深，欲寄舊情無寄處。

其十二

玉慶妝罷春寒嫩。紅暈香腮花貼鬢。眉痕澹點石州螺，體態羞臨秦殿鏡。　番風次第催花信。花豔人嬌誰寄問。芳時還作等閒看，往事已成無限恨。

其十三

南園春早花爭綻。東閣香濃人未散。畫屏璚樹玉爲鸞，綺席鈿箏金作雁。　十分瀲灩垂蓮盞。隔座分曹沈醉慣。歡游那許百年同，小別動教千里限。

應天長　人日，和夢癯

疏梅墜粉，新柳綻青，驚心又是人日。十載怨離傷別，當春每愁極。煙塵阻，音信隔。恁況味、怎生禁得。倚闌望，縹緲雲山，甚處鄉國。

書劍任飄零，載酒評花，隨處縱游勒。且趁峭寒新月，旗亭聽吹笛。燕臺畔，春事寂。漸暗裏、物華非昔。但還共，水部何郎，閒試吟箋。

夜半樂　中秋無月三度矣，今年復遘涼雨，賦此遣懷

驟風晚起林際，輕寒惻惻，凝望生悽楚。甚待月三年，月還慳遇。桂宮夢隔，銅仙淚滿，最憐殘影山河，又迷煙雨。盼信息、沈沈暗銀浦。

畫闌已倦徙倚，目極秋空，恨凝霜樹。憑説似、長安今宵兒女。病彫華髮，塵封古鏡，算來祇有姮娥，動成乖阻。對佳節、辛酸背簾户。

向此追念，殿角樓東，鳳簫輕度。弄夜色、飄鐙聽歌處。怎人間、天上換盡霓裳舞。偎瘦影、悄悄憑誰語。斷腸聲裏征鴻去。

少年游　擬屯田

少時草莽肯低頭。萬里玉關游。長河飲馬，輕鞍射虎，談笑看吴鉤。

旗亭貰酒休論價，醉解黑貂裘。回首高城，舊游如夢，殘照霸陵秋。

好事近　擬東坡

煙外是紅樓，樓上一聲長笛。莫度玉關楊柳，惹征夫頭白。

天涯新恨滿羊裙，無計託鱗翼。惟有夜窗殘夢，繞鬱金堂北。

武陵春　擬小山

江入潯陽分九派，一派一迴腸。雲漢迢迢歸路長。煙冷月昏黃。　銀箏雁柱休重問，零落不成行。翠袖金尊理舊狂。無計換悲涼。

減字木蘭花　擬六一

鳳城春暮。陌上鈿車流水去。買醉酬歌。酒醒香消可柰何。　韶光空好。去日苦多來日少。一例花前。不分花枝笑獨眠。

祭天神

正閉門長日傷孤旅。甚西風、悽送離歌嗚畫鼓。悠悠萬感尊前，對酒愁無語。任行人一舸迢遥，銜波去。寂寞倚、危檣暮。　最愁絕、江北江南路。兵戈擾，笳管急，滿地棲狐兔。怕玄都、劉郎重訪，葵麥依依，廢壘殘陽，換了桃千樹。

千秋歲引

十里追懽，千塲縱博。日暮金丸落飛鵲。花樓豔歌舞翠袖，胡姬笑語搴珠箔。錦屏春，彩燈夕，儘斟酌。　誰分並時嘑笑各。何意盛年懽情薄。久客無因遣離索。當初浪憑征鴈羽，而今誤了驂鸞約。嫩涼天，采芳徑，輕孤卻。

戚氏　櫻花

倚妖妍。脈脈無語數華年。薄粉輕朱，小嬾微粲。舞風前。蹁躚。上清仙。銀屏悄悄怯新寒。離心竟夕縈繞，暗裏扶影墮蓬山。錦綴雲外，赧明林表，翠瀛浩蕩春寬。付東皇駐蹕，昏曉勻染，香沁紅嫣。　曾見。異國追懽。龍馭翠扇。迤邐向花間。輕雷過、麝塵飛散。寶玦珊珊。任留連。勝賞到此，醉欹曲檻，背隱鐙看。絳脣秀靨，髣髴重逢，裊裊頭上春旛。　漸老游情減，嗟魂夢隔，邂逅應難。況是迢遥蜃海，泛星查怕阻路三千。不堪步綺凝妝，繡帷掩淚，從此韶光晚。蕩舊愁、飄謝鮫綃片。和水去、休擬題箋。問故枝、何日重還。候風急、旦夕換華鬘。又鵑聲亂。斜陽逕裏，把酒淒然。

箇儂　頤和園

指鳳樓何處，但湖水、年年嗚咽。藤繚宮墻，苔縈馳道，更砌草、淚鵑凝血。鐵鎖沈江，金人辭漢，甚劫後妝臺，香雲猶熱。長樂鐘催，昭陽殿啓，傍輦路、鐙紅欺月。曼衍魚龍，向深宵、懽聲濃聒。誰信斗轉參横，笙歌未歇。　瑶池畫楫。記阿母、嬉春催發。風動秋鈴，夜嗚霜管，又捲地、黄塵重疊。羽箭蕭關，㷭煙城闕。歎一曲霓裳，無端驚裂。甲帳光銷，轘羅塵滅。賸廢苑、楊花如雪。撫事傷時，换劉郎、萬千華髮。回首故國興亡，籠鸚怕說。

御街行

去年佳節當晴晝。楓逕紅如繡。城中金絡玉驄嘶，城外雕輪飛驟。水村山館，風亭月榭，曾醉茱萸酒。　今年行役河梁久。往事勞回首。邊城㷭火燭天明，夜夜寒聲刁斗。黄花無主，故人何在，佳節還依舊。

木蘭花慢　盧溝曉月

麗譙更漸短，看殘影、過罘罳。正柳外煙浮，林梢雪霽，沙畔漚飛。柴扉。暗侵曙色，賸孤鐙向壁弄餘暉。村舍雞聲隱約，石橋馬跡依稀。芳隄。露濕旌霓。懷遠道、悵分攜。歎帝城雲裏，長安日下，客子天涯。栖栖。更行更遠，載涼蟾萬里說相思。空指虹腰百尺，舊時彩筆曾題。

其二　金臺夕照

向殘陽影裏，縱游勒、古城隈。歎暝色蒼茫，斷霞明滅，何處荒臺。蒿萊。又迷故苑，儘牛羊一昔亂成堆。滿目西風禾黍，興亡事事堪哀。重來。舊蹟飛灰。人已往、恨長埋。問天涯此際，誰收駿骨，更致龍媒。塵埃。自憐瘦損，散千金空負郭隗才。不用傷高懷遠，長安終古陰霾。

其三　西山晴雪

嫩晴融粉絮，縱吟睫、翠微間。看曲嶂排銀，平疇綴玉，遠樹堆綿。層巒。黛螺浄洗，御天風應有縞衣仙。臨水疏花放豔，冷香飛上吟鞍。危闌。獨倚高寒。霜皎皎、珮珊珊。問何人此際，輕裁素練，偷織冰紈。河干。釣絲倦理，枕梨雲和夢到漚邊。縹緲珠霙百尺，玉笙煖度幽蘭。

其四　太液秋風

碧池浮翠浪，撼梧葉、動涼颸。聽綄羽晨翻，花鈴夜警，亂舞蓮衣。孤幃。暗搖珮影，掩長門和淚寫相思。紈扇羞裁月魄，笙歌又起樓西。明漪。盡翦芳蕤。蚪暗泣、鴈初飛。但岸横文鷁，檐敲鐵馬，門響銅蠡。低徊。怨紅漸滿，遡宮溝應有舊題詩。千古銀潢似練，繁華過眼都非。

其五　居庸積翠

瘦筇臨絶頂，莽關塞、幾時平。看疊巘排空，孤峰限日，萬竈連營。笳聲。更傳夜警，動邊塵堠火燭天明。西北旄頭未落，將軍白髮還生。銷凝。野戍重經。人不見、四山青。賸夕陽荒壟，秋風故壘，終古關情。高城。又吹畫角，遣征夫回首淚如傾。誰信千年設險，衹今胡騎憑陵。

其六　薊門煙樹

趁芳郊遠近，岸吟幘、試青驄。正柳弄清陰，草薰綺陌，帘漾晴風。葱蘢。暮雲四合，問誰曾題恨寄江東。舊壘還遲宿燕，高㢮初度歸鴻。樓中。悶翠慵紅。情寂寞、意惺忪。歎嫩涼天氣，落花時節，飛蓋無蹤。簾櫳。又吹暗雨，算一年春事太匆匆。薄醉扶頭未起，數聲何處疏鐘。

其七　玉泉垂虹

倚巖扉送目，渺天半、墮飛湍。看瀉月潭深，漾紅波輭，濺玉花圓。珊珊。步摇暗響，碎明珠大小落尊前。倒影餘霞未散，横空劒彩長懸。游仙。暗記當年。簫引鳳、樹棲鸞。歎翠華一去，重門深鏁，空響流泉。湖山。試舒倦眼，亂青蕪臺榭半彫殘。塵世榮枯休問，美人雲氣依然。

其八 瓊島春陰

海棠驚瘦損，指濃蔭、護幽姿。看樹隱殘雲，峰迷宿霧，潭印餘暉。芳菲。半晴半雨，引翠華楊柳拂春旗。繡蜨還湔玉漲，錦鴛猶濕香泥。徘徊。重到堪悲。宮漏静、殿鈴淒。悵鏡臺塵翳，臙亭粉冷，瑶島苔滋。依依。定巢燕侶，背斜陽來繞瑇梁飛。明日寒暄無準，緑章憑叩青霓。

蘭陵王 春日社稷壇感賦，次美成韻

野煙直。煙裏濃陰漾碧。雕闌畔，零亂舞衣，卻減芳時舊顔色。憑高念故國。應識。琴臺病客。長安路，冠蓋俊游，誰拭苔花劒三尺。鸞旗竟陳迹。賸蘚暗瑶階，塵蔽茵席。無風無雨過寒食。嗟曲檻孤凭，暮雲千里，依稀斜炤映去驛。又鴉噪庭北。幽惻。悶懷積。歎杜宇啼殘，胡雁聲寂。韶華滿眼空愁極。但別院攜酒，畫樓吹笛。亡憀吟望，謾向此，聽漏滴。

六醜 都門元夕，次夢窗均

任香街試馬，漏點永、銀花光掣。幾回廢興，豪華還未滅。蠟照迎節。次第雕輪過，障塵簾輭，被晚風偷揭。春潮淺暈香雲熱。膩染羅衣，脂殷錦纈。朦朧夢游金闕。偏闌干十二，霓唱聽徹。 懽娱易歇。賸星星鬢髮。暗裏韶光換，芳景別。天涯又聽鶗鴂。便尋紅問翠，麴塵凝韈。妝樓迥、柰伊睽絶。客愁蕩、欲寫無因，負了這回圓月。明鐙畔、空念肌雪。問甚時、更入羅浮夢，同心共結。

壽樓春　游社稷壇

餘荒涼神宮。記鶯憨燕懶，沈醉東風。底事春衫頻換，歲華匆匆。鬧載酒、蓬萊中。望故鄉、山重雲重。漫淚裹冰綃，情題豔錦，無計付歸鴻。　黃塵外，喧魚龍。捲千堆浪雪，淘盡英雄。四望沈陰迷晝，火雲橫空。笳鼓急，驚傳遞。問刦餘、誰銷兵戎。甚坊曲人家，歌酣興濃。羅綺叢。

天香　客有以牡丹零瓣見貽者，賦此解

妝暈零脂，綃塗賸粉，殘紅一縷堪戀。曲檻飛赮，畫闌堆錦，記得丹州曾見。遺釵墮珥，當此日、淚珠盈面。回首唐宮往事，真妃捻痕猶泫。　于郎賦情漸懶。寄相思、欲書花片。卻恐御溝飄去，誤伊凝盼。連日靈風夢雨，怕啼鳥、催成墜樓怨。謾對餘姿，孤衾自展。

惜紅衣　己未仲春，移家東華門北。河沿垂柳千株，綠陰蔽日，徘徊容與，逸興翛然。去余居里餘，是爲景山。鼎革以來，亭館荒蕪，不復舊時風物。春暮登臨，欷歔不已，用石帚自製腔以寫懷抱

岸草棲煙，牆花弄日。又過寒食。種柳何人，年年漾柔碧。鄉關萬里，誰更念、辭巢孤翼。幽寂。殘酒醒時，促羈愁如織。　尋思往迹。承露盤移，銅仙淚猶溼。危亭悵望敗壁。蘚苔積。滿目冷鴉殘照，卻換可憐春色。歎漢南重到，贏得別情無極。

壽樓春　往夢癯過余居，得『環清溪垂楊』句，積久未成。午窗岑寂，繼聲賦此

環清溪垂楊。漸門低聚綠，庭小堆黃。兩度

花開花謝，恨縈潘郎。懷俊侶、嗟流光。試翠尊、孤吟晴窗。柰夢遠難親，愁多厭寫，凝睇向江鄉。　東華路，飛游轠。儘鶯酣燕怯，雲膩風香。處處穠春如畫，美人何方。宮苑寂，宮溝長。送落紅、涓涓淒涼。又傳燭明朝，簫聲斷腸。人渺茫。

徵招

己未夏末，泛舟大通河。蘆葦蕭騷，水木明瑟，澄波不動，新月窺人，頗疑身在秦淮煙水間。追念昔游，感賦此解

清溪十里開明鏡，飄然畫船容與。荻港晚蕭蕭，弄秋聲如許。臨流風袂舉。老魚戲、浪花無數。礙月篷低，拂雲帆峭，頓迷歸路。　遠浦似秦淮，簾波顫、聽歌倚紅前度。酒醒彩雲歸，更知他何處。水長山又阻。怕愁損、舊時眉嫵。待相約、不掩銀屏，放夢魂來去。

暗香

內務部官舍海棠

鏡塵簇簇。蕩絳雲萬縷，如張鸞縠。薄醉微醺，疑是真妃睡初足。長日輕煙細雨，誰更惜、佳人空谷。費俊侶、凝竚閒階，深夜故燒燭。　庸蜀。憶縱目。歎羈旅半生，禊賞難續。翠紗映肉。愁裏憑君慰幽獨。簾外東風正急，芳徑裏、飄殘紅玉。怕旦晚、春漸老，杜鵑又哭。

疏影

繁英暗落。儘晚妝瘦影，相伴東閣。一笑浮生，能幾花前，當春數屐芳酌。飛章已報通明殿，算乞取、輕陰如幕。待和伊、淺醉閒吟，望裏暮雲天角。　因念蘭閨往日，倚闌正憶遠，春思無著。斷盡柔腸，粉淚盈盈，化作紛披紅

萼。愁深倦爇沈香篆，忍更向、石家棲託。怪陸郎、老尚多情，賦筆未教閒卻。

真珠簾　珠簾

緑房静掩羞嬌嬾。柔荑動、似綴秋星成串。深坐蹙雙蛾，迸淚痕無限。莫道紅牆迢遞隔，儻此夕、銀河清淺。悽惋。柰飄鐙有路，那人天遠。　闌畔。一夕西風，任環摇珮曳，和煙舒卷。新月漏餘暉，逗謝娘眉眼。十二璚鉤休更下，怕萬一、和伊重見。幽怨。甚雲屏迤邐，遮愁不斷。

喜遷鶯　己未除夕

椒花紅絢。柰美景一年，刹那偷换。淑氣舒梅，沈陰欺柳，春意覺來還淺。夜午更籌偏促，歲暮羇懷難遣。倦游也，賸無多歡意，屠蘇慵辦。　空歎。南浦外，滿地荒涼，路迴王孫遠。雪後泥新，風前寒峭，遲了尋巢雙燕。重檢殘襟零袂，淚雜征塵無限。待扶醉，結團圞鄉夢，愁雞催轉。

淒涼犯　于役渾河，感賦

柳隄盡日瀟瀟雨，新涼早透簾幕。暝煙四起，風鐙歷亂，一庭離索。危欄自若。但今古長河浪濁。聽荒城、吹殘戍角，慷慨待横槊。　追念平生事，挾策湖湘，騁才京洛。豪情縱在，易消沈、少年宗慤。萬里悲吟，漸雙鬢吴霜飛著。换閒情、衹有載酒，試夜酌。

長亭怨慢　行役黄河，中秋微雨

聽朝暮、黄流奔注。浪挾風驕，水搏沙聚。荻葦蕭蕭，望中秋色竟如許。鶴汀梟渚。曾幾訪、梁臺樹。老柳倚殘陽，暗换卻、繁華千古。流光前路。問孤篷迤邐，怎慣怨晴愁雨。想遥夜、竚立清暉，駟隙，忍重見、月圓三五。怕雲鬢、淒凝香霧。漫説與歸鴻，憑寄離心南度。

摸魚兒

最難禁、隔簾風急，聲聲催遞離緒。鏡中已自驚顦顇，欹枕況聞淒楚。朝共暮。有簌簌、霜楓紅葉連天舞。敲窗撼户。甚吹得愁來，不吹愁去，更惹兩眉聚。黄塵外，惟見山横水阻。鄉關知在何處。杜陵一卧滄江晚，荏苒鬢絲凝素。絃倦撫。算錦瑟華年，早被儒冠誤。長征最苦。問倦客生涯，凉秋情思，持淚向誰訴。

氐州第一 庚申暮秋，游湯山，和清真

飛閣留雲，樵唱度晚，相望遠近山小。亂葉翻階，流塵翳户，風拂螺鬟縹緲。苔磵登臨，倦徙倚、丹棱斜照。故國書沈，霜洲鴈落，又逢秋老。廢苑而今車騎少。賸湖上、翠波淒繞。蕩槳何人，題襟此際，莫更添愁抱。想雷塘、殘夢醒，滄桑事、都輸一笑。直爲黄花，拚無瞑、霜鐘撼曉。

八聲甘州 夢癯《聞妙香室詞》題辭

數平生馬足徧天涯，江山助清哀。向花時濺淚，楓林感舊，多病登臺。頫仰十年前事，曉夢落宫槐。惟有昆明水，猶凝殘灰。寂寞秦川叔夏，弔柧棱落月，怨曲新裁。問知音能幾，愁抱若爲開。況如今、浮雲玉壘，挂片帆、

何計賦歸來。還攜手、訪元真去，吹笛江隈。

霓裳中序第一 春日郊游，適聞邊警，感念身世，客思紆結，譜石帚曲寄季堅上海

郊原縱望睫。斷續催花風信發。隄柳鵝黃漸結。更枝弄煖暉，香飄晴雪。銀銜叱撥。蕩賦情煙涘雲窟。春何限，謝堂燕子，似傍畫梁說。時節。翠深紅疊。動客裏離情最切。幽芳何處贈別。骨肉江南，堠火天末。倚闌雙袖熱。漫自笑身如墜葉。斜陽外，征鴻過盡，縹緲信音絶。

尾犯 中秋無月，和夢窗

桂冷泣西風，庭館暮寒，征雁過急。雲暗煙昏，掩清暉難得。仙珮渺、珠宮未啟，淚痕殷、冰奩怕拭。想璚廔外，倚倦畫闌，應念舊蹤迹。朅來懽意少，漸白露、洗盡紅碧。便理絲桐，偏天涯誰識。漫酌酒、歌前花下，柰別後、愁深量窄。那人今夜，小院背燈還相惜。

三姝媚 甲子暮春，重游湯山，和夢窗

谿山行歷慣。蕩吟情微波，舊痕何限。淚與春深，費酒盃分付，醉紅同澣。輦道無人，誰共倚、扶雲嬌蔓。隔葉呼朋，惟有殷勤，畫梁新燕。幽夢霓裳驚斷。送故國陰晴，晝長宵短。竚久華清，罷蘭湯空憶，翠樓歡醼。過耳東風，聽不盡、玉簫淒變。向晚宮門欲閉，蒼苔露滿。

法曲獻仙音 汴梁懷舊

山抹螺雲，草彫蛾黛，落日霜林紅絢。木葉飄寒，砌蟲催暝，淒涼物華輕換。漸夜午明河

迴，笳聲遞幽怨。　曲池畔。儘摩挲、數行碑記，憑驗取、舊時宋宮梁苑。古塔瞰黃河，問千年、曾幾清淺。廢壘荒城，把興亡、分付誰管。歎樊樓人老，零落鈿蟬金雁。

臨江仙

穠豔一枝留不住，爲誰飄過橫塘。麗妝倩影殢劉郎。風輕宜燕體，簾静度雞香。　檀板金尊三百副，幾勞弄羽吟商。相攜花下試鶯吭。曉風楊柳岸，酒醒費思量。

蝶戀花　和小山

木落風寒秋漸盡。斜日郊原，黄葉吹成陣。小病厭厭常是困。眉端重鎖新來恨。　向晚高樓憑雁問。水遠山長，縹緲江南信。　別後裙腰寬幾寸。夢遥肯信天涯近。

其二

一夜西風驚歲晚。紅葉飄階，驗取秋深淺。便倚危闌休望遠。長亭道上霜蕪滿。　金鴨沈檀香不斷。樺燭高燒，祇恐歡娱短。　一枕夢迴蟲語亂。鬢絲暗逐新霜換。

其三

過眼歡娱勞省記。相見時難，誰信分攜易。孤枕夜長人不睡。眉峰暗失年時翠。　沙淨月明橫雁字。便寄雲箋，怎寄纏綿意。　排日消憂無一計。未秋先墮悲秋淚。

鷓鴣天　九日，偕蘇戡、稚辛、纕蘅諸公靈光寺登高

世亂憑誰洗甲兵。又饒笳鼓動秋城。已知詞賦爲身累，轉覺榮枯到眼輕。　邀俊侣，續詩

盟。翠微還稱載醪行。書生各有神州淚，未到西橋已暗傾。

前調

一夜西風殿影寒。笳聲淒咽度重關。人間馬足何從覓，天外龍髯詎可攀。　凝淚睫，倚闌干。霜蕪盡處接狂瀾。浮查莫訝風波惡，平地人人感路難。

南歌子

蕉葉分眉翠，榴花映頰紅。日長無睡意惺忪。一任鳥嚦花落、又薰風。　帶緩羞團扇，帷孤試守宮。斷腸私語謝天公。莫遣撩人蟰蛸、近簾櫳。

虞美人

芳春一夜風吹老。愁重眉嫞埽。小園別後長青苔。不信杜鵑嚦徹、不歸來。　杏梁依舊棲雙燕。眼底風光換。欲憑錦鯉寄閒情。渺渺長波流月、去無聲。

浣溪沙　漢皋舟中

帳飲餘酲尚未消。鳳城回首似天遙。相思從此到纖腰。　暮雨敲窗欺客夢，晚風催艣咽寒潮。不成消遣是今宵。

臨江仙　巴縣

碧草平鋪繡幕，奇峰曲展雲屏。向人誰似故山青。不如從此逝，朝暮翠微行。　眼底日斜煙散，蒼茫北望瑶京。相思今夜若爲情。

漫將離別恨，分付杜鵑聲。

水龍吟

癸叔以璚花影本徵題，夢癯詞先成，次韻和之，媿不能逮

天涯何處崔徽，舞裙回雪非耶是。娉婷韻度，依稀曾見，蕃釐觀裏。夢散痕留，香消影賸，憐伊心碎。甚雷塘細雨，虹橋皓月，都化作、東流水。　追念無雙往事。遞金壺、飛馳人世。珠塵萬丈，香雲一縷，春風十里。劫換瑶房，聲沈寶玦，悄冥冥地。向畫圖、唤取真真，怕暗惹、滄桑淚。

江城梅花引

癸亥除夕，傚竹山體

三更笑語展芳筵。恰辭年。又迎年。盼到新年。依舊怯新寒。香裊獸鑪燈轉彩，對良夜，念親知、憶故山。　故山故山湲火間。霜滿天。月半彎。望也望也，望不見、腸斷眉攢。試倒璚鍾，一醉换千歡。休道無因酣客夢，羅帳煖，錦屏春、客夢酣。

菩薩鬘

繡襦皓腕迴雙雪。龍香鳳尾當樓撥。推手覺新涼。暗驚羅帶長。　小園秋尚淺。別淚先秋泫。庭院夜如何。燭殘風露多。

其二

江南春雨聞鶗鴂。中庭侵曉飄香雪。蝴蝶繞花飛。花殘空戀枝。　綠蕪看不盡。日暮屏山冷。記得玉驄來。黄塵迎路開。

浪淘沙慢

苑牆畔，餘靸倒影，怨水凝碧。坊曲游驄漸

寂。林梢倦鳥乍息。聽一片譙門笳鼓急。黯懷舊、不語淒立。念鏡裏絲絲鬢如許，南冠暗塵積。　鄉國。近來信渺音隔。悵萬水千山，迢遥路、早晚歸未得。嗟歲事匆匆，因甚長客。寓廬向夕。迴寸腸，惟有征鴻能識。遲暮蘭成空蕭瑟。徘徊久、倦簪賦筆。亂離緒、江南淮海北。對孤館、月冷風悽，更碎葉，連天釀就傷心色。

念奴嬌

丙寅中秋前一日，秉三翁邀友泛舟玉泉看月，用東坡韻，賦詞屬和

玉樓歌吹，自霓裳驚破，都成陳迹。天外仌輪誰擁出，一鏡粼粼澄碧。翠葉飄蕭，紅衣摇落，暗换青蕪國。劫灰猶凝，儘饒異代游歷。　難得洛社豪英，中流容與，來作仙查客。喚取素娥同載酒，先閏清光今夕。牛渚煙塵，庾樓笳鼓，何處歸鴻翼。悄然吟望，厭聽江上横笛。

臺城路

秉三翁以重陽日登森玉笏，賦辭索和

瘦筇不爲兵戈阻，重陽翠尊還理。樹古延秋，花腴介節，消得陶然扶醉。危闌倦倚。望一髮中原，恨攢愁綴。未到牛山，冷吟悽揾陸沈淚。　文園漸驚瘦損，把萸應笑我，懂事非易。水葉重題。雲牋浪寫，依舊愁心難寄。蕭條半被。又一夕商飇，暗催寒意。做弄秋聲，打窗欺病耳。

瑞龍吟

丙寅元夕，和《片玉》

東華路。還見駿馬驚塵，亂鴉争樹。層樓飛閣連雲，豔歌麗響，嬉游處處。　悄吟竚。空笑占春坊里，燕盤雞户。歸來冷月三更，畫屏

卧聽，鄰娃細語。 前度繁華輕換，御溝寒瀉，官楊淒舞。回首試鐙芳辰，懽事非故。蘭成倦客，題徧哀時句。 憑誰爲、煙塵浄掃，風波平步。過眼年光去。 泥人祇有，閒愁萬緒。雲鬟成霜縷。 歸夢渺，沈沈闌干微雨。 舊游怕作，落花飛絮。

踏莎行 和小山

柳外陰稀，林梢緑盡。西風一夜催秋信。當時濃豔惹人攀，而今飄謝憑誰問。 意密猶疏，情親難近。枉勞尺素書成寸。已拚雲雨手中翻，何曾盟誓鐙前認。

其二

河漢雲微，梧桐露重。盟言曾記西廔共。鑪飄瑞腦麝煙浮，燈搖彩樹珠光動。 鏡但翔鸞，釵還綴鳳。懽娱過眼真成夢。春花秋月等閒拋，華年錦瑟須臾送。

水龍吟

世間無地無愁，驅愁便是長生計。人言在昔，餐芝餌术，能登遐紀。我覺浮生，渾如一夢，百年何味。且行吟載酒，酬花唱葉，邀俊侶、共歡醉。 休問春明舊事。儘繁華、暗隨流水。市朝翻覆，干戈擾攘，戍烽無際。惟有吾徒，身猶健在，尚餘英氣。願年年此日，相攜行樂，結香山契。

蝶戀花

節過清明寒尚峭。風雨連朝，吹送愁多少。離緒千端無計了。隔林啼亂催歸鳥。 烽火淒迷邛僰道。廢壘荒城，畫就傷心稾。 鏡裏霜痕欺鬢早。十年空悔羈江表。

絳都春　大壯以《西陵紀游詞》見示，愛其神似覺翁。憶癸丑、甲寅間，于役崇陵，往來頻數。今陵木已拱矣。感念前塵，繼夢窗韻

梁棲語燕。對玄隧暗扃，靈旗長卷。苔濕裹蹏，花結魚膏燈光短。當時冠珮鵷鸞伴。歎劫後、和雲都遠。茂陵秋老，涼螢弔月，夜深誰見。　亭館。重尋舊迹，沈郎恨未了，通天閒盼。莫話廢興，三度曾經蓬萊淺。而今衰帽塵生面。背輦路、松楸慵看。夢中風雨無多，暮鐘又散。

浣谿沙　先農壇

寂寞重門石磬殘。又從南郭見西山。夕陽無語下虛壇。　曉霽蘆梢迴塞鴈，晚風林表咽宮蟬。未秋先自怯新寒。

臨江仙

肌雪別來輕減，鬢雲睡起還低。春衫何惜涴香泥。徵歌芳閣畔，選夢錦屏西。　人去鴈箏慵理，意闌蟬錦羞題。暝煙寒雨思冥迷。誰翻別鶴操，付與夜烏啼。

前調

撩夢雲朝雨暮，殢人柳亞花低。玉堦紅濕錦鴛泥。徘徊香徑裏，竚立藥闌西。　枝上漸通春信，牆陰憑覓芳題。重來還恐舊巢迷。隔簾猜蝀意，倚檻聽鶯啼。

解連環　送大壯之滬，和夢窗韻

霧沈雲結。甚殘年短景，蕩愁無極。正雁侶、

沙際呼羣，忍攜手路歧，暮天寒色。怨笛關山，恨吹裂、苔枝南北。料吴頭楚尾，聽水聽風，有情須憶。　年時舊懽頓擲。歎朝來鏡裏，黏鬢霜白。便過江、縱酒驚人，怕酒醒夢回，斷蕪銷碧。海漲塵荒，想心折、孤帆歸汐。傍官程、儻逢驛使，練裙寄得。

浣溪沙 壬戌二月，于役滬濱。大壯爲詩見詒，次韻倚此爲報，兼簡滬上諸公、季璧兩弟

水滑風柔漾細鱗。扶桑紅處指三神。天涯難繫轉蓬人。　小别已驚春滿郭，重來愁見海揚塵。儘勞桮酒慰酸辛。

其二

尺素朝朝託錦鱗。看雲憶弟輒傷神。世間煩惱萃詩人。　島國還逢前度客，帽簷猶涴隔年塵。半生離聚費艱辛。

鶯啼序 和夢窗

沈沈晝長院悄，倚銀屏翠户。鈿車渺、零落殘紅，咫尺愁到春暮。鳳城外、雲山萬疊，晴煙澹靄籠芳樹。向長安西望，誰家墮綿飄絮。　一舸横塘，鑑水照影，亂迷離曉霧。背人見、深蹙眉峰，等閒蕉萃蠻素。展桃笙、香消淚溼，嬾重覓、荀鍼秦縷。算多情，惟有沙邊，冷漚閒鷺。　梨雲夢杳，蕙雪肌消，楚天悵倦旅。獨自凭、玉闌吟歎，雁羽無準，竟日繁陰，晚來疏雨。星眸泛淚，璚懷緘恨，啼痕融粉鮫綃溼，記年時、小别臨江渡。和伊早結，幽期第一難禁，舊約已委塵土。　華年易失，皓月難圓，臏鬢絲换苧。但點檢、湘纍清怨，併寫

瑶箋，寡鵠空彈，斷鴻羞舞。悠悠逝景，漫漫長夜，妝臺梳裹休借問，暗塵生、慵拂鵾絃柱。如今衾枕無温，故國東風，箇人念否。

蘭陵王　顧巨六寓齋秋蘭一穗雙花

錦堂側。花影參差漾碧。黄昏近，豐鬋淡妝，月下依依共幽寂。西風過鴈急。應惜。靈根秀質。瑶階畔，雙袖暮寒，空谷何人伴晨夕。

瀟湘念陳迹。記綵繫孤芳，珠暎離色。滄波千里伊人隔。嗟解佩誰贈，漢皋回首，琴絲和淚訴怨抑。又愁滿香國。

詞客。思無極。謾别墅閒開，秋禊方集。蠻薰黯黯生瑶席。看玉露初洗，暗香輕襲。鬟雲相對，倚倩影，認舊識。

臨江仙　題蔚文虎口餘生圖。圖爲林畏廬所繪，蓋余與蔚文庚申永川遇險地也

百騎難摧驕虜，千山環布重圍。經旬顛沛費禁持。誰將莫邪劒，一爲斬鯨鯢。舊事不堪重憶，劫餘還喜相攜。圖中塵迹未應迷。料知當日淚，曾溼杜鵑枝。

前調　題纕蘅春曹話舊圖

莫向上京尋斷夢，繁華一散如煙。劫餘重與話開天。舊游寥落，霜磬冷齋壇。十一年來禾黍地，驚心被髮伊川。不須密記續金鑾。好披圖畫，重認紫宸班。

蘇幕遮　滬上苦熱

濕雲沈，風信左。赤繖張空，人似煎膏火。月榭瑶堦憑小坐。擘藕調冰，夜迴何曾卧。

遣煩囂，無一可。知否妝慶，粉汗侵鬅鬙。好景偏教愁裏過。無計相偎，料是慵梳裹。

浣溪沙

天下紛紛未肯休。十年華屋换荒丘。又看烽火照渝州。　自放樓船穿怒浪，欲憑息壤塞横流。不辭排日此勾留。

浪淘沙

眉岫趁煙描。楊柳河橋。相攜花下聽鳴橈。一寸横波無著處，猶鬭蠻腰。　闌角費帘招。魂夢無聊。春江盼斷去來潮。依舊庭空人不見，暮暮朝朝。

江城子

華鬘小劫换游仙。麝煙殘。鳳盟寒。小供清齋、和淚度離鸞。不分輕紈如命薄，秋未到，已先捐。　嬌慵肯共燕鶯顛。謝歌筵。伴吟鞍。翦緑裁紅、絃柱數華年。誰信香銷雲易散，愁奉倩，瘦潘安。

大酺　壬戌上巳，社壇禊集，和草窗

正液池幽，虚壇静，林表參差樓閣。佳辰聊祓禊，祗晴暉初展，賸寒猶惡。泛鷁閒情，紉蘭綺思，愁裏都成蕭索。湔裙溪邊女，競眉描月瘦，鬟妝雲薄。漾重疊春心，暗隨新漲，乍生還落。　絲楊攀尚弱。斷魚訊、遲了經年約。且試喚、文梁嬌燕，上苑雛鶯，等閒來伴花前酌。樹樹東風急，芳事寂、怯尋闌藥。望鄉國、山如削。離緒千萬，無計和雲飛卻。夢魂付誰管著。

瑤華　法源寺

城南古刹，滿院幽華，殿餘春初坼。蠭沈蜨悄，芳意孅、難遣羇人離索。商量賒酒，待澆與、重泉淪魄。怕異時、遼鶴飛還，卻換殘碑苔石。黃塵吹暗天涯，問誰起如來，輕解諸厄。驚烽照眼，嗟斷羽、何日移家金積。畫闌倦倚，算負了、雲房丹液。漸柳梢、新月窺簾，瘦減一痕眉額。

留客住　和次公

采香到。亂小園、絮飛花落，麝塵飄墜，釀就傷春懷抱。風前漫惜遲暮，逕裏輕減，芳菲人影悄。朱樓畫閣，倚殘陽、一片寄愁多少。錦書杳。滿地煙蕪，腸迴可了。萬里天涯，料得歸鞍難早。憑問繡簾雙燕，旦夕銜泥，雕梁何處好。瞢騰倦枕，又黃鶯、睍睆夢魂驚覺。

戚氏　丁卯仲春，有海上之行。南北阻兵，來往遵海，經過日本屬地，行路之難，良不可任。方過天津，與次公徹宵深談，別時依黯。旅次書來，爲言夢中見余作此調，寤後猶憶『不知夢引春來，恨隨水去，催長王孫草』句，因譜《留客住》詞見憶。感念交期，足成卻寄

指吳臯。一碧瀛海旅程遙。水伯擎舟，馬童迎櫂。儘昏朝。勞勞。去來潮。滄溟鼓興屬吾曹。依然少日身手，看賈餘勇斬潛蛟。海霧濃翳，蓬壺環峙，四天粉本誰描。祘星查徧歷，蠻府匋覽，堪抗盧敖。投老。倦逐萍飄。臨鏡自照。短短鬢羞搔。孤篷裏、翠尊空倒。好月良宵。鎮亡憀。試舉望眼，海桑百里，暗惹塵飇。貝宮絳闕，湧雪排空，酒醒

腸斷魂銷。黛染江南柳，聽驪唱急，怎寄長條。暗想柧棱夜冷，怕無端帶減舊時腰。不知夢引春來，恨隨水去，催長王孫草。負歲華、歸計終難料。微雨過、亭館蕭蕭。念故人、常隔胥濤。又南北、萬疊陣雲高。賸吟魂悄。天涯向晚，黯澹征袍。

隔浦蓮近拍 秋荷，和彊村翁

湖天新展素景。入鑑餘霞冷。細雨生秋怨，盈盈隔，淩波影。繁豔移玉井。愁妝靚。誤了吳娃艇。忍重省。鴛鴦夢破，南塘殘酒初醒。歌塵滿地，望處不禁淒哽。池上西風帶淚聽。愁迸。紅衣零亂千頃。

菩薩蠻 北海

妝臺春去臙脂冷。平湖曾照驚鴻影。斜日蕩金波。蘭橈聞笑歌。晚風欺繡幕。露襲羅衣薄。咫尺是紅墻。重來空斷腸。

其二

寶簾斜挂圓蟾影。屏山曲曲蘭薰冷。秋迥夜如年。蟲吟金井寒。誰家年少子。日日笙歌裏。何事不歸來。庭階生緑苔。

滿庭芳 滂喜齋夜集，並柬劒秋詞長、桐華夫人

老屋城南，陳編研北，四時常對冥搜。漚波仙侶，吟望兩悠悠。今古名賢輩起，占清境、文采風流。疏檐畔，梅初破蕚，春意滿枝頭。綢繆。東閣夜，芳尊未竭，詩興方遒。儘換宮移羽，催盡更籌。十丈京塵不到，高齋迥、淺酌閒謳。人間事，何須更問，一笑醉中休。

長相思　大連旅居感賦

地近麟洲，圖開蜃市，海角偏占繁華。層樓萬疊鳳瓦，朝涵嵐翠，暮障冰綃。倦客天涯。試尋芳古戍，買醉村家。繡陌鑾花。惹行人、到此停車。　漫重訪玄黃，陣迹雲窗霧閣，幾換蟲沙。夷歌四起，皂帽何人，攬鬢空嗟。飛潮晚漲，送樓船、悽引胡笳。賸水邊、無數楊柳，春時只恁藏鴉。

安公子　丁卯九日，倬盦、次公禊集寓齋，限調賦詞。余以行邁沽河，苦不能與，倚此報之

海氣連雲嶺。嶺雲重疊千林暝。撲地胡塵森壁壘，促霜風淒勁。望迤邐、沙洲數徧歸鴻影。飄碎紅、滿眼江楓冷。念故人何處，應是危闌慵凭。　隨分酬佳景。早年羈旅嗟萍梗。載酒尋詩無好計，老斜川陶令。柰獨對、萸香菊豔添愁病。臨路歧、馬足關河迥。況四野商歌，斷腸不堪重聽。

鳳棲梧　叔雍卜築西湖，眉曰高梧軒，寄書述懷。因成一解

庭院高梧三兩樹。拂日排雲，清曉垂珠露。綠影一窗移不去。秋來最好聽風雨。　雨後煙鬟青可數。麗景西泠，只合詩人住。鳳尾龍香金雁柱。夜窗憑按簫臺譜。

雪梅香

小樓寂，樓頭日夕度征鴻。動高城砧杵，天涯倦客愁濃。千里繁霜釀寒色，五更殘月引疏鐘。曉籌徹，四野雞聲，簾影瓏璁。　相逢。渺何處，一枕幽單，萬感飄蓬。隱約屏山，斷

腸雨隔雲封。兩地離情限南北，霎時尊酒各西東。思前事，腰圍瘦減，吟歗都慵。

鳳凰臺上憶吹簫

天與閒身，世無青眼，長年斂翼低飛。任大樹、蚍蜉自撼，鴉鳳争棲。寄傲羲皇以上，休更論、今是前非。征鴻渺，此意耿耿，分付誰知。　山中故人何處，應念我，飄零四海無歸。亂塵外、黄流萬頃，不見清時。一笑遺榮袖手，庭院静、惟與春期。番風動，花信又上南枝。

玉蝴蝶　題玨盦填詞圖

試向畫中延竚，碧雲冉冉，芳草萋萋。咫尺屏山，回首霧隔煙迷。小庭空、蒼苔纖㡚，别路迴、班馬頻嘶。黯霑衣。舊游何在，孤旅無依。　尋思。邯鄲夢醒，高陽人散，朝市都非。笑整歸航，興來垂釣若耶溪。恣吟歗、新腔自譜，渺塵海、高躅誰知。儘相期。月圓花好，酌酒題詩。

六州歌頭　丁卯，歲暮感懷，儗東山

少時拂袖，曾著祖生鞭。登古棧。臨絶巘。涉長川。攬羣山。躡足淩霄漢。晴嵐展。明霞爛。鸞鳳遠。龍蛇見。浩無邊。朱草紫芝，巖壑森奇觀。十里仙源。甚塵勞不了，匹馬踏人寰。雨雪蕭關。鋏空彈。　儘驚湲亂。笳聲怨。樓閣换。戍煙繁。歌鼓散。行人斷。血痕殷。錦貂殘。日暮高城畔。增淒惋。促愁顔。攜酒琖。當孤館。送流年。驛柳江梅，漸舉東風眼。爲我留連。笑興亡俄頃，往事不堪言。客燕飛還。

望海潮　九江懷古

山連湘粵，疆通吴楚，樓船迤邐江州。貂錦繡旗，秋霜白日，依稀晉代風流。成敗一荒邱。甚星移物換，爭戰難休。畫角譙門，暝煙疏雨使人愁。　揚舲萬里曾游。幾重湖泛月，疊巘吟秋。通子畫隨，萊妻夜話，孤篷茗椀相酬。清景不常留。又車輪馬足，塵海沈浮。好語潯陽岸柳，憑繫往來舟。

浣溪沙

急筦哀絃夜未收。月斜鐙火照紅樓。珠簾十里似揚州。　落絮因風偏作態，舊懽如夢轉生愁。一春虛費錦纏頭。

八聲甘州

又花風次第送春來，園林弄晴暉。對平隄新緑，西山濃翠，無限依依。迤邐東華馳道，回首昔游稀。千古豪華事，俄頃都非。　不用傷今懷舊，問江湖滿地，誰伏危機。聽喧天笳鼓，清淚漬征衣。歎年年、飄流塵澥，費鵑聲、頭白尚難歸。南慶外、任賓鴻過，慵寄相思。

以上《柳谿長短句》

霜葉飛

亂煙衰艸。旗亭路，殘陽微挂天表。戍慶笳鼓送黄昏，换四山淒悄。泛浥浥、鑪香對裊。燈花寒重紅猶小。聽斷續霜飈，怕暗折、南歸雁陣，客訊難到。　空歎冀北淹留，塵容衰減，夜寂慵伴清歡。病翰無計更凌雲，負往時襟裒。儘橐筆囊牋誤了。天涯誰與論孤調。又夢餘、添顛頷，重展青銅，髩霜多少。

歸朝歡

陌上暄和催煖律。隄柳初黃紅萼坼。雲羅不度雁音書，園林猶閣鸎消息。悵望春事寂。歲華回首應非昔。渺重城，日斜煙暝，黯黯怨行役。　客路風塵嗟久歷。轉惜蓬飄無盡日。川途易動子山哀，花時閒卻文通筆。翠尊消永夕。晝屏人遠心期隔。知甚時，立殘風露，兩袖嗁痕濕。

虞美人

門前無限關山路。酒醒人何處。綺窗殘夢待誰溫。飛絮落花時節、又黃昏。　南廔一夜嗁鵑急。舊恨新愁積。天涯情味已難勝。長篴誰家吹作、斷腸聲。

蹋莎行

玉貌華年，蘭情水盼。紅氍毹上依稀見。歌喉清潤度流鸎，舞腰輕輭欺飛燕。　照眼繁鐙，揭天絲管。尊前莫更歌河滿。潯陽司馬覺愁新，蘇州刺史無腸斷。

浣溪沙　題仕女圖

乍煖還寒百不宜。風前彊欲試羅衣。淺嚬微笑立多時。　寶幄有花皆竝蒂，畫梁無燕不雙棲。一襟芳思兩心知。

鷓鴣天

綺閣東連繡幄西。月明如水照鴛幃。重著畫檠桃葉，待製新衣舞柘枝。　斟蘜醑，薦璚卮，華年分付與雙棲。寶籢新得南都牘，好語殷勤試埽眉。

前調　辛未人日，薄游湖上，遂及孤山。維時積雪初霽，早楳始花，徘徊容與，疑置身珠宮貝闕間也

凍合湖壖客騎稀。忍寒來上最高梯。天開圖畫波凝牘，雪滿岡巒玉作衣。　招鶴子，訪梅妻。人生未用感單棲。廿年顛頷塵埃裏，卻恐孤山處士知。

八聲甘州　焦山寄懷故都友人

御長風一舸破空來，琳宮枕高岡。看銀濤吞吐，海艔明滅，煙樹微茫。今古江流不盡，塵世幾滄桑。爲問雲閒雁，何處吾鄉。　十載南來北往，賸此身旅寄，楚纜吴檣。便谿山堪主，戎馬苦倉皇。渺京華、故人何在，費錦書、無計託迴腸。僧廔畔、倚桓伊篴，待弄斜陽。

三姝媚　辛未春暮，癸叔招游雞鳴寺，和彊邨翁

憑高舒望眼。薦筠籠朱櫻，已過春半。信馬迴隄，又麝塵迷路，柳絲迎面。聒耳鵑聲，花事了、韶華輕換。倦旅天涯，空恨重來，翠深紅淺。　闌檻殘陽歆慣。甚沁碧湖波，醞愁難遣。敗壁荒城，送六朝金粉，劫灰凝徧。悼昔傷今，興廢迹、重尋應嬾。看取明朝風色，歸颿待轉。

桂枝香　無錫黿頭渚望太湖，和荆公

憑高縱目。甚釣泊晚春，涼意猶肅。煙靄波光似畫，四山雲簇。丹巖翠户青霄裏，占荒寒、小亭孤矗。野人空訝，探幽蹈險，恁般腰

足。歎去國、江湖浪逐。笑弄度邯鄲，殘夢難續。尊酒乘時，痛飲謾勞形辱。揭來又見薰風起，漸池荷汀艸吹綠。繫舟煙嶼，商量重譜，采蓮新曲。

一寸金

瑑青以聊園填詞圖屬題。時值邊警，海內震驚，我瞻四方，蹙蹙靡騁。感時撫事，棖觸萬端，因倚《片玉》此調題寄

凄咽邊聲，悄引胡塵亘南北。正九衢、寂寞霜凋，浦激孤城，昏曉笳喧坊陌。風緊奇寒襲，重門閉、雁無信息。危闌外，入眼荒蕪，忍對吞聲杜陵客。　世事楸枰，人生春夢，華年謾虛擲。任小園、幽館名流，高會新詞綺曲，紅牙輕拍。人海容棲隱，青雲路、勸看過翼。而今但，鏤月裁雲，艷說江令筆。

望海潮

壬申上巳，北海禊飲，和淮海

春圖紅紫，山圍蒼翠，名都未改芳華。殢晝煖風，湔裙鬥艸，嬉嬉逕曲隄沙。湖畔盛軒車。引勝流觴詠，幽興頻加。霧閣雲窗，望中煙樹萬人家。　年來倦聽哀笳。早霜髭厭鑷，塵眼驚花。猨臂漸衰，鵬摶暗息，摩挲髀肉興嗟。殘日又西斜。賸陌頭楊柳，今古啞鴉。歸路迢迢，倚廔新恨浩無涯。

玉廔春

艸薰風煖春初透。花謝花飛還似舊。花飛不減去年紅，花謝恰如今日瘦。　東城榆莢西城柳。北極辰星南極斗。東西南北苦相望，日送金飛宵玉走。柳耆卿詞『奈兩輪、玉走金飛』，末句依此。

宴清都　壬申上巳，浄業湖禊集，分韻得『到』字

冀北餘寒峭。清明過，畫檐聲亂嚦鳥。殀暉破暝，衣塵溢麝，鈿車争道。園林處處芳菲，絢麗景、千花百艸。費俊侶、禊飲招邀，湖麈盡日登眺。　銅僊謾沁啼痕，宫牆只赤，人去音渺。城頭鼓角，天涯涕淚，暗傷懷抱。尊前勝集能幾，且柳泊、桃蹊更到。便一簑、長寄西涯，齡昏賦曉。

點絳脣　題大千所藏顛道人折枝芙蓉畫册

萬里橋邊，玉驄曾繞花千樹。蘭熏麝炷。題徧宜霜句。　怊悵西風，不管餘香住。空延竚。一枝凝露。依約年時路。

南柯子

蜀棧紆難越，巫雲散未收。夢回香燼月斜廔。依舊雁沈人遠、又新秋。　畫燭融殘淚，吟蛩絮别愁。河陽霜鬢覺來稠。拚得一生顛頷、此淹留。

浣谿沙　大明湖

潘鬢絲絲惜歲華。廿年真悔寄塵沙。好拋身外狎煙鰕。　玉椀薦涼堆藕雪，篷艙和露斸蒲芽。明湖秋近最宜家。

其二

文杏爲檣鐵作颿。湖波澹澹柳毿毿。依稀風景似江南。　宇内無衣辜緑芰，尊前費淚漬青衫。白頭司馬已難堪。

其三

一院濃黔掩緑苔。靜園幽邃絶纖埃。小車頻爲訪奇來。柳泊好詶濠濮興，湖壖空老馬鄒才。壁間題墨費佪佪。湖旁爲省圖書館，王獻唐主館事，因及之。

其四

寂歷亭臺倚夕曛。天涯日日愴離羣。載醪思就素心人。皓首自難偕濁俗，清波不爲澣緇塵。湖山何計着閒身。

虞美人　題鹿床畫册

梳煙浣露隋隄柳。翠拂行人首。畫橋芳逕小朱廔。記得年時攀折、與遲留。　曉風殘月人何處。寂寞長亭路。漢南重到獨依依。忍見江潭摇落、昔游非。

其二

峯迴嶂曲青如簇。雨霽秋初肅。望中景物最難忘。水浸碧天無際、泝瀟湘。　三年浪迹空皮骨。清鏡餘華髮。舊愁新恨漸難禁。到眼修篁偏觸、故園心。

其三

渚清沙白雲溶漾。漏靜潮初漲。遠山銜月露修蛾。月下何人雙槳、狎煙波。　千年無盡東流水。中有相思泪。老楓紅沁入新秋。幾見尊鱸江上、繫歸舟。

其四

艸薰花艷春光早。新柳黄金褭。官橋月落曙雞鳴。次第角聲悲壯、出高城。　津頭軋軋催柔艣。相對愁無語。尊前一別異山川。可奈哀絃彈淚、唱陽關。

新雁過妝樓　題春華倚醉圖，和彊邨翁

暈黦塗黃。南塵晚、疏華暗洩春光。舊巢何處，歸燕謾覓雕梁。撼海驚塵飜濁浪，揭天戍鼓動嚴霜。小詞塲。恨縈夢繞，鯁頷江郎。　旗亭重來貰酒，亂暮鴉萬點，古樹殘陽。歲闌絲管，新怨更入伊涼。酸風夜深又緊，怕吹折書鴻天外行。屏山迴，漏沈香燼，誰爲迴腸。

百字令　醒愚以其尊人行述徵題，賦此奉唁，和東坡

孤城夔府，問望中何處，揚亭風物。蜀鳥巴猿殘照裏，滿目敗垣頹壁。負土沈哀，思親痛泪，會換麻衣雪。蒼旻難測，荒邱長閟英傑。　猶記一老巖棲，冥心息慮，恥爲浮榮發。搏虎屠龍豪氣在。千古高名難滅。往事戍塵，故山回首，一縷青青髪。九原不作，翠尊愁薦寒月。

前調　邊警方深，旅情淒黯，和東坡

長城萬里，甚千年不改，嬴秦風物。望裏妖氛迷禹甸，戍鼓哀生殘壁。鐵馬雲屯，金戈夜襲，塞上春猶雪。淩寒殺賊，危時還見英傑。　堪歎羽扇綸巾，指揮無定，帳下笙歌發。百二關河胡騎滿，終古匈奴難滅。投筆何人，勒銘無日，空賸衝冠髪。天涯回首，蒼鵝淒咽霜月。

臨江仙　題岷峨送別圖，寄懷大千

猨鶴故山何處是，征鴻過盡堪驚。荻花楓葉

若爲情。西風應有意，吹夢度高城。　海内長年兵不解，胡笳淒咽邊聲。遥天雲雨亂霒殅。客途還載酒，寂寞向誰傾。

霜葉飛

癸酉重九，僑寓沽上。落葉催寒，沈霒欲雨，懷人念遠，悄然成詠，和夢窗

萬千羈緒。無人會，秋風吹上庭樹。斷煙衰柳暗長隄，涼迸瀟瀟雨。換寂寞、流光似羽。浮雲西北成今古。　歎墜葉銷紅，遠訊隔、關河雁過，怯題幽素。　依舊對蘜持觴，簪萸應節，麗景如畫難賦。晝長屏掩小庋空，斷續風鈴語。儘織得愁絲恨縷。天涯誰爲伊將去。聽四山、笳聲亂，念遠傷高，寄情何處。

水龍吟

題自藏石田翁《楊花》詩畫卷，和東坡

天涯誰管飄蘦，陌頭朝暮因風墜。　塵沙浪逐，萍蓬輕泛，何情何思。楚峽雲迷，章台路渺，重門深閉。甚惱人時節，傷春意緒，暝未穩、又驚起。　難得丹青玅手，狀遺蹤、墨花輕綴。浮生無味，孤根何託，芳心空碎。紙上餘春，毫端賸影，夢痕如水。想芸牕静掩，暗傷摇落，寫詞人泪。

雨霖鈴

榆生影刻彊邨翁手書第三卷詞稿，馳書索題。敬賦此解，用屯田韻

南雲愁切。悵詞僊往，韵事衰歇。燈前試理芳卷，凝望處，塵封慵發。李杜文章信美，换蟲語淒咽。歎費泪、歌楚聆湘，漲海驚塵耳邊闊。　蘭成歲晚心情別。亂繁憂、寂寂花時節。書城自寫幽怨，陵谷恨、歷年經月。夕照觚稜，憑問殘山，賸水誰設。但反覆、遺譜陳編，腹痛無人説。

滿江紅　季鸞以其先人墓表徵題，爲賦此解歸之

夕照榆林，憑誰問、故家喬木。凝望眼、楓青塞黑，魂兮安託。猨臂舊勛應未沫，羊碑遺淚還如昨。歎重來、城郭僅依然，傷遼鶴。　千古恨，森如簇。百年事，嗟何速。撫瀧岡阡表，白楊蕭索。衣線空教悲客子，丘山常是埋高躅。聽隴頭、嗚咽水潺湲，思親曲。

八聲甘州　題沅叔翁西涯校書圖

占西涯一角古城隈，園林擅湖山。正香縣飄豁，荷錢抽緑，詩思幽妍。白髮傳經心事，讐斠費丹鉛。曙色侵書幌，藜火猶燃。　朝士貞元垂盡，儘抱殘守闕，一老巋然。算高賡雙鑑，光焰照塵寰。漸譙門、征笳聲動，送訪奇、車馬日斜還。東華路、悵相從晚，慵對陳編。

前調　甲戌重九，茈玥、誦洛集沽上名流，觴飲查蓮坡先生水西莊故址，分韻得「鳴」字

甚霜蕪暗換舊池臺，詞仙竟沈冥。對衰楊蕭瑟，長河嗚咽，風挾潮鳴。社集棣花何處，文酒苦飄蓬。休問名園客，菭掩塵生。　今古榮枯如夢，但攜尊就菊，散策披荆。仗題餻韵侶，高詠水西亭。算籬邊、萸香猶是，祇潘郎、愁鬢漸星星。須珍重、趁明年健，重結詩盟。

蓮坡與樊榭箋艸窗《絶妙好詞》爲詞林所推重，所集梅花吟社亦有聲於乾嘉間。

傾杯　乙亥春日，薄游故都，遂及西郊，和屯田

凍萼融酥，惠風催煖，池臺暗綴春色。稧飲俊約，九陌醉踏，歷水鄉煙驛。江山不盡愁難寄，惹玉麈橫箋。浮生夢影，驚旦晚、刻骨煩憂如織。　勸憶前懽别意，曉煙昏雨，何處雙

飛翼。儘鈿轂尋芳，花時彈淚，感離人羈客。小閣琴尊，西園詞翰，極目皆陳迹。念鄉國。斜月迥、斷雲瑩碧。

滿庭芳　寄贈周孝懷翁

東閣長謡，南慶清歗，幅巾凝想風流。錦江行馬，絃誦滿遐陬。手種柔桑八百，依稀見、葛相勛猷。城南道，花時盛集，旍旆憶鳴騶。　佳遊回首處，烽迷玉壘，塵暗梁州。賸掣鯨身手，湖海淹留。天遣耆英健在，問何時、重復金甌。笳聲動，聞雞待旦，雙鬢未容秋。

玉慶春　誦維招游西沽看桃華，因事未踐。分韻得『夾』字，爲賦此解

條風布煖吹詅衲。紫陌春深寒尚怯。仌凘破凍碧千尋，桃樹試花紅四夾。　主人好事攜尊榼。選韵分題歡意洽。不辭高會醉千觴，苦爲繁英留一霎。

鷓鴣天　乙亥上巳，管維翁集沽上名流稧飲所築新農園，分韻得『賓』字

煖律潛催又見春。淺桃深杏綴芳辰。清流左右通林麓，嘉客東南互主賓。　花似錦，艸如茵。閉門種菜抵歸畊。小園偶涉真成趣，簑笠無辭與結鄰。

瑞龍吟　白下送春，和清真，兼訓大壯

臺城路。依舊逝水飄花，斷椵明樹。嬉嬉金勒鈿車，遞香門冶，芳菲勝處。　悄延竚。空歎暗塵深鏁，畫慊朱户。塵前只赤天涯，玳筵勸聽，箏絃怨語。　誰度梅花三弄，燕妝愁理，蠻腰孅舞。回首舊家池臺，歡事非故。江

干贈別，多謝陽關句。而今甚、書沈雁影，落移蓮步。夢斷春歸去。東風點檢，離情恨緒。吹起絲千縷。芳訊渺，霏霏長橋紅雨。小園晝寂，一天飛絮。

滿江紅

大千歸自華嶽，還憩舊京，作畫之暇，寄情歌曲。中年謝傅，絲竹牽情；晚歲東坡，柳綿興感。頃復挈姬東游，相遇沽上。爰倚石帚此調奉詔，竝以爲別

短策輕裝，曾幾歷、蒼崖翠瀛。凝望處、摩霄石立，撲袂雲騰。天展曲屏供畫稾，峯懸飛練奮吟聲。儘抽毫、次第寫胸中，山水情。　豪華事，傳舊京。温綺夢，結芳盟。算玉簫金管，契託三生。似錦層廛勞北望，如花仙姥伴東征。想異邦、驚見老坡才，紛送迎。

綺寮怨

津浦道中

醉裏車馳如電，酒醒山萬重。亘柳驛、敗壘荒城，層雲掩、泰岱諸峯。年年投南向北，征衣敝、阮籍嗟路窮。對四天、樹色蒼茫，争知道、過客歸興濃。　壯歲賦才尚雄。紗籠舊句，愁中怕付玲瓏。故國淒烽。耿殘照、斷書鴻。行行暗驚時序，撫病羽、奮飛慵。飈輪又東。煙鐘夜起處、鵑淚紅。

玉胡蝶

乙亥中元夕，邀君衍、亮集泛舟玄武湖。月明如霜，荷香欲醉，和《樂章》此解，寄君衍、亮集，兼簡如社諸子

望處水天無際，新秋短櫂，一艤孤光。浦溆宵深風動，芰葉生涼。小蟾斜、顏酡凝紫，壘巘迴、眉額愁黃。儘堪傷。歲華遲暮，煙景蒼

茫。休忘。名湖此夜，羽杯浮碧，曉鑑凝霜。淺酌低吟醉來，身似在江湘。縱游興、思尋採釣，惹舊情、難託郵航。喜相忘。酒徒猶是，莫問高陽。

惜紅衣 和白石

柳老垂陰，塵高障日。謾憐筋力。勌倚危闌，沈雲暗空碧。征鴻過盡，應自笑、年年爲客。淒寂。孤館早涼，促離人將息。　三條廣陌。飛騎紅塵，酣歌賸狂藉。平生放浪去國。水雲北。斷曲後庭猶唱，別夢幾時重歷。料謝堂今夜，愁説石城山色。

拋球樂

問翠尋紅與未闌。小塵尊酒儘盤桓。歌翻水調鸎吭滑，秋入羅衣燕體寒。且莫思身外，一晌懽娱惜眼前。

其二

絡緯當秋泣夜長。井梧風過葉飄黃。關河浩浩夢難越，客子行行情轉傷。爲語南歸雁，千里相思好寄將。

如夢令

枕畔香雲猶漾。門外曙雞先唱。和淚別伊時，哽咽無言相向。凝想。凝想。新月一彎眉樣。

其二

綺席誰歌河滿。一霎雨收雲散。敧枕憶前歡，嬌鬌不勝釵鈿。無限。無限。別意春心嗁眼。

水調歌頭　和東山，竝倣其體

余癖苦高灑。逸興倦猶奢。湖波姸冶。鷁舟菱唱促吴娃。千頃琉璃長夏。六曲闌干清夜。明鏡駐芳華。胭井梁宫瓦。入聽盡官鼃。鷺漚鄉，僧俗社。卻停車。抗懷王謝。尋詩曾記到盧家。坊巷依稀網挂。山畔殘陽先下。煙澹月籠沙。回首霜林罅。新雁起蘆花。

臨江仙　題鐵尊《半櫻詞稿》

白下門東今大隱，孤楂滄海曾經。櫻花如錦欲傾城。幽姸隨句發，歌吹應潮生。　十載驅馳憂戰伐，竭來重見堪驚。江關詞筆老縱横。樊南傷逝淚，工部感時情。

汎清波摘徧　丙子開歲後大雪數日，東海爲災，氣候苦寒，數十年來，殆爲僅見。因倚小山調，寄如社諸子南京

梅梢數小。柏子紅輕，朱户翠盤迎歲好。四天風雪，迤邐層陰亘昏曉。城南道。衝泥買酒，臨水呼鐙，離恨漸多懽意少。爆竹催春，暗惜春人半衰老。　黯愁裊。歸燕勸尋舊巢，旅雁尚遲荒嶠。回首西園醼游，暗香空裊。鏡屏悄。江令賦筆頓疏，韓郎綺情還繞。滿院裝瓊綴玉，世緣應埽。

浣溪沙

漸老方知酒趣長。夜闌鈎覆未渠央。一尊聊發少年狂。　伏櫪肯孤千里志，横江難制九迴腸。閒身合與世相忘。

虞美人　題大千所藏八大山人長江萬里圖卷

荒波滾滾流無極。泪與愁相逼。遙天何處是鄉關。次第岡巒重疊、翠眉攢。　故家猶自森喬木。國破家何託。眼前突兀倚斜暉。誰信重來風物、已全非。

浣溪沙

馬路車塵衹斷魂。天涯無處不酸辛。而今衰病負芳尊。　皂帽窮邊何可戀，紫赮淒調竟誰論。吹花題葉送朝昏。

前調　香山看紅葉有作

老去從知百事慵。興來彊欲攬羣峯。冷楓亭上一支筇。　山悄秋迻濃澹翠，林紆霜醉淺深紅。傷高懷遠思何窮。

前調　自題所作松竹鳴泉圖，贈誦雒

疊巘層巒翠一尋。泉聲瀧瀧替鳴琴。出山寧易在山心。　瀟洒四時松竹性，縱橫一代短長吟。新蒭蘜釀待君斟。

鷓鴣天　病樹以高慶惜別圖索題，戲賦此解

石上三生似有緣。舊盟依約認釵鈿。潮痕合向雙渦見，倩影端宜半面看。　香霧濕，冶春寬。高慶一曏儘貪懽。門前柳色青如許，斷夢低徊各惘然。

踏莎行　題仲英亡室孟淑遺稾

謝女詩心，左嬪才調。詶花唱葉忘昏曉。紗籠猶見舊題新，芳聲已逐朝雲渺。　錦字空緘，黱螺慵掃。稠桑迢遞何曾到。寒鐙重斠

斷腸詞，疏帷永憶如花貌。

前調　題榆生受硯圖

薇蕨心情，江關詞賦。蘭成歲晚多淒句。書城藜火自青熒，硯池墨雨隨傾注。　堆案丹鉛，等身縑素。思量惟有君堪付。江河應不廢朝宗，畫圖當許尋餘緒。　榆生師事彊邨翁，極蒙獎許。翁彌留時，曾以自用硯田授榆生。翁歸道山，榆生始作是圖。

綺寮怨　題亶素天醉廔填詞圖

歲晚蘭成顦顇，卷簾春漸深。傍老屋、稺柳疏楳，番風動、韵事堪尋。頻年江湖浪迹，淩雲意、賦筆應費詅。聽怒潮、夜襲孤城，高廔迴、勸客情未禁。　悵悵謾調素琴。知音甚處，霑襟涕淚難任。髩髮霜侵。倚殘醉、省天心。詞儷鴛漚何在，舉望眼、暗楓林。長宵漏沈。愔愔夢斷處、愁向禽。　亶素與半塘、彊邨翁契洽，並爲詞友。

龍山會　仲英以此調寫重九感事見寄，極蘭成飄悴之思。予時自故都避居沽上，烽煙彌望，行止維艱。追念昔游，恍如隔世，殆所謂長歌之哀者耶。和夢窗

一帶寒山鏄。廢壘荒塍，亂梗枯枝亞。酒家何處有，殘照裏、煙暝牛羊還下。霜重不成春，更誰問、年時艷冶。對西風，新亭縱目，泪襟淒灑。　休憶舊侶貞元，劫後長安，亂陣雲驕馬。斷鴻棲未定，烽燧黯、誰識高廔今夜。孤館陸沈驚，翠尊掩、悲來勸瀉。判棄捨、任篋劍土花蟲網挂。

西平樂 丁丑秋暮，重過北海感賦，和清真

苑悄飄黃，逕荒積紫，菭磵漸覺秋賖。殘葉題詩，凍醪行樂，誅茆儻許雲遮。甚縱目山河晌異，回首炎涼頓改，霜風四起，淒涼弔月驚沙。 休問梁園舊客，重過處、世事引咨嗟。鼓鼙催暝，烽煙照野，蹏迹縱橫，臺殿欹斜。誰念省、蒼鶂夜咽，銅狄塵荒，此際離邨背郭，飄泊何依，空賸哀吟送歲華。 枝路自傷，銷愁未得，慵理芳尊，爲語歸鴻、皂帽羈棲，殊鄉暗泣無家。

踏莎行 和《珠玉》

衰艸黏天，仙莖傾露。臨高莫近斜陽處。江山依舊昔游非，園林好在芳時去。 蠣炬慵燒，獸鑪虛炷。愁心夜夜屏山路。當初不共彩雲歸，而今悔傍寒潮住。

定風波

風物秋來舉目非。園林那復舊生機。涼月滿天霜滿地。無寐。鼓鼙聲急羽書飛。 終古籌邊無好計。淒異。千家野哭路人稀。燕子重來知甚世。顦顇。蘭成日暮費禁持。

其二

虛費明珠買笑歌。經年歡少恨偏多。猨鶴故山應念我。塵涴。煩襟衰帽苦蹉跎。 避地管寧嗟計左。無那。天涯何處着行窩。刻意攻愁愁不破。真箇。木秋雙鬢已先皤。

小重山

雪意垂垂睡不成。熏籠紅燭畔、倚殘更。北風淒度斷腸聲。幽窗迴、無計忍伶俜。 短

景若爲經。等閒顦顇損、楚腰輕。重温芳卷理芳情。相思意、分付去鴻聽。

漢宮春

燕京牡丹最盛，芳園梵宇，競豔争妍。排日清游，吟情俊發，因成此解

沈醉東風，擁千紅萬紫，嬌欲傾城。曲闌靚妝秀靨，艷影娉婷。天香似海，恍人間、重見飛瓊。春晝永、絳帷初卷，一尊來對盈盈。　雒苑舊游休問，歎盤移人去，幽夢無憑。穠華漸衰漸謝，謾忍伶俜。朝雲縱在，便題箋、難寄深情。空悵望、因花顦顇，對花慵譜清平。

采桑子

喧喧涼吹催秋早，煖律潛更。斷夢殘更。一夜高廔白髮生。　年年長是關河別，闌檻空憑。雁字無憑。誰與殷勤說舊盟。

其二

井梧霜後驚飄謝，葉漸辭枝。揀盡寒枝。瘦影伶俜未忍棲。　浮動冉冉迷南北，惆悵何之。腸斷微之。莫遣玲瓏唱我詞。

南歌子　秋柳

枉致纏綿意，空牽宛轉絲。灞橋朝暮獨依依。今古征途曾見、幾人歸。　別絮縈殘夢，新霜失故枝。星辰昨夜尚依稀。可奈章臺重到、舊巢非。

惜秋花

戊寅重九書感

萬里寒雲，送南鴻、旦夕歸飛無數。斷盡寸腸，天涯怨懷誰付。霜楓又醉重陽，儘縱目知非吾土。危廔，怯遲留、況對西風禾黍。　何意素心侶。彊簪萸采藕，共攜尊俎。判去酩

酊、詶令節，試寬愁緒。江山未用霑衣，任騁懷、艸中狐兔。淒苦。又嚴城、戍笳征鼓。

霓裳中序第一 戊寅殘臘，不易此廛小集。倚石帚調，簡伯龍、君素

霜飈戰瘁葉。四壁商歌天外發。簷際鐵聲自咽。又孤館閉寒，千山飛雪。豪華易歇。漸歲闌離思紆結。邊氛動，一城鼓角，只赤戍烽闊。天末。墜懽還拾。儘倚杖危梯與躡。浪詅貞元儕輩頓別。閣裏官楳，眼底風物。心暗折。謾笑語清愁共被。春將盡，琴尊無恙，更醉小廛月。

浣溪沙 己卯元夕

投老情懷百不宜。良宵惟與睡相期。番風初動小楳枝。歷事萬千難得是，行年五十未知非。鬧蛾聲裏任兒嬉。

其二

漸覺霜華換鬢鬚。半生淪落復何圖。臨風攬轡意踟躕。遺世信忘齊物論，閉門思廣絕交書。漫迴天地入吾廬。

卜算子 山谷稱東坡《卜算子》詞語意高玅，似非喫煙火食語。予嘗執玩諷詠，愛不忍釋。會逢家沽曲，僻處小廛，意有所觸，因倣坡公以此調寫之，殊未能無煙火氣也

時節過清明，暝絮吹成陣。緑重紅稀寂寞春，鷺燕還相趁。還夢苦難期，題葉知無分。夜夜高廛聽雁過，不見江南信。

其二

煙暝斷緱明，春盡餘寒峭。胡蝫酣嬉苦戀花，

幾見花常好。沈水泛香輕，新月窺幰小。迤邐高城畫角哀，一夜令平人老。

青玉案　贈半園

車塵馬足關山路。但橐筆、頻來去。水驛煙郵行復住。僧廔客館，雲窗月户。曾見留題處。平生未信儒冠誤。載酒徵歌總成趣。著意歸休天儻許，一谿新漲，半園芳樹。同話巴山雨。

以上《柳谿長短句二集》

臺城路　匪石捐館半年矣，每憶浦江扙策行吟之樂，已渺不可復得。秋日獨游，棖觸萬端，檢校遺稿，得君劫後還金陵感賦此調酬唱之作，因再疊前韻，題其遺集，並識死生契濶之情云爾

昔時觴詠留連處，重來倍增悽異。露葦驚秋，霜菱換節，江滸危闌曾倚。塵纓漫洗。奈鄰篴酸辛，峭涼新霽。岸柳蕭疏，向人應減舊眉翠。千年玄鶴不返，玉樓人去久，尋夢無地。石帚仙才，蘭成賦筆，誰識雄文高世。年華逝水。念往事前蹤，但餘清淚。澤畔孤吟，感音斜照裏。

見《倦鶴近體樂府》卷首題詞

大聖樂　卧病成都，忽忽經歲，旅懷伊鬱，良不可任。金坡以書存問，兼寄咫社社集新詞，屬和。爰略陳近況，成此解爲報，並寄咫社諸詞宗正律　依玉田韻

藥裹關心，旅愁欺鬢，病消幽趣。暗紙窗、梧老簷低，倦枕夢遥，寒襲疎幃深處。耿耿漏長鐙挑盡，擁羸影、悲來誰告語。窮天宇。賸慵舞鳳鸞，難言鸚鵡。歡游未堪再數。奈雁渺魚沈風又雨。兩輪來去，金飛玉走，空換年

時簫鼓。舊曲舊腔飄零久，更休問、鐃歌鞞拂舞。欽吟侶。度新聲、禁城清露。

玉蝴蝶 奉懷鶴亭社長海上，並寄題羅浮胡蜨圖卷，和《樂章》韻

苦憶海濱詞老，金陵一別，幾換年光。歲晚空江，風物暗動淒涼。倚春妍、柳眉試緑，弄豔冶、梅額裝黄。黯神傷。危樓獨立，高詠蒼茫。寧忘。羅浮俊侶，鬢黏賸馥，翅染輕霜。晨夕遽然，枉教吟楚與吟湘。畫屏迴、花屏何在，客夢遥、塵海難航。悄凝望。絮飛花落，一徑殘陽。

以上見《咫社詞鈔》卷三

浣溪沙 題半畊艸堂圖

詩筆縱横意氣麤。十年游迹滿江湖。直將天地作蘧廬。野寺尋碑忘遠近，溪堂遺俗謝榮枯。日斜漚鷺與相呼。

眉嫵 奔牛鎮弔陳圓圓，和白石

纖柔桑迷苑，秀麥平疇，隄柳漸舒眼。細草裊腰逕，芳蹤渺，樓空何處飛燕。渡頭試款。薦翠觴、泉路應感。倦回首，一片烟塵裏，換羅帳春煖。無限。豪華輕散。怎世間兒女，空費書翰。塵海滄桑劫，茫茫恨，無人知解歸纜。瘴山萬點。念舊香、天遠人遠。問環珮何時，來月下、更相見。

以上見《采風録》

鷓鴣天 辛未除夕，客居滬濱，時寇燄方張，陣雲如幕，旅懷悽黯，情見乎詞

東海揚塵水復波。黑風吹送犢羣多。三山蜃

氣侵華夏，一夜禨煙換綺羅。飛彈雨，枕堈戈。泪痕重叠沁銅駝。人間別有傷心處，奈此年頭臘尾何。

見《采風録》二集

華胥引　乙未春日，都門客居，和美成並倚四聲

晴峰消凍，初日烘林，試花催葉。塞北春回，江南水煖鳧鷟唼。客館如織羈愁，奈杼聲咿軋。斜月西樓，夢回珊枕寒怯。　時序如流，僅星星、素髭嫞鑷。斷歌零譜，誰能殷勤校閲。俯仰平生心事，忍爲君開篋。休理塵牋，螽痕皴泪重疊。

前調　潁人先生枉詞見褱，兼及柳谿故居，追念昔游，百感交集，因依韵奉酬

春風亭館，斜日園林，莫煙如織。祓禊人稀，題襟客散成痛惜。賴有儷侶秦嘉，倚鈿箏瑶瑟。歌楚吟湘，夜涼簾月初白。　塵土東華，暗消沈、賦才詩客。面城荒徑，難尋安仁故宅。拂岸清谿垂柳，儘舞風拖碧。相約明年，上林同賦出色。

以上見《稊園吟集甲稿》

虞美人　舟中對鄂、贛水災感賦

崩濤日夕喧揚子。處處流民泪。三年疏鑿庫儲空。誰信滔天勢急、竟無功。　扁舟一葉和愁載。不盡風波債。人間隨地是風波。望裏風波如此、怎生過。

以上見《詞學季刊》一九三六年三卷一期

踏莎行　題少梅所作桃源圖卷

徑曲飄紅，山深蓄翠。嵯峨重見桃源地。苦

兵同是避秦人，攜家漫作依劉計。款乃聲中，曹騰夢裏。浮生別有閒滋味。酒徒一半取封侯，扁舟我欲尋漁子。

以上見《同聲月刊》一九四一年一卷七期

踏莎行 若木以所藏馬湘蘭畫卷屬題，因成此解

柳外紅樓，花間金屋。闌干十二青溪曲。水沈馥郁夢爲雲，叢蘭掩映人如玉。　怨葉空題，遺箋何託。歡娱過眼哀歌續。不須風月話秦淮，宫移羽換悲陵谷。

鷓鴣天 和亦梅

鼓角悲涼咽晚風。關山浪説雁能通。長年烽火欺衰鬢，故國心魂墮警鐘。愁寄旅，暗書空。辭根蓬梗任西東。獨憐夜夜南歸夢，常滯秦山蜀水中。

鷓鴣天

消得揚州十載狂。酒空歌斷淚淋浪。籠紗暗認題情句，撫枕還溫隔夜香。　千繾綣，百思量。謝堂燕去又斜陽。銀箏錦瑟分明在，誰爲離人寫斷腸。

洞仙歌

亭皋秋盡，四壁寒蟲語。月冷霜淒暗行路。甚華年一瞬、故國千山，魚雁渺，黯黯離懷誰付。　煙沽留滯久，象筆鸞箋，無復燕臺舊時句。坊巷試重尋、依約遥峯，漸消減、謝娘眉嫵。聽旦晚、西風送潮來，儘葉葉題愁、寄將何處。

以上見《同聲月刊》一九四一年一卷十一期

滿江紅 辛巳重九，和孟劬翁

戍鼓荒城，曾四度、重陽時節。明鏡裏、朱顏

不再，但餘華髮。寒雨頓添黄菊淚，霜風暗换青山色。又無情、草木撼邊聲，離人泣。　吹帽侶，成追憶。題餻事，休重説。且籬頭一笑，醉紅呼白。亂後親知誰與問，望中薇蕨還堪活。整欹冠、扶病强登臨，飄零客。

菩薩鬘　東坡此調有迴文體，因傚之

杜門愁過瀟瀟雨。雨瀟瀟過愁門杜。腸斷易昏黄。黄昏易斷腸。　鴈歸遲望遠。遠望遲歸鴈。青鬢换星星。星星换鬢青。

其二

月微微映寒梅雪。雪梅寒映微微月。魂夢隔山雲。雲山隔夢魂。　暮年嗟鎩羽。羽鎩嗟年暮。孤館客懷予。予懷客館孤。

金人捧露盤引　七夕感賦

井梧凋，池荷謝，暮雲收。弄巧思、謝女妝樓。浮瓜薦果，理秦鍼、凝睇向牽牛。鈿釵猶是，問人間、誰占風流。　明河迴，鄉書阻，孤館寂，鬢霜稠。對麗景、難遣離憂。星橋共倚，應笑儂、生計拙於鳩。露蛩淒咽，耿夜長、相和吟謳。

以上見《同聲月刊》一九四一年一卷十二期

六么令　歲闌寒緊，夜枕無眠，爰倚此調寄感

一枝人外，巢父安巢足。危樓半欹荒隴，旦晚風欺屋。虚費熏爐獸炭，凍合何曾燠。蕭條愚谷。孤幃此夜，寒襲重衾睡難熟。　又是陰陽催换，歲暮繁憂伏。笳鼓暗急邊愁，戰伐千家哭。城郭而今頓改，遼鶴空驚目。哀箏

偏促。無情商女，猶唱當時後庭曲。

以上見《同聲月刊》一九四二年二卷三期

水龍吟　壽藏園老人

意天不喪斯文，巋然還許靈光賸。瑶籤碧簡，金泥玉檢，縑緗輝暎。藜杖光熒，芸編香裊，豕魚重省。向藏園一角，高樓雙鑑，張華後、誰堪竝。　見説颷輪烟艇。徧谿山、訪幽尋勝。嶽靈送目，桐江垂釣，翛然乘興。霞客清游，坡僊高致，古今成詠。看耆英雄集，琹尊坐對，繼香山盛。

見《雅言》丁巳卷八、九合刊

點絳唇

殘日初斜，一天寒色侵簾幕。井梧風惡。驚起南枝鵲。　金屋無人，苔徑流塵蔌。休重約。冰山難託。敢道郎情薄。

其二

鷹隼盤空，空秋自拯摩霄翼。兔驚狐匿。暗引孤雛泣。　老我蒼巖，瞑坐觀生滅。心如石。萬緣枯寂。笑指西沉日。

其三

笳鼓悲鳴，邊城日夕嚴刁斗。雪狂風驟。寒襲重衾透。　樓上誰家，花豔燈如晝。更殘後。舞衫歌袖。春意濃於酒。

其四

野哭年年，亂煙荒草誰爲主。此身如樹。盡日愁風雨。　張儉巖棲，頭白無歸路。天津渡。斷魂何處。待趁潮回去。

見《學海》一九四五年二卷三期

臨江仙

壽張八大千

不釣不樵烟景裏，詩情畫意翛然。山棲水宿但隨緣。蟠胸雲海闊，供服地天寬。百歲光陰今已半，新霄暗換髭髯。高懷從不受人憐。藏珍堪敵國，行樂自宜年。

見《永安月刊》一九四八年一百一十一期

全民國詞

第一輯

②

曹辛華 編纂

浙江古籍出版社

国家出版基金项目
NATIONAL PUBLICATION FOUNDATION

惜黄花慢 庚辰重九對菊作

寶靨留秋妍、奈戀頭破帽、難掩華顛、未堪插鬢、試將勸酒、杯深貯淚、花淡忘言、砌闌不解相遮護、幾曾耐霜苦風酸、意萬千、賦情盡改、吟抱誰箋、 今朝[illegible]漫軒、念故人厚我、九日糕盤、地偏江迥、倚樓甚處、籬荒徑鎖、滿袖何緣、數枝莫覺淒涼、夢但關重疊愁邊、恨逝川、送人淚水彫年、

目録

江子愚 四百十七首

花景福　七十八首

李宣倜　二十八首

李國模　八十首

李溥芳　九十七首

李綺青　一百八十五首

李錫禎　九首

李　孺　一百四十首

吴曾源　九十八首

吴漢聲　一百十九首

吴駿　二十二首

江子愚

蝶戀花 曠懷

虎踞龍蟠形勝地。閱遍千年，多少興亡例。造物何曾輕介意。征誅揖讓皆兒戲。　蠻觸相争何日已。一部南華，抵盡傷心史。獨醒不如還獨醉。閒愁都付東流水。

青玉案 辛亥客感

浮萍蹤跡無根蒂。洒不盡、窮途淚。大地河山都粉碎。連天烽火，連宵笳鼓，只恐歸無地。　何堪愁病催憔悴。怕寫相思無限意。依樣平安書幾字。天涯翹首，故人如在，應有梅花寄。

醉花陰 柳絮

吴綿抛去東風暖。欲歇仍高卷。切莫化浮萍，訴與天公，願借游絲綰。　離亭亂撲征衣滿。未肯些時緩。慣送遠行人，不信春歸，更比行人遠。

喜遷鶯

春歸去，幾多時。滿院緑陰迷。斜煙斜月畫樓西。到處杜鵑啼。　鬲窗紗，風暗送。驚醒愁人春夢。聲聲唤道不如歸。客子須珍重。

一翦梅 成都花市

滿眼繁華勝洛陽。油碧香車，陌上成行。恖恖行到浣谿旁。半是宫妝。半是時妝。　故把秋波殢玉郎。斜倚高樓，一晌思量。東風解意不顛狂。才過花香。又送衣香。

夜行船　書懷

正是驊騮争得路。甚鰥生、埋頭如故。酒後裁詩，花間譜曲，一枝筆年光誤。　愛讀淮南招隱賦。欲移家、白雲深處。萬壑松風，半窗梅月，何須向金華住。

蝶戀花

噪罷新蟬天欲晚。愁緒千條，亂似春蠶繭。貪看簾波慵不卷。東風無力飛花嬾。　檻外垂楊新緑暗。醉臥匡牀，苦被黃鸝喚。夢醒天涯人正遠。酒痕和淚衣襟滿。

眼兒媚　初夏

雨後殘紅落更稀。瘦損舊腰圍。登樓遠望，青山一片，依舊斜暉。　鶯花作隊春如海，今日已全非。淒涼況味，新苔滿徑，飛絮沾衣。

訴衷情　閒居即事

小齋渾似野人家。樹影緑橫斜。恰喜良朋初到，同試雨前茶。　風淡蕩，月清華。莫咨嗟。一春幽興，少買燕支，多買桃花。

憶王孫

梧桐庭院雨聲過。門外新泥長緑莎。添得池塘一寸波。竟如何。又展芙蓉葉幾多。

尋芳草　蝶

驀地便飛來，繞遍了、玉闌干外。恨多情、卸得風塵債。卸不得、風花債。 金粉易銷沈，却幸有、玉人憐愛。細描摹、一種癡情態。 刺繡上、香羅帶。

兩同心

盼斷飛鴻，又逢春杪。宜人煙景不歸來，汀洲緑遍王孫草。 暗銷魂，立盡黄昏，數行歸鳥。最是驚心，枝上啼鵑聲早。離情應比柳絲長，紅顏暗逐桃花老。掩銀屏，蟢子飛殘，天涯人渺。

點絳脣

月上紗窗，一枝零亂梨花影。數莖春筍。撩亂巫雲鬢。 獨對銀釭，露重羅衣冷。長宵耿。憐他何幸。梁燕雙棲穩。

杏花天影

鳳鞵輕蹋香塵輭。却撩惹、心頭舊怨。春風偏誤碧桃花，那有舊劉郎、許再見。 望門外、天涯路遠。又逢着、紅稀緑暗。傍人嬰武忒聰明，底事悄無言、怕錯喚。

鷓鴣天 壯志

深夜龍吟出寳刀。關山極目氣蕭條。憑將越國三千弩，移向蛟宫射海潮。 淩浩渺，駕扶搖。遺魂留與後人招。狂生謾語何曾用，壘塊還須濁酒澆。

虞美人 早鶯

東風昨夜寒初減。忽聽歌聲囀。人間花事鳥先知。故向幽齋爲報、豔陽時。 曉來露溼花梢重。歌舌愁餘凍。簾前新緑影模糊。試問園丁喚醒、海棠無。

天仙子　一女仙圖，手持珊瑚，風神秀逸，非俗筆也。因題此闋

霧鬢雲鬟人似玉。羅帶隨風游碧落。丰姿疑是杜蘭香，花作骨。波爲目。回首人間凡豔俗。　修到神仙猶命薄。一縷春情何處託。亭亭顧影抱珊瑚，休埋没。須斟酌。好貢玉堂陳繡幄。

點絳脣　都門爲人題畫梅，烘染雲月，幽峭可愛

雲鎖巖扉，冷香未許春情鬧。寸心誰曉。只素娥知道。　琢玉摶酥，天付風姿俏。東君好。暗中媒醮。許嫁林家早。

鷓鴣天　辛亥秋初，客都門。暮雨淒其，感而有賦

小院閒堦繡蘚紋。瀟瀟疏雨送黄昏。紗廚今夜新涼透，淒絶離人夢不温。　燈半灺，酒微醒。遥憐梧葉掩重門。癡情屬與高樓笛，爲我吹開嶺上雲。

菩薩鬘　題梅花、山茶扇頭

一枝低亞羅浮徑。冰肌消瘦無人問。莫道不相憐。天生玉茗仙。　東君情意厚。雙美新媒就。休更怨孤芳。癡心聘海棠。

小重山　都門聞笛

玉管寒消度錦春。落梅風信輭、恰宜人。今年燕市月淒清。傷心也、不似向前聲。　孤鶴唳三更。玉纖低按罷、有餘情。慿渠吹裂

白雲根。誰解道、難破是愁城。

蝶戀花

漫説倉庚能療妒。却月羞花，轉被紅顏誤。蓮子苦心梅子醋。箇中情味憑誰訴。　雲母屏風遮不住。青鳥難逢，遠勝蓬萊路。　封鏡自憐無媚處。寶兒憨態仍如故。

謁金門　游燕京澄懷園

風景好。一片緑雲環繞。寂寂闌中游客少。紅塵飛不到。　讓與疏蟬暗噪。　任着幽禽亂叫。柳葉半黄荷葉老。一分秋意早。

鳳皇臺上憶吹簫　旅燕秋思

斜照半林，暮雲一片，滿眶無限清幽。　况井梧蕭瑟，欲報新秋。　苦恨青山萬疊，偏阻我、望遠登樓。　難禁受，輸將綺歲，賺得閒愁。　休休。連年作別，攀折遍垂楊，爲甚情由。　笑一官匏繫，袋裏獼猴。　孤負偷桃手段，貪斗粟、郎署淹留。　從今後，商量去路，合上漁舟。

誤佳期　辛亥七夕，作於都門

才被閏年擔閣。是年閏六月。　誰料佳期又錯。無情風雨攪離愁，病煞填橋鵲。　波瀉絳河傾，冷浸天衣薄。　仙家歡會尚蹉跎，况是人間約。

醉花陰　詠晚香玉

不用都梁温寶獸。暗裏濃香透。　小玉是前身，綽約丰神，淡月黄昏後。　憑肩記取輕輕嗅。正晚妝初就。　小別動經年，人影花光，風趣今宵又。

如夢令

風緊落紅如霰。飛入阿誰庭院。一架緑鸚兒，仍傍小桃枝畔。休喚。休喚。無復去年人面。

一斛珠

乍涼時候。輕颸入户羅衫皺。暫離幾日如年久。待到相逢，却是沉沉又。　私語倩人春意透。夜深遲解芙蓉扣。薄嗔微笑情尤厚。但道檀郎，似比從前瘦。

虞美人　辛亥重九，同人登陶然亭

黃蘆蕭瑟秋聲老。勝地遊人少。闌干拍遍夕陽斜。遥憶故園籬菊、正開花。　煙塵帀地歸無路。又是飛鴻誤。扶愁聊復上高臺。難借紫萸香佩、解兵災。

滿江紅　弔漢陽

回首繁華，盡化作、浮雲飄瞥。曾記取、漢江春水，一篙柔碧。篷底澆殘沙市酒，城頭吹斷黃樓笛。看銅街、日莫走香車，鐙如月。　猛換出，笳聲急。驚破了，霓裳闋。望極天煙火，又燒殘壁。楚館竟銷神女夢，章臺付與秦灰刼。料明年、鸚武草痕殷，都凝血。

一翦梅　津門客感

隔江鐙火亂黃昏。煙暗津門。月上津門。風光不似舊鄉村。醒也銷魂。醉也銷魂。　迷離春夢散無痕。種得情根。惹得愁根。江山破碎不堪論。松菊無存。琴劍空存。

鷓鴣天　紀舊夢

草草幽歡一夢中。海棠嬌嫩怯春風。行雲催斷何時續，長恨城南曉寺鐘。　花裊娜，柳惺忪。無端偷降蕊珠宫。不將名字留人世，知在巫山第幾峰。

金縷曲

春意生秋夜。正曚曨、宿酲初解，燭花紅灺。偎傍渾忘霜露冷，一朵芙蓉低亞。更絮絮、曉牕情話。悔受風塵磨折苦，撇藍橋、甘向裴航嫁。君須記，莫颺下。　別來心緒常牽罣。算空餘、素羅巾上，粉香沾惹。堪恨東皇心太忍，底事春風不借。眼丟得、并頭花謝。還將方勝通消息，向玉人、乞箇風流假。勸嬰武，休輕駡。

意難忘　憶内

近日蕭郎。已游懷厭倦，悔滯他鄉。家山何處是，極目冷斜陽。思往事、易成傷。宦海太茫茫。把畫眉彩筆，强半遺忘。　有誰知我衷腸。只吟蛩唧唧，似訴凄涼。燈寒花尚發，被冷漏偏長。曾有夢、到伊旁。瘦損舊容光。奈今日、魂銷欲盡，夢也荒唐。

東風第一枝　紅梅

洛水霞烘，嵰山雪聚，替人裝點庭院。楊妃春睡初醒，倩女離魂乍返。天然嫵媚，何勞獺髓醫芳臉。料有人、調取胭脂，偷樣畫來眉畔。　低繡户、唾絨相間。簪玉鬢、枕珊莫辨。東鄰應惹桃猜，南枝易招杏怨。風流蘊藉，却被你、一齊先占。但生怕、紫玉成煙，寂寞數聲羌管。

春風裊娜 新柳，客滬上作

宿寒消垂楊，驀放新條。尋北院，訪南朝。正日暖、鶊黄輕縈曲樹，波添鴨緑，低亞長橋。弱不勝鶯，疏難藏燕，幾度將停還動摇。彎蹙黛眉愁底事，半睁青眼殢誰嬌。　漫説隋宫梁殿，三千歌管，都化作、村笛餳簫。依樣在，舊弓腰。多眠少起，有恨無憀。漁網懸時，夕陽初罥，酒旗顫處，薄霧還飄。最難禁受，是離亭煙雨，容易魂銷。

玉漏遲 申江春恨

天涯孤客又，逢春嘆息，枝棲難穩。黄浦江頭，已度幾番花信。抛撇胭脂北地，又領略、南朝金粉。拚瘦損。渾非小杜，舊時風韻。　從今懺悔情癡，任燕掠鶯梢，柳慵花困。一點靈犀，容得許多春恨。舊恨才銷又惹，怕無計、將伊安頓。聊耐忍。誰慣薄衾單枕。

黄金縷 早春

東風昨夜歸南浦。蹤跡悠悠何處。先把緑痕紅縷。吹上江頭樹。　青驄蹀躞尋芳路。人倚畫樓朱户。新燕一雙堪妒。飛近釵梁語。

青玉案 有懷，用賀方回均

蘼蕪緑遍江南路。易勾引、青驄去。歌管聲聲花外度。周遭闌檻，玲瓏窗户。欲覓知何處。　美人天際傷遲暮。怕誦春波南浦句。舊日容光消幾許。怎禁風力，攪殘飛絮。更打梨花雨。

沁園春

遥憶佳人，海角天涯，幾時再逢。嘆仲宣樓上，聽殘夜雨，春申江畔，吹遍東風。問柳無心，尋花没興，嬾把新詞付小紅。君知否，正情懷沾絮，蹤跡飄蓬。　家山未息狼烽。怕北燕、歸時舊壘空。奈試燈節近，宿寒漸解，梅花裊裊，爆竹悤悤。幾度還家，無非夢裏，醒後依稀恨曉鐘。曾經處，有海棠庭院，嬰武簾櫳。

如夢令

壬子春初，客居滬上。偶閲《申報》，見雲珠女士步慧姊之作，詞意悱惻。時方作歸計，令人益深知己之感。僕客天涯，於今帀歲，遥念故人，輒潸焉出涕。天末涼風，屋梁落月，彷彿見其顔色。家文通所謂黯然銷魂者，非耶？爰效西子之顰，聊代南阮之哭，不識蘭閨諸彦，肯許爲同調否

萍梗生涯難料。又見枝頭春鬧。社燕最多情，還向舊梁縈繞。爭了。爭了。緑遍王孫芳草。

其二

無限相思情意。鎮日如癡如醉。舉酒欲消愁，却惹兩行清淚。歸矣。歸矣。莫待杜鵑聲起。

琵琶仙

潯陽懷古

春水連天，有多少、來往帆檣如櫛。兩岸芳草垂楊，東風蕩柔碧。差勝似、深秋祖餞，正楓葉、荻花蕭瑟。紅粉多愁，青衫有恨，一般淒寂。　嘆儂也、淪落天涯，只琴劍、飄零伴蹤跡。最是不堪回首，望京華風月。攪碎了、春

愁萬縷，聽江聲、替人嗚咽。不爲商婦琵琶，淚珠先滴。

憶江南　歸興

歸去好，真樂是家庭。堂上萊衣隨弟舞，閨中鴻咏索妻聽。兒輩課温經。

其二

歸去好，舊雨忒多情。黄菊開時人送酒，碧梧深處客聯吟。何用締鷗盟。

其三

歸去好，最好是田家。鼓賽馬頭春日暖，笛横牛背夕陽斜。醉嗅豆籬花。

其四

歸去好，第一錦江邊。花市春風驄馬地，草堂秋水白鷗天。詩酒任流連。

其五

歸去好，蜀産最相宜。郫竹酒香堪醉客，桃花箋膩足鈔詩。外物更求誰。

其六

歸去好，俗累盡銷除。開口不談今世事，閉門惟讀古人書。吾自愛吾廬。

蘇幕遮　春日旅懷，用范公均

豔陽天，銷魂地。春入園亭，楊柳含新翠。錦瑟年華傷逝水。遥憶佳人，夢斷千山外。

裊芳情，牽綺思。忍見雙雙，葉底雛鶯睡。拍遍闌干還獨倚。無那東風，亂灑桃花淚。

念奴嬌　夷陵春暮

江城如畫，望巫山十二，遥遥相接。宿雨乍收晴色嫩，已過清明時節。花褪殘紅，柳籠深翠，盡是傷心色。幽情如訴，聲聲江上啼鴂。　惆悵楚國風騷，吴兒兵火，一例豪華歇。倚棹漁人閒補網，天際斜陽明滅。載酒尋僧，徵歌喚妓，疏宕無人識。扁舟歸也，丁甯早辦簑笠。

憶秦娥　歸舟過巫山作

巫山路。行人猶説行雲賦。行雲賦。楚王宮外，幾番朝暮。　誰知倦客銷魂處。聲聲猿嘯斜陽渡。斜陽渡。孤舟北望，亂峯無數。

離亭燕

京都陶然亭畔有香冢者，旁連嬰武冢，蓋某校書瘞骨所也。校書以憤死，情事殆類霍小玉。讀其碑銘，因傷所遇，庚戌、辛亥屢憑弔焉。竭來江上，風物淒清，追憶舊游，慨然有作

三尺孤墳如斗。煙鎖幾叢衰柳。窸窣西風斜照冷，滴盡一尊芳酒。嬰武悄無言，只賸暗蛩聲逗。　花比玉容清瘦。山似黛眉低皺。讀罷短碑長太息，想到百年而後。一例掩重泉，説甚青衫紅袖。

一斛珠

簾波微皺。榴花點點猩紅溜。金籠嬰武眠清晝。獨倚藤牀，細數銅壺漏。　天涯空望緘紅豆。深情隱約難猜透。多因人比崔徽瘦。欲寫愁顔，怕與儂愁逗。

鵲橋仙

金臺夕照，薊門風雪。常恨那回離別。悤悤分袂上征車，轉眼又、榴花時節。　書沈鴻雁，夢殘胡蝶。悵望半天明月。滿懷幽怨訴

阿誰，待見面、與君分說。

醉花陰

月正圓時人缺了。歡會由來少。歲月易蹉跎，兒女英雄，多被愁催老。　梧桐憔悴秋歸早。淚漬紅心草。千古幾傳人，輸去青春，贏得閒詩稿。

蝶戀花

曾記窗前窺半面。直到而今，心裏終懸念。漏洩春光憑柳綫。爲儂不惜司書硯。　造物忌人終古嘆。欲結情絲，早被風吹斷。試把名兒呼枕畔。夢中或遇離魂倩。

洞仙歌　蓮

疏妝淡抹，有天然風韻。好似淩波那人影。

渺天涯、一夜無限相思，隨玉露，都化啼痕醉暈。　吴娃何處也，畫舫無蹤，空賸鴛鴦守孤另。綽約半開時、带苦含癡，心兒裏、有誰堪信。看幾日、西風逼人來，又只怕、香魂爲秋銷盡。

踏莎行　有夢，用白石均

碧玉温柔，麗娟輕輭。七千里外何時見。幾行紅淚沁桃花，愁痕盡被東風染。　夜夜銀燈，年年金綫。苎蘿回首家山遠。私心久許嫁王昌，離魂入夢無人管。

滿江紅　送西征軍，平仄均各一闋

隻手回天，要撑持、西南半壁。莫孤負、磨崖標柱，古人功烈。鞭影劃平裨海浪，劍光衝破甯山雪。好男兒、樂地是沙場，心如鐵。　扭不轉，紅羊刼。掃不盡，烏斯穴。望恩威並用，早清妖孽。壯士一身都是膽，義師千古原無敵。又何須、巧斬郅支頭，多流血。

其二

戈馬西征，正五月、瀘水翻瀾。旌旗卷、瘴雲千里，依舊青山。倒落天狼彎玉弝，横拖毛瑟壓銀鞍。趁此時、收拾破金甌，休畏難。　英雄氣，君試看。光射斗，髮衝冠。料羣酋心膽，此日先寒。邊月黑時鳴畫角，獞花紅處唱刀鐶。待歸來、解甲撲兜鍪，開笑顔。

鵲橋仙　壬子七夕，客錦城作

舊愁未展，新愁還結。無限杜鵑啼血。錦城絲管又紛紛，怕提起、去年今日。　叢祠狐火，野村魚帛。釀就紅羊寃刼。茫茫大錯問蒼天，誰鑄盡、六州頑鐵。

滿江紅　感時

天外罡風，忽掀起、海潮横立。莫輕信、蓬萊三島，浪傳仙訣。長臂捕鰲龍伯喜，明珠剖蚌鮫人泣。借三千、强弩射潮頭，聲嗚咽。　埋不盡，萇弘碧。洒不盡，啼鵑血。費頭顱多少，換來疆域。活佛西逃韋幕卷，拉夫南下金甌缺。好揚鞭、踏破賀蘭山，休驚怯。

攤破浣谿沙　秋思

酒盞詩筒憶舊緣。尋常小别動經年。儂已歸來君又去，見時難。　蛩帶離聲黄葉地，雁分愁影碧雲天。底事中秋無賴月，背人圓。

其二

久結人間翰墨緣。客中分袂惜華年。君自不

歸歸便得，有何難。　錦郭芙蓉秋水地，薊門衰柳夕陽天。一夜離情千里共，月光圓。

其三

飛絮浮萍話夙緣。相逢偏在亂離年。欲采秋花霜露重，稱心難。　水水山山無限路，風風雨雨奈何天。溜滴鶯聲啼破也，不成圓。

其四

鴻雪依稀總是緣。去年離別到今年。人與秋雲同散漫，雁書難。　丹桂飄零招隱社，白蘋吹冷泬寥天。願化心香熏寶鴨，篆絲圓。

前調　秋怨

勞燕分飛過眼緣。淒涼碧玉破瓜年。按罷雲和人不見，賞音難。　僕本恨人能恨賦，卿爲情死返情天。贏得影兒成對也，夢兒圓。

其二

休問前緣與後緣。東鄰消息負三年。無那楚江窮宋玉，解愁難。　紅蓼花疏斜照候，紫楓林遠早霜天。爲問金甌撞破也，幾時圓。

其三

裙繫留仙別有緣。篋中紈扇自年年。千古名心容易懺，懺情難。　羞逐娥嫦偷入月，嬾隨嬴女學登天。淚化成珠珠化淚，一般圓。

其四

匣劍囊琴避俗緣。肯將石隱度流年。願化西山精衛鳥，不辭難。　四海裝成金粉地，九秋換作豔陽天。好月似人人似月，共團圓。

漁家傲　癸丑元夕

零亂梅花春色瘦。落燈時節銷魂候。燕子未

來人寂寞，餘寒逗。簾旌乍卷風飄繡。紫陌鈿車應似舊。粉團賞月家家又。淚溼春衫愁不語，雙眉皺。休提人約黄昏後。

鳳皇臺上憶吹簫

有友人新昏數日，遠游燕薊，三載不歸，故作此以諷之

蜀道雲山，薊門煙樹，迢迢兩地相思。悵滿園春色，緑怨紅癡。沈約年來瘦損，怎禁得、擘柳風吹。最堪憐，海棠開早，燕子來遲。何時。妝樓深處，含笑倩檀郎，代畫雙眉。把金錢舊卜，錦字新詞。枕畔喁喁欲泣，從頭事、訴與郎知。郎何處，青驄無定，飛絮游絲。

杏花天

春風試暖催啼鳥。畫闌外、露凝芳草。有人獨坐披吟稿。昨夜天涯夢渺。　花梢蟬、輕煙裊裊。屬鄰女、踏青須早。東君不管韶光老。付與江南謝豹。

金縷曲

癸丑花朝

暗裏流年換。恨長空、烏飛兔走，游絲難絆。歲月銷磨詩酒局，最怕從頭掄算。又誤了、春光一半。趁此踏青時節好，約良朋、醉倒桃花岸。一任着，黄鸝唤。　紅闌撲蝶誰家院。更多情、水邊挑菜，柳絲吹面。草閣苔荒吟客渺，只賸尋巢舊燕。又誰識、蜀王宫殿。芳草無情迷故徑，看海棠、風起斜陽亂。空贏得，鵑紅濺。

鷓鴣天

畫意

潭水春風燕子斜。萬竿竹影罩寒沙。白茅蓋屋深深見，疑是當年宋玉家。　甘淡泊，謝紛

華。柴門臨水不停車。主人酒醒渾無事，自草新詞壽百花。

桃源憶故人　白蓮

涼風破曉清無語。比較秋心誰苦。賺得陳王詞賦。羅襪淩波舞。　幾回倚檻拈毫素。和月欲臨還誤。願化一雙仙鷺。飛入花深處。

一斛珠　荔支

銷魂真箇。冰肌輕褪紅綃裹。幾時結就丁香顆。生怕爪痕，誤觸些兒破。　玉局豪情終勝我。但愁瘴雨枝頭涴。商量風味戎州可。何日扁舟，親向江灣過。

賀新郎　七夕立秋

庭院西風悄。把經年、幾多别恨，暗中吹到。梧葉竟如紅葉落，天上佳期先報。望銀漢、纖雲齊掃。花底憑肩盟易冷，李三郎、轉被牽牛笑。且休問，唐天寶。　難憑烏鵲填蓬島。更癡絶、誰家兒女，鍼樓環繞。無限春愁渾不解，競向天孫乞巧。儂只羨、韶華長好。十二萬年年一會，比人間、歡聚誰多少。君不見，秋歸早。

河傳

秋莫。延佇。畫樓空。斜雨斜風夢中。雁翎不來書未通。打窗。山葉紅。　比似黄花人更瘦。霜滿袖。猶采餘香嗅。卷羅帷。寒月遲。語誰。怕教嬰武知。

沁園春　爲人題所著書

筆挾風霜，氣走雷霆，真新陽秋。笑茫茫醯

甕，阬殘蠛蠓，沈沈布袋，閟煞獼猴。登雨花臺，説衹林法，頑石無情也點頭。勘空處，把三千世界，都付浮漚。　虞卿自合窮愁。又何羡、生封萬户侯。任鯨鯢滿地，魂埋蜀碧，豺狼當道，血濺吴鉤。玉麈風清，金壺墨妙，人似滄江不繫舟。今古恨，借馬箠輕叩，細問枯髏。

臨江仙 水仙花

寒夜月明香在水，淩波羅襪無塵。冬心獨抱不知春。能安泉石，冰雪自精神。　點額鵶黄饒嫵媚，舊時宫樣重新。莫將風信判升沈。盧郎才調，豈作弟三人。

金人捧露盤 梅

晚潮平，新月瘦，一枝斜。悄紅樓、分影窗紗。誰家玉笛，把聲聲吹落瑶花。如何不爲吹離夢，落向天涯。　望孤山，無知己，新舊恨，付啼鴉。憶香溪、溪上人家。瓊肌嬌輭，怎禁得塞北風沙。憑誰移取屏山護，小駐春華。

臺城路 退園秋曉

茅堂誰爲催人起，窗前數聲啼鳥。竹几攤書，藤牀啜茗，領略園亭幽窈。清陰漸少。看倚石霜枝，偎闌露草。似水年華，亂蛩低説素秋老。　回思前度夢境，正殘梅入座，新荷穿沼。一縷疏煙，一鉤澹月，更賸一絲殘照。泥痕未掃。奈酒病添些，詩情瘦了。無限惺惺，算黄花易曉。

應天長慢 甲寅寒食，步清真均

輕雲閣雨，細浪迴風，春城變幻秋色。未信柳綿榆火，時光又寒食。東君意，如去客。渾不管、愁人孤寂。落花蕊，亂點青衫，和淚狼藉。　誰問舊韓郎，憔悴鄉關，詩句自題壁。便是漢宮無恙，煙銷故侯宅。青驄馬，尋九陌。碧草滿、已迷陳跡。料惟有，醉酒樓前，雙燕猶識。

一翦梅　題畫

依稀人面鬲窗紗。道是桃花。不是桃花。素心一點宋東家。不是蘭芽。却是蘭芽。　薔薇香露盥朝霞。欲寫春華。怕寫春華。聊將幽怨訴琵琶。腸斷天涯。夢斷天涯。

行香子

暗月元宵。冷雨花朝。一春佳節無聊。大江門外，煙水迢迢。正燕雙飛，人獨立，酒初消。　脣綻櫻桃。心卷芭蕉。悵離魂、柳絮飄搖。陰晴無準，冷暖誰調。有影兒親，夢兒熱，信兒瞧。

唐多令

何物送愁懷。梧桐飛上階。甚秋風、掃去又吹來。醞釀心頭無限淚，和疏雨、滴荒苔。　新報玉簪開。阿儂親手栽。雲鬟久已不勝釵。何意侍兒猶説好，折花朵、且安排。

浪淘沙　蟬

回首舊枝空。黯淡秋風。閒愁訴盡夕陽中。怎奈夕陽無一語，又下簾櫳。　黃葉滿深宮。涼露惺忪。昔時仙掌已無蹤。匀得一雙嬌鬢影，更爲誰濃。

念奴嬌

吾邑城北永祚剎内有黄姬墓者，劉令尹姬人埋香處也。姬字秀卿，桂林人，侍劉任所惟謹。時藍逆犯雙，軍事旁午。姬患咯血，隱而不言，蓋不忍以兒女情擾夫子志也。竟以是疾終，年僅十七耳。劉哀之，碣以表其墓。後歸湘南，未迄遷葬，爾來又五十餘歲矣。短碑蕪没，宿草芊綿，地接雙林，時聞孤磬。吹殘白奈花田，惟有酸風；照罷青棠香界，空餘恨月。金椀何曾再見，佩環未必真歸。我本多愁，能無棖觸。彼江上真娘之墓，客競題詩；湖邊蘇小之墳，人争奠酒。名伎尚爾，況不爲名伎者耶。爰成百字，以永千秋，芳魂有知，少慰焉否

問卿何事，竟拋他、獨自劉郎歸去。人世韶華容易换，消受幾番風露。桂海雲迷，蘭湘月冷，只恐游仙誤。況伊嬌小，芳魂那更知路。　空賸三月鵑聲，九秋蟲語，替説閒情緒。爲怕柔情牽壯志，忍得半生愁苦。噩耗頻驚，軍書正急，欲訴何曾訴。至今花下，絲絲啼血如故。

千秋歲

幾番薄醉。添得愁滋味。雲初合，風還起。蕭蕭梧葉上，便有秋來意。鐙花笑，笑人欲睡何能睡。　獨抱餘香膩。憶當年游戲。花陰下，何曾避。捉得雙飛蝶，却唤郎來覷。蘼蕪徑，而今化作銷魂地。

太常引

疏簾一桁恰當門。風雨幾黄昏。作去聲盡斷腸聲。早銷瘦、花魂柳魂。　無聊詞筆，無憑錦字，一樣怨飄零。試看海棠根。有多少、相思淚痕。

木蘭花慢　螢

惜秋光淒瘦，添幾點、伴涼宵。儘平蕪一片，迷樓十里，送盡南朝。無聊。憐君爲甚，才明又暗住還飄。應是西風太急，更攙幾疊煙綃。　無端映水過長橋。星火共蕭條。怕冷翠慵眠，疏紅易睡，且去偷瞧。休教。畫羅輕撲，好殷勤留與照花梢。諳盡孤檠意味，阿儂一樣魂銷。

生查子

重開別後書，讀向秋窗夜。忘却已三更，風過燈花謝。　絡緯盡情啼，涼入湘裙衩。欹枕夢難成，梧雨瀟瀟下。

江月晃重山

池草雨餘茸密，岸花風過香稀。流鶯抵死勸春歸。春歸也，贏得恨依依。　落絮空隨流水，游絲不繫斜暉。鵑兒啼瘦燕兒肥。期已誤，何事尚分飛。

鎖窗寒　秋燕

上苑紅稀，長堤緑悴，舊游都空。烏衣冷落，怎及抱香么鳳。誰家十二高樓，悤悤頓覺霜華重。料繫絲人苦，一簾秋月，玉鉤猶控。　堪痛。多情種。任翦霧裁煙，竟成何用。繡幕箏絃，記取當時曾弄。儘憑他、幾度斜陽，幾番冷雨春便送。算而今、故國荒涼，莫說春前夢。

秋水　雁

雲路年年來往慣，寄迹處、渾無定。嘆幾番踏雪，泥痕猶在，又閲遍、雨雨風風秋信。説昔日、長安路徑。戎馬倉皇，休更弄、月明孤影。

還是洞庭安穩。水平沙闊，儘教游泳。奈波漂菰米，岸飛蘆絮，怎消受、一夜霜華催冷。怪近日天涯書梗，寂寞茂陵秋雨，苦有箇、人兒多病。

齊天樂

涼夜淒其，蟲聲四壁。讀白石『蟋蟀』之咏，頗覺別有懷抱，倚聲和之

箇儂倚枕閒情遠。宵宵競啼秋怨。雨繡苔花，風催豆莢，淒絶故家庭院。問和盡疏碪，送殘更箭。軋軋機聲，爲誰織就恨千萬。

天孫也應病嬾。甚相催太急，些時難緩。月墜銀鉤，涼侵玉帳，一任淚痕如霰。愁懷不斷。自白石題成，滄桑幾換。笑汝長須，鬬秋風尚健。

聲聲慢　荷葉

蘭舟過處，荇帶牽時，羅裙照水一色。賸有秋心不展，卷殘涼月。星星點點恨淚，趁晚風、背人偷滴。看墜粉、也無多，莫問雨聲疏密。

拚散青錢萬疊。空買着、秋來舊痕狼藉。屬與西風十里，莫教輕折。鴛鴦夜深無伴，冷清清、幾時温熱。除却者、一片緑雲，誰護惜。

南歌子

柳是消魂樹，桃真薄命花。愁紅怨緑太夭斜。不信箇儂憔悴、勝於他。

畫上崔徽影，墻頭宋玉家。朝朝相見也天涯。何況多時不見、

暮雲遮。

定風波　梨花

素蕊含香未忍開。東闌長盼玉人來。玉人迢迢天樣遠。春晚。和風和雨下瑶臺。過了清明風更惡。飄泊。夢回雲散不勝哀。縱是今生難得見。情願。吹將餘粉上金釵。

湘春夜月

碧雲封。雨餘涼意惺忪。劃破一綫微痕，放出夕陽紅。細聽鳴鳩枝上，正聲聲不住，似喜晴空。奈義和無力，欲扶不起，又墮煙中。銀灣淡抹，金飈暗度，秋在梧桐。誰唤秋來，應只是、一行啼雁，和那吟蛩。庭迷落葉，記昔時、曾看春穠。但屈指，算年年如故，人間只有，江上青峰。

更漏子

緑全迷，紅半露。人在柳陰深處。吹玉笛，凭闌干。晚風羅袖寒。無情月。圓還缺。曾照舊時離别。才缺了，又團圓。離人似去年。

前調

送春前，寒食後。人比去年還瘦。山雨細，水風斜。滿庭紅杏花。簾垂地。鑪香閉。且枕繡屏輕睡。驚覺起，卷簾窺。雙雙海燕兒。

訴衷情　用《金荃》體

窗底。驚起。春有幾。亂紅飄。誰與伴。低按。小瓊簫。望遠更無聊。迢迢。煙江多暮潮。駐蘭橈。

清平樂

涼雲冉冉。愁聽羌蘆管。宿酒初醒人已遠。昨夜燭花猶顫。　垂楊瘦損腰支。臨風獨自依依。留得綠羅帬褶，知君何日能歸。

木蘭花

讀《飲水集》，有《擬古決絶詞》柬友《木蘭花》一闋，情懷悱惻，觸余新感，因廣其意

星前密約花前咏。春夢迷離銷欲盡。只應柳絮本無情，未必東風真薄倖。　無端觸破雙鸞鏡。嚦嚦鶯聲催別恨。蕭郎昔日玉人憐，此日蕭郎誰過問。

水調歌頭

題畫山水

春水幾千里，遠與碧雲連。擬向水雲深處，放箇釣魚船。安頓筆牀茶竈，更喜雙雙白鷺，同我醉時眠。莫問酒家債，自有賣魚錢。　夜來月，朝來雨，晚來煙。無限清涼，景物一例上吟牋。人爲多愁催老，花爲多情催瘦，都在奈何天。欲覓游仙境，且對畫圖看。

海棠春

斜風吹亂春波影。照不見、青青兩鬢。無數小蘋花，聚散都無準。　魚書久斷憑誰問。問別後、香巢可穩。料得月黄昏，長倚闌干等。

相見歡

涼蟾一抹簾鉤。夜悠悠。長記牽牛花外笑牽牛。　書已誤。言還齟。恨難休。何似當初欲別少時留。

風入松　鶴

一生長住白雲中。不合就筊籠。繁枝揀盡無棲處，好依然、寄跡枯桐。寒唳半谿蘿月，迴翔萬壑松風。　羽衣瀟灑自淩空。何礙晚煙濃。滿身沾惹梅花雪，更飛照、湖水西東。欲覓彈琴仙客，山深不辨行蹤。

采桑子

自從偷記開元曲，酒也愁痕。淚也愁痕。涴盡青衫一半青。　霓裳舊譜須珍重，欲訴飄零。漫訴飄零。只恐人間不解聽。

臨江仙

雨後梨花風外絮，繁華都逐香塵。連朝憔悴舊丰神。只推病酒，莫説是傷春。　青帝不歸誰作主，高樓望斷黃昏。可憐費盡杜鵑聲。誰家絃管，猶自醉金尊。

水龍吟

甲寅春，同人游薛濤井。酒後更訪其墓，相距僅里許。墓門惟有短碑，周遭檀樹與碧蘆黃竹錯雜而已。誦『小桃花繞薛濤墳』之句，不勝悵然

幾多風雅兒郎，紛紛占盡唐家史。天公韻絶，新添一箇，掃眉才子。鸚舌生花，鳳毛飛彩，一時怎比。甚西川節度，橫欺弱質，飄零恨、終難洗。　十幅鸞箋渺矣。空贏得、賣茶春水。桃花斫盡，香墳淒冷，有誰憐你。不信天公，生才有限，竟教如此。屬游人莫把，梧桐舊識，再來提起。

阮郎歸

春風人醉浣花溪。家家颺酒旗。輕煙斜約海棠絲。日喧鶯亂啼。　金鳳溜，玉驄嘶。惜花心共癡。尋芳還過少陵祠。日斜猶未歸。

憶仙姿　拾白蓮一瓣，夾書帙中，寫此句於上

拾得纖纖香片。怕逐小萍吹散。收入錦函中，猶幸玉容重見。重見。重見。一見一回腸斷。

浪淘沙

余友戎州唐愛儂，慷慨士也。好讀書，不規規於陳説。壬子、癸丑間，同駐錦城年餘，相得甚驩。客秋執别，曾以《浪淘沙》一闋見贈。今歲，君客江油，其婦主教資陽，一弟留省，而家中尚有老母。漂泊之情，令人淒惻。昨夜夢君晤語殷殷，雨中聯句，未成而寤，悵然久之。夫江油，蜀北雄關也，戰事方亟，能勿慮耶？因和所贈詞以志感。時甲寅六月七日也

蹤跡似楊花。雨横風斜。東西南北各天涯。惆悵一家分四處，四處無家。　造物忌才華。不爲君賒。雄關朝暮起悲笳。一夜夢魂相晤語，是否真耶。

沁園春　甲寅夏杪，送人游嘉州

行李蕭然，一葉扁舟，千首新詩。正流杯池上，藕花天氣，讀書樓畔，梧葉秋期。選勝登臨，多多益善，飽看凌雲山水奇。君如鶴，好横江西去，直上峨眉。　游蹤不受人羈。且莫待、風霜沾鬢絲。嘆平生能著，幾雙蠟屐，少年能看，幾度花枝。如此溪山，君休草草，爲我停杯一問之。將那問，問海棠春睡，醒已多時。

滿江紅　甲寅立秋

不等秋來，早已帶、幾分秋氣。又何況、連宵風雨，作去聲秋滋味。蟋蟀墻邊梧影瘦，鴛鴦池畔荷衣脆。看屏間、燕子語商量，尋歸計。　年光換，真容易。人未老，心先瘁。儘松煙菊釀，繳消初志。漫説井華能却病，金盤玉露終無謂。算不如、舉盞待涼蟾，依然醉。

一萼紅　甲寅秋初，寄仲堅北京

記當年。向天涯聚首，欲別又流連。海嶼聽潮，律橋步月，傷心故園烽煙。片帆共、沙鷗遠去，看載雪、飛過大江南。柳外驄嘶，陌頭鶯語，抛去何堪。　知否別來無恙，只殘山賸水，累我淒然。秦樹千重，燕雲萬疊，更愁夢到猶難。且料理、舊時書札，尚留着、幾葉小吟箋。爲甚飛鴻又來，不見詩篇。

壺中天

西風一夜，便淒涼、不似從前情況。卿本多愁，多病者、能否安然無恙。斷雁呼雲，啼螿弔月，隨處堪惆悵。料應消瘦，鏡中嬌輭模樣。　幾日不卷簾帷，雪兒新説道，紫薇都放。迴避愁城，惟有睡夢裏，閒愁又撞。性格如前，梳妝依舊，不逐新時尚。曉風殘月，爲儂含淚低唱。

高陽臺　於時秋也，慨然有彼美之思。徙倚花陰，仰見新月，時翳時明，倍增幽怨。行吟久之，乃成此調，不自知其語之苦也

蟬引秋心，鴉催暮色，一彎涼月初生。霧重雲多，矇矓又不分明。樓頭倚遍無人覺，向黄

昏、直到三更。恁凝眸，幾陣飛鴻，幾點疏星。等閒莫寄相思意，怕青鸞力弱，孤負深情。一枕玻璃，夢兒依舊瑶京。由來湘瑟能傳恨，怎銷磨、瑟也無聲。問嫦娥，何日團圓，分照花陰。

疏影　秋柳

腰支舞倦。記章臺走馬，舊時曾見。管領春風，牽惹游絲，留人自有鶯燕。而今憔悴江關路，空目極、漁罾零亂。只疏疏、幾縷煙痕，仍向故枝留戀。　知否張郎病矣，也非復那日，風流蕭散。賸有長條，重拂吟鞍，帶露偎人猶顫。紅樓玉笛渾無賴，忍更訴、別離淒怨。看甚時、再遇青陽，爲汝黛眉雙展。

六州歌頭

芙蓉初放，倚棹覓紅妝。新月暈，渾無影，但聞香。有鴛鴦。拂葉驚飛去。緣何故。蘭舟渡。摇畫艣。花深處。晚風涼。一片歌聲暗遞，曾聽熟，欲辨旋忘。似前番樓上，按拍小吴娘。細訴衷腸。又何妨。　移舟漸遠。歌聲緩。更難辨。恨茫茫。秋歸早。人易老。有誰量。問伊行。不識儂滋味，蓮心苦，試親嘗。相思地。相迴避。味偏長。從此月明千里，知他在，那處回廊。但攜尊重到，褪粉點銀塘。瘦損花光。

山花子　初秋野步

岸草汀花色不齊。秧田水滿聽秧雞。隨着放牛人過去，小橋西。　挂樹細藤才結實，穿籬新竹又添枝。一箇鷺鷥斜照裏，背人飛。

其二

水漾霞痕瑣碎紅。誰家茅屋板橋通。煙外碧螺三兩點，有無中。　稨豆花繁秋早雨，芭蕉葉破晚來風。多少古今興廢事，付天公。

眼兒媚

有雛伎數輩鬻雜劇於市，所唱皆京調也。初由津滬來成都，隸籍梨園，事中變，故流落至此。歌以哀之

日日風塵點鬢鴉。何事到天涯。錦城絲管，雖堪行樂，那及還家。　歌聲未穩先嬌脆，猶自帶京華。我非司馬，卿非商婦，也恨琵琶。

一叢花

秋海棠

穿針時節斷腸天。無語凭闌干。漫云不識傷春恨，背東風、獨自鮮妍。茜袖驚秋，桃顋泣露，情緒亦凄然。　紅綃裹淚寄誰邊。涼月照嬋娟。有香更比無香苦，抱檀心、耐盡年年。冰簟生疏，湘紋淡薄，料得有人憐。

摸魚兒

盆蕙盛開，賦此寵之

盼零陵、素秋歸也，珊珊姿態如畫。前身應是神仙眷，何事被風吹下。真可訝。便耐盡凄涼，不向春風嫁。是誰流亞。算只有紅蘭，啼煙泣露，共守瀟湘夜。　行吟處，采入靈均詞話。千年更長聲價。涼宵鶴語何須怨，舊帳有人仍挂。儘憑那一派的，冶棠妖柳迷亭榭。送殘春夏。試問到秋來，衰蕪滿地，誰更繫驄馬。

乾荷葉

些兒雨，翦兒風。便把春光送。攬碎殘紅正

惺忪。玉人背倚碧紗中。溜却釵頭鳳。

其二

風半歇，雨初收。傍晚春寒透。獨上高樓望西洲。柳絲分得許多愁。一樣眉痕皺。

其三

風和雨，晚飀飀。不管人兒瘦。下了簾鉤越添愁。今宵才説是新秋。況是重陽後。

其四

疏櫺外，雨和風。斷續天涯夢。惱盡梧桐更愁儂。燈花一穗影搖紅。秋入窗兒縫。

前調 四時漁家樂

清谿畔，柳垂條。聽罷黃鸝叫。曳起雙橈水光搖。霎時移過畫闌橋。唱闋漁家傲。

其二

溪雲起，影模糊。不辨山頭樹。響徹菰蒲浪聲粗。釣竿收了簟紋鋪。仙夢由人作去聲。

其三

蘋花落，蓼花開。白鷺寒煙外。買酒歸來且銜杯。醉和明月臥蒼苔。句卻閒愁債。

其四

寒雅噪，曉晴天。殘雪西泠岸。看了茶煙問雙鬟。香風昨到枕兒邊。應有梅花綻。

惜分釵

重門護。花深處。多情便是愁來路。寸心間。兩眉彎。盡日縈迴，不放些閒。年。年。
佳期誤。憑誰訴。雕梁燕子將歸去。晚雲添。雨廉纖。寫罷烏絲，下了湘簾。懨。懨。

八聲甘州　漢昭烈惠陵

聽枝頭夜夜杜鵑悲，猶説不如歸。恨連營一炬，行宮一病，龍馭旋飛。更吴江秋水，魂斷没因依。不爲興亡感，淚已沾衣。　五丈原頭何處，賸一坏漢土，遥對斜暉。自漳河人去，絲竹冷香帷。問當年、英雄有幾，算老瞞、甄別未應非。可能向、夜臺煑酒，重話依稀。

秋千索

雁書無準秋雲薄。眼盼盼、花期頻錯。月色隨人上小樓，歷遍了、闌干角。　升仙縱有瑶池藥。醫不盡、愁懷如涸。幾句春前惜别詩，仍寫向、屏山曲。

玉胡蝶

無限興亡舊恨，秋風多事，驀地吹來。瘦削詞人，何堪更賦悲哉。燭花殘、螢飛楚館，屧聲渺、鹿上蘇臺。臥庭階。幾枝紅蓼，依舊争開。　堪哀。離鴻去燕，辭寒就暖，不解情懷。陌上游春，記曾芳草拾金釵。箏絃誤、青眸笑盼，酒痕翻、翠袖頻揩。又誰猜。夕陽西下，獨對深杯。

海棠春

鬲簾霧織垂楊綫。惜春人住深深院。隣女蹋青歸，聞説時妝换。　游絲無力香紋軟。幾回欲續遠吹斷。心字化成灰，只有愁人見。

鷓鴣天

心字羅衣心字香。繡籃親理綵絲長。挽成梔子同心結，裙帶中間繫一雙。　雲渺渺，水茫茫。靈犀一點在伊旁。生憎澤畔卷施草，獨自無心向豔陽。

浣谿紗　秋初野人家

小步林邊露未晞。幽人近日已忘機。野禽何事尚驚飛。　簷際風來松子落，籬根雨過筍芽肥。湘簾卷起玩晨暉。

其二

柚子垂垂尚未黃。一甌清茗坐茅堂。蟬聲如雨送斜陽。　秋睡方知筠簟滑，夜吟初覺葛衣涼。鬲簾吹透玉簪香。

雨中花

不識阿儂多少恨。試對著秋花問。冷雨催眠，斜風殢酒，不似春前病。　繡裙掩過鴛鴦褙。轉覺得腰支風韻。擲罷金錢，啼殘玉筯，難卜天涯信。

霜天曉角

無情碧柳。也爲傷春瘦。況是多情顛倒，硬捱着、淒涼候。　裙樣今逾皺。鬆褪芙蓉扣。不信嫦娥月裏，千百載、還依舊。

踏莎行　甲寅六月二十三日雨中作，時立秋五日矣

宿雨凝秋，涼雲失午。侵晨却道天將莫。匡牀夢覺不聞蟬，畫眉兩兩啼深樹。　未酒先醺，無梅已醋。何堪更讀銷魂賦。多時不到

北城游，紫薇花落應無數。

少年游　感《石頭記》瀟湘妃子葬花事，爲譜此解

怯雨羞雲，愁風泣露，作去聲出葬花天。輾玉爲塵，和香入土，掩向畫橋邊。　新詞漫寫尋尋覓，枝上有啼鵑。喚醒芳魂，化成胡蝶，隨月過秋千。

小重山

春事闌珊春草肥。畫樓簾幕卷、燕初歸。曉來新試夾羅衣。東風起、一陣亂紅飛。　寂寞掩金徽。舊歡如夢散、不勝悲。紫桐花上雨霏霏。雙鳳小、何處覓安棲。

月上海棠　余家舊多秋海棠，荒夷久矣。癸丑七月，仲虎曾以數莖見贈。九月游錦城，退園主人又以種子遺我，以爲來歲可坐享其樂。甲寅春，種之家中，方拆葉，爲雞所啄。入秋，苦憶之，因乞諸同邑趙君，爲分送盈把，供養案頭，心目一快。且檢《字橋》《飲水》兩集，得咏此花者三。對花諷咏，別饒風趣也

楊妃睡醒繁華歇。裹春愁、秋恨難分別。紅淚無多，怎禁他、斷腸時節。憑誰問、暗裏西風消息。　良朋幸解相思結。累年年、爲我分秋色。提起神傷，已經過、幾番磨折。銷魂句，爲君含咏三疊。

畫堂春

一彎新月替人愁。隨人早下西樓。含情含怨避牽牛。梧葉颼颼。　佳會將成又誤，深盟欲説還休。羅衣消得幾涼秋。無語低頭。

江城子

孤舟回首望蓬瀛。莫雲橫。不分明。長記相逢、時候正春晴。霧鬢煙鬟都髣髴，空目斷，遠山青。　鑪香猶染舊羅襟。淚兒冰。已三更。還向落花、窗下聽鵑聲。料得有人同不寐，將別怨，寄瑤箏。

滿庭芳 墨竹

翦霧爲綃，擣霜成墨，依稀染出琅玕。移來甚處，疑是楚江邊。試看枝枝葉葉，猶沾惹、一抹湘煙。君知否，佳人日莫，翠袖不勝寒。　秋寂寞，再休提説，引鳳驂鸞。自柯亭人去，笛韻誰傳。惟有釣翁憐惜，蘆洲外、來覓魚竿。空回首，春宵雷雨，飛上碧雲端。

南鄉子 遠道故人有問余近況者，感之，賦此以答

鴻雪渺無因。海上歸帆又幾春。多謝故人猶念我，殷勤。問道年來作麽生。　書硯日橫陳。巵酒常教醉月明。一覺揚州銷不盡，癡情。且對幽花當美人。

鷓鴣天

中酒情懷碧玉知。開簾怪道夜來遲。相如渴病權時解，手弄并刀剖雪梨。　花影瘦，月痕低。背鐙空約再來期。他年縱使重相遇，只恐愁人鬢有絲。

鬲溪梅

燕泥零落打箏絃。正春眠。且把翠幃鉤起、數香煙。鈿頭花朵偏。　怎生消遣日如年。

上天。

荔牆邊。悄看東憐女伴、送秋千。玉人飛

青門引

欲別仍回顧。深院落花無數。蹋枝小鳥弄春風，香紅蹴盡，又上垂楊去。　青茸掩亂章臺路。簾幕層層護。只愁覓壘雙燕，斜陽影裏重來誤。

卜算子

背倚玉闌干，偷拭相思淚。鬪草雛姬不識愁，只笑貪春睡。　幾度喚梳頭，嬰武撩人意。檢盡唐宮十樣眉，深淺憑誰計。

柳梢青

入秋來連日陰雨，書此破悶

雲意沉沉，將晴又雨，人比春慵。罨畫窗邊，

紫薇開遍，秋色還濃。　幽人天際冥鴻。學西塞、山前釣翁。酒夢初醒，臥聽煙外，幾杵疏鐘。

應天長

夢游仙

鏤金裳帔雲霞動。冠側蓮花騎白鳳。玉笙寒，猶自弄。酒力漸微風力重。　下瑶臺，尋碧洞。芝草連天無縫。細細篆香吹送。舊游渾似夢。

其二

朱脣細嚼梅花蕊。玉手輕挼丹桂子。月華生，雲葉起。失却朝真雙伴侶。　俯銀河，清見底。笑説滄桑如此。小謫人間游戲。舊歡春夢裏。

綺羅香 胡蝶

曲檻縈紅，飛帘颺碧，如夢如仙如幻。金粉飄零，且作去聲六朝人看。過芳徑、須避雛鶯，抱花蕊、更愁新燕。恁淒涼、一搦纖腰，冷風驀地還吹顫。　柴桑空有十願。第一雙棲對舞，休教分散。翠袖多情，懶撲畫羅輕扇。怕青陵、舊日精魂，也似我、半生春怨。甚封姨、翦玉挼香，問春春不管。

玉京秋 七夕

雲影碧。千門共惆悵，早秋時節。鵲橋新駕，鴛機初歇。短短良宵有限，舊愁多、何能盡說。添淒咽。玉漏無情，又催離別。　簾外半輪涼月。對佳期、姮娥尚缺。總勝他、經年相遇，離寬會窄。瓜果筵前，我試問、新巧誰人分得。終無益。多巧更多磨折。

摸魚兒 甲寅七月八日作

又牽縈、別離心事。星橋何日重聚。渡頭雙槳迎桃葉，翻覺往來容易。今已矣。算總是、人間天上皆無味。只一抹銀灣，一坏香冢，千古常如此。　傷心處，怕說生生世世。香盟也屬游戲。貧家兒女無離恨，夜夜自同鴛被。今早起。含笑看、牽牛花雨輕如墜。凝眸子細。不是雨留痕，分明點點，都是天孫淚。

減字木蘭花 秋興

花陰向午。倦倚西窗猜鳥語。豆架香殘。一箇蜂兒自往還。　嵇康病懶。除却深杯都不管。節序新涼。繞甕時聞麴米香。

其二

鳳仙開盡。露漬殘紅秋有暈。天氣新晴。幾處人家放鴿聲。　睡蟾香細。摺疊鸞箋臨帖意。更畫烏絲。悄對芙蓉寫楚辭。

錦堂春　甲寅七夕后三日，對月感懷，時方作游滬之計

蟲語摇風更急，花香帶露尤清。葡萄酒醒天初晚，斜月冷窺人。　阮籍頻年揾淚，江淹竟日銷魂。游蹤欲駐偏難駐，商略又遄征。

婆羅門引　木犀漸開，生香不斷，露吟月醉，慨然有懷

亂雅嘑處，林梢黯淡夕陽收。雲開月上南樓。桂蕊吹香如許，簾卷一庭秋。泥深杯且醉，莫問瀛洲。　乘槎舊游。到此日、怕回頭。海上鯨波正惡，難寄沙鷗。玉人天半，料幾回、凝望數歸舟。怎知我、浪迹淹留。

謁金門

霜信早。丹桂迎風開了。落日亭亭人悄悄。臥聽簾外鳥。　起把青銅頻照。無限深情誰曉。自懺自憐還自笑。墜鞭人漸老。

清平樂

疏紅幾片。雨洗秋光淡。一寸柔腸千百轉。前度惜春人遠。　花翹倦倚銀屏。髙簾風墜流螢。記得玉人攜手，燈前笑話雙星。

蝶戀花　甲寅小春，作客江陽。有鵑城孫君者，出玉翠校書像索題，并述其愛情之厚。楊柳陰中，初逢小小；菱花影裏，頻唤真真。姬本多情，郎非薄倖，當爲《北里記》中添一佳話也。校書，

渝城人，姓劉氏。端莊流麗，冠絶一時。後爲有力者奪去。自恨才非子建，難寫朝霞；筆異文通，空吟春水耳

碧玉年華剛十五。翡翠蘭苕，壓倒羣芳譜。何事情天終莫補。東風力輭花無主。 別後容光消幾許。紙上崔徽，笑靨仍如故。休道夢中無覓處。朝雲不鬲巫山路。

念奴嬌 游江陽馬龍潭

秋風淒緊，鬲煙波、飛出半林黄葉。艇子飄然人似鷺，來訪游仙蹤跡。斷碣苔昏，荒畦菊老，無復餐霞客。惟聞鐘磬，一聲摇蕩空碧。

當日。駿馬驤雲，神龍破浪，故老猶能説。江上孤城如鐵甕，經過幾番兵刼。王氣全銷，天威已渺，空賸青山色。憑闌高唱，唾壺渾欲敲缺。

少年游 次人《春恨》均

小桃花落不勝情。春老石頭城。無賴東風，慣催離别，江上片帆輕。 誰家玉笛知人恨，譜出斷腸聲。從此西廂，月迷花影，何處覓鶯鶯。

高陽臺 歲莫偕鶴仙客錦城。積雪初霽，清興逼人。寓樓外，遠近疏林，縣珠戛玉，如在剡溪舟上。肺府晶瑩，但恨少梅花耳。呵冰泚墨，撥火温茶，擁絮微吟，悠然有賦

衾鐵凝寒，窗玻送曉，梨雲香夢初醒。小拓雙扉，元來雪滿空庭。憑闌細覓梅花信，望朝霞、已放新晴。似瑶臺，仙佩淩風，碎玉冬丁。

圍鑪鎮日渾無事，好平章酒政，檢點茶經。一徑荒苔，柳綿遮斷青青。年來謝女無消息，倩誰探、詠絮深情。看何日，著屐孤山，打槳

西泠。

小重山

手剔金荷欲睡遲。寒更三轉後、尚尋詩。一灣銀漢畫樓西。蟾光瘦、無語向人低。　情味自家知。南鴻飛盡也、悞相思。春風先上小梅枝。花雖好、猶覺不如伊。

齊天樂　新燕

嫩晴天氣寒初減，柳梢新試眉嫵。綵勝旗邊，風箏影裏，忽送呢喃嬌語。歸期未誤。正恨別江郎，草生南浦。細認香巢，幾家華屋尚如故。　依依似尋舊主。歷吴山楚水，多少清苦。杏雨催紅，芹泥泫碧，怕問烏衣門户。情人在否。料雁柱淒涼，鳳窗塵土。繡翦雙雙，翦輕煙數縷。

最高樓

新柳黄，芽嫩燕初歸。波漾漾，日暉暉。香多宜卷重簾幕，寒輕欲試夾羅衣。最堪憐，雙粉蝶，趁人飛。　消瘦盡、吴宫花與葉。冷落了、章臺風與月。帘影遠，笛聲微。海棠庭院空惆悵，枇杷門巷半依稀。把新愁，和舊恨，付鶯啼。

木蘭花

吹殘一樹櫻桃雪。樓外東風猶未歇。君看何處是花魂，飛出鬲牆雙粉蝶。　平蕪一片傷心色。春水春山凝遠碧。癡心欲待雁書來，佯倚闌干聽玉笛。

臨江仙

檻外煙揉嫩緑墻，陰雨顫殘紅。玉人消息有無中。夢縈羅帶水，魂斷翦刀風。　惟有一雙新燕曉，來還繞簾櫳。聲聲如與話飄蓬。宿醒消已久，何事久惺忪。

探春　春日寄苦竹山人

蘋渚生香，柳橋吹絮，一片盈盈碧水。北雁將回，南枝已老，悵望雲山千里。料沈郎今日，應更比、梅花瘦矣。不知甚日重逢，江邊風浪還起。　空憶筍香魚美，向錦瑟筵前，任拚沈醉。翠袖争扶，鸞箋分擘，清興有誰堪比。見説楊枝去，粉江上、舊巢重壘。君過伊行，爲傳幽恨如此。

前調　次鶴仙春恨均

淺黛顰煙，嬌紅泫雨，處處鶯忙燕懶。薄劣花風，欺人無準，夢逐梨雲吹散。都恨天涯鬲，我轉覺、天涯路短。一灣流水長橋，比著天涯還遠。　偷把佳期掄算，數了又從頭，心情難遣。犀押留香，螺杯挹露，却少舊時吟伴。空賸銷魂句，倩窗外、籠鸚收管。直向春初，殷勤念到春晚。

齊天樂　咏新蟬，用練行之均

夕陽衰柳逢君別，年年都是秋杪。碧樹才匀，青蕪漸滿，又話春愁多少。時光換了。甚嗚咽吟聲，更添幽窈。玉佩珊珊，一庭花露日初曉。　誰憐栖處未穩，幾枝飛絮影，難寄懷抱。兩鬢沾雲，單衣惹霧，寂寞漢宮秋早。南

嫩晴天氣好。薫易杳。歎露冷盤移，夢淒魂悄。漫説清陰，

解語花　海棠

鶯窺淺碧，蝶趁皺紅，芳信誰家院。玉環春倦。扶將起、尚帶一分嬌嬾。斜風似翦。任裁就、蒨絲長短。儂也多、情緒千條，付與柔枝綰。　良夜金尊細款。有瓊簫吹夢，銀燭啼怨。緑章休緩。護佳麗、須借嫩寒輕暖。劍南人遠。空問訊、碧雞坊畔。看甚時、香國清游，沈醉東風岸。

長亭怨

正門外、青梅如豆。杜宇聲中，緑迷清晝。底事長隄，柳綿輕薄尚依舊。被春顛倒，空説解、愁須酒。酒到半醒時，不覺得、新愁來又。

銷瘦。恨東風好事，暗把水痕吹皺。杜郎倦矣，只香淚、數行沾袖。拈來幾片殘紅，細數了、又還輕嗅。算春色無多，已近清明時候。

雨霖鈴　葬桃花

瓊簫如泣。恨芳魂、一去渺無迹。零香斷粉何限，收歸浄土，免教狼藉。漫道紅顔薄命，有人自憐惜。料舊日、崔護重來，杜宇聲中過寒食。　胭痕切莫隨潮汐。借燕泥、一撮春芹碧。商量瘞玉何處，應只是、薛濤墳側。脈脈無言，誰向荆臺，問箇消息。趁此際、梨甕初開，酒奠清明節。

惜紅衣　催芍藥

葉卷琉璃，梢含繭栗，餘春幾許。悄倚迴闌，

癡情向伊訴。宮衣欲褪，又還被、輕寒勒住。遲莫。婪尾春光，屬花神休誤。 元郎妙句。久已題成，頻頻暗相顧。帶圍鬆未芳信，渺無據。話到將離舊識，又怕早歸香土。 約甚時沈醉，二十四橋煙雨。

南歌子

夢斷紗廚月，魂銷玉笛風。一年春色太悤悤。留得海棠枝上、一分紅。 團扇羞難掩，彈棋局未終。落花胡蝶畫樓東。不管有人憔悴、鬲簾櫳。

巫山一段雲

薔薇開遍春光老。東風無力楊花少。江上暮寒多。愁人可奈何。 杜鵑啼破血。天際飛鴻滅。何處是長安。夕陽山外山。

減字木蘭花

杜鵑啼恨。窗外驚風猶未定。故國河山。獨對斜陽醒眼看。 憑闌長嘆。海上浮雲朝夕變。欲問蓬萊。青鳥無憑尚未回。

其二

萋萋芳草。過了清明春更少。屬付游絲。飛到天涯綰住伊。 青山無恙。回首繁華空想像。別恨交加。且檢香泥葬落花。

虞美人

數聲啼鴂驚春睡。醒後渾無味。硯池和露滴胭紅。畫得杏花雙燕、上屏風。 玉闌攜手何時再。人住千山外。別來無日不關情。願借補天靈石、訂三生。

南歌子

蔓草羅裙碧，殘花寶靨紅。雙雙飛燕罵東風。恰與箇人心事、者般同。　屏倚琉璃脆，釵横玳瑁鬆。幾番春睡漸矇矓。無奈三更長笛、五更鐘。

其二

眉譜雙彎細，心香百合濃。殘春多雨更多風。消受落花天氣、醉醒中。　破夢銀蕖冷，傳情玉藕空。巴山巫峽幾千重。只道春歸無路、却悤悤。

望海潮

題鶴仙《種梅軒詩草》，時乙卯莫春

三生情種，十年香夢，翩翩小杜才華。俊語如仙，豪情似俠，新題到處籠紗。擲果記盈車。更潯陽舟上，同弔琵琶。燕子西飛，楚江飄泊尚無家。　歸來重問梅花。任東園鋤月，南浦餐霞。僕本恨人，君真達者，何妨唱和交加。春老夕陽斜。看緑陰掩冉，隨處藏雅。留得梅梢一分，滋味寄天涯。

念奴嬌

陳渭珍校書，本良家也。略曉文翰，不幸嫁作蕩子婦，游海外不歸，家酷貧。珍乃流寓江陽，墮落青樓中。風度蕭閒，絶無儕輩氣習，見者以是高之。嘗學詩於苦竹山人。山人鈔以見示，且道候余起居。余感其意，和詩之餘，復譜此解以贈，亦商婦琵琶、青衫淚溼之意耳

飛來一紙，把平生幽怨，殷勤分説。念到陌頭楊柳句，其詩有『陌頭柳色嗟夫壻』之句。無限翠羞紅泣。舊約翻雲，新權逝水，歲歲傷離别。渭城朝雨，最憐和淚三疊。　况是春色無多，白蘋吹老，梅子黄時節。我本江郎愁不淺，不道君

愁還切。料得菱花，黛痕低照，蹙損初三月。韶光難駐，玉容須自珍惜。

解連環 杜鵑

草深南浦。聽驀地哀音，又傷春去。奈無計、喚轉東風，把飛絮落花，一齊留住。恨血嗁乹，只染得、香紅幾樹。嘆鶯鶯燕燕，依然不解，傷春情緒。　回首蜀宮甚處。算珠簾玉殿，化成荒塢。便當日、十二金釵，僅空賸江邊，一抔黃土。縱有精魂，冷月下、歸來也苦。又誰知、亂緑陰中，有人酸楚。

倦尋芳 和蜀狂

鵑魂訴月，雁陣驚風，砌成愁悶。　底事天涯，碧海潮翻無信。　遠水遠山牽客夢，乍寒乍暖催人病。　最無情，是東流白浪，不消幽恨。盼畫閣、葳蕤深鎖，霧密煙濃，翠陰低襯。　瘦減如斯，料得相逢難認。　涙染琅玕湘瑟冷，夜來還是風波甚。　悄無言，把心香，暗中灰盡。

金縷曲 新刻凍石小印自嘲

莫向青天問。算古今、書生命薄，封侯無分。記得閨中人說道，早把邯鄲夢醒。　休再覓、人間金印。　紙上紅泥蟠小篆，比燕支、一滴誰風韻。　丁甯語，君須聽。　銀鉤鐵畫交相映。借媧皇、補天頑石，刻成名姓。　輕似浣花浮水面，重似西山雪凌去聲。　任肘後、朝朝管領。押遍郵箋和酒券，更有時、搨上新詩本。　銷不得，笑隆凖。

漁家傲 消夏有懷

葉底藏花閒自數。蟬聲喚夢將亭午。　鬲院荷風香暗吐。清無暑。窗前一霎芭蕉雨。昨日詩殘今日補。情深未肯傳嬰武。雪藕佳人知道否。雲山阻。儂心更比蓮心苦。

浪淘沙

江上莫雲拖。芳草煙波。青衫抛去换漁蓑。回首六朝金粉夢，一例銷磨。怕聽懊儂歌。　且自婆娑。非關無淚泣銅駝。歲歲傷今還弔古，淚已無多。

其二

簾外晚風斜。燕子誰家。幾時偏種斷腸花。我已斷腸無可斷，腸斷由他。　落日亂雲遮。古木嘶雅。夜來秋信更添些。無奈五更殘月下，一陣胡笳。

過秦樓　葡萄

薄暑全消，餘酲初解，遥想薊門前度。緑珠情種，碧玉愁根，歷遍秋風如故。分得一縷梅酸，乞巧筵前，瓠犀微齴。料殷勤玉手，折來猶帶，粉痕香霧。　休再問、大宛胡庭，未央漢瓦，寂寞故宫何處。靈蛇暗守，飛鼠潛窺，散入村莊門户。落拓鄉關，誰憐渴病無聊，茂陵朝莫。但平分一斛，還勝玉杯仙露。

憶舊游

江陽爲蜀南名鎮，笙歌游冶之樂雖不逮渝城，而山川之美則過之。自辛亥以還，伏莽時發，遂常爲駐軍之所，市井頗形凋敝。其西北寶山高拊城背，全瀘之勝可一覽而得。上有古祠，傑構捎雲，雜花扶石，詞人韻士多游其間。越明年秋，大亂之平久矣，因事僑寓，曾登覽焉。小憇吕仙閣下，木犀留客，黄蝶媚人，野趣横生，亦人間世清涼境也。余既樂之，一月恒再三過，不獨道人與我漸熟，即雲中仙犬亦摇尾送迎，如舊識矣。領清娱，傷世變，俯仰之頃，感慨靡窮。追惟陳迹，歌以記之

向寶山高處，俯看江陽，十萬人家。還望東南角，有迴波似海，淘盡繁華。客裏冷吟殘醉，相識只秋花。任人間悲笑，玉樓横笛，野戍鳴笳。一枕游仙夢，醒問吕翁何在，紅日西斜。豪興渾無際，欲手招黄鶴，飛過平沙。惟有道人解事，分我一杯茶。正倚遍危闌，蕭蕭落葉嗁莫雅。

綠意 芭蕉

紅塵鬲斷。儘綠雲千疊，遮護庭院。摇曳清風，簾外斜窺，髣髴荷衣人現。殘陽影入湘紋裏，任點染、楸枰葵扇。想纖纖、帶露撕來，曾寫十分春怨。賸有秋心未盡，耐幾多夜雨，欲舒還歛。翦燭西窗，舊侣難逢，滴碎清愁無算。海南風味真堪憶，更薊北、葡萄相間。到而今、鹿夢無憑，獨臥翠陰秋簟。

瀟湘夜雨

自燕返蜀，三稔於兹，回首歡場，忽忽如夢。每誦休庵題壁《浣溪沙》一闋，不啻《恨》《別》兩賦也。收藏行篋，聊志神交，録登報章，以公同好。孰意黄河遠上，猶存畫壁之人；明月微波，果遇倚檣之客。信有感而斯通，誠無遠以弗屆，翰墨因緣，可謂奇矣。況復憐其苦意，報以《甘州》。盥薇露而披吟，如聞鵑語；對葭霜而惆悵，空望鴻飛。名士風流，白石翁於今再見；天涯淪落，青衫客白古如斯。此真令人迴腸盪氣者。嗟夫！惟我癡情，與君同病。博望之槎已渺，坤靈之扇難尋。香淚酒痕，斕斑尚在；鏡波花影，髣髴猶新。仙云弟九重天，偏墮落奈何天裏；佛説大千世界，竟銷磨思想界中。齊贅

壻每多讕言,宋大夫何妨好色。記前因之歷歷,紅豆拋殘;傷遠道之茫茫,黃花消瘦。將軍折柳,人何以堪;洗馬過江,誰能遣此。蓬瀛之水三淺,怕問麻姑;湖州之約十年,難尋麗玉。當夫薰風啜茗,寒雪探梅,秋雨西窗,春波南浦,讀君妙曲,嘅想益深。爰綴蕪辭,藉申蘭契。此亦桓子野聞歌而歎之意,敢自託於知音哉

遼海歸來,巴山話舊,恨無金屋藏嬌。繁華春夢,化作曉雲飄。賸有秋心不展,紗窗外、訴與芭蕉。遥思想,崔徽別後,也似沈郎腰。誰知題壁客,半生心事,一樣無聊。正旗亭酒醒,候館鐙摇。幾許相思淚點,和墨雨、蘸上秋毫。阿儂恨,被君句起,一讀一魂銷。

滿江紅

讀岳忠武《滿江紅》兩闋,慨然良久,倚聲和之

三字奇冤,千載下、不堪回首。恨當日、蘄王而外,盡都箝口。碧血縱教凝馬革,劍光猶自冲牛斗。料精魂、不散卻歸來,胥潮吼。中原地,憑誰守。偏安局,終難扭。賸武昌城外,幾行衰柳。有志迎回丹鳳輦,無緣痛飲黃龍酒。到而今、南北又紛争,君知否。

如此江山

和鶴仙春恨

流鶯乳燕將人怪,爲誰銷瘦光采。柳意驚風,花魂殢雨,都是一般愁債。玉闌干外。聽雁破南雲,鳥嚯東海。枉約佳期,幾番誤了甚時再。宿酲到今未解,問春光如繡,可容錢買。送得春來,又句春去,畢竟東君無賴。登樓感嘅。賸水色揉藍,山痕抹黛。山水依然,只游人盡改。

前調 落梅

壽陽眉際曾相識，沾來一絲香淚。倩影無憑，驚魂未定，我也情懷如此。春光瘦矣。縱玉笛雙聲，錦書千里。莫寄愁痕，怕伊見了更憔悴。　曾記那回花底，正巡簷一笑，玉肩輕倚。南國相思，東風沈醉，盡付斜陽燕子。韶華有幾。算過了清明，更無春意。留得餘酸，與佳人破睡。

水龍吟 春夜聞雁

適從何處飛來，便喚起幾多離緒。一聲聲急，一聲聲緩，一聲聲苦。聽不分明，疏林以外，更攙風雨。問湘絃斷後，數峯江上，誰解得、相思譜。　莫戀洞庭春好，已添了、旌旗樓櫓。草平沙暖，尋常野岸，儘堪留住。待得秋來，烽煙銷歇，任君歸去。託殷勤代問，黃陵祠廟，尚依然否。

金縷曲 丙辰春初，適蓉城，約鄧君休庵作草堂之游。已而不果，余亦旋家。鄧以詞見寄，情致纏綿，且商後約。因感其意，譜《金縷》兩曲報之

銷盡英雄氣。把當年、雲臺事業，付諸流水。鄧尉神仙無俗韻，只與梅花爲侶。我也是、醴陵苗裔。不願封侯尋舊夢，願移家、同住梅花裏。君莫笑，狂如此。　茫茫世界供游戲。任天涯、風驅浪卷，争名争利。造化事兒還造化，醉了醒來又醉。要算是、人生得意。杜老祠堂無恙在，暗香中、細説游仙事。今古恨，浮雲耳。

其二

咫尺天涯遠。似蓬山、扁舟欲到，被風吹散。

青鳥傳言容易誤，脈脈此情無算。正花繞、百花潭畔。不恨相逢遲數月，恨草堂、風月無人管。才轉瞬，春將半。　催人歲序何曾緩。況年年、愁香病酒，怎禁腸斷。我已中年君已老，能得幾回相見。趁此際、萍蹤有限。後約何時須早訂，莫教人、望盡南飛雁。花落矣，時光換。

滿庭芳　櫻桃花

柳絮牽魂，梨雲惹夢，依稀宋玉牆東。釵梁粉燕，飛去正無蹤。待向銀缾插起，湘簾外、欲折還慵。怕損了，一絲香萼，減了一分紅。　年年寒食後，江南豆子，一樣玲瓏。算不如吹折，卷地成空。免得曉鶯銜罷，相思味、沁入心中。又誰料，些兒晴雪，腸斷翦刀風。

浣谿沙

簾卷東風燕子忙。硯池融得落梅香。今年花事費商量。　蕉葉漸抽三寸碧，柳芽才染一分黃。旌旗影裏度春光。

金縷曲　戲畣鶴仙

何事偏多病。不待他、茂陵秋雨，已添愁悶。春色惱人無計躲，二十四番花信。又何況、惜花如命。乍雨乍晴天氣亂，怕衣裳、厚薄無人問。寒與否，自家審。　落紅遮斷蘼蕪徑。奈盈盈、玉腰瘦減，抱香無分。一縷柔魂拴不得，寫入斷腸詩本。病酒傷春都閱遍，算前番、不及今番很。眠未熟，鵑聲緊。

其二

多少閒愁債。被東風、一齊催起，不由人賴。

春草綠波南浦路，做出恨人家派。又逢著、蹋青挑菜。望斷斜暉渾不似，這相思、準備從今害。孤負了，舊眉黛。問誰同病相憐愛。算多情、有人猜透，狂奴故態。勸道一聲將息好，莫向柳邊花外。你自勸儂儂勸你，願年年、常把春愁帶。愁到个，萬千載。

蹋莎行

細雨多情，東風無力。桃花竟被輕寒勒。主人切莫怨開遲，開遲留住青春色。嫩綠藏鶯，香紅醉蝶。時光又近三三節。麝煤研就更思量，背臨一幅蘭亭帖。

高陽臺

庭院海棠一株，嬌媚可人，詞以寵之

酒暈微生，胭痕半褪，風姿無此夭斜。千縷紅絲，憑伊綰住情芽。有香不及無香好，怕東風、吹過鄰家。任年年，寂寞江村，斷送春華。近日愁多難得睡，漫夜深燒燭，來照簷牙。玉臂瓊肌，何時點上宮沙。碧雞坊裏人兒杳，冷斜陽、杜宇天涯。問卿卿，欲嫁阿誰，儂是梅花。

減字木蘭花

丙辰春看牡丹有感

鼠姑開了。錦幔香幃春色好。多謝東皇。花信連朝分外忙。雨斜風驟。笑爾稱王終不久。富貴浮雲。何苦繁華到十分。

探春

乙卯春，曾譜此解，以寄苦竹山人。黃秀才山人次均見和，情詞悱惻，有莫雲春樹之感。因疊之以翕其意

遼鶴歸來，杜鵑啼遍，到處殘山賸水。亂密音稀，愁寬夢窄，咫尺居然千里。自壯游而後，

儂也似、相如倦矣。可憐薄命楊花，東風依舊吹起。消遣時光清美，奈酒未沾脣，此心先醉。潘鬢將衰，沈腰逾瘦，脈脈癡情誰比。怕看雙飛燕，尚銜得、落花黏壘。惟有黃梅，一般酸意如此。

蝶戀花

寒食清明都過了。縱有餘春，餘得春多少。一樹棠梨開放早。蜀山嚈遍催歸鳥。鏡裏朱顏容易老。後日重逢，怎似當初好。紅是落花青是草。斜陽畫出相思稾。

其二

我是三生狂杜牧。不信年年，負了游春約。門外落花無可落。夜來還是東風惡。曉起卷簾雙燕入。欲換羅衣，又怕羅衣薄。萬種春愁何處託。垂楊影裏聽嚈鴂。

漁家傲　爲張蔆園題漁樂圖

半樹杏花猶未老。湖光漾碧山痕繞。六尺短篷休説小。安排好。清涼世界無煩惱。酒美魚香拚醉倒。閒愁都作浮雲掃。大地干戈方擾擾。除畫稾。更無何處蓬萊島。

過秦樓　賣花聲

雨歇紅樓，煙消紫陌，忽聽一聲吹過。非關玉漏，不似鄰鐘，卻是賣花人那。春幾許已無多，斷粉零香，被他提破。笑雙雙蛺蝶，夢中驚醒，不由酣臥。　多只爲、鬟角雲鬆，枕邊霞墜，趁早洗妝安妥。芳名各種，風信連番，鬲院記來都可。分付丫鬟，捲簾等待伊來，買將數朵。問連枝並蔕，值得金錢幾箇。

齊天樂

瓜棚當户，織翠如屏，恍見村墟籬落也。蟲語送秋，新涼沁骨，爽然有得，臨風以歌。他時譜入村笛，不知合拍否

秋來何處無從覓，先來野人庭院。竹架扶煙，茅簷覆雨，引得秋風無限。黄花零亂。借冷冷清清，夕陽烘染。絡緯嘶殘，一簾鐙影露華滿。　青門幾多舊怨，笑封侯好夢，竟成虚幻。數畝苔畦，三分蔓水，了結半生心願。豳詩吟遍。正七月時光，翠盤初薦。乞巧芳筵，已多時預算。

金縷曲

緑蜂

愁入腰支細。與收香、海南幺鳳，一般情意。幾眼窗紗彈欲破，錯認芭蕉聲脆。蛛網密、應須迴避。正好海棠紅瘦盡，向清陰、亂處藏來易。還蘸著，春波膩。　悤悤又是新秋矣。怕重提、柳衙春暖，舊時風致。猶賸雙雙蟬鬢影，消受嫩涼天氣。縱收拾、零星花蕊。只釀一分梅子醋，更葡萄、一縷餘香醉。渾不似，甜滋味。

百字令

漁鐙

鱸香吹遍，竟揉碎波底，稀星明滅。冷冷清清三兩點，點破一汀秋碧。睡鴨頻移，驚鴻未定，影射蘆花密。前村换酒，歸來沙路猶識。　便是司馬船頭，平章湖上，無此清幽絕。煮茗樵青分活火，宜雨宜風宜雪。雨後宜眠，雪中宜醉，風裏宜吹笛。思量遍也，不宜惟有江月。

其二　酒旆

醉鄉何處，認杏花牆角，一竿低亞。欲卷還停停又卷，惹得柳綿吹下。句引游驄，招來蠟屐，未至先迎迓。牧童相遇，一鞭遙指村舍。　惟愛宿雨留痕，春波弄影，燕翦裁初罷。切莫隨風收太早，付與夕陽斜挂。半幅輕紅，數行飛白，寫出沽春價。文君製就，料應猶染香麝。

其三　牧笛

斜陽牛背，是誰家童子，數聲風笛。信口吹來無舊譜，高下自然相叶。豆莢籬邊，菜花畦畔，喚醒雙雙蝶。竹枝低應，那回曾記巫峽。　攙入鬲院餳簫，前村社鼓，不倩紅牙拍。瀟洒全無離別意，休認落梅時節。甚日歸田，漢書高挂，儂也輕輕擫。何須偷倚，天津橋上秋月。

其四　梵鐘

蕭蕭紅樹，峭霜風吹出，半天幽韻。搖蕩冷雲千萬葉，驚起數行鴉陣。候雁啼秋，鄰雞唱曉，聽了還重聽。愁人最是，前番春夜將盡。　長恨花雨全消，松濤亂湧，舊苑無人問。添得幾聲鈴語苦，莫莫朝朝相應。建業城荒，景陽宮渺，落日青蕪徑。悠然一杵，六朝如夢催醒。

浪淘沙

今古幾多愁。都上心頭。不如拋去付東流。又怕東流潮水惡，打破神州。　煙月十三樓。粉膩香柔。夢中曾記說封侯。忽被西風吹醒了，一片涼秋。

其二

滄海幾桑田。到處烽煙。一生心性怕糾作平纏。除卻英雄差可作去聲，便作神仙。欲著祖生鞭。自笑無緣。偶騎黃鶴采雲邊。又被罡風吹落下，恨海情天。

其三

梧葉冷颼颼。月上簾鉤。舊時香夢怕回頭。賸得一彎楊柳在，張緒風流。春恨未全休。又到新秋。盈盈河漢傍西樓。只道人生離別苦，還有牽牛。

其四

拋撇舊繁華。空自悲嗟。天台一別鎖煙霞。便是今生能再到，老去桃花。杯酒夕陽斜。幾樹啼鴉。醉來高枕夢天涯。夢也零星無意味，醒也由他。

水調歌頭

春初聞雁，已賦《水龍吟》一闋。茲值新秋，連宵風雨，一聲嘹唳，倍覺黯然。爲拈此調寫之

歸雁一聲起，秋意滿江城。可憐今日詞客，憔悴不堪聽。三十六灣春水，二十四橋明月，七十五長亭。屈指舊游處，例冷清清。幾行字，千點淚，十分情。料他倦羽難寄，寄去也飄零。閱遍山山水水，消盡風風雨雨，獨自下前汀。回首上林苑，不見漢宮人。

蘇幕遮

畫闌邊，雲葉底。拈得晴蜻，故故眉心喜。小院月明花欲睡。笑捉迷藏，蛺蝶驚飛起。

舊風情，今已矣。一縷香魂，昨夜分明你。還向玉郎親口啐。何事將人，譜入新詞裏。

江城梅花引

畫屏紅蠟淚潸潸。漏將殘。夜將闌。惹著當時，心事便心酸。病裏癡情猶未減，甘爲我，爇心香、摇佩環。　佩環。佩環。竟無緣。捱一年。又一年。望也望也，望不到、泉下關山。料得香魂，依舊住花間。輭弱腰身添幾倍，涼露滴，怎句留、雙鳳彎。

柳梢青　初秋風雨，高枕有懷

涼入湘紋。有人攲枕，殘夢初醒。梧葉飄黄，芭蕉翦緑，盡作去聲秋聲。　幾時料理鷗盟。休再蹋、東華輭塵。筱外吟風，花邊煑月，石上吹雲。

念奴嬌　玉津老人招看白秋海棠，喜而有賦

碧雞坊裏，竟分來、一種神仙標格。洗浄燕支留淡雅，偏是斷腸時節。夢冷春雲，香添曉露，未許塵侵襪。素心誰解，有人雙鬢如雪。　試看粉本臨時，冰甌供處，盡是悲秋客。燭影摇紅休更照，自有嫦娥相覓。酒暈全銷，淚痕偷注，繞砌蛩聲急。天然玉貌，但愁無福消得。

生查子

下簾風自開，燕去香泥落。不待杜鵑啼，早已思量著。　背人無限情，對面羞提說。莫怨近來差，只是從前錯。

惜紅衣　殘荷

露冷香稀，傷心又是。早秋天氣。藕斷絲連，深情爲誰繫。料伊紅粉，應亦似、此花憔悴。留意。一樣秋心，醖淒涼滋味。　輕摇楚佩。碎翦湘雲，凌波洒清淚。銷磨最苦有淚。也無幾。如此雨消煙息，鴛夢近來醒矣。屬玉纖收拾，莫付白蘋秋水。

徵招　和香宋江樓留别之作，即用其均

相逢記得滄桑後，青茸漸迷申浦。誰料小流連，又枇杷深處。離懷休自苦。羨天外、冥鴻飛度。荔子秋香，海棠春睡，要人爲主。　公乃醒而狂，澆杯酒、清狂更添無數。莫問小桃花，只一抔香土。憑闌翻曲譜。怪書舫、欲開還住。送歸去、我欲乘風，向玉京仙府。

百字令　丙辰三秋望有四日，芋圃老人以詞柬招飲蔓園，補重九也。醉后有懷，因繼其調

玉田衰矣，甚依様多病，多愁成癖。酒賸萸香猶眷戀，補作重陽佳節。比較黄花，今番更瘦，短帽吹還怯。憑闌無語，斜陽低暈蘆雪。　一自桑海歸來，再休提起，夢裏生花筆。寫就緑波春草句，才氣盡都銷歇。雁路雲迷，魚陂月冷，蟲響西風急。江神知否，破帆今已收拾。

垂楊

鉤簾待燕。正暝煙院宇，乍停鍼綫。託病佯羞，幾番推謝湔裙伴。今生今世難如願。更休問、後緣長短。背嬰哥，斜倚桃花，細把君詩念。　無奈情深夢淺。任露溼淩波，數殘更箭。御水無靈，題紅也混浮萍散。江郎多

恨年年慣。甚近日、風情頓減。料東鄰、碧柳窺人，凝淚眼。

行香子　燕

穿過晴絲。細覓深閨。怕雕梁、不似當時。銜箋舊曲，少箇人知。把綺羅香，金粉夢，換斜暉。　欲話心期。嬾話心期。小南朝、故事淒迷。尋春巷陌，猶認烏衣。賸海棠風，楊柳雨，杏花泥。

柳梢青

小刧華鬘。一番回首，一度淒然。鈿約三生，琴心五夜，不到重泉。　怕提翰墨因緣。空落在、情天恨天。影化爲魂，魂銷作去聲夢，夢又成煙。

以上《聽秋詞》

賀新涼

玉兔光寒，木犀香古。笛吹春夢，蟲絮秋心。詠坡仙『瓊樓玉宇』之句，良用憮然。遺老數人時邀唱和，點拍度腔，坐花選均，亦一時雅集也。爰約玉津、問琴、休庵、芋圃、香宋諸子于中秋后三日掉輕艭，攜蠟屐，買魚賒酒，同醉洪度樓頭，對燭抽毫，詞以代柬

秋色平分矣。算招尋、今番小隱，桂香天氣。白髮詞人如野鷺，一舸斜衝煙水。更選勝、登臨游戲。舊日枇杷門巷在，寫新詞、賸有桃花膩。須醉臥，五雲裏。　隔江遙對前朝寺。莽秦灰、劫餘空見，荻蘆荒壘。滿眼河山多變態，慣誤西飛燕子。憑醞釀、十年清淚。倚遍闌干無處洒，怕冷風、卷入波千里。驚醒了，瘦蛟睡。

一斛珠

亂鶯啼候。可憐人與梨花瘦。銷魂滋味銷難彀。不道中秋，也似清明后。 羅帳沈沈蟲語透。殘鐙一點青如豆。醒來還帶三分酒，夢裏重逢，抵得當初否。

玉樓春

五年離別長安道。欲了新愁愁怎了。中秋已過近重陽，鴻雁聲稀秋漸老。 故人零落今逾少。天外音書猶未到。楓林半醉菊初黃，打出相思無限稿。

蝶戀花

同鶴仙小飲話舊，即用其均

雨意才停風起又。苦緒酸情，怎箇能消受。未舉清尊擁殢酒。秋心早被人猜透。 檻外江波清似舊。肥綠如今，也趁香紅瘦。一度回腸詩一首。病懷不是傷春候。

祝英台近

淚痕深，江水淺。流至幾時滿。流盡殘春，又被殘秋攢。此情此恨誰知，他人瞞得，怎瞞得、自家心眼。 煙絲短。笑他老去垂楊，依人尚留戀。儂似相如，近日游都倦。只餘雪嶺仙靈，朝朝莫莫，竟歐到、萬條冰繭。

燭影搖紅

丙辰重九，風雨愁人，休庵招飲，因留宿焉

冷冷淒淒，暗中險把重陽誤。好山多被亂雲遮，莫問登高路。便是登高也苦。怎凝眸、鄉關野渡。翠陰消滅，只賸些些，亂雅紅樹。 有客銷魂，東籬細草閒情賦。魚香酒美續餐英，舊約尋歡晤。翦燭西窗聽雨。頻勸道、今宵且住。纏綿情話，斷續疏更，最難忘處。

祝英台近

信鴻稀，靈鵲誤。消息渺無據。草亂苔荒，難認舊游處。最憐瘦蝶零丁，偶然飛到，怎禁慣、菊畦風露。　憑誰語。只應悄泥菱花，深情對伊訴。莫上層樓，樓外是歸路。那知葉葉秋雲，星眸遮斷，又會釀、一江寒雨。

齊天樂

和香宋五十自壽均

浣花谿畔相酬唱，阿儂較君生晚。蔓老東陵，草衰南浦，歸去已過秋半。胡麻煑飰。更酒熟茱萸，冷香吹面。欲寄霜英，塞鴻飛盡莫天遠。　華年正如錦瑟，素絃多少恨，都付湘管。瘦鶴巢雲，倦蟬嘶露，怕引銅仙清怨。眉彎淺淺。聽疊均雙聲，風情無限。底事愁根，勝春蕪蔓衍。

踏莎行

薛濤墓

壁上題痕，江邊鈴語。層樓俯仰傷今古。幾多才子不如君，至今猶説桃花墓。　煑茗温經，裁牋覓句，紅顏悔被才華誤。早知梧葉易飄零，不應錯詠梧桐樹。

行香子

念了新詩。又念新詞。向秋風、念到春期。依然不見，夢裏人兒。正燕初來，鶯乍語，蝶將飛。　羞被郎知。卻要郎知。怕多才、未識相思。若能參透，箇裏靈犀。願爲君愁，爲君病，爲君癡。

其二

拋下新詩。撇下新詞。盼秋河、尚阻星期。香名兩字，長罣心兒。恨月團員，花並蒂，燕雙飛。　除卻卿知。更有誰知。怕相知、又惹相思。晚來風急，早放簾犀。莫爲儂愁，爲儂病，爲儂癡。

昭君怨 紅梅落矣，戲檢一撮，葬短垣西畔

驚醒羅浮仙夢。玉笛樓頭三弄。無語埽殘紅。怨東風。　分付多情燕子。銜得香泥細壘。何處爲招魂。月黃昏。

江月晃重山

梁燕尋巢欠穩，籠鸚學語初圓。二分春意到花間。腰支軟，猶怯弄秋千。　釧響如聞腕底，黛痕尚斂眉彎。平頭鞵子繡雙鴛。香泥滑，微沁鷓鴣斑。

南歌子

紙染芙蓉粉，衣留豆蔻熏。許多時候未開門。春在杏花枝上、已三分。　對鏡思眉樣，牽羅驗淚痕。一雙新燕尚溫存。直向清晨相語、到黃昏。

雨中花

一綫紙鳶風未定。送不到天涯信。瘦怯春寒，愁嗔夜漏，沒箇人來問。　殀央牃上燕支印。早注就楊花命。準備離魂，安排作去夢，未必全無分。

蹋莎行

胡蝶生涯，杜鵑心事，惜春甘爲春蕉萃。一般風景兩般愁，柳芽初醒桃花醉。　冷暖無憑，陰晴難計。天心也似春鐙謎。旁人不是有情天，如何猜得情天意。

采桑子

雲娘小小藍橋住，亞字牆邊。卍字闌邊。丁字簾櫳隔柳煙。　驚鴻一去渾無迹，細訪游仙。細問情天。修到死央是那年。

高山流水　丁巳春日懷仲堅北京

莫雲一片水悠悠。陗東風、難解離愁。天際雁飛殘，猩紅點上簾鉤。銷魂處、獨自登樓。遥思想，京華倦客，未解貂裘。正圍鑪煑雪，

細數少年游。　回頭。津橋聽鵑語，烽燧緊、莫話刀州。塵刼夢中休。别來只伴閒鷗。漫重提、海上歸舟。笙歌裏，忍住英雄恨淚，强自温柔。問豐臺芍藥，似否舊風流。

浣谿沙

柳陌初晴燕子嬌。風箏斜罥杏花梢。一谿春水釀蒲桃。　萬里橋邊游騎快，二仙庵外酒旗飄。有人相約在今朝。

探春　丁巳花朝游花市

官柳輕顰，野桃初笑，半雨半晴時節。翠鬟疑雲，鈿車似水，留住蹋青詞客。奈數殘花蕊，渾未抵、驚鴻一瞥。料他病后疏慵，下簾須自將息。　塵世幾番灰劫，便海上三山，怎禁鰲擲。白鶴亭空，青羊肆古，難問游仙蹤迹。容

易韶光換，憑探訊、燕羞鶯怯。醉了歸來，月輪低砑梨雪。

臨江仙

雙燕低飛鶯亂語，生香透入簾櫳。春光多駐少城東。桃花鞦架雨，楊柳酒旗風。　過了春分春漸少，朝朝怨緑愁紅。五雲樓遠信難通。别情人不解，孤雁夕陽中。

前調

吹到薔薇風力輭，玉人新試春衣。蹋青閒過浣花谿。海棠紅漸瘦，楊柳緑初齊。　笑倚小鬟微帶倦，錦鴛細印香泥。未曾相見已相思。今朝才半面，心裏尚猜疑。

其二

小小紅兒偏解意，替人指點檀郎。人前不語故矜莊。眼波微溜處，情味彀思量。　一自驚鴻歸去了，隔花便是紅牆。縱然無分作去夗央。也須爲燕子，飛到鬱金堂。

浣谿沙

寒食光陰病酒天。重簾新卷夾衣單。賺人早起是春鵑。　雲意不晴還不雨，花魂如夢復如煙。爲春蕉萃被春瞞。

八聲甘州　和問琴閏化朝

謝情天慣諒惜花癡，添來二分春。算花神有幸，兩回生日，一樣佳辰。好向百花潭畔，重祝百花生。怕羣芳小譜，忘了須温。　閒訪繡畦挑菜，甚菜根挑過，又長愁根。料前番燕子，猶認蹋青人。趁斜暉、繞簾低語，怪阿儂、不似舊丰神。願年年、好風如翦，多翦桐雲。

百字令 清明已過，節近重三，花事闌珊，鵑魂淒哽。游西郭小飲而歸，恨隨酒潮，偶拈此調

禁煙才過，又棠梨吹盡，薔薇開了。一架蔫紅扶不起，付與惜花人掃。海燕調雛，村蜂課蜜，更喚催歸鳥。新愁千種，朦朧全沒分曉。
惆悵翠輦初停，青帘低亞，樂事從今少。舊日離宮何處是，春在斷碑荒草。鬟影雲銷，衣香風散，誰與談天寶。繁華如夢，夢魂催醒偏早。

浪淘沙 丁巳閏二月成都兵變有感

回望少城東。春夢悤悤。火雲連夜徹天紅。無限温柔金粉地，一例沙蟲。
把酒問天公。孤憤填匈。椎埋屠狗盡英雄。只算書生無福分，歲歲途窮。

西江月 哀成都

劫火空餘魯殿，血腥猶染吴鉤。白虹低壓大城頭。夜夜青燐如豆。
噩夢偏逢牛渚，分畺便是鴻溝。采旗高護警鐘樓。一抹斜陽依舊。丁巳成都巷戰，所燬甚多，惟西人鐘樓高懸外旗，故所居無恙。

浣谿沙 和玉津均

婪尾花風芍藥香。箜篌聲暖鬱金堂。春雷驚破燕雙雙。
兵氣上衝星有暈，烽煙横蔽日無光。今番浩劫又紅羊。

其二

槐國衣冠夢裏忙。緑墀青瑣見流亡。不如終老水雲鄉。
茆屋三間聽夜雨，豆棚一角話斜陽。逢人休問幾滄桑。

梅子黃時雨　亂后懷香宋

梅雨晴時，正槐夢驚殘，門外笳鼓。望不到天涯，萬松深處。攜杖游山空有約，暗中卻被蛾眉妒。曾有游峨之約，竟不果。相思苦。不見倚樓，惟見煙樹。　青帝幾曾留住。算零簫斷笛，無甚情緒。換一夜春雷，送春歸去。千丈火雲紅似血，只愁燒斷星橋路。蕪城賦。料得淚邊同作去。

烏夜啼

蘚花青遍牆坳。篆煙銷。長笛叫雲何處、晚風飄。　心如醉。人未睡。嫩涼宵。悄看一星螢火、上芭蕉。

酷相思

輭語商量鐙影畔。早紅暈、春風面。待消遣、愁腸腸已斷。欲住也、何曾慣。便去也、何曾慣。　未到將離先打算。算後日、何時見。只約在、酴醾開一半。須細把、人兒念。休更把、心兒變。

其二

小院深深鶯語送。碧梧影、藏么鳳。看銀蒜、低垂猶未控。誤訪了、桃花洞。竟作去了、梨花夢。　莫是新來拘束重。久未把、秋千弄。又還怕、人前呼小宋。閒倚著、窗兒空。偷覷著、簾兒縫。

其三

葉低青梅青似豆。已過了、殘春後。更沒箇、音書通問候。要見也、争能彀。放下也、争能彀。　萬一花前相會又。定牽曳、雙羅袖。漫説與、如今人更瘦。只道我、仍依舊。你可也、仍依舊。

江城子

槍雲如馬走腥風。浪淘空。夕陽中。井蛙聲鬧、依舊蜀王宫。有限江山無限恨，凝淚眼，問昭融。　雲衣香葉散無蹤。霧濛濛。草茸茸。夜夜鵑魂、嗁遍錦城東。報道芙蓉都剗盡，惟賸有，血花紅。

西湖

春蠶老，千縷情絲無盡。方池新淥泛蘋花，送殘風信。燕慵鶯懶日遲遲，羅屏深處人静。雨初霽，還輕冷。架上芸籤都潤。當時游冶少年塲，幾多英俊。六朝金粉夢華中，無端風雨催醒。　再休縱天際帆影。卷神州、潮翻蛟蜃。片土也無乾浄。放悲歌、擊碎瓊壺，淚染石榴開，猩紅沁。

南樓令

淚雨洗紅妝。博山燒夜香。待重逢、且説勝常。郎問別來思我否，偏笑道、不思量。　門掩月昏黄。絲牽蟢子忙。避幺鬟、猶未卸雲裳。故撚金釵挑粉穗，嬰武唤、夜深涼。

念奴嬌

鵑紅瘦盡，正連宵梅雨，釀作去酸愁。願曲無心詩也懶，感時人在西樓。竹尾梢雲，蕉心零露，梧葉更颼颼。麥秋天氣，者番真箇如秋。　憑仗酒味澆書，茶香破睡，花外一聲鳩。晚霽初開簾卷月，幾回欲夢還休。嘯傲南榮，瞻依北斗，兩地恨悠悠。吳宮猶在，此身爭上扁舟。

眼兒媚 爲人題曼陀畫

泥郎懷抱任郎瞧。無語兩魂銷。小蠻風致，沈陽風韻，一樣纖腰。 今宵容易恩恩過，怎箇度明宵。情絲撩亂，秋來心上，春在眉梢。

極相思 題晚妝圖

梨容瘦了些些。寂寞對菱花。紅兒笑道，除他像你，只你如他。 靈鵲連朝都没準，又西窗、唬遍昏雅。香螺研罷，畫眉人渺，依舊天涯。

蝶戀花

一任花天磨折彀。苦盡酸餘，總有甜時候。但得君顔長似舊。不辭鏡裏人兒瘦。 淚漬殘香紅一斗。燕子無憑，難寄相思豆。未識星娥還記否。畫屏風外夗央咒。

青玉案

春流不洗唬鵑恨。夕陽遠、長安近。讀罷陰符人未困。吳鉤三尺，毛錐三寸。要挽紅羊運。 狼烽狐火都銷盡。看禹甸、春如錦。攜酒峨眉還酩酊。一亭松籟，一龕梅影。拋去封侯印。

其二

年年蓬海鯨波重。忍多少、西山痛。鄰笛凄凄聲暗送。問天天醉，問春春夢。心事憑誰共。英雄本是多情種。萬千恨、秋潮湧。打疊才華追屈宋。丹沙休鍊，黄金何用。留鑄相思鑛。

玉連環

花外夕陽紅暈。正莫雲催暝。雨聲先作去茂陵秋，又那怪、文園病。千萬舊愁新恨。被杜鵑提醒。漢家銅狄淚猶傾。曼説是、心腸硬。

步月

和人詠月

玉斧誰磨，金甌已缺，璚瓏月殿難修。霓裳舞罷，仙桂老經秋。謝郎賦、魂銷鄴下，杜陵句、人在鄜州。何如放、春江一棹，花外照雙鷗。休休。聊耐忍，對參横斗轉，且自句留。鼇山傾倒，摧破水晶球。惹離恨、潮翻碧海，欲歸去、寒鎖瓊樓。憑空問，清暉一歲幾當頭。

三姝媚

日本美人相，用半塘均，和香宋

神山凝望苦。歎尋仙無緣，怕歌愁舞。箇裏徽容，問練裙誰寫，百篇詩句。東人近輯《美人百態詩》行世。橡島櫻花，休化作、浪萍風絮。采藥舟來，依樣桃源，淡妝宜古。香屧聲聲微步。愛野園芳草，淺遮游路。日出東南，指玉人家在，蜃樓紅處。倩影迷離，猜老眼、看花生霧。畫上麻姑無恙，滄桑換譜。

高陽臺

瘦月頹雲，蕭然秋也。時方盛夏，而有秋意，豈天道之奇變，或人懷之偶殊邪。翦燭蕉窗，因成此闋

月淡疑煙，雲涼學水，高樓人倚黄昏。斷蟀疏蟬，引將秋意三分。篆絲低裊鑪香潤，亞簾

櫳、雨暈蕉痕。便饒他，鐵石心腸，也會銷魂。時光才過天中節，算調冰雪藕，正費詩情。路隔星河，西風已度重門。愁來笑向鐙花問，怪佳期、誤到如今。甚紅鵑，苦喚津橋，未轉芳春。

多麗

戰雲收。萍蹤且自淹留。正淒迷、昏黃一抹，斜陽冷射西樓。蓼花疏、碧螢池館，荷香散、白鷺汀洲。萬古牢騷，半生磨折，淚如蕉雨滴心頭。看蝸角，紛争未已，烽火照神州。憑闌嘯，風沈楚管，露濕吴鉤。莽秦灰、兩番浩刦，繁華都逐東流。紫苔深、血糊殘壘，青燐閃、鬼語荒邱。庾信傷時，杜陵恨別，欲將杯酒熨新愁。怎奈向、宿酲添病，高臥一簾秋。長安遠，舊時仙侶，何日同舟。

迎春樂

垂楊老去鶯飛懶。紅雨濕、閒庭館。問卿卿、怎箇能消遣。多只是、重門掩。恨海深深填未滿。曾許下、柴桑十願。天女若、相憐也，不合催花散。

虞美人

多時未遇檀郎面。夢裏尋常見。郎來無語臉先紅。卻又一時回避、畫簾中。情癡轉覺生疏好。密意防青鳥。惜花心事要郎參。記得那回親送、小花籃。

攤破浣谿沙

醉裏横波媚欲流。花朝明月約登樓。誰料花

朝虛度了，又新秋。　茉莉香中聽絡緯，梧桐影底看牽牛。草草相逢逢又別，不如休。

金縷曲　江州寓樓

雲外簾初挂。問江名、粉香猶在，自饒風雅。叢笛亂絲連十里，隨處燕嬌鶯姹。引京兆、畫眉驄馬。夢裏揚州儂已醒，笑年來、不識纏頭價。感時淚，向天洒。　巴歌渝舞銷磨也。算浮圖、故關無恙，夕陽西下。縱使江流都學字，繞遍箏船酒榭。也難寫、回腸牽罣。客枕凄涼愁夜雨，共阿誰、翦燭西窗話。聽蕭寺，遠鐘打。

喝火令

架閃嬰哥夢，梁移燕子家。秋寒近日更添些。分付邯鄲游俠，須護斷腸花。　粉水烽煙隔，星橋道路賒。書來猶自問秦嘉。記得鐙前，記得聽琵琶。記得嫩涼天氣，衣試兩重紗。

賣花聲

春恨壓春山。鳳尾輕彈。一分微病賺人憐。摘下雲鬟雙茉莉，放在闌干。　膾鯉薦金盤。且共郎餐。暗傷身世不成歡。勸道客中將息好，酒令須寬。

相見歡　聞友人將自江州來省，歌以寄之

當時鷺約鷗盟。隔煙塵。況是重陽前後、易懷人。　西飛燕。南飛雁。兩關情。爲道芙蓉開也、滿江城。

霜葉飛　丁巳重九用夢窗均，寄懷香宋，同休庵作

子山情緒。傷離亂，庭前蕭瑟枯樹。一簾風送雁聲來，更卷黃花雨。笑我似、歸飛倦羽。青山回首成今古。怕約伴登高，眼底半新人，那信舊人工素。　遥想太華峯頭，滕王閣上，壯游多少詞賦。古來才士例悲秋，秋思憑誰語。戀酒盞、萸香半縷。癡心休放重陽去。最可憐、東籬畔，有箇人家，陳雲深處。

蘭陵王　送瓠廬之江南

冷雲碧。渺渺江天莫色。銷魂處，詞社故人，聚首無多况離別。蘅皋雁影直。吹徹。津亭短笛。明宵向，何處艤船，雨打孤篷聽楓葉。　天涯計行迹。料宋玉牆邊，人賣新橘。嗁猿送度空舲夕。更漢口東下，石頭西畔，鐘聲摇夢到建業。定回首相憶。　疇昔。浣谿側。喜減字偷聲，同定詞拍。鱸鄉風緊催帆席。倩若箇低唱，渭城三疊。丁寧珍重，正戰馬，亂似織。

疏簾淡月　爲約園題秋山采藥圖

無花老眼。愛醉裏臥游，好山平遠。憶杏芝田秋熟，鶴糧須辦。靈苗異草原無種，荷雅鉏、殷勤尋遍。任他松下，旁人借問，白雲遮斷。　况題句、郎君姓阮。圖有阮芸臺題跋。笑舊日天台，箇中重見。一自桃花飄盡，洞天都換。草鞵休蹋長安市，怕浮名、又成羈絆。寄聲仙子，胡麻煮就，尚能加飰。

南歌子

硯冷夗央瓦，窗摇燕子紗。粉綿拈得一些些。走向翠闌、親護牡丹牙。　細念金荃譜，偷簪玉茗花。蠣牆東畔是兒家。怎奈夕陽、無語又西斜。

滿江紅

丁巳冬日過少陵草堂，憶春游之盛，慨然有賦，兼贈友人黃元賁

背郭緣江，認杜老、羇栖蹤迹。記前度、蹋青天氣，竹寒沙碧。草閣風喧雛燕語，花谿春漲羣鷗拍。醉歸時、一路野薇香，黃昏月。　驀地裏，烽煙逼。舊游處，豪華歇。望天涯戎馬，故人生別。流恨未消南浦水，凝寒正釀西山雪。算雲間、野鶴去還來，曾相識。

永遇樂

和辛聖傳，用稼軒均

梅老猶花，雲僵欲雪，凍雅嗁處。平子工愁，長卿多病，錦瑟年華去。酒闌凝望，蕪城一角，依舊亂山圍住。問江流、蟲沙淘盡，幾人劍化神虎。　艱難蜀道，天公醉矣，曼説而今西顧。金母旗翻，銅仙淚滴，夢繞春明路。枯槐身世，浪萍蹤迹，莫話蘭臺聽鼓。膩煙柳、斜陽一片，似南宋否。

金縷曲

題秦太丘懺紅閣詞稾

塵海知音少。向旗亭、雙鬟笑問，究誰同調。一卷風流秦博士，元白都堪壓倒。細譜就、微雲衰草。眼底淚痕心上血，趁嗁鵑、染透相思稾。詞有盡，恨難了。　才人只合柔鄉老。甚朦朧、華鬘刧數，竟無分曉。欲懺紅情爭箇懺，春夢如煙縹緲。空望斷、層城仙島。弱水三千峯十二，寄芳悰、何處尋青鳥。搔短鬢，任長嘯。

漢宮春 漢昭烈生日望惠陵

赤帝河山，賸惠陵荒樹，鏖盡秋風。年年歲時伏臘，酒奠村翁。縣弧故里，料桑陰、無復童童。凝眺久、寒煙淡日，杜鵑枝上嗁紅。 一代風雲際會，羨南陽諸葛，君得其龍。三分竟成定局，無奈天公。蟂磯甚處，望江南、一水相通。休再問、佳人如玉，舊時兒女英雄。

巫山一片雲

殘梅過雨胭脂膩。博山香冷簾垂地。燕子爲誰嗔。喃喃故罵人。 繡屏天樣遠。夢也何曾見。長記折花時。回頭欲去遲。

迎春樂

深深院宇花如霧。人更在、花深處。要提防、月殿嫦娥妒。年紀小、剛三五。 醞釀春雲還未雨。孤負朝朝莫莫。一桁棗花簾，抵多少、蓬山路。

秋蕊香

鞵樣彎彎簾底。眉樣彎彎窗裏。兒家舊住長干里。尚帶南朝風致。 百千萬種傷春意。難回避。洗妝賸有胭脂水。付澆花小婢。

南歌子 戊午人日，得髯客會川書

細雨蘭牙坼，條風柳眼開。雁兒飛過錦江隈。正是草□、人日寄書來。 玉壘浮雲變，金沙瘴霧薶。中原多難正需才。爲問甚時、攜手上燕臺。

浣谿沙

仙尉門楣道藴家。冰肌無汗玉無瑕。箇儂原是素馨花。　萍梗生涯空誤我，藕絲心緒可憐他。斷腸曾和浣谿沙。

水調歌頭　五月望爲休庵生日，和其自壽均

月是舊時月，人是隔朝人。料君家在臨桂，明月是前身。載得西湖仙子，學得南朝仙尉，雲鶴夢相親。一墮鬘天劫，衣舊不如新。　是循吏，是騷客，是遺民。花下移宮换羽，風調是蘇辛。海上籌添幾許，只怕風吹海立，旗鼓鬧孫恩。留取菖蒲釀，消恨美于醇。

摘紅英

横江渡。離亭路。柳絲難繫斜陽住。長相憶。愁如結。没箇商量，自家疼惜。　紅簫譜。聲聲苦。杜鵑嗁斷春無主。黄昏月。燕支雪。幾曾經慣，者般凄寂。

繫裙腰

一簾花影坐吹簫。香霧重、月波摇。不須周昉畫纖腰。天注就，千種恨，十分嬌。　銀灣耿耿路迢迢。肌玉減、淚珠抛。酒痕猶染退紅綃。誰信道，才昨夜，又今宵。

散天花

崔護重尋路未差。湘櫳低隔燕，晚風斜。紙糊窗眼亮于紗。是伊親畫就、斷腸花。　經歲何曾遇繡車。雪衣猶認我，唤煎茶。天生桃葉嫁王家。丁寧紅尾鳳、曼隨雅。

百字令 香宋用竹垞均自題光緒中小相，倚聲和之

鏡中留影，怕遺民重認，貞元朝士。落落一官琴鶴外，萬卷歸裝而已。劫后靈和，荒涼蜀柳，未必青如此。杜陵傷亂，山中自采蒼耳。　回首病虎興祅，私蛙成讖，勝負空流水。走馬蘭臺曾聽鼓，夢繞東華鐙市。故我猶存，新人自笑，莫問開天事。雪龕無恙，香宋號所居曰雪王龕。不妨終老于是。

前調 己未元日大雪

朔風凄緊，便恩恩換了，江山顏色。爆竹驚回除夜夢，夢裏梨雲堆白。斗□寅杓，東皇縞素，天上冰河坼。玉龍羣戰，憑空飛下鱗甲。　曾記鶴語堯年，麟書王正，轉眼成塵劫。舊日椒花齊獻頌，今日梅花傷別。解事瑶姬，搏酥挼粉，補就乾坤缺。春鐙遲上，晚窗疑有新月。

玉京謡 己未入都和曼廬贈別

兩地神交久，錦里春來，月下初相見。詞社羣仙，尋梅沈醉江館。正擬取、簫譜同脩，又怎料、布帆重檢。東風輭。多情驛柳，背人西轉。　儂家別賦憑君，念一聲聲，抵驪歌萬遍。才過花朝，探春春已將半。況指點、煙樹千重，算閱盡、海桑三淺。天涯遠。人似伯勞飛燕。

清平樂

歌殘酒罷。偷絮傷情話。亂后雲英猶未嫁。願結同心羅帊。　今宵尚對銀屏。明朝又是

旗亭。贈與青青梅子，要郎知道酸心。

浪淘沙

巷口夕陽斜。重問枇杷。舊時飛燕落誰家。藻井雕梁灰燼了，幾樹寒雅。曾記聽琵琶。淚染秋花。酒闌親送一甌茶。醫得文園消渴病，妙手除他。

訴衷情

渝伶李蕙仙出《蕙仙集》索題，爲書此解

李花吹過夢無蹤。唐苑賸春風。梨園子弟猶在，淚染杜鵑紅。　鯨海變，蜃樓空。又悤悤。新愁舊感，寫上烏絲，付與秦宮。

浣谿沙

題黄愛竹畫相

笠屐圖中鬢未華。莫教淪落悔天涯。桃源仙客是黄家。　愧我出山成小草，羨君捧硯有名花。凌煙高閣付蟲沙。

離亭燕

留别蕙伶

芳草萋萋南浦。叫得杜鵑聲苦。縱有千條楊柳線，不繫片帆雙櫓。一箇蕙心人，知道者般凄楚。　卿是六朝風度。儂是六朝家數。鞠部笙歌文苑筆，一樣爲名躭誤。甚日到西泠，同買孤山留住。蕙伶買屋西湖，有退隱之志。

惜花陰

冷院垂簾香爇杳。紅雨無心掃。雙燕近流蘇，似説花風，已過薔薇了。　裙腰一帶芊芊草。便是郎行道。珍重舊鴛盟，莫戀封侯，第一歸來早。

西湖 蕙伶約游西湖感而賦此

邯鄲路，嘗穀風塵滋味。重攜仙枕覓封侯，偶然游戲。素書長鋏兩無成，憑花消滅英氣。　豔陽節，銷魂地。又遇張徽身世。尊前重唱雨淋鈴，暗傷蕉萃。一生情願住杭州，六橋煙月清麗。　宦情付春夢春水。要平分、西湖西子。一舸幸逢仙李。算銷磨、玉樹新聲，莫話舊南朝，傷心史。

多麗 觀劇

乍凝眸。翩翩小史風流。怕瑤臺、羣花未見，羣花見也應羞。暖銀瓶、戲調幺鳳，盟釵鈿、笑指牽牛。一寸相思，一分磨折，一絲清苦注心頭。又疑是、瀟湘妃子，淚雨濕春愁。演《梅龍鎮》《長生殿》《黛玉葬花》均妙。　歌闌後，癡雲戀檻，恨月窺樓。　記宣華、舊時羅綺，君王親按伊州。海棠飄、故宮鳩喚，芙蓉老、廢殿巢鷗。玉女津歸，錦官城裏，最憐絲管豔千秋。賸只賸、令香何粉，十里上簾鉤。江天渺，問君青翰，誰箇同舟。

臺城路 三入都門，和仲堅均

薊門催破鈞天夢，依然萬重煙樹。塞馬嘶風，宮雅弔月，都是銷人魂處。天涯倦羽。算飛去飛還，十年三度。舊侶相憐，抱琴秋夜尚延佇。　新亭到今多恨，問星移斗換，曾否關數。海上香塵，沽濱凍雪，同借鷦枝曾住。浮雲變古。笑南阮猖狂，幾人心許。莫上津橋，濺紅嗁瘦宇。

箇儂　游三貝子花園

自兔園春盡，問何處、鄒枚詞筆。桑隴鳴鳩，麥畦藏雉，更蘚没、瑶階綦迹。西母雲旗，東皇玉珥，算一夢游仙，又經千劫。街柳無情，弄殘飛絮，竟忍送、宫溝流月。露冷盤移，替傷心、藕花紅泣。誰意陌上尋芳，鈿車似織。長安倦客。又驟馬、燕山南北。舊雨淒涼，前塵縹緲，慘日射、觚棱成碧。扶荔宫邊，延秋門外，賸十里煙螺，三春暝鴂。回想鈞天，繁絲叢笛。頓火照甘泉，邊書告急。老去龜年，怕重尋、岐王故宅。何况亂后江淹，年年恨别。

翠樓吟　江州歌者蕭蘭君以化裝小相見寄拈此謝之

楚夢停雲，騷魂耿月，蘭香縹緲初降。襄城攜手短，怕難記嬌模憨樣。前歡休忘。是粉水微醺，黄河低唱。憑闌望。覽書應喜，布帆無恙。　小相。須與重緘，免妒花風起，卷歸天上。回頭青翰遠，幸鸞鏡傳來情況。鐙摇秋桁。認兔影迷離，魚情悽愴。定惆悵。綺禪沾絮，不隨春浪。

壽樓春　友人屢以是解約賦，難之，久未命筆。兹得蘭君寄影，譜《翠樓吟》以謝，尚有餘興，因戲爲之

才芝田停車。甚驚鴻照影，飄墮天涯。幾度移鐙凝睇，是邪非邪。匀翠羽、盤嬌雅。記舊時、蘭陵人家。便夢管描來，絲繡出，還讓鏡中花。　蓬山路，迷仙槎。有清歌串玉，新句籠紗。最恨鱸鄉波快，雁程風斜。能諒我，除

非他。對素書、猶聞嗟呀。況離合神光，分明未差。南浦霞。

珍珠簾　和曼廬詠簾

不防雙燕歸來晚。下了湘紋慵卷。簁碎小庭花，正梳頭人懶。記否含情吹柳絮，笑倚向、闌干西畔。深院。賸殘陽紅挂，那時銀蒜。

門外便是天涯，任蟾熏微駐，鸚脣偷喚。一桁水精攔，更比秋河遠。解意封姨俄颺起，訝漏洩、春光無限。准願。放旅夢飛來，莫教遮斷。

雨淋鈴　瀛臺

新華宮側。是前朝、一賸池凝碧。旁人指點雲樹，依希尚認，堯城蹤迹。剗襪香階，幾度恨、春信偷洩。借渺渺、十頃煙波，粉墜紅蓮葬傾國。柴車去後寒螿泣。況鼎湖、更送龍髯別。荒涼玉帳猶在，風卷處、斷雅零葉。欲話開天，無奈宮人，已散難覓。待隴上、招取鸚哥，細與游人説。

洞仙歌　燕京浄業湖在神武門外，遼、金以來多留豔迹。或謂納蘭故宅在焉，即《石頭記》所紀是也。己未秋，屢游其地。香塵逝水，綺夢隨煙，而隄柳陰中時有村伶鬻藝。聞歌黯然，率成此解

湖心過雨，蕩繁華雲散。一帶宮牆似天遠。問蕭娘、甚處舊日妝臺，空只賸，墻外斜陽歸雁。

采蓮清唱渺，輦路秋風，惟讓村姑賣菱芡。相業久銷沈、夢裏紅樓，春痕在、漁莊那段。甚花外、簫聲更無聊，任蕉萃青衫、瘦魂悽斷。

浪淘沙

魚浪繞宫牆。瘦減紅香。西風一夜度回塘。無限凄清無限恨，無限思量。　蟬噪柳陰涼。話盡滄桑。平時容易到昏黄。近日厭厭嫌晝永，翻愛斜陽。

臨江仙　己未九月初三夜作于濟南

弓月彎彎珠露冷，今宵九月初三。雁催霜信過江南。夢酸如酒，淺醉幾時酣。　料得重陽天氣近，有人獨自厭厭。鯉魚風起曼開簾。防他多事，吹皺兩眉尖。

百字令　客濟南，懷稼軒、漱玉各一闋

渾流東下，恁銷磨南宋，稼軒詞筆。匹馬來游形勝地，猶想從軍時節。二聖天涯，九哥江表，汴水都凝血。壯懷孤往，笑他名士如鯽。　長恨青兕來歸，黄龍未飲，終賸金甌缺。憑唤紅巾和翠袖，難揾英雄悲泣。公以詞名，公真不幸，忠憤誰能識。斜陽煙柳，斷腸風景猶昔。

其二

易安何處，賸水西橋外，鵲華秋色。柳絮清泉清似鏡，《魯志》：易安故居在柳絮泉。曾照西風詞客。紅藕香殘，黄花人瘦，壓倒檀郎筆。許稱同調，除非淮海秦七。　惆悵打馬窗中，離鸞鏡底，冷落元宵節。枉費茗谿漁隱話，千古依然昭雪。寶枕寒生，玉簫凄斷，俯仰成陳迹。誰家門巷，秋千空颺霜月。

風蝶令 寄枝薛君賦此調見贈，倚聲戲之

離緒催潘鬢，寄枝髮早白。相思到沈腰。風流曾壓小南朝。怪道花前雁後、易魂銷。　申浦雲千里，吴淞水一條。寄枝家淞江。　淚兒休趁海門潮。喚取紅巾揩了、臥吹簫。

月底脩簫譜 聽寄枝吹簫

酒初醒，鐙影颺。風葉度虚幌。一捻瓊簫，萬種淒涼況。近來詞客無家，小紅何處，怕提起、尊前底唱。　最難忘。玉人教罷宮商，憑闌更惆悵。廿四橋邊，冷月自摇蕩。任他水遠山重，夢魂無礙，早飛到、鳳皇臺上。

踏莎行 花朝泛明湖

雲蕩鷗波，風熏蝶路。小樓簾卷天將莫。　憑闌不是愛斜陽，家山只在斜陽處。　草夢難憑，花期易誤。當初不合輕輕去。春來剛道不銷魂，沿隄又長銷魂樹。

其二

細浪揉藍，遥山簇黛。酒旗紅處斜陽曬。　等閒鶯燕不關情，背人飛過闌干外。　唾血添絨，量腰減帶。病中離況無聊賴。箇儂生日是花朝，願花長好人長在。是日爲閨人生日。聞近患欬血，故及之。

南浦

無賴是東君，甚花風，直恁催人成醉。簾卷燕雙歸，餘寒峭、更檢玉鑪熏被。銀鉤放了，悶來依舊厭厭睡。唾痕揾袂。應只是心窩，一汪紅淚。　無人解得相思，賸鸚武温存，雁兒

調戲。題恨寄天涯，桃箋小、能帶許多情意。喁喁但問，近來郎也勝常未。海天萬里。争忍聽千山，杜鵑聲起。

绿意　明湖楊柳

蓉橋路北。借淡黄裊裊，烘就春色。帘外鶯眠，隄上驄嘶，憑訪杜陵詩蹟。離亭一去相思苦，又忍見、長條堪折。便寸絲、罣盡柔腸，何處更吹羌笛。　分付東風緩緩，爲勻眉黛影，聊伴孤寂。莫恁悤忙，趲過清明，揉碎半天晴雪。他時寫入漁洋社，較萬縷、春懷尤切。奈此際、望遠高樓，正悔去年輕別。

紅情　濟南桃花

蘭陵沽酒。正小桃破萼，相思如豆。好似當初，門外驚逢那時候。人面而今去也，空目斷、笑紅依舊。問老去、漱玉詞仙，蕉萃細腰否。　回首。渡江後。奈病葉愁根，比花還瘦。甚時攜手。輕浣嗁箋浪沾袖。只怕情天醉了，渾不管、雨僝風僽。看歷下、春又晚，茜痕催溜。

蝶戀花　爲慧禪賦影事

杏粉飄零春色莫。許嫁東風，又被東風誤。一桁水精簾外路。當初記得常來去。　影恨重重知幾許。夢是梨雲，淚是梨花雨。寄到無題心更苦。人前未肯輕牋注。

其二

月下亭亭扶倩影。人似梅嬌，不似梅花冷。翠羽嗁殘香夢醒。夜來還向花邊等。　見説驚鴻棲未穩。北去南來，依舊東風緊。絮果蘭因天注定。憑誰改去飄流命。

念奴嬌 金陵懷古

六朝如夢，弔興亡空費，幾聲嗁鴂。淮水姓秦山姓蔣，不與官家同滅。王氣銷殘，英雄淘盡，春草荒陵碧。過江憑眺，茫茫百感交集。記取玉樹成塵，金蓮剗地，更洒桃花血。千古佳人原薄命，況占江南煙月。名豔盧家，曲傳烏巷，破例真奇絶。墜歡零恨，憑伊雙燕能説。

摸魚兒 西湖懷古

浸雙峯、一奩春水，苎蘿眉樣清淺。蘭橈推過西泠岸，鷗外蕙香初轉。寒銳減。正柳睡蘇墳，乍醒東風眼。山温浪輭。自放鶴仙遥，騎驢人去，佳勝與誰管。游懷倦。聊趁青帘翠纜。消除中歲悽感。飛龍舞鳳斜陽裏，猶覿表忠遺觀。君不見。游射處悤悤，又是杭潮變。疏鐘送晚。賸越豔長歌，花開陌上，歸去且休緩。

換巢鸞鳳 看梨花，和慧禪

惆悵東闌。正夢雲乍擾，淚雨猶潸。離魂飄柳絮，冷豔溷苔斑。封姨偏解妒星旛。教儂怎禁春宵可憐。相思苦，第一是、背鐙人倦，天遠。春又晚。郎似雪鴻，卿似風前燕。泥酒袪愁，檢書温笑，門掩黄昏深院。休怪微之負雙文，舊歡多被東風閃。香名兒，趁涼蟾、花下偷喚。

離亭燕 慧禪供海棠于案，詞以寵之。因繼其調

春到殊鄉芳樹。人在故鄉何處。除了靈和張緒柳，生小同鄉惟汝。垂萼一絲絲，算抵鵑紅千縷。　天際美人遲莫。消受雨欺風妒。便是無香魂已斷，到有香時還苦。簾幕偶藏嬌，要借春陰調護。

丁香結

寓齋外紫丁香一樹，楚楚可憐，無賞之者。爲賦此解，慰其零悴

倩影難温，穠愁怎解，重見丁娘身世。怪道近來蕉萃。渾未抵、東風沈醉。寸根聊寄託，怕回望、宛陵千里。芳心朝莫，自警結就相思第幾。　休矣。算留豔藏嬌，最稱秦淮簾底。燒玉凝煙，裁雲注水，爲脩花史。長憶櫻唇笑吐，一縷柔香膩。問海棠知否，未肯低頭作婢。

探春慢

偕慧禪、寄枝晚步湖隄。殘照西沈，萬緑如海，喚舟至鵲華橋，悠然有賦

雁背霞收，鴨頭漲滿，相攜重泛孤艇。廢堞鳴笳，小樓横笛，掀起亂愁成陣。前度鶯黄柳，已換得、青青烟景。最憐曾幾何時，舊游如夢難認。　遥羨當年李杜，憑硯北酒邊，品題佳勝。蘭畹人歸，蘋洲漁話，凄絶一眉蟾影。儂似東飛鶴，歎寄迹、閒雲無定。甚日回帆，花谿園住三逕。

過秦樓

湖上排愁，憶内子蓮青

燕嘴噙香，魚唇吹絮，萬頃緑陰如海。誰家翠袖，笑指薔薇一架，倦紅猶在。春去算已多時，青鳥沈沈，尚淹雲外。願蘭舟早發，澄波無警，亂山無礙。　曾記説、默念心經，慵脩

眉史，未抵病中愁債。檳榔怕澀，豆蔻嫌温，細檢禁方須改。天念鍾情，似俺容假芳年，特饒癡愛。任頻伽共命，花下多留幾載。

花心動 戲和寄枝

飛燕身材，乍掀簾、依依泥人嬌語。戲撲輕羅，淺笑微嗔，第一暗銷魂處。檀郎小字關情甚，是巵子、同心清苦。寄枝本號季巵。莫輕放，風番廿四，月明三五。何忍飄零塵土。待高揭、星旛與花爲主。酒半消時，天氣新涼，勸道今宵休去。相思滋味還須釀，權時任、香衾孤負。碧梧院、歸來獨自聽雨。

賣花聲

梁燕夢初酣。香燼慵添。檀郎有意逗嬌憨。偏是海棠將睡候，偏理芸籤。呵欠未曾忺。細語喃喃。不容深夜更開函。才把鐙兒吹滅了，月又窺簾。

其二

深院雨霏霏。緑暗紅稀。畫樓日日盼郎歸。盼到郎歸春又晚，花放薔薇。新製夾羅衣。舊樣嫌肥。倩郎背地量腰圍。笑拍香肩還慰藉，說似當時。

其三

長繫定情紗。夢繞天涯。郎心如蝶慣移花。隄上驄嘶聽又誤，今夜誰家。靈鵲語簷牙。對鏡盤雅。乍嗔乍笑更憐他。檢得崔徽圖一幅，揉碎些些。

其四

十載遠離頻。孤負芳辰。臨歧一語最銷魂。

勸道沈腰如此瘦，莫更傷春。蕉雨送黃昏。誰與温存。鵑紅和淚濺羅巾。待到重逢親驗取，洗了還熏。

醉花陰

茉莉臨風心已醉。細領柔鄉味。不忍勸深杯，斜轉嬌波，應諒人蕉萃。鳳琴調處鶯聲脆。小立鐙兒背。莫唱念家山，庾信年來，流蕩歸無計。

風入松　悼亡婦蓮青

瞿唐回望阻江潮。冥路更迢迢。紅閨生日分明記，一思量、一度魂銷。但願從今鳳歷，年年删去花朝。不應容易解征舠。風送浪萍飄。早知恁地成長别，便攜家、共守漁樵。閒伴藥鑪茶鼎，何須酒换金貂。

風蝶令

牽袂顋渦暈，扶肩鬢影鬆。落花無主怨東風。話到飄零身世，眼波紅。

其二

畫鼓穿雲急，熏鑪避月烘。桑乾河畔晚霜濃。勸道斑騅休去，且從容。

其三

玉枕貪春睡，瓊樓怯午寒。夢中情淚未全乾。卻被郎來偷覷，不容瞞。

其四

鸚武催人起，鴛鴦笑獨眠。勝常道罷復長歎。但問近來肥瘦，可如前。

其五

鏡匣慵開屜，簾衣懶上鉤。年華未抵杜家秋。

洗盡人間脂粉，也風流。

其六

春水頻傷別，文園已倦游。幾時同泛五湖舟。揀取六朝山樣，畫眉頭。

其七

月滿蟾蜍鏡，春藏翡翠巢。雲英蹤迹滯藍橋。便是不曾分別，也魂銷。

其八

越豔顰尤媚，徽容病更嬌。相思何止到纖腰。要識相思滋味，在鮫綃。

喝火令 四憶

楊柳新詩社，芙蓉舊畫橋。木蘭艇子蕩雙橈。春到易安家畔，紅了杏花梢。風信湖邊早，山光雨後嬌。濟南春色勝南朝。記得紅亭，記得度花朝。記得夜來扶醉，鐙下聽吹簫。濟南。

其二

井底胭脂涴，江心鐵鎖開。青山如笑鳥聲哀。飛盡曼陀花雨，春草上荒臺。洗馬偏多恨，阿龍自有才。興亡弔罷且徘徊。記得停驂，記得訪秦淮。記得莫愁堂上，風暖燕初來。金陵。

其三

泥馬空陳迹，荆駝冷夢華。臨安王氣浪淘沙。只有孤山無恙，依舊屬林家。一水開奩鏡，雙峯擁髻丫。西泠橋外路三叉。記得扁舟，記得探梅花。記得雷峯尖上，微挂夕陽斜。杭州。

其四

古戍盤雕起，長城飲馬還。蕭娘遺蹟莫雲間。話到十香詞譜，花濺淚痕殷。　朔氣催金柝，秋霜透錦鞍。年來多病減朱顏。記得登高，記得望家山。庚申重九，于張家口賜兒山登高。記得酒樓人散，攜夢渡桑乾。塞北。

金縷曲

辛酉春初，余客永寧。鬯庵王子以新詞見示。悵焉凄楚，歌以和之

芳草天涯路。正王郎、悲歌斫地，壯懷傾吐。世界曚朧天醉矣，顛倒英雄兒女。只一任、停辛伫苦。脩到華鬘猶有劫，問人間、何物能千古。且携酒，聽鶯語。　雙城春色留人住。奈雙橋、一篙春水，蕩人離緒。回首雙江何處是，但見萬重春樹。料江上、荒園如故。願與萊妻同抱甕，甚荆釵、早已歸黃土。恨天缺，幾時補。

陌上花

夢亡婦感賦

芳魂化作啼鵑，連夜勸郎歸去。一樹棠梨，消盡冷煙凄雨。近來縱有還鄉夢，知道殯宮何處。怎因循、過了清明時節，欲歸猶阻。　悵離亭莫色，鶯飛草長，不似分携前度。擬采蘅香，尋遍十洲無路。此生更没相逢日，何況他生重晤。伴寒鐙、細領孤眠滋味，問卿安否。

酬江月

雙城春莫，偕治易安撫蹋月谿上村。犬吠花岸，雅眠柳煙，景清逸，悵然有懷

柳綿初褪，甚凄清卻似，早秋時節。蟲語繞隄芳草潤，波蕩春星如滴。谿女舷歌，村童漁火，佳趣閒鷗識。徘徊沙路，怕提南浦傷別。

回想玉臂驚寒，雲鬟惹霧，望斷關山月。今日有書難付鶴，誰探仙蓬消息。寶劍題篇，弓衣織句，久作將軍客。歸心催起，不關花外嗁鴂。

滿江紅　過江陽，贈子惠師長，并柬元賁

遼鶴重來，經幾度、風雲變色。依舊是、水圍山鎖，片城如鐵。覆轍摧殘滇馬影，揮鞭掃盡黔驢迹。算古今、名將在楊家，真無敵。　鏖戰處，旗翻血。高讌處，笳吹月。聽凱歌悲壯，唾壺敲缺。江上曾沾劉表酒，幕中爭看枚皋檄。歎半生、磨劍願從軍，憑誰説。

憶舊游　甲寅游江陽，曾賦此調。揭來四經其境，寓樓清暇，因疊前均，感慨系之

認舊停橈處，只賸秋江，幾段漁家。回憶當時盛，有風流小晏，標榜才華。鹺使晏海瀾曾刻《方山唱和集》。別后幾經塵劫，無夢不曇花。占一樓煙月，曉鐘吹過，又送昏笳。　雁底關河路渺，看夕陽紅濕，帆影低斜。長作天涯客，笑一官飄泊，人似長沙。分付樵青細煑，消受乳泉茶。滴乳泉在城西。讓旅燕雙棲，時與內子偕。休教古寺催曙雅。

臨江仙　辛酉八月四日偕內子書雲游江陽寶山，攝影呂仙閣下

滿院天香新雨過，笛聲吹送涼秋。偶攜仙眷作清游。一籬花影，恰好傍牽牛。　梁孟當年曾賃廡，此間聊足句留。雙飛雙宿儘消愁，只應騎鶴，莫更下揚州。

浣谿沙

江上陰雲叫鵓鴣。嫩涼天氣上鐙初。有人相對笑黄姑。合藥細研尖貝母，堆盤親剥荔支奴。風情還似少年無。

百字令

辛酉十月幾望，偕王治易道尹游江陽龍馬潭

蘋洲摇渡，算八年重問，王昌消息。相傳古有仙人王昌修道于此，馬化爲龍。衆海已經三度淺，猶賸一灣秋碧。金馬難尋，銅龍倦訪，空作諸侯客。閒雲潭影，小樓低印鴻雪。　遥想子晉吹笙，方平醉酒，故事人争説。終古君家仙氣在，丹鼎易銷塵劫。鵾鶴聲聞，鯨鯢浪静，邱壑回春色。歸鞭緩緩，墻尖新挂涼月。

摸魚子

爲人題飛艇行空圖

恍迎眸、風吹海立，布帆千里無恙。不須春水船中坐，境界居然天上。憑虚颺。似貫月靈查，直破星河浪。全空依傍。看無翼能飛，有聲相應，高眼避塵障。　只争箇，縹緲盧家小相。替君添襯豪宕。石城艇子嫌拘束，輸與游仙模樣。何處降。正大地荆榛，一葉難安放。隨機自蕩。奈水淺三回，煙迷九點，低首更吟望。

浪淘沙

壬戌秋初，游烏尤山寺

晴翠撲征衫。涼意初添。峨眉如黛水如奩。自古嘉州風景好，不讓江南。　老樹感秋潭。潘鬢毶毶。仙蓬無路早收帆。三策治安抛去也，來悟華嚴。

前調 游凌雲山，登東坡讀書樓

頻歲客諸侯。多病多愁。不如歸隱伴沙鷗。舊日青衣何處去，惟賸江流。 天際望眉州。煙樹生秋。西飛無鶴掠扁舟。讀罷奇書人已渺，雲鎖空樓。

其二

樓外浪黏天。天外青山。數聲魚梵翠微間。一自春婆相遇後，春夢都删。 花趁戰旗翻。嘑瘦紅鵑。十年塵海苦烽煙。檢盡兵書無上策，欲問坡仙。

百字令 癸亥開歲，戎馬滿郊，都人士蜷伏危城，余亦經旬不能出郭。亂粗平，王慧庵少將招游別墅。地當杜祠西，花石林亭，洒然有逸趣，因留宿焉。清夢甚適，感時撫事，記之以詞

蜀天多漏，甚晴雷乍起，驚翻棲燕。劫火初收祆霧卷，已誤好春將半。藩鎮披猖，杜陵蕉萃，雙淚花時濺。花谿無恙，野梅今又開遍。 塵外只赤仙源，水深魚樂，且讓羣龍戰。拔劍王郎原磊落，破壁星芒須斂。魯酒移災，楚弓隨遇，一笑誰恩怨。清宵涼夢，隔林鐘韻休喚。

滿江紅 贈慧庵

杯酒新亭，畢竟算、阿龍超矣。不肯效、楚囚相對，氣吞餘子。椽筆曾題西嶽廟，慧庵曾游華山。樓船欲破東溟水。共誰人、拔劍和悲歌，秋風起。 滄江渺，傷蘭茝。田園在，生荆杞。□縱橫一片，赤眉新史。本擬軍聲驅草木，遽聞欵段歸鄉里。待甚時、重整舊山河，

祅氛洗。

其二

繞屋清谿，尚依舊、竹寒沙碧。暫抛去、緑沈金瑣，换來蓑笠。放棹宜乘三月浪，開門正對千秋雪。與杜陵、野老結芳鄰，真幽絶。　鶯巢處，楊絲密。鷗戲處，荷香溢。更補梅招鶴，管春消息。躭飲不妨祠白墮，談兵未讓師黄石。羨閉門、種菜好生涯，風波歇。

其三

鼙鼓倉皇，憑記取、趙家名將。因底事、白衣蒼狗，此情難量。攜酒騎驢人未老，彎弓射虎心猶壯。憶當年、飲馬向巴中，秋池漲。　雲山遠，回頭望。家山破，從頭唱。正囂然藩鎮，阻兵相抗。割地可憐天亦醉，憂時誰問民無恙。聽壁間、夜夜起龍吟，聲悲放。

渡江雲　甲子春莫，徵訪文獻。所寓前朝官舍，某女公子殂謝，於是葬諸西郊。忽忽二十年矣，書以志感，用香宋柳均

故園春事晚，亂紅催夢，小劫見恒沙。瘦鵑啼最苦，唤墜殘星，又唤夕陽斜。崔郎再到，甚重門、遠勝天涯。空指點、烏衣舊巷，飛燕過誰家。　嗚笳。壓孤城無恙，對此茫茫，似當年洗馬。長記取、輕羅撲蝶，淺鬟梳雅。香肌忽化西陵土，問蘭因、須向龍華。魂歸也、棠梨一陳風花。

金縷曲　甲子仲冬合州歸途，懷孫夢僧將軍

馬齒加增矣。算孫陽、風塵一顧，感懷知己。記得軍中高讌日，心似飲醕先醉。更把酒、同

餐霜蕊。慷慨提兵曾討逆，論殊勳、應上華陽志。君一笑，等閒耳。英雄肝膽通禪意。悟前因、恍然如夢，澹然如水。我亦人間投筆吏，不羡封侯萬里。願長揖、參卿軍事。回首三谿祠畔路，時屯兵簡州，其行營在三谿祠。正疏林、紅映江頭旆。待重見，話身世。

踏莎行

馮石緣，清太守也，工繢事。慧庵少將買馮廢園而新之，又裝其殘畫，園與畫皆得所，馮若有靈，亦可少慰。感懷今昔，歌以志之

墓認前朝，園更舊主。丹青幻出滄桑譜。嫦人絲柳綰春風，當年醉守歸何處。　荷笠分花，攜鉏壅樹。芳鄰況是城南杜。□寒沙碧好詩懷，莫教寫上闌成賦。

虞美人

題桃柳畫扇

未央殿與靈和殿。一樣春愁亂。平陽歌舞幾時停。舊日風流張緒、也飄零。
門前柳色青如故。便是仙源路。春蕪換盡鬱金香。留得一雙棲燕、話興亡。

憶故人

資中澄園在城東數里，亭樹幽邃，擷江山之秀。主人陳少吾性好客，嘗招飲其間，屢索韻語，以紀清游。時余爲吏事所羈，苦無以應。爾來挂冠數月，神思漸清，回念名園，益深感喟，爰賦長調，以寄少吾

戎馬初過，門前緑賸萋萋草。主人愛客比陳遵，竹逕呼童掃。酒是杭州味好。況相逢、梅花放了。多慚俗吏，案牘埋頭，便忘詩藁。
因病休官，無田也學歸田早。名園長在夢中

游，情似珠江繞。留取扁舟重到。料村獨、相迎尾掉。拋去烏紗，換來青笠，山靈休笑。

玉漏遲

逭暑少城，更卜其夜，疏鐙蕩水，瘦月穿雲，紅藕香飛，時聞嬌語，頗極裙屐之勝。干戈叢裏，俊游亦匪易也。歌以識之

柳梢斜照斂，棲蟬未穩，飛聲池岸。翡翠眠香，荷影帶風低顫。彷彿喁喁細語，正商略、雙星河畔。停畫扇。箇儂本自，冰肌無汗。　淺淺。月印眉彎，莫是孀娥，也舍春怨。別后揚州，綺夢如煙吹斷。故國兵戈蝟起，料舊日、情場都換。誰更念。司馬近來游倦。

攤破浣谿沙

枝上幺禽繡羽單。海棠經雨淚痕殷。幾度拈毫羞未肯，畫雙鴛。　滕閣風流原勝境，夢窗家世本詞仙。寄語東君須料理，護花旛。

南歌子

蛾細眉痕斂。蟬低鬢影鬆。雁行恰與小姑同。數到水仙花信、第三風。　舊夢鱸鄉碧，新僑蝶路紅。自調胭粉卷疏櫳。畫取海棠春睡、當春容。

蝶戀花

花影一簾春夢斷。嬌囀頻頻，料有人相念。卍字回廊都繞遍。吹殘柳絮荀香遠。　妾似籠鸚郎似雁。一箇飄零，一箇多羈絆。玳瑁梁間來往便。他生願作盧家燕。

月華清

題漁樂圖

酒稅頻加，魚租漸漲，江天那處堪隱。滿地蟲

沙，誰得臥游清淨。正沿谿、謝了桃花，又十里，藕香荷影。隨分。似醉鄉招月，笛吹秋信。　消受蓴鱸風韻。且分付樵青，停橈煑茗。浪輭潮平，睡熟夜來蛟蜃。只憑他、一幅湖山，早醫可、十年愁病。乘興。願移巢畫裏，與鷗先訂。

以上《小紅簫譜》

八聲甘州　奉和十二憶

憶來時秋水望將穿，無言更情癡。忽月明林下，珊珊影動，緩緩春歸。鬭得猧兒何事，花下戲銜衣。遮掩酴醾架，怕有人窺。　握手猶疑是夢，記夢中識路，寸寸相思。倩檀奴鐙畔，鞵底剔香泥。恠今朝、呀呀鵲噪，信心人、消息未游移。頻央及、好風吹度，宋玉牆西。

其二

憶去時青鳥欲歸飛，含悲到紅巾。歎相思不見，見來又別，別又消魂。堅訂屏山後約，手奈眼前分。金鴨依然坐，心字誰溫。　難怪儂家作賦，恁波痕草色，刻意傷春。下香階幾步，耳語尚頻頻。一心心、百年厮守，甚同心、結了更愁人。雙紅豆、幾時拋子，一夜生根。

其三

憶眠時花壓鬢雲偏，橫陳繡幃中。盼紅裯裏處，鴛巢煖閣，蝀抱深叢。等到秋波欲合，推醒尚惺忪。一綫胡香泄，晝袴難封。　祇道海棠花困，甚桃花結子，偏坼東風。乍錦衾留縫，幫露睡鞵紅。半宵寒、賴他熨體，折腰時、宛轉曲如弓。多情柳、也如人樣，三度春宮。

其四

憶食時玉指罷吹簫，侍兒薦金盤。奈櫻桃性熱，蒓絲性冷，檢點真難。孕得蚌中珠子，心愛早梅酸。不是胡麻飯，也勸加餐。　惱煞粧嬌作病，學空心一琖，油點魚肝。任倫嘗靈藥，飛入月中天。共今生、薺甘荼苦，比猩脣、鯉尾味逾鮮。人情薄、索檳榔片，閒話雕闌。

其五

憶坐時日影度花磚，午風漏聲遥。正玉枰敲罷，香絨繡了，眉謚輕描。花外行宫寥落，無暇説前朝。屏角琉璃響，誤損蘭翹。　一日真如兩日，悵焚香静裏，怎到良宵。向瑶階點屐，低按小紅簫。念它家、熏籠斜倚，到天明、淚眼漬朝朝。貍奴懶、壓酸雙膝，舞蝶慵捎。

其六

憶立時小院落花天，雨餘燕飛多。看不行不坐，雲容脈脈，山翠峨峨。端的弓鞵占穩，裙帶任風挼。背面秋千下，閒逗嬰哥。　配得臨風玉樹，倚數竿修竹，不讓湘娥。對月移桐影，冰透繡鞵羅。小紅闌、偶遮半截，似無風、蓮柄出文波。雙星會、上鋮樓去，佇看星河。

其七

憶愁時脈脈復厭厭，簾前月如秋。是爲誰顛倒，爲誰蕉萃，更爲誰羞。醞釀蓮房意味，清苦在心頭。緑了垂楊色，怎忍登樓。　仿佛顰眉西子，歎故宫零落，又上扁舟。問一江春水，流到幾時休。漬冰壺、胭脂萬點，縱珍珠、十斛不曾收。真堪羨、盧家少婦，小字温柔。

其八

憶笑時掩袂半含羞，嫣然綻紅櫻。算緋桃帶醉，紫薇怕癢，一樣風情。任築愁城萬里，一顧爲他傾。惹得蕭郎到，都絶冠纓。　不是荔支來了，甚酒渦微暈，圓透星星。問紅樓何處，珠箔卷分明。奈何天、别通禪味，借拈花、微妙印三生。銷魂處、一聲嗤也，脆似鸞笙。

其九

憶起時眼纈尚迷離，晴暉射珧窗。看流蘇半掩，鈿痕壓扁，肌玉生香。兜起紅蕖兩瓣，懶扣夾羅裳。是事清晨好，俏過濃粧。　儘著畫眉人睡，與單棲小異，人在君旁。記蹋青有約，無雨報鄰坊。偶擡身、湘紋乍捲，掠雲鬟、飛出燕雙雙。鶯兒好、不驚枝上，還夢遼陽。

其十

憶醉時蜀國舊宫粧，頳邊暈朝霞。恠玉纖無準，琴徽屢誤，墨瀋都斜。武后誰家姊妹，朱碧眼全花。枕得多時臂，辛苦秦嘉。　半睡先妨消渴，累金籠鸚鵡，頻唤煎茶。剖鶯黄橙子，酸味沁銀牙。甚春酲、越添越醉，怕風吹、重補緑窗紗。郎休問、自停杯後，轉病些些。

其十一

憶行時如雁蹋圓沙，盈盈下妝臺。看微風乍啟，香塵不動，飛燕身材。慣撲衫兒窄窄，胡蝶比人乖。耐得雙纏緊，晨换新鞵。　稱意阿紅扶掖，到落花深處，蓮瓣都埋。有翠藤遮徑，斜挂九雛釵。露痕多、争先不得，石榴裙、四角染青苔。歸心急、笑詩人緩，轉把郎催。

其十二

憶浴時褪卻碧蟬紗，玉盆注蘭湯。喜别無人到，一團軟雪，近水先香。解盡抹匈訶子，紅印鏁金黄。照出蝤蠐白，半截波光。　陣陣梨花著雨，論冰肌玉骨，本自清涼。借紅巾羞掩，裙挂鏡臺旁。袖金錢、侍兒巧賺，任伊來、假意説提防。傾殘水、試看蓮葉，魚戲何方。

以上見《春禪詞社詞》

夜行船　壬申春暮成都作

春到薔薇春已莫。倩游絲、絆春休去。銕鏁燒江，樓船横海，料春也、歸無路。　草色荒涼桃葉渡。正羣鬨、亂飛何處。卓氏當壚，花卿按曲，勸春也、梁州住。

揚州慢　穠春老矣，矧遘時艱，倚醉行吟，百端交集。次白石均以寫幽懷，不僅司馬青衫之感也

么鳳收香，亂鶯嘑夢，好春已近歸程。費東風氣力，賸一片濃青。算飄泊、揚州小杜，江湖載酒，羞更譚兵。怕芙蓉城郭，今年應唤蕪城。　戀巢勬羽，聽弓弦、猶自虚驚。便芍藥奩開，櫻桃帳暖，難慰傷情。二十四番催過，憑誰拜、冷夜鵑聲。念家山都破，瓊花何事還生。

以上《采風録》第二集

望湘人　陳朝華碧秀爲愛智所賞，玉津老人有詞贈之。愛智既和，録以示予。予與朝華止一面緣，固不及兩公見慣也，書此奉嘲

歎花卿而後，幾度滄桑，錦城依舊絲管。碧玉年華，解紅身段。那回燈下初見。義髻盤鴉，

舞裙翻蝶，纖腰微顫。笑吴郎、生小同鄉，家住東湖湖畔。休問開元舊譜，算梨園春色，風流雲散。聽哽咽淒音，當得一聲河滿。香留翠被，夢温青翰。此福何曾經慣。曼左了、老去風懷，認作漢宫飛燕。

見《學藝》三期

祁世倬

浪淘沙 丙寅正月，對案頭水仙，偶有所感

生意滿芳叢。非色非空。銀臺金盞玉玲瓏。最是冰姿能耐冷，不怨東風。　水石訂交同。似淡還濃。淩波微步月明中。正好梅花來作伴，香夢時逢。

前調 前題，疊前韻

居士老林叢。説有談空。似聞玉佩響玲瓏。今夜步虚聲遠至，月上屏風。　清夢有誰同。暗裏香濃。天人供養百花中。省識東皇無限意，一笑相逢。

減字木蘭花 丙寅夏日，高子白觀察賦此見贈，次韻奉酬

南州高士。想見當年徐孺子。濯足扶桑。萬里歸來臥故鄉。　桓公未老。賓客何人風落帽。酌酒吟詩。湖上新成組練師。

蝶戀花 丙寅中秋，和子白觀察韻，並調元方

翠篠娟娟風不定。雨滴空階，漸覺秋聲近。輕靄低籠如畫景。天邊少箇圓靈鏡。　庭院無人心自省。雲裏星河，好事應難盡。今夜莫將消息問。燈前照見驚鴻影。

釀雪　丙寅十一月，用東坡《卜算子》韻

天上作同雲，小院風還静。乍見來禽繞樹棲，窗竹摇燈影。　夜半忽驚寒，有夢誰深省。欲發新醅起自斟，只怕衾裯冷。

以上《非不齋詩餘》

芮　善

東風第一枝　暮春郊外作

野陌紅稀，遥山緑黯，東風又吹狂絮。蝶翻乍過頹牆，蟬噪漸聞高樹。幾番回首，猶記取、香中歌舞。奈等閒、抛卻芳時，一霎便成今古。　空自想、樓頭舊侣。又頻念、酒邊私語。當前草長淒迷，都是伊曾游處。殘脂剩粉，已盡付、一春烟雨。更那禁、杜宇聲聲，唤起閒愁無數。

浣溪紗　閨夜消夏，擬温庭筠

綽約風流絶代姿。銷魂人在夜闌時。素蘭花壓鬢雲低。　未覺早秋知瘦損，爲貪涼月慣眠遲。背人偷换舊羅衣。

其二

深院月明半掩扉。碧天如水晚風微。銀牀斜倚未眠時。　紈扇輕揮摇霧鬢，羅裳暗解露冰肌。教郎隔坐莫相偎。

前調　感舊，擬韋莊

人比秋華小字妍。生來慧質自應憐。有時繾綣到儂邊。　淺盼盈盈疑素水，輕颦疊疊認遥山。銷魂情態萬千般。

其二

還記當年舊浣溪。嬉春聯坐共傾杯。醉時花

下幾徘徊。去處玉驄嘶大道，歸途雲鬢映斜暉。而今回首夢都非。

齊天樂 暮春送客南行

青春不共人留住，傷春更還傷別。南浦花飛，長亭絮語，同是一番淒絶。孤舟夜泊。料月滿空江，照來顔色。爲問嬋娟，今宵何事影偏缺。　江南風物似畫，奈家山路渺，歸夢難覓。眼底滄桑，天涯倦旅，憔悴梁園賓客。離懷暗結。把驛柳絲絲，爲君攀折。後日西窗，鏡邊增鬢雪。

鷓鴣天 己巳三月暮，侵曉，出成都南郭。時花事已闌，風雨初過，萬緑如海，一望淒迷。回憶上月士女嬉恬，載酒尋芳之勝，恍如隔世

著意尋春春已殘。東風吹雨轉輕寒。垂楊十里城南路，細草平鋪緑漸妍。　人縹渺，興闌珊。莫從陌上覓花鈿。農夫歲歲知時節，笑挽青牛又著鞭。

百字令 感賦

井蛙聲鬧，聽連年閣閣，了無休歇。煑豆燃萁渾見慣，長是波翻潮激。破碎河山，英雄魚鯽，猶恨蜀天窄。岷峨千里，包含多少槐國。　極目龍戰中原，彎弓躍馬，誰奮相如檄。東下樓船懷往事，羞負益州豪傑。氈裹陰平，艘沉漢水，天險誰能扼。盱衡今古，興亡休問前轍。

賀新涼 己巳中秋後，與李其相總節、饒澈韜、敖集生、張俊夫、朱翰青旅長、李注東司令、蘇敏言、馬幼愚少將、葉少瑶團長游桂湖作

漸近重陽節。飽飣出、乍晴天氣，風消雨歇。小隊元戎乘逸興，一路飆馳電激。倏已到、升菴故宅。叢桂香銷殘藕盡，漠湖光、十頃澄秋色。聲在樹，落黃葉。　滄桑滿眼餘荆棘。賸荒涼、空臺廢館，未同磨滅。戰壘腥痕憑指點，同人散步新都郭外，李將軍爲指往年戰迹，各增感喟。舊夢何堪再説。且消受、無邊煙月。銀燭高燒清酒煖，願諸公、共罷新亭泣。人世事，任圓缺。

東風齊著力　九月十五夜，未眠，欹枕成調

翠被凝香，金釭映碧，兩覺無情。百年身世，此際最分明。説甚浮生如夢，渾不解、夢也難成。聽窗外，風敲悴葉，引起秋聲。　獨夜太淒清。只贏得、滿腔愁思迴縈。鬢絲禪榻，冷落竟如僧。算者長天一月，當空照、是我前生。人不寐，林鴉飛噪，催動殘更。

太常引　送洪次雲之涪江

驪歌倏唱黯銷魂。無計可留君。舊夢試重温。驗襟上、脂痕粉痕。　荒郵曉發，柴扉暮掩，一樣悵離羣。折柳問王孫。更尊酒、何時論文。

解珮環　紀懷

支機石畔。認紅樓一角，花外門掩。遠眺當窗，小立憑闌，幾見桃花人面。銷魂已是相逢後，却又被、濃雲遮斷。空悵望、銀漢紅牆，一樣寸腸千轉。　想到當時舊事，有人窺宋玉，躑躅隣院。寂寞中年，漸老風懷，萬事已隨雲散。伊誰更種相思豆，又引起、芳心無限。苦

難禁、兩意纏綿，欲借并刀雙剪。

憶江南 游昭覺寺

莊嚴界，臺殿影沉沉。萬點歸鴉催暮色，數聲清梵出疎林。何處證禪心。

相見歡 登樓望月

一彎獨挂樓頭。影如鉤。寂寞無人銀漢、透清秋。　魄未老，天然好，思悠悠。欲問玉人眉樣、得如不。

滿庭芳 甲子秋，曾子慎言避地新津，所爲《甲子秋詞》數十闋，怨悱纏綿，屈、宋之遺也。余既爲圖武陽山水，復題此詞。時同客川邊節帥劉公禹九幕，故後闋及之

如此江山，無聊意緒，有人憔悴傷秋。浪翻黃葉，孤憤觸飄流。想見蒼茫獨立，唫肩聳、自寫沉憂。不平甚，何人欲殺，白也謫仙儔。悠悠。懷往事，風塵牛馬，幕府沉浮。似登樓王粲，曾共依劉。休問梁園舊侶，今昔夢、如判鴻溝。爲君畫，殘山賸水，揮管獨含愁。

柳梢青

笑顰輕淺。舊時猶記，幾回相見。寶枕紗幮，幽房深處，也都游徧。　料知未改芳心，兩情緒、不隨春換。可奈劉郎，今年重到，去年人遠。

慶春澤 陳君治皆，滇中畸士也。丙辰、丁巳間，與余同客羅公鎔軒幕，結契極深。別去十年，重晤成都，各話滄桑，悲喜交集。墜歡未拾，又唱驪歌，別意黯然，賦此投贈

刼後星霜，客中萍梗，何期把臂逢君。湖海元

龍，當年豪氣猶存。獨憐身世長漂泊，更驚心、白髮催人。忍回思，幕府當年，短簿髯軍。　空桑在昔曾三宿，况花潭無恙，絲管常新。春草明年，有人應念王孫。却愁乍見還成別，唱陽關、字字銷魂。立西風，萬里東吴，目斷江雲。

木蘭花慢 丁卯新秋，曾子慎言侍其尊人芷軒先生及杜柴扉、郭季吾兩君，小憩新都桂湖。既各賦詩紀游，復囑余作桂湖秋禊圖，裝爲一卷。荏苒兩年，今又攜來索題。因賦此詞，以志歲月

乍輕寒節候，問秋色、落誰邊。只桂樹千叢，湖光十頃，相望澄鮮。西川。獨留勝蹟，讓羣公觴詠共流連。誰繼升菴父子，丹山兩箇詞仙。謂慎言喬梓，丹山其故居也。　當年禊事已如煙。紙上試重看。有廢館臨池，枯蓮亂浦，荒柏迷天。還憐。杜陵老去，謂柴扉。紀清游遺墨滿花牋。我媿輞川畫筆，來圖巢父詩篇。

金縷曲

世事何堪說。莽神州、紛紜顛倒，又生膠葛。慘澹愁雲凝萬里，籠罩一天亂雪。對凛凛、寒生毛髮。幾見邊庭飛燧火，又胡笳、吹遍關山月。揾淚眼，餘淒瑟。　芸芸禹甸誰分裂。奈同舟、翻成越楚，多少離合。起視豺狼當道處，但有荒原白骨。更目斷、荆榛路絕。鑄就他年亡國錯，問何人、聚此六州鐵。雙劍起，唾壺缺。

錦纏道 紀客况

低羃愁煙，掩映一庭哀色。更酸風、幾來摇曳。朦朦吹黯梨花月。廢壁燐飛，照見殘紅

泣。步空階幾回，萬籟俱寂。只蛩聲、尚餘悲咽。怪夜深、俏立人何處，幽房門掩，獨對寒鐙黑。

滿庭芳 過某氏別墅感舊

廢閣籠煙，頹牆臥柳，沉沉深鎖雙扉。亂蓬遮徑，蛙鼓鬧荒池。風捲階前悴葉，枯枝上、愁絞藤絲。虛廊冷，蝸涎篆壁，剥落舊題詩。當時歌舞地，簪遺珥墮，紙醉金迷。儘疏花自發，猶似人癡。可奈梁空塵滿，重門掩、燕子難歸。還相望，衰榛斷梗，垣外塚纍纍。

攤破浣溪紗 自題小照

人比黃花瘦幾分。自憐潘鬢漸如銀。不與西風共憔悴，爲傷春。　形影成雙誰是我，鬚眉不二幻猶真。試取靈和宮殿柳，證前身。

訴衷情 題秋林讀書圖

蕭蕭古樹兩三株。黃葉覆茅廬。推窗看遍秋色，支浄几、自繙書。　閒滴露，漫研朱。意躊躇。爲君傳語，便讀離騷，莫讀陰符。

相見歡 偶書所見

比肩人共香車。豔如花。却被春風吹送、到誰家。　是兩小無猜好，任交加。愛煞一雙偎抱、故欹斜。

一萼紅 潼南夜泊，風雨中作

旅魂驚。正孤峽風雨，吹吼怒潮聲。鷁首頻搖，烏篷坐震，喧遶齊雜江鳴。記沿浦、高林似畫，被頹雲、遮斷影從橫。荒縣城遥，鄰船窗黯，燈火無明。　底事飄零如許，歎長門空賦，誤我平生。衾薄寒添，枕單睡懶，客裏到處淒清。幸今夜、舟中剪燭，有同心、人與話深更。惟憶春閨癡夢，猶算歸程。

揚州慢　重到江州感舊

客子關山，風塵牛馬，又來賣賦江城。賸征衣未滌，孤館伴蕭燈。且隨分、天涯落拓，硯田催老，虛負平生。聽高樓、哀角頻吹，愁入江聲。　昔游漫省，料當年、紫玉煙生。縱紅袖供筵，朱闌喚酒，總是無情。我亦清狂杜牧，揚州夢、何處追尋。只春堤楊柳，籠煙依舊青青。

浪淘沙　題李後主詞

獨自一憑闌。憂緒無端。春花秋月自年年。莫問當時南內事，舊夢如煙。　鐙燼未成眠。枕冷衾單。子規啼月五更寒。別是一番心上恨，愁染花牋。

玉漏遲　詠落葉

正江潭曉落，西風驟急，飄零如許。庭户淒清，愁絶歐陽一賦。乍聽蕭蕭似雨，又幾陣、翻飛疑絮。秋戰樹。驚霜雀冷，抱寒何處。　回思采緑前歡，料月下孤蛩，尚能重訴。仰望添薪，還慰元郎貧婦。只奈吟商客裏，蘋洲笛、暗吹離緒。漫淒苦。明年更將紅妒。

浣溪紗

繡幕低垂曉閉門。薰鑪煙燼尚餘温。洞房昨夜煖於春。　綺夢乍回慵試眼，羅衾半啟讓傾身。此時真箇欲銷魂。

青玉案 詠案上瓶梅

一枝擷取羅浮種。移作小窗清供。素質猶凝寒氣重。倩妝獨倚，短檠相共。疏影横斜弄。料知雪海陰雲凍。冷絶孤山莫尋夢。好伴美人肩俏聳。春痕留貯，暗香長擁。不管譙聲動。

金縷曲 贈曾慎言

曾大今能者。舉周秦、六朝漢魏，宋唐清社。諸子百家新舊學，齊向洪鑪鎔冶。便千丈、光芒騰射。蜀國名流魚鯽耳，笑遼東、豕白多驚訝。憑月旦，孰稱霸。　與君剪燭西窗話。記抵掌、縱横論列，浪濤傾瀉。莫道淵雲今不作，尚有遺風未謝。又却慨、陽春和寡。壇坫名山餘絶業，繼薪傳、敢讓先生下。千古事，共取捨。

菩薩蠻 春日郊行即事

晴光裹裹催妍日。游絲千丈連天碧。嵐翠接荒城。因風聞市聲。　小橋流水急。有女柴門立。何處送幽香。野花開短牆。

憶江南 擬李後主，即次原韻

思往事，遺恨在胸中。已識金陵王氣盡，百年誰復戰羣龍。不競是南風。

其二

尋舊緒，孤枕獨支頤。寒雁不堪愁裏聽，悲笳偏向睡時吹。夢醒幾驚疑。

其三

離別恨，容易惜殘春。九十風光閒遣却，一番舊事一番塵。腸斷去年人。

其四

春去也，客裏又深秋。清淚和成窗外雨，驚魂渾似浪頭舟。惆悵一登樓。

清平樂　又

笙歌天半。響遏行雲斷。追憶前歡情撩亂。愁聽一聲河滿。　明明春夢無憑。翻教一夢難成。料得畫堂人渺，砌苔依舊重生。

臨江仙　又

江南風物依然在，年年草長鶯飛。一朝溝水判東西。闌干私倚處，猶記畫簾垂。　過眼繁華輕遺却，天涯客夢都迷。憑君莫憶小紅兒。歌殘人散了，無限思依依。

虞美人　又

畫堂南畔窗紗綠。前夢都難續。含情脈脈悄無言。料得東風吹恨、自年年。　春痕退盡愁痕在。誰把愁來解。杜鵑啼血又更深。人與鵑魂長斷、兩難禁。

其二

而今事事都休了。恨事還不少。去年花月正春風。此夜何堪回溯、夢魂中。　南朝金粉依稀在。那識山河改。却憐江水不知愁。誰送一腔離緒、向東流。

浪淘沙　又

秋色十分哀。幽恨誰排。夢回聊自步空階。寂寞梧桐深院静，寒意催來。　故國已塵埋。錦繡榛萊。宮門長鎖不曾開。料得隔江商女曲，猶唱秦淮。

臨江仙

記得當年攜手處，房櫳暗掩窗紗。銀鐙相對醉流霞。酒邊私勸我，今夜宿儂家。　緑醑半酣嬌不語，心情訴與琵琶。而今相望各天涯。知卿飄泊甚，何忍問桃花。

菩薩蠻　子夜

紫皇避殿蒼龍吼。修羅夜戰摇星斗。銀漢起波濤。河郎不可招。　九陔傳信噩。天座森芒角。煉石召神媧。青冥返帝車。

其二

愁雲低羃天如墨。棠梨花黯無顏色。腸斷泣殘紅。濕螢流殯宮。　紙灰飛盪急。處處過寒食。蠟燭散煙輕。荒雞咽五更。

其三

瓊樓瑤殿迷青鎖。雲中雞犬淮南過。歌管起紛紛。遥歸煬帝魂。　霓裳方罷舞。永誓聞私語。幽夢到陽臺。行雲化雨來。

臨江仙

亂鴉啼處鸞鴻舉，江山付了殘棋。滄桑客裏舊游非。錦城烽火，回首夢魂飛。　身世渾如帷幕燕，飄零訴與誰知。别時却怕計歸期。歸時無計，惆悵竟何之。

浪淘沙　題瀟湘八景畫册

其一　瀟湘夜雨

風雨陡生寒。浪激波喧。魚龍睡穩客人歎。

隔岸蘆花霞映處，一夜吹殘。　昨日淺沙灘。曉望瀾翻。水天無際一江寬。萬疊頹雲收拾盡，聳起君山。

其二　山市晴嵐

日暖又風恬。螺翠新添。嵐光遥接豔晴天。遠望人行高下路，隱現春田。　荒市起炊煙。午色澄鮮。酒旗飄展倍增妍。薄暮歸來人盡醉，樂思陶然。

其三　漁村夕照

遠渡暮煙遮。數點飛鴉。野橋流水抱江沙。箇箇漁舟成櫛比，篷背殘霞。　傲是酒生涯。醉興清佳。風簑雨笠自爲家。好是斜陽紅葉樹，燦爛如花。

其四　煙寺晚鐘

高寺聳山巔。掩映濃煙。層層臺殿景無邊。幾陣歸鴉催暝色，飛遍江天。　深壑亂流泉。清響潺湲。數聲清梵上方傳。到此禪心應默證，寂寞忘言。

其五　遠浦歸帆

浩淼一江波。叢荻花多。遠帆無數傍平坡。欸乃一聲聞隱約，暮日西矬。　客夢竟如何。壯志消磨。悠悠歲月易蹉跎。三徑未荒歸去好，還眄庭柯。

其六　平沙落雁

平遠一洲沙。落日明霞。長空幾陣雁聲譁。驚破水中天蕩漾，飛近蘆花。　秋老尚天涯。何地伊家。遥山萬疊暮雲遮。如此風波留不得，處處罥罝。

其七 洞庭秋月

銀漢透清秋。風靜雲收。湖波漭漭接天流。無限夕陽西下了，月魄東浮。清影上簾鈎。鶴去難留。一聲長笛吹樓頭。何日洞庭艤棹去，畫裏神游。

其八 江天暮雪

積雪冷瀟湘。天重雲黃。萬梅殘褪萬松僵。不見瓊樓連玉宇，寂寞漁郎。村店亂山旁。酒帘飄揚。當鑪偎煖認紅妝。隔岸瑶林無際處，疑是銀塘。

沁園春 書憤

孤憤填胸，恨口難箝，不平則鳴。甚侏儒醉飽，東方飢憋，顏回困阨，盜跖縱橫。讀盡奇書，傳來絕藝，畢竟儒冠誤此生。人間事，總紛紜顛倒，孰辨淄澠。分明文字無靈。欲溷跡、漁樵躬自耕。讓羣兒乳臭，後來居上，老傖頑鈍，先占虛名。興到狂歌，悲來痛哭，衆鳥喧時鶴一聲。無聊甚，取雲牋十幅，寫我淒清。

浣溪紗

底事終朝擁繡幮。非關寒意沁庭除。有人偎坐倚薰鑪。活火温如嬌笑語，熱香溢出玉肌膚。郎情妾思兩何如。

齊天樂 游寶光寺作

偶來勝地逢僧話，入門夢塵初醒。舍利塔高，菩提幢聳，一杵霜鐘聲靜。殿臺深迥。更清梵音沉，魚龍驚聽。曉霧初開，祥雲籠罩萬松頂。還向經牀趺坐，覺鳴禽磔格，都入禪韻。大嚼伊蒲，飽餐粥飯，滋味澹中心領。休談究竟。只意境同參，華嚴應證。歸近黄昏，暮煙林外暝。

浣溪紗

自别音塵兩斷腸。青禽盼久信茫茫。爲誰憔悴減容光。　夢到歡時偏睡醒，人從愁裏覺宵長。去年前事忍思量。

其二

記得紅樓似畫圖。曾攜玉腕笑相扶。鴛鴦飛宿不宜孤。　清酒間邀浮子醉，醉時親爲解羅襦。尊前一笑説狂奴。

念奴嬌　春陰

春光催透，又乍明倏暝，爲花留住。百丈游絲颺不定，疑雨却還無雨。塵醮亭蕪，煙籠堤柳，都是迷離處。紅桃藏豔，頹雲低襯千樹。　前約采緑尋歡，宿寒作煖，無復閒情緒。只有流鶯啼更亂，林外聲聲如訴。翠幕低垂，重門静掩，油壁芳期誤。懨懨愁困，錦牋慵寫新句。

謁金門　題畫扇

江水漫。漠漠波清煙澹。雅陣驚風飛撩亂。斜陽紅樹滿。　漁艇齊依沙岸。三兩櫂聲相喚。荒榭半頹人不見。秋光誰領管。

一萼紅　己巳冬，卜居成都少城之西偏。闢地半畝，構屋三楹，境絶塵囂，雅無俗韻。挈家小

住，不知身在朝市間也

又移居。占少城西畔，地遠境幽虛。庾信小園，陶潛三徑，比來誰似吾廬。就門外、新栽五柳，卜春來、繞屋樹扶疏。近市無囂，閉關卻埽，樂事于于。　豈必緑墀青瑣，喜琳琅滿室，富擁琴書。蝸角安身，蚊巢容膝，盈虛一例何殊。且閒對、荊妻穉子，更不須、梅鶴擬林逋。便欲菟裘終老，還戀庭除。

念奴嬌　對月

舉頭凝望，愛銀蟾水浴，澄明如許。玉宇瓊樓飛不到，誰與嫦娥爲侶。鏡朗懸冰，紗籠題句，碧落知何處。獨愁吳質，不眠頻倚高樹。　我欲御氣乘風，聞香桂殿，冲舉清虛去。却奈紅塵無好夢，人境已成長住。上界難通，靈根先墮，應是多生誤。廣寒猶在，便拋環珮無數。

前調　漢昭烈衣冠墓

猇亭兵敗，賸西川霸業，蕩然波靡。今日衣冠埋舊塚，極目荒涼如此。通好江東，出師冀北，早善隆中計。一朝翻覆，君臣休説魚水。　憶昔白帝城頭，六軍挫北，寂寞龍長睡。回首蟲沙猿鶴化，空有煩冤故鬼。嗣主庸才，孤臣盡瘁，漢祚全終始。一坏殘土，石麟猶自巍起。

前調　薛濤井

枇杷一樹，問校書門巷，空餘濤井。詞客聯翩頻覽眺，幾度汲泉烹茗。蘭菊懷芳，水雲閒話，疥壁遺題詠。天寒日暮，如聞環珮聲静。

當日腸斷唫詩，鸞牋筆燦，心事知誰省。漫道多情逢節度，聲價而今誰盛。比似文君，還如花蕊，一樣留名姓。轆轤無恙，江樓萬古同永。

前調　工部草堂

錦城南畔，認竹寒沙碧，杜陵吟處。漫比蜀西揚子宅，幕府當年流寓。恨別吞聲，感時濺淚，心豈忘君父。龍蜷虎臥，詩人幾輩堪數。　憶昔垂老風塵，俳優謾戲，誰識依人苦。今日草堂留勝地，藩鎮却無寸土。萬里橋西，百花潭北，猶見羣鷗鷺。我來憑弔，徘徊幾度難去。

前調　揚子雲洗墨池

草元人往，賸當年洗硯，一池秋水。墨韻流香千古豔，想見文章閎麗。尚白何妨，反騷有託，高志忘青紫。伊人宛在，祇今誰問奇字。　昔日賦奏長楊，掞華摛藻，忠諫兼風刺。著論美新紛聚訟，豈識先生深意。駟馬橋高，桂湖水闊，勝迹堪相擬。清漪如畫，我曾卜宅於此。

采桑子

海棠開罷閒追憶，舊夢如煙。良夜如年。孤館淒清更未眠。　水流雲散人何處，彫盡朱顏。染盡花牋。憔悴風光不忍看。

蝶戀花

零落幽花無處著。欲寄危根，怎奈東風惡。望斷闌干天一角。此情應祇卿心覺。　到手良緣偏舛錯。青鳥無端，誰遣傳芳約。莫悵銀河多阻卻。相期不負香香諾。

念奴嬌 己巳除夕作

韶華輕遣，又悤悤過了，今年除夕。擁被偎鑪人未寐，獨對臘鐙瘦碧。翠袖樽邊，畫堂簾畔，往事成追憶。可憐此夜，更誰相伴岑寂。

聽得爆竹聲聲，漸催歲盡，爲怕東方白。去日不將愁帶去，判作傷春孤客。笑指庭梅，幽芳似我，不共花爭發。且沽椒酒，醉時聊慰於邑。

浣溪沙 讀劍南詩，集句成調

壯歲功名妄自期。頭顱到此不難知。從來人事等奕棋。痛飲便拚千日醉，清狂何厭十年遲。身閒無往不熙熙。

憶秦娥 送友南歸

花如客。東風吹到暮春月。暮春月。一宵風雨，遽分圓缺。小樓愁聽鵑聲咽。樓頭緑柳誰攀折。誰攀折。碧波南浦，黯然傷別。

西江月 讀史

燕闕燒殘刼火，胡騎飛踏神州。金陵王氣付江流。夜夜碧燐如豆。定策誰居奇貨，閫牆偏出同舟。孤臣遺恨亘千秋。春草荒陵依舊。

水調歌頭 病中，客有以養生之説進者，賦此答之

天地一彈指，百歲等輕烟。不知殤子爲夭，彭羨是高年。卒卒浮生如夢，夢裏優游自在，便算地行仙。醇酒婦人外，何處覓金丹。人

皆病，吾亦病，理須參。天有張弛舒慘，人事豈不然。悲莫悲於拘縛，樂莫樂乎知命，允矣孔莊言。長謝故人意，努力共加餐。

如夢令

花謝水流人去。鬢影衣香何處。夢裏一相逢，醒後心情誰訴。秋雨。秋雨。添得閒愁如許。

生查子

雲散已無蹤，縹渺知何許。但見斷腸花，不見合歡樹。　莫道死別難，只覺生離苦。判得淚長拋，夜夜和秋雨。

天仙子

雞唱嘐嘐天報曉。朦朧殘月橫牕照。人隨暗影起披衣，心悄悄。無眠早。不因起舞都因老。

東坡引

闌干頻倚倦。幽懷却難遣。夜深悄立空庭院。西風來掠面。西風來掠面。　篆煙自裊，窗紗還卷。銀燭燒、羅幃展。鴛衾猶醞餘香煖。相思人不見。相思人不見。

高陽臺　詠秋柳

無奈蟬鳴，不聞鶯語，飄零何限歡蹤。嫩色柔條，當時曾笑王恭。依依十里隋堤路，甚長堤、不見煙籠。到而今，移種靈和，争妒芳容。

傷心陌上無窮樹，已絲絲盡折，誰綰離衷。酒醒今宵，月殘空照阿儂。回頭春日凝妝處，鎖深閨、還斂眉峰。待年時，細轉輕腰，重抱東風。

沁園春 檃括《招隱士》篇，寄慎言川北

彌望連蜷，桂樹叢生，在山之幽。看嵯峨亂石，虎羆蹲嘯，嶄巖深谷，猿狖淹留。百獸亡曹，羣獠慕類，歕木青莎亘碧邱。頻搔首，歎王孫去也，惘罔含愁。　最憐雨淅風颼。更愁聽、蛄聲鳴暮秋。悵山中久處，天高難問，人生如寄，歲序長流。予實爾思，子甯我棄，春草萋萋長陌頭。歸來好，共蓀橈蘭楫，相慰離憂。

浣溪紗 友人來書述近事，感賦此詞

莫恃金湯忽太平。噬人豺虎正縱橫。草間霜露古今情。借義山句。　又見神州翻海浪，更難續命俟河清。幾回搔首問蒼旻。

臨江仙

小雨疏疏剛過了，日長庭院秋清。薄雲遥散一天青。牽牛花半吐，紅似晚霞明。　午夢乍回人意嬾，嫩涼新透銀屏。更誰能解此時情。當風添半臂，閒坐讀騷經。

念奴嬌 紀恨

芳心灰冷，怎無端牽惹，情枝恨葉。剛是驚鴻翩一瞥，又見頹雲蔽月。夢好難留，緣深易盡，往事成悲咽。今宵秋雨，窗前和淚雙滴。　愁覩麝漬蘭膏，暗塵黦涺，漸漸餘芳滅。匳屜不堪重檢點，怕染瘦鵑啼血。判得明朝，萎花獨對，潘鬢應添雪。碎蛩鳴苦，聲聲助我悽絕。

翠樓吟

此詞四十三生日作，偶於故紙中檢得，閱今五年矣。人事日非，哀樂迥判，中心嬐抑，有强爲曠達而不可得者。姑録存之，以志今昔

四十三年，百千萬刼，人間更容游戲。前塵虚度了，任輕付行雲流水。清貧如此。祇骯髒平生，未諳世味。猶堪慰。數交親内，尚存知己。　老子。顧影婆娑，具一雙青眼，飽看興廢。笑無聞似昔，却當世有人還畏。靈根不墜。聽大化安排，等閒生死。攜尊起。及時行樂，請從今始。

水調歌頭

秋慰江樓作

邈邈幾今古，莽莽此江山。岷流千里，東注依舊水連天。傑閣飽經烽火，賴有神扶榱棟，矗立尚巍然。井絡光常聚，風月浩無邊。　我來此，登絶頂，怯高寒。雲濤眼底，奔赴歌嘯有餘閑。燦爛長空霞照，寥落孤飛鴻影，都在酒尊前。便欲乘風起，直上白雲端。

驀山溪

九日風雨，伏居不出，漫成此調

淒風苦雨，寂寞過重九。籬落冷黄花，笑黄花、還如人瘦。登高勝事，長記去年時，料今日，倚欄干，有客應搔首。　憮憮時候。無意尋樽酒。且自折茱萸，對菱花、鬢邊簪就。相攜俊侣，更待到重來，同戲馬，續餐英，肯落他人後。

八聲甘州

題惲南田畫菊石軸，端匋齋舊藏

賸生綃一幅畫圖新，清靈擅南田。看金葩瑶朵，石崖異種，秋滿籬邊。直欲餐英酈水，導引乞長年。却是花留照，畫裏呈妍。　憶昔

幽芳孤抱，寫凌霜氣節，自託殷頑。儘零縑殘縞，猶自耀人寰。幾曾經、蜀江烽火，印青泥、還認舊朝端。收藏好、縹囊珍護，長記東園。

高陽臺 梁叔子囑題丹荔圖，即祝其雙壽

千品丹青，一枝風露，東坡樓畔移來。爛紫高紅，炎雲如火初開。問他綠羅楓亭種，是何人、解護瓊瑰。撫新圖，輕紅欲擘，釃白疑栽。

飄零莫覩將軍樹，宋陳惠公祠有手植荔樹，人呼爲『將軍樹』。對劉郎妙筆，好詠懸釵。風泛天香，幾叢蘭葉蕤葳。宋徽宗詠荔詩有『風泛天香轉蕙蘭』之句。圖中荔樹下畫蘭葉數重，故及之。吟成樹上丹砂句，祝雙星、莫頌臺萊。味回甘，應同橄欖，不似楊梅。

長亭怨慢 秋夜漸長，塊居無寐，離逖之感，沉鬱彌襟。短歌當哭，不知涕淚之何從也

剪不斷、愁根長結。彈指歡悰，等閒拋撇。不是傷秋，梧桐催雨總蕭瑟。此身如葉，付零落、何須說。問繾綣文君，曾念否、茂陵孤客。

悽絶。對鐙昏照影，欲睡那能眠得。疎更細數，歷一度、一番塵刼。聽寒螿、啼老空階，似和我、聲聲悲咽。縱待到春回，還是暗傷離別。

滿江紅 感憤

破硯生涯，便催送、華年如轂。誰識我、澄清在抱，牢騷盈腹。壯志不隨流水去，浮生苦恨虛名束。聽鳴鷄、起舞愧前賢，頻棖觸。

翻覆手，看棋局。牛馬走，争榮辱。笑管城寒

瘦，等閒清福。挾策可能消刼運，讀書豈合甘粱肉。好河山、胡虜正縱横，誰蒿目。

水龍吟　祝方鶴師八十壽

嶺頭春到梅花，後凋孤挺青松樹。天遺一老，歲寒相伴，鄉邦翹楚。身世百年，乾坤萬態，詩囊留貯。溯先朝歲月，旂常鐘鼎，都不記、渾難數。　錦里油油不去。用師自撰聯語。壽無疆、八旬初度。德星聚處，孫枝争秀，綵衣繼舞。循遠宗風，桐城家法，縱横今古。喜曾依絳帳，好斟青斝，誦臺萊句。

點絳脣　題畫

策策西風，長天横抹雲中雁。荒林撩亂。葉葉丹黄染。　獨坐危亭，誰作吟秋伴。湘簾卷。含情無限。目送江波遠。

滿江紅　海寇鴟張，東藩瓦解；江淮千里，敵燄日滋。秉鈞軸者猶事黨争，握軍樞者不圖恢復。文恬武慴，如醉如癡；禹域黄倫，載析載蕩。寒風蕭瑟，嗟壯士之不還；大陸浮沉，凛匹夫之有責。祖豫州聞雞而舞，豈徒然哉？岳鄂王《滿江》之詞，良有以也。於是漫續新聲，譜成此調。擲筆增歎，扣絃而歌，覺壁間匣劍長鳴，恍若助余悲壯也

動魄驚心，欻遼瀋、旌旗變色。誰令此、滔天狂寇，縱横中國。禹域翻沉滄海浪，胡笳吹徹關山月。慘神州、四百兆黄羣，垂澌滅。　操國柄，輸籌策。膺閫寄，甘臣妾。忍鉤心私鬭，竟忘公敵。雪恥要拚蒼兕戰，捐軀合搗黄龍穴。好男兒、當共請長纓，争投筆。

金縷曲　鐵盦見示此調，悲壯激昂，足令島夷破膽，懦夫樹脊。爰步韻和之

寇燄薰天矣。莽東北、芸芸禹甸，狂飆海水。三省公私塗炭盡，誰縱鴟鴞取子。家山破、瞻烏莫止。燕薊屏藩今盡撤，更驚心、齊魯烽煙起。亡國禍，從今始。　諸公袞袞尸高位。歎年年、蛙爭蟻鬭，自殘同氣。寇至一朝齊卷甲，忍令河山破碎。臥榻側、竟容鼾睡。安得龍城飛將在，搗扶桑、早把欃槍洗。休更灑，新亭淚。

浣溪沙 示友

誰從火宅見青蓮。真如猶自藐人天。升沉端在刹那間。　了却浮生亦是幻，等閒清夢不妨禪。靈光一點得來難。

其二

孽海風波不可量。去來今事費猜詳。金楞咒誦祇尋常。　何用舍心求浄土，須知真樂即西方。即心成佛豈荒唐。

菩薩蠻

月穿疏牖傷心白。風鬟霧鬢成遥隔。清影弄花枝。花枝難似伊。　香衾誰與共。一晌驚寒重。夢好怕還醒。醒時無限情。

其二

秋來莫種芭蕉樹。宵宵捲得窗前雨。蕉雨苦相催。還如清淚垂。　情知當日錯。往事成空過。莫道不思卿。思卿長斷魂。

其三

悴桐不合棲丹鳳。鶯花草草春如夢。春去又春回。銷魂人不歸。　明知緣分薄。强自排離索。無奈是情根。剪來還更生。

南鄉子　題醉鍾馗圖

一夢竟如何。依樣吴生畫本多。短髮修髯横更亂，顏酡。酒鄉風味付春婆。　午日欲西趖。擬向終南賦楚些。起視妖氛漫宇宙，驅魔。莫遣光陰醉裏過。

臺城路　螢

寒煙冥冪秋星冷，飄飄暗穿疏户。帶雨彌明，經風不滅，映月還無尋處。宵吟最苦。便留聚囊中，不嫌天暮。莫化游燐，夜深空照倩魂去。　愁看建章故殿，斷榛衰梗裏，低影飛度。羅扇輕招，紗籠細拾，何似長承清露。幽光巧著。算只赤津平，漫嗟岐路。欲認前身，草根蛩可訴。

沁園春　影

是甚因緣，不用招邀，依稀伴隨。看翩翩年少，憐他還顧，淒淒形隻，怕爾相離。縹渺疑魂，朦朧似夢，偏是抛人醉後時。經行處，被柳陰遮住，倏爾何之。　花間獨自傾梧。喜人月、成雙更有伊。但初窺曉鏡，驀驚鬢改，悄臨秋水，誰解情癡。肩映屏前，眸凝鐙下，一樣娉婷悵起辭。終成幻，到天明日黯，兩兩分攜。

清平樂　春盡日見落花

風狂雨惡。門掩花空落。人與飛花同命薄。一樣隨春漂泊。　當時瑶蔕瓊枝。今朝緑黯紅稀。花似有情來别，回風猶自黏衣。

浣溪紗

咫尺房櫳夜見鐙。雲山似阻幾千層。愁吟輕唾隔簾聽。　自是今生今已了，偏疑相愛不相親。欲將消息問前因。

其二

底事封姨太作狂。忍教狼籍好春光。飄零無語泣殘妝。　心上迴文無錦字，人間銀漢是紅墻。相思無限不能量。

減字木蘭花

思卿欲老。舊恨新愁纏未了。乍見難親。同是含情脈脈人。　昔同朝暮。今日相逢如陌路。莫道淒涼。不是淒涼更斷腸。

金縷曲　題達君貫之遺象。君在前清官至游擊，國變後隱於酒鄉，不問世事。年八十矣，憤於時亂，投水死

白髮三千丈。看此翁、矍鑠精神，沉雄跌蕩。遁跡山林遺世事，獨撥牀頭新釀。渾不記、十年馬上。韜略不教兒輩學，怕如今、誤作封侯想。誰識此，千夫長。　河山舉目餘悲壯。向鐙前、吳鉤細認，楚歌重唱。酒後縱談心上恨，只有舊朝難忘。歎何處、更容攜杖。不學劉伶拚醉死，效靈均、懷瑾成孤往。遺像在，空瞻仰。

滿庭芳　題華陽蕭氏家慶圖。按圖爲蕭公建勛、惠初喬梓遺像。建勛母黄太夫人早歲守節，撫兩公成立，清道、咸間先後以副將死滇、粵寇難，蕭祀竟餒。吾友陳啟鑾母夫人，蕭氏女也。以茲圖命題，爲賦此調

寡鵠吟秋，哀雛號夜，卅年氷蘗餘生。孤光含

發，載世毓忠貞。試弔金田滇海，歸元處、碧血猶腥。精靈在，千秋萬歲，今古合齊名。用韓千秋、史萬歲事。丹青傳不朽，衰宗久替，奇節彌馨。縱凌煙莫畫，已極哀榮。留付謝家道韞，殷持護、刼火頻更。西州路，羊曇再過，應恐恨難勝。

南浦　和舒漱芝用玉田韻詠春柳

一夜雨兼風，便濛濛、點綴金隄清曉。張緒舊丰神，煙籠外、何似玉人眉埽。飄搖欲舞，最憐垂手誇嬌小。莫恁恖忙揉玉雪，黏盡斷腸芳草。　憑誰綰得相思，只寸絲、牽罣銷魂未了。攀折憶當年，凄涼處、無奈桓郎重到。梢頭月渺。夜深但覺吟懷悄。休更凝妝樓上望，添出愁痕多少。

水調歌頭　酒間以豪語風客之有惰性者

雞本一凡羽，蟲亦可憐生。如何兩遇其類，囓鬭更嘐嗚。君試推循其義，可識含生之類，原始即含爭。勇猛悉天賦，何況屬人羣。　此機息，天柱折，地維傾。古今多少豪事，都付與冥冥。堪歎莊生卮論，更笑無爲聃叟，火鼠妄疑冰。各盡天然性，邁往莫留停。

一萼紅　劉希武贈詩集，賦此報之，即送其之涪江

誦君詩。似陀羅飛墜，滿紙着瓊瑰。意辟千人，情深一往，鉤心苦費推排。有無限、新愁舊恨，遣生花、江筆寫將來。忽挾風霜，忽託花月，忽涉詼諧。　邂逅鄴侯官邸，似醇醪飲罷，醉裏顏開。燭燼西窗，花飛碧浦，那堪驪

唱新催。好藉紗籠珍護惜，一披唫、翹首一低徊。疑是梁園昔夢，猶共追陪。

念奴嬌 祝周葆臣丈八十壽

素商吹轉，正初凝玉露，一天秋色。緱嶺重來旬再度，羣説蓬瀛仙謫。鐘鼎前朝，滄桑換世，贏得星星髮。乾坤萬態，詩囊留貯消息。　最羨玉樹雙株，孫曾挺秀，珠履迎佳客。廿載荒朝難拄杖，退享林泉清逸。美意延年，至仁得壽，彭算應逾百。請占弧兆，祥光遥映南極。

鷓鴣天

驀地胡塵動暮秋。道窮甲戌痛金甌。祇聞泥馬資南渡，誰信荆駝壯北游。　歌足樂，酒忘憂。二喬夫壻自風流。黄金豈有平遼策，目斷燕雲恨未休。

其二

誰與神州共死生。從亡今古弔田横。三千組練乘濤去，十萬横磨仗劍行。　天地塞，鬼神驚。函頭睨柱走荆卿。蒼天已死黄龍泣，愁煞參軍賦蕪城。

賀新涼 邢麗江贈《天香室詩卷》，賦此報之

讀罷天香集。是天花、繽紛亂墜，盈牋滿幅。獨寫性靈抒肺腑，落落白成馨逸。有無限、纏綿悱惻。不作多愁多病語，羨雙修、福慧由閒適。詩境界，方陶白。　年來漸覺華思歇。久刪除、風懷綺語，多生熏習。粉黛飄零無覓處，賸有一腔殘闋。却幸得、詞人賡拍。舊賦側艷，得君和韻，頃始見於《天香》卷中。回首承平觴詠

勝，倚籠香、應各傷今昔。期共勵，千秋業。

采桑子 志悼

皺眉同似雙峰歛，凋盡容光。斷盡柔腸。悔殺當時説故常。　而今已自成追憶，生怕思量。忍不思量。薄命憐卿亦自傷。

虞美人 又

人亡忍檢生前物。件件經塵黦。金泥遺扇字模糊。記得年時含笑、倩儂書。　深宵斗室偎鑪坐。苦伴當初我。更闌頻勸莫填詞。第一柔情應祇、夜鐙知。

浣溪紗 又

滿眼風光百事非。欲尋陳迹悵人歸。悽迷心緒淚偷垂。　黯黯春愁難自遣，茫茫長別竟如斯。此情惟有兩心知。

蹋莎行 又

枕上愁痕，奩邊淚語。殘紅怎禁封姨妒。早醒儂自不如卿，至今猶被癡情誤。　禮佛齋心，温經度苦。柔腸合向空王訴。若知蘭蕙忌當門，不應錯種當門處。

高陽臺 紅瘦綠肥，春將盡矣。撫景神傷，漫成此闋，不自知其聲之淒也

纔是清明，無端上巳，悤悤過了芳時。幾日東風，催教綠黯紅稀。含情欲向情天訴，判情天、未解憐癡。算輸他，草是相思，花是將離。　懨懨不爲傷春暮，自惜春人去，早負佳期。錦瑟華年，淒涼舊夢都迷。翠綃暗黦千行淚，問年來、腸斷誰知。賸籠烟，柳色青青，長裊

愁絲。

西江月

破悶親燃寶篆，烹茶自浣椰瓢。一簾疏雨暈芭蕉。秋到蓬門偏早。　伴我尚餘隻影，挑鐙準度深宵。孤花隱葉任榮凋。誰省而今懷抱。

滿江紅　贈魏孝寬旅長

傲睨平生，意落落、不隨流俗。誰識子、滿腔悲憤，劇心蒿目。眼底功名塵土棄，胸中兵甲韜鈐伏。憶當年、草木震軍聲，風雷肅。　家國變，陵爲谷。身世感，髀生肉。歎蒼生霖雨，其人如玉。努力願迴滄海浪，憂時且罷新亭哭。休問他、泉水在山清，出山濁。

水調歌頭　題唐人畫塞雲立馬圖

驀地動邊警，烽火達甘泉。居庸彌望千里，兵氣莽連天。誰抱封侯壯志，要聽平明羌笛，策馬渡陰山。底用裹氈雪，生入玉門關。　晃金鞈，輝羽箭，按驄環。蒼茫獨立，凝目長嘯坐清邊。不羨班超域外，待斬樓蘭塞上，反轡勒燕然。留得鬚眉在，何必畫凌煙。

浣溪紗

簾捲新陰晚日趖。含情無限訴流波。黛痕蹙損遠山螺。　柳拂東風飜燕剪，花飛曲徑織鶯梭。眼前春意等閒過。

其二

緑樹陰濃靜掩扉。簟紋如水漾罘罳。蕅花風起送香遲。　不是病餘偏却暑，只緣瘦減未勝衣。最難消遣晚涼時。

其三

耿耿疏星幾點明。長天秋色漸平分。悴桐彫盡更無聲。　銀蒜押簾人寂寞，錦牋書淚信浮沉。不堪重聽雨淋鈴。

其四

漠漠頹雲罨畫圖。一天雪意滿庭除。驚寒鸜鵒夜頻呼。　怕寫閒愁拈凍管，不成薄睡倚薰鑪。幾回重轉手中珠。

菩薩鬘　閨情

東風一夜吹花落。輕寒乍轉鴛衾薄。不辨雨晴天。搴簾呼婢看。　新來慵早起。怕負尋春侶。斟酌試春衣。層樓人下遲。

其二

香閨人去覓無處。幾番搔首門前路。橐橐履聲來。買回金縷鞋。　十分春意透。乍解羅裳扣。肌露笑含羞。嬌波横欲流。

其三

懨懨過午餘愁緒。瓊疏悄度黄鸝語。人瘦暮春天。花枝伴獨眠。　回文挑錦字。字字流紅淚。誰解此時情。情深恨更深。

浪淘沙　題時人摹宋徽宗畫鳴鳩圖。原圖曾流入東瀛，人以重金購還

紅紫鬬芬菲。點綴芳時。閒來獨占上林枝。任爾呼晴休喚雨，做弄淒迷。　艮嶽久成灰。宸翰誰遺。珠沉滄海幸重歸。留與畫工傳妙筆，旖旎生姿。

壺中天 魂

瑶京飛去，又歸來月夜，珊珊環佩。縹渺迷離同夢影，幾許朦朧如醉。欲託花靈，難依月魄，飄泊知何寄。隨風轉逐，游絲一縷憑繫。　莫從教楚些招來，修門石室，上下悠悠只。化杜鵑啼夜月，腸斷當年帝子。黑塞重來，青林乍返，誰省淒涼意。黯然銷却，愁添南浦春水。

卜算子 聽王美娘歌曲，有厭倦風塵之意矣

淚雨洗殘妝，愁黛侵眉影。嬌小分明二八年，人比秋風冷。　驟撥筝絃急，俏轉歌喉緊。別有幽情暗恨生，要待郎心印。

金縷曲 雜感

人與春俱老。過清明、千紅盡落，柳綿遮道。不見珠簾來燕子，自把芳心孤抱。看一片、淒迷荒草。轉眼繁華隨逝水，又斜陽、雲外青山繞。離別恨，知多少。　世間萬事都堪笑。還念我、風塵橐筆，供人戲嬲。鐘鼎山林休更說，只是中年近了。更夢醒、揚州一覺。佞佛修仙同是妄，願迴翔、天際青雲表。身與世，任顛倒。

以上《霜草庭詞》

花景福

齊天樂

南園花事闌珊了，能消幾番風雨。小閣罇空，官堤柳老，記得送君歸去。飄流斷浦。甚飛

絮河橋，黯人延佇。春水如雲，不應還緑別時路。相逢休話舊侶。數城西巷陌，虚憶前度。馬上單衣，酒邊殘篴，恨入一痕眉嫵。凄絃自語。正鐙火樊樓，亂山無數。莫是銷魂，洞簫傷賸譜。

高陽臺

素被薰香，清尊嚼墨，鷗邊吟席鐙飄。水瘦蟾稜，更禁花氣如潮。雕梁燕子年年换，記曾窺、十萬笙簫。莫提他，團扇風流，影事虹橋。

江關便欲嗟遲暮，有秋娘老去，幽怨難抛。酒醒釵横，嗁痕汙了鮫綃。冰絃指澀凄然語，怕銷魂、萬一今朝。又何心，紅燭填詞，細寫無憀。

菩薩蠻　擬飛卿

畫堂永日銷宮餅。緑雲倭墮慵扶影。和淚折花枝。不知心恨誰。　小山明滅處。又緑江南樹。寂寞見樓臺。卷簾雙燕來。

其二

定巢雙燕年年至。鸞箋空作相思字。夜夜寥江南。花枝低枕函。　雕闌依舊在。一晌拈羅帶。蕉萃損要支。斷腸君不知。

其三

闕情解帶初爲別。兩頭偷綰同心結。悄立晚風前。落花蛛網牽。　憶君君不至。獨守深閨裏。酒薄夢痕輕。緑牕嗁曉鶯。

其四

寥醒不記天涯路。乳鶯枉費閒言語。梳洗意

遲遲。嬾描眉葉兒。 空庭花自落。遮莫東風惡。塵黯繡羅襦。此時還恨無。

浣溪紗

滅燭驚聞烏夜啼。一春瘦損舊要支。試拈羅帶與君知。 半臂淺寒花冪歷，滿身清露玉參差。少年從不悔相思。

雙雙燕 本意，和梅谿

漸春老了，認羅幌沈沈，鏡函清冷。樓陰斜入，恰好杏梁歸並。還共穿花露井。怪底事、營巢難定。翩然貼水橫塘，妬煞綠波鴛影。 幽徑。芹泥正潤。試輭蹋簾鈎，趁他嬌俊。一雙玉剪，不放柳絲團暝。明歲歸期未穩。怕誤却、平安傳訊。那時半折雕闌，料有斷腸人凭。

疎影

江亭日暮。記那番別離，斑馬嘶處。野闊星垂，城上啼烏，煩惱酒邊情緒。當時只道尋常事，枉分付、琵琶私語。況夜深、零亂風鐙，惜取少年桃花運羈旅。 還恨迢迢數驛，那人定念遠，偷寄幽素。半幰樺煙，虬箭丁丁，賺得兩眉辛苦。吴綾砑損相思字，算怨闋、經年慵賦。只怕他、瘦偏天涯，不到片颿荒渡。

浪淘沙

遥夜可憐生。擁髻銀屏。閒挑畫燭數殘更。一十三絃箏上鴈，彈盡秋聲。 酒醒泪痕凝。瘦滯桃笙。無人知得此時情。多少謚簫捐扇恨，説也零星。

慶春澤　秋柳

幾點昏雅，幾彎流水，西風吹冷郵亭。搖落江潭，秋來例是飄零。十般眉嫵愁千結，更何堪、折送人行。最關情。減了纖腰，還鬭娉婷。　年時織就鵝黃縷，有枝枝葉葉，燕燕鶯鶯。嬌殢三眠，籌能幾日青青。六橋到底傷心地，到斜陽、樹樹蟬聲。可憐生。蘸著荒波，寫盡凄清。

緑意　秋草

霜華滿地，認更番野燒，零亂無際。莫怨西風，又剗情根，王孫此日歸未。憑高不見天涯路，漫贏得、危闌孤倚。賸數聲、馬齕荒煙，漸近斷橋山寺。　還記帬腰一道，玉鈎斜畔去，同袚春褉。下九初三，製就弓鞵，長是踏青游戲。而今瘦畫苔階迹，總銷黯、西堂詩思。待暗愁、逗入紅心，賺盡翠樓凝睇。

月華清

一鴈吟秋，數峰挂雨，翠簾痕外花暝。半臂吴棉，禁得晚寒凄緊。信曾是、紅葉題愁，恁未許、錦書緘恨。鐙燼。足相思永夕，眉山顰損。　便念歸期未穩。又酒醒明朝，片颿斜趁。聽水聽風，容易暮江楓冷。縱他日、陌上重來，怕不似、舊時疏俊。誰分。賸鈿箏絮語，教人爭忍。

蜨戀花

花外斜陽波似乳。一角青山，瘦絶無人處。白袷臨風嬌不語。含情欲倩流鶯訴。　燕子穿簾來又去。盡日沈吟，羞倚銀箏柱。生小未知相思苦。閉奩嬾畫新眉嫵。

太常引　客有譚金陵近事者，感而賦之

輭寒如水可憐宵。流怨入瓊簫。眉月照停橈。莫更傍、青谿板橋。　一番小刦，丁簾燕換，漫認舊時巢。倦眼故山遥，儘嗚咽、空江夜潮。

滿庭芳　吴門追憶舊時游讌之樂，淒然爲賦是解

軫謖塵生，花摇瘮換，漸驚流水華年。虎山橋畔，鐙火兩三船。可惜停樽促拍，終不似、舊日嬋娟。風檐下，側平商繞指，彈冷四條絃。　凄然。人海裏，旗亭重過，障扇應難。算妖頭病酒，散了歌筵。便憶當時勝賞，還檢得、約恨詞箋。沈思處，西崦積雪，人倚夕陽煙。

蹋莎行

曲檻花遮，踈簾燕度。憑高那忍攤箋賦。小闌干外即天涯，中間只隔垂楊樹。　鸞釧分將，魚書寄與。鈿盟畢竟無憑據。春風不管斷人腸，又吹草緑湖南路。

玉樓春　吴門元夜

舊時月色廊腰地。花影零星人影逝。斷腸無處説相思，直是爲君顛頷死。　傳柑歲歲求吴市。且把清尊澆塊壘。酒醒忽思少年游，淚滴愛河橋下水。

瑣窻寒　乙酉四月，賦夕陽

暝樹沈煙，風簾墜露，小山重疊。樓高獨倚，惜取晚晴時節。待花陰、移上畫堦，銷魂莫便

生明月。念望中不見，斷鴻影裏，五雲城闕。愁絶。離歌咽。記西出陽關，照人初別。流光暗數，任是玉釵敲折。界粉牆、微暈一痕，薄寒羅袖吟思怯。賸黄昏、鴉背馱來，餘恨應羞説。

疎簾淡月

單衾小舸。記嚼墨攤箋，水牕閒卧。一箭輕颿，恰好虎山橋左。家家茆屋縈疎影，似争姸、謝娘釵朵。別來蕉萃，婆娑幾樹，料應知我。　待拚將、薰香夜坐。便更番、寱也難做。話到前游，襟上酒痕空涴。何心人海悲流落，冷生涯、小詞澆裏。斷腸今夕，雪花如掌，畫船鐙火。

浣溪沙

一角紅樓鐙暗飄。隔簾雙槳去迢迢。斷腸分付與迴潮。　魚素難瞞鸜鴿眼，鵝黄漸上柳枝腰。直拚銷黯到今朝。

滿江紅　京口甘露寺

數仞高岡，爲慷慨、後誰來者。更指點、江流一綫，布颿如馬。舉酒欲呼張子布，從軍旋想甘興霸。賸前朝、古寺畫斜陽，寒潮打。　茫茫水，重城下。蒼蒼樹，懸厓罅。數南徐天塹，當年身價。我向此間横鐵笛，潸焉鉛淚臨風瀉。共山僧、寂寞話興亡，堪盈把。此詞頗爲朋輩傳誦，忽省其年有『被酒我思張子布，臨江不見甘興霸』，竹垞有『乞食甘從張子布，舉盃但屬甘興霸』，此乃無意向朱、陳作賊，亦非有意與朱、陳争勝也。鶴自記。

永遇樂　秋日重登北固山，次稼軒韵

落日頹波，亂雲無際，愁思生處。一片江山，幾番涕淚，浪擁流將去。前朝遺恨，洛陽青蓋，總被讖言瞞住。賸巖根、魚龍穩窟，夜來吟歗如虎。　舊時形勝，北師能濟，天塹教人迴顧。淮甸秋陰，莽蒼欲渡，罨畫南徐路。白頭僧老，定中換㝱，寫入法筵鐘鼓。都休説、慷歌不盡，仲謀見否。

醉蓬萊　維揚旅舍感賦

自渡江胡馬，換了霜笳，閒愁如織。秋畫蕪城，盡斷腸顔色。江左衣冠，竹西歌吹，想舊時游歷。歲去年來，剩波敗柳，斷箏零篴。　窈窕青山，臨流欲濟，有言無言，此情堪惜。隱几迴鐙，恁照人岑寂。煙暗雷塘，雨荒螢苑，又傷心今夕。一角麼臺，水天換㝱，是誰禁得。

攤破浣谿沙

細雨東風燕子斜。玉箏流恨滿天涯。生怕㝱兒難管束，小山遮。　芳草碧于前夜渡，杏花紅在別人家。打叠吟箋無寄處，且由他。

沁園春　秦淮

誰道而今，朱雀航邊，冷畫數鷗。賸秦淮水瘦，流將舊恨，丁簾燕換，訴徧新愁。桃葉歸來，柳枝老盡，寂寞青谿古渡頭。銷魂處，是花扶殘醉，勸續清游。　罇前重話綢繆。數孫楚、當年舊酒樓。甚六朝風月，一城箏篴，吟懷欲減，垂涕難收。彈指滄桑，幾番塵世，不記人間細碎讐。河山影，且圓冰掩了，欲説還休。

綺羅香　暮春重過留園

燕子歸來，詩人老去，閒了尋芳心事。門外青驄，不到舊家朱邸。渾可惜、一片亭臺，曾換過、幾番塵世。蔦牆陰、照眼櫻桃，迴腸三度見蕉萃。　吾來花步故里。翻笑婆娑老樹，多情如此。補屋牽蘿，教損度支官費。且拾取、吴下遺聞，好添將、後時詞史。賸闌邊、窣地春魂，亂雲扶不起。

醉太平　湖上

蘇堤白堤。楊枝柳枝。六橋風日遲遲。有車兒馬兒。　春旗酒旗。花飛蜨飛。一湖煙水淒淒。賸朝思暮思。

水龍吟　秋蟬

年年落盡宮槐，西風吹老人間世。無柯可覓，有枝難託，庇身何計。抱葉孤眠，欲吟還住，將飛先墜。儘烟沈廢井，露寒高樹，應共赴、悲秋意。　最惜殘聲乍曳，易驚飈、碧陰如洗。恰添霜杵，旋抛團扇，已涼天氣。莫便傷心，尋常玄鬢，後時遺蛻。賸一聲知了，尚飄餘響，入遥汀裏。

倦尋芳　秋蜨

繡衣褪粉，緑過蘼蕪，芳事非舊。遶徧空枝，贏得一番僝僽。蹤跡不離團扇影，恰思婀娜東風後。是何人，倩滕王搨了，雙飛時候。　便從此、蹁躚倦舞，抱定枯香，涼意偏驟。化到羅幬，幽恨問天知否。一覺花叢春㝱澹，始驚葉底秋痕瘦。可憐蟲，拚飄零，怎生能彀。

蹋莎行

彩筆題箋，玉箏移柱。罇前莫便歌金縷。牆東開過合歡花，江南種出相思樹。　陌上蕭郎，河間姹女。芳華苒苒成虛度。任他唱遍斷腸詩，教君知道嘔心賦。

念奴嬌　梅影

薄寒衣袂，記千樹梅花，舊時月色。一笑搴帷，猶恐畫春無迹。嚼蠟情懷，横陳滋味，彷彿曾相識。哌禽警瘦，幾曾喚起幽覓。　長憶絶代蟬娟，冷宜香骨，遺世亭亭立。斷覺含情眉嫵換，何况江城吹笛。悄倚西牆，無言有恨，竹裏似聞歎息。妝殘半面，銷魂不道今夕。

聲聲慢　水僊

瑶簪墮雪，緑帔迎凉，湘皋自寫娉婷。擬託通詞那識，塵土飄零。持帬悄然歸去，步凌波、羅襪無聲。紅牕底、恁教人見了，半晌留情。　試薦寒泉一掬，有塗金側盞，矗翠纖莖。吹氣難勝，愁心寄與芳馨。古祠水雲深處，渺明璫流瘳遥汀。天欲暮，暗裴裒、臨鏡瘦生。

東風第一枝　擬小山

彩筆題春，繡帷墮月，閒愁滄入羅薦。昨朝明鏡飛花，隔歲畫粱歸燕。許多心事，儘分付、參差金鴈。怪容易、剗地東風，吹上靚妝人面。　漸煩惱、天長瘳短。又惆悵、意濃情淺。殷勤寄與吟箋，辛苦抛將歌扇。爲歡拚盡，最可惜、湔裙人遠。便灞橋、萬一重逢，顦額也羞相見。

垂楊　湖上賦春柳

誰能管得。是萬枝踠地，雨梳煙織。嘶過流鶯，六橋濃畫毵毵碧。春風嬝娜渾無力。念車馬、舊時游歷。剩銷魂、苒苒離天，寫可憐顏色。　還恨長條折盡，尚摇蕩麴塵，拂將吟席。歲去年來，樹猶如此堪嘆息。靈和殿裏思今昔。便詞客、也應頭白。浮萍恁又漂零，傷寥迹。

臨江僊

略記尋常門巷，地遶堤楊柳垂垂。來游每及早鶯嘶。且呼金鑿落，與侑玉參差。　一㡧青山人似瘦，共君閒説相思。畫梁燕去墮香泥。落花如有恨，到地又還飛。

生查子

樓外遶清江，樓裏招紅袖。日日石尤風，閒煞調箏手。　彈指五清明，漸老垂楊柳。酒比去年疎，詩到今年瘦。

慶春宮　寄書

袖冷驚鸞，裙飄瘦蝀，鏡奩閒寫眉嫵。遶㡧花痕，堆盤蠟淚，不辭此意辛苦。衍波箋子，總腸斷、偷題秀句。年年寄訊，却到誰邊，且休緘去。　教君知道多情，蝕骨相思，試還緘與。隴樹天遥，吴江水闊，今宵寥墮何處。墜歡難拾，枉分付、青禽作去主。可憐桃李，下自成蹊，更無言語。

南鄉子 自瓜州至京口

細雨酒旗飄。不信離愁尚可饒。回首瓜洲呼渡處，迢遥。揚子江頭正晚潮。　好事定吾曹。兜扇重過舊板橋。一片蒼蒼京口樹，金焦。鐘鼓依然話六朝。

桂枝香

春陰似墨。恰紅燭痕微，剪刀聲澀。一尺冰綃，辛苦寄將消息。已拚冷了琴心微，酷相思、江南江北。吴山無盡，湘颿不轉，淚沾胸臆。　最可惜、匆匆離席。賸五夜香篝，寱中顔色。掐指華年次第，數君行迹。爲言馬足關河賤，儘飄零、樊川詞筆。乍添惆悵，更禁顦顇，斷腸今夕。

金菊對芙蓉

楊柳亭臺，琵琶㙷屋，沈吟又負芳期。是雛鶯老後，謝了醾醿。分明窣地簾波處，墜釵兒、偏惜聲微。粉牆西去，芭蕉樹下，延竚多時。　更認石上題詩。已錦屏寱覺，金犢人歸。恁離天苒苒，不管相思。綰春苦費游絲力，到春殘、萬緑逶迤。近黄昏也，風檐蠟淚，莫再垂垂。

蘭陵王 和清真

大堤直。楊柳毿毿自碧。河橋外，千樹垂緜，猶爲離人弄顔色。飄零念去國。應識。天涯舊客。還惆悵，攀盡嫩條，辛苦春閨事刀尺。　殷勤訊行迹。記月唁歌罇，花黯吟席。彌天風絮酬寒食。賸檻曲山出，鏡函波赴，相思知到弟幾驛。枉書寄江北。　惻惻。淚痕積。便買上箏弦，難寫凄寂。籠香約寥愁無極。有萬古閒恨，莫吹羌笛。黄昏腸斷，漸近也，雨又滴。

惜紅衣　和白石

緑蓋迎風，紅衣褪日。曉寒猶力。手剪涼雲，年年澣詩碧。無言渚鷺，應識得、江南詞客。凄寂。零落藕花，遞水天消息。　尋常巷陌。流過湖煙，殘香共狼籍。烏篷逝矣，笠痕颭堤北。腰篴試來潛説，是我舊時曾歷。怕未圓鷗寥，難寫一奩顔色。

霜花腴　和寥憁

赤城晚照，寫酒人，眼中多少衣冠。疏篁沈吟，瘦絃傳恨，旗亭畫壁應難。帶圍漸寬。共亂山、秋赴罇前。更禁地、萬葉霜華，暗隨溝水寥俱寒。　別是墜煙和露，恁吴江冷後，不見哀蟬。抛了流黄，寄將幽素，拾來也當詞牋。未迴去船。記舊時、花月嬋娟。縱從頭、説盡相思，剪鐙閒自看。

花犯　和碧山

漸黄昏，横斜弄影，一枝淺臨水。故山萬里。縱驛使相逢，虚費詩思。折將隴上殷勤寄。香篝渾嬾倚。料寥入、暗香千樹，微茫寒碧去裏。　今年勝游與誰同，依然心眼在，凍雲填委。能幾度，争禁得、替人蕉萃。便啼殺、兩三翠羽，渾可惜、花魂呼不去起。待彈徹、玉龍哀曲，鐙痕流素被。

喝火令

扇底青天月，門前滄海潮。鬢邊冉冉布飄遥。只恐相逢，未必是明朝。　紅燭鏖詩短，清尊借酒澆。一春閒恨不相饒。記得衍波，箋子寄多嬌。記得衍波箋子，影事親描。

齊天樂

吴郡拙政園壁嵌宋磚造像，爲我邑慧日寺故物。流連竟日，輒賦是解

滄桑寫入華嚴境，幾時更能彈指。佛倦津梁，客嬉遊歷，不見蕭梁遺寺。車塵暗起。已換過樓臺，別饒歌吹。斫盡疏梅，寥憁詞卷且須記。　道場渾想往事。認古磚造象，皇宋題字。袒臂拈花，諸天羅漢，恰自家山移徙。吴趨舊里。借是處園亭，一袈裟地。悟到枯禪，半龕參妙旨。

壽樓春

毛主席《沁園春》詠雪詞迺千秋絶調，別人效顰不得。試拈是解題其後

看江山多嬌。有紅旗一片，風颭飄飖。恰好初喧鐃吹，旋收弓刀。羅萬象、供甄陶。喜倚聲、傳神霜毫。儘烟柳斜陽，瓊樓玉宇，猶未算詞豪。　興亡事，隨塵銷。數秦皇漢武，空溯前朝。可惜金盤承露，茂陵蕭條。新事物，掀高潮。正普天、歡騰吾曹。願齊斫吴綾，烏絲界闌相鈔。

曲游春

燕子磯

亘古河山影，共中年絲竹，悲吒何計。形勝依然，恰斷厓千尺，下臨無地。長笛巖根起。渾未許、魚龍濃睡。念闌邊、嗚咽東流，中有六朝遺事。　堪涕。東南王氣。儘潮打空城，

頻換塵世。寥落吾徒，恁過江人物，浪淘如洗。誰會憑高意。須寫入、朗吟聲裏。幻滄桑化石歸來，謝堂燕子。

瑶花慢 尋蕃釐觀遺址

竹西歌吹，江左人文，想當時疏俊。一泓邗水，曾洗得、多少六朝金粉。阿麽去後，儘閒話、瓊花開盡。能幾番、謝了還開，却又惱春無信。　依稀月地雲堦，已舊館荒涼，遺額難認。埋香何處，空把酒、潛祝東風吹醒。行吟倦矣，更休問、錦颿灰燼。好墓田、禪智山邊，可惜玉勾斜近。

疏影 江村賣藥圖

尋常活計。數年年屐痕，斑管能記。賣藥江邨，喚酒旗亭，未抵少年心事。出門一笑鶯花海，誰會得、嬉游情味。怪眼底、小李將軍，寫得故山如此。　渾念一般孤抱，翦鐙試話舊，金石龕裏。昔日遺圖，老輩高風，彈指換將塵世。趙髯已死君猶壯，且莫説、韓康名字。待幾番、夢彈星霜，惜取後時詞史。

南鄉子 吴山

趙宋亦匆匆。舊事臨安感慨中。説興老僧渾不信，英雄。立馬吴山第一峰。　佛火轉愁儂。潮到錢唐意漸慵。濃畫一痕天水碧，冥濛。不許詩人酒榼空。

蘇武慢 汴城懷古，和其年

萬馬中原，黄河落日，往矣大梁人物。靖康之禍，二帝蒙塵，多少㝱華能説。桃杖貫尸，五國城邊，此讐難雪。嘆馬行鐙火，殘輝不到，臨安宮闕。　還可惜、繁壇晴煙，吹臺晚照，苦費詞人騷屑。括宮排市，木佛編鐘，別是一番塵刦。天道好還，食報如斯，完顏隨滅。怪秋風，汴水何事，年年哽咽。

水龍吟　修武道中

出門西笑長安，檐簦强道長安邇。青山萬葉，黄河一綫，驚沙千里。北地迴飈，數聲畫角，薄游滋味。便短衣匹馬，題詩覽古，猶未是、平生意。　修武城頭小倚。費沉吟、一番尋思。悲歌燕趙，賣漿屠狗，當年標致。絶代風流，浪淘沙盡，教人顛頽。　滕天低故國，雲垂大野，向蒼茫裏。

金縷曲　書《庚子秋詞》後

四野霜笳起。滕高城、零星鼓角，和他淒異。長憶兩宮蒙塵去，望斷數行車騎。又值得、傷心如此。未許麻鞵奔行在，念家山、嗚咽情何已。多少恨，有兹紙。　墨華中迸滄桑淚。恰分曹、脩將簫譜，寫成詞史。坐對一鐙渾如㝱，老尚酸辛閲世。便往事、從頭須記。切諫甘遭天顔怒，恕微臣、猶是書獃子。知我者，鶩翁耳。

浣谿紗　斷腸詞，爲弔珍妃作

別院笙歌意可憐。釵蟲箏鴈共淒然。獨于銅輦㝱痕妍。　故國月明珠有泪，深宮花落玉生煙。斷腸今夕又今年。

其二

收拾長安落葉詩。月明南内絡珠絲。斷腸鈿盒定情時。　例有秋捐團扇恨，更無夜謚洞簫辭。人天不許了相思。

其三

故國河山獨愴神。綺羅灰葬百年身。斷腸零落上林春。　絃柱蒼涼楊妹子，幕帷依約李夫人。可憐滄海又生塵。

齊天樂

流光暗换人間世，眼中刦灰多少。筝鴈傳情，釵蟲欵瘮，略記少年風調。歌塵漸杳。已曲破哀蟬，漢宮秋老。蠟燭輕煙，五侯故宅迹如埽。　江湖容易遲暮，念一簪華髮，明鏡羞照。佩劍嬉春，吹簫乞食，奈此平生懷抱。恩讐未了。但舉首長安，不成西笑。老矣廉頗，忍還思用趙。

以上《焦尾琴趣》（含一九四九年後詞）

慶春澤　秋柳

幾點昏鴉，幾彎流水，寂寥舊日旗亭。搖落紅潭，荒煙一抹悽清。十般眉嫵愁千結，更何堪、折送人行。最關情。減盡纖腰，瘦盡枯形。　年時拾翠尋芳節，記攜柑載酒，小坐聽鶯。嬌殢三眠，算能幾日青青。六橋畢竟傷心地，到斜陽、只有蟬聲。鎮消凝。爲怕來朝，雨又冥冥。

見《虞社》一九三一年一百七十七期

虞美人　鸚鵡

水晶簾底爐烟歇。調徧蓮花舌。問卿何事太疎狂。只解學伊軟語、駡檀郎。　嬌稱樊素櫻桃口。生愛噙紅豆。玉人閑抱小狸奴。戲撲金籠看爾、怕還無。

見《虞社》一九三一年一百七十九期

摸魚兒　詠崏山朱鏡蓉女史事

顫西風、半林黄葉，怪他都被愁染。斜陽幾樹鴉飛急，寂寞謝家庭院。簾不捲。是舊日沉吟，悄試妝深淺。屏山淚點。歎鐙影模糊，墨痕依約，景物頓悽换。　齊眉案。惆悵難償此願。華堂猶奏絲管。迢迢五夜滯相思，誰惜玉郎寒暖。孤枕畔。問此際倩魂，可許重尋見。天長夢短。賸一幅生綃，低鬟欲語，雙黛斂幽怨。

見《虞社》一九三二年一百八十二——一百八十三期

浣溪沙

一縷茶烟繞畫屏。晝長人倦罷敲枰。百無聊賴下簾旌。　紅藥欄邊閒撲蜨，碧桃花底學吹笙。只應呼作太憨生。

見《虞社》一九三二年一百八十七期

南鄉子　題王季和淝津春眺圖

風捲浪花腥。無數江豚叫晚晴。如此山川聊極目，消凝。一派濤聲總不平。　往事夢觚稜。誰向新亭熱淚傾。燕麥兔葵何限恨，悽清。説與魚龍未解聽。

見《虞社》一九三三年一百九十一期

臨江僊　閨情

小小眉兒慵不掃，悽然擁髻銀屏。碧天如洗夜雲輕。香消衾乍冷，茶渴酒初醒。　道是閒愁消未得，緑章待寫衷情。乞將何物奏蒼冥。一雙修月斧，十萬護花鈴。

見《虞社》一九三三年一百九十四期

高陽臺　湖上有感

困柳梳煙，流雲褪月，空山暮雨纔收。十萬紅燈，一時齊上蘭舟。吴姬低唱同心曲，倚短橈、容與中流。儘句留。兩岸樓臺，盡挂簾鉤。　酒人漸各紛紛去，悵零箏短笛，且賦歸休。寂寞湖波，穩眠賸有沙鷗。繁華過眼渾無據，細算來、總賺閒愁。嬾回頭，餘火零星，猶照汀洲。

見《虞社》一九三三年一百九十五期

齊天樂

畫堂寂寂珠簾冷，春歸幾番風雨。曲檻鶯聲，迴廊絮影，貯得閒愁如許。斜陽院宇。料翠袖抛笙，玉樓凝竚。別有關情，踏青挑菜總無緒。　相思爲寄尺素。問而今可是，依舊眉嫵。巷陌看花，旗亭貰酒，争忍思量前度。歸期漫數。算一别經年，墜歡無據。寫入鸞箋，夢痕空記取。

見《虞社》一九三三年一百九十九期

浪淘沙　壬申秋感

罷酒獨憑欄。生怯衣單。西風落葉滿長安。聽到啼螿如雨處，無限辛酸。　總爲見時難。故國青山。夕陽樓閣晚來寒。惜取畫屏紅蠟淚，濺向宵闌。

見《虞社》一九三三年二百期

木蘭花

蘭橈去後無消息。極目横塘情脈脈。風裳水佩漸飄零，蟬唱殘陽剛向夕。　黄昏雨又瀟瀟滴。小閣疎簾眠不得。鴛鴦鸂鶒各凝愁，三十六坡秋草色。

見《虞社》一九三四年二百七期—二百八期

滿江紅　讀楊雲史丈《燕歸來》詞作

梁燕歸來，爲認取、舊時巢幕。記當日、相思相見，別筵絃索。翠黛難消何限恨，黄金肯鑄三生錯。莽無端、消息阻遼陽，風波惡。　曾折證，花前約。曾折證，鐙前諾。説佳期休誤，傳來青雀。鈿盒腸迴餘涕淚，江山指顧供談噱。想今宵、相憶定情詩，須重作。

見《虞社》一九三四年二百一十期

綺羅香　金叔遠丈見貺病鶴遺稿賦此

水嚙船脣，鶯窺柳眼，一舸西湖煙雨。斷笛零箏，可奈了無尋處。好翦取、十里清波，拚搖出、幾聲柔艣。驀無端、賸得詞箋，水天殘唱總何據。　還惆斜日鍵户。纔向蓬牕展卷，心香先炷。夢想拈毫，頻費换商刻羽。便思把、滿盞青州，要酹上、一坏黄土。祇而今、寂寞旗亭，更誰思舊侶。

見《虞社》一九三四年二百一十一期—二百一十二期

金縷曲　詠懷

書劍蹉跎矣。漫商量、乾坤草草，百年生計。一飲青州三百斗，聊向黄罏買醉。算真箇、埋愁無地。如此江湖行不得，笑飄零、空負屠龍技。詩數卷，竟何濟。　那堪往事從頭記。念平生、名場跌宕，幾人知己。手挾吴鈎頻起舞，爲感空悲拊髀。便要把、珊瑚敲碎。馬上會教須殺賊，好男兒、不洒窮途淚。無限恨，詎能已。

見《虞社》一九三五年二百一十三期

月華清　秋日客次吴門作

疎箔流螢，亂峯墜葉，萬家砧杵悽緊。拍徧闌干，苦被篴聲催瞑。私忖。料猶得、紅葉題愁，恁未許、錦書緘恨。定箏樓十二，屏山鐙燼。　綺夢而今休論。奈酒醒明朝，片帆斜趁。聽水聽風，愁見暮江楓冷。縱他日、灞岸重來，怕不是、舊時疏俊。爭忍。檢當時羅帕，啼痕猶膩。

見《虞社》一九三五年二百一十五期

一萼紅　流光匆匆，不覺春意闌珊矣。念舊侶飄零，俊約屢阻，輒復倚聲自遣，不自知詞之悽異也。和石帚韻

女牆陰。賸簾波罩地，樺燭照遺簪。小簞抛笙，單衣病酒，還悵人事飛沉。渺天際、征帆葉葉，訴相思、傳語少青禽。細雨箏樓，斜陽屧徑，生怕重臨。　回首當年游讌，甚闌干拍遍，枉負初心。喝月尊空，看花屐沓，殘夢何處追尋。似聞道、旗亭一别，染輕紈、空費塵香金。莫問江南水闊，幾許愁深。

見《虞社》一九三五年二百一十六期

齊天樂　乙亥三月海上晤濟翔作

重簾縱約餘寒住。春歸幾番風雨。小閣尊空，官堤柳老，都是曾銷魂處。鵑啼最苦。甚飛絮河橋，黯人延竚。别有關情，霎時颿席渺南浦。　相逢猶話舊侶。歎勝游俊賞，虛懷

前度。馬上單衣，酒邊殘笛，恨入一痕眉嫵。淒絃自語。奈鐙火樊樓，亂山無數。寫入吟箋，瓊枝須再譜。

見《虞社》一九三五年二百一十七期

惜分釵

清明風雨，輒憶舊游，爲填此解寄鷗侶社丈正拍

花如冪。愁如織。可堪風雨過寒食。恨難拋。淚難銷。鐙燈樊樓，濕盡紅綃。朝。朝。

曾相識。能相惜。一春蹤跡思消息。月無聊。夢無憀。俊約經年，水遠山遥。迢。迢。

見《虞社》一九三六年第二百二十期

菩薩蠻

十三樓上人如月。十三弦底花如雪。門外卓金車。垂楊正暮雅。小屏山曲處。畫出相思樹。敲罷玉搔頭。江潮和淚流。

其二

金釵纔向西樓折。銅琶又向西陵別。花外小重山。東風吹夢還。畫簾鐙欲燼。莫雨瀟瀟冷。璚户嬾薰衣。春歸人未歸。

見《虞社》一九三六年二百二十四期

李大防

木蘭花慢

園中蠟梅盛開，作此寵之

讓羣芳放盡，獨遲暮、殿年華。是金粟如來，化身滿樹，璀燦簷牙。分他。杏衫嫩淺，笑霜葵風度總嫌差。一寸貞心伴我，低徊忍歎無家。交加。嚼蠟轉相誇。無味味偏賒。況甘分崖蜜，黄昏月小，誤認蜂衙。生涯。自矜

悄冷，賸無多知己只寒鴉。博得坡涪俊賞，未妨平視梅花。

齊天樂

園中蠟梅爲宅主薛少庵手植。少庵故後，諸姬星散。韓伯韋和余蠟梅詞，愴惻黄壚，哀豔動人。賦此和之

九天空賦招魂些。愁腸淚絲盈把。燕已分飛，花猶競吐，未逐東風都嫁。鶴枝暫借。問樹底師雄，夢痕誰寫。萬斛蘭香，素心一點本無價。　蕭疏園景入畫。貯嬌金屋地，今變吟社。舊月窺簾，新詞壓袖，滿樹狂蜂飛乍。君真健者。唱蠟鳳清歌，百蟲聲啞。巧剪王郎，額黄相映射。

鳳凰臺上憶吹簫

伯韋和余蠟梅詞，有『珍重黄冠，不信調羹才好』之句。讀之慨歎，復成此拍

毿柳扶煙，髡梧戴月，宵來園意荒寒。只檀心舒凍，映我黄冠。漫詡鹽梅味好，多少夢、付與邯鄲。凝眸處，森森秀色，不供人餐。　連番。急風驟雨，渾不見雙株，一瓣摧殘。喜金剛身在，萬刧能安。還共仙人滴淚，貯清露、幻作銅槃。休誇比，王家素兒，側眼偷看。

齊天樂

東坡生日，楊鑄秋觴賓酒樓，爲壽蘇之舉。座客皆蠟梅詞社中人，遂以蠟梅命題。譜成此拍

黄梅久入詩人詠，元豐舊名猶在。待字頻年，乍逢坡谷，姓氏憐卿新賣。今宵壽介。料宮樣葵裳，爲髯深拜。燭燦金蓮，舊朝恩遇可能再。　楊風狂賸故態。瓣香薰午夜，千刧難壞。貰酒娱賓，拈花佞佛，别有遥情天外。詞流幾輩。問冷艷幽芳，歲寒誰耐。隔座笙歌，

冶容羞粉黛。

太常引

伯韋有愛姬，歿已十年，思之猶常流涕。余論有清一代詞人，推重樊榭。伯韋遂憶及月上故事，悽成一闋見示，作此和之

一奩秋雪白無邊。曾此祀詞仙。游戲散花天。欲驚破、維摩妙禪。冬郎癡絶，蠶絲寸寸，紫玉渺如煙。香夢姤前賢。恨明月、窺人獨眠。

鳳凰臺上憶吹簫

狂雪三日，萬瓦光明，見日消融，其聲清絶。鄭子誼以詠雪詞見寄，依韻和之

眯眼生花，凝肌起粟，乾坤一片寒瓊。似捷書飛到，六出功成。夜半光偷素魄，庭如水、濯我塵纓。憑欄久，禪機乍啓，照破無明。琮琤。畫簷斷續，何處喚歡孃，和以鸞笙。且樓頭臥聽，白板雙扃。夢想幽人江畔，對銀海、搖盪詩情。微醺候，紅泥火爐，裊裊純青。

國香慢

同伯韋親煎雪水，以舊藏佳茗鐵觀音者取而試之，韻味幽絶。作此並寄子誼

石鼎雄蹲。正松枝活火，玉屑初温。休誇吐花飛絮，液化無痕。沸耳瓶笙雅奏，似仙樂、天上偷分。濃芳碧芽小，舌本遲嘗，鼻觀先聞。朶蓮觀自在，歎金剛百鍊，甌底沈淪。幻身甘露，依約蘭氣芬氳。座有工評陸羽，著奇經、茶可稱神。冰堂飲相對，更念江干，雪鬢詞人。

金縷曲

壽伯韋六十

我竟重來矣。正庚寅、遘君初度，杖鄉甲子。

一載迷離吴淞夢，眼底人間何世。望蜀道、烽烟濃起。猶幸滄江容共臥，便商量、賭酒敲詩計。經萬刼，雜悲喜。　百觴莫惜當筵醉。況年來、天涯地下，舊人餘幾。昨日朱顔今皓首，忍看蒼茫逝水。數落落、平生知己。累世通家喬木在，論交情、亦自稱兄弟。誰會我，歲寒意。

疏影　嚴覺之藏紅豆四枚，豔冶奪目。謂余曰：『如以詞相寵，即舉以贈。』余欣諾持歸，作此報命。鄭君子誼素工詞，覺之亦曾以此相要，故下闋及之

猩紅目眩。笑老僧白鴿，珍此嬌豔。未免多情，慣寄相思，撩人意緒非淺。千秋才子都憐汝，漲筆底、無端幽怨。映夕陽、滿樹朱櫻，一色問誰能辨。　驚見凝珠照座，我心縱鐵石，腸也千轉。譎矣斯人，挾寶要盟，苦索新詞相换。眈眈有客垂涎久，却又道、珊瑚敲斷。向緑窗、玉合深藏，幾日寸懷猶顫。

徵招　雨中賦贈汪鞠友

連宵殢雨鐘聲凍，愁來夢痕都瘦。去歲已傷春，歎情懷依舊。閉簾枯坐久。怕窺見、梅花凋驟。嫁與東風，匆匆點額，問花悲否。　汪叟老詞仙，重相見、偏逢斷腸時候。負了好花朝，只孤吟叉手。一年芳事又。但癡盼、晴雲烘牖。蠟游屐、共踏陽郊，嫩柳黄如酒。

三姝媚　春物芬芳，春人憔悴；情懷惘惘，如醉如醒。適得鄉人書，以重修省志相屬，促歸甚急。去住兩難，益增於邑，感成此拍

青山歸夢晚。況巫雲迷離，夢魂都斷。緑滿

江南，奈酒慳歌澀，探春人倦。老去填詞，誰會得、沅湘哀怨。笑彼東牆，多少流鶯，媚聲千囀。休問蓬萊清淺。念一髮飄零，故鄉文獻。萬刼秦灰，怕壁書深匿，涴塵難浣。舊恨新愁，禁幾度、飛紅零亂。立盡斜陽，手撫夭桃淚滿。

清平樂 題鞠友詞集後

鳥飛無迹。妙手皴空碧。一卷血痕心事密。只有杜鵑能識。　落紅都是春瘢。惜春情緒闌珊。帳底萬松吹夢，白頭癡戀黃山。

鶯啼序 春感

流鶯苦啼樹裏，怕春風睡懶。問樓外、多少春光，緑認園柳深淺。駐韶景、花朝兩度，東君恣意濃妝點。恁匆匆、隨雨飄零，賺人腸斷。

十載江南，一舸蕩漾，信驚濤見慣。夢中路、窺熟邯鄲，醒來莊蝶雙倦。笑天台、靈風乍引，忍重爲、桃花紅眩。悄冥冥，不見鴻飛，弋人何篡。　山容蘸黛，草色拖青，畫意故鄉遠。天外認、巫峯十二，縹緲雲影，落日瞿唐，杜鵑聲徧。松楸烏啄，嫏嬛蟫飽，長江嗚咽空流恨，俯柔波、皺盡覊人面。歸思一線，都隨眇笛幽箏，化爲繫書鳴雁。　黄塵莽莽，應有仙源，鎮我魂夢顫。暗掃却、浮花飄蕊，落葉歸根，古佛旃檀，野僧粥飯。多生慧業，銷磨難盡，銅駝深臥荆棘裏，尚相思、紅豆吟哀怨。傷心王謝堂前，幾換雕梁，獨餘舊燕。

清平樂　春曉步園中，賦寄程伯臧

鳥聲多少。啼破幽窗曉。早起惜花忘却老。珍重美人香草。　故人家住鍾山。紅嬌緑嫵春酣。六代繁華未褪，漫勞哀賦江南。

過秦樓　倪公偉招飲，其賃宅爲亡友張易吾故居。伯韋即席填此調索和，愴然賦此

皺碧當門，殘紅餘樹，夕陽樓角依然。已鶴烹琴爨，便善賦招魂，莫挽虞淵。舊燕渺堂前。兩三聲、但聽啼鵑。問斯人何往，高山流水，悽斷牙絃。　賸我曹十載、江城住，過黄壚故地，吞恨年年。知范滂無悔，奈衰齡母在，雪刺盈顛。消息阻飛鴻，悵迷離、九點齊烟。縱當筵痛飲，空説銷愁，傾淚如泉。

浪淘沙

紅瘦緑無邊。愁裏香緜。多情人怕落花天。櫻素柳蠻春夢短，惆悵華年。　綺訊杳如烟。閒了鞦韆。老來心事倩誰傳。分付流鶯聲且住，容我清眠。

清平樂

落紅無數。幾見蜂黏住。天外子規啼最苦。道我不如歸去。　故鄉十萬峯巒。頻年戰血斑斑。堪羨夷齊盛世，采薇猶有青山。

沁園春　連宵多夢，倣稼軒體，戲成此解。雖不免癡人説夢之譏，或有合昔賢賓戲之旨，謂爲夢囈，誰曰不宜

夢聽吾言，一枕邯鄲，汝誑余哉。歎衰齡尚父，熊羆見賺，達人蒙叟，蝴蝶空猜。杜牧輕

狂，青樓薄倖，十載揚州更可哀。醒來後，笑玉堂清睡，顛倒奇才。　夢云子語良訧。顧更進、狂言佐酒杯。昔陳思感舊，宓妃洛水，楚王好色，神女陽臺。幻境生心，尼山至聖，不免周公見幾回。君休矣，倘銷除妄想，我敢宵來。

木蘭花慢　薄暮飲江樓，感賦

弄殘陽影裏，炫金紫、衆山妍。正渚雁斜飛，林鴉競噪，暮靄浮天。鷗邊。夜潮暗湧，趁潮聲燈火閃樓船。一片胡笳戍鼓，白頭驚墮吟鞭。　當筵。醉眼看山川。破碎瓦難全。悵巒雲萬疊，海東飛渡，遮斷齊烟。闌前。碧燐數點，問波心明月甚時圓。笑靨青春易老，風風雨雨綿綿。

摸魚子　詠桐城公園，爲孫聞園作

怪頻年、幾番風雨，名園芳景無恙。傾城士女琴歌地，中縮九州如掌。兼奧曠。愛郭外、山容淡沱溪聲壯。冥心想像。怕金谷樓臺，平泉花木，聲價總相讓。　龍眠地，天下文章共仰。而今風雅尤王去聲。春秋佳日鷄豚社，吟到綠酣紅暢。江水漲。我也擬、仙源重入浮輕舫。君儲美釀。便碧沼撈蝦，朱橋鬭鴨，爭署五湖長。

高陽臺　讀李後主詞，感賦

斷雁迷雲，哀猿叫月，黯然千古銷魂。帝子花殘，曲中南面稱尊。清歌慣引櫻桃破，夢故宮、粉黛成塵。最淒然，送了江南，負了芳春。
臨頭總是聰明誤，羨庸奴劉禪，訧裏藏身。

玉砌雕闌，偏生絶代詞人。愁思恰似春江水，問可能、剪斷愁根。更傳他，側帽清才，幽怨王孫。

前調　伯韋、子誼以七夕祭李後主詞見示，賦此和之

怨女魂銷，詞人腸斷，年年七夕佳期。畢竟神仙，銀河只有生離。支機怎似牽機苦，化愁鵑、碧血空啼。忍重提。一晌貪歡，一曲相思。　清狂更在歸朝後，媚龍梭令節，豪竹哀絲。不是江南，春風已去多時。生天墮地都前定，恰雙星、鵲渡樓西。莫驚奇。共爇心香，拜倒情癡。

一斛珠　秋夕

倦懷依舊。蟲聲沸壁秋來又。含情脈脈添香獸。不爲蒓鱸，但覺歸思驟。　雲化魚鱗天色皺。新蟾斜向簾波透。驀驚涼意生羅袖。一夜西風，漸漸梧桐瘦。

漁家傲　七夕戲作

莫問銀河深與淺。迢迢鵲背凌波軟。私語何來剛夜半。柔腸顫。雙星笑指長生殿。　薄倖人間工變幻。憐新棄舊悲秋扇。畢竟神仙情不斷。君休怨。明年此夕重相見。

清平樂

別饒滋味。偷灑相思淚。借酒澆愁心已碎。不飲也教人醉。　勸君莫惜殘花。當年咫尺天涯。忍問謝堂雙燕，隨風飛過誰家。

揚州慢　和成琢如

衡雁歸遲，蜀鵑啼苦，故山一例滄桑。賸天涯倦旅，鑄寸寸愁腸。忍重話、旗亭賭句，燕釵蟬鬢，魂夢都香。漸豪情、搓盡扁舟，孤釣寒江。　十年舊侶，怎匆匆、頭上飛霜。縱側帽詞工，長門賦好，才命相妨。客裏鷫鸘裘敝，龍文鼎、大筆能扛。漫傷懷遲暮，千峯紅紫斜陽。

以上《寒翠詞》卷一

高陽臺　己巳春初，感賦

凍鳥猶瘖，枯楊漸活，韶光甫到雕闌。一笛飛來，梅花亂落千山。登高引手招黃鶴，悵樓空、鶴去難還。最驚心，落日蒼黃，大別郎官。　牆隣有女窺臣久，況陳思借枕，宋玉遺冠。寶劍摩挲，他年留斬樓蘭。浮槎欲訪秦時月，怕桃源、不在人間。勸東風，和暖些些，莫做春寒。

木蘭花慢　春夜不寐，悄然賦此

恨東風力薄，放花睡、不成妍。況燕燕鶯鶯，舊時伴侶，都未飛還。憂天。避人自語，問干卿何事夜如年。漫詡滄江卧穩，狂塵漸到鷗邊。　憑闌。百感莽無端。强醉短檠前。怕愁腸貯酒，愁多酒少，莫解連環。關山。徧聞唳鶴，算朦朧春夢甚時圓。目斷驕雲四鎖，終成碎雨零烟。

浣溪沙　仲夏之月，淫雨初霽，溽暑蒸人。鄭叟子誼柬約郭外之游。出西門里許，折而南，陂岸起伏多態。路人曰：「此十年前新聚之洲也。」顔曰『杉木』，亦名新洲。水榭明瑟，游人如雁，茶

寮酒肆，錯落其間。坐對大江，烟波無極。余與衆賓顧而樂之，爛醉狂吟，幾不知今世何世。嗟乎！絲竹陶寫，已逾中年；山澤閒情，足娱暮齒。新洲之名，或因吾輩嘯歌流傳後世，抑未可知。逸興未闌，復賦此解。同游主賓皆此邦耆宿，必有驩然而見和者

無數帆檣上下舟。窺人蹲岸是閒鷗。壯心銷盡水東流。　天外樓臺彈指湧，風前楊柳折腰柔。此鄉終老又何求。

前調　子誼、伯韋薄暮過訪。留飲，用前韻賦贈

珍重坳堂一芥舟。狂塵應不到輕鷗。寺鐘何處遠音流。　露坐貪看新月小，卮言消受晚風柔。日開三徑愛羊求。

前調　月夜泛舟菱湖，再用前韻賦之

十里平湖一葉舟。偶經沙渚且盟鷗。緑楊深處碧螢流。　夐夢無方人意懶，鎔情有味酒波柔。半篙蟾影畫中求。

浪淘沙　子誼、伯韋、星所薄暮過訪，杯酒言歡。猛憶今宵七夕，合座悵然。停杯感賦，首成此解

桐影顫黄昏。弓月當門。銀潢何處覓天孫。萬古詞人癡未了，爲爾銷魂。　綺夢忍重温。夢去無痕。青天不老是情根。驀見星橋剛一線，又被雲吞。

浣溪沙　題水繪園古琴拓本，爲鮑際唐作

碧海青天意不甘。興亡一曲向誰彈。有人絃斷影梅菴。　竈下凄餘焦尾在，指間幽覺古音含。伯牙容易子期難。

金縷曲

鄭子誼雪中見過，留飲，賦贈，並寄沈星所

一白乾坤靜。訝衰翁、披裘曳杖，遠來還肯。柳絮籠頭梨花面，獨露龍睛雙炯。我渾似、拳鴉寒噤。被裹袁安僵不起，也軒然、驀動摩天興。斟大斗，共轟飲。　臨觴更憶東陽沈。算年來、腰圍瘦減，苦詞盈寸。雨雨風風千刧底，悄對梅花耐冷。論臭味、同君差近。癡盼羊求連騎過，唤奚奴、掃雪開三徑。身外事，且休問。

蝶戀花

馮蟄齋雪中見訪，欣然賦贈

天色沈沈如中酒。懶放春歸，已是殘年候。昨日尖寒今日又。雪花不管梅花瘦。　未老馮唐清興陡。悄袖新詞，門叩黃昏後。縞地渾忘三尺厚。知君自有回天手。

高陽臺

苦雨

雨雨風風，朝朝暮暮，聲聲欲哭還呑。數點梅花，匆匆化作香塵。年年苦憶春光好，奈年年、客自傷春。最銷魂。一縷殘陽，又近黃昏。　穿簾不見雙飛燕，任雕梁玳瑁，莫認巢痕。雪阻關河，天涯目斷王孫。朦朧夢想開新霽，怕晨曦、更掩愁雲。倩何人。替訴相思，唤醒真真。

滿庭芳

清明日與子誼飲酒共醉，偕步東郊，即景感賦

柳絮顛狂，桃花輕薄，滿眼都媚殘春。往來鶯燕，黃紫笑迎人。何事鵑聲自苦，空啼血、誰與溫存。江天遠，餘霞散綺，隱隱陣雲昏。

微醺。風過處，農歌野圃，人哭荒村。任一般哀樂，總是銷魂。夜夜松楸夢遠，寸腸斷、酒淚難分。虹橋畔，相驚顧影，白髮浩如銀。

高陽臺

王輔五自武昌以詞見贈，賦此奉酬。時輔五兼長安徽大學，一再引退，故詞意及之

鶴去樓高，龍蟠山静，迢遥兩地相思。片葦能航，無端苦雨凄迷。濛濛霧壓雙帆重，犯風濤、正賴篙師。漫驚疑。皎月當空，碧水澄漪。　文章久擅淩雲手，況珊瑚海底，網自天西。賭句旗亭，紅牙競唱新詞。環門桃李森千樹，盼東君、莫負芳時。草萋萋。緑徧江南，老了須眉。

花犯

大月如盤，夜景清絕。適得小兒世豐慶雲書，感成此拍，用夢窗韻

夜沈沈，涼蟾弄影，皤然萬山曉。雁邊書到。憐路阻關河，千里同照。幾年望眼風塵飽。蟲天人易老。且媚我、楹書刼底，縱橫如亂草。　孀娥瞰窗砌離愁，依依似伴侶，光争吴縞。桐露冷，還飛過、兩三螢小。繩牀畔、薊雲夢遠，悽到耳、笳聲驚破了。更幻想、大峨高月，亂峰峯訊杳。

浣溪沙

吴柚山自蕪湖以詞見贈，賦此和之

一角南園月上時。碧螢如豆柳如絲。藕花香裏唱君詞。　春夢醒來渾似蝶，神鋒歛盡怕聞鷄。此情惟有赭山知。

木蘭花

鼓鼙聲裏千憂飽。尋樂芳郊忘我老。紅蕖倒映水婷婷，翠柳低含風嫋嫋。回頭更羨多情鳥。顫立危枝鳴未了。游人莫怨近黄昏，但媚斜陽無限好。

西江月 菱湖晚眺

幾度紅桑刧换，無邊緑海愁遮。娉婷開徧六郎花。開到十分堪怕。戀蕊翩翩醉蝶，争林陣陣昏鴉。斷碑孤塚是誰家。荒草殘陽一把。

三姝媚 韓伯韋挽詞

維揚天際遠。算平生歡踪，竹西亭畔。老客舒州，羨白頭都講，馬飛龍健。月上樓成，春未了、狂懷輕换。舊夢凄凉，塵篋遺箋，落花孤燕。城北頻開文宴。眩四壁殘碑，手題幾徧。妙舌瀾翻，笑六朝兒戲，獨誇秦漢。醉語豪情，都付與、詞人腸斷。孝子坊邊，感舊年年淚滿。

西江月

世事渾同蟻鬬，人生幾似鷗閒。一層斜照一層山。山影滿江零亂。驚醒芭蕉緑夢，静參鸚鵡紅禪。綺霞銷盡晚凉天。心與白雲俱淡。

以上《寒翠詞》卷二

浣溪紗 金陵大雪

壓地梨雲萬樹斜。天拚六代洗繁華。石城今日玉無暇。賭酒瓊樓寒起粟，飛車銀海眩生花。有人僵臥似拳鴉。

滿江紅

題崇禎甲申年史閣部鑄礮拓本。礮在揚州梅花嶺，相傳由安慶移置

滿紙興亡，忍重見、當年甲子。縱新鑄、雷車霹靂，羣兒心死。剌背將軍空有岳，薰天太宰偏逢嚭。看南都、談笑送河山，悲青史。　宜城畔，空棄委。梅花嶺，重遷徙。只一坏黄土，平生知己。四鎮庸才何足道，可憐孤注長城圮。伴忠魂、張眼臥維揚，猶雄視。

蝶戀花

悄立危樓貪翫雪。眼底千山，一夜皤然白。偷得蟾輝彌皎潔。人間照破層層黑。　傲骨簷梅貞晚節。百鍊冰霜，鬱鬱香逾烈。僵到齒牙心似鐵。寒灰撥盡猶餘熱。

臨江仙

高廉昉屬題桃源圖手卷

花事頻經風雨劫，劫餘春已闌珊。人間未必有桃源。莫疑虛幻境，且向畫圖看。　逐水漁舟忘遠近，千株一笑嫣然。落英紅襯夕陽山。山中無曆誌，魏晉不知年。

高陽臺

東郊看白牡丹，和宗志黄

柳絮黏塘，梨花縞地，亭亭獨殿東風。國豔名高，貞懷付與幽叢。明妝浄洗鉛華膩，笑羣芳、姹紫嫣紅。駐殘春，簇簇樓台，玉剪玲瓏。　沈香自分堪長住，怎天涯冷落，夢斷瓊宫。白紙坊邊，歸心悄託飛鴻。臙脂褪盡相思苦，怕三郎、別有情鍾。最驚心，蹴踐倉皇，萬馬聲中。

水龍吟 朱子沅挽詞

半生心腐瑯環，作『嫏嬛』者誤。掉頭悽瞑觀書眼。長才有歲，百年易盡，須臾盍緩。正則投江，子安沈水，千秋同伴。縱招魂善賦，通天有表，驚濤裏、腸空斷。　休說朋簪情欵。枉高軒、白花亭畔。談詩緑酒，評詞紅豆，虛懷何限。奇字揚雄，下風甘拜，我慚顏靦。賸遺文滿篋，叢殘待理，苦年華短。

齊天樂 小園鞠花怒開，五色繽紛，緑者尤豔。招鑄秋、慎登兩詩老酌酒花間，夜分乃散。越日鑄秋以緑鞠詞見示，賦此和之

黃裳縞袂知多少，驚逢緑衣人乍。秀色堪餐，羞容愈媚，偏似雲英新嫁。傾心粲者。便漉酒呼朋，醉眠籬下。欲語娉婷，黛眉幽怨向誰寫。　揚風壇坫獨霸。淡魂勾攝去，花也偷怕。翠葉争輝，青鐙射影，瘦損腰圍一把。江城秀野。算敵了揚州，競誇聲價。白月蒼髯，共君霜夜話。

聲聲慢 詠小園晚鞠

空山緑褪，老圃黃銷，西風已去多時。遲暮情懷，從容說與霜知。生涯自甘淡冷，共寒梅、雪作平裏争奇。簾半捲，懷徐娘衰鬢，未減丰姿。　休歎重陽無分，讓繁英浪蕊，絢爛盈枝。落盡秋花，孤芳正好揚眉。中藏醉魂一縷，似泉明、歸臥東籬。驚歲晚，怕開來、不作平是義熙。

浣溪紗 友人某伉儷素篤，一語不洽，憤而遠游，書劍從軍。時閱三稔，歸則其妻已鴻飛冥冥矣。賦詩十章，顏曰恨詞，郵航飛寄，倚聲和之

未識相思苦味濃。浪拋鴛枕去無蹤。怕勞飛燕各西東。夢裏晨妝鬭翡翠，愁邊夜雨滴梧桐。有人腸斷五更鐘。

其二

早悟芳華夢易醒。十年空訂白頭盟。緑烟黄月不勝情。鑄錯何須悲破甑，追歡枉自惜殘英。洗心來日叩禪扃。

齊天樂

邵陽羅君介邱嘗夢游異境，四顧荒寒，摶雪爲獅，游戲造化。邂逅二人，罔識姓字，奮力張拳，碎獅而去。時閱四稔，偶於友人座上遇丁君洽明、馬君御良，驚若夙契，歡洽平生。昔覿夢中之面，今知故人之心，吁亦奇矣。介邱邇來復鍊心金液，冥坐石牀，躡蹻列真，神飛八極，海上神山近若可接。因倩戴君毅民繪荒寒夢境、仙山樓閣二圖徵題

是誰裝出荒寒境，迷離雪花如掌。二客何來，千峯入睡，獅吼玄冥天上。蒲團坐想。料未了前因，故人無恙。笑彼山陽，一宵清話萬年誑。　無端樓閣蕩漾。玉京臨咫尺，乘鹿親訪。苦縣襟懷，龐家眷屬，老去希夷神王去聲。紛紛幻相。甚造比蟲沙，劫灰千丈。世外桃源，落英烘翠嶂。

以上《寒翠詞》卷三

以上《寒翠詞》

李叔同

清平樂

贈許幻園

城南小住。情適閒居賦。文采風流合傾慕。閉户著書自足。　陽春常駐山家。金樽酒進胡麻。籬畔菊花未老，嶺頭又放梅花。

南浦月　將北行矣，留别海上同人

楊柳無情，絲絲化作愁千縷。惺忪如許。縈起心頭緒。　誰道銷魂，盡是無憑據。離亭外，一帆風雨。只有人歸去。

西江月　宿塘沽旅館

殘漏驚人夢裏，孤燈對景成雙。前塵渺渺幾思量。只道人歸是謊。　誰説春宵苦短，算來竟比年長。海風吹起夜潮狂。怎把新愁吹漲。

醉花陰　閨怨

落盡楊花紅板路。無計留春住。獨立玉闌干，欲訴離愁，生怕籠鸚武。　樓頭又見夕陽暮。怎奈歸期誤。相憶夢難成，芳草天涯，極目人何處。

金縷曲　贈歌郎金娃娃

秋老江南矣。忒匆匆、春餘夢影，樽前眉底。陶寫中年絲竹耳，走馬胭脂隊裏。怎到眼、都成餘子。片玉崑山神朗朗，紫櫻桃、慢把紅情繫。愁萬斛，來收起。　泥他粉墨登場地。領略他、英雄氣宇，秋娘情味。雛鳳聲清清幾許，銷盡填胸蕩氣。笑我亦、布衣而已。奔走天涯無一事，問何如、聲色將情寄。休怒罵，且游戲。

菩薩蠻　憶楊翠喜

燕支山上花如雪。燕支山下人如月。額髮翠雲鋪。眉彎淡欲無。　夕陽微雨後。葉底秋痕瘦。生小怕言愁。言愁不耐羞。

其二

曉風無力垂楊嬾。情長忘却游絲短。酒醒月痕低。江南杜宇啼。癡魂銷一捻。願化穿花蝶。簾外隔花陰。朝朝香夢沉。

喝火令　故國今誰主

故國今誰主，胡天月已西。朝朝暮暮笑迷迷。記否天津，橋上杜鵑啼。記否杜鵑聲裏，幾色順民旗。

金縷曲　將之日本，留別祖國，并呈同學諸子

披髪佯狂走。莽中原、暮鴉啼徹，幾株衰柳。破碎河山誰收拾，零落西風依舊。便惹得、離人消瘦。行矣臨流重太息，説相思、刻骨雙紅豆。愁黯黯，濃於酒。　漾情不斷淞波溜。恨年來、絮飄萍泊，遮難回首。二十文章驚海内，畢竟空談何有。聽匣底、蒼龍狂吼。長夜淒風眠不得，度群生、那惜心肝剖。是祖國，忍孤負。

喝火令　哀國民之心死也

故國鳴鷤鴂，垂楊有暮鴉。江山如畫日西斜。新月撩人，窺入碧窗紗。陌上青青草，樓頭豔豔花。洛陽兒女學琵琶。不管冬青，一樹屬誰家。不管冬青樹底，影事一些些。

高陽臺　憶金娃娃

十日沉愁，一聲杜宇，相思啼上花梢。春隔天涯，劇憐別夢迢遥。前溪芳草經年緑，只風情、辜負良宵。最難拋。門巷依依，暮雨瀟瀟。　而今未改雙眉嫵，只江南春老，紅了櫻

桃。忒煞迷離，匆匆已過花朝。游絲苦挽行人駐，奈東風、冷到溪橋。鎮無聊。記取離愁，吹徹瓊簫。

滿江紅 民國肇造志感

皎皎崑崙，山頂月、有人長嘯。看囊底、寶刀如雪，恩仇多少。雙手裂開鼷鼠膽，寸金鑄出民權腦。算此生、不負是男兒，頭顱好。 荆軻墓，咸陽道。聶政死，屍骸暴。盡大江東去，餘情還繞。魂魄化成精衛鳥。血花濺作紅心草。看從今、一擔好山河，英雄造。

玉連環影 爲夏丏尊題小梅花屋圖

屋老。一樹梅花小。住箇詩人，添箇新詩料。 愛清閒。愛天然。城外西湖，湖上有青山。

以上《李叔同詩詞集》

李宣倜

浣溪沙 辛未元夜，獨步中庭，仰視星月歷歷，微聞隔垣按歌聲。猛念十年前今夕，城南游衍之盛。韶光錦屏，同成逝者，彩雲隊散，清淚連淞。倚此自遣

寶馬瑚車暎粉墻。銀花雪柳燦修廊。當時未解惜年芳。 燈火闌珊人不見，琴歌幽咽夢難忘。一回回首一迴腸。

鷓鴣天 水榭茗坐，次息庵均

病起還添睡起慵。怯寒鍵户一春中。池楊已漾千絲緑，砌藥纔翻幾瓣紅。 高節柏，半心空。汝生曾見九州同。胡牀箕踞羊裘客，賸有清談典午風。息庵猶著羊裘。

卜算子　北轅道中

未了越山青，不盡吴天草。行過黄河淚滿襟，依舊年時道。　零雨濟南宵，缺月丁沽曉。千里關山寂寞春，夢醒朱顔老。

青玉案　歲暮和東山

荒陂渺渺青溪路。又迤邐、鍾山去。回首星霜三十度。畫橋朱舫，繡幃金户。都是銷魂處。　蘭釭不管年芳暮。伴著江南斷腸句。舊夢東華寒幾許。凍雲裁玉，亂霙搓絮。那似愁人雨。

蝶戀花　滬西春晚，同韜園

馳道輕車喧短吹。掠袂飄風，送我投深翠。一邐斜垣緣淺水。秋千架静藤蘿墜。　細草連茵松偃蓋。小靨蠻楓，嬌似吴娃醉。可惜高樓人午睡。等閒閒卻春滋味。

南浦　題訒盦填詞圖

倦影照淞波，點吴霜，早换詞人青鬢。天際幻樓臺，銷凝處、海氣濛濛吹蜃。酸風射眼，寶書望杳青鸞信。欲把鵾絃，題短調老淚，暗霑塵軫。　君家門第烏衣，夢鈞天、記和霓裳舊引。藞落怨蘼蕪，搴芳路、今日斷腸休問。新聲試按，可能傳得啼鵑恨。回首商歌，韋杜曲儂也，客魂消盡。

絳都春　爲榆生題授硯廬圖，即送其之嶺南

雙眸星炯。愛鏤句酒邊，才華高敻。振響四明，一瓣心香爇來永。韓陵共語何人省。撫片石、隃麋光瑩。校量宫羽，摩挲手澤，暗成

悲哽。那更。淞濱淚墨，歎僊鶴、未換舊時珊頂。鸛眼分明，親覩傳衣防宵警。南行慧業留孤證。照客髩、珠江愁影。夢君情寄梅花，小春庾嶺。

夢江南

尋斷夢，夢遠鳳城東。柳葉墻頭風似剪，楝花簾外月如弓。明滅白鐙籠。

其二

真有味，餘味在回眸。金勒馬嘶初罷酒，銀屏客散更登樓。相向按梁州。

浣谿沙

春盡還餘半日晴。無風簾捲晚寒輕。緑陰庭院可憐生。　臉暈燕脂開寂寞，淚勻鵑血墮縱橫。誰云舊夢不分明。

解連環 爲公渚題墨謔廎畫隱圖

世塵飛灑。歎吾生底事，覓歡偏寡。衹鎮日、水範山模，傍荒嶼，亭邊冷煙松下。斷墨零縑，託幽緒、漢陵孤瓦。怕哀鴻滿目，監門圖意，阿誰知也。　江潭舊蹤試話。指偕游屐齒，苔痕曾藉。恁爲我、結軫歌場，就牙板聲中，儷詞泉瀉。予所撰《鞠部叢譚校補》，君以萬言弁首。一樣傷心，盡并作、中年陶寫。漫嘑珠暗霑，繭紙夜闌燭灺。

蝶戀花 後湖月夜

狎水荷衣紅上下。玉靨冰肌，相暎嬌無價。葉底鴛鴦涼不怕。更深妬煞姮娥寡。　露重星河銀浪瀉。一櫂中流，容與鐃閒雅。我譜小詞君莫訝。低聲恐惹渠儂罵。

風入松　次韵和公渚，並謝贈畫

何時生計遂投竿。閔默就蕭閒。半凋鏡裏青青髩，漫沈吟、改盡朱顔。偶對煙波佳畫，便思嚴瀨當年。　歸歟未辦買舟錢。孤負好溪山。故人千里空相望，悵良宵、携手應難。聒耳笙歌歇浦，驚魂烽火長安。

南樓令　丁丑重九，碩果亭小集。風雨既過，涼月在林，感逝哀時，夜午不寐。訒盦譜此見貽，輒次其均

缺月照寒堦。伊人那可懷。更瀟瀟、雨過風回。佳節江南兵動後，空换得、庾郎哀。　殘夢記金臺。曾誇作賦才。問如今、還有誰來。分付故園叢菊淚，秋縱好、不須開。

念奴嬌

江城元夜，雨簾纖、坐憶宣南芳躅。僊樂居然人世有，著我瓊筵紅燭。塞雪欺裘，堂花約帽，淺醉人如玉。梁塵飛動，參差簫管初逐。　一無語舊社沈煙，名園没草，那倚雕闌曲。一例芬菲留不住，轉眼山丘華屋。池暗穿鴻，林疏挂月，髣髴聞吹竹。兵塵身老，荒墳何處堪哭。

踏莎行　爲湖帆題緑遍池塘草圖册

縷鳳才名，彩鸞仙韵。玉臺蘭雪傳心印。東風重返謝池春，千秋慧業銷磨盡。　惱帶鴛慵，撩釵燕困。西亭翠被栖香燼。丹青忍續斷腸吟，吴霜一夜沾潘髩。

臨江仙

依樣江南山色好，捲簾人隔星河。鏡華空掩醉顏酡。未應歌小海，曾與託微波。　欹枕檐花和淚墮，織愁爭覓龍梭。瑶京影事費銷磨。畫圖重省識，誰分此情多。

臺城路 九日醉後，登臺城作

白蘋紅蓼橋西路，煙汀冷緣幽援。斷渚栖鳧，疏花戀蝀，聊稱郊居清晏。柴扉晝款。待側帽人過，玉醪同勸。已分傷高，命車蕭寺縱游衍。　臺城摇落似怨，後庭歌乍闋，塵世都換。闇墨移邦，豪華轉轂，一代興亡誰殿。逢辰作健。正叢菊邀霜，疊嵐收霰。俊翮横空，壯懷何處展。

高陽臺 展重陽餞秋飲次

花展重陽，人來前度，醒餘雨歇秋殘。多事傷高，小園聊自盤桓。霜輕曲沼明如鑑，數髩絲、同倚雕闌。怕無端。轉卻風光，似恁清寒。　延緣何處拏舟去，算山林鐘鼎，安頓都難。舞袖當筵，郎當應笑旁觀。酡顏寫上頗黎鏡，寄幽情、長傍琅玕。待重看。佳約明年，別樣脩閒。

滿江紅 題易水送別圖

煮酒談天，且休笑、荊卿謀拙。燕趙勢、漸成委虎，幾何能輟。功就定誇曹沫勇，身亡未讓專諸烈。算當時、百計費沈吟，方投玦。　一諾感，田光節。片語濺，於期血。豈縱横游俠，恩酬寃雪。短劍單車濡水遠，高歌哀筑秦宮歇。甚丹青、千載卷圖看，酸風咽。

浣溪沙

醉淺寒多睡不濃。一春都在雨聲中。泥汙梨雪曲欄東。　錦幄銀屏長夜飲，珠歌翠舞少年叢。新來有夢也匆匆。

前調

病共秋深怯倚闌。荒鴉亂葉滿江關。眼中何處不辛酸。　殘燭雨宵遲伴夢，清笳霜曉遠吹寒。可人長隔白雲端。

前調　碩果亭看花，和叔甫均

絳蠟宵深爲海棠。可憐無計綰韶光。小樓簾影憶梳妝。　睡靨半開天下媚，哀絲沈醉少年狂。若尋殘語戀殘陽。

臨江仙　紫宜爲荷尹作觀荷詩夢圖，荷尹徵題，次紫宜韵

深柳鳴蜩沙際路，披圖重記西涯。緑雲相護水爲家。詞仙閒意態，愛著茜紅紗。　華髮禁尋腸斷夢，高城日影初斜。鷗邊商略醉流霞。明璫迷一舸，惆悵並頭花。

霜葉飛　用夢窗重九均，題醉葉樓秋褉圖

倦懷羈緒。欹秋枕，商聲初到簷樹。墜雲扶暝上西樓，人醉重陽雨。甚一霎、流光過羽。星星霏鬢吴霜古。漫記取淞波，恨影翦并刀，費淚又凝縑素。　休道滄海歸來，臺荒戲馬，舊節餻字慵賦。往塵回首戀幽悰，替與寒蛩語。賸病榻、茶煙幾縷。無端添入丹青去。惜俊游、明年約，更就黃花，碧城高處。

瑞龍吟　懷松峯北京，次清真韵

金臺路。曾幾繡轂驕雷，玉鞭縈樹。銷魂年少承平，夢回盡在，歡塵漾處。　漫凝佇。消受畫堂長日，握蘭當户。開天法曲分明，檀槽暗度，蛾眉替語。　重望觚棱殘照，御溝題杳，宫雅寒舞。惟有翠微窺人，淒黯如故。青衫去國，休譜迴腸句。憑誰問、西涯勝賞，江亭聯步。轉眼繁華去。秋風倦侶，幽悰斷緒。棲鬢霜千縷。樓半倚，沈沈遼天收雨。嫩涼向夕，一鐙蟲絮。

謁金門　葆玥之行，余賦二絶句，屬荷尹和。荷尹報以此調，輒次均　壬辰

江欲暮。縹緲賓鴻自去。回首西窗攤卷處。當堦疏碧樹。　十載左思嬌女。伴我霜髯千縷。似夢長亭秋慘沮。忍裁楓落句。

浣溪沙　癸巳上巳清明，距丙辰壩河修禊三十八年矣

上巳清明一日拋。大難薄酒況佳肴。從渠寒雨滿江郊。　雋侣堂堂泉下土，舊題黯黯潞濱舠。芳晨白首不禁搔。

以上《蘇堂詩拾》附詞（含一九四九年後詞）

李國模

南歌子　謝人贈繡花合枕　温助教體

浪點鴛鴦譜，花攢蛺蜨圖。神采見工夫。清風吹午夢，入華胥。

望江南　悼姬人陳秀珠三首

彌留際，永訣在須臾。斷頰朝霞猶未散，嘔心

熱血已全枯。人鬼兩殊途。

其二

真憾事，薄葬鳳凰邱。姬葬皖城西門外五里許鳳凰山。荒塚纍纍狐兔穴，風高月黑使人愁。曠野鬼聲啾。

其三

空想像，肌骨冷泉臺。廿載悠悠消息斷，夢魂飄泊不曾來。遺笥忍重開。

前調　秋意

秋信早，一葉井梧飄。北望賓鴻書繫足，南飛烏鵲話填橋。七夕可憐宵。

前調　皖江燈詞六首

春燈好，爛漫赤城霞。天上星橋開鐵鎖，人間火樹放銀花。徹夜市聲譁。

其二

春燈好，烟火小排塲。宮闕鼇山侔壯麗，樓臺蜃市辨微茫。星點亂穹蒼。

其三

春燈好，戲耍百般尋。犀象麒麟排走獸，鸞鳳孔雀列飛禽。管樂奏清音。

其四

春燈好，擡閣忒玲瓏。方朔偷桃王母會，嫦娥奔月廣寒宮。巧妙奪天工。

其五

春燈好，扮相各風流。打槳漁郎披鶴氅，採茶歌女囀鶯喉。簇擁蕩湖舟。

其六

春燈好，令節上元歡。公府金吾寬夜禁，豪門玉女隔簾觀。香霧半迷漫。

前調 皖城雜詠七首

吾皖好，國壤古鳩舒。襟帶江淮居重鎮，屏藩吴楚介中樞。星野斗牛墟。

其二

吾皖好，首郡盛科名。父子三朝黄閣老，祖孫四代玉堂卿。喬木重家聲。

其三

吾皖好，風雅溯龍眠。北海才名驚上座，南山史案負奇冤。文派得薪傳。

其四

吾皖好，宦績紀廬陽。孝肅清風原穆穆，文忠勳業更煌煌。青史姓名香。

其五

吾皖好，山水秀新安。白嶽雲隨飛隼出，黄峯松作老龍蟠。帆影富春灘。

其六

吾皖好，名勝昔曾游。采石江聲千古月，敬亭山色六朝秋。觴詠謫仙樓。

其七

吾皖好，物産最豐華。宣紙阜綢靈璧磬，徽梨灊筍霍山茶。白米小湖蝦。

前調 海上紀事五首

無箇事，曳杖出城東。柳巷説書奇俠傳，榕陰習劍少林宗。拍手笑兒童。

其二

無箇事，菊部快流連。白髮空談天寶盛，黄冠終老義熙年。供奉散如烟。

其三

無箇事，小祀紫姑神。箕柄簪花飄彩勝，盤沙狂草勢輪囷。清供几筵陳。

其四

無箇事，雛婢苦相邀。桃葉清溪三妹宅，蓮花綺貌六郎嬌。畫舫過紅橋。

其五

無箇事，園涉大華來。玉石堦墀疑閬苑，金銀宮闕亦蓬萊。火樹向人開。

前調 安慶城外清水塘

出西郭，麥浪綯盈盈。山鳥啁啾時引路，野花璀璨不知名。梵語暮天清。

如夢令 揚州小金山

俯檻清波如畫。九曲紅橋低跨。荷葉疊溪錢，葉動游魚上下。宜夏。宜夏。不減秦淮水榭。

前調 過滬上合安里故居，悵然有作

里巷芳鄰如故。却少高陽李廌。柔軟緑楊枝，斜拂停車舊處。回顧。回顧。彈指駒光六度。

烏夜啼 春暮游龍華寺

地居黃浦西偏。塔毗連。寺址相傳建自、赤烏年。香市鬨。游人衆。道場前。日暮歸來桃柳、插車沿。

醉太平 秋宵不寐

荒鷄乍鳴。征鴻有聲。擾人清夢難成。聽譙樓四更。涼蟾入楹。寒燈在檠。銀河耿耿低橫。看東方未明。

點絳唇 國魂，哀諸陵之不血食也 用林和靖韵

寒食年年，一盂麥飯誰爲主。冬青深處。寂歷飛花雨。刼火燒殘，蔓草荒烟暮。河山去。冷燐無數。出没諸陵路。

前調 國殤二首，弔勝朝也

長白山高，相傳神女吞朱果。龍興遼左。輔弼皆王佐。賊寇鴟張，明局成殘破。危如卵。榆關納鎖。天命歸于我。

其二

十葉相承，冠裳統一中華土。仁明英武。覆祚非庸主。東漸歐風，江漢潮音鉅。真奇舉。煌煌詔語。效法唐虞古。

前調 傷秋 九秋體

秋思誰家，高吟宋玉悲秋賦。蛩堦秋語。訴盡秋心緒。容易秋風，秋月閑中度。秋還去。黃花秋圃。傲得秋霜住。

前調　海上聞警

鼎沸塵昏，中原從此遭塗炭。桃源路幻。莫避嬴秦亂。　時難年荒，骨肉東西竄。鄉書斷。終宵長歎。獨客南天半。

前調　游金陵棲霞、龍潭諸勝

拂曉登山，半空雲霧噴襟袖。雨餘山瘦。屐齒苔錢厚。　㶁㶁泉聲，謖謖松濤輳。聆清晝。低徊谷口。倚仗忘歸久。

前調　過彭澤縣望小孤山

秀湧波心，孤峯狀若蓮花朵。地經兵禍。有寺無香火。　石壁凌空，燕掠檣帆過。窩於左。懸崖欲墮。風浪還顛簸。山背左旋，有絶大燕窩一具，相傳乃數百年物也。西人屢欲攝取，終以壁陡浪險，舟不易泊，乃罷。

前調　聽雨不寐

窓外芭蕉，雨聲滴得柔腸碎。銀釭斜對。擁著鮫綃被。　好夢惺忪，合眼何曾睡。天明未。落紅如醉。化作相思淚。

浣溪紗　題《詞學源流考》

兩宋新詞集大成。元衰明替盛於清。朱陳聯袂應時生。　譜取東江音韻正，律推紅友選裁精。乾嘉諸老氣縱橫。

前調　和王阮亭《冶春詞集·紅橋懷古》原韻　三首

賓主東南集盛流。漁洋才調自千秋。冶春佳話播揚州。　水膩山温供宦況，酒尊詩卷破閑愁。銷魂豈獨是迷樓。

其二

簫管淒清弄畫橈。淥波容與赤闌橋。沿堤水暖雪初銷。　荳蔻稍頭香郁馥，茱萸灣口路遥迢。繁華淘盡廣陵潮。

其三

訪舊橋南第幾家。陌頭曾駐碧油車。衍波傳誦浣溪紗。　廢苑荒涼金粉地，斷碑零落玉鈎斜。不須重問後庭花。

前調　皖厲即事

環堵蕭然寄此身。傳家老屋傍江濱。衰齡手足見情真。　債券恒書錢子母，醫方熟讀藥君臣。年年憂病復憂貧。

前調　兵後返皖垣故居

王謝家聲久式微。烏衣巷口冷斜暉。舊時堂燕向人飛。　城郭參差遺跡在，人民離亂幸存稀。令威遼海鶴初歸。

前調　洪澤湖秋泛二首

萬頃洪流接大荒。遠山微現樹青蒼。艫聲摇夢渡明光。　此日樓臺浮蜃市，當年城郭易虹鄉。舟人指點話興亡。

其二

旭日蒼波浴遠空。湖山如在畫圖中。蓬窓櫼檝戰秋風。　水匯黄淮游上下，天連吴楚界西東。那堪澤國盡哀鴻。辛酉秋霖爲災，洪湖泛溢，吾皖被災者十有餘縣。

采桑子　賦贈　嵌字體

香籢雅集眉樓夏，學步冬郎。贈與秋娘。踏偏春婆夢一場。　虛名曾荷東皇寵，南董文章。北曲宮商。沉醉西園菊又黄。

前調　秋夜聞聲，淒而不寐　獨木橋體

木樨冷濕泠泠露，壁影蟲聲。窓影鷄聲。贏得無聲到有聲。　秋聲聞自西南至，月影砧聲。燈影機聲。伴我書齋夜讀聲。

前調　夏日訪友不遇

雲間第宅饒幽勝，花徑深深。夏木陰陰。隔葉黄鸝送好音。　叩關剥啄無童應，簾幕沉沉。畫閣愔愔。人在南柯夢裏尋。

菩薩蠻　詠明石砫女帥秦良玉事

伏波家世蠻荒寡。春風一騎桃花馬。壯志請長纓。沙場萬里行。　馳驅南北境。白捍軍容盛。簇簇錦袍新。平臺召見身。

減字木蘭花　皖垣重九

頻年佳節。獨在異鄉爲異客。此日宜城。助美天公不放晴。　名流讌集。古塔留題紗護壁。皓首簪花。落帽龍山憶孟嘉。

前調　登大觀亭謁余忠宣公祠墓二首

故家園榭。喬木荒涼無片瓦。賸此孤亭。閱盡滄桑不改形。　憑闌遠矚。大小龍山全在目。東去江流。鐵板銅琶唱未休。

其二

忠宣祠宇。歲集神鴉鳴社鼓。守廟無人。漸

寂空堦曳履聲。英靈不昧。長擁怒濤來也未。表墓衣冠。嶺上梅花一樣看。

清平樂 寄内人皖城

蝸廬暫寄。冷冷清清地。苦雨酸風孤枕意。聽得離人不寐。歸期曾約梅黃。家書語重情長。遥憶閨中今夜，嬌兒課罷時光。

前調 游普陀山

散花如雨。天女盤空舞。山寺輝煌前後所。高據洛伽勝土。海波吞吐雲霞。經臺座湧蓮華。我佛回頭是岸，度人一葉仙槎。

前調 送彭秀峯内阮赴魯

宜城小住。又向齊東去。雪虐風饕游子路。可耐天寒歲暮。頻年書劍勞形。浮生縱跡如萍。愧我髮將就白，看君眼爲誰青。時秀峯爲其尊人選青内兄去世奔喪來皖，故及之。

前調 詠硯

傳家端硯。匣底摩挲徧。竹葉紛披蝌蚪現。歷盡精金百鍊。羊肝色嫩脂凝。池坳蟾鏡初升。鎔化丹心碧血，磨穿黃卷青燈。

前調 重過荔香院舊址感作

平康坊路。十九年前住。門對青溪楊柳渡。家在緑陰深處。依稀丁字簾櫳。者番鳳去臺空。不管水流花謝，一齊付與東風。

前調 怡紅本事詞

鸞笙鳳琯。曲奏宜春館。風拂香輿行緩緩。錦簇花枝圍滿。雲娘名噪吴門。柰何遠嫁王孫。生與夷光同里，浣紗溪畔蘿村。

前調　山海關三首

亂山銜照。馬首臨榆道。絶坂秋高霜信早。滿目黄雲白草。岡巒起伏迴環。洵稱第一雄關。關口額曰『天下第一關』。自古沙場征戰，幾人徼倖生還。

其二

九門隘口。一卒當關守。秋老輪臺風夜吼。撲面沙飛石走。昔時夷夏分封。今成車軌交通。嘉峪亦稱天險，遥遥對峙西東。

其三

山環海抱。形勢何夭矯。雉堞參差雲際繞。扼據幽燕險要。秦皇廣武深謀。邊防永固金甌。姜女貞珉萬里，夷齊廟貌千秋。關口有碑，刻『孟姜女尋夫處』六字。字皆徑寸，不知何時立，何人筆也。旁有夷齊廟，香火至今不絶。見《盛京志》。

三字令　鄉居遣興

求閒静，市廛譁。住鄉佳。高士友，野人家。登東皋，游北澗，樂無涯。扁豆筴，半開花。竹籬遮。吹牧笛，響繅車。尋鄰翁，呼婦孺，話桑麻。

西江月　小孤山

磯與彭郎相對，墟分牛斗之交。霓旌羽蓋任逍遥。豈憚江波險要。山砦洪楊跡杳。水軍剛直功高。凱歌聲裏沸如潮。奪得小姑回了。

前調 勉家震求學

漸露崢嶸頭角，七齡入塾從師。克承堂搆大門楣。深望吾兒繼起。　求學惟精惟一，專心毋怠毋嬉。光陰珍惜汝須知。分寸俱宜重視。

前調 京口

漕運河流孔道，通商海口名城。古今兵事必須争。自是南徐重鎮。　揚子江聲悲壯，金焦山色空明。我來聞笛感淒清。十載人琴一瞬。

小闌干 謁明孝陵

鍾山弓劍孝陵藏。七日葬高皇。宫車駕宴，蕭牆禍起，遺詔止奔喪。　惟餘古蹟憑弔，壠土一坏荒。月冷松楸，風嘶石馬，零落不成行。

城頭月 長江詠古

委蛇東下七千里。源自岷山起。跋浪狂鯨，奔濤怒馬，入海真觀止。　險居天塹何能恃。鐵鎖沉江底。燕子春燈，後庭玉樹，一部興亡史。

雙調望江南 再悼姬人陳秀珠

臺蹟在，千古總荒邱。環珮魂歸庭院月，棠梨花落墓門秋。繞郭咽江流。　思往事，枕席話綢繆。艱苦備嘗身早去，亂離倖免汝何修。傳誌待銘幽。

江月晃重山 詠雪

曲院狂飈怒吼，空房寒氣森嚴。雪花如掌撲雕簷。壺漏永，冷襲被池尖。　玉筍何勞下箸，晶盤直欲堆鹽。臨邛貧病一身兼。裘典盡，酒債日加添。

南鄉子 滬杭道中作

到處水爲鄉。蘆橘金風一抹黃。江浙素稱魚米藪，湖莊。釣艇漁罾挂路旁。　村落正斜陽。縷縷炊烟出短牆。敗柳殘荷姿態減，經霜。歸雁無聲下野塘。

前調 大雪

風雪滿江干。祇有漁翁不畏寒。一笠一簑舟一葉，垂竿。獨釣蘆花淺水灘。　樹白半枯殘。山徑崎嶇路未乾。依約空枝巢凍羽，飛難。道上行蹤絶往還。

虞美人 寄少崖弟皖城、伯琦弟吳門　仿一至十體

一門俊秀推羣季。二陸東西次。三椽老屋枕江城。四壁蕭然五柳、號淵明。　六朝王謝烏衣第。七子賢名繼。八閩山水最清新。九曲武夷十載、夢游頻。

臨江仙 陳姬怛化，星紀兩週，追念前情，胡能無語。哀填此闋，焚告幽冥　仿賀方回體

初莅黄家湯餅會，當筵眉目傳情。登瀛學士恰同庚。蹇修酬月老，遇合得雲英。　畫裏江城春晼晚，緑窗並坐調箏。如何韶景易紛更。埋香胡蝶塚，啼血杜鵑聲。

一剪梅　辛未除夕立春有作　仿鵝亭體

飄忽流光又是春。節慶新春。寒畏初春。陰雲愁慘不成春。冷雨淒春。冰雪反春。休羨桃源海上春。毒霧迷春。野火燒春。江鄉還賸幾分春。市景荒春。民氣囂春。

前調　詠春　仿鵝亭體

户壤賡歌大有春。瑞雪先春。膏雨滋春。六街弛禁上元春。簫鼓喧春。燈社嬉春。高枕江城畫裏春。蜂蝶探春。鶯燕尋春。千金難買一宵春。蓉帳藏春。蓮瓣鈎春。

踏莎美人　由寧往滬，道經吴門，有作

麓洞低眉，瀫湖鑑髮。飆車直向楓溪發。槿籬茅舍樹扶疎。跨塘橋堍曾記、那人居。鄧尉探梅，虎丘醉月。前塵後跡都銷歇。雙魚久滯泰娘書。已涼天氣眠食、近何如。

醉春風　題姬人王慧珠小影

半畝田園景。一幅真娘影。淡妝濃抹總相宜，整。整。整。棐几牙籤，筆牀茶竈，同消晝永。　蝶撲雕闌静。犬吠花陰冷。珠光黛色燦然新，耿。耿。耿。行篋珍藏，晴窗把玩，難逃薄倖。

殢人嬌　廣廬消夏

樹咽蟬淒，斷續綠槐庭院。抛書卷、晝長人倦。北窗高臥，任清風吹便。塵市裏、太古羲皇再見。　琴韻悠揚，鳥音婉轉。倚闌干、誰家美眷。回廊簾捲，散幽香一片。盆景内、魚子蘭花開徧。

金縷曲　餞春

又送春歸矣。賸殘春、曉鐘聲動，將春催起。照我陽春烟與景，春色嫣紅姹紫。春去也、竟如流水。昨夕酬春猶有價，到今朝、何處尋春市。春不值，半文耳。　春陰珍惜毋輕視。鬧春光、春城鶯燕，春圃桃李。記否春江花月夜，沉醉春風館裏。沽春釀、玉壺春美。賤子春弧縣七七，待來春、五十平頭已。春明夢，一彈指。

卜算子　秋閨

漏静碧窓虚，月暈紅潮信。值宿河魁可在房，羞答檀郎問。　臂驗守宫砂，步碎弓鞵印。貪受新秋一味涼，病體懨懨困。

以上《瘦蝶詞》

蝶戀花　閨思

藥裏茶鐺經一卷。病榻生涯，彊自安排遣。鎮日雙蛾愁不展。懺除煩惱何能免。　初解風情多靦腆。惟恐人前，提起交深淺。百結柔腸千萬轉。春蠶到死猶成繭。

見《詞綜補遺》卷七十二引《合肥詞鈔》

李溥芳

憶秦娥　閨情

三春暮。恨雲遮斷郎歸路。郎歸路。溟濛天水，迷離烟樹。　春歸不帶愁同去。山高莫隔愁來處。愁來處。天涯夜雨。萬重濃霧。

菩薩鬘　二調　閨思

合歡願得同心者。丹心不讓胭脂赭。兩地苟同心。聲和如鼓琴。　空階人獨立。唧唧蟲鳴急。昨夜夢郎歸。歸期約屢違。

其二

藁砧不見今三載。情懷浩浩深如海。傷別畏逢秋。逢秋心愈愁。　紅顔將欲老。莫覓忘憂草。花内愛香蓮。香絲斷復連。

千秋歲　秋思

多情多累。花露都垂淚。月欲墜，秋如醉。路長書杳渺，别久人憔悴。江雖羕，長也。也流不盡愁中味。　砌下蛩聲脆。幽怨奚能寐。夜色暗，雲影碎。遲暮光陰逝，彼美何時會。畫雖妙，難將兩地離情繪。

憶王孫　四調　用仄韻　閨怨

膏沐欲施心緒懶。鞦韆欲戲腰肢軟。檀郎不返春光晚。關山遠。非由命薄郎情淺。

其二

暑重無風徒握扇。郎書不寄心空盼。回文欲織翼鱗斷。莫如願。癡情最畏浮雲變。

其三

月不長圓偏易缺。渾如予美多離别。豈其良會從兹絶。同誰説。寸心不貳堅於鐵。

其四

不待食蛙同燕瘦。難開易結眉紋皺。天寒袖薄涼風透。棄捐後。夢魂邂逅仍相就。

如夢令　寄遠

眉與水紋同皺。身較竹枝尤瘦。夢醒憶行人，淚溼羅巾已透。紅豆。紅豆。爾亦相思果否。

卜算子　春怨

幾日春方透。倏又花枝瘦。雨溼殘紅滯不飛，惆悵黄昏後。　畏見波紋皺。懶聽笙簧奏。無奈紗窗月上時，衹有愁來就。

踏莎行　遣懷

欲遣愁懷，鞠生可用。夜深逆旅無人送。踟躕思向黑甜逃，緣慳不獲邯鄲夢。　醉睡皆難，孤吟誰共。每餘屈李沈淵慟。砧聲悽惻和哀蛩，抗心尚友悲秋宋。

前調　苦雨

苦雨兼旬，高原積水。浮雲掩日何時止。黄鍾喑啞古琴摧，岐山鳳杳梧桐死。　嘉穀弗生，莠稂薿薿。力田不幸何逢此。侏儒雖飽臣朔飢，食珠爨桂憂難弭。

虞美人　思子勛、勛

離居五載人千里。寤寐恒思子。昔年侍側即情怡。何況東坡與過、共唫詩。　遠遊雖爲承歡計。惙惙憂難弭。牟群亦解慰親心。不及竇常學殖、已淵深。

江城子　述懷

茫茫百感不勝愁。粲登樓。玉悲秋。衹爲多情、難免動離憂。懷古傷今長太息，人安在，騰江流。羲和御日孰能留。欲遨遊。路殊脩。悵望春暉、渥澤未曾酬。家國關心無盡事，使我痗，幾時瘳。

醉春風　閨怨

悄悄心如醉。非病容憔悴。藁砧昔約昨宵歸。未。未。未。豈是檀郎，不曾備咀，他鄉滋味。　蓬首無珠翠。雨滴秋心碎。函封尺素幾時回。愧。愧。愧。想必妾書，莫能感彼，思家清淚。

阮郎歸　旅夜

思深彌覺夢難成。難成仍易驚。春懷秋怨不勝情。離人奚可聽。　歌彼美，怨卿卿。一輪孤月明。何時偕隱免長征。愁城藉彼傾。

一翦梅　有懷

徹夜紗窗月色清。不免怨卿。仍復思卿。詰朝陌柳弄春晴。轉恨多情。不若無情。　永日憂心似病酲。臥擁書城。坐困愁城。宵深漏盡數歸程。夢也難成。詩也難成。

前調　閨思

送別相思積淚痕。昔已消魂。今更消魂。衾寒枕冷莫温存。醉也思君。夢也思君。　悄悄憂心自孔殷。婢也難分。姬也難分。登山臨水總傷神。遠送行雲。近迓回雲。

浪淘沙　閨思

花落掩重扉。辜負鴛幃。消魂曉夢逐雲飛。夢裏不知關塞隔，欲共郎歸。　鎮日繡簾垂。

有約頻違。游絲輕絮漾晴暉。應是啼鵑催客懶，莫返征騑。

滿路花　寶劍

光騰電氣紅，芒動霜鐔白。干將精辟灌、冰凝鍔。終年挂壁，鬼魅皆驚愕。龍吟風雨作，久蟄將飛，仰觀寒膽慄魄。　虯螭變化，豈肯蟠幽壑。天高星淰淰、何寥廓。雷鳴虹繞，至寶終烜赫。留贈同心客。苔生鏽澀，不教比匪安獲。

賀新涼　醉後放歌

把酒懷千古。歎前人、多窮少達，不惟白甫。五柳先生當晉宋，歸去蕭然環堵。況更有、周原唐愈。流放江南哀郢遠，貶揭陽、瘴癘侵淩苦。庸碌者，日歌舞。　西方彼美殊難覩。惜數奇、蹇偷未遇，獨行踽踽。一片丹心空向日，每慮年衰志阻。長太息、碩人俁俁。尚且沈淪悲執轡，問狂夫、安望同皋舉。時已醉，共誰語。

滿江紅　卜居

寄寓他鄉，誠不免、茫無畔岸。及歸去、故鄉鮮友，誰規誰勸。惟此愁鄉渾易入，江鄉信美居難奠。從幼時、悵望鄭公鄉，喟然歎。　帝鄉遠，莫如願。仙鄉杳，孰能見。況醉鄉晦昧，睡鄉近幻。夢到華胥非可必，英雄豈肯溫柔戀。俟他年、擬隱白雲鄉，何憂患。

前調　有感

鴻爪雪泥，已往事、不堪回溯。長太息、浮生如夢，何分吉惡。喜悅無多終覺悟，有時恐懼兼驚愕。吉夢、惡夢、噩夢、懼夢，均見《周禮》。況黃粱、未熟夢先醒，邯鄲客。　莊周蝶，難追索。蕉中鹿，何紛錯。　歎百年旦暮，短如渠畧。渠略即蜉蝣。縱使勛名齊嶽瀆，仍須窀穸綏魂魄。幸今朝、對友肆疎狂，且醻酢。

前調　嘲蟋蟀

孰是知音，亦何必、終宵不寐。丁此際、秋風悽愴，苦吟宇内。苔老草荒時已暮，林枯葉落形憔悴。縱君心、蘊結隱憂多，伊誰會。　彈古調，饒餘味。寫愁況，如垂淚。學靈均被放，詎甘沈醉。慷慨悲歌燕趙士，哀音酸楚詩人喟。縱曲高、弗顧俗儒驚，應勞瘁。

前調　代蟋蟀答

獨發哀音，亦奚必、問人知否。況自古、放臣逐子，棄妻故友。處變不求君父諒，既離未忍心期負。尚無非、詠歎寫深憂，予何咎。　念本性，終須守。葆晚節，貞於久。凡有才寡和，固多不朽。吟苦斯傳懷賈孟，趨時竟敗傷劉柳。我與君、相應似同聲，願聚首。

前調　謁孫文正公祠

千古共姜，矢之死、靡它靡慝。即烈士、酬知志篤，捐身不惑。浩氣渾將天地塞，孤臣但解安君國。歎褚淵、馮道太無情，是爲賊。　貂璫橫，禍難測。權奸狡，時難默。且請纓北闕，督師屢克。麟趾振振皆授命，非惟嘉耦稱同德。信三綱、撑拄屬君家，我心惻。

前調　思子勛、勛

蟋蟀聲清，一轉瞬、西風又冽。歎遊子、二年遠道，長茲離別。客歲中秋伊鬱甚，今秋甫屆思尤切。盼季冬、衣緑共趨庭，同吟雪。　阿母艾，將耆耋。阿弟幼，難頏頡。雖老椿尚茂，憂心如結。命薄不逢知己者，志高空厲淩霜節。願爾曹、光大我門閭，彌予闕。

沁園春　同履禮子閒談

過客易徂，逆旅終歸，孰非寄居。彼南威西子，已爲黄土，左盲遷腐，莫訪荒墟。金屋華腴，玉堂暇豫，轉瞬無存總是虛。百年後，統賢愚殂落，奚判榮枯。　君言念此欷歔。迨没世、誰知爾與吾。但周原唐愈，暉映今古，斯高介甫，莫滌垢汙。錫等彤旅，貶嚴鉞斧，溘逝雖同異毀譽。須蚤計，勿玷留琚瑀，瑕掩圭瑜。

前調　與友人論詞

身世飄蓬，百感茫茫，寄興雕蟲。但風流旖旎，言宜典雅，縱横豪邁，字必陶鎔。響振鐘鏞，音調絲竹，絶妙詞尤貴兩工。誠能是，乃騷壇樹幟，藝苑稱雄。　古今傳作何窮。半色艷、情深味更濃。彼少游韻遠，淩跨坡谷，稼軒筆健，伯仲周洪。調綜商宮，招賅徵角，兼括秦辛未易逢。才優者，自揮毫垂露，行氣如虹。

風流子　嘲履禮子

謫仙人已往，問何事、飄泊學青蓮。歎未識荆州，惟餘傲骨，縱逢賀監，徒聳詩肩。年華富、抗心思鳳翥，戢翼莫鵬摶。亦狷亦狂，前脩雖與，似夷似惠，造詣殊偏。　封侯應已矣，飛將軍、善射才藝空傳。豈果數奇不遇，今古皆然。君難著祖鞭。懷憂類屈，弗投班筆，屢空如淵。奚望乘風破浪，旋轉坤乾。

千秋歲 有感

時過百代。故我將何在。墓木拱，滄桑改。詩賦傳謦欬，意恉存情態。雖異世，知音賞識吾仍待。　溘逝人如海。不朽方千載。誠念此，宜驚駭。魂魄終有盡，著作奚容怠。奢望者，恒思文字騰光采。

醉太平 述懷

趨時不工。干人更慵。欲游宦海奚從。歎浮萍轉蓬。　無田學農。無園種菘。桃源可隱難逢。待淵明折衷。

臨江仙 庚戌述懷

記得昔年奢望者，玉堂應許棲身。而今鱣鯉擬潛鱗。春冰雖已泮，蛇蟄未容伸。　五載以前猶欲仕，妄思法渭師莘。今知石隱甚宜人。身閒心坦蕩，永作帝堯民。

憶王孫 二調　閨思

柳柔花嫩醉春濃。玉軟香温雪色融。一點芳心澈底紅。與誰同。深恐多情未易逢。

其二

沐時雲鬢任蓬鬆。浴罷蘭湯待晚風。悵望紗窗月正中。問誰從。静竢冰人避狡童。

南鄉子 閨思

日煖玉生煙。積雪凝脂色愈妍。輕絮飛揚深

莫盡，緜緜。幾度沈吟夕照天。　逭暑賞紅蓮。馥郁清芬溢水邊。況有香絲尤莫斷，相連。徑寸芳心自皎然。

生查子　論美人

多情方動人，美色奚須羨。槁木不知春，難遂檀郎願。豐肌妙趣多，腴味皆留戀。但得玉環肥，豈復迎飛燕。

菩薩鬘　離別　回文

願君如意隨時返。返時隨意如君願。春暮怨離人。人離怨暮春。　月圓悲遽別。別遽悲圓月。卿似孰多情。情多孰似卿。

鷓鴣天　悵別

一旦懷君十二時。訖寅起卯卜歸期。登山臨水難消遣，易地能忘悵別詩。　摹古帖，理棼絲。肯將他事間相思。花飛蝶舞春雲暮，情景循環幾皺眉。

賀新涼　感懷

憶往渾如夢。記當時、文場角逐，人呼雛鳳。甲午賢書容坍驥，應許豫儲隆棟。雖莫望、姜伊伯仲。亦或勛名留史籍，俾中心、不負虛生慟。年正富，終當用。　而今無意馳塵鞚。歎世事、幻同戲劇，衹資一鬨。感舊傷今憂異禩，未免愁深倥傯。又何似、任吾放縱。聊藉琴詩花遣悶，對冰輪、酌酒兼絃誦。長笛妙，倚樓弄。

霓裳中序第一　同友人賞牡丹

名花時欲語。況正值春晴日午。嫩白嫣紅如

許。羨霞光赫赫，雲裳楚楚。曠觀千古。只玉環肥可爲伍。開元後，豈無國色，美豔孰同汝。 容與。休論洛浦。即西子南威莫數。一笑傾城百媚，覺香煖脂凝，冠羣芳譜。醉人多妙處。允屬此、豐肌淑女。儻惟賞，天然富貴，皮相亦何取。

臨江仙 壬子述懷

鴻踏雪泥成往迹，蹉跎我誤華年。曜靈不意落虞淵。茫茫如夢令，鬱鬱奈何天。 傲骨撐腰同李白，身閒似勝神仙。無心富貴懶參禪。日招詩客飲，夜擁美人眠。

買陂塘 秋興

問蒼穹、放懷今古，英雄皆在何處。淮陰已沒青田逝，奚數庸庸當路。鴻欲翥。歎世事、助名權利均無據。我狂如故。且月出彈琴，花開酌酒，知己日團聚。 愁千緒。悵望松喬莫遇。秦皇漢武殊誤。遠遊擬訪桃源隱，祇見茫茫雲樹。予已寤。豈不見、環肥燕瘦隨春去。朱顏難駐。但侍史吟詩，姣姬烹茗，聊慰遲暮。

怨王孫 殘花

夢好。天曉。情多會少。日煖花殘。人歸春老。此際莫種合歡。負芳年。 他時容許天香遇。秋未暮。俟滴芙蓉露。已儲金屋待貯。不見阿嬌。罔魂消。

浣溪沙 閨怨，戲用七調名

西子妝成點絳脣。杏花天暖玉樓春。滿庭芳卉憶王孫。 長此相思薄倖人。孤鸞如夢幾消魂。箇儂眉嫵怨春雲。

阮郎歸　春怨

山河界不斷相思。思長千里馳。翦刀翦不斷愁絲。愁來先著眉。　關塞隔，夢魂隨。何堪夢醒時。浮雲靉靆阻郎歸。雲開恒恐遲。

買陂塘　讀《有正味齋集》誌感

仰東坡、高材健筆，倚聲排奡雄恣。斯人摛藻誠淵雅，惜乏如虹奇氣。休訾議。予羨彼、畢生正值承平際。玉堂位置。任配白妃青，吟風弄月，笛唱有餘味。　其文蔚。體格雖云近弱，藏鋒亦自多致。酢酬時促成須速，豈必盡爲上駟。慨今世。誰復解、煅詩琢句殫才思。遺音鮮嗣。恐國粹淪胥，詞華廢墜，懷古悵遥企。

浪淘沙

日落月西沈。夜黑雲陰。杞人悽惻涕難禁。生不逢辰同水逝，夢醒愁深。　遺佚豈從今。舊隱山林。非關黼黻發哀音。獨抱殷憂心似醉，悄悄欽欽。

生查子　春閨思

魂隨征騎飛，夢被晨雞破。日午尚情慵，特著春衣卧。　春深思亦深，得句伊誰和。花落惹離愁，無語垂簾坐。

如夢令　閨怨

輕絮飛揚何處。遥惹遊絲萬縷。春暮落花多，一片迷離紅雨。有女。有女。癡立凝神無語。

其二

曉夢初醒心懶。宿醉猶酲身輭。春色暈胭脂，近午烏雲未挽。人遠。人遠。脈脈秋波不轉。

生查子 癸丑秋感

滄桑時竟逢，安得逃名舸。世外有桃源，宜著淵明我。　祇存權利心，貌厚其中叵。載仰墨胎君，玉色同鮮瑳。

其二

古今迭廢興，何況榮枯夢。轉瞬萬緣空，蠻觸方交鬨。　烽烟兵燹時，悵望天多霿。俯仰總銜悲，特爲斯民痛。

其三

形勞富貴愚，心冀神仙妄。漱石枕流人，可與巢由抗。　黍離麥秀餘，靜聽樵漁唱。邯鄲夢早醒，攜酒尋元亮。

其四

無爲生化悲，百載猶昏旦。華屋易山邱，應悟勳名幻。　風狂潮又生，世事浮雲變。心異玉金堅，水乳終冰炭。

沁園春 題美人春醉圖

玉軟脂柔，眉皺情慵，懶啓星眸。當月明聯句，觴飛杯舉，花開設宴，斝酢觥酬。脢戰多時，互相勝負，歡伯誠哉可解憂。華筵散，胡春生兩頰，白暈紅稠。　杜康力猛無儔。竟弱質、難禁大白浮。彼醉鄉稱聖，李詞獨步，醉中作字，旭草稱優。醞釀沈酣，妙辭筆陣，試問斯人夙習不。文壇上，待毫揮纖手，吟出歌喉。

前調　題美人春別圖

惆悵驪歌，慘矣臨歧，不轉秋波。況桃夭柳媚，千金一刻，杏紅草碧，日暖風和。此際孤征，尤深愾歎，虛度韶光鬢欲皤。長亭上，已露珠花泫，紋蹙雙蛾。　頻經水曲山阿。覺會暫、離常奈若何。慨車飛影駛，魂消腸斷，鐙殘夢醒，人遠情多。預計刀環，歸期莫誤，如醉朱顏倏爾酡。他時返，定合歡酒酌，酬韻詩哦。

前調　題美人春思圖

彼美支頤，兀坐凝神，似有所思。歎柔絲萬縷，縛人莫解，愁心一片，展轉如飢。白日易馳，朱顏難恃，別緒縈懷已數期。憂遲暮，儻絮飛花落，又負芳時。　孤衾誰共吟詩。縱夢到、天涯覺後疑。將回文遥寄，恐防遠志，深閨静族，屢爽歸期。靉靆雲濃，溟濛烟接，悵望關河總皺眉。鍾情處，是車聲遠震，帆影迷離。

前調　題美人春遊圖

禊事將脩，有女春深，攜伴臨流。彼西施帶醉，侍吳宴樂，南威工媚，抱晉衾裯。歡戀宫闈，身覊閨閫，安得逍遥恣意遊。如之子，殆曠懷高寄，藉此消愁。　珊珊嬉戲芳洲。信絶世、傾城未易求。似朝雲容與，龍翔徐步，宓妃婀娜，鶴立凝眸。花豔玉瑩，柔情綽態，躑躅清溪鮮與儔。斜陽落，將吟風歸去，佇月朱樓。

前調　題美人春吟圖

美媿球琳，既擅清才，且又情深。當舞朝歌夕，歡聯錦瑟，淺斟低唱，和溢瑶琴。少艾年華，生花筆致，一瞬辭成和藁砧。斯人出，覺南威西子，難語知音。　聲同百鍊精金。信蘭質、尤兼有慧心。彼文姬能詠，色非絶豔，玉環善媚，詩不工吟。莫獲全材，千秋憾事，何幸靈鍾慰素襟。春閨裏，任妃青配白，光曜鴛衾。

前調　題美人春奕圖

旭日遲遲，悶坐深閨，藉奕春嬉。歎競名攫利，豆分瓜剖，爭權攘位，師殄軍夷。千古江山，一枰鬨鬭，夢醒黄粱待幾時。今何事，如吴宫習戰，隊出蛾眉。　精心爲此搆思。豈長晝、惟消數著棋。譬蝸牛角窄，觸蠻布陣，漁人目覩，蚌鷸相持。勝喜負憂，不遺餘力，欲奮雄飛到伏雌。嫣然笑，是傾城國手，對敵爲誰。

長相思　離情

凡多情。易鍾情。情到深時似醉醒。奚能同薄情。　慘離情。羡無情。一縷情絲萬緒縈。并刀難斷情。

前調　秋夜不寐

是風聲。抑雨聲。滴碎秋心夢未成。晨雞奚不鳴。　海濤聲。江潮聲。萬籟蕭蕭怒弗平。能令霜鬢生。

浪淘沙　春閨怨

鶯囀自纏綿。春已言旋。易過難挽是芳年。詩未敲成愁未破，方寸悁悁。　又屆落花天。懶戲鞦韆。山青水碧柳含烟。遠道行人歸信爽，我怨啼鵑。

玉樓春　閨思

蒼茫雲樹相思積。悄悄殷憂朝復夕。落花銜恨萬重深，芳草無情千里碧。　懷人不見消魂易。況念同心尤莫釋。勿嫌嚦嚦曉鶯啼，春夢迷離何處覓。

踏莎行

歌舞依然，蝶飛鶯囀。烟花不解滄桑變。淺斟低唱醉醒人，天荒地老仍酣宴。　瞬息興亡，雨淒露泫。樵漁似悟炎涼換。身閒弗慮險巇多，心夷豈畏風波患。

千秋歲　丁巳重陽

嗷鴻徧地。先灑津門淚。瞻落葉，迎風墜。鄂雲馳羽檄，衡嶽騰兵氣。憂悄悄，黃花黯淡如沈醉。　軍旅川中萃。血戰人憔悴。酸復苦，深秋味。登高愁愈集，愛國心空碎。天水合，捷書報到甘泉未。

浪淘沙　對菊

傲岸鮮人知。庸俗休疑。淩霜品峻不趨時。氣任嚴寒風任烈，伴我敲詩。　隱逸訂心期。豈愧由夷。淵明表聖是吾師。世味難移天趣永，晚節何疵。

臨江仙 丁巳誌感

往日韶華鴻雪迹，空存一段前緣。茫茫滄海已成田。松蒼篩夕照，菊淡鎖秋烟。信是電光石火幻，冰輪況不常圓。逍遥樂土度餘年。玉温花解語，春暖夢同仙。

前調 閨怨

離思滿懷推不去，鐙殘漏永敲詩。秋深春暮誤歸期。淚珠花泫露，愁緒藕抽絲。飛艇機輪均迅速，奈君所在難知。回文織就寄無時。鱗郵山閒阻，翼遞路紛歧。

踏莎行

秋采荷花，春斟竹葉。蠶絲不斷琴聲協。情深力弱合離開，恍同姑射仙相接。歌脆驕鶯，舞工亂蝶。輕超飛燕何儇捷。端倪呈露玉光融，翔雲泳水疑鶼鰈。

菩薩鬘 二調 閨怨

前人用藥名，所作或未熨貼自然。偶戲爲之，亦不免爲藥所縛也。

相思子飲屠蘇酒。茱萸今再逢重九。懶下鬱金堂。防風散麝香。采茶拋豆蔻。芍藥紅花秀。半夏即當歸。蒲桃共淚垂。

其二

層冰片片宜瓜代。已過半夏人何在。少艾豈多時。愁償遠志遲。春葱蠶織痒。每滴珍珠淚。生地異鄉難。空甘草席寒。

生查子 二調 閨思

紅花半夏開，旋覆辛夷塢。荷葉盪珍珠，蓮子心中苦。　相思没藥醫，酒後茵陳布。梨潤甘蔗飴，勝飲芙蓉露。

其二　閨中曲

郎如松節堅，妾似女貞樹。露澤瀉珍珠，荷葉清香附。　櫻桃豆蔻開，芍藥防風雨。妾愛紫檀香，郎愛紅花嫵。

蝶戀花　四調　遥和南湖

南湖作《蝶戀花》四調，悲壯蒼涼，令人感歎不已。因步原韻和之，惟第三首末五句未見原詞，惜非原韻。

遺佚侯封同是夢。末路英雄，才武渾無用。滄海成田誰作俑。何如速啟醅醪甕。　卓卓接輿休歎鳳。雪虐風饕，衾暖容吾擁。濤捲潮翻心不動。置身端合登山冢。

其二

憶昔聞雞中夜起。慷慨悲歌，未免幽燕氣。愁聽蜩螗羹且沸。杞人悽惻憂天地。　今覯駝埋聞鶴唳。頓謝前緣，後果無須計。任作鼠蟲肝暨臂。南華閱竣研周易。

其三

半世韶華流水去。集蓼茹荼，染翰敲詩句。月映前溪烟滿溆。歲寒幸有關關侶。　舞館歌樓多豔女。謝舊迓新，隔面同行旅。莫結情絲何足取。嫣然笑媚非心許。

其四

敢向騷壇矜樹幟。孤鶴冥鴻，久戢淩雲翅。駒隙茫茫如迅矢。醉歌不必論非是。　强仕年華從此始。薄命逢秋，羞啓紅顔齒。貞白不干緇涅事。千秋萬劫心難死。

唐多令　閨怨

極目惜芳菲。依依滿竹扉。想殘英、猶戀斜暉。安得長房能縮地，將旅館、就鴛幃。　兩處久相違。鶯啼蝶又飛。歎良辰、水逝難回。雖有機輪同電速，載不到、藁砧歸。

意難忘　無題

絶世妍姿。信瑩同圭璧，色媿威施。紅腴顔暈酒，白潤體凝脂。眉欲語、目含煇。巧笑解人頤。況深情、緜緜不斷，萬縷蠶絲。　賞花尤善敲詩。每璇閨聯句，金屋摛辭。琴和朝解愠，醪美夕忘疲。玉環媚、碩人頎。才藻勝文姬。矧温柔、鄉多樂土，春透香肌。

西江月　閱義山詩作

玉局未除綺語，義山曾作無題。風歌倩盼及柔荑。測海莫徒以蠡。　屈子屢言彼美。繪之亦詠春閨。文人寄意每如斯。不必盡爲豔體。

前調　二調　消愁曲

蕉覆鹿時易誤，莊爲蝶化何求。夢中談夢幾時休。酬酢姑同紅友。　水月鏡花孔幻，電光石火難留。没寧存順仰前脩。且斷愁絲紛糾。

其二

夢逐虚名微利，心縈剖豆分瓜。愁城百丈似山遮。沈溺望誰超拔。　莫怨朱顔白髮。何貪色界空花。萬緣翦斷及情芽。解脱無須菩薩。

鵲橋仙　二調　七夕

按織女七夕乃得一會，渡河使鵲爲橋，語本不經，然見於《風俗通》及曹植《九詠》注，自漢魏以來，沿用已久。秋夕納涼，姑徇俗詠之。

錙銖利益，江湖行旅。致使鰈鶼分處。人間悵別最消魂，何天上、亦難長聚。　水深且廣，石橋孔巨。瞬見機輪來去。況聞歐美艇能飛，豈仙駕、爲河所阻。

其二

金風玉露，倏消殘暑。方許離悰歡叙。殆因情篤易傷生，惟秋月、一宵鳩聚。　塵寰地負，架虹有所。雲漢奚擘梁柱。況天無上莫高翔，非烏鵲、由穩渡。

滿江紅　自壽　丁巳仲夏

百世遥遥，問之子、果能不朽。勛業事、至今未建，虛生滋疚。雅韻豈堪齊固甫，鴻文詎許追韓柳。計韶光、一萬六千朝，空孤負。　遊覽處，山淵藪。消遣物，琴詩酒。況餘閒、時摹楷草，兼臨篆籀。戢曜欲棲東海澨，達觀弗讓南華叟。知愁絲、莫縛卞隨心，宜多壽。

浣溪沙　秋夕

暖減寒增屆夕陽。離多會少負韶光。朝霞射雪屬天香。　夢境歡娱過燭短，愁絲繚繞敵更長。玉人何處錦衾涼。

沁園春　詠美人，集漢魏六朝句

芳澤無加，曹植《洛神賦》。不待飾裝，宋玉《登徒子好色賦》。光潤玉顏。《洛神賦》。況望帷延視，宋玉《神女賦》。明眸善睞，《洛神賦》。嫣然一笑，《登徒子好色賦》。皓齒内鮮。《洛神賦》。體迅輕鴻，邊讓《章華臺賦》。蹈虛遠蹠，曹植《七啓》。進止難期若往還。《洛神賦》。樂宵宴，謝莊《月賦》。信肌如白雪，《登徒子好色賦》。令我忘湌。《洛神賦》。『湌』，同『餐』。　動朱脣以徐言。《洛神賦》。誠轉眄、流精媚語言。同上。念瓌姿豔逸，《洛神賦》。散魂盪目，鮑昭《舞鶴賦》。華容婀娜，《洛神賦》。俯仰異觀。《登徒子好色賦》。微步中閨，《七啓》。柔情綽態，《洛神賦》。攜手同行《七啓》以接歡。《洛神賦》。炳明燭，謝惠連《雪賦》。覺羅襦襟解，淳于髡説齊威王。氣若幽蘭。《洛神賦》。

解語花　詠美人

月彎影細，秋浄波明，不愧清揚婉。柔荑雪腕。輕揮處、捧出江珧一盌。凝脂同軟。先設備、檀郎夕饌。飲庶幾、醉飫醽醪，何幸愁絲斷。　奚必蝶飛鶯囀。祇靈犀相印，含情無限。春生彤管。聯吟後、彌覺鴛帷氣暖。顏酡光粲。窗外已、星移月轉。當此時、維彼玉人，渦啓華容莞。

西江月　二調　消愁曲

心擾利名太苦。形勞權位何患。浮生若夢祇須臾。誰氏壽綿千古。　酷暑披襟倚樹。嚴寒閉户深居。春花秋月友樵漁。歸與玉顏晤語。

其二

後果渺同泡影，前緣虛等空花。姑攜歡伯樂無涯。莊列先予曠達。迷戀清歌豔舞，更殘日又西斜。縱情恣欲惑嬌娃。幼艾須臾幻化。

芳草渡　春閨怨

芳春暮，落花稠。人何在，罔登樓。長相思曲問誰留。時一唱，添一悶，淚先流。夢難見。思兼怨。愁似與情眷戀。多情苦，自多愁。情絲斷。愁雲散。果能不。

滿庭芳　丁巳仲春

澄水摇星，疎陰篩月，空山一味清涼。塵飛不到，酷暑静能忘。歎彼朝秦暮楚，觸炎熱、永日匆忙。無閒晷，逍遥泉石，領略白雲鄉。天誠多厚貺，容吾笑傲，終歲徜徉。覺琴彈流響，筆動騰光。俯仰莫非樂境，樵漁唱、勝聽笙簧。何須訪，松喬佺偓，歙氣飲仙漿。

前調　庚申仲春

翡翠衾寒，梧桐雨滴，那堪孤館無人。鐙殘漏盡，寂莫黯銷魂。豈乏簾衣消遣，無情輩、匪我思存。依然是，獨清獨醒，夢冷亦難温。春蠶皆自縛，鐵翻鑄錯，孤負芳辰。歎名韁利鎖，易惹愁雲。奚事自尋苦惱，年遲暮、尚御蹏輪。問何日，回轅更轍，聯句酌吟樽。

點絳脣　和美中《詠梅》

獨抱冰姿，空山偃蹇枝如鐵。暗香不歇。蜂蝶先時絶。地老天荒，氣槩何曾茶。饒堅節。伊誰踏雪。緣許逋仙結。

前調 又和美中《詠梅》，用原韻

力可回天，虬枝合伴黄昏月。冰堅地裂。偃蹇空山雪。除却竹松，未許因緣結。幽香發。欲詢蜂蝶。見否清癯骨。

以上《宗經室消愁詞》

李綺青

金縷曲 秋柳，同孝通作。時西窗月寂，霜風黯魂，酒後低唱，不自知候蟲之悽咽也

回首東風裏。一絲絲、鵞黄乍染，霧慵烟媚。一自江南霜信到，青鬢全非昔比。又幾度、斜陽流水。玉勒依稀遊冶處，望旗亭、忍去尋殘字。闌六曲，怕重倚。　西烏獨夜飛難起。數年華、纖腰瘦盡，似人憔悴。惆悵畫樓人去遠，無復當時燕子。但漠漠、枯陰門閉。張緒飄零庾信老，奈漢南、摇落今如此。情一縷，向誰寄。

齊天樂 三十初度寄懷

杜陵潦倒秋風屋。吟蹤有如羈旅。楓葉丹時，木樨黄後，風景依稀前度。閒愁似縷。漫對酒徜狂，自歌詩句。一笛飄來，鶴飛知是在何處。　平頭三十未老，鏡中頻顧影，争怕遲暮。聘月秋窗，聽簫夜舫，銷盡中年情緒。流連醉語。奈蕙帶香銷，有騷難賦。滿院新霜，早梅還未吐。

蝶戀花 荷花

玉立娉婷烟外渚。眉月彎彎，照恨成香霧。

含意問花花不語。涼雲掠過鴛鴦去。薄命生來心獨苦。未出青泥，先被西風妬。秋藕斷來無續處。牽縈還作絲千縷。

百字令

壽孝通三十。孝通正月初一日生

天容疎放，羨文通綵筆，飄然才思。自向花源孝通所居里。深處住，吟嘯鷄聲燈裏。硯色雲深，詩情月上，咳唾天風外。掉頭巢父，釣竿亂拂寒翠。　正值斗柄迴寅，春城歌吹，初度靈均喜。辨得屠蘇齊上壽，少長同時歡醉。隔浦盟鷗，登峯招鶴，消受烟霞氣。擘牋初就，弁陽漁笛催起。

高陽臺

庚寅二月，魏鐵三同年道出惠州，余與孝通邀集湖上紅棉水榭。鐵三即席成《高陽臺》一闋，余與孝通相繼和韻

山影分嵐，林光開霽，暖風吹蕩輕舟。能幾春前，相邀俊侶清遊。臨流自脱塵纓濯，正驚飛、拍拍沙鷗。片雲留。新柳横塘，冷淡如秋。　天涯萍合今宵聚，認襟痕舊碧，尚憶杭州。倒盡金荷，醉鄉同覔封侯。明朝又是孤帆別，且狂歌、未忍歸休。立磯頭。一壁春蟾，又上城樓。

齊天樂

庚寅閏二月，宿楊村驛，題壁

丁沽七十經行徧，荒郵暫休塵騎。月小如規，露濃如雨，一片春寒如水。蕭條野市。儘喚取村醪，片時尋醉。響動駝鈴，蹇驢更有夜深至。　天涯孤夢漸遠，堠亭三鼓盡，猶未成寐。敗壁啼螿，疎燈走鼠，枝梧宵長無計。重衾倦倚。奈夜杪參移，曉鷄催起。又上征鞍，

板橋霜正膩。

點絳脣 自題鴛鴦荷花帳額

一翦湘雲，素波暗度文禽影。粉粧明靚。寫出秋容淨。　香夢初酣，酒夢從教醒。冰蟾映。露涼風定。愁共江娥並。

齊天樂 都中寓齋海棠

東風第一傾城色，陰陰翠帷低縮。粉重籠煙，脂深泫霧，天氣淺寒輕暖。緗簾乍捲。似半帶春酲，豔魂猶倦。錦障重重，小紅嬌憨喜初見。　長安花事正好，惜芳頻起早，鶯語催喚。璧月邀盟，珠燈照夢，銷盡客懷無限。啼粧露浣。怪杜老多情，未留詩卷。燕子飛來，凭闌人意遠。

清平樂 孝通自豐臺看芍藥歸，與余同作。又自吟芍藥詩，爲余書扇

闌風伏雨。鈿轂豐臺路。欲挽春光留不住。點點鞓紅愁聚。　夜窗誰伴悽吟。揚州舊夢難尋。漫想十年金帶，淚飄鸜鵒痕深。孝通有金帶生硯。

揚州慢 辛卯七月三日，入福州，舟次馬江，感而賦此，用石帚韻

孤島星懸，千檣霧鎖，滄波歷盡鷗程。過海門百曲，看夾岸峯青。自濡口、交鋒以後，障江飆櫓，猶未銷兵。望空明、鏡裏重陰，隱約高城。　陳濤往事，到如今、父老談驚。念籌筆樓荒，沈沙戟折，遙寄幽情。一片蕭蕭蘆荻，清商起、暗和秋聲。聽天邊哀角，沈雲都逐愁生。

高陽臺　夕陽

倦鳥尋巢，昏鴉叫暝，疎林野屋炊烟。望盡平蕪，澹痕紅到鷗邊。隔江數點風帆影，共殘霞、遠樹爭妍。最難堪，淺水灘頭，人立歸船。

暮雲容易催秋晚，怕黄昏過了，秋更堪憐。一片哀鴻，西風幾度陽關。銅駝亂草誰宮闕，任笛聲、牛背吹殘。更銷魂，柳外層樓，畫裏空山。

醉太平　舟中

秋高氣清。山長水青。片帆落日江程。聽昏鴉數聲。　空波月明。風窗夢縈。閒鷗倦宿前汀。正涼宵酒醒。

賣花聲　西湖秋興

秋水碧如天。穩泛溪船。清蟾還似去年圓。幾度尋秋憑水榭，自拍闌干。　夕露尚漫漫。雁起蘆灘。漁扉静掩釣翁眠。紅蓼花邊鷗數點，四面青山。

鷓鴣天　舟行書所見

楓葉蕭疎水細流。溪迴路曲阻行舟。簑簹著雨青猶潤，穲稏含霜絳欲抽。　迴落雁，起輕鷗。秋光一片望中收。鶩瀧過盡波如鏡，三兩漁家古渡頭。

臨江仙　蓼花

絳仙不耐春羅綺，水村來伴江蘺。橫塘秋意兩三枝。相思誰寄，衹有晚楓知。　夕陽滿艇人初醉，紅霜點破愁漪。一聲箹笛出漁扉。釣竿拂處，拍拍玉鷗飛。

齊天樂 秋燕

年年覊旅天南北，差池也如蓬梗。白玉堂前，烏衣巷口，幾日別離將近。歸期暗省。尚拂剪花梢，凝眸梧井。客裏光陰，不堪重向主人問。　天涯心事最苦，畫梁棲未穩，寒信催緊。傍户呢喃，將雛鄭重，惆悵清秋雙影。西風漸猛。縱隔歲還來，舊巢難準。極目滄波，塞鴻都過盡。

聲聲慢 秋雨

蠟燈啼碧，瓊漏催更，丁東細滴檐梢。一片殘荷，流澌響動池凹。閒愁正無著處，更無端、入耳蕭騷。欹枕聽，自巴山過後，卻到今宵。　細把離懷暗數，恨鮫珠點點，都滿青袍。誰喚吴孃，江船重聽吹簫。空教茂陵病客，寄相思、難趁江潮。又幾度，夢歸期、人隔灞橋。

金縷曲 秋荷

水國秋容凈。作微波、漂搖碎葉，翠銷匳影。長憶西湖明鏡裏，親見紅衣掩映。便一夜、銀塘香冷。孤艷不争團扇寵，恨遊人、全忘清涼境。傾蓋訴，意難罄。　玻璃瀲艷波千頃。最銷魂、霜清月悄，露圓風定。惆悵蓮歌迷舊約，欲喚吴娃未省。衹斷葦、枯蘋愁並。試向鴛鴦深處覓，更沈雲、亂落浮烟艇。蘅佩遠，笛聲暝。

蝶戀花 重陽前一日

向晚濃雲涼意薄。料理閒愁，倦倚闌西角。

欲訊黄花花未著。幾回惆悵秋籬落。中酒夜來心緒惡。繡佩紅萸，舊景猶如昨。疎雨隔簾愁漠漠。今番又負登高約。

滿江紅　九日，集合江樓

一片江山，斜陽外、亂峯重疊。漫憑弔、東坡舊宅，千年城闕。二水中分羅帶合，六橋低鎖平湖闊。看寒流、日夜墘亭空，嘶蟬咽。　霜欲曉，波如雪。烟欲暝，燈如月。問西風吹老，幾人華髮。鏡裏尚疑花解笑，秋情祇有鷗能説。撥銅琶、再唱大江東，聲淒裂。

好事近

秀靨淺横波，生就天然媚嫵。纔得瓠犀微露，又眉峯愁聚。　春風恁甚太無情，不繫繡韉住。便化巫山十二，也相思朝暮。

水龍吟　木棉

暖風吹徧蠻花，海天更産英雄樹。炎雲一角，斷霞十里，火珠齊吐。挾纊無功，還丹有術，難儕芳譜。想樓高朝漢，赤心向日，擎一盞、臨江渚。　閲盡興亡割據。爲年年、東君作主。江山依舊，劉郎不返，夕陽飛絮。荔熟還遲，楓燒已盡，彩標高舉。爲春容太淡，嫣然開滿，小虹橋路。

昭君怨　秋夜

月在碧虚中度。人在桂花深處。花氣濕闌干。怯秋寒。　歌吹西樓渺渺。蟲語東籬悄悄。扶困立花陰。訴秋心。

賣花聲　朝雲墓在西湖棲禪寺側，近明聖塔。嘉慶間，汀州伊墨卿太守題碣，並爲建六如亭

風絮惜年光。瘴雨殊鄉。恩恩瘞玉聖湖傍。一笠孤亭依佛屋，塔影微茫。　故碣繡苔荒。汀水題香。竹根銷盡土花蒼。那得仙魂長化蝶，飛到錢塘。

高陽臺　自題籬角尋秋圖，索孝通和

雨屋吟孤，霜篷意倦，賓鴻踏偏春泥。幾日輕陰，芒鞋又到東籬。微明夜月闌西角，繞松陰、舊徑都迷。倚筠筇，清露如珠，冉冉吹衣。

因循幾誤重陽約，喜黃花依舊，還似當時。塵外柴桑，幽情衹有秋知。攜樽好趁初霜夜，漉烏巾、淺醉休辭。卻徘徊，悄立西風，笑撚寒枝。

水調歌頭　壬辰，三十四初度有感

今歲非昨歲，明歲又如何。百年俯仰，今昔慷慨一何多。吸海長鯨欲起，唳夜飛鴻又墜，人事蟻穿柯。興到弄長笛，松影落巖阿。　杯在手，劍斫地，任高歌。衆芳易歇，荏苒也共鬢雙皤。散髮拈花一笑，搔首仰天三歎，歎罷且婆娑。洗盞復更酌，不覺醉顔酡。

如夢令

雨滴花梢聲細。風裊柳枝門閉。睡起爇鑪薰，宛轉不成心字。無計。無計。落盡階前桃李。

青玉案　路上清明

江烟白盡官河路。正陌上、初飛絮。隔水柳陰人喚渡。輕裝一騎，麴塵十里，雁影同來去。　東風不惜行人苦。一霎廉纖杏花雨。天晚杜鵑啼不住。沾春意倦，看花情減，望斷江南樹。

風流子　自題牡丹芍藥畫扇，並索孝通和

東風頻拂檻，瑤臺静、綺霧滿天衣。正靚粧漢院，絶憐飛燕，笑歌唐殿，翻惜環妃。承旨去、醉歸傳鳳蠟，艷句寫金泥。蓮燭未闌，唤回酣夢，茜帷低掩，牽惹餘思。　相逢東京日，銷魂處、惟有老圃斜欹。何况馬蹄行緩，偏誤幽期。漸雨暗雲屏，怨箋難寄，篆銷霓錦，步障空垂。多少斷腸幽恨，都付鶯溪。牡丹。

念奴嬌

春融金谷，正暄妍霽景，鈿車初駐。紅紫交枝開欲偏，多少燕簾鶯户。黄綬圍腰，縹囊繫臂，忘卻歸程暮。攜來蕙帳，檀心幾點微露。　誰料一霎歡娱，錦屏人散，樓影空凝竚。憑

問信風今第幾，漸到春無尋處。婪尾傳杯，黛眉銷謔，總是愁情緒。夢痕惆悵，蕊珠爲拂縑素。芍藥。

蝶戀花　春情

庭院深深春晝静。花落閒階，幾點風箏影。雙股鳳釵慵未整。袖羅卻立秋千徑。　半額蜂黄初着暈。未解相思，那識傷春病。曲录闌干和笑凭。憨情密意無人省。

疎影　芭蕉

濃陰翠覆。似半舒半捲，碧紗横幅。一片茅檐，弄影參差，晴窗遮斷炎旭。拈毫漫寄臨池興，也抵得、硬黄盈束。又夜昏、蝙蝠紛飛，掩映暮烟僧屋。　猶記東陽雅謔，彈文漫草就，爲護脩竹。夜雨空階，點滴分明，好和笛中哀

曲。紅蕤謝後霜風緊，看萬玉、蟠枝黃熟。卻正是、午倦初慵，愁覓夢邊青鹿。

桂枝香　蠏

松陵喚酒。正水屋數間，漁火如豆。多少寒沙葦斷，浦潮回候。輪囷雙甲森同戟，溯輕流、側行偏驟。繡筐爭取，銀鱗共載，滿堆江口。又正是、新芻熟後。看半殼黃酣，團臍脂透。更喜香橙對擘，宴開秋九。風流吏部貪饕餮，任顛狂、玉杯擎手。花前雅味，蜜霜淺醮，議鉏知否。

浪淘沙　水仙花

翠帶拂波寒。蒞珮珊珊。湘雲望斷楚中山。琴操欲成人入海，霜冷朱絃。羅襪洛川還。愁坐芝田。瑤華無分附騷箋。卻埽閒門娛歲晚，小石清泉。

念奴嬌　壬辰十二月十九日，東坡先生生日，集同人謁湖上蘇祠，仍用先生《赤壁懷古》韻

瓣香遥薦，尚黃柑朱橘，當年風物。一代詞仙，猶髣髴、畫像長留東壁。笠屐前踪，湖山勝概，迴溯飛鴻雪。一尊同酹，海天懷想詩傑。堪歎磨蝎多窮，玉虹歸去壯，采毫端發。寓惠早成，行腳集、終信英靈難滅。欲唱江東，銅琶安在，共是傷華髮。鶴歸何處，嶺頭空挂殘月。

摸魚兒　西湖紀別

近清明、幾番風雨。平堤飛盡香絮。西湖一席離亭宴，繫艇緑楊陰處。春正暮。甚惜別傷春，一樣愁情緒。斜陽挂樹。對湖水湖山，

數聲羌笛，欲去屢迴顧。　鱸鄉景，抛卻橫塘釣具。漁舠今後誰主。他時料亦思猿鶴，但恐北山非故。呼酒住。正折柳官橋，又聽啼鵑語。漂流最苦。怕西出陽關，故人漸少，愁誦渭城句。

三姝媚　素馨

炎雲銷遠浦。漸江風吹涼，瑶英初吐。粉艷争香，近媚川應有，採珠人誤。殿角銀燈，曾解盡、昌華殘暑。夢醒瓊田，前度劉郎，醉遊何處。　芳意玲瓏如訴。正净洗鑾妝，玉冠嬌妬。露冷針樓，認蝶魂來往，好秋無主。漫説南强，算衹伴、紅棉飛絮。賸有芳阡斜月，詞人弔古。

高陽臺　新月

試鏡蛾纖，塗黄額淺，清暉不遽團欒。瓊斧誰修，琢成弓樣彎彎。小娃偷向花梢拜，問幾時、缺處能圓。恁相思，香霧朦朧，倚檻斜看。　絳河明滅銀雲斂，似玉鉤遥挂，屈膝屏間。露濕銅鋪，照來一昔如環。半規微暈簾衣白，近疏櫳、卻誤霜斑。自低徊，欲訴秋心，梧井陰寒。

金縷曲　福州喜晤張韻梅，奉柬

子野才名盛。五十年、詞塲跌宕，世推三影。最愛于湖冰雪句，素月明河共映。更東澤、綺懷銷净。玉照堂前花幾樹，衹玉田、春水堪持贈。姜白石，可相並。　貞元朝士靈光迥。記當時、孤山畫卷，刼灰烟冷。百歲滄桑教閱偏，惆悵山殘水賸。還未減、承平風韻。一卷新蘅酬唱集，任旗亭、歌遍諸紅粉。黄絹作，願三請。戴文節公曾繪孤山餞歲圖贈韻梅。

霜天曉角 南雪先生以和漁洋《秋柳》詩寫寄，賦此答之

海天雁到。楷字銀鉤小。二百餘年秋怨，煩再織、恨絲裊。吟悄。明月照。可憐張緒老。一曲銷魂金縷，愁唱徹、石城曉。

浪淘沙 古渡

疎柳隔溪烟。水淺沙寒。落霞如霰颭漁竿。市散人歸喧喚渡，款乃江船。鷗鷺石磯眠。古蓼紅斑。野航三兩夕陽邊。欲借雲林荒率筆，寫作圖看。

南歌子 古戍

丹鳳城頭月，盧龍塞上雲。白頭老盡踐更人。今日玉關西閉、事中原。斥堠遺殘壘，穹廬訪故屯。汗青不紀竇家勳。誰向燕然山頂、認苔痕。

滿庭芳 臺江晚眺

山色窺窗，江濤拍岸，垂虹遠跨滄溟。釣鼇人去，碧海静無聲。天際歸帆隱隱，鷗波外、秋與雲平。寒流咽，來潮去汐，淘盡古今情。高城。何處認，東華故苑，惟有山青。問三郎遺事，霸史難憑。指點開元塔影，秋草没、金佛飄零。微吟罷，闌干倦倚，烟外夕陽明。

法曲獻仙音 譚仲修以《篋中詞》見寄，賦此答謝。原集自國初至近人，搜采精備，末附《復

堂詞》本集

蟲月研秋，雁霜吟曉，詞客年來清趣。雅集尊前，賞音絃外，金猊和香微度。念漢水、風流在，題襟滿縑素。共誰語。但隨身、寶箏鈿管，早唱徹、旗亭酒邊金縷。珮影篋中收，正喚起、探花情緒。絶妙新歌，教蕡洲、都入簫譜。料方回名字，傳徧江南兒女。

浣溪沙

樓上澄空碧四圍。樓前秋水接天涯。夕陽烟外白鷗飛。遠浦蘆花明似雪，隔江霜葉艷於脂。數聲長笛倚風吹。

疏影　菊影

廻闌幾摺。誤斷雲弄態，還更妍活。冷淡烟姿，蕩漾階除，苔陰誰步芳屧。離魂似帶湘江怨，卻又戀、霜邊籬末。更幾番、拂檻飄蕭，爭似霧綃重結。猶記深燈夜悄，冷香畫未就，霜意輕洩。渾是秋光，欲合還離，化作夢痕重疊。疎枝不礙簾衣隔，算祇有、倦迷寒蝶。待醉來、教整欹冠，笑取一枝簪髮。

四字令

緗桃曉籬。青波小池。燕銜花片低飛。墜輕紅落階。銀笙緩吹。珠簾半垂。晝長悄步樓西。被楊花撲衣。

齊天樂　砧聲

蘚垣聽盡啼螿語，清商隔林催發。小柳階除，高梧井畔，敲碎涼雲重疊。餘音又接。正罷織流黃，晚機初歇。重惜鉛華，那回應自悔輕別。西風吹徧落葉。幾番聽斷續，驚和檐鐵。雁堠哀笳，龍庭夜笛，一樣傷心難説。愁多響咽。待整備寒衣，錦書誰達。擣練歌殘，倚樓空對月。

疏影 白桃花

冰痕似捻。向曉風弄態，微雨初歇。隔水娉婷，皓皓明粧，凌波愁步羅襪。傷春老盡看花眼，卻暗誤、綃衣吹雪。想漢皋、解珮歸來，化作冷雲千疊。　猶記楚宮舊恨，縞裳正夜静，清淚飄靨。浄洗鉛華，瘦影珊珊，未許紅兒輕説。鷗波幾曲山谿路，還怕被、玉人偷折。算竹邊、誰共黄昏，衹有雨梨同潔。

南浦 春雨，用玉田《春水》韻

酥雨夜廉纖，儘空濛，幾點青山難曉。欹枕怯輕寒，闌干外、滿地濕烟慵埽。流澌捲縠，鴨頭新漲冰錢小。窄徑碧苔添暗潤，緑映一池幽草。　高樓有客愁聽，更屋角、鳴鳩呼聲未了。紅杏滿東鄰，垂楊巷、遲卻賣花人到。沈雲渺渺。融泥礙路游踪悄。盼斷春帆愁望遠，江上歸舟應少。

瑣窗寒 春寒

帳綺烟昏，檐花雨瞑，午窗人倦。熏籠閒凭，一片夢痕清淺。悄東園、紅芳尚稀，探花閒卻秋千院。正金猊乍爇，水沈輕颺，篆微香眷。　魂斷。春愁亂。悵一桁簾低，渾忘歸燕。依牆稺柳，半斂青眉慵展。那知人、獨倚小樓，梨花門掩天又晚。聽流鶯、葉底嬌啼，絮撲闌干徧。

國香慢　馬湘蘭

人若幽蘭。寫愁根病葉，倩影珊珊。懷中舊家團扇，鏡約空寒。一代紅顏俠骨，鬥吟句、猶壓騷壇。芳華竟誰似，嬴得歌樓，領袖仙鬟。　金閶傳盛事，記飛觴醉月，舞袂翩翩。墜釵聲冷，如聽瑤瑟哀彈。認取青青麝墨，眉硯在、鴿淚同斑。羅裙杳難覓，芳草淒迷，緑徧長干。

女冠子　卞玉京

幾聲清磬。繡帷鴛夢醒。春風依舊，綺緣都懺，拂拭冰絃，緇衣塵冷。沾泥飛絮定。換卻舞裙歌扇，道裝幽靚。坐蓮跏、雲鬟罷掠，閒對博山猊鼎。　南朝花月驚泡影。問瓊枝唱斷，艷曲何人聽。半甌香茗。話故宮往事，那堪重省。祇園秋樹暝。空憶妙明燈裏，四禪同證。有法華遺卷，灑餘鵑血，怨紅猶凝。

三姝媚　李香君

香名喧舊院。悵春風吹簾，碧桃開緩。小燕輕盈，宛掌中旋舞，不離歌扇。雪苑人來，題艷句、瑤尊同款。唱徹琵琶，一種閒愁，柳絲難綰。　誰許尋芳蘭館。聽玉茗新聲，嫩鶯低囀。十斛明珠，任載來金谷，肯回青眼。彩箑啼痕，空化作、飛紅千片。伴取孤燈禪榻，行雲夢遠。

疏影　柳如是

旗亭醉月。鬥小蠻舞態，標韻清絕。半墅堂前，瀟灑儒冠，翩然似降瑤闕。鴛湖雙槳歸來後，想刻燭、詩篇盈篋。把艷愁、寄託蘼蕪，蹙損黛蛾千疊。　惆悵南朝舊事，幾番聽杜宇，猶唱桃葉。記曲銀屏，紅豆歌殘，佳瑞那堪重說。絳雲樓閣春如夢，歎一夕、瓊花飛雪。笑彥回、老作中書，讓與玉臺芳烈。

月下笛　董小宛

釵影搖春，琴絲引月，半塘飛絮。爐香靜炷。畫裏風蘭寫愁句。曲闌花底驚初見，有鈿盒、同心寄與。憶彩舟江上，金焦兩點，鬥伊眉嫵。　仙侶。瑤臺住。愛水繪園亭，轆轤微步。靈簫夢短，碧雲吹墜前浦。宮匳搜盡人間艷，恨零落、銀箏繡譜。正燭暗，綺窗前，誰喚梅魂共語。

眉嫵　顧橫波

訝猊薰吹霧，蝶幔藏花，迷卻武陵櫂。新月眉樓挂，笙筵上，秋波依約流照。翠蛾淡埽。倚畫簾、窺鏡端好。更休問，六代繁華夢，訴春恨啼鳥。　堪笑。黃門遺老。說舊風林下，還讓芝誥。飛蓋西園日，瑤觴捧，香車流水環繞。麝塵暗擣。悟妙蓮、曇影空了。賸衰柳江潭，愁唱徹、石城曉。

翠樓吟　寇白門

院鎖紅綃，車迎碧玉，金尊恣同游賞。狨韉馱夢去，驀回首、朱門天上。琵琶休唱。正淚灑蘆笳，魂銷氈帳。空凝望。玳梁棲燕，舊巢難傍。　誰想。沙塞謳歸，聽艷歌桃葉，載來雙槳。哀鵑殘劫換，又重結綺寮珠幌。豪懷疎放。尚落月含情，行雲流響。君恩蕩。粉香成土，有人惆悵。

慶春宮　陳圓圓

瓊樹傳歌，珠燈流照，武安席上輕盈。密約通犀，豪情換馬，醉歸簇擁雲軿。漫天鼙鼓，頓催散、秦樓鳳盟。衝冠一怒，鐵騎星馳，奪返傾城。　元戎列隊郊迎。翟茀親加，萬里隨征。椒寢辭封，蓮臺證果，最愁劫火昆明。繡幢風動，更誰喚、槐柯夢醒。半池春水，憑弔湘娥，冷月無聲。

以上八闋，原有總題曰：『題葉蘭臺先生秦淮八艷圖，即依元調。同作者錢唐張韻梅景祁、濰縣張韻舫僖先生及余，凡四人。』

百字令　遊鼓山靈源洞

層巒重疊，漸蜿蜒過了，陰陰筠徑。三十六梯登未盡，化域忽開仙境。萬壑冰懸，千峯翠合，朵朵芙蓉影。憑空微嘯，鶴聲沖出松頂。　行過幾曲青屏，靈源窈窅，有客支筇等。捫葛去尋題碣字，越盡巖巉霜磴。山静雲閒，巖枯瀑寂，烟鎖松關冷。何人築屋，洞深流水閒聽。巖下有弢菴侍郎聽水居。

木蘭花慢　望岃崱峯，峯頂有『天風海濤』磨崖四大字

望方壺壁立，散嵐影、滿松關。向碧漢垂垂，下臨無地，高掌秋寒。層巒。翠飛萬點，和淒清玉乳落空山。惟有白雲自在，千年不到人間。　躋攀。竟日空還。猿嘯澀、雁飛難。祇滿耳、天風海濤何處，依舊千盤。誰傳。勒崖健筆，問殘僧也忘鶴歸年。安得真登絕頂，振衣一笑天邊。

湘春夜月

安溪縣署後堂西偏有古墳，相傳某令女兒夭逝，厝棺於此。年久，好事累土成屋，爲設香火，今不知年代矣。余久欲爲銘誌之，以不知姓氏而止，賦此以代欒章

渺芳春。柳絲綠偏江村。遥認一徑寒蕪，古屋女兒墳。誰伴小姑居處，有棠梨幾樹，篁竹千筠。念桐鄉去遠，重歌金鹿，遥酹清芬。荒邱夜悄，土花繡地，斜月當門。珮影環聲，惟祇見、清波如縠，摇曳涼雲。瀟瀟社鼓，記昨朝、親薦溪蘋。待礱石，爲曹娥寫誌、芳馨難述，暗自銷魂。

風入松

佛耳巖爲詹公敦仁故居。詹公五代時授清溪令，即縣治開先一人也。後隱居此，今子孫族居已成村矣。縣亦有詹公祠

洞深巖窅一峯青。仙令此逃名。稚川未肯忘勾漏，待丹成、即便飛昇。欲訊千年遼鶴，空留華表孤城。水簾萬縷落松扃。散作玉瑽琤。秫田千畝桃源裏，有子孫、白首同耕。問我挂瓢何處，羅浮昨夢分明。

聲聲慢

安溪縣署西院有蔣侯祠。侯，華亭人。庭前竹數百竿，爲侯手植，今四百年矣。空翠干霄，侵入衣袂。每當夏午，攜簟坐臥，如遊篔簹谷中，心目俱爽也

修篁拂露，古綠分烟，虚庭静掩雙扉。舄化何年綦履，盡没苔衣。湘筠至今尚在，已翛翛、鸞尾成圍。炎晝永散，空青萬點，亭午陰移。回念閒官清興，想携琴、獨往坐久忘歸。一谷篔簹幽事，更有誰知。疎狂料應似我，唤樵青埽葉敎炊。清籟起聽，鳴絃幽，鳥亂飛。

驀山溪

自安溪入崇德里，四面皆山，幽折峻峭，村舍隱見，境界奇絶，真令人有塵外之想

層巒青突，雲滃千峯迴。雲盡似無村，又忽露、飛猿絶徑。穿蘿越巘，彳亍轉山凹，茅舍悄，稻阡平，繡壤仍如井。石梁下瞰，寒篠吹衣冷。日午尚凝陰，轉一霎、蒼烟催暝。筧泉冰濺，喬木百年多，秋渺渺，鎖長空，雁下芙蓉頂。

百字令

丙申十月十二日，過湖頭鄉，謁李文貞公祠。是夜宿榕村書屋

百年閩學，歎傳薪火盡，巋然孤屋。十丈榕陰涼似雨，照見鬚眉俱緑。帶草春榮，繡苔秋碧，萬个琅玕竹。影堂一幢，瓣香遥拜尊宿。當日師説紛岐，鵞湖鹿洞，兩地分蠻觸。鉛槧飄零悲覆瓿，不數元亭西蜀。絳帳談經，青門種圃，何日成高躅。藏山副本，等身著作誰録。公予告未及歸里，卒於京師，又時方重刊《榕村全集》，余與其事。

前調

自湖頭鄉回安溪縣，舟行六十里。是夕溪光如畫，涼月滿船，如樊榭秋過七里灘時，同一光景佳絶也

翩然一舸，遡晚風歸去，涼生烟磧。半翦溪光如畫裏，棹碎寒流深碧。蓼漵霜明，蘆碕露重，倒影秋山色。清蟾似鏡，向空飛下孤白。隔岸木葉蕭蕭，冷螢數點，穿入楓林隙。款乃一聲羣動起，驚醒西巖漁客。雁外山莊，鷗邊水屋，疎柳如人立。扣舷微唱，和來何處霜笛。

徵招

福州東嶽廟蓮花盤。盤二有宋元豐四年題名，余拓本歸

秋風吹老霜荷葉，琳宮半迷衰草。碧盎尚玲瓏，鐫東都年號。團欒雙璧肖。有斑駁、繡苔縈繞。覽古摩挲，綻痕如甌，冷香幽峭。　千載閱滄桑，怪片瓦、能全妙因難曉。金盌裕陵空，賸西山斜照。豆青誰手造。映曇火、妙明光悄。更誰想、艮嶽千巖，讓鉢花完好。

意難忘

莆田縣訪梅妃故里

天寶何年。歎朝元殿閣，露冷銅仙。苧蘿尋舊里，香徑覓遺鈿。楓葉岸、荔支灣。問誰識嬋娟。有幾絲、無情弱柳，弄態風前。　樓東一斛珠寒。悵長門雨鎖，玉笛吹殘。梅魂招未得，花貌去無還。雲散盡、月空圓。有圖畫誰看。好仗伊、風流羅鄴，彩筆流傳。

宴清都

泉州開元寺有雙石塔，塔高十三層，凡二十丈，純用石砌，八方徧刻佛像。爲閩王時物，精巧所未見也

落葉西風裏。朝雨過，杖藜來訪蕭寺。層層玉琢，亭亭翠合，舞虹雙峙。諸方繡像都徧，想雕鏤、天工信美。向夕陽、倒影城陰，鈴聲暗和秋吹。　當時布盡黃金，銷沈霸業，空有殘史。鸛巢還怯，鴿飛猶悸，何年經始。紅桑幾度生海，尚欄檻、莊嚴陡起。最銷魂、臺榭東華，空餘賸水。

高陽臺

題吳子述春簾聽雨圖，即和元調。圖爲悼亡作也

鴛散衾寒，蛾飛燈晚，斷腸人在樓東。幾陣瀟

瀟，迴風埽盡殘紅。荀郎近日神傷盡，看腰圍、帶孔都空。轉淒涼，一桁低垂，杏葉聲中。夜長難掣相思淚，更夢餘殘漏，愁裏疎鐘。望斷行雲，依然十二巫峯。朱門静掩梨花黯，聽疎檐、滴滴愁儂。訴哀絃，自譜淋鈴，寫入孤桐。

滿江紅

萬安橋在泉州府晉江、惠安兩縣交界，長三千六百尺，有蔡忠惠碑

何處長虹，忽墜地、跨江横臥。試起看、巨鼇山立，暮鷗烟鎖。轂擊肩摩來似市，曉潮昏汐如旋磨。數三千、六百尺綿長，支筇過。　流湍激，春冰破。滄波闊，寒星墮。看蟠螭健筆，猶留道左。精衛填河原放誕，乘輿渡洧終煩瑣。歎君侯、真是濟川才，商巖佐。

摸魚兒

寒食同韻梅作，拈得『頷』字韻

看簾外、蝶昏鶯暗。東風吹絮如糝。桐陰半畝苞新拆，倒映碧蕪青黯。歸燕瞰。正一桁、低垂禁火杯盤撿。嫌春太淡。把艷杏熏紅，夭桃强醉，著意照闌檻。　誰家院，腰鼓鼕鼕亂摻。秋千舞女嬌憨。韶光百五將過盡，惟有啼鵑聲慘。遊思減。笑擲果、當年油壁爭延攬。秋霜滿頷。也商略芳遊，旗亭淺酌，乘興買餳啗。

清平樂

癸卯七月二日，舟泊塘沽，偕姬人入村店小飲

篋裝塵掩。繫纜投村店。入饌秋鱸如雪艷。白酒三杯濃釅。　天涯誰是閒身。旗亭隨分沽春。莫説長安天遠，軟紅已拂湘裙。

秋蘂香 秋海棠，爲姬人題扇

一點檀黄淺注。兩靨淚冰微污。艷名總是惹春妒。不若隨秋開去。　小紅愛鬥嬌眉嫵。臨繡户。瘦肌不慣耐風露。悄立牆陰啼雨。

洞仙歌 題孝通《孤桐詞》卷後

麝塵蠹損，剩紫簫殘吹。玉笥寒雲半憔悴。聽清商、依舊悽動牙絃，誰更識，當日中郎焦尾。　錦鯨仙去後，哽咽吟魂，天際笙雲自飄墜。障扇過旗亭、畫壁淒迷，黄河句、酒家能記。尚落月、沈沈夢歸來，對夜雪梅花、緩歌山鬼。

霜花腴 九日同簡始諸君集天甯寺

翠微雨過，倚瘦笻，同來野寺門前。塔影垂陰，簷梢墜葉，誰憐古刹荒寒。夕陽半竿。恨亂鴉、未暝先還。念飄流、負盡韶光，菊花無賴又今年。　歌板酒籌拋盡，聽尊前一曲，暗惜華顛。淺醉休辭，豪情未減，紅香圍繞當筵。笑持鏡看。更倩誰、爲整欹冠。又天涯、過了番秋，斷魂懷故山。

金縷曲 送簡始同年觀察山海關

慷慨元龍是。倚危樓、崚嶒百尺，笑談驚世。博望歸來持豸節，來往灕江鏡裏。又忽佐、朔方軍事。多少嘉賓蓮幕客，想目中、早已無餘子。銜命去，出榆塞。　兩遼襟帶神京地。爲當時、龍興帝邑，萬年豐沛。要塞盧龍胡可賣，須爲中原吐氣。副攬轡、澄清初志。他日雙麾迴薊北，料橐鞬、尚識車茵吏。勳業在，此行矣。

鳳凰臺上憶吹簫　都中聞傅彩雲事

簫冷秦樓，屧空吴苑，汴京愁説師師。記曲江人到，荳蔻花時。一段釵盟鏡約，情萬疊、寫入琴絲。隨郎去，仙槎博望，曾近西池。　堪悲。因緣縱好，柰秋雨文園，白首難期。把杜秋金縷，重教鶯兒。今日天涯淪落，談往事、粉淚偷垂。閒坊掩，蓮花似舊，還在青泥。

摸魚兒　鸚鵡冢，同沈鳳樓賦

裊東風、柳絲千疊，做成如此酸楚。殘紅化作人間碧，珮影杳無尋處。春欲暮。更漠漠梨雲，帶得簾纖雨。撩人意緒。看花拂香苔，絮翻晴影，髣髴雪衣舞。　凄涼事，銷盡斜陽幾度。年年寒食良苦。蘚碑不肯詳家世，惟寫艷歌哀語。泉路阻。疑也是花神，不是真鸚鵡。乘鸞未許。待喚起詞仙，多情彩筆，重詠斷腸賦。

高陽臺　沈鳳樓有姬人某氏，甲午間歿於京邸。所生女隨亦夭逝，并瘞於錦秋墩側。今年鳳樓仿香冢故事，自作《高陽臺》一闋，屬伯尹書以鐫石，立於墓旁，并索余和調

倦蝶悽烟，愁鶯啼暝，年年寒食悲吟。斷盡迴腸，絮花依舊樓陰。一坏繡壤親埋玉，傍錦秋、楓葉疎林。最難禁。死別多時，夢也沈沈。　天涯灑徧相思淚，柰羅裙蜕後，斷絶琴音。人已驂鸞，茫茫墮影猶尋。東陽多病由來慣，減帶圍、不自如今。更情深。片石題香，惆悵遺簪。

念奴嬌

定州衆春園觀東坡雪浪石，仍用先生《赤壁懷古》韻

晶瑩片玉，尚寒濤暗湧，疑爲神物。千載滄桑都變盡，留此蒼崖半壁。海嶽雲烟，仇池劫火，總付鴻泥雪。松間矗立，聳肩猶似詩傑。　同當日衙散多閒，埽苔覔句，一嘯狂歌發。同在金源戎馬地，不共艮山銷滅。一筍青垂，千波白濺，冷翠侵毛髮。六龍遥幸，宸章輝映卿月。仁廟和東坡《雪浪石歌》元韻至八次，今建有御碑亭。

東風第一枝

乙巳立春

草腳微甦，柳牙暗坼，重寒過盡殘節。分排綵仗迎年，更備土牛送臘。東風試暖，先釀出、庭梅如纈。怪小池、響玉澌鳴，都是夜來檐雪。　喜衣架、麝薰乍熱。認鬢角、燕釵初貼。持盃紅簇椒盤，薦新青浮菜榼。香閨韻事，想花勝、今番親結。又稚兒、索寫春詞，催作絳桃新帖。

甘州

題張韻梅《新蘅詞集》

又西風吹葉作秋聲，雨屋古燈深。自錦鯨歸去，淒涼采石，月冷如今。記得梅花夜雪，翦燭共悽吟。一片寒蕪影，緑滿樓陰。　欲訪蕢洲殘笛，柰香迷紫曲，霜黯青林。檢中仙舊卷，淚灑碧山岑。問修羅、此回天上，有吹笙、多少舊題襟。銷魂久、素絃塵掩，愁拂孤琴。

木蘭花慢

姬人蔣氏歿一年餘矣。適居秋海，以設色桃花畫扇見贈。感而賦此，題於紈素

恨東風薄劣，獨惆悵、倚危闌。記竹外凝妝，池西弄影，素靨初圓。窗前。夢雲正曉，柰怱

忽行雨返巫山。依約荆臺舊路，斷腸難喚春還。堪憐。燕底鶯邊。猶泫露、尚啼鉛。任拂盡生綃，傷心難畫，不似當年。纏綿。幾番念往，想春魂啼損故園鵑。欲認崔徽玉貌，淚珠濕徧霜紈。

滿江紅　西瓜

綠玉勻圓，正夏熟、纍纍新摘。虛堂静、汝盤乍薦，并刀初斫。藍靛尚疑盧杞臉，丹流轉誤萇宏碧。把糖霜、輕蘸細冰調，分甘食。　秦王地，誰分得。邵平圃，那堪憶。共葡萄同是，貢來西域。飲血直須追太古，乞漿不必尋仙宅。待滿斟、沆瀣入詩腸，涼生腋。

水調歌頭　湯陰岳忠武王廟

落日岳王廟，下馬肅精忠。中興諸將，惟子不愧古英雄。年少提戈河北，親見麻衣赴敵，力遏朔胡鋒。飛鳥尚未盡，談笑竟藏弓。　過殘壘，猶野哭，想英風。金牌星急，涕泣奉詔憤填胸。歌舞湖山有幾，牛角山河亦盡，青史恨無窮。鹵簿迎神曲，歲歲走村翁。

滿江紅　漳河懷古

一水東流，數形勝、尚稱河北。勒馬看、轘轅雲氣，太行山色。野雪半迷官渡草，秋風何處西陵柏。問當時、七十二疑墳，無人識。　銅狄淚，向誰滴。廣武骨，憑誰覓。有幾行衰柳，數聲殘笛。空賸鄴中才子賦，難尋洛浦仙妃宅。更不須、青史論興亡，今猶昔。

臨江仙　安肅縣白溝驛，即宋澶淵盟與遼人分界處

長亭逶迤燕山道，馬頭塵擁孤城。北來山色照眉青。菜畦臨斷岸，雁堠數郵程。　玉斧當年誰手劃，鴻溝兩界分明。歲繒輦轂此經行。一灣嗚咽水，曾限小朝廷。

一萼紅　歲臘，伯尹以紅梅寄贈。時姬人病一年矣，悵然有感

坐幽房。展霞綃幾摺，艷映靨邊霜。絳雪吹香，紅冰彈粉，驚換玉貌啼妝。自遥驛、將春寄到，縈慧盼、悽斷緑華腸。脂點飄蕭，酒痕輕薄，憔悴西廂。　斜對珊瑚簾幙，柰頻抛茜帊，嬾檢縹囊。霜葉争妍，露桃同命，芳影易到昏黄。傍蠟燈、支離訴恨，歲寒感、暗自惜容光。回憶羅浮舊夢，無限思量。

意難忘　庭前桃花將落矣，賦此寓感

絳樹樓前。正畫檐烟鎖，小雨初乾。愁深顋褪粉，淚重靨啼鉛。慵倚竹、倦憑闌。有幽恨誰傳。最可惱、東風薄劣，做盡春寒。　隔簾瘦月娟娟。柰花如月瘦，人更堪憐。青溪遺曲散，翠幕舊情牽。鶯對語、燕偷看。誰與喚春還。怕此後、殘紅也盡，惟有啼鵑。

渡江雲　出關與姬人別

雪花吹作絮，離觴催別，門外繫驪駒。上車猶未忍，攬袂依依，涕淚各沾裾。料得、今後何如。最可憐、藥爐誰伴，瘦盡小桃軀。　欷歔。當初心事，夜半無人，擘鈿釵私語。柰從此、琴邊酒冷，夢裏燈孤。分攜尚是生離去，漫怨懷、輕説恩疏。天末隔、江鴻

準有來書。

慶春宫

夜宿瀋陽有懷

駝褐衝寒，羢韉載暝，踏徧六街殘雪。渤海雲深，遼河冰合，山色微茫萬疊。上都閒眺，想豐沛、當年俊傑。追思往事，滿目關山，大風歌徹。　百年襟帶神京，原廟峩峩，尚遺宫闕。月淡驚烏，天寒斷雁，醉把銅琶亂撥。塞雞啼早，正碧𤏪、籠紗凍結。哀笳倦聽，斗柄低垂，曉裝催發。

百字令

吉林撫軍幕府呈簡始中丞，并柬同事諸子

羢韉乍駐。喜相逢都是，鄒枚儔侶。薄雪半庭花旖旎，不減梁園風趣。飛蓋瓊筵，擘牋銀字，寫盡題襟句。龍洲疎放，稼軒容伴尊俎。　回想夕照關河，碎冰殘轍，萬里天涯路。峴首輕裘陪俊賞，尚識舊時鷗鷺。入塞春遲，近江魚美，芳草添情緒。一篇騰出，清新讓庾開府。

高陽臺

嫡室陳夫人以閏二月十六日歿於家。余羈紲塞外，貧不能歸，觸景生悲，萬感交集，輒誦元微之《遣悲懷》詩，并隱括其語成詞，亦長歌當哭云爾

藎篋塵封，金釵券委，黔婁自昔清貧。百事乖違，愁過卅五番春。野蔬尚憶家常飯，對古槐、落葉傷神。最愁人。鏡裏繁絲，損卻安仁。　音容長記雙眉鎖，詎戲言身後，轉眼成真。貧賤夫妻，淒涼有淚沾巾。俸錢迢遞憑誰寄，縱營齋、營奠難聞。更酸辛。共穴何期，緣會無因。

玉漏遲

寄悼沈鳳樓。沈君觀察安東

亂鶯春又晚。雪銷邊塞，夜寒孤館。幾度懷人，幾度凭窻愁歎。猶想銀牋醉墨，商麗句、春燈同翦。塵夢短。畫樓似舊，紫簫聲斷。　可堪銅雀淒迷，想步屧魂歸，隔花猶喚。淚眼東風，回首鳳城天遠。蛈蝶依然花裏，衹添得、杜鵑悽怨。吟思倦。黄昏微月深院。

法曲獻仙音

松花江春晚

虛港澌冰，遠隄篩雨，踈花暗催春老。穩步涼蕤，緩隨輕絮，湔裙蘭侶初到。念俊賞、成銷歇，天邊夢難曉。　自吟嘯。記西樓、昨宵殘月，窗半掩、幾度淚痕相照。一霎海棠風，柰今歲、燕來偏早。隔水盈盈，悵波深、羅襪去杳。把年來幽恨，都付沙邊飛鳥。

好事近

鏤鴨倦燻香，深院雨聲初歇。幾點柳花迎面，正雁來時節。　一庭淒綠澹如烟，斜照半明滅。瞥見歸鴉一陣，把亂愁重結。

高陽臺

四月二十六日，姬人何氏歿於京寓，距余出關僅兩月也。思之黯然，再用前韻，以志哀悼

驛騎馱裝，津橋賃廡，頻年忘卻官貧。小別長安，啼鶯驚散青春。摧心絡秀難同老，對雨窻、無限傷神。轉悽人。青子空枝，尚未生仁。　燕梁塵冪葳蕤閉，展生綃半幅，空喚真真。清淚如鉛，深宵慵覓羅巾。泉臺一對姬姜影，任斷鴻、叫徧難聞。重悲辛。釵股持將，欲證蘭因。

蘭陵王

恨如織。閒掩朱門晝寂。東風裏，曾見畫裙貼地，修蛾黛痕窄。青苔印襪跡。來往花陰絮側。流光換，鶯老燕還，芳草階前已盈尺。追尋斷鴻翼。悵月冷瓊疏，烟黯瑶席。崔徽模樣圖中識。愁珮影川逝，鏡匳塵掩，回頭香夢成歎息。又梅雨催急。　酸惻。記當日。是照眼榴紺，傾蓋荷碧。香肩笑凭情無極。坐竹屋分茗，翠樓聞笛。如今憔悴，獨對影，但怨積。

臨江仙　見家人檢亡姬遺物

峽雲散後空房閉，葳蕤愁掩輕塵。開篋半是舊綦巾。多年荆布，憐我一官貧。　紉縫苦盡柔荑手，零針斷線猶存。衣裳欲施轉酸辛。空持金縷，忍淚與招魂。

滿庭芳　榆錢

梅冶鎔成，槐燻鑄就，串串飄墜輕圓。燕酣鶯笑，疑作雨金年。欲喚閨人拾取，虚堂靜、繡幕生寒。傷心地，曾抛九萬，莫買好春還。　翩翻。青滿眼，簸來成筴，散去如烟。問野雀經營，啣向誰邊。惆悵黄昏近也，金鋪浄、苔點争妍。東風恨，心期暗卜，幾度蘚階前。

高陽臺　既成陳夫人墓誌，賦此抒慟，仍用前韻

野饁分耕，寒機伴讀，牛衣同耐孤貧。絮約無憑，年年辜負芳春。傷心德曜齊眉日，尚依稀、廡下風神。未歸人。悽動霜春，故里親仁。　惛惛松柏西湖路，念漆燈泉壤，何處歸真。猶在天涯，霜斑染盡烏巾。黄門含淚書

哀誄，想夜臺、應有知聞。自悲辛。說也淒涼，見也無因。

聲聲慢 秋夜有懷

簾空度月，徑折藏雲，燈前獨客吟孤。紫塞秋涼，靜夜酒困誰扶。依然海天倦旅，也何曾、忘卻江湖。殘漏永，聽蕭蕭墜葉，尚響階除。

難返湘皋歸珮，有相思、都在雁後霜初。碧落茫茫，誰信夢也都無。問添鬢華多少，怕秋霜、難入瓊梳。愁未寢，看殘香、猶裊篆鑪。

摸魚兒 賓州訪五國城

卷西風、雁飛寥落，沈雲疑是無路。黃深塞草賓州道，五國舊阡何處。閒弔古。問一片金源，今又誰家土。斜陽幾度。歎南陌冬青，北垣瘴骨，一樣化烟霧。

銷魂事，花石池臺在否。淒涼忍話鶗鴂。斡離江水春如染，曾照六宮東渡。君莫苦。便嗌雪龍荒，比翼猶雙聚。重來訪故。更鬢髮霜凝，節旄冰墜，誰念老蘇武。

夜行船

倦倚疏燈帷半斂。滿青襟、淚絲愁釅。缺月空簾，斷雲深樹，惆悵小樓初掩。

繚繞屏山鄉夢黯。記歸程、雁孤霜淡。爭奈醒來，依然天角，細數幾聲秋點。

浣溪沙

旋拂生綃寫玉姿。楚雲依約夢來時。深顰還是未開眉。

帳角香銷留月住，腰圍瘦減怯風吹。當初不合就分攜。

其二

容易黄昏近畫屏。鳳團細啜酒初醒。倦簫殘笛若爲情。　繡幕夜寒人獨睡，蠟燈花盡淚空縈。聽殘二十五秋鉦。

齊天樂　寒鴉

蕭蕭黄葉高樓外，昏鴉幾聲淒怨。流水孤村，亂山殘堞，帶得斜陽一片。危巢屢換。正結陣投林，夜飛初倦。露草黄深，歲華荏苒又霜晚。　西風今後更苦，月明憐故影，毛羽都變。古木誰家，垂楊那院。回首朱門天半。賓鴻去遠。只賸汝啼飢，塞垣羈絆。頭白何年，玉關愁未返。

憶舊遊

甯安府爲甯古塔故部，即順治間吴漢槎謫戍地。庚戌，余守是郡，乃於廳事西偏構亭，顔曰『憶槎』，并集飛卿、義山句爲聯，曰『詞客有靈應識我，人生何處不離羣』云

記紫駝東去，黄鶴西歸，幾度滄桑。一卷秋笳集，有天風珮影，吹墜蒼茫。十年謫居離思，錦字滿奚囊。想春雪弓衣，邊山傳徧，名重詞場。　持觴。欲遥酹，恨楚魄難招，碧漢相望。待訊松陵客，問秋風何處，更有鱸鄉。手攀舊時楊柳，憔悴飲冰堂。正一抹斜暉，遥汀雁落江路長。『飲冰堂』是余廳事額。

高陽臺　落花

蝶粉悽烟，鮫絲泫霧，傷心又到清明。委地芳雲，鴛笙難唤愁醒。繡囊葅結渾如夢，掩鈿窗、暗想俜停。自銷凝。病損春人，啼瘦流鶯。　玉扃叩盡無人應，悵襪羅埋雨，淚血成

冰。璧月空圓，當時悔負深盟。招魂重與歌清些，柰錦裙、莫返精靈。寄深情。知在瑤臺，第幾多層。

踏莎行 梨花

霽雪飛香，曉雲弄影。淡粧惟有銀蟾並。淚珠濕徧碧闌干，袖羅尚倚秋千徑。 薄粉三分，愁容一幨。東闌惆悵紗窻暝。黃昏深院雨聲中，啼鴉難喚春魂醒。

虞美人 自題塞北傷春圖畫扇

滄波緑徧江南岸。望斷衡陽雁。雨中忙煞亂鶯啼。愁倚疎闌看盡怨紅飛。 淒涼已過三寒食。客裏流光逼。經年那有夢相尋。依舊無情香絮滿樓陰。

霓裳中序第一 觀舊供奉譚鑫培演劇

笙樓卷繡幕。重聽霓裳大上樂。朝市幾時換卻。又袍笏上場，霜髯盈握。宮商細嚼。數傳頭坊曲難學。銷魂問，舊宮老監，忍話白翎雀。 蕭索。朝元殿閣。賸老大梨園似昨。依然名重汴洛。岐薛朱門，愁見蛛絡。碧池花漠漠。休更把朱絃誤錯。迴腸處，伊州歌闋，簌簌淚珠落。

以上《聽風聽水詞》

水龍吟 對月有懷

彩輪遙挂青霄，小樓過盡南飛雁。涼宵似水，冷光疑夢，做成悽惋。病怯秋寒，愁隨夜永，强鈎簾看。記持杯倚桂，團欒弄影，人如舊、流光換。 三十六宮夢遠。最淒涼、漏沈聲斷。錦袍人去，霓裳曲散，霧深秋苑。盤露猶傾，屏風半掩，廣寒難見。料素娥深閉，銷魂同是，倚闌干徧。

木蘭花慢　蟬

隱高林翠杪，問何事、獨悲吟。正故苑風微，殘柯雨洗，戢影槐陰。蕭森。夕陽幾度，怪輕鬢都被晚霜侵。聽到餘音斷續，石床愁拂孤琴。愔愔。漢曲難尋。瑤珥散、鈿箏沈。恨樹碧無情，葉疏難庇，易到秋深。幽襟。自耽露飲，怕銅仙去後也寒喑。勾引淒涼未了，和愁更有清砧。

前調　螢

繞迴闌幾曲，似燐火、一星星。趁亂葉籬根，枯叢雨後，熒惑宵行。分明。被風捲去，卻斜穿簾隙到空庭。誰使迷藏恣意，任他粘徧銀屏。三更。露重霜凝。纖影下、悄無聲。更廢苑淒涼，荒臺剥落，度竹侵櫺。無情。自來自去，教何人囊作案頭燈。愁説雷塘舊事，祇留渚月空清。

埽花遊　遊萬牲園有感

麴塵雨浄，正萬緑池亭，翠蹊新霽。瘦筇漫倚。向涼陰步繞，冷侵輕袂。客裏韶光，休問信風第幾。訴憔悴。更幽鳥亂啼，都在煙際。

青鬢令似此。記禊日吟觴，緩歌花底。酒亭漸閉。斷紅飛猶誤，舊時羅綺。燕子多情，還覓塵梁賸壘。喚歸騎。又長安、軟紅愁翳。

燭影搖紅　壬子家居除夕

遼鶴歸來，訪鄰尋里都難認。絳箋愁看換新符，怕見滄桑影。睡起冠兒未整。聽竹聲、年光驟省。自憐殘臘，隨分辛盤，忍辜芳景。枌社雞豚，杜陵多難憂鄉井。野荒芋粟苦無多，少辦屠蘇飲。無復當筵酩酊。强寬懷、分裁綵勝。最迴腸處，一扇金奩，有人窺鏡。

齊天樂 春日重到西湖

麴塵吹緑傷心水，東風暗催春老。款竹門荒，種桃人去，誰念天涯孤抱。愁煙恨草。又幾度銷凝，幾回悲笑。依舊鱸鄉，可無溪友唤垂釣。 幽尋何處最樂，翠洲西畔路，相趁殘照。舊柳還青，新萍更碧，似解湔裠人到。閒鷗漸少。但雙塔棲鴉，半林飛鳥。一棹夷猶，緩歌歸去好。

憶舊游 二月十六，亡室忌日，時客廣州。夜雨敲窗，黯魂欲絶，倚鐙愁賦，歌不成聲

記疎燈課績，薄袖禁寒，共守更長。倏過三寒食，念悠悠此日，瘞玉情傷。蠟枝半掩清淚，急雨戰虚廊。聽一曲淋鈴，無人會解，獨自思量。 淒涼。百年事，恨碧落黄泉，兩處茫茫。金縷殘裾在，爲沈埋蕙魄，尚裹空箱。返魂自爇蘭炷，無路覓稠桑。知渺渺青陵，從今化蝶何處鄉。

霜葉飛 癸丑八月二十六日，重到都門

露濃霜瘦，燕山道，西風吹損金柳。夕陽樓閣半淒迷，惟有棲鴉守。記前度、征驂去驟。新蒭滿野黄如繡。嘆客裏光陰，又策蹇重來，菊花相趂重九。 應是三徑荒涼，柴桑人去，秫田抛卻秋畝。貞元朝士漸無多，法曲憑誰奏。祗霜葉、紅飛似舊。芳溝流水空回首。漫對

將秋匳看，鬢影絲絲，淚凝雙袖。

甘州　重九

正連朝風雨滿重城，做出一天秋。望翠微雲裏，蕭蕭落木，渺渺高樓。欲覓紅萸舊佩，繡蝕麝薰收。遥指斜陽處，煙柳生愁。　誰信天涯孤抱，把酒瓢詩錦，都付悠悠。祇多情破帽，將去又還留。且休將、菊花簪鬢，怕鏡中、羞見雪盈頭。憑闌久、南鴻過盡，流水荒溝。

鷓鴣天　愁感

瓊瑟丁東夜氣幽。含情獨自下西樓。梧桐枝上三更雨，蟋蟀聲中一段愁。　空悵惘，悔淹留。漫題紅葉寄荒溝。庾郎懷抱銷亡盡，祇有哀吟報答秋。

江城子　過棉花胡同舊宅，即亡姬逝時所居也。凄然有作

驂鸞人去杳無蹤。思無窮。恨無窮。腹痛千回，愁過此胡同。一掬凄涼孫楚淚，流不斷，兩年中。　夜深幽夢忽相通。喜相逢。怨相逢。瘦骨纖腰、愁聚兩眉峰。依舊行雲留不住，窗外月，寺樓鐘。

壺中天　崇效寺觀某上人青松紅杏圖卷

支筇緩步，繞城南踏葉，來叩僧宅。幾樹楸花搖落盡，惟有古苔空碧。遼海前蹤，維摩小像，心事誰能識。素縑題徧，詞流多少詩筆。　枉堪歎蓮社荒涼，松移杏去，俯仰皆陳迹。杠費英雄無限淚，後者視今猶昔。初地雲深，影堂秋冷，華表歸無日。摩挲殘卷，訴愁何待

銅狄。

國香慢 癸丑初度有感

霜葉寒賒。正雁回人去，長是天涯。東京夢痕如昨，暗換年華。幾夜客窗聽雨，冷雲重、損盡霜葩。淒涼市朝改，人海深藏，門掩昏鴉。　紫裘江上客，想腰間竹笛，吹向誰家。燭銷人瘦，夜深愁近籠紗。怕檢庚寅賸曆，楚江遠、空賦懷沙。相思老坡宅，因甚年年，輕負梅花。

甘州 雪夜有懷

正朔風簸動夜窗深，羽葆滿青冥。甚一片晶瑩，初如炫玉，忽似粧瓊。頃刻錫圭分璧，光采照空庭。冷抱殘貂坐，吟鼻成冰。　回想剡溪幽事，恐興餘孤艇，還是空橫。把竹鑪移近，閒取小茶烹。恨荒寒、衆芳凋盡，奈田家、猶誤作祥霙。增懷感、疑雲疑絮，尚不分明。

長亭怨 送簡始同年南歸

正臘鼓、天街聲近。孤騎南徂，雪花淒緊。塞外冰霜，眼中滄海那堪問。王孫望極，恨芳草、天涯將盡。南浦休傷，又容易、夕陽催暝。　銷凝，念退居元亮，松菊可曾成徑。十年前事，算祇有、玉尊能省。任秋風、長戀蓴鱸，怕甫里、依然人境。好料理鷗盟，同載鴟夷煙艇。

探春慢 除夕有懷

翦綵粘鷄，裁旛貼燕，紅燈光照街市。卜鏡心情，呼盧笑謔，總付夢邊愁裏。無酒無詩句，祇相守、梅花不睡。空將一片淒涼，送得歲華如水。簾外雪花如翳。聽壺漏頻催，幾回醒醉。棼尾深杯，桃根春帖，還想舊京遺事。未覺朱顏改，但添卻、吴霜鬢底。明日春城，依然滿眼羅綺。

浪淘沙　白桃花

輕翦蜀江紈。移種湘山。溶溶淡月素波間。隔浦息嬀羞不語，自怨紅顏。漁父棹舟還。雪浪浮天。仙源從此有瓊田。可當白雲持贈客，莫作花看。

瑞鶴仙　客窻寒雨，黯然有懷

峭寒籠瑣闥。正雪銷成雨，粉痕輕薄。東園斷新雀。賸江梅一樹，已殘紅蕚。重陰漠漠。聽溜澌、細吟屋角。最無聊長晝，愔愔蛛網，半塵羅幙。蕭索。京華殘夢，訪跡尋蹤，鬢霜催落。殘貂待著。尋帶眼，畏腰削。柰霧昏煙暝，淒涼未了，何事啼鳩更惡。掩橋扉、又到黄昏，引杯自酌。

南鄉子　葺皓鶴亭既成

編棘小園成。更葺茅椽作短亭。翦紙略安窗四面，幽清。日午天風鶴一聲。禪榻鬢絲輕。自揀新茶活火烹。涼雨乍收簾半捲，銷凝。一樹榴花照眼明。

點絳脣　荼蘼

絳煙籠粉。此花開後羣芳盡。繡叢嬌俊。簾外鶯聲緊。蛺蝶飛來，愁近雕闌認。啼珠揾。絮盟無準。和夢成春恨。

倦尋芳 閏端陽

蒲芒散采，艾繡飛香，佳節重至。細數疎桐，一葉新添涼翠。繫腕盤絲猶未褪，投江角黍還須備。念天涯，正滄波屢易，綵舟誰理。 聽窈窕、湘歌楚舞，兩度瓊觴，沈魄知未。午院蘭湯，依約前番情事。筠箑紗窗空念往，榴裊錦字頻留意。尚依然，雨陰陰，半黃梅子。

慶春宮 玉簪

擣麝成煙，雕瓊綰霧，數枝相伴黃昏。蟬鬢新攏，雀釵欲上，素肌飄蕩清芬。淚妝愁雨，忍輕負、朝元舊恩。涼風初過，依約步搖，斜嚲嬌雲。 幽叢露洗無塵。粉艷惺忪，壓髻濃薰。冰鑑初窺，銀屏半掩，玉冠和雪誰分。粟黃輕蘸，尚微帶、丹心片痕。相攜月地，慵整翠鬟，竚立銷魂。

祝英臺近 聞十剎海荷花盛開，病不能往

翦湘雲，歌楚些，寂寞野塘路。欲探紅芳，愁病苦牽住。劇憐紺宇塵飛，碧池烟鎖，暗滴盡、銅盤零露。 恨無據。有誰解佩褰裳，還覓綵鴛去。讀罷離騷，自脫芰衣舞。可能忘卻西湖，紅粧易老，休更被、西風輕誤。

夜行船 立秋夜，雨後作

晚鵲催晴殘暑歇。簾櫳靜、乍來眉月。一樹涼飆，滿林清籟，吹下碧梢新葉。 帶眼屢移寬幾摺。倚銀釘、瘦腰如捻。未到西風，已成秋病，還似玉關時節。

浣溪紗

簾靜香温眷夕陰。晚窗閒凭獨沈吟。便無風雨也關心。　望盡蘆花知雁去，聽殘梧葉覺秋深。故鄉惟有夢相尋。

齊天樂 重陽後一日獨遊江亭

帝城一夜重陽雨，晴光乍開秋剎。雁拂涼沙，魚棲暗葦，瘦盡擁門黃葉。銷停倦轍。悵杖策遲來，未酬佳節。望眼西山，黛鬟零亂正如髮。　荒亭風景似昔。凭闌懷古意，歌唱先咽。側帽臨流，危襟踞石，樓觀重逢都別。羈愁更切。尚記得前蹤，老僧能説。漸近斜陽，翠微雲萬疊。

高陽臺

疊鼓催寒，重簾聚暝，疎檐薄雪霏霏。一檠霜燈，愁多翻恨分攜。金鈴犬吠籬邊月，有夜烏樹杪驚飛。又争知。落葉溝深，一字無題。　江南誰寄梅花信，向山村水驛，空抱相思。悵望寒雲，孤鴻獨自歸遲。玉璫檢點秋前札，料黛眉、不似當時。更淒淒。聽盡清笳，依舊空帷。

絳都春 甲寅除夕，自酒樓飲歸

渠冰未泮。正薄雪滿街，宵寒人倦。旋過酒亭，空霧飛香蛾燈亂。誰家簫吹秋娘院。尚輕發、吴聲歌緩。小坊喧閙，朱扉未掩，畫鷄粘燕。　曾見。清時樂事，禁城正放夜，鈿車雷碾。一枕夢華，燈火樊樓隨烟散。殘梅難洗春風怨。聽斷漏、銅龍自轉。醉歸琢就新詞，燭邊細看。

燭影摇紅　題項蓮生《憶雲詞》後

自撥琵琶，酒邊一片傷心語。紫霞淒調半飄零，愁見藚洲譜。側帽孤吟最苦。問聽殘、秋聲幾度。湖陰落月，似識當年，翦燈情緒。　玉笥雲埋，冷鵑怨血春還聚。世間無地著閒愁，祇向哀絃訴。畫壁憑誰唱與。滿江南、猶傳恨句。夜闌眠醒，靜聽疎鐘，有人啼雨。

踏莎行　緗桃

碧玉徵歌，紅羅買笑。苧蘿不合山中老。彩雲一夜滿清溪，仙源已有漁人到。　窺鏡妝新，匀脂靨小。憑誰報與春知道。臉霞偏向露華明，銅仙鉛淚愁相照。

好事近

香篆捲宮羅，飄動半簾烟碧。一晌銷魂無語，背東風愁立。　繡帷斜掩暝烟深，晴影射窗隔。欲摘春花偷嗅，被玉鸚知得。

木蘭花慢　花朝

甚東風做就，一番暝、一番晴。看柳眼微醒，蒲芽欲展，原草青青。春城。繡韉到處，趁今朝同赴海棠盟。塵陌誰挑野菜，小橋正賣春餳。　銷凝。醉淺香清。梨雨過、杏煙輕。更新燕窺人，稺鶯迎客，無限深情。誰憑。畫闌半面，引玉纖親繫護花鈴。惆悵桃花扇底，至今舊恨牽縈。

解連環

曉帷寒薄。剛條風送到，數聲乾鵲。想西樓、殘夢猶留，正烟冷篆銷，霧凝粧閣。小燕呢喃，似來報、野桃花著。奈逡巡、欲去絮影，半簾又負深約。　芳盟幾曾忘卻。恨春萍化盡，還是飄泊。漫記得、當日徽容，衹兩地相思，遠在天角。去雁還來，總不見、江南紅蕚。但銷魂、聽風聽水，淚珠暗落。

露華　夾竹桃

小池竚立，正烟篁細展，初染冰痕。羅襦襯玉，誰憐欹袖黃昏。廿四信風過盡，更雨飛、紅蕚繽紛。幽恨遠，荊臺夢醒，尚駐春魂。　相思去年人面，怪蝶悄鶯稀，自掩閒門。青溪舊曲，倩誰換葉移根。別有返魂香在，向竹垠、喚起真真。清淚漬，何時化作彩雲。

齊天樂　五月晦日，遊十剎海看荷，醉飲夜歸

清時樂事蓮花社，重來頓驚華髮。柳溆嘶蟬，葦塘浴鷺，幾度滄桑塵劫。迴波似雪，記十載遊悰，舊鷗能說。漫道興亡，市朝輕換況殘剎。　西山數峯縹緲，凭闌休望遠，斜照明滅。修禊亭荒，敲棋墅冷，贏得似今時節。昏笳轉咽。更一片清商，遠來蘋末。杖策吟歸，亂星垂野闊。

金縷曲　和古微侍郎原韻

一片斜陽樹。舊江山、危闌徙倚，斷魂無語。隱約藍橋星數點，那有靈漿乞取。更塘外、輕雷如許。獨立西風參涕笑，怪秋懷、也有人知否。欹枕聽，夜來雨。　故人顦顇愁相訴。

話年來、南强北勝，國香誰主。四壁涼陰燈欲燼，難覓兔娥處所。恨玉樹、竟埋塵土。杜宇無聲精衛死，剩危巢、衹有殘鴉護。聊復爾，共清酹。

國香慢 觀《燕子箋》傳奇，戲題於後

一樣傾城。記曲房蜜炬，低按秦箏。渾如擘牋江令，璧月初明。一段春風冶思，調笛譜、教付歌伶。烏衣舊門巷，立盡斜陽，無限傷情。　淒涼亡國恨，望雷塘廢苑，惟有飛螢。後庭歌散，空歎瓊樹飄零。輸與桃花淚靨，紈扇在、猶想芳馨。銷魂板橋路，斷落芹泥，月冷江清。

江城子

藕花風起聽鳴蟬。水田寬。浦雲寒。一角旗

亭、人坐綠楊邊。望斷翠樓斜照近，簾半捲，燕初還。　舊家坊院露桃鮮。整修鬟。卻輕紈。夢後揚州、無復舊樊川。枉對人前羞薄倖，誰爲惜，鬢霜斑。

高陽臺 題張篁溪悼亡圖

鸞鏡煙銷，麝塵香冷，天涯夢斷篁村。趙瑟孤彈，憑誰爲道殷勤。畫簾垂地房櫳悄，雨未闌、卻又黃昏。儘徘徊，滿院梨花，自掩閒門。　傷心又值黃楊厄，亡室殁於己酉閏二月。話當年騎省，襟淚猶存。說盡春愁，何曾暫駐仙雲。茫茫那是稠桑路，認蝶飛、猶誤春魂。近清明，叢社歸來，依舊沾巾。

西江月 潞河舟行

斷岸葦條成徑，平疇草色連天。歸鴉遙帶夕

陽還。愁損天涯望眼。沽酒且從野飲，買魚正趂晡餐。浮生難得片時閒。翻悔十年遊宦。

蝶戀花 生日自題小象

池柳黃深銜夕照。獨凭闌干，微覺霜風峭。樹自嵯岈人自老。衰顏强爲黃花笑。歸計未成空懊惱。舊夢羅浮，長負梅莊好。有酒莫須辭醉倒。東方不似侏儒飽。

齊天樂 移居

元都觀裏桃花盡，劉郎尚然羈旅。春鯉平湖，秋蓴近港，鄉國如今何許。空濛斷浦。但門掩江干，自修漁具。倦把綸竿，夕陽好趁白鷗去。心情誰可共訴。小樓空對月，吟思良苦。通沼栽荷，隨畦蒔果，即是青門瓜圃。孤瓢漫與。任醉倒糟牀，那知今古。一笑支筇，又尋溪友語。

高陽臺 春柳

淺綠舒眉，嫩黃勻額，盈盈十五纖腰。煙影空濛，柔枝低罥溪橋。畫堂西畔經行地，有王孫、玉馬嘶驕。教長條。莫化浮萍，留繫歸橈。　永豐坊裏都依舊，自小蠻去後，金縷誰調。如此風情，思量轉覺魂銷。樓心一昔如環月，尚舞風、猶鬥嬌嬈。看明朝。燕户鶯簾，盡占花梢。

疏影 庭前梨花盛開，偶憶東坡詩云『惆悵東闌一株雪，人生能得幾清明』句，悵然有感，賦此遣懷

疏簾半揭。正曉鶯啼罷，滿林晴雪。皎皎風

前，琪樹翩翻，似護兔娥衣疊。分明玉蕊唐昌種。但添得、淚痕雙頰。更無端粉蝶，團飛不管，素魂嬌怯。　幾度疑真似夢，問花試與語，相對愁絶。惆悵東闌，又過清明，一樣消磨塵刦。柳緜不繫青春駐，最苦憶、天涯鶗鴂。奈明朝、落盡殘英，空剩一樓明月。

南樓令

鄉思黯然，欲歸不得，賦此以寄越吟之意

樓外夕陽明。危闌獨自憑。看江心、潮落潮生。數盡千帆來復往，渾不是、我歸程。　鬢髮歎星星。鄉關無限情。衹垂楊、依舊還青。又是海棠開盡後，和燕子、説飄零。

西子妝慢

四月二十六日，亡姬何氏忌日有感

梅子未黃，牡丹初過，澹思濃愁疑霧。自移猊鼎爇沈薰，轉銷魂、斷香殘炷。垂楊萬縷。忍不把、輕花繫住。燕歸來，認藻梁塵跡，窺簾無語。　芳盟阻。一片流紅，又趁新漲去。幾回殘夢到燈前，卻醉迷、曲屏深處。行雲舊路。恐蝴蝶、飛來還誤。更傷心、夜夜高樓聽雨。

鶯啼序

和夢窗韻

晴窗正愁永晝，見檐蛛網户。捲簾待、新燕忘歸，耐到斜日將暮。女牆外、柔條翠裊。盈盈未減章華樹。恨天涯人遠，春歸飄盡香絮。　十載京華，舊夢喚醒，似驚飆捲霧。屧廊悄、吹盡櫻桃，聽歌空憶樊素。幾沈吟、笱箱嬾檢，蝶裛散、黃金千縷。念緣慳，輸與江鄉，白頭雙鷺。　高陵騍變，滄海頻移，斷鴻尚逆旅。睡起覓燼餘心字，麝冷香寂，事往情乖，淚珠啼雨。溪堂獨客，春江凝望，煙帆低影雙橈逝，恐桃根、不載閒人渡。追思錦瑟，當年彩箋題詩，賸墨半翳塵土。潘郎老去，莫奈情多，嘆鬢絲染苧。自料理、歌詞簫譜。一片傷心，玉笛慵吹，鈿衫誰舞。纏綿欲寄，新編長恨，藍橋天遠鸞信杳，獨迴腸、歎徧西樓柱。人天依舊茫茫，倦倚鴛衾，夢魂到否。

尉遲杯　秋思

垂楊路。正密靄布野啼鴉暮。愔愔巷陌人家，還記花驄曾駐。無情燕子，渾不認、珠簾舊門户。念因循、又過西風，水鄉愁損羈旅。蘭成老尚天涯，長追憶、江南舊日詞賦。慘緑嫣紅俱非昔，惟衹見，丹楓醉舞。銷魂檢、哀歌賸闋，對殘燭、淒涼獨自譜。更何人、念我孤衾，寄情遙託幽素。

西平樂　秋風轉厲，旅思愁人，悵念鄉關，黯然欲絕。因仿夢窗作，並和其韻，藉以遣懷

樹接平岡，路迴幽渚，欄檻遠望依依。隄柳微黄，砌蕪猶碧，天涯有夢難歸。聽幾處、西風怨笛，一片孤城，晚角斜橋，宛轉行人，共趁殘暉。追念車塵九陌，歎迅羽、鬢髮總成絲。落槐金井，浮雲玉壘，往事情傷，陵谷遷移。誰更念、相如倦轍，庾信衰年，漫説柴桑徑悄，陽羨田荒，還似驚烏夜擇枝。歌罷斷腸，江陵舊恨，愁問楊瓊，對此茫茫，自倚筠簾，江梅點點催飛。

沁園春　觀電影戲

黑幕低垂，萬目齊看，微露曙光。有稠人來往，層樓聳峙，忽呈車轂，旋見舟航。偶説閒情，居然真個，拍掌兒童笑若狂。凝眸看，奈如泡似影，一霎收藏。　俄而樺燭輝煌。又傀儡、紛紛再出塲。便鸛鵝成列，叱咤垓下，蟲沙俱化，震動昆陽。蜃闕將收，蟻柯纔醒，驚見山僧乍熟粱。更三點，費百錢薄笨，歸卧匡牀。

虞美人　記夢

忽忽幽夢愁無那。啼鳥來驚破。玉真久不在人間。尚擘鈿釵珍重、再生緣。　輕雲彷彿陽臺路。一霎催行雨。秋蓮斷盡不成絲。還有牽縈恨縷、續來時。

滿庭芳　京師有所謂『新世界』者，其汴京樊樓之遺與？因賦此解

瓊幕留春，珠燈照夜，冶遊玉勒初停。霽空寥闊，一片管絃聲。翻盡梨園爨本，悠悠過、倦耳慵聽。閒評話，盲翁負鼓，還上最高層。　牽情。增悵惘，樊樓舊夢，尚記東京。念烟月、當時幾度銷凝。愁説三生杜牧，十年事、回首堪驚。銷魂久，鈎闌倚徧，歌罷酒微醒。

金縷曲　秋燕

愛傍朱門户。一雙雙、銜泥繕壘，覓殘芹土。費盡經營無限力，争奈流光迅羽。況又是、西風催暮。似爲香巢忘未了，尚呢喃、竟日相私語。簾幙重，屢迴顧。　當時王謝今何許。料重來、烏衣舊巷，夕陽應誤。亂草銅駝無主

宅，比爾漂流更苦。有多少、海天棲處。眼底滄桑應見慣，寄他人、廡下終當去。還早趁，塞鴻路。

月下笛　八月十二夜，倚闌看月，忽然雨作

笛簟秋清，簁簾露悄，旅懷何許。危闌漫倚。多少樓臺隔煙霧。天涯數徧孤鴻跡，生怕認、江南舊路。又隣家簫吹，風前靜聽，調長偏苦。　離緒。西風暮。念冷落吟悰，賦歸多阻。幽蛩自語。背人無限淒楚。只愁一夕鄉關夢，忽又是、瀟瀟暗雨。正漏永，恨無眠，還有秋聲在樹。

浪淘沙慢　中秋

晚空霽、紺雲歛盡，鏡彩新發。庭際蟬吟乍歇。階前桂子正結。聽隱隱隣家歡宴設。黯離緒、對影愁怯。念迅羽流光歲華改，而今甚時節。　淒切。凭闌雁過天闊。向露砌風廊無人處，漏悄蛩語咽。嗟萬古冰輪，長任圓缺。淚花染纈。憐素娥，還在高寒宮闕。鸞信銷沈盟言絶。團欒夢、那時再合。迴遥夜、持杯誰與説。問天上、此夕何年，恨路隔。瓊樓望斷雲千疊。

惜秋華　秋海棠

翠影娉婷，自愁煙恨雨，翻憐嬌媚。無限斷腸，誰將艷魂扶起。柔肌瘦不禁秋，黯羅袖牆陰慵倚。相看認春風，粉靨凝紅猶膩。　歡事那堪記。柰生來薄命，隨秋捐棄。一片夢痕，依約寶釵樓底。情多減卻風流，忍再把、啼粧重洗。憔悴。悄無言、西窗月碎。

惜紅衣 殘荷

露藻催涼，煙叢減翠，換將秋色。裉盡紅衣，無言小池側。香篘殢酒，誰問訊、佳人消息。悽寂。欹蓋尚傾，訴西風蹤跡。　凌波步窄。明月芳心，相思寄瑶席。冰絲萬縷待擘。重珍惜。爲問綵鴛何在，愁認舊時凝碧。有夜來清夢，縈繞水西雲北。

疎影 秋柳，示煦兒

隋隄落月。尚裊裊疎陰，低傍霜堞。數點殘鴉，流水孤村，數盡過江帆鬣。風萍亦共飄蓬散，誰更問、靈和宫闕。賸衰容、報答秋光，愁結恨絲千疊。　重見翻疑夢裏，倚驂暗與想，當日攀折。莫柰西風，燕去鶯闌，不似淡黄時節。銷魂怕覓旗亭字，卻早被、野苔埋滅。最傷懷，細雨江潭，獨有庾郎淒絶。

河傳

樓上。凝望。夜愔愔。梧月篩陰影沈。謝娘倚風愁不禁。襪羅涼露侵。　殘篆煙銷帷半歛。銀燭暗。數盡秋鉦點。鳳城西。夢魂迷。雁回。柰何人未歸。

謁金門

飛鴻跡。行徧天南天北。覊旅中年頭半白。欲歸歸未得。　愁思不勝酒力。秋病怎生將息。窗外亂蛩燈下客。斷腸同永夕。

綺羅香 秋雨

碧甃霜斑，青林月黑，寂寞銅鋪深閉。試啓文疏，珠唾細抛窗綺。驚過雁、敗葉先飛，動哀蟬、翠梧新洗。最銷魂、蟋蟀燈中，沈沈檐影鐸聲碎。江南人去已久。猶想吴娘怨曲，筠簫同倚。争柰今宵，偏入夜齋愁耳。正金井、落盡秋槐，助西風、暗催涼思。更無聊、病後文園，短檠孤夢裏。

前調 手巾

鳳錦霞鮮，鮫綃霧捲，慣握柔荑纖指。鈿扣微鬆，閒向綵襟愁繫。勻靨罷、薄帶脂痕，採香歸、暗薰花氣。弄輕顰、戲擲檀郎，故成方勝學心字。　鴛機辛苦織就，曾共輕囊小扇，争誇研麗。皓腕憑窗，依約楚雲摇曳。剛欲把、恨句親題，卻都染、舊時鉛淚。又嬌憨、撲蝶初回，笑藏羅袖底。

秋霽 秋日獨遊天津公園有作

依舊園林，看老柳枯蘋，變盡烟碧。高樹藏鴉，疾風驅雁，獨遊最憐羈客。歲華自惜。鬢霜衰落成秋色。又蠟屐。惆悵、雪泥還印斷鴻跡。　應念倦旅，杖策幽尋，那堪重來，人去花寂。動孤吟、闌干徙倚，江關愁絶庾郎筆。破帽布袍誰更識。最惱人處，一片暮景淒涼，遠山斜照，小樓殘笛。

一萼紅 紅葉

渺江干。甚千林黄落，殘錦復翩翻。夕蝀狂飛，餘霞散舞，似爲秋色增妍。趁斜日、楓林兩岸，繫輕纜、同艤小吴船。倦轍句留，歸樵徙倚，烏臼村邊。　回想舊宫遺事，但荒溝流水，誰寄題箋。冷艷争春，芳情弄晚，空歎倦客長安。換幾度、西風塵世，共湘竹、一樣染成斑。生怕紺綃捲盡，雪地愁看。

瑶花　茉莉

珠房乍啟，萬疊瑶英，鬥露階秋夕。天生濃艷，縱麗絶、未識人間春色。飛瓊何處，悵遺落、素璫狼籍。問有誰、喚醒冰魂，爲語海山消息。　虚庭夜氣偏幽，正月滿珍叢，荑手親摘。銀絲穿就，看壓鬌、斜嚲釵梁微側。羅幬漏斷，枕函畔、煖懷消得。怕夢回又憶南州，翻被淚鉛沾濕。

暗香　賦梅，和公雨韻

滿林晴雪。記抱琴獨往，涼綃新疊。喚起素魂，親把愁絲與重結。猶想孤山乍見，暗消瘦、逋仙吟骨。卻正是、籬角黄昏，相對玉蟾潔。　清絶。共誰説。柰冷笛未終，頓成輕别。古香如鐵。經盡冰霜肯摧折。欲向江南問訊，還尚似、綺窗時節。待寄語、雙翠羽，莫教凍徹。

金縷曲

倦鳥知還未。笑歸來、柴桑一叟，昨非今是。除卻琴書無長物，閒向松窗料理。早觀破、人情機械。堪怪漢陰磯上客，尚到頭、不解沙鷗意。誰領略，此中味。　空山老耳毋須洗。問古來、高人幾輩，竟抛塵事。我自身藏人海住，但把荆扉緊閉。任門外、雲飛風起。莫説桃源無路覓，便路通、想亦同人世。斟白酹，且沈醉。

沁園春　讀稼軒詞有感

緩帶輕裘，投壺雅歌，吾愛稼軒。任酒邊索句，頻搔白首，山中種樹，欲老青門。卻謂淵明，酷如諸葛，尚友千秋迴不羣。辛詞『看淵明風流，酷似臥龍諸葛』，龔定菴詩『陶潛酷似臥龍豪』蓋本此。爲三歎，想帶湖勺水，那駐騷魂。　名流争謁車塵，算惟有、龍洲同酒尊。恨英雄難覓，憑闌北固，神州未復，攬轡中原。健筆眉山，祇堪伯仲，入室餘推劉後村。平生感，念如君奇傑，竟作詞人。

前調　同公雨、栗齋、鐵三、組庭觀龠菴畫梅花，歎絕藝。余欲丐龠菴畫，先獻以詞

尺幅傳神，吾見梅花，如見李髯。看横斜弄態，虬枝故曲，玲瓏映雪，鶴睡初酣。誤作放翁，又疑和靖，疎野還兼似魏三。羣嗟歎，向畫師評論，亦異常談。　一時禪悦同參。覺浮動、幽香滿小菴。念頻年羈旅，羅浮夢遠，望中鄉國，庾嶺途諳。姑射冰姿，廣平風骨，此藝今成優鉢曇。春風筆，且權當驛使，寄我江南。

念奴嬌　重九

翠微舊路，記年時登躡，屢携輕屐。又是小窗疎雨過，一片西風吹急。露草年光，霜花詞卷，老盡天涯客。憑高欲賦，雁聲驚落吟筆。　安得晉孟參軍，臨風露頂，睥睨桓公側。戲馬層臺何處認，誰問寄奴陳迹。故國茱萸，他鄉叢菊，荏苒頭都白。古來重九，料應亦似今日。

以上《草間詞》

齊天樂

連歲荷花開時，皆病不能往。近聞各名池花已大放，尤患足病，閉户深居，爲之悵然

客窗臥病無聊賴，愔愔又過長夏。海子前踪，御溝賸跡，依約紅妝如畫。幽懷自寫。記歷歷年華，舊時亭榭。躄足淵明，這番又誤遠公社。閏浴佛日因赴花之寺齋供，得足病。年來心事更懶，涉江誰採贈，香夢醒乍。水珮生涼，風鬟彈影，長憶月明深夜。清遊倦也。縱蹇步重來，艷芳應謝。太液依然，露盤看暗瀉。

見《鐵路協會會報》一九二五年一百五十二—一百五十三期

李錫禎

菩薩蠻

蘭房記得初相遇。消魂最是凝眸處。偎我坐窗前。月明人似仙。撫衾羞自弄。髩鬌高唐夢。玉骨與冰肌。此情天許知。

搗練子

愁一縷，鎖雙眉。朝夕憑樓見雁飛。無奈征夫無訊息，將教何處寄征衣。

憶江南

簾櫳静，寒夜月微明。閒夢舊時曾共處，枕前甚事恁傷情。珠淚任縱横。

前調

梳洗罷，人面艷如花。望望箇郎工笑靨，纖纖十指弄琵琶。含睇思年華。

揚州慢　用姜白石原韻

湖浪通潮，山雲流翠，暗凝魂斷長亭。問愁懷幾許，但海闊天青。江岸雙鳧對起，倡條冶葉，還解娉婷。又誰知、鸞鏡塵蒙，孤館猿清。　華年似錦，記花陰、癡撲流螢。更蘭氣温馨，簾風細碎，無限柔情。幾度筝絃低撥，緑窗倚、流盼晶瑩。恨此情難續，春心翻似潮生。

齊天樂　用王沂孫原韻

天凉秋好銀蟾静，風吹霧遮寒樹。依約良宵，徘徊小院，脈脈含情深訴。凄其夜雨。便輕掩蘭房，妙移筝柱。乍斷絃音，年華暗度悵如許。　紅妝臨夜盡洗，更羅衣隱隱，嬌態微露。斜凭雕床，頻開笑靨，寧記消魂幾度。睽違最苦。歎萍梗飄零，王孫凄楚。甚日相逢，吐絲千萬縷。

水龍吟　用王沂孫原韻

春來慘緑愁紅，待春畢竟春來早。鶯啼遍野，緑陰滿地，紅闌静悄。夜眺憑窗，珠簾自捲，月升林杪。便情懷幾許，謾尋往事，相思夢、今宵到。　起檢閒愁半枕，捲羅帷、翠雲低繞。朝陽影裡，春心泛出，舊時懷抱。把鏡堪憐，玉顔依約，芳情今少。歎華年似水，春來還去，黛眉慵掃。

浪淘沙　新興仰忠亭懷古，步顧錦泮先生原韻

推倒腐清廷。碧血猶腥。犧牲志士未凋零。可恨殃民羣小醜，獰笑京庭。　熱泪洒新亭。志在澄清。運籌帷幄本天經。蕩寇誅奸甘貶

謫，心照丹青。

好事近 贈歌郎五儿

春色箇中多，占得風光一半。比似依人飛鳥，説生來嬌慣。桃花顔面玉歌喉，朝朝侍芳宴。卅六消寒才過，畫者番梅瓣。

菩薩蠻

曉窗壓枕春寒重。啼鶯驚覺雙棲夢。緑水打吴篷。輕舠載個儂。　長隄千萬柳。風景還依舊。往事去如煙。相思又一年。

其二

綺筵紅燭花如錦。月明雙倚闌干影。心事訴琵琶。含羞半面遮。　儂家何處住。莫認横塘路。柳下有新詩。相逢暗記時。

其三

桃花隖裏花千樹。行人莫識桃源路。門外静

卜算子 寄兄美洲

纔記海珠遊，又憶香江聚。我去滇南爾放洋，極目雲深處。　權作美洲人，歐陸從軍去。若到盟軍奏凱時，歸國和兄住。

以上《秀萍室詞》

李　孺

虞美人 丙戌春闈後作

千紅萬紫春曉。緑意憐芳草。東風不爲展愁眉。又是賣花聲裏、落花時。　年年柳色黄金縷。未解離人苦。早知骨相不封侯。慙對香閨春日、一登樓。

沉沉。畫樓春思深。　玉鉤簾半捲。放入雙飛燕。帳底締蘭因。夢中真末真。

其四

瑶籤書架珠琴柱。屏山曲曲深深護。金鴨爇香熏。春寒怯出門。　象牀紅錦褥。並坐傾春醁。何事艷胡麻。吴酸風味誇。

其五

流蘇帳裏春風暖。鴛鴦枕上春人孏。落月在梅枝。翠禽飛起遲。　嬌嬈憐翠袖。抱月腰圍瘦。曉鏡看梳頭。艷容紅玉羞。

其六

夢中夜夜雙飛蝶。腰前綺帶同心結。妾命薄於花。青樓不是家。　柳絲千萬縷。恨入沾泥絮。燕語細商量。舉頭新畫梁。

其七

曉妝新罷香雲膩。綺窗學寫鴛鴦字。寫得幾回看。深心更畫蘭。　花開愁易謝。又是蟾圓夜。私語怯天明。香風吹曲瓊。

其八

虎邱山畔團欒月。碧荷花底船如葉。弱小不禁風。昵人懷抱中。　花間不可住。袖薄愁風露。歸去試蘭湯。開軒乘夜涼。

其九

水晶簾子玻璃枕。中庭殘暑都收盡。携手看牽牛。鵲橋今夜秋。　嫩涼風習習。睡起嬌無力。幾度誤鷄鳴。蒼蠅窗外聲。

其十

梅花樹繞三間屋。窗前照影三竿竹。睡倚小

紅鑪。阿郎中酒餘。雪花飛似掌。疑月明珠幌。夢裡不知寒，銅荷蠟淚殘。

其十一

春秋好景惟風月。等閒度了佳時節。門外有驪歌。兩心愁奈何。明朝江上路。別思縈南浦。無語對離筵，淒然人可憐。

其十二

離愁汩汩春來水，落花片片千行淚。香帕濕紅綃。重於金錯刀。歡情原不薄。祇是東風惡。桃葉與桃根，黯然空斷魂。

其十三

天涯回首人千里。花閒韻事從頭記。有夢到蘭閨。恨無雙翼飛。夢醒何處地。身在輕舟裏。箏柱十三行，雁飛雲路長。

浣溪沙

曲曲溪流淺淺沙。柳陰門外問漁家。一鉤新月照人斜。薄倖杜郎憐荳蔻，重來崔護感桃花。滿腔心事向天涯。

蝶戀花

曾繫青驄隄畔柳。春色經年，依舊青否。病裡郎腰漸瘦。天涯寄與相思豆。不恨鶯啼香夢負。祇恨東風，那日輕分手。非是悲秋非病酒。愁伊結子成陰後。

金縷曲 庚子

萬里匆匆去。最淒然、滿襟血淚，滿天愁雨。畫軸朱輪金勒馬，一霎淒涼行旅。幾曾慣、長途辛苦。秋色蕭條西風冷，莽無邊、衰草斜陽暮。雲叠起，恨千縷。　灞陵流水長安路。
蕩離魂、此鄉雖樂，故鄉何處。夜夜秦關舊時
月，猶照漢家宫樹。怕更有、燕鶯歌舞。　馬汗
凝紅鵑血碧，盼音書、遠覓孤鴻羽。　天北斗，
幾回顧。

減字木蘭　辛丑中秋在福州

天涯信遠。寄語但憑來去雁。月照關山。一
樣清輝兩樣看。　西風乍冷。客裡夢魂吹未
醒。又到中秋。一斗香醪萬斛愁。

祝英臺近

柳煙霏，梅雪霽，上苑春歸了。　燕子飛來，梁
上舊痕掃。那知別恨深深，才如雲散，怎新
恨、又如芳草。　嫩寒峭。依舊十二珠簾，輕
陰壓春曉。花信風催，容易送春老。　縱教荳
蔻工愁，青樓留夢，祇贏得、十年一覺。

滿庭芳

隄柳梳風，岸蒲湔雨，夜深涼月孤圓。　緑荷香
遠，湖水静無煙。却恨羣仙不語，玉盤滴、珠
露濺濺。垂虹外，歌聲宛轉，何處夜游船。
頻年。相望是，花開十丈，藕大如椽。怎舞衣
嬌艷，空裊風前。寂寞尋芳舊侶，問誰理、酒
盞琴絃。池塘晚，西風漸緊，沙際看鷗眠。

菩薩蠻

緑窗瑟瑟西風緊。中庭月落梧桐冷。　惆悵捲
簾時。玉階生悄思。　朱欄人獨倚。秋色涼
如水。夜起看天河。聞聲愁雁多。

祝英臺近

水紋生，山緑秀，窻外過新雨。獨倚朱欄，别思向南浦。眼中何處天涯，斜陽影裡，但一片、昏鵶争樹。　幾凝佇。最憐滿地香塵，落紅已無數。曲曲屏山，無計梗愁路。柳徑春深，東風多事，又吹起、一天飛絮。

採桑子

雲屏夢斷鴛衾冷，説甚相知。説甚相思。記得分明乍别時。　東風久慣無憑準，誤了幽期。負了花期。衹唱蓮儂不怨伊。

醉太平　吴江道中

舟行半程。斜陽半亭。倚窗殘酒初醒。昨宵愁又生。　風聲水聲。青熒一燈。總教好夢難成。聽村鷄五更。

浣溪沙　同梁節盦游當陽玉泉山

雨後泉聲最可聽。小橋西畔夕陽明。水流雲在此時情。　散步松林時見鹿，閒過竹院喜逢僧。更無塵事到山亭。

前調　題畫石贈程六石巢

明浄身無半點埃。靈巖神護不曾開。幾時偷向指尖來。　天闕未能西北滿，媧皇竈底拾餘灰。阿儂原有補天才。

前調　爲石巢畫　用顧梁汾韻

不作人間艷冶姿。小園新茁雪中枝。相期珍重歲寒時。　熱耳應教寒避酒，點頭或許石聽詩。嶺南千里有相思。謂節盦。

念奴嬌

一枰閒局，笑茫茫造物，用人如奕。無定萍踪風約去，任向東西南北。燕子磯頭，盧龍山畔，不速新來客。相逢差幸，老翁猶未頭白。　那堪回首當年，江山如此，俯仰皆陳迹。我有東山哀樂感，盃酒且懽今夕。楚水迢迢，吴山隱隱，夢裡勞相憶。明朝歸也，春帆天際空碧。

浣溪沙

寄語江頭一樹梅。相思寸寸總成灰。春風有意到莓苔。　極望前林方病渴，題詩官閣待傳杯。羅浮清夢幾時回。

暗香

畫梅，送曾履初之官施南

大江月色。正客愁唤起，樓頭長笛。贈與一枝，也當依依柳條折。多少尋春舊恨，都歸入、窻前狂筆。試伴壓、千里輕裘，風順送帆席。　山國。定岑寂。想悄倚畫屏，恨縷雲積。對花欲泣。江上離人有相憶。太白亭邊好夢，詩思滿、池塘春碧。問甚日、重會也，舊歡拾得。

東風第一枝

和夏午彝韻

欄午新晴，池波又雨，霎時頓別寒暖。含愁獨自垂簾，悔壓年年金線。江山眼底，誰誤我、流光如箭。問當時、載酒尋芳，舊侶早隨雲散。　花乍放、任憑風剪。酒乍熟、任憑花勸。人閒花落花開，春去都無人管。粼粼碧水，有别淚、和波流遠。怕畫梁、未掃巢痕，輭語更來新燕。

浣溪沙

記得春寒二月天。海棠簃外擘蠻箋。清吟倚偏畫欄前。　無那看花人易老，沈思舊夢杳如煙。惟餘花事尚年年。

長亭怨慢　爲李幼梅題越南貢使阮叔恂詩卷

有天外、飛來星使。小駐湘春，醉逢仙李。柳雪經年，海天萬里片飄駛。阮郎歸矣。驚滿地、烟塵起。回首卅年前，直看到、江山如此。　往事。憶名花乞取，一卷小詩頻寄。爪痕尚在，更南雁、北來無字。歎故國、一例荆駝，莫重問、漢鳶周雉。算只有深情，深過桃花潭水。

前調　題毓清臣藏釣台泛舟圖

望中見、城西煙樹。聽説當時，六龍曾駐。碧柳偎隄，緑波迎棹幾容與。釣台依舊，嗟代謝、成今古。歷歷畫中人，又只賸、天涯孤羽。　凝佇。念舊京風景，寂寞太平歌舞。王侯第宅，歎今日、半更新主。且休道、已破山河，算斯地、依然吾土。待約與良朋，重訪荷花深處。

蘭陵王　用美成韻，和程六石巢

玉繩直。夜氣和雲一碧。天階静，斜月半規，照影淒涼又秋色。愴然憶故國。一例流光過客。疏籬外，黄鞠未花，野草迷離已盈尺。　斯須便陳迹。況酒罷旂亭，歌歇芳席。而今同乞天涯食。問鵠渚風月，故人無恙，梅開不見舊使驛。信鴻杳南北。　心惻。恨縈積。念墜雨雲飛，三徑岑寂。年華易老愁無極。更向秀思舊，怕聞鄰笛。前游如昨，但淚雨，點點滴。

月下笛　甲寅暮春，友人約游揚州。計與紅橋別二十年矣，追溯昔游，已成隔世。歸途賦此，太息彌襟

簾倚春風，簫愁夜月，舊銷魂處。繁華夢裏，輕放流光等閒度。而今怕説傷心事，況又是、煙花欲暮。看橋邊紅葯，郊原緑薺，暗驚無語。　歸路。頻回顧。問巢燕人家，第皆新主。閑愁幾許。繫情都在烟樹。白頭不分江南老，算只有、哀時詞賦。送不盡、水滔滔，天際孤帆又去。

前調　許五徵憶幼隨父任，久客揚州。壯年奔走四方。辛壬之歲，避兵海上。近復歸揚，書來，賦此答之。

九曲池荒，甘泉井竭，故人如故。殘山賸水，猶是兒時釣游處。春風無恙歸來燕，覔舊巷、新巢又住。念天涯之子，懽情冷落，舊鷗鷺。　江凝佇渾無據。但北望家山，草萋迷路。江南倦旅。暮年心事難訴。記曾載酒青樓上，已老却、江湖小杜。更夜夜、聽鷄聲，魂斷凄風晦雨。

念奴嬌　爲胡二愔仲畫通景墨梅并題

垂垂一樹，是逋仙去後，詩魂凝化。西子湖邊山下路，瓊艷當年初嫁。月落禽啾，天寒羽倦，寂寞相思夜。玉容如許，肯隨桃李嬌姹。

猶記東閣揚州，酒尊詩卷，共幾人争霸。往事匆匆隨夢了，數點愁心難寫。玉笛無情，瑶臺有恨，天上春歸也。歲寒盟在，甚時仙袂重把。

水調歌頭

胡瘦篁、胡愔仲、汪晦人、潘若澥、麥孺博小飲寓齋。若澥有詞，索和，依韻答之

三千大千界，色色與空空。偶然著我來此，禪坐看山容。今雨今年今日，相對斯樓斯景，流淚幾人同。心事一杯酒，憔悴鬢雙蓬。　念親故，哀逝者，半鬼雄。無多芳草堪擷，落落歲寒松。多少傷春懷抱，懶向人前深訴，且共倒金鍾。別後倘相憶，消息往來鴻。

法曲獻仙音

乙卯五月晦日，同陳散原、胡瘦篁、吴鑑泉、胡愔仲、丁闇公、賀顙庵、陳相塵、沈小蘭、許守之小集金陵城南胡園

亭倚高垣，園依緑水，宛爾人來林屋。柳線縈波，蘿衣被樹，苺苔色連深竹。更繚繞、回廊外，山屏疊層曲。　儘游目。且句留、未能抛去。相與約，杯酒隻雞近局。却憶晚春時，認前蹤、花徑來熟。芳草萋萋，天涯杳然高躅。三月，曾同毅甫、晦人來游。問重來何口，更與夜游燒燭。

六幺令

杜鵑聲苦，凄黯愁如織。東風幾番花信，到此都無力。萬紫千紅眼底。怎忍輕抛擲。駒光過隙。留春不住，漠漠濃陰已欺日。　相逢多半夢裡，辛苦成空憶。溝水依舊西東。墜葉沈消息。只道天涯萬里。悵望紅墻隔，依稀陳迹。雕梁宛在，燕子歸來不相識。

瑤華　畫水仙，爲胡愔仲作

珊珊玉骨。消盡纖塵，自天然高潔。芳心數點，料楚客去後，騷魂凝結。明璫翠羽，恍微步、淺兜羅襪。都道是、洛浦靈妃，合住水晶宫闕。　而今綠綺窗前，照縷縷清痕，浮動烟月。先春消息，却自喜、不識花時蜂蝶。人間冷艷，有如此、丰神奇絶。試喚取、礬弟梅兄，領略歲寒冰雪。

霜花腴　畫菊，爲愔仲作

一天暝色，做晚涼，蕭蕭聽戰西風。遲暮天涯，衆芳摇落，憑伊寫出秋容。晚香徑中，有夕陽、數點淒紅。倚疏簾、瘦影支離，霧霏烟裊短籬東。　霜信一聲寒雁，衹喬柯瘦石，掩映幽叢。擘蟹杯寬，呼鷹臺迥，重陽舊約誰同。老來興慵。引暮愁、哀語階蛩。向何人、訴與芳心，義熙人儻逢。

暗香　萬徯園屬畫梅并題

一株香雪。正水邊竹外，烟籠雲疊。莫是玉仙，幻魄千年此凝結。多少微塵世界，都不到、玲瓏冰骨。試更問、百草千花，誰與共高潔。　悽絶。怎堪説。歎笛裏落花，那回輕别。曲腸鑄鐵，鏖盡風霜幾摧折。消息春光又到，休忘了、歲寒時節。把酒待、孤月上，此心照澈。

浣溪沙　蒼虬自京師移菊湖上，越數年始開。賦詞寄慨，屬爲貌之，并題二闋

細細秋眉入鬢長。微酡粉靨綠羅裳。定香橋畔晚風涼。　獨抱清香珍晚節，羞同紫色鬥

新妝。舊京風物意難忘。

其二

辛苦移根歷幾霜。好秋軒外見秋光。花開今日不尋常。逢著便爲開口笑，招來容有返魂香。携尊相約話重陽。

踏莎行 和陳蒼虬韻

袖漬啼痕，箋書恨字。纏綿苦語知心悴。一廻搔首一廻腸，夢夢難問蒼蒼意。原草春生，川波秋逝。無情白髮如期至。舊愁未滌又新愁，眼前多少淒涼事。

祝英臺近 詠苔

玉階前，金井畔，夜夜濕秋露。雲覆松陰，又過幾番雨。故國倘許歸來，經行舊地，試認取、屐痕前度。昔游處。愁看滿壁蝸涎，不見舊題句。寂寞花開，徑滑已迷路。傷心別後春宮，青青一色，空付與、江郎詞賦。

蝶戀花 題伶人唐采芝畫秋蝶圖

記與春風曾識面。昨夢醒來，容易秋光換。粉翼不隨塵絮亂。憐伊禁得霜風慣。瘦影娉婷誰與伴。別後思量，那得時相見。畫裡秋魂吹不散。幽香獨抱黄花晚。

慶春澤 初雪

柳絮先春，葭灰未臘，朔風吹送霏霏。才過重陽，龍公試手偏奇。菊花天氣新霜近，艷秋容、剛到芳時。怎橋頭、驢背詩情，移向東籬。回思去歲茱萸月，正初捐團扇，未换秋衣。容易經年，圍鑪却怕寒欺。飄飄滿地瓊花舞，這光陰、未遣梅知。且招來、天外飛鴻，共踏輕泥。

錦纏道　冬至

六琯灰飛，弱線乍添時候。記陰晴、染圖初九。破寒春信梅稍透。數點青痕，岸上將舒柳。歎年年海濱，景光依舊。只窮愁、客中消受。更猛驚、吾獨形容老，路迷鄉國，且覆杯中酒。

東風第一枝　詠唐花，用史梅溪韻

臘鼓聲闐，春雷響閟，馬塍初破香土。衆芳久歎成塵，百蟄尚封瑾户。天上奪得，早開徧、園林佳處。更不借、吹萬東風，喚醒倩魂一作平縷。才詠罷、探梅妙句。還惹起、鬥花情緒。寂然第一鸝聲，誤了舊時燕侣。香風一擔，費商略、更番晴雨。待看到、春色十作平。分，且莫放春歸去。

齊天樂　丁卯重九，李氏瑩園登高

重陽自昔多風雨。陰晴更無憑據。雁路雲高，蛩階露冷，寥闊今秋天宇。呼儔命侣。訪緑水名園，舊家林墅。曲徑深深，一亭巍起最高處。龍山昔曾小住。幾回傷往事，愁共誰訴。眼底雲烟，閒中歲月，祇道河山如故。清尊緑醑，對冉冉斜陽，碧天將暮。負了黃花，鬢絲無一縷。

月華清　戊辰中秋，楊味雲同年招飲瑩園，分韻得『一』字

林動風篁，溪堆霜葉，恰逢佳節今日。天意蒼茫，只恐陰晴難必。舉頭看、銀漢西流，引領

望、玉盤東出。追憶。喜斯園風景，依稀猶昔。　最是秋風容易。歎客裏光陰，催人頭白。世有滄桑，今古月明如一。念禁寒、高處瓊樓，且對酒、當前瑤席。歡集。待重尋舊約，明年斯夕。

霜花腴　戊辰重九，詞社同人於李氏瑩園爲登高之會，凡二十人，分詠得『溪』字

放歌此地醉月明，秋分曾幾何時。黄菊初霜，紫萸朝艷，匆匆又到花期。晚晴共怡。認此園、人外桃溪。記前番、月夜游踪，倚欄圍坐畫堂西。　佳節喜無風雨，好招邀近局，舊侶重携。一老婆娑，謂陳弢老師傅。羣賢蹌濟，銀箋姓字同題。記年義熙。試較量、何似陶籬。忍登臨、賸水殘山，揭來兹會稀。

湘月　懷塔

一鈴欲墮，向風前夜夜，和雨淒怨。突兀依然閲幾世，寶相莊嚴都變。善業泥殘，題名字滅，寂寞香花薦。主僧誰是，老苔緑滿空院。　曾記舊日登臨，茫茫[illegible]氣，訝皇州難辨。破碎河山那更有，南八男兒留箭。羣燕何歸，池龍無恙，古壁空餘半。斜陽紅處，眼中一片鴉亂。

一萼紅　津邑河北李文忠祠西偏小院，有海棠數株，年年花時，極游讌之盛。今以戰事，過客寂寥。芷升徐兄曾一獨往，賦詞寄慨。雨窗無事，輒倚聲和之，彈指光陰已落花時節矣

倚斜陽。對殘山賸水，丞相有祠堂。槐蔭當門，蘚衣鋪徑，曲曲流水春塘。看幾樹、燕支染徧，好顔色、何事恨無香。旖旎花時，清寒

芳景，寂寞壺觴。　生怕綠肥紅瘦，更新妝睡損，負了韶光。金屋初成，東風偏惡，惟見蜂蝶閒忙。任狼籍、殘英滿地，趁雨後、蝸角鬥東墻。漠漠輕陰一院，無語淒涼。

惜黃花慢　殘菊

冷落籬邊。聽亂蛩唧唧，秋色堪憐。晚晴時候，晚香徑裏，一觴一詠，有客留連。惱人最是風兼雨，倚簾瘦、衣怯初寒。細把看。未容作佩，差可供餐。　金英記賦芳年。奈曉含露氣，晚報霜天。理妝初罷，已羞鬢禿，含情欲語，却對枝殘。素秋負了清樽約，料從此、開也應難。更悄然。夜來雁語聲酸。

買陂塘　梨花

淚闌干、一枝含雨，重門春日深閉。玉容惆悵無消息。禽語暗藏春意。妝待洗。恰有客、殷勤携酒來花底。那回曾幾。看白雪飄香，任風吹落，吹落又還起。　傳風信，辛苦蜂媒暗遞。移根曾傍瑤砌。而今重做如雲夢，獨自象牀斜倚。花滿地。怕鶯燕盟寒，寂寞黃昏際。流光似水。寒食自年年，何時得見，春色上林霽。

乳燕飛　燕子

又向花間舞。記那年、争飛徑裡，被彈鶯羽。相約重來春社後，準擬雕梁小住。偏夢裡、啼鶯多語。幕上忽忽棲未穩，奈春殘、日日愁風雨。烟火鬧，掠波去。　多情惜爾雙飛侶。却憎爾、啣泥滴滴，壞人檐宇。一桁珠簾重放下，隔斷歸來舊路。枉教費、將雛辛苦。紫頷封侯空有相，定新巢、更託鄰僧護。飄泊況，向誰訴。

霜葉飛　落葉

晚蟬無語。傷心地，蕭蕭愁入枯樹。小園蜂蝶鬧春風，曾向芳叢舞。一霎見、淒涼院宇。霜華滿徑啼螿苦。憶昨歲秋深，正斷南歸，戢影怎忘前度。　獨記綠漸肥時，濃陰乍滿，翳日難辨昏曙。朅來踪迹感飄零，舊夢都無據。訴不盡、春懷別緒。根株浮海隨波去。莫再尋、寒溝畔，縱有題詩，更無流處。

水調歌頭　辛亥秋，陷賊中。脱虎口後，印伯寄示壬子九日新詠諸作，依韻和之，兼示石巢諸君

經過兩重九，不見菊花開。升高何必峯頂，我志自崔嵬。深羨潯陽陶令，猶有故園松菊，慷慨賦歸來。俯仰在人世，野馬與塵埃。　世間事，無限感，酒盈杯。古來一例貧士，金玉賤蒿萊。眼底江山如此，回首故鄉何處，萬里夢燕台。海上飛鴻影，月夜照徘徊。

貂裘換酒　辛亥春，吴匯香詞人客武昌，以竹屋填詞圖屬題。簿書鮮暇，閣置几上，秋間亂起，遂付刼塵。壬子，同客海上

秋信聞黄鵠。恁忽忽、樓頭風景，一時陵谷。地老天荒今何有，何有數間茅屋。更何有、數竿修竹。海角飄零憔悴甚，似彦高、泣聽梨園曲。寫幽怨，幾棖觸。　江頭蓴菜籬邊菊。悵而今、天涯同是，歸期難卜。一尺新圖愁千疊，中有淚珠盈掬。祇夢裡、家山路熟。楚炬無情圖籍盡，話劫餘、比似秦燔酷。甲乙稿，

待重續。

疎影　盆中紅梅盛開，因爲寫照，並題此闋

胭脂染雪。似薄酲未解。濃態疑活。一兩三枝，無影無香，畫裡那堪攀折。當年點額驚眠醒，料玉兒、多增羞怯。錯認伊、冶杏夭桃，誤了撲香蜂蝶。　曾記羅浮月夜，吟殘雪裡，花好時節。不道芳情，一夢迷離，忍使韶光輕別。紅羅亭子今何在，對寂寞、疏花淒絶。試吮霜毫，寫贈相思，數點淚痕凝血。

永遇樂　十刹海酒樓，光緒丙戌夏六月作

載酒湖邊，小樓愁倚，無計消暑。一片凝雲，隨風送到，幾陣瀟湘雨。柳陰亭宇。冥冥悄悄，便做嫩涼如許。畫欄外、煙波浩渺，移家我欲來住。　調氷雪藕，浮瓜沉李，幾輩曾携儔侶。蝦菜亭荒，龍華寺廢，勝迹難重數。年年風景，碧荷紅稻，迭作此湖賓主。且休負、半城斜日，一樽緑醑。

南柯子　題畫凌霄花

涼意生幽院，濃陰翳古松。女葳花放一重重。恰喜韶顔、相映晚霞紅。　蔓結流蘇帶，花開瑪瑙鐘。最高枝上寄芳蹤。生怕庭前、零亂夜來風。

醉花陰

淺水池塘新雨後。葉底微雲逗。一笑刺船來，柄柄風摇，赚得香盈袖。　何時種下同心藕，盼到花開候。欲採恰思量，打槳人兒，莫漫輕招手。

浣溪沙

風露凄凄冷被池。枕邊痕惹淚絲絲。最無聊賴五更時。　舊事了如春夢去，新愁疊似亂雲癡。孤眠滋味一鐙知。

憶舊遊　寄答麥蛻厂

記紅鑪煮茗，白戰分曹，小住蓬萊。那便催人去，趁浮槎泛漢，輕逐潮迴。樓頭頻問芳信，消息碎車雷。望天涯萬里，美人不見，獨步蒼苔。　低徊。夢游處，是西園載酒，東閣吟梅。夜夜相思苦，奈春陰漠漠，做定愁媒。玉鉤低鎖雲影，花徑幾時開。怕已近黃昏，斜陽一點凄半堦。

金縷曲　寄任公日本

樓閣鐘聲歇。又幾聲、荒鷄唱曉，漫催人別。海水茫茫連天白，中有一舟如葉。才一度、冰輪圓缺。已恨蓬山相去遠，隔蓬山、更有雲千疊。憑雁語，與君說。　家山正是花飛雪。倚危欄、寒欺袖薄，酒澆腸熱。幾樹寒梅婆娑老，零落無花堪折。空負了、春江風月。試待珠簾重捲起，是雙雙、燕子歸時節。尋舊約，墜歡拾。

浣溪沙

高髻盤雲壓鬢垂。東風吹透一絲絲。背人偷剔指尖兒。　眉黛描山嫌淡薄，秋波不雨卻漣漪。柔腸割去已多時。

武陵春　題程十髮桃源放棹圖

溪上青山山外樹，樹底水潺潺。不是山中別有天。世上有桑田。　夾岸桃花隨處有，隨處有神仙。生怕塵根未斷緣。洞口隔林煙。

憶舊遊　題十髮衡嶽開雲圖

問昌黎去後，落落千年，幾度雲開。小歷滄桑刼，又門樓寫句，有客重來。七十二峯都出，天爲掃陰霾。看紫蓋晴張，芙蓉曉麗，天柱崔嵬。　樓臺。最高處，有仙風入户，星斗羅階。天外奇情落，把東西滄海，引作流杯。何論瀟湘沅澧，襟帶在胸懷。算將相王侯，浮雲一瞬飛點埃。

浣溪沙　題余秋室美人對鏡圖

手把菱花獨倚樓。年年日日對梳頭。生情欲學却含羞。　着意安花頻拂鬢，相思有淚暗回眸。恨伊不解照人愁。

齊天樂　春陰

好春鎮日眉峯鎖，沉沉作晴消息。庭樹烟昏，屏山霧暝，釀就幾重秋色。層樓寂寂。任簾外寒多，水晶低隔。獨自無言，恨天祇是没情黑。　閒憑小闌斜立。歎尋芳舊事，回首空憶。暮暮朝朝，翻雲覆雨，休説東風無力。天涯目極。怕燕嬾鶯閒，緑啼紅泣。負了韶光，何時重拾得。

漢宮春

春思，用麥蛻厂《元夕》韻

庭院黄昏，有鶯啼雨後，蝶舞花間。萋萋滿階，芳草比似人閒。東風信杳，數花期、重繞雕欄。空想像、消魂昨夜，夢中環佩珊珊。曾記舊時姊妹，弄新妝雲鬟，争戴春旛。而今帳前，惟有輕鳳飛鸞。雙雙照影，對菱花、嬌動眉山。誰更念、幽閨日暮，有人袖倚天寒。

高陽臺

三月三日，偕宜昌各官至郊外踏青作

如畫江城，挑青時節，香風陌上游韉。柳岸清歌，少年羣屐翩翩。那知自古傷春地，最不祥、惟是青山。笑年年，幾輩齊人，幾處春墦。山陰舊事成陳迹，又一觴一咏，曲水依然。好趁春晴，莫教鶯燕偷閒。經過百草千花路，怎尋芳、不見幽蘭。儘消魂，滿地飛花，滿樹輕烟。

春從天上來

丁未冬，程子十髮于庭梅下石旁得芝一莖，供之案頭，奇香滿室。於是徧徵題詠，以詞紀其瑞。余爲畫三友圖，並系之以詞，爲芝賀，又兼爲芝惜也

奇秀芳蓌。是何物仙靈，春孕瓊胎。漢宮歌動，唐殿祥開。居住合在蓬萊。嘆人間小謫，惜影瘦、悄倚霜階。歲寒時，與疎梅介石，呼作朋儕。三生舊緣莫問，料造化無言，早爲安排。色燦雲鮮，姿含風古，獨自寂寞荒苔。怕蘇髯知覺，留香魄、遁迹清齋。訴幽懷。對小窻圖畫，琴酒無乖。

蘇幕遮

柳腰蠻，櫻口素。玉燕金蟲，春意生翹股。昨

夜香盟君記取。珍重千言，生怕韶光誤。盼春來，春又去。緑水無情，愁思縈南浦。今日送君桃葉渡。滿樹桃花，點點飛紅雨。

無悶

鄱陽湖舟中

篷背風寒，舟尾浪生，飄蕩離魂千里。又雁語聲淒，攪人心碎。有酒且拚痛飲，試喚起、驪龍來同醉。但看一片，中天月白，滿湖秋水。憔悴。可憐意，對枕畔寒檠，一襟鉛淚。奈此夜漫漫，有孤清睡。便睡也無好夢，算只有、添些愁滋味。待點點、聽盡更籌，搔首看天明未。

掃花游

丁未立秋前一夕，酒園席間有所聞，歸後作

梧桐小院，忽井角闌邊，飄來一葉。流光電瞥。恰明朝正是，立秋時節。聞道長安，乞巧鍼樓綵結。最悽切。是高處寒多，天上宮闕。中庭深夜立。看斗柄將移，商飈欲發。雲痕亂疊。掩星河隱隱，乍明還滅。草際流螢，數點光欺淡月。晚風烈。怕寒蟬、曉來聲咽。

水龍吟

爲曾履初畫荷花扇面

黑風低壓眉峯，翠陰滿地蟬聲住。迷離一片，花花葉葉，風風雨雨。蒲劍參差，絮泥飄泊，淒涼如許。想羅衣盡濕，香愁粉怨。嬌盈態、爲誰舞。　回首昔游佳處。有人曾、築莊消暑。而今依舊，調冰雪藕，携儔命侶。問訊湖山，舊時風景，似今時否。指山城一角，空留隱約，夕陽高樹。

南浦　代妓送行，感時恨別，意別有在也

携手幾何時，正好風送凉，吹破愁雨。江上一波平，平白地、春水又生南浦。嗟君此別，再逢他日知何處。雲山北望，斯須共、一葉扁舟容與。　愁懷對此茫茫，怕錦瑟年華，蹉跎自誤。心緒萬千條，誰知道、相對却還無語。沈吟半晌，顫聲低與哀情訴。天涯咫尺，郎去也應念，此時心苦。

祝英臺近　訪李易安故居，限『藕』字

碧梧高，黄菊冷，秋色入紅藕。流水樓前，愁思繫垂柳。當時賭句烹茶，填詞寫恨，共銷盡、幾番清晝。　試回首。年年簾外西風，猶是古重九。苔院塵梁，寂寞燕來否。而今處處銷魂，湖山滿目，算惟有、泉聲依舊。

念奴嬌　題陳圓圓小像，限『一』字

神仙裝束，乍披圖、驚見傾城顔色。千古有情成眷屬，休説金人難得。楚調琴凄，秦聲缶破，淚雨紅綃溼。英雄兒女，此情不可無一。　應吹起萬里邊塵，迢迢湘水，雲雨無消息。應悔鴛衾同夢裏，多事千人家國。帳歇虞歌，隖殘郿粉，一例都蕭寂。芳魂何處，艷香飛入詞筆。

揚州慢　畫梧桐，寄李姚琴夷陵，并賦一闋

姜孝祠前，數間茅屋，虎牢關外山深。趁春秋好日，有客與登臨。自江上、西風起後，白頭蟬鬢，相對沈吟。看斜陽、無限昏鴉，棲滿烟林。　舊游夢裏，寫離愁、淚彌襟。悔壯歲文章，勛業到而今，空誤光陰。十二碧桐無恙，

驚烽火、怕有琴音。料一泓泉水，清泠猶印心心。

臨江仙

入畫江山無限景，却教筆底齊收。開函觸目憶前游。烹茶僧院井，載酒小谿舟。　聞説昔年金粉地，而今多半荒邱。思量往事不勝愁。山形無恙在，依舊枕寒流。

鵲橋仙　新秋

蟲聲在壁，蟬聲在樹。更聽鴈聲淒楚。何時世界得清涼，一洗盡、人間溽暑。　藤陰漏月，蓮房墜露。依舊低吟懷緒。昨宵斗柄已潛移，遥望斷、長安何處。

前調

去年風雪，今年風雪，只是年年如此。歲寒寂寞似空山，都不記、而今何世。　樂中情態，忙中手眼，那似閒中滋味。打量書畫了殘生，寫不盡、耿耿心事。

鷓鴣天　疇昔之夜，寒齋小聚，辱惠新詞。感情意之纏緜，佩詞句之清麗，依韻賦呈姜堪

最是多愁二月天。暫懽聊破酒腸慳。新槐近節將傳火，弱柳籠寒未放緜。　雲北望，日西遷。傷心有恨已難箋。夢中況是身爲客，閒裏誰知味近禪。

菩薩蠻

我家舊住盤山麓。一灣流水三間屋。山在萬松間。見松不見山。　浮雲千萬態。終古青

難改。倚樹聽風鳴。寒濤有怒聲。

其二

霜天月落寒塘曉。紅妝嫁盡秋容老。愁損翠蘿衣。夜來風露淒。　繞蘭蟲唧唧。似説秋消息。苦處似蓮心。心還比藕深。

高山流水　越凡六兄同年善鼓琴，翛然物外。昨出舊册索書，填此贈之。甲子秋九月

松風響入七絃寒。問今人、古調誰彈。瓦缶忽雷鳴，黄鍾枉被摧殘。聞鼙鼓、已幾經年。傷心事、一自南薰罷奏，聒耳蛙喧。更無人解得，流水與高山。　翛然。坐中有佳客，懷故里、迢遞西川。韻事慕相如，遺風緑綺争傳。弄清聲、手敏心閒。移情處，如見風雲變態，俗慮都删。奈未能識曲，欲和却無絃。

金縷曲　詠寒鴉

陣勢盤空舞。向晚來、朔風吹急，黯雲沙浦。空際翻飛千萬點，接翅喧争暖樹。更占取、鶴巢棲住。直向最高枝上落，紛紛相對黄昏語。風雪地，夜啼苦。　當年上苑千門曙。亂啼聲、傳宣漏點，鳳城高處。一夕延秋飛啄屋。冷落鴛儔鷺侶。算惟有、垂楊終古。淒絶女牆殘照裏，寂無聲、舊社鼕鼕鼓。朝日起，待騰翥。

瑞鶴仙　戊辰冬，東坡生日，愔仲同年招飲。於詞伯齋中，與諸同社同賦

眉山千疊秀。記紗縠行中，降臨奎宿。生時值牛斗。奈偏遭，磨蝎命宫長守。天才不偶。問生初、盛逢景祐。自黄州歌罷，南飛笛曲，

久無人奏。今又詩龕人去，韻事誰賡，喜逢嘉友。一尊芳酒，拜公像，爲公壽。料神游天上，長留正氣，千古文章不朽。更相期、名世重來，五百年後。

疏影

壬戌秋七月，李七允盦來自徐州，以家藏白石道人舊硯相贈。背銘『清賞』二字，下欵『白石翁』三字。硯質雖非上品，確係老端石也。爲填此詞報之

雲烟供養。喜箬坑故物，白石於秦檜當國時，隱居箬坑之丁山。拜君嘉貺。入手摩挲，珍重開函，背銘兩字清賞。當年南渡中興後，十四首、鐃歌曾上。寧宗時，白石作《鐃歌鼓吹曲十四章》，上於尚書省。料興酣、落紙揮毫，筆力更無人抗。宋陳藏一曰：『白石道人氣貌若不勝衣，而筆力足以扛百斛之鼎。』曾續過庭書譜，又名帖攷禊，叢帖評絳。白石著有《續書譜》《禊帖偏傍考》《絳帖評》。片石流傳，幾閱滄桑，得共名留天壤。周公謹《齊東野語》：『楊伯子長孺之言曰：「先君在朝列時，薄海英才，雲次鱗集，亦不少矣。而布衣中得一人焉，曰姜堯章。」嗚呼！堯章一布衣耳，乃得盛名於天壤閒，若此則軒冕鍾鼎真可敝屣矣。』朅來亦有新詞句，却只欠、小紅低唱。趁酒餘、偶學臨池，付與日華收掌。白石有《陳日華侍兒讀書》詩。余有一婢亦陳姓，略識之無，未能繹句尋章也。

前調

寄錦江一蘚

波紋碎纈。看曲瓊照影，疑對新月。欄外秋河，夜半涼生，彷彿雲頭金玦。溪邊落日留連處，曾捲入、溪山稠疊。且伴伊、銀蒜低垂，一縷玉鑪香爇。翻恐雙飛燕子，爲遮斷一桁，噴向人説。曉起窗前，開户風來，落下蟲絲縈結。還看倒影芳池底，有誤認、游魚吞齧。待

染成、箋紙桃花，題詠問誰才捷。

琵琶仙 棲白扇小集，即送郭詞白、林有道行

征騎歸來，帶關外、幾許邊塵盈髮。香社朋輩依然，鷗盟未衰歇。才數面、招邀近局，遽過了、浴蘭佳節。萬事難忘，深情耿耿，惟是離別。更還有、湖上逋仙，恰同聽、鸝歌待將發。悵望天涯千里，北南分轅轍。嗟此會、離筵共對，攬柳條、細與攀折。甚日吹聚萍蹤，舊歡重結。

慶春澤 栩樓桃花初開，憶前歲花時，與浪公花底連吟之樂，悵然賦此

袂淺傳霞，鬟低斂雨，背人偏自嫣然。喚起春魂，綺情多少纏緜。盈盈不隔東風面，早東風、換了朱顏。數流年、散盡香塵，休問飛鈿。庭陰猶記行吟地，奈詞人去後，斷夢沈煙。翦碎輕紅，任教蝶醉蜂顛。多情漫爲傷春瘦，便情多、那得春憐。向愁邊、飄墜紺雲，澹照心禪。

畫堂春 詠燭 深夜無眠，燃燭默坐，舊懷棖觸，悲從中來，輒憶前社題，賦成此解，不自知其淒怨也

窗前聽雨夜談清。深閨蘭炬香凝。紅妝曾與照分明。飛去作煙輕。有恨畫屏秋冷。無眠羅帳愁生。替儂垂淚到殘更。無限別離情。

惜秋華 限『滿』字

又到重陽，對秋容慘淡，傷心多難。回溯舊游，飄飄社鷗飛散。十年負却黄花，撫霜鬢、

登臨都倦。閒居吾嗟寂寞，欣然來簡。好客座常滿。况異鄉佳節，醉巾同岸。爲寫數枝，曾待妙詞題徧。燈前笑把茱萸問，此會明年誰健。深勸約重來，更飛花箋。

八聲甘州　雷峰塔圮，仁先補圖

聳孤標、突兀壓湖漘，雄圖古臨安。歎銷沈霸氣，巍然一柱，風雪千年。詎是波旬作惡，泡幻刹那閒。昔日莊嚴地，換了容顔。　但見寒鴉萬點，照斜陽滿地，秋色淒然。賸甎泥善業，貝葉半零殘。溯前遊、無邊風景，覓真形、移向畫圖看。低吟久、最傷心處，如此江山。

金縷曲

湖上重携手。話韶年、同游京國，縱情詩酒。四十年來如一夢，相見都成老叟。歎寥落、竹林羣友。飽閱滄桑公與我，憶前游、那可重回首。惜今別，五年又。　人生七十原稀有。喜先生、蒼松同健，黃花同瘦。閉户不聞人世事，鎮日琴書左右。料矍鑠、精神依舊。引領南天雲萬里，列華筵、未隨賓後。遥舉爵，介眉壽。

長亭怨慢　己卯三月晦，汪甘卿參贊約余與温毅甫侍御偕至蘇州，遂主其家。明日，招同曹庚蓀、石子源兩太守，泛舟作虎邱之游。夕陽西下，晚風送凉，余與毅甫徘徊斟酌橋畔，不忍歸去。屈指流年，今日已是緑陰時節矣。悽然賦此，呈同游諸子。四月朔日記

又今日、拏舟江浦。緑漲平隄，一聲柔艣。喚起東風，垂楊依舊萬千縷。麴塵輕颺，怕有落紅隨去。去去已如斯，更閲世、何人能故。

幾處。記尋芳那日，曾見太平歌舞。忽忽一別，試重覓、夢痕無據。知此會、不是尋常，只嘆怨、天涯遲暮。算除却司勳，誰解傷春情緒。

暗香

晦人家有小園，園有聞妙香室、望珪樓，桐桂交蔭，好花四時。有短松一株，在芍藥欄前，盤曲作拏雲勢，極可珍貴。晦人頻年作客，園半蕪穢，經營知尚有待也

一弓園占。有四時好景，倚樓收攬。徑路迷花，綠水方塘對吟檻。最是蒼松可愛，初日照、龍鱗光閃。試掃除、偏地蓁蕪，惡竹且先斬。看劍。共肝膽。更一室琴書，妙香幽淡。春愁客感。花外鶯聲破窻暗。相與重安奕局，早位置、石牀藤簟。願莫忘、攜手處，此時此念。

滿江紅

同毅甫、晦人訪徐俟齋澗上草堂

雲隱靈巖，度澗曲、一灣流水。平沙遠、數間茅屋，數叢芳芷。名字自高書畫外，江山又入荊榛裏。自首陽、以後見斯人，兄攜弟。俟齋弟名柯，字貫時，號東海一老。今與古，一邱爾。天綱折，人心死。笑表文陶袖，槖聲危履。掃地忍教名教盡，驚人漫説文章美。問何如、忠孝照人寰，聞風起。

前調

若海來詞，索畫長松，賦此題之

千丈森森，問太古、何人手栽。深宵聽、怒濤聲裡，風雨吟哀。澗底龍鱗悲日黯，枝頭猿路背人開。老空山、高隱避秦封，歸去來。思往事，無好懷。觀棋局，飯清齋。奈春痕如夢，雙鬢愁摧。白犬青牛隨變化，筆端却走太

陰雷。且待看、霜雪歲寒時，春意回。

浪淘沙　詠蛛

胡琴初約爲消夏之會，同社爲張子蔚、賀類庵、丁闇公、陳相塵、長叔起、許守之及余共八人。七日一局，迭爲賓主，此第一集也。子蔚主席，命題詠物，題爲『蚊』『蠅』『蛙』『蝸』『蚤』『蝨』『蛛』『蟻』八字，余分得『蛛』字。乙卯夏五月朔日記

絡婦留名。一縷身輕。檐牙屋角幾經營。布滿彌天羅網密，爾忒聰明。　不翼不飛鳴。風露勞生。枉然七夕説神靈。堪笑癡騃兒女子，瓜果中庭。

高陽臺　盤香，限『先』韻

消夏第二集，類厂主席。二題：盤香、摺扇，同詠

螺挽雲絲，蝸蟠月璧，氤氳小閣籠烟。坐久心清，聞根多在吟邊。乘雲欲化龍身去，趁睡餘、偷拾流涎。抱孤心，宛轉多時，空自焚煎。　深閨那日遺芳夢，記濃携滿袖，與我周旋。別幾經秋，愁來曲共腸牽。金猊久冷梳頭嬾，下簾鈎、待與重然。縱相思，寸寸成灰，不斷纏綿。

一萼紅　摺扇，限『東』韻

漾微風。有白松巧製，來渡海之東。舒尾成屏，鏤牙作骨，依稀寶玦還同。度一柄、輕颸嫋嫋，快披襟、未抵大王雄。只合香閨，摇將皓腕，擘向春葱。　應共羅紈争寵，算招涼逐暑，尺寸論功。闢闔陰陽，都歸清握，屏面還遜玲瓏。怕此後、相思定苦，儘歡情、付與聚頭中。知否清秋又至，時節怱怱。

木蘭花慢 次韻若海《春淮泛舟》

記尋芳載酒，曾秉燭、少年游。歎老大天涯，笙歌續夢，又爲詩留。東流幾番去水，衹無情、終古碧油油。莫去憑欄照影，鏡中鬢已成秋。　花羞。不上簪頭。還認否、舊紅樓。問小小輕舠，可能載得，多少離愁。王侯亦如螻蟻，更銷魂、幾度玉簾鈎。算有歸途山色，青葱送入吟眸。

解連環 六月十四日，三夏第七集，吴劍泉主席。余以北歸，未得與會，賦寄此詞以寄相憶

大江南北。收青山眼底，壯儂行色。喜久客、千里歸來，有繞膝兒孫，侯門猶識。尊酒琴書，且安慰、老懷岑寂。但天涯夢遠，舊日社鷗，閣住消息。　清游定知似昔。對淒風晦雨，今夕何夕。想水閣、刻燭催吟，料賭句裁箋，幾人狂筆。渺渺雲山，問知否、此時相憶。待重來、坐花弄月，墜懽共拾。

丹鳳吟 壽楊子厘

歲月怱怱催急，五十之年，忽焉來至。公爲始滿，僕已華年過四。塵飛海竭，梗飄萍泛，著處爲家，思歸無里。料得幽居閉户，甲子渾忘，應問今是何世。　往事那堪記省，眼中只見人老矣。壯志銷磨甚，歎繁霜欺鬢，新肉生髀。滔滔天下，漫説昨非今是。極目長安吟望久，只低頭垂淚。者般風浪，眸子何日洗。

霓裳中序第一 客居白下，倏又經秋，夜雨打窓，百感交集。挑鐙賦此，不自知其聲之哀也

西窗正夜寂。怨入秋心聽雨滴。無語背燈歎

息。數籌報五更，蛩吟空壁。悠悠反側。寄遠懷、千里人隔。懽情在，怎忘舊約，盼斷晚來汐。　堪惜。華年輕擲。況似水、暗中流易。韶顔看得幾日。扇別秋風，鏡驚霜色。異鄉爲異客。但默默、追思宿昔。閒居久，文章都懶，莫比子雲宅。

八聲甘州　爲陳相廛畫梅題詞

有風風雨雨送春歸，慘顔變園林。記相逢那日，松邊竹外，載酒頻斟。不道流光偷換，緑葉欲成陰。隔斷相思路，庭院深深。　曾共懽情帳底，怎孤山舊約，忍負同心。料枝頭夢破，驚起小雙禽。縱幾番、蜂狂蝶舞，怕一聲、哀入玉龍吟。池臺上、月黄昏處，何日登臨。

八歸　石巢來詞，依韻答之

燕雲暮冷，湘波秋杳，人隔萬里天涯。登臨又對重陽酒，堪憐滿鬢繁霜，帽怕風欹。眼底江山無限恨，奈偏值、黄菊花時。問岳麓、七十二峯前，更誰共心期。　滄湄沙鷗飄處，羈鴻歸後，幾番驚見星移。昔游回首，故交零落，雲樹魂斷荒祠。況神仙李郭，露苔淚溼墓門碑。李幼梅、郭子秩近皆逝世。愴然久，我行自念，哀吟頭但垂。

浣溪沙　爲李浪公畫梅，和陳仁先韻

記得逢君處士家。闌干人立月西斜。相思争奈鬢邊華。　一縷香魂縈別夢，幾時舊約賞新花。微聞消息到天涯。

滿庭芳　七夕，和徐矼厂韻

翠合藏蛛，香嬰笵蠟，舊京風物年年。世間兒女，都説有情天。那管離長會短，相思苦、怨比春鵑。秋風近，星河耿耿，依舊畫簾前。綿綿。無盡處，歡情一夕，有恨難箋。算偷藥嫦娥，懷抱同憐。多事金鍼度與，忙乞取、驚起宵眠。閒庭畔，青瓜玉果，還酌酒涓涓。

太常引　戊午之秋，朱强村、王病山兩侍郎，况夔笙舍人，集於陳若虹西湖好秋軒。仙蝶適來，因各製詞記事。函索作圖，并和原調

棲遲僧寺得身閒。仙蝶於壬子歲移居增壽寺。隨興訪湖山。回首望長安。憶香案、當年舊班。　悠悠歲月，蘧蘧身世，小集豈徒然。準擬酒如川。待重證、春明夢緣。

沁園春　夏日携童孫游張氏園，效劉後村體

飯罷携筇，信步行來，夕陽在山。笑新聲入耳，是何獨曲，游人覿面，多半猴冠。青眼看天，白頭飄雪，太息春秋付等閒。歡場地，但荷風香處，有水清漣。　草間螢火星繁。又閣閣蛙聲出井欄。指莓苔砌側，戰酣蟻垤，槿花籬角，推轉蜣丸。笑謂童孫，翁翁告爾，世事如今這樣看。歸途上，見緑槐高頂，新月眉彎。

疏影　爲蠖巢畫凌霄花并題

春光一瞥，又匆匆到了，梅熟時節。倚徧闌干，多少飄紅，東風怎忍輕別。亭亭却有攀天意，恰比似、丹葵傾葉。趁曉來、露浥韶顏，日下絳雲重疊。　不作平。事縈林絡石，最高獨

立處，花發如纈。宛轉多姿，料想深根，應有虬龍蟠結。縱教一例同枯菀，但未肯、因人炎熱。笑世閒、籬落疏英，輸與此花豪傑。

以上《龠闇詞》

淡黃柳　花朝

驚雷起蟄。百卉齊爭發。旖旎韶光春二月。聞道江南信息。愁雨愁風誤芳節。　酒腸熱。懽游未教歇。願花好、惜春別。怕匆匆、緑盡成陰葉。大好良晨，萬千紅紫，忙煞紛紛舞蜨。

驀山溪　寒食

好春時節。裝點成愁色。百五數光陰，又驀憶、今朝寒食。四郊烽火，懶作蹋青游，陳酒具，與詩筒，小集逋翁宅。　舊京回首，風物

非疇昔。寥落漢宮春，問故事、都歸岑寂。東風依舊，惟有液池邊，煙漠漠，雨絲絲，御柳無情碧。

以上見《煙沽漁唱》卷二

清平樂　上元鐙詞

上元良夜。一刻千金價。有約蹋燈同去也。簾外春寒休怕。　天街寶馬香車。當年風物堪誇。冷落而今水部，夢中曾到京華。

見《煙沽漁唱》卷三

探芳信　飛翠軒春集觀杏花，時切盦南行有日，悵然賦別

畫簾暮。正燕子歸來，纖寒猶駐。喜膩闌香滿，紅溼帶風露。尚書門館今無恙，美蔭留春住。黯銷凝、夢斷瓊林，日邊何處。　吟賞動

離緒。歎墮絮飄萍，翠尊誰主。此去江南，芳草已迷路。來年更展暘臺約，慎莫芳期誤。待追尋，共聽樓頭夜雨。

惜餘春慢 餞春

逝水年華，催花風信，轉眴春將歸去。垂簾院静，秉燭園深，誰把寸陰留住。休道天涯路遥，無限別愁，此情難訴。但年年期會，人間天上，去來何處。剛黈説、鳥囀花濃，韶光長在，卻又魂銷南浦。桃悽杏怨，燕懶鶯慵，更有杜鵑啼苦。愁見池塘緑陰，曾記別時，傷心前度。念臨軒惆悵，淒涼一作平醆，紫皇知否。

石湖仙 題石帚集

煙波容與。憶當日吹簫，低唱相助。回首指松陵，是扁舟、經過舊路。風華標映，最可念、一生羈旅。吟苦。記客游、半在吳楚。悠悠古今一例，引千端、琴懷笛緒。夢裏征鐃，想像承平歌舞。雅樂云亡，漫翻金縷。更無人譜。愁幾許。蕭條賸此詞賦。

還京樂 喜蒼虬至自海上，讌集同賦，用清真韻

少年事，此日清狂舊態教重理。奈壯懷英氣，蹉跎易盡，箋愁空費。歎楚蘭遲暮，浮名總付荒波委。算只有，離恨不盡，鵑啼紅淚。倚西窗底。共良儔携手，尋思別後，艱辛諳盡世味。頻年汎梗悤悤，絆春風、者番行李。布芳筵、有列坐羣賢，依稀曲水。且覆杯中酒，吾心不問榮悴。

齊天樂　詠早蟬

五更破曉驚殘夢，懨懨倚窗人倦。解帶當風，沾襟畏露，雙鬢慵梳雲亂。珠簾乍卷。向碧柳池邊，綠槐庭畔。美蔭初圓，卻愁寒信暗偷換。　繁枝高處韵遠。秋風催更急，如訴如怨。東國宫魂，南冠客思，多少幽憂難遣。餘音不斷。直待得黄昏，夕陽西轉。又聽鳴蛩，傍階相唱晚。

木蘭花慢　題陳圓圓入道小像

認寒簧下降，對瓊貌、乍驚看。甚絶代風流，六珈早貴，换了黄冠。空花霎時過眼，把繁華舊夢總句删。冷落笙歌玉帳，深宵鐙火蒲團。　悲懽。回首卅年。閒眷屬、美神仙。念深宫故國，蛾眉萬感，意託枯禪。淒然。報恩一死，指池蓮紅染浪花斑。縹緲輕鸞影在，至今豔説商山。

齊天樂　閏荷花生日

今朝又是觀蓮節，安排鬧紅歌酒。已過花朝，還經竹醉，長日如年時候。朱霞染就。恰鳳尾添翎，節生新藕。把琖風前，願花長好更長壽。　陰陰池塘萬柳。䗯聲頻聒耳，偏惱清晝。謬託神仙，都忘甲子，世界傷心非舊。青墩記否。待異日重光，補天應就。看到秋涼，繁華微雨後。

以上見《煙沽漁唱》卷四

聲聲慢　題清微道人空山聽雨圖，用夢窗體

道人王姓，名嶽蓮，號韵香，無錫人。所居曰福慧雙修庵，工書畫。嘗繪空山聽雨圖，題詠皆乾嘉間名士。卷中有道人小象，卷後自題二律，筆仿

《黃庭》。今藏南陵徐氏。

神仙妝束，香火因緣，盈盈步上瓊輈。淨洗朱鉛，團蒲靜坐薰脩。金經佛前誦罷，度清鐘、蕉葉聲幽。空山夜，正心禪定後，涼到簾鉤。　容易煙雲過眼，怕蓮宮影事，隨逐東流。貌取輕鸞，畫中依舊明眸。空花曼陀散盡，甚丹青、還染閑愁。餘韻在，問楓江、何似藕洲。吳夢窗有贈藕花洲女尼詞。

芳草渡　答忉盦寄懷

汎斷梗，早慣狎滄波，任風飄泊。念海鷗飛去，深盟未忍拋卻。呼侶尋舊約。還清尊如昨。更雁信，往返頻傳，解慰離索。　寥落。夜深風雨，枕畔荒雞驚夢覺。漫遙想、江南景美，芳晨好行樂。每依北斗，料望斷、斜陽樓角。問甚日，杯酒還來共酌。

水龍吟　冰絲盦感舊

海天樓閣初成，香山何意成仙去。小園冷落，石坪塵滿，枯藤葉聚。玉軸堆床，朱絃棲壁，人歸何許。把曲作平欄繞徧，階苔蹋破，徘徊久、淚如雨。　三十年來儔侶。歷滄桑、故人如故。相逢亂後，舊歡重拾，頓更悲楚。轉燭前悰，捶琴古恨，更無人訴。但淒然滿目，夕陽一片，挂津亭樹。

以上見《煙沽漁唱》卷五

更漏子　賦春陰

柳邊鶯，花外燕。寂寂深深庭院。慵早起，晝偏長。垂簾留篆香。　倚高閣。情脈脈。閒了秋千繩索。風似翦，雨如絲。落花春不知。

柳梢青　李園紀游，用少游韻

緑漲灘沙，名園傍水，一徑欹斜。曲曲闌邊，垂楊深處，紅了桃花。風光約畧西涯。小橋外、荒林暝鴉。幾許閑愁，夕陽歸去，賣酒人家。

卜算子　閨意

煙裊柳絲輕，雨點花光亂。君是雙飛比翼鶼，妾是孤飛雁。　別比見時難，芳夢何曾斷。一枕相思夜夜心，卸卻殘妝懶。

以上見《煙沽漁唱》卷六

點絳脣　南塘觀荷，和切盦

四面蒲荷，舟中人坐渾忘暑。戲魚深處。潑浪吹成雨。　二水中分，有緑雲遮住。來時

路。回頭看去。一角漁灣露。

見《煙沽漁唱》卷七

淒涼犯　詠冬青

夕陽樹色。濃陰裏、愁痕變盡春碧。四山繚繞，珠丘宛在，壞雲堆壁。空林月黑。任豺虎、縱橫竄迹。最傷心、風狂雨横，震蕩睡龍側。　斯恨彌天積。石馬無靈，冤禽無力。萬年雨露，忍相忘、舊時恩澤。零落寒瓊，拂幽草、知和淚拾。一聲聲、祇共杜宇，夜夜泣。

見《北寧鐵路月刊》一卷八期

吴白匋

夢芙蓉　次夢窗韻

癡雲飄夢綺。又荆桃似豆，野村十里。舊停舟處，波灩鷺飛外。水荭薰客醉。斜陽紅覆温被。幾日酣春，奈榆錢慣買，和絮墜難起。忍溯歌塵扇底。閒採芳蘭，替結湘娥佩。夜來微雨，惆悵屐痕洗。嫩蕉傾紙翠。新題只是愁意。懺盡柔情，任狂花媚晚，蝶影亂於水。

念奴嬌　庚午秋日，遊棲霞千佛岩

丹厓一桁，是夜雨秋衾，夢魂縈處。難得霜晨招俊侣，千佛林中笑語。草噀枯香，松凝幽翠，依約雲根路。阿誰低唱，苔枝驚竄蒼鼠。半載側帽江南，亂鶯啼遍，隔夢花嬌妒。倦眼羞看峰意冷，立盡斜陽清苦。澗獻仙音，楓偷天酒，邀我移家住。方輪摇兀，無端竟轉山去。

八聲甘州　歌席有贈

祓清愁最感蘂珠人，高歌動芳筵。似驂鸞擁鶴，丁東佩玉，聲滿雲間。身世斜陽喬木，解唱念家山。簾外瀟瀟雨，能説淒寒。眼底春風如水，問鳥啼花落，情在誰邊。斂翠眉兩葉，幽恨總難傳。把銀箏、殷勤彈夢，譜故宫、秋思入鵾弦。重惆悵、鑄黄金淚，一一華年。

琵琶仙　夜步孤山

人比山孤，想應是、舊日黄鸝難識。春岸綿邈飄燈，平波盪愁寂。縈暗柳、吟痕自緑，怕重補、兩眉山色。越女如花，吴船似月，空媚涼夕。夢中問、梅雪仙家，奈彈指。樓臺幻金碧。還把一觴椒醑，酹西泠橋側。今夜裏、幽蘭淚眼，怨溼烟、鎖了油壁。此意深囑昏鴉，耐伊啼得。

蝶戀花

將去西湖，暢遊山南諸勝。次日微雨，別意殊依依也

畫槳分烟花港去。古柳吹綿，零亂新鶯語。洗夢溪流雲響處。杜鵑脈脈春山暮。容易涼陰籠翠溆。誰道鷗邊，留得愁長住。蜜炬啼紅孤館曙。雙峰鎖雨窺人苦。

聲聲慢

樓陰濛水，簾影篩烟，薔薇猶帳虛門。六曲疏櫺，日絲繁散殘温。愔愔晝長春遠，膽瓶花落几紛紛。重到處，剩遊蜂喧徑，啼鳥呼人。曾是玲瓏池畔，聽鳴璁聲細，瘦減腰身。藕下魚生，空憐紅浪香分。而今繡桐詩在，只裙羅長化仙雲。惆悵事，怕猩屏來夢似真。

燭影摇紅

辛未秋感

欺月層陰，東風吹起迷林岫。朱甍飛上白頭烏，絡繹車塵走。野水棱棱未瘦。撼高城、魚龍夜吼。煙啼露泫，多事殘蛩，猶争寒甃。夢泠新亭，等閒且勸長星酒。誰家山墅翠微邊，有客圍棋否。生怕春燈唱後。換江頭、新蒲細柳。杜鵑淒斷，一片殘陽，照花紅又。

鷓鴣天

辛未除夕

宫燭燒香黯黯遲。酒邊無淚可揮時。書沉金雁遼陽遠。夢斷銅駝洛下迷。聽病角，寫

酸詞。小窗愁與歲華移。連宵風雪欺人眼。嗚咽寒江解屬誰。

祝英臺近　壬申三月，看花鍾山，歸循北湖作

破愁紅，吹粉淚，桃李滿衫霧。屐齒含香，遊計怨遲暮。斷腸清角高城，斜陽廢壘，只寫入、亂花狂絮。　悄凝佇。思量如此殘春，山眉竟無語。臥柳荒堤，綠暗夢中路。　一行無主鴂鶺，偎人還勸道，休問明朝烟雨。

霜花腴　壬申九月，重遊棲霞。風日妍燠，士女闐闉。避囂獨往枯澗中，森壁交藤，冥冥無極。每于石罅，聽楓林落葉聲。嗣登高峰，意益雄放。磊霞賦詩二章，因亦次夢窗韻作

浪吟竟夕，笑晚秋書城，繫了南冠。衣染塵香，屐隨雲轉，清遊似此真難。旅懷暫寬。厭亂鴉、翻翼林前。傍霜厓、頓被聞根，萬楓空響比泉寒。　長寄凭高奇思，付松顛鐵笛，自和孤蟬。敲日催詩，掬霞濡翰，澄江爲客鋪箋。更催酒船。飲倒懸、嵐翠娟娟。問神京、夢裏湖山，幾人尋夢看。

御街行　癸酉秦淮上元

霓光櫛櫛開喧市。車噴霧、人如水。秦淮長是戀春燈，多少鬧蛾歌戲。歸來兒女，殷勤撚粉，猶説團圞意。　臘花凝紫愁無寐。滿北户、酸風起。嚴城吹角報三更，夢冷崑崙前事。可憐今夜，月華如練，獨照銅仙淚。

楊柳枝

高閣深春燕子還。香綿飄夢滿闌干。聽歌楊柳新翻曲，莫問胭脂奪後山。

其二

三月楊絲夾路垂。連朝苦恨北風淒。畫樓金縷空千尺，不結長繩繫日低。

其三

曳雪牽雲似有情。移根白下幾清明。如何十里新馳道，但有昏鴉斷續聲。

其四

烟冷金窗細線長。垂垂晴絮徧瞿塘。輕舟幾過巫山下，聽慣猿啼不斷腸。

其五

崩雲海上火烏來。彈指樓臺錦繡灰。江水今年怨楊柳，舞腰何事尚低回。

其六

溼夢龍池夜雨腥。移官倉促走雷軿。荒涼千里銅仙淚，無那江頭望眼青。

其七

萬里邊牆冷不春。經燒殘柳映征輪。斜陽冉冉空城緑，一片胡笳愁殺人。

其八

荒村日午樹陰圓。依舊枝頭噪亂蟬。借問餐霞嵇叔夜，幾曾鍛竈得安眠。

踏莎行　題鄭大鶴詞扇

吹淚吴簫，感音燕笛。承平公子情何極。珠塵拾得柳枝詞，銀箋猶是春衫色。　離黍悲新，苕華怨切。思君今夜腸應直。夢隨大壑朗吟歸，北來風雨飛寒碧。

高陽臺

鶩管吹香，猩壺滴酒，畫筵絳蠟初殘。團扇恩疏，殷勤猶護離顔。中天月鏡欺人別，照重帷、特地光寒。敧雲屏，紅樹危巒，黄面征鞍。　明宵料理冰棱卧，聽扃愁孤館，落葉聲乾。敗壁幽燈，泥痕凝想雲鬟。玉璫雙燕何從寄，怕高樓、簾影如山。話纏綿，易破秦筝，難解連環。

醉太平　舞榭夜闌曲

金絃逗雲。珠燈散雰。飄烟抱月腰身。解嬌柔向人。　紅冰砌盆。緑波灧尊。高樓夜夜芳春。起樓前暗塵。

玉樓春

輕漣脈脈層瀾静。日瞰春人争畫艇。緑香似夢柳邊鬟，白袷如雲橋下影。　他年宛轉追清興。此際幽單愁獨醒。芳洲幾曲踏殘櫻，心向杏花紅處冷。

三姝媚　龍膊子山陰，桃花最盛。乙亥花朝後一日，與柳橋同遊。洗妝雨過，濃霧在嶺，仰窺沉鬱，平挹絢爛。越兩夕復往，則狂飈催柔，芳意俱盡。因念壬申以來花事作

霏雲湖外嶂。正安期仙人，醉拋紅網。反舌繁聲，説好花還在，戰場開放。早發柔枝，禁幾夜淒風低颺。冉冉東鄰，一例飄茵，玉櫻幽幌。　三度殷勤凝望。怕問得迷津，避愁空想。異日重來，縱翠屏輕換，蒨霞無恙。故國華年，長是惹劉郎惆悵。近晚宫溝歸路，鳴蛙

又響。

傾杯

結緑長溪，鬧紅單舸，愁根暗入吟髮，燕語巷陌，飲泣佇立，憶小蘋簧舌。歌雲燭照輕於絮，數日遊荒忽。凌波步渺，凝望眼、漠漠江南烟濶。見説。金龜錯嫁，黛螺顰損，羅帶成新結。感是日蒲花，明朝楓樹，早流光飄撇。換雪移霜，沉珠埋玉，一刼何時滅。寄瑶札。重囑咐、有情涼月。

綺寮怨

長堤春柳，又結愁陰。憶士豪下世，彈指經年，倭亂日深，愴然成詠

數羽昏鴉飛盡，柳烟霞外青。記有客、白馬花袍，東風煖、貰醉旗亭。通辭微波易託，蘋香裏、更結鷗鷺盟。慟去年、賸月空簾，山榴底、怨笛腸斷聲。費淚問天未醒。昆明換漢，高情近羨騎鯨。病角宵鳴。散兵氣、滿江城。楓林故人來夢，想共我、話春燈。松楸長成。延陵舊劍在，塵暗凝。

摸魚子

乙亥送春，寄懷子緐巴黎、璘華倫敦

又怱怱、櫻桃落盡，殘寒輕換炎暑。嫩陰緑樹鍾山道，唯有奈何禽語。長閉户。算淺醉閒眠，還被笳聲妒。春歸甚處。問霧市鐘晨，花城燈夜，挽得一分否。乘槎客，盡吸天風海雨。吟懷應勝愁痗。群鷗猜懼蛟龍惡，可是倚闌情緒。歸太暮。怕舊國青山，滿眼飛花絮。零弦剩譜。倩無色紅箋，題香翠墨，流向海西去。

點絳唇　燕子磯看榴花

化石江頭，行人莫問南朝事。夕陽空水。照影都成世。　一半東風，桃李留無計。君知未。紅巾十里。難揾傷高淚。

惜紅衣　蓮性寺前景色，舊云似瓊島春陰。乙亥七月，將北遊而未得。泛舟其間，頓起幽思，爰和白石聲韵

塔壞穿霞，湖癯限日。浪拋吟力。照影蕁波，朱顔看成碧。文鱗漸老，愁換盡、虹梁遊客。幽寂。蕭寺冷鐘，囑蒼烟歸息。　燕臺紫陌。棲夢年年，如今亂塵藉。平居恨似去國。馬嘶北。咫尺柳陰遮斷，不見遠鴻來歷。對渚蓮紅褪，遥憶液池秋色。

水調歌頭　久不得肅愔書，却寄，用東山體

蛩語動羅簟。螢火熠湘簾。新來百感。淒涼尊酒對蔆蟾。一片秋生葭菼。萬頃香銷菡萏。清景共誰探。堤柳經霜染。黄似去時衫。　上空樓，凭遠檻。望澄潭。飛鴉數點。無端天際亂歸帆。借問漁人汎汎。網得長魚如劍。可有素書函。日日山眉斂。愁黛遍江南。

高陽臺　訪媚香樓遺址

明月懸璫，嬌雲綰髻，翠漣曾瞰妝成。袖裏藏香，畫梁燕惡身輕。珠簾一夜胡塵滿，漸鸎哥、愁説坊名。換而今，頽柳欹門，敗葉寒廳。
　支笻來問當時事，只殘燈影水，冉冉空青。狼藉闌根，長橋飛過雷軿。庭芳落盡桃花冷，

好樓臺、又沸新聲。歎尋常，淡粉輕烟，夢也無憑。

臨江仙

翠閣長如分手夜，沉吟燭滅更闌。餘香阻夢半衾閒。虚涼搴錦幕，依約望銀灣。　鬢影風吹何處去，黛痕空認遥山。鳳笙寫怨寄雲間。一春花緩緩，千里月彎彎。

蝶戀花

嫩柳啼鶯春霧熱。小語中庭，樓上燈初滅。膩手霏紅親擘折。棠梨一樹垂垂雪。　可惜當時輕易別。鸞鏡花枝，十載情難説。不管環連和玦絶。清輝長戀燕臺月。

其二

花片冥迷樓外路。昨夜南園，猶喜無風雨。一桁珠簾鶯語度。夢中依約紅鵑訴。　明日浮萍今日絮。縱説飄零，還得烟波住。地角天涯無著處。世間唯有閒情苦。

其三

雨夢秋衾欹別館。執手重逢，驀地春光爛。帖水珍禽千萬囀。秋千影裏花如霰。　不恨荒雞啼夢斷。但有深情，夜夜長相見。幾度開簾凝望眼。斜陽難逝黄昏遠。

其四

又見芳郊争拾翠。陌上香車，去久無歸意。獨倚危欄悲燕子。雲山重叠書難寄。　遲日思量還寄淚。一片殘花，千里春江水。烟浪有情應不起。依依流向銷魂地。

水龍吟 登泰山

滿衣京邑新塵，如何直上棲靈地。仰瞻天闕，遲攀磴道，才欣旋悸。雲敞玄扃，松排仙仗，依然佳氣。奈低頭細數，齊烟點點，渾不盡、悲秋意。　佇立碧霞宮裏。歎封禪、幾家兒戲。摩挲淚下，唐銘裂石，秦碑鑱字。八表同昏，岱宗孤坐，蒼涼今世。倚日觀遥聽，鯨魚張鬣，正滄波沸。

好事近 北海五龍亭夜坐

荷氣繞燈香，緩飲滿尊明月。零亂半湖塔影，看鷺飛輕雪。　叩舷低唱不知愁，微颸動疏樾。才載清涼歸去，又隣笳聲發。

夜半樂 遊頤和園

畫廊淡淡斜照，中涓白髮，吞淚還相語。道勝日繁華，佛香深處。袖羅映雪，老太監云，慈禧對雪，常著羅衣。燈霞罩水，又云夏夜長廊外懸巨燈，光滿一湖。更開高館聽鸝，沸天歌舞。渾不識、芳春易風雨。　到今冷意滿眼，寂寞宮花，瘁凋堤樹。阿閣下、尋常人家移住。溼螢椒壁，懸蛛黼帳，殿楹古瓦松乾，暗穿蒼鼠。聽簷角、風鈴韻酸楚。　佇久空恨，戰鷁輕迷，海東烟霧。竟萬疊、胡塵亂隨步。倚銅犀、因歎事比荆駝苦。歸騎緩、轉首圓明路。噪鴉頽柳寒邱暮。

木蘭花慢 將去舊京，飲中山公園中酒肆

漸鈴駝響寂，有殘燕、語留人。對落日宮牆，

凌雲壇樹，獨引離尊。金盆。薦將膾玉，問此中可有液池鱗。倚醉纔抛事往，聞笳又惹愁新。　明晨。古道起黄塵。心怯駛飈輪。想斷襟零袂，杜鵑聲裡，行過天津。如銀。舊京月色，隔關山長遣夢相親。只恐銅仙去後，連宵怪雨幽雲。

夢揚州

丙子七月，金陵江上有憶

水痕收。近晚堤高柳蟬休。洗眼練江，歷歷青峰凝秋。遠帆去，殘霞裏，對岸蘆飄雪初稠。西風緊，城烏亂，角聲吹動牢愁。　因念當時俊遊。訪玉轅雲温，露飲扶頭。淚枕背燈，一寸横波頻留。斷腸别後成追感，寫舊情、空滿銀鉤。情未滅，星辰昨夜，飛夢揚州。

浣溪沙

烏龍潭秋望

寫夢空潭落照寒。楊絲鬢影兩如煙。京華憔悴自年年。　閲世朱門歆水上，漲塵新墅近烽邊。霜風扶杖望潸然。

秋宵吟

丙子九月十五日，霜階對月。因念戊辰是夕，方登牛首東峰，大月如盆，自塔根湧出，光景奇絶。今繞郭諸山，久成禁地，兹遊恐難再矣。爰和白石聲韻

錦屏深，畫蠟皎。睡起廻廊幽悄。憑欄久、漸桂影浮香，半庭疑曉。　展寒波，侵鬢葆。素魄娟娟林表。吟魂斷、爲俊約隨烟，亂愁如草。　望裏雙鬟，想近日、霜紅未老。細泉苔逕，破塔松門，幾度夢雲繞。燕北啼鴻早。病角秋原，遊計頓杳。賸遲回、静想前歡，虚室生白夜又了。

解連環

露涼簾角。記心隨素月，照伊梳掠。信淚眼、能割柔腸，況香近語低，細盟深約。扇低驪歌，鈿箏響、玉盤珠落。自雲車向北，皓夜翠筵，總是蕭索。　天涯信音漸邈。漫宵看焰蠟，晨叩靈鵲。怕後日、煙驛書來，道傷別傷春，暗損眉萼。舞雪飛花，歎未改、朱闌風惡。縱思量、再逢夢裏，怎生睡著。

以上《鳳褐盦詞》卷一《靈瑣集》，起己巳，迄丁丑春，刪存四十四闋

燕山亭　過豐臺

輪轉空雷，窗納暗塵，幾疊征車東去。孤驛解鞍，滿目生悲，南客易忘驕暑。淡日無言，對千帳、誰家旗鼓。凝佇。恨灌木昏鴉，也學胡語。　春逝還不多時，怎斜徑全迷，柳塘花塢。明年芍藥，縱有殘枝，知他避愁何處。望極觚棱，猶自繞、亂山無數。歸路。又萬里、沉沉天暮。

鵲橋仙

砧催木葉，烽明山壘，佳節重陽虛度。縱饒菊盞共萸囊，應難問、登臨何處。　沉寒閣夢，殘燈龕淚，不恨滿城風雨。思量却勝好花天，聽似水、鵑聲淒苦。

瑞鶴仙　風雨渡江

層瀾搖片鷁。正漏篷淒雨，寒侵衣幘。江山舊相識。奈而今，怎是尋常經歷。喧喧渡客。問何人、中流擊楫。慟南朝、鐵鎖千尋，不繫樓船一隻。　嗚呃。濤聲汩岸，萬葦悲風，晚

來尤急。飢鷹數翼。回旋處，海門黑。念銀河空決，胡塵難洗，多少青峰變色。看征帆、西上瞿塘，地天更仄。

浣溪沙　別金陵

頭白烏啼又一時。折鞭痡馬載馳驅。秦淮燈火驟然稀。　山影含愁深斂黛，衣塵惜別暗添緇。無窮烟草送人西。

前調　過屯溪

兵火辭家作遠遊。笳邊澗谷轉清幽。漸江水淥浄孤愁。　幾點檣烏堤柳外，一叢燈火石街頭。却疑今夜在揚州。

前調　樂平待渡

百輛衝泥迆邐軿。船稀水濶正難行。長宵雨宿一堤燈。　乞食未通村媪語，望門頻阻吠龙聲。江頭大樹感飄零。

霜葉飛　陪陳匪石丈、蔡無忌、何秋江遊岳麓山愛晚亭，次夢窗韻

網蛛心绪。千絲亂，飄風還惹寒樹。睇人山鬼在巖阿，篁翠飛靈雨。聽脱葉、移商換羽。披榛更拜殘碑古。李北海《麓山寺碑》已殘。暫避得胡笳，鬢影濯回湍，照見一莖添素。　無限建業山川，蘭成夢裏，健筆難寫愁賦。岳雲湘月好清宵，萬點征鴻語。對瑟瑟、垂楊臢縷。驚魂先轉江南去。但細將、霜紅戀，共酌流杯，小亭幽處。

浣溪沙　漢上遇秦淮舊人董蓮枝歌《劍閣聞鈴》

十載珠吭動石城。新來翠袖漸伶俜。世間笳

鼓誤雙成。淡月清溪多少夢，晴川芳草不勝情。那堪重聽雨零鈴。

青玉案 聞三弟道姑蘇淪陷時事，感賦

笳邊小雁歸來暮。説怕過横塘路。兵氣連天迷處所。血痕碧化，劫灰紅起，星殞紛如雨。
蘇州自古詞人住。頃刻繁華水流去。借問千秋腸斷句。斜陽烟柳，天涯芳草，能寫此情否。

百字令 聞首都淪陷前後事，揮淚奮筆，書憤二闋

山圍故國，甚於今還説，龍蟠虎踞。十萬横磨成一鬨，誰信倉皇似此。塞道拋戈，争車折軸，盈掬舟中指。彌天炬火，連宵光羃江水。
可憐十二年間，白門新柳，歷盡榮枯事。樓閣莊嚴如湧出，霎眼紅隳翠圮。烏啄腸飛，燕投林宿，浄土知無地。東來細雨，溼衣都是清淚。

其二

腥膻撲地，慟五雲城闕，竟淪驕虜。醉曳紅襦侵病媪，馬足模糊血土。刳孕占胎，斫頭賭注，槊上嬰兒舞。秦淮月上，沉沉萬井如墓。
不信天眼難開，天心難問，啖食終由汝。從古哀師能克敵，三户亡秦必楚。揮日長戈，射潮連弩，雪耻揚神武。虞淵咫尺，炎炎欲返無路。

拜星月慢 丁丑歲不盡八日，峽中夜起，對月憶内

鐵壁埋烟，銀沙堆浪，水月冥迷一片。峽裏尖

風，逼征衫針綫。舉頭望，頓覺、崢嶸列岫酣寢，閃爍妖星争爛。歲暮荒江，似柔腸千轉。

記昏燈、淚溼梨花面。西征路、夜夜思量遍。願共此夜清輝，到家山庭院。暗歸魂、六合兵戈滿。孤帆去、萬壑聞長歎。但聚淚、替酒觥春，祝團圞不遠。

卜算子　峽江紀行八詠

其一　入西陵峽

不見一螺青，少小揚州客。喪亂天教飽看山，直上蠶叢國。　森壁束湍高，點漆丹砂色。西上行人東逝波，浩渺何時息。

其二　新灘

擁石怒濤飛，遥若層城起。誰信窮冬見彩霓，日照盤渦水。　舟子嘯歌收，行客朱顔死。千載崩厓險自新，愁絶人間世。

其三　巫峽

鷁泛感窮途，棹轉開奇境。山雪天雲俱化烟，老樹蛟虬影。　石氣信蕭森，臣甫吟秋興。今日灘聲更斷腸，不用啼猿聽。

其四　神女峰落照

神女醒時看，鬟霧蒙膚雪。石壘垂垂玉乳花，瀑帔蘿裳帖。　斜映紫金暉，淺暈胭脂靨。寶扇珠幡縹緲間，靈鼓喧鼉窟。

其五　夔門

江水蜿修蛇，山勢奔狂象。厲吻磨牙競吐吞，天地無清曠。　神斧是何年，設險難尋兩。多少雄關旌旆愁，憐汝夔門壯。

其六 萬縣太白厓

磴險上危椒，杯茗銷輕簸。萬樹梅花寂寞香，冉冉疏砧外。　垂底看山城，蜃市浮烟靄。一鶚鏖寒似遠帆，遲入空濛海。

其七 忠州鳴玉溪，秦良玉故里

糙礫紫錢縈，醜槲蒼紳掛。謐謐虹梁倚夕嵐，喧鳥歸寒野。　古水鬱刀光，曾飲桃花馬。幾折清流念請纓，嗚咽叢祠下。

其八 除夕抵渝州

飄沫溼鶉衣，禁慣風波苦。燈岸千家爆竹聲，催我悲羈旅。　村店進殘醪，淺笑當爐女。幽墨林巒盞外深，難識歸時路。

八聲甘州 散原老人挽詞

溯當年變法壯圖空，餘事作詩人。把滄桑萬感，人天孤憤，都付酸呻。餓死白頭無怨，四海共悲辛。文苑荆榛闢，隻手扶輪。　接席記親咳唾，正漢家明月，光滿都門。向大荒酹酒，今日弔靈均。想依舊、朗吟夜壑，望霓旌、翠葆入燕雲。山居在、倚匡廬岫，猶障胡塵。

木蘭花 渝州永川道中作

風沙搒面行輈急。窗裡巖巒如過翼。烟江青晃化龍橋，麥隴黃圈來鳳驛。　西征萬里仍邦國。久役何悲身是客。凭高回首陣雲深，不信驕陽光不匿。

清平樂 平山堂古藤大可合抱，春日繁花覆座，尊酒盡紫。枝隙遥望江南諸峰，浮眉天際，至可

念也。又金陵陶園寓廬，窗外亦有一架。自逃死入川，故鄉花事，渺不可復問，觀錦江畫藤，百感俱集

繁枝低亞。重見青藤畫。多少離懷持淚寫。夢繞平山堂下。　遥憐此日花殘。無人古殿松關。一樣江南江北，東風夜夜春寒。

渡江雲　題酈衡叔畫歸去來圖

青峰帆外遠，孤舟輕颺，陶令正忘機。南窗能寄傲，翩然歸去，蓮社亦攢眉。高風綿邈，覽畫圖千載依依。應念我、新來萬恨，那似義熙時。　堪悲。盂波沉陸，炬火崩天，早山河破碎。何處有、岫雲閒出，倦鳥還飛。蕪園松菊多奇節，想此時、不要人歸。東望裏、晨光長恨熹微。

西平樂慢　戊寅三月，遊青城山，感宋姚平仲事作

繡脈靈香，散泉幽語，無奈病客愁何。紅寂宫牆，翠寒喬木，遥憐未識干戈。對麥秀平、疇萬畝，花隱幽村，數點江南，舊景傷心，又入岷沱。拋杖淒然倚石，雲起處、磬響落脩蘿。　丈人峰外，天師洞口，太尉當年，曾跨青騾。重念想、凌虚犀甲，拂霧虬髯，滿眼銅駝巷陌，鐵騎關山，仙去英雄淚更多。懷古恨深，棲真夢冷，悒悒歸程，細雨籃輿，漸遠層巒，東傾不盡愁波。

琴調相思引　有約望江樓聽箏未赴，時方報台兒莊大捷

嘉樹新條綠四圍。侵階日影暗然稀。移巢燕

子，棲穩欲高飛。漫卷詩書聽報捷，不煩弦索譜思歸。晚春情味，看看勝前時。

鷓鴣天 憶金陵

水榭流徽好夕陽。歸驂繡幰紫遊繮。四山静緑圍低語，一路繁花照淡妝。杯醞夢，幄遮香。珠樓歌散月街涼。早知後日難重理，何惜當時刻意狂。

謁金門 峨眉雙飛橋

肝肺熱。初洗雙溪清冽。岸篠寒光棲黑蝶。古苔深翠活。千尺幽湍飛雪。萬古牛心石名。似鐵。甚日橋頭茅可結。枕濤看嶂月。

南歌子 洪椿坪至仙峰寺道中口占

高鳥啼邊立，飛泉斷處行。野花繡磴不知名。遥望一峰欲雨、一峰晴。擘翠尋巖路。聞鐘辨寺瓴。老僧倚杖笑相迎，遥指蒼猿躍下、澗頭藤。

浣溪沙 峨眉遍山皆緑，唯金頂道中見小紅一樹，爲低回久之

翠疊杉枏大壑寒。懸崖楓絢一枝丹。迷離醉眼當花看。霜葉棲霞愁似海，憑高東望路漫漫。濃雰半霎失千山。

點絳唇 洗象池猿

雨沐雲冠，呼群高岫誇靈異。饑來抱子。俯首僧投餌。棋局新悲，多少難平事。猿公逝。如虹劍氣。空照耶溪水。

一萼紅 登峨眉金頂，霧雨終日，佛光雲海，皆未得見

對禪扉。有叢杉排影，連巘護雲衣。猿鳥無聲，蒼茫獨立，鐘磬沉響遲遲。最高境、偏多瘴雨，歎敝屐、辛苦上天梯。紙牖穿烟，地爐圍火，七月寒淒。　稽首願王蓮座，問靈峰甚事，不展秋眉。金頂祥光，雪山皓色，留與歸夢尋思。念隨處斜陽鵑血，好風景、何恨霧中窺。待寫西征畫圖，淚墨迷離。

蘭陵王　宿雙流村店，憶揚州少年事，次清真韻

古堤直。秋晚癯湖更碧。澄霞外，風荇水茳，照眼雯雯見芳色。長謡慟去國。難識。清狂舊客。吹簫處，還到夢中，懸月虹梁卧千尺。　名園印歡迹。記款鷺詩舲，招燕歌席。銀鮰霜蟹堆盤食。嗟竹檠殘焰，瓦盆酸酒，今宵閒淚泫敗驛。聽鵑叫村北。　寒惻。皓霜積。念蜀土淪飄，鄉訊寥寂。金閶萬里愁何極。奈一望烽火，數聲羌笛。池漚身世，付亂雨，夜半滴。

洞仙歌　宿簡州長松山

高陵南紀，有故王臺榭。志稱山有蠶叢故宅。幽碧吹香擁征馬。算投身萬里、洗眼千巖，難見此，風磴雲門如畫。　韋郎鄉思切，望極天涯，松檜交陰密無罅。小閣比輕舠、單枕欹秋，禁永夕、龍吟潮打。送一片、寒霜到床前，又舊月秦淮、喚人東下。

踏莎行

冉冉孤雲，茫茫歧路。竹枝聲裏愁無數。勸君休去獨憑欄，樓高却近烏棲樹。　大野鴻征，幽階蛩訴。黄花打盡仍淒雨。殘杯眼底

起波瀾，新亭濁酒非儔侶。

夜飛鵲 己卯上元，送三弟之瀘州

無家作離別，無淚沾巾。今日有弟都分。相依卒歲早疑夢，繁憂能換天真。東城貰殘醉，漸連車雷起，大野沙昏。簷梅凍蘂，問何時、索笑重尋。　佳節正逢三五，燈火記揚州，長味酸辛。姜被寒宵空聽，銜蘆隻雁，遥唳南雲。緑楊礙目，恨他鄉、向我生春。望平羌江水、峨嵋月影，一夜思君。

水龍吟 哭瞿安先生

暮年蕭瑟江關，即用其挽彊村老人詞起句。紫霞一瞑無留意。孤棺月冷，蠻雲萬疊，軍聲四起。風洞餘悲，湘真殘夢，竟成身世。先生作《風洞山》《湘真閣》傳奇，皆詠明末事。　想零丁鶴影，魂歸恨見，閶門柳煙中翠。　陪坐斟宫斠徵，盪瓊簫船燈在水。酡顔照客，剛腸敵酒，古歡還記。滄海塵飛，西州慟哭，思量何地。待收京痛飲，石橋金陵大石橋，先生僦舍。重過，灑羊曇淚。

月華清 月夜警角，寄懷渝州師友

啄屋烏呼，干霄野哭，何人今夕眠穩。五月江深，不抵舊哀新恨。望明蟾、欲起相思，聽唳鶴、頓驚風訊。山近。阻南雲消息，悲笳堞隱。　聞道長星晝殞。早錦庫燒灰，香街飛燐。燕子移巢，處處青林都燼。最關心、師友平安，頻寄夢、嘉陵相問。愁認。繞頹垣斷壁，波烟啼粉。

六么令 平羌峽舟中遇暴風雨，衣履盡溼。已而遂晴，蒼山月上，光景幽敻，喜極作歌

短篷肱枕，鳴雨懸飛瀑。年來渡江清淚，不向新亭掬。雷門雙厓正急，駭浪連天蹴。溼雲低覆。綿綿如繭，暗裏騷魂作奇服。應喜龍吟晝晦，一掃驕陽酷。頃刻風定潮平，何用憂沉陸。真宰重開畫障，净洗生綃幅。半輪秋玉。漁歌喚起，山水無言但芳緑。

齊天樂　曉發嘉定，望烏尤

曙山一桁星河落，灘舟尚依樵爨。杖裊榕烟，冠侵柳影，芒屩遲回沙岸。孤遊未嬾。早客舍爲家，曉行成慣。漠漠江天，佇聽石瀨寫秋怨。　緇衣難付露洗，羨盤渦下浴，三兩蒼鸛。擊鼓風生，行歌霧歛，雙槳沙棠如箭。苔磯照眼。念燕子榴花，甚時重看。尺鯉跳波，笑人蓴夢短。

曲玉管

俯水廊虛，牽蘿石古，侵衣冷月光如汞。一岸砧聲淒切，催賣霜紅。舞回風。　藕孔逃兵，槐柯安枕，黑頭已愧梁江總。怕問歸鴉幾許，飛向天東。度千峰。　夜雨蕉窗，想縈損、緺雲梳玉，可憐倦繡停燈，銀牀苦聽寒蛩。感何窮。采芳馨貽遠，緩緩春花開盡，碧江潮長，擬涉愁深，怯望芙蓉。

浣溪沙　重過瀘州　方毀於轟炸，唯一塔幸存

船笛淒音盪急流。劫餘山市北風秋。一江煙雨望瀘州。　壞堞老兵閒坐哨，殘墟饑婦苦尋搜。書空塔穎爲誰留。

長亭怨慢　長卿云：『金城柳色，依依可憐。』爲賦此解

是江上、搖情芳樹。甚事移栽，玉關征路。月底笳翻，細腰猶作舊時舞。客腸揉損，寒磧裡、年光去。恨不早相逢，執手聽、鶯邊春雨。延佇。念晴烟歷亂，未抵夢魂縈處。青青望眼，勸珠勒、暫時留住。便有意、唱徹刀環，忍輕擲、尊前金縷。怕宛轉柔條，長染胡天塵土。

鷓鴣天 寄長卿

轉漕西行驛路遥。登樓四望暫憂銷。長河落日千駝飲，青海凝雲數鶻驕。 聽篳篥，泛葡萄。吟懷應比劍南豪。虛堂有願從君去，飛夢邊牆北斗高。

倦尋芳

膩苔掩甃，殘絮沾檽，重閉孤館。鑄就相思，難共暮春偷換。曲沼波添蛙漸響，空壇花盡蜂猶亂。理清歡，奈朱弦語澀，蠟簧誰煖。 漫夜擁、單衾凝想，年少拋人，嘶騎行遠。蝠拂簾旌，驚認寄書歸燕。空裡浮雲能厚薄，中天明月無深淺。柳陰成，莫輕悲、乳禽聲變。

七娘子

錦城已作三寒食。但榆錢滿地鵑聲急。箏畔朱門，笛邊瑶席。勝遊烟散何堪憶。 楊絲幾縷相思色。望歸雲峽口迷蹤跡。淡月清溪，夢中尋得。誰知此水無情碧。

湘春夜月 哀巴黎

慟花城。覆巢多少珍禽。忍憶玉樹名歌，鍋裡幾銷金。欲借短牆遮護，奈薜蘿難隔，密雨斜侵。竟萬人解甲，降幡一片，重到郊林。

明燈鏡殿，華裾雜佩，空結盟深。二十三年如夢裏，亂紅摇影，無處堪尋。青蕪變海，念世間寧我傷今。怯望事，又西風鶴唳、南雲雁斷，芳訊沉沉。

虞美人

江頭萬古懸高月。照遍人間别。但看明月有圓時。一水東流莫向、問歸期。　清蟾又落荒雞動。獨客難成夢。夢中山色更淒涼。却愛灘聲永夜、撼匡牀。

雙雙燕

倦飛海燕，傍華屋頹垣，玳梁殘瓦。呢喃不住，似覓故人情話。簷角蛛絲絮惹。帶細雨、翾翾欲下。西征幾日重歸，望眼全迷鄉社。　清夜。歌休舞罷。起少婦愁新，淚封綃帊。春烟啼冷，夢入斷紅零麝。商略巢林去也。又共止、荆扉茅舍。遥想是處雙棲，却勝舊時王謝。

金縷曲　哭翔冬師

俠氣嘘雲碧。記乘桴、殷勤窺熟，海東風色。古劍囊韜難一吼，老作呼牛醉客。暗悵望、青山舊國。池柳都飛無情絮，剩松鱗、獨向荒宫拾。懷此恨，付吟筆。　腥塵三載昏南北。苦垂頭、移家終傍，浣花溪側。吞淚如醪摧肝肺，撒手推枰太急。諷九辯、重招楚魄。杜宇啼瘖斜陽暮，又白楊、摇影寒原黑。歸夢墜，斷腸直。

其二

養夢爲詩句。采盈筐、唐腴宋脆，饑來同煮。

島佛有靈應把臂，日曬秋江寒處。夜展卷、細溫幽趣。恰似清泉噴石竇，試新嘗、滴滴皆奇苦。回味到，勝香乳。 嗟余小草勞深護。羨當年、酒燈紅照，掀髯笑語。萬里相從誰能料，殘酹唯沾坟土。散不盡、神京烟霧。空迸成河經天淚，向東流、難載孤棺去。家祭事，渺何許。《自怡齋詩》始《御柳》，終《題故宮白皮松》。「老作呼牛客」「吞淚如醪也醉人」「養夢爲詩句」「日曬秋江寒」皆集中句。

鷓鴣天　同石齋、子苾薄飲市樓，有懷金陵

閒夢江南細馬馱。繁櫻千樹覆春波。錦城縱有花如雪，一夜高樓濺淚多。 拋遠恨，仗微酡。新烹玄鯽引紅螺。莫教重聽瀟瀟雨，還爲今宵喚奈何。

玉樓春

銀釭剩照荼蘼院。夢雨沉沉簾影亂。未妨冷眼貯情深，別有剛腸傾語軟。 飛光枉勸流霞盞。春去春來春不管。爛枝朱果比花鮮，明日新晴隨意看。

燭影搖紅　辛巳三月，成都看花作

爇桂炊瓊，錦城生事餘悲嘯。驚烟隙處又逢春，霎眼千紅鬧。自典鸘裘一笑。引霞觴、珍叢醉繞。回波濯夢，孤影依然，承平年少。 別院繁英，遙看却比江南好。高吟未老莫還鄉，窺熟韋郎抱。應念春來太早。近清明、荼蘼放了。鈿車佳約，虹雨梅風，茫茫難料。

河瀆神

法會水邊開。峨冠聳劍徘徊。數行封事上瑶階。龍騎啾啾未來。朱鳥當窗啼不歇。江花兩岸愁絶。舉首頓憂天裂。浮雲西北如血。

其二

岐路意徊徨。叢祠遥見紅牆。長林暗接短松岡。江燕孤飛斷腸。蕩子天涯寒舊約。緑窗歸計耽擱。渡口風烟漠漠。大旗落日山郭。

慶宮春　月夜寄懷揚州諸老

風蜮壇羅，鼺鼯階閂，古今共賦蕪城。新製荷裳，枯吟蘭畹，避愁何處山青。亂紅飄逕，想詞客登樓淚凝。堤邊風惡，三兩衰楊，珍重西傾。濤箋倦寫離情。滅燭披衣，微步中庭。重倚天涯，一分殘月，海東遥見晨星。有懷無寐，佇立待虚廊霧清。甚時湖舫，塔外同參，劫后鈴聲。

探芳訊　寄子苾、千帆嘉州

等閒度。是柳際新烟，鶯邊細雨。問金陵前夢，長空淡雲絮。梁塵簌簌驚棲燕，歌管紅樓暮。换而今、一枕思鄉，四山啼宇。　偕隱羨荆布。想燒燭聯吟，典釵行酤。影落荒江，峨眉自清苦。扁舟欲渡蒼茫去。兩槳非吴語。繞寒枝夜鵲，詩情定否。

以上《鳳褐盦詞》卷二《西征集》，起丁丑夏，迄辛巳春，删存五十八闋

意難忘 望江樓別金陵諸子

班草行觴。傍裁箋舊陌，濯錦澄江。襟痕融篠翠，箏語點薇光。樓下水、學廻腸。送一葦南航。悵醉銷、烟村夜泊，旅夢茫茫。　連年蠹食書堂。感良朋怪侶，共鬥疏狂。交深情轉淡，別小意偏長。鄉路暗、海塵揚。便會也淒涼。願再逢、秦淮皓月，畫艇斟香。

浣溪沙 發成都

濯錦千花對客孤。四年抛淚竟何如。高城臨發一踟躕。　岸柳園蔬青不斷，榜人村女笑相呼。益州能似故鄉無。

前調 重過平羌峽，舟人戒盜甚嚴

一葉衝波急槳移。暗愁客至不尋詩。空汀立

鷺望中疑。舊日月明停棹處，而今重認儘淒迷。淺烟雙岫畫眉啼。

玉連環 同鎮藩、圭璋遊紅豆樹園

秋蘭珠佩飄香細。弱楊垂地。愔愔池館似經遊，愁拾得相思子。　吹笛橘林凝翠。兩三鷗起。莫將無限歲寒心，輕説與閒烟水。

卜算子 黑石山觀瀑

啖荔對幽淙，雪色澄心眼。側聽長雷有怒聲，似恨垂紳短。　松路接蠻烟，惘惘歸笻緩。安得飛流插故山，鶴背隨時看。

疏影 光午招飲黑石山梅花林下，興盡悲來，忽憶孝陵千樹

奇溫破臘。傍古梅半嶺，清讌能設。壓盞霞

光，飄席靈芬，含酲笑擁伶鍤。巴山却恨春歸早，異舊日、鄉關冰雪。怕玉人、浴慣薰風，換了冷香仙骨。　遥念江南此際，細禽唤未醒，寒意重疊。怎得明朝，峽裏輕舟，穩趁芳菲時節。休教月夜相逢處，剩一望、緑蕪淒絶。更那堪、驕角聲聲，亂入漢家陵闕。

浣溪沙　白蒼山居六闋

四面嵐光悒悒青。牛羊日夕下松扃。浴凫相對兩無情。　雲起坐看添憒景，波平側聽醞愁聲。馳烟我欲問山靈。

其二

藍海朱霞盪縠衿。六莖天樂動遥岑。片時仙夢午窗深。　小院無花禽對誶，冷甌剩粥蟻争尋。醒來長晝但陰陰。

其三

斫地高歌興不酣。新來别恨醉中諳。照杯黄面似霜柑。　廣陌晴烟花緩緩，長堤暮雨柳毵毵。錦城已遠況江南。

其四

獨客能知夏夜長。羽蟲如霧正飛揚。四更伏枕暗心光。　寶粟微香分蕙席，雲鬟淺笑隱蓮塘。除非夢裏不思量。

其五

人海層濤汨性真。蛩秋已了復鵑春。願披肝膈納冰輪。　一夕成灰香不滅，三年化碧血長温。唯將此意答深恩。

其六

不薄無能遣有涯。别裁癯意付腴詞。十年冷

煖曙燈知。　長吉騷心人詫詭，小山幽恨客嘲癡。魚膏自煮不曾疑。

八聲甘州　渝州詞

耐金風鐵雨百回侵，雙江更安流。看殘墟叢裏，新開廣陌，重湧高樓。萬蠕通衢自樂，獨客忘囊羞。鑿石通巖穴，徹夜聲幽。　只少西湖一鏡，喜青山入畫，不似杭州。有酣歌妙舞，説爲犒師留。料痛飲、黃龍日邇，便尋常、酒債未須愁。非烟霧、障神京處，天意悠悠。

木蘭花　白馬嶺

梯飈直上疑天接。撥霧低看驚地裂。　連山無際漲鯨波，何處中原青一髮。　嵌巖幾樹榴花發。夏日紅英偏冷絕。不辭駐轍久沉吟，苦憶宣南窗外月。

前調　傍黔江行，風景佳勝。薄飲江口小肆，肆名『憶江南』

一鷗飛處千巒翠。泯泯清江橫軾底。林端霞散得花村，峽角嵐開喧水市。　爐邊洗盞烹長鯉。蒟醬葵羹知信美。忽看酒旆憶江南，澒洞繁憂平地起。

前調　梅子關

山如破衲車如蝨。盤道斜穿深箐黑。隔溪人語細堪聞，展轉相尋窮日夕。　從無夢到今遊歷。荒戍斜陽悲故國。當關縱傲萬夫雄，坐井終看天地仄。

卜算子　施南清江泛舟，上探龍洞，枕石聽伏流聲，不覺夢到

一岸鳥聲鮮，兩槳拏音嫩。拾得江南夢裏春，

鑾塞秋笳畔。石孔數遊蟲，此水真清淺。却笑群兒不濯纓，戲瓦驚鳧雁。

其二

溪了得蒼巖，瀑水懸纓絡。下洞天琴上洞聽，午夢蘧蘧落。龍老不耕烟，人世無瑶蕚。我欲騎雲款帝閽，萬里回風惡。

鶯啼序

壬午七夕，巴東登舟，再入巫峽，感懷有作

危亭乍喧戍鼓，已秋風振袂。憑欄數、靈鵲南飛，倦客仍放西柮。暮林表、烟褰霧歇，遥巒幾朵芙蓉霽。奈高江無盡，盤渦正如心沸。

一葉寒濤，四埜炬火，記倉皇避地。歎猿狖、抛撇雲窩，岸聲長住淒異。今日巫峽無猿。佇沙頭、殷勤拜月，早深祝、霓旌東指。竟鵑鄉、芳草斜曛，五年凝睇。

流螢露井，絮蟀閒階，有人應未睡。刻意想、玉樓前度，象簟微冷，笑接熒星，捲簾梳洗。于今怕看，牽衣癡女，拈花頻卜爺歸日，斂雙蛾、秀奪岷峨翠。情絲萬疊，清宵暗逐回飈，亂入短篷燈底。

狂歌下峽，雅樂還京，願境非夢寐。但只恐、垂楊堤上，細馬來迎，俯鬢蒲塘，共驚霜起。紅桑際海，黄塵迷路，人間遼遠銀漢近，待澄清、拚擲相思淚。巫山不改蕭森，故國新秋，斷腸畫裏。

阮郎歸

六街凡馬密如蠶。閉門塵滿衫。薄醪獨引不成酣。貧知椒味甘。

腸易結，口難緘。扶藜閑倚巖。江波依舊疊澄藍。夕雲明半帆。

鷓鴣天 癸未元日立春，雨中攬景

寫悶爐灰早撥殘。石梁吟嘯理清歡。低峯掛雨眉猶緑，孤鳥捎烟影自閑。　塵袂溼，別腸寬。遥村爆竹警愁還。今朝纔識人間味，管領新春是峭寒。

前調

三月巴江細浪温。光風轉蕙霧驅雲。陌頭終日思楊柳，辜負桐花爛漫春。　依甕牖，斷芳塵。看看月地起霜痕。夢回山枕千重雨，一兩紅鵑意可親。

驀山溪 石門距白沙三十里，有宋張商英所建大佛寺，伯兄嘗寄寓焉。己卯、庚辰、辛巳三歲，錦城累擾於鐵鳥。每值夏日，輒避地依兄而居。蒼巒入牖，帆影摇書，微諷僧樓，心眼瑩徹。尤憶中元夜，村人放荷燈江上，蕩波下駛，爍爍如龍。返顧諸幼侄，月華覆額，聯袂踏歌，無復有喪亂之感也。揭來白沙，兄適他去。盈盈相望，風景儼然，摛筆寫懷，不勝淒暗

石龕松寺，隨意聯佳會。地僻少秋聲，共細聽、晴江欸乃。一磯鷗外，坐盡月明時，將詩思，散輕烟，飛蹙遥山黛。　塵纓久縛，星聚知難再。閑夢水流東，賸冉冉、沙頭身在。紙窗寒入，今夕擘巒箋，挑暗燼，寫鴒啼，風雨牀前大。

蘇武慢 白蒼山雨不歇

竹響才稀，簷聲又緊，自擁鐵衾愁釅。堂升鬥鼠，案伏涎蝸，殘檠照人肝膽。還夢少年，夜雨瀟瀟，畫橋春纜。記紅樓遥望，翠樽遲引，柳香吹店。　來日裏、總有新晴，秋江獨嘯，

霞外鷺飛鷗泛。深悲淚水，漂鬢成絲，依舊一襟淒暗。侵曉倚門，苦霧沉山，溼寒呑檻。攬亂雲爲墨，細寫幽單萬感。

虞美人　久雨新晴，登蒼山主峰

滿林嘉果紅猶溼。鮮過春花色。遊情暗逐霽嵐濃。短策青袍直上、最高峰。　森森列岫噓青氣。日射江光起。雨窗埋夢久冥沉。萬里西風吹轉、少年心。

一叢花　甲申三月，西谷看李花

年年扶夢躡蒼巒。腸窄怕春寛。濃花覆遍相思路，帖泉響、群鳥綿蠻。晨采凝妝，夕陽高雪，三度惘然看。　佳人渺渺隔雲端，欲語夢先難。晚風摇盪齊紈薄，費香淚、彈滿朱闌。千里月明，小庭幽谷，一樣守清寒。

虞美人

灌泥斵草成功課。閑裏茫茫過。紅香一陣滿回闌。放下重簾憑夢、往來看。　鄰鶯啼破瞢騰睡。屏上斜陽碎。强巡薇帳晚風前。垂柳方塘漠漠、起秋烟。

生查子　得肅愔書

四月廣陵書，八月巴山得。淚雨潑瑶函，隱見函中墨。　妾作有夫孀，君是無官謫。人間十九年，已過三之一。

瑞龍吟　戊寅春，成都白絲街花近樓，翔冬師爲諸弟子説牛首看花之樂，四座暗然。錦江起畫杜鵑一枝，磊霞、石齋各題長句。今忽忽且七年，翔師、磊兄墓俱宿草。江潭索處，渺渺愁余，因拈此調，一攄悲懷，寄題錦江新作

寒星聚。還照泛水萍根，近樓芳樹。濤箋漂出愁紅，沉哀未減，蘭成舊賦。　怕重溯。松外漲巒霞影，跨驢看處。巍然兩塔扶烟，寺鐘不動，斜陽對語。　前度牛頭裙屐，錦城絲管，都歸塵土。彈指夢緣空花，年命朝露。繁英似血，開遍詩人墓。憑誰禁、東風颼起，腥潮無數。暗奪胭脂去。披圖盡是，西征恨緒。朱鳥魂歸否。鄉思冷，年年敲春淒雨。四山廢緑，一鵑催曙。

春從天上來

夏廬師返自昆明，爲述飛機中所見，謹記以詞

馭氣排空。趁斷峽雲開，俯展方瞳。世間幾許，猿鶴沙蟲。擾擾似水光中。認蜀滇山色，劫灰起、猶別青紅。感朝飢，奈杈枒肝肺，霞景難溶。　登樓已多秋思，況鸞翮遲回，萬里悲風。歷亂喧雲，誰家雞犬，此時響滿蒼穹。縱長安能見，奈飛客、路阻驚烽。莽連峰。挾清愁堆浪，奔湊朝東。

洞仙歌

讀姚荷生《水擺夷故事》作

花裙窣地，自纖腰多態。孔雀逢人不驚駭。記亂山昏處，淺笑迎來，雙眼似，風定沉沉碧海。　紡車搖唧唧，暗約明朝，潑水拋球有佳會。攜手浴晴江、玓瓅歌聲，早喚起、爛霞天外。念有限、人間保天真，讓瘴緑蠻紅、自成仙界。

少年遊

贈重華

逢君何不在江南。四坐白涼衫。簾文輕颺，梁塵低簌，扇底水柔藍。　微憐蔬筍齋心日，絲竹意猶耽。闔眼春深，遲聲淚重，有夢待

誰諳。

前調　久不見志孫，沙坪喜遇，倏又言別

粉江晴色上繒袍。剪韭酌春醪。紅桑坐閱，霜絲對數，不減舊情豪。　重逢恰似初相識，霧淨月輪高。歸來夜夜，巴山淒雨，單枕去來潮。

滿庭芳　將去沙坪，赴南社曲會。歸時月影滿身，猶惘惘也

密坐圍春，連杯遞夢，小堂水調初圓。山塘雙槳，玓瓅語燈前。縷縷歌雲搖蕩，嘉陵水、淡粉輕烟，君休問，寒濤苦霧，明日上灘船。　中年。情味似，將髡堤柳，猶欲飛綿。奈浮生消與，角外笳邊。玉笛高樓風煖，早催開、陌上花妍。聽歌罷，夜來皓月，不爲照無眠。

浣溪沙　明玉以白朗寧詩境作小說，因用其意題小詞

促促長街走馬身。繁紅當面一逡巡。回頭咫尺見飄茵。　明月還懸今夕夢，新花那識去年人。唯將長悔替長春。

訴衷情　水谷夜行，口占，用飛卿體

疑霧。疑雨。迷月浦。上溪橋。秋氣擁。懸夢。一燈遥。角語出山高。搖搖。衝寒情內燒。似春宵。

石州慢　丙戌春暮，静農、綽裕、華瓊、蔚青餞別桐花下。人世多艱，倚聲寄慨，用東山韻

一塢霞英，吟望四年，埋夢春潤。癡心幾簇移栽，早有東風摧折。無情反舌，萬變巧語萋菲，彌天飄墮胭脂雪。何意客東歸，值花殘時

節。臨發。箭灘鳴水，蒼岫含烟，黯然傷別。盈袖淒香，浣洗番番難絕。石梁廻步，靜想此後芳期，行人不語腸千結。如夢遠波橫，上孤明黃月。

鷓鴣天 過當陽，初見日俘

野薺風吹破帽香。雞棲車子過當陽。獨憐廢壘生新草，仍見殘俘有笑龐。 尋史迹，問村氓。低眉不答拾柴忙。斷碑蝕盡英雄事，長坂坡頭落日黃。

南鄉子 還家

白日照生還。小院明窗婦子喧。却怪今朝非夢裏，團圞。無復迷離一晌歡。 無淚復無言。腹裏車輪轉萬千。一語遲遲終欲說，潸然。亂後重逢未暮年。

念奴嬌 遊太湖黿頭渚

水樓詞夢，笑當年頻繞，吳根梅柳。震澤烟光新洗眼，無數海桑紅后。帆遠如停，磯飛欲去，寫困丹青手。踏歌連袂，承平點綴依舊。 只我擊汰崩灘，盤車斷棧，經歷艱危久。萬怪撐胸驅不散，難納江南明秀。繡轂揚塵，麗人照影，湖水風吹皺。茫茫天末，潛蛟何日騰吼。

絳都春 丁亥閏二月，綽裕寄桐花至，踐去年之約也。詞以報之，兼寄靜農、華瓊台北，蔚青渝州

吳花倦看。正晴晝閉門，長抛吟卷。萬里素空，一疊明霞驚飛見。開封臨發情何限。謝舊侶、殷勤遺遠。閏春寒在，枯毫凍紙，淡香薰煖。 蒼巘。愔愔秀色，到今日、泫露啼煙

誰管。怒海泛槎，喧市吹簫人分散。無聲花落荒灣畔。賸沙上、紅禽微歎。遥牽幾處愁心，夜深共轉。

祝英臺近　寄白沙諸友

擷桐英，噙荔顆，扶夢坐村店。百輩流人，小市快登覽。有情野鳥呼聲，春江渌色，把無數鄉愁浸淡。解歸纜。如何峽外平波，行比上灘險。彈鋏吹簫，襟懷日淒暗。可憐千里鶯花，芳原晴望，渾難抵霧中憑檻。

金縷曲　春盡多颷

窮巷黄塵舞。早長驅、浮花浪蘂，做成紅雨。隴麥輕靡相争鬥，戈影兵聲無數。連海起、掀天濤怒。鬱勃煩冤何年積，有蓬蓬、噫氣終須吐。君莫怪，拔高樹。雕梁藏蠹墉穿鼠。最堪憐、依人癡燕，危巢猶住。大嘴饞烏矜先覺，接翼高飛西去。石亂走、全迷征路。縱説飄風難終日，奈明駝、也失埋頭處。空目送，夕雲聚。

雨霖鈴　戊子五月三十日，暴風雨中，聞喬壯翁投吴水死，哀感萬端，倚聲代哭

吴波悽碧。對昆池水，萬古嗚呃。懷沙獨往何怨，還自戀、梁鴻墳側。一盞椒漿奠遠，正天雨如泣。又陣陣、吹緊長颷，望裏山飛海濤立。蘭騷蕙些無人識。抱清才、只合嗟來食。修羅笑啖肝腦，狂舞處、九烟昏黑。夜壑高吟，應與詞仙，幾輩相值。料共説、秋月春花，人世無顔色。

木蘭花

幽林摸索無微徑。虎嘯狨啼寒夜永。幾叢腐草亂螢飛，也當金燈來指引。　雞聲喚起山川瑩。出谷初登平易境。驚心滿地是朝陽，回首勞身添暗影。

以上《鳳褐盦詞》卷三《投沙集》，起辛巳夏，迄己丑春，删存四十五闋

點絳唇　九月初三夜作

露月珠虧，幾番推枕中宵起。白楊聲裏。仙步非耶是。　啼鳥呼人，明日遥山翠。知何味。一湖烟水。萬顆秋蓮子。

以上《鳳褐盦詞》

卜算子　讀毛主席《咏梅》詞有得

千古咏梅人，刻意高寒境。俏不争春只報春，誰識英雄性。　嶺上一飄香，無數山花醒。迎得東風著力吹，百丈冰消浄。

浣溪沙

早識三生事渺茫。今生塵夢足思量。小庭初日曬新妝。　玉李一枝凝暖雪，靈根億載繫柔香。由他碧海變紅桑。

以上見《熱雲韵語》卷一

齊天樂　慶祝我國第一顆人造地球衛星發射成功

太空人造銀河裏，熒熒後來居上。碧眼童娃，黝膚士女，齊聽東方紅唱。春雷一響。促爛熳山花，不停開放。怒海揚帆，長看北斗辨航

向。人間奇迹易創。在庶民掌握，先進思想。自力更生，挖山不止，終見移開叠嶂。修羅駭嚷。似棒打頭顱，箭穿心臟。歷史車輪，笑他螳臂擋。

清平樂　題海秀『江南花訊』畫册，集夢窗句

畫圖重展。《夢芙蓉》。春近江南岸。《解語花》。一縷深情朱户掩。《倦尋芳》。似覺東風先轉。《絳都春》。天涯芳草青山。《西江月》。遥看繡羽衝烟。《瑞龍吟》。替却珠歌雪舞，《喜遷鶯》。晴暉稱拂吟箋。《霜花腴》。

望江南　杏花

紅杏好，一笑暖千山。更愛花飛留萼在，枝頭顆顆火齊殷。猶得當花看。

浪淘沙　登大雁塔

一柱矗千年。拋杖能攀。紅巾小女笑雲間。却恨題名容墨客，石畫摧殘。門楣石刻綫畫，傳出尉遲乙僧，惜上蓋不少宋人題名。高處不驚寒。日麗衰顔。幾家陵闕久埋烟。廣陌無窮新柳樹，緑遍長安。

前調　登小雁塔。明季兩遭大地震，塔身有巨裂縫，不可登。近年政府撥款重修，外觀如昔，内部則葺補完善，復據石刻薦福寺圖新建殿閣，改爲公園開放

生氣起雷音。是處春臨。禪林改建作園林。萬衆眉伸誇小雁，古貌今心。地火兩番侵。裂罅難尋。新梯扶客入雲深。五百年來無此樂，絶頂披襟。

百字令 洛陽龍門石窟

千龕萬佛，是一鍾一鑿，艱難開造。恨殺貪狼勾碩鼠，白日公然攫盜。破壁敲圖，斫頭斷臂，捆載盈夷棹。伊川如鏡，百年嗚咽流照。　而今垂柳沿堤，長虹貫嶺，成就園林好。補缺修殘理荒穢，漸復魏風唐貌。菩薩宮娃，（唐人云宮娃如菩薩像，實則菩薩仿宮娃造。）本尊天子，（本尊釋迦像皆仿當時御容爲之，故能神態各異。）博得游人笑。良工絶藝，永爲祖國瑰寶。

以上見《熱雲韵語》卷二

鷓鴣天 子苾、千帆自武昌來，荑蓀自滬上來，因約啓華、漢生與余，集飲北湖

桑泊同看作故鄉。華顛重集莫辭狂。裊風金縷依依色，鬥雪紅英得得香。　飛遠夢，展回腸。深杯端的倒嵐光。新烹也薦雙玄鯽，儁味何如錦水長。（曩在成都同食玄鯽，子苾猶憶及之。）

前調 越三日同白鷺洲茗坐

步屧低昂影漾流。翩然陣鷺集新洲。猶堪曲沼窺魚躍，何必空臺感鳳游。　談炙輠，笑擊甌。枯腸文字著茶搜。明年紅了櫻桃日，早早重來弄彩舟。（子苾外孫女名早早。）

南歌子 過重禹幽居清話

陋巷尋三曲，晴窗點一燈。狂朋妙語吐縱橫。猶似陶然亭上、那時情。（一九五七年夏同游陶然亭後，一别廿年。）　識破長生藥，耽追不朽名。龐眉書客炯霜晴。解道劫灰飛盡、古今平。

念奴嬌　蠖叟出示少作贈荀慧生畫幀，索題

冰箋玉筆，歷覆巢奇劫，居然完卵。小景遥牽塵夢到，彷彿天蟾臺畔。姹紫嫣紅，曉風殘月，串串珠吭囀。萬人翹首，雄雌誰辨荀灌。己巳春初見荀君演《荀灌娘》。　更憶花落春歸，黽年老去，猶得江南見。依舊氍毹呈妙相，細弄蘭兒針綫。辛丑夏荀來南京傳藝演《花田錯》示範。以花甲老翁描摹小鬟，猶足令人神往。　俊約成烟，清歌散霧，凄絶埋香幻。荀曾向余曰，再來時當爲諸生説《埋香幻》。不意別後未幾，風雲突變，頓成絶響。　遺踪對數，雙翁淚下如霰。

點絳唇　蔚青輾轉來書，寄答

天外雲藍，晶盤承得神飛動。花光屏縫。過雨胭脂重。　窈窕驢溪，依舊桐陰蓊。薰風送。淡香勻夢。長迓梳翎鳳。

前調　懷静農

短卷寒梅，卅年珍護如珪玠。神交何礙。橫海冰山大。　見説深杯，一髮懸遥黛。鶯飛再。爲翁開戒。對笑朱顔在。東坡詩『青山一髮是中原』，又『兒童錯認朱顔在，一笑那知是酒紅』。

以上見《熱雲韵語》卷三

踏莎行　題蕭平畫山鬼圖

乘豹從狸，帶蘿披荔。裸行高峻渾無忌。幽篁深處足相羊，凝脂獨照彌天翠。　水裔浮游，山阿含睇。折芳何必遺公子。愁予窈窕面靈均，然疑千載歌詞裏。

揚州慢　癸亥首夏揚州市政協、文聯折簡相邀，設文酒之會，得暢睹故鄉新貌，因次白石聲韵作

忘老還鄉，拾歡填夢，豈同小杜游程。漸文峰塔影，漾運瀆波青。問多少、湖山勝地，幸逃奇劫，紅衛稱兵。訝年來、新緑芊眠，春漲環城。　个園舊侶，認依然、樓觀飛驚。謝繼怪時英，烹鮮妙手，賓待深情。佇立鑒真堂下，鳴禽變、彷彿詩聲。又無雙瓊萼，宋時后土祠瓊花，稱天下無二本，置無雙亭寵之。宋亡，花枯死。山僧方報重生。其實爲聚八仙。

卜算子　題宋家淇《喜滄桑》詞

怪雨掃嫣紅，艷旭晞鬟翠。換了靈臺宇宙觀，應對滄桑喜。　歡語豈難工，道在符真際。糟粕猶存點滴香，充實斯爲美。

浣溪沙　濟南李清照紀念館

漱玉泉枯剩碧池。千秋才女享專祠。游人先賞郭公題。祠額、堂匾、楹聯、横碑皆出郭沫若一人手筆，游人大抵皆知郭不知李也。　詞客有靈何所見，銀屏寫影是耶非。陳列品中有電影片。一庭菊賽牡丹肥。今之菊花如盤如盎，易安倘見之，定不云『人比黃花瘦』也。

燭影摇紅　甲子迎春

氣壓秋濤，衆靈推挽香輪轉。仙姿飛下緑雲鬟，人勝分明見。癸亥戰勝澇灾，獲得豐收。屈指佳期縮短。　慰相思、蓬山不遠。迎春瑶席，火棗金橙，辛盤堆滿。仰托東風，番番花信薰人暖。繡簾高捲畫堂開，笑接閑鶯燕。寶鏡纖塵拭遍。渡江初、容光再煥。四弦彈徹，謂完成四化。鮮碧澄紅，無邊葱倩。

調笑令

李曉賢弟，吴人也，求凰有年矣。去歲于役嘉州，遇蜀姝楊中梅，初見似舊相識，通函半載，遂結絲蘿。因作小詞賀之

人面。人面。夢裡花光曾見。半輪秋月平羌。流照吴波路長。長路。長路。一縷紅絲穿度。

虞美人

民國甲寅，余九歲，隨先人赴潯陽。初見小孤山，近在舟邊，竹樹樓臺，歷歷可數。丙戌暮春，倭定返家，得再見之，離舟稍遠，仍峙江中。己未秋三見，則江沙大漲，小孤竟上北岸。屈指六十五年間，乃親歷一小滄桑矣。爰仿竹山聽雨格紀之，題蕭平新圖

螺鬟重叠舷邊緑。駭我兒時目。八年離亂慶生還，翠羽明璫媚我、在中川。　凌波今日登沙岸。祇許遥遥看。遷流無定任江神。哪是青娥嫌棄、白頭人。

望江南　四首

題《傾蓋集》集中九詩人皆先遭錯劃而後得平反，命名「傾蓋」，實喻「脱帽」

頻拜誦，拭目縱遥看。九道白波源發處，冰川融泄漸潺潺。日上赤如丹。

其二

桐花凍，四月寒曰「桐花凍」，見《蕙風詞話》。六月更飛霜。遮莫東君憐志士，欲將寒苦出文章。異數足思量。

其三

遐荒草，勁抵北風摧。多少流人酸淚盡，唯將汗水拌坑灰。喜見草添肥。

其四

空前劫，成就一編高。暢吐真情陳實録，别開

生面立孤標。天九在今朝。季剛師嘗以骨牌戲喻詩詞云：『天九最尊，已爲古人攫去，余所得者唯地八耳。』私意以爲古今情事不同，難以相比，今世固自有『天九』在，此集是也。

玉樓春　出席中國韵文學會于肇慶

薰風邀我來南越。八十情懷似十八。星湖萬綠覆華顛，杲杲朝陽融白雪。　水樓争辯波瀾濶。會員對詩詞前途，争論甚劇。文苑榮枯誰可决。請看廊下鬧花光，黄菊紅鵑方競發。

好事近　即席呈王季思、華鍾彦二老

妍燠五羊冬，三老殷殷携手。對笑無髭可撚，問吟情安否。　明朝倉促北飛鴻，雲外頻回首。怎得來年今夕，滴珍珠紅又。席上所飲佳釀，名『珍珠紅』。

以上見《熱雲韵語》卷四

前調　贈陳白塵

鬼趣一臺官，笑得巴江騰躍。君以話劇《升官圖》蜚聲重慶。更愛水銀燈下，寫昏鴉驅雀。電影《烏鴉與麻雀》。　隨君射雉十年前，無限彎弓樂。君作《大風歌》，我改編爲昆劇。袖手高樓同倚，羡遥灘鳴鶴。今日鶴有保護區，在射陽海濱。

點絳唇　媚香樓茗坐

銀海光摇，畫樓依約南明麗。古香幽細。肯向商胡媚。　轉濁還清，樓下秦淮水。東風地。换紅移翠。勝景應如是。一九三五年八月，如社第六集，主人盧冀野云：『媚香樓舊不知其處，民國十二三年間，修大石壩街，得界石，始知其去鈔庫街不遠。第七集可限題訪媚香樓。』予謂冀野：『子與于髯善，何不托其建議修復，爲金陵添一名勝。』冀野笑而不答。去今忽忽五十三年，距冀野之殤亦卅七年矣。不意今日振興旅游事業，重建秦淮風光，斯樓亦在其列，得償宿願，何樂如之。

清平樂　慶徽班入京二百周年紀念

皕年池館。朝日垂光暖。多少園丁擔水灌。紅紫吹香無算。　白頭遥望京華。深杯斟滿流霞。喜見梅開古艷，幽蘭又茁新芽。

減字木蘭花　哭伯武兄

雪松陰裏，卓犖觀書兄領弟。兄長我一歲，在金陵大學高兩級，乙丑秋訂交并勸讀歷史系。　石室當門，庚辰、辛巳，倭寇未平，同住成都僦舍，對門傳爲文翁石室。　鶴唳聲中誼更親。　江山麗好。鶴背翾烟何太早。腸斷孤留。當時同住三人，陳恭禄兄已先下世。淚雨彌天不忍收。

百字令　題桑作楷草書李白《憶舊游》詩卷

晴窗開卷，訝氤氲雲氣，初升高岫。一片天機糺縵縵，結陣儼然宿構。欲斷還連，如斜翻正，綿裏青鋒瘦。謫仙詩境，清狂何用酣酒。　憐君萬里携來，金城柳色，吸入江南秀。角聽神龍含笑看，途徑重加親授。京兆風流，孟津標格，積學藏瓊玖。明時廣陌，長客赤驥馳驟。

以上見《熱雲韵語》卷五

以上附《熱雲韵語》

泛清波摘遍

淩波槳小。隔雨燈深，還記餞君春夜好。憑肩低説，似許江南寄書早。誰知道。山長水遠，風緊雲寒，難送慧心秦吉了。暫別經年，佇立芳郊夢多少。　晚烟渺。愁傍瞰妝翠漣，又見妒裙芳草。歸倚吴山畫屏，未眠侵曉。 怨人杳。輕燕鎮日亂飛，雙鴛甚時重到。只怕今生歲月，爲伊顛倒。

見《如社詞鈔》八集

倚風嬌近

春夜醉歸，聞人家歌聲頗有夢窗《龜谿》之感

無力尋春，瘦筇支向何許。妙香牽引鄰幽墅。飛閣隱雙成。小玉五絃箏。側立潛聽。幾度。雛鶯嬌語。 腸斷司勳，高髻雲鬟何處。綠平葉成陰重賦。伴影遲回夜歸路。閒吟苦。涙珠化作繁星聚。

見《如社詞鈔》九集

風入松

蕪園一夢五清明。花事誤虛名。莫愁愁思車輪轉，憶釵盟、寒了香盟。幾日欄干延佇，餞春又鬧鶯聲。 當時不忍折芳馨。癡絶可憐生。華鬘畢竟憑春駕，有臨歧、萬斛柔情。怕聽紅樓風雨，年年恨斷金鈴。

其二

風鬟霧鬢太零丁。花樣小奴星。棠梨一樹相思白，照纖紅、膩手消凝。却怨游蜂魯莽，撲簾頻呪雙鶯。 迴飆抵死促人行。迢遞短長亭。斷鴻徵、逗春消息。一聲聲愁字難聽。望裏江城明月，迷離鶼鰈三生。

以上見《金陵週刊》一九二七年二期

蘇幕遮

莽青山，臨古渡。哀雁歸來，添箇淒涼處。山鎖層雲雲接樹。蟾魄穿林，漠漠寒生霧。 荻花飛，桐葉舞。菡萏香殘，猶自依汀溆。 顛

穎韶光誰是主。賸得西風，捲起溪潮怒。

卜算子　偶有所觸，因賦短章

碧樹子規啼，不管花枝病。啼到花殘鳥亦飛，一樹東風冷。　寄語子規飛，莫令離人警。人瘦殘花已斷魂，忍見愁鸞影。

八聲甘州　九日登揚州摘星樓

又寒蛩啼破晝城秋，蕭然夕陽天。趁黄華勝節，登樓西望，愁盡山川。何似孤懷王粲，風景異當年。別院吴歈起，響動哀絃。　回首中原如醉，幾紛紛鹿逐，冥冥鴻騫。引烏衣子弟，離思泣高蟬。總怨煞、商飈匝地，度雷塘、舊夢到人前。憑欄久、把飄零句，付與蒼煙。

虞美人　半開白蓮

銀囊壓露驕難舉。欲語還無語。多情莫羨盛開時。纔有些兒笑靨、最相思。　野風送上蜻蜓影。憐取池塘冷。玉人不鬥粉紅粧。自把朝天素面、對昭陽。

於中好

六曲屏山畫鷓鴣。漏聲點滴咽唾壺。含情欲向菱花問，問我容顏瘦損無。　蛩訴歇，雁飛孤。秋愁誤了繡工夫。阿誰消受淒涼景，滿地寒雲幕碧梧。

以上見《金陵光》一九二七年十五卷四期

一萼紅　飛龍閣聽歌

畫欄邊。又倡條冶葉，勾引客中憐。密院函春，平臺邀月，招來燕女翩韆。度縷縷、歌雲宛轉，似雛鶯、喚乳隔花圓。餘韻低回，灩紅燈影，縹碧茶煙。　漫羨珠喉玉靨，到庾郎心目，直是啼鵑。粉臆顫時，朱唇款處，愁她有恨誰傳。看眼底、春風似水，抱琵琶、彈夢入秋弦。省識黃金鑄淚，一一華年。

點絳脣　燕

底事干卿，鬬春試蹴紅英褪。錦箋傳恨。南國斜陽冷。　休夢烏衣，夢也巢無分。天涯近。翠蛾愁損。芳信無憑準。

滿江紅　丁卯暮春

作惡東風，偏約住、濃霧十日。對冉冉、蕪城三月，釀寒淒惻。小沼乍容蛙部噪，空簷誤放蜂團入。更危巢、燕子去還來，驚詞客。　春斷矣，難收拾。天涯路，無消息。問并刀誰剪，亂愁千尺。滿地落花如血豔，粘天芳草無情碧。退深居、掩户悄緘言，聽鴉夕。

以上見《金陵光》一九二七年十六卷一期

虞美人

獨無人處支筇立。月淨千峯碧。滿身松露欲歸眠。蹀躞江堤不見、柳如烟。　回頭峽口迷層霧。艇子來時路。武昌魚膾比霜絲。何必故鄉風味、起相思。

見《斯文》一九四〇年一卷三期

踏莎行　江上見月，和白石韻

鵲起星稀，蟲鳴沙輭。亂峯缺處圓蟾見。霜痕得似故鄉無，清輝早被腥塵染。　芳草羅裙，垂楊金線。江南望比青天遠。愁心一夜疊千山，誰家水閣吹蘆管。

見《斯文》一九四一年二卷一期

吴放

菩薩蠻　春雨

春山淺淡依然否。畫眉曾借張郎手。明月又初三。照人恰一彎。　相思楊柳碧。相望荼蘼白。疏雨太多情。留人不放行。

湘月　雨夜寄方脩

困人天氣，好春光長在，夢中過了。兩字相思情太苦，一樣容顔易老。倦眼抛書，傷心中酒，那更聞啼鳥。昂藏七尺，閒愁容得多少。　也曾離别年年，只這回總在、眉頭繚繞。細雨無情一霎時，點點紙牕聲悄。獨自挑燈，黄昏盼不到，五更清曉。和衣欹枕，自家檢點詩稿。

醉花陰　社日

牆外桃花高十尺。那許輕攀折。燕子過牆來，牆上斜陽，牆下愁人立。　昨宵好夢難尋覓。怪雞聲催别。不語數花枝，無數花紅，無數青青葉。

南柯子　清明

簾外蘼蕪緑，門前楊柳青。箇中春色箇中人。偏是幾絲疎雨、做清明。　皎潔前宵月，晶瑩昨夜星。一番風景一番情。只有銀鐙、依舊照黄昏。

減蘭　楊花

花如蕩子。不做浮萍心不死。高下隨風。真個相逢似夢中。　離情滿樹。萬里茫茫無著處。飛徧殘春。難覓當年詠絮人。

踏莎行　旅夜有懷，并寄湘蘋

又是黃昏，和衣睡倒。重簾不放天光曉。一燈猶結並頭花，鼓聲壓住城樓悄。宿雨初過，月華翻皎。心頭別恨添多少。知他病裏也無聊，替儂數到更籌了。

賀新郎　述詞

樂府沿宮體。擅當場、新聲代變，詞家三李。太白才華稱絶調，後主風流旖旎。更腸斷、易安居士。千古相思兒女淚，也無非、屈宋騷情思。有作者，更誰繼。　而今後學紛紛起。效耆卿、曉風楊柳，紅牙女子。大漢關西鐵綽板，摹仿東坡風氣。譜一套、大江東去。清麗沈雄流派異，論正宗、兩種都非是。泥音律，誰神似。

霜天曉角　自題蒲團圖小影

情幽韻潔。不受人憐惜。寂静坐蒲團候，敢自道、抱仙骨。　善怨怨盡滅。工愁愁又絶。休問舊時花月。花與月、長銷歇。

陂塘柳　有贈

算今番、留君難住，悤悤歸思何急。相知最苦旋相別，腸斷三更明月。人悵絶。惱杜宇聲聲，啼盡枝頭血。柔情似結。把淡酒澆愁，翻成清淚，點點替人滴。　鄉關近，已是殘冬飛雪。勸君暫駐行迹。君身獨具珊珊骨，好似梅邊鶴立。時一瞥。賸幾處相思，寂寞他鄉客。重逢那日。只屈指明年，數番花信，二月豔陽節。

蝶戀花　李琴生倩題蝴蝶帳額

日暖風和香徑午。芳草芊眠，鳳子飛無數。未忍齊紈輕撲取。描來一幅滕王譜。　夜合前身還記否。到處迷花，總被多情誤。不管江南春欲去。留他寶帳深深住。

長亭怨　送春

算心事、年來重疊。除卻桃花，更和誰説。多少相思，瀾翻清淚背人滴。東風不管，又飛過、雙雙蝴蝶。芳草斜陽，那剛過、斷腸時節。　寂寂。看重門深鎖，愁煞聲聲鶗鴂。多情飛絮，猶偷入、幾層簾幕。想只有、明月團圞，也一例、替人惜別。妬池上鴛鴦，此味不曾嘗得。

鳳凰臺上憶吹簫　書懷

騷客幽棲，美人遥隔，瀟湘幾費沈吟。任眼前羣豔，孰訂同心。多少紅情緑意，春夢破、蝶也難尋。深深。丰姿淡，珊珊秀骨，不受塵侵。　深深。九秋結佩，竟體襲芬芳，空谷傳音。把離愁幽思，都付瑶琴。惟有含寃屈宋，千古恨、説到而今。孤臣淚，江邊大招，讀能霑襟。

前調　有贈

一桁清風，半竿紅日，此時曾否梳頭。笑阿儂疏懶，猶臥情廔。記得臨歧話別，愁不語、獨上扁舟。頻回首，幾聲將息，兩意勾留。　休休。明珠十斛，買不動相思，清淚雙流。訂歸期何日，細數更籌。瘦骨難支多病，這次第、只索生愁。從分手，一言問卿，還憶儂不。

百字令　春意

餘寒庭院，恰文園賦客，病身初起。柳正垂髫花總角，春似小鬟年紀。嬰武簾邊，秋千架畔，無限留人意。闌干倚偏，多情芳草知未。　枝上百囀流鶯，丁甯勸我，好做尋芳計。可奈休文消瘦甚，孤負紅情緑意。南浦沙棠，西陵油壁，一任閒羅綺。藥罏詩卷，先生今日風味。

以上《衲蘭龕詞續》

鷓鴣天　卻寄紫僊

十二樓頭月影圓。鴦鴛兩字寫紅箋。知他應笑清狂甚，戲把焚餘稿自鐫。　銀蠟淚，玉罏煙。風懷一種問誰憐。人間儘有知音者，第一人兒讓紫僊。

浣紗谿　曉起

朝旭依微逗緑窗。起來抛卻枕鴛鴦。鏡中眉樣遠山長。　焙茗品泉消宿醉，折花和露助新妝。此時情味耐評量。

憶江南　遲眠

花與月，獨自坐深宵。玉漏滴殘鸚鵡睡，翠罏煙冷水沈消。把卷也無聊。

長相思　問夢

枝雙棲。燕雙棲。蘭麝頻頻薰被池。何時夢見伊。　我心知。爾心知。雖已知心相見遲。鐙花紅兩枝。

相見歡　視病

文園多病多愁。臥鴛裯。只是近來腰瘦、不

禁秋。紅窗静。人來省。話綢繆。香口靈犀一點、在心頭。

江城子 乞方

玉郎小病爲情長。向青囊。乞靈方。翠碗調來、妙藥勝瓊漿。甘苦幾回親自試，暗度得，口脂香。

謁金門 别恨

紅樓倚。報道春光去矣。樓外緑楊垂縷縷。玉郎扶病起。兩眼盈盈秋水。怕説爲伊偷淚。手把齊紈心似醉。飛來雙燕子。

菩薩曼 留行

離筵淚滴金樽酒。樽前絮絮難分手。門外裊垂楊。玉驄嘶夕陽。相逢何日再。此别真無奈。明日短長亭。青山第幾程。

更漏子 相思

夕陽紅，秋柳緑。憔悴畫樓人獨。斟别酒，唱驪歌。不曾留住他。夢難圓，時易過。少個比肩人坐。書杳杳，路迢迢。裙寬瘦舞腰。

以上見《苔岑叢書·苔痕詞》

吴梅

虞美人 劉子庚毓盤斷夢離痕圖

銀荷廻照江波淺。小扇難遮面。碧紗如夢悄寒時。雨雨風風天氣、最相思。尋常巷陌都經慣。老去情懷懶。鬧紅一舸可憐宵。不信錢唐今夜、不通潮。

清波引 可園送春

小園聽雨。早簾外落紅幾許。歲華飛羽。了無俊遊侶。莫指舊門巷，怕見漫天煙絮。勸君休報春歸，對風色、感遲暮。　荒雞唱午。可容我滄浪暫駐。嫩寒庭宇。甚幽夢都阻。題香墜歡渺，不是嬋娟三五。賸有堤畔垂楊，替人眉嫵。

摸魚子 秦淮秋集，有歌舊作《折桂令》北詞者，賦此寄慨

蕩晴波日長風静，煙紗窗外低護。隔簾一角遥山笑，看盡大江東去。春换主。怕陌上花開，亡却歸時路。驚霜倦羽。甚草暗西洲，人來南國，和淚聽鶯語。　才華誤。誰料旗亭又賦。黄河遠上殘句。鬢絲禪榻垂垂老，回首少年羈旅。心更苦。待手撥箜篌，唱徹公無渡。清遊記取。問鳷鵲樓前，兩三螢火，今夜向何許。

秋霽 訪朱古微丈祖謀於聽楓園，庭菊盛開，玄言徹悟。次梅溪韻

江左悲秋，對廢圃瑶華，萬卉無色。斷闋慵歌，古愁難按，暮年慢抛心力。灌園自息。露叢汲水霜天碧。望舊國。身是、故邱堅卧羲熙客。　庭院乍啟，素月流空，歲寒深盟，長伴幽寂。背西風、孤芳冷落，南山回眼笑頭白。扶醉探花知未得。記海槎去，誰問嶺表重陽，晚香應好，遠懷馳驛。

眉嫵 河東君妝鏡，偕曹君直元忠作

嘆秦淮秋老，杜曲門荒，金粉半塵土。定有驚

鴻態，妝成後，熏香初試纖步。翠鸞漫舞。賸黛痕、磨盡今古。更淒感，一樣臨池裏，當如是觀否。枯樹。蘭成心苦。早凋東人遠，巾帽非故。零落滄桑影，銅仙淚，知他飽經風露。歲華細數。對半規、重想眉嫵。怕蕉萃菱花，還不許、絳雲駐。

前調　長安秋感

看斜陽煙柳，淡月霜花，彈指歲華晚。未了羈遲恨，春明路，悤悤芳意都變。舊衫漫典。認半襟、薦淚猶煖。萬人海，獨聽荒城鼓，恨歡事天遠。回眼。蓬萊三淺。苦茂陵秋老，青鬢先換。西北高樓起，雕簷外，窺人多少鶯燕。鈿車麝展。正畫堂、重理絲管。及聽到啼烏，誰惜取、寸心怨。

玉漏遲　路金坡朝鑾訪我斜街寓齋，次草窗韻，即題其《瓠廬詞》後

錦江春事少。草堂無恙，苦吟人杳。殢酒看花，休計近來愁抱。回首西園賦筆，空夢裏、珠香縈繞。窺鏡笑。庾郎鬢影，都非年少。短衣染遍京塵，甚此夕當歌，有人淒歗。萬里南雲，閒了故園花草。靜裏一去尊相對，儘過客留題凡鳥。寒意悄。銅街尚餘殘照。

『靜裏』句，《草窗詞》諸刻作『載酒倦游處』五字句。惟《歷代詩餘》作『載酒倦遊何處』，今從之。

壽樓春

吹瓊簫商聲。記丁簾絮語，曾賦紅情。可念朱樓闌夜，坐花調笙。思俊侶、多飄零。料近年、桑乾潮平。縱畫裏題香，愁邊款酒，無奈對新亭。芳郊外，涼風生。想西陵杜曲，還

有流鶯。又怕紅綃留字，紫雲知名。先敘别，重尋盟。任客中、明朝陰晴。便韋曲相逢。霜天雁鳴秋滿城。

洞仙歌 出居庸關，登八達嶺

萬山環守。一線中原走。茸帽衝寒仗尊酒。正長城飲馬、大漠盤雕，羌笛裏，吹老邊庭楊柳。雄關霄漢倚，俯瞰神京，紫氣飛來太行秀。天末隱悲笳、殘霸山川，容易到、夕陽時候。甚輦路、荆榛戍樓空，對眼底旌旗、幾回搔首。

瑞龍吟 過頤和園

城西去。依舊照眼晴嵐，障空高樹。東風還識天家，釀花醞柳，吹香弄絮。啟朱户。休道建章宫裏，物去華如故。行吟小立長廊，垂紅萬丈，凌霄噀雨。應悟承平難再，幾番昏曉，河山無主。留此舊灰昆明，閒話愁素。羅衣對雪，重問憑闌處。老璫爲余言，孝欽后對雪嘗御羅衣。知何事、滄江沸鼎，銅盤傾露。淚灑蘅蕪路。仗堂散盡，霓裳妙部。鸞影驚鴻覩。空認取瑶臺，朱顏仙姥。孝欽后留有御容。絳雲殿閣，不堪回顧。

鷓鴣天 崇效寺牡丹

雕轂同馳日未斜。梵宮芳訊動京華。相邀俊侶雞豚約，來看空門富貴花。春換主，客無家。單衣試酒感天涯。楸陰閒坐鐘魚寂，一笛臨風落紫霞。

前調 答徐又諍樹錚

辛苦蝸牛占一廬。倚簷妨帽足軒渠。依然濁

酒供狂逸，那有名花奉起居。三尺劍，萬言書。近來彈鋏出無車。西園雅集南皮會，懶向王門再曳裾。

水龍吟　昌平州謁明陵

玉京西去多山，山花紅到雲深處。疲驢緊跨，停鞭遥指，十三陵路。我亦亭林，麻鞋拜泣，黯然懷古。看祾恩門外，豐碑突兀，留宸翰、傷高句。清高宗哀明陵詩，刻長陵碑陰。偏遇清明風雨，問春郊、棠梨誰主。薰天璫燄，沈淵詔獄，都歸黄土。大似前朝，靖康北狩，永嘉南渡。喜寢園無恙，漫勞義士，種冬青樹。

清平樂　和張孟劬爾田

香篝薰被。諳盡單棲味。遲日房櫳花濺淚。知道春魂醒未。年來銷得狂名。南樓試聽調笙。衹是尋常風月，不關鶯燕寒盟。

蘭陵王　南歸别京華故人，次清真韻

旅程直。新柳長亭乍碧。東郊外，回望九重，日冷觚棱淡無色。吴閶問舊國。應識長洲病客。銷凝處，緇化素衣，淒絶幽閨費刀尺。饑驅哀吟認鴻跡。正草暗秋門，花謝瑶席。饑驅低首嗟來食。算百歲如夢，萬人如海，摇鞭歸去趁快驛。笑多事南北。悲惻。亂愁積。嘆白髮上江關，天地孤寂。西樓把盞相思極。待薄醉欹枕，浩歌横笛。陰晴難料，又夜雨帶淚滴。

洞仙歌　癸亥除夕

南歸蘇季，嘆貂裘都敝。重認家山浣花里。對小窗兒女、雞黍團圞。渾未改，年少承平身世。明朝過四十，愁水愁風，何物纔能令公喜。更鼓麗譙空、紅燭題椒，算荊楚歲時還記。待斟酌、天寒守梅仙，看生意婆娑、樹猶如此。

解連環 獨遊怡園感賦

故家池閣。招東華倦客，試尋孤約。又歲晚、三九光陰，看籬外幾枝，破春紅萼。萬感幽單，雁程緊、北風寒作。想詞仙那日，閉户自吟，繞偏花藥。吴天鷓鴣正惡。念巾車去國，休問哀樂。對四壁、沈陸河山，指杯酒中原，鎮苦漂泊。寫入琴絲，待訴與、西園梅鶴。憑雕闌、半襟淚雨，畫樓夢各。

玉簟涼 重至金陵，寓齋寥寂，閒庭對月，淒然其爲秋也

深院停燈。但古月照檐，小步幽庭。西風梳短髮，甚夜氣冥冥。關山前度浪跡，舊巷陌、可奈重經。誰念我，對露桐枯坐，淒數長更。平生。徵歌貰酒，年少俊懷，還負白下狂名。重游如化鶴，已弱海波腥。江表刧後寄旅，算影事、客夢零星。身未老，正九秋、愁展霜翎。

柳梢青

上國鶯花。當年多少，紅袖烏紗。殢酒情懷，釀春天氣，不似京華。西郊芳樹鳴笳。問別夢、依依謝家。絲竹消年，江湖聽雨，又指天涯。

臨江仙

短衣羸馬邊塵緊，五年三渡桑乾。漫天晴雪

撲雕鞍。旗亭呼酒，黄月大如盤。　苦對南雲思舊雨，杏花消息闌珊。新詞琢就付雙鬟。紫簫聲裏，看徧六朝山。

多麗　秦淮秋集

水雲鄉，不知何事凄涼。看長川、明燈子夜，依然舊日秋光。羽衣寬、歌翻湘月，銀屏護鬢惹天香。柔艣衝波，幽花媚客，幾年湖海送清狂。問佳麗、澹煙輕粉，蝶怨板橋霜。誰知得、白頭孤旅，猶近歡場。　笑樓臺、西風換盡，故園鶯燕誰忙。氾人歸、早捐漢珮，詞仙老還辨吴航。塵墨題襟，翠尊話雨，紫萸重對内家妝。蕩客思古懷零亂，煙柳鎖斜陽。愁無託、醉攜漚鷺，共聽滄浪。

柳色黄　登燕子磯，徧遊十二洞

十里晴波，千丈翠微，人意高潔。問攜兩屐登臨，水國白蘋風熱。陰崖古洞，但見紫筍排空，霓旌霜葆朝仙闕。回步出層霄，恰山花如血。　悲切。畫闌帆影，蕭寺鐘聲，霸圖銷歇。眼盡南朝，幾許春江風月。碧雲天暮，唤起海底潛龍，柯亭笛管吴冰裂。瀉淚濕練衣，又黄梅時節。

翠樓吟　金陵秋感，寄張仲清茂炯

月杵秋高，霜鐘曉急，今宵夢回天際。湖山淪幻劫，正風鶴長淮兵氣。停雲驚起。怕萬一陰寒，千花彈淚。情難寄。庾樓憑處，自傷憔悴。　忍記。金粉江城，也建牙吹角，羽林千騎。玉京芳信渺，便南浦歸帆慵理。人間何世。待冷擊珊瑚，西臺如意。雄心碎。板橋衰柳，莫愁愁未。

前調 得京華故人書，次前韻寄答

別館延秋，孤燈款夕，空庭峭寒無際。黃粱炊未熟，變樓閣仙山雲氣。壺天眠起。對舊日鮫綃，重封新淚。人如寄。幾絲霜鬢，鏡中先悴。可記。瓊島看花，有暮春三月，五家車騎。白門驚歲晚，問煙雨綸竿誰理。枯楊身世。漸九陌風酸，垂垂生意。蛩聲碎。小窗刀翦，客衣單未。

桂枝香 登掃葉樓，倚王介甫體

憑高岸幘。愛面郭小樓，紅樹林隙。妝點晴巒似畫，二分秋色。高人去後闌干冷，笑斜陽、往來如客。野花盈路，芳園半畝，恨無留跡。但破屋、西風四壁，問煙月去揚州，何異江國。湖海豪情，認取舊家綃墨。白頭願共雲山老，甚荒城笳鼓還急。暮寒天遠，支筇歸步，寺僧應識。

鷓鴣天 詠史三首

幕府山頭鼓不鳴。西風黃葉古臺城。中原寧有王侯種，上將虛徵子弟兵。真鑄錯，孰寒盟。投鞭一夕大江平。仲謀生子猶豚犬，何況荊州劉景升。

其二

立馬吳山意態驕。荷花桂子想前朝。重攜銀漢三千甲，來射錢塘八月潮。刑白馬，珥金貂。華燈車蓋擁仙曹。西興渡口軍容墨，獨跨疲驢過六橋。

其三

大樹飄零孰紀功。橫刀長揖謝羣公。低頭醉倒中山酒，伸脚吹回五岳風。　空借箸，竟藏弓。成名豎子亦英雄。斜陽古柳依然在，一曲中郎負鼓翁。

木蘭花慢　丙寅歲杪，吳中長吏有迎春之舉，已而未果。蔣香谷兆蘭賦此見示，余因繼聲

看青幡偏户，報春意、暗中生。對土鼓牛棚，句芒人面，苦念承平。西京。內家賜綵，有魚龍百戲踏歌行。誰展三吳舊典，好聽一路歡聲。　心驚。令節到催耕，冠蓋幾逢迎。歎南陌車旗，東郊雲物，難問陰晴。傾城。萬家士女，料簪花笑語度流鶯。縱得韶華喚轉，不知何日清明。

解語花　丁卯元夕，倚清真體

春聲巷陌，暮色池臺，歸向吳閶住。素心三五。張燈火、老作上少年風趣。涼蟾乍午。更隱隱、叢簫疊鼓。登小樓、拋眼銅街，粉氣蒸腥霧。　回念宣南舊路。正油車羅帕，今夜奇遇。舊衣新絮。銷凝看、尚有鳳城塵土。歡遊細數。還飽受、四更風露。憑畫闌、香罷金猊，聽曉鐘微度。

曲遊春

面郭上青山睡，又滿汀煙絮，芳意銷歇。試著春衫，已清明時候，嫩寒猶怯。歷歷瓊華劫。費葉底黃鸝饒舌。待再過、杜若晴洲，應憶去年三月。　此別。花開誰折。到梅子黃時，紅淚還熱。崔護重來，縱夭桃未改，舊題都

滅。還鼓横塘楫。怕一樹、丁香愁結。算幾多、醉墨狂塵，有人細説。

浣溪紗　黄癭瓢蘆雁圖

水國陰晴悔遠遊。西風斂翼下荒洲。相思一點訴窮秋。　過眼雲煙胡蝶夢，驚心歲月稻粱謀。故家芳墨數揚州。

玉京謠　客廣南三月，龜岡獨酌，輒動鄉思，倚夢窗調

熱淚彈鑾雨，對酒孤吟，記取江湖味。　荔浦潮平，年來芳事荒矣。問大好金粉池臺，借一夜東風何計。黄塵底。單衣廣陌，清愁餘幾。　江山信美堪憐，賦罷登樓，看海門月起。瓶鉢天南，宵長長苦無寐。料故鄉漁火霜楓，定笑我白頭遊子。空谷裏。難禁寸心千里。

湘春夜月

佇楸陰，莫寒庭院愔愔。幾日獨對西窗，扶醉裏頭吟。欲賦蕊宫仙夢，恨紫雲消息，客裏浮沈。記小樓引酌，晴簾索句，多少温尋。　朱門翠陌，黄鸝碧草，愁説登臨。破笛廻風，摧動了、一天碪杵，敲碎秋心。銀河浪起，問淚波、流怨誰深。更自笑，甚庭花玉樹、留鶯綰燕，癡到如今。

憶瑶姬　吴湖帆翼燕出示《隋董美人墓誌》，爲賦此解

金碧侯門，閉小冢，紅心草滿三弓。容光銷鏡月，縱瘞花銘在，彈指春風。玉平兒幸死東昏，未籍青衣禁苑中。按：美人没于開皇十七年，至仁壽二年，蜀王以罪廢禁錮。笑錦帆、流落天涯，暮

鴉枯樹冷隋宮。石華乍啟塵封。故紙千金，幾番江漢傳烽。河山餘黯影，對舊朝文物，細想驚鴻。秋魂莫怨楊花，一研南薰墨正融。伴海濱、巾角臨池，夜月環珮逢。

清平樂

溪山秋晚。雁陣驚風散。一棹夷猶行未遠。繞徧蘆汀蓼岸。　幾多茅舍村莊。此中安穩江鄉。卻笑頻年避地，不如畫裏漁郎。

減字木蘭花　過胥江有悼

風波咫尺。身逐胥濤留不得。落月江楓。行客愁聽半夜鐘。　西郊款段。陌上花開歸緩緩。楚魄重招。應踏楊花過此橋。

壽樓春　觀演《湘真閣》南劇，仲清、九珠叔曾源各賦此解，余亦繼聲

過春風旗亭。記長干繫馬，消受閒情。此際南州留滯，怨歌重聽。身未老、心先驚。動亂愁、梅花江城。縱茂苑人歸，青溪夢好，枯樹伴蘭成。　雲屏外，霜猿鳴。指斜陽霸國，金粉飄零。漫向瓊樓懷舊，板橋尋盟。淮水碧，鍾山青。恨隔江、無多商聲。賸詞客哀時，蕭蕭鬢星。彈廣陵。

淒涼犯　戊辰端午

白頭怕結長生縷，驚心劫後佳節。海榴薦俎，塘蒲佩劍，老懷淒咽。壺天抱潔。甚羌管、回波暗裂。奈今朝芳蘭試浴，比似去年熱。　雙袖南州淚，楚水吴艭，等閒輕別。玳梁燕乳，可還知舊家風月。夢黍光陰，已聽到汀洲怨鴂。笑勞生，足繭萬里尚未歇。

綺寮怨

淮張舊基，新拓池囿，酣嬉士女，徹夜行歌。偶過瞻眺，余懷淒黯，爰倚此解，索仲清和。清真此詞下疊，暗韻至多，如「江陵」「何曾」「歌聲」三語，皆是協處。自來聲家多未知也

老眼看花如霧，古懷零亂生。算小劫、換了華鬘，聽嬌語、乍轉流鶯。吳宮齊雲舊跡，傷心處、戰血餘暗腥。又半天、畫角高寒，重來似、化鶴人姓丁。　徧地象簫鳳笙。傾城。翠袖，秋庭。共拜雙星。異國飄萍。有憔悴、沈初明。依然太常歌吹，可夢影、記東京。歡場怕經。旗亭。待貰醉、招步兵。

六醜

虎阜秋眺，偕仲清作

又秋光照眼，徧七里、飄花坊陌。萬峰笑人，窺窗拋黛色。獨步煙驛。暗念吳宮怨，鷓鴣聲老，送錦帆如墨。前朝恨事沙沈戟。破楚門邊，紅心草碧。頹垣斷橋休惜。待邀他客燕，閒話今昔。江東裙屐。怕山靈未識。路轉招提渺，天地窄。當年翠輦無跡。問南巡舊夢，牧童橫笛。留宸藻、忍看題壁。嗟十歲、客裏單衣瘦馬，故鄉輕擲。西風外、一望京國。想暮鴉、換了長洲樹，空成淚憶。

浣溪紗

河東君小象，集牧齋詩

梅子黃時晝閉門。朱顏綠髮紫綸巾。虛窗燈火勘窮塵。　絳淺黃輕呈國色，落花細雨正佳晨。崔徽可是卷中人。

浣溪紗慢

海上遇舊燕

苦伏處仲櫪，狂走相如馬。謝堂信息，難道無多也。闕塞浪跡，客子風懷寫。歡事如飄瓦。鶯燕好樓臺，早悤悤、銅駝淚灑。藕花榭。

記載酒停車，甚南城舊陌，西第豔歌，粉氣消殘霸。忍聽素娥，天寶幾年話。一卧滄江野。惆悵昔游非，卻重逢、今宵月去下。

瑞龍吟　鄧尉歸舟感賦，次清真韻

橫塘路。無奈細草籠沙，亂雲迷樹。嬉春商略吴天，畫船載酒，重來舊處。　乍延佇。還記萬梅花下，那人當户。柯亭短笛頻吹，四橋暮雪上，篝燈共語。　風度笙簫依舊，忍看臨潁，公孫嬌舞。回眼斷魄山川，清豔非故。題香縱墨，還譜蕒漁句。　空追念、雙崦蕩槳，修廊聯步。夢影隨春去。芳辰勝地，都成恨緒。霜點青絲縷。禁數載江湖。聽風聽雨。夜寒對月，客衣誰絮。

江南好　喜潘丈芯廬昌煦南歸

杯底西山，袖中東海，勸君今日無愁。水天揮塵，閒話舊時遊。應憶探春往事，丁香下、花發上新楸。江亭路，微吟淺醉，雲樹藴芳洲。　殘棋翻近局，燕南信息，莫問荒郵。正銅仙辭漢，雙眼神州。繞郭荷花相迓，結芳珮、應試歸舟。還馳念，丁沽遠客，遥夜望高樓。謂高丈紓隱。

隔浦蓮　過銷夏灣

芳洲臺榭廢早。一徑荷風繞。畫舸蘅蕪路，烏棲曲催清曉。幽處人過少。湖山好。夢影梧宫老。　錦帆渺。搴香勝地，應憐西子嬌小。晴巒水樹，四面白蘋紅蓼。波底涼蟾弄夜照。閒弔。通天多事修表。

西子妝　重過西湖

波泠襪塵，霧沈塔影，畫裏湖山非故。破空樓館六橋邊，漫重尋那時鷗鷺。繇華迅羽。總不是嬉春舊路。夜簾開，又廣場燈火，魚龍掀舞。　西陵去。陌上花穠，料共油壁遇。月明聯臂踏歌來，正笛中、紫雲迴步。歡場怕顧。待何處。清涼閒住。對晴巒，一卧松窗夢午。

徵招　南塘觀荷，次白石韻

澄湖一片紅妝影，沙棠載將佳士。散髮倚朝陽，喜無人來此。碧筩吾醉矣。對鄉國、不知秋思。萬葉吹涼，緑波如鏡，水行良是。　迤邐。采蓮歌，横塘路、江南盛時情味。近岸落霞飛，起蘋風一二。拍浮還共爾。幾耽誤、舊狂清志。展雙槳，月白前溪，問夜遊何計。

拜星月　詠螢，次清真韻

院落新晴，林塘初夜，小立屏山燭暗。一點清光，出芙蓉池館。畫廊外，記得、闌干十二人杳，咫尺花明星爛。水榭涼生，早熒熒相見。　乍開簾、笑撲秋娘面。纔飛去、又向紅樓畔。漫戀小扇輕羅，已臨風驚散。認練囊、照徹清華館。三更後、伴著霜蟾嘆。儘悟到、宿草前身，憶隋宮目斷。

采緑吟　荷葉，次草窗韻

水國南薰早，數點嫩葉塘西。晴波緑照，淡雲黄掩，涼意催詩。曉鷗飛一片，菰蒲裏，映來淺碧琉璃。小舟輕菱歌遠，相依歡事共誰。　鉛淚灑芙川，清尊畔，攵絲霜蕅甘脆。幾日發西風，怕碎卻銖衣。話滄洲、驚醒鴛鴦，荒溝下、重覓故宫題。吴天渺，留得翠盤，今夕露微。

惜紅衣

斷浦霞飛，長隄樹隔。浣花新宅。夢穩蓴鄉，招來布衣客。雕菰釀酒，拚醉向。闌干歌拍。今日。閒話水天，獨平戎無策。　金門咫尺。煙霧神京，緐憂寸心積。湔裙舊路，路窄四山黑。冷落采香前事，不記舞盤消息。待共攜鷗鷺，酙酌石湖秋色。

瑣窗寒　重過寒山寺

岸柳汀莎，依稀認得，小橋村市。盈盈帶水，向晚客船曾艤。展清尊、夜鐘又鳴，亂鴉繞月呼人起。甚古楓摇落，招提重到，舊狂難理。　還記。山塘醉。笑破帽殘衫，徧遊七里。光緒戊申秋，偕俞君粟廬、李君季揚自虎邱至楓橋，醉歌達旦。家鄉信美。蕩子經年如此。想當時、題壁上字湮，草堂勝迹今賸幾。但孤篷、夢醒霜天，恨逐迴潮尾。

減字木蘭花

臨邛車騎。薦士難逢楊得意。衣錦還家。娶婦居然陰麗華。　東西馳道。廣廈明燈花四照。一樹冬青。誰復芒鞋拜孝陵。

其二

白頭吟望。故國平居多惻愴。彈指樓臺。恐有胡僧認劫灰。　紛紛廚顧。又見甘陵南北部。長嘯蘇門。多少風塵袖手人。

水調歌頭　過滄浪亭

禾黍故侯第，水竹謫仙居。此時攜杖閒步，但少醉翁俱。紅樹青山如畫，明月清風無價，俯仰足酣娛。結伴更消夏，十萬擁紅蕖。　耽泉石，争名利，總軒渠。誰云子美高曠，一序戀區區。未必溺人仕宦，安有忘憂池館，人境盡華胥。我醉欲眠矣，卻笑子非魚。

瑞雲濃　過舊尚衣使署，賦瑞雲峰

雲腴未老，銅仙辭漢腸斷。僵卧吴臺舊亭觀。陰崖水溢，記苦費鮫人紅汗。石曾没太湖中，竭萬夫力得之。見《韻石齋筆談》。照眼冷緐華，笑朱門日短。　移置梧宫，留影事、宸章藻焕。穩度層霄絳霞展。逗天秋溜，定聖媧不曾匀鍊。一餉無言，暮山幾變。

霓裳中序第一

晴波記泛宅。墜葉青溪無信息。依舊緑楊巷陌。甚花榭罷燈，湘簾收笛。西風破屐。料謝家鶯燕難識。何戡去，碧城按曲，冷落俊遊跡。　凄寂。鳳樓春隔。怕柳外羣山换色。哀時詞賦自惜。玉老田荒，往事休憶。斷紅留醉墨。但暮雨吴娘暗泣。霜華緊，塵侵雙袂，去住兩難得。

垂楊　秋柳，倚陳西麓體

西風故院。認錦屏樹色，一絲天遠。跨馬長隄，半城殘照棲鴉滿。柔條經過清霜浣。歎流水、六朝風捲。縱年來、啼雨顰煙，恨箇人歸緩。　應念江空歲晚。對金縷舊歌，不堪重展。路入陽關，有誰高處吹蘆管。紅樓幾度催刀剪。抱客笥、寒衣忍典。自銷凝、白下聽秋，秋夜短。

露華　詠桂，倚碧山體

素暉蕩夕。正亂落去天香，獨認秋色。試倚畫闌，閒領叢山消息。淡黄乍破新葩，別換一庭風力。清露下，西堂夢還，伴我幽寂。　冰壺乍洗涼魄。怕絳闕高寒，來去無翼。試問殿秋芳蕋，好景誰惜。記昨罷了霓裳，葉葉老蟾低泣。還病損，淮南倦遊上客。

念奴嬌　追題鄭叔問文焯冷紅簃填詞圖。時先生歸道山逾十稔矣，即集先生集中語

舊家英妙，《瑞龍吟》。記燈前俊語，《惜秋華》。幾番醒醉。《湘春夜月》。著意傷春天不許，《玉樓春》。萬感都成蠟味。《天香》。關塞音書，《鶯啼序》。江山文藻，《慶春宮》。無數傷心事。《卜算子》。吟邊瘦月，《甘州》。窺人還自憔悴。《還京樂》。　因念舊節題香，《龍山會》。亂山側帽，《芳草渡》。詞客風涼地。《驀山溪》。任是婆娑生意盡，《楊柳枝》。換了疏狂身世。《御街行》。絲竹凋年，《齊天樂》。湖山送老，《念奴嬌》。孤鶴生淒唳。《漁家傲》。南樓清歗，《瑞龍吟》。淒涼今夜如此。《玲瓏四犯》。

扁舟尋舊約　寓齋對雪，有懷九珠叔。適陳匪石世宜至，邀城南探梅，賦此索和

珠箔驚寒，銅壺延日，碎瓊飛屑無痕。四山沈睡，危樓倦倚，暮天換徧頹雲。老夫開笑口，對銀海、還傾數尊。歲華催晚，明年健在，扶杖待晴曛。　思故宅、平江高卧客，傍打頭茅屋上，經幾黄昏。苦吟心眼，窮陰氣候，此時

半臂誰溫。畫闌呵手地，有蓑笠、鄰翁叩門。絳梅開未，相攜遠走城外村。

雪梅香 蠟梅

碾蒼玉，輕雲薄日伴西堂。問檀心無語，知他乍別含章。燕市應餘海王雪，猩瓶時拂水仙妝。曉寒急，放下彤幃，消領濃芳。　年光。已殘臘去，節候驚心，舊圃都荒。久客探春，素兒粉額塗黃。可釀高崖半房蜜，獨添沈水一爐香。閒庭院，夢繞南枝，誰費思量。

醉翁操 仲清、九珠叔過百嘉室夜話

開天。當年。淒然。總難言。尊前。招攜素雲來詞仙。白頭經慣無眠。拚放顛。醉對舊山川。覺九州渺如點煙。　灞陵夜望，重認長安。大河浪沸，還忍津橋聽鵑。君所悲兮江關。我所思兮蘭荃。悤悤今歲遷。高邱無嬋娟。鼓吹到愁邊。未知何處張舞筵。

滿江紅 寒雅

愁滿頹陽，看一陣、還指舊巢。亭皋外、稻粱淒戀，南北勞勞。病翅襹褷風色惡，荒村迢遞雪痕銷。正半天、寒意近黃昏，笳吹高。　昭陽淚，休更拋。上林樹，已先凋。只玉顏憔悴，不似前朝。莫恨江潭煙景改，白門衰柳有霜條。又幾聲、啼過小青溪，長板橋。

早梅芳 雪中放舟西崦

蓑笠翁，綸竿手。放目吳波秀。一天金粉，半幅雲林畫難就。漫尋塵外伴，自結蘆中友。正羊裘乍脫，寒意上雙肘。　暮天歸，勝事有。短楫全家守。荊妻作飯，稚子移尊笑張口。醉來詩膽勇，眼底梅魂瘦。問蕢漁，富春人在否。

雪獅兒　登冷香閣

凍梅千蕊，危樓四面，吳天寥廓。霸跡上銷沈，荒了夕陽城郭。輕寒未著。被滿地、霜笳吹覺。東風裏、玉梯凝望，日長人獨。且采晴枝絳萼。料花開如舊，好春非昨。草没蘇臺，忍問家山猿鶴。憑闌自酌。怕虎氣澄潭時作。雙袖薄。老我怨懷無託。

繞佛閣　沈石田竹堂寺探梅圖

破橋故里。南去數尺，時過蕭寺。余舊居多貴橋，距寺不數武。鐘梵餘幾。更無俊侶、尋春畫中意。廢興夢裏。空念勝國上，千樹芳蕤。石田自題此圖，有『竹堂梅花一千樹』之句。塵界彈指。再來苦想，禪林太平世。放筆問紅萼，萬古名花長久未。扶杖近遊、風流思老輩。認半紙芳菲，還在天地。兩行清淚。嘆舊館侯王，憑弔何事。寺故爲楊和王別墅。寫花魂、洞簫吹起。

夢橫塘　胥江村店獨酌，倚苕溪體

半湖帆影，雙槳蒪香，采蘭人去如織。水國陰多，已不是、湔裙風色。誰伴凌波，市橋尋問，酒家消息。對芳時麗景，斷送浮生，今天下、沈酣日。芒鞋多出山村，看青帘乍展，品味先識。試入壺中，招素鶴、紫裘吹笛。記前度、旗亭買醉，月底嬋娟泛輕鷁。舊事沈思，老懷淒黯，早潘郎頭白。

江南春　趙大年江南春圖

如此江山，蒼然粉墨去，千秋圖畫高絕。青韶黦錦，放瑞雲、妝點佳節。芳樹聽啼鴂。鞦韆外、柳緜弄雪。便縱有、長安水曲，洛邑園亭，難誇兩處風月。　南朝事，如夢蝶。但古意茫茫，暮潮嗚咽。生綃麗影，試醉筆、高崖青裂。天寶緜華歇。留霜翰、内家品潔。孤館翦燈，開紙招春，將心字兮香爇。

石湖仙

溪山懷古。縱天藻留香，風景非故。三歲不曾來，望楞伽禪心早悟。緜華猶記，有麗製玉梅吟譜。回顧。嘆舊家已半塵土。　湖亭尚餘廢壘，對東風興亡怕訴。澹月長橋，冷落樓船簫鼓。緑水叢祠，白蘋荒渚。小紅何處。盃且舉。輕舟載恨良苦。

醉蓬萊　竹葉青，酒中清品也。有客餽我，索賦新句，爲倚聖求體

正玉樓邀月去，翠葆迎風，虛庭無暑。從事青州，伴晚來清趣。風味蕭疏，此君良好，對故山賓主。獨醒微吟，孤懷淺醉，水天揮麈。　猶記長安，幔亭張飲，淡白蓮花，共傾仙露。海甸蓮花白，元遺山曾詠之。李仁卿所謂『情知天上蓮花白，壓盡人間竹葉青』是也。炊黍光陰，算舊遊何處。太液前塵，謂川新釀，漫破甑重顧。病卧滄江，凄然把袂，一尊愁舉。

六州歌頭　過淮張故宮

棠花落盡，春老麗娃鄉。西亭外，重凝望。小城荒。步崇岡。還記齊雲事，上元節，張燈樂，詩酒夜，笙歌地，盛冠裳。日冷梧臺，王氣

東吴墨，懷古蒼凉。況甘泉傳火，翠瓦碎鴛鴦。如過維揚。弔雷塘。　嘆桐香館，惠芳院，身塵土，志冰霜。雄業去，三宫殉，七姬亡。桐香、惠芳，爲士誠貯嬌地。及城破，劉夫人驅羣妾登齊雲焚死。駙馬潘元紹七姬，亦同殉國難。　費思量。　芳草紅心偏，問何處，玉棺藏。誰霸主，誰天子，總黄粱。回首金陵椒殿，淪禾黍一例滄桑。但年年七月，猶爇六街香。苦念君王。

曲玉管　賦蟬

倚枕人醒，憑闌日永，凌霄羽客流淒響。一片無情愁碧，高館新篁。引清商。　遠浦新晴，長隄亭午，玉柯早試綃衣爽。乍珮金貂，滿眼驚見秋光。故宫荒。　抱影枯枝，可憐取西風身世，晚來細雨樓臺，朝來淺霧池塘。幾星霜。儘江關投老，改盡黄門雙鬢，十年蓬轉，九曲腸迴，獨對衰楊。

八六子　白蓮，次淮海韻

裊亭亭。淡妝如語，江皋小步塵生。記水榭更闌月静，柳隄風定波香，舊遊夢驚。　千花無此娉婷。素襪玉璫多態，青天碧海含情。老去對芳姿，最難排遣，四山煙霧，半宵歌酒，那時怕問蘋洲信息，難猜梅子陰晴。亂愁凝。瓊壺又添漏聲。

玲瓏玉　賦蕅，倚聖瑞體

紗幔仌盤，展瑶席、玉骨玲瓏。并刀薄削，累他幾度纖葱。盡道甘芳沁齒，奈心煎膏火，歡思都空。涼風。偏吹來、金縷曲中。　竟夕高臺避熱，伴浮瓜沈李，新卸蓮蓬。九寸柔絲，繫深情、吐出香茸。平生悲秋孤抱，願消受、蓴鄉日月，水部襟胸。等閒看，似佳人、雙臂斷紅。

玉簟涼

客有以涼枕遺者，倚此謝之

人靜蘭堂。仗幾曲畫屏，小蔽炎光。清眠纔倚竹，悟半箸黃粱。閒中烏帽自落，正倦客、好夢登場。庭院午，又蕙風吹幔，槐影移窗。端相。練衣御晚，瓊臂印春，還記茉莉盈囊。柔雲鬆四握，指月底西廂。年來芳思漸減，但醒卧、獨對銀釭。秋信早，怕此時、團扇先藏。

月華清

客見前詞，囅然曰：『涼枕與團扇並詠，則團扇亦當張之。』復作此調

荷苑招涼，槐庭延漏，滿懷炎熱都滅。新製齊紈，寫出內家妝茜。縱月殿先許團圓，怕水榭尚遮芳豔。秋漸。願承恩似舊，君心不厭。翠户今宵乍掩。甚未起西風，早疏冰簟。篋笥頻年，往事東陽誰念。玉讀去聲階怨謝女啼多，長信恨楚姬眉斂。回瞰。正流螢三五，薄羅低閃。

四園竹

過水竹居，倚清真格

檀欒漾碧，暗護小籬笆。幾竿杜曲，千樹渭川，晴拂蒼霞。開素軒，經萬劫、風欺雨打。此君依舊夭斜。問山家。扶疏暗引流泉，交加更繞叢花。盼到平安寄下。留伴冬青，共惜年涯。重過也。費淚墨、東京記夢華。

雨霖鈴

秋夕蕉庭獨步

青鸞棲息。對閒庭宇，乍展三尺。簷牙偏繞

濃蔭，相看處鬢眉都碧。一枕紗幮，夢影傍金井遥夕。算送到、多少商聲，茂苑聽秋早頭白。寒燈半點天如墨。更暗蛩、倚月階前泣。依然寶闌低亞，還忍問、美人南北。小扇招涼，重認淒風苦雨蹤跡。待碎翦、牆下愁根，細領嫦娥色。

八寶妝

甫里保聖寺羅漢象，舊傳楊惠之作。庚午九秋，拏舟參謁，又讀太倉奚中石士柱長歌，憮喜贊嘆，因成此解

蒼島耕煙，絳河飛錫，細數千年如羽。埏土流傳憑妙手，海底鯨鰲軒舉。青臚斜睇雁奴，持鉢呼龍，靈山今夜停花雨。中石詩云『一僧呪鉢起龍珠』，又云『更或青臚睇雁奴』，是十八尊形式各自不同。今止存六象。誰信露盤辭漢，銅仙還住。因念舊跡上毘沙，玉峯破寺，劫塵休話風絮。崑山慧聚寺，亦有楊塑毘沙門天王象，毁于宋淳熙中，見《中吴紀聞》。縱留下梵天故事，問殘影莊嚴誰護。日本大村西厓著《塑壁殘影》一書，專記此寺故實。算鄉國無多紺宇。白蓮秋老汀洲路。對蛻影精藍，清池素月禪心古。

秋思

讀舊作《落葉》詩，次夢窗韻

曾倚雕闌側。伴翠娥、來試故園秋色。明月二分，禁宵三五，花藥低窄。正螺墨題情、箇儂初見寸黛抑。面映紅、尊勸碧。算話別前蹤，惜香今恨，縱有素衣薦淚，俊遊空憶。幽夕。重聽漏滴。對鏡鸞、想象容飾。畫樓調瑟。星辰依舊，義山鬢白。記出浴妝成少年，雙鬢蟬罷翼。笑座客、渾未識。嘆病榻茶煙，何時歡事再得。況隔天南地北。

燭影摇紅　寒夜過仲清齋話舊

高閣疏燈，地爐星火春回煖。白頭明鏡洗前塵，誰道年芳短。依舊清華祕館。料麻姑、蓬萊怕見。好添新炭，還話旗亭，良時絃管。含笑褰幃，彩雲不掩嫦娥面。曲闌多事倚西風，鬲指商聲變。應記小樓夜宴。對熏籠、香深醉淺。幾番别恨，重檢寒灰，玉釵敲徧。

霜花腴　歲寒堂拜范文正公遺像

卧龍巷陌，對五松，虬枝萬古青青。人老窮邊，鶴歸何世，重來細雨吴城。畫簷兩層。羡故家、喬木修齡。記臙脂、贈别題紅，繡幃添寫美人名。公喜一樂籍，嘗以胭脂寄贈，并題一詩云：『江南有美人，别後長相憶。何以慰相思，贈汝好顔色。』見《西溪叢話》。

還憶盛時佳話，賦銀燈白髮，共醉劉伶。公與歐陽文忠共賦《剔銀燈》詞云：『争如共、劉伶一醉……問白髮、如何廻避。』見《中吴紀聞》。南郭虀鹽，西涼車騎，先憂後樂平生。亂烽未經。繞舊廊、猶認棠銘。縱登臨、拜識上衣冠，履霜何處聽。公喜琴，輒彈《履霜操》。見《老學庵筆記》。

三姝媚　重過花步，次梅溪韻

冰華流羽瓦。又紗窗吹寒，雨絲飄灑。小曲幽坊，幾探春簾底，送人花下。漫折垂楊，知繫過、蕭郎驄馬。斷夢迷離，臨水芙蓉，尚如裙衩。　還記西堂消夜。正畫燭呼盧，五更纔罷。舊約藍橋，奈絳河驚浪，寶成無價。綺陌紅梨，生怕與、荼蘼同謝。唤起濃歡，和淚青綃細寫。

太常引　戴文節公太常仙蝶畫卷，次彊村韻

銖衣蜕去黦留痕。上苑早生塵。栩栩畫中身。料多見、容臺舊人。修門草滿，青陵路遠，何處見殘春。故事話成均。記前度、花朝令辰。庚申花朝曾見仙蝶於國學。

蕙蘭芳　湖帆得馬守真、薛素素畫蘭，合裝成卷，屬賦此解

春去板橋，忍重問、謝家池閣。賸一縷騷魂，遥想鈿盟鏡約。夢回聽雨，正恨鎖玉樓絃索。染鳳綃熱淚，寫出空山芳蕚。建業題襟，長安圍獵，往事如昨。馬建業所居曰『延秀閣』，極文讌之歡。薛居京師日，輒單騎挾彈徧獵四郊。對湘管秋痕，誰省寸懷怨託。相思滋味，最難領畧。知故人、今夜古歡寥落。

洞仙歌　徐積餘乃昌小檀欒室勘詞圖

篔簹四面。坐聽秋庭院。時見流螢照書卷。是紅蘭小史、黄絹新辭，商略定，吹出蕢洲笛管。夜窗應煮夢，環珮遥空，招得寒簧做芳伴。五色濯華箋、滴露然脂，知多少、玉臺恩怨。算翠墨、題香徧江湖，悵舊閣雙雷、故人天遠。謂蔥石。

洞庭春色　詠橘

翠葉金丸，故山嘉果，黦説洞庭。恰朱橙新薦，黄柑罷貢，同登尊俎，纖手香凝。試摘雙枝三百顆，怕嘗盡酸甜難解酲。還堪笑，笑吾家正少，千樹江陵。踰淮又愁化枳，自惜市隱吴城。況越州秋税，未除臣籍，越多橘柚，歲徵秋税。闞澤表請『除臣橘籍』。見《述異記》。東坡楚頌，

孰建孤亭。雪後園林風色惡，甚玉几華筵寒舊盟。重相問，問白頭對奕，此局誰贏。

東風第一枝

辛未季冬，探梅過香雪海，賦此

暖雪烘晴，濃香送晚，橫斜玉映如海。試行光福山中，小立聖恩寺外。都無隙地，有一片、紅霞遥蓋。但徙倚、六角荒亭，細識絳仙丰采。　宸翰泐、舊題尚在。騷客去、瘦吟難再。甚時燈火河橋，又值素苞破蕾。南枝雖好，怕老至、芳華先改。待醉譜、白石新聲，月夕萬花齊拜。

醜奴兒慢

唐花，倚夢窗格

嫣紅姹紫，裝綴濃韶千頃。正殘雪西風門巷，幻出上蓉城。坐倚薰籠，紫皇連夜展霓旌。不須重借，開元舊鼓，催動芳盟。　埽徑對花，妍姿雅態，回念神京。看温室玻璃日射，春徧蓬瀛。指點幽叢。霎時開謝感難平。微吟閒醉，碧雲大暮，四序都更。

望海潮

弔戚南塘

旌旗嚴陣，樓船飛渡，平生萬戰爭先。南國罷兵，東藩卸甲，知君破虜多年。雲氣暗櫻川。看將星夕隕，烽靖甘泉。自秀吉没，東患始平。斗大滄溟，挂弓鰲闕報凌煙。　高名父老猶傳。有新書紀實，談笑安邊。筤筅健兒，鉤鐮妙手，如今勝算難全。霜騎走朱鳶。問廣甯直北，誰換星躔。空念梅林，繡衣橫海拜嬋娟。

南塘罷後，繼任者胡梅林宗憲。其平徐海功由海妾翠翹。事平，翹失志死。吾鄉秦膚雨曾作《翠翹曲》弔之。

紫萸香　壬申重九，怡園對菊

背西風、行吟低首，一枝懶插烏紗。笑驚霜蓬鬢，對佳節，惜年涯。晝静銖衣嬌舞，更招攜仙鳳，亂落晴霞。寄相思、杜曲客子獨傷高，忍再問、兩京好花。　嗚笳。海上浮槎。天不管野人家。但東籬雨足上，南窗月滿，時放靈芽。晚來葛巾重岸，話陶令、記元嘉。儘銷凝殿秋情味，卧龍坊畔，今日盃酒誰賒。珍重歲華。

倚風嬌　蔣孟蘋汝藻密韻樓圖　有序

孟蘋得宋槧《草窗韻語》，顔所居曰『密韻樓』，繪圖徵題。是調始自草窗，而《詞律拾遺》以第三句作上三下四，誤，兹正之。

芸葉留香，故家天水都杳。蠹箋猶有長恩保。新緑灑簾纖。雨脚晚涼添。濕壓重簷。可道江湖人老。　三徑延芳，來擷蕢花寒沼。誰識詞仙幽抱。避影緐華伴吟嘯。歸家好。弁峰翠色迎君笑。

水龍吟　古微丈挽詞

暮年蕭瑟江關，舉頭惟見河山異。抗聲殿角，回楂嶺表，亂雲如戲。海嶠鶯花，吴門鮭菜，悤悤彈指。記聽楓舊館，隱囊揮麈，知珍重林泉意。　還是悲歌無地。結漚盟、滄江鼎沸。東華待漏，中興作頌，紛紛槐蟻。忍淚看天，十年棲息，天還沈醉。算平生孤憤，秋詞半篋，付人間世。

生查子　再登掃葉樓，讀龔半千畫

四面盡環山，下有神仙宅。只恐落花多，阻了探春屐。　中歲倦遊歸，猶抱登臨癖。安得素心人，來此同晨夕。

其二

突兀聳晴空，留此真山面。不是望匡廬，隱約雲中辨。一片出天機，平淡皆烹鍊。造化入鑪錘，腕底風花變。

其三

一角小重山，幾處荒寒樹。高閣寂無人，但有雲來去。投老卧江潭，整理綸竿具。風雪釣空江，萬一天隨遇。

其四

濕霧束山腰，蕩漾成雲海。古寺踞山巔，更在層雲外。嵐翠撲人衣，松壑鳴天籟。工筆米家山，恐與時宜背。

其五

怪石壓江波，江水平如掌。石破洞天開，幻作游仙想。高樹隔流霞，遠瀑沈清響。地僻愜幽懷，誰打桃根槳。

其六

峭壁巨靈開，一線留天罅。直視遠峰平，仰測陰崖怕。躡足徧荒山，擬作三椽舍。招得老麻姑，揮手羣仙下。

其七

石虎嘯西風，紅葉盈山腹。紺宇隱霜林，結伴登靈谷。悟徹畫禪天，不食花豬肉。煙雨幾南朝，都在先生目。

霜葉飛 仲清艮廬填詞第一圖

少年張緒。凋雙鬢，哀時猶滯荆楚。甕天彈

指換華鬘，算寄身何處。借鐵笛、霓裳自譜。江村遥夜窮銖黍。念去國情懷，對破屋、長歌痛飲，一字休訴。　重記近日悲歡，連山昏曉，定惜芳事耽誤。舊遊如夢夢如煙，道美人遲暮。早織得金衣萬縷。泉綃紅染鮫宫吐。怕故鄉、東風變，回眼神州，問花無語。

飛雪滿羣山　又第二圖

京國狂蹤，家山香屑，倦遊悽絶騷魂。亂峰如睡，同雲做冷，料無妙計回春。老來歡意少，但低首、茅簷病呻。亂鴉催晚，荒雞報午，留認幻中身。　嗟素髮、黄門傷逝客，抱曉樓孤影，欹枕沾巾。五更鐘鼓，千花世界，早知悟徹塵根。水天揮麈話，待重述、中吴紀聞。故人無恙，高歌小海追夢痕。

甘州　讀蔡師愚寶善《聽潮音館詞》

偏長安亂葉動悲風，偏驚宦遊心。記華燈呼仗，哀蘭送客，擁鼻微吟。重弔吴宫遺恨，銅輦夢秋衾。低首藏人海，肝膽森森。　難得西園傾蓋，向尊前攜手，花下題襟。傍滄浪洗足，高館築來禽。賸蟠胸、無多哀樂，借畫中、山水寫清音。良宵静、聽紅絹語，同撫瑶琴。

洞仙歌　讀潘軼仲承謀《瘦葉詞》遺稿

西垣拂袖，已中年時候。自種門前五株柳。算雄邊借箸、畫省含香，都不管，閒對斜陽尊酒。　江鄉雞黍賤，風月平章，醉過三春便重九。鶴病茂陵霜、短翅襹褷，人説是、文園消瘦。縱花外、翻成雪兒歌，問夢話秋聲，夜臺知否。

前調 讀林鐵尊鵾翔《半櫻詞》

餐櫻罷後，早羣龍無首。萬感沈冥付歌酒。記黃衫走馬、紅燭呼盧，長揖去，重訪寄奴京口。　玉峰高處卧，商略琴尊，上客都爲使君壽。倚枕睇中原、鼓角霜天，知銜淚、看花能久。且共結、江南歲寒盟，指落日山川，曉風楊柳。

齊天樂 蔡雲笙晉鏞雁村填詞圖

曼陀花發天如醉，相逢劫餘無恙。雪苑鳴琴，蓉湖倚棹，消領宦中清況。承平夢想。早一卧滄洲，銅仙移掌。定記當時，莫愁單舸共雙槳。　蘭成辭賦最苦，暮年湖海徧，孤調誰賞。落葉添薪，牽蘿補屋，往事不須惆悵。銀簷乍上。待自琢新聲，小紅低唱。彈入蘆川，更聽花外響。

前調 甲戌重九，登豁蒙樓

北湖環注臺城下，鍾山屹然高坐。四顧天空，三秋氣爽，又見長安江左。禪房静鎖。聽幾杵鐘聲，客愁敲破。醉把茱萸，暮村吟事問誰可。　登臨多難自古，近來筋力減，扶病重過。故壘籠沙，荒坡咽月，還記南朝烽火。黃花伴我。怕今日東籬，有人催課。蓑笠漁舟，甚時歸計妥。

傾杯 南城歌酒，無異盛時，回首前塵，淒然欲絶。倚屯田散水調格

落葉江城，笑桃庭宇，高樓畫燭紅徹。繡枕四角，錦襪半握，蹙兩灣新月。蘼蕪緑盡汀洲路，已十年輕別。長橋豔影，都付與、一夕邊

笳吹裂。共說。濃春物候，廣場絲管，如聽哀蟬咽。想巷陌依然，年芳凋謝，老清明時節。杜曲鶯花，青門車蓋，白髮心猶熱。寸懷結。還惜取、子規啼血。

換巢鸞鳳　偕匪石過丁家水榭

花發雕闌。任閒中醉醒，夢裏雙單。捲簾飛社雨，岸幘念家山。櫻桃紅過大長干。上林苑都金鎖粉殘。行吟想，恨好事、半生虛幻。　人散。容我懶。春去板橋，鶯燕何曾慣。敗壁當風，破樓支雨，偏又滄江天晚。塵世緜華劫灰多，仗堂煙月去芳辰短。邀君來，共臨流、一鏡愁滿。

水調歌頭　客有餽者，雨中獨對，倚方回體

叢菊雨纔灑。色豔爛明霞。秋容誰畫。北窗高臥惜年涯。何處西園盃斝。莫說南都臺榭。人世幻摶沙。應許茅檐下。獨對兩三花。　水沈銷，棋局罷，一甌茶。破闌低亞。緜霜今夜徧吾家。長向尊前多暇。消受閒中無價。風起側烏紗。回首紅塵怕。歸夢故山遐。

高陽臺　石霸街訪媚香樓

亂石荒街，寒流古渡，美人庭院尋常。燈火笙簫，都歸雪苑文章。叢蘭畫壁知難問，問鶯花、可識興亡。鎮無言，武定橋邊，立盡斜陽。　南朝氣節東京並，但當年廚顧，未遇紅妝。桃葉離歌，琵琶肯恕中郎。王侯第宅皆荊棘，甚青樓、寸土猶香。費沈吟，紈扇新詞，點綴歡場。香君論《琵琶》蔡中郎事，見《壯悔堂集》。

玉蝴蝶　殘秋獨遊後湖

雨過半湖新霽，殘霞掩映，壞堞高低。棹轉蘋風，涼氣乍透練衣。暮煙凝、采菱歌澀，秋意老、打槳人稀。最淒迷。亂鴉衰柳，如入青谿。當時。水鄉移棹，幾曾辜負，銀漢星期。一卧吴山，錦城絲管已全非。指十里、叢蘆漸白，怕再來、霜葉添緋。叩舷歸。淡雲籠月，獨上平隄。

三姝媚　乙亥上巳，烏龍潭修禊，分韻得『滿』字，次夢窗《都城舊居》韻

城西攜杖慣。過清涼山前，古懷何限。勝節重臨，對故丘雲樹，亂塵難浣。水毒龍蟠，愁劍底腥涎滋蔓。畫裏樓臺，休展芳塘，種花招燕。知道風鳶吹斷。但綫弱風高，那知長短。繡陌依然，縱手攜金縷，漫臨歌宴。煖律初調，春未改陰晴千變。賸有盈盈夕照，蘼蕪恨滿。

泛清波摘徧　春暮，次小山韻。從紅友説，分四段，惟『空有濃春』句，杜小舫據《欽定詞譜》，謂應七字，而《詞譜》不詳所自出，未敢從

長隄柳小。曲水波澄，還是絳都天氣好。謝堂如昨，可可王孫賦歸早。西園道。單衫走馬，高柳聽蟬，歡事至今猶未了。夢隔吴宮，燕息鶯消更稀少。古懷渺。存問舊家少年，衹見暮雲荒草。空有濃春數分，露晞平曉。畫船杳。花信二十四番，湔裙恐無人到。此際秦淮夜泊，醉巾重倒。

倚風嬌　湖隄萬柳，經雪依依，春寒不出，次草窗韻

三月芳辰，舊時池館千縷。對人還起回波舞。凝白灑江城。水玉點羅屏。一抹亭亭、染素梨雲同嫵。天意難猜，南陌春韶何處。南國煙花何據。麗景千門徧塵霧。羣芳譜。絳姝正怯新風露。

紅林檎　汪旭初東首作此調，有梅桃相錯，節令失常之感。因亦繼聲，次清真韻

江左初回煖，故山遲吐香。二月做梅雨，客心度横塘。乍經飛霙萬井，又早散髮西窗。此日紅紫添妝。仙子豔寒篔。　水國停畫檝，寒食感他鄉。歸來晝永，重簾還爇都梁。甚單衣時節上，頹陽院宇，亂雲極目愁舉觴。旭初作『雅念冷香閣』，故有『寒食』句。

繞佛閣　寓齋枯坐，憶家山藤花，復次清真韻

故山霧斂。搔徧冷髮，高卧江館。籬破牆短。但看敗井、荒藤布雲幔。　翠枝露滿。廊下背手，香氣清遠。相對嬌婉。正宜小倚，篔屏道巾岸。　歲月去何速，中酒年光添幾線。回想俊遊、花時來粉面。縱倦鳥思還，霜翅驚箭。紫雲重見。怕做雨籠晴，芳事都亂。掩蕉窗、寸心難展。

訴衷情

庭鎖。花朵。同夢妥。晚風輕。攜畫扇。相伴。撲流螢。此夕卧江城。秋清。千山笳鼓聲。怕重聽。

女冠子

紗幮孤睡。茉莉薰人乍醉。夜微涼。新剥蓮蓬子，還調杏酪湯。　一甌纔進口，千恨又迴腸。未有温柔伴，老何鄉。

齊天樂　追題九珠叔苦吟入定圖

懸崖結屋蒲團坐，迢迢古懷空際。刻燭題襟，銜觴賭酒，多少少年歡意。河山聚米。聽曉角吹寒，尚餘邊氣。側弁低哦，此身忘在萬峰裏。　心香塵外細裊，裏頭人不寐，遥夜如水。一豆燈紅，三莖髮白，悟徹畫禪滋味。詞仙去矣。便淚鑄相思，返魂何計。愁過吟廊，亂蛩啼暗葦。

看花回　杏花

緑萼紅葩曉霧輕。時已清明。滿街吹起餳簫醉，正玉去人薄飲初醒。故鄉煙水濶，開到神京。　有約看花出鳳城。解語多情。半年聽足江南雨，伴春歸可待先生。小樓吟望苦，還喜新晴。

聲聲令　丙子清明，偕南雍諸子謁孝陵

東風步輦，寒食去斜街。內家嘶騎捧香回。靈衣素几，認前史，刼餘灰。要細尋、松下鹿去牌。　陰雨寒厓。如王氣，歇長淮。建文遺事等齊諧。通天草表，又吾儕。一登臺。問此時、白燕可來。

碧牡丹　秋暮讀《小山詞》，即效其體

棄置懷中扇。淪落堂前燕。月夜吟秋，可奈嬋娟天遠。敗壁蛩聲，還小庭行徧。一緘難遞深院。　思無限。但恨相見晚，鶯花片時都換。老客南州，帶眼幾經長短。陋室當風，嗟萬間虚願。江湖多少孤雁。

夢揚州　燕亡久矣，秋夜入夢，依依平生，次淮海韻記之

曉鐘收。報錦堂絃管初休。夢裏見他，一笛江城横秋。九華帳同攜手，認鬢痕、霜雪添稠。花長好，人長健，願君珍重無愁。　經歲關河浪遊。知燕子樓中，未展眉頭。望眼故山，有孤魂羈留。夜深忽現驚鴻影，念舊情、沈海重鉤。崔護老，夭桃賦恨，猶滯皇州。

秋宵吟　月當頭夕作

啟文疏，對夕景。萬里雲開金餅。清輝遠、看鏡裏山河，二分端整。　廣寒高，午漏静。破屋添薪猶冷。還凝望、是片玉中天，照人無影。　舊譜霓裳，料此日、姮娥笑領。勝遊西苑，俊約南樓，老去讓公等。孤鶴深宵哽。散髮擎盃，風露又警。甚年時、袖手歡場，絲竹花竹夢未醒。

引駕行　讀《樂章集》，戲效其體，并次韻

濃春霏雨，緐花釀蕋天將暮。向青樓、探芳訊，開尊又成豪舉。回覩。正舊識輕盈，新聲宛轉泛蘭浦。緊攜手、江鄉乍煖，可容栽、合歡樹。　早許。吴閶往事，建業今宵重遇。況歲歲相思，人人不老，忍教孤負。癡顧。願

紅妝白髮，蓬窗茅屋鎮長住。作半世、神仙配偶，上瑶臺去。

卜算子慢 過復成橋有感，倚子野體

江城一帶，春樹萬家，極目采蘭天遠。碧草晴波，載盡畫船歌扇。頻看。白頭人苦恨韶華短。問舊日風花，可惜王侯第宅都换。古柳斜陽館。但静坐聽鐘，客塵先浣。六代雲山，黍夢恩恩休管。輕煖。正幽棲、地僻衣冠懶。又芳節、櫻桃薦食，對南園浩歎。

虞美人 潘生景鄭承弼屬題先德蘭石卷

秋魂栩栩呼還在。意託離騷外。捲簾涼思入疎襟，淡墨無多、淒絶少年心。哀辭一卷留金鹿。仙夢知難續。船庵風雪抱清芬，解賦美人香草、有王孫。

拾翠羽 仇十洲洛神圖，爲劉公魯之泗賦

黄月蘅皋，如見渚宫妝束。幻靈踪仙山樓閣。凌波步襪，短懷無託。今古恨，惟恨美人淪落。萬事雲煙，難問故家伊洛。早風掃老瞞銅雀。吴箋雙壁上十三行作。卷後有文休承、黄淳父書《洛神賦》。今夜長，誰鼓素琴秋鶴。

采桑子 聞歌有贈

舞衣初試驚鴻影，身是青娥。心是霜娥。每對清商唤奈何。情場哀樂都經遍，甦夢無多。熱淚偏多。如此江山合放歌。

菩薩蠻 五都詠

奉春定策關中壯。終南瑞氣開千丈。走馬杜樊鄉。雄圖冷漢唐。出門西笑嬾。日近長

安遠。天下幾英雄。灞橋衰柳風。長安。

其二

靈臺寶鼎今安在。秋風伊洛緜華改。我讀兩京篇。又思班孟堅。名園興廢幾。更惜伽藍記。金谷野花紅。銅駝荆棘中。洛陽。

其三

玉津園裏花如雪。金梁橋外霜欺月。遺事恨宣和。兩宫宵渡河。龍亭尋舊跡。難覓花綱石。風雨過夷門。此中應有人。汴梁。

其四

巍巍南北高峰踞。出門便是西泠路。千里錦錢唐。四時宫草香。湖山留舊物。天意還吴越。痛哭小朝廷。杭州作汴京。臨安。

其五

鳳凰臺畔王侯籍。秦淮渡口鶯花墨。彈指六朝空。祇餘明故宫。江南風月麗。齊築長干第。此地慣偏安。黄旗北伐難。建業。

高山流水　自題霜厓填詞圖

半生落落守寒氊。寫風懷、彈盡商絃。無路訴相思，霜燈夢入壺天。驚心處、錦瑟華年。旗亭去，還記雙鬟按笛，淚咽尊前。似深秋戒露，獨鶴唳荒煙。停鞭。歡場忍回首，花月地、换了山川。衰鬢倚西風，水國飽聽啼鵑。抱靈修、幾誤嬋娟。白門便，重問烏衣影事，巷陌淒然。算春愁酒病，哀樂付枯禪。

以上《霜厓詞録》

鷓鴣天 彊村詞隱圖

晞髮行吟澤畔身。觚棱回首幾重雲。西風鮭菜人無恙，南國鶯花夢不春。　邛竹杖，穀皮巾。水天閒話上彊村。紫霞白石知音渺，青眼高歌自閉門。

見《全清詞鈔》卷三十九

國香慢 盆蘭

燭淚秋窗。甚玉魚疊洗，小浥珠囊。佳人酒邊相對，伴我西堂。紫幰黃磁文石，漫回首、千里都梁。誰翻斷腸曲，第一嬋娟，香祖樓荒。用藏園夢蘭事。　玉階人寂後，正簾櫳待月，身到三湘。水天揮麈，重看銜露啼妝。小雨紗厨那夕，怎國芬、長鎖空房。明河耿難曉，自酌寒泉，略領幽香。

惜紅衣 荷花

廢浦霞明，長塘露濕。絳雲無迹。夢老芳洲，南花炫離色。亭亭倩影，凝望處、闌干重拍。誰惜。江上晚風，識秋蘆頭白。　蘭舟錦瑟。彈淚何人，哀絃夜深急。淩波舊路萬一。水天隔。幾日冷紅愁豔，不記舞盤消息。怕故情輕換，難得六郎如昔。

夜飛鵲 七夕

西堂舊遊地，秋露如珠。梧葉冷墮堦除。迢迢玉漏耿難曉，蟾蜍留照庭隅。鍼樓澹河漢，費尊邊瓜果，夢裏蘅蕪。黃姑甚處，怕年來、一字都無。　朝暮路長天遠，分巧遍人間，芳願終虚。休訴唐宫遺恨，銀潢目斷，空賦愁余。佩蘭自結，問靈鳷、肯與前驅。對殷勤燈火，淒涼鏡檻，着意躊躇。

鷓鴣天 村居即事

門外夭桃似火紅。緣溪一路紙鳶風。聞知社日剛挑菜，待到花朝遇勸農。　秋日淡，巧雲濃。絲兒涼意入梧桐。瓜棚睡足渾無事，來聽中郎負鼓翁。

其二

自笑閒心伴澗薖。半犁煙雨足婆娑。舊栽花木山鶯識，新買陂塘野鷺過。　拚一醉，老顏酡。幾年無夢續南柯。醒來兒女團圞坐，自教田家行樂歌。

古香慢 柏因社紀游，用夢窗韻

半天黛影，雙岸波光，人到荒圃。記得年時，短策萬峰欲暮。空翠撲清霜，羡香葉去、曾棲鳳羽。有新詞素紙細寫，夜闌古寺聲苦。甲寅春偏遊鄧尉，曾以南詞詠司徒廟古柏。　又對此、湖山佳處。回念懽踪，臺榭無主。病骨孤根，未入軟紅耽誤。此樹不婆娑，占生意、晴薰滿路。歲寒交，正留待、小山聽雨。

減字木蘭花 無題

素妝纔罷。要與檀奴尋舊話。話到無多。簾外鸚哥報客過。　單衣乍試。長短身材都不是。不信腰支。肥瘦今朝不入時。

其二

踏青天氣。姊妹相邀抛堶戲。纔過長隄。换得新鞋已濺泥。　花開緩緩。九十韶光留一半。日日排當。一半韶光能幾場。

其三

簪花對鏡。鏡裏容華還是病。病裏纏綿。自對容華惜少年。　閒來刺繡。繡出鴛鴦誰白首。浪擲春光。春到花間分外忙。

其四

年來已慣。慣向花前舒一歎。歎罷還愁。怕折花枝供玉樓。　樓中女伴。不爲花來腸已斷。試問花枝。便到樓中供阿誰。

洞仙歌

擬坡仙賦蜀主孟昶與花蕊夫人摩訶池納涼事，用東坡原韻

綃衣縞袂，乍端詳無奈。淡月西宮幾人在。問當時、標格經慣温存，還記得，手破新橙相待。　摩訶池上路，笑指雙星，對面盈盈恨如海。水殿記長生、私語無人，算此際、黄金難買。看露冷、蓮房翠盤空，怕話到前盟、舊家都改。

以上見《六一消夏詞》

淒涼犯

玉田賦筆。經年嬾、中仙一去蕭瑟。可園試酒，横塘鬥韻，俊游空憶。檗子寓吴日，余輒與偕游，南城可園暨横山、天平間，時有我兩人吟屐云。零星醉墨。更誰數、紅樓消息。想當時、秋風舊國，兩載共瑶席。余讀書滄浪亭畔，與檗子同席者幾二年。　彈盡西州淚，幾許騷魂，古藤陰側。桂娥照影，也依依、故人顔色。漫譜吴絲，恐吹破、山陽夜笛。問吟踪、獨有燕子，定記得。

見《龐檗子遺集》卷首題詞

減蘭

見《碧湘閣集》卷首題辭

盈盈伉儷。門掌傾茶追趙李。冰雪聰明。樂府於今得正聲。　狂遊南北。眼底雲山歸妙筆。一事奇談。三妹劉家盡不凡。謂君家姊妹。

金縷曲

朱梁任最録放翁集題詞

一疊傷心稿。望燕雲、神州十六，故宫誰弔。老去吟懷猶自健，心事千秋未了。屈指算、愁多歡少。夢裏從軍真快事，舞金刀、血濺紅心草。沙磧外，雪飛早。　白頭愁聽哀猿叫。苦追思、杭州風月，汴州花鳥。織就珊瑚成一網，山鬼時來長歗。又勾起、幾多煩惱。六百年來塵夢短，比先生、身世應同調。涼月落，夜風峭。

薄倖

蕣香人影。早一夜、天風夢冷。記醉踏、梁溪明月，秋入玉臺冰浄。算玳梁、修到雙棲，紅絲枉續頻伽命。便泣露盟鶼，啼烟詠蝶，不耐梧桐秋警。　問畫閣、臨妝處，猶淚雨、黛痕悽迸。碧城夫容暮，人間天上，珮環消息西風等。指靈鴛鏡。縱蓬山替證芳因，已是蕎魂醒。歡蹤似水，偏怪文園薄倖。

清商怨

題仇英秋宵擣衣圖

枯桐黄月墜小。又玉關秋了。一杵西風，碎愁和淚搗。　朱鳶霜信定早。展蝶魂、涼夢曾到。暗摺衣皴，疊將方勝好。

霜花腴　步夢窗韻

病螿咽雨，捲晚簾，纖痕緑上衣冠。秋老霜肥，露濃花瘦，吟懷醉醒都難。冶春夢寬。又數聲、啼鴂尊前。怕他時、重證釵梁，茂陵蕉萃鈿盟寒。　愁把玉笙呵煖，已西風瑟瑟，落葉哀蟬。消息江鄉，陰晴門巷，閒情懶付詩箋。隔溪畫船。儘玉荷、分照嬋娟。背殘英、掩了重關，劍花燈下看。

浣溪紗

輕約梨雲蘸碧羅。薄脂微唾仗風搓。自將寶鏡注雙波。　圓夢鶯兒驚夢早，噙花燕子碎花多。屏山六曲奈愁何。

如夢令

一剪秋痕消瘦。兩點春痕微逗。花老蝶衣寒，尚有半籬廝守。依舊。依舊。不信薦懷如酒。

虞美人

銀荷迴照江波淺。紅上梨渦面。嫩寒天氣最相思。却向海棠花下、立多時。　下簾又是黄昏雨。雙燕銜春去。滿庭芳草掩重門。約住一牀胡蝶、絮花魂。

壽樓春　題洪昉思《長生殿》樂府

招清虛纖阿。問開元影事，悽豔如何。記得長生秋夕，絳河微波。題玉燕，悲銅駝。算自來、歡場愁多。便錦襪留痕，香囊懺夢，愁過馬嵬坡。　梧桐雨，秋宵炷。指棠梨一樹，誰弔青娥。可惜優曇身世，不如鸜哥。南内夜，無人過。掩鏡眉、依稀雙蛾。祇天上人間，霓裳羽衣長恨歌。

繞佛閣　題徐寄塵《懺慧詞》

鬢華翠歛，琴思冷澀，珠露抛碎。樓閉湘綺。夜深半穗、寒燈伴秋睡。　夢魂蘸水。題遍恨稿，空賸霜蕊。人殢殘醉。苦吟訴雨，嘶風濺鵑淚。　鏡澈舊時月，未了靈修芳草外。還記俊遊、傷高重掩袂。縱笛咽梅邊，誰製荷佩。紫天花墜。歎絮影萍踪，塵世如寄。展蕉心、懺除愁壘。

買陂塘　步西麓韻

蕩晴波、日斜風定，烟紗小閣深護。隔簾一角遙山影，依約停雲撩雨。春幾度。想陌上歸時，還是方塘路。傷高倦羽。怎草長新亭，花飛舊院，重見故宮舞。　蕪城賦，休問個儂眉嫵。當年淚濺紈素。庭槐摇落金梧老，添得鬢絲成縷。天又暮。縱遍歷靈皐，多少驚心處。閒蹤且住。看鳷鵲樓前，兩三螢火，無語自來去。

西子粧慢　步慕先韻

犀劍夜光，鴿鈴花煖，浪説高丘無女。點襟紅淚不成冰，算雙棲、玳梁辛苦。嫦娥負汝。怎第一、良宵虛度。數佳期，賸有零星夢，冶衷何許。　門前路。咫尺銀河，肯放黃姑渡。小名休向別人呼，要隄防、隔籠鸚武。屏山枕處。恰年紀、盈盈三五。碎秋心，蕩作情絲萬縷。

步月 和清夢韻

薄暝催寒，迴波蕩曉，今宵未苦岑寂。窺人缺月，似個儂顔色。記依約、聽雨課晴，尚羅襪、玉堦留跡。方塘路、青鳥倘來，墜歡重覓。 蔫懷消未得。零落舊家園，誰賦遥夕。朱門十二，肯等閒輕出。便秋影、飛渡絳河，怕花外、錦屏遮隔。無聊處，還弄數聲長笛。

醉太平 和清夢韻

青娥翠娥。長歌短歌。尊前一翦秋波。歎飄零奈何。 春過夏過。風多雨多。年來歡事消磨。又無端遇他。

轆轤金井 和清夢韻

晚涼庭院，落花多、滿地散香飄麝。一翦風來，恰穠妝纔卸。何郎俊雅。儘笑隱、繡簾低亞。玉笛迴波，柔情絮絮，夢痕休寫。 花間么蟾纔下。記當年乍見，珊骨盈把。替畫蛾眉，趁天街遊冶。緑房多暇。共幾許、春朝秋夜。苦憶而今，聽楓園裏，舊時亭榭。

鶯啼序 春老倦遊，治愁刪盡。沈君緩成見示《西湖困雨》詞，余方羈遊，感此淒音，不自知其悲戾也。次韻答之

冰奩膩紅乍展，儘游仙路窘。畫堤柳、晴雪緋烟，冷落湖墅幽韻。暮寒早、銖衣瘦怯，迦陵了了臞禪分。嫦瑶思、輕點瓊縻，粲鈎珠印。 碧淡簾波，翠掩鏡語，又都梁悄憤。露桃

小、花入秦臺，個儂誰遞芳問。數嫣蹤、梨魂斷續，暗潮澀、春無憑準。拜長恩，刪薤愁騷，補裁歡論。呵笙燕煖，倚笛鶯慵，紫鵑正睡穩。曲徑外、緑苔如繡，鬭草人懶，漱石巖空，武陵棲隱。秋鮫潠淚，文犀留怨，琴絲孤負臨邛客，護江蘺、采擷靈均恨。紗帷鎖夕，梅英尚覆宫黄，記得那日顰顣。芙蓉巷陌，杜若汀洲，嘆賸金墜粉。鬟影改、娟痕星碎，慧業雲荒，冶事迷離，俊懷消損。回心院杳，同心詩幻，銀牀涼簟曾款夢，算嫣樓、門隔屏山僅。天風扶上華鬘，醉約嫦娥，照伊黶蘊。

菩薩蠻

緑波揩鑑紅闌曲。花梢新露垂珠箔。獨倚碧桃吟。情隨春色深。粉梢胡蝶袖。腰比遊蜂瘦。春思瘦于秋。教人愁不愁。

憶舊遊　示梓仲

記牽愁荇碧，懺恨花紅，索要留春。不放吴娘睡，倩闌干十二，扶起鵑魂。怕寒未經妝束，深閣悄無人。甚杜曲門荒，琴絃瘦澀，孤負桃根。前塵。問梁燕，待一曲韋娘，腸斷司勳。換了芙蓉衩，抱曇花影子，涼夢重温。近來慣經離別，鮫雨濺芳辰。況柳外么蟾，涓涓照澈眉黛痕。

龍山會　題巢南徵獻論詞圖

倚檝楓江夜。笑擫紅簫，載雪詞仙亞。晚花寒抱蕊，湖海氣、銷入華胥林下。勒山先生曾欲輯松陵詞而未果，君踵成之。回眼沸滄洲，待憑弔、分湖舊霸。展秋懷，搴蕢校夢，潘玉士刊《蕢洲譜》有搴蕢圖，朱古微刊《夢窗詞》有校夢圖。然脂暝寫。還憶醉嘯吴山，鎖篋新聲，散古香無價。洚溪雲水闊。流韻事、重補虹亭詞話。京洛倦遊心，載瑶册、疲驢穩跨。自低徊、遥斟北斗，浩歌銅瓦。

秋霽　題王巖士淵明采菊圖

江介悲秋，正廢圃苔荒，暗鎖烟色。短策欺霜，葛巾呼雨，暮寒不勝風力。舊家信息。半叢蔫淚南山碧。念去國。知是、落英餐盡義熙客。　清夢殢影，晚節矜香，一襟芳華，留伴幽寂。想東籬、商飆又緊，潯波愁洗鬢絲白。重九故園還記得。但酒醒後，曾共徙倚牆陰，捲簾人瘦，朗吟遥夕。

十六字令　題瘦鵑願天速變作女兒圖

空。晨舞曇花寄此中。無人會，惆悵訴東風。

浣溪紗

一杵西風雁影移。江潭衰柳正依依。半天寒翠撲衣飛。　夢影微茫難寄淚，客情撩亂怕題詩。翦燈心事落花知。

虞美人

美人合向横塘住。生小嬌如許。西風巷陌可知不。尚有一雙梁燕、絮春愁。　洗頭天氣朝慵起。殘夢梨花裏。清商重譜女蘿絃。誰識曲中心事、想夫憐。

西子妝

彈淚折花，舉杯邀月，删盡春風詞賦。琵琶樹下記兒家，有多少、琴邊流語。喁喁爾汝。早消了、從前眉嫵。掩屏山，把翠綃題恨，年芳偷數。逢崔護。絮影桃痕，又向章臺住。天涯萍絮。各沾巾，儘銷磨、緑窗情緒。横波渡處。仗飛燕、商量來去。怎秋深，鎮日斜風細雨。

蝶戀花

蟣蝨浮生同一夢。横海功名，才大難爲用。試問芻尼誰作俑。可憐困坐醯雞甕。　顛倒天吴翻紫鳳。浪説通侯，不及書城擁。和淚送窮窮不動。白楊風裏銘文冢。

其二

拍案悲歌中夜起。生小吴儂，却帶幽并氣。汴水東奔湘水沸。人間難得埋愁地。　又向華亭聽鶴唳。烟驛燈昏，諳盡勞生計。誰解霜裘温半臂。少年結客談何易。

其三

大道青樓摇策去。錦瑟雙聲，子夜同心句。春水吴艭楊柳溆。匆匆豔夢歡如絮。　白馬青絲情萬緒。一篋牛衣，孤負當時語。偏又重逢深院宇。小紅不是吹簫侣。

其四

悔向名場標赤幟。一霎天風，折了南鵬翅。三十光陰如激矢。觀河面縐而今是。　識字從來憂患始。用盡聰明，笑破河東齒。咄咄書空真怪事。侏儒飽死臣饑死。

浣溪沙　薛素素爲王伯穀畫馬湘蘭小影，今藏周夢坡處，因題此解小市紅梅結比鄰。露蘭題壁已無痕。落花門巷說長春。白練裙荒憐夢雨，秦樓月黯散歌塵。干卿底事獨銷魂。《白練裙》《秦樓月》二傳奇，明人賦湘蘭、素素事。

以上見《南社詞集》

千秋歲　題歸玄恭《擊筑餘音》

甕天沈醉。中有遺民淚。禁幾度，金甌碎。彈冠長樂老，擊筑漸離子。歌聲脆。不須重唱春燈謎。半世虀鹽味。一部葫蘆史。禪榻畔，滄波沸。從知南北曲，也有幽并氣。休提起。江山萬古無興廢。

見《潛社詞刊》一集

風入松　宋徽宗琴名松風

太清樓畔聽松濤。韻事借元宵。徽廟以臘月十五大宴合樂，謂之『借元宵』。誰知五國城邊路，嗚笳裏、變了雲韶。留得傷心法物，不堪彈指前朝。天風吹籟下層霄。舊曲記紅么。燕山亭子春猶在，沈吟處、宮冷商銷。一樣人間遺恨，琵琶還有燒槽。南唐後主有燒槽琵琶，國亡後流落民間。

見《潛社詞刊》二集

江城梅花引　丙子春禊

月泉吟事噤秋蟬。廢詩箋。罷琴絃。卻喜今朝，重費買花錢。人海風波君莫問，結佳伴，對芳辰、盡少年。少年。少年。忽華顛。魯仲連。王仲宣。恨也恨也，恨不得、投筆安邊。忍淚憑高，草長蝶癡天。安得春江都化酒，容我輩，拍浮歌、枕藉眠。

見《潛社詞續刊》一集

看花回　杏花

破萼東風曉露輕。時節清明。六街吹得餳簫煖，正玉樓、午醉初醒。滿園關不住，春色盈盈。　十里紅雲出鳳城。歸馬飛鳴。近來愁聽江南雨，待花開、報與先生。北游重見處，應念觚棱。

見《潛社詞續刊》二集

洞仙歌　擬東坡《摩訶池納涼》詞，次原韻

温泉一浴，正瓊肌微汗。小試齊紈蕙風滿。閉綀帷、玉體如隔夫容，鸞鏡裏、香散鬟雲未亂。　古今佳會少，銅輦秋衾，雙淚長門又辭漢。　韻事黯摩訶，絮語脂馨，還聽到、六更催轉。問白首、丹心幾人知，對壁上、張仙舊朝淒換。

見《潛社詞續刊》四集

祝英臺近　秦淮秋禊，詠雁，次夢窗韻

野雲低，山月瘦，迴陣已分股。寒入蘆花，側翅背風去。可憐江國霜多，啄殘菰米，上林苑、無人傳語。　閒尊俎。玉京文物依然，今年鬢絲素。斜照滄洲，都非故園路。也知揮盡琴絃，平沙不遠，奈重對、一天愁雨。

見《潛社詞續刊》五集

念奴嬌　寄高梓仲祖同京師

霜風催緊，正湘簾乍掩，茶甌味足。詞卷金荃詩本事，消受片時閒福。北地鶯花，西園車蓋，舊夢今難續。滄波萬丈，個儂遥夜淒獨。　試問小市長陵，亂山殘照，何處朝元閣。一掬銅仙辭漢淚，灑入中年絲竹。千里鄉關，蓴鱸正好，那不縈心曲。安排尊酒，約君同賞黄菊。

金縷曲 冬夜與任澍南光濟話舊

獨對寒檠坐。撥金猊、爐煙未冷，尚餘殘火。籬外西風窗前月，中有愁人兩個。偏客裏、寒温難妥。冷炙殘羹嘗已遍，歎年來、旅食謀先左。收拾起，夜功課。　何時歸老山中臥。話團圞、兩家骨肉，種花分果。春日繅絲秋收穀，杯酒論文相過。還守定、書城一座。敲碎西臺如意竹，做莊家、識字耕夫可。同證取，本來我。

八聲甘州 效屯田體，即步其韻

涴征衫嫩雨蘸新涼，隔江又悲秋。甚華年流夢，滄洲煮淚，愁賦登樓。悵望亭皋樹影，去住兩休休。殘笛迴波起，銀漢斜流。　莫説天涯人老，早謝堂燕散，芳意全收。笑驚霜倦羽，欲去尚句留。傍西風、關河摇落，牓故宫、眉月伴扁舟。屏山外、數歸鴻渺，獨自含愁。

以上見《希社叢編》一九一五年四期

浣溪紗 馬鞍山拜龍洲道人墓

萬里榆關賦倦遊。乘槎壯志幾曾休。煖烟濃雨玉山秋。　老去相如仍作客，天生李廣不封侯。用蘇紹叟詞意。江潭憔悴對神州。

其二

南國鶯花夢不温。戧肩風雨渡江人。而今誰唱沁園春。　伐石難尋元美志，龍洲墓先有鐵崖志，繼有弇州志，今僅存鐵崖文。題碑重題鐵崖文。憑高北望一沾巾。

以上見《小説月報》一九一九年十卷一期

少年遊　自題藕舲憶曲圖，用張子野體

花舫人歸歌板歇，煙氣夕波涼。歡儂一曲，懊儂一曲，拍散兩鴛鴦。　重來艤棹横塘路，看蓮子結成雙。往事休提，知音何在，漁篴起滄浪。

虞美人

一花低顫蜻頭緑。唶了敲詩燭。舊愁未減病新痊。怪得踏青雙足、軟如緜。　東風吹夢飛還墮。自伴疏花坐。垂楊生小便工颦。可惜曉風殘月、去無痕。

以上見《音樂雜誌》一九二〇年一卷二期

采桑子

萬花叢裏同回音，香冷金爐。夢醒元都。一夜鄉心渡石湖。　梨雲院宇東風懶，春老蘼蕪。畫閣涼初。乍試單衣聽鷓鴣。

以上見《音樂雜誌》一九二〇年一卷三期

減蘭　小詞書奉書旂先生兩證

故家無恙。留得清河書畫舫。風月揮毫。絶勝龍眠舊白描。　墨池好在。菰苑而今開别派。點綴荒寒。分付人間着意看。

見《書旂畫集》

飛雪滿羣山　喜雪，次友古韵

珠箔迴風，銀屏停月，碎瓊一白當門。故山遥隔，高樓倦倚，半天易換頹雲。老梅開小圃，伴孤館、依依淚痕。夜寒如水，低頭中酒，欹枕待晴熏。　思舊日、千峯僵臥客，料眼中看盡，烟醒花昏。幾多金粉，尋常巷陌去，可憐賸有三分。畫闌呵手地，好偎熱、當年笑颦。

灞橋驢背，吟懷宛轉勞夢魂。

蘭陵王　柳，步清真韵

水程直。江浦烟痕暈碧。蘅皋外，飛絮滿天，十里東風盡離色。緇衣又去國。應識。蘭台上客。銷凝處，猶記漢潭，春郭攀條未盈尺。繁華恨無跡。但草暗修門，花謝瑶席，黄金難買嗟來食。空曲岸停轡，斷橋持箋，年午扶夢過破驛。況南下還北。　悲惻。亂愁積。待策馬人歸，巢燕樓寂。長隄展眼凄涼極。正薄醉欹枕，嫩寒横笛。陰晴難料，怕夜雨，帶淚滴。

以上見《小雅》一九三〇年一期

洞仙歌　賦柳

鶯飛草長，正江南春早。新柳鵝黄大隄裊。問東風可記、張緒丰姿，回首處，誰惜承平年少。　永豐坊那畔，踠地濃陰，但有梨花伴昏曉。嫩緑映池塘、一路香塵，多應是、湔裙人到。算拂水、飄綿爲誰忙，聽羌笛聲聲、玉關凄調。

見《小雅》一九三一年五期

清平樂　鄭所南畫蘭卷，次玉田韻

此見都氏《寓意編》《堯山堂外紀》，録所翁題蘭詩，正與此同。詩云：『一國之香，一國之殤。懷彼懷王，於楚有光。』卷後有明人廿一家題詞，如鄭元祐、陳基、宋濂、韓弈、錢逵、姚廣孝、都穆、文徵明、唐寅、祝允明、張靈等，皆不可多得之作。今藏吴湖帆家。

靈修芳草。一筆龍蛇埽。零落北風知懊惱。高臥空山還好。　孤臣懷抱秋清。那堪徧地笳聲。倘見淩波仙子，應知難弟難兄。

清平樂　又題所南蘭卷，次玉田韻

騷魂呼起。招得靈均鬼。千古傷心留一紙。認取南朝天水。　北風吹散緐華。高邱但有殘花。花是託根無地，人還浪跡無家。

長亭怨慢　王東莊昱山水立幅

是誰寫、荒寒情緒。千丈懸厓，幾丈瀑布。一水瀠洄，大隄環繞萬叢樹。遠峯清苦，留黛色、飛眉宇。勝地記曾經，但夢想、登臨何處。　延佇。對如此江山，恨少釣游佳侶。沙棠簫管，已無復、昔年豪舉。縱剪取、十里吴波，怕難測、明朝晴雨。仗妙筆雲槎，點綴思翁真趣。

以上見《制言》一九三五年三期

水調歌頭　戊寅中秋

上界足官府，下土徧烽煙。江東都付荆棘，休問古幽燕。一望中原太息，萬户蒼生無色，傾國又苻堅。指日睡獅醒，飛捷到甘泉。　對佳節，思故里，惜流年。月如無恨，今宵爲我莫西偏。安得樓船橫海，化作霓旌仙隊，雅樂奏鈞天。更約廣成子，談笑定三邊。

見《民族詩壇》一九三八年二卷二期

吴曾源

東風第一枝　香雪海，用梅溪韻

斗熨名區，銅泉片壤，清嘉夙著風土。澹煙空結林端，冷月暗窺澗户。山光悦性，總半在、梅花深處。試遠覽、碧玉天寬，帶得殘霞斷縷。　曾駐蹕、御題麗句。曾策杖、勝遊芳緒。自來瓊島春陰，定屬孤山舊侶。東風吹醒，怎忍見、繽紛花雨。算只有、一角荒亭，莫説翠禽飛去。

壽樓春

觀演《湘真閣》南劇，劇爲霜崖姪作。譜《板橋雜記》姜如須事，用梅溪韻

淹臺城探芳。更調脂弄粉，相對瓊窗。只賸吹簫涼韻，墜鞭斜陽。施健手、迴柔腸。撼夢醒、風狂人狂。甚露板輕傳，雲笙細語，依樣試啼妝。　春池皺，秋江長。有西崑麗曲，南阮新腔。況又丁簾鶯散，午朝鵑傷。紅豆國，華胥鄉。誤約將、重來劉郎。算憐惜光陰，風懷便忘。魂返香。

曲玉管

詠蟬，用屯田韻

晚柳垂陰，高槐卓午，齊宮小別經年久。一自喧晴張翼，遮了清秋。怎回眸。雨剪輕綃，風摇么軫，碧天寡和伊誰偶。一去。樹無情，緩緩飛下蘋州。去悠悠。　鬢影吹寒，想消減、金衣身世，幾番蛻化留痕，闌干淺暈煙愁。等飄遊。苦流光丸轉，飲許枝頭纖露，客心驚起，滿目淒涼，莫近高樓。

笛家

祝東坡生日，用屯田韻

蹤迹東吳，産生西蜀，山川靈秀，政事文彩空前後。鐵上巖詞健，萬古紗籠，金隄利溥，千家絲繡。監副長松，卯君銀篆，喜拍上洪崖手。值崧辰，薦芳俎，玉帛相將，率去由典舊。　日久。對臨親炙，飄將夜雪，白戰揮毫，釀得蓮花，碧筒呼酒。況有、紀事三祥表姚，處境一州同柳。豈諳時宜，蝎宮天定，塵世誰爲

偶。攜同輩，待他年，集踵南行，句香飛袖。

眉嫵 題虢國夫人早朝圖，用白石韻

正驪宮風曉，鳳闕煙深，春早未擡眼。信手花驄鞚，馱香夢，前頭成隊鶯燕。獸鐶試欵。嬾畫眉、秋怨春感。四圍繞，玉案天香裏，被花氣醺煖。　何限。芳魂驚散。有弄兵安犖上，資寇哥翰。淒絶休回首，遊春夜，渾如初拍上。風纜。淚珠萬點。賜繡袍、簾底天遠。剩南内青娥，談軼史、問誰見。

鶯啼序 庚午閏六月，重祝荷花生日，用夢窗韻，同艮廬作

秋江漸知露冷，恍年華似水。卸妝晚、又值辰良，弄波依舊含蕊。皓月射玲瓏綴玉，空明怕有流煙墜。正雲輕風細。蓮歌唱惱詩思。還憶前朝，幾點賸粉，膩輕盈鳳子。障羅綺，情密歡濃，乍涼風又颯至。記浮家，花圍四壁，湧樓閣，匆匆彈指。寸蓂添，争似今年，較如人意。　高燒畫燭，載酒呼朋，向錦屏未寐。秋夜短，碧紗月暗，似有人語，舊日銅盤，濺珠承淚。盈盈一去帶，微波託處，妍顰安得常年好，貯冰壺、謝卻經霜悴。長天望極，傷心故國飄零，鏡開鬧紅塵裏。　如今韻寂，鷺浴鷗眠，只瀉香曳翠。悵我輩曾來遊憇。蕩槳船移，草没去南塘，暮蟬聲起。　幽期夢阻，留連何事。斜陽深港空照影，攬秋心，閒把闌干倚。拈毫爲寫相思，倍極纏綿，怕穿故紙。

燭影搖紅 雪夜圍鑪，用夢窗韻

閒撥寒灰，手叉燒盡沈檀透。黃昏孤館想眠遲，猶自籠霜袖。不管銅龍轉漏。映窗紗、晴光掩晝。靜中凝望，換了瑤階，浮來玉岫。 遥算春回，岸容向暖將舒柳。最憐無賴數更籌，排悶還温酒。垂老何能抖擻。況哀鴻、聲聲叫瘦。怎教渴睡，助虐風饕，燈寒如豆。

祝英臺近 除夕立春，用夢窗韻

老陽回，寒律盡，僵臥等箕股。衰白殘年，壑縱巨蛇去。斗城風鶴遥傳，燭燒宵短，漏壺靜、呻吟無語。 念觴俎。昔時爭貼宜春，題紅寄情素。何意條風，吹醒醉鄉路。可憐絃管紛紛，黃塵隔斷，濺花淚、溼紅飛雨。

絳都春 壬申上元，用夢窗韻

晴舒柳線。又放眼禁城，心隨天遠。數點碎星，珠箔飄燈沈吴苑。烽煙頻報聲流怨。燕棲幕、羣鶯飛亂。奈何良夜，人疏病久，悄居深院。 還見。燒痕繡陌，向霜後、做冷倚紅停蒨。膩戀醉衾，寒勒游韉芳菲換。鰲山遮掩春嬌面。問何處、天寬下轉。算來過了清明，蕙風布煖。

眉嫵 董美人墓誌，爲湖帆作，用碧山韻

遡春心鵑苦，暮色上驪催，鈴鐸破煙暝。自小嫿嬈態，蛾眉淡，飛花閒閉幽徑。桂山槽穩。瘞翠珉、香玉去同恨。幸差較，蠟燭傳宮火，塚青耐螢冷。 松挺南山休問。歎露涼玉盌，塵閟金鏡。秀麥凝眸處，河山異、魂歸依

舊風景。漏遥巷永。播令圖、神璽沖正。憑文字磨娑，猶想見、照鸞影。

望海潮

弔戚南塘，用少游韻

軍聲鵝亂，邊烽狼肆，當時界限戎華。西北練兵，東南殲賊，餘腥怒捲蟲沙。臺外試營車。正浪飛黑水，精鋭宵加。叱上咤風雲，一去身爲國自忘家。長江又起征笳。有聲寒爆竹，魂斷風花。燈火巷空，星霜路阻，干戈遍地堪嗟。旗落去斗城斜。奈古人不作，祠散神鴉。空抱邊愁，夢殘春醒向天涯。

穆護砂

燭淚，用顯夫韻

把訴心頭苦。正無聊、一夜風雨。有金荷識得，蕩摇無主。算來飛蛾猶妒。便撲滅、回光留幾許。問底事、含情凝注。縱不到、成灰化蠟，早則是、開花著平樹。温語綢繆，遠離顛倒，天明相對判榮枯。想樂天衫透，昌黎檠短，身影瘦何如。最恨觸人愁緒。默無言、許多凄楚。恐淡煙輕散，侯家如昨，烏能借籌玉箸。況只有、銅盤難小補。滋液減、煒煌非故。增世感、幾同曇幻，勞客夢、漸飽霜腴。更比鮫綃，斷紅狼籍，末光照我錦囊書。試回頭、直平北高樓，人間同草露。

紫萸香慢

紫萸，用聖瑞韻

絢新霜、移根仙府，一叢豁上目鮮明。自長房傳後，鬬秋色，壓宫城。正在筵開重九，怕登臨多難，併入詩情。況愁添、鬢白插與别離人，恐塞上、怎休甲上兵。　風清。子細看醒。光奪錦、馬塍平。算瓊杯泛酒，香囊結子，西市題評。只消玉釵敲斷，剩殘照、舊朝陵。信秋華、强如人意，要知誰健，寥落終等晨星。言念涕零。

惜寒梅 過春草閒房，用無名氏韻

望斷天涯，鎖春煙、不管蝶勾鶯約。偶步亭皋，想有幽人聚泊。擁書南面自行樂。烏衣燕、東風舊幕。羲爻占後，緑去滿窗前，道傳伊洛。 池塘句秀棣蕚。況堂題孺宜，蹟甘寂寞。生壙留銘，甲上子淵明寄託。那聞黄海怒潮惡。儘解帶、不其瘦削。阿咸何幸，謂霜崖。垂楊借緑，撲硯花落。

淒涼犯 秋夕

碧梧墮葉。秋風起、文園一病消渴。搗衣聽杵，開奩妒鏡，寸腸勞結。牆陰亞月。更遥揣、銀鉤挂缺。怕更深、殘燈閃黑，徙倚步苔滑。 追溯當年事，買酒聽鶯，誄花攜蝶。問誰恨淺，有銅仙、淚痕偷抹。露冷庭空，斗星轉胡灰屢撥。犯淒涼、玉宇静洗，曳練濶。

滿江紅 寒鴉

平野蕭條，試一望、林表歛昏。横排陣、半天零亂，風雪江村。瘦盡寒山疑潑墨，吹殘晴絮欲盤雲。似訴愁、霜重女牆低，深夜聞。 投荒處，聲暗吞。滯邊訊，冷朝暾。想玉顔憔悴，寂鎖長門。莫問窮年憐返景，只愁終古惱行人。看幾回、星暗遶南枝，隨喜嗔。

一蕚紅 紅豆

有修株。本相思種子，南國最憐渠。生就玲瓏，由來弱小，魂夢應化蘼蕪。半籠臂、紅絲串玉，問箇裏、青鳥寄書無。緩展秋期，暗添春淚，長伴燈孤。留滯客邊堪恨，又勞君采取，入骨頻呼。針線穿殘，珊瑚擊碎，無奈抛去工夫。試還問、城南老屋，等紅桑、誰與計榮枯。爲説天涯信沈，怎慰珍珠。

徵招　荷蕩小集

瀓溪不定欹斜影，騷煙半遺湘珮。潤逼雨生香，好蘋風初起。碧筩杯乍洗。幸添得、一絲涼味。晝鷁中流，拍浮天際，水鄉花氣。徙倚短篷窗，浮家去、誰憐故園心繫。坐對滌塵襟，且燔枯折芰。拍闌呼范蠡。采蓮唱、怨魂消未。綺霞晚、寂歷花疏，任露蟬聲曳。

惜紅衣　荷花

鏡裏霞明，沙邊露白。靚妝環立。佩影珊珊，淩波漸無力。肌清態遠，疑化相、前身姑射。香國。濃粉淺脂，抹晴湖空碧。迴腸苦憶。遲暮秋江，紅樓竟遥隔。依然照見太液。水明瑟。恐溼海東迷霧，十丈已彫穠色。任晝船歸去，風月卻憐今夕。

霓裳中序第一　殘暑漸退，雅韻將闌。撫事抒懷，不能無作

涼風動樹末。露咽哀蟬吟未歇。牕外一鈎淡月。正初試細羅，長抛輕箑。香薰豔獵。算短腔牙慧偷拾。從酬唱，日長過卻，洗酌又秋節。休説。鴈絃悽切。戍鼓斷殘山亂疊。歡場如夢電掣。壓酒停箏，索上句催鉢。茂陵應病渴。按舊譜、閒愁暫撥。聽檀板，聲聲傳去，浩蕩水雲遏。

石湖仙 石湖春泛

輕舠柔艣。正春水初生，知我行處。剛過越來溪，鏡萍開、遊魚引去。盟鷗亭在，且嘯詠、逸情霞舉。如許。問俊游、幾度風雨。當年賜題睿藻，占湖山、詞仙舊住。一去曲新聲，早入紅牙簫譜。碧草誰吟，碧山誰侶。黯然南浦。垂柳舞。依依照見眉嫵。

法曲獻仙音 過徐彥揚墓

心力全吳，指麾收蜀，毅魄千秋誰訴。怒激胥潮，語寒瑙啖，含沙噴射情苦。拌死別、吞聲久，張筵宴親故。又回顧。念孤臣、袖持三扇，教夢醒、難望手還神祖。爲感一去文堂，競投錢、聊蔽風雨。大獄株連，保東南、不怕廢錮。向荒邱埋恨，謾説顏周人五。

八歸 詠宋宮人送江水雲南歸事

驪歌唱起，鵑魂啼徹，雙淚萬里送客。殘山剩水西泠路，愁見廣陵琴碎，景陽鐘寂。漫撥琵琶論怨恨，似遠嫁、紅顏頭白。那忍説、一樣天涯，有箇我憐惜。猶記登場賀老，南冠相對，暗替銅駝垂泣。兩宮霜露，六去陵風雨，永與鄉心無極。況空門幻想，點血緇衣半凝碧。匆匆去、舊時塵土，化了冬青，關山聞夜笛。

疎影 南宋本宋伯仁《梅花喜神譜》，爲湖帆作

癡風峭絶。想送來滚滚，添上毫穎。莫點宮妝，瓊玉糢糊，平章付與風月。和鹽不是催羹手，笑病渴、文園中熱。總未輸、一片冰心，賦筆廣平遥接。誰信羅浮舊夢，數聲聽翠羽，

痕化莊蝶。欲唤臞仙，骨有君身，領取蕘翁詩説。高情畢竟宜林下，細嚼透、緑窗香雪。喜眷屬平、修得三生，拱璧永緘吟篋。

綺寮怨　月下獨坐

幾縷新涼微逗，綺寮人未眠。奈此夕、户小簾深，朦朧裏、料誤嬋娟。誰家輝寒霧溼，曾雙照、笑拍香並肩。向桂宫、悟得盈虚，天風冷、過約魂夢牽。更聽碎蟲四邊。哀絃似訴，當年句費金荃。餤蠟風偏。使灰盡、總纏綿。低頭故鄉何處，引皓彩、墮華顛。茫茫大千。銅蓮下夜漏，將曙天。

六醜　花圃獨酌

傍營邊細柳，對塔影、三弓新拓。坐花趁涼，壺觴欣自酌。笛步吟屩。謾道留人處，嫩篁叢菊上，便賞心行樂。山林眷戀猶城郭。擔酒青帘，馱詩錦橐。分明到今蕭索。笑西臺汐社，依舊塵縛。踈踈籬落。襯斜陽半角。最好黄昏景，天曠廓。參差映俯樓閣。又風垂豆蔓，月穿林薄。星涵影、去天盈握。傾碧釀、一望秋華豔冶，頓傷飄泊。蟲聲碎、説向寒柝。待後時、細把桑麻話，還來就約。

氏州第一　戊辰重九酩酊，會席上與艮廬同賦

槽滴真珠，鑪透炷火，詞人又訪黄九。豔菊叢開，香橙乍薦，花撲紅鱗好酒。風雨蹤踈，笑敗興、傳杯依舊。輭逐塵紅，衰欺鬢緑，故園荒否。　但願吟朋能耐久。問誰健、歲寒攜手。字記題餻，詞成側上帽，識探來懷袖。感頻年、人事改，詩心在、花寒月瘦。莫話滄桑，

去堂堂、都憐皓首。

浣溪沙慢 艮廬以《懷長安故居》詞見示，因次其韻

滿目凍塞雀，傾耳喧簷馬。帝城鳳闕，馳道迷襄野。頻歲退食，室遠知音寡。輕注飄鴛瓦。庭户網蛛絲，酒鑪空、先生去也。　怎深訝。算夢影京華，自江頭路泣，身外海藏，甲第悲王謝。往事似潮，風雨總難話。一炬傷秦赭。撞破直纖兒，撥寒灰、愁心頓惹。

夜飛鵲 己巳七夕

微雲澹斜漢，秋思誰多。涼月好夜如何。　黄姑不解遠離恨，明河應定風波。相傳此良會，漸光移彫軫，淚洗銅荷。歡悰易逝，價千金、莫放輕過。　堆垛薦瓜陳果。兒女太嬌憨，蜘候絲窠。誰念淒涼行殿，釵鈿約誓，空訴星娥。翠針象尺，問何年、剪取香羅。但長橋煙渺、閒階露冷，溼透庭莎。

拜星月慢 螢

畏月穿簾，侵星窺户，隱約迷藏莫辨。欲傍還飛，落疏花零亂。勢高下，怕值、風廊蝶翅輕颭，水閣蛛絲低絆。雨細黄昏，把燈窗淒斷。　露車中、自別長門殿。垂楊暮、又向隋堤見。繾綣草帶苔衣，苦流光如箭。念多情、照徹琉璃卷。銷魂處、意怯輕羅扇。總慣受、一種淒涼，託寒螿作伴。

四園竹 叢竹

隨風動日，是處幾人家。影摇嫩玉，光漏碎金，都入窗紗。庭户深，陰借緑、瑶城粉野。

短屏疏處全遮。靜無譁。悠然對此生涼，閒情付與煎茶。況又當門一去帶，丹桂蒼松，樹色交加。濃翠瀉。笑袖薄、重簾日去易斜。

蘭陵王　新柳

冷時節。誰許春光漏洩。苗條甚，無限輭波，恰與初弦鬬眉月。芳魂半被攝。天末飛花妒殺，當時見，生性向西，休覓封侯任攀折。因風漸吹活。更小過榆錢，輕似苔髮。貪眠遲起慵顰頰。剛陌上陰暗，岸邊春曉，嫣然含睇電一去瞥。又愁聽啼鴂。　還說。歲華歇。奈欲綰殘陽，都濺飛雪。人生往往輕離別。況勒繫驄馬，帶圍金蝶。青青如故，放倦眼，舊夢拾。

月下笛　本意

小苑無人，伊誰顧曲，緩吟低拍。長空一去色。倒影簾波涵碧。照關山、霜逐雁飛，倚樓愴絕魂夢隔。儘孤城叫起，天涯尋徧，更無消息。　吹臺空念古，恨佚譜零星，墜歡難拾。銅仙淚滴，耐冷嬋娟知得。夜茫茫、箭沈漏遲，露橋立去久香霧溼。散人間，化作餘音，振木猿嘯急。

隔浦蓮　消夏灣

巖前吹皺廢沼。滴翠荷錢小。洞古生陰晝，清風拂，殘炎掃。幽徑埋細草。空憑弔。夜浦蓮歌杳。　境深窅。空廊散步，舒顰西子曾到。籠沙水膩，暗向碧溪環遶。冰簟紗廚謾自笑。臨眺。清涼消瘦瓊島。

早梅芳　西崦釣雪

篷腳脚輕，船唇小。片刻中流到。抹空雲影，散入湖光做詩料。漫疑冰未泮，漸覺霜將曉。正煙波一去色，都被網收了。　淡相宜，靜更好。怎説漁家傲。成村結隊，入去海抽綸趁時早。近山工點染，遠水資憑眺。怕迷濛，斷橋人去杳。

鎖窗寒　寒山寺

岸冷江楓，斜陽半滅，隱藏蕭寺。吴山帽底，放眼曲闌重倚。想當年，對愁未眠，夢魂阻隔沈寒水。看黯塵四拂，留題詩在，舊狂餘幾。　興廢，渾閒事。正夜半無鐘，店雞月裏。扁舟待艤，臥柳偏難扶起。曉風寒、潮打故城，短篷倦伏人萬里。怕烏啼、恨滿霜天，又入延秋矣。

繞佛閣　沈石田竹堂寺探梅圖

萬竿秀野。荒徑半寂，圖畫争寫。狂態猶惹。喚來倩影、渾疑宴春夜。　探芳繫馬。乘興落去紙，偏擅高雅。春露初瀉。素縑恐與，清風並無價。　正覺舊名刹。對此蒼涼憑酒話。還似去時、繁華坡口詫。況句好如仙，鸞鳳儕下。粉牆低亞。賸數點橫斜，蹊徑都化。冷苔枝、又誰遊冶。

滿庭芳　拙政園文衡山手植古籐

枝老拏雲，蕊香捎雨，棗花簾外春濃。刺簷遮户，交翠動槐龍。云是衡山種植，永留蔭、披拂薰風。遥空有，遊絲引碧，掩映寶珠叢。　匆匆。嗟代謝，盲風怪雨，搖落去青紅。只十圍修榦，依舊蒙茸。蒼翠收歸畫筆，緑天借、滴久玲瓏。涼陰坐，移尊飲醁去，秋晚瘦吟笻。

尉遲杯　宫僚雅集銀杯。杯凡十，以量之大小爲次，各鐫姓字。最大者爲睢州湯文正，今已失去，僅存其九。潘博山席間出示屬賦

匏花泛。退食早、爵洗行無算。羣公盡屬南牀，秋實春華高選。休嫌户小，誰伯雅儒，珍物尤罕。怎舦船、化羽逍遥，暗驚塵世潛换。猶幸翠墨叢殘，留名姓、茶餘酒後重見。引疾移官時難合，拚一去醉、春風坐滿。如今剩、長波卷白，笑低捧、霞文瞥照眼。且商量、細雨尊前，倩人重補荆峴。

綺寮怨　鄭叔問泠紅簃填詞圖

井水屯田歌遍，錦帆人未歸。斷港没、澹了斜陽，雕梁好、去燕留泥。争傳愁紅怨碧，君家婢、慧黠能解詩。正夜深、按拍樵風，呼魂語、化鶴城市非。故事那堪再提。南枝。暫寄，當時。旅況淒其。巷陌依稀。怎秋盡、柳花飛。誰憐羲熙身世，老淚灑、聽鵑啼。吴城廢基。青芝。幸尚在，尋舊題。

蕙蘭芳引　潘子固遺芳圖

才豔錦囊，早遺世、寄情空谷。向洛浦幽姿，薰染露光似沐。態濃意遠，看落去紙、俗塵都撲。怎驟凋玉樹，愴絶詞吟金鹿。　相國文孫，吴中神俊，間氣鍾獨。況瓊宇高寒，香滿萬花在目。騎鯨人去，畫闌幾曲。吹夢醒、風

碎小窗鳴竹。

霜葉飛 艮廬填詞第一圖

掛冠神武。歸來後，無憀間訂聲譜。豔傳三影是前身，奈暗傷弦柱。對白髮、尊前倍苦。含情淒斷愁鸚鵡。正亂葉長安，又送入、霜鐘信早，兀自悲語。猶記社結寒宵，紅箋傳寫，按拍爭唱名句。更從文獻溯先朝，仗手編殘蠹。翙一夕鶯花換主。南天彫損江楓樹。算到今、傾鉛淚，桑海難填，夜來風雨。

江南好 喜潘蕊廬至，並懷高鲟隱

牋展題蕉，宴開沈李，暗驚頭白重逢。洗殘鉛水，梁月去太匆匆。佳節曾酬酩酊，屏山倚、香撥上缸紅。燈花媚，琴絲爽逗，簾細度薰風。相看都舊識，尊鄉釀熟，竹徑陰濃。趁追歡，披霧尊俎雍容。好得商量文字，莫輕返、門外青驄。還遥念，燕雲阻隔，歸鴈滯郵筒。

西子妝 過西湖有感

溪點疊荷，岸扶禿柳，倒影湖光如故。斷橋煙雨一篙柔，向空明、睡驚拳鷺。香深沁暑。有客唱、紅吟緑去賦。畫船回，過幾家池館，飛丹臨俯。孤山路。鶴化歸來，要被城郭誤。蟀吟驢思昔成塵，待説時、總無憑據。流光暗度。算辜負、蕉衫芒屨。剩斜陽，一帶傷心繡礎。

霜花腴 歲寒堂

故家世澤，亘古今，雙松護此堂高。寒捲濤來，直干雲上，江城自遠塵囂。歲窮轉豪。況遍經、藿粥煎熬。抱平生、後樂襟懷，快呼三友酒杯邀。　追憶義田良善，看先疇食德，累葉去承貂。東閣春多，南檐冬媚，虬龍勢欲凌霄。奂輪畫雕。廣萬間、如燕營巢。閱去。星霜、翠晚重看，老枝應未彫。

古香慢　柏因社

暗香透崦，層蔭環門，重探幽圃。樹秃何年，早合鳳鸞泊駐。空翠忽飛來，向天外、拏雲溜雨。儼商山四老皓首，巋然飽閱去今古。　歲事改、青青如故。寒寺殘碑，淒斷苔礎。黛色銷沈，路曲小欄低護。偃臥伏蒼龍，澹斜照、霜鐘遠度。怕江潭，漸彫盡、冷吟情苦。

江南春　趙大年江南春圖

金粉銷沈，江山綺麗，都教圖入去吟箋。流鶯樹底，怕亂飛、煙柳如織。春去終難覓。花開謝、幾人認識。況對此、經年小別，作客哀吟，誰憐庾信蕭瑟。　長干路，猶記得。奈鎖住芳華，倍增悽惻。樓臺倒影，料過目、看朱成碧。風景猶如昔。牆頭杏、二分減色。隨手寫來，知否王孫，朝陵去兮魂隔。

高山流水　霜崖填詞圖

比鄰覓得耿菴居。好閒房、偏愛詩餘。蘅杜寄芳情，新添嫩碧庭除。空中意、譜入笙竽。秦黃後，依舊風流未歇，綴玉編珠。料空山自況，獨立貌清癯。　氍毹。重翻小垂手，今昔憾，付與屠蘇。文字惱紅裙，怎得酒後茶初。最驚心，語燕啼烏。六朝麗、無限春燈影事，太息長吁。恁詩人老去，題墨遍江湖。

雪梅香 蠟梅

有仙骨，凌風綽約道家裝。向黄昏含睇，疑他漏洩春光。沈醉瓊酥飲鵝炙，糝和甜蜜責蜂房。淺籠月，膩淚銅荷，身影紗窗。　評量。豈凡萼去，入夢羅浮，幻想空王。了澈檀心，夜寒小閣凝香。九命榮曾遇殊錫，一丸封可奪驕陽。清無味，瘦了豐肌，低訴東皇。

玉女摇仙佩 水仙。禁用湘妃、漢女、洛神等字

瑶宮夢醒，小謫盆池，便惹人間風露。早謝塵緣，應耽孤癖上，楚澤感均遲暮。寡偶伊誰語。渺盈盈一去水，相思何處。謾評到、梅礬自賞，猶道冰心粉色相許。隨緣向人家，怪石幽泉，呼之或遇。　須記大江笑絶，步月微波，緩緩香飛詩句。醉舞欲仙，軒然霞舉，爾獨孤根離土。遠地終睽阻。儻贏得、春暖羞顔芳杜。但願守、朝朝歲歲，忍寒容傲，息上盟鷗鷺。勸公渡。江花故國教人妒。

雨霖鈴 芭蕉

窗紗分緑。一去團瓢裏，夢影尋鹿。秋光似水殘夜，更漏和，聲聲敲玉。説與愁思要捲，又心捧顰蹙。念葉去大、梔子癡肥，告語淇園恐相觸。　亭亭自有陰如幄。笑青衫、幾溼初時服。偏憐已往懷素，誇紙貴、取求盈束。老大何堪，猶被闌風，暑雨追逐。待向晚、重展丁香，淚點鮫綃掬。

訴衷情近 庚午七夕

晚涼似水，乍溼庭莎暗徑。銀河影轉天高，華

月暈移夜静。回首去年今夜，耿耿殘星。笑語笙歌屏。渾難省。歷歷傷秋暮景。女牛何事，慣飽風霜凝。終孤另、翠簾試捲，紅闌倚遍，露飄金井。謾卜陰晴定。

合歡帶　吴湖帆、潘静淑合臨趙、管竹石卷子

天生成、福上慧雙修。畫卷對、一庭幽。雪樣聰明齊下筆，付瀟湘、未雨先秋。珍藏富有，歐碑響搨，董誌濃鉤。儘留連、算得聯盟二友，權拜諸侯。　王孫仙骨，神女湘姿，當年淒訴江頭。畢竟鷗波難滌恨，話滄桑、淚擲神州。君家妙手，靈輪蘇蕙，逸踵王猷。自匏翁、領春風，怒芽新報庭抽。

采绿吟　荷葉

寫出娉婷影，句冷早落秋江。晴煙抹翠，晚霞舒錦，摇曳生香。點溪光不定，浮菰蔣、怕教損溼羅裳。恍瑶台，天如洗，盤珠飛濺露涼。　休道采蓮歸，相思寄、吴艭簾底波漾。水陌葉田田，正罩卻紅妝。奈擊來、絲雨輕飄，空明裏、寒玉碎池塘。蘋風起，魚唼浪花，天末下霜。

國香慢　盆蘭

襲體芳菲。記植根九畹，早絕塵緇。輕煙乍籠春膩，瘦損冰肌。幾訝靈均遺珮，故鄉感、簾底來遲。相宜伴泉石，爲語多情，黄斗花磁。　寂寥空谷恨，況羅幬翠幄，身世都迷。輭紅塵土，誰賦山杜江籬。婀娜秋光露葉，几席間、添與相泥。休傷草爲侣，静室無言，不盡依依。

瑤華　冰花

天工巧奪。憑借寒威，也含颦舒頻。芳魂休覓，纔一去現、怕有東風吹折。霜高天遠，半心怯、銅瓶敲缺。經幾回、晴日烘窗，減損玉人仙骨。　生來好弄聰明，看雪樣玲瓏，飛度瓊闕。繁華夢醒，驚泡影、誰識流澌凝結。鏡中領取，儘化淚、鮫綃痕裂。最可憐、絶代妍姿，閉寂慘煙荒月。

洞仙歌　擬坡仙賦蜀主孟昶與花蕊夫人摩訶池納涼事

風清月白，正荷花涼處。洗盡塵埃淡無暑。步瑶階、隔水羅襪生寒，涼夜永，重把歡悰暗訴。　此時閒坐好，河漢聲流，明月去朦朧自來去。漏箭下沈沈、簟枕微涼，雲鬟亂、溼籠香霧。問碧海、雙星幾生修，怕謫向人間、又經風露。

醉翁操　殘冬圍鑪，偕同人話舊

長空。霜濃。嚴冬。倚薰籠。惺忪。肌膚盎然春融融。盍簪朋輩相從。談笑中。意態是何雄。説者番也留爪鴻。　釣遊舊地，誰記雲蹤。到今倦臥，回首歡場似夢。嗟所如兮終窮。乃此生兮重逢。相看雙鬢蓬。依然顏酡紅。一上醉笑吴儂。是非都付牛馬風。

玉簟涼　涼枕

騰射驕陽。算永日臥遊，此是甜鄉。扁舟容散髮，況夢在滄江。茶餘酣睡自足，趁抱膝、幾傲羲皇。休喚醒，勝據梧機暢，憑几言忘。　堪傷。華鐙易曉，羅袖漸寒，知甚劫換紅桑。僵屏頭任觸，怎説與同床。秋來一味較早，倦倚處、不似尋常。愁對眼，蕩晚煙、炊斷黃粱。

憶瑤姬　《七姬權厝誌》，爲湖帆作

巢覆花驚，念婉孌桃枝，許爾同根。南風吹更惡，怕漫天飛絮，辜負君恩。生還夢想，春空願作，先驅供灑塵。仗此心、椒烈蘭芳控，鸞仙馭結上霜羣。　郭劉未可齊論讓，彼隆安也能，慷慨從軍。蟲沙都化影，剩怒潮低落，望裏齊雲。河山割據，紛拏月下，依然碧照燐。認往時，佳什分題，欵識珍翠珉。

飛雪滿羣山　喜雪

殘燭搖紅，虛窗生白，夜寒吹落疏花。戀衾抛夢，銜杯殢酒，問誰韻鬬尖叉。剡溪乘興訪，

悵煙水、扁舟待拏。浩茫千頃，空明萬里，排玉去淨無瑕。　猶幸得、圍鑪陪勝集，聽剪燈人語，場圃桑麻。曉冰裁縷，清香盌露，小鬟又勸分茶。洗眸羅粉黛，淺描出、山容信誇。灞橋驢背，尋詩寫與籠暗紗。

前調　艮廬填詞第二圖

潘岳閒居，文園消渴，自來詞客哀時。鬢絲憔悴，腰圍瘦損，況經夜半舟移。眼前驚歲晚，又粧點、龍公肆威。四山蒼老，千林素縞，危坐更淒其。　聞近日、長齋依繡佛，要語除莊綺，存想非非。我生憂始，塵緣懺未，本來世界琉璃。倘浮江海去，恐枯木、知音定稀。那知秦漢，荒村甲上子題義熙。

雪獅兒 冷香閣眺遠

鹿去臺旁圮，獅峯右顧，飛丹樓閣。劍影銷沈，亭古石頑猶昨。長天曠廓。襯晚照、參差城郭。魚龍醒、汐潮來去，一尊帆落。　指點寒花破萼。笑蘼蕪、香徑幾停遊躅。採藥人歸，遠寺鐘聲先覺。平疇綺錯。正掩映、東風簾幕。閒伴鶴。一上覽盪胸雲壑。

前調 張冰闇生日，出示猫蝶圖，戲拈此解調之

絮濃緜輭，生來善媚，仙哥呼得。記取妝樓，曾否緑紗名錫。君家舊癖。況好對、金壘浮碧。剛亭午、屋篝添線，箬鹽勳策。　指點秋叢秀逸。正花氍、甜夢錦圍香國。酒熟茶温，小坐鑪邊誰匹。春風省識。更染就、昌荃工筆。看比翼。洗斝去尋彭澤。

垂楊 秋柳

西風落去照。正舊時巷陌，碧絲吹老。繫馬人歸，夢魂誰念霜天曉。長堤應是秋來早。漸添與、别離煩惱。最傷心、回首章臺，算帶圍腰小。　無復青梢翠葆。況終古暮鴉，溼煙衰草。瘦弱難扶，板橋横臥蒼波遶。蕭疏幾處江雲渺。玉去笛怨、陽關古道。曳蟬聲、禿盡殘枝，留畫稿。

前調 懷鮃隱析津

題詩寄到。奈點霜鬢白，客邊秋曉。恨水愁山，蠹仙甘向緗編老。蟲天應念吟壺小。細塵輭、落花風攪。近來聞、鵙語津橋。料舊遊人少。　争見侏儒自飽。但雲阻雁程，雪欺鴻爪。望極長安，杞憂誰爲予心表。扁舟總

是收綸早。最寂寞去、危絃遠道。算多情、月共天涯，魂夢繞。

清商怨　本意

風嗚中夜聽未已。又怒笳四起。望斷鄉心，還家仍夢裏。　更殘薰籠悔倚。奈計阻、楚頭吴尾。欲去報平安，迢迢沈素鯉。

八寶妝　甫里保聖寺羅漢塑像

般斧難雕，顧厨虚設，木去偶背人私語。阿堵傳神憑妙手，杳杳模型千古。休提絲繡，塑成金粟莊嚴，摶沙應是唐賢乳。還問蜕形安隱，何思何慮。　因念畫祖神奇，壁間暗淡，劇愁深夜飛去。證非相、諦參象鏡，悟成果、香聞龍樹。歎沈寂、晨鐘暮鼓。吉祥雲遶頻呵護。正一去點禪燈，拈花幻作諸天雨。

八六子　白蓮

洗春嬌。卸妝羅綺，羣仙擁下層霄。念幾陣清風拂後，一上。奩涼月去生時，暗魂易消。　湖煙湖水長橋。濺玉滑凝雲鏡，跳珠薄點冰綃。恐夢斷汀州，鷺鷗來往，絳仙羞豔，素娥韜彩，那堪露氣吹寒向晚，花光籠曉連朝。正無聊。凌波又看步摇。

折紅梅　訪紅梅閣故址

想飛英成片，江城唱出，才名傳遍。卜幽居、占領市橋，紅兒豔侍香案。天生美眷。終不上似、孤山春滿。鏡臺看取、微著胭脂，怪枝密花疎，月去影零亂。　而今水畔。但荒草夕陽，夢魂淒怨。深憐惜、佩環冷落，空梁舊時歸燕。天涯人遠。誰再訪、玉溪仙館。事往韻渺、説與閒人，把宮溝流去，一上般腸斷。

醉蓬萊

竹葉青，酒之清品也。林肖蝓席次談及，爲倚此解

正玉壺春在，換取金魚，涼州瀟灑。香味雙清，況此君風雅。開徑呼朋，欵門誰主，看翠濤傾瀉。若水分甘，程鄉賭豔，碧上箭欣把。

誰信劉伶，抱愁難遣，聽説長安，近今高價。輪我三蕉，任彈文憑借。萬緑杯中，萬竿深處，向暮天閒話。瀲灩新醅，迷離淺醉，俗塵休惹。

瑞雲濃

瑞雲峯

奇峰峭聳，濃青飛墮天際。雲氣氤氳露山意。珊瑚網漏，漫感慨、宣和遺棄。鑒賞煥宸題，信靈光獨峙。

猶遡曩時，沈海浪、千夫索上。曳。幾度豪家鬬華靡。態濃姿秀，最耐尋、緑窗風味。合與城西，冠雲可配。

愁春未醒

唐花

伊誰試手，閒向羣花頭上。笑烘託、些微温火，坐擁明妝。茜錦千堆，細風燈市好時光。一朝恩眷，宫幡護始，腰鼓催將。

想是歲華，洛陽傳播，誇鬬芬芳。怕輸與、争春梅萼，淡淡寒香。姹紫妖紅。片時摧落黯神傷。瑶臺何處，當年走馬，客裏匆忙。

大酺

酒樓小集，呈同坐諸君

便轄投時，燈迴後，垂老疏狂猶昨。呼來船不上，況魂飛眠甕，氣空横槊。按曲詞仙，藏鉤酒伴，都好飛箋酬酢。題門君休問，自花晨月夜，屢停吟屩。恁愁袚英消，婆娑身世，寸心

誰託。江頭潮正惡。世間事、争比秋雲薄。謾細訴、風檣遥度，艇子愁深，且安排、鷺盟鷗約。想是尊前影，驚電瞥、遠隨帆落。問誰及、屠門嚼。商女猶唱，休歎旗亭風邈。醉痕舊襟染著。

露華　桂

懽生自直。是上界高枝，欲化蟾魄，候爽氣清，分與秋來消息。信芳鼻觀微聞，卻怕一輪光隔。人静後，繽紛散花，露冷階溼。淮南舊隱憐惜。笑袖浥天香，曾注仙籍。漢殿宴回歌罷，點染吟筆。倦客到此淹留，馥郁小庭幽寂。能耐久，冬榮歲寒賦得。

月華清　團扇

湘竹上流煙，齊紈籠霧，小庭簾幕初捲。消受清涼，抵得鬢邊微汗。妒月樣、疑湧冰輪，浸水影、似沈銀箭。休管。怕圓時缺上易，秋風物換。况又長安日去遠。漸漢主恩捐，庾公塵溅。隔斷春山，不上是桃花人面。奈拋去、夢醒華胥，偏念到、景移行殿。悽惋。儘銀河飄冷，碧絲摇颭。

湘春夜月　秦佩鶴《湘絃詞》

儷金荃，便驚淮右才名。錦瑟託興無端，頑豔感湘靈。一自寢宫揮涕，奈斗槎催發，驛路花明。况杵碪永夕，披衣獨旦，秋雨聲聲。猶聞夢憶，書燒燭短，釵拔杯停。綫壓京華，終負了、玉堂如水，齋奠空營。沅江蕙芷，懊箇儂、都化飄萍。剩怨恨，向茫茫碧落去、低吟緩唱，絃柱淒清。

夢橫塘　橫塘載酒

慶湖瀟灑，東野疎狂，酒痕都付吟箋。景物銷沈，怎一望、紅橋低隔。官渡鶯花，故鄉鮭菜，有誰知得。奈年來興阻，夢到扁舟，鷗邊伴、曾相識。　當年路入香溪，看停船照影，幾度浮白。半幅青帘，猶近矗、水村蝸壁。吏休問、長安估價，渴飲何妨帽欹側。轉瞬荒涼，酒醒何處，已蕭蕭蘆荻。

六州歌頭　過淮張故宮遺址

頹垣廢甃，殘霸古宮城。淮東跨，甌西併，敢誰爭。想威靈。雄長清嘉地，莅珠敦，開銅穴，釵黛映，笙歌沸，極驕盈。濯錦帆來，一夕西風下，黃葉淒清。笑金兒神卜，智小挈羸瓶。梧井秋零。悄飛螢。　況龍蛇鬬，觸蠻據，烽煙熾，未休兵。藩鎮域，么麼寇，勢吞鯨。總無成。今古同如此，試凝望，壟邱平。樵牧去過，牛羊下，不勝情。還問當年，羅綺銷煙盡，付與蛙鳴。剩齊雲月去曉，依舊照娉婷。海爛桑生。

玲瓏玉　藕

胡爲泥中，早身脱、劫濁塵埃。玲瓏碧玉，羨他靈竅都開。況是明沙浄水，向旃檀香裏，長護重臺。同胎。憐蓮鬚、心苦力衰。　尚説絲絲細雪，看春蔥纖手，爭勸荷盃。小佐冰盤，沁愁腸、止渴酸梅。休尋湖邊菱芡，便兒弟、傷根撥實，有鷺防猜。感身世，趁涼時、秋露味回。

以上《井眉軒長短句》

洞庭春色　橘

晚歲餘芳，后皇嘉樹，口味可人。算蘇仙井水，功資活國，陸郎懷袖，色喜娱親。品重東南材箭美，待貢入天厨誇席珍。深山側，有千頭磊落，三百輪囷。　何期踰淮化枳，觸蠡網、變本漓真。歎素侯自大，金丸脱手，木奴呼取，紫帕蒙身。坐隱誰知棋局冷，便回首滄桑成劫塵。聽剖説，説霜天氣肅，終帶酸辛。

金縷曲　餞春

幾度尋芳陌，費沈吟、魂歸草際。了無痕迹。滿地落紅鶯晼晚，畢竟東風無力。還隔斷、曉鐘消息。試問勞勞亭上望，渺天涯、一去如行客。百年事，總沈寂。　分攜最苦形神隔。算年來、路長夢遠，甚時拋得。太息春光真潦草，鬢點吴霜催白。剩涼月、照人離席。把酒酬君君不語，有流鶯、勸我如相識。綰不住，柳絲碧。

水調歌頭　滄浪亭

風月本無價，四萬買鄰錢。湖州長史，遷謫就地闢林泉。準擬臨流垂釣，又恐相猜鷗鳥，不許占清閑。自古幾臺榭，誰似此巍然。　幾竿竹，三面水，半房山。城南風景，尤美雲樹接江天。所惜醉翁未到，少向滄浪幽討，亦自付吟篇。來此益惆悵，四座静無言。

江城梅花引　蔡巽堪五百梅花草堂圖

茶經箋就倚晴窗。舞山香。滿庭芳。吹下飛

瓊，長笛韻悠揚。花更耐寒人更瘦，喜羣彥，袖新詩、寄草堂。草堂。草堂。幾滄桑。亞粉牆。環畫廊。夢也夢也，夢不到、霜袂雲裳。唯仗蒲曇，清絕坐禪房。鶴若有知應伴我，幽興動，載琴書、返故鄉。

荷葉盃　本意

對酒正思浮白。篟碧。引杯長。藕絲休惹竟難斷。悽惋。況秋涼。

解紅　荔支

劈絳片，剪金丸。解涼玉液堆御盤。一騎紅塵甫如許，雨零蜀驛倍含酸。

鷓鴣天　村居即事

斗室依然足歎歌。好山留住白雲多。花間酒韻生香麝，竹外茶風試碧螺。　桑海感，舊吟窩。片帆時向屋頭過。偶尋野衲披經卷，閒與溪翁理釣簑。

其二

曲徑通幽別有村。青山叠叠水粼粼。仙源此去無多路，便是人間自在身。　蝸引壁，雀羅門。長松老鶴鬬精神。盤無兼味猶耽酒，室有藏書未到貧。

其三

自笑平生七不堪。殘年只合臥江潭。夢甜不覺三竿上，食淡方知一飯甘。　閒裏住，靜中參。杏花消息滯江南。此來差强幽人意，晨課栽秧夕課蠶。

其三

銷魂一種。除卻良宵都是夢。回首南朝。丁字簾前第幾橋。　幾番中酒。落盡簷花燈影瘦。一曲高歌。坐上傷心誰最多。

其四

重陽節近。不覺新霜欺短鬢。玉露金風。過去光陰類轉蓬。　尋思無計。少箇桃源將世避。買得癡獃。庾信哀時浪費才。

天仙子　冬日田家雜興

作苦三時得小休。向陽曝背勝披裘。桑麻閒話倍綢繆。凋水曲，斷冰流。稚子敲針作釣鉤。

其二

木落山空風怒號。矮籬殘雪未全消。柴門曳杖柴門信所之。閒雲流水兩忘機。吟詩客去題紅樹，送酒人來認白衣。　秋漲足，夕陽遲。比鄰鵝鴨小橋西。黄花本是寒畦種，莫笑隨人寄矮籬。

其四

減字木蘭花　無題

碧梧池館。種得芭蕉心半捲。暑雨闌珊。幾與幽人斷往還。　夜深窗静。好夢著涼容易醒。四壁無聲。似覺秋蟲得意鳴。

其二

舉頭明月。曾照古人傷遠别。碧海年年。千里嬋娟各一天。　長安日遠。極目關山塵世换。不到新涼。惹得相思已斷腸。

杖任逍遥。泥滑滑，路迢迢。貪看梅花過野橋。

其三

霜稻登場叱犢回。藥爐茶竈任安排。比鄰漸熟不相猜。肯對飲，盡餘杯。樽酒家貧只舊醅。

其四

鋤月耕煙物外情。讀書喜傍紙窗明。簷端凍雀報新晴。聽臘鼓，慶秋成。人語中含樂歲聲。

以上《井眉軒長短句外編》

吴漢聲

醉太平　别意

長亭短亭。千程萬程。青山遮斷行人。是無情有情。　魂驚夢驚。怨盈淚盈。梧桐庭院淒清。又風聲雨聲。

其二

汴流泗流。思悠恨悠。夢隨沙上眠鷗。送歸舟去舟。　吴謳越謳。珠喉玉喉。解貂醉倒朱樓。銷新愁舊愁。

其三

狂吟苦吟。低斟淺斟。名園良夜芳尊。酹花魂月魂。　思君憶君。情深恨深。丁冬玉漏聲沉。碎琴心劍心。

其四

山涯水涯。還家別家。等閒莫負年華。任開花落花。　煙斜霧斜。雲遮幕遮。翠鬟遥隔窗紗。疑非耶是耶。

踏莎行　閨怨

飛絮粘天，游絲匝地。懨懨酒病慵眠起。歸期曾約早梅初，看看又近黄梅矣。　密意如雲，柔情似水。落花紅惹相思淚。杜鵑聲啞月沉西，愁懷重叠遥山翠。

其二

淚灑離亭，魂銷別浦。廿番風信連朝雨。春帆故故載愁來，偏偏不載愁歸去。　枝上鶯啼，梁間燕語。聲聲酹唱成佳侣。有時唤得儂眠醒，何時唤得東風住。

其三

書負前盟，釵違宿約。朝朝狂費金錢卜。王孫一去不言歸，閒庭芳草年年緑。　强笑爲歡，長謌當哭。前脩未滿三生福。閒調朱粉畫桃花，憐他賦命同儂薄。

其四

世界花花，華年艸艸。閒中愁恨知多少。古今明月幾回圓，媧皇莫補情天老。　彼美遥遥，予懷渺渺。相思兩地如何好。他生若許續前緣，定當化作雙飛鳥。

蝶戀花　閨思

列列巫峯江上住。遮斷行雲，夢亦無由作讀作做。瑶瑟彈時弦促柱。月明唤起湘靈語。　一寸柔腸千萬縷。繚亂如絲，欲理茫無緒。

放眼關山渾不數。也應有個排愁處。

其二

一架荼蘼開欲盡。夢怯餘寒，猶覺東風緊。睡起冠兒慵不整，淚痕界破香腮粉。雲樹重重山隱隱。眼倦征鴻，總不見伊信。屈指歸期應已近。釵鈿屢卜無憑準。

其三

雨外斜陽芳草暮。緑漲三篙，離緒縈南浦。春色漸隨流水去。石尤怎把歸程阻。濃睡覺來天過午。緩步廻廊，拾起殘花數。記得當時携手處。賽抛紅豆彈鸚鵡。

其四

荳蔻年華猶未足。因甚雙眉，愁鎖春山緑。凝望歸鴻穿遠目。淚珠灑遍闌干角。腸似湘江流更曲。苦恨蕭郎，日向章臺逐。莫怨鸞飄傷鳳泊。關山自古分南北。

其五

一角紅樓簾半捲。學理新妝，鬢影巍巍顫。澹畫春山眉暈淺。藕絲衫趁桃花面。巧製初裁宮錦扇。獨自憑闌，有恨無人見。咫尺屏山天樣遠。嗔他梁上雙飛燕。

其六

明媚韶光能幾許。一霎纔晴，一霎簾纖雨。惆悵佳期成間阻。怱怱又是春歸去。草緑池塘蛙處處。落絮游絲，觸目縈離緒。鶯燕不知人意苦。風前故作撩情語。

其七

冉冉天涯芳艸緑。鶯老蜂狂，風靜紅猶落。

惆悵春游還未足。流光底事相催促。小小雙鴛池上浴。舊恨難銷，新恨又相續。唱到陽關聲一曲。替人垂淚憐紅燭。

其八

歌扇舞衫拋棄久。脈脈情懷，不似年時舊。羞對纖纖江上柳。腰肢比取還應瘦。綠轉萍光池水皺。閒恨閒愁，底事年年又。長日懨懨如病酒。暮寒倚竹風生袖。

蘇幕遮　堆絮格，用范希文韻

杏花天，芳草地。眉掃螺峯，眉掃螺峯翠。瓜字年華流似水。已隔蓬山，更隔蓬山外。杜鵑瘦，胡蝶思。酒病懨懨，酒病懨懨睡。鴛被嬾熏稱體倚。脈脈相思，脈脈相思淚。

更漏子　鐘柝鬧人，夜不成寐，戲拈此闋，以招睡魔

綠意肥，紅情老。極目長堤芳艸。遥山碧，暮天青。離懷長短亭。燭穗麤，爐煙細。雨打梨花門閉。悲飛鵲，聽啼烏。夜長夢轉無。

其二

幙重重，窗扇扇。寂寞黄昏庭院。花片片，柳絲絲。春來有幾時。去怱怱，歸杳杳。塵壓菱花慵照。風颯颯，雨潺潺。羅衾不耐寒。

其三

琉璃盃，葡萄酒。欲掃閒愁無帚。湘竹管，薛濤牋。淚珠和墨緘。木蘭舟。桃葉渡。偏誤却來時路。青梅子，紅豆枝。相思十二時。

其四

燕喃喃，蝶栩栩。牆角落紅如雨。河耿耿，夜迢迢。玉人何處簫。絮堆堆，花叠叠。有甚心情收拾。燈悄悄，漏沉沉。嬾將鴛被熏。

其五

兩頰紅，雙眉翠。滴不盡相思淚。織錦字，迴波詞。言歸故故遲。裙帶寬，羅襦皺。比得黃花還瘦。君塞北，妾遼西。夢鶯鶯亂啼。

其六

世花花，人艸艸。可恨春歸偏早。情切切，意綿綿。難平離恨天。雲朝朝，雨暮暮。神女別襄王賦。煙淡淡，月團團。何時鷗夢圓。

西江月 秋怨

天外黃耳渺渺，人間紅葉遥遥。梧桐庭院雨瀟瀟。偏是江南秋早。去去年華逝水，層層愁緒抽蕉。琵琶撥盡一條條。彈不了相思調。

其二

早識歸期杳杳，悔教去日怱怱。游踪無定似飛蓬。記否臨歧珍重。妬殺枕邊繡鳳，輸他花底游蜂。雙雙飛宿任西東。儂擁錦衾誰共。

其三

滿徑黃花堆積，半林紅葉紛飛。寥天歸雁送斜暉。帶得伊人書木。鴛枕不來好夢，鸞釵枉卜佳期。羅裙寬褪舊腰圍。諳盡孤眠滋味。

其四

舊恨重添新恨。有情怎似無情。殘燈如豆暗還明。眠到三更未穩。腸斷蕭郎一紙，愁添潘令雙星。飄零那得怨浮生。萍絮姻緣前定。

憶僊姿

愁思困人如酒。暗把腰圍減瘦。紅錦繡鴛鴦，小小一雙珍偶。懷舊。懷舊。往事不堪回首。

其二

樹底鶯歌圓溜。池上鷗波斜皺。夢覺五更寒，簾外落花風驟。知否。知否。一樹海棠消瘦。

其三

風約畫簾鉤動。月亞粉墻花擁。款語立移時，蓮步盈盈相送。珍重。珍重。想到舊歡如夢。

其四

一帶畫橋垂柳。攀折總隨人手。此去故人稀，更酌一杯殘酒。難受。難受。酸比青梅還透。

其五

滿眼飛紅成雨。花事已隨春去。蜂蝶往來忙，歡意怎知人妬。無語。無語。獨自畫闌憑暮。

其六

春去已無消息。枝上啼鵑濺血。眉翠斂雙

蛾，總爲伊人愁絶。明月。明月。禁得幾回圓缺。

其七

遥夜月明人静。露着花梢顫影。夢醒不勝情，一半錦衾孤另。無定。無定。屢卜歸期難準。

其八

天際幾番歸雁。没寄數行書翰。行坐費思量，倘是心情中變。休怨。休怨。這事問須當面。

殢人嬌 題畫秋海棠

朱淚盈盈，紅情款款。嗟身世、芙蓉相伴。眉葉輕描，髻鬟鬆綰。鬥霜裏嬋娟，心情慵懶。銀燭誰燒，緑章誰撰。爲開向西風太晚。墻陰人遠，廊前月轉。任鬢亂釵横，醉眠漫筦。

一剪梅

最恨人間是别離。欲訂歸期。未定歸期。柔腸百轉費躊躇，待不相思。怎不相思。紅燭燒殘淚暗垂。風又淒其。雨又淒其。無端雲鬢盡成絲。祇爲情癡。祇悔情癡。

其二

春色紛紛過别家。纔見開花。又見飛花。幾番密約總相差。人到天涯。夢到天涯。十里相逢油壁車，影隔窗紗。語透窗紗。鬟雲濃度臉邊霞。癡笑蠻娃。嬌笑吴娃。

其三

烽火家山望眼窮。路也難通。信也難通。紛

紛得失較鷄蟲。甲自稱雄。乙又稱雄。杼軸東南十九空。目送飛鴻。腸斷哀鴻。叩閽吾欲問天公。瞶瞶如聾。瞶瞶真聾。

其四

戰伐經年暴骨邱。故鬼啾啾。新鬼啾啾。男兒未遂覓封侯。愁壓眉頭。恨壓心頭。食肉官廚有秘謀。鼙鼓城樓。簫鼓秦樓。杜陵身世感飄鷗。載酒杭州。弄月揚州。

青玉案　秋感，用方回韻

暝紅飽踏春江路。應彈鋏、歌歸去。轉緑迴黄驚幾度。關山千里，烽煙萬户。總是傷心處。　年華冉冉嗟遲暮。握管那更有佳句。枉把壯懷空自許。蕭條書劍，飄零萍絮。淚滴梧桐雨。

一籮金　題畫閨憶圖

早知别後流光易。剪取游絲，欲把郎騎繫。盼斷鱗鴻天外寄。從今識得相思味。　良宵樂事回頭憶。玉軟香温，無限纏綿意。花影滿身扶不起。擁懷却把貍奴戲。

天僊子　爲虞山王南士題畫中美人

裁得雲箋五六寸。幻出臨波仙子影。令人一見欲銷魂，龐兒俊。依稀認。的的海棠春睡醒。　若道空空爲色境。誰是如來堪作證。有情又却似無情，琉璃鏡。深深印。呼喚萬千嬌不應。

踏莎行　題枕

紅印腮痕，翠封淚滴。歡愁滋味嘗來悉。良

宵情話聽分明，幾曾消息人前洩。玉漏初沉，蘭釭半滅。蘧然好夢成胡蝶。世間何處是仙鄉，温柔合共卿卿覓。

點絳脣　題畫紅梅

笑問癯仙，幾時丹學姮娥竊。換來奇骨。風韻江南絶。　理罷新妝，斜倚窗前月。堪憐惜。壓殘霜雪。不減朱顔色。

其二

多少胭脂，冰肌點染嬌如許。朱脣微破。應被羣芳妬。　風動黄昏，香暗霏江雨。孤山去。斷橋流水。疑是桃源路。

離亭燕　秋燕

往事那堪重數。回首雕梁何處。摇落舊巢風雨裏，啣得新泥怎補。雙羽故差池，似有離情欲訴。　多少朱門華廡。瞥眼芳菲無主。一片烏衣迴夕照，去覓雙棲伴侣。過王謝堂前，剩有淒涼情緒。

虞美人　和方仁後韻

扁舟一葉江南岸。雲物年年變。捲簾銷瘦惜黄花。怪底西風、早又到儂家。　夢回人隔屏山杳。夢也宵來少。月光如水浸紅欄。轉側羅衾、可耐五更寒。

其二

朦朧煙月秦淮岸。王謝華堂變。板橋零落幾枝花。燕子歸時、飛去入誰家。　繁華夢逐浮雲杳。往事知多少。夜闌人醉倚危欄。話到昆明、餘燼刼灰寒。

其三

千行淚滴湘江岸。信誓無端變。殘紅碎盡海棠花。驀地狂飆、清夢擾人家。　朝朝盼斷鱗鴻杳。欲語情多少。無聊獨自暮憑欄。心字燒殘、怎挽臂盟寒。

其四

曉風殘月垂楊岸。世事滄桑變。杜鵑啼血染殘花。何處桃源、有世外人家。　自從海上成連杳。終古知音少。斜陽滿地倚危欄。脩竹蕭蕭、翠袖暮天寒。

菩薩蠻　題畫琴樓寫怨圖

陌頭柳染黄金色。天涯錦字無消息。長日倚高樓。迴腸百轉柔。　風怯湘簾透。眉斂春蛾瘦。獨自弄瑶琴。誰知絃外音。

浪淘沙

飛燕蹴花紅。滿院香風。迷離一片度簾櫳。晴壓畫闌春晝永，蝶夢朦朧。　緘恨寄郵筒。道遠難通。游絲不綰别離驄。東風且爲啼鵑住，去莫怱怱。

菩薩蠻

燒殘金鴨煙猶裊。錦衾春暖渾忘曉。最恨是啼鶯。枝頭時一聲。　玉釵横枕畔。雲髻鬆鬆綰。綺夢影模糊。驚呼小婢扶。

金縷曲　題自畫遺世獨立圖

灑盡雙眶淚。古今來、青衫紅袖，傷心一例。欲向天公搔首問，賦與這般明慧。緣底事無端棄置。有限年華無限恨，儘銷磨、在奈何天裏。疑造物，把才忌。　聰明始信翻爲累。最撩人、香偏易折，玉偏易碎。羨殺騃癡兒女輩，没齒了無憂慮。那更識、淒涼況味。筆上眉痕心上血，迸將來、歷歷皆堪記。誰省識，個中意。

瑞鶴仙　答友人問近作

故人相問訊。愧江郎才盡，了無佳興。年時苦酒病。更愁絞庾腸，恨催潘鬢。這般光景。便有句、怎能工穩。捲西風簾外，黄花比取，瘦應還損。　自問藏山事業，投筆功名，也都無份。芳心一寸。言有極，情無盡。怪天公、底事無端生我，故把塵緣相困。待那時、參透禪關，苦吟入定。

水龍吟　落花

枝頭春色無多，狂飆又把殘紅掃。蕭條門巷，淒涼庭院，斷魂飛繞。流水無情，夕陽有恨，珮環人杳。似明君遠嫁，緑珠樓墜，天涯遍、青青草。　回首鄉關何處，最無聊、長亭古道。欲眠遂起，將飛更舞，神馳天杪。杜宇聲聲，黄鶯語語，空成懊惱。但江郎惜别，長卿善病，怎堪懷抱。

前調　水仙花

靚妝屏絶鉛華，獨留冷艷供遲暮。風裳水佩，冰肌玉骨，淩波微步。襪浣塵紅，帶紆唾緑，風流天賦。疑廣寒宫女，偶然降謫，煙波窟、暫時住。　漱漱淚珠如注。悵年華、無端躭誤。天寒袖薄，路遥人遠，褰裳欲度。湘月波深，楚雲夢幻，一葦難渡。待南枝春到，一腔幽怨，向梅花訴。

新雁過妝樓　雁來紅

玉宇寥寒。金飆迴、瑶臺飛下天仙。翩翩自舞，斜倚卍字蘭干。曉日暖烘雙頰暈，落霞濃鎖兩眉彎。晚妝殘。月中霜裏，艷鬥嬋娟。一長安勝游俊侶，悵駐顔乏術，買醉酣眠。一聲歸雁，雙鬢既緑還丹。吴江又添秀句，題紅葉新詩吟未闌。謝娘老，看珊珊風韻，餘態猶妍。

聲聲慢　雁字，用《漱玉》體

三三兩兩，整整斜斜，疎疎密密點點。落入平沙，雪印依然堪檢。生花一枝蘆筦。儘銜來、淋漓濡染。奇妙處，笑蕭雲、飛白書名幾掩。底事書空咄咄，煙雲幻、行陣縱横如閃。衹爲愁人，添寫幾多離感。瀟湘一聲遠過，甚西風，寒浸冰簟。乍夢醒，又淚痕銷瘦粉臉。

臺城路　丁巳元宵，游金閶，寓蘇臺旅舘

筍輿乘興衝寒發。登臨恰逢佳節。花市囂塵，銀燈眩海，放夜金吾告撤。春風彩纈。看車水馬龍，興高彩烈。月上黄昏，緑窗私語正清切。　金閶號稱佳麗，數青山緑水，東南勝絶。寒寺鳴鐘，横塘載棹，選入詞人筆舌。清霏玉屑。况麋鹿來游，館娃訣别。吴越興亡，從頭堪細説。

前調　古鏡

菱花開處明妝靚，漢宫又傳春曉。粉膩脂香，花嬌柳怯，贏得君王帶笑。争奇鬥巧。奈紈

扇秋風，棄捐偏早。煙鎖長門，千金空費相如稿。　宫娥休説舊事，嘆繁華一夢，頓增懊惱。昨日朱顏，明朝白髮，容易年華去了。佳人半老。縱傾國傾城，冰肌玉貌。顧影誰憐，盼羊車不到。

齊天樂　秋思

楚天木葉蕭蕭脱，西風暗侵羅袖。斷雁催歸，吟蟲勸織，又是淒涼時候。停鍼倦繡。恁滴盡銅龍，燒殘金獸。轉側無眠，月華窗外皎如晝。　人間何事最苦，算情絲萬縷，重重糾繆。地老天荒，山遥水遠，只有相思依舊。無因邂逅。悵書破鸞牋，抛殘紅豆。瘦盡腰圍，柳枝羞與鬥。

聲聲慢　又一體　蟹簖

霜飛斷岸，水落寒江，横行郭索稱雄。堪笑無腸，一時妄逞威風。蓼洲荻渚，處處築長圍，羅網重重。飽饕餮，快英餐籬菊，詩换郫筒。　塵世名韁利鎖，問英雄、幾輩不入彀中。博帶横金，算來盡是樊籠。何如杖頭買醉，持雙螯、高舉尊紅。待醒後，趁夕照，歸挂短篷。

滿庭芳　遲小蝶、鈍根不至，用小蝶韻質之

獨雁驚風，雙螯滿月，東籬秋色盈枝。二三知己，同泛菊英巵。惆悵隔花人遠，望穿眼、翩竟來遲。試重問，論文把酒，後會更何時。　興亡無限恨，長安近事，聞道如棋。怪騷人，多事拈斷吟髭。且共追尋彭澤，歸去也、陶寫新詞。飄然引，松風水月，清冷透羅衣。

水龍吟　寫懷，寄黄巖王枚老

廿年湖海飄零，一生豪氣銷完矣。歌離弔夢，傷時念亂，無端雙淚。灑向西風，彈來南浦，真成無俚。慨千金寶劍，萬間廣廈，平生願、未能遂。　多少恩讐心事。向尊前、從何説起。流光容易，春湖蓴菜，秋江鱸膾。也算東南，水鄉澤國，别饒風味。季鷹應笑我，栖栖胡爲，作歸與計。

前調　爲胡石予同學題近遊圖

渺茲尺幅圖中，居然羅列蓬壺島。嵐光滴翠，波痕漾碧，恣情遠眺。邱壑撑腸，雲煙盪目，叩舷獨嘯。如仙風吹下，珠璣錯落，驚人句、添多少。　海上神山縹緲。問幾生、可能修到。書生慧業，壺中别有，洞天不老。舒卷盈机，縱横在軸，相看欲笑。比逍遥鵬背，三千九萬，直寓言妙。

前調　再題

身如野鶴孤雲，飄然去住蓬瀛島。神游物外，樓登李白，詩吟謝朓。筆落驚天，劍狂斫地，一聲長嘯。看山光水色，茫茫無涘，閒愁恨、銷多少。　滿紙雲煙縹緲。暎紅遥、隔飛難到。蒼苔茅屋，芒鞋竹杖，追尋賀老。屠狗功名，雕龍文卷，付之一笑。諸天開異想，華巖湧現，入非非妙。

鳳凰臺上憶吹簫　病起遣懷，用易安韻寄友

藥裏茶鐺，繩牀斗帳，懨懨睡久扶頭。似這般憔悴，羞對吴鉤。回憶當年豪氣，到此際、一律都休。最難受，茂陵風雨，一病經秋。　去

休。浮生艸艸，縱忍死須臾，能百年留。愛謝公東墅，庾子南樓。會向湖山佳處，凝望眼、快豁雙眸。更何事、撫瑟寫憂，把酒澆愁。

前調

萬里乾坤，百年身世，向誰説與從頭。莫論葡萄價，酒是詩鈎。多少滄桑感慨，今古恨、醉便干休。銷魂句，江郎賦別，宋玉悲秋。且休。眼前好景，如水月鏡花，也夠勾留。聽隔江商女，遥唱秦樓。賸有南朝煙水，長許我、洗浄詩眸。催人老，長卿善病，平子工愁。

湘月　題松江耿思泉太守身行萬里圖

公真健者，汗漫游遍了，天南天北。揮手獨來還獨往，勝絶孤雲野鶴。素月相隨，清流自濯，此境人誰覺。臨風顧盼，胸襟別有邱壑。

可笑班令當年，封侯遠覓，投却書生筆。富貴何如秋艸露，放眼湖光山色。燕趙悲歌，東南佳麗，到處曾相識。搜奇攬勝，前身疑是霞客。

前調

書生渺小，課芸窗讀破，古今文史。又乘長風行萬里，也算男兒快事。溟海摶鵬，長城飲馬，此去從游騎。一鞭殘照，登臨無限情意。

聞道薄宦荆襄，澤流江漢，小謫神仙吏。解組早歌歸去句，謝却一官如寄。貂裘換酒，驢背敲詩，風雅一門萃。遺編珍重，衛媛擅簪花字。先生著有詩稿一卷，爲其令嬡兆珠女史手書。

法曲獻仙音　用夢窗體韵，爲海上女劇員李癡佛題

托缽重來，拈花微笑，聲驟宜春歌院。舌妙生蓮，腰纖勝柳，繽紛落英千點。法雨散諸天遍。消蜂蝶愁怨。　風流遠。記香君、把桃花扇。脂和粉、信手輕輕點染。傳誦到於今，況天仙、翠縷紅剪。是女青蓮，聽龜年、令我腸斷。問靈山會上，應許否珊珊見。

春風嫋娜　寄張師石

羨先生文彩，倜儻風流。載斗酒，駕扁舟。愛西南佳絶，桂林山水，芒鞋竹杖，萬里長游。鱷渚思韓，羅池拜柳，桃李新陰遍嶺頭。吾道從此南行矣，春風明月夢羅浮。　檢點奚囊賸稿，悲歌慷慨，有多少、海國陽秋。妍詞騁，秘思抽。揚風扢雅，遠紹旁搜。奇氣拏雲，蒼天欲泣，雄詞倒峽，白日含愁。傳修獨行，笑茫茫塵海，爛羊屠狗，也覓封侯。

前調

渺中原一髮，無限情牽。命歌板，拂吟箋。譜新聲、高唱大江東去，迴腸盪氣，驚醒龍眠。楓冷吳頭，波迴楚尾，一片秋心盪酒邊。淒絶寒蟲咽荒徑，零星征雁過湘天。　莫問人間何世，放開懷抱，去來無礙即神仙。斟一斗，詠百篇。狂吟如虎，吐氣如虹，眼底乾坤，空餘涕淚。夢中印象，別有山川。幾時少壯，算人生清福，風前看竹，月下乘船。

憶舊游　端午日，寄青浦方仁後兩闋

記新詞鬥韻，舊曲分題，付與吟箋。寄却相思意，悵流光去了，又是經年。輕羅細葛風軟，照眼石榴妍。撫景動遙情，何時尊酒，同醉花

前。纏綿。動人處，直平睨秋崖，抗手百川。磈礧胸澆酒，席地天爲幕，笑聳吟肩。遥想興酣落筆，奇語欲驚天。羨慧業書生，大千普結欲字緣。君著説部甚富。

其二

看螺鬟翠滴，燕尾泥分，宿雨初晴。梅子酸流齒，是天中節候，樹囀流鶯。天涯幸逢知己，念遠寄新聲。盥手讀風前，千尋潭水，怎及深情。　齊名。吟花社，有健將金俞，冠冕羣英。涸畢生心血，咳唾成珠玉，價重連城。贏得名賢繼起，宗派式前型。酌一掬青溪，醰醰至味如飲瓊。君以《青溪七子稿》見贈。

念奴嬌　用坡公體韻，寄懷青浦王鈍根

東風無賴，番番信、吹老天涯雲物。有個傷春詞客也，撑起金墉鐵壁。壯志摩霄，豪情撼岳，縷浄聰明雪。文壇稱霸，一時推倒豪傑。　抑塞磊落王郎，奇才真卓絶，韻流風發。譎諫書書陳曼倩，誓把仇奴殲滅。文字有神，江山無語，相繫千鈞髮。盈盈笑指，心頭一片明月。

前調　寄懷寶山李東埜

謫仙才調，亘古今、壓倒幾多人物。鏖戰詞場無間日，奇幟飛揚趙壁。陳掃千軍，源傾三峽，勝絶陽春雪。縱横排奡，是何意態雄傑。　數到良史三長，龍門書游俠，風霆飆發。況願有情成眷屬，豪氣更難磨滅。巾幗鬚眉，崑崙肝膽，可鑑如華髮。人間彈遍，春江不老花月。君以所著《俠女花傳奇》屬題，不果。

前調　寄懷太倉許瘦蝶

無虛名下，三吳地、幾許風流人物。祭酒同聲推叔重，屹立東南半壁。一代清詞，十年低首，皎皎如冰雪。漣漪婁水，地靈還更人傑。
嬉笑怒罵悲歌，文章兼衆妙，心花怒發。我亦風塵飄泊客，磈磊胸中難滅。紅袖情違，青衫淚濕，鏡裏悲華髮。寸心千里，天涯時共明月。

前調　寄懷錢塘陳小蝶

相逢萍水，詫異緣、得見翩翩人物。湖海元龍樓百尺，飛去定應破壁。屈宋才豐，機雲年妙，綽約風前雪。清奇拔俗，建安無此驍傑。
何幸貽贈雙魚，怪年來癥痞，多君摘發。縱筆光芒長萬丈，歷刼有明無滅。香艸情芳，美人意遠，組合如絲髮。交深文字，屋梁照我華月。

前調　寄懷同鄉黃覘廬

夢魂千里，繞關山、歷歷故鄉風物。最愛風流黃覘子，時有歌聲滿壁。艷意如花，穠情似蜜，捲作寒江雪。等身著述，識時洵是豪傑。
自別叔度經年，俗塵千萬斛，同時飆發。念世間王侯富貴，瞥眼灰飛煙滅。方寸情苗，一枝恨葉，牢結渾如髮。相思相望，當頭今古明月。君以所著《心窩血》傳奇屬題。

前調　再寄覘廬

風雲馳驟，看蛟龍、豈是池中常物。霹靂春雷驚起蟄，横絶臨江峭壁。千頃汪汪，百城屹屹，胸貯水甌雪。東南佳氣，蔥蔥挺育奇傑。

此是江夏黄童，無雙天下才，地英英發。柱史長留文苑傳，姓氏千秋不滅。下筆驚人，着鞭先我，慚對蒼蒼髮。倚樓東望，幾回海上明月。

前調 再寄覞廬

抛書午倦，懵騰睡、夢入南華齊物。胡蝶蘧蘧然欲活，滿樹琪花繞壁。細數青梅，緩尋芳艸，歸臥蓬廬雪。冷觀塵海，銷磨今古豪傑。　且從君學參禪，靈河岸側，風行仙航發。一切塵緣胥返寂，底事愁懷不滅。詩説荆卿，劍磨歐冶，怒欲衝冠髮。舉杯狂飲，呼天欲問明月。君精通内典。

壽樓春 題同鄉黄伯鈞明經之母宋太夫人夜紡課兒圖

憶篝燈芸窗。聽車聲軋軋，書語琅琅。依約經傳絳縵，韻繞朱梁。斗屢轉、漏初長。嘸熊津、課績綦忙。看桂蕊含香，蘭芽茁秀，家學紹青箱。　艸春碧，荻秋芳。記諄諄慈命，遺訓難忘。贏得名流題詠，滿裝縹緗。筆燕許，畫倪黄。尺幅中、春融萱堂。欣松鶴仙姿，請奇聿爲彤史光。

南柯子 題方仁後照，依原韵

屈閭懷沙賦，揚雄解客嘲。奇愁怎借酒杯澆。贏得名山著述、等身高。

其二

風緊盤胡馬，雲横射遠雕。健兒誰與賦同袍。只有元龍豪氣、最難銷。

其三

搔首呼天問，愴懷斫地歌。中原靈氣已無多。底事燃萁煑豆、儘銷磨。

其四

骯髒迴風劍，微茫挽日戈。寓言十九富搜羅。偷向花陰展卷、破愁魔。君著説部甚多。

解語花　題周瘦鵑《香艷叢話》

玲瓏斲玉，圓轉調珠，百軸琳琅富。書生辛苦。喁喁語、摹繪緑窗私訴。徉嗔薄怒。添毫處、神傳阿堵。羡一枝、妙筆生花，君又邀天賦。　瞥眼鶯花易過。悵翩翩鴻影，雙雙鶯譜。飄零無數。愔愔地，暗把情天弭補。驚風欲舞。剪取碧紗重護。似這般、活色生香，應被秋娘妒。

其二

揉香嚼雪，擣麝拗蓮，多少歡愁境。一奩明鏡。光芒射、依媚離魂倩影。徐徐整整。金鍼線、背人偷引。忒情癡，雲鬟花容，肥瘦燕環認。　休道女兒薄命。任賸膏殘粉，斷紈零錦。眉間幽恨。網羅起，處處引人入勝。芳心自警。笑口翻難忍俊。看重重、繞翠圍珠，疑踏蓬萊頂。

其三

冬郎綺靡，屈子芳馨，冠絶千秋調。頻年探討。風花詠、佳勝六朝詞料。十分俊俏。銷魂處、欲啼還笑。把幾多、名士才媛，定一齊傾倒。　滿紙巫雲縹緲。惹青衫詞客，紅閨窈窕。愛才憐貌。慳慳惜，添得幾番乖巧。

幾番懊惱。底事隔花人杳。看那時、紙貴洛陽，品擅詞林妙。

高陽臺

題《梁溪華貞婦傳》

冰玉清寒，松筠貞介，孤棲海燕雕梁。美滿姻緣，無端中道參商。藁砧一去無消息，望夫婦、化石成岡。最堪欽、未夢鴛鴦，先拜姑嫜。
雙娥不展遥山翠，悵金錢枉卜，錦字虚忙。秋月春風，年年寂守空房。桓君賢淑嬰兒孝，奉高堂門户勉撑。女貞花，萬禩千秋，彤史垂光。

桂枝香

戊午秋，游天台，過舟山，登城望海，用王荆公《金陵懷古》韻

憑高縱目。正海國秋深，雨柔風肅。萬派濤瀾滚滚，帆檣簇簇。孤城屹立滄溟外，看羣山、奇峯青矗。磯頭漁網，海濱蜃市，生涯饒足。
念當日、樓船角逐。嘆戟斷沙沉，淚珠續續。一棹閒游到此，難忘奇辱。興亡遺恨付漁樵，望遥天、髻鬟仍緑。金甌何日完全，歡奏鐃歌聲曲。道光季年，提督葛忠壯公戰殁於是。

買陂塘

宿台州府清溪之百步，爲宋紫陽真人張平叔悟真處

放扁舟、溪山勝處，蒼茫煙水無際。登臨到此慚詞客，有句翻愁難賦。堪愛處。恰好是、山巔明月光流素。勝游多侶。且擊檝狂歌，流盃細酌，逸興誰能阻。
滄桑事，漫問人間何世，閒愁牽惹如縷。仙人平叔今何在，便有柔情誰訴。君且住。君不見、清泉白石今猶古。相看無語。數遠水浮鷗，遥天征雁，我欲乘風去。

水龍吟　賦台山水珠簾，用宋人韻

玉盤多少珠璣，看金谷麗人抛墜。飛花撲絮，籠煙罩霧，惱人情思。愁織廻腸，恨穿望眼，梨門深閉。凭朝霞暮雨，垂垂不捲，偶然被、風吹起。　姑射仙娥睡醒，怪霞珮、瑛霏瓊綴。量來盈斛，賣應還櫝，才圓却碎。舊事分明，微情投暗，有如此水。問鮫人、底事含愁抱恨，揾盈盈淚。

南浦　過鎮海，和黄仲則先生韻

海天空闊，乘長風、一棹賦歸來。放眼蛟門闢處，廢壘數荒堆。依舊青山如畫，怒濤奔、拍岸似鳴雷。溯南朝往事，滄桑幾度，遺跡認寒灰。　多少帆牆似織，警欃槍、門户洞然開。最恨天公憒憒，大事付傖材。淘盡英雄幾許，對滔滔濁浪總堪哀。惹書生、多感興亡，淚眼對殘杯。

高陽臺　壬戌冬初，入都寄友

側帽驚風，吟裝壓雪，登臨放眼乾坤。短賦長歌，本來天賦閒身。揮鞭遥指京華路，涴青衫、遍染征塵。也堪親。萍絮相遭，總是前因。　此行不僅探名勝，問秋風燕市，相賞誰真。臺址千年，依然金碧如新。名韁利鎖羈愁鬢，對黄花，慚作勞人。付鴻鱗。一闋新詞，聊勸加珍。

摸魚兒

又怱怱、帝城春暮，緑波新漲南浦。東風狂蕩真無賴，收拾落英歸去。凝望處。記那曲、屏山曾共伊私語。離懷最苦。更蕉葉驚風，桃花逐水，陣陣打窗雨。餘寒勁，猶把簾衣重護。柳絲牽惹愁緒。舊愁難遣新愁又，彩筆嬾修眉譜。君知否。這一片飛紅，總是愁來路。唱予和女。且磈礧澆胸，雲光洗眼，學作閒情賦。

賀新涼　白門懷古

載酒秦淮路。指青山、龍蟠虎踞，形勝如許。滿目興亡愴然淚，灑向西風何處。祇檣燕、呢喃相語。六代繁華春夢杳，囀珠喉、花月翻新譜。撩人恨，隔江女。　東南天塹今猶古。問英雄、沉江鐵鎖，霸圖在否。生子仲謀何足數，陶寫中年謝傅。東山臥、碁儔叙侶。更有能書王大令，唱桃根、桃葉斜陽渡。韻已歇，人猶慕。

水龍吟　馮生敘九於距唐山講舍十里外，折贈海棠一枝，因寫圖以酹之，并題

一枝紅艷凝香，滴來多少相思淚。朱簾半捲，畫闌斜倚，輕裝照水。旖旎風流，陳娥望幸，楊妃沉醉。縱燒殘紅燭，瞢騰入夢，嬌無力，扶難起。　滿目花飛絮舞，趁東風、淩雲得意。孤芳獨自，山家息影，柴門深閉。待折歸來，君情良厚，我腸欲碎。且調脂弄粉，爲伊寫照，惜風塵墜。

沁園春　送師石武林之游

屈宋清詞，衛霍奇功，能值幾文。手一編青史，英雄幾許，聲名烈烈，得失紛紛。肘後橫金，腰間佩玉，髣髴槐柯幻夢痕。誰知道，這人間富貴，於我浮雲。　古今成敗休論。且

攝屐、來驂鸞鶴羣。看青山緑水，天開圖畫，茂林脩竹，地隔塵氛。細數殘英，緩吟芳艸，琴鼓南風一曲薰。更何事，虎符掌握，麟閣圖勳。

法曲獻仙音

乙丑冬日，買舟南下

短棹催風，遥鞭指雪，京洛頻年羈旅。萬里烽煙，五更勺斗，家山惆悵修阻。無限意向誰語。飛鴻渺尺素。　問前路。駕扁舟、犯寒南下，凝望眼、却羡海鷗翔舞。艸艸賦勞人，檢行囊、滿貯塵土。臈鼓昏昏，算年光、恰又歲暮。怪船脣馬背，總把游人躭誤。

賀新涼

丙寅初春北上，用迦陵韻

短棹衝寒發。正前宵、燈燒絳蠟，人還紫闕。多少離情從何説，且看寒濤滚雪。孤負了、家山明月。壓線空隨人俯仰，對菱花、奈此蒼蒼髮。雕蟲技，抑何末。　爲誰手把芳香折。那須問、董龍鷄狗，是何人物。蝸角河山争勝負，自謂一時豪傑。怎肯任、姓名磨滅。悔不抛書將劍學，賦長門、虚絞心渦血。千金價，貧何益。

瑞龍吟

春暮感懷，和周美成《清真詞》韻

長亭路。又見芳艸黏天，雜花生樹。悠悠萬里關山，千重雲水，春歸甚處。　暫留佇。還記一行垂柳，緑圍窗户。嬌癡約共鄰娃，鞦韆架下，深深款語。　廿載風塵重墜，嬾施粉墨，向人歌舞。量取舊時腰圍，瘦窄非故。屏風題遍，盡是相思句。鎮長日、危樓獨倚，何曾移步。目送韶華去。積來這許，閒愁悶緒。

絞作腸千縷。縈不斷，絲絲瀟湘煙雨。頻年浪跡，總成萍絮。

前調

橫塘路。瞥見雪浪浮花，雲光摇樹。離離艸遍天涯，波廻别浦。撩人恨處。小淹佇。記得似曾相識，驟窺朱户。春風笑靨宜人，垂肩彈袖，盈盈款語。夙約無端輕負。輸他胡蝶，雙雙飛舞。車馬舊時門庭，冷落非故。碧紗籠處，殘墨留題句。人何在、欄干拍遍，長廊緩步。勝跡隨雲去。苔痕點石，都縈别緒。一曲歌金縷。吟未已，潺潺簾櫳鳴雨。計那時節，又逢飛絮。

念奴嬌 過威海洋，舟中書感

泱泱表海，望齊煙、點點芙蓉秀矗。白浪滔滔，流日夜、形勝天然駭目。山古含蒼，水柔漲緑，蜃市生涯足。洞開門户，往來如織番舶。遥想中日當年，鏖兵此地，竟把全軍覆。過客憑舷談往事，相對淒涼眉蹙。誰肆要盟，誰爲戎首，欲食參之肉。河山還我，金甌成就完幅。

賀新涼 覽清宫

夢入長安路。瞻皇居、龍樓鳳閣，清華如許。想像昇平全盛日，共慶風雲際遇。看仗下、千官拜舞。颦笑争邀宸眷寵，凜天顔咫尺真堪怖。這威福，由天賦。秋風驀地傷離黍。嘆當年、天潢貴胄，宫廷嬪御。瑣尾流離悲失路，贏得傾城士女。選勝日、登臨笑語。多少興亡來眼底，慨人間、富貴皆朝露，名利客，幾時悟。

前調　感事

鼙鼓年年震。笑羣雄、龍拏虎攫，縱横並進。破碎河山争割攫，到處連營列陣。那復計、傷殘民命。暴骨成邱荒草没，莽中原、片土無乾净。天夢夢，杳難問。　大軍之後年饑饉。慨吾民、因何寃孽，遭兹刼運。猿鶴蟲沙同歸盡，公理無人肯信。況若輩、豺狼成性。萁豆相煎何太急，最無情、同氣相推刃。功與罪，付誰定。

雨中花慢　連朝風雨，花事闌珊，悵然賦

花正開時，怎被驟雨狂風，着意摧揉。弄得緑肥紅瘦，蝶怨蜂愁。迴想當初，金鈴掩護，費盡綢繆。又豈料到，如今憔悴，寂寞妝樓。

明君出塞，琵琶馬上，珠淚續續彈流。千萬喚、人間天上，去去難留。無可奈何薄命，誰能遣此離憂。畫欄斜倚，相思相望，一别三秋。

齊天樂　丁卯秋日，病起遣懷

茂陵一病驚秋早，繁霜又催華鬢。蕭瑟庾郎，淒涼平子，不似當年清俊。柔腸寸寸。縱和緩良醫，難療吾病。萬縷情絲，無端容易把人困。　人間今是何世，奈前愁未了，還續新恨。狐火宵鳴，狼煙晝舉，瞥眼增人悲憫。天遥難問。且花裏逃禪，尊前鬥韻。坐卧青氈，守書生本分。

前調　丁卯中秋節，拏舟北征

扁舟直向滄溟去，波心盪開金鏡。萬頃瓊田，

一輪皓魄，天水清寒相映。宵深人静。聽吟嘯魚龍，神情驚警。有客凄涼，憑舷獨自吊孤影。　北來南去底事，似風前燕子，巢未營穩。人樂團圞，我傷離別，清淚怎禁如綆。憂心耿耿。更山桂流馨，江楓入詠。一枕驚濤，秋聲喧夜永。

金縷曲　寄黃巖王枚老

別後平安否。最難忘、談詩剪燭，論文把酒。攝屐同尋華頂去，游遍仙靈巖岫。算眼福、這番飽受。雪瀑珠泉如在目，問何時、再續前游舊。着芒鞋，步公後。　新詩貽我如瓊次。炙寒燈、迴環細讀，神清骨秀。別有興亡無限意，難覓解人索剖。塵世事、白雲蒼狗。自古知行能一貫，瓣心香、合向陽明叩。獻嵩祝，爲公壽。

前調　再寄王枚伯先生

別後平安否。記年時、天寒風緊，滬濱邂逅。慷慨縱談天下事，消却離愁萬斗。問何時、重回把手。海上揚塵遷變幻，一般般、欲向君前奏。懷人句，臨風瘦。　昏昏臘鼓迎年又。綺窗前、寒梅的皪，暗香微逗。獨有蘭成哀怨感，蕭瑟江關依舊。看幾輩、販繒屠狗，覓得封侯受上賞，笑詞人、空把心肝嘔。且酩酊，金尊酒。

齊天樂　壽金山錢母

瑶池煙暖瓊筵敞。雲屏盛排仙仗。觴晉朱霞，笙吹碧月，玉露朝承金掌。天風浩蕩。欣彩舞斑衣，歡扶鳩杖。擗來麟脯，麻姑長爪慣搔痒。青箱永綿世澤，屏庸脂膩粉，獨留真賞。廣廈庇寒，遺經傳後，當代宣文共仰。壽應無量。羨福慧雙脩，桂蘭争長。婺耀天南，光芒長萬丈。

金縷曲　壽同鄉女詩家施學詩女史

一卷湘痕艸。讀花陰、清新俊逸，珠璣品妙。無限春花秋月感，寫入烏絲繡稿。奈蜀道、聲聲鵑叫。腸斷春歸渾不返，慨媧皇、不補情天老。松筠節，冰霜皎。女士早賦別鵠，著有《湘痕吟草》。扶輪大雅宣文教。絳紗帷、紅妝桃李，手栽多少。盡把庸脂粉氣，辛苦從頭除掃。女貞木、冬心長抱。幾許名媛風雅集，付班昭、收拾供詞料。彤管史，摛才藻。女士著有《清代閨閣詩人傳略》。

前調　代友再賦

斗大瀛洲島。溯詞林、晨星寥落，清才絶少。靈秀偏鍾巾幗隊，直使鬚眉拜倒。看一卷、紅餘吟稿。膾炙人間傳萬口，女相如、藝苑蜚聲早。陽春曲，難同調。淵源家學青箱紹。侍僊翁、三湘七澤，宦游偕到。多少香閨花月韻，費盡功夫搜討。詩筆與、史才俱妙。覽勝西泠橋畔過，悲秋亭、灑淚臨風弔。奇俠氣，干雲表。

以上《莽廬詞稿》

滿江紅　題畫浣紗圖

玉貌花顔，依然是、浣紗窈窕。憶當日、若耶溪畔，婷婷嫋嫋。蓮步輕盈秋露艷，柳腰綽約春風裊。看一朝、恩寵冠金閶，顰誰效。越山峭，吴宫沼。英雄笑，美人老。歎舊時花草，凄涼憑弔。儂意欲陳君不聽，君心但愛儂顔好。報深情、只有捧愁心，伊誰曉。

浣溪紗

簾外東風暮更寒。梅花如雪壓闌干。錦衾孤擁夢兒難。暗拔玉釵和淚卜，嬾拈錦字帶愁看。柔腸寸寸起迴瀾。

以上見《游戲雜誌》一九一四年四期

吴駿

浣溪紗

自兩望泝流至武昌，入城已曛黑。與貢禾偕飲酒肆，歸話山齋，更闌賦此，時八月初六夜也

敗楮零縑覓舊題。酒腸棖觸總堪悲。十年前事半迷離。新雁唳雲哀裂石，暗蛩嘑露細沉絲。夜涼如水怎禁持。

齊天樂

十年蒓菜鱸魚夢，西風斷潮無信。柳帶疎青，荷衣減翠，描取蕪城秋恨。霜欺短鬢。怕前日朱顔，鏡中難認。傍舍羣鷗，笑人還自詡輕俊。征帆朝暮上下，暎雲烟縹緲，沙際如筍。遠水吞吴，遥山隱蜀，今古蒼茫誰問。流光一瞬。料投筆乘風，酒狂無分。祇羨鴟夷，五湖歸棹穩。

瑞龍吟

琵琶，和粤人陳季愷

鵾絃四。裝就一抹檀槽，競誇新製。深宫當日王嬙，單車遠出，曾攜玉指。眼前事。無奈譜成悽調，遽悲身世。和他羌笛胡琴，聲聲寫作，沙場怨思。愁絶江楓摇落，繞船明

月，新聲重試。司馬舊時青衫，都染紅淚。長歌贈與，應不嫌詞費。相逢處、醉不成歡，同傷顛頷。滾滾滄波逝。縱教鐵板，當筵擊碎。總是愁滋味。憑寄語，秋孃哀絲休理。試看眼底，江山如此。按《瑞龍吟》詞，後人多奉清真『章臺路』一闋爲正體。其第三叠九、十兩句，清真詞爲『名園露飲，東城閒步』，係第三字不論之平側相同句。先生詞『醉不成歡，同傷顛頷』，則爲平側相反句，當别有所本，拈出待考。蜀青敬識。

浣溪紗

久寓漢皋，交游絶尠。自貢禾館武昌，時相過從，爲文酒之會。顧中阻大江，大率數十日始得一晤。每值伏臘，貢禾輒假旋，一歲之中，不數數相見也。貢禾舊藏緗綺樓書，曾一借觀，手自鈔寫。今年夏，貢禾爲余倚裝，揮汗署檢。余有《廬山詩卷》，曩屬貢禾攜之江甯，乞仲乾作畫，欲俟圖成，並乞貢禾爲余題詠。仲乾性嬾，又不肯輕下筆。貢禾遂仍攜原卷而返，令人悵悵。貢禾今復倦游，將解館東下。感念疇昔，不能無詞，因叠前均，以攄别懷

長記瑶籤潑墨題。匆匆萍聚已堪悲。那禁秋老賦江離。　雨襯斷霞紅勝錦，風梳殘柳碧于絲。霜螯無分更同持。

其二

滿擬新圖待手題。楚天重别不勝悲。寒原空見草離離。　此去沈腰應更瘦，再來潘鬢總成絲。自家風貌自禁持。

南浦

和况夔笙詞均

彈指惜流光，對江山，不復年時遊興。疎柳映斜陽，斜陽外、明滅斷霞千頃。殘衫破帽，酒痕塵土和愁凝。漫向江波深處照，顛頷庾郎

清影。樓臺燈火初開，早沙頭、兩兩漁舟晚並。荒戍隱悲笳，銷魂處、添入斷鴻悽哽。寒新記省。故山猨鶴秋來冷。料理迴腸歸去好，明月闌干慵凭。

齊天樂

小樓紅處斜陽下，天涯又催霜訊。斷角吹寒，疎鐘送暝，摇落江楓初褪。秋心幾寸。問前事如塵，那禁思忖。一抹遥峯，翠眉猶寫舊時恨。　滄洲無限旅思，笑年年作客，空賦招隱。按拍填詞，拈題選句，容易江郎才盡。飄零未穩，悵魚雁沉沉，總無期準。極目長隄，亂鴉盤遠陣。

菩薩鬘　秋夕偶成

秋蕪還似春蕪碧。萋萋總作傷心色。江國晚來潮。水葓花未凋。　滄洲孤興發。夢與吴天闊。波上月如鈎。平添一段愁。

其二

雁聲低度瀟湘去。疎烟漸隱荆門樹。木葉下微波。此中離恨多。　故人經歲别。相望腸空結。瑶瑟夜泠泠。君山何處青。

其三

西風嫋嫋吹香桂。輕黄墮地無聲膩。涼露襲秋衣。殘螢入座飛。　翠簾閒不卷。月影朦朧見。酒醒已無聊。誰家咽玉簫。

其四

畫闌缺處低枝亞。猧兒睡熟葳蕤下。向壁暗

蟲鳴。秋心未肯平。短檠光欲滅。起坐成愁絕。點檢舊時書。年深落蠹魚。

其五

空階敗葉琤然墮。虛堂只裏單衾臥。人靜柝聲疲。驚寒烏夜啼。秋宵甘索莫。密意還成錯。休向夢中尋。楓林月落陰。

揚州慢　題《愛華報》代

吳苑鶯花，楚宮羅綺，綵毫總費平章。況燕姬趙女，更娟好無雙。問誰續、羣芳舊譜，翦紅裁碧，描黛勾黃。奈司勳遊倦，輸他當日清狂。　小名記得，有鴛鴦、卅六成行。看蕊榜新題，仙誇蕚綠，人號蘭香。廿四番風吹轉，爭先探、陌上春光。聽纖歌重按，當筵一曲秋娘。

定風波　晨起趁渡不及，遂買小舟翦江而南

一片啼鳩隱曙巖。玉樓人起嬾搴簾。偶泛扁舟偕二客。攜得。半帆冷雨落江南。　憶昨艨艟爭利涉。風掣。浪花飛濺溼春衫。何似持竿成獨往。無恙。溪山佳處盡情探。

虞美人　貢禾將別，以其在江南時與小石、仲乾所爲詞名《莫愁集》者見示。爲録一通，賦此書後

別來長憶江南柳。踈影殘陽瘦。烏絲憑寫斷腸詞。不道春風、偷換舊腰支。　墮歡零夢重牽惹。有恨何從寫。回頭已是十年强。料得君應、爲我惜流光。

浣溪紗

瘦減當時舊楚腰。蘼蕪採罷路迢遥。下山還

比上山勢。細雨和塵侵素韈，峭寒如水沁冰綃。隔江空怨木蘭橈。

金縷曲　九月初六與貢禾別於江孚舟中，夜歸譜此，追寄京口

重話天涯別。黯離情、一行古柳，半鈎新月。陌上鈿車如雲散，單舸亭亭待發。聽笛裏、落梅嗚咽。休倚危闌回頭望，映江城、幾點燈明滅。鴻雁杳，楚天闊。　更深獨戍飄霜葉。蕩荒波、東流不盡，斷江千疊。後日行舟門前泊，塵土歸裝漫拂。對眼底、金焦愁絶。料理重陽持螯手，唤西風、好作登高節。應念我，淚還熱。

紫萸香慢　九日寄貢禾

正消凝、離歌聲斷，峭帆遠浦初低。悵殊鄉佳節，獨留滯，未成歸去聲。就深秋愁緒，占長隄衰柳，盡日依依。任風欹、破帽濁酒尚堪攜，拌去聲痛飲、醉眠短□。　回思。往事依稀。塵世事、本難齊。向尊前指點，算斜陽幾度，陳迹都非。問何年、楚萍重合，再逢佳日。相約還賦新詩。同上翠微。按《紫萸香慢》一詞爲姚雲文自度腔，後人多祖之，嚴於律者兼從四聲。其過拍一句爲『只坐上、已無老兵』七字，而先生原稿則爲『拌痛飲、醉眠短』六字。其『短』字下所奪一字似爲『籬』字。後疊『向尊前指點』句下、『問何年』句上，姚詞爲『雕弓笮柳，前事休評。紫萸一枝傳賜，夢誰到、漢家陵』二十字，先生詞則爲『算斜陽幾度，陳迹都非』九字，似非奪譌，先生或別有所祖，未可知也。特拈出以待考。蜀青敬識。

虞美人　九月十一日作

重陽已向愁中過。醒醉都無那。淒涼又到餞秋時。恰賸殘陽如、水下簾遲。　年年春去

頻相憶。秋老知誰惜。小園黃蝶不勝情。獨抱霜花似解、訴飄零。

鶯啼敍　餞秋

清霜暗髠岸柳，賸啼烏未去。酒盃冷、低酹斜陽，餞秋人尚羈旅。嗅寒菊、餘芳冉冉，東籬一例傷遲暮。傍黃昏鄰篷，邨砧併添離緒。記得新涼，玉簟乍卷，病秋酲掩户。畫闌外、老桂吹香，冷螢飛上詩句。剔蘭缸、重尋蠹紙，漫長憶、江湖吟侶。但虛堂，乞與閒眠，獨聽疎雨。　霓裳按曲，綵筆題糕，舊遊似過羽。苔砌澀、蛩聲淒咽，半晌欹枕，霧閣雲牕，夢回無據。臨流感逝，登高懷遠，多情拌平聲自成憔悴，向天涯、指與秋歸路。梁空燕杳，當時幾點香泥，舊恨已無尋處。　新添半臂，更上層樓，把斷鴻暗數。試問訊、長途迢遞，肯帶秋來，底事而今，不留秋住。蓬飛短鬢，塵侵茸帽，江關誰省蕭瑟意，算無聊、能作傷心語。深深垂下簾旌，自擘蠻牋，冷紅細譜。

前調　和夢窗均

空梁賸黏燕壘，裊蟲絲罥户。畫簾卷、人瘦西風，楚天還又秋暮。紺霞染、疎林悴葉，青青忍憶前時樹。殢天涯魂斷，難飛竟同泥絮。　碧瓦朱甍，傍水易暝，掩濃雰淺霧。棹歌遠、沙岸人歸，暮雲空盼魚素。點霜天、驚鴉乍散，繞空外、殘鐘如縷。立蒼茫，低盡斜陽，伴他閒鷺。　衫痕隱酒，幘影棲塵，楚萍念倦旅。長記省、春江烟浪，一舸雙槳，曉去占風，暮歸愁雨。都來幾日，無端秋老，樓船笳鼓催寒急，溯驚濤、尚趁黄昏渡。淩波不見，鈿車一去如流，暝隄暗吹香土。枯毫寫怨，破墨箋愁，偏零縑斷苧。但打疊、吟魂憔悴，醉裏閒眠，瘦影婆娑，醒時狂舞。多情已枉，流光難再，新聲歌裏偷換却，拂湘絃、空認斜鴻柱。燈前幾曲屏山，舊夢零星，尚能記否。

燭影摇紅 初冬自漢臯徙居鄂渚，感事成詠

摇落江山，霾愁今日知無地。楚鄉騷賦豔蘭荃，總費傷時淚。蠻觸争還未已。掣滄溟、鯨波又起。陸沉堪念，俯仰蒼茫，問天何意。草草攜家，一椽重向荒村寄。天涯等是未成歸，遮莫非長計。地僻應無客至。踏虚檐、頻聞鵲喜。濁醪誰造，古屋青燈，晚來須醉。

以上《己未秋詞》

国家出版基金项目
NATIONAL PUBLICATION FOUNDATION

全民國詞

第一輯 ③

曹辛華　編纂

浙江古籍出版社

惜黄花慢　庚辰重九對菊作

寶靨秋嬌、奈蓬頭破帽、難稱華顛、未堪插鬢、貫試將勸酒、杯深貯淚、花淡忘言、珊闌不解相遮護、幾曾耐霜苦風酸、意萬千、賦情畫殺、吟抱誰寬、　今朝[illegible]漫徹重軒、念故人厚我、九日糕盤、地偏江迥、倚樓甚處、籬荒徑鎖、滿袖何緣、數枝莫歎淒涼夢、但關山、重疊愁還、恨逝川、送人淚水彫年、

目録

何適 二百二十首

佘賢勳　二十五首

辛際周　五十六首

汪兆銓　六十七首

汪吟龍 十八首

汪東 一千三百九十三首

何承天

相見歡　望富士山

雲開富士擎空。矗樓東。雪頂霞腰飛壓、案頭虹。　畫圖展。陰晴變。四時同。懸我書齋稽首、謝天公。

長相思

水流紅。淚流紅。水淚流紅日月空。個人語未通。　心憹憹。意憹憹。心意憹憹夢裏逢。相逢人又東。

其二

花枝招。柳枝招。花柳枝招秦女簫。跨鸞渡鵲橋。　拔情苗。種情苗。拔種情苗情愈高。情高百尺條。

其三

我吹笙。你調箏。字字纏綿柱柱鳴。高山流水聲。　鬢絲青。眼流星。殢倚人懷問舊情。嬌羞兩頰生。

其四

花有靈。月有靈。花月有靈照滿庭。熨人心意平。　燕無情。雁無情。燕雁無情天外橫。相思一夜生。

醉太平　本意

花香酒香。仙鄉帝鄉。春風走馬瀟湘。鬥眉長柳長。　紅粧素粧。釵光鬢光。花陰月影思量。撫離腸斷腸。

點絳脣　早秋

一葉梧桐，悄然墜地驚秋早。恨翻愁遶。獨立秋風嫋。　似水流年，莫話今年少。天涯道。夢高人小。黯黯燈前曉。

采桑子　有贈

旗袍剪髮添嬌面，眸子勾魂。步月摇雲。一朵桃花初上春。　玲瓏舞掌驚飛燕，顧影流芬。心事螺紋。眉黛青青林院昏。

菩薩蠻　回文

小樓入月燈花好。好花燈月入樓小。紅樹簌輕風。風輕簌樹紅。　燕歸春似箭。箭似春歸燕。離別久無詩。詩無久別離。

其二

我思你似荼如火。火如荼似你思我。文字寄心魂。魂心寄字文。　帝鄉何處是。是處何鄉帝。難過客中閒。閒中客過難。

好事近　夏日

斷柳綠成圍，一幅染林如墨。層疊春風歸去，瘦紅花時節。　陰陰樹底睡黃鸝，共人老花國。傅粉畫蛾圍帶，羨雙飛金蝶。

清平樂　二階春眠

濃林翠圃。眠屋抱花樹。樹與人齊花上住。春滿蓬萊無路。　茅籬日暮紅花。隔林燈火人家。何處村莊吠犬，驚人好夢天涯。

畫堂春　閒居

古松如塔出籬尖。數枝花傍茅檐。屋梁落月影纖纖。人寄江潭。　屐齒披涼佛衣，燈綃捲夢珠簾。雕龍鳳筆笑微拈。切恨嘗甘。

浪淘沙

萬樹逼樓春。春碎樓暈。啼鶯走燕戲花村。試掇彩圖供秀句，紙上飛雲。天外遠游人。蝶貌花魂。東君有意一相存。庭落榆錢千萬顆，我不全貧。

前調 有憶

花月汎江潭。筍出鬚添。詩書蟲蠹兩三擔。彩筆賦成别恨了，才盡江淹。紅袖出香函。把住郎衫。問郎幾日得閒談。杏面而今消瘦甚，試認眉尖。

西江月 寄姊

紙筆無緣人懶，親朋多難音疏。瀛洲月闖小門閭。此夜家鄉憶予。歷世雄心漸頹，轉蓬客夢長孤。袈裟趺坐覺須臾。鷄唱月斜庭午。

前調 感國事

軍隊打生打死，官僚挑是挑非。九州遍地是瘡痍。殺父殘兄食子。國際有如奴隸，僑胞無異豚雞。嗟哉如此我安歸。獨下風前涕淚。

虞美人 秋客運河

紅花緑葉枝頭暮。照影秋風渡。秋風吹入仲宣樓。蘆荻蕭疎江上、一孤舟。離人心緒渾如醉。恨鎖眉峯翠。夜涼星斗滿湖塘。作客而今無夢、到高唐。

鷓鴣天　惜別

遮目青山不斷愁。雲天縹緲倚飛樓。長河捲浪東流去，不捲愁思到海頭。　心似病，意如秋。離魂飛傍木蘭舟。紅箋不附南歸雁，雁過中庭雙淚流。

江城子　江漢秋思

湘江木落洞庭波。換輕羅。轉清歌。無限秋思、空對蹙雙蛾。客館流年人易老，幾蹭蹬，任蹉跎。　美人猶記一相過。鬢婆娑。顏微酡。月榭花樓、紅袖夢痕多。待到黃花花信夜，看織女，渡天河。

南鄉子

汝愛我都知。但不深情似我癡。問我情深深幾許，時時。赴火蹈湯不敢辭。　趙子亦能詩。但賦黃花願作師。我有情苗卿有筆，春閨。情筆苗條待畫眉。

風入松　上野不忍池花見

櫻花堆錦李堆雲。三島散花魂。春風一夜傳消息，湧湖邊、百萬遊人。點點軟紅化蝶，絲絲嫩紫回紋。　疎狂今日始知春。嘗酒杏花村。簫孃鼓打櫻花曲，勸人人、醉飲醺醺。謝屐今年易過，沈腰昨夜微匀。

水調歌頭　飲酒

月下獨斟酒，問酒汝何人。千秋萬歲，賢者都與汝爲鄰。更有謫仙居士，卧起行吟病死，無一日離身。愛汝者何故，豈亦曰無因。　死功名，死富貴，死釵裙。三者俱死，吾所知者盡斯民。乃有壺樽棺槨，以視蚊蝱宇宙，此達士之仁。非衆生之冀，乃老子之遵。

前調 發見白髮戲賦

老子未三十，白髮敢臨頭。鏡中捉得，三兩豎子跳梁謀。拍案驚呼憤恨，豈料潘郎玉貌，早賦二毛憂。白髮汝來語，吾不汝虔劉。　拯民心，安國願，幾時酬。乃翁此日，難許草草老滄洲。犯法不知不罪，有過無心則改，赦汝此番休。下次若重見，永與汝爲仇。

滿庭芳 感遇

放浪江湖，抛殘涕淚，韶華老去誰憐。秦樓吹篴，燕市執椎眠。自古英雄伸屈，書史在、非我爲然。南山裏，將軍射虎，夜宿霸陵田。　林園。無可隱，蓬蒿蔓草，狼火烽烟。對悲歡離合，生死艱難。蕭瑟風前自恨，神州杳、豎子成賢。狂吟久，腰間寶劍，氣射斗牛翻。

鎖窗寒 春殘

蕙帶荷衣，周情孔思，倚麼危坐。乾坤蕩蕩，是處蘧廬容我。正階前、紅花墜樓，故人杜牧心無奈。笑春風薄倖，今情如水，昔情如火。　天左。雲横瑣。記夢入蓬萊，桂舟一舸。神州數點，海外暮鴉同墮。問歸期、中酒病花，茂陵消渴成則個。唤文君、打起嚦鶯，蜀客而今惰。

慶春澤 詠懷

從政從軍，爲農爲士，幾年都已親嘗。鐵骨銅筋，踏穿烟水斜陽。旌旗亂捲中原土，染儒巾、洛土緇黄。探瀟湘，黄鶴題詩，燕子留香。

山河寸土吾無分，看林園蕭瑟，書劍悽涼。望月吟春，登樓瘦損王郎。閒尋海外揚州夢，喚歌筵、紅粉荒唐。幾思量，逝水人情，逝水韶光。

沁園春　書感

京父城頭，殺妾軍中，卻是爲何。自神州大亂，奸雄並起，滿天烽火，遍地干戈。今日聯秦，明朝陷趙，覆雨翻雲聽講和。黎民死，歎蓬蒿莽莽，戰骨峩峩。　蹉跎。繡錦山河。秉政者、非其人則那。受强鄰魚肉，細邦刀俎，環球驚怪，四海譏訶。望國興懷，臨風灑淚，壯士無顏空醉歌。天涯恨，共春前晼晚，夢裏吟哦。

水龍吟　討逆

國家統一之秋，祖龍偏有金城夢。殘賢毀法，弄權竊柄，淫威洶湧。奸詐生成，手遮雲海，口欺民衆。釀頻年内亂，縱横共黨，關河起、蒼生慟。　不知不仁不勇。把當年、微勳輕送。三軍跋扈，六親嬌貴，一身尊寵。魑魅心腸，虎狼牙爪，侈談周孔。痛强鄰四逼，亡無日矣，獨夫焉用。

六州歌頭　哭毓弟

别甯城，死羊石，夢扶桑。恍驚盼，廿年手足，楓青魄魂黄。追想家園裏，繁華日，佳麗地，天倫敘，琴書樂，使人傷。父祖孫兒，四五年間事，零落淒涼。把雙雙涕淚，江漢灑淋浪。哀重愁長。豈能忘。　悵望天南路，雁聲嘹喨，烟水混茫。神州亂，音書斷，感人亡。閲星霜。司馬青衫濕，依舊是，汎河梁。怨天地，風塵勁，轉癡狂。槖筆關河塞外，五花馬，易酒吟觴。歎塵緣未了，生死月明牀。有淚千行。

賀新郎 花魂

淚眼三春盡。化游絲、溜紅瀉紫，訴烟啼粉。金谷樓頭吹暗雨，驚碎芳心一寸。倚玉枕、慵梳羞鬢。蝴蝶拈長春草色，放春歸、鶯燕聲聲緊。閨夢亂，淚珠拉。　嬌魂小小修門近。望江楓、湛湛水國，楚宮千仞。青子結成裙帶解，還把蛾眉細認。偏早是、秋鴻歸迅。靈鼓琵琶江上月，照蘆花、暗裹萋萋恨。空自惜，倩誰問。

摸魚兒 填詞

喚蓬萊、山川雲水，都來書案聽我。今朝老子揮龍筆，要舞筆花天火。誰則可。試忼慨、悲歌驚絶陽春和。風雷涕唾。對屠狗王孫，飯牛夜客，燕市酒杯涴。　回頭見，富士擎空侍左。琵琶天外婀娜。招之以手飄然至，頓首拜先生座。雲數朵。山共水、連城尺璧難買貨。辰星碩果。綴寶劍牀頭，神州壓夢，大塊擁衾卧。

以上《耦園詩詞百首·詩餘》

永遇樂 北温泉夏日

桐出山枝，竹分石蕊，摇翠消暑。案落晴峯，庭流素月，芳草隨人屨。小樓清静，市聲不到，惟有碧禽相語。曲欄外、澄波浸藹，去帆遠飛春渚。　飄萍到此，征衫塵滿，不似少年羈旅。故國雲山，他鄉歲月，詩酒愁如許。荆花欲暮，吹紅弄紫，難慰離人心緒。夢歸也、山城畫角，又驚夜雨。

菩薩蠻　回文二首

小樓落月彌峯曉。曉峯彌月入樓小。花樹一棲鴉。鴉棲一樹花。　柳迷煙外岫。岫外煙迷柳。離別恨依依。依依恨別離。

其二

水流春逐閒花墜。墜花閒逐春流水。飛蝶小園西。西園小蝶飛。　見難歸夢遠。遠夢歸難見。燈下雨綿綿。綿綿雨下燈。

以上見《華僑先鋒》一九四三年五卷三期

柳梢青

小園圍樹。百花時節，芳春將暮。籬外行人，簾前飛燕，數聲嬌語。　看花猶記蓬瀛，傷春恨、天涯難據。紅袖遮時，青鸞傳日，斷魂何處。

錦纏道

小住紅塵，翠色隱遮村市。喚文君、抱來穉子，籬花玉掌輕輕試。草軟春長，一笑芳心慰。　謫塵寰卅年，漸諳淞味。悟人生、原來如此。送春歸、有甚傷春句，落花無數，舉酒朱顏醉。

以上見《華僑先鋒》一九四三年五卷六期

何振岱

鷓鴣天

鶴鷺雲邊倚曉寒。琴絲碧海爲誰彈。何曾仙佛無憑準，但惜人間解意難。毫浣露，紙薰蘭。新詞一卷託心肝。吟成不倚箏琶和，聲出煙霄縹緲間。

減字木蘭花

閒行閒坐。穩寄心懷何處可。意接羲軒。白日焚香只掩門。疏襟遥照。四海冰絲孤此調。粉蠹消磨。孰擊銅壺與浩歌。

浪淘沙　江上歸舟

放棹趁江晴。帆穩風輕。水分楚岸到吴城。望見淞流纔隔海，已近鄉程。短樹遠天横。過雁行平。金焦到眼忒分明。偏是游絲牽着處，又動離情。

山花子　山花忽開一枝，憐其晚秋無侶，摘供案頭，爲賦小詞

暗覺絲香近往還。疏花斜出緑筠間。一捻猩紅秋日艷，有誰看。清供爲渠分片席，孤吟相對數微嘆。差勝虚庭風露廣，夜深寒。

采桑子　城南憶事二首，爲先堂弟藹亭作

淒清空館身孤寄，葯鼎煙香。羅帕脂香。病裡鰥魚奈夜長。幽吟苦語當年事，誰替思量。待替思量。今日悲風響白楊。

其二

東風又送誰家去，胡蝶身輕。幾換花名。莫

怪譍遲上耳生。　匆匆去也無端甚，忒怪無情。那更秋清。酒渴風寒懶不成。

翠樓吟　烏石山寺新結詞社，示同社者

滄海棋殘，高樓篴罷，因誰立閒庭宇。哀歌元自遣，可漫怨玉籠鸚鵡。風前吟佇。便響震空山，年華非故。傷心語。零星掇拾，墜香塵土。　舊侶。蓮社迎人，傍雙峰談夢，筍將容與。曇天須法曲，願牙版消除柔語。潮音如雨。帶幾點龕花，飄來香樹。煙深處。濃陰一片，啼鵑何許。

東風第一枝　詞社分詠，得『曉睡』題目

泛艷流波，紗帷掩映，朦朧曉睡方熟。新涼乍襲羅衣，一角錦衾斜覆。梳頭任晚，看頹髻、如雲堆緑。隔畫屏、秋影沉沉，幽絶幾叢盆菊。　念獨自、夜長添燭。更病餘、夢沉還續。筠簾薄日横穿，玉押絲風微觸。江南舊恨，盡傷心、翠眉重蹙。任悄然、陡轉醒來，一縷爐烟吹郁。

醉桃源　申江秋晚

幾行疏柳帶殘蟬。江秋況暮天。晴何曾醉雨難眠。愁來憎月圓。　晨花外，夕爐邊。兀兀坐躭禪。離情無着又纏綿。高樓聞暗絃。

玉梅令　江樓秋夜

樓心孤照。月挂松巔小。疏檽掩、不眠吟悄。歎入秋意味，渾不似前年，躭詩滯酒，暗傷懷抱。　涼天客簟，休憐夜好。荒鷄又、數啼難曉。恁思多人瘦，辛苦盼相逢，却不道、玉顔衰老。

祝英臺近　申江春夜聞雨

翠簾垂，香篆盡，殘夜自聞雨。夢冷絲簧，舊鬢減如許。簟波乍著微涼，了無人近，恰斜對、一花娟楚。　還憶取。西風吹冷雲鬟，疏星臨雁渚。却喜枯荷，留響同清苦。直饒滴滴聲聲，階前枕上，把舊恨、倩伊細訴。

霜天曉角　讀《飲水詞》

相愛如身。相憐始是真。兩兩牽腸鐫骨，算古也、不多人。　願心互親。莫求人絶塵。只恐爐香窗月，些少分、是前因。

清平樂　內子生日却寄

香甌浣筆。爲賦君生日。愁思連天歸未得。昨夢燈牕通夕。　嬌兒拜母咿啞。新衫髻子盤鴉。爲想薰香深坐，膽瓶新供蓮花。

菩薩鬘　申江寄小雲

一枕耐鳴蛩秖爲秋嗚咽。羅窗暗恨何時歇。怯見新思量。將心消夜長。　蛾眉無用抹。來月。密約負歡期。飄零知幾時。

蝶戀花

雁過天空書又誤。曉思憎花，夕思孤庭樹。巾上醒醉商量無是處。緘愁欲寄知何許。　修到靈仙，猶有傷離苦。休去紅冰絃上語。貪拈腸斷句。自家刻意思調護。

雙雙燕　爲陳敬如題燕燕樓畾

柔風倦日，正開遍棠梨，零花誰主。傷春有客，愛聽素禽低語。忙煞雙飛燕侶。慣掌上、迴身嬌舞。有人灑酒花前，署作歙臺香史。眉嫵。箏床暗覩。認舊宅新巢，錦書紅縷。分明相識，漫記趙家院宇。爲語樓前茂樹。莫遮斷、珠簾疏處。直饒自在迴旋，趁取朝朝暮暮。

南鄉子　海上歌筵，時將赴章門

劍影夜淒迷。匣底龍吟爾許悲。飄泊江湖甘獨往，更遲。雨打車簷露濕衣。　被酒倚青眉。殘燭心銷醉不知。明日雲飄江上去，休嗤。幾見楊花惜别離。

渡江雲　南昌夜起，客思悽然，賦寄内子嵐屏

雨聲停又續，催花卻懶，愛近客愁邊。錦衾寬半冷，夢繞春雲，了不近香鈿。離憂易老，況離愁、苦向人纏。道漫怨、江城多雨，無雨幾曾眠。　燈前。扉鈴屧響，瑣碎聽來，繞欄干都遍。人倦矣、芳春易晚，巢燕依然。多情祇是多離别，覓相思、海與雲連。爐篆瘦、怎生學得枯禪。

高陽臺　南昌夜聞大風

旋樹飀喧，排窗更厲，天公一噫難平。萬竅同號，不知何處先鳴。悽鉦怨鐸都沈響，近深宵、瓦擊垣傾。夢頻驚。鐵騎邊馳，百萬軍聲。　平生浩蕩江湖興，記飛濤千頃，孤舶曾聽。快意長風，猶疑鼓楫堪乘。幾時短髮催人老，看飄花、春晚江城。漫銷凝。招鶴扶搖，夢繞青冥。

緑意　揚子江舟行，雪中見雁

水天平色，望瓊瑶千里，江寬無岸。穿破層

雲，力與寒争，飛小一行低雁。思憑客路傳緘札，怕字淡、不勝題怨。好梅花、着後須歸，恰趁漢南春暖。　堪嘆。年年旅驛，幾番雨雪裡，游興都倦。歲暮孤舟，行旁蘆灘，我正征途無伴。相逢乍出長淮外，忽影入、吴山青斷。近黄昏嘹唳親人，又聽數聲清婉。

清平樂　池上晚眺

夕光輕瀲。轉櫬荷花暗。煙後高林蟬思淡。悄立空亭孤念。　當時小别迴腸。而今忒是尋常。若道暮愁無準，著人還恁凄凉。

點絳脣　春遊

酒綠柑紅，黄鸝喚醒春魂悄。翠樓寒少。高燭花間曉。　已是煙輕，玉鏡空餘照。凭欄久。墮釵聲小。忽逐江風杳。

東風第一枝　憶家中二梅

綠髩斜欹，紅心暗沁，娉娉憶傍簷甃。尋悰翠轂芳塵，炫目玉虬晴晝。虚廊籠袖，看啅雀、因風飛驟。正向晚、月麗風柔，一掬春愁微逗。　歸夢好、南枝裊遍，離緒積、北溟寒又。年芳臘底江魚，客趣雪中薊酒。銷魂依舊，算此際、新開時候。甚綠窗、消息來遲，可念詠花人瘦。

大酺　題江干笛思卷子

早篆煙微，瑶情冷，絲緒離腸仍結。雲飄歸路晚，送雁天孤袂，忍寒吟雪。麈尾談清，鴉青字瘦，虚瑣琅封盈篋。垂楊和恨翦，歎何曾縈繫，漫傷輕撇。衹奏遍陽關，替佗彈淚，燭香秋褭。　玉篴誰重擫。碧波遠、舊夢蕩江月。

只眼底、屏山横漢，簧瑄凝夊，儘輸伊、四絃成疊。酒醒追悰懶，倚牙板、怨歌先歇。燕鶯事、何須説。芳蕤漸老，暗念青菱眉曆。恁銷峯痕一抹。

浣溪沙　章門雨夕

薰徹衾香不肯温。暗蛩微窅夜深聞。相思無夢阻江雲。　異縣繁愁誰與訴，鈞天舊曲怕重論。那能聞雨不傷春。

前調

不悔當年作計差。靈源元自失仙槎。一春風雨落天涯。　少小心情同苦蘗，中年身世似楊花。渾無甚事只離家。

浪淘沙　江行

歸路趁秋晴。晨暮千程。蕭疏短鬢分無成。十載江湖餘底事，别淚離情。　短樹遠天横。山與闌平。金焦到眼又分明。佳處茅庵原不少，孤負鷗盟。

浣溪沙　烏石山房秋日

瑟瑟園林變景光。些時苦熱已成涼。閒來静處抖思量。　雨入斜陽紅外密，秋迴孤堞碧邊長。高飛誰似鳥雙行。

青玉案

斜陽收向牆西去。早藝著、芳蘭炷。待欲題詩渾别緒。燈前閒坐，花前閒憶，總是悽清趣。　倦蟲宿鳥交加語。秋都在、層檐樹。

覓夢中宵思一遇。前宵無夢，今宵雖夢，争到思量處。

木蘭花 紀游 暑雨初過，涼月東出，酒香樓迥。賦此

乍輕雷樹杪，帶飛雨、過蘿墻。愛小簟魂蘇，柔襟氣冷，吟澹斜陽。寒螿。蚤知有月，咽昏愁落葉滿空廊。呼喚登樓眺遠，翠峰吐彩微茫。難忘。幾曲欄杆旁。意足舊情長。正碧漢杯中，纖雲雁底，沈醉秋光。明妝。解消靜趣，整羅衣好處迓新涼。更定芙蓉沁露，遲留惜取紅香。

采桑子 寄默存

花開花謝雲烟過，百意銷沈。猶念晴陰。不許芳菲不上心。閒愁閒憶俄千匝，都付閒吟。樓迥燈深。已負當初況到今。

其二

狂蜂冶蝶同撩亂，忍踏芳園。風雨黄昏。縱是無情也斷魂。老來心緒惟春覺，春只無言。夢又無痕。冷後爐香細細温。

買陂塘 花朝

幾番風、海棠開了。猩紅猶著林杪。看花恰到春分後，婉孌深叢啼鳥。寒料峭。奈天意慳晴，雨轉雷聲小。芳晨吟悄。愛錦幰鋪紅，筠簾籠翠，一刻爲千繞。沈酣裡，忘却樽前人老。年時喚起芳抱。東風絲髩明妝畔，□□□□□□。須醉倒。判此日、柔腸甘受名花惱。幽娱務早。使遲暮歡多，深憐消得，也算景光好。

采桑子

青蕪連野薰春煖，近岸疇平。舍檝嬉晴。坐看羅衣隔水明。　樹陰幽處吹香遠，采得花成。燕子身輕。窄小溪橋愛並行。

蝶戀花　雨憶

海氣侵人抛翠箑。長夏櫺紗，雨過秋先接。小圃千花紅半脱。欄干鎮日無飛蝶。　寶鴨香消愁暗結。歛霧輕呵，玉篴纔停擪。題就新涼書墜葉。愁痕猶鎖金絲篋。

點絳脣　雨中見流螢，嵐君、怡女同賦

暗雨層檐，窗燈深掩庭除静。一星螢影。度過青林頂。　滴溜聲中，光溼飛難整。看俄頃。幽叢遮屏。立向廊邊等。

前調　題畫

野迴秋濃，竹光團緑江郵路。墜鬟如霧。幾點吳山暮。　澹月微茫，嘑雁煙中去。歸期誤。錦箋誰付。怕近維舟處。

法曲獻仙音　花影

團屋霜濃，翦簾風峭，酒意星星纔透。鏡底輕憐，瓶邊閒對，呵香絳脣籠衷。待和煖、鴛衾覆。芳情解消否。　總孤負。向屏紗、幾番明滅，渾讓與、胡蝶夢中相守。冷寫墨痕深，耿無言、題句初就。側嚲横敶，戀金釭、佇立夜久。到朱扉扃却，又隔銷魂時候。

浣溪沙　雨餘見月

畏雨連宵怯枕函。今宵無雨睡應酣。又驚明

月到窗南。起樹鴉猜翻溼葉，橫天雁鋭劃新藍。坐消城鼓已過三。

虞美人

瓜棚葉外疏疏月。照盡哀蟲咽。霜痕拂手劍光寒。何處尋仙跨鶴、上神山。　英雄自古甘寂寞。雲漢心期邈。每逢佳處只長歎。隱願多生還檢、素書看。

貂裘換酒　和龍生

舊友還餘幾。況平生、幽懷孤尚，如吾劉子。少壯相憐今俱老，也算白頭兄弟。宜無間、三生良會。南朔年年勞夢想，恨花時、不共鄉園醉。辜負甚，真堪悔。　雲煙飽閱無他異。祇餘年、蹉跎須補，藉明心地。歸與先生同鐙火，領取兒時書味。把舊業、從新温起。承露梅梢商點易，轉春魂、未必天無意。憑好語，爲君慰。

埽花游　嵐君以家中梅花兩朵封寄，題曰『家園春色』，爲拈此解

一般春色，甚苦愛家園，手栽偏好。信風恁早。料芳心也念，愛花人老。細裹親開，却訝題封字小。是纖手。自摘取樹梢，閒起清曉。　寒悄鄉夢杳。憶竹外斜枝，酒闌千繞。遠香暗裊。算心情未減，罇前年少。迢遞風光，與子拈來微笑。庭月皎。約依然、碧欄雙照。

買陂塘　予與芑洲卅載知交，七年濶別。南雲朔雪，魂夢爲勞；池鯉天鴻，音書猶滯。秋夜病邊，偶拈此闋以寫相思，亦欲君知我近抱也

掩西風、初寒窗户。黄花相對無語。畫屏秋

意吟邊燭，難寫懷人新句。思何許。有白髮、知交南北傷遥阻。年來辛苦。似倦馬馱蒭，飢烏啄粟，老意向誰訴。試凝佇。舊日雙峰詞侶。予舊與君輩十人結詞社於雙峰。如今星散無覿。售文賣卜生涯薄，君我相憐如故。須歸去。約斗酒、盤蠔倚醉□□□。湖山佳處。把一卷丹經，商量道業，共擷□□□。

綺羅香 某君以大枝桂花供予瓶中。秋光方濃，月色新霽，傷時感事，爲拈此解

亂剪煙霏，高擎月色，仰看真疑全樹。蕩漾蟲魂，都爲冷香摶住。證歸客、初地微禪，養蕭齋、一年秋句。縱紅塵、招隱無人，幽叢深秀自天宇。　繁枝漫勞玉斧。合念山河影瘦，花身如故。夢裡靈旗，不是那時蟾府。罷瑶妃、曲裡霓裳，聽戍婦、夜闌砧杵。問吴仙、何事無眠，似人愁向曙。

疏影 孤山奠廣陵女士墳

憑煙訪玉。有芳塋悄倚，湖上修竹。鳥語黄昏，猶似清吟，人在緑陰東角。虚窗昔昔傷心兩，自淚落、臨川哀曲。甚梅花、不洗鵑紅，占寫廣陵愁獨。　爲想梨雲怕損，强扶病影起，梨液初漉。含語晴波，牽散荷絲，莫放幽禽雙宿。香魂未冷仍孤另，念生世、蛾眉長蹙。看夜深、墜月前峯，一點露螢飛緑。

瑶臺聚八仙 簾

何事深垂。芳徑外、隨意舞絮横飛。舊遊無據，新燕慣把人欺。遮盡花痕君不覺，黄昏隱約護燈兒。慢招携。脱巾挽髻，呼博彈碁。　却疑頻頻欲捲，任畫樓雨隔，半桁凄迷。夜

來酒倦，消受幾縷香絲。庾郎風味似減，漫輕搭銀鈎繫翠思。湘人遠，念夜深夢返，帶月掀時。

綺羅香 題馬元兒水墨蘭、竹、湖石畫幀

永晝簾櫳，闌春節候，別緒無端怎理。已悔飄萍，肯逐等閒流水。譜鵑聲、絃索先哀，弄麝煤、玉光猶紫。問姿年、一點芳心，幾枝娟蕙翠筠裡。　丁娘豪俠自寫，看取皺雲繭紙，過人靈慧。密誓湘波，浣盡千生離淚。怨衰遲、孤影秦淮，傍香燈、廻光蕭寺。寫人間、舊夢痕痕，懺詞箋梵宇。

木蘭花慢 塔江寺懷龔碧琴

向層樓一望，但無際、夜迷濛。正銀漢斜傾，怒潮初落，天換秋容。愁儂。四更倦影，伴浮屠孤聳對寒空。故把離愁喚起，帶聲飛過霜鴻。　微紅。漏火深松。如有客、隱燈篷。只幽思無着，雲隨高下，水隔西東。欄干可憐倚遍，恨吟魂、曾不肯來同。偏是懷人不見，半鈎月吐前峯。

月上海棠 賦本題

輕鬟斜嚲闌干畔。近黃昏、差比煙痕懶。底用相對，映神光、素眸都炫。非花也，只是春魂一片。　娉婷幽獨何人見。理殘妝、淚痕燭心泫。有意東風，約深紅、夜深吹展。憑教睡，怕夢裡魂也斷。

轆轤金井 自題小影

細生何愛，倚廬中、寫出半身秋影。石瘦松癯，換年時吟鬢。風柯莫靜。恨佳日、過時思

永。薄暮投懷，依依底似，堂前光景。　垂髫舊蹤怕省。痛人間路仄，霄宇秋迥。半老孤兒，減雄豪心性。孱軀似病。更惘惘、古愁難整。向曉烏啼，呼娘不見，淚彈幃冷。

轉調二郎神　梅花

玉枝零亂，怎不向、金壺幽貯。算誤倚枯叢，更催春羯，相近都非素侶。霧髩風鬟輕寒裡，悄寫影、水煙荒渚。問世外靈根，花中高韵，幾人知汝。　無語。前身瑶苑，憶陪靈圉。近紙帳深更，冰魂禁守，不受棲香翠羽。霜氣添明，月波流灎，誰箇冷心相與。凝目久、塵外幽人若接，碧琴横佇。

齊天樂　茶聲

隔窗誰與吟秋籟，沉沉畫簾風細。淺夢初回，濃寒擱後，早釀閒中詩意。支頤屏際。記薄暝花陰，銀笙消醉。手撿龍團，竹爐黃葉舊風味。　頻年緇塵燕市。負松扉泉嶺，星情霞思。眼候魚過，聲停蚓泣，斜逗絲絲雲氣。瓶枝静對。更酒渴詩狂，山童貪睡。檐月窺人，餘寒傾葉吹。

高陽臺　懶

喧葉猜林，摇枝壓柳，近湖日暮多風。醉怯吟慳，春前事事都慵。坐來無事行偏倦，爲梅花、偶出簾櫳。髩雲鬆。幾日筠奩，不照眉峯。　幽人可是躭禪悦，怕沉思往歲，重説游蹤。只道書來，倩人燭底開封。呵寒拈穎頻頻放，寫相思、墨未曾濃。問歡悰。　一任寥天，過盡青鴻。

水龍吟 日來消瘦殊甚，攬鏡自驚，賦此寄慨

因誰苦費心魂，吟身更比春前瘦。虚消髀肉，未成勳業，居然癯叟。俊賞渾忘，姿年難再，勞生依舊。只鏡中凝睇，自家默喻，千般意、都孤負。　那有昇平時候。煽妖氛、龍虯方鬥。早衰若我，關門息影，幾時能彀。只自舒懷，中宵看劍，高樓呼酒。好加餐却念，孱軀久健，古來多有。

前調 前詞語傷，因更譜此曲自解

老來消盡朱顏，也應身與詩人稱。煙郫貰酒，風江垂釣，儘饒佳興。思欲雲腴，氣還秋肅，底輸公等。更浮塵掃却，爐薰静對，放清味、閒中領。　換作癡肥未肯。是生來、神清骨冷。懷人坐夜，攤書起早，少眠多醒。便減腰圍，怎教輕減，躭吟心性。倚寒天賸有，梅花滿樹，認年時影。

買陂塘

守荼蘼、殘寒影裡，懷人最是春暮。輕陰天氣閒庭院，睡起還疑初曙。君試睹。怎無力、簾兒擱得春魂住。黄昏静竚。但打叠新愁，商量淺醉，寂寞對庭樹。　西湖畔，回首舊遊歡聚。蛩烟雁月如故。多時不到虹橋外，萍際晚山無數。春且住。待小句、題成婉寄流紅去。天涯甚處。嗟別後心腸，伊猶難識，相笑況新侶。

憶舊遊 九日小西湖感舊

望天低野悄，一半寒林，紅入新霜。佇立生秋思，只淡煙未夕，水氣先凉。山樓下臨蔬圃，

蜨影落西墻。有野客乘高，山翁挈酒，來趁重陽。 茫茫。遠凝目，寫澹靄無邊，雁路秋長。 舊日偕遊處，問草仍故緑，菊爲誰黃。此日虹橋閒步，衆裡獨廻腸。看楊柳含愁，燈光催客歸棹忙。

高陽臺 三月十六夜對月

縠雨纔過，花風餘幾，中庭夜色如銀。雁過天低，都無半點閒雲。墻匡誰灑南宫墨，看離離、林影橫陳。甚心情，一樣蟾圓，偏愛當春。 思量好景怎消得，祇名香爇罷，小酒斟頻。静掩柴扉，蟲聲舊夢重温。相期未若忘情好，結清遊、何必心親。漫尋眠，篴語悠颺，隔巷頻聞。

玉漏遲 送春，用潛玉花朝詞韵

筍根抽澀勒。庭柯緑鎖，新陰吹溼。風力沉鐘，猶許戀春今夕。病過櫻桃縠雨，向誰怨、年時駒隙。霄路隔。青禽盼杳，屧塵銷寂。 玉觴惜別遲斟，記剪燭窗西，嘘珠香迹。夢冷鶗聲，心事葯爐烟積。眼底高枝紅瘦，放滿地、蘆蒿新茁。奩影側。芳懷幾時抛得。

前調

小庭摇細緑。爐香坐久，一簾秋足。煙思星情，那更苦眠能熟。不是秋人愛夜，取消受、幾竿風竹。銀漏促。吹空飛籟，春沉喬木。 已是缺月桐梢，記倦指憎絃，墜鬟偎燭。理遍桃笙，不夢天涯柔玉。待寫片時情味，怕城堞、將催寒角。誰欸曲。涼蛩暗鳴詩屋。

綺羅香

霜信催笳，蛩啼沉燭，晚江孤客滋味。佇立搴芳，小袖娉娉香膩。認夕陰、深院離痕，聽碎葉、畫檐涼吹。正書成、凝睇歸鴻，寥天雲淡杳無字。　柔魂漫道易悴。任是流空暗墜，不搖蘭佩。淡冶秋光，恰寫冷蟾心事。儘恨銷、碧海琴絲，莫影滅、遠峯眉翠。恁花前、幾度低徊，鳴璫風細細。

齊天樂　新荷

飛紅猶溼前宵雨。好春也懶歸去。日瀲池心，山搖萍際，夏氣先烘晴宇。笛聲悽楚。正倦倚薰風，吹涼前浦。艷說荷花，焉知結子此心苦。　芳訊憑誰爲主。更番催令節，佳期無阻。掠燕頻低，遮魚未穩，貼水錢錢堪數。願春小住。便開晚薔薇，番風應許。一任菱船，清歌江畔路。

買陂塘　涼夜

過黄昏、斜陽收了。畫簾幾桁催捲。牕燈不上情更好，月出梧桐庭院。花氣裊。幾縷柔風，催趁蟲聲懶。羅衣早換。儘美睡堪尋，零詩漫拾，已是夜過半。　秋期近，仰見疏星遠漢。新涼消息誰管。山中猿鶴憐歸晚，我已心先南雁。詩夢淺。怕古寺鐘晴，密杵搖偏緩。紗帷漫捲。任籐枕頻欹，曉涼未減，安簟宜清旦。

南浦　慧明受法戒萬歲寺，後歸章江，楞根上人亦往太姥，賦此寄意

飛轂轉黄埃，看群翾、炫目千般稀趣。餘念撥

寒灰，仙山裡、歡結瓊壺幽素。低鬟聽講，佛香一縷橫青霧。安頓心魂消苦行，因果細參蘭絮。西風吹遠禪花，正無聊、又送維摩歸去。江岸遍楓林，秋紅冷、照見蒲帆分路。虛廊悄步。澹蹤閒覓還疑遇。寒菊無言人悄悄，鐘後霜枝搖暮。

綺羅香　嵐君以木樨、素心與菊花同插一瓶，索賦

澹艷容分，濃香莫辨，缾膽井泉閒注。孤秀堪傷，簇影自成佳侶。正天氣、新冷催霜，伴仙客、不眠凭樹。展湘屏、忍耐西風，素心未合怨遲暮。人間多少異趣。長恨多情不見，同時難遇。隱結芳因，約得一簾秋聚。便從今、月淡禪初，有相對、淺吟低語。費安排、玉腕寒叢，整燈商瘦句。

江城子　孤山梅花

段家橋下載輕舫。水雲鄉。野天長。纔近孤山，吹袂是風香。修到梅花愁獨自，教淡月，伴昏黃。夜闌峯影寫迷茫。好風光。苦難償。閒憶年時、輕折爲新妝。莫與湖波貪照影，人瘦也，怕花傷。

瑣窗寒　盆山

縮華爲峯，翦淞作水，小盆春聚。嵌空壁立，也似俯窺洲渚。愛輕盈、海棠淡紅，苔坳乍溼前宵雨。看游鱗繞石，洋洋便抵，寒滄孤嶼。江滸。曾經處。記雨點金焦，危樓懸樹。凭舷遠矚，依約方瓷堪貯。算大千、世界微塵，休論芥子須彌柱。只難忘、聽瀑開先，洗頭尋玉女。

齊天樂

芳心不與西風老，花開愁思還又。簾靜初燈，天空有雁，又是涼秋時候。沈陰思酒。況疏雨過時，故人歸後。獨酌歡稀，數枝折得正盈手。　看花更惜人瘦。小池頻照影，吟髩非舊。歎晚何心，逢秋易感，天意還容孤秀。新寒禁受。寫片影幽娟，露香淋袖。夢冷籬根，年時休暗負。

遶佛閣　靈虛道人有佛事於靈棲，以書見招。欲往未得，書此寄題，不啻身在寺中也

萬篁吟籟，烟鎖斷磴，天影疑墜。羅襟濺翠。露華細裛、蟬老引涼思。一花韡蕊。含意欲語，紅出蕭寺。　鐘曳寒吹。上方樹頂，微茫帶江氣。　丈室禮文佛，依約胸光瞻卍字。願咒鉢龍、根塵消澈底。恁劍雪雄心，巾水紅淚。漫縈離思。祗苦劈蓮絲，明白初地。對龕燈、竟宵無睡。

解語花

霜初綻菊，露晚飄桐，秋老天無雁。舊家池館。凝望處、千里夕陰遮斷。晨曦苦短，甚游興、新來都懶。偏夜闌、猶得依稀，驀地逢幽婉。　思夢離魂不辨。怪偕來輕舸，停發烟岸。翠衫痕淺。燈牕裡、笑語詞鄰詩伴。離悰在眼。便是夢、也思重見。愁睡眸、斜月寒螿，依舊天涯遠。

鵲橋仙　渡江有感

岸燈隔柳，水閣凭花，雨入江天催暝。煤煙吹裊暗風塵，似乍上、吴船光景。　酒不成歡，

歌還引恨，旅宿衹愁宵永。如何舊夢又梅邊，却吟曉、江南春影。

浣溪紗 欲曉二首

欲曉燈光照細寒。夢回記憶已闌珊。遠鐘恰向月邊殘。　瘦骨有稜疑石化，愁心何味比梅酸。醉天景色那堪看。

前調

天際微紅是曉霞。殘星幾點挂檐牙。披衣敲火自煎茶。　先感秋涼惟篁竹，最知曙色是窗紗。嗁聲未倦厭林鴉。

前調 春日酒邊作

載酒吴船負夙期。芳春何處劇相思。飛花簾箔燕來時。　意趣自憐微醉好，風光轉與澹愁宜。閒來有憶只依稀。

長亭怨慢 哭清安

黯雲葉、雁天悽楚，如見芳魂，遠來言別。撇斷塵緣，朵蓮孤往合依佛。百緘紅淚，看字字、嗁鵑血。老去不勝悲，苦勸我、莫因悲切。　心結。記前年吴甸，手指飛峯殘堞。重來有約，那還共、滄溟涼月。賸歲歲、春雨梨花，把杯酹、酬君詞骨。怕夢裡追尋，前事從頭怎説。

滿庭芳 題清安小影

不染蓮心，遍嘗蘗味，異鄉病夢長醒。鏡中幽怨，猶自損眉青。幾度秋陰黃葉，歡吟罷、了却今生。吴天碧，片雲欲墜，小影喚如膺。　裵褢行藥地，書殘銷蠹，簧冷凝冰。忍回首、孤舟殘夜，涼月滄溟。歸去瑶天差好，人間事、苦恨難勝。心期在，爐香永爇，卍字裊金經。

長亭怨慢 江上檢舊緘付炬，賦此

歎十載、吳山越水。重叠銀箋，許多心事。望雁高樓，累人殘燭擁愁髻。千緘故篋，念片楮、無輕棄。留着更誰看，任化作、秋聲天際。

舊意。縱爐灰銷盡，總有難消心字。青禽未渺，漫遥擬、寥空堪寄。恐飄風、鶴背仙衣，□□□、還沾離淚。誤靈鵲虚檐，猶託來音相慰。

瑣窗寒 湖上爲迦陵題慧明遺照

小院燈深，空廊月黯，篴聲風外。尋蹤覓影，踏遍蒼苔雙履。問怎生、參盡枯禪，悲來一昔柔腸碎。祇莊嚴法相，瓶枝相對，淒涼靈几。

長是。傷離意。共揺蕩平湖，舊時烟水。西歸乘葦，汝自輕拋塵滓。忍教他、孤妹病中，爐香永爇心頭淚。怕芳魂、化鶴歸來，愁緒仍難理。

鳳凰臺上憶吹簫 胥門奠清安

棗市橋邊，牛王廟裡，梨花啼鳥春闌。趁晨光渡水，石徑開軒。往日齋魚葯椀，到此際、玉化煙寒。怎生度，孤魂幽舘，如此闌干。

盤桓。悽迷莫訴，傷病眼幾番，盼斷江關。恨琴亡塵几，珠暗華鬘。早晚消兵故里，待杯酒、澆汝青山。悲風裡，吹殘紙灰，悄颺蓮幡。

八聲甘州 清安殁已經年，歸骨無期。棖觸舊事，書此志哀

望西風啼雁斷吴天，時節又新秋。問吟魂底處，煙隨玉化，宫隔花幽。一日千回臨鏡，鏡影不曾留。留得傷心句，歡處都愁。　舊夢梧桐窗外，把紫簫閒弄，纖月如鈎。早凄涼蠶緒，暗恨引眉頭。漫凝思、天涯歸骨，向斜陽、灑酒酹荒邱。憑孤負、長箋哀墨，燭淚空流。

浪淘沙　七月初六日感舊作

眉月瀉秋光。影落銀塘。芙蓉空自斷人腸。那有藕絲牽到底，開後都忘。　黯淡舊紅裳。夢杳煙茫。阿誰此日記壺觴。獨有閒鷗憐故水，冷處思量。

雙調望江南　杭州旅館送別迦陵

西湖路，聚散負深期。殘燭心紅離後淚，寒鐘聲曳別前詞。苦語忘更遲。　臨分處，刻意泥深巵。天色病容相黯淡，吞聲强笑漫猜疑。一昔鬢添絲。

鷓鴣天

誰信消沉遂隔年。閒花荒圃記春前。何曾臨別留微語，約略來書注斷箋。　深院裡，白楊邊。殘更墜月曳鐘圓。孤魂小膽知應怯，夢遍湖陰欲曙天。

臺城路　城南仁王寺散步

幽蟬愛向斜陽語。聲沉叢叢烟樹。曲水流遲，西風轉易，幾葉秋無尋處。孤吟誰與。對冉冉輕暉，蕭蕭荒趣。冷到魚天，疏罾收了遠山暮。　清游頓驚非故。任人歸野店，燈催城鼓。水蓼花疏，岸楓葉落，漫憶題紅前度。扁舟自去。待挈榼盟鷗，展襟偕鷺。憶舊無憑，相看怎似汝。

石州慢 初見菊花，故人小會

雲片斜飛，晴宇頓高，天氣初肅。閒吟誰話秋心，冷趣半歸新菊。今年寒早，故應纔近重陽，幽香堪摘都盈掬。占取數枝黃，伴清人幽獨。　墻角。蒼苔舊徑，瘦蝶芳魂，暗依籬竹。社事消沉，慢憶昔游杯醁。二十年前與碧琴、荃庵輩花時祀陶公爲常。同傷瘦鬢，幾番吹老西風，絲絲白向天涯速。念往淚痕收，記今宵銀燭。

聲聲慢 立秋日同諸生過城南荒園。予三十年前與碧琴棲息於此

煙深林罅，路轉城灣，暑天晴久苔黃。亭榭高低重來，換盡風光。當年招游佳境，賸蛙聲、一水都荒。石坪上，有錦綳橫曬，半桁斜陽。　今日也偕吟侶，共捲簾、小坐領受茶香。舊曾吟處，寒雲占斷琴床。追想故人仙去，燕飛來、空話雕梁。倚欄久，賸松風、吹過新涼。

鷓鴣天

一角高樓倚翠桐。經香黯淡篆紋空。昔來空巷遲遲月，今去虛簾悄悄風。　芳徑畔，小園中。秋花彈淚不成紅。插天飛塔棲禪地，只有疎鐘挂落虹。

買陂塘 新秋有懷舊遊

有千絲、閒邊情緒。樓高倚遍無語。添衣移枕何曾是，氣候錯晴疑雨。愁佇立，儘思遍、天涯没個傷心侶。□□□□。□□□□□，□□□□，□□□何許。　曾游路。小柳鵝

黃能舞。停車看日初午。渡江馬影圓於笠，詩與淡雲來去。回首處。衹幾簇、輕花簸向風墻暮。江南倦旅。算病過蟬殘，魂消雁早，總被相思誤。

鷓鴣天　和荃庵聞歌

待訴飄零已皺眉。爲誰吹怨玉參差。嗁殘菱鏡花無賴，暝入紗檽燭不知。　桑海換，百懷非。憐君白首聽黃鸝。人間多少傷心事，莫但靈襟黦酒悲。

洞仙歌　春初雨中樓望，書示嵐君

灑天夢雨，釀濃寒初就。一角高樓坐來久。展牕扉、□□料峭輕風，記少日、庭院試燈時候。　如何平客悶，鄉味登盤，椎髻圍爐話杯酒。眼底舊家山，詩卷琴絃，儘閒寂、㲉人消受。　望故國、何時是歸期，更問訊牕前，海棠開否。

浪淘沙　海上初秋快晴，樓望

樓閣上初陽。净絶秋光。晨清萬影辨微茫。一葉飛過瞞不得，如蝶飄黃。　節候已新涼。倚檻天長。神游五嶽夢三湘。却展道書成晏坐，小炷爐香。

浣溪沙

曉夢惺忪喚乍醒。花間燕子學春聲。似言今日不曾晴。　曙入窓燈分淡白，風吹簾竹漾空青。輕寒只隔小雲屏。

瑣窗寒　九月廿二夜雨，强眠未着。賦寄内子海上，並約吴越之遊鳥暗吟林，蛩遲隱壁，更兼疏雨。涼秋静籟，獨自閒聽何趣。想天涯、小樓夜深，低鬟倚燭孤吟苦。是新寒時候，憐君未慣，異鄉羈旅。凝佇。曾遊處。有越水吴江，魚波鷗溆。詩囊酒榼，早晚扁舟偕汝。好自謀、眠食平安，勝前□愛癡兒女。約歸期、縱後黄花，猶及看紅樹。

減字木蘭花 九月廿三夜，瞢睡不成，枕上口占寄嵐屏

燈昏酒醒。聽盡更鉦愁倚枕。鼠嚙殘書。扶倦披衣起自驅。 風敲林雨。滴碎離心天未曙。汝在天涯。我是居家似離家。

南鄉子 新晴夜起見月

簾雨乍無聲。斂盡殘寒始肯晴。單袷風光年少意，輕盈。入夢依然照眼明。 睡近四更醒。花影離離月半庭。好景孤遊成底趣，餘生。虚負當時愛夜名。

燭影摇紅 剪髮詞，爲竹均作

并剪聲酣，鬒雲鏡裡消何處。新妝争説入時多，薄綰驚非故。鶯燕而今漫妬。沐涼風、香滋微露。垂垂齊項，試比龜兹，阿誰娟嫵。《唐書》：龜兹女子剪髮齊項。 省却晨梳，攏來一半輕如霧。褪紅百匝謝巾絨，押得簪兒住。覆額猶存千縷。記髫年、花前三五。賸憐山色，螺髻依然，照人窗户。

絳都春 詠盆梅，寄示道之、翼之

摇燈屏曲，裊一縷詩魂，和香來去。玉立癯身，寄託盆中無多土。掬泉漫入銅壺供，展病

幹依然蒼古。記鋤明月，種成偏遠，故園雙樹。重數。芳尋蹤跡，疏篁外、冉冉緑鬟欹霧。曉夢斜街，舊日春寒怎生賦。深卮隔雪爐邊句。問何似、瘦驢溪路。淡然吟對黄昏，橫琴無語。

露華

北地凌冬，花多烘成者。窗間瓊花，或以海外新灌溉法施之，頓改舊韻。見者咸稱美，而非予所尚也。爲賦此闋

甆盆乍植，愛纖埃不受，比玉還明。信風尚遠，微開都賴烘成。昔日蘂珠宮裡，恰一枝、映雪盈盈。離魂冷，幾番錦障，暗轉啼鶯。猶憐翠缸閒對，恁秀影無雙，心擬仙靈。香愁水逝，月中夢落春庭。爲謝灌畦鄰叟，道種花、今已忘情。驢背穩，尋梅且上野亭。

應天長

題竹韵小影

紅衣紫篠，青屧緑蕪，風光澹處閒立。望裏畫樓高聳，初陽盥晴色。沉吟久，煙縷碧。恁裊作、詩心無跡。映澄波，鏡影盈盈，思靜神適。訪道話前因，按轡霄衢，年少杏園客。賸取慧根長在，今生自珍惜。簪花字，犀管筆。更細寫、寶文珠笈。蕙爐畔，天接華鬘，夢倚雲白。

洞仙歌

紀遊

涼秋勝會，望瀛洲天迥。風送蓬山落鰲頂。古松陰、一雙仙鶴閒行，苔滿徑，四面都無人影。海柔波灧灧，晴緑流香，何處經聲飄佛磬。一字幾分禪，笑語親承，當前意、漫分凡聖。却認作、迦陵妙音稀，道滾滾、紅塵阿誰

消領。

瑣窗寒 北地秋深，月光如雪，凭欄寄詠，聊抒夜思

擫笛吟邊，停燈酒後，月高煙淨。疏林水色，襯出空青天影。近二更、霜氣棱棱，絶無過雁虛簷静。儘心憐夜好，翠簾欲啟，畫欄難凭。微瑩。思持贈。念碧海秋深，素娥孤映。蟲魂摇曳，怨傍衰梧金井。遍人間、離思蕭涼，夢游也怯郊原迥。待暗香、煖動梅梢，倚竚親瑶鏡。

夢芙蓉 弢公招同八里台曉泛

扁舟陪謝傅。折荷盤裹飯，葛巾容與。岸燈孤燄，明滅帶漁户。采香紅夥處。淒淒殘夜風露。小枕蘭舷，看低昂遠嶂，青過小橋去。幾轉蘆灣蓼溆。曉色前頭，雪點斜行鷺。緑盡波寬，人隔涼烟語。柳絲貪瘦舞。寸心誰識花苦。漫怨横流，買水村結夏，應勝江南住。

如夢令 瓶中芍葯正開，忽郵書至。封面寫『鷺江集美緘』，意爲竹韵所寄，啓封則他氏書也

封面墨痕多是。寄處題名也是。含笑映瓶枝，珍重憑燈親啟。非是。非是。抛却鐙旁休視。

浣溪沙 元宵公園

燈火星橋夜未闌。雲邊林翠落春寒。月痕恰畫舊紅欄。掩鏡猶知霜鬢易，臨觴始覺素心難。真疑天際似江干。『天際』五字唐人句。

八聲甘州　題《飲水詞》

貯千生靈諦作閒愁，入世恁悲涼。向孤中覓侶，歡中懺恨，不是佯狂。一卷鸞龍高唱，雲際落宮商。天下知音者，玄髩須霜。　爲想人間修證，但未成聖果，離合心傷。這遍身蘭氣，化恨定瀟湘。算消磨、爐香窗月，有冰絲、撚淚待深償。悠悠對、樽前蛉蠃，漫自猜量。

前調　題納蘭容若小影

淡無言攤卷向風前，愁思帶羅颺。是燕臺駿影，烏衣詞客，玉貌堂堂。彈指清音隱見，天氣木樨涼。欄石廻環處，無限思量。　人世孤心難寫，依銀箏瑶瑟，怨峽嘶湘。問一生牕月，離聚幾爐香。者心盟、如今猶耿，算幽亭、渌水未曾荒。依稀見、獨沉吟裡，人隔斜陽。

齊天樂　乙亥燕山仲秋，憶故里林家同竹韵看月

林家臺上招同過。泠泠茗甌閒坐。露瓦飛螢，星河渡雁，月好層雲初破。憑高天大。望雙塔疏燈，小紅禪火。廢寺殘鐘，夜香未炧舊蓮座。　風光帶愁無那。客牕還照影，屏背閒卧。夢裡家山，離邊語笑，想到冰輪西墮。君吟孰和。也聽徹涼蛩，瓶蕤低彈。漫念燕京，恁蕭寥似我。

水龍吟　送蕙愔南歸，並寄超農

思歸却送人歸，西風落葉長安道。歸人自樂，怎知鏡裡，思歸人老。桑柘松楸，三椽萬卷，都縈懷抱。盡年年羈客，登山臨水，祇心羨、南飛鳥。　還愧鄉關書到。訊歸期、幾番遲

早。湖山俊賞，琴尊冷趣，離腸千攪。別後蒲團，吟邊蘭篆，各憐昏曉。算者般身世，去留隨分，待怎生好。

陌上花 乙亥重九，登北海挹翠軒

茱萸聊插今年，還是客中重九。連日秋陰，壓損簷前青柳。扶筇瓊島登高去，一片繁蕪翹秀。甚橋灣、流水爲誰消碧，也和人瘦。望燕山、樓堞落照荒涼，已是霜風時候。悄絕闌干，著我新寒羅袖。暮愁千里連滄海，蜃氣迷離依舊。摘黄花、揮淚長歌□□，勸斟杯酒。

齊天樂 畫屏，和内子嵐屏

蕭齋幽賞無多地。畫屏最饒詩意。澹墨新痕，綃塵褪色，六曲斜排山字。清宵况味。愛旁裊榻香，中分蟲思。凈絕禪心，試題秋句不成綺。幾回凭向倦裡。簟紋圍一角，薰盡沉水。夢遠能穿，寒輕不隔，羅帳還垂鳳尾。涼蟾乍墜。恰菊影欹欹，畫伊燈背。聳與詩肩，夜深偏不睡。

滿庭芳

煖帽慵披，薰爐閒擁，細風暗遞鄰簫。院寬人靜，况味勝僧寮。托命殘書幾卷，青燈意、未減垂髫。疏林外，飛來舊月，著眼傍元宵。迢迢。歡事隔，罇前世換，夢裡天遥。問老去心魂，更忍輕消。故里梅花休怨，吾衰矣、那恨春驕。沉吟久、拈鬚一笑，有句未無聊。

清平樂 菊影

數枝幽映。畫意詩情性。淡墨屏山斜又整。七載望中三徑。清愁流作霜痕。背燈摇曳蟲魂。醒醉商量無可，夜深小夢相温。

倦尋芳　靈峯寺梅花盛開，因循未往，棖觸舊游

小樓客思，人日風光，相對清惋。念念靈峰，紅萼破寒初展。殘雪鐘邊山遠近，小詩驢背春深淺。待幽尋，只蒼苔故徑，别懷怎遣。　記細舸、平湖纔見，欄外廻風，吹灔金綫。覓夢虛亭，賸有凍禽悽斷。空水青摇分袂影，高花間作聽經伴。忍孤蹤，傍芳欄，百廻千轉。

減字木蘭花　初歸

離心禁慣。不信銀荷花並燦。夢裡猶疑。道是荒鷄旅夜時。　人生厮守。只願佳時常握手。何羡靈仙。輸汝天涯即眼前。

水龍吟　題蕙愔鼓山靈源洞戴笠聽泉圖

千林擁緑黏天，何來倩影空濛裡。輕飄笠帶，初停屧響，但聞流水。萬玉争鳴，孤襟閒映，幽清無比。更濺寒霏雨，沉陰吹暝，看難辨、巖顛字。　可是靈娥游戲。瀉銀潢、仙槎斜艤。龍吟鳥語，煙開潭静，石蒼苔紫。忽地香過，花宫鐘定，秋生松際。恁徘徊、待拾頹雲一綹，歸添青髻。

減字木蘭花

消沉已久。道是無痕偏覺有。天際來時。接目分明意尚疑。　絲香吹麝。黄菊禪初清絶夜。好處多醒。一點殘鐘欲曙燈。

浣溪沙 仿趙彝齋雙鈎水仙，爲道之壽

辨寢中宵淡有痕。翠釭珠蕊照離魂。當年靈瑟記春恩。　花氣蒸雲依舊石，水香彈雨不移盆。世情兀自落寒暄。

賣花聲

樓閣上晴曦。春睡濃時。瑣窗忽地揭簾衣。知道玉蕤殘夢轉，甚恁沈思。　苔徑屧痕非。人影天涯。隔花鎮日掩雙扉。望斷雲飄山外暝，燕也歸遲。

意難忘 盆蘭爲蟲所傷，未幾復茁，喜賦

瑶苑仙真。度人天小刼，還茁靈根。映窗依舊月，倚石續前雲。千種意，耿無言。相對越温存。費夢思，莖邊葉底，幾次逡巡。　閒苔緑遍甆盆。愧抛離十載，一溉無恩。恨多偏不怨，嚬濕却留痕。湘水曉，楚烟昏。辛苦返香魂。忍負他，風寒酒醒，暗澤微聞。

柳梢青

舍檥鳴篧。黎明入峽，人渡林顛。邨市周遭，栅雞圈彘，化外風烟。　怎生夢到君邊。望中路、雲山萬千。離合萍踪，只今江水，向後旻天。

望江南

江干住，愁比水煙濃。朝見浪花遥處白，莫看漁火暗邊紅。消息隔飛鴻。　思往跡，世事損歡悰。前後高樓分好月，東西翠竹引清風。説夢有凉蛩。

雙瑞蓮　題德愔韶年玉照

爐香凝坐處。似天際新蟾，含輝初吐。韶華二八，早是大家風矩。寫就千篇唐韵，付婉孌、文簫仙侶。羨比翼、紫鸞夢穩，三株芳樹。

不負慧福雙修，指繞座聽琴，成行兒女。心閒意好，畫得姜張詞句。信有煙雲潛養，看鏡裡、朱顔長駐。皺唄偈、漸浣綺年情緒。

太常引　古愁分賦，示諸同慨者

樓深人静燕飛時。樹密午陰遲。咒罷篆烟微。啟心事、蓮臺早知。　黄昏徙倚，蕭風槭雨，母子耿相依。欲出却裴褢。任長盡、虚庭緑苔。寄耐軒。

其二

曉涼翠閣禮慈雲。梵誦熟靈文。芳事老青春。恁辜負、薔薇小園。　無邊畫意，可能寫得，流水古花源。市隱謝塵氛。只心上、經香暗聞。寄德愔。

小重山

摩尼真色無定居。甓湖春水滿、隱神珠。夜香裊字上燈初。觀心久，道氣静團蒲。　昨夢忒憐余。愁中雙鬢雪、更清癯。起修書札託雙魚。殷勤問，將息近何如。

其二

頻歲家居多往還。晴窗常共飯、小盤桓。如何半月隔容顔。些兒路，遠比幾重山。　且莫皺眉灣。朝朝詢翠竹、報平安。千絲繭緒儘須删。蕭清地，換了寸心閒。

買陂塘　重陽後，浣桐挈子女之連城，寄贈

甚匆匆、輕舟催發，蒲飈遠影天際。宵呼比户相驚苦，離亂眼中何世。誰左計。恁萸菊、良辰尊酒何曾醉。遐征爲底。賸千里將雛，燈前撫頂，骨肉自温慰。　荒岡外，野水頹雲一帶，鄉關回望迢遞。西風黄葉同飄泊，那解秋人離思。休寄慨，衹旅篋、無書何以消閒晷。併愁覓睡。放客夢皋蘭，吟消孤月，倚枕聽邊吹。

前調　浣桐書來賦答

甚年來、煙蕭月瑟，百般風物非故。飄鸞泊鳳天涯隔，相憶不成相顧。思泰宇。除妙翼、迦陵那庇無憂樹。嗟君孤旅。尚念我衰年，魂揺意兀，寥寂滯鄉土。　誰予遣，不共蒲團衲侶。禪關消傍鐘鼓。華顛仰屋叢殘裡，此道已違玄素。傷寡與。衹一脈、芳馨默寄存瑶圃。幽懷孰語。待譜入湘絃，希聲自寫，怨呼謝鸚鵡。

一萼紅　蝶

隔簾櫳。有春駒欵欵，閒襯夕陽紅。綺性柔多，粉衣薄慣，前身元是么蟲。雙飛也、成團忒好，怎瞥見、分翅又西東。冷苑裙羅，故王畫本，漫話前蹤。　天與腰身不定，甚暫依寒葉，還掠芳叢。舞絮生涯，落花心緒，何堪訴向東風。嘆飄零、年華輕逝，賸癡迷、一夢老秦宫。肯信沖霄皎鶴，千載喬松。

金菊對芙蓉　對菊

叢菊花黄，詞人髮白，風前相映分明。道不嫌

老醜，故汝伶俜。遲開至竟還能久，管世間、飛絮浮萍。帽檐斜插，端應未改，少日心情。　小掬盞水清泠。薦義熙一叟，聊替方檽。恁天陰雁過，秋氣峥嶸。自將熱淚□□灑，耿忘言、澹守孤馨。金釭夜静，更扶香影，畫上綃屏。

鵲橋仙　浣秋書云，秋初當理歸舟。賦此寄之，以堅其約

龍津猶遠，雁風偏快，送到歸人消息。儘教辛苦總謀歸，忍衰鬢、思多添白。　荔支欲上，藕花長好，天傍秋邊晴碧。看看八月眼前來，笑這會、頻翻星曆。

滿庭芳　六月望前一夜作。老年抱寂乃本分也。朋儕分散，聊託書懷

塵境風煙，衰年情緒，消領怎遣人知。古愁今恨，休寫向琴絲。挨得衆喧小息，凡緣外、探點玄機。無須問，歡悲異趣，與世總相遺。　棲遲。如我願，孱軀蟄影，默自禁持。任飄零逝水，夢杳書稀。留取孤光内照，有寥寂、便是佳時。爐香好，餘生寄託，冷煖足因依。

霓裳中序第一　題林仲立先生女公子蕉琴女士遺墨

靈心湧妙筆。澹寫芳蕤工着色。底事嗁痕暗濕。歎逝水韶光，散花遺跡。傷神有匹。映故帷香冷秋夕。成孤負，締緣恁好，世短儘堪惜。　悽絶。而翁淚墨。想兩鬢吟添新白。紅塵瓌寶易得。這離掌明珠，海寬怎覓。玉娥原小謫。試頻仰、人天咫尺。容輝在，心頭長印，語笑幾曾隔。

水龍吟 述懷

商量結個茅庵，偏宜林壑清幽處。兩邊種竹，中間供養，白衣仙姥。日日龕前，心香一瓣，敲通齋鼓。仗慈雲垂蔭，有情眷屬，都成了、蓮天侶。　人世愁風愁雨。儘豪華、渾無真趣。怎如這裡，花憑泉溉，菜和雲煮。夢也忘機，醒還禮佛，有歡無苦。便從今永矢，乘光扣寂，聞思如遇。

洞仙歌 爲蕙愔寫菊並題

幽閒疏澹，是秋人情性。寫上生綃忒心肯。采香携句去、好處成猜，無限意，天壤何人消受。　小池憑自照，瘦了容光，羞對芙蓉舊時鏡。把酒向籬東，知自何生，孤根結、陶家三徑。便拚取、襟期鎮相憐，度世外黄昏，月涼風定。

渡江雲 送浣桐之蘭州

金城西北郡，夕陽紫色，番馬不鞍韉。君行何處是，貉筦羌笳，驛店正霜天。征程自苦，好計日、笑語樽前。須一往、囊收佳句，關勢大河連。　頻年。刀鐶繫望，喜子猜占，恨夢中人遠。恁此會、飛軺翼迅，茂樹珠聯。衣塵合倩山光洗，照皋蘭、鏡月重圓。時憶我，江鱗常附瑤箋。

月華清 爲友人題所得梅花仕女畐

簷鐸颺風，山鐘搖暝，細寒飄香庭院。籠月梅梢，隱照雲鬟新綰。羃澹煙、並影嬋娟，問玉色、花光怎辨。凝盼。有十分幽思，祇摹一半。　折取疏英親撚。恁薄笑嫣然，逢春非遠。遠也皆春，漫悔青鞖蒼蘚。布勾芒、大地芳蕤，總掃盡、玉龍哀怨。誰見。自枝南枝北，低回吟遍。

瑞鶴仙　春陰

剛逢寒食節，奈天氣陰沉，侵晨疑雨。梁間燕兒語。歎何曾知道，恨人心緒。梨花半樹。早吹雪、墻根無數。自烟蕪延翠，山城一片，亂愁怎賦。　閒度。頻年鄉國，啼損芳魂，杜鵑聲楚。青詞暗訴。瓊天遠，怕無據。算溝冰凝冷，薰風消息，望裡聊同延佇。且拈杯、過了清明，換晴也許。

浣溪沙　蕙因函述誦經有禱，因用函中語四字，得一小詞

金磬檀魚小戒壇。毫光隨念到鄉山。晨昏密禱是平安。　淚在聲先珠隱見，心將香結字迴環。長憑愿力駐衰顏。

瑞鶴仙　吴世嫂五十初度，賦祝

靈飛颺大綬。看披拂祥雲，莊嚴金母。森森慈竹茂，恁抽枝舒葉，冰霜經後。承顏獻酒。正灧碧、花前大斗。數年華剛半，春韶爲卜，北堂長壽。　回道篝燈風雨，荻筆辛勤，六書親授。鎸金鏤石，循教也，儘能彀。是天酬貞節，斕斒成隊，錫與麻和氣候。儗遵生、泰上成鳩，窈心永懋。

百字令

一燈搖燄，正棲寒片幕，靈筵蕭寂。欲接幽魂來往路，苦向空中尋覓。綷縩仙衣，鸞驂誰引，目斷霜天碧。舊恩波逝，可憐今世長隔。

纔信獨夜偏長，愁多睡少，身似他鄉客。喞瓦殘蟾憐我瘦，也作悽涼顏色。如海孤更，無心還問，遲早揔紗白。鏡形看影，經春都是悽惻。

滿庭芳 春曉客居，感悼自遣

欲暝層陰，無歡孤我，客居早掩重門。楝花風峭，如夢過殘春。一晌支頤念往，梨花雨、摇蕩芳魂。些微澹，如人瘦減，却是舊燈痕。前塵。都撇了，葯煙病榻，粉淚羅巾。儘淘愁剗恨，總是酸辛。漫信尋常燕子，能商略、別後黃昏。空惆悵，青琴駟霧，瓊島杳靈真。

臨江仙 治圃不成，書感

頻剪當階繁草，自牽補屋青蘿。衰年心力暗消磨。愁蛩吟怨，何事滿墻莎。新柳柔颸隄畔，喬松顛頳巖阿。蠡泉撮土奈春何。争如静處，閒坐眄庭柯。

南鄉子

不寐擁重衾。百事悲歡盡到心。醒眼看天容易倦，怎禁。燭冷香消更夜深。絃斷謄閒琴。已矣伊人指上音。幾陣啁啾傾耳聽，空林。斜月淒風叫暗禽。

前調

何物譬形神。結髮夫妻總一身。同苦齊甘生已定，相親。老去鰥居是半人。蕭冷度昏晨。鏡裡燈前記笑顰。有盡歡情無限恨，輕分。水逝花飛萬跡陳。

月下笛　舊房

聽久無聲，看如有影，陰天初夕。搴帷悄立。早搬移舊床席。故衫敝袷存留着，認唾點、啼痕疏密。痛雙身成隻，昏塵掩鏡，暗燈搖壁。　蹤跡。空追憶。祇苦海匆忙，負伊岑寂。睜睜默默。多時孤坐垂膝。病中言語分明甚，道受我、般般愛惜。這聲影、只依稀，老淚怎生揾得。

南鄉子　七月廿三夜小集

病骨苦驕陽。居起怎尋避暑方。畢竟南窗宜小坐，移床。恰有天風送細涼。　約客共杯觴。無月圍燈意自長。坐過二更歸未晚，思量。別後秋深更斷腸。

珍珠簾　韻松燕山重九小影

七千里外瑤華影，恁亭亭、妥向湘筠簾底。纖手袖羅垂，似微聞環佩。萸菊風光重九好，寫幾點、燕山晴翠。凝睇。正雁帶聲過，碧霄無際。　應是閬苑詞仙，度紅塵小刼，拈愁還理。舊夢譜銀簫，落清歌雲背。佇立風前明玉樹，愛自署、璇閨芳字。閒對。合供傍蓮龕，蓮爐煙細。

雙雙燕　四十年前讀鄭氏《考功詞》，悲之。時予方游聖湖，燕婉情深，不欲竟覽。今春感逝，偶復閱之，覺其情猶有未能盡者，因題一闋於後

考功舊卷，恁情味辛酸，那堪重把。悲來念著，又費淚痕如瀉。君道伊家錯嫁。便不錯、怎生拋下。憑教嘔盡心肝，總有沉哀難寫。

儂也。離愁暗惹。恨好夢輕消，燭灰香灺。今生明月，更誓來生良夜。休問恩緣真假，只長記、尊前花下。許多默旨深言，記着都應如乍。

憶舊遊

記連茵剪燭，隔座分箋，同賦芳詞。爲致東皇祝，願春人並好，永結清期。幾度顛風紅老，古驛贈將離。更漫怨鈿車，□□路杳，燕也來遲。悽迷。一場夢，送屧外薔香，篋裡斜暉。卅載襟痕淡，認霑襟酒涴，搵袖珠嘰。念子中年孤旅，我更斷絃悲。歎等是鰥魚，長開病眼吾久衰。

鷓鴣天

怡兒奉毳被，喜賦

老擁重衾煖尚微。却須毳被敵寒威。隨身轉側渾無縫，温夢輕柔若有依。孤枕夜，太悽迷。霜風吹月下房帷。今宵春透梅花骨，笑口頻開有阿兒。

賣花聲

養夢掩紗帷。一枕閒欹。不教愁緒入玄思。自媚涼魂安穩睡，小病偏宜。晚雨只空階，花瘦於詩。人間幽獨是仙姿。說與翠燈應未解，此意秋知。

南鄉子

花朝小集，視蕙因

漫說愛風光。苦裡營歡略舉觴。天氣人情渾近似，猜量。簾際輕陰帶薄陽。離緒不成芳。吟瘦梨花更海棠。强爲韶華消一醉，徜徉。來未多時去又忙。

沁園春　題道之道妝小影

以女兒身，見妙鬘□，直恁端嚴。問爲容爲悳，非徒須類。屬因爲果，也待疑參。緘口懲言，斂心入定，一恁飛花過畫檐。鬢華換，□何須髮白，纔懶開奩。　故應小葺禪庵。早約與、山雲共一龕。算爇香獻水，朝朝無缺，寫經繪佛，事事都諳。笑我衰年，此緣猶欠，望爾寧非近戲談。雖然□，這世塵歡愛，幻絶休貪。

買陂塘　題明水小影

問斯人、幾生靈氣，修來才慧如許。分明五彩文鸞影，曾見並巢珠樹。時不與。驀一剪、金風劃斷黃姑蒲。蜀都覊旅。賸珊筦花新，紗帷燈燦，微吟永離緒。　西征地，指點摩圍山樹。蒲帆遠掛江雨。巴流會作彎環字，也似迴腸難訴。塵世苦。須解道、啼痕歡跡皆無據。心銷蕙炷。約舊夢東風，今生明月，閒澹入玄趣。

春從天上來　題邵母郭太夫人機鐙課子圖，並祝八十正壽

風雨篝鐙。記舊屋鳴機，毗舍曾聞。稚兒旁讀，也到宵分。一絲一縷慈恩。祇而今話着，那時事、多少精勤。感天心，對簷梅數點，含笑重巡。　徵歌壽人都荔，喜大耋堂前，婉娩晨昏。曼衍魚龍，葳蕤蘭蕙，齊來佐奉華罇。念人生有母，連城重、寸晷堪珍。好斕斒，博蘐顏莞爾，帷幄長春。

醉花陰

守着燈兒紅一顆。獨自西窗坐。没得素心人，欲説無聊，只有梅花我。今宵真個能來

麼。奈夢都難做。比月舊時圓，鉤起離愁，不醉如何躲。

珍珠簾

薛生念娟以焚香讀詞爲題，賦詞抒意。浣桐和之，予亦繼作

著人芳緒何緜渺。漾絲香、簾底和煙斜裊。展卷動悲風，恍鳴濤松杪。寫就瑤箋誰處寄，任過雁、層雲聲杳。吟繞。似舊日房櫳，慣薰龍腦。　孤坐尚擁深爐，愛神遊宙合，氣含燕趙。門外雪花飛，誤隔櫺蟾皎。頌蕙騷蘭原托興，祇養取、虛襟塵表。夜悄。恁倦枕忘眠，甚天難曉。

以上《我春室詞集》

浣溪沙

遠近穠花散異香。輕風送過小池塘。幾絲還染客衣裳。　紫燕雙翻飄暗語，金缸五色壓浮光。晚寒都集曲欄旁。

見《天香室詞集》

虞美人

花外春人圖

明霞彷彿羅衫影。紅到車檐暝。畫樓臨水夢中尋。猶有當時語燕、出花陰。　醒來澹月銀灣遠。愁入雲屏展。衍波珠字泠新詞。可是春愁欲寫、怕人知。

清平樂

江夜

深歡輕撇。暗水聲凄咽。歲歲春來偏遠別。愁過燒燈時節。　夢回斜月高檣。依稀身在娘旁。便把江流量夜，江寬怎比宵長。

以上見抄本《我春室詞集》

失調名　和韻

回首鄉關，苦戎旌旁午。霹靂燔空，城隳圍在，玉貌遲遲去。飛燧驚中，逃亡塞路，意想如親睹。重瀛延佇。有激浪鯤身，傳愁雁語。問甚時、恩怨胥平，釁消秦楚。待焚香、把心緒箋天，恁離憂難訴。

見《華報》一九三四年五月十八日

醉太平

瑶階獻銘。金華講經。天留元老中興。焕卿雲帝庭。　南山晝明。寒松晚青。絳霄長炯雙星。照乾坤太平。

見《陳弢庵先生七十壽言集》

浪淘沙　題書味庵

萬影落虚堂。坐久衣凉。古愁吹到碧燈旁。甘苦胸中惟獨喻，分與秋嘗。　茶響韵松篁。掩卷思長。承平風味最難忘。巷北巷南同夜讀，月轉迴廊。

望海潮　甲申四月題方麗遺照，並慰王光祖

檀煙猶裊，銀釭半燦，芳魂唤不歸來。留恨沈泉，慳絲續命，青鸞匿彩蓬萊。一病百情乖。念親衰婿瘁，莫遣悲懷。客驛前題，可憐零落滿蒼苔。　王郎漫惜分釵。看因緣若我。老也曾偕。雙影忽孤，單棲未慣，凄酸况味怎挨。人世趣誰佳。等一場春夢，長短都齊。白髮鰥居，更若君復奚哀。予悼亡甫年餘。

風入松　春日郊遊，時客故都

東風池館柳鬖鬖。初試緑羅衫。鶯飛燕拂清明近，欄干外、芳訊誰探。雲染梨花錠白，冰澌水色拖藍。　尋常斗酒更雙柑。詩興自真酣。鈿車日日横塘路，春遊慣、晴雨心諳。惆悵蘭陵妙筆，不堪重賦江南。

以上見《全閩詞》引過録本

清平樂

鐘前人醒。秋氣窗爐冷。月色天光渾不省。只覺新來宵永。　風林葉葉争鳴。喧中夢境能清。我自聞根無垢，安能禁汝多聲。

見《全閩詞》引《戊辰日記》

金縷曲　題硯

小影猜靈囷。縷雲痕、倩魂一片，恁般娟楚。塵世仙緣多幻搆，幾見秦臺簫侣。況邂逅、琴心相許。膳部摹唐時近似，夢游春、暗襲元和語。編集尾，原無取。　看山後日思眉嫵。甚忘卻、荒江人獨，鏡波啼雨。遺玦淒涼函髻比。空著高城愁句。也秖算、閑情漫賦。桑海頻更留研石，付詞流、添作端溪譜。文酒暇，且摩撫。

見《清詞玉屑》卷七

綺羅香　題《粉雲盦詞》

笛裏懷人，棋邊換世，誰著銷魂新句。淥水餘音，争説緑梅都護。憶昔日、細柳胡壖，寫芳序、慣携尊俎。問如今、波底斜陽，也應紅濕段橋路。　東風緑鬢幾許。還把傷春酒醆，臨軒重賦。大漠盤雕，難損彎弧心緒。恁香篝、重徹弓衣，倚豔歌、晤傳絃語。更摩挲、雙鳳雲腴，杏花深院宇。

見《詞綜補遺》卷三十三

何適

翠樓吟

洛水頻經，漢江幾過，盈盈緑波難遇。韶華春夢促，一彈指、鬢皤無數。樓西日暮。對細雨春颿，孤吟唐句。雕梁處。燕兒相伴，莫愁無侶。　歸去。脱下征衫，賸有風塵貌，依然如故。衷懷何處白，把杯酒、仰天高訴。蒼天無語。拔劍且高歌，風雲起舞。韜英氣，且遊山水，瘦筇苔步。

浣溪沙

指屈庭梅五褪衣。玉郎依舊客天涯。絶無消息慰相思。　争忍抛奴深院裏，錦衾孤夢影孤栖。世間薄倖是男兒。

清平樂

牕前鳥哢。驚破相思夢。日射珠簾花露重。陣陣薰香風送。　對鏡慵理殘粧。眉梢無限愁張。非爲夜來睡少，因伊斷了迴腸。

西江月

隔别鄉關六載，清晨隴首頻登。扁舟欲往兩三程。烽火連天未定。　石柱巋然似舊，比鄰翁媪應更。青松翠竹夢中縈。髣髴雲軒吟咏。

憶秦娥

別別。別恨和誰説。凄涼。猶記鐙前挹口香。盈盈帶水遥相隔。無計傳消息。難禁。贏得餘歡夢裏尋。

夢江南

深夜静，獨坐剔殘鐙。風笛聲聲吹不斷，鄉心喚起夢難成。起視月三更。

前調

烏嗁急，夢破意闌珊。料峭曉風重幙透，羅衾單薄不勝寒。花外漏聲殘。

一剪梅

夢破天雞曉箭遲。月影迷離。花影參差。遠山眉黛鏡奩低。嬾畫蛾眉。慵理殘機。似水流光驀地馳。謝了薔薇。開了酴醾。朝朝獨自數歸期。瘦盡腰肢。寬盡春衣。

南歌子

牕遞黃鶯語，簾傳荳蔻香。雙鴛繡罷春晝長。一縷金猊香篆、繞蘭房。且把雲鬟整，偷將翠臉妝。照花攬鏡細平章。何事爲他人作、嫁衣裳。

少年遊

辛夷弄粉柳舒眉。春意惹人思。鷓鴣聲苦，杜鵑嗁血，一樣是催歸。重來崔護花依舊，人面已全非。多情燕子似相知。更特地、繞身飛。

如夢令

胡蝶花梢飛舞。杜宇枝頭對語。繡罷玉鴛

鴦，悄倚闌干春莫。春莫。春莫。滿院落紅飛絮。

蝶戀花

去歲花時人共住。攙上紅樓，坐聽歌金縷。今歲花時人遠戍。闌干獨倚春將莫。　嫋嫋東風吹柳絮。別緒離情，惹起無量數。化作翻花胡蝶去。山遥水遠知何處。

子夜歌

洞房夜永鐙明滅。譙樓皷響三更月。含笑卸紅妝。背人偷覷郎。　嬌羞羅帳裏。香煖鴛鴦被。艷福幾生修。相期到白頭。

前調

煙消寶鴨鄰雞唱。粧臺起倚情惆悵。對鏡畫蛾眉。淺深期入時。　低頭思夜事。相顧默無語。恨煞緑鸚哥。問儂稱意麽。

漁家傲

月浸江天天接水。鐘鳴遠寺鄰家睡。唧唧蟲聲牆角起。懷彼美。愁腸縷斷芳心碎。　繡枕斜攲殘燭淚。半生領略孤眠味。除却花前連日醉。無計避。衣寬帶緩顔顦顇。

偷聲木蘭花

蘆花歷亂黄花瘦。叵耐濃雲愁永晝。樹噪寒螿。獨立黄昏欲斷腸。　歸房明燭鋪花薦。燭淚絲絲風片片。欲睡還休。緣恐醒來添別愁。

菩薩鬘

寒砧響絶秋風裏。南華讀罷心如水。掩卷對

殘鐙。金爐香霧輕。 遠山鐘寂寂。碧草寒蛩泣。起視夜何其。樓西月影遲。

望梅花

風高雪落浪翻銀。看籬邊、菊花彫盡，戛玉寒枝獨占春。 香蕩月黃昏。陣陣風吹簾内聞。胡蝶合消魂。

望江南

書付鶴，無計托徽音。瘦對庭梅香到骨，舊盟空負歲寒心。雪淚漬芳襟。

三字令

虛閣裏，朔風吹。動罷帷。征馬遠，彩箋稀。淚雙流，腸寸斷，有誰知。 銀燭暗，篆烟微。夜何其。人寂寂，漏遲遲。小屏山，千萬叠，更低迷。

相見歡

數聲玉笛誰家。徹雲涯。簾外潺潺微雨、燕雙斜。 芳草路。無尋處。淡烟遮。極目蕭條庭樹、兩三花。

河傳

烟篠。嗁鳥。柳絲嬌。平岸緑波滿橋。別浦縈洄漸去遥。魂銷。斜陽襯落潮。 何日雲飄卸江口。同携手。笑酌盈罇酒。海棠時。花滿枝。芳菲。不知光景移。

虞美人

纖纖楊柳輕烟積。靜向隋堤碧。無端一夜雨兼風。摧落垂絲無數、入簾櫳。 灞陵橋畔傷離別。何事輕攀折。終朝三起復三眠。難繫王孫征馬、逐春還。

長相思

妬花風。掃花風。香也飄零蝶也空。隔簾烟雨濃。　春怱怱。夢怱怱。曉起梳頭臨鏡慵。斷魂鶯語中。

深院月

時易過，歲難賒。獨對青鐙惱鬢華。烟月不知人去盡，隔牕籠照舊時花。

阮郎歸　咏白蓮

亭亭玉立野塘中。雨餘香氣融。翠波摇日葉凌空。遠看疑錦幪。　甘波泊，謝嫣紅。疏梅差比容。開遲無分嫁東風。啣顰嬌舞慵。

憶仙姿

腰似柳絲偏細。貌比蓮花還美。記得小廊邊，曾把芳情暗遞。今已。今已。空有夢魂相倚。

蘇幕遮

木蕭蕭，風嫋嫋。滿砌黄花，默向行人笑。舊愛重逢牆外道。執手花陰，細把相思告。　語經時，情未了。欲去依依，回首猶重道。扇棄花飛秋色老。佇立桐邊，淚落知多少。

浪淘沙

檻外葉聲乾。落日啣山。漁鐙數點隔江船。吹徹玉簫人不見，拂袖風寒。　世亂一身閒。對酒流連。攤書尋夢枕函偏。不管人間風與月，只自酣眠。

烏夜啼

聲聲杜宇殘春。欲黃昏。萬斛新愁舊恨、向誰論。臨晚鏡。窺瘦影。暗銷魂。回憶盛年光景、淚雙痕。

天净沙

水流花謝春殘。鶯啼燕語夢闌。蕩子天涯不返。滿懷離恨。從頭訴與啼鵑。

前調

桃腮檀口柳腰。春山眉黛新描。況復年華正少。倚腮低笑。教人怎不魂銷。

後庭花

杜鵑聲好鶯聲巧。後庭春曉。萬花無語迎風笑。露凝烟繞。美人撲蜨愁花老。折花盈抱。紅花嫩靨相飛照。一般嬌妙。

蒼梧謠

違。千信雲飄不一歸。空垂淚，海闊夢難飛。

誤佳期

箇女嬌嬈似玉。夜夜芳閨獨宿。幾番貽我彩牋書，勸把婚期卜。夢裏接容輝，歡和愁相續。醒時如隔萬重山，倚枕空頻顣。

定風波

載酒登高襲故常。三生石上坐飛觴。擬做題糕無雅句。孤負。今年菊勝去年黃。風日晴和人意好。堪道。三秋勝景是重陽。車馬江頭簫管鬧。應笑。維摩甚事客他鄉。

夢江南 詠枯荷

花飄盡，翠葉又彫殘。料峭西風波裏起，枯形瘦貌不堪看。回憶舊時顔。

春光好

鶯鼓舌，蝶翻翎。樹摇青。院静風微燕翅輕。水紋平。楊柳堆烟嬝娜，棠梨着雨鮮明。深巷深深春晝永，賣花聲。

何滿子

小圃春深人静，飛花墜絮繽紛。鷰語鶯嚦添悵望，可堪微雨黄昏。細想浮生若望，風前洗盞傾罇。

甘州子

子規聲裏雨潺潺。羅帳冷，錦衾寒。落花春盡夜闌珊。蕩子不曾還。臨鏡匣、無意畫春山。

前調

幾回相遇夢魂中。携素手，訴離衷。醒時歡事又成空。粉淚兩腮紅。臨鏡匣、腸斷曉來容。

楊柳枝

時度清和紅紫摧。蜨飛回。訪春亭下晚啣盃。遣幽懷。醉展竹牀欹枕臥。薰風過。月移花影臉邊來。拂難開。

謁金門

江畔樹。點綴幾行疏雨。陶令籬邊花正吐。迎風嬌欲舞。衷曲對花陳訴。花豈會人言語。花既無知休怨怒。把杯澆恨緒。

巫山一段雲

峽口千絲雨，巫山一段雲。楚王當日夢神君。枕席薦温存。　華幔黄塵没，行宫碧草春。高唐歸後杳無聞。空賸斷腸猿。

鷓鴣天

緑暗紅明水繞郵。長亭芳草送征輪。東風不爲吹歸櫂，别恨偏來入夢魂。　雲慘淡，雪繽紛。斜陽寂寞下朱門。年年絶塞無消息，夜夜孤衾有淚痕。

臨江仙

玉蟾懸燭雲垂幔，今宵七夕佳期。銀潢夜渡憶當時。幾曾嬌嬾廢鴛機。　每恨天皇心忒忍，經年不管孤棲。香車乍下便分離。鵲橋歸路思依依。

沁園春

物則無乖，影衾不媿，堪憫平生。痛椿萱彫落，諸昆别食，强宗凌偪，南北飄零。一樣張郎，蒓鱸地遠，空動西風故里情。時自笑，青螺鏡裏，髩影將星。　廿年曉夜雞鐙。浪博得、方冠學士名。彼揚雄口吃，嵇康疏嬾，阮生狂放，我則俱并。且具陶腰，知難偶世，試就長沮學耦耕。管教他，覆雨翻雲手，幻恠蕲聲。

雨中花

細雨廉纖春晼晚。後園裏、海棠初綻。紅杏緘容，碧桃無色，着箇花中彦。數點輕盈嬌欲粲。羞煞得、漢宮飛燕。睡思方濃，艷妝未整，似舞東風困。

調笑令　到惠安縣黨部時作

春暮。春暮。十日九番風雨。落紅紛點香泥。空歎尋芳去遲。遲去。遲去。蜂蝶休生猜妬。

憶故人

判袂經年，不曾消息傳魚雁。憶君如水落長川，晝夜流無限。夢裏分明夢見。覺來時、依稀夜半。月華凝碧，燭影搖紅，越添凄斷。

調笑令

閒燭。閒燭。紅淚短長搖落。似憐孤枕凄涼。滅了還明夜長。長夜。長夜。燭自怎生過也。

訴衷情　辭縣黨部委員及常委職時作

燭燼香灰人散後，獨登樓。風凜冽，斜月掛簾鈎。欲睡曉光浮。休休。屏山相對愁。嬾梳頭。

調笑令　辭縣指委職後寄同事

知否。知否。人比緑楊還瘦。枕函紅淚相偎。昔昔離魂夢歸。歸夢。歸夢。錦被春寒誰共。

前調

明月。明月。料應似人凄絕。夜深偏吐寒光。添却孤衾斷腸。腸斷。腸斷。爭得年年常滿。

前調

明月。明月。幾番照人離別。追思往事悠悠。兩靨縱橫淚流。流淚。流淚。海樣深情誰寄。

宴桃源 題背身美女圖

窈窕雙鬟曼鬋。嬝娜纖腰欲顫。無計覩芳容，幾度臨圖低喚。低喚。低喚。底事頭兒不轉。

調笑令

疏柳。疏柳。晚來迎風舒秀。柔絲萬縷纏綿。莫把遊人恨牽。牽恨。牽恨。鏡裏消磨潘鬢。

憶王孫 就廈中聘後寄某校長

長亭草緑柳如絲。欲訴衷情兩淚垂。同夢今生那有期。瘦腰肢。恨不相逢未嫁時。

訴衷情

暮靄蒼茫雲慘澹，夕陽收。憑眺處。微雨。暗滄州。歸思逐波流。悠悠。晚山紅葉秋。莫登樓。

滿江紅 許君書表，年少失偶，狀甚憂鬱，作一《悼珍詞》，以徵名句。因書此奉應

玉折香銷，似難免、一番淒惻。但達人能了，生死消息。月到圓時光便減，花於吐處香旋寂。看人間、哀盛總如斯，悲無益。　他生恨，朝和夕。相思淚，縱橫滴。想黃泉路渺，怎生知得。潘令悼亡辭浪費，納蘭傷逝心徒

感。只南華、逸叟鼓盆歌，堪爲則。

生查子　永兒周晬，喜作

去年兒始生，今會扶牀走。嗁笑候人顔，爹媽呼隨口。既忻山凖隆，又喜雙眉秀。爲犬復爲龍，此日難分剖。

應天長　當水災薦至，共黨肆戮，外寇交侵，寧粤分立時作

春回砌雪消何處。小院羣花争豔吐。葉間風，枝上雨。甚事摧殘朝更暮。　緑飄空，紅墮污。還惹蜨嗔蠭妒。寄語堤邊柳絮。莫教青帝去。

滿庭芳　咏燕

麗日流花，輕煙籠樹，嬌鶯又報春回。去年雙鸞，依舊復來歸。户外餘香已寂，梁間舊壘應非。同斜入，畫堂深處，相得可雙棲。　差池。楊柳岸，東風細軟，緑草芳菲。最堪驚，新巢未得攸宜。舞去銜泥紫陌，歸來碎語頳楣。疏簾外，迎風頡頏，戲逐亂紅飛。

以上《官梅閣詩詞集》

少年遊　次澤民韻　澤民，毛滂字，宋江山人，號東堂，有《東堂詞》

斜陽冉冉下疏簾。枝上雪花添。隔葉黄鶯，銜泥紫燕，相對語飛檐。　一鑪薪炭三杯酒，怎敵晚風嚴。柳悴梅憔，蜂癡蝶嬾，無計夢江南。

青門引　次子野韻　子野，張先字，宋烏程人，有《安陸詞》

雪浸横塘冷。風止花飛未定。一春無意涉庭園，半緣中酒，半是爲花病。　空齋曉夢鶯驚

醒。草綠柴門静。起來冷月斜照，腰肢瘦似寒梅影。

卜算子 次處度韻 處度，秦湛字，宋高郵人，少游子

睡起對庭梅，人比花尤瘦。鎮日相思夢見難，腸斷君知否。無計挽征驂，花下重攜手。權借金尊澆別愁，愁思濃於酒。

阮郎歸 次小山韻 小山，晏幾道別號，字叔原，殊子，有《小山詞》

惱人春雨正廉纖。無言獨倚奩。舊愁新恨近相兼。眉梢黛嬾添。 香裊裊，睡懨懨。黄昏下翠簾。隔牕欹枕看星蟾。風過馬響檐。

踏莎行 次永叔韻 永叔，歐陽修字，號六一居士，宋廬陵人，有《六一詞》

祖盞催殘，征塵輾細。柳條縈作青絲轡。歧亭風笛一聲聲，馬如龍也車如水。 草綠將離，花紅濺淚。春深再莫闌干倚。垂楊似舊送行人，翻嬌舞翠斜陽外。

章臺柳 依君平韻 君平，韓翃字，唐南陽人，天寶進士

溪橋柳。溪橋柳。綰盡春愁依舊瘦。縱有鵝黄萬縷金，別來認箇蕭郎否。 顰煙透。顰煙透。孃娜眉痕慵掃就。驛道東風過別枝，任教攀折行人手。

前調 依君平韻

分離後。分離後。首似飛蓬腰似柳。獨倚橫闌月色昏，東風料峭寒雙袖。 春依舊。春依舊。爲問歸期何日有。夢裏曾逢覺後空，

雙痕淚滴鮫綃透。

鷓鴣天　次得全韻　得全，趙鼎號，字元鎮，宋聞喜人，有《得全集》

兩岸峯隨片席移。艣聲搖過海棠枝。東風島國花依舊，只是朱顏異昔時。　川孕媚，石生輝。一雙嬌燕掠波飛。最愁人似顛狂絮，故故因風欲撲衣。

醜奴兒　依同叔韻　同叔，晏殊字，宋臨川人，有《珠玉詞》

鵓鴣相對枝頭語，宿雨新晴。山色分明。麥浪翻黃稻葉青。　老農荷鍤童驅犢，同向西塍。陌上風清。一曲山歌煞好聽。

浣溪沙　依方回韻　方回，賀鑄字，號慶湖遺老，宋衛州人，有《東山樂府》

兩袖東風抵死侵。家書欲作復沉吟。夕陽西下色如金。　燕羽差池春晝永，楊花薄倖暮烟深。醉鄉味好殢人尋。

鷓鴣天　依坦菴韻　坦菴，趙師俠號，字介之，宋汴人，德昭七世孫，有《坦菴詞》

鹿失嬴秦漢楚爭。高陽酒鬼倖天成。分羹未語先無父，得業矜多那有兄。　輕禮法，賤儒生。太牢祠孔本非誠。無功庶孽分茅享，蓋世勳臣作狗烹。

浣紗溪　依次仲韻　次仲，石孝友字，宋南昌人，有《金谷遺音》

架上酴醿半落英。檐牙雛燕已生成。怕聞春盡把罇傾。　出水新荷擎翠蓋，磨空古劍挂青萍。池塘樹外一聲鶯。

前調 依介菴韻 介菴，趙彦端號，字德莊，廷美七世孫，有《介菴詞》

兩葉柴門鎮日扃。脱開世網謝塵纓。樵歌讀罷按秦箏。篩户竹摇幽鳥影，隔簾風送亂蟬聲。空階碧草露華輕。

山花子 依子高韻 子高，陳克字，號赤城居士，宋臨海人，有《赤城詞》

伊放周權史美之。莽曹居攝反招非。到底誰忠誰是賊，我懷疑。信史何人南董筆，英雄自古看時機。使易伊周爲莽操，亦如斯。

昭君怨 依松窗韻 松窗，鄭域號，字中卿，宋三山人，有《松窗詞》

不嫁深宮永閉。嫁也呼韓族異。應歎命如花。落胡沙。一曲琵琶塞野。誰解魂歸月下。贏得繞墳苔。恨長埋。

柳長春 航省遭風，至旅次追作，依稼軒韻 稼軒，辛棄疾號，字幼安，宋歷城人，有《稼軒長短句》

皓月沉光，羣星隱耀。墨雲重疊空中遶。何來陣陣石尤風，驚波萬頃江翻倒。夜雨瀟瀟，燈光杳杳。濤聲拍枕雷霆暴。幾回强起啓牕看，眼花惟覺天低小。

西江月 福垣旅次，依溪堂韻 溪堂，謝逸號，字無逸，宋臨川人，有《溪堂詞》

竹葉臨牕弄个，寒蛩繞屋催更。異鄉秋夜聽吹笙。斗帳重添孤冷。幾顆疏星隱現，一鈎斜月朧明。荒雞未曉叫聲聲。客夢無端驚醒。

江神子　偕泗孫學長遊福州西湖偶作，依石林韻　石林，葉夢得號，字少蘊，宋吴縣人，有《石林詞》

柳腰嬝嬝舞風欹。蘸晴漪。蓼花肥。瀲灩湖光萬頃漾斜暉。把與錢塘西子較，妝抹了，也相宜。　晚涼天淨月凝輝。玉參差。趁風吹。蟾影遲遲催送畫橈歸。取次旗亭拚一醉，知更到，在何時。

南鄉子　依小山韻　小山略歷見前

坐釣蓼花磯。漁笛何人向晚吹。幾度停竿低語問，魚兒。底事偏來餌我絲。　水府月清輝。放爾歸回爾識之。休要隨波重到此，堪危。快去魚兒莫稍遲。

南歌子　馬江歸舟上，依友古韻　友古，蔡伸號，字仲道，宋莆田人，有《友古詞》

雨態吹颸急，波聲拍枕愁。一羣沙鳥去悠悠。甚事年來、客邸慣勾留。　兩岸丹楓晚，一江紅蓼秋。鄉心似水向東流。好是西風、替我送歸舟。

玉交枝　依幾仲韻　幾仲，黄機字，一云字幾叔，宋東陽人，有《竹齋詩餘》

西風惡。斷腸人倚闌干角。闌干角。菊香樨影，墜飄籬落。　别來心事憑誰託。夜深無寐羅衾薄。羅衾薄。一彎斜月，冷侵釵索。

南鄉子　次東坡韻　東坡，蘇軾號，字子瞻，宋眉山人，有《東坡詞》

山遠暝雲收。月浸蘆花碧滿洲。斷續西風吹

畫角，蕭颸。雁字書空印渡頭。　尊酒對誰酬。菊花東籬柳泣秋。　鏡影頻添雙鬢雪，歸休。美景難醫醉裏愁。

念奴嬌

依純甫韻　純甫，曾覲字，宋汴人，有《海野詞》

電車雷走，震牕紗夢斷，驚魂猶怯。欹枕驟聽疑雨過，却是風翻落葉。燭影幢幢，蟲聲唧唧，似替人傷別。相逢何日，舊愁新恨千疊。　起視銀漢低横，玉繩斜轉，雲淡星明滅。月印秋江平似鏡，一片銀波澄澈。數點青峯，兩行丹樹，隱隱遥相接。夜深風細，露華枝上如綴。

望漢月

次耆卿韻　耆卿，柳永字，宋崇安人，官屯田員外郎，故世稱爲柳屯田，有《樂章集》

爲問空中孤月。因甚少圓多缺。料應也似夢中人，歡聚終輸愁別。　年深院裏，獨過凄涼時節。征颿不肯早些還，怎連箇、音書都絶。

浣溪沙

鄰有某甲，娶妻何氏。初甚相得，後甲抱沉疴，妻求去，别適北方人，名賀山者。甲曾對余備述結婚之顛末，並祝其妻之永好，意殆諷之歟。因依蘆川韻，爲賦一闋　蘆川，张元幹號，字中宗，宋長樂人，有《蘆川詞》

金井梧桐落葉疏。被池猶記護雙鳧。誰知愁病索離居。　山下蘼蕪休跪問，新夫勝似故夫無。可能鶼鰈保歡娱。

風入松

謝劍影先牛與王俠卿女士，以文字因緣，行將結婚，寄聯吟詩詞三十餘首索句。因依彦周韻，爲賦一闋　彦周，侯寘字，宋東武人，有《孏窟詞》

烏絲寫就賭紅粧。硯盒貯奩香。多情眷屬天成就，總輸君、福慧雙長。夢入藍橋仙窟，何須杵擣玄霜。筆花春豔讀書床。風月鎮相將。烏衣巷口當年燕，也應驚、豔事無雙。試問新禖結日，幾回同醉瓊漿。

秋波媚　次石湖韻　石湖，范成大號，字致能，宋吴縣人，有《石湖集詞》

別來魚雁兩沉浮。何處寄征裘。年年歲歲，朝朝暮暮，独倚樓頭。春山嫵媚秋蕭瑟，難繪出歡愁。離腸百結，相思萬種，欲寫還休。

長相思　依香山韻　香山，白居易號，字樂天，唐下邽人，有《長慶集》

花也愁。蝶也愁。愁到春歸未肯休。憐君怎不留。蠟夜流。淚夜流。流照更闌漬枕頭。君知妾意不。

憶秦娥　次青蓮韻　青蓮，李白號，唐蜀昌明人，有《李太白集》

江流咽。銀濤飛捲無情月。無情月。年年此夜，照人離別。傷心独過淒涼節。衡陽雁返音書絕。音書絕。憑闌悵望，暮煙城闕。

漁歌子　次子同韻　子同，張志和字，自稱煙波釣徒，唐金華人，有《玄真子》

數點閒鷗掠水飛。蘆花清淺錦鱗肥。收罔罟，曬簑衣。晚晴風細趁潮歸。

其二

夜靜波平月正圓。閒尋沙鳥共留連。攜斗酒，繫歸船。自在江中作醉仙。

其三

漁歌清唱徹宵歡。膾得新鱸對客餐。魚賣盡，網晞乾。不管風饕與雪寒。

其四

閒情渾似信天翁。小艇西來又向東。蘆葦月，蓼花風。批抹從心用不窮。

其五

嚴灘灘畔着羊裘。半世生涯在釣舟。撐小槳，放中流。驚濤駭浪總無憂。

漁父　次孟文韻　孟文，孫光憲字，五代貴平人，自號葆光子，有《橘齋集》《鞏湖集》

水崩雲，天浸滅。萬鱗唼唼煙波闊。攜箬笠，帶笭箵，蜃外樓臺重疊。浪花麤，風信烈。停橈莫問芳菲節。詩一卷，酒千杯，獨對魚龍讀月。

黃金縷　依常之韻　常之，葛立方字，自題草廬曰歸愚，宋丹陽人，有《歸愚詞》

大好神皋荆棘遍。寶馬香車，夜夜長開宴。畫角樓臺歌舞院。誰憐餓莩盈圻甸。赤日行天驅紫電。彈雨磺煙，構起空中戰。殘局楸枰柯已爛。那知劫後山河換。

風蝶令　次方回韻　方回，略歷見前

旅雁偏傳恨，輕飃不剪愁。朝朝暮暮獨憑樓。寄問檀郎，到底爲誰留。惜別花垂淚，傷離水競流。遠邊消息斷經秋。人也不來，恨也怎生休。

憶江南　次君玉韻　君玉，王琪字，宋汴人，仁宗朝翰林學士

春日曉，繡闥紫烟輕。睡燕梁間愁獨宿，啼鶯枝上夢難成。無語獨含情。　憑闌望，瀰漫綠波平。離合泥鴻來去路，送迎車馬短長亭。忙殺杜鵑聲。

前調　次君玉韻

長夏好，風日霽前川。鸂鶒聚嬉清淺水，鷺鷥飛破蔚藍天。心緒最悠然。　薰風至，蟬噪綠陰前。榴火遠烘懸艾户，菱歌清唱採蓮船。雲岫半空連。

前調　次夢窗韻　夢窗，吴文英號，字君特，宋慶元人，有《夢窗甲乙丙丁稿》

秋節至，煙淡露華濃。溪葦鬢拖如撒雪，渚蓮衣落不禁風。雁叫碧天空。　深閨裏，砧杵擣簾櫳。月冷梧桐金井外，霜淒絡緯玉階中。螢焰撲鐙紅。

前調　次君玉韻

冬日促，大漠匝窮陰。四塞關山金柝冷，三邊風雪羽書沉。悔過望天心。　南檐下，曝褐一開襟。律盪葭灰陽氣逗，春回黍谷歲華深。呵凍把書臨。

行香子　次東坡韻　東坡略歷見前

露重秋輕。別夢風驚。回思往事恨難平。迢迢遠嶼，隱隱前汀。看鐙光淡，烟水碧，水光明。　波流皓月。霧掩山屏。買魚竿，學釣嚴陵。人生若夢，何用浮名。趁身還壯，攜笻杖，看山青。

漁家傲　次介甫韻　介甫，王安石字，號半山，宋臨川人，有《臨川集》

瓦屋三間幽澗抱。入簾時有青青草。竹韻松聲同窈窕。霜信到。滿階紅葉無人掃。　嘹唳征鴻何處鳥。一年容易秋風早。波面蘆花雙鬢老。無限好。小橋流水斜陽道。

以上民國廿一年作

玉樓春　次子京韻　子京，宋祁字，宋安陸人，有《宋景文集》

春來紫陌風光好。水外天晴搖短櫂。斜風楊柳起眠慵，細雨桃花波浪鬧。　香塵貼地遊蹤少。蝶解迎歡鶯獻笑。斜陽料是怨黃昏，霽雪殷勤回晚照。

更漏子　次平珪韻　平珪，毛文錫字，前蜀高陽人，有詞傳世

漏聲闌，離思切。夢斷曉風殘月。容已改，信無憑。疏簾醒後鐙。　和伊別。清明節。一寸愁腸百結。花褪豔，月沉輝。啼鵑帶血飛。

滿宮花　依子澄韻　子澄，张泌字，南唐淮南人，後隨後主歸宋

月如弓，雲似綺。省識那人春睡。酥胸半露鬢雲鬆，嬌眼似開還閉。　雙頰桃紅膚雪膩。兼又楚腰纖細。睡時已覺惹人憐，何况醒來風致。

采桑子　次成績韻　成績，和凝字，後唐鄆州人，有《疑獄集》《紅葉稿》

隔簾花雨瀟瀟響，蠟淚低垂。蕙帳開時。別院風來冷不支。　病容消瘦腰肢減，兩鬢成絲。春鎖愁眉。舞鏡雙鸞看影疑。

小重山　次澄州韻　澄州，薛昭蘊號，仕至侍郎

遍地苔衣横眼青。李嬌銀杏小、近清明。捲簾風送賣花聲。纔傾耳、牕外又啼鶯。　柳葉緑初成。池塘春草碧、助吟情。閒看蜨舞遶花行。風吹過、雙袖覺香生。

柳腰輕　依耆卿韻　耆卿略歷見前

棠梨院落東風軟。疏簾外，來輕燕。鬱金香暖，碧闌干冷，甚處雙棲稱便。謀更造、新壘難求，待重尋、舊巢應變。　曲渚迴廊覓遍。總難逢、舊知新伴。暫隨遊蝶，細穿花徑，探得芳菲消散。歎春晚、長日迴飛，怕人憎、語聲低顫。

滿江紅　次東坡韻　東坡略歷見前

過了清明，南園裏、羣芳淚溢。擡眼望、長隄草緑，横塘水碧。燕子歸來人已改，楊花落去春難覓。想人生、能得四時歡，千無一。　紅塵絆，終難畢。丹丘臥，知何日。于今更甚事，暮歸朝出。偈促終爲轅下駒。留名只有杯中逸。看古來、三五輩英雄，成陳迹。

虞美人　次後主韻　後主李煜，字重光，五代南唐國主，有《李後主詞》

海棠昨夜花開了。遍地春陰少。一番凍雨一番風，争把餘花摧落、碧苔中。　花經落盡枝還在。瞥眼芳辰改。闌干倚遍撒春愁，忍看飛花點點、逐波流。

百尺樓 次通叟韻 通叟，王觀字，自號逐客，宋高郵人，有《冠柳詞》《揚州芍藥譜》

牕外雨聲酸，枕上啼痕聚。徹夜啼痕雜雨聲，怎得郎知處。 魚雁解傳書，不帶啼痕去。薄倖天涯滯不歸，應怕人同住。

醉花間 次正中韻 正中，馮延巳字，南唐廣陵人，有《陽春録》

晝静時聞雙燕語。落花春欲暮。何物最銷魂，簾外潺潺雨。 欲尋難得去。聚會無憑據。相思知幾許。楊花料是解人愁，故飛來，粘繡户。

玉樓春 次同叔韻 同叔略歷見前

白雲深鎖江城路。欲寄相思難送去。愁鬢鏡裏九秋蓬，熱淚襟前三伏雨。 聚歡怎識離愁苦。一寸離愁千萬縷。世人都道死堪悲，那曉生離愁苦處。

更漏子 合飛卿韻 飛卿，温庭筠字，唐太原人，有《握蘭集》《金荃集》

楝花風，楊柳月。何處玉簫嗚咽。銀燭暗，篆煙昏。漏聲方夜分。 雲氣薄。傍簾幙。帶顫偷來幽閣。腸幾斷，淚頻垂。戀君君豈知。

子夜歌 依飛卿韻

幽閨晝永春將暮。惱人雙燕窺簾語。金線壓斜陽。託媒殊自傷。 那堪雙翠臉。日共年華换。寂寞月黄昏。隱衷誰與論。

臨江仙 次虔扆韻 虔扆，姓鹿，後蜀時人，事昶爲永康軍節度使，加太保宿雨初收山色好，白雲閒走晴空。瘦笻蠟屐覓春蹤。誰家玉笛，吹徹晚來風。　偶向叢篁深處過，蓬蒿漲緑郊宮。鷓鴣相對夕陽中。似傷春暮，苦苦泣殘紅。

重疊金　次端己韻　端己，韋莊字，前蜀杜陵人，有《浣花集》

夕陽西下東風好。落花狼藉鶯聲老。春水漲橫隄。欲歸心轉迷。　離愁春草緑。怕見鴛鴦浴。孤影立斜暉。此情誰得知。

前調　次端己韻

晴和人愛斜陽好。鵑聲斷送春光老。水碧草粘天。夜來愁不眠。　窺牕雲破月。白露凝如雪。飛夢到家鄉。斷人離別腸。

望遠行　次德潤韻　德潤，李珣字，梓州人，爲蜀秀才，有《瓊瑤集》

漏斷銅壺月落時。春恨無端鎖眉。背鐙欹枕數歸期。只驚春去客來遲。　飛絮亂，落花欹。草露如珠倒垂。年華似水暗中移。那堪長夜守空帷。

玉樓春　次希聖韻　希聖，錢惟演字，宋臨安人，有《傳芳集》

曉夢醒來春思亂。細雨斜風楊柳岸。年年春色惱王孫，草緑天涯歸路斷。　對花恒怕花開晚。花到開完春已換。子規枝上喚東風，酒入離腸愁醉淺。

點絳脣　次和靖韻　和靖，林逋謚號，字君復，宋錢塘人，有《林和靖集》

五兩風迴，滿園紅紫悲無主。杜鵑啼處。盡日煙和雨。一闋離歌，正值斜陽莫。春歸去。落花無數。草緑江南路。

燕歸梁　用曼卿韻　曼卿，石延年字，宋宋州宋城人，因豪飲，世稱爲酒仙

草緑山青鳥語幽。無語獨憑樓。塵樊世網幾時休。空目想、大江流。旅懷鄉思，從今摒却，爛醉酒壚頭。管他蝶怨與花愁。心似水、去悠悠。

水調歌頭　次山谷韻　山谷，黄庭堅號，字魯直，宋分甯人，有《山谷詞》

榆莢雨初霽，芳草緑前溪。點點楊花糝徑，葉底囀黄鸝。獨入飛花深處，細覓將殘春色，明滅付雲霓。腸斷飛花裏，積靄冷侵衣。轉溪路，看流水，聽風徽。荒郵野店，共誰同白兩三杯。時有秋冬春夏，花有榮枯開謝，惆悵亦何爲。早趁餘香在，隨蝶一同歸。

青玉案　次方回韻　蘇東坡及山谷兄黄知命亦曾和此韻

斜陽人影西谿路。恨鶗鴂、催春去。狂蝶啣花香暗度。映牕殘月，撲簾飛絮，總是消魂處。數聲風笛離亭暮。怕聽陽關三疊句。欲整歸鞭天不許。那堪牕外，晚風時送，淅瀝黄昏雨。

一落索　次信道韻　信道，舒亶字，號懶堂，宋慈谿人，有《懶堂詞》

小雨冷添春氣。典衣一醉。窮愁到底屬詞人，怎鎮日、無聊意。繞砌草嬌花媚。嫣香

無比。莫教花謝草黄枯，始盡意、憐憔悴。

卜算子　用信道韻

風狂絮墜紛，雨暗花紅小。盡日横闌獨倚憑，春去知多少。　遠征人未還，别恨何時了。任是雙眉似柳纖，鏡裹慵將掃。

感皇恩　次叔用韻　叔用，晁冲之字，宋鉅鹿人，有《具茨集》

載得紫茭根，入城將賣。水闊無憂往來礙。去年沙岸，尚有飛潮痕在。轉風吹過也，心清快。　山立若簪，水環如帶。遠岫空中淡凝黛。一犁新雨，樹色山容争改。剡溪重過訪，當時戴。

於中好　次元膺韻　元膺，姓李，宋時人，南京教官

一色垂楊拂酒旗。療愁無那引杯遲。嬌鶯織絮嚶嚶語，粉蝶穿花款款飛。　追舊事，蹙雙眉。更闌夢斷酒醒時。青春已去三分二，杜宇枝頭尚唤歸。

人月圓　次晉卿韻　晉卿，王詵字，卒謚榮安，宋太原人，徙開封，有《榮安集》

白蘋谿上舟將發，爲理遠行衣。問郎歸日，郎曾笑道，籬菊開時。　那知園裹，榆錢滿地，還是分攜。幽閨寂寞，更堪孤月，愁照簾幃。

思佳客　用德麟韻　德麟，趙令畤字，宋德昭玄孫，襲封安定郡王，有《聊復集》

樹樹紅稀緑又深。鏡嵌雲影半牕沉。鶯啼曉月鳩啼雨，花綻寒瓊柳綻金。　簾外鳥，哢幽音。風吹落絮點孤衾。憐香只有雙雙蝶，飛

去飛來葉底尋。

少年遊　次耆卿韻　耆卿略歷見前

爲貪山色到來遲。馬蹄蹴花嘶。一鞭殘照，半弓斜月，看慣客囊垂。　江鄉喜逐閒鷗侶，雲水證心期。疊雪晴波，曀風陰靄，買醉獨歸時。

蝶戀花　次德麟韻　德麟略歷見前

開到荼蘼春事盡。醉蝶狂蜂，盡日飛成陣。杳裊烟絲將柳困。呢喃燕語添離恨。　若遇雙魚煩一問。暮去朝來，怎不傳歸信。別淚珠連腸斷寸。憑欄只怕黄昏近。

雨霖鈴　次耆卿韻　耆卿略歷見前

鶯聲淒切。覩南園裏，樹樹紅歇。傷心已了花事，那堪凌雨，狂風齊發。乳燕銜泥覓翠，杜宇枝頭咽。看檻外、斜照西沉，野色蒼茫緑波闊。　百花凋謝逢離别。倩何人、伴著淒涼節。多情只有侵夜，簾幙外、一鈎斜月。夢且難逢，算這芳衾，總是空設。種種恨、待得伊來，仔細從頭說。

多麗　悼鴻兒　仲子鴻基，在母胎逾十月，墮地周日，能自怡笑。夜間無鐙輒啼，鐙明則止而瞪視。三月能認母，四月能坐，捫其頤，則應手笑。以故戚屬間咸珍愛之。五月纔周，一疾遽作，延醫急治，百計罔效，竟於四月十四夜，辭父母而長逝，悲夫

你生來，就比常兒聰慧。衆咸稱、甯馨俊物，終成邦國奇器。又安知、生纔五月，便辭塵俗作歸計。目秀眉修，準隆頤滿，相傳福壽古來

備。竟殤折、設非嬌好，惹却天生忌。定應是、庸醫術淺，暑濕訛治。　你歸去、悠然自得，絶無塵欲牽累。奈爺孃、深宵永晝，爲你長流斷腸淚。歷亂山中，蒙茸草際，誰知是你瘞身地。本期你、箕裘能紹，怎竟先爺逝。自今後、世事浮沉，一任而已。

前調　哭鴻兒　鴻兒逝後兩日，風雨大作，天地昏晦。獨坐空齋，追思往事，不覺悲從中來，雙淚珠落。煮酒欲飲，而難下咽。爰賦一闋以當哭

一回思，你那儀容穎異。這衰腸、淒然欲斷，淚珠如雨交墜。更那堪、臨終景況，時時隱現眼簾際。雨洗桐棺，狐鳴深夜，孤魂獨處怎生計。　早來也、三椽瓦屋，可作安身地。這些話、爲然與否，夢裏明示。　我疇謂、東門達者，不因生死留意。到如今、親經此境，始解西河曉人事。短鬢霜添，微軀骨立，無非爲你到如是。你誠厭、人間污濁，怎又來塵世。更留了、苦跡愁痕，使我心碎。

攤破浣溪沙　用中主韻　中主南唐王李璟，字伯玉，後主父，有詞附《後主詞》

玉樹聲歌唱未殘。香孩兵已渡江干。　別院霓裳春殿女，付波間。　細雨重門春恨鎖，小樓明月淚珠寒。應悔從前家國事，等閒看。

巫山一片雲　次熙震韻　熙震，姓毛，蜀人，官祕書監

露珠枝上圓如雪。玉簫何處深宵咽。鐙燼月斜帷。漏壺聲漸稀。　忍將初意背。別戀傾城態。比翼效雙飛。夜闌還不歸。

踏莎行　次萊公韻　萊公寇準，字平仲，宋下邽人，真宗朝宰相

燕嬾鶯癡，蜂衰蝶老。白芙蕖大青菱小。馬蹄扶醉蹴殘花，一鈎斜月鞭絲裊。　客路迢迢，鄉音杳杳。溪奩慣把塵容照。斷人魂是子規啼，天涯歸路迷芳草。

水龍吟　次東坡韻　東坡略歷見前

浮花浪蕊飄殘，葱蘢古木擎天表。蟬聲斷續，鳥聲啁哳，谿聲繚繞。戲水文鴛，點波嬌燕，倒飛斜裊。望東皋陌上，蜂沉蝶寂，梅黃落、鶯稀少。　郵舍日長人静，草裳寬、竹襟輕小。蒲葵扇底，南風驟過，局棋方了。調冰樹下，傳花席側，涼生松杪。看芙蓉沼裏，荷圓似鏡，水波澄曉。

定風波　依東坡韻　東坡略歷見前

博浪錐開六國兵。咸陽匕首實先聲。同是嬴秦同是刺。偏爾。一書刼盜一書名。　自絕麟書無信史。長使。胥壬藉口禍賢能。寄語陽秋簪筆士。無以。宋儒成敗論時英。

永遇樂　次無咎韻　無咎，晁補之字，號歸來子，宋鉅鹿人，有《晁無咎詞》

十畝閑庭，數椽精舍，差可消暑。葉底吟蟬，枝頭語鳥，坐久生幽趣。翠桐交影，青松蔽日，卓午還堪閒步。曲檽外、風過修竹，訝是驟來疏雨。　憑闌細矚，紫榴枝上，無數倒垂紅露。石籟嘘風，清谿度曲，攜酒亭陰去。對花觴詠，臨流弈賦，箇裏有真佳處。踏歌返、荷香襲袖，蕙風掃路。

沙頭雨　次平甫韻　平甫，王安國字，宋臨川人，安石弟

霧失銀河，憑誰度夢穿雲幕。經年離索。恨殺雲間鵲。　月夕花朝，淚向河邊落。情難託。露侵風掠。夜冷天衣薄。

鷓鴣天　次小山韻　小山略歷見前

一曲嬌歌酒一鍾。消魂盡在醉顔紅。歌殘玉樹簾沉月，舞罷山雲袖有風。　傷易散，恨難逢。錦衾香夢幾時同。曲翻新譜當年事，雨暗巫山此夜中。

驀山谿　次山谷韻　山谷略歷見前

鈿車金屋，齊大非吾偶。孤冷不宜花，管教他、含英啓秀。請君徐看，歌舞入權門，衣汗透，面容瘦，强半忙迎候。　三杯濁酒，獨酌黄昏後。醉了擁書眠，覺來時、殘燈如豆。風輕夜静，添燭細評詞，齊秦柳，爲然否，對影頻搔首。

破陣子　次同叔韻　同叔略歷見前

漁笛纔喧復歇，鷗波乍暗還明。草上流螢千百點，雲外征禽四五聲。浪平茭棹輕。　兩岸峯迴路轉，一江風送煙迎。帆卸渾疑星斗落，酒罄翻驚射覆贏。歸潮趁月生。

青玉案　次澤民韻　澤民略歷見前

灘頭一霎新秋雨。看冉冉、斜陽莫。幾縷炊煙生蛋户。小舟摇過，碧波鱗起，白鷺雙飛去。　櫓枝不繫黄昏駐。趁潮入、江深處。入夜輕鷗眠穩否。月光如水，沙明似晝，此景誰交付。

江城子 依溪堂韻 溪堂略歷見前

一鈎新月碧彎彎。掛雲端。照沙灘。斷續蛩聲、來自竹籬間。獨把螺杯邀月酌，風淡蕩，樹斕斑。 流螢數點短牆邊。那家絃。隔江彈。夜漸微涼，滴砌露珠圓。看遍人間都狹窄，惟有箇，醉鄉寬。

惜分飛 次澤民韻 澤民略歷見前

綠沼圓荷争瀉露。葉底游鱗並聚。此景堪憐取。時移竹榻桐陰覷。 岸柳風來絲萬緒。驟雨青山欲暮。最足流連處。一行沙鷺飛來去。

虞美人 次德麟韻 德麟略歷見前

浮雲靉靆烟茫渺。澗暗谿聲小。斜陽影外亂山横。一片蘆花照水、淺深明。 倚樓常怕行藏誤。寂寞朝兼暮。西風瑟縮已傷懷。況復黄昏冷雨、捲愁來。

玉胡蝶 次耆卿韻 耆卿略歷見前

玉露濃如朝雨，輕塵未浄，阜澤浮光。景物歸秋，天地總是淒涼。葉蕭疏、庭梧墮碧，花慘淡、砌菊飄黄。底須傷。皇春帝夏，一例蒼茫。 無忘。青螺鏡裏，沈腰如柳，潘鬢成霜。老大風塵，心隨賓雁過瀟湘。碧天遠、尺書誰託，蒼波闊、一葦難航。倚闌望。寒鴉數點，古木斜陽。

南柯子 次淮海韻 淮海，秦觀號，字少游，又號太虛，宋高郵人，有《淮海詞》

月葬三霄魄，雲連六國横。華胥夢斷酒初醒。

大宙風煙、變幻未分明。墟塚青燐冷，沙場白骨盈。關山刧後斷人行。細數中原、耆舊幾晨星。

踏莎行　次淮海韻

霞鶩齊飛，鳥雲争渡。孤舟傍晚歸何處。滿山紅葉鬧西風，昏鴉萬點霜林暮。　菊笑籬陰，詩題壁素。門前水碧山無數。谿聲到底爲誰忙，奔流欲到人間去。

滿庭芳　次淮海韻

落日烘雲，輕烟抹樹，晚翠遥拂柴門。隔籬呼取，鄰叟共傾尊。柳外歸鴉幾點，滴寒砌、紅葉繽紛。流連處，殘霞數縷，飛彩映晴邨。　怡魂。烟檻外，雲山遠抱，雁陣斜分。問疇昔親知，幾個猶存。破例何妨作達，休懊惱、鬢染霜痕。誰關照，蟲聲四起，孤月破黄昏。

醉落魄　依逃禪韻　逃禪，楊無咎號，字補之，宋清江人，有《逃禪詞》

游心淡漠。幾曾聽過桑間樂。幾曾期過秦樓約。半世風流，可惜渾閑却。　當初既被虛名縛。于今又被情擔閣。虛名易棄情難莫。夢斷愁醒，暗地思量著。

減字木蘭花　次溪堂韻　溪堂略歷見前

雲纖雨細。畫幙風來寒似水。兩鬢霜垂。對鏡無心學畫眉。　數聲乾鵲。不報天涯歸櫂約。落月疏鐘。粉淚縱横印臉紅。

兩同心　次小山韻　小山略歷見前

武陵人杳，莫覓桃源。行去耶、漫天昏霧，暫留矣、滿目愁塵。且收拾，斷稿殘編，守拙柴門。　尚喜有酒盈尊。可遣吟魂。但想到、文衰武替，不由得、意亂心昏。究誰念，莽莽神州，到處嗁痕。

夜行船　依竹屋韻　竹屋，高觀國號，字賓王，宋山陰人，有《竹屋癡語》

暮靄沉沉天欲瞑。無憀是、醉魂初醒。凍雨纏綿，朔風淒淚，懊惱晚來寒緊。　屋漏衾單驚夜永。殘燈暗、冷光愁凝。月缺仍圓，木枯還發，只是雨晴難定。

好事近　依聖求韻　聖求，吕渭老字，一名濱老，宋秀州人，有《聖求詞》

夢斷起挑燈，嫋嫋朔風敲竹。月送一窗梅影，伴離人幽獨。　羨他牕外碧天雲，任意飛南北。安得一乘雲去，聽霓裳新曲。以上民國廿二年作。

羅敷媚　詠梅，依伯可韻　伯可，康與之字，號退軒，宋滑州人，有《順菴樂府》

春風已到南枝上，綠蕚如雲。遠近香聞。獨占羣花第一春。　逋仙去後無知己，冷落黃昏。誰與温存。鬭雪丰姿瘦幾分。

釣船笛　依進道韻　進道，姚述唐字，宋錢塘人，一名述堯，有《蕭臺公餘詞》

天外送輕雷，花草滿園爭發。扶杖夕陽溪上，正雨聲初歇。　綠陂依舊昔年春，只是人華髮。何日布帆歸去，酹故鄉明月。

百尺樓　次希真韻　希真，朱敦儒字，號巖壑，宋洛陽人，有《樵歌》

積雪已消融，草緑平蕪岸。竹杖芒鞵破曉行，爲怕芳菲晚。　樹暗鳥聲幽，石黑青苔點。誰道深山不見春，處處花開徧。

偷聲木蘭花　次子野韻　子野略歷見前

空庭草嫩人消瘦。嬾爇爐薰添瑞獸。酒散愁生。一穗燈花倍有情。　昨宵暗喜寒光小。甚事雞聲催夜曉。非夢高唐。醒後緣何迴九腸。

南浦月　次希真韻　希真略歷見前

細雨清明，芳郊匝遍青青草。物争天巧。强半催春老。　一夜東風，庭樹高多少。園林好。李嬉桃笑。景美尊頻倒。

杏花天　詠燕，次草窗韻　草窗，周密號，字公謹，宋吴興人，有《蘋洲漁笛譜》

身輕却把春波掠。舞罷東風棲翠幕。見人依舊聲低弱。意論誰家可託。　看是處、梁低壘薄。渾不似、舊時邨落。相將仔細重尋摸。莫把新巢定錯。

醉紅妝　依子野韻　子野略歷見前

碧隄楊柳得春饒。裊斜陽，舞細腰。黛眉新展不勝嬌。丹青手，也難描。　臨風浪作雪花飄。惹情絮，斷愁條。嬝娜輕絲人拾去，無賴甚，枉魂銷。

上陽春　依次膺韻　次膺，晁端禮字，宋鉅鹿人，有《閒適集》

雨聲初霽，獨坐思良友。攜杖出東城，覩園林、緑紅争秀。輕烟纖散，隴尾與灘頭，鳩喚婦，蝶追花，草色濃如繡。　荒郊僻巷，到處香盈袖。紫燕一雙雙，似從前、曾經邂逅。踏青人去，聒耳笑歌休，只遠近，鷓鴣聲，懊惱嘑依舊。

清平樂 次玉田韻 玉田，張炎號，字叔夏，又號笑樂翁，居臨安，有《玉田詞》

倚樓魂斷。草緑東風岸。萬里江天飛匹練。淒絶艤沙銀雁。 昨宵春夢難成。總因離恨關情。底事春歸已半，杜鵑猶喚聲聲。

霜天曉角 次石湖韻 石湖略歷見前

雨停風歇。楊柳青堪折。拂曉餳簫吹破，孤衾夢、畫樓月。 跡絶。書亦絶。别愁何處説。天外雁鴻飛斷，雙蓬鬢、飄春雪。

一翦梅 依竹山韻 竹山，蔣捷號，字勝欲，宋陽羡人，家竹山，有《竹山詞》

紫燕歸來覓舊巢。簾外香消。檻外花飄。玉郎經歲不還橈。别思迢迢。别夢迢迢。 雁信魚書兩寂寥。眉黛慵描。紋線慵挑。惱人風雨正瀟瀟。醒也無聊。睡也無聊。

減蘭 次希真韻 希真略歷見前

風情纖老。漫把纏頭争買笑。一曲琵琶。翻使離人憶故家。 尊前一醉。滴盡江州司馬淚。拂袖東風。照眼殘霞幾縷紅。

貧也樂 次詞隱韻 詞隱，万俟雅言號，宋徽宗崇甯中，充大晟府製撰，有《大聲集》

鳥聲酸。落花乾。畫閣無人常晝關。繡衾單。繡衾單。深夜夢魂，傷心一會難。 枕函紅淚寒於雪。羅幃瘦影孤如月。帶圍寬。帶圍寬。人尚戍邊。朝朝獨倚闌。

鵲橋仙　次淮海韻　淮海略歷見前

庭莎鬧蝶，短檐喧燕，晝幕時聞香度。薄情風雨逐雷來，看滿地、落紅無數。　波紋漲碧，柳絲垂緑，難得阻春歸路。問春若是有情儂，便不是、如斯速暮。

慶清朝　次碧山韻　碧山，王沂孫號，字聖與，又號中仙，宋會稽人，有《花外集》

遶檻梅鬚，垂隄柳線，消他幾度東風。烟嵐釀碧，杏枝蘸水嫣紅。風景宛然似舊，只人面不與前同。堪欣賞，遠山一抹，晴樹千叢。　閒倚石闌曲處，望水華飛舞，碧影連空。天然畫本，朝來點綴偏工。趁取甕頭獨酌，盡收山色入杯中。知何故，賞春逸興，逢酒偏濃。

惜紅衣　次白石韻　白石，姜夔號，字堯章，宋鄱陽人，有《白石詞》

著雨梨花，拖烟柳絮，舞春無力。剗地風來，漫天漾紅碧。芳菲散盡，愁殺了、狂吟詞客。沉寂。教向那邊，問東君消息。　鶯啼曲陌。鵑泣高林，似傷花狼藉。春歸去也，人尚滯天北。遥想故園桃李，半似夢中經歷。且共誰郊外，聊賞雨餘春色。

蘇幕遮　次清真韻　清真，周邦彦號，字美成，宋錢塘人，有《清真集》《片玉詞》

野香稀，黄蝶聚。撲地垂楊，不繫餘春駐。美景難逢須記取。莫上層樓，樓外花啼雨。　歎人生，愁十五。竹杖芒鞵，款段隨蜂去。看得當年遊冶處。緑柳絲絲，裊出傷春緒。

惜奴嬌 次淮海韻　淮海略歷見前

午夢方酣，忽被著、風吹醒。雨初霽、寒雲壓嶺。燕返雕梁，怎不帶、閨中信。晝静。獨憑闌、庭花弄影。　潦倒年年，誰問個、相如病。春光好、無心管領。嗜酒耽詞，係是我、生來性。細聽。鶯聲軟、歌難與並。

菩薩蠻 次飛卿韻　飛卿略歷見前

暖雲啣樹明還滅。霑衣數點梨花雪。柳葉展宫眉。香濃蝶過遲。　碧湖開晚鏡。落日遥相映。紅袖緑羅襦。憑闌唱鷓鴣。

釵頭鳳 次放翁韻　放翁，陸游號，字務觀，宋山陰人，有《放翁詞》

將分手。斟椒酒。曉風吹緑長亭柳。春情惡。羅衾薄。舊歡如夢，不堪摸索。錯。錯。錯。　月依舊。人消瘦。斷腸鶯語紗牕透。花摇落。苔侵閣。關山重疊，別情誰託。莫。莫。莫。

喜遷鶯 次小山韻　小山略歷見前

鶯泣柳，燕歌風。庭樹幾枝紅。夕陽山外水悠溶。春在鳥聲中。　書心事。回文字。怎得伊人相似。天寒袖薄暮雲濃。愁倚錦機東。

醉花陰 次易安韻　易安，李清照號，宋濟南人，格非女，有《漱玉詞》

姊鳩傷春啼永晝。牕外雲如獸。時節况清明，捲起花簾，杏雨紅新透。　芳隄躑躅人歸後。陣陣香薰袖。爲問緑楊花，何事年年，一樣如人瘦。

過龍門　次梅溪韻　梅溪，史達祖號，字邦卿，宋汴人，有《梅溪詞》

落日下西樓。徹耳箜篌。曲漪風過碧鱗收。
檻外垂楊隄外柳，一樣牽愁。　拍拍起眠鷗。
草緑汀洲。何人日暮泛春舟。極目雲山千萬
疊，流水悠悠。

木蘭花　次熙震韻　熙震略歷見前

月垂鈎，星簇箔。鳥語沙牕天寂寞。香枕冷，
錦衾孤，夜漏聲殘燈燼落。　啓重扉，望北
閣。帶水盈盈人隔著。花泣露，柳啼煙，滿院
幽陰春影薄。

臨江仙　次梅溪韻　梅溪略歷見前

醉裏天如斗大，舉杯無奈愁何。風輕紫陌燕
飛過。杖藜觀劍舞，秧馬聽農歌。　入座青
山屏列，横胸縹帙星羅。遠春如夢蝶眠多。
芳時惆悵處，榆柳影婆娑。

訴衷情　次詞隱韻　詞隱略歷見前

炊煙萬縷野人家。罇酒酌殘霞。斷腸窗外寒
絮，點點逐風斜。　南海角，北天涯。路偏
賒。襟前別淚，鬢上愁絲，盡付鐙花。

踏莎行　次壽域韻　壽域，杜安世字，宋京兆人，有《壽域詞》

紫燕驚魂，丹虹吐氣。一簾疏雨山明媚。芙
蓉樓外酒新酣，荼蘼架上花初睡。　草縷縈
川，苔錢點地。淡雲收處斜陽麗。子規何事
怨東風，聲聲啼破園林翠。

漁家傲　次清真韻　清真略歷見前

昨夜輕雷聲達晝。杏花零落櫻桃秀。凍雀争糧闌外鬥。亭午後。濃烟纖散鶯梭柳。　燕啄飛花紅似溜。和風拂拂薰人袖。百舌枝頭頻唤酒。凝望久。斜陽已近黄昏候。

碧桃春　次夢窗韻　夢窗略歷見前

柳絲烟重欲垂隄。風斜蝶向西。茸茸草縷緑初齊。落花紅石梯。　芳徑斷，遠邨迷。蹇驢望驛嘶。風飄浪蕾燕啣泥。繞峯雲影低。

思遠人　次小山韻　小山略歷見前

岸柳風中三作絮，猶作未歸客。征衫淚滿，帶圍寬盡，閨裏怎知得。　瀟瀟暮雨空階滴。雲積似濃墨。一想到那人，漫天雲雨，都成斷腸色。

醉鄉春　次淮海韻　淮海略歷見前

邨落夜深春悄。香夢被鶯催曉。湛露浥，惠風吹，園樹著花多少。　片月對杯嬌笑。一甕村醪細舀。只求得，醉時多，管他身外乾坤小。

高陽臺　次碧山韻　碧山略歷見前

老樹藏鶯，平波點燕，滿園紅紫争妍。只有疏梅，淒涼一似當年。濛濛似雪因風絮，點苔階、砌作花牋。最消魂，曉月樓頭，暮雨欄邊。　多情幕上雙棲燕，似知人寂寞，絮語催眠。聚會難期，空教卜費金錢。傷心幾度逢春暮，總無由、一整歸鞭。忍回看，草泣烟中，柳泣風前。

賀新郎　次龍洲韻　龍洲，劉過號，字改之，宋襄陽人，有《龍洲詞》

鳥語紗窗曉。起憑闌、濃香襲袖，輭風吹帽。世事浮沉無定準，且把金尊醉倒。忒疏嬾、任人譏笑。陌上蕎黃秧刺水，事春耕、晝永邨莊悄。花嫵媚，蝶嬌小。　纖雲萬縷流孤島。樹冥冥、寒烟碧瀉，小溪青繞。却笑人生忙碌碌，只伴閒鷗睡好。問誰得、歲華常少。鶴髮雞皮俄頃耳，總難期、仙闕飛書召。乘壯樂，莫教老。

柳梢青　次仲殊韻　仲殊，宋承天寺僧，姓張名揮，字師利，性嗜蜜，因號爲蜜殊，有《寶月集》

水走晴沙。烟叢露蕊，緑裊紅斜。可恨東風，不留春住，只解吹花。　斜陽暗下西涯。看江樹、争棲暮鴉。陣陣遊蜂，紛紛醉蝶，飛向誰家。

踏莎行　次夢窗韻　夢窗略歷見前

草正鋪茵，蕉初展扇。江頭緑樹陰猶淺。碧闌干外落花紅，青楊葉底鳴禽亂。　雀門檐牙，風梳柳箭。何時再握纖纖腕。凄涼盡日獨憑闌，忍聽筠筦吹春怨。

祝英臺近　依稼軒韻　稼軒略歷見前

燕鶯忙，蜂蝶亂，景色已非故。底事啼鵑，猶欲喚春去。可憐一路輕烟，雨行疏柳，枉垂了、淚絲無數。　夕陽暮。無那緑草萋萋，春愁滿南浦。生怕春歸，奈難繫春駐。春誠鄙厭人間，不應留著，這無限、惱人愁緒。

賣花聲　次易安韻　易安略歷見前

弱柳晚梳風。春去無蹤。野花開落往時同。腸斷從前攜手處，緑草連空。　極目碧蓮峯。愁共雲濃。甚時重話小樓中。擬展紅牋書別意，寄與歸鴻。

惜分飛　次西麓韻　西麓，陳允平號，字君衡，宋明州人，有《日湖漁唱》

午睡醒來釵燕溜。倦困晴牕學繡。待得人歸後。偷翻緑葉尋紅豆。　別後君知腸斷否。莫說啼痕浥袖。臉已如蒙縐。歸來看取應憐瘦。

減蘭　次希真韻　希真略歷見前

蕉開緑扇。滿院花飛春晼晚。淚落闌干。夜雨瀟瀟蕙帳寒。　欲尋難見。惱殺梁間雙語燕。玉漏聲殘。嬾啓冰匳畫遠山。

歸田樂　依無咎韻　無咎略歷見前

三四月，野緑山青溪水碧。田間稻，隴頭麥、嬌欲滴。且耕還且耨，適吾適。　日卓午、妻行饁，黃昏農功畢。爇壺酒、燈前閒酌，此情誰會得。

迎春樂　次淮海韻　淮海略歷見前

芙蕖出水濃陰少。遠看去、誰爭妙。隔花紅袖人來了。一個個、鴛鴦小。　管甚麽、風狂雨暴。弄不得、葉殘花老。任是菱歌聲鬧，有個魚兒抱。

一斛珠　次後主韻　後主略歷見前

一梳風過。芙蓉沼裏花千箇。乍疑濯錦翻櫻

顆。似縠波紋，梟梟魚銜破。　獨立斜陽風景可。羅襟時有香霑涴。採蓮新唱嬌無那。驟雨西來，葉葉旋珠唾。

醉垂鞭　次子野韻　子野略歷見前

蛺蝶隱花裙。今同宴。前曾見。黛薄粉輕勻。海棠人面春。　背人偷眼覷。真箇是，玉雕身。高燭照黃昏。鬟鬟嬌似雲。

千秋歲　次稼軒韻　稼軒略歷見前

人情草草。達慮生長好。窮則患，名難表。看來能幾個，日日常歡笑。強半被，愁情苦緒磨顏老。　跣露風前倒。不管何人到。只怕是，金杯小。風波興宦海，此事吾知了。歸去也，但將風月資研考。

南歌子　依溪堂韻　溪堂略歷見前

露浄天垂幔，風輕雨洗車。銀河水闊漢無槎。寄語虹橋烏鵲、早填些。　切記秋宵短，休傷後會賒。一年一度接容華。遠勝人間歲歲、隔天涯。

千秋歲　次石林韻　石林略歷見前

泉聲嫋嫋，儼若幽琴響。尊未倒，神先爽。山深塵不到，院静雲來往。堪欣賞。榆青柳緑清谿上。　風吹花起浪。碧草侵階長。臨曲檻，觀蛛網。虛堂喧瓦雀，遠溆停闌槳。誠難忘，黃昏牧笛朝樵唱。

渡江雲　次清真韻　清真略歷見前

露華流碧草，浴波新月，雁陣起平沙。玉繩低拂檻，一片銀河，夜半落西家。殘星數點，印幽沼、格外光華。看後園、幾行疏柳，隱隱有栖鴉。　堪嗟。東鄰處子，送笑回眸，已非朝夕矣，能幾回、隨同月影，一度牕紗。啓扃獨立重檐下，望畫閣、朗誦蒹葭。人不見、空紅幾朵庭花。

謁金門 次正中韻　正中略歷見前

中夜起。雲散碧天如水。數點螢飛斜月裏。花開含露蕊。　曲檻深深獨倚。星影摇摇欲墜。款款薰風池上至。小樓涼可喜。

錦纏道 次子京韻　子京略歷見前

月淨沙明，十里碧隄如畫。錦天長、把雲來繡。水晶簾幕晴波透。忒殺多情，看素娥低首。向湖心泛舟，清光在手。舉螺杯、滿斟芳酒。問廣寒、宮織登科者，過而今後，更待何時有。

滴滴金 次同叔韻　同叔略歷見前

寒蟬説破秋消息。菊花黃、井梧碧。點點霜荷弄烟白，究誰知憐惜。　年來總是他鄉客。待何時、壯行色。欲寄音書水雲隔，望家山空憶。

醉春風 次德仁韻　德仁，姓趙

市遠黃昏近。酒家何處問。無端暮雨落瀟瀟，悶。悶。悶。三五年來，不曾聞得，故鄉音信。　蠟燭燒成燼。客眠還未穩。何來畫角一聲聲，恨。恨。恨。絡緯争唬，夜砧聯響，擾人方寸。

後庭花 依孟文韻　孟文略歷見前

晚蟬嘶斷垂楊陌。異鄉秋色。緑沼寒荷新釀

碧。豔麗無敵。放歌明月下、有懷誰識。醉鄉堪適。往事如教重記憶。怎不愁極。

西地錦　次竹坡韻　竹坡，周紫芝號，字少隱，宋宣城人，有《竹坡詞》

雨斷猶聞檐滴。綠滿階苔色。回思向日，來時不是，這般蕭寂。一院禽蹤蝸跡。越添人愁憶。斜陽冉冉西崦下，賸寒烟凝碧。

花自落　依端己韻　端己略歷見前

休相憶。渺渺情懷何極。幾度欲歸歸未得。漫天秋草碧。長日徘徊路側。有恨無人省識。極目鄉關雲樹隔。一聲何處笛。

鷓鴣天　用稼軒韻　稼軒略歷見前

散綺餘霞晚未收。夕陽紅欲下西樓。漫云美景能醫恨，只有芳醪可解愁。　緣底事，不歸休。更隨萍梗學飄流。人生一枕春婆夢，轉眼霜花上鬢秋。

以上《官梅閣詩餘》

前調

大夢蘧蘧蝶裏天。滄桑刼後總淒然。不甘壯志消金粉，且寫新聲入管絃。　耽結習，謝貪緣。借盃澆塊遣華年。旗常牙纛今無分，詞曲風流或可傳。

見《官梅閣詩餘》卷首

滿庭芳　向前方將士致敬

鐵騎縱橫，沙場出入，五年殺敵精神。萬千壯士，都奮發忘身。霜雪又臨大地，寒凝裏、猶冒風塵。拍胸堂，熱血騰沸，勇氣貫星辰。

衝鋒無晝夜，槍林彈雨，未説艱辛。看多少烈事，取義成仁。黄帝子孫本色，保家國、誰肯後人。勝利近，願憑數語，敬意此同伸。

夜飛鵲　送我軍入緬

風雲壯行色，百戰雄師。滇緬道上飛馳。漢唐盛業猶傳頌，而今重造史詩。王道精神若昔，遂弔民伐罪，定傾扶危。義英括目，譽中華、如虎如獅。百載以還經幾，多憂患相侵，久苦陵夷。賴抗倭雪前恥，疆埸萬里，斬將搴旗。維揚我武，向寰宇、仰首伸眉。應先聲却敵，震驚德義，何況東夷。

以上見《戰地黨政月刊》一九四二年一卷五期

佘賢勳

丁香結　瓶中供紙製雁來紅。用清真韵以咏

簷馬敲冰，樹雅呼雪，庭外衆淒芳隕。念剪情裁意，和淚血、沁入筠枝香潤。翠紅翻雁背，嬌模樣、欲拋怎忍。桃根桃葉，舊日姊妹思量不盡。勾引。又竟夕相思，夢結花圍柳陣。畫閣傳箋，銀鐙射覆，淡眉生暈。回首歡緒試覓，賸得愁千寸。對瓶寒艷，誰料晨昏瘦損。

十二郎　和澤珩原均

斷衾未夢，便夢也、路遥天闊。記篆語檠深，膠襟杯淺，誰省仙雲凍裂。念一曲、霓裳歌徹。嗟越客恨多，滄洲情杳，翠銷香歇。愁説。鸞牋綵筆，年年吟別。

漸草長江南，烘春燈火，幾度餳簫換節。思發花前，人歸雁後，只有玉梅堪折。正寂寞、浪打孤城，一片舊時明月。

多麗

莽孤城，幾回朝打堪驚。正淒迷、斜陽芳草，忍聞眼底啼鶯。背東風、畫圖有恨，窺明月、環佩無聲。樂事誰家，良辰何處，餳簫偏又喚愁醒。念窈窕、櫻桃紅了，湖上鬥娉婷。都忘却、十年舊夢，燈下釵盟。　最難禁、花枝壓帽，江南未是飄零。度鈿車、香塵軟霧，縈離思、翠管銀箏。好景成煙，綺懷中酒，閒雲閒雨不關情。算只有、鶯愁嬌小，爲我語輕盈。休回首、荼蘼開後，春也銷凝。

一萼紅　碩臣以一串紅兩盆見贈，爲賦此闋

綻猩唇。似含丹荳蔻，鷄舌吐纖痕。散黛分妝，斜紅邊臉，簾底香霧繽紛。晚風裹、橫波欲溜，窺露井、吹夢到桃根。細影迴燈，深盟擣月，別樣銷魂。　還是烟鐘津鼓，念潘郎漸老，羞説温存。錦瑟膠愁，黄金鑄淚，空負多少芳辰。望江浦、淒涼心目，試追情、恩怨兩難分。忍見春風畫圖，淺笑輕顰。

玲瓏四犯　秋來風日清和，屢興棲霞之遊，都成虛願。却憶去年之行，恐山中紅葉嗔怨人矣。悽然感賦，用梅溪韵，寄澤珩

金井桐枯，又墮葉飄愁，時節如剪。苦索餘歡，孤對瑣窗簾卷。扶恨舊入瑶台，念儔侶、唾紅尋遍。望瘦山遊屐踪斷，却誤酒塵歌扇。

思量空有團沙意，倚斜陽、淚凝誰見。不成便没相逢日，無奈風流遠。休道路隔夢遥，便夢也、難銷秋怨。算近時、除是籬邊黄菊，知人情淺。

西子妝

蘆管吹秋，砌蟲咽曉，候館清寒無罅。繡幌偏見斷腸紅，背銀屏、泰娘聲價。凝粧誰嫁。早散盡、鴛盟鷗社。雁歸來，不愁音杳，愁聞開謝。　南城夜。怯夢温柔，舊恨和血瀉。年時消盡涉江情，換西風、綺塵盈把。青鸞漫迓。怕依舊、朱樓簾亞。遍雕欄，葉葉亭皋自下。

鬢雲鬆令

露華凝，桐月碎。密約成虚，枉訴平生意。鴻雁斷雲魚撤水。錦字鸞牋，問是嗔還喜。　翠樓重，朱幕閉。欲憶無憑，欲見渾無計。傷別傷秋都不似。一片相思，斷夢扶難起。

傳言玉女　傷別

濁酒禁愁，欲換紺秋無力。緒懷如水，帳香叢歲隔。雙成去後，不數冷紅悽碧。江郎才盡，枉留詞筆。　自別仙瀛，但一鶯、遞信息。密情濃意，把幽期暗囑。夢痕持洗，剩有枕邊殘滴。相憐無計，水南山北。

齊天樂

庭梧不放流霜起。銀屏殢人甜睡。雁響懸雲，蛩吟挂壁，喚醒蕭娘愁思。柔條盈翠。又翦緑裁紅，舞衣重試。乍破櫻顆，曲欄低護半含醉。　當時白衫映水。向湖邊載酒，狎鷗還記。玉旂招魂，金沙鎖骨，月下歸來憔悴。泉台應悔。念誤了芳辰，暗彈紅淚。化作桃花，晚風吹娬媚。

薄倖

桐陰吹霧。又驀憶、朱棲翠户。見説道、櫻桃紅了，休負芙蓉芳渚。正愁人、春夢無痕，鳴鑣不到汀洲路。任浪蕋流花，嬌眉羞眼，付與高陽故侶。輕悞了、江南約，争忍念、少年羈旅。但吩咐乳燕，殷勤爲問，春舟幾個臨煙浦。舊情如許。歎東風桃李，成蹊盡在行人處。幽窗酒醒，一枕黄昏微雨。

琴調相思引

甲戌秋，君毅自上海寄來綃帕一方。低徊展玩，不禁意銷，曼成斯闋以紀之

熨翠裁羅寄意深。一回展玩一低吟。纖綃無語，認取舊時心。睡鴨香温風細細，新焦葉卷夜沉沉。可堪秋思，還向夢中尋。

霜葉飛

噤蟬情緒，隋堤上，西風偷换芳樹。淡煙寒霧漲空濛，依約菰蒲雨。度玉笛、寒商斷羽。蘭舲摇恨荒城古。念倦客重來，冷怨落、蘅皋往事，半入毫素。抛淚鳳咽瓊簫，蕢洲俊賞，斷江霜葉誰賦。舊時鷗鷺悄無言，還對新鴻語。甚覓得幽思萬縷。芙蓉縹緲凌波去。漫酹杯、臨風問一片秋魂，待招何處。

一枝春

畫角吟秋，晚風過、又入關河情緒。幽懷未寫，慢數翠嬌紅嫵。重山路迴，正愁損、錦城簫鼓。空剩有、圖障江南，半壁壞垣誰補。

留連鳳樓高處。念寒窗、課了燈間緗素。賓鴻漸起，萬里嘯雲無阻。年華似水，再攜手夢深江浦。還記取、陌上相逢，總成笑語。

蜨戀花

錦繡年華留不住。數盡寒雅，整日渾無緒。爲問玉簫何處去。香魂未返江南樹。過眼閒雲空記取。一夜西風，捲起情千縷。枕上新愁都幾許。滿庭落葉梧桐雨。

其二

六曲屏山銀燭曉。王母筵開，一縷鑾絃繞。天上女兒齊窈窕。蟬衫如雪歌聲小。都道蓬萊宮殿好。不識人間，尚有愁多少。幾度花前聞翠鳥。青鸞鏡裏朱顏老。

點絳唇　題澤珩與盧薺女士合照

玉砌雕欄，並頭鶯燕情如許。燕兒無主。慣聽鶯兒語。柳拂行人，不綰行人住。江灣路。紫雲紅霧。夢裏猶堪數。

南歌子

瀲灩金函在，鴛鴦錦字回。幽夢覺來非。柳搖殘月影，動煙霏。

其二

暈度香腮雪，鬟攢紛額絲。臨鏡弄妝遲。見人先斂笑，故矜持。

其三

細浪蓬鬆髮，柔枝宛轉腰。偷眼已魂銷。薄嗔佯掩臥，不勝嬌。

其四

問卜芳音斷，臨風翠袖寒。深户映花關。枕函腸絶處，淚偷彈。

其五

弄笛三眠柳，低歌一斛珠。鶯語勝醍醐。檀心君莫問，在冰壺。

水龍吟

甲戌春三月，偕澤珩游吴淞。對一江春水，遠處歸帆，澤珩作『有如白水』一語，以用白石韵紀之

恨春歸去匆匆，甚春又被鶯呼起。吹香石徑，行吟蘭浦，一襟芳思。剪取吴淞，涉江心事，有如白水。望微風帆落，殘陽壘在，歌聲蕩、迴波裏。　莫問蓬瀛近未。寫幽懷、幾番悲喜。紅裳照影，雲天側帽，依依眼底。休悔情多，繞堤煙柳，青猶如許。念十年、荳蔻梢頭舊夢，水流千里。

踏莎行

題澤珩兆豐公園池邊照

楊柳堆烟，湖波叠鏡。杏紅衫子婆娑影。斜陽林外好風來，江南舊夢吹初醒。　眇眇予懷，依依暮景。銷魂無處塵緣屏。涼陰滿地鑒芳池，前身明月今重省。

以上《珍廬詞集》

念奴嬌

秋日與友泛舟玄武湖

葉黄雲白。又輕輕、度了中元時節。□漾扁舟玉界裏，水影山光清絶。紅蓼花深，遊鱗浪細，蘆荻雲烟拂。湖亭人静，雁聲啼破秋色。　鍾阜遠映台城，齊梁宫裏，今已繁華歇。只有鐘聲如六代，敲盡興亡圓缺。玉樹歌殘，

胭脂井冷，往事何堪説。夾隄楊柳，近來依舊摇曳。

點絳唇 春夜有感

月下窻前，玉梅冷落無人問。小眠未穩。起剔蘭釭燼。　魚鳥音沉，愁入青華鬓。千重恨。非關春悶。不是東風困。

以上見《金陵光》一九二五年十四卷一期

辛際周

遶佛閣 遊南普陀，登太虚亭

蝨褌寄命。羈恨幾許，教怎排盡。秋老風緊。客衣乍换、登臨趁閒興。　普陀勝境。天闢寸土，留得乾净。琳宇塵迥。短生幻夢，聲聲斷清磬。　更上縱遥目，傴仄縈盤尋曲徑。阿耨達池、奩開寒照影。到嶺半孤亭，行脚猶勁。舉頭天近。又接白嬋青，澄海如鏡。好風光、霎時消領。

如魚水 重九前二日遣愁

拍岸潮高，撼樓風勁，獨客最怯深秋。徙倚凝眸。家山千里悠悠。乍心頭。撩撥起、萬種閒愁。記去歲、江上斜風，細雨此日滯扁舟。去年今日在北江舟中。　傷斷梗，逐波流。湖海未許身收。問我何求。投衰依舊羈遊。稻粱謀。飢驅耳、説也堪羞。又報道、佳節重陽近了，鄉思一番勾。前片收處，句法平仄均從紅友説，與屯田原詞稍異。後片收字句亦依《詞譜》增一字。

消息 秋夜獨坐作

九十秋光，閒來僂指，已無多日。籬菊開遲，池荷凋早，霜冷風聲急。客衣初換，吟身垂老，詞賦自憐蕭瑟。廿年事、荒唐一夢，那忍從頭回憶。　鬢華青改，心灰温歇，度盡年涯愁寂。恰似癡蟫，陳編食飽，抵死知何益。家書挂眼，開緘還住，怕諗故鄉消息。孤燈坐、填胸幽緒，向誰訴得。

秋霽　歸思

羈舘凄清，漸柳悴楓丹，老盡秋色。閒倚危樓，故鄉千里，歸魂欲飛無力。枉勞目極。海光淼淼連天碧。淚暗拭。贏得、萬絲愁緒一腔織。　遥想此際，擁髻深閨，有人牽憐，孤客岑寂。問何年、蓬廬息影，餐藜厮守共朝夕。小別動經裘葛易。强説珍重，還怕異日相看，又應驚詫，鬢毛添白。

一斛珠　與仲詹觀劇作有贈

珠簾乍揭。氍毹襯擁傾城色。柳腰蓮步芙蓉靨。萬種柔情，分付與眉睫。　翩翻舞袖驚迴雪。遏雲又聽清歌發。綺懷投老垂垂歇。待不銷魂，争奈恁時節。

傳言玉女　冬夜步月作

獨枕無眠，起步一庭涼月。薄雲初歛，放蟾輝皎潔。憑闌縱目，遠水遥天青接。遲帆飛處，塔燈明滅。　寂寞荒城，賸寒潮、打未歇。夜闌人悄，警客心暗怯。家山夢斷，正懊當時輕別。那堪重聽，戰鼙聲發。

東風第一枝　初春早起，用梅溪韻　以下甲戌作

枕夢初回，窗曦透射，客衾自戀餘煖。苦憎早

課相催，那知曉寒較淺。披衣强起，帶宵困、依然慵輭。忽幾聲、流語清歌，送到樹頭鶯燕。青欲徧、亂拋嬌眼。紅半褪、怯抬粉面。入春情緒闌珊，負他柳桃滿苑。東風底事，又輕颺、鄉愁一綫。料鬢霜、重爲愁添，怕向鏡中窺見。

瑞鶴仙　頌周丈仍叔重遊泮水

海桑經眼倦。又陳夢，温馨重繞芹泮。文場小鏖戰。記雄姿英發，一軍曾冠。光陰急箭。早六十、流年輕換。數同時緑鬢青衿，剩有幾人還健。　堪念洞房停燭，巧借科名，助成佳眷。丈岳父鄧公豫以遊泮爲婚券。到今争看。庭前舞，綵衣絢。羨翁真矍鑠，天教存得，靈光魯殿。祝期頤、撰杖優遊，鹿鳴再宴。丈以己丑捷鄉闈。

桂枝香　爲苦淚女士賦，兼調雙寂寞館主

街塵浄洗。喜蹀躞尋芳，門巷能記。一枕嬌痕紅暈，睡棠初起。狂奴酒力垂醒矣。被花香、又熏沉醉。日長樓悄，閒情幾許，玉人相對。　正二九、年華似綺。問底事銷凝，顰損蛾翠。苦道風塵，難遇可人如意。意中畢竟何人是。怕鈿盟、輕付流水。治詞慵寫，巧鍼罷繡，爲郎憔悴。

高陽臺　中秋前一夕凭闌作，繼碧山韻

潤緑侵襟，蠻紅照眼，中秋尚作春妍。獨客天涯，凭闌易感華年。霜痕點鬢吟腰瘦，掬幽懷、都付銀箋。又還愁，寫盡相思，寄向誰邊。　宵來景色尤清絶，謝蛩聲雁影，伴我無眠。買斷風光，也知不費囊錢。紅巾翠袖今飄散，

恨無人、共櫂遊船。賸低徊，魂銷月下，淚灑風前。

前調　有憶，寄歇浦，用竹山《送翠英》韻

雨涴遊痕，風吹夢影，輕舡滿載離愁。垂老尋花，癡狂應被花羞。窮羈萬里涼窗悄，奈綺懷、刻骨難收。最牽憐，伴粉沾香，幾日勾留。

陳悰攬臆悠悠永，記停車試茗，温話僊樓。一度相看，幽襟鬱抱都休。歌雲舞雪天涯遠，惱人腸、況是深秋。恨當時，浦柳無情，未繫行舟。

浣溪紗

散入相思酒裏濃。滿園紅豆滿天風。不堪遊迹尚西東。千里音書憑去雁，一秋心事付吟蛩。銷魂人倚夕樓空。

掃花遊　秋懷，繼草窗韻

闌干瞑倚，望點點歸帆，影沈寒渚。吟魂自語。又霜鐘破寂，幾聲清杵。投老那堪，長是經年獨旅。夢難據。便昔昔還鄉，都阻雲樹。

流序頻暗數。訝太半秋光，背人偷去。閒情萬縷。被西風颺斷，盡成愁句。寫寄相思，卻怕枯腸未許。黯凝竚。打荒城、怒潮飛雨。

醉蓬萊　重九後一日，繼碧山韻

怪西風無賴，吹徹征衣，不將愁散。徙倚憑闌，正雲低天晚。損翠凋紅，斷腸秋色，偏挂離人眼。昨日重陽，負他佳節，登臨都懶。

老子平生，大江南北，屐印題痕，勝遊曾攬。誰信吟身，依舊天涯遠。一片鄉心，賸傳緘札，付幾行歸雁。立盡斜曛，也難消得，滿襟

依黯。

擊梧桐

秋盡寒猶淺。天付與、客裏吟身頑健。薄暮危欄倚，朔風警、乍省征衫未換。無端又被，雲邊斷雁，呼起鄉愁一片。自恨、年年是，作壓鍼活計，心情渾嬾。　黄柳衰零，丹楓醉染，眺底蕭條供怨。菊徑花新綻，都不似、舊日家園清玩。無語銷魂，頻把羈期偷數，早月兒再滿。悄回房、涼燈如夢，陪我悽黯。

玉漏遲

窮年旅夜，與仲詹同話昔遊，歎逝悼老，悽然有感，因得此解，强作豪語，以相諭遣耳

亂離人易老，恨桑愁海，問經多少。倦旅寒宵，衰鬢星星雙炤。何限春明影事，回首處、雨沉雲杳。誰信道。與君共是，承平年少。末八字借用草窗句。　舊遊落落晨星，數應劉徐陳，一時殂了。出格癡頑，留得兩翁不倒。老眼肯孤負，要飽看、天南花鳥。休笑絮沾泥，又隨風裊。後半用草窗體，與他家少有出入。

宴清都

冬杪晨起，繼清真韻

枕夢迴鐘鼓。招提近，冷晨風力能度。徐揩睡眼，曚曨早是，曉曦窺户。起來獨挹風光，未要覓、吟朋詠侶。但自憐、濩落生涯，逐貧換歲須賦。　偷閒檢點詩囊，零縑斷楮，都寫酸苦。流光似水，嫌渠底事，不將愁去。萍蹤浪跡如寄，更莫定、明年甚處。問故山、怨鶴嘑猿，歸時認否。

蝶戀花

乙亥初春作　以下乙亥作

漠漠輕雲籠院宇。連日春陰，做得寒如許。

雙燕飛來休對語。天涯我正傷孤旅。寂歷年時愁裏度。倦不成眠，獨起還延竚。勾引鄉心無遺處。窗前又見相思樹。

揚州慢

乙亥寒夜，積雨初止，弦月流光。與槐陂村人蹈月作小遊，返齋共讀白石老仙詞，因借《揚州慢》原韻，填一解寄感。子月十日

宵柝初催，市聲都歇，月弦悄炤歸程。憩幽齋小話，伴一豆鐙青。記多少、歡場舊事，爓前箏底，狂共談兵。歎而今、落魄依然，重寄山城。　背人歲月，漸霜痕、添鬢堪驚。縱玉樹歌嬌，楊枝舞輭，難暢羈情。那更夢雲輕散，梨園寂、管索收聲。賸淒涼孤榻，無眠消受愁生。

霜葉飛

子月十二日，趁煦偕槐陂、君白同遊鹿雲山，訪主僧不遇。餐蔬後，穿竹徑，陟榛壟，繞寺縱眺而歸。憶前歲清明植樹節與同人遊此，曾紀以小詩。當時所植道旁樹，今垂垂成陰。寺中寄寓流民，亦都返故籍矣。餬口重來，未知息影何日，愴然感賦

暖風開霽，呼佳侶，遨遊清興能共。步穿竹徑翠雲深，露荔墻松棟。憩丈室、幽談自縱。伊蒲分飫山僧供。趁日斜歸詠，看拱揖、雲山四面，似管迎送。　猶記挈具嬉春，剪牋題句，歷歷前事如夢。夾途梧檟漸成陰，是那時初種。問殿角、羈棲舊衆。而今都返耕鄉壟。念倦客、依然是，飄泊天涯，淚泉孤涌。

四字令

題姚宜生《聽蕉館印存》　以下丙子作

墻痕篆蝸。銅華綰蝌。不知比似文何。紹流風幾多。　蕉窗日和。一編自摩。十年影事飛梭。漬滄桑淚波。

江城子 寅月十三晨，立春，雨

曉來寒意壓黃紬。睡無憀。醒無憀。細雨絲絲，織就滿天愁。好事兒童争報道，春已到，畫堂幽。　頻年羈客苦淹留。擬歸休。未歸休。一度春來，一度鬢毛羞。轉緑東風無氣力，吹不上，老人頭。

醉花陰 題文念清女士繪美人坐蕉圖

永晝幽閨眠乍起。小憩蕉叢底。人意倦無聊，撕破緑天，戲把緑鋪地。　鬆雲半綰慵梳洗。有幾多情思。料得獨吟成，好弄霜毫，書滿簪花字。

桂枝香 本意，詠廉泉畔桂，似性初

婆娑老桂。是儞種何年，月裏飄墜。滋溉靈根一脈，古泉幽邃。陰陰院落輕寒閉，正中秋、釀花天氣。夢回孤枕，紙窗暗度，裊香風細。　歎自昔、芳菲易逝。怕一雨宵寒，繁蕊零碎。半綴枝頭，半作黃金鋪地。卅年撥觸前塵事，賸蟾宮衰侶能記。試詢居士，而今參透，木樨禪未。

霜葉飛 丙子中秋後十日，與槐陂村人共遊大庾，訪牡丹亭及杜麗娘墓故址。行人指點東西，莫定埋香勝地，護存無人，爲歎息者久之。槐陂以古樹數株爲的，作書數幀，聊記髣髴。更十數年後，恐無能知亭與墓之名者矣

爽秋晴好。呼閒侶，山城遊屐重到。癸酉秋道經大庾，曾作一日勾留。昔年曾讀牡丹亭，有麗娘縈抱。待覓訪、香墳親弔。奚囊添貯新吟料。又怎知今來，但對著、頹垣斷瓦，一角衰草。

休詢玉舍金池，池猶依稀可認，池上舍久廢矣。當年亭榭，此日遺址都杳。古園强半闢通衢，換海桑多少。賸幾樹森森碧老。西風無語搖殘照。費畫師、發幽興，目想神追，爲留圖藁。

春風嫋娜

丙子夏，於洪都戚家得常熟江香女史馬荃設色海棠一小立幀絹本，自題樵鷗香粉本。女史爲栖霞女孫。栖霞爲南田入室弟子。女史花卉世稱妙得家法，仍是甌香的派也。夫龔克和，同邑人，僑居江陰之一角，食貧高潔，工詩及書。秋杪付工重裝，因題此詞

問春陰幾日，護得嬌妍。空懊煞，海棠顛。賴鷗香畫本，花顏可駐，栖霞家法，孫女能傳。翠袖調脂，彩毫染粉，省識蘭閨佳興騫。信手一枝試摹取，留將秀色百餘年。岑寂江陰一角，清貧共守，唱隨樂、眷屬疑仙。郎濡墨，

妾鋪箋。一詩一畫，風趣無邊。紅燭燒時，花應卻睡，緑章奏罷，人想凭肩。而今只恨，恨檀奴底事，如斯妙繪，欠綴吟篇。

念奴嬌

惜春　以下丁丑作

飛花一片，早傷心、減卻一分春色。試問一春能幾許，禁得香塵狼籍。苦雨愁多，歡晴恨少，況是風吹急。繁華如瞥，轉頭空認陳迹。深省好景無常，花顏難駐，春也難留得。怎奈情多難勘破，怊悵翻成癡絶。刻意傷春，珍叢獨繞，長爲伊悲惻。渾忘客鬢，自添多少新白。

瑤臺聚八僊

古虔道署瓊花，自揚州蕃釐觀外，獨負盛名。隔年移植一株夜話亭前。今春發花餘二十枝，銀花爛然奪目。慮爲急雨所敗，既爲闌幕以護，更填此解張之。花中央簇五出

小白花百許外，八大白花環之，故一名聚八僊。丁丑清明後七日，灰木記

銀海搖光。矜眼福、投老幸覿無雙。暖風春院，催試綽約新妝。攢髻一盤珠簇蘂，繞身八寶佩成行。月微茫。夜深澹照，縞素衣裳。揚州舊家寂寞，問藐姑底事，謫墮窮鄉。畢竟肌冰，膚雪不似尋常。欲憑詞句詠賞，奈搜盡慚非錦繡腸。孤亭上，待喚回坡老，與賦瑤章。

浪淘沙慢

戊寅重五後一日，用近人韻。距寇機肆虐才八日。課餘敱門，百興都衰，居隣屯軍，隨聞笳角。旅緒國憂，叢觸方寸，揮汗賦此解。以下戊寅

洗宵雨，苔痕繡潤，幾篆縈碧。深掩荆扉晝寂。偷閒暫許偃息。奈刺耳聲聲笳吹急。悄無語、搔首孤立。念世事身謀兩如許，盈襟恨堆積。　京國。望中陣壘雲隔。問大好河山，今誰主、忍淚彈叵得。嗟亂裏餘生，天際逋客。墜烏向夕。同魯陽心事，揮戈誰識。詞賦徂年尤蕭瑟。興亡夢、倦傳綵筆。挂愁眼、烽烟南接北。續殘命、強勸蒲觴，負令節。傷心怕見朱榴色。

卜算子

初秋月夜，繼坡公韻

秋月瀉寒波，倒浸空庭静。中有哦詩人未眠，徙倚陪孤影。　身世兩悠悠，此意誰能省。數盡街頭長短更，宵露侵衣冷。

東風第一枝

除日得紹東寄眎太原《觀梅聯吟録》，因成此解報之

影弄寒塘，香凝古驛，枝獨占春早。料知雪

後園林，素姿澹妝更好。巡檐索笑，肯負卻、騷懷吟抱。慰歲闌、客邸無憀，謝有遠郵新藁。　侵紙帳、冷宵月悄。呼鶴伴、故山夢杳。　廣平莫説情多，仲言漸愁興少。　飄零身世，慣領受、氷欺霜惱。　歎少陵、已恨白頭，幸不折來催老。

青衫溼徧

此納蘭容若自度曲，穉圭所謂雖非宋賢遺譜，音節有可述者也。初春寒旅，雨宵孤坐，耿燈一豆，爐火半杴，念亂憂生，悵恨無俚，學填此解以遺。己卯人日　以下己卯作

黃粱熟夢，紅桑換劫，此恨難勝。咽斷河山千淚，付衰翁、悲睫幽承。正春廬、飄雨夜寒增。擁熏爐、漸覺殘温減，伴凄清、淺暈搖燈。信是愁多眠少，睡鄉欲到何曾。　滾滾雙流底事，年光淘盡，欠浣愁膺。活計筆耕自拙，怕療貧、筆也無靈。任重閽、叫徹更誰膺。語東風、莫放鵑啼早，灑啼痕、總化紅氷。悵懊鑽窗辛苦，千生不赦癡蠅。

前調

開年曾譜此調以貺，人多詫其過於悽惋。閲三月熊室以病殂。涉旬偶檢《夢月詞》，知穉圭原繼成德悼亡曲作鵑啼之語，竟成妖讖。墨雲馳天，驚飆催雨，豆燈搖坐，獨影陪形。用穉圭韻，援筆重賡，藉遣哀臆。己卯四月十九夜

人天路隔，此生休也，那卜他生。廿五年來逝夢，一重重、影落宵燈。信愁多、未許睡瞢騰。報平生、總欠雙眉展，付衰鰥、淚眼長醒。側耳歸環月夜，風窗聽不分明。　悵恨十年兵裹，長貧善病，瘦損卿卿。浪話還鄉白首，又誰知、羈壙孤扃。更無心、細寫瘞花銘。裊情絲、慧劍渾難斬，算人間、我輩鍾情。斷續階

蟲碎語，更闌并作酸聲。

揚州慢

秋風嘘爽，獨旅添愁，填此自遣，並依白石四聲。己卯中秋月

橫海鯨波，翳天駕陣，老眸揾淚難晴。弔河山刦影，費楚泣新亭。怕重寫、江南賦稿，暮年蕭瑟，腸斷蘭成。怪吟身、禁得滄桑，多番輕更。　旅愁萬種，又催凋、雙鬢餘青。分墜絮禪枯，拈花夢醒，消盡豪情。徑菊故園應在，秋風動、久客須驚。奈歸期難卜，年年虛盼收兵。

燭影摇紅

桃江晚眺，繼彊村韻

容易銷魂，故園心眼千峯蔽。晚林殘葉各辭枝，寂寞荒江墜。驚耳寒飆刮地。又吹愁、清笳暮起。年華輕換，一角天涯，枯匏長繫。陳夢烟沉，白頭休話開元事。忍攜雙袖上新亭，斑駁神州淚。孤杖斜陽獨倚。負當年、簫心劍氣。回春消息，待訊梅花，江南誰寄。

浣溪紗

己卯除前二夕，華林寺村屋夜坐

鄉眼雲山隔萬重。雙江歲歲滯衰翁。荒村窮臘雨兼風。　一角窗明催早黑，半枕爐燼坐殘紅。無憀圍話共兒童。

百字令

庚辰暮春，王母渡講舍書感，用東坡韻

勦眸揩損，又春深、重看傷心風物。百萬猿蟲魂壯毅，支得河山殘壁。共戴羞天，偕亡誓日，此恥終須雪。吞胡擊楫，渡江誰是英傑。　休斅囚對新亭，怨鵑聲裏，血淚花争發。許國男兒身不顧，但盼匈奴能滅。投筆心違，請纓路阻，奈鬢邊絲髮。依枝何樹，南烏悲繞

星月。

蝶戀花　九日登高作

蹤跡年年悲客寄。每遇佳時，勾起鄉關思。强意登高温舊例。餘生更得重陽幾。　莽莽兵塵歸眺底。一寸河山，一寸傷心地。風景新亭今又異。衰眸欲灑無多淚。

二郎神　辛巳初夏排悶作，用徐幹臣體　以下辛巳作

最難將息，算乍暖、還寒天氣。正雨打花殘，日烘秧長，一霎陰晴變異。緑葉深深園林暗，問熟了、幾多梅子。憎屋角喚鳩，枝頭讙雀，慣撩羈思。　猶是。兵塵路塞，還鄉何計。賸斂影荒村，閉聲孤館，權抵桃源辟地。晝永書抛，夜闌燈對，消㲄閒中滋味。憑退筆、盡拾新愁舊恨，付微吟裏。

青衫溼　辛巳重五，西昌橘園村中擩筆，時寇機方隆隆屋上過也

客中佳節無心記，驚説又端陽。兒童依例，瓶榴角黍，妝點時光。　五絲裊裊，真憑續命，忒也荒唐。當門空挂，青蒲劍小，割得愁腸。

念奴嬌　貞木寄睎酬匏瓜夜話詩，棖觸舊悰，因填此解，寄似二公

香栖紅醉，算當年未把，韶華輕誤。草草流光三十載，送盡歡悰無數。塵土功名，神僊眷屬，總被天公妬。罡風摇地，彩雲吹散何處。　猶記滄海歸遲，揚州夢在，傳鐵厓佳句。用亡友楊昀谷本事句中字。扇底殷桃痕黯慘，不信拈花能補。匏瓜有《拈花補扇》詩。羅帳燈昏，銀箏絃

澀，多少傷心語。癡蠶堪笑，更抽如許情緒。

前調 月前與匏瓜同賦此解，各攄哀臆。猥承貞木、念廬、卓觀諸公寵和，重填以謝。辛巳六月初三夕

情長夢短，問黃粱熟未，青春都去。酒魄花魂消散盡，換得霜痕無數。並影梁禽，雙飛徑蜨，總惹哀鰥妒。凄涼滋味，向人欲訴何處。　多謝舊日遊朋，天涯俊侶，争和傷心句。炤眼新詞驚五色，化石情天應補。牽率言愁，相憐同病，等是空中語。無端哀怨，又勾一番幽緒。

高陽臺 秋宵乍涼，燈窗寫悶，繼玉田韻

疎雨鳴秋，驚風咽夜，嫩涼催上衣船。刬裏殘身，坐消寂旅年年。荒村未許桃源似，便桃源、住也堪憐。忍思量，萬種陳悰，總付霏煙。　家山不是無歸計，奈塵腥塞路，霧黯迷川。松音菊訊，引愁枉落吟邊。哀時念亂渾多事，要隨緣、健飯甜眠。甚來由，更灑啼痕，苦學癡鵑。

前調 秋感，仍借玉田韻

民號風波，身藏人海，褊心防怒虚船。莽莽古愁，橋壖鶴話堯年。平生幾斛憂時淚，問抛殘、博得誰憐。儘消磨，一角芸窗，半榻茶煙。　登臨倚杖舒閒嘯，見屏圍翠嶂，帶繞澄川。大好河山，秋高孰與防邊。葛龍不爲蒼生起，怪南陽、穩戀清眠。怎禁他，澤畔嗷鴻，樹底啼鵑。

蝶戀花　中秋前一夕，月地徘徊，萬感横集，燈下填此。世亂未已，身老難休，不自知其詞之苦也

偷眼秋娥雲隙覷。多謝風輕，不散雲如絮。分外明時徒照苦。塵寰那有歡娱處。　容易光陰驚倦旅。今歲中秋，又是他鄉度。冷帳昏燈尋夢語。悲啼强笑都無據。

氐州第一　秋晨風雨中寫感

纔過中秋，重九又近，流光草草如許。瘦到黄花天不管，還著尖風酸雨。佳節驚心甚，只有他鄉窮旅。絮枕斜欹，煙紗亂捲，一天愁緒。　轉盡腸輪誰與訴。算塵世、萬緣都誤。芥土浮名，花枝美眷，度夢痕無數。便歸來、兵甲後，梁間燕、泥巢如故。識否衰翁，是當年、承平舊主。

摸魚兒　秋枕，繼夢窗韻

怪年年、每逢秋到，愁瀾掀攪心井。涼窗向曙商飆動，吹恨暗侵孤枕。空記省。似飛翼、還鄉好夢難重整。紬衾漸冷。便起也無憀，眠非自在，滋味慣消領。　興亡眼，留得而今炯炯。卅年只似俄頃。悲號不醒聾天耳，枉敂重閽陳請。秋宇迥。映刼裏、河山歷歷滄桑影。前塵莫問。趁紗幔初張，茗香正逗，一盞暢晨飲。

涼州令　壬午仲春，晚步歸填此　以下壬午作

不信東風輭。出力吹寒回暖。彎環村徑草如茵，短笻扶步，踏徧青痕淺。桃紅李白無緣見。孤負尋芳眼。野花團紫千點，佳名錯作

丁香喚。眺底家山遠。流年疊驚偷換。吟身顑頷寄兵間，春光縱好，怎遣心頭怨。休持苦淚花前濺。啼損天慵管。徘徊歸晚拚陪影，淒清一豆宵燈黯。

南浦

春宵燈下讀亡友吳竟成駿《己未秋詞》，棖觸陳悰，用集中和蕙風韻填此解，題卷尾寄悼。壬午仲春清明日

氷雪臥槐根，醉春明，永記當年狂興。風刼散飛蓬，空懷想、消鄙黄波千頃。章門小聚，對抛歡淚襟痕凝。詩膽酒觴渾似舊，壓鬢但驚霜影。　堪嗟玉樹埋塵，况傷神、早是蓮摧蒂並。瑟怨訴華年，西河淚、並入哀絃淒哽。孤墳孰省。草原綠掩騷魂冷。觸眼遺編腸欲斷，燈下烏皮愁凭。

長亭怨慢

暮春燈下遣懷

更禁得、吹殘香絮。熟透黄梅，幾番風雨。草草春光，背人歸也杳何許。亂鶯啼損，無計挽、芳菲住。可惜枉多情，儘對著、薔紅癡訴。　何苦。又勾牽心事，早是異鄉愁旅。年年淚眼，送迎慣、春來春去。漫憶念、徑菊園松，怕刼後、河山非故。問陪影青燈，知否吟人悽楚。

雙雙燕

壬午六月中旬，辟地遂南暑樓，排悶作，次夢窗韻

吟身瘦損，又遂水橋南，偎依門户。暑樓伏枕，永日小年難度。吹袂涼颸細細，枉馳想、綠陰深處。兵間一例偷存，羨甚閒居安住。　思舉。驚弦勦羽。愁眼睇前程，鏑塵鋒雨。

枯蓬殘葉，分逐惡風顛舞。幾許悽情惋緒。懶持向、人前傾訴。隣舍酒闌，博簺時聞讙語。

八聲甘州 夏間移寓遂南，瞬更秋序。向晚獨步，念亂懷鄉，次屯田韻

盪愁襟倚杖對西風，他鄉又逢秋。正鴉翻夕照，牛歸遠隴，雁過高樓。暗念天涯倦旅，行腳甚時休。千古悲秋意，總付詞流。　檢點奚囊依舊。怕吟才漸減，物色難收。問從來作者，姓字幾人留。暫憑排、羈懷客緒，待他年、裝篋壓歸舟。傷心是、故山雲外，望斷衰眸。

高陽臺 重九前七夕，枕上

暗雨吹檽，新寒警枕，消魂又近重陽。我自多愁，匆匆錯怨流光。偷存略識天公意，要衰眸、看飽滄桑。鎮荒唐，夢鹿難尋，換盡蕉隍。　逢辰作健空佳事，問天涯倦客，著甚心腸。賸水殘山，登臨祇助悲涼。神州莽莽罡風勁，散蓬蹤、總滯他鄉。忍思量，舊種籬邊，菊蕊初黃。

歸去來 題任閒翁《省坡集》

十載離鴻苦。歸來乍、白頭歡聚。詩晨酒夕閒中度。又無端、催別去。　寅兄卯弟今生誤。約他生、越知難據。收悲賸檢淒涼句。依稀憶、對床雨。

祝英臺近 除夕夜半立春，記夢窗有《除夕立春》詞，因襲其原調

乍春來，催臘去，來去準難誤。一夜平分，流

歲換新故。有人餞故迎新，圍燈宵坐，鎮關耳、三更街鼓。鬢邊覷。霎時釵燕輕搖，東風暗中度。一縷心香，密意向春訴。者番休帶愁來，陳愁無數，早分付、殘臘捎去。

以上《夢痕詞》

念奴嬌 中秋後五日凭闌晚眺作

圍天暝色，正凭闌、閒把秋期細數。小別匆匆經一月，眼底家山何處。雁叫長空，蛩喧幽砌，總作傷心語。吟身垂老，能消多少羈緒。

失笑樊鳳囚鸞，忍飢争食，那許淩風去。老子平生豪氣在，且要香歌紅舞。花雨虛黏，梨雲輕散，短夢成今古。排愁無計，斷腸都付新句。

見《詞學季刊》一九三五年二卷二期

汪兆銓

虞美人

東風吹得梨雲碎。玉漏催人睡。可憐春夢也無痕。何況宵寒錦被、不曾温。明朝又送春歸去。賸有愁還住。無端恰憶去年時。人在踏青門巷、柳絲絲。

眼兒媚

紅窗日影下高樓。夢醒倦凝眸。隔花鶯喚，隔簾人喚，欲起又還休。惺忪昨夢從頭記，一晌小句留。思春無那，釵横鬢嚲，懶説梳頭。

高陽臺 紅梅

曉日輕籠，赬霞碎簇，層層絳霧分明。疑是春風，玉桃花隔簾旌。誰知一樣冰霜質，更燕支、淺着微酲。惜都無，六出瓊花，襯出紅英。

嬋娟不上雙雲鬢，只平生風骨，羞共釵横。一幅高牆，生綃彩筆圖成。檀心黄透瓊枝白，總輸他、春色輕盈。恁風華，脩到神仙，應是飛瓊。末二語未成，棣垞續之。

沁園春

琴劍漂零，隻身蕭然，豈非快哉。可南浮溟渤，北窮冰海，西游天竺，東望蓬萊。底事情牽，無端身累，塵網牢籠大可哀。羈人處，似鷹鞲常絆，驥足常埋。

古今多少奇才。儘一樣、消磨付劫灰。只情絲未斷，纏綿兒女，飢寒相溷，困頓塵埃。少日才華，暮年著述，等是播間土一堆。不如去，逐朱門華屋，濁酒深杯。

高陽臺

天上神仙，人間兒女，算來無處非愁。更遣時光，蕭蕭瑟瑟新秋。教人無賴教人倦，偏睡鄉、不許句留。儘消磨，半世英雄，半世温柔。

長歌痛哭皆無謂，牋浮雲萬疊，堆向心頭。回首秋風，可憐負了吴鈎。閒身跌宕心惆悵，覓乾坤、無地埋憂。又黄昏，缺月西沉，渌水東流。

金縷曲 辛巳中秋，張延秋鼎華招集書味雨聲齋延月。於時圓魄初上，薄雲滿天，池荷已殘，香氣在葉。酒闌夜半，諸君爲粤秀山之游。予踏月歸來，成此長調，以示諸子，并問訊山中此夕風景如何也

岸柳摇波暝。正平池、凉烟似夢，散鋪秋影。今夜蟾光應更好，偏又微雲作冷。清露下、鶴聲還警。閒倚闌干相對立，乍涼風、吹得餘酲醒。惆悵意，更誰省。　夜深怕上青巒頂。記年時、月當頭夜，清暉曾領。薄霧沈山烟閣水，城角疏星耿耿。料此際、招提清境。添取紅燈明樹罅，試一聲、長嘯秋天迥。勞話取，玉山景。

前調　送别

春思渾無著。更幾多、離懷别緒，撩人情惡。衣上餘香猶染處，耐冷不嫌衫薄。此去也、依然落魄。我未成名卿未嫁，算十年、已負雲英約。知己淚，爲卿落。　長安自有圍花幕。負平生、柔腸俠骨，未應寂寞。一旦聲名傾北里，早覓箇人相託。更莫戀、少年娱樂。車馬門前容易老，怕琵琶、難守空江泊。珍重意，共杯酌。

摸魚兒

更悤悤、韶光過了，荼蘼花又開滿。無端别有傷春意，此際最難消遣。天欲暖。正倦柳三眠，樹也如人嬾。閒情漫管。只一縷茶烟，半簾殘照，獨自惹腸斷。　平生意，渾似蕉心未展。年來還守孤館。年華也逐春風去，屈指不堪重算。春漸遠。便直上蓬山，已自憎遲緩。柴門再款。向花隝尋春，越臺弔古，長結故山伴。

金縷曲　西風數日，新寒驟生，檢點寒衣，泫然賦此。時癸未秋九月下澣一向添悲緒。向空房、悄無人在，簾櫳如故。閒向妝窺玉鏡，鏡裏凝塵如許。更莫誦、舊時詩句。不恨奇方難續命，恨從前、歲月匆匆度。歡樂意，太孤負。　西風幾日吹庭樹。檢寒衣、分明針線，看伊親絮。記得新涼初到日，催我添衣屢屢。又此際、天寒日暮。檢點殘紈偏護惜，衹愁他、損却曾縫處。披衣起，幾延佇。

前調　十二月廿八夕

萬事增悲惋。儘聽他、辭年爆竹，迎年簫管。回首風光都似舊，衹有心情新換。但憶得、歡長夜短。早識芳華容易去，趁年時、人共春風暖。丁香結，同心綰。　而今竟自成悽斷。卻留將、看花雙眼，淚痕如霰。花樹不知人事改，依舊枝頭香滿。待盼到、落紅零亂。澆汝一杯婪尾酒，便從今、也逐飛雲散。留枯木，歲寒伴。

水調歌頭

曉日照高樹，春色入樓臺。梅花零落將盡，何事苦還開。不見衣香人影，但有游蜂浪蝶，去去莫裵裒。風雨任相妬，狼藉委蒼苔。　眼前景，來日事，總堪哀。隔院管絃聲亂，到耳自喧豗。惟有畫梁雙燕，不道樓空人去，依舊入簾來。謝汝解人意，爲我慰離懷。

壺中天慢

一庭春雨，又悤悤過了，看花時節。一桁茶煙迷客夢，夢醒無端嗚咽。濁酒澆餘，沈檀熏透，不解腸千結。杜鵑何處，替人終日啼血。

簾外幾日東風，吹雲欲散，又還堆重疊。雨滴迴廊風撼户，衹有愁人聽徹。舊恨難消，歲華又換，不解從人說。朝來攬鏡，鬢華飛上新雪。

卜算子

春雨滴莓苔，一寸愁心逗。聽盡寒更不肯眠，淚濕重衾透。　獨起看唐花，人去花如舊。記得寒檠共對餘，恰是今時候。

齊天樂　蚓

一宵庭院回春暖，清音乍聞相逐。雨過偏多，人行又止，到耳聽來偏熟。深情往復。甚終夜階前，似歌還哭。槁壤黃泉，向誰淒咽訴衷曲。　清愁又逢宋玉。正淒然冷歎，孤韻頻屬。地下哀吟，人間遺恨，消受此中幽獨。愁人未宿。問哀樂中年，可同絲竹。忍向明朝，聽瓶笙斷續。

摸魚兒　小極

對東風、淒寒疏雨，落紅吹遍芳徑。可憐日日、傷離別，此際那堪還病。牀空凭。祇一度沈吟，一度傷孤冷。扶持誰倩。累白髮高堂，呼寒問暖，終日相依定。　傷心處，舊日情懷怕省。憐伊卧向秋影。平生不解相調護，也自同聽漏永。泉路迥。便強擬相呼，祇是誰人應。夜窗沈靜。問曲就悲吟，夜臺魂在，可解來相聽。

菩薩蠻　甲申初秋

西風蕭摵吹庭樹。秋人夢破無尋處。獨起看銀河。如何風浪多。　宵深人不見。彈指星霜換。秋恨一絲絲。殘魂應夢知。

其二

春來寂寂傷懷抱。鶯聲屢勸尋春好。二十四番風。吹殘意轉慵。　墜歡纔欲續。又悵屏山曲。有意呪花開。春偏遲未來。

其三

妬花風雨朝朝至。妬花還妬游人意。花意劇纏綿。柔絲宛轉牽。　鸞飄兼鳳泊。還覓經年約。爲汝殢釵盟。玉釵知未曾。

其四

翩翩錯認驚鴻影。千迴百轉心難冷。影事太模糊。儂心癡也無。　癡情誰慰藉。二萬金錢借。屈指計心期。填橋烏鵲知。

念奴嬌　夏日過學海堂，見梅樹枯槁，賦此慰之

綠陰深處，人去後、滿地落紅如掃。亂石橫斜闌檻外，一樹梅花欹倒。細覓枝頭，可饒青子，翠玉離離小。臨風擕取，餘酸留得都好。　怎意花半開時，幾番風雨後，凄涼枯槁。環珮珊然，縱歸來、夢裏祇傷懷抱。玉宇瓊樓，舊時千萬疊，可憐都渺。人間難問，譜殘疏影新調。

疏影　室人亡後，從澤羣處得其鬢齔時侍其祖母映像，已二十年矣。形貌都非，神情猶是，而藥水漫漶，不能重映，畫工臨摹又不能似。西人藥水，年久必脱。此紙若再十年，必并其模糊者亦不可見。惘然無計，寄恨倚聲

雲烟一紙。似離魂倩女，依約還是。二十年來，容貌都改，祇有依稀神似。不曾留得丹青

在，説面目本來如此。擬還教、寫向鮫綃，偏没個人能矣。今日飄零斷梗，羨驂鸞碧落，早謝塵裏。賸取遺容，伴我東西，還定夢中相倚。只愁色相都磨滅，渺墜影、更無尋地。呪夢魂、化入湘烟，共汝絲絲吹起。

水調歌頭 八月十五夜，時有海警

涼逗雨初歇，雲影薄於綿。簫管誰家兒女，也自愛團欒。不道嫦娥今夜，似解離人心事，不肯向人圓。遠渚起孤雁，哀響下雲邊。鯨海浪，譙樓月，戍臺烟。江湖舊日殘夢，飄泊又今年。料得瓊樓玉宇，定有幾人凝望，清淚灑雲間。願引華胥夢，飛墜廣寒天。

金縷曲 秋感

生怕秋光老。不多時、梧桐葉落，閒階風掃。天氣淒寒如昨歲，悵觸舊時懷抱。乍憶得、愁腸千繞。病骨支牀三兩月，藥爐烟、鎮日紗窗悄。有雛婢，伴昏曉。愁邊滋味經年飽。倩秋山、淒涼摹出，傷心畫稿。一片斜陽荒草外，添箇離羣孤鳥。墨痕裏、一絲愁裊。點點那時傷別淚，到而今、可滴重泉到。天上月，幾圓了。

蝶戀花

華燭銀花搖火樹。雲母屏風，五色留雲住。庭院暖回春幾許。玉欄干上花如語。莫向華筵尋舊譜。玉珮明璫，此日人何處。寶鴨燒殘烟縷縷。幾絲清淚飄紅雨。

滿庭芳

燕子不來，狻爐初燼，垂簾閒坐春陰。翻書人倦，獨自抱寒襟。試向午窗閒睡，偏惆悵、嬾見瑶衾。無聊賴，難將心事，悄説與青禽。重尋。前日事，冷雲如夢，也似而今。怎尋常妝閣，過了春深。一樣舊時庭院，經行遍、祇是傷心。閒猜取，有人窗下，此際也停鍼。

金縷曲　十一月二十夕，記夢

夢想真還妄。悄中庭、分明繡幰，人歸天上。省識形容消瘦盡，依舊那時模樣。正軟語、依依相向。欲問人天相覓處，説瑶扃、深隔銀河浪。誰爲我，寄無恙。　拳拳執手妝臺傍。乍相逢、淚痕微濕，懽悰微蕩。泉下經年安樂否，別後幾多情況。怎欲問、臨時偏忘。多事鄰雞驚夢醒，黯離魂、還共爐烟漾。聽殘漏，幾惆悵。

洞仙歌　十二月二十四夕，記夢

緑窗晴晝，一曲迴廊轉。棐几鋪雲畫簾捲。有蠶眠小字、麝墨纔乾，明認得，寫向玉人纖腕。　如何人不見。眉語雛鬟，説在東邊小庭院。欲去卻徘徊、怎不尋將，試問取、離愁深淺。料應識、今宵有儂來，又底事、迷藏共人乖舛。

虞美人

年年人盼春魂轉。灰信飛蘆管。林花消息報新紅。卻又朝來愁絶、雨和風。　護花不繫金鈴索。一任生催落。夜寒簷鐵響錚鏦。惆悵舊年心事、夢魂中。

綺羅香

恨似春雲，雲如亂絮，都被春魂黏住。鎮日東風，儘力不曾吹去。階蘚印、舊緑難尋，亂紅飛、小桃無主。不多時、嬾到園亭，荒園春意遽如許。　淒涼前事尚記，東向迴廊一角，衣香行處。縱解留香，不見人同香住。溯當年、幾許芳菲，作此日、幾分愁緒。怕尋思、羅帳燈昏，擁衾聽夜雨。

洞仙歌

歲華又暮，寫宜春帖子。舊日雲扃試磨洗。有碎紅飄墜、殘墨分明，還認取，一角洞房題字。　玉沈香已散，影事雲銷，觸目傷心怕重記。緣淺縱生成、怎較鸞牋，尚輸與、幾年殘晷。試剗取、燒來畫欄邊，又早逐、清明紙錢灰起。

臺城路

更闌枕上聽春雨，依然去年今夜。灑向珧窗，濺殘石砌，滴滴淚痕同瀉。愁人倦也。祇細數蕉聲，衾寒燈灺。莫憶飛紅，芳菲昨日已都謝。　驚回殘夢飄瓦。記宵寒酒冷，猶戀三雅。手握生温，衣香散暖，不信春愁能惹。一般亭榭。怎短夢頻醒，夜長生怕。細數年光，幾時纔入夏。

卜算子

爲底怨東風，爲底懨懨病。細雨濛濛不肯晴，草色和愁暝。　盼到是新晴，又怨春朝永。燕子銜泥獨自來，不見雙雙影。

大江東去

近春分了，算郊原遠近，幾多新綠。竹杖芒鞵隨意出，低樹清陰成幄。棱棱芳田，芊芊野岸，細草平於褥。小帘荒店，幾杯新釀初漉。回首裙屐當年，嚼花吹絮，愛尋春村曲。醉墨和詩題壁上，棲滿流塵誰讀。啼鳥遮烟，游魚蹙浪，媚景娛幽獨。濕雲低壓，更堪聽雨茅屋。

浣溪沙

紅豆熒熒黯一燈。斜風吹雨撼疏櫺。醒來清漏又三更。似水流年空暗度，如雲好夢不分明。最難消遣那時情。

買陂塘　落花。辛亥冬作

乍驚心、萬紅飛盡，霎時新綠都換。東風渾未相催逼，已自雨零星散。君莫怨。君不見、經時到耳蜂聲亂。珍叢東畔。算祇有一枝，七星旛子，猶自向風展。繁華事，回首不堪重算。陳芳國裏公案。雜花野草誰移植，曾被滿園都占。君莫歎。君試聽、興亡如說斜陽燕。休彈淚眼。任落溷飄茵，都由自取，更倩阿誰管。

生查子

夢破紙窗明，卯酒三杯醉。盼到日沈西，又即扶頭睡。塵俗日昏昏，無計相迴避。海外有青山，難買埋憂地。

滿庭芳

屧瓦微明，蚊雷破夢，夢餘擁被閒眠。懨懨小極，長對藥爐烟。遥憶霜林絢曉，寒郊外、景物清妍。尋誰伴，黄雞白酒，莫負好秋天。　年年。長到處，人都無恙，何況山川。怎幾回凝望，還更悽然。憔悴西風倦客，不堪聽、落木山前。無聊賴，憑將心事，分付與鷗邊。

蝶戀花

滿地梨雲寒意重。燕子不來，匝地簾無縫。自酌清醪開碧甕。扶頭一晌無痕夢。　夢醒西窗花影動。多謝東風，曲曲將愁送。　爐鴨烟沈衾半擁。此時情緒誰人共。

滿江紅　寓澳作

萍寄天涯，歎一番飄泊，一番憔悴。空慣見、蠻花犵鳥，殊方風氣。閲世但深微管歎，向來誤作依劉計。望故園、咫尺不歸歟，烟塵翳。　歌與哭，長無謂。去與住，渾無味。看哀鴻旅雁，悽涼滿地。栩栩難尋仙客夢，沈沈長恐天公醉。羡馬周、猶欲問功名，吾老矣。

水龍吟　陳華階慶森歸，又有合浦之行，賦此送之

故人亂後歸來，匆匆又向天涯去。飄零書劍，蹉跎歲月，可憐羈旅。絲竹中年，幾番哀樂，攪人離緒。況故園草木，刦灰未燼，渾都是、傷心處。　幾日命儔嘯侣。鎮相將、酒懷詩趣。海外明珠，還採舊時合浦。只怕重來，桃

花開了，劉郎前度。但登樓悵望，去帆無影，碧雲天暮。

高陽臺　病中度中秋，眎梁節庵

竹簟涼生，藥爐煙裊，寂寥又是中秋。倒影山河，浮雲點綴如愁。愁人病酒渾無賴，且商量、香篆茶甌。憶前遊。白袷青鞵，羣玉峯頭。　嫦娥此夕應惆悵，怎瓊臺玉樹，換了危樓。鐵笛無聲，更誰吹破涼州。南飛尚有歸來鶴，爲人民、城郭句留。試凝眸。冷落珠江，燈火漁舟。

前調

靜覺陰移，思如秋澹，更無人處高眠。閒愛孤雲，飛飛無礙長天。前塵舊恨絲絲斷，賸餘情、跌宕流連。最飄然。鶴翥天邊，蝶舞花前。　功名著述都無分，判倚樓看鏡，斷送殘年。海上人歸，那堪重話桑田。故人消息經時渺，望蒹葭、秋水蒼烟。且隨緣。夢託遊仙，醒學枯禪。

前調　新正小雨，和俞伯敭韻

夢雨催寒，濃烟閣霧，韶光比舊都非。淅瀝空階，一聲聲透重帷。鐙前看取簷花落，入愁腸、酒力偏微。小迴廊，屐齒殘痕，生了苔衣。　迷濛濕徧郊原路，想酒旗虛颭，悵望輪蹄。嫩約無憑，幾番辜負佳期。萬紅相對渾如泣，縱婆娑、生意都稀。儘徘徊。陌上花開，緩緩人歸。

金縷曲　春夜聞蛩

夜靜聞蛩語。向空階、啾啾唧唧，繁音如訴。

似説今年花事盡，偏怨杜鵑催去。愈岑寂、愈成淒楚。江上琵琶關塞笛，算無端、一例多悲苦。那堪更，雜零雨。　玉樓此際還歌舞。問當筵、金迷紙醉，有誰聽汝。祇合相將孤館裏，慰我寂寥情緒。答幾點、疏疏街鼓。月落烏啼天欲曉，早收聲、莫被兒童覷。陳仲蚓，真伴侶。

水調歌頭　香港，贈劉伯端景棠

麟角故人子，漂泊一相逢。酒酣爲我起舞，高唱大江東。紅豆相思春怨，黃葉凋零秋恨，分付墨花濃。絲竹中年感，哀樂太匆匆。　天如醉，人如夢，雨和風。者般景色，無那消盡蠟鐙紅。昨夜畫筵顧曲，今日竹林高詠，都在淚痕中。絕頂望雲海，相約更扶笻。

綺羅香　聞蟬

緑柳風前，黃梅雨過，乍聽一聲知了。澀韻初調，曳過別枝還抱。辭土壤、便爾鳴高，咽清露、誰知難飽。最無端、寥落羈人，未玄鬢影被催老。　荔枝時候已近，贏得兒童拍手，伫攀紅小。粵人呼蟬爲荔枝蟲。　痀僂休承，唱晚夕陽多少。探畫意、黃雀頻窺，借餘光、冷螢相照。應試問、冠下垂緌，可如林下好。

滿庭芳　僑居香港，依山傍水，風景致佳。值杜甫之鄉愁，復文園之多病。栖栖旅況，渺渺予懷，勞者自歌，誰爲同調耶

翠岫當窗，緑陰如幄，隔簾草色芊緜。山光水影，小住亦前緣。遶屋斷橋低澗，新雨後、細響涓涓。闌干外，滄波無際，點點布帆懸。

頻年。三度過，者番風景，遮莫流連。奈病魔無賴，偏慣相纏。辜負清和天氣，更休論、綺席歌筵。空惆悵，故園消息，盼斷理歸船。

摸魚子　丙辰七夕，和黎季裴

問支機、可餘片石，乘槎今又人到。盈盈銀漢風波惡，却倩鵲橋新造。君莫惱。誰似汝、神仙眷屬長相保。離多會少。衹織錦年年，聘錢猶負，償債幾曾了。　癡兒女，瓜果筵前自繞。可應分得餘巧。誰知別有汾陽郭，富貴獨聞仙詔。秋正好。更莫問、長生殿冷無人掃。空庭夢覺。賸衹有一籬，牽牛花放，滴翠媚清曉。

壺中天　春夜悄然，倚竹寫之

深深庭院，正月華滿地，花陰亭午。簷鐵丁東流細響，撲牖時來飛鼠。苔徑拖鞵，樹根瀹茗，夜景清如許。倚闌無寐，砌蛩切切私語。　樓外幾陣征鴻，相呼過也，帶瑤緘來否。天末故人空悵望，誰采蘋花寄與。玉漏音沈，金鑪烟燼，夢破無尋處。澆愁何計，壺中剛剩芳醑。

金縷曲

春事無痕過。乍無聊、迷離似夢，夢何曾作。去聲。姹紫嫣紅開都徧，圍住愁城不破。遮莫是、抱衾閒坐。今歲韶華偏晼晚，負花朝、兩度真無那。閏二月。對青士，呼白墮。　時聞隔院錢聲簸。觸前塵、歡場跌宕，素衣脂涴。紙醉金迷忘漏短，歸趁闌珊燈火。漸霜鬢、催人老大。經卷藥鑪新活計，問青山、何日真埋我。江上曲，更誰和。

前調 季裴、伯端和余前詞，讀之有感，再疊前韻寄之

放筆追劉過。笑年時、引商刻羽，老來還作。千古傷心人一例，懷抱那堪窺破。且燒却、車船延坐。韓子送窮窮故在，祇蠅營、狗苟誰能那。仰屋視，流塵墮。　燒城赤舌南箕簸。對西風、時時障扇，幾曾塵涴。海外墜歡無尋處，又換石泉槐火。且痛飲、不辭杯大。　朽木難雕吾衰久，任瞢騰、晝寢休呼我。鼾聲起，有鵑和。

前調 再用前韻

駒隙匆匆過。看浮雲、白衣蒼狗，幾回變作。擬向羅浮尋舊約，幸有衲衣未破。判從此、蒲團枯坐。薝蔔花開庭柏老，苦禪機、未澈還無那。望明月，懷中墮。　粃糠久矣從揚簸。笑鏡臺、本來無物，塵須難涴。何日妙高臺上去，長對佛前鐙火。漫便說、能空四大。今釋天然都示寂，料更無、尊宿堪師我。宣梵唄，山響和。

長亭怨慢 和王蓴樓

渺天涯、故園何許。飄泊頻年，又成覊旅。强覓歡悰，中年絲竹怕聽取。望中庭宇。舊詞客、還相遇。夜雨剪青鐙，也算是、同消愁處。　無緒。鬢絲禪榻畔，苦索清詞妍句。芳園咫尺，怕空見、蠻花紅舞。似瘦沈、帶眼消磨，更多病、相如老去。把酒數流光，已負庭梅盈樹。

渡江雲

沙枯天接水，月明望斷，千里漭然平。遥山孤影外，幾箇漁舟，隱約颭疏星。窮邊古激，乍如今、甲第連楹。風送晚、玉樓高處，都是管絃聲。　銷凝。松濤響籟，石井泉音，渾自無人聽。空滌蕩、旅人懷抱，詞客精靈。此邦信美非吾土，笑浮屠、三宿曾經。歸去也、不如老守柴荆。

水調歌頭　丁巳初度

人世百年耳，憂患一何多。行年五十有九，心事苦蹉跎。少日才華聲氣，中歲艱難奔走，垂老尚風波。擊碎竹如意，慷慨一高歌。　醉元亮，狂阮籍，病維摩。古來賢達何限，寂寞冷巖阿。家有三間老屋，屋有奇書萬卷，金石間搜羅。棄去勿復道，老子且婆娑。

前調　丁巳冬至，適内子五十生日，賦此壽之

日長添一線，五十正平頭。欣欣繞膝兒女，詒厥到孫謀。縱是海邊羈旅，也算一家團聚，此外更何求。願進一杯酒，相與祝千秋。　卅年事，我能説，君記不。揭來生計澹泊，一一費綢繆。不羡買臣富貴，不怨黔婁貧餓，君笑我無愁。但願長相守，窮老未須憂。

菩薩蠻

横雨狂風三月暮。驚紅駭緑紛無數。朝夕不分明。濛濛烟霧冥。　呢喃南海燕。側目窺簾卷。驀地忽飛來。殘泥汙鏡臺。

其二

奴憨婢懶都慵掃。癡心鬭勝尋芳草。草色暗

如烟。生機劇可憐。乍寒還乍暖。醒睡無人管。盼到楝花風。一園蜂蝶空。

浣溪沙 答友人

海上飛鴻墜遠音。可中庭院晝愔愔。憑將錦字寫離心。 荔子香中人最倦，木棉飛盡樹成陰。隔年箋譜懶重尋。

臨江月

天外雲垂海立，道傍駭緑紛紅。美人一笑媚春風。醉持雙劍舞，狂飲百杯空。 不肯追隨鵷鷺，何論得失雞蟲。憑高望遠思無窮。古今多少恨，回首夕陽中。

浣溪沙

風約微雲雨意輕。中庭新葉緑陰成。懨懨長日没心情。 中酒客呼猧伴卧，賣花人帶蝶同行。最無聊賴早蟬聲。

蝶戀花 先姊若昭能爲詩，然不常作。有句云：『怪底此間飛絮少，木棉花當柳花看。』先子賞之。偶見木棉，追憶舊事，因成此詞，以寄悲慨。先姊又有詠秋柳詩云：『疏不藏鴉猶有影，澹無飛絮欲生烟。』亦佳句也

又是東風催日暮。萬緑陰陰，深鎖烟和霧。莫訝此間無柳絮。木棉替送春歸去。 當年詠雪庭前語。四十年來，觸景成淒楚。 別有藏鴉疏影句。婦人新集誰搜取。

醜奴兒 記夢

夢行沙徑山迎面，翠磴丹梯。仙手同攜。勸飯胡麻且慢躋。 回頭海畔闌干曲，樓閣參

差。犬吠雞啼。天向滄波盡處低。

壺中天　梁節庵生日

平頭六十，記年時重六，是公生日。仙鶴南飛應製曲，誰著紫裘吹笛。鳳侶新諧，運期德曜，鞠⿰月歷依瑶席。舊聞天語，長松千歲寒碧。我亦花甲才周，頭童齒豁，不羨長生術。經卷藥鑪聊住世，懶問駒光遲疾。北海荷香，南州荔熟，且進杯中物。龍華會上，重逢應是相識。

沁園春　祀竈

夕屆小除，祭設陘前，聽吾祝詞。愧黃羊未宰，肉才掩豆，薄醽難醉，酒但盈卮。命果能司，媚甯可獻，休咎從來定不移。觚邊踞，願如聞謦欬，不薦膠飴。天門詄宕開時。更

奏取、通明殿上知。説徙薪曲突，更無上客，蹈湯赴火，誰奮前麾。煬蔽偏工，趨炎成俗，如沸如羹事可危。枯桐在，判焦來爨下，莫羨金徽。

滿江紅　渡海

千里雲平，雲影外、混茫無際。正幾日、石尤風過，霧消屏翳。八月乘槎今又到，萬言作賦談何易。看夕陽、明處晚霞生，明朝霽。飆輪速，乘風志。溟涬闊，魚龍戲。料江鷗應笑，揭來留滯。兔走烏飛空歲月，鸞飄鳳泊愁身世。盼遥天、一抹樹痕齊，吴淞是。

以上《惺默齋詞》

壺中天　題雁來紅圖卷

斜陽庭院，正屏風倚處，離愁千里。冷落秋江

蘆荻岸，幻出一枝明媚。鶴頂深痕，鵑啼恨血，灑入西風裏。一般紅葉，幾行新試題字。橫舍相約尋秋，軟遲來作客，飄零如此。不是芙蓉江上影，也自向人沉醉。絳樹歌殘，茜窗事杳，剩有書難寄。老來顔色，那人應怨蕉萃。

見《忍古樓詞話》

汪吟龍

傷春怨 海棠落

一夜東風起。吹得海棠鋪地。向曉弔花魂，墮幾點傷春淚。繁華今已矣。零落誰爲理。我欲瘞殘紅，收拾自攜鴉嘴。

清平樂 和余君環宙《閨怨》

碧池波皺。菡萏香銷舊。白袷臨風寒欲透。減盡帶圍腰瘦。可堪對景懷人。鳥啼葉落黃昏。惆悵相思不見，幾回夢斷離魂。

前調 賀郭生于歸

梅開庾嶺。豔入新粧影。在户三星良夜永。正是御輪親迎。相攸賣犬從容。競誇快壻乘龍。他日小郎圍解，應欽林下高風。

畫堂春 賀朱生新婚

桃夭三月賦宜家。争看好女如花。羅帷深護七香車。雙擁宫紗。額際點將新蕊，眉梢畫出彤霞。才子佳人莫漫誇。樂事方賒。

眼兒媚　新月

娟娟新月畫樓西。斜掛暮雲低。明河瀉影，疏星隱耀，遠樹煙迷。　柳眉初展鉤兒樣，静夜映寒溪。魚龍應避，絲綸誰把，待掣鯨鯢。

其二

夜凉如水日初收。天氣近中秋。暮雲低捲，衆星環拱，新月西流。　畫眉京兆偏多事，描就翠蛾愁。銀彎微蹙，金波虚映，有客凝眸。

早春怨　海棠開

杏臉微紅，柳眉初緑，一段春情。燕子來時，海棠開候，正是清明。　嫣然一笑傾城。似宿醉、美人乍醒。頰上餘潮，唇邊添潤，欹枕釵横。

浪淘沙　題葉荭漁《春冰詞》，用漚尹韻

尊酒惜飄零。愁對青燈。更從何處倚新聲。剩有春冰詞在手，試誦堪聽。　此曲最鍾情。月落參横。微醺欲醉眼尤明。爲譜紅牙金縷拍，一顧傾城。

鵲橋仙　賀葉子静新婚

御輪奠雁，填橋集鵲，喜見盈門百輛。星期暗换逐流年，好事近、人間天上。　庾郎擅賦，謝娘工詠，贏得奇文共賞。有情眷屬擬神仙，看在户、三星朗朗。

踏莎行　和高君晉生《秋思》之作

離緒匆匆，愁懷渺渺。天寒躑躅長安道。遥看落日淡秋山，暮雲千里容光照。　池藕香

殘，井梧風老。覊情旅思何時了。他鄉異縣各銷魂，倚聲抱膝空長嘯。

唐多令

五日便中秋。秋風惹客愁。擁書城、何啻封侯。明是故鄉涼夜月，懷杜老、淚難收。　舊譜憶龍洲。江山似昔不。莽烽煙、黄鶴樓頭。且買桂香拚盡醉，渾忘却、國家憂。　劉改之八月五日重過武昌，賦《唐多令》云：『能幾日、又中秋。黄鶴斷磯頭。舊江山總是新愁。』余本其意爲此詞。黄鶴烽煙，驚滿眼矣。丙寅八月十日，吟龍自記。

何滿子　和余君環宙《離情》之作

無奈汝南鷄唱，不争片刻淹留。咫尺天涯人去遠，驀驚歲月如流。此日閨中遥憶，他鄉何處登樓。　皓月相看萬里，伊人渺若三秋。黄卷青燈供嘯傲，擁書差抵封侯。正是重陽時候，滿城風雨添愁。

前調　題畫

緑樹誰家庭院，丹崖是處峰巒。流水長橋人獨立，似聞聲浪潺潺。上有連天飛瀑，下通曲岸迴瀾。　設色惟憑妙筆，卧遊得縱奇觀。咫尺應須論萬里，勞君繪就霜紈。持掛高堂素壁，坐令寒士歡顔。

滿庭芳　櫽括李白《愁陽春賦》

緑翠芊綿，垂楊旖旎，東風碧草芳新。天光海氣，惚怳似愁人。楚客楓林極目，明妃玉塞銷魂。登高望，傷心切骨，怊悵對陽春。　無因。洒別淚，雲泥永隔，誰寄情親。問東流，天涯何處湘濱。隴水秦聲切切，江猿巴舞蹲蹲。風光醉，悲歡一感，無那是佳辰。

高陽臺　和李範之先生《春初感賦》之作

裊裊鵞黄，粼粼鴨緑，翠煙深鎖朱欄。未嫁明妃，荊門掩映羣山。巫峰十二行雲處，賦高唐、好夢難還。祇揚雲、寂寞談玄，宋玉銜官。

看他解佩春申浦，甚目成遺管，心許彈冠。楚些哀吟，離騷空怨湘蘭。登高望遠愁千里，聽悲笳、吹動黄間。數盈庭、桃李初成，猶怯春寒。

水龍吟

陽生暖日初長，璇閨繡罷紋添線。鴛鴦刺就，芳心自警，柔魂欲斷。延佇樓頭，徘徊檻外，怕聞征雁。望天涯信息，燕雲皖水，憑誰寄、空長歎。無那烽煙滿眼。阻歸程、別離都

慣。者邊記得，玉臺鏡裏，水晶簾畔。香霧雲鬟，清輝玉臂，夢中曾見。被鷄聲喚醒，窺窗有月，照人幽怨。

喜遷鶯　賀趙君新居

九城霞蔚。喜鳳集高梧，燕巢新壘。半部勳高，一聲韻勝，曠代風華誰儗。木石平泉奇絶，文物漳濱差似。試屈指，數夷吾江左，馬卿梁邸。河山依舊好，舉目新亭，漫灑興亡淚。中澤嗸鴻，長征集鴇，都把鐵肩擔起。作室奠基堂構，樸斲呈材荊梓。便轉語，公經綸天下，有如斯矣。

綺羅香　賀方君就婚金陵　代

灼灼桃穠，娟娟絮浄，恰是宜家天氣。奠雁親迎，一棹放來千里。數歸程、皖國花闌，對華

燭、石城春媚。問鴛鴦、字怎生書，莫愁湖畔醒還醉。　笙歌雙槳至止。如玉佳兒新婦，萲堂心慰。合巹青廬，且喜緑浮樽蹔。儘争誇、璧合珠聯，纔信有、佳人才子。倚新聲、爲助催裝，正風光旖旎。

以上《陽春詞》

汪　東

浣溪沙

何事人生有別離。鳳頭鞵印畫堂西。晝長閒坐暗凝思。　紈扇應歸金縷篋，湘簾猶挂小桃枝。已涼天氣未寒時。

憶舊游

記熏鑪永晝，露檻嬌春，簾影偎花。斷角吹離恨，甚孤帆箭激，萬里江涯。舊歡更入遥夢，寒雨忽欹斜。算過翼華年，流雲勝賞，兩鬢堪嗟。　思家。路迢遞，且喚酒旗亭，重醉琵琶。擬訪鴟夷去，過吴王宫畔，猶認蓮娃。倦途頓感興廢，潮尾咽蒹葭。試緩引孤吟，憑高縱目唯暮鴉。

夜半樂

斷雲尚滯天半，沈陰十日，寒意生庭户。更箭激酸風，柝鈴淒語。素衾空疊，香篝未熨，夜長和影相偎，亂愁千縷。念繡閣、深盟竟誰主。　淚痕枕畔點點，別鶴慵彈，病鸞羞舞。漫獨下、芳階留連私步。翠蘿升壁，蒼苔掩徑，樹頭已是花稀，乳鶯嚦苦。問春色、漂流向何處。　倦旅惟是，悶酌春醪，閣吟愁賦。

楚峽迢遥更無路。想行雲、朝暮自有神仙侶。簾半卷、隱隱瞻鸞馭。露寒清影吹簫去。

踏莎行

銀燭交枝，香鑪微暈。低鬟按拍歌聲穩。出門星斗影垂垂，高樓漸遠荒城近。　斷續蛩吟，淒涼雁信。孤舟擁被寒成陣。　秋江盡處有叢蘆，飛花莫上行人鬢。

清平樂

去年淒絶。秋到人離別。展盡紅箋千萬疊。又近歸鴻時節。　銀牀初换桃笙。夢回仍不分明。一樣今年秋夜，滿庭梧月蛩聲。

蘭陵王

雨絲直。簾影依依漾碧。登樓望，惟見柳條，學染嬌黄弄春色。迢遥去舊國。心惜孤舟剩客。江城畔，風送暮寒，應憶裁衣試金尺。　歡游半陳迹。但寫恨銀鉤，追夢瑶席。天涯芳草逢寒食。知陌上嘶騎，渡頭維纜，行程千堠更萬驛。悵鸞鳳南北。　幽惻。怨懷積。甚客去樓空，魂斷音寂。危闌徙倚情何極。怕獨對尊酒，乍聞隣笛。闌珊清夜，漏箭永，伴淚滴。

齊天樂

玉驄嘶向青樓去，楊花又催春晚。燕語香巢，鸞分鏡匣，誰識離愁難翦。重門自掩。料遲日停箏，暗塵生簟。夢影淒迷，翠簾空傍暮雲卷。　覊途還賦舊感。那時初聚首，歡事何限。勸酒啼鶯，尋芳倦蜨，應惜流光輾轉。江南路遠。盼緑葉成陰，脆圓同薦。寄語多情，未須眉黛斂。

荔枝香近

絮影紛飛無數，來又去。最惜十日輕陰，衣冷霑花霧。春殘獨倚簾櫳，漸有瀟瀟雨。空妬、輭語雕梁燕雙乳。　歡意減，賸別夢、尋遥浦。夢醒思量，嗁溼袖羅慵舉。誰識情深，宛轉留春訴鷃鴂。漫翦同心蠟苣。

前調

暮春閒庭草積，露痕泫。蜨粉初褪，鶯舌空圓，東風萬點花飛，未放珠簾輕卷。簾外、比隔天涯更遠。　最憐半生，舊好如夢散。竟夕淒涼，盡不似、陪歡宴。怕經別地，嫋嫋垂楊自勝翦。旅愁誰共消遣。

宴清都

倦逐閒簫鼓。明鐙夕，醉來重記前度。棲鴉瘦柳，流螢墜葉，隱窺朱户。仙娥暗約秦樓，算未是、尋常伴侶。只片雲、夢散高唐，空酬宋玉詞賦。　天涯乍起涼風，齊紈置篋，難喻心苦。紅箋萬疊，金釵半股，倩誰將去。遥知故國秋換，問燕子、歸來甚處。共那人、十載相思，還相見否。

瑣窗寒

暗水潺湲，門深徑曲，自尋鐙户。層陰散晚，夢醒怯聞疏雨。甚秋來、樹根亂蛩，伴人忍作傷離語。賸擁衾歎息，荒齋人静，頓愁羈旅。　遲暮。登樓處。正素女青娥，門寒三五。孤飛雁影，尚解銜蘆呼侶。想相尋、唯有怨魂，瑣窗繡閣還記否。向歡時、料有而今，淚落珠盈俎。

四園竹

高梧悴葉，陣陣點朱扉。蘚階露溼，荷沼鏡平，涼月穿幃。幽怨多，空寄託，青琴響裏。此情常怕人知。最淒其。誰憐瘦損蕭郎，淹留誤了心期。料向湘波寄淚。清夜挑鐙，更續秋辭。千萬紙。路斷絶，還愁鳳訊稀。

西平樂

向晚鴉歸，遡風笛起，樓迴便覺秋賒。頻拍闌干，望窮西北，浮雲冉冉猶遮。歎賦筆、哀時縱妙，鼙鼓催人漸老，繁華境改，空驚浩刼蟲沙。何待新亭灑泣，千載事、似夢總堪嗟。霧靄衰草，風迴曠野。黃葉蕭蕭，門徑攲斜。休錯比、成都舊宅，彭澤荒園，好藉琴尊伴客，松菊怡情，長向閒中遣歲華。無柰故人，音書斷絶，飄轉關河，徧地荆榛，日暮途窮，如何更不還家。

右起《蘭陵王》迄《西平樂》，皆和清真詞也。曩在上海，與季剛同爲之，積數十闋，而余爲之序。十餘年來，人事變遷，不可究極。舊稿亦散失過半。録存數首，聊志一時唱酬之樂而已。

蜨戀花

託意哀絃移中去聲柱。九十韶華，都被流鶯誤。花已彫蘦辭故樹。蜨魂空覓棲香處。

花落花開猶未苦。每到春來，生意還如許。玉骨成烟相憶否。年年寒食棠梨路。

清平樂

盆中植蕙數本，春晚作花，娟娟可愛。對此有懷，彌增淒戀珠簾不卷。燕子歸來晚。惟有幽花長作伴。春暮自成悽惋。年年紉佩流馨。憑他寄怨湘靈。猶恐孤芳易歇，明朝雨滿空城。

浣溪沙

倚笛誰聞醉後歌。蕭蕭庭院晚涼過。雙垂銀蒜押簾波。　繞樹最憐黃葉少，登樓唯覺夕陽多。近來心事竟如何。

踏莎行　題《擘蕙詞》，用碧山《題草窗詞卷》韻

去國情懷，悲秋才調。行吟莫恨知音少。三閭哀怨此中遺，楚江何處無芳草。　淚洗歡悰，酒添愁抱。舊時心事休重道。卻憐蕭瑟庾蘭成，如今也向江關老。

高陽臺

繡幙圍香，金尊勸酒，舞衣輕約柔肢。璧月長圓，宵宵還照瓊姿。多才自結行雲伴，笑人間、幾輩傷離。又爭知，好夢先醒，佳會仍稀。　春情不似雙棲燕，似闌前柳絮，陌上花枝。望斷征輪，金錢未告歸期。狂蹤應慣成飄泊，算嘔鵑、空到天涯。寫新詞，十幅巴箋，難寄相思。

醉思凡

無情有情。憐卿怨卿。尊前低按銀箏。寫清商數聲。　鐙殘夢醒。更深淚零。空餘幾疊雲屏。似江南去程。

浣溪沙

幾曲屏風畫折枝。幾重簾幕漾烟絲。秋寒深閣未多時。　乍見先教移鳳枕，臨行還倩整羅衣。而今贏得是尋思。

其二

悵想紅樓隔幾層。襟邊清淚漸成冰。闌干敲徧倩誰膺。　四角香囊垂寶帳，兩重輕幰護銀鐙。那時幽夢已無憑。

還京樂

素秋近，獨向鐙殘夜寂思難理。念鳳幃深處，漏聲滴盡，撩伊清睡。戀麝香熏被。争知倦客還孤倚。弄繡枕，空自細檢，當時紅淚。漸荒雞起。與鳴蛩相應，蕭條對説，愁人淒冷況味。堪嗟誓約無憑，舊恩疏、頓忘紈綺。惹離情、惟敗葉流紅，宮溝濺水。待得重逢日，劉郎應更憔悴。

解蹀躞

北海金鼇玉蝀橋，昔爲宮禁之地。今則游人往來，恣其觀賞。當荷花盛時，紅白相間，彌望無隙。余日經其地，以爲風景純似江南。季剛先有《高陽臺》詞，邀余同賦，未能應也。一日晚歸瞻眺，棖觸舊情，遂成此解

半頃紅香初減，青蓋隨風舉。舊時靈鷁，飛橈映宮女。一晌舞歇歌殘，任看水佩風裳，漫霑塵土。　甚情緒。因念荷亭涼露。凭肩共私語。至今羅襪，凌波更何許。往事重惜飄零，那堪空苑斜陽，帶愁歸去。

西江月

秋草將衰轉緑，暮雲欲去翻還。舊時歌舞已

闌珊。新恨如何消遣。 把酒常思風月，登樓卻見家山。眼前流水日潺湲。中有嗁珠無限。

浣溪沙 行縣作

盡日籃輿不計程。輕裝小隊出山城。 河陽豈爲看花行。 連陌桑茶催曉剪，分疇烟雨課春耕。 相期父老共升平。

憶帝京 寄季剛北京，在於潛作

曲池小檻生秋氣。最怯客中情味。 徙倚水精簾，遥夜何曾睡。 北斗近京華，極望勞終歲。 幾時更、陌頭連轡。 歎淹滯、未成歸計。 萬縷垂楊，千重芳草，遠夢歷歷分襟地。 暗想擘牋時，定有霑衣淚。

水調歌頭 余年三十而有早衰之戚，賦此送春，淒然泣下

酌酒餞春去，含淚勸春歸。十年前事堪記，猶是少年時。曾試長隄金勒，還傍秦樓箏笛，連夜醉芳巵。 春夢總須覺，爲我稍遲遲。 萬千意，春不管，去難回。 亂紅飛絮點點，千里送斜暉。 不恨小園岑寂，但恐蜂媒蝶使，重認只空枝。 有美史相憶，惆悵臥遥帷。

鷓鴣天

婀娜柔桑葉翦齊。 攣袪相送立斜暉。 別來情緒知何似，恰是春蠶上簇時。 書黯淡，夢依稀。 唯憑雙燕訴相思。 丁寧莫忘臨岐約，陌上花穠緩緩歸。

瑞龍吟　西湖公園本清帝行宮，游人獨盛，用清真韻賦

西泠路。依舊暗水漂花，亂雲低樹。沈沈寒食新陰，畫船駿馬，嬉游處處。　漫延佇。追念少時吟伴，醉窺宫户。銜泥穩宿雕梁，唤雛燕燕，差池對語。　無數承平閒話，繡圍香繞，湖山歌舞。誰道舊家風流，彈指非故。斜陽燕麥，重賦玄都句。　還留戀、平臺縱覽，芳園微步。勝賞隨波去。鬢絲自鑑，牽愁萬緒。衰柳飄殘縷。歸棹遠，冥冥長隄烟雨。半生浪迹，不如飛絮。

一萼紅　十五歲時與伍博純、莊通百、葉仲裕、沈步洲、張季良同寓西湖退省庵消夏，忽忽二十年矣。仲裕憂憤蹈江，博純、步洲亦相繼下世。重來感舊，宣之於聲

小樓陰。試披襟延爽，華髮未須簪。連櫂清謳，狂朋劇飲，歡事都付消沈。歲華共、羣芳自歇，又隄柳、千囀變鳴禽。網户懸蛛，壞闌棲蠹，聊更憑臨。　愁送落花飛絮，向湖波點點，觸撥閑心。叢芰吹香，疏篁刻字，重到步步追尋。歎人世、倉皇轉轂，舊游地、何許可銷金。便欲歸營故山，一片雲深。

菩薩蠻

玉人臨曉開妝閣。曉風吹透羅衣薄。莫放繡簾垂。簾前金柳絲。　去年親送別。纖手曾攀折。一去隔天涯。斷腸楊白花。

柳梢青

挽住征輪。飛花擁徑，垂柳遮門。絃管初調，觴籌慵舉，又是黄昏。　後期早晚休論。揾

不住、當筵淚痕。試問江淹，暫離永訣，一樣銷魂。

浣溪沙

日日尋春到北湖。垂楊縈帶萬花鋪。不知何處是平蕪。　殘照低迷催盪槳，流鶯宛轉勸提壺。人生行樂莫躊躇。

水調歌頭　爲潘省盦題顧鶴逸北固雲山圖

京口古雄鎮，是我釣游鄉。大江日夜東去，山勢鬱蒼蒼。著屐來登北固，迴指金焦兩點，宛在水中央。俯仰發長嘯，意氣自飛揚。　一彈指，今古事，幾滄桑。論兵作賦，誰共相約醉千場。何意輪君游歷，更遣虎頭興發，四壁素綃張。絕似米家畫，雲海接蒼茫。

洞仙歌　與季剛晚步至古林寺，同作

萬方多難，望城西高處。落日荒寒試閑步。剩蒼苔蕭寺、白髮殘僧，渾未識，舟壑潛移幾度。　人間同一夢，地不䕺憂，天又無言向誰訴。後日待如何、載酒重經，青青鬢、依前青否。又何況、黃塵蔽空來，怕江燕飛回、定巢無樹。

探春慢　寓樓對雪，頗動羈愁。季剛次玉田韻先成此解，邀余同賦

歲晚登樓，寒深擁几，羈懷零亂無序。風翦瓊瑤，雲昏天地，頓覺銷沈平楚。南雁音書少，但夢趁、江鄉歸櫓。最憐笠澤蒼茫，樵青心事誰付。　舊著煙簑在否。甚鎖卻松筠，空閉柴户。庾信生涯，梁園賓客，愁動黃昏鐘鼓。

況值蕭條極，似陰積、龍沙深處。賴有天工妝點，梨花千樹。

金人捧露盤　題湖帆所藏《隋董美人墓志》

最淒然。春如夢，玉成烟。鳳吹杳、難駐情緣。嗁鶯語燕，任楊花落盡李花妍。君王愁賦，忍重聽、落葉哀蟬。　銅駝恨，金僊淚，陵谷換，海桑遷。總一例、輪與嬋娟。苔封短碣，有簪花標格至今傳。願書萬本比昭陵，繭紙人間。

虞美人　後湖與季剛連句

新晴細履湖堧路。紅亂芳洲樹。季剛。晚風驟起碧波間。不道豔陽時候、卻輕寒。東。　香臺千繞憑誰惜。曾印雙鴛迹。季剛。疏狂不減少年心。明日重來未到、緑陰深。東。

拜星月慢

瘦竹通橋，垂楊縈路，步繞回隄千轉。屐齒苔痕，任東風吹徧。最惆悵，幾日、輕寒薄暖天氣，嫩緑繁紅偷換。崔護重來，隔桃花人面。　記當時、暗結秦簫伴。空回首、事逐輕烟散。一片芳草斜陽，惹天涯幽怨。判今宵、夢怯殘鐙館。梁間燕、轉側聞長歎。賸憐取、一寸春心，繫連環不斷。

點絳脣　夢窗『明月茫茫』之詞，爲去姬而作也。季剛、小石忽有所感，各追和其韵，余亦繼聲

一棹横塘，藕花隔斷紅塵路。錦鴛宿處。涼氣濃于雨。　重憶前游，已是他鄉住。歡盟誤。暫來還去。冉冉流光暮。

最高樓 三月三十日春盡

江南好，爛漫度芳時。日日典春衣。櫻桃花下逢油壁，緑楊隄畔纜青絲。偏汀州，鶯亂語，蜨交飛。　甚瞥眼、風光成去迹。算到手、杯盤須痛惜。深閣迴、小簾垂。參横繞過三更後，春歸又是一年期。到明年，人聚散，更誰知。

虞美人 登北極閣故址，今爲氣象臺

高秋與我襟懷好。落葉紛如掃。天風吹上九層臺。但見連山如垤、水如杯。　明明河漢通微路。也擬驂鸞去。沈思依舊住人間。上界仙官不似、散人閑。

琴調相思引 聞繼湘弟有鄂渚之行，病不得送。用賀方回韵成此，並寄敬之武昌

風動狂塵飛九陌。堪歎漂流兩萍迹。又昨日輕帆浮楚澤。岸樹色。皆秋色。岸樹色。皆秋色。　星斗横斜涼擁席。病卧客。思行客。病卧客。思行客。待促膝傾螺歌緩拍。願永夕。爲佳夕。願永夕。爲佳夕。

傾杯樂 秦淮夜集，呈半櫻及同社諸子

屑玉霏談，注金傾釀，羈懷頓覺消釋。岸柳乍沐，水閣過檝，恰步鄰邀笛。蠻箋蠟苣分題處，倒百樽休惜。南朝舊恨，都付與、歷歷冥飛鴻翼。　鬢白從難卻少，酒襟詩本，依舊狂心迹。想再緝荷衣，嘑猿争怪我，如何消得。楚澤行吟，西州沈醉，莫學當時客。故山北。還則要、草堂相識。

轉應曲　戲題屋後廢沼。其旁叠石有佳者，蓋拙政園故物也

池水。池水。鷗鷺浴來還起。買將艇子漁蓑，便似移家石湖，湖石。湖石。堆起數重蒼壁。

倚風嬌近　春寒釀雪，花訊屢愆，倚草窗賦大花韵催之

南陌春遲，翠盤縈惹愁縷。亂瓊時倚迴風舞。遼鶴返江城。縞翼展爲屏。一髮新亭，淺露青山眉嫵。　浮夢空華，前約春相逢處。消息今都無據。步底香塵蕩輕霧。催花譜。但餘絳筆濃如露。

紅林檎近　今年三月梅始盛開，與桃、杏、櫻桃相錯，蔚爲奇觀。然有淪於絳、灌之悲，違其素操矣。因念虎邱冷香閣植梅數百本，無雜樹。鄉邦人士每於此時極游宴之樂。羈旅都城，悵不獲與，用清真韵作此示瞿安

春景方融暝，亂花時送香。散策度前圃，袷衣映迴塘。遥想層丘翠麓，正傍霧閣雲窗。玉蘂初褪宮妝。鶯語囀新簧。　頭白嗟倦客，心怯老殊鄉。輸他燕子，銜泥猶宿雕梁。但珍珠橋畔，雞鳴埭口，勸君聊復歡此觴。

山花子

金谷空餘陌上塵。玉門難返笛中春。只有臺城楊柳色，一番新。　大帝山河留霸迹，小喬夫壻是前身。卻笑景陽宮井內，又何人。

太平時

萬里長征人未還。淚痕潸。秦時明月漢時

關。倚樓看。　但使龍城飛將在，角弓彎。不教胡馬度陰山。此時難。

虞美人　擬放翁

少年意氣吞驕虜。中被儒冠誤。　閉門聊且注蟲魚。不道鼓鼙聲裏、破安居。　請纓肯被終童笑。枉是知鼮豹。研田從此罷傭耕。直擬金戈鐵馬、了餘生。

繞佛閣　中夜不寐，有懷漢江諸弟，依夢窗聲韻

亂紅碎錦，都換暗碧，春謝機杼。愁絲萬縷。夜闌付與、幽人鑄幽句。　寸陰逝羽。孤雁弔影，分散吳楚。頓驚倦旅。覊情搖蕩，隨風墮輕絮。　鏡裏看華髮，回首機雲偕隱處。聲似動人、春雷方啟户。甚夢覺邯鄲，利名炊黍。　履霜纖屨。歎自警荒雞，誰伴宵舞。暗徘徊、淚零如雨。

減字木蘭花　題馬湘蘭畫蘭卷子，湖帆所藏

素心舒箭。佩結幽芳移楚畹。葉葉枝枝。珍重璚歛下筆時。　託根非所。大地已無乾淨土。空谷佳人。異代相思一愴神。

訴衷情

湖尾。花裏。風漸起。轉蘭橈。霞袂舉。私語。暗魂銷。紫陌繡驄驕。明朝。誰家紅袖招。莫相饒。

女冠子

雙眉微鬭。淺淺黛螺描就。暮春時。並檻鴛鴦宿，穿簾燕了飛。　郎行留密語，花發是歸期。看到荼蘼了，信音稀。

卜算子　戲用辛稼軒小詞韵自題哦松圖

松意欲成龍，風勢還如馬。獨立亭亭萬仞顛，不受秦封者。　大厦忽傾時，棟折無全瓦。此木何由避斧斤，林密山深也。

前調　從子星伯見余和辛詞而好之，因持所作天風海濤之圖，乞用前韵

千丈舞潛虬，萬里奔檣馬。唯有閒鷗自往還，彼豈忘機者。　風撼八公山，雷震昆陽瓦。謖謖寒松戰海濤，如聽軍聲也。

碧牡丹　季剛歿後，欲述哀詞，久而未就。今秋卧病經旬，追感舊游，始成此解

陣陣邊笳起。暝色共，愁無際。斗酒狂吟，似續三閭遺製。佩襲芳蘭，更唾壺敲碎。傷今時，有誰繼。　淚難制。冠蓋長安市。偏容箇人憔悴。月黑楓青，夢中此夕來未。試託巫陽，賦大招哀只。且歸魂，楚江水。

留春令　題湖帆夫婦畫梅合卷

暗香浮動，傍闌干曲，玉人同倚。象筆鸞箋帶香題，有無限、歡娛事。　綠蕚横枝春細細。是江南風味。管趙風流見丹青，寫一幅、能相寄。

解連環　和清真韵

素書誰託。從都門送別，舊情雲邈。算麗景、還比年時，最孤負小樓，護春簾薄。自擁寒衾，悶禁受、一場離索。想常娥處獨，四序暗催，也悔靈藥。　朱絲更彈賀若。怕宮商變越，移調清角。縱寄得、論斛真珠，忍和淚開緘，又早封卻。粉靨脂唇，漫細擬、梅梢桃蕚。

怨風吹、墜紅數點，斷腸院落。

水龍吟

置身天半，層樓盡收，世界微塵裏。東西南北，滄溟如帶，昆侖如砥。鞭叱羣龍，倒翻銀漢，等閒兒戲。算經傳許鄭，文高楊馬，都未是、平生意。　閶闔九重難問，問君平、此身何世。鏡中青鬢，匣中雄劍，卅年前事。問舍求田，而今銷盡，劉郎英氣。歎吾謀不用，浩然長嘯，作歸來計。

相見歡

當初瞥見驚鴻。桂堂東。手把金泥小扇、立花叢。　雲迹散。夢痕亂。太悤悤。只有海棠猶作、斷腸紅。

以上《夢秋詞》卷一《餐英集》，起己酉迄丙子

臨江仙 得陶遺書，卻寄

湖海元龍豪氣盡，猶能問訊何如。長安争逐麗人車。世情原草草，春事可徐徐。　忼慨頭顱行萬里，男兒也勝閒居。當年盟約總成虛。君歸隨病鶴，我老作書魚。

南鄉子

心事斷蓬飄。詩酒相親破寂寥。欲赴南鄰鐘鼓會，難消。門外車塵十丈高。　綵勝鬥纖腰。春意何曾見一毫。待得枝頭花有信，連朝。愁殺東風似怒潮。

引駕行

沈烟微裊，紗窗半啓延晴照。怕春來、恨春去，此情向誰堪表。多少。逞繡轂雕鞍，尋花

選柳恣幽討。争知我、京華倦旅，幾牽縈、莫愁棹。縹緲。歌翻子夜，夢入槐宫初覺。甚灩灩華年，遲遲淑景，未諧歡笑。難道。把深閨密約，良朋佳諾總拚了。索自去、携琴載酒，侣蘇門嘯。

喝火令

幛密鴛鴦錦，鬟低翡翠梳。分明元是對門居。因甚杜郎薄倖，十載寄江湖。　天意隨人老，年華似水徂。一春芳事有還無。過了燒鐙，過了杏花初。過了櫻桃時節，依舊雨疎疎。

卜算子慢　慰圭璋悼亡，依張子野體韵

鵾弦絶弄，鸞鏡罷開，寂寂小庭春晚。摘盡殘花，記否對花妝面。留眄。滴梧桐、冷露如啼眼。悵舊日恩情，總逐浮萍浪蕊消散。　曉阜窺書館。似鼓罷雲和，曲終人遠。宿草離離，已怕墓門青滿。誰遣。嗅餘香、掛壁腸空斷。待魂魄、經年重去聲覓，證人天兩見。

西江月　蔡哲夫得唐塼，刻文甚細。一女子當壚，旁置鐺杓。示方藥雨，藥雨定爲麗人煮酒圖。哲夫辨器物之狀，審爲茶具，謂是煎茶，而非煮酒也。因以拓本乞題，復命其姬人月色刻『夢秋』小印爲報

采後剛逢穀雨，煎時如聽松風。品茶最讓陸生工。不學劉伶酒頌。　一琖能清肺腑，盈階任長蒿蓬。夢春難得麗人同。自試人間秋夢。

浣溪沙　航空至西安作

御氣飛行俯八垓。輿圖次第掌中開。秦川一

綫辨縈迴。獻策何曾輕絳灌，飛書亦要繼鄒枚。不應閒看崋山來。

滿江紅

送顧希平從軍。時予先有請，不得

幕府清秋，正搖落、淒淒井桐。搔短鬢、閒階佇立，思和寒蛩。地近周原方築壘，星連吳野更傳烽。歎幾家、骨肉盡飄零，隨轉蓬。　魚吐沫，池水空。烏啄屋，夕陽紅。又蕭蕭班馬，旌旆搖風。羽扇揮軍非我事，圍棊一局笑談中。盼君行、連夜捷書來，清晝同。

鷓鴣天

鵬翼遙摶萬里風。如何壯志又成空。日從塵尾清談會，夜課蠅頭細字功。　書咄咄，意忡忡。莫將閒悶苦縈胸。灞橋衝雪尋梅去，也擬頭銜署放翁。

清平樂

翠禽小小。葉底鳴聲好。莫怪成陰偏太早。輕把花時負了。　彩雲何處追尋。獨倚闌干思深。嚦盡湘娥淚血，難消望帝春心。

澡蘭香

蘭

纖翹弄羽，巧箭舒心，不掩澹姿秀躅。根移露畹，佩襲幽芳，底事又淹空谷。恨東風、最晚相逢，湘波流春去速。翠袖單寒日暮，甕依修竹。　卻被徽絃換柱，試拂猗蘭，小腰如束。山陰勝侶，澤畔孤吟，往事更添棖觸。便燒殘、心字香灰，懸淚荷槃寸燭。夢未忘、綠染輕盈，烟羅褭幅。

點絳脣

余客渝州，而門人舊故先後來者甚衆。尊酒相勞，感慨系之。女弟子章璠索詞，爲賦

此解

一種羈情，巴山可似秦淮夜。豔春初謝。桃李翻盈把。　十斛明珠，未抵連城價。歡游罷。酒闌香灺。誰共西窗話。

蝶戀花

日日登樓千百度。咫尺人間，更比仙山阻。斷盡柔腸無説處。而今才解相思苦。　獨坐沈吟還獨語。獨展芳尊，淚落空盈俎。獨自尋春春又去。緑陰總化相思樹。

三部樂　用清真韻

孤客江城，聽暗雨灑窗，賦情悽絶。未圓先破，真箇歡緣如月。最堪歎、巫峽蕭森，甚夢雲散盡，浪濤爭發。細書密字，誰寄朝雲花葉。　他生更知語妄，拚自今瘦損，見人休説。那堪繞絲作繭，辭簪羞髮。儘中宵、自指淚睫。天苦鑒、緜緜恨切。密誓萬疊。贏得是、腸斷心結。

點絳脣

除卻巫山，更從何處爲雲雨。冶春來去。一任漫天絮。　淺笑佯嗔，總是承恩處。君知否。寸心不負。皎月圓終古。

風入松

上清淪謫不同歸。迢遞阻佳期。休言宋玉多才思，到如今、雲雨堪疑。萼緑華來無定，杜蘭香去移時。　參差曲陌閒長隄。閑望意都迷。斜陽怨柳千絲碧，更難尋、絮影紛飛。鏡裏容華凋盡，秖緣片刻分離。

埽花游　秋日重游李氏園

筍輿徑滑，漸袖裹寒雲，翠微高處。亂山到户。似螺痕畫出，彎環眉嫵。練影江光，更走輕烟半縷。自來去。有穿竹翠禽，相並幽語。

心事堪細數。記解佩初逢，漢皋游侶。探春未午。甚芳盟誤卻，又驚秋素。故國山川，戍角吹寒正苦。漫回顧。倩香蘭、暫陪吟俎。怕故都、經離亂，化鶴歸來，舊人應少。

霜葉飛　同大壯作，和清真

斷烟荒草。征鼙動，棲身還在江表。異鄉隨處足傷情，況夜深人悄。聽淅瀝、寒窗到曉。淒風飄蕩愁霖小。歎素髮成絲，縱貯篋、菱花似舊，不堪頻照。

空望雁足傳書，衡陽峯影，峻極天半難到。幾番秋雨漲秋池，甚此時懷抱。待一昔燹煙靜了。開元重訪清平調。

阮郎歸

湘皋捐佩意盈盈。幽花憐小名。百花洲畔暮寒生。歸心千萬程。

分鈿合，勸瑤觥。崢嶸歲易驚。綺窗開處聽歌聲。白雲天際橫。

水龍吟　馬相伯先生百齡壽詞

好春常住人間，百年桃李盈天下。伏波勳業，扶風經學，疇能傳者。殿號靈光，里名通德，更添佳話。紀仙家歲月，滄桑三見，算此語、渾非假。

灩灩霞漿傾瀉。被鐃歌、驚吹寒夜。先生笑謂，汝曹今日，毋譁毋詐。虜騎憑陵，四郊多壘，是吾羞也。待收京功就，浯溪頌了，進長生斝。

沁園春　壽右任院長

鐵面仌心，久領烏臺，誰堪比蹤。數五陵豪俠，傾杯論故，三原子弟，拔劍臨戎。軍起蒼頭，書傳黃石，麟閣曾推第一功。論餘事，更九天珠玉，咳唾隨風。　春申鼓篋相逢。記君正、英年我尚童。任卌年夢影，光陰電速，千秋眉壽，德業山崇。彈壓江山，扶持元氣，今日堂堂正要公。我無似，媿青袍白簡，花底班從。

傷情怨

輕帆江上數點。便催人去遠。未似銀河，秋來波浪淺。　高樓音信望斷。但向夕、鄰簫吹怨。擬寫閑情，紅箋愁淚滿。

側犯　張善子與江絜生同舟入蜀，爲寫巫峽清秋圖，絜生乞題

翠屏四障，倚舷側耳聽猿嘯。微笑。指故國、今攜故人到。　行雲朝暮處，楚峽留祠廟。迴棹。對萬葉、江楓弄斜照。　平生勝賞，筆底追年少。翻羨此，亂離中，千里共探討。待約功成，甲兵都掃。縛屩支笻，幾時休了。

好事近

微雨釀春寒，重理熏篝針帖。簾外柳烟輕漾，是相逢時節。　柳絲依舊碧于烟，衣上舊香滅。卻怪金籠鸚鵡，替人前饒舌。

芭蕉雨

喜見蘭芽吐玉。晚淖花氣斂、眠方足。體倦略施膏沐。消受酒灩盈樽，香温透幄。別

來愁緒萬斛。知日寬腰束。還想望密歡、何時續。怕再到、小樓前，空賸莓砌鋪青，蕉窗掩緑。

祝英臺近

竹間樓，池上路，車馬隔塵遠。翠巘澄波，叠叠畫屏滿。依前勝絶江山，自從别後，怎都付、魂銷腸斷。　夜剛半。欲借書遣牢愁，拋書意先倦。不忍吹鐙，留著影相伴。只憐捱盡殘更，參横月澹，便影也、没人收管。

鵲橋仙　七夕

情同兒女，悲深婚嫁。零涕七襄初罷。若將珠淚細量時，定償得、天錢盈把。　經年離别，一宵歡會，又早晨雞催駕。算來猶是勝常娥，但碧海、青天夜夜。

八聲甘州　雁

又霜鐘警夢夜淒清，雁陣破空來。自榆關風緊，蘆溝月冷，秋思難排。應羨六朝金粉，嘹唳度長淮。鐵索沈江後，樓殿成灰。　本是隨陽信鳥，甚淺洲遠渚，不肯徘徊。歷間關烽火，毛羽屢驚摧。倘遭逢、青冥矰繳，賸銜蘆、孤影亦堪哀。何如共、泛滄溟去，游戲蓬萊。

憶秦娥

風吹竹。搖曳闌干曲。森碧玉。因憶小園三兩簇。　惜關山，千里夢馳逐。清夢偏難續。櫻筍熟。來歲懸知歸去速。

小梅花

北泉公園有石工馬澤沛者，取嘉陵江畔小三峽石，琢以爲研，倩人書畫其端而施鐫刻。己卯夏秋間，予與高安彭醇士同寓園之竹樓六十餘日，爲作數十百方。一時人争取之，稍用流布。曩歲陳師曾、姚茫父居北京，好爲人畫銅墨合，競相貴重。安知他日不有好事者，遂以『北金南石』並稱邪？今姚、陳往矣，予與醇士流離遷播，結此因緣。每戲誦東坡『泥上偶然留指爪』之句，以爲真爲吾二人寫照也。暇述此調，更遺醇士圖之

探天窟。鑿山骨。五丁見之應愁絶。頗添豪。筆如刀。一時狡獪，造物驚兒曹。飛鴻飄泊隨遷客。泥上偶然留爪跡。爪痕留。客心憂。明日西東，誰能更相謀。　春明路。舊游處。槐堂一笑攜茫父。車盈門。縑盈庭。聲名雷動，千載傳丹青。吉金嘉石還同壽。誰與姚陳同不朽。朱顔酡。君當歌。人生行樂，由命匪由佗。

琴調相思引

夢渡桑乾萬馬東。醒來剛打寺樓鐘。西風幾日，吹老菊花叢。漸覺灰心緣忍事，那須綰面始觀空。吴鉤匣影，分付酒杯中。

卜算子

余曾赴南泉監試。南北温泉者，一在嘉陵江北，一在大江南，故以此名其泉。含質不同，有北聖南賢之目。將至南泉時，小舟泛花灘溪，竹木交陰，最爲幽勝。至于巖壑深峭處，南北倶稱小三峽焉

才自北泉來，又向南泉去。北聖南賢兩中之，垢浄心忘慮。　欹枕看江流，隨意行花塢。三峽雲山五里溪，留我渝州住。

綺羅香

居竹樓時，日以丹青自遣。醇士爲余作扇頭小景，題遺山句云：『可憐舊隱抛何處，一片傷心畫不成。』蓋唯易『十年』二字爲『可憐』

耳。檢示惘然，漫拈此解

暗篠藏樓，疏桐墜井，碪杵先驚秋意。庾信愁多，常怯避愁無計。身已似、落葉飄蕭，信都付去鴻迢遞。最難堪、殘蠟摇風，伴人清夜共垂淚。　丹青誰是妙手，擬把雲牋小幅，商量心事。粉藉脂勻，勻了幾番重費。尋舊約、溝水分流，選夢痕、故山難記。畫不成、一片傷心，素屏空自倚。

長相思

朱櫻甜。玉筍纖。斜倚銀牀傍繡簾。相看意未厭。　病難忺。別恨兼。欲繡鴛鴦針嬾拈。愁長和綫添。

卜算子　畫松竹石爲士遠壽，並用稼軒韻題

石似丈人姿，竹是兒時馬。笑指蒼松大十圍，誰較長年者。　被薜可爲衣，注酒休嫌瓦。他日何從訪醉翁，山水之間也。

青玉案　和尹默韻

相如消渴懨懨病。又屈指、秋光近。可是文君情緒冷。畫樓塵滿，玉徽瑶軫。琴意都成靜。　素娥也恨涼宵迥。碧海青天弄明鏡。縹緲雲羅鴻去盡。音書難寄，夢魂相趁。何日歸期準。

月下笛　行嚴久滯桂林，並偕燕婉。頃有詞見寄，依調和之

雨斂昏鐙，蟲吟破壁，旅愁如髮。賓鴻數列，散點遥空明滅。度寒塘、將息更飛，幾回怕、著書漏洩。甚問關到後，愁邊心字，被風吹折。　單椒秀起，看粵嶺深幽，誤人車轍。衡

陽路遠，片羽因風難越。記巴山、舊時燕居，透簾碎影餘舊月。且歸來，願得吹簫，弄玉聲未闋。

江城子　病中寄千帆、祖棻樂山，距峨嵋甚近

蕭蕭落葉又驚吹。步庭墀。罥蛛絲。幾朵芙蓉，憔悴月中姿。料得半鉤雲外影，山隱約，似蛾眉。　仙郎才調手同攜。玉臺詩。鏡鸞知。簾卷西風，剛對菊花期。憶否江城人惜別，因病損，舊腰肢。

醉落魄

倦懷將息。一聲飛起鄰家笛。飄蕭最感平陽客。柳已無多，商管未須急。　沈沈細雨朝連夕。織成愁網千絲密。思歸難借晨風翼。心似殘蕉，身似半黃葉。

淡黃柳　尹默喜白石此詞音節諧婉。倚聲調之，亦如白石之調張仲遠也

飄揚柳髮。猶作春螺色。倚弄新詞追白石。欠箇紅牙按拍。垂手低吟暗香側。　恨堆積。重重暮山碧。倚簾久、想妝額。看遥空、忽墜青鸞翼。細字緘書，萬千珍重，寒暝何人替得。

天香　辛巳仲春，與曙青行役虎谿。剪鐙聽雨，聞說香城故事，悽感久之，記綴未成，先述此解

雨細催花，宵長費燭，沈吟往事堪記。嶺嶠移家，漢濱閑步，乍識佩環聲起。仙城路近，還印得、温馨香氣。借問藍橋搗玉，雲英可能相似。　滄溟去程萬里。怨苕華、寸心難繫。待到後期歸了，緑深無地。鉛淚傾槃似洗。

但仿佛、游仙夢痕裏。蜃海迷樓，春雲曙市。

南樓令

風雨做重陽。宵鉦特地長。細挼抄、菊枕萸囊。多謝殘鐙無氣力，猶爲我、照空牀。花暖小樓旁。春情蜨翅雙。到如今、都换秋凉。拚得沈緜償宿業，有甚箇、好商量。

蕙蘭芳引

霜降日暄暵，而夜氣侵人，作此以遣客思，和清真《秋懷》韻一首

莎徑繚池，晚烟霽、競喧歸鷺。漸客舍淒清，疎柳曳風尚緑。拒霜數點，似苣火、高低穿屋。待半弦月上，放脱鉤簾湘竹。亂葉敲窗，飛霜侵夜，頓異凉燠。試鴛枕重尋，忘了怨歌恨曲。巫雲摇漾，暫酣心目。幽夢迴、依舊擁衾人獨。

太常引

宵來羈緒未全降。相伴只嘶螿。滅燭暗思量。又偏是、明蟾半窗。隨時景物，隨宜歌酒，隨處足徜徉。籬菊十分黄。何必問、他鄉故鄉。

卜算子

期望到他生，已是今生了。何況他生更窅冥，密誓難相保。石上舊精魂，花下新懷抱。萬一韋郎得再逢，可定如今好。

齊天樂

答行嚴見懷之作

桂林山水經游徧，新篇又盈襟袖。玉宇高寒，斜陽畹晚，都付詞人消受。分離未久。笑飯顆山前，也因詩瘦。滿目兵塵，側身天地更懷

舊。　蒼生佇公再起，乍聞前席對，英辨馳驟。促坐傳觴，分曹鬥韻，重憶滄江病叟。憑書到否。正野静林昏，亂鴉嗁後。暗攪歸心，近來濃似酒。用汪彥章語。

賀新郎

借問西飛鵲。問金陵、鳳皇臺下，水流如昨。虎踞龍蟠終形勝，微恨湖名燕雀。是幾輩、酣嬉危幕。玉樹歌殘家山破，賸嗁鵑、聲裏花開落。風力緊，紙鳶薄。　黄旗紫蓋今蕭索。繞宫溝、青燐點點，暗螢低掠。細雨騎驢詩人老，萬里音書誰託。料怨絶、山中猿鶴。便與蟲沙同化劫，也難償、填海冤禽錯。鴻翼舉，去寥廓。

玲瓏四犯　行嚴再和《臺城路》詞，以此報之，用白石韻

燭影送寒，吟箋呵粉，前游歡事何許。瘦笻支萬里，好語縈千古。懷沙任君自賦。怕瀟湘、半迷烟浦。雁羽漂零，角聲哀斷，難寫此心苦。　君今返、渝州路。也悤悤換了，棲燕簾户。老知斜日近，病怯殘秋去。雙魚寄我相思字，定償得、淒清孤旅。還乞與。花開後，重攜儔侶。

蘇幕遮

雨中船，烟外岫。葉底櫻桃，結子如紅豆。細揀繁枝擎素手。顆顆匀圓，未抵櫻桃口。　彈雲鬟，斟渌酒。蘸影清波，笑指鴛鴦偶。急鼓驚催離別驟。海角天涯，各自成消瘦。

如夢令 冬至後苦雨沈陰，淒潚欲絶。先有人屬爲巴山話雨圖，病不克就。每與尹默夜談，笑謂此真他時畫稿也

寒雨重門深閉。心共檐聲滴碎。鑪火儘添紅，冬至尚餘秋氣。須記。須記。夜話巴山情味。

鷓鴣天 前年秋感賦一詩以示辟畺，云是佳詞也。暇日味之，乃改爲此調

已覺人間萬事哀。涼風仍送凜秋來。身如團扇終遭棄，心共鑪香欲變灰。　斟濁酒，上高臺。故鄉惟是白雲堆。此生準擬長漂泊，又恐侵尋老病催。

浪淘沙 余自秋卧床，忽屆除夕。詠周晉仙『一事最奇君聽取，明日新年』之句，不勝感慨，聊復和之

菊蘂小如錢。已試初眠。枯形抱葉等秋蟬。輪與風流狂賀監，醉眼乘船。　高枕萬山邊。暫謝塵緣。黑甜鄉裏意蕭然。忽訝人分婪尾酒，明日新年。

花犯 九龍、香港相繼陷没，并扈江親友亦久不得消息矣

雨淒其，斜風送冷，青鐙照無寐。鬢絲愁悴。愁赴楚寒江，魚信難寄。斷檣卧影煙波底。沙鷗相共倚。怕此夕、玉釵分破，鸞膠空似洗。　樓臺萬家舊豪華，霓裳罷舞後，胡笳吹碎。惟暗想，興亡夢、燕鶯能記。如今但、淚痕界臉，盼游伴、天涯重料理。正戍鼓、一聲聲緩，江城人夜起。

山花子

國曆元日，寄張九如夫婦。先是，九如書來，以東坡相況，故末語云爾。一鶚、一梅者，其兒女名也

百鳥難爭一鶚强。百花難並一梅芳。兒女團圞床下拜，喜稱觴。　眉嫵自傳京兆畫，月評人服汝南量。却道髯蘇非惡客，許登堂。

破陣子

卉服但餘鳥跡，蓬山那有仙京。日出僭稱天子號，蠶食翻渝上國盟。神人憤共盈。　海水垂天皆立，火雲射地通明。萬翼迴旋風雨勢，千里遥聞霹靂聲。芙蓉峰已傾。

永遇樂

和東坡韵

離別經秋，此心長怨，迢遞天水。暗數狂悰，有時夢見，門掩金張里。誰知窗下，寒梅破萼，有分共伊一醉。蘭釭畔、分明照影，轉憐怳然如寐。　籤鳴漏促，悤悤難盡，當日萬千情意。斑濕箹箋，香銷鈿合，惟貯盈盈淚。霜風飛剪，征車催去，替把繡茸親被。自今後、悲歡幾度，更煩細記。

卜算子

余屢和稼軒詞題畫，人多傳之。頃有言家藏舊畫，似是文君當壚者，意欲乞題。因再用韵

接踵有蕭曹，並世無楊馬。才調相如未必難，難得憐才者。　塵滿鳳皇弦，霜冷鴛鴦瓦。不解鑪邊共白頭，枉賦長門也。

淒涼犯

夕陽澹没雙江影，遥瞻白帝如削。楚峰暮雨，湘蘭舊畹，暗沈天角。孤懷自酌。任愁裏、年

華過却。漸寒宵、淒涼倦客，倚枕訴哀柝。重念懽娛地，幾度花開，幾番蘦落。怨魂縱有，也難尋、故家樓閣。誤了佳期，怎霜信、隨風更作。歎風前失侶雁影，怕問著。

般涉瑞鷓鴣　瓶供蠟梅、紅梅各一枝，時距立春尚遠

臙脂紅破淺深椒。道裝相襯蠟濳消。弄影瓶花，絕似詞人句，蜨粉蜂黃大小喬。　舊家亭館今誰在，數聲玉笛輕飄。剩笑枕上心情，頻探春來未、儘良宵。夢被羅浮翠羽招。

東坡引　題錢雲平女士畫東坡策杖行吟圖

買田陽羡曲。胡騎驚翻覆。升皇臨睨歸來速。魂兮游玉局。魂兮游玉局。　朝雲夢斷何須續。有人模真瓣香祝。翩然曳杖看修竹。風流如在目。風流如在目。

琵琶仙　立春前一日和行嚴清水谿看梅見憶之作

羌管輕吹，早驚有、亂落江梅如雪。籬外修竹娟娟，相依更愁絕。春訊好、剛期半日，甚芳嫵、已成銷歇。玉壘閒雲，金微舊曲，都換悲噎。　料還記、江北江南，步宵影、明妃弄環玦。千載石湖佳韻，只詞仙能說。邀杖屨、清谿數畝，共玉人、迆邐看月。肯念寂寞空山，怨歌初闋。

以上《夢秋詞》卷二《紉芳集》，起丁丑迄辛巳

鷓鴣天　擬小山

蕙盼蘭情體態柔。階前蘭蕙見應羞。芳時容易成銷歇，嘉會留連共勸酬。　憑羯鼓，散清

愁。風花亦爲舞梁州。花飛慣似無拘束，誰信飛花不自由。

玉樓春　擬耆卿

山程水驛無多路。夾岸松牌堪細數。無眠直到五更鐘，人又不來天又曙。　春羅薄薄籠烟霧。裁作春衫寄將去。算來比似薄情伊，猶有晴絲千萬縷。

減字木蘭花　擬東坡

芳醪如蜜。擬待花時同宴席。扶路尋春。但覺元規塵汙人。　幽香暗吐。春在無人知處住。乞取嬌嬈。明日攜樽過小橋。

蜨戀花　擬少游

紫燕黃鸝相對舞。只送春歸，不解留春住。試問春歸應有路。平蕪緑到天低處。　十五盈盈樓上女。慵理殘妝，窺鏡還私語。家在江南歸不去。此生恐作天邊絮。

菩薩蠻　擬清真

九衢花霧籠香澤。遺釵墮履城東陌。多少冶游人。争隨車馬塵。　名園誰更惜。月下繁英坼。一架野薔薇。游蜂相趁歸。

漁家傲　擬易安

寂寞春寒誰與共。淚痕添得羅衾重。扶醉起來猶懵憁。情難縱。沈吟獨把徽絃弄。　彈到陽關拚一慟。水流花謝和春送。索性前歡推做夢。茶烟動。輕甌擘破團團鳳。

清平樂 擬稼軒

穠華占取。好作園林主。日日花前長醉舞。一霎飛紅如雨。　思量不見花開。那知花落堪哀。細與東君商略，明年莫放春回。

臨江仙 擬梅谿

楚夢依稀人俊，秦樓句引魂銷。隄邊扶上玉驄驕。五陵年少客，相並鬥風標。　催得青來草徑，偷將紅去花梢。幾曾歲月肯輕饒。請看狂後鬢，更約舞時腰。

少年游 擬白石

流紅一片遡宮溝。春事已成休。約鬢釵鸞，隨身筝雁，同上十三樓。　離痕又入青青草，何處滯行舟。桃葉新陰，梨花幽夢，都付兩眉愁。

杏花天 擬夢窗

鮫宮裁剪量刀尺。早寬過、裙腰數摺。嗁鶯漸老春無力。攙入東風夜笛。　芳茸嫩、縈迴斷迹。換柳帶、交梭似織。繡鴛淺涴香泥溼。花徑苔痕沁碧。

浣溪沙 擬草窗

平步香階蹙繡鞮。籠鸚嬌喚小鬟攜。鞦韆微倦日斜時。　比翼巢成金翡翠，叢頭開徧雪荼蘼。撩人閒悶溼珠嗁。

虞美人 擬竹山

紗窗一陣瀟瀟雨。斷送韶光去。飛來胡蝶撲簾旌。簾裏佳人插鬢、有殘英。　春愁堆滿雲牋上。付與紅兒唱。琵琶縱是舊時絃。可柰新聲哀怨、異當年。

更漏子　擬碧山

爇金鑪，圍繡幄。閒展小屏山幅。桃臉破，杏妝殘。單衣怯曉寒。　前時節。匆匆別。戍角頻年吹徹。香疊壘，燕調雛。人還如燕無。

燕歸梁　擬玉田

短短光陰被酒磨。向夢裏婆娑。玉人窗下掃青螺。將柳葉、比雙蛾。　西湖久斷春消息，況風信、幾番過。勸君休問夜如何。且一任、落花多。

以上爲《雜擬詞》十四闋。原稿前有《雜擬詞序》云：『詩有江淹雜擬之篇，詞有周密效顰之作。聊遵前軌，用發幽情；援筆而成，文不加點。凡十四家，皆題春感云爾。』

虞美人影　用歐公韻，爲尹默題所藏真

休歌倦舞飄鐙去。惜取無邊花雨。屐齒自尋宮路。折柳傷遲暮。　幾年分隔愁難訴。展對徽容如語。天際數重雲樹。畫檝迷南浦。

臨江仙　宋張功甫畫七圈於帋，每圈横界作十眼，歲塗其一。及過五十二，悵然題詞。余年與之相若矣。以爲人生百歲，不過隨緣，伊、吕、巢、由，皆有定分，不可求，亦不可避也。因和其詞，用諗知者

許大乾坤難跳出，其間用舍分塗。隨緣二字更無餘。山林何必好，鐘鼎本來虛。　鷹隼盤空鷗鳥没，俱因伴侶相呼。紛紛後轍踵前車。隆中無顧者，管樂亦潛夫。

一寸金

山東滄江，位置孤城地偏仄。正曉寒吹角，風翻柳巷，夕烟遠艇，潮迴沙磧。應是江南客。憑高處、亂愁似織。連年歎、國破城春，信有家書萬金直。　自分餘生，輪蹄銷盡，棲遲萬山側。更醉中休倩，簪花黏鬢，醒時已覺，看朱成碧。衰老相催迫。惟縈繫、故園信息。如今料、片葉題紅，恨極難再得。

換巢鸞鳳

比利時人有從其使節至此者，國破無以爲生，乃典其妻與人，期十年。余聞而悲之，聊述此解，紀其事云

勻碧宮綃。甚花旛碎翦，未颭花梢。雨催萍散聚，浪逐絮浮漂。教人垂淚替魂銷。瘦裙掩如風前柳腰。滄波遠，料此夜、佩環空到。人好。春已老。天際楚雲，休遣明蟾照。弄玉邀歡，戍笳吹恨，都付芳心縈繞。一寸眉山不勝顰，換巢鸞鳳羞多少。長相思，最難堪、十載閒了。

釵頭鳳

黃昏後。春寒逗。細勻檀炷添金獸。梨花側。人同色。月下迷藏，凭去聲闌無力。覓。覓。覓。　懽携手。情如酒。此生便謂長相守。誰知得。空陳迹。夢斷音沈，一鐙搖碧。寂。寂。寂。

浣溪沙

青女飛霜入鎖闈。卷簾人瘦菊花時。天於佳節誕幽姿。　玉尺難量今古恨，瑤箋重展往還詞。江雲渭樹不堪思。

生查子

綺席再相逢，青鬢微微老。蠟燭尚留心，淚瀉知多少。　願得棗成雙，莫又分梨了。佳果薦金盤，先自殷勤道。

歸朝歡

二十九年于役黔中，凡三至遵義，鄭子尹故鄉也。州人方謀刻《巢經巢遺書》，未成。所見唯《遵義府志》及詩藁而已。《府志》乃與獨山莫友芝同纂者，體例尤善。友芝亦葬遵義，與鄭墓相近。欲往酹之，未能也。偶讀稼軒《寄題鄭元英巢經樓》詞，率用其韻，以志嚮慕。遵義本四川境，清乾隆時始改隸貴州，富庶猶甲他郡。釣絲厓爲川、黔道中最高險處

莫怪此州元是蜀。禾稼連雲書比屋。何人風義似康成，殘編自守輕干禄。養親餘事足。更看欬唾霏珠玉。論襟期，唯同莫五，昕夕汗青竹。　堪歎牛腰粗卷束。至竟流傳餘幾軸。頗聞窮卷有諸孫，帶經鉏野耕還讀。笑余來去熟。一瓢未飲猶空腹。記停車，釣絲厓畔，回眺亂山曲。

醉翁操

余獨卧山中，醒而聞蕭寥然，清泠然，以爲雨聲，迨曉問之，則非也。然則衆風歟？蕉葉歟？遠山流澗，夜静則聞歟？皆不得而知之也。夫接之於耳，感之於心，何必求其物而疑其真邪？作《醉翁操》，翁之意不在酒，併不在山水之間也

泠泠。清音。鳴琴。迺非琴。愔愔。空山月明蘿之陰。忽聞鏘佩璆琳。俄又瘖。蕙帶與蘭襟。我所思兮如有臨。亂松動曉，其上幽禽。亂松静晚，無復哀猿怨碪。彼拂雲之崎嶔。與逝波之淵深。修柯千萬尋。風烟周

其岑。淒感動微吟。庶幾千載知此心。

徵招 廿九年秋，張目寒夫婦自青城游峨嵋，復還青城，成紀游一編，大千爲之圖。越年餘，出示請題，率拈此解。翠竹屏及巖谷靈光皆峨眉勝境也

飄然携得林間偶，尋山更饒佳趣。杖屐引天風，在峨嵋高處。竹屏朝過雨。又巖谷、靈光深聚。漫憶呼猿，一聲長嘯，肯來爲侶。 容與。故人心，生綃上、輕飛麝煤勻注。自是足風流，寫君家眉嫵。一編聊倩補。也休負、柳邊張緒。晚來指、綽約烟鬟，記上清同住。

探春令 謝稚柳折枝胡婕，爲百年題

小桃含露海棠烟，帶生香拗作平斷。細思量、猩色屏風畔。也曾惹、雲鬟亂。 謝家池沼春誰管。把丹青閒看。最憐他、胡婕眠香慣。錯尋認、當時伴。

漢宮春 與客話江浙近事，并及太湖之勝，慨然有作。用稼軒、白石《蓬萊閣》韵

石壁精廬。看莫釐峰影，倒映晴湖。舊時勝游堪記，長鋏歸乎。百年興廢，問蕭牆、何似顓臾。塵世事、不煩推校，馬牛一任人呼。 又説東征西怨，是誰傒我后，后至其蘇。萬方政爾一概，吾道非歟。山頭歌樂，聽松篁、交奏笙竽。也勝似、吴宮月冷，宵來重唱棲烏。

臨江仙 次和尹默韻

爲報傾城消息近，王昌只在牆東。夢回蕭寺恰鳴鐘。三年看玉玦，兩地倚珠櫳。 聞道英雄垂暮日，仙鄉悵望心同。温柔未似白雲

空。蘭皋雖暫別，菊徑又初逢。

綺寮怨　讀大壯詞有感，用韵却寄，並簡匪石

轉首鐙簾歌舫，板橋舒怨工。歎黍稷、偏滿荒城，斜照裏、斷穗摇風。繁華真如墜翼，瑶臺路、阻隔情未通。賸故人、片霎因依，憑樽酒、映頰生醉紅。　對鏡自嗟頩容。熏籠伴淚，浮蹤怕問蠶叢。恨入焦桐。指音亂、譜難重。輸他半江流水，早暮去、更能東。悲歡暫空。相逢未擬負、春事中。

千秋歲引

室掩鑪熏，簾烘畫燭。一見能教妾心足。葡萄暎脣久製釀，楊枝寓意新翻曲。紫香囊，錦纏襪，在郎目。　何計勸君留信宿。梁燕定巢人歸速。淺拂津亭柳垂緑。樓頭怕聞鶯語，睆門前、併有驪歌促。鈿箏危，綺絃斷，膠難續。

好女兒

寒擁衾裯。雪意旋休。記吴娃、唱斷瀟瀟雨，正横塘夜泊，篷聲淅瀝，鐙影漂浮。　倘許鴟夷歸日，再同泛、五湖舟。問狂蹤、甚處堪留戀，但真孃墓上，苧蘿村畔，燕子樓頭。

南歌子　爲士遠題稚柳畫寒柯雙雀

色褪勞蜂釀，香乾落燕泥。三春花葉久離披。不憤霜紅鮮染、薜蘿衣。　玉鏡鸞紋坼，銀箏雁柱啼。同心合子悵分擕。不憤翠禽枝上、更雙棲。

滿庭芳

紅破庭花，青回階草，頓驚芳序暄妍。數行新柳，摇曳曲闌前。山鳥呼晴不斷，似相慶、蔬麥雲連。唯堪歎，萍蹤藥裏，憔悴有誰憐。沈烟。銷晝篆，尋思往事，閒感流年。幾聞歌黄竹，留命桑田。看盡魚龍百戲，怎消得、一枕游仙。滄溟外，兼天浪湧，衝散白鷗眠。

長亭怨慢

記江上、高樓憑徧。暗草侵沙，落花成霰。小雨初收，黛痕明處萬山遠。客懷漸老，渾不似、歸來燕。燕翼肯相將，莫更惜、珠簾頻卷。一箭。恨孤帆疾下，空認静江如練。盟鷗賺我，只贏得、葉飛萍散。遮不住、隱隱流波，慢迴睩、如人嬌眼。待門掩黄昏，難寫一襟悽惋。

別怨

蟏蛸領雲鬟。好春濃、猶怯餘寒。繡屏雙倚處，今宵何意却成歡。細挽嬌姿燭下看。後約重追算，丁寧了、總是難拚。誰知夢覺，淒涼斜照闌干。忍尋花婀娜，還怕對、竹檀欒。

蘇幕遮 集清真

粉牆低，叢竹繞。蒼蘚沿階，曲徑通深窈。漸解狂朋歡意少。小院閒庭，夜闃無人到。黯凝魂，須信道。家住吴門，正倍添悽悄。月墮簷牙人睡了。怕見孤鐙，必定還相照。

梁州令

翠帶隨風颭。一色羅衣新染。初秋相會勝尋

常，綠槐鋪影，共把金尊瀲。如今恰被春光占。轉恨心情減。霏微闌外烟雨，青條滿綴猩紅點。　澤暗蘄州簟。箏簫一牀塵掩。佳人此別鎖朱扉，東風側側，未露夭桃臉。相思十倍閒愁釅。永把雙眉斂。心若共春花放，除非换做秋花豔。

朝中措

勸君休更問樵柯。萬一起沉疴。世界如棊，反覆光陰，隨墨銷磨。　從教整頓，醒時痛飲，醉後狂歌。冷眼不知，今昔蟠胷，自有山河。

驀山谿

朝來移枕，稍近南窗卧。分付卷湘簾，須搭在、闌干側左。簾犀高押，不礙好花枝，凝宿露，颺微風，百和聞香過。　園丁驚問，一徑蒼苔破。轉向竹籬邊，看揉碎、紅英數朵。攀條細認，定有摘花人，花插鬢，又何妨，因甚輕抛彈。

長生樂

綠樹紅英春爛漫，不㬉不寒天。傍花隨步，喜兒孫盈前。況更白頭夫壻，同會芳筵。鸞笙齊奏，畫燭雙輝裊鑪烟。　欃槍盡掃，寶婺呈妍。不用移封近酒泉。唯賜金籙萬千年。歲時觴詠稱祝，集蓬閬神仙。

石州引　和東山，同匪石作

碧水浮鷗，江上送人，波共天闊。誰知流到鄉關，已是百回千折。殊方暖候，最怕苒苒鍚簾，飛花縈鬢都成雪。偏記約歸程，説今年春節。　催發。　去飆如箭，唯聽穿林，岸猿啼別。千里江陵，無此風光奇絕。石城重到，夢裏柳繞秦淮，垂條不綰同心結。搖蕩木蘭舟，有輕雲籠月。

太平時

有女子自署問梅者，以詩代訊。其辭云：『託根不幸墮塵埃，雨打風欺暗自猜。只恐生前遭小謫，一枝分得到輪迴。』余未知爲何許人也。感其意，既依韵和之，復譜入此調，俟能歌者

傲骨凌寒莫漫猜。自徘徊。託根瑤圃絕纖埃。幾枝開。　透與東君心一點，管中催。人間無處不春迴。暗香來。

浣溪沙

余曩時有『一生受盡美人憐』之句，無完篇也。而朋輩頗傳其語，作此自解

錦瑟淒涼有斷絃。明珠沈海玉生烟。莊周胡蝶兩茫然。　百計難消孤客恨，一生空受美人憐。此情除是問蒼天。

百字令

萬松圍嶺，聽子規終日，訴人漂泊。巢父安巢何處所，聊借一枝棲託。世亂飄風，身晞朝露，妄道榮期樂。長鑱歌就，可憐牙齒先落。底用方寫千金，胡麻堪浸酒，與誰同酌。近鄭曼青來視疾，爲處胡麻酒方。　草檄虛傳能破虜，白眼看人蓮幕。巨浸稽天，橫流到海，豈止鄰爲壑。　龍吟無恙，斷笳時起城角。

婆羅門引

題醇士畫秋景，因憶北泉昔日之游

嘉陵岸渚，映沙漪水碧於油。宵來共汎輕舟。追憶良朋歡會，蹤迹幾淹留。乍驚風墮雁，暗浪分鷗。　經年卧游。費畫筆、點清甌。忽

覺涼生枕簟，壑斷雲流。知君正愁。對黃葉、空山一味秋。邀素月、獨上層樓。

瑤華 瓶梅將謝，楊園主人送三色蘭補之。一種淺碧；一種朱絲黃瓣；一種深紫，俗所稱墨蘭者，尤奇絶

冰泉淺汲，蘚榦分攜，替暵鑪沈屑。邀春未久，應怕聽、林表催春鶗鴂。楊園花好，記杯酒、留連情熱。剪數枝、抽畹芳蓀，伴我一窗風月。　天然韻比江梅，更仙子凌波，不涴塵襪。生綃畫取，難得似、瞥眼蘭昌姝絶。緑珠紅線，算未抵、紫雲尤別。可稱他、雲鬟斜篸，傍枕幽香清發。

慶千秋 壬午生日，髯公以詞爲祝，次韻答謝

荏苒芳春，又青旂映柳，繞陌齊飛。山齋寂寂閒臥，冷落空闈。當年少、躍馬橫戈，思効明時。信道簸揚無用處，虛名真似南箕。　喜捧雲謡一曲，勝玉巵傾釀，繡組裁衣。還當祝公嘏壽，維嶽賡詩。何須羨、鵬背扶摇，同運天池。看取次、狼星角斂，億年國頌昌期。

三姝媚 墨蘭，和尹默

江空無路到。被湘君雲旗，夢痕驚覺。轉緑迴黃，歎世塵輕換，素心都杳。染墨沈酣，因便想、幽居深窵。展對零縑，誰認孤芳，舊時容貌。　偏記江南春早。甚澹薄妝成，鬢鴉催老。滿目京塵，怕謝庭芝樹，共緇清操。巷隔烏衣，除燕子、飛來能道。試與重調絃柱，年華正好。

偷聲木蘭花

金陵玄武湖當清明前後，花開如幄。季剛行吟其下，嘗顧余曰：『此真花天酒地也。』客中懷思，淒然得句

桃腮杏粉俱飄落。客裏清明閒過卻。酒地花天。桑泊游蹤祇惘然。　年年解挽征衣住。楊柳多情千萬縷。恰又無情。飛絮隨波總化萍。

轉應曲

惆悵。惆悵。歲歲年年相望。暮春初換單衣。又見縈簾燕飛。飛燕。飛燕。人鎖昭陽深院。

其二

離怨。離怨。訴與紅閨女伴。嬌憨不解人愁。索掩銀屏睡休。休睡。休睡。泥剥建溪蓮子。

前調

題《念遠詞》

悽斷。悽斷。滿目山河念遠。擘將鈿合瑶簪。地北還兼海南。南海。南海。中有驚鴻影在。

雪月交光

山礬，俗名七里香

共水僊委佩，素女褰裳，縈迴如舞。李樹春空，試小園閒步。密綴珠鈿，眩生銀海，映曉光疑霧。七里聞香，猶應未肯，巖花爲侶。　堪笑陳宫，後庭荒宴，狎客歌吟，浪誇瓊樹。寒月籠沙，問酒家何處。異代風流，正輸山谷，伴客中尊俎。清夜端相，冰魂雪魄，有人重賦。

一落索　晏濟原畫剪春羅

緑襯柔條蔥蒨。脂痕匀面。一枝婀娜畫圖中，便當作、真真看。　一別三秋人遠。香銷羅薦。人情還更薄於羅，枉費盡、春工剪。

霜天曉角

斷無消息。家在婁門側。一色菜花黃處，溪流繞、小橋宅。　月落關塞黑。箭波舟恐失。杜宇勸人歸去，鷓鴣道、行不得。

洞仙歌　壽右任院長

暮春三月，正鶯飛無數。蜀嶺秦關徧花樹。此時開壽宴、遙望南山，雲起處。化作無邊霖雨。　中興論事業，天實生才，何用東周問申甫。萬馬掃邊塵，弓挂扶桑，要商畧、題銘燕許。算未有、如公最超羣，看濡筆淋漓、鳳迴鸞舞。

梁州令　用耆卿韵

睡覺臨清曉。熹微閃簾初照。柔腸輪轉幾曾停，都來一寸，難貯千愁了。　高枝定定鶯聲小。宛轉情堪惱。別離無限相逢少。月缺花殘，顏色鏡中老。

郭郎兒近

院宇深沈，几榻清涼，曾記秋來因病見。屏畔。秀影爭粲。留黃妝額宜人，閑話光陰拋綫。　凝戀。偶暫溫存，便許繫惹心眼。是日重來，春殘小閣，景華看盡變。落花深、隔葉呢喃，繞棟尋巢無舊燕。

羅敷媚

柔桑最是無情物，葉緑枝鮮。空賺蠶眠。嘔盡殘絲肯見憐。　不如池上新荷好，覆水田田。暗地成蓮。未到秋風藕似船。

兩同心　重五後二日慶尹默六十壽

繫縷銷兵，饌蒲蠲老。只緣得、美意天成，會長駐、朱顏年少。喜年年，旅雁盟鷗，酌酒相勞。　別有雅懷清峭。庶余能道。校禊帖、繭紙雙鉤，歌解愠、薰風時操。想枝頭，蠟蒂輕盈，也應同笑。

珍珠簾　徐道鄰居八塊田，柳榭荷池，景物幽勝。一日與謝冰心約人聽歌，病不獲與。已而，聞充和返青木關，亦未至。用夢窗韵賦意

麴波映柳腰肢嫋。拖煙縷、淺掠縈迴沙道。雲意碧嵯峨，動治歌雲杪。病似吴蠶抽緒嬾，放半隙、吟魂飛到。風峭。儘衣單夜迴，月魄低小。　尊畔燭影千行，傍釵頭嬌燕，身隨蛾繞。細語撥香檀，費謝娘情抱。曼雨諸天嚴供養，欠勝鬘、拈花微笑。都杳。怕隔嶺重關，啼鶯催老。

西平樂　匪石來静石灣，夜談甚樂。歸而賦此見寄，依韵奉酬

秉燭渾如素約，一夕寬愁旅。垂老天涯涕淚，拚逐風萍浪梗，來看朝雲暮雨。流光似水，尊酒相逢幾度。　黯吟緒。淹滯久，情味苦。共是飄零異國，儘許穿簾度幕。社燕依人住。甚咫尺、高陽伴侶。縈思斷夢，俯仰陳迹，空寄恨，庾郎賦。寂寞花巖隱處。也應念我，新緑深沈館宇。

定風波

隱隱奔車動地來。斜陽却照晚山開。風雨颯然天外至。驚起。始知元不是空雷。　從古人情多變幻。君看。豈如天意更難猜。老子疎頑堪一笑。惟道。此時應熟嶺頭梅。

鬥雞回　和杜龍沙韻

涼風初起，清淚荷盤灑。妾駐車，郎乘馬。記得春時，共游南陌下。　匡牀簟席頻移，應是鎮無憀也。緑樹陰，紅闌亞。醉睫瞢騰，露零方覺夜。

宴山亭

花底鶯歌，阿閣鳳巢，似昔長安多麗。飛蓋趁車，步障圍春，金谷漫夸羅綺。怪殺鉤簾，聽囀語、籠鸚輕詆。從此。仙路隔層城，錦書難繼。　相望何啻三秋，算才到今朝，舊情重理。聞聲對影，見也恩恩，迴腸暗流清淚。萬恨千愁，剛得道、勝常兩字。沈醉。還拚了、醒時不記。

新荷葉　楊園主人有看荷之約，病未能也

頗怪枝頭，杜鵑終日悲啼。我已無家，啼鵑勸我安歸。遼東鶴語，歎人民、城郭都非。不如萍梗，漂流猶在天涯。　一畝園池。新荷出水離離。繚以周牆，蕙蘭更滿階墀。主人情重，肯彈琴、傾倒芳卮。卜鄰有願，病中先報鵑知。

賀新郎　有辭行歸隱者留書告別，用稼軒韻贈之

内熱那堪説。儘消他、含風翠篠，蔽天黄葛。黄桷樹，《黔志》作黄葛。直向峨嵋凌絶頂，蹴踏陰崖殘雪。更北指、中原一髮。忼慨悲歌多燕趙，想蒼茫、正墮臨關月。誰爲鼓，由之瑟。功名無分長離别。歎人生、雲龍魚水，古來難合。黄祖輩人何足道，冠帶聊加白骨。也休怨、媒勞恩絶。柳下清泠圜波繞，好科頭、自鍛嵇康鐵。又卻恐，肺肝裂。

以上《夢秋詞》卷三《蘭畹集》，壬午

塞孤

同尹默，用柳韵

折夫容，乍見年芳歇。驛柳千條催發。黯黯銷魂唯是别。涼露下，征程滑。傷江水、少還流，占鏡影、無圓月。但蒼茫裏，葭亂風冽。朝倚蜀國城，暮眺吳宫闕。此恨綿綿難徹。萬一天憐相念切。應更有，相逢節。秋徑賞、菊爲屏，春晝暝、桃翻雪。忍良辰、美景空設。

留客住

鐙花吐。怪佳占、宵來頻見，果是音塵相接，朋簪歡聚。曲徑來尋静石，草引幽步。況比蘭亭多茂竹，愛清陰茅齋，正當佳處。乳甌舉。動隱隱瓶笙，茶烟微縷。還羨風神玉映，閑揮犀麈。怎向飈輪激電，再三催去。漸嬾凝眺迴就枕，紙窗畔、繞枝怕有鵑訴。

内家嬌

大壯、匪石各以新詞賦恨，余生離死别兼而有之，感愴繼聲，情不能已

綵剪釵旛，螭盤鏡紐，塵影夢痕難繼。淒迷夜雨，揺蕩東風，亂撲花枝紅墜。繡綫帖殘臂粉，金鑪篆銷心字。問半生、最有江淹恨賦，

消遣何自。　故里。繁華情遠繫。正菡萏吹香氣。想吳船清事。又老柳縈腸，怒波漲淚。繞枕蟲聲如語，排雲雁書誰寄。佇追逐、落日扶桑，漫教一味愁悴。

愁倚闌令

苔黏屐，絮沾衣。故來遲。風約池萍晴黛展，遠山眉。　休恨春去多時。流鶯囀、還傍高枝。此處更無金彈落，莫驚飛。

夜游宮

客夜涼侵素被。掩沈麝、幾番重理。一片銀蟾透窗紙。似前溪，泛輕橈，花月底。　染縠波成綺。聽遠處、采蓮歌起。別後相思共千里。數盈虧，問姮娥，今第幾。

祝英臺近

東南音信遏絶，而尹默作詩云：『細斟竹葉酒，準擬菊花天。』殆未然也，作此下一轉語

葉遮帷，冰浸盎，難減一分暑。雲漢興歌，天意柰何許。可憐伏雨闌風，商量未準，倩誰問、菊花開否。　暗延佇。驚烽照徧關山，心期易成誤。多少朱樓，悵望雁程阻。匹如前度書來，幾回愁看，也則是、尋常言語。

眼兒媚

慰李芋龕悼亡。芋龕娶清宗室女，名其居曰『無雙閣』

謫滿人間返瑤墀。魂夢訴潛離。無雙閣冷，雲鬟留怨，錦瑟裁詩。　玉谿枉是多才調，夜雨阻歸期。傷情最在，荷亭空後，柿葉翻時。

思佳客

蜀國芙蓉似錦裁。新妝約略暈紅腮。閒尋池上深深屋，曾鬥花前灩灩杯。　莎覆徑，露盈階。雙鴛何日得重來。生憎明月圓時少，一歲猶能十二回。

抛毬樂

臨水登山別恨重。極天松栝起秋風。層層樓閣依巖置，曲曲江流與海通。目送經行地，吳楚荒原夕照中。

金錯刀

行巖居南岸汪山，賦此寄懷

日鎔金，水拖藍。清谿疑是桃花潭。彩箋倚恨傳新句，纖指留香擘錦柑。　身迫隘，意沈酣。今吾不樂思江南。江南誰道程千里，長遣漁舟隔岸探。

桂枝香

千峰靜碧。對籬角晚花，搖曳秋色。弓影涼蟾半挂，砌蛩初息。黃昏未是淒涼境，漸長宵、鐙伴幽寂。薄衾單枕，愁深病淺，數年爲客。　屋底嶙峋翠壁。正仙桂醲酣，熏透簾隙。同倚珠軒難忘，舊盟端的。返魂香燼蓬山遠，背西風、空理瑤瑟。雨昏雲曉，驚殘怨角，夢痕嗁溼。

虞美人

美人蕉花以黃者爲貴，瓶供將闌，無端棖觸

佳人弄蘂添妝額。一顧能傾國。鞠衣端合配黃裳。葵花相並衹尋常。道家裝。　姬姜轉眼成蕉悴。雨滴空階淚。一枝開向膽瓶中。

藥鑪經卷此時同。懺情濃。

千秋萬歲　依李冠聲韻以遣遐思

楚歌起，有恨誰能辨。想綺窗幽、春寒淺。炷沈檀、繡幕垂三面。玉真鬟髮須臾現。雲駕緲，遵蘭徑，來杏院。獨擅芳華今古羨。豔紫嬌紅俱罷選。瑤臺曾似當初見。倚蛾眉、淡埽嫌脂粉，春風點拂新妝面。空此際，把前事，思量徧。

尉遲杯　尉素秋來視疾，因述金陵舊游。既去，作此寄之

廢登臨。下霜葉、歎息秋漸深。殘螺點染遙岑，如笑我老難任。攤書未成，睡倦枕攲，寂歷少知心。嗟此意、欲説還休，數行低雁沈沈。昨暮步屧相尋。乍輕飛温語，已散煩襟。仿佛精廬開白下，夜闌同賞藥抽簪。如今待、收聚豪端，畫那時、笠屐北湖陰。幾人更、白首扶攜，但消沈醉狂吟。

淒涼犯　如社星散，半櫻、霜厓諸子相繼下世。匪石有感懷之作，同用白石韻

石城二月。嬉春處、河樓不斷弦索。慢妝勸酒，詩題細字，袖邊羃角。東風太惡。看花影隨風蕩薄。甚匆匆、吞聲去國，生死墮冥漠。還詑孤身在，感逝傷離，地偏歌樂。賦秋句好，展新聲、共悲搖落。聽雨挑鐙，想深夜何曾睡著。到歸時、笛裏更與，訴舊約。

南柯子

誤曲空能顧，知心不易求。梧桐院落又驚秋。只有天邊河漢、解西流。名印疑簫史，鄉音

離人，青鬢老。

拋毬樂

問訊南山一俊豪。蒲團替却舊征袍。半弓缺月韜光彩，四野陰風慘怒號。匣裏青萍在，不敵前村酒價高。

謁金門

風四起。映壁孤燈搖曳。淚化愁霖長滴砌。愁霖還化淚。遥夜衾寒似水。猶勝故人情意。相見時難相别易。别來無半紙。

霜花腴

路迴静石，媚晚晴，黄花綴滿疏籬。臨水炊烟，隔林鴉陣，行筇暫與秋宜。厭聽鼓鼙。問故人、誰識心期。任年來、病榻蕭閒，世情於是莫愁。江城一行小紅樓。曾在水精簾底、看梳頭。

鷓鴣天

讀行嚴《秦中詞草》，感題

病卧空山歲已周。蕭然寄世更何求。閉門併少來冷雨，開卷渾疑續舊游。　鴉滿堞，水成溝。咸陽古道恰宜秋。茂陵畢竟英雄主，死有功臣傍寢丘。

垂楊

鶯聲唤覺。任暖烟細熨，碧紗窗窈。望裏陰陰，片帆飛過長隄杪。隋家宫樹雖然好。怕風雨、織愁多少。謝池邊、應肯歸來，認舊時芳草。　容易韶華過了。賸臺冷砌荒，落花如埽。漫憶藏鴉，幾枝摇曳横門道。天涯此際情思繞。恨即漸、吟蟬縹緲。到殘秋、得似我兩忘機。偏觸舊歡新恨，記輕舟一葉，蕩漾蘇隄。菱剥纖瓊，橙飛香霧，朝雲夢覺全非。再經亂離。恐墓門、牛踐荒陂。賸消凝、鏡裏蕭郎，點霜侵鬢絲。

鷓鴣天

春後大雪，時余著鐵裲襠，初起試步

病起方知隔歲期。衰翁意氣未全衰。漫愁脚底雲隨步，要看山中雪打圍。　搏絮冒，灑吟髭。朝來拄杖倚柴扉。敢忘將士邊頭苦，也趁春寒試鐵衣。

清波引

葆齋夫婦迎余至黑石街養痾，其所居在萬竹間，境極幽邃

冷風如翦。送幽徑、落花幾點。卧游程緩。筍輿帶輕幰。卅里重回首，似度千巖深遠。暮看童稚迎門，慰岑寂、兩眉展。　餘生自遣。反招隱、誰爲賦徧。故交心款。恨相見猶晚。茅柴任傾倒，不待園蔬供饌。笑指窗外千竿，對人青眼。

浣溪沙

殷竹林，餘杭人，清末從趙聲奔走革命事。廣州之役，與黄興等共攻總督衙門，死者枕藉。護興突旁舍，伏民居被圍，奮起射擊。彈盡而圍亦解，易衣得脱去。民國後無知其姓名者。既老，不能治産，播遷入蜀。因人荐爲禁烟委員會書記，僅足餬口。葆齋長禁烟會第二處，殷適隸其下。葆齋偶爲余言，招之來。談舊事甚悉，意態蕭閑，無不平狀。余欲達之於上，而殷殊無所可否，豈非所謂知命君子者邪？因述短詞，以抒感槩。復踰年，而殷歿

時命由來即事功。販繒屠狗是英雄。竹林誰與挹清風。　碧血幾人同化燐，青編無筆更褒忠。此生元合老書傭。

燭影摇紅

曉起鉤簾，碧琉璃罩諸天界。緑陰千樹勝花時，浄洗浮華態。老去春情漸改。曳筇枝、横穿晻靄。蘚厓松磴，斷浦平橋，悠然心會。長憶西湖，舊盟鷗鷺應猶在。白隄行盡更蘇隄，垂柳如交蓋。帀地兵塵未解。賸孤蹤、棲遲劍外。年年髪短，歲歲陰新，可能相待。

望江南

江南憶，最憶是南徐。千里帆檣成水市，三山樓殿入虚無。北顧意躊躇。

滿江紅

蘭爲國香，古人以澤蘭當之，非今之蘭花也。然漢武帝《秋風辭》：『蘭有秀兮菊有芳。』與菊對舉，則不指澤蘭矣。古今名物遷貿者衆，桂枝、芙蓉皆其例也。蘭於花中品格殊絶，雖冒國香之名，固當無愧，正不煩博物家紛紛考訂耳。

幽静嬋娟，天然異、塵凡草木。便假説、楚騷曾詠，國香堪服。巖桂也應輸品格，江蘺只合供奴僕。算謝家、玉樹並來看，猶嫌俗。　修蛾掃，眉痕蹙。仙帶曳，裙腰緑。與招魂位置，藐姑山麓。琴筑泠泠千步澗，烟霏杳杳三間屋。向此中、同配水仙王，宜秋菊。

木蘭花令　自題山水小景

并刀不剪愁千斛。却剪谿山成小幅。無邊暝色送歸鴉，有信寒風催落木。　吴儂生長吴江曲。盡日淪漣看不足。兒時解把釣魚竿，老去玄真歌嬾續。

蝶戀花　病起重入渝州市作

變幻休論當世事。深谷高陵，只在人心裏。醉踏春陽懽未已。煩憂從此如雲起。　夾岸樓臺鐙火市。步步重經，步步傷心地。一寸山河多少淚。江南塞北三千里。

吴音子　晚步嘉陵江畔，聞客舟中有吴音者，感賦，用東山韻

百種無聊，晚來曳杖臨江渚。平野落照蒼茫，蟬聲和邪許。瘦纜危檣，客船行賈。異地相逢，憑仗寄語。　想當石城發處。烟鬟擁、錯落開帆鼓。頻年流浪，灑衣唯有淚如雨。擬借吴音，自吟愁句。此曲難知，休便唱與。

醉吟商小品　充和畫仕女，抱琵琶而不彈，作閉目沈思狀。平日不知其能畫，而落筆高秀，真天才也。畫歸鄭權伯，權伯乞題，爲製此解

乍意倦、輕攏慢撚，暗傷春老。四絃斜抱。夢落胡沙道。合眼幽吟誰告。丹青已曉。

踏莎行　自海棠溪赴清溪汪山康氏志誠山莊。余性憙海棠，初來時聞海棠溪之名，以爲必有其實，及經其地，不見一株，爲之憮然。汪山者，南岸勝境，多貴家林園。余每來游，友人輒戲謂此君家山也。西府爲海棠別種，舊宅齋前手植垂絲、西府各一，聞尚無恙

春到東齋，花開西府。愁心直寄江干渡。年年江水總平隄，何曾一滴東流去。　歸訊難憑，佳辰休誤。清谿花好應無數。細思此地即江南，家山更肯留人住。

蝶戀花

又墮纏緜辛苦裏。儂是春蠶，到死絲方已。欲頌清揚還自制。靈臺深處鎸名字。　相望千重元尺咫。無計尋君，或者君能至。見又逡巡成退避。傍簾鸚鵡知人意。

臨江仙　馮潤琴自馬鞍山來訪余於北碚，不值。又追至重慶，投詞爲贄。和其韵，即送之赴城固

相憶何如相見好，往來唯子情真。小年志氣恰如神。語隨殘燭盡，心共暝鑪温。　相見依然相別去，從今書札須勤。風寒渭水葉紛紛。倘過征戰地，應有未招魂。

清平樂　呂鳳子爲盧冀野畫人物，神氣類余，并媵書云：『以相念之極，故不覺下筆逼肖。』因戲題

彌天四海。鳳子聲名在。人物王吴争意態。早使蘇髯下拜。　勞君念我清癯。夢中結想成圖。莫笑偶然相似，本來我亦非吾。

摸魚兒　聞桂林、柳州相繼失陷之信

誤年來、幾番花信，南園花事誰問。催花漫怨東風惡，偏向素秋尤緊。君細認。看桂粟香殘，柳也凋零盡。霜空四警。怕寒到巴山，烏嚦繞樹，落葉已成陣。　陽臺下，夢事荒唐再整。爲雲爲雨無定。美人遠隔秋江水，葭葦亂流千頃。歸未穩。便縱有歸期，也是明年訊。腰圍瘦損。枉帶結同心，釵簪寶髻，難解此時恨。

臺城路　詠枯樹，和鵷雛韵

緑陰青子苕谿畔，先教杜郎愁賦。晛睆嚦鶯，

流連戲蜨，往事不堪回顧。游春味苦。甚花境全休，草芽方怒。謾撫修篁，欲參禪語更非故。　婆娑生意盡矣，又支離似此，難中斤斧。剩葉辭秋，留根障水，幾閱江風嵐暑。形模細數。認夕照明邊，亂雲堆處。代少營丘，倩誰同畫取。

惜秋華

夢裏游仙，曳烟綃霧縠，相逢驚乍。飄墮暗香，侵肌細聞蘭麝。悤悤拜了雙星，倩靈雎、填橋同駕。循池，驟西風，怪得蓮衣初卸。珠露任傾灑。歎炎涼頓隔，秋心難寫。短釭冷、香燼散，獨眠深夜。沈憂替却清狂，又早是、前盟休也。多謝。褪紅牋、尚留情話。

小重山

高樓目注大江東。一重山色外、又千重。江流屈折萬山中。流不盡、盡處有丹楓。　橋影卧如虹。也曾攜濁酒、纜孤篷。如今漁火亂遥烽。寒山寺、夜半尚鳴鐘。聞倭寇取寒山寺鐘去，而易鑄新者。

鷓鴣天　芷町酒後讀余《天香》詞，盪氣迴腸，不能自已，因亦述紅燕故事索賦

萬事如雲不可量。明鐙難熨舊迴腸。緑珠竟遣隨孫尉，小玉終須憶李郎。　將薄倖，換悲涼。錦城花葉易凋傷。多情賸有紅襟燕，歲歲銜泥入畫堂。

國香慢　自題水仙

石瘦江空。見洛神徙倚，影若驚鴻。遺簪尚

留江汜，付與花工。肯向東風開落，是開後、初擬東風。婷婷帶愁立，翠玉根欹，金錢香融。　昔游渾不記，記釵盟鈿約，曾賦心同。嶺梅堪友，礬弟爭並幽蹤。恐被琴高認得，遣鯉魚、還隱鮫宮。空留唾痕碧，夜色微茫，月墮烟中。

歸國謡　題朱錦江歸舟圖

江水碧。江上翠屏千萬叠。輕舟打槳南飛疾。　莫愁歸路迢遥極。今應識。畫師縮地才盈尺。

菩薩蠻

留香漫展芙蓉褥。行雲已度屏山曲。江水有還時。君行無盡期。　帳摇金鳳燭。幻見人如玉。繡被獨眠遲。憶君君不知。

木蘭花慢　爲祖棻作涉江填詞圖，并題

問詞人南渡，有誰似、李夫人。羡寵柳嬌花，鎔金合璧，吐語清新。前身。更何處是，是東陽轉作女兒身。盥手十分薔露，驚心一曲陽春。　知君。福慧自相因。鏡裏掃愁痕。待采罷夫容，移將桃李，歸隱湖濆。閶門。最佳麗地，料只憑斑管答芳辰。已辨緑楊深處，紙窗不受纖塵。

清商怨

情深偏遇意淺。怪近來疏嬾。迹似游絲，被風縈惹斷。　越羅衫袖半挽。記尚是、花時曾見。只隔銀牆，那同天際遠。

祭天神　和耆卿韻

念鳳城初識雙鬟嚲。傍湖堧、兩兩垂綸浮釣舸。時光最好清明，到處傳新火。漸櫻桃結子圓紅，芳心那。摘得了、歸來卧。　恨佳節、如客匆匆過。關山遠，烽燧急，比翼驚分破。向如今、空勞魚目，難寫鸞牋，夜永無憀，自擁單衾坐。

菩薩蠻　與客圍棊，適静霞和《菩薩蠻》詞至，復作一篇

疏梅飛點斜紋褥。一枰坐對清江曲。江上晚潮時。書來如有期。　明蟾堪代燭。字字玲瓏玉。相見莫嫌遲。知心心自知。

高山流水　周仲眉室陳戊雙夫人知音善畫，嘗取《臨川曲》意作琅玕題名圖。竹數十竿，每竿使曲社諸人題姓氏其上，而留其一相待，并索詞

病懷悒悒總難降。理閒情、時寄清商。花外按新聲，偏逢顧曲周郎。招游伴、翦燭傳觴。驚心歲華逝，凄然話昔，散落霓裳。更何人好事，擫笛傍宫牆。　無雙。蛾眉有才子，看筆底、換取瀟湘。千个影斜斜，亂竹掩映風廊。任臨川、綺思芬芳。重來正，堪恨梅酸柳嚲，舊迹都荒。待題名冷處，含墨費端相。

鬬百花　題紅薇老人百花長卷

活色生香堪愛，連幅谿藤熏透。金荷淺注醇醪，木筆爭開錦繡。千載高情，全得趙俶菁華，更比清於惲冰字馳驟。閨閣誰能偶。　取次韶光，百種霞蒸雲湊。梅蕊佔春，還攜菊芳蘭秀。點綴丹青，群花共作新妝束，與紅薇

爲壽。

琴調燕瑶池

瑶徽偷按。宫商亂粲粲。月華來照空院。成長歎。羅襟怕浣。啼痕滿。望吴鄉、迢遥天半。閨中怨。當初悔教分散。愁歸見。殘英似霰。朱顔變。

虞美人 康心遠所居曰雙燕堂，室王絮因工寫生，戲題其垂絲海棠

繁紅一夕飛成雨。莫恨東君誤。花開若要久長時。試與連花帶蒂、繫情絲。海棠睡後笙歌續。故故燒銀燭。怪他燕子嬾尋芳。應是畫梁棲穩、夢初長。

新雁過妝樓

寒透書窗。欺客袂、憑眺暮色蒼茫。渡頭人静，唯見沙鳥迴翔。數點烟巒圖畫裏，頓教歸思落吴江。雁聲忙。似聞急櫓，來助悲涼。自酌椰瓢自飲，恨零鐘碎柝，偏閏更長。醉入空幃，枕畔尚有餘香。殘蕉被風動影，又不許、愁人到睡鄉。蕭寥夜，歎披衣重起，凝對蘭釭。

渡江雲 霧中渡嘉陵江

空花浮遠近，淺描樹色，妙襯水雲圖。犯寒臨斷渚，一片迷茫，隱約聽巴歈。呼舟渡急，漸澹日、穿透叢蘆。迴望眸、蜀山尖見，境界湧虛無。嗟余。驅馳征道，嘯咏中流，歛荒江宿霧。還記得、揚舲東海，横槊作去南徐。如

今意氣銷沈極，對晚風、空想鱸魚。歸去也、陶潛徑菊先蕪。

憶王孫 括李商隱詩

傾城消息隔重簾。但辨絃聲覺指纖。月姊曾聞下彩蟾。夜厭厭。未必金堂得免嫌。

六醜

製幽蘭妙譜，倩玉指、朱絃微撥。調高韻諧，泠泠環佩徹。忽告絃絕。未訝盟言變，暮春光景，付雨中啼鴂。雲山自此愁千疊。望眼成枯，迴腸繞結。西樓待歌怨闋。怕蒼涼極處，如意先折。　香寒重爇。遇飛瓊絳闕。再把柔荑手，頭盡雪。滄桑換幾塵劫。歎珍珠縱賜，密函羞拆。家國恨、擲與東流逝水，自拚長訣。人間世、如夢消滅。正夜闌、暗數銅壺漏，虛簾墜月。

定西番

谿上玉梅如雪。飄繡帶，惹羅衣。暮寒時。蟬鬢美人愁絕。折花簪一枝。可柰薄情無處，寄相思。

西施 心存越怨，身受吴恩，處境之難，古今殆無匹者。吴亡自湛，記載可信，而後人等以禍水擬之，過已。偶讀耆卿詞，聊正其意

會稽山上樹空枝。任國勢傾危。卧薪嘗膽，堪笑總虛詞。范蠡當時，也恨無良策，但尋訪嬌姿。　浣紗擬向荒村老，緣恩重、畫蛾眉。沼吴後自沈，烟水判心期。盡説功成，一舸相隨去，歎欲信還疑。

歸去來 家書盼花朝前歸，爲余生日也。寄答

客鬢添霜縷。登高望、怨懷誰訴。飄花墜葉身難主。儘思歸、歸不去。密函書字相分付。道花底、一樽休誤。殷勤欲報無佳語。空牽引、兩眉聚。

歸田樂 先春數日，梅已著花，憶冷香閣及家園盛況

四野烟塵盡。況撚指、好春期近。最憶梅開準。願花共結伴，花也休吝。減我多年異鄉恨。虎丘三百本。傍水際巖隈，翛然弄影。自家闌砌，更有閒朱粉。盼書附寄得，數行花訊。簾外飄香又成陣。

絳都春 觀演《清宮外史》，大抵德齡女士所箸《清宮二年記》及《瀛臺泣血記》是其所本

華鐙轉電。正場定夜初，歌簾齊卷。勝國舊聞，彤史新編增悽婉。瀛臺當日龍潛伴。問誰賦、長門幽怨。馬嵬前事，環兒縊頸，未深家難。零亂。嘑珠被面。又争料、萬古慈恩終斷。如訴昊蒼，不及黄泉毋相見。梨園子弟同烟散。祇閒話、隨人重看。漫教鼉鼓催更，夢痕自短。

雙頭蓮令

畫檐蛛網漾晴絲。藟蝶肯相隨。可人韻態百般宜。久久耐人思。絳脣的皪鬢雲垂。歌罷小矜持。芙蕖浥露嫋清池。比並不如伊。

浣溪沙 題采蓮圖

茜袖微擡玉臂涼。棹歌聲裏自相將。背人偷指睡鴛鴦。蓮菂有心終是苦，藕絲續命可

能長。問卿何意住横塘。

以上《夢秋詞》卷四《昭華集》，起壬午秋，迄乙酉

聲聲慢

讀《涉江詞》，和其《聞日本敗降》之作

伶俜身世，漂泊風塵，十年江上偷安。捷報争飛，起看錦繡川原。高歌杜陵佳句，卷詩書、收涕成歡。歸計穩，有巴童不寐，夜半行船。誰道依然留滯，費熏鑪重熨，料理春寒。楚尾吴頭，魂隨潮信空還。璇機自深閨思，怎知人、去住艱難。待剪燭，夢西窗、閒話夜闌。

十六字令

逢。春酒休辭百榼空。花間醉，能得幾回同。

生查子

臉比杏夭嬈，心似梅酸楚。倘許植根時，願化階前土。　無分得憐伊，但聽流鶯語。鶯語枉丁寧，也會相憐否。

八六子

倚房櫳。悄然凝佇，從頭細數歡悰。歎楚岸芳遺雜佩，洛川神遇驚鴻。盡歸賦中。　歌筵曾此相逢。暗擲微波輕倩，旋聽密語惺忪。怎自逐、長安道旁車馬，燕釵分破，鳳簫淒哽，今來繡户，銅環静掩，塵牀瑶瑟都空。笑春風。桃花尚餘數叢。

洞仙歌

漫游鐙市，蕩塵香隨履。别語分明自能記。道深恩、莫負後約堪憑，從今願，四海兵氛不起。　君行何太遽，揮手厓端，已見冥鴻在天際。未了凍桐花，蜀中謂二三月間寒信爲凍桐花。歸

及湔裙，應尚有、照水輕盈桃李。悔不駕、雲車共翱翔，但心逐、飄風送君千里。

臨江仙

桃花魚者，以桃花時生，實與水母同族，唯棲止淺水中。體極細微，鬚足相聯，翕張而浮沈，狀若圓蓋，故時人又名之爲降落繖魚。色白，頭上初有黃點四，若戴星然，久亦消失。蓄頗黎盎中，映日而觀，如浮絮，如泡沫，非諦察之，幾不能辨也。冀野、充和、石曬、南青、伯華各有《臨江仙》詞，索余同賦

細雨斜風春漲暖，鱖肥蘆筍新芽。一池清水侶魚蝦。化萍猶未肯，點點是楊花。　冠蓋升沈無定據，也同浪迹京華。底須滄海始爲家。浮漚身世似，何用逐無涯。

浪淘沙

有饋于公南洋留連果者，會客共剖食之。前歲得哈蜜瓜亦然。醇士因合二物繪圖以獻，于公命題。留連外多刺，狀如芡栗，瓤分房，色如乳酪，味不可齅，而嘗之鮮膩。土人嗜此，有破其產者

高閣敞華筵。勝事年年。彭郎墨妙最堪傳。北地甘瓜南上果，共落冰牋。　刺栗狀同堅。味欠回鮮。佳名誦得轉淒然。如此江山如此會，争不留連。

菩薩蠻

長裙鋭履肩微削。鮮卑語好從郎學。生女嫁才人。何如倚市門。　銀匙調可可。一笑含情頗。舞到月痕斜。同馳吉普車。

瑤臺第一層

九日登紫金山天文臺作

蕭瑟西風，吹鬢影、登臨萬里秋。接天波宕，繞城山擁，形勢無儔。蜀關行極險，記佩萸、

同此清游。厭人世，似牧之心跡，危涕難收。歸休。偶從佳會，歗歌不忘指神州。萬方多事，旌旗雲卷，㸑燧星稠。願逢昌盛際，鬬健身、重上高頭。醉凝眸。看璿璣宵運，露溼衣裘。

翻香令

微風搖盪繡簾間。博山細裊水沈烟。携纖手，籠香坐，勝百花、氣味透芳妍。　鳳釵翻動火常然。怪伊輕把故情捐。怎才説，相忘了，又挑鐙、重和斷腸篇。

荷葉盃

携得玉人，舟上低唱按瓊簫。晚來穿過藕花裏，同倚赤闌橋。

八歸

春疇過雨，飈輪馳影，臨暮認取官瀆。金門岸圯長橋在，惆悵市街人静，頓驚心目。步屧淒清窮巷斷，見歷亂、牆頭新緑。是舊日、閒處經營，傍水數間屋。　重踐庭莎四繞，銀藤搖曳，尚挂荒荒籬角。小園纔賦，破巢難穩，淚滿關河南北。枉承平願久，洗甲銀河勸耕犢。何時謝、簿書期會，自手鴉鋤，栽花還蒔竹。

龍山會　丙戌九日大集成酒家會飲，賦呈同坐諸公

笛步招游侶，醉看茱萸，復此登高宴。景光都似舊，還更喜、千里同歸巢燕。何用接桃根，聽吴語、尊前輕輭。快持螯，盤堆膾玉，未嫌秋晚。　奇絶望裏清淮，鷺起鷗沈，共予情深

款。冷風吹帽墮，應未減、當日龍山高眄。休恨菊開遲，替芳訊、梅花照琖。是日飲梅花酒，大集成名釀也。倩注滿、料必定，每年身更健。

倒犯

病裏乍相逢，繫情旋去聲同幽討。香温玉皎。私心謂，是鄉堪老。春華易逝，回首花谿歡踪杳。共倦羽還家，緑滿池塘草。賦新愁，理吟稾。　吴苑漸荒，問訊詞人，落階空自埽。繡户蔭静樾，弄長笛、知音少。待夢入、南柯好。向妝樓、褰帷同淺笑。恨墜葉敲窗，客睡偏驚覺。夜深鐙燄小。

思佳客

花下頻來不自嫌。西風埽盡葉纖纖。臨春無復高樓在，暮雨偏從別館淹。　魂夢斷，淚痕添。化爲明月傍雕簷。清光又被尋常隔，亞字闌干丁字簾。

臨江仙引

静處倚樓望，遠波落日，衰草平烟。可真似、蘭成遁跡江關。遷延。任潘鬢老，江才減，賦筆長閒。無憀甚，但舊來心事，重到愁邊。年年。高情秀句，書字都在芸牋。忽驪歌争唱，兔魄休圓。誰憐。向紅窗畔，羅幃底、鎮夕孤眠。教人恨，恨去無消息，來是空言。

徵招調中腔

松枝綴宇蟠雙闕。處處簇、霓虹明滅。短電繞場樂頻傳，正此時，萬方悦。　畸人自笑情懷別。任漫與、狂歡佳節。陌上晚來獨行，秋風緊、簌簌亂飛葉。

應天長　除夕守歲，與家人話歌樂山舊事

香篝續火，輕障護風，蕭條暮景相逼。漫對膠去聲牙餳熟，驚心又除夕。巴山夜，堪細憶。聽暗雨、做成簷滴。病中話，國恨鄉愁，幾載偷息。　誰道竟生還，料理琴書，人事異今昔。炫轉射簾燈燭，全家共筵席。杯行緩，歌韻窄。待坐守、漏殘窗白。便從此，整頓韶華，吟徧春色。

浣溪沙

愁殺風波妒婦津。離筵酒薄强霑脣。楊枝駱馬也思羣。　堪恨繁香吹作雪，枉憐鬒髮委如雲。橋頭賣鏡有何人。

鬲溪梅令　有約故宮探春，梅未破萼也。逾旬復來，遂成獨賞

雪雲侵曉凍頗黎。帽簷低。夢向清谿南畔、摘繁枝。故園春較遲。　玉人攜手訪殘碑。草離離。待到寒香千樹、著花時。再來君不知。

阮郎歸　印泥

藕絲抽緒輭於緜。調朱朱更妍。汝窯分貯到郎邊。丹心和粉顏。　斑竹管，浣花箋。玉臺新詠傳。小紅名記手親鈐。已教郎意憐。

法駕導引

西池宴，西池宴，雲駕列仙卿。碧藕如船行玉爵，青鸞交羽和瑤笙。催喚董雙成。

其二

宣玉敕，宣玉敕，天地復清華。卻被東方施狡

獪，閒來偷轉阿香車。雷電掣金蛇。

其三

蓬山遠，蓬山遠，歸路隔重雲。去傍咸池朝飲馬，迴看東海暮生塵。人世又千春。

黄壚曲　商調　殘雪未消，訪季剛量守廬遺址。歸作此曲，使南青譜而歌之，音極悽婉

賞音人去後，寂寞情懷不堪表。青谿載月，桑泊看花，長記岸幘行吟，揮杯談笑。亂離先有兆。哲人萎矣，看舉世、波翻雲擾。向此日、歸來萬里，只供憑弔。心悄悄。重過藍家莊畔，一抹輕烟帶殘照。舊時門巷，何處亭軒，賸見菜種，籬根蔓縈枝杪。黄壚今古道。隻雞斗酒，問誰識、平生游好。指鍾阜、盈顛白雪，也如人老。

法曲獻仙音

風裂殘蕉，露含新菊，畫出秋心僝僽。戍角哀吟，斷蛩淒咽，黄昏共誰廝守。問路阻、千山外，能知此情否。倚闌久。聽商聲、去來高樹，禁乍冷、唯仗數杯淡酒。嬾起索寒衣，想裁縫、經徧纖手。轉葉飛蓬，似飄零、身在江右。待殷勤說與，怕惹玉臺人瘦。

浣溪沙　覽祖棻《詠懷詩注》，題寄

地坼天崩竟見之。步兵休恨不逢時。枉教環佩寄微辭。　逃謗從來須止酒，詠懷此日併無詩。途窮相憶淚連絲。

鷓鴣天　館賃屋太平橋南，余居層樓之上，北窗正與覆舟山對，雞籠、鍾陵在其左右，朝霏夕靄，可驗陰晴。余治事之餘，不廢吟嘯，即目寄慨，偶

題此詞

世味都從冷宦收。松風一爲振清謳。恍疑弘景三層閣，未數元龍百尺樓。　興廢事，古今愁。盧龍山色也成秋。塔鈴自語斜陽裏，曾見降旛出石頭。

彩鸞歸令

仙子來時。不用霓旌絳節隨。百花深處佩環微。引銖衣。　緩聞蘭麝從風度，並酌瓊漿映月宜。玉笙吹罷鳳齊飛。許同攜。

偷聲木蘭花

年年苦壓黃金綫。十指縫裳貧女賤。羅綺驕春。金屋由來貯美人。　芸籤歷亂妝臺側。粉蠹脂箱同棄擲。教整殘編。脈望從知已得仙。

行香子

題劉季平《黃葉樓詩》。初，季平以葬鄒容事，任俠之名聞天下。余慕其人而未見也。晚於金陵聽歌，因瞿安爲介，始得相識。其後寒瓊與姬人月色招飲，坐無餘客，縱談甚懽。越一年，而季平遂歿。遺編展對，不禁愴然

蘚碣題封。俠氣如虹。少年時、聲滿江東。白門邂逅，握手悤悤。記舞迴旋，歌宛轉，月朦朧。　謫仙堪偶，二豪侍側，賭揮毫、一飲千鍾。重吟好句，欲訪遺蹤。只青山在，黃葉落，小樓空。

感恩多

有歌余新詞以爲別後相念之資者，作此追送

異鄉多景色。楊柳搖輕碧。此時君遠行。意難平。　幾度迴車不忍作平別，按新聲。按新聲。一曲將終，淚珠雙臉盈。

望仙樓 晚眺，見白鶴孤飛，感而詠之

倚幃慵困不成眠，中酒情懷常惡。連夜催花風作。還向高樓覺。斷雲點破蒼茫，雪羽迴翔寥廓。不共燕鶯籬落。惟見南飛鶴。

好事近

草色未全蘇，不似巴山冬緑。昨夜條風吹後，漸暖迴幽谷。偶然扶路傍谿行，谿盡見茅屋。恐是高人隱處，愛臨窗修竹。

雙雙燕 心遠有別墅在重慶南岸汪山，外繞二塘。土人名塘爲堰，稱之曰雙堰。心遠因自題其居曰『雙燕堂』，取音近也。嘗屬余與醇士爲圖，圖成，索詞，未能應也。東歸一年，乃作此寄之

近寒食雨，料泥溼香融，畫堂棲穩。春陰忽斷，便欲故巢重認。曾訪南山小隱。記宛轉、穿花曲徑。鐙邊鏡匣圓時，試與描成雙影。休問。棠梨吐潤。是若個尊前，共誇簫韻。當時紅友，化作蜨飛鶯困。唯念零脂墜粉。尚留伴、琴書安頓。知否堰外東風，盼殺隔年芳信。

胡蜨兒

胡蜨兒。滿園飛。碧闌深曲畫簾垂。午窗慵繡時。花下頻來往，曾棲帶露枝。春歸無處說相思。浼春留住伊。

采桑子 静霞自杭州寄詞，和其《月夜六和塔下》韵一首

秦淮自繞孤城住，緑浄涵空。桃李花重。髣髴簪花鏡影中。如何萬里登樓日，獨望遥

峯。帀地回風。不送南屏月下鐘。

一叢花　閏二月有寄

和風春半展春時。官栅柳垂絲。千秋吴會風流盛，想樓殿、高與雲齊。烽火屢經，蘇臺鹿走，斜月照荒陂。　無端幽恨聚雙眉。地僻到人稀。黄庭倦寫青鸞瘦，露華漸、小徑苔滋。佳約又乖，柔腸易斷，空撚碧桃枝。

賀新郎　效劉辰翁

再拜嗟臣甫。最愁聽、西蜀猿嗁，東川鵑訴。當日麻鞋趨行在，破屋隨風掀舞。日夜禱、收京心苦。待得收京詩詠就，甚飢腸、一飽腸先腐。今古事，奈何許。　箜篌解唱公無渡。悔提壺、被髮匆匆，亂流狂譸。自笑修蛾何曾畫，一例遭人讒妒。空見説、相如能賦。纔出

脩門三五里，望長安、已在雲深處。還躑躅，去時路。

清夜游

梅梢月凍，看一行、簾波窣影。羅浮夢初醒。喜朱箔半開，畫闌同凭。棲禽驚起亂枝底，鳴聲交應。幽情領略春宵，此時無言暗傾聽。　誰信。覊單萬感，縱綺思能消，珠淚猶凝。江近高樓，寒潮助淒哽。潮迴有據人難定。唯留歲華相等。只無奈、花到開繁，東風又勁。

剔銀鐙

花下芳樽同醉。柳外輕橈同繫。百囀鶯聲，雙飛燕羽，處處春光明媚。東流江水。忽催送、去帆天際。　別後相尋何計。萬事不如

人意。缺月窺窗，酸風透幕，長是冷清清地。知他那裏。也爲我、挑鐙無寐。

隔簾聽 題吴仲圭墨竹長卷。款署『梅道人戲也』。卷首書《竹譜》，亦稱『梅道人戲墨』。書畫並精妙，惜絹素有汙損耳

偶值道人游戲，筆勢酣餘怒。千竿拔地龍虵舞。更樹老菭攢，匠心幾許。静有悟。費經營、自成新譜。　親縑楮。如聞提語。盡得湖州趣。蕭郎縱好應難數。認一枝一葉，渭川移取。展看處。瀟瀟半庭風雨。

扁舟尋舊約 前年調甫客死。去年重九之會，纕蘅病革。今年初春，經宇又相繼下世。頃臨其喪，悲不可任，既傷逝者，行自念也

飛雹摧紅，凝霜凋緑，勝游樂事難常。夢依韋曲，身淹蜀道，十年杜老淒涼。預愁歸到日，怕惟見、纍纍北邙。市朝雖換，山河未改，聊借酒爲狂。　應自惜、茱萸重細檢，甚縱横文雅，已失曹王。星回歲轉，梅花初破，又聞健者云亡。窈然魂上下，想臨睨、終哀舊鄉。帝閽高遠，孤吟楚些情暗傷。

戀繡衾

推衾朝起叠繡文。嬾妝梳、鴛鏡霧昏。洛神好、臨初罷，凭書牀、檀麝細熏。　寸心常似金鑪暖，展詞箋、猶印指痕。憶家近、横塘路，望長空、飛過片雲。

暗香疏影 戴醇士臨楊補之梅花卷，分將開、已開、盛開、將謝四種，各系《柳梢青》詞附後。元本藏吴中顧氏。戴所臨者亦頗得其高逸。薛生仰嵩持來乞題

映簾疎月。弄幾枝瘦影，梅梢清絶。正苦憶君，入手光明眼花纈。如見逃禪醉裏，巡簷索、幽香潛發。悵極盛、能幾何時，青子暗藏葉。　應爲才豐遇蹇，酒醒恨未了，都付吟筆。百轉流鶯，一曲哀笳，可許調羹功業。高情不共繁華謝，又恰倩、鹿牀相接。忍剡谿、簑笠迴舟，灑作滿篷飛雪。

侍香金童

蕪湖赭山訪滴翠軒遺址，山谷讀書處也。回過采石，登謫仙樓，題壁

幾兩平生，自愛登山屐。任桃李、吹空春意寂。蒼檜交横修竹密。滴翠名軒，至今猶識。　弔詩魂，悵望千秋誰勁敵。故特與、迴車尋采石。酹酒長庚呼太白。騎鶴同游，謫仙非謫。

定風波慢

碧彝拈柳詞使和，蓋以險韻相難也。既成，爲之拊掌

漸消磨、往日恩情，新愁欲忘去聲怎可。雨長落痕，枝殘杏蒂，無力薔薇卧。綺裙寬，玉釵嚲。一寸芳心亂絲裏。休那。恁天涯地角，拋人一箇。　問伊信麽。自別來、鎮把蘭閨鎖。但鑪香爇了，楞嚴一卷，朝夕閑功課。燕鶯儔，儘相躱。無賴春風又侵坐。如我。指看窗外，楊花飛過。

鞓紅

靈谷寺看牡丹，未及穀雨而開已過半，花色僅紅、紫、粉白三種。洛花以黄者爲貴，北京崇效寺有之，聞兵燹後已不存矣

買栽無地，尋幽古院。可勝卻、珠簾藥館。洛花絶異，露黄嬌婉。恐別與、徐熙畫卷。得似唐宮，沈香亭畔。許帶笑、傾城比看。玉容

惜醉，翠雲偷展。也莫道、東君不管。

看花回 植之約游陵園，因過靈谷寺賞花。歸賦《鞓紅》一闋，意有未盡，復成此解

鈿轂正芳茵藉地，馳驅相屬。苑郊四圍秀木。襯幾點、殘紅如慵膏沐。停車坐對，籠罩乾坤張翠幄。頻笑語、迆邐行遲，訝看蕭寺牓靈谷。　庭外牡丹開數簇。薙蔓草、蘭蕙香馥。轉眼黄昏近也，又共指歸程，清歡難續。生年僅百，長恨流光何太速。快追尋、勝游良夜，更秉千枝燭。

浣溪沙

誰道温柔即是鄉。春歸人去兩茫茫。此時欲斷已無腸。　桃樹身僵休誤李，蠶蛾絲盡衹留桑。可能沈醉换悲涼。

憶秦娥

圓仍缺。無情最是樓頭月。樓頭月。照人歡聚，照人離別。　關山不禁魂飛越。夢中倘有歸時節。歸時節。一年花事，數聲鶗鴂。

清平樂 湖南符鉠年工畫，二十餘年前嘗爲余作藤花大幅，題曰『紫綬』。喪亂歸來，檢家藏古今書畫，爲敵寇鈔略幾盡，此幅亦不存矣。每欲乞鐵年補之。遽聞其逝，不覺泫然

半生愽散。唯結丹青伴。老鐵風流兼氣岸。嶽麓湘江同觀。　可憐一炬咸陽。人琴此日偕亡。慙負故人期許，不曾紫綬金章。

解語花 宴集麗都，芷町索爲個人製詞，用清真韻

柔肌映雪，鬟髮拖雲，飛電明光射。豔歌飄

瓦。還疑是、神女夢中來下。端嚴秀雅。動舞影、細腰堪把。清宴迴、微解羅襟，體氣歕蘭麝。虛費春游夜夜。漸游春情倦，初遇姚冶。麗都分帔。琴心逗、未許便隨司馬。雙棲定也。燕子認、舊時王謝。拚自今、千徧相思，剛酒闌鐙罷。

南歌子

泊船菱洲，客有唱蓮歌者，乞爲新聲，作此付之

楊柳隨風舞，荷蕖蓋水平。閒時自棹小舟行。一曲采蓮歌罷、晚涼生。苦葯難成藕，浮根易化萍。不如却待采紅菱。菱刺縱然傷手、莫傷情。

遐方怨

抛玉笛，掩香閨。髻影鬈忪，象牀紗衾朝倦攲。一雙新燕繞簾飛。錯教驚夢醒，遠人歸。

番槍子

玉樓無數雲遮隔。縹緲躡仙扃、鴻都客。舊誓釵合同堅，試量衣帶較寬窄。淚面洗凝脂、梨花色。重與拂了梅妝，依傍蕙質。鑑影壓雙鸞、看難得。未料人似朝雲，怨隨秋霰散更積。夜夢落前溪、溪水碧。

洞仙歌

玉印高寸許，狀如半核，篆文僅一『真』字，充和得之肆中。爲賦

天然瑩質，稱琁閨佳製。暗擘桃穰想形似。羨中周四角、結體綢繆，還更有，翥鳳蟠螭餘勢。遠書初寫就，欲表中誠，輕借丹砂與鈐記。暫遣落人間，收貯蓬山，應長伴、九華帳裏。認押尾、親臨十三行，待添作雙文、當伊

名字。

月華清　秋夜獨游，用洪叔璵韻

河影星涵，園枝風定，幾重高閣簾卷。回溯歡娛，漸覺鬢霜銷半。甚此際、淮水西頭，空久佇、畫橋南畔。愁眄。被嫠蟾深鎖，廣寒宮殿。蒨袖籠香未暖。負桂蕊濃熏，菊英初綻。恐是前情，已逐蛛絲飄斷。漫投箸、篆鼎殘煤，待寫恨、素秋團扇。留玩。任分馳游侶，轂聲雷轉。

點絳脣　鷹若客死安慶，臨歿，數呼余名而不能語也。民國八九年，余辟爲縣屬，初未相識。其後薦諸太炎先生，課其家塾。終先生之世不去，學亦大進，故鷹若自言於余有知己之感云

白首如新，少年傾蓋還如故。敢誇知遇。劍氣雙龍聚。滴淚開緘，長憶臨終語。君無顧。九重泉路。自有相逢處。

鏡中人

飲嵐光，消酒病。迆邐來穿花徑。行處蜨飛遷又競。殘麝沾衣領。曲檻小池相掩映。恰似曉鸞妝鏡。妝罷有誰堪比並。風弄梅花影。

秋思耗

楓老吴江側。秋漸深、涼氣夜來侵席。珠舫暗移，畫屏重展，山壓寒碧。聽歌曲將闌、鳳簫如爲訴怨抑。怨少年、隨過客。縱宋玉才華，陸機聲價，但有素衣塵染，夢雲偏隔。愁極。昏鐙照壁。動萬千、感念如織。袖沾香澤。前盟猶在，墜歡欲拾。柰極目遥空去

程，無計留片翼。滯舊國。心嚮北。謝繫足傳書，歸鴻猶自認得。淚滴紅箋變色。

江南春

燈市了，九街沈。涼風噴酒面，微雪釀春心。歸來難遣迢迢夜，聊展香匳和淚吟。

點絳脣

來不須臾，去時又恐音塵絶。紫簫聲闋。便抵陽關徹。　佯笑尊前，只作尋常別。羅巾摺。背人偷熨。點點嗁鵑血。

以上《夢秋詞》卷五《雲和集》，起丙戌，迄丁亥秋

西江月慢

月色新得寒瓊遺蹟八幅，皆設色花卉。秘藏篋中，但述其事，以自繪梅花箋乞題

秦樓鳳去，閒過了、踏青佳節。雲髻罷妝梳，新愁難解，妙香空爇。但夜來、剪取殘縑，玉梅傳恨，數枝花葉。問故人、遺蹟飄零，偷視淚盈篋。　又豈料、天憐情意切。似舊日、珠還鏡合。珍重徐熙留畫稿，付玉奴真訣。便自想、殺粉調脂，荼蘼開候，細勻輕設。更莫被、桃李一時春漏泄。

如夢令

題紅樓春思圖

樓上憑闌春暮。天外幾重煙樹。蕩子不歸來，繡幕銀屏閒度。無緒。無緒。卻共柳花低訴。

鳴梭

蜀江江畔見嫦娥。盤雲堆髻螺。莫愁無恙，又幾番、花下許經過。暗記同車歡笑，娭視轉流波。佳景蹉跎。歲華驚擲梭。北鴻南燕

信音訛。思君雙鬢皤。玉璫緘恨，問尹邢、迴避兩如何。漫賦求皇新操，良夜醉顏酡。琴裏傳歌。試聲猶未和。

紅羅襖

兔魄穿幃靜，鴻羽寄書遲。恨遠阻烽烟，舟車難準，偶占蓍草，消息都迷。夜寒重、殘燭心敧。無憀自酌芳巵。把菊憶東籬。算近日、愈覺故人稀。

芳草渡 同若飛、仲堅，和清真韻

曲徑好，認繡轂雕鞍，競攜佳侶。乍一聲驪唱，歸程自指烟雨。尊酒情味苦。聽尊前低訴。柰向晚，雁陣衝寒，欲背人去。休顧。楚雲夢短，縹緲巫山迷舊路。便重理、殘脂蠹粉，無心傍鐙户。鳳書待寄，又怎寫、經年愁緒。共墜葉，漫對西風倦舞。

六州歌頭

石城虎踞，形勢本嵯峨。從頭算，興亡事，且高歌。漢方瘥。吴會三分地，蕭梁末，臺城破。南唐繼，瓊枝好，亦烟蘿。六代悤悤覆轍，相尋徧、天意無頗。歎明都終始，王業暗消磨。安樂成窩。竟同科。後三百作平載，移清祚。瞻雙闕，奠陵阿。烽燧舉，侵陵急，恨强倭。賴人和。區宇重收復，蕭牆釁，又干戈。中夜起，心如擣，手頻搓。怊悵春秋佳日，繁華夢逝等流波。但憑高眺遠，霜氣下寒柯。有恨如何。

憶人人

芳園閑步，花摇柳顫。無數鶯鶯燕燕。朱唇

微綻語輕盈，更不待、聞歌腸斷。何期別後，書沈音絶，但只流年换。從今未必再相逢，鏡裏指、霜華已滿。

惜黄花慢　素秋邀後湖看菊花會，用夢窗韻

淺碧籠裳。印麝塵步屧，尚識秋孃。共驚刧後，歲華漸老，游蹤到處，偏近斜陽。繡圍錦繞湖山畔，似窺鏡、重理新妝。勝故鄉。敗垣廢圃，難藉壺觴。芙蓉謾説宜霜。恨化工未與，蜨粉蜂黄。鬬將春豔，萬花避色，移歸燕席，一水都香。暮笳嗚咽西風緊，送迴櫂、鐙影飄涼。繫寸腸。更追舊日清狂。

古陽關

墜樓沈水，國色一朝傾。更有個、出塞昭君。淚紛紛。荒塚草獨青。更有個、出塞昭君。荒塚草獨青。知音少。未堪暫見即分手，持杯向道。自古富貴繁華等露電。不似長陪燕婉。知音少。未堪暫見即分手，已整頓、金錯琵琶，四弦寥亮，請君彈數聲。已整頓、金錯琵琶，請君彈數聲。

皂羅特髻

蟻争觸戰，歎流徙蒸民，血填溝壑。蟻争觸戰，任此生銷鑠。庭槐下、蟻争觸戰，到斜陽、一夢終難覺。蟻争觸戰，逞霸圖王略。誰道蟻争觸戰，向而今偏惡。百千載、蟻争觸戰，看青史、覆轍資嚬噱。蟻争觸戰，問甚時休卻。

生查子　余年十六七游江户，邂逅一姝，以所自製綵花相贈，未嘗道姓名也。既而手此花攝一小

影，置篋中。越四十餘年，偶檢得之，惘然題句

吹簫跨鳳游，拔劍聞鷄起。豔想與豪情，蘊結胷懷裏。　朝爲美少年，夕暮成顚頹。萬事轉頭空，愁鑑恒河水。

真珠髻

殘秋時序，小飲初闌，悔與佳人輕別。倚樓凝眺，雲黄風勁，暮色倍添悽咽。聞道胡邊，早得見、漫空飛雪。定久客、也感無聊，謾把玉龍吹徹。　金鑪灰燼重爇。裊餘香晻曖，寸心堪熨。細書幽恨，簪花格妙，但恐薛濤牋濕。學畫檀痕，真不讓、補之清絶。待隴驛、梅蘂含春，寄我一枝芳潔。

梅弄影　題充和畫紅梅，用邱宗卿韻

好春期定。雪意隨風逞。春亦如人夢醒。筆底飛香，扶春紅袖靚。　玉樓朝凭。婉婉開妝鏡。鏡匣池光交映。略點臙脂，與花同顧影。

雪花飛　平生看梅，最勝者惟鄧尉及重慶清水谿，今皆不得往矣。冬至後二日，張瑞京邀爲長夜之飲，索畫梅，并題

香海榛蕪故苑，花光黯䵣清谿。攜客尋幽甚處，空負心期。　消夜唯宜酒，催春更覓詩。人與東君競快，雪掩疏枝。

迷仙引

扶上珠盤，歌動行雲，珮服嫺雅。學舞霓裳，輕盈姿態難寫。綻粉腮、邀一顧，倍千金聲價。嗟荏苒遲暮，林郎重到，環兒偷嫁。　好事如今罷。且與斟瓊斝。送了春歸，朱門深

鎖鶯花謝。掩淚睫、從拚棄捨。想他生更得，長相見也。

天仙子

天外平蕪山外山。何時重唱大刀鐶。妝臺留物幾多般。珠絡索，玉連環。繫住人心不放閒。

鷓鴣天

歲月從渠去不還。老夫常作少年觀。莫愁筋力慵登涉，譬似嬰兒學步難。　求大藥，駐衰顏。癡人說夢意全刪。北邙山下纍纍冢，笑問彭殤若是班。

雪獅兒

飄颻絮影，漸堆瓦、銀練飛光，黃昏如失。聽到更闌，幾陣將疎還密。西湖路隔。怕舞鶴、羽衣蕭瑟。尚耐守、瑶枝瓊蘂，寒梅消息。　廣廈何時願畢。便裁裘絮被，自慚刀尺。空倩愁絲，鏡裏先教同白。兒嬉記得。爭對塑、熊蹲獅踣。今追憶。淚點化成簷滴。

夢玉人引

記年時。訪舊曲左，故城西。跨水虹橋，幾番留戀斜暉。小徑彎環，正繞棲、開滿薔薇。碧瓦朱甍，放簾幕低垂。　景移人換，聞別去、花事漸離披。鳳紙收將，那堪題寄相思。淺酌還成醉，心情誰得知。願魂夢、兩追尋，萬一逢伊。

鷓鴣天

挽湯定之。定之爲貞愍後人，畫有家法。民國三年，余識之北京，有西山畫社之舉，未幾星散。後十餘年，重晤扈瀆。君自言中年大病之後，能見鬼物。亂定東還，聞君嬰痼疾，嘗省諸病院中，不能言，猶以筆談，珍重約後會。計三十年中，相見僅此耳

刼後相看淚眼枯。重思訪舊一驚呼。不知冥路覘人世，還似羅家鬼趣無。　情久熟，見偏疏。西山結社尚留圖。素綃開處風烟起，一代丹青有楷模。

定風波　為人題逸仙村壁

公子歸來燕燕忙。也曾驚坐發清狂。此日樓頭雙燕語。人去。無情簾額卷斜陽。　醉後乘驄鞭屢墮。嘶過。逸仙村畔路茫茫。壞壁題詩聊遣恨。休問。海山何處覓神方。

六花飛　雪夜與友人飲，用松隱韵賦呈

天凝地凍，亂花飛灑，綴水精宮殿。四望迷冥，矗遥峰如劍。訝衝寒、朋來不速，笑索飲，金帶鷫裘猶能典。想留名、惟羨酒狂，何用理軒冕。　銜杯又休止，萬家豪富，競妙歌清燕。體僵聲哽，獨窮閻堪念。願祝此東畝瑞叶，數億廩，穀熟禾豐民心忭。待欃槍都掃，與君同慶宴。

折紅梅　園梅盛開，惟緑萼纔數分耳。臨別悵惘，倚此酹之

引霜枝蟉榦，陽和漸洩，紅苞新綻。憶清谿、磴道數盤，攜筇自訪深蒨。雲霞交絢。幾平聲誤了、天台劉阮。細思客裏、摘索繁花，總不似吳門，冷香幽院。　如今歸看。喜疏影橫

斜，池冰先泮。金罍竭、玉山未倒，晨昏凭闌千徧。條風催暖。重惜取、粉殘脂淺。倩誰寄語、蕚緑仙姿，忍來踪無定，又遲相見。

一點春

南國音書寂，晝長閑閉門。春陰日日滋紅豆，不長相思長淚痕。

前調

乞米空傳帖，雨珠難療飢。可憐射的山頭石，無復從玄反白時。

臺城路　游雞鳴寺

豁蒙樓上憑闌處，萋萋又生春草。桑泊維舟，臺城散策，都是游蹤曾到。兵氛乍掃。歎白首重來，故人偏少。賴有英華，共穿雲路步深窈。山光凝黛似洗，獨留塵外影，波際縈繞。蜀道餘年，京華舊夢，贏得尊前一笑。浮生悟了。看牓換銀鉤，壁空紗罩。一杵殘鐘，送人歸去好。

春從天上來　感舊，集夢窗

玉手曾攜。帶翳柳輕雲，醉踏香泥。斷橋南岸，應費新題。素娥寶鏡圓時。酹清杯問水，端正看、瓊樹三枝。自消凝，弄瓊英數點，獨照清漪。疑收楚峰殘雨，但怪得當年，門巷都非。燕子重來，探花時候，十年輕負心期。向吴娃深館，翠禽語、似説相思。放簾垂。正午長漏遲去聲，熏度紅薇。

一翦梅

東閣梅開極盛時。朝詠繁枝。暮寫疏枝。箇

人風韻與花宜。不假鉛華，姑射冰姿。　別後情懷見後疑。悵怳夷猶，無語顰眉。　欲陳芳酌更矜持。我自憐卿，卿意憐誰。

虞美人

春城隱處花如霧。迷入花中去。蕙樓菌閣貯僊姬。試聽琅璈清響、揭雲飛。　一彈指頃年芳改。好夢終難再。錦筵蠟燭自成行。可信有人擁髻、背殘釭。

攤破浣溪沙

橋下晴波漲淺藍。沿隄楊柳綠毿毿。　春意又隨蜂蝶侶，到江南。　繡線工夫長日靜，畫屏風物舊來諳。只恨玉關音訊杳，遣誰探。

卜算子

風雨一春多，好夢頻驚覺。應是朝來轉快晴，處處聞嗁鳥。　步屧繞芳籬，倚杖臨清沼。人老簪花莫自羞，花曾見人年少。

月上海棠

海棠紅潤經宵雨。吐萼垂絲萬千縷。桃李衒新妝，惟覺粉羞脂汙。傾城號，端擬雲章乞與。　連年不共花爲主。笑暫返、家園似羈旅。銀燭照開尊，任此夕、酣歌狂舞。天明也，又踏東華塵土。

且坐令

花漸落。趁早尋佳約。檥舟柳岸春懷綽。是處聞絃索。向晚歸來，門荒徑悄，翻成落寞。

殘恨了、寄書誰託。盟言在、敢忘卻。清陰低覆鶯雛樂。抵不住、東風惡。輕棉纔脱。須重著。怕情隨衣薄。

探芳信

花事正盛，嬾不出游，風雨無時，漸成零落，用草窗《西泠春感》韻賦此

遺芳晝。但小鼎焚香，深杯注酒。甚中年纔過，心情便非舊。尋春欲賦燕臺句，不柰東陽瘦。任明朝、暗綠侵帷，墜紅飄甃。　晴雨變何驟。看淚漲荒波，恨迷烟岫。燕燕知時，能知廢興否。極天歌吹連烽火，萬事堪搔首。倚風前，獨數隋隄賸柳。

踏莎行

藺本銷愁，茶烟破睡。一年好景都慵記。昨朝有客上陵迴，始驚身在長安市。　勝侶雲流，孤蹤萍寄。槐根夢醒今何世。辛夷開了是殘春，石麟閑卧斜陽裏。

愛月夜眠遲

燕子歸來，恰綠陰院宇，春事闌珊。玉銷香減，秋千架冷，凄迷柳色如烟。螺青點出遥峯，正思眉嫵彎環。漸黄昏、有哀笳斷續，追夢初還。　天半皓月徐行，恐嫦娥未肯，守定孤寒。況人間世，好景不永，杯酒爭解愁顏。空階步影徘徊，伊人遠隔關山。對清輝、想同此竟夕，倚徧雕欄。

玉堂春

諸那精舍聽經，譯漢語者爲浙江胡亞龍女士

柳遮馳道。寶馬香車來早。未比當年，入社攢眉。布地黄金，共讚祇園勝，上首文殊竟是

誰。解道本無一物，纖塵何處棲。任看繽紛，花雨彌天墜，結習空時不染衣。

青玉案　次韻和尹默《飲酒》

麴生自有迴旋地。料不作、封侯計。爾汝相歡歌萬歲。前年蜀道，今年湖上，總是天公意。　孤雲閒看醒還醉。除卻樊川更誰會。薺苦荼甘同一味。醉中唯恨，花枝狼籍，也似釵鈿委。

鳳皇臺上憶吹簫

漸入清和，已過脩禊，卷簾猶怯餘寒。漫緑染、縈牆薜荔，叠砌落錢。雙燕來從紫塞，銜泥共、軟語花間。應知得，覓徧舊痕，隨處情關。　誰家數重院落，空閒殺，當年碧檻朱闌。料未忍、琴書自佔，蹴斷塵絃。屈指春能幾日，薰風起、又聽初蟬。歸時節，憑寄半幅銀箋。

鷓鴣天

傾國傾城絶代容。有情偏遇薄情儂。未聞阿母捶牀怒，卻道新人織素工。　恩易盡，淚無窮。明朝溝水自西東。成陰結子辛勤甚，不敵涼秋一夜風。

醉思凡　題馬湘蘭折枝蘭花

才華夙成。芳華漸蘦。淒涼楚雨含情。借幽花自名。　湘簾紙屏。風枝露莖。鐙前瘦影娉婷。認他生此生。

夏初臨

密葉搖窗，嫩菭鋪徑，緑陰旋滿芳園。幾點荼靡，不妨留作春看。繞階流水潺湲。似人生、有去無還。當時年少，豪情猶在，雙鬢先斑。

龍涎香息，鳳脛鐙殘。寶奩貯恨，玉局銷閒。伊行薄倖，從今再見應難。消息都慳。望重門、如阻千山。客衣單。教誰將護，乍暖輕寒。

浣溪沙

局促樊籠共一天。羣生相利復相煎。何如飲酒樂餘年。　殘照波間輕盪漾，落花風裏小回旋。此時情緒最堪憐。

蝶戀花

用稼軒詞作起句

檢點笙歌多釀酒。刻意尋歡，難解眉千縐。閱盡人間翻覆手。此身暫寄無何有。　宿醉醒遲窺户牖。雨潤侵衣，梅子圓如豆。謾道緑陰能蔽晝。當春曾見花如繡。

七娘子

人生離合元無據。況山川、亂後全非故。城北高樓，街南緑樹。巢痕難覓雙棲處。　荷花開徧長干渡。記臨分、遥隔荷花語。此度相逢，熟梅時序。半山亭下瀟瀟雨。

鷓鴣天

去歲乾風起濁埃。今年積潤展黄梅。蜀江漲勢通吴國，一雨能教水没階。　蛙坐葉，蚓鑽苔。斷無巾屨過幽齋。從知拂亂陰陽候，一例人天信可哀。

減字木蘭花

芳塘似鑑。人面荷花相並豔。夜静風來。暗

遞清香入酒杯。彩雲易散。千古茫茫同一歎。落盡紅衣。恰怨蓮房結子遲。

六么令 七夕,用夢窗韵

玉梭纖手,錦字和愁織。新涼乍傳佳會,來佇星橋側。何意凌波無術,偏假飛烏翼。情絲千尺。化爲蛛網,還被秋風蕩無迹。心寄京華北斗,人更京華北。遥想此際徘徊,也念南荒客。兒女階前鬭巧,瓜果氷同擘。匆匆今夕。苕苕隔歲,依舊銀河暮雲碧。

水龍吟 大壯自湛後踰月,乃爲詞以哭之

屈原何事沈湘,問天呵壁天方醉。千秋冤憤,至今猶有,蛟龍噫氣。易世同符,彭咸遺則,超然塵壒。過梅村橋畔,吴孃唱罷,瀟瀟雨、都成淚。不恨文章逝水。恨人間、衆芳蕪穠。金陵邀笛,巴山剪燭,勝游難再。回首當年,吞聲死别,幾人同輩。又誰能解得,詞翁心事,在滄波外。大壯自號波外翁,遺句『文章隨逝水』『瀟瀟暮雨在蘇州』,皆自湛前作也。

烏夜啼 爲君璧題白雲堂圖

白雲長護松楸。思悠悠。憶得倚閭人在、淚懸眸。 樹欲靜。風不定。古今愁。唯有畫圖珍重、展還收。

浣溪沙

王母瑶池賦索居。桃開桃落幾番餘。山川雖隔意何如。 八駿豈能追日馭,九華曾此降雲車。祇憐方朔是狂夫。

樓上曲

長夏鬱蒸忌懊惱。浮瓜沈李清游好。團扇遺君素月如。題詩字密連珍珠。　君愛深情兼妙製。未教須臾去懷裏。秋風忽起暮寒生。從今捐置若爲情。

南歌子

雨過塗成潦，風來樹變秋。蔣山高處亂雲浮。待掃浮雲西北、望神州。　勳業頻看鏡，行藏獨倚樓。愁心如海不能收。卻怪南朝天子、總無愁。

醉落魄

瞿安昔以霜厓填詞圖屬題《高山流水》，荏苒未就，而瞿安客死。今歲有人得其遺箋，手寫二詞，一爲《淒涼犯》，一爲《浣溪沙慢》。末有款識，即致余與季剛者，不知何時轉入他手。覽之腹痛，留案頭數月，因題此詞

酒酣歌闋。鐙邊細校新詞律。霜厓圖就紅千葉。流水高山，腸共寸絃絕。　白頭苦念長生訣。翠娥殘霸俱銷歇。夜臺今夜愁無月。可有閑情，持向故人說。『白頭怕結長生縷』，又『粉氣銷殘霸。忍聽翠娥，天寶幾年話』，又『惆悵昔游非，卻重逢、今宵月下』，皆原詞句也。

合歡帶

秦樓中、有個人人。看妝態、百般新。徹夜清歌燒畫燭，恣歡娛、未負芳春。迴風舞罷，驚鴻體段，飛燕精神。乍分離、便惜腰圍漸減，眉黛長顰。　潮通巫峽，波冷錢塘，雙魚猶寄殷勤。忽訝珠沈并玉碎，繡幃空、鏡匣塵昏。歸來萬里，愁經曲巷，慵叩朱門。似東坡、瘴海生還，恁時重憶朝雲。

鳳孤飛

寂寞舊當鑪處，長滿閑花草。忍憶求皇意好。幸許是、相逢早。　萬里橋邊題柱了。旌旗擁、遠歸蜀道。頭白文君新賦藁。歎何曾偕老。

秋宵吟

鯉書沈，雁跡渺。似我離情深窈。衣襟染、賸淚點征塵，至今難掃。　倚斜曛，送遠去聲燎。萬翼投林歸鳥。鄉園在、念舊日吾廬，翠筠空老。　性本宜秋，但漸覺、風雲氣少。暮年詞賦，倦客京華，此意向誰道。殘堞依江表。杖策頻來，時序換了。　怕明朝、眺盡天涯，霜葉微脱路更杳。

秋夜月

耆卿作此調，雖本色語，而筆意至爲沈鬱。紅友據尹鶚詞，謂其有訛脱，非也。月下懷人，聊依聲韻

輕雲乍散。看露出、姮娥半妝嬌面。記昔時，玉階同坐開芳宴。到如今，杯自舉，只博一作平聲長歎。酒底淚珠何限。　空凝望眼。便付與鱗鴻，説舊愁新怨。倘果未拋盟誓，待重見。料歸計，身外有，阿誰覊絆。不是程遥，是伊心遠。

玉樹後庭花

杖藜扶我登高處。遠帆烟樹。西風吹破蒼茫，攬白鷗閒語。　關河四塞休憑固。撫今懷古。幾曾天塹長江，限樓船飛渡。

八聲甘州　登靈巖訪琴臺遺址，下憩落紅亭，題句，和夢窗韵

問吴宫鹿走是何人，當時爲占星。望湖波杳渺，鴟夷一舸，同載傾城。猶勝沈淵玉冷，劍水吐蛟腥。胥憤千年在，嗚咽濤聲。　蘚蝕荒臺琴意，换幾番宫徵，塵夢都醒。想西施妝罷，曾對越山青。倚天風、思隨秋遠，遺霜紅、相伴落烟汀。空題恨、似彈棊局，心事難平。

思佳客　爲石臞題結桂簃勘書圖

悵望王孫遠別離。小山叢桂獨抽枝。一椽自近楊雄宅，萬卷都歸杜甫詩。　思誤適，得秋宜。風飄金粟滿階墀。冬榮老屋今何在，也爲丹青憶舊時。先祖官鎮江府訓導，庭植桂、杏各一株，題其齋曰『冬榮春滿』，余兒時讀書其中。

南歌子

鳳德衰如此，龜山蔽恐多。揮手謝烟蘿。　澗塹林亦媿，柰君何。

其二

去去元無恨，依依尚有情。揮手望鍾陵。　晚來烟霧裏，不分明。

其三

世事拋塵外，家山到眼中。揮手入深叢。　蟪蛄聲暫止，聽松風。

蝶戀花　繡谷在靈巖山下，邑人闢其地爲公墓。摩挲碑識，多舊相識者

霸越興吴紛擾攘。事去千年，山色青無恙。秋菊寒泉供一享。落紅亭畔添惆悵。　百尺游絲空際漾。若比人生，猶是堅牢相。繡谷

驚看題墓牓。故人先我成長往。

浣溪沙

羅俈子初佐雲陽程公幕，退居吳城東小橋，誅茅種樹，若將終焉。比年一長蒙藏委員會，謝去。余曾往訪之，應門無僮，草荒没徑，真廉吏風也。頃聞其夫婦遠適香港，飛機失慎，同及於難。豈天道之無知，抑人生之有命。悲慨盈臆，舒以短歌

厚地高天一網羅。人生失意總悲歌。霸才無主柰君何。　折翼竟成同命鳥，論心重憶嬾雲窩。小橋東畔莫經過。

以上《夢秋詞》卷六《東歸集》，起丁亥冬，迄戊子

瑞鷓鴣

風來庭樹響蕭蕭。四望曾陰倍寂寥。漸欲殘骸同槁木，不知新曆又元朝。　臘梅破萼爭冰雪，凍雀蹲枝晒羽毛。寄語袁安高卧穩，斷

無車馬過荒郊。

離别難

掩冉寶髻微偏。淒涼斷瑟横前。挽春春已去。送君江上路。淚霑襟袖溼，露華鮮。離别數入聲。恩情薄。重攜纖手是何年。　香羅幕。秋千索。終日垂。愁時更忍相窺。佇立河橋北。笛裏關山曲。折楊柳、記雙眉。青螺色。空拋擲。如今描取付伊誰。

祝英台近

映琉璃，斟琥珀，情話共深款。丈室微温，莫放繡簾卷。劇憐迴棹青谿，桃根桃葉，鏡中認、舊時妝面。　漫留戀。遥望天際輕陰，須臾便成晚。君似孤凰，我似失巢燕。依稀鐙火高樓，臨分時語，怕只許、再生相見。

臨江仙 花朝前二日戲歌自壽

我願陽春行有腳，微生草木周全。彈蕉頌橘兩無緣。不如歸隱處，造物共陶甄。　四序常教除肅殺，化爲胡蜨蹁躚。長紅小白各嫣然。東皇應屬我，生在百花先。

浣溪沙 二客争辨，或言花壽於人，或言人壽於花。余兩解之

歲歲花開歲歲新。看花卻是舊時人。百年人去樹偏存。　解道華嚴非實相，始知齊物是空論。向來無我亦無春。

瑞鶴仙

亂書餘蠹迹。漫抱影空廬，閒身偷息。青蘿漸升壁。傍虯藤纏架，花開無隙。幽蘭自泣。任隣園、蜂交燕織。怕薰風替卻，芳華一樣，舊盟難的。　悽極。歸來三徑，那有當時，素心晨夕。長安似弈。巢痕在，夢中覓。柰情懷萬種，悤悤催覺，都付哀箏怨笛。便江南、舊慣經行，未教夢識。

鷓鴣天 改舊詩

百計銷磨豔冶天。花開花落兩茫然。傷心舊雨隨流水，極目春山隔暮烟。　明鏡裏，酒罏邊。可容一醉駐朱顏。沈吟欲逐秦人去，又恐仙源有變遷。

望江南

螺鬟擁，粉面映脣朱。自翦冰綃裁半臂，不教羅襪襯圓趺。體態共言姝。　多情甚，薢茩即相於。湘瑟秦簫元有匹，朝雲暮雨亦非疏。長是笑羅敷。

孤館深沈　六月寒甚，江南所未有也

森森密雨曉來驟，階下響流泉。看一徑苔紋，紫色潤餘，都上花甎。　也擬踏、屐痕零亂，訪遠沼新蓮。甚時令，已將初伏，護寒猶待輕緜。

點絳唇　編《夢秋詞》成，自題，集夢窗

缺月孤樓，晚鉤斜挂西簾捲。翦秋一半。舊雨江湖遠。　睡起懨懨，恨緒縈抽繭。拌分鈿。合歡屏煖。珠網空凝徧。

金縷曲

識字原非福。信當時、鬼憎倉沮，聚羣宵哭。悔殺前生多慧業，誤擁詩書千軸。枉自詡、班楊同目。誰料真成憂患始，貯牢愁、空撫便便腹。世路險，羊腸促。　故人才似豐年玉。也遭逢、流離偃蹇，幾經溝瀆。抱石冤沈焚山痛，隅坐偏栖妖鵩。更網得、沖天黄鵠。白刃凝霜飛夜半，竟何人、忍賊來公叔。思往事，淚相續。

撼庭秋

一鐙涼飲如水。撼小庭秋氣。月兒偏黑，風兒又緊，怎教人睡。　匆匆别去，歸期無定，已堪愁悴。況關河南北，鱗沈雁杳，寸書難寄。

江南春　沈挹芝家藏舊硯，上鎸『寄庵』二字，異其與余巧合也。特以持贈，賦謝

東海栽桑，秋霜染鬢，攜家歸隱吴闕。人生似寄，寄一庵、聊掩塵轍。多感君情密。親藏

袖、裏將片葉。要助我、梅窗記曲，竹屋分圖，端谿小硯如笏。　秦斯篆，宣籀筆。訝兩字題名，暗傳心訣。風流未泯，便當得、金蘭盟結。聲影從灰滅。衡門下、療飢有術，唯與此君，尊酒徘徊，邀天上之明月。

鷓鴣天　和祖棻韵

兀兀舟車幾往還。相逢偏憶亂離間。新詞似繭抽難續，殘麝成灰掩復看。　天帝醉，海波乾。愁心强咽祇微歎。此生萬刼拚償盡，莫種他生未了緣。

鵲橋仙　新七夕詞

橫紋機上，短蓑牛背，底用輸錢天府。天公元自有安排，早配得、勞農工女。　紅氍卷盡，街塵踏徧，簇簇秧歌腰鼓。風姨枉是妬佳期，幾曾見、銀河斷渡。先數日颶風。

金錢子　秋桂不花，長夜無月，撫今追昔，惘然獨吟

北郭閑居，種繞廬嘉樹，影交疏綺。時鳥哢新聲，聽圓轉笙簧，助人清思。探秋漸覺涼生，剩纖纖桐子。杯製肖垂蓮，淺酌鵞黃，桂花陰裏。　前事。尚能記。流光迅，歡娛去似洗。蕭齋儘堪耐守，偏金粟空林，冷香憔悴。最憐浴水明蟾，也沈淪不起。多應是、嫦娥恨掩重幃，晚妝慵理。

沁園春　爲俞慧殊題寒燈課讀圖

畫荻丸熊，古有是人，今復見之。想篝燈課讀，聲寒秋蟀，鳴機斷素，候辨晨雞。辛苦休論，艱危獨喻，蘭折唯欣桂有枝。神鐙護，幸

舟行屈曲，在水之湄。本事見任堇叔所爲弁言。百年陵谷遷移。倘重到、麻姑鬢亦絲。彼肝人大盜，不操矛戟，承家弱息，敢墮門楣。迴憶當年，小人有母，罔極難酬空廢詩。披圖看，甚高天厚地，跼蹐如斯。

玉胡蝶　見蝶，有所寄

縞袂羽衣紛下，錯疑萼綠，來會群僊。小苑陰陰，是處競拾釵鈿。鬢雲亂、高搴舞袖，香汗漬、斜傍歌筵。好春妍。韓憑魄化，宋玉情牽。　三年珠櫳懸網，珊屏褪粉，冷落風前。遠隔羅浮，夢中猶認翠裙烟。指芳林、依依暫別，過太常、惘惘輕憐。且留連。縱教花盡，葉底堪眠。

巫山一段雲

玉女投壺急，餘杭買酒賒。仙郎底用飯胡麻。餐秀吸流霞。　天老羲皇張戲。圖作枕中鴻秘。六銖衣褪更翾輕。儀態萬方盈。

其二

魂魄來還去，音容是更非。菊芳蘭秀繫人思。風送白雲飛。　谷口花團繡錦。便作華堂燕寢。寒泉一勺貯冰甌。聊與薦新秋。

其三

桂棹浮湘渚，蓮歌嗣館娃。莫愁生長自盧家。小印刻昭華。　贈與昭華小印。換得口脂奩粉。癡魂忽墮九嶷間。叢竹淚痕斑。

其四

碎佩輕鸞舞，深幃睡鴨涼。誤疑飛燕出昭陽。

卻是杜蘭香。自弄蟠雲新髻。不慣上清宮裏。人間何處足遨游。灩灩百花洲。

其五

華蓋連修鬟，明珠剪兩瞳。神君新敕小青童。住在玉華東。一霎鸞軒鳳翥。又向清都颷舉。不如端坐叩玄關。抛卻九還丹。

虞美人

鼕鼕番鼓將弦索。舞蹈民歡樂。定知下里勝陽春。只看當時屬和、萬千人。　燒書頗恨秦皇懦。不抵咸陽火。倘教典籍總成烟。文物西來何用、到今年。

金縷曲　題迭更司所箸《雙城記》。適讀迦陵詞，即用其韻

地偪天無罅。歎微生、於中蝨處，鬼門人鮓。少日周旋多游俠，臂箭腰弓馳射。快呼酒、漢書能下。歎沫高譚羅蘭輩，氣崚嶒、卻笑旁人怕。今有口，壁間挂。　一編展對涼如灑。紀千年、雙城鬼蜮，筆端有作平畫。恩怨都憑翻覆手，瞥眼浮雲野馬。因果律、何殊鐵打。細數斷頭臺上客，被人殘、元是殘人者。金鑑在，正堪藉。

昭君怨　前年在南京，友人以女子某氏詞箋屬和。夾置亂帙中，偶檢得之，惘然繼韻

黯黯吴江楓樹。颯颯周原禾黍。千里共寒蕪。客心孤。　此恨怕成終古。況聽催人津鼓。縱使見時疏。憶人無。

西江月

花外呢喃燕語，谿邊約略鷗盟。如何載酒半

山亭。飲罷翻教夢醒。跡似飛蓬長轉，心隨寒柳先零。芭蕉和雨釀秋聲。可柰獨眠人聽。

哨徧

過景齋，聽謝翁一塵彈琵琶數曲。翁師諸城王心葵，世稱弟一手

荷沼未空，楓葉漸丹，略有林泉美。喜朝來，一客款荆扉。似東山翛然高致。論樂旨。冥鴻自翔天際。霏霏談屑皆名理。嗟絙瑟調琴，秦簫楚管，從來難諧俗耳。偶長吟白傅琵琶詞。請試爲諸君一彈之。四坐無譁，冰絃纔撥，此聲堪異。嘻。澗水泠泠，松風策策繞階墀。急雨跳珠墜，琤瑽時密還稀。是浩浩平沙，嗈嗈羣雁，數行高去復低飛。又葦岸横舟，漁家聚語，如雲網罟摇曳。恍置身河泊驚相視。甚却顧蕭齋共隱几。聽砉然、裂帛聲止。翁起笑謂千古，絶調只吾師。定場賀老如今安在，獨有岐王宅裏。開元法曲尚留遺。問人間、知音能幾。

蘇幕遮

詞有獨木體，又有連環體。連環體者，唯宜施此調，近人多喜爲之。字重意複，則徒爲贅語耳。因亦戲作一首

疊花箋，傳密信。四角鴛鴦，四角鴛鴦印。斜月朦朧期小徑。風漾梧桐，風漾梧桐影。漫成疑，空自等。漸數三更，漸數三更盡。捉得雙鬟私借問。今夜來無，今夜來無定。

臨江仙

久不得君濟七兄消息

攬袂勸君休遠去，離筵苦語丁寧。蠻陬瘴海一身經。何年生馬角，此日帝豬苓。竹馬繞牀猶記得，賭將梨栗誰贏。白頭兄弟各飄

薔。縱然非死別，夢裏亦吞聲。

感皇恩

淺碧染羅衫，唾痕微印。幾曲朱樓暮同凭。雲霏煙斂，髣髴陽臺高迥。下方應錯認，仙家影。別後細思，那時光景。自慣長貧未言病。賃春椎髻，無分與伊相並。但教青鳳翼，傳書訊。

金縷曲　讀元人雜劇，用『罅』字韻

日影穿簾罅。也不須、茅柴斟酒，枯荷包鮓。檢取殘編飢堪療，字字珠璣光射。笑文體、何分高下。試看才人無不可，總堂堂、筆陣千軍怕。無此筆，匏空挂。　誰能激壯誰瀟灑。倩登場、衣冠傀儡，頰毫添畫。南曲高生稱獨擅，雜劇終推關馬。喚羯鼓、憑闌快打。合得箏琶隨村唱，是當年、萬口流傳者。時世易，任狼藉。

前調　讀石湖居士詩，三疊『罅』韻

轉棹荷花罅。祇縈懷、吉雲佳釀，點酥紅鮓。石湖《從人乞魚鮓》詩：『截玉凝膏膩白，點酥粘粟輕紅。』絶域天驕驚漢節，猿臂應知善射。又曾過、嚴陵臺下。最好青裙於潛女，恁偏謠、鬼見荒城怕。集中《過於潛》詩自注引里語云：『於潛昌化，鬼見亦怕。』我轉恨，一冠挂。　霏霏唾玉隨風灑。問何如、關山行旅，范寬圖畫。石湖紀行程詩最多。入蜀功成身早退，不羨官施行馬。任檢校、南村稻打。楊陸詩篇傳萬口，料更無、勍敵如公者。珠在握，可容藉。

解珮令

竹樓閒倚，荷池趁步。似初逢、漢皋游女。裁疊冰綃，倩畫出、青山紅樹。把芳心、暗中分付。　孤城天遠，雙江霧合，背西風、輕帆斜度。淚滿羅襟，只留得、傷心無數。枉教他、燕猜鶯妬。

蘇幕遮　閏七月轉熱，閑居即事

小園庭，閑伴侶。緑暗迴廊，迤邐行還住。牆角海棠嬌欲語。齅取微酸，摘蕊和茶煮。　苧衣輕，蕉扇舉。誰道秋來，未肯消殘暑。天氣越添沈悶處。澹澹斜陽，幾點疎疎雨。

華胥引　和清真

沙平依岸，風急捎池，樹根聚葉。淡日浮光，流虹散彩魚暗唼。一兩繩接低空，聽晚鴻伊軋。偷卜歸人，望羣遥數先怯。　鸞鏡羞窺，任星星、鬢霜誰鑷。錦箋封在，迴文無心再閱。衹與濃熏蘭麝，伴畫圖藏篋。頻倚樓看，亂山翻更重疊。

中興樂

南園左側帶迴塘。秋千影度高牆。桃李開時，爛漫春光。　依依垂柳數行。情絲長。樓前躑躅，箇人嬌靨，半隔紗窗。

金縷曲　四疊『罅』韻，送戚屬中女子參軍者

素手停鍼罅。厭聽人、鋪張中饋，啜鮮羹鲊。恨不南山隨李廣，試著短衣騎射。喜此日、真歸麾下。不數前朝秦洗輩，便吴宮、教戰誰曾怕。磨匕首，腰横挂。　更無滴淚臨岐灑。

盡拋將、脂奩粉合，兩眉休畫。風掣紅旗行肅肅，静裏微聞班馬。號令急、軍中鼓打。直向黄河邊頭去，笑木蘭、枉替耶征者。歌送汝，一罇藉。

戀情深

七月十作平三同讌席。勸金杯側。酒闌潛遇桂花陰。繫人心。星沈河底曉寒侵。三載絶知音。此夜玉温香暝，戀情深。

蕙清風　有餽星伯秋蘭者，分送二枝

芳氣透疏櫳，心魂微覺。誰剪楚江痕，幾枝雲裊。婀娜膽瓶中，對影成雙笑。更何用、炷香清妙。巴嶺昔曾游，楊家園好。風獵紫蘭叢，悦聆新操。楊園主人能琴。滋畹解留根，紉佩還同調。柰獨自、悵然歸老。

攤破醜奴兒　一塵見《哨徧》詞，甚喜，復爲彈《長門怨》《嬾梳妝》及《將軍令》數曲

絃絃掩抑聲聲思，似訴淒涼。澹月幽窗。捱盡銅壺漏點長。也，囉，真箇是、斷人腸。長門本是無梳洗，多謝君王。嬾點宫黄。轉作明妃出塞妝。也，囉，真箇是、斷人腸。

摘得新

瑟瑟風。吹來玉笛中。粉房將緑葉，一時空。雕盤忽薦新蓮子，想夫容。

醜奴兒慢　自題籴風泉韻圖，寄懷舊友

朝霏乍斂，行處餘寒猶噤。爲貪看、千巖奇秀，坐倚落陰。斷壑浮虹，冷泉飛雨兩蕭森。樵蹤稀到，攀蘿磴險，唯遇幽禽。天半翠濤，飄風時度，吹浣塵襟。記曾慰、蠻荒客思，

同染谿藤，笑指丹青。故山相約早抽簪。佳人何在，披圖悵想，誰解愁心。

金縷曲　爲履川畫山水，五叠『罅』韵

坐我蒼巒罅。記渝州、冬春高會，玉盤行鮓。祆火騰空丸迸落，狐蜮居然工射。直守待、扁舟東下。幸有吾廬堪終老，倘過從、風雨心無怕。人世事，一瓢挂。　淋漓墨汁看飛灑。笑何曾、山摹黔蜀，蜀山如畫。但願戎衣能定一，自此放牛歸馬。許靜聽、寒山鐘打。吴人昔爲詩鐘之會，名寒山社。醉入羣賢詩酒社，問誰歟、交到忘形者。游且卧，枕相藉。

蝶戀花　閏七夕坐梧桐下著句

河漢斜明星可數。展卻秋期，天上重歡遇。月姊含情應更妬。彎彎自鬬長眉嫵。　遥念天涯人獨處。不抵嫠蟾，猶得盈三五。一葉題將緘恨去。梧桐明日飄成雨。

南鄉子

初見好容儀。一朵秋英傍玉墀。了卻平生相憶願，堪疑。已誤芳盟十載期。　妝臉睡時宜。淡著臙脂淺畫眉。最是動人情緒處，低幃。不許鴛鴦不並飛。

念奴嬌　畫墨梅

夢華泡幻醒來看，人世荒荒無物。招取孤山林處士，伴我圖書東壁。手種江梅，先春曾見，爛漫吹香雪。嫣然微笑，笑他籬下霜傑。淵明咏菊：『卓爲霜下傑。』　千載唯有花光，掃除脂粉態，寒枝争發。鏤雪裁冰綃素上，點點香飛塵滅。苔蘚生衣，珊瑚動影，老榦皴如髮。畫

成誰賞，一鉤天上新月。

金縷曲　過梅村橋，哀大壯，六疊『鏄』韻

世路羊腸鏄。歎無非、刳麟作楦，醢龍爲鮓。衆口交讒金可鑠，弱骨何堪彈射。奮一擲、梅村橋下。今日重來澆斗酒，似沈湘、角黍蛟螭怕。魂魄毅，劍猶挂。　蕭然相對神清灑。最難忘、名園選句，小窗評畫。蜀國多才誰比似，不學題橋司馬。也不要、君平卦打。忽憶劉郎悲憤語，道孔明、自誤英英者。劉辰翁詞：『尚有孔明英英者，悵孔明、自是英英誤。』靈享此，蕙蘭藉。

前調　屢和陳髯『鏄』字韻，下筆不能已，七疊自嘲

瑣瑣消閒鏄。偶拈來、詞人險韻，味同分鮓。

曼倩俳優元玩世，隱覆何妨頻射。只傲氣、不爲人下。訶叱當時蚡嬰輩，便穴胸、斷脰吾何怕。餘子在，齒休挂。　剖將肝血無從灑。任悠悠、雌黃月旦，轉供描畫。自古文章憎命達，枉說才堪倚馬。茅屋被、風吹雨打。老去都無周柳思，獨稼軒、範我馳驅者。髯句好，亦時藉。

明月逐人來

梧桐庭院。湘簾高卷。初更後、玉繩斜轉。桂華影滿，徐自升天半。映徹瑤階夊殿。　堪歎。迢遥兩地，音書沈雁。如今向、天涯獨看。坐移暗處，羞避姮娥面。又見西樓那畔。

荷華媚

方池湛波碧。芙蕖媚、琢玉凝脂顏色。清晨

珠露重，盤傾數點，凝銅僊標格。可最記、玉蝀金鼇畔，佇嬌嬈屐齒，憑肩斜立。沈思事如春夢，嘑珠和露，向清晨同滴。

醉公子

寂寂生秋意。長是惺忪睡。向晚步中園。含情不可言。翡翠潛藏葉。葉色渾無別。風起忽驚飛。飄搖何處棲。

前調

離別經年歲。含恨將書寄。密字寫從頭，殷勤多問意。飄蕩學楊花。因甚不還家。一樹隄邊柳，枝枝宿暮鴉。

八聲甘州 太白有問月詩，稼軒有詞，余復繼問

笑一輪常繞地球行，畢竟欲何如。想其中自有，山河大地，主者誰歟。共道羿妻偷藥，定是昔人誣。髣髴團圞樹，非桂非榆。既是明明如鏡，照古今人物，影亦留無。值羲和漂溺，光曜借誰舒。算本只、行星一體，又何緣、名與太陽俱。青蓮後、屢停杯問，月轉糢糊。

金縷曲 有憂國際形勢日亟者，作文論之。余因謂：『今日之患，不在强隣，患自棄其文化耳。』八疊『罅』韵爲贈

玉缺金甌罅。妄思量、刀分瓜豆，鼎嘗魚鮓。强敵生心星占現，枉矢欃槍紛射。畢竟是、誰家天下。衆志成城堅不拔，況岳家、軍在胡先怕。指四壁，輿圖挂。不須淚向新亭灑。看淋漓、草成露布，自然心畫。只恨才華無人惜，一任文高枚馬。恐一網、還教盡打。《齊東

野語》載《杭學檄文》云：『始陰諷其三緘，終盡打於一網。』瓦釜雷鳴黃鐘棄，汨橫流、舉世滔滔者。黿與策，又何藉。

小重山　爲陳從周畫山水

巖壑深藏一徑幽。幾株霜下葉、恰宜秋。驚風忽起暮雲愁。凋零急、獨自恨悠悠。　匹馬萬山頭。蠶叢經極險、度邊州。難將此意畫中收。聊著我、拄杖白蘋洲。

醉落魄　謝翁一塵家棲霞，於煙台亦有宅舍。喪亂迫逐，挈妻子奔吴，囊無所餘，唯攜琴、簫、琵琶數事。簫以鐵製，範之如竹，形畧短而肥。按節爲孔，四圍鏨金花，制度精巧，蓋唐時物也。試吹數聲，清不減竹，而沈頓激壯過之。翁少年盡力革命，娶馬氏，年長而志相得，與秋瑾交善。翁自言夫婦當死葬吴中，不復作還家想矣。余聞而悲之，故贈詞有『雙穴』之句

蓬萊宮闕。蜃樓海上看明滅。知翁久悟塵緣徹。話到興亡，猶自淚霑臆。　簫聲慷慨穿雲裂。朅來吴市心情別。要離冢畔穿雙穴。若過蘆中，休把姓名説。

思帝鄉

卿卿。與花同表名。蘭秀蕙芳，華萼簇桃英。含笑自擎團扇，颭風羅帶輕。回首綺筵，惆悵不勝情。

以上《夢秋詞》卷七《閑情集》，起己丑春，迄秋

夢揚州　迫於生事，重爲海上之游，示尹默、鵷雛、元龍諸子

晚烟稠。看市街、鐙火星流。盡卷翠簾，百尺苕苕朱樓。舞衫歌扇夭斜女，記舊時、爭擲纏

頭。今都改，花腔圓鼓，數聲新唱伊州。　風化追還召周。嗟運轉中興，愈感漂浮。故苑萬家，一望荒寒如秋。醉懷鉛槧嘲難解，趁稻粱、誰許呼儔。愁賦永，歸田未遂，聊更淹留。

陽關曲　題送別圖

送君凌曉出青門。別語悽然酒一尊。鞸鞭徑去莫回首，愁殺歸時無舊人。

楊柳枝

耐得繁霜未即枯。青蕪國裏兩三株。莫教攀折行人手，留與千秋作畫圖。

其二

嫩葉柔條次第摧。更無情緒傍章臺。獨憐一樹江潭柳，移向靈和殿裏栽。

蝶戀花

醉賞陽春花似纈。轉眼凋疏，已近黃梅節。舊曲闌干空倚熱。斷無尋處閒蜂蝶。　準擬此生終決絕。但祝文鴛，莫更輕抛撇。消夏灣頭風浪歇。殷勤替種雙荷葉。

月中行　連日風雨，至中秋夜霽

昨宵雨腳引如繩。泥潦過荒塍。忽看霽月羼華燈。曼衍戲偏呈。　年年此夕同斟酌，誰識道、聚散無憑。風吹桂粟曉寒凝。殘夢尚瞢騰。

霓裳中序第一　十六夜又雨

中原亂未息。更著沈陰天似墨。天醉抑因恨極。甚長夜漸闌，愁霖如泣。團圞桂魄。閉廣寒、空念前迹。霓裳杳，一番夢覺，此意竟誰識。悽惻。市喧都寂。但隱約、蟲吟敗壁。披衣重眺巷陌。劇散墟荒，鼓罷鐙坼。鳳樓歌自得。怕蕙女瓊瑰暗滴。中秋夕蕙娘歌《鳳樓》之曲，見《宣室志》。休休也，君當安卧，大地已迴白。

金縷曲　新政府成，廢雙十節，而令舉國狂歡十日。九疊『罅』韵賛之

俯瞰層雲罅。傍江干、魚龍陣列，萬頭排鮓。炫轉鐙光交織處，絶似霓奔虹射。休更憶、武昌城下。民國於今無遺老，袁氏竊帝後，太炎先生常自署『民國遺民』。祗烽烟、偏地經行怕。剛盼到，星旗挂。　陌頭寒雨連朝灑。儘風吹、蕭蕭黄葉，做成秋畫。擊鼓鳴鉦疑社賽，閙市也騎秧馬。聽處處、秧歌齊打。一任空厨炊無米，舞交衢、盡是狂歡者。歡亦可，向人藉。

虞美人　重陽後一日作

年年强預登高宴。醉把茱萸看。今年偏賦卻登高。怯上層樓何處、望平皋。　淒風又送瀟瀟雨。飄向閒庭住。垂楊還似舊輕盈。恰便一枝一葉、是秋聲。

鷓鴣天　欣夫簡非社諸君子集抱蜀廬，爲放翁補作生日，約題翁像，分韵得『心』字

入蜀還吴歲月深。散關唯向夢中尋。一生儘費憂時淚，九死難償復國心。　絲欲繡，鑄須金。高風長想鑑湖陰。莫言此社元非社，累我攢眉學苦吟。

隔浦蓮近　次韵和鵷鶵見寄

明鐙遥映邃户。不共如花語。賴有良朋在，飈輪疾來無阻。酣醉裀任吐。閒中趣。漫把新詞譜。　倚筝柱。斜飛雁影，知人心事良苦。江淹有恨，況更別情重賦。輪指繁絃驟迸處。淒訴。聲聲窗外寒雨。

卜算子　遇惠初，别後以詞代簡

相見只須臾，動作經旬别。天上人間三五期，雲掩團圞月。　小別怨經旬，經歲如何説。直到殘春倚繡簾，看盡楊花雪。

蝶戀花

廿載思君魂魄蕩。玉骨冰肌，姑射仙人像。何意行經東海上。蓬萊樓閣曾無恙。　雲母屏風遮繡幌。覷著無人，久久相偎傍。此段温柔勞夢想。夢回倍覺添惆悵。

訴衷情

薄情偏又似多情。輭款話平生。自説那回初見，已覺素心傾。　呈皓質，漱芳津。記深盟。誰知宋玉，欲賦高唐，一片雲横。

臨江仙

别久重逢傾倒極，泥郎小緩羅襦。歌成得寶意何如。自慙非玉樹，卿恰勝明珠。　性命即今拚付與，此生敢作他圖。名花可要葉相扶。皆隱括卜辭。絲魂猶未絶，淚眼已成枯。

其二

一霎語侵肌骨冷，温存忽又回歡。難猜心事

幾多般。沈思愁不寐，滅燭坐更闌。　便道今生無我分，他生盟約須堅。　情深終住有情天。　書成和血寫，莫作等閒看。

長相思　除夕對瓶梅寫寄

別離仍。恨填膺。欲駐朱顏竟未能。　明朝歲又增。　酒如冰。　淚如繩。　瘦影疎花伴一鐙。　思君意不勝。

薄倖

故歡新會。乍脈脈、幽情暗解。　便趁約、虹橋絲雨，貰酒綠楊村外。　驟畫輪、珠箔深遮，香融粉漬心先醉。　更玉液微黏，酥胸輕顫，無限風流媚嫵。　甚半載韶光迅，還織就、綠楊如帶。　手書殷勤問，瑤璫空寄。　可知密意從頭悔。　餘冰奩在。　記雙鴛照影，丹脣膩臉厮當對。　人前見了，偏只佯佯不倸。

減字木蘭花　元夕月暈

風鬟霧鬢。　愁絶孀娥添淚暈。　頻倚樓看。　隔海應同此夜寒。　玉梅花下。　三弄悲歌聞子野。　鐙火蕭寥。　忘記新春第一宵。

浪淘沙

春夢半牀閑。　衾枕生寒。　欲將何物報雙鬟。　檢點昨宵羅帕在，血淚成斑。　楊柳曉風乾。　蹙損眉山。　尋思無計得長歡。　但願匆匆偷一見。　見也都難。

浣溪沙

楊柳垂條拂路塵。　莫辭纖手勸離樽。　渭城歌罷便輕分。　無可柰何長忍淚，不曾真個已銷魂。懨懨睡起日斜曛。

訴衷情

背人宛轉肯相隨。驀忽又歌驪。折柳黯然傷別，再見杳難期。　頻望極，海西陲。是天涯。爲誰消瘦，咽淚吞聲，不要人知。

玉樓春

情多自覺爲身累。慷慨送君行萬里。斷腸空貯別離愁，揮手更無留戀意。　湘江叢竹唯添淚。庾嶺梅花還望寄。從今莫上最高樓，樓角蛛絲緣網墜。

清平樂

留君無計。强作歡娛意。前日高樓同徙倚。惘惘驚回夢裏。　襟袖猶惹餘香。車輪似轉柔腸。魂魄隨君終夜，計程應過瀟湘。

高陽臺　隱語有述

市地迴旋，去大尺五，山城小駐幨車。夢入唐宮，霓裳舞破烟霞。温泉浴罷嬌無力，問環妃、竟屬誰家。早輪他。急鼓漁陽，聲亂琵琶。　一朝何意承恩寵，許營窺細柳，馬控桃花。老去劉郎，拊髀空自興嗟。春風緑徧原頭草，甚吹寒、又聽悲笳。待乘槎。一水盈盈，銀漢西斜。

浣溪沙

不用纖祛稱體輕。不須花朵佐芳馨。亂頭粗服總傾城。　鑿空舟車通絶徼，極天風浪過南溟。此時何處繫柔情。

前調

相聚匆匆月再圓。相離杳杳隔人天。餘情唯唱想夫憐。　光鏡留真何窈窕，電波傳語極清圓。尋聲問影已茫然。

翠樓吟

偶訪貞白，貞白以吷庵所繪碧雙樓圖卷屬題，携置車中，不意下車時悤遽失之。貞白慨然不以介懷，且言此亦佳話，仍宜述之以詞。余擬他日補爲作圖，特先呈此解，用志息壤

曲檻藏花，虛簾佇月，梧桐鳳棲修榦。丹青傳妙筆，定曾識吹簫佳伴。詞流徵徧。看淺拂朱絲，争題黄絹。春將半。偶教乘興，細吟閒翫。　幾見。垂老姜郎，有暗香疎蕚，小紅低按。篋扃元自好，恨誰把、并刀偷剪。淒迷魂斷。似美妾難歸，連城休換。重來看。待鉤新藁，碧雙樓畔。

角招

用白石韵寄遠

鏡中瘦。相思付與章臺，盡染嬌柳。數行天際岫。送客遠行，歌罷分手。靈均去久。只賸得、芳蘭盈畝。一夕挑鐙睡起，問誰續碩人詩，詠蛾眉螓首。　知否。謝娘韻致，真妃體態，難競珠簾秀。畫簷宵滴溜。頓憶橋邊，停車時候。情懷異舊。悄不管、傷春中酒。待欲箋天細奏。願長結、百年歡，同心友。

萬里春

香濃繡被。不諒孤眠情味。料琴心、已許相如，祇雙飛莫遂。　遠道三千里。恐書信、盡沈波底。算無多、幾日春光，恰難尋歸計。

荷葉杯

惘惘無聊，讀《碧雙樓詞》，益增悵觸，即用其韵

複閣迴廊鐙夜。歌奼。歌罷欲分時。緊偎蓮臉手相持。私語度脣脂。　回首了無遺迹。應惜。香麝化輕塵。恩情如舊怨偏新。虛負一年春。

點絳脣

萬轉千迴，細思此計真成左。浪浮單舸。遠去如何可。　我最憐卿，未必卿憐我。風聲大。凭闌昏坐。不覺楊花墮。

受恩深

手種垂楊樹。飄花同墜羽。送將征棹過南浦。記曉鏡妝成，鏡裏替寫長眉嫵。誰道因循誤。算細想人生，唯是別苦。　萬翼昏鴉排陣去。甚處尋巢，難把鄉愁緘付。羡渡口嗚榔，晚潮有信人争渡。天際分吴楚。怎顒望歸舟，又飛寒雨。

玉樓春

無多歲月輕拋擲。一樣春光分冷熱。鄉園已報竹平安，客舍竟無花信息。　淒涼夢醒孤鐙側。始覺前歡非是實。擬傾淚血訴寃愁，迸入渠儂心一滴。

菩薩蠻

鴛鴦雙枕痕猶溼。可憐一去無消息。海水拍天流。君行天盡頭。　會真空有記。肯爲郎憔悴。織女別黄姑。隔河何事無。

其二

亂山排闥將愁入。愁心更比山重疊。燕子帶書來。紅箋花下開。　書詞多婉折。暫解眉頭結。風送落花飛。可能還故枝。

清平樂　瘞花圖

一鋤漫把。癡絶情難寫。花圃成墟花事謝。我欲薶憂地下。　花魂飄泊堪哀。不如喚取歸來。重返枝頭無術，也應留點蒼菭。

浣溪沙

畫燭光銷臘鼓催。碧琉璃盌酒新醅。酒闌乘興鬬牙牌。　百步迴廊閑試屐，半弓小築自名齋。玉人曾向夢中來。

意難忘

宮柳嬌黃。正纖蛾鬬窄，素領披香。迴鐙明紫電，斟酒捧清觴。蘭畫箑、竹匡牀。　聽舌轉絲簧。宴漸闌、苔階露濕，此意難忘。　羈情自怯空房。祇零縑寸紙，暗寄蕭娘。書封千點淚，看後一迴腸。因箇事、惱伊行。　勸急整歸裝。縱使伊、歸期定得，鬢早成霜。

婆羅門令

百忙裏、把新詞寄。偷閒裏、再寫新詞寄。點點行行，紅箋畔、都成淚。　愁遠道，開看淚如洗。　鵑嗁苦，春迆邐。折垂楊、縷縷情絲繫。　漫天絮影飄殘後，過短巷、怕重佇吟轡。夢醒事往，杳隔千里。晚景蒼茫，對此空想歡娛地。盡掃歡娛意。

傷情怨　和清真

青梅如豆尚小。漸一春花了。夜夜東風，疏枝臨水照。　關河迢遞信杳。恨燕足、將書難到。只恐歸遲，輸他春去早。

虞美人

錦帆高舉障泥韉。春到隋堤畔。東風著意挽垂楊。何用千花百草、鬭芬芳。　輕寒做造絲絲雨。催送年光去。楊花只合嫁東風。因甚飄揚無定、學飛蓬。

慶春宫

殘臘初收，妍春猶早，故人報導遄征。溝水含漪，原田交罫，更看驛堠縱横。殫鞭相送，恨垂柳、柔條未青。酸風催暮，西望修途，車動雷聲。　愁來鬢髮先零。中夜徘徊，孤館淒清。頻吮霜豪，書成休寄，寸箋難寫離情。眼昏鐙暗，記歷歷、山川去程。此時縈想，始信當年，一顧傾城。

鷓鴣天

風雨連宵欲到明。淒然無語對昏鐙。迢迢夢隔千山路，惘惘絲牽兩地情。　裁素紙，寄新聲。一聲一字淚縱横。吴兒木石腸堪斷，不信伊人不解聽。

玲瓏四犯

鶯老春殘，漸暗緑陰陰，飛絮零亂。露浥花梢，長似淚痕珠泫。難忘去聲醉裏歡情，就臂擁語低聲顫。乍望中、物象都换。唯有晚雲堆怨。　畫圖重展崔徽面。蠹紋侵、舊裝綾絹。釵分鏡掩傷心極，微識知難免。休恨異域路遥，記贈我、芳蘭一翦。向去時約定，歸有日，同秋燕。

暗香 桃花狼藉籬落間，偶以興感，和白石韻

數竿竹色。待有心付與，情人裁笛。唱了陽關，客舍青條已堪摘。春意隨人去也，空閑閣、江郎吟筆。又片霎、落盡夭桃，凌曉拂茵席。南國。信寂寂。料瘴雨夜深，恨若山積。瘦檗對泣。胡不歸來免思憶。嘗願經營小圃，書帶帀、籬根新碧。謝世事、期共隱，可憐未得。

疏影 前詞既成，貞白謂不可獨闕《疏影》，因併和

簷敲碎玉。伴射窗冷雨，來警孤宿。逆旅光陰，拌著無聊，中宵簟卷蘄竹。楊瓊一去音書杳，悵路絶、關山南北。甚繡衾、一例禁寒，太息擁衾人獨。　還怕千林萬樹，幾行雁陣起，

凋盡蕪緑。一點癡心，欲待秋風，檢點江干茅屋。何時卻共西窗下，細得訴、別離衷曲。忍衹將、無益相思，寫入小詞箋幅。

喝火令

綺席傳私語，花箋識小名。不辭多露夜深行。還向閬風高處，閑試縷衣輕。　往事都疑夢，佳辰獨掩扃。別來何以報恩情。早起添香，早起禮金經。早起自疏心願，玉體定長生。

浪淘沙慢

檢裝罷，餘寒未斂，從去聲輦先發。樓角微看曙色。梁間更繞怨鬩。恨歷亂鳴雞催曉轍。攬袪袖、獨恁嗚咽。柰霧葆霓旌竟難挽，仙家好離別。　悽切。探春又近佳節。怕轉眼、春花都飛盡，荏苒懷刺滅。空四望雲昏，魂斷

心裂。素帴漫疊。嗟舊情，無可重留言說。 天地摧崩滄溟竭。看桑海、頓驚鬢雪。麝香冷、蓮絲還寸絶。誓今後、不忍分攜，再見日。柔條綰就千千結。

阮郎歸 戲詠收音機

話言隨藏寫機心。有誰窺淺深。高樓西北晚雲侵。雲低和響沈。 紛錯雜，忽蕭森。九州如對臨。玉人聲息杳難尋。空傳天外音。

鷓鴣天 次韻，和尹默偶成

百距何妨偶一迎。一虧還恐百無成。移山志大人難壽，鍊石功完地已傾。 詩止酒，賦閑情。後人長是笑淵明。不如且唱瀟瀟雨，也有吳儂側耳聽。

法曲第二

琴曲方終，花徑重來，澹月流光耿耿。衆裏攜纖手，便旋繞西廊，朱闌同凭。指教看、苔紋滿地畫雙影。 暗自省。 到如今，甚千般恩愛，向夕都變淒涼境。鴻雁漫呼侶，寄書難定。展轉思量，恐和伊、誓言未肯。但占問，幾時相見，卦爻偏整。

如夢令

路轉斜街東口。門外幾株楊柳。不見倚闌人，罨曲闌干依舊。回首。回首。風起落花沾袖。

陽臺路

款朱户。正彩雲漏月，芳華初度。繡筵開、蠟苣光摇，稱壽酒觥同舉。歡事太悤悤，便恁夢回，已成乖阻。分飛處。傍柳陰、青驄還久延佇。　忍訪當時鄰里，但燕子、花閒自語。舊巢棲穩，怕未解、寸心愁苦。縈魂向、天涯問得，媚景是誰輕負。春將去送春歸，連旬風雨。

樓上曲

容態極姱非世有。施朱施粉翻嫌垢。應是蘂宫暫謫居。期君善保千金軀。　福德兼修題牓在。巷名烏衣未曾改。高樓自此怯重登。山川迢遞白雲横。

采桑子

前年讀瘦東《瓶粟齋詩》，未相見也。頃蕺川邀同宴席，分韵得『生』字，因賦贈

新篇曾誦龜堂句，極訴飄零。健筆縱横。信有文章老更成。　相知已是三年舊，此日班荆。執手同驚。飯顆山前太瘦生。

曲玉管

浦溆煙凝，河橋日冷，踟躕野立忘歸晚。極望征人天末，回首風前。兩情懸。　隱隱神洲，茫茫東海，别來幾度滄波淺。信誓成虚，此後相會何年。恨緜緜。　痛飲醇醪，把無限、傷心前事，寫將數紙迴文，其如遠道難傳。好春天。怎淒風寒雨，苦守懨懨長夜，一鐙昏慘，蝙蝠字作上聲拂簾旌，獨自閒眠。

蝶戀花

細想當初元自錯。翠羽明珠，直恁輕抛卻。霧障南天風浪惡。片帆轉共楊花落。　十二時中閑摸索。待不思量，又早思量著。可恨阿嬌情意薄。爲伊憔悴何曾覺。

西施 和樂章

討春同過赤闌橋。便約會良宵。暗擡嬌眼，故故向人拋。鳳枕鴛衾，取次香熏透，愛終夜難消。　豈知一旦芳心冷，空垂淚、染冰綃。畫樓遠隔，凝望歎無憀。比翼參差，祇羨雙飛燕，尚時度花梢。

甘草子

春盡。葉底風迴，簌簌飄花粉。淺醉不成眠，強起還餘困。　邊塞慣聞悲笳引。料鏡裏、也疎青鬢。或許涼秋歸有信。柰此時沈悶。

傾杯

曉乘風勁，倚簷枝、露滴紛如灑。客舍自臨郊野。空庭畔、竹木成圍，一碧陰陰，穿簾映瓦。荼蘼綻、香氣染衣襟，因記當時，和醉鴛衾相覆，濃熏蘭麝。　人比天遥，水流春去，不慣籠鸚輕罵。鬬草偏贏，藏鉤細數，看取宜男滿把。好語難知真假。南國雖有書問，頻慰別離情，惱恨心腸，未全拋捨。

兩同心 和耆卿韻

繡户斜憑，麝塵匀掃。攙薄怒、嬌臉含頳，飛雅謔、圓渦宜笑。冶春時，酒畔歌前，惜取佳妙。　拂檻柳絲風裊。徑荒人悄。恁判得、即世暌離，全不念、舊家歡好。想韶華，也肯歸來，眼中人老。

鷓鴣天 和貞白

紫燕黄鸝有送迎。山花野草亦生成。細推物理須行樂，争奈愁人涕易傾。　思遠道，攬幽情。一年佳序未分明。芭蕉才展當窗葉，已覺秋聲不耐聽。

燕歸梁

緑映窗紗面面涼。耽微醉、凭胡床。一番雨過又斜陽。新荷葉、漸飄香。　無端弱水三千里，漂花去、恨難量。夫容心苦藕絲長。歸到日、是空房。

如魚水

夢海波洶湧，仙山樓閣中若有人，欲往就之，而須臾變滅。醒而惡其不祥，以吉語祓之，亦巫陽招魂之意也

簾卷虛亭，鏡平遠沼，藕芰別有清香。此際悵悵。佳人踪迹何方。夢中望。仙山峙、溟渤中央。最苦又、風引船迴，貝宮瑤闕影微茫。私誓願，可能償。待百歲相將。黯黯春光。時清歸老吴閶。水爲鄉。乘興拊、小檝輕榔。繫情處、步屧花隄，共繞掩冉盡垂楊。

相思兒令

寂寂送行車轍，無數緑苔生。摇蕩幾絲垂柳，難繫故人心。　往事忍更追尋。繡筵前、芳醑同斟。誰憐滄海明珠，竟隨魚雁浮沉。

望雲間

用趙可韻

雙闕苕嶢，僊馭往來瀛洲，天恃屏藩。想觚棱四起，風動星旋。環佩摇時疊響，銖衣舞罷生寒。悵塵寰遙隔，羽翼難憑，凝眺潸然。　孤蹤自省，寂寞空床，玉壺滴盡更闌。心似流波東逝，長日無還。離去正逢花好，歸時莫放春閒。夢魂苒苒，昨宵飛度，絕險關山。

以上附《夢秋詞》卷八《折楊集》，起己丑秋，訖庚寅夏

漁家傲 和貞白

荷葉翩翩同舞袖。荷花粉暈侵肌透。一棹穿花人比秀。歌垂手。晚涼著體微酣酒。　憶得西湖筵散後。至今共道文章守。翠蓋紅幢還似舊。徘徊久。六郎顏色新成瘦。

南歌子 午日，次尹默韵

掛户看蒲劍，烘衣雜艾香。舊家風俗未全忘。更喜絲纏五色、爛生光。　憂患從端策，賢愚盡括囊。兒童塗額弄嬌黃。那識靈均去後、幾端陽。

採明珠

小院空、雨過炎收，階下雙梧弄影。墜片石榴紅，襯緑落芳徑。轆轤牽金井。動離懷、黯黯凝思，自拭淚痕，擬問何時，羅幬翠被重整。　更漏永。關河迴。怎獨耐孤冷。風不定。槭槭撼窗，遠砧相應。機杼催愁醒。亂絲縈、嬾織迴文，賸欲懺除綺語，茶消香掩，又成閒病。

晝夜樂

萬花圍聚稱香國。就中看、夭桃色。燕支染做穠華，翡翠裝成蕡實。玉砌瑶階争相識。被方朔、一時偷摘。還肯到天台，問劉郎蹤跡。　豔春景物堪留憶。恨風吹、漂摇極。精魂暗涉波濤，信札虛憑鱗翼。別去明知長不見，郤寃道、暫時分隔。一日似三秋，怎教人禁得。

雨中花慢　兆豐園雨歸

翠竹捎池，虬藤掩徑，攜侶共過名園。立松陰深處，衣領生寒。頓覺得、荒涼意境，近來事事偷安。悵知心遠去，喬木摧薪，佳景闌珊。遥看。萬里暝色，便催飛陣雨，横斷關山。也曾約伊行，歸及楓丹。怕時霎、烟塵四阻，到秋來、獨恁消閒。等重門鎖了，暗牽心事，萬緒千端。

清平樂

佳人絶代。何處遺環佩。約畧驚鴻嬌意態。恰是青溪小妹。　傳書苦訴淹留。從前言約都休。檢寄寒衣數襲，歸時恐過殘秋。

南歌子　用韵調尹默平君

世味從荼苦，生涯似蔗甜。偶然鄉思上眉尖。卻道蓴羹佳處、不須鹽。　桐葉閑題句，荷香晚透簾。莫將形影妬雙鶼。燕子自來自去、亦無嫌。

九張機

一張機。盈筐桑葉飼蠶兒。同功繭就絲難理。兩頭齊撚，中心有結，剪去更憐伊。

兩張機。拋梭來往疾如飛。織成胡蝶穿花裏。一堆紅萼，一叢緑葉，應費萬千絲。

三張機。密行鍼縷繫情絲。紅羅一丈裁鴛被。梅英數朵，當胷覆額，春睡最濃時。

四張機。吴宮花樣又翻奇。畫圖邢尹相回避。手持團扇，扇中秋景，微恨菊離披。

五張機。莫愁家住石城西。采蓮歸去同游戲。連絲並綫，鴛鴦繡出，總是一雙飛。

六張機。弄梭織女故遲遲。天邊自種閑桃李。李花如雪，芳蘭浴罷，斟酌舞時衣。

七張機。夫容織得暗相思。汙泥不染青蓮子。苕苕玉立，臨風摇蕩，寄與薄情知。

八張機。般般花色選蛾眉。就中一段尤堪異。裁成褭帶，縈雲迴雪，唯稱玉真妃。

九張機。春來秋去不停時。年光恰與梭相似。回環往復，鮮妍都褪，織就鬢邊絲。

夜厭厭

一去杳無歸意。亂雲重、海天迢遞。臨分偏道即相逢，語丁寧、寸衷牢記。　不解後來長久計。甚都忘、舊歡前事。如今空度夜厭厭，夢厮尋、又難成寐。

醉垂鞭

銀燭照空卮。蘭閨飲。疑成讖。横海動鯨鯢。君行休自迷。　更拈紅豆看。東風畔。兩眉低。惜别亂離時。相思無會期。

三字令

長記得，别君時。柳初荑。風動幕，水平池。翠梧桐，紅菡萏，漸離披。　流電滅，景光馳。誤心期。琴罷弄，角頻吹。九迴腸，千點淚，枕函知。

柳梢青

暗想嬌姿。腰如約素，膚似凝脂。幾日春風，伯勞東去，孔雀南飛。　人生聚散難期。柰信息、經年更稀。欲諱閒愁，眉開還斂，早被人知。

飛龍宴

青陽已過時，紅榴吐萼，菖蒲抽箭。漸覺南薰，暮朝吹入庭院。密葉疑張翠繖。對此景、只教魂斷。素紈竹枕，浮瓜沈李，忍負清游願。　心羨。來去將雛燕。正銜泥池曲，疊巢呼伴。顧影淒迷，舊歡處處堪戀。相望天遥地遠。歎無非、利名驅遣。夢中怕見。楊花亂逐飄風轉。

鳳銜杯

百媚千嬌紅妝面。圖歡會、小窗南畔。任纖手頻持，翠裊偷解摩抄看。似玉粹、香温輭。　兩情深、孤飄遠。從今後、永睽良願。便時寄音書，怎如懷抱長相見。又何況、音書斷。

西江月　碧雙樓話秦淮舊游，感賦

夾岸千家鐙火，中流不斷笙簫。復成橋下駐輕橈。柳帶因風縹緲。　往事微温心上，幽情暗結眉梢。重逢依舊可憐宵。只恨盧郎年老。

鷓鴣天　題湖帆爲龍榆生所作哀江南圖

一片荒寒境界開。疎林老屋傍巖隈。最知庾信心頭恨，併入倪迂卷裏來。　抽賦筆，費縑材。千秋事往祇低徊。驚烽照徧人間世，未必江南更可哀。

添聲楊柳枝

臺南見，柳枝。臺北見，柳枝。日射平臺朝露晞。斷蟬嘶。柳枝。人不歸。柳枝。雁飛迴。柳枝。愁到霜腓百卉時。挽空絲。柳枝。

采蓮令

緑陰遮薇帳，渾忘曙。燒殘蠟、擁衾淒苦。片魂忽似度重關，歷歷窺門户。依稀見、珠簾繡幙。嬌容粉黛，數回也肯偷顧。憶昔輕離棹轉，直恁匆匆去。争知得、此時情緒。萬般追悔，聽曉夜、刺促寒螿語。但驚起、登樓一望，江流如綫，杳杳幾行烟樹。

解語花

簾篩密竹，户掩垂楊，幽徑人踪悄。數聲枝杪。嚦鶯囀、暗協玉笙宫調。臨流自照。訝幾許、霜絲縈繞。清晝長、凝對鑪烟，何事添煩惱。曾覓雙成蓬島。敞銀屏珠箔，粲然微笑。朱顔猶少。空追恨、行雨行雲非早。韶華誤了。恰又肯、恣郎懷抱。細想伊、投李恩深，瓊玖應難報。

河瀆神

巫女禱歌停。楚江烟水冥冥。桂旗蘭櫂轉鮮明。颯然來下湘靈。遠游何處尋蹤跡。鬱孤臺畔風色。斜日杜鵑嚦急。含情回望鄉國。

其二

孤嶠長風烟。裴徊神后祠前。晚潮遥送木蘭船。佩環聲裏嬋娟。春盡玉顔空寂寞。卷簾凝對高閣。倡女幾家行樂。夜深猶弄絃索。

水調歌頭　榆生示《忍寒詞藁》，題贈

契闊復來會，雙鬢已先皤。太行歷盡危阪，艱險未云多。遠望海東千里，中有修鯨掉尾，誰唱定風波。漸覺素秋近，白露下庭柯。　寒可忍，哀可制，且婆娑。子當爲我擊筑，我爲子高歌。鐵板銅琶聲杳，柳思周情亦好，相與醉顏酡。但莫論興廢，問子意如何。

浣溪沙

松竹亭邊扇影涼。芰荷風裏茗甌香。浴波鸂鶒總成雙。　有限烟花供繾綣，無情日月太奔忙。問渠何事滯他鄉。

古傾杯

灩染瓶花，暖回杯酒，簾裏春先到。纖纖玉指，朱弦細按，偷理相如琴藁。歲華荏苒潛移，雛鶯已老。風帆勁翼，翩如逝鳥。一別千里，從此孤鸞掩照。　算可有、方壺圓嶠。漫長想、琅玕芝草。衹自檢征衣，裁縫鍼綫，舊事同迴繞。匆匆幾日歡笑。換得恁、灑涕丹楓，牽愁遠道。立望四野，歸鴻聲杳。

采緑吟　夜泛，因憶蜀江舊游

淺碧琉璃展，記盪槳、柳磧花谿。蟬吟密樹，雨催輕舸，風透練衣。晚穿蓮葉去，篷窗底、謾賡采緑新詞。阻清歡，空回首，前塵如夢迢遞。　歸卧小園中，躬耕願、霜畦烟圃堪計。鼓角咽嚴城，又玉貌銜圍。悵如今、心渺滄波，千絲網、無人贈西施。涼宵迥，殘月櫂迴，驚烏亂飛。

生查子

黃楊厄閏年，故舊傳聞語。怪道去年來，葉葉含辛苦。　何時棄得儂，魚上青松樹。只恨結同心，不在西陵路。

鷓鴣天 病起即事

小病新瘥與睡宜。驚雷忽欲破窗飛。起來負手揗闌處，又見林陰閃夕暉。　天道遠，世情違。祇應寥落掩柴扉。壯心賸未消除盡，閒看孫兒弄戰棊。諸孫方以陸戰棊爲戲。

雙燕兒

紅葵臨砌夭斜。晚風動、裊枝花。依依折斷，含愁寄與，何處天涯。　幾番待寫金奩句，笑麗情、都付誰家。相思未減，可應病裏，減盡才華。

滿江紅 用耆卿體韻

豔質奇容，被大遣、柔絲縈繫。從頭想、幾般甘苦，動人情味。這彼此、相憐相惜意。問中心、蘊結何年始。萬千遍、輪轉碾迴腸，添愁悴。　拚一醉，爲佳計。依舊是，醒醒地。長宵數更籌，枕頭沾淚。縱道得、本無些子事。也不應、便恁輕拋棄。算更無、別語寄秋娘，歸來是。

夢仙鄉

芙蓉仙子。嬌顏靡理。風掣動、五銖衣袂。高處白雲鄉。無翼借鸞皇。　凝睇非煙非霧。魂來夢去。都莫管、幾番離聚。生死兩情牽。惟種後生緣。

踏莎行 七夕

露滴瑶階，機停錦字。無言佇立空垂淚。如今不是阻銀河，迢迢碧海無窮際。　積思難銷，深盟轉悔。不如飛伴寒簧隊。　緑腰按拍舞霓裳，月宫尚有迴旋地。

四園竹 爲冼玉清題琅玕館修史圖

玲瓏翠玉，面面繞庭柯。偶憑妙蹟，閒勘勝流，盤礴摩挲。簾暗垂，交四壁、香薰錦裹。此中宜對修蛾。　夜如何。燈前細點丹黄，蟠胸自有山河。正伴寒螿碎砌，如弔興亡，按節悲歌。情未可。歎鳳德、霑襟淚更多。

雙頭蓮

百尺高樓，兩行低樹，風捲翠簾，枝摇斷影，點滴露痕，冷浸彩鴛雙屧。夜游適。　滄海波深，蓬山烟曖，蓮菂暗枯，蠶絲自繭，只隔片時，不許舊歡重拾。漫追憶。　秋氣森乍感，平陽孤客。踏月閒階，采蘋荒岸，漸覺帶寬腰窄。詩題斑管，恨譜瑶琴，怕伊未識。　待相見，指菱花，教且看顏色。

踏莎行 和貞白

燕宿空巢，魚沈尺素。山長水遠人何處。高梧一葉墮秋風，荒落滿院滋新雨。　伏枕淒迷，倚闌凝佇。愁城深鎖無朝暮。　早知離别恁難堪，當初只合相從去。

解蹀躞

市遠囂聲都静，夜半停歌舞。未殊巴蜀、關山久行旅。因夢石棧天梯，小樓影事朦朧，語低心苦。悶無緒。誰道纖纖微步。江濱又奇遇。乍驚涼濕，單衣灑塵雨。此度青翼飛來，可容簫韻殘時，載將同去。

南柯子

翦綵裁花勝，分籌鬥玉鍾。飲闌潛遇曲房中。四壁錦圍紗護，覺春融。舊地千回過，前歡一埽空。背人殘月照疎櫳。只見當時一架、小屏風。

醉紅妝

花柔玉靚出中門。織茸衫，繡領巾。逐時妝様恰宜身。蓮襯步，起微塵。華堂謌酒密圍春。竟無計，駐征輪。鬟影衣香千種好，終不似，那人人。

臨江仙 貞白有感舊之作，依韻和之

寂寂鶯辭故苑，淒淒蛩訴高秋。梧桐院静獨登樓。繫書鴻北嚮，照影月西流。髣髴褰帷一笑，依然翦水明眸。單衾轉側想嬌柔。莫辭今夜夢，添作異鄉愁。

望遠行

畫闌徧倚。行人遠、悄悵新秋天氣。小雨收虹，金風摇柳，一霎暮天如睡。迴顧蘭房，空抛綺枕，忍憶舊情，香銷燭圮。夜漸深、殘葉敲窗耿無寐。愁睇。唯墮盈盈雙淚。甚半載、不成歸計。暗洗手，偷卜金錢，其奈禱辭虚費。待看東海栽桑，怕道久後，地老天荒難記。誓高歌狂飲，暫圖歡醉。

點絳脣　夜歸車上聞歌作

珠箔飄燈，獨歸仍是淒涼夜。舞酣謌妊。底處閒臺榭。　少日狂情，不惜冠釵挂。今都罷。玉簫殘麝。心字全灰也。

清平樂　嚴益堂以先德毅之先生所畫梅花、水仙扇面屬題。毅之，號天隱子，明嘉靖時人

括囊无咎。此意誰能剖。巖石湖波供枕漱。魚鳥翛然爲友。　逋仙標格猶存。況是丹青絕倫。留得一花一葉，千秋長護靈根。

佳人醉

宴語頩顏小霽。妝罷脂勻香細。乍曲彈流水。朱弦高韵，散蕩空際。舞袖翩翻，又素雪、隨風飄起。停階砌。　衆中遥指。堪羨媚容，柔情天膩。矉笑殊東里。眇含睇。如愁如寐。繡枕厭厭夕倚。

雨零鈴

殘燈明滅。況淋鈴雨，倍感悽絕。鴛衾鳳枕抛嚲，無憀賴處，含情凝咽。獨把徽容細省，問何事輕別。驟夜半、驚起徘徊，樹樹秋聲散空闊。　扁舟徑往如超越。歎此生、那復重相匹。鸞鑑祇餘孤影，羞指看、幾莖華髮。兩地縈牽，難道前盟，總是虛設。料想被、無限風波，誤了歸時節。

酷相思

摘盡殘荷愁不語。試滋味、憐心苦。悔前度、離筵難自主。潮信是、催人去。花信是、留人住。　曉月迷濛江上渡。滴淚看、分流處。到今日、沈吟嗟已誤。相問也、書無據。相見

也、歸無路。

促拍滿路花 和清真

瓶花借水妍，簾竹驚風破。熏鑪沈麝屑、延微火。單衣覺冷，更著鴛衾裹。看看黄昏矬。酒病相兼，夢回還又思卧。 頻年游歷，勝會清江左。如今贏得是、雙眉鎖。拋人去也，薄倖饒誰過。不須寃苦我。識面之時，是你先有心呵。

洞仙歌

燈下，任自拈象管，消得旅中愁緒。記駐馬門巷，墜鞭伴侶。驚逢漢渚盈盈女。甚便展、香衾同倚，不分朝暮。漸緑盡、一院陰陰芳樹。 辛苦。每衹爲、暫時分手，淚花濕枕，指約三五。歸期已早，背人凝佇。相偎先未論心素。但細數郎蹤，聞道尋常游聚。便自有閑心，百般嬌妬。此情念否。頓隔海天，深處蠻荒住。怕佳景、也成孤負。

聲聲令

花明繡户，香滿雕檐。嫩苔鋪徑緑毵毵。芳辰易逝動驪歌，酒頻添。看黛眉、微鎖兩尖。 孤館經秋，龍鳳管，不曾拈。夜來庭院雨簾纖。懷人遠道恨深時，病相兼。又怎禁、寒意透簾。

鳳凰閣 用葉清臣體韵

記花旛裁就，春如繡幄。玉人雲髻篸作去紅蕚。怎向尋桃問柳，郎心輕薄。故意把、芳盟誤却。 流光如駛，早又驚風動幙。可憐人更怨離索。秋到也、這些時，客睡難著。枕上聽、梧桐亂落。

尾犯　和夢窗甲辰中秋之作

步繞燭房空，遼海雁稀，難問音息。秋氣蕭寥，有吟蛩諳得。邀桂影、冰奩乍啓，汎梨花、瑶尊共拭。注年驩會，忍看片時，風起蕩塵跡。　曲闌依舊在，映月黯黮油碧。字刻叢篁，想盟言猶識。最堪笑、阿瞞情苦，世緣深、仙雲夢窄。繡裳霞蒨，舞罷細腰誰能惜。

虞美人

繞階苔徑尋綦迹。短短銀牆隔。木犀開到二分時。可惜閒房深鎖、繡簾垂。　登筵果餅圓如月。共道團圞節。素娥偏慣別離愁。又是一年寒雨、度中秋。

蝶戀花

憶昔天津橋畔路。爲送行人，折盡黃金縷。跡似浮萍無泊處。廿年始得重驩聚。　鈿約釵盟心暗許。略略相親，早被旁人妬。謠諑偶傳鸚鵡語。迴身障面羞微覷。

木蘭花慢　沈柏寒臨大癡富春山圖長卷，屬題。柏寒六十後始學畫

指凌虛秀起，乍驚認、富春山。有疊嶂縈迴，疏林莽宕，流水彎環。荒灘。坐垂釣處，總一時移置小窗閒。展卷不妨卧對，舊游如可追還。　前賢。勝蹟凋殘。空悵想、刼灰寒。藉粉本鉤摹，恍然再覩，千古雲煙。參禪。悟真畫理，笑昔邪猶是近中年。金冬心五十學畫，其寫佛像者自題『昔邪居士』。惟許吴興同調，更添翠

竹千竿。沈尹默亦六十後始寫竹。

秋蘂香

酒熟香擎滿琖。妝了粉痕勻面。晚風嫋嫋度庭院。菊蘂黃勝平聲數剪。南樓盡日探歸雁。鳴聲亂。凝憑隻羽寄書簡。還恐郎情久斷。

惜奴嬌

籬角黃花，勸日向、西風醉。驚心又、重陽節底。自怯登高，制不住、登高淚。迢遞。恨滄波、留人萬里。　三徑將蕪，怎忘去聲了、歸來計。人生悟、流行坎止。試託無弦，要領取、琴中意。愁悴。金井冷、閒嘶絡緯。

拾翠羽

秋色橫空，霜氣漸凋園木。正呼羣、雁行相逐。頻年去國，此情棖觸。誰肯念，天外有人悽獨。　寸寸光陰，飛電逝波同速。恐他時、冶游難續。邯鄲炊黍，不關榮辱。倦夢回，猶及桂花殘粟。

河滿子

彩筆閑題秀句，金徽暗數華年。可惜歡娛纔幾日，無端春思縈牽。杏靨銷殘紅粉，柳條擺脫輕綿。　極目雲山北向，驚心道里盈千。那日臨歧斟別酒，黯然相對無言。贏得一聲河滿，長教淚灑尊前。

踏歌

墮葉。共蒼菭、輭襯尋幽屧。年光迅、早過陽春節。甚秋蟲也替人嗚咽。　乍別。記凌寒、催送征車發。悲笳和、一曲驪歌闋。似蕭蕭易水風淒冽。　襟袖冷，懷刺滅。朝連暮、望眼都成纈。始知舊來情，總是虛言說。待他生更訴冤結。

金縷曲　亞子招飲凱歌歸酒樓，越日北返，用稼軒送陳同甫韵賦贈

往事君能說。少年場、自呼青兕，比余諸葛。姻婭何須論瑣瑣，肝膽交傾冰雪。恨種種、今餘華髮。河北江東三千里，望故人、猶似天邊月。驚歲序，秋蕭瑟。　重逢莫道心情別。看依然、躊躇攬轡，氣吞六合。太息人間春閨夢，無定河邊戰骨。要手遏、橫流中絕。明日歸來期痛飲，凱歌聲、和以參差鐵。歌未竟，管先裂。

齊天樂　落葉

洞庭波起寒生偏，天涯自驚秋早。緑斷平蕪，霜凋雜樹，不礙高樓凝眺。千山徑悄。想磴曲潛埋，斧斤難到。賸有喬柯，亂撐枝幹上雲表。　深閨還動羈思，月光飛下處，偏見孤皎。鵲噪空槐，螿啼金井，都入琴弦淒調。蘭釭燄小。聽颯颯聲乾，透簾風峭。爲感飄零，半牀慵未掃。

一葉落

一葉落。西風惡。遠人似葉更飄泊。露零屐齒寒，徘徊闌干角。闌干角。影動秋千索。

點絳脣

海客談瀛，赤城霞氣長籠罩。百花千草。風過渾如掃。冰蔗漿寒，誤向雲英討。沉吟道。玉顏空老。何必仙山好。

夢行雲

畫樓漾珠箔。良宵約。心自覺。風欺暗徑，面旋作平楊花落。麝煙飄散銅荷冷，低頭佯睡著。舊情已改，空牀難守，朝雲夢，醒更惡。飛鴻成字，遠書可能託。鏡中顏色看看瘦，始嗟真命薄。

鎮西 和友古詞韵

絲絲梅雨滴，梅心酸透。情深處、話中微漏。年光久。恨奔車夜驛，擊楫晨江，長斟別酒。後來未諧歡偶。賸今後。迴文詩韵險，清才漫鬬。儘消得、沈郎腰瘦。幾千首。看鍾王妙格，周柳新聲，無非道舊。教伊暗藏懷袖。

玉連環

行雲易逐飄風散。玉觴催滿。不須苦恨即分離，恨只恨、相逢晚。留贈錯金衣翦。報君團扇。亦知秋扇有捐時，慎莫翦、恩情斷。

金縷曲 敘甫游吳歸，以詞見寄，有弔大壯自沈語，次和一首

歷盡巴渝路。最難忘、論兵煮酒，竹樓高處。竹樓在北泉。歸到東南翻索寞，來往都無舊雨。更楓落、吴江如舞。絕似靈均沈湘恨，歎從來、遇合皆天數。魂躑躅，江之滸。小山伕

思誰能補。賸傷心、闔閭宮畔，草連荒楚。霸業銷沈千年後，尚喜一丘名虎。休便道、山川非故。亂石崩濤驚人句，看蘇公、詞筆驅今古。我只合，女郎譜。

夢玉人引

試登樓望，遠林凋，暮雲積。頓惹離情，故人斷無消息。服藥求仙，謾自夸、能駐好顏色。迴轡扶桑，又荒涼斜日。　萬言千語，訴衷腸、點點淚霑臆。剩粉零脂，袖間尚留餘澤。人在天涯，應知長相憶。料伊行、縱思歸，不會此時歸得。

江城梅花引

朦朧殘月隱雲梢。度寒宵。憶春宵。春色招人，聯步百花橋。可惜歡娛隨漏促。乍風起，捲胥江、催怒潮。　怒潮。怒潮。送征橈。鬢暗凋。魂暗消。去也去也，去則是、煙水迢遙。海底千尋，何處覓鮫綃。泣盡真珠封不得，人睡也，夢相尋、第幾遭。

檐前鐵

《古今詞話》載此調，而佚作者姓名。余謂其能以質直之語，寫沈咽之情，感而和之

冷風吹葉下空階，蕭蕭未歇。動窗櫺、積網落蠹絲，渾似亂愁縈結。黃昏近，寒蛩語，恨只助、人悽咽。　無聊甚、數歸期，又拾金錢重跌。緘情處、蜀紅箋紙都成血。荏苒秋冬，越越悶人時，誰爲說。

以上附《夢秋詞》卷九《宗周集》，起庚寅夏，迄秋

無悶

初冬大雪，寄訊粵中友人

寒積庭陰，風戰碎葉，樓角黃昏獨倚。悵望絕

瓊華，醉魂愁死。忽見柳花飄灑，誤記得、吟邊回春意。灞橋鞭緩，孤山棹冷，釀成清思。天際。故人使。對舊苑蒼茫，幾番凝睇。料須訝、疏林未堪裝綴。偶化尋芳曉蝶，莫身到、瑤臺忘塵世。倩夢裏、飛過羅浮，又值翠禽酣睡。

玉燭新

園中臘梅將花，紅梅亦初蓓蕾矣。用清真韻

牆根新雪後。乍偃蹇寒梢，琲珠勻就。故燒絳蠟，循階看、訝許春光先漏。佳人插鬢，每頓著犀梳相候。衝凍去、親揀高枝，霏香亂霑衣袖。　含章睡近雕檐，問點額妝成，更相思否。翠蛾暗鬥。輕盈處、未比玉奴纖瘦。江梅早秀。衹賺得、行人回首。愁聽取、橫管悲涼，黃昏自奏。

浣溪沙

去歲稱觴近玉顏。今年飛夢阻千山。蕊珠宮闕有無間。　不信便成生死別，衹憐長覺笑啼難。一鐙挑盡夜漫漫。

望梅花

故園花事待平章。甚獨客、漂流江上。小海聞歌空斷腸。　梅綻壓低牆。昨夜風吹一陣香。簾外月如霜。

贊浦子

緩帶垂鴛結，低牀薦鴨氍。粉褪腮痕淡，脂香口氣融。　正擬閑情有賦，豈知夢雨無蹤。夏雪冬雷震，期歡得再逢。

戀香衾

暮色蒼茫淒風緊，久佇立、遠睇關山。記共當初，把著人瞞。手摘鮮葩作盟誓，似這箇、枝蒂相連。一霎落花風起，兩處飛翻。　到此真成没籌佈，袖摺裏、淚點成斑。鎮日連宵，一味摧殘。便則今生不重會，難道也、簡札都捐。想伊憶著前事，怎地心安。

早梅芳近　和清真韵

粉渦圓，雲鬢繞。鏡匣揩明沼。簪花匀穩，顧影徘徊試微笑。稍嫌金釧重，更約絨衫小。歎妍姿惠質，妝罷共稱妙。　歲將闌，宴易了。揮手休重道。塵飛官路，堠轉荒城破寒曉。怨懷添藴積，淚眼羞憑眺。悔當時，聚散何草草。

蝶戀花　衰柳，和清真韵

百草千花零落後。無復清陰，摇曳穿虚牖。插向折得枯條頻酹酒。歌時曾近纖纖手。　膽瓶寒不透。忽訝生稊，漸比眉痕秀。心到江南人北首。玉關風物應非舊。

十二時

晚來時，破檽風惡，城上嚴更方始。獨背地、思量前事。那日匆匆分袂。記曲闌干，臨窗几硯，誓不曾重倚。燈焰滅、劃盡鑪灰，被冷枕單，欲睡偏還驚起。　天漸明，瞢騰一晌，愈怯十分寒意。卯酒甫醒，斜暉已散，鎮日厭厭地。驀見伊影在，搴帷又似夢裏。　便細書，紅牋叠句，訴與羇人愁思。待得歸來，重諧鴛侶，又早經年歲。十二時不斷，心腸恁般牽繫。

破陣子 人民志願軍赴援朝鮮，大捷，爲之作歌

假道敢欺虞國，求援耻哭秦庭。誰道春秋無義戰，試看中邦多俊英。高呼齊請纓。　守似閑閨静女，攻如搏兔奇鷹。旌旆忽從天上至，鼓角還聞地下鳴。須臾收百城。

眼兒媚 和梅谿二詞

别時梅蕚正含春。騎馬踏香塵。年光换了，重來南浦，愁望西津。　縱饒别有紅窗伴，熨貼可無人。傳言信否，褭腰寬褪，眉黛長顰。寄贈。

其二

隨身雙珮刻鴛鴦。分貯鏤金箱。三生願結，敲殘清磬，爇盡沈香。　不成天意終相扼，欲斷已無腸。年年最苦，春心寥落，春物繁昌。代答。

一落索 和清真

眉眼天然含秀。看花微皺。花開今日爲誰妍，管更比、腰肢瘦。　情極轉憐難久。嗁痕先有。欲從門外覓游蹤，但只見、蕭蕭柳。

玉樓人

一樽重泛宜春酒。争奈向、情懷異舊。長宵拚著無眠，不堪聽、簷際雨溜。　癡心屢把爻占叩。最堪厭、卜者唧嚁。道伊來則須來，恰難期、是甚時候。

紗窗恨

團圞桂影依前好。一輪移。可憐來向房櫳

照。是空幃。別離久、更思君切，仗角聲、吹落清暉。免使旁人見，瘦容儀。

驀山谿　和清真

重簾密護，靄靄霏香陣。素面浄鉛華，自天然、融朱膩粉。朝來睡起，約畧淡妝，梳蟠髻了，整釵勻，珠衱腰身穩。高唐雲散，此意誰相問。臘破漸春迴，探從頭、幾番花信。羣芳徧數，來並玉人，看蘭氣味，菊精神，兼勝江梅韻。

風入松

無憀重入少年場。猶解作清狂。沾脣莫厭傷多酒，好花開、偏近離觴。惜別風催燕翦，留人語囀鶯簧。此生有願可能償。密意更須商。相携築屋西湖畔，待題名、深柳書堂。階下不除青艸，門前只種垂楊。

百媚娘

珠幕綺筵圍繞。箇裏有人同笑。髮秀被肩蛾淡畫，曼睩膩顏尤好。憶滿院、紅芳争比貌。連夜都開了。疊砌紫苔錢小。不放履鴛重到。一晌幾曾親夢見，傳信也無青鳥。樂事盡隨枝葉槁。花徑空如埽。

鷓鴣天　休甯胡氏女適婁邑韓士佶，半年而寡。撫遺腹子文衡，女紅課讀，及見其成，清光緒二十一年卒，年七十六矣。文衡追念母氏，繪寒窗鐙影圖，以示後昆。越五十餘年，其子綺章乞題。雪夜忍寒，爲製此解

展卷淒涼思不任。恩慈腹育古猶今。忍看寡婦孤兒淚，寫出丸熊劃荻心。風樹句，蓼莪

吟。寒窗燈火課功深。一燈便是長明燄，窗外漫漫更積陰。

獻衷心

記酒邊花下，春意方濃。花比艷，酒添紅。恨美人情薄，難挽游蹤。從此去，千里道，一江風。朝霧冷，暮雲重。海山深處鎖瑤宮。問别來歡事，還與誰同。音驛斷，魂夢阻，兩忡忡。

臨江僊引

倦客，異邑，臨曠野，立斜陽。嚴冬景物凄涼。過斷墳翁仲，下荒壠牛羊。支笻眺遠，漸晚起尋，歸路入蒼茫。因想征人何處宿，空抛繡户蘭房。對故山雲暗，念遼海波長。暌離已向歲盡，更堪此際情傷。

眼兒媚 風雪閉門，雜讀前人小説記載，忽有所感，因和徽宗北狩詞韵

瓊枝玉樹競豪華。國破更無家。明妃幽恨，環兒私語，都入琵琶。峥嶸殘歲相催逼，飛雪似龍沙。朝來驚看，穿簾疏點，偏學楊花。

石湖仙 雪後數日，榆生以盼雪詞索和，稍更其意，仍次韵

鐙摇微炷。聽風裏寒聲，簷際時度。誰念客中情，盼裁縫、征衣早絜。疏霙飄散，漸訝换、隔鄰荒圃。凝佇。看萬花、取次争吐。豐占預謀塈廩，未須誇、瓊瑶綴樹。纘挾三軍，抵得横吹歌譜。一紙傳鈔，一篇先覩。好賡枚賦。同起舞。光輝照見眉宇。

慶同天　申江歌舞之盛，不減往日，感作

舞擁，嬌媚。揭天歌吹。同樂昇平。陣雲如壓，天外遠簇旂旌。望邊城。　高臺影落滄江畔。流波轉。直使征夫見。因悲異地，光景入新年。幾人旋。

夢還京

畫圖徽容展看，燈下暗凝思。口約難憑，臂盟尚在，人隔蓬山，望斷千重雲水。杳無際。歡去匆匆，最憶舊日送行事。驛柳黃、纔可簪髻。共贈誓。柳眼枯後歸至。怎經歲。　僂指結盡千條恨，有夢重攀，醒來更分兩地。

浣溪沙

蛺蝶穿花漫作雙。不應花後便相忘。一春光

景費思量。　錦褥橫陳陽醉酒，羅襦偷解暗聞香。此情難道是尋常。

減字木蘭花　題陳師曾墨竹卷

宣南舊事。結社相親吾與子。曾到槐堂。老樹參天竹映廊。　湖州逝去。遺墨千年留矩度。展卷先驚。颯颯風從紙上生。

蝶戀花　立春日寒甚，用清真韻

悶擘鸞箋書蠆尾。心字燒殘，故故香侵袂。窗外沈陰風又起。簷聲聒碎離人耳。　誰道南中風土美。流蕩冰澌，未化銅壺水。一自佳人垂別淚。人間那復知春意。

鷓鴣天

醉魄離魂不可招。未甘寥落度春宵。杯盤强

共風懷競，顏鬢還從日歷銷。花破蘂，柳含梢。章臺處處見新巢。獨憐黃雀何心意，斂翅低飛入野蒿。

醜奴兒　冷香閣，用清真韵

一丘占盡谿山美，霧閣風軒。鶴訝高寒。合與林逋結浄緣。　香浮酒琖深深處，酒映衰顔。雅稱朱欄。幾點踈花帶雪看。

東風第一枝　梅開，憶楊園舊游

小閣寒侵，迴廊礎潤，東風不斷吹雨。故園芳息初萌，隴驛去程漫數。籬根昨夜，看照水、一枝先吐。漸覺有、春氣熏人，蕩漾半簾香霧。　應夢到、舊家林渚。還頓憶、舊時伴侶。徑藏曲似虵蟠，樹密暗驚鳳翥。吟懷再整，忍負了、尋幽佳處。想那人、徙倚梅邊，緑萼更羞丰度。

繞佛閣　和清真

暮寒未斂。烟霧似幕，深閉書館。良夜偏短。瘦檠尚閃、餘光照帷幔。淚尊自滿。閒念舊京，人共天遠。江路紆婉。片帆指向，南東卸遥岸。　繡閣送行日，爲補征衣拈綵綫。情話背人，佯羞低粉面。奈唱罷驪駒，壺漏催箭。此生難見。恨瘴海波翻，魂夢零亂。理相思、寸箋愁展。

塞垣春　和清真

亂碧鋪新野。漸暖潤、輕貂卸。風簾欲啓，麝煤先燼，心緒難畫。爲憶人變盡頭絲也。更血淚、頻揮灑。繫蘭情、紅箋在，叠成方勝誰寫。　長記綺窗前，清才鬥、詞韵騷雅。送別已經秋，但懸望朝夜。怕題將、錦字封寄，厭厭坐、石欄桐陰下。竹葉正堪飲，悶來還獨把。

虞美人

碧羅芳草交如織。因想羅衣色。雙魚有日到天涯。爲報尋春燕子、已先歸。　春花開落無人賞。忍聽前溪唱。欲憑樽酒遣離憂。恰似抽刀斷水、水還流。

鳳來朝　和清真《佳人》韵

浄洗芙蓉面。曉斂開、黛朱試偏。任苔黏屐齒、飛花亂。後院裏、數回見。　一旦巫峯雲斂。海波深、路隨夢斷。便肯爲、伊都拚。怕不及、舊情暖。

看花回　雨中集紫蘭小築觀梅，盆景尤佳絶，歸用清真韵作

數株垂柳如染，映水鮮潔。細雨乍飛又止，誤荇帶橫空，枝幹交結。亭虚步窈，藤杖椶鞵穿徑滑。凝䚷處、玉蝶輕盈，翠虬浮動兩清絶。玉蝶，梅花名，配以古松。　無計引、匆匆歲月。又了却、半春佳節。唯有幽思怨意，甚滅盡還生，酷似僧髮。迢遥去驛，分付逢花休便折。見花枝、淚如雨，自覺心情別。

品令　題扇，用清真韵

四圍虚静。竹窗下、風篩蟾影。腸斷日日春歸近。亂紅雨墜，簾外霏香陣。　紈扇一枝聊寫恨。代江南書問。背鐙重檢鴛鴦印。夜深人定。前事思量盡。

水龍吟　詠柳，和清真梨花韵

禁煙時節猶寒，渭城可似章臺地。攀條送別，停觴歌恨，游驄引避。漢苑全荒，隋隄非舊，深宫門閉。想繁華易歇，風飄露灑，青青眼、都含淚。　轉憶邊頭塞底。緑成陰、幾行笳吹。鶯啼不到，花飛欲盡，鄉愁暗起。舞困腰肢，鬥將眉嫵，那時情意。歎風流張緒，如今老去，更誰堪比。

迎春樂　和清真

霞明綺户雲生屋。説情事、耳先熟。恨人間、歲月波流速。除燕燕、雕梁宿。　堆几新詞同筍束。又愁見、垂楊初緑。萬一許重逢，須信道、身如玉。

滿江紅　楊花，用清真韵

接葉陰成，亂飛絮、荒園自足。渾不似、萬紅千紫，被春拘束。曾記長安三月見，白蘋風起香沾肉。怎似花、還道似非花，空鬖局。　身世事，萍堪卜。遺跡在，清池曲。忽隨風飄蕩，又過鄰屋。黏蕊浮輕疑蝶粉，綴枝顫裊驚鴉宿。笑女伴、指點當流螢，和衣撲。

憶秦娥

去去。此别何年聚。蒼茫。極目烟濤萬里長。　時行時坐頻思憶。直到紗窗黑。愁深。誤剪燈花斷了心。

憶少年

歡情幾日，離情經歲，春情無著。嚬鵑縱相

勸，負花前期約。　雨後秋千閑罥索。恨清明、客中過却。楊絲更牽繫，奈夭桃輕薄。

金縷曲　簡敘甫，即用其《重到蘇州》韵

有筆追韓柳。問當年、高文典册，竟成誰手。覆轍相尋今古事，一例雨僝風僽。四十載、勤勞奔走。世界終淪成壞刧，似烟雲、過眼休回首。春正好，且相就。　與君患難過從久。算平生、丹青詞翰，篋藏都有。勝侶星流須臾盡，寥落幾人知友。祗喜得、壯懷依舊。笑睨滄溟同杯水，蹴崑崙、纔比沙間阜。澆磊塊，可無酒。

占春芳　垂絲海棠一株艷絶

花剪綵，絲垂縷，一樹映窗紗。莫道無香堪恨，最憐秀色穠華。　帶雨極夭斜。似臙脂、勻澤腮霞。美人初出華清浴，猶是輸他。

金盞子令

清辰霽雨，驟看春漲已平池。亭軒四矚，有繁櫻照眼，桃李紛披。　黄鸝紫燕，來去如織，共賞花時。到晚來、湘簾半卷，挂緑楊枝。

玉山枕

霽景明媚。畫欄檻、慵孤倚。燕棲舊宇，鸝喧午枕，隨分游觀，萬感交起。去年相並小樓中，正爛漫、倚紅偎翠。窺曉妝、羅幕風輕，鏡奩開，寫春山眉意。　臉霞微暈羞桃李。恨芳節、凋藹易。渭城餞别，河橋眺遠，海思雲愁，浩渺千里。亂花飛絮極飄颺，料都做、兩邊清淚。揀垂楊、手結烟條，萬千絲，祗情絲難理。

南歌子 鵁鶄有詞見問，次韻答

世事紛如弈，愁心亂似雲。此生誰道不逢辰。略比前賢出處、感辛勤。　潭水還成詠，江流直到門。懸知荀令罷香熏。也共劉郎垂老、賞奇文。鵁鶄別有句論余詞云：『蠟淚蠶絲消費盡，不辭垂老近辛劉。』

點絳脣 還家作，用清真韻

祓禊人歸，小園已變青蕪地。片紅欲寄。誰識閑坊里。　唯有流鶯，宛轉知人意。臨分際。爲沾衫袂。嚦濕風前淚。

浣溪沙 海棠半謝，日日繞花成詠

水竹三弓得地偏。一株艷發小樓前。殘妝半卸尚嫣然。　連夜更持紅燭賞，任教喚作海棠顛。放翁元是地行仙。

過澗歇

離緒。算去年、此際揮手遄征，未抵今年離緒。暗風雨。鎮日飄花𩏂柳，斷送春歸去。任念遠、寂寞無人閉朱户。　堪羨營巢燕宿。呢喃更雙語。問伊何事，拋人恁冤苦。山枕雲屏，匳粉唇脂，有分重見，與把往事從頭數。

丁香結 和清真

金井生寒，蘚階鋪雪，枝動亂花飄隕。恨景光流迅。焙麝屑、漸覺難銷衣潤。舊情勞暗想，蘭膏灺、倦睫更忍。推衾頻起，永夜坐等銅壺滴盡。　風引。似望裏仙山，誤却紅圍翠陣。語掐新篁，詩題片葉，但留微暈。聞道歌罷繡席，蠟淚堆盈寸。憐羈人誰伴，祗爲相思瘦損。

錦帳春

淺畫雙蛾，屢親杯酒。記深閣、相逢時候。錦屏空，羅襪遠，甚驚鴻賦就。轉添僝僽。隔歲重來，好春難久。但門徑、依稀如舊。惹鞭絲，縈客袖。是那人去後。一番新柳。

宜男草

曉日天風亂雞唱。倚層霄、危樓千丈。念遠人、極睇滄溟，心恐從此扁舟長往。西家貧女嫁鄰巷。小闌邊、晚春同賞。私告歡、删去將離，應喜堦下宜男草長。

清平樂

飄揚柳絮。那識春歸處。欲共酴醿商去住。教翦風旛護取。迴思蕚緑蘭香。也曾占斷年芳。天與蝶蠭情性，一生長爲花忙。

倒垂柳

曉烟兼暮霧，誤芳游、閑次第。但重門深鎖，諳盡客中味。平陽聞笛夜，蜀道鈴聲裏。淒涼千載苦，猶應難共今比。輕將連理。萬水千山分兩地。不覺歲時遷，怨憤倩誰寄。秋娘一曲，長想君能記。花開須折，對酒休辭醉。

掃花游　和清真

柳陰四接，乍斷港通潮，晚連淮楚。又牽恨縷。記華堂宴席，瘦腰怯舞。事與春空，袖底蠻烟瘴雨。挂帆去。夢一髮黯青，天向低處。盟誓心久許。柰緑暗苕谿，草迷宮路。脆圓薦俎。並江梅秀格，總歸紈素。未必佳人，會得相思意苦。夜停竚。擁單衾、細聽更鼓。

海棠春令 立夏薦櫻桃感寄，是日寒甚

驟疑西蜀筠籠至。感身受、飄蓬況味。細雨濕簾旌，歸燕知寒意。　玉人拈著和愁倚。想紅豆、勻圓正似。碎卻赤瑛盤，瀉作燕支淚。

好時光

小院紅芳開徧，閑繞砌、履苔茵。花艷不如妝淡素，休誇百態新。　惜取春日暮，泥飲罷、酒微醺。手裏雙鸞鑑，側面粉重勻。

蕃女怨

落花千片紅似織。血染沙磧。撥鷩弦，傷促柱。美人離緒。漢江飛雨濕旌旂。燕南移。

其二

柳垂烟縷如舊樣。婀娜相向。燕銜書，鯨跋浪。征夫無恙。碧雲含恨傍高臺。不歸來。

憶王孫

涼潤單衣菭濕屨。空費盡、沈香烟縷。枉言時節是清和，但日日、風兼雨。　潮嚙沙痕過淺渚。看便有、游禽如許。錦鴛千萬莫成雙，怕愁殺、溪邊女。

感皇恩 用清真韵

露畹晚風清，花間私語。別後如花向何處。堆盤櫻筍，好景嘉辰輕付。試將蓮子剥，心中苦。　憑高望極，迢遥雲路。千丈晴絲亂幽素。舞衫歌舫，酒熟秦淮邀渡。得錢須痛飲，

休論數。

歸朝歡

萬緒千端那可説。黯黯銷魂唯是别。琵琶馬上作邊聲，明妃遠嫁尤凄絶。古今同怨結。擘釵分鈿盟空設。指虚無，海山深處，湧見金銀闕。　艷質輕盈膚似雪。下望塵寰淚凝血。欲將碧海比深情，量乾海水情難竭。夢回添哽咽。夢中猶許魂飛越。漸看看，曙光分瓦，簾外挂殘月。

酒泉子

書杳信沈。轉眼已過三月。井邊苔，枝上葉。緑愔愔。　玉驄嘶向天涯去。寂寞空自度。掩蘭房，消蕙炷。恨難禁。

其二

舍北舍南。忙殺幾家桑女。采柔條，盛滿筥。恰初蠶。　繭蛾莫便繅成雪。願伊身化蝶。玉關遥，遼海闊。可能探。

喜遷鶯　集柳詞

空憐愛，細追思。何處是前期。美人纖手摘芳枝。比並不如伊。　望江關，臨軒砌。漸曉雕闌獨倚。密憑歸雁寄芳音。兩處一般心。

倦尋芳

乍晴又雨，孤館覊心，長似中平聲酒。緑暗軒窗，還記去年時候。翠沼澄鮮波自滿，紫藤夭矯枝相糾。恨因循，放韶華過却，淚痕霑袖。

夢不到、巫山十二，神女行雲，休更回首。帶眼都寬，甘願爲伊消瘦。玉札空隨香篆滅，寶釵猶劃鑪灰舊。傍妝臺，問何時、共舒眉皺。

沙塞子

病起渾忘梳掠，推枕坐，倚闌愁。極望亂煙斜日，送孤舟。　殊域飄零滋味，椰子釀，荔支樓。多謝桃根傳語，早歸休。

珠簾卷

抛絃語，掩衾鸞。雲鬟墮枕微偏。風起簾鉤相觸，無端驚晝眠。　春暮已傷搖落，臺高不覩嬋娟。烟水畫成屏幛，愁似水，夢如烟。

殢人嬌

暗地牽情，未料逢歡此度。怎能禁、一番離聚。東風無賴，儘漂花吹絮。腸斷是、千程萬程只去。　曲苑重來，小樓深處。依稀見、殢人嬌嫵。連環難解，問兩心同否。遲後約、何時更教低訴。

以上附《夢秋詞》卷十《儷德集》，起庚寅冬，訖辛卯夏

連理枝

憶過尋芳地。朱閣重門閉。淡拂修蛾，輕勻笑靨，妝成斜倚。愛小簾銀蒜、鎮雙垂。織湘波細細。　忍道歡娛易。暝色連雲際。水驛山程，迢遥去國，永分連理。到此時空對、石榴花，想羅巾暗記。

浣溪沙慢　和清真

蘚石護徑竹，瓜李堆盤果。翠陰翳日，榴綻交枝火。時序暗易，不肯留餘朵。涼後窺窗瑣。

慵困眼惺忪，寶釵斜、鸞攲鳳彈。且休那。這會少離多，恨天邊皓魄，人世夢緣，好事皆成破。遠道寄書，誰許是真個。及早歸來呵。還怕約歸期，一年年、流光誤我。

鷓鴣天　靜霞自杭州來見，別後復寄詞，次其韵

教誦新詞合眼聽。何人能會淺深情。夢游故國歡難繼，心逐征鼙歲屢更。　支病骨，卧江城。宵中漸見有繁星。休嫌畏景初相逼，北望長河正踏冰。

長相思　和清真三首

引蓮觴。采露房。艇子横溪波影長。中含殘照光。　淚潸裳。無故香。明日征車侵曉霜。徘徊溪水旁。

其二

花翬飛。春又歸。魂夢長愁被隔離。高堂簾四垂。　枕上啼。君不知。桐葉新抽鴉護兒。是君初去時。

其三

曉光浮。烟霧收。急槳斜飛送客舟。有人還倚樓。　洗昏眸。追遠游。汀草汀花亂似愁。眼前都變秋。

極相思　梅節氣候轉涼，即事懷人，偶用夢窗韵

壁紗題夢無痕。釵股怨輕分。餘香猶在，綢繆細裹，髮鬌嫣雲。　涼透單衾驚夜起，望天涯、誰賦招魂。綺窗開了，遥星暗墮，月色微昏。

宴瓊林

休沐遇良辰，愛第一名園，堪避炎夏。步修徑、緑竹影隨人，鳳尾枝枝瀟灑。枇杷正熟，飛鳥共、金丸疊下。更虛亭、是處清香透，有風荷相亞。何意重游向此，頓淒然、情緒難話。暗想舊日携佳伴，儘留連忘夜。盟言在、芳蹤杳杳，驗遺迹、淚痕霑惹。怨詞欲作平盡書牋素，還遭故人罵。

梅子黄時雨

過某氏廢園，半皆傾圮，惟餘蠹梅六七株，掩映池側。攀枝小愒，如不勝情，因拈此調

牆繞冬青，記聯袂舊游，來問鄰里。訝照水離披，隱枝酸子。低舫閒眠消酒困，驟聽急雨跳珠碎。簾鉤起。夕照影流，搖漾青紫。休擬。漁郎生計。歎仙源路杳，無處堪避。似去國蘭成，將愁料理。蕉萃行吟嗟日暮，賦江南後才難繼。空迴指。碧澹晚雲千里。

厭金杯

驄馬晨嘶，珠簾暮捲。倚高臺、淚眼凝盼。密雲銜雨，卷地惡風吹，楊柳岸。屈指行程一半。激箭光陰，錦函書簡。想唯惹、夢痕零亂。出關幾處，鼓角動邊愁，君不見。蕭索塵飛日暗。

於中好

芳隄一行垂楊路。漫重繫、莫愁舟住。緑荷葉葉盤承露。柰人似、金僊去。情緣已分天相誤。恨蹤跡、竟隨飄絮。浣花箋紙空留與。寫不盡、傷心句。

木蘭花令　移居三層樓上作

驚風吹浪高於屋。一髮遥山青斷續。蒼茫時見海鷗飛，宛轉羞窺梁燕宿。　芭蕉漸漸舒濃緑。愁蔽紗窗妨遠矚。不辭更上一層樓，衹爲欲窮千里目。

鷓鴣天

水郭山村入畫屏。香鑪棐几有餘清。生憎舊燕無歸意，卻把新圖勘去程。　樓獨上，夢初醒。方回佳句擬重賡。今年別有關心處，梅子黄時日日晴。

劍器近　前詞既成，乃連日梅雨，始知節候之有準也。復作一首，用袁去華韵

挂簷雨。甚盡日、飄蕭不住。小樓静無人處。忍聽取。　繞朱户。任竹外、斑鳩自語。無端動人離緒。又飛去。　高樹。蔭濃忽近午。游春事往，但記省，蹀躞穿花絮。荒階驚見繡苔紋，望天涯故人，示知今在何許。錦書千數。未若陰晴，到此終堪信據。閉門寂歷朝還暮。

散天花

荷葉荷花隔浦香。花時曾共讌，木蘭艭。歡娱偏惜易斜陽。歌殘人去後、不成雙。　新醖濃醪醉百觴。無窮心下事，睡能忘。沈吟別又斷人腸。一條紅錦被、繡鴛鴦。

夏雲峰

徑幽深。迴廊繞、梧竹小院森沈。樓上倚闌佇久，稍遠江潯。晚烟朝霧，霏靄冷、灑落閒襟。更喜得、翩翩過鳥，花外遺音。　別來是

事驚心。舊游伴、一時分散難禁。唯歎歡疎訊絶，髮短愁侵。墜鞭重到，須整頓、永日狂吟。柰苒苒、嬌紅姹紫，都換新陰。

茶瓶兒

翠陰蒙茸聞杜宇。曉寒凝、輕烟如縷。千丈芙蓉浦。畫船風快，兩兩三三去。　怊悵重經游冶處。渾不見，當時蠻素。從此休回顧。醉襟嗁涴，閒殺西城路。

八聲甘州

汪大鐵於無錫西谿築室曰芝蘭艸堂，吴觀岱爲之圖，未竟而殁。吴門人諸健秋補成之，先後越廿年矣。大鐵與余不相識，因人之介，以圖乞題，並刻印爲壽。感其意，述此報之

記銅瓶曾貯惠山泉，瀟然灑塵襟。記湖山勝處，黿鼉出没，雪浪斜侵。又記園梅開後，香氣壓千林。惟恨當時伴，没個知音。　奕奕吾宗挺秀，愛雲龍星鳳，雲龍、星鳳，大鐵所蓄琴、劍名。説劍彈琴。衹臨流小築，車轍杳難尋。想西谿、萬株楊柳，比南湖、還較有清陰。應招我、坐芝蘭室，共話深心。

憶漢月

新月一鉤遥挂。枕簟漸宜初夜。四圍高樹静無風，碎冰槃、玉珠微灑。淒涼當此際，河漢濶、鵲橋休駕。舊約歸期未應罷。待來春、緑楊驄馬。

醉桃源

和清真，二首

一鐙摇影餤深青。霜刀裁素綾。未秋先覺枕如冰。打窗風葉零。　愁局縮，强飛騰。癡魂成凍蠅。粵關閩嶠暗經行。不知郎去程。

其二

朧朧澹月映寒沙。秦淮多酒家。壁間狂草掃龍蛇。留題驚物華。　彈趙瑟，醉吴娃。微紅雙臉霞。畫船歸去斗横斜。夢中啼早鴉。

燭影揺紅　江陰夏慧遠集清末詞人唱和手稿，裝潢成册，題曰『刻燭零牋』。爲製此闋

今古詞人，會心多在傷心處。春花秋月等閒時，已遣愁端聚。況是離情更苦。擣征衣、西風斷杵。摩挲銅狄，檢校滄桑，啼痕如許。　傾蓋長安，酒邊共結知音侶。絲闌密字付紅牙，商略移宫羽。轉眼箋殘粉蠹。問何如、平戎作賦。吴鉤看了，萬里歸來，東郊栽樹。

玉樓春　日與貞白談詞，極過從之樂，因贈

人生知己同膠漆。黄謂季剛吕交情非易得。少時鉛槧志窮經，老去風懷歌按拍。　周情柳思誰能識。爲愛新聲浮大白。論詞若作主賓圖，我是碧雙樓上客。

側犯　感舊，和清真韵

倦妝待曉，倚簾側坐窺柔靚。烟定。看睡鴨、熏香伴宫鏡。　簪花露皓腕，響屧來修徑。風静。但數葉、琅玕弄清影。　韶光逝水，雪涕如珠瑩。空自省。減才華，難比舊江令。夢隔滄波，瑣闈闃静。愁聽蟋蟀，繞啼金井。

卓牌子令　立秋日作

池荷鎖殘粉。池畔立、西風漸緊。無意畫出秋容，便任新月牽愁，暮寒欺鬢。　相忘終不忍。拌獨對、菱花瘦損。擬待小閣重憑，紫萸堪插，歸鴻定還成陣。

河傳 七夕

無語。閒佇。卷珠襲。非霧非烟望中。玉臺金闕杳不通。朦朧。暮雲山幾重。 往事依稀猶在眼。携玉腕。再拜陳心願。指雙星。星又明。薄情。鈿釵虛此盟。

望明河 七夕後一日

炎天過卻，漸高樹亂蟬，迎風鳴軋。野色蒼茫，眺遠郭近墟、暮雲鱗合。動摇踈星見，似飛度、流螢光斜抹。乍凝恨、天上佳期易失，又驚初八。 窮邊戍笳聲帀。歎思婦怨女，勞歌相答。乞巧鍼樓，衹冷笑世人，盛筵歡沓。昨宵神仙會，縱肯向、尊前留時霎。問何似、翻倒銀河，淨洗四方兵甲。

臨江仙

宛轉歌休子夜，徘徊風度蘭薰。遥天環佩斷知聞。神方難駐景，仙島亦離羣。 淚滴鳳花殘蠟，香銷心字迴文。陽臺終古佇行雲。近來長不寐，那得夢相親。

夜游宮 和清真

拂鏡雙蛾自斂。洗妝罷、口脂微點。直爲臨岐背人見。恨征車，驟飆輪，如急箭。 腸逐車輪轉。更凝眺、晚烟零亂。欲問佳期共天遠。繞蘭閨，剩飛塵，留几面。

擊梧桐

沈碧桐陰，穿廊覆坐，每憶佳人憑几。扣著朱弦，自撚春蔥，數曲宮商相繼。驚飛翠雀翩翻，更聽瀟灑松風時起。爲恐高山、未遇知音，又把新聲重理。　漸入秋來，繁枝如剪，可惜風摇霜委。漫太息、龍門瘦榦，諳盡孤生滋味。偶拾階前片葉，題將幽恨倩誰寄。最苦是、嵇琴罷奏，柔絲還緊繫。

賀新涼　颶風過後，殘暑未盡。用稼軒韵作，寄咫社同人，並追懷如社諸君子

四碧天垂野。漸黄昏、萬家燈火，樓臺高下。一水盈盈雙星渡，織女前宵初嫁。漫道是、秋光堪畫。颶母憑陵來天末，激濤頭、陣勢如奔馬。江海賦，倩誰寫。　燕雲咫尺詞人社。趁新涼、招邀鷗鷺，盡吾盟也。羨殺南皮風流在，寥落秦淮水榭。憶艇子、笙歌中夜。轉眼西風蕭颯起，指齊紈、便似功成者。蟬噪急，序非夏。

贊成功　獨游中山公園

晚雲漏月，素景玲瓏。閑來行藥且攜筇。舊時苔徑，仍覆蒼松。佳人不見，悵想遺蹤。　獨自無緒，迷繞深叢。曲闌旋折小橋通。水邊亭子，面面臨風。萬荷葉委，浸緑波中。

似娘兒

妙舞勢縈迴。似仙子、飛下瑶臺。當筵不盡風流譽，鸞翔鳳翥，蘭情蕙性，總賦多才。　樂極轉生哀。長怕道、好事成乖。如今真個天涯住，年年枉費，杜鵑嘑血，唤不歸來。

十二郎　寧士十二弟新昏，余寫梅花一幅爲頌，又戲詠本事調之

翠屏繡枕。喜此際、玉人同凭。甚小擷園芳，聯趨街鼓，心事徊徨未省。直把紅絲牢牽繫，

始會得、温柔情性。想射雀誕詞，乘鸞虚約，爲伊銷盡。人定。商量課績，勤勞堪並。料不似尋常，畫眉深淺，但向妝臺弄影。琴瑟聲諧，蕨薇歌好，應共水長山永。梅蕊綻、更著風催，結子佇看調鼎。

西樓月

蓬萊絶頂曾三宿。月照滄溟淡緑。夜深閑踏落花歸，醉叩西廂呼小玉。

薄命女

風不定。窗外梧桐飄滿徑。觸緒添悲恨。歡會翻成離訣，畢竟是誰薄倖。縱使歸期難早定。没個雙魚訊。

愁倚闌令

紅橋側，杏園深。少塵侵。長記並肩喁語處，柳陰陰。往事休更追尋。恐伊行久變初心。寄盡相思千萬語，絶來音。

鷓鴣天

迢遞層樓接遠大。樓高不覩月嬋娟。風催密葉都成浪，雨散平林欲化烟。初有雁，已無蟬。自欹孤枕得安便。暫抛身外無窮事，换取新涼一夜眠。

訴衷情近

龐衡裳家鶴園屢易主矣，其中有石名『掌雲』者，余所題字尚在

好春媚景，步屧經行舊處。繁花繞檻成行，文玉甃苔爲地。時向小橋閒竚，三兩魚游，鏡沼無波起。幽篁底。峭壁蒼然自倚。片雲孤

秀，静與軒窗對。臨風際。亂披翠縷，紛承露滴，怳疑山鬼。被薜含愁睇。

蝶戀花

杲杲初陽生薄煦。才換單衣，旋被泥霑屨。倏忽陰晴無定據。秋深更釀黄梅雨。　天意如人人亦苦。此日相歡，明日同飄絮。　萬事無常君不悟。煎心自學蘭膏炷。

月中桂

中秋醼飲，月色猶籠薄靄。夜半起視，乃澄潔如畫

桂影參差，看華燈上初，已漏雲隙。連旬潤雨，做一天涼意，同歡今夕。倚闌歌自適。但莫笑、杯寬量窄。重覿姮娥面，佳占似此，應許放懷得。　朦朧澹烟如冪。恨清光未抵，鸞鑑新拭。吴孃善感，問幾家離聚，誰人能識。『月子彎彎照九州，幾家歡樂幾家愁』，吴歌也。醉中殘夢醒，忍獨賞、乾坤静碧。目斷蓬山路，纔知廣寒非遠隔。

少年游

和清真

千林赭墨寫秋山。風急雁聲寒。漠漠輕陰，斷阡荒草，盡日倚樓看。　前春柳絮飛如雪，於此送征鞍。拂面旌旗，報時鐘鼓，魂夢憶長安。

瑞鷓鴣

尤墨君爲中學教師四十餘年，以老退居吴城西白塔子巷，因作塔西擲筆圖，徵題。次其韵

昨非今是未嫌遲。一塔長存鬢已絲。范陸詩名爲勁敵，湖山佳處著新辭。　榮枯豈必天能定，得失還應子自知。燕頷虎頭飛食肉，不

如三絶長康癡。

爪茉莉

冷透孤衾，幾行雁信至。偏没作平個、可人書字。無眠到曉，斷不得、心頭積思。二三載、浪迹天涯，恰知是。何況味。 淒淒慘慘，夢兒中、事能記。驪唱罷、一樽先醉。愁思中酒，酒醒時、添憔悴。歎恁時、早夜眼巴巴底。洎重會。羞對你。

定風波

坐傍妝臺看畫眉。眉間黃褪倩誰知。 一霎珠沈滄海底。難理。歡情非復少年時。 冉冉流光東去水。驚起。江亭又見雁初飛。 此日無人添半臂。耽醉。新寒唯仗酒禁持。

菩薩蠻

雞鳴巷接臺城曲。茫茫城下春波緑。高閣聳青雲。其間多麗人。 千觴賓客醉。不許懵騰睡。親手擘黃柑。餘香霏枕函。

其二

斜風細雨侵衣急。惠民橋畔倀倀立。燈火遠籠街。待來仍不來。 同車携素手。頓忘寒生久。沽酒緑楊村。那時先斷魂。

其三

一灣流水雙鴛浴。臨流照見人如玉。微卸薄羅衣。雙鴛休並窺。 岷峨通一柱。解佩留江渚。膩粉滴花箋。薛濤書可憐。粉江水宜製牋。

其四

愛憎歡怨情難極。而今處處堪追憶。風急雁行斜。霜林凋晚花。　不愁關塞阻。但恨人非故。深谷變高陵。願君知此心。

六么令

露晞風轉，涼候生微燠。厭厭晝眠初起，髮短仍慵沐。牆外蟲聲似雨，繞砌聞先熟。青蛉飛逐。花冠聳立，豔紫嬌黃勝秋菊。家人培雞冠百數十種，花開極盛，殊色詭狀，蔚爲異觀。　佳辰剛過九日，不見橫波目。心事且付醇醪，快瀉東西玉。年少光陰有幾，腸斷橫汾曲。歸期休卜。多應歡極，忘去聲了銀屏去時囑。

少年游　題毛主席立馬像

籌邊獨上最高樓。霜冷拂吳鉤。漢幟星搖，塞笳風咽，飛鞚出幽州。　澄清六合須臾事，迴向井岡游。擊壤謳歌，縞裙青袂，兒女共無愁。

虞美人　九月蟹肥，而無菊可賞，書此寄遠人

清晨負手東籬畔。是處霜凝徧。杜陵無客共新醅。便道菊花從此、不須開。　蓴鱸風味非殊絕。聊勸羈人說。秋來若肯念家園。爲報洋澄湖蟹、已登盤。

玉京秋　臨江遠眺，秋已深矣，用草窗韻述意

帆影濶。沈沈暮江靜，旅人情切。瘦骨禁寒，白頭賦恨，飄藟如葉。高閣經年共倚，冶春

時、花絮堆雪。輕離別。一生心事，更和誰説。　説到重逢翻怯。望天邊、圓蟾屢缺。客鬢茱萸，家山叢桂，芬芳都歇。落魄行秋，怕異地、忘却登高佳節。遠潮咽。流盡淒涼歲月。

秋蘭香　秋末還故里，晚菊始華，爲拈此解

又是殘秋，淒冷況味，風枝亂颭高牆。清碪催雁翼，籬菊染鵝黄。耐寒處、翻葉葉低昂。倚欄聊藉壺觴。恁三徑、不堪重整，未許全荒。　問訊卷簾人瘦，但入夢依然，粉靨金裳。采夫容、枉涉木蘭艭。同心在他鄉。魂魄願從，胡蝶飄揚。太息看、嚴霜凋殺，眷此孤芳。

玉胡蝶　今秋有巨蝶集疚齋翁居所，久久不去。翁審其形態，以爲羅浮蝶也。招吳湖帆、吳青霞共觀之，各繪一圖。越數旬，翁以圖見示，並拈此調索題。用耆卿韵

暮色助成秋意，畫樓平敞，簾幙高褰。何處飛來，驚認鳳翼娟娟。羽衣點、羅浮淺黛，秀色共、上苑輕烟。舊恩牽。祥徵胡耋，宜壽增年。　招延。才人幽侶，携將斑管，貌入雲箋。酹酒相呼，傍人栩栩落風前。笑莊生、寓言無實，比滕王、藁本多妍。且留連。未須歸隱，迢遞南天。

疏影　爲盧奉璋賦桐影小築，是日與辟疆、彥通、器伯諸人同集

迴廊數曲。倩琉璃瓦掩，桐枝交擢。葉展輕陰，招得涼風，琴絲暗裏相觸。朋簪北海杯常滿，更坐擁、佳人如玉。惜舊游、踏地歌聲，亂入草堂圖幅。余戲以盧鴻草堂擬之。　揮麈談諧

未已，晚鐘蕩漾處，知近靈谷。不許塵侵，簾底幽香，苒苒開殘黃菊。攜筇欲去還留戀，恨不並、盧鴻芳躅。待後期、春日舒時，隱約半庭新緑。

菊花新

燭燼香殘寒氣沍。羈旅江城逢歲暮。高閣聽松風，中自有、神仙佳侶。杯深正擬論心素。恰遭伊、勸人歸去。撩撥萬千愁，偏只在、一時閑語。

鷓鴣天

簸鳳囚鸞氣不伸。勞君一語感前因。楊枝曲好誰能舞，梅子心酸合有仁。　經楚峽，迓桃根。此生何止略知津。津頭風浪年年惡，未可高聲誦洛神。

蝶戀花　和清真，四首

歷歷曉珠明又定。倚枕褰帷，仰面看華井。風戛簾鉤霜氣炯。銅鑪雖暝猶嫌冷。　起坐旁皇慚弔影。萬感縈懷，獨語將誰聽。自劚荒畦橫短柄。錯聞人喚回頭應。

其二

昨夜狂風吹倒樹。獨坐凝愁，愁重杯難舉。閱盡崎嶇塵世路。故人一半埋黃土。　自撥鑪灰殘燄吐。欲寄封書，醉眼昏如霧。忍凍開門閒看取。雪花飄灑還成雨。

其三

曲曲修廊隨步轉。煙縷拖裙，腕弱纔勝釧。一寸芭蕉心欲展。深叢掩映無人見。　花底偷窺簾隙覘。苦似纖雲，略透姮娥面。覘到春游應得便。踏青萬一行郊甸。

其四

行盡苕谿春事暮。綠葉陰成，依舊含風露。當日分携仙種處。碧桃豈是凡花數。 不惜此身隨斷絮。桃葉無情，也向天涯住。 却羡枝頭雙翠羽。飛鳴相追時來去。

大聖樂

北碚面嘉陵江，與北泉相接，縉雲諸峯翼然在望。余居之數年，愛其景物，偶聞客話，益感舊游，惜老不能復往矣

粉水縈紆，縉雲迢遞，市郊堪賃。 記那時、開館疏峯，種樹繞階，風土平居多稔。 面面遠山供圖藁，更日夜、江喧時到枕。秋如錦。 愛紅絢晚楓，憑闌酣飲。 腰圍漸同瘦沈。 歎一瞬流光寒自噤。任燕嬌鶯姹，香濃酒釅，唯把茶甌閑品。塞北漲塵南閩雨，總都化、愁煩妨醉寢。悲來甚。倚層樓、放歌誰禁。

點絳唇 集清真

淚洗紅鉛，鐙前欲去仍留戀。 夢沈書遠。背地伊先變。 冶葉倡條，誰更曾擡眼。 探新燕。醉眠蔥蒨。苦隔春風面。

摸魚兒

斷無人、綺簾朱户，愁窺花底幽徑。 是閒曾繫游驄住，繁杏夭桃相映。風不定。 甚吹得韶華，剗地無餘賸。淒然暗省。 料境逐情移，千年恨促，一日便爲永。 琵琶語，錯落如珠交迸。不堪揮淚重聽。 早知海外歸無路，小謫潯陽也肯。今莫問。 表欵欵中誠，但指天爲正。湘纍醉醒。歎我自懷人，人誰念我，鐙下

弄孤影。

浣溪沙　余性喜秋，幼時讀湯卿謀文：『秋可夢乎？曰可。』因自署『夢秋』。其後又刻『秋心』小印。張伯駒有《八秋》詞，因和其二

翠被閒尋有故香。重幃深閉怯新涼。風鈴微顫月微黃。　響入聞根餘斷續，心游寂處漸微茫。一鐙摇影夜初長。秋夢。

其二

擬遣巫陽賦大招。幽都閶闔共迢迢。西風捲處旆旌摇。　香篆燒殘縈寸縷，楓江遠泊寄征橈。此時情緒忒無憀。秋心。

鷓鴣天

愁重翻催薄酒醒。不堪惆悵憶江城。東坡枉是風流帥，杜牧曾留薄倖名。　擡素手，摘紅英。當時明月鑑深情。若非胡蝶甘同夢，或被鐘魚誤此生。

前調　園梅極繁，折取一枝著枕邊，對之竟夕不寐，用前韻作

春夢難隨世夢醒。人間何處覓傾城。長拋酒琖困芳約，每把花枝憶小名。　梅吐萼，雪含英。從來造物本多情。輕舟卻被風吹轉，再到蓬山恐隔生。

漁家傲

假日旋歸休沐地。更無杯酒歡鄰里。小院重門深自閉。閑繞砌。離情黯黯書難寄。　緑萼梢頭初破蘂。朦朧月下聞香氣。一陣風來襟袖底。時時嚏。不知今夜誰相記。

以上附《夢秋詞》卷十一《曉珠集》，起辛卯夏，訖冬

木蘭花慢

農曆正月三日與貞白、蕙廎同游虎丘，徧歷勝處。下憩擁翠軒，與真孃墓對，憑弔久之。因憶韋齋、松岑諸人宴集冷香閣，爲消寒之會，忽忽三十年矣。生者萬里，逝者九泉，悵然興懷，用夢窗韻作

近郊花市外，指烟岫、散輕顰。笑歷刦依然，磐陀聽講，殘碣題真。摩挲壁間斷句，似冥鴻飛去尚留痕。倦憩孤軒擁翠，仰看壞塔穿雲。　清尊。同酹騷魂。愁思極、醉顏醺。自霸圖銷後，空餘劍水，摇蕩波紋。家山自成秀麗，恨天涯猶有未歸人。重倚曲闌回首，初三夜月微昏。

前調

初四日雪後同車還上海，瞻顧昨游，猶深餘戀，用夢窗《重游虎丘》韵

儘桃符換歲，未消盡、臘中寒。距立春尚六日。喚旅雁將儔，奔車載影，同指江干。鄉關。最佳勝處，恨匆匆便落杳茫間。世路風饕雪虐，不應長負丘山。　頻年。鬥健尊前。才比陸拙如潘。料故人情意，殷勤戀此，深谷幽磐。何緣。共來小隱，汲憨憨泉名，在擁翠軒側一勺勝貪泉。先買生綃數尺，爲君點染層巒。

望梅

和碧山

故園岑寂。只梅花送我，數苞新坼。想半句、風雨疎疎，縱塗粉匀脂，未忺妝額。幾點猩紅，早掩盡、夭桃顏色。歎當前豔質，歲晚素心，怎忍輕擲。　淒凉斷蹤吴國。對虚窗墜月，應更相憶。趁曉寒、飛夢羅浮，效比翼珍禽，揀枝棲息。荏苒春回，怕聽取、南樓殘笛。待緘題、寸書寄與，又遲數驛。

鷓鴣天　十四、十五兩夜訪碧雙樓，誦白石元夕前後諸詞，因和一闋

少日狂歡及此時。六街游徧少人知。而今別有幽尋處，明月相隨共款扉。　佳夕永，畫簾低。會心微詠鷓鴣詞。樓頭笑語風吹落，誰遣飄鐙獨自歸。

玉梅令　寄題冷香閣，用白石韻

春陰一片。隱接吳王苑。蒼苔冷、廢池蕪館。祇一丘虎踞，峭閣上層空，闌干四倚，望中夐遠。經春幾日，花前交勸。朱顏改、探春幸健。又梅花開了，瞬息入殘春，看雪白、柳花飄轉。

紅林檎近　和清真

斜日留微照，晚風生峭寒。凍雀墮簷瓦，雪枝化瑶玕。愁鎖重闈邃闥，漸覺酒力消殘。被池繡蹙紅翻。醒時涕汍瀾。　冷落違舊國，悽惻想前歡。青梅嫩韭，和冰同簇雕盤。歎樓空人去，星迴歲易，鏡中華髮那平聲忍看。

虞美人　和清真六首

恩情欲斷還淒戀。佇望層樓遠。薄施脂粉暈紅腮。斜倚牀前無語、待人來。　玉鑪香燼纖纖按。字滅教誰看。漫將心事託寒煤。誓願此身成骨、骨成灰。

其二

雨餘澹月流輝徧。淚洗姮娥面。廣寒宮殿鎖千門。也似長門深置、度朝昏。　浮生飄忽風吹絮。忍憶鐙前語。屏山重疊阻行雲。只倩姮娥分照、兩邊人。

其三

緗簾匼帀紅樓小。寒重春難曉。支牀攲卧雨聲中。恰似跳珠急雪、打船篷。少年蹤跡疲官堠。曾貰餘杭酒。酒邊疏柳映迴塘。可惜鴛鴦頭白、不宜雙。

其四

無窮無際天邊路。不見君行處。昨宵閑夢到青溪。恰記畫船歌酒、送君時。溪光山色年年好。影向杯中倒。風帆偏載别離忙。怪道江流曲似、九迴腸。

其五

青蕪院閉嘸鶯悄。露濕閒階曉。隔籬還認小桃花。不信伊人遠在、水之涯。淚痕檢點離襟滿。事往情難斷。遥知覊館對昏鐙。怕見一枝鐙影、上圍屏。

其六

錦衾裹夢生微暖。夢較滄波短。臂盟拚共麝香消。但祝芳華莫損、舊時嬌。苔錢暗長鋪花徑。花動參差影。屢緘書札又開封。自是難將心畫、付征鴻。

水調歌頭 劉辰翁詞每有惘惘不甘之意，讀之動人悲憤，因用其韻作一首

零雨復零雨，何處踏春陽。盈虚消息天道，此理極微茫。歷歷前人成敗，空費後人著筆，堆垛萬千行。四序更推轉，春去令心傷。弔箕封，民何罪，戰征忙。纓冠被髮吾事，裔胄共炎黄。蠢爾羌戎羯虜，毒螫但憑蜚蟲，時寇軍方用細菌戰。窮寇敢稱强。誓報東門役，此恨

莫輕忘。

泛清波摘徧　和小山

留春影小。潑酒懽濃，終是少年情味好。閉門閒寂，儘許梅花破寒早。　中吴道。笙歌繞艇，羅綺充衢，佳況近來都換了。信宿江鄉，太息尊前故人少。　旅懷渺。巫岫未歸片雲，楚岸又生青草。衾枕雙鴛半虛，夜長難曉。　去程杳。瓊宴向夕漸闌，瀛洲御風重到。忍被鄰雞喚覺。夢魂顛倒。

金盞倒垂蓮　送人之朝鮮，用晁无咎韵

東北巖疆，想玄菟樂浪，江水同源。草檄飛書，幕府仗青蓮。算幾度、興衰天運，未須回憶當年。取次一笴作去，乘風來響驚弦。　閨中不勞思婦，夢征人萬里，無定河邊。磊落曾看，滄海數爲田。待掃蕩、漫天氛祲，岸巾容色翛然。此際恰料，歸時定在秋前。

鶴沖天　和耆卿

桐陰路轉，葉底殘花墮。已過禁煙節，傳新火。見伊鐙影畔，朱顏斂、雙眉鎖。久久回身坐。不言不語，但只冷落別箇。　分明好事偏遭破。先驗釵鳳拆，衾鸞彈。假道元無意，還則肯、相從麽。此恨天鑒那。平生心願，未經恁般折挫。

勸金船　和子野

沿階繚繞疏泉竇。面影嗟微縐。春來莫惜盈樽酒。值桃李開後。樂事趁、韶景未暮，賞數枝奇秀。宜襯緑陰，池畔更栽雙柳。　看看飛絮沾雕甃。隔葉鶯歌奏。留連一醉拚頽

玉，任渾忘去聲宵晝。繡閣誓、同歡並笑，悵睽離偏久。昊日更逢佳序，賦情非舊。

千秋歲 聞禺生歿於漢口，追懷重慶、金陵同游之盛，悽愴不勝，因拈少游此調，即用韵

怒江江外。潮約沙痕退。春景暮，鵑嗁碎。從容陪宴俎，落魄疎冠帶。雙堰畔，一奩黑白時相對。雙堰在南岸，汪山康氏別業所在。　白下重歡會。飛騎聯芝蓋。游舊散，書空在。萋萋芳草碧，黯黯朱闌改。回首謝，人間萬事同桑海。

南歌子 雨中夜歸，明日晴，復出，戲和東坡韵

攲枕聽微雨，開簾訝曉晴。遠村桃李向人明。更見菜花黃繞、蝶衣輕。　功業輸兒輩，文章謝老成。不知眉宇尚英英。自試殘年筋力、且閒行。

前調 細雨沾塵，不妨近約，用前韻

雨作千山霧，天慳半日晴。披衣不待小窗明。蠟得平生雙屐、體逾輕。　西寺藤牀滑，東家竹徑成。快菹鮮筍啜蘭英。應勝柁樓晚飯、越中行。

踏青游 同吷庵，和王晉卿

寒食初過，西園露零清曉。看遠接、長隄青草。妒游人，攙豔質，翩如飛鳥。且顧影，平橋畫欄干畔，微掠鏡波雙照。　源隔桃花，何須更誇仙島。但目極、蒨霞紅繞。興將闌，魂欲斷，懽娛時少。漸日晚，漁舟自尋歸路，莫與外人閑道。

念奴嬌　和易安

輕寒輕暖，要重簾密護，窗兒休閉。雨冷煙昏，春過半、天也逗人閑氣。没徑菭深，颭枝花少，强飲終無味。書成淡墨，斷腸教付誰寄。　迢遰百尺高樓，玉闌干畔，別有人同倚。判得而今，憔悴了、獨睡懨懨還起。宿燕尋巢，鳴鳩唤侶，不會傷春意。晚來風息，海棠窗下開未。

喜朝天　蘇淵雷寓舍海棠三株盛開，邀同茗賞。用晁无咎《秦宅海棠》韻

近春殘。好花半凋蕊，玉貌珠顔。舊賞亭榭，正繁枝照席，霞透雲殷。追想游蹤巴蜀，錦城西、千株色斑斕。尤喜共、車塵夜驛，吟繞江干。重慶大江南岸第一驛爲海棠谿。　歸來更幾回見，似褪妝中酒，嬌困禁寒。賴有佳會，對三姝豔絶，長伴蕭閑。細履蒼苔碎石，屢迴顧、休嫌客清頑。堪久待、斜陽下了，月影窗閒。

踏莎行　虎丘山塘居民皆種花，稱花農。初供閨中玩飾，俗尚既變，業遂中落。近專摘取焙茶，傾銷海外，獲利至數億，比户皆中人産矣。所用者異而成敗隨之，玆事雖小，可以喻大。爲製《花農曲》，用山谷茶詞韵

晚甕分泉，西疇罷餉。潮聲蕃市春同長。成行末利間珠蘭，近來別看新花樣。　譜换茶經，寒消紙帳。人間萬事風催浪。拈花一笑更無言，浮圖卧影清谿上。

罵馬索　《梅苑》收此詞，易以壯語，仍和其韻

起徘徊，遥夜鉤簾望新月。關河杳杳，客中應

把鄉情洩。開元舊事，杜陵才調，枉作呻吟無家別。料風前、赤幟入聲飄時，部曲銜枚共爭發。幽絶。斷厓千仞，碎冰猶沍，玉圃瑶林遜寒潔。歲歲偏憐征戰，漫空飛羽同摧折。從軍樂也，破卻强胡，重整歸鞭青絲結。萬馬迴、角聲吹徹。迴野崩騰蹴殘雪。

弔嚴陵　三十年前過富春江，嚴子陵釣臺所在也。風景幽奇，爲平生游覽之冠。偶讀李甲詞，因次韵作。李詞第三句『雪』字、第十三句『切』字皆非韵，而舊譜誤注，兹並正之

半生游宦，覊旅程途，嚴灘晚泊。是處隱見，嵐光山色。草樹過雨，蘭芷被厓，指目高臺千尺。鷗鳥翩翩下前磧。數葉斷帆照影，來往舟移渡側。又曬網閒漁，乘墟散牧，句引遠郵笛。堪惜。當時客星侵座，千秋事往皆陳迹。高風難繼，歸尋故徑，唯有叢編狼籍。殘宵自剪寸燭，露重簷花細滴。念舊游處，空染半江烟水碧。

采桑子　和《陽春集》五首

深紅淡白相催發，胡蜨雙飛。葉葉枝枝。暗損芳心恐未知。何人寄語狂游客，好趁春歸。負卻花期。閒撚青梅憶此時。

其二

一春寥落無佳思，恨雨愁風。十二闌東。芳草如茵襯落紅。不梳雲鬢惺忪語，拌盡嬌慵。睡起聞鐘。卻道花間日未中。

其三

碧城祇在闌干曲，天半高樓。薄霧初收。簾外娟娟月似鉤。畫屏風上羣僊列，頓惹閑

愁。媚眼星流。曾共檀奴賭十洲。

其四

檐前鸚鵡猶能説，往日深恩。共度朝昏。花暝香融不計春。　吴宫絶藝留鐫刻，金錯刀痕。桃核空存。裹許元來別有人。吴中巧匠能以桃核一枚彫作古今人物故事。

其五

烟條露葉垂楊柳，獨殿衰芳。風物淒涼。聊與離人續斷腸。　阿嬌自稱藏金屋，貴寵無雙。別許斟量。繡檻名花似洛陽。

憶江南　和《陽春》，即傚其體

黯澹春光三二月。正是去年，送君時節。陌頭花絮亂輕雲。兩眉嚬蹙見情真。　郎情肯學羅衣舊。去即經年，不管腰支瘦。如今楊柳又成陰。空將枝葉綰同心。

其二

淚滴紅牋書待發。正是今年，落花時節。重重簾户鎮長開。冶游蹤迹不歸來。　愁腸一寸書同折。願祝相逢，不恨輕相別。落花飛著枕邊時。淒涼情緒有天知。

菩薩蠻　曩與季剛連句和後主詞，全藁散亡，並都不記憶。頃偶有所感，用韻復作三首。時移境易，不知與當日所言同異又如何也

金猊寶蓋歕香霧。花間燕子來還去。輭款踏瑤階。殘紅沾繡鞵。　去年今日見。壓鬢花枝顫。歡會本來難。因春長自憐。

其二

苧蘿村畔西家女。姑蘇臺上聞歡語。羅綺自

生光。采蓮涇水香。越來兵甲動。好事都成夢。飛燕舞輕盈。千秋同此情。

其三

象牀簟展湘紋竹。酥胷微露痕如玉。簾幙下銀鉤。語低嬌欲流。隋宮千萬户。獨許論情素。轉眼覺春空。高樓明月中。

瑞鷓鴣 以口脂點梅，自題，用《珠玉》韻

夭桃繁杏襍嫣雲。比他鄰女泣嬌嚬。衹有孤山，雪後疎籬畔，獨立丰姿似個人。濃脂特地和鉛粉，枝頭一點疑真。恁時憑仗東風，吹向江南去、緑苔新。又恐飄零不當春。

臨江仙 春盡日作，和小山

老去牽情詩易感，愁來破睡酒相親。閑花野草共霑巾。草隨行路客，花學墜樓人。葉底已休鶯宛轉，風前長憶柳腰身。東君幸是往來頻。明年牢記取，不再負青春。

御帶花 和六一

尋常游處偏縈想，故里懽度佳夕。片時携手，乍落紅鋪錦，亂枝摇碧。酒散離筵，去棹速、長忍抛擲。空迴指、朱簷翠幕，深鎖庾郎宅。

年年音塵隔。斷恨一水相望，兩地爲客。送春情味，但月掩西樓，草薰南陌。別夢重尋，怕夢裏、更添闃寂。青禽報、蓬山未遠，欲去幾時得。

兀令 和東山

春色江南空自好。落英風掃。催送春歸早。記當日巡檐，索共梅花笑。同倚緑萼横枝，婀

娜釵鬟小。看月斜參曉。　別恨無窮相會少。鬢華先老。雲斷巫山杳。待密密真珠，寫向殷勤道。幾夕楊葉樓中，乳燕雙飛到。夢一池春草。

清平樂　偶成二首，用韋莊韻

景光遲暮。日日霏寒雨。記得玉郎臨別去。帶結同心雙縷。　南浦又緑春波。君不歸來奈何。手種芭蕉寸葉，如今漸展成窠。

其二

杏飄紅雨。烟柳垂金縷。燕子飛來雙雙語。覓徧舊巢無處。　將書寄與輕鴻。莫教淚眼迷濛。學得銀箏一曲，年年自有春風。

沁園春　暫還寄菴，次稼軒賦齊菴韻

春服裁成，楊柳依依，我歸自東。喜雞鳴相接，荒邨數武，鵲巢堪並，隙地三弓。壯不如人，老猶遯世，鬱鬱長懷澗底松。憑闌處，但花枝左右，明月當中。　鄰家削玉千重。似飽看、匡廬側面峰。與拙政園鄰。任蓬蒿遮徑，迴旋勢窄，詩書塞座，吟嘯天容。細檢人生，劉伶堪學，莫學醒狂蓋次公。還知否，契南華一語，笑指鴻濛。

泛蘭舟　和《梅苑》

梅實青垂籬落。小橋橫溪汋。傍溪燕燕來時，誰把信音托。遼野烟低，疏枝月澹，凄然凝望，腸斷黃昏高閣。　下羅幙。孤枕暗眠，新詞追詠故人作。雅艷恰近天真，争識舊情

薄。流淚交頤，荏苒夢回，沈吟無語，且將粉痕輕掠。

錦堂春　用傅大詢韵

蕭索江城，寂寥庭院，凭闌思入遥天。認碧螺山色，眉樣連娟。繡閣絲縈網户，玉筝塵滿危絃。望苕苕萬里，人在雲邊。心在愁邊。　樓前數行嘉樹，但纍纍葉底，青子匀圓。花下送君時候，薄脂雙靨如蓮。恨朱顔不返，花到明年。還勝今年。

荔枝香近　貞白因食荔枝，感懷舊游，爲依夢窗聲韵製此解。挂緑者，荔枝佳種，唯嶺南有之

傍流沈沈，隱碧萬行樹。舊約同擘纖紅，佳會驚初遇。鑾鄉荔子重拈，正好相思處。清夜、夢省歡情覺來苦。　蟬鬢委，照玉鏡、含嬌嫵。漫想真妃，步貼翠盤能舞。挂緑枝頭，點點繁星映鐙户。望極空教愁竚。

賀新郎　三韓戰争未已，午日用張元幹韵作

不盡奔濤去。剩此閒、縈迴幾曲，白沙清渚。王濬樓船今誰是，佳節偏誇競渡。望直北、烽煙高處。壓陣寒雲飛霹靂，雜呼聲、動地催笳鼓。我亦欲，起宵舞。　書生歷盡崎嶇路。恨終童、長纓未係，四方殘虜。恩怨喁喁相爾汝，羞作筝琶細語。想淚滴、更無乾土。洪範遺編分明在，問詢謀、龜筮皆從否。三尺劍，爲君舉。

玉樓春　拈山谷韻，壽尹默七十

書名不減鍾王手。詞格曾參珠玉透。蜀江飽看霧中花，彭澤新栽門外柳。和平要自艱

難就。佇待功成扶翠袖。一枝並蒂石榴紅，弦撥薰風同介壽。

雨中花令

浙人江印舸取莊周『動與陽同波』語，自署所居曰陽波閣，遠道以圖乞題。借趙長卿韻

竹柏交加千萬樹。春事已傷遲暮。繞屋芙蕖，浮船瓜蔓，夢到山陰去。　動靜陰陽皆有助。閒居自然堪賦。佇望停雲，吾廬安在，慙詠陶潛句。

塞翁吟

和清真

澹日光侵枕，微倦兩睫朦朧。强起步，小橋東。看澤畔芙蓉。枝枝弄影凌波態，搖蕩霽景澄空。露灑葉，碎珠重。襯嬌蕋浮紅。
心忡。蘭橈去、湘江路絶，蓮唱遠、吴娃夢中。想玉井、羣峰競秀，又天半、暝作須臾，霧隔雲封。離人到此，怨藕成蓮，羞見西風。

花心動

和梅溪

荷葉翻時，擁單衾、淒淒半宵風雨。醉裏未忘，歡事頻經，春艷翠屏酣舞。酒闌人共飛花轉，便催送、一帆西去。指三載、心期舊約，更能來否。　凝睇吴山斷處。空只見、冥冥數重烟樹。好景逝波，黯碧籠窗，爭似少年情緒。一緘書到從頭看，錦機織、萬千愁語。頓白盡、安仁鬢絲幾縷。

鷓鴣天

印舸娶中表王氏，字嶺雲，吴江梨花里人，半載而殁，印舸感傷不已。越十餘年，倩人作懷雲圖，余用少游韵題句

雨落吴江不忍聞。雲迷楚岫澹無痕。玉臺好

補他生願，環佩空歸此夜魂。　尋舊迹，酹清尊。陌頭凝望斷烟昏。　桃花久隔春風面，祇種梨花繞墓門。

玉樓春　尹默有詞見和，再用韻，題其自寫《秋明長短句》

秀師喝斷蘇黄手。絶倒宗風參不透。　從教香象渡恒河，何似黄鸝鳴翠柳。　小山樂府新編就。書罷墨池翻汙袖。　珠璣錯落韻琤瑽，金石豈能同此壽。

秋蘂香　爲陳佩秋題美人獨立圖，用小山韻

手把宜男萱草。獨立鳳頭鞵小。　春來有甚閑煩惱。應爲相逢不早。　裁縫欲寄交河道。雁行少。殷勤暗祝還家好。　莫待閨中人老。

水龍吟　疢齋翁八十生日，未預稱觴，逾月乃爲此補祝，用稼軒壽韓南澗韻

共傳水繪園亭，此中合有文章手。　鞭絲帽影，承平年少，如今非舊。　海内靈光，尚存魯殿，巋然驤首。　笑杜陵長羡，人生七十，彭聃事、還知否。　迴指星辰北斗。　聚光芒、宵筵如晝。　平生抱負，離騷僕命，史公牛走。　見説春風，後堂絲竹，遞傳杯酒。　佇烟霞管領，更遲廿載，上期頤壽。

撲胡蝶　和丘宗卿

雙飛紫燕。仍到梧桐院。　高樓静鎖，烟絲和幕卷。　庭階緑皺苔茵，巷陌拋殘柳綫。　時聞雨鳩相喚。　怎排遣。　凝思縹緲，指點虚無路中斷。　仙山縱有，佳人音問遠。　晚來閑倚

桐陰，葉葉題書都徧。難傳寸心幽怨。

婆羅門引 用曹組韻

芳華易盡，個人不語倚雕櫳。情傷事與春空。夜月驚烏嘑碎，寥落古吴宫。望層臺高樹，淚眼朦朧。期歡再逢。萬里隔、此心同。別有亭亭倩影，荷綻新紅。斜簪攲佩，似含恨、遥立碧波中。應自悔、遲嫁東風。

南柯子 梅雨甚苦，偶讀王從叔『不曉天天何意、要梅肥』之句，爲之失笑，因和一首

苦霧連江近，陰雲覆路低。天教雨泣助悲啼。卻恨青梅偏向、雨中肥。竹檻添風幕，熏籠換濕衣。有家似客客難爲。又被無情蜀魄、勸人歸。

安公子 蘇、滬道中，用袁去華韻作

鬢影飄殘縷。曉寒重覓停車處。陌上經行泥滑滑，是昨宵微雨。漸迤邐平橋，接近梅村路。橋下水、緑到天涯否。甚過盡積城，還見參差橋柱。舊識人何許。世緣原似浮萍聚。不斷征程收眼底，又蒼茫東去。看幾折清溪，牧豎牽牛度。修竹裏、翁媪相呼語。羨酒熟新醅，圍坐茅亭深塢。

南鄉子 和李端淑

寂寞度朝昏。下了珠簾更閉門。舊日凭肩私語處，銷魂。欄角猶沾粉指痕。家近浣紗村。荷葉翩翻緑映樽。一自采蓮人去後，辛勤。衹有鳴蜩徹夜聞。

其二

夏日愛横塘。簾外穿花艇子忙。語笑東鄰嬌女伴，窺牆。鬢角風吹一縷香。　敧枕坐胡牀。貪看烟波畫景長。忽轉輕雷催薄暝，添涼。潑墨横披似白陽。夢窗詞『横披潑墨林沼』。

剔銀鐙　獨處無聊，日以《清真集》自遣，偶述此詞，用東堂韻

窗下微涼睡足。聲亂鳴蛙池曲。琴調生疎，酒鑪寂静，唯是遠山眉緑。倚樓人獨。最羞見、紅榴數簇。　行客思歸意速。欲和悲歌難屬。事異靈均，情非賈傅。楚些離騷休續。殘膏賸馥。只乞與、詞林片玉。

卜算子　觀大滌子對牛彈琴圖，用稼軒韻戲題

顧影歎嵇康，滌器從司馬。牛若無知若有知，元題詩意。正是知音者。　充耳不聞鐘，雷響驚鳴瓦。一任呼牛便應牛，吾與蒙莊也。

清商怨　題周鍊霞停琴圖，借《珠玉》韵

金鑪沈麝夜炷滿。爲恨深睡晚。弄罷清商，錫生雙媚眼。　徽容圖成自展。漸細雨、灑窗聲遠。待訴閒愁，無心拈象管。

清平樂　題吴青霞獨坐觀書圖，借玉田韵

琅函翠葉。簡蠹香難歇。英氣眉閒元自別。不戀尋常風月。　玉闌春夢遲遲。夢中羞遣郎歸。更把兵書細讀，助君千里籌思。

玉人歌　和《西樵語業》

推衾起。正小院陰陰，穿簾風細。舊游京洛，載酒共嘉會。三年別後人空老，苦語殷勤寄。

料伊行、愁結眉尖，恨盈臏尾。　相訪了無計。歎身似浮雲，欲行且止。夢裏壺山，倒影素波際。扁舟來趁看花約，可定今生事。告天天、忍負花間一醉。

賀新郎　非社諸人久絕音訊，時暴風雨襲上海。夜坐有懷，仍用稼軒『野』字韻

星象占分野。怒濤生、狂吞百越，轉趨吴下。海若西來驕橫極，掠取江斐遠嫁。算此景、有誰工畫。鼇動鯨噓山岳立，儘當年、賦手如枚馬。翻倒勢，未能寫。　酒徒散盡高陽社。問如今、神州沈陸，豈由天也。步屧不來荒徑斷，一任塵凝高榭。休太息、漫漫長夜。誓遣豐隆清六合，看雨師、風伯前驅者。涼意勁，不知夏。

新荷葉　聞南京玄武湖荷花盛開，緬懷舊游，用趙德莊韻

如鏡平湖，菱洲深處堪歸。緑幙紅欄，畫船雙槳輕飛。風荷窈窕，映玉人、淺碧羅衣。一樽花下，重重錦裹香圍。　素手曾攜。閑來同賞芳菲。昨夜搴幃。容光疑是還非。援琴寄意，恨朱絃、已脱瑤徽。他年重到，賸吟楊柳依依。

亭前柳　用朱雍韻題何香凝墨梅

素質天然好，屏膏華、絕勝嚴妝。先報江南信，一枝長。憎笛韻，帶伊涼。　誰比似、花光奇秀格，淡朦朧、水月俱香。因想含豪處，對池塘。鑑疏影，臥斜廊。

玉闌干 和杜安世

蕪園是處追前景。粉蕊紫苞薔落盡。林梢幾點暮鴉歸，斜陽下、獨穿幽徑。　別離經歲無音信。也自知、歡會難定。恁時立凭曲闌干，除非尋、燕子厮趁。

玉樓春 尹默有感事之作，再依韻和

憑渠百步穿楊手。七札難穿犀甲透。衆心無異築堅城，兒戲安能知細柳。　豐碑刻玉三年就。一簣先加看領袖。北京方謀立紀念碑表章二千年來死國事者，期一九五五年畢工。經始之日，自主席以下皆親負土奠基。紛紛壽夭較彭殤，唯有國殤千萬壽。

古香慢 明日立秋，徘徊園樹下，倚夢窗自度曲，即和其韻

甃階綴蘚，波鏡涵空，來訊幽圃。露溼蓮房，粉泣似傷遲暮。追念昔同游，暗怊悵、光陰迅羽。感絲縈寸藕萬縷，味同茹蓼辛苦。　恣眺遠、烟霏深處。城號芙蓉，知更誰主。半幅鮫綃，淚血舊盟空誤。老病覺新秋，怕重見、黃花滿路。過今宵，判禁受、冷風澹雨。

以上附《夢秋詞》卷十二《緑茵集》，壬辰

戚氏

指非烟。蓬萊宮闕有無間。小玉扶頭，太真迴面倚朱闌。無端。淚潸然。愁心宛轉憶長安。當年七夕盟誓，要將釵股比情堅。春睡驚破，漁陽烽舉，翠華從此西遷。悵梨花映雪，羅綺埋土，空委嬋娟。　魂返太液池邊。珠露正泫，緑柳間紅蓮。依稀似、醉勻脂點，

鏡掃眉彎。更留連。顧影自舞翩翾。宛若鳳翥鸞騫。暗思舊日，寵極恩深，翻作長恨緜緜。　事往成新感。逢生死別，萬緒縈牽。駱馬楊枝去也，又朝雲瘴海送華年。不須賦擬江郎，笳賡蔡女，今古同悲歡。漸數行、天際飛歸雁。懷遠道、行旅羈單。試問伊、獨往關山。竟何似、蛻骨向黃泉。料停驂處，鈴聲碎雨，共損宵眠。

楊柳枝

春風披拂最長條。曾帶愁嚬送六朝。記得謝公墩畔見，曲眉應是舊來描。墩四圍多曲柳。

其二

漫天帀地影濛濛。才看西飛又向東。豈是楊花輕薄性，只緣無柰太狂風。

其三

枉結柔情萬萬絲。千絲萬縷止空垂。臺城不繫青驄住，肯向天涯繫夕暉。

其四

初染嬌黃勝鴨雛。秋來黃葉半焦枯。人間重奏哀蟬曲，齊女魂歸解聽無。

陽關引

送淮甫六兄還南京，自言或將赴成都就其壻女，有黯然惜別之意。作此慰之

暗草流螢滅。夜雨虛檐歇。連牀把袂，鐙前影，驚華髮。數人生遭際，對語成嗚咽。歎暮年、相逢未久又離別。　休道今番去，途阻闊。縱瞿塘險，蠶叢繞，易飛越。喜域中行處，萬里同車轍。佇異時、峨嵋共上醉明月。

歸田樂 牛女詞

天上語，散落隨風應會得。星橋斷，駕靈羽、翩萬翼。一年容易過，又今夕。　要蕩盡、秋煩暑，傾河無餘滴。先大雷雨。更長見、承平佳事，四方耕共織。

風流子 和清真

樓前滄海碧，空凝想、遠客幾時歸。記獨窺薜徑，砌花縈繞，半遮欄角，牆柳參差。旅飛燕、斷箏留爪迹，阿閣壘香泥。一夕敘情，頓成閒話，十分持酒，難減深悲。　倀倀臨歧處，煩相贈、珍重手製禪衣。憑借製時刀尺，聊寓心期。看素襯柔膚，鵶黄輕染，帶交文綺，蝶繡雙垂。中裹細書，密字羞被人知。

惜紅衣 行嚴有長句見懷。昔寓重慶龍洞口時，倡和無虛日。今廢詩久矣，感其意，乃倚白石自度腔爲報

斷簡棲塵，閑吟送日。倦抛心力。露洗秋容，沈沈暮山碧。長空片羽，勞寄訊、江關詞客。幽寂。禪坐掩扃，爇奇香安息。　荒郊短陌。亘連袂渝州，松風盪茵藉。何由悵望異國。但鏡中衰鬢，看與蘆花同色。南北。解説古今如夢，不記此生經歷。

前調 風雨蕭槭，奇憂襲人，夜起，復用韻作一首

樹撼驚飈，煙凝濳日。病知秋力。倦整芸籤，昏眸亂朱碧。孤衾漫展，猶未慣、頻年爲客。淒寂。寒雨灑窗，覺離人聲息。　青樓綺陌。誰驗歡痕，箏絃暗塵藉。遼空雁陣去國。幾

時北。省識遠邊疏堠，卻似古愁重歷。怕淚吞深夜，紅燭滴殘無色。

應天長　題螺川詩屋雅集圖。壬辰三月，鍊霞女士觴鶴亭於其家，同集者多擅繪事，且有寫真者，乃合爲此圖。頃出共賞，屬以詞紀之

園深臺榭秀。暢繡户朱簷，鳳簫聲逗。芳宴開時，中坐龐眉詩叟。豪情元似舊。想醉殺、螺江私酒。見楊誠齋詞。池畔柳。一片陰陰，恰是春晝。鶯穿簾幙驟。勸對此韶光，未容孤負。乘興看花，卻被花扶紅袖。蘭亭觴詠後。算勝會、到今方有。憑妙手。分付丹青，天地同久。

金縷曲　爲冒鶴亭題水繪菴填詞圖

得句皆天籟。問當年、詞流有幾，頡頏先輩。水繪佳名傳奕世，別起陳樓堪配。迦陵客巢民先生家十年，其所居樓後歸鶴亭，因乞彊村書『陳樓』二字牓之。便合向、髯翁下拜。先後圖成相輝映，笑紛紛、餘子徒嬰噲。填詞圖始自迦陵。興廢事，正同嘅。　紅桑苒苒三成海。想沈吟、含豪授簡，邈然心會。禪榻忘機塵緣净，不羨紫雲歌態。也不用、麻姑搔背。萬事浮雲隨變滅，只開元、舊曲今猶在。知者寡，亦无悔。

蝶戀花　社日將去故園作

簾拂蛛絲縈寶篆。暗轉清徽，似訴長門怨。抑鬱情懷誰得見。高牆四繞青苔院。　殘暑初收涼欲顫。落葉飄風，漸向庭階滿。明日便同秋後燕。舊巢雖好難依戀。

茅山逢故人　京口雲山圖

澄澹寒江沙渚。搖漾平明烟縷。十里帆檣，千林蕭寺，半天鐘鼓。　兒時此地嬉游，何日歸來堪賦。舊夢重温，青山城郭，小樓風雨。

撼庭竹　余於天龍禪院分紫竹植寄菴中，初甚繁茂，年來爲他種所奪，遂萎，絶無寸株。感之成詠

一夕春雷破新竹。看婀娜如東。風詩未用歌淇澳。紫簫聲斷鳳皇逐。生意忽蕭條，嗟偪處他族。　昔叩禪關分數个，剛栽並籬菊。護持幾歲森寒玉。平安欲報訊難續。爭忍不懷思，同故家喬木。

黃鐘樂

烟霏含雨冷淒淒。愁卧蘭房深夜，鐙燼夢迷離。傳道玉關征戍遠，行人還在玉關西。　春去秋來芳節稀。魚雁浮沈無據，歡會更難期。唯有年年衾枕畔，繡鴛鴦處總雙飛。

風光好

藕絲裳。鬱金香。小立風前覺晚涼。旋歸房。　雲鬟撩亂擡雙玉。重膏沐。何事潛窺鏡影旁。罵檀郎。

西溪子

憶向姑蘇臺畔。畫艇爭邀佳伴。採蓮游，橫塘路。花深處。飛亂蜻蜓無數。一簇最妖紅。倚斜風。

雙韻子

朱旂電燿，廣場洞啟，群喧初定。陣穿九曲珠

還，看曼衍、魚龍迴。煙霏浄。鐃歌競。涵素魄、山河動影。太平此日同歡，拌醉殺、秋宵永。

月當廳

促織漸共機聲斷，停梭四望，難遣心期。數處暮砧，樓側獨聽含悽。因想戍邊雁霜冷，殷勤可許送征衣。步延佇，霑襟清露，似助悲啼。

姮娥意緒憑斟酌，恨迢迢、碧雲常近天涯。桂影半輪，能翫幾夕餘暉。深鎖廣寒淚偷揾，此時應悔昔時非。人寂後，搴幃闇卧，一夢依依。

拋毬樂

蹴鞠傳兵勢，分曹鬬健材。鬬健材。墮星時及地，流月忽銜懷。上客宜稱賞，掀髯舉一杯。

菩薩蠻　土耳其名詩人希克梅時有詩頌新中國，余譯其意

長城眼見新園築。衆心爲石何堅确。詄蕩四門開。遠方車馬來。歡然同執手。是我和平友。强敵敢潛窺。先教頸骨垂。

浣溪沙

殘緑庭陰罥網絲。凌晨寒雨濕階泥。水沈籠罷更添衣。藥銚常温妻病久，茶鐺閒置客來稀。寂寥情味晚秋時。

賞松菊

雕闌四帀簾垂繡，掩鏡晚妝慵理。露濃徑滑，有蒼苔鋪地。試與商量步屧，漸行到、西園小

憩。倚軒襲看，婆娑影好，數株丹桂。 皓月年年自潔，照愁人、比當時憔悴。 桂蘂舊香永，忽驚風飄墜。 擁枕孤檠燄息，又窗外、寒蛩語碎。 聽秋聲，似江潮，同夜半至。

生查子

薄情游未歸，夜坐停鍼語。 孤月正當窗，再拜陳雕俎。 菱角兩頭纖，蓮子中心苦。 持底見風流，蠟淚縱橫處。

孤鸞

銀河清淺。 縱隔水相望，支機非遠。 畫裏真真，衹許焚香偷展。 妝臺此時乍到，鏡奩開、粉痕勻染。 誰信飛霜時節，有玉溫花暖。 念樓居、應共雙成伴。 甚一曲琴心，無限幽怨。 試聽離鸞操，動梁塵淒黯。 游仙漫誇夢好，恨長宵、漏聲偏短。 何事相親半霎，儘教人腸斷。

惜分飛

濃綠陰新黃鸝語。 裙帶擁、鞦韆畫柱。 時序倏忽秋暮。 隔牆唯見高高樹。 燕子樓扃風不度。 何計化、行雲飛去。 闌外翠幙低護。 斷無人在憑闌處。

金菊對芙蓉

菊蘂香濃，拒霜紅淺，十分妝點殘秋。 恨朱顏不返，好事都休。 登高又近重陽節，想故人、落帽風流。 如今安在，孤飛雁影，應向南州。 楚天宿雨纔收。 怕湘蘭沅芷，一例生愁。 縱隨羣雞鶩，粒稻難求。 漂零何似歸來好，有白衣、送酒盈甌。 萸囊紉罷，喜無風雨，同上層樓。

祝英臺近

送孟斐至楓林橋醫院，剖治膽疾，作此示之

數華年，悲逝節，白髮已垂領。瘦減腰圍，況是舊時病。朅來小駐幨車，楓林橋畔，怎墜葉、不禁秋冷。　遠塵境。户牖叠似蠭房，荒草掩斜徑。曉霧昏鐙，鐘鼓四圍静。割愁擬借吴刀，沈吟未斷，怕照膽、還須秦鏡。

三登樂

落月關山，魂不到、楓林青處。下簾帷、擁衾獨語。玉釵盟、金縷曲，一時抛去。滄海逝波，故人意緒。　聽邊頭哀角動，燕鴻程阻。儘銜蘆、自傷墮羽。壯心違、歌激烈，淚霑纓組。更短漏沈，夜悲向曙。

清平樂

詠鴿

雪衣丹距。雲路從翺翥。鷙鳥凶殘羞作伍。自有千儔萬侶。　傳書不畏張羅。月光相映婆娑。西人以月爲和平女神。天遣和平使者，人間長斷干戈。

十月桃

沈石田畫九月桃花折枝小幅，自題云：『榮華雖暫頃，天地亦多情。』感之成詠

年年三月，看青條破蕚，霞暎烘晴。路近桃谿，劉阮曾遇仙卿。誰知隕霜籬畔，還又費、蜂蝶經營。春歸已久，崔護題詩，重覩傾城。　記南都千樹繁英。空付與、寥寥水榭山亭。再度花開，董逃先聽歌聲。解放前一年，南京九月桃再華，居人以爲二度逃之讖。何如畫師妙筆，脂數點、妖冶鮮明。當時卻道，榮華雖暫，天地

多情。

薄媚摘徧 反虛齋詞意，仍用其韻

睡初醒，風又起，黃葉飄庭院。倚清狂，嗟落魄，題詩空涴帬練。籬花影瘦，兩鬢蕭然，何用念家園。獨感浮生，馳驅道遠甚時免。還把茱萸重翫。後會知誰健。開口笑，本來難。良朋已覺凋半。憂來煎迫，四序相催，不放寸心寬。擬醉醇醪，持觴淚滴滿。

擣練子

機上布，手中刀。絮盡征衣莫憚勞。借問此情誰會得，拂雲東去雁行高。

其二

裁匹練，畫雙鸞。幾葉丹楓似小園。鴨緑江頭寒正峭，故將秋色寄君看。

其三

頻著杵，漫封題。熨妥新痕滅舊啼。驗得玉人針線迹，未除强寇不須歸。

青玉案 贈故人子，用韻

霜髭不翦人驚老。話故舊、相逢少。覿面而今成一笑。短衣露脛，瘦麻編屨，疏布還裁帽。一年次第寒威到。便有酒、何妨共傾倒。萬事都拚沈醉了。來時鐙火，去時冰雪，是處安排好。

清波引

野沙縈渚。怒濤静、白鷗喜舞。片帆何許。晚霞送嬌嫵。別久故情嬾，便任匆匆歸去。

自憐衰鬢驚秋，弔蓑屐、往還處。箋愁寄與。旅程遠、鴻雁漫度。夢能來否。恨相見無語。宵長睡難穩，滴盡疏桐殘雨。賴有窗外蛩聲，伴人吟苦。

憶舊游 和清真

記青樓擁髻，繡檻圍歌，同賞鐙宵。漸遏行雲住，認珠簾半揭，霧彩飄蕭。舊情頓怯秋暮，風起月光摇。任字劃鑪灰，杯傾市酒，暖意潛消。迢迢。盼佳會，有步錦迎春，花下連鑣。時節頻堪轉，怕雕梁塵涴，雙燕難招。斷魂更擬飛逝，滄海不成橋。怨幾度栽桑，瑶池未熟千歲桃。

解連環 與貞白夜話及陶遺，愴然感舊，同玉田《拜陳西麓墓》韻。陶遺亡命時自署劍虹，嗣爲人告密，繫江寧獄中，幾不免。晚居金山松隱鎮，余曾留信宿，並爲作圖

霣星寥落。數當年任俠，更無朱郭。記劍舞、光景如虹，甚名係黨人，壯懷消卻。縱酒行歌，破衣典、不堪重著。況巢傾觳發，鎩羽自傷，野田黃雀。俄驚市朝異昨。便恩讐忘得，難遣離索。夜未闌、明月中庭，伴孤影徘徊，鴈更魚鑰。楚些吟殘，見華表、曾棲遼鶴。怕魂歸、萬松舊隱，路迷斷壑。

喜團圓

深秋麗景，屏堆紫菊，窗映紅蕉。相如病渴狂心在，喜重逢嬌嬈。晨妝鏡裏，遠山眉樣，著意新描。如今肯再，釵分燕股，剪破鸞綃。

玉京謠　代怨，借夢窗韵

一夢柔鄉渺，訴與愁心，但只脣焦敝。乍可温存，猜嫌還訟瓜李。悵海燕、春晚來時，看緑盡、花梢無計。塵埃裏。安巢古堞，將雛空壘。　盈盈自采蘼蕪，斷素量縑，又寶箏日倚。釵卜虛諧，良宵孤負鴛被。料故歡、風雨聞鈴，暗媿汝、玉顔微泚。争得似。情寄片紅溝水。

鷓鴣天

簾外霜風動遠塵。牀頭鐙燄照孤嚬。刳肝爲藥難醫疾，泣淚成珠不救貧。　思往事，悟前因。轉將微怨作深恩。龍宮方劑汝堪贖，乞與雲英自在身。

思遠人

鴻翼辛勤將數語，傳與異鄉客。念椰瓢共飲，離支分寄，終是未歸得。布襟血淚寒猶滴。四望陣雲墨。使好夢熟時，遠方烽盛，何由見顔色。

卜算子慢

危樓望遠，深院閉門，幾葉井桐飄墜。楚澤芳蘭，歲暮漸看憔悴。數遥汀、雁翼相將起。柰此去、峰迴路轉，書成萬字休寄。　寂寞空閨裏。對錦障團窠，獸鑪沈水。永日思量，黯黯舊情如醉。總憐伊、消盡眉山翠。漫倚著、簾鉤到晚，向風前彈淚。

醉落魄　頃鵷雛寄懷云：『相思誰復輕千里，不面空教覬百書。』又補録在渝州集白石句見贈，

詩有『自琢新詞剪燭看』之語。因追述舊游，奉答

亂山青疊。松陰徑曲菭階滑。新詞每共商音節。萬里歸來，轉恨兩華髮。　人生何苦輕離別。去年花下聞鶗鴂。明年春酒須芳洌。未了情懷，都待見時説。

虞美人影

貞白買《曝書亭集》，忽於其中得東方美人真影，索余爲詞，戲贈

纚牀甆牖甘長守。醞造梅心酸透。金屋千嬌争秀。道是書中有。　風懷百韻閒賡就。驚覩峩簪廣袖。斟酌燕環肥瘦。巧笑宜名壽。

齊天樂

訪梅景書屋，湖帆屬題所藏戴熙畫册

倪黄宗派誰能繼，婁東自開佳景。運興時遷，才難輩出，絶蓺無人管領。虛堂睡醒。共商畧芸牋，破除杯茗。照眼丹青，頓忘簾外暮寒凝。　咸同之際畫手，鹿牀應自殿，一代名勝。細染輕勻，幽香澹墨，神合玉田詞境。披圖暗省。是故國風柔，小園春靜。夢繞清溪，掠波雙燕影。

風入松

層樓百尺倚高寒。霜重錦衾單。菊花開了無多候，已峥嶸、一歲將闌。葭琯從吹暖律，瓊漿難駐朱顏。　春申江上暮潮還。潮語帶辛酸。幽居豈是蓬萊遠，望中見、幾點烟鬟。不許尋消問息，明明只在人間。

鎖窗寒

寒流

畏景西沈，重陰四合，頓移寒暑。黄沙塞草，卷地朔風同舞。似千軍、悲笳怒號，氣流盪薄

還撐拄。訝小庭暝色，枝頭零霰，轉成花絮。迴顧。懽娛處。但静鎖軒窗，麝煤添炷。吟肩自聳，醉倚琅玕凝佇。想山中、梅蘂破春，枉遲布屐誰共語。更難忘、飲去聲馬河冰，戍客歸期阻。

鷓鴣天

鄧英翘有《鷓鴣天》詞數十闋，皆述珠江舊游，名之爲《櫻橋綺語》，乞題

爲憶前游感不禁。鷓鴣詞好費沈吟。一編綺語三生債，幾曲闌干萬里心。用《東澤綺語債》成句。 蘭櫂急，越江深。惱人春色夢重尋。木棉開處花如血，化作啼痕染客襟。

征部樂

往時歡聚，雲散雨絶真堪惜。數三載、天涯浪迹。應每祇、尋問消息。相思字，憑鱗翼。又卻恐、海波漂溺。念到此、永夕無眠，月照簾幃想顔色。 傳言信否，南來北去，流轉幾遭鋒鏑。幸自有、心情長在，沈腰如舊，何用量寬窄。漸暮砧初拭。爲寄遠、擣衣聲急。度曲闌、隱隱風迴，斷續聞刀尺。

江月晃重山

馮伯華爲禮館舊人，近得其蜀中書，以此代復

講舍宵聞絃管，支筇日傍湖山。櫻桃如火照衰顔。當時事，不共暮潮還。 欲和陽春一曲，其如蜀道千盤。迢迢雙鯉寄書難。書中意，努力勸加餐。

傳言玉女

百步亭臺，落盡樹頭殘葉。夜寒風緊，透疏窗紙裂。衾枕自擁，暗想春游時節。沈吟無語，

兩眉低結。繡箔微搴，見肌膚、似皓雪。惠然攜手，恣同車歡悦。河橋送人，還把緑楊親折。那堪容易，舊情衰歇。

歸國謠 擬《花間》十八首　温庭筠

蓮臉。手鏡粉函花鬭艷。小屏山簇烟斂。水光空碧染。羽帳素紈交掩。夢迴抛枕簟。晚來重整妝靨，淚流珠數點。

採蓮子 皇甫松

湖畔風光似阿誰。舉棹。將花比貌葉裁衣。年少。玉纖暗剥青蓮菂，舉棹。心事羞交女伴知。年少。

謁金門 韋莊

芳草陌。幾歲送君爲客。驄馬頻嘶無氣力。路遥山又隔。别後只知相憶。不憤故園春色。垂柳千條還似織。寸腸空斷得。

相見歡 薛昭藴

華堂鳳蠋高擎。遇卿卿。列坐舞筵歌席、酒如傾。連宵醉。和衣睡。不聞鶯。院外落花風起、月朧明。

感恩多 牛嶠

玉階空竚立。嗁露殘紅溼。粉搓圓頸垂。憶分離。手撚花枝惜春暮，燕交飛。燕交飛。願得巢成，薄情歸有時。

江城子 張泌

一條春水碧琉璃。晚烟迷。苧蘿西。越王臺上，唯見鷓鴣飛。游女至今留浣迹，人道是，若邪谿。

醉花間 毛文錫

羞相見。恰相見。相見生煩怨。無語祇低頭，淚洗芙蓉面。　昔去柳依依，今來多雪霰。知否玉樓人，容色隨年變。

臨江仙 牛希濟

海山樓閣影玲瓏。銀屏珠箔重重。鴻都羽客信能通。攬衣推枕，含恨思無窮。　若使恩情終不變，人間天上歡同。僊娥列隊舞瑶空。霓裳催徧，猶勝廣寒宫。

賀明朝 歐陽炯

憶昔花間成邂逅。幾巡芳酒。　暗牽羅袖。　相將急轉，小欄西畔，蝶飛鶯奏。春事如繡。緑苔茵藉雙鴛瘦。判一晌温存，誰惜鳳釵溜。自經年分手。羞更告伊，眉黛長皺。

天仙子 和凝

寶蓋流蘇垂罳罭。長掩郊宫春草緑。不隨仙女學長生，蕩輕烟，懷紫玉。　腸斷應無膠可續。

甘州子 顧敻

曲屏深處麝香濃。寬帶結，掩酥胸。更移畫燭蒨紗籠。衾展繡芙蓉。山枕上、雲髻略鬔鬆。

後庭花 孫光憲

六朝前事荒原露。亂花無數。驕春羅綺盈朱户。寂寞抔土。　祇今休極、怨韓擒虎。　縱後宮争賦。蛾眉自古能嬌妒。漫誇瓊樹。應知此恨，背人偷揾淚千行。

漁歌子　魏承班

兩眉彎，修鬢緑。羅裳宛地織腰束。信來遲，春去速。何處可尋芳躅。　柳揺金，花似簇。乳鶯雛鷰飛相逐。閉朱櫳，扃畫閣。永晝懨懨人獨。

臨江仙　鹿虔扆

卓女才多含綺思，當時巧遇臨邛。素琴張罷翠尊空。獸鑪閑炷，相並小樓中。　光景忽隨情意變，楚天音驛難通。夜來愁聽五更鐘。隔窗寒葉，零亂舞西風。

八拍蠻　閻選

輕鏁雕籠囚鳳鳥，故抛紅豆散鴛鴦。閨裏若應知此恨，背人偷揾淚千行。

杏園芳　尹鶚

春游待曉妝成。嬌饒媚臉微頳。相將小會百花亭。步輕盈。　須臾楚峽朝雲散，含愁爲別仙卿。芳園從此斷人行。緑苔生。

南歌子　毛熙震

樓影參差見，湖波宛轉通。香煎豆蔻四支慵。浴罷晚涼時節、出閨中。　蕙帶含烟碧，蓮房褪粉紅。木蘭雙槳倚輕風。因甚畫隄行盡、少郎蹤。

南鄉子　李珣

盤嶺過，趁墟還。錦絲纏髻兩垂環。遞飲篘杯春酒熟。歡相逐。日暮蘆笙吹不足。

西子妝慢 題程他山詠西湖十景。余往來湖上二十餘年，自遭倭亂，遂爾曠絕。撫今追昔，情見于詞

窗語塔鈴，酒携竹所，浄洗緇衫塵霧。探春楊柳白隄陰，更徘徊、段家橋堍。醒吟醉舞。每欲伴、流鶯共住。應許。　心期誤。十載浮蹤，自過巴峽去。刼灰飛處不堪尋，畫圖中、幾行烟樹。蕡洲舊句。料清夜、挑鐙重賦。漏沈沈，滴盡簷花細雨。

珍珠令 臘月廿一日立春

雲昏霧阻蓬山杳。知心少。任隔院、梅花開了。連歲惜春遲，訝今番獨早。　暝意先融愁似掃。算唯有、別情難道。難道。怕薄倖春歸，翻催人老。

浪淘沙 除夕自訟，用周晉仙韵

沽酒不論錢。醉後酣眠。自將身世傲鳴蟬。何異坳堂杯水覆，以芥爲船。　風雪夜防邊。恨我無緣。名韁利役兩徒然。萬事從頭須放下，明日新年。

以上附《夢秋詞》卷十三《然青集》，起壬辰秋訖冬

四犯翦梅花

暮雲凝縞。對瑶階素闕，恍疑僊島。凍合吟肩，幸鑪香猶繞。前村窈窵。問何處、酒帘懸早。灞岸春回，梁園宴啟，夢魂飛到。　同游故人漸少。記燒鐙令節，那回歡笑。淺酌屠蘇，悵新愁難掃。門荒徑悄。但枝上、數聲嗁鳥。雪後江梅，伶俜照影，寒深花小。

探春令　正月初八日，日出而雪，陰晴百變，亦氣候之異也

風簾蕭颯，獸鑪融煦，乍寒輕暖。似熟梅天氣，陰晴半。甚時序、教零亂。　玉霙飛處陽烏閃。做春光奇幻。料紅閨睡起，虚簷徐轉。誤捉楊花看。

一枝春

月榭雲窗，任留連宴飲，都忘昏曉。陽和布暖，次第苑花催報。紅梅半吐，醉中認、謝娘風貌。歌字穩、鶯囀高枝，未驚繡幃人早。　幽居片塵不到。度凄涼歲月，將愁誰告。蟠雲髻散，鏡裏幾回羞照。丹青暗展，已句引、萬千情調。從細想、玉艶香温，見時更好。

玉燭新　鐙夕彦通自南京來話舊，因贈

玲瓏簷玉瘦。漸照眼春回，野梅如繡。看鐙舊俗，今都罷、但許歌圍紅袖。笙簫徹晝。擁絳節、霓旌前後。佳麗地、空數南朝，臺城未舒新柳。　困思寄旅經年，慣曉埭聞鐘，步穿烟岫。歲華頓換，堪惜處、俊侶狂情非舊。凌波賦就。夢窗《吴門元夕》詞：『凌波恨，簾户寂。』又《試鐙夜》詞：『暗塵不起，酥潤凌波地。』彦通少日有夢窗之恨，故戲及之。恐淚燭宵分盈斗。休自苦、垂老相逢，金尊更覆。

鶯聲繞紅樓　梅蘂受凍，作花甚疎，頃亦凋落矣。倚此寓感

臘底頻番急雪吹。已堪訝、疎蘂離披。卷簾密付翠禽知。休啅最高枝。　風動鈴旛索，

無端又、了卻花期。看花昨夜步前溪。空餘遠山眉。

金縷曲

萬里沈悲角。指天西、巨星夕霣，光芒銷鑠。大地山崩溟海竭，魚鳥紛紛安託。況別有、玄黄交錯。龍戰方酣三軍壘，道哀兵、決勝原非弱。誰爲致，不龜藥。　試陳舊史君應諾。笑當年、事秦事楚，何殊丘貉。六國連衡從暫破，衡散依然從約。但衆志、自成郛郭。頃刻風雷生百變，願不爲、魚鳥爲鵰鶚。紅日出，歌聲樂。

減字木蘭花　淮甫兄輟西蜀之行，復來相會

天梯石棧。夙昔馳驅同往返。歷盡殊鄉。何似家山味更長。　白頭兄弟。惜取花前尊酒會。莫問明朝。揚子江頭早晚潮。

點絳脣　黄西爽爲其舅氏作南山圖卷

松竹陰濃，四時不改南山翠。瘦筇閒理。誰會槃阿意。　長想鷗波，點筆多能事。風流似。霅川烟水。一室空濛裏。

大酺　客來寄菴，談鎮江府學舊事。先大父官府訓導五十四年，余昆弟皆生長於此。官廨堂壁嵌鳳碑，實朱雀耳。雕製形象，蓋唐以前物。冬榮春滿齋爲先大父課孫之所，桃潭書屋則兄弟輩讀書處也。自辛亥後，未嘗再履其地。宮室遷毀，傳聞異辭，不可詳考矣

看月臨窗，花垂徑，春滿桃潭書屋。童年游息地，想碑殘朱鳳，斷紋難續。舊業塵薶，荒園蘚護，聞道時經樵牧。飄零平生事，況昆池刼換，市朝翻覆。賸喬木人家，亂雲山寺，尚遲

幽躅。光陰如箭速。任衰鬢、蓬葆無新綠。唯佇歎、機雲聲價，王謝風流，總消伊、廢箋閑燭。歲暮陶潛宅，應自惜、獨存松菊。坐容膝、村醅熟。收取殘淚，聊共持尊相屬。醉忘爛柯幾局。

陌上花

韶光漸近清明，其柰透簾風雨。枕冷衾單，還似去年辛苦。密函欲寄先彈淚，濕盡錦箋詞句。怕因循、過了杏花時候，委春塵土。黯凝思、記小闌深處，亂劃釵痕無數。杳杳重闉，自此便成睽阻。落紅萬一侵羅襪，愁粉嗁脂慵顧。悵樓東、縱有珍珠盈斛，憑誰緘與。

點絳唇　集清真

看即分披，對花惹起愁無數。淚珠濺俎。細響當窗雨。景物關情，也擬臨朱户。章臺路。夢魂飛去。一曲黃金縷。

好事近　爲袁孟純題雪夜草堂讀書圖

粉墨灑寒林，猶是六朝山色。夜雪柴門深閉，識袁安心跡。奇書讀盡古今文，絲竹更藏壁。酒誥一篇俄空去聲，問何人會得。

迷神引

楊柳摇青隄邊樹。又值禁烟佳序。雕鞍畫轂，擁平川路。傍溪行，桃花散，似紅雨。追憶當年友，共尊俎。揮手雲山隔，竟何許。屈指人生，半是傷離緒。對冶游天，嬉春侶。黯然回首，忍重尋、臨岐處。笛飄揚，郵亭遠，旅魂阻。休爲年芳晚，閉朱户。殘宵聽鶗鴂，更悲苦。

柳含烟

秦淮柳，蕩輕烟。迆邐復成橋下，小娥纖手理絲絃。木蘭船。留得年年佳景在。未惜緑茵如蓋。隋宮梁苑滿荒莎。柰愁何。

其二

姑蘇柳，畫欄東。嫋嫋長絲拂地，纖柔還與舞腰同。鬬春工。因想吴宮眉黛色。西子也應描得。如今憔悴在風塵。翠蛾顰。

其三

灞橋柳，送行人。千古幾經攀折，疎枝摇曳起黄塵。月微昏。昨歲邊關征戍急。翻使離歌激烈。待君移作繞朝鞭。破胡旋。

其四

玉門柳，兩行齊。閲盡車輪馬迹，冷風蕭瑟晚鴉棲。盡情啼。驛路俄教通絶域。春色江南無別。往來閑殺霍嫖姚。挂征袍。

陽春曲 三月初一日夜歸，過舊曲，悵然成詠

雨絲絲，煙羃羃，鐙影漸迷坊曲。殘夜走輕雷，車輪轉，夢裏還過舊家宿。麝熏鴛褥。渾未滅、那時芬馥。誰道兩睫瞢騰，醉眠醒，自驚幽獨。歎春半凋薔、鶯雛老，怊悵極、清狂杜牧。秦樓簫聲已斷，竟牀空、枕簟斑竹。芸牋更展數幅。待手把、花容描貌入聲。恨桃李、未了湔帬候，愔愔暗緑。

阮郎歸 調友人，賦得『攙』字。俗謂以手相扶，以物相和，皆曰攙

春陰漠漠罩江南。春衣無點黴。樓居新署列僊銜。不須青鳥探。疏影瘦，暗香攙。小

紅歌韻誠。石湖風便好張帆。望梅先解饞。

御街行

桃花流水仙谿路。曾引劉郎住。晚春扶路覓仙谿，腸斷幾番回顧。落英飄盡，朱顔已改，不見當時侶。　長生本是無憑語。但願長相聚。仙家何事亦離羣，洞口亂雲荒絮。不如重到，玄都觀裏，猶有桃千樹。

慶春澤　白芍藥

攜策中園游憩。看芍藥翻階，素顔嬌麗。還澹著梳妝，臨風褰袂。似玉樓人，卷簾睡初起。　徘徊欲盡宵際。堪持贈情人，閑吟溱洧。愁染淚吴綃，離心難寄。正月籠烟，一枝墮烟裏。明末女子吴綃有《贈藥編》。

看花回

葉底初聞百囀鶯。來賞新晴。市郊兼有山林趣，是舊家、别館峥嶸。好春留不得，同感飄萍。　檻曲縈迴蘚路青。負手巡行。海棠穠艷吹成雪，野花開、多不知名。自憐歌酒畔，有甚閒情。

瑞雲濃

東風露井，桃花還似人面。花外巢痕護新燕。香泥壘就，又早滲、殘紅千片。逝景迅流波，任風吹不轉。　當送春歸，隨處易、傷心感歎。豈是佳人賦情淺。鳳牋盈篋，問甚時、一樽重見。折取花枝，露和手顫。

飲馬歌

《松隱集》有此調，序云傳自金源，用横笛吹之，無鼓拍。殆即古所謂横吹曲也。因倚其

聲，爲援朝軍製此

句驪形勝地。黠虜鋒何鋭。一朝援師至。劍麾旄頭死。夜蒼茫。草色黄。晝角連營起。萬山裏。

子夜歌

薦櫻桃、一春過半，的皪走盤珠露。佐杯酒、殷勤晤對，乍喜故人相遇。巴嶺雨雲，秦淮烟水，總化衣間霧。是人生、離合尋常，多感情懷，祇覺萬端愁聚。　不堪聽、枝頭葉底，宛轉一聲嚦宇。如説明朝，臨岐墮淚，依舊天涯去。況韶華已老，緑陰青子如許。珍重而今，片時歡笑，無限鐙前語。怕年來、消減容光，就鐙看取。

最高樓　題巢章甫海天樓讀書圖

天津市，鐙火隘通衢。中有隱人居。一枝漫擬同巢父，千問猶欲庇寒儒。是誰能，將此意，寫成圖。　想時傍、元規樓畔坐。又還著、元龍樓上卧。風月夜、嘯歌徐。海波寬處馴鷗鳥，芸籤香裏伴蟫魚。問先生，秦火後，讀何書。

清平樂　爲湖帆題梅景書屋圖

崦西深處。香雪時飄度。窈窈巖關蘿徑護。記取支笻閑步。　湖山不負清嘉。鼎彝位置堪誇。勝卻雲林高閣，道人自種梅花。

青門飲

羈緒侵尋，壯懷銷鑠，鄰家怨笛，殘春時候。

事往難追，恨多偏積，長遺枕痕淹透。征戰連年歲，歸期杳、刀鐶生鏽。燕子重來，不見當時，花下雕甃。　唯見臨窗楊柳。争盼斷邊書，如人眉縐。虚閣籠陰，小池過雨，風信夜來還驟。料想明鐙底，剪羅衣、幾番停逗。帶圍親結，可能記得，腰支肥瘦。

菩薩蠻　所見

鏤空鴛履文犀革。茜羅衫子幫腰窄。約臂露雙彎。指尖紅蔻丹。　朝朝歌舞續。但恨爲歡促。鄰女下機歸。辛勤短後衣。

探芳信

翳妝鏡。任匣貯釵鸞，淚和脂凝。但小樓幽閉，更深市喧定。一鉤殘月徘徊久，聊破花間暝。記初逢、拜月盟星，是伊心肯。　無限歡娱事，恣永日彈棊，閑宵評茗。兩度蟾圓，便從此、歎孤另。舊情已逐繁華謝，密約愁難整。楚天遥，宋玉高唐夢醒。

青門引

曲沼涵餘景。波底遠煙浮暝。玲瓏疊石赴修廊，蒼苔綻處，認是舊行徑。　開軒乍怯單衣冷。獨坐中宵静。紫藤半挂，籬角月光，澹澹花無影。

尋芳草

失卻遠山翠。鎮長日、雨廉纖地。倚高樓、望眼成枯悴。路迢迢、信難繼。　暗想別離情，二三載、把人抛棄。算嫦娥、縱被雲虧蔽。還有個、團圞意。

眉嫵

記芳園聯步，繡陌停車，垂柳正青眼。貰酒南樓下，嬌扶醉，輕盈人似花面。素箋漫展。愛賦情、詞意深婉。坐相並，不惜淹留久，又鐙市催晚。　愁滿。雲屏湘管。怎暗垂蛛網，空涴塵簟。寥落悲行旅，滄波外，斜陽芳草如剪。舊游未減。夢乍醒、人遠天遠。這無賴年光，頻屈指、甚時見。

踏莎行　午日

薦酒菖蒲，堆盤角黍。家家舊俗同荊楚。汨羅江畔賦招魂，奔潮猶帶回風怒。　天問難酬，國殤堪譜。遺篇光燭蛟龍怖。休嗟荃不察中誠，亡秦畢竟由三户。

蝶戀花

天性矜嚴容百媚。斂影藏聲，事事相迴避。一語暗聞知有意。蛾眉謡諑君應忌。　日暮高樓還獨倚。路隔章臺，恰似無窮際。玉玦含酸裁作佩。寸心猶許連環繫。

綠蓋舞風輕　蘇州公園看荷花，紅白相間，彌望無隙。橋影橫其中，絶似四十年前游北海時光景

落日斷霞明，蕩漾輕圓，荷盤瀉鉛水。風揭霓裳，群僊摇佩，玉羽蓋紛起。已斂還開，棹歌遠、微聞香氣。記當時，玉蝀橋邊，佳伴同倚。　蓮子。暗卜心期，向晚漸秋風，藕斷波底。冷落空房，玉容消、但漬粉痕脂淚。事往情牽，又句惹、臨池深意。步遲回，夢認冶游

宫地。

減蘭 先入伏後出梅，俗謂之『梅抱伏』，主酷暑；兩頭無春，俗謂之『野年』，主隆寒。今年兩值之。頃苦熱，因戲作此

芭蕉葉大。一雨階前堪晚坐。暑氣高哉。忽閃繁星走旱雷。震雷不雨，俗謂之『乾雷』，或云『旱雷』。炎蒸何酷。共說今年梅抱伏。又恐冬寒。首尾無春是野年。

滿庭芳 立秋期近，而炎威愈虐。作此祓之，寄遠人

樹隱鳴蟬，花棲殘蝶，小庭長日清寥。宴眠初起，風陣芰荷摇。休羨南皮樂事，瓜果徹、漸近涼宵。憑闌指，烟澄霧斂，星渚未成橋。回思天上伴，飛瓊萼綠，無處招邀。只采蓮涇畔，遺蹟偏饒。悵望鴟夷一舸，五湖去、別載嬌嬈。秋期穩，歸潮有信，千里莫辭遥。

鷓鴣天 七夕口占。時余肩背生瘍，又偏體發斑，卧牀甚苦

暑毒侵肌慘戟矛。天時恰與病相謀。颯然風雨奔騰過，蕉葉梧桐各自秋。烏鵲散，暗螢浮。今宵無意看牽牛。嫠蟾也避雙星面，雲幕千重不上鉤。

沁園春 病起自嘲

君子人歟，豹變嶙峋，其文赤斑。想卦爻占得，剥膚灾近，上池飲後，伐髓功完。吸露身輕，醫教飲青蒿露。攀霞痕在，色界曾留第幾天。新陳代謝丹成未，看銖衣盡委，蟬蜕登僊。年年。總不似、秋風掃籜便。甚凝酥砌就，魚

鱗匼市，微鼾吹起，蝶羽輕翾。樂豈知魚，相應食肉，飲食多所禁忌，唯許食肉耳。且莫遣公榮到酒邊。東海畔，倘嗜痂有客，還許周旋。

浣溪沙 還家即事

足輭經旬戒出游。羸軀病暑復驚秋。小園無恙且歸休。未晚徑須抛卷帙，乍凉先欲試衾裯。北風吹雨上高樓。

減字木蘭花 題湖帆没骨荷花卷。湖帆自云見八大山人墨戲，稍變其法

六郎風貌。此語輕誣羞不道。翠蓋紅裳。洛浦猶應遜晚妝。嫣然摇動。十載詞仙曾入夢。十餘年前湖帆爲余作荷花小幅，題白石『嫣然』『冷香』二句。經亂散失，至今惜之。筆底烟波。涉事驚看奈爾何。八大畫每題『涉事』二字。

踏莎行 老友或欲來蘇相訪，先問寄菴門徑，書此答之

騷客詞心，絳唇歌譜。吴城合共天隨住。白石詞：『第四橋邊，擬共天隨住。』夢窗詞：『可惜人生，不向吴城住。』皆《點絳唇》也。新巢元與舊巢鄰，飛來燕子知門户。小築在先業北牆後。拙政園東，華陽橋堍。深深曲巷通蔬圃。杖藜若叩寄菴家，隔牆先見櫻桃樹。

感皇恩 夜起，和清真

露下洗蒼苔，顫簾風定。北郭車聲破幽静。半生羈宦，早被輪蹄催醒。那堪還對此，淒涼景。　酒散夢回，一時都省。鏡滿霜華更愁病。撫衾長歎，殘夜鳴雞相譍。起來猶自弄，鐙前影。

醜奴兒　中秋夜望月，用清真韻

層陰隙處清輝漏，斜照東軒。桂影森寒。許折高枝未有緣。　便求玉兔長生藥，難駐朱顏。霧檻風欄。誰凭瓊樓海上看。

繡停鍼　十六日還上海，登碧雙樓，月色皎潔，與貞白詠于湖《念奴嬌》，慨然有作

澹暮景，望四野烟收，皓魄初上。檐瓦參差，樓觀萬家，併入玉壺冰盎。素波搖盪。似畫檝、中流相傍。凭闌酌酒高歌，未輸洞庭奇況。　千年事戃慌。不道我歷歷，見伊神王。汗漫騎鯨，東海壯游，回首已成長往。未須惆悵。幸儔侶、登臨無恙。夜深歸卧，月華更穿屏幛。

瑤華　曇花生葉上，倒垂，赤莖素花，狀如蓮。戊夜始開，至丑而足，未逮曉而萎。主人爲長沙李姓，邀余及陶良五夫婦同賞之。良五乞一枝持歸，余笑其癡，不顧也

非莖非葉。搖曳瓊鉤，挂一痕香雪。含苞纔見，驚片時、射眼光華明徹。蓮臺多品，怕猶遜、旃檀芬烈。更鼓催、殘夢消沈，悵想玉甌初缺。　前朝未盡風流，歎仙李蟠根，依舊門閾。開筵喚客，花徑裏、無數雄蜂雌蝶。擬憑并翦，長夜對、鴛衾虛設。笑問他、朝菌靈椿，共度百千塵刼。

醉太平

簫笳沸空。旌旗颭風。游人列炬如龍。報行程向東。　高臺數重。狂花萬筒。和平餤字當中。是民心大同。

傾杯近 和袁去華

夢醒朱樓鎮鎖，殘日留斜影。向晚西風漸止，繞廊花葉静。塵封象管，絃斷金徽何日整。佇徘徊、鳥嚦蟲語滿荒徑。寶釵分，篆烟燼，密誓嗟難省。鏡換容華，帶損腰圍新來更。浮蹤浪跡，不似年年秋期定。縱思歸、更堪歸路永。

醉思仙

對秋空。怨風翻墜葉，書杳征鴻。漸黄花開也，人倚疏櫳。香惹鬢，淚霑衣，歎孤負、酒盈鍾。暮寒生，更睇遠，暗遮雲樹重重。膏沐相忘久，頻年首似飛蓬。料懷人深處，應少歡悰。千里月，兩邊情，訴此恨、與誰同。夜沈沈，夢不記，斷魂猶戀青楓。

陽臺夢

玉階閒佇調雛鳳。見人羞瞥微波送。困來無語倚斜闌，撚花枝獨弄。裁箋傳密約，遥指紅樓幾棟。曉窺門户卻嚴扃，誤觸金鈴動。

穆護砂

有恨誰堪語。傍紗窗、絡緯嚦苦。騁商飆一霎，墜梧飄雨。廢池荒園無路。但切切、寒蛩相爾汝。怪早夜、秋來何處。便莫問、當年宋玉，也值費、歐陽新賦。推枕旁皇，攬衣愁歎，時時傾聽淚沾裾。儘玉簫聲斷，瑶琴徽冷，無此意酸楚。況是一襟離緒。怯空房、影形爲侶。祇繡殘衾鳳，烟消香鴨，尋思舊歡如霧。怕水遠、山遥嘗險阻。拋撇久、兩情非故。燈焰小、似伊昏眼，壺滴盡、伴我長吁。

夢等春還，寄將花葉，密書覼縷抵珍珠。又爭教、霜月窺簾，驚魂知已曙。

惜餘春慢　和魯逸仲

繡勒依風，輕衫沾露，共踏長隄青草。連翩儁友，爛漫華年，幾度燕昏鶯曉。鶯燕丁寧後期，尊酒重來，碧苔錢小。歎春光容易，繁花飄盡，故人今少。　空自憶、梅坼瓊枝，蘭披香徑，道著轉添愁惱。郵亭送遠，歧路停車，留住片塵休掃。沈恨窮秋到時，明月有心，應憐人老。似蓬飛雙鬢，惟餘衰柳，幾絲縈繞。

南歌子

簾卷梧桐影，鑪添柏子香。中庭露結漸爲霜。遙聽孤鴻悽唳、下迴塘。　檢曆知年促，繙書覺夜長。一生鉛槧爲誰忙。贏得遠懷消盡、鬢毛蒼。

點絳脣　九日遄赴蘇州市人民代表會議，用東坡韻作

照眼青紅，此回絕勝龍山宴。繡塍芳甸。不盡輿圖觀。何用登高，百里行程半。橫塘遠。影投波亂。我共西飛雁。

離亭宴　前三十餘年，余從夏吷庵及諸貞壯同游西湖，吷庵有詩紀之。貞壯既久没，吷庵亦於今春下世。讀其遺作，爲之泫然，因製此闋。吷庵詩宗梅聖俞，故以梅叟儗之

老賃荆扉相偶。談譃日從梅叟。揮麈論文狂絕倒，缺月驚窺窗牖。一旦死生分，瞬到菊花開後。　檢點親知杯酒。唯是涴痕襟袖。長憶湧金門外去，醉插蘇隄新柳。此日柳空垂，

獨立西風回首。

好事近　季琦婦顧清侣赴朝鮮慰勞戰士

百戰固巖疆，壯士宣威殊域。餽食不辭艱阻，有蛾眉奇絶。　故園風物已深秋，行人感時節。氈幕笳聲催曉，正千山飛雪。

永遇樂　貞白行役福州，歸述所歷。以詞紀之

閩峽波濤，武夷深秀，此行經徧。才卸征衫，且呼杯茗，爲道親聞見。好山當户，明湖繞宅，未減江南心眼。魚山、吳山、于山及小西湖皆在城内。最豪華、南臺高處，望中燈火如練。　炎方暝候，温泉湧出，卻笑華清池淺。可惜來遲，荔枝摘盡，雕俎涎空嚥。歸裝應有，錦囊佳句，供我細吟閑遣。但頻探、烟塵漲海，幾時盡散。

蝶戀花

菊蕊凋殘秋景暮。滴滴霏霏，盡日簷頭雨。欲向鄰家閒趁步。蒼苔徑滑無乾處。　隔地陰晴非定數。因念妝成，萬一籠朝煦。此際裁牋愁寄與。到時恐認啼痕汙。

明月棹孤舟

淺掠山眉紅粉面。杏初殘、那回相見。輭語無多，分飛一霎，輸與畫梁雙燕。　葉落寒蛩空絮怨。怎彈指、便成秋苑。步月迴廊，看花小檻，只許夢魂依戀。

傾杯

恩怨無常，悲歡難料，從來世情如此。聞君語便似，司馬淚溼青衫，憤盈素紙。縱前歡、拌

得而今忘卻，未可正芳年，竟拋羅綺。繡閣深鎖，冰絃絕時誰共理。想數番、求凰心事。爲盡傳知音，當鑪曾許，千金休换，柰何到此成輕棄。空佇望零涕。翻輸與、當日虞家，君王騅逝。臨分忼爽歌聲起。

瑞鷓鴣

白鷗飛處海波明。樓高遥指兩三程。無限風濤，化作輕烟散，佇向滄洲眺晚晴。千秋人物從君數，鐙前煮酒閒評。卻笑廣武，登臨何用，興長歎、逐功名。未必英雄是步兵。

轉應曲

霜月。霜月。步影横枝清絕。愔愔燭滅鐙休。緩曳羅裾上樓。樓上。樓上。終夜有人凝望。

洞仙歌

不登廊廟，且幽潛林下。少室山人有高價。想躬耕南畝、梁甫吟成，成算在，西蜀東吴分霸。卧龍難得似，老去傳經，門第扶風尚堪借。長笛韻淒涼，滴雨空階，平陽隖、獨醒中夜。又何如、絲竹後堂深，待只許、彭宣一尊同把。

琴調相思引

小雨初收望轉迷。車輪巷陌未霑泥。千家鐙影，相送過城西。寒透綈袍風似剪，光摇塵幔月如珪。夜深歸去，愁上最高梯。

以上附《夢秋詞》卷十四《丹羽集》，癸巳

望雲涯引

野行聞笛，音調類舊人所爲，感而賦之

江干閑步，蕙汀遠，蘆灘白。寄泊漁舟，向晚自看風色。歸鴻陣散，歷亂驚飛下，認短磧。望裏關河，念三載羈客。 閬宮蓬苑，借青鳥，傳音息。蜃市馮虛，殘景半消金碧。流商變徵，吹破無窮恨，甚處笛。太息桓伊，未似當時聽得。

浣溪沙

十二天門詄蕩開。霓旌翠葆共徘徊。於中彈指起樓臺。 不惜千金求駿骨，果然萬里致龍媒。燕昭漢武盡仙才。

應天長

鑪煙細裊，簾繡慢垂，幽懷斷緒難續。夜靜乍聞鄰笛，依稀舊時曲。繁華逝，年歲促。似淚盡、卧槃殘燭。最堪恨，一片青谿，雨後新綠。 誰更問楊瓊，記取樓居，還近大隄北。暗淡數重闌楄，蜘蛛網盈目。聽歌處，歡未足。强自比、謝公絲竹。鬢華改，遠志凋蘦，沈醉當哭。

鳳歸雲

傍層臺，幾行遠樹接江皋。宿靄乍收，寒氣晚蕭條。 樓閣冥迷，歌唱四合，隱隱逐風飄。錯認那時都下，朋儔歡會，放鐙偏近元宵。 魂飛形役，旌往思還，蓬蒿過屋，麇鹿羣游，六代興亡事、竟身遭。西蜀奔馳，北寺歸隱，鬢髮與秋凋。幸使老隨閒散，博覽圖籍，破除千種無憀。

臨江仙

對面寒暄無一語，泥他强寄音書。書中但問

體何如。行問寥落字，珍重過明珠。　記得憑肩楊柳下，喁喁情話相於。可憐濃緑蔭庭隅。西風吹後看，直是近來疎。

石州慢

小閣同凭，芳宴未闌，何事輕别。奔車隴驛經過，正見野梅飄雪。行行且止，又向千里滄波，中原回指青如髮。長作異鄉人，料啼珠盈睫。　淒絶。佩環遺響，枕被餘薰，易成消歇。兩地含思，魂夢何曾相接。癡情極處，畫裏重與端相，奇容妙采難言説。鑪燼麝煤殘，有心香堪爇。

如夢令

仇實父畫四時時妝美人，餘夏、秋兩景，設色妍妙。以詞代記

滿院桐陰舒緑。皓體輕籠紗縠。團扇障微羞，池內鴛鴦雙浴。芬馥。芬馥。臉映荷花如玉。

其二

雨後秋光如洗。無數閒花繞砌。合坐弄新腔，翠琯銀笙相儷。風遞。風遞。縹緲樂聲天際。

水龍吟

畫梅花册壽蕙高，媵之以詞。蕙高爲貞白賢儷，梅其小名也

灑然林下高風，百年長作貞松偶。鉛華不御，芳馨自遠，蕙蘭堪友。蜀苑呼龍，蜀苑有梅龍，見放翁詩。孤山邀鶴，歲寒同守。想繁華時節，何曾得意，也不爲、冰霜瘦。　自是東風較晚，枉催開、園林如繡。眼中羞見，夭桃穠李，炫奇争秀。夢繞南枝，幽香和月，暗沾襟袖。倩

淋漓醉墨，生綃寫取，祝梅花壽。

浪淘沙慢 八仙橋青年會聽歌。是日有《生死恨》《搜孤》《救孤》《三娘教子》《梁紅玉》諸劇

倚樓看、霜融素瓦，路近烟磧。弦索繁聲漸發，鐙簾動影似織。聽一串、清歌珠歷歷。頓折盪、千結柔腸，問座中、誰是遠行客。衫紵盡霑濕。　惻惻。死生便分疏隔。況嫠婦、空閨催機杼，悲甚遺孤泣。忽戰場桴鼓，春雷飋疾。寸心萬感，憑仗他，傾吐牢愁冤抑。年少事、風流雲散，揗華髮、壯志半蝕。遺情處、翻教恨更積。醉歸去、獨擁寒衾，漏碎滴。驚魂縹緲疑終拍。

齊天樂 懷素墨蹟云：『苦筍及茗異常佳，乃可徑來。』與會中諸人共觀之

窗前蕉葉陰濃後，臨池墨痕翻汙。風揭雲飛，蛇驚草偃，筆勢千秋誰悟。清齋味苦。衹筍束供庖，茗甌浮乳。想得書僧，徑來相訪定佳侶。　瑶函珍重共啟，怕顛張未解，馳驟如許。喪亂經心，中秋過眼，謂右軍《喪亂》、大令《中秋》二帖。別有人間奇遇。縈愁萬緒。問天祿琳瑯，至今存否。瘴海崩濤，化成昏夜雨。

清平樂 聞貞白日讀《瑜伽師地論》，賦此代訊

形骸爲累。入世求超世。面壁嵩高仁者事。方寸終無住地。　眼前撩亂空花。一窗風雪交加。我欲懺除綺語，相從熟習瑜伽。

瑶臺聚八仙 陳蒙庵從貞白所索觀余所爲聽歌詞，復作一首，邀二君同和

嫋散高空。層梯峭、相隨步屧玲瓏。笑圍歌

陣，寒氣變作春融。急管繁絃揮楚調，乍聞又覺感纏胸。夜無眠，鳳牋暗擘，聊訴情衷。知音從來易失，歎舊時宋玉，屬和誰工。竟聯二妙，驚看賦筆如虹。明朝更同讌席，怕一曲、霓裳聽未終。新愁起，換數番羯鼓，敲碎瓊鍾。

菩薩蠻

陸丹林倩人畫像，大千爲補衣褶及楓樹，乞題

曲江去後流風歇。嶺南又見梁陳屈。誰可繼三英。里人先定評。修《三水縣志》者誤丹林已死，列諸近代《文苑傳》中。　長松身獨秀。不是因詩瘦。何物比韶顏。一枝楓葉丹。

八音諧

陰雨乍晴初，重想消閒地，來過幽館。儔侶坐聯膝，訝囂聲塵滿。弦語勁處偏柔，似弄舌、黃鸝花外轉。正感憶、又哀音變徵，長歌悽斷。　小說流傳亂事真，任趙宋三國，做成新爨。村社走盲翁，罵中郎誰管。是非從古無憑，但記著、放翁詩案。放翁詩：『身後是非誰管得，滿村爭說蔡中郎。』睡眼已朦朧，自笑我、心情倦。

惜寒梅

萬卉凋零，有江梅、獨許雪霜盟約。粉艷天真，苒苒香浮繡幙。滿樽芳酒共誰酌。望天際、輕陰旋作。家園無恙，忘了歸來，細看紅萼。　相思未是斷卻。柰江關賦愁，不堪落寞。花下前歡，此景羞人問著。擬憑鱗羽訴離索。怕紙盡、越添意惡。十分清瘦，南枝漸坼，莫近高閣。

臨江仙

節候推排星運轉，强分過去來今。偶緣聞見動羈心。征人遥度隴，宿鳥倦歸林。　獨坐空齋書嬾讀，杖藜何處追尋。關山瞑合海雲深。一冬懷抱惡，不雨亦沈陰。

夜游宫　用方回體韻

江上尋梅棹發。烟波盡處孤帆滅。鄧尉繁花明蒨雪。繡筵開，記當時，親自折。　凝想成悲咽。故人去、死生都絶。回望青山如戀別。醉推篷，更依依，窗外月。

長相思慢　和清真

夜月微明，風摇窗網，愁極心似懸旌。街喧盡散，畫鼓初傳，凴几寂坐魂驚。倦眼偏醒。訝銅槃殘燭，燄冷疏螢。片紙書輕。幾回看、恨語誰聽。　便他日逢伊，未必還如舊識，水盼蘭情。桃根唤渡，韓掾留香，此願難成。芳菲屢换，任垂條、飄拂相縈。怕釵分隻股，機繞千絲，都是空盟。

念奴嬌　江翌雲近游鎮江、嘉興及開封，先後有詩寄示，和者甚衆，余倚此繼之

半生行處，要窮探星宿，飛翔寥廓。白髮江郎才未盡，好句如珠吹落。蜀道停驂，清谿放棹，往昔親杯杓。看君風度，幼輿宜置丘壑。　聞道多景樓中，從容舒嘯，迴向鴛湖泊。忽憶黃流奔注勢，宛宛驅車京洛。纖手分柑，金盤膾鯉，有客方礫礴。山歌宵起，恨余不共酬酢。君汴游詩自注云：『席家婢聞靳仲雲宵吟，謂客何以夜半猶唱山歌。』

歸朝歡　歲暮不得歸，頗動羈思。因念遠方征戍之士，及爲寇虜所儌迫者

急景凋年風慘冽。遠望千峯飛鳥絶。博山添炷水沈烟，重幃深掩流蘇結。悲來無暫歇。閉門久斷行車轍。數歸期，不知朝暮，攬鏡已華髮。　地暖春光先漏泄。因憶團圞兒女節。故園有信放梅花，天涯是處愁冰雪。四鄰疲戰伐。北韓烽火連南越。想依稀，石壕村畔，更作無家別。

鬲溪梅令　題穎華畫梅

幾番雪裏訪苔枝。暗尋思。未似仙雲摇漾、薄銖衣。緑華來去時。　一奩清影試妝宜。淺臙脂。要待芳心分付、玉漸知。漫教羌笛吹。

繫裙腰

眉尖微透睡時春。雙螺點、黛痕新。金泥帶畫雙棲蜨，似曲中人。鬬妝束，小腰身。　隔座相看無一語，應不是、阻河津。天孫已有黄姑約，待幾秋辰。看停織了，往來頻。

使牛子

野田薺菜花如織。村女牧童相值。調笑曼歌柔，鞭動牛奔喜洋溢。　翠鈿隱鬢添豐澤。珠汗斜侵粉額。箇處見天真，儘許風流愁未識。

虞美人　除夕前還蘇州道中

陶潛情話思親戚。鐙火催除夕。輕車火急指吴閶。便抵乘風來下、白雲鄉。　湖山已被

春光占。數朵江梅豔。梅根殘雪未全消。恰欠小紅低唱、過虹橋。

迎新春 吳城春節唯園游最盛，其餘奢俗寖革除矣

歲首慶春節，共喜朝陽和煦。鄰里喧騰語。逞游樂、携佳侶。接通衢、魚龍部伍。乍散人、無限園林深處。日晚人更聚。争誇道、升平重覩。漸春光永，艷溢花塢。幽徑裏，石痕竹影隨步。垂楊碧繞闌干亞，記曾來、徙倚吟佇。變豪奢，唯許清歡消閑緒。漸平聲風化南土。蔓草盡争，肯獨行多露。

錦園春 元夕雨止，仍不見月

素娥初沐。仍風鬟亂裹，未忺妝束。卻恨開筵，費今宵鐙燭。霓裳舞曲。忍孤負、衆僊芳躅。繡枕新啼，銀屏舊影，西樓人獨。

生查子 貞白偶作畫，有香光晚年筆意

沙平緑樹稠，壁立蒼崖峭。丘壑在胷中，豈是聰明到。停雲堪本師，石谷非同調。皆其自道語。書畫遺生涯，合向華亭老。

綵鸞歸令

修眼長眉。娩嫿佳名自屬伊。佩環急轉樂聲低。舞羅衣。許將紅綬銜雙鳳，不定芳巢憶故枝。夜闌誰道夢回遲。彩雲飛。

晝錦堂

掩斂輕寒，徘徊短巷，觸目蛛網簾櫳。暗想別來心事，淚濕衣重。夭桃紅妍人面杳，繡箏塵滿玉樓空。無端恨，尺素寄將，雙魚路隔難

通。匆匆。凝眺遠，分手處，垂楊如霧冥濛。乍可長條拂地，更繫游驄。旅情空結千絲冷，瘦腰誰管一春慵。隋隄畔，猶勝那回行役，細雨孤篷。

東風齊著力

殘雪初消，和風徐轉，暝意朝回。游人屐齒，迆邐印蒼苔。是處園林組繡，流鶯勸、且酌深杯。從今始，桃紅李白，相趁花開。　宛宛小闌隈。曾記得、故人執手徘徊。物華似舊，此樂竟難追。幸使春江作酒，凝情盼、緩引尊罍。爭知道，浮蹤浪跡，不肯歸來。

臨江仙

帖帖粉光勻染，熒熒鏡匣常開。一聲歌斷筦絃催。自緣心有恨，賺得淚盈腮。　姓字從君記取，舊巢燕子重來。千絲萬縷舞縈迴。絳雲樓畔遇，不是傍章臺。

前調　貞白聽歌有作，余復和之

浴罷鬟脂滑膩，妝成眉語惺忪。瑤臺有路可潛通。烏龍眠錦罽，鸚鵡守朱櫳。　檢校春風一曲，歌筵暫得相逢。水流萍散各西東。小山新句好，腸斷爲蓮鴻。

風入松

閬宮高處更無梯。升降假青霓。衆仙自合瑤池樂，指星辰、七日爲期。漢武曾逢阿母，玉環新敕真妃。　蟠桃花實粲盈枝。方朔敢偷窺。何妨小謫塵寰去，共雙成、別語臨岐。料峭春寒誰怕，凝脂不粟瓊肌。

少年游 蒙庵年五十矣，忽逢舊人，呼之爲少，因戲贈

青樓夾道繫香車，交柳蔭扶疏。跨鳳秦嬴，佩蘭燕姞，曾是對門居。　十年一夢蘧然覺，花下正將雛。誰道尊前，一聲年少，重看酒顏朱。

南鄉子 題金纖纖小像研拓本。研爲纖纖自製，並題絶句其上云：『繡院微風不隔簾，瘦來小字稱纖纖。自量只有腰盈尺，一著春寒病要添。』

飛絮雪相兼。謝女清才不道鹽。想得春深三二月，風尖。病怯微寒不卷簾。　瘦影石痕添。勝似眉樓刻意鐫。共許佳名應稱得，纖纖。彩筆吟成只自拈。

玉堂春

髻丫雙挽。豆蔻梢頭春淺。試引新聲，玉琯初調。惱亂蘇州，刺史渾閒事，四座驚聞淚共飄。　說向中情冤苦，王孫恨更饒。但逐游遨，得釀花成蜜，不惜因歡解繡貂。

好女兒

明月圓時。諱道相思。遣憂端、自理狂心性，任歌闌舞罷，醉鄉頻到，錦字休題。　別館華鐙如畫，有鶯燕、數歡期。料傾城、未許輕相顧，待等閑憐取，韓娥聲價，楚女腰支。

天仙子

荔熟江鄉花豔競。妙舞驚鴻堪比並。可憐刻羽更流商，空解聽。無人省。斜日闌干唯獨

凭。帶繫明珠思舊聘。未老恩情隨斷綆。閑階飄下沈郎錢，嗟薄倖。添愁病。身似游絲風不定。

畫堂春　得故園花訊

小欄花藥手親栽。怨春常負尊醅。海棠新報幾分開。落盡殘梅。　夢裏獨穿芳徑，覺時無限低徊。獸鑪香篆漸成灰。心字難裁。

喜遷鶯

棠梨風緊。歎春服未紉，清明將近。旅舍藏烟，沙隄平岸，芳草漸侵衣潤。重想冶游蹤迹，唯有湘蘭盈畛。鬢華改，任蜂狂蜨亂，情懷消盡。　梁間棲燕穩。應怪謝堂，不見歌成陣。錦瑟橫牀，香籢扃篋，點點墮脂殘粉。藉酒暫忘前事，斜倚熏籠微困。睡醒也，又夜深人悄，一鐙寒暈。

木蘭花令　張夢痕從常熟市河豚，置酒招飲

琴川網罟如雲起。水漲蔞蒿長滿地。欲將佳詠繼歐梅，體物茶烟無好意。　千金一飯真何啻。頭白相如親滌器。張夫人字文君，故以此戲之。腹腴乳雪滑流匙，更比蟹螯風味美。

赤棗子

花嫋嫋，葉萋萋。並禽相喚壓枝低。停繡見來愁不語，背人描上蒨羅衣。

繞池游慢

芳園景好，見黃鸝逐伴，翡翠相將。幾曲清谿浮遠碧，波痕動、林影蒼茫。繞徑新篁。裊風向晚，著面微涼。亭高望敻，留連未去，立盡

殘陽。千載吴宫寂寞，輸此日花下，猶藉壺觴。昨遇靈巖山畔路，蔓艸掩、丘冢成行。想子胥寄恨，怒潮迴、空遡荒江。自策瘦筇，閒時行樂，休弔興亡。

眼兒媚

未語先看笑輕盈。寒夜覺春生。雙瞳翦水，流波侵鬢，畫也難成。麗華標格何煩擬，燕趙擅娉婷。銷魂最在，酒邊斜睨，枕上微餳。

添字漁家傲

複閣重簾春未曙。鳳咮銜鐙，繚繞香煙護。貼地氍毹紅襯步。羅衣舉。翩翩更作迴風舞。長夜懽娱容易度。門外斑騅，不解留人住。一霎輕雲兼薄雨。郭泥汙。預愁明日花間路。

訴衷情　集梅谿句

鴛鴦難得再成雙。多夢睡時妝。洛神一醉未醒，珠佩鎖瑶箱。天渺渺，酒狂狂。怯流光。柳花如灑，春枕猶欹，空費思量。

法曲獻仙音　和清真

烟濕牆花，風翻階藥，晝寂春光閒度。繡榻斜凭，翠樓遥矚，簾衣半遮門户。甚柳下停驂處，輕雲屢成雨。耳邊語。記殷勤、數番低告，争信道、俄頃便嗟乖阻。夢裏得相親，尚依稀、眉黛嬌嫵。細擘鸞箋，怕深衷、難寄豪素。但銜將幽怨，燕子一雙飛去。

春聲碎

愁裏過清明，日日無情風雨。淒涼客館，佳期乖約，只滿簾飛絮。空凝竚。又波浪接天，帆影落、閑鷗聚。　韶光自來去。漸少尊前舊侶。千般恨在，歎老病江淹、未須賦。隋苑路。芳草徧緑長隄，忍隔斷、春歸處。

行香子

玉琯新聲，錦瑟華年。渡桃根、雙槳波圓。香縈舞袖，釵鞞攲鬟。正綺筵開，花作幄，酒如泉。　鬟絲禪榻，相忘已久，爲聞歌、偶惜前緣。佳人何在，更倚樓看。想共今宵，風一箭，月初弦。

三姝媚

蕊園本周家園，歸虞氏後易今名。其中擅花木之勝，有竹一區，節幹黄緑相間，尤爲異種。三月中，與嚴益堂諸人同游。益堂指池邊石舫，言其先人嘗宴賓客於此云

囂塵何處避。愛鄰園深幽，半灣流水。水曲朱簷，認舊時烟艇，畫橋閑艤。步屧留痕，空悵想、朋簪歡事。豔素嬌紅，猶似新妝，向人争媚。　曲徑高低成勢。看種竹專丘，護花編枳。頓惜芳華，待自携斑管，徧題名字。袖拂雲根，隨意藉、莓苔酣醉。喚取啼鶯相送，東風又起。

浣溪沙

三月三日清明，蔬畦有新詞見示。余方爲作蘇堂絃外圖成，因併得句

蘇小門前柳拂衣。蘇公堂外水平隄。好將新句接梅谿。梅谿《蜨戀花》詞云：「今歲清明逢上巳。」又云：「蘇小門前，楊柳如腰細。」　上巳併逢寒食後，故人偏與落花期。朱絃彈罷有餘思。

一落索　鮑亞白小桃花館填詞圖

隱映新妝窺户。愁來無據。遡溪相引泛流霞，被昔夢、游仙誤。　撲簌滿庭紅雨。憑闌索句。蕪城盡處日平西，料別有、傷心賦。

采桑子慢　偕敘甫游虞山，至興福寺、簾珠洞、大小劍門，欲訪柳如是墓，不果

平蕪到海，螺黛遥浮烟際。任摇兀籃輿，徐轉樹隱招提。石屋陰寒，散珠跳、玉雨霏霏。登臨高處，澄波四遠，洲渚都迷。　苔磴數盤，直穿巖罅，風裂單衣。恨如此、山川奇秀，偏負蛾眉。一舸當年，更無人去伴鴟夷。春游誰酹，孤墳宿草，紅豆新枝。

卜算子　劉定之索畫，爲作溪山平遠圖，并贈句

貌比鶴清癯，心似僧孤定。　繭紙豁藤入手來，照眼明於鏡。　玉軸錦裝題，蒐討多名勝。獨愛雲林數筆秋，此意憑誰省。

醉春風

莫惜殘春盡。微馨蘇酒困。湘蘭一翦倚風開，認。認。認。長日簾櫳，個人情貌，暗縈方寸。　咽淚還添恨。唯見腰肢損。舊盟縱道不堪憑，問。問。問。玉腕香瘢，繡巾歡唾，甚時銷褪。

黄鸝繞碧樹

簾幙垂清晝，廊深閣迴，自忘朝暮。几案蕭閑，對茶煙颺碧，簡編横素。那堪静裏，頓縈惹、千絲愁緒。因記取、上巳春游未遠，韶光和煦。　綺陌芳華競吐。好相將、破除煙慮。卻因甚、恣漂浮異國，輕棄鄉土。爲掃菟園舊

徑，願且約東君住。枝頭數點紅英，半妝嬌樹。

浣溪沙　再和蔬畦

嘌鳥催人換裌衣。綠蔭將雨護新隄。問君何事唱前谿。　樂奏鈞天原是夢，恨填滄海更無期。眼中風物儘堪思。

露華

晚雲漏日。共信步郊園，一逞閑適。宿雨未乾，花粉霑衣濃滴。四圍盡種松杉，卻看綠陰成羃。輕颸過，笙簧奏時，動人心魄。　勞生未許偷息。但假日銷憂，來寄蹤跡。歲歲暮春時候，青子堪摘。漫惜鬢點吳霜，不減杜郎標格。留戀處，黃鸝更如舊識。

蝶戀花

一架薔薇開欲徧。蝶羽成雙，每向花叢見。此日誰同花下宴。美人獨立生離怨。　羅帶輕揚釵鳳顫。小作迴旋，又恐腰肢輭。吹得柳花過別院。自憐風起因團扇。

醉花陰　唐子畏墨筆仕女，一樹一石，美人立其下，持扇凝睇，若有所思

庭樹蒙蘢新雨後。薜徑雙鴛瘦。紈扇惹飛花，縱使飄殘，猶近君懷袖。　鉛華洗盡森含秀。看墨痕沾透。桃隝漸春深，寫了閑情，應費閨中繡。

品令

夢峽行雲曉。更遠放、嘉陵棹。伶俜羈枕自憐，但有江梅開早。記取簪花盈髻，是誰年

少。翠罍共倒。這往事、休重道。晚來簾卷畫樓，四處笙歌圍抱。忽發狂言驚座，舊情未老。

八六子 甲午午日作，用紫霞翁體

倚雕纂。緑陰庭院，幾枝榴綻鮮紅。又綵縷添纏玉臂，浴蘭初罷，菖蒲飲竭千鍾。流光催老匆匆。曾識荒荆駝卧，還看碧海塵空。漫回首韶年，也逢重午，巨鯨吹浪，揚鬐都化艨艟。此日旗翻翠嶺，何人詩衍彤弓。按薰風。料絃歌、四方正同。

侍香金童

雨雲江上，未礙尋幽屐。踏破林陰蒼翠色。行到斷橋還佇立，垂柳依依，似曾相識。念吴王廢苑，有人家住側。對千頃、風荷摇亂碧。日晚藕花香滿席。好景依稀，斷腸孤客。

以上附《夢秋詞》卷十五《頌午集》，起癸巳冬，訖甲午

下水船 貞白將有北京之行，以此送之

盡日簾纖雨。寒意時侵庭户。過了端陽，裁縫尚遲衫紵。問征路。淮水輕裝北渡。還指燕雲深處。漫回顧。袖裏長楊賦。誰道今時不遇。金爵觚棱岧嶢，際天如故。待休務。急整歸鞭千里，應識閨中凝竚。

虞美人

澄波鴨緑朝暉映。黛掃山眉靚。美人眉黛學春山。一枝壓鬢李爲冠。晚雲盤。持將百草階前鬭。倦飲葡萄酒。西風驟起落花狂。雄蜂雌蝶本難雙。各飄揚。

朝中措

喜公武過訪。公武居歌樂山時，數夢有婦人介胄來見，自言是秦良玉，因請人寫其貌。又嘗屬余爲解甲歸耕圖，未之應也

蠶叢鳥道昔經行。蜀魄不堪聽。江海一尊回首，松篁萬籟爭鳴。　平生有夢，帳中玉貌，馬上長纓。老去雄心仍在，何須便説歸耕。

南柯子

竹裏安雞柵，林陰覗鵲巢。一廛容我謝煩囂。比似杜陵茅屋、近荒郊。　出處何勞問，功名亦偶遭。鄭詹端策總無聊。不見虎丘金劍、掩蓬蒿。

探芳信

四郊雨。正水漲平橋，寒深極浦。訝稻畦千頃，連翩下飛鷺。閉門卧聽簷前滴，不異平陽隝。向中宵、自理愁端，寸箋難訴。　還念舊情否。又暗碧蘇隄，柳垂新縷。冷落湖山，爲行潦、後期阻。尋常游事無多恨，直恐歸耕誤。問何時，滅盡乖龍部伍。

點絳唇

花外層陰，夜來盡化高唐雨。楚腰翾舉。輕似枝頭絮。　一呷瓊漿，後會知何處。空延佇。助人悽苦。樓上三通鼓。

綺寮怨

移居青年會，時苦霪潦，又新聞鵷雛喪，憂來百端，用清真韻作

倦旅頻移棲處，苦催塵夢醒。看幾曲、畫井修廊，烟霄裏、勢轉亭亭。蟠螭題名自愜，何時見、舊日雙鬢青。歎故人、棄擲重泉，音書在、淚滴衫袖盈。悵望未知去程。新詞細寫，

何人更報瑶瓊。向夕淒清。楚歌動、忍堪聽。平途化爲泥潦，此際感、異鄉情。漂花半城。風聲伴碎雨、終夜零。

女冠子

簇花團錦。中有神仙流品。翠鬟翹。繡屐籠纖趾，羅帬束細腰。一聲歌宛轉，千種態妖嬈。借問胡麻熟，肯相邀。

阮郎歸

植根長在楚江湄。江涵奩影宜。蕙莖蘭葉自相依。那堪生別離。　風淅淅。雨淒淒。颷輪日夜馳。去時曾見疾如飛。歸心偏恨遲。

柳初新

柔條弄影闌干罅。漸秀眼、星星也。巧藏鸎語，頻穿燕剪，頓覺緑陰堪畫。隨處鞦韆臺榭。盛嬉游、紅妝嬌姹。　憶否吳城勝夜。移蘭橈、簾衣初卸。羽觴交遞，笙歌競舉，醉檥柳橋陰下。歎頃刻、風流拌捨。向如今、幾回吟寫。

水龍吟

巨浸爲灾，風雨助虐，余呼天而愬之

汩兮洶湧狂流些。氺兮挾風輈些。懷山浩浩，勢吞平陸、墊神州些。睠顧生人，欲排閶闔，陳情繇些。桂旗兮紛亂，驚波無極，靈之下、夷猶些。　問我兮焉求些。信獨抱此忠周些。雨師屏翳，恣其饕虐，駕龍虯些。願得天工，赫然馮怒，懲愆尤些。四時兮既序，春耕夏耨、緑千疇些。

定西番

誦孫光憲『雞祿山前』詞，爲之神王。試以今事擬之

千里飛行殺敵。鴻雁陣，鸛鵝軍。亂浮雲。　步騎更聞皆捷。殘羌無處奔。一發連珠鎗彈，殪千人。

鵲橋仙　七夕

屆新秋、華鐙映，蟾光陌上飛度。敞瓊樓，翠娥凭肩私語。從來佳偶繾綣，誓肯同朝暮。天意忍，定越歲經年，暫教歡聚。　道遠又橫片渚。想凝眸、自含啼雨。良會短、見時已嗟遲誤。深宵寂寂風露。況鵲橋無據。　笑他鍼女。替雙星延佇。

八聲甘州

看茫茫巨浸拍天浮，高原總成河。任山林藪澤，不逢魑魅，卻見蛟鼉。萬姓田廬漂蕩，粒黍更如何。鄭俠流民意，圖畫難摹。　迴想漢家物力，值秋風瓠子，一例悲歌。念九州疏鑿，才信禹功多。幸年年、如雲畚鍤，築金隄、千丈鬱嵯峨。從今始、奠鼇基穩，滄海無波。

上行杯

顧眄英姿颯爽，揮手去、遠度燕遼。祖帳風回塵似灑。將軍立馬。統貔貅，行廣漠。野宿。吹角。征旆蕭蕭。

鷓鴣天

傑閣巍臺氣象通。星辰原只隔房櫳。簷前暗墮三更月，海上斜驅七級風。　人不寐，思無窮。橫流此日任西東。鐃渠銜石多精衛，未抵龍驤萬斛功。

水晶簾

深巷停車緩。乍歸拂、緇衣塵案。手插瓶花，正玉蘂舒遲，錦幃遮淺。漸近中秋殘暑在，更試捉、輕羅小扇。透窗紗，一片蟲聲，未知近遠。　纖雲晚來卷。任安排簟席，湘紋初展。傍緑梧深竹，舉杯自勸。偷得閒身非易事，待重把、流光細檢。喜明朝，瓜果筵陳，桂華又滿。

更漏子

罷熏香，慵傅粉。睡起又添新困。斜漢没，曉烟横。歸鴻三兩聲。　愁無際。夢千里。江上早生秋意。風動屋，浪摧舟。莫登江上樓。

其二

一江風，三日雨。黯黯別離情緒。帆去疾，雁歸遲。連天衰草時。　相思極。終無益。悔把玉環輕擲。環易缺，玦難圓。寸心私自憐。

其三

蕙初殘，荷欲盡。又是一年秋訊。懷舊國，倚疏櫳。泬寥天宇空。　閑無那。愁歸卧。漸落遠街鐙火。人語寂，客魂驚。夜長鐘自鳴。

其四

掩金鋪，陳繡褥。交頸故迴明燭。從別後，憶歡時。背鐙雙淚垂。　鴻都客。殷勤覓。何計能招魂魄。關月黑，海波渾。此情休共論。

天香

電燭籠紗，風輪替扇，良宵頓減秋暑。擘藕絲長，穿蓮薏在，不比嚮時樽俎。感甄洛浦。怕平視、劉楨未許。雞舌偷含麝香，分佩自憐奇遇。清商動絃繞柱。闇嵯峨、碧雲不度。信道旗亭争唱，韻流千古。惆悵停歌罷舞。怎忘得、嬌羞背人語。語吐幽蘭，情傷墜絮。

減字木蘭花　爲何叙甫追題春暉圖

誰非人子。得報慈恩能有幾。樹静風摇。萬古吟成恨未消。　觥觥我友。戎馬馳驅親白首。欲駐春暉。長見丹青事已違。

齊天樂

一枝還共鷦鷯借，扶摇任看鵬翼。舊畹滋蘭，閒階種藥，微願何時償得。凭高自適。見風掠危檣，霧迷遥磧。頓感羈心，故園相望淚霑臆。　因知飛鴻路杳，去家千萬里，歸到無力。澹冶秋光，蕭疏悴葉，殊域同悲離索。支機倦息。縱新約堪憑，後期猶隔。寄語天涯，露從今夜白。

拜星月慢

背郭誅茅，臨流栽樹，小築幽棲别館去聲。夕雨朝霏，指谿山千變。故人在，屢約、筇枝屧步來往，酒榼茶鐺經慣。倚棹吴江，有丹楓如絢。　醉相攜、釣客垂虹畔。漁舟穩、便做嚴灘看。未料短夢醒時，已盟鷗鷺散。悵今來、廢緑平蕪苑。垂楊瘦、競宿昏鴉亂。又漸漸、堞影西沈，望高樓不見。

步月

緑野堂空，紫簫聲絶，斷腸試與誰説。度牆薜荔，挂幾叢殘葉。沼蓮净、結實旋枯，庭梧凍、顫枝先折。飛霜後、苔蘚舊痕，更愁消歇。　徘徊清淚浥，還記豔春時，芳宴同列。醉移簟枕，看穿花雙蝶。驗前事、釵上燕分，伴新恨、草間蛩咽。涼宵迴，唯有透簾皓月。

望遠行

芳菲紉茝佩，絶似楚靈均。遺離憂、踟躕日暮倚修門。想佳人情重，掩涕每思舊恩。漸綠鬢凋來慙鏡痕。　寒梅高格調，花墮實空存。祇無情羌笛，吹怨且休論。任秋風摇蕩，落葉終歸本根。怎紫鳳青鸞長斷羣。

芙蓉月

頳玉比顔色，波含綺、嫩蕊淩晨初吐。嬌扶半醉，似怯深秋風露。遥指芙蓉城郭，畢竟不諳誰主。仙駕擁，洛濱迴，可有采珠神女。　依稀記前度。瀉瓊盤滴瀝，和淚傾注。　蓮舟輕颺，還被歌聲留住。木末從誇佳豔，遠何許。

休回顧。涼月在，繞銀塘，此時情苦。

漢宮春　題秦彥若牡丹册

羅蓋牙籤，盡舊時題品，窈窕花工。筌熙偶傳妙手，移入圖中。嬌黄嫩紫，似含情、斜倚熏籠。爭信得、當年姚魏，便教占斷春風。　就裏一枝穠豔，是謫仙醉酒，月下曾逢。天香更兼國色，寵冠唐宫。繁華瞬改，訝雒陽、亭館都空。應讓我、挑鐙玩取，因花細想徽容。

鷓鴣天　國慶節口號

巷陌條條簇隊行。樓臺處處沸歌聲。人間共度狂歡節，天上都開不夜城。　銀作樹，火爲星。飛光直射海波明。定知來歲銷殘寇，更要新詞詠太平。

傷情怨　悼姪女令儀。自北京歸三日而殞

奔輪危渡漲水。赴暮程千里。盼到歸家，温情酣夢綺。釭花紅燄報喜。甚片霎、驚風吹墜。姪所願垂成。嘅念人生，難將朝露比。

水龍吟　紫霞翁謂此調宜協入聲，久欲依其言爲之，苦未能就。重九日仲堅先以一首見示，予懷鬱結，未暇和也。既踰旬，乃作此塞責

亂鴉飛破蒼茫，颯然秋氣生喬木。無邊落葉，登山臨水，悲同宋玉。寒雨敲窗，瘦筇支徑，總憐人獨。問重陽過了，荒籬寂寂，誰共我、斟醽淥。　忽枉朶雲箋幅。紫簫吹、龍吟一曲。閑開笑口，牛山佳會，更簪黃菊。付與新聲，細商宮徵，緩催絲竹。但司勳老矣，青樓夢好，倩何時續。

采桑子　楊仲子七十，乞小詞爲壽

十年前事堪追憶，羈泊靈叢。酌酒酬翁。樂旨商量纘舊功。　子雲作賦原餘事，妄笑雕蟲。易俗移風。只在鵾絃指撥中。仲子專攻音樂，兼好甲骨文，精篆刻。

蝶戀花　秋末還寄菴，值霜降日，雷雨大作

楓葉梧枝交影覆。半卷書帷，枕簟新寒透。午睡瞢騰如中酒。忽驚簷瓦跳珠溜。　夏雪冬雷元自有。便到秋深，未是陽消候。辟歷一聲穿户牖。黃花憔悴空低首。

木蘭花慢　南唐徐鉉、徐鍇攝山題名，不見載志。余昔與季剛同游，偶得之厓壁間，狂喜，各援筆續篆其下。已而，季剛命工刻之，余未暇也。蒙庵示所藏拓本請題，感舊愴懷，爲述此解

愛秋嵐靜窈，數携策、共追尋。正瘦菊簃籬，丹楓絢野，途轉幽深。棲霞最名勝處，訝千盤危隥薜蘿陰。忽覩厓端篆刻，二徐字比兼金。知音。恨不同時，摩倦眼、費沈吟。問祭酒書傳，懸鍼體好，誰契深心。欣然故人命筆，料山靈呵護到如今。氊蠟從君細翫，舊游如夢銷沈。

早梅芳近

霜笛清，風簾窈。乍覺寒生峭。清谿殘影，謂重慶清水谿。鄧尉新愁向誰道。樹叢山徑窄，蔕密燕支小。歎吟朋勝事，兩地夢縈繞。會時難，去路杳。久客傷懷抱。頻移佳種，未許繁花亂晴昊。雁書遲有待，庾嶺春將到。慢開尊，故人今又少。

彩雲歸

朱樓靜掩款蘭房。對菱花、淺拂鉛黃。耽媚容艷色增留戀，歡漸恣、飲竭千觴。醉時聽、耳邊私語，感留髠意長。幾度宴闌襟解，暗地聞香。　舟航。催人去驟，痛離筵乍啟，頓減容光。別來縱有，無限風月，愈感淒涼。怕目窮、千山萬水，薄倖拌卻相忘。爭知我，清曉黃昏不斷思量。

生查子

樓外月疑烟，簾底花如霧。歌管暫教停，爲愛惺忪語。　歡情難久長，別有行雲處。和淚出門時，化作濛濛雨。

浪淘沙　觀菊花會『雪艷』以下俱佳種品名

四序變炎涼。秋感茫茫。新時草木亦昂藏。堪笑當年陶令宅，籬菊麤黃。　雪艷粲成行。金縷衣長。緑荷低覆紫鴛鴦。比似春華尤爛漫，恰耐冰霜。

慢卷紬

塵昏匣鏡，香消篆縷，孤影傷顦顇。但歷數前蹤，臂印心盟，看花對酒，無窮情味。巷陌依然，舊人何在，回首輕拋棄。更杳杳滄溟，似雪波濤，魚訊休寄。　連環帶繫。空相對、脈脈含愁思。可還得重逢，細與鐙前覼縷，盡説一生心事。勸著伊行，幾經磨難，辛苦安家理。未應似當初，暮宴朝歡，只恁虛費。

輪臺子　和耆卿韵。原詞『殘月』疑『殘日』之誤，故易之

霽滿江天，澄波摇空碧。投巢暮鴉還，隱現背郭，半林斜日。炊烟漸起茅屋角，墟畔有、四五牧童橫笛。此時堪動鄉里思，偏不見、玉郎顏色。想遷客。縈懷舊國。望山重嶺隔。甚處尋棲息。　況遠邊鋒鏑如交織。愁馬蹄摧，歸未得。但淚痕霑血，湘妃廟前，昭君墳側。因思少日趨梁益。共醉度豔冶，花開繞陌。杜鵑啼後，聞一院棠梨，風翻雨坼。驚心魄。至今行役。縱身在、忍佳景虛擲。

江城子

山坳獵火夜微明。閃繁星。没深箐。霹靂驚飛，狐兔敢縱橫。一試健兒身手了，橫海去，

翦長鯨。少年我亦志澄清。媿同盟。百無成。便欲從游，强起臂韝鷹。衰鬢不如原上草，畬燒後，更能青。

八拍蠻　題雪嶺紅旗圖

卅載戰争成大功。筆端能貌氣沈雄。試看雪山三萬仞，紅旗插上最高峰。

浣溪沙　櫻橋以自壽詩索和，題贈小詞

卜宅圖成艷可誇。櫻桃紅勝晚來霞。比肩人共倚窗紗。　江令才多輕彩筆，葛洪方好乞丹砂。鬢邊應不染霜華。

如意令

粉面天然顔色。妝罷不施膏澤。喜誦玉臺詩，生字泥郎教得。閑適。閑適。安坐且調琴瑟。　聚首剛能幾日。鏡破瑶釵分拆。帆影落南州，又報驅車燕北。悽極。悽極。山海迢迢永隔。

錦纏道

最早相逢，省識刺梨開後。刺梨野生，花如榴，實如梨而小。唯黔、蜀境内有之，又名送春歸。繞芳隄、醉拈花嗅。李園雲散山光秀。並倚闌看，暗捉凝脂手。　恨驚飛雯時，燕行分驟。竟何曾、暫諧歡偶。向恁時、迴憶臨岐語，影形須遠，但許心中有。

水調歌頭　詠康藏公路築路隊事

開鑿二千里，馳道直如弦。怒江久稱天險，挾石舞奔湍。猿鳥勢窮飛度，兩角去天尺五，更有雀兒山。膚裂指冰墮，鏵鍤不曾閑。縋

絶壁，下深谷，誓無還。借問五丁神力，坐對亦愁歎。築路艱辛如此，何媿邊頭戰士，報國寸心丹。視死等歸耳，臨睨白雲閒。

惜奴嬌　吴綃墨筆花卉草蟲長卷

桃李妝成春半。烟景條風弄妍暖。頻倚疏櫳，淺注黛墨，細與傳神冰繭。舊迹追尋，曾約蕭郎恣游衍。試描他、蜂蝶輕盈，暗許兩情款。　稀見。似此閨中彦。想翛然、御縞衣輕倩。閑譜風詩，雅鄭繼響，並列南華同觀。吴平居喜道裝。　就論丹青，珍比瓊瑤古今罕。笑婪尾、芍藥開時，更把遺編展。

輥繡毬　贈彈琵琶者

鐙彩射氍毹，迴玉臂、沈檀斜抱。數聲淒緊，寒林風起，水流幽澗，雁行斷侶，遠聞悲叫。此際夢沈魂悄。驚迸散、亂珠飛瀑，忽然收住，斂容推器，逡巡自把，絃中怨語，背人低告。

于飛樂

小曲閑坊，就中曾占香巢。清晨自裏鸞綃。黛眉彎，脂暈薄，淺畫輕描。妝成細看，儘堪憐、淡冶嬌嬈。　幾度經春，殘紅鋪地，浮生頓感飄搖。對歡筵，添宿恨，長罷箏簫。由他蜂蝶，從今去、别過花梢。

鷓鴣天　辟疆苦偏廢久矣，猶傳言相問。作此代簡

問訊猶殘兩病身。知交半作路旁塵。枯藤纏臂垂垂折，薄霧遮眸翳翳昏。　書插架，酒開罇。生涯如此未全貧。老來歲月飛騰過，珍

惜明年有閏春。明年閏三月。

瑤臺月

層冰凍裂。重幃下，凝寒砭刺肌骨。馳驅萬里，壯士肝腸偏熱。戍玄菟、列帳雲屯，橫青海、朱旂風掣。謂青藏築路隊。融不盡，千山雪。望猶是，故鄉月。奇絶。魂飛險阻，狂歌共徹。從古道、名利虛設。豈便要、都忘事業。恨此身老大，海濱潛蟄。看枝頭、數點紅英，又漸把、春光偷泄。懷遠道，空紆結。對芳景，自怡悦。心切。終須結子，和羹時節。

雪梅香

灑窗幙，飄飄急雪度迴風。睇漁村山市，遥連暝色空濛。荒徑塗泥絮沾白，小爐松柏火添紅。感凄寂，歲事將闌，佳侶難逢。歡悰。已消盡，積素無端，鎮繞心胸。咫尺音書，未如永夕相同。海上仙槎望中失，別時情語覺來空。嚴凝後，寒梢破蘂，還鬭春工。

宴清都

按曲秦箏柱。纖腰折，怳疑鸞鳳騫翥。連昌罷飲，華清倦浴，羽衣飄舉。傾城自出唐宮，怕趙后、留仙未數。任舊日、寵擅梅精，長門冷寂羞妬。鐙前換了青裙，桑柔細擷，行畏多露。春雷四起，銀壺碎擊，座中誰顧。周郎鬢絲霜盡，更爲汝、青回半縷。會散時、客怨花迷，悵悵自語。

雙雁兒

淙淙雪水溜階渠。曉日淡、晚風癯。閉門閒讀道家書。靜中觀、攝萬殊。運行無極亦須臾。仗斗酒、到華胥。置身渾似邃皇初。任峥嶸、歲又除。

高陽臺　熏鑪

寶鏡分光，圜規笵器，雕文刻鏤層冰。朱火微然，圍將簾幕深深。麝煤印就團欒迹，訝些時、暖到中心。守長宵，斜倚朦朧，閒殺鴛衾。　氤氳只隔紅樓角，任風吹縞袖，雪滿瑶簪。鄉近温柔，何妨有酒同斟。非烟非霧神仙境，笑巫山、猶許寒侵。待殘春，撥盡殘灰，舊夢堪尋。

清平樂

鄉儺事了。帖子宜春好。里巷讙呼騰捷報。收取一江山島。　歸來點勘輿圖。意氣猶凌壯夫。夜夢輕舠如葉，亂流飛渡澎湖。

玉女迎春慢

高閣凌虛，烟霏宿、寂寂迴廊深處。十丈旙竿自舞。幾簇金鈴叢語。連宵風苦。便自恐、一春遲誤。花開花落，回憶去年，嘉會堪數。　飛來粉蝶輕盈，如尋舊約，緑陰低護。未識蕪園野景，盡作瑶臺碧柱。倦游情緒。任逐漸、看花成霧。倚枕閒聽，錯落數聲鐘度。

南歌子

羅幕垂三面，香鑪刻九層。春暖不知冰。曲房深隱處，坐彈箏。

華胥引

鋪苔荒徑，摇月空枝，凭闌意怯。怨曲縈懷，芳尊在手同餞別。日晚波落寒汀，望遠帆明滅。人逐春歸，寄情難寫花葉。霜鬢飛蓬，更能禁、亂愁相接。楚雲燕岫，人間千重路絕。繚繞游絲空際，怕遇風吹折。身與韓憑，夢魂應化雙蝶。

好女兒

仙侶同游。慧業同修。佐年時、麈尾清談會，費葡萄佳釀，碧螺春茗，龍腦香篝。　人事飄蓬無定，枉箋翰、寫綢繆。　道新來、是處堪臨眺，有倚天高柱，連雲別館，隔雨紅樓。

柳梢青

小徑徘徊。金鼇未集，玉蝶初開。咫尺名園，游春士女，相望登臺。　河陽花艷成圍。吴市新政，夾道皆種花樹。　笑櫟社、終爲棄材。　謝朓閒情，方同戰勝，自翦蒿萊。

浣溪沙

穠李繁櫻次第佳。梧桐未葉柳初芽。巡廊細檢小園花。　莫恨連旬多苦雨，未妨暫對試新茶。明朝相憶更天涯。

以上附《夢秋詞》卷十六《宛風集》，起甲午夏，訖乙未春

壽樓春　重游西湖作

携雙柑聽鸝。問湖堧麗景，還似當時。緩度流花深港，卧虹長隄。雲四掩、寒侵衣。甚半春、難逢晴曦。望臨水閒鷗，投林暮鳥，無數背人飛。　前歡逝，良朋稀。祇追尋勝蹟，閑譜新詞。爛漫緗桃如繡，畹蘭潛滋。西泠印社蓄蘭至千本。　醒醉魄，耽幽棲。漸六橋、游船催歸。映澄緑湖光，千條萬絲。楊柳枝。

玉漏遲

杭州遇屈伯剛，以詞見示，次和

晚春歡緒少。鷗盟鷺伴，前踪都杳。快展生平，試探故人吟抱。曲几瓶花低映，更四下、珠簾圍繞。應共笑。鬢華自指，相逢非少。

爲我細説當年，算得意春風，鳳歌鸞嘯。幾閲滄桑，鎖院離離青草。伯剛自言今年爲重游泮水之期，未能免俗云。浮世不勞夢想，但教看、湖邊飛鳥。歸路悄。愔愔半隄斜照。

菩薩蠻

古鏡一，帖金爲花，圍徑尺許，惜中裂爲二矣。又雙銀椀，外素質，其裏錯金爲水草禽魚，製極工巧。皆唐時物也

宮籢舊製圓如月。土花蝕處雲虧缺。持問樂昌家。千秋同此嗟。

錯金痕未滅。蛾黛誰能惜。雙鯉語雙鳧。空憐雙影徂。

楚宮春慢

冥濛似雪。恨飛絮飄揚，垂柳空結。記取舊時，輕把陽關歌徹。醉裏翻成懊惱，任是處、芳華衰歇。斷卻郊游，簾幙底、日夕生寒，不是年年三月。

催歸正苦，驚聽處、枝頭啼鴂聲咽。歸計未成，難與他人深説。客館書帷静掩，忍細數、蟾蜍盈缺。駐得殘春，總無緒，緑葉新陰，那去聲抵花開時節。

清商怨

小鳳餅傳爲粵女所製，遂以其名名之

凝酥風味漫省。動少年淒哽。似擘桃瓤，於中無箇影。

當鑪人自玉映。未料得、相如愁病。一琖茶甘，還宜消鳳餅。

南柯子 戲題隴梅詞夢圖。隴梅，陸氏

小日嘗懷橘，閒時且品泉。洛游塵汙素衣旋。無復士龍笑疾、似當年。　裝費千金直，圖成一夢懸。願君歸老鏡湖邊。更寫梅花新詠、續前賢。放翁集中詠梅詩最多，蓋有所託意。

卜算子

不惜亂花飛，才信風姨妬。萬一青蘋末漸空，風又歸何處。　淚濕道旁枝，力盡籬根土。化作春泥更護花，此願天終許。

更漏子慢

江雨横飛。又變止須臾，淡日舒暉。小白妍紅、曲苑重到，驚看滿架離披。獨有幾朵薔薇，和粉綴斷枝。想多少春華，一往不返，忍誤心期。　回首萬事都非。算晷節遷流，底用深悲。幸許嘉辰、白頭無恙，逍遥散策園池。唯是舊人難見，尺書寄所思。道冬來輕別，數番花風，頓換單衣。

木蘭花 用魏承班體

幾番風，連夜雨。獨宿空齋無意緒。尋典籍，勘丹黃，此時聊對前賢語。　銅鑪裊裊噴香霧。漸覺更深寒似縷。蕭然攲坐暗凝思，一聲鶗鴂春先去。

卓牌子 陳器伯書來，道華山及華清温泉之勝。感懷舊游，追述此解

長安昔經游，堪記述、河山勝處。華嶽峻極，雲横半嶺，潼關天險，草封危堵。偷閒覓温柔，猶髣髴、華清豔侶。池畔甃玉階欄，料應

是、曾洗凝脂，四圍香度。夜峰驟舉。恨虜馬、奔馳無阻。廢興千古。嗟憑隘難據。長見金人咸陽在，放牧桃林未數。迴顧。隱幾行秦樹。

落梅風

門前池沼綠粼粼。旁堆翠壁嶙峋。玉梅隔岸鬥芳新。幾經春。再來容態全非昔，淒涼笛怨黄昏。數株垂柳獨含嚬。掃莓塵。

玉樓春　貞白召飲，慶其結婚三十年。茄庵，其自號也

知君才似豐年玉。耽翫閨房情意足。茄花蕙葉自相當，不羨南山松與竹。　碧雙樓畔春盈目。笑指黄雲新麥熟。年年釀酒瀉珍珠，直到金婚還獻祝。

百字令　王晉卿烟江叠嶂圖，宋宣和内府所藏，無蘇公題詩，蓋又一本也

素綃開處，看烟雲駘蕩，懸厓森列。尺幅滄波窺遠勢，兩點輕舟如葉。裂石奔泉，遥汀攢樹，點染皆奇絶。東坡佳句，幾時雙劍重合。　因念寥落生平，南來北去，隨處留車轍。十載嘉陵江上住，更向黔州行役。可惜當時，窮探幽勝，無此丹青筆。惘然憑几，寄愁何啻千疊。

浣溪沙　陳七彦通訪寄菴，雨坐連句

屐齒招邀破徑苔。東。卅年前憶乞檔栽。彦。重逢歡盡故人杯。東。　竹所搜涼延午夢，彦。桐陰爲幙障輕雷。東。眼前風物足低徊。彦。

其二

曲巷蟠花認隔牆。彦。低枝交蔭護閒房。東。研硃消得幾年光。彦。寄旅本來無主客，東。遺懷猶自託清狂。彦。浮雲應笑一生忙。東。

西河 南京訪淮甫兄，信宿而去，用清真韻寄

名勝地。前游處處堪記。湖心唱徹采蓮歌，暮雲四起。斷牆崒兀古臺城，青蕪摇盪波際。

畫橋畔，重徙倚。緑楊宛轉絲繫。情如浪迹忽歸來，燕尋舊壘。謝家一夢繞池塘，東風還綴春水。　小樓背野面近市。想廛居、三載成里。華表莫題身世。倦沈吟、夜寂凭窗，遥對城郭蒼茫，街鐙裏。

蝶戀花

江岸縈迴千百里。恒雨恒暘，旱澇還相異。聞道洪都波浸市。此間猶著車翻水。　隱隱長雷中夜起。雨趁風狂，不盡飛騰勢。但祝盈溝田畯喜。一身那作新涼計。

玉團兒 和清真

輕黄淡素生花束。擬投贈、都非世俗。蚤許通情，初尋門巷，名字偏熟。　殘妝自愛長眉曲。笑半裏、紅紗映肉。命薄才疏，合歡無分，相見亦足。

笛家弄 和耆卿

風掠圓波，雨侵斜鐸，消除炎夏，破瓜沈李黄昏後。水窗醒睡，露檻招涼，垂楊弄影，芙蕖

翻繡。想念伊人，彼時曾見，婉婉凝酥手。采新蓬，戲佳伴，一瞥流光，歲華已舊。　日久。未應忘得，殘編共索，碧硯盛硃，舊曲閑尋，玉觴持酒。但恨、思短空裁綺羅，句好莫追秦柳。此番良宵，獨游池上，因甚孤懽偶。　牽離緒，動悲心，積淚成斑，試看雙袖。

師師令

山迴水阻。極南朝佳處。木蘭雙槳和歌聲，繞不盡、金陵城路。昔往游春湖上雨。正亂花無數。　鄉關翻遺生羈緒。借鱗鴻傳語。一年芳事近新秋，蹤跡在、藕汀蓮渚。　拗折蓮莖絲越聚。問那人知否。

惜秋華

京中友人書云，園師藝菊，使當夏盛開，列之瓊島永安寺側，璀璨殊狀，與荷花相映，亦奇觀也。稊園以夢窗自度曲徵詞，賦寄同社

自漉紗巾，向年年記著，重陽開宴。新詠漫傳，芙蕖盛時同見。潛教換葉移根，恨步屧東籬遲晚。調冰，沁芳樽、勝卻飛霜庭院。　天外寄書簡。佇徘徊瓊島，故人心眼。踏破路塵，隱約萬枝光璨。西風靖節還來，又誤了白衣誰遣。悽惋。怕秋容、頓成消滅。

夏日燕釁堂

綠陰濃。看梅林墮實，荷沼涵空。　行過小徑，颺習習微風。鳴蟬度曲斜陽下，愛清音、故拂絲桐。　向名園深處，閑祛塵慮，獨醻千鍾。好景最難逢。悵秋蟾霧掩，春雨泥融。　爭如此際，散巾屨從容。餘生行樂知無幾，幸衰顏、借酒能紅。　待更携翠袖，采新蓮子，滿瀉

筠籠。

清平樂　和螺川《二香詞》

香燒寶篆。心字隨烟散。蕩漾輕柔千萬轉。中有相思一綫。　銀槃跡委螺紋。其如麝已成塵。判卻迴腸寸斷，只緣長受溫存。篆香。

其二

微親玉指。嚼蕊還留蒂。夢入南朝烟景裏。消受金迷紙醉。　長宵斜擁衾鸞。沈吟氣吐芳蘭。拾得脂脣餘唾，誤他布地衹園。金蒂香烟。

西江月　戲題柳谿所藏竹硯

傍舍清溪一曲，繞隄垂柳千枝。安排竹屋草窗宜。中有詞人隱几。　花外自譜新句，酒邊誰侑芳卮。樂章他日和成時。功與管城相次。

菩薩蠻　吳江沈天鶴得抱雲峰石，倩湖帆爲圖。抱雲峰者，舊藏丁敬身處，樊榭詩序所謂「上有白脈縈繞而達於背，髣髴雲氣」，因名之也。余既爲題句，將以求見真石云

靈峰紫翠非斤斲。白雲如帶相縈縛。莫作畫圖看。陰陰生晝寒。　龍泓蒐片石。異代誰珍惜。孤鶴啄雲歸。前身丁令威。

臨江仙　題湖帆模文徵仲湘夫人圖

帝子相從游北渚，蘭旌翠蓋交摩。洞庭葉下水曾波。靈均元有恨，託意在湘娥。　畫筆吳生稱獨擅，停雲館本追摹。愁心悵觸更如何。佳期難再得，唯見白蘋多。

鷓鴣天　爲陳病樹題歸震川遺像硯

寇盜縱横水旱偏。憂時無計淚潸然。震川一生所留意者，禦倭、治水兩大事。文章欲紹龍門業，矩矱唯存馬政篇。　思往哲，拜衣冠。儒林循吏兩堪傳。鄣東萬户碑銜口，震川令吴興，民頌其德，而爲豪强陷構，獲罪以去。遺澤何因止硯田。

過澗歇近　夜聞鄰歌聲，用耆卿韻

驚醒。夜來夢、皓月飛檻流光，翠竹穿簾篩影。市喧静。坐起披衣，望遠愁凝。懷人心痛，是時急管，哀絃未堪聽。　往事縈想，自覺淹煎如酒病。絮花踪跡，沾泥尚無定。轉眼秋風，繡户清冷。香衾零亂，墜歡從此應難整。

風中柳

秀影臨池，依約淡黃新翠。共春蠶、三眠未起。驚蜩催醒，早芳華如洗。耐風霜、自成摇曳。　秦淮那畔，憶否畫橈曾繫。宴闌時、輕隨逝水。重携纖手，撚長條爲誓。更休聽、渭城聲裏。

玉女摇仙佩

朱甍翠瓦，幾折修廊，占有無窮佳麗。粉黛初匀，琵琶斜抱，蕊闕僊人驚避。輭款移纖指。撚仌絃數轉，泠然幽細。恁時晌、梁塵韻繞，微動朱脣悄含商徵。如聽徹霓裳，怳惚神游，雲階月地。　堪笑舊家宴席，杜牧清狂，只把柔情虛費。未似而今，華堂歌舞，掩卻吴宮西子。許我投桃李。自憐得、難比無雙才藝。

願且與、琴心共討，酒壚深處，寫成閑事。相娛戲。何須賦比淩雲氣。時有泥余寫臨邛事爲彈詞腳本者。

菩薩蠻 江寒汀畫子規扇面見貽，賦謝

故人已作無期別。故園幾度花如雪。家在五湖東。一春歸意濃。　畫師何所本。對此添愁悶。高樹緑陰齊。子規相向啼。

金蕉葉

醇醪未飲心先醉。檀熏馥、畫簾垂地。粉面微赬，翠雲斜墮籠雙髻。裊裊一簪末利。　歌長不盡綢繆意。逞風流、儘在含睇。判將永夜，無眠徧識羅襟底。只恐此歡難繼。

添字采桑子

新秋爽氣充庭宇，每值良宵。女伴招邀。月下吹笙和玉簫。休待鵲成橋。　看看又是初三月，眉樣嬌嬈。鏡裏偷描。無柰連年怨別離，宿翠已全銷。

憶秦娥 七夕

生微涼。纖雲不掩銀河光。銀河光。乘槎飛渡，休歎無梁。　千秋牛女恩情長。人天有願終須償。終須償。天孫自嫁，雲錦爲裳。

憶少年 哀陳蒙庵

情含秋氣，行違世俗，居鄰幽宅。蒙庵居嵩山路口，窗與叢冢相對。　遺骸願灰燼，況叢殘書册。遺命火葬，并所箸日記稾盡焚之。　路到山陽思舊迹。

淚沾襟、未須隣笛。談諧尚如昨，已重泉人隔。

減字木蘭花　湖帆爲其門人俞子才畫阿里山雲海圖，子才乞題

披圖惝怳。倏見風雲來紙上。雁蕩奇峰。筆力同師造化功。子才曾寫雁蕩山巨幅。　澄清有願。跨海還期凌絶巘。獨立蒼茫。俯視乾坤百戰場。

踏莎行　沈君禹鍾未嘗相識，而每譽余詞，以爲世無第二人，余甚媿之。近屬人寫示所爲《吴游草》，乞題語，率酬其意

撥斷鵾弦，書窮蠹紙。小山自有傷心淚。不期人海遇知音，新詩一卷先投寄。　模繪山川，裁量文蓺。主盟合是君家事。浮聲切響且休論，高歌歘歘梁塵墜。

荷葉杯

落葉西風蕭瑟。短陌。春早柳初荑。與歡此地惜分離。思麼思。思麼思。

其二

繞徧蘭閨無那。獨坐。嬉子上妝臺。不應遠道少書迴。猜麼猜。猜麼猜。

其三

病怯層樓高迥。閑凭。河漢閃微光。簾衣飄動曉風狂。涼麼涼。涼麼涼。

其四

無計重温衾枕。歸寢。蘭麝故香飄。中心唯共篆紋銷。焦麼焦。焦麼焦。

其五

鴻雁數聲沙上。寥亮。緘札費沈吟。海山何處頓知心。尋摩尋。尋摩尋。

蝶戀花

露洗高秋天宇浄。鬥罷觥籌，小閣人初定。密遞鸞箋心事肯。簪花妙格留方勝。　字字明珠光照乘。滅燭休鐙，依舊相輝映。況是玉人肩比並。歸來但覺餘香永。

戀繡衾　寄北京友人

少年京洛車並馳。九衢中、塵土涴衣。望裏有、西山好，晚鐘聲、虚度翠微。　才名與世終無補，願留身、親見盛時。怕再渡、黄河水，鑑劉郎、霜鬢幾絲。

酒泉子　題張于靖扇頭墨梅

梅蕊破春。斜影畫屏風上。月熹微，烟蕩漾。最愁人。　惜花應是感芳辰。移向扇中描得。碾金泥，勻黛墨。寫真真。

南鄉子

小閣上朝暾。鵲語穿簷静裏聞。白髮滿頭身健在，殷勤。藥圃支筇日幾巡。　屈指過秋分。庭户依然暖似薰。蝶陣蜂圍收不住，紛紛。卻看枝頭但緑雲。

減字木蘭花　乙未中秋，用山谷韵

一秋少雨。旋作輕陰仍散去。賞月筵開。金粟香濃入坐來。　天安門外。萬里光明同勝會。明日國慶。佇上高樓。直送姮娥天盡頭。

前調　復用韵，有所寄

姮娥自語。不肯廣寒宫裏住。特破雲圍。舉酒相邀一問之。　眉痕初秀。金鏡虧時那見有。露濕裳衣。一夕團圞衆已知。

南鄉子　諺云：『一陣秋風一陣涼。』或謂此詞語也，因足成一首

鴛瓦見微霜。月墮遥空雁作行。單枕横欹衾似鐵，恓惶。不信温柔別有鄉。　也擬去尋芳。節近登高意轉傷。縱使黄花開爛漫，難當。一陣秋風一陣涼。

一斛珠

臉霞微暈。沈香手注鑪烟噴。薛濤牋紙唐人韻。漱玉詞成，正有黄花信。　花葉拂衣珠露潤。初三眉月還相印。宴回愁共香車趁。寂寞樓東，盡夜無人問。

減字木蘭花　季琦弟新自海牙歸國，復以事南來，諸兄弟爲小集。作此示之

層陰閣雨。一徑庭莎蟲占去。語笑心開。小謝新從遠道來。　收帆天外。暫與家人歡此會。明日登樓。又送征車古陌頭。

其二

鐙前宴語。底用躊躇商去住。似獵重圍。脱臂鞲鷹疾赴之。　風神凝秀。玉樹庭階誰更有。尺布裁衣。冷暖相關要汝知。

南樓令　余養疴歌樂山時，與尹默晨夕相共。東還以後，雖居一市，踪迹漸疎。頃得其手書，寄此爲報

歌樂萬松聲。還家夢裏聽。算年來、髮已星

星。又把茱萸勤遠矚，風雨候、卻多晴。菊釀制頹齡。從游媿未能。路東西、似隔千程。幸道黃河清有日，留眼在、看升平。

點絳脣

重九日急歸蘇州，如癸巳故事，次前韻作

落帽風狂，舊來只解龍山宴。疾驅郊甸。自有無窮觀。塔送村迴，錦樹丹黃半。秋空遠。數行凌亂。又遇隨陽雁。

鳳棲梧

水北樓臺梯徑絕。碧瓦霜明，照眼楓成纈。棐几香鑪親拂拭。愁心翻共鑪烟結。一昔同歡三載別。怪底清蟾，夜夜多離缺。書盡盟言千萬疊。他生緣會終難說。

其二

桃李芳辰迴記憶。不共春游，祖宴情悽惻。揮手出門天似墨。留君不住君安適。滄海横流單舸側。跋浪鯨魚，首尾無終極。海底沈珠收不得。珊瑚網細勞空織。

其三

澗谷參差花似繡。萬里歸來，正值清明候。怊悵吴宫埋玉久。不堪持薦盈觴酒。叢菊有芳蘭有秀。簫鼓鳴時，尚想横汾奏。一曲秋風風起後。落紅亭畔休回首。

其四

草長江南三月暮。剪燭西窗，卻話巴山雨。天水迢遥人獨去。當年是我來時路。撩亂情懷誰與訴。寫恨蠻牋，隱語君知否。赤鳳還教飛燕妬。楊花拾得無歸處。

其五

路轉臺城行犖确。緩過長隄，弄影魚驚躍。釣罷更尋洲嘴泊。櫻桃花下深深酌。　歸晚明鐙遮繡幙。赢得詩牌，笑裏金釵落。往事偶然閒道著。無端羞暈雙眉萼。

其六

巧笑曾波回美盼。解惜流光，自度新聲徧。誰道曲終人不見。倉琅那有交飛燕。　馬上琵琶彈別怨。青塚黄昏，未覺明妃遠。海水西流天北轉。晦明異處難爲戀。

其七

老去心情追少日。把酒聽歌，曾傍妝臺側。人與梅花堪匹敵。疏梅開後長相憶。　忍淚不成珠暗滴。重理銀箏，試手箏絃澀。十二闌干樓百尺。楚雲一去無蹤迹。

其八

離合悲歡多少事。獨坐秋窗，殘燭銷成淚。黄葉滿階嘑絡緯。幾枝菊影供憔悴。　四十餘年如夢裏。萬緒千端，展轉思量起。欲遣閒愁除是醉。不然長夜如何睡。

南樓令　尹默和章不至，復次韻寄

求友願同聲。鳴禽花外聽。笑參商、偏似晨星。欲往城南泥滑滑，風雨阻，有時晴。　太白去千齡。高歌我亦能。約他年、重紀游程。萬里西江輕挂席，楓葉落，縠波平。

一落索　和山谷

織女盈盈機上素。漫邀君一顧。裁成團扇合歡時，看玉潔、人争慕。　早秋恩盡藏深處。任啼珠浥露。卻憐秋去亦悤悤，更不用、班姬賦。

鬲溪梅令

短牆碧蘚護新栽。暮寒催。未見臙脂紅破、玉人腮。不如尋遠梅。　一枝臨水淺妝窺。小徘徊。待向西泠橋畔、雪中開。更携雙屐來。

長相思　柳谿約同和淮海詞，因憶少年吴門游事，時在清末，尚未移家也

密蔭垂楊，亂鉤繡陌，閶門夾道青樓。追尋少日，永惜狂踪，蕭蕭梅雨蘇州。小泊津頭。聽秦絃繚繞，吴語輕柔。百載想風流。儘相忘、身寄孤舟。　自羈息京塵，苦侵鰥緒，迴看處處生愁。如今雙白鬢，又何堪、重唱西洲。掩鏡花羞。零露比、江淹恨稠。佇他生、鴛鴦夢好，玉人同遇清秋。白石詞：『夢與秋相遇。』余因以自號。

三莫子

自驅馳蜀道，長憶吴鄉。溪岸曲，樹陰旁。漁船收網罟，村舍聚牛羊。歲時祭，先壟在，鬱相望。　憂思骨損，離亂心傷。人再到，境全荒。低頭循露徑，含淚奠椒漿。凝竚處，斜暉没，北風涼。

菩薩蠻　丹徒袁伯庸歸佛四十餘年，嘗手書諸經呪，命其弟孝谷爲日課。伯庸既殁，孝谷持以乞題

金經手貯琅函秘。天親無著相依倚。心似月輪明。照將諸有情。　定應生極樂。來去無纏縛。若去若來時。何人窺此機。孝谷爲言，中秋後一日，迫暮，君往取所裝經本，緩步歸，登樓而望曰：『今夕月色佳，可賞也。』既寢，俄頃示疾，迨明而逝，猶誦佛號不輟云。

碧牡丹

數點梅梢萼。隱隱見，胭脂著。未到春歸，預結探春期約。頓憶花前，恣少年行樂。勸觥籌，履交錯。　夢先覺。玉照堂空，卻翩翾翠禽飛啅。葉底青圓，也共殘花零落。試託悲吟，賴舊時絃索。恨伊行，舊情薄。

浣溪沙　案頭供蠟梅一枝，色香殊絶

日對梅花結淨緣。膽瓶新水助嬋娟。額黃應比壽陽妍。　偶寄閒情聊假物，何曾綺語便妨禪。維摩丈室自蕭然。

滴滴金

背城臨水誰家屋。幾枝梅、數竿竹。欲叩荆扉鎮常關，但寒鴉争宿。　杜陵老去生涯促。自把長鑱種黃獨。異代蕭條溯風流，聽悲歌相續。

鳳簫吟

晚風清，簾波摇蕩，含情月照空閨。歲時當麗景，數番同宴席，遞深杯。歡娱容易盡，便輕分、兩股瑶釵。向去日、登樓送遠，别恨難排。　低徊。相思無益語，空贏取、浥淚香腮。鳳簫聲斷久，漏沈鐙燼處，有夢追隨。珠宫烟霧鎖，伴佳人、愁卧遥帷。夢覺也、瓶花自拆，一點紅蕤。

好事近 月當頭夜

風定欲三更，行處霜濃侵屧。身與歲華俱老，訝辭枝殘葉。　庭階滉漾水平池，藻荇影都絕。遼海故人今夜，共當頭明月。

以上附《夢秋詞》卷十七《秀隱集》，起乙未春，迄冬

天香 蠟梅

湖石玲瓏，苔枝偃蹇，朝來庭院寒峭。碎點輕黃，横簪高髻，最識道家妝好。水仙爲伴，彷彿見、藐姑風貌。宮鏡愁窺，半額傳真，試將分照。　簾幙翠鉤四繞。獸鑪温、綺筵開了。回憶巡簷孤詠，索伊同笑。密綴金鈴恨小。怕未似、春幡護花巧。錯認狂蜂，幽香自抱。

少年游 與堯昌赴少年宮夜會

狂游不覺晚寒侵。疏雨霽園林。電逐虹流，樂催狐步，舞名。舞向月西沈。　提携嬌女扶肩立，人在畫堂陰。射覆占燈，鬥棊分局，還似少年心。

驀山溪 和清真

筵前方寸，便是陽關路。記得送君行，淚盈樽、含愁滴處。繁花細草，相對亦淒然，臨歧語。　空延佇。驟馬飛塵去。　韶光易失，滿地鋪紅雨。別夢繞滄洲，慣曾聽、悲笳戎鼓。重來舊館，翻訝樂聲齊，歌四舉。休迴注。白髮飄成縷。

踏莎行　爲陳荔妍題寒汀所畫荔枝小卷

摘得生枝，拈來並蒂。江郎彩筆嗟神似。苕溪一任緑成陰，蘆川自賞紅如蕊。張元幹《訴衷情》自注云：『兒時不知有荔子，呼爲紅蕊。父母賞其名新。』　絳脱綃輕，盤擎玉膩。唐宮驛致輸珍味。不辭長作嶺南人，東坡有語心先醉。

卜算子　哀敏之十七弟

新歲共盤飧，汝獨形神沮。爲汝丁寧囑後期，一息悲終古。弟眠後遂不復醒。　看擬上雲霄，倏忽沈泉路。雁字飄零不作行，況急霰、摧毛羽。

祝英台近　赴杭州屏風山休養，與文藝工作者二十五人偕

避囂塵，躋絕險，佳境有誰會。試集羣賢，此樂勝傾蓋。就論品曲調絃，丹青棊局，未容數、尋常流輩。　笑談外。指點無數鷗飛，江山自縈帶。隔岸漁燈，道是苧蘿界。儘饒嵐翠爲屏，波光如鑑，只少箇、舊時眉黛。

醉桃源

通衢攘攘接平郊。歡聲如沸潮。修龍銜燭舞周遭。繞場金鼓驕。　霓電射，彩旗飄。千竿影動搖。高歌激越上青霄。人民心一條。

鷓鴣天

落盡梅花春轉濃。朝雲散去久無蹤。愁催白髮三千丈，路隔蓬山一萬重。　緣已盡，思何窮。小蠻針線手親封。他生再見西湖畔，同聽僧樓一杵鐘。

金人捧露盤

玉纖忙。冰弦轉，韻悲涼。啟皓齒、緩吐清商。嵯峨凝去聲碧，怕一聲、高翥被雲妨。羣喧自定，更何須、賀老登場。　月裵佪，花掩映，匀粉澤，淡衣裳。倚修竹、淺露梅妝。寸心多感，惹相思、仍似舊清狂。悵然歸去，忍重吟、新綠池塘。

清平樂

靳仲雲年八十，自河南來，江翼雲、徐森玉觴之於錦江樓上。仲雲即席索詞，爲贈

黃河奔越。洒盡頭邊雪。形勢中原推第一。雅稱詩情飈發。　飄然杖屨南來。高樓同讌霞杯。笑問梁園賓客，如今誰是鄒枚。

繡帶兒

翼雲家有兔耳花，波斯種也。淡紅者名醉楊妃，尤艷絶

簾護碧甌栽。瓊瓣倚寒開。想得移根殊域，驛遞附龍媒。　扶起玉真來。似醉暈、微透香腮。廣寒宫近，何時徧植，月地雲階。

浪淘沙

鄧櫻橋示詩五十章，自言鄉人稱之爲「霸鄧」，又善醫，因戲贈

霸業幾時休。杖策來游。南都人物想風流。豈似青囊傳妙術，春滿瀛洲。　玉版寫銀鉤。句好難酬。怪君未白少年頭。有酒盈尊萱在室，應是忘憂。君妻名南萱。

水龍吟

酬陳器伯自運城寄詩，多紀游之作

北來南去無踪，驟驚書札翩然至。晉祠幽渺，秦關雄峻，都收眼底。賦美興公，詩稱謝客，豪端堪擬。又何須借得，山川爲助，元自有、風雲氣。　彭澤先生老矣。謂辟畺，來書及之。

歎同游、如今無幾。淞波照影，冶城閉户，共傷憔悴。青鬢輪君，春風絳帳，絃歌聲起。道生行萬里，死埋萬卷，是平生志。

鷓鴣天　用貞白『場』字韻

鐙下辛勤理篋藏。愔愔刻漏未渠央。馮唐自昔沈郎署，北海空聞有薦章。齊好惡，語堪商。人情那得廢評量。春風次第看花舞，楊柳腰支獨擅場。

前調

漫許愁來可避藏。愁城無際亦無央。麻姑已見成霜鬢，織女何曾有報章。歌別怨，亂清商。帶圍寬盡與誰量。不如覓取消愁法，爛醉花間一萬場。

前調

田父豐收足蓋藏。溝渠繞屋水流長。黃牛走壠將新犢，老樹參天過百章。年少事，莫斟量。誓从歸去老耕桑。他時認取寒山路，九月霜風正築場。

前調　深夜校書，作一首

老伴蟫魚作隱藏。眼昏猶不廢丹黃。飯蔬且喜身常飽，衣褧應知道愈章。書一卷，漏三商。人生樂事故難量。追憐往日真虛費，夜夜明鐙縱博場。

南歌子　花朝作，先一夕雷雨

睒電穿帷疾，驚雷破夢遥。昨來一雨偏江皋。不恨春泥没踝、阻游遨。積素能明李，鮮紅欲綻桃。新時兒女最嬌饒。卻道百花齊放、是今朝。

鷓鴣天 和貞白、蕙高

肝肺槎枒劍作芒。朝來負手卻循廊。自將密意憐鴛偶，更寫新詞疊鳳章。　廬阜遠，楚波長。安心是處即爲鄉。試看放牧桃林後，那復人間有戰場。

前調 和仲堅

六合紛綸一卷藏。蓬壺咫尺海中央。仙官但重横行字，世俗猶傳急就章。　從舞楚，謾歌商。論才今古斗堪量。卻憐身後無窮事，付與盲翁好作場。

萬年歡 和梅溪《春思》

老厭尋春，乍開簾、絮飛驚似春雪。向晚行沽村市，酒顏朱發。醉想當年艷侶，鏡裏掃、蛾眉奇絶。丹青便、畫出崔徽，盡輸柔靨豐骨。　羅衣舊香漸歇。怕絃中怨語，猶道輕别。剪破同心，留贈更有何物。游女郊原趁步，恨不見、芳塵生襪。佳期盼、幾夕團圞，半鉤才吐新月。

鷓鴣天 次韵酬夏幼達見贈。幼達，吷庵第三子也

萬卷收身欲退藏。稍拈新句下雌黄。銅山定許鐘相應，燕璞還輪玉有章。　聲變徵，氣含商。高歌正要子裁量。回思北海開尊日，年少曾陪結客場。

浣溪沙　對瓶花有懷

花朵繁香簇膽瓶。不成贈遠已凋零。辭根能得幾時榮。　苦霧籠山春寂寂，驚濤撼海夜冥冥。此時應起故鄉情。

減字木蘭花　爲李小魯題其先人手札。札中言當時薦舉使才，并及先仲父使日本事

雲牋半蠹。老輩風流存掌故。小雅陵夷。太息空吟四牡騑。　興亡滿目。萬事由來隨轉燭。王謝門新。莫把遺書更愴神。

太平時　孫鴻士擬方回《太平時》八首，並綴杜牧句爲之，與賀詞合寫一卷，乞題

刻意傷春杜牧之。淚連絲。千秋一首杜秋詩。寄相思。　彩筆新題腸斷句，又誰知。蕭條異代不同時。各情癡。

八聲甘州

漸新桐過影小窗西，驚心已春殘。是連番風雨，昨宵輕暖，今日餘寒。興嬾都妨屐齒，蘚徑鎮長閑。時復抛書起，獨自憑闌。　遥想樓居吴苑，看繞田緑水，排闥青山。悵歸耕無分，寥落送華年。忍枝頭、夭桃繁杏，向晚來、飄砌碎紅斑。休延佇、儘東風好，高處應難。

紅芍藥　用王觀韻

飄風急處，日日紅少。但看葉藏殘花小。聽一聲鶯老。昏昏醒復睡，恰又是、半春過了。恁記得把酒尋芳，如今翻做愁惱。　幾度沈吟，悔相逢不早。賸有亭園供嘯傲。又落英顛倒。望遠衹垂淚，天涯路、漫生青草。任苔牋、寫滿新詞，未及同携歡笑。韓愈詩：『顛倒青苔

落絳英。」

春聲碎

樓小隱垂楊，一角雕檐孤倚。朱脣玉齒。檀槽香撥，總可人情味。簾垂地。聽空外寂然，絃掩抑、歌清脆。愁心蕩無際。又被春鶯喚起。桃花漫好，柰苦恨劉郎、鬢憔悴。憐往事。都付宋玉悲吟，寫不盡、行雲意。

一叢花

今年草草負佳期。長日掩朱扉。斜風橫雨疏簾畔，看繁艷、漸換青枝。鶗鴂亂鳴，芳菲易失，猶道不如歸。歸家初過海棠時。花蒂尚垂絲。絲牽應解東君意，似縈戀、還帶愁滋。千載寫真，粉光如在，唯可付徐熙。

昭君怨

琴曲有《昭君怨》，亦名《水仙操》，云爲屈原沈江而作。顧其聲雖幽苦，然無死亡決絶之音，又原不當以仙稱，殆非也。偶聽王吉儒彈此曲，因賦

泛指朱弦清越。斷續頓成凝咽。環佩出明光。淚千行。塞上驚沙風起。何似汨羅江水。離訣有同心。不同音。

前調

詞既成，或謂《水仙操》者，實寓伯牙、成連海上之意，故始奏，渢渢然有水聲，與塞北風沙不類。請更作一首

獨立茫無涯畔。此意翛然自遠。海水與天風。窅冥中。便逐幽人長往。何似琵琶馬上。悲怨有同音。不同心。

望春回

繡衾坐擁，看小窗弄明，鐙炷初滅。朝露未全晞，任步徑苔滑。蠨蛸懸絲簷瓦際，頓縈惹、舊日思千結。半生漂蕩，更堪四矚，故人車轍。　中腸自知冷熱。歎隔歲經年，離緒偏切。空恁惡憐伊，只相望悽咽。從前密語猶記著，仗鶯兒燕子丁寧說。不留春住，紅英亂落，恰似啼血。

八聲甘州　題蔣鹿潭持竿戴笠小像

斷千尋鐵鎖已沈江，江流更無還。想其中自有，戰時樓艦，閑處漁竿。太息我辰安在，詞客意辛酸。欲耦嚴陵釣，擲去儒冠。　烽火一時燃偏，笑石頭城下，曾見降旛。誤漂零臣甫，猶詡寸心丹。困鹽車、何如伏櫪，向珠溪、尊俎且盤桓。誰知得、過清明了，依舊春寒。

鹿潭《浪淘沙》詞：「上巳清明都過了，依舊春寒。」

菩薩蠻　集温庭筠詩，代寄

鴛鴦艷錦初成匹。緘情欲寄愁無色。多唱柳郎詞。窗間斷暗期。　送君游楚國。倚瑟紅鉛濕。應見楚山青。臨風獨涕零。

前調　代答，仍集庭筠詩

蜀山攢黛留晴雪。年年錦字傷離別。鬟態伴愁來。河陽悲鏡臺。　高秋辭故國。未展干時策。花髻玉瓏璁。相期一笑同。

琵琶仙　余在重慶嘗游李氏園，作《掃花游》詞寄意，叙甫爲圖，越十餘年矣。頃叙甫復從京師寫寄菴感舊圖爲贈，并題長闋。次韻答謝

鷲嶺千重，李園好、共約嬉春裙屐。迢遞飛閣

登臨，留題訴情臆。塵夢醒、芳華換目，但遺磯、蘚垂荒碧。谷底幽蘭，尊前艷曲，都是陳跡。最怊悵、鶗鴂先鳴，頓迴感、江南倦游客。遥想匣緘鸞鏡，老飛瓊顔色。誰爲寫、當年畫稾，似玉人、伴我棲息。忍令飄泊餘生，又成輕擲。

鳳歸雲

眺暮景，雲物蒼茫，沙洲静寂，隔浦漁舟，漂泊隨潮，怳如萍泛、半生羈旅。動情懷、是垂老年光，首夏時序。怕更聽、淅瀝窗外雨。常恁欹枕愁眠，背鐙凝佇。

記往日、執手花前，並肩柳下。芳陌恣游，夕宴同張，百醉無辭，誓拌長共、故人歡聚。歎分離驟，燕翼西飛，魚波東注。未須問、道遠甚時重遇。卻幸地老天荒，寸心休負。

明月吹簫引 歸舟憶夢圖，和草窗韻

冷侵珠箔雨蕭蕭。趁輕潮。盪蘭橈。隔岸青樓，連夜肆笙簫。欲去徘徊無限思，風信急，似楊花，帶淚飄。

香殘夢殘魂半消。儘山中，叢桂招。何如共守章臺畔，眉樣親描。密語深情，歡度幾良宵。此願告天天不許，篷背濕，數歸程，第四橋。

駐馬聽

秀野名園。避煩暑、凌晨向晚盤桓。遮簷柳好，緣池荷浄，清香漸度雕闌。翠琅玕。弄佩聲、葉葉翩翻。殘照西沈，數星光燿，閃閃林間。

深宵自忘坐久，露滴衣袖禁寒。柰個人離絶，形影俱單。所喜衷腸似舊，猶望今日

生還。算便是，草草相逢，終擬開顏。

驀山谿　苦熱，因憶舊日北泉居處，用姑溪『北觀避暑』韵

堯時虚道，六合窯烘地。『九州六合烘爲窯』，盧仝詩。自有禹山川，便長見、山深林邃。流金鑠石，百歲一遭逢，冰作簟，玉爲漿，此樂何由致。　竹樓佳處，游宴多朋類。更有似梅人，撫徽絃、暗傳心意。泠泠風響，長夏亦清寒，塵境易，夢魂疑，轉恐他生事。

蝶戀花　秋暑愈厲，戲作七夕詞

七月炎歊殊未已。巧縷穿鍼，汗濕纖纖指。織女停機愁俯視。人間是處波成綺。　日曝銀河乾見底。不用填橋，微步塵生履。莫道今年相會易。金風玉露應無地。

夜合花

雲蔽遥岑，風迴淺渚，起看天際層陰。秋來未幾，新涼漸滿衣襟。疏葉落，斷蟬吟。似巴山、山館深沈。最難忘處，篝鐙夜雨，同話羈心。　還家歡聚朋簪。其柰流光急駛，華髮交侵。重彈苦調，相思怨入青琴。關塞杳，海波深。又何妨、魂夢追尋。向知音道，佳期縱晚，猶勝而今。

金縷曲

强霸同灰滅。算從來、此言非誤，齒牙先折。不爛翻留吾舌在，柔者何曾銷蝕。空擾攘、嬴顛劉蹶。六合鯨吞成底事，奮鋤耰、不抵驪山卒。三户恥，誓當雪。　東西殊境情無别。覽陳編、前輈已覆，後車方接。鄭國渠成誰爲

利，始計偏因趙諜。到此日、噬臍何及。搖蕩澄波蘇彝士，看依然、萬里馴鷗没。金字塔，更雄傑。

杏花天

一枝曾傍西湖見。杏花露、牆頭粉面。春情欲逐雙飛伴。苦恨鴛鴦翅短。　華鐙映、珠環彩扇。覺此夜、瑤臺未遠。須臾簇上歌筵畔。玉樹啼鶯自囀。

大有

弔影幽蛩，舞風寒翠，助哀吟、偏在長夜。掩珠襲、依稀舊日情話。姮娥不似舊情淺，尚徘徊、清光穿罅。此境漫説淒涼，離人更難堪也。　殊方地，應自詫。撼枕盡濤聲，怒雷翻啞。天黑雲昏，那見麗秋如畫。到此定懷鄉國，身如在、蕉窗荷榭。爲君憶、宋玉招魂，蠻牋細寫。

花犯　憶冬榮春滿齋老桂，兼及西湖之游

野雲低，輕風盪晚，醲酣麝檀味。萬珠勻綴。看漸染丹黃，秋景晴麗。棹歌四舉篷窗倚。前游空自喜。賸滿覺、一懷幽夢，和香籠翠被。滿覺壠爲桂花最盛處。　冬榮故齋更如何，婆娑半畝蔭，今傷憔悴。留詠處，金英變、露零烟墜。應長怪、素娥耐冷，偏種向、團圞宮殿裏。待喚取、吳剛薪盡，清光流似水。

清平樂　中秋夜即事

給衣才換。不覺涼秋半。搖落梧桐三四片。依舊綠陰庭院。　月光初上林梢。驟驚風雨蕭寥。秉燭元非游宴，未嫌負卻良宵。

虞美人　和人詠物二首

海南珍製吴宫本。粉面多風韻。玲瓏一握掌中看。更喜金沙香骨、鎖連環。　畫羅裙摺應難比。疊在空箱裏。亦殊團扇向秋悲。到得秋來便是、聚頭時。檀香扇。

其二

明波一桁妝臺側。摇曳丹青色。玉人雙影隙中窺。錯認畫屏山外、燕交飛。　良工心苦誰能會。疎處偏縈帶。相思織盡意懨懨。願更裁將斑管、付春纖。畫簾。

南鄉子

明鏡過身長。照見秋花滿畫廊。人與花容相並看，斟量。壓鬢紅桃婉娩香。紅菊名桃花菊，見《東京夢華録》。　彈指話悲涼。曲徑籬邊又早霜。縱使黄花開似錦，端相。不及伊家淡淡妝。

蝶戀花

九月霜風欺薄袂。槲葉初丹，收盡黄金穗。好景江南隨節異。春郊如繡秋如綺。　唯有勞人顔色悴。月計征程，何況終年歲。若使餘生能有濟。不辭來往車輪敝。

減字木蘭花　虎丘登致爽閣，望獅子、天平諸山

劍池側畔。十仞蒼厓梯級半。高閣登臨。爽氣朝來洒客襟。　寒林數簇。林外奇峰争入目。一語長留。師子回頭望虎丘。末語吴中舊諺也。

菩薩蠻

蘭湯微注蘭心覆。蕭蕭髮彩涼侵燭。玉女洗頭盆。粉脂留膩痕。　願爲金錯剪。長近芙蓉面。簾卷不須臾。隔簾人影孤。

其二

四弦斜抱當筵撥。低頭無語清商發。風激澗泉鳴。泠泠指下生。　玉葱輪處好。不羨麻姑爪。一撚蔻丹紅。鳳仙花末工。

其三

行纏急縛隨軍辦。迷離撲朔渾難辨。重換舊羅衣。鏡邊翻自疑。　時時親典籍。罷繡雙鴛翼。得意詠丹孃。新詞休斷腸。

卜算子　壽貞白

木挺豫章材，山疊匡廬秀。安石詩篇白石詞，無出西江右。　蠲忿小庭花，難老深杯酒。一事還看世寡雙，琴瑟閨中友。

滿江紅　示畫院諸子

粉本天然，攬故國、江山雄秀。是誰肯、經營絹素，寫成奇構。刻劃稍殊唐院迹，淋漓突過元人手。算無窮、物象已更新，今非舊。　人物好，非巖藪。蜂蝶亂，非園囿。便一花一葉，匠心裁就。要與天工争巧幻，不隨俗眼論然否。問解衣、槃礴屬何人，諸公首。

且坐令　宛在軒與柳谿同作

清興足。坐倚亭軒曲。晚風起處茶烟緑。隱

隱笠歌逐。未遠囂塵，還依水檻，脩然極目。休念想、故家喬木。都來是、夢中鹿。閒揮譚麈霏珠玉。駐夕景、猶嫌促。幾回臨别丁寧囑。道何時重續。

浣溪沙　彤甫作黄山雲海圖，乞題

歷盡南荒又朔關。黄山終古壓人寰。得君未覺卧游難。黛嶺攢成蓮萼秀，白雲鋪作海濤寬。一時收拾上豪端。

蝶戀花　題蒙古女子騎射圖

十載隨身唯筆硯。窮漠歸來，寫盡新聞見。雪壓平川風割面。跑空一騎如飛電。意態輕盈驕顧眄。覆額青氈，交股垂雙辮。射得黄麞親炙臠。逢歡更酌瑠瓈琖。

一斛珠　聞慧珠語，戲贈

九華鐙燦。歡然執手驚初見。向來已熟春風面。看舞霓裳，何啻千千徧。今古此情同一幻。不須身到長生殿。笑回頭語當筵伴。鈿約釵盟，只惹人腸斷。

洞仙歌　鶴園今爲文藝家集會之所。園中片石，余戲題『掌雲』二字，旁款則主人所補也

嵯峨片石，是雲峯仙掌。天半飛來屹相向。記曾揮醉墨、剔蘚留題，題未竟，酣卧池邊小舫。　浮雲同變幻，第宅更新，石友深盟可無恙。花竹影蕭疏，雨態烟姿，都移入、畫屏風上。悵料理、琴書有時來，怎忘了、停驂故人門巷。

踏莎行

遠訊誰傳，寒冬欲暮。窗陰一綫愁難度。玉箏情語剩哀弦，銅鑪心字銷殘縷。丹橘盈筐，黄蕉薦俎。海天亦有相思處。望鄉人在最高樓，千山不盡蒙蘢雨。

百字令

將復去，爲製此詞從子星伯之女城，自朝鮮駐軍歸省，即

素秋時序，早林芳凋盡，千山飛雪。壯士如猱梯絶險，一戰曾殲强敵。帳擁紅鑪，杯傾緑螘，歲晚同歡悦。高歌相和，不知蘆管吹裂。

憐汝丫髻從軍，六年成長大，暫尋歸轍。汝父勤勞身更健，兄弟皆稱雄傑。梅影横窗，松聲隔院，語笑清幽絶。家園情味，此行應爲人説。

南柯子

余歸吴中，日趨鶴園治事。園有『棲鶴堂』牓，清光緒中長洲女子彭衛仲所書也

棲淺風開幕，廊虚月映門。鶴棲何處牓書存。唯許同游人覓、舊巢痕。倦眼微生纈，衰顔欲作皴。蠹魚老不食丘墳。卻向簿書叢裏、度朝昏。

臨江仙

喜雪

曉帳迷離添曙色，重衾不暖香篝。起看風裏舞輕柔。有情黏菜甲，無意溼簾鉤。粗絮堆鹽聊可擬，須臾漲滿前溝。新年何以祝豐收。巷歌皆白雪，村市亦瓊樓。

六么令

雪消鴛瓦，簷溜淙殘滴。東風已催花信，梅蘂幾枝坼。還待池冰泮了，照影波澄碧。忍輕

攀摘。所思猶在，瘴海南頭散關北。曾共探芳鄧尉，蠟盡游山屐。別念携手清溪，更有行吟客。此際春生寒淺，未許吹橫笛。彩牋題墨。歸時休晚，認取當年舊香色。

以上附《夢秋詞》卷十八《篘軒集》，起乙未冬，迄丙申

雪夜漁舟

晚寒冽。訝萬樹瓊花，競妝春節。鑪燼香煤，簷排玉筯，光景自成殊別。初升弦月。又屈指、上元期切。預憐鐙市，深宵風勁，冶游人歇。　舊歡踪影絶。縱高樓凝望，海天難越。弱骨棲塵，朱顔改世，往事不堪重説。亂愁鬱結。幸許有、寸箋相袚。嚴凝一任，歸來同住，廣寒宮闕。

驀山溪

嘉陵江畔，解珮初逢地。江水比深情，信潮還、吴頭楚尾。愛離憎會，此恨古今同，紅豆破，彩鴛分，灑盡臨歧淚。　幽燕路阻，錦字書難寄。鸚鵡卻傳言，道新來、曾窺姝麗。風寒似剪，愁損玉肌膚，匀面藥，洗脂痕，別又生春意。

鷓鴣天　得蔬畦長句，以詞報之

矍鑠誰能及是翁。三郎羯鼓有遺風。錦筵張處花爲伴，麗句書成酒可中。　游洛浦，賦驚鴻。千秋才調竟全同。憑君莫訝春來晚，已遺蘭心作小紅。來句云：『草堂不報梅花發，鄂渚騎春盡意紅。』謂晥華也。

太常引　至元夕，晴數日矣，而凝雪愈堅，戲咏

月華鐙彩射江城。處處管絃聲。逐隊看鐙行。愁凍滑、泥塗步傾。　龜言鶴訝，今年寒甚，階砌雪縱橫。不是放春晴。直化作、千年老冰。劉貢父謔言水精爲千年老冰，見宋人筆記。

前調　前作結句『老』字宜去聲，而不可易。十六夜，友人招飲，因復作一首正之

酒兵突起壓詩城。歡笑鬥春聲。疑向越中行。玉鱠佐、銀甌細傾。　牀頭書積，簾前花妥，几上一琴横。更喜此宵晴。皎月似、團圞塊冰。

絳都春

窗陰短綫。正無限暮寒，天涯人遠。燕子未歸，空浥巢泥留吴苑。鄰簫如和歌聲怨。記南陌、鶯飛花亂。送君行後，荒苔廢圃，冷烟閑院。　重見。嬌波鬢髮，稱纖瘦、被體舞衣霞蒨。斷夢易醒，别淚輕彈芳悰换。何時真對芙蓉面。訴前事、萍蓬飄轉。袖鑪熏透梅花，寸心自暖。

水調歌頭　宋文丞相緑蟾腹研，肖其色與形製，故名。謝枋得刻其側云：『文山攀髯之明年，疊山流寓臨安，得遺研焉。憶當日與文山象戲，譜「玉蓮金鼎」一局，石君同在座右。銘曰：「洮河石，碧于血，千年不死萇弘骨。臯羽。」』凡五十五字。小倉山房舊藏，今在孫履安處

兵甲滿天地，河洛亦腥羶。吴中曾此開府，風掣繡旗翻。料得飛書走檄，座右石君應在，披寫激忠肝。玉帶聲名久，文山有玉帶生研，自爲銘。蟾腹與同堅。　巡遠志，論事業，過前賢。文

山過張巡、許遠祠，題《沁園春》一首見志。歌成正氣依舊，揮灑似雲烟。門客但存皋羽，有弟竟爲臣虜，遺恨到重泉。欲繼西臺哭，淚盡不成篇。

東風第一枝

雨滴空階，燈昏小閣，愁心亂若抽縷。峭寒故勒梅花，暗泉自生竹塢。蒼苔屐印，是舊日、雙鴛行處。爲斷腸、不掃留痕，卻被凍泥沾涴。招未回、燕梁宿羽。遮不斷、馬蹄去路。地遥共逼層陰，夜長更添麝炷。重門深掩，漫苦怨、芳時遲誤。待樹梢、歷亂鶯啼，又恰半春虚度。

江城子

鄰女鼠哥，余見其自孩而長，既生二子矣。索爲歌辭，欲語無增飾，且必其能解者

鄰家小女自稱哥。髮横拖。語嬌訛。學唱桃花、江是美人窩。賺得酸梅甜棗子，紅暈處，起微渦。年光一擲似飛梭。到今呵。漸成婆。卻喜生兒、容態似娘多。膝上兒騎雙拍手，荷海育，教兒歌。

好事近

徐道鄰流寓台北，作詞遥和其韵

密約暗相親，飛渡海山千叠。夢醒依然爲客，但留情眉睫。不須惆悵送年芳，雙淚界紅頰。屈指牡丹開也，寄朝雲花葉。

臨江仙

花朝作，夜雪始晴，千枝盡縞，亦奇觀也

彈指樓臺皆化境，巡簷無數琅玕。百花生處極高寒。儘饒香是國，更借玉爲冠。　鄧尉幽尋空有約，望中道里迷漫。閒支短策過西園。愁他蜂蝶誤，爲掃一林看。

三姝媚

新陰連故苑。蠣牆深紅芳，數枝開晚。鎮日簾垂，護鏡奩猶怕，勸妝人嬾。琥珀濃斟，渾未解、單衾幽怨。遠道相思，同是春寒，頓孤清讌。　隔巷餳簫淒斷。似訴説當年，繡圍香暖。嫩緑楊絲，傍禁烟時節，暗舒青眼。自別蕭郎，嗟好事、驚風吹散。夢裏尋歡如舊，歡隨夢短。

鬥百花　崑山訪亭林公園，謁劉改之墓

幾日輕寒輕暖。摇曳垂楊絲綫。安車小駐園林，危塔猶摩星漢。樵徑盤紆，先穿洞壑幽尋，旋憩山亭迴看。景色如屏展。　比美瑶琨，孰繼機雲英眄。崑山因二陸得名，見荆公詩自注。遺墓尚存，千秋霸才堪歎。雨灑黄昏，何辭透濕春衣，惜取滿林花片。

醉落魄　爲陸丹林補題紅樹室圖

水迴峯叠。結廬稍與人寰別。晚楓明處霞成纈。自愛秋林，何異歲寒橘。　彈箏人去絃聲絶。廿年枉費丹青筆。想君心事終難説。灑血書辭，化作萬紅葉。

促拍滿路花

風透疎簾隙，日映畫闌邊。曉妝初罷換新緜。繡餘静坐，姿態十分妍。有時狂嬉耍，冉冉蓮屧步塵，直過鄰園。滿園花好鶯語，猶是艷陽天。水亭山樹儘留連。舊游斜徑，曾記落金鈿。因恁牽愁緒，驀地沈吟，背人獨倚秋千。

應景樂

經年數役。漠漠車塵、四起周廣陌。臺城下，江流漱烟磧。指檣竿箭立。因念往事，卜宅藍家莊好，朋游詠朝夕。　風景未殊昔。向此感、隱隱鐘聲，似欲破暮靄，飛到相覓。林際徘徊，搖蕩心魄。鍾阜鬱相望，金紫換純碧。

雨中花慢　四月初二日，陰雨。訪彥通屯雲館，聯句，用東坡韵

開盡酴醾千架，柳閣陰濃，搖曳輕烟。東。頓喜隔年佳侶，點破苔錢。彥通。修徑縈迴，低闌掩映，不異家園。東。祇樂苑殢酒，滄江鼓枻，恨遠情連。彥。　無邊細雨，屯雲書館，對景記取從前。東。春漸晚，一番花事，過眼淒然。彥。衰鬢休嗟潦倒，芳華得再暄妍。東。六朝烟水，朅來雙燕，共我年年。彥。

清平樂　題扇頭仕女小景

愔愔小院。簾幕隨風卷。睡起瞢騰拈繡綫。卻把花枝比看。　無端幽恨難排。海上青鸞信乖。暗觸單衾情緒，一雙胡蝶飛來。

浣溪沙

地僻園荒草怒生。非蒿非艾不知名。宵來得雨更縱橫。　雀向簷前唯噪語，蛙於池畔亦爭鳴。老夫午夢一時驚。

鷓鴣天　立秋夜風，寄懷吕生貞白

埽地風來不可當。卻於風後轉清涼。喧喧翠竹聲疑鬥，颯颯紅蕖意自芳。　秋已到，夜須

長。不成新賦繼歐陽。夢回忽憶榴皮字，誰寫邯鄲大道旁。

醉桃源

露濃圓點蘚痕斑。曉風吹未乾。滿園花樹向凋殘。一枝楓葉丹。　思采擷，且般桓。書成欲寄難。歸來重倚小窗看。簾旌摇蕩間。

拂霓裳

曲聲終。琵琶斜抱醉顔紅。談諧好，逗人情味在眉峯。碧螺斟翠斝，碧螺春，茶名。金液瀉瓊鍾。只匆匆。傍綺筵、開處桂陰濃。　殷勤欲問，佳會散、甚時逢。顰不語，自憐踪跡指飛蓬。霜催行客老，月照兩心同。祝春風。待花時、相聚藥欄東。

踏歌　送中學畢業生赴農村習田事

志決。向農村、隊伍森成列。紅旗閃、曉鼓催人發。要勤耕入社安家業。　快絶。一年間、好事從頭説。春苗種、預計秋收必。更指看雞豕盈牢柵。　山共水，翠繞闤。心情暇、創寫新文物。親朋待相尋，把酒同歡悦。約明年杏花時節。

念奴嬌　閏八月十五夜，游後湖作

片雲消盡步長隄，不是前時風物。柳榭花亭兼竹所，只借鍾山爲壁。空宇澄鮮，湖波蕩漾，照見頭如雪。華年雖逝，寸心依舊雄傑。　回想羈旅生平，如今真個有，逸情飈發。夜静扁舟猶打槳，欲與沙鷗争滅。境落寰中，神游天外，冷處風吹髪。今年秋閏，一星添伴圓月。是夕，南京見蘇聯人造衛星。

鷓鴣天　酬譚重非

班草情新語未休。錦囊佳句更相投。文辭湘綺遵前軌，心跡孤桐識舊游。　天外路，望中收。且斟杯茗洗離憂。江南景色無窮好，不信詩人便白頭。重非甫及中年而詩中屢有白頭之歎，故調之。

瑶階草

湘簾捲還下，一陣黄昏雨。高閣登臨，獨自無意緒。故人不見，水遥山遠，北來南去。幾曾倩傳别語。　看如許。紫苔斑點，緑荷破碎浮萍聚。正似愁根，鬢絲白盡千萬縷。舊盟記在，粉牋蜀紙，寫成的據。那知又恁輕誤。

臨江仙

宇宙旋歸誰掌握，須臾倒海驅霆。人天流轉萬千程。淮南雞犬在，亦作步虚聲。　聞道阿環離别後，廣寒愁鎖傾城。如今盟證有雙星。謂人造衛星。會當乘一箭，飛向月中行。

生查子　閩人王鳳池者寄紅豆百粒，乞詞。占此以報

明珠百琲懸，火齊千金直。休恨見花遲，相傳三十年一花。葆此盈筐實。　絳雲樓已空，紅豆莊非昔。遠道寄相思，何處相思得。

江南好

萊伊卡，騰躍上天游。月窟徑須追狡兔，星河倘亦犯牽牛。佳話紀从頭。

其二

萊伊卡，空際且盤旋。欲爲生民銷戰伐，首憑科技占優先。第一是蘇聯。

其三

萊伊卡，不惜此犧牲。動處有光争日月，名垂不朽比山陵。錫汝狗明星。

南柯子

宛宛溪連屋，蕭蕭竹映廊。冰壺一酌肺生涼。諱道温柔，卻道醉爲鄉。牡蠣裁窗瓦，飛鴛飾鏡囊。聲名久壓杜秋娘。不是小姑，居處也無郎。

南鄉子　徐琴韵偕其夫説唐寅故事

鐙彩幻明霞。玉樹亭亭出絳紗。對坐調弦儂與壻，琵琶。鳳尾還將半面遮。　舌底粲生花。唱得新詞句句佳。三笑留情原是妄，偏誇。妄事如真一笑譁。

西江月　臘月十六日立春，口占即事

騁辨羣英或以此稱辨論會會上，揮豪大字堆中。老夫猶有少年風。不許光陰閒送。　凍草已蘇新緑，微陰不礙春融。明年急務在耕農。學把芹泥翻動。

柳腰輕

嬌梨嫩柳春煙暖。煙中有，雙飛燕。遠從遼地，近歸吴會，訝道林園都變。度香徑、花苑縈紆，倚雕欄、露臺高顯。　乍掠清波側面。又呢喃、語窺窗眼。舊巢仍固，濕泥重綴，處處低徊留戀。歎如此、家國无雙，竟連年、故人書斷。

柳梢青

故苑春濃。園花鬥艷，淺紫深紅。樹上流鶯，堂前棲鶴，笑我成翁。晚來退食從容。病新起、仍拋瘦筇。料峭風寒，零星雨碎，歸路時逢。

蜨戀花　清明日雨，始聞雷聲。赴横山掃烈士墓，植樹數百株而還

節候推排元不誤。才到清明，花滿横塘路。峭石懸空籠細雨。横山下有林林墓。　禮罷殷勤陳祝語。荷鍤成雲，頃刻陰深護。烈魄英魂同鑒取。興邦恰似春雷怒。

臨江仙　寫鐵骨紅一枝，并題

踏偏孤山山下路，歸來忽夢湘妃。試拈丹筆掃横枝。直須紅透骨，莫作淡臙脂。　一自東風催凍解，繁花照映清池。林逋舊句罷重題。深心如有託，吟借比紅詩。

側犯　與孝思赴洞庭東山寫生，由渡橋口放舟入太湖，至周灣泊。泊歸，風起雲合，水天不分。以一粟之身，寄萬頃之内，境事奇絶，不能無詞

遮邊翠帀，落花數點添幽静。乘興。載畫筆商量、探奇勝。披圖問去處，擁笠遮前徑。風勁。看箭掠，湖波試孤艇。　西山在望，絶險如懸隥。蒼秀境。斂斜陽，霞絢半空映。路隔雙灣，晚濤雪冷。帆影葉葉，與鷗同迴。

菩薩蠻 觸事成篇，不加詮次

全村幹勁郎尤足。與儂並比儂非獨。挑擔上山頭。新歌時唱酬。　山高千百叠。雲與山相接。追過白雲顛。郎先儂更先。

其二

鍊鋼鍊鐵心堅定。家家政治黄金印。門外小高爐。許儂功績殊。　燒空雲變色。青紫都成赤。鐵樹盡開花。木棉無此奢。

其三

溝渠如拭街如砥。紅旗插徧蘇州市。先數百花洲。閶門内百花洲居户清潔工作爲先進者。人人争上游。　穿墉無鼠迹。繞帳蚊雷息。車過不飛塵。門前緑樹新。

其四

緑楊陰下蘆爲屋。披襟閒坐談衷曲。打網不辭勞。漁民今富饒。　共稱毛主席。千載誰堪匹。即此向來無。魚秧入太湖。東山訪漁民，述其語如此。

其五

荒洲艾杜根難久。東風壓倒西風後。猶作滿天飛。飄摇能幾時。　陳兵翻自困。覆轍黎巴嫩。汝欲覓尸還。金門馬祖間。刺艾森豪威爾及杜勒斯輩。

其六

此鄉纔報千斤足。萬斤又看鄰鄉穀。不斷捷音傳。衛星齊上天。　有糧兼有鐵。一震蘇羣蟄。夢見赤龍飛。侏儒相背啼。『中國生産進展之速，如十六衛星上天』，又『紅色巨龍追逐我後，回顧英倫三島,直侏儒耳』,皆英國人語。

其七

騰騰烈火天爲沸。鐵沙融作長流水。瀉入土盤中。胚凝猶血紅。　循環千萬帀。戰士忘飢渴。守定一鑪旁。秋宵殊未長。

其八

爾曹莫笑民歌俚。詩詞原自民歌起。樸語寫中誠。唯思杜少陵。　一編重選得。芟盡淫哇習。試譜作新腔。歡虞仍激昂。

其九

廣場築就三千步。民兵列隊森成堵。號令下層臺。陣形天際迴。　年年逢十一。萬姓同懽悅。此日戰氛高。誓將殘寇銷。

其十

老農相遇田間立。不通名姓情偏熱。問汝市中來。鑪羣今幾堆。　欲求機械化。鋼鐵先稱霸。明日待耕犁。隆隆拖拉機。

其十一

鼓鼙間伴笙歌作。人間信有从軍樂。舞態極精妍。誰能妙筆傳。　忽驚鐙燭灺。霹靂從天下。夭矯鬥雙龍。高臺雲滿空。觀解放軍歌舞團奏演,最後爲舞龍,景象逼真,忘其戲也。

其十二

非冠非弁簪横玉。繡龍袍帶垂雙角。局縮坐高頭。儼然如沐猴。　有人親獻寄。甘作兒皇帝。付與董家狐。寫成羣醜圖。報載艾森豪威爾冠帶龍袍攝影,云此衣物爲蔣介石所獻者。

其十三

飛空絶迹人來往。驚魂駭魄難言狀。有女逞風標。登盤舞折腰。　柔應無寸骨。反首腰間出。花上露同棲。輕如胡蝶兒。雜技團。

其十四

兩行緑影排空去。飛車直向春申浦。歷歷故人居。光榮多牓書。親知多下鄉、下廠者。　奔馳追白日。轉眼非陳迹。重上碧雙樓。已經千萬秋。離上海市十三月。以一日等于二十年計算，逾萬載矣。

其十五

故人憐我頭如雪。沈思翰藻皆宜絶。我笑此言癡。生元有盡時。　老逢家國盛。恣意成新詠。一語合風謠。何辭肝膽焦。友人勸戒吟詠，以葆嗇精力。作此謝之。

其十六

西山列衛如屏拱。碧雲長護衣冠冢。努力畢生期。堪爲革命師。　知難行則易。誰果明斯理。高塔鬱嵯峨。高山景仰多。十一月十二日，中山誕辰，集碧雲寺行禮。

其十七

園中柏樹何年代。婆娑老榦穿雲外。重倚碧闌干。回頭四十年。　築壇名社稷。大盜曾移國。誰與柏長青。共和千萬齡。游中山公園。余爲先兄衮甫喪至北京，距今二十五年，不到斯園則近四十年矣。

其十八

長街尋偏無蹤迹。移居却在斜街側。相見道勝常。孤鸞不再翔。　淚泉流已涸。稍損横波目。无計慰愁心。遥憐滄海深。故人有子女，皆在海外。

其十九

程功那待三年後。農林漁牧般般有。幸福老人心。相迎笑靨深。　人民公社好。隨處吾能道。徐水不同觀。先來石景山。參觀石景山人民公社，社長言預計建設三年有成。然此時建社才兩月餘，已百廢俱舉矣。幸福院翁媪，皆頌毛主席不去口。徐水縣屬山東，以辦公社著稱全國。

其二十

渡江上溯金田朔。神功八葉浮瑉玉。物力校虧贏。休論漢兩京。　天安門外望。肅穆何遼曠。屹立此豐碑。昆侖名並垂。天安門烈士紀念碑嵌瑉石八，始金田起義，訖大兵渡江，人物生動，觀者肅然。

其二十一

分離五載重携手。懽言共酌蒲桃酒。北苑到人稀。唯餘千菊枝。　禁寒花更簇。人亦如秋菊。老去未心降。嬋娟青女旁。北海看菊會，名品甚衆。

其二十二

長安人海同爲客。登樓無復黄塵色。舌辨起風雷。連旬廣座開。　匆匆來又去。不盡留連處。未到十三陵。自慙虚此行。『民革』大會，與鎮江代表李瑞吉同館舍。會罷，作此別之。李於隙時獨赴十三陵觀水庫。

其二十三

工人總入詩人隊。秀才豈是工人比。壓倒李青蓮。揮豪捷似烟。无産階級文學日盛。於工業展覽會見一詩云：『寫起文章信手來，如今工人成秀才。』又云：

『手裏文章千萬篇，嚇得李白也發呆。』稽康躬鍛冶。但爲怡情也。此日利人羣。先求知力均。

其二十四

抽絲旋化春裾色。紛綸翕霍三千尺。電母爲投梭。將如織女何。　吴邦嘉麗地。三絕稱神藝。錦繡裏江山。真看指顧間。參觀新蘇及光明絲織廠，新蘇電力投梭機創制成功。

其二十五

梅花玓瓅胭脂色。先春早見臨風坼。梅壽不知年。好風吹更鮮。　年年尊俎側。遲到仍虛席。待上錦江樓。薦君雙玉甌。貞白有詞爲蕙高壽，索和。

其二十六

太陽添个行星繞。行星恰是由人造。飛過月宫時。常娥驚且疑。　羿弓原誕説。此箭從何出。一發破大心。天狼光影沈。蘇聯宇宙火箭成功，舉世歡騰，美人失色。

其二十七

生兒是處皆堪託。垂髫男女歌聲樂。拍手笑顔開。阿姨真早來。兒童呼保姆爲阿姨。　爲求勞動力。健婦中閨出。不用作羹湯。四鄰新食堂。人民公社以託兒所及食堂爲先務。

其二十八

尖端科技同飛躍。文人積習消除卻。下筆費躊躕。牀頭多異書。　高唐無復意。夢跨雙龍尾。星際快游行。滿身皆落星。葵園索書舊作，口占答之。

其二十九

穹廬四下天如幕。草原迴處寒仌積。箭共雪

花飛。奔騰萬馬隨。圍殲狼百族。飲犒黃羊肉。敵寇敢猖狂。命懸如此狼。報章記蒙古雪獵盛況。

其三十

玲瓏疊石依喬木。兩三竿影蕭蕭竹。風物尚留遺。開圖是又非。枇杷園内遇。嘉實亭邊坐。偷得片時閑。愈知勞者艱。文徵明寫拙政園圖，有嘉實亭。嘉實，指橘也。今亭在枇杷園内，形式頗似，不知爲故址否。亭之前側有玲瓏館，小憩成詠。

其三十一

古來畫壁誰爲上。王吴但識諸天相。今日屬工農。牆頭飛巨龍。壁畫多以龍爲新中國象徵。山林兼藪澤。盡入生花筆。一寸稻尖芒。虵矛無此强。石景山見畫一堵，農民以稻尖刺敵，應手而倒。

其三十二

象床瑶簟珍珠串。美人自愛深深院。繞院種巴蕉。風來齊動摇。窗前幽静趣。分得南洲樹。侵曉亂鳴禽。此時愁緑陰。美國人以古巴爲後院，比利時人則呼剛果爲平静之緑洲。自民族獨立運動起，驚悸喪魄。戲作此詞嘲之。

東風齊著力　題合作百花齊放圖

殘雪初消，羣葩争艷，大地春融。梅枝秀發，夭矯倚蒼松。更有千竿緑竹，假山畔、萱艸成叢。堪奇處，牡丹數朵，也逞妍紅。菊蘂影玲瓏。旁襯著、雜花無數香濃。一年好景，盡入畫圖中。豈是都忘歲序，畫師筆、巧奪天工。應知道，東風力勁，壓倒西風。

以上附《夢秋詞》卷十九《采芝集》，起丁酉，迄戊戌

菩薩蠻

宏川細水皆歸納。電流直制三重轄。蓄洩有常規。如潮來往時。　去年乾臘月。寸土無龜裂。春雨忽連旬。不妨溝澮盈。電力灌溉站。

其二

園工巧藝驚殊特。嫁梅自有傾城色。勻頰淡燕支。長長施黛眉。　緑珠稱小妹。紅拂堪爲姊。所喜是同根。休招月下魂。盆梅一株，右燕支紅，左爲緑萼，交横映發，詫爲奇豔。

其三

鋼爲元帥先升帳。工農事業皆須仗。何物是先行。何如限刻成。　無窮神妙著。何處安根腳。全國一盤棊。當争落子時。時事學習。

其四

和風麗日江南道。江南二月春光好。最好是蘇州。名園多勝游。　花開紅滿樹。正值余初度。歡樂盡情狂。何須稱壽觴。有欲爲余七十壽者，作此謝之。

其五

晚來破霧征程促。天開圖畫張原陸。新緑滿長隄。菜花黄夾畦。　雲車風馬驟。千里抛車後。晌午到金陵。鍾山睡未醒。赴南京，車行甚駃。

其六

四圍山色青無赭。千林萬樹遮平野。聯步上高臺。蒼然暮色來。　夕陽凝作血。憑弔腸偏熱。階級鬥争强。成仁士亦香。雨花臺展烈士墓。

其七

荒萊辟舉爲阡陌。昔時險峻今陂澤。天平山采石處成兩湖。厚地到高天。須臾皆改觀。　勿辭艱苦業。我有人千億。蟻亦負山趨。愚公真不愚。

賀新郎

觀新疆維吾爾族歌舞團演奏，爲賦此曲。維吾爾舊譯畏吾兒，亦即回鶻也

暖候明鐙夜。聚千人、不分賓主，坐圍深廈。弦索新翻回紇奏，繡幕徐徐先下。聽幕外、流鶯聲姹。報導剛終軒幕起，驟珠環、翠額光交射。歌一曲，定場乍。　深耕灌溉農勞大。又全民、爲鋼而戰，自成良治。體勢如真描劃盡，忽變繡衣弓架。斜趁步、紅巾飄灑。剛健之中含婀娜，似游龍、還似飛天者。讙震屋，

舞初罷。

菩薩蠻

文成婚媾通殊域。垂楊掃盡千年雪。唐文成公主手植楊柳一株，藏民至今珍護。舊俗獨留殘。因知施教難。　佛言諸地獄。一一羅心目。地獄衆生誰。農奴真可悲。西藏農奴主施於其奴者備諸酷刑。

其二

倒懸未喻斯民厄。來蘇久望雲霓澤。黑夜走羣魔。道高將柰何。政府報告有『魔高一尺，道高一丈』之喻。　鋒車如電掃。疾指山南道。逐隊舞相迎。歡呼菩薩兵。藏民稱解放軍爲『菩薩兵』。

減蘭

憎秋暑，兼刺帝國主義者

南非東亞。汝獨横行无顧藉。想像人天。此

意還從一例看。陽烏恣絶。餘燄猶能燒七月。諺云：『火燒七月半。』驀地涼風。送汝長埋草棘中。

沁園春

建國十周，革命功成，電掣雷轟。喜一窮二白，頓殊舊貌，千倉萬廩，長兆年豐。厰舍如林，河流似網，建社真能大且公。誰堪比，是奔騰萬馬，夭矯飛龍。　更看易俗移風。把千載、秕糠一埽空。與友邦携手，高歌並進，敵人喪膽，呪詛无功。軼美超英，昌明科學，宇宙都歸掌握中。歡相告，再十年稱慶，在廣寒宫。

瑞鷓鴣

沈颸民示《舒如唱酬集》索和，因次韻作

太平親見老懷舒。精力饒於插架書。廪苑偏能徵往史，鮮溪未許作閒漁。　傳經絳帳心先折，載酒玄亭樂有餘。政治於今應挂帥，相如兼是藺相如。

鷓鴣天

江陰縣菊花會，並借中山公園茶話。用壁間明清人詩原韻，率成八句，復改爲詞

雪浪湖邊蘚色斑。披襟圍坐一開顔。共參革命千秋業，也許浮生半日閒。　詩門捷，茗分甘。輕車更載菊花還。精誠不爲分離隔，話到忠邦意已闕。縣城門上原有『忠義之邦』四字石刻。抗日戰争時，爲日寇炮火所毁，僅存『忠』『邦』兩字。近移置公園，作亭覆其上。

踏莎行

郊行即事

山擁層螺，波澄匹練。吴中佳處人争羨。誰知奪得治城名，景光又逐年光變。　高突噴

雲，飛輪逐電。無窮事績驚心眼。緑陰千步繞溪迴，紅旗三面迎風展。謂『總路綫』『大躍進』『人民公社』也。

金縷曲 讀《民歌集》，用其語

文藝開先路。寫風謠、龍蛇走壁，墨花飛舞。試把翻成新樂曲，字字沁人肝腑。第一是、真誠擁護。黨共中央毛主席，這恩情、欲訴从何訴。傾倒出，萬千語。　其中不少驚人句。唱三山、五嶺開道，亂流歸庫。歌頌豐收非夸飾，稻麥千斤爲畝。更菜果、如山堆取。項羽豪雄空蓋世，任拔山、力盡今難舉。拔不起，一山芋。

浣溪沙

躍進歌聲似迅雷。歌時春酒緑盈杯。相逢都看笑顏堆。　雙樂園中雙樂聚，百花洲畔百花開。南京雙樂園與蘇市百花洲，昔時皆爲貧氓所居，艱苦萬狀。今則飽暖安樂，頌黨恩德，如出一口。東方紅日正崔嵬。

鵲踏枝

記得童年深切齒。八國旌旗，亂插長安市。虎變龍騰今昔異。我生兩度逢庚子。　屹立中蘇堅壁壘。保障和平，一箭通天地。他日再書庚子歲。紅旗飄向行星際。

好事近

歡笑一堂中，共度新春佳節。此日太平親見，忘頭顱如雪。　醉來行步任欹斜，鳩杖未須設。照夜華鐙千百，替中天圓月。

清平樂 新三婦艷詞

莫邪雙劍。長被中吴佔。樂府歌傳三婦艷。翻覺羞紅上臉。 田間大婦勤農。織絲小婦精工。中婦尤稱健碩，鍊鋼鑪火通紅。

長相思

小橋東。曲徑通。日射清波澹澹風。滿園花不空。 臙脂紅。春正濃。鐵骨仌心誰與同。孤山山路中。梅花有鐵骨紅一種，曾於孤山見之。

菩薩蠻

挽車飛度高山崿。行船不憚風波惡。山水幾千重。何曾駭殺儂。 情郎常笑我。但合家中坐。躍進並雙肩。郎今相比看。

浣溪沙 假日

百舌催春著意鳴。東園負手且游行。暢人天氣是新晴。 芳艸怒生堪襯步，異花争放不知名。歸時應夢到香城。

東坡引 蘇州農業藥械廠、東風焦化廠及炭黑廠皆於全國羣英會評得紅旗。連日觀藥械、焦化二廠，賦詞美之

圓機噴霧罷。霏霏半空灑。蝗蝻不犯如雲稼。農民齊慶社。農民齊慶社。 采山聚丱石，又看焦化。道熱壓、功成也。有不能結焦之煤，創熱壓法使之成焦。羣英會上旗高挂。東風何用借。東風何用借。

菩薩蠻 大風，從樓上看隔院海棠，用清真韵

疾風埽淨長廊曲。東園樹樹摇新緑。暫罷五

湖舟。擬看太浦水利工程，以風雨緩期。來凭百尺樓。海棠濃艷發。莫便吹成雪。久久更迴看。單衣禁暮寒。

齊天樂 觀太浦河工程作

一臺高聳蒼茫際。山川更添奇偉。建節制閘，共有二十九門，以司啟閉。列炬穿林，鳴機動谷，歡樂歌聲時起。千羣似螘。看拓土開疆，暗符兵事。歐浦遥通，創成新紀照青史。　當年堪笑鄭李。鄭國、李仌二人。寸功猶自詡，應共波逝。大禹遺規，中吴舊跡，湮没都逾千祀。新邦繼此。算九澤陂平，三江奠止。試艤扁舟，太湖清見底。

浪淘沙令 即景，用杜安世體

隄上風尖。楊柳毶毶。緑陰濃處小桃攢。佇看波心，芳氣回互，花影深涵。　彩筆染沈酣。畫出晴嵐。欲題新句費尋探。道是江南春徧地，又何但江南。

好事近 看《萬紫千紅總是春》電影，勗家人及親屬輩，並書寄時兒天津

到處是春光，萬紫千紅生色。歌唱人民公社，好基層形式。　相逢不再道家常，唯共競心力。模範英雄稱號，看何人先得。

醉太平 太平天國忠王收復蘇州百年紀念

金陵勢休。吴中惠流。百年試聽民謳。盼長江轉頭。忠王被召離蘇，大勢已去，而吴人爲之立碑紀德，並有民謠云：『長江裏水向東流，我伲日夜都發愁。千愁萬愁不爲別，愁你一去不回頭。』　遺文盡收。遺宮尚留。謂忠王府。湖山重認蘇州。問英靈慰否。

水調歌頭　建黨三十九周年頌

覆載象天地，日月並光芒。春風吹煦，萬物生意各軒昂。既有及時雨露，又有驚雷破敵，魑魅影潛藏。舉世共翹首，卓立此新邦。　堯謂舜，天之合，出蒙莊。我道天人合德，堯舜豈能當。徹底翻新社會，再造山河大地，功在黨中央。六億謳歌起，主席壽无疆。

滿江紅

珠穆高峰，拔海起、幾千萬尺。算終古、鳥飛不到，斷無人迹。吸氣豈同高世術，鑿仌只作梯山級。看闖然、三影逼天來，天驚裂。　亞歐隊，紛似織。先與後，俱消失。笑長埋雪下，但留遺骨。英人某，尸骨爲我登山隊發見。　矯矯中華新建制，健兒身手誰能敵。伴歌聲、浩蕩拂雲霄，旗翻掣。

西江月　各民主黨派代表先後集北京開擴大會議。八月二十二日，毛主席暨國家諸領導人於懷仁堂畔親予接見，並合攝一影。預會者談論自由，心情舒暢，故稱之爲『神仙會』

畢世難忘此日，高秋不動纖埃。新華門内廣場開。叠作千層人壘。　領袖光同日月，羣仙簇下蓬萊。繞場鶱地起春雷。一片歡呼萬歲。

減字木蘭花

黄塵撲面。走盡長街稀一見。欲叩荆扉。槐柳縱橫路亦迷。　故交輕絶。不識儂心明似月。何怨何恩。往事从今莫再論。

蝶戀花 國慶後五日中秋

生産連年高速度。十一逢雙，建國十一年十月一日。萬众同歡舞。屈指中秋期日五。昂頭又見銀蟾吐。　革命濤翻風更怒。桂殿高寒，料亦殊今古。一箭飛來深著土。吴剛笑擲千年斧。

漁家傲 廣西僮族歌劇團演劉三姐故事

憤氣衝胸嬌叱咤。歌聲如火燒林野。皇帝低頭官府怕。『罵得皇帝也低頭』，歌中語。淋漓罵。直憑喉舌摧强霸。　一舸乘流風送乍。五湖四海傳歌罷。暴力總歸黄土下。乾坤大。至今容得劉三姐。

滴滴金 中秋前一日詩會，應約至者三十餘人，以歌頌增産與賞秋爲題限。蘇漁公社社員趙長潤即席作詩，有『明日腳踏糧山訪吴剛』之句，爲之歎絶，因贈

詩翁撚斷霜髭白。句推敲、費心力。大戰糧鋼盛奇蹟。况團圓佳夕。　新詞自憾無高格。忽聽清歌起漁笛。脚踏糧山訪吴剛，早抵人千百。

木蘭花令

南畦北壠青無際。社社忙供蔬果市。芥薹接葉長兒孫，瓜豆纏藤成姊妹。　不教寸土輕拋棄。人力偏能窮地利。農家一語味深長，只有嬾人無嬾地。

高陽臺

薄霧籠晴，層陰蔽月，何曾小誤農時。列隊雲屯，争看四野旛旂。盈倉奪得豐收後，要盤

蔬、佐饌相宜。偏經營，屋角籬邊，位置如棊。小園隙地三弓在，指青青菜甲，落落瓜畦。抱甕辛勤，勝他雨露潛滋。從前只説躬耕好，有誰人、親把鉏犁。晚方知，四體須勤，老圃堪師。

采桑子 重九日作

黄花市地披如錦，隨處游遨。不用登高。説著東風便自豪。 紅旗三面高高舉，立志堅牢。若再登高。珠穆峯頭把酒邀。

鼓笛令 聽擴音機播送歌樂

鼓聲迸處弦聲逗。小屋中、雨狂風驟。蹈厲民興言自舊。幾億衆志干星斗。 往往俗移風厚。在聲音、感人深透。欲賦新篇翻縮手。怕綺思、驅除仍有。

蝶戀花

向道流光如電促。萬事功成，更比流光速。爲拯創革諸端新面目。轉頭已入陳編讀。 全民求幸福。唯黨英明，奠定寰區局。歌頌不辭霜潁秃。判教削盡南山竹。

臨江仙 謝孝思自東西山作畫歸，爲言今年洞庭紅橘收獲之豐，爲記載所未有。每畝可收二三萬斤，每株五七百斤，有至一千四百斤者。遠望之，但見巨實纍纍而不見葉，農民呼之爲『紅寶塔』云

緑葉翻藏朱實底，果農譁報年豐。豐收無語可形容。寶珠層塔壘，林立萬千叢。 戴笠肩鋤親入隊，一舟來往西東。烟雲縹緲峯名畫圖中。寫生添異采，雙袖洞庭紅。

鷓鴣天 行北塔區，書所見

一夜吹霜薄似敷。十邊新緑更鮮腴。誰編北塔齊民術，應勝東郊種樹書。　兒織竹，婦淹菹。家家勤儉作冬儲。老人自掃階前葉，也抵茅柴一稛餘。

偷聲木蘭花 括上海近郊農民歌

摇摇欲墜臨深谷。單幹如行橋獨木。雨打風吹。互助橋猶石板危。　鐵橋合作規模小。不及人民公社好。社是金橋。通向天堂路一條。

品令 次《梅苑》詞韻，寄遠

樓臺新起。看倒映、清溪水。水邊欄楯，曲廊修影，半遮花裏。春入東園，紅破數枝梅蕊。　離家千里。問書札、應堪寄。整裝歸到，此時未阻，關河百二。芳景依然，不見故人行李。

雙聲子 題湖帆仿米海岳北固雲山圖

晚烟無極，亂山圍郭，登眺長記兒時。樓名多景，江涵殘照，遷客是處留題。自童年去國，遭變革、誰與同歸。余年十六赴日本，辛亥革命，舉家移蘇州，自是於釣游之地踪迹遂疏。　縈懷處，想前史，風流人物襟期。　朱家船，看漫張尺幅，雲蒸紙素淋漓。苔攢千樹，風來疑動，江山愈感雄奇。問蘄王戰鼓，争便似、芒角星旗。　憑君更寫新圖，掃空萬古遺規。

長相思 一九六零年，除夕聯歡會作

市聲喧。鐙影繁。廣會宏開氣萬千。争聽捷報傳。蘇市工業生産超額完成，與全國同。　六零年。

六一年。快馬如飛共著鞭。超騰直上天。

金錯刀 湖帆仿沈石田蔬果長卷，爲徐玥題

人輻湊，物昌熙。吴中風土應清時。新蔬盎盎方充囿，嘉實纍纍又滿枝。 擘黛墨，綴臙脂。都來收拾畫中宜。石田本自君家出，風味南田亦可思。石田畫師吴仲圭。

臨江仙 觀黔劇團演侗族少女秦娘美爲其夫珠郎復仇故事

破網高飛仍比翼，兩情終始綢繆。却緣艷色起奸謀。珠郎遭陷穽，血濺劍灣頭。 頭換頭來身抵命，娘美歌中語。秦娘誓壓山丘。一鋤揮處動羣謳。掃除階級恨，豈獨爲私仇。

清平樂

迎春鞭土。舊俗還堪取。電溉雲歕三萬畝。不礙土洋并舉。 文農號徹神州。紀歲欣逢鐵牛。藏俗以歲在丑爲鐵牛年。黄犢與人並力，朝朝踏遍春疇。

金縷曲

怒髮衝冠裂。正全球、風雲傲擾，亞非尤烈。反帝聲威濤噴湧，又似燎原火發。直使得、羣魔驚絶。一手擎枝標橄欖，暗揮兵、一手相屠割。頭可斷，志難遏。 天驕自古終須滅。看昂然、成仁者去，卓爲英傑。千萬盧蒙巴繼起，民族花開似血。笑鼠輩、垂涎三尺。鐵幹銀椏堅强甚，比玫瑰、多刺松多節。剛果在，豈容折。

探春令

萬家鐙火慶元宵，聽佳音傳報。道緑雲、無數將田繞。預知是、豐年兆。　嫦娥亦助人歡笑。遣圓蟾分照。會散時、迆邐還家去，又先我、窗間到。

柳梢青　偕潘慎明、陶叔南、范烟橋諸老赴南京，中途雨霽

兀兀車摇。談諧鋒起，鬢雪潛消。醞釀韶光，鶯猶噤舌，柳未舒條。　春於何處偏饒。望不極、青青遠郊。半日行程，淡晴微雨，都長新苗。

南歌子　畫師余彤甫隨江蘇國畫院同人游歷諸省，計程二萬三千里。歸述所見，謂治河功成，清可見底。又言童年學畫時，即嚮往峨嵋之勝。今日親至其地，乃亦有二廠礦産設施，皆機動化。於是知社會主義建設遍及深山大谷中，爲想象所不到云

險道平如砥，奔湍緩作溪。山川靈怪任鞭笞。直使黄河千曲、更無泥。　宿願從頭補，新圖下筆遲。峨嵋山頂滑車飛。不信此中兼有、上天梯。

宴桃源　觀刺繡，清真韵作　髮繡及亂針繡皆創新格

髮亂縱横新繡。繡罷兩眉舒縐。徙倚小窗明，窗外一株荑柳。晴晝。晴晝。光映玉容如酒。

鷓鴣天　尹默有人日詩，用其韻

春到人間百態奇。美人未覺與春宜。驚風不

偃炎荒樹，敗局空投刦子棊。勤炳燭，罷題詩。閑來唯唱鷓鴣詞。因君人日傳佳句，忽向高樓動遠思。

前調 得尹默和詞，再次韻寄

漢武唐宗績未奇。乾坤整頓協時宜。十年早定千秋局，萬事先爭一著棊。吾擊缶，子吟詩。詩成絡繹有新詞。江山人物歌難盡，才捷東坡亦費思。

百字令 一九六二年四月十二日，蘇聯放宇宙飛船『東方』號，載人上天，環帀地球一周，遵時著陸。乘之而上者爲加加林少校。用東坡韵咏其事

衆星團聚，忽驚看、塵世抛來何物。箭動船飛，中自有、一室嚴封窗壁。繞地成弧，裁虹作帶，照眼明於雪。加加林氏，偉哉生此奇傑。前事休道奇肱，東方號起，人與飄風發。點勘輿圖如指掌，何者當興當滅。空際遨游，歸來故處，不損身豪髮。史編新紀，大書今歲今月。

轉應曲

闌畔。闌畔。一樹繡球花滿。盈盈握雪團酥。絶似徐黃畫圖。圖畫。圖畫。未抵陽春高價。

浣溪沙 上影劇團、上影樂團在蘇州聯合演出，觀後復舉行座談聯歡。索爲詞，即席賦贈

誰道春隨景物遷。百花長是鬥春妍。生香活色更嫣然。離合神光留鏡影，琤瑽清韻落歌絃。吴中星聚又今年。

臨江仙　自南京還蘇州道中作

三日匆匆來又去，去時先辦歸程。蒜山如墨惠山青。江南梅熟候，倏忽變陰晴。　窗外跳珠過急雨，溪聲怒作雷聲。傍溪村舍畫難成。盈盈桑葚濕，兩兩水禽鳴。

好女兒　贈胡芝楓

芝楓年二十四，上海人。習藝數年，師梅氏，又從任穎華游。今隸蘇州專區京劇第二團，以穎華介識余。每登場輒爲留座。余得觀其爨演楊排風、白素貞、李慧娘、梁紅玉、百花公主諸劇，能事有出梅、任外者，信後起之英也

歌動梁塵。劍器公孫。慣描摹、兒女英雄態，看豐容盛鬋，嬌橫羅綺，怒起風雲。　杯茗偶然相聚，古今事、與評論。待携君、更上高臺望，指雁門關外，黄天蕩口，西子湖濱。

虞美人　李莊爲憲民女彭令範畫琵琶仕女扇面，憲民屬題

湘屏棐几鑪烟裊。獨坐含微笑。閒憑樂府寄深心。譜得滿江紅曲、作元音。　四條弦上濤翻滚。洗盡潯陽恨。江山助我氣豪雄。只在跳珠瀉玉、數聲中。

惜瓊花　悼梅畹華

余未嘗獲交畹華，而先兄袞甫在海外時，觀其演出，因置酒爲壽，集李義山詩四章贈之，并郵以示余。今畹華去世，距先兄之殁二十八年矣。感傷今昔，寄之於聲

辭鄉國。張綺席。有花箋四折，佳句連璧。霎時分手今頭白。猶恐他年，泉路相失。　痛芳蘭，晞露滴。想停歌罷樂，天爲無色。舊家張緒情尤惻。謂張君秋。追數生平，和淚研墨。

八聲甘州 從文物管理委員會諸君赴靈巖山，觀所陳列佛教文物。柴德賡、朱公亮亦同行，一宿而返

向落紅亭畔小徘徊，相携更支筇。歷松厓薜徑，雕甍琳宇，直上高峯。迴宿香光廳名深處，簷鐸語秋風。一塔斜陽外，烟水空濛。　老去依然矍鑠，數蒲團圍坐，大半成翁。笑當年玉局，二客未能從。又何須、耽求净土，縱眼看、净土即寰中。留餘想、指天平路，幾點丹楓。

思佳客 贈江蘇省蘇崑劇團

劇藝爭雄勢似潮。蘇崑舊種育新苗。豈因北曲張南曲，合有吴騷續楚騷。崑曲或稱吴騷。　歌宛轉，態嬌嬈。英華承繼價增高。藝員新進者以繼字、承字爲輩行。商量位置羣花列，二月春含豆蔻梢。

醜奴兒 劉禺生嘗得柳敬亭平話稾本，以詒黃季剛，遂秘不復出。日寇之亂，季剛書亦散亡，然禺生終以爲恨也。《世載堂筆記》記其事。頃有見者，屢來問此書消息。惘然感舊，口占短詞

一編偶向荒攤拾，貴若連城。刼後餘生。猶歎奇文誤篋扃。　滑稽玩世誰能及，電舌縱橫。怳睹遺型。篛帽棕鞵柳敬亭。禺生好以柳自比。

清平樂 湖帆與畹華皆甲午生，八年前曾於上海集人爲同庚之會。畹華既歿，湖帆作《清平樂》詞述哀。和之，以廣其意

緑凋紅碎。荏苒芳華悴。猶憶杯盤兄弟會。各擅壇場千載。　驊騮汗血紛紛。揮鞭直指

崑崙。一騎霜蹄先蹶，未妨來者超羣。

蝶戀花　吴研因屬定其《鳳吹集》，并題

容我丹黄勤校閲。鳳吹吟成，便是鴛鴦牒。載酒藍莊時一瞥。隔牆曾聽高歌徹。季剛量守廬與雙因小築相望。無計舒君腸百結。但道情緣，兩字須分別。緣比明蟾元易缺。海枯石爛情無竭。

生查子

相見不須臾，去去同漂梗。海水極天流，那似方圓井。剖將心底看，中有人人影。心血未乾時，此影長依並。

醉太平　國慶天安門觀禮

羣情共歡。鄰交共完。九重不鑰嚴關。證天安地安。亦門名。園花競妍。筒花更鮮。宵中萬彩騰天。照三千大千。

西江月

興廢都歸陳史，共和寔肇新猷。堯封禹域謚神州。還我河山依舊。此日歌翻爾汝，當年勢盡恩仇。一堂歡笑舉金甌。莫作青衣行酒。

破陣子　辛亥革命老人座談會上作

黄鶴樓頭迴望，黄花岡下重過。後軫前車堪作鑑，烈魄英魂總不磨。青編資網羅。席次高譚忼爽，鐙前起舞婆娑。少日同盟誰健者，白首相親喜更多。人民今共和。

點絳脣 譚光乞詞爲其母壽，光年亦六十矣

桂葉香浮，北堂永日春先到。白雲縈繞。來去天津道。　王謝風流，那抵尋常好。慈顔笑。社歌村調。兒著斑衣老。

明月逐人來

松篁摇翠。芙蓉張綺。亭軒畔、石橋流水。小園近市。偏愛山林意。萬壑千巖佳致。　猶記垂楊，密蔭黄鸝歌吹。游春伴、如狂似醉。驟驚歲晚，花下重茵被。一任侵簾霜氣。

卜算子 壽譚光，用稼軒韻

騎竹博親歡，不異兒時馬。歷盡滄桑見太平，此樂誰知者。　一發楚人歌，千繞吴宫瓦。琴韻書聲偶問之，綺麗餘波也。

定風波 題陳一峯初曦樓圖卷

黯黮陰雲覆九州。卻於海外起層樓。目斷心懸家國在。無柰。青山一髮繫離憂。　十二年來人事變。行健。颯如鷹隼赴高秋。商略銀鉤題榜字。迴指。一輪紅日正當頭。

鷓鴣天 爲黄雨亭題其母柳氏《苦命行題詠卷》

天意何曾肯輟寒。仌霜厲處節逾堅。秋荼自覺甘如薺，苦筍終教拔作竿。　思罔極，報應難。蓼莪吟罷涕汍瀾。要知百度更新後，靈爽歸來亦解顔。

木蘭花慢 杭州陪諸老涉湖山勝處，越日，赴建德觀新安江水電站工程

遠峯眉暈秀，落西子、鏡臺邊。看曲澗奔流，危厓瀉瀑，古洞涵烟。留連。頓忘倦意，指山

中草木共盟言。苒苒身隨桂老，明明心似楓丹。　迴船。舊地重經，成敗事，溯前編。有大將魏祠，遺臣斷碣，俠女新阡。湖山。自然氣壯，賴英雄撐拄幾千年。不數嚴陵高躅，明朝直上新安。

南鄉子

諸壽康、壽銘兄弟徵詞，爲其母百齡壽。云百齡者，積閏三十六併計之，實九十七歲也

春意滿南枝。爛漫花前介壽巵。一事最看今古少，塤篪。白首同賡唱和詩。　何用説期頤。穩見蟠桃再熟時。阿母端居常戴勝，瑶池。方朔依然是小兒。

阮郎歸

除夕立春，夢中得三四兩句，因足成之

歌聲風送落人間。聞歌新意騫。興來揮灑百千篇。非蘇非稼軒。　焚裂竹，鬥春盤。讙呼徹四筵。杯行到手莫留殘。狂心逾少年。

以上附《夢秋詞》卷二十《擁瑟集》，起己亥，迄辛丑

清平樂

雨昏煙曉。魯酒熏懷抱。省識東風無限好。却被啼烏驚攪。　當年一戰聲威。可憐狂殺夫差。試問姑蘇遺跡，蕭蕭麋鹿荒臺。

後庭宴

輕舸載春，碧雲籠屋。數峯圍處人家簇。俊游迴記卅年前，清狂曾伴梅花宿。　無端四海傳烽，猶許竄身巴蜀。故山無恙，如願歸耕讀。霧破立蒼茫，日高吟躑躅。

慶清朝

寶鏡開奩，浮波映玉，名園來賞良宵。春工略試，翦剪光景偏饒。紅萼綴枝數朵，柳芽淺露未抽條。番風起，落鐙幾日，便近花朝。從此争奇鬥艷，問衆香爲國，怎比嬌嬈。天張繡幄，斯際已見新苗。清興更忘夜半，携筇同度赤闌橋。歸休也，步隨月影，樓上人招。

攤破浣溪沙

辛丑秋日，與顧公碩等六十餘人，同往甪直觀唐塑，因尋甫里先生墓。公碩使余立墓側，爲之留影，曰：『唯君宜位此耳！』頃以一幀見貽，遂題其後

去歲同尋甫里祠。霜髯飄拂與秋宜。遇合緣深千載下，撫殘碑。居處本依臨頓宅，呻吟不薄晚唐詩。借問九原如可作，我誰歸。

浣溪沙

列席全國政協第三屆第三次大會，同居民族飯店，多高齡舊識。或謂『相逢多是古稀人』，余易其意云爾

電轂風輪夾道馳。巍巍傑構與天齊。長安麗日正春時。一笑相逢譁白髮，千言在口説紅旗。信知此會古來稀。

南歌子

頌杜甫

句壓江山重，名懸日月齊。一生憔悴爲蒸黎。不惜荒郊茆屋、被風吹。露踵趨行在，微官老拾遺。君臣遭際不同時。丞相祠堂只在、草堂西。

撥棹子

風雨驟。簷瀑溜。葉葉梧桐喧永晝。人睡起、急添金獸。斜陽外、漸露遥峯眉黛秀。

陰晴頃刻猜難透。黃梅節序教人瘦。衣在壁、故香堪嗅。唯只恨、離別十年書不就。

踏莎行　七夕暴風雨

屋上珠跳，簷前瀑注。夢回疑向孤舟住。老夫袒跣百無憂，癡心獨自憐牛女。　烏鵲翻飛，蛛絲迴互。瓜筵乞巧終何補。一年期會到來時，顛風卻斷銀河渡。

南歌子　程小青示七十自壽詩，作此以報

文史三冬足，缸花五色鮮。成書自是一家言。搜得無窮險事、入豪端。　美酒觴同舉。新詩句可傳。休將名字誤嬋娟。直道風神跌宕、似當年。

梅花引

小園西。小樓低。破曉憑闌仍袷衣。雁羣飛。雁羣飛。南去北來，家書曾付伊。　紅箋凝處鵑聲咽。紅旗飄處風威徹。好秋時。好秋時。重覩雁行，何由君不歸。

浣溪沙　戲簡湖帆

隔户驚看手可招。天風吹處語偏遥。置身微覺太孤高。　聞道圍棊消永日，何如連句詠秋宵。夢魂飛逐曲江濤。

唐多令　中秋夜，病院即事

杖策倚層樓。新涼體少瘳。浦江邊、燈火漂浮。不見素娥宮殿影，渾忘了、是中秋。　聚處即良儔。歡然話未休。道無端、鬼瞰神州。

一彈便摧妖鳥翼，談笑頃、固金甌。

丹鳳吟 和清真韻

舊隱青溪深處，鏡展流波，雲飛高閣。新來多病，朝暮自垂輕幕。追懷夢影，黯然無緒，步屧苔生，單衣寒薄。剩有箋分鳳紙，暗寫綢繆，題記猶徧闌角。世事忽看變態，去來漸識情味惡。縱使丹忱在，怨青蠅讒口，恩共金鑠。啼珠勻臉，悒悒背燈雙落。斷藕抽絲難製錦，但纏綿盈握。此冤怎訴，無個人問著。

珍珠簾 湖帆示《大酺》詞，不能和也，作此以廣其意

緑陰原比花時好。無人解、杜牧傷春懷抱。清露滴珠粲，正綺筵開了。事往情牽煩寄語，繫燕足、音書誰到。愁覺。想寒衾欹枕，不覺催曉。紅豆擷取相思，問盈筐、何似珍珠環繞。照座月初三，伴玉人歌笑。瘦減腰圍新病起，悵未斟螺杯同釂。休惱。待客館春回，花間遇巧。

朝中措 國慶夕，從病院樓上望廣場煙火作

威稜四憚氣逾振。建國十三春。丈室何妨示疾，高歌依舊如神。纖雲盡掃，華燈奪彩，火燄翻新。幻出半空花樹，飛來市地星辰。

風入松 壬寅九日作

翠微高處拂雲歸。又是一年期。西風仍似年年惡，攬天涯、木葉驚飛。誰信巴蕉荏弱，森然獨障狂威。黃花原有傲霜姿。化乍錦千絲。人天萬事皆翻覆，料須臾、寒暑潛移。白帝金行在手，東皇不許施爲。

南歌子　余絶飲已久而仍嗜茶。有酒徒諍余，戲答

梅徑香浮遠，松寮月上遲。人間清境適逢之。試問料量何物、最相宜。　酒熟唯供鼻，茶甘不上眉。千鍾百榼任君持。我自無愁可解、併無詩。掃愁帚、釣詩鉤之名，於余皆無用。

減字木蘭花　尹默賜題《寄庵詞卷》二首，次韻述謝

嘉陵江畔。略迹論心時恨晚。小駐汪山。爲看梅花盡日閒。　老猶健在。翰墨奇動應自愛。咫尺江城。却喜題詩送我情。

其二

鏡花波月。傳恨空中聊可説。世事更新。易俗移風要有人。　曾經滄海。刪剟閑情無復在。鼓舞湖山。又賴殷勤拂短絃。居渝州歌樂山時，久廢倚聲。尹默極力慫恿之，且親爲録稿。自後遂專力爲詞矣。

臨江仙　四十餘年前至溪口掃墓，行村落間，偶得『犬吠隔溪人』五字，而久不能屬對，遂置之。頃家居養病，有墳客宋姓者來，述及先壟近狀，謂隙地皆種蔬矣。聯憶舊句，綴成此詞

陸墓山邊廬舍外，小橋横跨通津。田家三五自成村。鴉争鄰屋樹，犬吠隔溪人。　夢裏忽尋年少迹，淒涼獨拜荒墳。老農閑話近知聞。松楸連稼密，蔬果逐時新。

鷓鴣天　夢中得『一樓』句，醒而異之。以示貞白，貞白賞其語。方屬湖帆寫碧雙樓圖，因請足成此闋

永夜思心不可降。有時飛夢過吴江。一樓静

壓波痕碧，圓月中函鏡影雙。看曙色，透寒窗。驚濤恰是曉鐘撞。丹青幸著吴生筆，攝取新詞侑玉缸。

梅香慢

帷幕香浮，正照眼瓊蕤，誤疑晴雪。鄧尉嘗探勝，趁石欄斜步，屐痕先折。擬寫清標，争奈得、霜風寒冽。倩夢魂留，徘徊四繞，恨無蜂蝶。　回首到池旁，有横枝交互，峻閣重疊。一桁朱簾揭。恣酒行無算，緩歌新闋。兩種情懷，忍自詡、評量風月。屆太平年，春期爛漫，萬家歡徹。

以上附《夢秋詞·旭翁壬寅詞》

浣溪沙

羸病新知白髮增。未妨春氣透疏櫺。小園梅蕊已含馨。伏櫪尚存千里志，培風終擬九霄行。莫將修短論餘生。

前調

前詞成，貞白以爲宜改末句爲『永康寧』云云，未之從也。然深感其意，因用此語別成一首

我病何曾病衆生。國威民力口飛騰。鬥争元祇爲和平。善頌喜聞君子語，春臺願與衆人登。無邊歲月永康寧。

尉遲杯

和清真

横塘路。恁隔水、密種垂楊樹。年年二月春風，交拂黄鸝鳴處。千帆過也，還掠取、春聲人遥浦。怎無端、絮卷花飛，送春人又先去。吴中自昔繁華，傳佳事、詞人往往星聚。可憶垂虹吹簫客，曾自按、新歌妙舞。須臾變、恩情兩絶，賸堪向、紅箋覓舊語。想如今、細

數前緣，半生誰是歡侶。

定風波 病中檢舊稿作

病樹前頭萬木春。萬花圍繞病中身。我與香山參此諦。同異。香山牢落我歡欣。自檢平生盈篋字。無悔。揚班未必掩周秦。鼓吹休明終有事。何至。狂抛心力作詞人。

蝶戀花

日月風雲皆變色。物効其能，我亦思陳力。憤悱自然忘飲食。那將閒事横胷臆。付與華陀輕一割。截胃刳腸，稍驗丹忱得。宛轉十三針線迹。此中貯有情千億。

浪淘沙

急雨打疏欞。終夜長醒。逢時偏歎百無成。

擬學吴兒腸木石，思緒難平。春去未關情。花落無聲。閒談節物始心驚。睡過花朝并上巳，睡過清明。

以上附《夢秋詞·旭翁癸卯詞》

以上《夢秋詞》

紅娘子 擬書舟

不記題歡句。不記臨歧語。連袂春游，燒香夜約，有何憑據。賸羅巾交線、刺雙文，是鶯娘留與。歌榭無心去。書館無心住。待寫鸞箋，遥憑鴻翼，傳將幽素。道新來檢束、舊時狂，卧閑牀聽雨。

一翦梅 三十一年歲首，當舊歷辛巳十一月望。元日月圓，甚盛事也。有請紀以樂章者，作此付之

萬户驩騰氣象昭。□□□天，旗影風飄。平

明公府集群僚。肅肅班行，劍佩同摇。何用靈蓍筮卦爻。漢運中興，胡運當消。重華佳讖已先標。旦是元朝。夜是元宵。

霜天曉角 讀行嚴詞，自然與劉辰翁相近。或謂其似玉田者，殆非也。因題一闋

亂頭粗服。風致天然足。絶似劉郎高韻，旁人誤、碎鳴玉。 杼軸。來往熟。興酣摇五嶽。便與銅琶鐵板，樽前唱、大江曲。

浪淘沙 尹默叠有和篇，因追思往事，復作一首

銷盡沈郎錢。閉户閒眠。五更相警賴鳴蟬。薄宦平生同泛梗，大海廻船。 又到萬山邊。總是因緣。無魚無酒也陶然。今夜送窮須及早，明日新年。余宰象山日，其俗於除夕薦墨魚，謂之『明富』，祝明年必富也。

玉樓春 康心如女彤歸楊合巹詞

門闌喜氣春廻薄。新起朱樓連翠閣。今宵褥隱繡芙蓉，昨日屏開金孔雀。 郎君才調驕盧駱。却扇詩成贏十索。仙娥步下彩雲來，隱隱雲間聞鼓樂。

雙韻子 元夕二更後雨

輕霏蕩漾，晚峯静漸，初更相應。麗譙鼓角悲涼，林暗處、疏星炯。 鐙蛾屏。街喧定。排瑶闕、姮娥顧影。自憐澹不成妝，愁淚滴、清宵永。

臨江仙 和行嚴韻

乍暖還寒無定據，最難將息春前。箋愁欲訴有情天。桐花凍解，須結牡丹緣。 但得温

柔鄉裏住，此生元不求仙。十分斟酒悵離筵。緑衣人杳，夢墮阿誰邊。

以上見《沈尹默手書詞稿四種·寄庵詞》

瑞龍吟

天涯路。遥見細草平煙，亂雲迷樹。狂蹤漂泊經年，萬山千水，郵程甚處。　慢延佇。空記舊時携手，暗扃朱户。東風淺拂桃華，繡簾半映，妝樓笑語。　芳事而今都换，酒闌人遠，霓裳休舞。誰道阮郎愁中，青鬢如故。紅牋淚迹，吟偏同心句。知還向、迴廊静倚，閒階私步。夢與春潮去。潮隨信斷，無憀意緒。垂柳飄殘縷。孤棹晚，冥冥長隄烟雨。自憐命薄，不如飛絮。

風流子

瀟灑添晚碧，空凝想、遠客幾時歸。乍藥闌淺倚，褪寬衣帶，蕙風初急，吹罷參差。綺窗静、舊烏嗁夜月，新燕壘春泥。千樹亂英，散花如夢，幾絲垂柳，臨水生悲。　深閨停鍼繡，牽情處、還自翦絮裁衣。遥念倦途孤宿，寒信難期。秖細語當年，幽盟長守，墜歡今後，别淚雙垂。心字暗香滅盡，還有誰知。

前調

煙冪小池塘。幽閨倦、無語怨春陽。正斜拔鳳釵，自挑簾幕，淺分蛾柳，還傍宫牆。最憶是、亂紅抛燕翦，静碧囀鶯簧。密約乍空，漫調哀瑟，斷魂難越，偏叙離觴。　萋迷天涯草，看看又、遥映半折文扇。愁字萬千思量，莫寄伊行。待翠簷鵲語，圓成玉鏡，繡牀鴛被，熏罷薇香。歸計未成卻愁，流潦相妨。

華胥引

寒雲微凝，明月初升，渡舟片葉。箭激流波，萍絲裊裊魚碎唼。別景先覺難堪，更榜歌嗚軋。蕭瑟羈懷，念伊衾枕孤怯。　青鬢都非，向秋來、素絲頻鑷。秪將衫袖，啼痕時時細閱。儘有回文新句，忍自翻吟篋。休擬蘼蕪，亂愁還似千疊。

意難忘

初點宮黃。記含情度曲，背面傳觴。花陰留好語，簾裏裊沈香。新恨積、宿盟涼。餘涴枕淋浪。再見時、蘭堂畫燭，好更端相。　仙家眷屬雙雙。怎桃源徑杳，錯怨劉郎。輕煙迷曉夢，微雨溼殘妝。歡易盡、轉柔腸。縱別也何妨。但願如、玲瓏鏡月，未減清光。

以上見《雅言》一九一四年二期

早梅芳近

佳約重，清宵好。繡閣知春到。鴨鑪香燼，鳳燭光融自流照。步迴裙衩動，鬢滑釵梁小。漸沈沈漏寂，銀漢逗微曉。　語難通，會易了。早發長安道。風輕月闇，樹轉烟低露城表。斷魂迷楚館，灑淚盈羈抱。盼音書，更愁魚雁杳。

前調

水軒涼，珠箔繞。夜色瀓荷沼。暗攜纖手，慢轉層波最宜笑。枕鏤檀印薄，簟展冰紋小。記臨風倦倚，酒態更妍妙。　擬相留，自去了。驄馬嘶官道。星摇殘影，露溼浮光漸知曉。怨多難斷絶，路遠勞憑眺。悔飄零，夢醒何草草。

以上見《雅言》一九一四年三期

八聲甘州　戊午季秋客京師，步屯田韻

涴征衫嫩雨醮新寒，飄零客悲秋。甚華年選夢，滄波煮淚，偏説登樓。多事傷高賦遠，去住兩休休。殘笛廻風起，銀漢斜流。　莫説苕華人老，早謝堂燕散，芳意全收。笑驚霜倦羽，頭白尚淹留。傍西風、關河摇落，賸故宮、眉月伴扁舟。屏山外、數歸鴻渺，獨自凝愁。

見《國民》一九一九年一卷一期

蝶戀花　用清真均

漏箭參差人散後。露點蒼苔，淡月穿虚牖。記得去年人病酒。紅綿親展勞纖手。　此夜鳳幃寒已透。夢隔東籬，獨遺金英秀。何日開尊重聚首。芳顔歡事還依舊。

見《國學巵林》一九二〇年一卷

清平樂　車行津浦道中作

風輪電馭。直欲排空去。明發天津橋畔路。暮看江南烟樹。　年年南北東西。祇應長恨歸遲。行到故山深處，杜鵑猶自催歸。

見《華國》一九二五年二卷七期

絳都春　夔笙新納小姬作此調之，用夢窗韻

緇衣斷線。仗妙手自縫，羈愁天遠。乍展蕙風，扶出瓊枝吴王苑。南橋休説霜蟾怨。夔笙寓吴皋，時尚鰥處。怕琴客、芳心先亂。翠簾重下，淞波試茗，小春庭院。　應見。垂虹夜

雪，凍雲凝、畫舸紫簫幽蒨。舊夢又温，今日劉郎商絃換。清華池館真真面。待同聽、篔屏曲轉。羡他修到雙棲，玳梁燕暖。

見《華國》一九二六年三卷一期

清平樂 壽任先六十

梅花如雪。留待春三月。天意殷勤還可說。要稱心腸高潔。平生勳業堪豪。幾番虎節龍韜。重列堂前弧矢，休忘塞外弓刀。

見《青鶴》一九三六年四卷十六期

滿江紅

口號高呼，十五載、超英軼美。必定要、全民躍進，猛追形勢。凡是中華一分子，不論老少吾和你。向今朝、寫下決心來，同盟誓。　爲党國，全心意。個人也，爭些氣。把精神拿出，大家來比。既要專心勤政治，又須奮勇攻文藝。待他年、紅色老人稱，應無愧。

見蘇州檔案館藏《汪東檔案》（附）

減字木蘭花 爲秉三老兄題三友圖

風清月皎。庭列蒼松兼翠篠。別有幽香。一樹垂垂傍短牆。歲寒同守。歷盡冰霜成石友。可惜人生。一片丹心畫不成。

見上海嘉泰二〇〇八年秋季藝術品拍賣會吳湖帆、沈尹默、汪東《三友圖》扇面（附）

国家出版基金项目
NATIONAL PUBLICATION FOUNDATION

全民國詞

第一輯 ④

曹辛華 編纂

浙江古籍出版社

惜黃花慢 庚辰重九對菊作

賓鬢秋妍、奈戀頭破帽、難掩華顛、未堪插鬢、貧試將勸酒、杯深貯淚、花淡忘言、砌闌不解相遮護、幾曾耐霜苦風酸、意萬千、賦情盡改、吟抱誰寬、 今朝[illegible]漫重軒、念故人厚我、九日糕盤、地偏江迥、倚樓甚處、籬荒徑鎖、滿袖何緣、數枝莫覷淒涼夢、但開重疊愁邊、恨逝川、送人浪水彫年、

目録

汪曾保　三十六首

沈尹默 三百二十四首

沈世澤 四十八首

沈祖棻 五百十七首

沈琇瑩　三百四十八首

沈惟賢　二十八首

宋伯魯　九十七首

宋育仁　一百十七首

汪炳麟

卜算子 感事

風雨做黄梅，清冷無情緒。一縷煙消午夢醒，又是斜陽暮。 流水任潺湲，只道春長住。燕子呢喃爲底嬌，春已隨流去。

菩薩蠻 傷時

山痕春翠窺簾淺。東風吹暖花間院。榴火趁牆明。雨餘連日晴。 彩雲無夢到。鶯燕空輕俏。何處望情人。天涯芳草新。

浪淘沙

消得幾多愁。倚冷香篝。西窗簾卷暮悠悠。數點梅花枝上雨，滴到心頭。 誰與伴綢繆。煙篆茶甌。閒招癯鶴問情由。一卷離騷香雪裏，算得清不。

沁園春 咏梅

小院閒窗，東閣南枝，一樣輕盈。問胎含冷豔，無多色相，魂歸倩影，幾許娉婷。短策羊裘，壩橋風笛，流水空山記舊盟。而今也，對銅瓶紙帳，消受芳馨。 看來雲淡煙横。問袖薄、誰憐太瘦生。但瓊臺風細，春魂欲活，茅檐酒熟，處士多情。三尺瑶琴，滿身香雪，同向羅浮伴月明。莓苔暖，有人飄縞袂，鶴刷疏翎。

相見歡

春來風雨連綿。日懨懨。遮莫深紅瘦盡、悄垂簾。 簫聲怨。誰家院。惜分飛。莫是天涯人去、不曾歸。

多麗　瘞詩

倚清秋。青山黄葉悠悠。檢將來、零編賸稿，送歸浄土藏收。記當年、曉風殘月，東西走、敝盡羊裘。野水鷗盟，寒雲鶴夢，絶佳詩料詠凄幽。只無奈、牢騷哀怨，容易到心頭。空羸得，郊寒島瘦，壯志都休。　酹香醪、深深再拜，祝卿魂魄無憂。貯奚囊、花箋百幅，矗孤塚、石碣長留。可待追思，更誰憑弔，更誰剔蘚認荒坯。但滿地、斜陽衰草，蟲語訴啾啾。徘徊處，從今添得，一段新愁。

長相思　秋宵

夜漫漫。漏漫漫。一縷秋魂逐嫩寒。詩心何處看。　意闌珊。夢闌珊。天亦無情月亦殘。愁痕縹緲間。

鶯啼序　端午寄内，用代家書

書呈儷青内史，問别來安否。送春去、又早端陽，栽蒲插艾時候。怎禁得、凄涼客裏，葵榴村釀重回首。悶懨懨，睡也無聊，醉難消受。　却念家園，此際早已，把四和薰透。大都是、骨肉團圞，一家談笑厮守。問今朝、豚蹄蒸熟，可憶到、天涯載酒。料卿卿，少個人兒，也應僝僽。　金猴繫綵，繭虎垂香，小兒宛轉秀。想此日、偎人學語，索果牽袖，憨尚呼爺，弄惟依母。迢迢關塞，茫茫煙樹，何堪啼笑縈心曲，不思量、兀是誰能彀。殷勤寄語，尋常繡褓文襦，爲儂着意扶育。　樓懷謝朓，山憶青蓮，但嘯吟似舊。奈檢點、巾衫别淚，口澤脂香，追憶將離，魂消還又。卿無惆悵，分飛勞燕，歸期不落歸雁後。一封書、先把相思救。惟餘珍重不宣，順候興居，石青遥叩。

高陽台 旅懷

燭影摇紅，簾波隔夢，月明遥念伊人。書報平安，奈他消息沈沈。霜花滿地愁何限，剩蟲聲、伴我長吟。更難禁。剔瘦銀缸，冷瘦秋心。　迢迢良夜輕辜負，恨蓬山咫尺，誑約劉晨。十二雕闌，枉教憑到宵深。依然星斗離離處，聽千家、斷杵殘砧。思愔愔。不耐孤眠，不慣孤衾。

菩薩蠻 四闋

翠翹垂暖釵頭鳳。側梳寶髻雲環重。攬鏡愛新妝。風吹衣褶香。　容華愁易歇。學打同心結。不是媚芳春。由他鶯笑人。

其二

雕闌十二迴環碧。春波穩戲雙鸂鶒。幾樹小紅梅。繁花開滿枝。　菖蒲才展緑。楊柳凋零速。莫道不消魂，西風秋氣昏。

其三

寶琴彈冷纖纖玉。惺惺自惜春蛾緑。惆悵到如今。凄涼遲暮心。　薰籠閒倚久。無奈梅花瘦。隔歲任芳春。鏡中非舊人。

其四

亦知難得春長駐。從今不管春來去。冰雪足怡情。花前調素箏。　愁痕都疊起。付與悠悠水。不做嫁衣裳。年年金線忙。

醉花陰　移牡丹

勒住清寒春淺。寂寞花間院。幾日子規啼，喚醒陽和，驀地晴光轉。香苞嫩葉煙痕暖。別圃輕移換。再拜謝花神，處士多情，不負三春面。

東風第一枝　牡丹花

緑意沈酣，紅妝醉軟，韶華綺麗如昨。燕癡未減柔情，蜂狂已鑽新萼。檀心嬌怯，誰相伴、雨酥煙弱。但風前、獨步行吟，花下一杯斟酌。　情旖旎、看開繡箔。春醞釀、替遮翠幙。詠詩喜對天香，延賓共尋芳約。嫣支點染，盈盈處、粉痕輕剝。任東君、開到荼蘼，肯逐媚桃零落。

滿庭芳　花影

蘭檻風微，苔堦月靚，暗香濃透銀屏。糢糊一片，碎玉織簾旌。添繡羅襟如畫，闌干內、細踹芳馨。凝眸處，交枝並蒂，滿地不分明。　春痕誰摹繪，珠鈿掩漾，庭院玲瓏。漸露光零亂，金翠斜橫。看到蕙酥蘭困，行吟處、夜色瞢騰。空留得，煙疏雲淡，寂寞映娉婷。

如夢令　括淮海韻

風閃燭花紅溜。雨織簾波青皺。一夜嫩寒中，釀出屏山濃透。非舊。非舊。勒住豔陽春瘦。

換巢鸞鳳　詠柳

春夢如煙。又裁纖纖翠，剪錦裝綿。舞風難

作態，彈雨不成眠。東皇青目太胡纏。相思幾多愁邊恨邊。漂零慣，倩誰畫、黛眉深淺。嬌倦。春不管。花外餳簫，吹暖誰家院。迢遞關山，分飛勞燕，寬到茜紗裙襉。惆悵韶華似當時，舊游無奈都星散。芳菲遲，再消磨、蝶攪鶯亂。

滿江紅　牡丹花謝，凄然有作

慘緑愁紅，春去也、了無顏色。没情的、三番兩次，風顛雨急。嫩葉香梢曾幾日，繁華如夢無消息。任朱旛、百尺繫金鈴，終岑寂。　闌干外，珠鈿濕。空悵望，臙脂泣。是斷腸時候，傷心痕跡。春意三分歸幻化，柔魂一縷還蕭瑟。對流鶯、百囀燕呢喃，情何極。

如夢令　戲拈

何事玉顏消瘦。總算青春養透。顰笑爲誰妍，生把粉痕鐫鏤。休究。休究。眉鎖不關僝僽。

洞仙歌　留别

惺惺相惜，又三年捱過。去向天涯討生活。問卿卿、這日别恨離愁，平白地，禁得那些兒麽。　尋常廝守慣，問暖嘘寒，生受殷勤者般個。身世太漂零、孤館青燈，此番去、共誰行坐。但錦字、星星報平安，把幾許相思、幾分醫可。

杏花天　戲拈

别時多少相思事。怎相見、疑人到底。不將

恩愛從頭記。動不動、寃家兩字。　重重束、藺眉間綴。一句句、微詞詬詈。千回密懇紅燈裏。博不得、些兒轉意。

減蘭

雕闌綉户。悔煞匆匆輕别去。鎮日傷心。難道相逢恨轉深。　不偢不睬。教我如何能暫耐。還説恩情。比着當時没半分。

閨情小令　宛陵寄寓，偶感離思，因剪取小調聲音，自度此曲，以簫管吹之

春歸人未歸。人歸在幾時。花楚楚，日遲遲。沈醉東風一片吹。寃家何處迷。　低徊。草長鶯飛。心自忖，意如癡。昨夜春寒透被池。夢君君不知。

夢江南　四闋

紅燈下，泥飲勸金尊。翠袖半翻籠玉筍，輕霞微泛襯鬟雲。薄慍也殷勤。

其二

庭院裏，軟語度花梢。一脉秋波流眼角，萬重春怨熨心苗。良夜正迢迢。

其三

相見慣，落落本無私。瓜戚蘭親常接近，風姨月姊莫猜疑。珍重鳳凰枝。

其四

迴身去，花底步遲遲。屏角但看留俏影，琴心没處託微詞。無可奈何時。

如此江山 敬亭山登高題壁

登高雅集飛牋約。今朝喜無推却。霧霽遥岑，煙消近局，長嘯乾坤寥廓。題糕新作。向絶頂高歌，形骸脱畧。借問西風，縱情何似不羈鶴。　年年節中寂寞。况釣天沈醉，風月無著。楚些聲哀，山陽笛怨，久矣霓裳零落。今番遇合。算不比尋常，主賓酬酌。好句敲來，晚霞同細嚼。

萬里春

緑湘簾底。正月嬌花媚。撚花枝、背地撩人，這憨情敢你。　回首珠光碎。捉狹事、果然是你。笑寃家、你作麽生，悔輕輕放你。

春光好 紅梅

胭脂淚，幾回彈。怯春寒。春自多情你自閒，報平安。　小品休誇金粉，諸天誰證華鬘。世味悠悠干底事，不須酸。

花發沁園春 牡丹

畫裏人家，笛中花信，東風連日沈醉。霞燈明處，錦幄張來，薰透天香無際。雨韲煙膩。君看取、江南佳麗。整一片大塊文章，争無檀注觴泥。　暢好春卿得意。忒關情無非，酒畔詩裏。新妝照夢，古豔吹愁，領畧温柔滋味。娟娟此豸。曾撞破、清平王氣。試驗向、蝶板鶯簧，年來都帶餘殢。

傳言玉女　白芍藥

昨夜宣麻，丞相襟懷如雪。瑞雲濃處，有爐香篆結。陰陽燮理，過了三三時節。千古溱洧，好春誰説。　士女相逢，禊清遊、韻未歇。宴開婪尾，正芳華細揭。園名儷樂，有甚傷離愁别。長吟低唱，玉欄明潔。

粉蝶兒　白杜鵑

望帝魂歸，聲聲楚些如夢。是何人、蜀絃翻弄。小園中，芳徑裏，三更月擁。淚涓涓，連宵爲誰清痛。　河山眼底，無端草迷煙重。白頭吟、是非休訟。望天涯，占地氣，莫教言中。賀昇平，好向濃春長頌。

薄命女　桃花

春灼灼。穠豔豈真關命薄。不信東風惡。明月悠悠露井，曉日盈盈霞萼。捲上珠幰金絡索。莫負東風約。

踏莎行　水晶榴

昨日花開，今朝重五。紗窗酸透江南雨。新聲誰唱玉團兒，風光都被芳心醋。　斛到明珠，擘來晶顆。是他本色鍾情處。試參濃笑喜歡禪，果然多子非情誤。

浣溪紗　櫻桃

小顆猩唇血血紅。噙珠吹露倚東風。朝來煙雨若爲慵。　檻外簇來新鳳子，花間彈起白頭翁。何時籚篕薦春宮。

梁州令 荷包花

莫惜春光暮。且把春光收貯。緑天香海大包容,六朝金粉探囊取。翻來夾袋從頭數。　笑問君知否。空空此內如許。不知可有容卿處。

臺城路 梅

幾番風遞江南信,居然好春融出。嚼月無端,吹香有恨,連日輕寒微熨。平安堪述。謝嶺上南枝,扶持陽律。翻笑征人,隴頭消息亂相詰。　東皇如許沈鬱。者古愁蒼莽,三弄休啐。若説調羹,我儂能悟,酸甜虛實。巡簷休暱。問紙帳銅缾,孤標誰匹。霜雪清時,笑搴金屈戌。

以上九首,原題爲『儷樂園雜詠九闋』

七娘子 無題

相思有跡留紈素。倩何人、通個殷勤去。蝶戇蜂癡,斷難輕訴。便教死也無情趣。　明知不是東風誤。甚東風、不向枝頭護。要向天涯,亂吹花絮。仗誰珊網能收貯。

滿江紅 坐雨

六曲屏山,遮不住、清寒一線。鎮日走、斜風細雨,春魂醉軟。薄霧界開楊柳黛,濕雲籠瘦桃花面。只聲聲、啼鳥尚多情,提壺勸。　花鬟露,深深見。牆衣翠,沈沈現。對桐陰小徑,湘簾半捲。煙裏踏枝歸鵲重,香中喚夢流鶯遠。恁清砧、短笛送黃昏,何哀怨。

南歌子　用六一韻，代寄

淺淡眉重畫，蓬鬆髻未梳。眠雲綉榻弱難扶。記得紅窗春睡、醒時無。　楊柳抽青早，芭蕉展緑初。馬蹄消盡客工夫。閃得相思兩字、不成書。

浣溪紗　靈隱閒眺

海日江潮韻可尋。春來蘭若試登臨。翛然何物是塵心。　泉冷起時君莫問，峯飛來處蘚猶新。至今山水兩宜人。

一痕沙　紀夢

我有鳳鸞奇字。唾向玫瑰花裏。入手月如規。夜遲遲。　眼角眉端投準。都是別來情分。他日月重明。作麽生。

高陽臺　過流虹橋，用竹垞原韻

鴨鼎眠愁，蝦簾卷病，無端一往情深。青眼偷垂，似憐國士淮陰。到頭未締鴛鴦券，愛河中、填煞寃禽。又誰禁。死不同穴，生不同衾。　荒秋孤棹湖邊繫，看山光冉冉，橋影沈沈。憑弔芳魂，低徊認到清潯。算來創拓相思格，奈何天、擁瘦冰心。摽梅吟。美滿姻緣，幾處能尋。

沁園春

一葉飛還，歷去來今，又幾多時。算杏花春雨，樓常倚恨，梨雲夢影，事已成灰。三尺焦琴，半奩狂草，公等煌煌焉用之。吾聊且，且書爲枕卧，酒對牆揮。　風雲去去揚眉。把十萬、金錢貿解頤。有江山俊俏，三分門户，形神磊落，兩字天隨。絳樹詞心，碧雞談伴，不落人間第二機。詩成矣，向煙波睥睨，竹石清奇。

江城梅花引　雨夜

簫聲劍氣夜琳瑯。曳心光。倚蒼茫。一片風雷，濃鬥水雲鄉。安得元虬迎玉女，十千酒，效投壺、角羽觴。羽觴。羽觴。醉何妨。夜正長。花正香。笑也笑也，笑看處、琴謐燈涼。剔起銀燈，燈下繪瀟湘。還有不奢燈底願，願今夜，那人兒、莫斷腸。

金縷曲　東蔡竹銘丈

狂笑天風裏。笑千秋、胡盧依樣，許多非是。哀樂蟬嫣成此局，難耐唁紅招翠。憑弔盡、鼠肝蟲臂。忽憶鮀江乾净土，老中郎、正寫玲瓏字。珠在手，事如意。酒酣喝月軒然起。挹清芬、悠悠向往，水雲無際。白傅一生惟灑落，想見達人胸次。料近日、吟嘯何似。商略塵寰消遣法，指郵筒、盼煞雙雙鯉。請惠我，大乘偈。

沁園春　長歎，用卿謀韻

借枕邯鄲，此夢休醒，落得崔巍。算攀援有路，蠅真附驥，乘時一鬨，蚊且成雷。雅度翩翩，高懷蹇蹇，若獵功名安用哉。塵糟耳，正何須月滿，何必春來。吾今寄語吾儕。向眼底、蒼茫不用哀。看生榮死瘁，莫名其妙，飢餐渴飲，安見非才。花樣新翻，添來錦上，到處人情如此佳。紅塵裏，有郭公解事，隨意登臺。

水調歌頭　除夕

雄劍一聲嘯，花氣湧如潮。蒼茫痛飲，歌哭又是歲除宵。去日芳華無迹，此日笙歌無恙，來日恐無聊。醉眼看兒輩，予室尚翹翹。　吟眉動，簫心熱，酒懷豪。年光原是如錦，人自等閒拋。不數鬚眉巾幗，無論朱顏白髮，今夕總魂銷。安得身千億，處處弔吾曹。

以上《儷樂園詩餘》（一名《醉石詞》）

菩薩蠻　與瓊芝聯句

瀟灑庭院爐煙静。宵來月死梧桐病。披露鬼吟秋。玉階蟲曳愁。瓊。　上清超未得。歲月東流急。愁也又如何。不成都是魔。石。

以上《汪石青集》附詞

汪恩瑶

海棠春　夢梅

羅浮幻境空山裏。冷臥紙帳香旖旎。春信夢中傳，夢影飛千里。　依稀月下吟魂倚。正指點、幾枝臨水。却被鳥聲聲，唤得詩人起。

前調　訪梅

尋春灞岸吟魂渺。暗香何處隨風裊。煙外一鞭來，芳信誰家早。　踏青道上詩情好。遥指點、雪中開了。流水小橋邊，未識花多少。

浪淘沙　賞雪

飛絮滿亭臺。低壓青苔。瓊花聚處玉成堆。東閣紅鑪添活火，暖酒三杯。　玩賞欲開筵。

雪散庭前。坐看六出舞盤旋。日暮有人題數字，聊記雲箋。

雙紅豆 秋夜

夜沉沉。漏沉沉。唧唧蟲聲倚砌吟。入簾秋氣深。螢光侵。月光侵。陣陣金風冷素琴。遥聞十里碪。

羅敷媚 望月

庭前夜色渾如水，燈也光明。月也光明。引領遲眠幾度行。皎潔蟾輝惟我伴，人也有情。月也有情。爲與姮娥有舊盟。

蝶戀花 粉蝶

素影依依雙翅弱。梨院飛來，栩栩疑花落。怯雨憐風悲力薄。名園香裏終身託。　煙草叢中飛隱約。訪緑探紅，冉冉穿簾幕。一縷芳情情旖旎。瓊妝休把烏衣著。

前調 墨蝶

桃李枝頭和露宿。一縷香魂，總是銷深谷。隱約烏衣猶未脱。紛飛葉底偏輕速。　愛趁晴光紅紫逐。如醉如痴，花下占餘馥。雙翅諒應頻潑墨。蹁躚度水還穿竹。

蝴蝶兒 紫蝶

來去忙。戀羣芳。薇階色染換新妝。風前態若狂。金谷尋香慣，情深宿醉鄉。翩翩舞影過東牆。誰家春色藏。

前調 黄蝶

花也芳。草也芳。蘭階杏院試黄裳。秋葵色

染剛。戀翠心如醉，偷香興最長。笑他一世爲誰忙。春歸向孰商。

前調 春日偶作

春氣妍。好花天。豔陽佳景自新鮮。韶光惹客憐。燕語臨窗喚，鶯聲隔院傳。雙雙蝴蝶舞庭前。吟懷覺悄然。

以上《醉月軒遺稿·詞》

汪浣澐

菩薩蠻 喜得弟妹書

小窗遲日春風漾。翩翩青鳥庭前降。珍重數行書。迢迢遠寄予。　開緘和淚讀。展轉離情觸。何日再相逢。金閨樂事濃。

醉花陰 用李易安原韻

簾幕沉沉垂永晝。寶鴨銷金獸。彈指又新年，一縷幽香，梅萼春纔透。　碧紗窗下梳粧後。粉膩沾羅袖。對鏡慢凝神，約略丰姿，似較當時瘦。

鵲橋仙 七夕

金梭罷擲，璇宮宵静，此夕暫停機杼。五銖衣薄不禁風，看隱隱、鵲橋飛渡。　清涼玉宇，横斜銀漢，一歲佳期一度。笑伊竊藥月中人，儘碧海、青天何處。

如此江山 秋夜

疎林漸吐娟娟月，秋宵更饒清景。笛韻悠揚，砧聲斷續，絡緯乍啼金井。曲欄閒凭，望一抹纖雲，星河隱隱。瑟瑟西風，嫩涼如水碧天迴。堪愛宵長漏永。向桐陰小憩，試泉烹茗。遣興微吟，曼聲低詠，四壁亂蛩相應。蟾光如鏡。儘徙倚徘徊，欲眠不忍，濕透羅衫，夜深風露冷。

釵頭鳳 輓沈宅李姬

花枝弱。罡風惡。瓊花陡向風前落。歡難盡。情無盡。玉容人杳，神傷荀令。恨。恨。恨。心如裂。腸如結。斷魂何處啼鵑血。呼難應。愁難罄。欲憑仙客，試尋芳訊。問。問。問。

清平樂 秋夜

風狂雨驟。窗下燈如豆。一縷涼颸窗罅透。正是新秋時候。曉來兀自新寒。惟聞簷溜潺潺。可惜連宵好月，負他一度團圓。

訴衷情

東風別我苦吟身。無計挽征輪。攜得一尊清酒來，餞落花行。春去也，夏將臨。最關情。差池乳燕，雙飛倦蝶，百囀流鶯。

菩薩蠻

與君今夜不須睡。挑燈煎酒供吟醉。拇戰快飛觴。樽前笑語狂。鑾箋同展處。競作留春句。遮莫玉山頹。城頭漏箭催。

四字令 秋聲

砧聲。水聲。蛩聲。雁聲。誰家玉笛飛聲。寫秋風數聲。松聲。竹聲。鈴聲。鐸聲。打窗落葉聲聲。和階前雨聲。

河傳　夏夜

長空似水，映疎星幾點，淡雲明滅。戲撲流螢，笑把齊紈輕曳。下香階、蒼苔滑。　奈他嬌女催眠切。夜已三更，玉露聲聲微歇。纔掩窗紗，又把簾衣偷揭。莫孤負、半輪明月。

荷葉杯　春日偶作

昨夜夭桃紅綻。穠艷。斜拂玉闌干。　無端風雨釀春寒。殘麽殘。殘麽殘。

浪淘沙　雨夜

風雨洒紗窗。旅客神傷。離家七載每牽腸。滿地干戈何日了，阻我歸航。　無語對銀缸。顧影凄涼。欲憑歸夢返家鄉。無奈夢魂飛不到，道遠山長。

唐多令　雨夜寄宜姊

簾外雨瀟瀟。羈人嘆寂寥。喜隔隣、良友相招。聊借金樽澆傀儡，逢知己、興偏豪。　小坐剔蘭膏。聯吟愧腹枵。羡君才、似左班高。爲讀新詩忘夜永，且休睡、話深宵。

臨江仙　夏夜偶作

記得昨宵新雨後，納涼並坐迴廊。疎林一帶隱斜陽。鳥棲雲樹隱，風送鬢花香。　小榻横陳亭一角，聯吟興趣偏長。烹來雀舌沁詩腸。涼生翠袂，新月上紗窗。

滿江紅　秋夜有感

瑟瑟西風，又到了、早秋時節。見幾處、梧桐庭院，蕭蕭落葉。叢樹參差雲影淡，閑堦凄切虫聲咽。問蟾光、何故至宵深，清輝絶。思往事，愁重疊。懷故里，向誰説。嘆秋來兩鬢，漸添新白。楚水吴山千里夢，慈萱姣女經年別。念數番、買棹未能歸，空悱惻。

浪淘沙　和壽宜原韻

無奈別君行。離恨沉沉。閒拈湘管譜新聲。昨夜夢中曾把晤，記不分明。　深院隔重門。顧影凄清。欲圖永聚計難成。一幅瓊瑤無限意，感我知音。

菩薩蠻　贈許德芬

有緣半載親風雅。襟懷磊落神瀟灑。家學羨淵深。清才首讓君。　閒雲難久住。轉眼分飛去。何以慰離情。新詩反覆吟。

如夢令　潯陽舟次憶友

岸上瓊瑤片片。水面沙鷗點點。極目不勝情，深念故人日遠。緣淺。緣淺。一日迴腸千轉。

菩薩蠻

連宵夢入深閨裏。醒來依舊蓬窗睡。從此別情濃。今生可再逢。　離懷何處託。欲與長江説。可肯載離愁。江空水自流。

離亭燕　重陽憶友

並坐猶然嫌遠。何況分飛難見。前日偕君閒步處，舊跡從頭尋遍。一樣是秋宵，興會教人頓減。　落葉秋風庭院。樹隱月華光淺。離緒縈懷腸九轉。或把尊名微念，屈指又重陽，無酒無花心懶。

滿江紅　感懷

四載離鄉，久不見、故園城郭。歎親族、風雲四散，天涯海角。滿眼流離家已破，浮生如贅身蕭索。盼得來、鴻雁數行書，多零落。　夢不離，舊池閣。家何在，隔湘鄂。況萍踪無定，雁足難託。有子長征音信少，使吾倚閭心焦灼。羨田家、婦織子耕耘，餐藜藿。

沁園春　有感

憂患餘生，鄂渚金陵，幾度浮槎。憶陵園譚墓，花房曲折，秦淮玄武，畫舫橫斜。黃鶴樓空，抱冰堂寂，風景蕭條噪暮鴉。猶堪恨，是華樓大廈，付與誰耶。　年來兩鬢霜華。嘆雁字、分飛各離家。念從軍孺子，終年跋涉，知心良友，在天之涯。寄跡深山，恍如隔世，已過重陽未見花。荷鋤去，向竹林掘筍，松徑烹茶。

玉漏遲　寄懷

故鄉思縹渺。荒山寄跡，半生潦倒。兩鬢霜華，花甲看看將到。回憶昔年舊夢，盡付與、雪泥鴻爪。憂心悄。一輪明月窗前照。　寥寥一二知音，隔萬水千山，夢魂難找。欲眠不穩，整夜由昏到曉。別女拋兒獨自，更有那、衆雛作鬧。愁多少。目斷衡陽信杳。

江城梅花引　春雨即事

連綿春雨苦經旬。霧籠雲。白晝陰。幾樹桃花，一霎變落英。寄寓荒山親友遠，女入蜀，兒赴秦、我孤身。　峰巒隔斷掩柴門。幽怨深。百感深。乍暖乍寒，難對付、病魔相侵。日斷衡陽，雁足也難憑。茆屋雨多常帶漏，床幃濕，日無甯、睡無成。

以上《瘦梅館詞》

汪曾武

洞仙歌 紀夢

樓臺深處，是那家庭院。爲甚心情已撩亂。怕春魂一縷、帶着愁來，行不得，彔曲迴廊幾轉。　醒時還記否，仙夢迷離，繡被香温曉寒戀。無計慰相思、縱有釵盟，可知道、甚時能見。便依舊、明年又東風，恐崔護、重來只餘悽惋。

羅敷媚

去年此夕團圞月，私語鐙前。密誓香邊。替插黃花鬢影偏。　今年此夕團圞月，離恨緜緜。小病懨懨。瘦比黃花兩可憐。

月底修簫譜 題王筱岩甯月伴吟圖，依圖景各成一解

遠山低，纖月瘦。憑眺幾回首。脈脈愁痕，堆上暈眉皺。斷腸片片飛紅，桃花何處，者滋味、那堪消受。　正僝僽。况又捱到黃昏，香冷酒醒後。無限相思，付與短長柳。可憐倚徧闌干，春凝水榭，怎禁得、玉人來候。

其二

乍禁風，纔過雨，荷浄納涼去。明月招來，有意伴人住。儘他楊柳牽情，芭蕉抽思，前番

夢、知醒何處。甚心緒。試把減字偷聲，重填又重譜。燭冷香温，影事與誰語。那堪簾外清光，簾中孤影，更惹出、閒愁無數。

其三

碧雲空，濃蔭暗，知否那庭院。如此涼宵，可似有人伴。儘教素月窺人，紅闌斜影，只秋與、竹聲撩亂。問誰管。試看驀地桐陰，廻廊幾兜轉。不奈黄昏，愁瘦一分欠。怕他夾調宫商，頻拈險韻，已不覺、華年偷换。

其四

綺情濃，香夢冷，疏樹浸波影。窗外蟾窺，窗裏有人聽。幾番翠袖驚寒，銀屏倚徧，又挨到、黄昏人静。試重省。就把纖月眉痕，前身也難證。覓句殘宵，蓬鬢嬾忺整。憐他無限愁思，這般心緒，衹赢得、姮娥偎並。

人月圓

乙未莫春三日，盛伯羲招飲。酒闌興盡，主人邀客跨馬踏青。道希復約游龍泉寺，即席歌《人月圓》代柬，依韻答之

深深庭院簾櫳静，垂柳裊疏烟。牡丹時節，春人中酒，醉擘吟箋。出門一笑，玉驄嘶去，芳草連天。踏青何處，今朝浄業，明日龍泉。

賀新郎

况夔笙以所輯《薇省同聲集》見寄，譜此奉酬，兼寄半塘

當代論才子。領騷壇、張中柳變，問誰神似。多少鳳皇池上客，争説新鶯居士。夔笙著有《新鶯詞》。曾握手、傾心知己。紗幌銀鐙屏六曲，倒金尊、酒漬襟痕殢。還憶否，春明事。紅薇讀畫名流輩。紅薇讀畫，先大父樞曹公與張温和公同

官内閣故事。想當年、槐廳覓句，藥闌扶醉。憐我緣慳隨載筆，幸有成連結契。恰更喜、深情遥寄。絶唱空中傳妙語，在樵歌、片玉花間裏。頻展卷，從頭記。

三姝媚

道希表兄南歸，賦詞贈扇，半塘並書和韻促游海上，以續詩盟。依調奉酬，即和元韻兼寄夔笙、乙盦於京師

離羣情味苦。况春歸愁看，亂紅飛舞。只慰相思，把素紈貽我，偏題名句。洗盡繁華，還細認、墨痕堆絮。誰寫閒愁，絶調姜張，自成千古。　回首江亭聯步。記選韻花間，探芳村路。續夢迷茫，問雪泥鴻爪，酒醒何處。好挂輕帆，偏怕觸、滄江烟霧。且待逢君商略，重尋舊譜。

余與道希同爲萍鄉劉宮保金門公之外曾孫。乙未，計偕北上。道希適大考翰詹第一，超擢侍讀學士。時值甲午之後，直省公車上書言事，爲余點竄奏稿。旋以遇事直諫，見忤西宮，乞假南旋，京朝士大夫賦詩祖餞。途次譜《三姝媚》，寫紈扇寄贈。知交麕集海上，詩盟觴政，朞月留連，不減宣南景象也。

高陽臺

和道希、半塘、乙盦韻

紈扇秋捐，羅衫寒怯，蘭閨暗數歸期。縹緲樓臺，鳳酣簫管聲微。巫山枉説荒唐夢，那孤懷、問有誰知。儘教他，擘盡瓊箋，寫盡瓊思。　低回影事拈裙帶，解明璫寄遠，難綰情絲。淚滴鮫綃，多愁應笑吾癡。關心摇落團圞月，下晶簾、慵把頤支。更堪憐，瘦損蠻腰，恨鎖蛾眉。

木蘭花慢

薄游蘇臺，半塘、叔問、君直、屺懷同登虎阜，夜泛山塘

人生行樂耳，趁良夜、集朋簪。悵函谷無泥，

昆明未閉，大陸將沉。乘桴欲浮海上，看冥鴻淒絶故人心。道希將游日本。如此秋聲涼月，愁來攜手登臨。題襟。往事費追尋。兩鬢漸霜侵。好穹窿采藥，靈巖剜壁，樂圃彈琴。金門枉思舊雨，劇堪憐結舌鳳鸞瘖。莫歎天高難問，勸君杯酒盈斟。

祝英台近　鄭叔問舍人山塘離席，出示近詞，譜此送之

酒初醒，人未睡。又到送行地。斷拍零星，付與女郎記。好教一把楊絲，將愁綰住，寫幾句、雨淋鈴意。　客中事。十年游徧江湖，今夕又勾起。君正悲秋，我亦傷春矣。沈沈芳草天涯，畫船歸去，只寄恨、踏歌聲裏。

菩薩蠻　王半塘侍御屬題半塘填詞圖

簾櫳疏澹篩殘月。柳絲低裊烟痕溼。庭院悄無聲。落花春夢輕。　夢餘愁思重。多事吟肩聳。瘦影倚闌干。羅襦禁曉寒。

壺中天　題謫仙醉飲書册，屺懷同作

舉杯大笑，把紅塵一擲，青天都卷。斗酒百篇成底事，脱我金貂裘換。天上飛仙，人間小謫，白眼教誰看。者番醉倒，醒來何處庭院。　記否月下笙歌，花前觴詠，良夜尋歡讌。如此消愁消不得，帽影鬢絲零亂。千載詞魂，長安市上，未許君王喚。蒲團夢覺，曉星斜渡河漢。

菩薩蠻　小園榴花盛開，浣芸繢折枝於紈扇，偶題是解。庸士從父和之，曹君直、陳石遺、冒鶴

亭、張隱南諸君咸有和作

江梅落盡芳時歇。小園忽報繁枝發。蠟底束紅綃。春裙一樣嬌。　綠窗明照眼。消息流光換。莫笑但花開。看伊結子來。

百字令　哭吳縣彭畏岩戶部諟庠

落梅曲裏，把故人斷送，一聲鄰笛。歷歷前游如過客，尚有平生堪憶。白袷狂名，黃衫俠氣，醉岸花前幘。風流跌宕，太原公子裘褐。　曾記畫舫山塘，銀箏水榭，杯浸秋星碧。吾輩功名成底事，付與紅兒牙拍。歡電難追，情天易老，萬感縈今夕。喚回春夢，哭君襟淚都赤。

邁陂塘　艾民從弟約同耀斧從姪泛舟南渡

灧晴湖、嫩烟捎破，蒼茫多少秋意。橛頭艇子間間去，穿入蓼花叢裏。深也未。要喚醒春魂，領略秋滋味。清愁暗起。怕病骨支離，柔腸兜轉，無計可迴避。　難禁受，況是早涼天氣。回波又動離思。衣香鬢影知何處，贏得飄零如此。歸去矣。縱訴盡衷情，未許那人寄。憑誰恨洗。待金縷君歌，銀鐙我剔，付與小鬟記。

點櫻桃　題浣芸爲艾民從弟繢櫻桃小册

鶯語含香，珊瑚吐碎光成綺。霞烘雨洗。釀出傷春味。　點染燕支，淺暈猩唇醉。濃陰底。嫣然搖曳。紅滴當階未。

高陽臺　送道希游日本

目斷鴻飛，心驚雁序，衷情愁訴當筵。料得明朝，孤帆衝破秋烟。還疑博望乘槎去，更何堪、影事難宣。憶江亭，對酒歌詩，醉聳吟肩。離騷本是傷心語，試寫將古意，譜入冰絃。鳳泊鸞飄，神州此日何年。瀛洲別有壺天好，日華東、可許續尊前。趙松雪詞：『我欲乘桴，浮到日華東。』祇憐渠，海島歸來，雪滿華顛。

水龍吟　黃仲弢餞別黃鶴樓，用道希韻酬之

一天風送新秋，斷鴻歸雁知秋意。青山依舊，游來眼底，蒼涼身世。漢上題襟，樓頭邀月，鬢霜侵矣。歎烽烟滿目，江湖寄跡，空抱負、英雄志。　惆悵臨歧折柳，怕愁添、陽關聲裏。闌干獨凭，長江帆影，茫茫無際。曲罷離筵，當歌醉別，嵐光浮翠。待重逢聯袂，瓊杯斟酌，坐看雲起。

瑞鶴仙影　題浣芸續玉簪花便面

夜涼浸月。瑤階浄、仙鬟吹去下天末。粉裳膩水，珠鈿凝去露，一庭秋色。紅妝乍脱。更扶着銀屏半側。記曾聽、佳名喚徹，依約漢宮闕。　回首當年事，爲嬾搔頭，墮釵聲滑。倩誰拾取，到而今、那人風格。化作去花魂，問若箇低聲喚出。趁西風、玉髩笑挽，韻更潔。

金縷曲　游幕鄂垣，當局諸公爲定鬻文條例，倚調賦謝

武也狂生耳。論文章、衙官屈宋，審言誰嗣。謬附風騷何足取，小技雕蟲而已。幸到處、欣逢楊意。次弟標題精鑒別，最難忘、一座傾佳士。還引證，前唐事。　古來潤筆嫌金畀。記遺聞、微之玉帶，仲塗精婢。餘韻流傳猶未

艾，重見修梅前例。同治間，俞曲園曾作《修梅書畫社小引》。書畫社、名人堪紀。漫許洛陽爭紙貴，對羣公、顏汗慙無地。歌一曲，紉高誼。

鷓鴣天　道希至日本，偶書二絶自況。見其『少陵』二句，續成小令調之

懶譜新聲歸國謡。偶書心事比離騷。少陵投老親蘇涣，山谷窮愁奬范寥。　焚筆硯，混漁樵。安眠健飯且逍遥。歲寒松柏須珍重，莫問名姝貼地腰。日本藝妓瓢簞書來，道希譜《少年行》題於書後，有『纖腰貼地，東日照名姝』之句。

祝英臺近　艾民從弟屬浣芸續薔薇便面，題於箑端

曉烟籠，清露潤，正是半開候。一架濃香，馥郁中於酒。依然燕子飛來，牡丹時節，問知否、那人消受。　漫回首。就教婕散鶯銜，後約平肯孤負。覓句花前，賜錦可能彀。料他緑刺牽衣，惹人消瘦。也似怕、春光僝僽。

凌波曲　題浣芸續秋海棠、菊花便面

柔魂瘦魂。愁根病根。冷烟疏雨黄昏。又秋光到門。深痕淺痕。三分二分。寫來越樣精神。正西風范村。

菩薩蠻　庚子八月，紀都中近事五闋。甲辰，續成二十四闋

記從天仗仙班擁。椒房獨冠承恩寵。占盡十分春。依稀楊太真。　琴絲悲忽斷。夢冷關山遠。心事數從頭。卌年如水流。慈禧后侍文宗幸熱河，卒奉梓宮回京，至此已四十年也。

其二

揮來團扇風無力。珠簾飛出雙胡蜨。不敢怨王孫。背人心暗捫。　鏡塵羞照影。霏雪侵霜鬢。東望故鄉愁。月明雲自流。拳匪擾亂京師，兩宮乘輿播遷，后乃深悔徇端王之請也。

其三

悲秋千里思芳草。塵沙撲面長安道。門巷舊烏衣。巢空梁燕飛。　玉關人去遠。消息流光換。不怨薄衾寒。自憐鳩影單。兩宮思董福祥入衛，朝命迅速來京。遇於居庸關，時逾期月矣。

其四

胡塵萬里吹哀角。健兒罷唱從軍樂。門外玉驄驕。可憐人去遥。　杜鵑啼不住。花落春無主。別夢繞鄉關。鄉關何日還。拳匪肇禍，各國聯軍所向皆捷，我軍將帥陣亡，士卒潰散。迨馬玉崐入都，兩宮已出狩矣。

其五

天涯望斷蘼蕪遠。落花飛絮無人管。燕子出重簾。亂紅隨處黏。　去來飛不定。消息無憑準。聞説那鷓鴣。紛紛居舊巢。兩宮悤遽出宮，各國聯軍入宮。德將瓦爾德西佔居儀鸞殿，臣民始知兩宮出狩也。

其六

纓蕤鸞鳳風扶轄。綖裾瞥眼來飄忽。猿臂奮材官。可憐行路難。　居庸關外路。畫角邊城暮。裘帶儘風流。將軍羊杜儔。兩宮乘車至沙河，岑春煊率師迎之，隨扈以西。材官林泰清步行扈從，潰兵亂民來犯者，手刃之。出居庸關，匪徒四出，岑軍護衛，得以平安。

其七

金鐃聲冷敲殘月。章臺走馬新霜滑。不耐五

更寒。深宵羅袖單。鬢雲欺翠捲。眉黛牽愁綰。佳節近重陽。秋風憶帝鄉。兩宮帶星披月，蒙犯霜露，不安寢饋，未具黃卷也。按：鑾輿出巡，行李謂之黃卷。

其八

御蕤鳳輦紛垂飾。小臣羅拜親顏色。細雨灑輕塵。蕭蕭馬入秦。灞橋風雪裏。懶得尋詩思。菰米强加餐。牙牌傳太官。九月初四日，聖駕幸西安。午前到灞橋，百官跪迎道左，微有風雪，傳膳後始入城。按《漢百官表》，少府屬官有太官。注：『太官主膳食。』

其九

平林澮漠侵秋色。寒鴉做暝連雲黑。何處望家山。幾回石平嶺關。呼來寬爾達。仔細龍香撥。染翰墨餘馨。裁紅書御屏。聖駕駐蹕西安，思京綦切。皇上寢宮外立屏風，上以朱箋親書『戩穀』二字黏之。奏事首領太監稱寬爾達，扈從太監數十人，御前給事三五人而已。

其十

金鰲識起愁如織。驪山相對傷心碧。曲罷散琴絲。悽淒涼凝碧池。春回長至節。換却生塵襪。惆悵未央宮。樓臺烟雨中。慈聖召見西安知府胡延，曰：『曩在宮廷，即聞讖緯有「西幸西安」之說。出都後一言幸陝，心輒悸之。』時屆萬壽聖節，奉懿旨不許選梨園樂部以進。十一月冬至前二日，北京人至行在，穆宗某妃賚獻履襪數事。慈聖思京益切。

其十一

和戎陡起愁千斛。黃臺瓜蔓傷心局。遠戍唱涼州。淒涼花蕚樓。彩毫裁鳳藻。感涕興元詔。悶坐獨沈吟。難争歲幣金。兩宮迭召粵督李鴻章水陸兼程入京，與各國議和。幸西安後，譴責肇禍諸臣命下，逮捕英年、趙舒翹，賜死。譴戍端王、瀾公於新疆，以近支宗室從議親之條也。是役也，各國索賠款不可勝計。乃下詔罪己，布告天下。

其十二

金吾警漏天遲曙。班聯已報齊鵷鷺。蘭殿月光圓。垂簾裝薄綿。　凍雲催雪到。慣帶秋絨帽。翻羡珥金貂。金門趁早朝。行宮禁衛森嚴，夜無傳籌報更者。門内巡邏數十人，皆岑春煊部下、甘軍，殿上惟神虎營兵四五人。兩宮召見臣工在二重殿東室，門作月圓式，垂棉布簾。皇上冬日猶御絨簷秋帽，秦撫岑春煊請易貂簷，徧覓豐貂不得，以敝貂冪之。

其十三

冰盤進御生萊菔。花紋雕出豐年玉。歲序喜更新。宮中同咬春。　千官丹陛擁。温詔承天寵。驛使正相逢。牛圖一樣工。立春日，宮中以大槃二，各盛生萊菔二條，鑲字爲聯，分呈兩宮，謂之『咬春』。内監有善鐫字者，刻畫甚精，沿明遺制也。立春先一日迎春，向例由順天府進春牛、春山寶座。西安既爲行在，與順天府無異，特選畫工依欽天監頒式進春牛圖。適順天府亦績圖，由驛馳奏，同日呈進。

其十四

儀鸞殿裏飛灰燼。何時滌浄煩襟悶。舊夢記分明。回頭望玉京。　上陽人白髮。夢冷圓明月。閒坐説開元。深宮五十年。吏部尚書敬信至自北京，召對時，面陳儀鸞殿被焚，慈聖愀然不樂。内監高四年六十八矣，隨扈大臣叩以故事，自言歷事三朝，兩隨播遷，回憶五十年前圓明園紅氍毹上緑鬟簪花，不知是真是夢。言次悽惋欲絶，無異上陽宮人説天寶遺事也。

其十五

垂肩尺咫黄絲穗。玄冠頂結紅絨綴。百八串牟尼。相逢長歎嘻。　勇盧問詰好。不見辛家料。珍重御爐旁。探來五色囊。庚子除夕，賞賚行在，內廷諸臣。午後謝恩，皇上御便服小冠，頂綴紅絨結，垂肩黃絲穗，長尺有咫。瓜佳相國以數金購朝珠。兩宮見之，問所從來。相國以實對，君臣感喟久之。皇上出宮時攜烟壺。相國囊貯二壺自京攜出者，立以進御。

其十六

汪汪鳳沼波千頃。朱泥寶印鈐符認。供奉萬金多。深宮喚奈何。　鴻嗸飛上下。安得千間廈。雁塔寺中人。欣霑雨露春。慈聖防弊甚嚴。慮糧臺支應局漁利，特召主者，宮中支一錢一米，必以朱泥小印爲信，是以月費不過萬金。印文曰『鳳沼恩波』，慈聖所常佩者。秦中大饑，兩宮命於城關增設粥廠二十餘所，就食饑民恒十餘萬人。又命創設煖廠十餘所。城外雁塔寺齋舍較多，就食者倍於他廠。

其十七

內家裝束偏明靚。薄施朱粉秋波瑩。環珮入宮門。平明朝至尊。　神仙天上伴。拜賜昭陽殿。妙手本天成。丹鉛寫壽星。慶王三女皆年少，隨扈至西安，居宮中。少者但施朱粉，入寢宮問安，恒手持香珠一串。慈聖御筆畫壽星賜之，純用硃筆鈎勒，古趣盎然。

其十八

乞將一滴楊枝水。甘霖下沛天顏喜。紀德樹螭碑。千金太白祠。　莊嚴金粟象。職貢來西藏。臥佛寺和南。飛嵐繞佛龕。兩宮軫念旱災，命侍郎桂春詣太白山乞水，供於宮中，日夕禱祀。不旬日，大霈甘霖。乃發內帑千金修太白祠，命翰林院撰文立碑，頌揚神功。時值西藏貢佛相，兩宮以行在無地供奉，命賚至臥佛寺，設龕以祀之。

其十九

終南山館偏幽靜。悠然好見南山景。汲水種荷華。翩翻疊翠斜。　甘盤思舊學。夢寐石渠閣。幾暇惜三餘。興懷行祕書。行在惟終南仙館植有花木，皇上寢宮在焉。東有樓，顏曰『悠然見南山』，巡撫畢沅所書也。上於視朝之暇，時往登眺。館池久涸，命汲水灌之。新種荷華，水性過煖，花不能開，惟翠葉翩翻而已。上無書可覽，遣人坊間購石印《三通》《九朝聖訓》《御批通鑑輯覽》等書。按：唐太宗嘗行，有司請載副書以從。上曰：『不須，虞世南在，行祕書也。』見《潛確類書》。

其二十

微香暗逗薰風颺。猗蘭殿裏叨天貺。團扇寫幽姿。瑤臺寄睿思。　復園丹桂好。曾做熏衣料。喜逐笑顏開。黃箋貢蕊來。辛丑四月二十一日，特召撫藩首府入内，賜御績蘭花扇各一柄，慈聖所賚也。漢中丹桂，以復園所産尤馥郁。結蕊時，采以曝乾，熏衣，經年不散。慈聖偶憶在宮中歲有貢者，即與樞臣言之。西安知府胡延亟揀呈進。

其二十一

三真六草驚奇絶。長安碑碣如林列。拓墨響丁丁。開成唐石經。　臨池尋閣帖。錦贉翻重疊。黄卷付行廚。銀駝載一車。長安碑林多古刻，上命撫臣各拓一本呈覽。惟開成唐石經命精拓數十本，車載以歸，餘選《閣帖》數種耳。

其二十二

黄楊蒼秀雙蟠樹。八仙庵裏鸞輿駐。古蹟訪名園。莓苔留屐痕。　使臣慵置頓。儉約傳諸郡。煑茗愛山泉。沙鹹感去年。兩宮西安回鑾，道經東城八仙庵，從繼禄之請，憩留片刻。庵院植黄楊二株，蟠鬱蒼秀，數百年物也。東路五州縣行宮皆簡陋，華陰尖營假李氏園，頗宏敞，遂諭飭各州縣不得妄事供張，務從儉約。去秋西幸，沿途井水味鹹，此次命汲山泉以供御茗。按：《唐書》天子巡幸，食宿處謂置頓。元宗西巡，特召御史大夫魏力進爲置頓使。

其二十三

三峯峻削高千仞。明堂遺蹟無人問。游豫憶

先皇。六龍曾省方。銀牌宮樣製。永佩千秋字。夾道萬人遮。嵩呼望翠華。兩宮去秋西幸時，未登華山，迴鑾擬游幸。過華陰，駐蹕山下玉泉院二日，卒以山路險巇未果。院距縣城八里，對院道觀，据志稱即古明堂遺址，正對三峯。攷《華山志》，仁皇帝西巡欲登山，爲風雨所阻。兩宮迴鑾，蹕路左右百姓跪送者，悉製銀牌賞之，文曰『千秋永佩』。

其二十四

無端錦瑟華年換。那堪絲鬢淄塵浣。太液柳棉飛。雙雙燕子歸。河山還是舊。只有朱顏瘦。往事莫思量。思量枉斷腸。光緒二十六年庚子，京師拳匪難作，兩宮乘輿播遷。余與曹君直同年譜《菩薩蠻》五闋紀其事。後見定興鹿滋軒姻丈，備述出狩迴鑾各事。擇其能入歌謡者，續成二十四闋，寄與君直，不知如何感喟也。甲辰四月望，鶼龕志。

木蘭花慢 辛丑莫春有感

江南春暮矣，一彈指、過清明。任海水羣飛，天閽不閡，刁斗頻驚。園林吹殘柳絮，倚危闌愁煞杜鵑聲。已瀉銅仙鉛淚，休吟哀賦蘭成。江亭。舊事感漂零。詩酒話平生。悵彼美云遥，青山多夢，明月無情。瓊樓管絃何處，最難堪淒絶望神京。憐我衫痕沾溼，爲誰泣訴湘靈。

憶故人 庚子七月，拳匪擾亂京師，乘輿西狩。半塘與古微、伯崇坐困危城，填詞遣興，題曰《庚子秋詞》，音節淒涼，不減新亭泣淚。迨印成編，半塘寄示。讀竟於邑，譜此酬答，並懷乙盦

碾碎秋心，一聲聲更添淒惋。新亭清淚問誰多，點滴孤檠伴。天末故人繾綣。爲新詞、爭開倦眼。勸君珍重，待到重逢，西窗燭翦。

臺城路

壬寅七月二十九日，姬人蘭若卒於婦家延陵氏，譜此悼之

早知如此塵緣淺，當年悔余多誤。酸入眉尖，苦攢心曲，令我柔腸悽楚。重逢未許。悵好月難圓，好花難護。鏡裏愁看，玉臺夢冷杳無據。　低徊愴懷往事，看門前楊柳，飛絮無主。蠟淚啼紅，蛾眉鎖緑，猶記那時情緒。從頭暗數。歎未卜歸期，痛君歸去。一樣相思，夜臺應更苦。

洞仙歌

武昌歸來，浣芸述蘭若病狀

釵盟負約，悵情天緣滿。病裏柔腸幾迴轉。怕生嗔阿母、悔説相思，偷落得，清淚啼痕珠泫。　遺書猶在篋，小字蠅頭，道是阿儂誓私願。稽首禮慈雲、第一難忘，枉費了、金經千卷。儘今日、思量喚卿卿，便化鶴、歸來也都悽惋。

前調

自題柳岸曉風填詞圖，從稼軒體

峭寒孤另，又銷魂時候。影事重題怕回首。認橋低浸碧、柳嫩撩青，禁不得，鬢影衫痕消瘦。　蘭橈人去也，渺渺烟波，盪破愁情可能彀。尋舊夢、換新聲，任爾疏狂，何處覓、添香紅袖。卻記取、當年武陵春，亡姬蘭若舊居武陵橋北楊柳隄。儘險韻頻拈、暈眉雙皺。

前調

邯鄲道上，風雪苦人，展蘭若遺照有感

尋常惜别，已萬千悲怨。況是人間去天遠。數從前隱事、説也堪憐，料想得，今夕夜臺腸斷。　遺真猶在抱，顧影悽涼，與我同行偶爲伴。此日過邯鄲、夢也無憑，怎許得、甚時重見。早

知道、福薄又緣慳，卻悔不、當初了他心願。

意難忘　送乙盦出守江西

蓬島神仙。笑跨鸞控鶴，飛下遥天。浮雲看眼底，春草賦尊前。縈別恨，訴離筵。萬感爲誰牽。歎半生、功名底事，塵海何緣。　夜深情話纏綿。悵昔時吟嘯，此夕悲歡。新詩催落月，陳迹杳飛烟。湓浦水、木蘭船。明日又山川。莫再提、思量舊雨，消瘦華年。

以上《味莼詞》甲稿

揚州慢　金陵蔣瑞升孝廉嘉屬題馬才孃遺照。才孃，舊相識也。爰集白石詞以應之

回首江南，五湖舊約，空歎時序侵尋。記漢皋聞瑟，曾見似花人。人何在、六朝歌舞，悤悤歸去，玉笛無聲。看垂楊、連苑年年，知爲誰生。　明璫素襪，空惆悵、難賦深情。縱豆蔻詞工，倩誰傳語，喚起湘靈。一點芳心休訴，漫贏得、水驛燈昏。奈未成歸計，謝郎也恨漂零。

阮郎歸　本意

蘭閨昨夜夢依稀。燈花燦蕊兒。偷拈裙帶數佳期。玉驄郎未歸。　蟾月滿，鵲橋低。朝來蟢子飛。待他相見喚聲伊。雙雙重畫眉。

長亭怨慢　康熙中州人王昭駿與報本寺僧一念謀逆，爲同知商某所發。事聞於朝，以昭駿父子駢首。商後以漕事落職，貧不能歸，客死。士人葬於西門外，題曰『千載一邱』，以其文致落職，閔之而欽敬也。從祖樂壽老人繪圖徵詠，譜此以志顛末

問何事、孤魂無主。兩百年來，悽涼坏土。荏

苒而今，從前恩怨渺何據。王孫去矣，芳草泠、知非故。便舊巷烏衣，笑燕子、應迷歸路。延佇。望君門萬里，忍與此情終古。棠梨月黑，付寒食、杜鵑啼苦。衹贏得、四字殘碑，總難肖、當時愁緒。賸荒塚年年，消受滄江風雨。

羅敷媚

浣芸爲人績罌粟花便面，揖冰從父譜《羅敷媚》命和，敬用原韻

鉛膏細細花捎點，玉粟春蒼。一斛千囊。借得東風十日糧。　翩翩仿佛虞兮舞，茜紵衣裳。粉黛宮妝。輸恰薔薇浥露香。

虞美人

大雪渡漳河

前程已是安陽路。莫歎公無渡。一天風雪過漳河。我自低頭照見、鬢絲皤。　千年古塚何從覓。衝突潮聲急。阿瞞到底不能瞞。應悔當初擺布、作去疑團。

海棠春

揖冰從父命浣芸績海棠、翠鳥便面，喜題此調，命用原韻賡續

聲聲啼住燕支雨。莫放着、好春歸去。翠羽且多情，也是愁無語。　緑章漫乞春陰護。又只怕、紅妝負汝。更問那東風，燭影搖何處。

木蘭花慢

文道希表兄促游滬上，云將取道金陵，言歸珂里。飲餞黛語樓，用半唐『送君南歸』調贈別

終南山色好，送君去、黯魂銷。看天日昏沈，波濤汎濫，風雨飄搖。春明漫思往昔，且舉杯酩酊勸今宵。淒絕秦淮秋月，關心千里迴潮。　無聊。塵事苦紛囂，慣聽亂鳴蜩。悵聲徹

驪歌，泥留鴻爪，淚滴鮫綃。牽裾無忘珍重，再休談身世等匏瓢。如此衷情誰訴，那堪更種愁苗。

一叢花

浣芸繪五色菊花便面，寄貽錦雯大姊於天津。揖冰從父首唱，命子姪分詠，予分得白菊

捲簾人怕倚斜陽。瘦怯紵羅裳。東籬丰采疑非舊，暈痕淡、可是新霜。扶月助嬌，鏤冰輸豔，梅萼妬先芳。　天教冷豔占秋光，送酒爲誰忙。飛來粉蜨應相問，問何意、卸卻紅妝。秋蕊吐去香，瑶花入詠，樂府幾商量。

散餘霞

題浣芸米囊花畫扇

深紅淺紫枝低愞。似輕紅苞破。月明曾記庭中，解羅襦子播。　垂簾更遠静坐。任瓣飛塵涴。一笑已兆豐年，指米囊箇箇。

惜紅衣

道希表兄爲我點竄詞稿，勸印成編，和白石自度曲奉酬。時在武昌姚園

妙手裁雲，連情忘日。費君心力。句換吴縑，寒波翦淞碧。空中恨語，天付與、蘋洲詞客。幽寂。多少舊愁，遣鱗鴻通息。　棲遲巷陌。興託蒓鱸，浮名怕狼藉。離憂慣縈故國。渺南北。輪卻竹垞樊榭，省識律音來歷。漫繼聲壇坫，重減趣園顔色。

以上《味蒓詞》卷一補遺

踏莎行

壬子初春，竇瑞臣侍郎招飲有感

滄海成田，鼯鼷走社。銅駝殘淚悽涼瀉。舊時喬木已無多，王孫驄馬雕鞍卸。　露泫紅蘭，香銷紫麝。問誰秉燭疇清夜。開元往事

莫須提，鹿樵續紀傷心寫。

鷓鴣天

如此江山萬里遥。狂花妖鳥黯魂銷。南朝一段傷心史，慢譜聲聲付玉簫。清商怨，太平謡。那堪世事問漁樵。驚烏繞樹啼殘月，愁煞東風刧火燎。

高陽臺　題山陰陳宛珍烈女遺象

珠淚凝紅，黛眉慘緑，料應瘦損華年。雨颯雲昏，悽涼何處啼鵑。歸期枉卜今生誤，悵人間、好月難圓。數柔腸，百轉千迴，説也堪憐。披圖省識孤鸞影，想那時情緒，憔悴無言。珮冷香銷，春風吹落花殘。泉臺縱綰同心結，更傷心、未了塵緣。最消魂，華表歸來，化鶴啼烟。

齊天樂　丁巳莫春，偕浣芸南旋，同游西湖，憶別杭州已十年矣

雨湖却比晴湖好，朝來更多清景。遠岫涵青，空林滴翠，山色湖光相映。天然畫境。看垂釣漁磯，笠簑人影。一櫂烟波，劃開蘋藻浄如鏡。蘇隄依約記取，認泥痕十載，鴻爪堪證。勝地重游，勞生久倦，身世還同萍梗。塵襟浣浄。待古寺鐘殘，冷潭月印。莫負春宵，共拏烟外艇。

買陂塘　戊午六月，逵臣招飲十刹海。回憶乙未孟夏道希、連生、伯羲、仲弢諸君更番招飲，觴詠於斯，今則墓門宿草，不獨滄桑之感也

最銷魂、陂塘楊柳，蕭疏今已如許。重來燕似曾相識，風景那同前度。空自語。問鷺約鷗盟，夢醒知何處。予懷欲訴。奈書劍飄零，江

湖冷落，身世逐飛絮。盈盈步。細認長隄舊路。嫣紅依約如故。當年醉岸花前幘，回首騷壇無主。愁萬縷。且莫把清尊，怕惹相思苦。伊人慢溯。悵鴻跡難尋，驢情易墜，忍譜斷腸句。

齊天樂

久雨乍晴，新凉初逗，與浣芸閒坐小廊，焚香煮茗，不知人世之紛擾也

新涼剛值新晴後，秋容倍饒明靚。翠篁迎風，珠簾捲雨，炎暑人間消净。虛堂晝静。正青潤蕉窗，緑凝苔徑。並坐迴廊，薄寒微透袷衣冷。　空庭清氣如許，一蟬鳴落葉，添助幽興。静裏生機，閒中樂趣，此味應堪同領。甘芳沁茗。更滌盡塵襟，別饒佳勝。待月來時，好醻清夜永。

淒涼犯

癸亥人日，得曹君直同年訃，詞以哭之

朔風透幕。寥天外、淒淒驀地蕭索。故人去矣，寒宵短夢，下迎旗鶴。離懷正惡。問誰許山靈締約。君死而復蘇，自云赴泰山任，言訖而逝。冒鶴亭往弔，聞其家人言之。怕他年、歸來訝錯，知否舊城郭。　回首蘇臺畔，幾度悲歌，幾番歡樂。舊游記取，寫新詩、慣題花萼。頓盡風流，把琴撫青衫淚落。看孤檠、一點燼火，送遠柝。

山亭宴

甲子春首，招集詞人小飲，譜此代柬

雪泥爪印知何處。又尋春、快邀吟侶。花徑漸荒蕪，早被了、鶯嗔蜨妬。緇塵霜鬢記年年，只風月、堪聯尊俎。老去太疏狂，夢不到、成連遇。　昔時檀板新聲譜。恁開天、舞衣如許。買醉憶江亭，賸多少、題襟好句。青禽

門外乍銜書，且試問、酒人來否。怕是怯輕寒，漫寫空中語。

摸魚子

乙丑秋日，冒鶴亭同年重來京師，南北兵阻，不克言歸，贈此慰之

又秋風、西山楓葉，蕭疏紅已如許。舊人空賸何戡在，莫更徘徊思古。頻記取。記當日圓通，翦燭談春雨。從頭細數。問幾輩凋零，連番棖觸，踽踽與誰語。　歸期誤。休聽聲聲鼙鼓。天涯同倦羈羽。漫將身世蘭成比，怕了斷腸吟句。還念汝。歎知己無多，歲月驚非故。重逢小住。好選韻愁邊，題襟客裏，商略譜金縷。

滿江紅

乙丑六十感懷

六十平頭，看翻覆、長安棋局。也曾見、晴雲秋月，腰金珮玉。枵腹常充雞肋味，微名卻被蠹絲束。歎楹書、價不抵籯金，嗤空讀。　逐不盡，中原鹿。招不到，雲間鶴。悵狂花，撲面蠻烟迷目。塞北豺狼馳突慣，淮南雞犬飛昇速。再休談、人壽竢河清，愁千斛。

其二

江左聲華，數吾家、乾嘉故事。羣欣羨、西清人物，南宮甲第。黼黻三朝傳世美，琳瑯四庫承天賜。儘繁華、過眼等浮雲，愁提起。　滄桑恨，憑誰洗。弓冶學，知誰繼。論文章，聲價雕蟲小技。竹杖芒鞋從我好，蓴羹鱸膾思鄉味。怪年來、疏懶似嵇康，消英氣。

其三

卌載遨遊，記踏徧、天涯芳草。祇贏得、公卿

倒屣，王孫贈縞。縱酒南樓邀舊月，題襟漢上添新稿。撥銅琶、高唱大江東，誰同調。　且慢學，披裘釣。也不解，拈花笑。賸一腔熱血，一聲長嘯。賈誼上書曾痛哭，陳東伏闕空懷抱。悔等閒、辜負好韶光，朱顏老。

其四

結客詞場，偏交得、蘇髯秦觀。數不盡、唾壺擊碎，吟髭撚斷。白社題名巖石泐，紅妝賭酒瑶尊勸。到而今、腸斷賀方回，江南怨。　文字廢，詩書賤。雅頌絶，宮商變。問曉風，殘月誰吟柳岸。息影先裁居士服，銷愁懶讀神仙傳。鎮無聊、老去且填詞，空傳恨。

憶舊游　題長沙章价人太守銅官感舊圖，爲令子曼仙太史作

記歸帆帶雨，廢壘淒風，夢落江天。不盡蒼茫感，認霜塵染鬢，换卻華年。印泥舊痕何處，山赭水温邊。『水温山赭』，曾文正《湘潭奏捷疏》中語。寫無限幽情，荒涼日暮，隄柳摇烟。湘潭有烟柳隄。　流連。溯疇昔，有誰問當時，萬里樓船。雲母溪前路，湘潭銅山有溪曰雲母。笑參軍老矣，琴劍依然。故山尚留餘恨，遺事説縣田。　賸一幅丹青，千秋信史人共傳。

八聲甘州

撼西風倦眼望烟塵，誰家感漂零。歎愁腸迴轉，思歸不得，終誤浮名。莫唱太平時調，且唱訴衷情。嗤爾淮南客，雞犬飛昇。　同是天涯羈旅，悵亂離身世，夢也魂驚。更霜天吹角，悽絶不堪聽。憶年華、朱顏消瘦，算幾何、

人壽竢河清。應知那、最傷心處，老矣蘭成。

高山流水　題秦佩鶴少司馬遺象

問誰省識這離愁。卻無端、長繫心頭。池館慣題襟，難忘謝客風流。詩仙去、綠萼還留。君貽畫梅二幀，鈐『綠萼仙館』印。江亭宴，回憶春明往事，好句相酬。悵青山換夢，碎翦玉京秋。披圖。重逢故人面，應記那、積水盟鷗。滄海感生塵，道是不如歸休。想高寒、玉宇瓊樓。只贏得，清風悽涼兩袖，弁冕南州。數貞元舊侶，劉白許同儔。

露華　從王碧山體　燕筍又名春筍，吾鄉每於春間上市，隆冬偶見，值昂倍蓰，他郡無此種也。吳搢伯内阮近忽見貽。遠道頒來，深情可感，譜此以答嘉貺

瑤篸漸茁。向試咒還嗔，不是春節。記否玳筵，曾配朱櫻肥鱖。問誰巧借東風，一夜凍雷齊坼。天涯遠，知君贈遺，饜我饕餮。深情寄逮涎末。想淺啄芹泥，籬徑尋拾。尚帶翠痕尖嫩，味香堪擷。夢殘舊巷烏衣，瘦影肖渠清潔。投懷好，纖纖裹來一撮。

瑞雪濃慢　詠雪

峭風鶴瘦，凍雲鴉棲，何處夢魂催醒。瑞花起舞，一院玉塵，小闌翠袖懶凭。旗亭此日，儘許貰酒，圍爐酩酊。想有人、坐寒江獨釣，繫着孤艇。柳飛綿，梅伴影。料郊島、也自成孤冷。脱巾閒步，低唱淺斟，不減灞橋詩興。離騷讀罷，好安排、添香煮茗。待看烟樹迷濛，更來弄暝。

買陂塘　題單東笙桂陰課子圖

碎秋心、織愁人瘦，新涼添得如許。重題滂喜齋中事，誰識斷機情緒。看桂樹。試把卷臨風，嘯傲滄浪趣。慈雲永護。指枯幹重榮，濃陰四匝，依約讀書處。披圖畫，夙昔西軒小住。而今風景非故。縹囊錦帕都良産，遺澤一經留與。君記取。問草木平泉，過眼渾無主。從頭細數。憶蕭寺鐘聲，山城塔影，夢繞白雲去。

疏影　戊辰春首，連日佳會，夜半言歸，快雪初晴，泥塗濘滑。回憶江亭賞雪，故人早悲宿草，悵觸前塵，爲拈此解

塵街瑩潔。對碧空皓魄，凡念俱絶。怪爾無端，何事深宵，孤輪輾盡殘雪。衝寒一片琉璃影，但隱隱、依稀城闕。那更禁、沁骨清涼，怕聽戍笳聲徹。還記江亭載酒，爲聯即景句，催碎詩鉢。卅載豪情，半世浮名，早已安排銷歇。宣南未許尋鴻爪，只夢想、伊人天末。慣解愁、佳會逢來，况近上元時節。

八聲甘州　寄懷陸式卿、陳典韶

黯銷魂最苦是離情，天涯渺愁予。憶論文尊酒，填詞選韻，此樂何如。休道別來無恙，舊事已模糊。話到滄桑感，夢也欷歔。老去驚心鼙鼓，料江南江北，一例荒蕪。儘含宮嚼徵，遺得旅愁無。莽風塵、欲歸無計，問那時、同食季鷹鱸。還相祝、安眠健飯，且醉屠蘇。

氐州第一　春雁

寥落長空，驚換歲序，天涯數點泥爪。徑曲霏

香，苔深凝翠，依約霜痕漸少。千里衡陽，夢尚戀、迴峯斜照。雨雪關心，風塵倦翮，舊愁慵埽。那管杏林春意鬧。況南浦、又生芳草。字小沈烟，菰殘飲露，惜慣催人老。儘空中、傳恨語，昂頭去、清風一嘯。欲訴衷情，再休提、秋田早稻。

鬭百花　閏花朝

天氣輕寒輕煖。春色平分剛半。前隄柳樹烟迷，深巷杏花聲喚。已過花朝，聽鸝千囀腔新，撲蜨重來人倦。芳景頻留戀。試語東君，爲底番風又轉。無計浣塵，幾度望中迷眼。大好韶光，偏愁冶緑倡紅，依舊自家零亂。

瑞鶴仙　團城古松。金籛孫招飲承光殿

喜濃陰繞屋。朝氣爽，恰聽濤聲鳴玉。虬枝競高矗。紀年時，恩寵承光如沐。高宗封松爲翠雲侯，築翠雲山房，御製集詠承光殿、翠雲堂詩甚多。龍蟠虎伏。傍短牆、依舊委曲。有新枝聳翠，圓蓋浸雲，半潤庭緑。緬想前朝往事，寄託幽情，顧瞻喬木。興亡感觸。排愁悶，遠塵俗。對蒼髯勝友，芳春無恙，醕醪聊飲滿盝。儘摩挲古甕，題柱舊詩可讀。

春夏兩相期　戊辰立夏前一日，招集稷園詞社賞芍藥，詠金帶圍

餞餘春、舉杯深勸。羣芳老盡璚苑。過了番風，黄裊翠蕤初展。階翻覆葉玉盤圓，綵縧同心金絲軟。比帶還鬆，如腰嫌細，澹描勻染。

佳名洛下傳偏。傍小闌摇曳，露濃烟泫。醉粉嬌紅，偏惹瘦蜂兜轉。因憐没骨替花愁，故教婪尾春殿。有恨將離，欲語含顰，任人依戀。

霜花腴 題彭剛直墨菊

舊家妙墨，正酒闌，低徊萬感尊前。陶隱何心，屈吟多怨，秋容背寫應難。秀英可餐。恨故鄉、消息如烟。甚淋漓、半幅湘雲，對花籠影幾回看。　休説傍籬來就，漸繁華閲寂，去住誰歡。貞潔詩篇，英雄情事，圖梅畫石同傳。翠簾皮寒。引澹枝、聊伴蒼顔。憶年時、大好棲遲，草亭門外山。

臨江仙 題吕桐花夫人清聲閣填詞圖

謝女才華蘇女慧，桐絃譜出新聲。瓊思瑶想倚銀屏。琴言添協趣，月話寄高情。　費盡蘭閨螺子筆，燕脂鈔向燈青。冬郎妙句我曾聽。分明姝麗在，粉木寫迦陵。竹垞《題陳迦陵填詞圖》云：『空中語，寫出空中姝麗。』

風流子 詠三六橋藏納蘭雙鳳硯

琳腴一片石，詞仙去、雙翼嬾交飛。想十載綺懷，瘦消花骨，納蘭有『瘦盡十年花骨』之句。半生離緒，愁綰情絲。露珠潤、碧箋空寄恨，紅葉舊題詩。鳴鴿水添，綫紋金定，畫蛾人去，鈿匣塵棲。　東華門前路，依稀試、細認巷口烏衣。惆悵舊時王謝，風景都非。賸騰光玉版，蟾蜍淚滴，結緣墨海，鸜鵒心知。鈔到柳枝佳句，納蘭《柳枝詞》集中未録，見華亭張温和公《飲水詞序》。研碎隃麋。

燕歸梁　詠雙鳳硯齋杏花

紅鬧枝頭春幾分。江南夢、了無痕。小廊低壓散霞芬。且莫笑、殢香人。　悤悤又過花朝後，番風轉、喚花魂。祇今嬌豔惹王孫。漫醉賦、惜餘春。

永遇樂　招詞社同人寓齋小飲，夏閏庵出示所得趙武靈王箭簇，因以爲題

羽鎩風悽，蝱飛聲杳，遺恨千古。光黝封塵，莖青凝鏽，霸業空矜詡。邯鄲夢冷，梁韓人去，憑弔信宫何處。記當年、争雄驕發，英姿想象威武。　天心厭趙，長平戰罷，故壘那禁迴顧。逐鹿中原，飛梟絶域，歷盡征鼙苦。感懷今昔，摩挲寸鐵，屈指興亡可數。幾回望、豺狼徧地，可能射否。

齊天樂　左迦厂同年久别重逢，用玉田《遇汪菌坡》韻贈詞索和，依韻奉酬

江南歸夢蘼蕪遠，風塵慣吹人老。卅載懷思，連番歡樂，重把春杯頻笑。清明過了。正飛絮沾衣，落花欹帽。爲訴衷情，問誰吟斷玉田草。　年來惆悵舊雨，鹿鳴歌宴罷，相見常少。飽閲滄桑，閒抛歲月，羞見鄰家嬌小。蜂狂更惱。歎冶緑倡紅，自憐清曉。漫寫新愁，且酬同調好。

前調　寄懷徐芷升同年於天津，依迦厂用玉田韻

鹿鳴歌罷空成夢，回看鬢絲蒼老。繡陌尋花，金臺賞月，曾共詩人談笑。繁華過了。任霧溼衣衫，塵霏巾帽。悵望江南，怕吟梅子斷腸草。　低徊重省往事，上書悲賈誼，英氣多

少。乙未與君上書都察院，呈請代奏時事。淚灑金槃，詞傳玉笥，一覽羣山皆小。風聲更惱。想薜荔園中，君家園名『薜荔』。也愁春曉。咫尺天涯，幾時相見好。

長亭怨慢　爲陸彤士題馬湘蘭畫觀音象

帳消瘦、紅顏如許。幾葉經編，一爐香炷。醒夢蒲團，最憐前事渺何據。歲華更换，凝眼望、知非故。悟到色空時，只寫出、當年心緒。延佇。想庵中孔雀，忍與此情終古。皈依浄土，料也悔、女身都誤。記得那、寄託幽芬，湘蘭畫蘭，余家亦藏幀一。却紛散、閒愁無數。任卸盡紅妝，常被慈雲呵護。

兀令　春陰

輕霧迷濛斜裊裊。薄寒人悄。春意知多少。認如許春痕，目斷天涯草。低掩一帶垂楊，澹染眉纔掃，被緑鶯先惱。爲愛看花拚起早。暝雲紆繞。愁煞枝頭鳥。儘釀雨欺晴，麥氣涼昏曉。漫説夜乞通明，駘蕩風光好。怕落紅深了。

滿宮花　春日即事

院沈沈，人悄悄。何處流鶯啼曉。門前又見亂紅深，魂斷天涯芳草。春恨多，花事少。滿地榆錢慵掃。斜風細雨怯輕寒，知是爲誰煩惱。

應天長　明費宮人故里

烏衣細認，鴻爪暗尋，蒼茫萬感遥集。記否虚堂人静，朦朧畫簾羃。江山恨，杯酒碧。任過眼、亂紅零歷。又開徧，滿院梨花，慘澹春色。

回首建章宮，翠黛縈愁，眢井淚狼籍。一縷斷魂歸去，依稀水西宅。紛霏雨，迷巷陌。訪故里、忍看題額。晚晴好，聽盡啼鵑，應共悲惻。

淡黃柳　和迦厂，拈白石調，並依原韻

殘紅嫩緑。花落愁鶗鴂。柳絮飛空明又滅。看到當階芍藥。過了清明舊時節。　怕春别。芳華易銷歇。四時好、是三月。倚闌干、笑指翻蝴蝶。減盡風情，者般心緒，惟見楊花舞雪。

一萼紅　葑圃賞芍藥，用草窗韻

境清幽。趁初梅時節，觴詠不須休。雨濮香濃，烟扶萼細，嫣然花韻悠悠。賞花好、春餘夏始，半巖廬、斟酒醉紅舟。金帶圍黄，玉盤翻白，蝶妒鶯愁。　回溯詞壇遺事，記詩吟坡老，會罷揚州。柳執金城，桑栽碧海，忍聽鳩東樓。喜盍簪、招邀俊侣，續芳亭、曾許幾人遊。爲駐鏡霞婪尾，抒寫心憂。

三姝媚　萍鄉文法和九表弟同年，闊別多年，頃遇相歡，依道希三哥贈詞調，疊韻貽之

離懷休浪苦。快重逢欣然，皺眉飛舞。往事愁提，最關情紈扇，唱酬佳句。道希書《三姝媚》詞於紈扇見貽，半塘亦寫和作。君曾賦《秋海棠》詩寫予紈扇。塵刼茫茫，還忍看、靈和飛絮。頓盡風流，目斷孤雲，竟成千古。　記否騷壇趨步。共話雨江亭，行吟歸路。誰料分裾，怪音書寥落，客腸摧處。一見相歡，偏又是、漫天迷霧。且取清商舊調，新聲按譜。三哥詞結句『好記靈和舊恨，清商自譜』。

滿庭芳　迦厂屬題毘陵沈紫蘐小紫藤館圖

架引玲瓏，珠垂絡索，勝地別有壺天。羨君清福，讀畫樂陶然。蘭竹淩晨滴露，池塘薄暮摇烟。登皋望，嵐光叠翠，亭影落尊前。　流連。消歲月，無雙智慧，弟一神仙。渺愁予，卅年身寄幽燕。漫憶風臺水榭，吾家趣園，嘉慶戊午藤花盛開，洪北江、吴穀人諸君子來游，有趣園觴詠圖。興懷瑞玉晴川。憑傳語，含宮嚼徵，按譜擘魚箋。

鷓鴣天

六代悤悤感寂寥。鎖沈江底舊魂銷。鍾山冷落冬青樹，一夕鳲鳩占鵲巢。　詩漫賦，酒慵澆。蓴羹鱸膾也無聊。勸君莫唱江南好，未起秋風草已凋。

金縷曲

春去鶯啼苦。渺茫茫、蒼涼百感，此情誰訴。金粉繁華都銷歇，賸有悽風楚雨。愁一片、欲埋何處。鼙鼓聲中枯萬骨，化沙蟲、那止恒河數。任萁豆，自燃煮。　皇媧無術將天補。看分明、陸沈滄海，伊誰悔誤。遼鶴歸來山河改，城郭人民非故。衮父有回國之訊。況鸞鳳、飄零幾許。留得蘭成猶老健，繞迴腸、重續江南賦。滄桑恨，歌金縷。

鷓鴣天

身世茫茫萬念休。本來天地一浮漚。金貂玉珮知何處，傀儡登場笑沐猴。　江山恨，古今愁。驚聞蟻穴鬭犀牛。桑栽滄海誠多事，風雨縱横徧九州。

浣溪沙

急管危絃動地來。飛紅一霎滿塵埃。箇中消息費疑猜。　酒祝東風思遣興，淚殘西子强開懷。迷離影事苦安排。

以上《味蒓詞》乙稿

憶舊游

戊辰上巳，同人北海修禊攝景，分得『非』字

記江亭載酒，古寺尋春，觴詠忘歸。光緒乙未上巳，黄漱蘭師挈仲弢，約意園、半唐、道希諸君江亭修禊，旋至崇效寺看牡丹。忽忽卅四年，今皆宿草矣。轉燭芳韶换，早風懷漸減，霜鬢將稀。舊泥印爪何處，惟許落花知。悵冶葉倡條，愁紅慘緑，景物都非。　凝思。溯前事，又俊侶招要，佳話重提。爲愛蘭亭序，好安排分韻，賡續吟詩。幾

人醉倚闌畔，人影鏡中低。待後約重來，雲箋鬬句毫共揮。

孤鸞

題餘杭周節母邊氏啓壙結茅圖，爲孫踽叟丈作

茅廬荒寂。聽麥嶺風悽，斯人奇特。料彼鬢眉，畢竟自慚巾幗。遺金也嚴棄取，問門前、雁行誰列。了卻此生心願，比懷清高潔。　憶當初、身死有何惜。對慈竹龍鍾，淚痕凝碧。玉樹萌芽幸，得守吾宗祏。便教返真浄土，好想從、百年同穴。我欲書諸彤史，使千秋矜式。

以上《味蒓詞》卷二補遺

邁陂塘

千佛山　歷城縣南門外五里，山腰有『九點齊烟』門額。相傳山爲大舜耕田處

又登高、扶笻拾級，重陽時節過了。鵲華依約凝秋色，九點齊烟縹緲。霜信早。正萬樹丹楓，淺染知多少。憑闌遠眺。指燕首螺青，羊頭黛碧，一幅畫圖稿。江山夢，記取叢林勝景，玉泉屏幛迴繞。當陽玉泉山有『荆楚第一叢林』額。珍珠橋畔曾題柱，玉泉山珍珠泉，因以名橋，在關壯繆祠北。博得彌陀微笑。方丈屬題彌勒洞柱，爲撰『不才應博彌勒笑，此行爲啜珠泉來』之句。且漫道。悵過眼浮雲，不覺朱顔老。斜陽相弔。溯虞帝耕田，開皇剜壁，隋開皇鐫佛象於石壁，因名千佛。古蹟問誰曉。

浪淘沙 趵突泉　泉有三六，晝夜噴激，志有『三峯』之名

何處問靈源。雪沫騰翻。三峯噴薄濺波寒。翦碎冰花搖蕩漾，錯落珠盤。無語獨憑闌。静裏觀瀾。佳名錫予憶當年。惆悵南豐歸去也，夢冷詩壇。『趵突』爲曾子固所顥。

臺城路 錦屏山龍洞　歷城縣西南三十里

馬蹏人影秋風裏，層巒曉開晴幌。夾澗流泉，危坡攢石，天際烟霞蒼莽。扶揺而上。正曲徑迴環，奇峯疏朗。古洞深幽，神龍一去問誰訪。凝眸錦屏巖畔，指丹楓冷落，白鴿來往。山腰有白鴿洞。竹杖閒攜，芒鞋踏破，稽首彌陀佛像。西洞口佛象凡九。憑高俯仰。聽孤寺殘鐘，數聲清響。滌盡煩襟，翛然塵外想。

江南好 游大明湖諸名勝

明湖好，城郭繞山青。九點齊烟環岱岳，濟南城北諸山，郡人取李長吉『遥望齊州九點烟』句，謂之『九點烟』。七橋于欽《齊乘》：『七橋曰芙蓉，曰水西，曰湖西，曰

北池，曰百花，曰濼源，曰鵲華。』碧水接滄溟。到處畫橈停。

前調　歷下亭

明湖好，環水古亭幽。兩點青螺華鵲峙，華不注、鵲山。一天白浪鷺鷗浮。人在鏡中游。

前調　南豐祠

明湖好，遺碣水門東。曾子固《北水門記》碑在寺壁間。廟貌千秋尊北宋，心香一瓣祝南豐。水木趣無窮。南豐祠多水木之趣，見《小滄浪筆談》。

前調　小滄浪　對千佛山，山影遥落湖中，清峭奇勝

明湖好，山影落湖中。碧水縈紆迷暮靄，青峯環拱接長虹。面對千佛山，游湖時，長虹見於東南。楓映夕陽紅。

前調　鐵公祠　明布政使鐵鉉殉靖難兵，邑人敬而祀之

明湖好，古廟鬱巍峨。忠義精誠争日月，乾坤浩氣壯山河。碧血淚痕多。

前調　鐵公祠湖亭

明湖好，祠宇傍菰蒲。四面荷花三面柳，一城山色半城湖。二語先外太祖萍鄉劉金門宫保題鐵公祠湖亭，楹帖今尚存。碑碣忒模糊。

前調　張公祠　山東巡撫張曜

明湖好，往事感滄桑。一代中興勞汗馬，幾人遺愛憩甘棠。史册姓名香。

前調　北極閣

明湖好，高閣聳雲端。環拱北辰星彩焕，依稀南極斗光寒。留蹟後人看。

前調　滙泉寺文昌閣

明湖好，蕭寺近湖脣。古歷亭邊留夕照，文昌閣裏話前塵。泉水碧粼粼。

前調　晏公臺　南豐祠側

明湖好，坏土晏公臺。太守千秋曾鞏去，才人幾輩仲宣來。廟貌滿塵埃。

前調　滙波樓　在濟南北門，城樓下爲水門，樓正對華不注、鵲山之間

明湖好，指點滙波樓。萬斛珠泉華鵲寫，一灣碧水古今愁。冷落幾春秋。

前調

明湖好，憑弔立斜陽。前輩詩人留翰墨，勝朝遺事話滄桑。懷古詠蒼涼。

邁陂塘　四風閘甸柳莊訪辛稼軒故宅　距歷城東北二十里

隱垂楊、斜陽揺落，婆娑老態如許。廣陵一散詞仙去，添了閒愁無數。還記取。想紅藥闌干，竹嶼知何處。宅有藥闌、竹嶼諸名。騷壇無主。任遼鶴歸來，杜鵑嘑泣，留得斷腸句。滄桑恨，我亦曾呼遠志，稼軒有『小草舊曾呼遠志』詞句。廿年前費迴溯。飄零書劍無窮感，棖觸天涯倦旅。頻弔古。訪甸柳莊頭，願結同心侶。停驂小住。認風閘烟迷，華柎月冷，稼軒没後，常在華柎山頂悲呼，經時不絶，見《歷城縣志》。往事付

鷗鷺。

念奴嬌　訪王漁洋秋柳園　在大明湖東，近市肆

名園何處，認明湖側畔，隄邊橋市。萬種荒涼無限感，韻事問誰提起。兩岸蒼葭，一坏黃土，添盡愁滋味。滄桑幾換，箇中心事知未。　回念楊柳扶疎，閒吟秋興，賦罷雕闌倚。惆悵詩仙今已去，惹得游人停騎。幾輩風流，百年名士，多少齊諧記。空中傳恨，荻花蕭瑟聲裏。

浣溪紗　柳絮泉弔李易安　泉在歷城縣南，又名黃華泉

柳絮泉邊碧水流。藕神祠裏豔名留。明湖舊有藕神祠，神象已毁。符兆綸約同人以易安代之，祀曰藕神。紫陽論定足千秋。朱文公言：『本朝婦人能文者，曾相國妻魏及易安二人而已。』　金石録編文字泐，易安作《金石録攷證》，序而藏之。琵琶行句畫圖收。易安能畫，明人陳查良藏有易安所畫《琵琶行》圖。一篇漱玉古今愁。

其二

妙句争傳一翦梅。易安當其夫趙明誠出游時，賦《一翦梅》詞送之。縹緗何處舊樓臺。柳絮泉上舊有易安書樓。碧雞漫志不須猜。謂易安改嫁張汝舟事。　錦帕當年曾灑淚，玉壺往事已成灰。謂張飛卿玉壺致訟事。夕陽憑弔獨徘徊。

以上《歷下行吟》（庚午九月作）

徵招　辛未四月，訪俞階青太史，餉以茶點，爲題先宮庶公及第後家書，贈以《樂静詩詞集》。用詞中調，步韻酬之

長安共踏紅塵輭，蒼顔比君消瘦。甲子上元宵，憶圖吟楊柳。甲子上元，招集詞人寓齋小飲，爲題曉風柳岸填詞圖，已八年矣。相逢開笑口。記前度、贈詩投袖。幕燕依然，雪鴻何處，那禁回首。春在話當年，滄桑換、俞樓曲園猶舊。品茗更餐英，味芬芳醲厚。瓊編頻拜手。正櫻筍、鰣魚時候。故人健、願葆松筠，許歲寒盟否。

其二

登科喜報泥金帖，紅箋字猶清瘦。讌集杏園空，賸蕭疏宮柳。遺聞誇侈口。記朝罷、鑪香盈袖。冷落瓊林，顧瞻喬木，愴懷搔首。佳語憶昇平，家書寄、留看墨痕依舊。健筆荷鴻題，感良朋情厚。珠璣擎在手。想臚唱、簪花時候。玉堂邈、故實重題，問世人知否。

花犯　趙劍秋招集詞社，詠滂喜齋朱藤，和清真

指槐陰，珊瑚翠影，相看沁香味。寄園何處，空冷落朱門，芳訊穠麗。羨君勝賞闌干倚。高齋題滂喜。更認取、舊留宸翰，詞臣恩澤被。名流畫圖渺難尋，陸包山爲吳文定公畫藤花圖。停杯話往事，教人心碎。春漸老，番風過、飛紅輕墜。沈思久、故鄉夢繞，還睠想、江南烟雨裏。趣園老藤，數百年物，花盛時，觴詠無虛日。且共坐、爲花傳讌，吟懷清似水。

菩薩蠻　天津軍事，三月未平，寄懷章式之並楊味雲、左祉文兩同年

天津橋畔聞鶗鴂。傷心啼落關山月。烽火話當年。開元舊夢牽。伊人秋水遠。客淚青衫浣。魚雁信沈沈。懷思付短吟。

其二

琴書嘯詠衡門住。瓠壺瓢勺天然趣。私語祝平安。閒來並倚闌。　涼風秋獵獵。飛斷鵜鶘翼。還我舊詩舲。鵜鶘怕署名。

浣溪紗

曾記蘭閨罷繡時。竹林花蕚詠新題。莊周蝶夢太迷離。　穿袖沈吟催月落，牽衣問字怕人知。推敲夜短未成詩。

其二

名蹟甌香館裏尋。搜羅粉本慣摹臨。南田應許舊知音。　花鳥精神傳彩筆，魚蟲恣態寫霧心。爲題詩句獨沈吟。

其三

隔岸荷風送晚涼。池塘清淺戲鴛鴦。小園聯袂挹芬芳。　對酒當歌花月夜，浮瓜沈李水雲鄉。卅年前事漸微茫。

其四

記否叢蘭開並頭。畫簾不捲爲香留。替花寫照思悠悠。　空谷幽芳吟妙句，騷人韻事解離愁。一華一幹一天秋。

其五

別字當年署漱紅。私鐫小印紫泥封。家書遥寄楚江東。　耽酒生成名士癖，吟詩最愛古人風。別來音訊不曾通。

其六

攜手登臨憶少年。虎邱山上洗塵緣。山塘畫槳浣花船。　寂寞長宵空問月，依稀舊夢杳沈烟。秋聲蕭瑟黯悽漣。

其七

孤館沈沈別思縈。衫痕淚漬淺深情。嫛婗情緒欠分明。　細撥香灰書悶字，閒翻貝葉閱金經。似曾人倚畫屏聽。

其八

夢裏推尋總易醒。醒來霜月映窗欞。西風颯颯送殘更。　寒擁孤衾渾不寐，低呼小字未曾應。要知心事問燈檠。

菩薩蠻

俞階青太史遺我《樂靜詞》二編，拈此却寄

緇塵霜鬢催人老。貞元朝士知多少。思古發幽情。清商怨自生。　鴻泥尋爪雪。夢冷孤山月。一紙寄離騷。憑君慰寂寥。

水龍吟

可憐如此湖山，爲誰留得銷魂土。鄉關夢杳，郊原望遠，蒼茫雲樹。燕子樓頭，烏衣巷口，瀟瀟風雨。悵王孫嘶馬，怨春顦顇，空回首、江南路。　忍聽聲聲鼙鼓。儘思量、斷腸何處。鯨波倒海，狼烟迷驛，音塵間阻。落絮縈情，孤芳搖影，夕陽無主。更鶯花寂寞，庾愁侵鬢，自吟哀賦。

踏莎行

花落成茵，柳殘吹絮。東風偏送春歸去。窺簾燕子不知愁，覻人故意呢喃語。　鸞鏡霏塵，鳳絃膠柱。芳情銷盡盟紅縷。去年淚閣舊琴尊，吟魂尋斷天涯路。

采緑吟

韻事消沈，好春過半，烟塵滿目，觸我閒愁，付之慢聲，以抒懷抱

節序清明近，旅思漸滿天涯。眉峯鎖翠，鬢絲霏雪，塵夢迷離。舊遊無處覓，琴尊冷、問誰幾度題詩。換年芳，春愁裏，聲聲聽盡子規。　惆悵憶平生，滄桑變、人間今日何世。富貴等浮雲，看一局殘棋。暗神州、悽風悽雨，鯨波起、羈客不成歸。沈吟久，拈斷數莖，垂白碎髭。

湘月

覽鏡感憶

淚殘夢冷，悵菱花半面，誰認眉嫵。着意摩挲奈黯澹，賸有凄清情緒。垂匣迷龍，倚妝怨鳳，總是傷心處。潘郎銷瘦，凭闌棖觸無語。　猶憶却月迴風，衣裳對着，照芙蓉仙侶。一片微茫問顧影，招得春魂來否。緑鑑香沈，紅匳繡滅，未許孤鸞舞。伊人秋水，玉臺空費吟句。

蹋莎行

春不盡，一日寒甚，時江南軍事猶未已也

夏始春餘，愁紅慘緑。閉門慵管東風惡。晶簾乍捲不禁寒，羅裳試換還嫌薄。　疏鬢殘蟬，瘦容孤鶴。沈吟側帽闌干曲。鶯花零落話江南，斷腸那許離人續。

珍珠簾

春事已過，譜此抒懷

幾時彈罷傷春淚。年光換、嘗偏銷魂情味。金粉漸飄零，把闌干閒倚。寶鏡塵凝鸞欲舞，嬾點檢、齊紈吳綺。憔悴。悵雲鬟香冷，芳心愁碎。　還記。玳瑁雕梁，看呢喃雙燕，唾花

沈醉。門外柳如絲，怕被風搖曳。翠黯紅悽深院静，又送盡、湔帬天氣。喚起。唱一曲清商，斷腸聲裏。

紗窗恨

塵封鸞鏡慵重浣。奈情何。剔燈按譜傷春怨。悔蹉跎。錦屏寂寞無消息。長相憶。藥臼維摩。舊恨新愁，問誰多。

攤破浣溪紗

目斷天涯去未歸。新愁添上皺雙眉。顧影徘徊渺何許，喚聲伊。　秋蝶多情空入夢，覊鵜有翼不能飛。坐久背燈花蘂落，恨依依。

憶舊遊　感時傷往，棖觸成吟

記尋春折簡，命酒疇歌，側帽吟邊。多少清游興，賸畫圖詩卷，省識題年。盛時大好觴詠，殘夢想開天。嘆幾輩風流，孤懷感觸，空聽啼鵑。　詞仙。正惆悵，喜雅集聊園，别有成連。韻事重提起，且招要裙屐，訂譜花間。舊弦翻奏新曲，芳訊渺如烟。待料理琴尊，宣南好續鴻雪緣。

鶯啼序

霜華漸侵鬢影，認韶光似水。看多少、滾滾寒潮，過江如許名士。櫂波裏、蜃樓縹緲，魚龍曼衍風雲起。聽彈棋柯爛，傷心幾點紅淚。　榆塞狼烽，眼底迅羽，感瀟湘帝子。漢宫鏡、還照秋容，繡帷依舊偎翠。只關情、瀛洲海客，暗消盡、河山佳麗。問王孫，芳草年年，馬嘶何地。　鄉關望遠，瘴雨蠻烟，惹者番旅思。臢慘淡、月明千里，又斷腸處，冷寂宮梅，恨縈殘蘂。聲催畫角，荒城東畔，長堤衰柳搖霏霧，梟絲絲、一片愁憔悴。賓鴻自怨，蒼涼倦翮分飛，往來寄語空際。　鶯花歷亂，粉黛飄零，悵好春去矣。但夢想、開元天寶，負了疏狂，調絶鸞絃，味思鱸膾。蘭成已老，哀吟詞賦，田園荒落歸計誤，憶前塵、休數平生事。安排杯酒新亭，側帽高歌，唾壺欲碎。

法曲獻仙音　寄懷邵次公中州

呼酒尋春，賭棋銷夏，記得成連相遇。折柳牽愁，落梅戀恨，韶華暗驚端午。悵韻事、騷壇冷，芳菲自閒度。　且傳語。望梁園、一枝巢寄，空料想、霜鬢更添幾許。楚楚與翩翩，問齊名、誰是袁祖。夢斷嵩雲，渺天涯、禁慣離續。待歸來俊約，共訂蕢洲新譜。

鵲蹋枝　閒居沈寂，以遣我懷

香閣簾櫳烟閣柳。輕煖輕寒，梅子黄時候。長晝懨懨如中酒。惜春禁慣春人瘦。　燕睨鶯顰愁彀受。爲問芳心，可是年時舊。羅帶同心羞在手。天涯招得吟魂否。

其二

落盡殘紅春不管。懊惱心情，那惜傷春晚。燕子銜花過别院。雙飛暗蹴秋千半。　何處天涯芳草遠。問訊江南，極目烟塵滿。幾度東風腸欲斷。淚痕知否羅襟徧。

其三

門巷斜遮濃蔭緑。换了年芳，可有人如玉。楊柳絲絲新雨沐。滄江還記鴛鴦浴。　枉費閒愁盈十斛。辜負釵盟，惹起眉尖蹙。哀樂中年游晷促。老來怕聽桃根曲。

其四

爛熳芳韶隨水去。片雯繁華，如夢朝和暮。莫道閒情天付與。傳來一半空中語。倚徧危欄凝久竚。慵把簾鈎，捲起愁無數。拚醉清尊誰伴侶。舊歡新恨司勳誤。

其五

黯黯清愁休遠睇。芳草連天，楊柳垂垂地。莫詡江南風景麗。田園今已荒蕪矣。相憶無憑歸計未。櫻筍鰣魚，漫許誇鄉味。花落鶯飛心緒碎。哀吟庾信詞空費。

其六

不待黄昏簾幙閉。欲爇香檀，怕篆相思字。紅燭有心知我意。冷凝碧爓先垂淚。殘夢惺忪醒也未。幾度推尋，玩盡愁中味。影事糢糊休再記。而今潘鬢星星矣。

其七

彔曲迴闌憑悄碧。爲了憐花，翻使花傷別。催老年芳愁似羃。珠塵冷落空瑶席。攜手園林涼月夕。雪藕調冰，韻事淒陳蹟。歡墜釵鈿何處覓。微波那許通消息。

其八

一樹槐陰低掩映。緑滿蒼苔，簾底殘紅冷。衰帽狂吟愁萬頃。畫闌拍徧伊誰應。回坐蕭齋塵念屏。欲把清尊，怕照姮娥影。若箇思量儔夜永。依稀遠寺聞疏磬。

惜餘春慢 次公近示和詞，拈解却寄

杜老憂時，江郎惜别，客裏愁多懽少。回波寄我，妙語驚人，聲裊畫梁低繞。洄溯吟邊酒邊，拈韻分題，幾番歌嘯。悵游踪慵覓，韶華輕度，爲誰煩惱。　問記否、周北張南，珠塵瑶席，俊侶相傾懷抱。興懷舊雨，願續前緣，料許共尋鴻爪。聞道淵明賦歸，重與唱酬，應賡同調。莫離情空費，詩盟觴政，等閒忘了。

玉樓春

梅花零落江城角。歲月催更驚轉燭。那知清事屬閒人，詩卷酒瓢遊玉局。　點塵不到庭空緑。夢醒茶香和飯熟。吟邊絲竹話懽悰，記否尊前歌法曲。

浣溪紗 静坐

不必參禪萬念休。破除煩惱即清修。程朱遺旨放心求。　調息周身知冷煖，凝神元氣任翺游。盧敖若士許同儔。

齊天樂 五月望清晨，過西華門，經午門，出天安門，感賦

曉來天氣涼於水，萬象虚涵明浄。湛露初收，薰風漸拂，玉宇瓊樓高迥。回頭猛省。悵仙仗階空，故宫人静。禁地重經，此來好與雪泥證。　侵尋時序廿載，認周環雉堞，依舊偎並。禾黍歌殘，滄桑夢幻，霜鬢還添愁影。塵緣盡屏。便淚灑新亭，也應淒哽。若問河清，勸汝休更等。

鷓鴣天

滄海横流歷刼多。幾時許唱定風波。河邊鷸蚌争箝啄，博得漁人一笑呵。 移故步，覓新窩。洛陽名勝近如何。行都那及南都好，畫舫秦淮醉綺羅。

踏莎行 題珏庵填詞圖，爲壽石工作。夫人宋，工琴畫

織錦同心，裁雲妙手。月圓花好閒銷受。張南周北費評量，君宗玉田、清真。秦書晉籀空前後。君精鐫印。 舊譜蘋洲，新詞石帚。浮名换了年芳負。寥天清籟獨絃吟，自題有『清籟風高，獨絃吟瘦』句。鏡中人影愁成瘦。

卜算子 墜歡難拾，棖觸成吟

碧唾漬輕衫，紅落欹衰帽。張緒風懷憶少年，霜鬢催人老。 情鄣費推排，影事難分曉。欲把芳心付管絃，怕又成淒調。

其二

嬾覩合歡花，愁結同心帶。瘦損腰肢又幾圍，爲了羅巾債。 未許白頭吟，空惜朱顔改。舊日心情付與誰，夢落江天外。

其三

愁月鎖蛾眉，怨雪霏蟬鬢。欲覓江南夢裏春，望斷梅花信。 轉燭换年芳，萬感成淒哽。拍徧闌干獨自吟，傳語空中恨。

其四

簾映柳梢青，窗滿槐陰緑。鎮日瞢騰覺書長，夢醒詩催熟。 倦起强消愁，浮白傾芳醁。一醉懨懨萬事休，斜倚雲屏角。

惜紅衣　酬邵次公贈詞集

逸響淩雲，沈吟度日。草窗才力。滿腹牢愁，高歌倚天碧。多情睨我，憑寄慰、長安羈客。岑寂。朱厲夢遥，得清真胎息。　京塵舊陌。拾翠題紅，疏狂久聲藉。泱泱海東大國。曠南北。漫説法宗唐宋，騷雅慣經捫歷。是詞家龍象，餘子也應慚色。

長亭怨慢　漱紅館主週忌，悽然感賦

又捱到、悲秋天氣。轉燭浮生，一年容易。寶鏡塵封，素琴弦冷問誰理。舊愁新恨，灑徧了、傷心淚。白髮漸盈顛，早省識、潘郎蕉萃。　回睇。數從前影事，寫盡錦箋難寄。黄泉碧落，渺不見、茫茫如此。莫更論、世態炎涼，感殘夢、何堪重記。儘老我朱顏，悽調孤鸞還倚。

南歌子

眼底滄桑換，閒中歲月過。分明解得夢南柯。不道今年、愁比去年多。　歸計思荒徑，浮生感逝波。蘭成垂老奈秋何。未到重陽、忼慨發高歌。

感皇恩　壬申九月，錢菊人姊丈寄贈高宗純皇帝御題吾家趣園額字拓本，譜此奉酬

茂寵荷熙朝，御題重認。感子多情遠緘贈。當年宸翰，點綴名園風景。詞臣叨異數，承恩命。　舊事漫提，惹人愁省。刼後昆明已灰冷。賜書無恙，天藻煇煌相映。愴懷喬木老，添悽哽。

綺羅香

酬閨庵、味雲、星樵、嘯麓、伯絅、次公題御筆趣園拓本及《漱紅館詩稿》

戛玉流聲，淩雲振響，絶妙詞家上乘。胎息姜張，格調獨標新警。正堪擬、蘭畹金荃，天然後先相映。感故人、如許多情，珠璣字字爲題贈。　開緘吟諷往復，憐我趣園寥寂，漱紅悽冷。厭閲滄桑，好約共拏漁艇。趁鄉關、蓴美鱸肥，待江海、月明波浄。便洗尊、拈韻賡酬，與君長夜詠。

催雪

本意

侵骨寒凝，迷眼月淡，疏樹初收遠碧。早倦鳥歸來，暮鴉飛疾。應爲祥霙欲舞，繞四匝、同雲濃于墨。小闌懶凭，峭風悽緊，劇憐蕭瑟。　幽夕。萬籟寂。望長空似暝，者番消息。料詞客興賒，釣翁愁積。贏得吟魂夢醒，乍斷漏、幾聲沈沈滴。且呪祝、做美天公，下逮及時膏澤。

戚氏

次屯田韻

正霜天。蒼涼明月入南軒。淡影欺梅，冷光摇柳盪疏烟。幽然。掩柴關。沈吟詩思有無間。良宵萬籟俱寂，置身疑似在空山。貰酒成醉，圍烟留坐，瀹茗静聽潺湲。又風飛敗葉，聲響嚴柝，門外争喧。　人世此日何年。回想往事，欲語興偏闌。低徊久、故園喬木，彼美嬋娟。更纏綿。奕局反覆，難堪傲骨，不減從前。老而愈健，好俟河清，先澤還待重延。　漫詡襟懷廣，吹篪莫應，鼓瑟誰懽。也識耕田服賈，到而今錯迕復相連。悶來且去填詞，試拈險韻，至樂真何限。洗愁腸、應怕愁羈絆。欣得句、纔展怡顔。午夜長、漏滴氷寒。倚小窗、獨對一燈殘。把衷情訴，揮毫寫恨，未許酣眠。

浪淘沙　國歷除夕，和宋周晉仙『明日新年』韻

浪費壓驚錢。愁絶難眠。塞鴻悽咽學哀蟬。滄海波翻月冷，萬里樓船。極目望窮邊。　誤結良緣。勛名未許勒燕然。借問人間何世也，明日新年。

前調

未取水衡錢。自在安眠。恰教噤口等寒蟬。顧影滄桑勞倦眼，且酌觥船。逸興覓吟邊。　翰墨爲緣。含宫嚼徵也陶然。斗柄初昏渾不管，明日新年。

醉翁操　東坡此調純乎天籟，幼安嗣音，厥後罕見。世變日亟，見聞多無好懷，率意倚聲，擲筆三嘆

蒼天。昏沈。于今。更難諶。堪喑。淒涼世情都巇嶔。問誰飢溺思深。蘭隱岑。歲月久侵尋。一任風雨愁不禁。　我心快處，明月彈琴。我心悶處，妖鳥狂花滿林。花霏霏兮成陰。鳥嚶嚶兮同音。長空看氣祲。紛紜横商參。未許滌煩襟。遣懷閒作梁父吟。

水調歌頭

世事逐雲去，回首憶年時。枉教辜負懷抱，銷瘦舊丰姿。漫説天心如此，安得天心一轉，明月有光輝。杜老正惆悵，慣寫草堂詩。　嘆儒冠，空誤了，笑吾癡。閲棋柯爛，神州沈陸問誰知。灑徧新亭涕淚，猶睇河清人壽，把酒

且填詞。吟罷斷腸句，霜髩縷絲絲。

石湖僊 壽石工初度，依白石老仙壽石湖居士自製曲贈之

飛觴斛酒。正花着寒梅，冬嶺松秀。偎並素心人，譜同心、援琴曲奏。庚寅初度，又六琯、吹葭時候。携手。詠九如、以介眉壽。　聊園幾番話舊，喜天涯、懽然聚首。絢爛才華，萬里丹山期負。印法陽冰，律音紅友。儘君相就。依白帚。宮商試問諧否。

浪淘沙 新歷除夕，曾賦「明日新年」詞。明朝爲癸酉元旦，賡續前韻，再拈二解

未辦買山錢。莫對愁眠。蕭疏髩縷似秋蟬。畫掩松關耽寂靜，屋小如船。　春信到梅邊。好結花緣。橫斜影裏一燈然。酒綠爐紅回氣煖，明日新年。

前調

不用買琴錢。漫抱琴眠。獨絃急切響殘蟬。擁雪閒吟寒徹骨，冷透衣船。　靜思落誰邊。好夢無緣。心情老嬾自幽然。慣飽冰霜人愈健，明日新年。

以上《味蒓詞》丙稿

浣溪紗 辛未二月，李散釋以「歌者琴雪芳化去」譜《浣溪紗》調，嵌「琴」「雪」「芳」「馬」「回」「回」六字，徵和依韻

車水馬龍隔短牆。衣香髩影繞斜廊。新聲按譜滿庭芳。　雪爪泥痕何處覓，琴心風調漫相忘。回思往事轉回腸。

以上《味蒓詞》卷二補遺

慶春宮　癸酉元旦，聞雞聲有感

桃梗符新，椒花樽滿，問誰小隱王城。纔聽猿啼，又聞雞唱，霸秦雄漢聲聲。漫知將旦，叫殘月、欃槍夜明。天心如醉，幾度悲歌，匣劍長鳴。　河山一片悽清。爛盡樵柯，棋局縱橫。絶塞烽烟，鄉園梅信，惹愁空賦閒情。卅年蓬轉，料應覺、滄桑夢醒。春來消瘦，哀罷江南，顦顇蘭成。

水調歌頭　味雲書來論詩，近嫌山谷、後山生澀，欲宗晚唐，摘録詩句見質。譜此答之

詩筆老而健，除俗便超然。後山山谷吟罷，磨琢倍精研。爲欲肝腸改易。恰厭殘膏賸馥。字字要平安。即此錦囊句，流轉若彈丸。　承淑問，抒管見，幾回看。奪胎換骨，心法還是斆唐賢。子以我爲有造。我以子爲同調。興趣話開天。擊節助高詠，珍重佩蘭荃。

齊天樂　閏庵贈以彊村所刻君直《凌波詞》，譜此書後

一從泰岱遊仙去，君易簀自言赴泰山任。詞壇問誰知己。檢拾叢殘，雕鎪姓字，幸有苔岑同契。凌波寓意。便小雅離騷，怨誹堪比。紉重瓊瑤，百朋深感故人畀。　回思疇昔唱和，半憂時憤俗，無限愁思。蕙性蘭心，豪情俠氣，昨夢依稀猶是。重尋舊笥。賸落葉吟牋，味蒓題記。序我《味蒓詞》，兼爲署簽。迸泪悲歌，按聲應變徵。

埽花遊

夜涼似水，便儘喚春來，不教寒去。奈何恨處。又迴腸百轉，縮愁萬縷。別院笙歌，反惹相思調苦。且休數。縱影事未忘，堪與誰語。殘夢還記否。悵對鏡孤鸞，也慵飛舞。待尋舊譜。怕酸聲譜了，更添悽楚。莫遣幽情，剔盡燈花幾許。漫回顧。好年光、等閒虛度。

酹江月 自題《味蒓詞》

撥絃拈管，悵吹殘羌笛，鈞天夢杳。英氣消除愁未祓，拋却年華多少。蠟屐閒吟，杜鵑行卷，記盡鴻泥爪。奈何心緒，枉教紅燭知道。休論名世文章，匡時才略，悵觸傷懷抱。拚斷詞腸留恨句，悽絕江南芳草。秋後思蒓，春初翦韭，轉被添煩惱。碧山人去，楚騷應許同調。

南浦 題金籛孫梧下定詩圖

誰道筆非秋，寫澂懷，滿院桐花多少。詩人畫圖中，推敲處、空際閒情都埽。支筇獨步，縱觀今古乾坤小。衰帽風欹愁髩影，樹已與人俱老。年時咀嚼宮商，好歸來、點檢鴻泥印爪。休憶舊懽蹤，滄桑夢、悽斷玉驄芳草。庭陰翠繞。杜陵身世偏同調。衆醉孤醒，幽思□簪笠，無言斜照。

滿庭芳 溥心畬、叔明二王孫招遊萃錦園賞海棠

宮錦霞鋪，庭枝露綻，此情應共花癡。玉容微暈，還未洗燕支。爲助王孫逸興，摩崖處、名字新題。風光好，輕陰掩護，春日故遲遲。

回思。年少事，名園擊□，古寺籠詩。光緒乙未、戊戌，盛伯羲祭酒招集意園極樂寺賞海棠。惜啼殘鵑恨，盟冷鷗知。幾度沈吟側帽，銷魂地、夢也迷離。前遊續，閒尋舊譜，重唱擷芳詞。

傾杯樂

中秋後三日，重集詞社，風雨驟至，同人清興不淺，笠屐而來。閏庵以『趣園雨集』爲題，爲拈此解

西磧人遥，叔問西磧尋香圖，同人題詠。聊園夢杳，心情誰管。正庭院、梧桐葉落，蓼花葩吐，桂枝香滿。墜歡重拾清尊勸。唱中興樂，只怕聚萍吹散。恨天妬雨，又是秋聲一片。憶曩日、春深燈淺。儘送盡芳韶、傾酒琖。悵貞元、朝士無多，愁見髩絲輕換。且漫詡、吟懷偶遣。還漸喜、浮雲都捲。更屈指佳節近，壺觴再展。

燭影摇紅

題李釋堪握蘭簃裁曲圖

欲遣閒愁，此愁只託秋聲訴。開天法曲記依稀，誰按龜年譜。且把宫商細數。恁年年、聽殘金縷。寄情何處。紅袖香邊，瑶笙吹處。老矣將軍，風神張緒今非故。桃花歌扇久飄零，空詡周郎顧。唱到江南句苦。君時客南京。十三絃、淒清如許。畫圖留取，爲愛猗蘭，還吟眉嫵。

月華清

月當頭日社集，和閏庵

凝眼澄輝，談心虛室，一天清氣如許。取次壺觴，勸侶頓教留住。喜今朝、舊雨重逢，問曩日、勝遊何處。延佇。數歡場幾度，吟豪記否。　不管濃雰悽霧。且莫道閒愁，漫思歸路。對此團圞，大好蕡洲同譜。任揮灑、共擘

華牋，還縷覼、各抒幽悰。回溯。憶江亭賞月，蘆塘行露。

荔枝香近

立春日，聊園社集以『荔支茶』爲題，從四印齋景明槧元巾箱本《清真集》句法，和美成

漫誇蒙山顧渚，絳珠泫。露液清洌初凝，微動香浮徧。寒泉井汲新烹，漸覺頳虬卷。回睇、滿引甆甌味芳遠。舉盃賞春，底事人未散。爲滌煩襟，可許是、紅雲宴。笑談瀹茗，更待西窗燭花翦。睡魔應被驅遣。

晝夜樂

甲戌元旦，和耆卿

燕居未許喬松遇。飲椒觴、精神聚。無端寄慨滄桑，瘦損舊時張緒。漫説躭心驚日暮。且伫看、亂紅飛絮。誤了趣園春，夢隨春來去。一生故事何須訴。喜三朝、休辜負。卅年小隱王城，恰笑閒雲停住。根觸江南愁思賦，最悵望、是銷魂處。我欲竢河清，莫韶華輕度。

采桑子

元宵足夢中句

晴窗清供躭幽趣，緑了梅花。紅了山茶。吟緒推尋興轉賒。　玉壺商略將春買，大好韶華。無限生涯。詩酒風流有幾家。

青衫溼遍

挽趙年嫂吕桐花夫人，兼慰劍秋

殘年近也，誰家庭院，天日蒼茫。記得木犀香裏，聽秋聲、曲譜清商。惜分陰、電駛感流光。夫人《和趣園雨集詞》有『感流光電走』之句。　願凌雲、詞筆人同健，吐珠璣、寵逮壺觴。何竟偏成讖語，拚教荀倩神傷。爲嘆文鸞孤舞，最難禁

得，此際淒涼。悵望吟魂杳渺，分絃恨、空轉迴腸。儘遺編、千卷貯緗囊。只不堪、虛襲靈衣處，任鵑啼、柳外斜陽。還檢年時題句，披圖重見琳琅。曉風柳岸填詞圖，夫人昔有題詞。

高陽臺　韻事銷沈，端居幽寂，良朋戾止，舊社宜開，用導先聲，還期嗣響。三月十五日集詞社作

薊圃題襟，聊園覓句，儘容吾輩疏狂。又過清明，休教辜負韶光。青禽未許傳消息，最難忘、舊日歡場。奈蕭然，冷了茶烟，閑了壺觴。　春人那肯佳期誤，况春深如此，幾費平章。俊侶招要，問誰聲譜清商。雍熙遺事何須説，《宋禮志》：『雍熙元年三月十五日，詔近臣後苑賞花各賦詩。』只關心、國色天香。嘯麓有賞牡丹之約。趁芳辰，共醉吟尊，且浣詩腸。

宴清都　社壇欒枝盛開，和閏庵

豐姿艷勝江梅樹。連枝好，暈紅微帶珠露。粉膩，橫條錦爛，淡濃輕沍。嫣然一笑臨風，正搖曳、清芬漸度。料者番、不定陰晴，東皇還許春住。　何時肇錫嘉名，無雙獨絕，應冠芳譜。鶯銜燕啄，霞烘雨洗，最銷魂處。繁葩慣供吟賞，漫錯認、梨花靜女。問那人、留剩詩箋，紗籠共護。

八聲甘州　心畬王孫招賞萃錦園海棠，拈得『還』字

憶年時賞詠滿庭芳，濃陰護雕欄。悵韶光容易，華清睡醒，嬌怯輕寒。莫唱庭花舊恨，且唱醉花間。尋徧題名處，頑石書殘。　同是良辰美景，到王孫心目，情緒闌珊。儘高燒銀

燭，愁絶不堪看。願東皇、憐他蕉萃，惜餘春、粱燕認巢還。紅妝好、怕禁風雨，瘦損酡顔。

蝶戀花 和閏庵

馬齒休嗟加長矣。無限芳韶，消遣談何易。惟有縷金和刻翠。商聲調譜銀屏倚。　詩政鷗盟空付水。幸遇成連，常共花間醉。擊筑悲歌燕市裏。感君多少殷勤意。

絳都春 蟄園賞牡丹，和閏庵

尋春乍倦。喜重拾舊歡，朱門瓊苑。翠影露濃，妃子嚴妝偏蒨。亭亭微暈添勻染。殢情處、雕闌憑徧。綺懷渾懶，清愁費祓，鬢毛催換。　回念。琴尊讌集，看花會、共伴雅人留戀。韻事又提，悄逐番風年光轉。姚黃魏紫誰家院。正芳晝、簾櫳輕淺。許不十日，平泉醉吟夜半。

南浦 雨中芍藥，和嘯麓

閒唱惜紅衣，殿羣芳，洗盡新妝明靚。和露滴當階，迷濛裏、扶醉聘婷摇影。珠傾翠葉，黛痕低壓餘寒凝。除是揚州愁損瘦，慣受霧昏烟暝。　將離怕説吟邊，惱詩心、寂寞闌干慵凭。婪尾戀春光，偏翻處、肯遣輭塵飛近。含顰比並。淚彈粉墮香鬟冷。料得明朝占鵲喜，好動豐臺遊興。

前調 題商藻亭同年寒燈聽雨圖

還我舊青燈，聽簷聲，不似當年秋雨。相對憶兒時，芳韶換、漫把前塵回溯。瀟湘曲奏，洞簫猶咽霓裳譜。依樣殘檠依樣冷，愁絶萬絲千縷。　偏教玉漏沈沈，惱吟懷、有意攪人情緒。惆悵滴深宵，銀釭剔、怕誦大蘇詩句。時將遊歐洲。京華倦旅。畫圖難寫同心苦。何日笠蓑歸去也，休管濃雰淒霧。

臺城路　冬月廿三日，重集詞社，譜此代柬

天教我輩疏狂慣，壺觴笑爲循例。葑圃酬花，聊園翦燭，嘯詠依稀能記。梅枝吐蘂。又韻事銷沈，酒人憔悴。爲續清歡，數來同調更餘幾。萍蹤還喜共聚，儘鷗盟鷺約，休問身世。彩筆分牋，銅槃異饌，仿佛銷寒情味。騷壇料理。待洗滌琴尊，佇停辛李。舊譜重翻，好詞應唱起。

菩薩蠻

畫羅屏影湘紋隔。娥眉弓樣窺簾額。薄暈雨餘消。伊誰吹洞簫。蘭纖扶不起。界破銀河水。淺淡認衣襟。絲絲涼意侵。月痕。

其二

暮陰悽黯渾無影。江天寫出寒愁景。樹杪凍禽棲。片雲堆墨時。塵沙迷滿目。聲警嚴城角。村店閃燈紅。酒旗搖盪中。風色。

其三

龍腥過處雲頭重。蜻蜓點水風低弄。恰喜種芭蕉。沈思待灌澆。陰晴分不定。鴉陣先催暝。盼到溜簷聲。槍旗活火烹。雨意。

其四

淡濃幾縷輕風裊。朦朧一抹低雲繞。凝睇白空濛。微波芳草中。愁痕如許淺。心篆纔燒半。疑有更疑無。倩人故意扶。煙影。

其五

玉壺心潔香還凝。銀鉼水貯聲剛定。薄薄帶春痕。寒窗日未暾。細紋工琢鏤。纖瓣愁消瘦。霜蒂筆尖生。東風吹夢醒。冰花。

其六

是誰破碎玲瓏玉。冷凝一串光瑩目。纍纍恰圓靈。晶盤走不停。輕勻如豆蔻。錯落穿難就。竹杪聽沙沙。拾來好煑茶。雪珠。

其七

筠簾重疊勾難住。一絲悄繞荼蘼去。心字篆氤氳。柔情借夢温。將離還巧合。录曲屏迴匝。花底費招尋。微煙起又沈。香魂。

其八

甜鄉酣味濃於酒。睡餘愁思撩人瘦。幻境欲成魔。推敲費手搓。游仙曾借枕。肩聳支頤冷。好句燦心苗。生花絢彩毫。詩夢。

其九

湘紋蕩漾禁風軟。盈盈清淺銀河遠。誰許託通辭。除非雙燕知。鏡潮紅暈頰。浸到蛾眉月。花影掩層層。鈎聲子細聽。簾波。

其十

茜紗低暈檀心嫩。穠姿含雨紅香潠。約略領丰神。嫣然一笑顰。春寒半面逗。微帶三分瘦。柔態越娟娟。惹人愁更憐。花韻。

其十一

羅紋隱碧留人住。螺匳燭淚銷殘否。斜躲捉迷藏。湘裠特地長。金鵝剛醒夢。依約吟肩聳。淡月映朦朧。連環六曲通。屏影。

其十二

斜陽弄瞑珠烟透。西風肯比黃花瘦。不見燕來窺。湘君知未知。　波紋纔認定。盪漾空波冷。似水淺痕清。依稀丁字成。簾影。

其十三

櫓搖隱隱扁舟渡。沙平潮落迷歸路。水緑遠山青。微聞款乃聲。　凝眸疑十幅。波皺紋如縠。一片白迷濛。夕陽背指紅。帆影。

其十四

飛娥約略疎簾近。蘭釭搖曳迷紅暈。凝佇費疑猜。行看結蕊來。　重挑還欲翦。斜倚西窗畔。相對可憐宵。憑伊伴寂寥。燈影。

其十五

柔魂欲化愁烟去。伶俜瘦影傷遲暮。飄泊墮闌干。舞衣漸褪殘。　綺懷空自負。翠損羅衾縠。憔悴恨難傳。西風更可憐。寒蜨。

其十六

爲誰訴盡相思苦。閒愁萬疊銷何處。低顫調淒清。有人倚枕聽。　暮碪同斷續。哀怨腸回曲。欲和爾悲吟。更闌苔砌尋。寒蛩。

其十七

年年照出愁心碎。一星微閃飛還墜。隋苑感蒼涼。伊誰貯繡囊。　疏櫺凝數點。欲滅存餘燄。檢篋冷輕紈。鍼樓香已殘。寒螢。

其十八

齊宮望斷相思路。殘聲一片成酸楚。蛻後便身輕。秋風感別情。　高棲疏鬢冷。哀訴憐孤影。雁語和蟲吟。悽涼一樣心。寒蟬。

其十九

悄遮路曲欹斜處。垣衣飽受風和雨。蠣粉感飄零。年深腐木撐。野花紅簇簇。影露秋山緑。拂面惹蛛絲。依稀認舊題。壞牆。

其二十

寒泉暗滴無人汲。荒涼鴛甃苔花積。修綆久生塵。甕枯餘瀝痕。轆轤回罷轉。狼藉山廚畔。恨事話南朝。年時憶露桃。廢井。

其二十一

荒亭寂寞無人管。年時送別深杯勸。楊柳尚依依。夕陽鴉亂啼。舊題留破壁。風景思疇昔。誰忍故流連。淒涼草上烟。故驛。草上烟，見《迂齋詩話》。

其二十二

荒涼蕞爾彈丸小。四圍雉堞迴環繞。刁斗一聲聲。聲聲動旅情。危樓狐鼠窟。冷落霜天月。淒絶苦無援。驚心戍角殘。孤城。

其二十三

蘭橈忽捲秋波遠。花陰曾識雲英面。一水便通辭。紅橋解纜時。爲誰停短櫂。背影嫣然笑。欲替爾傳情。閒鷗夢喚醒。隔舫。

其二十四

輕風飄蕩千秋影。誰家紅出雙枝杏。屬耳欠分明。微聞笑語聲。吹簫人不見。轉訝紅樓遠。偷覷傍低垣。應銷宋玉魂。隔墻。

其二十五

四圍霏出絲絲雨。迎潮水入流何處。麂眼竹

梢穿。伊誰坐聽泉。　野桃紅欲笑。粉蝶低飛繞。呼取盡餘杯。鄰翁去復回。隔籬。

其二十六

前堤波緑明於鏡。分明露出羣鷗影。指點故人家。桃花紅似霞。　半村藏竹隖。依約行人渡。夾岸樹扶疏。蒼茫入畫圖。隔溪。

其二十七

冰花不借朝曦泮。辟寒和墨披詩卷。烘出十分清。金鑪暖氣蒸。　吟肩良夜聳。濡筆霜華重。呵凍灑烟雲。君苗應悔焚。炙硯。

其二十八

重裘衣擁寒猶怯。燃香魂斷消金鴨。活火正純青。迴環列作屏。　冬烘君莫笑。獸炭添翻燒。把酒喚春回。消閒儘畫灰。圍鑪。

其二十九

一編周易閒消受。芳烟濃比梅花瘦。繞室篆疑雲。絪縕玉鼎温。　爲留簾懶捲。詩思彌清遠。聞妙可參禪。調琴理獨絃。焚香。

其三十

安排茗具銷寒夜。喜來佳客延清話。玉液泛盈卮。芬芳可沁脾。　烟濃憐鶴瘦。試院詩題否。餘韻憶瓶笙。鬅蘇繫我情。烹茶。

其三十一

二分斜盼如弓瘦。珏繩懸轉黄昏候。幾度捲簾低。玲瓏訝釣絲。　初三光未滿。約略痕難辨。凝睇掛花稍。憑闌吟思撩。月鉤。

其三十二

苔紋繡出愁千縷。冰絃慣理添離緒。似密恰

還疏。琴牀沾潤初。風前黏鬢影。耽誤探芳景。蛛户溼迷濛。垂楊黯淡中。雨絲。

其三十三

短牆雨過芳庭緑。層層連綴紋如縠。鴻爪認新泥。瑶階曉露稀。殘茸涼漸潤。深淺螺屏映。斜徑掩烟蘿。分明夾細莎。苔痕。

其三十四

柳陰一道裊腰淺。玉驄歸路疑遮斷。南浦碧萋萋。王孫悵别離。采芳人已去。最是傷心處。蕙渚黯浮青。撩人無限情。草色。

其三十五

秦亡已快韓仇復。名場夢炊黄粱熟。老伴赤松游。全身幸退休。韓彭羞輔翊。葅醢終悲惻。鳥盡合弓藏。求仙餌术方。張良辟穀。

其三十六

冰霜歷鍊撑孤骨。酪漿羶肉充饑渴。漢節手牢持。君王知未知。紫茸咀片片。没齒臣無怨。悵望玉門關。窮邊十九年。蘇武吞氈。

其三十七

中原何日金甌奠。九州太息纔收半。恥逐衆沈浮。聲疑撥櫂謳。妖星驚忽現。壯志難酬願。賈勇渡長江。元龍氣未降。祖生擊楫。

其三十八

雞聲喔喔良宵起。龍吟出匣霜鋒紫。閃爍雲光寒。低翻兩袖單。迴旋身不定。騰躍空中影。許爾拔奇才。酣歌莫便哀。劉琨舞劍。

其三十九

摩挲年月猜時代。風摧雨滴珠璣碎。强半臥

蒿萊。都從歷刼來。　搜尋留幾字。攷證翻經史。殘闕欠分明。疑同薦福轟。斷碑。

其四十

鯨鏗久未韶英奏。潛身草莽蒙塵垢。羞與瓦齊鳴。噌吰自有聲。　安眠形偃蹇。蠡齧追痕斷。仗爾醒蚩氓。何須毀棄瞋。臥鐘。

其四十一

記曾照徹姮娥影。蛾眉宮樣妝靚明。不見月團圞。菱花惜已殘。　情天無計補。相對鸞慵舞。何日許重圓。教人望眼穿。破鏡。

其四十二

鏤金黃耳光輝映。高騰聲價憑誰問。鑒別是和非。深防骨董欺。　商周模樣好。惟妙還惟肖。未許誑齊人。休矜可亂真。贋鼎。

其四十三

平生庸陋書空讀。逢人轉笑邊便腹。落落病迂疏。寒酸氣未除。　窮愁成措大。自詡峨冠戴。一物鮮能知。還傷不合時。腐儒。

其四十四

傳來歌訣難除病。無勞符籙催人命。未必死生知。翻嗟不可爲。　陰陽昏莫辨。侈口師盧扁。奏效偶稱良。居奇肘後方。庸醫。

其四十五

王褒僮約何須問。不關弄巧生成惷。還自作聰明。希邀大智名。　違期如使臂。健僕心知忌。翻怨主人苛。庸材合憫他。拙奴。

其四十六

青樓溷跡誰憐憫。名爭蘇小原無分。枉飾夜

飛蟬。潘郎別有緣。門前嗟冷落。錯怪人情薄。顰笑效西施。非關不入時。醜妓。

其四十七

雲霄衝破斜還整。文如古篆排初定。濃澹學書空。烟霏霧結中。戲鴻傳妙翰。碧落留題徧。疏密自成行。塗鴉鋒未藏。雁字。

其四十八

聲聲催做江城冷。林端衝出驚寒影。點點密還疏。鸛鵝總不如。濃遮天半黑。轉訝全軍墨。列隊勢橫斜。翻雲破落霞。鴉陣。

其四十九

凌晨倦倩花扶起。飛來款款晶簾底。軼事競流傳。莊周栩栩然。羅浮曾喚醒。粉綴蹁躚影。醉入黑甜鄉。仙蹤話太常。蜨夢。

其五十

隋宮殘夢春魂醒。關心幾點蕭疎影。小扇撲輕羅。豳風七月歌。青疑藜焰照。飛入珠簾巧。依約閃星星。秋光冷畫屏。螢火。

其五十一

恍聞霹靂空中起。軍威還勝金鐃吹。留得懾羣蠻。猶餘戰血殷。如盤虛一面。見《通典》。覆擊聲聞遠。火德漢家終。吞吳恨不窮。諸葛銅鼓。

其五十二

亂離塞外歌胡樂。淒涼演出思歸曲。十八拍流傳。零丁十二年。一聲垂一淚。宛轉肝腸碎。毳幕話悲辛。黃金感故人。文姬胡笳。

其五十三

太湖之水清而淺。漁人掏出龍文煥。揭本世爭傳。錢王寶正鎸。　埋沙七百載。神物英靈在。合與表忠碑。金塗名共垂。武肅銀簡。

其五十四

何須洞口劉郎引。聲聲度出清還潤。招得玉人來。翻嗤枉築臺。　虹橋留夜月。跨鶴疑仙骨。白璧賜瓊漿。當年本婿鄉。秦弄玉簫。

其五十五

冬來慣歷冰霜雪。一生孤直貞姿潔。無分錫侯封。沈淪澗底中。　濤聲流不盡。蒼翠虬枝潤。莫負歲寒盟。盤桓柳慰情。撫松。

其五十六

曉風殘月曾消受。而今贏得吟魂瘦。幽恨賦江潭。除非庾信諳。　婆娑生意盡。鶯語何堪問。若問淺深愁。楊花撲滿樓。悼柳。

其五十七

亭亭勁節𡾰懷抱。夢魂幾度牽江表。凝望報平安。趣園春信闌。　凌雲曾賦未。戛玉敲愁碎。欲慰爾幽情。還聽雛鳳聲。思竹。

其五十八

離披翠蔓沿畦繞。手持一握鴉鋤小。灌溉淺深泥。分苗正及時。　長安誰隱者。風度東陵亞。莫自笑懸匏。樵元志本高。種瓜。

前調　青溪訪張麗華祠

溪聲嗚咽如哀悼。靈旗低捲風悽悄。情好話雞臺。曾陪鳳輦來。　賞心亭子畔。荒草陰苔徧。墓在賞心亭側。環珮杳歸期。蒼涼弔古祠。

前調 錦樹林訪卞玉京墓

九龍山草年年碧。薶香塚上蒼苔積。老去感梅村。飄零牘淚痕。道家妝束素。懺悔情難訴。蘭雨半階荒。松風一徑涼。

春從天上來 乙亥元旦

羈旅幽燕。笑馬齒新增，七十行年。顧瞻桑梓，荒廢田園。客裏有夢難圓。看欃槍未埽，最憐惜、村落顛連。叩蒼天，願阜財解愠，璧合珠聯。　回思舊時風景，喜雅奏塤篪，曲和鸞絃。昔日繁華，而今沉寂，一霎過眼雲烟。仗襟懷高曠，養吾素、健飯安眠。竢河清，克承先澤，瓜瓞綿綿。

青玉案 二月社集限調，和方回

年時慣踏江亭路。笑遂了、芳春去。酒政詩盟歡幾度。緑蕪迷徑，翠陰當户。鴻爪知何處。　老來忘却朝和暮。漫問籠紗舊題句。最憶鄉園歸未許。小橋流水，斷堤飛絮。紅藥初翻雨。

高陽臺 三月晦，稷園餞春

夢淺留雲，香濃殢酒，疏狂拚醉芳筵。俊侶招要，問誰側帽尊前。春寒十日東風惡，惹花愁、更替花憐。最關情，大好韶光，易感華年。　題襟不少天涯客，笑梅兄礬弟，都是因緣。便有歡場，轉教悶損樊川。爲談往事催人老，儘銷魂、還怕啼鵑。莫匆匆，未聽鐘聲，且拂吟箋。

如此江山　題林子有訒盦填詞圖

傷心人覓銷愁句，閒愁淺深誰管。影事休題，柔腸莫訴，紅淚新亭偷泫。孤懷漫遣。指賸水殘山，更添悽惋。譜出清商，瘦魂禁得幾回斷。　喬松歲寒耐守，儘腰圍沈減，絲鬢潘換。小雅憂時，離騷憤俗，井水歌聲傳徧。陽關望遠。說不盡相思，杜鵑行卷。我亦悲秋，倦遊塵未澣。

傾杯樂　寓齋小集，息厂屬紀前游，爲拈是解

中酒情懷，落花節序，此緣非淺。最難得、曹家七步，柳家三變，幾回相見。東風未許浮萍散。唱同心曲，却愛翠尊頻勸。會憐真率，爲了閑情排遣。　且漫說、游蹤都倦。更莫問開天、遺事遠。憶良宵、數點羊鐙，省識芙蓉歌面。好解盡、新愁舊怨。還喜把、壺觴重展。我只覺人老去，歡場愈戀。

眉嫵　蠶豆，從石帚體

認葩疏侵墨，莢嫩攢青，初夏品鄉味。絕似蛾眉樣，瓜畦畔，攜來朝露勻膩。賣從近市。喜半筐、浮動香氣。採桑罷，也趁三眠熟，摘蜷曲新子。　還看琉璃屏裏。有小姑盈把，輕剝肥翠。一面花開好，『一面花開三面實』，吾鄉田家諺也。田家諺，依稀猶憶州里。艷名漫擬。配玳筵、蔬譜誰紀。試湯浴蘭氛，衣蛻繭、侑芳醴。

浣溪沙　題超山探梅圖

德壽宮苔痕已殘。宋代德壽宮苔梅僅存，藍田叔摹本石刻在杭州。尋春何處結清歡。相逢攜手上層

巒。圖畫傳來添逸興，梅花勸莫去超山。美人高士本相關。

女王曲

乙亥仲秋，寓齋詞集，閏庵屬以所藏埃及女王畫象拓本爲題。是碑，端忠敏同門考察政治西洋，購石攜歸，拓本罕覯。溥心畬知女王爲殷時人，生時有文在手，左右各一，曰『水』『陸』，卓有武功，雄長歐西。象戴鳳冠，手持明鏡。姑就所知，率成二解

周前夏後誇明聖。李唐武曌無斯盛。囊括展雄才。英風徧九垓。　生成文在手。水陸還書籀。軼事説寰西。五千年可稽。

其二

蟬冠鳳翼窺明鏡。宮中照徹驚鴻影。鐫刻未題年。青珉海外傳。　陶齋勤訪古。寰宇碑宜補。珍重壓歸裝。幾人椎本藏。

羅敷艷歌

乙亥重九，同人寶藏寺登高，歸飲聊園，題壁

少年洞壑題名徧，境也蒼涼。夢亦迷茫。轉燭韶華五十霜。　老來重着遊山屐，品茗雲房。覓句風廊。歸去同傾菊葉觴。

翠樓吟

前詞意有未盡，譜此足之

落帽佳辰，題襟舊侶，蛇盤路曲迴繞。金山千丈拓，喜空際浮雲全埽。秋光餮飽。惜菊圃花遲，楓林霜少。閒中好。置身如在，十洲三島。　漫道。脱屣塵緣，對衆山周覽，一抒懷抱。扶笻尋八景，又蒼雪泥留鴻爪。詩腸縈攪。看妙句驚奇，晴嵐含笑。渾忘老。選聲拈韻，立殘斜照。

以上《味蒓詞》丁稿

月華清 丙子元旦

梅蘂迎春，椒花傾琖，暗香浮動幽館。容易年華，漸覺鬢絲霜滿。算幾經、碧海紅桑，渾不負、酒瓢詩卷。吟玩。唱江南怨句，問誰腸斷。　漫道羈人游倦。望海市蜃樓，影搖天半。隔院笙歌，枉費陶情絃管。縱莫解、淒霧濃雰，且試弄、采箋柔翰。如願。願河清許竢，太平重見。

慶清朝 日維上巳，禊事沈寂。周緝之立之約游社園，品茗春明館，劍秋、閏庵、彤士、蔚如、少楠繼至，拈調分示同人

花爲寒遲，心驚節換，芳韶又近清明。欣逢上巳勝會，應續蘭亭。記得去年此日，招要俊侶結詩盟。名園好，者番冷寂，莫暢幽情。　還

喜故人興健，試共評新茗。舊雨晨星。春風滿座間，看棋局縱橫。漫道茂林曲水，永和知否是昇平。重三月，待再來祓禊，尊酒同傾。

臨江仙 萃錦園賞海棠，分韻得『疑』字

曾對紅妝驚絶艷，幾番欣賞吟詩。豐姿猶未洗臙脂。華清纔睡醒，鶯燕漫猜疑。　爲助王孫添逸興，此情只有花知。題名崖石憶年時。舊歡還許拾，鴻爪認芳泥。

壽星明 壽夏閏枝太守八十

商嶺耆英，閲盡滄桑，點霜鬢絲。憶名高班筍，娉娟獨秀，光垂藻鑑，珠玉無遺。管領湖山，笑談風月，詩本題年署義熙。瓊筵敞，看眉齊梁案，綵戲萊衣。　伊誰。耐久相知。喜晚歲、論文緣亦奇。溯開天遺事，徵文攷獻，園

林雅集，側帽填詞。添出蒼髯，嬾扶鳥杖，冠冕南州海鶴姿。長生樂，好撥絃調管，斟酒傾巵。

臨江仙　題陳一甫觀察《歐美漫遊記》，爲章一山同年作

博望乘槎矜絕域，談天鄒衍荒唐。蠻花妖鳥感人腸。五洲雙蠟屐，萬里一詩囊。　山海經遺還補未，游蹤忒煞匆忙。歸來絲鬢漸添霜。爲留鴻雪印，風物費評量。

歸田樂　譚瑑青部郎返廣州，寄詩索和，譜此答之

年年同醉花深處。多少酒朋詩侶。今歲誤花期，惆悵君歸帶春去。　新詩訴盡情千縷。贏得美人遲暮。風雨最關心，回首應憶長安路。

四犯翠連環　荷花生日，蟄雲、熙民、嘿園同游南海瀛臺，品茗湛虛閣。宿靄空濛，夕陽斜照，新荷出水，微褪紅衣，舊雨歡談，涼風習習。即景拈解，以示同人

水閣搴芳，水匳漾碧，花光倒涵波暝。何處翠疏紅隙裏，短槳笠蓑人影。雨餘荷氣浄，畫圖彷彿昆明景。晚亭殘照，小鬟初洗，綽約妝幽靚。　此境。宜浣緇塵，把舊愁新恨，等閒消領。我欲快談元祐事，還怕鷺鷗驚醒。鶴笙天半冷，迷茫那許重回省。風漸猛。凝望湖心，采菱罷，歌聲静。

古香慢　會逢七夕，望極雙星，涼蛩絮秋，新月留影。釃酒勸客，且遣良宵；攜句問天，自成孤諷。敢學樵唱，佇聽韶音

暝螢閃影，孤鶴驚秋，庭院幽悄。極目雙星，

碧海夜蟾都老。塵鏡換朱顏，只嬾對、菱花獨照。憶珠簾燕去，寶鼎麝沈，離恨多少。　漫迸入、冰絃悽調。觴政詩盟，巵酒傾倒。遣此良宵，不管漏壺頻報。爲拾舊時歡，又添得、鴻泥印爪。河望清，把新怨、古愁齊埽。

鬬嬋娟

秋風乍起，庭宇逗涼，亂紅蕩烟，衆綠含雨。刻落題句，分賦雜花，棖觸舊懷，遂成孤諷

幾叢斜門，蕭疏影，沙汀無此幽悄。淡妝新似不勝顰，況臨風輕笑。更莫悵、秋容易老。艷名譜入羣芳好。點綴空庭景，那省識、江鄉水國，鷗鷺同調。　猶憶挂席穿花，帶烟飛渡，畫船吟興多少。丙申游蘇州，叔問、半唐同泛野塘。一櫂容與，蓼脂零落，即景酬唱，舊夢如塵。斷紅休作舊時看，怕寫傷心稿。算只有閒愁未掃。亭亭搖曳殘陽照。待明月、霜天裏，賸了零星，也還清裊。蓼花。

渡江雲

秋海棠

秋心留一點，無言掩抑，哀艷不能香。隔簾搖曳處，翠袖低遮，愁怯暮烟涼。露珠暗咽，喚芳名、總斷柔腸。偏自恨、生成淚種，抛淚滴紅牆。　思量。東風記取，似舊丰姿，更堪憐新妝。休再數、花前密誓，訴與蟲娘。誰知多少相思苦，倚闌干、悽絶昏黄。深夜雨、鉛脂洗盡羅裳。

踏莎行

重九日，蟄園集飲亦雲巢，閏庵、劍秋、心畬、夔梅、君庸、彤士同登香山看紅葉。有憶曩昔之游，忽忽四十二年，漫譜此解

礀屋題襟，霜巖落帽。天涯人與秋俱老。江山着色已無多，楓林綴景休嫌少。　鐫壁吟

銷，停車思悄。雲霞往蹟愁腸繞。亂紅如燒夢如塵，今年更比前年好。

迎春樂　丁丑元旦，寄詞社同人，從屯田體

昨宵如意鐙兒報。瑞氣知多少。喜椒尊、特地安排好。正快雪、初晴了。便索得、梅花同笑。且莫道、今年春早。不管春來春去，我恰渾忘老。

前調　和倬庵

騷壇消息連朝報。誰道陽春少。媿巴人、下里如何好。律與譜、渾忘了。却不管、旁觀嘲笑。且漫論、填詞遲早。話到宣南鴻雪，苦憶蜩知老。半唐詞集名。

前調　再和倬庵，訂集詞社

故園音訊平安報。梅隖繁枝少。看行窩、轉比江南好。褪嫩蘂、花開了。欲折柬、呼朋歡笑。只跂望、春人來早。準備銜觴歌詠，雅集商山老。

前調　酬詞社同人，四疊前韻

韶韺慙乏瓊瑶報。休説知音少。喜聊園、舊雨依然好。只結習、難忘了。春意鬧、庭花含笑。正雪霽、枝梅開早。待到元宵佳節，會啓香山老。

前調　夏蔚如同年迭和拙詞，五疊前韻却寄，兼酬伯絅

瑶牋絡繹殷勤報。屬和休嫌少。羨新詞、越比姜張好。讀不盡、重抄了。只惹得、梅花

嫣笑。且莫道、韶陽偏早。爲戀春明風景，願共西山老。

前調　金籛孫寄示懷人詩，六叠前韻答之

嚶鳴求友聽鶯報。莫訝吟朋少。寄相思、恰是閒中好。情未已、何時了。　對澹冶、茶山如笑。看出没、春潮來早。夢到南湖風月，憶煞東坡老。

前調　蟄雲自津來訪，未遇，七用前韻奉酬

清晨雙鵲簷前報。正訝吟蹤少。喜春人、愛此春光好。不負約、重來了。　恨未得、傾心談笑。只自悔、嬉游何早。且待明朝相見，願祝齊眉老。

前調　新春重集詞社，八用前韻索和

聯園沈寂音書報。韻事年來少。幸吟朋、依舊吟懷好。莫錯過、新春了。　且埽徑、開尊酣笑。笑兩鬢、霜花添早。爲祝平安無恙，壽比彭聃老。

集賢賓　上元前一日重集詞社，即送公渚還青島

曉風生暖韶陽好，春意初融。那時聯園雅集，曾醉花叢。招得吟朋滿座，釀來玉醴方醲。漫誇賓主東南美，澄懷八友相同。座客八人，劍秋適攜澄懷八友圖詠拓本，相與賞玩。爲愛唐宮新曲，用元宗上元前一日幸上陽宮夜新翻一曲事。休放酒杯空。

共論文字逞詞鋒。笑語豁心胸。縱然元宵預借，莫便悤悤。有約伊人終負，伯絅有約不至。

無緣壽客難逢。閏枝因事未來。就中誰肯輕離別，明朝去、且暫停蹤。屈指重三祓禊，觴詠暢情悰。

望月婆羅門引　和倬庵

元宵佳節，暖開蔬甲薦春盤。梅花猶帶輕寒。昨日呼朋嘯侶，威鳳與翔鸞。悵成連不遇，如隔重山。　酒尊未殘。思韻事、惜餘歡。願約嬉遊勝景，一據雕鞌。芳韶休誤，對明鏡、漸覺鬢毛斑。還暗祝、歲歲平安。

金縷曲　上巳禊飲，和閏庵韻

早作風塵客。卌餘年、浮杯上巳，慣分瑶席。老去樊川詩情減，襟袖猶留愁碧。園春色。記否江亭題名處，拾前歡、鴻爪尋無迹。回首望，悵疇昔。　滄桑吾亦艱辛歷。問吟邊、銜觴側帽，鬢絲誰白。可是芳韶休辜負，乞去暘台消息。更後約、看花晴陌。裹屐重來傾尊酒，便河清、人壽何須憶。流曲水，小橋側。

西子妝　乙未乙亥暘台探杏，紀有詩詞。丁丑重游，回溯前塵，爲拈是解

爛熳生香，妖嬈鬬錦，山也任伊春鬧。重攜笻屐上層巖，已輸他、老髯先到。謂伯褧。蒼苔未埽。似留與、詩人題稿。這韶光，訝年年鶯燕，無端悽惱。　尋芳好。仄徑斜穿，峭壁迴環繞。雲亭曾記駐吟踪，爲誰忙、又添鴻爪。繁華夢杳。東風裏、拈花一笑。待歸來，肯説游情倦了。

高陽臺　蟄園餞春，賞牡丹，攝影花下

嫩約留春，新愁勝酒，問誰心事分明。如此園亭，萬花會集羣英。墜歡還許重來拾，怕東風、催換伊醒。勸流鶯。莫蹴枝頭，減了紅情。　年年慣結嬉遊伴，縱采香人杳，章式之新逝。未算飄零。印屐莓苔，舊痕尋徧空庭。氷匳倒影斜吟髩，顧傾城、笑證三生。且呼朋。休負芳韶，覓句題屏。

法曲獻仙音　稷園牡丹盛開，閏庵、貽美召集詞社，蟄雲出示蟄園餞春近作。依調步韻，寫示同人

濃粉翻紅，澹雲圍翠，點綴琳宮瓊院。俊約吟朋，墜歡重拾，清香滿衣勻染。憶韻事、銷沈久，韶華共流轉。　寄愁遠。最難忘、故園消息，鄉夢冷、芳訊問誰望斷。接席且銜觴，再休提、離恨閒怨。爲惜餘春，護金鈴、瞋了鶯燕。待看花局散，夜静露珠啼泫。

翠樓吟　遯圃賞黄芍藥，主人有去津之訊

粉額勻塗，清芬輕拂，春風殿留多少。宫袍誰解脱，似分色鵝兒嬌小。金尊傾倒。便欲替伊愁，先陪伊笑。尋花到。爲封花后，勅頭宣詔。　幾度觴詠園林，漫可離相贈，帶圍寬了。題辭絲絹艷，定忙煞蜨飛鶯報。君休煩惱。算蠟味心情，揚州同調。當階好。續芳亭畔，且供吟嘯。

南樓令　子有寄示重九近作，步韻報之

閒立傍苔階。孤吟寫客懷。望長空、秋雁南回。徧地烽烟何處好，禁不住、杜陵哀。　園

小舊樓臺。曾誇作賦才。悵家山、鼙鼓聲來。待到重陽鄉訊杳，强排悶、酒尊開。

前調 比聞家鄉近狀，叠韻示伯絅、枝巢、蟄雲、兑之

霜月冷閒階。鄉思繫我懷。望江南、腸斷方回。似此心情愁莫解，還禁得、杜鵑哀。　極目雨花臺。羣雄王霸才。一聲聲、焦土傳來。烽火連天天欲黑，問何日、撥雲開。

前調 鄉音沈寂，四郊不能安居。聞頤和園中日聯歡會，三叠前韵

迷霧暗侵階。幽居無好懷。悵飛鴻、未度雲回。怕聽嗸嗸中澤畔，有多少、雁聲哀。　擡眼望燕臺。羣公濟世才。爲聯歡、菊酒斟來。賓主東南秋志暢，指紅葉、笑顏開。

前調 閏庵、伯夔、階青、嘯麓、蔚如、兑之和我拙詞，四疊前韻酬之

扶杖下霜階。羈愁莫散懷。喜銜書、青鳥飛回。爲感故人情意摯，且漫賦、子山哀。　同是客金臺。填詞浪費才。向空中、將恨傳來。警邁清新驚絶妙，讀不厭、皺眉開。

前調 蔚如報以五叠韻，率和却寄

紅葉亂翻階。沈吟抒素懷。喜新詞、又伴書回。酬唱陳髯常次韵，三往復、徵聲哀。　憶舊釣魚臺。曾輪七步才。光緒丁酉三月，曹君直、劉聚卿二同年來宿趣園，吟賞春月。君直才思敏捷，同輩傾服。問雲甌、君直別字。何日重來。轉眼承平觴詠日，爲擊缽、報花開。

前調　六疊韻，示蔚如

風雨撼秋階。連番攪旅懷。望鄉□、音訊遲回。幾度滄桑無限感，閲不盡、令人哀。　傀儡笑登臺。還矜命世才。問羣雄、誰解紛來。破碎山河依舊在，影慘澹、眼愁開。

西江月　和蟄雲

次韻每懷元白，倚聲獨許蘇辛。天涯同是老風塵。尺素幸通音問。　未遂席松枕石，還思釣月耕雲。觀殘棋局又翻新。留待後人評論。

南樓令　紀南北近事，七疊前韻

變本厲生階。老成久痛懷。恨秦燔、浩刼難回。棋局觀殘輸一着，憶疇昔、後人哀。　冷眼睇靈臺。羣英争騁才。滿函關、紫氣東來。倘解南柯如夢幻，中天運、許重開。

前調　和倬庵

天變覘三階。予愁渺渺懷。嘆人心、已涣難回。看罷殘棋柯已爛，千萬恨、寸中哀。　衮滿瑶台。南京太平門内覆舟山上舊有瑶台，見通志。衮　槃槃詡大才。訝紛紜、消息飛來。欲種成都桑八百，向西望、劍門開。

前調

風雪滿層階。悲深壯士懷。望欃槍、幾度紆回。虎踞龍蟠王氣盡，吹不斷、角聲哀。　七寶好樓台。公輸枉費才。聽遺音、飛鳥頻來。生怕阿房同一炬，適樂土、健帆開。

前調 宮怨，和閏庵

步屧響空階。霜風冷入懷。盼天公、早喚春回。零亂釵鈿眠不得，雙淚落、不禁哀。 疇昔近樓台。婕妤巧妙才。悵笙歌、隔院聲來。仙曲霓裳殘夢醒，腸欲斷、眼愁開。

前調

落葉滿瑶階。中宵莫遣懷。寄相思、無限低回。惆悵長門深怨別，頻搔首、爲誰哀。 掩袂倚妝台。蛾眉慣妬才。對宮花、引起愁來。不道紅顏真命薄，問襟抱、幾時開。

前調

干羽舞堯階。癡心欲抗懷。問何人、奪得標回。十載雄圖流水逝，還自負、不知哀。 夢冷鳳凰台。休矜太白才。恨千重、鐵鎖沈來。頓失長江天塹險，錦囊計、向誰開。

前調

君子滿天階。誰能暢所懷。眄仙槎、萬里遄回。滄海遺珠撈不得，撫今昔、幾人哀。 枉費築謻台。空誇用楚才。問何時、解甲歸來。大好江山留半壁，澆磈磥、酒尊開。

前調

仙仗散宮階。牢騷積滿懷。祝蒼穹、星象昭回。不信鴟鴞能毀室，取吾子、總悲哀。 翹首伯牙台。誰堪王佐才。看同仇、敵愾偕來。孤注何妨輕一擲，嘲莫解、也心開。

前調

昏霧罩塵階。焦勞不去懷。盻紅旗、報捷書回。漫説江南風景好，無心戀、祇餘哀。　訪古定王台。希蹤賈誼才。任分飛、燕子紛來。啄草銜泥巢幕上，忙不定、蹴簾開。

前調

聯袂上蘭階。琴書好委懷。正爐紅、□綠春回。有德不孤鄰洽比，朋簪盍、莫須哀。　轉眼冷荒台。空教雄辯才。問纓冠、被髮誰來。世態炎涼驚一瞥，效顰笑、口慵開。

沁園春　和枝巢，用竹屋韻

吟興何濃，豪情未減，可奈老乎。憶嬉春金谷，觴飛賭酒，題名白社，王後前盧。上苑探花，南都獻賦，接武先人媿弗如。平生羨，羨浙西香樹，江左歸愚。　劇憐翫愒諸居。問襟抱、曾開半點無。悵卌年旅客，笑同秋燕，幾番詩思，借得黔驢。松菊猶存，田園依舊，好去緣溪學釣魚。還商略，怕霜天月冷，城角棲烏。

臺城路　憶趣園，和枝巢，用竹屋韻

蘭成吟罷江南賦，商飈被吹悽冷。憶橘情深，歸雲夢短，『憶橘隱處』『歸雲樓』，園中題額。空憶園林圖景。風光漫領。悵燹燼飛灰，霧昏迷徑。感念弇山，與君同調寫高韻。　鄉關音書斷絶，指征鴻去遠，誰喚愁醒。側帽欹花，題詩埽石，還記承平觴詠。塵襟未沁。望驛路霜殘，鷺汀烟暝。摘盡茱萸，鞠華愁插鬢。

前調 和枝巢，用竹屋韻，兼酬見和《南樓令》同社諸君子

淺斟低唱屯田句，休道曲終人遠。立意新奇，摛詞挺異，衹恨相如嫌晚。開緘細覽。嘆庾信江南，賦成愁黯。冷落天涯，問誰腰瘦帶圍減。　連番酬疊險韻，秕稃都掃盡，清氣舒卷。小雅哀思，離騷憤俗，一樣心腸柔軟。情深故苑。便同閱興亡，漢宮秦觀。爲感滄霜，鬢霜添幾點。

沁園春 樂靜許我近詞，有『江花退盡，才不及君』之語。再和竹屋韻酬答

極意謙卑，過情推許，得毋甚乎。奈鯫生悚恧，腸迴轣轆，方家譏笑，口掩壺盧。律細音諧，趣高辭美，樂靜詞章羡斐如。何堪比，嘆不才未學，既老而愚。　近來枯寂燕居。喜畫掩、柴扉一事無。悵探梅夢遠，孤山憶鶴，尋詩思澀，灞岸騎驢。傳恨空中，餘音絃外，覓句渾忘獺祭魚。還私幸，幸心寬身健，鬢白頭烏。

前調 憶漱紅館主，三和竹屋韻

鸞鏡塵封，燕巢泥涴，襟懷悶乎。溯風清月白，分題拈韻，爐紅酒綠，喝雉呼盧。花鳥精神，鱗蟲姿態，摹本甌香意自如。詩書畫，衹怡情遣興，守拙藏愚。　別來六載鰥居。嘆轉輾、思量一夢無。記滄浪亭上，問誰撲蝶，參寥泉畔，笑我騎驢。刺繡工深，調羹味美，餉客時烹晚市魚。長相憶，盼歸來化鶴，愁煞嗁烏。

以上《味蓴詞》戊稿

菩薩蠻

孤城蕞爾彈丸小。秋來翻被東風鬧。妖雨雜蠻煙。淒涼七月天。　陣雲濃似墨。烽火連村黑。弓月暗蘆溝。河湍斷不流。

其二

連朝鋒鏑侵南苑。長蛇封豕驚傈悍。飛雨影如珠。機聲疾復徐。　青年空報國。白骨填溝洫。鶴唳近黃昏。聯翩偏九門。

其三

憑陵城郭張凶燄。耽耽虎視思吞噉。翹首望豐台。漁陽鼙鼓來。　虞機嗟隱伏。一發英鋒觸。藉口背前盟。干戈莫息争。

其四

倒戈棄甲慵曳。棘門灞上原兒戲。三輔陷重圍。親隣志願違。　將軍猶結隊。誘敵供刀匕。村落已爲墟。郎坊走鼠狐。

其五

背城借一終虛願。何人賈勇收餘燼。無計補亡羊。中宵走保陽。　驚聞易漢幟。十萬軍心潰。黃寺積倉箱。吁嗟資盜糧。

其六

幡然變計爲戎首。引狼入室疇尸咎。翻覆任譸張。甘心作虎倀。　飲酖消壘塊。聊博胸中快。燕子不知愁。翩翩飛上樓。

其七

登場優孟偏雄傑。重來坐鎮中心熱。衛鶴慣乘軒。路人見肺肝。　依然開幕府。甘與遼東伍。祇爲稻粱謀。遑知後顧憂。

其八

南强北勝將誰屬。貪婪無厭甯知足。囊括展雄圖。癡心欲沼吳。貔貅屯百萬。豎子軍符綰。越國不知難。長驅擁入關。

定風波　題黃君坦天風海濤圖

記否孤篷浪打時。那堪蕉萃雪霜姿。錯過芳韶憐瘦影。低映。幾多心事問誰知。愁聽濤聲添旅況。惆悵。爲誰圖畫且填詞。空憶岑樓勞遠睇。歸計。休教辜負白雲期。

滿庭芳　題黃公渚《碧慮館詞》

戛玉敲愁，含毫抒怨，機軸妙造天然。夢窗真諦，薪火得人傳。心緒憑誰細訴，無憀恨、悶損樊川。彈指處，花間按譜，渾不讓金荃。堪憐。塵海裏，知音有幾，幸遇成連。笑清況如余，哀樂中年。莫怪商聲換徵，悲歡事、都付吟箋。還相望，詞壇拔幟，一變柳屯田。

角招　自題曉風柳岸填詞圖，和枝巢，依白石自度曲韻

爲誰瘦。君休笑我，多情愛此疏柳。岸煙迷遠岫。倚笛小橋，欣賞攜手。閒吟佇久。指嫩綠、垂楊盈畝。莫説柔腸宛轉，對殘月不堪彈，儘低徊搔首。空有。露凝半袖。歡悰枉溯，曾夢花容秀。畫船分玉溜。記得當初，推敲時候。衷懷戀舊。仗一盞、消愁芳酒。譜出商聲漫奏。更依約、憶風清，人來後。

夏初臨　戊寅長至，枝巢詞集，限調

俊侶招要，舊歡拾取，天教吾輩疏狂。如此良

辰，休將節物相忘。揭來幽館傳觴。爲問愁、鬢點吴霜。宣南鴻雪，低徊前事，同感滄桑。簪裾羣集，壇坫重興，且彈曲調，莫負韶光。聊園記否，餘音慣繞空梁。陳迹迷茫，喜今朝、夏日舒長。儘從容，停尊酬唱，好譜清商。

多麗

似園詞集，限調《哀江南》

莽烽煙，南雲隔斷鄉關。正年年、摩挲銅狄，淒涼漢闕移盤。況巢空、頻驚棲燕，更野哭徧訴嗁鵑。華屋成邱，神州沉陸，忍看殘影舊江山。已荒了、故園松菊，三徑幾時還。尋消息、謝庭蕭索，雨泣芝蘭。記當初、清歡俊賞，半生風月留連。繫荃橈、西泠橋畔，訪劍石北固崖巔。轉燭韶光，飄零身世，酒痕襟淚付輕彈。只自笑、及時行樂，猶戀古長安。依然是、茶香琴韻，伴我衰顏。

惜紅衣

荷花生日，十刹海酒樓詞集。湖花淒豔，霉雨成霖，思古幽情，覽景成詠，不能無西園之感也

側帽紅嬉，題襟翠謔。墮香瑶席。酒海花天，浮杯取筩碧。湖樓聽雨，留駐了、長安詞客。清寂。同醉壽卮，笑酡顔非昔。騷壇咫尺。鴻爪泥痕，莓苔感陳迹。南皮相國宅臨十刹海。光緒戊申荷花盛開，頻招觴詠，距今已三十一年矣。芬芳遠氣暗襲。柳塘北。漫憶卌年塵，事初度伴伊遥夕。乙未長夏，意園、連生、半唐、道希、叔問招飲十刹海賞荷，更番游讌。荷花生日，叔問出示西磧尋香圖，同人題詠達旦。復與半唐、叔問、道希游積水潭而散。縱舊歡重續，何處夢尋西磧。

鷓鴣天

蓺碧主人蘇臺移種紅梅，莫春始花。續圖賞詠，屬爲題册

帶得春歸費護持。春寒過了着花遲。江南莫道無消息，叢碧深深貯一枝。　開玉局，對芳姿。澹濃勻襯染燕支。石湖舊曲應重唱，分付青衣短笛吹。

其二

橋市吴城舊徑迷。吴城小市橋，宋詞人吴應之紅梅閣故地。誰家小閣續新題。紅香例作詞人伴，知是前身吴應之。　丹換骨，酒凝脂。閒吟詩句憶年時。那堪費盡東風力，霝落南枝臘北枝。

鵲踏枝

題陳蒓衷秋河悵望圖

低轉玉繩斜別浦。如此良宵，凝睇雙星渡。粉席鍼樓還記取。秋來勾起愁無數。　箏怨琴心誰可訴。蕉影桐陰，都是相思樹。倚徧闌干銷恨否。歡塵綺夢知何處。

秋思耗

寓齋詞集賞蘭，限調，和夢窗

搖曳雲屏側。鬬數蔕、粧點滿庭秋色。疏幙暗侵，素衿微灑，香濃衣窄。問空谷孤芳、爲誰和怨訴掩抑。望美人、愁沁碧。悵賦罷瀟湘，海天琴夢，幾度蕙孃零落，有懷堪憶。　澄夕。煙籠露滴。最愛伊、澹洗鉛飾。漫調瑤瑟。清歡重接，試浮大白。念韻事吴霜鬢添，韶景如過翼。且伴客、都舊識。好暢敘幽情，餘芬羅袂襲得。散到枝南硯北。

齊天樂

中秋後一日，太虛游龍井之日也，見東坡書事。戊寅八月既望，月明如晝，想太虛游夕，

無以過之。蟄雲、枝巢同人北海游讌，聯唫買醉，泛舟玩月，未曾見約，倚聲檄之

太虛兹夕游龍井。秋容倍饒澄瑩。皓月中天，畫船北海，君等今番觴詠。何遺不佞。殆憐我孱軀，近來多病。芳訊相傳，信疑參半未能證。　南樓曾記讌賞，光緒中葉，游幕武昌。每當此夕，文襄常招登南樓賞月。　悵侵尋節序，舊游重省。夢醒浮雲，詩吟落葉，身世還如萍梗。巴詞助興。問酒氣花香，幾時同領。無限韶光，好音傾耳聽。

天香　蟄園賞桂，限調，和趙虛齋

月窟分香，仙巖散彩，騷人雅興聊寄。瓊苑紛敷，玉卮斟酌，忘了客中情味。繁葩吐艷，絶不讓、天然富貴。園中屢賞牡丹。　大好延秋伫月，橫琴夜闌歌起。　南歸甚時遂意。念金英、故園妍麗。惹得一襟幽恨，幾番鄉思。此際倚闌勝賞，看子落、吟懷澹如水。待到重陽，還來歡醉。

離亭燕　和君坦

記得紅樓深處。兩兩琱梁曾住。翠羽欹斜憐力弱，飽受東風來去。巷口認烏衣，知否舊時心緒。　幾度濃雰悽霧。滿院落花飛絮。一縷春情誰許。綰別恨離愁，慵訴往事莫須提，且把芳韶留與。

雙雙燕　和蟄雲

爲何嫵婉，問誰遣伊來，共穿簾户。春光滿院，看足柳烟花霧。欣占琱梁並住。便亂蹴、芳筵爭舞。憐渠弱羽香翻，慣惹垂楊飛絮。

回溯。東風弄汝。着力影輕斜，暮雲慵度。烏衣門巷，凝睇夕陽如故。休把前情細數。莫更説、佳期擔誤。閒愁瘦損紅襟，總是惱人意緒。

采桑子　戊寅七十三初度述懷

春花秋月空閒度，做就華顛。笑我依然。馬齒徒加又一年。　人間此日知何世，萬感縈牽。莫問蒼天。老去填詞把恨傳。

其二

清門華胄誇江左，簪笏猶存。堂構如新。四庫傳家未算貧。　一編小識陳先德，惠逮鄉枌。澤被黎民。積善餘慶佑後人。

其三

趨庭髫稚承明訓，要喫人虧。何必人知。到底還能佔便宜。　一言兩字惟忠恕，治己無欺。處世無私。願學宣尼樂不疲。

其四

一門風雅耽成癖，詩派初唐。詞派南唐。畫法徐黃書趙王。　竹林花萼賡同調，老杜清狂。小阮疏狂。年少知名翰墨場。

其五

蘭閨別有閒中趣，對酒吟詩。刻燭填詞。粉本甌香寫折枝。　孤山鄧尉探梅去，攜手香溪。聯袂蘇隄。鴻爪留痕爲訪碑。

其六

抱冰堂上陳芻見，欲濟蒼生。翻誤蒼生。孤掌難鳴恨未平。佐南皮幕，陳石遺孝廉條陳鼓鑄銅圓，以餘利開織布等廠。文襄集議，余有『各省踵行，日本仿造，

圖一時之利，流無窮之毒』等語，卒未采納。　楚材晉用言無補，負笈重瀛。議論縱橫。怕聽南蠻鴃舌聲。粵人張蔭桓在總理衙門建議派員出洋游學。奏上，飭各省將軍、督撫議奏。廷寄到鄂，文襄開幕府會議。余與黄仲弢主張滬、漢、津、港四商埠建設學堂，延聘洋員教習。文襄首肯，屬草説帖上政府。樞臣具奏，報可。蔭桓反覆辨論，所議遂不果行。

其七

少年意氣雄且傑，伏闕陳東。感動宸衷。膽識曾褒天語中。乙未上書言時事，德宗覽奏，顧南齋翰林曰：『此人有膽有識。』王文敏來訪，爲我言之。　而今忍憶從前事，轉眼成空。餘恨填胸。吹到東風更懊儂。

其八

先人遺澤留桑梓，實稼儲荒。保赤如傷。先高祖宫庶公捐宅開育嬰堂，先祖母劉夫人捐巨款，積穀儲倉，奉旨建坊。　舍舊謀新費攷量。年久弊生，鄉人呈請清理公田公款。蘇撫端忠敏照會，屬余承乏，乃開辦清理公所。　條分縷析編徵信，爲訂新章。立案通詳。不事追求乞浭陽。事竣，刊《徵信録》八册存案。

其九

郎官博得頭銜換，名德無差。見《唐書》禮部員外郎崔瀹傳。　策命交加。曾記中宵始放衙。　蘭臺中尉應嘲笑，憲政編查。法制争誇。備員憲政編查館、内閣、法制院。　未許同乘御史車。保送御史未及傳到，武漢事起矣。

其十

無端南國人心涣，奮起干戈。摇落山河。連郡跨州烽火多。　九門鶴唳聲聲急，也撼風波。爲斫蛟鼉。天命難回喚奈何。民政大臣桂春募警閉城，謀誅漢人，洩武漢革黨殺滿人之根。余掌民部機要，知而與汪袞父謁告徐菊人樞相。翌日得旨，以趙秉鈞代之。未及三月，隆裕皇太后被逼下詔遜位矣。

其十一

山莊列屋經營好，旅櫬淹留。羈客無憂。試問憑誰借箸謀。有人以三千金贈我，卻之不可，乃築婁海山莊。　百年繼述承先志，歲月優游。宿願初酬。風義何堪媿麥舟。嘉慶壬午，先曾祖侍御公、先祖樞曹公，集鄉人創議，捐貲建設太倉會館于宣武門外舊紙巷，今名求志，欲建殯舍不果。迨至宣統辛亥後十年辛酉冬，始集貲營造山莊于廣安門内白紙坊棗林街，爲太、嘉、寶、崇四邑旅京同鄉寄柩之所。嘉善錢幹丞中丞能訓爲記，杭縣邵伯絅提學章書碑，勒於小客廳牆壁。

其十二

天倫樂事慵回溯，望斷鴒原。淒斷鴛絃。怕讀毛詩常棣篇。　消愁惟有傾尊酒，醉也徒然。醒也徒然。夢裏猶歌人月圓。

其十三

一從漢上題襟集，詩酒疎狂。風月平章。斷送朱絃爲底忙。　紅桑幾度生滄海，舊事微茫。陳迹荒涼。五十年來夢一場。

其十四

照人肝膽心腸熱，慣受譏嘲。不解牢騷。翻笑貞孤論絕交。　儘教餐盡冰霜飽，意氣彌豪。志趣彌高。讓水廉泉飲一瓢。

其十五

少年踏破尋山屐，白社吟踪。赤壁歸篷。到處留題跡印鴻。　老來還作游山記，龍洞丹楓。鷲寺青松。竹杖芒鞋興未窮。

其十六

一生秖被儒冠誤，深悔當初。爲讀楹書。笑比常人百不如。　天懷冲澹安吾素，謝絶簪裾。混跡樵漁。枉論康時術已疏。

其十七

松□歲月長相憶，風木蕭蕭。鄉路迢迢。夢裏曾經過板橋。　不知何事貪爲客，去也無聊。住也無聊。借問誰堪慰寂寥。

其十八

趣園松菊應思我，誰謂無家。何不歸家。歸去春秋戀物華。　近來深悔當年誤，休憶梅花。莫問桃花。望斷天涯鄉夢賒。

其十九

年來萬事俱灰冷，人事參商。身世滄桑。結習而今未肯忘。　曉風柳岸吟殘月，敢企姜張。且學秦黃。惆悵江南幾斷腸。

其二十

平生哀樂從頭數，欲訴衷情。怕訴衷情。訴到衷情感慨并。　年光轉燭嗟遲暮，爲了浮名。誤了浮名。舊恨新愁客裏縈。

揚州慢　己卯元日

過眼駒光，關心馬齒，那堪歲月頻更。自移盤漢闕，節序了無情。儘滄海、紅桑看徧，故園喬木，猶喜欣榮。憶蒓鱸、鄉味羈愁，知爲誰生。　繁華轉燭，到而今、塵夢應醒。嘆破碎河山，干戈未息，何日昇平。老去空中傳恨，江南怨、譜出商聲。且消除煩惱，安排椒酒盈觥。

沁園春　訒庵市古梅椿，爲舊主乞歸，作歸梅詞徵和。病起，勉步元韻

聞得逋梅，清奇峭古，一顧傾囊。喜花遲未放，正催吐蘂，客來何遽，欲乞移椿。非借荆州，如求趙璧，計校翻成勢利場。殷勤意，願歸期相約，韻事留芳。　遥知索笑巡廊。早消受、幽香綺幔張。悵玉妃已去，舊情堪憶，文園多病，夙債須償。祓禊長歌，嬉春新詠，審度精神料不妨。聊酬和，盼山林結伴，梅有山林之風，見《三柳軒雜識》。共絜壺觴。

臨江仙　先立夏一日，埶雲約晨賞牡丹，攝影花下，譜此以志鴻爪

爲喜天公教晚發，唐李正封詠牡丹詩「天教晚發賽諸花」。朝來俊約尋芳。瀹濃露溼鬬新妝。倚闌欣賞，側帽納微凉。　小院風輕花影碎，幾蕤散出清香。畫圖留得野人裝。待邀明月，相對更傳觴。

兩同心　題《樓臺夢影詞卷》

感時憂憤，寓意清新。蠟屐詞、淵源唐宋，龍吟曲、壓倒蘇辛。推敲處，妙造天然，脱徙凡塵。　老來猶未知津。漫許評論。笑下走、疏狂愧赧，喜同調、酬唱殷勤。最難得，不薄今人，不讓前人。

臨江仙

滿樹濃陰庭院静，晝長閒閉柴門。北窓夢醒倚琱欄。落紅休埽，爲惜好春殘。　摇曳幽篁風弄影，垂簷楊柳誰攀。心情何事忒闌珊。且填詞去，轉軫角聲彈。

滿庭芳

前年約式之、仲恕、心畬、叔明游拈花寺，仲恕畫松，式之題句。此日重來，感成一解

游目春郊，停踪蕭寺，等閒恍出塵寰。滿庭芬馥，花氣暖鑪烟。靜聽松聲謖謖，欄干外、醉蜨飛翩。風光好，攜筇望遠，薄靄擁雲鬟。流連。回首處，王孫悵恨，萃錦園易主。詞客闌珊。式之已逝，仲恕南歸。便喚醒，芳夢鈴鐸驚傳。記得年時俊賞，鴻泥爪、怕覓苔斑。歸來晚，吟詩讀畫，珍重舊因緣。

夢橫塘

送春

苔痕侵雨，竹影欹風，曉來還喜天霽。裊娜垂楊，更織就、層層濃翠。愁蜨尋芳，遺鶯留語，惜春無計。看蟲絲結網，落索珠璣，翻疑是、羈人淚。　新晴尚怯輕寒，又花飛片片，萬點

紅碎。杜宇催殘，誰省識、我心如醉。那禁得、韶光易換，怕聽疏鐘倦闌倚。暗數歸期，撥爐斟酒，訴相思情味。

蘇幕遮

芍藥

艷舒紅，輕翦翠。綽約丰姿，一種天然媚。淺暈燕支疑宿醉。力怯憑闌，香夢初驚起。似映朝霞，含嫩蘂。嬌態烟籠，翻向瑤階倚。解芳名婪尾意。妬雨愁風，釀出傷春味。

國香慢

小樓秋日即景，時客白門

院靜人閒，正蘋風向晚，萬景澄清。吟蟲亂鳴幽砌，欲訴衷情。聽得聲聲聒耳，倚闌干、衣薄涼生。西原感陳迹，節序推移，回首堪驚。　小樓頻眺望，又山空日落，天遠雲平。楓林煊染，疎影猶未凋零。捲起晶簾待月，算秋

來、多少新晴。徘徊獨無語，拈韻含毫，覓句初成。

東風齊着力 庚辰元旦

春到江南，東風吹緊，又是新年。梅花乍放，影落酒尊前。漫詡山光照檻，小樓外、鬱霧淒烟。羈人怨，煩襟欲滌，愁在吟邊。　北望思幽燕。千里夢、那堪萬感縈牽。孤鸞舞鏡，莫自笑華顛。賴有瑶英伴我，椒盤獻、一醉陶然。閒懷好，空中寄恨，且去詞填。

相見歡 龍君榆生神交數年，欣然握手，爲譜《相見歡》贈之

神交幾閱春秋。思悠悠。令慢新詞千里、兩相酬。　乍會面。客中見。樂忘憂。同氣同聲難得、慰離愁。

玉簟涼 重游蘇臺，距偕亡室浣芸覽勝已四十三年矣。觸景生悲，爲拈是解

吴水吴烟。悵景物已非，不是當年。低徊思往昔，奈舊夢勾牽。生公臺上嘯月，坐片石、並聳詩肩。游興好，慣賞心松下，携手梅前。　堪憐。琴絃久斷，蘭怨未消，何處拾取花鈿。登臨空寄慨，又賸水殘山。重尋鴻爪印跡，嬾細數、點點苔錢。無限恨，再莫談、遺事開天。

琵琶仙 蘇游志感

重踏吴山，問誰見、曩日鄒枚儔侶。風雅前事休提，歡場渺何許。鶯似識、多情杜牧，爲添了、數聲啼苦。拄杖獅林，披襟虎阜，有愁莫訴。　那禁得、看徧紅桑，更吹到、東風黯無

語。慵覓卅年題壁，料琴臺非古。渾不管、羈人瘦損，憶舊游、且按新譜。幾度辜負芳韶，又逢端午。

洞仙歌　南歸游舊張飲，賦此酬答，從東坡體

歸來垂老，幸故人無恙。握手重逢漫惆悵。矍鑠翁、却喜豪氣元龍，頻歷刼，贏得襟懷高曠。　多情邀我飲，接席銜觴，美盡東南自酣暢。拾取舊時歡、回首春明，山亭宴、淺斟低唱。且莫問、河清竢何年，但願祝、平安儘容疏放。

以上《味蒓詞》己稿

以上《味蒓詞》

百字令　戊戌春莫，被放南宮，將出都門，海寧王稷堂户部宗基出示太夫人墨蘭畫册，屬爲題辭。予與稷堂昆季交誼最篤，爰乞東吴章式之孝廉鈺、曹君直孝廉元忠、如臯冒鶴亭孝廉廣生同作，用志景慕，藉以告别

玉台評畫，問南樓老去，有誰同調。聞説璇閨傳浙派，先後並推墨妙。幾葉嬋娟，數叢婉約，秋意盈懷抱。瀟湘靈氣，筆端收拾多少。　回想别下齋前，隃糜試罷，替寫靈均照。爲了離騷忠愛意，助作君家庭誥。世守清芬，期如香樹，一樣能呈稿。披圖感我，江南無限芳草。

前調　題王玢儒孝廉鳳璘遺照

清癯依舊，鎮傷心又見，病容愁骨。三十華年流水逝，怎奈蘭摧玉折。馬糞門才，烏衣年少，奇氣都消歇。青衫裏汝，滿腔血淚猶熱。　還記貰酒長安，同車京雒，往事堪重説。裘馬五陵胡不樂，偏與上書伏闕。東海揚塵，南

山歸隱，回首空悲切。綠絲雙髩，鏡中應化春雪。

貂裘換酒

懷瑞安黃仲弢學士紹箕于京師，兼寄冒鶴亭同年于雉皋，時己亥五月十四日也

又過端陽節。恨年來、天涯槖筆，這般漂泊。去歲今朝猶記得，記得深宵話別。歎此日、分飛南北。夢冷京華無限感，算兩家、一樣清寒絶。含酸語，有誰識。　春風那裏尋消息。問何人、紅塵踏破，幾雙芒屐。裘敝誰憐蘇季子，受盡蒼天磨折。好把我、名心收拾。自寫相思腸斷句，恁匆匆、寄與長安客。歌曲罷，唾壺缺。

湘春夜月

再題柳岸曉風填詞圖，前詞意有未盡，譜此足之

思綿綿。夢魂都化秋烟。況又不奈黃昏，楊柳渡頭船。寫出曉風殘月，那髩絲衫影，悶煞樊川。歎未除結習，偷聲減字，消瘦華年。　癡他夢裏，看他畫裏，長在愁邊。透骨相思，應也悔、沈郎蕉萃，相見徒憐。春韶易換，訴芳心、紅淚偷彈。恨只恨，恨沈吟譜曲，飄零彩筆，未許詞仙。

虞美人

泖湖道中，夢醒無據，悵然倚聲，用迴文體，痕跡殊多未化也

昏黃嬾剔紅燈瘦。寂寂魂銷又。粉殘脂賸冷悽人。夢醒影孤愁煞、喚真真。　輕痕皺鎖雙眉暈。攬鏡情無準。雨絲風片逗新愁。卻怕袖單羅怯、晚來秋。

五福降中天

庚子閏中秋，從兄閏生先生五十生朝。射陽秉鐸，不獲稱觥，爰於是夕，偕諸昆季延其親友，集飲于桐花館。流雲吐月，秋光欲波，僉謀所以爲壽。余譜是解，俄而酒闌夜半，歌聲互答，又戲集詞調名譜《滿江紅》以紀其事，録寄閏兄正律。昔人謂秦少游情詞兼稱，吾於斯言甚媿之

人生難得中秋閏，重逢鬢絲添了。雨乍收塵，雲還盪月，艷説天公呈巧。清尊共倒。且私祝長生，爲歌長調。試證前身，是誰秋士論心皎。　年來惆悵往事，把蒼茫百感，都付吟稿。夢兆金鑪，班聯玉筍，莫便頭顱嗟老。重陽待到。問偏押茱萸，者番多少。暗數歸期，菊花開正好。

滿江紅

集詞調名

燭影摇紅，山亭宴、畫屏秋色。風光好、訴衷情近，氐州第一。水調歌頭長壽樂，霜天曉角秦樓月。集賢賓、金盞倒垂蓮，羅衣溼。　解珮令，丁香結。轉應曲，思佳客。捲珠簾望遠，箇儂消息。鼓笛翻香青玉案，當窗疏影金蕉葉。喜團圓、明月逐人來，眉峰碧。

金縷曲

題吴葆生師藴華小影，時有武昌之行

誰解傷心語。問人生、緇塵何事，鬢絲如許。失意每多如意少，才命由來憎妬。料也是、天公分付。一卷經傳忻有託，看衮師、美秀亭亭樹。身世恨，且休數。　畫圖省識添愁緒。歎年來、江湖落魄，不才如武。記得西窗同翦燭，聽盡芭蕉夜雨。不道只、暫時歡聚。芳草

落花春已半，望天涯、又逐征鴻去。重惜別，歌金縷。

河傳 題崑山王梅貞女士遺影，爲王彥士學博德森作

春淺。人遠。已清明。又是悽悽雨零。那時絮飛吟謝庭。闌情。夢魂何處醒。　蕭索蘭成今老矣。思往事。空喚嬌兒字。記當初。展畫圖。模糊。心情肖得無。

四字令 客游黃歇浦，同萍鄉文道希表兄廷式作

征衫酒澆。香衾夢遙。陽關四疊魂銷。折長亭柳條。　年光易凋。山川自遼。行人白髮飄蕭。過當時板橋。

百字令 題吳萚生師小桃源圖

洞天福，是神仙世界，幾生修到。聞説淵明歸去也，此後更誰同調。夾岸桃花，緣溪芳草，逸興知多少。箇中真趣，那堪與外人道。　閲盡滄桑蕉萃後，愁入劫餘詩稿。卜隱遐思，結鄰舊約，夢向家山遶。鬢絲霜冷，緇塵何事吹老。

前調 余自癸丑正月，賃屋上斜街，秀水朱竹垞先生故居也。滿架藤花，百年老樹，詩盟觴政，想象當年。光緒中葉，瑞安黃漱蘭師曾僑寓焉。今夏六月，院中藤花忽開三枝，清香繁艷，有愈曩時。感物懷人，余懷渺渺。曾記乙未公車入都，謁師於此。適開藤花，先師置酒吟賞，流連竟日，樂而忘歸。今忽忽二十年，師已墓門拱木矣。俛

仰今昔，言之憮然

宣南韻事，自竹坨老去，留春無主。前輩風流今已矣，剩有古藤滿樹。堆繡圍闌，被雲成幄，花落知何處。問誰管領，庾郎蕉萃如許。　曾記問字停車，飛觥酌酒，醉眼斜陽暮。二十年前渾若夢，非復那時情緒。架引三枝，花開六月，觸景愁無數。茫茫感集，此愁知向誰訴。

前調　題錢唐萬夷僧先代翰墨圖册

滄桑代謝，問故家喬木，尚存多少。艷説流風遺韻在，先後並傳絶妙。翰墨餘香，溪山積雪，都是傷時稿。零縑殘帙，瓊編還喜完好。　想像先輩當年，詩盟觴政，結契相投縞。夢冷西泠無限感，何處重尋芳草。兩世知交，廿年惜別，一見同嗟老。披圖往復，勸君權作庭誥。

以上見稿本《味蒓詞》

解語花　盆蓮

風摇醉豔，雨洗愁紅，金斛栽來好。《南史·劉悛傳》：『在蜀作金浴盆。』緑深庭小。傍瑶砌、位置自然巧妙。微馨襲袂，籠淡月、參差窈裊。看翠雲、欹影翩翻，逸興添多少。　回首盛時詠嘯。溯嬉游南泊，辛柳同調。前塵過了。知何處、覓取雪泥鴻爪。騷壇又到。渾忘却、告存衰老。腸已枯、拈斷吟髭，空惹芳苓笑。

見《思社詞鈔》卷一（附）

大聖樂　感懷

名世文章，捄時經濟，問天誰沮。笑卷懷、幽館棲遲，往事懶提，夢泠霓裳歌舞。老去悶來耽吟詠，尚可把、衷情誰共訴。從頭數。悵凝睇海桑，驚心風雨。　芳韶等閒暗度。儘過眼繁華漫迴溯。奈舊愁新恨，傷離感逝，消損當年張緒。雅集趣園圖猶在，賸三兩、知音還如故。無聊語。願平安、慢聲同譜。

玉蝴蝶　題冒疚齋羅浮胡蝶圖卷，從屯田體

月朔忽逢仙子，遠來止宿，似卸行裝。錦翅銖衣，旋轉恍舞霓裳。草堂中、吳綃繪影，桂館裏、江筆傳芳。最難忘。去留蹤跡，偏忒匆忙。　堪傷。當年四印，幾人吟詠，共醉壺觴。光緒乙未浴佛日，王半塘給諫招同盛伯羲、王連生兩祭酒，志伯愚都統、黃仲弢洗馬，沈子培、子封昆仲，李木齋三太史，表兄文道希學士，張飲四印齋。太常仙蝶適來，止余座隅，賓主酬唱，歡呼暢飲，夜以繼日。世變滄桑，忽忽已五十七年，思之黯然。夢泠宣南，可憐何處訴衷腸。念雲起、空存翰墨，悵半塘、愁檢縹緗。數星霜。畫圖題句，再譜清商。

憶舊游　題稊園主人箕陵弔古圖

記鞭絲帽影，紀事題詩，仰企殷賢。不盡興亡感，料忠肝義膽，鐵石同堅。九疇洪範天錫，萬刼永流傳。嘆化鶴歸來，啼鵑苦訴，埋骨空山。　纏綿。溯前跡，憶繪景留圖，覓句吟邊。舊話重提起，悵駸尋卅載，換却朱顏。海桑看徧人老，琴劍尚依然。賸一幅丹青，他年更續鴻雪緣。

絳都春　壬辰四月，咫社詞集以稷園觀芍藥爲題，並約上林春品茗。疾不果往，爲譜慢聲，以報稊園

羣芳許殿。顧栽偏舊壇，東西葱倩。浥露弄煙，摇影當階偏穠豔。凝眸飛片彤雲翦。問多少、吟朋留戀。瘦腰圍帶，香鬟墮粉，黛痕匀染。回念。扶笻葑圃，萬花會、醉後小闌憑倦。欲拾墜歡，奈負佳辰愁緣淺。予懷渺渺心情懶。感婪尾、春光偷换。約期且待來年，再同賞玩。

滿庭芳　太平花

瑞聖祥葩，長春奇卉，曩移絳雪軒旁。五朝宸賞，湛露沐恩光。四瓣迴環密綴，微妙處、甜膩濃香。蟠根老，滄桑幾度，無限感興亡。憑闌頻引睇，瓊絲玉蘂，歷久繁昌。料仙鄉帝子，好景難忘。曾記詩□唱和，三十載、舊跡迷茫。還堪慰，佳名永錫，收入廣羣芳。

梅子黄時雨　紀夢

趣園韻事銷沈，稊園依然詞集。屢約春明品茗，養疴猶未能興。近幸雨後涼生，夜常酣睡，夢怕絅諸君觴詠如昔，歌《南樓令》。醒後興懷往事，欲拾墜歡，拈此一解，期償私願。

梅雨連番，喜炎暑漸消，庭宇澄浄。乍夢醒中宵，未忘情景。猶記花間曾譜調，倚聲唱和南樓令。還回省。樂伴雅人，拈韻觴詠。誰訂。春明同茗。奈緣慳聚首，空動游興。料幾輩吟儔，也常心耿。懷想前歡終許拾，騷壇旗鼓應重整。開三徑。印鴻舊痕堪證。

以上見《咫社詞鈔》卷三

陌上花　咫社久經曠課，婁生示以近作。撫今思昔，即用其韻拈成是解

清明到了，斜街花事，鬧紅依舊。半褪新苞，

剛是露桃開候。豔陽慣惹嬉春侶，幾輩彩牋題就。看傾城士女，嫩風吹鬢，暗香凝袖。憶當年勝賞，行窩小住，結伴論文尊酒。滿架朱藤，馥郁隔簾逗。賃居上斜街十年，花木繽紛，藤蘿尤老，時有文字之飲，繪圖紀事。趣園雅集圖還在，何日重逢携手。故人半已宿草。溯歡場轉燭，前塵如夢，那堪回首。

以上見《咫社詞鈔》卷四(附)

長亭怨 重修袁督師祠墓感賦

嘅明代、忠貞幾許。三百餘年，問誰歆慕。防墓翻新，茅茨芟翦葺祠宇。何人攷證，稽史册、文難據。屈指數平生，並爵秩、還須填補。　回溯。仰豐功偉績，幸有螭碑堪覩。冤同武穆，一樣是、流芳千古。縱雲仍、世守蒸嘗，那知道、當時心緒。料化鶴歸來，魂斷杏松山路。

應天長 懷舊思古，弔夢歌離，老馬猶許識途，殭蠶遂能抽繭。萬感交集，按譜倚聲，寫呈稊園正拍

頻年卧榻，孤館索居，離羣感想交集。記得春秋佳日，聯裾接瑶席。河山異，杯酒碧。任瞥目、亂紅愁積。又看徧，小院桐花，做盡秋色。　回首憶宣南，側帽題襟，前事戀胸臆。一自故鄉歸去，重來聽鄰笛。啼鵑苦，聲愴惻。悵舊雨、黃壚悲切。幾人健，葆歲寒姿，懽再同拾。

探芳信 雨季積陰，郊原森緑，眺望有懷

趁清曉。望浣花溪邊，水漲多少。正鷺鷗剛醒，新緑凝芳草。一竿照影留殘月，簑笠漁翁釣。問何人、獨自行吟，頓開襟抱。翹企垂

楊道。有隱約青山，郭外斜繞。樹合成陰，指村近、酒旗裊。騁懷游目風光美，都把閒愁埽。待歸來，結伴賡酬更好。

拜星月慢　甲午中秋有懷，趣園雅集

久別鄉園，頻更蓂序，倏屆中秋佳節。記得高樓，詠滄江風月。敞瓊宴，萃集、詩朋酒侶談笑，幾輩酣歌投轄。洗盞分箋，譜蕢洲新闋。最關心、韻事今銷歇。朱顏換、老去霜侵髮。戀舊市隱宣南，保吾身明哲。憶前歡、漫許歸重拾。居藤館、幸有清香擷。又豈料、安樂堯夫，更年躋耄耋。

以上見《稊園吟集甲稿》（附）

聲聲慢　辛巳元旦懷人，用夢窗韻

酒斟卻意，囊佩迎年，三元倏又相逢。引睇春明，兒童笑語雍容。羈人這般寥寂，爲寒梅、惆悵東風。無聊甚，把屠蘇排悶，休放杯空。幾度星移物換，望天涯心遠，書斷飛鴻。細數音塵，吟情試問誰濃。而今墜歡還戀，憶華鐙、燭影搖紅。蟄園每於元宵舉鐙唱大會。憶舊雨，皺雙眉、愁對鏡中。

見《國藝》一九四一年三卷二期

琵琶仙　近事有感

春冷蘇臺，向誰訴、悔着溪山游屐。香雪殘夢初醒，東風吹更急。空賸取、淒煙楚雨，又添了、懊儂消息。斷續鴻嗷，蒼涼雁影，千里愁積。　可憐那、芳草天涯，奈妖霧、濃雰萬重疊。惆悵杜陵心事，漫低徊疇昔。思不盡、衷腸寸結，忍再教、兩鬢催白。怕聽樓角枝頭，杜鵑啼血。

卜算子慢 和訒庵

塵顏易老，霜鬢漸彫，試問爲何停軫。況又東風，可奈十分悽緊。愁損。暢胸襟賴有獅林近。獅子林距寓咫尺。好趁此清游，魄磊須澆還借芳醞。到處尋鴻印。歎路曲苔深，綠沈紅褪。卌載重來，景物那堪憑準。休恨。喜吟朋、寄與山中信。賦遂初、懷歸不得，儘無聊且忍。

以上見《同聲月刊》一九四一年一卷八期

惜餘春慢 上巳良辰，韻事沈寂。回憶春明雅集名園，墜歡難拾，不勝離索之感也

蕙畝光遲，蘭亭夢冷，又把芳韶徑度。鶯飛草長，惹起閒愁無數。舊游回溯。曾記浮杯鏡清，觴政詩盟，爲誰留住。任花攲衰帽，分牋拈韻，小闌凝佇。白一賦、歸去來兮，江南燕北，極目蒼茫雲樹。休提往事，料想今朝，俊侶共聯尊俎。何時吟邊酒邊，重拾墜歡，蕢洲同譜。漫心情撩亂，消除煩惱，且調宮呂。

見《同聲月刊》一九四二年二卷五期

滿江紅 壽汪精衛先生六十

六十平頭，看卅載、棋枰翻覆。那禁得、幾經回首，幾番蒿目。六代江山圖可寫，半生心血詩堪讀。記當初、塵夢感春明，眉尖蹙。解不斷，蠶絲束。馳不盡，駒光速。又引年絳縣，添籌海屋。名世文章常在眼，救時經濟還捫腹。盼月圓、人壽更河清，華封祝。

見《中國詩刊》一九四二年創刊號

汪曾保

邁陂塘　與君剛兄、耀斧姪南渡泛舟，譜此寄慨

倚荃橈、碧苔磯畔，魚天風景如許。秋光已惹心頭恨，何况别離南浦。摇一艕。看水帶潆洄，令我牽情緒。情鍾何處。歎紅粉飄零，青衫落拓，等是者般誤。　低徊久，滿眼蘆灘柳渚。浮漚彈指應悟。低橋淺水依然好，佇想又添酸楚。愁不語。任叩徧桐舷，懊惱歌金縷。多情最苦。賸千種相思，一燈煮夢，月夜好團聚。

雨中花　舟泊岳王市有感

花傍扁舟欲就。贏得濃香滿袖。猶記宵深人未倦，隔水長相守。　舊路至今重邂逅。懊惱甚、把舷頻扣。怎又是、雨絲風片起，卻在人眠後。

撼庭秋　與洪漱霞晚步村郊，偶作

板橋茅屋有幾。道是麋谿市。風摇傑閣，日沈古寺，倒波危峙。　平疇目斷，叢林雲蔽，行行還止。看渡口潮回，長空雁去，歸心俱起。

多麗　舟過玉峯，與耀斧聯句

盪晴湖。中流容與舟孤。喜今番、江鄉和暖，長隄凍雪消初。小青山、沈沈雲鎖，未黄柳、嫋嫋風梳。竹徑煙深，板橋人杳，耐看枯荻戰蕭疎。怕天末、夕陰如雨，耿耿問前途。遥望得、酒帘村近，好把春沽。　又斜陽、西沉緩緩，驚寒幾陣啼烏。月華升、欲圓先缺，波影

合、似有還無。無限蒼涼，幾多情緒，胸中魄磊氣豪粗。幸今日、翩翩年少，壯志敢輕辜。須防著、流光改也，老了頭顱。

散餘霞 題耀斧罌粟花畫扇

纖腰弱質雕闌倚。正艷妝新試。怎是不著幽芳，怕蜂媒蝶使。臨風袖還舞起。卸美人粉膩。無語總似含愁，也亭亭有息。

一叢花 玉簪花

鶴仙飛下晚妝臺。露出玉情懷。冰姿雪魄描難似，乍看處、默默疑猜。粉面傅香，玉釵彈影，聽得墮聲纔。一庭秋意費安排。吸露沁蘭胎。花魂爲怕芳菲競，淡妝束、不染塵埃。曾記漢宮，搔頭慵整，依約鏡中來。

海棠春 自題春海棠畫扇

輕陰簾外遮多少。睡未足、太真含笑。妙品列神仙，翠羽還相嬲。海嶠有客添詞料。看不盡、風前窈窕。雨縱惱新昏，筆底留春好。

撼庭秋 題虞臣姪紅菊畫扇

滿庭芳吐幽豔。正絳綃乍斂。夕陽微逗，輕陰半護，膩鬟濃染。疎籬悄倚，清尊相伴，醉顏羞靨。稱西風簾捲，姗姗瘦影，對勻紅臉。

摸魚兒 庚子冬，與仲玉兄、耀斧姪之芊墩埽墓，舟中聯句

擁孤衾、五更寒雨，曉來風力逾緊。整衣且去尋村市，蔬菜魚蝦充牣。聯步穩。喜買得盤

飧，雙槳中流進。吴淞路近。迨穿過平橋，陡迴急浪，推挽舵工窘。來何迅，西望征帆隱隱。羨他飛似秋隼。飽飯重牽舟子懶，已是斜陽將盡。休問訊。任港汊紛歧，一塔船頭認。松楸展覲。共剪燭蓬窗，歸期預算，明日定應準。

點櫻桃　本意，自題畫扇

嬌靨微頳，爲誰怕識東風面。流鶯偷眼。故意珠喉囀。爛滴空階，淚點紅冰泫。緘春怨。借他銀管。寫入鵝溪絹。

菩薩蠻　吴侶伊茂才將赴粵東，譜此贈行

春城共醉屠蘇酒。送君欲折堤邊柳。歡聚一年餘。離情牽短裾。　嶺南書懶寄。舊雨常相憶。魚雁往來時。平安慰我思。

畫堂春　題虞臣姪五色牡丹帳額

露濃輕粉泥去金盤。昨宵緋賜風前。姚黃魏紫越芳妍。富貴神仙。　夢裏傳來彩筆，鵝溪寫出花鮮。一圍翠幙護寒烟。消受年年。

菩薩蠻　白下倦遊，束裝將返，風雨不寐

尊前已唱驪歌曲。離情惆悵心轤轆。抱着影兒眠。孤衾還自憐。　小樓聽夜雨。莫放儂歸去。雨更一聲聲。黄昏滴到明。

前調

燈昏月黑風聲急。清清泠泠真悽絶。春雨聽樓前。夜深人未眠。　欲行行不得。贏得相思仄。索性不思行。明朝莫放晴。

江城梅花引

作客武林，顧詩翼太守、陳企柳大令有錢江買醉之約，譜此紀夢

些些酸味已三分。是香魂。是吟魂。昨夜小窗，斜月豔花人。笑剔銀釭譚韻事，留密約，送來賓、悄掩門。　掩門。掩門。榻橫陳。酒半醺。夢半温。到也到也，到一箇、江面船脣。瞥見那人，丰格果輕勻。兩面相逢纔一笑，風颯颯，雨絲絲、曙色昏。

好事近

與顧公度太守遊雲棲途中得句

一徑入秋林，罨映黛光迎目。楓葉亂紅如醉，臥水涯山麓。　水清石瘦樹尤奇，曲澗縱飛瀑。如許湖山仙境，厭寺僧猶俗。

眼兒媚

寄內

一鉤新月射孤窗。雁陣動愁腸。萬般歸思，一燈煮夢，忒煞悽涼。　有情已和卿身住，一餉且貪歡。夢中似醒，醒知還夢，獨客他鄉。

訴衷情

紅紗輕捲畫堂窗。纖手理梅粧。菱花背儂偷照，笑卻值、兩相望。　恁覷著，浴蘭湯。盥薇香。仙肌勝雪，粉面欺霜，最耐思量。

換巢鸞鳳

作客鷺江，寓樓有鸚鵡，不能語，譜此自嘲

除卻猩猩。算天生慧舌，伊最輕靈。曉風簾下語，夜月鏡中鳴。美人相見亦心傾。背人眼、偷調紅豆情。今緘口，奈廝守、綠窗聲静。　人定。傷孤剩。海外飛來，清影和誰竝。燕訴鶯嗔，鳩呼鵲喚，應笑香喉翻梗。贏得畫樓忒玲瓏，換巢鸞鳳暫棲影。他時絮語芙蓉

帳，被催醒。

高陽臺　上巳日，同陳劍門太守、施雲舫中翰觴於友人別館，譜此調劍門

令節重三，繁華過半，等閒莫放春逃。書劍飄零，天涯何處魂銷。玉壺沽得新羅酒，貯芳蹤、花氣如潮。最難忘，紅暈濃妝，銀燭高燒。坐來雖近衣香暖，恁閒眠淺醉，襟滿春醪。忒煞多情，泥人無限羞嬌。阿儂心事從頭訴，算這番、已訂深交。那禁他，曳雪牽雲，細話今宵。

解語花　陳劍門屬題牡丹畫扇

玉樓春淺，銀燭宵深，香霧籠瑤席。頳潮韻藉。多應是、昨夜醉眠無力。蛾眉淡埽，已占領、天香國色。願東風、愛惜名花，切莫颺雲葉。豔福箇人能説。羨佳時良夜，親沾芳澤。眼前富貴，相逢處、亦是幾生修得。鵝溪絹裏。這般活態都描出。待異時、金屋營成，樂府翻新闋。

念奴嬌　滬上汪棲梧招飲，即席贈別

車輪迅速，正黃塵捲地，滿腔離緒。牽袂慇懃猶未別，又道幾時重聚。鴛帳香濃，獸爐茶熟，絮絮偎人語。多情最苦，遲回未忍歸去。最愛碧檻玲瓏，瓊樓縹渺，大好登臨處。莫道飛仙何處覓，皓齒明眸天賦。歌舞桃笙，縱橫茗椀，且把新詞譜。主人情重，酒痕襟上無數。

錦纏道

翡翠簾中，隱約桃花人面。怎無端、偶然偷

眼。嬌波已在樓陰轉。一寸柔情，早把儂心綰。問意中恨不平，檀郎終遠。卻教汝、頻頻流眄。料應知、我也凝眸，直恐凝眸處，更有人窺見。

清平樂 題台灣友人蘭石圖

茜窗閒坐。尺幅安排妥。壁立懸崖空欲墮。賸有湘蘭數朵。伊人解讀離騷。應教清怨難抛。寫出春風幽韻，寸心緜渺含毫。

水龍吟 題同邑錢孝女侍奉湯藥圖

劇憐生小柔腸，這般顛頷真容易。春暉莫駐，沈疴誰起，暗彈雨淚。柳困桃慵，蘭凋蕙折，惡風吹去。願乞丹天上，九閽親叩，全孝行、完心事。應在瑤臺奉侍。舊妝樓、不堪重至。如今但有，遺言別恨，斷情殘意。尺幅空摹，寫千秋後，令人遐思。幸詞壇妙筆，長歌短唱，闡揚徽懿。

好事近 題繆紉蘭先生咬春圖册

何處報春歸，春在杏花香裏。立春日，主人約齩春會，集於杏香廬，因繪圖册，徵題。爲約迂辛短李。款園蔬風味。一枝梅影墮杯中，領畧冷芳氣。此日消寒會啓。有新圖堪記。

一萼紅 題嘉興友人風雨連床圖

步庭陰。喜二三俊侶，風雨合朋簪。湘簟涼生，吴燈夜語，清事能幾消沈。聽簷漏、宵深韻遠，賸鐵管、吹不到仙禽。百尺修桐，數株垂柳，檻外憑臨。我亦碧梧陰下，築幽棲小隱，騷客談心。貍席苔青，鷗簾茜緑，凝想幽素難尋。最輸君、畫圖題句，賺狂名、休問舊黃金。記取鴛湖同泛，一棹秋深。

百字令

吳江一舸，記春風秋月，年時來往。南望森林叢密處，道是放翁門巷。破體右軍，入神摩詰，三絶人稱賞。幾經劫運，草堂依舊無恙。　遥憶返棹姑蘇，蒲團兀坐，清磬聲聲響。妙悟拈花時自笑，一炷鑪香蕩颺。名士才華，枯禪況味，超出塵凡想。胸襟欲滌，準拏瓜艇相訪。

金縷曲　五十述懷

五十今初度。算此生、甜酸苦辣，飽嘗無數。意氣每於年少盛，立馬願驤天步。不信道、流光易去。華髮星星將老矣，舊田園、只合歸來賦。還領畧，季鷹趣。　閒居爲怎添愁緒。總驚心、世情變幻，沈迷雲霧。逐鹿中原成底事，羡煞滄江白鷺。且莫悵、美人遲暮。但有山林供嘯傲，向名花、把酒堪容與。桑海夢，共誰訴。

前調

人海茫茫度。驀然間、名場墮溷，都緣定數。伯玉知非如夢醒，我亦前塵學步。再莫放、昏昏過去。休作世間無益事，問良心、性善生初賦。爲善樂，有真趣。　官途漸覺無情緒。祇關懷、春花秋月，淡雲濃霧。鷄鶩相争心竊鄙，卻愛一汀鷗鷺。且閒著、此身朝暮。況有吟朋成伴侣，儘優游、覓句還相與。心曲事，更堪訴。

西子妝 題紅豆相思圖

春日方長，曉妝初罷，壓鬟翠鈿斜嚲。幾番蝴蝶作團飛，印芳心、秀眉雙鎖。試拈一顆。怕誤被、鸚哥吞下。倚東風，正沒情沒緒，問誰知我。　時還坐。南國相思，一曲空傳播。腸迴無欲憑銀管訴離愁，兩地程、怎禁相左。那。將彈出、淚珠紅墮。畫中人，別有柔情裊娜。

點絳唇 和吴伯琴廳長原調三闋

儒雅風流，此身端合西湖住。白雲深處。楊柳依依路。　雨雨風風，一半春光度。傷時苦。落花無主。夢繞溪山樹。

其二

莫放春歸，怕聽鵑聲啼不住。楊花飛處。芳草萋萋路。　一曲驪歌，笛韻風中度。離情苦。湖山誰主。烟雨迷離樹。

其三

客送春歸，且吟風月閒中住。客歸何處。芳草江南路。　別緒難言，一曲悠揚度。君何苦。歡聯賓主。酒幟爭先樹。

漢宮春 懷舊

玉宇薰風，憶漢宮明月，步出仙姿。好是半嬌半病，弱質難支。自從相識，滿愁容、心事偷知。細説與、此中端的，也應私悔情癡。　誰料天長夢短，任閒雲無主，把晤佳期。温存尚留別緒，只恨歸遲。而今悵望，踏階前、不盡相思。儂悶甚、伊猶戀我，夢中重接容儀。

好事近　贈小鐵

知否近佳期，消息蓼花蘆葉。休説舊愁新恨，效雙雙癡蝶。　那時扶下桂橈來，相對兩紅頰。分付聲聲珍重，笑語言重叠。

以上《悔盦詞鈔》

沈尹默

望江南　民國紀元前七年

秋雨後，幽絶海棠時。一水盈盈簾未捲，相逢嗔喜費人思。密意不曾知。　蘭燼落，香靄散霏微。道是曉風吹夢斷，分明月色映羅幃。此境太淒迷。

菩薩蠻　民國紀元前六年

新詞歲歲題紈扇。銀河夜夜當牕見。冰簟臥黄昏。秋心那許温。　竹桃開已久。緑雨欺紅瘦。涼意逐秋飛。秋歸人未歸。

清平樂

塵懷中酒。清夢都吟瘦。離緒西來銷盡否。嶽色河聲依舊。　兩行宮柳鳴蟬。鞭絲界破蒼煙。淡淡斜陽疏雨，秋情猶記當年。

其二

灞陵風色。柳眼欺人白。隨處相逢隨處別。夢斷吴江煙月。　門前一帶長橋。隔花何處吹簫。儘有送人雙淚，年年流盡江潮。

采桑子

嬉春記得年時事，寶馬春游。散盡春愁。燕語春風滿畫樓。　木樨香裏秋聲老，閣了蘭舟。嫩約還休。箏雁淒零不自由。

風入松　民國紀元前五年　瓶荷

水風多處立娉婷。暗葉簇花明。畫橈過盡渾無影，蕩紅芳、鴦夢曾醒。涼滿水晶宮闕，簾衣一夜秋生。　寒漿素綆汲金瓶。供養水雲輕。未開先自愁搖落，有空房、冷露香凝。三十六陂何處，一屏涼月無聲。

好事近　傷秋蝶

孤館雨初收，風瘦蝶飛無力。何事尋芳來晚，祇荒荒秋色。　莊生夢境是邪非，底處問消息。消受一生花裏，早香塵凝碧。

阮郎歸　民國紀元前四年　新春寄弟

明霞一桁門簾新。熏鑪通晝温。蛛絲香罥去年塵。花枝猶未貧。　天末感，病中身。何堪酒入脣。花前長憶遠游人。裁詩報早春。

浣溪沙

春恨年時没處尋。一春情比一春深。開簾獨坐怕春陰。　醒醉兩般無好計，等閒消息待青禽。寒香數點故人心。

玉樓春

苔階深處無人到。中酒獨來情緒少。春痕滿地落梅多，踏遍青青池畔草。　看花歲歲傷懷抱。飛燕未歸花事早。更尋高處倚危闌，閒看垂楊風裏老。

前調

罏煙杜被風吹斷。舞袖年時空便旋。斂眉深坐不逢人，咫尺屏山猶自遠。　高樓暗鎖垂楊苑。夜雨初晴寒尚釅。銀缸如月照無眠，何處愁來從未見。

阮郎歸

緑騘掩夢儘無聊。幽蘭香息饒。十年影事忽如潮。芳魂影外招。　晴不定，是花朝。春寒故故驕。青山埋恨路迢遥。無人吹玉簫。

浣溪沙

開到桃花愛薄晴。溪橋流水夜來生。掠波雙燕儘逢迎。　又是一年春意思，不堪幾日酒心情。朝來籠被聽新鶯。

其二

睡起心情懶不禁。最無聊賴是鶯聲。采香逕裏唤人行。　卻憶去年今日事，緑楊風暖坐春城。淡烟芳草又清明。

其三

春恨來時理玉簫。畫樓烟罨柳條條。不堪獨上望舟橋。　依舊春山含笑靨，無花無酒也魂銷。此情如夢復如潮。

蝶戀花

小苑獨來鶯語後。草緑和煙，襯出花紅瘦。簾幕陰陰人去久。彩繩芳樹都依舊。　柳絮飛殘曾見否。愁雨愁風，何事今番又。春恨懨懨成病酒。那堪芳序年年有。

其二

百二韶光今幾許。燕子來時，那識春情苦。拈徧落紅無一語。小樓受盡風和雨。過眼遊絲紛萬縷。驀地牽愁，知向誰邊去。千古傷心人不數。斷腸枉説江南路。

采桑子

閒情一例難拋卻，臨水登山。今日何年。宿醉猶濃欲晝眠。樓臺歌管聲都咽，無語愁邊。燕子簾前。蹴徧彈愁五十絃。

浣溪沙

吟盡春愁夢乍醒。無聊塵土有涯生。爭教微尚不關情。酒後風懷花落拓，眼中人事蝶將迎。行雲流水本無聲。

前調

夢斷樓臺望轉深。一春煙鎖到而今。檐前依約墮青禽。飛過畫簾留不住，楊花飄泊總無心。傷春人卻在簾陰。

前調　中秋夜雨，拈此寫怨

十二闌干十二樓。玉櫳瑤簟一時秋。雨絲漠漠恨難收。樓外鐙光清比月，闌邊心事細於愁。哀蟬落葉此生休。

更漏子　民國紀元前二年

鎖牕寒，春無力。淺夢不成消息。梅靄薄，柳煙輕。暗中聞雨聲。推錦枕，垂翠袖。獨自香銷時候。簾不捲，有誰知。淚痕紅滿衣。

浣溪沙　民國三年至六年

荷葉香清露氣濃。赤闌橋畔倚微風。不知身在帝城中。　記得年時湖上路，扁舟花裏偶相逢。曉妝臨水對芙蓉。

前調

雨過猶聞隱隱雷。乍涼天氣好池臺。荷花自在向人開。　但恨花無人耐久，此時堪賞莫停盃。人生何事待秋來。

前調

曉日槐陰露未乾。夜來新雨更宜蟬。聲聲不斷警人眠。　羅袂涼時思蕙葉，小屏紅處見湘蓮。惹人尋思早秋天。

木蘭花　西山臥佛寺曉起

新蟬高樹生涼吹。似與西山添爽氣。堦前夜雨淨無痕，林表朝霞紅映翠。　此時多少蕭閑意。古佛頽然唯是睡。遊蜂不入寺中來，門外槐花金布地。

西江月　七年　五月七日生辰作

户外猶懸艾葉，筵前深映榴花。端陽過了數年華。節物居然增價。　新我原非故我，有涯任逐無涯。人生行樂底須賒。好自心情多暇。

前調

腦後儘多閑事，眼中頗有佳花。飯餘一盞雨前茶。敵得瓊漿無價。　午睡一時半晌，客談百種千家。興來執筆且塗鴉。遣此炎炎長夏。

前調

眼底憑誰檢點，案頭費甚工夫。天然風月見真吾。漫道孔顏樂處。拄笏看山也得，乘桴浮海能無。人生何處不相娛。隨分行行且住。

減字木蘭花 贈友

會賢堂上。閑坐閑吟閑眺望。高柳低荷。解愠風來向晚多。冰盤小飲。舊事逢君須記省。流水年光。莫道閒人有底忙。

采桑子 八年　西京新年作

新年竟作新裝束，愛着新衣。愛着新衣。十四十三小女兒。濃妝不管旁人笑，忽地顰眉。忽地顰眉。羽子抛空惱着伊。

十拍子 西京送春作

叵耐東風作惡，無端吹雨吹晴。惱亂楊花千百朵，催囀黃鸝三兩聲。尋春春已行。等是良辰佳日，依前水秀山明。短笛誰家歌一曲，不似當時韻最清。何堪憶洛城。

卜算子

雨止出流螢，遥共星光大。靜愛微明動太虛，我自閒中臥。花發舊年枝，月照新來我。似舊還新無限情，只是情無那。

思佳客 西山道中

十丈紅塵一霎休。偶憑林壑散覊愁。晚風吹

帽臨官道，小輦催詩紀舊遊。　雲淡淡，意悠悠。亂蟬聲裏雨初收。柳光嵐翠知多少，又是新來一段秋。

憶秦娥　對玉簪花作

年時別。新詞一曲情悽切。情悽切。霎時兒雨，霎時兒月。　藕花池畔音書絶。玉簪雖好何堪折。何堪折。少年情事，早秋時節。

玉樓春

藕花池畔音書絶。二十餘年如電掣。當時總是有情癡，此日竟成無淚別。　人間無計相抛撇。唯有春花秋夜月。花原長好月長圓，春去秋來情不竭。

浣溪沙　題子穀《紅葉疎鐘詩》後

紅葉疏鐘有夢思。行雲脈脈意遲遲。此情唯有自家知。　晴雪遠山光暗澹，疎枝曉日影披離。荒寒時節倍憐伊。

采桑子　再題

憑誰寫出相思夢，紅葉疎鐘。紅葉疎鐘。葉落鐘休夢轉空。　而今夢也無從做，何處相逢。何處相逢。除是秋林葉再紅。

浣溪沙　寒夜羇旅中，聽隣人吹尺八、彈琴，盡成幽怨之音矣。賦此寄意

户外輕霜暗濕衣。檐前新月又如眉。心事萬重雲萬里，夜寒時。　尺八吹成長笛怨，七絃彈作兩情悲。多少棲鴉棲不定，盡南飛。

望江南

無限事，歡少恨偏多。都説銷愁唯有酒，卻看酒盡奈愁何。莫若且高歌。

其二

何限意，夢短夜偏長。剩自將心托明月，青天碧海好相將。千里共輝光。

其三

天上月，何事照人間。才共蛾眉舒窈窕，卻隨鸞鏡鬥嬋娟。圓缺總無端。

其四

雲外月，夜夜總清腴。碧海青天情不竭，嫦娥拋卻睡工夫。光景莫教無。

好事近

霜重月華明，照澈東西南北。也有心兒一個，是人間月色。茫茫雲海萬千重，重重自相隔。了得一般無礙，仗些兒心力。

浣溪沙 寒夜作

青女飛霜頗耐寒。素娥攬鏡怯衣單。林間風動葉聲乾。雲鶴去來三萬里，梅花開落一千年。海波引起與同看。

前調 題子庚《翟絳宧詞》

天北天南任轉蓬。一生心事屬冥鴻。詞人老去酒樽空。舊恨暗於殘月色，新詞艷作好花叢。幾時花月又春風。

南鄉子

何處可登臺。淡日暉暉晚景催。剩有小花籬外見，誰栽。雪裏青松是上才。　莫道不歸來。知否梅花待着開。人意似梅梅似雪，皚皚。一曲陽春醉滿懷。

減字木蘭花　鳳舉以紅葉裝貼震先小照册上，頗有韻致。戲作此詞

西京風味。紅粉佳人千百隊。一夜秋霜。十里楓林耀日光。　卷頭好在，一樣枝頭紅不改。生面能開。留與詩人點綴來。

好事近

今日見晴空，明日陰晴難度。一任天公做弄，有誰能管著。　飛來羣鵲鬧斜陽，半點無拘縛。別是一般滋味，看人家歡樂。

思佳客　共鳳舉談，賦此

心事千般各有因。猜時那有見時真。話言一一傳天使，煩惱重重縛愛神。　情繾綣，意殷勤。年年見慣月華新。語君一事君須會，莫道嫦娥是故人。

臨江仙　贈友

惜惜惺惺無限意，四絃並作心絃。一絃一撥往來彈。人生多少事，總是訴悲歡。　悲裏四時非我有，懽時啼笑俱妍。連環欲解苦無端。君看牕外月，今夕又將圓。

南鄉子　寄遠

狂態醒時真。不把澆愁酒點脣。一笑淩風三島去，何因。兩地平分月一輪。　見說早梅

新。折取高枝寄遠人。莫作尋常梅萼看，憑君。雪裏霜前最有神。

玉樓春

少年心事觀花眼。秋艷也同春色看。回頭紅葉下楓林，昨日畫圖今日換。　四時卻似車輪轉。日莫天寒天不管。更於何處説春情，雪裏疎梅三四點。

江城子　雪中遊嵐山晚歸作

萬松相對意蕭然。雪迷漫。更清妍。非霧非花，做就四垂天。玉宇瓊樓天上有，卻不道，在人間。　鳥聲如説晚來寒。水沉山。碧潺湲。乘興遊人，緩緩放歸船。莫上長橋橋上望，燈火暗，保津川。

南歌子　往歲夏日雨後至荷塘，適值新荷競放，花瓣舒時輒作微響，如小兒玩具中輕氣球破。當時歎爲奇妙，屢欲賦之未就。今日雪中出遊，心意閑遠，偶然憶及，遂爾追題，未盡形容，聊當記載而已

柳外雷輕轉，塘前雨乍晴。偶然來聽放荷聲。恐有蜻蜓、飛過已先驚。　珠迸琴絃滑，香添笛韻清。有聲有色更多情。疑是青峯、江上遇湘靈。

定風波　云君病中屬兒輩寄書促歸，因賦此以慰之

一紙書來感歲華。二年何事苦離家。春色不關人聚散。撩亂。芳梅依舊滿枝花。　病裏須防愁作祟。閒睡。醒時兒女任喧譁。待我歸來春未半。相見。從新花月作生涯。

清平樂 梅

女兒裝扮。的的驚人眼。濃抹新來渾未慣。愛著緑輕紅淺。看他雪裏霜中。居然韻遠香融。莫待柳絲牽引，先教嫁與東風。

臨江仙

鬥草拈花新活計，衆中誰最顛狂。薄情狂蕩是春光。才添梅額細，又畫柳眉長。紅紫從今看不了，蜂媒蝶使齊忙。莫教蕩子早還鄉。留他三二月，處處醉芬芳。

菩薩鬘

梅花綽約冰肌白。茶花艷發胭脂色。昨夜月如銀。相看愁殺人。年年樓上望。只爲春來上。待得乳鶯啼。楊花過別溪。

蝶戀花 將去日本，因憶往歲平安神宫觀櫻之遊，賦此贈別鳳舉。鳳舉亦將歸江西，故有末句

開到櫻花春色賤。不放春歸，早是春過半。看看緑陰沉酒盞。家家人醉離春宴。往歲春情扃水殿。又見梅花，莫道春還淺。我已歸心牽柳綫。牽情更過江南岸。

減字木蘭花 遥憶京中楊柳，倚聲頌之

參天風韻。些子春光渾占盡。洩洩昌昌。始信人間是樂鄉。陶潛張緒。標格何堪同日語。千手觀音。雨後應能見佛心。

其二

情天好住。只在長條牽繫處。無限精神。接引從來多少人。春三二月。不放離人輕易別。縱使春歸。依舊殷勤挽落暉。

前調 寄云君

春情好在。情共春融深作海。海闊無邊。波浪軒然更接天。　從來踽踽。不會人前相爾汝。莫放春過。新婦相看漸作婆。

朝中措

看看春又到庭階。着意遣梅開。昨日青鸞消息，今朝芳草情懷。　餘寒猶在，早春天氣，煞費安排。不到風和日暖，鶯兒那肯歌來。

長相思

曉寒生。晚寒生。淡淡陰中薄薄晴。流鶯三兩聲。　曉山横。晚山横。芳草連雲尚未能。春風千里情。

其二

憶春心。怨春心。才爲花晴又作陰。翻憐春意深。　待相尋。莫相尋。除了梅花便不禁。餘寒猶在林。

玉樓春 春日寄玄同

年年縱被春情誤。莫道春情無着處。海棠開了好題詩，緑柳陰濃聽燕語。　人生自有真情緒。不合空教愁裏度。與君俱是眼前人，領取從來無盡趣。

清平樂 讀稼軒《粉蝶兒》詞『昨日春如十三女兒學繡，一枝枝不教花瘦』之句，一時興至，遂成此闋

陰晴不定。省識春心性。着盡輕愁和淺悶。恰似女兒身分。　繡花繡草年年。絲絲縷縷情牽。慵裏莫抛鍼綫，好教繡遍河山。

思佳客　偶然作，寄兄弟姊妹

有甚閑愁可皺眉。新來愛誦稼軒詞。歸心已共春波遠，離緒還應草樹知。　思勝事，憶兒時。海棠楊柳盡垂絲。東風庭院深深地，病後閒中總覺宜。

臨江仙

春日抛人容易過，花朝寒食清明。新來心事付流鶯。千回百囀，終覺有餘情。　客裏看花花有恨，問花無語堪驚。東風相約那邊行。朱朱粉粉，都不似平生。

清平樂

東風不住。開落花千樹。遮斷歸程無望處。一霎紅香滿路。　春人怕聽春鶯。春光漾殺春情。最是無心芳草，年年處處青青。

一剪梅

海燕飛來趁歲華。認取春回，卻已堪嗟。幾番風細雨斜斜。落了梅花。開了櫻花。　望眼樓頭暮靄遮。欲破閒愁，除是新茶。年年芳草遍天涯。送我還家。伴我離家。

減字木蘭花　爲援菴題陳白沙所書《心賀》詩卷

崖山風月。千古精誠相對接。省識堂堂。一卷昭然日月光。　狂心飛鶴。動靜隨時都是學。活活乾乾。此趣於今腕下傳。

思佳客

一夜西風裂敗荷。人生無酒也當歌。舊歡新

恨相將在，好月佳花莫放過。　花易謝，月如何。小牕虛處月明多。黃昏便擁秋情睡，未到黃昏睡得麼。

南柯子

雪裏梅初落，風前柳乍低。年時曾共水仙期。等是無憑，情事惹人思。　夢好沉吟過，香温取次稀。風懷打疊付新詞。不道一年，容易又芳時。

山花子

曉起盆花漠漠寒。語人消息料應難。依舊情懷依舊事，早春天。　臘凍漸銷梅似雪，東風不放柳生棉。小閣春燈長夜飲，記當年。

浣溪沙　燕子來時作

黯淡情懷與酒宜。細風吹雨一絲絲。落紅庭院燕來時。　深恨遠情都是夢，野花芳草自成癡。人生何事數心期。

相見歡

新來愁恨無端。菊叢殘。滿地夕陽黃葉、暮鴉天。　浮生事。歌垂淚。酒開顔。好是春花秋月、自年年。

其二

今番已是春回。莫相猜。看取早梅開了、水仙開。　香盈袖。情依舊。且徘徊。除卻當時明月、没人來。

浪淘沙　歲暮臥病，和周晉仙明日新年韻

隨處不論錢。惟有閒眠。夢中新曲聽哀蟬。驚覺心情渾不耐，懶泛觥船。　著我小梅邊。也是良緣。橫江一笑更欣然。才共水仙温舊事，明日新年。

以上《秋明集》

菩薩蠻　寄菴誦其姪女詠盆中白梅詞，有云：『昨夜月明時。春歸人未知。』余偶有所觸，因借其句成此調

畫樓寒夜燒銀燭。愁聞笛裏關山曲。換却繡衣裳。十分憐淡妝。　疎櫺香息淺。漠漠罏烟斷。昨夜月明時。春歸人未知。

前調

新詞休共佳人唱。風前花底多惆悵。争信酒杯寬。醒時沉醉難。　關山千里別。又見初弦月。銀漢自迢迢。南飛烏鵲高。

踏莎行

玉露團團，金風細細。看來總是驚人意。幽篁不分獨檀欒，高梧何故先憔悴。　有限詩情，無邊秋思。年年儘有登高地。地偏心遠到而今，黃花肯共東籬醉。

瑣牕寒

散葉庭荒，驚秋露白，夜涼如水。風搖碎影，分入一窗相對。已更深、照人未眠，暗鐙破寂垂殘穗。似遠江冷宿，孤篷烟浪，倦遊滋味。　憔悴。行吟地。更念亂傷離，近來心事。深尊漫把，醉了無非獨自。想春江、花月宴闌，賸歡斷夢猶未墜。謝啼螿、伴我沉吟，爲

説相思意。

紅羅襖　用清真韻

遠楚銷凝盡，猶自未成歸。歎水闊山長，征程千萬，尊前可有，風月相知。奈此際、鴻杳音稀。西窗翦燭誰期。秋色暗江蘺。憶舊日、賸結夢中悲。

漁家傲　十月廿九日夜雷雨達旦，適聞江南近來寒甚，因有作

撼枕驚雷仍電驟。微喧已失三秋候。天意不如人意久。翻覆手。陰晴一例難參透。夜雨洗秋應更瘦。青林却自添朝岫。聞説江南唯泥酒。憐翠袖。蕭蕭晚竹寒生後。

虞美人　短瓶菊叢中芙蓉豔發，燈前忽有欲謝之意，感賦

芙蓉沉醉西風晚。省識紅妝面。也無離合也無愁。贏得一生嬌豔、鬥清秋。折來長伴金英好。願與歌難老。料應未慣對青燈。已是十分憔悴、不勝情。

臨江仙

細雨還晴晴又雨，落英已自繽紛。萋萋芳草礙行人。歡情餘白袷，暖意失紅巾。往日有誰堪共惜，流鶯不解傷春。離騷心事遠遊身。西江何限水，南陌幾多塵。

清平樂

巴渝芳草。緑徧連天道。此日江南應更好。誰信歸期尚早。闌邊雨潤煙迷。青枝溼度黄鸝。不意遠山眉嫵，新來也有顰時。

玉樓春

依前省識桃花面。幾日東風隨處見。遠山争學畫時眉，流水更横臨去眼。　春情漸老春光賤。浪擲榆錢拋柳綫。繁紅著酒太醺人，回首來遊無一半。

其二

雕闌又拂春風暖。不道天長人更遠。旋驚浪蕊望中休，却惱游絲空裏亂。　江流那管西人怨。東下連波無顧反。蓬萊清淺幾時曾，三見梁間棲海燕。

漁家傲

客裏光陰聞杜宇。桃花水漲迷津渡。唯有春歸無間阻。來又去。黯然幾陣黄昏雨。　幕燕年年仍好住。輸他王謝堂前侶。畫棟雕梁知幾許。君莫誤。連雲芳草來時路。

浣溪沙

心字羅衣透淺紅。迴廊細細落花風。不成小立意猶慵。　短睡易醒終是夢，微波可託更無悰。惱人雙燕語匆匆。

玉樓春

柳枝低曳黄金縷。暗拂朱闌迷繡户。春殘庭院更無人，落盡香紅風不住。　緑波膩自溶溶去。任是無情知去處。江南歸夢有時醒，記取雲中天際樹。

高陽臺　題《涉江詞丙稿》

小字簪花，清詞戛玉，芳馨乍展銀箋。百囀流鶯，共誰惜取華年。深情不著淒涼語，怕淒涼、却道無端。最關心，片片飛花，樹樹啼鵑。

江南夢斷歸何處，有輕帆數點，遠遠浮天。細説清遊，儘多平楚蒼烟。而今陌上無歌管，縱聞歌、肯近尊前。待愁來，不是低吟，總合閑眠。

臨江仙

烟草萋迷緑徧，風花撲簌紅稀。少年情事酒杯知。新來隨意飲，意好復誰期。　乳燕堂前初見，子規夢裏曾啼。莫憑遠志笑當歸。自從新病後，解識藥籠非。

鷓鴣天

新夜樓頭月似梳。若逢三五解圓無。鵾絃怕向愁中斷，鸞鏡端從別後疏。　追往事，説當初。箇人情分未應殊。柳絲牽繫丁香結，取譬同心那得如。

漁家傲

遥思長吟過夜半。情懷唯許青燈見。月落又添窗色暗。更五點。夢中驚起隣雞唤。　欲往報君青玉案。側身東望關河遠。莫爲五噫腸九轉。人世换。定巢隨處逢新燕。

拜星月慢

四拂垂楊，遥連芳樹，永日書堂歸燕。梅額作去新妝，已多時輕换。翻新事，競説、新來粉黛羅綺，總入芸香薰染。別館絃歌，但聞聲不見。　甚東風、乍拂夭桃面。有誰知、未當尋常看。歲歲秋檻春池，任閒情勾管。念分飛、社燕還相伴。落花恨、又著江南岸。尚未是、西去陽關，却天涯人遠。

臨江仙

朱户小牕憑夢到，愁生午酒醒時。蝶飛鶯囀日遲遲。枝頭新緑暗，春後落紅稀。　錦瑟平生渾不識，漫驚絃柱頻移。年華都付子規啼。巴山前夜雨，江岸舊痕迷。

前調

經歲不歸歸已晚，曲闌小徑應迷。望中江樹與雲齊。高樓春去，偏是日長時。　春夢易醒人易老，朱顏好暎深巵。近來愁對雨絲絲。暗添心事，莫遣箇人知。

生查子

花枝亞小闌，似共人憑處。一夜緑楊風，暗盡庭前樹。　黄鸝枝上啼，紫燕闌邊語。不見舊年人，仍是前時雨。

臨江仙

江檻藥闌人事改，草堂看盡新題。東川仍有杜鵑啼。花開花落，幾度喚春歸。　夜雨乍添新潤好，苔階緩踏晴泥。舊時情緒舊時衣。故人天末，知否酒痕稀。

清平樂　初食糉

小盤新糉。無計留春共。紅裩香羅金縷鳳。比似榴花情重。　撩人節物些些。龍舟江上年華。怕到端陽時節，一尊常是天涯。

祝英臺近

蚓吟長，蛙語鬧，月影漾池館。翠被微寒，寂寂夜過半。殘燈肯照無眠，試温短夢，甚處是、東勞西燕。 細尋檢。遥寄錦字題封，流年暗中換。幾疊新縫，寒暖意千萬。待教真箇承平，西窗重到，更説與、巴山幽怨。

前調

日遲遲，風細細，紅做海棠暖。深步花間，欲語意先滿。依前草徑迷煙，蜂狂蝶舞，怎道是、無人庭院。 未曾遠。猶記雙燕窺簾，太液舊池畔。緑徧春波，照影更相見。待教細訴芳心，重拈新句，便短夢、也都驚斷。

漁家傲

紅亂春衣香滿袖。玉纖攀惹金絲柳。雙燕似人人新著酒。無步驟。交飛雨細風斜後。 人是少年春亦久。春歸誰信人依舊。便是無情應僝僽。空回首。春濃年少何時又。

減字木蘭花 共寄菴談，感而賦此，即呈寄菴

中年易過。檢點從來真少可。無盡無休。來者堪追底用憂。 平生志業。不負當前風與月。莫問兒曹。足與吾流未易遭。

其二

濁醪清醴。風味平生應視此。不惠不夷。人物前頭食蛤蜊。 翰林風月。各有千秋何用説。能者得之。一笑相看盡我師。

其三

巴山夜雨。做盡愁聲仍解止。葉底殘紅。明日晴來未要風。 瀘州白酒。半琖一盃時在手。争比茶香。鄉味杭州不可忘。

其四

盤紆山徑。隔嶺人家看却近。一樣江天。不

似江南好放船。 三年問俗。堪笑平生思入蜀。萬里橋東。難得情懷勝放翁。

應天長

琵琶又撥新絃索。博取滿場人意樂。道閑却。争閑却。月暗燈明無處著。 當初真有約。歸去畫樓朱閣。昨夜五更風惡。霎時吹夢落。

前調

流波一去知難再。夢短歌長無計奈。花相會。月相對。此際故人千里外。 愁深情似海。情重怎生擔待。翻是了無牽挂。能教人意快。

鷓鴣天

四月山居物候移。子規聲裏囀黃鸝。水紋乍展琉璃簟，樹色還分翡翠幃。 白團扇，夾羅衣。新情棖觸舊歌詞。無多風雨和雲過，又遣輕寒上鬢絲。

虞美人　初夏山居雨後作

四山重疊留人住。遮斷來時路。料應留著聽啼鵑。不到杜鵑啼歇、莫教還。 出山流水渾閒事。儘有悠然意。春花春草總難留。禁得幾番陰雨、便如秋。

玉樓春

亭亭緑葉擎紅朵。水面日長無計那。莫憑涼意願秋風，蓮子成時花已墮。 笑筵肯放芳尊過。雪藕調冰歡亦頗。赤闌橋畔舊年人，檢點當前無一個。

前調

碧桃開盡紅榴過。便是黃梔無一朵。不因年少最憐伊，但覺少年終去我。　樓臺夢後仍高鎖。明月照人添酒涴。蘋飄雲散四絃愁，小晏當時真計左。

小重山

紅是相思緑是愁。徘徊花樹下、未能休。幾番客裏罷春遊。梅雨後、涼意在簾鉤。　老去減風流。縱教逢舊燕、也應羞。江山如此一凝眸。山隱隱、江水自悠悠。

蝶戀花

鎮日相思無處著。江檻花闌，一例成蕭索。薄酒一杯聊自酌。明明圓月當簾幙。　萬事休休還莫莫。聽雨聽風，已是春歸却。縱使春歸應有約。明年江上看紅藥。

青玉案

翠禽兩兩珍叢底。却不道、情如此。醇酒著人春夢裏。雨窗初瞑，風簾還起。醒醉都無意。　望中可有青鸞使。舍光陰、似流水。珍重江南書一紙。遠山重疊，連雲千里。黯黯生離思。

水龍吟

一椽準擬幽棲，野烟漠漠迷林表。徑迴地僻，暗塵還惹，層巒自繞。花糝融泥，鶯歌斷雨，但餘芳草。算西南浪迹，清遊未試，春又去、人空老。　極目關河古道。倦沉吟、這番懷抱。故人不見，闌干依舊，酒邊殘照。去國蘭成，登樓王粲，鄉愁多少。縱雲羅萬里，秋風動也，怕飛鴻杳。

虞美人

相如臥病文君老。賸有尊罍好。琴心依約當年。已是塵生絃柱、莫教彈。　悲歡從古依人在。花月年年改。高樓花近月徘徊。未必畫梁雙燕、肯重來。

生查子

幽花拂碧漪，圓月開妝鏡。無月便無花，天與安排定。　春隨酒琖空，夜向高樓迥。銀漢自橫斜，不照驚鴻影。

青玉案

舞衣金縷愁多少。曲未罷、尊先倒。月暗燈明人意鬧。當時猶説，定場賀老。衆裏琵琶好。　霖鈴雨濕關河道。往事悲歡信難了。休共巴渝彈古調。畫梁塵散，燕歸還早。陌上餘芳草。

菩薩蠻

古今萬事東流水。杯中領取從來意。淺把復深憑。此時誰最能。　天從人所願。不遣濃情淡。留與少年人。春長花月新。

前調

好風不至微過雨。小池波上蒸成縷。森木亂

嗚蟬。殘陽何處山。蒲葵裁作扇。持向塵中見。旋旋葛衣凉。晚庭花蘂香。

清平樂

黄梅過了。緑樹驚蟬噪。客裏光陰依舊好。留得幾人年少。夕陽西下休嗟。餘暉爛爛成霞。更幻愁心作月，流光照徧天涯。

青玉案

新來多感還多病。更不遣、清尊近。雨潤單衣猶自冷。朱樓應記，簾垂燕並。漠漠鑪煙静。情懷不怕闌干迥。怕對當時舊鸞鏡。付與江山情不盡。芭蕉乍展，緑箋誰省。音信無憑準。

菩薩蠻

斜陽烟樹驚遊目。連雲芳草低迷緑。細細落花風。馬嘶人語中。江南歸尚早。莫説江南好。一雨客衣單。此時情最難。

青玉案

觥船載得愁多少。酒易盡、愁難了。歸燕簾櫳人悄悄。子規才住，新蟬又噪。斜日明林表。故國山河雲浩渺。目斷長安舊來道。離亂心情難自好。高樓花近，當時杜老。一樣傷懷抱。

前調

娟娟初月生新暈。洽相稱、人情分。帶結同心香一寸。輕羅乍捲，繡鴛還並。生怕明燈近。醉匀褪粉添嬌困。愛鬥花枝對鸞鏡。事與孤鴻成去影。　珠樓春夢，銀河秋訊。密意憑誰問。

清平樂

落紅低舞。細細風吹雨。燕子不來人又去。緑盡小庭芳樹。　江花江草年年。雙隄歸夢如烟。往事新情多少，賸教都付吟箋。

拜星月慢

地覆輕陰，空搖狂絮，了却一番春事。曲院回闌，憶當時同倚。最惆悵，盡日、江樓高處凝望，細數歸舟天際。一霎羈愁，被驚風吹起。　歎瑶池、阻絶雲千里。傳芳訊、未有青鸞使。盼斷細字銀鉤，抵千金一紙。漸鳴蟬、斷續殘陽裏。催詞賦、又動悲秋思。怎奈向、庾信生涯老，江關獨自。

西平樂慢

荇葉盟鴛，藕花眠鷺，難忘帶閣漣漪。晴碧江天，正憐佳日，翻令倦翼思歸。念綺席蘭情漸散，塵鏡朱顏暗换，高樓夢鎖，分明繡幙低垂。應歎梁泥燕落，頻點涴、罷弄玉琴徽。　泛蹤隨葦，流年逝水，獨酌沈沈，客舍深巵。閒試想、夭桃好發，緑柳仍陰，儘許橋邊繫艇，陌上連車，不會芳盟再誤伊。偏恨眼前，關山萬里，一抹平蕪，伴此斜陽，更上層樓，教人望極天西。

清平樂

雨巒烟嶂。六月蠻江上。溼透芭蕉新緑漲。緑意添寒深幌。　稱身薄薄吴棉。知曾幾費鑪煙。何日五湖一舸，輕衾小簟閒眠。

八聲甘州

奈西風未動杳冥冥，長空已雲羅。盼天開金鏡，塵清瓊宇，愁洗銀河。恨事當前還滿，蕉葉雨聲多。明暗蓬窗底，書劍銷磨。　春黯旋成秋麗，促酒邊倦客，强起高歌。幻文狸山鬼，窈窕媚煙蘿。立蒼茫、人間何世，有魯陽、空自解揮戈。腰横笛、載扁舟去，流響層波。

高陽臺

明日立秋矣，愀然賦此寄遠

乍飲冰漿，旋收羅扇，新來天氣全殊。繞屋枝條，不關晴雨扶疎。吾廬信美非吾土，况涼飈、又動輕裾。漫輕嘲，張翰當年，只爲鱸魚。　鬢絲輸與垂楊緑，共流紅照影，幾度愁予。舊葉新詞，天涯有恨重書。秋來春去江南岸，伴銷凝、應是平蕪。怕歸遲，漾碧秦淮，不比當初。

水龍吟

高蟬嘒嘒驚秋，客窗長日人初倦。一番雨過，斜陽烘潤，涼飈送晚。小檻幽香，曲屏密意，誰家庭院。似午時蹤迹，清遊未了，趁輕夢、期相見。　事與春雲俱散。又誰教、夢緑偏短。早知今日，争如未遇，東風人面。裁璧爲環，紉蘭作珮，多時經慣。賸待將月上，含光留影，住高樓畔。

高陽臺

無限山河，無窮壁壘，更看無盡遥天。痛飲長吟，輸他幾輩豪賢。旌旗未共殘虹卷，又西風、鼙鼓闐然。最驚心，獨自登臨，花近危闌。

大河流阻長淮闊，送雙魚尺素，不到江干。柳意槐情，都應付與鳴蟬。黄雲萬里行人少，莽中原、葵麥迷煙。説荒郊，戎馬新來，猶自屯田。

前調

四合岡巒，萬重樓閣，雨涼曾試宵絃。西子明妝，秋來一倍堪憐。傷心湖水依前緑，亂菱花、暮靄蒼煙。更誰攜，芳侣來遊，重上蘭船。淒涼莫怨關山笛，怨當時明月，偏照關山。折柳飄梅，幾人淚落尊前。曉星不動長河迴，料姮娥、應悔嬋娟。怕遲遲，靈鵲橋成，江冷楓丹。

綺羅香

瑶殿旋空，雕闌未改，都記從來吟句。獨是人間，不隔輭紅塵土。池水漫、風皺春波，苑花靜、日晞秋露。更千章、古柏參天，繡萿如篆偏行路。　迢遥望斷京國，總被清遊惱徹，還牽情住。地勝人宜，易就眼前歡聚。摇暗緑、荷蓋擎時，認墜紅、畫橈停處。料横橋、塔影沉沉，夢痕難細數。

八聲甘州　題旭初畫觀瀑

問何因石破更堪驚，百道瀉流泉。甚無晴無雨，横空飛沫，四遠迷煙。萬里西來安穩，塵涴總宜湔。杖笠猶堪用，徙倚巖邊。　最好江鄉歸去，訪赤城舊侣，未要輕還。恐難償此願，微契借君傳。乍相忘、丹青妙筆，恍風生、襟袖意泠然。何須更、誦興公賦，郭璞遊仙。

鷓鴣天 題旭初畫蘭

瓊蕤清踈翠葉長。短叢幽谷細生香。丹青不取尋常本，濃淡都成別様妝。　矜品格，占風光。放翁何事費平章。梅花高韻差孤冷，擬佩同心那可忘。

清平樂 題旭初畫梅

清愁難識。開落關山笛。花是主人人是客。莫負尊前月色。　孤山鶴去千年。西湖歸夢如煙。不見當時處士，暗香疏影依然。

浣溪沙 題旭初畫菊

爲少淵明一輩人。東籬寂寞罷開尊。落英枝上又成塵。　忽有疏花生眼底，擬尋幽石倚松根。細看秋意已嶙峋。

山花子 旭初畫櫻筍，因追憶玄武湖櫻桃之美，感題

巾扇飄零類轉蓬。撩人節物忒匆匆。酒醒天涯人未倦，有誰同。　玉筍斑斕開錦裸，珠櫻的皪寫筠籠。湖上回舟風細細，夢魂中。

酒泉子 戲題旭初畫水仙

環珮歸來。江上風清月白。寶鑪温，畫簾隔。久徘徊。　玉盤金琖難留客。今夕知何夕。莫相偎，吹横笛。恐驚梅。

八聲甘州

對流光客舍最驚心，切莫數歸期。奈梧桐庭院，幾番雨過，易到涼時。畫裏春情好在，却換薄羅衣。又是荷花少，緑漲秋池。　舊恨何時能了，便尋常細事，還惹尋思。步林園春

晚，獨自送斜暉。倚風前、乍醒殘醉，看餘紅、冉冉下青枝。團芳蝶、過闌干去，又罥蛛絲。簾花雨歸來。餘香小徑獨徘徊。屐齒没蒼苔。緑陰沉晝風光老，念芳蘭、知爲誰開。料想宵來明月，經時還照樓臺。

八聲甘州

渺涼雲四合掩青空，雨洗出新秋。對紅翻蕉蕊，緑添桐韻，併是清愁。怕起登高望迷，歸思總難收。澹澹雙江水，相與東流。恨事平生有幾，愧未能趙瑟，不解吴謳。但斜行矮紙，盡意寫離憂。算無憀、美人芳草，甚情懷、終擬託靈脩。牆陰下、聽孤蛩語，肯爲誰休。

虞美人

亂山欲截東流住。卻被東流去。浪翻孤月又多時。争信滔滔逝者、竟如斯。門前也有西流水。終與東流會。勸君莫問水西東。惜

賀新郎

碧海看明月。奈幾經、風驚雨横，銀河俱没。已動秋來悲涼氣，更做荒庭悽絶。賸把卷、孤吟自發。莫恨古人今不見，縱古人、得見何由說。千載事，亂於髪。悲笳乍起聲如裂。共窗前、長溝流水，盡情嗚咽。不管愁人難安頓，總使傷心銷骨。況强虜、今猶未滅。莽莽神州烽煙裏，看青山、緑水經年别。又飛起，蘆花雪。

風入松

無端影事十年回。短夢費疑猜。春風也識人顛頽，總年年、拂柳驚梅。幾曲鶯歌散後，一

取飄花墜葉、幾番風。

蝶戀花

雨織鮫綃寒細細。帶霧含煙，目斷遥山翠。攀折桂花香染袂。知誰會得淹留意。此際心情當日事。兩兩相看，記取飛鴻字。緑葉於人無好計。紅蕉半落生秋思。

清平樂

送春歸處。便是秋來路。林表斜陽紅易暮。泫泫草頭清露。小窗晨鵲昏鴉。短籬紫蓼黄華。鴈陣霜風淒緊，倚樓人在天涯。

絳都春 和竹山韻

春痕似畫。記江燕舊識，當時王謝。繡閣宴回，月上初更明鐙挂。笙簫過却沉沉夜。易風折、酴醾堆架。縱教扶起，零紅委翠，怎經長夏。嬌姹。修蛾斂黛，恨紗暗、秀句秋添涼樹。認取勝情，都在餘香輕羅帕。紅塵猶自隨車馬。更莫問、樓陰花下。從今未要春歸，爲伊倦也。

玉樓春

當時南浦曾輕別。肯信芳菲真易歇。無端蹤迹共萍分，賸可心情和夢説。藕花未了清秋節。三五盈盈還一八。載將穠李四絃風，來盪桃根雙槳月。

水龍吟

年年總盼春歸，却無人解留春住。韶光好景，從來都換，鶯歌燕舞。過雨横塘，回風曲徑，隨波飄絮。算匆匆開落，紅芳萬種，和春到、還同去。迢遞關河日暮。戀餘暉、青蕪彌路。底須凝望，舊家臺榭，江南芳樹。只有霎時，醉中人物，依稀如故。待停杯喚月，且來伴我，向高寒處。

生查子

秋紅霜未添，夏緑風猶展。目斷北來鴻，心繫南歸燕。怕上舊樓臺，還怯新闌檻。總道莫思量，已自思量徧。

六醜　和清真韻

記荷風乍起，翠葯小、横塘輕擲。舊鴛散餘，波塵隨去翼。難認蹤迹。盡意低徊處，漫憑紅豆，繫綺情南國。羅巾淚涴餘芳澤。殢酒長亭，鶯歌短陌，前遊共誰追惜。傍雲階月地，如見還隔。秋窗宵寂。暗燈痕暎碧。

亂滴梧桐雨，渾未息。天涯怎奈羈客。正孤吟對影，霎時秋極。風簾冷、漸浸巾幘。拚一枕、捱盡殘更展轉，夢回伊側。從今後、莫誤潮汐。想趁流、正有江南棹，還應見得。

西江月　感憶兒時並南山。晨出子午谷口，豁然見朝日於天地之際

子午谷前日出，居然平視曈曈。牛車歷鹿地天通。未覺風塵澒洞。五十年來人事，催教老却兒童。金烏來去已匆匆。莫更峯頭迎送。

月下笛　用清真體韻

小檻沿波，遥空度月，水明沈璧。牆隈岸曲。引起誰家愁笛。共梧桐、飄落數聲，耳邊斷續應盡識。想梅花舊譜，頻添新韻，訴人情臆。

回腸自轉，臏獨倚闌干，細吟輕拍。聽秋最苦，況久關河爲客。夢幽窗、瘦蛩倦啼，迸珠露點成淚滴。黯凝愁，過却連雲，雁足無信息。

傾杯 讀寄菴秦淮夜集呈半櫻舊作，追懷往還，感歎林翁之逝，依韻賦此

一碧秦淮，萬紅吳苑，愁心易結難釋。會友宴樂，秉燭畫檝，却惱人箏笛。茫茫百感狂吟地，倒玉山誰惜。流傳麗句，堪俊賞、叠叠輕箋蟬翼。夜白還因雪後，静移蟾影，曾見鴻泥迹。看歲月峥嶸，人生如寄，耳誰能留得。祖别尊罍，懷歸詞賦，歷歷同爲客。望天北。愁日暮、斷雲空識。

淡黄柳 寄菴賦此見調，依韻酬之

霜前柳葉。猶帶江南色。此際吟情輸白石。任付紅牙按拍。愁向垂虹舊橋側。淡煙積。遥山自凝碧。綺窗底、點梅額。恕輕分、薄鬢成雙翼。雁陣書空，暗添心字，唯有愁邊見得。

絳都春

晴暉做暖。正天與晝長，芙蓉明院。翠幙繡筵，不比尋常清秋宴。華堂畫燭深深見。共歡笑、稱觴齊滿。醉中仙侶，吹簫引鳳，戲窺妝面。人遠。金英在把，領籬畔勝趣，頻擎芳琖。舊袖舊痕，新曲新情秋深淺。月圓花好人如願。更待取、江樓歸燕。紫烟籠處春多，地寬天健。

江神子

清尊秀句漫相酬。蓼花洲。夕陽樓。不是梧桐、池館也驚秋。臨水登山閑送目，山脈脈，水悠悠。　霜空鳴雁櫓聲柔。誤歸舟。記前遊。抛却吴城、不住住他州。瓜苦三年仍在眼，除夢裏，可無愁。

臨江仙

山雨沈階風動牖，宵魂又落江湖。閒愁不共歲華除。滴殘紅蠟淚，還解照流蘇。　天半層樓迷海市，憑誰問訊何如。彩雲明月未相疎。當時梅萼在，應有寄來書。

蝶戀花

不見來時江上路。霧引烟籠，一抹無情樹。任是年年腸斷處。行人總伴啼鵑住。　天際孤帆催夢去。聽水聽風，短枕巴山雨。梅萼新來何意緒。江南又與春相遇。

臨江仙

百折闌干情不盡，高樓有恨誰知。樓前流水故遲遲。洗紅空墜葉，鐫怨罷題詩。　真使人間無好會，不應更有良時。南枝未雪已垂垂。春風先在手，切莫放空巵。

卜算子　題傅抱石畫，用稼軒韻

不署昔賢驢，不學前朝馬。偶爾風情愛苦瓜，無意稱尊者。　善鼓不張絃，善注何須瓦。寫得松風萬壑間，聽取無聲也。

漁家傲　歸初病腰吕，久臥寡歡，因取所關雜事戲成是解，以博笑樂。此中人語，外間正未易

知也

蓋代功名從所用。不須更試炊時夢。今日爲梁他日棟。非戲弄。臥龍本自堪陪奉。　唯有騷心難控縱。天長水遠誰相共。蕙盼蘭情吟又諷。都驚動。牛腰新卷沉沉重。

虞美人影　旭初用歐公韻爲題所藏真，因和之

春留人處春還去。惱亂一庭烟雨。踏徧柳陰歸路。獨自朝和暮。　歲華易老情難訴。忍聽東風鶯語。長記故臺芳樹。暗拂鴛鴦浦。

臨江仙　題行嚴詞稿

老去填詞英氣在，雙江無盡東流。人間最好是高樓。雲山遮不住，千里入凝眸。　作計功名收拾了，翻從文字雕鎪。風情堪與少年儔。燕梁春又到，安穩下簾鉤。

鷓鴣天　擬稼軒

年少何因總白頭。白頭仍作少年遊。逢花便覺三春在，有酒猶能一醉休。　松底澗，柳邊樓。更看雲起聽溪流。閑忙濃淡平平過，且說人間有底憂。

生查子　題穉柳畫白桃蝶石

蝶夢乍醒時，猶記天台客。長立待春風，惟有玲瓏石。　枉自愛桃花，褪盡當時色。劉阮莫重來，重來頭總白。

臨江仙

密霧籠燈朝未散，濛濛溼透簾衣。望中漸遠漸低迷。嶺雲如有接，荏苒過江湄。　莫怪不來來總去，更應無計留伊。胡牀頻爲好花

移。江樓前夜夢，併入覺來時。

浣溪沙

日射油窗霧乍開。黛螺山色壓闌來。闌前萬一見江梅。　攬鏡華年思錦瑟，巡簷歡意託金杯。他鄉休負好樓臺。

曲玉管　用柳耆卿韻

寶篆閒銷，珠簾不卷，闌干幾曲留人久。卻愛當時花月，江上清秋。對明眸。　莽莽雲飛，軒軒波起，失羣斷雁應難偶。四望菰蘆，暝色還滿沙洲。恨悠悠。　似此江山，儘供取、興王圖霸，怎知大海揚塵，麻姑又話新愁。忍歡遊。只先春梅蘂，尚解殘年心事，不須料理，雨雪天涯，獨倚危樓。

山花子　立春日作

刻意吟秋宋玉悲。牆東孤負蠟梅肥。昨夜春從江上至，更誰知。　雨態做成人意懶，寒情憑仗酒杯持。小閣熏爐添晝永，說年時。

清平樂

望江樓下。江水奔於馬。千古風流人物假。留得瞿塘閒話。　先開梅蕚旋空。小闌昨夜東風。即是春情未改，都歸啼鳥聲中。

臨江仙

不信銀屏猶有恨，宵來夢過牆東。歸時已是五更鐘。容光何皎潔，曉月在簾櫳。　自古遊仙終有詠，杜蘭蕚綠應同。英雄老去美人空。悠悠山共水，長日鎮相逢。于公近有句云『山似英雄水美人』。

鶯啼序 用夢窗韻

東風弄簾乍起，墮蛛塵罥户。旋看取、梅蕚都稀，似惜春到遲暮。記瑶殿、霏霏雨雪，生香帶暖依瓊樹。驟陰晴芳徑，還過但飄狂絮。　小閣初筵，醉裏暗眼，惱玉煙綺霧。妒蛾怨、棲蝶深叢，那時曾祕情素。繡芳華、無生恨切，費多少、春蠶冰縷。甚扁舟，空泛煙波，等閑鴛鷺。　登樓望極，去國愁多，四方正兵旅。別後歎、輕孤蘭盼，未損英氣，萬里相關，晦明風雨。新亭忍淚，功名非願，闌干還見垂楊陌，況流波、漲緑臨江渡。從來總説，吴城老却今生，底緣更離鄉土。　沈吟舊曲，打疊新詞，付麝煤染苧。便待與、西窗同展，對影青鸞，鬢嚲雲迷，笑仍花舞。經時事往，應無人記，逢春把酒愁意緒。訴離悰、此日憑絃柱。唯思隔久横塘，畫檝來遊，尚能認否。

浪淘沙 歲除逼矣，慨然用周晉仙『明日新年』詞韻，同旭初作

踏破砌苔錢。底處閒眠。忽忽春鳥接秋蟬。已自悲歡難訴了，怕上歌船。　行過菊籬邊。又遇梅緣。東風拂面故依然。今日賸堪循例道，明日新年。

其二

驕馬錦連錢。芳草芊眠。美人鬢翼麗於蟬。游冶長隄渾不耐，卻上蘭船。　年少著春邊。刻意良緣。而今眼底事茫然。入手屠蘇才了得，明日新年。

以上《雍園詞鈔·念遠詞》

訴衷情

年年金錢醉金英。畫閣宴秋晴。紅妝格外齊楚，長記此時情。　尊更把，句還成。祝長生。幾時風月，重到當前，共看承平。

虞美人

菊花清豔芙蓉好。已是秋光老。年年風雨送重陽。誰道今年白酒、尚能香。　南山不共東籬改。依舊悠然在。寂寥千載一淵明。隨分霜叢采采、漫飡英。

祝英臺近

陌間塵，江上水，各自送春去。燕燕飛來，仍傍畫樓住。可堪拂地垂楊，游絲十尺，更不見、繫花驄處。　最淒楚。寫寄別後相思，哽咽對燈語。舊約無憑，空認夢中路。賸教囑付青禽，人間天上，好爲我、殷勤探取。

前調　題旭初畫梧桐池館

綠生波，紅綴樹，依約舊池館。圖畫春風，客意自先暖。是誰倚定鑪烟，蒲團坐穩，更不管、飛鶯語燕。　思何限。難忘別後江南，當時燕鶯伴。莫笑情多，無分世緣淺。好教囑付梧桐，圓陰密葉，漫輕爲、秋來驚散。

卜算子慢　題旭初風雨歸舟圖，用柳屯田韻

挐舟好去，乘興閑遊，滿意波光嵐翠。一霎沈陰，做就晚來天氣。動歸愁、烟樹蒼茫裏。恰似載、一船畫稿，風絲雨點相繼。　漂泊離鄉里。感風雨孤舟，亂山長水。縱有芳醪，怎解遣愁一二。看當前、誰會淒其意。仗水墨、千

烘萬染，寫人生如寄。

漁家傲 題旭初爲公武所作望雲圖

慈竹成陰清可愛。慈烏反哺情無改。負米歸來心意快。春長在。北堂歲歲嬉萊綵。　此日遠游無計奈。登臨多難還堪慨。親舍迢遥雲覆蓋。窮眼界。白雲更接青山外。

滿庭芳 題旭初山居圖

杜宇聲停，杜鵑花謝，空山寂寂春非。清陰長晝，松翠漸成幃。不分鳴蟬乍起，頻嘶斷、暮雨斜暉。驚節候，西來伴侶，猶自未應歸。　依依留滯久，荒蕪院宇，且展襟期。漫無端長歎，怕有人知。恰似南枝倦羽，渺長天、何處歸飛。青山外，知誰念我，容寄寫懷詩。

菩薩蠻

湖風細細湖波起。湖樓飽飲湖光美。最愛水紅菱。冰盤人共清。　年年湖上約。捴被菰鱸錯。今日又西風。藕花零亂紅。

賀新郎

是處堪愁絶。聽聲聲、巴山夜雨，芭蕉都裂。舊恨難湔空惆悵，新恨又添淒切。賸坐對、一尊芳冽。自起挑燈燈花落，問燈花、可爲人離別。慵欹枕，眼初合。　小窗依舊燈明滅。有雙江、遥波流夢，扁舟催發。流到西湖長隄外，鷗鷺驚人華髮。最使我、念伊冰雪。共繞六橋橋邊路，看湖山、處處成蕭瑟。踈柳上，掛殘月。

以上見稿本《念遠詞》

長亭怨慢

暗銷盡、金鑪沉炷。是處相望，緑窗朱户。雨冷雲温，鳳吟鸞盼渺何許。玉房深掩，偏不耐、春寒沍。弄笛裏陽關，驚散落、江梅無數。雪住。共泥香消後，漸漸化爲飛絮。遊人易老，幾禁得、緑陰芳樹。萬一是、緩緩花開，怕塵陌、歸來迷路。算猶有高枝，忘了流鶯啼處。

三姝媚

寄菴瓶供三色蘭，淡緑、淺黄與深紫，而紫者尤異，俗呼爲墨蘭。因託詠焉

空山春又到。正香清無人，綺窗初覺。誤説緗梅，記絳綃籠夢，珮環聲杳。淺碧輕黄，都未稱、伊人幽窵。染就深痕，偏異沅湘，衆芳情貌。春事人間還早。怪暗色經塵，卷中人老。邃谷年華，賸幾安絃柱，偏依新操。算結同心，應自有、東皇知道。待與臨池鐙畔，容光更好。

一絡索

不憒檻花初發。舊香都歇。十年長是被春拋，甚夜夜、人如月。一任素衣塵黦。不緇霜髪。此心浩蕩逐江流，總付與、閑鷗没。

蝶戀花

商略眼中雲錦字。日射疎櫺，花影分明是。一向病裏關心寒暖事。羅衾毿被從頭記。韶光東逝水。過了清明，更覺情懷異。飛絮漸多花滿地。樓臺還對平蕪起。

朝中措

錦函香息別來殘。短枕夢痕寬。依舊踏青挑菜，春衣可耐輕寒。　緑楊風起，萬絲金縷，齊上闌干。不是晴和天氣，蝶蜂鬧也應難。

虞美人　自壽

黑頭六十非年少。霜髮添還早。榴花紅上酒樽來。此際漫相嘲弄、玉山頹。　平生未苦功名絆。也少風流伴。經綸總付墨池多。再寫麻箋十萬、看如何。

玉堂春

無多芳草。誰信天涯春早。是處流鶯，又弄新簧。最憶東園，柳徑初過雨，一院輕陰護海棠。　珠箔飄鐙，前夜翻教春夢長。零落梁泥，未定新巢燕，禁得楊花爾許狂。

定風波

旋看飛紅化作泥。雨餘幽草碧萋萋。　陟嶝穿林山徑滑。愁殺。新晴又聽竹雞啼。　已爲落花成小病。休更。春光猶在夕陽西。　昨夜夢尋江上路。如故。兩行煙柳暗長隄。

鳳銜杯

分明同宴還同醉。便忘了、別離滋味。　放下金樽、更曲闌同倚。流不盡、春江意。　水天長，帆影細。怕只有、舊鷗能記。惱亂春來何限、笙歌地。不遣歡情至。

阮郎歸

流鶯久囀蝶交飛。看花人未歸。去年風暖百

花時。爲花留住伊。　枝裊娜，葉低垂。芳華都付誰。斬新草色上單衣。畫闌春晝遲。

西平樂

匪石來鑑齋留一日，談讌歡甚，歸賦此詞見示，因用柳屯田韻奉酬

是日還逢是夕，落莫閑心緒。隨喜文期酒會，翻覺平生勝賞，都付從來舊雨。銷凝此際，愁黯江雲隴樹。且延佇。　心事遠，堪細語。漭浪春深故國，晛睆鶯遷繡谷，好趁芒鞋去。便攬結、狂朋散侶。搴芳作佩，采藍盈匊，應盡是，繫情處。莫説良時易度。小窗自翦，殘燭唯聞杜宇。

鷓鴣天

病裏逢春不當春。風飄雨散静無塵。年時總被楊花惱，今日楊花似避人。　山隱隱，水粼粼。更無一事最清新。無端夢過江南岸，十二珠樓起暮雲。

塞孤

用柳耆卿韻

説春來，又是芳菲歇。碧草萋萋争發。幾許旅懷愁遠別。新過雨，川途滑。平林表、莽烟霞，幽徑裏、閒風月。甚樽中酒，依舊芳冽。　獨倚百尺闌，乍見瑶宫闕。慘慘鵑聲啼澈。怎不教人歸思切。偏歲歲，逢佳節。江上水、緑如油，波浪至、還成雪。好風光、果爲誰設。

虞美人

東風情淺從來慣。偏向花間見。滿枝吹落總無餘。不管幾多粉粉、與朱朱。　芳塘也有人來往。是處停雙槳。岸花隄絮逐流波。便與東流流盡、奈愁何。

生查子

楊柳岸邊樓，總伴春鶯住。儘是水東流，不解將愁去。　都來一向愁，幾許閒情做。最好莫關情，恰有關情處。

渡江雲　用美成韻

春江緣底事，水翻岸側，鶩鷺起眠沙。恨情生倦旅，到處因依，信宿又移家。飛英作雪，更幾日、過盡芳華。憑試探、新來音訊，户外惱啼鴉。　咨嗟。平蕪煙繪，亂柳風梳，記吴門白下。歡易闌、歌塵凝扇，燈影籠紗。相逢應共瑶臺月，道阻長、愁望蒼葭。清夜怨、沈沈夢落檐花。

南柯子

座上無餘醞，花間有斷鶯。輕雷乍過夕陽明。留得十年心事、未能平。　菰黍依前熟，芸蘭分外清。水邊歌吹與誰聽。看取亂山當户、暮雲橫。

阮郎歸

羣山西住水東流。如斯更不休。迢遥天末起高樓。有人樓上愁。　直北處，是神州。何堪憶舊遊。春城草木望中收。微陰便似秋。

歸朝歡

雨透風酣涼意足。更著輕雷如轉轂。從來枕上有關山，臥遊仿佛經行熟。穩眠輕簟竹。蘭巾荇帶還相束。燕歸來，未成解愠，空把哀絃蹴。　水遠山長閒縱目。鵲噪鴉啼紛斷續。無人來往喜跫音，誰知枉剖雙魚腹。把君詩卷讀。心情沉醉甘醽醁。等閒聽，不如歸去，何日準期卜。

南柯子

紫燕巢珠閣，黃鸝坐綺筵。落花流水不相便。唯有風清月白、似當年。　乘興開樽俎，隨時試管絃。舊來情分舊來歡。爭信朱顏青鬢、不如前。

玉樓春　擬小山

朱樓依約春雲裏。樓上盈盈樓下水。四絃撥盡一簾風，未抵秋娘沈恨意。　柳條荏苒扶難起。攬結青蕪空滿地。春光暗向酒邊來，春未醉時人已醉。

其二

多時怕整游春轡。南陌東城知此意。無情芳草色萋迷，有恨流鶯聲細碎。　春深便擬扶頭睡。晴日烘人渾似醉。算來已近落花天，未必綠楊風不起。

阮郎歸　食果偶有憶

微青李苦綠桃酸。甘瓜未入盤。餘情盡付荔支丹。輕綃著手難。　楊柳岸，木蘭船。藕絲冰樣寒。來禽寫就有誰看。人情直等閒。

採桑子

三年世事如翻水，歷盡滄桑。幾話興亡。看取乾坤百戰場。　江山勝處應無改，不負年芳。猶有垂楊。萬縷千絲引興長。

其二

人間成毀原難料，莫著忙時。若有天機。待問天來只自知。　平生弘願區區是，盡力爲之。組練生輝。梭往梭來但一絲。

其三

一花五葉天生就，只是多情。莫道無成。腰石舂糧却最能。　從今會得西來意，鳥度雲橫。未隔平生。無著天親本弟兄。

其四

西方有美人如玉，美目揚兮。舞袖僛僛。擅得壇場更莫疑。　琵琶也是春風手，呼喚來遲。遮面多時。弄盡當筵絶代姿。

其五

妒余衆女工謡諑，阻絶蓬萊。鳳去鸞猜。誤盡平生鴆鳥媒。　蜃樓海上參差起，八表陰霾。試轉輕雷。會見天關訣宕開。

浣溪沙

青李來禽次弟新。花飛鶯囀不辭頻。爲誰憐取眼前人。　檻曲易遮長短恨，樽空難貯淺深春。隔簾脈脈望晴雲。

喜遷鶯

蜂意鬧，蝶情慵。惆悵一春中。撩人鎮日滿簾風。舞斷石榴紅。　攜樽酒，歌楊柳。醒醉都難消受。不辭人散酒闌珊。獨自落花前。

浣溪沙

汗簟淪肌漂夢回。颼車疑誤轉輕雷。了無涼

意上階苔。　永晝晴空雲絮少，斜窗夕照樹陰開。玄蟬著力喚秋來。

菩薩蠻

瀟瀟幾陣芭蕉雨。乍涼枕簟清無暑。摇夢一燈青。歸舟煙浪生。　平分鷗鷺喜。萬里清江水。過盡緑楊隄。香深荷葉低。

阮郎歸

高梧葉葉自翻風。秋情千萬重。雨餘涼吹入疏櫳。關山淺夢中。　驚覺後，去年同。江流更向東。長波和月漾遥空。迢迢銀漢通。

千秋歲

綺窗曉，景緻從新辨。喜雨初收、寒猶淺。漸秋陽、照出芙蓉面。脂輕粉薄天然現。花弄巧，人含笑，歡滿院。　芳樹瑶臺情所羨。地久天長花作伴。唯金英是霜中選。寫南山、倒影盈樽酒，年年此日排歌宴。千歲豔，萬年調，都翻遍。

鳳銜杯

白醪可解人情性。不遣向、花間常醒。蝶粉蜂香、亂嬉看衫影。更添箇、黄鸝請。　好風光，難比並。無奈是、舊時花勝。簾捲高樓、樓外江天迥。煙暖平蕪静。

解語花

波外翁見示上元翌夕和清真韻，因同賦

含姿絳萼，弄色輕綃，春霧和香射。練光明瓦。魚龍戲、舞久露濃月下。笙歌豔雅。又幾許、靈珠入把。攜手歸、温倚薰籠，巧韻疏蘭麝。　猶似年時苑夜。念金鼇玉蝀，誰伴遊冶。寄愁書帕。添沉恨、正阻渡江胡馬。情懷異也。争忍待、燕來花謝。　歡夢闌、閒過燈期，拚綺筵都罷。

鷓鴣天　題行嚴《入秦草》

稠酒醺人意興加。秦川風土儘堪誇。依前杜曲通韋曲，別是楊家接李家。　開廣陌，走香車。長安市上舊繁華。欲從何事談天寶，萬古殘陽噪亂雅。

玉樓春

當時未必輕相慕。少游句。解道秦郎清麗句。十分樽酒更斟些，心字人人憑細注。　顛狂醉舞瑶臺絮。日暖風和芳草路。遠山長傍彩雲橫，曲水暗流明月去。

前調

多情芳草無情絮。遮斷天涯留不住。送春每上澗邊樓，總是子規啼日暮。　晴川歷歷知何處。不見輕舟横遠渡。一江春水碧於天，閒付向來鷗與鷺。

浣溪沙

緑樹陰陰可奈何。相留相送一聲歌。當時人物本無多。　蝶粉旋粘新蘂落，燕泥還共舊香和。夕陽欄檻瞰流波。

前調

小徑當時數落梅。鶯歌蝶舞鎮相催。豔陽節序付金罍。　花錦頻頻移檻楯，柳棉旋旋裹樓臺。經人行處莫重來。

臨江仙　癸未端陽日

江上年年逢午日，今番恨少榴花。銜泥海燕趁風斜。樽前無限意，青眼對流霞。　偏是杭州新夢好，金盤仍薦枇杷。綵絲角糉繫年華。當時誰解道，門外即天涯。

採桑子

溶溶流水依依柳，人在江南。人在江南。説著燕臺意興酣。　丁香結子朱藤謝，孤負春三。孤負春三。莫問當時二月藍。

玉樓春

悲歡似與人情遠。杜宇無聲鶯罷囀。夜蟲吟月亂雞鳴，孤枕夢回眠舊館。　落英芳草江南岸。細雨斜風三月半。當時不道別離難，長日相看衣帶緩。當時有『可憐三月半，微雨濕東風』之句。

唐多令

臘雪懶驚梅。寒花何意開。看夕陽、又下樓臺。清酒滿樽猶未飲，數聲笛、耳邊催。　閑事費疑猜。江天無鴈來。臥空庭、老樹蒼苔。誰絙新弦彈月上，留照影、共徘徊。

玉樓春

東風漠漠汀頭路。又是一年春欲莫。燕應無意覓新巢，花可有情辭故樹。　多時不向吴城住。午枕每愁歸夢誤。依前芳草亂晴雲，緑徧江天相際處。

泛清波摘徧 用小山韻

凝香几小。押暖簾輕，閒事心頭尋味好。片紅堪惜，每喜花遲怨春早。芳隄道。風帆影裏，雨柳聲中，無數夢痕都過了。燕翼鶯吭，占得遊蹤恨多少。　靄雲渺。題字漫隨亂流，攬鬢正思芳草。長恁牽舟岸邊，霧昏花曉。　故鄉杳。角糉舊節又逢，楊梅寄將難到。一例歌筵醉席，爲誰傾倒。

相思兒令

江水洗將愁了，還向酒邊生。飛絮落花欄檻，閑裏送陰晴。　爲我且問流鶯。囀新簧、分付誰聽。如何千徧匆匆，不教一字分明。

減字木蘭花

芳菲時節。容易繁紅看非雪。醉句狂篇。此計平生信是賢。　黃鸝三兩。喬木空山堪勝賞。江上新來。岸草連雲撥不開。

少年遊 紅厓會飲分韻得『從』字，賦贈同坐故舊

紅厓盤磴，輕風吹送，杖履略雍容。故人相見，豪情猶在，談笑酒樽空。　人生此際，登高能賦，何好不吾從。但未白頭，及時行樂，常著少年中。

睿恩新 用《珠玉詞》韻

未開梔子勻黃色。浸玉盌、瓊英新拆。誤閒窗、夢乍醒時，認羅帳、舊來香息。　寄與臨風脈脈。花露唔、帶將愁滴。又天涯、蒲綠榴

紅，看節序、端陽漸逼。

歸田樂　用小山韻，詞中第二語韻改押『晤』字

漫把游絲數。漸引起、惱人心緒。便即花前吐。奈花竟不會，鶯好留住。只恐聞聲又飛去。　登樓還獨語。看滿徑、斜陽黄昏到否。謝堂歸燕，未擬尋常晤。是誰最記得，送春行處。煙亂平蕪暗風絮。

浣溪沙　酬湛翁

流急雙江瀉月明。路長三峽看雲行。月沈雲散意難名。　鬢影緑回歌畔柳，花光紅醉酒邊鶯。但逢春日莫無情。

其二

春到人間不計程。匆匆寒食又清明。閒愁芳草一時生。　是處堂前逢語燕，幾時湖上伴歌鶯。柳隄花隖最關情。

其三

二月江南柳綫長。杏花微雨燕泥香。者般光景怎禁當。　往事易成今日恨，閒身應爲看花忙。非關杜老愛顛狂。

其四

柳暖花寒意未和。時晴時雨一春過。當春樂事總無多。　百折闌邊深淺酒，萬紅叢裏短長歌。人生不老待如何。乙酉仲春，湛翁自樂山寄書來，附小詞一闋。蓋山居寂寞，聊復陶寫以遣幽憂。昔者小山自敘所作，謂爲『樂府補遺』，良以詞意所涉，皆古今來人人胸肊所蓄，未經道出者耳，正是所遺，非今日新有之事也。嘗思人情相去不遠，古之與今，南之與北，哀樂諒復相同，其間但有淺深之分，無根本之異。湛翁寂寞之心，正余懷所具，亦即

衆感所必照者也。詩人每言解人難得，此自別是一事。若夫當情愜理，言必由衷，斯長吟往復，自相契合，又安見其得解之難哉？

訴衷情　擬《珠玉詞》

留人不住送人行。煙柳望中青。春暖春寒朝暮，愁接短長亭。　吟舊句，感今情。念平生。此時此地，多少風光，閒付啼鶯。

其二

年年花下喜逢人。不道惜離羣。駸駸長陌車馬，朝雨浥輕塵。　憑後約，證前因。更傷神。從今唯有，觸目牽情，嶺樹江雲。

其三

故枝新有好花開。妍暖放春回。明年知在何處，相對且銜盃。　人意好，莫疑猜。定重來。誰能辜負，楊柳和風，燕子樓臺。

蝶戀花

憑仗今情思往歲。花氣春濃，猶取人間媚。緑酒未傾歡已醉。朱絃可解當筵意。　去去芳叢回繡袂。過眼飛紅，相送東流水。重疊遙山深淺翠。朝籠暮罨經行地。

滴滴金　清明，用《珠玉詞》韻

雨晴草釀新香息。菜花黃、野煙碧。此際相看漸頭白。空有人相惜。　清明一向愁羈客。酌金罍、醉春色。滿目江山念離隔。況華年堪憶。

山亭柳　用《珠玉詞》韻

蓬轉東川，趁風月閒身。貪醞美，鬥花新。巫峽至今無改，空勞暮雨朝雲。幾折巴江東去，還解殷勤。　江淹別賦流傳徧，當時一樣黯銷魂。牽情事，惜花人。爲愛天真爛漫，芳菲肯負穠春。青鳥不知人意，飛近紅巾。

阮郎歸　夢遊仙

娉婷百朵碧池蓮。香光樓閣鮮。滿樓風月會神仙。一觴千萬年。　調玉管，弄珠弦。新聲揚妙妍。歌詞更道藕如船。相攜彼岸邊。

踏莎行

絲竹銷憂，鶯花送老。年年塵土長安道。日長風暖不逢人，山迴水轉迷芳草。　杜老清詞，蘭成新調。愁來讀更傷懷抱。柳煙濃處是江南，如今還説江南好。

燕歸梁

江上花開趁蝶尋。拚買醉千金。困人晴暖又沈陰。能幾日、已春深。　豔陽節序，鶯飛草長，相望到而今。子規夢裏擁輕衾。曉窗雨、覺來心。

虞美人　答湛翁見寄

林花慣作新裝束。競惹游人目。層巒點黛水拖藍。處處煙簑雨笠、似江南。　飛紅已逐東流遠。莫道春還淺。光風草際弄新晴。却向緑陰濃處、聽啼鶯。

其二

清和時候憐芳草。眼底天涯道。江湖滿池滞行舟。歲歲門前春水、接天流。　明年擬辦東歸去。櫻笋堆中住。量船載酒恰相便。醉臥緑楊隄畔、晚風前。

其三

此生一任兵間老。莫負清樽好。衆禽百卉是吾隣。看取一番風雨、一番新。　乾坤整頓知非易。也是尋常事。石林茅屋有灣碕。與子平分風月、復何疑。

踏莎行

草草杯盤，寥寥笑語。閒愁知有安排處。高花自在倚春風，無心低逐江流去。　蝶舞方酣，鶯啼如故。青蕪没盡門前路。此間信美不如歸，爲誰更向他鄉住。

其二

海國長風，山城苦霧。雲情縈惹江頭樹。人間能有幾多程，迢迢不斷天涯路。　花底閒行，樽前小住。匆匆燕子來還去。尋常事已不尋常，年華總被東風誤。

西江月　代簡

夢裏江山無恙，歸時花鳥欣然。從來樹下即門前。省識春風人面。　遠道輕行萬里，於今又是三年。菊新松茂竹平安。乞得宮亭如願。

其二

豪興差同海嶽，寫成十萬麻牋。寸縑尺素盡論錢。却對端明顏汗。　老去幾莖白髮，換來詩句千篇。者般活計半忙閒。十二時中流轉。

以上《雍園詞鈔·松壑詞》

玉樓春

垂垂又見江梅發。空醉剛圓杯底月。誰家擫笛唱陽關，落盡霜花終未歇。　江南驛路何超忽。欲寄一枝春好折。衝寒湖上記曾過，門巷皚皚深尺雪。

前調

年年長作梅花伴。花好未應和雪散。香寒意暖度春宵，銀炬高燒芳酒滿。　尊前花下情何限。只惜舊人無一半。明朝有意好重來，但得看花休恨晚。

前調

新來天氣陰晴半。風物不殊情繾綣。梅心綻白雪微微，柳眼回青春淺淺。　流光似水知難返。排日賞花人漸換。看伊和淚舉離觴，淚滴空觴還自滿。

前調

十年前事思量遍。春夢未醒人未遠。酒邊舞態蝶翩翩，花裏歌喉鶯宛轉。　新詞一字情千萬。閒事閒情無計遣。春風江上且登樓，江水不如人意滿。

前調

輕陰恰稱斟芳醞。薄醉閒慵何所恨。山桐初葉雨絲絲，江柳未花風陣陣。　池塘草緑添春韻。臨水依然青在鬢。心情可似舊年時，驛使相逢頻借問。

燕歸梁

未必杯深抵意深。別恨重斟。東風吹暖舊園林。花灼灼、柳沈沈。　回梯欲下疑無路，遥凝佇、小樓陰。一年光景一年心。歎往跡、已難尋。

臨江仙

新燕交飛渾未慣，輸他舞袖輕盈。年年南陌復東城。一尊花下，長記別時情。　麗日和風遊更好，朝來忘是清明。烟波江畔踏青行。春愁如草，已向岸邊生。

金琖子

余與劉子季平清末邂逅於杭州，過從既久，詩酒相得。季平家華涇有黃葉樓之勝，一往訪焉。斯人云亡，寒燠屢易，感今思昔，殆難爲懷。會繁霜夫人命題其遺稿，因用夢窗詞韻賦此解以寄慨

藏息華涇，愛滿樓秋趣，頓驚黃落。天末故人稀，逢驛使，空吟句中芳萼。繫情最有幽蛩，老莓牆蘿幄。贏得是聲名，半生湖海，鳳飄鸞泊。　西泠舊游約。晚鐘動，移舟翠靄薄。無言但嗟逝水，恁年少豪情，總還空漠。飛飛曾是摩天，歌野田黃雀。携清酒、脣乾儘許霑濡，費人斟酌。

前調

亂後來湖上賦此，用夢窗韻

重到西湖，認傍湖邨舍，晚秋籬落。堪憶是孤山，尋菊徑，荒時故林梅萼。樹巢老鶴應歸，幾綠陰張幄。山繞水平鋪，駐影殘陽，小舟空泊。　湖上舊鷗約。臨波見，新霜染鬢薄。浮雲至今未改，任曉醉昏吟，水風漠漠。林間

葉墜鏗然，有驚飛羣雀。多少事、休問後日明朝，且傾尊酌。

西江月　湖上聽雨軒漫吟，呈湛翁

聽雨軒中來暮，殘荷葉已無多。瓜皮艇子蕩平波。輕夢曉窗初破。　對面孤山無恙，乞漿不見頭陀。謂曼殊。鳳林鐘動意如何。漫道今吾故我。

其二

四十年來舊侶，八千里外生還。雙隄緑樹故依然。著意西泠橋畔。　世事一枰棊局，人情方丈杯盤。孤山林下曉風寒。會見天心數點。

前調　用湛翁見和『酡』字韻留別

小住居然三宿，此生已恨緣多。鷗邊旋旋起圓波。一任輕舟掠過。　把卷長吟意遠，舉觴一笑顏酡。有情風月奈伊何。閒處差堪著我。

浣溪沙　京滬道上，晨車過陸家浜，望中有作

秋盡江南未見霜。霧收原野半青黄。飛鳴羣雀弄朝陽。　西子湖風吹縹緲，陸家浜水接微茫。車輪無盡轉迴腸。

其二

猶似明鐙照夜分。舊時月色眼前人。思量無語對鑪薰。　離席風花吟醉句，回車霜葉惜餘春。桃源何止可逃秦。

菩薩蠻

菊勻紅粉清於綺。燈前會得霜中意。長記採芙蓉。所思千萬重。海天雲蔽月。繞樹烏飛絕。寒夢雨淒淒。高棲聞曙雞。

玉樓春 和湛翁《湖上春游》韻

湖水無聲流漫漫。百二韶光過又半。綠楊仍向大隄垂，芳草不關人世換。多時未接鶯和燕。處處樓臺風雨徧。惟應花底自開尊，常恐酒添花已滅。

滿庭芳 次韻答湛翁《湖上送春》

林緣分烟，岸紅沈水，風光宜雨宜晴。至今湖上，猶著舊丹青。多少蘭舟過卻，誰追惜、夢墜香零。一春事，悲歡休問，閒付與啼鶯心驚。仍在眼，幾家樓閣，幾處池亭。借年時別琖，重析餘酲。倦客歸來懷抱，共隄柳、萬葉齊傾。相知意，七條弦上，山遠水泠泠。

燭影搖紅 和答湛翁

如此湖山，大隄儘有人來去。一春見慣是飛花，幾日閒風雨。把酒高樓日暮。醉沈吟、朱顏好駐。萬千哀樂，無限思量，知他何故。王謝堂空，燕來又被風簾誤。畫檐蛛網黯銷魂，觸目江淹賦。猶有流鶯相與。傍雕闌、依依舊樹。晝遲人靜，風暖寒消，濃陰迷路。

滿庭芳 感時，賦此解以示平君

梅子繁時，柳綿飄後，江南春事堪嗟。畫屏桃李，猶自用年華。未怪銜泥社燕，參差度、雨細風斜。陌頭樹，兒童底事，飛彈打棲鴉。

些些。塵夢短，滄桑岸谷，猿鶴蟲沙。念五湖泛宅，遠海浮槎。休問人間何世，紉蘭佩、芳意交加。仙源好，遡紅未遠，洞口覓餘花。

玉樓春　初食洞庭山枇杷，味甚甘美。漫賦此，與權誦之

枝頭梅子輸黄色。堆著金盤相映白。去年云是小年成，惆悵江南晚歸客。　尋常門巷無消息。冬葉春花空歷歷。多時酒畔惜餘酸，今日中邊翻似蜜。

前調　邁士折贈園中紅玫瑰、白夾竹桃，賦此解謝之

玫瑰緑刺多丰韻。夾竹桃開新傅粉。春歸猶有賞花天，客舍荒園無可恨。　多君勝事仍相引。折取繁枝情不盡。花罌静對闇生光，户外遊蜂槍蝶陣。

望海潮　喪亂未已，怨懷無託，倚聲賦此，用《淮海詞》韻

懽蹤無據，閒情誰記，高秋慣醉黄華。簾底聽絃，樓頭縱目，霜空雁落平沙。何處舊停車。念亂山遥水，幽思頻加。日暮天寒，翠分脩竹那人家。　關河又起悲笳。看飄殘紺葉，開到緗花。南嶠遲春，西窗話雨，吟懷盡委長嗟。燈暗曲闌斜。待風清月白，應誤啼鴉。未怪當時，任憑一琖送生涯。

千秋歲　壽平君

菊筵開早，十月陽春到。尊前唱，千秋調。今朝猶昨日，自覺情懷好。人盡説，十年後更看年少。　福分元非小。眼底無煩惱。公家

事，今番了。伴將仙鶴舞，索共梅花笑。偕隱計，紅顏緑鬢長相保。

青玉案 飲茅台酒，陶然有作

驅車峻阪臨無地。合早作、歸休計。槃案之間聊卒歲。閒中風月，老來書畫，用盡平生意。西南酒美東南醉。萬里浮雲過吴會。説著西湖仍有味。柳橋花港，是經行處，魚鳥還相委。

臨江仙 夜讀北宋人小詞有作

一向歡娛能有幾，春情秋思無窮。年來禁得落花風。百尊斟酌了，扶醉繞珍叢。萬事古今休細論，大江淘盡豪雄。海塵三見意匆匆。合將長笛起，吹恨月明中。

青玉案 偶憶杭州萬安橋上酒樓買醉情事，忽忽已四十餘年矣

萬安橋上閒生事。仗杯杓、相料理。茗艼歸途人笑指。酡顏猶昔，情懷老矣。但未白頭耳。杭州好去仍歡喜。怕問當時舊隣里。載酒買花誰辨此。平湖流夢，年年如是。月白風清裏。

鷓鴣天

風雨重陽感最多。今年九日卻晴和。一秋少菊仍思酒，幾輩登高且放歌。尋故事，歎流波。長房無術避兵戈。到頭閉户凝然坐，奈爾追歡車馬何。

臨江仙 上元後三日，夜宴醉歸，戲作

燈火闌珊簫鼓歇，匆匆過了元宵。脣乾口燥

念來朝。春盤生菜好，隣里且招邀。　襟上又添新酒涴，輕狂莫漫相嘲。胸中壘塊底須澆。逢場作戲耳，無意擬劉陶。

減字木蘭花　偶吟寄湛翁

酒邊花底。緑鬢朱顏今日是。待到來年。一樣春三二月天。　三長兩短。説與旁人渾不管。收拾西東。著向肩頭一擔中。

其二

相逢俱老。惟有湖山依舊好。夢裏人間。總覺忙時勝似閒。　春風著力。開落千紅非所惜。莫是無情。斂目攢眉過一生。

以上一千九百四十六年至一千九百四十九年春末所作

以上見《秋明長短句》

玉樓春　題謝稚柳十幅圖後

未開先自愁搖落。叵奈當時情索莫。年年風雨動江南，出水田田魚戲樂。　把君新卷香清若。萬朵紅蓮無處著。調冰雪藕豈尋常，雙槳來時猶似昨。題意於白蓮一幅，尤爲愛玩。興感之餘，再寫《玉樓春》小詞一首，幸爲正之。

少年遊　參加市人民代表大會及政治協商會議後欣然有作

東風吹動四時春。萬象競更新。工農革命，風流人物，能武又能文。　神州好樣争傳頌，無敵是新民。領空領海，域中域外，不怕起風雲。

西江月　爲中共中央防治血吸蟲病九人小組作

血吸蟲雖渺小，侵人便致沉痾。傷農害織歎

收多。影響民生實大。除惡從根着手，先須普滅釘螺。全民力量勝華佗。豈讓瘟神逃過。

其二

黨爲人民造福，九人防治組成。不容蟲害更流行。保障農村繁盛。除盡天災人禍，環球同此升平。東風吹放柳條青。現出人間仙境。

減字木蘭花　贈人

眼長眉細。玉樣晶瑩花樣麗。儼若翩其。流利端莊信有之。衆中鶴立。巾幗於今堪第一。笑靨愁心。誰識衷情一往深。

拂霓裳　慶生辰

慶生辰。慶生辰是百千春。開雅宴，畫堂高會有諸親。霜花矜品格，雲鶴現精神。倍歡欣。對良時、好景意中人。今朝祝壽，祝壽數、比松椿。斟美酒，齊心同願獻金尊。一聲檀板動，一炷蕙香焚。禱仙真。願年年、今日喜長新。改晏元獻《拂霓裳》詞。

醜奴兒近　有感

一場會晤，聚散匆匆兒價。怕問訊勞人，恰好供招自畫。兩全衣缽，要搞毁、積善之家。甘心向敵投降，來個用夷變夏。口不應心，以和爲貴，教人血灑。風雪街頭，不像平常清暇。衆眼分明，看吊桶、七上八下。這回把戲，玩得特好，還説甚話。

千秋歲　用辛稼軒詞韻爲『七一』建黨節四十週年紀念而作

向陽花草。總覺精神好。從塞上，通江表。山河明氣象，大地騰歡笑。人民黨，今年四十歌難老。　魔障全摧倒。幸福人間到。看成就，真非小。合羣創造力，鼓舞乾坤了。新路綫，五洲十世供參考。《千秋歲》用辛稼軒詞韻，爲『七一』建黨節四十周年紀念而作。一九六一年六月十八日，尹默。

定風波　八十歲參加第二次上海市文聯并被選爲副主席，全家出遊太湖

軋軋機輪放艇行。晴風拂水浪微生。欲防陶朱尋故事。誰是。蠡湖今日十分平。　遠近峯巒迎送慣。湖畔。煙波萬頃記初程。八十年光人未老。一笑。携家來此看雲横。

減字木蘭花　題寄庵詞卷

蘋花橋畔。可奈垂楊鴉噪晚。却話巴山。聽雨焚香未是閒。　生花筆在。老去聲名獨可愛。長住吴城。從古詞人最有情。

其二

翰林風月。千載如斯何用説。蒨樣翻新。看取嶔崎一代人。　蘭苕碧海。翡翠鯨魚咸自在。裝點河山。正要新詞被管絃。昔歲遊蘇州，適寄庵在南京，因憶之，有詩云：『白門楊柳暮藏鴉，誰言詞人不憶家。車馬自來仍自去，蘋花橋畔夕陽斜。』一千九百六十二年十一月十三日於上海。

一枝花　寄贈陳毅副總理

基管八叉手。或者三緘口。世間原具備、量才斗。看盧駱楊王，何事争前後。名利迷人

久。把枷鎖打開，一切於人何有。　憶萬遍、風來水面皺。值得頻回首。多交些、直諒工農友。解觀過知仁，且識是中否。割去肘間柳。治病救人，共暢飲、回春暖酒。在京時仲弘同志約與馬、熊二老，夏、傅諸公會食，席間縱談，莊諧間作，所獲良多。歸來追憶及之，遂成此闋，仍用辛稼軒醉中戲作詞韻，寄奉哂覽，即希指疵。

千秋歲　奉祝周老伯母沈太夫人百齡上壽

遐齡王母。海上春長住。家居事，躬調處。年年稱慶日，輕健看歌舞。瑤池宴，月華生處逢仙侶。　昔與賢郎語。情誼逾親故。登堂拜，虧禮數。從新開歲月，萊彩雲仍伍。千秋歲，侑觴詞獻慈顏豫。

卜算子　爲國權兄題端硯硯銘，戲用稼軒《卜算子》詞韻

翻起墨池龍，驚動文林馬。火捺青花備衆妍，西洞之佳者。　唐楷或研泥，漢隸應磨瓦。青石吴興炫晉賢，不及端溪也。

西江月　華東醫院手術後遣興

八十四年虚度，分應了此餘生。百年醜樹又逢春。着朵花兒俏甚。　從此滌腸洗髓，誓將舊染除清。肩挑手做學猶能。一切爲了革命。

減字木蘭花　瞿禪題《秋明長短句稿》見寄，即用其韻奉答

風流言笑。九域歡心連海表。歌動塵驚。調利天然叶四聲。　東吴西蜀。傾呈無緣情漠漠。卷裏相逢。微尚猶堪識此翁。

其二

尋常談笑。隨喜莊諧超意表。新樣堪驚。試聽今朝雅頌聲。　八年巴蜀。酒食紛紜情淡漠。無處重逢。苦憶樽前抱石翁。

人月圓　奉題蘭臺先生《清代學者像傳》

虎頭點染傳真筆，思古起幽情。千秋一瞥，鴻都事業，麟閣功名。　尋吾所契，奇奇藏藏，古古清清。披圖相對，先生羡我，我羡先生。

減字木蘭花　爲文懷沙《屈原離騷今繹》題

美人芳草。此語尋常都解道。争比靈均。文彩昭然歷劫新。　蛟龍不起。汨水至今清且瀰。故事難忘。五月南風糉箬香。　懷沙兄屬爲《離騷今繹》題詞，成《減字蘭木花》一闋應教。

以上附《沈尹默先生佚詩集》

卜算子　讀日報有作，用稼軒詞韻

見首便稱龍，伏櫪終爲馬。八十年來世路間，多少經過者。　弦曲直於鉤，玉碎全於瓦。真理分清是與非，不畏群言也。

阮郎歸　上海市文學藝術工作者第二次代表大會開幕，喜而賦此

鶯飛蝶舞草芊眠。百花争妙妍。江南春水好行船。米家書畫攤。　茶座敞，集群賢。莊諧相後先。清和光景太平年。歡情入管弦。

沁園春　偶讀劉後邨《我夢見君》詞，即用其韻賦此

千古紛紜，幾輩狐裘，幾人緼袍。歎一車兩馬，棲遑道路，浮家泛宅，震蕩波濤。遷客多憂，勞人易感，不寫風詩即賦騷。知何世，聽鷄鳴犬吠，虎吼狼嗥。　丘墟没盡蓬蒿。便

葬送、成名豎子曹。看風流人物，英雄事業，足兵隴畝，足食隰皋。不數漢唐，而今歐美，敢與神州試比高。齊歡唱，有飛昇靈藥，益壽蟠桃。

水龍吟

參加上海市文聯擴大會議後有作

吹開頭上烏雲，乾坤浩蕩東風裏。大家接過，雷鋒槍杆，武裝自己。還有八連，一塵不染，身居鬧市。願傾心學習，全心創作，無産者、新文藝。　革命進行到底。把紅旗、高高舉起。亞非風暴，拉美火焰，震驚天地。相互支持，人民千億，同心同氣。看東方紅遍，百花争豔，换人間世。

水調歌頭

論學二王法書文字寫竟，用《後村詞》跋尾自嘲

多暇實非易，勝事每相關。群鴻游戲雲海，几浄硯差安。未入山陰道上，已自不遑接應，猶看白鵝還。妄欲换凡骨，是處覓金丹。　柿葉紅，蕉葉緑，付叢殘。老僧饒日枯寂，門限鐵爲閑。後五百年休問，十二時中須管，坐席幾曾寒。映及霜崖兔，不得老崇山。

前調

端陽節近，仍用前韻，賦以遣懷

八十逢重五，又過一年關。脊梁豎起猶可，脩竹報平安。幼時瘦挺，吾父戲呼之爲竹竿。現在休輕放過，來者必須趕上，往者莫追還。聆善仍牢記，差勝老師丹。　詩言志，書記事，接遺殘。存誠善世吾分，邪思所當閑。老矣頭還未白，留住少年叢裏，共歷歲時寒。解聽心弦響，流水復高山。

沁園春　一九六三年十二月，賦呈毛主席

一柱擎天，萬里無雲，四海無波。喜紅旗揚起，乾坤浩蕩，東風拂遍，遐邇歌和。六億人民，同登壽域，見者驚譯安樂窩。國慶日，聽天安門外，動地謳歌。　神州大好山河。人更覺、今朝壯麗多。看馬列真文，功高粟帛，孫吴神武，力止干戈。玄圃桃繁，仙山棗大，松柏長青帶蔦蘿。無私頌，爲群倫祝福，歡醉顔酡。

以上附《沈尹默詩詞集·近作詞》

虞美人　和離垢，用南唐後主韻

深尊入手歌難了。知有愁多少。今年花事付東風。一樣鶯飛草長、亂離中。　江南塞北依然在。争信江山改。勸君莫更理閒愁。不見日輪西墜、水東流。

浪淘沙　和離垢《被薄不寐》，用南唐後主韻

春雨又潺潺。酒意闌珊。暮春更比早春寒。開盡桃花飛盡絮，無限悲歡。　枯坐到燈闌。閒却屏山。欲成好夢例應難。風月常將愁萬種，付與人間。

以上見《民族詩壇》一九三九年三卷三期

思佳客

飛鳥長空未是閑。大河流恨更漫漫。密封細字從人寄，淡墨新詞好自看。　驚聚散，數悲歡。一生懷抱幾回寬。人間儘有傷心淚，真到傷心淚已乾。

見《民族詩壇》一九三九年三卷四期

減字木蘭花　寄森玉安順

闌干倚徧。算有青山曾識面。任是漁樵。一

例閑看莫用招。 風清月白。良夜何嘗非此夕。寂寞堪娱。百歲光陰正要渠。

見《民族詩壇》一九四〇年四卷一期

沈世澤

南鄉子 春閨

春晝正遲遲。閒引金鍼度繡絲。繡到鴛鴦，無語暗相思。爛嚼紅絨不自知。 故把畫簾垂。佳期私數怕人窺。惹起春潮，雙靨暈臙脂。紅透香渦半笑時。

摘得新 曉妝

睡起慵。嬌兒笑阿儂。昨宵緣底事，鬢蓬鬆。無言只把春雲理，帶雨濃。

前調 晚妝

納晚涼。捲簾重理妝。青絲盤一髻，費思量。夜來休惹春雲亂，語玉郎。

桃源憶故人 閨情

菱花對坐春雲艷。盡日凝妝不厭。多少情絲理徧。怎説功夫便。 春葱斜拔釵頭燕。細剔鬢雙片。祇恐髮髻未斂。偶拂檀郎面。

垂楊碧 袁紫煙

隋宫裏。多少掃眉才子。怎得卿卿衫袖紫。翩翩仙子矣。 妙解談天風指。也博君王歡喜。記室依稀稱内史。薛家紅線婢。

荆州亭 紫燕 薛濤別署

巾幗埽眉才子。艷説薛濤眉史。簾捲校書

時，夢醒香巢春起。家傍百花潭水。棲隱枇杷門裏。千古女郎詩，珍重元和牋紙。

十六字令　簾内美人

憐。金屋藏嬌不見天。横波眼，睥睨枕函邊。

前調　花前美人

濃。花氣氤氲曉日烘。何曾醉，熏得臉兒紅。

前調　月下美人

期。曾約今宵月上時。丫鬟去，還有影兒隨。

前調　鏡中美人

驚。一個卿身化兩卿。争妍處，挑動小星情。

搗練子　美人十二詠

其一　蓮步

穿藕覆，到蘭堂。步步凌波響屧廊。九曲紅橋春踏遍，雙飛出水緑鴛鴦。

其二　梅妝

香第一，澹無雙。雪後精神粉亦降。爲憶壽陽妝點綴，推開東閣緑紗窗。

其三　桃腮

嬌滴滴，笑温温。紅透香渦兩點春。遮莫潮痕交午暈，十分春色醉三分。

其四　杏臉

香撲面，粉傳神。二月風光仿十分。春雨臨邛酤酒路，杏花妒煞卓文君。

其五　桂眉

描半曲，埽雙炎。淡淡鉛黄細細添。絶妙風姿年二八，偷摹弓樣月初三。

其六　柳腰

身嬝娜，影蹁躚。羅帶嫌長瘦更憐。着力春風扶不住，舞臺三起又三眠。

其七　藕臂

彎更曲，掉偏長。最是相宜抱六郎。箇裏情絲藏脈脈，一弓如玉枕銀牀。

其八　櫻脣

樊素口，小紅渦。剖破櫻桃半句歌。戲摘杜鵑花片嚼，向檀郎唾笑呵呵。

其九　筍指

描粉筆，裹綿鍼。尖似蘆芽軟不禁。銀甲參差争一寸，玉班節節透春心。

其十　檀口

紅掩帕，絳含丹。絮語同心臭似蘭。香霧呵來春氣暖，嚼梅和雪不知寒。

其十一　蕙心

偷乞巧，暗藏嬌。一寸相思一寸苗。乍見春來先解意，多情種子素心描。

其十二　蘭質

情素澹，性清真。家在三湘緑水濱。三月初三修禊節，良辰可是妾生辰。

浣溪紗　柘枝

桃葉雙雙鸞鳳儔。金鈴抃轉蹴蓮鈎。蠻鼉促疊引珠喉。　響欲繞梁音調迴，影疑舞劍眼波流。小紅唱罷玉腰柔。

生查子　悼吴江陸夫人蘊玉

天生柳絮才，雨滅桃花色。望斷鵲橋邊，何處鴛機織。　黄土美人埋，名士青山識。梅隖又春回，卿去無消息。

青玉案　詠八夕，李可亭先生徵題

迢迢銀漢明如故。但遜卻、前宵趣。月已上弦窺半兔。今非昨是，兩番風露。休怨佳期誤。　雙星又隔些兒路。烏鵲明年再飛渡。過去未來私語訴。巧絲多少，剔燈重數。還繫相思樹。

江亭怨　前題

浴佛龍華會集。已過光陰九十。秋思昨宵添，怎説今宵不及。　烏鵲南飛太急。人尚玉階凝立。大地盡雙星，夜夜鴛衾羞入。

臨江仙　題納涼圖

閱歷炎涼描世態，趨炎怎及招涼。晚風吹野送斜陽。南園瓜已熟，分與沁詩腸。　記取袷衣猶未試，恩情團扇難忘。愛蓮散步到蓮塘。采蓮人去後，閒煞野鴛鴦。

荆州亭　題消夏圖

十里荷塘曲曲。兩岸垂楊影緑。如此小年長，只是棋消一局。　風送蟬聲斷續。閒看鴛鴦雙浴。曉策六鼇頭，還想扶桑濯足。

百媚娘　睡鞋

褪卻裙兒拖紫。雙鳳换巢攀跂。菱角軟彎泥未滓。偷入鴛鴦被底。猶怯寒侵羅襪裏。鈎抱湯婆子。　夢見月明窗紙。蝴蝶雙飛牀第。踏雨踏雲春嬾起。巫女陽臺斜倚。珍重蓮花清淨體。古刺蒙香水。古刺水，詳載《隨園詩話》。

江亭怨　題儀徵榴紅館主何君問山天涯望雁圖

故國又添秋色。誰遮秋雲消息。高閣獨登臨，極目玉關門北。數點青天灑墨。萬里山河跋涉。莫再落平沙，早向江南一直。

南歌子　前題

鵲語疑傳喜，鴉聲似解愁。滿腔煩惱在心頭。無端望雁倚高樓。兩字平安、夫壻已封侯。

榆塞風千里，蘆花雪一洲。天南天北暮雲收。揮絃不忍下簾鈎。寄語征帆、何日掛歸舟。

謁金門　題春郊立馬圖

蹄得得。踏遍落花無力。柳下停鞭春片刻。草青淲飽食。　記否垗荆路側。可奈風塵物色。昂首驕嘶高八尺。英雄何處識。

憶秦娥　題秋江載菊圖

西風緊。隔江秋色重陽近。重陽近。故人未至，思量無盡。　滿船載菊霜初隕。武陵漁父來招隱。來招隱。琹書共鶴，傲他金粉。

荆州亭　題驅車覓句圖

風月一鞭佳話。浪籍花花世界。搜拾畫中詩，便見詩中有畫。　過眼紅塵征邁。把箇須彌納芥。珍重付奚囊，莫負騷壇吟債。

清平樂　題携眷游園圖

人間艷福。裙屐香塵逐。擲果同來招鶴鹿。何必東山絲竹。　安排竹裏煎茶。樵青是也非耶。偕老還思偕隱，桃花源裏人家。

一剪梅　題楸陰感舊圖。北京青廠沈公南雅徵題　癸丑仲秋

一片斜陽照蠣牆。世事滄桑。人事參商。庭楸依舊傲風霜。崇效寺後殿有楸樹，百年物也。昔日蒼蒼。今日蒼蒼。　遺愛依然召伯棠。駐轡思量。掛劍思量。新圖聊補舊圖亡。先是，鄭芷帆已繪此圖，不知流落何處。新圖係李紹堂暨德配陳女士合作也。蓬蓽生光。蘭芷流芳。

桃源憶故人　續題

庭楸昔日花同摘。不速每來三客。指鄭東甫、鄭芷帆、鄭養吾三人。品茗敲棋擫笛。排飲無虛日。　庭楸今日花如昔。人去杳無消息。閒煞風清月白。今夕曾何夕。

南浦　秋燕

炎涼轉瞬，老青春、秋燕又經門。底事匆匆如客，歸去向孤村。回首昔時王謝，有何人、送爾到前津。隔一年音信，塞邊來往，寄語慰鴻賓。　巷口故巢猶在，莫抛情、旅食蓼灘濱。觸動青樓秋思，銷盡美人魂。惆悵玉關征客，到而今、雙鬢老風塵。歎不如歸鳥，倦飛猶與故鄉親。

天仙子　詠猴

太古初人猴鼻祖。寧獨項王冠戴楚。當年供奉賜緋衣，唐宮蠹。昭宗虜。奮擊朱温曾禦

侮。東勝神州懷故土。花果山中尋舊侶。巴兒踴躍臂童迎，偷泉聚。攀藤舞。壽五百年山有主。

風蝶令　贈女醫

未啟櫻桃口，先尋藕臂絲。相逢小几偶支頤。多少美人心事、被君知。　但見釵欹股，時還翠鎖眉。無言半晌暗相思。一服逍遥可搠、笑容嬉。朱丹溪有逍遥散。

虞美人　哦松堂社祭槁蟫先生

人生不幸逢遷鼎。昔夢鵑啼醒。先生有《昔夢篇》。商薇周粟擬分餐。一旦教君左右、做人難。　梅花修到如君少。可奈羅浮小。哦松堂畔有梅花數株，先生發起小羅浮吟社。七年車馬謝東城。風節亭亭史筆、有流聲。光復後，先生未嘗一至邑城。近時纂修邑乘，先生行述適採及。

鳳凰臺上憶吹簫　美人影

拜月中庭，拾釵俯地，玉腰曲曲彎彎。記西廂獨立，遣去丫鬟。驀地何人闖入，相隨我、靜處消閒。魂銷箇，迴身顧盼，卻步蹣跚。　更闌。捲簾入座，倏拋躲無蹤，故把窗關。乍挑燈小坐，試卸金環。又被燈光醮著，依稀在、翡翠屏間。休調弄，燈花背看，且抱君眠。

其二

悄立花陰，每來作伴，翩翩體態輕盈。念封侯夫壻，猶在征程。我和影兒兩箇，終日裏、緊緊隨行。闌干外，婆娑顧盼，消遣閒情。　卿卿。後塵暗步，過響屧廊邊，羅襪無聲。欲識卿一面，認不分明。縱有寫生妙手，描摹處、依樣難成。無賴聊，夜窗共坐，學我挑檠。

其三

疑幻疑真，似無似有，何來身外之身。乍曉窗梳洗，眉樣猶新。爲問菱花鏡裏，誰相妒、效我眉顰。偏驚訝，一妻一妾，鬬艷争春。佳人。帶長腰細，學舞劍公孫，袖拂紅塵。似盤旋一鶴，毛羽如輪。舞罷亭亭玉立，鞦韆外、落日西奔。回頭現，金身丈八，大地横陳。

一剪梅　自題《五十述懷》詩

笑傲塵寰五十年。風骨猶然。世態非然。緜緜歲月静修延。斗帳遊仙。杯酒逃禪。心事焚香夜告天。一片青氈。萬選青錢。生涯書畫米家船。老筆如椽。老硯爲田。

沁園春　惜紅顔

偶逐東風，人面桃花，相見恨遲。卻輕盈體態，濃妝鬆髻，芙蕖出水，楊柳臨池。眉語暗通，眼波斜剪，心底情人疑是伊。嬌無那，似半羞半笑，挑撥春思。休辜負好丰姿。雙璧獲、藍田一對宜。奈夭桃未嫁，摽梅待字，可憐碧玉，何處紅絲。芍藥初開，酴醾又放，萬卉争春知不知。傾城色，願及時鬬艷，莫誤佳期。

前調　唤醒嬌孃

小髻垂髫，荳蔻初開，絶妙可兒。奈玉顔花貌，雞皮鶴髮，流光彈指，曾幾何時。嫁杏匆匆，破瓜草草，緑樹成陰子滿枝。誰憐惜，任閒花野草，狼藉臙脂。而今皓齒明眸。莫辜負、天人出世期。欲紅顏不老，青春常駐，盍求仙度，莫爲情癡。桃洞源清，葫蘆月朗，從此金丹好築基。金丹就，駕鸞輿鳳輦，瀟灑瑤池。

前調 女金丹

陽坎陰離，大道無偏，有志竟成。讀坤甯一卷，仙姑寶筏，求師指引，平步飛昇。天上蟠桃，人間妙藥，金液還從玉液生。勸君鍊，這自家三寶，神氣和精。　須知下手初工。要照得、葫蘆澈底清。把赤龍斬斷，白龍養就，冰肌玉骨，體態輕盈。爐火温温，河車矻矻，報道金雞嶺上鳴。真人現，許飛瓊捧硯，王母題名。

以上《僊好樓韻語》卷三《填詞》

沈祖棻

浣溪沙

芳草年年記勝游。江山依舊豁吟眸。鼓鼙聲裏思悠悠。　三月鶯花誰作賦，一天風絮獨登樓。有斜陽處有春愁。

曲游春 燕

歸路江南遠，對杏花庭院，多少思憶。盼到重來，卻香泥零落，舊巢難覓。一桁疏簾隔。倩誰問、紅樓消息。想畫梁、未許雙棲，空記去年相識。　此日。斜陽巷陌。念王謝風流，已非疇昔。轉眼芳菲，況鶯猜蝶妒，可憐春色。柳外烟凝碧。經行處、新愁如織。更古臺飛盡紅英，晚風正急。

曲玉管　寒蟬

冷露移盤，西風掃葉，枯枝尚歎棲難定。欲把濃愁低訴，還咽殘聲。此時情。　倦戀柯條，羞尋冠珥，上林祇讓寒鴉影。冉冉斜陽，鏡裏雙鬟妝成。爲誰輕。　暗想當時，任嘶遍、故家喬木，卻憐幾度風霜，而今獨抱淒清。感飄零。問知音誰在，不見悲吟楚客，更知何日，萬縷垂楊，響答江城。

水調歌頭　雨夜集飲秦淮酒肆，用東山體

瑤席燭初炧。水閣繡簾斜。笙舟燈榭。座中猶說舊豪華。芳酒頻汙鸞帕。冷雨紛敲鴛瓦。沈醉未迴車。回首河橋下。弦管是誰家。　感興亡，傷代謝。客愁賒。虜塵胡馬。霜風關塞動悲笳。亭館舊時無價。城闕當年殘霸。烟水卷寒沙。和夢聽歌夜。忍問後庭花。

霜花腴　雪

篆灰撥盡，乍卷簾，無端絮影漫天。風噤寒鴉，路迷歸鶴，瓊樓消息誰傳。灞橋夢殘。縱凭高、休望長安。記當時、碧樹蒼崖，渺然難認舊山川。　愁問凍痕深淺，早魚龍罷舞，太液波寒。關塞荒雲，宮城冷月，應憐此夜重看。洗杯試箋。枉盼他、春到梅邊。怕明朝、日壓雕簷，萬家清淚懸。

高陽臺　訪媚香樓遺址

古柳迷烟，荒苔掩石，徘徊重認紅橋。錦壁珠簾，空憐野草蕭蕭。螢飛鬼唱黃昏後，想當時、燈火笙簫。賸年年，細雨香泥，燕子尋巢。

青山幾點胭脂血，做千秋淒怨，一曲嬌嬈。家國飄零，涙痕都化寒潮。美人紈扇歸何處，任桃花、開遍江皋。更傷心，朔雪胡塵，尚話前朝。

緑意　次石齋韵

蘭舟桂檝。記緑雲十里，香生皋澤。傾蓋相逢，偶託微波，誤被采芳人識。清陰幾日鴛鴦夢，早涙瀉、銅盤先濕。賸那時、炎熱難忘，怕説晚涼消息。　長抱芳心自苦，歎烟渚日暮，看朱成碧。折向西風，萬縷千絲，莫把此情重織。江流不盡吳宮怨，縱唱斷、蓮歌誰惜。漫獨立、風露中宵，已是一天秋色。

高陽臺

雨織清愁，香温斷夢，十年心事堪嗟。冷落歌燈，尊前怕聽琵琶。高樓祇在斜陽外，更爲誰、留滯天涯。但淒然，望極秋江，一片蒹葭。　歸來依舊吳山碧，對荒烟苑囿，古蘚紋紗。喬木蒼涼，明朝知是誰家。吟箋縱寄相思字，又何情、與説年華。待重追，昔日游蹤，畫舫香車。

菩薩蠻　丁丑之秋，倭禍既作，南京震動。避地屯溪，遂與千帆結褵逆旅。適印唐先在，讓舍以居，驚魂少定，賦兹四闋

羅衣塵涴難頻换。鬢雲幾度臨風亂。何處繫征車。滿街烟柳斜。　危樓欹水上。杯酒愁相向。孤燭影成雙。驛庭秋夜長。

其二

熏香繡閣垂羅帶。門前山色供眉黛。生小住

江南。橫塘春水藍。倉皇臨間道。茅店愁昏曉。歸夢趁寒潮。轉憐京國遙。

其三

鈿蟬金鳳誰收拾。烟塵澒洞音書隔。回首望長安。暮雲山復山。徘徊鸞鏡下。愁極眉難畫。何日得還鄉。倚樓空斷腸。

其四

長安一夜西風近。玳梁雙燕棲難穩。愁憶舊簾鉤。夕陽何處樓。溪山清可語。且作從容住。珍重故人心。門前江水深。

蝶戀花

塞迴洲荒何處住。南雁相逢，解道飄零苦。目斷平蕪來日路。碧雲四合山無數。欲仗江魚傳尺素。愁火愁風，還恐無憑據。已向天涯傷日暮。黃昏更送瀟瀟雨。

其二

轉轂輕雷腸九折。月逐征程，夜夜清輝缺。落盡繁香春早歇。西風苦自吹黃葉。幾曲屏山山萬疊。翠幕金爐。此後應虛設。不惜流年供久別。歸時可有餘香爇。

其三

苦恨重簾消息阻。十二闌干，曲曲迷塵霧。幾日青禽頻寄語。鏡中顏色渾非故。別後關河秋又暮。枕障熏爐。都是相思處。歸夢欲隨明月去。高樓夜夜風兼雨。

其四

斷續鄉心隨晚汐。江底愁魚，吹起波千尺。戍角一聲人語寂。四山無月天如漆。午夜寒風欺敗壁。蠟淚縱横，試問今何夕。敲缺唾壺秋雨急。新詞欲譜冰弦澀。

臨江仙

昨夜西風波乍急，故園霜葉辭枝。瓊樓消息至今疑。不逢雲外信，空絶月中梯。　轉盡輕雷車轍遠，天涯獨自行遲。臨歧心事轉淒迷。千山愁日暮，時有鷓鴣啼。

其二

經亂關河生死别，悲笳吹斷離情。朱樓從此隔重城。衫痕新舊淚，柳色短長亭。　明日征程君莫問，丁寧雙燕無憑。飄零水驛一星燈。江空菰葉怨，舷外雨冥冥。

其三

一棹蒹葭初艤處，依前燈火高城。水風吹袂酒初醒。鏡中殘黛緑，夢外故山青。　月墮漢皋留不得，更愁明日陰晴。涉江蘭芷亦飄零。淒涼湘瑟怨，掩淚獨來聽。

其四

畫舫春燈桃葉渡，秦淮舊事難論。斜陽故國易銷魂。露盤空貯淚，錦瑟暗生塵。　消盡蓼香留月小，苦辛相待千春。當年輕怨總成恩。天涯芳草遍，第一憶王孫。

其五

望斷小屏山上路，重逢依舊飄飖。相看秉燭夜迢迢。覆巢空有燕，换酒更無貂。　風雨吟魂摇落處，挑燈起讀離騷。桃花春水住江皋。戊寅春，避地益陽，嘗僦廡桃花江上。舊愁流不盡，門外去來潮。

其六

百草千花零落盡，芙蓉小苑成秋。雲間迢遞起高樓。笙歌隨酒暖，燈火與星稠。　霏霧冥冥閶闔遠，憑誰訴與離憂。吟邊重見舊沙鷗。巴山今夜雨，短燭費新愁。

其七

碧檻瑤梯樓十二，驕驄嘶過銅鋪。天涯相望日相疏。漢皋遺玉珮，南海失明珠。　銜石精禽空有恨，驚波還滿江湖。飛瓊顏色近何如。不辭寬帶眼，重讀寄來書。

其八

寂寂珠簾春去也，燕梁落盡香泥。經年歸夢總迷離。抛殘鏤玉枕，空惜縷金衣。　喬木荒涼烟水隔，杜鵑何苦頻啼。鳳城幾度誤心期。凭闌無限意，腸斷日西時。

喜遷鶯　亂後渝州重逢寄庵、方湖兩師，伯璠、慰秋、淑娟、叔楠諸友，酒肆小集，感賦

重逢何世。賸深夜、秉燭翻疑夢寐。掩扇歌殘，吹香酒釅，無奈舊狂難理。聽盡杜鵑秋雨，忍問鄉關歸計。曲闌外，甚斜陽依舊，江山如此。　扶醉。凝望久，寸水千岑，盡是傷心地。畫轂追春，繁花醞夢，京國古歡猶記。更愁謝堂雙燕，忘了天涯芳字。正淒黯，又寒煙催暝，暮笳聲起。

浣溪沙

簾幕重重護燭枝。碧闌干外雨如絲。輕衾小枕乍寒時。　弦譜相思鸞柱澀，夢愁遠別麝熏微。昨宵新病酒杯知。

其二

夢外沈沈夜漸長。飄燈庭院雨絲涼。重帷自下鬱金堂。燭有愁心猶費淚，香如人意故回腸。零星往事耐思量。

其三

夢醒銀屏人未還。暮雲西隔幾重山。鏡中萬一損眉彎。不分流離還遠別，卻因辛苦倍相關。嚴城清角正吹寒。

其四

幾日清塵黯鏡鸞。猩屏輕颺藥鑪烟。更無雁字到愁邊。朔雪關山羌笛怨，新霜庭院井梧寒。卷簾人瘦晚風前。

玉樓春

繡衾慵展金泥鳳。幾日相思羅帶重。當樓柳色怕關情，壓枕春愁還入夢。嚴城四面悲笳動。簾外輕寒誰與共。杜鵑啼徹月痕低，永夜燈花猶自弄。

浣溪沙

綺重羅輕乍暖寒。酒醒愁倚碧闌干。一春夢雨有無間。零落繁香鵑有淚，因循芳訊燕空還。錦屏人隔萬重山。

惜紅衣

繡被春寒，秋燈雨夕。藥烟縈碧。怯上層樓，新來漸無力。空帷對影，聽四面、悲笳聲急。淒寂。三兩冷螢，映輕紗窗槅。初鴻遠驛。雪嶺冰河，依稀夢中歷。書成諱病淚濕。數行墨。幾日薄羅嫌重，莫問帶圍寬窄。但枕函沈炷，猶解勸人將息。

霜葉飛　歲次己卯，余臥疾巴縣界石場，由春歷秋。時千帆方于役西陲，間關來視。因共西上，過渝州止宿。寇機肆虐，一夕數驚，久病之軀，不任步履，艱苦備嘗，幸免于難。詞以紀之

晚雲收雨。關心事，愁聽霜角淒楚。望中燈火暗千家，一例扃朱户。任翠袖、涼沾夜露。相扶還向荒江去。算唳鶴驚烏，顧影正、倉皇咫尺，又催笳鼓。　重到古洞桃源，輕雷乍起，隱隱天外何許。亂飛過鷁拂寒星，隕石如紅雨。看刦火殘灰自舞。瓊樓珠館成塵土。況有客、生離恨，淚眼淒迷，斷腸歸路。

浣溪沙

一別巴山棹更西。漫憑江水問歸期。漸行漸遠向天涯。　詞賦招魂風雨夜，關山扶病亂離時。入秋心事絶淒其。

其二

久病長愁損舊眉。低徊鸞鏡不成悲。曉鶯多事話年時。　賸水殘山供悵望，舊歡新怨費沈思。更無雙淚爲君垂。

其三

家近吴門飲馬橋。遠山如黛水如膏。妝樓零落鳳皇翹。　藥盞經年愁漸慣，吟箋遺病骨同銷。輕寒惻惻上簾腰。

其四

庭院秋多夜轉賒。寒凝殘燭不成花。小窗風雨正交加。　客裏清尊惟有淚，枕邊歸夢久無家。斷腸更不爲年華。

其五

雲鬢如蓬墮枕窩。病懷禁得幾銷磨。鈿盟釵

約恐蹉跎。刻意傷春花費淚，薄游扶醉夜聽歌。清愁爭得舊時多。

其六

折盡長亭柳萬條。天涯吟鬢久飄飄。秋魂一片倩誰招。沽酒更無釵可拔，論文猶有燭能燒。與君同度乍寒宵。

其七

斷盡柔腸苦費詞。朱弦乍咽淚成絲。年來哀樂儻君知。病枕愁迴江上棹，秋風重檢舊家衣。見時辛苦況分離。

其八

呵壁深悲問不膺。鬘天一望碧無情。鬢絲眉萼各飄零。心篆已灰猶有字，清歡化淚漸成冰。難將沈醉換長醒。

其九

今日江南自可哀。不妨庾信費清才。吟邊萬感損風懷。應有笙歌新第宅，可憐烟雨舊樓臺。謝堂雙燕莫歸來。

其十

碧水朱橋記昔游。而今換盡舊沙鷗。江南風景漸成秋。故國青山頻入夢，江潭老柳自縈愁。强因斜照一登樓。

蝶戀花 四首

偶向碧桃花下見。欲贈明珠，珠淚翻成串。苦恨相逢春已晚。花前更勸深深盞。寄語舊盟終不變。羅帶當時，雙結同心綰。飛絮游絲空歷亂。春來自閉閒庭院。

其二

膩粉零香飄泊久。盼到相逢，病枕人消瘦。昨夜星辰今日酒。尊前漸覺情非舊。　不管秋風遲與驟。團扇恩深，長戀君懷袖。百草千花凋謝後。香蓮自覆連枝藕。

其三

殘照關河秋欲暮。扶病香車，翠袖沾霜露。冰雪更愁西去路。寒沙盡處山無數。　解繫游驄留客住。門外垂楊，終是多情樹。夜半羅帷遮密語。相憐衹有儂和汝。

其四

碧樹已凋芳草歇。過了清秋，簾幕多風雪。昨夜帶羅猶未結。夢醒又是關山別。　記取團圞天上月。常似連環，莫便翻成玦。繡被餘香終不滅。相思留待歸時說。

踏莎行

燭淚初銷，鑪香漸燼。相逢又是分攜近。當時原作一生拚，尊前今日歡難盡。　昨夜星辰，今春花信。陰晴明日渾無準。鬢雲眉黛幾多青，年年鸞鏡供離恨。

其二

颸夢茶烟，迴腸香印。晚風帷幕寒成陣。夜闌留取燭花紅，蠟盤不惜灰成寸。　寶鏡塵昏，羅衫淚暈。眉痕深淺憑誰問。卷簾日日倚朱樓，燕翎不寄春前信。

其三

衣上征塵，鏡中殘黛。千花百草慵迴睞。帶羅自暖舊時香，同心結在終難解。　別夢成雲，春愁如海。游絲苦恨重簾礙。年年芳草遍天涯，香車衹在斜陽外。

其四

錦瑟塵生，藥鑪煙静。天涯相望紅樓迥。小梅枝上又東風，羅衾猶是前春病。　更箭偏長，香篝漸冷。殘宵留得燈前影。卷簾今夜月眉彎，闌干倚處誰堪並。

虞美人

寒梅落盡江南遠。羌笛關山怨。不辭腸斷寫離情。更恐筆花蘸淚、易成冰。　瓊樓玉宇今何似。未有歸鴻字。舊歡還到夢魂中。無奈夢回簾外、五更風。

燭影摇紅　雅州除夕

換盡年光，燭花依舊紅如此。故家簫鼓掩胡塵，中夜悲笳起。撥冷鑪灰未睡。忍重提、昆池舊事。明朝還怕，賸水殘山，春歸無地。　綵燕飄零，玉釵蓬鬢愁難理。當筵莫勸酒杯深，點點神州淚。空憶江南守歲。照梅枝、燈痕似水。星沈斗轉，北望京華，危闌頻倚。

鷓鴣天　寄千帆嘉州，時聞擬買舟東下

多病年來廢酒鍾。春愁離恨自重重。門前芳草連天碧，枕上花枝閒淚紅。　從別後，憶行蹤。孤帆潮落暮江空。夢魂欲化行雲去，知泊巫山第幾峯。

蝶戀花

雲外青禽傳信到。恰是銀屏，昨夜燈花照。十幅蠻箋書字小。語多轉恨情難了。　紅袖高樓臨大道。不信游人，卻説還鄉好。解道還鄉須及早。緑窗人易朱顏老。

鷓鴣天

何處清歌可斷腸。經年止酒賸悲涼。江南春水如天碧，塞上寒雲共月黃。　波渺渺，事茫茫。江鄉歸路幾多長。登樓欲盡傷高眼，故國平蕪又夕陽。

玲瓏四犯

寄懷慰秋

照海驚烽，早處處空城，寒角吹遍。轉盡車塵，纔得間關重見。杯酒待換悲涼，可奈舊狂都減。未凭高、客意先倦。淒絶故園心眼。　夜窗秋雨燈重翦。有離人、淚珠千點。傷心更作天涯別，回首巴山遠。愁寄一葉怨題，寫不盡、吟邊萬感。賸斷魂夜夜，分付與，寒潮管。

瑣窗寒

照壁昏燈，敲窗亂雨，閉寒孤館。離魂一縷，欲共藥烟飄斷。最淒涼、夢回漏殘，影扶病骨衾重展。甚鑪灰燭淚，銷磨不盡，故歡新怨。　雙燕。歸來晚。更莫問當年，酒邊春感。前游縱續，早是心情都換。任秦箏、零落雁行，賦愁漸覺如今嬾。奈吹殘、笛裏梅花，極目江南遠。

霜花腴 久不得慰秋書，卻寄

幾番夜雨，隔亂雲，憑誰問訊巴山。輕夢驚春，賸寒欺病，孤衾自擁吴緜。帶圍漸寬。歎賦情、猶費吟箋。負心期、藥裹商量，小窗燒燭對牀眠。江水帶潮迴處，甚相思一字，不寄愁邊。歌扇飄香，珠燈扶醉，清歡忍記當年。莫凭畫闌。對晚空、如此山川。念鄉關、別後無家，更愁聞杜鵑。

解連環 余既賦《金縷曲》示印唐，來書云：『得詞泣誦再三，并傳觀師友，以博同聲一哭。』因更寄此解

暮雲天北。趁歸鴻説與，病中消息。望故國、千尺胡塵，歎零落錦囊，枉拋心力。絶塞冰霜，早催換、春風詞筆。想吟殘燭影，濕透墨花，彩箋無色。京華古歡已擲。念過江意緒，同是愁客。算此日、餘淚無多，便傷別傷春，忍教輕滴。滿目山河，且留向、新亭悲泣。漫關心、斷腸舊句，幾人會得。

摸魚子 再寄慰秋

記秦淮、勝游歡宴，驚風何事吹散。狂烽苦逐車塵起，經歲間關流轉。歸路遠。歎故國盟鷗，卻向巴江見。離愁又滿。甚歌席深杯，燭窗秋雨，都化淚千點。茶烟外，錦瑟華年偷換。朱弦難譜哀怨。江郎彩筆飄零久，今日畫眉都嬾。往在南雍，嘗推眉樣第一，秋每以相戲。因賦詩解之曰：『誰憐冷落江郎筆，不賦文章祇畫眉。』君莫管。任扶病登樓，更盡望京眼。流光易晚。問斟酌詞箋，商量藥裹，何日鎮相伴。

燭影揺紅

喚醒離魂，熏鑪枕障相思處。漏驚輕夢不成雲，散入茶烟縷。密約鸞釵又誤。背羅帷、前歡忍數。燭花吹淚，篆字迴腸，相憐情苦。題遍新詞，問誰解唱傷心句。闌干四面下重簾，不斷愁來路。將病留春共住。更山樓、風翻暗雨。歸期休卜，過了清明，韶華遲暮。

浪淘沙慢

斷腸處、樓頭柳色，陌上車轍。殘篆和灰再撥。吟箋卷淚自疊。待贈與連環情不絕。又還恐、輕碎成玦。賸欲託微波向君訴，沈沈暮天闊。　淒切。素弦未弄先折。便一片春江，流愁去、更奈江水咽。拚挽斷羅巾，從此離別。舊香未滅。偏繫人鸞帶，當時雙結。休憶江南芳菲節。闌干外、月華漸缺。念前約、相思銷病骨。怕春晚、寂寂空庭，伴獨客，梨花滿地鵑啼血。

大酺　春雨，和清真

望暮雲重，香鑪潤，烟縷微颺深屋。絲絲愁影亂，正珠簾低掩，玉鈎輕觸。沁骨商聲，消魂遠韵，慵聽人間絲竹。難忘當年事，漸江南地溽，脆梅將熟。歎鸞枕添寒，畫簷驚夢，錦衾人獨。　題紅流去速。問行客、何處停車轂。對暝色、繁枝飄淚，社燕尋泥，倚危樓、爲誰凝目。卻念多情月，應不到、舊時闌曲。又寒汐、生江國。風卷羅幕，涼逼燈花如菽。夜深共誰翦燭。

以上《涉江詞》甲稿

宴清都 庚辰四月，余以腹中生瘤，自雅州移成都割治。未痊，而醫院午夜忽告失慎，奔命瀕危，僅乃獲免。千帆方由旅館馳赴火場，四覓不獲，迨曉始知余尚在，相見持泣。經過似夢，不可無詞

未了傷心語。迴廊轉、緑雲深隔朱户。羅裍比雪，并刀似水，素紗輕護。憑教翦斷柔腸，割瘤時并去盲腸。翦不斷、相思一縷。甚更仗、寸寸情絲，殷勤爲繫魂住。迷離夢回珠館，誰扶病骨，愁認歸路。烟横錦榭，霞飛畫棟，刦灰紅舞。長街月沈風急，翠袖薄、難禁夜露。喜曉窗、淚眼相看，搴帷乍遇。

蝶戀花 醫院既燬，寄寓友所而日就治焉。尋帆因事先返嘉州，居停又以寇機夜襲移鄉。流徙傳舍，客況愈難爲懷矣

珠箔飄燈人又去。月冷荒城，警角聲淒楚。瘦影相扶愁轉步。香瘢未褪紅絲縷。訪里尋鄰迷舊處。燕子驚飛，更傍誰家住。腸斷千山聞杜宇。夢中不識江南路。

掃花游 與磊霞、漢南、白匋、石齋諸君茗話少城公園，時久病初起也

藥鑪乍歇，歎病眼高樓，暗傷春暮。小園試步。算重逢忍説，過江情緒。酌夢斟愁，散入茶烟碧縷。勝游處。早歌管樓臺，都化塵土。離恨知幾許。付白石清詞，草堂新句。素弦漫譜。更闌干咫尺，易催笳鼓。緑遍垂楊，不是江南舊樹。少城路。但淒然、一天風絮。

過秦樓 六月重入四聖祠醫院作

別院飛花，斷簷歸燕，是處舊愁縈惹。芳裍乍

拂，藥盞初温，尚認賸脂零麝。誰念未褪香瘢，重試并刀，素綃輕卸。甚相逢苦記，華鬘殘刦，那時情話。休更問、病怯高樓，寒生哀角，萬一好天良夜。纔移月色，還怕新晴，睡起繡簾先挂。輸與鄰娃夢回，魚膾金盤，橙遺羅帕。但孤燈寫影，又是黃昏近也。

鷓鴣天　再病新愈，白匋、石齋雨夕邀飲，漫拈此調

乍拂塵鸞試晚妝。鈿車路轉趁垂楊。當筵酒盞欺新病，開篋羅衣歇舊香。花市散，角聲長。錦城絲管久淒涼。一川烟草黃梅雨，不是江南更斷腸。

喜遷鶯　七月，帆來視疾，適余病告瘥，共返嘉州。前夜國泰、孝感、嫺壽諸醫師約觀《巧女歌聲》影片，話別。三君蓋南雍醫學院同學也

銀屏初遇。算南雁、盡是寒江愁侶。藥盌頻調，錦衾輕掩，生怕病懷淒苦。無分小窗清硯，卻恨相逢遲暮。笑相約，倩烏絲，重寫東陽詩句。在院時，三君見余《微波辭》而好之，孝感并約病愈以詩爲贈。更鼓。催永夜，繡幕繁弦，黯黯生離緒。月淺燈深，柿紅茶綠，猶記畫樓言語。待拚後期無準，休到舊曾來處。陌塵起，賸香車，載得歌雲歸去。

尉遲杯　醫院被災，余衣物盡燬於火。慰秋、天白先後有綈袍之贈，賦此爲謝

歸來晚。歎繡閣、一桁餘香遠。愁他薄雨微寒，閒了熏鑪烟篆。脂痕酒唾，曾惜取、京華舊塵染。怕銀屏、一夕西風，便催秋夜刀翦。遙寄蜀錦吳緜，初展拂、淒涼客意先暖。翠縷金針輕度處，尚彷彿、情絲宛轉。應留待、

收京出峽，好珍重、詩書共笑卷。便吟箋、寫遍相思，莫教珠淚頻點。

雙雙燕

白匋寄示新製燕詞，謂有華屋山邱之感。依調奉和

海天倦羽，又苔井泥香，柳花如灑。紅英落盡，忍憶故臺芳榭。深巷斜陽欲下。更莫說、當時王謝。尋常百姓人家，一例空梁殘瓦。　聊借。風簷絮話。甚信息沈沈，繡簾慵挂。移巢難穩，是處雨昏寒乍。無奈鄉愁苦惹。枉盼斷、年年春社。朱户有日雙歸，卻恐歲華遲也。

虞美人

晚妝著意添螺黛。自結同心帶。欲將雙淚落君前。更恐相看不記、舊時歡。　新聲澀盡鸞弦柱。莫把相思譜。熏鑪重暖爇餘香。猶有昨宵殘夢、繞迴廊。

月華清

中秋

征雁驚弦，飛烏繞樹，幾年塵滿香徑。樺燭清觴，節物故家休省。素娥愁、桂殿秋空，漢宮遠、露盤珠冷。端正。想山河暗缺，故遮雲影。　高處驂鸞未穩。莫忘了天涯，此回潮信。舊舞霓裳，零譜斷弦誰聽。早催還、翠水仙槎，待重認、碧天金鏡。更永。漸雲鬟霧濕，畫闌愁凭。

齊天樂

闌干一夜霜華重，涼生凭高雙袂。倦雁歸心，殘蟬病翼，多少天涯愁思。清尊待洗。算難換悲涼，莫拚沈醉。蠹管塵箋，客窗猶解伴憔

悴。重城回首自遠，小屏風上路，流夢江水。窄枕偎寒，微燈聽雨，長憶西樓翠被。熏籠漫倚。怕絳蠟深宵，等閒飄淚。故笑新顰，嬾尋明鏡裏。

鷓鴣天

六扇晶窗向水開。小樓霜月獨徘徊。病情渾似風簾燭，心字空殘寶篆灰。敧屋樹，上階苔。昨宵夢到舊亭臺。輕寒莫放重帷下，萬一江南有雁來。

齊天樂

烟村叠鼓催殘歲。輕舟忍商歸計。古鼎供梅，金鑪暖酒，空記年時清事。愁盈鳳紙。悔刻羽移宮，怨紅啼翠。一寸相思，篆灰寒透舊心字。瓊樓珠箔換盡，那時明月在，相照無寐。老樹棲鴉，荒沙掩石，雲壓江聲不起。幽懷暗理。賸暫伴孤吟，欲招山鬼。瘦竹霜濃，袖羅還自倚。

鳳皇臺上憶吹簫　歲暮寄千帆雅州

錦瑟生塵，蠟盤銷淚，近來無分閒愁。漸裊殘沈炷，嬾挂簾鉤。休問行雲別後，山共水、何處淹留。迴文字，緘恩寄怨，雁也應羞。悠悠。此情不盡，終日倩流波，洗夢江頭。正一天烟雨，慵自凝眸。還任春風偷換，將柳色、青上妝樓。餘清事，商量苦吟，靜待歸舟。

六么令　殘年新歲，有感京都舊歡，賦寄千帆

滿城簫鼓，相趁城南陌。歸來小簾私語，密約燒燈夕。立盡花陰淡月，暗把金釵擘。雲羅千尺。屏山一角，歡事瓊樓忍重憶。星辰

依舊昨夜，露冷蒼苔濕。銀字待譜新聲，轉軸商弦澀。相守空憐蠟炬，殘淚中宵滴。詞箋吟筆。清狂消盡，始信相思了無益。

阮郎歸

晚妝自向鏡中看。長眉彎又彎。夜深香炷漸燒殘。篆灰寒未寒。　雲漠漠，路漫漫。銀屏山上山。莫將羅帶結雙鴛。同心難更難。

浣溪沙

淺碧窗紗罨畫牆。天涯闌檻一相望。平蕪漠漠入寒江。　萍水難消殘絮恨，燕泥誰念故枝香。啼鵑庭館又斜陽。

蘇幕遮

短檠前，微雨外。欹枕熏鑪，都換年時意。欲仗清歌成薄醉。夢斷高樓，舊日笙簫地。　翠尊空，哀角起。零落朱闌，休爲傷春倚。一點愁心無處寄。付與楊花，灑作彌天淚。

玉樓春

目成未必心相許。經歲高樓江上住。熏鑪繡被夢猶寒，亂水流花春自去。　晚風吹斷沈烟縷。一桁疏簾垂細雨。卻將香篆此時灰，苦畫鈿釵當日語。

燕山亭

花外殘寒，垂下畫簾，盡日絲絲風雨。纔道這回，遣得愁心，又被兩眉留住。篆字成灰，費多少、沈香烟縷。無據。漫記取書中，那時言語。　渾嬾傷別傷春，任雙燕梁間，暫來還去。山長水遠，忍憶當年，江南舊逢君處。忘卻相思，猶夢見、墜歡如故。何苦。連夢也、不如休做。

薄倖

賸寒做雨。嬾料理、傷春意緒。甚點點、楊花吹起，又是舊愁來處。縱賦情、猶似當年，沈吟忘了相思句。歎祇此雙蛾，能供幾盼，容易新妝成故。　便望盡、天涯路。惟祇見、緑陰無數。也知潮難準，黏天風浪，不辭更向江頭住。水窗山户。怕輕烟薄靄，尋常化作行雲去。燈殘夢醒，還共餘香自語。

摸魚子　送春

透重簾、晚來風急，繁香零落如許。夕陽容易黄昏近，何況斷雲吹雨。流景暮。便賸水殘山，千萬留春住。閒愁忍訴。甚密綴朱幡，遍生芳草，不阻去時路。　長堤上，多少江南舊樹。而今空惹離緒。飛紅點點相思淚，惟有杜鵑聲苦。腸斷處。歎亂蝶狂蜂，竟作園林主。凭闌自語。儘分付江梅，丁寧社燕，後約莫相誤。

其二

過清明、幾番晴雨，還愁寒滯風驟。秋千拆了芳時换，容易緑新紅舊。苔似繡。便密繫金鈴，不是尋常有。離愁暗逗。算囀夢流鶯，棲香粉蝶，未解鎮相守。　東風老，漫記熏梅染柳，殘鵑空自啼瘦。飛花過盡簾櫳靜，無奈翠陰長晝。春去後。渺芳信天涯，休問來時候。詞箋譜就。念歸燕空林，題紅遠水，能寄此情否。

鷓鴣天

聊藉春寒掩畫屏。賦愁零句久慵賡。蠶絲燭淚當時意，禪榻茶烟此日情。　花膩蜜，絮爲萍。不妨風雨下帷聽。卻憐數盡殘更漏，一枕收京夢未成。

水龍吟

與千帆共檢行篋，得舊日往返書簡數百通。離亂經年，歡悰都盡，因將綺語，悉付摧燒，紀之以詞云爾

幾年塵篋重開，古芸尚護相思字。釵盟鈿約，此中多少，故歡清淚。學寫鴛鴦，暗瞞鸚鵡，封題猶記。更飄燈隔雨，吟箋小叠，憑商畧、游春意。　惆悵玉鑪紅起。攬三生、夢痕都碎。傳恩遞怨，風懷漸老，柔情漫費。烟裊殘絲，灰温膩火，舊愁消未。算從今但有，平安一語，倩飛鴻寄。

瑣窗寒

蜀道鵑啼，江潭柳老，又逢春晚。風多霧重，未料夜寒深淺。近黄梅、雨絲自飄，斷腸卻恨江南遠。更路長漏短，夢魂難到，舊家池館。　經眼。芳菲换。歎故國青蕪，燕斜蜂亂。泥香蜜熟，已是繁紅都變。早樓臺、歌罷舞休，戍笳暗咽邊角怨。正烟迷、四面遥山，漫把珠簾卷。

浣溪沙

踠地疏簾日影移。梅風添困起來遲。膩寒新暖費禁持。　胡蝶花間猶有夢，吴蠶簇上漸無絲。錦屏春去不多時。

瑞鶴仙

前游休更記。便珠燈飄夢，歌雲扶醉。多時已無味。況高樓四面，悲笳吹起。閒愁倦理。縱傷春、都妨刻意。到銀荷、蠟炬成灰，始信淚花空費。　還是。楝風梅雨，不似江南，舊時天氣。闌干近水。看一點，露螢墜。換單衫小扇，塵箱斷鎖，重檢殘羅賸綺。料流波、不過橫塘，尺書漫寄。

澡蘭香　辛巳重午

三年蓄艾，五色纏絲，一縷宮魂暗續。江沈楚魄，渡競吳舟，往事自傷心目。記銀盤、纖手包香，家家新炊黍熟。遠水迷烟，忍問汀洲菰綠。　永晝商量薄醉，莫惜蒲觴，更傾醽醁。殘題小扇，舊淚單衫，未稱畫屏蘭浴。又牆

陰、紅到榴花，消息歸期未卜。漫更憶、潑酒添熏，當時裙幅。

壽樓春　茗肆夜話，客有念白門消夏之樂者，感而賦此

尋荷亭追涼。有霓燈亂月，冰盞凝霜。是處風迴金扇，麝飄羅裳。籠冷霧、添秋光。向廣寒、瓊宮瑤廊。任對影聞聲，聽歌看舞，垂幕度新腔。　清歡歇，離愁長。賸胡笳動地，烽火連江。永夜荒蛩吟砌，濕螢穿窗。蘿補屋，莓侵牆。曳瘦筇、河橋茶坊。甚零夢如塵，今宵異鄉空斷腸。

點絳唇

近水明窗，烟波長愛江干路。亂笳聲苦。移向山頭住。　徑曲林深，惟有雲來去。商量

處。屋茅須補。莫做連宵雨。

南鄉子

家住雪山西。轉向斜橋過淺溪。山下瓜棚茅屋外，參差。一帶牽牛短竹籬。重疊樹成圍。石徑迴環翠濕衣。更逐閒雲峰頂去，休迷。吠犬當門不掩扉。

清平樂

榴紅艾碧。乍過端陽節。閒倚玉簫消永日。猶恨日長無力。羅衣厨下經年。重熏換了鑪烟。多少酒痕塵點，明朝浣向溪邊。

攤破浣溪沙

豆莢瓜藤處處栽。柴門還在最高崖。一雨經宵庭草長，上閒階。山色故教雲作態，好風常與月相偕。小犬隔林遥吠影，有人來。

減字木蘭花

燈窗乍曉，警報無端驚夢早。多少人家。才疊羅衾未煮茶。斷魂誰管。付與輕雷天外轉。蓬户重歸。又是疏簾卷落暉。

調笑令

人静。人静。滿地横斜樹影。小廊如水澄清。今夜千山月明。明月。明月。警角中宵愁絶。

卜算子

野藿不盈筐，曉市歸來遠。日日量珠斫桂炊，强説加餐飯。碧褪舊羅衣，重向風前浣。小扇迴廊約晚凉，猶有閒庭院。

浣溪沙

庭樹陰陰日漸移。幽窗午夢乍醒時。殘蟬聲在最高枝。　雲影無心留作雨，山痕隨意淡如眉。晚涼窗户上燈遲。

生查子

雲垂四野荒，月黑千山暝。夜客越林來，犬吠星前影。　迴燈夢乍驚，搴幔風偏冷。深院斷無人，落葉飄金井。

虞美人

年時短柄輕團扇。一樣流螢亂。舊時明月舊時風。換了舊時庭院、小簾櫳。　藥闌花榭今誰住。魂夢愁歸去。秋聲籬落上燈尋。欲喚吟蛩共話、十年心。

菩薩蠻

新涼早透朱簾罅。翦刀閒過中秋夜。暮雨莫添寒。高樓羅袖單。　熏籠經歲别。故篋餘香歇。昨夢到横塘。一川烟草長。

法曲獻仙音　鴉，和弘度丈

流水孤村，野屯悲角，幾度荒烟催暝。月皎頻驚，炬明還散，寒枝暫棲難定。欲説與南飛意，迢迢暮天迴。　晚風勁。遍延秋、舊家空啄，人去後、團扇玉顔休省。景色異昭陽，滿關山、殘照淒冷。忍憶吴江，對愁楓、啼徹霜影。但歸程呼侶，不惜白頭相等。

鵲踏枝

往者，半塘翁以馮正中《鵲踏枝》鬱伊惝怳，義兼比興，端居嗜誦，依次屬和，情韵之美，蒙竊慕焉。比弘度丈亦拈斯調，新製秋詞見示，

風力所詣，揖讓《陽春》。退不自揆，繼聲爲此，非敢上方王氏也

零露繁霜芳序換。漏盡銀屏，畫燭秋光短。天氣夢裏歡情猶未遠。羅衾一夜思量遍。　新來渾不慣。半日陰晴，頃刻寒還暖。別久音稀心忍變。人間有日終相見。

其二

芳草淒迷秋更緑。不上層樓，怕縱傷高目。魂夢早晚歸期渾未卜。無端更近彈棋局。　天涯隨轉轂。亂撥秦箏，容易鑾弦促。恩怨紛紜情斷續。傷心舊譜翻新曲。

其三

西北高樓雲隱隱。誤盡前期，後約還無準。淡日牆陰晴未穩。拚將殘醉添新困。　見説花開歸路近。謝了紅蓮，不寄西風信。塞雁來時休問訊。沈吟留得相思分。

其四

搖落最憐江上樹。秋到天涯，何處無風雨。休共浮萍商去住。蓮房自守芳心苦。　倚遍闌干還自語。一霎輕陰，未必真成暮。萬水千山君莫誤。嘶驄祇認歸時路。

臨江仙

故國烟蕪秋又緑，傷心忍話銅駝。高樓無復夢笙歌。尊前難醉醒，雁外有山河。　落盡芙蓉菰葉怨，空江殘照無多。亂烽寒角幾銷磨。舊游池館廢，愁見柳婆娑。

拜星月慢

柳度鶯簧，花圍蝶夢，尚覺銀屏春淺。曲檻迴廊，是江南庭院。踏青罷，永日、描花愛學新樣，刺繡愁拈殘綫。刻意妝成，便熏香都嬾。　好湖山、看舞聽歌慣。金杯灧、照席珠燈爛。幾度酌綺斟羅，乍輕寒輕暖。又誰知、一夕經離亂。狂烽起、事與流烟散。賸過雁、得到橫塘，早西風世换。

祝英臺近

雨花臺，邀笛步。京國十年住。一夕胡沙，飛轂載愁去。漫憐舊貼珠鈿，新裁羅綺，早都化、六街塵土。　幾凝佇。北望輕命危闌，神州暗烟霧。斜日平蕪，極目斷歸路。便教烽外相逢，覆巢殘燕，更休問、畫樓何處。

憶舊游

記繁花礙路，遠草連波，人試新妝。俊侣清游慣，幾湖樓倚醉，畫舫追涼。大堤鈿車雷轉，塵颺繡衣香。甚北渚芙蓉，臺城楊柳，衹當尋常。　淒涼。忍回首，想禾黍離離，宫苑都荒。縱有當時燕，怕江山如此，減了斜陽。亂峰不度歸夢，征路似愁長。便載酒聽歌，吟杯賦筆消舊狂。

渡江雲

閒門車轍遠，偶逢過雁，還寄數行書。曉寒簾乍卷，鬢影秋風，卻共柳蕭疏。江楓漸老，想此日、紅遍東吴。空佇望、魚波千頃，無夢到蓴鱸。　縈紆。晨喧遥市，細雨烟村，隔前溪雲樹。愁更説、明珠香稻，碧玉新蔬。翻憐落葉添薪少，笑近來、心事全殊。山縱好、清游不比當初。

風入松

高樓酒醒怕聞歌。傾淚易成河。鈿蟬金鳳飄零盡，算年來、慣識干戈。雁外不逢芳訊，鷗邊還起驚波。　江山缺處聚愁多。風雨奈秋何。吟蛩留得商聲住，更蕭蕭、霜葉辭柯。有限殘箋斷闋，那堪夜夜銷磨。

西河

天盡處。殘鴉數點歸去。遥峰隱約隔漁村，淡烟一縷。莫將摇落問西風，秋聲偏在疏樹。　曲廊外，黄葉路。獨吟著甚情緒。新寒乍到小闌干，晚陰做雨。四山暝色擁孤樓，蒼茫愁滿今古。　遠書漫道過雁誤。想蕭條、人事非故。聽徹嚴城笳鼓。向黄昏、片霎凭高凝佇。縹緲神京重雲暮。

倦尋芳

滯陰做冷，霏霧籠秋，樓迥人寂。舊燧新烽，望極海南江北。戰血千林楓葉赭，鄉情一縷蓴絲碧。甚年年，歎移盤涕淚，轉蓬蹤跡。　已早分、闌干天遠，幾日征鴻，還斷消息。換盡流光，空悔故歡輕擲。米貴方憐詞賦賤，愁寬無奈山川窄。莫凭高，卷寒潮，晚來風急。

浣溪沙

城上風高畫角殘。小樓燈暗漏漫漫。熏鑪猶裊一絲烟。　歡意經秋如葉少，夢痕連夜比霜寒。山空月冷掩重關。

八聲甘州

正寒潮乍落晚江空，危闌又凭憑。問斜陽哀角，西風殘葉，多少秋聲。錯怨春來柳絮，宛轉化流萍。一片蘆花雪，依舊飄零。　有限荒烟衰草，惱亂蛩絮語，倦客愁聽。賸扁舟心事，重與白鷗盟。怕歸時、烟波非故，早斷烽、青燐換漁燈。消凝處、灑傷高淚，還在新亭。

虞美人

朱門盡日横金鎖。自愛熏香坐。畫眉渾懶學春山。未恨人前時樣、淺深難。　頗黎枕上晶屏曲。臨夜燒紅燭。煎心不惜淚如潮。留得孤光一穗、照長宵。

浣溪沙

又見西風落葉飛。瓊樓終信有遥期。不辭掩淚更尋思。　山色休迷臨夜霧，斜陽苦戀最高枝。陰晴未定費禁持。

鷓鴣天

曉霧穿窗散作烟。淙淙清露滴琅玕。秋深紅葉如花媚，地暖濃霜當雪寒。　移短榻，負晴暄。向陽庭户對遥山。浣衣歸後新炊熟，一卷殘書自在看。

菩薩蠻

深深翠幕遮銀炬。金猊臨睡添沈炷。雙枕夢難同。芙蓉相向紅。　昨宵鴛被減。乍覺春寒淺。簾外月初斜。東風吹李花。

浣溪沙

司馬長卿有言：『賦家之心，苞絡宇宙。』然觀所施設，放之則積微塵爲大千，卷之則納須彌於芥子。蓋大言小言，亦各有攸當焉。余病居拂鬱，託意雕蟲，每愛昔人游仙之詩，旨隱辭微，若顯若晦。因效其體製，次近時聞見爲令詞九章。見智見仁，固將以竢高賞。壬午三月

蘭絮三生證果因。冥冥東海乍揚塵。龍鸞交扇擁天人。　月裏山河連夜缺，雲中環珮幾回聞。蓼香一掬佇千春。

其二

漫道人間落葉悲。蓬萊風露立多時。長安塵霧望中迷。　填海精禽空昨夢，通辭鴆鳥豈良媒。瑤池侍宴夜歸遲。

其三

弱水三千繞碧城。金蟾齧鎖夜長扃。風雷破夢入疏櫺。　中酒乍醒憐曲促，彈棋未了費縱橫。是誰殘局卻推枰。

其四

不記青禽寄語時。銀河欲渡故遲遲。紅牆咫尺費相思。　玉牒瑶函虛舊約，雲階月地有新期。人天離合了難知。

其五

萬里晴霄一鶴飛。長風吹落碧雲西。此時相見更相疑。　未必鼉天憐浩刦，卻來瀛海寄相思。霞情爭許世人知。

其六

三度紅桑弱水西。美人雲外弄妝遲。六龍臨駕更矜持。　彷佛天梯芳屧響，依前洞户畫簾垂。黄昏袖手看殘棋。

其七

一夕驚雷海變田。群龍何處駕瑤軿。素雲黃鶴擁飛仙。周穆蟲沙空歷刦，淮南雞犬亦升天。忍傳消息到人間。

其八

聞道仙郎夜渡河。星娥隔歲一相過。機邊親贈水精梭。縱使青天甘寂寞，應憐銀漢近風波。雲盟月誓莫蹉跎。

其九

斗北星南列衆仙。九天閶闔彩雲間。紫宸新賜玉連環。赤豹文貍隨霧起，猋輪飛轂共雷殷。幾時撫劍上蓬山。

瑞鶴仙　得慰秋書，賦答

花前尊嬾近。早疏狂都減，清愁無分。風簾燕飛困。甚天涯別後，翻疏芳信。歸期不準。任年年、鵑啼舊恨。縱凭高、望極江南，忍見翠灰紅燼。　休問。鬢波眉月，屧響衣熏，那時嬌俊。移家未穩。關山遠，江烽緊。幾梳霜沐露，胡塵撲面，輕換香膏膩粉。賸當年、羅帶重量，未成瘦損。

浣溪沙

滿目青蕪歲不芳。啼鵑聽慣也尋常。而今難得是迴腸。　燕子簾櫳春晼晚，梨花院落月微茫。人間何處著思量。

其二

忍道江南易斷腸。月天花海當愁鄉。別來無淚濕流光。　紅燭樓心春壓酒，碧梧庭角雨飄涼。不成相憶但相忘。

蘇幕遮

柳緜飛，庭院悄。酒淡花稀，人意和春老。釀得深愁成淺笑。綺席相逢，衹道新晴好。　薄亂山多，流水杳。緑樹啼鵑，莫問歸遲早。晚重簾休放了。犬吠林陰，萬一書郵到。

玉樓春

鶯滿亭臺花滿野。當日江南渾似畫。閒尋紅杏雨中樓，曾繫緑楊陰下馬。　而今夢與梨花謝。燕去空簾慵不挂。千山杜宇唤鄉愁，一穗殘燈摇暗夜。

其二

簾外桃花開又謝。裊盡鑪烟簾未挂。校書心緒儘從容，入夢春愁無顧藉。　漫從女伴尋閒話。終日看山如看畫。荒村沽酒緑楊邊，淺水浣紗斜照下。

踏莎行

開罷薔薇，飛殘柳絮。斜陽衹照春歸路。夢迷故國滿天烽，愁縈蜀道千山霧。　胡蝶還來，啼鵑最苦。東風碧到無情樹。江波日日送流花，如何不送人歸去。

謁金門

燈焰黑。簾外子規聲急。歲歲烽烟留遠客。無家歸不得。　啼斷殘春幾日。淚共落紅千尺。如此月痕如此夕。江山應有血。

清平樂

梳妝草草。初日簾櫳曉。難得今朝天氣好。浣取衣裳趁早。　斜陽樹影頻移。横竿須揀高枝。屬付簷前燕子，等閒莫墮香泥。

其二

山迴路轉。隔水烟村遠。行過小橋人未見。林外晨喧一片。兩三上市新蔬。擔前問價踟躕。幾日囊中錢少，歸來何止無魚。

其三

描花繡鳳。不比年時空。鍼線欲拈還未動。綻盡羅衣金縫。如今忍鬭新妝。休憐響屧迴廊。自製平頭鞋子，何妨緑野尋芳。

其四

樵蹊漁舍。行到前村也。認取青帘樓外挂。休問新來酒價。昨朝乍典春衣。今朝日暖風微。拚得醉扶歸去，深山卧聽鶯啼。

東坡引

樓前江水繞。風外柳緜少。幾回相見還重道。不如歸去好。不如歸去好。　烽烟別久，關山夢杳。愁又看、春光老。闌干倚盡昏和曉。家書何日到。家書何日到。

渡江雲

寄紅妹海上，時聞擬入蜀

胡塵迷故國，失行旅雁，難覓舊田廬。轉蓬蹤不定，極目層雲，海上一樓孤。新聲玉樹，更此日、歌舞都殊。争忍聽、雪鹽香稻，餘恨到春厨。　音書。三年萬刦，一紙千金，望飛鴻何處。憐別後、朱顔暗換，吴語生疏。相思卻怕相逢近，況客情、不比當初。愁問訊、高堂白髮添無。

卜算子

愁説昨宵陰，還怕明朝雨。薄晚西窗一霎晴，争忍芳游去。　誰識杜鵑心，倦聽流鶯語。斜日亭臺有限春，漫付彌天絮。

浣溪沙

一片清塵掩鏡鸞。春山漫當舊眉看。斜陽客館送流年。　委篋單綃衣帶窄，熏香小扇墨痕殘。無端新暖換輕寒。

蝶戀花 二首

樓外重雲遮碧樹。山上鵑啼，山下流人住。別淚濛濛知幾許。夜來寒雨朝來霧。　漫問荒烟家在否。猶望生還，重到江南路。飛盡楊花春又暮。沈吟忍信歸期誤。

其二

乳燕交飛鶯亂語。如此江山，衹有鵑聲苦。楊柳無情千萬縷。年年卻繫行人住。　水上流花枝上絮。已是天涯，何必愁風雨。極目緑波芳草渡。轉憐春有歸時路。

蘇幕遮

過春寒，憐驟暑。山上層樓，高處多風雨。一霎潮聲生遠樹。碧瓦紛紛，似葉敲窗户。　下羅帷，移蠟炬。夜黑更長，倚枕朦朧處。電幻狂烽雷幻鼓。夢裏驚疑，不敢江南去。

浣溪沙 客有以渝州近事見告者，感成小詞

歲歲新烽續舊烟。人間幾見海成田。新亭風景異當年。　如此山河輪半壁，依然歌舞當

長安。危闌北望淚如川。

其二

莫向西川問杜鵑。繁華爭説小長安。漲波脂水自年年。　箏笛高樓春酒暖，兵戈遠塞鐵衣寒。尊前空唱念家山。

其三

辛苦征人百戰還。渝州非復舊臨安。繁華疑是夢中看。　徹夜笙歌新貴宅，連江燈火估人船。可憐萬竈漸無烟。

減字木蘭花

新寒乍暖。細葛輕緜朝夕換。暗雨昏烟。不是江南四月天。　年年蜀道。休説不如歸去好。賸水殘山。付與流人著意看。

過秦樓　病中寄千帆成都

病枕偎愁，燭帷扶影，幾日藥鑪誰管。穿風敗壁，破夢昏燈，一夜擁衾千轉。更永月暗高樓，山鬼窺窗，野蚊縈扇。但朦朧向曉，歸期重數，去程猶遠。　休更憶、賭酒遲眠，傷春慵起，便覺畫眉渾嬾。漿傾酪盌，香滿橙杯，俊侶紫騮來慣。還念空簾此時，衣桁塵侵，茶鐺烟斷。況新方未檢，門掩青苔静院。

浣溪沙

小簟輕帷盡日眠。晚涼扶起鏡臺前。家常閒話寫紅箋。　病枕有誰量藥裹，明窗無力管茶烟。相思都不似當年。

聲聲慢　卧病空山，夜值風雨，賦此寄遠

頹簷傾雨，斷瓦翻風，中宵孤枕驚雷。濕簟頻移，高樓自起徘徊。夢魂更無著處，趁冷螢、飛墮林隈。翠簾卷，又燈花涼逼，暗墜香煤。病榻茶烟，寒鑪嬾撥餘灰。新詞欲吟愁句，欠雙鬟、解勸深杯。揺落恨，正關河、人尚未回。

拜星月慢　夏夜病中，念白門舊游，和清真

片月流波，千荷迎棹，繞堞花明葉暗。隔水笙歌，出秋千深院。繫船處，但覺、樓頭玉甕香滿，檻曲珠燈星爛。小扇經綃，祇尋常相見。料芙蓉、褪色如人面。江南遠、病卧荒江畔。夜半旅夢驚回，早歡痕烟散。賸吟蛩、絮夕空山館。嚴城閉、畫角成長歎。怎又任、别恨縈迴，折柔腸欲斷。

踏莎行　寄石齋、印唐成都，二君皆金陵舊侶也

白袷衫輕，青螺眉嫵。相逢年少承平侶。驚人詩句語誰工，當筵酒盞狂争賭。花影樓臺，燈痕簾户。湖山舊是經游處。過江愁客幾時歸，神京回首迷烟霧。

徵招

人生不合吴城住，消魂粉塵脂水。柳影畫中樓，任春眠慵起。斷腸歌舞地。付詞客、醉紅吟翠。一棹横塘，落花雙槳，漲波都膩。還記。舊家時，疏簾静、輕漾素蘭風細。瓷盌碧螺春，更香浮茉莉。别來飄泊久，總難忘、故鄉風味。去程遠，鼓角年年，歎誤人歸計。

國香　題叔華夫人雙佳樓水仙卷子

粉潤脂温。甚生綃乍展，呼起湘魂。依稀畫蘭心事，鉛淚留痕。日暮凌波何處，步千驛、羅襪生塵。回頭楚天遠，解珮江空，鼓瑟雲昏。　國香流落久，歎東風換世，殘夢無春。晚潮凄咽，應悔翠帶輕分。更怕瑶簪凍折，誤幾多、洛浦歸人。青青數峯在，賸水流愁，尚護靈根。

鷓鴣天　四首

盡日疏簾不上鉤。鳳奩鸞鏡一時收。最新眉樣終成故，似夢歡痕竟化愁。　腸易斷，誓空留。當年枉自笑牽牛。高樓未怨西風急，冰簟銀牀不耐秋。

其二

添得吟蛩夜更長。玉鑪香印替迴腸。半牀濃睡沈沈夢，一枕秋聲細細涼。　花壓檻，月侵廊。年時真悔不疏狂。自禁清露梧桐滴，還怕珠簾一夕霜。

其三

永夕風簾蠟作堆。鴛鴦衾冷夢初回。連環珍重休成玦，心篆分明久化灰。　消宿酒，墜殘煤。高樓明月自徘徊。青天碧海茫茫夜，不分人間更可哀。

其四

八尺龍鬚換錦裀。空山落葉掩重門。當風團扇知秋意，繞榻茶烟淡夢痕。　新露點，舊星辰。一般良夜有寒温。縱橫未了彈棋局，何必箏弦絮怨恩。

以上《涉江詞》乙稿

霜花腴

壬午九日成都登高

角聲乍歇，壓亂烽，高樓共理吟觴。愁到囊萸，淚飄叢菊，登臨萬感殊鄉。舊游斷腸。更有誰、杯酒能狂。正消凝、滿目山河，忍教風雨做重陽。　淒斷十年心事，縱塵箋强拂，夢與秋涼。吴苑烟空，秦淮波老，江流不送歸航。雁鴻渺茫。歎客程、空换流光。颺茶烟、鬢影蕭疏，自羞簪晚香。

高陽臺

歲暮枕江樓酒集，座間石齋狂談，君惠痛哭，日中聚飲，至昏始散。余近值流離，早傷哀樂，飽經憂患，轉類冥頑，既感二君悲喜不能自已之情，因成此闋

釀淚成歡，埋愁入夢，尊前歌哭都難。恩怨尋常，賦情空費吟箋。斷蓬長逐驚烽轉，算而今、易遣華年。但傷心，無限斜陽，有限江山。　殊鄉漸忘飄零苦，奈秋燈夜雨，春月啼鵑。縱數歸期，舊游是處堪憐。酒杯爭得狂重理，伴茶烟、付與閒眠。怕黄昏，風急高樓，更聽哀弦。

臨江仙

小閣疏簾風惻惻，客窗幾日寒深。斜陽容易變輕陰。江山成悵望，杯酒怯登臨。　無益相思無用淚，當時苦費沈吟。閒愁何處可追尋。秋燈千點雨，春夢十年心。

探芳信

玉鑪畔。正舊句慵題，清游渾嬾。歎酒消愁

醒，長夜有誰管。錦衾角枕餘熏冷，翻憶蓬山遠。照銀缸、未抵年時，夢中相見。　人事寂寥慣。怕皓月闌干，幽花庭院。一幅鮫綃，漸難得、淚痕滿。人天縱有相思字，爭奈心情換。數歸期，屈指年華又晚。

青玉案

繁霜一夕年華暮。更不管、天涯住。海淺山移盟易誤。絳綃清淚，彩箋新句。爭得相思苦。　單衾小枕寒如許。酒醒香銷共誰語。夜夜夢魂愁去路。隔燈簾幕，蔭花窗户。少箇關情處。

西平樂慢

轉轂兵塵，伴愁藥裹，還歎久客殊鄉。　薄幕風燈，自憐寒夕，書籤不遺流光。甚酒跡衣痕細檢，沈醉狂吟頓減，爭如昔日江南，斷盡迴腸。空念朱顔暗改，明鏡裏、漫記舊時妝。　戍笳催晚，新烽換歲，惆悵尊前，難覓疏狂。休更憶、吹笙月下，繫棹花陰，水閣醅春酒釅，惹夢香濃，歌舞湖山夜未央。無奈凭闌，平蕪故國，殘照新亭，寂寂江潭，怕説離情，誰教種遍垂楊。

高陽臺

淺草融霜，晴絲惹燕，東風乍到闌干。暖沁梅枝，難消夢裏餘寒。零編未管春來去，任蠹魚、蝕盡華年。下重簾，縱隔飛花，不隔啼鵑。　流離藥盞供多病，漸迴燈賭酒，怕近尊前。柳色依依，無端緑到吟邊。清游俊侶狂非舊，況登臨、賸水殘山。但消凝，永日懨懨，一榻茶烟。

聲聲慢

瞞愁鸞鏡，咽淚清尊，迴腸只當尋常。過眼芳菲，飛花未惜流光。分明舊情遺卻，甚無端、入夢淒涼。尋斷譜，怕春風詞筆，都換冰霜。　空記江南初見，正繁燈水榭，低映垂楊。漫說深盟，人間容易相忘。傷心酒醒何世，歎蟲沙、難數滄桑。春又晚，聽啼鵑、還在異鄉。

鷓鴣天

鸞鏡經年罷晚妝。尊前倚醉不成狂。已拚蠟炬銷殘淚，猶對鑪灰念舊香。　花信早，客愁長。流波只解送流光。啼鶯欲喚東風醒，無限春寒鎖夕陽。

其二

獨上層樓日又西。一川烟草碧萋萋。欲書心事無花葉，暗繫春愁有柳絲。　芳序換，故歡稀。等閒開過小桃枝。凭闌多少迴腸處，語燕流鶯未得知。

其三

漸嬾芳游逐錦韉。如塵零夢付茶烟。東風莫怨今朝冷，缺月曾經昨夜圓。　新中酒，舊題箋。忍憑弦柱數華年。飛花未惜隨春盡，無奈空枝有杜鵑。

其四

壓枕濃愁只夢知。倦懷慵寫酒邊詞。無多新綠憐螺黛，有限殘紅付燕泥。　拈綫嬾，校書遲。年年寂寞度芳時。東風未解傷春意，吹盡楊花作雪飛。

薄倖

小庭春晚。更陌上、尋芳漸嬾。任一桁、疏簾長下，負卻呢喃新燕。歎銀箋、慵寫春愁，沈吟諱説情深淺。便柳徑頻逢，花陰低語，都當尋常相見。　算幾度、歡盟誤，猶記得、舊時恩怨。入帷東風冷，茶烟輕颺，夢魂未許愁拘管。病懷難遣。但單衾永夜，相思付與迴腸轉。朝來睡起，堆砌殘紅又滿。

踏莎行

曲曲迴廊，陰陰碧樹。小簾朱户知何處。草痕還共亂愁生，柳絲不綰春光住。　新恨空題，歸期又誤。斜陽消得鵑聲苦。不辭淚眼濕飛花，斷紅卻趁流波去。

蝶戀花

長日水沈烟一縷。題遍新詞，誰會淒涼句。芳草無情連碧浦。春歸還是來時路。　已分年光愁裏度。吹盡繁香，風雨何曾住。獨坐傷春天未許。無端燕子簾前語。

踏莎行

病枕殘書，吟箋別緒。遲遲長日和愁度。鈿車怕過舊池臺，珠簾自掩閒風雨。　嫩約無憑，芳音易阻。紅樓遙隔垂楊路。今宵有夢向花陰，迴廊不是經行處。

蝶戀花

日暮東風吹細雨。曲曲闌干，曲曲閒愁緒。刻意春前憐墮絮。浮萍自向天涯去。　謝盡紅榴消息阻。枝上流鶯，解得相思否。遮斷鈿車來往路。垂楊終是無情樹。

其二

樓外平蕪連遠樹。樹外清江，江上嘶驄路。音信難憑魂夢阻。穿簾燕子空來去。　知道行雲無定所。日日闌干，凭到斜陽暮。已分相忘情恐誤。花陰月影思量處。

其三

寂寂花陰心暗訴。曲徑迴廊，長記相尋處。別後回腸千百度。紅樓永夜思量否。　隔雨飄燈朝復暮。未信無情，又怕關情誤。萬一重逢楊柳路。依前只有閒言語。

其四

落盡紅蓮凋碧樹。縱有芳期，未必無風雨。自諱從來相憶苦。但愁長日遲遲度。　恩怨無憑情易誤。刻意相疏，便抵相憐處。留取迴腸君解否。花前只當尋常遇。

鷓鴣天　華西垻秋感

落木蕭蕭動客愁。西風更到最高樓。昏鴉早雁紛成陣，蓮葉蘋花各自秋。　蛩亂語，燕難留。新涼團扇自然收。月光欲照如年夜，爭奈珠簾不上鉤。

其二

時樣妝成故故妍。廣眉長袖總堪憐。浮雲作態頻離合，明月無心任缺圓。　秋露重，碧苔斑。飄燈未惜夜歸寒。不知多少傷心語，換得尊前一晌歡。

其三

斷夢應羞卜錦鞋。窺簾鸚鵡莫相猜。蛾眉不畫何須妬，棋局頻翻亦費才。　銀燭短，繡帷開。繁弦急管未堪哀。秋聲卻起梧桐樹，歎息當年手自栽。

其四

回首紅樓隔畫牆。珠簾卷處怕相望。鳳箋偷疊藏深約，鸞鏡重開理舊妝。　燈影暗，簟紋涼。西風換世也尋常。最憐乍結新蓮子，付與銀塘一夜霜。

踏莎行

淺語重參，閒愁暗理。花前曾會深深意。高樓風雨忍相忘，新涼闌檻誰同倚。　有限芳時，無憑錦字。回廊一寸迴腸地。除非魂夢暫相尋，昨宵夢裏猶迴避。

鷓鴣天

離合雲蹤意轉迷。幾曾相見勝相思。絲成玉繭蠶空縛，花作泥香燕未知。　金井露，碧梧枝。西風翠袖苦禁持。月明不到迴廊下，夜夜新寒卷繡帷。

其二

病枕昏燈不自聊。帶圍寬盡舊時腰。星辰誰解憐今夜，魂夢空教過謝橋。　寒惻惻，漏迢迢。心香禁得幾回燒。大堤無限青青樹，獨繫相思是柳條。

其三

羞借清尊理舊狂。紅樓珠箔但相望。十年空忍將枯淚，一夜重迴未斷腸。　歡意少，別懷長。凭闌争惜更思量。西風不管黄花瘦，自向閒庭做晚涼。

其四

極目行雲獨倚闌。羞憑雙燕問游韉。燭殘怕作長宵淚，香薄難温子夜寒。 春夢短，客愁寬。花前何惜暫相看。此情忍付他年憶，更自殷勤理素弦。

浣溪沙

樓上輕寒莫倚闌。水精簾外月如烟。閒愁新損昨宵眠。 情逐柳絲牽緒亂，夢摇荷露當珠圓。見時何意忘時難。

其二

複幕重簾不可尋。水西亭榭晝愔愔。鈿車長隔緑楊陰。 十載青春迷蝶夢，一宵紅淚費鵑心。月廊花影自沈吟。

其三

後約丁寧更渺茫。畫堂回首是河梁。吟箋叠淚自迴腸。 暗惜芳辰愁月小，每尋幽夢願宵長。相思無益忍相忘。

其四

寶鏡生塵嬾曉妝。經年羅袖罷熏香。但穿珠淚作明璫。 新月長留圓夜望，寒灰空憶爇時香。此情休恨祇尋常。

蝶戀花

日影已高簾乍卷。相候紅闌，不比當初見。還趁輕風雙語燕。小園香徑閒行遍。 孤負芳時情繾綣。十載花前，漸覺羞人面。 楊柳千絲牽緒亂。相逢無奈傷春晚。

其二

羅帶同心和恨綰。柳葉風輕，未許雙眉展。惆悵人間芳夢短。柔情長逐游絲轉。　別後相思君莫管。年少逢春，只合開歡宴。分付飛花過別院。幽懷欲訴腸先斷。

其三

誰說春來慵早起。曉日樓臺，珍重相逢地。休向東風空費淚。深盟淺約都無計。　不惜鏡中眉減翠。日日花前，長怕君憔悴。解得相思無限意。紅箋漫寫鴛鴦字。

其四

閒逐尋香雙蛺蝶。柳陌桃蹊，趁取芳菲節。一寸春心花共發。東風吹展眉間結。　爲惜芳時歡易歇。初日簾櫳，看到深宵月。不盡柔情應細說。明朝風雨傷離別。

其五

自悔無端芳約誤。覓影尋聲，不惜頻回顧。眾裏匆匆通一語。柔情未敢分明訴。　前日依依楊柳路。細雨斜風，獨到經行處。極目寒烟人已去。香車欲上猶凝佇。

其六

暖日烘春江上路。細竹疏槐，新緑遮低語。一晌相看千萬緒。今朝更勝前朝遇。　欲遣回波流恨去。歡唾啼痕，多少難忘處。夢裏消魂能幾度。夢回忍說消魂誤。

其七

寂寂重簾私語細。小檻迴廊，都是相思地。羞說春來無限意。眼波相覓還相避。　深院日高花影碎。壺箭頻催，欲住渾無計。樂事人間能有幾。而今先費他年淚。

其八

淺夢難圓春易暮。幾度迴腸，忍淚丁寧語。滿目芳菲君莫語。千花百草憑憐取。　心緒紛紜難細訴。强作無情，更比多情苦。　風雨天涯愁去住。尊前暫惜今宵遇。

鷓鴣天　華西垻春感

百尺高樓數仞牆。蠻弦羯鼓度新腔。　暗收香稻防鸚鵡，故斫孤桐惱鳳皇。　春漏洩，意倉皇。記名瑶册忍相忘。　何曾一斗供閒醉，空自殷勤捧玉觴。

其二

暗撒金錢盛會開。浣紗女伴約同來。　繁聲故亂霓裳譜，皓腕争收玉鏡臺。　空作嫁，自爲媒。文成倚馬歎高才。　若華未肯留名字，夜夢無心到錦鞋。

其三

十載芳華忍淚過。高壇廣座負春多。　憑談海客瀛洲夢，卻訝情人碧玉歌。　誇舞袖，妬長蛾。幾回辛苦點青螺。　不須得意釵鈿約，鳳牒鴛函字易磨。

其四

塘外輕雷夢未驚。羽書空費墨縱横。　無情野草妨來往，解意垂楊管送迎。　憐晚照，付春酲。尊前先計夫時程。　自知不是秦樓侶，一任鸞箋負舊盟。

薄倖

十年情事。但付與、塵弦蠹紙。歷幾許、春烽秋警，況自牽縈離思。更江關、尋遍神方，流離藥盞供憔悴。甚寶鏡妝殘，羅衾夢冷，灰盡香鑪心字。　漸忘了、當時恨，爭忍把、舊愁重理。怨恩尋常極，蛾眉無用，新歡未必嬋娟子。歲芳容易。任參差暗樹，縱橫野草生庭砌。徘徊小扇，還待西風又起。

蝶戀花

斜月半牀愁不寐。乍遣還來，春夢分明記。蠟炬自憐無用淚。更闌猶向銅盤墜。　碧海青天長夜裏。無限淒涼，如此人間世。只寫行行腸斷字。詞箋賦筆真何味。

臨江仙

一夜梨花吹盡雪，夢中從此無春。漫天風雨送黃昏。忍教新淚眼，重濕舊啼痕。　寶篆難銷長日恨，小屏誰與温存。暫憑詞賦守心魂。微生如可戀，辛苦爲思君。

浪淘沙

長夜正漫漫。風雨添寒。江南江北又春殘。十載相思忘不得，無限關山。　回首血成川。如此中原。年年舊燧換新烟。四海傷心聞野哭，休念家園。

其二

千騎壓雄關。難覓泥丸。危樓向晚莫凭闌。忍看斜陽紅盡處，一角江山。　烽火照尊前。未許閒眠。笙歌夢冷十年間。腸斷雞鳴風雨夜，空費吟箋。

其三

江水日東流。難盡離憂。孤鴻身世自悠悠。地迴天寬殘照冷，生怕登樓。　躍馬夢中游。新病添愁。相思紅淚暫時收。獨立水西橋畔路，北望神州。

其四

一水隔胡塵。未到朱門。銷金窩裏易銷春。燈火樓臺歌舞夜，舊曲翻新。　夢語正紛紜。鐵騎如雲。新亭對泣更無人。漫想黃龍成痛飲，整頓乾坤。

高陽臺

疏箔張燈，殘妝掩鏡，高樓嬾趁笙歌。賸有春山，依稀舊日雙蛾。緑陰不作繁花夢，奈繞枝、晚蝶愁多。歎連朝，換盡東風，淚冷紅羅。

當時照影銀塘水，早難尋墮絮，暗長新荷。綺怨瑶情，從來都付銷磨。連環不解同心結，贈明璫、悔託微波。隔金鋪，漸遠嘶驄，萬一重過。

瑣窗寒

裊盡鑪烟，抛殘書卷，日長難度。燈前倚枕，永夜滿城更鼓。縱孤衾、暫容醉眠，夢魂不到相思路。想玉驄畫轂，重逢花下，此情慵訴。

敲户。琤琮雨。對小院濃陰，凭闌無緒。新晴便穩，不見尋芳仙侣。强清游、暗縈舊愁，問誰更伴東城步。但傷心、自譜詞箋，未惜弦聲苦。

祝英臺近

候紅橋，探碧渚。芳約記前度。春意如花，香委舊游處。可憐縱有并刀，愁絲難翦，繫多少、幽歡私語。　此情苦。長夜深鎖重門，離魂沐風雨。淚作珠燈，持照夢中路。甚時簾底凝眸，相思潮汐，待都付、眼波低訴。

風入松

十年長是忍伶俜。一夕亂愁縈。傷心怕到經行處，萬絲柳、不繫離情。春夢如雲易散，啼痕似雨難晴。　懨懨永日掩重扃。新病總無名。西樓從此空良夜，賸詞箋、相伴今生。休憶當時恩怨，眼前歡意成冰。

過秦樓

小硯凝塵，短箋棲蠹，幾日病懷渾嬾。頻温藥盞，細檢神方，卻奈夢魂撩亂。空記曉鏡妝成，門掩春風，玉驄嘶慣。歎相思別後，芳期無準，錦鱗書斷。　休更想、月影霏烟，花香散霧，絮語夜涼庭院。茶鐺易冷，詩卷慵開，繡枕晝長誰伴。閒坐還牽舊情，堤上鈿車，袖中紈扇。縱前游再續，回首清歡自遠。

浣溪沙

門外垂楊暫繫車。猶嫌低語隔烟紗。紅樓相望況天涯。　晚照難防明日雨，緑陰始惜舊枝花。情隨逝水送年華。

天香 藕

菰渚風多，蓮房露冷，鴛鴦夢易驚散。恨惹千絲，肌消雙腕，賸有此情難斷。相思寸寸，空負卻、玲瓏心眼。漫説汙泥素節，還輸鬧紅零亂。　牽縈舊愁宛轉。記調冰、那人曾伴。嬾共翠瓜朱李，玉盤初薦。留取靈犀一點。怎忍説、微波自今遠。怕種同心，銀塘淚滿。

瑞龍吟 和清真

城南路。空認趁水飛花，繫車芳樹。重尋歡跡游蹤，墜香墮粉，春歸甚處。　更延佇。魂夢謝橋來往，未知朱户。青禽苦隔蓬山，斷箋賸錦，難傳細語。　猶記紅樓遥夜，繡帷風淺，同聽歌舞。長恐後期能逢，芳意非故。江郎蠹筆，留寫相思句。經行地、殘陽照影，平蕪迷步。事委流波去。傷心怕理，情絲怨緒。愁繭抽千縷。清淚灑，飄燈簾櫳涼雨。恨長杜促，玉箏休絮。

踏莎行

暗樹啼鶯，重簾隔燕。夢雲一夜風吹散。亂愁更比亂山多，柔情不共柔腸斷。　忍訴離心，相看淚眼。殘歡漸逐香車遠。花時從此掩重門，西樓明月無人管。

其二

病倦抛書，愁多殢酒。紅薇庭院微涼透。花前忍理舊時歡，鏡中難諱新來瘦。　寂寂金鑪，迢迢玉漏。飄燈珠箔黄昏後。夜深待遣夢魂尋，夢中知道相逢否。

其三

恨緒重抽，迴腸欲斷。多情一例天難管。閒愁都是舊時恩，新歡易作他年怨。　夢裏温存，吟邊繾綣。長留相憶休相見。鸞箋十幅寫相思，深盟不共朱顏變。

其四

密誓空傳，同心漫結。如環滿月還成玦。冤禽休恨海波深，夢雲留補情天缺。　彩筆飄零，朱弦掩抑。拚將淚眼供離別。雙蛾縱使一生愁，袖中芳字應難滅。

夜飛鵲　和清真

重尋舊游路，無限淒其。紅日更斂斜輝。飛花如淚已飄盡，春痕猶染羅衣。相攜記前度，看銅街朱轂，酒市青旗。留連笑語，繞江干、細步偏遲。　還恐別時容易，珠箔隔燈痕，深院同歸。誰料經行門巷，清陰暗改，殘夢空迷。碧闌十二，望高樓、衹與雲齊。歎芳期難再，歡情已遠，莫到城西。

一萼紅　甲申八月，倭寇陷衡陽。守土將士誓以身殉，有來生再見之語。賦此志哀

亂笳鳴。歎衡陽去雁，驚認晚烽明。伊洛愁新，瀟湘淚滿，孤戍還失嚴城。忍凝想、殘旗折戟，踐巷陌、胡騎自縱横。浴血雄心，斷腸芳字，相見來生。　誰信錦官歡事，遍燈街酒市，翠蓋朱纓。銀幕清歌，紅氍豔舞，渾似當日承平。幾曾念、平蕪盡處，夕陽外、猶有楚山青。欲待悲吟國殤，古調難賡。

鷓鴣天

刻骨相思自不磨。芳盟休恨更蹉跎。怕教淺夢成深怨，嬾爲新妝改舊蛾。　雙淚落，一春過。此情終古負君多。那堪酒醒燈殘夜，獨向歌筵喚奈何。

虞美人　成都秋詞

沈沈銀幕新歌起。容易重門閉。　繁燈似雪鈿車馳。正是萬人空巷、乍涼時。　相攜紅袖誇眉蕚。年少當行樂。千家野哭百城傾。渾把十年戰伐、當承平。

其二

地衣乍卷初塗蠟。宛轉開歌匣。　朱嬌粉膩晚妝妍。依舊新聲爵士、似當年。　迴鸞對鳳相偎抱。恰愛涼秋好。玉樓香暖舞衫單。誰念玉關霜冷、鐵衣寒。

其三

市誇安樂人如織。故主迎新客。　芒鞋短褐舊時裝。今日高車大馬、過煌煌。　暮收香稻朝羅綺。第宅連雲起。幾人下箸厭甘肥。猶有萬家風裏、未裁衣。

其四

咖啡乳酪香初透。紫漾葡萄酒。　市招金字作橫行。更有參軍蠻語、舌如簧。　并刀如水森成列。晶盞明霜雪。朝朝暮暮宴嘉賓。應憶天南多少、遠征人。

其五

東庠西序諸年少。飛轂穿馳道。　廣場比賽約同來。試看此回姿勢、最誰佳。　酒樓歌榭消長夜。休日還多暇。文書鍼線盡休攻。祇恨鮮卑學語、未能工。

減字木蘭花　聞巴黎光復

花都夢歇。枝上年年啼宇血。還我山河。故國重聞馬賽歌。　秦淮舊月。十載空城流水咽。何日東歸。父老中原望羽旗。

踏莎行

譜夢朱弦，驚秋畫筆。初逢原自拚輕別。熏鑪辛苦惜殘香，帶羅容易翻新結。　別苑尋花，空簾對月。柔情到此都休説。羞憑雙淚得君憐，低鬟一笑和愁咽。

其二

錦字緘愁，羅巾揾淚。輕顰淺笑知深意。夢痕留作十年温，芳盟莫話三生事。　小檻前期，迴廊舊地。蹤疏不信情難繫。一春空自説相思，問君真解相思未。

其三

社燕空歸，東風乍惡。當時誤盡西樓約。文鱗易損罷瑶函，嘶驄驚認開珠箔。　逝水情輕，秋雲夢薄。爲誰繞砌栽紅藥。争如强別換長愁，沈吟卻悔重逢錯。

其四

玉珮空留，連環易斷。歡情分作輕烟散。眼前猶有舊山河，夢中休記閒恩怨。　落葉長堤，垂楊小苑。相逢祇作尋常見。當時咫尺恨雲屏，春心一寸天涯遠。

其五

後約無憑，幽期有限。花前容易開離宴。原拚孤枕得愁多，未妨别院尋芳晚。　昨夜星辰，今朝雨霰。浮雲一霎陰晴變。也知春夢不多時，未傷夢斷傷情短。

其六

香篆都銷，羅衾乍擁。無端風竹簾前動。遥知月户待新期，猶欹玉枕尋殘夢。　積恨難排，清寒漸重。西樓此夜誰堪共。銅盤燭淚不須流，人間惟有情無用。

拜星月慢

舊跡迷塵，新愁縈霧，柳陌花蹊行遍。淺葉繁枝，早濃陰都换。記前度，俊賞、春波碧草池閣，暖日幽香亭館。一夕西風，便歡悰吹散。　算誰知、再到薔薇苑。低徊怕、驀地迴廊見。漫想笑語逢迎，奈琴心先變。有芳期、已是游情倦。難忘處、更覓當時燕。又怎得、還似春前，説相思幽怨。

解連環　和清真

此情誰託。嗟山河咫尺，兩心悠邈。便也擬、低訴深悲，奈新雁渺茫，晚風輕薄。月冷西樓，自消受、一懷離索。歎相思幾日，病骨暗銷，嬾檢靈藥。　當時贈君蕙若。記花開陌上，春在闌角。待細理、緗帙芸籤，賸零夢殘歡，衹道忘卻。偶拂塵鸞，甚未展、雙眉愁萼。儘淒涼、背人對面，總羞淚落。

減字木蘭花　成渝紀聞

良宵盛會。電炬通明車似水。炰鳳烹龍。風

味京華舊國同。金尊綠醑。卻笑萬錢難下箸。薄粥清茶。多少恒飢八口家。

其二

腸枯眼澀。斗米千言難換得。久病長貧。差幸憐才有美人。休誇妙手。憎命文章供覆瓿。細步纖纖。一夕翩翾值萬錢。

其三

弦歌未了。忍信狂風摧蕙草。小隊戎裝。更逐啼鶯過粉牆。羅衣染遍。雙臉胭脂輸血豔。碧海冤深。傷盡人間父母心。

其四

秋燈罷讀。伴舞嘉賓人似玉。一曲霓裳。領隊誰家窈窕娘。紅樓遙指。路上行人知姓氏。細數清流。夫壻還應在上頭。

玉樓春

無端相候沈香檻。幾度重逢情暗減。殘歡迴照夕陽紅，舊夢留痕秋色淡。晚風衰柳閒門掩。怕檢羅衣添淚點。山盟更比素箋輕，愁味還同芳酒釅。

其二

相逢漸覺情非故。漫記花陰當日語。儂心秋藕斷還連，君跡寒潮來又去。蕭蕭黃葉江干路。夢裏難尋攜手處。愁縈殘篆一絲烟，淚盡空階千點雨。

卜算子

妾夢似春花，君意如秋葉。葉逐西風日日疏，夢與芳菲歇。鵑淚映殘紅，落葉疑飛蝶。蝶自銜香上別枝，枉費啼鵑血。

浣溪沙

余往拈此調作《游仙詞》九闋，事非一時，語皆有託，雖或乖列仙之趣，亦庶幾風人之旨。近復有感，更續三章，題曰《後游仙詞》云爾

乞得神方不駐春。龍媒萬里障黃雲。銅仙鉛淚總酸辛。　金屋貯嬌曾見妬，長門買賦更承恩。閒情何事一消魂。

其二

塵界何由得避災。卻憐漢武少仙才。只容王母住蓬萊。　海上神山金可買，園中嘉樹橡新栽。西飛青雀肯重來。

其三

長劍高冠擁羽旌。瑶臺舊住十三層。仙班小謫出嚴京。　海水天寒鶩乍凍，金丹火冷竟成冰。枉留靈藥號長生。

踏莎行

小苑鶯嬌，長堤柳細。傷心怕近高樓倚。夕陽紅到斷腸時，草痕緑遍相思地。　淺酒愁斟，清歌漫費。一春多病難成醉。花開不見去年人，東風吹冷花前淚。

鷓鴣天

青鳥蓬山渺信音。昔同游地忍重尋。迷歸芳草添新緑，覆夢繁花換舊陰。　拚決絶，更沈吟。經年紅淚黦羅襟。相思恰似垂楊色，一日春風一日深。

其二

日日西樓共倚闌。相思尚説帶圍寬。飄香亭榭留春住，斜月簾櫳惜漏殘。　心下事，眼前歡。等閒争信昔盟寒。情知夢斷無由續，猶

盼相逢似舊看。

其三

細字真珠訊暗通。花陰幾度繫嘶驄。垂楊青眼經前夢，芳草紅心記舊蹤。　春易盡，恨難同。好風還到畫樓東。也知刻意相迴避，咫尺闌干不再逢。

其四

舊怨新歡枉費猜。鸞弦迸淚咽沈哀。已分羅帶難成結，未燼心香願化灰。　花竟落，燕遲回。幽階一夜滿青苔。從今不作重逢想，底事無端入夢來。

踏莎行

錦字休題，么弦自譜。玉鑪灰冷沈香炷。舊巢雙燕不歸來，畫簾空卷斜陽暮。　斷夢迷雲，繁香墜雨。緑陰猶費啼鵑語。柳條辛苦繫春光，東風吹盡枝頭絮。

其二

陌上新塵，門前舊轍。瑣窗空度芳菲節。楊花自在繞天涯，丁香獨向春風結。　萬點飛紅，千山怨鴂。閒愁莫共流鶯説。斜陽晼晚戀高枝，柳梢卻上彎環月。

其三

淺葉成陰，殘紅趁水。也知春去留無計。那堪特地卷重簾，當風坐看繁香墜。　繡帕餘熏，銀箋細字。人間惟有愁難寄。芳時費淚向花前，流鶯不解傷春意。

其四

認路嘶驄，吹愁舊絮。謝橋東畔逢迎處。夢

魂刻意更相尋，行雲已作前山雨。逝水歡情，垂楊亂緒。游絲無力縈春住。杜鵑夜夜泣空枝，飛花自逐流波去。

蝶戀花

窈窕窗紗烟霧隔。無計相忘，無分長相憶。拚得一生原未惜。深情何意供輕擲。知道新來雙眼澀。夜雨連宵，替向階前滴。夢似落花如可拾。殷勤重覓春蹤跡。

謁金門

庭樹綠。重見碧闌干曲。密約未知殘夢促。君心如轉燭。當日相看不足。今日相逢眉蹙。始信墜歡無處續。淚花紅一掬。

其二

春自遠。誰分舊恩成怨。一任楊花過別院。東風無意管。乍覺情疏羅扇。羞自盟尋金鈿。珍重新期如月滿。月明休更見。

玉樓春

南園依舊花千樹。遲日亭臺雙燕語。東風有意約愁來，江水無聲流夢去。黃昏漫轉秦箏柱。掩抑情多弦自苦。楊花原不解傷春，一點愁心空付與。

其二

離離芳草同游地。歷歷瑤箋前度字。風中亂絮舊情輕，雨後零紅殘淚墜。當時苦作留春計。今日逢春還自避。落花不惜化香泥，別有雕梁棲燕子。

其三

莓苔綠遍閒階縫。一桁簾垂波不動。杜鵑空

自苦傷春，胡蝶何曾能憶夢。　闌干四面繁花擁。紅燭高樓杯酒共。芳期細數去年歡，舊恨留填長日空。

其四

小桃枝上東風起。碧野朱橋攜手地。千絲柳繫舊時情，萬點花飄今日淚。　嬌鶯解語渾多事。別燕重逢如隔世。飛紅宛轉託春波，流盡年光橋下水。

過秦樓

暗碧籠窗，曉晴侵幕，病骨乍驚微暑。爭馳畫轂，遍覓神方，頓覺客懷凄楚。還喜捷報頻傳，重計行程，故鄉歸路。怕枯腸斷盡，近患腸疾，久之未愈。詩囊收拾，更無新句。　休試憶、玉几供花，瓊杯量藥，翠枕日長低語。留愁待月，扶影移燈，細數夜深更鼓。猶記江南舊時，魚膾金盤，驄嘶朱户。料端陽漸近，難醉紅榴院宇。

玉樓春

重來小院憐幽獨。寄語芳期休暗卜。舊栽蓮子總成空，已斷藕絲難更續。　西風换葉驚重緑。漫説當筵離恨促。歡情羞共月同圓，別夢慵尋闌幾曲。

其二

傷心對面蓬山遠。咽淚强教眉黛展。舊情惟許夢重尋，墜緒已隨腸共斷。　別來愁記恩和怨。殘醉醒時人易散。青禽雲外莫相聞，朱轂天涯休再見。

望江南 題《樂府補亡》

情不盡，愁緒藕抽絲。別有傷心人未會，一生低首小山詞。惆悵不同時。

丁香結 乙酉秋，千帆將重赴嘉州，賦此留之

藥盞量愁，蠹編銷骨，何況送君南浦。記亂烽歧路。算未抵、此日淒涼情緒。畫梁棲不定，飄零感、客燕最苦。朱門難傍，積雨巷陌，移家何處。　休去。便夢冷歡殘，忘卻琴心爾汝。繡幄圍香，秋窗翦燭，待商新句。腸斷鄉國信息，獨向天涯住。嗟長貧多病，羈恨憑誰共語。

以上《涉江詞》丙稿

聲聲慢 聞倭寇敗降有作

追蹤胡馬，驚夢宵笳，十年誰分平安。已信猶疑，何時北定中原。真傳受降消息，做流人、連夕狂歡。相笑語，待巴江春漲，共上歸船。　腸斷吴天東望，早珠灰羅燼，喬木荒寒。故鬼新塋，無家何用生還。癸未夏，紅妹病殤。乙酉春，先君復棄養滬上。依然錦城留滯，告收京、家祭都難。聽奏凱，對燈花、銜淚夜闌。

過秦樓

乍掃胡塵，待收京國，一夕萬家歡語。苔迷舊徑，草長新墳，忍望故園歸路。何日漫卷詩書，巫峽波平，片帆輕舉。縱生還未老，江南重到，此情偏苦。　愁更説、苜蓿堆盤，文章憎命，尚作錦城羈旅。尋巢燕倦，繞樹烏驚，

況是暫棲無處。誰慰淒涼病懷，吴苑書沈，秦樓人去。賸香鑪藥盞，留伴悲秋意緒。

鷓鴣天

病起幽窗理故書。蕭蕭風雨閉門居。慵尋殘夢迷胡蝶，笑擲華年付蠹魚。　明鏡暗，夜燈孤。藥杯親近酒杯疏。縱教懺盡相思意，眼底興亡忘得無。

過秦樓

眼怯殘編，影羞明鏡，病榻日長無緒。愁多易醒，夢惡頻驚，更怨夜遥難度。羅薦不耐清寒，秋撼梧桐，幾番風雨。正燈花暗墜，鼠翻窗網，柝聲淒楚。　空自説、關洛全收，詩書争卷，一棹緑波歸路。蒼楸冢冷，喬木門荒，又見故鄉烟霧。休想重温舊游，佳麗湖山，昇平歌舞。但商量藥裹，還作江城倦旅。

瑣窗寒

病藉愁支，秋添夢冷，歲華空晚。長宵瘦骨，漸怯舊時羅薦。渺關山、故鄉自遥，暮雲過盡無南雁。便金盤膾鯉，明燈披帙，此情天遠。　小硯。流塵暗。歎欲寫新詞，客懷何限。清游俊約，又恐登臨先倦。縱尊前、幾回强歡，斷腸淚共芳醪咽。但消凝、落葉啼螿，夜雨芭蕉院。

祝英臺近

柳枝凋，叢桂歇，秋盡有誰管。一夜西風，籬下菊初綻。卻憐纔得新晴，月天霜曉，又都付、當時鴻雁。　自消黯。幾多殘葉飄零，荒溝枉題怨。苔井莓牆，更聽亂蛩遍。漫誇過了重陽，輕陰催暮，怕依舊、雨昏雲暗。

三姝媚　寄千帆嘉州

西風江上館。問青衫征塵，漬痕誰浣。幾日新寒，漫小窗孤燭，夜深攤卷。已慣分攜，應不爲、相思腸斷。舊賞山川，松徑花蹊，可曾行遍。　休念空庭秋晚。正久病沈哀，客懷難遣。故侶相邀，奈酒杯渾減，俊游都倦。雨暗燈昏，欹枕處、殘編慵展。卻歎重城迢遞，更長夢短。

夢橫塘

過江胡馬，照海狂烽，十年腸斷羈客。病枕關河，怕細數、飄蓬蹤跡。春水橫塘，落花吴苑，夢痕難覓。算登臨倦眼，望到而今，驚重見、收京國。　誰知轉首家園，甚霜晨月夜，雁影成隻。白髮高堂，空灑淚、紙灰寒食。但翻悔、兵塵萬刦，枉換生還了無益。漫問南鴻，一天烟霧，更何時歸得。

摸魚子　得家書作

已消凝、一秋淒楚。銀箋重認愁語。十年空作生還計，終負倚閭心緒。悲切處。争忍憶、殘燈垂死呼嬌女。孤帆尚阻。便傾淚如江，斷腸成寸，難悔此回誤。　思量遍，何事淹留倦旅。江關贏得詞賦。淒涼漫説傳經意，誰識蓼莪情苦。休細訴。渾不信、紅顔白髮皆黄土。吴城舊宇。賸棠棣猶存，松楸待種，歸隱虎丘路。

浣溪沙

一夜西風落葉深。朱橋舊路漫重尋。秋燈病

枕獨沈吟。　貫淚成珠難繫夢，迴腸作結不同心。當時輕負況而今。

二郎神

錦箋細字，重展處、淚痕空滿。縱鼓角驚心，兵塵隨步，誰道鄉關路遠。死別吞聲成離阻，算半面、餘生難換。賸出峽客帆，收京家祭，悔教歸晚。　休歎。長愁養病，天寒孤館。念白髮青燈，藥鑪茶竈，當日何人照管。待斷柔腸，拚埋瘦骨，那定夜臺相見。惟夢到、淡月梨花院宇，舊家歡宴。

鷓鴣天

傾淚成河洗夢痕。忍尋絮影認萍根。自憐久病惟差死，但許相忘便是恩。　蓮作寸，麝成塵。寒灰心字總難溫。人間猶有殘書在，風雨江山獨閉門。

浣溪沙

院静廊深日影斜。陰陰庭樹欲棲鴉。金鑪獸炭晚頻加。　舊夢難忘心似絮，新書乍展眼生花。茶烟藥裏送年華。

其二

枉説收京換漢旗。江南反棹尚遲遲。小窗開到臘梅枝。　故侶殷勤留遠客，家書鄭重勸東歸。日長病枕費沈思。

其三

十載青春付亂離。倦游人尚滯天涯。朱顔暗換鏡鸞知。　殘緑愁蛾羞石黛，淡黄病頰費胭脂。曉妝無力倚帷時。

其四

虎阜橫塘數夕晨。年年歸夢繞吳門。客衫應許浣征塵。　舊賞湖山空待我，新陰桃李故留人。昇平還負故園春。

其五

照眼晴暉到枕窩。褰帷乍喜曉風和。清游俊約總蹉跎。　小坐强誇新病校，閒眠難遣舊愁多。江樓何日得重過。

其六

蓋篋塵封久倦開。寒衣檢點怯重裁。銅鋪長日掩青苔。　神爽偶因新睡足，病瘥還喜故人來。經年止酒一銜杯。

其七

伏案閒行兩不支。新來絳帳怕論詩。卷書欹枕惜芳時。　遍檢神方難卻病，尋思好計不如歸。遥天月冷雁南飛。

其八

碧瓦凝寒夜有霜。人天萬感正茫茫。無端月影上迴廊。　輕夢每邀愁作伴，苦吟偏與病相妨。寒衾何計遣更長。

其九

小几瓶梅漾冷香。幽階溥露咽啼螿。沈沈雙柝隔重牆。　侵被寒因多病覺，挑燈夜爲不眠長。避愁新計是相忘。

其十

寂寂重簾下玉鈎。蠹編塵硯已全收。熏籠藥盞小茶甌。　載酒人來休問字，扶筇客久怯登樓。相期病起作春游。

鷓鴣天

忍淚言愁事兩難。如環恩怨總無端。十年真覺輕微命，九死寧能悔舊歡。　香淡薄，燭汍瀾。風簾月暗漏初殘。西樓共展鴛鴦錦，短夢長宵各自寒。

浣溪沙

畫轂相隨大道邊。南園草色正如烟。迴廊絮語暫流連。　紅萼有情春未老，東風乍暖夢先寒。花前無計盡君歡。

其二

見姤蛾眉祇自羞。鈿盟釵約漫綢繆。春陰漠漠鎖重樓。　作繭蠶絲難織夢，貫珠鮫淚但穿愁。芳時盡日下簾鉤。

其三

浣盡羅襟舊淚痕。垂楊巷陌掩重門。春風入幕故尋人。　似水柔情冰澌泮，如醒新夢酒初醺。百花時節恰逢君。

其四

遲日園林阻俊游。飄燈珠箔更難留。熏鑪歆枕思悠悠。　樓外江波新漲淚，風前柳絮漸吹愁。不堪春夢冷於秋。

其五

乍爇心香願已乖。自將春夢共灰埋。有情人世總堪哀。　解珮只應留玉玦，盟星未許誓金釵。落梅庭院忍重來。

其六

一桁疏簾漾月痕。幾回花下共清尊。强拚輕

别易消魂。　蠟燭煎心空替淚，車輪碾夢總成塵。不辭薄怨換深恩。

蝶戀花

江畔高樓江上樹。一片春波，綠到江南路。欲待征車花下駐。消魂是處哀鶗語。　飛絮天涯留不住。負卻東風，牽繫垂楊縷。　點點離心憑寄與。漫空吹作愁無數。

鷓鴣天

垂柳多情繫鈿車。花時莫惜倒金壺。朱簾辛苦防鸚鵡，綠樹殷勤喚鷓鴣。　愁倚枕，倦拋書。燭銷人去小窗虛。謝橋踏月經行慣，魂夢今宵到得無。

倦尋芳

綠楊巷陌，青草池塘，春恨難剗。暝色凝寒，連日畫簾慵卷。風雨高樓花易落，江山故國愁空滿。漫傷心，問人間幾許，舊恩新怨。歎久病、殊鄉孤館，芳節清游，尊酒都倦。轉燭飄蓬，心事十年淒斷。獨立蒼茫天地迥，千秋寂寞文章賤。正消凝，遍關河，亂笳催晚。

浣溪沙

逝水斜陽竟不回。繁花一夕委蒼苔。去年雙燕幾曾來。　君意如春濃勝酒，儂心似篆冷於灰。新歡舊夢付沈哀。

其二

臥病花時罷俊游。碧雲四合暗孤樓。黃昏長下小簾鉤。　壓枕春寒無好夢，照帷明月有新愁。東風淒冷似殘秋。明珠空換淚，香篆易成灰。

喜遷鶯

丙戌春，慰秋至成都，漪如來會，共論舊事，兼訊新愁。因賦此闋

雲鬟驚認。算經亂客懷，清歡休問。粉黛商量，綺羅斟酌，空記舊時嬌俊。藥裹枕邊誰檢，酒盞花前愁近。夢塵遠，歎尋芳拚醉，疏狂無分。　歸訊。春又晚，一棹江南，幾度期難準。忍倚危闌，山河斜照，依舊東風淒緊。翠墨未乾殘淚，彩筆重題新恨。待扶病，共西窗夜話，燭銷更盡。

臨江仙

樓外陰晴未定，尊前哀樂難排。今年花落舊池臺。殘春鵑自怨，芳訊燕還猜。　緘恨玉璫休寄，障羞紈扇新裁。同心誰道不須媒。明珠空換淚，香篆易成灰。

玉樓春

乍聽穿柳鶯聲弄。又見隔窗花影動。珠簾四面暫圍春，玉藹千重偏縛夢。　鑪灰燭淚終何用。今夕月明誰與共。新愁怕拂鏡邊鸞，長夜還羞衾上鳳。

高陽臺

遲日林亭，繁香巷陌，逢迎寶馬鈿車。十二珠簾，誰憐燕子無家。清明杏雨江南遠，數驛程、夢短愁賒。忍凭高，望極平蕪，更聽悲笳。
柔情苦繫千絲柳，怕楊花輕薄，容易天涯。說與傷春，流鶯未惜年華。相思欲付新詞譜，漫酒邊、拍碎紅牙。但銷磨，病骨吟魂，檢藥煎茶。

踏莎行

柳徑桃溪，歌樓酒席。舊游新賞渾拋擲。東風一夕夢誰同，斜陽四海愁無極。　蠟淚凝紅，烟絲裊碧。閒庭花落鵑聲急。不妨高卧送流年，埋憂尚有書千册。

西平樂慢

畫閣初晴，翠綃新暖，人静寶鴨烟微。燭刻歡痕，扇障羞暈，當時已覺凄迷。況蜀國啼鵑自苦，芳陌嘶驄易誤，清尊漸竭，垂楊不繫殘暉。　重覓鈿車舊轍，庭院迴、密意緑鸚知。　轉蓬浪跡，浮雲世事，别緒空縈，佳約難期。休試想、繁花壓檻，皓月侵樓，一夕濃香醞夢，複幕圍春，欹枕燈前絮語低。他日更拚，平蕪目斷，遠水音沈，對酒當歌，費淚迴腸，今生有分相思。

祝英臺近

畫橋迴，朱户掩，驄認舊游處。曲檻圍香，休道等閒度。可憐柳膩花酥，蜂狂蝶醉，儘消受、芳菲如許。　歲華暮。空費千尺晴絲，那能繫春住。似客東風，争忍便歸去。斷腸有限飛紅，無多殘照，待都付、啼鵑聲苦。

鷓鴣天

尊畔無聊雜笑啼。芳菲過眼太依稀。殘蛾誰分供謠諑，哀鴂應知怨别離。　花濺淚，柳舒眉。一春幽夢總參差。流鶯不管傷春意，猶自銜香趁夕暉。

踏莎行

隔雨紅樓，張燈翠箔。東風料峭雲羅薄。蝶蹤容易趁香棲，鵑聲宛轉悲花落。　語淺愁深，春同夢各。吟邊長恐相思錯。繁絲亂絮意空迷，青天碧海心難託。

八聲甘州

聞葉生萬敏殉國芷江，詞以弔之。生嘗與及門數人侍余自屯溪出安慶，溯江至漢口

記當時烽映絳帷紅，弦歌雜軍聲。更壓城胡騎，連營戍角，難覓歸程。亂鵶隕星如雨，九死换餘生。征棹寒江夜，同賦飄零。　腸斷十年消息，望湘雲楚水，空弔英靈。奈國殤歌罷，月黑晚楓青。賸凭高、欷歔酹酒，向遠天、揮淚告收京。傷心極、怕魂歸日，鼙鼓重聽。

祝英臺近

鏡鸞收，衾鳳叠，風暖綺羅换。過盡香車，門掩夕陽晚。眼前葉暗榴明，簾垂幕静，算猶是、當時庭院。　舊情遠。幾回銀燭金杯，依然等閒見。終日相思，争忍更相怨。賸教殘月迴廊，微燈深户，趁輕夢、殷勤尋遍。

鷓鴣天

蜀國千山泣杜鵑。江潭倦柳不吹緜。多生哀樂空銷骨，終古興亡忍問天。　春似夢，夜如年。久拚沈醉向花前。人間別有難忘處，滿目關河落照邊。

生查子

妾意凝冰堅，君緒東風緊。吹皺緑池波，照影

憐青鬢。如風跡漫尋，似水情難盡。瀉淚漲春江，不寄雙魚信。

其二

離魂趁柳花，夜夜相尋逐。君夢化行雲，知向誰邊宿。丁香結不開，秋藕絲相續。門外緑楊多，萬一停朱轂。

西平樂慢

病榻茶烟，旅窗書卷，愁理昔日歡悰。聽雨樓臺，上燈簾幕，垂楊慣繫驕驄。歎似客東風易去，如水流光未住，鶯沈蝶悄，休尋紫陌遊蹤。重憶尊前舊跡，回首處、酒醒覺春空。鴆媒難託，蛾眉自誤，明鏡慵開，瑤札羞封。誰解與、傾城通顧，刻意傷春，宛轉琴心細會，釵約堅盟，夜夜星辰夢總同。留取此情，青天碧海，小月長年，佇苦停辛，拚得今生，人間萬一相逢。

拜星月慢

畫燭簾櫳，輕紗窗户，絮語遥更催晚。暗縛柔情，漸紅蠶成繭。數歡事，漫説、香車月扇初遇，綺席珠燈頻見。忍説相思，付尋常消遣。

待殷勤、帶結深深綰。琴心苦、不惜朱弦斷。卻歎乍隔銀屏，便天涯人遠。怕浮花、浪蕊閒尋遍。夭桃笑、錯比春風面。但賸有、樓外垂楊，織愁絲撩亂。

六幺令

酒消燈灺，容易清歡歇。沈沈洞房簾影，猶照當時月。數盡長宵玉漏，始信相思切。繁花迷蝶。暖香棲燕，卻恐紅樓夢情别。鑪熏何苦更炷，篆逐寒灰滅。琴調未必相知，淚共冰弦咽。幽徑新苔暗遍，漸掩門前轍。帶羅重疊。柳絲參錯，惟有同心最難結。

少年游

鑪灰苦畫舊歡痕。何日共芳尊。酒淡春濃，語低香近，殘夢總難溫。闌干移盡斜陽影，新月又當門。歌繞花圍，淚明燈暗，各自度黃昏。

齊天樂

淡烟疏雨江干路，行吟但供憔悴。百刦兵塵，三年病枕，留命人間何味。家園萬里。況風木餘哀，一坏誰祭。待挂歸帆，去程重見亂烽起。西南休道住久，飄零如社燕，危幕難寄。故國青蕪，王風蔓草，淒絶凭闌心意。悲歡漫理。賸鉛淚銀箋，相思空費。夢醒天涯，客游真倦矣。

拜星月慢

觸目春痕，關心離緒，陌上垂楊無限。萬縷千絲，待柔情重綰。怕游賞，慣向、珠歌玉醉筵席，亂葉狂花庭館。一例相思，誤秦樓仙伴。任門前、畫轂從今遠。聽風雨、獨閉紅梨院。怎奈密誓鸞釵，又吟邊相見。也原知、未當尋常看。參差夢、各自沈吟遍。算最苦、去住難拚，逐迴腸千轉。

鷓鴣天

凝恨斜暉意轉迷。柳條無力綰芳菲。浮花浪蕊鶯相逐，翠竹青桐鳳始棲。春畹晚，夢參差。門前溝水自東西。多情卻作無情計，換取相思要别離。

前調

長夜漫漫忍獨醒。八荒風雨咽雞鳴。從來天意知難問，如此人間悔有情。　歌倦聽，酒愁傾。文章只恐近浮名。卻憐年命如朝露，適俗逃禪兩未能。

玲瓏四犯

倦雁驚烏，歎十載關河，羈恨空滿。待折垂楊，争奈别懷撩亂。拚得夢斷江南，便久客、不辭歸晚。問等閒春檻秋榭，能换幾回相見。　暗期珍重銀燈畔。怕尊前、舊情天遠。狂香浪粉逢迎處，容易韶光賤。未肯鬭畫兩眉，但自惜、傷春心眼。縱暫留無益，西樓後夜，相思難遣。

長亭怨慢　八月上浣，將發成都，倚裝賦此

縱慵理、愁絲歡緒。無益相思，忍拚歧路。一紙鄉書，唤人鵬翼御風去。别筵杯酒，空咽淚、情難訴。轉首萬重山，漫設想、花前重遇。　延佇。念釵盟宛轉，不惜爲君留住。偷傳錦字，幾曾换、小屏私語。伴芳游、故燕新鶯，算難著、吟邊清侣。任唱徹陽關，消受離懷淒楚。

以上《涉江詞》丁稿

六醜

甚征塵乍浣，又一夜、愁寬腸窄。暮雲萬里，西飛無羽翼。離恨何極。幾許纏緜意，夢魂顛倒，損病餘心力。秋風過雁沈消息。賭酒紅樓，聽歌綺席。應知有人相憶。歎深情未

訴，鸞紙空擘。尋思前跡。悵幽期阻隔。百草千花路，迷舊轍。芳華未解珍惜。便車輪四角，當時留得。相逢處、也應無益。分攜後、卻悔輕拚遠別，故盟虛擲。難重換、佳會歡刻。賸枕函、點點相思淚，長宵暗滴。

水龍吟

斷腸重到江南，感時今已無餘淚。腥塵漲海，金錢迷夜，萬家酣醉。刦後山川，眼中人物，傷心何世。歎收京夢醒，排閶路遠，憑誰問、中興計。　還見驚烽紅起。望關河、危闌愁倚。黃昏漸近，蒼茫無極，斜陽難繫。漫念家園，荒田老屋，新喪故鬼。怕長安殘局，神州沈陸，衹須臾事。

齊天樂

十年辛苦收京夢，征衫宿塵初洗。未料生還，依然死別，終古無情天地。江山信美。歎照眼宵烽，斷腸家祭。一樣煩冤，九泉休問故新鬼。　神方殘卷料理。賸蒼茫四海，身世孤寄。似客家鄉，如冰意緒，重到江南何味。尊鱸舊里。要衣錦人歸，自傷憔悴。甚處秦樓，苦吟容共倚。

六幺令

玉驄嘶慣，門外停車轂。幽盟暗防鸚鵡，簾箔銀鉤觸。人面羞將花比，嬾趁新妝束。初燈殘燭。瑣窗朱户，卻道相看幾時足。　催歸無奈杜宇，轉恨離筵促。酒醒已隔天涯，忍極傷高目。過盡寒雲雁字，不寄相思幅。蓮心一掬。藕絲千縷，斷夢參差未堪續。

瑞鶴仙　落迦山閒居，示千帆

漢皋重到處。喜萬刦生還，江山如故。安排舊廊廡。數仰槐甘藿，十年辛苦。春歸夢去。縱不記、昵昵爾汝。算秦樓、潑茗添香，猶有蠹書堪賭。　朝暮。吟箋斟酌，便抵當時，目成心許。情絲怨緒。思量後，總休訴。要雞鳴風雨，餘生相守，笳鼓聲中暫住。待看花、病起重帷，更開尊俎。

踏莎行

佳節清尊，芳時俊約。玉梅花下相逢錯。無根萍蔕易飄流，多情柳絮終輕薄。　青雀難迴，紅鱗漫託。相思知向誰邊著。每因微怨憶深恩，燈前珠淚雙雙落。

浣溪沙

如此星辰漏向殘。心香久分化空烟。多情絳蠟莫汍瀾。　花影簾櫳春隔夢，月華闌檻夜凭寒。伶俜已忍十年問。

鷓鴣天

鏡裏蛾眉祗自看。花飛葉落損華年。春風卷幕難通顧，修竹凝妝獨倚寒。　情似藕，恨如環。秋聽殷地逼哀絃。人間那有相逢事，極目蒼茫一惘然。

臨江仙

如此江山如此世，十年意比冰寒。蛾眉容易鏡中殘。相思灰篆字，微命託詞箋。　獨抱清商彈古調，琴心會得應難。幾時相遇在人間。平生剛制淚，一夕灑君前。

夜飛鵲

垂楊拂朱户，驕馬頻嘶。猶恨去早來遲。西樓明月共良夜，珠燈長醉瓊巵。韶華正歡洽，怕鵑啼花落，蝶倦春歸。佯疏强别，要今生、留取相思。回首酒醒人遠，殘夢漸如烟，佳會無期。何況新寒闌檻，經秋望眼，鴻杳雲迷。銀屏翠箔，悔當時、刻意矜持。賸離愁銷骨，哀吟費淚，難遣君知。

鷓鴣天

回首春風跡已陳。花前短夢换長顰。珠成寧惜鮫傾淚，香滅方憐麝化塵。　愁一刻，待千春。相思别久恨如新。沈沈月落參横夜，誰念西樓不寐人。

水龍吟

九州纔靖胡塵，漢家旗幟翻風亂。中原北定，江南重到，但供腸斷。千古江山，萬家溝壑，十年心眼。换驚烽急鼓，夷歌野哭，登臨處、方多難。　大澤哀鴻流轉。更休悲、蓴鱸歸晚。王侯第宅，京華冠蓋，興亡誰管。海市迷金，瓊筵舞翠，狂歡無限。問虞淵短景，昆池浩刦，倩何人挽。

丁香結

羅帶分香，玉璫緘恨，難盡别來心緒。甚大江流處。淚萬點、不换迴波魚素。舊情應未改，相思意、路遠易阻。寒梅羞寄，更倩過雁殷勤傳語。　凄楚。又一字無題，枉數歸鴻幾度。早露凝霜，旋風颺雪，歲華空暮。纔信春夢頓隔，怨抑憑誰訴。憐成癡積念，分付零箋斷句。

生查子

儂比玉壺冰，君作金鑪火。堅待水翻瀾，換取芳心可。　空憐隱語留，誰料歡情左。鑪賸宿灰寒，水迸啼珠破。

雨霖鈴

清秋離席。紉芳蘭珮，此意何極。　關山轉眼迢遞，誰料得、渾無消息。不恨當時密緒，向流水輕擲。恨此日、難忖君心，夢雨疑雲楚天窄。　緘情枉費書盈尺。甚低徊、欲展雙飛翼。還思一語重問，從別後、可曾相憶。便道都忘，應把蠶絲，蠟淚收拾。算未信、纔轉車輪，掃盡歡塵跡。

霜葉飛

怨懷愁緒。紛難理，驚心芳事非故。萬鴻千雁趁長風，争信音書誤。歎掠目、春痕過羽。淒迷殘夢無尋處。漫望極江波，逝水縱無情，尚有汐潮來去。　休記到死蠶絲，他生密誓，那時空費私語。玉鑪紈扇不相知，寒暖何由訴。莫更説、重逢乍聚。吟箋羞寫相思句。漸領畧、悲秋意，鏡側花前，自傷遲暮。

薄倖

隔年離緒。算未寄、零箋寸楮。任漲落、春潮秋汐，休望空汀魚素。便明朝、真有書來，還應祇是閒言語。記酒後分曹，人前障扇，慣當尋常相遇。　憶咫尺、逢迎地，猶自怕、珠簾鸚鵡。祇今天涯遠，相思無益，也知愁被多情誤。昔盟難據。賸重温暫理，歡娱夢裏都非故。幽懷漫數，腸斷從君信否。

浣溪沙

十載江南舊夢非。茫茫生死願多違。蕭條人事總堪悲。　不分還鄉成遠客，翻思寄旅得重歸。天涯回首一沾衣。

薄倖

撥殘鑪篆。歎寂寞、年華又晚。甚永夕、空山風雨，哀樂尊前難遣。枉十年、流轉天涯，滄桑祗當尋常看。算鼓角關河，琴心兒女，一例聲吞腸斷。　更極目、蒼茫裏，容易覺、興亡無限。等閒花開落，歡緣如夢，醒時休怪春長短。此情誰管。任峥嶸歲月，銷磨幾許閒恩怨。斜陽蔓草，終古人間淚滿。

浣溪沙

何處秋墳哭鬼雄。盡收關洛付新烽。凱歌凄咽鼓鼙中。　誰料枉經千刦後，翻憐及見九州同。夕陽還似靖康紅。

其二

電炬流輝望裏賒。昇平同慶按紅牙。長衢冠帶走鈿車。　一代廟堂新制作，六朝烟水舊豪華。干霄野哭動千家。

其三

謀國惟聞誅竊鉤。嵯峨第宅盡王侯。新聲玉樹幾時休。　何止百年宗社感，真成萬世子孫憂。漸漸麥秀望神州。

其四

眥裂空餘淚數行。填膺孤憤欲成狂。人間無

用是文章。亂世死生何足道，漢家興廢總難忘。病帷驚起對殘釭。

其五

哀樂無端枉費情。臨歧反轍涕縱橫。忍看頽日漸西傾。閲世幾人容白眼，傳經一樣誤蒼生。亂山催暝獨屏營。

其六

四野玄陰怯倚闌。最新歌舞舊江山。獨醒同醉一般難。濁世更無輕命地，浮生猶有著書年。漫天風雪閉重關。

燭影摇紅 丙戌除夕

重照山河，燭花依舊啼紅淚。浮雲一霎變陰晴，何況經年事。不憶蓴鱸故里。憶天涯、寒梅舊蕊。撥殘鑪焰，宛轉春灰，難温冰意。多少淒涼，夢痕分付清尊洗。病懷消盡昔時狂，斟酒先愁醉。野哭夷歌四起。漸長宵、悲歡倦理。曉雞休唱，知道明朝，人間何世。

洞仙歌

飛鴻沈響，漸高樓愁倚。望眼淒迷濺紅淚。甚分明昨夜、便作他生，渾未信，人世無情至此。　久拚從決絶，刻骨相思，强遣輕忘總非易。腸斷不堪迴、如夢疑醒，憐病枕、銷凝能幾。縱一樣、梅邊舊東風，早泠透花前、去年心意。

玉樓春 二首

今生不作重逢計。更絶他生飄渺事。相思未遣已先回，絮語難忘偏易記。　纏緜至此真何味。一霎幽歡殘夢裏。無情人世有情癡，惟臏歌詞知此意。

其二

玉梅花下相思地。縱使重逢情漫費。沈吟猶惜故時歡，決絶終成今日意。　幾多烟柳迴腸事。忍爲傷春長濺淚。詞箋收拾舊鉛華，別有悲歌弦上起。

浣溪沙

向晚東風拂面温。天涯舊月映眉顰。誰家玉笛怨黄昏。　似酒濃春都化淚，如花墜夢旋成塵。梅邊空憶去年人。

蝶戀花

草色羅裙君不記。燕子來時，那解傳芳字。珍重題紅羞遠寄。夢痕漫皺春池水。　淚眼愁腸無處避。粉亂香融，春溢東風裏。萬縷楊絲吹又起。如何斷得相思意。

聲聲慢

行雲無定，歸雁空迴，君心已隔蓬山。漫道當時，天涯輕別曾拚。浮生自殊哀樂，想梅邊、同夢應難。渾未慣，向華燈珠箔，沈醉歌筵。　一極目人間何世，賸傷高餘淚，託命殘編。一味矜嚴，尊前怕損清歡。長留此情追憶，又争知、依舊盟寒。惜往日，悔相疏、朱户畫闌。

蝶戀花

忘却當時花下意。從此相思，不作相逢計。縱使相逢歌酒地。重簾曲檻成迴避。　便向芳筵同一醉。但道今朝，難得晴天氣。斷盡柔腸彈盡淚。舊歡他日羞重理。

清平樂

晴簷乍曉。歷亂啼山鳥。睡足明窗初日照。試把粉奩開了。　頻年螺黛拋殘。畫眉偶學遥山。一笑春風病起，鏡中依舊朱顏。

其二

春早歇。一夕空枝吹折。破壁迴風燈乍滅。沈沈昏夜闊。　已是蓮心苦徹。何況藕絲甘絶。如此人間無可説。淚花紅似血。

鷓鴣天

極目江南日已斜。萋萋芳草接天涯。隋堤縱發新栽柳，桃觀仍開舊種花。　鵑有淚，燕無家。東風今日更寒些。可憐春事闌珊處，猶看群蜂鬧晚衙。

鷓鴣天

驚見戈矛逼講筵。青山碧血夜如年。何須文字方成獄，始信頭顱不直錢。　愁偶語，泣殘編。難從故紙覓桃源。無端留命供刀俎，真悔曹騰盼凱旋。

謁金門

丁亥六月一日，落迦山紀事

山月黑。枝上杜鵑低泣。殘夜敲門傳喚急。暗塵愁去客。　弛道雷車轉疾。欲挽猋輪無力。填海冤禽無片石。血花空化碧。

其二

歷歷新烽照刦灰。東歸愁認舊樓臺。劇憐萬姓成孤注，悵望千秋賦七哀。　朝市换，估船來。橫江鐵鎖爲誰開。百年難待悲辛有，何處青山骨可埋。

減字木蘭花

平生何事。寂寞人間差一死。天地悠悠。獨立蒼茫涕泗流。　蓼蟲辛苦。風雨挑燈誰可語。塊壘難平。異代同悲阮步兵。

鷓鴣天

何止琴尊減舊情。炊粱翦韭事全更。潑茶永晝書難賭，數漏寒宵夢易驚。　綾作褓，乳盈瓶。熏籠殘燭到天明。無端低詠閒吟趣，換得兒啼四五聲。

浣溪沙

前歲寅恪丈赴英倫醫治眼疾無效，將歸國，寫定《元白詩箋證》，付美延世妹讀之，賦詩云：『眼昏到此眼昏旋，辜負西來萬里緣。杜老花枝迷霧影，米家圖畫滿雲烟。此生所欠爲何物，後世相知有別傳。寫得香山新樂府，女嬰習誦待他年。』伏讀增感，亦成小詞。戊子三月

哀樂人間奈此情。聊憑蠹管寫新聲。何年洛誦待嬌嬰。　未定相知期後世，已教結習誤今生。有涯難遣況時名。

鷓鴣天

青雀西飛第幾回。不同心處枉勞媒。障羞無復遮紈扇，占夢何曾到錦鞋。　春酒暖，綺筵開。藏鉤射覆總難猜。年年牛女空相望，終負星槎海上來。

其二

妙舞初傳向畫堂。香車又見賽明妝。高樓佳會傷離恨，別館新愁誤報章。　闌鬭鴨，悅鳴龙。近來蹤跡太疏狂。春衣藍似江南水，故損朱顏賺阮郎。

其三

移得垂楊檻外栽。鈿車竟日走輕雷。妝成對鏡青鸞舞，睡起開簾社燕來。　歌宛轉，酒追陪。鴛帷各夢漏聲催。卻憐神女難爲雨，祇解行雲上楚臺。

其四

芳會金錢約日來。香箋遞處雀屏開。舊盟枉費三生誓，新製空誇八斗才。　金作屋，錦成堆。故應著意向妝臺。佳人苦自描眉樣，捧得瑤函上玉階。

其五

夕照縈情怯倚樓。相思何計付書郵。十年辛苦終成夢，兩字平安卻惹愁。　鸚鵡粒，鷫鸘裘。傳呼女伴作清游。蛾眉還怕能招妒，閉入長門不自由。

其六

鳳紙題名易斷腸。茫茫消息隔紅牆。風侵錦帳春無夢，寒透并刀夜有霜。　休歎息，怕思量。閒門寂寞度昏黃。敢將心事傳鸚鵡，祇許相逢道勝常。

其七

幽恨新來漸不支。紅妝日日減胭脂。花前已厭蜂衙鬧，海上還傳蜃市奇。　珠論斛，桂成枝。天寒翠袖苦禁持。怕看明月春潮漲，化淚流愁又一時。

其八

久病長愁畹晚春。蓬山争信絕音塵。眉顰難效慚西子，國色相窺惱宋鄰。　捐玉珮，送金尊。情深一往憶王孫。東風已失韶光半，覷面紅樓最斷魂。

水龍吟

丁亥之冬，余在武昌分娩。庸醫陳某譎謂難産，脅令剖腹取胎。乃奏刀之際，復遺手術巾一方於余腹中，遂致卧疾經年，迄今不愈。淹纏歲月，黯閽河山，聊賦此篇，以申幽憤。己丑二月，記於滬濱

十年留命兵間，畫樓卻作離魂地。冤凝碧血，瘢縈紅縷，經秋憔悴。歷刦刀圭，牽情襁褓，艱難一死。歎中興不見，藐孤誰託。知多少、淒涼意。　争信餘生至此。楚雲深、問天無計。傷時倦侶，啼飢嬌女，共揮酸淚。寄旅難歸，家鄉作客，悲辛人事。對茫茫來日，飄零藥裹，病何時起。

以上《涉江詞》戊稿

以上《涉江詞》

浪淘沙

斜月照疏林。庭院深深。春寒和病厭重衾。絳蠟銀屏愁正遠，人隔花陰。　難話此時心。題遍羅襟。去年惆悵到如今。昨夜星辰前夜夢，無限沈吟。

南浦

春水

柳下碧潺湲，甚年年、長任韶華空逝。萍夢未曾圓，孤村外、終古斜陽無語。池塘乍皺，暖風不爲吹愁去。惆悵江南新漲緑，衹載落花飛絮。　空明點出螺鬟，問朝朝、洗浄青山幾許。舊恨小紅橋，驚鴻影、漫馬閒情低訴。荒江寂寞，幾時重見魚龍舞。野渡蒼茫烟雨裏，難認小舟歸路。

浣溪沙

如水新寒夜正賒。玉釵撥火試煎茶。燈描人影上窗紗。　珠箔月明更漏永，銀屏風起篆煙斜。安排清夢到梅花。

滿庭芳　燕

社日纔過，新煙初試，拂柳乍見雙雙。無多春色，領略杏花香。早是雕梁塵滿，空費盡、軟語商量。休回首，吴宫浩劫，往事斷人腸。　移巢何處穩，風簾不定，故壘都荒。嘆舊時王謝，難覓華堂。惆悵烏衣零落，更消得、幾度斜陽。東風裏，呢喃不住，空自話興亡。

高陽臺

簾影摇波，屏山隔夢，孤衾閒數更籌。殘月空庭，斷腸人在南樓。相思應是無憑準，問何由、説與新愁。枉朝朝，獨立雕闌，幾度凝眸。　東風不解年時恨，縱心情如舊，漫遡前游。細字銀箋，幽懷欲寫還休。鶯花過眼成陳迹，怕匆匆、春色難留。更誰知，天上人間，此意悠悠。

探春慢　湖上清明薄游

山色纔晴，波痕新漲，湖上游船無數。桃頰烘雲，柳眉照水，人與春光相妬。雙槳東風裏，待看遍、櫻桃千樹。不妨載酒聽歌，斜陽相送歸去。　猶記斷橋西塊。曾擊楫狂吟，不知春暮。似水流年，如煙舊夢，零落當時勝侣。一晌繁華歇，倩誰唤、燕留鶯住。過了清明，又是落花飛絮。

蝶戀花

十二紅樓迷碧樹。芳草萋萋，門外天涯路。一夜東風吹柳絮。江南寂寞韶華暮。　落盡櫻桃愁幾許。繡幕遮燈，隔夢聽春雨。宿酒醒時聞杜宇。畫屏題遍相思句。

踏莎行

夢短情長，愁深盃小。紅窗睡起聞啼鳥。幾番風雨過清明，落花飛絮知多少。　處處斜陽，年年芳草。高樓極目長安道。一分春色一分愁，綠楊枝外鶯聲老。

望海潮　綠陰

殘英難綴，新條怒茁，匆匆暗換芳菲。渭北別情，江南舊樹，此愁更有誰知。濃碧遍天涯。早長安春老，漫比花時。莫惜金衣，不堪重認昔年枝。　繁華轉眼如斯。賸亂柯交錯，暗影迷離。人静晝長，深深蔭户，誰憐隔斷晴暉。望處景全非。悵青山已失，極目生悲。還怕秋聲，一天風雨助凄其。

高陽臺

深樹蟬鳴，迴廊人寂，清陰滿地横斜。獨臥羅帷，不堪愁病初加。銀箋怕寫相思字，奈夢魂、還繞天涯。最難消，纔到黄昏，又聽悲笳。　藥爐煙静愁清晝，記年時逸興，雪藕沉瓜。醉裏吟情，而今知在誰家。塵封錦瑟朱弦冷，更何人、細數年華。縱絲絲，楊柳依然，不見飛花。

瑞鶴仙

蕭條寒食節。又草緑江南，愁聽鵜鴂。前游怕重説。記梅花結社，吟情飆發。茶香酒熱。對樓外、青山一髪。看新詞、題遍銀屏，把盞笑邀明月。　離别。魂消芳榼，淚灑春波，錦江歸楫。墮歡難拾。都零落，舊詩篋。況京華吟侶，消磨豪氣，回首風流盡歇。更誰知、風雨簾櫳，有人怨絶。

齊天樂

波痕初漲江南岸，芳洲杏雲紅膩。蝶粉飄香，鶯梭織夢，駘蕩光風摇蕙。樓高漫倚。縱折盡垂楊，此情誰寄。怕檢春衫，繡襟猶涴舊時淚。　京華自憐倦旅，且登臨莫問，今日何世。暖陌飛花，春簾捲雨，重見歸來燕子。閒愁唤起，甚落到寒梅，未成歸計。極目關山，夕陽千萬里。

卜算子

楊柳水邊樓，芳草天涯路。開到薔薇又暮春，簾外飛紅雨。　歸也未能歸，住也如何住。燒盡金爐卍字香，一餉沉吟處。

念奴嬌

甲戌中秋之夕，扶醉歸來，南樓闃無一人。憑高對月，凄然動羈旅之感

幾番風露，奈匆匆又到，中秋時節。繡閣華筵留客住，醉倒尊前休怯。珠箔飄鐙，銀屏隔夢，歸後愁翻切。樓中人去，一庭空鎖明月。　誰更爲慰飄零，韶華偷逝，流水長嗚咽。生怕清輝偏照恨，多謝層雲明滅。還恐朝來，相逢一笑，此意應難説。晚妝青鏡，自羞清淚

盈睫。

探春

老桂香殘，碧梧葉墜，長安又值秋暮。破壁寒蛩，遼天斷雁，誰識旅懷凄楚。寂寂深庭宇，更聽過、幾番風雨。已拚萍梗飄流，况是天涯難住。　漫問清愁幾許。縱重拂吟箋，幽恨慵訴。殘雪關山，斜陽城郭，怕説前程何處。楓落吴江冷，還羞自、買舟歸去。爲賦消憂，尚有京華舊侣。

憶舊游

記梅花結社，紅葉題詞，商略清游。蔓草臺城路，趁晨曦踏露，曲徑尋幽。繞堤萬絲楊柳，幾度繫扁舟。更載酒湖山，傷高念遠，共倚危樓。　回頭。昔經地，嘆夢痕難覓，殘照空留。别後吟情減，縱詩囊還在，祇貯離憂。卻憐野橋流水，還有舊沙鷗。漫極目秋空，寒煙散碧都化愁。

雨霖鈴　甲戌重九，用柳韻

寒蛩聲切。正西風晚，老桂香歇。誰家菊酒新釀，開宴處、詩情飆發。獨客孤吟未了，和清淚低咽。漫極目、殘照寒空，一片荒煙暮愁闊。　湘雲蜀水傷離别。記當年、共醉重陽節。臺城幾换秋草，空賸得、舊時明月。懶去題糕，還任詞箋，賦筆虛設。算此日、多少相思，怕倩飛鴻説。

國香　水仙，用山谷本事

玉潤香温。記清泉白石，曾托靈根。還憐卷簾初見，素影留痕。一自凌波去後，有紅葉、難寄殷勤。重來漢皋日，翠帶驚風，羅襪生塵。國香天不管，嘆冰弦寫怨，愁滿湘雲。曲終人遠，誰更爲賦招魂。恨不相逢解珮，算那回、孤負芳春。檀心漫低訴，歲晚江空，月冷黄昏。

鷓鴣天

砧杵聲中翠袖單。相思幾度倚闌干。蛩吟莎井人初靜，雁唳霜天月未圓。 燈焰盡，酒尊殘。舊愁和夢到吟邊。熏爐乍歇重衾冷，誰念南樓此夜寒。

齊天樂 乙亥重九，登雞鳴寺，步霜厓師韻

舊游重到臺城路，松間共誰閒坐。屐印都迷，酒香猶滯，書劍依然江左。雲房漫鎖。任一夕天風，夢痕吹破。自插茱萸，近來吟興醉時可。 長安三載倦旅，嘆登臨多難，無奈重過。故闕殘灰，寒沙古月，寥落江天漁火。疏狂笑我。怕明日芸窗，又添清課。刻燭催詩，祇愁吟未妥。

三姝媚 菊影

重陽初過了。正東籬黄昏，月明風悄。暗寫秋心，怕一枝難寄，采香人老。未解爲容，應不入、淵明詩稿。幾度徘徊，三徑荒涼，夢痕都杳。 蓬壁孤燈低照。料問影酬形，此時懷抱。欲弄芳菲，奈一庭霜露，亂愁誰掃。待賦離魂，還自恐、知音今少。漫道歸來環珮，圖中更好。

高陽臺

簟影生涼，燈花結夢，半簾霜月初殘。撥盡寒

灰，愁心已化輕煙。斷鴻應有相思字，問天風、吹落誰邊。枉朝朝，極目行雲，倚遍闌干。青鸞不拂胭脂冷，漸魂銷別後，興滅尊前。待譜離情，秋聲却滿冰弦。重來縱記臨歧約，怕相逢、不似當年。便飄零，賦筆詞箋，莫寫纏綿。

長亭怨慢 登清涼山

嚮幽徑、牽蘿尋路。獨對高寒，白雲如絮。送盡江流，夕陽千古更無語。畫樓猶在，空極目、人何處。四谷響秋聲，任落葉、飄零如許。

凝佇。望盈盈一水，道是莫愁曾住。橫波轉盼，恰稱得、遠山眉嫵。更莫說、幾換山川，況金粉、而今無主。把一片清愁，分付炊煙千縷。

鵲橋仙 七夕，用少游韻

錦雲織夢，銀河瀉淚，盼斷佳期一度。天風拂袂曉星沉，訴不盡、相思無數。仙橋易斷，帝閽難叩，極目煙波去路。幾時歷劫到人間，換得個、朝朝暮暮。

聲聲慢 丙子新秋，由蘇之京，邂逅天白，共就友人所止校舍宿。時方暑假，池館荒寂，翦燭淒然，因賦此闋

空簾落月，破壁寒蛩，羈懷久慣淒清。短燭長宵，相對漫話平生。關河未愁雨雪，奈天涯、無處飄零。書正遠，嚮故人、休說昔日游情。

十載江湖搖落，嘆隄邊、柳色依舊青青。一樹梧桐，夜夜自做秋聲。憑高欲吟楚賦，怕潛來、山鬼偷聽。夢未穩，又蕭蕭、門外馬鳴。

右二十五首，一九三三年（癸酉）至一九三六年（丙子），在南京作。

清平樂

紅箋細字。難盡平生意。欲把此情和淚寄。愁隔千山萬水。　年年漸慣分離。篝燈猶是相思。幾夜高樓風雨，畫闌憑損羅衣。

其二

春庭夜月。愁照丁香結。芳草繁華容易歇。消得幾回輕別。　紅樓舊約無憑。羅帷低掩香燈。無奈更殘夢醒，淚花落枕成冰。

采桑子　千帆客中寄示小詞，戲答

風懷絶代銷魂句，後約前期。舊好新知。刻意清狂教釀詩。　桃根桃葉牽情處，盡許相思。待到歸時。親檢吟囊索近詞。

鷓鴣天

何處清歌可斷腸。經年止酒臏悲涼。江南春水如天碧，塞上寒雲共月黄。　波渺渺，事茫茫。江鄉歸路幾多長。登樓欲盡傷高眼，故國平蕪又夕陽。

三姝媚　十一月二十九日，感夢而作

翠帷銀燭灺。漸曉夢依稀，曲闌芳榭。晚鏡新妝，正斷紅雙臉，黛眉初畫。淺笑輕顰，依舊是、雲英未嫁。鬢霧衣雲，繡舃飄香，珠燈高掛。　門外緑楊嘶馬。甚側帽相逢，酒闌低話。説到相思，但背人佯理，越羅裙衩。乍醒還驚，憐舊日、風情凋謝。被冷香銷，付與吟箋暗寫。

金縷曲

己卯秋扶病入康，得《浣溪沙》十闋，分呈寄庵師及素秋。師既損書遠問，秋嗣箋來，復舉梁汾『我亦飄零久』之語，用相慰藉。秋固淚書，余亦泣誦，蓋萬人如海，誠鮮能共哀樂如秋與余者也。因次顧詞原韻賦答

病骨支離久。剩招魂、天涯尚有，幾人師友。藥盞飄零烽火外，更許苦吟消瘦。不及問、年來僝僽。破碎山河生死別，但關心、千里平安否。家國恨，忍重剖。　塵揚東海當丁丑。嘆長安、露盤承淚，暮鴉啼柳。一縷心魂經百劫，還仗新詞護守。恐負汝、金尊相壽。譜就商聲腸易斷，況空名、未必傳身後。多少事，休回首。

前調

余病八閱月矣。印唐始約養疴白沙，素秋復邀就醫渝州，皆不果行。而兩君者頃亦多疾

苦。余既譜《金縷曲》以寄素秋，言之不足，因再用此調分寄。詞成自歌，不知涕之無從也

寂寞人間世。論交游、死生患難，如君能幾。辛苦分金憐管叔，知我平生鮑子。更莫說、文章信美。不見相如親賣酒，算從來、詞賦工何味。心血盡，幾人會。　重逢待訴淒涼意。且休教、等閒飄盡，天涯涕淚。用素秋書中語。我亦萬金輕擲者，今日難謀斗米。空料理、年年歸計。一樣關山多病日，未能忘、尚有中原事。堪共語，兄和姊。

右七首，一九三九年(己卯)至一九四〇年(庚辰)，在雅安作。已上總三十二首，爲甲稿。

以上《涉江詞外集》甲稿

摸魚子

繫香車、客塵初浣，病餘人在江館。此回翻悔

重逢錯，角枕錦衾天遠。明鏡畔。甚隔世相思，未抵尋常見。闌干繞遍。嘆彩筆愁新，玉箏弦急，休更語恩怨。　黄昏後，沈醉悲涼待换。清尊貯淚先滿。成灰寶篆心無字，不比舊時腸斷。春夢短。漸秋冷銀屏，畫燭流光轉。西風易晚。賸扇外殘螢，簾前皓月，來照古書卷。

點絳唇

舊日秦淮，城南燈火笙歌路。酒邊詞賦。愛道飄零苦。　别後關山，處處驚笳鼓。聽風雨。暗塵弦柱。渾覺愁慵譜。

河瀆神

嫩約誤王昌。依然銀漢紅牆。遥憐舊夢小迴廊。今夜新歡未央。　一樣殘英如雪亂。蝶蜂空過鄰院。美人弄妝來晚。緑窗春去誰管。

青玉案

依依柳色横塘路。未解惜、流年度。妝罷日長無意緒。聽鶯臺榭，映花窗户。只是尋常住。　斜陽喬木今誰主。回首江山暗塵霧。似水鄉愁流不去。繡簾燈火，畫堂簫鼓。斷夢無尋處。

浣溪紗

浴罷全開四面窗。不知何處晚風涼。欲移冰簟費商量。　一雨難消秋後熱，數枝新放夜來香。吹燈待月上迴廊。

其二

緗帙抛殘倦未收。脂塵粉蠹懶梳頭。閒愁欲

說不如休。簾裏簟紋慵織夢，風前團扇漸知秋。輕雲乍斂月如鈎。

其三

寂寂閒階長碧莎。午窗喧鳥雨初過。枕邊猶夢舊山河。罷按箏弦恩怨細，回看棋局縱橫多。西風人世奈愁何。

右三首原次『庭樹陰陰日漸移』一首之後，共四首爲一組。

鵲踏枝

余和弘度丈此調，意有未盡，續成四章，所謂『言之不足』也

隔院垂楊分暗碧。護夢重簾，不敵東風急。一夜青蕪生故國。萬花濺淚春歸日。寶馬驕嘶過紫陌。海燕來遲，却帶愁消息。芳景無多應共惜。問君何事輕拋擲。

其二

零落殘英春去久。細草清陰，商略消長晝。筵畔郎當回舞袖。昨宵夢裏曾攜手。聞道關河人漸瘦。頻弄鸞釵，怕卜平安否。消受蓮塘雷雨驟。佳期珍重三秋後。

其三

過盡行雲無雁字。乍見青驄，却向倡家繫。北斗迴環長夜裏。紅牆依舊相思地。浪蕊浮花情苦費。近日歌筵，見説成迴避。一夕秋風連海起。樓頭陌上同憔悴。

其四

醉擁貂裘眠繡閣。不卷重簾，争信新寒惡。映雪憑霜羅袖薄。相思人在闌干角。手弄連環心似昨。縱誤花時，未斷來春約。萬息

千消容易錯。深盟忍便渾拋却。

如夢令

四卷雲羅天淨。河轉星光不定。坐久月痕低，露濕牆陰苔冷。愁省。愁省。依約那時情景。

憶舊游

記星燈簇夢，月扇飄香，多少樓臺。漏逐笙歌永，任鈿車寶馬，爭走銅街。忽驚萬乘胡騎，連夜渡江來。嘆綺燼羅灰，珠塵翠土，碧血如苔。　蒿萊。滿春殿，賸舊月荒螢，猶照秦淮。畫舫東風換，想隔江商女，弦管應哀。此愁不堪題處，落葉滿天涯。但北望凄然，神京甚日煙霧開。

右一首原次『記繁花礙路』一首之前，寄庵先生評『忽驚』以下云：『此類句法稍近後來習氣。』定稿因而未録。

點絳脣

過了收燈，山城不見花飛處。嫩陰庭户。留得春閒住。　緑遍芳郊，懶趁新晴去。空憐取。小樓前度。紅杏江南雨。

卜算子

閣雨晚雲閒，補得青山空。淺草茸茸遠接天，緑遍庭階縫。　錦被懶熏香，幾日春寒重。生怕殘歡醒後愁，不做關情夢。

紅羅襖

草暗天涯路，花擁水邊樓。嘆燕舊巢新，翻忘羈旅，春濃夢淡，難著閒愁。自經亂、渾懶清游。看山偶上簾鈎。□□□□□。奈酒醒、客意冷於秋。

浣溪紗

賸燼零灰換綺羅。關山笳鼓咽笙歌。歸期禁得幾蹉跎。　接夢微雲連夜遠，颺愁絲雨一春多。醉時難遣奈醒何。

清平樂

彎刀乍試。膾玉絲難細。一味從容憐小婢。却問高朋來未。　座中草草盃盤。丁寧酒盞須寬。歸晚不須紅燭，山前月子彎彎。

其二

茶遲火緩。一卷偷閒看。侍女嬉游行漸遠。知道今朝飯晚。　詞箋欲寫離情。宮商細酌新聲。簾裏苦吟才罷，空憐廚下焦鐺。

右二首原次『梳妝草草』四首之後，共六首爲一組。

浣溪紗

碧檻瓊廊月影中。一盃香雪凍檸檬。新歌争播電流空。　風扇涼翻鬟浪緑，霓虹光閃酒波紅。當時真悔太匆匆。

前調　山居苦熱，有憶江南舊事

竹檻蕉窗雨乍收。紗廚輕簟小茶甌。枕邊茉莉暗香浮。　繪綵瓷盤供佛手，鏤銀冰碗剥雞頭。晚涼庭院憶蘇州。

其二

夾道垂楊百丈長。青驄朱轂大堤旁。萬荷迎槳月生涼。　電扇風回蘭麝膩，冰盤雪凝橘橙香。白門清事最難忘。

其三

流綫輕車逐晚風。摩天樓閣十三重。播音新曲徹雲中。　銀管貯涼欺舞扇，繁燈圍夢入瓊鍾。申江回首昔游空。

鷓鴣天

隕石如星日月愁。年年江上血成流。新殤故鬼千家骨，昨海今田幾處樓。　馳羽檄，擁貔貅。衣冠萬國賦同仇。盡收關洛尋常事，立馬蓬山最上頭。

浣溪紗

賸舞殘歌尚未休。齊雲莫更起高樓。好留西北望神州。　南渡衣冠非故國，新亭涕淚誤清流。蜀山相向夕陽愁。

前調

曇誓終憐一笑輕。雲軿不向闕門停。空勞瑺札寄瑶京。　媧氏石成天又裂，麻姑鬢改海難清。盧弓彤矢總無情。

此首原爲《浣溪沙·游仙詞》之一，共十首爲一組。

菩薩蠻 春草

春風不管行人遠。無情緑到江南岸。不見乳鶯飛。忍教胡馬肥。　大隄如髮直。莫更妨油壁。辛苦問歸期。王孫知未知。

浣溪紗

鳳泊鸞飄不自憐。輕寒薄暖鎖相關。流光如夢夢如煙。　能記悲歡猶有淚，難爲深淺更無言。何由腸斷似當年。

其二

枕障薰爐夢已虛。燭花猶記舊情無。沈吟怕道不如初。　拌得有情還有淚，轉憐相怨勝相疏。故歡今意總難符。

南樓令

小膽怯空房。青燈照病床。怪宵來、雨橫風狂。未許離人成遠夢，千萬點、亂敲窗。　雲暗四山荒。侍兒美睡長。伴空庭、吠犬啼螿。今夕郵亭羅被薄，應念我、夜深涼。

鶯啼序　和夢窗

橫塘翠樓近水，聳雕簷鏤户。任花影、長壓簾櫳，繡轂芳游歸暮。鏡屏映、吴山凈碧，繁枝墜粉庭前樹。奈妝成猶滯，春酲夢迷風絮。　記停客裏秦淮，畫舸載酒，散衣香似霧。記停槳、斜日湖陰，幾回偷訴心素。裊長隄、垂楊乍結，漸縈得、相思千縷。向荷邊，羞指文鴛，笑邀閒鷺。　驚烽照海，晚角吹寒，轉輪歎亂旅。莫問訊、六街灰燼，翠墮紅委，陣鵲横飛，隕星如雨。遥天唳雁，荒原飛燐，昏燈摇焰孤村宿。正冥冥、水驛無舟渡。嚴城鼓絶，淒涼敗壁頹垣，怨血黯淡焦土。　巴江暗月，蓋篋重搜，賸素衣舊苧。漫細檢、脂痕茸唾，遍染胡塵，忍對山河，更看歌舞。兵戈滿眼，層雲催暝，殘鵑啼老花濺淚，弄哀弦、愁入華年柱。離魂重繞江南，故國青蕪，舊游認否。

漁家傲

匳鏡慵開新病起。釅茶淡酒都無味。幾日彎刀愁未試。幃倦倚。山居况遠漁樵市。　頹屋飄摇風雨裏。頻移短榻妨清睡。獨自沈吟無好計。書更寄。商量惟有歸來是。

太常引

四山如墨一燈青。孤樓長短更。客枕正淒清。聽永夜、風聲雨聲。　猩屏圍夢，朱簾護燭，空記舊時情。歸信渺難憑。漫極目、煙波去程。

已上一九四〇年（庚辰）至一九四二年（壬午），在成都、樂山作。總三十三首，爲乙稿。

以上《涉江詞外集》乙稿

鷓鴣天

庭院清陰緑乍稠。客懷先覺冷於秋。深盃當藥妨新病，賸淚盈襟濕舊愁。　燈黯黯，夢悠悠。連宵風雨繞高樓。羅衾自分無眠夜，何事哀弦未肯休。

菩薩蠻

黄昏幾陣瀟瀟雨。緑陰庭户清無暑。胡蝶不飛來。閒階生碧苔。　畫樓春夢斷，極目行雲遠。過盡七香車。門前煙柳斜。

浣溪紗

飛絮濛濛點碧苔。相逢猶記舊樓臺。柳邊花外費低徊。　芳訊幾回歸燕誤，驕嘶何日玉驄來。黄昏無緒一銜盃。

右一首寄庵先生評云：『在他人集中仍是佳詞，於作者則常語矣。』定稿因而未録。

菩薩蠻

梧桐一葉飄金井。昨宵冰簟芙蓉冷。無處説新愁。重簾垂玉鈎。　薫爐香久歇。顫影殘燈滅。風雨夜深時。相思君不知。

前調

曲闌花影迴廊月。經年心事憑誰説。腸斷怕君知。殘燈凝恨時。　晴窗秋意淺。依舊尋常見。回盼怯相看。沈吟低翠鬟。

其二

雁聲遥過南樓去。西風落葉愁無數。密意苦相瞞。新來羅帶寛。　繁花容易謝。珍重秋燈夜。争忍不相思。相逢能幾時。

其三

重重簾幕遮朱户。迴燈細語愁難訴。未恨見時稀。人間多別離。　玉爐香易歇。心字灰難滅。深淺任君情。連宵魂夢縈。

其四

緑窗依舊垂楊縷。窺窗無奈金鸚鵡。相見却相疏。兩情應未殊。　烏啼殘月落。寒壓羅衾薄。不惜更迴腸。思君秋夜長。

臨江仙

一夕西風羅袖薄，曈曨曉日晶窗。當時相見衹尋常。閒花深院宇，高柳小池塘。　不分年芳招燕子，閒情苦費商量。相思從此付迴腸。春庭明月夜，新夢舊迴廊。

其二

晴日簾櫳花影碎，柳絲摇漾吟魂。爐香暖夢自温存。病餘愁縱酒，情在怕經春。　獨上高樓空極目，憑闌無奈思君。東風不解約行雲。輕雷車轂遠，深院又黄昏。

其三

羅帳沈沈更漏永，絳綃低護銀燈。迴廊誰解話三生。春歸鵑有淚，夢醒蝶無情。　風雨江山摇落恨，十年已忍伶俜。鏡中翻惜鬢猶青。莫嫌鸞柱澀，長分譜商聲。

其四

芳草淒迷春早歇，相思還共秋深。幾時盃酒話愁心。畫樓紅燭夜，水榭緑楊陰。　洞户重簾人乍寂，迴廊曾記相尋。海棠開後到如今。待忘花下語，掩淚更沈吟。

其五

倚遍闌干人自遠，幾回芳約蹉跎。玉璫難寄奈情何。盒中紅豆子，簾外緑鸚哥。　不惜長愁供短夢，鮫綃賸淚無多。思君日日蹙雙蛾。未知深淺意，何計託微波。

其六

詞譜商量銷絳蠟，爐煙細颺茶香。幾回重見换流光。清宵堪共惜，久别易相忘。　醖釀深情成淺語，低徊怕理疏狂。閒愁自伴漏聲長。月明侵翠幕，不管夢魂涼。

其七

誰道闌干才咫尺，青禽密語羞傳。春心一寸是蓬山。微雲難接夢，暮雨莫添寒。　相見尋常相别易，病愁何苦相關。小窗能得幾回看。疏簾移日影，珍重晚風前。

其八

爇盡心香愁不滅，相思漸共灰寒。秋風也擬掩屏山。自横金屈戌，難解玉連環。　月冷霜濃殘醉醒，新詞莫費吟箋。花前萬一暫相憐。不辭腸更斷，忍淚理朱弦。

浣溪紗

月夜憑闌有所思。鈿車不駐夕陽移。西樓辛苦待芳期。　繡箔微燈勞想象，香衾曉夢任淒迷。瑣窗朱户月明知。

其二

夢淺宵深易斷腸。銀燈寫影碧紋窗。枉將惆悵換清狂。　新月長留圓夜望，寒灰空憶爇時香。此情休恨只尋常。

其三

費盡薰爐一炷煙。簷前眉月自娟娟。漫裁白壁作連環。　解道朱樓他夜憶，争如紅燭此時看。相逢無語況魚箋。

其四

自悔新詞譜舊箋。十年清淚澀朱弦。深悲難遣酒尊前。　蓮子有心終茹苦，柳條無恨不吹綿。天涯風雨莫相憐。

其五

初月高樓聽晚鐘。玉驄空認往來踪。鸞弦鳳紙意難通。　羅帶自將愁共結，寒宵不分夢還同。銀釭何況此時逢。

其六

海思雲愁兩未知。緑窗迴盼更矜持。無多清景惜芳時。　如夢如煙還暫見，非花非霧最相思。星辰昨夜總堪疑。

其七

誰念西樓此夜醒。霜簾殘燭伴淒清。細思前語總難憑。　零夢如煙都化淚，柔情似水易成冰。繞弦風雨起秋聲。

其八

寒日淒淒照影孤。柳陰花徑似當初。獨經行地費踟躕。　夢裏歡情猶間阻，人前踪跡更生疏。緑窗肯信斷腸無。

其九

楊柳陰陰隔鈿車。小簾私語總難符。月明真解憶人無。　懶譜新詞情未許，縱成輕睡夢還虛。此時爭忍更相疏。

其十

惆悵情多語轉難。諱愁辛苦展眉彎。相思容易隔溪山。　心字暫留灰上印，花枝聊借鏡中看。晚風珍重莫摧殘。

其十一

已悔多情損少年。更因餘淚惜吟箋。新詞刻意爲誰妍。　强別能拚難强忘，相疏未忍怕相憐。迴腸千轉付無言。

其十二

有限清才不盡情。彩箋何計譜新聲。天涯只合賦飄零。　悔共春蠶絲宛轉，輸它紅燭淚縱橫。迷離殘夢不如醒。

其十三

數盡更籌灺盡香。書籤爭信遺流光。關心花影隔疏窗。佳約有期情更怯，相思無分意難忘。夢痕深淺費商量。

其十四

紅萼凝寒未可簪。小爐殘酒怕重斟。華年弦柱易侵尋。清話暫教和漏永，相看何必更情深。羞拈羅帶結同心。

其十五

空向長宵共月明。吹寒畫角隔霜清。枕邊幽夢太無憑。終恨離多嫌日少，自羞情重怕君輕。紅綿淚冷漸成冰。

其十六

賸有風懷句未删。舊歡新夢盡如煙。閒愁忍使到君邊。漫學春蠶成獨繭，聊同秋蠹守殘編，無情詞賦送華年。

右十六首，原與『樓上輕寒莫倚闌』等四首共二十首爲一組。

蝶戀花

紅萼吹香江上樹。碧野朱橋，不記歸時路。故問吟箋前日語。爲誰暗寫相思句。心事經年憑細訴。一樣深情，兩處閒愁苦。夜夜迴腸君信否。那時忍當尋常過。

其二

四角珠燈垂繡幕。急管繁弦，珍重良宵約。誰道芳情人未覺。風前乍換春衫薄。不恨相逢當日錯。只恨南園，無主栽紅萼。何計憐君心緒惡。空將喜訊憑靈鵲。

其三

晴日烘春風乍暖。幾度尋芳，小立薔薇院。欲訴相思猶未慣。沈吟先自羞回盼。　密緒如環終不斷。刻意憐君，拚取歡緣短。蓮子苦心飛絮亂。花前忍試情深淺。

其四

一夜驚疑風更雨。蝶亂蜂狂，無計留春住。只恐鳳紙偷傳腸斷語。人前惆悵情難訴。　散盡行雲從此去。柳徑重來，不分還相遇。深陰天未暮。新晴暖夢江干路。

其五

休説昨宵多少恨。照影清波，猶有相憐分。無奈語低香漸近。含情故自回眸問。　半晌羞紅生薄暈。却怪新晴，着意烘雲鬢。今日花前歡未盡。明朝風雨無憑準。

其六

幾度相逢楊柳院。密語難傳，鸚鵡簾前喚。萬苦千辛花下見。無端紅淚羅巾滿。　生怕深恩成薄怨。乍欲相疏，未別先腸斷。回看畫梁雙語燕。春來憐取尋芳伴。

其七

秋藕絲長蓮子苦。閒語閒言，爭忍拋人去。飄似浮萍輕似絮。天涯猶欲因君住。　依舊月明穿繡户。嘶慣花驄，應憶前游路。知道相忘情未許。昨宵夢裏分明遇。

其八

夢裏依然情繾綣。一晌相憐，更勝分明見。不信行雲從此遠。眼波鬢影無人管。　山石能移蓬海淺。漫説深盟，容易成輕怨。拚得相忘渾未慣。小窗私語思量遍。

其九

移盡清陰紅日晚。乍卷疏簾，重向迴廊見。却道恩深争忍怨。相思一夜腸千斷。小病連朝情緒懶。露飲名園，猶覺春宵短。自笑謝橋來往慣。夢魂長逐楊花亂。

其十

猶恨銀屏多間阻。細數春來，費盡閒愁緒。陌上新枝花幾許。相思總繫垂楊樹。任駐香車寒食路。羞被人憐，諱作傷心語。拚得長離情自苦。相看紅淚如春雨。

其十一

日暮高樓休獨倚。愁比天寬，何處能迴避。江上晚風吹浪起。柔情忍付東流水。欲待相忘無好計。一樹榴花，紅似前宵淚。刻骨悲歡重細理。縱教有夢難成睡。

其十二

一夜清寒還乍暖。似月雙心，漸覺清輝滿。庭院深深簾不卷。憑君惜取芳時短。辛苦相憐歡有限。團扇新裁，未忍遮羞面。春夢秋雲容易散。天長地久情難斷。

右十二首，原與『日影已高簾乍卷』八首，共二十首爲一組。

前調

胡蝶無情鶯亂語。爲問人間，多少閒情緒。長日玉爐香一炷。千辛萬苦憑誰訴。吹盡繁枝春已暮。何事東風，不許楊花住。樹色陰陰遮繡户。憑闌望斷天涯路。

右一首，原次『斜月半牀愁不寐』一首之前，共二首爲一組。

前調

望盡垂楊江上路。一霎難忘，不盡朝連暮。十載空題腸斷句。而今始識相思苦。　魂夢重門飛不度。淚眼風前，灑作連宵雨。忍問香車何日遇。花陰又恐歡非故。

前調

猶憶當時湖上醉。面映桃花，眉奪垂楊翠。大好江山歌舞地。新妝連夜裁羅綺。　今日逢春空濺淚。夢似花凋，人比花憔悴。莫説承平年少事。雛鶯乳燕應難記。

菩薩蠻

緑鬢翻浪紅羅結。雙眉細畫纖纖月。晶盞試咖啡。霓虹燈影稀。　蠻箋芳字託。豔舞誇新約。昨夜客機回，口脂天上來。

右四十八首，一九四二年（壬午）至一九四五年（乙酉），在成都作。

以上《涉江詞外集》丙稿

高陽臺

小苑花飛，長堤柳暗，東風幾日春深。有限芳時，樓臺無限輕陰。朱弦不惜相思苦，怕等閒、未會琴心。向燈前，攲枕薰爐，更費沈吟。

迢迢玉漏珠簾静，記新詞細譜，淺酒同斟。曲檻迴廊，殘宵曉夢重尋。今情故意終陳迹，況後期、難倩青禽。但安排，淚眼愁腸，萬感孤衾。

浣溪紗

笳鼓關河怕倚闌。荒涼喬木念家山。舊愁新淚夢痕寒。　猶有書籤消歲月，聊憑詞卷敵悲歡。高樓花落又春殘。

前調

對酒看花兩不勝。舊游亭榭怯經行。殘書小硯暗塵生。　新句吟成愁有託，神方檢遍病無名。閒眠長日掩帷屏。

鷓鴣天

眼底興亡百感並。詩書何足遣浮生。賈生痛哭知無益，仲氏埋憂恐不情。　成敗論，故新盟。人間哀樂總難平。惟應一盞花前酒，換取千秋萬歲名。

浣溪紗

庭館西風客思深。斜陽如夢怯登臨。旅愁歸計兩難任。　萬劫乾坤供一擲，百年憂患付孤吟。更無餘淚與沾襟。

右五首，一九四五年（乙酉），在成都作。

以上《涉江詞外集》丁稿

減字木蘭花

悲歌痛飲。自古還鄉須衣錦。貧病交加。漫道青山是處家。　新峯又起。坐閱興亡無好計。四顧茫茫。灑淚乾坤對夕陽。

鷓鴣天

浩蕩收京萬騎回。中興好夢賸低徊。傷心忍作偕亡想，留命翻成後死哀。　新戰伐，舊樓臺。遼天歸鶴悔重來。金仙殘淚銅駝恨，相對斜陽話劫灰。

前調

滿目丘墟百戰場。更憂胡馬待窺江。當年深恐真亡國，此日翻羞説受降。　盟反覆，血玄黃。乾坤一擲獨夫狂。中原逐鹿英雄事，成敗何心論寇王。

其二

關洛頻年不解兵。西川枉喜自收京。霸圖猶未分强弱，民命何由問死生。　新舊鬼，古今情。江流如淚也吞聲。屈醒阮醉都無益，坐對河山閱廢興。

右二首，原與『驚見戈矛逼講筵』二首，共四首爲一組。

右四首，一九四六年（丙戌）至一九四八年（戊子），在武昌作。

踏莎行　一九五六年國慶節夜，南京觀燈

星月交輝，霓虹呈彩。明珠錯落燈如海。傾城士女湧春潮，輕雷轉處飛車蓋。　盛世難逢，青春可再。廿年回首愁何在。　良宵歡意溢秋空，不辭白髮花重戴。

其二

淚鑄珠燈，血凝朱邸。金陵舊事猶能記。長街凍骨自縱橫，豪門酒暖笙簫沸。　海宇騰歡，人間换世。漁樵處處歌聲起。　燭花紅映臉邊霞，蠶娘笑試新羅綺。

浪淘沙　題長江大橋

横渡大江中。愁水愁風。忽驚破浪奪神工。一道長虹飛兩岸，橋影臨空。　形勝古今同。三鎮當沖。莫憑往事吊遺踪。平却向來天塹

險，多少英雄。

鷓鴣天　一九七七年春，爲人題桃花畫册

灼灼穠芳雨露稠。十分春色占枝頭。賺將阮肇迷仙境，却累劉郎謫遠州。　梅自避，李難儔。菜花依舊遍田疇。殘紅亂落無人惜，一晌繁華逐水流。

右四首，一九五六年（丙申）至一九七七年（丁巳），在南京、武昌作。

己丑春，子苾手訂其詞集五卷，去取甚嚴，刊落者殆五之一。歿後余爲付印，亦間有以時諱從删削者，今悉依原稿次第補録，公之於世，而以建國後所賦四闋附焉。子苾如在，未必以爲然也。戊辰夏，閒堂識。

以上附《涉江詞外集》丁稿

以上見《涉江詞外集》

浣溪沙

飛到楊花第五春。依然蜀道未歸人。不聽啼鴂也消魂。　已遣閒愁還入夢，漸忘鄉語記難真。空階緑遍舊苔痕。

見湖南人民出版社《涉江詞》

水龍吟　輓翔冬師

楚些空賦招魂，沉沉醉魄呼難起。傳經晚歲，長吟永夜，前塵忍記。巫峽愁雲，秦淮舊月，酒醒何世。對河山滿眼，斜陽欲暝，傷時淚、如鉛水。　西北高樓獨倚。望長安、淫雲輕蔽。移梅有恨，叩閽無路，未回天意。沈陸深憂，收京短夢，但留詩史。算傷心賸待，九州同日，倩兒孫祭。

見《斯文》一九四一年一卷八期

卜算子 題大千畫峨眉圖卷

空谷閟幽奇，列岫鍾靈秀。載酒峨眉最上層，誇説神仙偶。　煙雲腕底生，丘壑胸中有。咫尺西來欠一遊，展畫沈吟久。

見《中華樂府》一九四五年一卷四期

沈琇瑩

浣溪沙

手翦金蓮作夜遊。斷虹橋外小瀛洲。紅闌一角海棠秋。　珠箔半開風自捲，銀牀斜對月如鉤。分明人在舊粧樓。

滿庭芳

流杯池在衡山縣南山坳，牛蹄之涔，不可濫觴。其上有亭址，二石柱横臥荒草間，題字半爲蘚蝕。樵人曰，是百年前聶翰林兄弟所立也。余與季弟藻笙躑躅其旁者久之，既歸寓舍，翦燈賦此

瘦石叢青，飛泉挂碧，斜陽一抹秋紅。斷橋流水，樵徑自西東。虎跡亭邊削盡，倚殘礎、長嘯生風。登臨處，丹梯接引，身在亂雲中。　雲根誰鑿破，崑崗玉碎，曲水波通。想羽觴醉月，桃李花穠。難得君山縹酒，許名士、壘塊澆胸。遲來客，仙源不辨，黄葉麴塵封。

高陽臺

衡山縣城北，江中有洲曰『觀湘』，俗呼『美女』，莫知其所自始。辛丑冬日，余與顔君玉才有鄂渚之遊。櫂舟過此，玉才賦詩，余成是解。飲酒既醉，叩舷高歌，舟中人以爲狂也

山遠眉愁，波長眼媚，停船錯認横塘。露泣芙蓉，娥娥紅粉殘粧。妾期底事朝朝誤，弄潮兒、九曲迴腸。待誰來，柳外湔裙，竹外栽桑。　無情莫怨湘江水，任詞通洛浦，夢入高唐。

醉客狂歌，禮魂一瓣心香。佳人絶代皆塵土，漫不忘、鞠秀蘭芳。記年年，幾度秋風，幾度斜陽。

女冠子

九月初一。別後渺無消息。惡因緣。薄命輕于葉，孤心苦似蓮。有書難寄雁，無樹怎棲鸞。誰鍊媧皇石，補情天。

絳都春

斜陽古渡，正暮江不動，雙槳如飛。小立柳邊，輕艑帆葉下遲遲。傾城一顧名花媚，眼前湘水無知。霧蟬香裏，霞綃影外，顛倒裳衣。驀地鈿車接引，任青樓説夢，鞠部傳奇。綺語斷魂，桃根桃葉忍分攜。陳思八斗才空費，微波難與通詞。亂鴉啼處，王家燕子不歸。

眼兒媚

主人嬌小十五時。不解畫愁眉。眼兒微媚，靨兒微醉，悄入羅幃。珠喉宛轉聲聲慢，金縷唱新詞。鶯鶯燕燕，春風一曲，合讓楊枝。

賀新涼　洞庭湖

八百重湖裏。到秋殘、二分塵土，一分流水。偏我來時天欲暮，魂斷夕陽鴉背。風不定、魚龍驚起。祇有君山青一角，倚湘靈、砥柱中流地。瑶瑟怨，四千歲。平生落拓長卿似。莽蒼蒼、氣吞雲夢，胸無芥蔕。玉界瓊田皆幻境，明月前身誰是。酹一杯、湖神同醉。見説南來青瑣客，吸西江、欲盡真奇事。愁萬斛，可消矣。

漢宮春　鸚鵡洲弔禰處士

漢火光微，歎神州昏濁，豆剖瓜分。三年客中滅刺，氣薄風雲。誰修薦表，算當時、北海知君。比一鶚、盤空羽健，低飛鷙鳥紛紛。　鼓吏漁陽撾罷，笑曹瞞不武，黃祖無文。賦成漫驚四座，屈殺才人。多言賈禍，對金籠、鸚鵡傷神。抔土淺、千秋埋恨，萋萋芳草王孫。

西湖月

樓臺矗起雲霄，看縹緲虛無，神仙游戲。霧輕香重，千門萬户，漢宮何似。玻璃寒碧外，恍照影、紛紛花亂墜。只不許、燕子飛來，訴盡主人心事。　波斯寶藏居奇，笑鼠璞傳訛，鮫珠凝淚。畫堂深處，胡兒碧眼，越王鳥喙。重瞳今在否，又驀地、阿房三百里。儘多少、楚客狂歌，一拳撞碎。

金縷曲

走倦章臺馬。問誰家、莓苔院落，牡丹亭榭。金井碧梧棲鳳小，勾引青籐雙架。看不足、花開花謝。萼緑華來何處所，笑唐宮、羯鼓聲聲打。金粉地，六朝畫。　垂楊一帶鞦韆挂。聽迴廊、輕輕屧響，試粧人乍。燕燕鶯鶯憑管領，喚醒春婆夢也。莫負了、紅嫣紫姹。暗裏有人偷翦綵，更輸他、十萬金錢價。愁幾許，醉花下。

金明池

亭上沈香，簾邊倚翠，夜夜嬌藏金屋。晨粧早、虬髯看慣，愛眉樣淡描蛾緑。記年時、失却燕支，怎婦女、顏色依然如玉。任露溼羅鞋，風吹裙帶，瘦盡嫋娜腰束。　十五年華珠一斛。似舸泛鴟夷，載來江曲。家山遠、深宮舊恨，都付與、鞦韆樓角。只商人、利重離輕，數燕去鴻歸，望空空祝。料鏡掩、芙蓉香寒，豆蔻妬煞，鴛鴦雙宿。

玲瓏四犯

渺渺關山，望驛路郵程，天外昏碧。雁滯魚沈，辜負鳳鸞箋擘。傳到客裏平安，算兩字、千金當值。奈白狼邊警偷報，河北羽書星急。

角哀笳怨今何夕。度遥空、曼聲嗚咽。荒邨野店人初寐，來去一呼吸。爲問夜雨淋鈴，催寶輦、朝行三十。念最難蜀道，杜鵑魂斷，有無消息。

南柯子　落卷

血嘔心頭碧，珠穿淚點紅。研京費盡十年功。還似卞和三刖、楚王宮。　易字懸金在，論文覆醬同。蠹魚僵臥紙堆中。誰惜一聲焦尾、爨孤桐。

淒涼犯　春草

登樓望遠，傷心處、平蕪一帶新緑。風吹綺陌，雙雙燕子，落花低蹴。吟鞭控玉。下殘照輕塵馬足。惜分飛、荒邨野宿，晚過曲江曲。

春夢池塘幻，倦倚闌干，謝庭幽獨。美人笑我，縱無情、解憐空谷。鋤却愁根，奈簾外相思重觸。怨王孫、十里五里，斷又續。

念奴嬌

晼蘭香淡，又踏青人倦，重三佳節。柳絮隨風飄泊處，怨綺愁羅千疊。蛺蝶黏黃，鴛鴦膩緑，妬煞秦樓月。相思勾引，恨無青鳥傳説。

嬴得酒病今宵，尊前調笑，花好枝須折。素手偷彈金粟柱，桃葉桃根羞怯。杜宇聲聲，驚殘春夢，一霎催人别。底時重見，玉肌寒透冰雪。

東風第一枝

金粟棲蟾，玉簫引鳳，雲階月地高處。分明記得嬋娟，夜深倚花泣露。五銖衣薄，怎禁得、秋涼如許。便等閒、移入小山，攝了騷魂同去。家世舊、風流叔度。人面好、重來崔護。鸞箋寫盡相思，誰憐晝堂寂寞。天台咫尺，怨芳約、渾無憑據。待底時、瞻禮空王，試問木犀香否。

減字木蘭花　春日游嶽麓，訪宋刻禹碑

羊腸路折。滿地杜鵑花似血。牧笛聲哀。一陣吹過射蟒臺。石頭誰拜。倒薤重摹書宛在。懷古悠然。鳳泊鸞飄八百年。

羅敷媚

黄昏捱過渾無賴，月上簾櫳。露下梧桐。半臂新添怯晚風。秋鐙易翦愁難翦，雁叫天空。蟲語牆東。人隔蓬山一萬重。

浣溪紗　賈傳祠

三載棲遲似楚囚。長沙卑溼自堪憂。日斜何事鳥啾啾。柑樹手栽湘岸上，石牀夢冷漠

宮秋。洛陽年少最風流。

其二

謫宦南來氣不平。上書愧煞衆公卿。卯金天子忌才名。湘水無情清見底，屈原同傳死猶生。孝廉神往漢西京。從前大吏月課孝廉於祠內，極文讌之盛。

卜算子 定王臺

景帝十三王，心事長沙苦。西望長安見白雲，淚落江天雨。何處漢宮春，帝子魂歸去。終古秋風吹蓼園，葉翦梧桐樹。

以上《寄傲山館詞稿》卷一《泡影詞甲稿》

望江南 梅邨《望江南》詞十八首，只及嬉戲之具、市肆之盛、聲色之娛。蓋南渡之時，上下嬉游，不以恢復爲事。梅邨親見其事，故直筆書之，十八首皆詩史也。詞注云云，余嘗識之。癸卯禮闈報罷南歸，旅鄂數月，目有所觸，輒以長短句寫之，意内言外，猶梅邨也。古者洞庭南北統稱江南，武漢在其域中，故沿用之

江南好，歌舞雜仙凡。白雪曲高鐙弟七，牡丹花豔月重三。伶隱水雲憨。

其二

江南好，鞠部女登場。得寶新歌繙舊譜，若蘭小字冠羣芳。同日詠霓裳。

其三

江南好，豔飾髻盤螺。蜨版雪衣參大士，鳳頭珠履舞天魔。簾下定風波。

其四

江南好，十二楚峯邊。金粟按箏隨淚下，紅綃盈篋索頭纏。腸斷杏花天。

其五

江南好，楊柳繞迷津。秋水雙瞳垂髻女，春風一度畫眉人。蘇小是鄉親。

其六

江南好，蘭蕙不言芳。茉莉兜風描淡白，玫瑰染露媚昏黃。簪鬢夜來香。

其七

江南好，味饜八珍奇。金鼎調羹羊胃爛，玉盤貯膾鱖魚肥。香溢口邊脂。

其八

江南好，鈿路記三叉。城北徐公妻走馬，牆東宋玉女同車。十里逐飛花。

昭君怨 題《香祖樓》院本

城裏芙蓉誰主。管領鴛鴦新譜。生出並頭蘭。惹悲歡。　來去人間天上。兒女神仙魔障。情也太癡人。了前因。

摸魚兒 晴川閣感賦

莽神州、江山如此，重關雄視三楚。天心層構何年聳，半壁東南撐住。春已暮。尚有個、亭臺供我徘徊處。憑欄試數。只吹落梅花，劫餘芳草，緑了漢陽樹。　煙波幻，經過滄桑幾度。潮來還送潮去。人人解道安瀾好，誰更愴懷神禹。君可悟。君不見、風流淘盡今成古。羈愁正苦。怕跨海樓船，飛來天外，打起戍樓鼓。

前調　黃鶴樓感賦

怪仙人、偷乘黃鶴，危樓空倚江水。灰寒前度紅羊劫，又被東風吹起。多少事。算只許、閒鷗閒鷺閒閒記。何年戰壘。便南望芳洲，西看大别，都是斷腸地。　江城笛，五月梅花落矣。鄉關回首千里。牢騷賸有驚人句，白也一拳撞碎。君且醉。君不見、鸞飄鳳泊斜陽裏。斷碑殘字。怕此後重來，前朝認取，折戟費磨洗。

南鄉子

風月舊蘇門。門外垂楊葉葉新。千喚萬呼花弄影，直直簾角、分明畫裏人。　偷看砑羅裙。手捉弓鞋拂輭塵。春上眉頭潮上頰，橫陳誰更、無情不斷魂。

浪淘沙

朝夢醒巫陽。窺鏡慵粧。羅衣不耐綺窗涼。小袖窄襟重褪釦，屏曲薰香。　愁黛畫眉長。離合神光。來時緩緩去時忙。十萬金錢新作客，擲與徐娘。

菩薩蠻

碧城天遠連宵阻。愔愔庭院涼添雨。長夏懶梳粧。畫眉啼斷腸。　多情儂不道。恐被無情惱。低首拭啼痕。黃昏深閉門。

滿庭芳

袖薄驚鴻，鬢低墮馬，淡粧人似梨花。平康小住，心事倚紅牙。春色蘇娘老去，斜陽巷、借柳藏鴉。朝朝誤，無人惜取，兒女五雲車。

生疏同是客，相逢一笑，燕子無家。儘狂蜂癡蜨，撩亂窗紗。輸與司空見慣，眉峯底、點點波斜。應憐我，吟腰消瘦，兩鬢不曾華。

邁陂塘

問章臺、金絲柳弱，何時新染濃翠。豔名題向羣芳譜，一霎鸚哥偷遞。門怯倚。算暮暮朝朝，没個相思最。風流誤爾。恁裙屐翩翩，五陵年少，情也薄如紙。　烏衣巷，王謝堂前燕子。飛來飛去游戲。杜郎俊賞靈犀引，荳蔻梢頭春醉。誰得似。似縹緲虛無，獨立飄仙袂。含愁凝睇。便不整花冠，微聞珠咳，心事可知矣。

臺城路

淚珠偷墮桃笙碧，喁喁枕邊私語。柳性多愁，花心易動，宵静無人知處。淒涼院宇。指蟾月西斜，不如休去。夢短更長，漏聲重倚畫屏數。　腰肢纖細妙舞。任留仙掌上，飛燕癡妬。鳳眼釵横，螺心髻損，蛾緑雙飛眉嫵。悭悭惜汝。待金屋安排，底時嬌貯。懊惱明朝，渡江桃葉苦。

憶舊遊

記秦樓訪舊，料峭春寒，二月花朝。縹緲藍橋路，隔萬重雲影，淒咽瓊簫。鬧春幾枝紅杏，風信馬蹄驕。奈往事思量，尊邊扇底，綺語魂消。　迢迢。探芳訊，有錦字迴文，一樣無聊。漢上繁華地，料笛聲三弄，柳寵梅嬌。苧蘿人怨憔悴，約泛五湖舠。待返旆湘城，萬家碪杵黄葉飄。

金鞠對芙蓉

燕怯梁空，蛛嫌網溼，楚天涼雨紛紛。正西窗睡起，幽夢無痕。江流不帶閒愁去，被晚風、吹墮迷津。傍花隨柳，等閒過了，重五良辰。　更有底事消魂。念家山縹緲，水繞孤邨。幸南來舊雨，共倒清尊。畫箋詞稿平分取，作一番、舞倦歌顰。水晶簾下，沈沈刻漏，捱到黄昏。

轆轤金井

路迷空谷，分桃花、不映去年人面。覓覓尋尋，驀相逢傍晚。紅嗔緑怨。倚簾角、月窺銀蒜。飄泊青衫，單寒翠袖，淚珠彈滿。　長安日邊天遠。忍一鞭歸去，魚杳鴻斷。險向烏衣逐，王家紫燕。情天不管。耐思量、恨深緣淺。瘦盡吟身，爲誰憔悴，有香盈畹。

浪淘沙　空冷峽題壁

仙洞小桃源。曲曲屏山。湘江上下水漫漫。過盡千帆都是客，誰倚闌干。回首憶長安。　桂殿秋寒。草頭朝露不堪看。何況閒花開落處，離合悲歡。

沁園春　螢

剗地愁根，慘淡秋光，欻化欻生。數梧桐金井，驚風點點，楚蘭瑶砌，泫露星星。池館蕭然，王孫安在，人面依稀隔畫屏。凄涼甚，誤紗囊淺照，蠹簡飄零。　縱横鬼閃青燐。正蟲語、低低不忍聽。況楊州荒苑，鈎斜十里，洛陽廢殿，瓦冷三更。夢婕魂癡，牽牛望斷，惆悵長門夜夜扃。經過處，觸班姬幽怨，一扇輕盈。

掃花遊 蟬

斜陽影裏，怪露咽風嗚，者般悽惋。荒臺廢院。又垂楊緑減，古槐黄换。齊女魂歸，聲比啼鵑還怨。倩誰伴。有瘦蜨過牆，芳也尋倦。離别情繾綣。送水驛山郵，兩行歌扇。宵長晝短。到秋來切切，似催年箭。翼薄驚寒，依約瑶階半面。鬢絲亂。怕閨人、白頭吟偏。

攤破浣溪紗 癸卯冬杪，舟過耒陽，訪吴九真太守谷府君碑於杜工部祠，小詞記之

石墨鐫華記鳳凰。碑立於孫皓鳳凰元年。訪碑人罕到郴江。寂寂鳳雛城北路，杜祠荒。一字無波蝯叟誤，第一行『君』字殊不類，相傳爲何子貞補書。八分有額大興忘。翁覃溪《兩漢金石記》摹其全文，但未見碑額。安得蔡倫魚網紙，拓千張。

以上《寄傲山館詞稿》卷二《泡影詞乙稿》

滿江紅 朱仙鎮弔岳鄂王

四戰中原，知王氣、何時消歇。君不見、驚塵滚滚，悲風烈烈。叩馬書生誰氏子，金牌十二春正月。想偏安、江左小朝廷，心悽切。獄三字，寃難雪。城五國，虜難滅。賸朱仙片石，蘚斑痕缺。白鐵敲殘藍面鬼，青燐化盡蒼頭血。料精靈、來往舊山河，依丹闕。

前調 題《冬青樹》院本

鼙鼓驚天，人間世、風雲變色。愁不了、殘山賸水，趙家宫闕。環珮淒涼胡馬上，髑髏狼藉蘭亭側。只高歌、正氣滿乾坤，難消歇。塵劫换，飛灰滅。亡國恨，從頭説。似冬青樹

底，杜鵑啼血。紅豆相思南國事，金牛無恙西湖月。念家山、入破一聲聲，壺敲缺。

浣溪紗

冉冉蘅皋客裏過。通詞無處託微波。相思刻骨奈愁何。　獻賦蜀中憐獨鯉，倚粧樓上蹙雙蛾。杏花時節淚痕多。

長亭怨慢　紙煤

弄筠管、淚珠彈粉。一捻香痕，乍圓還褪。指甲閒挑，靨邊輕擊臉潮暈。近燃眉翠，驚委地、淩波印。小袖暗籠時，寫不出、相思盈寸。　酒盡。恰檀郎解道，點向鴨爐紅燼。櫻桃素口，口脂滴、薄羅輕拉。待記取、紫玉成煙，倚匳鏡、雙雙厮認。又陣陣飛灰，難照半房幽恨。

如此江山　桂林寇警

桂林千里軍書急，紛紛赤眉蠭起。犵草風翻，蠻花霧捲，都被蚩尤驅使。將軍戰死。怕籌筆樓空，受降城圮。血染征袍，拔刀驚斷霽雲指。　邯鄲爲誰坐困，算書生誤國，從古如此。畫策帷中，騷除竈上，袞袞諸公休矣。書空怪事。甚賭墅多才，請纓無士。鼓角愁聽，楚歌聲變徵。

浣溪紗　七夕

絮泊萍飄色界中。年年作客怨西風。閒花閒草弔秋紅。　塵世漫憐牛女巧，銀河猶仗鵲橋通。個人離恨水長東。

過秦樓　秋月

何處吹簫，玉人曾照，二十四橋橋畔。宫眉暈黛，簾額穿珠，冷到桂輪香滿。把酒欲問青天，七寶樓臺，爲誰偷换。恐高寒夜夜，怎生禁得，瘦吟千徧。　應解道、竊藥閒情，姮娥老矣，羞對篋中團扇。天長地久，會少離多，千里共時還遠。孤負良宵似年，冷冷清清，梧桐深院。想歸鴻過盡，江上峯迴路轉。

金明池　秋草

屐齒痕消，裙腰色壞，綺陌薰餘幾許。凝眸處、湖南萬里，是流水、蘅皋舊路。誤歸期、送盡王孫，待悄悄、尋到鈿車迴處。只金谷園荒，緑窗人遠，繞砌低低蟲語。　底事情根難剗去。種滿地相思，作成愁侶。流螢冷、風來廢苑，鴛夢醒、煙迷遥浦。莽天涯、一霎榮枯，更葬玉埋香，瘦魂悽苦。算紅葉宫中，黄沙塞上，千古傷心遲暮。

行香子

蜨度紅牆。燕語雕梁。倚闌干、瘦影雙雙。篩簾細雨，貼水斜陽。記扇兒小，袖兒窄，帶兒長。　驀地昏黄。驀地思量。咽銅龍、夜漏聲涼。翦殘燈穗，撥盡爐香。却爲誰愁，爲誰恨，爲誰狂。

西江月

尺素遲遲芳信，飛花處處春城。緑楊飄泊玉關情。惆悵歸期無定。　小院陰晴天氣，誰家斷續簫聲。牡丹時節尚啼鶯。不管懨懨人病。

翠樓吟 鞠魂

步砌珊珊，環籬冉冉，招來一縷香細。晚餐騷客倦，甚情緒醒時還醉。霜前憔悴。誤倩女窺粧，湘妃掩淚。銷凝地。黯然離別，隔簾千里。　幽會。過了重陽，又淺斟低唱，瘦將人比。神交秋水淡，指三徑商量歸計。孤鴻驚起。怕夢斷昏黃，煙成幻紫。西風吹。枕邊蟾魄，夜寒無寐。

渡江雲

北風寒凜冽，閉門兀坐，古寺闃無人。惱儂歌唱罷，右手持杯，滿酌甕頭春。知音寂寞，甚英雄、溲溺儒巾。書十上、黑貂裘敝，黧面愧蘇秦。　迷津。漁郎誤入，一葉扁舟，數歸期無準。聽處處、雞鳴犬吠，萬竈煙昏。賺人多是桃花片，悟來時、滿地紅塵。回首望、雪中征雁紛紛。

浣溪紗 曩過許州，見驛壁有題詞六闋刺時者，依韻和之

十萬鶯花夢裏看。長安索米不知難。風前自整切雲冠。　劫後脩樓持玉斧，空中承露捧金盤。白頭人怨漢郎官。

其二

見慣吞刀吐火奇。天魔逐隊舞紅衣。宮槐高處亂鴉啼。　虎口餘生猶有記，劍頭險語不成炊。斷腸人唱斷腸詞。

其三

誰道淮王勝紫姑。上清淪謫待何如。人間都廁即仙居。　舞袖迴旋臣國小，奴兒調笑酒

家胡。司空城旦更無書。

其四

負腹將軍博失侯。可憐西第縣官收。牧豬奴戲底時休。　朝撥銅輪宮作劇，夜酣春酒殿藏鉤。紀年神爵亦風流。

其五

柳外輕雷送雨聲。水晶雙枕墮釵橫。　老來放誕笑廬陵。　湘女尚知淮海客，里娘獨愛玉溪生。相公曲子浪傳名。

其六

媚眼斜窺宿鷺窠。翠樓西角柳絲搓。　愛河不信有風波。　芳訊瑤池三鳥使，豔情子夜四時歌。合歡扇底奈秋何。

法駕導引　除夕，橘洲舟中守歲

驚歲暮，驚歲暮，一葉橘洲旁。爐火有灰温苦酒，雪花如掌打篷窗。獨客九迴腸。

其二

拚守歲，拚守歲，覓句一燈孤。隔岸人家忙擊鼓，隣舟估客劇呼盧。敗興吏催租。

以上《寄傲山館詞稿》卷三《泡影詞丙稿》

蜨戀花　李雲崧出梅荷桂菊畫幅索題，漫成四解

見説江南春色媚。緑綺窗前，月與花同醉。寄語寒夜孤山人不睡。羅浮弄影珊珊佩。

天涯煩驛使。雪訝今年，鶴夢蒼茫裏。鐵骨冰心誰得似。王曾惜取和羹事。

其二

一碧西湖湖上水。豔曲田田，畫舫斜陽倚。采得雙頭憐並蔕。苦心消受蓮中薏。　露冷香清塵浄洗。葉葉花花，參透空王旨。霽月光風人去矣。登亭把酒懷周子。

其三

明月前身香案吏。十二瓊樓，玉斧柯應碎。小謫人間緣底事。黄金散盡天花墜。　聞道淮南招隱士。惜取山阿，一片秋之氣。廣樂如今天又醉。蟾宫不織登科記。

其四

肅殺乾坤撑不起。傲骨條條，晚節香還異。記得重陽風雨至。白衣送酒籬邊醉。　自昔三閭傷濁世。飲露餐英，點點愁滋味。此外芬芳難比似。纏綿悱惻離騷意。

醉太平　爲雲崧題水仙獻壽圖

雲根一拳。檀心一丸。倚粧龍婉鴻翩。異天仙地仙。　瑶臺月圓。瑶池水寒。俄傳王母開筵。惹桃花問年。

邁陂塘　虎丘懷古

數姑蘇、年時名勝，閶門西擁嵐翠。夫差霸氣消沈後，羸得風柔水媚。佳麗地。催畫舫、舞裙歌扇隨潮至。山塘七里。比折柳臺邊，采蓮坊下，多少婕成隊。　傷心極，别有吴宫舊事。相思滕玉如醉。情根斬斷埋香處，鐵鑄劍鋒犀利。煙縷細。應不讓、牡丹亭唱還魂記。生生死死。怎黄土一抔，豔名千古，輸與六朝妓。

長相思

長闌干。短闌干。十二闌干倚處寒。低頭思故園。家平安。客平安。雁使傳書兩地難。江南山後山。

步虚詞 小除夕

樓角紅搖燭影，檐牙白墮霜花。鼕鼕臘鼓送年華。老友孤燈閒話。浪跡場中傀儡，羈愁座上琵琶。五千里外客無家。記取吴門今夜。

女冠子 寓樓臥雨

一檠殘穗。夜午照人初寐。雨凄凄。艣溼搖煙瘦，梅香雜雪肥。響敲鴛瓦碎，寒逼鳳巢欹。多少無情淚，一絲絲。

高陽臺 除夕

爆竹聲中，華燈影外，紅橋處處黄昏。急管繁絃，零釭斷鼓消魂。小樓夜飲屠蘇酒，到醉時、客思紛紛。念家山，料峭春寒，愁煞閨人。

回頭歲事抛虛牝，只酣歌薊月，飽看湘雲。鄧尉探梅，如今飄泊吴門。憑欄默祝蒼蒼者，鑒此心、一瓣香温。待東風，草綠瀛洲，健我吟身。

前調 胥江風月，波濤作怒；閶門絃管，裙屐無愁。吴趨之豔蹟全荒，海國之市場大啓。即景傷懷，爲倚是解。時丙午豕日也

水膩凝脂，煙寒織翠，依稀别館離宫。瘞草銘花，玉鈎一例塵封。麋來鹿往年年恨，又錦車、怒走銀驄。指閶門，十二樓欄，徙倚東風。

吴娃不管興亡事，儘山埋虎劍，寺冷鯨鐘。唤酒徵歌，斜陽滿地殘紅。閒情畫取旗亭壁，和紫簫、懊惱詞工。怕蘇臺，碧柳絲絲，綰住游踪。

華胥引　巢鴨夜歸

蟾輝浮地，鵶陣争巢，虹腰覓路。轣轆聲中，鈿車碎碾塵幾許。夾道兒女喁喁，學參軍蠻語。旗影疏燈，飲冰人趁涼處。　亭短亭長，甚將軍、不知新故。者邊門巷，繞溪櫻斜樹。一串珠喉低唱，正韻流箏柱。僥倖周郎，水晶簾下偷顧。

少年遊　詠冰

瓊樓寒色，晶盤冷豔，清味試甘橙。鮫淚痕消，玉壺心在，一枕倚桃笙。　重洋路，黯然南北，夢裏夜三更。月角霜棱，藐姑仙子，瘦影步虚行。

梁州令

學唱江南曲。消磨少年金縷。燕臺載酒憶前遊，胭脂淚溼花深處。　蘭愁蕙怨紛離緒。拚向蓬山住。騷魂一點飛絮。依依夢裏瀟湘去。

步虚詞

幻想甘泉玉樹，哀思楚澤芙蓉。長安獻賦馬如龍。贏得漢宫人誦。　海上蒼茫獨立，神山縹緲遊蹤。移情衹有伯牙同。一曲水仙名重。

水調歌頭 中秋，宿上野寓樓，和東坡

何處弄明月，碧海接青天。可憐蟾桂香滿，還似虎兒年。我欲排閶低訴，不道蓬萊縹緲，清露五銖寒。醉眼看龍劍，氣逼斗牛間。　酒杯空，燈穗落，客愁眠。瑣窗點滴，疏雨敲夢不成圓。仙子瓊樓歌舞，兒女金閨歡笑，豔福幾人全。今夕有歸雁，寄語與嬋娟。

滿江紅 小除夕，劍初置酒神田蕙芳樓，升菴初來與焉。席間談及十年前館居郡城西湖僧舍，殘臘向盡，待試未歸，琴書朝對，芋火夕溫，情景歷歷，如在目前。嗟乎！寸陰尺璧，負我負人，碧海青天，今夕何夕，撫時感事，慨然有作

寶劍韜光，年年是、天涯作客。君不見、臥薪嘗膽，朝吳暮越。名世文章牛馬走，儻來富貴張儀舌。儘從容、三島看梅花，寒禁得。　人間事，空悲切。誰鑄錯，六州鐵。問前朝十二，太平何策。揚子方言仍吃口，侯芭載酒奇能說。只今宵、怕憶少年時，西湖雪。

望海潮 渡太平洋

尾閭何處，東飄西泊，將軍跋扈飛揚。擊碎蜃樓，掀翻貝闕，摧殘萬丈鼉梁。水戰日昏黃。似屠龍血點，寶劍寒芒。屈殺寃禽，仙乎引去憾茫茫。　古今無限滄桑。想波臣老矣，海若云亡。厚可負舟，弱還沈羽，誰教亥步章量。柏翳不能詳。且掉頭天外，一醉霞觴。休問奇奇怪怪，百谷是何王。

法駕導引 長崎舟中，寄江戶同學諸君

春欲暮，春欲暮，河伯外孫家。笑我西飛如燕子，輸君東海看櫻花。靈藥駐年涯。

其二

舟一葉，舟一葉，穩渡太平洋。弱水三千知遠近，長風九萬説荒唐。別夢繞榑桑。

以上《寄傲山館詞稿》卷四《泡影詞丁稿》

菩薩蠻　曉發潭州

麓山雲裂青（一作平）髮。橘洲洲畔舟初發。兩岸乳鶯啼。垂垂楊柳枝。　北風吹不轉。湘水東流遠。青草洞庭湖。碧空帆影孤。

浪淘沙　洞庭舟中望岳陽樓

三醉是何年。欲問青天。蒼茫湖水與湖煙。飛過洞庭三萬頃，我亦神仙。　樓影落樽前。風月無邊。憑欄把酒總無緣。領取希文憂樂意，四顧悠然。

闌干萬里心　漢上即景

鳥啼花落夢南朝。漢上繁華不可描。十里香街金步搖。送征軺。界破青天路一條。

山花子　宿駐馬店

駐馬銜杯酒興濃。柘枝歌闋一燈紅。不似年時寒臥雨，麴車中。　祖逖一鞭先我著，嬋娟千里與人同。前路邯鄲多幻夢，各惺忪。

念奴嬌　晚渡黃河

夕陽西下，送蕭蕭行李，岸頭呼渡。濁漲三篙舟一葉，南北鴻來燕去。戍鼓聲催，征帆影亂，十里金橋路。（時造鐵橋未成。）燈光涼逗，淙淙流水如許。　回首八百重湖，樓船飛過，浪打君山樹。九折羊腸河似阪，還比洞庭脩阻。

瓠子防秋，旗亭賭唱，倦客消魂語。明朝又是，曉風殘月何處。

浣溪紗 彰德道中

大麥黃時染麴塵。南風剗地日重昏。亭長亭短一停輪。銅雀臺荒看不見，太行山遠勢如奔。不知何處是燕雲。

前調 邯鄲

圍合强秦十萬軍。平原門下客紛紛。奇功應讓信陵君。一片趙州誰氏土，北朝興廢不堪論。更從何處弔才人。

生查子 易水

離亭張宴處，一碧寒潭水。送酒白衣冠，多少燕人淚。劍氣生，筑聲死。風也蕭蕭起。壯士没還期，千古傷心事。

步虛詞 抵都門

萬瓦魚鱗屋密，雙輪馬足塵多。飛車停軌雨初過。雲捲西山日墮。苦竹籠中翠羽，荒荆門外銅駝。南人愁聽北人歌。慷慨酒徒唱和。

摸魚兒 端午，和稼軒晚春韻

問京華夢、誰醒了，遲遲人未歸去。艾人蒲劍依然好，偷換流年無數。留不住。悵滿地、王孫緑斷來時路。空梁燕語。又長夏初臨暮。危巢小，無力豚飛絮。懷沙事，解道靈均自誤。騷才天也應妬。燕臺縱有黃金在，變徵筑聲如訴。還醉舞。看酒漬、羅衫色黯燕南土。離愁正苦。儘女憶兒思，長安日遠，雲樹不知處。

風入松

佳人自古説幽燕。如玉正華年。新粧墮馬誰家好，覷簾櫳、弄影翩翩。羅帶雙垂裙底，胭脂一抹眉邊。　豔名低喚小嬋娟。買笑擲金錢。重來人對迦陵鳥，倚空庭、立冷蒼煙。又是梅花笛裏，相思遠道綿綿。

醉落魄

月涼簾半。兩行紅粉誰家院。茜羅衫子輕羅扇。茉莉香濃，釵朵滿頭顫。　寵柳嬌花看不厭。殘雲短雨温柔慣。盈盈淚眼珠成串。薄倖郎君，腸也九迴斷。

清平樂　杏子

鬧殘春意。顆顆枝頭墮。李苦梅酸渾不似。别是一般滋味。　佳人素手摻摻。晚粧樓上開簾。笑指嫩黄顔色，幾時染上單衫。

浣溪紗

一色胭脂解語花。女兒生小是良家。香風吹下五雲車。　繡舄雙頭描小鳳，青絲半束綰靈蛇。驚鴻影上碧窗紗。

甘州　書憤

似五陵豪俠少年場，弄劍玉驄嘶。伴清遊萬里，燕雲薊月，一片相思。多少秦書襴刺，風捲落花飛。慷慨悲歌者，同是天涯。　不笑曳裾彈鋏，笑朱門静鎖，午夢醒時。趁冰盤乍薦，進酒有吴姬。覓神仙、白雲鄉裏，奈傳言、青鳥誤歸期。誰知道、錦囊佳句，待繡弓衣。

永遇樂 太學觀石鼓

憑弔周宣，中興王業，消歇何處。埋碣鳳翔，剔金燕市，險逐胡塵去。紅亭翠柏，天陰鬼哭，孔壁悄無人住。色蒼蒼、文字劫餘，寒芒似吐金虎。岐陽獵後，二千餘載，遲我蒼茫四顧。飄泊三朝，河山破碎，南北無歸路。可堪才薄，奈何歌罷，愁對辟雍鐘鼓。更誰問、謫仙死矣，少陵在否。

歸塞北 都門即事

燕京好，驕馬踏塵沙。流水三條朝接軫，輕雷十里晚奔車。迎面女如花。

其二

燕京好，裙屐少年場。玉樹後庭花影瘦，梁園詞客柳絲長。眉語酒邊香。

其三

燕京好，絲管日紛紛。黄竹歌聲新樂府，緑衣天下小伶人。沈醉沁園春。

其四

燕京好，楊柳晚隨風。燕姹鶯嬌聲細細，月來雲去客悤悤。燈小碧紗籠。

其五

燕京好，人趁市開場。短筑長歌河上曲，高鬟半學内家粧。一陣野花香。

其六

燕京好，博古繪成圖。銅雀香凝曹氏瓦，金猊煙歇博山爐。七寶碎珊瑚。

其七

燕京好，插架富藏書。泰誓古文搜老屋，漢書精本出葫蘆。一字一明珠。

其八

燕京好，書畫米家船。石鼓新繙科斗篆，蘭亭舊賜玉堂仙。山水李龍眠。

浣溪紗

仙子曾居海上山。瓊樓高處不勝寒。可憐小謫到人間。　　響屧乍驚雲半嚲，脩眉淡掃月雙彎。見時容易客消魂。

生查子　出都

黃金臺上人，臺下何人識。大笑出都門，滿袖京塵積。　酒已闌，歌又闋。驕馬嘶芳陌。回首望西山，真面無顏色。

虞美人　天津

黃蘆碧柳傷心色。斷續蟬聲咽。短橋過了又長橋。橋上車行橋下、一舟搖。　休提滄海桑田事。來去人如醉。津門十里裊青煙。不是尋常巷陌、夕陽邊。

山花子

海氣橫吹估客舟。鷗邊涼意似深秋。高處看雲低看水，思悠悠。　岸北岸南甌脫地，潮來潮去古今愁。七十二沽流不盡，又回頭。

百字令　乙巳六月二十二日，自煙臺開輪，俄雨雹有大如拳者。明日達黑水洋，颶風大作，蜃氣逼人。甚矣憊，經兩晝夜，始入吳淞口。嘔心未

盡，漫賦是解

海天無際，莽蒼蒼著我，扁舟一葉。回首之罘看不見，搖蕩蛟宮貝闕。雹挾雲飛，濤爭山立，驚起談瀛客。釣鰲東去，大人誰是龍伯。　疇昔慨慕宗生，乘風破浪，萬里心何怯。到此應憐精衛苦，銜木西山癡絕。蓬島荒唐，桑田變幻，游戲才人筆。倚天長嘯，斬鯨揮劍三尺。

浣溪紗　滬上即景，集唐

萬里笙歌醉太平。杜牧。幾多臺榭倚青冥。陸龜蒙。千重鉤鎖撼金鈴。張祜。　自是祖龍先下世，胡曾。未遊滄海早知名。皮日休。腰間寶劍重橫行。顧況。

其二

小白長紅越女顋。李賀。霧綃雲縠稱身裁。羅虬。謝庭風韻婕妤才。竇常。　願作琵琶槽那畔，裴讓。濃粧巧笑面相偎。劉商。落花飛絮共徘徊。雍陶。

其三

誰道容顏不及花。劉商。千嬌萬態破朝霞。徐凝。不勝攀折惜年華。陳陶。　若解多情憐小小，白居易。一名閒物要些些。李昌。五靈仙馭五雲車。薛濤。

其四

腰細偏能舞柘枝。徐凝。蕊珠深處少人知。元稹。惟留雲雨怨空閨。張賁和。　歡笑勝愁歌勝哭，白居易。芙蓉如面柳如眉。白居易。一到花開一忘歸。羊士諤。

其五

岸落殘紅錦雉飛。羅鄴。病香無力被風吹。羅櫓。那羞踐踏損光輝。韓愈。今夕可憐江上月，陳羽。勸君惜取少年時。韋秋娘。風流仍作杜秋詩。張員外。

其六

詞客金門未有媒。皇甫冉。不關無路到蓬萊。胡曾。瀟湘何事等閒回。錢起。月照煙花迷客路，韓偓。馬如飛電轂如雷。陸遵。懶於街裏踏塵埃。韓愈。

菩薩蠻　夜過鎮江

暮濤聲壯舟行疾。電光摇曳疏燈碧。獨自倚闌干。霏微侵袂寒。金焦山兩點。夜色渾如染。何處是瓜州。隔江江水流。

湘春夜月　金陵形勝，甲於神州，六朝帝子，旋興旋亡。王氣鑿殘，咎在祖龍，歸獄金粉，不亦冤乎？雨中過此，黯然有賦

問南朝，古今誰最消魂。一片賸水殘山，描不了愁痕。依約故家王謝，對烏衣門巷，細雨紛紛。料雙雙紫燕，飛來飛去，無計留春。秦淮王氣，風流帝子，金劍埋塵。管甚興亡，只玉樹、後庭花好，聲渡江雲。佳人再得，勝舊曲、桃葉桃根。還泛舸，向五湖遊徧、景陽宮井，何處尋君。

霜天曉角　蟂磯弔靈澤夫人

蜀江東逝。嗚咽吴江水。爲有英雄兒女，流不盡、傷心淚。南朝金粉地。鵑魂花影碎。

須勝魏王銅雀，千古恨、分香妓。

臨江仙　小孤山

波心一點盤螺髻，年年飄泊殘粧。石鐘敲破夢荒唐。蒼崖緑樹，風送午陰涼。鐵馬金戈鏖戰處，一江煙水微茫。沈郎當此憶彭郎。小姑知否，與我是同鄉。

相見歡　九江

潯陽江上凝眸。水悠悠。一半荻花楓葉、近新秋。晚風起。斜陽倚。莫停舟。怕有琵琶商婦、訴閒愁。

念奴嬌　赤壁懷古，和東坡

長江滚滚，笑今來古往，有何英物。一夜東風天不管，僥倖功成赤壁。戰壘煙消，樓船羽化，斷岸花如雪。當歌對酒，千秋誰似雄傑。諷罷小杜一詩，東坡兩賦，思古幽情發。三國人才無定論，同是聲名不滅。公瑾少年，小喬春色，在也悲華髮。江山無恙，年年空照明月。

以上《寄傲山館詞稿》卷五《前燕遊詞稿》

減字木蘭花　秋涼

愔愔庭院。一晌無人剛夜半。燭影紅邊。小小輕羅扇乍捐。空房心怯。碪杵誰家敲落月。私語西風。客裏寒衣尚未縫。

浪淘沙　題醉竹山人畫扇

新緑樹扶疏。屋小窗虚。數竿脩竹影平鋪。海上三山遊覽徧，瞥見仙居。妙手畫圖摹。詩老清癯。晝長無事理琴書。大隱金門塵不染，心在冰壺。

菩薩蠻　迴文

空牀半倚還鄉夢。夢鄉還倚半牀空。衾薄怨秋深。深秋怨薄衾。　砌偎蟲語細。細語蟲偎砌。何若妾愁多。多愁妾若何。

滿江紅　電影，戲和翼雲

彈指樓臺，是何物、消摇遊處。　眸炯炯、光明大放，燭龍珠吐。變相驚看吴子畫，漫空忽作蚩尤霧。似仙乎、聽曲廣寒宫，霓裳舞。　白鱗見，青牛去。身丈六，天尺五。又虚無縹緲，賺人東渡。掣電轟雷新世界，乘鸞跨鳳童男女。笑瀛寰、萬象一浮漚，君知否。

夜行船　詠柳，和石帚《北山尋梅沈氏圃》韻

不道宫鶯聲悄度。倚雕闌、沁園無數。九陌輕塵，六街斜照，風捲落花飛絮。　淚雨愁煙朝復暮。最傷心、寒鴉棲語。寶馬鞭摇，鈿車絮碾，無計向伊分付。

少年遊　夜飲蕖華館

一庭香霧一簾涼。月一樣、薄羅衣。弄影花嬌，鎮神棋倦，蓮漏夜遲遲。　合歡開宴酒邊燈，底眉語、費相思。玉樹歌殘，櫻桃欲去，紅燭淚雙垂。

清平樂

晝長人静。一枕遊仙夢。胡蝶飛飛風不定。鎮日戀花三徑。　醒時殘照當門。空庭煙靄

紛紛。消受晚涼天氣，此身閒似孤雲。

滿江紅 詠蟬，和翼雲

露咽風餐，蒼蒼裏、可憐蟲最。消不盡、古愁今恨，哀吟而已。繼續五更胡蝶夢，清高到處螳螂忌。似淮南、落木怨華年，雙鳴翼。 漢宫在，闌和砌。齊女化，聲和淚。倚斜陽煙柳，人間何世。半夏生時魂乍返，新秋涼後心都碎。伴清吟、絲鬢影星星，添顦顇。

虞美人 秋夕寓齋聽雨，有感而作

簾纖臥聽愁無侶。催打街心鼓。碧城十二比天遥。辜負昨宵芳約、又今宵。 人情翻覆應何似。天也沈沈醉。宮中紅葉苦裁詩。不道御溝流水、没人知。

前調

西風著力消殘暑。滿目涼塵苦。斜陽一陣亂啼鴉。隔院古槐零落、淡黄花。 歸期誤了歸人老。客裏心如擣。家山望斷楚天長。又道征鴻飛不、過衡陽。

菩薩蠻 苦雨，和翼雲

悲哉簾外秋之氣。奈何天裏傷心淚。淚雨不分明。潺潺空復情。 夢回雞塞遠。杏子黄衫冷。故國阻巫峯。滓雲十二重。

浣溪紗 頻年作客，七夕無歸。感人事之多乖，值雙星之宛在，爰倚十解，以諗知者。野狐參禪，又何辭焉

瓜果庭中露氣侵。憑空乞巧女兒心。相思寸寸暗穿鍼。 不繡離鸞和寡鵠，但描人影隔

花陰。秋宵一刻抵千金。

其二

緑鬟朱顔似昔時。平生有誓兩心知。一番歡笑一番啼。　翻手生憎雲變幻，回頭各自岸東西。多情記取是瓜期。

其三

色色空空别有天。銀河難覓夜行船。鵲橋咫尺爲誰填。　只有生離無死别，不妨今夕又明年。人間兒女劇堪憐。

其四

片石摩挲贈阿誰。乘槎無那客星稀。悠悠河漢不勝思。　月殿姮娥靈藥誤，天台仙子阮郎歸。鬱金堂裏燕雙棲。

其五

脩到仙人不自由。月來雲去客中秋。天荒地老幾時休。　昨夜星辰今夜雨，他生夫婦此生愁。長生殿角語温柔。

其六

歲歲年年記會真。朝朝暮暮織迴文。羅襟依舊淚痕新。　塵世因緣隨月老，神仙眷屬謝氤氲。癡牛騃女枉離魂。

其七

訴盡衷情是此宵。香添心字幾回燒。白榆歷歷影蕭蕭。　王母開窗遲賜宴，女媧鍊石不成橋。更無金屋爲藏嬌。

其八

仙袂飄飄怯晚風。清虚近接廣寒宫。愁眉妬

月畫雙弓。織女機邊雲錦薄。牽牛花下淚珠紅。分明不是夢中逢。

其九

一度一年一奈何。不絲不竹不驪歌。豔情豔福儘消磨。暮雨朝雲還作夢，連枝比翼願無他。思量百計挽天河。

其十

十二樓依十二城。短長漏下短長更。候蟲悽切作秋聲。拜月拜星如拜佛，閒愁閒恨總閒情。填詞人傍一燈青。

鵲橋仙　七夕，和翼雲

天街涼色，銀河浪影，牛女奈何心事。雙星只道會佳期，漫不管、聘錢償未。人間天上，悲歡離合，斷送年華逝水。采雲乞得巧無多，夜悄悄、鍼樓空倚。

鷓鴣天　文信國公祠觀《唐雲麾》殘碑

北海書名重四夷。薊門兩礎故雲麾。文公祠悄神呵護，古墨齋空吏載歸。碑舊在宛平縣署古墨齋，本六礎，失其四，康熙中移置文公祠。元省己，伏靈芝。黄仙鶴去世無知。北海諸碑手自鐫刻，凡言元省己、伏靈芝、黄仙鶴者皆託名也。雙鈎上石覃谿笑，翁氏重摹兩礎在法源寺。千里招魂法善疑。

前調　法源寺觀唐《寶塔頌》碑

落葉蕭蕭古寺鐘。車塵碾碎夕陽紅。漁陽動地無鼙鼓，楚客尋碑到梵宫。唐石韻，晉人風。鋒稜似勝夢真容。烏金搨本錢難買，黄絹題詞色是空。

前調　松筠庵觀明楊忠愍公諫草石刻

斬佞臣頭一劍磨。文章辣手古無多。椒山有膽應如此，燕闕無靈可奈何。　新涕淚，舊山河。輭紅塵外小行窩。堂摹諫草方周鼓，壁畫梅花作楚歌。壁間有吾鄉彭剛直公畫梅石刻。

以上《寄傲山館詞稿》卷六《後燕遊詞稿》

浣溪紗

滿地王孫怨別離。裙腰緑斷曲江西。梨花瘦盡柳花肥。　春事闌珊蝴蝶夢，客心撩亂海棠絲。等閒過了踏青時。

蜨戀花

佳節重三都過了。春夢無憑，春色閒中老。聽雨聽風聲漸小。落紅滿徑知多少。　客舍倚城臨古道。緑樹陰濃，啼殺黃鸝鳥。天氣殢人人懊惱。眉峯壓翠愁難掃。

胡蜨兒

胡蜨兒。落花時。蠻姬偷試嫁時衣。畫裙淡似伊。　穿徑深深見，窺簾故故飛。一天紅雨點胭脂。滿身香雪肥。

唐多令

香國引情魔。銷磨艷福多。算年年、怨綺嗔羅。楊柳旗亭何處是，空按拍、唱黃河。　素手嫁衣挪。拈鍼苦爲他。倚雕櫳、蹙損雙蛾。滿地落花風不定，春去也、奈愁何。

蜨戀花

簾幙深深人獨自。夢也無憑，愁也無滋味。

一縷輕寒絲雨細。鴨爐烟瘦沈檀爇。苦憶江南佳麗地。不惜金貂，換酒朝朝醉。費盡才思多少事。杏花時節尋歸計。

前調　春日同羅韻泉、陳阜蓀游六榕寺

塔影層層花欲墜。鳩占舊巢，燕子營新壘。古井寒泉波不起。仙官座上莓苔翠。　刧後六榕無古意。誰與雙鈎，摹入伽藍記。寺榜東坡書。訶子林鐘空打碎。黑風吹換人間世。

雨中花令　己酉上巳，登尉佗城

杜宇催歸，蘭亭修禊，年年歲歲良辰。趁晚風吹送，輭蹈香塵。蜨路草肥花瘦，木棉紅襯斜曛。憑高縱目，珠江一帶，雅叫黃昏。　西京使節，南越霸圖，漁樵話也陳陳。還記得、騎羊仙去，石爛雲根。潮打昌華廢苑，素馨澆酒何人。人間天上，閒愁種種，無緒嬉春。

搗練子　珠江即事

明月盡，夜珠來。一樣筝船感刧灰。無奈香魂招不返，青蓮花傍白蓮開。

浣溪紗

緑玉敲風鐵馬搖。碧桃枝上鳥聲嬌。酒籌擲盡碎詩瓢。　顧影自憐花解語，新來小病粉紅銷。雲階月地怕春宵。

柳梢青

發菩提心。説空王法，現宰官身。訶子陰員，佛桑花瘦，幾度黃昏。　天涯流水行雲。漫不管、來秋去春。滄海月明，淚珠多少，試問崑崙。

五綵結同心　荔子，和竹垞韻

霞酣日角。珠媚江灣，禁得一絲風熱。名艷朱櫻亞，料鸚鵡、偷向君前饒舌。漢宮零落無尋處，賸玳瑁、闌干遙接。征塵亂飛紅雪。博楊妃一笑，白頭閒説。詞人例啖須三百。挂緑枝連理，蠻姬小、曾買畫裙雙褶。十八娘、夢中省識，玉臂痕銷重齧。

臺城路　伏日，同友人游粵秀山，登鎮海樓感賦

年來閒卻游山屐，岡頭漫尋歌舞。三君祠一帶古稱歌舞岡。茗苦泉甘，竹深花淺，人在雲陰陰處。塵清輦路。怕扇影衣香，隨風吹去。驀地相逢，破瓜時節小兒女。諸君腰脚正健，又登樓四望，斜照過午。王氣銷沉，霸圖衰歇，歷記樓羅何許。憑高弔古。問賸水殘山，缺甌誰補。越鳥南枝，日長空自語。

買陂塘　題榑桑觀日出圖

莽蒼蒼、太陽何系，書空驚詫奇事。羲和失職天心怒，鞭得日輪將碎。君弔詭。見説道、六鼇策足龍搖尾。榑桑色紫。料赤縣神州，童男童女，半醒半酣睡。東游客，我亦歸來倦矣。金銀宮闕能記。披圖那解丹青妙，大放光明而已。吴道子。還畫幅、夕陽西下人間世。悲風四起。儘羿射夸追，弓遺杖化，長夜哭山鬼。

前調　題日光山觀華嚴瀑圖

笑詞人、錦囊何物，僊乎風引之去。日光一攬華嚴勝，穿過瑤林琪樹。驚卻步。似上界、銀

河倒瀉蒼虬舞。掉頭肯顧。且帶霧被雲，鞭鸞笞鳳，占得水簾住。秦時洞，問訊童男童女。桑田滄海都誤。匡廬瀑布三千丈，佯對畫圖重數。呼負負。走不盡、虛無縹緲神山路。泉寒雪古。得好事如君，歸來示我，呵壁臥游處。

高陽臺 蟋蟀

邠怨牀空，唐驚歲莫，西風吹冷神州。往事思量，人家砌角牆頭。梧桐葉落王孫老，到黃昏、露泣烟愁。倚闌干，聽不分明，字減聲偷。半閒堂邃金籠小，儘無憀狎客，欲鬬還休。風月平章，雞人唱徹更籌。呼鐙不少癡兒女，織迴文、懶上粧樓。更誰憐，夜午孤吟，宋玉悲秋。

山花子

細雨黃昏月半鉤。涼波凝碧舊池頭。摵摵西風吹落葉，漢宮秋。有夢應愁雞塞遠，將離還惜燕巢幽。滋味一般人不解，獨登樓。

買陂塘 九月同廖敏生、徐岐邨登粵秀山，一眺即歸。寓齋無憀，倚聲自遣

作重陽、滿城風雨，薄寒秋裏禁得。登高倘有龍山興，踏碎斷岡紅葉。征鴈急。爲底事、帶書過嶺傳消息。分明語吉。道黃菊落英，白衣送酒，遲我弄吟筆。蠻天暮，萬疊愁雲堆積。越王臺也岑寂。詩豪不敢題糕字，只恐世無人識。窮巷僻。拚獨自、扃門守著窗兒黑。冷官如鐵。是陶令未歸，杜公方健，庾信最蕭瑟。

臨江仙

落魄江湖空載酒，十年無夢心閒。雲英不嫁守勾欄。兜鞋光緻緻，摇珮影珊珊。　阿閣三層人更上，多情一晌貪歡。薰香欲歇五更寒。水晶簾半卷，門外小重山。

菩薩蠻

客有詢明妃始末者，爲倚此解

玉關西去桃花馬。琵琶聲急邊風打。回首望長安。漢宮秋色寒。　焉支山路險。環珮歸魂遠。兒女總無情。孤墳青草生。

踏莎行

秋夕，同人讌集聽秋聲館，館鄰將軍節署，即耿藩故邸也

葉下桐枝，花吹蘭氣。摇烟蕩雨秋聲碎。文園詞客酒酣時，西窗蠟燭傾紅淚。　珠斗横天，銀河垂地。分明咫尺王侯第。秋千送影過牆來，雀聲喧處人無寐。

高陽臺

辛亥三月二十九日，羊城紀事

幕燕閒愁，池魚暗泣，蠻天色變風雲。礮輦紅衣，聲聲畫角銷魂。越王臺下呼鑾道，碧糢糊、血染王孫。夜沈沈，深閉荆扉，花落鐙昏。
　傳聞巷戰兵相接，有田横死士，倉海神君。棨戟灰飛，朝來劫火猶温。焦頭爛額將軍客，又聯翩、捧袂龍門。倚危城，十萬人家，大索黄巾。

金縷曲

端午

雨染蠻天黑。倚蜑風、石榴紅綻，荔支丹擘。一例人家裁艾虎，角黍晶盤堆積。荆楚記、歲時猶昔。潮落珠江平不動，只龍舟、競渡無消息。蟬語怨，晚來急。　十年舊夢成蕭瑟。

待回頭、湘城擬賦，鶴樓吹笛。三島仙蒲燕市酒，風味故鄉難得。又獨酌、虞翻祠側。漫讀離騷揩醒眼，笑飄裾、曳袖田文客。拚一醉，作生日。

買陂塘 紫芝山覽古

倚危亭、蒼茫四望，天風吹散蠻霧。孤城半角南溪抱，記否玉鈐開幕。荒草路。有十萬人家，化作寒烟縷。紅羊劫苦。賸鬼哭天陰，燐飛月黑，雨打戰場鼓。　斜陽影，曾照開元寺古。名山今又無主。酒徒劍客知誰似，三百年時吟侶。雅亂語。占一帶、木棉猶是前朝樹。底須甘露。待茶竈安排，薪添落葉，活火石泉煮。

上行杯 壬子秋日，北溪道中

秋漲野田無路。斷橋頭、淡烟籠樹。樹外斜陽人喚渡。　重上筍輿重下。覓箇短長亭子住。去去。禁不得、黃昏雨。

太常引 七夕

雨聲滴滴漏沈沈。思婦倦敲砧。騃女懶穿鍼。暗分取、離愁半襟。　謝家餘韻，唐宮密語，傳誦到而今。憾海萬千尋。比天上、銀河淺深。

喝火令 秋日，羅山觀漲

山小餘叢桂，波涼罷採菱。秋風秋雨又秋晴。誰念觀濤枚叟，徙倚舊江城。　野鶩愁糧絕，文鱗怨水腥。隄邊官道少人行。一葉漁舟，一派亂流聲。一抹夕陽西下，未了數峯青。

以上《寄傲山館詞稿》卷七《鮫珠詞甲稿》

虞美人　癸丑清明

紅棉匝樹飛花影。寒食東風冷。微聞長歎燕雙雙。又是一春飄泊、九龍江。　鑾裝牛鬼婆娑舞。旗脚喧簫鼓。漳俗，清明日，城隍廟祝負偶象沿街跳舞，小童擊鼓揺旗吹角隨之，謂之『打清明』。三杯冷酒酹清明。腸斷瀧岡阡上、草青青。

金縷曲　九日，南山寺讌集，晚泛南溪，即事和韻

我是悲秋客。儘飄零、芰裳蘭佩，鴻憐燕惜。驀地西風吹世換，夢覺海天鷗白。誰慰藉、上清淪謫。黃鞠傍人籬下采，指南山、老佛曾相識。吟思苦，紗籠碧。　高朋滿座呼詞伯。醉萸觴、貝經搜異，鯨音叩寂。墓記金華虀臼爛，雲外悠然無迹。寺左有唐金華公主墓。相傳寺門舊榜『悠然』，即公主以髮濡墨書者。更莫問、紅牙雙拍。租箇烏篷遊艇子，恁鑾姬、了鳥寒禁得。南溪游船舊名『了鳥』。操舟多少女，相傳爲盧循之後。橋斷處，蕩蟾魄。

浣溪紗

墜葉紛紛斷砌封。秋花猶賸一分紅。折枝斜插膽瓶空。　鸜鵒呢人青瑣闥，鸕鵜臥病碧筠籠。重簾不卷惱西風。

天香　瓶桂久枯，一夕忽聞異香，挑鐙逼視，則金蕊重綻，大倍於前。先是，姬人嘗夢庭中桂樹叢生，花香四溢，呼余折得一枝。此其驗邪？第念天南羈旅，山鬼揶揄，更無採天根、躡蟾窟之想。不圖月殿仙人有此嘉貺。紀以是解，用迦陵韻

城倚丹霞，階生白露，桂堂東角幽絶。素女披雲，吴剛斫玉，占斷一枝寒雪。張功甫有《冬至日曉雪庭桂一枝著花》詩。膽瓶空翠。賸井底、古泉秋洌。金粟影中人瘦，霓裳羽衣殘缺。朅來廣寒宫闕。冷清清、前身明月。魂返滿庭芳夢，有花須折。我欲淮南賦别。聽楚調、重歌小山闋。子爲誰香，天台晚結。

浣溪紗 南臺即景

卷地潮聲打石梁。無諸臺下晚風涼。閑情獨寫野鴛鴦。一樣臉兒分黑白，個人心事費商量。酒闌燈炧月如霜。

前調 甲寅，漳東茶肆見牡丹花，主人老頭陀也。戲倚此解

魏紫姚黄鬬麗華。小將軍入老僧家。蜀僧悟光《題錢遵牡丹畫卷》詩注云：『青城丈人觀有牡丹二株，一名大將軍，一名小將軍。』見阮芸臺《石渠筆記》。高吟賭酒細評茶。畫苑胭脂難著色，春王富貴是空花。不堪劫後憶南沙。行篋舊有蔣南沙牡丹畫軸。辛亥羊城兵亂失之。

相見歡 題鳳岡老人趺坐小象

年年索米長安。法曹官。十丈輭紅塵裏、一蒲團。玉砌在。朱顔改。訊詞禪。應唱江南哀曲、念家山。

買陂塘 仲琴家有棋花石，迺近從九龍江上搜得者。天然奇古，洵可寶也。摩挲之餘，爲倚此解。他日有譚鬱林故事者，則余詞傳矣

嚙雲根、九龍江碧，恨餘填海精衛。西山萬木飄零盡，幻相古棋花碎。珠有淚。搜鐵網、珊

瑚玉樹枝連理。寄煩驛使。正東閣孤吟，南宮下拜，寒峭夜無睡。　羅浮夢，冷落畫闌雕砌。故家金谷園廢。頑僊骨疲生來傲，只合黃壚位置。添韻事。酒醒後、一壺重約春同醉。偷聲減字。誤白石老人，暗香疏影，輕擊鐵如意。

菩薩蠻　春日，游南山寺

青獅白象供隨喜。空王寂寂無人禮。趺坐刹那中。春閒愁懺紅。　芋香牛糞火。九一雲深鎖。寒菜半庭煙。風吹幢影偏。寺中有九一精舍。

賣花聲　觀趙千里渭橋迎代王圖卷，龍溪張西明孝廉所藏

三十六宮春。渭水平分。東風吹紫馬蹄塵。芝蓋飛花旗拂柳，士女如雲。　覽古一傷神。畫稿空存。漢家天子趙王孫。無限江山無限恨，龍種何人。

前調　觀蔡君謨《和劉侍御》詩卷，亦張孝廉所藏

草聖又詩狂。轢晉淩唐。前身蔡大一蛇王。馬五梅三驚卻步，首尾龍翔。　蟲篆印泥香。秋壑平章。卷末有『秋壑』『平章』『太師』等印。珍藏煞費悅生堂。攜到朮棉行不得，流落清漳。

前調　觀黃石齋《劉招》及《和鄭峚陽》詩卷，亦張孝廉所藏

何事託巫陽，楚些聲酸。美人千里草芊芊。興到椎牛詩自祭，逐客生還。　絹古字如鑴。鬼避銅山。鍾王家法仗誰傳。莫向雞林輕一擲，十萬金錢。

風入松 觀文衡山《風入松》詞卷，亦張孝廉所藏

湘簾棐几月黄昏。詞客慣銷魂。蠻箋攤遍停雲館，倚蕢洲、笛譜翻新。搜稿古香居士，遺珠一曲行春。 錦江耆舊數家珍。篋衍墨花芬。小窗横幅烏絲界，抵千金、帖寶懷仁。莫誤蘭亭癸丑，猶留草聖精神。

鷓鴣天 端午，南溪即事

越女如花盪畫船。半溪流水半溪煙。榜人競渡雄旗鼓，估客徵歌盛管絃。 催酒盞，疊詩箋。烏篷陣陣雨聲喧。曹娥八字奇同賞，屈子三年醉不歡。

蘇幕遮 題文衡山雲棧圖

問青天，斟北斗。如此江山，古有金牛走。漢閣秦關唐驛舊。蜀道蠶叢，叫得鵑魂瘦。 緑筠前，新霽後。茂苑秋涼，把酒持螯手。巧奪天孫圖不朽。三百餘年，楚客題虀臼。 衡山有緑筠窩、湖山新霽二圖，均仿松雪法，見《寓意録》。

百字令 鼓浪嶼日光巖，是鄭延平駐兵處

巨靈孤掌，是何年擘取，天南一角。百戰魚龍驚鼓浪，終古潮聲斷續。客指虬髯，人彈鮫淚，諸佛藏金粟。洞天無恙，神僊消受清福。 太息帝子延平，紅衣坐擁，畫策燒宮燭。十萬貔貅成底用，島恨田横局促。酒酹忠魂，鐵敲如意，誰記西臺哭。閒鷗夢冷，子規啼破山竹。

滿庭芳 大暑，同石軒遊海澄公故園，感賦

佛倒芝山，僊辭楳嶺，侯門一例蕭條。滄桑驚

變，鐵券廢前朝。武庫光銷紫電，書倉破、蠹尾輕捎。興亡夢，烏衣燕子，何處定新巢。風騷。尋不見，粧樓碎粉，舞榭零綃。有吟壇石刻，鳳泊鸞飄。贏得黃皮天氣，風味好、苦筍甘蕉。君休羨，將軍大樹，葉葉珥金貂。

滿江紅　初秋，同石軒遊鄭氏可園，感賦

置驛長安，京華夢、紫裘丹轂。過嶺去、吟楳招婕，宰官清福。夾漈草堂流水抱，康成書帶秋風綠。向名場、鏖戰晚歸來，白駒谷。小園賦，古誰録。平泉記，今誰續。寫板橋餘韻，數枝殘竹。燕子驚飛無主客，蠹魚僵臥藏書簏。問冷羊、百硯幾留遺，麟之角。

金縷曲　菽莊眉閣

楳鶴清吟地。驀登場、高標赤幟，天南雄視。壓倒聚紅詞社客，上薄閩中十子。問東海、誰擕袖裹。詩佛詩僊遥接引，悟頻伽、樓上浮眉翠。壇坫主，執牛耳。三千底用誇珠履。讓梁園、鄒嚴枚馬，平分韻事。獨刻金蓮催白戰，競病尖叉一例。鐘漏急、管城花墜。黯説旗亭人畫壁，唱黃河、遠上歌喉脆。驚下拜，龍標尉。

水調歌頭　聽潮樓

樓上倚明月，樓下打寒潮。沙頭鷗夢初覺，天外黑風號。帝子蘭橈桂楫，壯士金戈鐵馬，底事戰猶鏖。妙解南華意，秋水寫刁調。伯牙琴，枚叔筆，玉人簫。夜闌重翦，銀燭舉酒水仙招。試問鷺江濤怒，淘盡風流人物，今古幾良宵。爲有元龍氣，高處一吟豪。

絳都春　蕙香榭

三生石畔，記並頭韻事，豔占門楣。小字若蘭，連波親喚綵毫題。太清龍虎經遊地。餐餘勾曲神芝。花經補注，九疑仙眷，一品宮衣。　莫問靈均百畝，怕紅愁緑怨，費盡騷才。月淡露濃，瓊簫吹徹鳳皇臺。幽芳譜入烏絲界，真珠簾角菲菲。木蘭花慢，偷聲減字填詞。

買陂塘　蘆漵

占南溟、天池一角，海潮隨月來去。蓬萊清淺麻姑笑，不辨仙源何許。蘆也苦。作去一派、秋聲暮戰瀟瀟雨。征鴻自語。思銜向青冥，書空字字，煙碧結寒縷。　吹簫客，記得是吳是楚。西巖重訪漁父。腰横秋水千金劍，驚起魚龍飛舞。垂釣處。指八尺、竿頭欲拂珊瑚樹。招邀吟侶。趁蘋末風恬，瓜皮艇泛，高唱杜陵句。

燭影摇紅　竹屋

蝸角誅茆，此君左右雲深淺。野廬風景七鯤身，故國紅桑變。詞賦過江哀怨。手一枝、生花斑管。黄摹瑶水，緑寫朱華，曼聲吟倦。　休羨柯亭，笛材十六中郎選。煎茶應許著樵青，風動湘簾卷。涼月篩窗影亂。引幽蘭、吹香不斷。簟紋平處，一枕遊僊，署蓬萊館。

金縷曲　龔氏紅廔，藏書甚富，詞苑祕本，多所未見。漫倚此解，以志眼福

瑶島嫏嬛地。擁書城、仙駈脈望，龍威守祕。聞道咸陽收秦燼，一卷一縑同例。探禹穴、好

奇太史。七略家傳千秋業，借藜光、夜照刊三豕。傷五厄，今何世。　前朝孤本詩餘醉。集名家、琴川汲古，毛公韻事。南渡珠遺珊瑚網，鳳泊鸞飄海市。只白石、鹽稱黃帝。詞綜即今須重補，問金風、亭長誰能繼。紅豆館，鼂薌氏。

壺中天　楊丈有容挽詞

丹霞古驛。怪楳花慘淡，不成春色。三島遊僊風引去，縹緲金銀宮闕。山豆爲萁，溪璜罷釣，往事空悲切。天寒歲暮，萬家機杼聲歇。

自昔朱負霸才，白覲時變，富國求奇策。争似鱣堂餘慶衍，萬卷藏書盈篋。薛鳳聯翩，荀龍方駕，粲粲人中傑。瀧岡待表，萋萋阡草飛蜨。

金縷曲　乙卯三月三日，葑莊脩禊，分韻得「地」字

雨洗屏山翠。鷺江陰、鏡涵鷗影，樓空蜃氣。春色三分何處所，斷送二分流水。一分在、杜鵑聲裏。烏喚提壺人荷鍤，任東風、撼得花鈴碎。金谷酒，蘭亭會。　洞天別有神仙尉。邑幽情、前觴後詠，主醒賓醉。如畫須麋三十六，南國詞人老矣。羨王謝、翩翩公子。驫服亂頭狂似我，問柳枝、可解燕臺意。雙蝶舞，消魂地。

轉應曲

寒食。寒食。風裊游絲無力。杜鵑催客還鄉。不管傷春斷腸。腸斷。腸斷。細雨黃昏人倦。

其二

羈客。羈客。捱到清明時節。東風吹夢無痕。胡蜨孤飛斷魂。魂斷。魂斷。花裉殘紅春晚。

蝶戀花

春帶愁來愁不去。綠瘦紅肥，黯黯消魂處。簾外潺潺連夜雨。東皇莫是歸期誤。　驀地驚寒天又暮。薄著吴棉，低唱黄金縷。幾許閒情桃葉渡。烏衣燕子巢危幕。

青門引　感時，和許丈允白

剗地東風峭。消息惡傳青鳥。高吟跨海斬長鯨，龍泉寶劍，慷慨贈年少。　殘棋打刦何時了。斂手神傷笑。古來日没天子，挂弓不到扶桑杪。

減字木蘭花　贈臺北洪貌僊女史

藐姑僊子。小謫鯤溟游鷺水。刻翠雕紅。鐵筆花開綺夢中。　玉臺新詠。一翦春鐙寒照影。惆悵烏衣。紫燕雙雙畫棟棲。女史能詩，善篆刻。

一萼紅　丙辰人日峭寒，有懷舊遊，和石帚

鷺江陰。恁蠻花競豔，雕鬌却羞簪。爆竹人家，焚椒院宇，過午虬漏聲沈。壓旗脚、寒雲片片，鬧紅處、簫管引僊禽。咳唾生珠，玉樓天半，誰與登臨。　同首蓼園勝賞，正梅歆砌角，水縐池心。北海殘銘，長安牘土，一晌空費搜尋。刦塵換、春風笑客，待何日、重訪窟銷金。説與瀟湘故人，翦燭宵深。

高陽臺　題眉生公子摩邪山踏雪小影

鼉鼓聲希，鴻泥爪幻，蓬萊頂上游仙。驚走虬髯，裼裘公子翩翩。鱗飛甲舞空留影，混玄黃、龍戰天根。怎禁寒，馬嚙春冰，鶴訝堯年。

曾經宮闕金銀氣，引夢魂重到，壺嶠方員。俯眎塵埃，應無九點齊煙。麻姑底處栽黃竹，占恒河、沙數瓊田。冷蒲團，弄玉拈花，簫史參禪。

以上《寄傲山房詞稿》卷八《鮫珠詞乙稿》

賣花聲　戊午花朝

天不翦情苗。紫姹紅嬌。愁風愁雨鎮無憀。十萬金鈴成鑄錯，輸與花妖。　吟鬢影蕭蕭。撲蝶誰招。傷春有淚溼鮫綃。莫問鶯鶯和燕燕，變了鵾鴞。

浣溪紗　端午

烽火連天客倦游。蒲觴不解杞人憂。更無心事弔湘流。　翦綵吳姬纏艾虎，簪花蠻女看龍舟。黃昏細雨鷺江頭。

瑤臺第一層　浙西陳烈女挽詞

軸折坤輿，鼇足斷、何人奠四維。補天無石，媧皇袖手，愁見摩笄。南朝新語艷，記馬頭、世説傳奇。劫塵幻，有玉臺孤影，銀繭殘絲。

哀哀。浦迷黃歇，鴛鴦七二作雙飛。埋香底處，一抔浄土，貞木連枝。曹娥江上路，最傷心、草盡紅蘼。於伊辭。待中郎讀罷，幼婦題碑。

慶春澤　題蘇鰲石制軍公車得意圖

玉局前身，閬川名士，宫袍换自何年。阿堵神傳，畫家分付黄筌。輭紅塵碾雙輪鐵，倚東風、瘦聳吟肩。望長安，一角春城，碧柳如煙。秋曹吏隱春明夢，又江南五馬，太守稱賢。不信金牛，人歌蜀道青天。古今玉壘浮雲幻，覓石湖、老去游僊。拂蠻箋，綵筆留題，釵折平原。自題云：『二十六年真一瞬，彼時容貌尚存真。此後鬚眉多變换，認取當年本色人。』書法似魯公。

點絳脣　月夕，菽莊賞菊

月上疏籬，樓臺倒影雲羅縐。苦吟腰瘦。直得黄花笑。　檀板金尊，人醉黄昏後。西風峭。臥聽虬漏。一枕寒香透。

浪淘沙　己未花朝，菽莊即景，有懷蟫窟公子，和南唐後主

金帶水潺潺。蝶夢闌珊。東風猶作去一分寒。生怕百花嗔客倦，强起尋歡。　二十四迴欄。摩達僊山。故人天遠寄書難。愁聽新來雙燕子，絮語梁間。

水龍吟

杏花時節江南，玉壺春醉人歸未。洗紅袖薄，踏青鞋縐，曉寒拚起。驄馬西陵，錦韉溼透，吟鞭輕試。看樓前碧柳，絲絲淚落，無情樹、猶如此。　向晚重門深閉。冷清清、海棠酣睡。翦鐙小語，愁來不斷，一江流水。十二煙鬟，夢縈楚峽，銷磨才思。怕風狂似虎，横吹珠點，打金鈴碎。

蝶戀花

綺夢都隨流水去。點點閒情，點點沾泥絮。棖觸烏衣雛燕語。小紅樓角三生路。　碧玉華年憐夜度。調笑尊前，姊妹花癡妬。緩緩歸來桃葉怒。等閒月挂梧桐樹。

楊州慢　題謝玉冰女史《積翠樓吟草》

詩格聯珠，集名蕃錦，謝庭詠絮清才。想吟身寄處，是七寶樓臺。抉雲漢、星娥妙手，五銖僊樣，無縫天衣。壓前朝、蘇蕙迴文，錦織璿璣。　綺窗展誦，浣金槃、香露薔薇。費綵筆書成，銀鉤字小，胎奪靈飛。二十四橋明月，脩簫譜、漱玉新詞。嚼梅花紅雪，宵深寒透冰肌。

三姝媚　裙帶

芙蓉鍼繡巧。有雙雙紅鸞，並頭棲老。六幅湘紈，曳碧波紋縐，合歡誰好。舊結同心，羞姊妹、鐙前調笑。拜月空階，風細吹香，一絲絲裊。　涼夜粧樓眠早。莫誤貼銀牀，夢驚蛇小。擲碎珠囊，奈藁碪辜負，鬱金年少。綺憾羅愁，牽不斷、天涯芳草。算取相思長短，腰圍減了。

蜨戀花　題花朝結社圖

沈醉東風春不語。人在花前，蜨在花間舞。花外夕陽流水去。阿誰解唱黄金縷。　難得逋僊壇坫主。白鷺江頭，詞客如萍聚。料理碧山新樂府。天涯芳草銷魂處。

高陽臺 春閨

鞋小裁羅，釵輕墮玉，新來覓覓尋尋。姤煞夭桃，爲誰含笑牆陰。紅亭一角分攜處，悄無人、碧蘚斜侵。夢醒時，莫打鶯兒，莫戀鴛衾。卷簾不怕東風惡，怕梨花細雨，滴碎琴心。寶鴨温香，晝長庭院深深。遠山愁黛眉難畫，有鸞箋、分付青禽。替殷勤，説與郎邊，一刻千金。

掃花游 祭花神

冷紅世界，悟一去切上華鬘，化身如許。畫中翠羽。便春來夢好，怎禁風雨。見説西湖，破碎前朝廟古。斷腸否。記淡酒三杯，澆過黄土。誰念花歷誤。儘故國飄零，衆香無主。綺愁萬縷。怕金鈴也解，作傷心語。燕燕鶯鶯，懊惱殘歌賸舞。費吟侶。訴衷情、替脩簫譜。

高陽臺 效碧山體，送兵爪之香江

塵掃金荃，香披蘭畹，重來黍谷吹葭。燕子烏衣，主人猶説王家。詞僊眷屬知多少，被過江、一片雲遮。正銷魂，夜雨鐙昏，夜月簾斜。征帆底事催人別，賸鵑啼古竹，鷺立晴沙。此去蠻江，箏船惜取繁華。壎篪婉孌雙聲譜，莫漫忘、冷客生涯。任東風，緑盡楊枝，瘦盡梨花。

前調 效碧山體，酬元甫

書寄青禽，舟維金帶，年時望斷秋葭。四槀新編，夢窗應占詞家。相思底處鯤溟闊，又虎頭、一角山遮。動悲吟，倚徧樓高，拍徧闌斜。

珠江聽鼓空回首，恁兵疑草木，人化蟲沙。日下雲間，何時坐對張華。春風燕子飄零慣，縱倦游、不憾天涯。似虬髯，醒眼觀棋，醉眼看花。

蜨戀花 白杜鵑花

懺盡愁羅和憾綺。錯認前身，縞素朝天子。故國浮雲空玉壘。更無人灑胭脂淚。　雪滿羣山迷望帝。蜀道魂歸，叫得花心碎。　玉樹後庭渾不似。一般春色江南醉。

貂裘換酒 庚申除日，菽莊饋歲，感賦

駒隙抛虛牝。驀驚心、鼕鼕臘鼓，十年游子。人道梁園詞賦盛，金馬石渠同貴。更不數、春申珠履。老友臨邛遥寄簡，歎長卿、客倦無歸計。寒徹骨，瘦梅似。　歲時荆楚吾能記。祇前朝、后皇嘉樹，木奴誰饋。難得主人花徑掃，接引過江名士。且置酒、洞天高會。傾倒屠蘇三百斛，許明年、領略辛槃味。荼壘笑，寓公醉。

浣溪紗 除夕

藏海園中饋歲回。作羹廚下促吴姬。上鐙時早下簾遲。　無力椎牛詩莫祭，有錢沽酒醉休辭。一年容易鬢成絲。

憶江南 辛酉，霞中紀事

霞中好，人上翠樓高。越女簪花羞茉莉，蠻姬勸酒醉蒲桃。歌板徹雲霄。

其二

霞中好，列肆任呼盧。紫電將軍金勒馬，烏衣

子弟碧油車。玉女夜投壺。

其三

霞中好，雅叫緑楊煙。勾漏燒丹來葛令，瑤池種草引羣僊。香火萬家緣。

其四

霞中好，雅集賃名園。勝友甘瓜朱李宴，寓公瑤柱荔枝餐。莫惜醻金難。

高陽臺　荷花生日，菽莊宴集，主人索詞，漫成是解

玉種西湖，珠胎南海，仙乎水佩風裳。説與金輪，六郎應減容光。登臺莫打催花鼓，怕輕雷、驚起鴛鴦。唱田田，誰似蓮娃，杏子衫黃。

生涯一缽前身幻，任恒沙劫苦，低首空王。但願年年，並頭開滿池塘。藕絲香裏人無恙，醉蒲桃、美酒千觴。費相思，緑意紅情，壓倒羣芳。

四字令

佳人莫去愁。芙蓉並頭。神仙李郭同舟。趁江空泛秋。涼蟾半鈎。明河倒流。水心三兩閒鷗。到宵深睡不。

貂裘換酒　壬戌春感

苦惱人間世。懺閒愁、一天飛絮，一江流水。不憾嫣紅花落盡，祇憾瘞花無地。奈塵海、飄零到此。多少月泉吟社客，問西臺、痛哭何人記。晞髮集，竹如意。

夜來寒雨朝來霽。耐思量、蜂肥蜨瘦，鶯猜燕忌。萬里湖南芳草緑，家在鷓鴣天裏。便歸也、迷陽難避。著破吳棉春不煖，又東風、吹得人沈醉。寒食近，

客心碎。

南鄉子　題鄭輔堂先生吴淞泛艇圖

吏隱占淞江。江上秋風一葉涼。煙水茫茫人宛在，篷窗。眼底吴山九點蒼。　三泖幾漁莊。應有題詞白袷郎。老輩風流圖畫見，珍藏。書帶披香護錦囊。

貂裘換酒　壽施健庵同年五十

香冷蟾宫桂。拂青銅、絲絲吟鬢，西風顛頞。回首計偕春欲暮，車碾金梁月碎。夢不到、龍門燒尾。南越北胡游覽徧，好江山、助得文章未。牛馬走，史公記。　過江如鯽多名士。好安排、東方俳語，西崑艷體。篝火狐鳴應見慣，不管赤眉蠭起。且休問、人間何世。五十年華纔一瞬，論功名、可薄朱翁子。黄菊酒，勸君醉。

賣花聲　旬日臥病，致負菽莊就菊之約。西風夜吼，花事闌珊矣。小雪後六日，主人邀同吟社諸君，餐英於買詩店中，寫照紀事，爲倚是解

病起强扶笻。身到籬東。傲霜殘菊惱西風。我笑黄花花笑我，瘦盡秋容。　寫照幾詩雄。價倍登龍。過江重覓柳仙蹤。厦門玉屏山有明柳仙賣詩店。借問餐英誰得似，騷客辭工。

烏夜啼　題菽莊買詩店

西風吹瘦東籬。菊花枝。難得金丹換骨、牡丹肥。　君不見。買詩店。浪題詞。祇恐無鹽唐突、醉西施。

殿前歡　癸亥歲杪，樵生有凫餻之餉，兼示以《消寒》兩詠及《小除夕書感》之作。率倚是解

酬之

碧虛宮。雙鳧飛下趁天風。春餻香結梅花凍。輭玉雕紅。相思尺素中。靈犀動。幻説銀臺夢。出門一笑，驚起涪翁。

以上《寄傲山館詞稿》卷九《鮫珠詞丙稿》

浣溪紗 甲子花朝即景

獨自憑欄看海霞。東風吹破緑窗紗。雙飛燕子過鄰家。小病昨宵因中酒，閒愁亭午未澆花。峭寒天氣日西斜。

沁園春 三月三日，菽莊小蘭亭修禊，分韻得「春」字

如此江山，一笑提壺，鳥解勸人。道沙沈畫戟，將軍破陣，水浮金帶，帝子蒙塵。東去虬髯，南巡龍馭，歷劫前朝迹已陳。銷凝處，又樓羅歷換，主客圖新。湔裙美景良辰。歎人海、飄零賸此身。正補山園裏，羣賢高會，小蘭亭上，雅韻平分。江左風流，永和觴詠，禊帖重摹王右軍。傳佳話，有一千五百，七十餘春。

虞美人 三月十三日，菽莊小蘭亭脩禊

杖藜重踏青青草。紅碎花茵掃。衣香一角酒痕新。人在鷓鴣天裏、惜餘春。 昨宵風雨今朝霽。祓盡殘兵氣。晚唐韻事綺筵開。唐開成元年，詔以三月十三日爲展上巳，賜宴曲江。鐵馬金戈飛不、過江來。

蝶戀花 三月二十三日，菽莊小蘭亭三脩禊

一刻千金行樂地。分付啼鵑，莫管人間世。眼看蓬萊清淺水。流觴合倩麻姑記。 雅集

西園圖有幾。從此龍眠，畫稾增新例。歲歲年年春寫意。小蘭亭上三脩禊。

浣溪紗

風信催花第幾番。柳絲無力綰春魂。冷清清地掩重門。　窗縐蟬紗紅霧影，砌盤蝸篆碧苔痕。金鈴小犬吠黄昏。

賣花聲　蘇菱槎同年自臺來厦，賦詩道故，酬以是解，即送其之香江

傷亂仲宣樓。春去人留。奈何天裏鳥輈輈。同是飢驅牛馬走，莫話羈愁。　觴詠鷺江頭。禊事三脩。明朝君又嶺南遊。記取陸生金滿橐，打疊歸舟。

三臺令

秋雨。秋雨。滴碎愁心最苦。西風吹夢天涯。樓上涼鐙落花。花落。花落。殘照箇人衣薄。

其二

秋水。秋水。粉墜芙蓉紅淚。門前即是横塘。數盡千帆斷腸。腸斷。腸斷。一片渡江雲澹。

八寶裝

才人筆墨工游戲。飛天鏡、刀頭意。算石華虀臼，方言鼠璞，一珠一字。六經注脚三蒼例。神通讖、玄鈎緯。想春鐙夜翦，雄談射虎，九煙應避。

淡黃柳 乙丑晚春，霞坳即景，和石帚

東風著力。吹雨澆芳陌。獨客吟懷春悱惻。踏徧桃花落處，重問漁郎不相識。　洞天寂。飢烏覓殘食。冷煙火、野人宅。看萋萋、草盡傷心色。一帶長橋，石闌干外，贏得潮痕暈碧。

鶯啼序 晚春客感，和夢窗

東風夜來怒吼，撼千門萬户。洞天曉、煙鎖餘寒，落花流水春暮。念南北、河山破碎，啼鵑血灑長亭樹。儘飄零，無力楊枝，漫空飛絮。　氣識金銀，眼底幻境，似蚩尤毒霧。玉樓人、沈醉花天，綺懷空託豪素。過重三、鶯煩燕惱，鬧紅處、絲牽愁縷。冷清清，獨立斜陽，釣磯拳鷺。　長安驛廢，北海尊空，十年感倦旅。覓勝蹟、綺羅香在，醉墨題襟，夢也荒唐，楚天雲雨。瀛洲新緑，幾多芳草，茫茫煙水三千里，怪東游、客逐飛仙渡。殘桑賸竹，蓬萊歷劫摹圖，可憐一片焦土。　詞禪老矣，兩袖龍鍾，怕豔歌白苧。又底事、登樓凝望，見慣滄溟，鯨魚跋浪，劍花狂舞。三閭弟子，離騷哀怨，湘蘭沅芷無消息，仗何人、拚作中流柱。歸來收拾叢殘，把卷松陰，問天許否。

琴調相思引

日日登樓望眼賒。東風輕薄帽簷斜。一天紅雨，落盡木棉花。　經亂溪山春減色，哀時詞賦客無家。可堪巢幕，燕子嘆年涯。

念奴嬌 題東坡笠屐圖

人間小謫，怪牢騷一肚，容些何物。磨蝎命宮

誰位置，我欲問天呵壁。湖海飄零，文章游戲，終古留鴻雪。銅琶高唱，是何意態雄傑。　應記載酒堂前，鑾裝乍換，一笑梅花發。春夢無端婆喚醒，石火電光明滅。擫笛人來，吹簫客去，白了朝雲髮。前身奎宿，九霄空傍寒月。

過龍門　雙魚山人拓地江橋，築別墅。既成，寄圖索題，遲遲未報。西風乍起，獨客無憀，故人天末，感而成夢。醒時製曲，曼聲自度，覺白石翁與石湖仙相去不遠，故非義熙遺老有意作桃花寓言也。以諗山人，其謂之何

夢裏訪江橋。水遠山遥。故人招我入團焦。商略圖書三萬卷，一枕寒潮。市隱古寥寥。　莫厭塵囂。閒中問答老漁樵。祇有冰壺心自在，畫筆難描。

南柯子　題柯亭圖，壽柯伯行

戛玉柯亭古，披圖畫苑香。此君生日醉瑶觴。笛裏誰翻新譜，壓中郎。

水調歌頭　中秋感舊，和東坡

今夕是何夕，弄月倚鑾天。醉中探徧蟾窟，豪興似華年。跨鳳乘鸞來去。歷歷羣仙眉宇。香撲桂枝寒。幻夢逐秋影，身在碧雲間。　酒微醒，漏三下，不成眠。祇愁滄海，清淺殘照淚珠圓。破鏡玉臺難合。大地金甌長缺。何事瓦求全。孤負美人意，秋水寫娟娟。

疏影　雁來紅

蘆根血漬。正洞庭月滿，人鼓瑶瑟。莫問前身，天外漂零，傷心淚點紅溼。悲歌聽慣蕃中

曲，但記得、燕支山失。送夕陽、幾度西風，染出小園秋色。重訪驚鴻豔蹟，畫眉老女在，嬌靨猶昔。説與歸期，第一峯頭，衣錦訛傳消息。花如解語朱顏霽，似晚過、粧樓曾識。寫綺懷、兩字相思，不減豆生南國。

石湖仙 壽陳右銘先生，和石帚自度腔

鷗閒禾浦。記徽國文公，曾題名處。玄巹講臺高，見雲間、鳳來鶴去。塵揚滄海，又幾度、怒鯨狂舞。天與。自在身、皂帽風古。星瞻老人咫尺，費詩才、青蓮覓句。大好郎君，惜取高飛毛羽。雪豔詞華，少年金縷。玉盃珠柱。名士語。娱親得似開府。

賣花聲 丙寅三月三日，菽莊即事

底事小蘭亭。匝地苔青。主人海外賦西征。爲訪烏衣佳子弟，來叩巖扃。雨打護花鈴。天醉人醒。催歸怕聽杜鵑聲。三兩座中觴詠客，華髮星星。

上西樓 題高樓戢翼圖

畫眉人在粧樓。掃春愁。不讓漢家京兆、擅風流。琴鶴語。鏡鸞舞。漫唱酬。試問靈鶼比翼、幾生脩。

百字令 壽介石道人六十

孟嘗君後，問生辰重五，更誰僭得。作個才人非易事，我愛酒仙詩伯。遼海龍頭，月泉牛耳，夢繞鯤身七。寓公無恙，天涯同是飄泊。休説六十賢良，平津高第，老射金門策。大孔小楊兒輩好，分取中郎詞筆。荔子丹時，石榴紅處，接引稱觴客。南飛鶴舞，隔江名士

吹笛。

貂裘换酒　題蛀木假山

眼底蟲天小。影蕭蕭、東南半壁，雨昏煙曉。花石有綱輸艮岳，聞道太湖枯了。又幾度、劫塵風掃。尺木龍頭誰割取，乞神工、斧削成員嶠。藏簡處，蠹魚老。　幔亭仙散名山悄。賸虹橋、無多斷版，武夷君笑。記事應規蘇玉局，不數寒郊瘦島。但刻畫、玲瓏百竅。夢裏槐安新建國，怪羣雄、蟻聚軍皆縞。真與幻，解人少。

過龍門　丁卯醉司命日，以食物饋繆才翁，媵以小詞

篝火夜舂糧。饋歲人忙。虀鹽兩字費商量。莫誤紅綾纖手製，餅說鴛鴦。　古帖正裝潢。寒具油香。韭花書仿少師楊。領略菜根風味好，何似吴閶。

鷓鴣天

不惜分陰惜寸陰。燕昏鶯曉自悲吟。冶花媚客知何意，芳草懷人別有心。　書咄咄，駭沈沈。銷愁除是酒長斟。沙鷗獨立閒中好，蝴蝶雙飛夢裏尋。

金縷曲　戊辰三月三日，小蘭亭脩禊，寄懷菽莊主人，分韻得『會』字

泡幻人間世。驀回頭、小蘭亭上，五年前事。典午文章開生面，壓倒山陰内史。約共賞、過江名士。甲子《小蘭亭徵文録》刊成，是日揭曉。　却怪今朝東風惡，阻沙棠、舟泛桃花水。酬令節，幾人醉。　西園公子稱無忌。喜新來、搴芳

澧浦，孫静山都督。攬英吴會。繆子才教授。座次題名平分韻，誰敢成篇率爾。催寫照、鷓鴣天氣。我似傳言三青鳥，拂鑾箋、重譯珍珠字。以主人札徧示座客。雲外客，動歸思。

水調歌頭 中秋丹初惠書及食物，酬以是解。於時丹初病足，余亦病目，夔蚿相憐，不能無身世之感也

霄漢有明月，人世作中秋。問君今夕何夕，誰與話南樓。不壓金牀龍腹。不蹋芳洲鸚鵡。夢裏鐵仙愁。我亦抹鮫淚，掬水洗雙眸。雲裁箋，月鏤餅，意難酬。思量同策，高足直上廣寒游。第一霓裳中序。記取殘宮賸羽。簫譜待重修。祇恐姮娥笑，白了少年頭。

暗香 重陽前夕，寓樓盆梅乍開，越夕彌盛，和石帚自度仙吕二曲紀之

瘦紅一色。似玉人獨立，高樓横篴。送酒使來，錯認朱英手輕折。長恨西川舊事，傷心賦、天寒呵筆。趁月伇、夢入羅浮，方錦貼吟席。香國。苦寂寂。歎別後故園，老樹苔積。鶴雛欲泣。經亂湖山莫重憶。花歷而今換了，看早渡、江南春碧。載畫舸、歸去好，奈行不得。

疏影

鴛鴦惜玉。問小梅未嫁，誰與雙宿。莫怨西風，吹入羅幃，疏簾自捲湘竹。紅心冷處天應在，卻不管、枝南枝北。點額人、秀色同餐，味勝雪中黃獨。重理吟香韻事，素娥正弄影，愁掃眉綠。索笑檐前，傾國名花，位置曾無金屋。雲階月殿何時到，祇解唱、石湖仙曲。待

喜神、畫譜題詞，醉墨大書十作平幅。

以上《寄傲山館詞稿》卷十《鮫珠詞丁稿》

拜星月慢　己巳秋夕書事，和冷紅

鷺島黄昏，鑾天遼闊，故國湖南萬里。見慣雙星，阻明河秋水。怪人世，却被、西風暗裏吹換，滿地殘紅零翠。拜月人孤，又新來顛頽。　綺羅香、小小排當隊。傷心處、煞費靈均淚。驀地一杵疏鐘，出煙蘿山寺。渡空江、漫引魚龍起。潮聲壯、大將戈船檥。問誰是、夢冷滄溟，看青霄劍倚。

采桑子

西風吹窄南樓月，花影亭亭。螢火星星。砌下梧桐落葉聲。　夜涼獨自窗前臥，斷夢無憑。殘醉初醒。知是三更是四更。

訴衷情　效温少尉體

箏語。裙舞。涼夜午。月光微。雙鳳枕。雲錦。鬱金帷。繞樹鵲南飛。無依。街心人影稀。怕郎歸。

前調　效顧太尉體

來是空言歌子夜，惜餘音。金扇掩。容斂。漏聲沈。孤枕夢尋尋。戀寒衾。但願君、知此心。月潭秋水深。

鷓鴣天

白髮蕭蕭一杖扶。英雄末路寓公廬。客來不速看彈雀，奴戲無聊笑牧豬。　門自署，酒誰呼。西園重繪不成圖。殘紅泣露芙蓉老，冷翠愁煙薜荔枯。

楊柳枝

秋日，空同山樵寄示《楊柳枝》詞十五解，天下傷心人語也。見人愁，我始欲愁，按譜和之

塵飛紫陌逐西風。破碎樓臺夕照紅。麋鹿往來歌舞地，不堪憑弔館娃宮。

其二

藏鶯樹底覓游蹤。蘇小門前一笑逢。冶葉倡條容易老，豈應重繫馬如龍。

其三

朝朝瓊樹見西窗。詞賦飄蕭晚過江。莫唱曉風殘月曲，有人愁損畫眉雙。

其四

江上湔裙是底時。里娘心事幾人知。玉谿老去風懷減，落葉聲中讀楚辭。

其五

搖落江潭景物非。漢南鶯見樹成圍。攀條祇有桓宣武，馬上傷心涕淚揮。

其六

老樹垂垂處士居。秋風秋雨愛吾廬。葛天民在柴桑縣，重九詩成醉後書。

其七

眉頭秋色碧模糊。瘦影蕭蕭入畫圖。漢苑荒蕪蟬蛻在，輸他玉樹占蓬壺。

其八

三千殿脚岸東西。風掃長隄又短隄。錦纜香銷無覓處，斜陽滿地亂鴉啼。

其九

板橋接引舊秦淮。一帶勾闌走馬街。十五宮

腰渾不似，秋娘顛頷怨年涯。

其十

陽關三弄笛聲哀。記得離筵勸酒杯。曾幾何時春去了，寒枝揀盡雁南來。

其十一

細柳營連壁壘新。將軍何處認前身。橫吹鐵甲邊風緊，大樹飄零苦戰塵。

其十二

重湖木葉落紛紛。數點神鴉逐斷雲。龍女而今傷老大，何曾悔嫁洞庭君。

其十三

江南黃葉古時村。一棹歸來客斷魂。雞犬四隣仙去也，白頭老女倚蓬門。

其十四

新聲三變入時難。畫壁旗亭不忍看。休倚江干黃竹子，重邀吟侶上騷壇。

其十五

招隱無端笑小山。鼎中九轉待還丹。王恭自有神仙骨，不怕金風損玉顏。

蜨戀花　歲杪，壺天見胡蜨，感賦

栩栩南華仙吏夢。驀地飛來，南國探芳訊。煖玉温香無爾分。朔風吹瘦斜陽影。　著色畫裙成底用。一例蠻裝，金粉飄零盡。聞道羅浮梅蕊綻。不如飛去穿花徑。

八聲甘州　庚午三月三日，菝莊小蘭亭修禊，列坐凡十有八人，紀以是解又東風吹老鷺江春，天氣雨初晴。喜烏衣吟侶，片帆飛渡，水熟潮生。四十四橋灣處，漁弟與樵兄。見慣龍頭客，杖策登亭。　莫問江南江北，怕風雲變色，草木皆兵。任杜鵑啼血，時節近清明。算人生、賞心樂事，衹一觴、一詠敍幽情。誰知道、瀛洲十八，學士齊名。

金縷曲　寄蟫窟瑞士

別又三年矣。問新來、華胥夢覺，起居何似。占取遮須城一角，人在鯉庭談藝。創一部、十洲詩史。萬國寶書重九譯，廣龍門、斜上旁行例。西域傳，補班氏。　啼鵑怨我無歸計。莽神州、白蛇當道，赤麋滿地。路鬼揶揄難作客，何況米珠薪桂。便水也、瓊漿同貴。東海波臣悲涸轍，決西江、底處呼僊吏。心事苦，蓮中薏。

西地錦

海上西風來早。奈羈愁不掃。畫樓卷幔，閒階篩月，惜朱顏吹老。　厄閏黃楊多少。更無人知道。梧桐落葉，芙蓉墜粉，賸斷腸詞藁。

戀繡衾　書感

江南不是舊時春。幻吴天、蒼狗白雲。怪征鴻、爲誰哀叫，一聲聲、驚斷夢魂。　卜居漫寫靈均賦，溜蠻箋、多少淚痕。歎老來、更無心事，話楊州、明月二分。

齊天樂　瑄玉餉柚，酬以是解

九龍江上霜風緊，飛來一聲煙艣。素簡披雲，緗囊貯月，璀璨家珍如數。歡呼社侶。試玉剖金刀，甘分石乳。却怪湘人，洞庭風味蔗漿賁。花朝猶記故府。約聽鶯紫陌，柑酒攜取。醉品羣芳，租稱十獲，南國后皇嘉樹。秋心最苦。待橘頌規橅，左徒詞賦。古驛餐霞，更煩東道主。

念奴嬌　效冷紅體自壽

黃巾滿地，幸康成故里，者番無恙。咄咄書空何所怪，見慣江湖風浪。二十三年，八千餘里，煞費歸來想。梅花笑我，小春時節爭放。歎息詞賦飄零，平生蕭瑟，空嗣蘭成響。橐筆依人今老矣，誰識客中清況。身到鳳池，手捫麟篆，夢覺雞三唱。分明記得，一杯露賜仙掌。

攤破浣溪紗　羽吉餉橘，酬以是解

萬里悲秋客未歸。后皇嘉樹不勝思。何似九龍風味好，木奴肥。寒處無人吟斷句，剖時有叟對枯棋。悵望紫芝山下路，鷓鴣飛。

摸魚兒　昔南宋遺民王理得、唐玉潛、王聖與、李商隱諸公集紫雲山房，以《摸魚兒》賦蓴，身世之感，寄託遥深。辛未夏日，客有自西湖來者，以蓴一器見餉。漫賦是解，非特身世之感而已。諸公有知，將笑我爲杞人矣

拓西湖、一匳冰鏡，荷錢青點春水。越娃輕泛瓜皮艇，不是采菱裙屐。龍穩睡。漫碎翦、龍髯香冷龍涎膩。鷗猜鷺忌。怕水國生涯，名登食譜，長此苦王税。江南好，誰念季鷹名士。鱸魚今也騰貴。空空妙手羹難作，贏得夢縈千里。遊倦矣。又幾度、西風漂泊無歸

計。故鄉風味。想湘岸白菘，野田青芥，下酒蟹同醉。

以上《寄傲山館詞稿》卷十一《懺綺詞甲稿》

過龍門

壬申百花生日，紫藤簃即事

福地小娜嬛。燕喜鶯歡。刦塵飛不到壺天。萬紫千紅都見慣，過眼雲煙。　文字古因緣。歲歲年年。月泉客散拾吟箋。難得主人還勸我，努力加餐。

滿庭芳

冬至後一日向晚，同萩莊主人諦觀藏海諸勝，憩小龍湫旁石屏下，酌定石刻三處，漫賦是解記之

海岸潮平，江霞綺散，斜照人影蕭蕭。杖藜微步，四十四長橋。鴻爪登臺認取，龍湫小、幾度觀潮。還遥指，仙壇太武，孤塔矗重霄。　十年塵刦幻，桃花待種，桂隱誰招。倚雲根話舊，閒似漁樵。商略摩崖篆刻，趺坐處、墜葉風飄。黄昏近，天然畫景，北苑筆難描。

暗香

癸酉羊日，補山園香海賞梅雅集。萩莊主人即席賦詩，謂余不可無詞。越日，漫成仙呂二調。詞殊不工，以攷花歷，則香海之實録也

水環寶帶。算一家眷屬，西湖分派。壓倒衆芳，北後南先歷無改。應記瀛寰攬勝，憑雙鶴、書傳雲外。夢不到、綠綺窗前，春早索詩債。　香海。拓花界。歎臥雪人歸，刹那三載。歲寒慣耐。亦洞天開石頭拜。修到神仙豔福，連理樹、鴛鴦長在。有綠螘、新釀熟，玉壺醉買。

疏影

辰良日吉。正曉寒料峭，風過香國。緩帶輕裘，佳客如雲，知名盡是詩伯。聯翩共入青油幕，又踏徧、孤山南北。待醉花、四座筵開，竹外幾人吹笛。　誰與高吟抗手，主人有逸興，酣戰瑶席。一幅蠻箋，密字珍珠，髣髴何郎詞筆。東川寫照梅花賦，奈骨相、自成寒乞。怕月邊、蕚緑華來，不解舊時紅拍。

浣溪紗　題臥薪嘗膽圖

霸業經營二十秋。胥江濤怒鬼啾啾。沼吴不信是人謀。　粉黛餘香一片石，英雄末路五湖舟。可憐越紐稗官修。

醉花陰　菽莊賞菊，重荷嘉招，持螯把酒，繼以餐英，主人餉我，洵美且多。嗟乎！游女几之上，俯視塵寰；飲甘谷之泉，羣稱壽考。荆之鄙人，憾無仙骨，獨以雙袖龍鍾，時見笑於三徑黄花耳。製曲寫懷，和易安韻

鍵户讀騷消永晝。遲我敲雙獸。詩酒舊生涯，籬角唱酬，香冷襟懷透。　黄金換骨丹還後。手挹浮丘袖。剗地惱西風，陣陣吹來，不管霜枝瘦。

高陽臺　甲戌花朝前六夕紀夢

蘭畹蹂香，藤崖倚石，黑甜人醉春風。抗手高吟，三更潮落江空。柴桑歸去來辭好，有琴師、换羽移宫。驀驚魂，山響啼烏，濤怒飛龍。　金沙布地園藏海，記耕煙洞口，鋤月橋東。見慣滄桑，漁翁休問樵翁。竹清梅瘦都無恙，耐歲寒、翠柏蒼松。寫詞箋，絲界侵朱，燭影搖紅。

金縷曲 熙春亭

杜史玄言在。愛熙熙、春臺一語，天全物外。容易茆亭新結構，難避來游冠蓋。約名士、平分詩債。記取落成修禊日，有管絃、絲竹花如海。觴詠樂，空前代。 天風吹暖三千界。算東皇、曾無一點，炎涼世態。歲歲夭桃紅滿樹，瑤水還輸金帶。衹春色、洞庭須買。誰道不如歸去好，看鏡中、人影朱顏改。詞客醉，杜鵑拜。

鷓鴣天 仙遊黃君文清爲余作荔陰填詞圖，酬以是解

家法前朝説大癡。品題畫苑見神思。瘦瓢別派才三絶，比玉爲鄰筆一枝。 花自媚，笛誰吹。小樓人影似浮眉。勞君寫照毫添頰，鴻雪因緣鷺島奇。

前調 自題荔陰填詞圖

秦柳蘇辛派不同。名家自是古詞宗。低頭獨拜樵風老，抗手高歌石帚翁。 樓影瘦，樹陰濃。鷺江西畔晃巖東。新繙笛譜無人解，減字偷聲教小紅。

浪淘沙 甲戌夏五，菽莊主人三入廬山避暑。舟過滬上，戚友爲作生日，文讌之盛，可想而知。無何驛使南來，投我靈藥一器。大士楊枝，異香在水；麻姑鳥爪，搔背同功。衹領特貺，酬以小詞

佳節古天中。惜別悤悤。鴟夷一舸御長風。黃歇浦頭開壽域，客盡喬松。 技癢角文雄。洗伐奇功。仙丹換骨有神通。多謝金莖遥賜

露，玉匣泥封。

前調　菽莊主人餉蟹，酬以是解

帶甲卷潮聲。郭索橫行。江湖漂泊感浮生。一例摶沙身世幻，詞客長卿。　滄海記曾經。風味秋清。持螯把酒故人情。換得尖團吟思苦，我笑奎星。

蝶戀花　乙亥孟陬既望，藏海園桃花盛開。菽莊主人置酒蔚然亭，招同乃賡、健菴、亦籛賞之。醉中漫倚是解

一角洞天籠絳霧。流水橋東，春滿桃花塢。攬勝人來迷舊路。問津時共漁郎語。　疑是瑤池多寶樹。青鳥朝飛，接引羣仙聚。　五老醉顏紅似玉叶。傳觴不管東風妬。

浣溪紗　花朝前夕，寓樓即事

夢覺春寒怯瘦腰。一絲風細燭紅搖。三眠三起影蕭蕭。　越女燒香無限意，吴姬臥病可憐宵。明朝記得是花朝。

前調　花朝，藏海園即事

春色消魂到二分。鳥歌花笑媚良辰。傷時莫漫淚沾巾。　撲蝶無人尋韻事，談龍長此寄吟身。十千沽酒肯辭貧。

望江南　乙亥仲秋，移研林宅後園，是曰『壺天』。其間荔二，桂五，紫藤二，玉蘭以十數。當清風徐來，秋香滿徑，兒童歌舞，雞犬皆仙。余把卷坐緑陰中，欣然自得，無復羈愁。爰製小令，以識幽賞

壺天好，奇樹雪花肥。竟體芬芳金換骨，一家

眷屬玉交枝。寫照木蘭辭。

其二

壺天好，雙架紫藤扶。垂蔓入簾驚海燕，搴芳盈袋佩金魚。花氣勝香蘇。

其三

壺天好，石罅荔支香。日啖何須三百顆，風懷不減十八作平娘。獨立壓羣芳。

其四

壺天好，五桂倚牆高。修月有人持玉斧，傷時招隱反離騷。香染舊宮袍。

貂裘換酒

乙亥冬日，菽莊主人歸自滬瀆，置酒亦愛吾廬，招同社侶賞菊。醉倚是解

江左歸來客。怕西風、幾番吹老，故園秋色。三徑未荒花未謝，紅掃紛紛落葉。看圖畫、天開壽域。女几石頭甘谷水，助清談、揮麈呼歡伯。人不礙，最蕭瑟。天空海闊吾廬窄。稱朋簪、持螯把酒，晚香瑶席。見慣黄英應笑我，歷劫詞禪頭白。有傲骨、霜寒禁得。二十年來成底事，廣羣芳、菊譜今猶缺。主人曾有分別菊種，編爲《菽莊菊譜》之約。虚牝誤，黄金惜。

以上《寄傲山館詞稿》卷十一《懺綺詞乙稿》

虞美人

丙子二月三日，菽莊小蘭亭修禊。余病新愈，不可以風，觴詠未親，良辰辜負，爰製小詞，以堅閏約

何時文字因緣了。序惜蘭亭少。年年禊飲晉人風。天朗氣清誰念、永和中。騷除魔障吟身在。結習都無改。雨絲風片作閒愁。展得春期曲水、共觴流。

買陂塘　丙子閏三月三日，萩莊小蘭亭重修禊事，感賦是解，和稼軒《晚春》韻

又東風、浪吹金帶，遲遲春未歸去。傳言分付三青鳥，海水渺無重數。留得住。續韻事稽山，人讓孤山路。名流俊語。歎曾幾何時，小蘭亭上，艷説謝庭絮。主人第五女公子紅芙肄業滬上某大學。其乙卯誕降之辰，即萩莊修禊之始。是日，同人馳電重賀。　新天氣，舊歷樓羅不誤。流觴今有誰妬。平生見慣黄楊厄，忍對落花低訴。長袖舞。算故國烏衣，猶是神州土。羈愁獨苦。盼丹鳳梳翎，碧桐裁葉，添个賞心處。

金縷曲　壽慈衛道人

壇坫東南掃。壓前朝、月泉吟社，浦陽清老。雒誦犧經知損益，難得向平願了。算福慧、幾生修到。黑白雌雄谿谷在，學長生、久視持三寶。行我法，勝魔道。　龍頭無恙遼東帽。趁園居、耕雲種樹，耕煙種草。散盡黄金空結客，論廣絶交一笑。惜翟相、題門不早。韻事南皮休更問，但年年、避暑廬山好。書甲子，撰詩稿。

憶江南　去歲秋日，余有壺天四詠《望江南》之作，蓋詠壺天之植物也。而壺天之動物，走者有鹿焉，飛者有孔雀焉，今皆不可復見矣。至於尖叉鬭韻，勝會不常；不乃分羹，盛筵難再。酒兵詩將，雲散風流，撫今追昔，感不絶心。此余所以又有壺天四詠《憶江南》之作也。嗟乎！西園紀游，雲煙過眼；南窗寄傲，風雨孤吟。知我者，其惟壺天主人乎；罪我者，其惟壺天主人乎

壺天憶，洞小鹿同棲。蕉覆樵人解夢幻，門扃詩客晚歸來。角逐讓雄才。小鹿洞在壺天東八卦

樓側，二鹿同居，一童割草飼之。主人西游，嘗寓書問二鹿無恙乎。古稱鹿壽長者至五千歲。其性喜羣游，野外食苹、食蒿、食芩，必引其類，違其性，斯促其壽矣。二鹿既失，洞亦塵封。

其二

壺天憶，孔雀舊巢低。爭食平分雞鶩粒，移居近接鳳皇枝。何日向南飛。孔雀巢在壺天北大樓後，以木爲之，若團瓢，然時或移置樹間。孔雀戢翼其中，其雛間出，與雞鶩同游。顧孔雀性喜高飛，閉之樊籠，違其性矣。孔雀羽化，巢失所在。

其三

壺天憶，畫壁小旗亭。百戰何曾持寸鐵，黃河贏得唱雙伶。人醉狀元醒。畫壁亭在壺天南。左荔支，右紫藤，面樓背牆，向未有名。己未秋日，主人召社侶於壺天，作詩鐘雅集，題爲荒尺，格爲鶴膝，斯亭其臚唱處也。時名妓林冰清、史湘雲自滬上來，主人招之侑酒，約曰中狀元者各進夷釀三杯，榜眼、探花以次遞減。臚唱畢計分，余獨多，得狀元，飲如約。陳香老得榜眼，龔笏老得探花。不勝酒力，玉山頹矣。余按唐人旗亭畫壁故事，私以畫壁名亭，識韻事也。然有喧賓奪主之罪。

其四

壺天憶，製餅老廚娘。白玉一盤明月影，紅綾數卷晚風香。家法笑公羊。製餅廚在壺天西玉蘭室後，舊爲洋庖人庋食物之閣，斗室耳。余嘗見一嫗秉燭製餅於此，乃詢而知之。洋庖人今老矣，非刀匕是供，獨製餅猶昔。廚稱製餅，識食品也。主人於意云何？

天仙子　丙子新秋，壺天即景，效子野體

海上晚潮誰與聽。一枕黑甜殘夢醒。起來新試薄羅衣，窺破鏡。悲秋景。白髮蕭蕭人自省。　窗裏聚蚊窗外暝。風過畫檐搖樹影。黃昏微雨嫩涼生，僧入定。吟聲靜。二仲不

來空掃徑。

壺中天　丙子中秋，壺天賞月，和杏初

桂輪香碾，正壺天月到，夜分人静。幾度廣寒宮换劫，可似年時風景。跨鳳須才，探蟾無路，天醉誰呼醒。河山兩戒，西風吹得秋冷。　回首玉斧親持，滿身香露，世界三千迴。小謫紅塵游倦客，新詠霓裳愁聽。西望故園，寄聲兒女，莫悵歸鴻影。瓊樓高處，狂歌饒有豪興。

羅敷媚

西風吹斷游仙夢，人在壺天。月滿壺天。水調何心按譜填。　瑶臺一去無消息，月自團圓。人不團圓。遮莫姮娥笑獨眠。

前調　丁丑暮春書感

後庭玉樹江南夢，君問蝦蟆。臣問葫蘆。桃葉桃根共錦車。　何須更覓秦人洞，近去西湖。遠適東都。三月鶯花似畫圖。

其二

憂時不減傷春淚，横海樓船。絶塞烽煙。人在津橋聽杜鵑。　東風著力何曾懶，柳絮成綿。榆莢飛錢。只恐寒灰死復然。

貂裘换酒　丁丑暮春，守中道人北遊返滬，寓書報我。感喟遥深，爲倚是解

舊夢春明理。更何人、酒酣擊筑，悲歌燕市。不怪昭王靈氣盡，祇怪黄金臺毁。黯雙闕、鳳城雲裏。玉蝀金鰲成底用，引鈿車、碾得香塵碎。亡國憾，銅仙淚。　長城柳色今何似。

倚東風、秦時賸土，漢時殘壘。行近泰山聞虎嘯，新鬼多於故鬼。料絶頂、難通帝謂。遊倦還居黃歇浦，擘蠻箋、過眼雲煙記。吟思苦，春深矣。

虞美人 丁丑初夏客感

客心僝僽春歸去。事事成辜負。故鄉布穀鳥催耕。記得煙昏月曉、一聲聲。客中三十年，未嘗一聞布穀聲。　日行南陸蠻天迥。花塢重重影。女兒箱啓曬羅襟。生怕黃梅雨過、又雲陰。

百字令 丁丑夏五，寄懷菽莊主人廬山，即以爲壽

故園芳訊，又榴花照眼，別離經歲。消夏衹今何處好，人在小壺天裏。過客騎牛，侍兒逐蠹，夢覺蟬聲碎。松風入座，無絃琴趣如此。　聞道楚尾吳頭，大江東去，一覽饒奇氣。占得名山能逭暑，文字債應難避。鹿洞孤吟，虎溪三笑，別有千秋事。必傳誰許，桓譚差幸同世。

采桑子 丁丑秋日，和杏初

雷聲動地驚朝夢，海上樓船。天上飛鳶。金帶江空金彈塡。　陣雲一霎風吹散，禍水無源。劫火無煙。燕子危巢秋可憐。

憶漢月 中秋，壺天即事，和杏初

十二瓊樓秋靜。青女素娥禁冷。不愁破蒯雨東來，只怕西風無定。　壺天人醉臥，賸一枕、游仙清夢。手持玉斧倚吳剛，笑我老饒吟興。

醉花陰　九日寄慈衛道人

斜川韻事尋常有。佳節人知否。紅葉戰秋風，莫望江南，痛飲新亭酒。　廬山高處過重九。雲白寒侵袖。何日遠歸來，三徑黃花，晚節香依舊。

以上《寄傲山館詞稿》卷十三《懺綺詞丙稿》

摸魚兒　戊寅暮春詠蠣房

又東風、怒潮吹起，鴨頭猋占西岸。蛟宮貝闕知無分，依傍雲根一片。空據險。算結構、天然祇當瓜牛看。煙昏月旦。誤泉市鮫人，珠彈血淚，點點隱還見。　房中味，大小腸肥腦滿。漁兒漁女能辨。臨流割取金刀快，莫待魚龍百變。應自怨。緣底事、一家骨肉供春宴。滄桑劫幻。料破塊成灰，危牆膹粉，終古有垂蔓。

攤破浣溪紗　戊寅天貺節後四日，得慈衛道人香江寓書，備悉近佳，亦既裁答付郵，旋覺意有未盡，補賦小詞二闋却寄。時新歷七月七夕也

往事悠悠記十洲。招涼贏得一珠留。青鳥漫傳雲外信，月當頭。　瘴海波平看洗馬，胡牀夢覺笑牽牛。多少女奴持半臂，數更籌。

其二

自在天中自在身。夔蚿心事不須論。輪與漁翁雙足健，壓真人。　投我木瓜誰買酒，當壚倘有卓文君。座上風生疑虎嘯，醉黃昏。

浣溪紗　戊寅秋夕，夢與仙夢樓主人談藝硯北，徵歌宣南，其顏色顣頷，迥不似昔年之翩翩風致。蓋燕市一別，經三十有二年矣。醒而賦此，黯然

魂消

待詔金門耐寂寥。風吹仙夢影蕭蕭。可憐夜聽玉人簫。斗室畫禪參北苑，一家書法冠南朝。風流水部鬢雙凋。

其二

夙約歸來訪寓公。湘城舊館蓼園東。珍藏篋衍一箋紅。生死衹今無問處，唱酬即事與誰同。傷心鵬鳥賦才空。

鷓鴣天 己卯百花生日，寄慈衞道人香江

百越文身地自偏。蠻花無主劇堪憐。殘山雨過添愁黛，賸水風來起瘴煙。胡蝶夢，鷓鴣天。傷春人記兔兒年。江南驛使傳芳信，滿路迷陽馬不前。

滿庭芳 己卯三月三日，小蘭亭修禊，寄懷菽莊主人香江

嵐影浮空，潮聲撼地，東風側側寒輕。鷓鴣啼處，踏碎古苔青。舊事永和觴詠，空回首、吟侶飄零。漫贏得，洞天無恙，春在小蘭亭。傷春人老矣，問天何日，殺氣銷兵。念蠻江游倦，替數歸程。滿地落花誰護，應重鑄、十萬金鈴。待來歲，圖摹卄客，禊飲醉題名。

高陽臺

花影愁紅，松陰慘緑，驚濤怒打雲根。賣餅何人，喬遷蜕骨巖邊。焦頭爛額尋常見，記烏衣、國亂經年。過江來，胡越一家，雞犬皆仙。洞天深處生荆棘，待斬蛇揮劍，題鳳磨磚。畫稿重摹，老人難得耕煙。長橋跨海寒潮打，

惜良宵、月爲誰圓。酒醒時，片石摩挲，客在平泉。

齊天樂 余愛蟬聲，久聽不厭。癸卯禮闈報罷，還次湘中，丁未會考候銓，滯留宣南，皆直長夏。詠蟬有詞，置稿行篋，忽忽三十餘年矣。己卯伏日苦熱，獨臥壺天，朝朝暮暮，惟蟬是聽。既傷時事，復感身世，今昔不同，漫賦是解。哀思之音，知者其誰？餘閒諸君子可作，其謂之何

漢宮落葉無人掃，淒涼刼餘身世。古井蛙跳，南柯蟻戰，見慣蟲天奇事。年年歲歲。有呂氏春秋，一鳴曾記。月曉煙昏，曼歌當哭苦無淚。　西崑詞客老矣，孟家新樂府，聲斷重倚。鬢影凋玄，頭華散白，幾度西風狂吹。長生不易。歎承露盤空，玉零珠碎。穩占高枝，獨清誰得似。

滿江紅 和岳鄂王

楚尾吳頭，知何日、震天雷歇。書咄咄、馬當風送，燒兵火烈。華閣飄搖鴟吻影，瓜期皇恐猴兒月。料漁舟、唱晚去彭蠡，聲悽切。　秋江荻，花如雪。湓浦渡，人蹤滅。只匡廬無恙，雲遮山缺。九畝待分長狄肉，一池欲化蚩尤血。問蒼蒼、芻狗物何心，排金闕。

相見歡 效南唐後主體

黃昏月上西樓。動簾鉤。驀地風吹落葉、報新秋。　錦字斷。機絲亂。幾多愁。恰似遠山浮黛、在眉頭。

鷓鴣天 己卯春日，百忍老人在港，寓廬有雙白燕來集，乃籠而養之。秋初，老人適滬，命其姬人送歸故園。秋暮，又攜之至滬，旋生四雛。老人

喜而賦詩，郵藁見示。三復之餘，爲倚是解

海國飛來避鬼車。烏衣幾度夕陽斜。主人看作孤山鶴，商女聽歌玉樹花。　籠苦竹，飯胡麻。新添眷屬費些〻此〻。投懷一覺江南夢，不是尋常百姓家。

前調　七十自壽

三十年來客未歸。倦游心事幾人知。夢依逋叟孤山路，醉品江郎雜體詩。　魚釣晚，鳳鳴遲。後車奇遇分無時。陰符一卷珍藏篋，未許縱橫策士窺。

以上《寄傲山館詞稿》卷十四《懺綺詞丁稿》

以上《寄傲山館詞稿》

沈惟賢

永遇樂　題雲間二陸祠

三泖涼波，扁舟能覓，張季鷹否。二俊翩翩，枉隨青蓋，聯袂長安去。秋風菰菜，五湖煙柳，誰勸草堂人住。想當年、司空擊節，君才祗恨多許。　中原走鹿，書生戎馬，最是浮名誤我。回首華亭，如聞鶴唳，斜月橫山路。叢祠無恙，歸來華表，猶認一龕僧火。千秋恨、江東子弟，枉稱典午。

八聲甘州　題耿英庵老人萬里歸程圖

算毛錐安足慁青年，年年澣征衫。過長城紫塞，碧雞金馬，笑掉詩髯。是處澗花山鳥，風景似江南。杖策復西去，白騎驕憨。　載取西州銅鼓，記蒼厓躡屩，卭竹毵毵。賸一肩葱雪，椰酒趁餘酣。望遼天、冥冥倦羽，待歸來、彌勒與同龕。留題徧、過行吟處，猶認荑庵。

長亭怨慢　金陵代議士歸寄張季直　癸丑

正橫笛、落梅風後。吹到南枝，幾番消瘦。爲問年來，俊游曾似曲江否。眼中人去，空想像、靈和柳。柳若不成棉，不會得、攀將人手。孤負。這青春一晌，付與等閒詩酒。魚龍起也，怕江上、亂潮東走。最好是、翦取吴淞，都分貯、浮邱長袖。奈蜃氣空濛，愁向斜陽回首。

月下笛　費甥源深來農舍浣暑

秔稻香中，逋翁醉矣，子來何暮。衡茅且住。似兒時釣游處。少隨先人，官舍有農圃，與此間相似。荳棚瓜架都沈緑，渾不信、天涯苦暑。更行行細數，薰風多少，木棉花朵。佳趣。君知否。正不羡仙源，自成幽侶。煙蓑草屨。野人時有三五。夜闌未了桑麻語，更休問、滄桑幾度。待寫作，稼村圖，須覓玉田新句。

木蘭花慢

乍鳴鳩過雨，問金碧、舊池臺。正落絮黏愁，微波寫怨，迸入深杯。低迴。畫梁燕子，忍天涯露重不歸來。昨夜東風潦草，曉窗催落寒梅。蓬萊。只在水雲隈。夢影費疑猜。自元龍去後，芳蘭院宇，都化蒼苔。多才。漫成恨賦，怕江南霜鬢不堪哀。又是春歸甚處，梨花如雪皚皚。

花犯 櫻花

問東風，悽紅怨紫，殘春又多少。子規啼曉。甚夢影飄零，春意猶鬧。一帆便引仙山到。花開人未老。肯伴我、玉樽催酒，朱顏長共好。　香紅只是委東流，傾城讌賞罷，繁裍誰埽。簾半卷，餘霞凝、瑣窗人悄。西風起、綠陰乍暝，霜信近、丹楓飄倩笑。算恁似、紫櫻珠顆，筠籠相送飽。

法曲獻仙音 秋泛南塘，歸得鴉雛新詞，且有發剡之約。依韻成此，因以趣之

深竹藏鴉，輭莎眠鴨，一葉淩波秋淺。短髮慵梳，瘦腰羞折，溪奩也隨人換。望星火、衡門近，疎簾晚來卷。　故鄉遠。步蒼階、白雲西上，憑記取、南浦幾回歸雁。有約肯來游，晚菘肥、春韭堪翦。醉墨留題，定羊裘、濡染都滿。奈鷗波緜邈，負了綠簃清箋。

浣溪紗

小院黃昏蝙蝠飛。一鉤斜月未沈西。坐看花影上簾衣。　倦倚曲闌思舊夢，似聞鶴唳總悽迷。蒓鱸雖好不須歸。

燭影搖紅 春曉觀梅有感，和王晉卿

侵曉池塘，燒痕纔褪蘆芽淺。數枝紅萼正窺人，人似秋蓬轉。霜雪年來乍慣。更何心、東風顧盼。倩魂疎影，除是逋仙，夢中曾見。　無計留連，夢緣能比春宵短。玉龍吹怨鶴難飛，回首孤山遠。莫是香塵易散。怕相逢、桃腮柳眼。爲君留取，三五青圓，綠陰深院。

宴清都　乙卯國慶日感賦，和清真

曙色催簫鼓。金風拂，幾聲羌管徐度。清秋燕子，依依欲覓，舊家門户。蓬萊只是高寒，算別有、霓裳俊侶。怎怪得、紈扇須捐，千金枉索人賦。　傷心怕聽離絃，巾車待發，河滿聲苦。天涯又恁，雲孱雨僽，卷斜陽去。黄華轉約重九，問載酒、人來甚處。更眼中、不見旌旗，那時見否。不半月，本初背誓武帝，旌旗見矣。

六么令　和小山　寓洪憲事

曲闌鸚鵡，著意傍妝閣。曉來畫眉心事，教與背人學。夢裏明河渡得，錯被鵑啼覺。迴腸千匝。拈來紅豆，一曲相思幾回掐。　前度牆東送盼，未取琴心答。昨夜機上回文，漫撚針絲押。都道香輪美滿，可奈圓時霎。怨他紅蝎。照人無寐，勾起西風舊簾角。

其二

綠波春轉，題葉無消息。仙槎又羈南斗，搖盪遠天碧。莫問霓裳近事，那是銷愁的。請纓前席。封侯年少，果否紅樓望中客。　商略明珠賣得，自補蘿衣坼。社後幾箭酸風，手把香梅摘，怕是繁英剗地，惹著江城笛。正耽幽寂。雙魚誰寄，不見當歸見相憶。

其三

越羅新樣，穩稱細腰束。吴宮者番花信，釀得春陰足。最怪西園浪蝶，故趁眉邊逐。渚蒲爭綠。船娃嬌小，休唱當年采蓮曲。　猶記紅妝睡好，夜久傳銀燭。偏是啼鳩聲中，陌上香塵促。準道工愁善病，悔種交枝玉，舊盟須續。重來畫閣，臂印成寒篆煙宿。

綺羅香
丙辰重午前一日作，未幾，遂聞漸臺之耗

破睡詩慳，停歌酒釅，愁裏聽風聽雨。一半春殘，飛盡亂紅無主。重喚起、墜夢迢迢，便忘了、燕嬌鶯妬。近黄昏、卻唱迷陽，跕鳶飄泊向何許。　沈沈譙漏又永，還是鄰光借映，催成眉嫵。短笛風微，已放落梅無數。怕緑陰、啼鳥闌時，早黄葉、蜕蟬辭去。漫無聊、秉燭宵游，玉顔能駐否。

解連環
和夢窗　寓黄陂繼統

亂愁如結。望長星夜落，遠天無極。乍喚起、圓魄當頭，又雲殢雨欺，驟添寒色。茗菊初花，未應問、淮流南北。只湘尊暗泣，渺渺素波，怨絃誰憶。　鶯梭者番浪擲。任飄綿水曲，蘋泛秋白。等桃根、桃葉來時，怕笛裏畫樓，黯銷金碧。海鶴西飛，更揺動、滄江幽汐。蕩孤舟、晚風傍柳，怎生繫得。

琵琶仙
和白石　送雲海秋之杭州

杯酒離亭，早催送、載鶴歸舟如葉。寒意微勒春葩，攀條更愁絶。春未半、鷺邊嫩約，肯留待、殿春啼鴂。一剪淞波，相思幾折，萍絮能説。　漫回首、油壁西泠，記簪袂、翩翩那時節。君問赤山深處，正茶香盈筴。三五夜、湖樓飣坐，有玉尊、瀲灩如雪。遲我笻竹來游，醉歌償别。

花犯
吾廬秋日有感，和清真

曉陰低，梧桐細雨，吾廬又秋味。蓼花初綴。

疑謝了春紅，幽處多麗。箇人瘦影支筇倚。行歌聊自喜。正采得、木棉如錦，輕盈裁素被。當年買山太怱怱，門前種五柳，依然憔顇。年事近，天涯遠、怕人撲墜。東風起、再休作音做絮，生計在、煙簑斜照裏。待記取、綠窗塵夢，滔滔隨逝水。

玉燭新　簡武林舊友，時客燕京

郊原纔過雨。望薺岸青青，好春來處。故人目送，南飛雁、寄與平安無語。滄桑別後，怪雪作頭顱如許。能就我、浮世生涯，商量渭川千畝。　登樓老子婆娑，算仕隱清閑，未妨眉嫵。俊游記否。明月下、載酒白隄秋路。秋風幾度。想夢逐江潮東去。歸未穩、長日棋枰，安排賭墅。

月下笛　題陳芋僧《平遠山房詩草》，依玉田又一體

老我青氈，西風凝望，玉關無路。何人倚馬，曾上天山雁飛處。功名蝸角渾閒事，喜聽到、伊涼舊譜。更蠡尊痛飲，葡萄新熟，白題徐舞。　歸去。天涯暮。正一將封侯，六州成錯。僧寮芋火，十年鄉夢無據。不須重問流沙遠，算自古、娥眉擅妬。只簪筆，有傳人，猶記過庭謝絮。

長亭怨慢　老友魏塘周芷頤以水村第五圖徵題。村在汾湖之南，余嘗過之

又招我、南樓煙雨。萬頃平波，舊曾游處。願逐鴟夷，故園鮭菜泥人住。酒痕湮矣，空目想、汾南路。肯與草堂居，定載得、樵青西去。

遲暮。望葭村水遠，只許俊游三五。伊人宛在，正吟到、緑香紅舞。且莫問、渺渺煙颿，向塵海、飄流何許。便出岫閒雲，輸與蕢洲鷗侶。

洞仙歌　刺選事

浪淘不盡，瞬愁波千變。欲度金針儘添線。幾黃昏、曾是百八牟尼，穿未就，惹起酸風一剪。箇人來喚渡，渡向仙槎，休問明河水深淺。握手又成空、人倚危闌，蛛絲罥、冷螢微閃。更蜕葉、疎桐打窗飛，試寫入秦箏、爲誰憂怨。

琵琶仙　題紅梅畫卷

春在江南，夢飛起、輭踏羅浮晴雪。人靜簷角參昏，虛廊轉幽屟。霞袖舉、微籠絳蠟，又攙了、幾分明月。一縷紅情，霜尊領略，香外消息。待侵曉、玄鶴孤還，悵疎影、娟娟夢難折。卻借莫愁金粉，傳何郎詞筆。明鏡裏修蛾未掃，但怯寒、酒暈生頰。好是横笛江樓，彈他桃葉。

惜紅衣　和白石　題秦山鍊劍圖

素練禁秋，清尊度日。遣愁無力。醉舞龍泉，星芒破山碧。憑高淚眼，拚寄與、天涯髯客。沈寂。何地避秦，泊風塵殘息。中原綺陌。連騎横磨，儒冠任凌藉。巖栖望氣舊國。斗杓北。可惜楚宫宵夢，不省湛盧來歷。怕過江飛去，摇落秣陵楓色。

謁金門　和馮延己

推枕起。衣上月痕如水。微嗅薰風簾影裏。

晚香初破蕋。　自爇鑪熏蹔倚。笑撲流螢看墜。屢卜歸期渾不至。燈花猶送喜。

瑞鶴仙　和清真　贈朱遯庸

引清谿近郭。人境外，竹靄荷香漠漠。沈吟放杯落。趁涼颸，微埶紫茵巾角。金明夢弱。過習池、頻誤嫩約。想壎絃遞和，齏臼妙才，細意斟酌。　欲向横塘喚渡，畫爥楔題，品梅東閣。朝曦度幕。攜鴉觜、乞去聲靈藥。問風簾，倦燕天涯歸未，沈沈炎景正惡。只雲林儋墨。能寫遯庵至樂。

蝶戀花　壬癸閒，燕京代議士作

古木無人潭水定。枝上啼禽，水上雙飛影。緑已成帷雲又暝。高栖可似鴛鴦穩。　早夏陰晴殊未準。乍過番風，酥雨催梅信。待摘青圓和酒沁。薰風忽起酸成陣。用酒浸曹公故事。

其二

一桁垂絲金縷裊。蜂蝶無情，總被紅情鬧。無賴東風沉醉了。扶頭不起從他倒。　湘瑟秋絃餘嫋嫋。杜宇休啼，小住多煩惱。午夜何人驚了鳥。蟾飛欲破扶桑曉。寓倒閣逼宮事。

以上《平原村人詞》

西河　題南沙顧甸侯梅花村卷子，和清真

歌舞地。西泠往事難記。春隨謝屐上孤山，暗香乍起。夜深玄鶴不歸來，風裳飄渺天際。　錦屏夢，猶倦倚。玉驄此地誰繫。休言斗辟鶴沙寒，酒場詩壘。畫圖省識月黃昏，孤村還繞流水。　虎頭老去厭近市。想幽居、常

傍梅里。莫問人間何世。只繁英似雪，娟娟相對。猶認前身羅浮裏。

見《華國》一九二六年二卷十二期

宋伯魯

風中柳

弄雨搓煙，幾度撩人春睡。繞幽窗、密垂紅穗。千頭萬蕊，更粉霞揉碎。襯嬌嬈、數重新翠。　飯罷茶餘，一院斜陽紅膩。煖烘烘、蜂慵蝶醉。芳心同結，綰住相思蒂。肯分向、膽瓶憔悴。

點絳唇　殘春，紫牡丹盛開

冠冕群芳，可人偏在群芳後。畫欄春富。灼爍烘晴晝。　養豔含嬌，只怕東風驟。纔成就。露凝香透。看萬花低首。

菩薩蠻　閨情二首

晨光瀲灧通簾幙。香肌但恨春衫薄。何處寄閒情。黃鸝三四聲。　花瓷擎素手。浴罷徘徊入。淺立凭鶵鬟。屏山縹緲間。

其二

元霜細碾玲瓏玉。冰毫雪案羅襟促。結體愛漚波。銀鈎争似他。　臨窗舒皓腕。秋水寒初翦。一紙寫方終。問郎工未工。

蝶戀花　張德如招飲怡怡別墅，看雨後牡丹

纖雨涼沾窗上紙。睡眼頻揩，强爲看花起。粉濕脂穠香露泚。華清浴罷纔離水。　玉酥金尊開繡綺。澹沱春陰，別是銷魂地。願借

輕雲籠翠吧。休教綻盡鴛鴦紫。

一萼紅

杪春，張德如齋前紫牡丹初放。今朝折一枝見贈。殘春得此，足爲山窗生色，度此奉報

傍書堂。望緑雲深處，高擁萬花王。雪覆靈根，露融仙蕾，幾載培護天香。漸遲至、凡英謝了，看國艷、一出冠群芳。恁日纔知，洛城聲價，不數姚黃。　驚起瑣窗幽夢，訝丹霞一片，飛上唫牀。穠馥噴人，妖姿絶代，獨立還傲東皇。且借取、銀瓶瀲灧，翠簾下、聊爲駐流光。休道青春暮也，富貴無雙。

壺中天

四月三日，東質庫牡丹盛開。主人將觴客，而雨不止。日三商，稍霽，客漸集。夕而即席，列燭花下，銜杯對之，極如荼如火之觀。輒賦《壺中天》一闋，紀其勝。花纔三株，各高八

尺，開花逾五百朵，遠近無出其右者

瓦溝聽罷，正濃妝初洗，一庭紅雪。客到黃昏簾捲處，隱隱暝煙橫結。破霧懸燈，分叢列炬，挽動嬌柯葉。嫩霞穿透，暗驚枝上眠蝶。　試看酒潑蘭英，尊前燭下，滾滾星毬接。絶勝芳園桃李夜，祇道瓊筵華月。露重香腴，烟斜錦爛，此景真奇絶。千金時候，一杯紅透雙頰。

浣溪紗

閨情

淡淡鉛朱淺杏顋。吳娃窄袖小身材。繡餘唫罷獨徘徊。　蝶弄風時紅雨亂，燕窺人處翠簾開。日長花影上閒堦。

水龍吟

新霽

幾回風篴無憑，一禽呼破痴雲懶。朝曦透幌，

被池先寤，紗窗夢斷。温褪中單，寒辭半臂，玉棉初换。訝湘波捲翠，華生曼睩，霎時也、晴光遍。　一樹緑陰篩地，繡苔邊、蝶輕風輭。不寒不煖，櫻桃時候，玫瑰庭院。正好登城，看山潑黛，畫圖遥展。聽聲聲雊雉，麥黄蠶老，把流光變。

滿江紅　五月二十三日，小雨增寒，炎歊頓洗，心神爽朗，賦此遣興

雲水溶溶，灑碧甃、瑽琤乍落。怪一夜、谷風將潤，冷吹簾幙。荷翠瀉珠盆沼净，榴紅低户綃霞濯。訝緑陰、深處小窗前，秋先覺。　煩暑盪，驕曦弱。快活散，清凉藥。把冰紈薤簟，一齊捐却。銀管寫經初試穎，楸枰對譜閒尋著。似少陵、竹裏暮寒時，憑江閣。

滿庭芳　庭中芍藥盛開

槐日篩檐，棠雲覆地，翻階又見名花。釵莛藹粟，雨暝更煙斜。半掩緋緋翠袖，香襦褪、紅縐宮紗。欄干外，傾城笑巧，無語醉流霞。　記豐台去後，分牋命侣，回首京華。怎便道年年，海角天涯。寂寞清平調冷，觚稜遠、夢斷金鴉。休輕負，草堂今日，花事勝韓家。

喜朝天　怡怡别墅金帶圍

畫簷東。恰姚魏看餘，獨占芳叢。翠幕深處，腰黄一道，淺約緋紅。推倒豐台艷冶，綃紫袋、懸魚勝盤龍。欣捧袂、烟晨霧曉，莖露偏濃。　宣麻且欲誰問，問今朝果否，瑞應璇宮。座上賓客，幾輩簡在，甌覆紗籠。億萬惟星翹首，待枚卜、爰立佐南風。婪尾宴、廣陵

高會，今古應同。

高陽臺　刈麥，步耘兄原均

秀野風清，芳原雨足，麥天涼嫩如秋。桑柘陰濃，霎兒蠶老鶯愁。雲濤浄漾千塍遠，愛翠莖、緑穗輕柔。聽村村，錦雉朝啼，喜上眉頭。　蘄蘄待得南薫透，看簪花餉婦，踏遍青疇。萬頃雲黄，參差熟到來麰。霜鐮霧擔團成陣，訝滿車、聳過岑樓。任提筐，寡婦紛來，滯穗争收。

木蘭花慢　端五日雨

甚冥冥黯黯，一番雨、一番風。訝佩結靈符，窗懸細艾，佳節天中。丁東。畫簷碎響，送清寒逼入悄簾櫳。杏子纔看摘緑，榴花未許簪紅。　玲瓏。豆大小昆蟲。綵翠奪天工。伴

媚子懸釵，色絲繫臂，兒女怱怱。離披靈蒲智稯，更今朝莫使酒杯空。自古陰晴難定，先拚一醉朦朧。

慶清朝　明萬年少寫萬年青立軸

醮碧渲秋，研朱賦色，彩毫應妬天公。休哉聖朝符瑞，一片青葱。補入翠雲缺處，枝頭顆顆綴珊紅。蟠根大，玉胎暗護，壽並喬松。　精甚定瓷小景，看蛋白盤盎，水遠山重。烏皮几圓，六脚裍駮玲瓏。誰遺箇人弄筆，嘉名妙畫巧相同。書堂上，吴綾半壁，蒼翠無窮。

疏簾淡月　五月十二夜，閒步中庭，花影横窗，月明如晝，清寒徹骨，無異素秋。對此爽然，因賦

晚雲錯繡。乍七寶騰空，將圓時候。緩啓晶奩漫放，鏡華全漏。七分精彩三分剩，已羞

藏、一天星斗。數聲烏鵲，風枝不定，夜涼初透。冷簌簌、花陰上牖。似荇藻縱横，欲無還有。一樣清光，桂魄未輸秋後。瓊樓玉宇峥嶸處，問高寒、誰共消受。且歌今夜，可知明旦，準陰晴否。

齊天樂 家居夏興

驕陽不到棠梨院，深深翠陰濃鎖。水澹盆池，苔班徑甃，幾點榴紅如火。湘波嬝娜。任乳燕慵飛，嬌猧困卧。午夢初回，水沈銷盡瘦紅墮。閒居情緒未減，聽書聲朗朗，不礙花朵。傍竹吟簫，憑窗選句，忙了一天清課。端陽節過。正麥浪翻空，桑雲剪破。明日村邊，待攜尊共我。

虞美人 蜀葵

紅妝宫樣濃如許。醉後嬌無語。芙蓉娟好遍芳洲。争奈一江風露、不勝秋。牆陰籬角無人見。寂寞黄昏院。江南處處好樓臺。看取名園佳處、幾叢栽。

賀新涼 驟雨

灌木颼飀處。劈空來、聲光烈烈，金蛇玉虎。瀑濺簷牙銀綫密，亂入朱窗碧户。聽細溜、鏘階漱礎。冷顫花枝渾未定，怪紅妝、洗出濃如許。真快事，讓天做。回飆捲盡絲千縷。曠寥天孤村野堠，涼陰澹竚。雹馬風刀精鋭甚，戰勝一天炎暑。暫謝却、衫蕉扇羽。昏匝烏雲俄剪破，放斜陽、一綫嬌紅吐。看此景，最奇否。

綺羅香　張子聘送紫薇花，感賦

膩粉攢絲，單襦縐錦，猶憶金坡前度。三殿氤氳，曾漱玉霄清露。浴鏡沼、錦翅齊飛，亞朱閣、絳茸初吐。最關情、新月黄昏，一鉤涼挂玉堂樹。　青雲丹地甚處。倦眼慵揩，怕向愁邊相遇。雹馬霜戈，多少斷腸詩句。重認取、穠態娉婷，恰不減、舊時眉嫵。弄吟窗、閒對銅瓶，慰余風景暮。

摸魚兒　齋居長夏

悄簾櫳、深深庭院，緑陰清晝如畫。炎曦不到丁香徑，一縷軟風無價。誰共話。有葉底幽禽，好語疏檐下。新詩漫寫。但瘦枕頻欹，枯枰閒對，也唤作消夏。　春明事，猶記荷珠盈把。菱塘舟上瀟灑。如今始信園居樂，料理豆棚花架。春夢罷。便再到邯鄲，不過如斯也。千般盡假。看利鎖名韁，如痴如醉，幾箇睡醒者。

百字令　余居倚城西南隅，雉堞相望。散步後圃，俯仰景物，棖觸於懷

翠甍連棟，亘孤城一帶，斜陽送晚。睥睨崚嶒迴抱處，紅製錦霞天半。烟外樓高，花邊巷小，終歲無人踐。柳池湮盡，斷槎横卧清淺。　最愛清樾依然，欲風含霧，軟翠連深院。雲箔重重清晝永，摇蕩水沈如綫。篠雨榴雲，葵裳荷佩，併入詩人眼。嫩蟾初上，半彎弓勢斜偃。

減字木蘭花　讀張子野詞

吟窗苦暗。一片寒冰三尺剪。只怕炎曦。作

箇棚兒隔住伊。鼂霞武露。點筆閒評三影句。字裏行邊。一縷朱絲箇箇圓。

喜遷鶯 雨後登城，望九嵕諸山

斷雲飛鳥。看新霽無邊，寥天如掃。玉洗蒼寒，瑶攢翠滴，妝就冶容嬌好。遠挹仲嵕青靄，薄暈烟霞紅窈。跨紺巘聳，昭陵天外，諸峰都小。 環遶。青未了。殘照危樓，望眼窮林表。秀展顰眉，濃堆晚髻，銷却舊愁多少。拄笏人來閒逸，題壁句還清老。蘸金碧，待龍眠彩繢，圖兹幽杳。仲、嵕，二山。煙霞，山洞名。

解連環 爲程東山同年畫，補詞其上

我生如寄。歎榮枯萬變，非關愚智。數自來、多少英雄，問幾箇收場，功成名遂。著述空山，多半在、阨窮之際。祇賺得身後，一點虛名，長在人世。 思量古今一例。況枌榆共譜，題塔攀桂。甚䨞兒、一枕黃粱，賸肥遯邱園，結茅相對。白石清泉，且領取、煙霞滋味。任三千、是陵是谷，一無芥蔕。

定風波令

鳳羽催殘萬事更。曉河歷歷夢西清。剩與雲山消冷淡。相見。瘦篁枯石證前盟。 青鬢朱顏誰假借。花下。三杯纔過萬緣輕。聞道東鄰來訪造。應笑。一般城市也逃名。

應天長 乙巳長至

昔在京師，每歲消寒局，自長至日始，九日一會，饌用菊花魚羹。會必有詩，抽秘逞妍，吟詠忘倦。今此樂不可復得矣，追念疇昔，良深棖觸

岸雲殢暝，林霧皺空，樓臺慘澹寒色。報道綫

添圭景，飛葭動緹室。銀牀畔，清霰濕。正露井、凍痕凝碧。繡鴛小，隔夜金爐，獸炭先炙。嘉會記湌英，九九筵開，銀綫饌金鯽。最是鳳牋稠疊，紅爐永今夕。重簾邃，飛雪急。夜半不到瓊瑤席。謾回首，酒醒燈殘，塵恨空積。

好事近

葭琯報陽生，猶是曉寒清切。何處輭雲偷度，帶微微輕雪。紅爐熾獸夜何長，龍團最清絕。吟到九圖春透，看玉梅先發。

桂枝香　泡菜

井花晨冽。盪翠缶盈盈，碧淪圓澈。玉醴晶鹽攪碎，一堆蒼雪。土膏肥處霜根脆，試鸞刀、玉肌輕切。暫停針繡，淘薑浸桂，助兹芳潔。且候取、喧涼適節。便緑醉紅酣，中邊俱徹。一筯清寒，占斷世間饕餮。山膚水豢皆烟火，者仙凡、終竟差別。淡中滋味，酸鹹世外，菜根堪齧。

水龍吟　長至後三日雪

凍雲纔上寒圖，曉樓已報瑤花信。斜斜整整，疏疏散散，飄飄滚滚。鏤竹封條，黏簾惹砌，弄酥搓粉。似皋禽對舞，仙衣抖擻，隨風去、團成陣。說甚五紋有準。怕春纖、峭寒難忍。翠帷低護，紫茸曼煖，金爐濃噴。射覆行醪，掃花瀹茗，一般風韻。待狻兒塑出，金鈴彩絆，向簾前認。

沁園春　以下皆赴廸化途中作

射虎男兒，投筆書生，立馬據鞍。正梨花如

雪，遠征絶塞，柳枝攀雨，三唱陽關。戴鶡辭家，聞雞起舞，腰下熒熒一劍寒。春堤外，看鞭絲帽影，飛度關山。　强隣從古爲患，何況在、西陲肘腋間。賴訏謨定命，吾皇聖武，軍容整肅，都護臨邊。尚武精神，封侯事業，不掃樓蘭誓不還。家書就，倩賓鴻萬里，先寄平安。

瑞鶴仙令

梨花瘦盡東風懶，春陰漠漠連朝。垂楊夾道送征軺。空濛烟雨裏，惆悵黯魂銷。　杖策不辭金塞遠，玉關前路迢迢。將軍愛士過驃姚。賓僚皆傑俊，上報聖明朝。

沁園春　涇州牧張小山同年席上作

天朗氣清，游目騁懷，孤岫斷雲。甚瑶池宴罷，空餘寒氎，涇原人去，遠念先民。柳暗花明，山重水複，偷取江南一段春。停驂處，有十年舊雨，掃徑留賓。　别來還夢應頻。乍把袂、相看雪鬢新。念昔同遊者，而今有幾，臣之壯也，猶不如人。馬上看山，幕中草檄，且趁燈前未老身。關山外，寄相思但有，塞月邊塵。

青玉案

柳條不斷旗亭路。但目送、征軺去。陌上雕輪留不住。鷄聲野店，馬蹄荒戍。盡是銷魂處。　碧山隱約分朝霧。踏鐵全沾草頭露。歷歷風光君記取。一灣流水，兩行春樹。陣陣梨花雨。

臨江仙

小雨泥人寒尚殢，山腰幾點炊烟。澹黄楊柳驛亭前。青莎嘶馬路，紅杏賣餳天。　谷口花時渾負卻，栖栖水脚山巔。萬峰高處更鳴鞭。雲垂人面直，日向馬頭圓。

水調歌頭

氈車控班馬，萬里赴窮邊。回頭第一橋畔，斜日黯長川。人望皋蘭雲樹，雁度沙湟烟水，浩蕩晚晴天。驛火萬峰側，羌籟數聲圓。　憑珠軒，凌翠阜，敞瓊筵。洪河一綫，天外雪浪落尊前。自是枌榆情重，又道關山修阻，萍水儘纏綿。一片馬寒雨，高枕夢神泉。第一橋在蘭州城外黄河上。馬寒，山名，在蘭州城南，俗呼五泉山。

八聲甘州

驟粼粼塵起展雙輪，風煙黯西羌。莽邊城巖業，群山巃嵸，一片蒼茫。處處頹垣斷甃，拉雜野花香。惟有青坡上，數點牛羊。　黑槊將軍老矣，已短蓬枯骨，堆遍疆場。更千村荊杞，一味助荒涼。待招徠、三千雁户，洗腥風、重爲勸農桑。空搔首、幾行邊樹，殘照昏黄。

前調

捲洶濤亂石撼荒灘，摇蕩旅魂驚。甚野花殘壘，斜陽古堞，映帶空城。繚繞崢嶸萬仞，石磴踏雲行。別有銷魂處，一片鈴聲。　最是凄涼野店，更蓬窗柴户，低共眉平。且村沽山蔌，醉卧掩荒荆。看簾閒、照人殘月，問何人、不起故園情。難成夢、一燈斜背，坐到天明。

鳳凰臺上憶吹簫

貰酒旗亭，呼燈旅館，半途偏愛勾留。正邊風入篴，人唱涼州。洗出雲屏面面，停轡處、雨膩烟柔。荒坰外，斜陽半晌，紅上簾鉤。　悠悠。端陽近也，問何處蒲觴，泥醉登樓。便靚妝相對，莫遣閒愁。多少長途旅况，都付與、香碗茶甌。渾無那，銅荷絳蠟，且看梳頭。

唐多令

亂石卧頹墻。邊風促曉裝。數山程、恰過西涼。萬里征鞍猶未卸，纔幾日、又端陽。　客鬢漸成霜。關山路正長。且安排、解糉臨觴。莫道征途人意倦，拚一醉、也清狂。

氐州第一　邊墻

山截崩雲，沙埋斷岸，邊城剩堵猶在。繡碧全荒，彫紅半泐，一霎荊凡異代。包括西陲，早隔斷、龍沙雁塞。曾幾何時，風消雨蝕，頓忘中外。　萬里窮邊凝望眼，緬神武、二宗英邁。飲馬泉枯，憑狐穴閉，異世成荒穢。駐征鞍、憑眺處，空古戍、殘陽一帶。暗計興亡，料村醪、難銷壘塊。

聲聲慢　聞歌

龍吟楚竹，鳳咽吴絃，夜涼檐滴初定。掩抑清商古怨，今聲乍併。莫唱伊涼舊曲，怕邊關、有人愁聽。凝佇久，正銀蟾半面，照人清影。　不道更闌坐久，恰霜鬢、雲鬟一樽相共。旅館寒燈，争似舊時清興。中年賴伊陶寫，恨邊塵，暗侵裘領。憑醉卧，任花冠、啼曙不醒。

應天長　納涼肅州旅次

玉繩細轉，珠斗静移，三霄露洗叢薄。幾杵梵鐘初送，潮音盪朱閣。紘纔挂，光尚弱。漸布滿、霧檽雲箔。澹殘暑，一味清涼，吹醒魂魄。

人在酒泉城，香霧清輝，摇盪旅懷惡。儘定甆紅玉，龍芽試新瀹。疏寮暗，朱爐落。喚取許我、解衣盤礴。竚庭院，目送晶彎，徐下烟郭。

賀新涼　聞雁

秋老梧桐井。盼南霄、霜飛露下，幾行寒影。萬里西風吹不斷，經過沙場雪嶺。剩數點、殘星相映。稻熟粱肥今歲稔，甚嗹嗹、叫徹痴雲冷。紅樹外，暗悲哽。

蒲昌瀚海天山徑。展駿啼、平沙萬里，亂雲愁暝。爾自南來人自北，畢竟歸期未定。但喚取、新霜盈鬢。苜蓿峰邊回望處，料深閨、早得金河信。煙塞晚，帶愁聽。

念奴嬌　出嘉峪關

馬馳車驟，度雄關、正指半竿殘日。莽盪窮邊，渾不似、故國山川雲物。雪凍堆圧，沙深没路，暗水流澌疾。一輪莽蒼，照人寒月無色。

説甚隔閡華戎，已年年暗度，春風消息。雨雪關山，揮手處、滚滚霜蹄金勒。萬里參軍，歸來那更許，鬓毛如漆。相思無限，數聲哀雁蕭瑟。

謁金門　出哈密

天尚熱。門外一山晴雪。柳轉溪迴沙路折。

哈城秋景别。葉墜丹黄明滅。又近茱萸佳節。一捻纖纖雞塞月。今宵何處歇。

鳳凰臺上憶吹簫

繡轂冰天，雕鞍雪海，箇中無限傷心。正北風怒吼，凍上嶔崟。萬古陽和不到，獨只賸、慘悴蕭森。山程倦，封蹏陷踝，徑邃巖深。侵尋。歲華暮也，問何事龍沙，萬里駸駸。任瘃膚龜手，兒女呻吟。紙薄牂裘似水，欺瘦骨、肩玉難禁。催人老，荒雞破牖，冷月寒衾。

醉花陰

九轉蓉屏森欲暮。野館和愁住。佳節過重陽，雪卧風餐，魂斷天山路。清遊尚記黄花戍。紅徧牆頭樹。萬苦又千辛，瀚海茫茫，此是回頭處。哈密，古黄花戍

滿庭芳 雪霽

鏤玉巉嵓，鎔銀痛峭，曉來虚白連天。遠林開素，亂透日暉鮮。浩浩窮沙慘悴，都變做、瑶島圭田。晴光遍，孤村短堠，寒意上吟鞭。翩翩。看驟馬，花沾總轡，玉棟連錢。謾兜羅一片，鋪遍三千。料想今宵俊賞，和月色、風景無邊。胡塵净，瓊樓玉宇，真箇小遊仙。

謁金門

金戍掩。屏背一燈初點。六出飛來輕似剪。峭寒簾不捲。生怕路長人倦。恰有月團新碾。掃得瓊瑶看蟹眼。粉霞紅半盞。

春光好 福壽山在廸化城南

烟澹澹，雪溶溶。翠重重。膩粉牆頭態更濃。

畫圖中。朝朝相對芙蓉。小橋東捲簾櫳。立盡斜陽看不厭，兩三峰。

臨江仙　福壽山殘雪，月夜尤奇

玉鏤銀妝陰嶺秀，皚皚湧出雲端。黃昏人上戍樓寒。一天新霽色，風定捲簾看。　詩鬓侵尋吾老矣，晚來扶杖荒灣。月明烟澹數峰閒。短牆衰柳外，清曠續來難。

阮郎歸　憶故園海棠

年年今日咲相逢。櫻唇初破紅。畫樓南畔粉牆東。日長春睡濃。　山萬疊，路千重。何曾音信通。碧紗窗外雨茸茸。黃昏愁煞儂。

訴衷情　憶滬遊

江邊新月柳稍頭。桃浪動簾鈎。年年無限春思，都付看花樓。　燈影下，最風流。小珠喉。倚人微醉，淺皺眉峰，一段春愁。

眼兒媚　寒食

淡雲微雨過高城。芳潤挹簾旌。一年好景，今朝寒食，來日清明。　柳條初逗春消息，孃娜最關情。困人天氣，無花無酒，冷冷清清。

畫堂春　閏花朝，是日清明

軟風開凍雪泥消。一灣新水溪橋。清明時候雨瀟瀟。又是花朝。　綵線晴移箏雁，錦裘温褪豐貂。柔稊青上柳千條。無限嬌嬈。

鷓鴣天　花朝後一日晴暖，春意盎然，有放風箏者

雪霽邊城戲紙鳶。軟風吹袂弄輕寒。斬新一

角含烟出，知是城南福壽山。紅柳岸，翠芹灣。小渠流水瘦潺潺。一年春事君須記，過了花朝又一天。

謁金門

簾外雪。雞唱四更殘月。人在亂書堆裏歇。一燈紅未滅。何處青歸楊葉。已是春分時節。乍暖乍寒天氣別。破裘猶未脱。

喜遷鶯 移居

地偏心遠。看高柳簇橋，女墻斜轉。水細當門，陰濃遶屋，好箇晚涼庭院。任是結廬人境，也得林泉蕭散。逗斜景，劃翠雲一角，屏山遥展。牀頭書數卷。棐几隱囊，養就無窮懶。鳥囀堂深，簾垂晝寂，静對畫屏香碗。暑至細評瓜李，雨過涼生巾扇。善頌禱，願酒濃花好，月圓人健。

念奴嬌 汪桐階觀察騎虎圖

雨風魑魅，欺僧騰崩竄，江聲摇郭。枝柱危城憑睥睨，悽斷悲笳清角。覆笥雲愁，孤臺月黯，戰苦旄頭落。撝戈天紫，亂山齊捲烏幕。曾是射虎勳名，韜旌磨劍，踏尾初盤躩。願借龍眠揩絹素，也要觸眸驚魄。草没封狐，林藏猰㺄，瘴水空跳躍。江山依舊，夢回人想濂閣。

摸魚兒 汪文端廷珍烟波一棹圖

泛金罍、翠波前日，聲聲驪唱南浦。斑騅不繫垂楊岸，猶夢軟紅深處。君且駐。聽五字新詩，送客江南去。旋灰暗度。賸十刹遊蹤，斜街花事，歲歲惹離緒。平生志，最是漚朋鷺侶。緑蓑青舫何許。朝衫未卸君恩重，那得共尋烟語。裁玉素。且倩彼丹青，寫出江湖趣。斜風細雨。看一棹摇來，蘆花淺水，此意畫中悟。

齊天樂　汪渠庭太守之任莎車，設餞于城西智珠山

欄干正在垂楊裏，一年幾回來凭。翠浦沈雲，紅巖挂雨，中有離愁千頃。吟魂未定。怕五馬嘶風，亂鴉啼暝。萬仞青山，一麾聊駐夕陽影。　風流淮上太守，酒酣扶醉處，高唱悲哽。鏤管生花，銀刀篆玉，誰更方伊神俊，峰迴路永。聽葉溆芳聲，鐵崖新詠。脤斷南霄，塞雲和雁冷。

滿江紅　周梅村明府岵屺圖

月黯危城，秋雨外、悲笳清切。憤一旦、矢窮兵盡，孤軍援絶。陣馬飲殘金僕羽，天狼囓斷昆吾鐵。問孰憐、五里古塘前，雙忠血。　倉猝際，詞何烈。忠與義，兩無缺。看竹林承慶，後先光綴。玉洞返魂空劍佩，瑤池通夢迴霜雪。倩彩毫、繪出寸心來，當幽咽。

沁園春　題曾小唐太守炳璜春風出塞圖

雁磧龍荒，壽靡冒耏，萬里玉關。甚白沙慘慘，風連金塞，黄蘆處處，雪冒天山。緯繣征魂，蓬蒿戰骨，一曲琵琶馬上彈。清笳暗，政葫蘆河畔，雙淚闌干。　荆凡一刹那閒。恰出塞、融風破峭寒。喜金鞭照耀，絃歌象福，玉臺龣麗，書返龜蘭。玉笥風流，星沙勛望，

幾輩封侯拔將壇。新猷煥，看一麾藉甚，馳譽呼韓。

前調 徐少衡大令屬寫天山古塞圖，因題

有客甚奇，杖策遠遊，萬里塞垣。莽平沙日落，風颸夜起，羣山雪擁，鐵騎雲屯。鴣血馬酮，狪瓜犵草，歲歲年年豜帝閽。皇威遠，看陽春有信，先度玉門。平生壯志誰論。休笑道、功名虱處褌。任龍荒攬轡，霜髭不剪，魚鱗壓案，老眼無昏。領袖紅蓮，擎持白墮，江左風流今尚存。恩光下，待河陽一縣，重看花繁。

滿江紅 浄海

萬里邊風，吹我上、三台峰頂。看一片、蔚藍無際，碧波如鏡。曉漲平添沙步軟，晴巒倒寫天容浄。只喚將、簫鼓畫船來，西湖並。臨曲岸，傷流景。前度事，休重省。但亂流車轍，夕陽鞭影。雨過山門松檜潤，雲生澗户衣裳冷。待歷過、二十四重橋，真仙境。

浣溪紗 以下里居作

戲蝶翩翩畫漸長。乍晴時候好天光。畫檐嬌倚紫丁香。風暖半庭新翠蘚，春慵一枕小黃粱。夢回竹影在斜窗。

百字令 答曾健齋同年

沈腰非舊，悵支離病骨，一身將老。五十八年成底事，賺得鬚眉白了。瘴海雲愁，神州鼎沸，誰挽狂瀾倒。磨銷輪軟，雪山陳跡都掃。還更蔣逕誅茅，孤絃落落，但恨知音少。漫道南豐無秀句，秀句爭如他好。南雅新聲，尖

叉妙韻，羨子知名早。暮年詩思，比人真箇分曉。

前調　和健齋

草堂堅臥，似羅浮雪後，橫斜梅老。一卷黃庭常在手，且把萬緣捐了。世外乾坤，壺中日月，箇裏尋顛倒。蓬山何處落，花容我閒掃。　最是仙吏多情，攜樽相就，蘊藉如君少。翠柳紅亭描不盡，無限夕陽嬌好。燈影籬疏，碁聲院静，細數更籌早。思君何處，半窗斜月將曉。

永遇樂　謝健齋惠蟹，即依其均

竹瘦荷殘，暗摧秋氣，涼入襟袖。歲暮天寒，一樽孤對，滋味誰相侑。春明曾愛，金黃上箸，猶記換詩饞守。算而今、江湖老去，負伊緯蕭時候。　西風幾日，玉臍誰餉，嘉惠轉慚先受。香擘金螯，肥擎紺甲，恰是霜前後。丹霞入琖，黃花盈鬢，那管翠簾人瘦。且今朝、冰盤大嚼，枯腸換舊。

百字令　健齋初度，仍用前均爲壽，即以送行。健齋宰吾邑月餘，即量移甯陝廳

單琴三疊，恰愁霖捲澍，碧梧秋老。延壽盃濃金液瀲，屈指黃花開了。煉茗敲詩，燃香品畫，共把芳尊倒。高臺攜手，撲人山翠如埽。　忽忽驪唱催人，棧雲關樹，離緒知多少。望望七盤山上月，爭似昨宵娟好。蜀道秋笳，巴山夜雨，歸棹應須早。南飛三弄，箇中心事誰曉。

前調 送健齋

慈心傲骨，看堂堂彊項，孤標蒼老。宓賤鳴琴纔小試，一曲南薰粗了。傍竹分牋，隔籬呼酒，任玉山傾倒。杜陵荒舍，爲君花徑頻掃。銷魂別浦斜陽，滿懷愁緒，不比春潮少。鐵板銅琶聲暫歇，新製歌詞嬌好。壯志銷磨，慵妝對鏡，誤我嬋娟早。斷腸衰柳，數枝殘月初曉。

滿庭芳 八仙庵看綠牡丹，兼聽張鍊師彈琴

霞抹青城，煙籠碧瓦，曉晴福地無塵。玉鞭金鐙，世外訪仙真。似隔幽篁乍見，翳修袖、蓴綠逡巡。空凡艷，姚黃魏紫，不數洛城春。喜辰。行樂地，庭圍翠幄，階襯紅茵。恨明珠十斛，空買酸辛。試聽絲桐練響，拚一笑、攜杖相親。應留取，年年歲歲，青鳥寄慇懃。

賀新郎 賀友人納姬

金柱調鸞鳳。問仙緣、三生石上，幾時曾種。電馬霜戈隔斷了，多少繡幃香夢。但賸取、孤衾虛擁。地轉天迴山色好，羨劉郎、驀入桃花洞。春漲煖，笑相送。雲閒玉管方三弄。好良宵、羅帷翠被，鴛鴦雙共。軟玉溫香消不盡，無限雨痴雲重。又祇惱、花冠頻哢。絳燭燒殘窗送曙，看猩紅、片片朝霞動。金屋貯，漫争寵。

南鄉子 蘭

何處息詩肩。小閣清和雨後天。鹿韭已過婪尾早，偏偏。採得都梁分外妍。香散鄰厨邊。一滴花心寶露寒。合倩孤檠來寫照，姗

姍。楚畹丰神壁上看。

高陽臺

望園在京師李鉄拐斜街，回教穆子光所刱，李笠翁芥子園故址

仰瀑噴珠，欹峰蘸碧，飛樓倒映澄泓。沼曲橋迴，一雙鏡影眠弓。蘭橈桂楫波間起，颭新荷、來去無蹤。最留人，茗椀琴台，樹老陰濃。　佳遊恰趁榴紅日，看舟中花底，鬢霧鬟風。小巷枇杷，誰家鸚鵡簾櫳。夕陽迤邐歸軿晚，剩青青、水上孤峰。恨今宵，好夢驚回，玉漏方終。

摸魚兒

仙源文石圖，爲徐花農前輩題

漲春陂、半篙烟雨，彩雲沙際縈遶。情天補後都無用，拋墮世間多少。波浄掃。晃萬樹、丹霞灼爍晨光早。珠繁玉小。似邱錦紛披，濤牋點綴，一鏡入晴昊。　停橈處，想像松房翠嫋。當年漁父應老。江斐遊戲匆匆去，收得一囊瑰寶。君莫惱。君且看、銀臺金盞仙姿好。寒泉潄曉。映雪案冰瓷，斕斑綺麗，如在武陵道。

綠意

晚香玉花籃

迴環往復。是内家巧匠，雕鏤芬馥。團若團絲，纖擬裁筠，幾費弄酥搓玉。看他雪聚冰堆，恰跗蕚、層層攢簇。最晚來、月下提攜，一串瓊瑶堪掬。　祗待多情購取，流蘇玉帳裏，好伴雙宿。巧借燈光，描取玲瓏，絕勝秋蘭幽谷。絪緼曉夢將圓候，幻一片、梨雲休觸。轉笑他、雪案銀瓶，新水一枝斜矗。

高陽臺　孫了瀟先生『把酒祝東風，種出雙紅豆』卷子，爲師鄭太史題

墋黷戡餘，玄黄戰罷，斷雲殘日蕭森。跨馬春明，看花又到珠林。頻年撒遍相思種，問東風、可許同心。怕年來，舊約差池，芳訊浮沈。

詞人老去歸何處，賸春衫慘緑，晚樹濃陰。灼灼雙丸，緋紅直到而今。秋風南國銷魂句，撫新聲、叠泛瑶琴。又祇愁，畫裏年光，一味侵尋。

貂裘换酒　秦紹觀參政以檀玉如意見贈，並惠新闋。依均奉答

鄉思濃於酒。正年來、相如懶賦，子虚烏有。浪説文園聲價貴，雲夢嘗吞八九。問幾度、蟾圓人壽。秀絶江郎詩賦好，奈新愁、舊恨連綿久。衰鬢白，賸呼負。

今春準展雙眉皺。喜坐間、風生綺席，秦黄相偶。玉鏤檀雕珍重甚，高義如君不朽。品格在松和左右。解釋羊公多少憾，弄仙葩、不借兜羅手。開玳匣，漫搔首。

永遇樂　同年姚石荃參政暨其配史夫人六十雙壽

嫣汭華宗，青蒲貴閥，枝上連理。梁孟相莊，鮑桓偕老，福慧真無比。海棠時候，梨花庭院，併作誕生嘉瑞。是前身、蘭因絮果，成就閬風仙儷。

齊眉周甲，月圓人健，又睹太平時世。蘐棘椿靈，蘭馨桂馥，一室皆春意。斑衣綵繡，畫堂簫鼓，客醉介眉觴裏。聽南飛、聲聲岸上，有人在此。

玉蝴蝶　秋蝶

玉宇冷拋珠露，漸催黄葉，飛過前軒。倩影遽遽，殘夢依約無痕。晒嬌花、湘紋晝永，縈細草、繡陌晴薰。總難論。西風一夜，瘦盡莊魂。　殷懃。醉鄉重覓，桂馨欄畔，鞠燦籬根。八月雙飛，露濃霜重怯黄昏。弄春衣、那堪回首，呼仙侶、聊借開樽。祝王孫。年年歸去，相伴南園。

長相思　又一體，美人蕉

眉黛拖嵐，額黄暈月，描出多少閒愁。鸞襦翠蹙，鳳袂雲舒，雙雙同凭朱樓。捲雨心抽。看柔腸宛轉，好夢綢繆。窗箐夕颼飀。怕天寒、相倚嬌羞。　況羈旅情懷，倦遊滋味，重尋舊日風流。那堪縈別，緒邁音塵，雨雪炎洲。壁月當頭，誰曾算、關山阻修。顫輕颸、休教弱扇迎秋。

浣溪沙　爲沈淇泉題其先兄爲其嫂所寫折枝便面遺跡

點染秋光筆一枝。聚頭風細嫩涼滋。玉窗人氶並肩時。　蝶影化來雲片片，雁行分處雨絲絲。池塘幽夢揔相思。

惜餘春慢　爲張子聚廷作

晝角驚秋，彫戈待曙，夢入鴛鴦波煖。嬌鸞對舞，姹燕雙栖，濃醉玉簫金管。曾記凝妝翠樓，楊柳千條，路長人遠。但傷春都是，因郎憔悴，病蛾慵展。　因甚道、仗劍封侯，無端煩惱，驟說釵分鏡掩。章臺走馬，閬苑聽鶯，處處柔腸千斷。憑喚高唐夢回，參徹色空，此情難遣。悵深宵環珮，歸來何處，月斜雲軃。

如夢令 海棠。丁巳閏二月初九日，歸醴泉掃墓，賦平園海棠

行到翠簾深處。一笑嫣然相許。軟繡襯弓腰，莫是玉妃初舞。延佇。延佇。祇欠半庭疏雨。

醉花陰

纔過清明春始暮。瘦井荒苔故。寂寞爲誰開，奼紫嫣紅，歲歲池頭樹。　紅羊浩刧何人作，空問花無語。莫道不思歸，祇恐歸來，又上征軬去。

揚州慢 平園

淡沱斜陰，空濛淺草，小園春半關情。正養花天氣，疏雨過清明。自文杏、棠梨謝後，紫藤黃桲，又綴繁英。漸催開、京洛名花，香徧春城。　故園夢懶，任全荒、三徑烟橫。憶豆蔻穿籬，薔薇遶檻，人坐池亭。六十四年猶是，鬢眉變、歲月頻驚。看牆陰幽竹，年年都爲誰青。

醉花陰 畫梅，爲女伶小素梅作

小宛娉婷春已透。約素腰兒瘦。林月乍窺時，玉骨冰肌，揔是天生就。　芒鞋踏徧羅浮岫。惹暗香盈袖。一笑更銷魂，鐵石心腸，也有柔時候。

如夢令 題某女史畫菊

幾日綠陰清晝。又是菊花時候。把酒話東籬，不道捲簾人瘦。消受。消受。一縷晚香

盈袖。

以上《海棠仙館詩餘》

前調 題張德如小影

纔道園林摛繡。又過青韶時候。白髮鏡中來，漸覺鬢眉非舊。消瘦。消瘦。兼得鶴癯梅秀。

金縷曲 二十年後，故園重看海棠，憶先室張恭人

陌上孤蓬轉。悵佳期、幾回拋却，而今再見。掩袖窺人翠綃底，纔破腥脣一瓣。真個是、天香國豔。怨粉啼紅春睡足，倚朱樓、脉脉斜陽院。憑風景，何曾換。　彩雲去後情思倦。恨無端、風饕雪虐，鬢眉漸變。記得香階攜手處，一樹婆娑天半。休更説、玉堂鵲占。縱依舊嬌姿綽約，那人兒、不在和誰看。頻搔首，問歸燕。

摸魚兒 殘春感興

院深深、海棠過了，幾株新緑相競。牆陰砌脚無人處，一片落紅猶剩。風未定。又小雨黄昏，涼翳紗窗影。苔階暗省。正露蘂珠圓，煙蘼錦坼，宛轉繞香徑。　銷魂也，最是前日觴詠。翠樓朱閣慵凭。西園幾輩尋芳侶，袖裏玉詞空映。君試聽。聽啼鴂聲中，換了清和景。横塘夢醒。且倦倚屏山，閒傾桂醑，一醉臥殘暝。

望湘人 澍雨道濇，唱答稀疏，賦此遣悶

乍金衣細囀，嫩碧交柯，日華紅到天井。藥暎脂腴，蘐寒翠密。做出清和光景。鏤竹分牋，

幻茶尋拍，一階花影。看尚書、老去風情，不減囊時紅杏。　何事東風太猛。又簷聲斷續，一燈紅冷。悵巷陌新泥，滑澾怎開三徑。閒銷麝炷，隱囊孤倚，愁共簾痕搖暝。　聽枕畔、滴滴心頭，都把梨雲敲醒。

高陽臺　城樓晚眺

水抱闉闍，山銜睥睨，飛樓上與雲齊。煙火千家，青罳碧瓦都迷。癸庚呼罷新居庶，聽聲聲、吠犬鳴雞。　控衝衢，暮雨征笳，曉日輪蹏。輕花飄盡千畛雪，正烟芒霧穗，緑到城西。五色奇葩，無端占斷青蹊。金莩玉粒真無價，這來牟、百倍懸黎。待腰鐮，萬柄呼來，黃壓千畦。

玉蝴蝶　初伏

徂暑彤彤難逭，三庚水日，宙合如焨。暮爽朝凉，一刻笇值千金。透玉羅、絲風戛竹，漾金薤、弦月穿林。甚關心。井花如雪，朱李青檎。　沈沈。梨雲乍穩，麝熏徐度，豹脚空吟。一枕華胥，緑窗格磔囀朝禽。宿雨微、痕留蘚砌，晨曦薄、影殢花陰。謾登臨。赤輪停午，無地披襟。

好事近　戲作示姬人

油壁小車輕，午倦驛亭聊息。吹到一簾飛絮，訝春風相識。　緑雲髻曉鬟鬆，欲挽嬌無力。唯有蹙波紅處，鬪焉支山色。

以上見《蕤紅詞》

宋育仁

清商怨　庚子避亂西山作

舊時驛路荒烟，斷水無人渡。角聲悲苦。吹落譙門戍。寒雨荒雞，人在山深處。秋鐙語。營魂知路。傍繞臺城樹。

其二

荒村獨樹傷心，殘騎經行路。殿鴟鈴語。似説無生誤。殘梵魚山，更聽清鐘苦。深山雨。漏聲何處。春輦當年路。

其三

燕飛傳語紙鳶，風斷秋來路。青烽魂訴。似唱公無渡。月黑烏啼，斗挂城南樹。休回顧。夜潮津鼓。易水蕭蕭去。

其四

草間蛩語離宮，弔月傷心處。亂山無數。不見高城暮。極目桑乾，腸斷回潮去。咸陽炬。可憐焦土。淚灑燕山路。

菩薩蠻

黯然南浦銷魂別。畫屏夢見關山月。背鏡不須唬。隔簾鸚鵡窺。漏聲花下露。淚盡天明去。心字麝成塵。爐薰斷續聞。

其二

馬蹏不見車塵路。雙鴛徑滑蒼苔雨。羅幕故低垂。班騅聞遠嘶。夜涼偷卜鏡。小語防人聽。無月照流黄。風開虚幔涼。

其三

層樓風雨憑欄望。斷虹西角堪惆悵。傳語怨

青禽。天長海水深。　隔河星幾點。花露槃中見。銀燭自心知。照蠶休絡絲。

其四

羅襟密掩丁香結。春寒病轉回潮熱。單夢悔愁癡。靈犀不自持。　霜娥同耐冷。驚照嬋娟影。細膽怯天明。五更扶枕聽。

其五

玲瓏窗檻方紗白。明燈醒對心如月。閒坐憶來時。畫眉妝起遲。　蟲聲驚入幕。翠袖天寒薄。破鏡誤刀環。蘼蕪山上山。

其六

口生石闕如何語。生前只有傷春苦。莫唱華山畿。秦王未捲衣。　燕梁塵自落。密語惺惺覺。殘月夢醒時。亂蟬如馬嘶。

醉花陰　金陵作

烟水波深桃葉渡。又送君南浦。終古夕陽痕，六代江山，合讓詞人住。　垂楊舊巷經行處。道是臺城路。燕去入誰家，薺麥積垣，莫顧雕梁誤。

酒泉子

月没簾衣。風緊一聲南鴈。五更頭，孤枕畔。聽思歸。　背燈薇帳垂煙重。天遠別長無夢。病新來，愁舊種。信今稀。

菩薩蠻

井桐疊翠參差見。交花隔斷屏雙扇。殘月夜如煙。涼蟾窺未眠。　無人花轉影。漆畫銅鋪冷。絡緯背鐙啼。思君花下迷。

浣溪沙

雨潤桐陰晝掩門。碧天苔色近黃昏。隔簾見月最銷魂。　薇帳烟垂風自颺，蘭當灰陷夜初温。此時心上畫愁痕。

其二

棗實離離謚洞簫。黃鐘春轉柳條條。長干來路是江皋。　手冷玉韡詩合譜，心涼緑綺縵初調。對鐙人影補離騷。

好事近

集詩牌字，和王佑遐、朱古微。下終卷見朱刻，互有遺漏

吹水落秋陰，亂葉響林聲濕。笳吹鴈驚寒雨，憶燕簾風入。一作『暗記曲決平處。放青山簾入』。　玉關橫柳怕飛霜，篴暗倚樓月。何處木蘭烽火，記冷烽人立。

其二

蛩雨落燈昏，簾濕月黃風急。夢入蒼煙人語，動梅根消息。　平蕪立處是天涯，愁剩一江碧。鴉外青青數點，似樓蘭山色。

訴衷情

用夢窗韻集字

蒼茫烟海點浮漚。鄉夢墮西州。黃昏低訴殘角，絃入故宮秋。　風過鴈，水明樓。隱簾鉤。數聲涼月，一夜蘋花，夢白鳥頭。

太常引

集字

回風搖蕙憶江皋。風月落南朝。愁重倩春銷。笑叢桂、小山未招。　帳羅畫出，燭花夢見，春水半蘭橈。眉月過花梢。聽鴈落、秋鐙夜潮。

燕歸梁　集字

秋色銷魂一院苔。塵冷斷金徽。回腸深護不輕開。因南風、入君懷。　雷塘喚醒宮槐夢，翠約負花開。天風東海打潮回。引浮雲、使西來。

夜游宮　集字

簾捲花蛩絮雨。暗咽斷、殘鐙人語。苦對清尊訴絃柱。縷金銷，碧紗涼，聽最楚。　梁燕空朱户。恨疊疊、翠微江路。夢繞行雲結愁去。月光回，照離腸，知斷處。

蝶戀花

花隱櫳明更乍定。月下簾旌，先畫秋千影。漸展花枝行漸近。娟娟移上屏山隱。　轉向西窗移入鏡。燭暗西帷，背面花交印。滿眼離愁窺夢醒。緑塵一夜苔生徑。

霜天曉角　集字

蕉陰補屋。一掬西峯緑。槐雨夢回春枕，還誤是、聽鐘宿。　轉轂。愁繭足。天寒泉水濁。日暮吹鐙胡語。愁散入、漢宮燭。

其二

篝燈讀曲。淒斷秋眉緑。一夢西風錦水，聽雨處、結荷宿。　轉燭。年翦促。綺書緘又讀。説與南枝翠羽。無人見、倚修竹。

戀繡衾　集字

嬋羅捲幕沁暗涼。倚繡韉、盤馬試妝。車過處、長楊暗，鎖千門、猶認夕陽。　鏡瀾寒約凌波襪，鈿生塵、爐爇斷香。換海水、添宮漏，月平西、猶夢夜長。

謁金門 集字

春斷漏。夢咽風鐙如豆。不見斷腸單見瘦。怨紅君見否。　誰信畫眉新門。翻恨春慵人舊。一樣落花人去後。見蓮休見藕。

卜算子

涼月上初更，又到愁時候。掩鏡生防見淚痕，却見鐙前瘦。　門外散歌塵，深院蒼苔舊。不怪羅衣舞後單，只怪春寒久。

其二

漢轉夜無人，心事微雲卷。欲約涼蟾説到明，愁被殘鐘限。　簾動有微波，夢瘦江湖遠。南去霜天一鴈無，字更風吹斷。

清平樂

暮雲隱岫。月戀棲鴉柳。不信飢來還病酒。只説龐眉原瘦。　憑欄青羽飛回。隔簾燕語驚猜。西去玉關無信，誰尋鴈路歸來。

鷓鴣天

空局悠然照淚乾。今宵纔是夜如年。明河直户如鉛水，洗面單留對鏡看。　相見易，別時難。貍奴深坐隱長歎。夢驚自爲羅衣薄，蛩絮鐙昏誤雨寒。

一落索 集字

一曲琴心千里。萬重雲水。吟聲幽咽下桑乾，喚夜夜、哀鴻起。　屏洗斷山橫翠。疊愁成淚。倚窗遼海落平蕪，又目斷、孤城閉。一作『海雲目斷是平蕪，又落日、孤城閉』。

踏莎行 集字

心字雲衣，眉妝月扇。夕陽畫境催簾捲。晚涼掃地落花風，一時離袖君心變。寶鏡梳慵，玉簫聲怨。舞衣照水深紅淺。青天碧海夜無人，牽牛偏向西堂見。

眼兒媚 用半塘韻

遥天一鴈下秋晴。霜曉帶殘星。邊聲四起，寒煙吹角，日澹蕪城。亂愁白髮如春草，歲歲剗還生。苑螢飛處，宮鴉歸路，都在邊營。

秋蕊香 集字

誰倚高樓聽雨。寄與寒鴻知處。腸斷人在翦鐙語。苦是愁無夢做。柳絲不綰雕輪路。亂愁緒。秋池紅蓼怨無主。鉛水盤傾泣露。

小重山 集字

菊倚疏籬畫折枝。西風吹鬢影、亂如絲。鴈聲搖暝落天涯。平沙遠、風斷故依依。晴蕪望遠夕。霏微倒江翻黛色、是斜暉。洒空寒翠濕征衣。鷗邊夢、憑訴瘦笳非。

海棠春令 集詩牌

翠欄回合疑春遠。舞衫在、香銷繡斷。幕燕幾時來，待夢重簾見。楊花細落流鶯怨。傍春草、歌塵又散。藹待化蛾飛，欲起春情倦。

柳梢青 集詩牌

倦醉都醒。斷雲一夢，殘月三更。燈外鴻冥。吟邊鶴瘦，聲在雲層。　清游孤負春盟。縮煙柳、東風又青。約恨瑶牋，支愁山枕，銷盡紅冰。

鳳來朝 集詩牌

回笑破櫻顆。掩眉嚬、翠雲半嚲。更撥絃記節、花深坐。釵和淚、倚聲墮。　夢裏一春閒過。理雲牋、鴈期又左。暗粉枕、指痕涴。悔鏡約、負蘭舸。

杏花天 集詩牌

西樓涼鴈浮清吹。望雲起、回風掩淚。題紅霜滿都無字。吟斷秋風錦水。　悲空鏡、長蛾洗翠。悵殘夢、鑾薰涴被。玉闌似識斜陽意。影畫回腸萬里。

少年遊 清真體，集詩牌

黃花緑酒借芳顏。簾捲看秋山。鶴響霜高，鴈涼月墮，顧影記尊前。　而今酒醒關河冷，清夢落南天。絃語西風，書沉渭水，十指幾聲寒。

朝中措

照槐青火夕陽痕。人柳似當門。眠起隔花漏斷，緑窗守盡黃昏。　夜闌鐙滅香銷篆，冷心字猶溫。依舊開簾見月，不知何事銷魂。

點絳脣 步漚尹韻

圖上江莊，微波先認秋來路。春天雲樹。記

是題詩處。　鴈送秋聲，没入蒼煙去。　琴心貯。一行如縷。罥上風簾絮。

相見歡

井桐一葉初聲。夜鴻驚。正是下弦無月、已三更。　哀笳亂。譙門斷。少人行。依舊五更過了、又天明。

醜奴兒　用漚尹、半塘韻

門前走馬長安陌，日下西峯。塵鎖春櫳。只隔屏山已萬重。　如今更望長安遠，不見歸鴻。彈淚西風。莫誤銅仙憶斷虹。

人月圓　用漚尹韻

填詞漫漏傷春語，嬰武喚低簾。天河流枕，参旗挂樹，夢醒還忺。　蛤蜊且食，離騷熟讀，頗憶江南。吹簫何處，青山隱隱，眉月纖纖。

隔溪梅令　集字和漚尹韻

别腸堪斷憶來初。見時疏。記得數行雲鴈、報雙魚。鸞綃當鏡梳。　花枝問繡夢雲孤。遠山扶。無分報君分鈿、念還珠。　咽聲和淚無。

以上《哀怨集》附《城南詞》

疏幕遮

柳深青，梨淡白。牕外桃花，牕底桃花月。　網户月斜花影疊。六曲屏風，不礙春愁直。脈傷春，遙怨别。寂寞花時，夢影飛如蝶。　塵起博山香浥浥。雙下房櫳，人立東風側。

蝶戀花

没個商量無可説。滿地相思，天上團圓月。月是團圞人是别。可憐春半春寒仄。　虯翦丁丁香浥浥。昨夜東風，吹夢和愁澀。夢繞屏山深曲曲。梨花院落雲重疊。

喝火令

寓成都，寄懷伯仲兄及令修姊

羅袂生寒薄，銀缸照淚明。離情訴燕夢啼鶯。都被東風吹起，一夜滿銀屏。　柴巷租驢券，花天約蝶情。命中書劒註飄零。負卻池塘，負卻雨聲燈。負卻天涯芳草，歸路短長亭。

蝶戀花

楊柳東風千萬緒。縷縷絲絲，綰得春愁住。楚楚可憐春又暮。春歸争不將愁去。　看看黄梅時節雨。雨雨風風，春去春來路。六曲闌干深似許。緑陰占了頹紅處。

喝火令

緑巷車塵遠，紅橋笛語親。鷓鴣天裏又黄昏。可奈一春無夢，過清明。　尊尾斟愁淺，琴心貯夢深。洞簫明月語星星。憶着山溪，柳外好林亭。憶著林亭深處，殘照子規聲。

浪淘沙

春夢太闌珊。寶鴨香殘。房櫳曲曲障屏山。不是捲簾渾不覺，如此春寒。　清曉莫憑闌。愁怯衣單。養花天氣背人闌。不是早梅開一樹，險被春瞞。

醉花陰 寄袁再臣善賡

花下流年簫裏度。草草蘭期誤。只燕子多情，隨著春來，不解隨春去。江上微波波上浦。芳草歸時路。細柳一條堤，昨夜東風，夢影吹如絮。

菩薩鬘 寄懷次姊令修

畫檐歸燕東風惡。緑牕人静春寒薄。珍重可勝常。欄干日又長。刺紋添繡線。知是閒難慣。須索自家憐。春寒作病天。

其二

梨花院落雲千疊。夜吟想立薔薇月。黃耳別音稀。花箋又幾題。新詞翻桁曲。試教銀鸚讀。春上小紅樓。欄干莫倚愁。

長相思

曉霞明。曉雲輕。簾捲疏花露滿庭。罘罳蛛網生。長蕉陰。短莎塵。緑上秋眉一寸深。風吹雙鬢痕。

搗練子

風静院，月斜樓。無那春宵便似秋。簾外漏聲三五點，一更數到五更頭。

臨江仙

六曲池塘春水慢，被堤芳草葳蕤。菖蒲泛渚緑波微。鴛鴦三兩宿，蝴蝶一雙飛。瘦盡棠梨芳悄悄，東風又送斜暉。惜花人倦緑陰肥。只防春晚晼，暗地背人歸。

浣溪沙

羈旅爲客，晤歌寡儔。明月在屋，輒夢故人；停雲壓牕，每念親友。倚拍成弄，聊以寄言

人倚秋風瘦不支。細研麋墨寫烏絲。微波隔處不通詞。　蒼渚頳鱗三致意，碧雲紅樹兩相思。霜前細雨盼歸遲。

其二

下澤柴車款段租。過從衡梓舊崔盧。一緘清淚數行書。　雁帛封愁霜信短，蚖燈照夢雨聲孤。平安兩字別來無。

其三

佩贈吴鈎韻譜簫。離亭春話柳條條。幾時秋又滿江皋。　蟾兔月孤離露漢，鯉魚風緊落霜潮。莫因憔悴沈郎腰。

其四

款款離悰又一年。重陽下九月初弦。秋塵如夢夢如烟。　落照初鴻楓葉浦，亂風斜蝶蓼花天。獨邀歸燕説纏緜。

臨江仙

雙槳扶波舟一葉，風沙雲水歸程。江聲雜雨倚篷聽。疏疏楓葉泊，策策葦花鳴。　雲裏江天城隱霧，相望極浦遥汀。歸心如水送舟行。別離無限意，都付暮山青。

虞美人

哀江公永

彩雲易散春紅碎。無限傷心淚。剪鐙談夢更無人。愁聽夜深山鬼、唱秋墳。　高歌青眼相然諾。應悔平生錯。早知玉樹土中埋。爲

問癡愁辛苦、爲誰來。

其二

忙來卻又恩恩去。彈指華嚴誤。玉樓果勝世間無。乞與青禽傳答、秣陵書。　沈憂未必傷年命。試向蘭因訊。臥聽鄰笛慘成啼。驚起一簾霜影、月凄凄。

南樓令　寄謝德輿

紅豆記盈箱。相思滿斛量。單情如月幾時雙。一幅綠箋憑寄語，算不滿十三行。　珍重惜流光。清宵細細長。亂蟬嘶柳易新霜。心緒萬千提不起，只道得個勝常。

西江月

銀押放鈎麗罭，金環鬔鎖葳蕤。博山爐子裊烟微。春與梨花同醉。　鸚上瑶軒對語，燕窺銀桁雙飛。春駒褪減玉腰圍。昨夜海棠新睡。

鷓鴣天

寮掩方疏夜半分。爓烟如麝麝成塵。銅缸抱帶雙花笑，斗帳流蘇四角春。　齊耦意，兩同心。口脂紅雨頰紅雲。枕函四面安紅豆，留取相思夜夜温。

臨江仙

繡箔放鈎垂罭罭，紅閨悄度春深。玉缸迎笑鏡奩温。團圓三五月，慳惜一雙人。　眉意温存頳上頰，私憐一寸紅心。遮燈唇語密丁寧。春宵憐更短，莫負買黄金。

金縷曲

門巷東風柳。甚長條、繫春不住，繫愁依舊。芳草無人深一寸，庭掩緑苔深繡。看掃到、殘紅一斗。花落如潮春如水，賸楝風、吹夢梨雲瘦。聽鸝去，載春酒。　閒情坐與春廝守。鎮難忘、影牕絳蠟，記屏銀豆。擱下江關蘭成筆，留記初三下九。問仔細、春能留否。一架酴醾開遍了，倚闌干、怕短銅盞晝。夕陽院，緑陰逗。

鷓鴣天

下九櫻桃憶燕期。夢魂雙惜影雙依。蛾牕問字親調手，鸞鏡看妝替掃眉。　成悵惘，惜分攜。病黄損面可憐伊。妒人衹有紅閨月，不照團圞照別離。

臨江仙

五兩風平波面静，碧雲紅樹江天。荻花遥浦白漫漫，鷗邊三尺水，雁外一叢山。　雲水一程江十里，蓬牕倦晝深眠。一痕歸夢遠粘天。屏風私語處，依舊月初圓。

浣溪沙

殘夢依稀到故山。醒來被底作春寒。紅鴛雙枕笑人單。　誰與温存誰與説，自家將惜自家憐。寄書還只道平安。

臨江仙　舟中元夕

畫舫玲瓏牕盞曲，深宵不耐春寒。蠟花如纛幾枝殘。銅盤堆蜜淚，鐵鋏染浮烟。　獸炭温爐茶正熟，數更量夜拋眠。試燈時節月華天。春宵嫌更永，不値買金錢。

洞仙歌 京華寄居，香街晻霧。鄰院有芳樹一叢，緑陰停翠，飛埃不喧。顧而樂之，填此寄詠

軟塵稀處，問誰家院落。四下天光墮濃緑。是東風快剪，剪盡深紅，又剪取，湘浦波蕪一曲。門前嘶馬路，芳草萋萋，蜊粉墻陰蘚新足。消得住斜陽、堆暝盤鴉，還誤認、春陰池閣。收野色、山光一層層，定雨過天青、有雲留宿。

其二

桑花滿地，正深陰庭院。塵逗緑階繡苔淺。怪蘇醾風緊、吹瘦棠梨，又吹到，楊柳烟絲歷亂。春愁原不理，只不提防，早被流鶯暗中喚。千萬買陽春、肯乞東皇，把此後、歲華都典。問何事、干卿許多愁，怕緑鬢朝來、鏡中成霰。

金縷曲

花月離離院。怪東風、只吹春去，不吹愁散。遥夜深深人寂寂，不受茶温鐙軟。逗引處、綿綿無斷。心比闌干多幾折，九迴腸、又逐更聲轉。提不起，理還亂。無可商量誰與遣。都不分、書生熱淚，女郎私怨。江水也長流不盡，海水便都還淺。是陌上、車塵難算。粉碎情天灰又死，較將來、尚少恒河萬。除自己，没人見。

前調 自京華還，追寄朱枕虹，追敘別時情事

門外嘶班馬。苦相留、離筵小仕，金尊重把。別酒滿斟何曾醉，魂是黯然消者。兜引起、箏

心琴話。壁月多情愁照別，是倦遊、孤負鶯花也。留不住，玉驄駕。　旗亭酒半歌筵罷。有心頭、萬千珍重，一齊牽惹。直到臨岐翻無語，但見眉峯低亞。量不盡、離愁多寡。一寸腸隨車輪轉，送黃塵、滚滚燕臺下。離憂淚，問天灑。

前調　寄朱枕虹

琴劍天涯話。忒悤悤、亂鶯啼夢，離驄嘶駕。珍重萬千留再四，掬起清愁盈把。從惹起、相思兩下。碧是情天青恨海，照音塵、明月年年夜。星散後，雲歸也。　君留又過黃梅夏。憶年時、櫻街騎蝶，楊灣繫馬。寂寞燕臺揮手去，駿骨今來無價。卻還幸、鶯花有價。密折綠箋題小字，把歌臺、眉史分明寫。誰第一，誰當亞。

霜天曉角

落照秦天。亂蟬嘶入關。迴首隴頭雲樹，幾道水、幾重山。　鏡中塵襆冠。劍旁霜滿衫。只謝馬頭星月，一萬里、照人還。

月華清

雁尾新霜，馬頭殘月，飄零身世無味。秋浦歸潮，換了隴聲流水。向烟洲、挂起艭蓬，正趁著、白蘋風起。誰理。任黃蘆岸遠，冷楓紅醉。　又聽蝌汀鳴葦。讓波上鷗閒，看人憔悴。尊酒悲凉，説著蓴鱸應悔。拂青衫、一寸春塵，早浣上、十年秋淚。歸未。再柁樓尋夢，一燈沙尾。

鎖寒窗

熱雁催帆，凉蟬呼篴，霜天秋淺。鐙蓬夢短，消盡離魂依黯。不堪聽、蘆窠夜潮，把眉緑一宵愁斷。又亂蛩送雨，商音萬斛，枕函盛滿。　誰管。芳心剪。待説與飄零，伴人書劍。腰圍漸緩，帶眼是曾親見。驀西風、吹冷蘋梢，早驚醒古絃湘怨。待碧蚕、纏滿春詞，青衫和淚卷。

三部樂 重九

雁過西樓，把霜尾重陽，隔雲呼到。碧欄愁倚，下九緑牕人悄。誰相約、采菊籬根，怕鬢莖緑淺，冷風吹帽。壯游倦了。且續催租殘稿。　擬將新瘦腰圍，薄寒心性，訴緑尊知道。還怕吟心冷定，熱腸重攬。對亭皋、疏烟亂草。更天際、斷霞殘照。題糕興少。再休覔、登臨孤嘯。

南鄉子

簾外月纖纖。箭送流光又上弦。人到病秋新瘦也，懨懨。量到腰圍覺自憐。　愁重壓眉尖。寒襯衣單懶去添。支枕夢來還復去，忺忺。半榻沉烟罨桁奩。

菩薩鬘 送燕

辭歸燕燕如人病。烟叢絮語霜邊訊。曾記話春愁。啣花上畫樓。　社來還社去。花月流年度。門巷認烏衣。明年好白歸。

月華清

藤瘦扶烟，蕉低讓月，明紗方空如水。滅燭憐光，消受銅盤堆淚。聽西風、雁叫蘋霜，夢凉到，碧湘天尾。寒脆。正素娥慣冷，夜深無睡。回首關山萬里。記彈劍燕頭，驅轅隴背。一曲歸來，説與琴心應悔。驀驚他、鐵馬風檽，還誤是、鈴䡾霜轡。難寐。又曙雞啼亂，斷鐘催起。

菩薩鬘

秋花秋月年年在。年年鏡裏朱顏改。瘦影已如秋。秋心又作愁。　好天良夜度。佳夢如雲去。千水萬重山。屏風路渺緜。

南樓令　人日寄懷令修姊

春到柳稍時候。鎮日懨懨病酒。幽恨遠如天。又今年。　惆悵緑窗人去。寂寞書鐙殘雨。遥望是君家。是天涯。

菩薩鬘

東風吹雨瑶牕冷。紅樓一角春含暝。尊酒駐華顔。無聊病酒天。　芳心和淚減。身世如春短。莫聽秭規啼。含愁説姊歸。

揚州慢　寄令修姊

蕉桁尋煙，桐階立月，凄凉悵望浮生。看年華驚眼，又柳潤花明。奈冷後、瑶情似水，化成春淚，淚又成冰。酒邊夢短，任芳心、萬古生塵。　甚鶻語侵愁，烏啼撩夢，消損如今。説甚才情宋玉，是多才、誤了湘靈。向櫻桃花底，焚香細懺蘭因。

風蝶令

楊柳東風院，梨花夜雨樓。團圓消息水東流。

除是依稀殘夢、五更留。掩抑防人覺，瞞藏不自由。含情未肯認春愁。但看眉頭箇裏、是心頭。

南樓令

人起綠牕春曉。細雨東風嚦鳥。帶得昨宵愁。把鞋兜。簾外一星寒重。透入薄羅衫縫。不是的真寒。影兒單。

誤佳期

金爐寂寥誰共。照見離愁萬種。紅鴛歡被一宵閒，倦極和愁擁。半面枕函虛，宛轉難尋夢。徹夜思量到五更，更没些兒空。

上西樓

夜深人倚屏山。五更寒。纔是今宵知道、別離難。掩珠閣。垂羅幕。不成眠。誰管被兒孤另、影兒單。

長相思

惜花時。望花時。細柳分鬟烟裊絲。亂飛蝴蝶兒。長相思。短相思。一日思君十二時。可憐空自知。

浣溪紗

破綠哥磁供水仙。與花同命受花憐。坐長天氣困懨懨。垂手整衣齊襵覆，低鬟撚帶落花鈿。欺人春恨上眉尖。

西江月

燭淚盤堆綠蠟，茶温竈冷頳泥。夜風吹幌薄微微。深院月華如水。簾捲明河在户，倦來孤枕斜攲。醒時依黯夢恒嘑。獨自何曾真睡。

其二

牕户紅鐙隱隱，階棱暮雨疏疏。歡悰雲散影糊糢。心事重重無數。　一榻禪心冷定，嫩寒涼到紗厨。四更頭又五更初。良夜看看至曙。

風入松

小樓一雨作春寒。獨自倚闌看。東風又緑樓前柳，一絲影、一憶華年。泥酒情懷似絮，焚香心事如烟。　流光彈指記華鬘。揮手向人間。夢身猶著花天雨，認緑楊、魂往江南。覺後追尋迷路，屏風無限關山。

西江月　謁勝因寺塔有感

十地香花供養，七層寶相莊嚴。風幡不動月如烟。彈指華嚴即現。　佛也拈花微笑，莫須敷坐參禪。分明慧業易生天。綺障重重難懺。

喜遷鶯　出遊花市，感賦

無聊深晝。向歌底呼鶯，愁邊喚酒。日濾花陰，午喧茶舫，萬蕚海棠春繡。一道歌塵迷路，愁看玉驄嘶柳。凝望久。只芳草旗亭，斜陽依舊。　碧雲江上樹，便是無情，日暮應回首。蘭夜鐙深，絮天人悄，料理教人新瘦。情天幾番朝暮，怕聽曉鐘難久。情在否。膩燭淚乾時，絳心如豆。

以上《問琴閣詞》

畫堂春

海棠薄睡護春晴。隔花香綺雲輕。綠窗斜月一聲鶯。歡夢頻驚。喚起妝傾銀燭，來時羞傍雲屏。多愁天與是多情。愁伴花醒。一作『知爲誰生』。

河瀆神

平地海塵吹。一篙春水來時。竹斑千點溼花啼。霧下雲翻畫旗。秋迫漏天回雁斷。靈風千萬吹轉。不怨綵鸞歸晚。漏長海水清淺。

更漏子

錦回春屏畫夕。當月蘭鐙初息。箏雁冷，翠眉低。鑪香消繡衣。蠟絨牋，金鬣鎖。尋夢一春閑過。花密密，月纖纖。燕歸深下簾。

武陵春

雙鬢驚秋從一笑，且飲且當歌。少年三五夢成婆。無計柰春何。漫醉燕支消與淚，風景問銅駝。花閒稱補一漁蓑。紅樹有詩麼。

愁倚闌令

蘭閨寂，幕重張。怨秋長。留住雙煙絲不斷，水沈香。風止雨住花涼。枕函淚、莫似瀟湘。畫取繡屏山一角，是斜陽。

賀聖朝

微波傳語人誰見。怨夢長春短。枉教紅淚訴春機，溼西飛雙燕。玳梁月照，解如人語，柰隔花人遠。相思自有夢成時，只堂深天遠。

紅羅襖

對鏡春魂遠，夢見隔花招。悵再到劉郎，自修簫譜，私窺卓女，可有琴挑。　記簾外、小袖鸚調。人前學語輕教。屏麝晝長消。憶往事、再莫説前朝。

燭影搖紅

霜月欺鐙，竹聲篩淚搖窗曉。衰蘭送客怨荒涼，莫指咸陽道。　落葉堆愁不埽。似人走、空堂雨嘯。語疏欲斷，夢來何處，鐘聲尚早。

以上見《庚子秋詞》

百字令　和休庵呈香宋酬招集諸君，敘見休庵原唱

舊江春色，換去時單舸，來迎雙槳。寫影一潭春似瀰，又正桃花初漲。花外馬嘶，柳陰人歇，並遲去青簾舫。蒼華照水，布帆曾報無恙。亂後與香宋往返，有詞告存。　重到艤望江樓，別來南浦，芳艸萋萋長。紅藥橋邊兵過處，依舊市聲潮上。油碧分波，青旗點絮，絳是先生帳。座中佳士，倚闌修竹相向。泛舟還，讌馬祠竹閒樓，左右皆竹。

臨江仙　三月二日社集花市。其前日堯生再到成都，向觙公、辛聖傳諸君招同花潭泛舟，公讌於此。休庵先有作，香宋因拈『曲水湔裙三月二』爲詞頭，各賦別調。索簏無詞譜，因就《臨江仙》合起句作急就章，即和休庵詞意，呈同社集諸君

曲水湔裙三月二，春連上巳花朝。鬧紅迎舸倚蘭橈。旌回津鼓，牓見酒旗招。　明日元辰兼上巳，蘭成愁賦河橋。馬嘶塵遠市聲銷。一眉江月，留照去來潮。

春風嫋娜 柳花，和香宋元均

是離愁不是，忽墮吟邊。條踠綠，共煙綿。解傷春、不語更無才思，飄茵落水，説甚天漫。驄出關西，燕啣窩裏，飛度誰言行路難。疑雪疑雲復疑霧，夢迷山外更青山。問是春痕不是，黏天芳艸，三生影、惆悵私憐。姓絲裊，似身前。東風薄倖，如是諸般。在路爲塵，休彈鉛淚，化萍入水，祇值荷錢。風光流轉，便虛空粉碎，成陰易換，綠影青圓。

瑤臺第一層 用鶴叟三月二本調暨韻酬郭季吾、李惁蓀，并柬鄧休庵、趙香宋

竹澗通流，花徑暗、煎茶石泉新。六朝煙寺，浣花溪宅，道在西鄰。薝蔔平開自落，定風幡、一例飄茵。我聞説，是馳煙驛路，問柳疑津。詩人。此間留住，雲林幾曲好平吞。壁間題有，碧紗籠處，蛛網封塵。光陰同過客，漫苦吟、獨客思親。休庵有同懷之戚，約作《齋廚集》，慰空觀也。坐看雲。更不消風雨，惜盡餘春。

玉漏遲 春夜，次香宋元均

月和花影伴。承平舊夢，海山仙館。雨又飄鐙，門掩梨花雙扇。薇帳綠煙乍溼，聽對桁、紅鸚長歎。寒乍煖。閑遲紅藥，幾添花瓣。　一生有幾番春，只一夕一晨，年光偷換。滿地愁紅，鳥去花鈴猶顫。殘夢一場酒醒，鬲花外、漏遥聲斷。言下轉。春鐘比更還短。

月下笛 送堯生

滿笛關山，西風鬢影，又催涼吹。離樽漫醉。

涴襟痕、酒無味。身如秋燕同爲客，送賓雁、光陰客裏。對盤傾荷露，昔年今日，淚洗鉛水。重記。君行矣。只將送登臨，未成歸計。漁簑夢冷，醒來身在塵市。隱心卻羨還山路，滿庭月、香風桂子。君歸爲文郎完娶，因以誌賀。便圖畫，寫輞川詩句，水盡雲起。

夜飛鵲　和休庵

朝衣典拚盡，還典貂裘。換酒與爾銷愁。離騷須熟更重讀，拾來樂府梁州。元綃青袖在，見《禮記》。倚天寒修竹，在筩誰留。卻忘笑謫，賣珠回、薑篋重搜。聞説動墨横錦，定價重雞林，估客還求。疊在巾箱蜀本，免勞十吏，腕脱方休。劍南萬首，借題名、劣比封侯。任禁寒半臂、自修簫譜，吹暖秦樓。

以上見《花行小集》

淡黃柳

平湖漲碧。遠浸垂楊陌。留滯春寒芳意澀。孤負東君才思，不及樓前舊相識。好時節。長干燕愁絶。一襟怨、與誰説。怪東君、相見無顏色。頗憶年時，秋鬢未老，猶有眉痕似昔。

見《廣篋中詞》卷一

全民國詞

曹辛華　編纂

第一輯

⑤

浙江古籍出版社

国家出版基金项目
NATIONAL PUBLICATION FOUNDATION

惜黄花慢　庚辰重九對菊作

霜鬢秋斑、奈穩頭破帽、難掩華顛、未堪插鬢、貰試將勸酒、杯深貯淚、花淡忘言、砌闌不斷相遮、護幾曾耐霜苦風酸、意萬千、賦情盡改、吟把誰覓、今朝漫軒、念故人厚我、九日糕盤、地偏江迴、倚樓甚處、籬荒徑鎖、滿袖何緣、數枝莫覺淒涼夢、但閒重疊愁邊、恨逝川、送人浪水彫年、

目録

邵　章　四百十一首

林修竹 一百二十三首

林䳭翔　三百四十六首

郁達夫　十一首

郁錫璜　十六首

易　孺　二百三首

金嗣芬　十五首

金　榜　六十四首

色。宮鴉緊喚千門雪。

琵琶仙　明崔繡天女史羅漢渡海圖

滄海洪濤，是誰寫、大法西來陳迹。鑪燼心祝空王，霜豪唾寒碧。名素隱、幽閨自作，付彈指、烏花經帕。佛語天龍，呵持小劫，殘貝猶惜。更休惱、塵濁娑婆，怕雲裏、修羅戰難息。深窈玉階晶殿，盡蛟螭嘘噏。千萬頃、澄波照眼，駕葉航、早展神力。怎柰瞋目瞿曇，渡犀聲寂。

齊天樂　汪君剛曾武柳岸曉風填詞圖

盼春不到愁無語，春來又誰能省。壓帽風狂，嘘飄浪闊，付與吟鞭殘影。關河路迴。任嘶馬長隄，唳鴻迴嶺。譜入繁音，夢回猶怯五更冷。池臺游賞自昔，少年選韻處，羣豔争靚。緊板催歌，輸籌賭醉，唱徹寒蟬淒警。天涯酒醒。數幾杵晨鐘，倚舷慵聽。煙淚絲絲，楚江和笛迸。

滿庭芳　並蒂蓮畫册

照水争妍，窺奩怯影，冰綃頓現雙姝。吮脂調粉，相對著花柎。侵曉雲鬟倦整，弹香肩、潤滴衣珠。傳神未，乍開又斂，半面避人呼。仙都。長門豔，連娟池畔，賺盡鴛鳧。想華清賜浴，同倩侍兒扶。湧出金輪萬朵，寫天魔、誰曳霞裾。淩波態，佳期暗約，心事夜窗摹。

慶宮春　優曇鉢花，用碧山《水仙》詞韻

佛國移香，仙都霏豔，並頭似蘸蓮雪。雲母窗虚，水晶簾浄，蕊珠花瓣慵撿。夜飛烏背，帶塵涴、棲心自别。嘉州詩句，描盡幽姿，爲誰

之長女，洛泉公諱懿壬之姊也。先後適新城羅鏡泉公以智。《杭郡詩三輯》載宛生二詩，其一《賦夜來香穿成鸚鵡》，有『招得花魂妝鏡畔，玲瓏姤煞雪衣孃』之句。許氏《碧聲吟館談麈》更載其《浣谿紗》一闋，亦清麗可誦。羅公，道光乙酉拔貢，官慈溪教諭，著《吉祥室集》。右庵公舊居仁和義和里，顔藏書之室曰『樂安書屋』。憑山閣在錢唐豐馨里伍公山，柳汀公所居也。是研爲貞玉故物。歿後，羅公授之宛生，舊有二銘。既賦是詞，復繫其故實如此。

高陽臺 夜宿退谷，和夢窗

月缺銜山，峯低卧澗，輕煙遠罩浮圖。雲壑重尋，籃輿選勝攜書。荒村犬吠疑寒豹，賸兩三、燈火宵餘。試裵裒，花下譍門，韻事誰如。迴腸覓字頻推枕，卻烹殘茶銚，篆盡沈鑪。幾寺晨鐘，依稀出定僧癯。巡闌不斷穿林逺，醒睡魔、坐石聽魚。更相期，午醉能來，續夢蘅蕪。

鷓鴣天 午日

戶外南風拂面狂。馬纓花發兔葵香。十番簫鼓殷城闕，綵勝家家爲底忙。 長命縷，辟兵方。孥兒畫虎已成行。分明昨夜蛟龍泣，閣影江聲兩斷腸。

浪淘沙慢 建福宮災，和美成

玉筦下，周廬倦警，漏點傳堞。涼閣宮車遲發。笙歌漫引正闋。乍燭夜雲龍空糾結。耿榴火、寧耐攀折。試搔首紅牆際天遠，阿房賦愁絶。 摧切。禁煙散滿寥闊。奈地老天荒，媧皇逝、斂影蟾淚咽。傷盡圮雕梁，歸燕難別。噀泉易竭。傾露盤珠冷，金仙殘月。來去纖雲秋羅疊。光芒迥、貫虹未歇。閃離電、坤輿將永缺。只熛怒、不到通明，霽霧煙蕪。

鶯啼序

卿憐小影便面，吴門周采巖所繪。其背面《卿憐曲》，則陳曼生手書雲伯詩也。卿憐，常熟人，始事王亶望，後歸和珅，均遭變而出。采巖二陳時客阮文達幕，是扇即作于浙署琅嬛仙館。喜其事有離合，爲賦此解，和夢窗

優曇散空弄影，繞人間翠户。豔陽轉、春入琴川，幾番花事朝暮。愛明慧、如簧顧曲，鶯雛巧囀瓊枝樹。更深情拈韻，敲詩謝家風絮。　一舸鴟夷，照水鬥艶，看旌旗卷霧。試妝罷、依約重簾，解人頻卸紈素。訂幽盟、天長地闊，淚痕漬、歌絲千縷。問何時，迴步層樓，背吟飛鷺。　娉婷誰惜，短急催裝，付懊儂倦旅。鸞鳳老、别巢輕换，院冷宵永，敗葉殘鐙，五更零雨。修眉暗暈，香衾愁共，侯門鐘鼎流光蹙，恨年年、杳隔金閶渡。雲山似客，歸來畫角添愁，斷腸又見鄉土。　邯鄲夢覺，倚竹驚寒，認舊村漂苧。細點染、羅衫弓袖，半掩嬌羞，彩扇難尋，繡茵偏舞。傷心自寫，纏緜身世，庭軒秋晚悲去雁，渺音塵、慵撥箏弦柱。而今芳杜銷沈，鎮日凝眸，亂紅定否。

三部樂

宛生族祖姑香影樓研，和夢窗

碎璧飛來，正芟蓋薦涼，露蟾新沐。大家風韻，宛在城東書屋。細渲染、蕉白蕉紅，賦雪衣鏡畔，唾生珠玉。翠奩賸稿，憑斷女嬃山曲。　吉祥懺語多磨，數行自寫，已百年耆宿。怎禁黍離故里，客窗銷燭。更春來、買愁十斛。看燕去、落泥一掬。歸路似識，湘簾下、波射寒緑。謹按：宛生族祖姑爲右庵公諱志純之孫女，染香公諱書稼之女。其伯姊貞玉從祖姑則柳汀公諱鍾和

邵章

清平樂　癸亥四月，清史館舫齋落成

湘簾垂砌。舊夢和愁記。彈指花塼人影地。偷揾金僊暗淚。沈沈雲宇初揩。隔牆聲静天街。恠道如舟屋小，午陰斜轉庭槐。

露華　清史館山桃、榆梅連理花發，和碧山

賃春送日，看疏紅淡緑，輕逗香魂。天街趁暖，緋衣猶帶殘痕。漫道歲華駒隙，賦曲江、人老蓁蓑。芳意迴，沈沈院宇，竝茁靈根。枝頭東風去來無迹，任篴韻江關，聲繞重門。燕影，尋巢誤幾朝昏。瞥見翠微山色，鎖黛眉、如隔煙村。妝半斂，含羞慣掠鬟雲。

其二

艷姿暗坼。正夢醒人來，卻寫寒色。素臉絳唇，羞被晴絲牽拂。斷腸禁漏殘春，不見嬋娟初格。君須記，華清舊恩，未損仙骨。靈修寄語緜惻。待徧索珍叢，輝映珊魄。那計寸枝無分，玉人攀摘。賺回洞口劉郎，約略粉鬟呼出。殘照裏，清陰蔽天便得。

高陽臺　退谷春憩，和夢窗

翠岫浮幢，紅橋作筏，水雲静遠堪圖。花意迎人，繩牀小坐繙書。嫩泉一綫欹山出，洗薄寒、夢醒春餘。儘消磨，林鳥頻伽，龕佛真如。巢痕檜影參天認，喜新詩證畫，舊製評罏。細酌芳尊，山肴供養僊癯。翩躚雙鶴牽衣送，笑塵機、物我忘魚。倚危亭，一角遥城，依舊

清徹。剎那頓現榮枯，留取繁華，笑呼雙絶。孤定禪懷，冷芳鶴影，垂老昌容陰結。漫圖冰魄，怕天女、瓊枝誤折。金閨托出，閶門嬋娟，半規夕月。

八聲甘州 夏閏庵前輩孫桐藏張敔萬國來朝圖

看梯航萬里走神京，皇輿寫成圖。喜山川襟帶，煙雲輻輳，民物驩虞。傳道焚裘卻貢，英睿古來無。一代丹青手，畫本空摹。 此日鑾聲終杳，望吹臺夐絶，禁苑森疏。賸詞官珍重，夢裏舊蓬壺。問當年、朝班青瑣，幾人聞、春殿徹鴻臚。而今止、伴湘簾影，隱約山呼。

紫萸香慢 挽桐城姚叔節永概，和姚江村

正秋初、驚飈催暝，柰無鎮日晴明。聽芭蕉聲破，伴離笛，落江城。報道詩翁仙隱，悵龍眠佳處，永隔吟情。憶年前、賦别世亂渺愁人，老健在、按壇酒兵。 虛清。大夢今醒。湖海氣、與雲平。記掀髯抵几，揮豪滿紙，月旦譏評。慎宜一編《叔節集》青殺，更誰問、谷爲陵。掃塵緣、竟和南去，向晨明滅，天際猶綴疏星。南望淚零。

瑞雪濃慢

啅春雀曉，掠煙鴉晚，風怒乍驚寒刺。凍肩隱粟，萬籟晝沈，亂山斂景似睡。連城鼓歇，笑撚蠟色，梅香尚祕。怪九霄、碎龍鱗片片，下界游戲。 朔笳催，羌笛滯。剎那頓躍出琉璃世。密疏鐙火，明滅羽幢，照徹白麟宮邃。千門戢影，問曾來、司農喏瑞。最憐霜鬢飄蕭，酒樓徙倚。

瑞鶴仙　章式之同年鈺四當齋勘書圖

鑽書成白首。算殘鬢山河，洞天清壽。觚棱廿年舊。隱郎官寮底，朝衫如繡。丹黃點就。渾不計、輕寒擫袖。鎖重門、微笑拈髭，豪放面城時候。　誰又。香熏蕘圃，葉掃澗薲，一家雙靚。琳琅颯籀。堂千頃，史宬副。羨吾廬春老，雪鈔霜槧，漫誚書癡冷瘦。喜歲朝、甲子迎年，凍梅沁透。

探芳訊　甲子歲朝春

東皇意。恨好夢無憑，從頭省記。透春陽一縷，沈寒遠天霽。黏雞貼燕人家改，莫誤青禽使。訴番風、喚醒梅魂，臘餘幽睡。　歌吹鳳城沸。甚越袖籠香，吴鉤藏謎。新釀屠蘇，珠閣門濃醉。綵旛輕颭長干里，客燕縈歸思。再休談，六十年前盛事。

山亭宴　趣園招飲，和君剛韻

慣飛乳燕尋何處。鎖重簾、暗傷儔侶。梅柳度嬌春，甚驛路、東風卻妒。鬧蛾燈火又長安，怕催歇、盛時尊俎。泥醉勸君來，但一笑、拈花遇。　慢聲著意齊天譜。余爲君剛題柳岸曉風填詞圖。看今宵、月痕幾許。紅豆記江南，可攜到、香山警句。歌娘迴燭唱瀟瀟，且試換、六幺弦否。滿酌碧琉璃，靜聽琵琶語。

壺中天慢　易安居士酴醿春去小影，和《漱玉》

妍才清貌，正摩挲院本，芸窗深閉。宛轉柔腸簾幕下，黯黯惱人花氣。曉夢多愁，名園無主，獨領殘春味。芳華易老，亂紅離恨誰寄。　凝想錦帕新聲，東風料峭，怯妝臺孤倚。手把穠英詩思澀，那省鴉眠鵲起。遠近家山，悲懽文字，無限蒼茫意。月明軒静，步虛香轂臨未。

永遇樂 仝上

綠髮垂雲，翠眉卻月，春甚尋處。影動屏山，含羞不見，庭院深幾許。拈豪旋擲，投瓊閒戲，細聽小樓殘雨。三三近、雕輪繡幰，禊遊儘邀吟侶。　㸐煙地逼，鄉關程滯，忍説池陽重五。淒麗宮妝，蒼黃客枕，笛韻流怨楚。芳菲難再，摶風散雪，望斷舊京北去。且回憶、芝芙好夢，拗花自語。

賀新郎 崇效寺紅杏青松卷，和俞階青前輩陛雲

丈室通花氣。帶斜陽、飄紅陣陣，燕驚人世。早分南山偕豹隱，夜半青萍歘起。還領略、刀頭佛意。關塞餘生今昔感，待袈裟、强著朝天子。機語滑，惱人事。　春駒已逐東流逝。掩蕭齋、霜鐘晨夕，怨鴻成字。閒把柔豪寫花照，點綴名坊白紙。曾悟徹、維摩初地。瞥眼風輪催浩劫，井華殘、又見函心史。訊長老，興亡淚。

瑤花慢 周退舟貞亮屬題社園修禊圖

輕衫側帽，曲水風來，忍絢春先別。花陰攏榼，莫悄恨、穿徑桃梨似雪。詩心暗惱，怪多事、祓蘭芳潔。怕醉臨、禊帖差肥，笑倒稽山羣傑。　隔牆太液通波，問上苑鶯聲，何似城闕。紅箋寫竟，可引起、當日奉常仙蝶。背流叉手，料白髮、開天休説。拌年時、茗艼邨鑪，試翫盧溝煙月。

賀新郎　海昌蔣氏所藏元版虞伯生詩

繡梓簪花格。鎖行縢、虹光隱隱，洞天雙轂。早滕香籢青雀舫，幾見庭柯榮落。漸歷盡、春閨寂寞。淒絶元詩飢換米，補牽蘿、誰更癡情覺。別我去，等行陌。　紅襟晚踐窺簾約。便烏衣、門巷未改，舊巢猶託。拌與翰林穿珠玉，妍麗宮脂似著。驀還渡、蓬萊波弱。墜簡蟫仙多暗泣，料不愁、無主愁非昨。憑寄語，掩芸閣。

花心動　並蒂蘭

谷隱幽姿，吐重茵、全無緇塵凝染。錦幄炷香，前度春寒，釀得者般夷澹。雙鉤畫出南軒月，休苦恨、麗譙聲紞。繡簾捲，紅襟戲掠，參差風颭。　卻憶深閨鎮掩。偏一縷、相思乍舒還斂。殘鬢未霜，瑟瑟中年，何日美人愁減。折枝疊綰秋江佩，怕更惹、騷皇頑感。且勤護、餘薌杜門自攬。

琵琶仙　吳越忠懿王刻《寶匧印陀羅尼經卷》，雷峯塔所出

千古斜陽，渺難數、過目湖山餘劫。天際殘塔留紅，波旬恣騰擲。人世改、空華自喜，柰長倚、轉輪神力。屑寶裝成，淩虛引去，塵事駒隙。　賸飄墮、瓴甓藏經，歎衣錦、英雄付陳迹。多少玉鉤懽夢，祇鐘魚朝夕。文字美、祥雲鎮繞，勝石渠、盡委荒棘。竚恨宮漏依稀，梵吟淒寂。

江城子　柯鳳孫前輩劭忞畫箑

桃笙午夢水天寬。是長安。帶愁看。日莫風

低，候鳥幾驚寒。睡起香炊菰米熟，移短櫂，傍漁灘。盧溝橋外笛聲殘。數歸鞍。驛程繁。戢羽偎煙。燈火鳳城闌。遮莫王孫輕挾彈，驀平地，悵回瀾。

漢宮春 梁節庵前輩鼎芬荷賜御墨卷子

奎宿明時，正霞蒸露潤，喜近天顏。宮花笑簪似裹，恩錫春前。鑪香静炷，念蒼生、瘴海穹邊。君意重、吹寒成煦，嶺梅消息頻傳。早歲春雷徹聽，問傾心葵藿，向日年年。霜冄到今一昔，勝畫淩煙。金縢寸楮，寶英光、留護蟫仙。休錯認、點睛騰壁，游龍筆勢蕭閒。

秋霽 和梅谿

天老無情，看萬里飛霜，盡洗春色。太液波瀲，景陽鐘斷，畫闌漸憎寒力。禁烏夜息。罥空月影琉璃碧。問京國。何似、舊巢零亂倦呼客。塵夢過眼，戲馬秋高，盪成離愁，驚破寥寂。暮簾垂、宮花冷落，淒迷寒映亂蕪白。烽燧礙程歸未得。最惱人事，惟見歲晚風酸，數籌羈館，阻書荒驛。

滿江紅 爲人題秣陵山水卷

把筆江皋，濤拍岸、秋聲似虎。愁客子、蘸金氣盡，帝京塵土。堆案煙雲權作供，監門隸卒羞爲伍。笑歸來、不繫木蘭，舟飄空怒。夢匡阜，槐堂古。陳師曾。點蒼黔，蓮龕步。姚茫父。展長箋勝讀，子山哀賦。斧劈麻披矜意造，鵑嘑猿嘯傷時暮。願抽豪、更寫舊胭脂，媧天補。

燭影搖紅　乙丑元旦

澹蕩春光，伴愁來去催人老。上林剛轉一番風，卻見梅開早。降幘雞籌信杳。鎖葳蕤、宮壺未曉。凍烏枝底，舊燕梁間，碧城空繞。如此河山，乍逢喜語迎年少。東君無柰是多情，又綠長安草。醉擁寒衾夢覺。綵符翻、驚塵漸掃。平章何事，夾院笙歌，滿庭花鳥。

前調　江亭修禊，得『駭』字

難得春晴，倚闌風定人如海。曉寒偏重滯蘆芽，波影連空曖。城郭青青尚在。只年時、朱顏暗改。任攜舊侶，趁此芳辰，平添詩債。寥落荒亭，應無曲水飛芝蓋。蓬瀛天上首重回，草色如袍帶。魏晉清談且快。耐尋思、紅紛綠駭。銀槎呼酒，玉版分箋，勝游今再。

惜黃花慢　鄭叔問先生文焯冷紅簃填詞圖

故國詞宗。聽曼歌岸柳，吹落江楓。寄聲欲哽，訊年漸老，王孫道阻，細草春空。翠尊頻泣霜裘典，怨簫譜、羅綺香叢。憶舊蹤。蠡湖載得，曾館娃宮。　燕支鎮日雲封。記淚痕萬點，灑向征鴻。問天情倦，惱人語寂，花殘燕去，誰更憐儂。寸縑別寫傷心調，墜歡任、擲作東風。夢斷虹。麝塵定護簾櫳。

八聲甘州　孟蜀石經

展瑶函霸業賸遺經。光氣射蓉城。任金戈鐵馬，君王好古，汗簡長青。十萬降旗偏豎，騎火歎縱橫。片石銅駝下，氊蠟無聲。　漫詡蓬萊珍賞，笑藏家亭帚，斷落書籯。問蒲津祖刻，千載墨花馨。只依稀、洞仙詞碣，問摩訶、一例感零星。留真本、翫銀鉤處，價壓開成。

水調歌頭

宮巷散人影，望眼蔽紅牆。子規聲裏魂斷，蕭索鬢毛蒼。我亦舊時鵷鷺，看盡朝歌夕舞，歲晚卧滄江。温樹拂天近，雲木挂斜陽。大槐夢，今後醒，費平章。不甘早起，春去空步惜花廊。贏得葳蕤院宇。又見銷沈鐘鼓。老淚灑明光。但恐劫灰換，棊局耐思量。

新雁過妝樓

夜雨聲闌。歌喉轉、依稀淚溼金仙。夢中天上，愁見落日長安。抱葉偎香成底事，對花顧影有誰憐。念家山。柳絲暗折，莫唱陽關。湘波愁余自昔，柰賦情未闋，忍佩蓀蘭。畫堂人去，歸路盡付哀彈。妾心訴來更苦，恨無力抛殘金雁弦。霜風緊，怕墜釵遺恨，空惜華年。

曲玉琯　金陵懷古

飲馬江空，唬烏月冷，薶金幾逐英雄手。卻數偏安王業，今古無休。惹閑愁。酒侶憑闌，歌娘連舸，六朝綺麗銷沈久。燕頷天來，那省鞭斷潮溝。故宮秋。淚灑征鞍，忍彈指、盧龍真誤，猛驚茆蠡城荒，誰攜楚夢吴謳。伴歸舟。訪靈和人遠，早晚勞勞牽恨，一篙春水，掩抑旌旗，不盡東流。

永遇樂　遼陽懷古

朔管驚寒，度遼人去，邊事淒緊。望徹刀環，澆殘酒琖，落日鴉横陣。漢家牧守，唐家都護，幾許肘懸金印。怎雄關、山河塹絶，歲苦蔽天毚爔。龍沙萬里，健兒身手，愁對紇干山近。貂馬南輸，金珠北賺，鼠子千秋恨。酸風射眼，暮砧盈耳，中夜捷書猶迅。知誰怨、唬鶯夢覺，卜歸未準。

霜葉飛

浸天蟾滿。中宵恨、驚飈吹動林怨。素琴慵理汎音稀，況迅鴻飛遠。聽落葉、敲簾未捲。荆蕪盈路愁梁苑。訴敗壁秋蛩，老淚裛青衫，對鏡雪鬢零亂。因念鎮日波潮，年華如矢，鎩翮雲路曾見。强簪烏帽鬥殘英，誤好花人面。指屋角、疏星數點。唬晨誰省荒雞斷。報寺鐘、醒餘夢，塵網籠寒，望垂春轉。

八聲甘州　譚瑑青同年祖任聊園填詞圖

聽淒清玉笛弄江關。塵夢醒刀環。對華燈宵永，疏簪鬢短，酒抱能寬。客裏貂裘寒脆，沈醉盪悲歡。風月憑誰領，人影簾灣。記取蓬壺春近，便籥雲游戲，宜擁詞官。譜霓裳初闋，霝落話開元。料從今、舞衫歌扇，縱繁華、不是舊長安。愁痕斂、倚妝樓望，悄語雙鬟。

永遇樂　東坡生日，題孫雪居畫儋耳笠屐像

香爔沈篝，花欹簷帽，嘉會星聚。瘴海殘年，輕舟不繫，夢隨潮東去。和陶詩健，問黎酒渴，那省謫荒蠻語。睠華堂、仙姿宛在，珍重縹囊緘付。舊京過客，蒼顏非昨，還飽歲寒雞黍。顧曲何心，知歌有幾，酹月箏琶古。嶺梅春早，歸期留滯，目極斷鴻平楚。背燈笑、攜笻戴笠，買田計阻。

洞仙歌 羅復堪惇曧校碑詞

鸞箋象管，伴吟邊自課。墨妙亭虛倚晴坐。看露垂玉筯、月試銀鉤，書隱秀，官帖丹黃幾過。歸來留韻事，金石成編，共賞奇文咀嘉果。筆意擅簪花、研北香南，摹粉本、雲鬟微嚲。更殷勤、爲寫永和春，待懸向山齋、萬松深鎖。復堪爲余繪萬松蘭亭齋圖。

六幺令 丙寅元旦

萬家驩動，簷宇明朝旭。春聲洗人愁慼，妙手翻新局。惆悵闌干小倚，惜別江南北。梅花聞曲。寒疏雪盡，豪俠揮觴醉金谷。匆匆驚燕寄迹，一霎梁塵簌。深樹佇、囀黃鸝，來日東風逐。宵夢晨鐘縹緲，莫戀華胥國。焚香私祝。良辰芳醼，細草芊緜上階緑。

蘭陵王

楚江闊。隄柳牽舟未發。東風緊，吹放冶條，惜影憐香傍桃葉。春林喚夜鴂。淒咽。枝頭訴説。年年恨，歧路亂絲，闌角飛花盪回雪。追思舊京闕。柰戔拽瓊筵，鞭墜金埒。胡笳羌管翻愁疊。傷客燕歸暮，禁烏淒冷，歌前尋夢漬淚靨。睋天際殘月。消歇。謝攀折。任溼盡青衫，催徧華髮。柔腸宛轉情千結。竚麴浪生浦，霧塵低堞。斜陽煙樹，寫麗景，漫賦別。

南浦 春草，和玉田

佳夢續蘅蕪，度窗陰，喜見池塘清曉。薺麥傍人青，花驄試、餘迹章臺微掃。雕闌玉檻，屧痕留印落錢小。休惹王孫歸去恨，腸斷送君詩草。　芳林桃李初華，柰嫣紅、媚緑争香未了。雙燕趁晴忙，芹泥潤、簾幕貼飛都到。朱門信渺。征衫和淚愁心悄。陌上東風吹暖驟，留伴寒松應少。

繞佛閣　退谷新造舍利塔

半巖路轉，輪梵湧出，留伴龕影。塵夢催醒。頓聞四宇、鈴聲繞殘磬。　燹灰未冷。遥睇戰壘，風露淒警。涼院人静。峭然上下，天魔試禪定。　故國漫悵觸，照眼青山臨晚鏡。回首際空、浮屠含雨暝。便暗誦牟尼，燈炧紅凝。好緣重訂。共樹底繙書，泉畔烹茗。水雲居、更饒幽靚。

天香　芍藥

穠豔凝闌，嬌柔襯草，韶華漫嗟遲暮。思發將離，春歸婪尾，幾見花鈴低護。圍歌醉繞，還省識、高陽舊侣。休戀沈香並賞，相携小園尋賦。　虹橋浪吟正苦。望江南、斷腸誰訴。鎮日帶金凝想，鬢絲非故。零亂蜂媒蝶使，漸驚覺、殘陽澹無語。且惜流光，珍叢小駐。

拜星月慢　七夕

鈿合恩深，鍼樓緣重，隱約仙橋鵲語。玉井西風，滌人間煩暑。正良會，漫説、懽蹤别恨相半，冷月稀星微度。彩扇香軿，惱年華如羽。　夜堦涼、望徹銀河曙。空愁感、歲歲佳期誤。問訊錦爛機張，怎雲槎偏阻。訴衷情、萬一青鸞遇。長生恨、斷曲霓裳譜。待細看、乞巧筵前，撥沈檀密炷。

惜黃花慢 展重陽

聽徹邊聲。又插萸候轉，目極南征。岸楓紅變，澗蘆翠老，江濤隱隱，雁影冥冥。暮笳棖觸西陵道，霸圖盡、秋苑殘螢。望去程。楚臺倦陟，零亂棊枰。　頻年浪跡神京。爲傲霜態冷，晚卉留晴。俊游前度，趁芳後約，烏紗買醉，愁對宮城。斷腸莫倚家山破，賞音在、天末疏星。訴舊情。歲寒待與鷗盟。

鎖窗寒

閬苑堆瓊，天容鏡滌，小窗殘歲。梅魂喚醒，暗領百花春計。掩東園、芳華已陳，凍鴉悄踏林梢睡。盼舞紅九陌，番風回扇，夢痕重理。　沈醉。危闌倚。柰倒瀉銀潢，塞塵難洗。斜陽罥柳，頓感荒涼人意。臘迎年、神鼓戲

旗，鬢邊此日霜換未。聽朝來、墮枕簷聲，片玉催詩地。

並蒂芙蓉 程豔秋並蒂芙蓉卷

鳳律春回，正好花似錦，秋容爭豔。蘭棹涉江來，笑歌尾曾賺。霜輪浸空自潔，畫裏紅衣恣霞染。鏡匳半掩。甚娟娟、映水低呈瓊臉。　池臺久邀俊賞，報東風嶺外，香名齊占。笋甲洗邊愁，夢宸苑淒澹。鴛鳧便教錯認，料學宮妝雙蛾斂。鬥芳未減。問華清、舊恩誰念。

解蹀躞 和美成

塞馬歸心飛動，中夜空閑舞。戰平芻秣、恩衰怨征旅。回首渴飲長城，淩寒遠盪邊烽，齒毛酸苦。破愁緒。　仙仗天街安步。龍媒炫奇遇。亂離驚覺、霖鈴五更雨。幾輩銜勒朝昏，

枉思驕汗前勳，便驤雲去。

傳言玉女　徐仲可珂純飛館填詞圖

劫後年華，拂鏡滿頭霜白。綺懷天遠，懺三生此夕。池水弄影，漸老何郎詞筆。瑶觴閒引，寶闌低拍。　故國春回，信濃歡似過客。曼陀吹散，掃情禪未得。巴箋萬行，嬾譜玉龍殘笛。相思無語，那人應識。

浣溪沙　丁卯元旦

細裊金猊弄水沈。熏衣猶有未寒心。低迷簾幕護重陰。　曉夢鵲喧疑送喜，頻年鶴語不聞音。東風消息變微禽。

望海潮　泉唐懷古

山分天目，江翻羅刹，東南弟一名州。秦石未灰，吴戈似雪，興亡幾度春秋。仙夢幻稽留。柰林思棲虎，星暗牽牛。孤塔斜陽，亂塍無路漫登樓。　滄波萬里横流。看飛來畫鷁，招偏沙鷗。衣錦軍繁，駈潮弩勁，還鄉三節何愁。吟望苦低頭。費半湖歌舞，彈破空侯。甚日金臺賦別，杯酒水雲舟。

高陽臺

柳院春遲，梅廳影瘦，滯人雪意猶深。買醉河橋，玉驄泥滑難尋。天涯新恨隨芳草，只倚樓、風信沈沈。伴棲鴉，幾點瓊田，幾處瑶林。　畫圖省識燕支面，柰峯横粉黛，水隔青禽。苑樹婆娑，無言暗鎖層陰。江南煙雨多愁感，繫蘭橈、莫問歸心。擁餘寒，撥盡熏爐，敲徧華簪。

前調 唐花

寒洗冰簾，香浮古盎，豪華綴景偏工。玉琯灰飛，未春花氣溶溶。庭梅冷落無顔色，看媚人、駴緑紛紅。護雕櫳。不管陰晴，休惱天公。　窺檐那解炎涼換，任催殘羯鼓，題偏詩筩。一昔芳菲，魂銷膝路西東。明朝占盡天香豔，笑優曇、衣裓非空。鬥芳叢。且掩雲屏，且聽霜鐘。

霓裳中序第一 和家次公瑞彭《沽上早春》

亭皋又弄雪。夢咽寒簫聲乍歇。回首關山數疊。甚塞柳未蘇，羌梅先發。琵琶怨切。訴寸腸雲路千折。春何在，玉龍淚落，此恨倚天説。　銀闕。暗塵吹滅。滯俊侶擎杯對月。江郎仍慣賦別。宿館煙沈，寶鼎香爇。和歌憎韻滑。竚醉舞花前按節。鶗鴂緊，津橋離思，定引暮潮闊。

鎖陽臺 北海畫舫齋展上巳，得『春』字，和美成

曲水回瀾，方齋容舫，禊游重遣朝昏。柳旗芝蓋，隱約渡頭村。鶬影浮沈太液，舒望眼、還整褰裳。歌聲起，金仙淚落，嫋嫋隔簾聞。　昇平追舊迹，花間翠輦，陌上香塵。便倚闌題句，誰賦千門。眼底亂鶯雜樹，憑妙筆、思奪天孫。歸鞭急，斜陽未瞑，長繫永和春。

卜算子 閏庵前輩《憶菊八詠詞卷》，用白石《梅花八詠》韻

看菊憶重陽，緩轡西郊路。塔射山房浸滿秋，岸幘還容與。　往歲禮空來，選勝茫何處。馬矢堆中檢賸經，愁絶登高賦。天寧寺。

其二

仙籍注蓬萊，卅載江湖迴。天上瑶池阿母筵，仙仗千門静。　頤壽闢花蹊，幻出虚空景。來去閒雲鎖甕山，步屧迴廊影。萬壽山。

其三

冷宦味宣南，花市檐低覆。扶策斜街買一枝，人語西風瘦。　小拓十弓園，屈曲疏籬就。三徑頻要載酒來，鼻觀禪參透。花市斜街。

其四

年少話歡場，引鏡頭如雪。醉倒金荷數落英，良夜笙歌徹。　鞠部付叢殘，夢影花枝折。除是華鬘别有天，供養真清絶。菊部宴。

其五

亭角倚陶然，興到傾桑落。蘆荻風蕭送晚寒，傲骨渾忘卻。　生性寄幽閒，嬾逐坌塵惡。龍樹龍泉信步秋，不使花奴覺。南下窪。

其六

點玉與浮金，妝束齊宫樣。門外豐臺荷鍤人，曾入西河賞。　烽火惜連年，樂事空勞想。寂寂江南處士家，怕聽擔花唱。菊花擔。

其七

四印録秋詞，韻語彈箏咽。吟歎東籬不解懽，字字無家别。　新社訂聊園，歲晚求芳潔。回首空梁墮燕塵，愁對霜華説。四印齋。

其八

社屋久成墟，鱗漲宫溝細。爛縵春秋滿院花，消受殘紅味。　苦念舊江山，伴月謀沈醉。老眼同看憶菊圖，莫問天公意。社稷壇。

甘州子　唐士女塼拓本

漢家玉椀出人間。零落恨，倚瓊筵。淮南丹藥莫輕湔。鸞掖盡昇仙。呼萬徧、擎袖惜嬋娟。滌器。

其二

九華沈醉夢難醒。煎苦茗，瀹餘酲。松風謖謖石鐺鳴。吹火誤樵青。間竚立、誰叩玉關扃。烹茶。

其三

銀絲寸寸鏤金盤。彈暗淚，訴宮官。殷勤尺素與誰看。風露且加餐。蝸壁上、人影劍光寒。斫鱠。

其四

肯將時樣學抛家。雲鬟亂，手雙叉。娉婷小立門吴娃。含恨怯菱花。憑刻畫、簾下舊風華。整髻。

惜餘春慢　浄業湖海棠

寶刹籠煙，曲池凝書，地僻古春如夢。灣環試馬，斷續聞鶯，好是梵天香送。深夜奏乞輕陰，樺燭高燒，護花情重。悵羣芳歷亂，昔游人杳，繡旛低擁。　愁鎮日、幻劫閻浮，懺心忉利，坐上妙音潮湧。輕颸散雪，零雨無聲，説甚蕊珠移種。繁豔銷沈，到今牀冷枯禪，庭虚清供。念平泉影事，疇任吟肩慫聳。

長亭怨慢　雪池雙栝，林宗孟長民舊居樹也。宗孟遘乙丑遼西之難，其門人裒遺札徵題，余賦此解

漫吹老、濃陰成霧。巷陌尋常，夢魂何據。淺

海翻波，亂山凝恨自終古。白龍雙矯，疑得地、蟠空舞。華表鶴歸來，已零落、巢痕前度。天寒人去。賸青青亡恙，忍淚袖痕頻注。歲晚，肯忘卻、石鱗依護。試重想、塞草縈煙，怕城闕、東風猶怒。願照眼多情，長比瓊林玉樹。

千秋歲

南策馬河橋，悲鴻夜閣。客路愁思接塵漠。羽枝信猶嶺外滯，西風恨又汾陰覺。廣寒游，衣闋，渺難索。　無柰自傷情緒薄。無柰慣經身飄泊。頃刻歡娛總非昨。當初試窺屏後影，而今棄盡花前諾。鏡奩開，水沈爐，銷魂莫。

霜花腴　和夢窗

浪游夢覺，聽曉籌，何心再聳危冠。秋老風嘶，月沈香灺，情懷減盡仍難。帶圍怎寬。記數聲、吹笛花前。恨江湖、暗擲韶華，劍光虹影斗牛寒。　飄泊鳳棲無地，賸孤桐百尺，半抱淒蟬。金闕雲深，瓊樓人去，狂吟笑疊詩箋。更尋釣船。洗翠尊、聊對嬋娟。任潮痕、暮打朝回，整飄林外看。

隔浦蓮近拍　北海秋蓮

疏荷澄映廢沼。夾岸迷昏曉。畫艇搖涼夢，池塘碧，傷春草。霜訊催樹杪。蟬吟悄。墮影縈萍藻。　輦游杳。朱闌倚徧，菱歌聲裏人老。閒鷗埜鷺，望斷隔隄旌葆。江上夫容漫共笑。遐眺。明漪如鏡誰掃。

西河 章緩僊前輩屬題銅官感舊圖，和美成

名勝地。華年舊夢猶記。風蘀戰迹感秋多，岸濤怒起。去來落落兩書生，高情應在雲際。問前度，舷更倚。木蘭曉渚曾繫。蕭疏鬢髮不勝簪，倦尋故壘。那堪澤畔老漁吟，傷心都付湘水。　酒徒醉舞認過市。怎封侯、頻見鄉里。望眼蒼黃人世。又飄檣、斷續中流，相對如識蛟龍，滄江裏。

安公子 重陽

苑樹凋金井。早寒驟入關河勁。落照蒼茫雲歷亂，驀長空催瞑。念往古、樓臺滿眼車旗影。拌夢游、那管秋衾冷。笑孟嘉狂態，應減登臨清興。　吟望郊原迥。好山窺户須端正。萬杵霜鐘連曉暮，聳勞人羈聽。最惜是、南鴻北燕交淒哽。和怨笳、引出胡塵警。任瘦損黃花，醉歸莫迷三徑。

御街行

西風一夜庭前柳。簷鐸喧殘漏。羅幃抱影不成瞑，映壁孤燈微透。鼓寒霜重，心傷目斷，佳節孤重九。　神皋爽氣今依舊。憔悴詩人瘦。濃歡何地溥珠珍，夢冷青山紅袖。管弦陳跡，杯盤新約，且醉黃花酒。

賀新郎 陳弢庵大前輩八十壽，值重宴瓊林，用曾文正《賀錢楞僊玉堂歸娶詞》韻

晚節猶香也。數神京、鵷鸞舊侶，我公健者。年少甲科齊晝錦，領袖耆英洛社。曾夢騁、九街聰馬。才富黃河千里水，早金臺、市駿休論價。籌筆驛，箸先借。　簪花字格籤芸架。

遺春閨、彈棊賭酒，異書爭寫。回首玉堂圖歸娶，試展鮫綃重畫。定傲取、隨園白下。只惜頻羅儇偶去，對鏡奩、遺稿長思訝。雙燕語，梁塵下。

其二

青瑣班行裏。飫新恩、分茶徹膳，尚方燕喜。晚歲芝房歌聖德，標映賢冠佩委。敢侈説、經神雙婢。門下黄巾羅拜日，便銅駝、深没宫牆美。書漢臘，信難已。　中興嶽嶽通家子。儘銷磨、封侯竇敕，蠹塵侵紙。咫尺麻鞵朝天去，親捧昭華近旨。謂松柏、貞寒如此。我亦抽簪盈白髮，誦岡陵、恒慶日升矣。人瑞志，草徐起。

水龍吟　路金坡朝鑾儇山濯髮圖

釣天夢影塵銷，陽阿晞髮愁無處。龍宫欻冷，鼉更聲寂，巴山衛夜雨。萬感琴弦，淚揮雲水，儇蹤遐舉。想蓬萊依舊，朝真不見，樓閣聳、波濤怒。　囊粟侏儒何補。酒千巡、蓮花洞府。琅嬛清祕，鵷鸞曾伴，熏香侍女。殿矗金莖，月銜碧瓦，三生鐘語。笑詞官游戲，錦屏繡障，傲蓉城主。

減字木蘭花　擬六一

霜空向曉。瑟瑟西風吹樹杪。金鴨香殘。深掩瓊閨睡未闌。　處腰衛鬢。箏柱飛聲迷雁陣。一曲陽阿。簾外窺人有素娥。

天仙子 擬安陸

江上琵琶傳客恨。景短霜寒愁入鬢。天涯淪落淚珠多，雙袖搵。幺弦緊。鐵騎驕嘶初破陣。　朔管飛瓊秋夜引。更歇夢回燈又燼。殘妝重理怯天寒，情不盡。期難準。蓬島歸來春已近。

武陵春 擬小山

楊柳如煙臨古道，別意暗驚秋。門外花驄金絡頭。豪俊五陵游。　風亭月榭前歡在，心跡舊盟鷗。夜夜思歸蜀帝愁。遺恨咽江流。

少年游 擬屯田

斜陽禁苑碧琉璃。城角亂鴉飛。霜鐘人定，霓旌望斷，秋老井梧知。　都門帳飲驪歌住，音信故園稀。鴻迹飄零，鶯聲寂莫，鄉夢誤遼西。

感皇恩 擬東山

弦管擁金貂，嬌嚬盈坐。一曲芳心可。真箇雨情雲意，不合楚臺深鎖。舞衣休婑媠。聲驚破。　夢繞翠翹，光陰虛過。年少愁生我。無那。錦衾天曙，淚落牀頭珠顆。鬥雞游事左。錢空簸。

海棠春 擬淮海

荒臺金虎迷秋草。目已斷、漢宮殘照。銅輦步花遲，玉坐催人老。　歌兒宛轉邯鄲道。譜別恨、翻成懊惱。何處覓儂家，風色西州好。

好事近　擬東坡

年少事須臾，滿引金尊莫惜。平野朔風吹草，看蘼蕪狼藉。　男兒身世付吴鉤，青萍夜聞泣。醉眼關山萬里，問淩煙何日。

醉花陰　擬易安

鐘鼓嚴城虛歲歲。金埒喧珂珮。萬户擣寒砧，絮重熏香，不減征衣淚。　回文枕上書成字。數塞鴻誰寄。倚牖悄無言，早晚師還，贏得人憔悴。

雪梅香　寓園紬梅，歲莫作花，因念湖上舊游

水清絶，疏林瑟瑟引東風。問孤山游侣，何人笑索逋翁。寒渚維舟小亭寂，冷雲偎月古祠空。滿湖雪，散徧天花，香海朦朧。　飛鴻。響征路，匝地煙塵，屢感飄蓬。嶺驛荒涼，慣驚慘緑愁紅。幾樹幽姿上横幅，一枝斜影隔芳叢。斑騅去，好語江南，歸思春濃。

滿庭芳　冬夜集滂喜齋

書擁連城，燈煇明晝，古歡聊騁詞場。庭除宛在，燕語換雕梁。幾度彈棊賭局，松風冷、吹落虛廊。尋往事，尊前泥醉，輸與步兵狂。　朱顔容易改，花驄綺陌，緩步鳴璫。聽銀壺催漏，玄鬢驚霜。湖海豪情似昔，横短笛、休譜伊涼。凝愁處，譙門畫角，一夕九迴腸。

謝池春慢　蓮華龕看梅，和安陸，同姚茫父華

綺窗風定，翠羽梅邊到。畫本寫幽姿，夢迹迷清曉。林下無人識，簾外知寒少。舊游疏，芳景渺。玉鑪煙淡，蟾彩虛庭照。　流光客裏，

凝倦眼、長安道。未信鬢華改，猶耐霜娥笑。映雪明空碧，斂萼憐嬌小。花開晚，愁難了。單于吹徧，依約江城調。

古傾盃　瓊島觀雪，和耆卿

映水巒低，繞闌風緊，寒鎖妝樓道。霏霏雪影，輕籠漫度，夢遠池塘春草。凍雲黯澹遥天，青銅境杳。浮圖秀矗，汙塵浄埽。寂寞游侶，今古宫城引眺。　問把酒、登臨胸抱。甚晴晝、園林猶早。指露井盤鴉，星河拳鷺，賸傍虹梁好。珊瑚寶玦年少。定目斷、上苑笙歌，幽坊語笑。日暮暗念，香車來少。

以上《雲淙琴趣》卷一

六州歌頭　戊辰元旦

河山似舊，春意滿征衫。芳草暗。緇塵染。絡金銜。走趁趯。淑氣番風占。桃李豔。情懷嫌。年荏苒。人頑感。楚天南。夜午殘籌，涼月羅幃掩。結想澄潭。恨凝笳歸遠，曉色閣銅籤。倦客喑諳。思覃覃。　甚蹉跎憾。摩書劍。拌長念。付雄談。雲翳斂。舒晴覽。綫初添。鏡虚涵。綺語何心懺。憑雕檻。笑花拈。身世吴鉤，領取榮名澹。手撚霜髯。算韶華又轉，待燕捲疏簾。細聽呢喃。

柳初新　送洪勺廬汝闓南歸

天涯恨柳千絲漾。念送遠、河橋上。酒痕襟冷，車聲路杳，話別雪深門巷。愁度風酸亭障。問江南、青山無恙。　客裏勞歌慣唱。彈新聲、朱弦誰賞。早春花絢，清談晝永，夢墮剡箋邛杖。聽雨歇、簷鈴微響。試回頭、九街塵網。

滿江紅　稗官有記五代事者，感賦

椒殿亡唐，龍蛇走、碭山夜哭。人自帝、擁旄飛節，五朝十國。磨劍稱雄胡未滅，焚香生聖天誰祝。痛行間、奇貨賣劉崇，爭鑾觸。　驕傅粉，場空逐。醉吹篥，聲何促。莽蜉蝣朝暮，衣冠淪落。平話蟬編翻宋梓，木皮魚鼓添新曲。唤江湖、日晚弄潮兒，謳吟熟。

氐州第一　春雁

連日東風，歸雁候轉，關河萬里人老。避弋銜蘆，傳書破字，棖觸長安古道。仙掌盤空，柰夜半、驚飛重到。滿目荒煙，回頭淡月，甚時春曉。　漫感瀟湘菰岸小。記臨水、數家春稻。塞上聲乾，雲中影散，卻趁寒初了。伴鳬

翁、涼夢醒，箏弦訴、淒迷促調。莫厭沙汀，但偎依、蒲根暝好。

東風第一枝

遣夢裁詩，追歡中酒，春來情緒無那。上元初罷殘燈，寒食漸催新火。高樓閒恨，馬嘶處、踏青人過。看幾行、楊柳如絲，依約舊痕眉鎖。　園鳥變、曉鶯驚臥。池藻潤、凍魚迎舸。萬千紅紫爭芳，總是內家婀娜。王孫歸遠，笑簾底、金錢虛簸。衹夜深、碧玉聞歌，極目鬥雞坊左。

鬥百花

春色今年何暮。還放花朝輕去。流鶯乍囀猶稀，歸燕欲飛仍住。九十韶光，誰教天上星遲，引起閨中思苦。消息憑君語。　杳杳連

昌，鎮日催來羯鼓。偏是衆芳，惜此歲華匆度。借問行人，前村杏靨紅時，重見酒家旗否。

淡黃柳

晨窗短燭。愁壓羈吟客。醒眼看人歡一昔。背倚瓊簫自託。翻盡宮商調微側。甚尋覓。郊原駐油壁。指花下、早春惜。問章臺、逐馬都陳迹。暗淚東風，試寒猶勁，楊柳千絲路隔。

黃鶯兒

春陰曖曖天疑雨。佳節園林，微步吹斷，餘寒東風，漸迷歸路。行淺絳小桃坊，嫩綠垂楊浦。望中兩兩三三，戀惜韶華，諠趁游女。休駐。共逐豔陽來，肯令花期誤。蜂媒蜨使，盡日逢迎，芳心倩誰私語。看陌上麴塵飛，簾底釵光妒。怎便放過秋千，空引香驄去。

風流子　納蘭容若雙鳳研

虹光騰寶玦，琳瑯啟、彩翼繫人思。問一鞭錦障，臥戈橫塞，萬篇青玉，鍵户敲詩。有水處、姓名傳畫壁，霜雪滿征衣。鸜眼淚枯，漫傷禾秀，鼠鬚鋒盡，空老梧棲。　觚棱迴車近，西清夢、遙想灑翰臨池。惆悵舊家風物，華胄冰姿。只醉臥香階，修眉曾捧，賦成春草，絕調難知。回首故園玉樹，留伴花時。

燕歸梁　三八橋多寓齋老杏

斜壓迴廊幾夕曛。霞標致、雪精神。只今芳豔動詞人。樹如此、那堪論。　畫成自寫王孫恨。鸜和燕、漫生嗔。日攜酒榼伴綦裘。

含醉賦、小園春。

木蘭花慢　北海修禊，得『生』字

數三三佳日，伴綦履、敘幽情。乍鶩落波翻，鷗游岸窄，春水方生。逢迎。盡霜鬢换，料巡闌話舊不堪聽。尊酒花前醉倚，斷腸莫引笳聲。　揚舲。共載暄晴。臨短渡、見舟横。柰自古、長安春風向晚，吹破青冥。歸程。恨凝滯久，問山陰道上幾人行。棖觸羈愁未解，萬松閒寫蘭亭。余藏有明李羲民宓萬松山房《蘭亭》原石。

水調歌頭　西長安街翰苑舊址，今爲平政院。海棠作花，感賦

冰署試重省，策馬爲花來。是誰瓊苑，瑶樹高傍五雲栽。灼灼東風桃李，遜此十分春色，凡卉盡輿臺。昨夜緑章奏，天意總憐才。　訊歸燕，迷倦蝶，漫相猜。蓬壺水淺，蕊珠宫冷渺予懷。空抱神仙姿格，長歷陰晴時序，照眼幾枝開。門外柧棱影，無語立蒼苔。

燕歸梁　清史館東齋海棠花發，閏庵前輩援癸亥《露華》故事，譜《燕歸梁》索和。余去館三年，棖觸舊游，兼憶秦幼衡總纂

眼底琴歌續舫西。西館在舫齋之西，余曾鐫小印曰『舫西詞客』。露華泠、賞音稀。梁塵簌簌燕歸遲。東風恨、墮瓊枝。　春陰桃李休相妒，仙格在、首應低。玉堂餘夢更淒迷。彈水調、悵花飛。

塞孤　白海棠

揭珠簾，乍見虚林白。淡掃丰神誰識。縹緲

上清仙境隔。菱鏡裏，芳年惜。鸎聲轉、惱春閨，鷗盟踐、呼行客。問西園，風信何急。閒譜獨漉歌，倦聽橫吹笛。酒醒今朝岑寂。 漫逐紅塵花外立。尋斷夢，無顏色。殘照盡、索幽姿。歡事去、餘陳迹。只池臺、幾許金碧。

祭天神 黄牡丹

正萬花齊鬥嬋娟了。宮黄點、山額乍匀，星面半依斜照。金尊對影，解佩歸來向誰笑。瑤臺畔、曾領仙班，幾度羽衣聲杳。 怪游驄輕去，澹香正色留連少。祇餘多事蜂煤，檀心儘圍繞。歎天上孤芳，人間長謫，夜窗風雨，莫共殘紅掃。

瑞鶴仙 團城古松

倚紅牆似昨。枝幹繞，一例宮花寂寞。濤聲和簷鐸。感興亡，誰賦柧棱金爵。侯封未削。賸冷雲、留駐翠幄。只玄都夢醒，回首舊恩，荏苒難覺。 不見仙官曉仗，漢苑吹笙，忍招黄鶴。蟠根地薄。龍蛇怒，雨風惡。算蒼顏暗老，春歸無恙，登臨聊共素酌。又重城暮色。驚起唳空畫角。

木蘭花 和沚父

綠陰蒙密疑無路。一霎西風殘暑去。秋聲送警蛩鳴階，天氣催涼蟬咽露。 清商漸老林鐘序。閒裏流光忙裏度。黄金鬧市瞬成空，赤壁深宵憐獨賦。

湘江静　和閏庵前輩《紀夢》，用梅谿韻

雁影横宵聲斷浦。望江南、夢魂休駐。繁華照眼，淒清頓覺，賸傴翁吟句。劫後玉京秋，石鯨動、淩風人去。殘鐙向曉，單衾伴愁，長縈念、徑窮處。　境易遷，情漫苦。鎖蓬萊、萬千琪樹。龍淵睡穩，鮫宫淚盡，渺靈旗神鼓。一葦渡滄溟，禪心定、肯霑花雨。塵機暫掃，巢林自喜，鶢鶋願賦。

引駕行

鴻飛遥渚，螢歸廢苑炎光去。訝商聲、被簫管，深閨斷腸私語。如數上。任敗葉辭柯，涼花墜粉亂情緒。悄妝影、高樓散盡，騁游驄、覓歧路。遠阻。　傷心魯殿，縱目蕪城休賦。待再步瑶階，重擎玉盞，廣寒何處。遲暮。歎空梁月落，佳人顔色定非故。莫悵望、殘山賸水，把藍橋渡。

迷神引　送金籛孫兆蕃南歸

詩卷盈囊征鞍繫。戴笠荷鋤誰擬。雲煙過客，偶閒身寄。倦名場，歸思引，還鄉水。斜日關河迴，翠樓倚。極目蒼波晚，兵塵洗。　語别殘年，漫揾傷時淚。醒眼看人，情無際。杜陵多感，草堂成、憑幽憩。數鱗塍，邨翁語，慶豐歲。朋舊天涯渺，付雙鯉。殷勤河干曲，和歌起。

破陣樂

建章路杳，昭陽夢隔，愁引秋苑。金鼎銷沈盛事，記往古芳林清宴。螭陛層雲，龍池細雨，若華隱現。想朱輪、傍柳鳴鑣去，約茆檐沽

酒，花茵彈阮。鎮日雍容，翠微弄影，嬉游忘返。休羨。鬥草春深，移橙候近，開繡户，迎紫燕。幾許繁榮隨亂葉，迸作九疑淒怨。渺風煙，彌平楚，驚沙墮眼。策馬漢家陵上，玉几拋殘，珠襦棄盡，鵑嗁魂斷。賸合蓬島仙樓，舊京日遠。

憶帝京

玉階寶鼎殘香燼。亂葉密鴉成陣。古柳裏西風，走馬章臺迅。薄暮陌塵飛，别淚衣襟揾。

早數盡、曲江花信。柰吹散、渚宫歌韻。醉舞年華，屏山人老，幾度敕勒邊聲近。笑指白雲忙，累我蒼天問。

雨中花

雲斂秋深，天垂月静，都門别恨如潮。聽徹龍池春暮，遠近吹簫。帝業霎時塵土，軍聲不減票姚。賸荆駝客感，送目關河，絲鬢飄蕭。

興亡忽改，但見斜陽，燕去曉色烏朝。還眷望、玉繩移柄，金谷連鑣。枉遞三生鵲語，虚傳九陌雞翹。涉江思采，夫容何許，休上蘭橈。

金人捧露盤引

拍香檀。調歌管，玉樓寒。誰計省、月冷花殘。簾幃鎮在，想佳人承寵倚闌干。九霄風露，賸金仙、暗泣銅槃。

魚軒遠，辭椒殿，鶯喉囀，念家山。漫低唱、太液波瀾。斜陽罥柳，問繁華何事去長安。白頭休説，付興亡、終古嗁鵑。

夜半樂

澹陰秋半，離恨人老，孤衾眠雨難成夢。看猊鼎煙沈，珠簾鉤重。舉杯迓月，亭亭不見，晚來青瑣，回思紫虛疑控。柰上界金輪故遲湧。片颿歸客歷落，屈指都門，幾番吟弄。尋往事，年華春駒輕縱。錦袍曼舞，瓊樓仙境，更誰飛輦驂鸞，御簫排鳳。賦桂子、天香競承寵。　寄想庭館，漸入更闌，怎禁愁動。念羽蓋飄零甚陪從。染緇塵、長記舊游那時共。聽碎滴、梧井聲聲送。但砌蛩池黽殘宵鬨。

訴衷情近　秋日涉江亭

城嚴晝短，鎮日尋秋何處。荻花斜倚閒塘，桐葉半辭高樹。時見暝鴉成陣，飛繞煙村，倦鳥林棲苦。　憑闌語。瑟瑟西風省否。幾番暄冷，漸覺荒亭古。歸時路。酒醒易盡，愁來無際，斷鐘殘鼓。景物催年去。

應天長　重九退谷看紅葉

山光似昔，又結騎郊原，倦目微拭。繁豔銷沈，漸感香車無迹。楓林凋正急。賸多少、澹紅疏碧。數舊事，鞠宴高張，醉簪巾幘。　黯黯水雲宅。甚小整煙鬟，隱點妝額。人面難尋，前度秋笳同拍。朱顏成過客。看天際、蔽峯殘日。歸未遲，涼雁書空，卻滯風力。

霜花腴　彭剛直墨菊

峭寒夜寂，映小窗，含情恣染霜鋒。燈影斜移，墨花微沁，蕭疏未減沈雄。步兵儻逢。溯壯游、零落雕弓。甚經年、浪跡江湖，斷萍殘梗酒懷濃。　簪筆繡襦何限，見繁英一昔，頓怨西風。遷客羈棲，靈修頑豔，愁吟鎮日支笻。漫圖瘦容。洗露華、羞門春紅。對銀屏、萬種愁思，楚天雲自空。

浣谿沙

書閏庵前輩《廣和居感舊》詩後

豆腐瓜茄作大烹。荊妻兒女飽殘羹。種榆雋句漫污蠅。佗日宣南遺事補，震聞朱志憶神京。吟邊聊與一飛觥。昔年曾以陳曼生書『大烹豆腐瓜茄菜，高會荊妻兒女孫』聯語，寫詒城南某黔菜館，爲俗客所抹。嗣有飲肆索書此，至以頗黎格之。廣和居軼事，爲《京師坊巷志》及《天咫偶聞》所不載，得閏庵感舊詩，當成故實矣。

其二

市近樓高詠寓齋。先廬咫尺久封落。牡丹詩讌舊曾開。卅載公車彈指過，鄉人道故柬頻來。門前奕局任推排。先半巖公官樞曹時，曾寓北半截胡同，即嚴氏聽雨樓舊址。集中詠寓齋詩：『市近心偏遠，樓高室易昏。』又《四月三日招同人觀寓齋牡丹》，均指此。余以光緒癸卯公車入都，夏厚庵、吴補松諸老頻招廣和居小飲。回首前塵，恍如隔世，譜聲既竟，重以累欷。

雙聲子

早寒驚覺，暮吟思澀，詞意難狀深秋。蒹葭盈水，芃蘭橫涕，淒絶命歡無儔。悵關河路隔，歸燕寂、誰省羈愁。槐宮夢，杳胡許，徒談風月優游。　倚危闌，當亂山夕照，天低草暗凝眸。離腸千寸，聲聲輕訴，淋浪萬語還休。念才人易老，尋墜恨、嗚咽空侯。庭軒向晚蒼涼，忍聞夜雨吴謳。

月下篴

龍笛

似水年華，臨風殿角，晚寒吹笛。伶官散籍。

矯首宮牆淒咽。正梅花、開落報春，酒酣對月情韻澀。渺胡塵四起，陽關三弄，老龍宵蟄。
連昌夢裏，聽樂府新聲，慣驚銅狄。霖鈴按拍，供奉龜年應識。偏江南、豔歌後庭，太常久感橫吹寂。譜清商，待作鈞天，度曲全盛憶。

浪淘沙慢　寒鴉

故國望、煙林障墨，萬陣鴉沒。迅羽年光暗逐，棲身樹影未滅。賸幾點寥空歸翼折。共雀燕、飢啄餘糧，記舊巢、曾傍五雲闕。憐我只明月。鬱鬱。上陽院邃人別。歎華屋、無主長淒冷，誰鬥青絲髮。聽戍砧敲斷，邊笳吹徹。夜嘑正苦，閨怨深，展轉更闌同咽。
春漸到、園禽偎暖，沈暉薄、睠戀意絕。楚天外、南飛任怨鳩。念滿地、寂寞江湖，悵恨切。迎寒暫守瓊枝雪。

緑頭鴨

玉京寒，歲除先日春來。問東君、綵旛迴駕，萬花閬苑曾開。夢華涼、鈿車如水，誰揄袂、上香階。蘸甲觴清，摘新調美，濃歡目斷鏤金釵。醉游嬾、錦屏羞見，憔悴訴詩懷。紋窗北，疏梅賸雪，點染幽齋。
舊巢空、丹山淒鳳，短簫虛引荒臺。悵陽關、話愁何地，指隄柳、尚天涯。認取吾鄉，心安便是，蘇娘深意恣憐才。鬧蛾近、語聲諠夜，風味昔時佳。銷魂處，怳攜鴛侶，林下喈喈。

蕙蘭芳引　和冒鶴亭廣生《海上贈梅郎》作

仙隊閬風，引簫鳳、畫堂明燭。看一舸雲游，吳苑定場又續。衆芳過眼，記少小、梅花横玉。只淚痕偷揾，唱徹開天遺曲。 絳闕煙沈，梨園星散，夜夜淒獨。問檀板珠喉，誰省太真祕籙。昭華難再，謾追往局。殘夢醒、君去且歌黄鵠。

臨江仙 己巳元旦，和正中

翠微山色迎年轉，望中仙苑雲深。五陵佳氣漸銷沈。驕驄門外立，愁見絡頭金。 天涯依舊芳塵路，滯人園柳啼禽。游絲一縷繫春心。捲簾寒在，消息問紅襟。

瑞鷓鴣 二日，和耆卿

江湖盡日水東流。淩波仙子杳來游。 隱隱靈鼉，歲歲征颿去，煙霧迷茫不繫舟。 春霖百草愁方始，何人解佩汀洲。最愛桃李無言，花信隨風轉、豔陽收。琪樹交柯古殿頭。

怨春風 三日，和東山

融和天氣如藍。松影毵毵。寒鵲臨風語曉簷。喜今朝、眉月初三。 華堂試展重簾。記不盡、紛紜夢蟾。看舞袖輕纖。疏花開徧，枝北枝南。

翻香令 四日，和東坡

龍香初爇漏聲殘。回文篆跡莫輕翻。深閨恨，緜緜似，只餘熏、鬬門百花前。 歌眉頻歲蹙春山。沈篝一綫火微然。爲留住，鴛幃煖，教郎知、心事未成煙。

一翦梅 五日，和美成

夢裏啼鶯百轉嬌。透鏡晴光，飛上梅梢。嬉

春庭院宴忘歸，重整秋千，隔水輕招。　珠易摧沈玉易銷。醉後笙歌，檀板慵敲。　一聲河滿淚如傾，愁共年來，暮暮朝朝。

畫堂春　六日，和淮海

闌干獨倚晷初長。萬花齊占青陽。羅幃零落去年香。倦理宮妝。　舊約空盟山海，曲屏疑轉衡湘。尋春須著六銖裳。休更稱量。

喜遷鶯　七日，和同叔

朝待日，夕含風。人語鳥聲中。疏櫺屈曲透微紅。花事漸瓏璁。　襟袖煖。情懷遠。拌卻沾春十萬。醉歌莫惜舊朱衣。箏雁聽雙飛。

行香子　八日，和六一

麗日晴雲。遥抹山勻。溶溶縠浪拕裠。綵旗颭埜，蓬室諠春。任約游冶，戀光景，鬥丰神。　燈期已近，魚龍曼衍，倚翠樓前，惆悵千門。歌鐘殷地，不辨朝昏。賸全盛感，垂老遇，苦吟人。

慶春時　九日，和小山　是日遊海王村市

市聲漸沸，良辰休負，物換星移。雕輪寶馬，珠珍金玉，縈絆厭言歸。　行行不倦，年年如覩昌期。歡游未歇，風煙送晚，燈火滿城時。

醉垂鞭　十日，和子埜

佩泠紫金魚。歌鬟唱。瑶觴上。十樣錦箋書。春光記玉除。　蟾鉤天際好。妝臺曉。

夢雲孤。笑語隔簾無。閒翻打馬圖。

少年游 十一日，和无咎

無情郊野快馳春。陌上幾朱門。萬堞煙沈，九衢風軟，車轂總生塵。 排愁遣恨渾難盡，心力付詞人。舊日京華，焚香自語，妙解屬清真。

南歌子 十二日，和于湖 是日茫父約飲，以疾未赴

蕭寺羣賢集，詞流兩宋間。卅年夢醒舊都官。春到扶笻、冷眼看西山。 小極妨嘉約，濃談各醉還。庭梅花瘦怯餘寒。今日分題、限韻料從寬。

定風波 十三日，和稼軒

乍暖猶寒鎮日晴。繁弦促拍送人行。 細按歌情添襯字。從記。香山詩意問楊瓊。 憶昔紅顏驚坐處。休妒。曾傳絶唱到旗亭。 羌笛吹愁梅墮豔。迴看。雲謡半是怨春聲。

虞美人 十四日，和須溪

春陰瓊島籠深霧。淚裛金莖露。鳳城佳節又傳燈。照眼天中明月、月邊星。 輕寒惻惻渾疑雨。不見山鳩舞。明朝便放十分晴。似此年光誰逐、鈿車行。

太常引 十五日，和遺山

紅樓綺陌自西東。澹夜色、黍離宮。 駕海戲羣龍。想當日、黄圖地雄。 茆檐近遠，星毬

明滅，翹聽未央鐘。往事麝塵空。數奇遇、繁臺夢中。

西平樂　和茫父戊辰除夕祭畫，用美成韻

歲晚春回，地偏客少，諠耳巷柝聲賒。鑪爇三熏，幢懸千佛，蓮龕小影無遮。念破壁龍飛未遠，伸紙雅塗，自喜癡頑，萬感豪端，漫惜錐沙。還對愁紅怨碧，孤興在、暮夜動長嗟。　寺迷深窈，花藏秀野，樺燭輝沈，霜鬢風斜。應笑捧、姚黄妙筆，姜白新詞，隱向屏山喚出，歌雪交縈，年少歡娛氣尚華。休夢舊京，鳴珂鳳闕，吟侣鸞坡，伴老殘年，勝會琳琅，天教潤澤寒家。

天香　石濤貝多樹子鼻煙壺，和《樵風》

塵網香空，華鬘相好，人間墮夢隨水。一髮河山，三桑陵谷，拂袖海南龍氣。化城樹古，曾看足、煙雲彈指。去住無心度劫，興亡問今何世。　逃禪定參幻諦。付流傳、老僧多事。贏得打包深貯，扶筇同繫。寶玦青珊況味。怕愁泣、王孫路隅起。懺盡癡頑，緘囊忍淚。

鳳凰臺上憶吹簫　清聲閣填詞圖，和《漱玉》，爲吕桐花夫人鳳

情寫金徽，調翻銀字，曉鶯聲和枝頭。正早春人起，月挂殘鉤。尋徧家山墜夢，吴榜繫、莫惜歸休。鵷鸞散，巢痕過眼，别緒如秋。　芳時玉顔漸老，腸斷處飛花，小劫空留。看柳絲潛舞，天澹層樓。爲譜新詞客裏，還笑展、闌角吟眸。斜陽暮，羅衣淚冷，孏賦閑愁。

歸國遥 和飛卿

鉤玉。漢殿早春簾罨羃。望中光瀲銀粟。薄寒僊島淥。玳筵淚珠凝燭。按牙胡旋促。亂山飛上屏曲。夜長歸夢續。

其二

霞臉。枕畔醉眠紅印黦。墜釵私約眉斂。綺羅深碧染。彩扇笑嚬愁掩。鳳笙低錦簟。館娃宮裹妝靨。鈿痕餘幾點。

虞美人 和南唐後主

天涯草色回新綠。愁緒休輕續。殿前嬰武向誰言。聞説宮花零落、已經年。　南朝佳麗風流在。遊客雕鞍解。秦淮水煖曲房深。夜半珠歌翠舞、淚難禁。

其二

晨鐘暮鼓無時了。舊寺棲霞少。哀禽枝上慣呼風。吹徧行人頭白、艣聲中。　樓船鐵鎖今何在。城上旌旗改。景陽宮井不知愁。誰挽銀河到海、更西流。

石州引 和東山

鵲語諠晴，鷗夢倦寒，川路沈闊。尋芳幾值花朝，九陌綠楊堪折。簫橫彩鳳，聽到小雨樓頭，梅廳吹老瓊枝雪。憔悴玉京人，怯濃春時節。催發。畫船蘭槳，荒堠鱗書，怨離傷別。曉柳千絲，引起蕭孃愁絕。蹙娥殘黛，暗比墮馬新妝，羅襦莫綰同心結。待背下秋千，冷西園煙月。

憶舊游　飲城南酒家

正東風剗地，醉舞年年，吹起春潮。倦客驚寒去，縱繁華未歇，塊壘難澆。壯歌送日何處，帘影隔村招。聽卧笛疏腔，膺門漫語，酒灩愁銷。　飄摇。記前夢，似燕子歸來，頻誤新巢。幾户凝旛采，甚芳塵盈路，連轡輕驕。故園露飲誰伴，花下脱金貂。恨醒眼多情，紛紅駭緑還暮朝。

留客住　上巳禊集得『照』字，和耆卿

儘憑眺。念上都、禊游陳迹，浪吟嘉伴，幾度名園春草。流觴岸曲波細，弄水風裏，歌來聲縹渺。花林絳碧，貯金丸、落處怕驚飛鳥。　錦屏悄。漸舞扇人空，藏鉤境杳。俊賞年時，恨别衷腸難表。淒斷翠華尋夢，素髮添愁，情深天自老。簾陰正午，繫駒光、緩緩暮山斜照。

燕山亭　和宋徽宗

銅輦歸遲，行色絢春，淚落襟痕微注。紅豔度牆，繡隰龍鱗，哀樂幾家兒女。舊日風流，問誰倚、高樓聽雨。酸苦。尋巷陌聲稀，短簫吹暮。　凝望宫樹含煙，有晴晝鶯雛，向人私語。鞍馬倦征，爛錦年華，魂銷宴游無處。滿目芳叢，和塞草、引將愁去。難據。塵夢杳、貪歡莫做。

瑞龍吟　和美成

梁園路。長恨繫馬河橋，噪鴉宫樹。檀欒修竹池頭，翠寒蔽畝，春風甚處。　悄延佇。佳地傍山臨水，泥人窺户。仙蹤隱覔緱笙，衆霓

競奏，驚鸞對語。飛度邯鄲娟麗，絳帷常掩，紅氍羞舞。誰省門雞坊前，矉笑非故。芳蘭秀菊，休詠橫汾句。應難再、隋隄並軫，章臺紓步。賦手凌雲去。漢恩已盡，牢愁萬緒。邊草青如縷。花事近，淒迷高樓煙雨。夜聲怨角，客心飄絮。

丹鳳吟　和美成

黯黯融和天氣，細雨酥街，輕煙籠閣。鐙昏鑪燼，傾耳夢殘羅幕。笳聲四起，旅情無限，鬥鴨闌干，呼鳩林薄。岸柳微風弄影，吹冷絲絲，新恨遥墮天角。爲問玉京舊事，暇游未覺詩境惡。試騁郊原馬，悵山容淒斂，雲意荒鑠。美人千里，擪笛渡江梅落。塞下離鴻歸路杳，誤家書盈握。倚樓買醉，春到寒恁著。

憶舊游　懷張孟劬爾田海上

記春鐙雨夜，按譜飛聲，離緒征衫。舊迹東華路，聽龍吟大壑，夢冷天南。弄琴漫作悲操，歌琯玉尊酣。但瘦骨撐寒，深情念遠，老去何戡。喃喃。問新燕，語細草輕花，愁見湘簾。只道吴歈好，奈鑾旌多恨，羅袖長霑。掉頭漲海煙霧，憐影一鉤蟾。便眼底潮平，蓬山鎮日窺畫檐。

法曲獻仙音　和美成

高閣雲低，畫簾春寂，院落簫聲微度。過客光陰，殢人風色，前歡倦尋朱户。正酒冷香温後，簾纖小樓雨。忍私語。厭重衾、夜長多夢，鴛偶少、情海去程暗阻。隱隱玉容愁，只東家、顰效誰嫵。誓約難憑，簸金錢、偷問情素。惹青禽隔水。信杳莫輕飛去。

紗窗恨　海棠，用籜石律韻

國花極樂深深院。豔同傳。有誰襟袖香微染。放翁顛。　小庭寂寞，春無影，塵世換。勝蹟如煙。憑弔孤根，晚風前。

贊浦子　蘇靈芝《寶塔頌》，用秋室律韻

離亂傷天寶，幽州舊治湮。國號刓貞石，浮屠轉佛輪。　映壁名兼蘇李，書丹體雜行真。鐵墻成雙絕，光搖易水濱。

人月圓　唐景福元年《重藏舍利記》，用蘇齋律韻

關河頻歲烽塵起，唐祚一絲懸。誰家節度，琳宮得寶，翠墨書年。　我生何世，京華浪跡，吟轡雲連。嬉春古刹，傷心往事，都付晴煙。

少年遊　遼幢，用蘭泉律韻

戒臺花落春垂盡，幢影卧祇林。妝樓相望，人天祈福，布地滿黃金。　十六燕雲州不返，半壁恨長沈。耶律終隨天水去，留片石、話雙禽。

好時光　象槐，用穀人律韻

龍樹飛來鱗爪，胡變象、未焚身。鼙鼓漁陽曾入聽，知君惜太真。　爲恁牆角隱，花散米、負千囷。甚日文殊到，解語證前因。

錦堂春　真武畫象，用味辛律韻

絳闕重新日月，玄都久駐容顏。　畫圖貌得金僊似，終古鎮名山。　瞋目娑婆濁界，棲神錦

繡人間。龜蛇糾結權稱武，宜守九天關。

喜團圓 遼大安十年《觀音地宮舍利函記》，用冬友律韻

金剛住世，瑶函弢彩，月冷花殘。胡塵萬里中原逼，早預卜臨安。雷峰同圮，照陵並發，佛骨清寒。數行舊記，幾絲衰淚，萬劫傳看。舍利函，寺僧已發，有訴之者，余受其狀。

慶春時 文官果花，用兩峰律韻

春花秋實，文林雅號，燕寺重看。梨雲深處，回眸半白，閱盡舊朝官。東風太惡，摧根空見薪攢。鵷鸞去後，巢痕難認，託地誤長安。

以上《法源寺八詠》。

憶王孫 董文敏書《金剛經》石刻

小字金經留素壁。輸玄賞、幾行叢刻。卅年夢不到雲棲，舊題識、香光墨。晚來甘作春明客。雲影幻、遺愁未得。倚笻蕭寺理殘吟，懺綺語、心兵戢。光緒己亥，余與達縣吴季清、長樂高歗桐宿雲棲寺，觀董書《金剛經》，題名册尾。

歸國謡 翁蘇齋爲葉東卿父壽書《捨心經》

春不返。駐足娑婆休苦戀。暗祝平安行館。日長開壽宴。學士八旬猶健。細書般若蒨。再拜空王陳願。吉祥輪輻現。

西地錦 壽山石十六應真

刻畫苾蒭殊相。起空門信仰。西征萬騎，東來片葉，全馴龍象。不任雙鳧長往。鼓恒河颿槳。靈山會古，連城璧合，人天非想。庚

子，外兵入京，攜兩尊去。余爲補之，別有記。

散餘霞　榆蔭山房

霜榆盤鬱龍形蛻。守梵宮珠貝。風動疑有悲吟，和簷鈴聲碎。　年時勝流雅會。想到門珂佩。名共塔射争芳，幸楣書未墜。

好事近　張茶農深龍泉寺圖

圖寫仿耕煙，留此招提名幅。樹裏紅牆欹影，挂斜陽一角。　傳燈三世契禪心，因緣問耆宿。待補江南畫史，飲君家山淥。

秋蕊香　戴文節檢書圖

衣鉢擘經親授。檢稿翻勞師手。圖成雪涕書圖後。怕見鹿牀筆瘦。　丹青應歷僧衹壽。逢清晝。虹光百丈驚飛走。況是忠魂長守。

月當窗　萬歷庚子曾匡宇琴

霜鐘曉夢。琴韻空堦送。漫比潞王遺製，弦聲緊、落幺鳳。　山僧嫻雅弄。禪房添日誦。幾度好春時節，花下奏、爐煙動。方丈明浄能琴。

傷春怨　大澈殿雙楸

門外雙楸樹。度日榮枯無語。綴葉盡孫枝，領略彌天風露。　開落壇花古。花事終難數。大澈不知年，柰根鈍、何時悟。以上《龍泉寺八詠》。

喜長新　棗花

柳湖村畔馬聲催。塔影晴暉。千章棗樹望中迷。記曾鬣尾名題。　唐刹風流將盡，寂寞城西。庭前楸老並含悽。殘根亭角長欹。

慶金枝　唐王仲堪墓志

貞元御史行。隨節度、客幽并。主家門巷舊曾經。花下語、佛前燈。　招提静歷人間世，題記在、百年名。緋衣應慰九原情。留翠碣、勝佳城。仲堪曾參劉濟軍，寺即濟宅也。

金錯刀　隆慶二年萬緣碑

千劫小，萬緣空。穹碑堦下矗春風。雕簷斗拱精鑱刻，石柱郎官證異同。　明末運，數嘉隆。貂璫金盡梵王宮。試尋燕寺興衰迹，多少丹書護大雄。

恨春遲　紅杏青松卷

身世桑枯海淺，留幻相、虚對人天。老衲名山，何戀青溝，結屋甘澗遺阡。　賸此牛腰行看卷，點萬墨、鴉陣雲連。朱南王北，雙璧無瑕，延津離合信奇緣。庚子券失，楊蔭北贖歸。

雙燕兒　訓雞圖

經聲聽到雞窗。會師意、立斜陽。生來佛性，鐘魚早晚，滌盡癡腸。　小兒慣結唐宫隊，笑羽毛、徒介金裝。羣雄安在，守雌自伏，妙諦無雙。

惜春令　智樸書御製聯

花雨松峰託意深。臣僧筆、獨契天心。甲子環周龍去恨，忍淚溼衣襟。　睿賞山居吟。共唱酬、千載知音。春雲夜月恣追尋，蒲團夢早沈。聯爲康熙甲申二月書。師有《山居集》。

搗練子　西來閣丁香

簾似水，徑成蕪。花叢閣影半荒墟。好事蘇齋遺片石，和苔蘚，棄僧廬。　枝幹老，古藤如。閔忠後起那堪圖。游客不知今昔感，憑弔處，笑詩癯。

天香引　牡丹

春澌闌、花約終朝。見車趁名藍，人樂芳郊。黃紫微妍，雲霞無影，孤負晴霄。　燕歸來、淒涼舊巢。蜂抱落、惆悵殘梢。　裊屐年年，夢想詩僧，霜鬢同搔。以上《崇效寺八詠》。

錦園春　開成井闌

漱流寒玉。鐫中唐歲月，井韓苔緑。捨寺何年，輸貞珉同録。　題書入俗。泥去金蝀、訪碑難續。石角棱棱，松風隱隱，聽殘轤轆。

一落索　唐王公晟妻張氏志

鏡裏修鸞長掩。悄依輪梵。　銀青祭酒列清班，生小名門忝。　時代咸通詳檢。土花浮黯。風晨雨夕伴千春，莫墮驚花念。

金蕉葉　雙松

青銅露溼。樹成行、向天影直。歎臺閣、蒼官盡失。問行路誰惜。　似水年華過客。賦長歌、怕拈鈍筆。願碧血、精靈捨宅。聽龍吟夜國。庚子慈仁寺燬，改建昭忠祠。

惜分飛　尊勝經幢

幢蓋繽紛隨地湧。尊勝陀尼齊諷。密字八棱書，歲紀遼乾統。　報國慈仁都入供。法物累朝矜寵。天祚名虛擁。那如英憲推恩重。

雨中花令 窰變觀音

應身雙度閻浮苦。琉璃相、宮闈悟。看緑衣匝體，瓔珠貫頸，妙齊唐鑄。庚辛流傳人間去。空迴向、龕藏處。待剎那劫定，優填像返，鼓鐘琳宇。庚子像爲沽上某君所得，僅留髹龕。

歸去來 吉祥大師像

一夢伽藍殿。皇親眷、僧衣猶戀。開山莫怪宗風晚。布黃金、蘭若徧。祖師螺髻祥雲現。看朝市、幾番塵換。空門誰駐金根輦。觀河縐、衆生見。

玉闌干 勝果妙因圖

龍華勝境供彈指。雲海蒼茫風挾紙。純皇甲子盛清年，葫蘆細、識香嶙字。上方寶墨傳中祕。恨劫火、燒殘末季。零縑尚覩佛輪圓，光熊熊、照滿人世。青嶙，傳雯別號。乾隆九年甲子佛生日，奉敕畫款，題葫蘆上。

夜行船 顧祠會祭題名卷

乞得浄居盈丈。薦蘭馨、騷壇盟長。幾行題署，數朝耆宿，行縢到今籤掌。近事炊羹添屋榜。扶方椎、庭空人往。休倚名藍杳杳塵，夢回闌、漸增惆悵。以上《慈仁寺八詠》。

八犯玉交枝 夾竹桃

朱户風敲，碧津塵隔，豔影夾籬縈沼。移向南天香界國，鎮日青陰難老。嬋娟擎袖，暗點妝靨脂痕，年時依約迎門笑。誰信小園春去，斜枝花好。疑是勁節多虛，孤芳獨照。不愁紅紫顛倒。漫長借、驕陽嘘燠，更非共、嚴霜驚曉。惹峰蝶、心猜恣繞。入窗横幅圖雙妙。覘露井秋煙，繁華半歇長安道。

雪梅香　李氏無邊華盦餞别畹華

語清澈，憑闌日夕羨乘風。聽巴歈臣里，新聲萬國懽同。關塞琵琶抱寒月，海天飆席飲長虹。水雲别，望斷金臺，杯酒詞雄。　庭松。省君意，鶴貌虬髯，訴與行蹤。喜入冰盤，最憐雨雪春空。舞徧琪花自開落，押將蠻紙速緘封。還京路，竚洗征衣，高唱江東。

三部樂　西郊探梅，和美成，同次公作

燕北梅疏，恁試馬近郊，暮寒淒絶。寺前村後，曾記籃輿披月。料尋徧、銜雪幽香，借凍醪半盞，對賞吟發。句成韻險，恨未狂書蕉葉。　湖山正回曉夢，夢探春舊嶼，水邊人説。年時老逋一舸，江南如髪。怎瑶京、看花引睫。峰斂翠、遥天半切。笛韻聽得，羈客感、千里腸結。

大酺　微雪，和美成

正臘聲殘，年光轉，風泠橋西齋屋。冰絲霏玉樹，舞娟娟涼影，畫簷低觸。夢隔宵裯，妝匀曉鏡，嘑鳥幽棲窗竹。朋儔淩寒過，鎮圍鑪覓句，注茶方熟。但門設常關，路紆慵步，未愁人獨。　歡情衰謝速。豔晨近、朱户遲香轂。忍坐對、纖雲輕沍，凍霰微零，渺重城、頓乖游目。舊遇昇平日，歌詠作、月明坊曲。悵飄瞥、鶯花國。尊酒尋醉，痕漬衣襟如菽。夜譚漫辭翦燭。余寓宣武門内温家街，在象坊橋西。

六醜 雪盛，和美成

聽銅壺送曉，又雪影、遥空飛擲。萬花噤寒，翔禽垂倦翼。匝樹尋迹。悵望雲凝處，故園淒冷，恨老羈京國。歸鴻滿路迷山澤。亂灑荒郵，輕飄廣陌。行人浪游嗟惜。甚關河別枕，頻歲春隔。　天容寥寂。夢拕藍潤碧。甚青荏苒華年改，長太息。高樓萬感詞客。甚青旛竚換，玉簫愁極。披衣起、嬾新冠幘。應不是、白首情懷少減，淚珠歌側。沈吟罷、月墮寒汐。只暗香、尚有庭梅伴，時晴盼得。

永遇樂 趙主父箭鏃，和稼軒

迴嶺烽沈，驚沙箭墮，霾恨何處。地脈連秦，天心弱趙，胡騎空來去。邯鄲道上，歌臺晚吹，到此繡鞍宜住。悄凝思、河山殘霸，争雄幾見龍虎。　落花隱隱，霜晨月夕，廢壘荒塍愁顧。敲火童憨，摸金尉老，今昔鏖兵路。鱗排萬井，羽馳千檄，聒耳長平鐃鼓。酸風射、弓衣試解，舊瘢認否。

玉胡蝶 馬湘蘭畫觀音像

瑞氣明虹隱霧，仙媛手寫，佛幢天香。渺渺年華，誰省故國回腸。苑花飛、歌雲倦譜，雪淚點、宮額羞妝。抱幽芳。懺情何地，塵海波狂。　淒涼。秦淮舊事，小庭人寂，午夜更長。水竹風蘭，最憐君意是騷皇。歎歸燕、難尋迴路，數亂鴉、空惜殘陽。掩河房。繡齋心緒，説與王郎。

石湖仙 題《白石集》，用原韻

孤雲横浦。問苕水詞仙，今隱何處。身世玉

京愁，倚紅簫、扁舟老去。新腔低按，早倦聽、石湖歌舞。誰與。伴洞天、小壽千古。　賸花未聞唬損，記梅邊、曾誇雋句。片席西泠，愴別廬陵風雨。雪校霜鈔，墨絲情縷。幾家弦柱。傳警語。淋浪大晟聲府。

解連環　除夕，和美成

墜歡難託。思藍橋路隔，寸心緜邈。幻夢境、雲雨回腸，只情重語長，露濃衣薄。破曉風尖，歲華盡、碧天蕭索。早飛龍換骨，靜掩故園，嬾問奇藥。　椒房徧熏茝若。記珠簾畫燭，人並闌角。自夜笛、橫月孤吹，有千種離愁，委婉拋卻。巧學春山，怕誤點、櫻脣朱萼。願從今、素紈弄影，看花未落。

以上《雲淙琴趣》卷二

玉燭新　庚午元旦，和美成

鑪煙微坼後。更顧影新妝，好花簪就。夜深對燭，昇平語、夢冷昭陽殘漏。金釵玉燕，早暗約、鈿車相候。惆悵事、憑損闌干，餘寒半侵衣袖。　年年過眼歡娛，送捲地東風，舊情忺否。畫眉善鬥。渾不省、鏡裏靨紅消瘦。歌圓語秀。忍怨曲、尊前回首。還勸我、聲引華胥，鈞天再奏。

應天長　立春日雪，和牛松卿

小窗簾桁光明滅。合歡瓊樹枝微脫。青旛徐動歌聲歇。棱棱飛墮鴛溝雪。　秦箏低按節。巧學春山妍絕。高樓客心愁結。照人疑夜月。

解語花 上元，和美成

華鐙瑩月，妙墨飛星，珠市香車射。瑞籠鴛瓦。行人過、悄語舊聞日下。嬉遊俊雅。半酒醒、瓊杯獨把。朱户開、弦管依稀，淺恨熏籌麝。曾見魚龍照夜。竚天街珂珮，搴幕眉冶。豔詞題帕。追歡地、記騁暮寒驄馬。風光減也。簾底聽、笑聲諠謝。期後來、新歲年年，歌上元休罷。

八六子

渺春晴。練波千里，嬉遊打槳相迎。正曉夢寒禽鳴徧，晚潮漁婦眠遲，埜舟自横。垂楊還繞空城。按笛玉關多怨，登樓碧草長征。苦悵望年年，亂流簫鼓，舊歡塵散，素紈恩沓，忍思暗淚秦宫墜粉，迷茫吴苑殘星。恨難平。花前醉人未醒。

沁園春 暘臺觀杏，和淮海

一騎追春，萬花團雪，興緒正長。看晴嵐低甸，扶犁地迥，密林濃暖，策杖人忙。翦得冰綃風信利，漫輕送千家紅度墻。凝賞處，感詩儕酒伴，玄鬢蒼浪。招提舊觀漸改，睠孤松引客，無限愁腸。記小樓秋半，高吟對月，木樨庭窈，聯步尋香。幾許雲山遷轉恨，柰吹墮前游如夢鄉。凴眺倦，任繁霞豔溢，塵海迷茫。余昔年曾結伴尋秋信，宿雙峯古寺。今數易其主，杏花依舊，情緒已非，賦此增慨。

尉遲杯 清明退谷探杏，和美成

溪橋路。正密雨、夜滋花樹。澄空曉色催晴，攜策風光佳處。深林餤杏，依夾道、垂楊緑前浦。倚回闌、笑指山陬，探春人自來去。

長安鎮日緇塵，還縈念、香輪寶馬雲聚。老屋荒郊今岑寂，何地任、狂吟醉舞。登臨恨、層嵐隱日，世輕換、幽禽莫共語。只多情、照眼芳菲，舊游聊引詩侶。

憶江南　和南唐後主

南國夢，吹落酒杯中。千里長江流日夜，鍾山山勢似盤龍。帆影轉東風。

其二

南國夢，醒後涕交頤。臨別宮娥皆不見，簫聲莫更鳳臺吹。往事到今疑。

其三

南國夢，夢裏又逢春。朱雀橋邊猶碧草，烏衣巷口總緇塵。多少怨春人。

其四

南國夢，春去便成秋。潮打空城寒雨急，白雲天際識歸舟。日暮怕登樓。

采桑子　和馮正中

小桃新柳陽春路，關隴繇繇。人老窮邊。極目旌旗曉帳懸。渭城朝暮離情苦，月挂中天。擫笛風前。笑看楊花捲渡船。

其二

斷雲天上笙歌杳，鈿鴈丁丁。響住塵生。別調侏儒聽不成。玉鳧香冷殘心字，愁展湘屏。一鼓柔情。滿坐朱弦金鐵聲。

雨中花　和東坡

簾外韶華輕換，裊緑垂楊，淒斷含煙。燕子掠波弄影，點上菭錢。回首瑶京，花辰苑籞，月夜林園。儘席地鬥草，臨流解佩，勝賞雲連。西山睡起，青蒼依舊，泥我載酒春前。人倦語、落紅成陣，萬井蕭然。歡事長留醒眼，芳郊怯趁新妍。約將吟侶，玉簫吹度，懊惱年年。

淡黄柳 和白石

連年鼓角。愁壓東風陌。古柳長隄人惻惻。試捲湘簾縱目，千里情懷燕曾識。 怨寥寂。盟言慢輕食。渺煙縷、李師宅。信濃霜、滑馬催行色。唱遍蘭陵，問君憐未，淒冷天涯恨碧。

芳草渡 顧太清畫杏，和美成

宿燕影，話舊日雕梁，内家吟侶。貌一枝花就，凋零漸感風雨。愁裏身世苦。和煙梢低訴。墜夢杳，豔冶年華，得意人去。 迴顧。短裝載酒，細草連天村外路。柰淒黯、時光易轉，新涼换庭户。早秋寫恨，漫比似、春來心緒。映霽月，笑指霜楓夜舞。畫爲道光丁酉八月十三日，追憶南山野渡杏花作。太素有七古一首。太清《燕歸梁》詞見《東海漁歌》。

度江雲 上巳修禊，得「蠶」字

清狂猶往歲，巳辰禊集，著意檢春衫。泝流風縐水，瀉到泉聲，淺碧映澄潭。呼儕命侶，未麐官、不待抽簪。芳事闌、一尊花下，齊唱望江南。 休談。黄鸝深樹，駿馬平原，早鐘沈鼓紞。憑斷琴、歌繙急操，人倚重簾。韶光暗度秋千索，澹暮色、空憶涼蟾。歸路恨、華箋自寫冰蠶。

應天長 明費宮人故里，和美成

河山姓改，門巷路非，紅妝未冷顔色。聽盡暮鐘晨角，淒春又寒食。繁華夢，如過客。早淚揾、建章恩寂。鈿車去，百雉俄空，紫禁陵藉。　回念長成初，淺黛深顰，嘉遇豔椒壁。亂定絮花風惡，傷心柳陰宅。津亭鼓，連繡陌。指夜雨、化鵑遺迹。黍離感，似水行人，環珮應識。

兀令 春陰，和東山

庭館愔愔簾幕好。獨居愁掃。雲影窺人早。正春色深藏，玉鏡凝妝笑。風緊昨夜無眠，晛睆鸎聲小。柰緑陰難曉。　金埒珠韀豪俊少。鬟絲吹老。天半朱霞杳。怎寂寞韶光，鑠住章華道。縱目銅狄荊蕪，誰更香車到。鎮落花隨草。

惜餘春慢 餞春，和逸仲

故國餘春，離亭沈醉，送目斜陽芳草。叢花散影，社樹成陰，愁更寺鐘催曉。簾底酴醾徧開，吹墮殘英，强簪冠小。恁長隄終古，柔楊牽恨，繫驄人少。　思舊日、聯軫郊原，多情紅紫，浪蝶狂蜂休惱。條風布暝，瑞露含滋，幾處麗游塵掃。良宴西園未闌，圖繢李麟，名流垂老。盼庭柯清晝，屏山如畫，乳禽鳴繞。

緑意

春歸路曲。只翠陰繚繞，雲擁成幄。十畝喬桑，低拂荊關，歌聲自引金玉。東山著意圍棊賭，試笑布、林泉新局。怎幕天、席地清狂，換得午牕瞑熟。　休戀槐宮舊夢，曉鴉看陣起，嗁向譙角。急雨生潮，月影沈沈，佇想籠煙晴旭。亭皋莫怨風光暮，漸不見、陌塵飛麴。待放舟、凝碧池頭，隱約苑墻叢緑。

一萼紅　葑圃芍藥

市橋西。有宜花小圃，紅藥隔欄齊。面玉擎盤，腰金錯帶，年年韻事留題。斜陽晚、嬋娟弄影，漫淺笑、零落舊宮衣。簾外春歸，尊前人老，伴此幽棲。時序幾番輕換，盼園林晴晝，長駐芳菲。蝶夢頻驚，鵑聲不斷，鬥妍應勝酴醾。試問訊、瓊都上客，對繁英、忍付滿城飛。一夜廉纖細雨，天教開遲。

齊天樂　早蟬

緑陰嗁破宮墻恨，商聲早驚長夏。水殿風疏，金槃露冷，舊日冠緌輕卸。高寒有價。問觸熱何人，鬥妝明夜。曉夢初回，幾行烏陣共淒話。關河羈旅易感，鎮垂楊萬縷，殘照如畫。抱葉終飄，緣枝偶託，愁見離亭車馬。籠牕晝暇。伴小酌孤吟，曲房深樹。莫便傷秋，熏琴同奏雅。

玲瓏四犯　夏夜聽雨

飛雨鳴簷，惹竟夕愁腸，縈絆忘睡。樹密牕昏，慵向鏡臺孤倚。人定寂苦挑鐙，柰雁語、戍樓難寄。聽露荷戛韻珠碎。凝想曉妝同麗。倦程流潦車行滯。篆香翻、怕殘心字。淒清漏點聲聲急，誰遣情如水。高處暗咽暮蟬，恁未省、涼天咫尺。賸亂蛩説恨，歌管寂，拌沈醉。

暗香　白蓮，和白石

澹妝絶色。過楚江試採，蓮娃抽笛。萬顆戞珠，隻影擎幢忍搴摘。塵世蒼黄照眼，傷零落、文心詩筆。恁顧曲、擊碎空明，金粉促離席。香國。漫滅寂。漸鬥取瓊姿，沁骨涼積。露螢夜泣。羅襪淩波動人憶。嬌豔疑天女降，吹散入、龍宮澄碧。看故故、爭靚了，野塘向得。

疏影　同上

花光暈玉。指露汀淺渚，鷗鳥拳宿。月下風前，蘭楫相迎，清歌漫引横竹。嬋娟不鬥荷衣蒨，正夜半、摩訶池北。洗愛紅、一片塵心，自惜浣紗人獨。回憶江南墜夢，水鄉甚伴侣，低轉萍緑。濯錦文鱗，葉底東西，幾頃煙波漁屋。金飈目送流年换，怕客路、白鞮聞曲。待暮天、圖作冰姿，隱約冷秋成幅。

倒犯　中秋瓊島看月，和美成

夜未半、寒輝罩空，片雲全掃。波紋漾縞。舟迴蕩、頓忘幽窈。微聞對岸、簫管喁喁人言悄。暗殿倚岑陰，玉宇明林表。暢宵遊、引醇醥。回首舊都，暮宴高張，更深歸徑窵。顧影弄碎璧，凭闌角，嬌娥小。露笑靨、爭妍好。自銷沈、蘼蕪山下道。看四碧珠懸，特地孤光照。素蟾今漸老。

芳草渡　寄彊村前輩海上

驛路迴，問耐雪梅花，歲寒人老。度一天歸恨，飛鴻漸響林表。眉嫵妝鏡曉。憑闌干微笑。試記省，繡幰朱輪，卻誤年少。春到。

柳絲燕影，露飲名園供坐嘯。恁時序、芳華易改，新愁送懷抱。舞衣揾淚，聽幾許、伊涼聲杳。認舊迹，夢裏屏山鎮繞。

綺寮怨 重陽雨雪，和美成

夜起羅幃寒重，酒餘愁正醒。訝皓色、萬頃連空，歸鴻渺、暗露危亭。天涯偏留去客，闌干望、恨失山黛青。賸敗籬、凍菊橫斜，西風緊、淚雪襟袖盈。舊夢未聞報程。雙鬟怨訴，仙宮悵斷瑶瓊。倦笛聲清。感遲暮、小樓聽。茱囊遍搜無句，只向晚、更牽情。迷離鳳城。花飛絮舞地、秋易零。

應天長 庚午除夕，和康伯可

嶺梅斷驛，江柳去程，韶光漸移村路。人醉流霞夜織，機絲怨當户。黄驄舞，青鳥語。恁歲月、少年孤負。引妝鏡，怯上層樓，滿懷離緒。小院夢回處。零亂春鐙，香國歎無主。簾外峭寒休倚，纖腰鬥蠻素。往來雁，今舊雨。畫閣静、鈿車怱度。伴更漏，守到天明，聽殘歌縷。

安平樂慢 辛未元旦，和万俟雅言

霽色煙沈，曉寒夢醒，金鑪玉斝浮香。陽和氣序，士女娭遊，飛蓋緩轡遥望。舞簇歌叢，正旙迎春信，鏡轉時妝。任近日華旁。參差昔歲風光。早雪裏梅花，岸邊楊柳，歸思催送吾鄉。羈客休縈恨，此生醉飲萬千場。海燕霜鴻，憑縱目、關山路忙。問何人、紅樓綺陌，一聲簫管清狂。

桂枝香　舊京懷古，和荆公

逢煙蔽目。聽塞笛遠空，城漏淒肅。春曉瓊都景換，翠微巒簇。回心舊恨焚椒盡，門新妝、小樓危矗。楚腰塵散，吴眉畫減，故歡誰足。甚巷陌、朱輪競逐。記吹面胡沙，精騎雲續。銷黯陽關，餞飲汴京餘辱。八聲豔唱存宫體，和遺山官柳含緑。背吟孤館，南飛雙燕，渡江聞曲。元遺山《鷓鴣天》宫詞有『春風殢殺官橋柳，吹盡香緜不放休』之句。

八聲甘州　和遺山

繡簾中低聲内人嬌，殊恩宋家傳。領承天詞翰，枝翻紅杏，燭引金蓮。寶勒珠纓滿路，良夜門便娟。瀟灑樊樓客，錦瑟華年。幾度胡塵絳闕，見盧龍山色，春意空妍。記調箏北里，羅帳裊沈煙。淚沾懷、青衣侍酒，寫煩憂、無地賦思玄。知何似、後庭玉樹，曲奏花前。

卜算子慢　元夜，和子埜

春鐙月夜，飛繞露橋，目極九衢天晚。結伴嬉遊，照影靚妝人面。迴盼。識盈盈忍淚魚龍眼。恁舊日歡情，只合遺釵墜髻分散。幾許閑庭館。聽語笑千家，隔簾聲遠。密炬沈輝，斗酒送愁須滿。消遣。柰前塵、夢入華胥斷。問令節、唐宫度曲，蔽重墻怎見。

玉漏遲　喜孟劬至自海上

望車塵巷裏。相逢一笑，酒徒燕市。過眼興亡，愁説隔江商女。門外西風正緊，柰十里、玉驄難繫。煙水際。郊居續賦，庭槐知意。舊夢曾繞天南，待故國佳遊，共尋花事。歲暮簫聲，不減虹橋淒異。咫尺離宮廢苑，燦金碧、樓臺猶是。鴉陣起。鎮日湘簾垂地。孟劬寓海淀。

惜黃花慢 花朝遊福陵，和田不伐

素空澄碧，步聳閣、暗指蟠山龍氣。向夕殘照，萬株峭立陵松，幾派斷流河水。新豐鄉在白雲飛，話前度、歌風辭意。古今愁，歷歷戰場，千里無際。 中原過眼興亡，駐翠輦、舊迹東巡迢遞。淚飲王孫，歲時薦酒承平，悵念玉宮珠蕋。曉鶯嚦夢客憁深，柰早引、傷春滋味。見塞草，馬足更驚人悴。

春從天上來 和吳彥高

景色霜零。歎廢苑年年，漢露隋螢。舊寒猶在，風幭雲屏。中夜萬感沈冥。恁懷沙終古，杳不見、楚客精靈。壓春愁，早花前促拍，雙調清泠。 漁陽漫驚羯鼓，拌倚劍飛觴，醉拂長星。款段人來，驩虞場少，閑殺鬥草門庭。數銜蘆歸雁，江南地、雪老山青。曉來醒。聽玉關羌笛，千里遶縈。

踏莎美人 朱豐芑《臨嘯閣詞稾》

扇影迴風，鑪香噓暖。行歌日對金卮淺。美人千里淚難乾。織就回文錦字、勸君看。 馬足關河，鷽聲庭院。天涯飛絮誰拘管。斜陽無語到闌干。怕聽斷腸弦索、小樓彈。

望南雲慢 和沈公述

惻惻東風，恁隱約簷陰，淒黯春光。聽雨聲小院，潤松影幽芳。花事清明近，過燕掠、銜泥正香。幾家王謝，巷口烏衣，巧門新妝。心傷。塞北胭脂，無邊麗質，珠襦繡履成行。眉山未遠，恨秦女嬌嬈，楚夢荒涼。綺陌驚郎馬，怕路隅、王孫斷腸。目迷人倦，霧障天低，隔水思量。

風流子　湖上，和張文潛

西湖別久感，隄邊路、長日錦鞲飛。看地湧層樓，綺羅遊處，波迎畫檝，簫管深時。豔晴天、巷空曾鬥草，樹密想鳴鸝。邨酒午酣，魚娘味古，簾香晝溢，鴛侶吟低。　江鄉饒風月，春殘後、依舊杏熟梅肥。誰念淡妝點額，愁黛凝眉。對暝鴉亂舞，靈鼉隱起，征塵小息，偏算行期。留付段橋歌縷，煙水人歸。

青門飲　東臯雅集，和曹元寵

花下盃深，坐中弦急，東風送我，春帆遥渡。晚景妍晴，舊游情話，簾底柳絲垂露。問訊臯亭隱，儘疏狂湖山吟侶。繫馬河橋，侵曉鶯聲，殘夢何處。　幾徧笙歌催换，拌静倚危欄，暗愁孤旅。鬥盡嬋娟，亂紅零翠，空憶昔年張緒。煙水歸宜早，慢驚心、嚴城笳鼓。甚時畫舸重來，沈醉倦尋征路。

哨徧　自靈隱至天竺，和東坡

路轉鷲峰，嵬殿插雲，鐘鈸聲殷地。春景寂，曉策緑楊灣，帶湖光滿襟涼氣。絶壁下，泉噴珠雨，洪流奔瀉，遠撼銀河水。當點石浮鬟，穿林障步，籃輿籠盡妍翠。傍古洞松櫪亞虬枝。卻宿燕翻飛覷簾絲。試省前游，潑墨題名，酒懷詩味。　更遥望天開，宏麗晴日滄溟裏。蹴丹臺迥，談禪問道儘利。度嶺側危亭，瀑源深澗，清泠拂面和風起。江折潮迴，岸平城楕，郊塍鱗次無際。聽幾番樵采笛音飛。正千級圍環竹陰低。訊金仙、定解人意。回思來往香車，空鶩塵勞世。陌頭不見歡場易歇，孤負入山而已。故鄉俊賞惜言歸，恨征夫、又促程耳。

戚氏 宿寶華山，和耆卿

雨餘天。瑟瑟涼影滿輕軒。壘石成蹊，繞岑鶯寺鎖蒼煙。飄然。度松關。羣峰燦爛。落霞閒。僧寮戒律精猛，舊是梁武與開山。窈渺凝睇，清泠盈耳，數弓澗水潺湲。看花欹磴曲，禽語林表，都謝塵喧。樓檻護佛年年。危坐夜話，醒眼照鐙闌。晴牕曉、乳桐高引，篠竹低娟。意纏緜。露盡靄起，小階屐冷，笑指風前。畫圖未足，羽客詩朋，遠近飛蓋招延。半嶺經壇古，毘那振鐸，四座皆歡。到此繁華夢杳，共晨鐘暮鼓恣流連。朅來宴賞成空，漫遊遣恨，孤館情無限。恁倦程、迢遞甘羈絆。舒迴眺、人老朱顏。興罷歸、帶月衝寒。聽畫閣、羌笛弄梅殘。步江皋上，狂歌向晚，倚枕愁眠。

過秦樓 青溪渡書所見，和李景元

過雨溪平，圍鐙船豔，舊家門巷悠悠。喜蹋莎行處，漫指點河房，遲去月無由。報道酒三巡矣，花閒解語新愁。任流鶯窺我，真娘多感，情緒芳洲。似定巢燕子、雙飛小，壓笙歌隊裏，腸斷吴謳。辭錦茵殘舞，柰烏衣冷落，倦話前遊。應記暮天潮，打空城、獨自搔頭。問興亡幾世，佳麗南朝，人在紅樓。

綠頭鴨　玄武湖夜泛，和晁次膺

小舟橫，浪吟月浸湖煙。譜瓊簫、歌喉幽怨，望中鄰舫開筵。寄遐韻、半空唳鶴，引繁響、高樹棲蟬。玉珓流波，金釵墜葉，念奴應識內家弦。鎮無語、雕闌斜倚，涼意動牕軒。微風息，婆娑未央，促坐嬋娟。　話前朝、荒洲水殿，幾人回首淒然。恨依依、燕飛別姓，聽隱隱、漁唱歸船。紫蓋塵封，黃紬夢冷，雞鳴遺埭一聲傳。漫遊足、漸移闌槳，紆路礙塘蓮。披懷袖，清露已深，莫問詞仙。

一寸金　明孝陵感作，和美成

風急陵園，繫馬鍾陽瞰山郭。正老松碧合，濃皴雨意，頹墻紅隱，斜拕雲脚。龍虎佳城鬱，新亭淚、暮笳怨落。摩碑篆、卻道神功，萬里胡塵賴摧廓。　暫憩名都，興亡憑弔，游蹤任萍泊。恁侈皇疑塚，登臺縈念，孀娥野泣，浮湘沈約。華表同今古，司香廢、歲時薦薄。相將過、野酌寒泉，漫狎樵唱樂。

木蘭花慢　輓彊村前輩，用次公韻

記槐陰絮語，斷帆去、大江橫。恁安陸餘年，遺山百感，緣了今生。清泠。和歌自寡，料捶琴海上不堪聽。忍淚南雲入望，傷心高閣休憑。　宮城。閒夢冷殘，更歷歷、曉星明。拌橐筆緘愁，囊書抵恨，惱亂春聲。長鯨。波潮無路，指蓬萊仙苑數峰青。細訴哀弦怨抑，微通詞客精靈。

齊天樂 金雪孫同年兆豐竹屋填詞圖，和賓王

蕭蕭萬竹寒窗影，詞思暮天人遠。斷雁書空，驚烏匝樹，荏苒年華催晚。憑高送覽。恁荒堠多迷，夕陽偏暗。試放簾鈎，倦程回憶舊情減。 賓王癡語未醒，露盤含淚處，罘罳都捲。聒耳秦箏，傷心趙缶，肯學邯鄲歌臉。花凋上苑。總愁裏山河，夢中樓觀。漫譜哀弦，麗譙更數點。

望海潮 壬申上巳，和淮海

重城天朗，回闌人老，禊辰未減風華。簾捲聽棊，箋長寫韻，高樓不見胡沙。選勝慣停車。漸斷楊舞緑，鞭影交加。故國神遊，無邊詩思落誰家。 年時漫感喧笳。指春旗動處，滿路飛花。隣笛怨悽，宮墻索莫，龜年忍淚堪嗟。煙樹夕陽斜。賸暗拳汀鷺，空噪林鴉。斗酒澆愁，兩三詞侶液池涯。

前調 再和

羣賢高會，穠春依舊，芳游莫負韶華。金彈烏驚，絲綸魚唼，狂歌聽徧淘沙。油壁走香車。喜近郊十里，谿漲平加。布穀催耕，荷鋤哄語埜人家。 胡兒休學吹笳。趁邊關遙息，恣意看花。聞捷未真，收京遽詠，詞流一例興嗟。帘影隔林斜。總聲聲嚦鴂，字字愁鴉。小駐吟鞭，楚騷天問遺生涯。

如夢令 晝鷹

振翮平原千里。瞥眼驚塵四起。燕雀最堪憐，遥度青天無際。休避。休避。矰弋不愁雄鷙。

玉樓春　萃錦園看海棠，阻雨未赴，得『夢』字

千紅萬紫樓臺聳。連日東風驚好夢。簾前燕子誤歸期，愁緒絲絲含雨重。　看花著意飛鞭鞚。城北城南車騎擁。今朝流潦苦相妨，乞放春晴羌管弄。

暗香　聞觀果，和白石

翠盤雪色。選曼聲賦寫，詞官腰笛。味引頰芬，各滿筠籃子輕摘。嘉號羣芳試譜，曾題入、前朝詩筆。信夏日、足伴頻婆，風美壓殘席。　京國。恨闃寂。問載酒芳林，萬緑濃積。醉歌漫泣。闌角丁香好春憶。淒斷唐天寶後，興廢閲、琳宮金碧。願歲歲、登俎早，雅游繼得。

水調歌頭　吴縣行宫瑞雲峰，用坡韻，和式之

一片瑞雲石，孤迥負南天。閲盡三吴都會，不見豫遊年。何地山川呈秀，供奉瑤階玉砌，骨相最清寒。歲歲銅仙伴，含淚向人間。　顛欲拜，題漫掃，醉誰眠。玲瓏滿腹，望中飛作鷲峰圓。昔日瓊霄矗影，今日緇塵隱跡，冷月照虧全。九曜共圖寫，尺幅鬥嬋娟。

八聲甘州　攝山棲霞寺

度千巖向午解深寒，棲霞恣清游。正丹林凋彩，蒼岑隱雪，泉韻琴流。炤眼穹碑賸刻，詞客倦淹留。争奈前朝恨，樵語難休。　回顧鍾陵江上，渺雄圖萬里，帆影全收。問何時笻笠，領略此峰幽。倚危亭、登臨多難，只等閒、身世看吴鈎。沈吟處、動羈人感，歲暮滄州。

生查子

樓高煙水寒，倩影驚鴻誤。揎袖上琵琶，幽怨弦能語。留得舊江山，看盡閒歌舞。金箋勸君深，無那銷愁處。

女冠子　韻香女道士摹馬守真畫蘭，和耆卿

澹雲疏雨。寫幽蘭，依庭户。伴琴韻、空山秋樹。垂簾香斷，孤龕鐙寂，經聲微度。蕭寒筆意誰覩。中年滅絕塵緣苦。秦淮月夜，河房水影，三生夢去。　過翼春歸，無柰時光冷暖，燕子漸失高樓處。紙屏虛掩，想多情、淺斟緩唱，瑟瑟人閒儔侶。湘江悄恨修阻。同心百疊回文聚。羽衣身世，閑花省否，柔條怨緒。

玉闌干　雪山行旅畫幀

輞川圖畫今誰似。雪裏溪山烘滿紙。贏綱平坂暮愁深，何人囊底詩千字。　餐霞飲月前蹤記。㛴亂年光彈指。天公爲做萬家春，霏寒瓊、頓換塵世。

聲聲慢　長沙賀啟南夫人小楷《九歌》

聯珠門第，漱玉才華，妝樓妙筆驚仙。細界烏絲，密排鶩絹勻圓。蘭亭久留棐几，共神龍、瘦本争妍。閒唱和，羨漚波松雪，今在人閒。　片無數騷皇餘恨，漸家山彈破，怨入湘弦。片石平安，率更遭遇何年。蒼茫楚歌休引，只春愁、幾樹啼鵑。收拾去，付雙成、林屋洞天。　漢陽葉東卿平安館藏有歐陽率更《九歌》殘石。

水調歌頭　霜曉厂裁曲圖

家國興亡感，掩抑譜宮商。梨園舊人，散盡新曲換悲涼。何處華鐙明晝，唱徧屯田樂府，太液幾波揚。柳外一聲笛，秋響激飛霜。　拌沈醉，思往事，對斜陽。鼓鼙動地，廣寒仙奏誤霓裳。寫此青門幽怨，付與蘭陵別調，不數蹋歌狂。寄語大瀛海，弦管任平章。

風入松　壬申除夕

帶寒鼓角度今宵。殘臘盡弓弢。關河淒緊征人苦，想深閨、夢斷嬌嬈。淺盞無情自酌，長檠有恨頻挑。　悠悠南北送旌旄，何日繫天驕。崑崙雪夜封侯覓，漫相期、昨暮兒曹。靜掩羅幃不語，春心微見梅梢。

祝英臺近　癸酉元旦

俯秦城，窺越嶠，烽燧黯溟海。馬耳東風，愁裏歲華改。幾回帳飲青門，別離歌起，又重展、春山眉黛。　寒無奈。依舊惆悵闌干，歡塵墮簪綵。簫鼓聲稀，村農罷祈賽。只餘頭白羣烏，驚飛不定，尚凝望、捷書雞塞。

摸魚兒　伏廬畫梅圖，即以爲六十壽

便銷磨、怨笳身世，還鄉今見流水。寫梅斜倚天寒竹，孤館早春滋味。蘭棹艤。聽唱徧、吳娘一曲尊前意。掀髯自喜。問昔日親朋，幾人頭白，擊壤共嬉戲。　游息處，楚澤行吟試記。中年頓換朝市。樓臺印上憑君造，老學休愁無地。詩和弟。儘雁蕩、龍湫蠟屐雲山寄。歸來買紙。把幅幅江南，全收几案，畫出醉翁醉。

好事近　畫雞篁

殘埭過雞鳴，碧樹一聲天曉。幾輩温柔鄉裏，夢槐安未覺。　雄冠鉤距狎羣雌，年華漸催老。莫學唐宮嬉戲，鬥緋衣兒小。

南浦　黃小松先生湘江歸櫂圖

煙水掉扁舟，湘江静，載得蠡施歸去。小住聖湖壖，貯金屋、年少光陰休誤。疑帆九轉，同行佳勝推篷語。還續虹橋低唱韻，疏影暗香詞句。　蓬萊高閣仙雲，定輪囷、擁覆鷗程未阻。雙豔屬吾鄉，西溪曲、月上芳蹤遥步。尋碑畫古。連翩珠玉齋頭聚。紅袖青山誇俊賞，嘉話名園應補。

齊天樂　王瑶青藏羅掞東詩卷

羽衣驚破長生夢，淒涼舊京詩句。玉潤鑾箋，花飛象管，千轉淋鈴思緒。峩冠自誤。問吹笛鄰家，夜深誰譜。敗柳多情，病蟬垂翼戀高處。　池臺金碧照眼，賸斜陽零亂，歸燕遲暮。酒盞澆星，機絲引月，往事新愁如訴。悲秋漫賦。對人世興亡，背鐙微語。試省哀弦，斷腸聲在否。

夜飛鵲　中秋趣園雨集，和美成

新涼度愁到，庭院淒其。闌角緩送晴輝。京華昨夢早催醒，香紅荷淚傾衣。招來舊吟社，但橋盈秋水，岸杳春旗。巢痕認處，話呢喃、宿燕飛遲。　身世茂陵多感，杯酒付長星，天際安歸。孤負煙波垂釣，横塘極望，蘭櫂終迷。斷歌殘笛，記南樓、昔與雲齊。賸霏微官柳、依回客軫，陌路東西。

八聲甘州　月當頭夕社集

問一年幾見月當頭，詩仙意飛揚。正凝堦霜重，橫空霧斂，人影迷藏。照我鬢絲千縷，戰伐苦思鄉。欲共雞聲舞，庭宇蒼涼。　滿坐傾杯相勸，恁醉眠枕簟，歌畔難忘。向青天搔首，圓缺事微茫。只山河、閒中倒射，又歲除、寒盡換春光。拌今夕、譜霓裳徧，莫怨漁陽。

綺寮怨　閏菴以美成韻賦前題，輒和

迤邐庭除寒透，攪人幽夢醒。共皎月、訴與衷腸，簫聲遠、畫徧旗亭。名園光陰過客，題襟在、換卻雙鬢青。甚浪遊、未息塵蹤，羅幃上、照徹蟾淚盈。　悵望路迷塞程。擎杯瀲灩，天風夜渡飛瓊。步屧霜清。沼吴恨、忍重聽。聯吟舊朋休散，只歲晚、更多情。閑居面城。梅開數點後、譙漏零。

望雲崖引　桐華夫人挽詞，和李景元

清聲弦冷，素蟾影，寒閨白。過翼年光，浩渺竟迷空色。妝樓夜永，雁陣分飛後，認古磧。夢阻星河，念孤寄如客。　斷腸誰訴，賸殘稿，傳消息。歲晚天涯，楊柳萬絲沈碧。人生幾許，遺恨興亡裏，付短笛。舊日牢愁，漫藉東風添得。

鳳皇臺上憶吹簫　聊園迎春，和晁無咎

臘盡春來，春知人意，渾如久客初還。況更值、杯深浮蟻，箋短書蠻。聒耳頻年戰鼓，驚歲月、休憶朝班。青門迴，芳訊夢回，千里關

山。殷勤。墜驩重理，拌暗整眉妝，鎮繞花閒。但遺恨、梁園地杳，玉局歌殘。隨分黏雞貼燕，塵世改、偏感蕭閑。聊堪喜，門外漸掃餘寒。

荔枝香近

歲除立春，聊園社集，瑑青出荔枝茶餉客，遂以爲題，限美成詞調

沁齒茶香浮荔，銷歲暮。似拈一簇紅雲，甆盌調薇露。枯腸瀹茗搜詩，賴爾瓊漿注。誰伴、小飲歸來字新賭。　風味好，怕責貢、涪州路。醒酒柑筵，良夕翠盤酣舞。休狎南强，點入旗槍賺吟侶。後賞龍團別譜。

醉蓬萊

四當齋勘書第二圖，壽式之同年七十

問先生高隱，七秩行年，百城權主。袖手毛錐，笑功名塵土。老客幽燕，無多流輩，感雞鳴風雨。庭綠成陰，殿春休惜，團花揉絮。　織女橋邊，近依瓊苑，輦路曾經，園禽空語。太液瀛洲，指蟠桃千樹。掃葉文林，熏香祕籙，占人間天府。會譜新聲，閑愁盡遣，童顏長駐。

還京樂

探春早，撲面餘寒釀雪愁難理。盼信風催換，暗吟淑景，詩人箋費。恁敝廬長歎，芸籤萬軸梁塵委。便試酒，爭忍醉醒，憑高彈淚。　念臺城底。度無邊帆影，鐘聲舊日，遨遊輸此興味。飄然弄笛江關，誤歸程、倦問行李。渺天涯、誰夢覺遼陽，歌翻渭水。冷落燒鐙節，唐花應漸紅頳。

宴清都　社園鸞枝，和閏庵

萬點嫣紅樹。繁華夢，絢春天霽沈霧。緗梅遜豔，夭桃濳彩，龍池波沍。晴空照徹鸞雲，似絳闕、仙幢正渡。柰歲歲、爛縵人間，朱顏不教輕駐。　詞官往事重尋，穠芳手撚，憑續花譜。攢枝簇繡，長依禁苑，認嘑鵑處。良辰輦遊何在，消息待、傳言玉女。問甚時、輝映霞裳，披香暗護。

滿江紅　和心畬

故國殘春，又遞到、看花消息。門巷近、青絲絡馬，漸餘荒迹。照眼繽紛輸昨豔，傷心耆老知誰識。問高枝、閱盡幾朝昏，鉛痕溼。　韶光去，空成憶。庭樹在，今猶昔。只東風苦惡，送愁無日。久戍征夫鸎夢斷，思歸帝子鵑聲泣。恁年年、芳草怨王孫，連天碧。

臨江仙　同上

三月春寒方退盡，名園花事蔫然。半舒斜日半含煙。繁華銷歇後，猶見晚晴天。　舊是玉皇香案吏，輕陰長護人前。番風已過卻流連。海棠顛不住，未老放翁年。

點絳脣　同上

舊日池臺，殘紅撲面花無數。香車何許。一陣廉纖雨。　賭醉敲詩，過客嬉春處。平蕪暮。閑情須賦。月上西涯路。

御街行　同上

青旗暗捲長堤樹。春別人間去。露盤灑淚不成行，翠蹕經游何處。登樓縱目，驚沙千里，誰繫驕驄住。迷茫柳色陽關路。送客車無數。一杯酹盡感春人，休傍絮綿愁舞。萬花開徧，清陰結子，漸聽催耕雨。

水龍吟 同上

望中千里煙莎，芳華久隔宜春苑。金丸驚起，雙飛翠羽，捲簾人遠。疊鼓朝天，闌干星曙，湛恩猶戀。甚河橋柳絮，旌旗縈拂，鞭影指、車輪轉。吟罷騷皇魂斷。未經秋、商聲先變。鯨波不動，融融海日，凝笳漸晚。綺閣淩虛，零脂墜粉，風鐙過眼。只川明宵火，塵翻獵騎，控離羣雁。

玉樓春 同上

蓬萊仙島迷雲色。下界鐘聲天半隔。洪崖棲處是春多，花落花開空九陌。無邊煙雨江南北。送盡征帆悲去國。暮鴉終古咽垂楊，頭白長安歸不得。

摸魚兒 七夕次公至自汴，和白石

歎年來、秋期寥落，新涼催到梧井。車聲門外梁園客，那許歌筵安枕。君試省。幾曾見、朱樓拜月簾幕整。羅衫送冷。只雁隔金河，蟬嘶玉樹，惜別意今領。休回首，天上星橋炯炯。懽悰離合俄頃。癡情自古鍾兒女，心事停鍼低請。雲路迥。應私恨、靈槎人去頻顧影。仙緣難問。拌懺盡空花，抛殘宿淚，良夜任轟飲。

前調 再和答次公

寫長恨、香山詩句，淒涼塵鎖宮井。蘭因絮果今宵續，好夢疑憑仙枕。恩意省。柰喧耳、笙歌別院環佩整。秋屏畫冷。待把鏡登樓，鉤簾迓月，佳夕只孤領。無人處，千里明河炯炯。光浮銀海成頃。駕橋靈鵲偏多事，一歲一回要請。鸞馭迴。空惆悵、霓裳杳隔雲外影。蕭郎誰問。舊箭漏初沈，機聲又軋，歸去牧池飲。

蜨戀花　四首　和次公

塞上風煙迷弱草。秋夜凝笳，暗露危亭小。望眼蓬山青未了。海天雲日遲遲曉。　夢裏貪歡還自笑。玉砌雕欄，不減當年好。一曲別離歌韻杳。何時舞袖邯鄲道。

其二

慢說興亡門巷燕。春去秋來，泥落空梁見。數盡歸舟帆葉短。東流江水渾如綫。　舊院人家新閱偏。陌上塵飛，郎馬嘶猶遠。細畫眉山連復斷。鏡奩省識香閨怨。

其三

寂寞焉支山下路。無意鉤簾，鎮日黃昏雨。歷亂羣烏啼不住。天寒那覷雙棲樹。　强作逢迎心事苦。拚棄琵琶，彈入胡沙去。　羅綺三千恩絕處。長門自歎朱顏暮。

其四

別殿嬌嬈承寵地。蹋臂新聲，唱徹黃河水。玉笛西羌疑有意。銷魂莫惜金巵醉。　身事開元崔與李。淪落江南，不見唐天子。　宮闕煙塵傷未已。異軍誰蹙花門起。

菩薩蠻　十首　甲戌冬夜作

小窗淒冷鑪煙歇。凍梅吐蕊霏香雪。往事細

思量。嫋人更漏長。倦臨妝閣曉。羞見如花貌。穠豔石榴裠。何時得近君。

其二

錦衾重叠回文織。夢餘寒透牀前月。攬影起裵裒。濃歡付玉杯。酒痕初上浣。愁壓溪流滿。生小越江東。承恩誤入宮。

其三

新聲細點箜篌譜。曼容應惜伊梁苦。翠袖驀雙垂。回心詞暗催。金釵留鈿合。私語長生怯。他日錦囊遺。終成連理枝。

其四

朔風盡日吹簾幕。關山萬里貂裘薄。暝色襲衣深。嘶寒有暮禽。洗妝還自恨。望斷天涯信。遥寄十蠻箋。要將卿意憐。

其五

奉宸昔日陪游輦。邊愁記入芙蓉苑。金翠落埃塵。上陽專寵新。龍文雙玉佩。舊沐嬉春賜。殘夢入華胥。無言理繡襦。

其六

瑶臺縹緲霓旌影。天香脈脈中宵静。三願拜陳時。妾心誰得知。佳期辜宿約。帶眼圍空削。搔首問東皇。温柔戀故鄉。

其七

霜棱密掃辭柯葉。有情鴛侶傷離别。翦燕貼花鬢。年光去不還。嗔癡應小懺。鎮日檀郎賺。無力展棊枰。拚將殘子爭。

其八

高樓客散歌鐘寂。亭亭蠟淚幽閨咽。惆悵未

天明。偷閑坐按笙。臨春思故國。草没臺城北。碧樹一聲雞。迴看星斗稀。

其九

五陵年少朱樓下。招要繫住連錢馬。百萬錦纏頭。豪華爲解愁。含顰工怨抑。心事弦能説。無柰不關情。幾行筝雁驚。

其十

蹉跎二八芳華減。旗亭似昔歌眉斂。候鳥已呼春。東風桃李辰。花間看蝶舞。生怕抛球阻。斜整翠雲翹。夢闌魂欲銷。

燭影摇紅　除夕題歲朝圖

夢醒屏山，歲華旋報嬰春轉。蠣窗烏几送流光，妙寫尊罍徧。仙子淩波微遠。有礬弟、梅兄鎮伴。舉杯賭笑，屑墨催書，燭花頻翦。鐘鼓嚴城，泥人風物尋常見。踏歌兒女足歡聲，幾處閑庭院。爆竹今宵苦短。到明朝、朱顔又换。舊巢痕在，好語情深，雕梁雙燕。

以上《雲淙琴趣》卷三

青玉案　乙亥中春，和東山

融和天氣紆迴路。傍柳岸、揚鞭去。滿目園林禽語度。畫欄庭院，小樓軒户。簾捲人何處。胡沙千里烟塵暮。石上菭痕舊題句。隨分嬉春春總許。歲華流水，客愁輕絮。時節清明雨。

迎春樂　屯田體　丁丑元旦，和鶼龕均

九街籠日晨雞報。雪後風埃少。記當年繫馬金門好。聽徹漏籤聲了。妝鏡改、花鈿尋笑。棐几暖、箋雲舒早。只願穠春常在，莫問

人書老。

其二

杏花春雨江南報。夢裏衾寒少。覰從今夾路笙歌好。漫引塞笳愁了。　眉樣展、山容凝笑。心篆燼、簾曦窺早。譜出琵琶新曲，破陣驚詞老。

前調　鶼龕約上元前一日重舉聊園詞社

彩雲花外奚童報。雋約年時少。只新題樂府流傳好。況試上元鐙了。　逢令節、隨人娭笑。想舊侶、聞歌來早。爲語園林成趣，莫放春光老。

浪淘沙　上元前一日，趣園午集

詞客意無聊。雅會今朝。趣園風物又梅梢。一片野雲飛不盡，誰慣吹簫。　歲歲鬢霜飄。對酒人豪。莫驚梁燕換新巢。鐙市鄰坊君記取，明日元宵。

望月婆羅門引　丁丑上元，和遯齋《元宵》聲韻

上林春迴，九霄仙液隱銅盤。鐙花籠住踈寒。昔歲昇平曾遇，賞宴話鵷鸞。奈流光未改，久罷呼山。　鬧蛾夜殘。簾外聽、笑聲歡。悵望堂開畫燭，門卸珠簾。金荷勸醉，認粉袖、餘痕宣賜斑。華省事、莫訴承安。

壽樓春　丁丑二月，趙劍秋七十壽

宜宮花盈簪。記瓊林宴裏，紅杏曾探。晚歲農卿標望，計臺鳴驂。年迅羽、催成鬖。恁古稀、棲遲城南。便馬足緇塵，雞聲絳闕，興廢

半生諳。浮雲夢，晴暉銜。數亭林健步，尊酒清談。韻事芝芙詞贍，蓬萊書耽。棊隱橘，筵傳柑。證壽星、坡仙禪參。報滂喜春濃，如鉤嫩蟾庭宇涵。

金菊對芙蓉　丁丑三月，俞階青七十壽

星朗詞曹，光騰柱史，古稀風致清嘉。羨高堂春在，顏映朝霞。緑天静繞芸編富，度聞歌、讀畫生涯。東華晨夕，雨窗鬥韻，舫屋籠紗。　芳辰露飲堪誇。喜妝摟雁過，同理箏琶。更搴帷詩婢，筆豔江花。曼聲珠玉刊新集，有小山、酬和成家。耄年樂事，瀟褭隊裏，趁徧香車。

金縷曲　丁丑上巳，稷園脩禊

快雨輕塵撲。喜鶯花、正逢上巳，近招吟局。酒後蒼顏都未改，袖出新詞盈幅。祇好句、全場須續。賀老琵琶聲淒緊，問何人、解譜開元曲。觴詠盛，抵緑竹。　水邊文杏紅争簇。更奇葩、宮牆掩映，蕋珠含緑。爛縵華林追賦手，搖指春旂眉蹙。渾不是、舊時京國。鎮日東風無情緒，恁餘寒、猶戀危欄角。流潦在，妨車轂。

前調　上巳次日，大覺寺探杏，訊傳藏園、周息庵

數載暘臺別。趁暄晴、杏花天氣，巳辰初歷。士女嬉遊驢夾路，鬥盡胭脂顏色。誰省記、琳宮今昔。清水潺潺雙流迴，泝明昌、輦幸都陳迹。鐘梵静，度晨夕。　年時我輩登臨憶。驀相逢、詞人片玉，北梅亭側。老去長虞猶握槧，棐几山光勻拭。更紅袖烏絲閒適。比似

西園鳴笳飲，只簾前、車馬如看弈。聊寄賞，付新拍。

浣溪沙 丁丑端陽，題鍾進士歌舞圖，付鋭

午醉歸來信口謡。野狐長袖舞妖嬈。多情捉得鬼吹簫。世外歡場誰撮合，箇中佳趣爾能描。終南日月忒消摇。

洞仙歌 丁丑九秋，訊徐森玉嶽麓虎岑堂

客心訴與，伴幾行征雁。情悵西風世輕换。便湘雲深處、小作行窩，塵夢繞，馬足關河霝亂。　虎岑佳勝地，帆影經聲，懺盡空花有誰見。歎興亡千古、一剎優曇，秋正好、驀感霜晨淒變。問天際、何時識歸舟，只殘照當樓、闌干倚遍。

南樓令 和林子有韻

秋意滿庭階。征人訴怨懷。望江南、千里裴回。黃葉家山都入破，誰聽取、笛中哀。　戲馬楚王臺。時艱惜霸才。覷雁程、辛苦書來。我爲酸風眸子射，强忍淚、竚雲開。

前調 宮怨，仍用林韻

承寵步香階。風斜燕入懷。盼羊車、深巷難回。三十六宮齊鬥豔，羅帳冷、漏籤哀。　縹緲候仙臺。長門覓賦才。鎮相思、瑶柬傳來。欲解漢皇傾國恨，錢暗擲、鏡慵開。

其二

夜雨滴空階。吴娃獨遣懷。伴愁眠、九轉腸回。細點春山顰不展，尋往跡、屧聲哀。　歌管沸蘇臺。誰憐浣苧才。驀驚心、江上師來。

門外五湖烟水濶，聞鼓棹、浪花開。

前調　聞金陵近事有感，仍疊前韻

亂葉舞霜階。空江咽暮懷。掛千帆、川路紆回。試向青溪温昨夢，聆曲調、輒簫哀。　去矣鳳皇臺。沉思賭墅才。記前番、五馬重來。擊楫投鞭身手健，碁局轉、陣雲開。

蝶戀花　題譚令嘉女史繪事萃珍册

京國繁華成昔夢。鎮日垂簾，燕語雕梁諷。十幅蠻箋銀管弄。春秋佳日憑君送。　斷續鐘聲花外動。爲譜羣芳，萬里戎王種。紅紫簪來巾幘重。醉行欹側雙鬟擁。

臺城路　丁丑冬，本意，和竹屋

雞鳴古埭空荒草，都人去程偏遠。壞堞雲封，危闌日冷，歷落漁榔歸晚。憑高縱覽。恁紫蓋黄旗，釀成淒黯。早夜潮迴，醉掀歌局夢應減。　繁華如水易逝，新妝猶暗鬥，朱户簾捲。地接流鶯，風翻弱燕，寒戀重衾温軟。臨春廢苑。問從獵君王，誰居樓觀。小劫南朝，暮鐘聞數點。

其二

鍾陵踏雪前游認，爟烽慣驚邊遠。杜曲春空，横門道阻，愁見唐家中晚。征車曠覽。只千里關河，雲迷荒黯。聽到驪駒，柳絲堤上樹圍減。　金甌圓缺莫問，奈浮罳夜渡，旌旆都捲。狎主鷗盟，潛排鸖陣，摇槦白衣聲軟。章華舊苑。歎風雨無情，漸淩飛觀。燦爛神州，齊煙虚九點。壬甲冬，曾遊白下。聞榆關之警，北歸。

前調 聞蘇、浙被兵，半成焦土，有感，和竹屋《詠菊》韻

捷書盼斷甘泉奏，昆明劫灰先冷。凍雀聲乾，驚烏巢换，愁話三吴風景。鄉關引領。歎臺沼全荒，鹿游成徑。垂老無家，漫歌空谷杜陵韻。　傷心人世往事，注孤拚一擲，酣夢今醒。棄甲誰來，呼庚欲絶，猶侈狼居銘詠。鉛痕暗沁。賸漏箭傳寒，露槃催暝。歲暮羈栖，雪花飛上鬢。

揚州慢 和白石

江左風流，石頭王氣，曉鴻久滯歸程。對殘山一桁，映草色遥青。奈歌管、南朝沸盡，賦詩横槊，猶未休兵。看中原、棊局翻枰，輕换連城。　燕箋漫譜，賺詞人、雙淚心驚。甚見妒蛾眉，翾飛翠羽，空戀多情。送客目崖腸斷，陽關奏、短笛無聲。問何時簾隙，梅枝寒去春生。

長亭怨慢 和白石

甚飄墜、天寒風絮。惱恨東皇，别題瓊户。寶鼎煙沉，斷琴弦慢竟如許。密鴉諠晚，空覓盡、高原樹。凍壓柳絲垂，没舊日、清陰留此。　日暮。訝山河倏變，隱現敗雲無數。僧樓坐擁，幾曾約、鉢衣輕付。聽一杵、遠近鐘聲，料兜率、琳宫仍主。怯安枕離筵，還只狂歌金縷。

淒涼犯 和白石

玉階樹末。驚飈舞、家山入破淒索。酒痕未澣，郵籤乍報，歲寒聞角。商聲大惡。度雲影

湖心夜薄。問何人、憑高望極，好景賸荒漠。曾記年時，譜引青門，雅歌言樂。畫圖俊賞，怎回頭、故園霝落。夢醒清真，倚殘醉東風漫著。悵歸期、不忍聽取，負舊約。辛未夏南歸，曾賦《青門飲》，遍贈同人，並約後期。今不忍言矣。

徵招　聞舊友去國，和白石

離蹤獨泝湘江渚，騷吟舊聞佳士。送客古勞亭，柳青青餘此。玉環人去矣。奈徒結、碧城悲思。恨別經年，白駒連唱，惱儂猶是。迤邐海波長，記前度、逡巡泛槎風味。爲問鵲橋西，有層樓十二。髮霜今若爾。只依舊、半山閒致。旅程緊、日夕腸回，料倦商行計。

秋宵吟　弔次公，和白石

小庭荒，涷雪皎。向晚悲風寒悄。文星隱、正篆炧籤沉，候迷昏曉。省鑾箋，黯髩葆。唳鶴虛聞華表。空腸斷、是賦筆無雙，茂陵遺草。逝水年光，記岸幘、雄姿未老。鬥詩星聚，顧曲春深，旅夜鎮圍繞。蕭瑟蘭成早。晝角頻催，行卷頓杳。思沉沉、韻檢中州，陳迹淒咽夢遂了。

湘月　題瞿兑之《燕臺覽古》詩，和白石

瑣窻淚溼，念名都此際，無限風景。轉燭殘年，似迅羽、一昔翻騰吟興。岸柳全髡，宮花非故，鶴怨前朝冷。琵琶聲裏，倦妝怯倚明鏡。　停盞笑撚霜豪，來鴻去燕，渺書空成陣。昨夢初回，恁淡月、微捲山河妍勝。繫馬誰家，驅車古苑，豔治遲芳信。郎官情緒，舊聞日下重省。

角招 聞連兵未已，和白石

恨花瘦。休提廢苑龍池，顫裹長柳。障空雲戀岫。斷劫冷棊，聊睹身手。江天坐久。悔恣摘、瓜臺盈畝。極目平沙古道，認明月缺仍圓，肯英雄埋首。還有。鮑郎故袖。氍毹舞遍，新調詞妍秀。怨紅波却溜。鬥合機張，驚心烽候。濃歡似舊。怕陌上、人迷殘酒。悄撥檀槽再奏。聽繁急、落珠聲，宵闌後。

翠樓吟 西山亂後，游屐頓稀，瑟處嚴城，曼聲寄慨，和白石

玉引寒泉，輪浮遠塔，宸居燕游曾賜。連番朝市易，賸嗚咽掀天鐃吹。名園幽峙。認彩桷流丹，崇坊延翠。時佳麗。水田邨舍，到門波細。是地。多少香車，儘惠風和日，九三嬉戲。隔城芝蓋杳，漫携酒重尋芳里。蕭條滋味。問轉得春光，宜銷兵氣。高樓外。暝鴉嗁老，月痕空霽。

惜紅衣 陳止庵年丈辛卯夢游圖，丁丑之亂失去。近爲仲恕昆弟所得，徵題，和白石

萬里愁牽，孤城夢落，醉眠無力。漫寫荷花，香紅浸寒碧。朝簪絆我，應笑對、滄浪漁客。寥寂。西塞雨斜，逐元真棲息。淪漪廣陌。游釣前蹤，塵緣悟因藉。驚飈亂颭故國。杳南北。水墨早秋蓴鱠，昔侍笥輿親歷。甚芰衣彈淚，蒿目一湖煙色。

金縷曲 戊寅上巳，和閏庵前輩韻

老作邊愁客。驀嗁鶯、歸程間阻，望穿帆席。祓禊流觴餘韻在，夢想燒痕還碧。只閑却、聖

湖烟色。往歲酒人銷磨盡，賸繁花、如醉迷鴻迹。萍聚影，判今昔。　開天遺恨都親歷。檢詩篇、江頭哀杜，漁陽驚白。萬里中原聞戰伐，野哭家山未息。問何日、農嬉阡陌。貽耳新聲當筵奏，又臨春、結綺傷回憶。南北曲，調微側。

浣溪沙　詠稷園綠萼杏，同閏老作

淡抹綠留縞素身。時妝那肯效東顰。枝頭紅鬧總憎春。　梅雪餘寒初轉信，梨雲入夢兩無痕。背牆微訴惜花人。

醉蓬萊　戊寅九秋，題傅藏園蓬山話舊圖

看鬚眉蒼古，昔歲仙官，大羅曾到。劫後傾盃，歎玉珂聲杳。百尺元龍，扶搖直上，記當年夭矯。簪筆青蒲，乘軺紫塞，夢痕休道。蕭散園居，伴愁銷日，除却書城，那伸襟抱。野史亭荒，草堂人在，付鳳林詞稿。莫説開天，鼓鼙殷地，煙籠壺嶠。

滿庭芳　己卯元旦，和閏庵

酒醒思鄉，棊殘換世，圍春嬾對瓊筵。東風依舊，嘘到百花前。門外餘寒正勁，怕征鳥、催向窮邊。芳情迴，樓臺別起，着意歲華妍。衮延。烽堠裏，家書長梗，游屐都捐。只黍離懷感，飄泊餘年。隨分緘愁息影，興亡事、愁付塵緣。香山老，新聲權當，人日草堂箋。

青玉案　己卯上元前三日，雨窗，題蔣雪瑛女史臨燕文貴山水卷

簾前喜聽纖纖雨。驀燕子、雙飛去。一幅畫圖春幾許。樓臺高下，煙雲縈護。勝讀江南

賦。　簪花妙筆人無語。記否年時鳳城住。遲日上元燈萬户。而今蕭散，丹青誰付。空向金尊訴。

憶舊游　己卯清明，和舊友落葉

問換巢鸞鳳，棲老梧枝，猶引吭清。慣作參天舞，奈濃陰難駐，溷絮飄萍。無限庾郎蕭瑟，萬里舊曾經。便聒耳風酸，打頭霜重，嘉樹凋零。　車停。勝花處，正和陶詩健，春及欣榮。㛴恨東皇意，聽雲中九奏，偏作商聲。回首故園如濯，何地挹芳馨。賸孤館殘年，日斜吟望悲杜陵。

其二

訝樹間秋到，古寺荒寒，幾杵鐘清。積葉庭階滿，正孤鐙旅夜，時撫青萍。誰省暮砧哀響，白帝路嘗經。共滚滚江流，亭亭月影，人意丁霝。　蟠根空得地，甚緑陰油幕，不見南榮。領略中邊味，歎蟬衣潛蜕，鴂舌收聲。頻歲斷蓬無定，據槁乞餘馨。願守此高閑，淩鞍覓句思灞陵。

鳳皇臺上憶吹簫　題潘静淑『緑遍池塘草』詞意

柳絮清才，芝芙韻事，詞仙妙擅簪華。奈夢池春醒，草緑天涯。無限傷心自語，横塘路、久寂香車。魂歸處，只今江左，燕子誰家。　歆斜。數行賸稿，疑雁字書空，月暗雲遮。待玉臺編就，勝似籠紗。此後渌波千里，應鎮感、南浦人賒。星橋恨，塵緣頓虚，莫泝靈查。

漢宮春 庚辰清明，題姚芒父黄梅遺畫

簾外寒深，爲羣花作殿，渲染霜林。幽巖澹姿自賞，微見天心。漢家臘在，謝東風、紅紫交侵。香國伴、檀脣密約，水仙權當知音。　怊悵昔年池館，誤蜂媒蝶使，冶豔追尋。蕭蕭萬山落葉，擁鼻沉吟。殘英照眼，漫相猜、肘後懸金。春漸轉、西園人集，翦梅一笑重簪。時南北新易幟，標義和平，仍未罷兵。深爲精衛惜也。

夜飛鵲 題陳蒓衷秋河悵望圖　爲悍馬天人作

妝樓記人去，新雁窺楹。棖觸幾度愁聲。闌干曲處早憑徧，明河誰見雙星。歌詩付長恨，賸遥碪閒杵，素幌圍鐙。銀槎問訊，恁天孫、不降雲軿。　同是斷琴停鼓，鴛侶鎮傷離，詞讖偏成。涼夜催凋霜鬢，支橋鵲誤，歸路鴻冥。墜簪遺筆，夢芝芙、却悔多情。對荒寒金井、澄鮮玉宇，莫訴前生。余乙亥春悼亡，甲戌譜《菩薩蠻》十首，有『有情鴛侶傷離別』語，竟成詞讖。

金縷曲 壽郭嘯麓六十

夢醒紅樓矣。奮詞筆、鸞笙細譜，霓裳能記。少日繁臺窺小宋，綰轂湖山佳麗。是前度、天台仙子。萬卷龍威探秘笈，早長生、法曲傳都市。今昔感，付沉醉。　蓬萊已换三桒水。賸蒼茫、觚棱照眼，露盤盈淚。回首草玄亭邊住，雅識方言奇字。只博得、鬚眉如此。我長君年差以十，對斷腸、烟柳空凝思。强飯祝，老頗似。辛巳八月下旬作，時君方撰《紅樓真夢》行世。

燕山亭 壬午秋，和胡愔仲同年柳邊寄詞韻

雲裏鴻歸，詞客寄聲，畫出斜陽烟柳。衣袖御

香，地角天涯，霝落幾巡尊酒。路隔銀潢，賸三兩、薇垣晨宿。然否。聆斷續邊笳，珥貂人瘦。　無數身世蒼黃，怎情話當筵，淚痕都有。風静露晞，炤眼殘花，追思舊時簪首。雅集重圖，休悵惘、阻程亭候。携手。前度省、高歌酌斗。愔仲於壬午春三月來京師，與蓬山話舊之集。

其二

淒緊霜風，山色雁題，倦折龍荒殘柳。新賦斷腸，淚落歌沉，誰壓往時歡酒。漸入黄昏，見疏冷、郎官星宿。聞否。曾度驛歸來，馬蹄聲瘦。　争奈游事難尋，只隨例春秋，恨非吾有。思短路長，塞草河冰，多情勸君回首。演易穿牀，應費盡、養閒切候。垂手。空笑舞、詩才八斗。

如此江山

鶼龕吴門書至，云於甲申孟陬夢與階青、沅叔、蟄雲、枝巢、公渚、君坦及余相見於稷園春明館，譜此以寄，輒爲和之

散人夢隔江湖遠，書來笑顔稀遇。蠟屐尋芳，提壺買醉，心事低回似訴。良辰暗數。記修禊年年，俊游空溯。蔬筍生涯，掀髯攬鏡澹如故。　淩寒風鐸鎮響，只無邊落葉，墮飄何許。碧玉池塘，朱絲坊曲，拚合詞流閑住。梁間燕語。道春韭秋菘，捲簾宜聚。休怨嚴城，獨抽琴緒苦。

浣溪沙

閱吉金圖録，有永元六年熨斗箸『宜衣』二字，賦此，時海外傳警報也

盼斷征人杳未歸。手中熨斗識宜衣。深閨冷暖幾人知。　海外驚聞鼙鼓絶，夢魂飄泊任東西。開邊忍説武皇非。

滿江紅　丁亥元月作

檀板蕭寥，怎贏得、歌筵如昨。排舞字、太平有象，是誰殿角。到耳宮聲隋國恨，傷心零雨唐皇曲。問飛鴻、載去幾多愁，遥天目。盧雉戲，圍竞逐。籌算盡，囊空握。聽鐘鳴苦憶，未央長樂。北陸迎陽春有信，東風剗地情還惡。悵鐙前、通德擁殘妝，君恩薄。

沁園春　和鶼龕韻，戊子元月作。春雨初霏，旋成小雪，氣甚潤也。然遼警頻傳，冀防亦亟，言之慨歎

曉起臨軒，霏微春雨，梅柳含姿。正馬龍車水，閭閻殷賑，烟絲霧縠，宮闕崔巍。列戟鈴轅，搴旗壁壘，大將威名四徼知。嚴城裏，聽斷殘鐘鼓，敢訴情私。攢眉。漫覆枰棊。奈孤注、東山別有思。只驚心爟火，聲沉猨鶴，興歌離黍，階鬥狌狸。綵勝年年，嬉游夜夜，九陌鳴珂覩盛時。蓬瀛侶，剩圍鐙顧影，側帽彈詞。

長亭怨慢　戊子上巳，稷園修禊，分得『草』字

又緑遍、天涯芳草。滿目濃春，客心休惱。世路旌旗，敝廬風雨伴人老。勝流稀矣，誰復理、湔裙稿。歲歲禊辰遊，試較量、新愁多少。夕照。望空濛遠樹，剩有亂鴉羣噪。時光暗换，恁輕戀、花枝長好。錯認是、蜂蝶含情，怕婪尾、筵開歌杳。且飛盡千觴，權作歡場圍繞。

山亭宴　戊子初秋，鶼龕書來，檢得余甲子上元趣園雅集詞柬，賦詞徵和。仍用原韻答之

舊游往夢重温處。啟緘縢、笑搴吟侶。泥爪認西東，奈緑髩、霜華煞妬。和歌兒女尚歡情，問誰續、歲朝鐙俎。嘯傲付滄洲，拌壁畫、旗亭遇。　斷腸莫更山陽譜。記羣仙、笛痕指許。衫帽涴紅塵，苦留戀、周辭柳句。秋風蕭瑟渡銀河，只夜半、鵲橋成否。隱約一杯傾，起共長星語。

高陽臺　戊子冬仲，圍城作

唳鶴頻驚，黏雞未改，青門悵隔前游。置酒陳書，能銷幾斛閑愁。綺筵看遍婆娑舞，盼柳陰、牢繫孤舟。暗香浮，風訊初傳，雪意宜收。　飛仙指爲金釵露，奈淚殘絳蠟，夢冷黃紬。催盡宮妝，花枝不上搔頭。鑾箋千疊機難織，怕曲高、欲和還休。轉珠喉，竚立空階，目斷層樓。

阮郎歸　戊子新歲除作

峥嶸一歲又新除。荒荒人意疏。夢遊飛不到西湖。孤山雲影孤。　花覆盎，燼沉鑪。縱橫嬾作書。天涯芳草望中蘇。陽春歌得無。

好事近　己丑新元旦作

風雪舊秦淮，忽報女牆沉月。千種離愁深恨，付笛聲幽咽。　墜歡何地試追尋，只共曉煙歇。回首夜闌私語，悵長生人寂。

訴衷情　聞近事志感

龍荒游俠馬蹄驕。愁殺董嬌嬈。開門自揖擒虎，恨墜井結南朝。　芳訊斷，夢魂銷。隔藍橋。買驢餘事，撫劍雄情，淚灑征袍。

水調歌頭　己丑花朝作

今日花朝日，紅紫換胚胎。東風何事作惡，捲地盡塵霾。我欲登高望遠，江上波濤千里，草色浸天涯。浪跡幽燕市，酒渴聽歌哀。　投鞭斷，横槊賦，渺予懷。陽春有脚，南枝桃李定穠開。宫苑瓊林深處，寒重簾旌猶閉，顧影立蒼苔。爲問銜蘆鴈，曾轉九疑來。

沁園春　己丑花朝後，和鶼龕元旦詞

明滅闌鐙，蹉跎换歲，天假長年。正風雲上下，龍飛無跡，雪泥深淺，鴻印成緣。斗室閑吟，墨池濃染，興到銜杯樂聖賢。妝臺倚，恁眉峰斂翠，心篆縈烟。　詞人未解行纏。縱別久、書來莫黯然。想名園春鬧，恣探紅杏，横塘水暖，静挹流泉。蓬嶠東溟，江山北固，歷亂羣鶯花樹穿。憑傳語，羨坡仙弄月，歐九歸田。

浣溪沙　詠四季楓

楓葉亭亭轉翠紅。人間無地不秋風。生逢異卉奪天功。　是處停車追晚日，幾回索句苦詩翁。吴江橋影幻垂虹。

其二

枝葉扶疏照眼紅。昔年噓吸仗東風。而今巢换信誰功。　轉緑回黄傷往事，看朱成碧誤衰翁。雲間明滅似蜺虹。

前調　閏七夕

前度天孫爛錦裳。而今雲漢又機張。良宵離合幾歡場。　兒女穿針尋舊綫，神仙駕軏渡新梁。秋風換世莫悲涼。

前調　閏七夕次日，喜鵷龕自吴門至，仍用原韻柬之

吴女輕謳攬客裳。燕雲迢遞奈帆張。星橋慣作别離場。　十載髩毛驚稚子，九旬詩老賦河梁。故鄉無此好新凉。

憶舊游　和鵷龕《庚寅立夏懷人》韻

正酴醾候轉，風送輕寒，炎景逶遲。莫感駒光迅，遡俊游曩日，言屑清霏。捲簾看奕人到，消息鳥先知。甚畫扇家家，放翁圖得，詩境全非。　苗稀。偏阡陌，漸晴雨催耕，簞挈壺提。試展蓬門望，指沙鷗似舊，互答歌詞。有誰伴我巖隱，巾幘岸鬚眉。聽遠近車聲，津橋節物休怨思。

揚州慢　杜牧之《張好好詩》真蹟

花影空憐，墨痕深沁，朗吟喜覩司勳。度瑶箏曲了，甚指歇猶聞。訊回首、華燈夜永，背人偷惜，依舊真真。奈閑情、風月催來，雙髩成塵。　内家秘領，問何時、輕付烟雲。伴象輅程迷，銅槃淚冷，吹墮星文。碎璧斷珪無恙，詩仙恨、小亣斜曛。賸縑緗重襲，皇唐遺韻千春。

霜花腴　用夢窗韻，酬劉埜園約看菊

傍籬醉覺，命小車，臨風笑理巾冠。霜隕猶花，月來多恨，孤芳秀挺縈難。敝廬匪寬。第衆吟、楊列廬前。恁驚心、倦客烟塵，數椽城隱守盟寒。　高躅俊游重溯，記膺門啄雀，抱樹偎蟬。他接稱奇，叢開留艷，坡仙舊帖新

箋。勝携畫船。檮背摇、簪向嬋娟。願從今、耐冷秋容，野桃休並看。

浣溪沙

大業東征久頓軍。迷樓南幸滯江濆。晉陽風鶴幾人聞。仗劍不逢楊素客，空梁猶妒薛衡文。春來堤柳倚斜曛。隋宮怨。

其二

顛倒宮闈任禄兒。零鈴蜀棧遽西馳。馬嵬錦襪繫人思。郭令收京胡太捷，花門助順莫輕疑。上皇南内獨凄其。唐宮怨。

其三

手摘燕雲十六州。青城北去古今羞。遺鈿墜珥歎誰收。五國城驚笳吹急，宴山亭譜杏花愁。邊戍莫漫語親仇。宋宮怨。

其四

滿目降旛豎禁城。宮車晚出杳無聲。借兵片石是何名。角逐胡元威朔漠，旋携韃靼主神京。紅顔一怒奈多情。明宮怨。

高陽臺　辛卯端五，和鶼龕

虺走山原，蛟饞水底，毒淫又屆端陽。避世遼東，管寧獨老繩床。藥鑪詩卷昏朝共，誦楚騷、九轉迴腸。暗心傷，醉夢鈞天，不換悲涼。幽栖城闕經過少，聽車聲門外，今古蒼茫。命縷兵符，幾番畫虎年光。金剛一箭新羅去，悟僧祇、竇顯壇場。願長吟、莫怨孤雲，且盡千觴。

木蘭花慢 遺山韻，題孫正剛歲寒詞隱圖

看水天形影，奈身外、有身何。羨淮海年華，屯田格調，艷感交和。西園舊時裙屐，記春花秋月總聞歌。　昔年馳道嬾重過。朝士靜銜珂。賸玉樹風淒，金莖露冷，峰繞鬟螺。傷心漫云無數，任興亡夕照各蹉跎。青眼犀郎竚立，背囊詞卷應多。

浣溪紗 八十自嘲

閬苑功名半世非。墨池風格六朝宜。只憐顏色老焉支。　子野多情留燕燕，稼軒無額貼兒兒。粉香怯染舊羅衣。

玉樓春

陌頭年少爭旗鼓。獨倚高樓愁欲暮。千紅萬紫待春歸，鶯燕一生花裏誤。　明朝露飲西園去。今夜如何欹枕度。縱饒醒眼却芳尊，風月淒清誰是主。

清平樂 和婴園辛卯看菊

幽棲人淡。天際孤飛鴈。隱隱仙槎浮碧漢。手把紅千紫萬。　菊山横側成峰。幅巾抱膝當風。不是高吟梁父，却緣低首元龍。

其二

内家妝淡。秋錦巢雲鴈。一夢崑崙驚睡漢。休説春花五萬。　甕山佛閣巍峰。瑤池菊宴霜風。卌載興亡陳迹，西園不見游龍。

其三

和陶吟淡。寥落南征鴈。筆掃江東忘醉漢。赤壁鏖兵百萬。來看岸幘頹峰。都門愛菊成風。笑指東籬佚老，人人酒虎詩龍。

其四

題名書淡。唐刹慈恩鴈。昔日登高人插漢。塔地布金滿萬。黄花堆積如峰。餐英獨對西風。浄洗大千塵劫，清涼佛鉢降龍。

木蘭花慢 憶復堂先師，並述甲子夢語

聽鄰家泥酒，復堂詞句。誦師句、憶杭州。正鄂渚初歸，于湖未泛，身世悠悠。虚齋迓簷日暝，鎮焚香梅譜不禁愁。六十年前墜緒，少時忍説從頭。詞流。老結舫西儔。短夢悟靈修。道霏玉新編，聲家秘授，須共研搜。雲淙味琴趣永，只山陽笛韻幾春秋。零落書空雁字，不堪斜日登樓。

大聖樂 辛卯嘉平，和玉田，答金坡海上

海澨書來，社中人老，乍添琴趣。溯曩游、飛羽醉花，按柱理弦，詞寫名園佳處。限韻選聲翻新譜，記接坐、顔歡聞絮語。塵凝宇。似宫冷上陽，傳言鸚鵡。　嚴城往蹤倦數。賸日下疑雲夢雨。悵歲寒符换，邊窮燧警，淒黯迎年街鼓。髩雪眴更屠蘇飲，只癡暮、羣兒耽笑舞。知音侶。展春旗、待歌甘露。

蘇幕遮

朔風寒，遼夢醒。負弩經年，馬足關河冷。剺面花門思效順。還我長安，終仗汾陽令。　剪秦封，張楚勝。縱約衡連，各佩通侯印。緑

壤黃圖無盡境。攝入虛空，驀地魔宮震。

前調　辛卯歲除前三日，和耕木

燕遲歸，鵶喚醒。嫋亂春閨，弦逼瑤箏冷。風信頭番猶未順。雪裹梅慳，莫下催花令。換桃符，簪綵勝。篆字鑪熏，難得心心印。呵筆題詩翻舊境。幾處萌車，門外輕雷震。

前調　壬辰元日感賦

歲星移，沉醉醒。九九年華，心跡冰壺冷。顛倒琴書渾不順。似水流光，又届韶春令。綵毫拓，吟趣勝。花事嬉游，鴻雪從頭印。大地風輪無止境。悟澈聞根，莫惜山河震。

長壽仙　松雪平仄兼用體，壬辰元日和友人

竚想堯天。記朔日朝正，香惹鑪煙。品山儀領五，聽管引清妍。大地風輪頓轉。紅雲吹歇光明殿。晚歲舊都，儘貂裘換酒，皺面言歡。覓句妬從樊川。感老去秋娘，年華如電。羽觴醉勝流，恨不見貞元。曉夢早醒銅輦。漫期重預瓊林宴。珥筆久虛，共鵷鸞俊侶，休說當年。癸卯館選迄今正五十年。

菩薩蠻　四首　春愁　壬辰年作

春來楊柳千絲綰。曉妝獨倚閑庭院。心事篆熏知。低頭欲語誰。鶯啼枝上惱。妾夢遼西杳。紅紫送春歸。殘英貼地飛。

其二

玉驄嘶遍章臺路。隨郎禁苑嬉春去。流水自西東。迴看夕照紅。歸來簾半下。梁燕窺人話。錦字織回文。殷勤付與君。

其三

窗前顛倒鴛鴦繡。問君深淺逢時否。衣綫壓經年。空房暗自憐。　春山凝遠黛。鏡裏朱顏改。刻意貌真真。憑闌訴苦辛。

其四

燕支山下飈塵起。桃花和雪明妃淚。羌笛一聲驚。陽關驛幾程。　胡姬當酒肆。勸客紓征轡。沈醉卸紅妝。行歌莫斷腸。

浣溪沙　有人集杜賦春愁卅首者，題其册

煙雨長蘆繫釣舟。集成蕃錦冠詞流。知君皮裏有陽秋。　暝色高樓還覓句，天吳紫鳳不須愁。哀吟如在曲江頭。

絳都春　稷園芍藥，和鵜龕韻　壬辰夏始

花叢雅玩。正候引廿四，番風都換。潤浥紫紅，香醞朝昏分畦淺。循行闌尾渾忘倦。笑掩映、羅衣濃染。倚笻搔首，詞流賺盡，隽游人戀。　長念。標題十色，召朋飲、緩步園林頻剪。社燕遽移，莊蝶微醒誰家艷。天涯無限芳菲怨。對眼底、池臺欝蒨。漫歌莫付揚州，舊隋廢殿。

江南好　題許蘭陵、吴冰仙夫婦合稿，爲正剛

漱玉詩才，道昇畫筆，名媛慣閱興亡。趙家雙耦，喁和羡仙郎。按遍霓裳法曲，驀驚心、鼙鼓漁陽。新亭淚，江湖一舸，零落賸書囊。　三吴多韻事，珠沉川媚，奕代流光。算長恩隱護，巧歷紅羊。留待陳農搜訪，慕丁部、秘入

琳琅。濃薰染，毛鈔等貴，重覩水西莊。

梅子黃時雨 和鶼龕韻　壬辰夏作

箋筒飛來，正梅雨乍晴，簾捲窗浄。聽樹底棊聲，頓銷炎景。饒路文楸吟杜句，短歌漏子思温令。塵緣省。昨夢草堂，宜倩圖詠。堪訂。追涼盃茗。縱書摹内史，難繼清興。悵病足籃輿，虎溪遊耿。蓮影空嗟西苑寂，皂冠休向瓊陰整。蓬蒿徑。試招舊鷗盟證。

長亭怨慢 和鶼龕韻，檢豐盛詩册有感　壬辰秋作

漫重説、奎垣星聚。絶代文章，羣推燕許。署到冰銜，那堪仙籍鳳池數。西風似虎，塵世换，秋林舞。讌罷社詩成，忍夢記、東華前度。休顧。歎郎官散盡，不見佩珂儔侶。舊都今曩，慣使我、題門人遇。賸燕子、眷戀梁泥，向沉寂、湘簾飛去。只零落江潭，空憶當年張緒。平政院，曾在豐盛胡同數年，當時詩酒頗盛。

洞仙歌 答諸公書畫集錦扇，用遺山韻

名書法繪，扇底情絲繞。説與蒼髯换年少。溯西園雅集、蘇米蹤塵，圖記在，添幅瓊陰垂釣。藝林蕭瑟感，洗盡鉛華，誰省丹黃按聲調。對觚稜金爵、閲幾春秋，詞客恨、倦寫憑闌夕照。只懷袖、東海有清風，共前度鷗羣、背人妍笑。

蹋莎行 和鶼龕訊予足疾

三載睽違，二難交併。那堪健步京華省。幽棲小築傍城根，跛門形影恒單另。跛履粗能，顛扶何病。酒場詩社休相應。君方坦蕩

任牀穿，我姑佢僂循牆等。

洞仙歌 用遺山韻，答夏枝巢

蘇張六客，選勝吳興道。珠玉連篇潤詞稿。度新聲白石、硯紙書來，家國恨，莫問吳宮花草。　鏡清同泛艇，太液波翻，入夢千壺應醉倒。正瀲秋風月、匝地笙歌，步一曲、衮遍霓裳譜好。待濡筆、圖成兩修髯，看宴集年年、坐旁星老。和姜詞自度曲，正丁丑日軍陷京時。

如夢令 絜園壬辰看菊，約齋韻

詩境旆揚旒秀。唱罷風中殘柳。連夕綻秋英，無隱木樨同嗅。知否。知否。更約雙螯持酒。

調笑令 前題，于湖韻

巷僻，鋒車轃。採菊晴行無宿溜。荆籬短短圍株朽。胡蝶翻飛相候。俗腸難慣容杯酒。但祝霜顏酡壽。

思佳客令 前題，介庵韻

年如水。團錦秋光霞散綺。黄花翠袖闌干倚。百甓鮮奇誇具美。根未委。人天色相皆歡喜。

臨江仙 題秦仲文小像，用李後主體

麒麟高閣圖無幸，釣竿淪入煙波。蔥佳閒寫舊山河。招來黃鶴，松月任婆娑。　頰上三毫神雋在，放翁團扇輕羅。蘭亭安樂貌行窩。霜顏同醉，天半和樵歌。

前調 題明萊州劉耳枝司農遺墨

利劍方剬客魏，朝班又遇周温。彰儀門更啓曹淳。騎箕君不見，露簡禍誰論。臣子傷逢末祚，崦嵫難返朝暾。筆端真氣掃千軍。虹光留海岱，珍重付雲孫。

定風波 用美成韻，慰正剛

翠袖叢篁嬾畫眉。晚來歌管隔牆知。梁燕窺人簾影底。休理。舊巢營築已多時。永夜衾裯涼似水。驚起。家山咫尺夢魂飛。倐脱温柔痕沁臂。如醉。沈郎帶減自禁持。

蝶戀花

鏡影飛霜妝閣曉。側側輕寒，愁向簾櫳照。雛燕低翔猶未老。風斜莫漫平林繞。天意丰昌憐百草。琴弛弦張，誰奏南薰調。拍手邨童齊報道。板橋人迹知多少。

陌上花 和鶼龕《清明》韻

雲開雨霽，園林清潤，鳳城遊舊。獨坐閑窗，孤却早春時候。看花嘯侶車聲寂，橐筆苦吟誰就。賸蕭條巷陌，麴塵飛起，鎮汙襟袖。記斜街、雅集承平往事，博得從容盃酒。幾度滄桑，瞥眼隙駒輕逗。梗萍聚散渾無定，休舞當筵垂手。悵年年令節，天涯芳訊，倚闌搔首。

前調 和婁生《北海觀桃》兼懷亡友韻

東風送暖，桃花開遍，瓊陰如舊。小駐游驂，門外絢春佳候。夢華俊侶前塵杳，得句野尋希就。山谷『城西野桃尋小紅』。任迷茫歲月，白頭吟望，淚痕衫袖。歎娑婆、小劫優曇湧現，恍遇仙樓飛酒。一棹溪深，莫誤避秦留逗。亂紅片片隨千尺，宜付丹青豪手。只玄都鎮在，劉郎不見，泥人翹首。

東風第一枝　和枝巢自題老去填詞圖韻

節序催人，情懷似水，騷愁誰與排遣。鈍豪半醮隃麋，故紙疑浮雪繭。畫簾垂久，誤燕子、翻飛何限。弄舊弦、强譜新聲，終隔小山屏扇。窺繡户、網絲細罥。尋夙約、鈿車空伴。判教相對無言，還道勝常屢見。休文遲暮，甚別後、腰圍全減。只撥盡、爐底心香，卍字錦緘書遍。

踏莎行　和鶼龕論詞

詞學光宣，王鵬運朱祖謀文廷式鄭文焯。暴書飲水驂前乘。復堂先師譚獻卓選篋中編，江流盡處聲家盛。鐘簴輕移，珠璣旋燼。鳳林別調難迴聽。白頭宮女説玄宗，淒涼淚落昭陽影。

前調　鶼龕書來，盛稱館寓朱藤之妙，用其《春日書懷》韻答之

烏几憑春，蠣窗迓曉。香浮朱珞寬愁抱。茶煙體拘海波街，宣南繼踵推詞老。倦客離悰，行歌別調。人生幾度看花笑。寄園回憶半塘游，天池猶省稽山妙。半塘《寄園朱藤》詞注：「余原籍山陰，徐渭天池書屋青藤至今猶存。」

惜春郎　立夏，和鶼老，時頗天寒

送春迎夏妝樓畔。嬾把珠簾捲。梅黃醞雨，麥青掀浪，寒意猶戀。十斛閑愁無計浣。暗裏年偷換。拚醉吟、錦字新箋，當作舜琴

彈遍。

蝶戀花

一片晴霞烘綺繡。夢裏迷陽，妙舞揎長袖。酒滿金尊頻勸侑。不辭燭燼香殘後。　神女高唐工賦就。遠近眉峰，暗向湘波皺。　瞥眼魚龍驚浪驟。顛風鈴語空回首。

以上《雲淙琴趣》卷四（《好事近》以下爲一九四九年後詞）

以上《雲淙琴趣》

惜紅衣

荷花十里，牽動江愁，憬然有作，和白石

鬥草庭空，銷金夢薄，醉醒無力。漫譜荷花，香紅映澄碧。吴山繫馬，誰細貌、虯髯詞客。凄寂。雲樹繞隄，隔繁華消息。　輕塵滿陌。游釣人歸，風光任狼藉。征鴻暗度異國。老燕北。雅集采蓴烹鱠，目斷小車巡歷。覶芰衣重製，仍壓一湖煙色。

見《和白石詞》

滿庭芳

鏤魄成冰，霏詞作雪，羅幃百感相侵。優曇隱現，宿果證祇林。生小餐風飲露，鎖閒闉、静契禪心。孤高甚，芳華暗歛，玄髩不勝簪。　銀河千里恨，連娟仙袂，低唤青禽。任託根何地，花下陰陰。昨夢弓衣紫塞，滯梨雲、往迹難尋。西來意，籠鸚盡曉，含睇六時深。

見《香珊瑚館詩詞》

百字令

闌干敲偏，鎮扠衣吟弄，文星筆底。漏盡銅壺鸞韻杳，心力妝臺猶倚。紅葉傷秋，緑屏凝夜，難狀分明意。斷腸砧杵，惱人鍼線誰理。贏得園草偏長，庭花暗落，誤作青春計。劫火荒荒天漸老，話到蓬山雲水。鸚鵡籠殘，鴛鴦畫倦，錦字書千紙。繁弦送拍，冬郎情韻須記。

見《清聲閣詞》卷首題詞

浣溪紗　借槐廬圖，纕蘅屬題

名宅宣南是處尋。藤陰接武更槐陰。春曹佳話到而今。　聽雨樓高曾買醉，石鐙庵古付閒吟。重編坊巷感時深。聽雨樓在北半截胡同，先半巖舊居也。集中有《四月三日招同人觀寓齋牡丹》，即此地。余買宅温家街，去石鐙庵不數武。

金縷曲　和釋戡，兼柬守白

梅子黃時節。念征人、空江萬里，青山一髮。幾度新亭橫涕淚，贏得頭童齒豁。誤多少、投鞭英傑。燕市沈雄胥往事，夢千回、腸轉車輪熱。釃酒恨，杯難撇。　玉龍哀曲聲吹裂。盪層胸、華燈絢畫，舞衣迴雪。蜀棧淋鈴再休譜，天上笙歌久缺。只閒坐、宮娥淒說。靈武收京須郭李，頌浯溪、莫歎中興絶。騰壁影，青萍咽。

以上見《采風録》

應天長　用《片玉》韻

彤編恨寫，華表夢歸，坊桃澹損顏色。聽到路旁餳笛，津橋又寒食。烏衣燕，原似客。漫認取、舊楣煙寂。玉驄過，柳外誰家，粉絮飄藉。　紅袖管興亡，破碎河山，何處問殘壁。祇付怨春詞筆，流連小喬宅。卷葹草，生翠陌。渺社鼓、薦蘋遺迹。淚斑染，月下鵑魂，遥夜應識。

見《煙沽漁唱》卷三

醉鄉春 詠酒痕

泥酒白頭花顫。襟上舊痕深淺。共灑淚，兩心知，休促侍兒輕澣。祖帳去程千萬。送客離尊正滿。昨夜夢，説杭州，故鄉買醉春衫短。

見《煙沽漁唱》卷四

晝夜樂 甲戌元旦，和耆卿

人生幾歲昇平遇。逢令節、圖驩聚。拚教似水年華，不引亂絲愁緒。朋輩相看鬚鬢暮。又轉眼、鳳城飛絮。把酒倚層樓，任賓鴻來去。　怨絃悄撥誰堪訴。悵青衫、成孤負。芳塵往日難尋，門外嬌驄休住。無限悲涼沈醉意，甚時得、放高歌處。春若舊知還，忍東風閒度。

獻金盃 題妥硯廬圖，和東山

孤館香沈，重幃夢短。引高情、曙霞天半。上彊邨古，洗研墨池深，烟柳畔。細聽樵歌幾段。　載酒人歸，惜花春晚。空惆悵、玉虛仙觀。袖中雙璧，鳧舄當飛來，魂欲斷。風雪垂虹泊岸。

以上見《詞學季刊》一九三四年一卷四期

范問照

蝶戀花 將別

展轉兵間纔小聚。行載離愁，冉冉輕車去。忒記多情珍重語。無情莫作迴頭顧。　一樣天涯門外路。風際遊絲，底事縈千縷。後夜樓臺歌似雨。抱琴獨向無人處。

虞美人　聞促織

風敲落葉聲攙雨。化作愁如許。便無風雨也消魂。爲問愁人禁得、幾黄昏。　吟秋弔月何凄切。冷露空階咽。箇人獨坐可憐宵。底事多伊絮絮、告無聊。

金縷曲

曉起慵無力。最消魂、晝長人悄，院空塵積。欲倩修桐彈幽恨，絃外音誰省得。但抱影、自憐岑寂。乳燕流鶯休饒舌，恁沙鷗、莫近閒踪跡。凝竚頃，素袂濕。　春光九十過如客。想今生、情無用處，白頭堪惜。回首攀條盤馬地，依舊山青水碧。惹不盡、閒愁似織。縱有尊前花解語，便相逢、已是蓬山隔。須記取，漫相憶。

浣溪紗

宿酒才醒雨未收。青山缺處白雲浮。寒烟依舊鎖寒流。　落木幾回聞客枕，長天獨自望歸舟。雁飛不到使人愁。

虞美人影

簾波窣地鑪香裊。門外嫩寒多少。風送鳥聲輕巧。美睡妨清曉。　人間春至誰知道。花片傍谿流到。臨水畫欄空好。閲盡朱顔老。

謁金門　夏景

閒院落。一片緑陰如幄。偶記紫菱親手剥。此情渾隔昨。　吹破曙天殘角。夢共彩雲無着。玉簟未秋涼最覺。沈腰添瘦削。

少年遊 清華樓夜醮

紅樓絃沸，茜窗香裊，繫馬夕陽斜。壓酒佯嗔，牽衣絮問，怎晚到兒家。十年湖海人依舊，門巷認枇杷。隱几微吟，隔簾清賞，索笑膹梅花。

一剪梅

蕭寺苔深晝掩門。閒煞黃昏。悶煞黃昏。過了疏檽雨幾番，花也忘言。鳥也忘言。無益相思不憶君。衣上啼痕。衾上啼痕。手一吟篇入夢魂。誰與温存。自與温存。

桃源憶故人 秋夜寄春水詞人

雨中兩箇禪扃靜。予與春水同客金陵，分居報恩、普利兩刹。此際料應同醒。待破寂寥宵永。掃葉烹新茗。何時重弄湖西艇。閒狎鷗波千頃。談到綠蓑霜冷。插鬢星河影。

以上《考槃室詩餘》

卓牌子

峯峯暮雲停，停不離、峯前峯後。晴曳笻枝，雨添香篆，兩般寥寂，一般孱僽。霜風壓孤城，人立盡、一畦菊瘦。隔院玉笛聲聲，驀吹動、種種鄉愁，上燈時候。高樓坐久。悄無緒、昏禽時逗。耳邊輕湊。清淚素襟透。强自偎依來消受。瓦甆殘酒。才束住上心愁又。

昭君怨

人與黃花同瘦。過了蟹肥時候。昨夜引壺觴。甚心腸。雁盡關河秋晚。蠟炬窗前燒短。夢裏覓歸程。已天明。

林思進

齊天樂　望叢祠，和休庵

夕陽載酒郫筒去，村村杜鵑啼遍。社鼓秧歌，靈風神雨，換了舊王祠殿。蒼姬世變。算縱目奇姿，首開荒甸。易代升中，居然七十二封禪。　江源未堙禹蹟，看青青玉壘，疏鑿同擅。碑訪鼈靈，塚空石槨，弔古春田一片。射蘭壯縣。有祓畝桑麻，連畦梔茜。只怕如今，夢移城更遠。

一枝春　芍藥，艸窗韻。丁巳詞社作

典盡春衣，買穠華、記得豐臺晴雨。番風暗數，婪尾送春情緒。謝郎句好，又紅到、影翻堦嫵。誰説是、無限將離，卻又另時偷聚。

花行市橋何處。討芳春、試覓帶圍金縷。詞人意倦，懶訂郭家雙譜。待呼小字，恐經上靈飛先妒。最惆悵、溱洧人歸，倩誰寄語。

三株媚　詞社賦枇杷

認金星顆顆。似人在北村，額黄初抹。一樣圓匀，正鵞嫩衣嬌，蜂甜蜜破。誰醮糖霜，風味平生，記小日、那迴嘗過。節近端陽，簪髻榴花，插來雙朶。　幾度西林芳涴。空五月流甘，軟融檀唾。酒渴涼醒，只少人、親褪近膚黄襬。晚翠憑欄，最憶殺、隔年婀平娜。何事盧家不許，伊行竝坐。

意難忘　清真韻，和休庵贈舊

喜上眉黄。算今番擕手，不是離觴。花偏慵樣髻，衣賸別時香。秋有味、夜初涼。淚粉漫淋浪。瘦幾分、思將舊影，替汝形相。當年花下雙雙。到如今自嘆，白首非郎。天涯淪落恨，時世淺深妝。同此況、斷人腸。便斷盡何妨。柰腸斷、他般尚可，恐誤年光。原詞『願如花，及早嫁箇情郎』，故末語及之。

石湖仙　次韻堯生見寄

離尊江岸。記柔櫓聲中，愁送君遠。束帶候雞鳴，喜今年、新收下潠。閒情聊賦，更不惜、玉簫金管。重感。想五雲、舊在天半。流年幾番易老，甚詩名、堪公附傳。堯老辛亥正月和李香嚴，有『舍人紅藥流年嘆』之句。鏡裏朱顏，也到觀河皺面。萬卷叢殘，一樓更火，漏沉更斷。無與伴。蕭寥静掩松館。予種松八十株於少城圖書館，因別署八十松館。

緑意　破蕉，堯生韻

界痕綻裂。恍扇捐舞罷，淒迷裙褶。有限珍叢，問西風何苦，這般恩絶。芳心不念初來捲，祇贏得、影分愁疊。况禁夜、雨聲聲，互滴上、梧桐葉。迴憶紗窗緑護，動摇處低漏，廊風簷月。午睡人醒，翦取平鋪，玉腕學書時節。中郎正賦青衣好，柰薄命、摧殘難説。待幾時、更展涼雲冰簟，藕枝重雪。

鵲踏枝　歲盡雨中奉懷堯老

詞社闌珊秋已暮。悔不當時，苦苦留君住。坐看寒江摇櫓去。至今卻悵殘年雨。珍重耳中臨別語。石室青城，早覓栖身處。昨夜征鴻驚又度。夢魂空繞榮州路。

以上七闋，爲丁巳詞社殘藁。當時所作大約有廿餘闋，今不復能記省矣。録存此者，以識涉筆之始。自記。

滿江紅　次韻李博父同年。生日悲憤，意在祈死，寄此廣之

海立波翻，誰釀此、生人禍孽。看方罫、九州餘幾，國今猶活。楚怨不勝騷屈淚，蜀人正葬萇弘血。更悲涼、皇覽揆初生，詞嗚咽。　一尊壽，君宜答。片帆舉，吾能説。望江陵千里，歸舟如瞥。試誦通天臺下表，莫驚漢苑昆明刼。勸問龍、乞水洗殘年，長生訣。君鍾祥人，避寇入蜀三年，近又患目青。

壺中天　次答章行嚴《桂林見懷》韻

孤桐漸老，更驚秋一葉，飄零何處。行嚴别字孤桐。五嶺宜人惟桂管，陽朔村邊好住。賸水殘山，古愁今恨，併入新詞去。洞庭無際，故鄉迴首淒苦。　我是三峽啼猿，數聲哀怨，盪作空舲句。强説俊游渾不似，那有看花情緒。楚豔人非，江郎路隔，錢楚已嫁，翊雲在渝。誰共傷心語。且憑南雁，寄聲珍重煩汝。

前調　再次行嚴韻奉答

雲山舊衲，嘆歌姬院閉，食無從匃。秋月春花孤負了，贏得新詞無賴。何事干卿，正應憐我，爲盪迴腸隘。玉簫吹老，小紅偷嫁誰嘪。　無限激楚淒涼，登蘋一望，渺渺人何在。雌蝶雄蜂難作對，洗盡臙脂殘債。遠寄崔徽，更煩章粲，千里零陵塞。念休文否，數旬消瘦衣帶。

鳳皇臺上憶吹簫　行嚴過翊雲山莊看梅，有詞見及。時予正有故園之感，即拈其韻，於梅邊

倚聲和之

亂插繁花，十分晴昊，玉龍吹盡寒香。望故園紅萼，苔鎖荒涼。往事新年題句，惜春風、海上樓藏。卅年恨，借長虹吐，難問蕭娘。舊有人日燕集圖，海藏寄題云：『可惜平生孤負了，借君畫卷吐長虹。』　華陽。一方庭院，記紅箋七字，曾寫吴郎。往吴湖帆與予書，舉『華陽庭院孤山宅』句，謂當治一印見詒。湖帆病嬾，有是語耳。　但胡沙漸近，恐污上王嫱。却羡江章詞雋，正看花、賭韻如常。墮林外，幾枝疏影，寄賞何妨。

滿庭芳

翊雲偕婦丁寨探梅有詩，行嚴以詞相和。予亦繼聲，韻依來次

窈窕谿山，玲瓏池館，籃輿十里非深。寒香吹過，先有翠禽吟。卻月淩風幾樹，更勾引、佳客來臨。猛迴首，五分開報，蜀苑少年心。翊雲年二十始去成都。　如今。人老去，草堂舊夢，南浦新林。問冥鴻，何事飛去又遺音。知向花前洗琖，雙雙醉、不是孤斟。相攜好，未須將淚，迴灑舊杭襟。大人新從浙來。

南歌子

龍藏寺感舊

古寺明成化，高僧晉道林。此予少年舊句。山門十字去來今。幽絶萬竿修竹、一潭深。　粉黯留詩版，苔荒漫壁琴。上方鐘磬海潮音。記得當年曾共、贊公吟。

其二

彌勒同龕分，潛西小築時。題詩先問雪堂師。多種梅花幾百、要來歸。先隱君寄雪公詩云：『精舍曾經築就無，題詩先問老浮屠。他年若有同龕分，多種梅花幾百株。』　風入松邊譜，人敲竹下棊。如今白足

少傳衣。彈琴、圍棊，昔年小沙彌皆能爲之，今並絶矣。說到紗籠遺事，更依稀。雪公刻有《紗籠詩鈔》。

西平樂慢　繁江知舊，招游東湖，效夢窗體

波涌沱釃，堰低湔漲，風物秀入繁田。四處榿林，幾家籠竹，屏張九隴遥山。更附郭、棋枰似掌，劃水溝塍，刻繡膏腴，鄠杜從知，無此谺谺。空說先疇下潠，流落恨、不到已多年。極天烽火，煎人歲月，鴻飛弋外，鷗寄江邊。忽喜見、雙魚迢遞，長鬟催邀，泛重湖酒舫，十頃荷香，清白涼天一醉眠。惆悵眼中，滄桑换盡，古柏依然，獨苦連宵，犬吠鄰村，驚聞吏捉人喧。

浣溪沙　花朝憶往

宿雨初晴花霧銷。十年前事憶花朝。酒樓斜矗酒旗招。鶯坐緑陰啼不斷，馬嘶紅勒故生驕。青羊宫接望仙橋。

其二

扶路游絲十里塵。鈿幰過處讓行人。徘徊芳陌自尋春。人去衣香還陣陣，風來花事漸紛紛。如今惆悵對斜曛。

玉樓春　和翊雲、行嚴韻

流鶯解勸詞人住。啼遍緑楊千萬樹。纔驚春水咏流紅，又看春衫裁白紵。風光二月渾如故。寒食清明忍教負。定知賭酒向旗亭，數到禁煙剛百五。

唐多令　春夜聽雨，憶去年萍館雨夕

春雨滴春階。春宵春滿懷。甚聲聲、今夕上

心來。記得去年扶醉去，共誰去、瓦邊街。金縷倦拖鞋。翠翹斜溜釵。四肢紅玉軟胎胎。任説萬方儀態有，幾曾有、這般佳。

鵲橋仙 爲人題長亭別恨圖

見時無計，別時無計，欲繫斑騅難駐。尋常牽袖已多迴，況説道、一聲將去。 長亭也好，短亭也好，只恨垂楊遮處。今年折盡又還生，不許行人迴顧。

以上十三闋，從庚辰、辛巳日記録出。又記

金縷曲 和敬于韻

誰種傷心樹。問道傍、垂楊挽折，怎禁風妒。舊恨眉尖舒不盡，掩袖偷噓幾度。總叩叩、芳心難訴。顧得回文蘇蕙錦，肯陽臺、鏡裏將他誤。溝水上，即歧路。 豔巢愁寄花深處。乍捲簾、鸚哥喚客，故人來暮。 棖觸瑶華公子怨，一縷蠶絲對吐。漫强説、禪心泥絮。移向永豐坊角去，省無端、淚粉成酸楚。懊儂唱，不須數。

此闋不記何年和芮敬于作。敬于聞予將刻詞，録以見示。因附於後，亦故人相愛意也。

以上《清寂詞録》一

臺城路 成都西郭掘塹，得前蜀主王建永陵。感其湮寐千載，見發一朝，徘徊過之，獻弔云爾

春蕪緑遍宣華苑，鵑聲夜來啼苦。石馬苔滋，銅仙淚滴，原廟衣冠誰舉。金牀向兔。豈天厭分光，頓銷割據。岸谷無情，此家猶賸一抔土。 坡陀封樹漫覓，野燒迷壞瓦，時竄蒼鼠。誰覷珠襦，偏搜漆簡，那更生哀邱墓。傷今弔古。等牧火驪山，洛陽鐘簴。尚想天嘉，詔書增塚户。

八聲甘州　壬午秋禊，初晤梁韻，喜贈錢楚小字萍卿。

惜芳菲嫋嫋換秋風，纔送楚江萍。恁天孫機畔，無端雲錦，又露娉婷。昨夜絳河清淺，斜認侍兒星。我是前身方朔，有細君娱老，割肉金門。但蓬山雖好，歸去尚淒清。笑相逢、今番捉住，要今生、相伴到來生。揚州夢、付腰纏好，騎鶴吹笙。

滿江紅　和越縵詠霞。越縵之霞，朱霞芬也。予之霞，何郎翠霞也。有此兩詞，兩霞相映矣

定子當筵，看睡臉、新來如此。向一抹、廣陵誰記，恨從伊起。姹女自標天半韻，謝家還愛澄江綺。甚會稽、王到望軒軒，無茲美。　紅映肉，花枝旎。潮暈頰，臙脂洗。祇何郎初汗，拭巾堪比。孤鶩飛齊滕閣影，赤魚燒斷金山尾。問人間、安有紫霞君，仙人子。

三株媚　戲詠歌者紫蓮，兼調蓮似、珮郎

拗蓮教作寸。把花似六郎，蓮似。珮分雙韻。珮蓮。何事芳池，又菡萏含胎，菱花揣鏡。貝闕人歸，接葉田田，恰四面緑雲。相襯誰繫荷囊，恐怕阿玄，誤來廝竝。　化玉成煙莫問。看有恨無情，頰渦梨潤。任擺儂憐，祇冷香飛去，助他詩興。最惜紅衣，悵三十、六陂秋近。霞翦綃明，一樣亭亭不定。

湘春夜月　題渚莽緑波春遠圖

上高樓，爲誰重捲簾鉤。記得盪槳來時，蓮子打西洲。依樣門前烏桕，只翠鈿人渺，緑鏡波柔。便倚欄望盡，摇空海水，枉自悠悠。　回

思南浦，淒涼送別，小字曾留。一片鱗鱗，縱說是、有情相賸，賸也無由。徘徊幾度，在夢中、還在心頭。翦不斷，待聽明解語、桃根小妹，替汝言愁。

念奴嬌 和珮蘅室主贈梁韻之作

渡江烽火，甚金陵王氣，銷殘龍虎。打槳石城當日淚，寒浪夜翻瓜步。髻挽拋家，桃驚遍地，只有柔奴苦。空舲西上，峽猿啼斷煙雨。

試看錦裏成都，繡簾銀燭，還似江南否。門巷枇杷箋紙色，豔說樓中洪度。省記芳心，殷勤綵筆，更與傳眉嫵。他年思我，一燈占袖曾語。

長相思 偶拈梁韻姓字，綴三小詞，第一闋改用仄調，白石道人平調《滿江紅》例也

訪雕梁。認畫梁。海燕雙栖玳瑁梁。歌聲更繞梁。

金鳳梁。玉燕梁。雙角山頭人姓梁。花冠顫五梁。

其二

嫣然韻。翩然韻。人道瑶姬無此韻。不但花羞韻。

丁冬韻。瑽瑽韻。做箇雙聲還疊韻。別有千般韻。

其三

散花樓。百花樓。門巷枇杷濯錦樓。何須十四樓。韻籍南京。

花近樓。月映樓。三面紅窗護小樓。記他梳洗樓。

前調 代答

玄玉梁。文杏梁。争及盧家桂作去梁。刀州遠夢梁。

鵜在梁。魚在梁。戢翼鴛鴦也在

梁。君看烏鵲梁。

其二

花饒韻。人饒韻。飄泊身兒成甚韻。那更些些韻。吹笙韻。調箏韻。併入詞心淒緊韻。寄我花間韻。

其三

下妝樓。別妝樓。烽火秦淮舊苑樓。孤帆白帝樓。傍青樓。恨青樓。十様蠻箋洪度樓。愁人江上樓。

買陂塘

昨贈梁韻《長相思》三闋，韻喜甚，自以四平調度之，邀予共聽。既爲賦詩，再填此解

正華年、綺春剛滿，折花還上橋戲。淡脂慵髻嬌妝束，無限泥人風致。惆悵意。又別様聰明，愛我瑶華字。幾回抽遞。便倚著香肩，一行行認，方底緑綈膩。商量罷，更把鵾絃調試。詞生偏怪難記。温馨萬種真無柰，銷盡眼餳眉殢。疑夢墜。問花下詞人，有幾人曾啻。曲終乍憶。算一度吹簫，小紅低唱，猶似少年味。

行香子

席罷，看梁韻飯

促坐圍尊。履錯纓陳。卻拈將玉箸迴身。細抄雲子，畧點春辛。看荑般手，犀般齒，的般唇。半盞添盛。一啜斜擎。更從容、笑拭紅巾。剔籤輕放，毬絮低匀。是顧家秀，王家様，謝家人。

燭影摇紅

冬夕重紀

燭影摇紅，捲簾人記黃花候。苦將楝子放圓搓，認作相思豆。也費鸞箋自湊。早聰明、靈

犀想透。説他名士，解愛傾城，許偎羅袖。燭影摇紅，近人誰道今宵又。海情雲思尚漫漫，煖語親消受。撥火温茶坐久。最無情、催人短漏。安排後約，打算歸期，幾時能夠。

江城梅花引 梁韻二十初度，賦以壽之

臘⿱⺮務新釀玉浮缸。捉梳忙。試紅妝。今旦不知，何喜道辰良。佛粥香甜還未煮，湯餅事，擘麟脯平、鳳作肪。梅花五度上笄香。拓文窗。映明璫。花也花也，比人様、人更無雙。一琖壽尊，親捧要卿嘗。莫笑鴛鴦頭恁白，歐九句，少年心、不算狂。

滿庭芳 臘月四日，梁韻初度，賦以壽之

絳蠟雙燒，碧香初泛，華鬘争看新妝。人都熟魏，不許雜生張。一霎横波自溜，殢人處、未倦先餳。分明記，迴身歛坐，唤起又驚娘。淺斟親笑勸，倚肩斜竝，盪盡柔腸。便羅襦休解，乍近已聞薌。那更花飛釧動，繞當筵、玉樹流光。惺松態，强將橙破，還要理笙簧。

水調歌頭 追憶昨游，柬雙珠閣、珮蘅室

對酒不能飲，隔雨望紅樓。自迴車暫時别，惆悵過三秋。一晌前塵影事，幾度佯羞淺笑，歷歷記心頭。誰信壽尊舉，還醉紫貂裘。俊游侶，南皮讌，有陳劉。看他雙燭紅處，不斷淺斟酬。莫話倡條冶葉，終竟萍飄梗泛，甯似此迴眸。席間聞胡萍事。高叩玉肩響，知我歲星不。

念奴嬌 寄婿莽

錦城秋好，正吴棉天氣，剛宜中酒。俊賞年來

都漸少，況説畫裙紅友。誰分今番，幾迴銀燭，不許愁廝守。對他花影，河陽絲鬢慙否。還賴瘦沈多情，熟知人意，意裏千般有。典盡貂裘渾不計，恨我花間無耦。雙角山前，莫愁湖畔，贈箇人攜手。墜歡重踐，準教燈節前後。

金縷曲　寄調石帚

何處梁間燕。記飛來、輕盈一翦，那回初見。池館新涼荷未老，開遍窗紗六扇。儘側坐、任人偷看。熟意生情都不管，疊紅巾、爲拭香腮汗。儂醉矣，碧筒勸。　青鸞正苦音書斷。問甚日、蒲橋東瓦，認伊庭院。臘雪梅花開放了，越助明妝倩豔。卻早被、林逋分半。唱徹壽人房裏樂，更無妨、起舞花零亂。明歲約，燈期算。

長相思　寒夜示閨人

坐殘宵。惜殘宵。又聽風聲度竹稍。驟寒窗寂寥。　燈自挑。詞自鈔。苦把春醪勸我澆。有人含笑招。

其二

算今年。算明年。直恁荒村住五年。一家都可憐。　簸金錢。卜金錢。歸計商量總未然。府江春水船。

西江月　村居二解

酣睡紙牕鶯曙，峭寒布被生稜。霜淞簇瓦白層層。天意放晴猶恪。　撥火方呼稚子，送梅恰到山僧。寒香一陣透疏櫺。插向膽瓶端正。

其二

鄰叟近分鮮菜，故人遠餉生魚。算來都是過年需。助我臘盤春俎。　一飯中人家產，兩封千里兒書。婦言生計要模糊。此語更多佳處。

臨江仙　寄近詞與石帚，因憶丁巳詞社舊事，感綴

黛黛花詞剛琢就，白秋棠社凋零。當年偏怕賭旗亭。雪王龕贈我，懶字冠平生。　二十七年真夢裏，催人霜鬢星星。如今相對眼誰青。自拈湘管坐，學譜斷腸聲。

其二

並世詞人知有幾，黯情各自欺謾。誰能下筆到金荃。不須顰更效，辛苦二窗間。　擬把日中居士問，苾芻應笑狂禪。非關綺語要教刪。隔牆釵釧動，可許論媸妍。

八聲甘州　別少濱五年矣，頃自舊京來書，賦此代訊

陡心驚別後幾殘年，燕薊雪雰雰。想金猊鑪畔，紫貂裘暖，酒不言勤。少濱不能飲。閉戶箸書多少，國故證家聞。更黃山舊唱，自續殷勤。　記否中園徉跡，坐萬梅花下，香海珠塵。對梅花發，今日正思君。人說竹垞新近，有鬻釵、蟬鬢伴修薰。應知我、醉來詞句，也賦紅裙。

前調　謝溥心畬王孫寄畫

渺滄桑迴首故京遥，何處望修門。嘆樓侵花

蕚，萋萋芳草，綠怨王孫。寶玦珊瑚腰下，往事不堪論。瓜縱東陵好，難會嘉賓。　笠澤茫茫無處，念國香零落，誰與招魂。只遼東歸鶴，猶似水仙身。溯風流、天潢荊董，比紫瓊、家法更堪珍。人間世、喜傳書雁，秋到江村。

前調　聞珮聲閣築成，題寄落之

燕飛來底事苦銜泥，窩中盼楊花。想畫簷深處，兩邊牕護，一桁簾遮。更倚數竿修竹，回合曲欄斜。時聽丁冬響，環珮非耶。　漫道何戡依舊，看貞元朝士，雙鬢先華。甚當年情事，煖熱到箏琶。醉題襟、分明移近，要酒邊、潮暈吮紅霞。如今好、趁蹊花滿，來問伊家。

前調　懷季子渝州

又殘年雙雛閙喳喳，記汝去年歸。乍衾裯苞解，鮓珍羅列，兒女歡圍。坐話一年情事，不覺漏聲稀。更天公做好，玉雪交飛。　何事今年臘盡，把行人遙望，寂寞荊扉。任桃符換，春意少芳菲。去年予書桃符，季子親黏，故感及之。魚鴈空然千里，算客中、猶著禦寒衣。巴山雨、夜闌無寐，應念庭闈。

疏影　臘雪乍飛，村梅初放，閨人折枝共賞，圍鑪夜話，因及梁韻。譜此寄訂新年之約

花應選壻。問幾時嫁與，湖上高士。二十年來，有箇人兒，倩影如花鏡裏。壽陽妝額新來懶，難遣玉龍催起，那知雪意。吹香又透，煖紅牕紙。　鑪火鉼笙驟響，翠禽驚啅處，寒月如水。誰把齊奴，錦障千重，今夜輕輕圍你。羅浮夢向三更醒，宛叩户、縞衣斜倚。待上元、未過燒燈，還傍鬢邊料平理。

南歌子　再寄湝蕣、珮蘅

好夢層城隔，殘年溝水流。經旬暫别小紅樓。便似陽關唱徹、又伊州。　棖觸翻成恨，纏綿不自由。羨人花下看梳頭。空把雁箋魚素、付悠悠。

其二

雪峭仍欺臘，風忺欲破寒。梅妝雖淺已宜看。更想一枝紅勝、試釵鸞。　笑靨雙渦倩，柔荑十指尖。簇新衫子染因丹。甚日聽他銀甲、把筝彈。

其三

憶柳描春臘，催花做壽筵。記曾一拜引嬋娟。真箇珠圍詞客、玉圍仙。　何苦今生遇，無聊萬緒牽。兩行紅燭盾金邊。寃了劉郎白墮、沈郎錢。

其四

哨拍聲聲慢，聰明事事宜。那些能不耐人思。纔罷勻朱搓粉、更調絲。　白髮詞人影，紅妝弟子姿。若教認作塾中師。多管能詩解畫、會臨碑。

譜此四闋成，意頗自喜。非樊山無其逋峭也。自記。

齊天樂　餞竈夕作

又驚爆竹環村響，比鄰隻雞祠竈。檢點瓶盆，騷除釜甑，觚上盞燈紅罩。兒童聒鬧。指薄餅誇酥，軟餳愁膠。惟有衰心，般般事向此時繞。　城中今夕，幾處未歸，應念我、何日纔到。誰説新來，更饒晚豔，欲做詞家側帽。山妻暗笑。是秸馬餘聲，戾㾐粗調。擁艾憐蓀，不妨司命少。《九歌》少司命，舊説宮中小神，後來竈神稱司命，疑即本此。

燭影摇紅　殘臘，村居書憶

霧暖乾冬，愁人怕説新年雨。鄉諺云云。城中情事有三分，總兩分因汝。耳聽棖棖臘鼓。更催成、蕭寥心緒。兩間茅屋，一對春燈，歲華如許。　意裏成都，玉梅花下交三五。迦陵句。幾條街陌轉城東，大聖慈西路。纖草牆頭記否。張蠙《大聖慈寺》詩語。認依稀、紅簾捲處。這回嫩約，寫在瑶箋，眼波應注。

金縷曲　歲盡無聊，歌以自遣

歲暮知何計。想梁園、雲繁霰密，玉扉將閉。妍唱已無枚叟發，争得相如末至。剩一點、冷清清味。誰向影娥池上立，看殘妝、定比梅花麗。寒料峭，浸衣袂。　愁人直恁荒村地。僧約漁期多半負，況他花事。却算綺情猶未減，傷別傷春刻意。笑幾輩、詞人青兕。自唤名姬爲我壽，散千金、不問還來未。如此死，甘沉醉。

滿庭芳　壬午除夕

臘餞尊催，月儀書换，盆花綵勝都新。歲華須譜，點綴到江村。更把幾枝紅燭，向田邊、插賽諸神。農家禮，豕牢雞栅，也説要身親。　居貧無過望，望一家喜，醖釀如春。儘盒酥餳米，今夕醉鋪陳。戲唤兒童守歲，觸屏風、已自軒伸。鼕鼕鼓，隔鄰驚醒，出看賀年人。

以上《清寂詞録》二

前調 癸未元日立春

元旦開門，一聲新喜，三朝恰併春元。曉鐘纔罷，爆竹繞村喧。籬角紅飄方勝，映梅花、格外增妍。房櫳裏，黏雞貼燕，仍似在家園。屠蘇歡後飲，白頭無恙，只少銀旛。更小孫雛女，圍坐話團欒。莫羨城中節物，待燒燈、還許來看。魚龍戲，上場金鼓，漫衍正中原。

前調 元旦寄梁韻

綵仗鞭春，緑幡嬰歲，喜神正在城東。曉妝遥想，含笑出簾櫳。稱意梅花簪鬢，借屠蘇、紅暈脂融。新年事，踏青還早，先説試燈風。別來纔幾日，幾迴新曆，開看匆匆。盼上元簫鼓，福壽小衚衕。但得生盤共咬，抵他家、炙鳳烹龍。難迴避，老真無準，爲汝太朦朧。梅溪詞『此情老去須休，便老去、越難迴避』。

八聲甘州 元正書感，日食朔，月又食望也

問天天何語答靈均，忍令璧空呵。甚三朝元會，如鉤異重，闕景民訛。更看玉盤圓處，張口又蝦蟇。此交分事耳，瞽史云何。燒卻五行前志，且紫鱗清醥，莫放輕過。百年平算，己占兩分多。剩得一分殘歲，總安排、高興自銷磨。浮名外、酒邊詞筆，簾底笙歌。

高陽臺 戲贈閨人

鑪暖烘梅，[illegible]香泔米，氍毹穩立雙鴛。綃罷晨妝，今朝喜是新元。紅旛懶向釵邊戴，只鬆鬆、拘箇頽鬟。説鄉中，不比城中，怕有人看。客來生熟安排慣，爲村翁鄰媪，也點春盤。笑我無聊，替將詞譜親繙。十年許伴香山老，

更無須、口素腰蠻。算今生，豔福清閨，的系前緣。

前調　感舊，爲萍館賦

紅勝春邊，白榆天上，洞庭香館今生。非豔非花，早教郎目先驚。垂楊欲繫青驄駐，柰飛鳶、跕跕江城。怕飄零，弱絮隨風，已化浮萍。

誰知玉杵藍橋別，把墮鞭尋覓，重見雲英。算到情懷，應憐岳鬢難青。箱簾不恨蘭芝嫁，記當初、此意分明。更休提，小杜揚州，葉緑陰成。

鳳簫吟　正初三日，故人鍾君猷、楊孝慈、張寒杉，及門文百川、陶亮生、高詠濤、薛孟翹、周虚白、陳仰之、吴秋實不期而至。喜賦此詞，以志歲月

正東風。欺梅做雪，朝來忽放嬌晴。聽芻尼四噪，繞簷驅去，已有叩門聲。喜過阡越陌，盡多年、故舊門生。半犀浦龍橋，遠還蠶此龜城。

深情。老夫何算，鹿鳴筐篚，紊紊從珍。糟牀春釀薄，盤飧兼味少，一笑同傾。馬芻奴亦飯，悵迴車、欲暝歸程。好共記、今年七十，第一新正。

一翦梅　開歲五日村游漫紀

賃得荒村屋數椽。苦説歸田。不算歸田。東風吹緑到門前。歲换新年。人换衰年。

强把春衫試一穿。白髮翛然。步履飄然。清游五日宛斜川。春到梅邊。興在江邊。

其二

一縷寒香漸惹蜂。欲問西東。不辨西東。村

村相識有兒童。吹葉迎翁。把蔗扶翁。據案愚儒四海空。貌已冬烘。話更冬烘。雲將今日遇鴻蒙。來是因風。歸也因風。

醜奴兒令

往歲，閨人喜貯梅雪煎茶，予曾爲賦詩。今年無雪，更削檸檬點之，亦自清絶。迴憶黛黛花事，則又二十年餘矣

風罏忽憶殘年火，掃雪煎茶。更貯梅花。卧聽羊腸細轉車。玉妃底事今年懶，不降臣家。孤負紅芽。畧點檸檬代露華。

其二

平生故事應重省，黛黛新詞。玉盌蛾眉。最是相如病渴時。如今老去風懷減，門水人稀。潑茗情非。堂喚歸來未許歸。

行香子

人日喜晴，偕閨人攜諸孫近村小游

麥短沾塵。不礙車輪。説嬉春、好趁今辰。醿花勻雪，還抱嬌孫。吴家蕩，謝家碾，宋家墳。薺嫩茸分。蕨脆拳伸。要挑迴、七種生春。烙成品餅，共試盤辛。絳蠟燭，黄封酒，翠螺罇。

金貂換酒

憶霜柑閣人日舊事，寄城中諸子

歲歲芳菲日。看梅花、霜柑小閣，預期初七。酒緑燈紅人影倩，接坐荀香四溢。更俊侶、風流招集。聽徹嬌歌狂盪髓，笑襟痕、不減杭州溼。思往事，那堪摘。五年戰鼓江城急。對錦里、春光空爛漫，最愁開帙。借問故人何處去，念爾東西南北。我亦有、家歸不得。欲倚新歡尋墜夢，換金尊、未惜貂裘黑。芳訊

早，柳邊覓。

花犯念奴　得石帚箋，意有所觸，賦答代簡

記否十年語，老怕馬牛風。仗何人一鞭指，軍士爾籠東。收却江淹匹錦，焚却君苗筆硯，長揖謝羣公。休道閱千劍，自倚賦能工。　輩流盡，風節渺，與誰同。把文章汎吾愛，堪笑曲園翁。刊去翹材館唱，拈出蕢洲笛譜，好共覓闌紅。送琖屬君飲，聊吐氣如虹。

賣花聲　上九書悶

寂寞掩雙扉。寒峭侵衣。去年苦盼歲華歸。今日歲華過已半，獨坐誰思。　春意尚遲遲。何處芳菲。空憐竹日浄朝暉。窗外梅花開幾朵，惟有蜂知。

其二

不恨客無家。恨負韶華。幾曾陌上見香車。記得别時燈下約，賭酒評花。　社鼓盡情撾。村俗虧他。難將情緒遣些些。明日一鞭歸去早，未抵天涯。

前調　還城四解

天意穩春晴。野緑芳生。柴車歷碌緩推行。行到南京犀浦路，半日歸程。　西出望宣明。市影人聲。新年節物儼承平。道是承平君信否，小縣無丁。

其二

隔歲笑歸來。人共春迴。家庭一樣細分排。計算只添游賞事，銀燭金杯。　故舊競招陪。折柬交催。紅牙玉笛助徘徊。更有臣冠纓欲

絶，倒挂人釵。

其三

最惜是年華。五日猶賒。看燈俊約不争差。南北東阡春盎盎，自勒游車。肝鬲任杈枒。收起詩家。那能兵子對劉巴。廿年前石帚贈句。喬木廢池無限感，付與如花。

其四

中歲問詞人。有恨誰平。勸分井水向耆卿。呵殿白頭成底事，無此心情。竝坐且調箏。玉煖花明。衆中出色看梁清。莫待酒闌人散後，惆悵三生。

八聲甘州 十一夕梁韻來訪，喜誌

炫紅霞問何事金釭，樓子綴成花。猛當關人報，緑屏門外，駐有鈿車。自把丁簾揭起，正逗眼波斜。豈是蘭香誤，來降臣家。膽怯猶疑夢裏，恁新泥微雨，却濺鸞鞾。看整襟迴坐，畧理鬢邊鴉。道新年、多時望我，點吴羹、親爲揀魚蝦。神光乍、怎生排遣，今夜長耶。

蝶戀花 過梁韻二解

換盡屏風猩色紙。茶煖香温，坐待春人起。行箇新年初見禮。轉身招入房櫳裏。七巧玲瓏裝槅子。白是松仁，紅豆名歡喜。隨手拈來隨意遞。筍尖葱嫩纖纖指。

其二

滿屋南邊春意思。翦綵黏花，撩得人心膩。若遣秦郎供帖子。妝臺越更添明媚。燦燦羊燈簷角綴。過了元朝，又説元宵事。私自揣量私自計。拚他幾夜懵騰醉。

前調　重過録言

纔拂珠簾春已漏。繡被餘香，曉鏡明妝透。簾外新寒微雨後。背人一晌偎羅袖。　何事微行今日又。滑滑街泥，屐齒釘成豆。悄説當心來莫驟。夜深恐怕逢虞候。此闋何減美成《少年游》之佳耶。自記。

前調　紀事

作惡東風寒更巧。惹箇雀兒，苦把梅花掉。幾朵紅蕤開正好。蹋枝故故將人惱。　暗揾珠腮情共曉。語語聰明，事事隄防早。氍毹穩卧烏龍飽。傳言玉女心知道。

金貂換酒　元夕書感

紀麗何人譜。嘆歲華、催人易老，一衰如許。舊事成都誰記省，過錦燭龍獅舞。這景象、太平難覩。悵望星橋連鐵鎖，冷百坊、燈火無尋處。梁韻前日問我成都新年故事，予舉王湘綺《除夕行市》詩「通衢揭百坊，市火燭玄宵」，爲言其盛。殘夢破，五更鼓。　今宵璧月圓三五。怎春人、春般煖熱，肯教孤負。飣坐春盤官庫酒，風味江南蟶鮓。更花氣、電光香霧。別與温岐分一隊，揉紅箋、不鬥梁家嫵。倭髻墜，笑空齲。

臺城路　代述

朱欄難把春圍住。飄零況悲輕絮。碧玉華年，緑珠聲價，更自先將人誤。燕猜鶯妒。又搓柳斜風，蹂花寒雨。曉被晨妝，仗誰冷暖爲調護。　淒迷桃葉渡遠，誰家雙槳接，儂便歸去。辨得當罏，也堪貰酒，錦水鴛鴦學作去。低頭暗數。只漁笛蘋洲，借愁添譜。同是傷心，此情知道否。

蝶戀花 十六夕集

昨夜牢丸誰共煮。滿院笙歌，知定無歡緒。況説乘肩拚笛鼓。婆娑趁拍城東去。嫩約今宵先意許。一縷柔情，不待低聲訴。珠在掌中蓮隔浦。慧珠、碧蓮並在。展燈也算新芳序。

其二

已分看花情緒減。那禁迴波，漾得柔腸轉。任使春風能作剪。絲絲碧縷重縈綰。席上所遞煙枝。最怕雙蛾愁不展。五日爲期，蟢子飛休懶。一角紅樓春正暖。萬重山笑劉郎遠。

醜奴兒 城中寄閨人

霜柑閣子歸來日，朝看梅花。暮看梅花。只有春人不在家。尋常小別都成例，説不思他。轉更思他。冷爲薰衣渴點茶。

其二

城中依舊無燈火，欲覓芳菲。不見芳菲。借箇雲鬟暫一偎。梁韻。今年共道添花市，却怕飛機。除了飛機。便好花開緩緩歸。

滿庭芳 薄游草堂，念亂漫紀

竹翠江清，草堂靈渺，暮朝吹角猶驚。周顛去後，天寶患重經。愁絶井梧幕府，只戎衣、短窄難勝。若端論，雪山輕重，軍令自分明。我思公此意，低徊厭亂，恐負平生。更誰知千載，春在江城。一路野梅官柳，盡當日、出郭詩情。無窮感，天迴玉壘，今日又南京。

前調 謁惠陵

天下英雄，使君安在，空憐霸業三分。武擔故事，王孟復紛紛。今古興亡過眼，甚江流、遺恨吴吞。算留得，漢家殘土，高塚卧麒麟。　閟宫森古殿，丹青窈窕，户牖還新。總歲時簫鼓，猶賽遺民。借問西陵銅爵，望疑冢、何處漳濱。分香恨，繐帷飄斷，誰與弔斜曛。

臺城路 文殊院謁法光長老，引拜乘公和尚影於祖堂。予四歲時，曾受乘公戒爲弟子。今年七十，留此以當鴻爪

莊嚴城北空林院，兒時記參初祖。摩頂麒麐，歸心龍象，滑向石頭尋路。齋鐘法鼓。嘆六十年來，舊題重覩。刼問僧祇，算師猶是故禪侣。　傳衣已驚七代，自乘公至長老。筆鋒長不

壞，金剛如杵。乘公新繁支姓子，晚號金剛道人。書勢瘦勁，專倣《天冠山》，寺中遺跡尚多。六也亭荒，亭榜先隱君署。八關人散，獨把影前香炷。低眉何語。縱謝客能游，支公早去。彈指蒼茫，去來今一度。

前調 慰賀香宋悼亡李姬，近復聞饒媵之喜，賦寄

朝雲不伴東坡老，好春欲挽難住。簟拂塵長，簾垂雨細，望影儷儷何處。鳳膠誰煮。便妙子稠桑，返魂無據。十六年來，鏡鸞空賸舊眉譜。　衰心漫嫌多事，燕鶯看子野，人更遲暮。張子野八十三歲買妾，見東坡詩注。節趁燈宵，喜迎紺幰，宋垻那家門户。催妝早賦。定紅豆吟妍，柳枝饒嫵。錢牧翁娶柳夫人，尚賦《催妝》詩四首。但對新縑，暫須抛織素。

木蘭花慢 正月廿夕，吴園重集

正燒燈節過，買春更展年芳。笑釵珮留人，園林再到，屏燭高張。摇光。四圍姹娅，比牧之原未減清狂。漫道司空見慣，也須風月平章。 無雙。醉捧霞觴。荑笋嫩、絳脂香。任箭壺蚪滴，轅門鼓響，瓊讌歡長。宵忙。刺閨底事，看蒼苔還卧緑沉槍。但恨白頭首坐，尊前老了于皇。杜于皇苦坐首席，見陳迦陵詞，予今亦然。

羅敷媚 還村作

簾風橋畔攜家住，竹柏環村。放散雞豚。春社閒時風物新。 此回十日歸期滯，小作逡巡。畧聽新聞。望眼雛孫早候門。

其二

餦餭載滿車箱上，兒女争攀。一笑曹瞞。徒手來時兼乘還。 城中鄉裏都言好，喜我朱顔。兩字平安。到處逢人約盡歡。

掃花游 田間賦菜花

嫩黄染雨，望十里平疇，澹摇金粟。翠莖簇簇。正葉霏露歛，葉開盤緑。鄉人謂菜子根葉肥茁者爲開盤。午日晴烘，阡陌醲香漚去郁。曖芳矚。恣千萬蜜蜂，聲斷聲續。 風物村舍美。更喜聽農家，小春今足。雪消麥宿。帶芳巢掩映，紙鳶歸犢。成都田俗種稻曰大春，種菜子、麥巢曰小春。小春收入，悉歸佃農。鏡面澄缸，百斛收珠預卜。俗稱菜油清者爲鏡面油。漫燒燭。只明燈、也堪華屋。

南浦 春水 玉田以此詞擅名，後之詞家賦題者因依摹放而已。今别取他意，織組漣漪，巧搆形

似，庶幾未遠

正柳緑摇村，雪消時，縐出江橋新漲。背岸約湔裙，東風緩、未蹙桃花成浪。恐有流澌，蔥纖可禁粼粼漾。　却愛魚苗針一隊，瀲影釵光相滉。　那堪觸忤芳心，藁砧山叠，誰迎兩槳。　何處滯歸帆，柔波遠、重把離情牽盪。難升畫舫。　甚時催變蒲萄釀。　羨對眠輕鷗占穩，拍拍沙頭偎傍。

玲瓏四犯　寄江村五年矣，燕來有感

社燕來時，算五度銜泥，今日重見。　軟語呢喃，不爲杏梁塵黯。　似訝弱絮無端，把點點、鬢絲青換。更有情拂徑穿花，如待主人斜盼。

玳梁重認盧家院。　判紅襟、自分輕翦。　珠簾一桁窺來熟，不比新巢初占。　休怕暮暝雨昏，總穩住、雙栖能慣。　只引雛怕到，秋來又把，送歸心絆。

前調　自題辛亥出都時諸公謝祠餞別舊影

往日詞場，是歷落嶔，標格年少。　側帽單衫，猶認向來風貌。　迴首夢裏觚稜，只金碧、澹留殘照。　算海桑三度，揚塵窺鏡，此身真老。影中弢庵、夜起兩太傅，林畏廬、曾剛甫、潘若海、羅衍東、温毅夫、陳石遺皆先後逝，存者趙堯翁、冒鶴亭暨予耳。

市朝陳跡紛如掃。　賸低頭、馬驢同皂。　百賫一豆驚逢日，博士還輸羌好。　空訝祖謝響臻，誰肯趁、孤雲歸鳥。　儘故京衣在，重看莫被，輕塵緇了。

虞美人　霜柑閣坐雨

春寒驟椮狐裘薄。　細雨侵簾幕。　起行欲去更

遲遲。爲怕香街花落、淖成泥。 窺窗悶倚鑪薰煖。晴色看來晚。定知算我此時情。誤了歸期尚自、隔重城。

其二

那知不是歸期誤。雨巧將人妒。甚時剪燭許同聽。放下羅幃還是、好春聲。 迴思萍館春宵雨。鴛瓦催繁鼓。一滴能銷一斛愁。誰料今宵滴滴、又心頭。予去年憶萍館雨夕，曾賦《唐多令》一闋。

鷓鴣天 亡友張蘅之遺畫展覽

北派南宗兩不師。意中花鳥自成姿。如今幾幅生綃在，猶記詼諧點染時。 紅藥影，海棠枝。褪黃添箇蜜蜂兒。趙昌已去邊鸞逝，蜀苑荒涼更有誰。君平生以畫木芍藥、秋海棠自許。

其二

往事明珠恨不來。晨光閣下共徘徊。只餘叠骨松陵扇，賸有檀心數點梅。本事見予詩集中。 萋萋歌易斷，事成灰。那堪月地更雲階。萋萋宿草生何處，橋對黃瓜土一堆。君葬在黃瓜橋。

前調 剪素心蘭貽粱韻，媵以小詞

轉蕙光風乍汎蘭。此花真要玉人看。恍疑澧浦湘妃珮，却伴瑶扉聖女還。 巾拂麝，鬢低蟬。一枝旖旎綠雲鬟。都房自不勝清露，乞與妝臺護曉寒。

三株媚 入城聞華陽移治，用夢窗《過都城故居》韻

亂離拚久慣。嘆棊枰紛更，局終何限。草木緡緡，望舊都丨平九，淚痕先浣。不是蕪城，

也灌莽、頹垣荒蔓。誰與論都，空有歸來，寄巢江燕。附郭千年夢斷。甚準望圖經，較量長短。予癸酉、甲戌間，曾手纂縣志卅六卷。雞犬新豐，任市兒高唱，大風歡宴。人物銷沉，直做到、摇黃奇變。老矣樓船迴首，函關恨滿。

掃花游　鄧莊讌集

賞春舊約，訪鄧尉山莊，雪香成海。避騶屏蓋。任聲催暮角，接羅慵戴。幕府題詩，人日年年，佳會局誰壞。聽鳶響笛驚，愁比天大。城郭爲我喜，喜暫静風塵，好春還在。午晴芳曖。認花潭鏡緑，艤舟重待。擊楫中流，換卻輕裘緩帶。鼓聲駭。漫高歌、醉吟窮塞。

花心動　南臺春感

草麗花明，展芳菲、春助俊游天氣。新水緑波，畫舫朱欄，橋外兩邊斜繫。電車響過颺塵起，驚障袖、暗香飄遞。柳陰轉，横肩蝠繖，是誰家隊。迴首中園舊事。堆千萬、梨雲合江春禊。釵鬬宫妝，鏡寫青娥，褁岸錦棚旓翠。不堪故苑銷沉久，繁華夢、幾人能記。況重説、海棠放顛豔例。

百字令　春意作寒，襍花半放，小園寂坐，題寄滌芳

乍寒還暖。尚鞾裘嫌薄，猊罏未斷。紅藥新苗催一寸，醖釀芳菲庭院。悶捲緗簾，愁看玉蘂，已有殘花片。柰愔愔思，上心偏少人見。迴想揣鏡匀妝，掠梳安髻，釵朵龍鸞顫。廿載徐娘風度減，豈止潘郎鬢換。烽笛頻驚，畫欄慵凭，淚總花前濺。解苞粉黛，此情可勝依黯。

鵲踏枝 杜鑒儂自以蠅頭楷爲婦周敦瑜書《牡丹亭·尋夢》小卷，索題。敦瑜工度曲，此齣最所心賞。今結褵廿年，蓋將歸遺細君者。予爲倚裝賦之

廿載秦樓簫引鳳。年少司勳，未識春愁重。密字珍珠填滿縫。倚肩人愛翻新弄。鑒儂夙鈔曲譜盈篋。離亂苦教青鬢送。一曲相思，紅豆多年種。敦瑜學曲於紅豆館主。蟢子朝飛裙帶動。不須更説臨川夢。

青玉案 訪梁韻不遇，却寄婿莽

江頭何處行雲去。悵渺渺、淩波步。鄰女浣紗歸已暮。隔簾鸚鵡。慧當門户。故喚烹茶住。箏期鈿約連番誤。好事多磨心暗數。明日花朝又輕度。燕愁鶯訴。直將春負。莫箇商量處。

南歌子 鈔《雪苑詞》罷，自題

綺語今生障，蛾眉夙世寃。空中傳恨劇淒妍。未免自家失笑、自欺謾。跡染瑤波膩，情箋錦瑟難。餘年知己付嬋娟。解得向人遮護、背人看。

其二

春褉芳錢楚，謂《庚辰春詞》。冬心暖韻樓。麗情銷盡五年愁。總算一雙對我、好青眸。悟豈裙裾晚，思偏緒繭抽。詩家拋却做詞流。便把花前此曲、號梁騶。

前調 春集漸闌，偶拈兩偈，示雙珠閣主

戒定纔生慧，圓明格是珠。道人若要號雙娛。借問盤中可與、掌中殊。慧續今生命，珠成小唾餘。不知九曲得穿無。只怕兩絲一螘、

費工夫。

其二

懺却千般慧，迴看兩顆珠。摩尼照水縱難如。請向斫迦羅幻、認方諸。　慧自能銷障，珠原舊繫裾。拈花迦葉笑憐渠。未用苦燒舍利、造浮屠。

鳳池吟　村居即事

日暖風柔，十分晴意，春色盎入簾旌。正茶餘飯罷，瓶花鬥紫，閨人擷紫薇，分置五六瓶，几案間光豔絶倫。煙篆搖青。何限銷凝，不須門外羽書驚。從頭細數，風期未負，林下平生。　雙修漫説難有，總廿年落得，書膩釵明。更暮朝親與，渴分龍井，醉點魚羹。一棹觥船，換迴禪榻鬢絲輕。巢邊燕，更呢喃、似泥人聽。

西子妝慢　今年村舍花事特盛，閒行阡陌，用夢窗韻寫之，兼寄城中

江繞甸芳，草薰晴麗，紅紫雰雰迷霧。不辭行步怕欹危，愛繁花、裹成村塢。原韻「堍」，不解「堍」字何義，改叶「塢」字。蜂翻蝶舞。龍駕勸、東皇小住。暫消停，勝約城南在，問春應許。　歸非誤。一樣韶華，那忍拋擲去。醉攜芳袖共徘徊，漫寄愁、道旁官樹。無多豔句。趁今日、閒情抽賦。呪花行，莫遣來朝隔雨。

西江月　啟明將爲予校印《雪苑詞》，賦謝其意

頹澹老懷越縵，聰明弟子樊山。幺絃零句怕拋殘。拾作麗情芳卷。　花下醉圍紅袖，燈前斜界烏欄。不尋歸路四禪天。都爲寸絲牽絆。

青玉案　春寒重憶

春衫纔换訶梨領。乍兩日、鞾裘屏。何事輕寒風又緊。雨昏花暝。一簾波影。重把鑪篝整。紅樓夢到人栖穩。如此春愁誰與省。漏斷更沉還未寢。墮釵敲枕。九微光燼。難算今宵冷。

如此江山　成都花市半系農家物産，千餘年舊俗也，禁已十度。今年省令重開。追憶承平，爲綴此解

成都往事花朝節，踏青競尋南陌。八角亭開，八角亭舊在城西南隅上旗營分界處，春游則偶一開放。洪蘭楫觀察《花市竹枝詞》所云『八角亭前景最幽，堤邊煙柳柳邊樓』是也。今毁。百花潭暖，士女嬉春如織。汗巾釵澤。湊花市棚根，酒鑪簾隙。寶馬香車，更加十里麴塵接。兵戈催换世短，撫青羊滴淚，暗悲銅狄。跨鶴僊昇，保靈符渺，但聽賣花人説。歲華非昔。怕大尹遨頭，老農吞泣。飛絮何干，故添衰鬢白。

前調　伯常昨餉黄柑，復移暹羅嘉橘，植小園中

相如不是真消渴，千金費買原末。酒病餘醒，玉纖教剖，別愛晶梳味。蠟乾封蒂。秋引洞庭思，尚遲霜氣。三百題書，如何先枉故人惠。　霜柑舊吟小閣，也青黃襍糅，剡枝層綴。寫怨江南，寄情楚頌，可惜今來蕪穢。重煩佳意。笑花石綱催，送徒株逮。屋角明年，定堪三寸計。

金盞子　游花市，值禁酤，又警令游人皆左走

三月春陰，漸海棠開卸，斷紅愁鎖。時節近清明，早寒食，風光禁煙分火。意行方詑無聊，

更誰給吾左。思向酒罏眠，除却豪家，半都椎破。何處頌螟蠃，旗亭淚，詞人萬恨裏。元周梅心、尹碉民諸家皆有《禁釀詞》。新豐十千價斷，空迴首，羅裙翠尊翻涴。柳花滿店吴姬，也自顰眉坐。誰扶醉、負他明日殘春，不尋猶可。

新鴈過妝樓　霜柑閣晨賦牡丹

粉滴酥融。寒綃露、驚迴綺夢匆匆。碧欄杆畔，添出萬態嬌慵。髣髴玉環新睡起，一些無力倚東風。更殷勤。褰來翠幙，側護珠櫳。洛陽花時自好，但魏姚譜散，寂寞行宮。那知丹景，猶賸蜀苑姿穠。徐妃珮環夜嬝，正人在屬車豹尾中。繁華事，嘆錦茵承步，空泣芳紅。

雙調望江南　梁韻留飲，時予攜折枝牡丹過之。自譜小詞，紀片時情事

花韻午，春暖牡丹融。映得一簾顰⿰月黨綠，笑攜兩朵小鞓紅。人在鏡屏中。香近遠，密意自重重。低説家常蠶豆嫩，替温缸面子鵞醲。何計遣渠儂。

其二

歡有幾，種下即愁根。搜遍意中香熌句，留遮別後夢啼痕。白髮媿春人。聰慧甚，文字定前因。直似蘭閨添愛玩，不成芝館費逡巡。羅襪未生塵。

釵頭鳳　觀珮郎劇，即坐上戲演二詞

山頭雪。窖前跡。分明屐印弓鞋窄。饕風緊。頑雲暝。雙肩凍縮，一飢鏖忍。冷。冷。

冷。歸來晚。誰曾飯。布灰疑到蛾眉椀。蒙君袂。將人懟。秀才康了，美人做未。會。會。會。《評雪辯蹤》。

其二

紅顏弱。君恩薄。忍教馬上琵琶作。龍樓隔。龍庭涉。乍驚玉貌，已辭金闕。訣。訣。訣。陽關道。天山草。雪花飛壓穹廬早。傾城顧。和戎誤。畫師枉殺，閼氏怎做。去。去。去。《琵琶出塞》。

長相思　女伶萍、蘋索贈

小者萍。大者蘋。一樣蘋華兩樣萍。好風吹送萍。訪青萍。問緑萍。腸斷瀟湘舊白蘋。楚江何處萍。錢楚小字萍卿，不見兩年矣。

其二

澗底萍。池上萍。遮莫楊花化作萍。憐他點點萍。鷗寄萍。魚戲萍。十里荷香半頃萍。聽儂歌採蘋。

角招　上巳村舍雨中

正春暮。愁人已自工愁，況這般雨。乍淒還乍楚。一滴一聲，多少情緒。飄紅墜素。更料峭、欺人寒作去。半臂添來怪冷，念江上數峯青，定湘靈愁鼓。惆悵鏡盟幾度。何曾俊約，説到春游去。此情天總妒。上巳清明，無端都負。纖纖細步。問草緑、裙腰何處。定自雙鴛惜污上。任他懶、不成妝，非儂誤。

雙調望江南　雨晴村步

春漸老，上巳接清明。半樹殘紅欹徑溼，一村濃緑傍煙生。新水縠紋平。　寒意勁，宿雨勒嬌晴。花上粉乾纔曬蝶，柳邊簧嫩已聞鶯。隨意繞溪行。

其二

田事起，緯耒看農忙。剛道伐榆更舊火，却驚殺菽賣春霜。寒罰咎誰當。上巳雨霰，其夕大霜。　機杼斷，何處覓縫裳。莫怪原蠶難上箔，可憐戴勝久無桑。真見女心傷。近來，尺布數十元，帛更無論，蠶桑則近村早絶。鄉人終歲勞苦，欲得一衣，難矣。

霜葉飛　大寒隕霜紀異

昨宵青女。驚迴旆，園林摧盡紅紫。驟歛茸帽綴重裘，誰信寒如此。取卍字、篝沉悶理。擁衾坐看雙煙起。了不見春風，正澹蕩、常年一領，舊羅衫子。　思誦小雅繁霜，民訛正月，又説今昔非彼。玉腰顛倒擅威稜，直怕蒼天死。恁號令寒温錯擬。羲和也自屯車避。待道人、京房來，涌水爲災，試推何史。

一枝春　喜晴

殺菽霜寒，送殘春、正自驚心婪尾。晴新意喜，村店曉煙遥霽。楊花四撲，似飛雪、點人襟袂。妝漫懶、換了春衫，著箇小香毬子。　天然畫成芳綺。染茸茸、繡陌碧朱黃紫。莎平路軟，恰稱五文絲履。東風做好，莫輕任麴塵吹起。歸嚮晚、一澗鱗鱗，更貪看去水。

前調　村夜聞鵑

望帝魂歸，繞芳村、不斷聲聲啼血。知他甚

事，訴到五更難歇。西山似昔，掩宮柳、輦花長寂。應最恨、游女朱提，不化并飛雙翼。鵑城至今哀怨，渺梁姝、軼麗豔蹤誰覓。羈禽倦羽，我亦寄巢如客。春心託苦，問愁緒那般禁得。歸去也、倚枕殘宵，直教聽去徹。

前調 《雪苑詞》印成，題付梁韻

春事今年，自梅花、看到酴醿開後。杝桃謝了，次第海棠催瘦。香温荳蔻，一迴見、一番醲湊。雖苦恨、隔著重城，偏恁五迴攜手。雷音震聞嬌語，道朱顏、似覺近來勝平舊。星星笑指，此意十分甜透。將何報答，除去心上盡栽紅豆。卿試問、雪苑詞芳，許誰更有。

八聲甘州 寄懷楊伯屏舊都

畔牢愁高誦反離騷，家世論揚雲。記片帆西上，下車長揖，輸寫逢君。年少紫髯風度，清鑒到人倫。問拂衣何事，一笑紛紜。往事看山攜手，話烏尤夜榻，秋攬彭門。誰知別後，八表慨同昏。翹首西營馬廠，渺蒼茫、京闕阻煙塵。凝望斷、夢華餘録，錦水殘春。

采桑子 峩眉果玲大師寄茶

劉郎舊事廬仝癖，攜了雙鬟。占了峩山。竹下莓苔采采間。赤泥印罷殷勤寄，嫩似金鐶。翠似眉彎。風味迴思二十年。亡友劉乙仙四兄，昔居峩眉，採茶見餉。予有詩在集中云：『宦隱俱無心，別我峩眉去。窈窕攜雙鬟，白入雲深處。春山采茶歌，一片莓苔路。領取初焙香，昨夜驚雷度。』今廿餘年矣。

其二

朝來忽枉高僧惠，一箇筠籃。兩幅詩緘。未啟題封口便饞。風簾急試甎鑪火，紫笋尖尖。緑雪纖纖。午睡醒時啜最甘。

思佳客 餉梁韻新茗

一月城中兩度來。閒情一度一安排。來時芍藥花迎檻，去後菖蒲葉放釵。　催穀雨，聽驚雷。春山人唱採茶迴。緑茸自揀頭綱焙，要潑雲渦驟玉咍。

其二

覓寄南芽未有書。最愁標格損銅鑪。問卿北苑還鄉夢，可敵樵青入畫圖。　分活火，泛雲腴。滿甌花乳湛青鱸。五絨未唾餘甘在，解得春酲繡倦無。

蝶戀花 穀雨夕雷

阿香似妒春人懶。穀雨疏疏，戲把雲車輾。一夜輕雷欺睡眠。朦朧枕畔金蛇閃。　起來無力頹鬟散。芳樹如帷，小立欄杆淺。池面新荷圓幾點。緑漪浄貼青錢滿。

羅敷媚 閨中新畜畫眉，絶慧，賦此寵之

畫眉關下征鞭裏，好語閒關。啼遍春山。秦棧蜀山千里間。　如今老却張京兆，不畫眉彎。當作歌鬟。百囀雕籠聽未闌。

絳都春 三月十一日晤言偶紀

殘春又半。藹芳樹碧陰，重尋瑤館。新覺鬢偏，削掠雲鬟釵猶顫。雨雲疑在陽臺畔。問春夢、誰人能管。便饒偎倚，尊前白髮，只增愁嘆。　難懺。情嬚語殢，拈帶久、不許車鈴催喚。沁粉衺香，圍句朱圓輕輕展。新詞都要親教徧。更悵觸、桃花人面。怎生留得妝

樓，井箋擬豔。

臺城路　和梅盦《蘇小墓草》

同心豔説西陵下，只今松柏何處。油壁車稀，青驄馬歇，迷却採香前路。幽蘭泣露。總淚眼啼眉，學他偷注。忍折紅心，一枝還倩沈郎賦。　芳魂莫恨寂寂，問誰家粉黛，尚留黄土。歌扇塵沾，舞衫花落，猶認裙腰翠嫵。萋萋幾度。算緑送王孫，有情歸去。持比真娘，道邊應更苦。

鵲踏枝　題于右任光宣間《靈寶道中》舊詞卷子，蓋得諸刼後者

一鞭伊洛連關陝。磨盡輪蹏，不止家山感。南北甘陵前事遠。至今黨錮傳張儉。　少年游跡驚重攬。硤石如雷，黄巷車塵黲。詞中所歷，亦予光宣間還蜀經過處，故感及之。萬恨滄桑都在眼。刼灰認作新詞卷。

鷓鴣天　適園憶舊圖，張秉三乞題。君叔父石銘築適園藏書，寇亂盡燬，燼餘宋元珍本亦歸中央研究院矣

宋槧元鐫插架齊。虜塵飛捲浙東西。故園迴首今何似，猶自關山壓鼓鼙。　誰點筆，寫寒枝。一灣流水鷓鴣溪。詞人老去無歸路，却倚新圖認舊蹊。

玲瓏四犯　春盡日作

纔盼春來，柰一霎匆匆，春又歸去。春去還來，人尚把他牽住。人去那更禁春，怎春不、爲人迴顧。只一番、柳暝花飛，春也與人何苦。　黯然欲誦江郎賦。怕因春、倍添愁緒。

人間未必殊天上，千刧俗緣何據。雲篆便鎖玉樓，已恐那、芳卿非故。況鏡中、塵世嬋娟，長恁秀眉豐輔。

以上《清寂詞録》三

摸魚兒

媘蕣、啓明、珮蘅約飲頤樓，招梁韻同集

恨春光、暗中抛去，廿番風苦吹楝。看花舊約都忘了，説甚小樓瓊宴。箏笛院。嘆幾日重來，多少芳菲換。長條牓挽。話桃葉桃根，簾櫳爾汝，誰管小梁豔。韻樓新來一妹，曰韻簫。綢繆意，可記當初相見。白頭偏恁腸斷。鮒魚又到江南節，且把芳筵催薦。杯試勸。便自覺風懷，已較前時減。虧他送暖。肯按拍輕歌，含嬌倚困，拚醉緑尊淺。

木蘭花慢

賦櫻桃

漸梅青綴豆，果坊熟、喚朱櫻。想漢寢年時，宸游薦後，纔許嘗新。堪珍。烏含御苑，寫晶盤萬顆訝圓勻。往事千官拜賜，大明擎出逡遁。留人。五歲荒村。憑野老、送柴門。更幾時、盼得青絲繫籠，歸帶鞍塵。珠頳。漫愁傾破，待拈來親試小朱脣。玉腕催調杏酪，看他斜拭紅巾。櫻桃杏酪，蜀中夏初以爲珍薦。

聲聲慢

初夏村居，酒邊忽憶前夕聽歌事，爲之停盃悵然

流鶯啼老，雉子斑飛，勾芒別去無蹤。蕩緑繁陰，閒庭靜掩疏櫳。餌香漸傳芳蟹，舞麥苗、先轉南風。村路迤影，新秧一鏡，碧毯絨絨。懶

地僻門無車馬，但饋魚將筍，時有鄰翁。

喚行厨，翻勞玉指纖蔥。低徊翠罇擎勸，只清歌、悵少玲瓏。怎能彀，喚行雲、攜入夢中。

前調 題沈紫曼詞藁

簫鸞奼咽，綵鳳追飛，如花眷美無雙。春風倚棹，鶼酬豔寫吴江。問誰海潮翻攪，便夢中、驚起鴛鴦。愁不盡，渺長洲茂苑，故國瀟湘。

待唱累儂夫婿，更子規聲裏，蜀道微行。怨綺辭非，關山別度新腔。柰看錦流東去，送淩波、不過橫塘。只贏得，漲秋池、同聽雨窗。

玲瓏四犯 戲簡沈、劉，訂重飲約

美景良辰，趁芍藥香襛，櫻桃重薦。病渴文園，賦賣千金原孏。只怕負却眉峯，驌驦拚就鑪邊典。問表通天後訪玄，都罷怎生排遣。

俊情合要箏琶暖。倚梁家、畫樓天半。盧昇之《長安古意》『梁家畫樓中天起』。漫饒姊妹雙雙數，辭令儂要終擅。幾輩雌鳳雄龍，此靈鴛自堪迴眷。但鬢絲羞著飛花，肯令緑淒紅怨。

浣溪沙 村夏近感

新水粼粼漾碧渠。麥秋吹老緒風初。園亭已是燕將雛。　鶯囀隔簾驚夢早，蜂迴樸樎戀香餘。起來自理讀殘書。

其二

算盡丁黄又算田。春霜殺菽減豐年。午晴猶喜見炊烟。　尺布買艱貧婦袴，伍符催急瘦男錢。眼中何事不堪憐。

其三

細雨如塵滿院苔。衣篝留潤旋去生黴。蜀中四月也黄梅。　時節易增陸弟警，靈光偏切子山哀。豈無茅屋賦歸來。

祝英臺近 題《夢窗詞》

韻珠圓，華玉瑟，纂組麗情麗。獨繭抽絲，如抗復如墜。渺然貝闕朱宮，赤城霞彩，豈金碧、樓臺堪擬。　一何綺。有時還捲殘綃，澄江也無際。未解空靈，評泊誤春水。任教箋寫王朱，編讐甲乙，總難會、徽絃深意。

前調 過河灣新院，初來時同寓數家，今各散去

繞荒園，尋舊夢，客去賃春少。户寂軒空，花落徑誰掃。依然兩曲河灣，幾株霜柏，儘望中、推排人老。　話重到。迴想殷舅何甥，情親共相保。爛漫盤餐，悲咤雜歡笑。那堪流落無歸，烽煙尚爾，更添出、許多愁抱。

前調 犀浦國甯觀

過沉犀，迷舊浦，觀趾國甯在。卻叩蘧仙，仙去四枏燬。待尋一片殘碑，宋年荒遠，又城郭、人民俱改。　渺千載。還是西出宣明，依依國門外。路繞南京，風物總堪愛。幾村淹雨梅黃，專車芋熟，只來往、百迴無柰。自己卯四月，攜家沱水，過往於此凡五年。

前調 許水南徵君故宅

廢園蕪，喬木盡，寂寂水南路。世換人非，來問隱栖處。不堪曲徑幽林，石斑苔碎，更誰見、梅花多樹。　邈襟度。長揖高逝冥冥，鴻飛肯迴顧。鶴録同徵，當日幾詞賦。卻憐心跡雙清，詩名一例，倚殘照、爲君題墓。

小重山令

予再賦前集頤樓，情事宛宛，婼萚書來，屬

難把情懷兩禁持。當筵相見地、總依依。料應憐我鬢如絲。千金意、欲去未行時。門外紫騮嘶。紅箋催幾遍、故遲遲。枉教移近好花枝。人不恨、偏是自家知。

其二

柳暝花飛儘做愁。一春如夢過、事悠悠。有情人在小紅樓。欄杆影、十二曲西洲。荳蔻寄稍頭。華年驚似箭、水東流。誰能薄倖忘前游。簾試捲、重與話揚州。

婆羅門引

浴佛日，士女泛江

恒星不見，二千年法遍神洲。東來震旦同修。金粟蓮臺光滿，螺髻坐高頭。競醍醐灌拜，花繞香浮。伽藍記搜。趁佛節、作嬉游。看放生魚鼈，追逐行舟。鰍污鰻泥，也儳附、清流忘濁流。簫鼓乍、梵唄初收。

前調

近村書見

青青大麥，劇宵來四野萑苻。生人十九飢驅。慈父子猶難保，況説死之徒。問誰其穫者，怒鼓嚨胡。倉空窌虛。漸比户、斷炊餔。不怕凶年洊饉，直怕追呼。哀鴻叫酸，請迴看、腰鎌村婦姑。兒索飯、少完襦。

沁園春

閒居讀史

化國爲家，人人自奮，耰鋤皆兵。但江東全棄，蘭成先恨，成都雖好，馬援東行。易飽蹲鴟，難收板楯，漫喜青騾蜀道平。津橋遠，柰千山萬壑，盡是鵑聲。空倉白帝頻驚。要轉粟、關中還送丁。柰驅將苦戰，犬雞無異，悲傳野哭，螻蟻貪生。暮水山青，沙場骨白，僕射何曾如父兄。中原望，看郡圖有幾，劍閣愁銘。

臺城路　送珮郎往康定

閒愁抛擲氍毹去，出關且聽鐃吹。國土將空，舞臺先壞，到處天魔成隊。哀思不類。較靡靡師涓，更關興廢。一片傷心，石濠空灑撲槽淚。　當筵問誰顧曲，盡沙魂偷長，客牙傖儈。顛玩官嘻，踏摇娘怒，二十五郎須避。埋憂無地。好扇障旗亭，夢迴舟被。莫染髭鬚，幾人看後輩。

浪淘沙　和婿莽

小別不多時。已換羅衣。汗香和露染薔薇。過夏最宜妝束澹，卸了胭脂。　獨自坐調絲。褥子方棊。分明周昉畫中稀。添種碧梧環翠竹，便似青溪。

其二

乳燕看交飛。槐緑陰肥。江南腸斷夢中歸。夢得小長干路否，門掩朱扉。　天氣熟梅時。愁緒難支。無情紈扇任低垂。不爲懨懨新睡覺，別有柔思。

瑞鶴仙　小園即景有憶

緑稠陰滿樹。正節近清和，宜人初夏。鈎簾帶斜挂，看斑沈，澹裊倚風如畫。攤書暫罷，試玄圭、香霏漆麝。乍凝情、筆到烏欄，却少袖紅圍亞。　無那。新吟方就，舊恨重縈，懶題鮫帕。香車誰迓。話珍簟，碧窗下。便朱榴簇簇，晶釵插鬢，更自添他嬌姹。屐仙裙、一晌銷魂，蹴開兩衩。

沁園春　李伯奕歿於康定，哭以當招

事何如耳，死生人有，奈何到君。想出關纔去，棄繻驚吏，聞笳增壯，草檄如神。長揖軍門，橫刀健者，眼裏如今無此人。家多難，譬桃蟲集蓼，嘗遍千辛。　父行事我爲尊。是兩世、交游骨肉恩。溯避兵黃浦，巨蛩相倚，翻波滄海，一鴈先分。惝怳哀情，商量吉語，難入延陵題墓文。君弟家琛遭『桂林』號飛機難。尊人亞衡病中，秘不令知，竟死。君乞我誌墓，數年未忍下筆也。銘旌梟，望雪山萬里，今又招魂。

羅敷媚　經閑園門，却懷季武

閑園往事賓游盛，公子風華。玉貌名家。豆粥蓱虀辨咄嗟。　閒行忽過烏衣巷，髡柳殘花。燕子飛斜。朱户零丁帖尚遮。

其二

成虧萬感彌家國，釣渚弋林。同此驚心。今古雍門一段琴。　王郎意氣終然雋，遒上孤襟。脱手千金。把酒逢君得再斟。

聲聲慢　仄調　和夢窗《夏景》韻

薰風乍轉，笛簟生涼，簾波漾旌成織。睡起無聊，難遣晝長人寂。窺鏡自羞鬢亂，有盈盈、香汗微滴。似朦朧餘夢，錯驚來客。　隨意鬅鬆梳掠，剛迴腕、霞緋一痕界腋。紐縫分明，身上越羅衫碧。雙酥玉圓隱隱，弄齊紈、低首遮藉。惹萬恨，繞柔襟、誰與探去得。

小重山令　園壁悶題

廿載辛勤有此廬。自栽花木好、待扶疏。垂簾終日對清虚。丹黄遍、還擁案邊書。　天道竟何如。萬家爭避寇、久荒蕪。今年歸計暫堪娱。驚蝊鬥、又階除。

其二

笑問餘年更幾時。文高無處用、去何之。儘拋心力付填詞。靈和柳、非盡爲楊枝。　揖客坐中稀。但平生不屑、灌夫嘻。兩行紅粉較相知。能共勸、鏤金卮。

江城子　雙蘋漊館行散成詠

單衫時節愛輕羅。撫庭柯。暫婆娑。梅子生仁、房小石榴多。更喜蚪珠添纂纂，低玉井，兩蘋漊。　引雛青雀已離窠。囀嬌歌。覷簾波。深院無人、晛晥友聲和。雙宿雙飛還羨汝，攜玉手，共牽蘿。

前調　藍静之自眉山來游花市，即送其歸

江鄉換得一身閒。散人難。勝休官。瑞草橋頭、買醉夜深還。説甚短衣朝射虎，青史事，笑藍田。　看花來泛浣谿船。惜春妍。暫流連。一盞遲君、遮莫話明年。新水方生人去速，歸路穩，荔支灣。

臨江仙　初夏遣懷

北户鴛鴦睡醒，南園蝴蝶飛輕。藕絲衫子石榴裠。静聽欄檻角，微有步摇聲。　團扇乘鸞乍掩，汗巾霏麝先迎。折枝新換小雲屏。爲看生色畫，留住曼波横。

其二

梔子同心作結，朱葵映臉分霞。當胸圓貼繡毬花。若將春比賽，還恐豔差些。　鏡㞸緋團粉絮，窗棱綠浸方紗。漫嫌多事喚茶茶。罏沉燒白定，囊茗試紅芽。

梅花引 梅諸戲餉粱韻

簸青梅。薦青梅。雪白吴鹽雙箸犀。錢謝盦詞注：『製青梅當先選青錢共簸，方鮮脆。』雋堪嚌。脆堪思。分點薄酸，要教顰兩眉。　聰明自把糖霜醮。石家醋醋驚無伴。摽梅期。摽梅期。笑問傾筐，有誰來謂之。

蘇幕遮 池上作

午雷輕，疏雨歇。照眼榴花，紅勝嵰山雪。轉過迴廊閒一瞥。十日芳池，已颭新荷葉。　慢垂紗，窗捲槅。竹簟當風，預爲迎涼設。煙篆摇青甌盞白。竚耳微聽，似是雙鴛屧。

慶春澤 看鄰家種稻

布穀聲中，篩晴漚雨，人家逐漸分秧。毗活風輕，連村萬綠成行。袈裟界作僧衣浄，恍倪迂、畫裏江鄉。更溪頭，白鳥平飛，穿過林光。　叱牛纔罷農歌起，正斜陽罩水，笠影低昂。五鹼嚾呼，塍邊餅餌壺漿。力田漫説逢年好，問幾年、得到倉箱。且當前，暫慰輖飢，莫話秋穰。

燭影摇紅 讀史再賦

推印收兵，又騷然警傳風鶴。邯鄲未據不歸弩，腹異蕭王託。獸走甯辭梃險，悟幾先、聊爲掎角。虎方期鬥，狗已遭烹，甚諸侯約。幾輩朱房，夥頤獨坐沉沉幄。前歌後舞楚聲多，四面巴渝樂。白弩弨頭羞弱。痛賨布、年年輸卻。蜀道非艱，鴻溝自劃，可憐韜畧。

醜奴兒　近村忽來惡禽，有識者曰：『此名呼魂主，不祥。』乃詛而解之

沿村何處來祅鳥，鬼嘯嗚嗚。斷續如巫。喚作呼魂信不誣。　田巴一出人皆惡去，枉矢桃弧。誓蔟當敺。那待長沙更發書。

其二

巢中碧火傳梟響，猶似堪聽。無此惡聲。落日行人盡恐行。　鬼車尚説闕兵氣，風雨冥冥。血灑毛腥。薦醮誰爲叩帝靈。

夜游宮　雨中感事

三日黄梅細雨。更嘖嘖、繞村行扈。無準陰晴送朝暮。倚屏風，算歸期，獨自語。　到耳皆愁緒。甚楚帳、虞兮歌舞。恐怕七星橋畔路。壓連營，聽牛邯，一聲鼓。

西子妝慢　入城，喜訛言稍靖

小院歸來，晴窗拂拭，尚喜南風不競。一株榴火笑迎人，泛池荷、緑萍鋪鏡。雨餘塵凝。看引篆、沉煙碧淨。抵樊山，五十齋名麝，未輸他俊。　清和甚。舊薄羅衫，寒暖身剛稱。又牽情事上心頭，記得人韻非花韻。瓊樓路近。喜鼙鼓、漁陽聲定。倚宮墻，好把霓裳再聽。

蘇幕遮 賦梔子

味旃檀，姿雪縞。六出棱棱，鄂跗擎來巧。犖确漫吟山石好。倘赴靈山，恰要拈他笑。　傍禪枝，依忍草。記得薝蔔，林有西方號。把綺語同心懺早。華髮揚州，贊謝詞人老。

前調 過韻樓

燕雛肥，鶯序換。銷歇笙歌，人在城東院。何事緑窗關兩扇。綴到眉尖，不似尋常見。　午妝慵，殘睡倦。絮語懨懨，欲翦還難斷。心怯是星珠雨彈。萬里閒關，怎禁去重離亂。

前調 聞黄穉荃女士所天死於盜，賦此唁之

彈珠迸，徒御駭。白虎當頭，勢壓青龍臂。莫怪地師如土色。看後曹遮，正在安陵外。被盜時，適攜一堪輿同行。　洗紅妝，施縞帶。衢路收尸，哭得齊城壞。夏緑凋霜春雹碎。甚令嫻文，今日觴空酹。

西江月 王仲鏞前往渝，時辟主物故。今將往西康，又然。綴寄以廣其意

厭聽巴歌渝舞，要吟雪嶺烏蠻。蒼茫書劍向鑪關。一障乘邊舊願。　新敬乍生僮僕，昨宵方市鞍韉。相知不遇魏陽源。枉把殺公呼掾。

江城子 席上爲梁韻賦

新裁窄袖兩肩齊。緑兮衣。縐蒙絺。小宛風流、衫子賽歐西。露出生生雙玉臂，如雪藕，浸崔池。《清異録》：『崔遠家禊池藕，貴重一時，號爲「玉臂龍」。』　一身雅淡最時宜。遠山眉。散霞

脂。蟢子當胸、網箇小銀絲。更想明朝重五節，添艾虎，顫鸞篦。

臺城路

予初識梁韻，叩其身世，詞多隱約。近知予意非在狎游，始畧自詳。言故翁姓，句容人，年十三以饑就食南京。寇襲，別父入蜀，同行資扉罄絶，乃勸令學歌舞。初鴇嘗指其子爲韻壻，逋蕩不返，更名韻女。然時遇不調漁獵者，韻輒泣拒。蓋意在養鴇一二年，擇對即嫁而已。予聞而悲之，因爲再綴此解，以明其志，非風塵粥粥者比。昔孫綮撰《北里志》，致嘆宜之，每爲三復。世有才人憐韻如宜之者，正可據吾詞爲本事矣

儂家生小句容住，洞天華去陽秦記。鐘動三茅，璧尋雙瑑，多少列仙栖寄。金壇地肺。誰道江淮，也驚饑餒。旅食昌亭，丫鬟十五正嬌綺。　西風白下驟緊，送傳烽百道，蜀江千里。何處非家，謂他人父，强自忍翁須淚。紅羅解繫。謝竹馬青梅，少年情事。獨抱桐絃，一彈聲更厲。

平調滿江紅

斑竹園在成都、新繁、新都三縣犬牙地，實沱江正流所經，商旅輻湊。有橋曰『三益』，歲久失修，三縣耆舊乃慨然醵募而重新之，費踰大萬。落成之日，來請文字，以隆壯觀。因賦《平調滿江紅》，俾刻諸橋上

布橑飛簷，驚一道、長虹卧波。重涯岸、萬楹叢倚，楗石岢峨。交錯版圖三縣匯，往來徒輦四方多。使神爲、亦正不勝勞，人顧和。　鼕鼓響，撾巨鼉。蛟鰐徙，静盤渦。送大江東去，自別爲沱。解纜朝看估客樂，連檣暮聽榜人歌。更四圍、斑竹壓名園，環緑猗。

澡蘭香

端午日，螃蠏堰競渡，鄉社來邀，謝而未往

釵垂艾，綠巾蹙。榴紅霉霽，天中節序。靈絲纏去臂，戲草兜裙，往事歲時荆楚。襲菲菲芳氣，迎神堆盤，菰筒角黍。一樣佳辰，老去先輸情緒。　勝會龍舟，薦屈正府。江邊競鐃笳鼓。鳧鷖散亂，櫂枻沉浮，懶着浪翻波舞。只蘭湯浴罷，獨憑欄、悶把蒲觴自舉。問底處，買辟兵符，魚仙無語。近十日，螃蟹堰側魚洞忽傳魚仙託夢事，禱賽若狂，兩岸巫祝香火，遂成叢祠。故漫及之。

釵頭鳳

數年前，見如意女郎，垂髫十歲耳。今重覯之，風鬟縹渺，殆勝其姊。酒邊索書，喜爲題句

芝如意。犀如意。看來那有人如意。前時見。今時見。西洲鴉色，南樓墜燕。燕。燕。燕。　芳池悄。浮萍渺。青溪妹子原嬌小。桃花面。桃花扇。此生如意，他生如願。願。願。願。

虞美人

戲賦小閣赬桐

石榴漸謝赬桐發。豔奪珊瑚色。朱明時節看朱花。蠣粉牆邊葉大、綠陰遮。　枝頭誰把荷包繫。俗呼荷包花。紅綫交加麗。若教赤鳳肯朝來。何必丹山始解、結珠胎。

滿江紅

沿村新稻頗遭螟害，老農云數十年所未有。慨賦以示當官者

氣鬱陰多，甚五月、重棉未卸。閔小旱、一春愆澤，舞雩方罷。成都祈雨，禁屠三日。誰道土龍玄寺立，已驚螟螣青苗咋叶。總天時、人事足傷心，疲農話。　蓑笠破，泥沾胯。茶蓼朽，漿如瀉。問年年終畝，何時多稼。官裏早傳

徵購帖，民間但論妻兒價。任號呼、泥佛總無聞，吁長夜。

前調　長夏淹雨，獨坐無聊，題寄城中

五別修眉，正江上、悶懷無著。更禁得、雨黤風曀，湊成耽閣。倚枕定知涼簟捲，添衣誰省吴棉薄。賸宵來、夢繞畫梁邊，城東角。　鴉鬟淺，鬅鬆掠。蛛網巧，纏綿絡。只家常梳洗，十分佻侻。想到竝肩脂滴口，也曾剗襪香盈握。替紅箋、幾日寫鸞庚，吾當諾。『箱簾不恨蘭芝嫁，記當初、此意分明。』予寄錢楚句也。今於梁韻亦然。謎語妍詞，爲嬉而已。

前調　田家告予今年插秧後，陰曀無電露，故螟螣生而禾不茂。感爲再賦

布穀催闌，漸葉葉、稻翻風舉。問食節、食心誰管，仰呼田祖。那得千驍壺戲電，頓教萬斛珠傾露。便豚蹄、盂酒賽篝車，蹲蹲舞。　編剌急，嚴符伍。誅歛迫，悲逃户。又縱横遠近，四驚桴鼓。自昔傳聞天割降，如今始識生民苦。怕豐年、一飽乏軍興，官人怒。

新雁過妝樓　初聞蟬

卵色新晴。庭陰午、今年第一蟬聲。未成曲調，摇曳徵碎宮零。吸露爲憐纔蛻殼，吟風宛似不勝驚。待柴門，晚涼高柳，倚杖還聽。　南冠當年客思，付沉沉墜響，誰表予清。紫貂華省，宦拙枉説平生。端留剪紗薄翼，喚瓊樹來梳雲鬢輕。餘音裊，想五更疏斷，樹碧無情。

玲瓏四犯 和珮蘅《近感》

遠客飢寒，嘆誤認荒傖，錯呼佳士。蟻逐蠅鑽，一笑腥羶而已。引幾輩渡江來，把揮扇、顧榮羞死。看踞牀高坐倒衣，無憚彼何人子。　繁滋醜類多於蟣。寄巢久、卞家褌裏。縱教暫與爬梳著，人已自成瘡累。待有時湯浴，快吾身、當萬息千孫洗。

前調 五月廿六日，酒集珮蘅室。諸子各賦詩，予倚聲爲和，兼示石齋、千帆

沉李浮瓜，記南館清游，月華初上。時異節同，盡入子桓悽愴。每念別在一方，有多少、哀來樂往。偏樹陰聽鍛鄰有治户，終日鍛聲不絶，故云竹林，攜酒又逢佳賞。　蘇端薛復筵初敞。愛豪翰、滿堂爭唱。少年努力爲懽，老夫已到衰扶杖。只不妨游子，芰荷衣、戰鼓任他悲壯。

瑞鶴仙 還村休夏，與梁韻別

別時閒自算。算上弦相別，下弦還見。見時也都慣，怎此回，暫別意偏依戀。停杯懶勸，說西風、流年易換。不知三伏過，何時可許，得紅妝看。　休怨。思歸小住，解夏重來，正當秋半。迎風涼簟。桂香滿，月華灩。定催歌按拍，醉覓城東院。再狂把詩書捲。但向嫦娥，問青天、那時誰伴。

念奴嬌 竹榻，和白石韻

晚涼新浴，正披襟跣足，迎風逭暑。誰把湘妃揮淚玉，排得青青如許。文愛魚須，栩通蝶夢，別領橫陳趣。慢膚多汗，火雲頓謝蒸苦。

未用遠客移牀，恍然林下，一覺清風遇。八尺琉璃無此好，展向池亭芳畝。絲鬟凝禪，茶烟輕颺，人卧琅玕處。幾聲疏響，打簷似有微雨。

臺城路 欲往東湖看荷，不果，賦此寄意

平生多少江湖興，一舸鬧紅何處。水珮依稀，風裳蘔葯，夢繞東湖歸路。滿身塵土。怕鷗鷺驚猜，避人先去。懷李堂邊，碧漪十頃待誰賦。　追涼却思舊事，小年江瀆上，呼棹題句。玉蝀金鼇，葦灣瓊島，也在花間曾住。舊京看荷處。冷香非故。怕未卸紅衣，早驚清露。賸與詞人，倚欄愁日暮。

蝶戀花 即事漫成

蝴蝶南園飛欲盡。豆筴瓜花，瓞蔓交荒徑。過雨好風涼一陣。碧紗㡡外新篁靚。　何處鏗來環珮韻。決決溪流，時送丁東聽。懶向柴門吟晚興。垂簾坐對雙煙定。

其二

歸計秋來思已熟。五載江村，夢似黃州續。萬事人生須結束。杜陵早賦成都屋。　整頓殘書三萬軸。終日隨身，粲粲丹鉛録。買得無端憂患獨。如今尚累車連轂。

鷓鴣天 重感

身世飄飄繫兩頭。不成高蹈不成游。多方鼠笑搬薑拙，早計鴞甎見卵求。　漆室嘆，杞人憂。年荒時難問誰收。田園大有驚人處，不爲秋瓜憶故邱。

其二

一飽真須萬萬錢。更無饘粥度饑年。縱饒城市封椿滿，其柰農家罄室懸。珠賤米，貨流泉。米石踊至五千元。催科法令正森然。復除漫說中興事，刪却蘭臺史數篇。

金縷曲 越縵有欄杆詞，樊山和之，並極淒豔。偶取展誦，喜而繼聲

瞥眼驚鴻度。總無聊、風亭月榭，背人憑處。依約畫裙遮一半，生怕鳳鞋尖露。仗卍字、殷勤低護。玄玉紅沙鬆不斷，映金鋪、稱意苔侵礎。情叵叵，詎如許。　綠牕更掩花成霧。待添將、花外重簾，簾邊鸚武。一曲迴廊花一亞，花韻晝晴初午。恰正是、畫中庭宇。說甚西洲明玉手，認愁心、一點烟波路。凝望久，未能去。白石『烟波漸遠橋東去，猶見欄杆一點愁』，予最喜誦之，以爲別有神致。

玲瓏四犯 林臥聽鶯，忽有輞川之思，因詠右丞句發端

夏木陰陰，乍溪上黃鸝，輕弄嬌囀。環碧千竿，竹裏正堪題館。但恨水淼南垞，儘少箇、小茱萸沜。只畫簾垂處清虛，倚枕似聽歌板。　少年曾記宜春苑。賦東風、濯龍池畔。一聲漏盡千門曉，最愛流鶯百變。誰省昨夜夢中，纔覺得、遼西路遠。試問他、思婦樓頭，打起何方排遣。

仄調聲聲慢 賦夜香

排青纂纂，引蔓蕤蕤，含苞嫩過新茗。小架迎風，澹帶露華星影。功德細參鼻觀，便吹蘭、

散麝嫌猛。問其清，如此幾人曾省。　最憶晶梳釵朵，新倦浴、當堦晚涼未寢。　碧唾針穿，如見魏宮斜領。　鬆插鬢雲半寸，早南花、巾袖雙屏。　待得轉緑迴黃，芳夢已醒。昔人稱夜香初開嫩緑，再宿微黃。

前調　與家人商歸計

齊書傍架，檢藥籤囊，即事荒村如此。　今古乾坤，都併少陵愁裏。　萬里白鷗浩蕩，望江湖、路渺難寄。　問此身，安往總匏瓜繫。　爲想城頭家在，歸去好、秋來桂叢足倚。　莫嘆飄飄，任置老夫何地。　從令角悲警夢，柰飢寒、羣盜深矣。近鄉刼掠四起。　試聽白馬湍聲，相送幾里。

慶春澤　連雨十日，喟然增嘆

節是朱明，夏行秋令，沉霒慘慘悽悽。　西山黯黛，起來又現朝隮。　暑雨向來咨怨有，但不關、有蜚爲菑。　甚午烟，人卧連村，稉卧連畦。　禾頭最怕秋生耳，况秋成尚遠，禾殺初齊。　誰陟陞皇，揮鞭響叩玻璃。　騰空放出踆烏翅，照家家、炊黍蒸藜。　便依然，絺綌含風，不怨淒其。

思佳客　時方小暑，儼似深秋

壘盡荒泥没盡苔。　蕭然十日抵清齋。　竹迸苦笋穿籬出，花爛決明冒雨開。　巾扇掩，枕函偎。　山妻故把小棉催。　無聊獨自虛堂聽，鴛瓦油衣恨怎裁。

其二

葉落高梧不待秋。涼風已似火西流。生憐炎帝無朱夏，撼起衰翁易白頭。　淒久客，怕登樓。一重寒雨一重愁。明朝或有新晴望，多謝青林喚婦鳩。

雙調望江南

昨賦《聲聲慢》，云『爲想城頭家在，歸去好』。閨人笑問何好，戲衍四解答之

歸去好，情事語妻孥。不少羊求三徑客，自携惠子五車書。朝夕老堪娱。　清課摒，隨意作精廬。研石瓶花須檢點，琴絃藥譜耐生疏。几案一塵無。

其二

歸去好，小閣對霜柑。響搨碑妍朝試墨，畫罏香定午垂簾。清夢在江南。　長夏永，眽眽待新蟾。雪腕玲瓏擘藕嫩，緑沉哈密想瓜甜。消受近風簷。

其三

歸去好，著意看梁清。釵影酒邊教記曲，繡棖花下聽調筝。眉語不勝情。　絲鬢短，懂緒未多争。莫訝後堂荒伎樂，何曾小飲避門生。行散愛東城。

其四

歸去好，次弟數園花。菡萏正敷荷倚蓋，窅窊還喜桂將華。散髻坐排衙。　涼簟展，方空碧窗紗。一篆夜香金鈕釦，雙頭茉莉玉鴉叉。何事不還家。

金縷曲

歸緒漸就，喜晴而賦

作計真歸矣。早商量、琴書摒擋，瑣兼虀米。

桑下豈無三宿戀，世患迫人不已。痛生計、飢寒交靡。萬寶秋成甯可待，只眼前、朝夕渾難恃。民不畏，柰何死。　先生本自清如洗。笑借去、東牆都盡，斗升悊水。饑至但從仁祖食，一飽願餘非理。嘆禍福、纆徽相倚。花徑藥欄無恙在，慰歸思、尚有烏皮几。天亦爲，放晴喜。

前調　别沱水諸姻舊

五載羌村客。最多情、故人甥舅，酒朝燈夕。不共茅簷聽夜雨，便約釣溪行陌。甚冉冉、光陰易擲。細數同來人幾户，到如今、賸我臨江宅。黔突久，煖穿席。　鬢毛换得絲絲白。嘆生意、婆娑欲盡，自知非昔。兒女一家爭盼望，歸去城頭曷月。問人世、有何長策。水到渠開坡老計，共諸君、且作從容别。郫釀好，一尊碧。

西江月　鄰里相送，依依爲别

杜宇不須催客，蟪蛄莫笑違山。也非充隱也非官。人比天隨更散。　郫酒宿酲昨醉，洛書滿載今還。桄榔杖子竹皮冠。一箇青裙相伴。

其二

白馬堰邊小立，甯風店子多情。灣灣送我過橋聲。三嘆迴頭不盡。　吹葉兒童悵别，脂車鄰里遮行。涸魚嚅呴詎關生。欲去此懷還怔。

以上《清寂詞録》四

送入我門來 移家還城，喜賦

白笈書縢，朱絃爨尾，浩然託詠歸懷。蛛蟲網繭，几榻拭還揩。平生最愛團欒語，况繞膝雛孫稚女偎。聽一家歡笑，買羊酤酒，百樣安排。　迴首江村近事，誅求眼中徹骨，俗化椎埋。里避康成，敬我本非猜。居此五年，無盜竊事。將行總覺無多戀，把翠竹寒杉看幾迴。更鄰翁意厚，許秋瓜熟，送入門來。

驟雨打新荷 初歸苦熱，今年暑度高至百刻

十日熇蒸，嘆髮焦如炙，肌汗翻漿。甚移家句，屋角賦山薑。愁見殘書滿榻，更無意、籤齊縹緗。始悟得，人生物累，有即相妨。　歸巢真如鳥倦，低輪蹄萬里，遠客還鄉。巷滿車轍，握手故人忙。待得從容打疊，問那處、長山風涼。露坐久，月影雲華，漸近秋光。

情久長 中伏小涼，戲示閨人

小園四綠，如帷且慰歸來興。喜扇扇、碧牕明拓，清簟搖潤。茶瓜當午設，恰香度、檻外叢蘭一陣。閒更向、曲池竚立，種藕三年，今始見、娉婷影。　莫話江村，水竹幽棲迴。消夏計、調冰雪藕，無分去都屏。縱饒涼意早，又難耐、宿露飢蚊繞鬢。比今夕、重攜素手，茉莉含薰，芳扇底、誰持贈。

破陣子 坐霜柑閣，喜雨成解

酷暑渾如酷吏，秋炎爲迫秋成。陡訝排簷侵客坐，却喜移牀近雨聲。虛廊又放晴。　餘霽尚銜東郭，輕雷已過西城。三葉小輪銻電扇，一盞黃酥冰吉靈。晶涼沁齒生。

喝火令　中庭共家人玩月

膩玉纔消汗，頹鬟欲溜釵。晚涼新浴意偏佳。笑説忘攜藕覆，只曳淺拖鞋。　塵轉蠅窺拂，香霏麝散煤。小移竹榻費安排。爲算今宵，涼月正當階。縱使嫦娥羞避，還有好風來。

鷓鴣天　還城廿日，百端坌集。末伏已近，尚爾熇炎。既不及一訪梁韻，今夕七夕，亦並忘之，率賦奉寄

苦説還城爲汝多。一城翻似隔天河。今宵便是雙星渡，伏日能教萬鬼何。　琱玉枕，碧雲羅。簟紋如水夜香和。不知自乞天孫巧，抵得銀絲蛛網麽。『銀絲蛛網』，見前卷《江城子》詞。

其二

一葉梧桐近報秋。涼風只在屋西頭。誰將對鏡紅妝勸，待作鳴笳清夜游。相見語，定難酬。眉尖聚得許多愁。請收倩女離魂淚，爲唱行郎挾彈留。

前調　立秋夜重感

漏葉星疏幾點明。絳河時見片雲行。三更夜定無人語，一味新涼爲我生。　金井露，玉階螢。淒然都是近秋情。驚心最動流年感，惟有窗前絡緯聲。

其二

世事殷憂儘萬端。盛衰終付物循環。紅衣纔惜新荷褪，白石旋霏桂樹團。　思不斷，夢還慳。賢才窈窕總相關。生憎冰簟銀牀易，欲覓輕顰淺笑難。

浣溪沙　即事二解

雨過芳池暑氣空。晚涼出浴换輕容。不須裙帶更當風。　倚檻爲遲今夜月，唤人先捲四邊棚。電珠收暗畫屏中。

其二

欲賦秋醒愧未能。澹雲遥漢望層層。起來還自繞階行。　茉莉香傳巾上雪，檸檬味呷盞中冰。倦垂羅帳忘去呼燈。

高陽臺　楷如侵晨翦蘭相送

碧箭迎秋，紫莖帶露，沅懷澧恨叢生。公子誰思，絳河昨夜吹笙。曉來揭帳雛鬟報，有襲人、芳氣堪驚。乍菲菲，未誦離騷，先汲銀瓶。　緑牕唤覺晨妝早，趁曉涼初日，纔上銅鉦。削掠隨宜，一枝插傍釵横。却看照鏡花前後，比晶梳、玉朵分明。只如今，負了蘭香，老了蘭成。

前調　中元前三夕作

節近中元，心懷舊俗，滿城錢紙灰飛。復野招魂，家家盡薦新粢。酸聲日暮沿街巷，半寡妻、慈母哀啼。問人生，骨肉何干，此事今非。市政厲禁焚帛，且加拘罰。　盂蘭鐘鼓聽都斷，怕幽冥新鬼，盡竪愁眉。紅渺旛竿，空餘月色淒淒。追亡不到啁啾頃，況求彭、遠索依稀。愴無情，秋露春霜，誰履誰思。

虞美人　涼夜，效樊山

夜香茉莉濃薰幄。花葉攢成緑。近賣茉莉者皆揃枝。更添魚子素心蘭。一例晚涼誰解、早秋看。　北窗自有羲皇意。忘却人間世。何須殿閣詠微涼。風響玉絃如鼓、兩三行。

其二

青箋遲寄非關遠。怕訴情長短。欲將好語託微波。又自十分斟酌、未宜多。　夜闌無限相思味。説睡何曾睡。清涼無汗想冰肌。難道不應消受、一些時。

小重山令 秋熱遣懷

伏已闌時暑更濃。非無時節感、願西風。任催秋色入簾櫳。虛堂遠、簷馬響丁東。　池影上涵空。疏星摇不定、映花叢。愛涼移榻衆香中。爪茉莉、雪玲瓏。

其二

滴粉搓酥往夢殘。老來心跡在、近樊山。祇無寫韻繡漪還。誰能彀、相貼效文鴛。　琴意託真難。紅樓人一箇、玉珊珊。幾時同倚曲欄杆。將白傅、問腰蠻。

西子妝慢 七月十四夜，月色皎然，露坐吟賞，今年弟一夕也

嫩剥菱尖，脆收梧子，秋似江南有味。夜香不斷玉簪開，更撩人、四圍花氣。緑侵行屐。認荇藻、縱横在地。是當頭，穆穆舒波，月明雲霽。　迴頭憶。如此涼宵，五載荒村寄。空吟玉臂對清輝，誰識無限方諸淚。嫦娥有意。肯今夕、照人無寐。譜新詞，暗把秋懷自記。

前調 次夕，過雨微涼，有憶，再用前韻

梅子漿酸，藕絲餅薄，消夏從來雋味。縱然殘暑已無多，況疏疏、滿庭秋氣。打量游屐。想一幅、湘簾窣地。看佳人，含笑相迎，晚涼新

霽。勞追憶。雁字魚書，往恨纏綿寄。丁娘十索一椿無，衹有緘札餘清淚。誰知此意。醉心骨、似醺如寐。待來生，定與靈簫作記。

臨江仙 重熱

昨夜涼蟾洗露，今朝白虎驕秋。真成七月火西流。桃笙重自展，紈扇未曾收。俗客最防羅襪，名花自與綢繆。南强嬌小夜香柔。爲貪芳氣入，更把曲瓊鉤。

前調 十六夜加丑，起看月食。聞遠寺鐘鼓之聲，猶舊典也。官衙則久廢不舉矣

誰取團團玉鏡，劈成棱棱上晶梳。姮娥掩袖得知無。縱饒清淚滿，不用滴蟾蜍。乍暗乍明星漢，半鼾半醒鄰鋪。法堂鐘鼓四更初。可憐姬孔墜，却仗釋迦扶。

鵲橋仙 啜冰，憶三十年前東游舊事，紀以小詞

葛巾展罼，蕉香點露，未嗛涼先噤口。如酥雞子淡黃生，肯閒却、調冰素手。滄桑幾度，蓬萊清淺，迴憶飯田倭柳。水晶簾下水晶盃，問冰店、冰娘在否。

前調 自還家來，雖苦暑熱，然几案帷榻，徧以蘭蕙、夜香、茉莉之屬繞之，坐卧皆在花氣中。鄉居五年，殆未能有，喜而賦之

花花葉葉，相當相對，馣馥四香圍繞。夢窗有《四香》詞。秋花澹雅過於春，賸閒把、詞心自撩。萬般都倦，歸來未負，衹算美人香草。露華凝碧夜涼多，任清睡、花叢到曉。

思佳客 沈紫曼出漢照容鏡、西京玉釧拓本索題，各繫一解

百鍊彄環往事空。又誇寳月濯青銅。昭陽柘館俱黄土，誰是雙來照影中。　殊彩鳳，謝盤龍。波紋稠疊意玲瓏。七三銘句空言好，無復佳人少女容。《照容鏡銘》：『照容儀，身萬全。象衣服，好百年。宜佳人，少女歡。樂已兮。』『象衣服』之『象』，疑『橡』字省文。《漢書·孝平王皇后傳》：『橡飾將醫問疾。』師古注：『橡，盛飾也。』此『象衣服』即盛飾衣服，文意乃明。

其二

子弟汾陰問幾傳。續封纔記建平年。誰呼巧匠輸心樣，來與宮嬪試臂纏。　輕鎖骨，重連環。迴身磨戛韻鏗然。不知仙偶雙條脱，可近劉郎斷袖邊。《玉釧銘》：『建平元年二月癸卯朔一日，汾陰侯造。富貴昌，壽無疆，樂未央。』

羅敷媚　數月前，畜一畫眉，極慧，曾寵以《羅敷媚》小詞。近爲奴子開籠，脱手逸去。戲拈前調送之

從來澤雉誇神王，不羨樊中。閉置彫籠。那及消摇向碧空。　柳枝開閤還須放，何況衰翁。倦聽玲瓏。走馬章臺豈再逢。

前調　萬千一室填詞圖

詞人最愛迦陵雋，擘綿添香。有箇雲郎。不要金釵十二行。　一家韻事今誰繼，共説元方。解賦新腔。梧竹疏疏似草堂。

臺城路　苦熱盼雨，夜半灑然。倚枕吟秋，便成甘寢

秋炎何事將人灼，鏗然響驚梧落。内熱呼冰，濁懷澆茗，比似冷淘難索。起捎簾幕。問誰抹微雲，喚升晶魄。雪腕摇風，可憐紈素怎生弱。　金鱗甲光忽動，看遥天紫電，遠來西

郭。撒豆星收，相竿風轉，頓自涼生池閣。瓦溝簷角。送一霎秋聲，四更殘鐸。淅淅瀟瀟，欲聽翻睡著。

百字令

思誥梁韻久矣，今夕暫見，情甚於辭

不多時別，算石榴開後，桂華迎節。三伏紅妝憐久洗，玉兔兩迴圓缺。獵蕙無風，引桐稀露，誰道秋偏熱。幾重心事，欲言難就卿說。　試想負版牽蟲，補巢泥燕，何異關河轍。老幼提攜經五載，頭上星星成雪。縱有閒情，暗中抽換，都爲閒愁折。玉人無恙，十分涼愛今夕。

前調

伏盡日賦

漸秋心起，便被池堪近，夜燈思倚。幾陣疏疏微雨過，敲落玉階梧子。叢桂將花，碧荷欹蓋，簾樹清如水。悵然殘暑，送君今日千里。　恰好絃潤琴收，簟輕筒捲，幽事重尋理。宜愛晚來添一炷，五十麝香濃抵。抹麗多情，入懷爭媚，更綴秋盆紫。茉莉秋花，外瓣微紫。夢迴芳膩，忍輕把嫩涼委。

浣溪紗

秋閨。樊山有此題，所寄各不同，綺思則一也

幽夢如雲在薜蘿。宜人池館不須多。晚涼無奈早秋何。　芳扇乍看辭翠袖，袷衣已欲換輕羅。旋去拈螺子點雙蛾。

其二

不羨樓臺住一家。畫中風味儼些些。小屏山外石欄斜。　鏡檻瀹收珠電影，領巾濃簇夜香花。起分銀葉自煎茶。

百字令　雨後池上自題

晚涼過雨，看閒庭驟換，一番秋色。池面波紋簾影動，倒挂斜陽金碧。緑展荷衣，紫牽菱蔓，意遠江湖窄。錦鱗來往，渺然吹浪噞唼。　莫欺數丈縱橫，竹深花窅，亦正堪留客。多少園林豪奪盡，世事長安如弈。宋玉悲秋，蘭成寫恨，謄有臨江宅。碧瀾成寸，兩行斜滮苔跡。

前調　珮郎自鑪關新還，攜一胡姬。今日招飲珮聲閣，爲賦此解

解裝一笑，把明駝卸去，宛然千里。記否琵琶當日唱，愁送明妃塞紫。見前《釵頭鳳》詞。理鬢當窗，貼花臨鏡，迴首今知喜。美人蘆管，夜寒千帳如水。　漫嫌玉手金鐺，中軍置酒，亂點駝酥美。況有蠻姬能薦客，花下贅留秦壻。並馬騎歸，雙鞍互抱，添箇胡兒子。一杯方賀，不須催把塵洗。

虞美人　夜窗聽雨，滌芳笑謂不可無詞。仍拈往調賦之，意中惆悵則更深矣

春來聽雨霜柑閣。近負蛾眉約。詞見前二卷。如今聽雨到秋來。隔著羅幃還自、響空階。　人生此味江南好。夢裏還鄉早。白門楊柳萬千條。誰與吴娘今夕、唱瀟瀟。

其二

淒涼但覺秋聽平切。淚雨都無別。一枝殘燭一聲更。簾裏簾前相滴、到天明。　巴山莫恨秋池漲。人立屏風上。夜闌花蟬淚迷離。稀點繁聲越是、助相思。

浣溪沙　畫眉去三日復歸，比似墜燕不返，有足念者

遠送方吟燕燕飛。信音只怕隴山違。誰憐拂羽竟知歸。　玉鎖人開偏戀主，緑腮螺在莫顰眉。爲儂重唱縷金衣。

其二

百囀嬌歌不自由。每驚殘夢下妝樓。春鶊數到伯勞秋。　漫把白翎誇巧舌，也教翠袖誤迴頭。貍奴聲近小簾鉤。諸禽中，惟白翎工效貍奴，其他皆否。獨此畫眉，自黃鶯、紫燕、杜鵑、布穀以至鶻鳩、貍奴、呼魂祆鳥，在江村時，無所不效，故予尤愛惜之。爲悵望者三日。

前調　重晤

雨洗江城夜色清。暫抛閒恨作閒行。聞聲先自下堦迎。　八尺簟漪冰縠細，十光電逗曉珠明。最難消遣此時情。

其二

涼霧初澂暑盡收。宜人天氣是新秋。竊紅單袢碧香毬。　班女不知團扇怨，宓妃空許枕函留。重來真似夢中游。

金縷曲　試香偶作

碧剪秋雲薄。止凝香、初迴午夢，最宜簾閣。起把鑪薰閒整理，恰有好風一角。任芳氣、菲菲四著。甲煎上嫌昏沈水澹，總范磚、方在吾能説。還待買，百回濯。《拾遺記》：『孫亮爲愛姬和百濯香，百浣不歇也。』　妙香豔想鄰舟泊。望斷煙、思量無限，雋情誰託。老矣夢腮詞筆健，自度霜鴻哀曲。便搗麝、成塵非惡。算到餘

香分散日，縱英雄、未免悲銅爵。灰漫委，細重撥。陸士衡云：『郁烈之芳，出於委灰。』

前調　賦蟋蟀

何處重淒唧。乍秋陰、牆根砌縫，似吞仍咽。絡緯驚心纔過了，又道夜闌催織。更添上、鄰機軋軋。蕩子關山行不返，只高樓、思婦肝腸絕。更未斷，雨還滴。　新詞白石吟偏切。悵籬落、呼燈情味，那家秋節。一夢半閒堂上冷，誰弔西湖寒月。甚斷續、幾番聽得。不必愁人都不寐，況愁聲、正與愁心結。如怨慕，向誰泣。

鳳凰臺上憶吹簫　梁韻新攝小影見詒

照影無雙，對花分豔，天然縮本驚鴻。看十眉圖外，別門梳櫳。海上艣沙新式，問於潛、可讓吳宮。慧能語，這般膏沐，莫認飛蓬。朦朧。鏡冰一寸，比崔徽畫裏，寫寄還工。愛含睇宜笑，骨弱肌豐。從此影兒相壓住，更休言、來去無蹤。竹垞：『醉裏香肩憑未肯。待他月上燭斜時，壓住影兒應不省。』祇愁是，欲呼難下，似隔屏風。

金縷曲　重飲珮聲閣，酒罷聽歌，感示同坐

廿載渾如夢。嘆黃罏、今來已邈，故人難共。我自蒼涼驚白髮，不爲薄寒淒中。每到懽娛疑遠送。燕麥劉郎年少去，便雙蓮、也惜紅衣重。巾扇底，鬌羞擁。　憑欄倚瑟誰三弄。聽一串、珠喉宛轉，迸穿簾縫。天上玉清吾認得，赤尾昨宵騎鳳。只怕仙姝迷舊洞。待何時、爲把青鸞控。還記取，珮聲動。

高陽臺 秋陰連日，坐霜柑閣，觸意成句

漠漠殘雲，騷騷斷雨，閒庭釀作秋陰。緑意淒然，文牕半掩如深。疏桐獨自敲金井，似蕭郎、落葉悲吟。年華逝水真難挽，偏十分涼意，催上羅襟。鏡裏朱顏，誰憐一去鬖鬖。看花把酒情非昨，甚愔愔、墜夢還尋。只思量，有味無能，閒過如今。

前調 懷遠山莊秋集，醉後與君猷、霞珮兩郎，梁韻並載而歸

萬里江橋，三分水竹，主人邀客登樓。饌美魚香，杯行還怨遲留。憑欄四望差堪喜，喜黃雲、穲稏成秋。正龍驤，萬斛揚帆，粟不須搜。平生揖客將軍重，但井梧高詠，不署諮謀。幕府羣才，儘容江上閒鷗。紅妝細馬彌山谷，共西園、幾夜清游。笑迴車，人是均茵，路是鳴騶。

喝火令 山莊即席漫紀

淺笑知誰爲，含情別自芳。折花背手下迴廊。簇簇幾枝紅豔，好似涉秋江。斜瑩去釵邊朵，徐窺鏡裏妝。出人風韻是安詳。一樣施朱，一樣約輕黃。一樣截肩衫袖，何事獨無雙。

其二

不是逢人說，端宜衆裏看。使君今日也微嘆。一幅屏風生色，真在畫圖間。意露千金易，頭迴廿載難。相逢不比少年歡。只許填詞，只許醉憑肩。只許偷閒來坐，商畧小眉彎。

百字令

鶩威池中蓄孤鴛數載，爲求匹不得。近忽奄斃，意頗悵惜。予語以瘞諸園樹下，買白石題碑，即鴛鴦塚矣。首賦此解，爲詞家唱

一抔芳土，宛玉鉤斜畔，恨埋釵股。天下無勝平長會合，怕誦徐郎前賦。鏡照孤鸞，影分紅雉，夢斷雙飛路。戲荷嚵荇，翠衣零落如許。　爲想烟雨樓頭，女墳湖上，交頸眠波處。馴狎池籠空説好，那得春情逐汝。倘化韓馮，定逢焦仲，燒瓦休貪去。小碑香家，仿他鑱出鸜鵒。

前調

悼龐璞，兼慰石帚

後來誰比，嘆通眉齊秀，齔鬌方美。用安仁《楊仲武誄》意。顧影清羸人一箇，况對茫茫江水。不待言愁，更禁多難，雨送朝華萎。夜臺知否，乃翁清淚如洗。　我愧孔李通家，業傳高第，指授心先喜。龍骨繡靈思已眇，誰令怨深文綺。璞自言喜六朝淒豔之文。鶴背仙吹，日中靈照，慧業應如此。舊曾經事，慰君難更提起。亡子伯堅，乙卯歿於上海。年廿一，與璞同也。

燭影摇紅

城桂今秋較晚，聞桂湖花十日前已盛開矣，賦爲霜柑閣桂解嘲

涼雨驚秋，桂華偏自無消息。月中可有暗香浮，梳影娟娟夕。倚樹思尋吴質。問嫦娥、今年蹤跡。玉蟾梯渺，金露莖稀，怎生岑寂。　聞道湖亭，小山叢樹幽如昔。萋萋莫便怨王孫，且待歸來日。管甚哀吟蝯狖。留人處、芳菲夜襲。妒雲吹去，高閣蓬萊，正堪聽笛。夢窗有蓬萊閣看桂詞。

前調 霜柑閣桂花盛開，賦此賞之

璚葉塗塗，畫欄晴染清霄露。木樨一綫逆風聞，領取禪機悟。攢就金星無數。仗新詞、額黄催賦。且尋秋賞，莫作秋悲，待吟秋句。　倦睞瑶姬，昔年曾把幽貞訴。予曩有《桂再華頌》。别來五載，泫攀條、晻薆從風度。招隱淮南人去。只生意、婆娑此樹。灑堦飄闥，未歇餘香，窅窊如故。

念奴嬌 梁韻移家，且約中秋相過，賦爲煖屋

舊巢痕淺，看飛飛乳燕，别睎華屋。自昔狹斜連大道，畫閣梁家高矗。烏柏風吹，馬纓花卸，城郭臨江緑。象牌釘户，貴人星映郎宿。漢有大梁貴人、小梁貴人，今所著户籍爲二十八號。　往時斜繫斑騅，墮鞭情事，福壽街彈熟。綿定奇温絲不斷，許把相思重續。此新闢南城路，即舊絲綿街南頭。樂府『著以長相思』，注『被中綿也』。鬭待鴛鴦，桂芳都荔，繡幌圍銀燭。更嫦娥喜，送瓜添箇寒玉。

江神子 賦桂，效夢窗

露寒鳷鵲影高低。樹鸞栖。月凝輝。香霧濛濛、金粟萬千枝。爲想素娥當鏡立，風掩苒，動銖衣。　畫屏山外畫簾垂。露華霏。電珠蕤。目與予成、堂上盡菲菲。今夜蕊珠宫裏夢，瓊館冷，未須歸。

前調 雨中再賦桂花，仍用前調

乍聞涼雨響潺潺。起來看。倚欄杆。點砌飄階、誰拾墮香寒。昨夜羅幃明月影，今日裏，便闌珊。　玉娥端解惜芳殘。掠雲鬟。試膏

煎。鈿盒盛脂、薌澤許多般。閨中頗掇蕊爲膏髮用。更愛一番新紙様，魚子灑，碧苔箋。

念奴嬌　中秋月下，聞鄰院歌聲

碧天飛鏡，正雲纖羅捲，露涼珠迸。人世團欒佳節好，不管嫦娥孤另。拜月妝新，窣簾光滿，姊妹肩爭立。那家庭院，儘笙歌耐人聽。　賸憐老去情懷，恁胡牀據，總少南樓興。大地山河凝竚久，玉斧持修無信。看到宵沈，却將人戀，路遠清輝近。問南飛鵲，繞枝三匝何定。

西江月　梁韻以紅箋餉節，自署弟子，戲拈兩解

梔子髮華稱贊，紅箋細楷簽名。繡漪甘作女門生。我與樊山真近。事見前《小重山令》。　膩玉腴紅鮮麗，藕心雪孔聰明。倘拈斑管學書成。一定親教唐韻。

其二

琴趣晚分朱十，詩家早讓隨園。隨園始有女弟子。萬方儀態任儂看。暗把兜鞋偷換。此亦本事。　舊夢三茅鐘外，新居萬里橋邊。從今莫上五湖船。只許芙蓉城占。

前調　補紀十一夕情話

絶世豐容盛鬋，恥爲嬌喘輕嚬。堅牢玉樹最關身。不用再三窺鏡。　葬得心頭小影，釀成夢裏穠春。合歡牀上獨眠人。空説花枝曾近。

其二

楚潤相看有别，蘭芝論嫁無端。自家擇對自家難。笑問怎生如願。　佳壻風流玉様，誰

人才調花閒。那時星影動紅鸞。纔解索紞冰泮。

惜秋華

君猷招看桂花，爲雨所敗。感其處即李青城故園一角，用夢窗賦木芙蓉體倚此

萬釘千粟，打朝來、驟雨苔陰鋪遍。香墜溼多，斜度一方庭院。朱樓畫閣離離，認門巷烏衣新換。憑欄。賞秋時、記當年清宴。人事只如夢，甚珊瑚錦障，繁華易散。問月影裏，留得幾枝金釧。重來更訪小山，莫但令、王孫淒怨。腸斷。佳人約黃相伴。

喜遷鶯

舊僕陳傭予家廿餘年，妻歿，遺女蘭芬。纔數歲，僕又病廢，閨人憐之，呼給粗使。今倏成年，爲擇偶以嫁。臨行哭戀甚悲，有觸予懷，慰而遣之，且當醮詞

一家憐汝。白丫角命薄，生微偏露。傍影依人，應聲聽喚，不當貧家兒女。掃地檢書都會，麤饌中厨能具。摽梅信，迨今來三七，歸期須數。　蓬户。乾鵲報，冰上有人，夢中傳語女。自當行，壻原非贅，便合綢繆薪楚。黄竹爲添箱子，縞袂正宜荆在，就深淺、勉之行强飯，無違思懼。

燭影摇紅

飲梁韻家席上，倚此屬同人和

桂醆浮香，買筵煖屋團花坐。紅樓新撰上梁文，節正中秋過。詞客珠霏玉瑳。湊駿騃、衰翁一箇。寄情絲竹，未歇風流，幾人江左。　自算餘年，浄名經熟晨昏課。只餘綺障未銷除，萬法無從躲。繡佛燈前咒我。定香嚴、多生劫墮。醉憑紅袖，又送今宵，問如何可。

解語花　賦秋海棠，用夢牕體

鋪苔暈紫，井葉吟黃，已悵秋蕭瑟。麗娟誰昔。嫣然態、更自這般幽絶。無言脈脈。點鮫淚、檻邊簾隙。妝未成、似怨難勝，露重脂微溼。空谷佳人暗泣。悄天寒驚袖，無此肌色。料應池上仙姬返，留貯唾痕凝碧。香宋《海棠》詞注：峩眉山仙姬池秋梅棠如紅雲。紅休誤洗，染一顆、金星當額。非避他、絳蠟圍春，邢尹來時隔。

惜黃花慢　自亂離來，不到江樓殆二十年。癸未之秋，偶以事過東郊。循江岸至薛濤井，睹其石刻小像，感往悵今，抽管賦之

塔聳迴瀾。正水歸合尾，秋瘦江干。廿年不到，舊痕賸有，荒蘆盪雪，禿柳瑶灘。眼中多少新亭淚，怕重説、風景依然。只井韓。甃深碧蘚，還認唐年。當時萬里吴船。記緑波送遠，總在門前。小桃花樹，夕陽澹澹，枇杷人影，畫裏娟娟。翠樓占得吟詩處，豔芳跡、幾幅紅箋。待倚欄。可能月夜聞環。

水龍吟　重九前風雨

滿城風雨懷人，秋心又逼重陽近。一年容易，百端交集，愁循序警。社燕安歸，塞鴻不到，更無邊信。怕登高望遠，山河滿目，同昏概、中原影。　垂老暫歸三徑。把東籬、黃花試問。閒居縱好，嘉名誰愛，堂堂去運。寂寞龍山，幾迴吹帽，賸憐衰鬢。便茱萸仔細，重看不似，昔年佳興。

花犯 九日雨中，沈、劉諸子欲約小集，不果

甚宵來，聽風聽雨，無眠五更曉。一燈寒照。送點滴聲聲，淒切要眇。又嗟九日成空過，人生殊草草。東坡嘗云：『人生惟清明、重九不可空過。』縱把酒、持螯對菊，秋光無處好。天公格是要人愁，西山朧，故把雙蛾橫掃。何方法，酬佳節、强開懷抱。憑欄罷、新詞待寫，端不見、花腴霜態飽。祇落得、翠箋封淚，玉人憐我老。

霜花腴 九月十日，重集懷遠山莊，招梁韻、陸蘋爲君猷壽

展成令節，恰雨晴，南原補作登高。秋色能芳，碧天無際，黃花細散山椒。客愁暫抛。促曉妝、螺黛剛描。笑劉郎、解賦玄都，怎生無字與題糕。予晨往邀韻，問及昨約，意猶悵然。差喜故人嘉會，趁罇新釀熟，催喚行庖。一曲清商，千杯煖酌，九華服向今朝。緑雲翠翹。囅頰渦、雙泛紅潮。柰斜陽、苦勸迴車，倚欄香未銷。

西江月 陸蘋女郎，常熟人也。避寇長安，與家相失，轉徙成都，前年臘雪中曾得一晤。今來見訪，索詞，故有此贈

陸是南沙舊姓，蘋添楚澤芳菲。誰教細馬馱吳姬。秦棧蜀山千里。行袿紫龍排釦，新裝紅罽裁衣。態濃意遠看多時。名在瑤臺第幾。

其二

齊葉頻驚獻歲，春風無限瀟湘。妾家生小近橫塘。慣把采蓮歌唱。滿目烽煙逼椶，傷

心驛路郎當。不堪重檢鏤金箱。一曲杜韋娘讓。

玉漏遲　鄧莊秋集，兼賀前日授勳

絢霜秋色麗。花潭倒影，靜涵樓閣。瀰渚漁汀，無限蓼洪灣曲。説甚臺高戲馬，恍伐荻、新洲如昨。歡共酌。詞人猛士，來看橫槊。軍城嫋嫋飛旌，纔玉帳分弓，論勳酬爵。當道羆貔，十載北門金鑰。天遣胡塵不到，喜罷聽、防秋吹角。衰意豁。餘生後車聊託。

瀟湘夜雨　花潭秋集之夕，夜闌無寐，起賦此詞，悵然題寄

秋被無溫，殘燈耿燄，愁多睡短宵長。百花潭上弄輕航。任半晌、憑欄看水，總照影、不是鴛鴦。真辜負，殷勤接汝，打槳心忙。　相憐兩樂，問羅幃裏，含笑誰雙。嘆雲中月墮，枉自佯佯。空軟語、温存不盡，金杯酒、味少沙餹。饒添得，鬢多十八，無意問新妝。今日韻梳小鬟十許，簇繞額鬟。君猷極賞之。

八聲甘州　董研樵先生枌東老屋校書圖，哲孫壽平屬題

軟紅塵車馬九衢紛，誰能故書讐。自中興運盡，羣賢輩貫，寥落神洲。六十年來如夢，天道嘆星周。圖作於同治壬申，是謝麐伯編修手筆。只枌陰一樹，詩卷長留。　周李潘張藻翰，周荇農學士、李越縵户部、潘文勤、張文襄。更十三王子，天壤風流。王文慜自署『福山王十三懿榮』，當時年輩中最少矣。天壤者，文慜家中閣名。想三間老屋，當日住東頭。賸如今、贉題錦褾，抵榼書、珍重鑿餘收。吟鞭又、拂貂裘雪，太華行輈。先生太華衝雪圖，予

亦曾題長歌。

前調　城西九里堤新植芙蓉園

絢秋容似錦裏成都，江城如畫開。乍天孫倚杼，芳卿照鏡，臨水妝纔。一自宣華人去，宮苑鎖莓苔。問周迴萬雉，冷豔誰栽。　益部談資久歇，傍浦安梁寺，新起池臺。說拒霜千樹，十日放園來。說深紅、淺紅可愛，但愁寒、木末怕纍哀。姍姍影、試憑欄望，休誤桃顋。

金縷曲　壽滌芳內子

紅玉桃花色。記初來、華年十五，破瓜時節。非但老奴心愛護，阿母倍加憐惜。替曉妝、摘花簪髻。教誦女師温德象，更唐詩、三體篇篇識。如夢過，怕迴憶。　艱難歲晚真無策。但笑說、鹿車共挽，此生粗畢。西子負薪前戲語，縞袂青裙今日。又十月、早梅開坼。花下一尊人壽健，向梁鴻、傳裏春邊覓。將進酒，五噫闋。

齊天樂　有序

予家自己卯避寇，轉徙沱水，村居五年，今年七月，始得還城。而十月朔九日，適余七十初度，季子先期自渝歸，諸故舊門人來煖壽者坌集，賦以自賀

一家抱得團欒喜，衰翁至今無恙。玉瀉金缸，盤堆珍飵，珠電華燈交滉。餘懷自悒。對季子來歸，虎兒遒上。容孫近忽自學作詩。詩說吾家，豈聞高興有斯唱。　橫披紫裘欲醉，更南飛鶴起，吹笛寥亮。四坐圍花，萬年稱斝，和氣濃於春釀。新詞共賞。謝鉛槧殷勤，故人宏獎。諸君子欲刊拙詞。從此旗亭，不羞將扇障。

前調　初度之夕，賓客未散，梁韻復來。前詞意有不盡，再賦此解

興亡閱盡滄桑影，橫流此身還在。生不逢辰，天偏與健，慚説名高四海。江山未改。總看鏡驚霜，度圍移帶。無用文章，自嗟聊比破銅賣。　人生誰少七十，祇河清里鼓，期邈難待。謝傅餘年，安昌後宅，且任鏗鏘繁會。梅妝淺賽。有弟子新來，絳紗迎拜。酌我無多，眼前當意快。

前調　官小農秘書次予自壽韻見祝。今年十月，君亦適六十，喜依前韻奉酬，兼以爲壽

霜柑閣子無多地，黃花傲寒猶在。舊好情多，華予歲晏，不用歌翻小海。朱顏久改。甚雙印搖金，萬釘圍帶。世易時移，只青門種瓜堪賣。　行年與君相較，媿文章許與，兄事留待。洛下耆英，香山九老，乍可添成高會。神君更賽。早蚌綴三珠，繞筵能拜。飽飯團油，記當年共快。君五十始得子，予曾有賀詩，今聞三珠粲粲矣。

念奴嬌　題帕有作

問他何事，把鮫綃一尺，低徊密贈。粉汗餘香銜袖度，知有瑤思不盡。握記柔荑，繫從斜領，隔坐曾偷認。如何此際，酒痕偏許儂抆。　不管折玉成方，熨羅凝雪，疊比同心勝。從此吠尨應見慣，花影月明人定。撼帨休驚，珮帉容解，山海盟堪證。兩行斜墨，玉臺添上新詠。

前調　梁韻移南城，甫兩月，居停忽有違言，迫其遷徙。此亦人生飄零極致乎，感而綴此

伯通橋畔，説梁家故事，曾傳賃廡。高士美人原一例，正好香巢穩住。撲棗垂枝，摘瓜牽蔓，籬短防鄰妒。怎紅牆繚，總將花影難護。　纔擬鏡檻文窗，炙笙調琯，妝罷修簫譜。無柰猧兒聲苦鬧，吠斷譙門夜鼓。禁約八時鎖門。樹不栖鸞，户催移雁，誰作芙蓉主。謝黄衫俠，大刀空笑王五。此有所指。

賣花聲 重過馬王池，爲梁韻、胥宇感舊

攜手上高樓。往事悠悠。碧欄杆外乍凝眸。記與美人池上立，柳緑波柔。一别幾經秋。　春去難留。柳髡池涸不勝愁。今日仙姬來照影，夢想前游。

其二

替月當星看。梯響雙鴛。銷魂重倚碧欄杆。依舊白楊何妥宅，許爲留仙。鸞鳳換巢慳。　莫緆眉彎。緑窗臨水占三間。寄語池萍和岸柳，認我憑肩。

掃花游 臘月四日同人集，壽韻樓於珮聲閣

臘殘景暮，記去歲初逢，欲歸還住。耳邊叠鼓。湊繡幄圍春，煖紅燒苣。五出梅花，笑把華年四數。倚肩語。總杯淺蜜深，甜到儂汝。　墜歡知幾許。渺燕去鴻來，事多孤負。北莊逭暑。算欄杆共拍，暫將愁去。次第佳辰，恰又梅開二度。蜀齣有《二度梅》，故戲用之。唤芳醑。壽樓春、爲卿重譜。

花犯 韻樓近得其親父書，避寇桂管，亂後告存，喜以相示。予亦深幸其骨肉無恙，流落可歸，爲拈此闋賀之，真所謂曲終奏雅者已

問朝來，眉黄何喜，妝成暗思忖。託腮看鏡。豈夢裏歸雲，風引船近。詞人頗恨蕢洲老，難鏗瑶瑟韻。每到相逢情默默，留他生夙分。　飄蘦正自惜年華，秋風起八桂，忽傳家信。當時事，單縑在、淚痕猶迸。求錢去、今聞迺始，更不費、零丁沿路問。生女會作門楣好，再休言薄命。

以上《清寂詞録》五

以上作者手批本《清寂詞録》

尾犯　送春，夢窗均，和香宋先生

待曉惜春歸，春也似人，分做胡越。別有何方，教春人團纈。奈酒醒、旂亭四望，正歌殘、陽關數折。問春無語，强更問人，人事春嗚咽。　登高長太息，休道是暫時別。路隔山遮，總茫茫天闊。盼芳訊、明年重轉，定詩盟、花間共結。故人春到，要記得、梁園二月。

一枝春　芍藥，艸窗均，和香宋先生

典盡春衣，買瑶華、記得豐臺殀雨。番風暗數，病裏送春情緒。當階句好，正紅展、鏡中人嫵。吟望久、朱網深沈，太息故園歡聚。　如今市橋開處。更嬌含淚眼，羞驚霜縷。詞人半老，勸矣自修簫譜。芳名借省，只防那、玉郎偷妒。箋本事、香豔於花，似聞醲語。孫季述有《芍藥本事詩》一卷，在集中。

三姝媚　枇杷，和丹隱

金星稀幾顆。是盧家新人，道裝凝坐。露摘圓匀，乍子鵝衣認，蜜蜂甜破。蘸足糖霜，風味省、平生嘗過。漫把晶盤，堆了楊梅，北村無奈。　曾記西林芳涴。正五月流甘，輭融

檀唾。酒渴初醒，倩玉兒輕褪，近膚黃襬。半笠斜陽，聽喚送、筠籠聲大。翠晚兒童聲裏，都都丈我。

以上見《花行小集》

摸魚兒 次鶴叟韻贈陳朝華碧秀，兼調愛智

問卿卿、怎生如玉，便無端教人護。浪蝶狂蜂紛作鬧，誰會賞心歌舞。曾記否。有跌宕吴儂，苦苦相傾注。新盟定許。料栅子街頭，大廧巷裏，踪跡偶來去。　詞人恨，多少中年情緒。消磨還伏眉嫵。平生盛德傷應笑，嚼點謝家微醋。君莫妒。正打疊烏絲，倩篆題花句。聰明可付。比舊日何戡，當年紫稼，一鳳耐人語。

見《學藝》一九二〇年四期

掃花游 用清真韻。少濱先生來蜀寓華西黌舍，清明過飲，以新詞見詒。上和一闋，正所謂持布鼓過雷門者

倚欄風物，是舊趾中園，近郊平楚。柳絲萬縷。送繁陰蕩緑，絮飛雪舞。槐火新生，乍可清明峭雨。看春去。便懷遠送歸，歸也無處。　人世真爾許。算去歲歸程，正君來路。豆羹菜俎。且深杯共引，暫開襟素。盜賊關山，莫今羇愁自苦。好憑竚。祝烽烟、漸遛笳鼓。

見《華西學報》一九三五年三期

林修竹

憶江南 一名《夢江南》《望江南》《望江梅》《謝秋娘》　濟南雜憶　二九、三、一作

濟南好，句。昔日我曾經。韻。萬里黃河縈北

郭，句。齊煙九點列如屏。叶。一望佛山青。叶。

其二

濟南好，秀色滿華山。十里稻花開水面，芙蓉天上露雲鬟。相對意閑閑。

其三

濟南好，瀟灑大明湖。四面荷花三面柳，一城山色半城蒲。雲水總模糊。

其四

濟南好，名士古來多。曾鞏文章鳴歷下，并時李杜寄清歌。唐宋盡包羅。

其五

濁南好，歷下水中亭。七十二泉清澈底，遊船如織畫中停。風景逼西泠。

其六

濟南好，忠烈鐵公祠。燕啄皇孫臣子恨，城門一擊總嫌遲。碧血寫英姿。

其七

濟南好，文誠憶丁公。十四經刊崇樸學，堂開尚志整文風。一代想儒宗。

其八

濟南好，勤果記張公。一代治河成偉績，千秋俎豆祭祀隆。遺愛在山東。

其九

濟南好，偉略想效公。力挽狂瀾拒北伐，槍砲聲裏杜河工。慷慨是英雄。張督辦效坤在東，崇經尊孔，創辦山東大學。重刊唐人開元寫十三經，以爲士子楷模。於戰事正緊，經費奇絀之際，爲拯救災民，毅然杜築李升屯、黄花寺兩處决口。並修築沿河利荷汽車路，疏濬運河。實無日不以端士習、除民害爲己任也。

其十

濟南好，趵突起飛泉。三月桃花溪水活，廟中吕祖裊清烟。坐久境如仙。

搗練子

一名《深院月》 新燕 二九、三、二

閨閣静，句。小園空。韻。楊柳樓臺楊柳風。叶。簷外飛來雙燕子，句。如梭似剪任西東。叶。

憶王孫

一名《憶君王》《豆葉黄》《闌干萬里心》 久别 二九、三、三

不堪回首憶綺文。韻。輕暖薄寒寂寞春。叶。柳色青青起陌塵。叶。曲江濱。叶。芳草天涯空斷魂。叶。

前調

憶舊 二九、三、四

去年此日數驛程。扶病匆匆到玉京。無限淒凉無限情。杜鵑聲。回首天津不忍聽。

調笑令

一名《三台令》《轉應曲》《宫中調笑》 思婦 二九、三、四

楊柳。韻。楊柳。疊句。舞罷蠻腰春透。叶。依稀張緒風流。換平。少婦徒增悵惆。叶平。惆悵。三換仄。惆悵。疊句。正在倚樓眺望。叶三仄。

如夢令

一名《憶仙姿》《宴桃源》《比梅》 春情 二九、三、五

睡起深閨慵繡。韻。閑蹙春山眉皺。叶。花氣正撩人，句。難寄相思紅豆。叶。依舊。叶。依舊。疊句。月上黄昏時候。叶。

其二

春色滿園紅杏。楊柳天涯路梗。樓上不勝情，正是春慵光景。花影。花影。寂寂月明人靜。

南歌子　遣懷　二九、三、六

嫩緑舒新柳，句。嬌紅上海棠。韻。畫堂春暖惜流芳。叶。料理白香詞譜，句。作閑忙。叶。

前調　閨情　雙調，擬六一居士。二九、三、七

雪地驚鴻影，冰盤見鷺姿。刀鞋踯躅喜相支。愛道與郎比翼，試雙飛。不惜身全裸，衹穿水泳衣。美人魚在沼中戲。但願與郎比目，永不離。

長相思　一名《雙紅豆》《憶多嬌》《吴山青》

有憶　二九、三、八

思無邊。韻。恨無邊。叶。南浦送君有幾年。叶。問君何日還。叶。杏花天。叶。楊花天。叶。旖旎春光來眼前。叶。舊情劇可憐。叶。

相見歡　一名《烏夜啼》《上西樓》《秋夜月》《憶真妃》　中央公園牡丹　二九、三、九

中央第一名園。韻。足流連。叶。魏紫姚黃、讀。齊放豔陽天。叶。呈國色。换仄。映朝日。叶仄。畫廊前。叶平。霞彩燦爛、讀。瑶島會羣仙。叶。

醉太平　一名《醉思凡》《四字令》　時髦女郎

二九、三、一〇

誰家女郎。韻。西洋束裝。叶。卷毛且喜新

湯。叶。滿頭花露香。叶。高跟趾揚。叶。臂光腿光。叶。一身半裸衣裳。叶。市街神氣昂。叶。

生查子 舞場 九、三、一一

悠揚起舞場，句。西樂開心竅。韻。對對作鴛鴦，句。伸臂向郎抱。叶。比翼試旋風，句。狐步姿更俏。叶。沉醉並蒂蓮，句。直到東方曉。叶。

昭君怨 一名《宴西園》《一痕沙》 傷春 二九、三、一二

前約丁寧記否。韻。眼見緑肥紅瘦。叶。憔悴失芳時。換平。誤佳期。叶平。歸去春光容易。換仄。只管欄干閑倚。叶三仄。風雨不堪愁。換平。恨悠悠。叶四平。

點絳脣 一名《南浦月》《沙頭雨》《點櫻桃》 春雨 二九、三、一二

七二津沽，句。半春無雨空愁惱。韻。喜聽樓小。叶。一夜濃如膏。叶。緑滿平疇，句。活水添池沼。叶。豐年兆。叶。犢牽耕早。叶。郊外閑人少。叶。

菩薩蠻 一名《重疊金》《子夜歌》《巫山一片雲》 春寒 二九、三、二四

惱人春色渾如醉。韻。深閨寂寞貪春睡。叶。睡起覺衣單。換平。朝來怯薄寒。叶平。窗前嬌無力。三換仄。恨少雙飛翼。叶三仄。燕子正呢喃。四換平。芳函密密緘。叶四平。

卜算子 一名《百尺樓》 春日 二九、三、二〇

微雨濕春衫，句。小鳥鳴春樹。韻。芳草天涯

人未歸，句。消息知何處。叶。　無計慰相思，句。閑庭空延跱。叶。門外花陰接柳陰，句。　夢斷江南路。叶。

前調　讀朱竹垞《江湖載酒集》與陳其年《湖海樓集》　二九、一、二五

載酒賞江湖，開帙翻湖海。清代詞家數二君，讀罷稱心快。　巨子號朱陳，凌厲生光采。當日風流近尚存，剩有名詞在。

謁金門　一名《垂楊碧》《花自落》　向子仲堅赴滬有懷　二九、三、二二

申江浦。韻。新漲一篙春雨。叶。　回首津雲諸伴侶。叶。悵惘生碧樹。叶。　記得西窗話語。叶。那識匆匆南去。叶。　望斷天涯芳草路。叶。不知君住處。叶。

好事近　一名《釣船笛》　春寒　二九、三、二三

我欲問東皇，句。桃李滿園争豔。韻。　已到花開天暖，句。又被寒風賺。叶。　悔將玉臂換春衫，句。凛冽苦無厭。叶。滿地殘英點點，句。誰把風姨勘。叶。

憶秦娥　一名《碧雲深》《雙荷葉》《玉交枝》《秦樓月》　去年赴京此時，正白丁香盛開，到處奇香撲人。廻憶有作　二九、三、一八

香馥馥。韻。長安到處花如簇。叶。　花如簇。疊三字。萬枝雪白，句。一天雲緑。叶。　去年今日遊京國。叶。素萼萬朵開瓊玉。叶。　開瓊玉。疊三字。清芳撲鼻，句。丁香無數。叶。

前調　閨思　二九、四、一三

音塵絶。窗前新見蛾眉月。蛾眉月。窺人孤

獨，一庭香雪。幾年容易河梁別。心思千萬憑誰説。憑誰説。朝朝暮暮，愁腸百結。

憶故人

一名《燭影摇紅》 憶申鳳蓀兄成都 二九、三、二六

炮火連天，句。滿中原，句。生意盡，句。心灰懶。韻。故人西蜀隔河山，句。音斷天涯遠。叶。空對花開花散。叶。望將穿，讀。模糊淚眼。叶。大江溯去，句。巫峽盡時，句。浣花別院。叶。

虞美人

風情 二九、三、二七

碧桃紅杏花開遍。韻。生意眼前滿。叶。興來小立畫廊前。換平。但願光陰珍重惜流年。換平。怡情吟詠更嗜畫。三換仄。瀏覽稱心快。叶三仄。燈紅酒綠夜闌時。四換平。最愛白家小玉唱新詞。叶四平。

浪淘沙

一名《賣花聲》《過龍門》 感嘆 二九、三、二八

慷慨起悲歌。韻。荆棘銅駝。叶。又誰整破碎山河。叶。往日太平何日見，句。處處風波。叶。萬衆禱平和。叶。盼息干戈。叶。可憐生意已無多。逝水流年春去也，句。恁遂愁魔。叶。

誤佳期

一名《竹香子》 閨怨 二九、三、二九

幾度佳期暗約。韻。那敢含情一諾。叶。深閨亦自惜芳時，句。祇是心兒弱。叶。不怕蝶輕狂，句。只怕蜂尖惡。叶。春山何日展蛾眉，句。重結合歡索。叶。

阮郎歸　一名《醉桃源》《碧桃春》　春思　二九、三、一五

春來無計惜芳時。韻。流鶯枝上啼。叶。榆錢零落柳絮飛。叶。玉郎歸不歸。叶。思委婉，句。景迷離。叶。隔牆花影移。叶。百無聊賴蹙蛾眉。叶。不言將恨誰。叶。

前調　初夏　二九、四、二二

緑槐翠柳已成陰。春光無處尋。碧紗窗下幕沈沈。惜花空有心。微雨過，豁胸襟。清新滿碧林。爲憐景物喜微吟。緑茶細細斟。

玉樓春　春日　二九、三、二七

避秦久在桃源住。韻。洞口迷離那識路。叶。一簾細雨近花朝，句。半畝閒庭飛柳絮。叶。幾番相訪偏相誤。叶。坐對清樽空負負。叶。芳晨無計豔陽天，句。夜雨春深岑寂處。叶。

青玉案　春愁　二九、三、二〇

春來何處尋春去。韻。阻江北江南路。叶。美景良晨誰與度。叶。淺顰輕笑，句。燕呢鶯妒。叶。好事儘辜負。叶。芳草萋萋無情趣。叶。萬種相思渾難訴。叶。試問閑愁深幾許。叶。碧潭千頃，句。緑楊千縷。叶。無此纏綿苦。叶。

蘇幕遮　一名《鬢雲鬆令》　春日馬路所見　二九、三、二六

杏花天，句。芳草地。韻。散步遊春、讀。春日真明媚。叶。裸腿羅衣剛半臂。叶。密密相偎、讀。體態任情恣。叶。燙蓬鬆，句。梳卷

髻。叶。髮亂脣紅、讀。新妝看自喜。叶。比翼雙雙春旖旎。叶。玉貌綺年、讀。伉儷真情似。叶。

浣溪紗　民國廿九年三月十二日爲余五十晉七初度，偶成　二九、三、一二

華髮初添五七翁。韻。每逢生日百花穠。叶。今年依舊笑春風。叶。　難得客來身正爽，句。車如流水氣如虹。叶。登堂賓主樂融融。叶。

其二

萊子娛親舞綵裳。庭前孫女鬬新妝。相偕祝壽到華堂。　知足人生須常樂，百年應自惜流芳。陶然且共醉霞觴。

醜奴兒　一名《羅敷媚》《采桑子》《羅敷艷歌》

憶申鳳蓀四川　二九、三、一五

寄懷西蜀春光好，句。工部唱酬。韻。司馬風流。叶。極目元龍百尺樓。叶。　十年空自想丰采，句。南運河舟。叶。萬壽山頭。叶。何日與君再共遊。叶。

前調　秋月、秋雨　二九、七、一二

青天萬里彩雲薄，露白星稀。夜靜眠遲。秋月娟娟繫我思。　梧桐淅瀝苞蕉滴，剪燭吟詩。把酒填詞。偏愛清秋夜雨時。

更漏子　賞春　二九、三、二一

柳青青，句。華灼灼。韻。春滿江南一角。叶。寒食節，句。賣餳天。換平。惜花人不眠。叶平。　春光好。三換仄。蝶蜂鬧。叶三仄。春日賞花

應起早。叶三仄。鶯語囀，句。鳥聲喧。四換平。庭前開牡丹。叶四平。

清平樂　一名《憶蘿月》　閨思　二九、三二、八

春深幾許。韻。花滿丁香樹。叶。萬縷柔情無處訴。叶。又恐被流鶯妒。叶。韶光恣意流連。換平。樓前柳色纏綿。叶。沈醉東風小院。叶。閑庭静挂鞦韆。叶。

南鄉子　小園　二九、三、二三

墻外柳含煙。韻。旖旎風光絶可憐。叶。開闢新畦纔完了，句。小園。叶。花蔬趁栽穀雨前。叶。緑草已如氈。叶。女伴尋芳喜并肩。叶。春色滿園關不住，句。鞦韆。叶。輕送玉容人上天。叶。

惜分飛　餞春　二九、三、三〇

底事春深知幾許。韻。恁奈匆匆别去。叶。花落鶯無語。叶。小園況又風兼雨。叶。緑樹成陰空相覷。叶。何處尋春去路。叶。寂寞無情緒。叶。别春更比傷春苦。叶。

以上《澄懷閣詞》卷一

訴衷情　一名《一絲風》　懷人　二九、四、一

三生石上證蘭因。韻。舊夢苦難温。叶。無情最是風雨，句。寒料峭、讀。減却春。叶。惜嘉樹，句。幸良禽。叶。總傷心。叶。荼蘼香遍，句。芍藥開滿，句。直到於今。叶。

減字木蘭花　一名《減蘭》　初夏　二九、四、十二

困人天氣。韻。枕上花香薰茉莉。叶。睡起迷

離。換平。裊裊餘情最耐思。叶平。春歸何處。三換仄。小立閑階人不語。叶三仄。開遍薔薇。四換平。空見簾前燕子飛。叶四平。

鷓鴣天 一名《思佳客》《於中好》 夏妝 二九、四、二一

紅杏朱櫻別樣鮮。韻。白紗馬甲動人憐。叶。長衫無袖深拖地，句。玉腿全光儘露肩。叶。牽郎臂，句。步街前。叶。高跟革履影翩翩。叶。時髦裝束隨時變，句。別有風騷妙不傳。叶。

人月圓 一名《青衫濕》 即事 二九、四、二三

池塘半畝新荷小，句。夢穩日方長。韻。藤床竹枕心平氣爽，句。初夏風光。叶。青春何處，句。年華如逝，句。無限思量。叶。寄懷只在風花雪月，句。恕我清狂。叶。

畫堂春 即景 二九、四、二二

東風搖曳柳絲長。韻。牡丹掩映朝陽。叶。青藤紫蕊挂東牆。叶。滿院清香。叶。小閣誰家閨秀，句。窗前靜裏紅妝。叶。輕寒初試薄衣裳。叶。好去尋芳。叶。

攤破浣紗溪 一名《山花子》 弔屈原 二九、五、五

糉葉榴花角黍香。韻。龍舟五月賽端陽。叶。屈子空懷千古恨，句。汨羅江。叶。信讒棄忠成孤往，句。行吟披髮下大荒。叶。幽怨千年流不盡，句。弔沅湘。叶。

桃源憶故人

本事　二九、五、六

愛人病榻隔河漢。韻。日夜愁思千萬。叶。急渡重洋海岸。叶。來侍郎餐飯。叶。無端喜見飛來燕。叶。鎮日床前相伴。叶。不盡閑談清玩。叶。悶唱聲聲慢。叶。

眼兒媚

一名《秋波媚》　余在南運督工開濬支河，行轅即假孫家橋孫狀元別墅。祕書申君鳳蓀相隨，每晚公餘把酒論詩，頗饒逸致。迴想前塵，如在目前　二九、五、二

孫家橋北草堂西。韻。南運最縈思。叶。動工萬衆，句。濬河兩岸，句。千載鴻基。叶。公餘喜有詩人在，句。申君鳳蓀。一笑鱖魚肥。叶。運河鱖魚鮮美，鳳蓀曾有此句。臨河覓句，句。挑燈把酒，句。春雨絲絲。叶。

醉花陰

端陽，步《漱玉》原韻　二九、五、五

無計樓前消永晝。韻。五彩絲纏獸。叶。佳節正端陽，句。艾葉榴花、讀。伴酒雄黃透。叶。賞罷龍舟人去後。叶。半臂原無袖。叶。角黍試新嘗，句。玉指輕柔、讀。尖比葱兒瘦。叶。

賀聖朝

惜別　一九、四、二一

芳情直比桃花水。韻。碧潭深無底。叶。於今無計惜分飛，句。空自想鴻泥。叶。陰成緑葉，句。枝看結子。叶。一夢真情似。叶。追迴往事不堪談，句。永留傷心史。叶。

柳梢青

一名《早春怨》　擬少游　一九、四、二三

芳草天涯。韻。思婦樓上，句。柳裊烟斜。叶。多事春風，句。多情夫婿，句。應早還家。叶。

關山萬里風沙。叶。夢醒處殘陽暮鴉。叶。易老紅顔，句。封侯何日，句。辜負年華。叶。

前調　擬竹坨　一九、四、二三

並肩私話。前時曾記，花前月下。蝶舞蜂狂，鳥語花香，一春今乍。一雙秋水盈盈，儘料理酒餘妝罷。影院流連，舞場陶醉，恁消今夜。

西江月　一名《白蘋香》《步虛詞》　馬路所見　二九、四、二五

飆似風過電閃，句。翩若燕掠鴻驚。韻。飛行街市一身輕。叶。玉腿不嫌冰冷。换仄叶。淡淡女生裝束，句。娟娟體態輕盈。平叶。風鬟雲鬢慣飛騰。平叶。追逐任憑男性。换仄叶。

鵲橋仙　擬少游，步原韻　二九、五、一

悵惘千般，句。相思萬種，句。一夕銀河暗渡。韻。輕憐密愛儘工夫，句。便勝卻、讀。平常無數。叶。情長時短，句。愛深緣淺，句。匆促急尋歸路。叶。枯爛海石矢寸心，句。原不在、讀。今朝來暮。叶。

荊州亭　一名《江亭怨》　夏日　一九、五、八

窗外芭蕉弄影。韻。吟罷闌干閑凭。叶。忙煞小奚僮，句。料理篆煙香茗。叶。難得日長晝永。叶。寂静緑陰空庭。叶。展紙抒詩情，句。寫出夏天光景。叶。

一斛珠　一名《醉落魄》　舞伴　二九、五、九

悠揚音樂。韻。繁絃急管同時作。叶。火山伴

侶細探索。叶。合抱入懷、讀。纖手輕輕握。叶。比翼捷如飛燕掠。叶。並頭妍似蓮花婥。叶。探戈摩蕩旋風落。叶。臀扭腿光、讀。別有嬌風格。叶。

踏莎行　一名《柳長春》　夏情　三九、四、一〇

春去夏來，句。鵑啼鶯老。叶。楊梅結子櫻桃小。叶。初長天氣困人時，句。爐香馥郁獸煙裊。叶。紙短情長，句。人遥信渺。叶。凝妝每向菱花照。叶。光陰難得是青春，句。天涯空寄相思草。叶。

臨江仙　夏景　二九、五、一〇

薄暑侵人添逸興，句。摘來紅杏朱櫻。韻。玻璃盤裏加春冰。叶。清凉生肺腑，句。爲我喚卿卿。叶。不捲晶簾照素影，句。羅衣半臂紗輕。叶。同歡飲酒喜微酲。叶。爲卿消煩熱，句。電扇試新型。叶。

蜨戀花　一名《鳳棲梧》《魚水同歡》《明月生南浦》　無線電台女郎　二九、四、二八

世界大千天風散。韻。玉女音傳、讀。飛電原無線。叶。江上峯青人不見。叶。眼前嚦嚦鶯聲轉。叶。消息不問朝共晚。叶。仔細轉來、讀。中外并無限。叶。咫尺天涯人隔遠。叶。空來妙語供清玩。叶。

一剪梅　夏閨　二九、五、二

羅扇風微水藻香。韻。半畝池塘。叶。四月風光。叶。携來水菓祗爲郎。叶。清淡梳妝。叶。輕薄衣裳。叶。燕子雙棲玳瑁梁。叶。緑滿垂楊。叶。紅遍海棠。叶。碧紗窗下晚猶涼。

叶。夢赴高唐。叶。睡穩鴛鴦。叶。

河傳 一名《河轉》 偶見 二九、五、二〇

狼眉鼠眼。韻。儘團團圍着、讀。簪斜鬢亂。叶。寶局密開，句。不識誰家公館。叶。論輸贏，句。動千萬。叶。更推牌九賭風變。叶。紅女緑男、讀。叫喊素來慣。叶。一點相差，句。輸却金錢無限。叶。坑煞人，句。誰去管。叶。

漁家傲 本事 二九、五、二〇

一葉扁舟酬素志。韻。泛家藉作桃源避。叶。漁父釣徒同一醉。叶。無顧忌。叶。披簑慣在蘆花睡。叶。不盡臨江懷古意。叶。富春山上子陵寺。叶。興到垂綸聊一試。叶。餘空翠。叶。半篙煙雨斜風吹。叶。

前調 和潤公《感懷》，步原韻 二九、九、一七

滿目荒涼風景改。餘生剩有眉鬚在。大好河山真可愛。錢難買。空教杯酒澆心塊。欲覓仙源逃世外。全球殊少清涼界。敢作尋常兒女態。長嘆慨。閑愁萬種深如海。

錦纏道 端陽，步宋子京原韻 二九、五、五

夾道緑陰，句。長夏恁消清晝。韻。正端陽、讀。彩絲新繡。叶。絳黄小虎玲瓏透。叶。葉摘芳艾、讀。齊上麗人首。叶。向劇場共遊，句。同車攜手。叶。面紅紅、讀。尚帶微酒。叶。并郎肩笑指白娘道，句。癡情如此，句。世上真無有。叶。梨園每值端陽節多演《白蛇傳》。

感皇恩　有感　二九、五、一〇

重踏燕京塵，句。十年闊別。韻。人物衣冠頓消歇。叶。亭園依舊，句。滿地花飛似雪。叶。不堪回首處，句。故宮闕。叶。　三海荒涼，句。九城淒絶。叶。萬里江山剩明月。叶。龜年南去，句。天寶事憑誰説。叶。當時行倉卒，句。北寧轍。叶。

摸魚兒　一名《安慶摸》《陂塘柳》《買陂塘》《摸魚子》　錫三兄壽筵席上，得聞仲堅雖賦弓招，無心出岫，不久返津，喜而有作　二九、四、二八

別多時、讀。一篙南去，句。海長天闊人遠。韻。垂楊深處東風軟，句。又值微寒輕暖。叶。春已晚。叶。日日盼歸來，句。未卜幾時返。叶。酒侶詩伴。叶。任秋水望穿，句。天涯盼斷，句。不見北飛燕。叶。　喜無限，句。佳訊來時委宛。句。申江消息剛轉。叶。知君不把浮名戀，句。私事畢便言旋。叶。快相見。叶。欣且忭、讀。接風預備同人讌。叶。斟低酌淺。叶。好翦燭西窗，句。重叙舊雨，句。新句唱酬滿。叶。

天仙子　夏夜馬路所見　二九、五、二六

白革素羅換季令。韻。鴛侣鶯儔姿娉娉。叶。夏來何處最銷魂，句。月光净。叶。清宵冷。叶。馬路風情滋味永。叶。挽臂抱腰分外勁。叶。緩步深宵姿勢挺。叶。私言密語不畏人，句。新兩性。叶。增奮興。叶。對對街頭翩儷影。叶。

千秋歲

西河鼓姬馬增芬適人年餘矣，今日聆其唱盤，猶令人流連不置　二九、五、二七

繞梁三日。韻。百囀黃鶯嚦。叶。塔玲瓏，句。至今憶。叶。天風飄清響，句。輕脆嬌如滴。叶。聲兒媚，叶。悠揚宛轉盪心臆。叶。一別太容易。叶。鼓場今異昔。叶。花有主，叶。覓良匹。叶。曲終人已失，句。江上數峯碧。叶。歸去疾。句。中原再到空嘆息。叶。　余第一次聆其清吟，在中原公司屋頂。天風朗朗，響透心脾。

離亭燕

文燕　二九、六、一四

小院春歸人倦。韻。惆悵雨絲風片。叶。燕子分飛何處去，句。一別竟爾不返。叶。回首憶前塵，句。空拭模糊淚眼。叶。猶記垂楊北岸。叶。春夜情思委宛。叶。悵別心同蕉葉卷，句。際此惟餘浩嘆。叶。何日春再來，句。梁上雙棲燕燕。叶。

河滿子

全球新劫　二九、六、一六

可歎全球火併，句。漫言世界大同。韻。各國滅亡渾閑事，句。不分歐北亞東。叶。要塞炸時瞬息，句。飛機彈下全空。叶。落下傘更可駭，句。飛來敵自天空。叶。水國荷蘭嚴水備，句。黔驢至此技窮。叶。比利名王輸款，句。巴黎炮火正凶。叶。

風入松

消暑　二九、六、一九

蘭閨無計去煩蒸。韻。箱裏貯春冰。叶。香汗滴滴酥胸透，句。悶思睡、讀。又睡難成。叶。不電扇移來開足，句。好教滿室風生。叶。雲屏全禁炎暑惱芳情，句。水滿浴池清。叶。

掩衣全裸，句。儘鴛戲、讀。玉體姿橫。叶。冷食偏嗜何物，句。冰糕冰棍冰稜。叶。春申小別喜歸來，句。明月幾番盈缺。叶。去時楊柳，句。柔絲嫋嫋，句。今日濃陰接。叶。漫遊湖海襟懷豁。叶。載美酒、讀。賞風月。叶。長江景物儘流連，句。真個天空海闊。叶。新詞拈得，句。新詩吟到，句。筆意應清絕。叶。

祝英臺近

一名《月底修簫譜》《祝英台》　梁祝故事　二九、六、二〇

鬟撕磨，句。心愛慕。韻。三載伴風雨。叶。同學青衫、讀。誰識是嬌女。叶。傷心山下別離，句。隱情暗示，句。萬千囑、讀。兄須早去。叶。苦難悟。叶。祇知有約未來，句。那識全盤誤。叶。一哭重逢、讀。惟死是歸路。叶。兄死我我殉兄，句。雙雙蝴蝶，句。直到今、讀。塚上飛舞。叶。

御街行

一名《孤雁兒》　聞向子仲堅新自滬歸，欣然有作　二九、六、一一

迦陵南去風流歇。韻。每想望、讀。空悲切。

驀山溪

一名《上陽春》　同稚薌大弟率子姪輩公園納晚涼。樹嘉、樹惠兩姪同時畢業於燕京大學。六月二十七日約稚薌大弟同嘉、惠兩姪讌於天津豐澤園，國英、國芝兩兒侍側。酒罷共同步至法國花園，品茗納涼，夜深始歸。此樂爲從來所未有也。　二九、六、二八

名園一夕。韻。灌木連天碧。叶。難得此清遊，句。納晚涼、讀。聯翩子姪。叶。少年競爽，句。學位喜新膺，句。大學畢。叶。文名溢。叶。萬里振鵬翼。叶。長幼咸集。叶。佳會無今

昔。叶。桃李宴芳園，句。叙雅事、讀。盛唐李白。叶。清談逸致，句。今日復何如，句。攬景色。叶。爽心臆。叶。此聚堪回憶。叶。

洞仙歌 一名《羽仙歌》 天津消夏 二九、六、二七

紅樓櫛比，句。屋稠人煙密。韻。七二津沽近咫尺。叶。看北連渤海、讀。南接青齊，句。堪欣賞、讀。華北繁華無匹。叶。可憐當盛暑，句。炎熱蒸人，句。浹背汗流宛如滴。叶。何處覓清涼、讀。屋頂花園，句。高百尺、讀。夜遊最適。叶。訝驀地兩腋覺風生，句。早溽暑潛消，句。爽透胸臆。叶。

瀟湘夜雨 夏夜 二九、六、一七

紈扇搖風，句。湘簟舖水，句。樓前緑柳池塘。韻。夜深時送藕花香。叶。身快爽、讀。蘭湯新浴，句。燈撲滅、讀。剛罷晚妝。叶。宜人處、讀。冰肌玉骨，句。遍體清涼。叶。暑銷午夜，句。汗消玉臂，句。竹枕方床。叶。盛夏渾忘却，句。六月時光。叶。河漢渺、讀。月華高潔，句。音樂裊、讀。無線悠揚。叶。冰盤裏、讀。沈瓜浮李，句。涼味耐思量。叶。

滿江紅 一名《上江紅》 憑弔義威上將軍 二九、六、二四

掖水萊山，句。堪憑弔、讀。英雄氣概。韻。義聲載道，句。威宏一代。叶。偉略吴孫相伯仲，句。英名衛霍想丰采。叶。嘆將軍百戰息鯨鯢，句。封疆拜。叶。洪水至，句。冰瓦解。叶。明令退，句。非戰敗。叶。惜遭逢未遇，句。遺恨千載。叶。誓不帝秦奔海外，叶。作倀爲

虎更深戒。叶。看大連買棹悄歸來，句。丹心在。叶。

玉漏遲　明湖白蓮　二九、六、二三

荷香飄水上。韻。明湖勝地、讀。輒爲神往。叶。緑柳垂楊，句。花綽約波心蕩。叶。一望婷婷十里，句。瓊玉姿、讀。高華堪賞。叶。清溪漾。叶。出水不滓，句。芳潔無兩。叶。年年紅袖青衫，句。儘湖上納涼，句。花間蕩槳。叶。水榭亭臺，句。風景令人懷想。叶。十頃白蓮碧荷，句。送涼味、讀。微風輕颺。叶。静無浪。叶。到處笙歌畫舫。叶。

水調歌頭　名《江南好》《花犯念奴》　喜彩雲十年前在大連不過一髫齒雛伶，今隨其姐喜彩蓮來津演劇，居然名伶壓軸。年華似水，不勝感嘆二九、六、二二

碧玉喜嬌小，句。么鳳恰雙鬟。韻。大連灣上曾見，忘記是何年。叶。世事滄桑轉眼，句。人事天淵變換，句。此豸竟娟娟。叶。别後幾寒暑，句。響遏碧雲端。叶。　唱做細眉目秀，句。影珊珊。叶。抑揚頓挫，句。敢是阿蓮口親傳。叶。今日津沽初到，句。姊妹連翩伴演，句。佳奏萬人傳。叶。不勝感今昔，句。爲我記濤箋。叶。

滿庭芳　一名《鎖陽臺》《滿庭霜》　夏雨　二九、六、二四

山色空濛，句。嶺雲騰突，句。盛夏驟疑清秋。韻。四圍林木，句。青翠碧如油。叶。正炎午、讀。緑野平疇。叶。看山雨、讀。欲來還未，句。風滿枕江樓。叶。　傾盆瞬息至，句。走泉飛瀑，句。溝滿河流。叶。漸千山出浴，句。萬花

低頭。叶。水墨天然圖畫，句。虎兒筆、讀。一幅全收。叶。涼滋味、讀。今宵省得，句。穩睡可無憂。叶。

燭影摇紅

一名《憶故人》 朝霞 二九、六、二六

朝氣清新，句。星疏月黑天將曉。韻。萬家沈寂睡方酣，句。唯我振衣早。叶。獨上平台遠眺。叶。怪東方、讀。緣何火燿。叶。仰視天半，句。十里紅雲，句。朱霞萬道。叶。赤壁映成，句。萬山疑是周郎燒。叶。幾家紅粉臉輕勻，句。韓偓詩『向鏡輕勻襯臉霞』。又似炬高照。叶。可是羣仙歡宴，句。朱顏光曜。叶。長天一色，句。孤鶩齊飛，句。有人嘯傲。叶。

暗香

一名《紅情》 晚香玉，即夜來香 二九、六、二七

夜侵涼月。韻。被萬株玉葩，句。映來通白。叶。拂水着煙，句。輕裊風枝送香雪。叶。三十年前往事，句。曾記在、讀。豐台驛站。叶。見小玉，句。嫋嫋婷婷，句。帶露手親摘。叶。艷絶。叶。恁時節。叶。又繡閣閑樓，句。夜來流媚，句。晚香偷洩。叶。襟上枕旁倍親切。叶。茉莉遜他素潔，句。比梔子、讀。更爲芳冽。叶。助夜興，句。沈醉裏、讀。引人欣悦。叶。

聲聲慢

喜雨 二九、六、二八

米家山水。韻。煙雨樓臺，句。濛濛一望無際。叶。終日淋漓，句。渾似夏梅天氣。叶。幾株院

中花木，句。一任他、讀。展碧恣翠。叶。點滴滴，句。正模糊千萬樹水雲裏。叶。夏雨連番堪喜。叶。活水長、讀。肥稻粱繁鮪鯉。叶。兆慶豐年，句。神福佑農人畀。叶。嘉禾盡含生意。叶。鬱青葱、讀。展望千里。叶。今日始，句。頌太平聲滿大地。叶。

以上《澄懷閣詞》卷二

小重山　鳳仙花　二九、七、一

小院鳳仙次第開。韻。迎秋舒粉蕊、讀。愜幽懷。叶。麗人不惜踏鳳鞋。叶。憐嬌豔，句。素手摘花來。叶。韻事費疑猜。叶。纖纖葱十指、讀。細磨揩。叶。嬌紅不比暈桃腮。叶。同珍重，句。銀甲染粧臺。叶。

鳳凰臺上憶吹簫　和《漱玉詞》，用原韻

二九、七、五

南浦送君，句。河梁攜手，句。時時憶在心頭。韻。任庭花似火，句。新月如鉤。叶。祇懨懨無聊賴，句。悵惘處、讀。何日是休。叶。腰圍減、讀。春日分袂，句。又到新秋。叶。堪羞。叶。年華辜負，句。可愛的青春，句。一去難留。叶。每月明人靜，句。獨上高樓。叶。惟有樓頭燕子，句。應憐我、讀。儘日凝眸。叶。望不盡、讀。星隔河漢，句。柳牽離愁。叶。

雙雙燕　七夕　二九、七、六

夜涼似水，句。正銀漢無塵，句。鵲橋競渡。韻。一年闊別，句。妾在織錦機上，句。郎在牧牛河渚。叶。兩悵惘、讀。向誰細訴。叶。今宵握

手言歡，句。莫把佳期辜負。句。堪詛。叶。更添淒楚。叶。剛雙宿雙飛，句。稍伸鴛羽。叶。曉雞更唱，句。奈促早尋歸路。叶。縱人間無此苦。叶。這恨海、讀。情天莫補。叶。愁損翠黛雙蛾，句。揮淚臨歧如雨。叶。

晝夜樂 新秋 二九、七、六

翠樓今夜訝新爽。韻。涼意味、讀。侵羅帳。叶。何期一雨經過，句。變作初秋模樣。叶。荷沼蓮池活水漲。叶。小閣外、讀。碧柳輕颺。叶。睡穩夢方長，句。四壁蟲聲響。叶。夢中睡起添懷想。叶。憶遠人、讀。恁情況。叶。秋風來自君邊，句。到否寒衣正望。叶。孤枕單衾倍悽惘。叶。蒹葭蒼、讀。令人神往。叶。寂寞無情緒，句。觸景更惆悵。叶。

鎖窗寒 七夕閨思 二九、七、七

涼月半鉤，句。玉階露冷，句。銀河星瑩。韻。無限秋思，句。此日此情難定。叶。看牛郎、讀。今宵鵲橋，句。雲衢鶴馭鸞驂迎。叶。似新婚久別，句。舊歡重聚，句。雙雙儷影。叶。那更。叶。欄干凭。叶。正蟢網難成，句。緑窗幽靚。叶。多磨好事，句。恁比神仙光景。叶。盡日來、讀。會少離多，句。盈盈一水雙星耿。叶。幾懷思、讀。幾次丁寧。叶。河漢依然梗。叶。

瑤臺聚八仙 一名《新雁過妝樓》《八寶妝》

迴憶濟南中元 二九、七、一五

記得濟垣。韻。秋氣爽、讀。喧鬧最是中元。叶。老幼男女，句。湖上爭會盂蘭。叶。列炬如星千點火，句。河燈下水萬枝蓮。叶。月滿船。

叶。歷亭蟻渡，句。畫舫笙喧。叶。是誰徘徊月下，句。訪吳家碧玉，句。韶齒雙鬟。叶。荷香送涼，句。侵入碧紗櫥前。叶。迎風不覺沈醉，句。又何似三生證夙緣。叶。渾忘卻、讀。人在羈旅，句。客在濟南。叶。

陌上花　觀賞王廉州仿巨然溪山無盡圖長卷

二九、七、一八

溪山無盡，句。廉州臨摹、讀。圖成長卷。韻。畫仿巨然，句。上有丁未題款。叶。原圖早已歸天府，句。影本幾與真亂。叶。見煙雲迴複，句。山川蒼鬱，句。氣象千萬。叶。筆歌兼墨舞，句。墨香凝處，句。造化人工相半。叶。何幸今朝，句。名蹟得供清玩。叶。看雲山千里蒼茫，句。無數野村江岸。叶。但麓台題跋，句。秋谷評語，句。兼金難換。叶。

解語花　悲秋　二九、七、一九

斜風細雨，句。慘綠泣紅，句。惆悵無情緒。韻。故鄉修阻，句。家千里、讀。憑眺處空延佇。叶。想望雲樹。叶。無淨土、讀。遍生豺虎。叶。攜老幼、讀。家室流離，句。痛楚將誰訴。叶。因念全球諸國。叶。正橫飛血肉，句。劍拔張弩。叶。彈拋餤吐。叶。興亡事、讀。轉眼山河非故。叶。君臣被虜。叶。堪憑弔、讀。秋深幾許。叶。總傷心、讀。中外同時，句。淒愴悲禾黍。叶。

解珮令　偶成　二九、七、二〇

十年海上，句。牧羊生活。韻。付等閑、讀。白了少年髮。叶。老去填詞，句。一半是、讀。寄愁寫鬱。叶。又何曾、讀。醉花弄月。叶。咀茹南宋，句。寢饋北宋，句。倚新聲、讀。竹垞堪捋。叶。載酒江湖，句。斷不使、讀。風流銷歇。叶。抒衷懷、讀。清狂欲絶。叶。

換巢鸞鳳

仿史梅溪閨情，並步原韻　二九、八、一四

杏靨桃嬌。韻。正月明花塢，句。柳覆藍橋。叶。漢皋留玉珮，句。仙女戀文簫。叶。盈盈十五小蠻腰。叶。彩鸞下嫁，句。有魂也消。平。佳期到，句。靈犀一點兩心照。換仄叶。垂髫。叶仄。姿窈窕。叶仄。明月今宵、讀。居然投懷抱。叶仄。吻接櫻紅，句。鬟拖雲緑，句。一夜春融芳草。叶仄。夫婿王昌忒風流，句。鳳儔鴛侶宜偕老。叶仄。貪歡娛，句。恨東方不覺天曉。叶仄。

念奴嬌

一名《百字令》《壺中天》《湘月》《大江東去》　中秋　二九、八、一五

廣寒宮殿，句。看今夕、讀。桂魄嬋娟都勝。韻。冷露無聲天似水，句。深碧瑠璨萬頃。叶。世界三千，句。瓊樓十二，句。照遍嫦娥影。叶。良宵賞玩，句。吟詠更添清興。叶。遥想唐代玄宗，句。中秋踏月，句。曾遊清虛境。叶。仙女驂鸞飛桂下，句。妙舞清歌動聽。叶。憶曲歸來，句。霓裳暗譜，句。記異至今省。叶。月宮何處、讀。去來疑有途徑。叶。

東風第一枝

菊花，用張仲舉原韻　二九、八、二八

瘦極西風，句。寒隨北雁，句。清樽莫負秋約。韻。素姿不比春花，句。冷靨妒先梅萼。叶。晚

來三徑，句。已無燕子杏花掠。叶。好伴同孤傲青松，句。天半邀來雲鶴。句。風冷冷、讀。秋高雲薄。叶。影澹澹、讀。柴桑村落。叶。最宜處士人家，句。點綴牆根屋角。叶。金英玉蕊，句。那喜近、讀。畫樓珠箔。叶。淵明賞菊到東籬，句。差擬遜何遜梅東閣。叶。

慶春澤

一名《高陽臺》《慶春澤慢》　秋夜有感　二九、八、一九

月色如銀，句。天涼似水，句。憑欄萬里清秋。韻。莫負良宵，句。放懷獨豁雙眸。叶。遊絲不繫年光住，句。興來還須酒澆愁。叶。最難侔。叶。吟賞庾樓，句。賦作坡舟。叶。傷心千古漫回首，句。嘆離離大地，句。莽莽神州。叶。到處狼煙，句。不知何日是休。叶。多情惟有今宵月。叶。清輝猶向故人流。叶。莫悵惆。叶。垂釣煙波，句。天地閑鷗。叶。

桂枝香

一名《疏簾淡月》　民國二十九年九月，德國進攻倫敦，飛機數千架不分晝夜繼續轟炸，全市精華焚燬殆盡，真千古未有之奇刼也　二九、九、二〇

登臨極目，句。正艦炸海翻，句。人轟天破。韻。曩説德攻倫敦，句。今成真箇。叶。從來三島環球霸，句。獅子王、讀。竟被封鎖。叶。雄與雄角，句。强與强遇，句。天飛奇禍。叶。念自昔文明種族。叶。製造尚新奇，句。相互傳播。叶。今日請君入甕，句。法將親坐。叶。飛機萬架炸都市，句。遍天空、讀。到處飛火。叶。人間阿鼻，句。同歸於盡，句。此何因果。叶。

翠樓吟 贈友人伉儷 二九、八、一六

月到中秋，句。郎來千里，句。團圓最是今夕。韻。況明朝又作，句。分飛雁、讀。海南天北。叶。沉浮微秩。叶。久別勝新歡、讀。當然甜蜜。叶。訴心臆。叶。夜闌私語，句。月明天碧。叶。悒悒。叶。辜負佳期，句。恰值中秋節，句。抱恙竟日。叶。弱質牀輾轉，句。蛾眉難畫臨川筆。叶。新愁如織。叶。恁睡穩鴛鴦、讀。交頸比翼。叶。堪嘆息。叶。來朝明日，句。黯然行色。叶。

瑞鶴仙 重九 二九、九、九

晚秋逢九日。韻。正憐醉釀寒、讀。葉紅山碧。叶。襟懷感蕭瑟。叶。恰登高眺遠、讀。邀賓攜客。叶。快遊雙屐。叶。賞重陽、讀。飛觴雅集。叶。插茱萸、讀。應想明年，句。來此會知誰適。叶。更憶。叶。參軍孟嘉落帽，句。頃刻文成，句。捷才無匹。叶。東籬彭澤。叶。忽來送酒衣白。叶。重陽尋佳話、讀。風流高雅，句。千載猶如面覿。叶。就黃花、讀。瘦極西風，句。飽餐秀色。叶。

水龍吟 一名《莊椿歲》《海天闊處》《小樓連苑》 二次世界大戰 一九、九、二四

金風颯爽戰方酣，句。飛機轟炸全球徧。韻。名城古蹟，句。銅牆鐵壁，句。霎時糜爛。叶。縱令天險，句。翼來飛渡，句。彈拋花散。叶。任三軍死決，句。千艦鎖閉，句。渾不見、讀。頹風轉。叶。應是沙蟲人刦，句。破天荒、讀。狂瀾莫挽。叶。東亞火起，句。西歐燄吐，句。又將美捲。叶。白黃粽黑，句。死亡枕藉，

句。誰能倖免。叶。怕同歸於盡，句。平和神、讀。愈禱愈以遠。叶。

以上《澄懷閣詞》卷三

齊天樂　感歎　二九、一〇、四

晚來幾點凄涼雨。韻。閑庭苦無情緒。叶。風捲雲寒，句。霜凋葉乾，句。正惆悵兮愁予。叶。有懷莫訴。叶。况百感交縈，句。茹中難吐。叶。獨坐西窗、讀。空教庾子吟愁賦。叶。生民又罹戰苦。叶。更天寒序晚，句。棲止何處。叶。砲火連年，句。流離遍野，句。別有傷心無數。叶。前狼後虎。叶。問天果何時，句。太平重覩。叶。浩刧空前、讀。禍災凌萬古。叶。

雨霖鈴　明皇本事　二九、一〇、一〇

傷心歸路。韻。比來時更、讀。千萬凄楚。叶。誰知變起倉猝，句。花殘玉碎，句。紅顏塵土。叶。天子聖神、讀。坐視竟束手難阻。叶。此去去、讀。千里回鑾，句。清淚空灑驛前樹。叶。

凄涼况又風兼雨。叶。更簷鈴、讀。點點聲如訴。叶。今宵旅夢何處。叶。長生殿、讀。無人私語。叶。觸目傷懷，句。比翼連枝此生難覩。叶。便縱令、讀。有恨千般，句。待與何人吐。叶。

喜遷鶯　初雪　二九、一〇、一四

晚來欲雪。韻。喜窗掩室静，句。神怡心悦。叶。瓶菊猶艷，句。獸爐剛火，句。獨坐深思清絕。叶。歸隱世情益淡，句。開卷前賢如接。叶。會心處，句。是孤山梅放，句。壩橋風冽。叶。

時節。叶。冬令至、讀。密布彤雲，句。

河上冰初結。叶。萬山凋黃，句。六出飄白，句。撒滿山巒層疊。叶。謝女因風詠絮，句。逸少時晴書帖。叶。對瓊玉，句。且追懷風雅，句。前朝人物。叶。

綺羅香 贈金少保息侯 二九、一〇、一八

報國精忠，句。滿腔熱血，句。少保寸衷如揭。韻。輔弼沖齡，句。況又鞠躬瘁竭。叶。痛阽危、讀。不憚批鱗，句。陳利弊、讀。庸懼嬰勃。叶。允堪稱一代完人，句。孤臣矢勵先朝節。叶。 文名更復卓絶。叶。清史纂修十載，句。參差未決。叶。總校微公，句。稿印恐難全脱。叶。告成功、讀。涑水文章，句。勤記録、讀。抱殘守缺。叶。綜平生墨舞筆歌。叶。似花還似雪。叶。盧慎之贈息公詩有『文如流水字如花』句。

永遇樂 一名《消息》 冬日感懷 二九、一一、一七

雁落前汀，句。烏啼古木，句。風冽霜重。韻。秋月高華，句。春花婥約，句。回首漸成夢。叶。幾枝嶺上，句。紅梅初放，句。又在暗香偷送。叶。太容易、讀。一年不覺，句。已然地寒天凍。叶。 填詞覓句，句。揚棻摛藻，句。北宋更追南宋。叶。檀板輕敲，句。小紅低唱，句。閒試梅花弄。叶。萬千情緒，句。幾多幽怨，句。都付笛龍簫鳳。叶。空贏得、讀。斜陽故國，句。望風悲慟。叶。

南浦 雪天懷人 二九、一一、一五

爐火未全温，句。夢醒時、讀。寒窗正乏情緒。韻。雪意又醞釀，句。欄干外、讀。到處飛花飄

絮。叶。白銀世界，句。滿裝成玉樓瓊樹。叶。遠巒遥浦。叶。更粉染鉛渲，句。一望無阻。叶。追思往日豪情，句。記蹇策寒亭，句。冰踏河滸。叶。冒雪路馳驅，句。奚囊裏、讀。多少壩橋詩句。叶。寒江今日，句。問誰猶在垂綸處。叶。緬懷舊雨，句。宜乘夜泛舟，句。去談心素。叶。

望海潮

李黃大工杜口。回憶民國十五年余奉命總辦杜築李升屯、在濮縣。黃花寺在壽張。兩處決口大工。戰事初停，庫空如洗，事出萬難。嗣以呈請截留濮、范、壽、陽、汶、鄆、平、阿八縣丁漕作爲工款，幾經艱辛，始底於成。回憶有作　二九、一一、二六

豫魯戰酣，句。李黃河決，句。山東內患外憂。韻。兩岸匪憑，句。三游盜踞，句。人民生命蟻螻。叶。到處起戈矛。叶。況庫貧如洗，句。財盡難搜。叶。工傷銅瓦，句。何人冒險保金甌。叶。一心力挽狂流。叶。任萬難環境，句。不杜不休。叶。余任三游河務總局局長，對民宣誓不杜不休。八縣丁漕，句。代工代料，句。籌來獨展奇謀。叶。河上英名留。叶。看官民一體，句。工作同仇。叶。平成底績，句。滔天洪水截沙邱。叶。

奪錦標

民國十四年，黃水滔天，沿河報險。余任山東三游河務總局局長，冒雨登船，巡視河上，但見水天一色，水幾平堤，四無人跡，險象紛呈，真奇觀也　二九、一一、二〇

陝電飛來，句。全河告急，句。浩浩蕩蕩無際。韻。入海狂濤怒浪，句。洶湧排山，句。奔騰如矢。叶。工兵咸出動，句。早嚴防、讀。日無停

晷，句。唯魯河，句。地處下游，句。搶險尤須拚死。叶。誰念從公忠職。叶。黄水滔天，句。獨上紅船巡視，句。況又暴雨霪雨。叶。水幾岸平，句。浪將堤毀，句。孤舟天已黑。叶。激濤聲、讀。吼更加厲。叶。兩河岸、讀。稭埽如林，句。一任溜狂洪恣。叶。

薄倖　詠霍小玉故事　二九、一一、二三

翩翩姿態。韻。更紅袖獨垂青睞。叶。要知是、讀。霍王小女，句。齒稚媚含羞帶。叶。試問津、讀。一見傾心，句。郎才女貌兩歡愛。叶。遽合巹洞房，句。定情鴛帳，句。生受盟山誓海。叶。膠與漆、讀。正難解，句。又歸去、讀。家促無耐。叶。薄倖郎，句。遮莫良心喪盡，句。竟將往事擲天外。叶。重來難再。叶。便懨懨病重，句。猶思一面稱心快。叶。痴情女子，句。抱恨空傷千載。叶。

疏影　一名《綠窗》《解連環》　梅花　二九、一二、一

月明林靜。韻。恰浮動暗香，句。梅弄清影。叶。江北江南，句。春曉嫩寒，句。正好一枝投贈。叶。自從喚醒羅浮夢，句。嘈翠羽、讀。淡妝冰瑩。叶。黄昏後、讀。小蕊疏幹，句。竹外斜枝更勝。叶。詩成恰宜天雪，句。想寒映草堂，句。花放庾嶺。叶。古意高風，句。竹屋疏離，句。觀賞尤添清興。叶。百花頭上開偏早，句。凝玉骨、讀。那嫌冰冷。叶。最愛是、讀。風雪孤山，句。處士伴依和靖。叶。

過秦樓

一名《惜餘春慢》《蘇武慢》　觀程硯秋演春閨夢有感　二九、一二、六

無定河邊，句。祁連山下，句。不斷兩軍酣戰。韻。五千錦貂，句。十萬健兒，句。何日玉關生返。叶。可嘆一別長亭，句。書絶音稀，句。天遥人遠。叶。任秋水望穿，句。存亡誰識，句。信疑參半。叶。　空見得、讀。柳陌春回，句。情牽意惱，句。打起枝頭鶯亂。叶。纔偎玉枕，句。征人歸還，句。猶是當年熱戀。叶。杯酒訴衷言歡，句。輕愛密憐，句。風流無限。叶。甜蜜睡正好，句。醒後依然夢幻。叶。

沁園春

潤丞省長以所畫山水長幅見贈，感以致謝　二九、一二、七

我慕先生，句。淡泊爲懷，句。管樂比肩。韻。想決勝千里，叶。運籌帷幄，句。陸大長校，句。東魯建藩。叶。河杜宫家，句。權收膠澳，句。早有榮名天下傳。叶。功成後，句。更急流勇退，句。燭在機先。叶。　中年。叶。笑傲湖山。叶。精六法南宗追董源。叶。看明窗净几，句。淺渲濃染，句。青山紅樹，句。疊嶂層巒。叶。世事渾忘，句。愁來不管，句。名士風流凌昔賢。叶。今何幸、叶。承君揮翰，句。賜我雲烟。叶。

賀新郎

一名《縷金衣》《賀新涼》《金縷曲》《貂裘换酒》　有感　二九、一二、八

往事思量否。韻。紀少年、讀。乘風破浪，句。青雲奮首。叶。親往扶桑觀日出，句。學研東亞西歐，句。著先鞭、讀。肯甘人後。叶。三十年來如電閃。叶。空傷心、讀。世事變雲狗。

叶。纔幾日，句。頹然叟。叶。白頭沽上填詞久。叶。最喜是、讀。蘇秦温晏，句。周姜辛柳。叶。但得千秋留好句，句。檀板唱遍紅袖。叶。也抵得、讀。腰懸金斗。叶。此意可憐還可笑，句。笑何年、讀。碧海驂鸞走。叶。與往哲、讀。同杯酒。叶。

春風嫋娜

上元　二九、一二、一八，即陽歷一月十五日

記幼時元夜，句。歌舞太平。韻。燈節鬧，句。月光晶。叶。火蛾兒簇着、讀。緑男紅女，句。錦團花豔，句。霞蔚雲蒸。叶。鼓樂喧闐，句。遊人如織，句。夾路銀花燦若星。叶。一曲紫絹催薄醉，句。六街絳蠟試新聲。叶。誰料卅年一夢。叶。憔悴殆盡，句。民間無復舊時情。叶。封蝶翅，句。困獅鳴。叶。誰家抛盞，句。何處吹笙。叶。午夜晴煙，句。鰲山燈火，句。玉鞭指處，句。總不分明。叶。風光非昔，句。歎傳柑佳會，句。近年换做，句。萬里刀兵。叶。

多麗

大明湖，用張仲舉原韻　二九、一二、一四

佛山青。韻。齊煙九點渺冥。叶。正城頭、讀。雲鬟聳翠，句。層巒列似圍屏。叶。漾春波、讀。柳間歌鳥，句。賞秋景、讀。水上飛螢。叶。登高望遠，句。撫今思昔，句。何堪回首憶飄零。叶。自李杜、讀。把酒清樽，句。醉後何日醒。叶。空留得、讀。明湖勝地，句。歷下古亭。叶。待畫舫、讀。清歌遊宴，句。直如瀟洒西泠。叶。荷花翻、讀。碧摇翡翠，句。菰蒲緑、讀。紅上蜻蜓。叶。名士唱和，句。騷人吟詠，句。漁

洋秋柳最動聽。叶。溯歷代、讀。祠堂忠蹟，句。胆肝照日星。叶。足欣賞、讀。一城山色，句。十頃湖汀。叶。

以上《澄懷閣詞》卷四

以上《澄懷閣詞》

林鵑翔

賀新郎　留別江户

行矣吾何念。念尊前、箇人消瘦，淚綃紅染。側雨闌風都聽慣，著意荒雞茅店。怎禁得、絲楊搴攬。嘑鳥一聲春夢覺，賸潮痕、依約横波灩。歸櫂急，不須纜。　香詞半篋愁重檢。幾銷磨、花迎月送，茶甘酒釅。萬一櫻花能解語，説與綺情都懺。漫贏得、别魂銷黯。故國鶯花新畫本，怕當歌、未許清狂減。珍重意，託琴劍。

壽樓春　用梅谿韻

縈鞭絲塵芳。問誰家翠袖，愁憑紅窗。閒煞拂檻纖柳，度花殘陽。春似酒、澆離腸。入畫樓、東風能狂。念將淚勻脂，和愁染黛，容易鬬眉妝。　紅塵輭，悲歌長。莫箏琵徧徹，輕换秦腔。欲話開天遺事，白頭堪傷。心故國，身殊鄉。汎武陵、何如漁郎。向駝陌花時，蕢風忍忘。洲渚香。

摸魚子　鶯

黯銷凝、遼西夢破，落紅庭院誰主。無端付與如簧舌，漏洩春光多許。風又雨。任百囀緜蠻，不喚流年駐。紅襟俊侶。問咽露蟬清，横秋雁瘦，它日可能伍。　東風裏，熠燿自憐毛羽。好音休遣人妒。尊前似解飄零恨，盡日爲歌金縷。須聽取。怕驀换嘶鵑，是舊攜柑處。韶華暗數。恰絃柱悤悤，三分過二，煙柳暗前浦。

木蘭花慢

于役東海，坐閲滄桑，歸有日矣。以事羈滯，醉題齋壁

又歸期誤了，忍頭白、聽城烏。枉舟繫神山，宅尋徐市，海買麻姑。今吾。夢華倦憶，更迴車怕度幘溝婁。芳草瀛洲自緑，絳都春事何如。　清矑。梅影一枝疏。回首故山孤。賸老去詩歌，狂來笑嘅，劫後江湖。鯨魚。正堪作膾，問尊前何處覓屠沽。應有常飢臣朔，不須遠道胡奴。

鶯啼序

十年去國，風近神山；萬里乘槎，珍搜海市。有須臾意，作如是觀。慨然倚聲，用夢窗韻　東人設博覽會於上野公園，瑰麗充牣，極一時大觀。我國亦陳列品物其中。余襄理斯役，得事遊覽。同人更於其物產製造，肆力攷覈，筆述成書，索序。愧無以應，因成此詞

榑桑吐華照海，敞樓臺近水。占韶景、豔奪鬘天，岸櫻紅綻新蘂。瞬息燦千門萬户，塵香暖逐晴霞墜。漫銷凝茸唾，脂痕半攬離思。

嬌鳳狂麟，到眼萬感，愴天涯客子。渺仙路、重汎星槎，甚時風引人至。怪無端、雲噓蜃幻，恁樓閣、嵌空彈指。問嬋娟，一例飄零，弄妝何意。

瑶京事影，夜雨秋衾，枉暗縈寤寐。拌錯鑄、六州鐵聚，地遠天遠，去國銅仙，慣禁鉛淚。回潮盪激，斜陽哀怨，江山如畫誰家物，莽東風、大漠成憔悴。蓬壺咫尺，誰知

貝闕珠宮，有人話愁愁裏。　圖披海國，地拓滄州，換舊瀛淺翠。料別後風雲多態。曼衍魚龍，俯視蒼茫，睡驪都起。神州旭照，靈峯笏拱，觚棱天表回望處，近黄昏，誰共危闌倚。十年夢繞東華，舊月來時，倦題鳳紙。

念奴嬌　觀櫻感賦，用夢窗韻　櫻花先開者單瓣，八重櫻開較遲，緑櫻最娟倩，最晚

妍風催霽，漲輭紅如幕，猶稀新緑。瓊島仙姝工寫照，別是娉婷裝束。露綺濃分，霓裳豔奪，對影人如玉。粉香脂膩，幾回沈醉金谷。　多事身到蓬山，蓬山更隔，鉛淚盈巾幅。換骨幾曾憑大藥，我自夢遊林屋。舜水祠邊，梅兒冢畔，清比空桑宿。一番淚雨，踏歌愁聽新曲。日本古美人梅，若於三月十五日化去，是日遇雨，都俗謂之淚雨。

一萼紅　八重櫻，用白石韻

幾晴陰。仗東風著力，春意滿瑶簪。霞障連雲，華鐙照夜，空外消息沈沈。料仙路、蓬山未隔，寄晼晚、依舊只青禽。十載看花，玉樓人醉，我輩登臨。　容易八仙催聚，似唐昌玉蘂，冷綴春心。芍藥重臺，芙蓉三變，芳譜還更披尋。問誰信、羅窗夢短，枉辛苦、將淚鑄黄金。拌得扶醒爲伊，酒淺杯深。

驀山溪　秋櫻憔悴，詞以慰之，用清真韻

闌干何許，殘照明霞尾。秋淡不成妝，鬢飛蓬、冰奩羞避。錦箏彈怨，淚雨幾時晴，樓倦倚。催欲起。一晌惺忪裏。　回帆重見，清淺蓬瀛水。舊侶十洲仙，駟霜虬、清遊示已。似聞鶯語，簾外報春來，香殢久，屏山底。依

約羅浮美。

倦尋芳 謝莫伯衡贈《宋名家詞》刻，並以贈行

瘦櫻怨雨，髡柳驚霜，愁寄無地。去國心情，都付淺吟深醉。夢影依回天水碧，才華銷減湖山麗。渺余懷，問宮移羽換，壯心餘幾。 又倚徧、危闌無據，煙柳斜陽，誰識青兕。玉笛聲飛，消得夜涼如水。窮塞秋來悲白髮，瓊樓寒徹傾孤淚。雁和遥，忍重尋、酒邊情味。

瑞鶴仙 得胡馨老書，積久未報。海氛甚惡，用梅谿韻寄憶

感時霜入鬢。憶舊約題襟，酒痕猶潤。明河望中近。又人隨天遠，將愁成恨。參斜月隱。怕曉夢、依然未穩。竚雲涯、私語青禽，料有鳳城春信。 嫞問。黃塵門外，白袷吟邊，總然疏俊。關河寸寸。離別意，訴難盡。試登樓一望，愁雲海天，也何曾醉醒渺。滄洲除是嬋娟，見人瘦損。

西江月

楚袖雙鬟翠溼，吴綾半臂香濃。惺忪心事月明中。風露夜涼誰共。 步惜階苔細碎，聲驚檐玉丁東。闌干盡處是簾櫳。剗地花陰如夢。

減字木蘭花 感逝

塵矰引避。蠹卷潛消鴻寶祕。郭泰人師。誰仿陳留爲譔碑。 伊人宛在。銅笛吹來葭菼外。何處成連。漭蕩天風獨扣舷。業師岳薌林先生。

其二

書城樂府。五百注韓千注杜。錦字凋殘。夜雨空山特地寒。蘭成詞賦。垂老江南腸斷句。老屋鐙青。不共滄桑下馬陵。業師邱也遲先生。

其三

悲歌痛哭。餘子眼中真碌碌。水逝山積。問訊鷗鄉幾霸才。廿年甥館。孤負湖山歸計晚。骯髒風塵。知己生平第一人。外舅朱篤生先生。

其四

吹花嚼蘂。笛譜蘋洲春旖旎。桃李陰陰。剗地榛蕪夕照沈。神君蚤頌。何止州門增感慟。今古同悲。廉吏由來不可爲。邑侯沈劍芙先生。

臨江仙

東京無燕子，十餘年不見矣。茲來海濱，相逢逆旅，依依似舊識也

相識歸來歸也未，卷簾人倚雕闌。番風廿四路三千。光陰微雨裏，心事落花前。不辨呢喃誰與語，情絲我自纏緜。天涯何止別懷牽。春鐙無限恨，將淚付紅箋。

連理枝

七月十一日，語仌四十初度。時蘁日亟，觸緒成悲，戢影海濱，倚此爲壽

我亦飄零久。百事初衷負。只有紅閨，同心負戴，耕鋤前後。算鷦巢贏得、一枝安，勝緇塵奔走。　不羨王侯富。不願神仙壽。貧賤夫妻，癡頑身世，也堪將就。聽檀奴新樂、奏房中，抵瑤池卮酒。

其二

客路三山舊。大藥今何有。清福人閒，鑪香茗椀，靜中消受。更前宵巧乞、綵樓鍼，把鴛鴦自繡。　風雨年時驟。解惜腰支瘦。故國平居，天涯今夜，爲誰僝僽。念梅花家世、最清寒，抱冬心共守。

河傳　半櫻簃臥雨

鐙背。秋碎。掩重關。長夜漫漫。客寒。芭蕉有心舒卷難。更殘。斷無人倚闌。　玉宇瓊樓雲外影。秋夢冷。寶鴨銷香餅。待天明。天未明。愁聽。那邊砧杵聲。

西溪子

花下鏡盟猶在。花外蜂媒無賴。飲瓊漿，春未半。遊絲絆。錦瑟華年暗換。銀漢又新秋。月如鉤。

其二

稱體華妝多態。宿約明璫暗解。幾徘徊，菱鏡畔。琴心亂。又聽流鶯千喚。一步一生愁。上層樓。

婆羅門引　用夢窗韻

春紅剗地，暗塵和淚甎匳冰。蘼蕪脈斷吳城。說似瓊簫芳約，金屋索新成。憶鈿盟珍重，未是無情。　高樓上層。忽夢到、月中行。遥夜霓裳按曲，人醉天聲。秋深露涼，問誰見、仙筵張洞庭。醒未得、語隔銀屏。

酒泉子

春囀雛鶯。容易阿嬌嬌貯。甚因依，誰許與。畫樓扃。　窗銜新月影翩翾。人在琉璃妝閣。一聲秋，梧葉落。靜中聽。

賀新郎

幽恨憑誰寄。又簾櫳、東風駘蕩，歲華如此。疊損年時金泥鳳，依舊濃妝催起。早零亂、紅牙緑綺。自織蒼煙湘波遠，有情天、都付無情水。尋舊夢，夜深矣。　温馨緩度屏山底。盪迴腸、喉珠唾玉，畫堂人醉。十萬纏腰揚州路，多少黃金鑄淚。問花月、干卿底事。不恨有花無明月，恨月圓、不待花含蘂。春莫去，去如駛。

浣溪紗　和馮息廬《惆悵詞》

倦倚紅樓客夢孤。蘼蕪芳約誤羅敷。春鐙消得看摴蒱。　鏡影撩雲雲依絮，粉香愁雨雨如酥。十年影事半模黏。

其二

小劫人天一夢醒。柳憔花悴又今生。重重恩怨未分明。　昨夜星辰如有意，好春風雨太無情。片雲難駐步虛聲。

其三

露在花梢月在門。夜涼如水黯銷魂。屏山緩緩度温馨。　珠雀暗彈綃有淚，玉猧濃睡夢無痕。麝熏蠟照幾黃昏。

其四

並世誰推作賦才。琴心撩亂首重回。盈盈一

笑綺窗開。解事流鶯花外去，延緣胡蝶夢中來。疑雲疑雨意徘徊。

其五

未必人天喚不膺。神方點檢誤倉庚。短亭淒絶瘞花銘。墜地有聲聞玉脆，返魂無力賸香縈。夜窗鐙影自熒熒。

其六

知在蓬山第幾重。雲鬟霧鬢太惺忪。靈犀脈脈自相通。注牒鴛鴦同命鳥，作團胡蝶可憐蟲。含愁不敢問東風。

其七

颯颯東風去復還。含情剛到小紅闌。蜂媒蝶使了無端。倒影樓臺拌水皺，換巢鸞鳳怯宵寒。迴身纔覺十分難。

望湘人 別長沙

聽宵沈戍鼓，聲殢曉鐘，舊愁新恨相半。卷幕雲高，繫驄路遠。肯負登臨心眼。怨魄瀟湘，墜芳蘭茝，吟情無限。賸幾多、花月逢迎，豔説金尊檀板。　江上牙旗望斷。看千艘自駛，一帆輕轉。控歸鶴天涯，未信絳都春晚。金鞍去後，玉瑲零亂。滿目韶華催換。憶往事、欲寄離悰，夢裏高峯迴雁。

解連環 題許逸雲尋夢圖，用夢窗韻

夜涼愁結。隔屏山萬疊，寸心無極。記絮語、星夕分明，甚團扇乍秋，素紈無色。賸雨殘雲，早腸斷、高樓西北。又盈盈鏡月，點點淚珠，總成追憶。　華年錦絃拌擲。賸銷殘鬢綠，吟斷頭白。被倦飛、鳩鵲催回，悄別路漢

津，恨填橫碧。黯魄簫邊，只銷與、沈沈幽汐。掩紗櫺、麝塵半灺，問誰睡得。

渡江雲

去浙後，北遊累月，舊雨今雨，把酒言懽，寄謝代簡

高歌青眼底，西風一夕，驚見鏡中霜。畫筵人未散，舞罷伊州，酌酒換離觴。銅槃淚冷，伴箭水、愁耐宵長。空怨抑、紅樓如夢，樓外又紅牆。　堪傷。鴻溝盼斷，馬影催回，說關山無恙。珍重意、尊前寶劍，別後河梁。多情萬一羅浮月，引詩魂、翠羽紅裳。魂斷未、殘灰自撥鑪香。

好事近

彊村師示靈隱夜歸蔣氏湖舍新作，次韻感賦

鐵笛不成聲，吹出一棱山月。月與冷泉同冷，濺一襟秋雪。　阿羅漢果證何年，佛香幾銷歇。猶有舊時靈氣，看優曇花發。

夢玉人引

紅梅閣，在常州東門外玄妙觀，舊有紫陽真人手植紅梅。趙甌北先生詩云：『出郭尋芳羽客家，紅梅一樹燦如霞。樵陽未即遊仙去，先向瑤臺掃落花。』衍其意，從石湖體

誤羅浮夢，萼華去，但空碧。香古愁今，曾是玉人攀摘。倦客來遲，攬別愁、愁聽江樓殘笛。翠羽何堪，似征鴻南北。　舊家孤嶼，料寒蟾、今夜怨幽寂。側帽天涯，漸疏何遜詞筆。如此滄桑，漂花猶潮汐。竚獨鶴、碧雲端，且乞瓊芳消息。

臨江仙

和蕙風師

換世斜陽無暖意，登臨總負清尊。遠山銷黯

舊眉痕。春隨簾局冷，花謄燭房温。　極浦旌橈成悵望，騷心苦憶蘭蓀。搴芳人去月黄昏。緑陰紅雨外，淒絶是王孫。

其二

雞犬雲中喧日出，天風引我歸來。閒階一夜長莓苔。低徊鄰院曲，一曲一深杯。　石帚琴心悲素髮，瓊筵更爲誰開。雲涯回首憶蓬萊。笙歌無限好，都付角聲哀。

其三

上巳清明都過了，酬春命酒蹉跎。襲人花氣晚來多。玉笙樓外淚，金縷夢中歌。　青鳥碧城消息斷，真成水遠山峩。鱗雲淡沱似微波。卷簾人影瘦，辛苦竚姮娥。

其四

樓閣連雲雲影暗，鞭絲撩亂晴街。韶華一例付蒿萊。春殘猶禁火，驕馬幾徘徊。　恨織鮫綃人不見，含酸看取青梅。墜歡前事渺余懷。蠟銷餘熱淚，麝燼未寒灰。

其五

傾國可能消一顧，煙波淒絶吴舲。隔江愁對暮山青。嗁痕深淺淚，别路短長亭。　鬢影釵光渾未改，夢尋珠箔銀屏。樓中燕子共飄零。連環須自解，屈戌不勝扃。

其六

蒼狗浮雲紛萬態，怨深潮語能知。寶闌春去已多時。羅衣人瘦損，猶自鬬腰支。　未肯湘皋捐翠佩，楚天雲雨休疑。綵幡低亞越淒。

其碧桃和露種，曾是上林枝。

其七

老去潘郎情未減，一簫一劍平生。五陵衣馬看人行。昔遊真草草，低喚幾卿卿。　清淺蓬瀛成慣見，風塵倦說飄零。月輪倘放一宵晴。前身金粟影，霓曲待重聽。

其八

煙水微茫風雨急，天涯蹤迹難論。相逢桃葉又桃根。青溪纔幾曲，何處是仙源。　金粉江山歌哭地，醉醒都是銷魂。狂名直欲隘乾坤。釣鼇須徹海，擣麝任成塵。

清平樂　讀《秀道人詠梅詞》，意有所觸，即拈是調賦之，爲《廣詠梅詞》。蕫齋先生云：『迹所本無，情所得有，斯可廣焉。』兹意近之

春紅如許。開落誰爲主。難得一抔乾浄土。分付回風休舞。　奈何春裏春歸。回頭無限芳菲。併作人天哀怨，和煙和雨淒迷。

其二

花深月小。總爲情顛倒。清露滿階天未曉。一夜畫屏秋老。　菱枝弱不禁寒。風波剗地誰憐。容易鴛鴦睡穩，聽風聽雨年年。

其三

靚妝多態。雲鬟明霞外。一顧儘能消萬睞。卻在眼波眉黛。　襟痕最憶杭州。此鄉未算溫柔。差幸空桑三宿，不知越女新愁。

其四

心魂相守。蘭茝論交舊。仙骨珊珊君自有。卻與氾人同瘦。　孤山山下吾家。一枝疏影

横斜。不分逋仙去後，風標未減清華。

其五

鳳城前度。未是傷心處。淚鑄黃金儂自誤。絲管嗷嘈如故。　幾回换羽移商。悤悤粉墨歌場。看取天涯絲鬢，滄桑無此悲涼。

其六

絃清調苦。心事憑伊訴。此曲何須郎再顧。早拌聽明自誤。　年時綵袖當筵。只今別路三千。一樣明璫翠羽，花風特地春寒。

其七

江山如畫。風月宜清夜。人又不來花又謝。後約水仙祠下。　小紅樓外天涯。秋聲冷入箏琶。一任潮生潮落，開窗總對朝霞。

其八

金尊頻倒。倚徧紅闌小。僥倖驂鸞雲外到。卻又玉山頹了。　記曾竚送鈿車。聲聲風笛霜笳。今夜夢魂何處，春風依舊桃花。

其九

餐霞人醒。紅顫鐙脣影。看取沈煙凝翠鼎。應是落花風定。　移篷夜雨孤城。夢雲回首瑶京。只道尋常離別，當時輕上吳舲。

其十

烏衣巷舊。人立斜陽瘦愁。緒萬千縈別後。銷淚自憐紅袖。　舞衣疊損年年。珠喉重度花前。又見柳緜飛盡，驕驄何處歸鞭。

念奴嬌

工梅伯同官永嘉。辛酉暮春，偕遊仙巖，出示此調，並慎社諸子新作。倚此和之，以

誌一時盍簪之雅

去天尺五，竚驂鸞仙迹，林扃幽窅。人世滄桑知幾易，福地自存江表。仙巖爲第二十六福地。雨洗潭空，丹封井冷，青割雲根峭。層嵐動色，有人鳬舄飛到。　樓外無限狂塵，蹉跎歲月，容易它鄉老。猶有故山猿鶴在，湖海抽身宜早。元亮孤松，幼輿一壑，何必蓬萊島。危闌斜日，見人扶醉多少。

八聲甘州　孤嶼文丞相祠祀事禮成，集愼社同人澄鮮閣禊飲

怒潮回長傍浩然樓，江山尚能雄。賸靈祠無恙，中川寺畔，煙雨冥濛。山色臯亭忍憶，歸鶴咽遥空。一琖泉華薦，時颯英風。　故國興亡如夢，問沙沈戟折，何處艨艟。付滄桑閒話，觴詠惜悤悤。認留題、飄蕭墨淚，共老松、寒翠落杯中。靈旗遠、黯憑闌處，極目春鴻。

月上海棠　和梅伯見懷之作

高樓一霎狂風雨。柳絲柔、無計繫春住。夢熟鴟夷，又煙波、去程輕誤。賓鴻至，料有蕢花寄與。　留雲借月知何許。笑烏龍、空解舊情妒。把琖花閒，怕依然、莫傳心素。殷勤意，嬾向葺窗細訴。

念奴嬌　平陽劉厚莊屬和《靈峯摩崖詞》。先是，余與梅伯遊仙巖，成《念奴嬌》一闋，和作甚夥。未幾，厚莊郵示靈峯壁間詞拓本，詞後紀年爲嘉定甲戌，距今七百餘年。發自塵埋，播之藝林，誠快事也。詞調適與仙巖紀遊詞合，殆所謂文字緣歟？勉步元韻，索厚莊和

琳瑯百字，有英靈呵護，森然崖壁。丘壑總關

文字福，占取名山貞石。好事龍洲，此刻爲厚莊所訪獲。甄奇翠墨，榛莽勞重闢。詞仙誰氏，冷吟銷黯層碧。惆悵七百年來，黃塵駝陌，難覓幽人屐。一角殘山沈夕照，淒斷鳳岡桐嶧。烏嶼巖邊，靈峯屹立曠野，有巖洞與烏嶼連屬。蒲江集外，甌詞人盧蒲江最著。珍重龍蛇迹。如聞高唱，駐雲何處飛笛。

虞美人

和彊村師

秋風容易滄波起。極目收帆地。青銅窺雪上蓬簪。薄宦寧消叢菊、故園心。　黃金彈逐秦蘅老。人意花驄惱。鳳城尋夢幾曾真。輸與淺吟深醉、臥殘春。

前調

用前韻寄沈瞻老杭州

廉纖不禁狂塵起。緤馬疑無地。西闌紅藥報抽簪。領略春寒、原是惜芳心。　鶯新燕舊催人老。總爲花成惱。煙波安穩夢玄真。無數蕡花消與、碧湖春。

以上《半櫻詞》卷一

暗香

孤山林和靖祠有石刻白石道人象，龔雪澄以舊拓本見貽，賦此報之

馬塍花落。悵老仙去後，湖山蕭索。送老一邱，曾踏梅根與依託。來看淩霜數點，巾扇付、閒人描貌。便夢入、雪夜松陵，簫韻亦非昨。　林壑。意寂寞。念富覽舊遊，謝屐依約。扇塵太惡。樓月微明待商略。長共心魂守定，何地著、巢居高閣。又暗暗、春換也，翠禽未覺。

鷓鴣天　雪鰻，産永嘉枏溪。咯血成病，烹食而愈，喜成兩解

愁肺秋深病更添。療愁何物抵鍼砭。浮生同抱塵罾感，食指先勞昨夕覘。分一臠，佯齏鹽。攵鱗霜膾味能兼。金絲何止稱靈藥，本草載金絲鰻，似與雪鰻相類。解得羇人半世饞。

其二

領略溪山一味寒。老饕呼酒爲開顔。有無嫞問監州蟹，戾止何勞講席鱣。嗟食肉，勸加餐。陳思意快膹杯盤。呼名絶勝蒲燒雅，日本白鰻極肥美，四時皆有，列廛而市，號曰『蒲燒』，不知何所取義。呵手晴窗補食單。

前調　改歲之夕，天將曙矣，意有所觸，率成五十五字

劍短難勝膽氣麤。寒宵叩齒禮陰符。祠荒未必無黄石，弟畜依然有灌夫。屠狗者，牧豬奴。下塵人拜執金吾。虎頭何用兼猿臂，看取囊中金僕姑。

揚州慢　平山堂作

邗水風淒，蜀岡雲黯，地偏王氣難尋。拂龍蛇四壁，有我輩登臨。更休問、牙旗錦纜，幾星螢火，都付銷沈。只隔江、山色青青，直到而今。　二分月舊，膹垂楊、閲徧晴陰。近北郭清溪，東風薺麥，哀怨彌襟。指點玉鉤斜路，蘼蕪緑、得似愁深。試寒泉新汲，塵涯誰證禪心。

迷神引　弔史閣部墓

落日沈冥神鴉舞。故國望中何許。江南膹

得，萬梅花樹。引胡笳，聲聲破，問誰誤。天塹分南北，竟飛渡。江上靈鼉斷，颯風雨。淚盡嗁鵑，夢斷朝天路。覺蜀岡愁，吴潮怒。陣雲如墨，有肝腦、無臣虜。壯山河，騎箕尾，忍回顧。華表歸來鶴，相識否。馨香無消歇，此抔土。

瑶華　偕鄭澤民、曹礪金訪瓊花觀故址

瓊姿久別。十里春風，黯衆芳無色。緑楊城郭，斜照裏、只有嗁鵑聲急。金缾飛墜，早一騎、塵埋駝陌。賸夜階、螢火星星，併作荒煙淒碧。　玉真那許重逢，便玉蘂唐昌，已悵睽隔。乆霜坐閲，須不怨、素髮天涯爲客。竹西亭畔，誤幾度、驂鸞消息。倘月中、環佩歸來，舊侣銅仙能識。

秋霽　題緘道人所藏艤舟亭圖　亭在常州文成壩東，東坡艤舟處。旁有萬壽宮，曩時翠華臨幸地也，今圮矣

煙水湖壖，盪樹杪斜陽，畫本留得。去國情懷，買田心計，歲華暗驚遷客。倦遊暫息。望中莫辨溪雲碧。問故宅。東坡故居紫藤書屋，在城中白雲渡南。誰省、瘦藤陰下夜吹笛。　何處舊頓，殿脚塵荒，淚傾銅仙，淒斷遥夕。廢登臨、滄桑又閲，仙山樓閣總陳迹。風定雨晴留笠屐。舊倚闌處，無恙蓼岸延秋，柳陰容我，枉帆尋覓。

湘春夜月　和夏吷盦《中秋》詞

步虚聲，五銖愁倚天風。最惜玉貌娉婷，依約夢魂中。碧海不勝清怨，蚤枉拋靈藥，錯貯瑶

宮。對小蟾竚立，雲屏隔斷，人影花叢。無聲桂溼，金仙淚落，淒咽秋蟲。刻骨相思，消領得、一鐙如豆，紅颭簾櫳。霓裳舊譜，付怨吟、涼入江楓。更夜夜，任星將月、替三心五噣，零亂天東。

惜黃花慢　彊村師示和仁先舊京菊花之作，率踵其韻

意翾情芳。自鳳城賦別，閒卻瑶觴。日精荒土，味同苦薏，長安遠道，望斷中黃。《雲笈七籤》：「黃帝以道治世，曰中黃真人」。素心晨夕南村老，翠簾卷、無限淒涼。訝故鄉。兩開耐得，青鬢都霜。聽楓倦客吴江。換看花舊侶，眼冷滄桑。羲熙何世，九秋晚節，淵明未醉，一兩重陽。鍊顏不借酈潭水，歲寒後、慵鬬塵妝。漫斷腸。瘦姿最稱枯香。

洞仙歌　廖鳳舒《新粵謳解心》題辭

絃詩聲變，寄鄉愁千縷。約略參軍作蠻語。費尊前紅淚，冪上嬌聲，多少事，昵昵珠兒珠女。秋孃金縷曲，月冷桄榔，此豸嬋娟竚何許。道光間，招子庸孝廉所作《粵謳解心》，詞極淒麗，其《弔秋喜》一闋尤膾炙人口。柳色漢宮春、無限銷魂，描不盡、別離情緒。集中《漢宮人柳》《銷魂柳》諸闋，節短音長，耐人尋味。更刻意、翻新摸魚歌，怕淒斷行雲、素馨斜路。

西平樂慢　胡仲巽挽詞

恨徹茵憑，怨飄鄰笛，涼夜倦客無眠。驂鶴遥空，翦淞殘碧，相思判定人天。憶醉勒燕銘夢醒，横控騫槎路迴，笳聲換世，秋魂冷入蕪煙。猶有空波鏡約，孤嶼畔、斂怨影嬋娟。孤嶼在甌

江中。君姬人時尚居甌。

鳳城天遠，音書盼斷，客鬢彫秋，人意禁寒。重念省、閒身髀肉，斜日樓臺，爲問啼鵑欲化，夢蝶空迷，何似劉根世外仙。回首舊遊，飛霞步屐，華蓋捫碑，蜕影巢痕，弔古誰同，空亭蘚蝕年年。飛霞洞，漢劉根成道處。華蓋山，舊有『左宜』『右有』兩山房，皆君修葺。余在甌時，常與君宴客其中。山上大觀亭亦君重修。

清波引 程驩秋貽便面，書白石此闋，步韻賦贈。時甲子七夕也

夜涼銀浦。倚雙袖、霓裳待舞。寄情何許。彩毫鬬眉嫵。舊曲漫重理，怕被簫聲吹去。鬧紅一舸相思，共明月、盪愁處。　柔懷訴與。好風趁、塵麝緩度。暮雲停否。竚庭樹無語。傷春拌腸斷，又聽瀟瀟秋雨。半闋慵和新詞，爲誰悽苦。

洞仙歌 出朝陽門里許，吾宗敦民九兄半園在焉，極清曠之致。其西北隅，別開一院，通以隧道，境尤幽窈，有屋數椽曰閱耕廬。廬之南爲滄海歸帆亭，俯臨城河，可以眺遠。艣聲帆影時出柳陰中，風景如畫，江南不啻也。八月十五日，飲余其中，倚此題壁

看舞霓裳罷。避暗塵市遠，秋心縈惹。有通幽洞壑，貯雲亭榭。憑闌待喚涼蟾下。訴往事、風帆滄海卸。杯重把。算菊瘦霜腴，誰賦歸來也。　永夜。畫簾悄悄，戰鼓沈沈，暮景山河，付與野客哀吟，併作怒潮狂瀉。黄塵滿鬢酸風射。問那處樓臺春可惜。瓊女駕。去多時，邈隔人天恨難寫。且與話。話曩日、清風價。笑年年叢桂，背人還是香飄麝。

減字木蘭花　吴伯宛挽詞

十月初七。天盡水窮人絶筆。自定歸期。傳赴人閒見轉疑。　西風葛帔。多少絶交書抵地。伯道無兒。天意夢夢亦可知。君手書《赴別親知》，有『有子早殤，夫婦奉佛，身非大宗，禁勿立後，以僧服斂』之語。

其二

都無净土。壞色袈裟天付與。鉛槧叢殘。雙照樓頭淚不乾。　酒酣意氣。併入哀絃埋玉笥。何止心灰。要勸長星酒一杯。

聲聲慢　十月初九日，孫師鄭賦落葉，和者甚衆。余成此闋。用彊村詞韻

蕘關緑隕，玉樹霜凋，長安滿目堪憐。殘照回頭，一池凝碧如煙。南柯舊成陰處，問瓊枝、

再倚何年。春去久，歎西風不庇，哀甚寒蟬。　別路人間何限，怕柳枝折盡，飛不成緜。流水香溝，題紅空豔毫端。霜砧雨鈴遥夜，共吹蓬、傳怨絃絃。長陌掩，忍津橋、還聽杜鵑。古有《商風》《白露》《落葉》《吹蓬》之曲。

青衫溼徧　此爲納蘭容若自製調。二百年來，有金粱外史、龍壁山人、半塘僧鶩及吾師蕙風詞隱，先後繼聲，皆悼亡作也。音節淒戾，讀之輒涔涔淚下。僕本恨人，情何能已，感音成拍，別有傷心，何必悼亡，何必非悼亡也

塵紅一霎，憑誰省識，感徹人天。記得銀箋封淚，意殷勤、都道辛酸。算月輪、終古幾回圓。最難堪、夜夜危闌倚，共嫦娥、閱盡清寒。並影夢中猶易，同心世上偏難。　多少換巢鸞鳳，花開花落，拌絶纏緜。飄麝樓臺如夢，三

生石、陳迹依然。料雙修、無分到神仙。便梅魂、悄共靈香返，怕窺匳、暗换朱顔。別院珠簾畫下，高樓玉漏宵殘。

玲瓏玉

霧淞，惟北地有之，亦不常見。己未之冬，旅居都門。策馬玉蝀橋，望北海，如在瓊林玉樹中，詫爲奇觀。荏苒五年，又覩此景。蕙風師曾以此調詠霜，賦寄索和

多事瓊妃，伴羈客、玉立亭亭。烏嘑月落，夜寒瑶殿深扃。嬾問年時鬢影，便朝霞催起，千喚誰譍。銷凝。還依稀、香擁碧城。　太息天南地北，寄離愁千里，纔罷宵征。縞素山河，夢繁華、淡不勝情。林花鬖髿依舊，任人世、風饕雪虐，肯負平生。且歸去，怕南山、高臥易醒。

浪淘沙慢

歲不盡六日作

九衢敞、塵封繡市，樹隱殘日。鄰笛聞聲似泣。邊笳到耳又急。更驛使江南空遠憶。負何遜、別後吟筆。問歲晚天涯舊盟幾，寒林賸鋒鏑。　駝陌。看花信有春色。甚翠管銀罌，題詩處、渺矣如過客。嗟舊薦黄羊，勞我今夕。去年今日南旋。破愁未得。謀醉歸，珍重鷫裘論值。　天上青禽無消息。銅荷灺、畫堂淚積。盪杯影、虛絃還在壁。恨窗曙、不是晨熹，對墜月。禁寒且自闌干拍。

定風波

除夜寄語仌眦陵

鼙鼓驚心歲又闌。難憑鵲語報平安。消息未須勞卜鏡。歸定。錦書先雁到春前。明年正月十二日立春。　只覺情長忘別久。知否。相思

有味是經年。爆竹聲稀殘漏滴。今夕。不成清醒不成眠。

南浦 丙寅仲春，津京戰事正劇，閒道入都，和馮息廬韻

層樓弔月，夜沈沈、煙語隔紋紗。風雨無端淒戾，門閉萬人家。聽到杜鵑嗁徹，又依然、斷夢殢天涯。被曉鐘催起，玉闌干外，還賸兩三花。　贈策故人情重，問垂楊、何處繫征槎。錦瑟昨宵敧醉，絃柱惜年華。鈿約鏡盟如舊，幾新妝、再見鬢邊鴉。算飄零誰最，替彈別淚與琵琶。

浣溪紗 爲唐企林題畫馬

舊侶驪黃幾絕塵。中原馳騁定何人。世閒應有九方歅。珠勒如雲連繡陌，金臺終古賸斜曛。無多髀肉亦閒身。

采桑子

洞天不記春來去，頭白蕭郎。窺鏡渾忘。鶯燕知它爲底忙。　琉璃妝閣塵無翳，鬢影釵光。脈脈相望。不隔花枝只隔香。

其二

依然明月人千里，笑語嬋娟。身是頑仙。忉利應居第幾天。　山河小劫留殘影，清唱屯田。夢落誰邊。桂子荷花又一年。

側犯 彊村師以此調爲題櫻宧填詞圖，次韻奉祝七十壽

望京夢倦。素雲卻展新詞卷。先生近刊唐人寫卷子本《雲謠集》以冠叢書。愁遣。笑網蝶夨魚、舊情換。　麻鞵去國淚，冷眼功名賤。流轉。問

載雪乘濤、定誰伴。秋心半篋，兵火吟蹤遠。圖瘦影，賦霜腴，珍重歲盟晚。醉蝶飛來，一尊還勸。往年生辰，曾有太常仙蝶至。六曲闌干，夜涼憑徧。

秋宵吟

題朱謙父秋樹倚聲圖

晚蟬稀，舊月小。荏苒天涯秋早。空中語、又恨滿西風，鬢絲催老。馬纓花，輦路草。併入傷心懷抱。閒庭院、有墜葉聲輕，絮蟲吟悄。　甌舫開尊，尚仿佛、藍曹畫稿。細蓴鄉墅，倦笛鄰家，此意定誰曉。人隔吹笙道。袖薄天寒，芳訊又杳。甚年年、瘦損霜紅，嗚咽城角聽未了。

月下笛

金陵吴玉書卜居長沙嶽麓下之濴灣，地多黃葉，因繪黃葉村圖徵題。倚此應之，從白石體

掃石延秋，停車愛晚，倦遊情緒。湘花贈與。卜居人憶前度。孤根拌老西風裏，漫輕比、霜楓醉舞。但夕陽竚盡，江山憔悴，舊恨誰訴。　年暮。悲詞賦。又望裏關河，亂烽何許。灣荒地僻，哽流澌作人語。扁舟歸櫂江南夢，換門外、衰楊縷縷。幾桑海，爲有秦須避，記省雲樹。

側犯

馮蒿叟用彊村師韻爲題詞集，次韻奉祝

著書未倦。一年一度新裝卷。叟年八十後所作。歲爲一集，名《雜俎》。誰遣。又螘國春秋、暗中換。　寧無種秫地，只恐青山賤。蓬轉。賸漢闕金仙、舊時伴。鵾聲夜急，回首津橋遠。移望眼。語紅桑，珍重歲華晚。有鶴南

飛，十觴須勸。月色梅邊，畫檐巡徧。

戚氏

和向仲堅　首拍『櫂』字及第二拍『老』字、『照』字、『曉』字從邵次公説均叶仄韻

竚江皋。綽約仙子伴蘭翹。舞雪飄裾，引風迴櫂。幾昏朝。媒勞。送歸潮。尊前掩淚踏歌曹。塵荒再閱滄海，際此誰與侶靈鼇。曉影雲鬟，天風蓬島，化工粉本能描。斷淩波望睫，天遠人遠，空悵盧敖。　垂老。恨逐萍飄。明鏡四照。輾轉鬢頻搔。鵑聲斷、夜長難曉。酒薄狂澆。太無聊。笑語夢裏，雨雲別後，暗感塵飆。甚時鳳翼，此日鸞牋，黯黯重爲魂銷。　換盡章臺柳，嗟遊倦客，又繫柔條。過眼花飛絮舞，帶斜陽瘦減舊纖腰。別來繡户凋春，畫輪染淚，煙冷紅心草。問翠深、蕪徑誰重到。門静閉、疏雨瀟瀟。賸壯懷、賦別銀濤。漫輕約、舊月殢梅梢。聽檀槽鬧。瓊枝怨否，忍理征袍。

留客住

和邵次公

已春到。甚眼中、半庭猶雪，萬花如睡，枉自梅根冷抱。橫空鎮日塵漲，向晚微雨，簾垂人語悄。雲窗務閣，竚佳期、客路暗愁多少。馬嘶杳。柳外人歸，芳華老了。換盡東風，見説酴醿開早。須信舊情瓊佩，後約藍橋，天長春更好。嗁鶯夢裏，奈朝來、總是被它驚覺。

長相思

浴佛日，偕吴竹林、陳頌平、方立山崇效寺看牡丹。花已摧謝，悵然賦此

帝里如煙，花光似水，鼓角依舊嚴城。衰紅廢緑換眼，春先歸去，分合飄零。過客重經。認籠紗那處，只記鐘聲。畫壁崢嶸。枉殷勤、爲

訪殘僧。初擬觀聖安寺畫壁，迷路未達。　念同是天涯，作客傷離念別，幾處征程。珠留佩影，酒賸襟痕，有淚難傾。松愁杳怨，付空王、銷與禪鐙。但遠山、相對無語，楸陰竚久忘情。

迷神引

一髮青山斜陽晚。故國有人淒怨。朱樓畫閣，是誰家院。羽差池，堂前燕，舊巢換。經幾華鬘劫，碎紅滿。芳訊江南杳，恨春短。夢醒槐安，事往空悲歎。覺玉驄驕，金尊淺。墜歡難拾，忍飄泊、成疏嬾。鈿釵盟，旌橈影，雨雲幻。歌舞娛今夕，蓮漏斷。聲聲是闌疊，意何限。

祭天神

冒暑南征，舟泊大連，和仲堅《送別》韻卻寄

又破空風鶴驚行旅。倦乘槎、海上何人催健艣。千年王氣銷沈，夜靜聞胡語。賸青山說似蓬萊，雲來去。　折戟感、回潮怒。甚逋客、能識吹笙路。關山險，音信絶，此恨憑誰訴。更何堪、鵑魂辭蜀，鶉首分秦，對此茫茫，淚盡河梁句。

玉京謠

和霜厓

客燕禁風雨，倦羽天涯，事影春鐙記。舊侶江南，依稀王謝鄰里。任絮語、能道纏緜，怕別恨、重重難寄。愁雲底。巢痕掃卻，林鶯呼起。　依前繡户雕櫳，乍見分明，甚靜觀不是。金谷何人，樓臺終古彈指。送歲華、煙柳斜陽，早淚盡、落花聲裏。闌獨倚。今夜夜涼如水。

真珠簾　玄叟録示戊辰人日湖居新作，倚此奉和

玉妃罷舞瓊樓曉。江天迥、盡入新年懷抱。高處不知寒，況草堂春早。舊約江邨歸計穩，便雁後、花前誰較。一笑。把青銅看取，白髮多少。　無恙卅里西湖，舊巢痕塵翳，何時重掃。閉户百年心，付岫雲天杪。萬感哀仌霜霰後，叟有《哀仌集》詩。近翠微、庭階誰到。羈悄。怕獨倚清琴，仌絲閒了。

前調　又和玄叟立春雨望之作，依玉田《近雅軒即事》四聲

湖山雪後塵襟洗。小遲留、占取梅邊風味。芳訊玉樓知，甚渺如千里。萬一東風能駐影，怕轉誤、惜花心計。休計。竚煙靄朦朧，闌干孤倚。　春到有幾晴暉，負鈿車嫩約，不關沈醉。黯貯燭房温，幻眼中紅紫。舊燕怯寒棲未穩，問昨夜、柔絲誰繫。不繫。靚簾影沈沈，曉妝初理。

夢芙蓉　題吴湖帆家藏隋《董美人墓誌》原拓本

誌爲開皇十七年蜀王楊秀作。據《隋書》，是年五月，蜀王來朝。故美人以七月終於仁壽宫。誌石道光初出土，陸劍庵大令得之。後歸上海徐氏春暉堂。咸豐中燬於兵火

多情何帝子。賸無多恨墨，黯斑塵几。畫蛾留怨，銷盡遠山翠。錦衾含麝細。温馨都化心字。自別驂鸞，空雲容妙寫，零亂瘗花淚。　似竚驚鴻腕底。天上瓊仙，應識纏緜意。佩環歸也，雲棧路千里。故宫春又逝。河山也自憔悴。片石無言，吟秋墳斷句，知有黯

魂起。

綺寮怨 甲子秋，雷峯塔圮，吳越忠懿王刊《藏陀羅尼經》遂見於世。周左季得之，徵題

立馬無多殘照，晚鐘鄰寺清。賸寶匧、頂禮年年，池灰盡、嬾問胡僧。英雄何曾佞佛，無端被、梵夾留姓名。更細尋、黯迹黃妃，千秋恨、髣髴城爲傾。世事幾悲廢興。婆留舊地，湖山寂寞無靈。韻歇風鈴。有嗚咽、兩潮聲。閒愁坐銷殘霸，且認取、佛龕鐙。何須上乘。驚天石破處、塵夢醒。

琴調相思引 蒼虬得宣和御筆牡丹，曰此詞皇畫也。彊村師爲書『詞皇閣』牓其齋，復詞以張之。感成兩解

一夢瑤臺色是空。爲誰極意寫妍穠。太清樓畔，脂粉奪春工。故國已成天水碧，新妝還作古時紅。洛陽春盡，腸斷又東風。

其二

百劫依然戴日華。不隨春夢遶胡沙。沈香亭檻，輕換帝王家。未必天香能賺淚，可憐北勝亦空花。貯寒高館，休更怨天涯。

夜飛鵲 香嚴翁約朱庵看臺桂 庵在嘉興南堰圩。桂兩樹，明季一比丘尼手植。層級虬盤，如浮屠狀

天香度雲釄，金粟成堆。花葉湧傍蓮臺。婆娑卻散廣寒影，娟娟蟾鏡深開。鈿筐似承蓋，料淮南閒隱，斷夢初回。鐘聲定後，伴維摩、百感寒灰。清淚露槃消盡，金蘂舊薌林，一例蒿萊。風外紅紗香滿，驚塵不到，瓔珞低

迴。智瓊去久，賸額黃、與點秋杯。要木犀禪意、無言會取，月地重來。

蕙蘭芳引

追和蕙風師，贈別畹華海上，與疚齋翁同作

歌罷曉寒，渺天半、鳳梁塵簌。亂別緒陽關，聲繞雁箏更促。瘗花淚點，又細弦、天風琴曲。竚畫簾不卷，冷落尊前珠玉。化鶴高城，驚鴻歸佩，忍見沈陸。歎金粉江南，銷與豔塵萬斛。清絃彈斷，翠眉漫蹙。雙袖重、珍重倚寒修竹。

以上《半櫻詞》卷二

以上《半櫻詞》

滿路花

庚午秋，偕彊村師、香嚴翁朱庵看臺桂，翁繪圖徵題

木犀香自在，隔坐幾人聞。孤舟心一繫、亦前因。如來金粟，先路導迷津。畫裏團欒影，於意何云。鬢絲禪榻吟身。西風落日，大地浩無垠。小山因甚事、慣留人。霓裳世上，杯酒不曾温。會得榮枯理，自斷愁根。麝飄一任成塵。

好事近

彊村師以此調題臺桂，和作二首，並呈香嚴翁

老樹儘無花，偃蹇静消塵劫。花便相忘色相，伴維摩禪榻。無多喬木不成春，箕斗夜椽插。記得南園昨夢，與冷蟾酬畣。

其二

露溼消無聲，地白鴉棲不定。月斧年年何苦，亂一輪殘影。山中豈有屑金飄，人是去年

病。借得栴檀香味，沁塵心都浄。

八聲甘州 長水聽歌

算金釵玉樹總如煙，聞歌意淒清。更霓裳天渺，風塵人倦，銷盡浮名。欲把銅琶高唱，華髮不勝情。何必陽關疊，腸斷聲聲。 無恙湖樓煙雨，甚前溪子夜，輕付流鶯。覓舊人笛裏，應有米嘉榮。怕相逢、落花時節，況隔江、空見數峯青。銷魂處、又箏塵沸，零亂春鐙。

琴調相思引 客嘉興，爲人題松澗聽泉圖

網蝶仌魚事影徂。家山無恙夕陽孤。 龍鱗萬壑，煙雨眇南湖。 何處櫂歌聞白苧，嘉興有白苧村。 有人尊酒感黃壚。 歸來遼鶴，能語歲寒無。

浣溪沙

遠樹煙含客未歸。晚鴉聲裏子規啼。登樓著意看斜暉。 桃葉渡江愁短楫，柳花如雪點征衣。五湖煙水又淒迷。

其二

花雨繽紛不著身。閉關人早斷知聞。無端芳訊到閒門。 解佩已教成悵惘，窺牆誰與致殷勤。苕榮夢斷故園春。

其三

只是銷金柰汝何。風流無復隔微波。香車油壁乍經過。 月檻漸移花影亂，畫隄重展馬蹏多。柳枝無恙惜蹉跎。

其四

江水江花動客愁。暮帆似趁好風收。牙旗錦

纜記前游。紅雨做成心上淚，緑楊遮斷水西樓。雲涯何事苦淹留。

柳梢青

如此江山。千秋一瞥，虎踞龍蟠。燕子巢新，烏衣巷舊，風雨年年。　高樓横竹吹寒。曠望久、征人未還。不盡池灰，無多金粉，淚眼重看。

浣溪沙　題雷峯塔舊藏《陀羅尼經》手卷

消得南山雨與風。梵天清唄佛樓鐘。回頭隱約夕陽紅。　只有因緣無色相，能拚粉碎即虛空。一龕彌勒與誰同。

石湖仙　卜宅崑山，拓小園爲觴詠地，唐企林繪貽櫻宧填詞圖，爲六十娛老之祝。適彊邨師寄示此調新作，賦此報企兄，並呈彊師

紅桑開盡。渺瀛海春帆，悽斷芳訊。人共玉峯寒，竚楓林、霜華點鬢。煙雲驅使，恐黯帶、六朝金粉。山近。倩臥游、曉夢飛引。　巢居舊時慣倚，望江南、年年寄恨。倦笛梅邊，省識東風凄緊。百感關河，一丘今古，幾時真隱。留粉本。歸期醉後無準。

齊天樂　和彊邨師寄酬愔仲之作

麻鞵慣踏長安道，瑶宮昔時供奉。杜宇宵寒，蓬瀛水淺，凄絕東華殘夢。秋衾倦擁。渺仙闕槃移，玉珂風送。石鍊何年，只今應有巨靈捧。　東西勞燕在望，鳳棲無處所，天窄如甕。落日金臺，沈江鐵鎖，風雪關河愁共。鄉心又動。竚新月微茫，舊情珍重。咫尺天涯，戴山鼇背聳。

浣溪沙　彊邨師寄示元夜新作，次韻奉和

子結枝垂幾綠陰。白頭寒擁九華衾。天涯不覺雪霜侵。　聊以顛狂酬酒力，未妨爛醉惱花心。東風臨夜夜沈沈。

瑞鶴仙　西谿詞人祠落成，夢坡有詞，和者甚衆，因成此解

倚西風岸幘。愁對影，客鬢蘆花一色。霜華殢銅笛。渺詞仙，何處荒村斜日。蓬蒿徑窄。料有人、猶認故宅。款秋魂夢裏，香火半龕，繾綣今夕。　別淚東山遠寄，似水簾櫳，已成陳迹。余在甌時，曾於東山書院隙地建永嘉詞人祠，並集同人舉詞社，月課一詞。　天涯竚立。　嗟塵事，負吟箋。念逋梅，早與鷗盟寒歲，霜洲還占片席。谿上故多梅樹。　願扁舟舊約，攜手更尋步屐。連年躬預西谿詞人祠祀事，惟去秋遠出未與。

一叢花　聽歌感賦

繁音促節亂箏琵。風雨幾禁持。　霓裳已共行雲遠，畫闌拍、聊寄相思。琴韻乍停，梁塵初定，聲度落花遲。　絃孤還與譜新詞。腸斷定誰知。白頭青眼相逢處，江南路、花絮紛飛。今夜鳳吟，明朝驪唱，吹笛意都迷。

三姝媚　餞新之奉使巴黎，丐婕仙作畫贈行，媵以此詞

雲槎春萬里。氣如虹，天風海濤俱駛。大陸沈沈，悵漢關秦月，坐供吟喟。請得長纓，看此去、單于能繫。笑語天吳，移海塵飛，頓成何世。　仙侶瀛堧餘幾。念俊約餐櫻，舊時情味。又策安西，任柳河修阻，使星高綴。我

亦天涯，空解道、新亭人醉。願早蒲陶歸種，金尊共倚。

漢宮春　贈孫似松，時同客京口

留得春紅，共松寥晴翠，都到尊前。聽鸝舊攜酒處，幾度聞鵑。新亭醉眼，覽神州、風景依然。吟箋遺、重題甲子，義熙知是何年。憶否洛如花發，占承平風物，清遠山川。相逢客途一笑，霜鬢逾妍。魚龍氣惡，上江樓、莫更憑闌。還夢見，城頭銅狄，宵來月似長安。洛如花生吳興山中，郡有文士則生。

前調　鄭樸生以所輯故人手札册子屬題，中有譚復生、張野秋、歐陽瓣薑、李亦園、黃鹿泉諸公，皆湘賢也。感賦此解

笙鶴何年，賸天涯故交，白頭情竭。零縑斷墨事影，坐銷塵篋。蒼梧謁帝，邈山河、不關離別。風雨夜、青燈炯炯，心光照人俱澈。騷魂汨羅如接，寄哀情楚些，千秋一瞥。寥天閣迴曠望，雁沈音絕。貞元舊曲，付春來、杜鵑嘔血。嗟幾許、人間幸草，獨撫爨琴悽咽。

渡江雲　京口送陳藹士之金陵

青紅浮蜃氣，早潮乍落，去住損春心。舊痕何處酒，賺醉瞞醒，小劫付塵襟。江山勝迹，寄遠目、同惜登臨。宵宴闌、一杯須盡，幾許曉寒侵。　悽吟。天涯魂夢，夜雨鐙窗，總情孤客枕。腸漫迴、樓題孫楚，園憩華林。長亭舊樹休重折，怕館驛、從減清陰。君見未，雲荒大陸沈沈。

安公子 侯官家訒盦兄生日賦贈

嶺桂延秋爽。古簾舊月都無恙。曲換霓裳天不管，隔瓊樓凝望。任眼底、浮空幾陣雲來往。知置身、總是依蓬閬。竚玉去珂何處，還有天風迴盪。　冠劍嗟疇曩。五湖煙水空塵想。舊譜蕢洲風雨後，與尊前酬唱。聽笛裏、南飛鶴正舒清吭。邀素娥、此夕同吟賞。更好語如聞，遇君石湖湖上。

前調 秋山行旅圖，從晁无咎體

古道懸孤壘。雁飛書絶愁無際。兵氣沈沈山鬼嘯，車驅何計。歎多少、牙旗錦帳經行地。烽燧揚、偏覩豺狼恣。賸倦途逆旅，灑盡興亡閒淚。　血戰成何事。畫圖飛將今餘幾。塞草連天枯未盡，馬肥如此。問華表、千年遼鶴歸來未。試回首、何止人民異。料征鞍前路，定有南冠相對。

風入松 贈湘湖漁隱 湘湖，在蕭山，産蓴甚美，以境勝似瀟湘，故名

釣竿垂老不知秋。身世一扁舟。隔江慣見魚龍戲，莽天涯、何處神州。故國湖山殘夢，深宵風雨閒愁。　汀蘭岸芷兩悠悠。心事付浮鷗。故人無恙征帆遠，坐滄波、誰共清游。柳絮已隨花盡，蓴絲還罥春留。

被花惱 菊

炎塵不許近東籬，籬角有人垂老。可識枯香爲誰抱。紅桑閲盡，孤盟歲晚，病骨猶能傲。陶宅古，范邨荒，閉門拚惹西風笑。　多難罷登高，明日去黃花又開了。南山見否，滿徑蓬

蒿，舊夢尋難到。便餐英共解醉如狂，怕還比、新亭淚痕少。落落意，省得而今歸種好。

前調　楊鐵夫桐陰勘書圖

銀牀玉井占高秋，連屋坐供緗縹。待拂落茵恣幽討。湘簾月上，蕉窗夢醒，地僻無塵到。心汲古，榜芸居，夜分應有青藜照。　書味付飢軀，翻羨年來蠹魚飽。神游二酉，幾費丹鉛，未信貧能療。願生涯自此補蹉跎，況猶是、江山盛文藻。落葉處，那得紛紜都迅埽。

霜花腴　寄陳玄叟杭州

岫雲漫出，襯晚霞，樓臺對影生情。桑海移家，戟枝飛箭，人閒笑口争迎。坐中早驚。但岸巾、贏得狂名。看花飛、故國春深，廿年相與忍伶俜。　風雨夜窗鐙，味占名山一席，雅稱去平生。仌雪精神，文章鱗爪，前身合是天嬰。君著有《天嬰堂叢書》。市囂厭聽。引梵音、居近南屏。更閒尋、歲晚山梅，倚寒堅舊盟。

透碧霄　彊邨師挽詞師遽逝滬上，往哭之慟，歸後即病，沈迷四閱月，不復知有人閒世事。茲甫清醒，賦此敬挽。時壬申四月也

陸沈憂。廿年封淚與神州。抗顏有疏，回天無力，往事悠悠。文章羈旅，功名故國，身世浮漚。賸飄零、吟社觥籌。便枉拋心力，詞人一席，占斷千秋。　覓秋心劫外，風號長夜，茅屋爲誰留。丙舍被災，靈輀無恙。望美人、傷今世，嗟落日睇高樓。江山似夢，深盟拚絶，遺稾休求。問樵歌、排徧能不。師題《半櫻詞卷》有「一曲樵歌，待君排徧」之句。寄舊情歸鶴，流水聲中，笛咽蘋洲。

錦帳春 《海綃詞》於鄰家燕巢之毀，一再感賦，追和之

羅幕香棲，錦堂簾卷。是昨日笙歌庭院。雨連宵，花忍淚，報春留一半。舞衣休換。曉絮飛忙，夕陽歸緩。聽林外鶯儔頻唤。睇高樓，尋舊夢，記紅窗語輭。別懷何限。

大酺 亂後歸崑山，弔龍洲道人墓

峭北山寒，東風緊，芳草萋萋彌緑。池灰飛不斷，竚橋南無酒，舊情棖觸。賦筆空驚，儒冠早誤，消受無聊歌哭。焦桐千年恨，算浮生一夢，夢沈難續。問黃鶴磯頭，故人天上，健吟誰屬。山丘森萬木。最堪念、風雨嘑華屋。此際便、張騫槎到，李廣侯封，恐陶輪、暗中催促。字漫征西勒，都賸得、夕陽荒麓。料歸鶴、愁鄉國。華表無恙，争信神州沈陸。夜長柰何短燭。『行到橋南無酒賣，老天猶困英雄』，龍洲斷句也。蘇紹叟憶龍洲詞有『任槎上張騫，山中李廣，商略儘風度』之句。

一萼紅 姚勁秋久居京口，性耽山水，尤豪於吟，繪圖徵題。倚此應之，用白石韻

竚桐陰。忍塵巾雨後，拋卻舊時簪。窺鏡愁花，呼杯促酒，英氣都未消沈。故園賸、無多徑菊，笑倦鳥、翻似繞去枝禽。兩點金焦，萬重波浪，還賦登臨。涼夜笛聲鄰院，望佳人眇眇，寂歷秋心。櫻廡吟情，松波別意，琴外鴻爪堪尋。君與蕙風、彊邨兩師交最深，身後事悉爲料理，爲世所重。而余之得從蕙師游者，君所介也。文字因緣，尤不能忘。漫重話、游蹤五嶽，買青山、須待鑄黃金。且約鸝聲更聽，是處山深。白石『想垂柳

還裛萬絲金』句，江研南手自寫校本作『垂楊』，茲從之。

摸魚子

擫雙眉、索人重畫，無言偷眼相對。金絲帳暝銀屏亞，用耆卿句。禁得幾回沈醉。眠又起。情未了、思量都是傷心事。墜歡難記。問短夢遼西，亂鸎啼處，多少別離意。　誰爲主，鈿約釵盟輕棄。鏡心長恁憔悴。酒杯深淺陽關路，空遺鮫綃傳淚。紅豆子。曾擷取、愁苗早種東風裏。一年容易。竚歸雁南雲，遠天如墨，悽斷錦牋字。

石州慢　壬申九日，崑滬道中作，用東山韻

劫後重陽，何處故園，秋思遼闊。征途省識歸來，五斗憐它腰折。龍山此際，問訊幾許烏紗，回頭多恐俱霜雪。休更惜黃花，惜黃花時節。　風發。去帆蓬島，情爲誰移，自傷離別。滬上過彊邨師舊居，悲感無已。吟社依回，只有琴聲悽絕。百年心事，付與冉冉斜陽，雲陰不遣華鬘結。重賦玉山游，倚尊邊殘月。去歲重九，吷盦、匑盦、訒盦諸君函約作玉山之游，因事不果。

天香　和鸎巢

凝夢迷櫻，柔情化蝶，東風送盡流水。萬感瓊漿，半鑪商陸，併入舊溫心字。眉尖恨鑠。渾忘去卻、金鍼玉指。隔院微聞屧響，沾衣淺分花氣。　一觴那堪逕醉。渺春魂、鏡心紅碎。解惜怨鵑啼血，雨窗還閉。玉漏稀聞報矣。算今夕、苕苕甚滋味。漫泣殘妝，香餘翠被。

前調　寄胡馨老北平，從東山體

樓閣花疏，觚棱酒醒，過眼春明朝市。碧占雲

深，紅驅塵輭，記取梅邊風味。嶽游心計。還怕被、鶴書催起。明鏡争禁素髪，新亭但餘殘淚。　青山只今賸幾。浄塵心，一袈裟地。公於玉泉山得一古寺，爲觴詠地，距雙清别墅里許。多少閒情緑野，急觴朱邸。何處容君醉倚。料曾識、狂呵霸陵尉。歲晚相思，南枝爲寄。

浪淘沙　和鷗巢

獨客信情芳。倦倚塵妝。歸來休理舊時狂。瘦盡腰支簾不卷，肯怨斜陽。　花好爲誰黄。地老天荒。悄無風雨送秋光。一點冬心宜密抱，尋夢柴桑。

鳳歸雲　毘陵過緘道人故居感賦

唱揚荷，楚悲化淚濕鮫綃。日氣半沈，何處可停橈。風雪當年，誰共去國，眼冷霍嫖姚。賸幾坐中貂錦，尊前歌管，鳳城今更成遥。　銘燕心力，倚馬才華，東南孔雀，西北高樓，不信都依舊、付歸潮。禪榻飛花，蝶夢迷曉，歲月感滔滔。忍道艤舟吟興，白頭詞客，畫圖人事等飄蕭。十年前爲題艤舟亭圖，不知今尚存否。

卜算子　用半塘翁韻白題小照，贈鄭嬰芝

磊磊不如君，落落難爲我。湖海平生汗漫游，意氣今猶頗。　杯肯夜筵停，巾便朝餐裹。明日南山射虎歸，徹夜無眠可。

點絳脣

石徑菭封，意行空翠憑來去。半林紅樹。留得斜陽住。　不見長安，重疊山無數。登臨處。暮雲休妒。殘醉江南路。

塞垣春　梅，用清真韻

舊月盟寒野。正縞袂、宮妝卸。炎塵不染，豔懷都盡，情景難畫。又笛聲聽徧江城也。淚合遺、花前灑。念年年、辭枝感，客心幽怨誰寫。　春事等閒過，矖仙自、風致高雅。載雪小遲留，記迴櫂前夜。歎淒迷、紙帳清夢，何時見、玉人羅浮下。萼綠漫攜手，翠尊還獨把。

揚州慢

紅斂橋欹，綠迷波瘦，蕩舟小殢吟情。亂東風別緒，比杜牧三生。賸香影、冥濛夢裏，畫隄消息，分付流鶯。又楊花、如雪和煙，飛過前汀。　酒人換盡，倚孤尊、愁困餘酲。枉餞去淚年年，神州望斷，空醉新亭。夜月二分依舊，樓頭早、冷落簫聲。怕鴻泥重覓，春歸人更飄零。

上林春慢　送鷺巢宰六合

畫鷁飆輪，兒騎繡隄，叔度未妨來暮。鋏倩再彈，琴拚獨爨，伶俜十年憐汝。酒杯閒把，只贏得、影形蛩駏。怪東風，慣解送去波，綠盈南浦。　疊陽關、漫縈別緒。江樓上、準有絃歌聽取。岫雲楚吟，樵風越縵，寥天爲誰思苦。玉闌倚偏，問明月、夜來知否。報花開，看簾外、好春如許。

陌上花　訒盦填詞圖

斜陽倦倚瓊樓，還又歲寒盟晚。杜宇啼殘，風雨夜窗淒斷。十年不記花開謝，一笑白頭愁遣。甚紅簫夢裏，俊游猶共，好春都換。竚雲涯酒醒，鈞天罷奏，舊曲涼宵誰按。縷縷梅魂，付與素心蘭畹。月明便得闌干拍，休惱無情鶯燕。只吾家、算有吟巢如昔，望中天遠。

踏青游　癸酉春初，偕語仌游無錫，宿梅園

宣統己酉，余與語仌結褵東京，旅居大森明保樓。樓之前後左右皆梅，時正作花。忽忽廿五年矣。大陸沈沈，桑田滄海，而吾兩人猶得息影梅樹下，彷彿當日琴尊相對情景，是可感已。《詞譜》載有東坡此調，詞較王晉卿作多四韻，茲從蘇體

不負梅花，一笛歲寒盟老。偏客路、雪霜多少。倦登臨，拚著意，夕陽林杪。仙步杳。蓬山幾曾真到。鸞鏡舊時知道。門外天涯，駝陌印留鴻爪。最淒斷、羅裙芳草。願春遲，偏總是，年年春早。情未了。枝頭翠禽嚦曉。楚雲夢裏休惱。

法曲獻仙音　京口題艮廬讀畫圖

山揖松寥，劍弢干莫，占得樓臺高曠。醉墨雲林，篆煙婆律，端居暗銷塵網。看似水簾櫳漾。天風幾迴盪。小軒敞。聽枝頭、杜鵑嚦偏，愁黯黯、柑酒最勞夢想。負弩十年心，莽天涯、空感騫廣。暮色關河，畫圖中、春共無恙。引游筇不盡，記取客情閒放。

澡蘭香　京江閏重午

蘭香怨雨，黍夢迷雲，節序暗中過卻。前歡紺縷，小厄黃楊，旅燕慣禁飄泊。便龍舟、簫鼓今朝，風波何堪更惡。楚些招魂，怕有歸來遼鶴。不分佳期久殢，艾葉菖花，酒尊如昨。沙沈岸古，鏡渺江空，往事總歸無著。偏人間、有幾靈符，愁滿聲聲畫角。更悵望、鐵甕

城遥，梅花吹落。

高陽臺

長春木　木産自海島，方寸之老幹耳，漑以清泉，即生枝葉，奇物也

瑶島移根，瓊蕤繫夢，樓臺消盡餘寒。流水天涯，聲聲又聽啼鵑。浮生不恨如蓬梗，恨絮萍、輕换華年。驀回頭，温樹殘陽，晴苑荒煙。

紅桑眼底求仙路，算無多大藥，何處神山。一寸靈苗，相思萬疊闌干。人間自有莊椿歲，任番去風、吹老鬘天。話因依，依舊雲階，金碧檀欒。

過秦樓

甲戌春，客金陵。郊游感賦，用清真韻

卷葉飆馳，接天波沸，見説紙鳶飄斷。新林燕壘，舊宅龍蟠，户外又揮麈扇。知否禁火年年，金谷如煙，白駒如箭。試登樓一望，攜柑孤負，瞬驚春遠。

應記得、地拓臺城，花開桃渡，大好畫圖重染。仙蹤幻蝶，人影驚鴻，百態眼中千變。還聽去笙歌宴闌，宵比春長，思牽情倩。怕芳塵遠惹，都化征衫淚點。

高山流水

玄武湖修禊，分得『濱』字，與懺厂同作

燕鬪寂寞似殘春。水堂開、誰主誰賓。紅豆幾飄流，江天怨曲微聞。臺城路、老惜王孫。杯行盡，依舊清愁未祓，亂疊襟痕。枉闌干倚暮，簌簌墮梁塵。

湖濱。隨風柳枝小，應不解、暮雨朝雲。花外綺情多，步屧忍更逡巡。雨初晴、已近黄昏。緑波迅，身世都如梗汎，淚拂汀蘋。指蘭亭好，在何日、轉歸輪。

玉燭新　賦西泠農隱園，用清真韻

江回潮落後。占畫裏人家，短吟初就。豔陽暗逐，驕驄去、樹杪晴光微漏。花開陌上，幾忘去卻春歸時候。尋舊夢、閒掩櫳門，林風自來襟袖。開軒記詠豳詩，問酒醽羔肥，故人來否。步叉漫鬪。拚獨倚、送老一支笻瘦。南峯聳秀。儘飲去淥雲天回首。還聽取、邨鼓年年，鶯簧正奏。

浣溪沙　《宋詞集聯》題辭

樂府千年付刼埃。碎金重拾意堪哀。宮聲何事笛邊來。斷句流傳誰與匹，雕瓊排比亦關才。不成片斷不樓臺。

徵招　胡馨老遽殁北平，感時傷逝，樂笑翁所謂長歌之哀甚於痛哭者也

驚飆匝地天如墨，長安幾多塵土。萬葉泣霜柯，渺樓臺何許。竭來空舊雨。忍重問、夢餘尊俎。一榻安禪，霎時飛舄，玉泉山路。晚樹亂棲鴉，浮雲外、寥天鳳雛振羽。夢斷海西頭，任槎風輕去。別離人已苦。又回首、天寒日暮。儘歸好、脈脈情移，付獨絃淒語。長君世澤自簡瑞士公使後，即電迎養。公以瑞士爲舊游之地，擬往逭暑。已來書，約在滬敘別，因事不果，竟以微疾棄世。悲哉！

探春慢　龍榆生影印彊師遺詞成，敬題，從夢窗體

帶斜陽，賸杜鵑怨魂，薲洲殘譜。事往思悲，一歎無絃独撫。驪山遠，秋雁影，鳳城深，春蟄語。者情懷，隨流水，氣盪腸迴如故。歸鶴吹笙舊路。記檻外好音，空懷孤騖。淚眼河山，冉冉華年絃柱。樵歌憑誰更倚，引鄰笛

平，風又雨。最傷心，鈞天夢，共虞淵暮。師詞卷有名《春蟄吟》者，師與蕙風師合刻詞集曰《鶩音集》。半塘僧鶩者，王幼遐侍御之別號也。

金縷曲 庚午客京口，時廖懺盦自海外寄詞，並爲改字曰『鐵僧』。追憶感賦

夢覺梅花帳，夜沈沈、萬喧都寂，衆生何相。記得木犀香聞處，曾共詞仙來往。是秋，偕彊邨師、香嚴翁朱庵看桂。今均墓有宿草矣。甚居士、居然無恙。干鏌心頭消磨盡，閱風華、賸有腸迴盪。頑鐵也，老僧狀。　打包一笑空依傍。試回頭、大江東去，千堆雪浪。猶是攢眉逃禪客，舊社白蓮齊放。禁幾度、淺酌低唱。無礙天花空中語，秀師訶、抵否當頭棒。憑曉梵，度清響。

減字木蘭花 敬題魏建塼浮屠佛像記

寫靈圖聖。大誓莊嚴爲我證。不記興亡。歲月堂堂魏正光。　聞根小袚。游戲鶴雲遲學佛。非鐵非僧。禪寂都無大小乘。

最高樓 景陽樓題壁，和懺盦

鐘聲動，初日照高樓。塵影佛龕收。宮花已墮三春夢，井闌猶涴一痕秋。話前朝，情黯黯，事悠悠。　便不是、一鳴天下曉。也算是、萬緣身外了。人世換、夕陽愁。江山如此真吾土，華嚴遮莫即神州。恣登臨，揮淚墨，叩靈修。

水龍吟 景陽樓以伊蒲饌餉客，邵純飛同年倚聲見貽，次韻答之

亂蟲已碎秋心，柰何風雨先重九。齋鐘放梵，

城笳催暝，沈陰依舊。一縷晴光，樓臺旖旎，燕鷺僝僽。二十年倦迹，迴闌倚徧，詩題處、紗籠否。新賞重來孤負。付哀吟、斜陽煙柳。北山雲氣，東籬霜訊，夢中消受。最是關情，長天鶴怨，亂潮鯨吼。甚井闌弔古，燕支微暈，共落痕瘦。

紫萸香慢　九日雞鳴寺豁蒙樓登高，分得『尊』字

罷登臨、年年風雨，插萸采菊何因。笑詩翁多事，道佳節，莫逡巡。陳石遺蘇州來，龍榆生真如來，詩僧太虛亦至。爲賦閒情飆館，便題餻無字，避得塵氛。報疏鐘、倦客一杵著聞根，甚梵外、曉雞惱人。開尊。忍酹吳魂。悲玉井、損秋痕。歎簾櫳似水，庭花落盡，都化鬘雲。海桑目迷三徑，問誰稱去、醉吟身。算上烏紗、戀頭依舊，大槐宮裏，風月曾幾黃昏。霜鬢又新。

隔溪梅令

凍枝封雪故情慵。謝東風。錦粲香溫、春在玉樓中。夢魂通未通。小屏山上漫相逢。月朦朧。燕子歸來、猶道好簾櫳。曉窗花氣濃。

其二

十年芳約誤羅敷。采蘼蕪。不信天涯、歸計總成虛。故山春又徂。舊情新賞定何如。夜鐙孤。玉共田荒、還有鏡臺無。似聞呼老奴。

小重山　壽懺盦七十

縹緲雲槎路幾重。蠻鄉花似海、記游蹤。星河咫尺昔曾通。支機石、長日伴吴春。閒看月玲瓏。真珠簾不隔、燭花紅。鶼鶼原是有情儂。雙飛翼、天與一帆風。

其二

市駿金多舊有臺。沙場憑醉卧、總傖才。鳳麟人世費疑猜。天驕識、纔是不凡材。林竹淨無埃。東風尋舊約、入門來。葡萄親手倚雲栽。新醅熟、贏得笑顏開。

其三

水淺蓬瀛繫別情。十年尊酒約、話平生。黄金鑄淚幾銷凝。風和雨、人事忍伶俜。誰更請長纓。君才如海大、眇鯤鯨。仙山題句抵燕銘。安期棗、酬汝意縱横。

其四

楊柳依依似惜時。高城渾不見、雪霏霏。江天明月夜來遲。腰笛起、一曲鶴南飛。懺綺得沈思。荃蘭憑寄恨、儘芳菲。倚闌心事定誰知。金尊畔、珍重八難詞。

醉翁操　周夢坡挽詞

琴眠。無絃。人間。渺詞仙。年年。梅開夢君靈峯巔。笛聲何處闌干。盟歲寒。宋豔未摧殘。説往時與尋古歡。　爲繙畫史，都稱去蕭閒。故鄉信美，何似西谿勝擅。山也高兮誰攀。水也長兮空歎。松風風外傳。移情今成連。老淚付嘑鵑。暮雲春樹愁遠天。君工琴，藏古琴頗多，以宋徽宗松風琴爲最。

蝶戀花　和夔廣，用馮正中韻

故國江南迴夢久。燕語鶯嚦，春事渾依舊。明日解道愁多須殢酒。可曾解惜腰支瘦。　河橋人折柳。舄履闌宵，不是尋常有。眼底迷離紛舞袖。翩翩只在花前後。

以上《半櫻詞續》卷一

瑞龍吟　莊巽行金陵新居落成，重作歐游之計。時有尼之者，因爲詞以促之，用清真韻

江南路。零亂醮水珠鐙，姤花瓊樹。高樓晴旭涵輝，萬千氣象，臺城勝處。　儘延佇。應念故都天馬，塞垣庭户。何時與勒燕然，賦情爲記，吟邊壯語。　風度驪歌鼇背，怒潮還擁，狂鱗休舞。回首亂飛羣鷺，春鬧如故。天驕慣識，重諷髯蘇句。歸來早、胡沙浄埽，中原迴步。漫遣春駒去。夢輕待理，南華妙緒。庭柳黃金縷。憑聽盡，江城沈沈風雨。放懷忘去得，十年花絮。

前調　陳藹士杭州新第成，視固園舊宅偉大矣。用夢窗韻題寄

鏡湖面。凝望畫舸如雲，豔霞如練。吟邊三竺六橋，晴窗記省，東風乍轉。　殢壺箭。長見澹妝玉蘂，露滋雪濺。庭有玉蘭，花繁香盛。高軒軫接東皋，翠尊辦醉，明鐙照晚。新第爲固園舊址。數百年來，與東皋別墅並著。　樓上君宜高臥，扇塵銷盡，山川平遠。風雨慣聽，年年芳事零亂。兜鍪換卻，珍重烏紗岸。南薰至，寒飆都退，香雲不斷。燕舞簾催捲。定巢看取，瓊筵未散。花比春人懶。還萬點林閒，閒遲休怨。　舊時駐得，閑雲一片。歲戊午，余借居園多榴樹。

園中。

傾杯　乙亥二月與陳倦鶴、吴霜厓舉詞社，曰如社。是爲第一課，用屯田散水調並同聲韻

雪遏庭花，霧迷隄柳，江南浪説春色。載酒夢覺，翦燭漏促，各忍寒津驛。梅邊月下誰同調，有玉人吹笛。吟懷未已，須記取、颯颯霜絲愁織。　最惜。銅仙別久，斷鴻千里，霜訊催歸翼。甚桂檝蘭橈，微波還送老，江關詞客。綺閣臨春，華茵邀醉，一霎都陳迹。睇鄉國。塵劫盡、還天凝碧。

前調　烏龍潭在清涼山，譚友夏所謂『前岡倒碧，後阜環青，潭沈沈』者也。纕蘅約修禊於此。先日，聞疚齋歸自粵中來會，亟圖一見。而是日適以晝寢忘，不得見。見又有粵行，已束裝矣。賦此贈別，從屯田散水調第二首聲律

攜酒酬鶯，埽落通徑，林亭信有高躅。謝堂絮舞，莊蝶夢繞，隔一重簾幕。淺吟記識舊游處，又相思天各。澄波蘸碧，流浪影、蓬梗年年飄泊。　問君。別愁多少，布帆安穩，休怪東風惡。但話雨前宵，聽潮今夕幾，庭花飄落。水繪園林，甚時重到，人海渾無著。健腰腳。應未負、梅邊素約。

換巢鸞鳳　修禊未與，纕蘅代拈『勸』字，久未成吟。適纕蘅被命入黔，賦此贈行

江國春寒。正簾侵野馬，夢繞啼鵑。小頹參絮影，後約鏡華顛。流觴潛引到誰邊。曼吟坐銷斜陽幾山。涼蟾上，要酒爲、故人重勸。　天遠。情繾綣。兒騎道旁，風颺蠻塵輭。論蜀書新，過江人老，珍重憑高心眼。應念登樓客懷多，淚痕難定愁深淺。呼餘杯，聽聲

聲、玉樹歌緩。

竹馬子

餞楊子毅於景陽樓，時將之官珂鄉，留圖徵題。懺老賦此調，依石林聲律，余從屯田

聽平瀕海歡聲，喁喁望慰，野占霖雨。算鄉思最苦，池灰不盡，年年塵土。便逐玉笛高樓，金鞍俊馬，怕添羈緒。鼓打是回帆，幾滄桑，風度新歌來暮。　望遠成佳想，明珠萬斛，計還銀浦。南薰近拂絃柱。清滌棠陰無暑。約略畫裏吟身，道旁兒騎，官閣春長駐。蘭成賦筆，記得河梁句。

綺寮怨

轉眼酴醾開到，雨宵花夢縈。度柳陌、見似遼西，東風裏、絮暗旗亭。尊前禁寒賦別，腸迴處、故曲歌渭城。正宴闌、露泣粲移，朝暾隱、片雯唬亂鶯。　對鏡褪紅漫驚。釵盟鈿誓，三生事半無憑。分合飄零。有鉛淚、與春鐙。哀絃最憐商女，算未盡、舊時情。銅龍漏停。江聲盪枕畔、人乍醒。

清真詞下闋『陵』字、『曾』字、『聲』字，或云皆句中韻也，茲從之。

玉胡蝶

用屯田韻

老病怎禁袢暑，恨春不住，愁對炎光。淺酌篇杯，贏得一餉清涼。火雲重、吾魚早赤，關月迴、君馬何黃。旅懷傷。燕泥零落，人語微茫。　都忘。吳鉤錦帶，漢皋仙佩，經幾星霜。往迹雲迷，洞庭張樂渺浮湘。笑雙鬢、也慵看鏡，指五湖、難定歸航。儘相望。伴人淒楚，無限斜陽。

惜紅衣

別莫愁湖十年矣，重來光景淒異，歸途漫賦

柳老眠煙，荷彫畏日。絢秋無力。暗引離愁，湖光換淒碧。歸來燕子，渾未信、華年如客。孤寂。霜訊冷楓，怯空林棲息。　驚塵遠陌。催唱陽關，杯盤又狼藉。雲涯望斷故國。渺南北。後約冶城高會，一去幾時重歷。料斷魂山上，猶識六朝山色。

水調歌頭

秋痁未已，僵臥荒齋，忽憶明日已重九矣。擁被賦此，仿東山用平上去韻互叶法

明日是重九。僕病未能游。臺城回首。一年容易促新愁。去歲纕蘅、疚齋諸君相約登高會于臺城之豁蒙樓。三徑黃花逾瘦。獨客窮途依舊。寒重爲誰留。欹枕憑消受。別夢繞江州。　夢高筵，傾蜀酒。拭吴鉤。暮潮如吼。何人揮扇到中流。門外風馳雨驟。堂上雲裾霞袖。歌舞若爲酬。天曉開晴晝。乘興且登樓。

高陽臺

訪媚香樓遺址

衰柳長橋，叢蘭敗壁，歸魂憶斷芳華。膽怯空房，簾前便是天涯。春鐙甲第都如夢，賸夕陽、門巷欹斜。閱興亡，一角紅樓，猶屬兒家。　傷心四憶堂難問，只臨分寄語，長繫琵琶。拚抱枯香，閒愁蜂蝶紛拏。春來多少啼鵑血，甚豔痕、留染桃花。算而今，煙月依然，何處窗紗。

鷓鴣天

和述庵

似有驂鸞下碧空。漫將消息問江鴻。花翻玉樹歌聲脆，葉媚霜天著意穠。　迴北斗，駐東

風。瑶扃春在好簾櫳。絳雲來往情何限，十二樓高一夢通。

其二

楊柳誰教管送迎。勞勞亭畔幾經行。金錢四散紛難記，記取耆英舊姓名。　花好在，酒頻傾。一簾香霧晝冥冥。珠槃玉敦尋常事，牛耳從知有主盟。

其三

節候江南有小春。歲寒應問隔年人。夫容木末心情舊，胡蝶天邊使命新。　醒又醉，笑還嗔。娉婷猶是綺羅身。未須重入羅浮夢，翠語嘈嘈徹夜聞。

其四

燭暗簾垂意未休。瓊簫吹徹彩雲愁。天涯側帽空頭角，塵海狂潮幾首丘。　争灑涕，漫登樓。男兒西北有神州。憑誰會得傷心處，易水蕭蕭萬里秋。

其五

九府千年付刼埃。銅山金穴共雲埋。馬嘶冀野臺空築，鶴夢揚州客未來。　鑽故紙，鑠荒苔。柴門今日爲誰開。買鄰買宅都無分，贏得囊中句好裁。

其六

靈照誰云隔一塵。還從平等證寃親。百年忍減椎心痛，五步教看濺血痕。　天假手，智通神。思量絜果與蘭因。管彤莫漫標奇行，猶有人天未報恩。

其七

酒畔無聞捲白波。年來只聽叛兒歌。旗翻萬户遲迎敵，聲斷三呼早渡河。　刀小試，劍橫磨。孱顏一例負恩多。眼前孤注真堪擲，奈此猖狂局亂何。

其八

前度劉郎今又來。紛紛紅雨點蒼苔。相思萬斛花前寄，洞口雲封倘一開。　圓好夢，竚虛階。款春杯杓儘安排。瓶花妥帖鑪香定，休道年時百事乖。

其九

辛苦量江迹已陳。恩牛怨李太紛紜。關中猶守三章約，世上誰膺十賚文。　塵刼盡，日華新。天風吹落蹋鴎巾。真靈位業圖堪繪，隱鍾山見五雲。

泛清波摘徧　和小山

移春檻小，隔雨樓高，猶是舊時情味好。翠瓊邀月，準擬花前醉歸早。誰知道。都門縞紵，金粉園林，都共畫筵輕换了。倦迹重尋，故國新亭淚多少。　美人渺。回睇尚餘麗霞，舉步又饒芳草。還想長眉鬭鬒，素妝凝曉。佩環杳。鰥緒去慣識夜寒，雷聲嬾聞車到。短夢今宵拚得，爲伊顛倒。

倚風嬌近　讀吷盦先生《觀舞》詩，和以此詞，依草窗聲韻

花落簾垂，篆煙縈盡芳縷。夜寒禁、幾迴風舞。凝目想仙城。倚玉。敧雲屏。卻惜娉婷。縞素。誰憐眉嫵。　無分藏嬌，春色垂

楊深處。鈿約釵盟何據。步綺重重翳香霧。翻吟譜。夢回句溼瑤臺露。上闋『玉』字作去聲叶，此一說也；『城』字、『屏』字、『婷』字換叶平韻，此又一說也。或以爲『素』字亦句中韻。是調宋人中止有草窗一首，紫霞翁原調已佚，無從取證，勉成此，以俟審定。

應天長 丙子仲春，寄姚勁秋蘇州，並壽七十

洲蕒耐冷，池劍韜奇，幽棲路迴煙闊。自有幼輿丘壑，風雲任銷歇。平生事，腰肯折。早倦眼、過江人物。亂塵外，一片紅桑，幾度閒閱。無競歲寒心，避世天寬，同契在㕛雪。夢繫上彊歸，鶴吟聲總清越。閭邱老，能再謁。喜未滅、舊情重疊。引尊酒，與話滄波，長共明月。東坡嘗云：『不游虎邱，不謁閭邱，是二欠事。』

戀繡衾 別意，擬夢窗

桃花流水迹又陳。餞斜陽、無數暮雲。渭城唱、聲聲疊，算尊前、猶有舊人。過江贏得山河感，馬蹏忙、紅賸輭塵。明日事、都休問，看羅衣、多少淚痕。

紅林檎近 社課拈是調，積久未成。偶讀香山《和元九夢游春》詩，有所感觸，略取其意，分賦之，正如所云：『不可使不知吾者知，知吾者亦不可使不知也。』

春好真仙境，夜闌空洞房。會合恨緣短，別離信情長。那時園林似錦，記否霧閣雲窗。且莫偷理新妝。花底妒鴛鴦。寡鵠多怨抑，孤鶴幾迴翔。青樓大道，回頭花落門荒。又瓊筵高敞，珠簾半捲，墜歌一曲聲繞上梁。

其二

城闕悲殘照，屏居希散仙。意遠自湖海，途長又關山。經幾車摧劍落，枉惜繚繞哀絃。淚紅頭白誰憐。天涯恨年年。　萬疊紛舊緒，片刻渺前歡。槐陰夢醒，春歸身入何天。悟情文終幻，雲林證佛，再來休結塵世緣。

繞佛閣　用清真韻，和懺盦

夜氛乍斂。驪唱曉急，聲閟江館。鴛夢驚短。望中尚有、殘蟾耿窗幔。　素襟淚滿。空外弔影，春共天遠。人意淒婉。最憐表海，歸來醉巾岸。　翳日陣雲疊，又是狂濤飛一上線。多少絮萍、飄流仍水面。問繫艇何人，風快如箭。斷紅愁見。更萬感天涯，芳事零亂。好湖山、畫圖空展。

訴衷情　擬飛卿

寒忍。春盡。人瘦損。感華年。蟬鬢影。重省。意淒然。渺隔萬重山。漫漫。天涯歸夢難。聽嗁鵑。

女冠子　擬松卿

憐花僧鳥。併作愁春春老。送春歸。皺綠波心碎。流紅雨力微。　斷魂扶燕墜。輕夢怯鸎嗁。回首青門道。夕陽迷。

夢揚州　和淮海

錦帆收。悵楚天、雲雨都休。霧掩半江，漠漠輕寒成秋。水堂畔金波裏，正夢濃、香疊花稠。人醒否，迢迢夜，雁邊誰寄離愁。　關塞年時浪游。空載矢風前，射虎山頭。萬馬嘶聲，雪阻征途難留。過江一例風塵老，怕壯心、孤負吳鉤。凝望眼，河山換淚，何處神州。

《孔叢子》：『楚王載亡歸之矢。』

碧牡丹 和小山

淚漬秋風扇。愁寄離亭燕。白露橫江，竚望征人天遠。記月圓時，曾畫蘭憑徧。笛聲淒斷鄰院。事無限。借夢應恨晚。而今夢痕都換。枉祝東風，巷柳井桃春短。化鶴何年，虛萬重心願。瓊空飛盡南雁。

前調 倦鶴爲題詞卷，次韻報之

舊夢瓊枝幻。新恨明珠賤。一寸相思，幾度闌干憑暝。沁碧流紅，空背人題徧。玉箏聲殢雲岸。賸吟卷。素鬢搔更短。鶯花廿年零亂。海國春空，事往只今難算。萬一仙山，歸佩環天半。嚬妝多少幽怨。

秋宵吟 秋夕聞笛，和壯殹

晚砧疏，素魄皎。隱隱龍吟天表。銷凝久、甚舊譜霓裳，夢中飛繞。倚危闌，眺戍道。路隔層城羃悄。誰三弄、儘櫂泊青谿，韻沈香裊。萬感柯亭，正永夕、絃詩乍了。怨深楊柳，恨疊關山，此際舊人少。悽絕橫吹小。夜色沈沈，驪唱太早。問何人、記省宵嚴，寒角聲急聽又杳。

解連環 湖海浪游，卅年如夢，懷人感事，渺兮余懷，用清真韻

醉鄉難託。驚陽關唱徹，故人寥邈。縱殢酒、能解千愁，也愁對好花，怕它情薄。淚雨剛晴，亂紅趣上、一庭蕭索。渺雲天路隔，幾許

舊懷，枉問靈藥。波平未逢海若。算江湖浪迹，還在天角。便對泣、斜日新亭，忍風雨雞鳴，道總忘卻。淺立梅邊，漫信手、狂簪紅蕚。看枝頭、翠禽乍醒，素蟾又落。

水調歌頭

丁丑夏，菊坡以朱畫鍾馗見貽，戲題此解，以供奉半櫻宧中

盜笛小鬼耳，何事亦勞卿。峨冠博帶，大鬼睒睒畫公行。多少煩寃新侶，猶是揶揄故態，鼎鑄恐難名。安得化身萬擘，啖滅其形。道子畫，唯妙肖，昔通靈。風塵骯髒，依舊落第一書生。捷徑山中抛得，長劍腰間閒卻，魑魅幾窺鐙。修夜甚時旦，沈醉不須醒。

引駕行

用耆卿韻

花禁鳴雨。池翻皺水園林暮。夢魂中、恐猶有金杯，向伊狂舉。誰覩。正夜鵲飛飛，尖蟾黯黯過銀浦。彩雲杳、鱗鴻又斷，枉勞人、憶春樹。可許。風裳水佩，桂檝蘭橈重遇。便細字親題，真珠密裹，總成孤負。回顧。歎人天一霎，難尋當日共游處。莫再傍、瓊仙步影，引天風去。

卜算子慢

得盧溝曉月畫幀。憶甲辰秋間，樸被出都，駐馬於此。忽忽三十餘載矣，頗有風景不殊之感。用子野韻率題

長橋月暗，空戍夜寒，獨客曉行秋晚。別緒荒溝，送盡怨紅波面。回眄。獵平林准備鷹舒眼。甚健翮摩空，也逐城烏夜半嘑散。坐暝臨江館。歎野曠天低，目窮人遠。曲譜陽關，馬病冀郊塵滿。誰遣。又笳聲、聽徹河流斷。便留得、金臺傍日，望神州那見。

七娘子　戲題禮星圖，用東堂《舟中早秋》韻

纖雲界斷銀河碧。亘遠空、肯放浮槎入。別緒依依，西風瑟瑟。鵲橋無影沈殘日。　天邊霜訊催頭白。便織成、雲錦都堪惜。春夢千重，秋魂一脈。鍼樓鈿合空陳迹。

虞美人　北客與談南行情事，聲爲此詞

夕陽明滅浮雲滿。回首西崦遠。舊家劇孟幾經過，相逢無語柰愁何、只悲歌。　關山匹馬西風道。落葉知多少。砧聲斷續定誰家，閨中殘夢自天涯、月初斜。

六醜　甲子初冬賦《落葉》詞和孫師鄭，意甚淒惻。今則秋風乍起，落葉聲已紛然盈耳，其淒惻殆有十倍曩昔者。黯然倚此，不知涕之何從矣。用清真韻

信哀蟬意苦，竟一餉上、炎光輕擲。樹聲乍秋，秋河迴悴翼。倏又陳迹。舊憩陰濃處，萬花如雨，付輭塵槐國。蕭森大地枯春澤。露冷瓊枝，霜飛綺陌。辭柯問誰憐惜。縱題紅筆豔，人面終隔。　芳林長寂。儘羣峯鬬碧。漸漸繁華盡，空歎息。飄零最感遷客。幾遲留待到，日窮天極。寒飆捲、强扶攲幘。遮莫是、月下殘魂尚裊，洞庭波側。迴帆摻、不到殘汐。早短歌、喚起吹蓬恨，何人會得。《落葉》《吹蓬》，古曲名。

齊天樂　語久避難甪直，乞假來視，路阻不得回都。賦寄如社諸君

角聲淒緊江關暮，蓴鄉頓忘秋好。毒霧彌空，驚濤捲地，贏得天涯歸櫂。神州路渺。賸殘局棋枰，舊狂才調。帶水盈盈，渡頭麾扇夢縈

繞。　單于終致海内，請纓酬壯志，嗟我今老。野哭千家，塵揚萬里，何日將軍飛到。狼煙迅埽。解沈陸深愁，望雲狂笑。一髮中原，蔣山青未了。

八聲甘州

偕語仌由崑山之毘陵，旋至邗江，觸目驚心，黯然賦此

算浮家猶得住揚州，江空渺愁予。夢十年如昨，塵昏滄海，波瘦澄湖。陌上苓通熏染，極目盡青蕪。山色危城外，似有還無。　誰控天風鶴背，料令威回首，心眼俱枯。老天涯詞客，歸計問何如。如社舊雨周无悔、吴白匋世居揚州，均遠出未歸。洪勺廬、蔡柯亭先後來揚，屢訪不見，恐亦它徙。寄離愁、南樓雁斷，又隔江、飛恨入吟壺。空明月、有東風處，聲盡嗁烏。

河傳

擬《花間》《蛾術詞·樂府十擬》，頗有唐宋人意度。次韻追和，聊寄客感。時戊寅孟春也

金殿。簾捲。玉樓春遠。雨意沈沈。午陰。菭階賸紅誰與尋。微吟。不尋情轉深。　罷舞還催花外宴。人漸倦。强把鏡屏展。怨柔荑。重畫眉。日移。仌蟾來又遲。

蝶戀花

擬雪堂

窗户青紅如畫裏。滿地霜華，悄立遲梳洗。一片彩雲飛眼底。有人惻惻新妝倚。　誰與花前魚鑰啟。簾幙重重，錦帳餘香被。白髮黄雞情似水。隔江又聽歌聲起。

鳳來朝

擬清真

斷港連江路。小舟橫、盡迷舊渡。正風驅雪

湧、天低處。算怎忍、挂帆去。泊鳳飄鸞無數。倚篷窗、有人絮語。隱隱見、嚴城暮。拚一夕、釣磯住。

臨江仙 擬無住

二十四橋仍在也，重來已盡香紅。强移淚眼對東風。不知春在否，還欲問花叢。殘汐如聞嗚咽語，長溝流月悤悤。明朝江上一相逢。簫聲鄉夢外，雲影別愁中。

賣花聲 擬順菴

春到蕪城，難認景華宮殿。柳初萸、微波蘸淺。紅橋依舊，有嬌鶯低囀。只淒迷、舞衫歌扇。鄰娃翦勝，也解椒詞休獻。甚心情、闌干倚徧。東風情重，問桃花人面。道門中、去年曾見。

杏花天影 擬白石

雪晴贏得消寒酒。倚修竹、遙鄰翠袖。探去梅還與領窮春，亂後。幾風花、又雨柳。重回首。年時笑口。問尊俎、今無恙否。玉峯應也擬人歸，別久。報新居、似舊有。借居洗馬橋丁氏宅，小有花木，與崑山敝廬小園相似。

小重山 擬梅谿

曲徑何人拾翠鈿。玉鉤斜畔路、月娟娟。漫將心事託哀絃。金箏雁、飛不到尊前。相向意淒然。無言雙淚落、別懷牽。三生休證有情天。驚鴻瞥、顧影倍堪憐。

鵲橋仙 擬稼軒

昔爲遠志，今爲小草。轉首山空人老。自來策馬問中原，稱去世上、功名多少。淺人躁率，妄人慢傲。不值旁觀一笑。輪它功狗況功人，漫慨歎、良弓高鳥。

浪淘沙　擬遺山

游目到平山。淺水荒灣。好春也在有無間。燕語鶯嗁忙不了，偏是人閒。　襟袖淚痕斑。豪氣銷殘。新亭醉後一憑闌。如此江山如此酒，莫放杯乾。

唐多令　擬龍洲

風動薜蘿衣。天涯歸興微。意沈冥、煙暗雲低。猶有多情鷗與鷺，天欲暮、一相依。　騎鶴意全非。聽鸝聲亦稀。叩靈修、知有前期。風雪年年人易老，且留眼、看花枝。

花犯　約勺廬同賦海棠，勺廬詞先成，聲律略依夢窗，余依清真

小娉婷，疑雲誤雨，窺牆態如醉。夜深無睡。仍恨鏁東風，誰擁佳麗。豔陽到眼新妝倚。春陰曾借幾。話小劫、一番惆悵，香霏隨暗水。　新愁褪紅逗離痕，嗁妝似解怨，移栽何地。嬌舊貯，簾櫳暮、漫論身世。淒然泫、送春淚眼，春正在、瓊樓迴夢裏。只記取、碧雞雲影，江流空萬里。

夢橫塘　陳止庵年丈手寫湖天夢影圖，經亂失去，叔通同年復得諸海上，屬題。丈夢棹輕舟，行蓮葉中數十里，境極空闊。中途泊岸，有漁莊兩三家。主人方把酒，似與相識，起延之入，謝云：『我亦有家，湖上住也。』思歸去，看荷花，刺船逕去。夢既覺，晨起，遂寫此圖

澹去妝西子，化境南華，海桑珍重遺墨。小刼人天，只一水、千紅從隔。歸看荷花，舊家湖

上，也應慵憶。算玄玄意象，了了心情，舟虛繫、人如客。依然畫幅家傳，便池灰未盡，粉蠹無蝕。跨鶴歸來，知往躅、儘堪重覓。但回首、波光遠樹，月影空潭帶離色。淚泫銅仙，幾回吟斷，感湖山今昔。

雨中花慢 亂後無家可歸，由揚州之滬。五月十九日應訒盦兄之招，坐中皆漚社舊人。疚齋議復漚社，即席拈是調。歸檢誦東坡、稼軒諸作，畏其難學。夜忽夢謁彊邨師於德裕里故居，招之曰：『古人謂放筆爲直幹，非獨詩也，詞亦宜爾。子盍加意於此？』私意詞尚曲不尚直，正請問閒，聞雷驚醒。因試擬蘇、辛各一首，略依其聲律

鄉樹迷離難認，滿目關河，無限風霜。百計不如歸好，道路何長。回首青門，山愁水怨，玉老田荒。枉別淚暗灑，驪歌幾唱，斷盡迴腸。重重舊恨，漫漫今夜，夜雨到曉尤狂。晴意少、一春虛過，夢也淒涼。竚立還勞待燕，徘徊且感亡羊。玉京人杳，碧雲日暮，賸有思量。

其二

舊雨常來，今雨不來，吟巢雨後重過。起二句即借用辛詞。便桑田再閱，人事如何。无垢吾仍落落，有生今且呵呵。拚愁來一醉，人似公榮，老比廉頗。中原萬里，青山一髮，如煙往事蹉跎。空記有、龍蟠虎踞，彈淚荊駝。天外遙情買海，人間奇事揮戈。白頭相向，都將瑤想，飛入紅螺。

雨中花 訒盦以吳湖帆荷花畫幀索題，率成此解

風外香紅如故。傾蓋江南日暮。一水中央人宛在，坐對渾無語。　曲曲銀灣迷舊路。動鄉思、青墩何處。便識得、淩波塵不染，苦憶君知否。

木蘭花慢　姚虞琴超山生壙圖

倚斜陽一笑，算華屋、總山丘。有萬樹梅花，欠霜與共，風月常留。回頭。海塵捲地，莽天涯何處可埋愁。荷鍤儘教作達，嘑鵑還勸歸休。　菟裘。何止老堪投。此意自悠悠。約控鶴它年，上彊尺咫，影答形酬。余於上彊山先壟畔，亦曾營生壙。　滄洲。畫仍壁滿，問大槐宮裏幾春秋。神往王官高寄，白雲銷盡煩憂。

百字令　今夏來滬，訪晤疚齋翁，謂與巢民徵君同爲三月十五日生，新有圖詠，屬爲繼聲。秋涼無俚，賦《宴清都》詞，尚未定稿。復覩夏劍老所作樸巢鶴壽圖，知是日假李氏園陳酒肴爲巢民先生壽，同人即爲翁壽，始覺前詞略誤。并見榆生題有《百字令》一首，因又成此，爲翁補祝，而以前詞附焉

名園傳世，任池灰不斷，林風還續。三百年來存節概，珍重故家喬木。誰主誰賓，一丘一壑，此意悠然足。舊時梅影，小窗留得橫幅。一笑爲展行窩，半江水蒴，人境都非俗。　老去別添蹤迹感，荒盡平泉金谷。振響高柯，棲寒倦羽，盟晚仍幽獨。年年春好，閉門長占清福。

宴清都

浪迹閒池沼。頭堪白，勝游還夢壺嶠。淞波小隱，佗城舊客，忍忘春好。東風送別江帆，

又看盡、紅深翠窈。指故宅、水繪園荒，承平最惜年少。倏然畫裏家風，江亭岸幘，吟思多少。迦陵賦筆，漁洋禊卷，稱去茲才調。扁舟夜泊何處，漫自比、茶邨後去到。余來滬已後兩月餘矣。話海桑、著意斜陽，徵君未老。

生查子 八夕

秋諾渺誰知，霄漢渾難認。夜夜海天心，離合都休問。屈指幾良宵，七夕今年閏。不是渡河人，也有相思分。

減字木蘭花 憶金陵舊居

冶城山好。一片鵑聲春未了。不照晨妝。猶有前朝舊夕陽。浪花如雪。夜月江船人送別。潮汐無休。天險何曾有斷流。

秋宵吟 秋感，和懺盦，用白石韻

海塵狂，佩玉皎。走盡雷聲車悄。相思苦、算事往如煙，夜長難曉。感紅桑，綣翠葆。倦客依然江表。頻凝望、有舊國斜陽，故叢芳草。拚我無家，賸短策、天涯送老。避秦邨遠，諭蜀人忙，幾度夢飛繞。風雪江南早。鳳泊鸞飄，鄉訊恨杳。竚虛堂、漫引雲仙，簾隙明月又過了。

龍山會 九月訪廖懺老層樓，聊踐登高之約，用夢窗韻同賦 夢窗此調詞，彊師據明張廷璋藏本校定

一雁頹雲擁，悵望天涯，字影闌干亞。貯寒寒訊到，人萬里、搔首西風簾下。風意欲摧蘭，借句。漫嗟念、秋花豔冶。繫離憂，鮫綃罷織，

淚珠空灑。粵亂後，不得海綃翁消息。　岑寂柰此佳辰，繡錦花場，悵幾經戎馬。解嘲誰墮帽，長劍倚、弦月還虛霜夜。何地足登臨，閉門任、狂流亂瀉。願暫捨、早著意雨，巾塵外挂。夢窗詞換頭處，『摇落』之『落』字似以入作平。此詞換頭處，岑寂之『寂』字亦以入作平。

十二郎　和亶素去冬避兵鄉邨之作，用徐幹臣韻

戀人舊月，又淡送、一窗梅影。柰樹色微茫，笳聲凄緊，今夕吟肩更冷。解道漂流無家恨，漫細説、多愁多病。嗟故國小春，新蓬衰鬢，負它青鏡。夢窗詞：『酣春青鏡裏。』　重省。玉璫伴去淚，離痕猶凝。悔載酒江湖，十年如駛，贏得天涯夢醒。殢笛白蕢，引歌蒼弁，應似昔時風景。㚊竚立、也識荒寒有分，夜深人静。

以上《半櫻詞續》卷二

以上《半櫻詞續》

鷓鴣天　和述庵

青鳥殷勤爲探看。翩然飛去又飛還。春帆早報紅桑發，秋訊新聞碧海填。金屈戍，玉連環。等閒誰省意纏緜。吟昏醉曉銷疑甚，纔覩雲章第一篇。

烏夜啼　題伯耆《悼亡集》

春風不駐韶顔。夢如煙。昨夜何人月下、闕嬋娟。　渾不似。長如此。影姍姍。贏得雲鬟霧鬟、畫中看。

其二

含愁欲問春紅。甚悤悤。暮雨瀟瀟催起、白楊風。　吴波緑。横塘曲。渺驚鴻。多少伶

傳人事、誤渠儂。

其三

依然翠匝妝樓。漫凝眸。知道天涯夫壻、怕封侯。嫦娥藥。銀河鵲。事悠悠。應信神仙猶有、別離愁。

其四

簫鸞自是多情。判三生。瑟瑟天風吹下、步虛聲。佳麗地。胭脂淚。瘞花銘。和雨和煙長見、蔣山青。

永遇樂 賀夏吷龕霞飛新居落成

地有詞仙，別開一境，人海無此。聽雨聽風，買鄰買宅，市遠門還閉。鷺音何許，漚盟未負，贏得草堂清氣。妥枝巢、塵氛盡滌，翦淞半江之水。連天飛燼，浮家歸夢，城閣畫圖雲裏。萬象蒼茫，一空依傍，槳掉游行臂。珠簾暮捲，銀蟾宵耿，不隔美人千里。儘容我、心香靜爇，碧闌共倚。

沁園春 敬題湯貞愍公小象，爲定之。定之，公曾孫也

生忠孝門，夫子黈黈，今如見之。是一朝儒將，情餘按劍，公有自題按劍圖詩。如何未老，解甲言歸。人習承平，文酣武弛，十二金湯籌已遲。江山暮，著閒身畫裏，顧盼生姿。百年景仰前徽。付萬感、蒼茫故國思。歎壯哉羆衆，長存生氣，窅然獅窟，枉動秋悲。風雅一門，韜鈐餘事，留得藏山書畫詩。都不朽，又小園終古，池滿清漪。

歸國謠 擬温飛卿

樓玉翡翠，舊巢悽獨宿。鏡中新暈蛾緑。小屏山一簇。　貯嬌又開金屋。夜長春夢續。曉風摇影紅燭。隔簾鵑語促。

前調 崇效寺牡丹，和映厂

傾國瘦倚，故枝無氣力。蘂宫何事淪謫。露濃和淚滴。　等是梵天春寂。曉妝寒惻惻。舊家姚魏難覓。玉容成永憶。

荷葉盃 擬韋端己

淚鑄黄金何事。如醉。風月夢揚州。舊情忍憶少年游。無數錦纏頭。　零亂艷歌嬌舞。風絮。都是綺羅身。尊前翻醉捧觴人。無語只含顰。

前調 極樂寺海棠，和映厂

快意香霏如夢。輕送。春去幾時還。照妝燒燭是何年。塵刼到鬘天。　誰更碧紗籠字。前事。回首故依依。國華堂畔句空題。此恨問誰知。國華堂在極樂寺中。

卜算子 社課限用是調賦荷花。憶自海外歸來，足迹所至若扇子湖，若玄武湖，若西湖，皆荷花最盛，居亦較久，而吴興故鄉，又白石老仙所稱爲『荷花盛麗』者也。因仿白石《梅花八詠》，走筆成四首

結夏憶詞仙，花事留高詠。四十年來扇子湖，應有清芬賸。扇子湖荷花，半塘翁、彊村師均有詞。　縹渺舊池塘，約畧滄桑影。映日休誇別樣紅，夢短鴛鴦醒。

其二

淚共碧篙枯，色早紅衣褪。風雨臺城滿眼秋，游舫知都盡。　一例感飄零，也莫分茵溷。顧影誰憐步步嬌，多少南朝恨。

其三

翠蓋雨中傾，蓮子心頭苦。湖上空留西子妝，打槳人非故。　腰瘦藕衣單，麯院餘殘暑。葉葉花花各自愁，誰是同心侶。

其四

夢斷水晶宮，日暮人憔悴。無數風裳水佩仙，何處重歡會。　清露泫紅香，借句。滴滴盤珠碎。相送青墩別恨多，都化相思淚。青墩即今吳興縣界之青鎮。「一路荷花相送到青墩」，陳簡齋詞句也。「荷花」一作「繁花」。

綠蓋舞風輕

滬西李文忠祠餘屋未毀，園池殘荷作花，有憔悴可憐之色。七月六日同人集此，用草窗聲韻賦之。冒疚齋云，草窗是調是平仄通叶。上闋「漪」字、「遲」字，下闋「期」字、「回」字叶平韻。茲從之

日色澹去郊坰，地曠花疏，蓮塘尚清漪。携榼來游，樓臺經小刼，柳外闌倚。瞑想青墩，又離緒、絲絲縈繫。賦歸遲。綠鬢都霜，羞對嬌蘂。　花底。慢憶佳期。細雨灑車塵，粉艷同洗。可惜丹顋，隔年愁、怕染沼吳殘淚。舊賞湮荒，錦帆遠、相思難寄。放歌回。江上漸銷兵氣。

玉京謠

吳湖帆夫人潘静淑女士前作《千秋歲》詞，有「綠遍池塘草」句，傳誦一時。今夏五月夫人忽以微疾逝於海上，湖帆痛之甚，爲刊其遺詞，

即以『緑草』名集徵題，倚此應之

緑遍池塘草，畫境天然，繡口傳佳句。韻寫姓窗，雞鳴還念風雨。遠去世網、人比鴻光，甚客舍、銀蟾難駐。神仙侶。鬘天小謫，閨才終古。詞華抗手冲虚，倦聽箏琵，但綺琴獨撫。飄落梅花，江城多少離緒。露氣清、吹斷天風，枉夢裏、白頭期許。揮玉麈。吟思去料添淒楚。

蝶戀花　懺盦拈正中翁句發端，和訒盦《落花》詩。余繼聲得六首

庭院深深深幾許。播影鈴聲，依舊無憑據。滿眼斜陽迷遠樹。回光但見愁紅聚。　薄命漫憐飄泊苦。一自離魂，地莫分吳楚。　拼得銷它風與雨。萬千怨恨休輕訴。

其二

庭院深深深幾許。門外春空，門内人知否。緩緩鈿車歸未暮。回看陌上愁無語。　聞道神方顔可駐。樹有長春，人有仙山侶。　香燼返魂誰寄與。算來還被神仙誤。

其三

庭院深深深幾許。忉利何天，鬘市知何處。蝶夢淒迷醒也否。華年一一思絃柱。　夢裏依然春媚嫵。曲換山香，還作回風舞。　金粉江山憑記取。相期散綺同天女。

其四

庭院深深深幾許。成片飛紅，早過鄰墻去。枝上黄鶯啼不住。高樓曉夢初醒處。　忍説移根還换土。淚眼相看，料也悲禾黍。　玉砌

雕闌何負汝。野田畢竟多風露。

其五

庭院深深深幾許。簾捲簾垂，淒斷行雲路。啼血聲聲愁杜宇。映山紅亦今非故。　不信春風狂似虎。蜀嶺秦關，一例曾無阻。　只爲年時偷嫁與。煙滋露溉成孤負。

其六

庭院深深深幾許。墻角淒涼，便是春歸路。春再來時儂更苦。不如儂與春俱去。　解愠快更新節序。緑葉成蔭，紅萼仍無主。　留得芳魂能解語。爲言有日春重遇。

鷓鴣天　題顧公雄歸梅圖。梅爲顧氏怡園舊植，訒盦買自滬市以歸，公雄因繪此圖

眉緑樓前景不殊。萼華別後意如何。　離魂曾到巢居閣，殢淚還同合浦珠。公雄令祖子山先生有《眉緑樓詞》。　思故土，愛吾廬。舊时明月待重鋤。江南從此春常在，真態從此入畫圖。

其二

本屬瑶臺自在身。無端小刼墮芳塵。　幾時醒得師雄夢，江山年年卻憶君。　風淡蕩，月黄昏。一枝宜作兩家春。滄洲畫壁今無恙，海碧天寒有淚痕。

四園竹　中秋無月，厲齋獨坐，漫述此曲。清真此調詞上下闋换叶兩上聲韻，自來倚聲家依之。吴眉孫云，是調疑上去入與平均通叶，不但换叶兩上聲韻已也。　兹從之

滄桑换目，露氣冷窮秋。　鼠穿破篚，蟲歎敗垣，明月應愁。　懽宴闌，哀響促、庭階坐久。静聽平疑課孤簌。　漫凝眸。　風來半是夷

歌，天長尚倚吴鉤。桂樹深叢遠岫，雞犬淮安，蜕骨空留。呼負負。舊恨續、仙山會又休。

以上《半櫻詞》未刊稿

清平樂

讀秀道人《詠梅詞》，意有所觸，即拈是調賦之，得二十二解，爲《廣詠梅詞》。梅耶非耶？或亦秀道人所云，當於無聲字處求之者與

天仙狡獪。化境成遊戲。多少英雄兒女事。併入懽場鉛淚。伊涼徧徹哀絃。人生能幾歌前。不盡鶯鶯燕燕，同誰依舊華年。

其二

塵緣長短。恩怨憑誰管。安得化身千億萬。一一真真親喚。本來色相皆空。無端姹紫嫣紅。珍重餘香襟袖，瑤臺昨夢相逢。

其三

廣寒不遠。顧影成淒戀。藥竟有靈如爾願。争奈海天心眼。紅牆碧漢迢遥。三生幾度魂銷。多少步虛環珮，瑤宮可許招邀。

其四

夢中驚夢。冷暖春宵共。萬種相思誰與種。顛倒紫鸞青鳳。傳情故故情深，花陰何處遺簪。生怕曉風吹醒，賺他月下重尋。

其五

纖纖春柳。留日學生曾結春柳社，改良戲曲。見説秋來瘦。到得櫻花難與偶。纔是羣芳領袖。彩雲飛墜層霄。春帆細雨樓高。春帆樓在日本馬關，即李文忠公訂約處。賸我芳時惆悵，煙波獨自吹簫。余三度東游，居十餘年，適與梅相左。

其六

繡簾捲恨。風引秋波俊。撲朔迷離君莫問。人比籠鸚嬌困。　紉蘭消得情芳。三生杜牧能狂。干甚一池春水，賺人兩鬢吳霜。

其七

玉容朝舜。名字何須問。花好那知人更俊。瀟灑半天風韻。　清輝長共嬋娟。秋心訴與冰絃。莫唱陽關怨曲，忍教淚落尊前。

其八

眼波頻覗。補作妝臺記。碎玉一聲清又膩。腸斷年時情味。　緑楊城郭人家。重來蜂蝶紛拏。樓迴空飛燕子，春妍半蒔櫻花。

其九

綵絲誤繫。簾卷愁含睇。數盡番風無好意。何處蘭苕悲翠。　妍春也似窮秋。微雲疏雨夷猶。不分徐娘老去，濃妝重上高樓。

其十

爲春憔悴。春去春知未。寫怨箋愁都嫵媚。況是簪花小字。　動人憐處清憨。人前特地矜嚴。桃李微嫌麤俗，許他位置香南。

其十一

香南雅集。風景成今昔。仗有過江名士筆。寫出真香生色。　如卿我見猶憐。羅浮縞袂仙仙。真恁被人看殺，鏡中驀換朱顏。聞梅邇爲人關小隊所驚，面變色，如傅粉。

其十二

新妝點額。粉黛無顏色。雪逐精神冰鍊魄。隔斷軟紅千尺。　三生慧業同參。華鬘絮果誰諳。從此隴頭驛使，一枝休寄江南。

編者按：《廣詠梅詞》原有二十二闋，中十闋已入印本《半櫻詞》，此録其餘十二闋。

以上見《廣詠梅詞》

華胥引

焦桐清陰圖　某君院中舊有梧桐一樹，鄰家失慎，火炙桐枯，隔歲復榮。先是君得風疾幾殆，久之亦愈，因繪此圖

炎消松徑，涼入蕉窗，故園天闊。翠石峥嶸，龍門俯仰高蔭接。習静能卻焚和，傲雨枝風葉。塵刼消除，閉門心境俱澈。　丹鳳長吟，對斜陽、舊情伊鬱。草堂傳世，滄桑何堪再閲。坐倚清琴千徧，斷爨聲誰别。垂老光陰，勘書還趁宵月。

六么令

《明遺民録》

淚緘心史，才氣收椽筆。神州陸沈親見，老盡江湖客。乾净東林寸土，熱血年年碧。餘生休惜。巖棲谷隱，各有千秋付幽寂。　禾黍淒迷舊社，地迥聞歸汐。遼鶴難問興亡，野録勤收拾。經幾招魂楚些，事往憑誰憶。叢殘成帙。刼灰依舊，幸草何人更搜得。

浣溪沙

急刼風回再謫身。仙山樓閣迹成塵。一眉新月又黄昏。　過客幾曾沾淚雨，美人依舊憶朝雲。冥冥香霧鎖重門。

其二

煙浦雲江一水通。撇波舞罷意悤悤。陌花都作可憐紅。　信有珍珠隨錦字，怕無羅帶繫

春風。畫樓聽徹五更鐘。

其三

棼尾深杯意已微。卻將春事付芳菲。夕陽無語亂鴉飛。白髮對花成一笑，紅樓如夢隔雙扉。歸來燕子故依依。

其四

玉樹煙埋萬古愁。青山紅粉兩悠悠。夜來風雨咽吴鉤。割耳乖龍猶在樹，病創老馬不知秋。沈沈大地是神州。

其五

來是空言去絶蹤。借句。步虚聲在月明中。枕鴛衾麝意惺忪。疑雨重迷三里霧，嘘雲微颶一絲風。闌干無據況簾櫳。

其六

箏阮更番破寂寥。淺斟低唱各無聊。湖山冶豔簇春嬌。楚袖驚風憐搏命，吴舲將夢趁歸潮。不須人去已魂銷。

其七

燭暗簾垂只自憐。碧雞坊畔舊停鞭。無人知是海棠顛。昨日主人今日客，見時容易別時難。褪紅淒斷酒杯前。

其八

淚盡蛟人不自知。十年心醉海綃詞。都因老去願春遲。絃外自能通欵曲，尊前何意辨箏琵。紅桑如雨繫相思。

編者按：此組詞原有十二闋，中四闋已入印本《半櫻詞續》卷一，此録其餘八闋。

祝英臺近

綵雲飛，華月墜。花放小屏底。鈿合深深，不貯別離意。豔陽輕換征塵，朔風吹盡，枉贏得、錦温瓊膩。　半江水。一霎人隔天河，闌干共誰倚。無據梅魂，猶暎舊心字。斷紅點點秋痕，畫圖省識，是當日、玉人珠淚。

望海潮　《南田縣志》題辭

丸封函谷，龍耕瑶草，茅茨翦自何年。甌脱舊疆，版圖新宇，絃歌遠播人間。吾土有南田。比花載潘令，地記桃源。戴月歸來，打魚呼起老漁眠。　輶軒手述成編。道先勤種植，且略瀛環。鶴浦致琛，龍塘扞海，河渠貨殖分箋。人與地俱仙。借子京椽筆，聊遣官閒。文物從兹不敝，何止口碑鐫。

東坡引　辛未元旦，得彊邨師海上書，並示社作，率和卻寄

東風如不識。梅邊老吟客。客中歲月渾拋得。增年過六十。增年過六十。　沈沈遠目，雪乾雲溼。舊節候、新詞筆。呼盧徹夜何人宅。春聲喧故國。春聲喧故國。

芳草渡　用美成韻

夕照裏，念浪迹章臺，暗嗟游侶。話玉妃離恨，江梅亂點如雨。春早誰冣苦。教流鶯輕訴。夢未穩，見似遼西，卻又春去。　回顧。彩雲逝矣，電閃星馳空外路。算惟有、銀蟾耐冷，依依尚窺户。汜人旅夜，漫解道、怨歌愁緒。怎睡得，看取風花自舞。

浣溪沙　飲某氏園，即席得兩解

蠻觸峥嶸意亦孤。輸贏只合問摴蒱。健兒身手牧豬奴。　我已方圓成鑿枘，君還袒裼促梟盧。沈沈庭院日西徂。

其二

金粉江山久寂寥。緑珠依舊伴紅綃。尊前人似沈梅嬌。　一曲斷腸青玉案，萬人垂手鬱輪袍。風流都付楚魂招。

喜遷鶯　懺厂金陵新居

白雲天際。帶清韵竹林，人如侯喜。燕子不來草堂，無語著意。訪鄰尋里。松菊徑荒誰闢。吴鳳圖新應繪。鎮秋好，問寒勝高處，瓊樓知未。廖正一號竹林居士，著有《白雲集》。晁无咎贈句云：『新有詩聲似侯喜。』　門閉。高卧久，綃裹珠回，滴滴神州淚。柳雪思沈，槎風力大，驪夢夜中呼起。漫惜故家王謝，還念故人何來，笑攜手，定明年，槐府層臺教倚。

换巢鸞鳳　聽歌感贈，和孟龕同年

聲咽吴簫。問何人暖眼，共此涼宵。美人能相士錦，節稱乘軺。風塵知己鳳鸞交。冣憐往時登樓手招。瓊漿飲，又把臂、玉去京曾到。　人杳。波淼淼。郎自負心，儂自情難了。夜月雲迷，洞房花擁，恩怨今生多少。還怕悽聞白頭吟，畫堂珍重盟偕老。鶼雙棲，願危柯、一夢醒早。

以上稿本《半櫻詞》卷三

滿庭芳　送伯衡歸國

櫻老禁秋，蓴肥怨別，揭來雲海裝輕。故山回首，何物最關情。風雨催開霽景，玉盤轉、銀漢無聲。年時事，荷花桂子，塵夢定誰醒。　潮平。舟一葉，滄桑舊迹，渾未分明。更癡雲何事，不放山青。歌哭無端自惜，恁淒楚、能幾人聽。天難問，摩挲冷眼，隨意看春星。

月華清　再寄馨老巴黎

青鳥音沈，紅桑花盡，海雲愁思多少。不怨天涯，只怨等閒人老。已珠厓、遺恨難償，更銀漢、舊蹤誰到。歸好。念蓴鱸故國，夢魂千繞。　底事高旗大纛。任往事伶俜，不須重道。劫外棊枰，袖手沈吟羇悄。寄離悰、殘霸山河，迷望眼、亂烽洲島。休惱。付玉笙吹徹，羽衣新調。

唐多令　逭暑千葉，兒子同宇來侍，以歐西影像法攝取瀕海風景，拈此示之

花雨鎮繽紛。幽淳葆爾真。住蓬萊、不買流雲。紅杏碧桃都俊侶，人海外、自成春。　風景畫圖新。飛揚何處塵。看魚龍、起舞蹲蹲。記取終童當日語，千里志、百年身。

浣溪沙　和馮息廬《惆悵詞》

記取元霜擣盡時。瓊漿滋味箇中知。殷勤玉杵爲誰持。　已分胡麻留客住，何因杜宇勸人歸。漫開淚眼對斜暉。

編者按：此詞原爲組詞八首之第五首，其餘七首已見《半櫻詞》卷一。

八聲甘州　玉霜簃主人演紅拂故事，邵次公賦之，余次其韻

又霜腴減卻露華濃，蟲鳴玉京秋。恰我來君去，碧雲日暮，相望瓊樓。不惜紅顏持贈，銷盡古今愁。別有西風淚，分付東流。　金粉江山如睡，賸柔情念省，誰念恩仇。枉蛾眉青眼，悽絶綵雲收。傍梅花、臣冠釵挂，笑幾生、還要美人修。梁塵簌、竚韓娥久，月上簾鉤。

以上見稿本《半櫻詞》

賀新涼

在浙三載，忽奉調粵之命。西湖日短，南浦波長，贈策有人，挂帆何意，黯然倚此

行矣吾何憾。記年時、客邊贏得，酒腸詩膽。孤嶼梅花吾家物，一角湖山曾占。算英氣、垂垂銷黯。馬影雞聲清涼味，況扇塵、不到羅浮崦。端正好，荔支啖。　無端一騎埋雲暗。斷吟魂、炎禽聲裏，斜陽冉冉。蠻觸崢嶸尋常事，怕有蛟龍潛瞰。休再道、長江天塹。後日尊前驪歌唱，問回頭、曾否家山念。誰解此，別情慘。

壽樓春

山荷屬題紅廔餞月圖，即用原韻

沾征衣塵黃。記絲重管疊，同醉伊旁。一夢鈞天醒後，殢人寒鄉。鴛被窄、鼉更長。又驀聽、琵琶淒涼。看月子彎彎，疏鐘欲動，何處佇紅娘。　春帆影，留三湘。話年時舊事，花怨風狂。等是魂絲曾斷，淚波難量。嗟客邸，無長桑。更茂陵、琴心遺亡。只偷卷珠簾，描摹靚妝。焚妙香。

其二

誇新妝宮黃。把嚬痕怨意，都到君旁。幾度魂離芳陌，夢回甜鄉。看錦瑟、如人長。又夜分、銀河蟾涼。便欲駐朱顏，朱顏不待，空自

負珠娘。　幽蘭悴，辭清湘。問年華似昔，風雨何狂。只我鍼愁難度，尺嗟空量。歸倘晚，家扶桑。與淡忘、人間興亡。奈離恨年年，孤吟夜窗。花自香。

其三

牽柔絲輕黃。正深藏碧玉，西子湖旁。總是征驂無賴，背人離鄉。愁闈闥、煙波長。掩鏡臺、鑪温衾涼。縱妾夢宵圓，郎衣夜㬉，誰更憶蘇娘。　靈妃老，甘沈湘。只因風柳絮，依舊顛狂。幾輩囊金輕輦，斛珠重量。塵世事，多滄桑。憶舊遊、人琴俱亡。且分付璚簫，連呼玉觴。歌暗香。

其四

籠寒煙昏黃。便林間月下，還勝桃旁。一自飄零人海，以愁爲鄉。春夢短、秋心長。忍再聽、邊聲悲涼。歎時世妝梳，蛾眉一例，新樣學班娘。　孤篷夜，懷瀟湘。任花嬌柳寵，容我疏狂。只有天孫雲錦，費人裁量。鴻雪印，尋空桑。認髩痕、眉痕都亡。笑聱叟何心，曾呼漫郎。名未香。

賣花聲

周晉仙『明日新年』之作，前人多斆之，戲用其韻，時將有羊城之行

贏得杖頭錢。抱甕堪眠。細君偏愛炫貂蟬。磨蝎宮移新造命，風送樓船。外舅朱谷生先生通命理，謂余己未年當任閫帥。內子附會之，以新獲文虎章爲預兆，爲之一笑。　春訊到梅邊。花有因緣。雲階月地各欣然。酒熟茶温天欲曙，明日新年。

憶舊游 重游武林，與社友排日歡宴，別後寄酬

又華鐙替月，畫舫摇晴，春到梅邊。夢引巢居閣，任寒枝揀盡，瘦影依然。六橋舊時花柳，離恨問誰先。歎一樣飄零，新吟白燕，淒斷江天。余到杭日，適社友袁巽初都轉解組去浙，悵未把晤。

留連。問音訊，道水淺蓬瀛，舟近神山。也擬拚沈醉，把酒痕深染，醒平眼重看。緑波昨宵新漲，催上木蘭船。悵霧掩瑶池，驂鸞去速何處仙。時值南北和議中止。

埽花游 春雨

柳枝翠滴，罥恨縷緜緜，小樓聲軟。黛眉畫懶。縱紅窗夢續，被伊隔斷。漫卷珠簾，恐惹傷高淚眼。個人遠。只一夕閉門，階暈菭蘚。

長夜情繾綣。料鏡檻明朝，定驚紅淺。繡韉去緩。便温存片刻，總傷緣短。倦客江南，賸得愁苗未剗。意何限。記西窗、幾回鐙翦。

望江南 奉調嶺嶠，匆匆半載。待舟滬上，爲風雨敗興，折回晉陵。柳昏花暝，渺兮余懷也

風又雨，何處是天涯。斷岸舟横人半渡，孤村雲亂路三叉。春意在誰家。歸去也，相伴有飛鴉。尋夢地迷孤嶼宅，聽歌人唱後庭花。鄰院笑聲譁。

其二

風又雨，何處不天涯。野戍雲屯空壁壘，江船流急冷琵琶。忍淚對春花。花欲落，空聽鼓三撾。舊日妝臺紅粉褪，新居門巷緑陰賒。天末渺流槎。

花犯　約園在常州城南古村，園中池塘深窈，趙于岡先生全家同殉處。偕周企閒、朱季安訪之，並游静園、意園，用碧山韵

好園林，桑榆賸景，精靈護池水。古村荒里。嗟爛錦年光，翻惹離思。故山路遠書難寄。危闌教暫倚。又待得、漫天風雨，亭臺虚望裏。西隣主人故多情，嗁鵑外那忍，嫣紅輕委。門掩久，春先去、任花憔悴。東風盪、蒨雲逝影，尋舊侶、鶯邊空唤起。但夢繞、緑陰深窈，餘寒籠素被。

齊天樂　壽金粟香先生八十

天教遺老存風範，名山望崇南斗。箸述傳今，詩歌憶昔，頭白鐙青相守。黄花照酒。占秋色東籬，義熙而後。翡翠炎洲，宦情雲薄倦回首。水泉亭子尚峙，舊江山夢裏，應見人瘦。扇障塵狂，尊迴暝合，禁得天涯僝僽。心香拜手。佇水月長圓，立人長壽。先生晚年自號水月主人。我愧逋仙，結隣期耐久。先生六十自述詩：『會當與林逋，結隣來築屋。』余適寓毘陵，距高齋不遠。

臨江仙　和彊村先生韻

舊壘新巢商略定，歸來休怨無家。一春芳事雨中賒。樓臺殘照裏，開賸兩三花。容易秋風吹夢破，杜陵老屋欹斜。有人搔首泝天涯。蟲螿紛幾許，涼月在窗紗。

其二

一雨成秋雲漢迴，霜天又動新愁。丹梯咫尺促登樓。箛簌連夕課，歌舞幾時休。掌上憐他今更瘦，十年夢裏揚州。錦帆宜趁好風

收。漁樵非左計，何用挹浮邱。

前調 與周怡厂聯句用前韻

明月滿天霜滿地，簫聲依約隣家。遣愁有酒不須賒。怡厂。往來心上事，開落夢中花。鐵尊。院角風來無賴甚，幾絲簾影吹斜。調笙擫笛小生涯。怡厂。紅兒差解事，無語倚窗紗。鐵尊。

其二

池水干卿緣底事，微波也自生愁。心和花影度高樓。怡厂。涼蟾如有約，嗁鳩未應休。鐵尊。舊夢已隨流水遠，俊游還憶杭州。一簾涼意雨初收。怡厂。峰青人不見，何處覓丹邱。鐵尊。

醉春風

風定黃昏靜。春濃殘醉醒。釵盟鈿約費商量，肯。肯。肯。戛玉簾鈎，倚樓笛語，殢人清省。香炷金猊鼎。雲護銀蟾影。素娥不是故無情，等。等。等。心事停琴，淚花銷蠟，綠窗深靚。

浪淘沙

春意動南枝。消息誰知。流蘇輭繡不勝垂。蚤是羅浮香夢覺，猶自依依。又見柳緜飛。瘦盡腰支。餘情莫惜縷金衣。揀取珍奩紅豆子，替種相思。

齊天樂 殘花

簾旌紅褪窗茸翜，連宵慣聞風雨。醉婕愁醒，嗁鶯忘去老，强把韶光留住。魂離倩女。問緑鬢華年，暗驚絃柱。晚鏡窺妝，箇中心事向誰訴。朱顔容易瘦損，賸芳心一寸，淒戀如故。已分飄零，猶堪愛惜，得似半開時否。金鈴怨語。怕油壁香驄，杜鵑催去。一片初飛，減春須未許。

高陽臺　落花

露重侵肌，香濃損睡，珍叢幾誤春妍。綺劫華鬘，夢雲飄墮誰邊。江湖滿地胭脂冷，似渠儂、一例堪憐。黯鎖魂，綵筆江郎，別恨經年。　檀欒金碧芳菲地，只聲聲羯鼓，輕判人天。休怨飄零，坐花曾共瓊筵。錦幡舊是金鈴繫，對瑶觴、各自成圓。漫垂簾，趁取回風，舞袖便娟。

謁金門

行不得。户外天低如墨。兩歇更闌寒惻惻。隔簾窺曙色。　目斷高樓西北。一夕嗁烏頭白。口血模黏東海石。年深誰省識。

其二

留不得。寵柳嬌花寒食。落日夭斜新月窄。畫闌人獨立。　剗地笙歌裙屐。誰伴梅魂孤寂。翠羽縞衣成夢憶。此鄉何處覓。

其三

歸不得。灰劫昆池千尺。便向五湖尋舊迹。有家還似客。　水佩風裳如昔。悵望天邊消息。錦瑟華年駒過隙。等閒真可惜。

楊柳枝

西北樓高欲斷魂。腰枝嬝娜不勝春。玉門關外風如翦，愁煞章臺繫馬人。

其二

落日金城冷不支。絲絲染淚夢先知。知他怕見關山雪，莫遣東風儘力吹。

其三

賺得黃鸝三兩聲。春人從此最關情。尊前看取依依態，如此天涯忍便行。

其四

掩淚非關重別離。雕輪華轂最相思。市橋煙雨春寒峭，幾見多情爲拂衣。

十六字令

情。春草年年刬地生。修眉碧，一抹暮山橫。

其二

癡。儂汝伊誰兩不知。腸斷後，渾未解相思。

其三

真。畫裏鴛鴦夢裏春。襟上酒，點點是啼痕。

其四

空。非霧非花最懊儂。驚蜨夢，何處一聲鐘。

長亭怨慢

沈蟾青同年別十二年，去秋自美洲歸。道出東海，歡聚竟夕，興會飈舉，有如疇昔。茲聞物故京邸，曷勝黃壚之悲

再休説、壯懷投筆。天上修文，海西歸客。泡影浮生，退飛還羨宋都鷁。仙槎不繫，都枉

負、馮夷力。世外賸逋仙，高臥聽、秋邊潮汐。今夕。隔人天苦憶。最憶夜分蘭席。齊煙點點，怕重問、雪鴻陳迹。料城郭、景物都非，便遼鶴、也應淒惻。悄舊月天涯，還咽山陽殘笛。

八聲甘州 浙人重葺白文公祠，附祀樊諫議，從吳絅齋學士議也。諫議功在繇絳，而祀杭者曷故？按諫議生平尤雄於文，與昌黎同樹幟元和間，不蹈襲前人一言一句，世稱澀體，其後浙東西能文者，皆其派流。溯源先河，報本勿替。蒿庵馮先生云：『祀繇絳以政績，祀杭以文章。』謹繹斯旨，爲賦慢詞，以誌俎豆湖山之盛云

耿精靈澀體鑿洪荒，垂型浙西東。賸一篇繇序，一篇絳記，箋注重重。不絕斯文如縷，功鉅報宜隆。遺愛香山老，瞻拜應同。　異代桓譚誰屬，善奇文賞析，今見孫沖。溯詞源津逮，香瓣祝南豐。締詩盟、東都舊誼，料早虛、此席待過從。新祠展，挹湖山秀，遐想宗風。

清平樂

鴛鴦債疊。頭白無休歇。酒醒還來偎破月，一霎闌干憑熱。　湖蒓舊夢新情，城春惱亂流鶯。何必淺斟低唱，十年銷盡浮名。

齊天樂 壽黃冠圭先生九十詞成，忽咯血勺許。豈以此嘔心耶？然亦可紀念矣

鹿裘春永存三樂，巋然國楨人瑞。九醞家傳，一經世守，清極端居風味。絃歌化起。吁桃李成陰，梓桑銘惠。先生建設鄭樓小學，多所成就。　顏歡千萬廣廈，自忘符雅富，人誦風誼。鴻術甄奇，鹿城市義馮驩，不放歌歡近城市。

卜築，不數局名和劑。甌海醫院措置完畢，皆先生力。延年意美。映芝采商山，舊紉荷芰。醉倚松臺，翠雲扶杖履。

三姝媚

題朱曉崖局長面壁圖。曉崖自知前生爲補陀洛伽僧，夢中頻到山中勝處

沾泥何絮果。負青鐙熒熒，十年清課。夜雨荒山，問碧紗題句，幾回塵涴。劫換滄桑，時自省、修門愁墮。畫境維摩，依約年時，定中枯坐。　清淨前身還我。早夢熟梅岑，《普陀山志》：海岸孤絶處名梅岑。朗吟時過。冷眼滄洲，念舊巢痕在，莫教雲鎖。據槁心安，須自信、蒲團能破。且共虛窗涼月，閒銷芋火。

以上見《慎社詞録》

五綵結同心

廣倉學會於辛酉春三月舉行鄉飲酒禮，海内耆宿聯翩戾止，甚盛事也。時愛儷園主即爲羅友蘭、友山昆仲行婚禮，先期修冠、笄之典，酌古準今，釐然悉當，詞以頌之

檀欒金碧，翡翠蘭苕，名園豔占韶春。嘉宴衎衎樂，簪裾集、文采自發璘玢。山河争覩笄珈盛，歌偕老、人染清芬。重簾下、雙棲燕穩，綵絲一繫前因。　主人舊時鵜鰈，記深盟愛儷，月款當門。兒女成行也，年時味、鐙火幾共黄昏。向平云了生平願，風華付、瀛海閒身。難忘是、耆英高會，古香挹注瑶尊。

絳都春

章味三以細君張夫人所作百花圖卷屬題。粉香脂膩，盡態極妍，南樓清於，庶幾抗手。倚此應之

綃瑩錦璨。趁寫韵乍停，晴窗妍暖。萬態媚春，十色烘霞傳神徧。芳期不共番風换。更誰識、鬘天清怨。笑桃無恙，南天爲憶，褪紅

庭院。香潠。櫻脂半篋，舊遊定、勝似河陽花縣。麝染異薰，猩折柔枝嬌何限。還疑羣玉山頭見。最惆悵、蓬瀛波淺。典型遥溯苕仙，衆芳歲晚。咸同間貞媛鄭苕仙作百花圖卷，今藏南陵徐氏積學軒。

浪淘沙

陳子萬孝廉贈楊梅並媵新作，倚此酬之

粟雨暮寒天。別緒經年。開緘紅暈漬瑶箋。咀嚼別饒絃外韻，驪頷珠圓。　風味憶家山。《羣芳譜》：楊梅產會稽者爲天下冠，次則卡山。本出苕溪中，後植光福山中。人老江關。幾多鶴頂豔流丹。甦得甜鄉魂一縷，珍重吴酸。

雪梅香

紀陳節婦及孝女燕姑事。節婦爲吴興沈保卿先生長女，適紹興陳氏。早寡，守節撫孤，僑居吴門。某夕，忽被戕室内，受創數十處，其女燕姑年十五，同死。子亦中刃，絶而復蘇。官府懸賞嚴偵，旋悉爲惡僕所害，弋寘諸法

紫鸞泣，空房怯立帶愁扃。甚無端狼虎，芳蘭頳折幽庭。碧染松筠苦逾烈，皎涵冰雪死如生。慘無極，玉去燕同摧，月冷風腥。　鋒攖。仗迴護，葉底孤雛，倖免霜稜。慰藉芳魂，已教鼠磔荒坰。水蘸蓮涇信娟潔，骨歸蘭渚發幽馨。蘭渚在山陰。堪千載，配禩貞祠，家乘光榮。按柳詞此調結語，宋本作『無聊意，盡把相思，分付征鴻』，兹從之，四聲並悉依柳詞。

以上見《甌社詞鈔》

賀新涼

題《大正博覽會出品圖說》

一卷圖經耳。恰包羅、萬千氣象，霞蒸雲起。勝會瀛洲新縮本，休笑葫蘆樣子。看尺幅、居然千里。舊日鉛華淘洗淨，悟人天、化境都如

是。言詮外，有元旨。鄉關勝蹟江南地。憶前遊、金迷紙醉，一般堪記。南洋博覽會狀況，君曾有筆記載入《實業雜誌》。世上滄桑供閱歷，吾亦海濱老矣。又一度、鴻泥留此。昔年上野開博覽會時，余于役此處，今匆匆八年矣。開卷自來多有益，勝看花、走馬長安市。憑記取，櫻花裏。

《中國實業雜誌》一九一四年五卷九期

國香慢　題馬湘蘭畫蘭小幀

濯魄瀟湘。記玉蒽象管，孔雀庵旁。同心只今誰似，意淡情芳。寫到騷心依約，翠隄晚、猶倚明妝。湘蘭於所居後築隄，名湘蘭隄。前身信幽潔，願託孤根，來伴瑶窗。百年如客過，念珍儲閟閣，空換斜陽。雨苗煙蕊，中有無限滄桑。好與王郎吟句，屬墨林、惜起琳瑯。彝齋典型在，玉軸金題，著意端相。

太常引　紅月季

雕闌一曲一回妍。相向意仙仙。真箇日如年。拚一日、思君肯閒。朱顏常駐，紅蕤同夢，花好共蟾圓。醉態晚風前。又髣髴、嬌扶玉環。

憶王孫　白月季

小樓依約又東風。簾局微温人意慵。怕近斜陽不敢紅。月明中。昨夜瑶階嬌影重。

生查子　牡丹

蔫紅舊日妝，獨倚闌干悄。妾意洛陽居，郎道江南好。移春殢夢魂，月極長安道。傾國更何人，冷落清平調。

玉樓春　菊

驚塵簌簌過重九。簾卷西風欺客瘦。榛荆闢徑范村荒，蘭茝迎門羅宅舊。　吴天霜飽花開後。抱得枯香枝上久。幾多穠艷幾多春，歲晚大寒知也否。

以上見《中社雜誌》一九二六年二期

鷓鴣天　題《樂府指迷箋釋》

歌曲商量賴賞音。詞源先路有南鍼。文章得失憑雙眼，聲律從違辨寸心。　言不露，味彌深。四明家法此中尋。解人特起三朝後，一卷爬梳重藝林。

見《樂府指迷箋釋》卷首

蹋莎行

花鳥三春，筦絃雙調。夕陽銷得愁多少。探幽曾入上强山，閉門還種忘憂草。君官吾鄉，政績甚著。光復後，奉母不出，以詩詞自娱。　天籟如聞，性靈獨抱。眼前語未經人道。蕢洲漁笛慣相思，相思不共蕢花老。右調《蹋莎行》，奉題怡厂道兄先生大集，用碧山題《草窗詞》均，即希教正。己未花朝廙盦弟林鷗翔拜稿。

見《企言詩存》卷首

真珠簾　奉和天嬰人日湖居新作，仿夢窗四聲

玉妃狂舞瓊樓曉。重簾卷、遠拓江天懷抱。高寄不知寒，況草堂春早。萬紫千紅供淚眼，問釀出、閒愁多少。憑眺。有横斜疏影，約略林表。　無恙卉里西湖，舊巢痕、塵涴春風新掃。向晚月徽明，醉甕頭雲悄。翠羽嘈嘈吾自醒，算夢中羅浮誰到。前有粵行，未果。歸好。怕客裏光陰，催人漸老。

見《浙江》一九二八年一卷八期

慶宮春 從碧山體並同四聲，爲陳述廬題瞻麓圖

黃葉村邊，白雲天上，望中杳眇無極。桑海移家，鳧仙飛翠，故山魂夢不隔。倦絃悽對，又連夜、江船送客。孤紉蘭佩，一縷湘紋，半成塵迹。　夕陽送盡征蹄，烽火頻年，舊愁京國。芳草離騷，古懷屈子，前代風流難覓。洞庭波闊，怕南雁、歸來未得。樓高百尺，回首鄉關，共誰卜宅。

見《津浦鐵路月刊》一九三四年四卷九期

霜花腴 寄費恕皆用夢窗韻

避煙瘦鶴，傍野梅，清癯倦倚塵冠。人淡於秋，客貧非病，瑤臺夢也通難。帶圍眼寬。拚壯心、消得尊前。報花開、又閱紅桑，夜窗風雨伴高寒。　仙曲世間誰記，算鷦巢一睫，芘共寒蟬。樓閣蓬萊，滄洲身世，清商迸入吟箋。去來畫船。有舊時、蟾素娟娟。傲霜姿、笑比黃花，晚楓同耐看。

清平樂 度西湖泛舟，憩倚虹園

蘭橈去後。人立河橋久。金粉飄零湖亦瘦。花比夕陽紅否。　爭如江水多愁。長堤楊柳絲柔。怕有簫聲飛到，玉人何處高樓。

以上見《忍古樓詞話》

郁達夫

蝶戀花 贈前冬交識之一遊女

客裏相思渾從水。似水相思，也帶相思一作辛酸味。我本逢場聊作戲，可憐誤了多情你。　此去長安千萬里。地北天南，後會無期矣。

忍淚勸君君切記，等閒莫負雛年紀。

金縷曲

時病杭州，寄北京丁巽甫、楊金甫

兄等平安否。記離時、都門擊筑，丁。漢皋賭酒。楊。別後光陰駒過隙，又是一年將舊。怕説與、新來病瘦。我自無能甘命薄，最傷心、母老妻兒幼。身後事，賴良友。　半生積貯風雙袖。悔當初、千金買笑，量珠論斗。往日牢騷今懶發，發了還要丢醜。且莫問、文章何有。二君當時催我寄稿於《現代評論》。即使續成秋柳稿，語荒唐、要被萬一作『才』人咒。言不盡，弟頓首。

風流子

三十初度

小丑又登場。大家起、爲我舉離觴。想此夕清尊，千金難買，他年回憶，未免神傷。最好是題詩各一首，寫字兩三行。踏雪鴻蹤，印成指爪，落花水面，留住文章。　明朝三十一，數從前事業，羞煞潘郎。祇幾篇小説，兩鬢青霜。諒今後生涯，也長碌碌，老奴故態，不改佯狂。君等若來勸酒，醉死無妨。

揚州慢

寄映霞

客裏光陰，黄梅天氣，孤燈照斷深宵。記春遊當日，儘湖上逍遥。自車向、離亭別後，冷吟閒醉，多少無聊。況此際、征帆待發，大海船招。　相思已苦，更愁余、身世蕭條。恨司馬家貧，江郎才盡，李廣難朝。却喜君心堅潔，情深處、够我魂銷。叫真真畫裏，商量供幅生綃。

采桑子 和蘅子

當年同是天涯客，故里來逢。奇事成重。乍見真疑在夢中。　譜翻白石清新句，愛説飄蓬。意淡情濃。可惜今宵没小紅。

減字木蘭花 寄劉大杰

秋風老矣。正是江州司馬淚。病酒傷時。休誦當年感事詩。　紛紛人世，我愛陶潛天下士。舊夢如煙。潦倒西湖一釣船。

滿江紅 閩子山戚繼光祠題壁

三百年來，我華夏、威風久歇。有幾個、如公成就，豐功偉烈。拔劍光寒倭寇膽，撥雲手指天心月。到如今、遺餅紀征東，民間流行之光餅，即戚繼光平倭寇時，製以代餱糧者。民懷切。　會稽恥，終當雪。楚三户，教秦滅。願英靈永保，金甌無缺。臺畔班師酣醉石，亭邊思子悲啼血。向長空、灑淚酬千秋，蓬萊闕。

以上《郁達夫詞鈔》

賀新郎

憂愁餘生矣。縱齊傾、錢塘江水，奇羞難洗。欲返江東無面目，曳尾塗中當死。恥説與、衡門牆茨。親見桑中遺芍藥，學青盲、假作癡聾耳。姑忍辱，毋多事。　匈奴未滅家何恃。由且他、鶯鶯燕燕，私歡彌子。留取吴鈎拚大敵，寶劍豈能輕試。殲小丑、自然容易。別有戴天仇恨在，一作『不信倭寇終不敗』。國倘亡、妻妾寧非妓。先逐寇，再驅雉。一作『志在彼，不在此』，又作『志在彼，且饒此』。

望仙門

昨夜相思夢未成。過三更。今朝兩眼不分明。漠難醒。莫問愁多少，量來叠叠層層。恨他樊素忒無情。與春行。剩我苦零丁。

賣花聲　送外東行

夢裏器君行。疑已天明。孫荃。醒來却夜沉沉。郁達夫。不是阿儂抛不了，郎太多情。孫荃。無語算郵程。暗自心驚。郁達夫。途中千萬莫多停。到得胡天安住後，寄個回音。孫荃。

西江月　白話詞一首。賀救濟院舉辦之集團結婚

昔日章臺弱柳，今日南國佳人。鴛鴦亂點譜翻新。太守名喬姓沈。紅燭兩行幾對，春宵一刻千金。婚姻何必定條陳。縟禮繁文好省。

以上《郁達夫文集》第十卷《詩詞》

郁錫璜

望江南　憶梅

多少樹，鋤月舊時栽。記得去年籬竹外，橫斜疏影冒寒開。悔不畫將來。

鵲橋仙　七夕

雲低烏鵲，橋倚新月，照遍大千離合。銀河久隔乍相通，須博個、今宵歡洽。人間兒女，穿針乞巧，露立涼生羅襪。庭中摘些鳳仙花，共争染、猩紅指甲。

蘇幕遮　擣衣曲

月盈天，霜滿地。料理征衣，將往遼陽寄。遥

夜幽閨人不寐。爲念邊城，早冷如何計。漏三更，情萬里。急杵繁碪，敲落征人淚。歸夢霜濃寒著未。若冒寒時，速裹新衣被。

多麗 西湖

喜春晴。羣山蒼翠遥横。雇樓船、中流放棹，波光十里空明。枕山隈、鄂王舊墓，眠橋下、蘇小孤塋。南渡繁華，西泠絃管，如今惟有柳青青。自和靖，道山歸去，隱逸悵凋零。衹留得，老梅瘦骨，放鶴空亭。買臨流、良田數畝，獨營茆屋三楹。誦黄庭、鑪烟縹緲，彈緑綺、琴韻瑽琤。把盞高歌，持竿垂釣，紅塵不到小蓬瀛。歎幽絶、南屏朝靄，浄寺晚鐘聲。天付與，蓴鱸風味，過此浮生。

江城梅花引 春閨

晝樓曉起聽啼鶯。醉初醒。夢初醒。倦眼朦朧，驀見緑梅横。喚個侍兒來折取，付驛使，意綿綿、慰别情。别情。别情。不勝情。風不停。雨不停。病也病也，病綺夢、夢不圓成。唯有挑燈，欹枕到天明。儂自爲郎憔悴損，將心事，問梅花、笑不譍。

行香子 述懷

夢裏繁華。醒後嗟呀。半生交友半冤家。人情鬼蜮，世事蜂蛇。恨志難酬，恩未報，病成瘕。生似曇花。死化蟲沙。不如詩酒作生涯。洞中養性，嶺上餐霞。好捉青龍，擒白虎，産黄芽。

滿庭芳　新春述懷

乍啟辛盤，潛添淑氣，草堂人日遐思。元宵燈火，永夜漏遲遲。回首去年豪舉，阿閣上、狂草宮詞。榆關外，西風匹馬，高唱入笳吹。　好敲詩，商量明日事，虎邱話雨，鷲嶺探梅。幾箇高陽舊侶，須珍惜、桃李芳時。且分付，雙柑斗酒，柳下聽黃鸝。

鷓鴣天　將往超山探梅，因雨中止，乃改游西泠印社、放鶴亭，作詞以志雨游勝事

只恐梅花雨後殘。斜風細雨濕春衫。白雲偶向窗前過，失卻湖邊一帶山。　游屐懶，釣絲閒。十分無賴是春寒。天公欲放斜陽出，猶怕東風散暮烟。

蝶戀花　暮春

半熟櫻桃如豆小。風雨連宵，花落知多少。綠葉成陰紅褪了。荼蘼一架游蜂鬧。　海燕也知春色老。輭語商量，孵箇雛兒抱。隔著簾櫳聲悄悄。雙棲恐惹黃鸝笑。

踏莎行　江甯吳麟伯先生自彭澤作宰歸來，縱情詩酒，高風不讓古人。昨雨中以詩見懷，有『相思昨日和詩種，紅豆江南已有芽』之句。爰填此詞報之

彭澤初歸，石城小住。門前五柳應如故。風流天付與詩人，等閒領略烟霞趣。　紅豆含芽，彩箋冒雨。殷勤贈我清新句。倚樓不見蔣山青，江南千里相思樹。

滿江紅　天平紅葉

十里吴江，扁舟載、一天秋意。停橈處、巉巖初露，豔妝如此。萬笏黛濃霞錦斷，千林紅亂雲嵐碎。莫錯認、世外武陵源，天平耳。　枝上蝶，閒游戲。籬下菊，傷憔悴。笑清霜弄巧，染成丹紫。欲倩才人題妙句，但愁游女縈春思。喜歸途、一片夕陽明，都如醉。

夜半樂　題蘆漪聽秋圖長卷

西溪百尺樓外，秋風老矣，倒捲蘆花雨。有兩浙詞仙，瓣香祠宇。水波清淺，霜楓未落，蕭蕭風雨聲中，二三吟侶。泛短艇、蒼茫之何許。　倚闌最宜遠矚，數點青山，一行白鷺。忘久坐、凝神微聞鈴語。抽毫題壁，攤箋作畫，耳邊雁唳長天，擣殘砧杵。動歸思、秋心入柔櫓。　讀畫因念，老友閒來，每多豪舉。歎墨妙詞清並千古。問圖中、閒處可許餐霞補。渾不覺、神往西溪路。一溪秋雪誰爲主。

齊天樂　元宵望月

登樓已過黄昏候，看六街燈市。海角波明，柳梢月上，簫鼓春歌如沸。瓊樓綺閣，並高矗雲霄，下臨無地。幾點流星，亂飛燈影月光裏。　前年此日誰記。正吴淞未下，砲聲盈耳。草草春盤，茫茫國是，籬下身家慚寄。良宵飯罷，聽兒女商量，紫姑迎未。箕斗簪花，畫出平安字。

水調歌頭　甲戌除夕祭詩

歲月去何速，後日又逢春。門無索逋積稿，盈寸視家珍。不比長江清瘦，也向騷壇樹幟，尊酒祭詩魂。洛社二三侶，燭影篆煙輕。　陶風月，消壯志，遣閒情。野蠶吐絲，自縛□□吐精神。倘被詩妖譏腐，更惹蒼頭覆醬，不值半毫分。姑且醉殘夜，不負苦吟心。

臨江仙　春燈詞

錦繡山河收咫尺，登場人物英雄。戰袍神駿逐春風。交鋒憑火逼，事業仗彭功。　葦梗蠻箋新製巧，兩枝畫燭光融。颼輪軸轉太匆匆。小兒心最喜，壁上影摇紅。

以上《餐霞詩餘》

蝶戀花　春郊

繞郭垂楊遮細路。嬉遂春駒，誤入花深處。小苑常留春色住。　賣酒樓頭紅杏雨。牛背春童，短笛無腔句。春社散時天欲暮。家家扶醉人歸去。

見《海軍期刊》一九三〇年二卷十期

易孺

安公子　依『遠岸』一闋，和榆生秋感　壬申

輭霧摧黃柳。柳黃轉抹風煙舊。乞醉衣裾塵歷亂，逐披披猩狖。『謫居窮山，逐侶猩狖』，東坡語。臏幾許、明璫偃蹇荆榛藪。愁鄭堂、泯泯相人偶。話散桃春盡，紅死神菜墟囿。大謝：『墟囿散紅桃。』　吟事慙敦厚。苦兒亡産誰潛負。《後漢·李善傳》。　義膽忠肝論晚近，使江山能秀。但學會、金鈿玉璲千拖逗。終澹容、了足縈懷久。對老圃枝枝，笑儂一同消瘦。

卜算子慢　丐蘭世媛携呈詩庭

風花又靡，煙柳正絲，努力賦藍滋翠。曉角消沈，更料厲邊兵氣。妥歸裝、澹泊寒年裏。戲翦綵、驢迎在抱，朝娛暮玩應繼。　脈脈人千里。借原句。共引去謳吟，望來山水。眼廓霜空，溜盡滄去波一二。轉無聊、難付臨分意。盼點的、明鱗寸錦，代新詞長寄。

早梅芳　并記

白雲山、水簾洞、鄭仙祠、閒雲泉山館爲嶽雪樓主人創築，至幽邃清眇。先子赤薌公與主人最契，曾同欵先師張延秋先生於此中，觴詠甚樂。予髫歲所習知。比主人之孫來，爲言近年取加葺治，頓還舊觀，新故碑志、題記、牓帖之屬咸備，不應獨缺予作。命賦一首，因填此解。是日醉司命，大雪。

早梅紅，冬青翠。故山風土融和地。簾泉漾縠，亂流枉渚，花竹巖巒都倚。菖去蒲井澗，蘭蕙灣坳，展叢祠起。感棉英飄絮，前賢觥倡，館中有七賢祠。一派雲音裏。　霸雄圖，舊嘗據嶺稱王，壯識邊廷貴。松高記館，近時勝境，增華吾鄉我里。用原句。楹書解誦，壼牓更新，要詩聲，頓醒南天，同荷仙慈，并策昇平計。

雪梅香　雲泉山館老梅，别數十年矣，爰再賦之

境清澈，瀓潭絶活漾寒空。念嬉春朋侶，當年白石差同。蒲澗仙淙禮靈碧，獅岡棉萼稔晴紅。管聲咽，樹徧流泉，千瓣溶溶。　懷馨想鄉事，物外離情，瘦彈雲峰。僅卜他時，定溫蕊息落蹤。冷豔奇香故幽獨，月裾瓊佩即丁

東。尋常夢，高歌醉後，消受歸鴻。

柳初新　靈巖山秀峰寺偕登眺

春山笑早花枝亞。見剎宇、天晴也。鳥籌風絮，黿屯瀨市，盡説石多人奼。依取靈巖幽梵，浄塵心、虛空無價。絕似樵歌唱罷。清詞官、菟裘留畫。漫堂書富，緜津韵老，尚想道高文化。際此日、相偕陶冶。少陵：『登臨多物色，陶冶賴詩篇。』望田塍、莎雞秧馬。

長壽樂　癸酉清明後二日，六十初度，先擬湖上了兹一辰，疾作不果。杜門賦此，聊排忿悶

慵紅悶翠。韓冬郎：『慵紅悶翠掩青鸞。』殢人感、羈絆濃春妍媚。自況萍蓬，清塵巷陌，兒女歡悰滂沸。喚來禽、仍伴凝望，新柳花猶水。儻傳卮舉敬，欣然笑語，掩深門静峭，詩懷細細。更何世。記前時、儘許情天相棄。到了如今，沈腰潘鬢，百歲剎平那奚啻。歎裝成、惹病欹幘，惛阻游湖止。念藍輿、竟少洲邨在望，忍逍遥借問，何從得醉。此依彊邨刻勞鈔毛校本，與《歷代詩餘》字句殊異者甚多。細校，比朱刻爲勝，唯『且把飛烏繫』下之『任』字，決其爲『住』字之譌，并是逗句，以規之上半闋收段而知之也。

受恩深　題假盦詞趣圖

遠趣開門牖。楊枝霑浄厚。正因圓慧併君有。伴應曲當歌，到底盡在縹緗囿。要做山河秀。竚養定清光，微尚復舊。我佛工愁天也瘦。故理朱絲，猶在商聲能守。料撢討驪龍，任情定喜真珠取。淮海多奇奏。永豪徤松齡，假盦長壽。

古傾杯 依『凍水消痕』一首。春去幾日，獨般桓兆豐園，感時而作

細艸摧寒，好花驕雨，天老春風院。迢迢薄影，鶯慵燕悴，都與閑人詩卷。嫩荷點點紛披，波珠泫泫。長歌當哭，哀絃迸斷。日薄孤旅，愁拄遊筇忍怨。　賸僅此、憂天羣伴。恨猶慨、良緣終短。恐世網牽牽，流塵癡夢，浪安去煙波轉。拚教倉卒人散。肆力做、翦紙哀騷，絃詩美盼。獨自要問，工夫深淺。牽，《集韻》有輕甸切。

晝夜樂 餞春

穉年最識新相弄。定想着、羣相重。誰圖淺聚輕分，化盡逸魂殘夢。更若伶俜佳節共。歎這日、斷丘斜壟。覓取小清陰，賸爲君歡送。　百凡歷落撩人痛。趁閑愁、儘傾動。本該自恨無才，正得虛稱難用。何限心情蕭散種。筭入了、鬧陽春縫。白物不關懷，婁書銘三頌。

玉樓春 以靈臺竟奉貽延翁，伴以此作祝年。竟有詺曰：『靈臺虛明，萬物必照。不染纖塵，本然之妙。』

靈臺耿耿涵清曜。無欲虛明觀厥竅。任他萬物錯紛綸，自秉容光應必照。　神如秋水真能肖。不染纖塵知德劭。何須拂拭侈工勤，鑑到本然唯有妙。

以上《大厂詞稿·依柳詞》

紅林檎近 白門，依《片玉》，寄榆生　庚午

山闕添新氣，古江生嫩寒。霧裏橫歸鳥，慶頭

聽琅玕。誰管泥深路黑，轉憶晼晚摧殘。賸思淒碧牽翻。西湖皺愁瀾。　紗墨閑更少，曠別遠非歡。椒香預滿，融融呈樂春盤。盼南郵傳訊，臺城賦筆，散衣期立天際看。

江南好　依夢窗聲均

孱翥飛還，墮文嗁侶，故城行識疏櫳。隱囊人老，鐙困蔽霜容。游逸絃詩悽惋，憑津鼓、偏醒奇龍。銷劘透，吴緜露縞，梧瘦淚絲紅。
迴旋。終未拙，雅先夢落，舄外驪逢。記烟雲滋味，猶理晨鐘。忍説蓬漂萍聚，直須道、風雁泥鴻。初何意，愁香成別，湖畔翠瀾重。

玉京謠　辛未立夏前二生朝後，一復成園。讀覺翁引坡詩『萬人如海』意，製此調倚之，分上青山、遐龕、榆生諸公

臙路聞津鼓，豈曰去無衣，緼絮青袍敝。賦改京都，塵埃唐漢鎦李。濫績藻、名士風流，便隻影、蕭條何計。淒心裏。輕羅幾幕，危巢春壘。　慵情醉盡鐙花，慧劒愁羈，尚隱囊默倚。他日商聲，和伊裝理雙被。麗鏡瀓、波暖家江，並載酒、白鷺芳沚。應得似。烟外斷橋湖水。

霜葉飛　九日依夢窗聲均，呈不匱室主人，並留致一二來友　壬申

亂風愁緒。歸生命，層雲濃起邊樹。片颿蕭浦聽寒漪，淒釀秋煙雨。看落木、初飄怨羽。依微寧叫昏涂古。怕判絕臺城，錦帶隔、孱蟲換淚，即悽豪素。　猶到舊節停盃，鑾鐙碎紙，倦客傷意聊賦。愴鴻傳苦警冰遼，夢渺離人語。拚石榻禪纏萬縷。霜花難採金英去。

但試歌、招魂些，又折陶籬，衆朕深處。

以上《大厂詞稿·欹眠詞》

探芳新　湖上寄念遐公、榆生滬瀆，並示廬主人瑞老，依夢窗聲韵

幾峰頭。更嬾雲殢空，石飛靈溜。事展名廬，天爲晴風娛晝。閒舠輭波霧蘸，灑吟箋，撩素袖。見時光，回旋許，蕩漾詞懷能繡。凝望游筇貯久。念使句分漪，函圖識岫。恨別霜鳧，休理平隄花瘦。弓衣蕭踈當寫，趁西崦，殘照後。舊痕多，流連到，漸絲亭柳。

隔浦蓮近　湖上重午，和夢窗《長橋》聲韵

荷英新又到眼。閑笑調㕙腕。願杳滄波外，煙絲弱，芳洲晚。人醉初向遠。韓縣亹，慢語橫書繭。老懷嬾。珠江夢到，紗襦畫舫都換。一番重午，用原詞句。猶有嬌榴明琖。騷笛微歌動翠練。雲散。蒲香居近湖岸。得句，爲人書朝鮮髮箋便面，故有『韓縣』語。

澡蘭香　更依和夢翁淮安自度聲韵，憶前痛，近有深悲焉

龍舟擂鼓，虎畫蒙衣，浴水絳花妙覺。銀芙瑩鈕，粉茉繩燈，偶夢翠屑邀約。諮芳年、能艸雄符，驚心唐華碎蕚。剪艾工夫未了，滄江風籜。欲向坡頭舉飯，痛惜誰知，古邨慈魄。雙峯檜裹，半廡榴紅，雨盎飲蒲幃幕。望琴臺、已有魂歸，思改么絃尚酌。賸聽罷、一引江城，橫雲山角。

過澗歇近　湖風午後，依《樂章》『酒醒』一闋聲韵，寄葭丈

曉醒。淚猶閣、短髮蕭意常蓬，舊樹微陽行影。情逸静。夏澹消沉，故廡埃凝。歸雲陰重，滯書宛宛，郵翰平總閑聽。　拚更幽遠，盡力荒荒同引病。鬧紅阻隔，香塵了難定。鞅掌誰勞，細舸波泠。初蟬風亂，問何道取垂絲整。

荷華媚　晦與南君自寓廬步至西泠，觀出水新蓮，含苞未大。今曉起，校閱陳湛斯《小波詞》，至此調，亦賦西泠荷花，輒追昨事以和其韻，聲則自用矣

弓彎雨爲洗。風裳好、初見妝成西子。西泠橋外影，微波閒臥，又闌紅蓋翠。近日自葛嶺西湖濱，更架長板橋，達孤山之背，上有三亭。　者幾日、梅子黄時雨，助尋詩意潤，小舟仍檥。斜陽澹、猶帶得，餘香無數，向宜亭心醉。

雙清　和夢窗《錢塘門外雙清廔》一首聲韻，詠南昜小廬之雙清池館，即以『雙清』易原調名。此調固嘗以潘元質詞起語爲名也

高華自歛。風響檐柯零亂。際梟主、襟江城外，歘引蒼鸞。地適雙清，繞池枝矗立湖干。空青籠地，篁深護鳥，忘畏宵寒。　前面細漪拍天，閑照葛濁嶺煙鬟。記初爲、飛仙緑萼去，畫與詩還。香海羅浮，故鄉幽夢正春殘。留鶯招隺，聞簫奏水，情館雲間。

隔浦蓮　清真『新篁』一什，竟體若爲吾是游寓廬而賦，原無待更事賡和。然以聲韻㛹眇，與前午日倚覺翁之作，別具風致。爰不畏崔題，試隨亥步，後有按紅牙、動瑶軫者，務先引吭原唱，載及拙辭，始領同趣

高荷摇盪碎葆。宿漲添幽窈。露笴霏高趣，

璁幃密，知歸鳥。蘙碎沿路艸。蝇飛鬧。麗午鶯林沼。　畫樓小。垂楊蘸偏，嵐蒼橋影傾倒。宮間呂線，細和竹風侵曉。墻外上南峯望尚到。知覺。當前聲聞去天表。

浣溪沙　依清真『竹徑』一首。湖樓又雨

翠椀偏反碧意迷。新桐初引嫩枝低。一湖凉倚小樓西。　山抹雲尖蒸沸涇，水皴涨藹見塵澌。鳥聲濃葉夢前隄。

繞佛閣　新晴晨起，重倚清真

翳雲半斂。嵐翠瞬滴，清飲朝館。鎮忘夏早、衣香做花幔。　漲痕漸滿。摇蕩霧槳，孤向深遠。芳意蕭婉。夢邊天裏，寒醒住湖岸。　願客更催索，記寫垂楊纚雨線。猶有滬壖，黃塵蒙酒面。怕倦攧歸裝，車動同箭。隱褭誰見。笑世網無窮，詩趣先亂。渺巖容、對人開展。

三姝媚　依夢窗《過都城舊居》一首聲韵，應紅樹室主人徵

湖山徑醉慣。借原起語。湧深盃，詞愁古愁何限。尚隔錢江，痛恨煙慵霧，楚魂難浣。保俶鈴鎖，隨慧影、聲蘸荒蔓。悵佇西泠，猶未能逢，段橋雛燕。　天外離思休斷。並記得，丹林畫償寧短。素壁罘罳，篆水沈、終替静居清宴。語索心微，波又映上、華鬘俱變。裏轉隄瀼屬望，紅暈夢滿。

鶯啼序　夢翁此調三闋，以賦荷一首爲最，諸凡緜曠盪折，兼而有之，且和人韵，絶無苦痕。予此行，爲荷而來，久畜冒艱險繼聲志，第殊未敢輕舉。比已畏熱，將去之矣。適近爲盧主人鄧瑞翁

夫人郭君意寫紅薕花小摺疊，仍宜作書於後一面。爰竭三曉起之力，對花填成，亦次原韵，且勰其聲之清濁、字之虛實以殿本集，庶無盭邪。予爲是調，二十年前達今，厘二耳。初亦作於湖上素園之一鐙萬里廔夜，實依夢翁豐樂樓之譔，其時繩律無是嚴也

明湖檻依净瑄，似蒹葭在水。嫩雲裹、愛説衣添，細鬟深衛珠蕊。亂幕脆風欹示弱，旋翻蚌唾上圓瑩墜。看璇屏粧醉。芙蓉未損華思。

碑側奇馨，渺渺素絮，透踈簾蒜子。耐慣守，波縠生塵，去魚何尚得至。笑瓏璁，輕徽試蹋，譜長曲，新詞花指。向從容，瑶蓋香多，但催詩意。珠淚在目，畫舫常離，悵厘留寤寐。霓扇舞，半塘即近，雁影稽羽，自滴銖衣，偏鎔鉛淚。鐙歸夜尚，江干瀝到，霞杯霏玉琉璃冷，醉涼宵、謾酹鮮篷悴。輕膚競浴，縈褢凝去給飄颻，帳灣荔紅雲裏。群皛弄碧，過識蘇隄，每洗紅戲翠。爲想見吴興佳致。碎葦吹寒，淺浪蜚洄，暈漩蠡起。今緣萬柳，評量歌事。濤箋留取朝露點，了高商，沈徵聲都倚。還教意寫雙清，片葉騷愁，貌澄故紙。

以上《大厂詞稿·雙清池館詞》

丁香結　秋漸深矣，病廢懷遠，并憶湖上，依清真

秋梗湖漪，暝叢溪蔌，行厲候霜初隕。念羽修飛迅。自料得、冷却臺池芳潤。翠衣猶故笥，爲人玩、試着又忍。江波如許，可恨萬古東流不盡。相引。算照影工愁，總畫殘鴉陣陣。剪碧鐙欹，橈寒艇澀，夜魚吹暈。惟慮前事舊約，恁會留分寸。除商聲堪伴，那見吟孤醉損。

高山流水

逡巡鞠會，自警高寒，聞歌彌思舊事，懷遠人也，因倚夢窗。此解比合正多，遂嚴聲格

絳雲不識轉商謳。宛閑懷、初負清秋。霜下耐寒枝，酸風更莫登樓。伊人正、喘弱彈柔。低佪在，芳句猶依敗壁，浣日悠悠。有殘英易碎，密密替煙愁。　離憂。歸來邇香草，招屈子、蕙沚蘅洲。瑶夢杳蒼茫，顧曲枉費珠喉。露臺高、恐見江漚。約言售，還怕天寒雨細，恨浥簾鉤。拚花時已，故絲竹、了心頭。

氏州第一

書假公箋，依清真

風發涼秋，霜樹戀野，沈思四海人小。員去闕摩天，清霄槩露，新月高樓縹緲。歸羽翩翻，歎徘徊流照。願將遺，江湖未極，謾令憂老。　爲想容華芳思少。但長受、山紆原繞。岸外遊絲，湘邊影夢，説筭留塵抱。靡當時、馳騖損，萍蓬悴、佳人匿笑。勿望東吴，又何仇、江波有曉。

西河

朱彊村先生輓詞，即用《語業》『庚戌悼懷半塘』一闋聲均

悲泣地。橫風動警長記。拔心掩抑老卷葹，亂煙乍起。浦灤情瓴楫飄飛，霜飆侵占樓際。　大槐路，能更使。驕驄偏欲誰繫。歸英華表鶴難尋，鎩翎故壘。命軺昔別越江珠，愁鮫應涕波水。　燕臺去後破敗市。賸吴門、閑住臣里。湛獨憑闌人世。夢觚棱、舊國殘雲，孤證千百哀詞，紅梨裏。

霜花腴 九日浦江園

怨潮暮咽，對莽蒼，迢迢賸寫心枯。衰草煙冥，碧天雲皺，秋花未引清娛。亂蓬已疏。奈淚深、先沐茱萸。怕殘蟬、做足銷凝，夢悽聲晚渺寒蕪。　仙客醉楓山路，競分牋刻燭，記在西湖。佳節都過，閑情依舊，而今慧蹟全孤。據愁槁梧。惱暗茸、羞帽微烏。更滄溟、雁遠飄遲，幾人知寓書。

倒犯 淺寒做雨，竟午蘊沍。榆生書索牋，録前詞，更簡一闋

暗苑、照湘簾乍褰，瘦柯猶舉。詩愁慢煮。茶鑪際、盡餶瀟雨。無聊更共、花影清疏悽香縷。　念秋老書蔵，藥裹供塵土。幸璚瑠、起幽緒。　龍藪麗才，正富詞懷，天人姿媚語。變雅召賦客，恣瑶筆，修簫譜。看素織、知酸楚。並銷沉、韋弦相我汝。又玉露凋傷，必譔懷鄉句。未妨同命宫羽。

以上《大厂詞稿·宜雅齋詞》

探芳新 西湖花朝輕陰

卷冰簾。對輭雲膩春，纈凝湖灔。賸錦霏桃，初讓隄漚閑占。瑶峯杳，青尚細，翦華旛，喬衆豔。趁微陰，良辰許，上壽詞懷無欠。　留住蓱瀾絮點。問幾醉故宫，醪醲蜨釃。《誠齋詩話》：唐以花朝日爲撲蝶會。住薄西泠，孤了斜帘邨店。芳朝當中半委，歎東風，飛又漸。願人天，長年炤，翠敷紅染。

玉樓春 花朝，爲南陽小廬主人鄧夫人畫廬中新放并蒂寶珠山茶。倚此題之，依夢窗

明湖碧蘸酣春曉。吐與晶瑛龍裹裹。互聯千疊粉雙清，細結重臺香並好。 紺雲起縷舒難了。玉樹攢頭三蕾抱。廬中更有紫玉蘭俗名木筆者一株，挺然高出樓簷。花時極盛，且一苞三蕾。 獅峯應笑得新芽，誰似摩尼圓慧照。

杏花天 湖上陰雨，悶憶年時，寄寒綠山堂

峭寒曾似冬前歷。只多了、湖隄柳色。褪花小雨冥濛極。何況濃煙罩碧。 詞牋在、香塵潤積。記曾共、圍鐙醉夕。此情莫恨成追憶。留住春愁未得。

埽花游 西湖寒食，依夢窗，成于靈峰。時偕南君步游，到寺門不入，歸涂摘山杜鵑

輭風逗色，看向嶼濺塵，並峯分霧。倦吟未午。要青蔬命食，宛尋春路。漫點清埃，涴損閒桃笑嫵。愛長縷。在靈壑萬楊，林際人語。 泉溉花甚處。便可意流雲，記和香遇。浄漪見姤。怨詞流最惜，弄波微污。卻合唬鵑，盡灑愁紅眷樹。悄遲暮。載新煙、滿懷回去。

渡江雲 依夢窗《西湖清明》

端居淩曉，佘柳絲繫着，碎意委紅茵。嫩游今更孏，翠恨焉淒，損落幾梨雲。孤懽縱識，但斷葉、煙鎖前津。湖尚明、一醒還醉，怕負此騷身。 初巡。檐梅曾笑，便語銷沈，想芳時誰準。猶恐託、填愁隨老，煎慧先春。橫沙夢渺飛花裏，誤晚午、羈旅詞人。征路遠、遙青漫踏啼痕。陸放翁詩：『芳艸自隨征路遠。』余父母先塋在洲邨，橫沙爲必經之路。

西子妝慢　依夢窗《湖上清明薄游》

桃沚拂瀾，畫樓連苑，盡覽平隄無霧。訴將心苦折纖條，漸行深、斷橋新堍。游裊妙舞。只忽縮、初鶯又住。意蒼茫，望圯墳釃酒，詞翁其許。　何曾誤。一綫濃春，未靳游屐去。乞分詩思約輕陰，做緑章、永牋芳樹。魚鐘梵句。箏長伴、殘魂同賦。更相思，説到飛花當去雨。

瑞龍吟　花港倚聲，明日生朝

怕春暮。人在碎紫餘紅，料寒料雨。爲花生日曾詩，借湖命酒，情天遂賦。　怨春去。得幾稜去愁分展，遠峯眉聚。銷凝仿佛而今，斷橋淚洗，漫空細絮。　猶記華年踈縱，暗塵燕市，一番歌鼓。同識翠眉韋郎，張緒丰度。蒼茫悵別，還到前游處。明朝看、薔薇又老，煙摧風樹。秀纂玄都句。妙詞尚認，閑桃舊路。若占春山主。應喚彼，前隄尋常漚鷺。問誰醉祝，花新如故。

品令　生朝自記

墜紅藷亂。日長寄、閑階深院。湖事一一從春换。稚楊多處，風弄垂條倦。　休恨忽將羣蘗罥。向鶯前流囀。麗韶何止將過半。夢疑情旋去。腸爲清陰斷。

以上《大厂詞稿·湖舠詞》

杏花天影　戊辰九月廿二日，偕南君、容弟至杭，携《樊榭集》汎湖訪素園。知主人將自滬來，留以代簡，即次厲集中《丁巳秋日舟過荷葉浦》一首韵。明日予輩入西溪

寒蘆寄我悲秋信。竟疏忽、新霜蝅鬢。往年成別又重來，要問。幾垂楊、瘦到近。仍如鏡、魚吹細暈。但空足、華年照盡。簡濃秋處雪能叢，坐穩。拜詞靈、誓種恨。

憶舊游 樊榭以辛丑九月得此，爲西溪絶唱。予以戊辰九月來杭，首作交蘆、秋雪二庵之游。亟和一首，律依清真

爲涼摇警夢，浄滸詞緣，來剪溪花。嫩日知人意，放晴空漾出，露老蒼葭。病邊細説游債，酸苦得霜華。又振棨收謡，推篷載語，兩岸人家。無涯。便專向，有故草深中，遥問前沙。渺渺維荒渡，拜蒼涼祠廟，先聽啼鴉。舊圖況已驚見，題尾識裴趨。念遠白江亭，匆匆晝日都易斜。

撲蝴蝶 來湖及月，所成諸作，未寄琴齋。相憶至深，倚此爲念。行篋携有陸仲里𡒄自校定《鐵簫詞》鈔本，湖稿至富，因依韵郤貽

奇愁覺矣，選別霏秋興。花龢飽雪，寒蘆輸我鬢。晚烟楓錦妍裾，輭淥菱絲冒艇。酒懷盡教閑醒。水天近。雲密凋疏雁來信。黃龍洞名蘇壁，詩痕從寫定。暖陽早抵台趺，予住初陽台下旅屋。漪月宵開湖鏡。并歸竹間詞影。

埽地花 哀花翁墓毁，依清真賦

古柯碎葉，痛病羽漪寒，似號叢楚。怨條恨縷。看孱螢弔客，槁枝匆舞。漸老芙蓉，夢窗與翁同賦《倦尋芳》詞中語。做了詞人淚雨。聽鋤去。今日斷橋初，正愁處。秋謝留可許。問甚事尋碑，水僊祠路。暮英薦俎。但枯泉

沍石，賸凄㦮素。馬鬣摧封，宋室湖山并苦。忍延竚。恐魂歸、更無簫鼓。

遶佛閣　長至日賦南陽小廬，依清真

聖塘數里，湖際宛得，栖此幽館。秋事初短。要留艷景、雙峯做詩幔。砌落漸滿。闌外斷梗，漚意偏遠。楓徑鮮婉。敗衣損履，來知是吾岸。　舊客笑先索，種取梅斜添日線。閑上畫樓、林巒陳幾面。謾再寫弓衣，虛光飛快猶箭。主人如見。記縱語羅浮，香氣春亂。有宜亭、醉懷終展。

風入松　依夢窓題齊年長慶畐。畐爲瑞人鄧公琴瑟，今秋辟祝于黃龍洞中照象也

萬梅仙洞近雲平。華玉是瑤京。雙笙歙出千秋歲，簾風漾、瀑韵丁丁。桃捧瑤池競熟，簧調筠院繁聲。　南陽池館雋如冰。霓羽慶長生。如羅松壽如浮石，蓬萊在、深處山青。由慧鍊顏齊鞏，同緣積福能成。

迎春樂　題所繪研峯朱梅，預壽瑞人，依清真

臨湖短几窺華屋。這溪徑、近遊熟。覺今年、蘸水春來速。新蕊伴、研峯宿。　眉壽羣、栽詩幾束。喜雙鬢、依然猶綠。石瑞與人同紅，永駐朱顏玉。

少年游　十一月十六日，題畫山水，贈藹士

平生踈縱有心期。畫筆石濤師。狂凝飛雲，淡同止水，無計似軍持。　荒寒未必皆人境，唯有暮山知。沈著吹空，蒼茫獨往，始是意銷時。

以上《大厂詞稿·花鄰詞》

聲聲慢

無意南來，匆匆春去，爲送春詞，示同社諸子　丁巳

雨摧香重，城厭煙深，供佗幾度迴腸。莫篴蕭騷，賣花留取殘陽。年時恨成歸計，遣呢喃、輭語雕梁。潮又急，奈鈴約朝闇，褭褶宵涼。　忍問匆匆何處，問絮輕鬢細，誰寄蒼黄。青子絲陰，垂垂夢入行廊。詞流哀離怨別，殢還鶯、羣哽江鄉。枯淚盡，漫殘紅、漸送遠芳。

霜葉飛

戊午秋社，晨飲賓漢茶寮，待綰郿不至，次清真均　戊午

澹煙依草。山楊半，蕭蕭斜護華表。路蔫田穗正熹微，最惱人心悄。看瑟瑟、驚飈轉曉。輕襦偏障新陰小。數近來芳信，便萬疊、濃雲乍起，日罅偷照。　無睡更出層城，哀歌如管，盡覺遥步初到。舊游褭袂賸孤櫂，試綺年幽抱。謦一擲清塵夢了。連罔吹下樵風調。謾悵憶、江南恨，留燕青蕪，故園秋少。是日，執紼送李霱翁殯。

思佳客

爲楚帆畫扇寫『高樓望極，風急莫潮初』詞意，即以録別，并填此解，用夢窗均

爲醉江空照鬢華。向君清切數天涯。昨宵釀盡新涼意，兩扇晴窓坐畫家。　無客到，此情賒。塹寒轉約看秋花。筆端莫奈孤雲去，聽水聽風鎮夜譁。

二士入桃源

一篴聲中，雙雙吹出春山泪。流紅如醉。招得凡靈碎。　到處天台，熟了胡麻未。夷和惠。劉情阮思，謾作重來計。

拜星月慢　庚申中秋沽上作，寄伯勛、省中、六禾妙高台　庚申

瘦葉鳴寒，微雲舒素，悄鬬疏檽緑暗。獨自涼多，憶高梧深院。又誰料，此夕、金風玉露花早，紫闕明河星爛。酒汎幽波，道年年相見。

奈新霜、夜色涼吹面。偏無那、恨到秋人畔。爲戀遠篴鄰簫，把栖鴉驚散。任三更、照澈紅幨館。清歌膩、細拍思歸歎。忍更令、月底天津，着虛光羃斷。

還京樂　《片玉》均

舊游地，濁酒清塵膩業從誰理。況鬢絲非故，碧柯尚褭，雕辭成費。漸壯懷銷盡，平生事似殘紅委。但未忘去，重滴一片，襴衫鉛泪。

在蔹陰底。遇詞華如汝，疏狂爲甚，蕭蕭還脱世味。應從簾隙闌端，帶來禽、伴浣青李。怕無聊、作去曲夢沈煙，餘年逝水。聽説南來翼，鈴約猶未憔悴。

六么令　庚申重陽，析津携屬登河北公園小山

嫩陰扶午，緜緲添微燠。清沽照雲同繞，燕子低如沐。又見園亭陗道，轉折行都熟。寒香猶逐。呼錢急買，深碧輕黄趁時菊。

殘陽樓外漸没，瑟瑟難窮目。谿畔似鬢蔹蘆，怒出參差玉。閒恨霜皮老柳，聽過從軍曲。榮枯休卜。茱萸無恙，共取平安對花囑。

于飛樂　題袁刻晦聞試卷，毛東堂體　辛酉

夢清虛，渾未省，隔世相撩。但蕭郎、鬢又蕭蕭。爲期亡，琴在也，流亂寒瓢。縑緗行卷，中間有、幾斛無憀。

北劉蕢，南李廌，我亦

山椒。政不禁、竝唳煙霄。事侵尋，腸未斷，魂已先銷。後知誰定，算文佛、能顧悽韶。

玉樓春

和叔問《冷紅詞》卷三第一首意，爲玉霜辛酉生朝壽

晴冬怕想殘年雨。畫着濃春春亦許。城深先得水邨風，寫出小橋西畔路。一枝照水仍無語。如此稀紅流不去。鷘谿留取百年香，細柳藏鴉千萬縷。

翦淞波

甲子三月三十日，獨自餞春于半淞園。時小雨浥人，新綠如海。憶去年黎六禾來語畫市之樓，歸港後補寄九日游半淞園《青門飲》一詞，婁欲和聲，卒卒未暇。昨聞素園言六禾又已在都門矣，不能同此舉餞，因次均奉懷。『青門飲』三字不佳，輒改此名，以原詞有『半翦淞波』語也

甲子

攢草成灣，炤桃迴淥，裁成戲濯，墩增秋錦。望汝來遲，翠催紅促，歸信眼波媮浸。酬到清陰，未掩層層，天涯芳衽。汨忍寒醪，酹偏東風，寧喚花飲。　猶顧留情華寢。餘半段相思，棠絲新蔭。惆悵梁園，寂寥蕭寺，如送故人貧沈。此前年都中事。蝶願隨春去，儘浦南、雨烏衣沁。賸些標格，短條乍綠，長亭見稔。素園北行，乞携至今舊雨館，出似六禾，竝求瑑老學長同訂，勿又以天水生待我。此道唯篋中詞客能之，天水生固無能爲役也。

瑞龍吟

非園龍石樹立，甓生枉約同賞，各依夢窗均賦之

記籠東。寒甚餞了餘花，未成怨柳。籬前紅藥無端，咲偎醉暎，梢頭豆蔻。翠屏繡。卻指蔓青拖紫，綺疏雲岫。曾憐遠隔山椒，素秋負此，寒香數畝。誰料飛來峯趣，露頭評

雪，渴鱗喬酒。初綴細苔平欄，松雨來驟。文鸞妃合，眉謾山君皺。蓬窓下、頗黎凍淺，嶙峋疑漏。待寫摩崖籀。贈君聾篆，丹新意舊。屋住東虹口。當傍晚，橋濱微陽斜後。片雲傲骨，仍如儂瘦。

以上《大厂詞槀·絶影廔詞》

菩薩蠻 贈人

唬痕未抵尊前笑。霜花夜夜辭秋曉。對影幾回看。熏篝夢自寒。　鬢絲新勝雪。語斷秋心絶。別久漸沉吟。愁輸海樣深。此闋壬子秋燕京作。

祝英臺近 都下伍宥公二次寵書，無以報也。倚此寫之尤痛，託于元和第三子之接席耳　癸丑

剪孤根，沉弱梗，詩境瘦無據。樓角殘陽，依舊挂風絮。甚從天外春歸，鷰驚鸎怯，料難問、層闌誰主。　便謌舞。争奈人遠香消，餘懽作去酸楚。緑了天涯，還認夢中樹。早知真底銷魂，青衫溼遍，也留伴、碧鐙紅語。

思佳客 夢窓均，畣雲持

涼後冰帷斷水沉。祇餘星漢隔宵心。未驚璚盌添人醉，恐爲銖衣殢夢深。　和怨拆，帶香斟。玉璫親手累沉吟。飛來日下催詩雨，不管南雲片片陰。

婆羅門引

秋驚穉鷰，樓陰人況立餘霞。蕭紋瘦警簾叉。黄到陌頭新露，一例受風斜。賸蒼煙多處，細數歸雅。　霜彫髩華。便夢裏、倍堪嗟。應憶襟紅羽翠，此日無家。山顛水涯。怕殘照、

紅留最後花。都付與、極浦寒蛙。

探芳信

念伊病。要病和愁醫，愁深人醒。自雨梅煙潤，温馨瘁春暝。簟紋冰椀拋清晝，倦日如年永。誤芳期、化絮光陰，咒花情性。　蕉萃怨淩鏡。甚瘦了三分，教人重省。强涉幽園，桐華亂、墜金井。柝聲緊逼宵缸蕊，怯擁單衿警。怎禁他，弱質秋將恨迸。

秋蕊香

七夕立秋，夢窗韵

一霎西風雁早。露井玉屏鐙笑。斗寒警枕嫩魂小。今夕人閒正覺。　候蟲似説燕郵到。睡情少。錦雲耿耿恨催曉。星外銀河易了。

齊天樂

戎課搶攘，忽于報隙得細書一行，曰：『浙潮比景至佳。』蓋杭訊也，爲之懼然。念辛亥之游，潮趣索寂，又不禁喟嘆也

銀雲猶濺驚心疊，鮫珠淚堆秋嶂。獸弩鳴弦，鴟夷去舸，編入吴兒潮唱。空搖碎響。奈璚闔瑶扉，蜃樓相望。舊識江山，亂煙和訊寄悲壯。　填詞人又竟老，冷遊應不記，槎駕蓬閬。弄鷁帆縣，淩鼇綫伏，情缺人間天上。幽懷俊想。笄分付寒流，翠漂紅葬。夢裏泉唐，步虚千萬丈。

惜秋華

嘔血

淚洗詞懷，記關河莫日，時時傾瀉。眼自易枯，無情少陵悲咤。餘哀渲去染江山，悵此稿、傷心誰畫。悠悠，看風雲、助我晚年陶寫。　塗徧岸楓赭。痛嘑斷鵑魂，秋霜前夜。作記近聞，李賀赤虬初駕。從教快翦淞青，料難

期、伏弢儒雅。應灑。向詞場、受降城下。淞壘豪規，居疲鈕遜，縱未肉袒面縛，然一角秋陽，已作殘山賸水。觀此境此情，方諸少日馳逐詞壇，今老矣，才盡江郎，甘泥首降心于當世青年之席，其悲怨靡異也。

西子妝慢　狼煙重疊，近及家江。雲持都下貺書，極道母弟遭亂離走避之酷。益之以詩，辱念索居蕉萃驚困之苦，言韵悽瓌。既强次和，意未申也。更譜此君特自度之調，藉續余悲。杜陵見陷，名世之唫遂著；叔夜憤俗，絕交之論誰廣？雲持之于我，友朋姻亞，文章丱角，斯指喻耳。用漚尹集中酬夔公韵

連嶺羃雲，漲江喋水，訊息年華俱晚。故衣遊子黯塵紅，況星星、鏡中媮換。深杯淚濺。謾不省、柔腸寸斷。念秦淮，蘸古城衰柳，支秋孤燕。　銷芳宴。北院宣南，舊徑花落片。不禁鄉雁再驚弦，渡碧雲、罘罳深淺。江關賦倦。墮昏霧、空花愁眼。怕登樓，歷亂風聲又滿。

八聲甘州　樓外樓賦落日，和《憶雲詞》『黃葉樓賦夕陽』均。賓陽鄰四從金陵瓦礫中來同登

漾晴空淒麗緊霜天，高花儘嫣然。謾蘇門舒歗，陽關意外，一憕龍眠。看到凝紅如夢，塲草碧萋芊。葉葉雅邊影，應暗斜川。　别是憑高賦遠，奈晚霞驕髩，牢落今年。問側身垂莫，魚鳥忍留連。照風江、催黃成歇，怕萬楊、寒浦咽秋前。歸來也、有危闌處，卻有昏煙。

聲聲慢　八月十四夕，月下攜手

涼新搖思，薄暝鐙帷，芳悰先警瑶階。豔奪秋鮮，光憎電笑千街。人間尚沉水調，盼高寒、愁滿亭臺。厭璚醉、在霞餘綺散，雲淡羅霾。

猶記嬌多慵貯，向煙邊嚴鈕，霜外兜鞋。淡沲今宵，閒行無計安排。良辰半歸風雨，易消磨、舊節傳杯。緣露草、趁森蕭，忘整墜釵。

月華清

中秋月蝕，子正始復圓。同彊邨乙巳之均賦之，略示禁體以自課

匳研書酸，鄰絃寄澀，墜金幽悵寒徑。灔灔華衢，尚掣燭龍光定。恨人間、歘涴成塵，累天上、捋愁作去暝。閒省。便歸魂碧海，佩環無影。　釃意濃情易醒。但淚漲潢銀，斷潮秋迸。託魄孤空，碎入咽譙清哽。斷無人、此夜哀簫，算休問、暮年華鏡。教聽。乍霜中淚瀲，眉痕重正。

憶舊遊

滬上徐園爲鄒四作

記杭香滑圃，逭暑斜泠，閒度今年。幾日新涼嫩，又輕颸塵外，忙趁秋煙。一聲最驚幽嘯，塘北舞蹁翻。正淡妥詞懷，清蘇兵氣，都在芳園。　良緣。念多誤，嘆節近重陽，人遠長安。漸緊霜胦蕊，怕零金重拾，如髩初殘。曲廊易供沈想，瑶夢話無端。鄒述昔曾夢及如此園亭，今恍踐前游云。問暢好林坰，尋伊酒約風雨寒。

八聲甘州

滬上徐園，九日同喬上　甲寅

鑑芳塘衫影爲秋疏，孤盃膩紅萸。悵穿林烏帽，約臂朱囊，閒慰蕭居。嫩透微涼細葉，漾水淺鯈魚。鴛屧輕雷外，塘上芙蕖。　難得清塵詞客，伴酒徒華髮，籬落追呼。問龍山何處，詩瘦杜陵癯。記年前、夕陽賦筆，有江山、延眺入平蕪。殘陽在、負黃花也，人淡誰如。

踏莎行

暮春遊西湖，住素園。自汎小舟，期茂赤主人不至，寄懷喬上、譚三京師，用夢窗均　乙卯

櫂短分煙，衣輕妥霧，空濛初殢菱絲淺。橋腰翠羽嗲春深，湖頭紅柳催晴亂。　遠樹殘陽，輕舠似箭。新荷搖曳香羅腕。倚闌閒蝶寫伶俜，落花天末增離怨。

宴清都

次夢窗均，壽人母　丙辰

舊會羣僊路。班香在，古芸東觀幽處。瓊天十六，奇蚪孕瑑，福岑天姥。分馨宴暖慈恩，佐斫鱠、蓬池麗渚。蘸妙墨、灑向螭頭，金閨潤蓄芳露。　文鸞報熟蟠桃，玉枝金蘂，同賦宮羽。銀明漢影，涼添綵戲，堂墀永固。人間羨有宣文，便喚作、西池瑤圃。記玉虹、電繞珠胎，驪驅鳳御。

相見歡

相逢漫説銷魂。幾黃昏。依舊江南愁畔、酒邊人。　輭紅裏。繁笙起。總思君。一樣衾前凍了、舊啼痕。

虞美人

人前撇下相思券。翦斷愁腸寸。到無情處更温柔。有限橫波禁得、幾番秋。　長齋繡佛鑪香罷。過却閒僧夏。西風應爲汝亭亭。爲汝盈盈瘦轉、一分青。

以上《大厂詞稿·簡宧詞》

鸎啼序

西湖素園樓夜獨飲，依夢窗均。　甲寅

嚴城故臨甃蘚，散輕陰釀綺。隔瑤夜、嫩約芳蹤，正澈薲瘳秋際。陗色共、緜絲野馬，紅衢彳亍供妍霽。甚薄涼媮送，詞裒又伴風墜。猶認林坰，聽燭醉雨，恨璚奴瘦倚。候蟲伺、客枕輕襦，雪牋閑負幽翠。泥中年、詩綃酒淥，浸湖茜、紅橋吹水。問人間，髩影重來，要尻何世。　金風捲粟，隱葉藞腴，凈館盪馨美。須説與、花寄人信，蕊怨霜肅，象管鸞笙，者番前事。　蓴鮮退省，棠明竹素，交蘆荒後浮楳暗，待銷凝、密膩疏香地。無端遡憶，丹青竝綴芳鄰，麗譙慢停蒼緯。　鼇銀駕鹵，驷鐵排鋒，記露台静遲。奈溼透、襴衫絨帽，與轉即歸，往句荓飛，倦尋一二。當扃繡掩，重顛華幔，穿青分紫柔意窅，訝深尊、誰忍沾羅袂。急更要上高樓，碎滴荷聲，一鐙萬里。

點絳脣

《彊邨詞》卷二此調題言『舟行荷蕩側，客有話故鄉花事者』云云。庚戌秋九月，與族姪至西湖，鄉人以小舟導游。湖樓飲次，風雨絶沈，亦細言吾鄉花事。即次彊翁韵，答同席後約

何意連年，濺篷忽醉湖壚雨。櫂邊能住。心碎湖鷗語。　夢掣鄉音，摇入珠湄去。花期妬。看花酬數。明夜錢塘路。

西平樂慢　湖濱秋墓初遷，夢窗韵

絳萼芳阡，素氛貞石，封樹記此鄰依。瑤泣吴儂，痛嗁鵑血，青林半雯魂歸。笑麥飯、叢香薦盌，華表潢汙，露艸無人，淡極疏蟲，暗折殘暉。誰意秋人乍歇，祇載淚、黯立溼鞭絲。夕陽爲弔，當時舊壟，短碣餘灰，和恨都移。偏欲問、長天帶遠，大地盤寬，恁忍埋愁斬土，樹怨禁花，難借冬青耐凍枝。湖際浪紋，而今

又是，秋雨秋風，宋玉漂蕭，尚認江南，寒菱片影孤飛。

鵲橋仙

辛亥八月已新寒，將携室入杭，定思約集秦淮水榭。波漪雲迈，賦秋柳即席

昏煙又是，酸風又是，添了一絲絲雨。荓花明麗也叢叢，総浮向、紅闌多處。　猖狂莫便，飄零莫便，省識倚闌心苦。待裁湖渌殿芳尊，儘付與、靈和歌舞。

浣溪沙

中秋月色殊薄，明日入杭，定思餞席

錦片微雲澹與同。雙星歷歷隔疏鐘。玉尊迴舞柳絲風。　自有谿花含水潤，于今螢火坐人紅。粉香吹下一葱葱。

極相思

竹素園折海棠回旅居，明豔絶塵。次夢窗《題水月梅扇》均

薄羅輕熨脂痕。清被露華分。蕭疏人到，荓池携手，莫誤梨雲。　觀瀑亭前仍艸樹，傍叢祠、應有詩魂。伴佗竹素，紅妝倩影，湖暝煙昏。

埽花游

三潭退省庵殘荷

曲橋臥石，正輭雨深煙，黯迷平沼。倦翎翠鳥。向蒼茫莫碧，幾探夕弔。鬧舸人來，濺溼帬青袂縞。又誰料。與今日六郎，人面同老。　潭影空復繞。便萬折迴欄，未留花笑。舊游易了。較飄蓬斷梗，更惕幽抱。去後詞仙，謾拍西陂悽調。最孤陗。有蕁香、坐看雲好。

憶舊游

煙雨偕游，用樊榭《辛丑九月游湖》均，律依清真

向奇煙冷外，膩雨沈邊，秋稜去雙眉。靜極無

人到，膩閑鷗對浴，碎翦寒漪。繡淪霧縠波面，伸手摘蔆絲。看樹隔明廔，花昏近苑，早閉窓扉。知機。趁迴櫂，且試屐孤山，梅下尋詩。正好危亭坐，奈瀟瀟霏面，淹透羅衣。更催去柁如箭，山缺見斜暉。乍似髻城闉，携將紫蓴沿路歸。

以上《大厂詞稿·湖夢詞》

以上《大厂詞稿》

壽樓春 約呂貞白、陳蒙盦、阮季湖同和梅谿，時乙亥寒食

馳新箋流芳。向青尖細㦽，閒凭晨窗。可奈飛煙緜柳，熨枝酣陽。寧爲汝、歌無裳。料賦愁、禁持清狂。便訴夢春聲，科頭禊飲，休伴殢人妝。清鶯碎，和風長。有蕭詞膩拍，蔥指嬌腔。更問餳筠情怨，火榆神傷。花做屋，雲成鄉。笑牡丹、何如韓郎。幸寒食而今，相看定延梨棗香。

前調 清明

擎孤杯留春。要單衣試酒，齊岸綸巾。滿路將陰凝雨，涴街閑塵。猶問柳、知何人。暫片時、商量漂淪。任縱茗催煙，支笻話草，依舊病餘身。朋尊慣，吟聲頻。有瑛腴瑑碧，箋寶香薰。正爲緗桃時過，錦城情親。悲在節，遙如村。歎踏歌、仍隨良辰。念錢陌吾鄉，飛灰盡陪槐楝新。

塞垣春 依《片玉》

霧濕籠荒野。漾柳浪、新緜卸。風飛絕港，路迷芳苑，花影難成畫。奈歷來寣寐常驚也。正目論、空霏灑。問今年、彌銷黯，一回春事

慵寫。初聚酒杯緣，當前並、滋味儒雅。肆力賞高歌，易抛棄良夜。但閑拈、五字詩夢，沈酣寄、陸離華箋下。墨筆近多損，醉時何足把。

惜餘春慢　餞春，依魯逸仲

夢葉成陰，酬香將雨，淚浥蘅蕪芳苑。花花看世，草草知勞，憔悴病餘孤館。猶爲深相契人，釃酒狂流，水多愁淺。正攀留無計，抽蕉心事，味同舒展。　端未覺、真抵銷魂，偏教延攬，未必歸圓滿。鉼笙怨小，瑶袂分輕，賸怕暮雲誰管。心上何曾霧迷，春有了時，連春俱遠。恨山塘鐘韻，蕭寥仍聽，曉忙人嬾。

玉京謡　晨起，步兆豐園，聽鳴禽，依夢窻

鶴唳横空早，問我何心，興老書帷瞰。罵止蟲魚，人間誰夠程李。亂繪組、塵境詩壇，便集矢、飛流遑計。蒼煙裏。新巢幾堞，雄垣高壘。　同鳴笑有春姿，障扇愁遮，並短闌樂倚。丹紱雙棲，憐伊鶯話霜被。荇帶縈、歌舞申江，恨送子、别檣芳沘。應得似。心下醉人如水。

惜餘歡　前朝誤爲春盡，遂倚魯詞餞春。今再作

數行晚卉，要情注款花，常展芳月。香草刺延衣，忍園宇裾絶。箋疏高通，摯誠共奏，信玄感、到上清雲闕。静時休睡，緑鐘尚靈，韻留禪穴。　詩成漸催翠蘖。怕夢損危巢，風弄驚鶻。重看鬢邊霜，向葭琯愁説。應須瞞住，東君蒼莽，啓新釀、慰短緣飢渴。賸將分付，閑緘淚絲，徧淩穹闊。

更漏子 賦碧雙樓，依東山

高館芸籤，喜玳梁吹絮，杜曲移莎。片屑馨詩、滿懷奇瑑，英英玉海經窠。佳興謾與蹉跎，瓊華金曼陀。羡瑶笙合煖，福煦春聲，賦影翻歌。六幅錦氎輕羅。弄淺蔆衣裊，似展初荷。晼晚籠煙、紫微紗在，調絲款款常和。同心小隱閑居，隨時嬌舊訛。念恰同清夢，弦月新詞，先付鸞蛾。

安公子 浦瀨看人言别，不覺黯然，動江郎作賦之悲。屯田此作，亦正同味也

老淚揮遥柁。柁遥可惜淞波墮。入世機鋒糜續斷，樂般般春磨。賸少許、驪宫宛轉珍珠顆。揚倦帆、往往悲吟坐。念故人新恨，忘澣塵衣花涴。閑話餘卿我。短笻愁顫慙浮惰。背手鐫心期遠大，恐風漪難過。自别後、書魚帛雁相賡和。休問年、了卻寒號躲。試美景番番，愛時得過（濁平）且（清平）過。

八六子 依秦淮海

敞曾樓。淚同枯梗，蕭蕭拗斷難收。賸雨下花聲落盡，枕邊塵夢驚回，宛如醉休。閑教詩了優游。舊幕碧懷英味，芳箋緑語穠愁。拚未到淒迷，謾成殘影，畫匳心悴，絳摧青小，每教細細披煙在抱，冥冥寒絮凝眸。信温柔。垂楊定忘素秋。

慢卷紬 依柳耆卿。選聲雖艱，達誼彌曲，爲人所不爲，亦吾輩之業。況併情事，胥无妄邪。畏友幾行，當以之矣

華箋筆縱，深廬夢杳，舒琖憑誰護。故觸暑狂

趨，大路閑心，方馳互示，人間新句。判惜無端，并聲呼歗，終許斟訛誤。趁小盌團茶，醮落濡如，寧任孤負。　來花去樹。相娛路。息息應胡覶。總該憶俱閑，與便催鐙撫晚，冷落月升忘步。更憶逋仙，了知還在，微眇真如語。定偏與長閑，念念皈依，靡便思慮。

翦牡丹

雖際中夏，正牡丹時。賦本意，次安陸韻

伏雨凝陰，風開連苑，秀質流麗初浄。圓藕離離，蕩新暖留影。軒階石白雲飛，金香玉豔，掇嬌摘翠方競。猶想沈香，浴脂水煙暝。　鼠姑鬭粟都整。出故壚、暮帘竿定。清韻起三台，描得多寡芳信曾省。緑蕤妙好萬鬟迸。錦做詩料，衣蕩漾方並。同聽。被杜鵑一滴，花陰笛静。

春夏兩相期

壽樓春課，遂入朱明，曹偶勿渝，時應此調，律韻依竹山。我忽馳想橋竺，故各自爲語，並送巠庵港行

記依依、雙清池館，新陰愛偶歸燕。每覺春回，花外玉心英見。芳銜鶯訊小環知，碎整蟬絃柔絲輭。訂律簫工，調鉛屏影，未知誰羨。　西湖萬柳猶綫。奈石翁相許，久閑征輦。漸覺頻年，終恨粉收香淺。撩人別意晚霞樓，醒客詞愁薰風苑。漾葛籠鐙，積筍褰幮，細煙鋪院。

夢玉人引

依朱希真

淚緣詩影，笑平生，盡如客。鷺老詞仙，元去和舊曾通籍。了意消閑，向酒痕、弄血琅玕碧。須要清蔬，趁朋儔初摘。　算離宜暫，作

優悠、飛燕轉鴻翼。儘好歸歟，願君行事俱適。江豔湖光，丰采都無敵。少年人、料鄉音，不改幾時見得。

以上《壽樓春課》

思歸樂

三月既望，滬西園賞鵑花。歸而寫之，題一首，依屯田

風簇春陽多笑鬧。寫出是、宣城顏貌。蝶粉膩孳蜂穎撓。謾買與、翠煙輕罩。 大化機工徒小巧。那好夢、只應休教。任他把管呼謝豹。總萬千、盼人驚覺。

小鎮西犯

依《樂章》題畫秋幃課讀圖，贈季湖

寸心知報草，英姿尚輭。蕭森有、絮羹書卷。秋到紅幃黽勉。怎恩情淺。敦詩禮，悽悽傳古研。 淚汚泫。機聲鐙影後，音希貌鮮。韋堂定、常依戀。宵寐何堪時變。當集家展。躬猶訓，一幅縣袿典。《元史·虞集傳》：集母趙嶺外，口校集經典。《唐書》：顏真卿母商氏躬家訓導，長遂博學。

浣谿沙

水仙，贈掌文

離去東華又幾霜。詩聲畫意并蒼茫。不堪回首夢江鄉。 戒賦洛神嫌艷體，難求玉几寫濃香。一篇詞敘水周堂。

應天長

己未歲朝，次夢牕韻，題畫梅贈南君

露脂傳靨，粧鬢宮黃，驕驄試想青陌。俛浄桉搴羅幕，熏鑪汎檀色。人前意，言外客。向畫室、興長思窄。研胦煐，影蘸仙波，水漾淩碧。 塵夢換今昔。巷轉聲沈，微雨賣花隔。凍溜墜清霾絕，蓮龕涌寒壁。紅椒釀，貍睡寂。

乍透取、近鄰幽笛。黯及午，寫偏雲藍，奇艷初滴。

虞美人　秋江喚渡圖，辛酉作

行人欲渡西風急。翻畏詩愁澀。匆匆不管隔江山。爲愛秋紅尋樹、到前灣。　吾癡大似梁杭雪。畫亦清虛絕。筆端曾不寫漁翁。留取鬧紅一舸、渡冥濛。

瑞鶴仙　秋雪菴圖，依夢牕

素園主人偕六禾訊西溪歸邑，來述秋雪盦之勝，惜不能同游，繪圖貽之，仍寄六禾屬和。

斷漪凝細壁。話素風廻港，西崦寒隙。微陽送山色。到短篷一札，看朱成碧。行篠散幘。慰詩聲、遥岑咫尺。問幽叢、老戀荒庵，認得盛時題額。　詞客。交蘆冷夢，伴汝孤清，此君應識。歌穤醉屐。南渡後，幾痕石。又妙高能賦，鄉心歸雁，紅籟前宵聽笛。更非霜、如畫秋絲，恨伊未白。

玉樓春　合作牡丹、鵲

今年芳訊連環結。肥雨纖煙催苑涇。要人同盼牡丹時，倍見幽叢多好色。　勝緣初報應先得。玉蕾歡教虹緑織。辟聲尚自喚儂伊，知是露華濃下物。

踏沙行　合作梅、鶴

纘潔成香，倚高能愛。便應領人天大。聰明不覺歲將寒，只緣冰雪詞懷在。　夢寄雲端，枝斜竹外。羅浮兩道仍如海。濃春已透些些，水邊籬落翩翻待。

生查子 合作鴛鴦、蓮

苕霅不生波，香外雙雙住。誰爲夢輕盈，偏灑菰蒲雨。　扁舟未易來，何事聞人語。曉露欲涼時，葉下俱紅舞。

南鄉子 合作紫藤、秦吉

閒漏嫩晴稀。猶繫藤絲漾入幃。欲語濃陰新到地，霏霏。紫雪争飄露點衣。　牆北挂紅薇。似謝棚低羃繡圍。莫是烏衣前巷陌，飛飛。繚繞人心幾日歸。

西子妝慢 乙丑清明直余生朝，適休沐，未出遊，而春寒特甚，依夢窗賦此題所作憂居圖

韶景逼人，歲華如水，賸管餘寒庭户。纔晴斷雨。怨春辛苦不輕來，甚楊花、送還伊去。只卻恐、東風多在樹。泥清游，奈小桃嬌喘，紅飛誰主。天何慕。百計開成，便到藎落處。一番初試得新煙，又蹋青、煠香知誤。簾衣未暮。尚凝望、燕來如故。髩絲中，說盡珠歌翠舞。

浣谿沙 癸亥歲朝畫木蘭花、牡丹貽南公

歲旦名花倒存盤。占香上國且爲歡。夢翁初唱璅窗寒。　能自遣紅儷玉色，無須借粉與春看。最多此境是鄉關。

月中行 湖樓小課圖

疏桐翠井本知秋。葉葉雨光留。窗傍膩墨裹書篝。影到水邊樓。　南山羃歷鋪霜點，全不辨、有采蔆舟。輕衣猶綴短銀流。笛吹露英浮。

玉漏遲　西湖中秋，三潭用汎，吹夢窗《瓜涇》即繪

鷺絲秋意矯，哀絃閉了，曲橋方晚。樹繚罘罳，護足冷輝霜腕。朝漪初亂。潭印滿。碎蟾迸湧，争天各半。有何故到長清，便整月都盈，際陰成怨。二倍明嫣，只戀蓼圍荷幔。冰鑑滄茫汜到，槳花攪、寒娥千轉。撐夜眼。繩河路微雲遠。

黃柳邨　半夢中題畫贈道原山水扇，自度

黃柳疏疏。可憐垂老欲爲漁。但水邨山郭，只賸荒居。吾意長孤。閉門城市讀殘書。任冷風悉索，不寫菰蒲。

解語花　題畫梅菊爲友昏禮，依夢窗

蒼瓊命雪，絳蠟偎馨，人逗蓬瀛岸。翠鐶金翦。勻脂紫、萼緑仙姿痕淺。將圓佐晚。便清影、桂華光遠。寒意輕、研露交柯，指點吴箋見。詞熨清夷細煥。對南朝遺韻，鸞鏡銘婉。暢晴庭院。紅鸚語、猶道笙龤無，冰菲炤面。膩畫裏、教將簾卷。偏暗香、新譜東籬，唱謝家池館。

一丘一壑　仰天圖贈榆生，自度

一丘一壑。稼軒曾賦，老子風流如昨。而今天也瘦，欲問無靈雲漠漠。不城不郭。西江何處，誰似令威歸鶴。蘇門能學嘯，夢醒悠然松子落。

絳都春　依夢窗題畫玫瑰，爲緜庵祝

端馨笑煥。乍初見曉日，粧臨庭院。倩竹萬竿，爲作疏簾斜陽苑。芳懷千疊花千片。絢

粉色、緺霏人面。採和囊麝，香多刺甚，沿闌輕按。 葭筦。風番廿四，付歌韵、已及明珠新轉。並蒂紗蒙，連理絲牽情何限。糖霜茶餅熏甘蔗，盡錦段、盈盈同看。待添凝碧嵩深，兩般領燕。

杏花天 大桃實，依夢窗

仙家不飯鄗山黍。仍熟過、胡麻兩度。只今知到肥城去。寧繫瑶池翠樓。 曾多謝、深州潤雨。喙銜後、鸚紅未暮。街頭哈密呼甜處。問而今喚否。

瑣窗寒 梅

净點霜腴，危闌取潔，鼎煙沈了。遥峯見影，細笱矗生瓊島。警深樽、凍脣乍凝，喚茶響屣飛廊繞。有乳窯熨貼，知催詩思，伴香來到。 無意成孤陗。仗片段淒馨，沁人林表。冰姿謾損，秀語蠻牋驚報。想賓陽、游屐幾何，雪菲在筆寒尤好。最妨伊、似賦孤山，易落應難掃。

訴衷情 紫芍藥

初黄柳嫩未藏鴉。憶共坐飛車。豐台兒女兜賣，邎涌折枝花。 壇下路，豔無涯。滲輕紗。牡丹開了，香陌嬌塵，新燕人家。

月中行 蓮

蜻蜓易識野塘秋。六月冷詩愁。西郊舊日小菀裘。住近佛香樓。 昆明一碧湖心水，船刺到、萬藕花洲。何當榆屋裏藤虯。燭爲聽香留。

醉桃源　綠梅

西門門外共園嬉。餘春初夏時。此花難入番風吹。紅鸚無意飛。　愁日晏，看時移。奇柯蛛罥絲。南中煙早但霜凄。僊心和信歸。

浣谿沙　山茶

諸寺宣南賸瘦春。黃梅陪着涴緇塵。要持無計到雙雲。　心苦瑕同蓮子怨，丁香時喚牡丹人。黯衣藎處婕昏昏。

烏夜啼　依夢窗題鵑花

夢魂殘到啼紅。醉魂濃。嗚咽栽花和血、染春風。　年欲換。刼灰轉。淚絲中。斜日還來腸斷、舊春空。

浣谿沙　與小厂合爲鵑花、鵑鳥

欲爲填詞畏損紅。一春啼澈五更風。夢醒開落並匆匆。　蜀道幾時行看徧，少陵何事醉聞中。便應無恨永芳叢。

秋池引　訪葭丈不遇，至顧宅園，自度賦病荷，歸而繪題之

恨極。江淹欲賦，料無當日詞筆。影亦半焦，香已暗摧，欲覓破衫杖策。者荒塘，算透視、西風消息。幾時也得。　所謂伊人，如今真渺渺，葭外岑寂。老去登高難濟。勝新詩、負腰力。翠衣狼藉。又沈吟、三十六陂，秋色正相憶。

浪淘沙慢　壬申春盡，病足初瘥，依夢窗賦李尚書山園一闋，奉祝遐盦，即作詞壽圖題其上

待春透，飛仙夢美，味鼎梅滑。歌曲邊簫漫裂。堅車正軌並掣。盼鵠健鸞清天沼闊。那歸管、遼左休説。恨宋道誰驚畏雷奮，遥遥太湖月。屈折。污朠量力求熱。正鳳囀調亭，芒角後、裊娜情勝絶。探頜定霜飇，封下心闋。墮鈿散纈。猶共修涼夕，聽香儀節。窗外芳瀾瀲塵襪。瑶轂繭、路鈴未竭。願時雨、即催詩慰别。謝帛雁、密綰鄉書，要借畫，雙宛輭醉霏奇雪。

雙雙燕

藹翁長女公子新與華文學締姻于西子湖，翁損書言新人即日偕赴比利時度蜜，于印洋紅海之間倚此，豔而壯之，仍續雙紅衿以貽

綵繩繫也，雙雙燕優游，宛當門户。駒光倚暝，邀旨味朠同度。涼泥去輪冰慢轉，共如蜜、情濤高處。中邊既澈新甜，擬給湖山錫住。斯舉。宛央迅羽。懷裛大瀛洲，愛瀾爲雨。渤深天遠，恣樂畫酣詩舞。千種纏緜細絮。但莫對、羣鷗輕訴。團圓爲照海隅，同釀膩秋蟾語。

柳梢青

正有漢皋行，爲友人寫襟痕圖，依夢窗

寄恨征輪。江漪翦翠，驛轍騰新。入世襴衫，箋天歌鼓，一片春痕。客愁淪落如人。與汝寫、湖山醉雲。風絮攀餘，霜鐘聽澈，蕭夢黃塵。

風流子

鵑影圖幅，依清真韵

山河多冷月，癡魂影、慘碧了知歸。賸血霏杜宇，佩聲葱倩，命輕湘竹，愁響參差。那堪問、夢醒催愛日，花薄損香泥。吹網斷絲，頓依情懺，粉裳空縞，偏寫啼悲。蘀君芳菲地，前

生債、今但有淚霑衣。留下斷腸顏色，重喚何期。僅買素書碑，寒多應溼，恨紅挼雨，落後猶垂。除了半沈夕照，還有誰知。

前調　湖上有念

西風歸逸府，明湖路、豔緒數幽坊。看沼妨曲損，妝欺荷膩，山緣孤秀，標暗梅香。甚老爲、騷英爭半席，秋夢占漚鄉。麃格編籬，嫩葱如怨，鴉鉏劚逕，寒栗盛將。　芳塵從評判，懽悰墜、前事試問文鴦。身外雨晴雪月，心上新霜。念是色即空，情先因種，在人中意，象並言忘。誰會見山詩趣，塵外花黄。

浣谿沙　南陽小廬緑菊

雙清池館秋來緑菊致佳，近甚思之，因蔭以紅楓，亦館前嘉樹也。紅情緑意，勝春時矣。以《浣谿沙》題之，甲戌中秋前五夕夢餘第一作也。

秋是人間最可思。淡朱淺碧亦芳期。此中能有幾人知。　飽露經霜方覺好，依梅近竹至相宜。不妨記取夢回時。

風入松　畫壽礪老

百年耆壽過承平。簪筆記神京。天香宮燭春明豔，罘罳罥、鉄馬冬丁。仍采菁莪杖節，石頭城不詩聲。　滄波心在硯池冰。臣老自平生。故鄉由是他鄉色，沈吟向、人共松青。扶杖緑漪觀海，閑來述作初成。

三部樂　松鶴屏風，壽老族兄道生夫婦，夢窗韵

華髮梨眉，趁萬萬梅花，嶺雲新沐。玉舄金友，海上鶴添籌屋。露酣甚、酊座仙香，是閬池預貢，豔桃蟠玉。雙聲疊韻，采舞壽人之曲。　遠知浦湄有弟，論文槿户，拜老人星

宿。不殊匏宣畫戟，膏紛樺燭。奈襴衫、漬塵滿斛。纔獨餞、霜英一掬。仍爲瓊腴，歸歟賦、燈炤樽緑。

齊天樂 壬申歲旦，例成花朵贈南

釀年寒意層陰短，臘梅向陽初吐。定色新同，詞流炤徹，願與驕春相住。常花更予。尚荼韵調笙，市聲摻鼓。骫髒癡雲，做成新態爲誰沍。 芳朝隨歲乍轉，送瑶霙片紙，馨冷純素。瓿屑霏璚，黏叢綴粉，分得春人心絮。明鐙照取。看白了閻浮，浄將斯土。寄訊蟲天，影中身外語。

露華 白牡丹，崇浄也，依碧山

碎香細坼。謾錯認池頭，着到無色。素雨淡痕，全洗纖塵如拂。世間到處瑶臺，筆下獨成丰格。春正轉，柔能浄心，是若無骨。 清泉近井休惻。恐潤溼霓裳，驚動寒魄。受盡霧肥煙膩，管取伊摘。 暖雪欲籠上輕紗，一蕊珠争出。鸚慧語，霜翎數聲念得。

錦帳春 依丘宗卿 山茶

破筆爲詞，醒心爲畫。點塵外人寰一跨。合荒池留影，總如垌野。幽亭閒舍。 豈有孤懷，定趨新雅。怕客興、沈沈越下。要迷離雪苑，造愁清夜。荼花澹也。

繡帶兒 依曾純父 紫籐

牽絆兩餘春。整箇一花新。贏欲雌蜂酣了，誰覺暫醒人。 斜日亂風邨。定遠別、留戀黄昏。澹雲心碎，輕裾片影，可謾驚魂。

勝勝令　依曹功顯　枇杷

桃英争李，好果擎金。近依風致覓幽林。烟橫影亂，挂青鉦，裹枝沈。怕晚苑、微雨可禁。縱有傾筐，要白地，取閑尋。審聲常又理桐琴。膠酥拌了，整宵酲，擁斜衾。話洞庭、先警霧深。

越江吟　依蘇太簡　蓮

將露錢塘宴。片片。黑雲窅寞靈妃殿。紗衣細卷。清漪散。六橋共、天竺深婉。別江漢。游情諷意爛漫。烏光轉。橋弓影斷。詩心遠。

戀繡衾　依趙漢宗　水仙

江煙如霧水滿汀。原句。恍羣仙、初唱婉清。袓細縠、微難覓，管滄洲、寒月澹雲。宛如淚謝穠春。念隔生、誰覺點塵。向石下、霜波遶，雒神來、賦鶴笙。

伊州三臺　依趙介之　蘐

蘚衣來護靈巖。算謝繁霜浼丹。芳醞浥華顏。趣沿階、静饒砌間。至人丰度清閑。得與齊詩共看。拂拂片紗單。着春多、壽緣古寒。

迎仙客　依史直翁　西瓜

嫩陽遶。片季好。猶應吸海游瓊島。熱宜曉。瓤先老。緑醴園林，肯話忘愁到。莫趣巧。莫微妙。盡心得省工夫少。金甌倒。嬰兒笑。擎手鋃般，常念青門道。

恨來遲　依王晦叔　黃菊

雨細滄洲，正鴉飛過，淺照方開。有故苑秋英，杖勞詩妥，髣髴蕪萊。　當對山、得便綺雲杯。笑拈豪素徘徊。算袖底離騷，悠悠一見，休便論才。

冉冉雲　依韓仲止　芭蕉

捲到愁心伴詩雨。整冰縣、水縈綠樹。念幌下、多少琴音沈去。綠不盡、湖邊殿宇。　嶺南亭鶴迴翔舞。綺雲稠、頂紅新吐。長要伴、永夜淒其神緒。愁倚湘簾未語。

洛陽春　依韋子駿　雞冠

偉望英姿雄絕。抵霜凌雪。平居但莫問東君，問曷組、雙環結。　僻院矮欄淒切。矯風啼月。離懷銜曉寄長條，那足便、相摧折。

歸國謠　依劉會孟　葡萄

飛絮歇。偏架綠陰簾蒜熱。虯珠忽弄寒時雪。　蕭閑莫喚鄰家蝶。香無別。重來卻望秋千月。

人月圓　依張彥正　芝石

商顏得瑑犧文滿，高壽寫春聲。唯同長樂，科頭醉舞，羣拜先生。　詩奇畫老，春常在雲，石盡明庭。濺脂成露，還須晴秀，猶見枝橫。

天門謠　依李端叔　筍蕨菔荸薺

蔬素真無險。任水日、有清都占。風火斂。趁身閑登覽。　更心淨名忘雲瀲灩。使句撐腸情不濫。應埽檻。靡靡歷、疏星碎點。

樓上曲　依張蘆川　芍藥

香霧街頭娃喚喜。香沈水麝人聲起。瑶珮雙圍曉日時。紅橋醉悶心應知。　轣轆分甘資洌井。卐欄疏展荼蘼影。盼詩春故在淮光。簾邊金帶一絲芳。

玉團兒　依張功甫　蘭

寫成一箭霜鬟劣。洗浄盌、籐黃碎屑。工似花無，希愁葉損，不教人折。原句。　新分細種難禁得。只謾待、霜鬟曳泄。憂拚騷馨，露成香露，月成香月。

滴滴金　依王景文　白菜

青青溼淚香成汁。秋意徧、露珠滴。幽畦肯放綠蟲入。惟要老饕集。　殘僧常鮮剎幡執。車又笠、人人葺。根漂甲老儘删拾。冬至嫩陽黑。

天香　黃牡丹，託禪也，依夢窗

甜蜜中邊，真金布散，根心影慧逋陗。錦褙經同，麻披衲似，凝蠟膠香枝小。隔年取煖，對燭微摇風早。猶蘸籐脂數筆，澄澄頓令工巧。　除夕霧多易曉。遠鐘初、警人聲少。鷲蘗幾時傳此，縣山梅鬧。楚北黃梅縣西北黃梅山，五祖所居。西江宜豐縣西北百里鷲峯名黃蘗。更炷鑪檀尚裹。謾片片、飛從禁煙老。與誦姚花，蓮鬟句杳。

陽春　紫牡丹，示密也，依清夷

燕來遲，蘭蕾早，籐蔓漸生深谷。如唱一雲迴，披衣了、笑卻人世霧紗縠。扶南餘馥。剛趁取、風簫吹玉。應記自別宣南寺，詩藏魏家牋幅。看妙聚金光、空明裏，殊勝取、琉璃耀宿。從教化菘赭布，總修持、此念常續。瑶階試數舊曲。當翦翦、旃檀香木。喜窗畔、硯水春先至，深蒼隱緑。

以上《逸經》十七期至二十四期《守愚齋題畫詩詞殘存録》

聖塘引

庚午午日後，西湖南陽寓廬自度，呈遐公並簡榆生

人間何世，又取湖山幽賞。雨過圓荷，逸香在、簾波無恙。緑楊午夢深，雙燕打水驚孤槳。誰是桐花，定名桃葉，隔浦依稀菱唱。爲問石林詞筆，幾疊烟思霞想。又擁鼻南邨，苦吟料、驪醒珠朗。雨肥梅後琴思潤，雅褱希微尚。争凝望。黛愁山暝，橋痕猶漲。

見《廣篋中詞》卷三

湖雨

自度腔，西湖旅舍陰雨，同樹公

使酒不堪，訪詩無計，困人何許。似暖似寒天氣，嚴扃幾窗户。也算一時羈旅。不僅是凋疏，只半湖煙、半湖雨。 消阻。有晝客自閑，來恣尊俎。隄外晴戀看慣，沈沈此朝暮。忍共臨流悽語。暫作兩家春，管伊緑楊冬舞。

見《采風録》

垂絲釣近

題駱佩香閨秀壽曾賓谷『生時世界盡蓮花』圖卷，依夢窗聲韻

知花知蕅，天長心寂屏掩。阿耨達池，毋損騷豔。凝慧靨。記醉舠湖纜。煙蒼撼。委碧波慘澹。 淼痕盈紙，塵香纖照詞鑑。脂潤秋聲染。駱印首爲聽秋軒。邗上飲。在襟題指點。

惜春郎　秋翁命補題己未歲湯定之爲寫碧雲禮佛圖，依《樂章集》聲韻

白衣澂黛驕修飾。損細意仙席。酸風梵唄，西山秋碧。休與知得。別爲清游添趣格。想有這吟敵。念世塵、恐涴嬌柔，始乞妄心初識。

以上見《詞學季刊》一九三三年一卷一期

滿江紅　丙子清明，再用文信國改王昭儀詞韻，上呈延公長老，同致忍寒

春雨江南，望不見、故鄉山色。空孤負、平生游蕩，秦關漢闕。成佛甘居靈運後，誦詩願侍康成側。奈愁心、盡付浦江潮，悲黄歇。　分烟燭，明還滅。填胸事，紛難説。便不啼清淚，僅堪啼血。種樹望培佳子弟，看花須趁閒風月。儘憐儂、一領舊征袍，襟長缺。

前調　不匱詞翁、忍寒教授皆賜和拙作《滿江紅》之闋，驪感何既，別觸愴傷，更次前韻，分呈誨督

一葉輿圖，慘換了、幾分顔色。誰忍問、二陵風雨，六朝城闕。雨粟哭從倉頡後，散花妙近維摩側。咽不成、鬲指念奴嬌，聲聲歇。　塵根斷，無生滅。山河在，離言説。賸倉皇辭廟，報君以血。蜀道鵑魂環珮雨，胡沙馬背琵琶月。莽眼前、天地不同方，同傾缺。

以上見《詞學季刊》一九三六年三卷一期

聲聲慢

雲舒印縠，風漾浮絲，前時共坐扁舟。十載寒荷歌在，孰按涼州。肅條已非健者，總驚惶、節序如流。詩縱好，但酸聲苦雨，終伴閒游。　何意今成隔世，算寺鐘、淒厲孤寫牢

愁。鋒鏑倉皇，那更地遠天悠。雖知網羅未到，阻飛鳴、媿比沙鷗。寒露過，最難堪、無計挽秋。

綺羅香 原題紅葉

遠岫荒涼，明漪靜止，初使絳都花妒。何處商聲，染徧血痕詩句。漫評量、故苑殘霞，要點綴、征夫前路。最無端、一夜霜稜，艸心並送妙年去。 人間同是寄旅，應問當時蜀道，鵑聲何許。負盡留題，指亂朱絲簫譜。絢胭脂、如雁來書，鋪綺繡、爲蟲添縷。莫依稀、錯認南棉，倒聽楓下雨。

壺中天 寄貞干

歲寒別怨，記依依江介，恍疑前日。聞道隻身求學去，初作長安羈客。賈誼才高，終軍年少，偉矣多豪迹。龍泉如應，定能呼醒幽寂。 海上留取詩聲，煙昏擎淚，雙鬢從他白。要聽尖風千萬里，咽出關山秋笛。鐵樣征袍，儒酸同洗，對月家堪憶。冷霜笳外，夢中猶念孤驛。

聲聲慢 重陽前五晨

長川晴澹，淒草芳迷，孤花獨拒霜空。渺渺滄江不耐，老損金風。清塵幾多院落，拆鞦韆、才賸疏桐。人意在，算蟲冥雁惰，未是孱慵。 早起應門一紙，當潮音、梵唄深警郵筒。憶舊游時，詞味那與今同。何況卅年里社，瞬消磨、難說悲中。寒乍厲，料重陽、微醉定逢。

清波引

思歸誰許。況又是、滿城風雨。白雲能與。

來翮了難數。已愴江潭樹。那更逐輕花飛去。拚看兩鬢霜絲，初輪卻、水邊鷺。　蘆灘蓼溆。唱出公毋再渡。閉門酸楚。忍空自揮麈。秋在多愁處。算悟一般无住。留詩願待良宵，月圓十五。

長亭怨　原題馴鷺

慣淺水、綠蕢風冷。知看閒雲，嬾布疏影。柔櫓聲沈，老漁相伴倚竿飲。偶窺松罇，欣晚色、仙翎照頂。行近園林，任殘蝶、依人幽徑。　荷靜。賸啁啾翠羽，翻得露珠傾盡。亭隅小隱，了不念、守飢延瞑。縱涼雨、萬一前谿，趁清夢、初酣休醒。笑傲世能廉，衹占葑漪三頃。

新雁過妝樓　重陽前一日賦菊

挑擔只堪，街畔賣、何處是汝疏籬。久荒手藝，甯忍更賦無衣。寂歷空階渟昨雨，蕭條破盎矗孤枝。總傷時。客如冷燕，花外低飛。　新從賈生問訊，問有騷以後，誰理憂思。後日南山，還恐僅對斜暉。嚴霜猶自可傲，任鶴怨山空人不歸。煙初重，待浸籐一缽，秋色深知。

瑤臺聚八仙　九日題畫菊杞貽孝成

欲問吾鄉，前畫手、那能得似山樵。明高孟升得暘《節庵集》詩：『吾鄉畫手鶴山樵。』折枝花朵，尤思韻遠香遥。況值今朝晴可恨，無風不雨到涼宵。够魂消。杖閒屐冷，心在泬寥。　居然窺窗客至，孝成來訪。道茱萸向好，謾感孤飄。

縱筆爲花，姿媚卻謝柔妖。鮮紅僅伴杞子，算歸去沙坪入玉橋。詞能和，但莫須低唱，恐裂哀簫。

臺城路　重覽《湖夢詞》，最後次樊樹《九日》韻一首，不覺黯黯

當時曾賦宛央浦，心隨嫩雲飛去。弱柳經風，纖菱逐浪，偕老湖山誰許。瑶琴獨撫。謾想像詞仙，半生清露。警夢頻年，羈魂從未到槐府。　孤山曾見鶴舞，迥憐人不見，知逗秋雨。寒暈愁魚，平橋限燕，末劫將飛灰處。殘荷能語。定問我臨安，屐痕再否。塔影先沈，要人思往古。

新雁過妝樓　九日題畫菊

十里平原，樓臺滿、夢裏尚有蓬壺。不羨龍山，盡醉脱帽常呼。欲賦崔莊知茂草，杜陵詩句至今無。賸驚吁。破風碎雨，和雁傳書。　猶記寒香數畝，笑有花可折，能住西湖。此日攤箋，花貌究竟難如。桃源不在人境，又安問故園松鶴居。何從就，就瓶笙細嗑，如聽吹蘆。

玲瓏四犯　贈研君

殘葉沿街，料昨夜霜威，著意摧樹。無數山林，記起昔曾游處。唯有白雁南來，恨未得、水天同住。便一年不過一度。舊約如潮無誤。　自從聽厭灘聲苦。賸團團、滿懷離緒。窗前穉柳甯猶問，何必更怨秋雨。杯酒算是去愁，但到底、何能真去。要問君闌畔，小海棠，重生否。

聲聲慢　展重陽，送歐陽生汕上來歸港，題重陽日畫菊軸貽之

幽香延暝，素影添寒，誰搖前日煙扉。積露爲腴拳石，更潤苔衣。沈沈老懷消盡，啓香囊、容得愁思。儘十日，卻瞞鼇防蝶，只許花知。　休問詩慵酒嬾，拚輕描逸韻，留取餘暉。冷意緘書，又送海外人歸。從今卷簾比瘦，任西風、長傍疏籬。那得似，雨瀟瀟、正是夢時。

桂枝香　迎衡齋

天空海闊。送獨客能來，秋又將別。酒淺花深，暫解滿懷愁結。清詩快向新寒誦，怕今年、更多風雪。舊時苔徑，重陽過後，已無佳節。　願幾日、茶煙漫歇。笑載得南雲，先啓行篋。嶺上梅枝，冷暖定應難説。窮秋亦已非垂柳，咽驪歌、且休攀折。眼前孤嶼，共君同坐，一般明月。

前調　賦念盦，秋盡日作

翛然此室。歎僅能劣容，一盎寒色。涼雨侵窗，書幌欲垂猶滴。欣欣深巷非塵境，這生涯、甯匪聲逸。有時清趣，居然入夢，生花江筆。　曾不羡、前人冠幘。算有酒盈樽，便醉今夕。我所皈依，只辦念他即得。堅冰積雪多來日，釀重重、北枝胎息。待明朝聽，先開嶺上，報人鄉驛。

以上《同聲月刊》一九四二年二卷二期《和玉田詞》

淒涼犯

蕭疏更問秋來瘦，鬢邊無謂閒緝。殘霞易暮，秋鐙何計，褪紅擢碧。詞懷怨極。未抵霜蟲

又急。是依依、前宵皓月，猶爲照顔色。小病妨清課，買菜歸來，雨泥霑屐。場衢十里，有誰人、不爲賓客。激烈堪憎，總渾忘、桓伊弄笛。幸八千里外鄉訊，尚見得。

徵招 清疇裝成《蒹葭樓手書詩册》命題

損懷初覺相逢晚，弟我平吾年甯少。死亦戀京塵，累江漚愁抱。劍霜非浪拔，應獨向、王郎寒照。舊句如煙，舊情如水，故人都老。樂府已消沈，聲辭豔、恐被大文匿笑。刼景脱濠堂，遇英靈幸早。弔猶三獻玉，須忍住、兩行淚小。賈長江《古意》：『眼中兩行淚，曾弔三獻玉。』誰人趁、暮雨西崦，坐寺樓望曉。

醉落魄 舊紙畫小品黃菊花貽心觀

雨霏簾角。乍涼人已傷漂泊。未愁衰柳斜陽薄。只恨昏鐙，重作去老懷惡。而今棘地真無著。伶俜孱蝶如人弱。西風要把情拋卻。争柰微雲，閒入夢中覺。

小重山 題屈沛霖藏吴山帶書畫册

南海西湖步並移，此生殊勝相、欲何依。蝨餘蟫底續明時。滄海粟、留汝付覃谿。楮墨不當疑。楚蘭盟未冷、路寧迷。瀟然清瑟似靈妃。無謂憶、南雪并寒吹。

珍珠令 蒙盦以《最高樓》詞酬予九日詞畫，作此答之

珍珠字字兼幽杳。知音少。已挽住、芳時留了。休問幾多秋，賞寒花開早。落葉街頭傷已埽。莫空與、釆香人道。怕蝶夢難成，層雲先老。

清平樂　題畫菊贈清醻

自秋來後。海上花如繡。新是西風人是舊。簾卷何妨同瘦。　畫成深惜籐黃。人間不愛濃妝。只有一枝秋色，晚來彌冷彌香。

前調　屈沛霖兄先德翁山先生自書詩葉有『花田酒田之農』印章，當爲先生自號。沛霖故乞予刻後人一印，因更繪花田酒田農居圖一小幅，並和玉田倦耕圖此作，題以貽之

雨簑閒卸。宴坐茅廬下。柳外夕陽猶暫挂。明日短驢休跨。　素馨田上披離。如今且待人歸。領得酒泉封地，報詩隔代應知。

以上《和玉田詞補篇一》，前有易孺識語：『孺《和玉田詞》，以蒙盦促同作和白石《淒涼犯》詞起興也。時正讀玉田詞而好之，蒙盦既雜和諸家，成《吳絲新譜》，孺遂專和《山中白雲》，於前卷秋詞如干首之外更有所作，補録於此。念畲易孺并記。』

采桑子　梅

幾年未到孤山去，蝶冷眉顰。鶴嬾翎皴。詩向逋翁寫怨春。　嶺頭積有層層雪，報我飛雲。慰汝征塵。莫問江南舊主人。

醉落魄　枯木新篁

禿柯碎葉。孤生不受纖纖擷。酒香時啓幽人篋。只配空山，來箇翠衣蝶。　惡風虐雪何曾歇。支持莫放悲歌咽。影形同對蒼穹說。今古寒多，先負一輪月。

如夢令　荷

一洒今朝涼雨。不見南山叢樹。尚倚碧闌干，指點紅蜓飛處。歸去。歸去。雙槳微波

來路。

漁家傲　長瓜

簾外緑陰成晝静。絶難蜂蝶依依趁。浄拭欠般無瀲病。清涼甚。連枝帶蒂琉璃枕。　尚想糾纏堆小徑。叢林豐草驕陽盛。室暗鑪香煙已定。荷風近。邵平更自稱仙令。

南鄉子　無名花

故作倒垂枝。欲唤芳名那得知。莫向尋常庭院覓，沈思。偷傍筠簾覷畫眉。　爲謝蝶蜂迷。新浴教誰帶雨窺。葉誤梧桐花誤杏，人歸。訴説春風不入時。

清平樂　蘭

此花此葉。總與人無別。除卻騷經那可説。最合寒風冷月。　千年許有秋山。誅茅門付雲關。巖石落衣如繡，梅柯竹影中間。

浣谿沙　雙柑

攜酒聽鸝是我師。莫訛袖墮贊癡兒。此中有祕待嘘吹。　好趁冬前潮海艇，未培國外暹羅泥。少時猜核似然犀。

南樓令　松

玄闕不輕開。雲根浸古落。去千年、遼鶴初回。定有道人常采藥，只欠卻、一枝梅。　泉石本同懷。神仙在碧臺。聽霓裳、韻落天街。積雪堅冰都可抵，惟不許、故侯來。

以上《和玉田詞補篇二》，前有易孺識語：『年前於陳蒙盦齋中率筆縱墨寫花樹果蓏之屬數十葉，久已忘之，蒙盦昨來，出裝成一册，命各題詞，審爲選前寫八葉成册，頗覺媿汗。爰取《山中白雲詞》內有意言相屬諸小令，和而題之，仍録於此。念盦易孺。』

小重山

驚起寒蘆雁陣浮。魚糧無著處、不禁秋。蕭條蓬梗泥清游。和夢斷、誰報橘千頭。　往事怕迴眸。瀟瀟風雨夜、泛輕舟。老來詩思落滄洲。那可問、遐想裏湖鷗。

清平樂

水寒煙斷。楊柳全無岸。密密織愁爲雨練。繫住南來孤雁。　早知歸夢難成。好詩謝絶瑶情。不待空階新月，怕聞江外簫聲。

虞美人

霜中楓冷猶紅舞。樵笛憑誰譜。不求老屋得三間。讓與枯僧和餓、占名山。　幽蘭自爾能心素。休作傾城顧。水清拈取一枝看。忍向春風爲伴、卷簾寒。

卜算子　依原題題畫葵

蜀道杜鵑黄，曾唱霖鈴雨。更向戎州製道衣，一盞傾仙醑。　烹菽到邠詩，愁謾和秋鑄。笑彼低頭誤向時，霜肅煙淒處。

浪淘沙　依原題白鷺

身世老江鄉。冷暖都忘。蘆花千頃好新霜。養取雁羣糧尚腆，不爲冬忙。　隨處盡荒涼，此聚能長。未須傳訊到衡陽。畏上青天嫌費力，立定寒塘。

數花風　九日題畫菊

愛秋容淡，誰道秋無好色。天教分付畀詞客。

莫負英風歌吹，秦簫湘瑟。卻寫此、清標未得。今年蕢底，無與商量鬢白。陶籬全被擾塵隔。終料雪柯寒舞，難逢南驛。且擁此、霜苞獨一。

減字木蘭花 題九日畫

幾多臺榭。曾不容春歌舞夜。無地能游。寫取黃花一捻愁。笛聲猶緩。欲咽沈商剛得半。拋卻清吟。舊撚茱萸卅載心。

祝英臺近 畫菊九日

莫多愁，休換淚，如此路傍樹。露老霜淒，才可解花語。便有千疊濃情，籐脂易怨，冷意都無題處。尚閒佇。怕教寒圃他時，爲雪幾宵雨。痛讀騷經，猶費落英句。只應蠒紙纏緜，淮清照夢，輕便抱秋飛去。

浪淘沙 依原題秋江

冷雨溼孤篷。橋外霜楓。青蘆三兩盡垂東。猶聽隔林湖唱好，漁父詞同。記得海潮通。擁起蔆紅。雙清舊館付秋風。已倦塔鈴還自語，仍勸觀空。

以上爲《和玉田詞後篇》，前有易孺識語：『既取《山中白雲詞》慢調之可和者成秋詞一襲，同時踐心觀之請，寫九秋圖冊，更拈出小令九章和而題之，録而爲後篇。念盦易孺。』

以上《同聲月刊》一九四二年二卷三期

夜游宮

吳覺翁『昨夜冷中庭，月下相認』，詞旨蕭寂。率筆擬之，并賦小句，仍次翁《夜游宮》韻

鐙下摧絲已響，聾孤夢、練衣初冷。如寄珠江蛋家艇。賦湘妃，奈塵生，水中影。毫禿鋒猶勁。賸慘緑、蘸成俄頃。未借幽馨愛光景。抱清幽，隔年人，獨知醒。

見《同聲月刊》一九四二年二卷十期《忍寒漫録》

浣溪沙　題衰柳殘荷立幅

多難誰從證此秋。新涼能病悟真愁。肯扶幽怨共登樓。　慘絲儘交流夢去，香紅猶帶夕陽收。近池塘處笑輕漚。

見《同聲月刊》一九四三年三卷二期《忍寒漫録》

鷓鴣天　次韻南郵後湖見寄

舊住秦淮柳映門。枝枝葉葉有啼痕。玉驄難繫倉皇慣，朱雀無情冷落頻。　愁未解，意先昏。又看殘客續詩魂。此番軟語絲絲滲，未許攀條説感恩。

其二

白藕花香水浸門。全湖柳色有霜痕。常髡禿影年年盡，每曳殘聲絮絮頻。　銜月上，蘸煙昏。詞腸未斷已離魂。繁花得似青墩否，謾炙眉頭孰感恩。

前調　再次前韻寄籜公二首

我更生如入玉門。夢迴絮影慘無痕。八千里外還家易，十二時中念汝頻。　忘冷熱，任朝昏。藥罏禪榻爲招魂。垂條肯與湖花駐，云是餘甘雨露恩。

其二

細縷藏雅深巷門。詩成閣淚愴留痕。剎那春夏相期去，辛苦人天入夢頻。　風乍起，日旋昏。驪歌消盡古人魂。如君青眼自注：指蘿翁知多少，今日誰還論怨恩。

念奴嬌　集宋諸家本調，并依原句位置，自題代言録老夫白首，劉克莊。正無聊情緒，趙師俠。幽齋岑寂。周清真。彩筆風流偏解寫，辛棄疾。爾輩何煩涉筆。方岳。冰雪襟懷，黄昇。柳蒲顛頷，趙長卿。此意無人識。楊炎。鄰家相問，范成大。妙處難與君説。張孝祥。遥想居士牀頭，葛郯。千花百草，毛幵。處處成陳迹。周密。嚼徵含商陶雅興，張榘。恨把年華虛擲。管鑑。眼底山河，劉儗。醒時風韻，曾覿。頓許居前列。張綱。形容不盡，沈端節。一聲吹斷横笛。蘇軾。

以上見《求是月刊》一九四四年一卷四期《樂壇懷舊録》

金兆蕃

摸魚兒

表餘春、緑嬌黄殢，啼鵑偏又催去。夜來誰與東風便，林外亂鶯無數。商去住。只夢裏桃花，漁父迴舟路。畫梁燕語。好屬付楊枝，渡頭溪口，休更釀飛絮。年時事，莫是渠儂自誤。癡憨天也應妬。餞春合譜家山破，漫撅玉簫哀訴。魔女舞。恐落日危樓，信美非吾土。君歌太苦。儘一寸柔腸，紆回曲折，繞向斷魂處。

臺城路　題將盌廬庾嶺探香圖

江樓玉笛聲淒戾，枝頭翠羽驚散。何處羅浮，山遮海隔，花與羅浮同遠。流年暗轉。問香雪千巖，摧殘何限。漫妬髯蘇，桄榔村外幾回見。東門祖帳珍重，一枝聊折贈，離筵簫管。誰信當年，春風詞筆，化作明妃哀怨。相逢太晚。試執訊南鴻，香濃影淡。多恐師雄，夢魂尋定徧。

木蘭花慢

誰言春日麗，最蕭瑟、夕陽中。看一縷游絲，辭蜂避蝶，潛駐芳叢。疏慵。未如柳絮，儘飄零不肯怨東風。乍可聽鶯院落，無聊待燕簾櫳。　匆匆。滿地徧殘，紅尚説、緑章工。道百萬金鈴，周防護惜，貝闕珠宮。朦朧。似晴似雨，恁時光莫與舊年同。欲寫愁心千疊，賦才畫理都窮。

疏影

荼蘼散雪。到此花謝後，春便消歇。劫裏昆池，楊柳依然，柔條定又堪折。雕梁得似盧家否，有舊日、紅襟能説。道庾郎、遥賦江南，更爲夕陽愁絶。　莫問長安近事，故人幸好在，珍重華髮。可奈花陰，蝶舞蜂喧，又是聲聲啼鴂。懸知石老雲荒後，尚未忘、照簾斜月。怨塞鴻、空寄瑶函，不附半輪殘玦。

浣溪紗

昔雨今晴柳漸黄。畫闌盡處是迴廊。可堪曲曲似愁腸。　撅笛慣邀鶯唱和，卷簾先與燕商量。好將新月换斜陽。

其二

誰向陶輪問夙因。石泉槐火又争新。何緣滄海不生塵。　忺摘殘花紅欲淚，怒生芳草碧爲茵。那知同是可憐春。

八聲甘州　省女弟常熟，呈龐鄺亭先生

倚東風徐捲尚湖雲，春煙點輕帆。訊年時杖履，尋梅看竹，題滿蒼巖。意度醇醪公瑾，詩

律少陵嚴。併鑄林泉樂，百感都芟。　早歲天南旌節，念櫻珠筍玉，便解朝衫。訝陶輪迅轉，至竟別仙凡。苦人間、白衣蒼狗，攬滄桑、賸夢擲松杉。漁舟穩、許相從否，白木長鑱。

八歸

鄺翁偕泛舟虞山之麓，過鵜鴿峯翁氏墓廬

溪深柳淺，籬疏松密，臣玉尚有故宅。窺簾一片波光輭，應念液池春閟，草滿凝碧。昔昔暗通蓬島夢，恨萬里高寒遥隔。莫更問、殘劫龍天，儘許逭泉石。　遐想當年誓墓，山靈知否，黯淡孤臣心跡。壓簷雲絮，繞庭霜葉，總是閒愁凝積。倚煙巒迴峙，好與斜陽弔今昔。雙華表、令威歸也，不奈荒寒，空堂風雨夕。

洞仙歌

歸舟訪東澗老人墓，河東君葬其側。嘉慶庚午陳雲伯大令所樹小碣尚存

叢叢春草，對斜陽流水。畢竟蛾眉爲君死。墜樓人、解道報答明珠，應早遣，天壤王郎知此。　林間雙石柱，誰爲留題，蘚蝕章臺好名字。月夜倘歸來、環佩依然，似當日、詩中畫裏。恁歲歲、巖前豆長紅，定染透瀟湘、血和殘淚。

玲瓏四犯

得柔堅居士淶水書

遺我雙魚，正去國蘭成，吟罷愁賦。夢擲江流，猶記綠波南浦。憑仗舊日河陽，早鄭重、萬花深護。恨杜鵑不勸春住。雲攬一天殘絮。　綠楊生是靈和樹。怨東風、玉關歸誤。湘波縱遠騷心近，春盡留芳杜。梅熟乍暖乍寒，念萬里、銷魂羈旅。盼片帆穩卸，西塞下，歌漁父。

蘭陵王

晚雲碧。雲與閒愁並積。殘花墮，霑霧糝煙，憑仗林閒瘦鶻力。珍叢暗歎息。悽惻。桃蹊柳陌。金鈴護，猶綴賸紅，狼藉塵絲更誰惜。　攜尊試重覓。奈譜亂霓裳，聲曳羌笛。蜂鬢蜨翅輕拋擲。看緑徧天際，夢迴雲表，騷魂消盡恨未歇。正芳草如織。　岑寂。倦游客。更拾影襟痕，陶恨塵跡。薔薇已謝春草無色。但弱篠窺牖，墜英侵席。分明紅淚，恣染取，翠袖溼。

蜨戀花

安石榴開春去久。極目天涯，何處無楊柳。漠漠平林籠遠岫。傷心人爲登樓瘦。　昨日簾纖今日又。漫道梅黃，風雨年年有。遮莫緑陰濃似酒。醉儂草長鶯飛後。

綺羅香　白蘭花

暗沁甜香，明鐫軟玉，楚畹餘芬猶賸。旖旎玲瓏，開及晚妝纔竟。綴羅襟、珠汗融初，攲繡枕、玉顔嬌並。憶年時、茉莉低鬟，鸞釵新換鬢邊影。　芳姿邢尹自別，誰狀南方草木，嘉名持贈。領略温馨，吟徧雲晨煙暝。翦蔻梢、雨綻春含，拈桂蕊、露馨秋凝。問何如、蜨後蟬前，一簪風味省。

點絳脣

偶於雜書中得道光二十三年阜陽縣征糧官紙，紙背書《減字木蘭花》一闋，云：『雖然小別。惱亂偏逢重九節。那去登高。獨向江頭送畫橈。　休言十日。一日三秋應省得。說與黃花。莫待開時不到家。』不知何人屬草，甚有辭致，當使好事者傳之插徧茱萸，暮雲忽擁離愁起。暗緘殘淚。寫入新詞膩。可是催租，轉有登高意。相思字。蠹魚迴避。此亦貞元士。

前調 得述庵書，相念甚厚。答書有贉紙，綴以小詞

昔日周旋，定巢爲揀寒枝可。溷憐花墮。天壤君知我。今日淒涼，玉笛邀相和。愁無那。夢中春過。儂且滄江臥。

八歸 初暑無寐，披衣待曙

窗櫺半白，燈檠全黑，愁味最耐咀嚼。新詞略寫纏綿意，還向曉鐘聲裏，字字斟酌。可奈春蠶絲萬縷，又幻作莊嚴瓔珞。解道是、去後韋郎，宛轉念紅萼。重理黃昏賸夢，頻頻驚斷，那辨簷鈴城柝。枕教儂倚，被教儂展，睡怎不教儂著。儘悒悒悶悶，縱有長桑更無藥。試開户、起看星斗，繞樹啼烏，知人情緒惡。

孤鸞 江甯李道義者，業刻書。去年，余客秣陵，校刻《續檇李詩繫》，與相識。秋，余以病歸里，秣陵旋被兵。李數來就余商榷讐勘，見其病已劇。今歲二月，其弟以書告李痛殤子，遂不起。四月，其婦陳吞金約指以殉。江陰繆書屏紀其事。麻沙殘楮，今昔江湖，椎布貧家，死生伉儷，長言不足，感慨係之

滿江風雨。任寡鵠哀鳴，瀟瀟如許。惜病憐貧，賃廡十年辛苦。單門最憐舐犢，況驚禽、那堪鼙鼓。不信藁砧情重，便忍拋儂去。問藁碪、泉下待儂否。歎易割迴腸，難斷愁緒。一寸金彄，謝汝助儂千古。靈鶼料仍比翼，倘同尋、睦親坊路。誰道湖山寂寞，得玉

顏支拄。

滿江紅　瓜爾佳鎮青侍郎崧駿遺象

城郭人民，倘公在、定應愁絕。試重拜、畫中巾扇，風流猶昔。運往欒公從罷社，情深羊傅徒沈碣。問當年、誰救越州災，今陳跡。　荆棘徧，長安陌。蘭茝盡，靈均澤。黯江湖春去，愁留殘客。生死交存憐鶴舞，興亡事大悲鵑血。更桐花、蕉葉夢相逢，鬚眉碧。桐花蕉葉，乃受祜堂庭中草木，當時宴集地也。

摸魚兒　柔堅居士屬遥題釜麓歸耕圖

望天涯、亂鴉枯樹，重重雲影遮裹。不知仲蔚廬安在，夢向太行飛墮。塵敢涴。便咫尺咸陽，儘作滄江臥。晴占雨課。想問字村童，對棋野老，争唤伯休那。　沈冥意，憑仗煙皴墨破。愁心寒黛雙鎖。圖成足補騷遺否，略寫豹濳蟬蜕。公定可。向黄葉林邊，添箇青衫我。牢愁亦頗。對冷盞低檠，催詩太急，簷際塞鴻過。

百字令　予弟南生游藝多能，素不能畫。一日得尺絹，臨錢蘀石先生墨蘭，信筆揮灑，便有意致。予弟亡來十三年矣，此幀尚藏篋中，附裝先世文字册後，繫之以詞

離羣已久，覩分明泥雪，使人悲也。記得西窗初試筆，心手一時瀟灑。濃染花心，淡鉤葉背，補點寒苔罅。重看粉本，墨痕同照寒夜。　不信雹碎霜彫，湘波夢跡，都作雲煙化。澤畔孤吟徒苦我，天慭靈均才借。失計當門，末途空谷，此恨憑誰寫。謝池荒矣，惠連天上應訝。

摸魚兒　題張彥雲娟鏡樓圖

是誰家、玉臺舊物，凝妝當日憨倚。塵奩不鑄驚鴻影，枉署彩鸞名字。鉛染淚。看蟬翼重摹，饒有簪花意。不知此豸。耐夜夜高寒，倘憐明月，墮落尚人世。　團圞懺，直恁迴腸蕩氣。摩挲能解愁未。好教料理空中語，更爲補銘紅翠。卿定慰。問一向流傳，能遇多情幾。秋魂喚起。用底事相酬，樓頭雙袖，樓外萬花綺。

金縷曲　旭辰以令子芷廎遺詩屬爲校閱，客舍中草草讀一過，題詞歸之

商略殘詩本。歎年時、無多老淚，揮來都盡。苦爲孤鴻爭幻影，一一爪痕深印。更捧雪、摶泥重認。黯淡小奚囊底物，嘔心肝、竟爲叢殘殉。天正醉，倩誰問。　時評華實推君僅。稱春游、緑箋白袷，人詩俱俊。跨蝀眠犀尋舊跡，珠玉筆端齊歎。論風格、羽琌尤近。乞與芙蓉城小住，著吟魂、可比人間穩。埋玉樹，有餘恨。

前調　甲寅春夏間，重至天津。林豫卿丈際康置酒，邀陸似梅丈安清及程爾楣光楹、姚伯繩寶炘、趙金緘炳林、陸幼香炳文諸君共飲，皆先學士舊時賓從。金緘方以是日至，爾楣翌朝當行。塵海浮蹤，暫焉相聚，非易事也

誰謂無神助。謝封姨、迴帆送到，行舟留住。縱目南樓年最少，使已頭顱如許。又何況、當時琳瑀。屈指晨星猶有幾，只尊前、磊落人三五。今昔恨，那堪訴。　征袍今昔殊緇素。定難分、江頭涕淚，洛中塵土。茗琖詩囊相料

理，怕道須溪春去。更青兕、幾番風雨。莫話年來經歷事，枉茹冰、飲雪論辛苦。將進酒，爲君舞。

其二

我倦津梁矣。猛無端、蜂驚蜨擾，殘英飛墜。湖上銅犀眠不醒，荆棘年時還未。似解道、笑儂憔悴。如絮篷雲萍舞浪，儘飄流、豈是先人意。空老大，我滋媿。　析津亦是前游地。忍重嘗、江豚海鮎，兒時風味。一昔元都花落後，愁緒萬絲難理。歎眼底、無多紅紫。漁畏風波耕水旱，作尋常、雞鶩成何事。歌未竟，擲杯起。

燭影摇紅　得王冰鏡同年秣陵書

戀醉恔寒，短檠孤盞沈沈夜。夢魂偏自繞秦淮，風雨花開謝。漫説流光暗借。憶年時、桃根未嫁。東風定笑，誚麥嗔葵，客何爲者。　淡淡斜陽，柳陰一片鍾山赭。可憐金粉不勝春，收拾前朝也。舊蹟青溪酒灑。換新詞、紅橋語冶。江南消息，不是蘭成，更誰能寫。

一枝春　西館庭植榆葉梅，有桃同根，當春先華。邀孝先、階青共賦

染碧渲紅，又東風、點綴深深庭院。元都乞與，客意比花還倦。誰根誰葉，問春信、苦分深淺。莫更遣。錯怨崔郎，料理曉妝剛半。　依然舊日人面。托孤根、尚有翩反嬌伴。初移露井，定帶液池波暖。低徊永晝，羈旅恨、爲儂排遣。應盼到、倚玉交珊，尹邢相見。

摸魚兒

黯消凝、那時門巷，春殘花謝人去。危樓合署千峯樹，繞檻亂山無數。雲閣住。漏一線斜陽，慘淡中原路。誰堪共語。但屋角鈴聲，疾徐斷續，鎮日向儂絮。　臨邛術，碧落黃泉兩誤。長生癡願仙妬。鈞天未闋瓊漿釃，枉擬綠章重訴。空起舞。儘鐍鐵沈淵，難補蘭根土。停辛佇苦。莫更問元都，燕葵兔麥，無覓舊游處。

壽樓春　題張彥雲紅樓餞月圖

悲吴江楓黃。怎殘春舊夢，猶繞伊旁。苦憶猿啼煙驛，鶴歸雲鄉。歡緒短、離愁長。博山灰、將温旋涼。試起擘鸞箋，靈犀彩鳳，珍重慰徐娘。　身燕市，心衡湘。儘消磨酒聖，排遺詩狂。漫問華璫前贈，明珠今量。籠水柳，知風桑。補賣家、迴文詩亡。只煙柳模糊，危樓夕陽。圖畫香。

百字令　題湯貞愍遺札

雨聲溢紙，儼江山深擁，故將軍也。正欲言愁何況爾，新舊更誰來者。象管題餘，麝煤潑賸，留得鸞牋鏬。匆匆作草，鯉鱗鴻羽從借。　想見風度當年，揮犀壓麈，人共秋瀟灑。天上玉樓應好在，華表微聞悲詫。琴證仙盟，釵完世緒，忠孝尊羣雅。吉光展對，江樓寒月圓夜。

前調　張子虞先生負書圖

吾師逝矣，歎煙雲珍護，緜緜天壤。力與狂烽爭故紙，多幸蠹餘無恙。足繭霜郊，肩頳雪巇，何限心悲愴。銀河洗盡，巾箱猶壓歸舫。贏得藜照芸熏，寫官副本，猶待陳農訪。再世窮經今食報，辛苦略償疇曩。壁簡甄殘，囊篋緝逸，共入名山藏。子雲亭在，侯芭但有惆悵。

菩薩蠻　秋雨

蕭蕭槭槭中庭樹。疏疏落落涼宵雨。併力作秋聲。離人睡不成。　窗陰燈穗瘦。約略三更後。躡屐出門看。衣單勝夜寒。

其二

分明不是天河水。殷紅百萬愁人淚。寒意逼重城。雲邊聞雁聲。　雁聲柔似鱅。載夢江湖去。兀自倚瞢騰。臥游猶未能。

其三

今宵無復嘈嘈語。草間溼斂莎雞羽。莫問夜何其。巷深車馬稀。　簷頭如瀑起。風盪跳珠細。乍急忽旋停。曈曨天未明。

露華

西館植榆葉梅，與桃同根，每歲花開，桃先梅後。曩嘗邀孝先、階青二君同賦。頃閏枝用碧山詞平韻咏桃，仄韻咏梅，更與同館諸君依韻和之

一枝秀發，儘嬉晴媚雨，嬌借春魂。華清賜浴，東風初展眉痕。依舊十分明豔，舞柘枝、霞點羅裙。還未爽，渠儂暗約，再茁靈根。　劉郎十年相對，歎客鬢霜添，慵賦長門。凝煙帶露，愔愔卻又黃昏。咫尺漢宮千里，似佩環、人憶江村。紅雨灑，庭蕪碎落冷雲。

其二

絳跗漸圻。勝露井新開，那樣顔色。倦燕倚風，銜得餘霞低拂。怪他釃緑酣紅，不似當年高格。重喚起，羅浮翠禽，爲換仙骨。 徘徊使我心惻。怕月嶼星街，雙誤吟魄。正是戀春春去，賸蕊忺摘。劇憐半面殘妝，巧借黛螺描出。芳意盡，明年再看那得。

水龍吟 《冰蠶詞》有此調咏水車，體物致工。川、滇溪峽間，車以風運。因念江鄉暘雨不時，人牛併力，田家作苦，宜有以勞其艱難，更爲賦此

江村布穀聲中，陌頭嘔軋遥相和。烏犍捩角，同辛共苦，走盤轉磨。龍骨翻翻，魚鱗淰淰，雲簁煙簸。看迴環往復，方輪急駛，喧竹外、斜陽墮。 忙煞晴占雨課。盼黄雲、萬花齊唾。儘伊俯仰，渠儂不惜，芒鞋踏破。蘆漵中渟，柳塘外溢，亭平聊可。料應待、水落秋深，呼倦牧、低棚坐。

渡江雲 題夏閏枝天一檢書圖

石渠書徧讀，一麾江海，深擁五驊騮。日湖春柳短，玉軸牙籤，人在最高樓。晁家新記，萬琳琅、天假雕鎪。堂上有、敕題飛白，佳氣五雲浮。 夷猶。風漪萍散，雨陌花殘，溯前塵回首。何況是、長恩識别，脈望縈愁。癡龍愁舍瑯嬛去，訶斷鴻、雪化泥留。空展畫、滄桑賸淚難收。

瑞鶴仙 題章式之同年四當齋勘書圖，時式之箋證《讀書敏求記》方寫定

一廛棲萬玉。仗深護幽蘭，春温空谷。鄉山

畫中緑。慰倦旅心情，小窗橫幅。精廬雲覆。耿寒燈、誰闚夜讀。歎承平、向犖風流，坐擁石渠天禄。　遐矚。丹研鉛注，萬徧摩挲，郡齋新録。百年芳躅。芸欲燼，得君續。笑當時料理，驒裘銀餅，枉自鈔胥暗屬。竚歸帆、珍篋藏山，撫松倚竹。

秋霽

秋老亭皋，訝怨凋凘林，又減顏色。水咽津橋，石殷棧路，暮寒杜鵑無力。勁飈未息。翠微亦斂長眉碧。憶故國。空賸、酒醒裘敝浪游客。　塵影尚在，暗擲蒼茫，種桑高原，如此寥寂。夜將晨、繩橫斗落，孤星低隱片雲白。誰喚渡河行未得。衹自魂斷，淒絶倦旅心情，聽猨江峽，度鴻霜驛。

以上《藥夢詞》卷一

燭影摇紅　江亭修褉，分韻賦詩，次珊館長獨爲詞，伯絅繼之。余亦和作，仍用所分『翠』字韻

城郭參差，釃寒不放韶光起。竚天尺五月重三，蕭瑟猶如此。人説王家故事。侍耆賢、洛英借擬。隱囊紗帽，流水游龍，羣賢畢至。　檻外平原，柳荑暗斂東風細。朝來爽氣撲闌楹，山色沈空翠。誰道春來久矣。問元都、花開尚未。俊游申約，策蹇重看，蘆芽垂水。

繞佛閣　爲伯絅題雷峯經卷

賸鈴繫檻。山半竦立，誰記年歲。闌護峯趾。試看岸柳、汀蘆病秋意。　相輪徑墜。吹散貝葉，鈐徧宮璽。蟫避椒紙。更誰妙擅，經生舊京體。　倦客最無藉，證取前游圖畫裏。

還似那時、斜陽孤影倚。罨萬古雲煙，低映湖水。劫風搥碎。振大海潮音，重現彈指。灑楊枝、暗塵徐洗。

點絳脣

唐墓磚狀四侍女整鬟、斫膾、烹茶、滌器，致極精妍，分題四闋

攲枕鬟鬆，夢迴先被籠鸚詫。鬟雲嬌瀉。故向釵邊卸。　背鏡輕攏，眉翠羞重寫。鞦韆下。倦腰弓亞。婀娜花枝姹。

其二

茜袖徐搴，匕光寒壓金盤小。錦鱗騰沼。萬一將書到。　想像蓬池，片片紅絲繚。芳薑芼。後來宋嫂。孤負羹材好。

其三

蟹眼生初，暗風吹送松聲怒。悋分仙露。門掩棠梨暮。　火候商量，獸炭頻添取。嬌無語。膩灰凝箸。可有殘師芋。

其四

羅列壺尊，昨宵纔罷霓裳宴。念奴傳喚。料理中厨倦。　纖手挼巾，親與端詳徧。寒泉澣。舊家金盌。愁使人閒見。

水調歌頭

暝色破吾嬾，望遠起憑闌。極目千里萬里，但見夕陽殷。誰挽刪丹弱水，倒注蓬萊滄海。銀漢不成灣。終古蒼梧淚，湘竹至今斑。　天黯淡，人悵望，意相關。舊鄉臨睨何在，遠近有無閒。長此瞢騰風雨。重以迷濛煙樹。遮斷百重山。閃閃一行白，倦鳥挾雲還。

其二

芳草復芳草，歸路杳天涯。夢斷舊時南浦，碧色儘伊誇。昨日荼蘼已盡，明日薔薇又謝，等是夏初花。春意憶梅柳，爛漫向江霞。　緑章乞，朱旛護，定非耶。都曇答臘聲歇，羯鼓換邊笳。爲語新來燕子，休問雕梁繡箔，王謝已無家。癡立畫闌曲，直到日西斜。

前調　醉鍾馗，和夏閏枝

胡不舞長劍，揮霍倚餘酲。否亦推杯而起，一嘯百靈驚。竟爾頹然自放，狼藉緋衣皂帽，莊蝶兩忘形。倘赴鈞天宴，酩酊覲瑶京。　恣酣飲，盡餘瀝，枕空罌。手拊鴟夷一笑，螺琖夢中擎。漫道皤皤空腹，舊徑終南蕪矣，幻入井眉瓶。乞汝一椎中，甕破汝應醒。

八聲甘州　題譚篆青祖任聊園填詞圖

罨霜空嵐翠落牆陰，側帽坐微吟。懺尋常言語，鏤冰琢雪，密護冬心。刻畫横斜梅影，花瘦不勝簪。依約羅浮夢，驚起仙禽。　召客碧箋分賦，静無塵妨轂，有月闚襟。況林疏徑密，春隱畫中尋。感羈棲、天寒歲晏，正無憀、單袖倚孤岑。重招隱、憑君開徑，濤籍同林。

蘭陵王　柳

苑牆曲。新柳舒舒似沐。東風勁，吹向隴頭，百折柔條半絲續。歸期黯未卜。悵觸愁心淚目。西泠夜，追念舊游，蘇白隄南段橋北。韋郎去時屬。儘雨底烏藏，煙際鶯撲。啼鵑聲裏餘春促。愁月照荒堠，霧沈平楚，江潭前度賸舊緑。怨春去何速。　鄉國。夢尋熟。

待夕度征帆，晨駐游轂。碧雲掩冉填詞屋。又篋按新譜，畫摹殘幅。婆娑門外，許共隱，意便足。

瑞龍吟

閏枝偕書衡、曼仙崇效寺看牡丹，用清真韻屬和。余今歲未過城南。嘗詣春耦齋，牡丹正盛開，賦七言長句，復譜此闋

春歸路。彌望細草萋煙，夕陽殷樹。朝來宣武坊南，東風爛漫，花開幾處。　更延佇。仍憶梓花飄徑，棗林環户。何人策蹇同游，被花賺取，紗籠好語。　休問唐宮遺事，沈香亭上，環妃仙舞。千載羽衣霓裳，風韻如故。凝香裛露，猶誦青蓮句。縈遐想、迴闌深倚，長廊閒步。心逐餘春去。鑾箋未盡，元都怨緒。雲織愁千縷。何況又，匆匆連宵風雨。梵林夢繞，游絲飛絮。

蝶戀花

召南以閏枝手寫庚子、壬寅舊詞裝長卷徵題

颯颯西風秋正半。旅雁相憐，慰藉江湖倦。鏡裏楓荻依然人早散。酒杯深竚箏絃淺。　華顛霜漸滿。一寸心光，不逐流年換。擲與溼紅箋共看。當初苦道長安遠。

其二

莫訝前宵風雨横。鶴怨猿愁，多恐朝來更。小院窗外月扶殘菊影。叢叢似亂亭亭整。　三更蟲語静。天自沈酣，人自淒涼醒。老眼不禁雙淚迸。愁蹤夢跡難重省。

其三

憶得那家春色好。門巷都非，枉被桃花笑。夜夜西風吹夢到。銀河左岸紅牆繞。敢謂

冰霜幾見早。何物銅駝，安穩眠芳草。遮莫鐘聲還警曉。婆娑人樹秋俱老。

其四

人海年年真計左。公等煙霞，我亦桑麻可。霜葉風枝争婀娜。滄江萬里漁舟臥。　歌到家山聲入破。客有吹簫，倚酒邀相和。二十五篇兮與些。涼秋無那愁無那。

水龍吟　秋絮，用東坡韻

秋來還是飄零，不如拚逐東風墜。一絲半縷，是誰醞釀，離人愁思。著雨疑無，黏雲似有，重簾深閉。歎江湖老去，詩魂化盡，卻飛向、霜天起。　更少落花相攬，但叢蘆、遥汀斜綴。未堪乞與，嬌鶯慵燕，芳心定碎。暗點枯萍，輕隨墮葉，洞庭寒水。正依依客袂，忍教霑取，舊青衫淚。

霜葉飛　悼秦右衡，用清真韻

露晞原草。令威返，淒然臨眺雲表。病槐簷際太彫疎，正晚風寒悄。擁積雪、愁昏怨曉。瓊樓人去蕭齋小。掃翳席凝塵，擬往日、巢痕似舊，巖電收照。　還記暫出天南，昆池佗海，使節春與俱到。飢凰垂翅殉枯蟫，那更開懷抱。況絶筆編摩未了。牀琴雖在難成調。念昨游、人天恨，門掩西州，幽慨多少。

高陽臺　殘雪

薄沍溪冰，微封村徑，晚晴猶覺衣單。誰撥雲開，斜陽深淺螺鬟。玉龍化去餘鱗爪，尚棱棱、留與人看。黯庭蕪，瘦柏孤擎，髡竹輕彈。　抨弓灑入寒林畫，襯嵐光淡染，苔點濃攢。

寄語飛鴻，重來泥跡全殘。山深未改先時白，儘風塵、不涴高寒。試凝眸，依約巢痕，棖觸愁端。

前調 唐花

密幄遮風，低棚炙日，看花先爲花忙。何處春生，家家小塢深藏。千枝一昔争紅紫，漫相催、羯鼓三郎。護珍叢，猩染圍屏，鸚語文窗。朝來開到沈酣處，也香霑茵席，豔壓釵梁。翦綵黏絨，紅閨著意評量。番風廿四尋常過，笑空花、誰是真芳。讓寒梅，緑萼新篘，翠羽低翔。

惜黄花慢 閏盦敦白石詠梅賦憶菊詞，伏廬作畫，爲題卷尾

唳鶴驚霜。正夜闌夢醒，還結愁腸。故園籬下，那時醉後，花忺瘦影，人惜寒香。嬾聞佳節登高近，暮簾捲、煙柳斜陽。恨正長。泥人訴説，花外滄桑。愁心幻墮蒼茫。儘墜歡綴取，曉圃分將。槁枝平翦，陳根淺壓，憑酬倦旅，孤對幽芳。感秋重敦泉明語，舊游地、遮莫淒涼。徑未荒。爲花試醽瑤觴。

絳都春 分詠京師詞人第宅，得洪稚存卷施行閣

仙猿化後。問門柳徑菊，巢痕依舊。望雨放歌，看月攜尊重搔首。珠三劍七消沈久。但光氣、分明牛斗。注經箋史，叢殘蠹屑，賸芬存否。清晝。三天退食，據梧正惓惓，冰懷霜候。夢斷絳紗，淚染青袍嗟雙負。紅心根薄春陰厚。待歸去、雲溪相守。舊時門巷幽尋，更誰酹酒。

前調　古藤書屋，和龍伯

覆廬雲氣。去天定幾尺，紅牆影裏。巷口樹陰，户外轔音雙扉啟。談詩直到冰輪起。勸加飯、殷勤兼味。暫移家具，爲花住也，夢尋鄉里。　歸矣。拏舟戴笠，賜書過萬卷，柴門重理。虺蔓倚風，蜨蕊堆霞前塵記。垞南垞北千竿翠。念京洛、故應無此。祇今誰問藤陰，更拈黱紫。

前調　緑水亭，和閏枝

烏衣夢醒。送春似過翼，園林幽敻。地近絳霄，才稱黄門聲華盛。無端環玦寒宵迥。正孤坐、推敲難定。怪他心跡，春光最好，怎教淒哽。　消凝。簪花帽側，待誰爲綰住，雲晨煙暝。塞雁乍還，仙驥將迎緱山頂。至今泉水清於鏡。倘留得、青衫瘦影。翠微定是無情，對人意冷。

前調　紅雨軒，和澤丞

樓東倦燕。帶花片半溼，初晴庭院。翠羽共吟，瓊管同攜珠簾捲。徘徊玉手生綃扇。更誰許、花陰窺見。鏡盟釵約，分張最恨，種桃人遠。　淒黯。無心按曲，怨春生未忘，文窗殘翰。幾曲畫闌，還繞妝樓庭蕪滿。棠香褪盡桑塵換。便環佩、歸來猶戀。儘教偏和漁歌，悵雲易散。

霜花腴　用夢窗韻

宜秋未得，倚短筇，無心更整衣冠。荷老池愁，菊遲籬怨，羈人醉醒俱難。鏡天正寬。奈鬢華、催白霜前。黯鄉山、萬疊迢遥，夢魂飛趁晚鴻寒。斜日蠣牆徐下，歎庭柯槭槭，可庇寒蟬。風約悲歌，雲凝離思，纏綿競託詞箋。柳陰繫船。映釣篷、叢篠娟娟。倩鷗波、爲寫歸心，水村圖共看。

安公子 重陽伯絅、次公舉詞社

幽墅斜陽靜。紫萸分插欹冠整。傍砌栽蕉陰未滿，助秋煙催暝。料此夜、羈鴻夢爲新霜醒。警暮寒、陳斷江天迥。聽數聲柔艣，飛度銀河無影。　月意宜深徑。初弦鉤小明於鏡。且與停尊延竚久，儘迴闌孤憑。又動我、年年未了蓴鱸。興空斷、魂天遠鄉山。近待縱櫂楓汀，遲君日斜風定。

御街行 又簡次公

鏡霜新映衫塵舊。容易西風又。蟲魚歲月馬牛身，拚與仙蟫相守。招邀近局，一年已到，橘綠橙黃候。　朝來湖上隄邊柳。青似春前否。黃花慰藉白衣人，不許花憐人瘦。飛君金盞，借儂鐵笛，吹破秋陰厚。

滿庭芳 趙劍秋前輩招滂喜齋夜集，出示吕夫人詞稿

竹倚雲眠，槐擎霜立，翠簾不遣寒侵。玉醪香淺，徐邊客愁深。十幅紅箋寫徧，君家語、合璧鎔金。西風起，稻粱盡矣，愁思黯盈襟。　沈吟。懷舊跡，年時院落，猶自愔愔。記屐聲未遠，茵唾重尋。徙倚疏桐缺月，雙鴻爪、冰雪同心。梅花下，圍爐宴坐，相對試調琴。

雪梅香

舊時月，幽林寂歷駐清輝。敞瑶田千頃，莊嚴

珊玉交枝。畫裏盤拏凍蛟立，寒邊浮動翠禽知。閒簑笠，釣罷舟迴，來與題詩。　相思。記前度，卻寄江南，淡冶春姿。泥跡分明，孤筇點破苔磯。玉笛聲殘雨初歇，緑陰子滿客忘歸。宵來夢，掃徑重尋，茅屋疏籬。

霓裳中序第一

城東人家藝菊，得異種，花徑尺有咫，重跗疊鄂，頳若明霞，餘瓣四垂，蹁躚盡態，名曰羽衣舞。龍伯欲以此調寫之，未數日，遽即世。霜腴既槁，露跡同晞，乃爲補題，並寄哀悰

神山正怨極。幻落秋籬簪未得。紅豔亭亭似昔。又倦嚲舞鬟，嬌留仙褶。輕鴻淺立。證斷釵寒圃重謫。驚穠麗，拂珊倚玉，奈此好顔色。　蕭瑟。暮年詞筆。試想像瓊葩徑尺。西風催送過翼。笛碎愁心，酒酹吟魄。耐霜霜更急。展錦字殘紅淚溼。瓊樓夜，霓裳重按，念我酒壚側。

六州歌頭

歲暮感懷，用東山體

殘年倦旅，心跡一浮萍。忺酩酊。游溟涬。酒如澠。鬢霜驚。每飯在鄉井。梅破嶺。松翳徑。楊枝豔。桃花聖。四時情。鶻鳩高吟，無夢不思潁。竹屋茅亭。對明湖十里，宛轉櫂歌聲。舊侶將迎。話生平。　憶貞元盛。詩酒興。鶯花影。曲江晴。瑶佩贈。瓊樓迴。百無成。儘飄零。衆醉敢孤醒。調龍性。結鷗盟。笳鼓競。風塵暝。誤歸耕。户外滄桑，吾自愛吾鼎。淺雪深更。撥寒爐灰看，心字轉分明。百感從横。

鬭百花

閏花朝

漫道春濃如酒。重與百花爲壽。滿庭翦綵裁

繒，兒女朝來還又。偶起窺園，嫣紅微染牆桃，嫩綠漸霑門柳。未到春深候。　能幾何時，又是綠肥紅瘦。留得閏年，好與餘春相守。屬付東君，從頭另數番風，直到羣芳齊後。

燕歸梁　六橋舉詞社，庭有古杏，老幹著花幾滿，百年外物也

桃李尋常故不同。占歲歲東風。江南歸夢雨聲中。渾未省、爲春慵。　宋家詩意徐家畫，紆吟管、惜芳叢。差池新燕度樓東。花正映、夕霞紅。

前調　閏枝咏史館海棠，因追懷右衡和作

皂帽看花已十年。又點破晴煙。疏疏紅萼瘦逾妍。韋郎去、更誰憐。　當窗且試低枝折，歸路壓、帽簷偏。無多殘豔照華顛。惆悵立、晚風前。

臺城路　戊辰九日賦秋陰，寄懷舊都同社

重陽縱自無風雨，輕陰鎖斷天際。消賸煙痕，逗殘日影，釀出十分秋意。新寒似水。怎楓染添紅，柳霑損翠。對此茫茫，舊人新雁甚情味。　江亭前事暗記。畫闌朱褪盡，今共誰倚。淡徹愁心，濃遮遠目，贏得平原如此。相望未已。奈霧驛霜郵，尺書慵寄。點破沈冥，晚霞風颼起。

水龍吟　己巳二月象甫還里，出竹石丈象徵題。象爲鄭叔問補圖，即用叔問題象韻

朝來東閣重窺，苔痕草色當年異。絮簁風勁，萍黏浪轉，晨星還幾。西塞春殘，誰憐蓑笠，

閒漁身世。忽鬚眉再覯，雲寒石瘦，有無限、低徊意。　追憶黃雞惡識，弔長沙、日斜庚子。神山縹緲，海枯塵黯，青鸞難致。冰雪荒江，風煙喬木，茫茫感此。繹泉明遺令，舊家松菊，道歸來是。

燕山亭　和道君見杏花作，聊園社題也

翦綵裁紈，花事漸深，似水斜陽西注。穠李艷桃，競豔爭妍，等是世閒兒女。乍可歸來，重對江南煙雨。吟苦。且沽酒前村，慰儂遲暮。

空記辭賦流傳，鬧枝頭春意，流鶯嬌語。盧家舊事，倦燕慵提，差池暮雲深處。一夜高樓，夢殘蕊、被風吹去。無據。晨徑掃、怨天難做。

梅子黃時雨　本意

雛燕低飛，道簾外草痕，添許新翠。正晝靜人閒，板扉雙閉。風輭不知雲有罅，乍開旋聚簷聲起。危闌倚。白紵耐寒，疑逗秋意。　長此。瀟瀟不已。念東皋舊侶，忙轉龍尾。問斷潦妨車，羊求來未。拚遣毛空催入暝，漏斜陽賺愁心碎。人顦顇。便應與天同醉。

側犯　林鐵尊新刻《半櫻詞》見貽，即用集中與彊邨、蒿盦二公酬唱韻題寄

津梁我倦。衍波色喜新行卷。天遣。占海外東風、幾番換。孤槎貫月返。霸杜殘春賤。帆轉。喚旅雁靈巖、且爲伴。　溪光罨緑，何似滄波遠。筋力健。試登樓，鷺宿渚煙晚。起摘田田，碧筩誰勸。曲折湖廊，竚涼題徧。

金縷曲　晚甸丞從兄

君死元非死。恨臨分、不容訣別，我來遲矣。斜日在林人竟去，空有叢殘文字。盈老屋、數開而已。君不見，晉徵士。　晚工詩似高常侍。讀丹經、大還九轉，伐毛洗髓。密諦玄談吾不解，但見樓臺彈指。更幻作、煙巒淩紙。後世悠悠誰知者，料流傳、未必如君意。宮錦色，太羹味。

其二

卌載游蹤記。儘思量、不成片段，有頭無尾。原草盛衰萍聚散，江上愁心無際。算只有、狂名盈耳。除是當年朱公叔，諒平生、湖海元龍氣。歧路感，入宮忌。　郎官星傍雲霄起。奏通明、匆匆乞外，諫君無計。辛苦三州償一夢，風景新亭漸異。復何忍、茫茫對此。笑揖陶家門前柳，攬滿湖、煙雨歸舟繫。耕負郭，定遲未。

其三

何處高陽里。駕雲車、蓬萊遠近，舊鄉臨睨。心怵流亡留苦語，猶憾東風捲地。沈痛似、放翁家祭。不覺枯蠶絲將盡，爲州賢、蠹口争名氏。金石友，竟君志。　莫嫌佛鬱私門誓。最難忘、荷衣人在，寒機聲裏。幸得靈鶼相慰藉，又是病鵑憔悴。況望斷、金環再世。徑欲呼天天難問，挽崦嵫、日照刪丹水。身世恨，有如是。

其四

過翼流光逝。每相逢、聯牀聽雨，箋經斠史。

老去加餐猶矍鑠，畫取珠庵雙柱。還寫破、莫干山翠。後約東湖春風櫂，歎仙樓、依舊玄珠碎。誰喚醒，老龍睡。　范田杜厦論心事。又湖濱、叢祠略廣，宜山舊例。鑄雪搏冰當食報，行與逋仙同祀。且共定、太邱私謚。心化餘霞寒江暮，到海枯、石爛終成綺。辭不盡，繼之淚。

摸魚兒　咏梅寄召南，時庚午春，召南正八十

訊平安、逋仙無恙，歲寒誰共遲暮。江迴嶺隔尋消息，贏得早春幾度。疏影嫵。縱歷盡冰霜，不減橫斜趣。夜深幾許。更舉酒相邀，舊時明月，來照舊時樹。　江樓笛，吹動郵亭離緒。朝來無限風雨。小窗橫幅留餘跡，猶憶年時尊俎。雙翠羽。問別後師雄，還許重逢否。一枝漫取。盼早晚南飛，守花使者，附與好詩句。

前調　題汪碧巢先生象，用卷中沈山子、李秋錦諸公舊題體韻。象爲康熙庚申上虞謝文侯畫。先生時年二十有八，方自太學還，未作宦也

拂蟫塵、舊家風度，匆匆經幾寒暑。蘄州竹簟平於織，消受雪紈冰紵。吟漫與。應未忘、年時霸杜留題處。山棲未許。且分付鶯花，安排柑酒，相向作才語。　丹青妙，輭褥低屏楚楚。涼陰疑滿殘楮。小紅歌倚簫聲起，宛轉黄鐘仙吕。春不住。春倘向、歸耕煙雨圖分取。金陀舊墅。歎喬木風煙，不教留得，天上赤松侶。

蝶戀花　題沈乙庵丈仿雲林碧梧清溪小幀。丈作畫時，方攝安徽提刑

雲合秋林桐葉大。琴筑徐鳴，碧繞溪堂左。風竹那得茅庵留乞我。纖簾倦後攤書坐。疏疏霜柳彈。一角微茫，天半寒煙鎖。杯底晴嵐青婀娜。不緣遽唱家山破。

以上《藥夢詞》卷二

以上《藥夢詞》

曲玉管 寄仲虎丈舊京，並簡闓盦

雨待人來，星隨客聚，闌珊社約今重整。尺簡殷勤，青鳥遥墮柴荆。勞歸耕。鍵户光陰，攤書意緒，枯筇久已疏荒徑。努力登樓，不見人海王城。暮雲平。閣小江寒，但凝對、斜陽孤坐，拂簾嬾問東風。今年過卻清明。幾陰晴。念故人千里，爲道零秋蒲柳，瘦腰衰鬢，不似當初，汗漫心情。

祝英臺近 拔可屬題其尊人次王先生雙辛夷樓填詞圖

病鴛悲，孤鶴舞。淒咽遽如許。兜率人歸，留得好言語。請看徑竹簁雲，庭槐疎月，還依約、舊經行處。庾郎賦。沈吟寸草春暉，難寫拔心苦。玉笥山深，風撼夢中樹。夜來閃閃寒燈，叢叢故紙，從領取、烏衣風度。

暗香 敬懿皇太妃畫梅，和白石道人自度詠梅二曲

凍筠碧色。幻夢華賸影，聲聲悽笛。苑樹雪深，拂盡瓊瑰再三摘。瓶水爐煙供奉，颺縷縷、香雲縈筆。黯淚溼、獨守天寒，無復鶴分席。仙國。太闃寂。訊海水淺深，萬斛愁積。素娥泞泣。有限殘春忍追憶。涼夜仙禽

舞翠，留舊蹟、荒陂凝碧。問此恨、孤嶼月，倘能省得。

疏影

雕冰鏤玉。正綺窗霽後，花影猶宿。著意先春，蕊密枝疏，横斜爲補修竹。羅浮孰與蓬山遠，歎暗隔、銀河南北。跂絳霄、蜀帝魂歸，慰藉卷簾人獨。　珍重消寒舊譜，展圖又幾度，宫草渲緑。只有南枝，歷盡冰霜，愴絶山邱華屋。花心苦爲春恩重，聽笛裏、鶴樓悲曲。料勝如、天水楊娃，寫得楚芳盈幅。

祝英臺近　題俞壽田錫疇焦巖話雨圖

草粘隄，樹遮寺。依約舊游地。寒雨連江，一白浩無際。夜來激覓淙簷，更深無寐。話多少、開天遺事。　我衰矣。嬾繙雌鼎長篇，倦拾鶴銘字。落日登樓，倚杖爲春起。年時修竹依然，髯仙歸未。對君畫、臥游而已。

惜紅衣　寄式之

瘦鷺拳霜，昏鴉背日。挽秋無力。倦眼摩挲，雲鱗亂朱碧。風簾自展，空準擬、跫然迎客。還寂。梧井半枯，早心瀾雙息。　銅駝臥陌。塵點孤筇，秋情定無藉。歸帆夢向故國。跂窗北。倘許玉壺攜問，一字杜韓來歷。倚枕屏遥睇，如見屋梁顔色。

柳梢青　題陶陶簃元鏞柳陰覓句圖

何處尋詩。水邊林下，萬柳萋迷。舉目河山，平頭歲月，猿鶴催歸。　蕭然篛笠蓑衣。定未減、長蘆釣師。水繞孤村，月殘斷岸，小立多時。

卜算子

仲虎丈寄示舊都褉集詩詞，以庚子山《華林園馬射賦》中『落花』『楊柳』二語分韻。獨『共』字未有人拈得，輒作小詞以補其闕

苑柳倚春驕，禁得東風重。水北修篁似舊無，怨雨愁雲擁。　褉事曲江頭，游屐年時共。遠樹文鶯不住啼，喚起漁磯夢。

金縷曲

樊山《彩雲曲》傳誦一時，僕曩亦嘗見其人。一昔入夢，求詩。諉以樊山在前，僕當閣筆。乃請爲詞，要必諾，乃去。旦而異焉，爲拈此解，不敢以長公夢盼盼比也

燕去樓空矣。夜深沈、燈昏月暗，倩魂憔悴。依約淩波真耶幻，底事遠山斂翠。還重話、庚辛舊事。一騎桃花千重柳，壓羅襟、斜佩朝天紫。沙董輩，定輸此。　海山淪謫歸無計。儘推排、紅心拔盡，黃粱醒未。幾度党家銷金夢，幾度陶家茶味。更誰惜、蜉蝣身世。漢燕唐環生無分，掩柴門、白髮青裙死。添一段，玉臺史。

霜葉飛

稚威游華山，歸而病。謁醫上海，沈頓月餘，以立秋日不起。行念逝者，不覺言之悽黯也

蘚階驚墜。枯桐葉，彫殘何與人事。少微江夜斂寒芒，魂返高陽里。歎矍鑠、如君更幾。藏山游嶽甯天忌。憶小極黎牀，忽入聽、跫音自遠，攜笻而起。　迴念總角論文，萍粘絮散，舊蹟絲亂重理。壁間圖儘少文游，酒答侯芭字。遽寂寞、人生到此。渾金璞玉都銷碎。點茗甌、危闌側，何啻黃壚，有人霑涕。

蝶戀花

屋角斜陽紅一寸。春到楊枝，人比楊枝嫩。簾押深垂爐篆燼。淒迷早又黃昏近。　怪底朝來眉萼損。鏡破鞋分，妖夢驚人準。日日平安空報信。彫年竟逐風霜盡。

其二

煮海成塵餘蹟在。豈有東風，榆莢楊花外。緑勝輕拋簪白柰。匆匆直恁無聊賴。　鶗鴂惱人渾不耐。苦勸春歸，那得春來再。鵑慕鶯愁元未改。華胥夢裏春如海。

其三

目極行雲無處所。天半奇峯，幻作廉纖雨。宛轉游絲剛縛住。曉風吹斷拋人去。　誰信靈和階下樹。廢驛荒隄，重展鵝黃縷。樹縱有情天未許。短長亭外多歧路。

其四

萬緑天涯芳草徧。依舊湖山，花信番番變。瘦蝶驚風飛歷亂。春情自此無拘管。　一度鬱金堂上見。掠地低飛，衹是尋常燕。繫足紅絲搓作線。隔牆休絆殘花片。

一萼紅　久雨初霽，出郊訪張詠清丈

小橋西。訝春寒潑水，新柳未全稊。屐印階苔，簾遮門柳，煙草儘自淒迷。槿籬曲、柴扉晝閉，喜客至、鳳字不須題。玉茁桃援，珠苞藤萼，勤護香泥。　爲道四郊多壘，破鐘魚寂寞，暗動驚鼙。旗影翻風，角聲沈水，兵氣欲化虹霓。釣磯畔、孤笻近出，寄詩思、斜日一鶯啼。卻聽迴帆鼓聲，正度前溪。

金縷曲　輓章式之同年

臣質今亡矣。悵臨歧、津橋鵑語，十年於此。冰雪交期風塵外，落落晨星而已。歎直諒、如君能幾。千里論文書在篋，衍波箋、重注傾河淚。磨鏡具，遠難致。　州賢思適兼滂喜。許肩隨、興文精本，遵王小記。手定詩文編年稿，應有珠光劍氣。在故紙、叢中颺起。莫謂校讐推絕學，是西京、悃款劉中壘。蒿里奏，侑家祭。

長亭怨慢　沈雪漁同年，年八十有六。其子霄鵬迎養杭州，起居甚健。余方與約秋中當詣訪，乃於中夏無疾遽逝。令弟逋梅來告，賦此寫哀。君前官餘姚訓導最久，而葬木瀆，故篇中及之

更不許、湖樓重見。暑雨哀蟬，一聲悽咽。笠屐翛然，晚晴難倚老來健。拂衣歸去，還入侍、通明殿。俯睨舊湖山，那忍看、風驕雲幻。　綠徧。難池塘夢醒，不似當時蔥蒨。垂虹好句，尚傳誦、老人星見。定憶得、咫尺姚江，種春雨、芳蘭盈畹。換繞墓寒梅，他日迴車腸斷。

以上《藥夢詞續》

浪淘沙

濁浪起驕鯨。烽火相驚。飢烏落葉月三更。難道荒寒如此夜，不算飄零。　短夢繞空城。風雨柴荊。江潮嗚咽斷腸聲。西去儂家槐樹岸，知有誰聽。

一枝春　藏園以文美齋百花箋徵書。走十七八時侍先學士天津，與其主人焦君相識。此箋初出，即供塗抹。晚而南還，篋中尚有一二百番。鄉縣被兵，一時俱盡。覩物興懷，詠歎深之

翦緑裁紅，是何人、寫出羣芳新譜。餘香剩有，畫裏露枝風絮。分題寄遠，尚珍重、雁綃魚素。應自笑、虛白雲藍，未比角花怡府。橋鵲向人深語。漫塗鴉、試擬南樓詩句。歸裝太晚，俊侶但隨陶楮。滄塵驟起，化丁鶴、王舄仙去。君許借、濤井餘瀾，舊游記取。

摸魚兒

憶團城古松，寄小汀

問蒼官、不知其紀，液波南北縈帶。日邊樓閣憑高起，拱揖滿天霜黛。凝翠靄。擁一片仙雲，宛宛擎車蓋。柯條未改。又獨榦孤撐，萬鍼叢綴，韋偃見應拜。　靈和柳，張緒當年故態。華顛仍照人海。樹猶如此人無恙，磊落歲寒同耐。君自愛。盼萬一河清，遥共蒼髯待。巢痕尚在。倘相對軒渠，含元殿下，重倚樹瀟灑。

疏影

光緒辛卯，陳藍洲丈客武昌。嘗夢舟行，兩岸皆荷葉，間以疏柳，岸有漁家相款。丈言：『吾西湖荷花正盛，當歸訪之。』既寤，寫圖寄其弟謂士丈。丁丑，杭州被兵，圖失復得。叔通出示徵題。時仲恕將自舊都南還，稚謂亦在上海

扁舟徑入。歎岸桃落盡，春已無迹。密密疏疏，聽雨留殘，溪光軟護寒碧。紅裳翠佩年時事，忽猛憶、段家橋側。又屋梁、日影驚人，卻照蠡窗正白。　分付雲林筆底，惠連定念我，江漢羈客。笠屐來還，曲港年年，飽領薰風消息。最憐萬緑先秋霣，賸一縷、夢痕重覓。料對牀、相與披圖，未免客袍同溼。

沁園春 喻志韶重游泮水

利市襴衫，八十耆英，一笑重披。先曾祖教授公咸豐己未重游泮水，友人投詩，有『襴衫利市許重披』句。公自述二律，即用以起興。歎池塘猶有，當年荇藻，宮牆留得，何代金絲。雲采前書，霞標後賦，變幻桑塵又一時。流傳偏，羨放翁老去，萬首新詩。　江麋。我悵衰遲。憶湖上、難兄共釣磯。君嘗與永順從兄有南湖偕隱之約。問隍蕉覆鹿，尚餘夢迹，巖松棲鶴，未改風姿。柳暗當門，桃明夾岸，何減商餘五色芝。期百歲，願更端進祝，勸醽瓊巵。

壽樓春 題項子京象

嗟煙雲微茫。忽披圖展對，風度清揚。想見嬉春裙屐，餞秋笙簧。賓滿坐、詩盈囊。是我州、烏衣諸王。漫玉爐沈檀，珠拈寶穗，殘迹在江鄉。　滄波淺，名山藏。問緗塵錦贉，書闕詩亡。賸有烏絲題字，紫泥鈐章。清閟閣，歸來堂。後世名、金陀同芳。倘臨睨桃津，尚書賜莊。秋草荒。

沁園春 仲恕南還，得聞龕近狀，卻寄

秋風起兮，一鶴南飛，問公起居。道閉門避俗，惟通燕到，近坊行散，不藉鳩扶。輯略藏山，補題付社，晨幌宵檠倚槁梧。拈豪倦，忽珠船創獲，偶一軒渠。　桑榆。孰更華予。阻千里、關河雁漸疏。歎青氈戀舊，憖存絶少，黃虀送老，微尚猶虛。闌倚煙沈，樓驚日落，比擬新亭更不如。加餐飯，願歲寒遥慰，貽我雙魚。

石州慢　小汀書告旭辰移居象坊橋，並寄昆弟近日小影

海日沈空，江雨弄寒，花事多阻。金缸正照瑶瑲，色喜紫芝眉宇。象坊橋側，倚筇昨展新居，城陰深擁斜陽住。高詠和山薑，道無多家具。　還訴。心期倦鶴，生計枯蟫，併成愁緒。掃葉袪塵，況此卅年甘苦。白頭兄弟，幾夜共被深談，幽棲詎忘同游侶。沈陸竟何如，作閒鷗仍誤。

長亭怨慢　婦兄耿伯齊道沖幼女才蓀，當淑人來歸時，隨母送嫁至天津，方六歲。長適桐城張書閣傳綸。書閣即世，暮歲里居，婚嫁粗畢。去年避兵，因其季女遠適貴陽，既又徙鄰縣修文。衰病流離，奄忽長逝，賦此哀之

盼何日、重傾離緒。月夜松岡，黯然悽苦。驀地波瀾，驅人萍梗奈何許。亂峯寒碧，渾不似、樅陽樹。竟化令威歸，怎遠度、山重川阻。　追溯。憶垂髫出拜，獨坐繡墩嬌語。喚姑作叔，道休與、那人偕去。詎料得、萬里龍場，恨今日、招魂無處。儘素旐來還，空向江干凝竚。

南浦　悼張詠清丈。丈工詩，耽酒，善畫墨梅

西郭問幽棲，下重簾、嬾看斜陽帆影。老屋復來還，萋萋碧、親掃閒庭蕪徑。疏枝瘦蕊，筆端春信先春迎。頻歲長鬢，催近局梵宇，鼠姑方盛。　無端如斗江城，被狼煙猛擾，吟情酒興。何忍海桑看，嗟行遯、無那荒村孤艇。憂生念亂，蘭成哀入維摩病。春到先生去也，愴畫稿、詩囊空賸。

紅林檎近 題林鐵尊《半櫻詞續稿》

誰道春花幻，定如秋士何。體物月如鏡，感時井能波。市喧林扉自寂，獨坐抱膝高歌。仰視烏兔投梭。殘景駐庭柯。粉蠹相料理，病鶴與婆娑。家山惝怳，雲陰三兩青螺。候漁歸西塞，相從酬答，勸君酌彼金叵羅。

水龍吟 補題六十二歲小影

十年魂夢柴荆，無端悽斷家山破。東陵翦蔓，南山掃蕺，得歸聊可。此禍何來，風車雷斧，頹雲狂墮。歎焦原如洗，寒枝莫揀，青衫被、緇塵涴。畫裏林陰獨坐。繫烏飛、隙駒輕過。枯筇愁負，黄楊庭角，緑槐門左。鄉樹迴看，茫茫雲物，重重烽火。問何當料理，青蓑緑笠，更滄江臥。

水調歌頭 己卯上巳，與同里諸君客上海者共飲酒家

令節復何有，盡醉不須推。海上流人四集，客自故鄉來。休問年時花信，卻映戰場草色，爛漫逐春開。咫尺還鄉水，昔昔一帆迴。展情話，愍離亂，託深杯。此地故無煙雨，空憶舊樓臺。千古永和癸丑，當日神州何狀，沈陸有餘哀。誰喻右軍指，今古重徘徊。

花犯 庭中蒔紅薔薇一叢，百朵爛漫。春餘，因憶先太夫人所居室後院此花最盛，游子不歸，往往獨賞。自被兵後，老屋僅存。今又值花時矣

儘纏綿，柔條嫩蕊，東風爲伊住。夜來酥雨。化萬點殷紅，風定猶舞。更誰聽取殘鵑語。樓頭人競嫵。我但恐、雪疏衰鬢，斜簪花未許。年年白雲念吾親，芳叢衹夢繞，徂歸頻

誤。晨幌啟，褰衣立、片霞明處。天涯望、幾回共對，春逝矣、平蕪懷舊圃。空賸有、斜陽餘綺，殘英驚倦旅。

卜算子

詠荷，斆白石《梅花八詠》

歲歲未清明，阿母頻傳語。翦髮調泥蕅節封，方法休教誤。日曝待全皴，雨過當深護。一蕊新抽半葉遮，喚弟同看取。先太夫人好種盆荷，必在清明前下種，階前置十餘盎。開時花氣從風，氤氳滿院。余十二三時，晨起必留連其側。匆匆數十年，童時景物，夢寐不渝。

其二

樓外曉煙橫，樓下湖波繞。插竹牽繩競種菱，點綴田田少。官蕩乍停橈，單壩旋迴櫂。滿載花香不採花，未礙烏篷小。嘉興鴛鴦湖，乃古所謂滮湖。湖中菱多荷少，官蕩、單拔壩皆荷花最盛處，夏日游艇所萃。今則但集湖中，竹肉喧闐，不甚以看花爲事矣。

其三

曲港又來薰，香細知花遠。移護紅闌赤板橋，花愛明漪淺。湖水傍城流，一片餘霞爛。直向錢王廟側開，卻補紅牆斷。西湖看荷，向稱曲港，今僅存其名。三潭退省庵前、南屏忠襄祠後花極盛。清波門外迤邐至表忠觀，兩岸皆花，游人所罕至。

其四

十刹不知名，環水皆臺榭。蓮葉圓圓稻葉尖，一綠渾無界。潞水碧渾渾，此地宜銷夏。誰遣明妝照濁流，水氣因花解。曩時十刹海觀荷，車水馬龍，貴游競集。或泛舟頭二閘，岸傍亦閒有花。炎風烈日中，若不勝其憔悴。

其五

歷下古時亭，斷檻臨新淥。水佩風裳問有無，但見叢蘆綠。村店問羊留，裘帶諮遺躅。顛頓風塵忽眼明，道左亭亭玉。庚子六月，余自舊都走濟南，游大明湖，未見荷開。南經羊留店，叔子故里也。道側小沼，忽見白蓮一叢，高及車茵，敷英散馥，心目雙清。平生所見荷花，不得不推此爲最。

其六

小艇夜觀荷，明月横塘水。同出淤泥不減香，花似還人似。船尾即中廚，親與調甘脆。粉肉交融裹葉青，羹芼新蓮子。蘇州夏夜游虎丘，名亦觀荷，意常不在此。妓家治具，假手庖丁。冶坊浜一二小舟，船娃親爲料理，風味致佳。粉蒸肉裹以荷葉，既熟，易葉重蒸，色香皆未減，亦擅長之一品也。

其七

水濁不宜蓮，寂寞青溪路。瑠羽繽紛寵莫愁，花韻争眉嫵。盍共後湖游，彌望皆洲渚。常帶嵐光樹影看，依約淩波步。秦淮水濁，不宜種荷。莫愁湖有之，地陿不逮後湖之盛。自闢豐潤門，出門即湖。小舟容與，嚴城笳吹，山寺鐘魚，月下繫艇花間，兼幽曠之勝。

其八

小榭社壇幽，曲沼農場接。太液靈根儘自分，花亦饒三窟。浄業復昆明，一匊靈均血。自此當名烈士花，誰續濂溪説。甲寅後，重客舊都。觀荷移於三海，外則社壇及郊西可園。梁巨川自沈浄業，王觀堂自沈昆明，而觀堂之死先荷生一二日。後來策此花故事者，尤不能忘，故於卒章牽連及之。

玉京謡 中秋前三日，詞社限調

白紵消殘暑，玉宇高寒，冉冉秋將半。絡角微明，雙星癡對銀漢。歎老去、萍梗江湖，更苦念、分飛征雁。風塵滿。天涯杳杳，鄉山尤遠。新涼卻稱行吟倦。睇林陰、莽戰雲一片。柳外斜陽，危闌誰與同感。憶舊園、憔悴黃花，尚獨立、陶家籬畔。流年轉。還捲疏簾重看。

霜花腴

九日，復舉詞社，同里諸君子亦招飲酒家。亡室卒於九月十日，今將十年矣。愴然賦此詞以謝

十年九日，歎老鰥，無心更擬題糕。松稚岡低，槿枯籬短，夜深寂寂霜皋。舊林夢遥。恨戰雲、深罨寒潮。漫重提、載酒江亭，萬蘆花擁一樓高。料理佩萸囊菊，慰江湖倦旅，近局招邀。何處家山，連朝風雨，柴門儘自無聊。有愁未消。想尊前、吟興方豪。溼紅箋、競琢新詞，客誰攜洞簫。

淡黃柳

本意

連村濺血。歎息銅駝陌。斷夢焦原心惻惻。任汝新稊暗發。誰對婆娑道相識。儘沈寂。盟言怨頻食。任孤立、道南宅。倚東風、黯淡無顏色。莫憶年時，水邊林下，猶映春旗競碧。

水調歌頭

壽邵伯絅七十

別後復相見，今又十年餘。楓林殘夢漸遠，坐覺雁來疏。足下今年七十，想復懃加頤養，意興近何如。葵麥舊游地，屐齒到還無。古城隈，御溝側，憶精廬。遥飛一琖相賀，倘爲我軒渠。消得平生湖海，儘有名山歲月，料理等身書。小山繼珠玉，此段足清娛。

水龍吟 王欣夫學禮齋餞春圖，圖爲楊无恙作

若爲留得殘春，千金一刻從天買。殷勤酒盞，纏綿詞筆，客何爲者。如此平原，餘霞猶綺，碧雲無罅。忍茫茫坐對，百端交集，傷心語、春歸也。　春去春重來也。更料理、燕嬌鶯姹。定應不是，燈明酒釃，今年今夜。户外桃花，能經幾度，隨風開謝。歎流光如駛，籠櫻劚筍，又清和夏。

聲聲慢 篆青別後，罕通音問。聞近歲嘗至秣陵，未及來滬。其子客香港，中飛彈，家人不以聞。篆青不久亦下世，惟餘一女令柔尚在舊都。賦此追輓

凝脂温玉，密縷融金，別筵首薦鯊鰭。月映觥籌，夜深斜射深卮。殷勤主人留客，奈歸心、遠踐秋期。懸後約、緇塵燕市，重見何時。　一問秦淮柳色，對登樓倦眼，未足棲遲。雹碎春紅，那禁桐折孤枝。海山欲歸未得，睨南雲、天上同悲。問付託、道中郎有女，詩卷留遺。

前調 張曉明女史，縣中世族，少有目疾，逾三十不字。母兄皆遠行，與余長女稔，嘗留余家相伴。既返嬰山舊宅，食貧力作，所遇多忤。甲申十一月朔死於水，是可愍也

飛雲縈夢，寒月熒眸，翩然竟蹈虞淵。手浣中衣，繞門日對淪漣。誰知是儂歸處，歎長沈、玉潔冰堅。莫謾説、垂鯨跨鯉，妄託神仙。　遠赴崎嶇萬里，料貞魂，定化蜀道啼鵑。罄指慈親，此生重見無緣。雕梁獨棲海燕，太倉皇、跕霧溪鳶。定未忘、有寒閨舊侶，銜淚覷天。

金縷曲　題張仲堅象。仲堅甲辰會試中式，年二十七，未廷對而卒

身是貞元士。忽心驚、虞曦欲墮，滄塵争起。徑自乘風歸去也，莫問炊粱熟未。愁泥雪、尚留科第。獨抱匡時萬言策，歎平生、未吐元龍氣。魂化鶴，睨鄉里。　君亡四十餘年矣。莽神州、人民城郭，蟲沙荆杞。鶉首賜秦今悔禍，七日鈞天尚醉。奈徧地、蜩螗羹沸。天上玉樓無人到，正優曇、花放紉爲佩。書滿篋，付賢子。

以上《藥夢七十後詞》

海棠春　新埭陸海珊邦光與余同戊辰生，家有海棠，爲其母夫人於是歲手植。遘亂，與屋並燬，而此樹復發新枝，當春作花，繪圖徵題

舊根重發新芽嫩。好點綴、草堂春信。板輿當日，約略經行處，細答童孫問。　雨酥風軟花朝閏。又婀娜、千絲紅潤。主人深惜，翦燭夜頻看，洗盡滄桑恨。

其二

慈雲覆處春陰厚。逭小劫、緑章親奏。還應分付，姹燕與嬌鶯，鄭重珍叢守。　醲春合伴人長久。羨矍鑠、商山一叟。扁舟咫尺，我亦戊辰人，幸得花同壽。

金縷曲　壽俞階青八十

鶯語庭前樹。道長安、春風三月，游絲飛絮。小竹里詩添幾卷，争詠中唐秀句。寫不盡、城南韋杜。花落河山春長在，借荆關、健筆憑收取。詩與畫，寄情緒。　碧筠翠柏根牢固。十年來、冰霜飽歷，煙雲深護。記得當時同游

事，題偏唐宫怨女。已全被、六丁將去。閒共江湖漁樵説，儘魚懸、犀繞傳風度。南鶴奏，久延竚。

前調 壽楊味雲八十

六十年前我。與賢昆、文場角逐，鞭絲雙彈。明月秋宵霑桂子，薇省新詩唱和。恁茵溷、匆匆飄墮。春色猶分池塘草，迓使君、驄馬來山左。三字掾，備僚佐。江鄉我已安塵堁。望天涯、風高鳳起，雲歸龍臥。昔夢文書銜袖進，依舊雅談便坐。回首見、老人星大。矍鑠止翁扶鳩杖，定平泉、緑野時相過。腰笛奏，奉觴賀。君與周止園叟同居天津。

前調 壽沈魯青九十

鼓枻春申浦。漫西風、乍將秋到，又吹萍聚。我作潯陽江上看，楓葉荻花如故。祗未遇、琵琶商女。昔歲龔黄今園綺，鶴南飛、應未忘鷗鷺。尋俊約，舊尊俎。風姿瀟灑靈和樹。更回頭、卌年前事，光陰迅羽。當日翩翩佳公子，親見中興旗鼓。歎轉瞬、滄桑一度。不遣紅塵沾緑野，綻黄花、霜後明秋圃。娱晚節，綵衣舞。

水調歌頭 俞慧殊寒燈課讀圖

軋軋復軋軋，機杼夜三更。閒以琅琅金石，四壁讀書聲。此段清寒風味，縱有白描妙手，難寫此精誠。學成母職盡，歸馭報蓉城。騏驥步，鴻鵠志，自峥嶸。當日龍豬設喻，母也有深情。莫問桑枯海淺，一片纏綿慈孝，星日與同明。重取父書讀，牆角倚長檠。

絳都春 伯絅移居宗帽胡同，爲六絶句紀之。依舊都社集分詠詞人第宅詞，賦此卻寄

離愁無那。背燈影、獨自黯然孤坐。江管花殘，桑硯冰堅寒宵午。塞鴻噤瘁風前墮。忽飛下，仙雲一朵。移家新詠，尺書鄭重，遥徵賡和。　重過。城西舊墅，半巖叟、手澤新開緘裹。坐對庭花，飽讀楹書神仙蠹。姚黄不許緇塵涴。待春到、含苞争吐。即今第宅分題，消寒補課。

以上《八十後詩詞》

歸國謡 用温飛卿體詠崇效寺牡丹

春半。陌上雜花争爛漫。舊家姚魏頻换。莫疑深色淺。　夢繞善師禪院。亂鶯催又斷。夜來凝碧池館。有花人自看。

荷葉盃 用皇甫子奇體詠極樂寺海棠

景物曲江非舊。春瘦。猶仗此花肥。佛堂深處畫闌圍。頳玉萬絲垂。　誰更緑章深訴。應許。從借幾分陰。老來還有惜花心。遊跡畫中尋。

緑蓋舞風輕 七夕前一日，訒盦、疚齋二君約李祠觀荷社集，用草窗韻

曲沼帶疏林，幾點紅嫣，明霞有餘綺。彌望田田，薰風摇衆緑，翠袖交倚。弱不勝梁，想牛女、雲車雙繫。正含苞，待展來宵，聯蒂駢蕊。　因底。一往離披，峴首斷碑沈，舊恨難洗。露迹全晞，歎銅仙、尚滴漢時殘淚。落瓣成房，採冰葯、秋心遥寄。幾回經，月色雨聲霜氣。

以上見《午社詞》

金嗣芬

浣溪沙

劍不光芒酒不温。寒花相對静無言。雅人深致美人魂。

白髮乍驚新上鬢，青衫猶拭舊啼痕。天涯何處泣王孫。

百字令 題馬千里鴛影圖

青衫憔悴，問潘郎是否，舊時顔色。照水驚鴻成隻影，往事祇餘淒絶。綺恨填膺，新愁鏤骨，待向何人説。繁華如夢，前身應是明月。

堆出字字相思，憑誰寄與，虚度佳時節。飛遍天涯無覓處，黯黯湖天空闊。琴理么絃，花開獨活，撫景增嗚咽。娟娟秋水，伊人竟爾長別。

念奴嬌 癸亥除夕

夜闌燈炧，算今年光景，祇餘今夕。爆竹聲中人進酒，歲月黄金虚擲。華髮飄蕭，青衫顛頓，臘鼓催人急。填胸塊壘，傷心待向誰説。

何況雨雪連朝，天低四野，慘淡風雲色。松柏歲寒傷晼晚，俯仰俱成陳迹。眼底江山，囊中詩料，收拾閒詞筆。曉鐘初動，來朝春滿南國。

慶清朝 遊北平故宫殿

輦路苔深，上林花謝，重來無限淒涼。樓閣仙山，如何祇帶斜陽。月明不度宫牆笛，似聲聲鈴語郎當。徧長安，十萬鶯花，那管興亡。

登臨別有傷心事，剩棲鴉流水，點綴秋光。絶好湖山，記曾風送荷香。平蕪盡處天低没，更無情踠地垂楊。甚人間，天上繁華，一例滄桑。

望江南

題施次衡畫菊　天池生丁離亂，懷抱芳馨，鬱鬱久居，無可與語。畫菊花百種成長卷，活色生香，呼之欲出。爲花寫照，不啻自爲寫照。芬亦傷心人，焉能不爲之灑一掬同情之淚也？初學倚聲，遂成小令

東籬豔，天氣近新霜。姹紫嫣紅都已了，滿園佳色配中央。元吉協黄裳。

其二

東籬豔，佳氣對南山。傲骨不隨人俯仰，孤芳自賞耐霜寒。相對破愁顔。

其三

東籬豔，新月上黄昏。裊裊幽香貞晚節，娟娟涼露逗秋痕。人淡欲無言。

其四

東籬豔，采筆落紛披。繪影繪神兼繪色，美人芳草寄相思。那許俗人知。

浣溪紗

和菊譏《重九登掃葉樓》均

纔送春歸又到秋。人間無地著閒愁。欲舒老眼强登樓。　古寺至今餘佛火，新亭何處訪名流。茫茫身世水中漚。

其二

夾道西風柳葉黄。寒鴉幾點帶斜陽。秋山如瘦減容光。　葵藿有心終向日，菊花無恙飽經霜。眼中古意接微茫。

其三

世外桃源未易尋。引人入勝祇山深。松風謖謖當鳴琴。　持帚畫留高士躅，打鐘句爲野

儈吟。遥遥曠代有知音。

其四

兩鬢星星白髮多。驚心面皺悟觀河。豪情俠骨總消磨。　滿目江山供涕淚，側身天地發悲歌。年華如水等閒過。

前調　謁孝陵

石馬秋風没草萊。孝陵輦路長莓苔。珠襦玉匣總成灰。　一著戎衣龍戰野，千年華表鶴歸來。不堪往事更低徊。

賀聖朝　送樓企任之任安徽財政特派員

眼前無計留君住。恁飄零誰訴。吴頭楚尾送征颿，怕來朝風雨。　一年如水，匆匆又去。把韶光虚度。萬千離緒在心頭，忍相看無語。

水調歌頭　和東培中秋對月

今夕是何夕，三五正中秋。一天涼月，如水歌管起高樓。料想清虚仙府，俯視山河大地，蠻觸未曾休。且進一杯酒，銷盡萬般愁。　問嫦娥，天上住，幾生脩。瓣香爇燼，多少兒女祝封侯。玉宇瓊樓高處，碧海青天終古，艷迹萬年留。願棄人間事，長作廣寒遊。

以上《謇靈修館詞鈔》

金榜

漁家傲

太息詞人旋老矣。山林鐘鼎空留意。戲把閒情傳筆底。心坎裏。懺除綺語終還未。　豈爲千秋身後計。半生嘗盡愁滋味。且付紅兒來唱起。花月地。自慚小小雕蟲技。

金縷曲　題歐陽子秋夜讀書圖

道是歐公影。到于今、流風未泯，那人猶韻。暢好涼秋書可讀，片席名山據穩。更半榻、茶煙漾暝。道德文章人有幾，捨南豐、以外惟明允。千載下，正堪敬。　迢迢良夜人都静。想當時、掀髯嘯傲，頗饒清興。童子何知渾欲睡，背着殘燈未醒。似昔日、蕭齋幽景。回憶髫齡曾畫荻，肯衰年、負了慈幃訓。重展畫，幾回認。

東風第一枝　題榮承餘堂四並頭蓮，荆少英代徵

秀質幽香，一莖四蕚，豈同凡卉爲伍。分明瑞應君家，羡煞幾多吟侶。亭亭對立，應惹得、浣紗人妒。倘異時、花史重修，定壓倒羣芳譜。　烟鎖也、比肩如語。風送也、凌波微步。便教中婦凝妝，鏡裏遠堪認取。濂溪再世，恐憐惜、更難言喻。想幕中、客盡風流，別有賞心佳句。

浪淘沙　題李吟舫先生小影

兀坐正無聊。桐葉初飄。人生惟有讀書高。供得年華消得恨，着意推敲。　喜氣動眉梢。倚磴逍遥。風光漸漸引情豪。塵世浮名都謝了，清福閒消。

賀新涼　三十述懷，答蕉隱詞人吳季眉問近況

舊夢隨流去。困螢窗、新愁幾許，有誰堪訴。耐盡寒燈咀盡味，回首青衫如故。愧卅載、光陰虛度。只道功名猶反手，嘆頻年、顛躓文場屢。空負了，一時譽。　猖狂阮籍悲歧路。

看此地、人情冷煖，置身何處。准擬他鄉謀片席，恨煞家難兼顧。又只恐、多招人妒。慚對賓朋重細説，説當年、都被生涯誤。惟與汝，託心素。

憶江南 四時貧中樂，和又一村農胡嘯仙先生

纔覺得，詩句較前工。吟罷小窗和影立，短垣缺處度春風。春不忌人窮。

其二

新浴罷，炎景頓相忘。不肅衣冠容放浪，晚來消受北窗涼。一枕夢羲皇。

其三

殘暑去，小甜愛吾廬。入室不聞交謫語，筆耕門少吏催租。俗累一毫無。

其四

開霽景，雪夜月添痕。芋撥寒灰風味永，課時分半與兒孫。遣興倚柴門。

一翦梅 胭脂虎，題友人畫幀

談笑風生畫裏娥。美也憐佗。猛也防佗。夢回相對戰兢多。可是情魔。還是癡魔。內政從來一樣苛。身負松阿。勢負巖阿。媚人其奈咥人何。驚醒優婆。喚醒春婆。

綺羅香 送春

睡鴨香銷，屏鴛畫掩，夢醒欲尋無處。三疊陽關，怎遣者番離緒。聽銷魂、葉底流鶯，似別有、傷春私語。奈春皇、打點輕裝，載愁不去載春去。花事都隨流水，惆悵羈身客館，韶

華虚度。怪底東風，吹散亂紅飛絮。便追思、舊日情懷，盡付了、斷雲殘雨。待明年、信到梅梢，再和伊細訴。

喝火令

楊柳風前影，梨花雪裏身。眼波眉語慣傳情。安得化爲燕子，飛入繡簾旌。欲見無端藉，相親有夙因。滿懷離緒一腔春。記得年時，竹影小窗横。記得倚窗閑説，莫負个中人。

滿江紅 題陽羨路椴仙鳥石畫屏

眼底蓬萊，疑他是、啣來海鳥。便將此、懸諸齋壁，翠雲團繞。畫意渾如黄子久，題詩不把青苔掃。看者般、磊落與玲瓏，同懷抱。天可補，功非小。糧可煮，飢堪飽。想非常聲價，拜教顛老。問汝可能飛去否，無言似欲點頭笑。笑阿儂、摹盡許多神，殊難肖。

菩薩蠻 書舘即事

花開婪尾韶光老。故鄉何似他鄉好。桃李自成行。華堂春晝長。闌干容我倚。門掩東風裏。還讀古人書。請迴俗士車。

南鄉子 題周鑫山水畫册

茅舍兩三楹。山自當門水自横。漫放扁舟招我隱，惺惺。除却林泉不讓名。何日請長纓。恐着先鞭有祖生。認取他年高臥處，青青。添箇峯巒作畫屏。

木蘭花慢 吟香閣主人素耽翰墨，書來招賞，填此紀遊

趁韶光未老，特來省識春風。恰幾簇疎籬，千

絲垂柳，半畝花宮。門前一泓流水，有一帆西去一船東。轉過青青溪畔，小橋曲折斜通。窗紗開處，見嬌姿、掩映繡幃中。正寶鼎香温，畫屏畫静，錦帳春濃。愛他十分嫻雅，把熏籠初試海棠紅。索取行行墨跡，雪泥尚記留鴻。

水調歌頭 即景

課餘無箇事，坐冷一庭煙。紅兒報道，花月今夜十分妍。願倩一枝花影，和著三更月色，入我小窗前。花底弄明月，月下抱花眠。　花長好，春長在，月長圓。如斯亦足豪矣，富貴也徒然。只恐姮娥笑我，竊得暗香盈袖，何處贈嬋娟。此意有誰識，搔首問青天。

邁陂塘 題李母朱太夫人懿行，李寶凱徵

歷紅羊、者般浩刼，説來猶動愁緒。流離瑣尾家無主，賸有零丁孤苦。何處去。嘆滿目烽煙，渺渺天涯路。側身四顧。奈身世艱危，幾經磨折，始得水萍聚。　欃槍掃，重返舊時鄉土。牽蘿聊蔽風雨。傷心夫也歸仙府。此恨情天難補。誰與訴。幸蘭玉陳情，願乞烏私哺。星沉婺女。看四字褒揚，兩行綽楔，大節耀千古。

瑞鷓鴣

風流天付與聰明。射覆敲詩靡不精。碧玉華年紅拂俠，絳仙才調緑珠情。　如斯雅度洵超俗，解我閒愁賴有卿。敢效棲香雙鳳子，愛眠花底戀餘春。

蝶戀花

盼到春來春又過。坐擁書城，怎把愁城破。花勒寒煙遲放朵。雨餘客舘和衣卧。　欲訴離情猶未果。只有新詞，付與人兒可。淚眼盈盈渾欲墮。此時也識嬌無那。

卜算子　閨情

獨自捲珠簾，簾外香風送。生怕遊絲時往來，罥上釵頭鳳。　獨自下珠簾，簾裏鑪烟重。又恐將雛燕未歸，隔斷天涯夢。

金縷衣　題謹言公望雲圖　壬戌春，過漢秋先生，將此圖屬題，遂填此詞

門掩無人到。驀抬頭、層巒聳翠，蒼松夭矯。回憶高堂離亂後，鄉夢幾番縈繞。悵書劍、風塵潦倒。千里關河空遠隔，問何時、試鼓回波

棹。一念及，寸腸攪。　杖藜小立閒吟眺。認蒼茫、幾重雲樹，幾分殘照。太息春暉猶未報，辜負親恩多少。敢道與、梁公同調。十載浮雲遊子恨，莽天涯、何似家山好。思反哺，不如鳥。

減蘭

飽諳旅味。太息年年籬下寄。悵望天涯。脉脈閒愁渺渺懷。　承伊卓識。誓將歸趙留完璧。如此鍾情。得侍參軍信可人。

前調

花朝過了。依舊良宵人意悄。雨雨風風。滴碎儂心阻客踪。　挑殘紅豆。一燈空照吟肩瘦。字字愁痕。付與歸鴻訴與春。

買陂塘

甲寅春，偕虞子良先生觀展園牡丹，遂倚此調

趁晴和、東風送暖，特偕儔侣來訪。羨君修到花間住，豔福一時無兩。回首望。愛萬緑叢中，别有嬌模樣。和烟乍放。便管領羣芳，這般國色，品在洛陽上。　吟香處，最喜軒虛牖敞。去年曾記來往。而今又見春將暮，重領郇厨佳釀。捐俗狀。把翠掩重門，只合騷人賞。憑欄結想。但鄰女窺時，防他蹴損，點點屐聲響。

木蘭花慢

題璧人女士小影

任丹青妙手，摹不出、箇中人。想風骨風懷，風華風度，風韻風情。都迥絶塵凡品，更絳唇輕點翠眉顰。鴉鬢堆成寶髻，鳳頭翹起湘裙。　秋波橫注媚傳神。憐我益憐卿。問情少情多，情濃情淡，情假情真。只自亭亭無語，太教人心地不分明。最是魂兒消處，纖腰幾許輕盈。

南浦月

儂别春歸，春衫猶有傷春淚。盈盈一水。空把雙魚寄。　幸仗東君，説與相思意。春須記。禁煙時節，重訪桃源裏。

臨江仙

記得南來開講席，他鄉誰是知音。何期之子眼垂青。憐才耿耿，紅拂緑珠情。　只道頻年心力盡，功名水到渠成。那堪書劍又飄零。青燈負我，回首淚沾襟。

其二

記得良宵來玩賞，公然餉我盤餐。情深不覺夜深寒。偎紅倚翠，喜氣上眉端。　争奈歡場容易散，而今誰與爲歡。東風吹瘦百花殘。順時珍重，莫倩帶圍寬。

其三

記得臨行來揖別，欲留無計堪留。依依伴送板橋頭。背人瞻望，佇立暗生愁。　客邸欣逢青鳥使，幾番尺素相投。此情惟有寸心酬。將詞留證，取便即南遊。

水龍吟

甲寅秋展，竹虚先生招賞菊花，即席吟成

者番舊地重來，主人笑説人依舊。滿庭秋色，一時争放，十分幽秀。抛却繁華，獨甘隱逸，問誰能偶。任霜濃露冷，猶留晚節，偏耐得、西風瘦。　歲歲招邀吟友。拂吟箋、酒痕盈袖。深深欵欵，感君情重，如何消受。花下開樽，籬邊覓句，暗香微逗。待新詞譜就，醉扶歸夢，剪燈時候。

金縷曲

承惠鮫綃枕。細端詳、啼痕爪影，依稀猶認。生愧才踈非子建，賸有春風情性。怎當箇、宓妃留贈。應是相思難相見，把淚珠、和線將針引。卿不語，我都省。　別來客舘成孤另。你憐我、燈兒影瘦，被池氷冷。舊説蓬山天様遠，今與蓬山甚近。真箇有、遊仙佳境。可否良宵同入夢，待相逢、一一親相證。填小令，表微悃。

山花子

怕洩春光是柳枝。香含豆蔻好扶持。私把瓜期輪指算，幾多時。　青鳥偷傳花外語，彩牋藉達意中辭。萬種閒愁千種恨，兩心知。

前調

悄倚屏山倦莫支。斷紅聲裏雨如絲。攪得春魂魂不定，枕函欹。　翠羽驚回鴛夢醒，畫簾高捲燕歸遲。起搵行行雙袖淚，恐人知。

采桑子

立秋後三日，風雨連綿，夜不成寐，遂倚此調

客衾驟覺新涼早，風也瀟瀟。雨也瀟瀟。做盡秋聲此一宵。　無端影事縈懷抱，醒也無聊。睡也無聊。吹夢依稀到玉簫。

更漏子

漏聲長，流景短。年怕暗中偷換。金屈戌，玉闌干。滿庭霜信寒。　簾幙護。沉檀炷。篆縷似添愁緒。人静後，夜闌時。此情知不知。

高陽臺

詠螢

點向蒼苔，粘來翠幙，星星也自消魂。心地分明，個還省識王孫。曩遊細草春香徑，想前身、草草光陰。又投他，幾縷紗囊，幾曲銀屏。　輕羅小扇憑誰問，賸風前夢影，暗裏愁痕。一晌憐伊，不教飄逐芳塵。只愁分照無多燄，怕重來、庭院深深。更何時，佐我攻書，伴我黄昏。

邁陂塘　詠蟋蟀

聽聲聲、閒情棖觸，知他多少愁緒。小闌干外頻回顧，衰草斜陽無數。居壁苦。耐風露淒清，偎傍牆陰暮。離懷誰訴。只異地羈人，空閨思婦，一例淚如雨。　探花使，不是今生伴侶。輕狂難與爲伍。伊須乞借流螢燄，逗入繡簾深處。儂和汝。領一點秋心，幽怨平分取。重陽已去。莫在户悲吟，來余床下，對作夜深語。

鷓鴣天　詠燕

飛燕何時返故鄉。烏衣夢斷已經霜。縱然異地營新壘，可記當年舊畫梁。　來對語，試端詳。莫愁花影限紅牆。怕伊錯把簾鈎認，芳草無情又夕陽。

前調

幾度尋巢久不歸。連宵分夢到烏衣。好教故主開簾待，繫就紅絲約肯違。　雖小別，戀雙飛。和煙和雨兩相依。年年苦向天涯寄，依舊身輕貌不肥。

念奴嬌　七夕閨怨

秋懷岑寂，又匆匆到了，穿針時節。一枕新愁無著處，併入眉峯千叠。背地思量，去年今夕，小立花間月。惜花人去，縱花容爲誰悦。　修人道咫尺銀河，小星三五，常在黄姑側。到天孫猶恨隔，動輒經年離别。天上人間，相思一樣，那不雙淒絶。箇中情緒，待歸來與分説。

虞美人

木樨香裏炊香餅。道是中秋景。多承之子太多情。教識小園秋已、者般深。　開緘領略些兒味。認取團圞意。別來涼月幾回圓。累汝樽前花底、望將穿。

鳳凰臺上憶吹簫　嘉平月回里，吟香閣主置酒餞行，遂述此以贈

一種纏綿，百番唱和，從今三載於兹。記平時團聚，五日爲期，自問何堪消受，敢辜負、嘉旨多儀。最難捨，輕顰淺笑，語軟聲低。　淒其。者回去也，把離愁別恨，砌入嚬眉。算收燈到此，怎肯稽遲。執手相看淚眼，將淚點、灑向征衣。衣襟上，淚痕漫洗，留取相思。

相見歡　附録送別

驪歌唱徹樓頭。暫勾留。堪恨客中人送、客登舟。　腸先斷，情彌悄，淚難收。怎奈見時歡笑、別時愁。

行香子　新月

乍上紅樓。甫傍簾鈎。便纖纖、雙鎖眉頭。一痕斜挂，挂起心愁。似效人顰，背人恨，見人羞。　良夜悠悠。清影難留。盼團圞、遂意方休。待他三五，伴我遨遊。奈體兒微，龐兒瘦，爪兒脩。

調笑令

鴛侶。鴛侶。含笑背人私語。臨行立冷蒼苔。低問何時去來。來去。來去。肯入花藂

小住。

摸魚兒 詠繭

苦工夫、十分圓穩，纏綿生就天性。問渠何事將身縛，春夢猶然未醒。湯沸鼎。試宛轉抽來，滑比蒓絲勝。浮生泡影。只一縷柔情，依依不斷，到死總難盡。生機蹙，誰替蛾兒請命。看他剥取心硬。拚教送了纖纖手，惹得寸衷無定。回首聽。聽軋軋繅車，助汝蠶娘興。牽余舊恨。恐獻上豪門，綺羅香裏，辛苦有誰省。

沁園春 詠睡

天氣困人，斜靠屏山，湘簾下垂。看含情不語，纖眉鎖合，欠伸無力，倦眼迷離。蓮卸雙鈎，春濃一枕，寶髻旋鬆兩鬢絲。朦朧裏，怕鸚哥喚醒，侍婢偷窺。依稀。漏點聲遲。又轉輾、頻將別緒思。漸光分月影，幾回悄視，香寒被角，半晌還欹。八尺橫陳，一燈明滅，夢裏風懷只自知。閒情好，把頰渦微笑，頗似兒時。

湘春夜月

記前宵，特來一叩芳情。可奈鬢影蓬飛，正困倚香雲。欲向海棠低問，恐海棠憔悴，空惹愁痕。況經旬小別，帶將離恨，未免傷春。屏山半掩，藥爐未燼，茗碗猶温。行近銀釭，便認取、啼紅唾碧，點上羅襟。强扶殘病，尚殷勤、伴我黄昏。這幾日，想尋消問息、怕他暗裏，瘦了春人。

唐多令 嘉平月放假回里，留别吟社諸君

招我出烟霞。三年設絳紗。詠緇衣、能幾人家。誰料霓裳今改調，黄鳥什、又興嗟。苦客天涯。山妻望眼賒。數歸期、正放梅花。何惟有羣公拋不得，留小飲、暫停車。

前調 留别吟香閣主人

歸雁滯平沙。他鄉小作家。每留儂、更鼓頻撾。忽聽陽關三叠曲，襟袖上、淚横斜。回首碧雲遮。閒情問暮鴉。最難忘、錦瑟年華。人到鍾情奚忍别，心緒裏、亂如麻。

思佳客 題王逸民爲周柏生繪山水圖

寺隔林巒塔影微。閒來相訪到濂溪。從今時局原難問，只合西山賦采薇。山澗水，繞疏籬。扶笻步過板橋西。羨他小隱茆廬客，坐看風帆沙鳥飛。

貂裘换酒 贈虞子良先生

夙耳芳名久。説先生、文壇健將，筆驚南斗。愧我塵容添幾許，十載天涯浪走。賸一領、青衫依舊。今到此間主講席，又多承、結箇忘年友。每聚首，一杯酒。　者番遇合原非偶。看談笑、蓮花粲舌，春風生肘。畢竟襟懷名士派，真箇鄉閭領袖。况蘭玉、森森韶秀。恰喜知音猶有在，把蕪詞、當作瑶琴奏。應博得，笑開口。

前調 題程起鳳先生采芝獨立圖

學得長生訣。乍披圖、鬚眉矍鑠，似曾相識。自采瑶芝還白壽，不與旁人細説。獨自向、蒼

茫閒立。想是天涯同調少，只商山、諸老堪儔匹。耽小隱，信高潔。　君家咫尺芳鄰隔。看羣季、咸誇俊秀，每來吟席。見說先生曾嗜癖，紙上猶餘一隙。要待我、今番贅筆。填箇新詞聊補白，添幾行、泥爪留鴻跡。知異日，長相意。

壺中天　癸丑九月廿八，展竹虛先生招賞菊花，遂即席述此

光陰潦草，向西風一瞬，重陽過了。恰好尋秋兼訪舊，暢寫樽前懷抱。秀色叢叢，幽香陣陣，想奪天工巧。寄人籬下，慨余雙鬢吟老。

　自問澹蕩襟懷，這般消瘦，或者堪同調。多謝故人情義重，勸把芳醪忙倒。袖帶餘芬，醉迷歸路，惹得花枝笑。明年此會，預期相約重到。

西子妝　有序

離家十餘載，丙辰春，蒙來求我，熱不因人，課餘之暇，種鞠數十本。甫到花時，疎香襲人衣袂，乃置酒屬客，詞以賞之。雖不能如仲長統之樂志邱園，而得此佳趣，亦足自慰矣。

幾個詩朋，幾枝花朵，都向一堂圍繞。與君領略閒中趣，把芳醪、盡情來倒。留些墨藻。莫輕負、半生吟嘯。只憐他，到秋心淡處，秋容瘦了。　塵緣擾。頻年浪跡，何似家山好。從今學得陶彭澤，問高風、不輸多少。生涯堪笑。也只合、園林終老。細思量，還勝出山小草。

疎影　題老友房君緒伯小影

丰神弈弈。乍披圖細認，似曾相識。朗抱氷清，兀坐林深，別有悠然胸臆。往來多少知名

士，共道是、騷壇巨擘。就便教、畫向淩烟，豈讓古來豪傑。 猶記韶年遊冶，羨安仁玉貌，顧影憐惜。曾幾何時，遽爾于鬑，非復那時顏色。詩人都被蒼天阨，竟不管、頭顱吟白。惟一事、儂替君歡，繪自文郎之筆。

鳳凰臺上憶吹簫

戊午年，師範學校開五週紀念會，代潢兒作

負笈來遊，得親雅範，曾蒙國器相期。溯經營伊始，五載於兹。儘把金針暗度，這其間、賴有名師。敢孤負，青年入校，教養兼施。 噫嘻。放開眼界，試看我中原，時局艱危。問匡時才調，當世伊誰。還讓莘莘學子，開萬世、不拔之基。倘他日，高飛振羽，慎莫忘之。

一萼紅

久雨初晴，對此蘘菊，亦足以遣，故詞以賞之。陽月望日

喜新晴。把幾叢秋色，相對愜幽情。費盡栽培，養成冷豔，肯與凡卉争榮。受遍了、霜欺雨打，到如今、晚節始標名。只是憐伊，性能耐久，作箇良朋。 莫悵秋懷岑寂，有幽香一縷，襲我吟身。待上銀燈，半屏瘦影，認取圖畫分明。豈比那、春風賣俏，杏花兒、擔向滿街行。贏得騷人共賞，不筭虛生。

滿江紅

學堂苦樂歌，過橋新格

悶坐書齋，誰是箇、知音可訴。向斷簡、幾多磨鍊，幾經寒暑。課積案頭忙未了，身羈别館渾難主。又三更、燈火五更鷄，學堂苦。 佳客至，恣歡謔。佳釀熟，邀同酌。況硯田筆

税，年年有穫。童冠兩行華且樸，欄杆十二簾爲幕。與諸生、談笑説黄虞，學堂樂。

瑞鶴僊　觀劇

人煙何擾擾。正翠繞珠圍，儘堪憑眺。傳奇都入妙。又鐵板銅琶，新聲古調。儀神奪貌。扮出箇、忠奸詐巧。歎古今名利，關頭賺盡，英雄多少。　草草。者般富貴，轉眼興亡，霎時啼笑。歡場散了。勸若輩，回頭早。想如今時局，紛紛遷變，亦是乘除天道。總緣他、一枕黄粱，夢猶未覺。

南浦　辛壬政變，時局羹沸，遂感而述此

出山小草，偏天涯、底事又叢生。惆悵一波復起，尚未一波平。堪恨東風最惡，向繁枝、摇蕩已頻頻。看絳英顛倒，嬌鶯嘹嚦，魂夢幾回驚。　太息春皇辛苦，比年來、花樣盡翻新。惹得斷紅零粉，一例逐浮萍。怎奈池邊鷗鷺，亂紛紛、沉醉不曾醒。只憐他細柳，漫天風雨更難禁。

水調詞頭　感時

賞心行樂地，磨滅不勝嗟。榆錢莫療貧乏，何處是生涯。賴有珠幡四面，和著金鈴千箇，呵護萬重花。流水斷橋外，歸雁滯平沙。　鵑啼苦，鶯聲懶，燕離家。幾番受了風信，况復網羅賒。難道好春一片，付與蜂狂蜨亂，便斷送韶華。爲語誅茆客，莫放路横斜。

六州詞頭

放懷嘯傲，理亂不關情。茶夢醒。芸窗静。篆烟凝。捲簾旌。緬想豪華境。鑽刺蠱，貪

緣蜮，求伸蠖，趨炎蟻，附羶蠅。轉眼西風，一陣銅山塌，也替銷魂。把蠻爭觸鬥，掃盪一齊平。付與輕塵。盡飄零。　只天際鶴，秋空隼，高寒調，或同聲。思萬丈，愁千斛，淚雙痕。氣填膺。借取何郎筆，對芳景，自沉吟。容已老，心徒壯，百無成。賸有殘脂零粉，憎和愛、一聽他人。但美人香草，都抱怨秋心。誰是知音。

以上《雪堂詞鈔》

金震

菩薩蠻　夜涼如水，不寐，有感

香殘寶鴨人初靜。銀屏遮瘦燈兒影。尋夢夢難成。況今宵酒醒。　小窗簾半捲。月弄花陰轉。最苦是相思。愁來亂似絲。

減蘭　別意

柳垂花落。雨溼殘紅粉樣薄。杜宇聲聲。草色蘼蕪緑滿城。　不如歸去。江北江南愁幾許。淚盡今宵。重憶揚州廿四橋。

菩薩蠻　一春花事又闌珊矣，填此遣意

東風吹盡花無數。雕闌曲折傷春暮。人去緑窗中。海棠朵朵紅。　篆煙依舊薄。夜半鐙花落。憶夢夢悠悠。淒涼月一鈎。

前調　和妹倩沈仲雲韻

殘紅似淚還如雨。家家兒女尋春去。杜宇哭東風。一聲花落中。　年時詩滿篋。墨蹟愁痕疊。對燭幾回吟。他鄉遊子心。

其二

鶯啼燕語煙和雨。韶華三十閒過去。拂面柳

花風。千紅萬紫中。昨宵翻舊篋。腸斷詩重疊。不敢捲簾吟。黯銷一片心。

憶江南　無題

紅綃淚，夜夜夢迢迢。重憶桂堂東畔事，桃花如面柳如腰。細細語深宵。

踏莎行　傷春

春色將過，窈娘半老。荼蘼落盡鶯聲小。闌干倚處雨濛濛，簾櫳寂寞餘香裊。　舊約沈沈，新歡杳杳。深情却被無情惱。丁東紫燕踏銀鉤，誰憐今夜愁多少。

采桑子　無題

闌干曲曲黄昏静，花又玲瓏。月又蓬鬆。人在珠樓第幾重。　當年話别匆匆處，點點殘紅。陣陣輕風。孤負良宵怨阿儂。

念奴嬌　有序

辛未暮春望日，金師松岑邀鄧孝先、彭子嘉、顧巍成、黄曉波諸公餞春，余亦忝列末座。金師命題餞春圖，爲填斯闋應之，初不自知其感時傷懷至此也。

韶光易老，記寒食清明，今都過矣。儘認取團圓素魄，如夢年華彈指。繡陌尋芳，金閨傳韻，一刹原遊戲。番番花信，啼鶯催换紅紫。　相真個小住塵寰，驚心風雨，且偷閒同醉。約留春春已晚，爲問嬋娟歸未。粉剩妝臺，歡殘錦墊，算此間何世。伊人千里，料應消息難寄。

慶春宮　婇文妹千里歸甯，驚喜交集，爲製此闋慰之

隴上浮雲，關山明月，南來細訴離衷。親舍依然，鄉音未改，歸甯好泛吴艭。横塘十里，指芳苑、荆花又雙。相憐同病，樹影婆娑，身世飄蓬。　三年雨雨風風。苦憶長安，青鳥難逢。香雪梅枝，鱸魚蓴味，夢痕一樣匆匆。歡情如昨，喜歸燕、呢喃小窗。滿庭春色，紅遍酴醿，緑遍梧桐。

以上《東廬詩餘》

金鶴翔

伊州三臺　書臺積雪

玉壺天地無垠。不染瀛州點塵。長笛倚黄昏。破南枝、玉梅幾分。　蕭梁事已浮雲。一角猶餘爪痕。誰把瓣香供養，荒烟亂鴉自羣。

冉冉雲　星壇七檜

歷劫不隨幻塵改。儷星辰、輪囷三界。留色相、鶴骨龍筋不壞。算費盡、冰霜擔待。　無限繁華變桑海。莽西風、刼灰難汰。問一樣、漢柏秦松何在。渺渺惟聞靈籟。

望仙門　西城樓閣

紅樓朱閣密如鱗。護晴雲。角山如畫黛眉新。笑三春。　曾入耕烟筆，銷磨幾輩陳人。湖山依舊鬧良辰。鬧良辰。歸鶴認還真。

散餘霞　百谷楓林

西風不入繁華譜。冷艷寒花吐。鴉背帶日歸來，疑落花重聚。　詩中畫情誰補。奈沈郎老去。還仗青女娉婷，把春痕翦取。

天門謠　劍門奇石

拔地森千尺。誰劃此、摩天雙闕。明鏡裂。閃一湖寒碧。似虎鬬龍分猿接翼。歷歷星辰都可摘。愁謝客。縹緲玉京歸不得。

沙頭雨　湖田煙雨

一抹湖鄉，淡雲和雨霏微洒。西疇沾溉。不獨農心快。水是涵春，山亦添濃黛。風塵外。景清時泰。耕食貧無礙。

水晶簾　拂水晴巖

一番夢雨乍膏沐。斷雲蹴截山腹。雁齒弓弓低亞鴨頭緑。待畫山眉斜照外，螺黛展、靚妝足。南風五兩戛珠瀑。紫巖曲，漱鳴玉。影事湔裙，六六錦鱗蹙。如此湖山誰着得，千古事、畫蛾贖。

人月圓　湖橋夜月

水天一色涵空碧。端正窺今夕。冰輪熨盡，波紋誰省，秋夢無迹。圓相長留，清光未老，誰判今昔。臨風驀把闌干拍。我亦騎鯨客。

散天花　普仁秋爽

金粟香飄世外秋。空山塵意遠，淡煙流。殘龕鐵佛本無愁。依然開慧眼、看雲浮。雲自無心去復留。風開林麓浄，霧全收。塵寰好夢盡悠悠。一聲清磬發、答樵謳。

醉桃源　桃源春霽

春來一雨鬧繁紅。湖山錦繡中。桃花寂寂杳

東風。仙源何處通。聊鶴伴，破雲封。山深春更濃。飛霞和瀑瀉高峯。塵心一洗空。

踏莎行 破山清曉

山翠沾衣，露花滴草。通幽竹徑遊蹤少。高林猶照古朝陽，題詩人共浮雲渺。石氣濃浮，松風輕掃。峯巒絶似屏迴抱。看他潭水自空明，曾經多少朱顔照。

巫山一片雲 降龍古澗

雙龍鬬破青山嘴。癡雲怒挾飛泉起。故老述奇聞。風雷遷母墳。破山西畔路。首尾無尋處。迹象不須猜。知時待雨來。

望江東 維摩旭日

百八蒲牢吼清曙。驀一覺、分烏兔。修羅海上天花雨。懺結習、隨流去。人天八部沈冥處。蕉鹿夢、分雞鶩。芙蓉紅得可憐許。羌不管、年華誤。

風入松 三峯松翠

菱塘秋雨展新晴。北郭午風清。瘦驢熟識山中路，隨鞭去、曲折分明。行盡幾家茅屋，不知襟袖寒生。耳邊謖謖走濤聲。微有古香凝。陰陰一片蒼涼景，訝人間、爾許清澄。容我臥遊到此，紅塵恍隔雲屏。

浣溪紗 秦坡瀑布

山雨初收落采霓。銀濤十丈挾雲飛。一天晴雪舞長隄。細綰靈源來石屋，低和吟響落潭溪。匡廬勝景是耶非。

漁家傲　藉渠漁樂

誰識烟波風景曠。琴河東去添春漲。短艇如鷗屯曲港。生計旺。傳家惟有烏頭網。烟夕霜晨來復往。得魚換酒高歌唱。數里溪塘聊供養。無奢望。茫茫大海翻洪浪。

浪淘沙　昆城雙塔

湖水淡含秋。煙外風柔。數行飛雁起汀洲。傳到江湖詩信否，盼斷吟眸。雙塔望城頭。陳迹空留。天涯身世感雲浮。好趁風帆歸去也，吹散閒愁。

過龍門　福港觀潮

夜色凈天街。璧月圓殘，孟婆風打海門開。兩岸青山相對出，一線瀾迴。氣捲萬山來。坤軸愁摧。古今淘盡幾英才。沼越平吴家國恨，一樣難排。

戀情深　傷春

身世由來都泡影。怎教多病。明知病起在愁中。藥無功。無端珠唾變珊紅。凄絶牡丹風。斷送一春好夢，忒忽忽。

憶蘿月

東風如許。花事誰爲主。任費詞箋千萬語。無補一春辛苦。燭痕易共香銷。酒痕難把愁澆。只道流年如水，轉輸夜漏迢迢。

其二

幾多名士。慰我傷春思。憐我埋愁無寸地。花落半庭紅淚。十年斷句零篇。三年藥裏茶烟。滋味同誰領略，月寒夢到梅邊。

減蘭　五月十五夜，破琴軒坐月

良宵三五。月明原未分今古。好夢如烟。花影分明越可憐。　露零風碎。夜深没箇催人睡。自掩窗紗。一粟銀燈不耐花。

念奴嬌　金鳳山人先荷花十三日生，歲次乙丑也。戊戌夏，畫君子長生圖壽之。葛未三更，花乃一現。涼風淡月，依舊清宵；病葉愁苗，都歸恨海。畫圖重展，難忘誕降之辰；曲譜新繙，聊當迎神之樂

問卿前世，是梅花、還是荒溪寒月。未了湖亭清淺夢，錯與鴛鴦相識。翠袖風寒，清砧秋冷，況味誰消得。予懷渺渺，此情安可磨滅。　休信佛説因緣，緣仍艸艸，多事傷離別。十二萬年依舊遇，未必緣堅金石。把酒青天，湔裙碧海，彼此明心迹。臨風灑淚，滿襟多化香雪。

鵲橋仙

海棠秋早，芭蕉秋瘦，新雨湘簾未捲。柔情剛借酒來扶，已紅了、眉峯一半。　香魂似醉，離魂似醒，半榻爐烟易散。分明羅帳密遮風，怎一握、鬟雲顫亂。

醜奴兒

紅欄花影湘波蕩，簾外星稀。簾內人稀。閃爍燈光動軟帷。　一襟酒思如潮湧，眼被光迷。心被香迷。仔細釵頭鳳欲飛。

減字木蘭花

閒門晝閉。金鑰偷提輕手啟。鸚鵡窺人。緊下重簾繫好春。　未容久駐。小坐爐香風定處。莫把窗開。猶怕梁間燕子來。

虞美人

芭蕉慣弄絲絲雨。病榻添淒楚。呻吟欲話病緣由。除是同心低訴、不勝羞。　燈花頻卜佳音遠。綵伴愁相遣。莫緘苦語報郎知。但覺有人刻刻、替扶持。

鵲橋仙

蕉窗一碧，涼風相倚，安置䌁花待汝。簾波不動少人來，勸儘把、羅裙卸去。　藥爐香重，金爐煙瘦，知否那人病苦。病中猶索繡囊看，問甚把、鴛鴦倒作。

浣溪紗

春倦黄昏不自持。小庭鈴索激風枝。銀缸吹滅繡簾垂。　錦襪露多渾未檢，慧人心細半猜知。花廊鸚鵡却無辭。

卜算子

深樹緑雲天，牆角紅薇瘦。遶過桑陰到畫廊，一笑牽衫袖。　庭院似西廂，有詠能酬否。未酒何來頰上霞，日暖春痕透。

喝火令

欲品新涼味，臨窗試一蕉。銀羅半臂翠雲翹。立到水晶屏角，羅襪未香銷。　日薄穿簾押，風輕動步摇。幾分秋思上眉梢。只怕侵寒，只怕病難調。只怕重圓鳳約，又減一分嬌。

南歌子

風送涼波槳，花開畫閣燈。吟牀親替疊吴綾。兜住游仙好夢、莫飄零。　月魄呼難起，星盟證不明。瑶華密帳絮三生。惆悵枕頭淚眼、未曾晴。

青玉案

西山眉黛青如許。看一水、東流去。　紅葉新詩誰寄與。風滯魚鱗，雲迷蝶夢，最是愁人處。　蘋枯菊瘦秋光暮。繡帕空留斷腸句。月冷天涯還遠佇。重陽已過，歸期未准，燈盡寒無語。

點絳脣

一舸東風，盈盈載得春愁重。是誰勾動。空谷梅花夢。　没箇商量，來去攜雛鳳。拈毫弄。墨花還凍。口信教誰送。

阮郎歸

紅橋西去碧城邊。離情繫畫船。匆匆已近夕陽天。柳絲難挽牽。　春黯黯，意綿綿。波痕緑可憐。收帆要在幾更天。高樓人未眠。

減字木蘭花

東風知得。吹斷緑波無信息。欲買蘭橈。尋遍城西第幾橋。　幽棲甚處。便得相逢春已去。望眼將穿。楊柳梢頭月又圓。

傳言玉女

小院無人，冷上半簾秋色。海棠花瘦，過新涼令節。幽恨誰訴，覷我一絲眉月。花牆斜處，露光如雪。　每到黄昏，坐空房、耐岑寂。一聲環珮，訝花間遞出。吟魂待扶，耳邊草蟲凄絶。隔燈香夢，從何尋覓。

好事近　十月問渠弟齋頭盆蘭忽花，邀予小飲，賦此

香夢已如塵，瘦了舊時月色。早是美人翠袖，賸啼痕凝碧。　西風只解送寒來，誤逗春消息。憐我疏窗孤冷，替梅花尋約。

臨江仙　十月十九，笛在月明樓，和石友韻，憶丙申冬數集於此也

莽莽風烟世界，匆匆石火流年。梅花樓閣歲寒天。秋驚雙鬢裏，夢冷十年前。　詩債漫愁重積，酒兵休議班旋。莫將滄海感桑田。高歌呼舊侶，寒月載歸船。

天仙子

麻姑偶厭住瓊樓。暫向桑田一度遊。幾時載月泛歸舟。　情淡淡，夢悠悠。庭菊消殘幾許秋。

卜算子　三月一日

後院有高樓，怎似瓊樓冷。樓外花枝笑不言，窺見雙雙影。　蝶過粉牆低，燕去湘簾静。無賴輕風動鬢雲，羞對菱花鏡。

踏莎行　題菊軒先生《隴游日記》

負雪披雲，餐風咽雨。隻身萬里彈冠去。江

南幾度落花紅，子規啼斷來時路。脫却烏靴，安排艸屨。分明舊雁傳來語。紀程詩變斷腸詩，緑陰怕見天涯樹。

賣花聲

同張叔潁酒樓看雪，別後見寄此調，和之

玉戲舞樓前。裝點瓊筵。酒波瀲灧燭花妍。座客清狂誰似我，冷聳吟肩。 寒夜翦燈眠。舊夢如烟。相逢又近海棠天。準備花朝來祝壽，先寄詞箋。君約十二自郡歸。

雨中花

鏡樣一泓秋水。照見眉山慵翠。乍過花陰，未伸蘭緒，乞火情相似。 臨去無言空轉睇。明識此行難已。試摘取蒲萄，當將珠贈，分領愁滋味。

點絳脣

淚枕冰寒，空奩留得傷心字。墨痕猶膩。燈已和香墜。 杳杳無春，難破寒梅睡。拚沈醉。任他顛顇。坐擁衾翡翠。內人喜臨《董美人墓志》，如『風卷愁幙，冰寒淚枕』數語，習書不止數十通。

菩薩蠻

人生何事長漂泊。年年虛訂幽棲約。攜手去尋秋。秋殘相對愁。 晚鐘雲外送。雲去空留夢。同洗一襟塵。孤飛萬萬春。內人厭塵囂，喜探幽。去年偕遊小石屋者再至，烟林合暝，寒鴉悲風，時猶留連不忍去。

洞仙歌

用東坡韻

松邊藤下，乍來時流汗。小立羅襟襲秋滿。舊詞人到此、片石留題，難細讀、溼翠冰花糝亂。片時攜小扇，半壁珠光，絶似寒星逗銀漢。雙髩訝星星、夢影更番，朱顏改、愁腸百轉。記當日、相將踏雲來，算只有、楓林未經霜換。

瀟瀟雨

秋愁消未夠，又偏教、歸夢破酸風。甚年年歲歲，辛辛苦苦，碌碌怱怱。空對西窗短燭，彈盡淚花紅。賸有荒涼月，來送征鴻。　爲問孤魂何去，莫雲飄水泊，隨我西東。記年時閒話，願禮梵天鐘。內人云十八失母，有出世清修之想。看今宵、脱離塵土，想人間、何事不虛空。紅牆遠，但無眠、微語答哀蟲。

減蘭　冬夜寒雨，和子政韻

峭風催雨。孤燈明滅誰爲主。寂寂花鈴。花外寒更不耐聽。　還家無夢。商量取醉傾新甕。飄蕩吟魂。收拾殘箋凍墨痕。

菩薩蠻　題外家竹徑

木香花底三生夢。飛花歲歲將春送。幽徑爲誰開。蘋風迎槳來。　隔波眉樣柳。曾染春衫袖。柳自鬬眉新。水邊非舊人。

浪淘沙　和遁吟韻

亂葉暗秋光。鴉噪斜陽。菊花依舊鬬清霜。冷落東華前度夢，兀自傾觴。　故國最難忘。艸斷枯腸。零紅無主墜蓮房。欲寄詞箋新舊淚，雁斷三湘。

菩薩蠻　西莊消夏

西風襲襲看帆去。芰荷香裏迎鷗路。人倚畫

闌干。鴛鴦偷眼看。　日長香篆短。水閣晴雲暖。待把小簾開。新涼雨送來。

山花子　吾谷停車

山色如妝錦滿林。尋詩疑入繡圍屏。隱約鴿峯西去樹，夕陽沈。　畫裏山靈應識我，年年攜屐聽寒禽。幾輩尋秋人已去，鶴伶仃。

虞美人　虞峯踏雪

滿天玉蝶隨風舞。枯樹寒鴉語。鴉聲似帶古今愁。不道有人衝雪、過峯頭。　劍門路滑行蹤少。別徑松間遶。梅花還在寶巖西。我亦幾回尋夢、到雲栖。

柳梢青　題柳如是像

施粉施朱。幅巾闊袖，雅合稱儒。柳亦號儒士。白足逃禪，黃絁入道，老却尚書。　百年彈指須臾。更省識、春風畫圖。紅豆花殘，紅羊劫小，恨滿蘼蕪。

轉應曲　中秋夜，汝南君約某女郎泛舟尚湖

消暑。消暑。商略載花容與。凌波看浴鴛鴦。不覺羅襟夜涼。涼夜。涼夜。疑有秋星飛下。　休睡。休睡。簾動燭光亂墜。鷗邊秋夢零星。月落今宵酒醒。醒酒。醒酒。又是曉風楊柳。

浣溪紗　京口寓齋坐雨

單薄征衫不耐寒。孤吟添酒到燈殘。明天風雨渡江難。　鴉影過檣風惻惻，鵑聲破夢淚潸潸。匆匆嬾看霧中山。

轉應曲

帆影。帆影。吹送早秋到枕。花牆不隔荷香。有客清吟晝長。長晝。長晝。書味較量新舊。涼雨。涼雨。吹落桐花鳳去。長天一碧無塵。掩卷悵懷遠人。人遠。人遠。一笛漁村烟晚。

離亭燕　和朱琇甫見贈韻

絕好燕山圖畫。詞館故人揮洒。當日春濃花影地，讓與驕兒馳射。何處許幽棲，商略漁村蝸舍。但得杖頭錢挂。願作阮嵇流亞。山水未深猿鳥少，和靖句。夜雨遲君同話。雁去促開帆，夢逐寒潮先下。

秦樓笛　乙卯五月泛舟尚湖，聽陳道士吹笛

湖天碧。水雲圍住狂吟客。狂吟客。且休歸去，共鷗眠食。眉峯翠落銀杯側。梅花風笛同誰拍。同誰拍。空山琴韻，一般悽絕。

減字木蘭花　題錢癯仙畫梅册子

墨花灑處。人與寒梅同不語。歷盡冰霜。依舊闌干月影涼。好春去了。酒醒更殘誰索笑。流水孤村。應有仙禽喚夢魂。

菩薩蠻　芥龕將没，畫春山樓閣，又作送春詞

新詞脱稿春無影。含毫聊寫殘山景。因甚畫高樓。倚樓人更愁。柳邊鶯斷語。身世風中絮。人去畫空留。傷心春復秋。

減蘭 大義橋舟次，同錢遁翁

湖山勝處。競渡年年春欲暮。趁着東風。一舸夷猶萬緑中。評花嚼絮。難得同遊雲外侶。相對微吟。柳外輕雲弄晚晴。

清平樂 茅店沽春

軒開平野。每見盤歸馬。一角小帘紅杏下。自有牧童知也。臨流有幾人家。閒來儘許烹茶。只是春寒料峭，半缾熟客堪賒。

菩薩蠻 徐塘泛月

橋東路比闌干曲。橋西水似玻璃碧。正好月當頭。商量划小舟。秦淮曾載酒。嘉會難長久。還問舊菱塘。蓴波秋更香。

浣溪紗 六月八日，偕叔遠觀荷小瀛洲

眉樣屏山鏡樣湖。照來花貌比儂臞。天然佳麗古今無。蘇白自開詩世界，倪黄略變畫規模。一雙白鷺出菰蒲。

踏莎行 六月九日，同叔遠登泠泉亭，用洪容齋韻

石古苔深，山空氣静。鐘聲飄蕩松雲影。千年人去一亭留，詩心還比泉心冷。秋鬢將凋，吟衫未整。照愁難借飛天鏡。夢中一樣聽酣笙，東坡『萬谷酣笙鐘』句，與子由相遇夢中得之。耳根繁溽都消盡。

浣溪紗 七月既望，泛舟西湖

潭影空明花影深。月中山色淡無痕。依稀昨夢水雲村。掬得湖流清似醑，斷難洗刷舊

愁根。悄無人處酹香魂。

其二

蕩過西泠烟柳陰。候蟲絮絮助微吟。滿襟秋思訴誰聽。後樂荒園難指點，冷香孤墓悄崢嶸。姮娥看得最分明。

菩薩蠻　登嚴陵釣臺

巖凹古翠天難掃。雲封絶壑人蹤少。釣罷幾千年，歌聲欸乃間。石頭垂不語。幾輩留題去。臺下水悠悠。臺空無盡秋。

一翦梅　自題《釣臺遊記》後

默感山靈送復迎。南岸青青。北岸青青。兩宵詩夢覺秋生。灘上風聲。灘下潮聲。願向鷗邊證舊盟。石樣高名。水樣浮名。來時烟雨去時晴。丁字江清。之字江明。

喝火令　吴女磬兒與同里詹生遇於秦淮，有約而别。後女病，以書告生，千金贖之。歸卒，年十六。心青居士作長歌哀之。予友忍華得心青手迹，屬陳子繪磬兒小影

蠟貯愁中淚，蠶餘眠後絲。縱圓豔約不多時。一樣蛾眉駿骨，容易得真知。素絹留嬌影，花箋補小詞。一篇佳傳子瀟詩。值得銷魂，值得葬相思。值得彩灰灌酒，千萬遍呼之。

菩薩蠻　上巳前一日，會稽舟次遇雨

遥峯霧蹙眉痕翠，楊花風緊鵑紅瘦。百里越溪長。浣紗水帶香。天涯春已暮。甚復寒如許。不斷雨絲頭。織成片片愁。

虞美人　上巳後一日遊蘭亭

鏡湖柳眼風吹醒。湖上山妝靚。無邊晴翠撲襟裾。且把烏篷換了、小籃輿。　澗流響似瑶琴弄。彈破來禽夢。黄鸝隔樹囀瓏玲。一路引人深入、水邊亭。

踏莎行　杭州秋雨，和遁吟見懷韻

客似星稀，年如梭樣。水鄉難慰羣鷗望。雲心時逐夢飛還，蓴絲慣與萍相訪。　翠壓重峯，秋添尺漲。相思只在湖涇舫。隔燈消息雨聲中，北風吹雁分孤悵。

烏夜啼　淡如海上書來，亡其愛女。讀其哭女詩，爲之惻然

落燈風促長離。苦依依。鵑血啼乾垂化、語低微。　魂嬌小。隨書到。斷腸時。知否而翁塵鬢、已如絲。

其二

病根深入愁中。藥無功。憐我山妻親替、覓芎藭。　生原寄。天何忌。去匆匆。未見人間二九、海棠紅。

洞仙歌　偕宋養吾送春，渡湖探紫雲洞

碧波渺渺，悵春痕柔媚。不減當年舊情思。立斜陽、石磵萬緑沈沈，尚聽得，杜宇聲聲憔悴。　雲深藏古寺，修竹陰陰，翠輦當時轉香地。字暗百年題、一霎滄桑，又隄柳、幾番眠起。　賸燕子、呢喃呪東風，把殘絮飄零、替花添淚。

虞美人　次公約遊西溪，雨阻

良宵清逗梅花夢。渡口雲無縫。探幽有約趁清和。正是繞溪芳草、緑陰多。　輕雷送雨凌晨澍。溼透横塘路。葭蘆青似酒旗招。應有新蛙鼓吹、待明朝。

清平樂　壽汪作黼先生　名贊綸，武進人，官涇縣令。中元節生日

佛生浄國。人月圓無缺。金絲玉盤香細拂。誰繡江湖天骨。　齊雲天際留碑。耆英座上添詩。倘蠟秦山遊屐，披雲定識方暉。

浣溪紗　題李楞莊臨蔣南沙百花卷子

上苑繁華迹已陳。綃頭猶得挹香塵。錦霞珠露皕年新。　開到銀藤空弔古，遍翻芳譜替傳神。披圖如見故宫春。蔣氏門有古藤，縣人稱爲銀藤蔣氏。

前調　鄧尉探梅圖，爲族孫樸闇題

滄海歸來一問津。山中花事又翻新。宸題碑字没香塵。　難把清泉消佛劫，還憑寒夢問花神。商量留駐古時春。

思佳客　無錫秦石癲以五十自壽詩索賦

劍閣歸來往夢醒。腰間寒斂舊青萍。天涯莽莽誰知己，自寫幽懷上畫屏。　君首唱，我遥聽。一篷和雁落湖汀。懸知花座金樽暖，勝飲瑶池水滿缾。

玉樓春　洛神圖，爲鏡仙題

雲裾風珮凌空碧。微波通語情無隔。賦才畫筆兩難工，翠帶恨飄銀紙窄。　豔情哀思堪

憐惜。静境玄微招雪魄。待他倩影共姮娥，借取鴛湖波鏡拍。

蝶戀花 送春，和友人韻

艸長湖堤拖一碧。堤外鶯聲，堤上春無迹。賸得斜陽紅可惜。綰留苦費東風力。絮様愁懷無可説。欲話飄零，待燕歸時節。緑透横塘波一折。萍風莫漫躭消息。

浪淘沙 荔文

珠顆綻輕紅。夢過榴風。翠窗微雨記前蹤。絳蠟成堆人已去，蜜寄誰封。似帶醉痕濃。暈憶眉峯。小盤許配水晶葱。酸比別離滋味淺，借酒來融。

以上《病鶴詞稿》卷一

臺城路 遊杭一月將歸，徐子酌我於高氏之紅櫟山莊

萍風漸把荷裳卸，天涯忽驚時序。逗破閒愁，敲醒塵夢，幾點桐陰涼雨。欲歸且住。好相約清尊，呼鷗同渡。蕩過蘇堤，小橋第二雲深處。　清秋誰與同賦。有泖濱詞客，江上簫侶。儘許清狂，科頭跣足，儘許評花嚼絮。勝遊難遇。問花外斜陽，爲誰肯駐。珍重羅衫，酒痕休浣去。

行香子 余有剡溪之行，八月十六過杭州。藝畬送行有作，依韻和之

燈影樓前。帆影江邊。最驚心、別裏華年。有懷誰訴，好月難延。奈柳風殘，蘋風冷，葦風顛。　蟲語秋煙。燕語遥天。聲聲催、徹

離筵。青衫爾我，握手留連。似同心蘭，無心絮，苦心蓮。

龍山會

和石友、芥龕九日登高賦此調。後半月邀遊尚湖，舟中即興

今古愁難訴。相約扁舟，載酒消塵土。寒鷗應許我，湖天闊、一葉隨流容與。雙槳怯風波，喜還有、蘆花圍住。且安排，盈觴清醑，借花籌數。今朝商略尋秋，雁語遥空，似怨秋先去。緘情無寄處。夕陽外、賸有好山眉嫵。逝水舊風流，人易老、幾多歡聚。看霜後、萬林盡醉，獨醒何苦。

壺中天

尚湖秋泛，石友、芥龕同賦

湖光蕩碧，看秋山眉黛，相映清淺。拂水莊荒斜照冷，空有寒鴉啼晚。香塚蘼蕪，梵庵燈火，一樣滄桑換。撫今感昔，豪情不覺銷減。爲問鏡樣清波，當年照瘦，幾許芙蓉面。憑弔興亡吾輩事，漁笛也含悽惋。長老黄粱，阿婆春夢，古淚揮雙眼。金罍且盡，鬢絲莫待秋滿。

法曲獻仙音

十月廿一，芥龕四十初度，招飲，賦此

緑鬢華年，黄塵世界，那曉幾番更换。襟上啼痕，花間酒夢，相逢不勝依戀。試共檢、量愁斛，盈盈讓君淺。天休怨。看鏡中、玉顔未改，好堅約、歲歲春遊同伴。今夕且高歌，把金尊、相與浮滿。九九新圖，算紅蕚、未開多半。向東風乞翦，病葉恨苗都斷。

西湖月 中秋夜聽雨

今宵准是中秋，爲甚把風光，者般抛擲。團欒佳話，翻成畫餅，有誰痛惜。桐陰涼逗雨，似和我、凄音低湊拍。想此際、悄掩瓊樓，滴盡啼珠難説。人間離合悲歡，只記取天邊，月圓月缺。焚香暗祝，千呼不出，長廊空立。姮娥應病酒，故暫把、羅雲深掩息。儂也願、好自韜光，休傷小别。

桂枝香 中秋偕龍尾、既勤檥棹尚湖

秋生遠浦。趁蘋雨初收，呼鷗同渡。分得新涼妙味，聊揮清酹。一襟芳思和愁亂，更煩絮、水邊蟲語。最難輕放，人間今夕，如煙飈去。　試重到、去年來處。堪柔波如鏡，垂楊猶舞。如此輕舟，誰許五湖同住。風萍例受漂零恨，漫癡問、銀橋通路。年年但祝，姮娥長照，湖天吟侶。

賀新涼 海上贈任心白

握手江天暮。記年時、繡屏深巷，幾番歌舞。兔走烏飛真一覺，各抱傷春情緒。問還賸、流光幾許。兩鬢蕭蕭秋已滿，看飛花、紅斷來時路。衹到處，消魂樹。　十年嘗盡飄零苦。向東風、再三暗祝，快收萍絮。天意果然容息影，願借一犁煙雨。尋舊約、耦耕舊侣。回想牛衣常對泣，悵如今、甘苦無人語。歸已晚，再休誤。

西子妝 七夕泛舟尚湖，和綺庵

山月催吟，湖雲入夢，此夕人天悽惋。鏡波無恙照秋星，盪孤舟、水波零亂。涼蟾暈淺。似略逗、梅梢新怨。奈明朝，又風吹萍散，星隨人遠。　愁難浣。莫近西巖，鳴珮泉流斷。艸蟲啼碎故園心，問征帆、甚時吹轉。陰晴易換。只霜後、楓林誰看。怕重來，烟外難尋鷺伴。

金菊對芙蓉　題馬湘蘭自畫小影

粉淚凝珠，幽花灑墨，香名騰播江南。歎滄桑幾換，孰護瓊函。分明自寫飄零恨，且漫把、龍管頻拈。瓶花倦插，囊琴慵理，身世何堪。　試采豔史佳談。只絳雲錦樹，古迹難參。問秋菘廢圃，孔雀荒庵。聽鸝深處春何在，吟聲斷、茗玉空鈐。故人宿艸，美人黃土，溼我青衫。王百穀贈湘蘭『聽鸝深處』印，何雪漁篆刻。程君以手拓本屬題，未有以應，而程君下世矣。

臺城路　海上秋盡，移居吴昌。談公有贈詞，賦此答之

年來不慣聽風水，無端海雲留住。絕調孤琴，鳥啼猿泣，人在秋江何處。沈吟正苦。有萬種羈愁，飄零誰訴。別雁呼羣，依稀天際逗寒語。　相逢定訝遲暮。笑廿年浪迹，風裹萍絮。同病無聊，借癡説夢，君撰《癡人説夢》書。可耐殘秋風雨。倘洄溯胥潮，言尋鷗侶。漁火楓橋，遲君吟瘦句。

摸魚兒　十一月十日，偕叔遠、珏兒泛舟楓橋，觀江村漁火

正西風、蘆花殘絮，年華似水云暮。故園消息寒潮滯，月冷瓊窗梅樹。歸夢阻。且分付吴船，載我尋煙去。移情何處。想蘇子高風，倪

迂縢畫，張繼舊題句。簫和劍，十載相隨累汝。人生爾許辛苦。五湖空許鷗尋約，還被浮雲留住。儂倦矣，看兩鬢星星，添上霜如許。有誰共語。聽寒雁呼羣，雛烏索哺，魂斷水村路。

一萼紅　翁忍華屬題其亡兄儒珍先生莫愁湖圖

話當年。正波香風細，涼思滿湖天。秋士青衫，美人金粉，飄零都付寒烟。重尋夢、蒼葭露冷，誰許我、同賦采紅蓮。送客斜陽，戲鷗微月，依舊天邊。　忍説畫圖佳麗，早音凄笛裹，花落風前。夜雨牀寒，池塘春斷，雁聲還似啼鵑。好商量、去尋紅葉，向西山、同哭墓門田。族兄潤卿先生墓亦在寶巖。　數到晨星舊雨，淚滿詞箋。

齊天樂　過廉氏小萬柳堂，吴夫人寫經告成，有建塔湖上之願

天涯春事啼鵑外，悽然結念雲樹。曉雨清塵，疏風引袂，認得緑杳深處。柳絲映户。喜徑窄苔平，欄圍花聚。屋下通波，浮家我欲趁鷗渡。　偶來此中坐久，主人眠未起，休報鸚語。貝葉書香，簪花體勁，不寫唱隨綺句。移情萬古。算除却西湖，了無浄土。莫再悲秋，一燈同懺度。

臺城路　元宵後一夕，用叔由韻

春陰又送紅燈去，行篋乍裝愁滿。杯底甜恩，梅邊苦怨，憶否年時嘗遍。爲卿更勸。是新釀梨花，暈眉較淺。莫放醒眠，夜遥容易動清怨。　紅箋暗傳數字，道東風無賴，吹得人

遠。燕壘桑田，鴛盟畫餅，空惹兩邊魂斷。相逢早晚。尚有語丁寧，未妨當面。寸寸柔腸，莫隨萍共轉。

拜星月慢 中秋海上懷笠庵吴門，用原韻

雁外星稀，鷺邊波浄，秋滿羅襟難洗。獨發狂歌，把涼蟾呼起。歎前夢，覓影、尋蹤酒醒人遠，舊譜雙聲偷倚。別淺愁深，冷吴江一水。　聽箏琶、絃外無餘意。燈樓影、亂歌臺響沸。別浦更有何人，識悲歡滋味。賸青衫、一樣傷遭際。難喚醒、繡屋沈沈睡。且自振，瘦骨凌寒，與嬋娟共對。

摸魚兒 鰣，與次公同賦

憶江鄉、薦新時候，年年争迓神渡。福港澄波銀尾漾，濯趁菰蒲涼雨。冰護取。記咒鯉人歸，商略烹調譜。添人怨緒。每到春殘，櫻筵乍啟，對酒總悽楚。　榴風起，莫爲嚴灘興慕。歸期猶自耽誤。翠盤並翦新畦韭，牢記流芳佳句。移棹去。便看過紅鵑，未肯閒雙箸。嫂羹勝否。共二月銀魛，九秋紫蟹，雅宴播佳話。

夢芙蓉 過西溪交蘆菴，用夢窗韻

殘紅消翦綺。引芳流曲轉，老漁宅里。舊波清淺，迂道小橋外。嫩晴扶薄醉。船窗同擁吟被。漸入蘆灣，又山眉送黛，柳態乍眠起。　微步龕燈影底。緣證三生，夢接秋林佩。古魂飄蕩，花雨把愁洗。卷中流冷翠。明窗照見幽意。鶴去琴沈，溯洄葭路遠，詩袖染藍水。

高陽臺 和尊農湖上坐雨

溼翠黏衣，濃烟滯槳，俊遊那不魂消。粉絮成萍，明波瘦影難描。天涯一樣增惆悵，舍紅鸚、誰話無憀。自凝思，雙屐疏慵，兩鬢蕭騷。　者番便不逢君好，正妝殘越鏡，角動河橋。展釣西溪，再尋秋荻蕭蕭。只愁更比離春苦，燭禁風、垂淚通宵。料無多，煙外漁歌，響答吳簫。

木蘭花慢 過莫愁湖感賦

話南朝舊景，紅又老、緑初肥。記前度尋秋，月寒夢冷，殘柳長隄。松扉。鎖雲無恙，歎新鶯啼處故鷗稀。幾輩英雄水逝，一樓煙月低迷。　芳菲。盡付與斜暉。亂絮點征衣。問紅襟燕子，畫堂安在，何處雙棲。風凄。斷雲孤閣，又豐碑丹字出花西。舉目煙波無際，過江人物全非。

琵琶仙 秦淮歌筵有贈，和靈南韻

薄暝輕陰，好商略、載月流紅浮碧。歌管何處飛來，天風轉凄絕。知玉樹、歌殘人去，忍再問、櫻桃消息。向蝶分癡，呼鷗比影，孤怨難説。　漫臨水、照見塵容，已兩鬢、飄蕭點新雪。一樣墨花珠淚，誤芳春佳節。還勸理、年時壓線，把玉鈿、斷送幽約。且莫如我疏狂，鳳飄鸞泊。

霜花腴 哭黄摩西

問天底是，賦異才，還教誤了儒冠。劍氣爐中，簫聲市上，飄流身世良難。恨深帶寬。彀消磨、燕後鴞前。忍重吟、疊韻新詩，天涯孤鶴唳聲寒。　莫問軟紅消息，歎蜩螗多事，早化涼蟬。別後江空，劫餘山瘦，傷心只賸詞箋。暮潮送船。尚載將、霜月娟娟。料吟魂、遁入非天，劫棋心嬾看。

高陽臺　題龐綺庵《微雲樓詞稿》

歇浦春痕，秦淮秋影，因風颺過如煙。一笛飄來，和愁飛上詞箋。從頭收入消魂夢，向花間、訴與啼鵑。最難忘，緑酒波明，紅燭花妍。　料應憐我傷春瘦，肯製成錦字，翦贈瑤篇。爾許多情，叮嚀努力華年。青衫已浣年時淚，賸零星、墨瀋猶鮮。待商量，翻出新腔，譜入新弦。

琵琶仙　哭徐芥龕

揮手山城，悔輕負、畫舫觀荷新約。秋愁飛上詞箋，人天悵漂泊。杯未冷、吟聲頓絶，更誰與、花間酬酢。一幅殘山，滿襟清淚，凄然孤鶴。　要憑君、點綴煙村，賸殘夢、猶然感金諾。許畫金村八景。添我月宵幽恨，對香輪蕭索。癸丑中秋夜消摇游集飲，逝者三人矣。千萬遍、尋思無緒，向趾離、細數淪落。轉羨高處瓊樓，永消塵縛。

水調歌頭　中秋怨雨

聽雨聖湖夜，夢斷十年前。者番遊屐重到，依舊月無緣。纔見南峯收霧，旋又北峯暗樹，閒了小划船。且盡一杯酒，遶遍畫闌干。　詩襟薄，秋思重，坐燈邊。高歌欲繼坡老，巧值丙辰年。如此河山凄黯，休説瓊樓高迴，平地亦清寒。何術驅雲去，端正與同看。

酹江月

八月十八吴山觀潮，風力薄而水勢緩。用吴雲壑韻賦此，以記古今潮勢之變

攝衣登眺，正江天初霽，萬峯黛抹。盡道潮神來信早，不待南屏鐘發。一塔殘陽，三疊斷靄，人似瞻龍闕。天風未起，詩心不禁飛越。

記否宋代淳熙，吴郎隨輦，獻賦稱奇絶。舊事飄零詞卷裏，唱罷齒流冰雪。滄海桑生，故都堞壞，涉險頻移楫。古今形勢，盛衰還問明月。

高陽臺

孤山梅花，禁人攀折，企公拾一枝贈余。用夢窗《落梅》韻賦此

風片催春，香魂索句，幾宵夢落溪灣。雨掩重門，沈沈閒了銅環。垣衣緑得堦無縫，要埋愁、除是孤山。感東風，有意相招，吹霽湖干。

鏡波一槳斜陽路，看晚妝西子，碧玉無瑕。何處飄香，冰魂來鬭清寒。素心怎忍干花惱，惜遺簪、拾向苔邊。算師雄，歸自羅浮，舊約重圓。

掃花遊

右軍祠

亂峯漾碧，正一雨新晴，黛眉都掃。禊辰過了。看修篁翠拂，杜鵑紅老。步遶廊陰，摩遍留題字小。池深窈。試略蘸素毫，添綴新稿。

澗流清可照。問幾輩朱顏，與花同好。永和代渺。藉餘香故紙，挽春多少。舊燕孤飛，又逐楊花共到。趁清曉。入幽林、柳鶯更早。

燭影摇紅

得龍尾詞箋，知病體漸愈，且有遊杭之約。用夢窗韻賦此答之

花雨添寒，空山梅信春全透。獨尋孤嶼遶堤

行，艸色黏詩袖。有客慵聽禁漏。惜寒香、閉關永晝。吟懷健否，鶴共雲歸，何妨戀岫。咫尺蓴波，星眸青逗湖濱柳。清遊例合起微疴，待試紅娘酒。互把離襟抖擻。看奇峯、倦飛應瘦。清明過了，眼底愁紅，櫻桃如豆。

憶舊遊 題芥龕石屋楓林圖

記疏鐘報暮，瘦竹鳴風，催老秋光。曾與梅花約，奈雲迷殘葉，樹醉新霜。昨宵杜鵑啼血，紅過舊斜陽。算幾輩清遊，酡顔共照，難話興亡。凄涼。碧天遠，悵墨迹依稀，夢迹荒唐。余悼亡，君爲畫石屋尋夢圖。待我衝寒去，便尋伊無着，呼月徬徨。凄絶圖中影事，揮涕酹清觴。料轉過山村，故人墓艸和雨黄。墓在山北。

高陽臺 湖上與邵次公同作

晴翠堆篷，柔波壓槳，薰風袖底涼生。轉入荒灣，扇頭衆緑香迎。雙禽前度曾相識，把舊愁、付與殘鶯。甚凄迷，再一生修，又見含英。片時坐亦温春夢，問碧闌干外，是否風平。此去長安，偕誰同賦蕪城。今朝算領湖山味，恨鳳林、催客鐘聲。漫評量，南北峯頭，樹態雲情。

長亭怨慢 偕次公訪孫花翁墓。翁名惟信，字季蕃，宋淳祐三年没

記荒艸、斷橋西去。緑暗新陰，古槐棲處。春老啼鵑，風扶殘燕共誰語。殘碑難覓，只記取、青湖句。丁松存重封此墓，俞曲園謂以朱青湖《沁園春》詞爲證。塵劫幾滄桑，只贏取、一抔黄土。

知否。倘丁仙早化，一例斷紅無主。三生可證，儘頻撥、裏湖柔櫓。便暮靄迷途，要拚把、心香親炷。願遍酹詞靈，同踏西塍花雨。

三姝媚 與次公登葛嶺

嶺雲頻散聚。只浮圖娉婷，倚風無語。艸没仙蹤，賸井波澄碧，轉丹人去。玉骨無情，只笑視、狂歌酣舞。牆角秋蟲，不管愁深，弄音凄楚。一覽湖山非故。又北渚頹陽，做成今古。響寂山空，把吴郎舊韻，借簫追譜。落葉飄紅，儘賭寫、傷離心緒。隔霧晚鐘聲起，隨鷗並渡。

綺羅香 湖上折荷一葉，同次公

荇雨波柔，蘋風暑淡，貼水青錢如許。怕逐雲飛，商略倩伊兜住。好借取、碧盞斟醪，漫錯認、翠梧辭樹。問漁郎、孤箬抛無，且憑翠蓋擁烟暮。　吟衫無此潔浄，還向船窗試展，商裁衣縷。那有心情，量取圓勻珠露。摇緑影、小扇分涼，掬澄水、玉盤同舞。待攜歸、掩映銀釭，素秋誰共賦。

邁陂塘 送次公入都

又天涯、葉邊秋到，湖風做弄疏雨。離襟酒漬渾難浣，悵溢遠波南浦。君緩去。算同看星河，未把良宵誤。花翁古墓。賸衰艸吟愁，寒蟲咽響，孤緒爲君吐。　青春鬢，甚惹京華塵土。吟邊消得凄苦。劫灰話罷春難繫，何日準摇歸櫓。攜手處。歎極日滄波，總是消魂路。臨分甚語。待緑漲交蘆，寒香影裏，重唱玉煙句。

玲瓏四犯

中元後四日，偕子庚、渠清泛花港，訪漚尹先生，不遇。賦此兼寄次公

笛裏夢飛，鷗邊秋淡，商量裁翦煙水。燕隨殘月去，斷緒憑誰寄。湖風似還解意。迓吟節、小留閒地。徑竹涼生，港花紅冷，領略水鄉味。　相思爲誰吹起。只蒓波幾尺，雙槳輕理。片雲合離影，飄忽屏山裏。澗流清似鳴環響，算贏得、眉峯迎翠。餘興未。迴舲看、蘋花絮似。

五福降中天

人日寒雨，悵然憶遠，不知孤山梅花開未。賦此答鏡仙杭州

怱怱又遇春星夜，怎奈雨多晴少。水北凝寒，樓南賸雪，誰説江鄉春早。師雄夢覺。便翠羽音稀，算曾尋到。別思香魂，凍雲千里互縈繞。　東風暗憐飄忽，水雲期我會，幾度虛了。弔月清愁，埋香舊淚，并入離人詞艸。何須懊惱。幸故國江南，仙姑年小。分付新鶯，謾將春喚老。

摸魚子

蠶豆

看平畦、墨花收早，眉痕風展低舞。輕雲裏玉吳綿軟，也費幾番調護。春易去。想嫩緑含胎，解否相思苦。桑陰日暮。趁窄袖兜來，碧衣輕蜕，珠箔照醽露。　櫻桃宴，料得無緣陪赴。田園風味何許。懷蓴客老吟腸淡，相對肯閒銀箸。須記取。正病婦齋期，配入調羹譜。纖兒解語。道香欲流涎，翠盤易冷，再試浴温釜。

一萼紅 自題一角山樓圖

問蒼蒼。這金烏玉兔，爲甚走忽忙。笑我生來，萍漂絮泊，無端看過滄桑。多風浪、浮家何許，有皋廡、聊借一枝藏。月印娥川，香分墨井，眷此風光。　賸得殘山一角，儘奩窺春笑，樹賽秋妝。靈圃花香，酒樓燈影，時來逗我吟牀。怕祇有、掃晴娘嬾，被癡雲、迷了水晶窗。好借徐郎綵管，替護斜陽。

以上《病鶴詞稿》卷二

以上《病鶴詞稿》

高陽臺 心齋弟悼子劍賓，繪劍影圖屬題

俊氣埋塵，英光入水，霎那竟化龍飛。寶匣空留，人天影事悽迷。腰間賸有銷魂帶，綰不牢、小夢依稀。最傷心，月黯西峯，殘鵑悲啼。

琴材玉質同銷鑠，歎倚天無着，斫地憑誰。人靜西堂，壁間滉漾清輝。披圖我亦真愁絕，想虛帷、夜讀聲微。笑豪情，痴叔摩撫，待魂歸。鈍金弟有磨劍圖。

唐多令 和邵子政韵

邂逅在麋臺。青眸照酒杯。正淩寒、霜菊爭開。攜手登樓同一咲，天賦此、苦吟才。　秋夢暗相催。秋愁帚更更來。負年華、壯志全灰。淪落惟餘詞筆健，遥應答、伍簫哀。

邁陂塘 用易哭庵韵

過元宵、一番寒雨，琴溪新漲添尺。雙魚難問人消息，但見眉峯愁碧。鐙月夕。訝紅燭花開，乍減淒涼色。幽棲影隻。只療病療愁，和誰商定，有約萬山隔。　傷春客。難補情天片石。香魂何處尋覓。年來漸了相思債，忽

又爲卿添積。留夢迹。儘放膽填詞，秘言何直。天涯身側。數幾日歸來，藥欄風細，紅粉漫狼藉。

八聲甘州

辛亥春莫，笠庵、銘懷、冠雄、敏君、味梅、菽遠集飲浮樓

軟紅堆甚處洗閒愁，林鶯引人飛。指閶亭東下，春波瀲灔，小閣斜暉。好借危欄徙倚，呼酒拍新詞。當日笙歌地，換了壚篪。　都是漂零倦客，問甚是萍轉，載月同歸。奈好春將去，枝上老紅稀。待商量、短牋殘唱，付隔隣、檀板寫傷悲。空惆悵、桃花唐宅，燕壘都非。

金縷歌

和王笠庵吴門聽雨，即題其詞稾

禊社同誰結。把當年、虎邱勝事，爲君細説。城裏山茶開復謝，叫斷鵑魂化血。歎幾輩、春人匆卒。塔影園荒詩夢冷，賸無聊、元墓尋香雪。雙鶴去，澗聲絶。　天涯正是愁時節。驀相逢、滄波同照，這般華髮。誰唱鐙邊新度曲，樓外風聲未歇。應共悔、浪游燕越。醉便同歌醒同哭，悶填詞、聲共胥濤咽。問何地，當壚熱。

前調

用李武曾韵寄談繕无

人與天同醉。莽天涯、漂零爾我，一肩行李。鶴市春光如夢過，夢入楚天無際。怕詩信、雁行難寄。滿地風波行不得，甚殘秋、遠别傷同輩。尋舊約，暫相喜。　空山寒菊頻榮悴。任嚴霜、幾番淩虐，何曾輕墽。世界蜩螗人事换，蟲語悲涼何已。勸漫作、傷心才子。度曲誰知亡國恨，時君撰《亡國奴傳奇》。恐酒邊、莫繼

銅壺水。滬江柳，又黄矣。

惜秋華　牽牛花，用李武曾韻

瘦不禁秋，待涼雲、輕罥碧羅如剪。欸我淡情，盈盈露華傾盞。催人寳惜分陰，把曉閣翠幰先卷。誰伴。倘相依、鬢邊娟容易換。

未許膽瓶玩。只抱真託素，秋星庭院。孤倚竹、翠衷薄，暈眉愁淺。昨宵許下幽期，休戀眠、早涼清簟。須唤。笑黄粱、貴人難見。湘綺老人《牽牛花賦序》云：『豪貴之士將晡而起，終身莫能覩也。』

沁園春　弔楊篤生，用湘社諸子《題蜕園詩冢》韻

生不逢辰，滔滔皆是，忍堪見哉。似屈子沉寃，波流魄去，魯連高蹈，風卷魂回。戮力神州，驚心滄海，鐵血誰登大舞臺。空憑弔，借寒霜敲硯，熱淚傾杯。

何年化鶴歸來。看偏國、自平由花爛開。恐嘔乾心血，問難起塚，洗殘塵夢，愁難成堆。後死憐余，借歌當哭，掬得秋泉代薦梅。靈長在，向五洲游泳，萬刼低徊。

滿庭芳　汪鶴翁悼子，賦此慰之

雁斷長天，烏啼遥夜，不堪重對秋光。故人書到，墨淚不分行。痛矣瓊枝摧折，莽西風、慣斷人腸。難回首，名場顛躓，心血嘔盈囊。

懸知殘月外，幽魂歸未，露冷池塘。正天涯聞笛，感觸山陽。依舊嫩寒時節，苦吟聲、換了啼螿。爲勸西河珍重，摩眼看清觴。

水調歌頭 夜夢偕友登黃鶴樓。辛亥八月

秋冷洞庭水，目斷楚江山。一樓千古奇絶，人去月光寒。鵑血峨嵋啼盡，雁信衡陽愈緊，歌響破雲天。舊夢儘抛却，乘醉倚危欄。　湚袍客，烽烟路，甚流連。乾坤旋轉誰手，請聽唱刀環。高會簪裾先散，孤艇蓑綸難理，何地是寬閒。長笛激風起，與爾共泠然。

摸魚兒 用《香銷酒醒詞》韵

倦歸帆、落秋深處，舊園殘菊霜透。黃花簾外黃昏約，夢斷星窓風牖。人病久。料別淚榴紅，落到秋棠後。藥停苦口。對隔鏡愁容，隔屏涼月，隔浦瘦風柳。　吟腸斷，歎埽愁無帚，淒風又過重九。者番難諱儂情薄，多負天寒翠衷。忍回首。痛手製絨花，一樣抛紅豆。懺前悔後。儘呵墨偷聲，借香祭井，空爵招魂酒。

沁園春 癸丑上巳，邀羣賢禊飲三橋，訪牧叁墓

十里晴波，蕩漾東風，小舟往環。看桃潭添漲，重三令節，柳陰小泊，第幾浜灣。癸丑年符，永和代遠，太歲干支適值班。今何世，只巖花無語，嬌鳥綿蠻。　幾人天許清閑。得飽讀、耕煙畫裏山。嘆舊莊紅豆，空留豔說，半潭秋水，照瘦朱顏。春色翻新，孤墳宛在，吾輩青衫淚又斑。誰書序，悵夕陽紅斷，鉼隱松關。

臺城路 寓居廳院之東墻下有古冢，存一碣，無年月姓字可攷，賦此弔之

楮陰綠碎落花老，峭然一抔殘土。觸我傷心，

是誰埋骨，此日魂歸何處。悠悠萬古。賸澹月微雲，隨風來去。蜨蜕花飛，紙灰血淚兩無據。　何緣與君會合，正斜陽滿地，芳艸無主。豈是名流，莫非佳麗，例受者般淒苦。候蟲漫絮。試汲水秦淮，當澆清醑。知否西廳，有人吟鮑句。

沁園春　輓宋漁父，仍依弔楊篤生韵

殲我元良，昊天不弔，尚何言哉。嘆風撼湘流，孑身遠走，晴開鄂渚，卷土重回。提筆驚天，枕戈戒旦，破涕先登大舞臺。公何往，正闕弓盤馬，看劍分杯。先生近作有『我欲挽强弓』之句。　火珠驀地飛來。看墨布、江雲鬱不開。痛一聲爆裂，斷藤繼曲，寸腸灰燼，錦字留堆。血濺花岡，冤沉厄淀，春黯江南又落梅。冤難訴，向九天欸吐，萬刧低徊。

邁陂塘

儘呼名、風流儒俠，題箋小印堪省。廿年硯底清華夢，彷佛舒王行徑。風太緊。奈看到神州，落日難留影。休云福幸。只兩度驚秋，一聲變徵，損了箇人命。　曾相約，携手桑麻野境。那許他人消領。無端飄泊成虛願，舊髩難瞞青鏡。剛酒醒。驀月落江天，鴻雁飛難竝。鐙殘人定。待手寫遺詩，微吟斷句，可有蝶來應。

卜算子　庚戌

詩裏苦相思，可似儂心苦。只道玫瑰酒味濃，甜口難甜腑。　惱煞楝花風，盼煞菱花雨。雨雨風風不了忙，來去無憑據。

好事近

難準是歸期，但説嫩涼時節。欲與雙星同約。笑箇人痴絶。　人生離合太無常，眼底黯秋色。不信尊波風起，能懶人心力。

一剪梅　京口寓樓和遁吟韵

無花難解客中愁。山揖高樓。江抱危樓。金焦秋夢少年游。昔日同舟。今日孤舟。　春光如水不堪留。新月銀鉤。濁酒詩鉤。臨風摩眼看滄流。萍逐潮頭。絮逐雲頭。

點絳唇　渡江訪紫若揚中

雨横風狂，滿船載得春愁緒。煙波如許。冒險尋鷗去。　不道清游，翻比征塵苦。停江渚。茅庵何處。七里新沙路。沙港離三茅庵署七里。

滿庭芳　揚中送春

桃港分明，仙源非是，爲甚蝶鬧蜂狂。野薇零粉，誰解惜餘香。尋徧水涯籬落，師雄夢、何異漁郎。春歸矣，千紅撩亂，歌哭費商量。　遥知三海裏，畫堂非舊，燕子尋常。正牡丹筵敞，醉入仙鄉。可奈斜陽紅處，又蛙聲、鼓吹池塘。休重問，壽寧舊事，鵑泣斷人腸。

滿江紅　題歸公恒康麐先生遺象

少歲談經，悵莫接、春風講席。記當年、諸兄文會，評量金尺。一代科名成底用，半江兵火今猶昔。問東廳、及第好花枝，無消息。　人事變，秋雲白。孤墓在，寒鴉集。喜青氊一物，尚留故宅。散髮兒郎能守舊，留題殘客成孤立。歎古儒、風貌渺難逢，圖中識。

壺中天 題翁忍華移家范墅圖

燕鶯對語，正春深庭院，緑滿湖山。山外無多乾净地，碧梧高許棲鸞。檢點銅花，封題雪卷，載出古城灣。野塘深處，麥風香入杯盤。回憶風鶴，聲中鷗天。明净分席共銷寒。今日携幾來索句，刼餘何福清閑。堂北承歡，橋南訪舊，松菊未凋殘。寄生皆草，爪痕留與誰看。

臨江仙 尚湖垂釣

桐江遼濶風波險，林巒無此清華。幾人修得到浮家。白鷗天净，隨處好停槎。莫問武陵春去路，桃花渡口迷霞。梅溪雅韵漫相誇。滿船萍絮，生計足魚蝦。

鵲橋仙 新七夕即甲寅閏五月十五也

安榴紅過，秋葵緑未。意外佳期珍貴。千年成約怎生拘，試停織、且留殘緯。歲華乍换，相思早慰。却省許多珠淚。兩情那不感新恩，恐神女、無心誤事。

霜花腴 白題《石屋尋夢》，用夢窗韵

洞天屋小，趁晚風，尋詩客到黄冠。石老落荒，雲疏松瘦，留題點筆良難。佛門禮寛。漫炷香、菩薩龕前。悔年時、同拜雙星，清宵殘夢一鐙寒。此日携琴小住，縱偶呼月伴，苦和吟蟬。芳序頻驚，幽靈誰護，寄焚重叠花牋。願移鐵船。溯絳河、載下嬋娟。羡賈郎、有福仙游，隔天秋耐看。

霜葉飛　重九雨窓，用夢窓韵

短牋難把，秋愁寫，隔谿煙罨疏樹。無多閒興約登高，偏又風兼雨。願永戢、林間倦羽。蕭梁松檜今猶古。記弱歲留題，衹一覺、清華小夢，空剩縑素。　聊對劍外清尊，花邊瘦硯，舊詞依韻同賦。翠微嘉會遲明年，迂遠吴郎語。夢窓結語云：『但約明年翠微高處。』縱柳色、已成金縷。馬當難助孤帆去。須飽將、家山看，甚日停車，曉楓丹處。

瑶華　馮靈南以其女弟所繡詩囊見贈

籠紗無分，夢錦須還，笑翠毫空躍。零珠碎玉，付刼灰、香艸餘情聊託。與花同葬，他年事、忍輕拋却。喚嬌兒、權當奚童，也許鄭奴探索。　瓊閨繡譜難描，嘆剪合香心，墨勻針迹。牋放薛濤，無摺疉、巧讓班姑專席。故人何處，記覓句、青溪如昨。奈苦吟、身復飄零，半鬢新霜添白。

百字令　甲寅殘冬，偕印士、心厽、問渠、寶書游河陽山永慶寺

山容如睡，儘風聲似虎，何曾呼醒。吾輩清狂無賴甚，一再探幽索瞑。古樹頹雲，斷碑殘字，認作蕭梁證。高歌誰和，亂鴉林外相應。　回溯借榻僧樓，凌寒梅月，同聽空王磬。舊夢零星尋不得，剩有山林餘興。搔首乾坤，鬢隨秋老，俯仰悲難定。無多猿鳥，白雲誰許持贈。

減字木蘭花　破寺晚鐘

舊時梵宇。香火年來缺不補。斜日侵帷。桑

海愁應上佛眉。半潭寒水。難洗人間忘國恥。買醉無聊。清磬隨風到市梢。

迎春樂 曲橋流水

蘋香荇小春無跡。晴波照、松陰碧。記兒時、逃學藏林隙。花落片、者金鯽。故事流觴曾解得。約朋輩、年年浮白。舊夢総如塵，雙鬢短、情千尺。

浪淘沙 西涇夕照

永老結廬于此，號『西涇灌叟』。

人淡似閒鷗。嬾把魚鉤。當年灌叟我同儔。除却分花聯韵外，不到溪頭。門外碧波流。逝者難留。斜陽閑煞一庭秋。只有梅花殘月下，夢去追求。

少年游 同塘漁唱

竺塘潮小浪花柔。曲處盪盡漁舟。蘆荻烟深，菰蒲風細，生計問閒鷗。此中有幾人家住，多賴水田收。數世清貧，十房繁衍，足傲太平洲。

踏莎行 南浦歸帆

雁滯家書，鵑啼古渡。迢迢碧水南塘路。昨宵歸夢渡湖梢，鳳山隱約通眉語。霜稻豐收，林烏穩住。進浜便是幽棲處。落帆聲比馬蹄清，玉梅花底尋眠去。

以上見稿本《浮樓詞鈔》

菩薩蠻 訪葂園蓀厓鳳皇山中

山靈詞客雲離合。露華風片羅衣濕。侵曉渡芳隄。椶鞵滑淺泥。僧樓依舊月。臨壑藏詩窟。樵牧聽閑吟。壎篪塵外音。

前調　錢癯仙屬題梅花册子

娉婷疏影伊人照。珮環化作花幽悄。不老卷中花。居然駐歲華。　醉裏懽多墜。滿紙煙和淚。我怕讀終篇。師雄夢杳然。

聲聲慢　題吴江金祖澤風雨勤斯圖

花明雲舍，風静蕉窗，庭闈寸晷堪珍。展卷晨吟，伊誰樂敘天倫。依依儘饒舒態，道荼甘、由苦回真。難回首、是秋幃形影，問答蜚呻。　手悽惻鴟鴞詩意，幾商量、采取借墨傳神。線痕留，阿兒襟淚猶新。憐他卷葹餘痛，寫機鐙、未寫蓮巾。浩刼後，看霞暉、竝照千春。

水龍吟　題王丹崖詞稿

廿年我絜君萍，相逢共嘆江河下。人隨波遠，鐙殘月瘦，拋春去也。鳥鎮離羣，魚常醒眼，遲誰攀話。痛宫花淚盡，溪漚夢冷，身世事、何勝寫。　謾道海波已淺，尚夷猶、吴艘越舸。一枝健筆，載將來去，何曾懽寡。便不勝蕉，舊襟須浣，琴波堪借。願金飈無動，莫賡舊曲，唱烏啼夜。

前調　書吴江金硯君哭女詩後

啼春已斷鵑魂，那堪葬玉風和雨。墨花灑處，是珠是淚，模糊難數。俯仰無聊，借歌當哭，問天何語。歎巾箱黄竹，年年織鳳，剩寸寸、傷心縷。　人物都拋塵慮。累椿庭、頻添鬢絮。波寒笠澤，天寥長往，流愁詞賦。又換滄桑，憂兼家國，何分今古。聽荒江、嗚咽寒流，如互答、哀音譜。

水調歌頭 題惠風箸書圖

秋意滿林壑，吹不到腥風。相於惟有猿鶴，來往暮煙中。難覔秦人雞黍，漫禮空王鐘磬，書味一鐙紅。姹或呼雲語，更拓古今胸。感桑海，逃濁世，訪寒松。不妨歌嘯江湖，老去作詞宗。閒裏流光須賓，塵世浮名休問，酬唱到漁童。金石出清響，天外應孤鴻。

金縷歌 前題，用夢窓韻

萬木屯雲氣。是何人、深居料理，藏山心事。歲月已隨滄海换，安問柴桑舊里。算覔得、乾坤净地。片席清寒誰共守，歎蠹魚、以外鐙如此。霜管墨，濺殘淚。淥波淘盡文人隊。繫秋心、半塘月落，鶴歸知未。留剩漁歌供獨唱，孤燭猶舒錦蕊。有誰識、徵題深意。我未披圖憑虛想，寫詞牋、託遞吴淞水。商舊學，各心醉。

菩薩蠻 題戴養軒先生《薇香館詩鈔》

島公歲歲將詩祭。祭詩豈爲名山計。寸紙寸光陰。難抛是苦心。書成千萬本。蠅鳳聲難混。怎不拜王楊。先燒温李香。

其二

玉堂香案流高韻。乾嘉幾輩乘昌運。此調變凄清。黄鸝相和鳴。好春多半去。弄墨留春駐。織得錦成囊。愁絲抽更長。

八聲甘州　晚華亭朱氏貞孝壽母

問蒼天浩刼甚時銷，殘山爲誰青。賴鵑紅剩血，松姿耐翠，替寫幽貞。還有棣鐙焰焰，鑒得此心明。字注鴛鴦牒，未咏飄零。　誰識瓊閨辛苦，看泖濱潮汐，孝水寒生。縱刀鐶待唱，終古不成聲。到如今、料無遺恨，繫綱常、兩字一絲情。含毫想、遭逢改步，若箇完名。

齊天樂　壽汪母馬太夫人七十

麻姑親問滄桑換，天雲鬢絲長翠。玉宇秋高，瓊筵月滿，今夕瑶宫何世。方暉睹矣。將甲子迴還，重新編起。竚看星周，濡毫再賦紫芝字。　鱗鱗厨美膳曾領，十年春似夢，酒味留齒。藉羽飛觴，乘鱗勸飦，遥助華堂綵戲。桂香信裏。想玉筍聯班，新聲清美。一笛湖風，徽言傳鳳紙。

水調歌頭　壽秦佩鶴綬章先生七十　代顔士晉

鶯語留春駐，麗日永華堂。帝京人海如舊，若箇醒黄粱。上苑韶華都换，珂里琴尊閑散，健筆寫行藏。千里傳高詠，引企舊門牆。　杜鵑茂，月輪滿，好稱觴。萊衣影共花舞，動静耐商量。慚愧絲桐初理，退繹湘絃清韻，香蕚共流長。『湘絃靈』『香蕚龕』皆先生詩文集名。高抱託心史，傳世鐵函芳。

以上見稿本《天巢詞》

湘月

年年清夢，落湖山勝處，詞填多麗。想象林家梅月好，一篴寒風天際。雪海香銷，蓴波春斷，事事乖人意。藤床醒卧，思量遺恨無計。

休等鵲渡星魂，蟾圓鏡魄，病怕隨秋起。風定波平香自在，一縷幽情堪寄。粉墜嬌紅，雨添淺黛，無限相思味。歌聲乍發，一鷗掠破煙水。

臨江仙

一片清波明似鏡，兩隄煙月平分。眉山猶畫六朝痕。天然佳麗地，值得葬詩魂。　十剎海中花正好，舊游清夢難温。紅香欲語又愁生。鷗天風太緊，商略護靈根。

蝶戀花　再叠劉石香韻，寄蓺畬

新涼薄被和衣擁。夜雨無端，又把秋愁種。我與閒鷗身世共。風波不測須珍重。　來往頻勞青眼送。病鶴年來，慣作離巢鳳。贈別新詞薇盥誦。墨花留證尋君夢。

臨江仙

寫罷新詞歌去也，西泠夢跡難尋。隔江惟有雁傳聲。月明潮落後，何處訪伊人。　清恙秋來應乍減，夜寒珍重羅衾。可憐我亦病纏身。新霜潘鬢點，猶自走風塵。

以上《浙游詩詞草》稿本

喜遷鶯　題《劍門集》

湖樓寒雨。訝飛雁遠道，傳聲索句。葬菊哀餘，祭詩候近，誰是眷懷羈旅。默數舊時吟伴，多變空山僧侶。問何事，可千秋還剩，金壺灑處。　年暮。須檢點，香淚愁痕，一一親箋注。玄鬢霜繁，絳紗聲應，那肯拋殘金縷。卻勝御屏留字，傳世香鐙微語。待聽到，貴雲藍紙價，芳聲騰播。

見《苔痕詞》

柳初新　用梅村韻

午窗花影移來緩。看菡萏、新枝軟。紅妝初試，露珠欲墜，似醉風扶猶懶。恰好是疏簾卷。任梁間、燕兒偷眼。　闌角秋棠點點。間牆陰、苔花誰糝。弈枰輸了，借端退避，滿面嬌羞難掩。閒坐處、雙眉斂。舊夢零星休管。

解珮令　用《瓶水》韻

寒燈帳底。寒風簾裏。把細香、寸寸燒起。繡帶潛鬆，夢入楚山雲際。問長廊、紅鸚見未。　蓮芬暗遞。柳枝搖曳。悄商量、鞦韆同戲。一刻柔恩，許半載濃愁相抵。又匆匆、月斜人去。

以上見《香艷雜誌》一九一四年四期

夜厭厭

病裏流光水樣。靜思量、無多希望。同心蘭蕙各凋零，只墻陰、海棠無恙。　昨夜涼生簾未放。一分秋、一分愁釀。艸蟲啼得夢無成，夢來逢、更添惆悵。

鳳孤飛

記得牡丹時節，悔我歸期緩。孤負東園月滿。難勸把、深杯暖。　自恨茶花春夢短。知非復、舊時池館。蘭槳逼愁愁逼病，訴東風不管。

甘草子

春暮。行色匆匆，過燕來窺户。難訴別離情，偏在天南路。　心病欲醫無求處。更煩碎、米鹽誰數。瘦骨如龍欲飛去。鎖半簾愁雨。

以上見《香艷雜誌》一九一四年五期

金縷歌 題梁鐵幢方伯延緑軒話別圖。圖爲蓬心司馬作。蓬心爲梁門下士，延緑軒在鄂中藩署。圖中共五人，梁、王以外更有永餘庵慶、徐袖東觀海、慶雨峯玉諸君，皆有詩。余於丙辰冬觀於遂安毛氏，毛翁屬賦，用夢窗韻

展卷流佳氣。算天風、未經吹散，燭邊吟事。薇省簪裙花底夢，隱約楚雲堆裏。問葬得、詩魂何地。百四十秋秋已盡，圖作于乾隆辛丑。剩丹楓、翠竹寒如此。園寂寂，埋紅淚。　樓空鶴去留鴉隊。舊山河、如今多換，鶴還知未。留得梁王詩與畫，惆悵遊絲故蘂。孰知我、題詞深意。話別圖存空傷別，吮霜毫、略蘸西泠水。寄此調，銷殘醉。

甘州 祝繆西京先生重游泮宮

對東風檢點舊青衫，來看故宮春。莽乾坤、新花爛熳，空山一鶴，抖擻精神。話到熙朝盛事，紅紫渺前塵。濡墨揮銀管，聊答嘉辰。　斯樂人間難再，舉翠尊晉壽，兕斝延賓。指西城新築，嘯傲穩吟身。待飛牋、蠡鄉騷國，好相於、來共味香蒓。鈞天寥、回飈吹下，互證前因。此屆重游更有范、屈兩先生。

見《虞社》一九二九年一百四十九期

前調 題陸醉樵《杞鞠山房詞稿》

舉清尊含笑對東風，浮生悟蒙莊。任江湖滿地，海緺山翠，朝暮炎涼。待覓鷗盟鷺約，還認舊蓉塘。海已桑生緑，鬢未添霜。　偶過桐陰老屋，看清聲雛鳳，接翼迴翔。望片帆東下，洄溯野波長。想安排、詞牋花管，借古時、

紅豆作新鄉。須珍重、雪天爪印，駐鏡清光。坡公生日，大雪中曾共攝景。

見《虞社》一九二九年一百五十五期

翠樓吟　春雪盈尺，山樓抱玉，回頭身世，虛臆將來

鏡滉新天，瓊鋪浄地，東風翦出花樣。豐年占夢吉，留刼後遺黎餘望。天心甚向。歎北雁音沉，南鵑啼愴。分明見，故山頭白，照人羅帳。清曠。如許林巒，笑尋梅吟屐，着殘幾量。白雲多變幻，剩零落寒鴉來往。荒江漁唱。早險悟滄波，慣看銀浪。還遊漾。待銷融晴絮，桃花春漲。

見《虞社》一九三一年一百七十三期

八聲甘州　季今嗇雷峯遺迹圖，爲无恙題

記頻年尋夢六橋邊，別未幾多時。任鷺晨鷗晚，殘虹斷，消息淹遲。風送南屏鐘響，清夜動相思。爲問湖乾否，佛語依稀。老衲城頭孤倚，看海田幾變，艸長花飛。奈游雲倦鳥，漂泊已無歸。笑稗官、談仙説怪，算如今、刼盡是耶非。誰呵墨、寫童然影，付與斜暉。

前調　題黃君瘦農遺照

正西風吹雁下濠陽。君歿於南通。烽火滿江鄉。怎吴雲越水，浪舊風鶴，孤劍倉皇。只爲雙魚沈滯，寒勒百花香。誰料河洲詠，調變伊涼。訝漫道戒疏覆轍，以省身懔訓，豈類清狂。淩風健舉，絶迹少年場。歎男兒、血無灑處，託湖波、流恨到鴛鴦。君知否、紅塵碧漢，一樣悽愴。君與秀州某女士婚期已近，道梗音絶，思由海道往迎，中途遇阨。

以上見《梅社月刊》一九三八年十期

全民國詞

曹辛華 編纂

第一輯 ⑥

浙江古籍出版社

惜黄花慢 庚辰重九對菊作

賓鬢秋妍，奈癡頭破帽，難掩華顛，未堪插髮，貫試將
勸酒杯深貯淚，花淡忘言，砌闌不解相遮護，幾曾耐霜
苦風酸。意萬千賦情盡改，吟抱誰寬。 今朝[illegible]漫重軒，
念故人厚我，九日糕盤，地偏江迴倚樓甚處，籬荒徑
鎖，滿袖何緣，數枝莫歎淒涼夢，但關重疊愁邊。恨
逝川、送人浪水彫年。

国家出版基金项目
NATIONAL PUBLICATION FOUNDATION

目録

周慶雲　一百六首

周應昌　二百五十五首

胡小石　三十首

胡先驌 八十八首

胡振 九十六首

俞平伯 九十首

周葆貽

臨江仙　二闋　和吳興朱古微，次原調韻，與林鐵錚同作

明月滿天霜滿地，簫聲依約鄰家。遣愁有酒不須賒。往來心上事，開落夢中花。　院角風來無賴甚，幾絲簾影吹斜。調笙擫笛小生涯。紅兒差解意，無語倚窗紗。

其二

見説東風吹皺水，微波也解牛愁。心和花影度紅樓。明蟾如有約，啼鳥未應休。　舊夢已隨流水遠，俊遊怕憶杭州。一簾涼意雨初收。笛聲飛不起，何處覓丹邱。

鐵錚、古微皆浙湖埭溪人，余任埭溪二年。鐵錚爲朱丈谷牛壻，時新委廣東粵海關監督兼交涉員，以道梗未赴。挈眷居朱宅，與余水閣隔河相望。晨夕過從，日以填詞爲樂。鐵錚有所作，就余推敲，余有所作，亦就鐵錚推敲，意殊沆瀣。有時同以所作寄古微評閲，古微亦欣然加評焉。某歲古微來常，鐵錚邀余相伴，作三日遊。古微爲清某科傳臚，今已歸道山。鐵錚亦鬢髮多白，一回相見一回老，思之慨然。鐵錚著有《半櫻詞稿》，古微著有《彊村詞稿》，並承見贈。

浣溪沙　二闋　題謝玉岑白菡萏香室填詞圖。此圖爲其夫人錢素蕖女士作。素蕖，名山令媛。白菡萏，素蕖也

兩宋三唐入錦奩。未成好句不成眠。有人惱問幾更天。　郎愛蓮花儂愛藕，蓮心多苦子多甜。藕絲入譜更纏綿。

其二

檻外花開玉井蓮。亭亭出水欲疑仙。如花美眷水流年。　聞道年來多結子，而今添個小

荷錢。雅人韻事滿詞箋。玉岑曰小女名荷錢，詞句暗合，巧已。

金縷曲　『一篷涼月載花歸』，莊公炳漢夫人吳佩歡女史遺句也。公情深故劍，繪圖填詞索題，次韻應之

此恨應同抱。記當年、春風楊柳，明湖一櫂。卅六鴛鴦原共命，比似多情嬌鳥。有四面、芙蕖香繞。寫罷采蓮歌一曲，采菱歌、一曲重翻稿。喜明月，來相照。　年來有酒愁難掃。怎良宵、推篷悵望，蟾圓人悄。醉裏渾忘人去久，得句猶呼同校。想夢覺、今生還早。我已卅年傷舊侶，過來人、怕聽淒涼調。儂此意，君應曉。

唐多令　題過漢秋祖孝子謹言公慕劬室諸圖。時予母八旬病風，根觸愁懷，勉賦以應。謹言公所繪有慕劬室圖、攜酒奉親圖、親恩罔極圖、展墓思親圖

斗室慕劬安。題辭仔細看。似先生、孝行堪傳。攜酒奉親親在也，一展卷、一心歡。　罔極報應難。圖成淚自彈。問泉臺、可得生還。展墓思親親見否，一展卷、一心酸。

減蘭　丙辰歲，于役奉賢沙田局，局設縣署藤龍廳。浙江實業廳長廣東雲韶，字海秋，時宰奉賢，手書真、草、篆、隸短屏四幅贈予。予命同、閏兩女繪采水畫四幅報之，並贈外國花子多種，賦此以媵

藤龍夭矯。花落訟庭餘一笑。別後懷思。重展蠻牋十幅詞。　文章巨手。十萬才人齊俯首。蜂蝶參衙。且種河陽一縣花。廳前紫藤一架乃百餘年物，夭矯如龍，因名之曰藤龍廳。海秋世家子，夙

擅文名，能詩工書。録示五、七言多首，相與推敲。

南歌子　鏡

睡態因何懶，春情爲底柔。妒他豔福幾生修。慣與美人對坐、看梳頭。　仁壽名初錫，芙蓉兆預留。此生天付與風流。笑問明年及第、是儂不。

謁金門　鏡影

人兒可。嬌似春花一朵。迎面行來疑那個。細看原是我。　未掠雲鬟半亸。斜插花枝欲墮。問爾因何春意惰。休教人覷破。

如夢令　叠字　別意

短短長長句句。絮絮叨叨訴訴。雨雨又風風，瑟瑟蕭蕭處處。人去。人去。脉脉情情緒緒。

前調　叠字　題蓮沼鴛鴦圖

個個雙雙對對。个个憐憐愛愛。翠翠與紅紅，處處鋪鋪蓋蓋。宛在。宛在。掩掩遮遮再再。

菩薩鬘　迴文　別意

蝶飛輕影秋廊月。月廊秋影輕飛蝶。寒夜怯衣單。單衣怯夜寒。　淚含雙眼媚。媚眼雙含淚。離別恨情癡。癡情恨別離。

減蘭　雙調迴文詞　順調《減蘭》，逆調《卜算子》　卜詞銘、詞英昆季同作。二卜爲前清名進士嵩生先生令嗣

懶魂花底。酒醒夢殘斜日裏。望遠懷春。脉

脉慵情蝶似人。　暖風微處。睡過晝長花着雨。小囀鶯嬌。却隔深陰柳外橋。

卜算子　前調《減蘭》逆讀

卜氏昆季居余家六年，與余三人同補博士弟子員。暇日鬬巧，戲揀詞譜，惟此調可顛倒成兩詞，餘調不能也。金丈淮生見之，曰：『此千古未有之聰明文字也。』

橋外柳陰深，隔却嬌鶯囀。小雨着花長晝過，睡處微風暖。　人似蝶情慵，脉脉春懷遠。望裏日斜殘夢醒，酒底花魂懶。

金縷曲　夏日即事

幻景真奇絶。莽天公、忽風忽雨，忽雲忽月。水閣夜涼窗乍啓，隔岸漁人對立。看倒影、一蓑一笠。欲問今朝有魚否，恐驚他、水底魚逃脱。却忍住，不曾説。　柳陰瞥見漁舟歇。有漁姑、青年二八，似曾相識。一水盈盈羞問答，怕惹漁郎嘖嘖。倩小婢、替儂傳述。説要魚兒長尺咫，與主人、佐酒澆詩渴。他一笑，云無得。

邁陂塘　生日戲占

忽驚看、萬花齊放，嫩晴花繞庭户。小鬟道是花生日，取次衆花神聚。花無數。還悄入花叢，自打催花鼓。羣花喜舞。祝寵錫花封，籌添花甲，花氣滿春路。　花應許。儂對花枝笑語。花期來日休誤。花生日後儂生日，留取一天花雨。花有主。倘不見花開，定向花王絮。避花低訴。愛花夢纏綿，花容嬝娜，儂要嫁花去。

南浦 生日戲占 二月十二日爲百花生日，余生日爲二月二十一日，比花遲九日

十二是花朝，賀百花生日，花天春曉。祝嘏到羣花，花徑裏、唤取花童細掃。花筵序齒，問花若個排行小。花作主人儂作客，頌獻百花吟草。遲花九日儂生，聽衆花笑説，輪他近了。花媚玉堂人，花王領、十萬花神都到。重斟花斝，滿堂肅拜花容悄。儂作主人花作客，花氣酒香多少。

高陽臺 手帕繡美人甚麗，戲填此解

乍識芳容，便攜素手，怕他風起飛揚。所謂伊人，一方宛在中央。多情綰个同心結，解開來、皺了衣裳。没商量。裹了情書，付了情郎。春宵枕畔閒抛棄，忍教他冷落，看煞鴛鴦。雙袖輕籠，就中捉个迷藏。替人拭盡相思淚，却憐渠、淚也成行。細端相。恁豔丰神，恁輭心腸。

菩薩鬘 二闋 月餅

銀泥玉屑無邊潔。可能三五隨盈缺。何處覓吴剛。開盤且一嘗。唐宮傳不托。待聽霓裳曲。食竟傲同儕。宵來夢入懷。

其二

執刀試向中間切。切開依舊如明月。想像到天邊。平分上下絃。齒牙剛一齕。十六微微缺。待得賸無多。殘痕可奈何。

沁園春 和卜詞英詠汪八校書

細數佳期，三五良宵，春生敝齋。看棗花簾

底，雙翹淺露，菱花鏡裏，兩道匀排。十六年華，相逢正好，半就如何更半推。聰明謎，試拆開人字，笑倩郎猜。　香燒一日千回。願月到、中秋折桂來。記年庚戲寫，字排儂命，詞華夙擅，斗貯君才。點畫分開，六爻報吉，私向燈前卜繡鞋。分離苦，怕并刀割斷，兩地牽懷。

蘇幕遮　左詩舲表弟新婚，戲贈

乍匀脂，剛掃黛。拈了花兒，拈了花兒戴。纔解琴心心便醉。焚了香兒，焚了香兒拜。　卸明璫，除玉佩。停了鍼兒，停了鍼兒待。映著夫容容轉媚。背了燈兒，背了燈兒睡。

蝶戀花　二闋　如皋瘦蝶詞人朱韻才紈扇自繪花蝶，爲我道其命意，填詞索和，賦此應之

瘦蝶詞人工畫蝶。只畫飛飛，不畫花間歇。此意更無人解識。倩君自己從頭説。　入握分明圓似月。扇自團圞，人自傷離別。生怕春光歸去急。癡魂空抱花枝泣。

其二

祇恐良緣成畫餅。一寸芳心，禁得多時忍。向後佳期如有准。柔姿拚耐三年等。　絶代才人工寫影。如此風流，也算名花幸。願乞東皇休作梗。任他磨折儂都肯。

清平樂　『他日瑶京情話，道儂曾看梳頭』，此廣西詞家况夔笙詠梅伶蘭芳句也。讀而好之，依韻填此

嬌紅暈頰。韻事傳奔月。顧曲郎君癡欲絶。看取芳情秀骨。　憐他簫局衣篝。驚他玉輭

花柔。已是將渠忘却，驀然又到心頭。余赴北京文官考試，梅伶正演《嫦娥奔月》及《黛玉葬花》。

南鄉子　題江陰蔣震初添香夜讀圖

辛苦一燈知。伴到更殘也不辭。妾自焚香郎自讀，嬌姿。天與才人作侍兒。　夜永倦難支。冷落鴛衾睡慣遲。知否良宵孤負易，書癡。准備磨人到恁時。

蝶戀花　秋蟲

弱不禁愁愁不顧。有幾多愁，儘向西風訴。訴與西風無解處。荒苔斜月無情緒。　如此秋宵如此度。如此微牛，也惹愁無數。便欲深山深處住。可能不帶閒愁去。

醉花陰　蝶

深院無風偏嫋嫋。自詡身材小。悄地入花叢，且喜今番，没個人兒曉。　碧桃紅杏都開了。滿眼春光好。揀取好花枝，任我今朝，睡個銷魂覺。

蝶戀花　蝶

舞袖蹁躚應自喜。羅扇迎風，撲倒還重起。雨濕折得花枝纔插髻。累他尋到深閨裏。　輕衫乾也未。抱蒂酣眠，嘗盡花滋味。春事將闌花滿地。者番受了東風氣。

子夜歌　雁門

雁門山上雲如墨。雁門山下人如織。何處哭聲多。君王玉輦過。　不堪回首望。故國胡塵障。龍馭走天涯。邊關且當家。

沙頭雨　晉祠

一炷名香，對神默訴西來意。叔虞祠裏。行在分明記。　前路茫茫，還仗神靈庇。愁不寐。蒙塵滋味。今夜重嘗起。

百尺樓　華岳

太華鎮西方，舊備臣隣數。一夜從人泣不休，灑作漫山雨。　來自雁門來，去向驪山去。兩處茫茫盡巉崎，不是宸遊路。

減蘭　驪山

華清陳蹟。如此淒涼看不得。難怪明皇。夜雨鈴聲總斷腸。　眼前都到。百二秦關同蜀道。夢裏還宮。依舊雲車駕六龍。

憶舊遊　大雪，懷江陰蔣震初茂才　震初著有《小芬陀厂詩詞集》

看灞橋風雪，驢背詩人，留得行蹤。疑是芙城客，乍衝寒到此，贈我詩筒。醉望大江南北，冷氣鎖長虹。認天地氤氲，錯疑今日，未闢鴻濛。　匆匆。送君去，料別後相思，比雪還濃。檢取舊詞讀，領纏綿情意，暫當相逢。欲寫寸牋遠寄，寒沍少鱗鴻。聊印雪成糕，脂痕戲點新樣紅。

瑤池燕　鐵錚以詞壽吾母八旬，謹次原調韻答謝

高梧修竹。當軒緑。待續。俊遊同飫醽醁。閒情足。春人幾簇。春醪熟。　譜新聲、載詠詞曲。軼凡俗。謝庭雙倚蘭玉。文壇矗。

取靈和千萬縷，繫住春光休别。頻歲奔馳，幾時歸去，一笑朝衣脱。閒來且坐，小橋流水明月。

蘇幕遮

淵府索題垂釣圖，與見唐同作。雲、燕、桃、柳、山、石、水、草、一童攜簹皆畫中點景也

曉雲輕，新燕小。一樹桃花，一樹垂楊裊。疊石成山山勢繞。且學漁人，且把漁竿釣。草芊芊，波渺渺。覻着奚奴，對着漁簹笑。漫道紅塵歡事少。做個閒人，畫個高人稿。

浪淘沙

二闋　讀趙秋舲《香消酒醒詞》，愛不忍釋，中有《浪淘沙》二闋尤佳。余花甲年衰，草窗夢冷，久不作少年人語。乃見獵心喜，率賦二章，即用趙原調。詞壇諸舊友見之，得勿哂爲猶有童心乎

鴻編快録。疑仙籙。

踏莎行

題林鐵錚《半櫻詞稿》。林以此調題予集，即依原調韻譜答。是日偕鐵錚遊東郊紅梅閣，故詞中及之

拾翠芳時，踏莎古調。旗亭曲唱知多少。半櫻兩字寄吟情，江南傳徧新詞草。和叔清聲，逋仙雅抱。輕風吹送東門道。梅花終古屬君家，遲遲不放春光老。

念奴嬌

題，次李公原調韻　李淵府出令祖伯英公柳陰坐榻圖索

春皇弄色，正芳韶暢好，踏青時節。柳未搓棉人未老，百囀鶯聲未歇。粉壁新詞，郵亭舊句，紅袖塵頻拂。芬菲如許，教人心目都悦。留愛他汁染衣青，陰眠琴緑，不唱陽關折。

深院燕來時。幽抱如癡。瞞將鸚母不教知。越是愁多天越雨，越是難支。　窗外柳絲絲。柳外涼颸。攬衣欲起故遲遲。越是夢多人越懶，越是相思。

其二

霽色鬱堦墀。霞散成絲。斷虹明滅濕雲遲。郎料天晴儂料雨，争了多時。　人面比花枝。那有參差。擎杯不飲儘凝思。儂怕酒涼郎怕熱，匀了雙巵。

前調

二闋　前育志小學校長、私立常州中學校董張景沅追悼詞　壬申四月爲常校作

教育一生心。創學艱辛。高懷不作出山雲。手種三千桃李樹，一例成陰。　詩酒樂生平。善誘循循。宫牆美富紹前型。忍聽莘莘諸學子，慟哭先生。

其二

追悼迎遺徽。木壞山頽。素車白馬共徘徊。一曲蒿音傳衆口，薤露歌哀。　坏土瘞長才。舉校銜悲。樹人樹木賴栽培。此日兩楹真坐奠，靈也其來。

蝶戀花

讀錢小山和陳小翠女士詞，才人繡口，令我移情，因次原調韻和之。企言六十五歲作此詞成，已二年，始知小翠爲天虛我生陳栩園之女公子。此小山告我也

千曲雕欄千曲亞。不怕愁多，單怕芳心窄。水樣年光春似瀉。一雙眉黛知誰畫。　底事錯憐教不嫁。過盡黄梅，懶把珠樓下。嬌小憐娃年未大。春來愛看尋芳馬。

要使家家壁上，盡籠紗。竹簡當年藁，毛詩古代葩。周郎老筆豔於花。要與千秋才子、鬬春華。

以上《企言詞存》

周岸登

高陽臺

過邛徠九折坂

雪嶂參霄，冰苔篆樹，山深寂不知春。谷響雲孤，高寒路隔紅塵。迴車舊轍今猶昔，上青天、叱馭如聞。算千秋，通道西南，終屬詞人。長卿自有凌雲氣，縱長門諫獵，未稱高文。諭蜀何功，端宜筆掃千軍。南荒更續驂鸞録，繡弓衣、愁染蠻熏。待歸來，城上芙蓉，紅競秋旻。

浣溪紗

楊君鐵華以浣紗圖索題。圖中繪浣紗美女，長身玉立，左手提紗一籃，右手平舉作彈指形

彈指流光又一年。擕籃小立嚲香肩。美人愈美愈堪憐。　綵筆描成顏似玉，春紗浣罷力如棉。萬條情緒太纏綿。

南歌子

垂老周郎詞

余夙有願，多留文字於人間。今歲乙亥，余年六十有八矣。四十年來，乞書撰者以數千計，近歲尤多，求無勿應。嘗集《詩經》爲詩、詞、聯、頌、歌、謠諸品，業已成書。《詩經》句姸麗如花，古稱『葩經』。余有句曰：『喜聽旁人齊道我，老來文字豔於花。』友人謂我深得《詩經》之旨，故能如是云。余以此詞爲殿，欲使千秋靈氣長在人間也。

太白留仙筆，長卿是内家。年來詞句滿天涯。

尉遲杯

富林檢行篋，得曾剛父書扇及亡友匡伯鹿、丁叔雅手迹，次剛父韻

沈黎路。動庾信蕭瑟情如許。凄涼落月梁塵，愁絶流光鶯羽。關山笛裏，吹別恨、初聞乍眉聚。展湘筠、篋衍葳蕤，裍金猶戀紈素。　留得宛轉清吟，認哀麗、傷心字漫香故。隔世新銘思舊淚，誰解説、亡書大去。殷勤是、誰家燕子，似相識、頻來昵人語。遍天涯、旅夢今宵，海山何地延佇。剛父舊書扇頭小詩云：『宮扇葳蕤半裍金，一篇哀麗舊傷心。他時漫滅無文字，留得情人宛轉吟。』又云：『待得郎來烏夜啼，送郎行處草萋萋。繁霜昨夜過河北，不見天雲照井泥。』餘忘之矣。庚子西歸，此扇於寧羌道中失去。

西子妝

富林本沈邊長官司舊治，前臨大渡，後負邛徠，左阻阿露，右限飛越，藺家、渥洼二營爲犄角。釜底藴蒸，尤動客感，用彊邨韻

飛嶺切雲，陷河折柳，倦旅藺營春晚。漏天疑雨復疑風，駐驂騑、雁程驚换。花邊淚濺。攬别緒、危腸寸斷。夢依依，繞玳梁芳壘，曾巢雛燕。　愁何限。濁浪金川，膾錦鱗雪片。文園未一杯聊爲撥離懷，醉不知、紫溟三淺。倦。撰征賦、關河經眼。洗蠻熏，好句弓衣繡滿。

八聲甘州

感南中事，賦春水

聽涓涓暗響度冰澌，春溶赤闌橋。正銷魂南浦，淩波雒步，捐佩湘皋。干爾東風底事，皺了一江潮。休遣迎桃葉，愁打蘭橈。　誰破藍光千頃，是翠禽偷下，驚散魚苗。乍流紅輕漾，知妒雪初消。誤傾城、横波眉黛，定有人，

飛淚溼龍綃。湔裠侶、試蘋花唱，怨斷今朝。

八六子

深溝，故清溪關，韋南康所築

俯危臺。一江春浪，滔滔噴雪驚雷。又毒草搖煙自好，野花侵鬢如銀，旅魂暗摧。蛇盤羊竇誰開。仄徑迷陽卻曲，危梯滑磴昏苔。怎奈向羌歌，斷腸聲外，瘴雲如纛，舊愁如海，更看挂練玉龍自舞，陰崖蒼鶻徘徊。蕩悲懷。朝暾破山下來。

惜紅衣

自海棠戌以西，沿官道，野木香正花，借石帚韻賦之

半嫵迎人，穠姿困日。罥春無力。十里繁香，吹魂盪空碧。孤芳淡冶，應解慰、南來詞客。幽寂。天上玉京，失青鸞消息。梅邊柳陌。殘溜冰澌，苔衣暗塵藉。刀州夢遠故國。在雲北。可惜好春空過，獨自道途緜歷。問此行何事，羞說百蠻山色。

淡黃柳

簝葉坪，用石帚韻

初簝展葉。聞笛新鶯陌。柳綫愁牽春陫惻。瞥眼梢頭荳蔻，除是司勳更誰識。雁程寂。塵沙伴朝食。聽嘶馬、短籬宅。恨東風、不住催行色。怕上征鞍，有情流水，淒映蠻花自碧。

霓裳中序第一

越嶲鶴田

逋仙泠舊約。怪得南天亡大鶴。應怨藏舟夜壑。喜千頃翠深，九霄霜薄。氉氉漫噱。嗣谷音遥寄孤邈。嵇情遠，廣陵散雪，古逸韻韶箾。寥廓。石田棲託。歎往事揚州夢覺。華亭嘹唳更惡。任大雪堯年，皓首京洛。稻

梁謀未錯。便足繭、荒山自樂。春漪滿，遺音天際，歆恨在城郭。

蝶戀花　曉發登相營至冕山

邊月如鉤風似翦。鉤起新愁，欲翦應難斷。病酒臺登山枕遠。曉來啼鳥聞孤館。　露網行軒緣絕坂。飛浪崩崖，路逐懸崖轉。仰視白雲當露冕。落梅風急笳聲短。

露華　節園冬青花

翦冰鏤雪，記移根上苑，曾賦菁葱。瘴雲恨苦，辭春花雨濛濛。料有翠禽珍偶，戀小巢、愁惹珠茸。鴛徑悄，飛瓊乍識，蕚緑驚逢。　西臺更揮如意，弔辛樹長青，皋羽孤忠。蠟灰淚冷，銷沈共認沙蟲。怕底麝塵香減，誤柳緜、輕逐花驄。幽意遠，孤芳自惜露叢。

塞孤　用《樂章集》韻，二解

黯魂銷，折柳聲初歇。可奈驪駒催發。十里長亭千里別。聽倦鳥，呼泥滑。山城晚、噪昏鴉，江練曉、疑新月。度關山遠，旌旆風裂。　蒙段古柏祠，薶主芙蓉闕。夢翦兜羅香徹。晼晚佳期凝望切。休忘了，星回節。蘆笛響、遏銀雲，秈火舞、霏丹雪。問邛池、匳鏡誰設。

其二

織烏飛，暮雨蘭芳歇。淺淺芹芽初發。笛裏關河工賦別。斟翠斝，真珠滑。鞭絲飽、染南雲，雕鐙冷、敲邊月。賦從軍苦，腸斷肝裂。　消息渺玉京，醉眼看星闕。聒耳金笳淒徹。荳蔻蠻江新恨切。應記省，歸時節。欹角枕、慰勞塵，酌梅琖、融酥雪。照流黄、縑素雙設。

換巢鸞鳳 憶桂林訾家洲，次梅谿韻

烟雨藏嬌。記香迷象渡，柳罨花橋。遠山慵學黛，近水坐吹簫。奪娘纖手佪娘腰。醉時按歌無魂與銷。爭知我，恨獨倚、碧潯清照。人悄。波渺渺。灘水釀春，澆得愁懷抱。入握荑苗，散香帬衩，同踏仙洲芳草。眠翠巢空雪妃遥，鬬雞臺遠青娥老。相思江，溯流紅、一夢秋曉。

二郎神 憶梧州鴛鴦江，次彊邨韻

碎瓊盪月，簇萬艇、碧天如瀉。記雨過梧城，霞生冰井，描就鴛江入畫。溼徧青衫琵琶恨，洗恨滴、淚珠塵鏬。天遣忒有情，燕娘風調，鳳娘聲價。 休話。灘江影事，洞簫吹罷。趁玉魫愁新，荔枝香近，沈水餘薰共惹。紫峒春深，碧潯秋淺，爭並露華嬌夜。歌宛轉、適怨清和，似有氾人來下。

三姝媚 午夜無寐，獨往東園。彩雲櫛櫛，月華流照，遥聞絲竹之聲，益增寂感，次彊邨韻

哀絃調子夜。正城烏驚飛，夕蟬淒迓。喚起姮娥，覩海紅輕幔，彩雲無價。不管清寒，幽恨襲、齊紈綃帊。錦瑟空長，絃柱華年，爲伊輪寫。 芳沼銀蟾光射。又咽斷靈風，幾聲檐馬。萬疊遥情，逐廣寒霓羽，佩環同下。病酒愁腸，憑挽取、天河傾瀉。只恐文園消渴，琴絲怨惹。

憶瑶姬 蒙段祠古柏，用定公韻

巢鳳棲鸞。掩銅柯黛嫵，坐閱人寰。古祠臨碧海，儼上清仙侶，時下雲軿。蒙愁段恨，知

自何年，鍊玉銷素顏。聽夜笙、吹夢瑶華遠，蝯鶴驚寒。定冷露、暗滴金盤，似磨笄趙女，節顯邦媛。飛昇隨款段，倩海門孤月，長伴清眠。香霏翠羽，影鞞瓊肩，苦心寧自全。悄暮雨、猶送雲愁墜世間。祠在瀘皐下。其神女也，肉身仰視，俗稱望天娘娘。蓋段詔女嫁蒙詔，而段滅蒙，女乞身入道，尸解於此。祠前老柏大二十圍，東西交讓，唐時物也。俗傳神飛昇時所乘驢緣柏上空，如淮王雞犬矣。

長亭怨慢　夏日賦邛池柳

早飄盡、亂絲繁絮。翠老陰多，莫愁門户。已晚年芳，杜娘淒唱惜金縷。向人青眼，争識舊時眉嫵。此樹太婆娑，動客感、依依如許。　悽楚。隔關河不恨，恨隔夢魂歸路。青青瘴草，更愁斷、陷河西去。賦情到、伯也蓬飛，想應是、鉛華弗御。儘折柳歌殘，休問當年張緒。

望海潮　星回節，邛海觀炬，題孤雲閣

疆分邛筰，天開蒙嶲，千秋兒女風雲。身殉故衣，骸歸鐵釧，珊瑚骨化飛燐。攢火海城濱。映水天一碧，鼇駕嬉春。爐冷松明，事遺彤管怨鑾熏。　年年六詔佳辰。弔阿南蹈義，慈善能軍。霜柏段祠，猗蘆襜主，香銷莫返貞魂。千炬舞波臣。共萬星珠迸，迎送潮神。換了紅桑幾樹，朝日上暾暾。星回節者，漢元封間楪榆有曼阿娜，爲漢裨將郭世宗所害，併欲得其妻阿南。阿南約以三事：一、設幕祭故夫；二、焚故夫衣，易新衣；三、令國人遍知郭以禮娶。郭皆如其言，於六月二十五日聚國人，張松幕，置火其下。阿南祭夫畢，俟火熾焚故夫衣，遂躍入死焉。國人哀之，每歲於是日燃炬火，謂之弔阿南。其後，唐開元間有鄧賧詔者，六詔之一也。南詔欲併五詔，因星回節構松明樓，召五詔酋會飲。鄧賧酋妻慈善懼難，尼弗行。不可，乃以

鶯啼序 用夢窗韻紀夢

神清洞天縹緲，款蘿扃岫户。藐姑射、冰雪仙人，夢驚春换年暮。黯無語、潛申怨抑，琴絲宛轉歌芳樹。倚迴闌、愁眼茸茸，話言低絮。

再世瓊簫，夢裏見了，似輕雲罩霧。故環在、笋束荑柔，廿年重展心素。倩魂離、華鬘幾劫，淚痕溼、鮫絲千縷。恨難禁，風露高寒，上清鵷鷺。

瑶宫謫久，故國依稀，寄燕鴻倦旅。別恨在、蜀魂鵑拜，桂管鸞遠，爨玉炊矛，瘴江烟雨。鑾花自治，鑾熏愁重，文園持節邛都道，鏤靈關、駕鵲孫源渡。鼉瀘海日，星回勝節曾來，浣筆醉題風土。

游春夢覺，錦瑟歌長，費練裹白苧。漸滿地、愁苗含豔，瘴草抽紅，惱亂琴心，鳳鸞雙舞。清真舊譜，蕢洲漁唱，周郎披扇還顧曲，變新聲、鵝管調鵾柱。

鐵釧約臂而別。比至南詔，火其樓，諸酋燼焉，骸不可辨，獨慈善以鐵釧爲識，得骸以歸。南詔異其慧，以幣聘之。辭以未葬，葬則嬰城固守。圍之三月，食盡，慈善盛服端坐餓死，臣民從死者數千人。南詔旌其城曰德源。今自建昌以南，滇省全境均以六月二十四、五日爲星回節。家家斫松明，然燎火，蓋舊俗也。

一萼紅 鼉瀘産秋海棠，澗阿巖罅，處處有之，紫白花者尤異

寫秋魂。問離人血淚，何日長靈根。花候猶遲，山寒自媚，無語空怨黄昏。拂苔徑、迷陽卻曲，甚楚楚、如見辟靈芸。化碧生苗，種愁緣子，猶漬啼痕。

長記玉鉤斜畔，伴紅心草長，薄命花分。粉暈龍綃，霞皴黛岫，拾來瓊唾猶温。斷腸語、緘珠待寄，怕香殘、餘麝已成塵。縱向江頭化石，恨種長存。

乘槎便溯河源，聖約靈期，定教證不。

婆羅門引 螺髻山

愁雲蹙黛，萬螺高簇佛頭青。月明鶴背吹笙。柯爛仙人去也，幽夢醒瑶京。但凝妝不語，霞表亭亭。芙蓉翠擎。款天闕、摘春星。飛去峨眉獨秀，十二層城。霧横烟鎖，是藐姑、仙子擁愁顰。匳鏡敞、邛海盈盈。山在邛海東南，倚天秀絶，傳有仙蹟。晴明望見伽藍金碧，往尋輒迷所在，蓋幻城也。或言於此遇仙人對弈，非所詳矣。

憶舊游 題辥冬樹畫梅，贈梁叔子

記棲霞葬玉，舜廟聞韶，孤雁愁聽。滿目山陽淚，倩折枝梅影，聊遣哀情。爾時帥府新創，籌筆厭言兵。有寶劍淒凉，洞簫幽怨，同慰飄零。蘭成。最蕭瑟，自一夢江關，幾淺滄溟。桂管歸來久，問驂鸞仙侶，魚素難憑。故人幸有冬樹，瀟灑振芳馨。怕紙帳春寒，羅浮夢怯魂暗驚。叔子弟又新瘴歿邊關，匱寄虞山廟，右有韶音洞。及將歸蜀，殤其季女文媛。余爲覓地棲霞厝之，刻銘志焉。

瑞龍吟 邛都本事，借清真韻

邛都路。愁見跳舞鍋樁，際天花樹。淒涼持節文園，繡衣負弩，牽情是處。屢延佇。憑弔冕山孫水，鏤關開户。何須典册高文，也應自笑，題橋舊語。前度臨邛酤酒，鷫鸘輕貰，庭花羞舞。生恐倦游相從，眉黛非故。琴心賦筆，安用錢刀句。低回盡、罏濾鏡影，虹橋弓步。淚灑南雲去。暮霞散彩，春蠶亂緒。池柳繅千縷。歸夢遠，西窗靈風催雨。瘴花似雪，木棉成絮。

惜紅衣 再題冬樹畫梅，用石帚韻

桂管彫年，梅邊送日。嫩寒猶力。燕寢凝香，南枝破愁碧。生綃澹染，聊自寫、清寒仙客。疏寂。冬樹遠懷，託棲霞游息。青蘿古陌。茶虆桃薪，泥香怨紅藉。魂歸路遠瘴國。鬱江北。貌出幾枝冰雪，留證劫灰經歷。向茜紗橱畔，争識故人顔色。時冬樹新譜《桂林雪》樂府。

緑意 賦緑菜

終朝采緑。奈磵深水冷，曾不盈掬。晞髮陽阿，懷遠傷今，無言自媚空谷。緇磷久謝塵清曠，但漱石、瓊華如沐。等恁時、月滿朝平，翦取半溪春縠。幽絶青衣水畔，羨行芳志潔，馨逸三蜀。苦笋春盤，諫果秋軒，好共追陪高躅。寒陵一片誰鐫刻，勝十賚、華陽仙籙。伴綺筵、薦俎高情，只有史君炎玉。

揚州慢 聞新津、臨邛變耗，依白石譜，自寫愁懷

雲戀琴臺，麴濃脂井，買春曾駐初程。喜臨邛酒美，剔古甕苔青。指嚴道、征驂未返，壞雲山壓，童豎驕兵。聽喧喧、笳鼓危心，飛度層城。　倦游厭旅，計歸途、屈指堪驚。怕玉斧金瀞，黄泥紫地，關塞無情。料有失羣哀雁，難成字、咽斷離聲。儘書空何計，囊琴前去愁生。

三犯渡江雲 邛都本事，借清真韻

高城東去路，錦陂沁緑，屐齒護圓沙。曉烟籠翠瓦，婉戀藏春，認得莫愁家。虹腰駐馬，舊樂府、休續芳華。端正看、玉顔窺户，鬟影映

雛鴉。　驚嗟。淩波塵輭，印履苔滋，記橋邊石下。疑苧蘿、當年西子，曾浣鮫紗。江空歲晚魚書寂，怕楚玉、難倚蒹葭。邛海畔、方舟自採蘋花。

宴清都

東園暝坐，用映盦韻

畫省喧笳鼓。邊風急，窮秋烟暝催暮。蠻熏未洗，吴棉自檢，薄寒珍護。箏絃也識愁端，漸瑟瑟、偷移雁柱。更送冷、敗葉聲乾，敲窗點點如雨。　琴心寄遠難憑，孫源閒蜀，巴水連楚。流波斷錦，孤衾怨綺，夢抽離緒。寒聲已度關塞，任碎擣、繁砧急杵。數麗譙、廿五秋更，烏啼向曙。

過秦樓

得内書，次清真韻

露滴花房，月窺虚幌，紞紞鼓聲初斷。如雲夢綺，似水年塵，莫遣怨吟秋扇。無寐倦倚枕屏，灰盡更香，數殘更箭。想幽閨屈指，歸期難準，雁沈天遠。　愁見説、冷怯冰紈，塵生秋簟，怕檢舊時熏染。泥金畫蝶，獵錦裁鴛，顔色可憐都變。持問君心，寄將機上迴文，青禽難倩。但熒熒淚滿，鮫綃新痕舊點。

解語花

建昌在明初錦衣千户衛籍，由北平移駐，故語言、習俗多相類。今年中秋月食，十六夜游人尤盛。用清真韻

初弦寶月，半面窺簾，雲隙蟾光射。露華凝瓦。瓊樓迴、冉冉素娥來下。風酣韻雅。花雨散、珠犀盈把。環佩聲、隨步瓏璁，滿路霏冰麝。　猶記鳳城此夜。盡青紅兒女，空國游冶。贈芳貽帕。街塵輭、競買兔神泥馬。心情倦也。人世换、水流花謝。秋士悲，持問

春人，笑醉扶歸罷。

以上《蜀雅》卷一《邛都詞》

惜紅衣　題黄忠端東坡詩刻殘石研

石有能言，天無二日。藎臣心力。噀血鐫銘，三年化幽碧。貎藤斷語，還借慰、南冠羈客。岑寂。風雨晦冥，閲滄波聲息。　斜照觚稜，鶗啼怨紅藉。金仙淚灑故國。哭窮北。拂拭紫瓊淒黯，如見五朝經歷。便自將磨洗，同認古人顏色。

風入松　夢游陶然亭，用夢窗韻

天涯飛夢繞春明。疑冢讀香銘。魂銷眉黛煙波句，是湘卿、寫怨緣情。碧血三年化蝶，茜窗一夕聞鶯。　流鶯啼上夕陽亭。淚眼不曾晴。干卿底事春池皺，對芳韶、衹自銷凝。幾

付華鬘劫换，等閒碑字金生。

安公子　涪江晚渡，用屯田韻

賸暑蒸虹雨。雨收虹歇横江暮。客感蒼涼村渡晚，羡閒飛鷗鷺。更水上煙鬟，窈窕臨霞浦。思遠人、共省銷魂語。悵彩雲何在，腸斷春洲芳樹。　羈宦傷行旅。舄吟鍾奏相停佇。瘴海蠻荒游倦矣，覓茆庵佳處。奈好事多磨，恨事常堆聚。征路長、識得辛和苦。數第幾山程，筭輿破烟飛去。

望海潮　行縣慈竹臺，觸緒淒感，用淮海韻

籬殷朱槿，汀疏紅蓼，秋容共惜秋華。楓老雁來，霜濃蝶蜕，離腸自篆蟲沙。行幰憶隨車。向錦川梅冶，餐飯同加。初熟心情，已涼天氣倍思家。　鸞絃韻合金笳。恁瓊簫怨斷，羞

殺鑾花。雲鬢未秋，風懷漫寫，重逢再世堪嗟。邛海柳絲斜。記石橋駐馬，依約藏鴉。休歎蓬山路遠，烟浪送年涯。孫水産異蟲，狀似蜈蚣，黑褐色，篆沙成文。霜降始肥，作囊，褪其皮，淨白類管條，入藥功等鹿茸。小雪節後，蜕化爲蝶，但食石上凝霜，蝕痕成各種花文。

絳都春

題渝州舊院郭六跨馬小影，用夢窗韻

愁腸似綫。又天澹緑蕪，江空人遠。雁早信遲，菊秀蘭衰成秋苑。司動惆悵添清怨。聽嘶馬、風花零亂。紫騮芳埒，藏鴉細柳，膽娘庭院。曾見。嬌憨婭姹，據鞍態、翠擁珠圍紅蒨。桂管夢遥，湖海游疏春潛換。桃花依舊迷人面。掩匳背、千呼不轉。怎教一笑回眸，語香送暖。

二郎神

憶浯溪舊游，和眉山楊西村恢作，寄叔子

玉虹倚碧，吞萬頃、澄湘如練。是廣國雄才，斯文元氣，方許楊妃捧硯。漫叟高文平原字，示萬古、華芝金箭。看色正芒寒，日星河嶽，動摇舒卷。吾倦。驂鸞十載，湘灕都遍。碑字便詩續春陵，酒行湖沼，未抵騷心九辨。蕭瑟意、擬生金，篆英垂薤，剔盡頑苔昏蘚。傍三吾買宅，息柯同遠。永州守上谷楊瀚，字息柯。慕次山爲人，出俸金庀治亭榭，買漫郎故宅居之。楊恢，字充之，號西村，眉山人。詞見《絶妙好詞箋》引《浯溪集》，且云：「此詞甚佳，惜不著調名。」余細審之，蓋即《二郎神》，惟末韻「無限」下脱「恨」字，「遠」上脱「俱」字耳。爲補正，追和以廣之。「楊恢」，《詞綜》《詞律》均誤作「湯恢」，據厲箋爲是。

八寶妝　無寐，次劉無言韻

虹渚雲高，麗譙風寂，倦睡不堪殘暑。十二珠欄閒倚遍，紞紞城頭更鼓。窺人簾罅，月來芳汗羅襟，銀牀冰簟凝酸楚。誰道夢難尋覓，游仙歸路。　還又曲遶屏山，綺疏六面，斷魂知在何處。醒來已、淚沾袖浥，碧波遠、瀟湘西去。耿盈望、瓊樓玉宇。漏長香短銷蘭炷。者寸寸柔腸，禁他寸寸成灰否。

湘春夜月　苦雨寄悶

暗銷魂。半窗蕉雨黄昏。早又畫角吹殘，三弄落譙門。欲向桂叢輕訴，怕桂花馨薄，不解留人。更素娥暝泣，鮫絲玉筯，難翦愁根。　簷花滴碎，離情似夢，擣夢如塵。小閣籠寒，空佇想、夕篝熏罷，香篆秋痕。瓊簫恨遠，問甚時、重見真真。待後夜，定懷中掌上、盈盈喚起，同款芳尊。

遶佛閣　危闌凭雨，風物凄異，孤懷自訴，有斷腸之音，同褒碧韻

雨晴未準。雲斂遠碧，簾罅風緊。杯酌愁整。菊遲病久、寒碪報霜信。　笛樓恨凭。江草倦緑，蘆浪千頃。鷗夢清迥。櫂歌響答，微茫認歸艇。　景物轉騷屑，客館吟商迷晚徑。鴰舅冷紅、蓮衣彫玉井。又砌畔啼螿，幽咽難聽。楚蘭魂定。是黨錮文章，休説憎命。理琴絲、淚交縻綆。蓬萊鎮爲古客館鎮，杜子美有宿客館詩，蓋在今分縣衙齋左院。或曰今武廟乃其故址。

木蘭花慢　憶桂林山水，次《憶雲》韻

采南花感舊，記曾泛、碧潯船。望紅樹棲霞，

青山疊綵，疑有詞仙。年年。訾洲夢雨，灑灘波緑滿一江烟。銷得愁腸萬斛，冷吟嘯破壺天。香連。玉冢花田。鸞訊杳、鶴魂圓。怕酒人、長醉素馨斜畔，碧血祠邊。依然。月牙倩影，補青蘿雪葬證詩緣。還似宣華古苑，並禽啼損清眠。碧潯在伏波門外，唐宋游艇所萃。棲霞在東洲東，明僧渾融及性因收葬瞿忠宣、張忠愍於此，渾融墓在焉。距渾融墓二弓許有紅玉墓，陳元龍侍女也。能詩工畫，愛棲霞風景。築青蘿閣以居，植茶七株，桃花千樹，十七而夭，即葬閣下。余與梁叔子、薛冬樹、倪疇公、陳慈首醵金重建青蘿閣，補植茶桃，未就而亂作。疊綵山，一名桂嶺，在城內。月牙山在棲霞南。少東曰：『壺山雷酒人墓在焉，亦有桃花千樹。』訾家洲在東洲南，舊擅烟雨之勝，今爲歌舞之場。花田在西湖莊，與廣州素馨斜花田同名。

憶舊游　鴛江舊感，用《山中白雲》韻

記瓊簫紫峒，玉貌珠喉，共引離尊。曉月窺冰井，正雲帆待發，霞袂輕分。酒邊散愁無計，桃葉倚桃根。指鬱水灘波，舊紅新黛，同是銷魂。温存。問誰識，驗帕上香痕，襟上啼痕。瘴霧侵梅骨，似坡仙南去，猶惜朝雲。海天暗增沈恨，潮汐變晨昏。怕杜牧重來，梨花雨泣深閉門。

三犯渡江雲　桂林杉湖，據山水之勝。余賃居三載，有樓曰『補杉』，足供遠目。僚友文讌，殆無虚日。自歸蜀國，屢滯窮山，每念昔游，輒爲悒怏。賦寄疇公海上、慈首瀋陽

湖樓經醉慣，舊題淡墨，幾度瘴鄉春。壯心空酒琖，十載迴翔，蓬轉動孤根。投荒倦客，選勝日、同款深尊。游興闌、碧潯烟水，半入楚江雲。驚魂。安仁花縣，石尉河陽，已思歸成引。歸未久、追尋陳事，前夢無痕。今宵咫

尺蓬山月，度關山、雙照懷人。人更遠、空勞對月思君。

憶舊游　讀《洛葉》詞，用玉田韻

記東華聽雨，太學觀碑，酒所深尊。歲序侵尋過，問微辭楚客，人故春分。秘聞總歸天上，同輦罷金根。歎墜井銀缾，濯龍瓊島，何地招魂。　猶存。舊通德，怕擁髻啼妝，洗夢無痕。擣素悲秋扇，想魂隨穆滿，重壁沈雲。忍吟病山詞句，蟬葉怨黃昏。只月照瀛臺，魂徠彷彿長信門。

齊天樂　和《憶雲·題帕》

淚痕珍重鮫絲漬，腸隨舞鸞俱斷。領羂訶梨，觴承蘸甲，依約十香曾見。傳歌小譙。正碎掐春蔥，酒慵花倦。玉搵冰凝，煖融妝粉殢痕滿。　蘅蕪幽夢乍醒，怕蓬山恨隔，人似天遠。疊勝緘愁，分香贈別，愁拂夕箏鈿雁。襟痕未滅。有紅豆中含，碧紗同薦。倚醉題詩，爲誰抛媚眼。

惜黃華慢　重九，和逃禪

倦烟寒水。更天抹斷霞，山凝晚翠。乍豁吟眸，歲華今昔堪驚，客感渺茫無際。清尊相伴省他年，似尋夢、也應難記。正愁裏。舉酒酹花，情款深至。　華顛菊好羞簪，便香泛、紫萸杯斟浮螘。莫笑餐英，不關彭澤閑情，略解楚纍風味。萬方多難此登臨，兩無緒、只堪沈醉。强扶起。小極比花顑頷。

玉燭新　賦蓬溪何園柚

高林霜意透。見翠翳黃勻，水犀紋縐。蟹螯

共侑。東籬下、伴得寒香盈袖。休呼橘友。沁鼻觀、枸櫞同齅。融蠟蒂、壺樣輕圓，珠窠絮雲籠就。擎來綺席晶盤，更小試并刀，剥煩纖手。月梳細剖。羅囊解、玉裏瓊蕤光溜。吴鹽初逗。怕齒輭、瑶姬禁受。争比並、容管沙田，恭城雒垢。

六醜

南歸攜一鸜鵒，頗解人意。霜宵寒重，忽就殗殜，盛以錦函，瘞之西園。爲次美成韻，綴此復之

正秋心欲碎，怕暗裏、流年輕擲。雪衣夢驚，嚴霜摧錦翼。淚黦香迹。莫問家何在，彩雲天遠，望赤城仙國。春襟翠羽湔芳澤。翳鎖朱櫳，巾車紫陌。前塵更堪追惜。記梳翎顧影，英盼花隔。予懷疏寂。伴窗虚唾碧。世外青鷀杳，無信息。關河解慰詞客。共銷凝五夜，此情何極。添香稻、幾欵風幘。學吟遍、好句弓衣起舞，畫屏山側。邛池遠、夢溯歸汐。掩故籠、替誦波羅密，知難度得。

西子妝慢

秋心似織，纈夢成絲，恍過棲霞紅玉墓，依夢窗自度腔韻

迷鳥撲窗，亂蛬聒枕，夢繞非煙非霧。女蘿山鬼語相邀，小姑祠、畫橋東堍。風旛自舞。懍靈瑣、棲霞舊住。稅芝田，問洛妃塵步，仙期何許。　年涯誤。桂蠹芝焚，漫想騎鶴去。上清淪謫得歸遲，伴月牙、露桃千樹。驂鸞好句。楚風少、高唐休賦。掩瑶扉，怯聽簷花細雨。

春草碧

和万俟詞隱

請爲游子吟，嗟翠痕浣波，芳意横路。堪腸

斷，是後日行迹，此朝南浦。臨分怨啼，黯離色、銷魂自古。天澹緑蕪，顒情望，淚閣九秋雨。行處。墜鞭聞馬嘶，見大隄估客，漢上游女。春如醉，漠漠麴塵裏，倚闌無語。關河夢驚，訴衷曲、歸時記否。獨恨子規，催人返，又催去。

秋霽 登常樂寺藏經閣，次梅谿韻

楓老朱顏，帶過雨殘陽，也妒鴉色。露泣枯荷，淚迎叢菊，可憐拒霜無力。寺樓暫息。舊題墨暈侵苔碧。問佛國。如是我聞，應許住詞客。魚唄送暝，鶴夢驚寒，雨花香嚴，臺殿幽寂。蟪蛄聲、違山十里，閒愁偏惹鬢絲白。簷馬咽風聽不得。最斷魂是，歸趁淡月黄昏，市橋人語，自眠孤驛。

玉漏遲 曉行由明月場至康家渡，用釣月韻

小車山畔路。炊烟弄曉，短亭籠霧。病葉辭秋，愁點鏡波蘋浦。斷夢重尋驛枕，恍人在、瑣窗朱户。休恨阻。袖寒天遠，淒清如許。庾信近日愁多，自感舊銘成，厭聞懽語。廿載江湖，莫把游蹤重數。塵事勞勞未已，更誰倩、殘蛩聲訴。窺碧宇。絲絲裊空靈雨。

月下笛 長江故縣明月山賈浪仙祠，用玉田體

明月詩仙，長江謫宦，古祠高岫。攜尊酹酒。憎命文章世偏壽。孤情合證維摩詰，想浣筆、冰甌雪竇。共江山勝蹟，長留詩卷，幾曾虚負。知否。屠龍手。早遯迹空王，梵雲華首。郊寒是友。苦吟終讓君瘦。我來恰值繁霜節，試喚起、精魂似舊。更長嘯，叩微茫，還

恐推敲未就。

丁香結　晚過康家渡望賈祠，用清真韻

風約寒漪，雪飄衰葦，霜葉點波紅隕。送輕帆羽迅。漸晚渡、暝合沙昏烟潤。賈祠空悵望，褭褭意、欲去未忍。愁引。看鏡裏清涪，已過銜蘆雁陣。長江明月幾輩，弔古蒼茫不盡。石室藴雲，危樓倚笛，月寒星暈。魂逐江水共遠，曲曲腸成寸。孤吟無人答，怕也同伊瘦損。

探春慢　鹽神祠，次石帚韻

迹異飛蝗，靈傳化虎，小姑祠近春野。竹暈落班，松盤瘦節，應配荒坪石馬。憑弔增惆悵，佇靈瑣、湘筠愁寫。共搴叢社蘭芳，也留彤管幽話。鳴佩溪流韻瀉。問世味酸鹹，清涕盈把。玉女泉滋，露筋辭好，老筆借卿鎔冶。無地藴香骨，傍西崦、古梅霜下。踏月歸來，孤吟愁寄遥夜。神，射洪陳氏女，遭亂死，事甚烈。靈化虎著異，祀爲鹽神。武都山精化女子，爲蜀王妻，其仇化爲蝗。山精化虎食之，爲吾蜀鹽神最古事，見《江水注》引《開明本紀》。廣西興安縣石馬坪有楊八姊廟。俗傳八姊征蠻，道卒於此，立廟祠焉。坪上松皆生瘦竹，著蘚成花，目驗可得。大寧廠鹽泉名玉女洞，有上、中、下三洞，迭爲盛衰。

鎖窗寒　次中仙韻

釀雪風尖，回霜霧薄，獸鑪寒盡。宵沈睡淺，數到更香灰燼。謝芭蕉、替裁寸牋，雁書空遠長安近。歎舊游零落，緇塵難浣，酒痕猶凝。南光景。還追省。記壁沼秋吟，露臺春枕。汀北浒，幾誤釵盟鸞信。更何人、圖寫上河，夢粱遺事飛電影。怕重來、淚灑觚棱，萬劫鶯

斜街花事好，春融夜暖，輭玉醉温香。十年塵夢遠，悵望銀河，一角限紅牆。空宮落葉，已恨牽、秋苑衰楊。依舊是、西山凝黛，無語泣殘陽。休傷。爰居鐘鼓，幕燕危巢，共河山無恙。誰管得、北門飛牡，東海栽桑。問殘燈事，剩雪衣、同話淒涼。成獨嘯、商歌韻咽寒螿。

木蘭花慢 書案山遠眺，次鹿潭韻

薄晴驕朔吹，正羈客、怕登樓。看雲淡天容，鴉翻葉影，瓊宇烟收。回頭。楚江暝宿，記蒲帆陗挂洞庭舟。邀得湘靈鼓瑟，醉吟聊寫清愁。盈眸。一髮際天，浮孤注、惜金甌。賸撫劍雷音，捶琴海思，揮涕神州。東游。更招倦鶴，共梳翎上界羽毛秋。報到蓬瀛淺了，怒花恨。

石州慢 乙巳對馬戰後，日使内田大宴賀捷，履舄交錯，歌舞歡躍。予廁其閒，苦樂相形，不覺沈醉。雷雨竟夕，破曉始歸。今十年矣，追思舊事，感歎彌襟，用蕭閒《高麗館》韻

日照名娃，宮樣古妝，高髻鬆掠。尊前舞錯涼州，愁見雪欹花弱。秦王破陣，法曲久失傳頭，海東琴思通寥廓。樂府效唐音，與文明相博。絃索。定場絲管放曹，鼓節乍前還卻。笑哭隨人，曾是不勝杯酌。相如最渴，枉費甘露金莖，深心恐被籠鸚覺。雷雨起餘酲，奈清愁禁閣。席閒所奏樂音節古壯，舞亦發揚蹈厲。内田云：「此中國唐代《秦王破陣樂》也。」爲之憮然。

三犯渡江雲 得北來書，日下鶯花今猶勝昔。感時撫事，追和鹿潭韻

潮飛滿滄洲。

鎖窗寒

小院寒梅爲蕉所翳，含蕚未吐，清怨不勝。呼童刈蕉，拈此代訊

殢酒寒宵，扶酲索步，小梅幽院。誰知怨抑，隱約恨深顰淺。最憐他、茗柯睡沈，緑天似幄愁如綫。恁橫斜瘦影，冰紋紅翳，尚縈蝸篆。清怨。年芳變。怕玉骨禁寒，病蕉輕翦。佇盈盈、藐姑夜來，翠禽並語春訊展。甚春風、不管人愁，又上春人面。

玉女摇仙佩

滬上女伶初尚崑亂，及秦腔作而崑遂廢。輪軌所屆，僑商所至，偏陬濫焉。上不足語於燕樂，害則什佰於桑濮。其有關於國勢、人心至鉅，亦覘興亡、知政俗所不廢也。以此爲樂，厚誣吾民，言之痛心。用《樂章》正宮譜，略抒素褱

絲繁絮亂，撲朔迷離，海國鶯花多麗。霧重行烟，光融佳俠，取次降仙行綴。柱外絃中意。訝星迎玉女，魂銷金地。記曾賞、韓娥絶藝，朱喝流音，紫鳳銜佩。笙歌送南朝，江令歸來，傷心四紀。休問舊人在否，斷舞零歌，尚轂雍門垂淚。絳樹雙聲，春風一半，賭得興亡兩字。翦取吴淞水。被蜀國、絃上鵑魂難起。怕省念、枇杷院閉，碧雞坊冷，浣花風靡。今何世。鈞天甚樂沈醉。

春從天上來

成者重見某女伶，和吴彦高會寧老姬之作

翠老紅零。聽漢調秦箏，泣雁飄螢。夢冷絲管，眉鎖山屏。朱鳥影墜空冥。替孤飛雌鳳，

寫舊怨、綵筆無靈。又逢君，似龜年法曲，天樂泠泠。家山幾回舞破，按梵字霓裳，酒酌長星。錦瑟人長，羅裙蝶化，銀燭淚灑中庭。甚津橋楊柳，鵑啼後、依舊垂青。醉還醒。憶昨宵尊酒，雙照紅熒。

瑤臺聚八仙 遂州廣利寺白玉大士像

水月嬋娟。冰壺浄、藍田暖日生烟。玉山鳳叫，難覓巧匠雕鐫。點筆休煩吴道子，白描合笑李龍眠。最天然。是觀自在，參大乘禪。誰知莊嚴色相，共祇園象樹，劫換華鬘。海南千葉，珠座示現無邊。羣生魔難共懺，有萬朵紅蓮禮白蓮。無明境，證涅槃三昧，金石同堅。

一萼紅 乙卯人日，用石帚淳熙丙午人日韻，賦西園官梅

曲池陰。折横枝幽萼，華髮不勝簪。檻脚苔皴，瓶眉石凍，還似春睡沈沈。照疏影、寒泉古甃，唤夢回、應有並棲禽。桂管簫聲，宣華龍影，誰與追臨。十載魂銷無地，伴含章一臥，飛近眉心。姑射冰姿，羅浮蝶怨，遺事悽絶重尋。撫時序、燒燈漸近，貼春人、華勝簇祥金。只恐歸來佩環，感慨同深。

以上《蜀雅》卷二《長江詞》

木蘭花慢 簡州謁三溪祠

訪三溪舊隱，雁江上、鶴林前。任賴簡池臺，逍遥洞壑，無此清妍。晴川。帶金繞絳，聽漁歌唱起宋時船。幽討如聞易學，臥游且伴琴

眠。當年。諫草吟牋。辭斐亹、意纏緜。釣遊舊迹，倚危亭愁思入孤煙。遺集難尋副墨，倦懷賸寄風泉。前溪先生劉涇，字巨濟，與蘇子瞻同時，集不傳。東溪先生伯熊注《易》未竟，後溪續成之，其書未見。後溪先生光祖，字德脩，謚文節，《後溪集》一百卷亦無傳。

華胥引

三溪祠碧波亭賦，用清真韻

碧波亭畔，梅熟蒲新，病蕉展葉。曲沼文漪，魚苗戢戢春鏡唼。攪起孤客愁心，更觵聲呷軋。鈴語催歸，卸帆江浦猶怯。　哀樂無端，未中年、鬢霜先鑷。夢殘春换，誰憐風波共閲。苦説相思難避，任錦璫緘篋。雙鯉迢迢，又牽離恨千疊。

夜合花

陽安獨客，芳物攖心，追和夢窗，以毖

羈緒

雨夾梅酸，風含蒲潤，紫陌鞭惹塵香。山屏半掩，仙心未隔柔鄉。鬟霧溼，眼波長。恨飛花、無奈匆忙。記追遊處，藏鴉翠柳，乳鴨池塘。　同消竹粉新涼。問尋巢燕子，王謝門荒。重編感舊，無人爲説雞缸。詞語澀、酒悲狂。認青衫、紅淚迷茫。寄寥天怨，江懸塔影，橋挂殘陽。

望海潮

徐州

雲沈芒碭，天低淮泗，雄藩自古徐州。山暝斷蛇，臺空戲馬，王圖霸氣全收。雕鶚陣盤秋。問逐餘秦鹿，誰是英儔。戍鼓聲中，落鴻霞外見黃樓。　中權扼鎖咽喉。有三軍辮髮，上將兜鍪。絲管夜闌，旌旗晝静，連營坐擁貔貅。琴客最風流。想射堋分的，箏隊飛毬。

醉指東南半壁，談笑看吴鉤。

西河 金陵下關暝望，和美成韻

尋夢地。依稀夢影難記。山簪樹髮水如環，畫樓對起。夜鐙碧浸小江天，姮娥迎笑眉際。伴簫鳳，聲自倚。客懷共此牽繫。當歌最憶莫愁堂，燕空故壘。醉吟笛步曉星沈，潸潸紅淚鉛水。板橋廢址傍舊市。訪秦淮、沙頓鄉里。殢酒欲忘身世。入愁城、麝月龍綃淒對。西北神州深尊裏。

多麗 西湖，次蜕巖韻

滿匳青。水天一色空冥。總相宜、淡妝濃抹，越娃千黛圍屏。怨難招、孤山夜鶴，魂羞葬、甲帳秋螢。劫後湖山，揭來歌酒，恨梅遲放菊先零。漫憑弔、岳墳秋社，天醉怪人醒。勞梳裹，霧鬟煙髻，向我亭亭。酹詞仙、馬塍花鳥，更澆抔土西泠。漾輕帆、風翻白鷺，摇雙槳、水戲紅蜓。福地隨緣，鼞天無恙，冷泉清瑟未同聽。問何日、再尋鷗約，華髮奈星星。稽留好，六橋三竺，花港蘋汀。

臺城路 重過金陵

石城風緊花如霧，催歸雁程秋晚。夢碾飈輪，霜砭病骨，消得吴雲輕翦。江空恨遠。正楓落敲詩，砑牋流怨。翠羽飛來，未諳愁重訝杯淺。

銀箏淒弄夜久，淚痕雙照處，衫袖還滿。巷口烏衣，遨頭繡陌，曾識春人鶯燕。零簫賸管。問煙月前朝，去塵奔電。半枕寒潮，斷魂和浪捲。

八聲甘州　臨淮道中

弔長淮逝水恨滔滔，清流亂黃流。看東豬洪澤，南連揚越，西控吴頭。蚌埠雲屯虎落，躍馬喜高秋。天塹臨江表，襟鎖咽喉。　千古英雄成敗，幾鳳陽濠泗，説項歸劉。問青天無語，沈醉撫吴鉤。染燕支、薄描金粉，付酒徒、乘興畫滄洲。重回首、話興王事，霧慘山愁。

憶瑶姬　蘇小墓，依梅溪體

松柏西陵，翠燭冷，幽蘭露眼盈盈。同心誰共結，唱燕銜春去，魂黯愁扃。南齊黛嫵依稀，幾曲眉山向晚青。料有人、油壁曾偕，暮潮淒斷馬蹄聲。　一抔暈蘚飄螢。雁齒褭腰，草心紅到橋亭。煙花和夢翦，對鏡波寒碧，淚染湖綾。遥隄卻傍誰家，隔代風流合讓卿。借酒澆、香骨成灰，浣綠題繡屏。

永遇樂　徐州感燕子樓事，和坡公

琴客宜城，杜秋江左，悲感何限。換馬寧癡，分香已暮，此意誰曾見。党家金帳，石家金谷，轉首盛衰腸斷。更休言、雍門泣下，一曲舞鸞初徧。　嚴城鼓角，危樓斜照，最苦倦游心眼。浪説虞兮，空吟張好，今古鶯和燕。金蟾齧鏁，倉琅飛牡，未省翠啼紅怨。怕驚起、當年燕子，似聞累歎。

寶鼎現　丙辰燈節，和須溪

嚴城宵騎。碎踏寒玉，横過燈市。聽一片、車聲人語，隱隱輕雷生步底。千門静、迴天街不夜，莫漫東風沈醉。偏九陌、行行且止。轣轆舊懷牽起。　月姊曾見當年事。海天愁、清淚鉛水。應記省、唐宮佳麗。戚畹椒房連甲第。鼇背峭、燦冰壺霞綺。雜沓笙歌十里。鬪蛾簇、鸞釵鳳子。縹緲霓裳舞碎。誰念轉燭年光，春夢換、華嚴彈指。儘鐙殘、簾影昏沈，伴嫦娥不睡。怕説與、夜窗啼髻。有悄魂飛墜。弄清影、杯底山河，都付鈞天醉裏。

謁金門 效大鶴三疊

行不得。東望海翻濤立。鼇戴三山飛退鷁。爨帆無氣力。魂斷燕南雲北。不忍尋君書尺。河大水深天路窄。雁遥關塞黑。

其二

留不得。殘照觚棱金碧。礎繡楹丹銜列壁。太平新藻飾。應勸長星浮白。不忍窺君眠食。瑶殿月波三海直。夜闌聞歎息。

其三

歸不得。滿地冰澌流坼。天外鬼車生九翼。路難軍盡墨。昨夜城烏頭白。不忍思君顔色。春去春來非故國。送春何處篴。

望海潮 蜀都賦

江山天塹，提封天府，華陽黑水梁州。霞簇錦官，雲横玉壘，芙蓉城郭清秋。通道自金牛。問蠶叢杜宇，今古悠悠。裒界金隄，縈洄巴字帶雙流。雄都勝蹟經游。記仙人藥市，太守遨頭。詩説草堂，玄談卜肆，枇杷門巷尋幽。崇麗望江樓。借辥濤箋色，烘染芳洲。聽取賓歌渝舞，神筆定邊籌。

更漏子　擬慶湖遺老惜別

南浦西曛。映卸帆隔隝，去檝臨津。一翦春波、滿隄芳草，離觴未飲先醺。歧路執手殷勤，題襟雙淚痕。正褭腰綠罨，帶眼香移，羅薦輕分。同浣刼後京塵。記聽鸝三海，信馬千門。甲舞丁歌、白雲黃竹，昆侖睡醒曾聞。今宵遠水荒村，追尋勞夢魂。待隨君去也，畫裏吳船，難泝江雲。

風入松　獨遊陶然亭，再和夢窗

盲風吹雪度清明。思舊續前銘。西山不語含愁黛，送中原、底許關情。盼到風鈴試鴿，卻妨佞舌收鶯。　年涯芳物老江亭。倚檻快初晴。蘆芽半努沙痕淺，認東華、舄履塵凝。怨碧緣落墨暈，嬌黃稚柳稊生。

絳都春　春晚，和西麓

清明過了，甚翦花絮柳，尚殢輕寒。困舞瘦腰，銀箏慵理雁塵閒。衣篝欲試游情嬾。袖華愁褭弓彎。怨春無語，絃淒素軫，淚溼紅蘭。　苦說芳期太晚，認金釵後約，玉筯前痕。病酒未忺，銷愁無計又黃昏。春心不似歸心遠，斷魂應怯聞鵑。故山猨鳥驚回，畫燭夢闌。

高陽臺　公園冶春詞

翠柏脂枯，紅桑纈幻，東華芳事驚心。金水橋西，依然罨畫園林。天邊夢逐年涯換，洗朱鉛、露掌愁侵。共銷沈。送盡春人，喚盡春禽。　游塵麴漲虛壇靜，帶宮牆斜轉，屧徑幽尋。燕啄紅巾，鶯兒銜得遺簪。御溝蹀躞休題怨,驗微潮、暈淺痕深。動孤吟。半是傷春,半是傷今。

錦園春三犯

公園賞牡丹,和蒲江韻

翠酣紅倦。正迷香睡蜨,密圍窺燕。《解連環》。喔錦團嬌,怕東風愁捲。《醉蓬萊》。傳籤午宴。六銖重、舞霓初徧。《雪獅兒》。碧唾瓊盂,霞承雒步,花移春院。《醉蓬萊》。　玉環醉妝乍見。記沈香亭北,曾鬬蓉面。《解連環》。鳳佩羞銜,伴露痕輕翦。《醉蓬萊》。傾城恨遠。夢雲逐、雨花飛散。《雪獅兒》。國裹青蕪,年芳換了,鬘天壺箭。《醉蓬萊》。

念奴嬌

丙辰端午後一日書事,次東坡《赤壁》韻

大千塵劫,問蒼蒼主宰,其中何物。舜跖孳孳同盡耳,誰遣湘纍呵壁。七聖曾迷,四凶非罪,一蹶終難雪。雲雷天造,古來安用英傑。　遥睇莽蕩神州,咸池夕浴瞰,扶桑鼂發。廿四陳編俱點鬼,狐貉一邱生滅。共此銷沈,流芳遺臭,也不爭毫髮。潛移舟壑,有人麾日脩月。

浪淘沙慢

都門祖席,用清真韻

曉鴉鬧,哀笳送響,恨繞危堞。城曲鋒車待發。青門祖席半闋。正去國情懷多菀結。繞朝策、執手心折。念萬里雲帆自茲始,臨分倍愁絶。　悲切。向風淚滿江闊。是望遠傷高,哀時意、欲訴箏雁咽。嗟擊碎瑶琴,難抵生別。壯心漫竭。搴夢雲一洗,中天明月。腸斷陽關聲三疊。襟痕染、舊香未歇。映杯底、山河微影缺。更翻酒、污了榴裙，沁血色。回看短鬢搔成雪。

蘭陵王　夏至日行經新華門，次清真韻

九街直。殘照鎔金漾碧。依依是，槐目馬纓，送兩城愁作行色。鵑魂戀舊國。應識。春如過客。龍池裏，濤憤浪驚，潛沸哀潮幾千尺。英雄總陳迹。奈帝網瞭絃，妖豎臨席。桑田占麥虛新食。嗟一旦魂斷，八州雲委，寰瀛星問偏海驛。恨天限南北。傷惻。豐訖積。歎戢影彌天，空國沈寂。高丘遠海瞻何極。怕漆室憂嘯，不如鄰笛。銅仙鉛淚，共暗雨，竟夜滴。「送兩城」句借用宋黄裳《演山詞》語。

鷓鴣天　傚《樵歌》

儘有微辭賦洛川。雲愁霞想散非煙。縱留瓌枕花仍妒，未託蘅香柳自眠。春殿外，晚宮前。織成腰素削成肩。更從神滸超靈後，遥憶江皋解佩年。

其二

鶴響天高笛裂雲。落花如霰月宫春。只言啼鳥能留客，始信傾城自在人。從事酒，屬車塵。可兒争不讓王敦。卻愁異夢同牀侶，難遣唐姬作替身。

河傳　傚《金荃集》

洹上。愁望。五雲東。妖鳥呼風故宫。逝魂毅兮爲鬼雄。殘虹。黯然收晚空。泣盡瓊瑰春夢短。歸路遠。班馬嘶聲亂。蘇門山。漳水環。百泉。鶴飛新冢邊。

其二

天上。惆悵。况人間。神女金丹鍊顏。桂宮夜長生薄寒。膏蘭。淚缸霏紫煙。十二屏山輕夢轉。春已晚。樓隙故釘換。許飛瓊梁玉清。碧城。散仙成武丁。

荷葉盃 倣《浣花集》

憶昔九華春殿。曾見。簪筆内官嬌。半眠人柳鬭纖腰。初伴衆仙朝。誰弔故宮煙月。輕別。春去更無春。掃眉才調美新文。香案帶愁熏。

其二

悵望鳳城消息。沈寂。銀液鎮惺忪。雒塵湘佩兩無蹤。蟾鑠翳珠櫳。啼損夜燈愁髻。彈淚。和墨寫相思。帊羅猶認婉兒詩。江令鬢成絲。

臨江仙 倣《紅葉稿》

蜀葵花謝湘蘭老，海東黄竹陰陰。杜鵑啼血滿華林。輦塵菭繡草紅心。露腳斜飛蟾魄死，六宮白柰同簪。燕雲如纛濁漳深。鄴臺今夜叫春禽。

其二

曾逢詹尹長安市，火龍妖讖堪驚。翟泉蒼鳥入高冥。隔年蘆管鬧江亭。枯骨浪邀充國表，很山頑石無靈。哀章銅匭澤狐鳴。楚蘭度語半芳馨。

憶江南 倣《陽春録》

柳絮漫天飛似雪。記得逢君，落花時節。年

芳如夢夢如塵。枉抛書字託南雲。尺鱗輕漏春消息。殢翠尤紅，錯怨江南客。錦𩎓顛倒卜今宵。佳期早晚驗歸潮。

其二

妾似井桃君似月。又是今年，牡丹時節。陽差陰錯幾曾諧。枕屏幽約誓金釵。桃開井底知難見。月麗天心，應照離人怨。怨君仍自望君歸。將心比月仗君知。

望遠行　倣《瓊瑤集》

儵竹彈蕉費緑章。謡諑蛾眉自傷。蘭芝應未妒都粱。酒邊時送嚇人香。　傾北斗，嫁東皇。一夕催成鬧妝。呼龍招鶴護瑤窗。儘從花國鬬芬芳。

其二

勝讀誹諧九錫篇。輕逐淮王上仙。莫將兒戲效陽源。君家選事自空前。　恩未謝，印先刓。變色鸞牋鳳牋。曾邀十賚降茅山。朝元圭璧奉千官。

河瀆神　倣《橘齋集》

沈玉大王祠。越巫歌管參差。濁流桃浪舞冰夷。怪他新婦來遲。　望若汪洋驚河伯。淚綃紅浣鮫室。洲上蜻蛉生翼。斷魂猶戀傾國。

其二

封禪塞宣房。緑文朱字榮光。鮑家抒頌慶靈長。爵臺春鎖臨漳。　海淺榑桑紅翻血。杜鵑啼盡花歇。王母雲旗飄忽。故宮愁弔明月。

十拍子　倣《珠玉集》

鶴乳難論胎卵，蛙鳴莫辨官私。星拱北辰應懺斗，雹笑東皇也費辭。簸揚安用箕。　鄭國蚫争内外，陳倉寶失雄雌。蕉下鹿空朝夢誤，澤底舟亡夜壑移。帝臺如累碁。

其二

逐客方除秦令，官儀旋變華風。重見漢家初約法，更效韓非競説叢。聚蟲喧太空。　地下如逢魏武，西方笑倒拿翁。多少碧天滄海事，寫入霓裳法曲中。沼蓮飄露紅。

慶金枝　倣《安陸集》

白茅人是仙。伴星月、競嬋娟。碧雲離合太無端。仗星替、月輪圓。　藥娥夢裏荆臺遠。背人語、解珠佩、贈金歡。妃星嬪月誓先寒。問天天。

其二

缺月飛上天。老蟾泣、桂香殘。結璘愁魄暗中圓。拉清涕、别河山。　奔星弔影明河裏，訊占夢、閏餘弦。饒他璧合又珠聯。奈星月、總無言。

小重山　倣《慶湖集》

春殿披香絶代人。鳳麟書小諾、唾珠塵。支風給露費平均。鴳鸞侶、輕妒楚腰身。　繡被捲濃熏。鄂君勞悵望、舞狂鱗。駿鱶飄拂氣干雲。芙蓉幕、雄劍擁芳蓀。

其二

錦瑟無端五十絃。絃絃膠柱鼓、怨華年。落花中酒奈何天。欹方枕、鸞想破紅禪。　憑夢翦湘蘭。九真邀帝所、小游仙。露幃星幌損清眠。靈均遠、和淚浣蠻牋。

編者按：以上二十首原題爲《倣古二十解》

以上《蜀雅》卷三《北夢詞一》

帝臺春

瀛臺，明曰南臺，亦曰趯臺。陂平臨太液，南有知稼軒，迤西爲豐樂園

三海疊碧。瀛臺正南直。珠楯玉闌，幾見當年，興亡陳迹。似説堯囚復舜死，祇無語、夜蟾知得。更休言，帝子鵑魂，春秋麟筆。　星歷歷。天咫尺。照寂寂。舊宮掖。怕智井波紅，濺胭脂，淚點點、尚悲傾國。應雪重華二妃涕，猶卻蒼生鬼神席。莫輕扇秦灰，問秋風金狄。

臺城路

承光殿，金曰承天，元曰儀天，明曰乾光。殿前玄玉甕，即元之瀆山大玉海也。一松虬枝横出，金源故物。甲寅以來，政治、約法、國民各會議暨立法院代表大會皆於此籌辦云

虬柯落蝕金源字，風煙四朝驚換。甕象山河，枝懸日月，曾入宸游清撰。霞軒霧捲。更黛拂天眉，鏡平波面。露掌潛移，爲誰鉛淚尚偷泫。　承光儀制最古，試媧皇妙手，勤補圓殿。設蕝頻更，然藜半燼，贏得南郊麟楦。銅臺恨遠。怕倚沼仙蕖，未秋紅變。泣盡瓊瑰，涉洹歸夢短。

半捲餘霞墜。佇歸魂、環佩天風，動我遐思。簫鼓橫汾，置酒痛飲，弔秋風帝子。縱灰冷、猶憶昆明，泛槎人遠莫至。怕牽愁、機絲夜月，已殘劫、華鬘彈指。怪深叢，眠定鴛鴦，未諳涼意。哀蟬怨葉，恨井沈瓶，繫九霄寤寐。西望阻、璧臺不見，穆滿何往，駿足遲迴，報君無淚。真妃舉袂，凌波微步，聽風聽水霓裳舞，奈璇宮、路鑰蘅蕪悴。愁魚易泣，冰肌玉骨都銷，萬妝鏡迷空裏。房擎粉滴，蓋溼盤欹，賈老紅舊翠。漫省記、湘皋捐玦，斷浦分雲，冷麝潛熏，瘦蛟慵起。石華攬袖，龍香吹鬢，留仙裠底歌送遠，撫當時、闌檻今孤倚。驚心菊秀蘭衰，更續秋詞，恨題鳳紙。

瑶臺月 瓊島，古稱瓊華島，蓋宋艮嶽之遺自汴輦至者。遼洗妝樓、金妝臺、元采芳館皆在焉。西曰閱古樓，壁嵌《三希堂法帖》。近歲氈拓致勤，已非故矣

愁瓊恨碧。閱四姓千年，風月朝夕。鈞天夢，誰先醒、怨春無極。鏡海日、艮嶽珠宮，敞水殿、鳳笙龍篴。張樂地，洞庭窄。伊誰借，一拳石。消得。奉君王萬歲，蓬壺咫尺。有三希、銀鉤玉刻。勝七閣、琅函瑶册。問前王法物，祇今陳迹。記覆簣、縮地移天，歎運鑿、藏舟亡璧。尋佳勝，春陰積。儘憑弔，秋風客。追惜。對簷花鐸語，如聞太息。

鶯啼序 三海觀荷，和夢窗《荷》韻

鉛紅夜傾露掌，瀉銀潢暗水。妒仙影、太液芙蓉，麗詞休誦花蕊。映夕殿、當歌旋折，宮衣

六州歌頭　蜀道難

難哉蜀道，難似上青天。蠶叢世，魚鳧紀，兩茫然。問當年。誰藉五丁力，通秦塞，導江漢，城儀錯，招莊蹻，闢人煙。石棧天梯，百折捫參井，脅息躋攀。據名都天府，虎豹嗜人肝。封卻雄關。一泥丸。　歎長蛇拔，豺狼變，躍馬起，井蛙喧。璋與特，王若孟，沐猴冠。最堪憐。井絡天彭地，世方亂，擾必先。世既治，窮阻遠，定終難。莫弔臥龍，祠宇靈應泣，肉谷骸川。看磨牙吮血，眥裂更齦穿。拜倒啼鵑。

望湘人　憨湘

問滋蘭怨楚，捐佩弔湘，寸波如淚誰浣。鼓瑟含淒，送春餘倦。怕與招魂魂遠。廣樂休張，洞庭風緊，蒼梧潮捲。帶渚宮、笳角悲涼，誤卻登樓王粲。　輕付衡陽去雁。奈峯迴信阻，路迷三笎。動南國芳馨，望裏未秋先變。回風賦罷，涉江歸晚。可惜參差吹斷。儘落到、笛外梅花，醉把湖雲偷翦。

輪臺子　過秦，用柳耆卿別體

夢度秦關，淒黯無顏色。誰曾見狐嘷，鹿走浪説，滈池亡璧。天狼埽盡猶挾矢。逢渭水、舊隱愁焉愁疾。似言銅臭兼土臭，敲吸到、髓枯筋剔。恨堆積。蒼頭異軍，突彎弓反射。腐鼠鴟相嚇。　甚義兒禽犢還交質。嗟老牛鳴，争聽得。便棄師東出，商於路遥，崤潼天窄。羈囚冶父身無翼。望日下萬里，閶闔阻隔。漏殘鐘遠，微服崎嶇，麻鞵返國。傷情是，没奈何堪惜。揾淚雨、學泉網珠滴。

醉蓬萊

代《碣石篇》

甚麻姑一笑，曼倩一偷，桑空桃幻。黄竹新栽，又潮翻波捲。霧失樓臺，路迷蓬閬，更引舟風遠。若木無花，冰夷罷舞，藥娥魂斷。幾度揚塵，漫勞精衛，很石徒填，紫溟宵變。絲竹魚山，夢魯靈光殿。莫問當年，轉附朝儛，縱海天雄觀。度索仙回，東皇清淚，碧雲秋滿。

月下笛

丙辰六月十七夜，邀月延涼，淒然聞笛，不知悲之何自起也。和石帚

畫稾叢殘，河山弔影，霤星如雨。哀蟬怨語。曳殘聲過枝去。嫦娥應悔偷靈藥，鏡塵海、緣愁萬縷。悵碧天雁杳，書空無字，極望霞路。

虚佇。雲高處。漫類比龍鸞，巧輸鸚鵡。驚弦散羽。斷鴻淒唳何許。商音休聒離人耳，問法曲、今猶記否。夜風悄，送隔牆，鼾響暗共螢度。

綠蓋舞風輕

觀荷山貝子園，用弁陽老人韻

一曲鏡彎環，頓換清涼，生香散霞綺。澄碧涵秋，襟塵銷繡陌，水佩孤倚。荏弱菱枝，罥春漪、千絲慵繫。怕驚他，娖隊鴛鴦，幽夢吹蘂。花底。翠滴盤欹，怨粉泣珠房，冷露輕洗。咫尺璇源，惜紅衣、暗點故宫鉛淚。畫稾滄洲，半殘了、龍綃誰寄。折芳馨，催送酒波蘭氣。

采綠吟

江亭暝倚，衆綠生秋，依《蘋洲譜》，自寫倦懷

遠目危亭倚，漸影轉、日趖西。蒼葭溯夢，野鳧飛晚，菭甃尋詩。酒腸深，眉痕淺，青青盈望難寄。愁妒損烟波，漚盟嫩、蓴絲冰蕅同胣。小劫閱華鬘，戀舊著荷衣。動長謠、山鬼騷心，曾城迥、抽筆賦無題。徘徊久，閶闔送涼，弦月露微。

前調

出西直門循海淀，至玉泉山，水木明瑟，畦畛播琴，浣花風景，髣髴遇之。仍次前韻

短笛風前倚。故苑水、國門西。黏天綠樹，遶隄芳草，宜畫宜詩。翦滄波、碧浸銀河裏。萬妝鏡瀲瑠璃。因念錦城邊，花潭上、遨頭歌筦柔胣。蕅絲長、蘋颸輭，憑將清恨遥寄。小酌憶當壚，幾貰卻春衣。認襟痕、殘酒香留，行吟苦、菭壁更慵題。歸期阻，遼鶴夢中，曾識翠微。

月下笛

初聞促織，和漚尹

撲漉蟲窗，低迷雁枕，夢聞蛩語。秋心被汝。喚將來萬千緒。羈人偏怪今年早，乍催趁、虚檐暗雨。更流螢亂點，星河淒映，夜色疑曙。纔誤。繅車住。又落月離宫，斷魂深訴。天孫罷織，聘錢償得秋杼。戧金盆小還爭擲，笑兒女、輸赢幾度。儘赢了，向半閒，堂裏更帶愁去。

琵琶仙

爲唐采芝賦。采芝，字瑶華，工琵琶，有國工之目。光緒中曾供奉内廷，近爲某鞠部司篋人

崔九堂前，又驚見、舊日龜年幡綽。天上歌徹霓裳，宫腰正纖弱。曾聽了、春雷殿角，更親

把、定場絃索。法曲淒涼，家山舞破，休問遼鶴。奈新調、都失傳頭，借商女、庭花自斟酌。彈到龍香撥冷，幾江南花落。嗟玉貌、傷時杜老，賸苦飢、白首臣朔。豈爲絲竹中年，動余哀樂。

鶯啼序

爲楊韻芳賦。韻芳，字琴蘭，以紫稼聲華冠燕臺樂府。庚子之變，逡巡墮落，不復自振。其致敗皆由傅彩雲也。用玉梅詞人贈彩雲舊韻，爲之寫怨

春明夢華更寫，認哀楊倦嫵。似張緒、淒絶當年，怨笛風外猶訴。記三見、鶯花浩劫，華鬘轉瞬成今古。憶靈和，春殿愁絲，暗引千縷。　十載京塵，鏡裏鬢影，問青青在否。洞天事、窺錯儀鸞，麴瀾飛潤脂雨。永豐西星移柳宿，大隄北、花驚游女。幻紅桑，血染閻浮，亂雲迷絮。　音希紫稼，露泣紅蘭，故巢訊燕侶。閒共訪、叛兒芳迹，對酒傷往，散雪焚琴，小腰慵舞。歌迎赤鳳，窗虛朱鳥，瓊瓊呼月臨秋影，費橫波、淚竭人天路。牽蘿倚竹，梅妻耐得單寒，衛郎瘦骨如許。　崑崙睡覺，顧曲重逢，歎舊人賸汝。怕點檢、葳蕤宮扇，宛轉清吟，灑涕觚稜，夢遥年暮。玄都觀裏，春隨桃換，勞生多少新故。感太婆娑，枯了江潭樹。傷心斷譜霓裳，梵夾誰繙，等閒付與。

八聲甘州

故鄉人來，婁聞亂耗。夜窗聽雨，倍覺黯然，賦示克羣

怪騎秋一雨漲明河，淩波夜寒生。笑人閒兒女，天邊牛女，相望盈盈。幾見乘槎鑿空，犯斗不占星。今古茫茫感，休訪君平。　多少殘雲心緒，記故山翦燭，曾話沈冥。向陽阿晞

髮，無夢到仙城。九迴腸依稀歸路，待醒來、魂斷隔江青。重攜手、上窯臺去，雁影秋橫。

聒龍謠

借朱希真《樵歌》舊譜賦近事，託爲游仙之辭，仍朱志也

涎竊天香，鬟遮海眼，夜織淚綃千縷。鵬徙南溟，駕巍峩鼇柱。正飛揚、蜃氣樓臺，更縹緲、水晶宮府。向乖龍、左耳操刀，驚驪睡，喧鼉鼓。鈞天醉，尉佗驕，奈海若羣嘯，冰夷朝舞。明珠翠羽，惹貪癡嗔妒。誤西母、方朔偷桃，倩酒星、趙州澆土。棄珠崖、枉下神符，捲秋潮去。

玉漏遲

丙辰中秋，和夢窗瓜涇作

九霄風露緊，紅蘭淚溼，薄陰催晚。乍啓冰奩，冷襲翠鬟珠腕。便有深情拜月，散花雨、天香零亂。新恨滿。故人萬里，共憐秋半。倒影歷歷山河，更小酌難禁，引杯深怨。桂老蟾孤，隱約夢驚虛幔。醉寫霓裳舊譜，問誰識、宮移商轉。凝望眼。盈盈素娥歸晚。

六醜

津門秋怨，次夢窗韻

正姮娥弔影，電鑰轉、金蛇虛掣。夢雲萬重，疏星明又滅。玉殿秋節。臏按霓裳舞，桂殘香死，甚海紅高揭。南强未謝燕支熱。篆灺心灰，花迷眼纈。逡巡更窺天闕。怕乘槎客犯，仙馭忙徹。鐘沈漏歇。戀都人蕫髮。問何杜宇津橋底，成暫別。聲聲最苦嗁鳩。問何時再賦，洛妃塵襪，瓊瑰冷、涉洹歌絶。煩説似、莫倚吴剛快斧，看人脩月。焦桐怨、淒調彈雪。枉塞鴻、斷續相思字，丁香恨結。

月邊嬌　秋夕津門，酒邊感舊，和草窗

津鼓催更，正老桂香殘，癡蟾啼醒。瑣窗碧浸，銀河練轉，月午寶鐙無影。瘦襪紅凝，步底見、塵輕風俊。鬟雲回首，醉不管、浮花融粉。　廿年酒國歎叢，絮萍離合，杜蘭心性。慣經滄海，重尋紫竹，端的舊愁新引。前游怕省。更忍對、梨渦珠鬢。夷歌警夢，伴素娥秋冷。

四字令　擬《花間》　按：《花間》無此調

眉閒退黃。詞邊醉妝。水沈燼煖餘香。愛銀蟾透窗。　瑶徽竟牀。楸枰界方。閒情已謝絲楊。奈花飛絮忙。

西江月　延祥觀拒霜，擬稼軒

帝女朝元絳闕，觀文擁御霞城。龍香醉劑巧回春。幻出錦官如錦。　妝暈凝膚紅白，簇成没骨丹青。艷霜真色玉圍屏。羞説畫中人鏡。

江城子　擬蒲江

羽衣霞帔倚通明。鳳排笙。雁排箏。合舞鈞天、同踏絳都春。千乘載花紅一色，虹作蓋，蓋成陰。　遥憐電笑與星顰。佩環聲。步虚聲。認是多情、偏自又無情。舉酒問天天也醉，天似夢，夢疑雲。

少年游　宫詞，擬梅溪　按：此調與《眼兒媚》同

八蠶吴錦七絲羅。宫樣費金梭。織就鴛鴦，

翦成胷袜，裹得愁多。　玉壺碧灑東風草，紅滿洗心坡。恨守羊車，夢隨魚輦，別院聞歌。

好事近　擬東澤

愁眼送東風，淚點濺花紅溼。指顧河山殘照，幻暮雲金碧。　麴塵如冪捲高城，城下醉春色。折盡絲絲烟柳，聽露橋吹篴。

西江月　擬花翁

盼盼横波綠翦，蟲蟲淚燭紅熒。三星一月見心心。悄立姮娥憐影。　釵約翹翹短鬢，繁香昔昔凝塵。酥娘肌骨膽娘情。撩我些些春病。

醉落魄　擬參晦

魂尋夢憶。思君不見君顏色。　升天入地情何極。角枕單衾，侵曉淚波溼。　金尊未湄愁腸窄。花南悄望參横北。衰蘭怯送秋風客。惱煞啼烏，催起半窗白。

朝中措　茉莉，擬夢窗

蘂珠金絡墜鬟雲。寒翠碾霜瓊。香重冰肌不汗，雪霏秋佩無痕。　龍綃垂帳，龍香透腦，偏逗春情。睡久溜釵横腕，枕函一夜涼生。

醉落魄　擬二隱

雲屏夢怯。流蘇斗帳愁空揭。被痕春浪紅翻褶。被是孤眠，痕是舊時折。　憑窗誰與花枝說。花零絮亂飄香雪。繡鴛裙衩今乖別。一寸離魂，終擬化飛蜨。

浣溪沙　擬梅川

人自無眠柳自眠。纖腰慵起競秋千。電鈴傳

語響風絃。雙陸已輸猧亂局，斷琴重續鳳求緣。孀娥爭似舊時圓。

以上十首原題作《和弁陽翁效顰十解》

以上《蜀雅》卷四《北夢詞二》

龍山會

九月初二日同克羣散步南窪，尋龍樹、龍泉、梟潭諸勝。縱眺江亭，賁茗窯臺，露銀娟娟，愁碧彌襟，天末秋高，人閒恨遠。愴然有作，和夢窗

葦障梟潭罅。晚照江亭，四遶闌干亞。冷紅摧雁錦，秋恨遠、煙鳥歸雲齊下。苔甃覓詩魂，算眉黛、銷春思冶。傍要離，埋香醉郭，淚泉同灑。　搖落倦旅驚心，政客何來，費款門車馬。鬢華搔更短，鷗夢醒、鶴怨高寒遥夜。心字惜香灰，隔窗聽、雄談快瀉。待歸也、露銀淺碧，練襟尚挂。

采桑子慢

魚浪不來，緇塵久滯，涼宵遠夢，有天末之懷。和君特

紅彫翠減，頳頩西風愁起。鬧庭角、蛩新蟬故，倦枕涼欹。夢裏關河，蕙蘭遲暮水雲飛。白蘋洲畔，淒霜怨雨，誰采江蘺。　錦字未裁蜀箋，虚報湘佩曾遺。歎芳物、蟫乾駒化，香蠹春衣。露冷疎檐，厭聞烏鵲噪南枝。家山遥計，鱸初薦網，菊已窺籬。

憶舊游

丙辰重九，同孟癯及番禺沈太侔宗畸集陶然亭，題壁

記梟潭買夏，剎海延秋，龍樹尋春。霽雪軒窗好，送西山冷日，步屧深尊。少年漫挾豪興，欹羽憶爭墩。乍睡醒崑崙，重尋鹿苑，無地銷魂。　猶存。甚風景，歎霜飽花腴，蘚篆雲

根。絜酒澆香冢，借一杯呼起，殘唱秋墳。舊人醉郭應笑，席帽逐黃塵。問更幾重陽，淒然故國餘淚痕。

前調　更效夢窗二解

餞秋秋漸老，待挽秋和，愁伴年涯。鬢侵吳霜重，怕欹冠映日，妒了寒鴉。背人倦葉如訴，紅怨泣塵沙。便畫壁程歌，芳顏借酒，嬾呪唐花。　茲亭慣游賞，奈敗葦聲乾，衰柳絲斜。金碧殘陽裏，看江山如此，同歎無家。斷詞字滅慵認，春蚓雜秋蛇。但望極觚棱，嚴城暮角羈恨賒。

其二

雁來人是客，雁又歸，人今尚天涯。待尋書空字，但雲羅暮碧，淡點棲鴉。暗塵乍歛玫柱，淒調落平沙。恨淚菊遲開，霜楓漸染，也當看花。　登臨怕回首，記信馬東門，扶醉南斜。遼鶴歸飛後，歎巢林江燕，知傍誰家。杜陵健筆猶在，吾道一龍蛇。任寫盡殘甎，詩魂渺漠秋夢賒。

遶佛閣　題沈太侔楸陰感舊圖

夢回淚滿。花外小劫，殘照蕪館。驂鳳游短。試教喚起、當年散愁伴。敗牆暈蘚。猶認淡墨，題句淒婉。扶醉歸晚。素絃更理，塵襟鏡秋練。　步屧舊蘭若，望裏觚棱巢野燕。誰道絳都、春移歌舞換。怕念遠傷高，吟鬢搔亂。有人腸斷。便細寫生綃，銘恨鐫怨。老懷孤、露痕空翦。

慶春宫

箋校《蘋洲漁笛譜》成，依鶴磵萬氏圈法更訂四聲，因題其後，用王可竹《謝草窗惠詞卷》韻

漁笛催愁，汀蘋摇夢，爲君换譜哀玉。鶩筦親調，鵑魂曾拜，杼山挑盡黄獨。弁陽清嘯，帶苕霅、煙波縱目。齊東野語，四水潛夫，故都喬木。　興亡萬感難平，吹動霞簫，怨歌重續。瓊苑餘花，國香遺韻，舊懷新恨頻觸。癸辛門巷，試傾想、風流顧曲。宫裁商翦，幻滿絲闌，倦紅顰緑。

玉漏遲

校讀《夢窗詞集》畢，因題其後，用草窗《題夢窗霜花腴詞集》韻

瑣窗清夢少。仙城路遠，古香聲杳。甬曲句東，遥識慶湖襟抱。西麓裁雲萬疊，共花外，吟魂分繞。良自笑。籤縢鬢影，未輸年少。

浪窺七寶樓臺，助故國凄涼，感秋歌嘯。譔酒餐英，重寫霜花腴草。絲縷玄經繡網，輕付與、寒蟲羈鳥。幽恨悄。愁吟畫中靈照。

解連環

題《白石道人歌曲》後，用夢窗《留别姜石帚》韻

寸心如結。問南都論樂，倦懷何極。便占取、詞苑飛仙，似空際水雲，半天霞色。畫舸垂虹，换簫譜、石湖花北。想新聲舊月，素手翠尊，小紅應憶。　梅邊賦情浪擲。悵孤山誤約，玄鬢今白。遡露橋、吹笛音塵，付蝶枕書驚，帳銷浮碧。帚石眠琴，沁肺腑、銀潢秋汐。怕人間、蠹叢汗簡，夢君未得。

瑣窗寒

題《花外集》後，用《山中白雲·悼玉笥山》韻

冠柳襟秦，推雲拜石，麗詞花外。鸞腸鳳語，響徹碧寒天裏。自吹簫、侍兒按歌，串珠潤玉冰絲碎。想睠懷故國，冬青幽怨，楚蘭深致。猶是。芳馨意。看疊賦哀蟬，載賡春水。絃淒韻遠，付與秋墳詩鬼。近南窪、夜窗曼吟，冷烏叫月風戰葦。怕輕繙、半捲殘瓊，尚滴金仙淚。向疑《花外集》不載令詞，必佚其半。及觀《詞旨》所引有《醉落魄》《霜天曉角》《謁金門》各調警句，爲集所無。《絶妙好詞》録十首，而集僅有其三，則亡失者又非獨令詞而已。

秋宵吟

秋老矣，京國寒深，蜀山亂久。拈石帚自度腔，爲猨鶴訊

惱烏啼，怨鶴警。記否黃鸝三請。嗟春遠、漸歲晚衣單，鬢華霜炯。感緇塵，念莝井。宋玉悲懷淒哽。江山在、怕諭蜀文章，變成哀郢。望遠傷高，伴夜色、紅爐翠茗。貰裘添酒，噀墨妝梅，此意共清冷。南菊搖衰影。倦筆無花，啼髩又醒。漏沈沈、更翦愁鐙，邀笛催雪夢未省。

月下笛

題《無絃琴譜》後，用《山中白雲·寄仇山邨》韻

水玉調絃，金淵照影，抱琴呼友。放歌皓首。怕冰蟾笑孤瘦。湖山清響依然在，問鶯燕、今猶是否。便龜池送老，龍脣寫韻，長嘯揮手。歸後。停雲舊。道誤擬陶潛，映門無柳。煙波自有。釣徒添箇閒叟。江關不爲悲搖落，賦哀怨、蘭成恨久。試徼外，斷腸聲，如見觥船泛酒。

解連環 題《日湖漁唱》後，用《山中白雲・拜陳西麓墓》韻

舊時城郭。怕閒雲萬疊，路迷笙鶴。縱萬里、車馬朝天，奈燕市酒空，鳳闈春鑰。向日湖陰，賦歸晚、凋年桑落。似方回度曲，老署四明，寫恨絃索。　輕漚素盟誤卻。想歌蘋怨碧，吟鬢非昨。伴故侶、吹笛吹簫，儘嬌引流鶯，凍謝飢雀。塞北江南，歎夢冷、清愁無著。酹詞仙、夜泉送響，聽琴洞壑。

白苧 丙辰長至大雪，戲賦

帝車翻，衆仙舞，天容欲墨。輕飛亂灑，做弄河山失色。問何年、玉京瓊構碎寒碧。圭璧。散虛空，笑遇物、方圓無式。神州陸沈，唯見漫空一白。休掃除、任地留護袁安宅。思昔。深尊太學，寸鐵無持，苦吟酣戰，冰落陳東健筆。嗟此醉胡爲，左徒呵壁。披雲未遠，奈當關虎豹，日光幽隔。路阻寒門，取譖人兮，投畀窮北。漏點沈沈，夢想華胥國。

八犯玉交枝 次日朝霽，與克羣踏雪至江亭，歸而雪復大作矣

愁倚危亭，禁城西角，恨壓暮山無語。千頃瓊瑶供碎踏，那辨梟潭龍樹。花宮鯨杵。韻落三疊單于，敲寒摇夢聲酸楚。誰道去天三百，偏迷歸路。　不知是月是霜，是花是絮。兜羅膚寸承步。又疑是、流雲沈羽。倩誰款、玲瓏珠户。怕迴雪、尊前罷舞。藐姑騎鶴輕飛去。問玉戲人間，留仙舊曲今能否。

前調　蘧廬見和，疊韻詶之

寒甚堯年，運丁賢劫，問鶴鶴應無語。人憫冬窮天更惜，幻作銀城珠樹。圓穹低杵。歲晚孤客衣單，圍鑪誰爲添薪楚。還被冷風吹淚，瓊瑰盈路。　憶曾賦筆裁珪，詩心擬絮。一時山雅扶步。宴梁苑、綸巾欹羽。更誰管、堆檐填户。正屏曲、傳歌按舞。昔年風措今銷去。便換譜陽春，情懷記得阿連否。

前調　蘧廬再賦，余亦載賡

盈耳號寒，笑人渠略，厭煞夏蟲冰語。三淺滄波翻練白，謝卻紅桑千樹。麾戈移杵。太息天日冥迷，無家哀怨歌萇楚。迢遞玉京宮殿，珂聲蜚路。　不辭夢喚梨雲，狂吟柳絮。麴塵曾沁芳步。漫愁斷、流光輕羽。任弓倚、瓊窗户。怕飛逐、風姨亂舞。獵圍重合天山去。看夜攬銀河，羣仙戰得詩魔否。時對德宣戰説起，故後闋云爾也。

飛雪滿羣山　丙辰臘節爲陽曆六年元日燈會。步雪，愴然有賦，用蔡伸道韻

天近蓬壺，雪明鳷鵲，電光交映千門。白宫瓊島，丹城絳闕，跨鼇界破銀雲。九街喧笑語，倩誰覓、朝天夢痕。舊香荀令，風流未減，傾坐戀餘熏。　休更説、千金争漏刻，但滿城車馬，逗曉連昏。窖梅愁吐，唐花尚噤，沍寒勒住三分。倚闌迷倦眼，恨猶鎖、西山黛顰。望春春遠，憑拈短句招墜魂。

瀟蘭香　倚夢窗自度腔賦浴

瑶窗鳳掩，楚佩龍銜，結解汗香乍襲。柴窯雨

知我，壯悔雕蟲，寄情鐫楮葉。

真珠簾 以城書室覆龔本《山中白雲》校正四印齋本，因題其後，用本集韻

白雲招下詞仙宇。想山中、夢繞烟蘿深處。芳草憶王孫，怨滿湖風雨。泛越歸杭游興嬾，問幾爲、尋花來去。愁去。向薊北燕南，弔今傷古。　琴趣。未數歐晁，趁漚盟燕社，新題重賦。梅種玉田春，歎老懷何許。石碧帚山清更遠，眷故國、予情難住。無住。聽鶴響高寒，夜猨人語。

黃鍾喜遷鶯 題《梅溪詞集》後，用本集韻

鮫宮泉滴。歎織綃輪淚，海紅愁隔。眼纈花空，珠塵玉碾，簾窣冷吟烟直。化身梅影瘦，尋舊月、前溪風色。放襟裒，問平戎上策。何過，繡嶺湯分，皎映素肌微溼。似華清、初洗凝脂，嬌扶真妃未出。牖罅誰窺，暗遣親聞蘭澤。　欲問連生荳蔻，自別蠻江，幾曾輕摘。雌雄瀑暖，姊妹瀧温，綺障瓅塵同滌。奈神山、遠水層波，難浣鮫宮恨碧。賸淚寄、隔海遥緘，衫襦紅藉。海東舊有男女同浴之俗，雌雄、姊妹皆其國温泉。

一寸金 贈鐵筆張樾臣，用夢窗《贈筆工劉衍》韻

金石山淵，印鉩匋封恣漁獵。裒堯年、古雪青門，市隱身藏，人海名著京邑。春羽稽遥牒，斯冰汗、帝倉夜泣。周秦遠，蟲蛟夔回、鏡影銅華半規入。　淚灑金仙，貞元朝士，新詩歎塵篋。向研牋、鈴尾鸞渟，鳳峙管城湯沐，龍賓鶩帖。重廣安吴檝，西清鑑、篆人事業。誰

與詞客。游迹。尚記憶。南去北來，側帽關山笛。畫省含香，青衫索米，曾賦汴京凝碧。鳳翎珍護好，文囿竄、江湖悽歷。漫自惜，付雪兒按歌，吹夢無隙。

摸魚兒

以陽泉山莊本《遺山集》校彊邨朱氏覆弘治高麗本《遺山樂府》，得增添詞五十四首，據《輟耕録》録出一首，次爲《補遺》一卷。又以石蓮庵《九金人集》本補刊《新樂府》弟五卷校之，除去緟複，得詞百十四首，什九壽人之作，次爲《外集》一卷。合之朱刊三卷詞二百十九首，共得詞三百八十八首。遺山樂府之傳於今者，具是矣。遺山詞，張叔夏稱其『深於用事，精於煉句』。余謂其切實發揮，抑揚頓挫，如詩家之有老杜，實開兩宋詞家未有境界，非第如杜善夫所謂『中邊皆甜』已也。校録既竟，仿本集《雁邱》體，綴詞書後

問南冠、幾年成録，纍臣心事淒楚。明昌大定三生夢，腸斷故宮禾黍。詞太苦。且記取、芳華哀怨蕪城賦。聲聲杜宇。想槁項行吟，山深月黑，低首拜臣甫。燕京路。秘籍曾尋萬户。蘭陵偏被讒沮。千秋野史亭邊意，遺恨汗青毫素。新樂府。舊律呂雙蕖，一雁銷魂句。倡予和汝。借小聖清詞，張田合曲，同按柘枝舞。

霓裳中序弟一

借南雅樓所藏琴川翁氏慵盦舊本《珂雪詞》，手録成帙，即次集中李分虎題詞韻書後

亰南更鍊北。素月流黃中婦織。薇省清詞弟一。笑延露藝香，猶慙箏笛。排虚叩寂。黯想通疑謝鉛澤。長安道，玉珂散雪，庾信最蕭瑟。伊昔。練帬春屐。動舊感鶯隄燕陌。

風流題徧壞壁。石老苔昏，往事追憶。古懽今倦客。怕病損芝田賦筆。絲闌裏，墨花和淚，弄影鬢添白。

摸魚子 用遺山《芳華怨》填 按：《歸潛志》，元裕之嘗權國史院編脩官。時末帝召故駙馬都尉僕散阿海女子入宮，俄以人言其罪，又蒙放出，裕之因賦《金谷怨》。李長源見之，作《代金谷佳人答》一篇。裕之亦和其詩。考集中《芳華怨》一篇即《歸潛志》所載之《金谷怨》，字句微有異同。其和長源作，集中題曰《後芳華怨》。詳二詩之意，則阿海女子放出後，汴都旋破，此女流轉兵閒，得與其故夫重諧樂昌故事。喜其事之振奇，愛二詩之頑豔，隱括入律，爲詞二闋。先生有靈，必曰此亦『雁邱』『雙蕖』志也

問人閒、畫工誰畫，娃兒十八眉嫵。仙人玉骨來天上，嬌踏雁沙金縷。春是主。又可奈、朝雲一片難成雨。辭枝墜羽。聽軋軋東華，香車送出，都是斷腸語。芳華誤。亦有通侯戚膴。金鞲貂帽何許。相如四壁堪偕老，奚事白頭輕賦。花也妒。莫更向、琵琶彈作離鸞譜。零歌賸舞。怕蝶惱蜂迷，珠啼翠怨，飛絮委塵土。

前調 用遺山《後芳華怨》填

爲珠娘、再歌金谷，娃兒添寫新怨。天公老眼真情物，菱鏡破來春半。車轂轉。兩不死、雄蜂雌蝶雙雙見。胡沙路短。認綠髮如雲，紅脂透肉，香滑小嬌面。芳華換。刻骨相思百鍊。洛花無力春晚。千圍萬繞看難足，傾國倚妝飛燕。堪眷戀。更莫待、風吹雨打空腸斷。秦宮未遠。縱聖藥孾丹，長門買賦，啼

夢冷秋輦。元耶律楚材《湛然居士集·三過武川贈僕散令人》詩有『班姬流落』之句，或即僕散阿海女子其人歟。惟此詩作於丁亥，尚先於汴都之破六年，則《歸潛志》所言亦約略之辭耳，重圓破鏡似不待汴都破後也。

以上《蜀雅》卷五《燖夢詞 一》

燕山亭

丁巳元日，車過金鼇玉蝀橋。圓殿瓊島，參差盈望，歲華轉換，風景不殊。愴然動念，因調此解

椒酒迎曦，梅萼破寒，麗日千門光爛。瓊島鏡空，太液冰澌，迴合望中圓殿。歲首年芳，抵多少、羈人心眼。誰管。嗟舊雪猶凝，舊塵輕換。　輕換離夢重重，問天上人間，賦情何限。金勒競飛，繡幰齊開，争誇早鶯新燕。舊掃巢痕，是高處、寒多春遠。歸晚。和淚飲、凍醪杯淺。

寶鼎現

丁巳燈節，再和須溪

鳴珂千騎。電爍星轉，銅街歌市。渾不見、鼇山簫鼓，綵勝春人芳樹底。寒月暈，料嫦娥深鎖，也怨鈞天沈醉。唤酒去，新愁未止。又把舊愁句起。　記否元夜燒燈事。馬如龍、車更如水。金粉鬭、胭脂都麗。萬態千姿難品第。競豔冶、賤人間羅綺。捲上珠簾十里。惟見似畫出、散花仙子。撲簌蓬壺影碎。　九陌依稀，還怕僂、麻姑纖指。且歸來、攜醉扶酲，擁重衾自睡。暗燭背、暮雲愁髻。淚滴心同墜。縱賦筆、能醒春魂，難寫今宵夢裏。

蘭陵王

康南海壽詞

補天石。虚鍊媧皇恨碧。春秋志，三統異郵，改制繙經繼麟筆。華胥夢聖國，烏託人間未

子規啼恨，滿江南江北。

迷神引 春風似虎，羈緒如蝟，凭高念遠，惘然成咏

日夕高城危旌捲。射目冷風如箭。潸然淚落，向金臺畔。古人悲，今人事，寸心亂。愁重天容墨，暮雲遠。春嫩芳時早，未經眼。醉醒乾坤，是處腸堪斷。看劫塵翻，滄波淺。舊家坊曲，買風月，徵歌管。故山遥，佳期阻，旅情倦。衰柳休攀折，恨絲短。聲聲梅花角，夢歸晚。

秋思 題篁溪夫人墓，次夢窗原韻

香冢要離側。料夜臺、人戀帝城秋色。詩唱鮑家，墓留秦女，歸鶴天窄。換塵劫華鬘，斷絃玫柱乍斂抑。背故山，藏恨碧。賸潄玉詞識。君門遠，流涕罪言，神鬼蒼生乍前席。倉皇對宣室。痛舜死堯囚，嵇軫岐壁。乘桴浮海嗟何適。窮五陸垂胏，大圜周髀，三循黄道探地脊。負天倦鵬翼。逋客。理歸舶。歎鶴化重來，朝市非昔。明夷左股荽滋繹。是月竄康老，壽昌南極。神皋春早，效季委，弄夜笛。

夢横塘 丁巳驚蟄日書感

病餘踈酒，夢裹驚春，瑣窗塵暗瑶瑟。短約無憑，悄不記、銅駝坊陌。神鏡霾雲，藥娥歸海，晚烟愁碧。但零歌賸舞，斷續猶聞，朝元路、層霄隔。 衡端燕雀争平，聒羈人倦耳，冷淚偷滴。怪煞東風，偏誤却、綵鸞消息。更誰與、敷紅寫翠，鬬草籌花競春色。雁羽差池，

篇，瘞琴銘字，縱比素馨斜好，舊游終憶。幽窔。落衣翠滴。痛下泉、礎繡空飾。口中生闕。題碑千丈，篆殳飛白。聽鄰笛、淒然暗驚，雲際孤雁翼。伴釣客、魂共識。定夢入篁溪，圖中歸路認得。奈隔天南地北。

八六子　臨春念遠，傚杜牧之

望春歸。奈春無語，梅雪虛鬬芳菲。半醉醒、冷日含煙，宮漏虯催短箭，西山黛顰恨眉。緇塵久淹顦顇，舊燕新鶯，芳訊參差。影弔天涯，斷雲沈、江空夢遙魂瘁，畫屏山樣，寸心千里，愁見漬酒，練襟未浣，泥金寶扇曾題。更淒迷。紅蘭露零未晞。

戚氏　題祁陽周王受天球《憶夢詞》後，用《樂章集》韻

譜鈞天。簌簌塵起紫震軒。綺陌鞭絲，冶春詞句染芳煙。泠然。叩瓊關。迴風悄送碧雲閒。愁抛顧曲心眼，破子誰與舞家山。古怨如訴，今情多感，御溝水響潺湲。更鶯捎燕掠，頭管腰鼓，紅鬧春喧。撩我夢憶當年。崑亂競奏，小譜換絲闌。秦箏緊、善才歌板，共惜娟娟。意纏緜。置酒痛飲，那堪鞠舞，要眇君前。唱殘舊曲，改拍新聲，宛轉傾笑相延。　定子當筵好，輸君夢覺，鏡裏悲歡。怕有天魔幻境，伴詩魂醉醒夢仍連。百篇妙比紅兒，懺情綺障，終古愁無限。奈帝臺、春盡猶羈絆，徵本事、瑤想花顏。念舊游、未怯高寒。任旗亭、畫壁夢痕殘。賸青衫淚，京塵漫浣，倦枕書眠。

玲瓏四犯 爲法源寺丁香度大石調

輕翦優曇，襯貝葉珊柯，經院芳晝。醉白碑廊，香沁豔陽如酒。還訝鬢影欺花，料未許、絮迷春逗。賦上林、玉樹初就。誰管庾郎清瘦。　更摩文礎銘思舊。紺雲侵、紫衣重繡。東風待綰愁千結，前事空回首。休問故國夢華，怕誤了、翠禽珍偶。寄麝塵新淚，憑呪鉢，生紅豆。

壽樓春 花之寺尋董文恭手植海棠，不知何年化去，惟曾賓谷署榜在耳。補植一株，枝竦花白，蓋北地種，非復定盦詩『八萬四千天女洗臉罷，齊向此地傾燕支』之舊矣。地多花圃，漫游而歸，以梅溪自度腔寫之

豐宜門西偏。是銷磨豔冶，今古鬘天。幾見南城殳篆，定公詩篇。塵夢短、東風顛。問舊株、摧燒何年。任倦旅尋春，殘僧話往，惆悵散花仙。　攀新聘，追前歡。弔輕紅暈白，非霧非煙。記對金尊凝淚，紫綃堆緜。香是國，愁臨關。念昔游、鑾熏鑾箋。近韋曲人家，千畦萬泉。催牡丹。吾郡嘉州，號海棠香國。越嶲海棠關，舊有碑曰『香之國』。

憶瑶姬 太平湖廢邸丁香花，詞仙顧太清妝閣故物也。借定公《無著詞》舊韻賦之

疑有歸鸞。碾瑶宫淚粉，示現人寰。浣雲珠袚冷，傍露華闌檻，曾駐仙軿。前塵夢影，碧化何年，暖玉羞素顔。解佩璫、飛下青鵷侶，高處禁寒。　算幾度、恨逐移盤。定鉛傾漢狄，竹染湘媛。神思休浪寫，縱鏤銘行雨，山静琴眠。瓊絲綰結，翠珥垂肩。散香兜率天。怕倩女，猶趁離魂到此閒。

宴清都

聖安寺地名東湖柳邨，舊有宋李宸妃、金世宗、章宗像及優填王旃檀像、達摩面壁像。二碑久經移奉，惟明錦衣指揮千户商喜畫壁尚在。殿前怪柏雙松，久付薪爨，古楸遺枿，劣可合圍。柳廢湖湮，辟爲菜圃，獨院内紫白丁香及海棠、梨花迎人欲笑而已

問柳湖邨畔。荒溝側，到門花樹零亂。前王聖表，優填像刻，雨飛雲捲。商君畫壁重見，歎夢影、漚塵電轉。共太息、寶相人天，恒沙換劫誰管。　精藍付與脩羅，蒼松怪柏，鸞鳳空遠。梨雲醉醒，丁香露泣，菜畦蕪館。尋巢縱有新燕，照廢壘、斜陽恨滿。向寺僧、乞取花歸，紅欹翠翦。

多麗

代春人怨

點春妍。陌塵攙絮飛緜。看紛紛、黏紅惹緑，柔情駘蕩無邊。綰游絲、燕窺簾誤，牽弱綫、鶯擲梭穿。拾翠深盟，湔裠嫩約，錦韆泥沁幾行斑。等閒是、白榆天上，飛下沈郎錢。佳期阻，浪憑青鳥，偷遞鸞箋。　寫相思、收將鳳紙，麝煤香壓愁煙。閉花房、守宫重擣，緘鮫淚、蠟炬相煎。懷璧羞完，嗽金同命，鳩囮厖吠誓先寒。縱捐卻、漢皋珠佩，行露已堪憐。誰曾見，一杯埜尾，斷送華年。

蘭陵王

崇效寺看牡丹

古蘭若。花雨繽紛自落。城南路，來去幾年，白紙坊西舊經閣。春衫乍試著。輸卻。東風又惡。酴醿外，輕暝逗寒，微日籠雲釀嬌萼。　尋芳當行腳。借綺怨沈香，重賦京雒。文邨丹景今非昨。嗟劫後臺榭，夢華淒感，楸陰

惜餘春慢 豐臺芍葯

暖玉屏圍，緑珠嬌重，繡陌鈿車雷轉。衣簪競嫵，步屧交枝，影弄背城郊甸。曾記尋春廿年，金谷千姝，隔花人面。任凡桃俗李，東風争嫁，倩魂初返。　空自惜、鳳翼將離，龍盆邀醉，怕裹翠雲輕翦。嘑鬟露溼，婪尾香深，碧沁舞裠紅變。還似妝催，曼殊芳酒朝酣，薄鉛宵浣。便重臺許贈，猶恨揚州夢遠。

楚宮春 爲白堅父賦積水潭高廟海棠、牡丹

風慳雨澀。正香醉紅酣，盼歸吴客。淚眼未晴，愁染屏風猩色。羞掩沈香露綺，競豔冶、名花傾國。絳蠟高燒，照夜妝、扶影亭亭，那人應感孤寂。　芳酒蘭鐙帷夕。清漏轉、庭曲猶聞刀尺。夢短路長，知在江南江北。釵殘淚墜殿角。護花費鈴索。歸鶴。念飄泊。問物外青松，紅杏誰託。澆愁魯酒終嫌薄。怕蠟鳳輕翦，訓雞無藥。紅襌熏破，帶露倚，睡半覺。

摸魚子 丁巳上巳，褉飲陶然亭，同沈南雅

問江亭、閱春多少，依然天際韋杜。盲風吹老鶯花劫，惟見墜沙如雨。懷舊侶。怕梵字、霓裳難認楣間譜。前游記否。只柳絮塵心，桃花聖解，猶逐亂紅舞。　平生恨，詩酒年涯暗度。西山眉黛非故。殘僧莫話開天事，一擲頓成今古。尋夢處。指壁上、冰苔半蝕銷魂語。閒愁浪苦。儘曲水流觴，臨河作敘。身世幾談塵。

朶歸期近遠，更怕底、吹殘玉笛。笑靨迎門，且對花、重與温存，細酌宜城春碧。

湘春夜月

彭春谷爲析津名姝，求賦其畫芍藥山屏

醉春杯。蒨漪輕暈霞腮。寫入尺二吴綃，偏最惹風懷。月下小喬移步，似翦將花葉，供養蕭齋。歎殊鄉久客，心情減盡，幽抱難開。　湖州舊約，揚州畫本，金谷新栽。繡幕圍香，誰更管、曼殊嬌措，尋豔豐臺。千重露綺，睨睡餘、欹枕横釵。仗綵筆，把酥娘韻調，蟲娘韻格，同賦翻階。

大酺

園游不與，悵然有賦

望白宫沈，青陽轉，三海依然金碧。游悰渾未減，想花迎冠佩，樹窺温室。步屧塵侵，衣簪影互，聊與東皇分席。匳光吹欲皺，跨金鼇玉蝀，鏡漪涵璧。怪連日多陰，定緣高處，釀寒尤力。　番風誰禁勒。楝花過、婪尾無消息。便縱賞、豐臺殊豔，鹿苑經香，慘將離、夢遥天窄。霧障銅駞陌。輕淚竭、麴瀾深羃。任孤客、愁如織。珂馬盈路，曾是傾城傾國。賦情未佽綵筆。

六醜

一春風霾，斷送芳事，哀來被軫，情見乎辭，再次夢窗韻

甚催紅鬬紫，竟日裏、鈴旛輕掣。暗塵坐飛，虞泉光半滅。不下旌節。漫試天蓬舞，壞橋槎柳，映綵旗風揭。偷晴换雨催狂熱。麝擣香灰，酥搓粉纈。蛾眉競朝星闕。正春游曲宴，歡笑聲徹。　歌闌漏歇。奈瓊膚翠髮。向晚銖衣冷，還戀别。芳菲付與鶗鴂。怕叢

臺步誤，薄寒侵襪。留仙遠、舞帬輕絕。應不爲、碧海栽桑待滿，抱愁奔月。迴飆送、弱絮飄雪。訪斷雲、共説殘鐙事，金蟲夢結。

齊天樂

張文昌詩云：『蜀客南行祭碧雞，木棉花發錦江西。』蜀無木棉，沿孫水至德昌始有之，至會理之迷易、紅卜苴，益碩大。孫水至此會繩水入金沙江，自是東行二千里，交雲南昭通界，皆木棉之所繁蔭也。一至山半，即不復育。癸丑，權知會理，曾取廿本，植之縣圃，無一生者。蓋金沙煖流，而山巔恒雪故也。回憶光緒丁未，監稅潯州，城西木棉百餘株，花時赬天艷日。與仲兄辛父延賞，歷歷如昨。仲兄墓木已拱，予方留滯京華。客有自桂來者，爲言潯州木棉摧燒盡矣。樹名烽火，豈其祥歟！在昔翁山曾發哀歌，近者彊邨亦流淒調。邈此嘉樹，身世同悲，依彊邨正宮譜，分賦二解。丁巳小滿，宣南浣花舊隣記

碧雞初祭行人去，荒江倦郵歸晚。樹點鵶犀，林燒鳳蠟，千尺珊瑚光爛。蓉城路遠。正旌節鸞迴，錦標霞建。賦筆文園，自研丹露寫琴怨。　攀枝還憶舊賞，歎蠻花瘴草，星鬢都換。淚灑紅桑，煙生紫玉，消得年來腸斷。交柯恨翦。怕珍翼驚飛，萬鐙蟲泫。罷舞鍋樁，蒨綃隨夢展。會理木棉。

其二

碧潯殘醉扶難起，霞飛夢雲千樹。赤雅風謠，朱鳶草木，裁入南强花譜。瑶空晝午。正丹噣偷窺，半零紅露。細點羸杯，酒邊和淚寫芳句。　蠻春消息未款，換巢鸞鳳杳，愁染香絮。怨惹赬桐，詞工絳雪，贏得天涯羈旅。胎禽紺羽。甚鮫室珠甦，荔宮人妒。照眼繁鐙，背城催暗鼓。潯州木棉。

臨江仙

獨游法源寺訪楊潛盦，不遇。弔喬損葊先生，傚《樂章》仙吕慢詞

拜石憫忠寺，古苔列碣，花雨疎寮。牡丹過、枝邊梵夾詩瓢。尋巢。換新燕乳，初蟬響，呪竹生苗。經行處，怕夢粱重寫，鉛淚輕拋。　何朝。分金布地，曾見安史天驕。縱磨將、碑字舊跡難銷。魂招。奈前游侶，風流遠，步屧聲遥。成淒斷，問韭花凝式，還弔僧喬。唐憫忠寺碑爲安史時所立，唐厤重新，乃磨改碑字以揜其迹，故中有刓刻數處也。喬損老、楊潛盦均賃居寺中。喬公以今年春末亡去，遺命以僧服斂。

惜紅衣

神武門殘荷，和蘅盧

草長紅心，鵑啼恨魄。夢殘凝碧。寸蔫長絲，娟娟露橋北。金仙淚灑，曾慣聽、枯魚泉泣。霑臆。霞佩水裳，哭秋風歸客。　湘靈鼓瑟。哀怨如聞，宫溝送潮汐。餘姿婉孌自惜。映寒日。冷入粉雲涼翠，不似井華顔色。怕墜房欹蓋，猶怯薄鉛偷滴。

鶯啼序

和夔生贈梅郎蘭芳之作

東京夢粱乍醒，感金尊浪語。迦簫管、烟月前朝，爲誰虚費延佇。記曾向、歡筵顧曲，鬘天易老春難駐。問貞元供奉，心驚怨遥年暮。　吹笛梅邊，大瑣二瑣，話斜街舊雨。故巢背、梅竹櫻桃，問梅招共幽素。醉鄉寬、觥船送日，酒兵接、絲闌尋譜。似桃源，雞犬皆仙，柳裹迎路。　青鵷去國，倦鶴無家，市朝尚是否。愁見了、鞠臺妝謝，戲鼓歌板，楚玉燕蘭，倡予邀汝。真妃夢誤，嫦娥藥在，當年奔月今猶悔，被芳襟、寫入霓裳序。空花自落，從渠

此際，心寫君身仙骨。高吟天風冷，望烟巒沐翠，霧螺梳髮。似遼鶴重來，夢新人故，倦懷何極。　年涯如過客。舊遊地、吴楚今非昔。儘廿載、豪情湖海，熱淚神州，捲滄波、練濤山立。雁字排笙翼。遠豫巘、嶽晴雙屐。待相約、高秋日。廬阜天外，歌鳳峯頭吹笛。快游共君領得。

鶯啼序　丁巳中秋，夜泛月東湖，用夢窗韻

靈妃遡空泛彩，滿瓊宫桂户。散花影、飛入江城，倦客芳思摇暮。下上涵秋樹。漸雲開，天鏡舒波，斷虹迷絮。櫂月過、東湖半曲，鐙簾屐響高橋，醉裏夢裏，抱紅闌紫霧。任人拜、金粟如來，此情慵問鑾素。綺懷孤、青山映髮，古懽結、朱絃成縷。記梳翎，曾許驂鸞，葬卻東風，淚滴已無乾土。　蘭魂露浥，鎖骨梅清，伴海漚暫住。倩點染、江南風景，杜老相逢，想像開天，念奴聲度。承平事往，恒沙劫换，紅桑生纈花眯眼，怕歸來、京闕霾青霧。依然翠㬉珠香，定子當場，曼詞贈與。

西江月　自題丁戊稿後

十載驂鸞有夢，一春過雁無聞。羈心碾作九街塵。數盡來轅去軫。　白墮邀愁紫曲，黄埃障扇青門。遥憐蜀碧已成燐。又見揚天巨刃。

以上《蜀雅》卷六《燖夢詞二》

大酺　金陵舟次，詶胡步曾見贈

歎鬯舟移，江山在，千古空無英傑。金陵花月好，問南朝遺事，燕鶯愁説。顧曲當年，横江

漫嘲拳鷺。嚴城漏轉，畫角清笳，虎貔静萬旅。欹露幌、藥娥淒對，耐冷扶影，杵竭玄霜，淚乾紅雨。靈犀共照，繁香流豔，參差吹徹盈盈水，望仙門、可得浮杯渡。鵑啼雁泣，非關宋玉能悲，賦情更深懷土。沈螢露溼，傍鵲星稀，蕩練光似苧。暗省念、西湖湘步，桂海邛池，賞倦吴歈，醉教蠻舞。絲闌舊譜，銀箏新弄，洪都仙侶游興孏，笑文園、投筆思題柱。回頭萬里京華，皓月同看，那人記否。

秋霽　詶簡盦用梅溪韻見贈

廬阜西江，借倦旅塵襟，浄洗秋色。湖月留荷，浦雲催桂，雁風送寒尤力。喟然太息。最嫌隔水眉峯碧。自去國。誰念、帝臺尋夢舊詞客。　呼酒共翦，畫燭西窗，與君長談，聊破岑寂。醉吟商、絲闌雅曲，紅簫銀字助浮白。奇句問天應斷得。暮雨蕪館，還怕瘦骨難禁，綵鸞歸也，庚梅江驛。

高陽臺　和簡庵中秋倚月之作

康老生雛，姮娥鏡海，古愁吹滿魚天。譜掐霓裳，春纖冷怯冰絃。迷茫莫辨山河影，但夢驚、兔寐蟾眠。歎彫年。鬢點吴霜，衣换吴棉。　驂鸞舊侶今何在，認蘭魂竹淚，路杳湘川。獞錦蠻花，羈懷暗損淒妍。塵襟未浣當時酒，記汜人、茶鼎親煎。問胡然。蜀魄長孤，桂魄空圓。

蘭陵王　婁妃墓

贛江側。誰鼓皇娥怨瑟。憑華表，追賦楚招，血染楟花化愁碧。生金賸片石。香骨。千年未蝕。依稀見，環佩伩歸，寒月流哀叫鵑魄。精魂戀幽穸。歎礎繡孳苔，鐙暗餘漆。摩笄山影無慙色。尋墨妙屏翰，諫書焚草，驕王心蕩痛遂國。殉君矢天日。千尺。鏡波汨。便烈掩螐磯，歌斷松柏。蕪城遠浦悲何極。怕鶴露宵警，淚傾銅狄。鉛山曾此，弔逝水，縱健筆。

拜星月慢　和簡庵《秋齋静坐》

淚蠟銷更，吟蛩淒夜，解識聞根喧静。月子窺人，覺秋娥妝靚。漸空外，斷續、疏砧促漏聲裏，短笛哀笳遥應。繞樹驚烏，悄歸飛不定。背冰匳、照徹停空鏡。天香滿、鬬盡嬋娟影。印證。古怨今愁，苦銖衣清泠。洞庭波、暮瑟朱絃迸。湘煙散、宋玉添悲哽。啼夢誤、卜了鐙花，碧釭摇夕暝。『印證』，美成原詞『眷戀』句中疊短韻也。王壬老云爾，宋人亦有叶者。道援記。

解連環　和儀盦《甘棠湖秋泛》

半奩秋色。歎滄江散髮，舊情何極。尚記省、西子西湖，按多麗清歌，翠寒珠滴。畫舸鴟夷，怕難買、越娃心力。儘長門賦筆，未抵茂陵，枉費詞墨。微波漫申怨抑。正鬟眉映緑，天鏡涵碧。自誤約、桃葉桃根，等雙槳來時，淚已霑臆。古驛梅遲，恨暗繞、江城吹笛。便今宵、夢中見了，夢回更憶。

惜秋華　儀盦讀余近稿有賦，依韻詶之，並示二湘

鬢短愁長，念堂堂、去日雙丸催换。臥雨茂陵，新來帶麟寬眼。迎秋淚灑寒蕪，最蕭瑟、

江關吟斷。詞邊恨，鶯邊故國，鷗邊新伴。天遠夢尤遠。歎昆侖睡覺，不勝清怨。醒醉地、歌舞事，妮寒憎暖。淵明賦了閑情，度曼聲、楚騷重亂。拈管。按新腔、步揺珠串。

摸魚兒

和簡庵青雲譜之作。青雲譜古桂，一本三柯，相傳其地爲梅子真及八大山人遺磧。道家譜牒藏觀内，以此得名

背高城、小車迎路，苕苕鈴語初斷。畦塍漸入神仙境，花度陌塵香軟。秋意滿。是桂苑分枝，招隱留經院。風旛自轉。問故宅棲梅，王孫夢草，應怪我來晚。呼吟伴。暫豁憑高倦眼。歸雲沙鳥明暗。羽衣霓葆都冥漠，懷古悼今情嬾。人世换。恨强半丹成，猶有黄金歎。捫苔步蘚。悵辟穀無靈，餐芝未許，酒醒夢歸遠。

江城子慢

滕王閣晚眺

晚霞轉明滅。孤鶩遠、拚飛颺蘆雪。暮天闊。層梯迴、翠撲煙嵐千疊。浪聲咽。星斗垂芒江練静，寒波捲、雲開初見月。有人淚盡西風，吟秋怨歎輕别。霜飄愁紅萬葉。促滄洲客思，書恨憑血。總衰歇。空文藻、舊迹三王能説。鏡邊髮。催换年涯人未老，華鬘影、蟲沙無量劫。仲宣聊賦登樓，解中腸結。

齊天樂

得歙鄭曉涵先生由熙《蓮漪詞》初刻及重刻二本，諗爲懺盦外祖，舉示之。他日懺盦於故篋中蒐得先生手寫自輯《晚翠軒詞的》殘本一册，感而有作。余亦依韻成此，題《蓮漪》卷後

好辭絶妙中郎字，輸他外孫勤護。鳳紙收香，烏絲漬墨，寥落丁年詞賦。花閒賸語。更休説承平，斷歌零舞。便有千秋，半埋塵篋半侵

蠹。遺編曾讀晚學，故鄉歸去久，仙掌成墓。贛水游蹤，黄山墜魄，應覓滁槎奇句。靈風且駐。料當日楹書，未傳嬌女。望古茫茫，怨吟邀夢雨。先生《晚學齋全集》尚有曲及雜劇數種。

尉遲杯　秋夜無寐，用晁補之《琴趣外篇》體

暮江潮。帶嗚咽、哀角吹麗譙。寒侵露井疏桐，誰與度可憐宵。推琴傍山枕，夢遠人、玉骨損春腰。還起弄、明月霜天，夜風淒斷紅簫。　添做倦客魂銷。又空階蛩語，碎杵霜敲。小極成慵拋藥裹，舊情無緒卜釵翹。重回望、北斗京華，奈霧橫、一髮隔層霄。儘吟到、幕府清秋，淚缸花暗愁挑。

霜葉飛　重九霜降，凭高念遠，以待制舊調寫之

雁紅吹滿。千林樹，還催吟鬢彫晚。翠微多處看西山，戒峭寒清旦。帶一抹、平蕪似翦。愁心江上烟波遠。蕩倦客羈魂，縱宋玉、能招到此，不禁腸斷。　仍見偏插茱萸，車螯丁酒，醉菊香噀缸面。故鄉無地可登臨，定有人傷亂。賸蜀國、絃中望眼。薛濤箋寫蘋洲怨。念歲華、驚離夢，京洛衣緇，錦城絲管。

霜花腴　重九後三日訪菊南郊農場，倚夢窗自度腔抒感

背城路曲，趁小車，清風爲我吹冠。霜曉楓濃，日曇花病，秋容繪也應難。倦懷暫寬。甚舊情、偏觸尊前。歎頻年、雁翼參差，上京風雨蒯緱寒。　塵劫盡歸游眺，弔南窪牧笛，故苑哀蟬。贏墨殘題，菭甎淒句，江亭畫壁傳箋。勸觥送船。蕩墜魂、離夢連娟。謝朝華、鬢改簪羞，强來臨鏡看。光緒甲午五月，南窪地中有

聲如牛。是歲中日戰起，長沙胡元儀填詞一卷，名曰《南窪牧笛》以紀之。乙卯夏仲復見此異，而帝制戡起，説者以爲祥也。余自乙卯入京，兩作重九於江亭，補書湘卿舊題於壁塼。昔和《庚子秋詞》，近作《三海觀荷》詞，皆《落葉哀蟬》意也。張子野、蘇東坡均有《勸金船》詞。

選冠子　坐雨聞雁

雨脚飄愁，簾腰通夢，迸作旅窗魂斷。纔侵露幌，乍落平沙，天際陣雲驅雁。憔悴江關，庾郎孤館端憂，燭花頻翦。歎逢秋多感，書空無字，信沈人遠。　還自憶、繡幕銷春，錦屏圍晝，賸遣護寒憎煖。花閒膩語，柱底芳塵，多少乳鶯嬌燕。誰道離居，茂陵絃冷琴臺，酒疎梁苑。送邊聲、不過瀟湘，雙懸淚眼。

月當廳　雨霽延月，和梅溪

缺月半挂簾鉤上，輕鉤恨眼，牢鎖眉心。漏短夜長，孤燭不照窗深。沈水旋添袖香，重衣篝、薄掩辟寒金。最淒楚，殘蛩虛籟，似助哀吟。　孀娥倩影亭亭立，怕今宵、碧天離夢難尋。厭旅倦懷，空自撫劍雷音。爭遣酒邊效蠻語，祇憐山帶怯瑶簪。蕭瑟意，窮秋老，盡百感光陰。

疎簾淡月　題鮑印亭寒夜檢書圖

長塘故里。問散帙羽琌，拜經庚子。千本梅花，繞屋夜寒香細。籤聲動處珠塵起。鏡虛庭、月明如水。百城南面，三餘結習，舊家風味。　便探盡、嫏嬛宛委。任天禄石渠，絳雲傳是。觀古延芳，五厄散亡能紀。莫教蠹損神仙字。有蓬萊、藏室雲氣。在陰鳴鶴，名園淥飲，遇諸圖裏。

以上《蜀雅》卷七《南潛詞一》

漢宮春 戊午元日新霽

椒酒迎年，正梅催曉妝，雪融初日。鳴笳賽鼓競入，俊游坊陌。蘭成賦筆。動江關、最憐蕭瑟。愁見了、春幡綵勝，依稀故鄉風色。漂泊。舊京詞客。對絲鵝蠟燕，旅懷如織。書空雁早未省，倦翎猶力。深杯漫惜，醉邊尋、青鸞消息。留夢影、釵蘭蒂並，著我異時相憶。

國香慢 賦釵上並頭蘭

服媚傳馨。認婕魂穩並，隱約釵盟。當年二妃重見，喚起湘靈。古怨今情誰託，佩環悄、仙影亭亭。高懷寄空谷，素萼同心，愁買傾城。折梅還索笑，伴犀簪翠壓，螺髻香凝。罥襟橫枕，偷染紅淚春冰。夢引參差帝樂，兩玉童、鸞琯雙聲。貞蕤比金石，更祝千年，連理朋生。

采桑子慢 和六生《湖舟夜雪》

江空歲晚，帆背輕鷗飛過。帶迴雪、攢花飄絮，對舞婆娑。櫂艤虛明，鬢絲尊酒老關河。笛漁淒唱，星槎夢影，羞理煙簑。五緉遡風，湖光如練，碧浪如羅。幻真色、山屏百面，畫裏滄波。鶴響龍吟，步虛仙約兩無何。天公玉戲，招邀素女，使我顏酡。

隔浦蓮近拍 和六生《湖舟雪夜聞雁》

湖天清曠弄影。雪重寒相警。倦羽依洲瀨，

平沙曲，絃中領。孤旅同泛梗。愁邊聽。漏短宵彌永。　水雲冷。江湖載酒，十年塵夢今醒。書空有字，字裏客懷誰省。知爾杭翎意自迴。悲哽。哀鳴如送歸艇。

黄鐘喜遷鶯

章門元夕，了無燈事。姚景之和梅谿《元夕》韻見示，余亦繼聲

夕陽紅滴。映月生霞際，眼簾愁隔。旆影收虹，燈球簇電，隨處綺羅相直。厭聽簫鼓鬧，還共惜、可憐春色。夢華事，賸縑紈畫墨，淒斷詞客。　無迹。但自憶。三五帝城，柳外喧叢笛。鏁院齊開，金吾不禁，人影跨鼇澄碧。舊游今幾在，誰與説、承平經歷。暗恨極。對劫餘鶯燕，飛淚塵隙。

瑞鶴仙

收燈節對盆蘭感憶

瓅窗蘭氣暖。喚玉妃梳洗，返魂騷畹。春遲楚天晚。記芳馨依舊，氾人曾見。光風乍轉。麝熏濃、清尊共款。奈湘波、不浣愁襟，訶取淚綃紅變。　腸斷。樓心歸夢，畫裏吳船，柱邊斜雁。書沈路遠。釵卜誤，鏡盟換。想佳人空谷，國香遺恨，恨逐瓊芽暗展。付瑶琴、細寫幽姿，露痕自翦。

一枝春

瓶梅

月下横枝，罨疎窗、半幅瑶臺清景。高寒自警。未許海棠爲媵。冰溪歲晚，料無奈、翠禽三請。愁負了、石帚風懷，乍入小紅妝鏡。　揚州夢、誰先醒。道何郎縱老，猶饒詩興。龍簫鳳潁。試譜暗香疏影。絲闌醉寫，倩誰問、

素娥孤冷。休便遣、羌笎橫吹，夜遥路迴。

雨淋鈴 夜窗聽雨，孤雁和之，客感深矣，因調夾鐘羽平叶一解

寒雨連江，暮城嚴鼓，倦旅清宵。敧枕細數簷花，瀟瀟下、窗紙頻敲。翠衾冷逼夢驚，誤燈影紅摇。甚雁聲、偏攪愁人，未教到耳已魂銷。　還理斷絃翻苦調。望神京、一髮霾雲表。有淚不灑觚棱，嗟予季、戢羽天寥。信沈道遠，怨鴻響、淒絶南譙。悵夜永、羈緒鰥鰥，暗裏青鬢彫。

瑞鶴仙 擬游匡廬，先賦此爲山靈訊

雪晴天子嶂。喜劫後山靈，似人無恙。芙蓉麗仙掌。映湖波遥鬬，二姑眉匠。非煙下上。稅懸裝、蘿扃岫幌。墜鬘雲、五老峯巔，俯謝世塵清曠。　盈望。霞橫山帶，日照香鑪，瀑翻銀浪。星宮素氅。驂鶴駕，共來往。問餐霞仙侣，滄江一臥，事影應勞夢想。漫相遭、舊楚狂人，鳳歌自響。

水龍吟 三村桃花下賦

出門一笑江橫，武陵未比天台遠。輕舟亂水，吟鞭遥指，霞城隱見。春在三村，一村臨路，二村斜轉。看分畦種菜，編籬傍柳，還疑是、玄都觀。　休問尋春游伴。鎮相憐、劫餘鶯燕。瑶宮露井，仙山度索，華林上苑。犬吠劉晨，實偷方朔，賞延公幹。歎芳菲、總被年涯送老，更何人管。

臺城路 散策尋春，經濟臺墓作

斬蛟沈璧何年事，茫茫浪淘千古。宰樹愁春，

高城翳日，陳迹難尋抔土。懷方去魯。有三百同游，道開吴楚。友教諸侯，載書江介氣如虎。　嗟余師訓恨晚，亂離嬰世網，羈宦貧旅。桂海驂鸞，遼陽返鶴，空惜雲霄毛羽。苔扃酹酯。怕呼出精魂，劍光猶怒。未敢哀時，向人談貌取。

埽花游

三村桃花爲風雨所敗，獨瓶供二枝，經旬灼灼。謚以留春，和碧山叶寵之

水村夢憶，正燕苦鶯愁，舊林如埽。賸紅最小。怕東風誤卻，阮郎重到。繡檻圍春，看比枝頭更好。向誰道。道接葉渡江，遺興今少。　花静人意悄。恁護暖調寒，伴昏吟曉。懺情未了。歎瓶邊鏡裏，鬢華催老。嫩緑新陰，縱目仙源望杳。動離抱。瑣窗前、厭聞啼鳥。

曲游春

永寧寺尋娉婷市鍾傳故宅，用草窗韻

信馬東湖上，趁浪花嬌鳥，來去如織。廢宅何王，問娉婷舊市，鎖塵無隙。路轉紅橋隔。尚暗想、盛時箏笛。自上藍、院改南平，難覓故家春色。　古陌。殘紅賸碧。帶枯柳長堤，曾驟金勒。女樂餘姿，便招魂再寫，紫簫煙羃。倦旅逢寒食。弔墜景、自排岑寂。更與繙、僭國春秋，削麟未得。

霓裳中序第一

紫極宫寫韻軒

璇宫罷夜織。弄玉催停驂鳳翼。歸去鍾陵舊宅。算唐韻四聲，曾傭仙筆。瑶臺弟一。問繡襦甲帳誰識。陪清課，疊牋試墨，此福最消得。　予亦。救貧無策。歎紙貴研都價失。賦情絲闌愁與共擘。脈望何功，字枉三食。

空自惜。况亂久漂蓋鈿尺。雙飛遠，江山如夢，坐對兩悽惻。

蘭陵王 弔鄭叔問文焯，用清真韻，二解

斷魂直。歸訪芝崦瘦碧。游仙事，空想寓言，石老梅枯照顔色。青山换故國。争識。鑾坡舊客。江湖夢，尋鷟伴漚，晞髪陽阿涕盈尺。鴂詞篇半塵迹。歎絞斂斜衾，香燼瑶席。鵂啼鵑語催寒食。嗟夙世蘭錡，寓公吴苑，流風餘韻話置驛。問天弔窮北。心惻。素懷積。念石帚雲薤，花外音寂。華嚴轉眼悲何極。怕鶴帳新鬼，告哀鄰笛。滄洲殘畫，賸蠹紙，涙尚滴。叔問，鐵嶺人，隸漢軍旗籍，爲蘭坡中丞之子，初字小坡。光緒乙亥舉人，内閣中書。詩畫行楷俱入逸品，倚聲尤擅專家。詞曰《瘦碧》，曰《冷紅》，曰《比竹餘音》。晚乃芟薙舊刻，益以新作，總爲《苕雅》六卷，亦名《樵風樂府》。朱古微復摭其遺爲刻《苕雅賸稿》。

其二

冷吟直。愁寫分山斷碧。皋橋上，重賦五噫，佚老無歸怨春色。微箕尚遜國。安識。青蠅弔客。巫陽下，招取散魂，雙闕岧嶢去天尺。孤雲蕩無迹。算幾輩詞仙，漚鷟分席。西山薇苦誰能食。尋一臥江介，夢回青瑣，沈沈梅訊斷雁驛。送窮誓投北。休惻。半塵積。歎鶴化天寥，琴碎音寂。流波雅引哀何極。定月夜仙掌，自吹殘笛。精靈如在，漫笑我，借涙滴。

高山流水 題程柏廬空琴居圖

半窗月色罨疎桐。寫秋心、迎露蘭紅。驚夢换麈徽，新聲暗落雲東。幺絃斷、寡鵠離鴻。

留仙弄，休按參差鳳翼，散雪歸風。正哀蟬賦罷，落葉翳雕櫳。音容。披圖只追想，人不語、鑑影停空。清淚點練囊，碎玉響和號鐘。料難禁、藥店飛龍。側商送，天上人間此夜，契闊還同。定槑瓊染素，朱押老琴傭。

慶春宮

黟黄穆父士陵，光緒間游太學。時宗室盛昱伯希爲祭酒，德清蔡千禾右年以學正管學，言於翁叔平先師，命穆父摹刻范氏天一閣宋拓《石鼓文》，嵌置韓昌黎祠壁。盛公予告去，千禾出倅城口。後來者頗訾其不完，令諸城尹彭壽補刻之。實則摭拾石本，剥文斷畫，非有殊尤創獲。而黄刻原本傳拓至稀，世頗重之。戊午夏仲，穆父哲嗣少穆廷榮出示先德手拓初本，敬題

填咽鴻都，悲歌燕市，夢餘萬感春明。塵土無情，鶯花多恙，廿年回首堪驚。舊游重省，更休説、風雲上京。銅仙辭漢，清淚如鉛，霑灑觚棱。當時太學諸生。雲散星飛，江海飄零。彝鼎淪亡，詩書灰燼，會看十鼓蘿荆。世傳精本，好歸貯、黄山萬層。摩挲嗟歎，歌效昌黎，録補明誠。

塞垣春

己未歲朝大雪，毖園和夢窗《丙午歲旦》詞走示，即席詶之

胣玉敲冰管。唤酒趁、笙簧暖。窗幽白小，髻薌蘭倚，絃語歌囀。付雪兒、細滌蓬萊琖。醉不問、天長短。任年涯、催人老，卻疑春近春遠。　裴衩兩鴛鴦，愁驚夢邛池，尋夢湘岸。怨别幾東風，賺人勝釵燕。便蓬心斗轉。飛墜天雲，畫中身、月中見。梅雪共清冷，驗眉顰深淺。此調後闋次句美成作『天然自』，夢窗作『看争拜東風』，多二字。『看』字平聲，宜注意，今人多誤作去聲矣。

木蘭花慢

江春連雨寄閟　劉繼莊《廣陽雜記》謂川流向何方，則何方之風致雨。其説純由經驗而得。余所經歷，桂林據湘、灕通谷，灕南流入海，湘北流入湖，故南風北風皆雨。楚東南風雨，湘東北風雨，江湖異感也；巴東北風雨，蜀東南風雨，江流屈曲異嚮也。雅州每日午必雨，然以四關爲限。北至金雞，西至飛仙，南至飛龍，東至水津，各三十里，逾關則雨量特稀。此或山川風候之特殊歟。南昌四風皆雨，蓋章貢北匯彭蠡入江，則北風雨；江東南入海，海潮上溯至柴桑，則東風、南風雨；伏暑則西風而暴雨至。雨多，地庳不能流溼蕩穢，民多痱痹，古來寓公咸苦之。自戊午立冬至己未春分，無三日晴。天時人事，蓋可知矣

四風皆致雨，釀春恨、滿江城。歎柳徑桃蹊，芳郊繡野，溝澮皆盈。纔晴。又還飣飣，更雷車、雹轉練瓢傾。梁上頻驚睡燕，樹間並坐愁鶯。丁寧。鬭草踏青。虛賺我、幾釵盟。念枉勞僂指，花朝過了，凝望清明。游情。夢都未款，任宵檐、鐵馬鬧東丁。禁對蘭釭照冷，悶尋倦枕餘酲。

鎖窗寒

宵寒無寐，倚無射商犯中吕宮、正宫示賀遜飛鵬武、王南邨效良

潑水衾孤，游仙夢窄，斷雲羈緒。傷今念遠，迸作一天愁雨。掩屏山、麝煤半乾，替誰寫出銷魂語。歎竟牀錦瑟，華年輕換，舊情空賦。絃柱。還重數。奈雁帶塵斜，字將鸞誤。芳韶未晚，怕底無人爲主。縱春風、先返絳都，共誰紫陌邀醉舞。待歸來、又恐高寒，耐得和春住。

瑞鶴仙　江城厭旅，再度清明，坐對瓶花，悵然有賦，調夾鐘羽一解

海棠新睡醒。映絳蠟高燒，晚妝猶靚。訶梨罥蝤領。襯瓊腮霞泛，素肌酥瑩。蘭雲夢影。數仙期、人天未準。任西園、緑醉紅酣漫遣，燕窺鶯請。　誰省。雒濱拾翠，漢浦遺珠，誓釵盟鏡。愁春自警。花尚好，酒先病。況吴棉初卸，沈熏慵試，耐得餘寒薄暝。歎年芳、已過清明，怨遥夜冷。

渡江雲三犯　浄社拈題雨意，限韻

山鬟低鎖黛，遠嵐翠匝，暝度楚天遥。半春頻夢雨，雁後花前，恨逐舞紅彫。餘寒殢熱，病損卻、麟帶寬腰。衣倦添、鴨眠熏減，麝暈掩羞潮。　魂銷。鸞絃香沁，鳳軫音乖，也難成淒調。凝望極、雲連芳草，青誤征袍。風迴絮捲渾如雪，漾酒旂、愁滿江皋。憑醉賞、蘭痕膩玉冰綃。

八聲甘州　浄社拈題雨聲，限韻

怪今宵到耳倍淒涼，春聲變秋聲。是勞人羈緒，啼妝遠别，尋夢難成。響逗簷花落處，暈冷逼愁鐙。隔雨紅樓迴，欹枕江城。　十載關河塵土，幾素心翦燭，瀟晦雞鳴。帶金笳鈴索，相和似鏖兵。酒尊空、吴娘歌罷，定有人、和淚卜歸程。昏連曉、向無眠裏，兩地同聽。

應天長　浄社拈題雨氣，限韻

燕歸避冷，鳩唤誤晴，閒庭静鎖春碧。繡砌篆蝸皴角，雙鴛印紅溼。沈熏重，薇露滴。暗暈損、萬錢生壁。費人省，昨夜西窗，誰話岑寂。

沈醉問東風，病裏愁中，花事幾狼藉。悵望暮天雲合，鵑啼葬傾國。輕雷送，非霧隔。漸向晚、倚樓哀笛。夢華恨，柳暝河橋，曾縱金勒。

埽花游 花朝同石餘三村觀桃。案：宋劉辰翁《須溪詞・青玉案》「微晴渡江觀桃」詞有「稠塘路」句，《八聲甘州》「觀桃水東」、《賀新郎》「絕江觀桃」、《摸魚子》「水東桃花下賦」，凡四見。辰翁字會孟，廬陵人，與周草窗同歲，生咸淳間，進士。入元不仕，晚寓南昌。所謂水東稠塘是否即今三村，不可知矣

水東路熟，便夢想須溪，舊游何許。借今證古。對西山寸碧，鎖眉無語。浪詡仙源，誤了秦餘伴侶。共凝佇。問歷劫燕鶯，遺恨誰訴。重訶攜酒處。但嫩柳迎人，菜花隨步。倦紅自舞。笑傷春淚滴，未輸兒女。怨入稠塘，料比玄都更苦。櫂歌去。縱劉郎、怕吟前度。

水龍吟 題黄少穆拜石圖

武陵豈必神仙，幾人解識蘇髯意。河源星變，天孫持贈，君平妙譬。煉自媧皇，鞭辭嬴政，拜從顛米。問穀城山下，何如海嶽，英光並、長虹氣。劫火昆岡曾記。賸癡頑、此閒游戲。尚堪供奉，無勞袍笏，誰兄誰弟。寸碧遥岑，三天瓊島，老懷孤寄。歎名山管領，風塵鬢髮，有星星淚。

蘇幕遮 寒夜，和雲史

舊懷孤，新恨永。喚酒壚邊，花影扶人影。怕向當筵呼定定。雪嚥冰餐，省識中腸冷。念家山，天樣迥。劍外杯心，鶴響哀猿警。甲

帳繡襦仙意静。一臥江關，耐得三年醒。

前調　雪霽對月，示雲史

夢華疎，愁味永。急景凋年，轉燭渾無影。碧海青天心不定。漫鬬嬋娟，謝卻梅魂冷。雁書稀，川路迴。病骨支寒，耳厭鼉更警。四壁鼾雷喧裏静。缺月窺窗，坐對成雙醒。

以上《蜀雅》卷八《南潛詞二》

東風齊著力　辛酉孟春，之官寧都，初發南昌，卻寄幕府同人

初日籠霞，和風催柳，點綴江春。香塵十里，著意送行人。背指嚴城萬雉，聽笳鼓、四載從軍。滕王閣，虚陪勝宴，曾費雄文。　爲謝阮劉羣。揮綵筆、壯遊桂海金潾。馬當借助，擲壁問江神。問爾文章九命，三生業、可證前因。番風緊，蒲帆飽拽，輕溯南雲。

石州慢　雪晴風定，曉泊豐城，追憶會理舊事，借慶湖韻，卻寄簡盦、雲史

日影篴篷，風背卸帆，雲斂天闊。沙頭步屧禁寒，柳色雛黄愁折。何年劍氣，動我壯歲游悰，征袍曾漬炎荒雪。神筆定邊籌，記文園持節。　催發。牡丹圖坐，鑾舞鑾熏，使君臨别。賦就南枝，曲裏聲情都絶。江關一臥，轉首八載飄零，塵襟未浣心如結。望故國青天，負春江花月。昔甲寅春孟，將去會理，南風十日，牡丹齊放。吴秋門太守謂此事向所未見，天公特意催花，爲使君祖筵生色爾。

氏州第一　晚泊樟樹鎮，用待制韻

帆脚收寒，霞陣暈晚，長隄萬瓦鱗小。畫角風

滿江紅 富口曉發，巨魚躍入余舟。援白石老仙例賦平調，以答神貺

拂曉淩江，陣檣起、分浪遡流。是誰遣、錦鱗飛躍，入我扁舟。未省龍宮充使意，非關魚服豫且愁。更漫同、橫海釣金鼇，誇壯游。　盟津會，天相周。旦燔祭，迓神庥。歎藐余無似，敢附孫謀。鵬化南溟曾喻指，筌忘濠上且消憂。酹玉尊、援筆賦神絃，驂翠虬。

浣溪紗 過百嘉

細雨斜風過百嘉。垂楊如篲荻抽芽。河豚初上趁漁娃。　擊鼓村巫迎社姥，三郎古廟隱桃花。官私兩部鬧蝦蟆。

字字雙 萬安江行，上十八灘

水淺沙平彎復彎。刺篙捩舵灘復灘。蒲帆挂

高，危亭望斷，天末青鸞縹緲。梅柳嬌春，任自媚、東皇餘照。錦水芳游，灘江倦轍，燕鶯俱老。　鬢影關河青鏡少。萬千事、夢縈魂繞。扇底今情，琴中古怨，莫更攖愁抱。此心無、真幻想，天花墜、拈來微笑。獨寐更長，漸遙聞、漁歌唱曉。

八六子 峽江雨望，用杜司勳體

望孤城。掛山依水，惟聞相杵聲聲。見傍柳穩繫樵舟，柔艣輕搖鯉浪，空江恨潮暗生。欹篷雨迷烟冷。社樹鴉翻村渡，人歸古岸沙平。李花繁如雲，萬妝齊競。露桃微笑，半顰臨鏡。誰念故里春遙夢遠，瑤璫錦字難憑。雁風横。淒然淚飛上京。

雨環復環。嶺複雲深山復山。

菩薩蠻　造口和辛稼軒

雙江一碧無情水。滔滔盡是哀時淚。晚泊夢難安。古愁千疊山。　北流渾不住。何事人南去。歲宴孰華予。新詞賡鷓鴣。

木蘭花令　造口夜泊，和東坡

東風爲送催行雨。漲没灘痕無覓處。粵娘十八踏謡聲，遠和寒村嗚夜柝。　朝來武索尋前路。暮抵虔州聽歌舞。十年心事問瓊花，莫向征人談别緒。

望海潮　寧都

梅江南注，琴川東匯，雄封自古陽都。峯合翠微，城環雪竹，郊原罨畫成圖。潮落見雙魚。問錦鱗七二，應解傳書。桂海游悰，蜀山歸夢阻江湖。　淩風暫駐仙鳧。正雲當露冕，天近玉壺。經説易堂，玄談覺院，詩題水竹幽居。蓮嶽碧芙蕖。笑使君腰脚，笻杖輕扶。媿負名山，管領渲染謝倪迂。

滿庭芳　寧都老儒曾承齋以四詞見投，依韻訓之。曾善畫，年且八十，自署『不受暑齋主人』

赤雅編殘，青鸞驂遠，夢雲吹滿江湖。好天良夜，潑水簟紋鋪。回首邛池事影，鑾熏重、愁損相如。曾傳諭，三巴父老，錦樣話成都。　愁余。羈宦久，西江杯勺，南海明珠。問誰招蜀客，重按吴歈。臣甫低頭杜宇，思歸引、良願猶虚。尋仙遠，樵歌鳳響，清夢遶匡廬。

定風波 用韻

丱歲橫經慕易堂。卅年湖海苦奔忙。睡醒昆侖身老矣。剛喜。背飛遼鶴落仙鄉。亡國大夫猶吏隱。誰信。此心皜皜暴秋陽。一片翠微乾浄地。堪寄。從今無夢到巖廊。

踏莎行 用韻

薤葉籤勝，豆花籬落。嫩涼山枕新眠覺。明河案户曉星沈，綺疏生白凝虚幕。風露留支，山梁飲啄。閒庭永日堪羅雀。滄洲畫稿半叢殘，臥遊一卷塵生閣。

三字令 用韻，二解

燕月黯，楚雲長。練秋光。歌捉搦，舞伊涼。緗湘絃，捐漢佩，醉千場。星怒角，斗垂芒。夢飛揚。哀野哭，攬剛腸。中賢人，辭酷吏，臥江鄉。

其二

蛩語澀，雁聲長。惜流光。尋舊夢，賀新涼。燈墜豆，睫生芒。偃龍鬚，邀麝月，散歡場。倦清揚。收鳳紙，費鸞腸。蝶蘧蘧，風習習，是何鄉。

憶舊游 三門道中

看梯雲度，鳥挂磵垂，虹飛磴傳騶。問俗方行縣，正丹楓絢錦，斷壑鳴璆。傲霜病菊猶豔，村酒熟新篘。便慶洽兒童，歡臚父老，喜見君侯。回頭。桂江事，記十載鸞驂，曾典邊州。淚滴灕湘水，笑名山管領，輕去何繇。背風敗葉如訴，寒雨襲征裘。且暫憩塵鞿，丁丁伐木山更幽。

霜葉飛

晚度白石嵊至大塘下，用待制韻

際天衰草。迷征路，楓丹遥映雲表。暮霞飛練亘仙都，帶晚煙愁悄。俯絶壑、疑昏幻曉。林坳樵舍孤燈小。望破驛蒼茫，幸盼得、松明炬火，特地來照。　惆悵倦客關河，凋年急景，峒越邊瘴曾到。市樓今夜度清宵，念往時襟袌。奈北闕、鈞天醉了。無眠自譜高寒調。拊鬢絲、添憔悴，三管離悰，舊情多少。

望南雲慢

三仙崍爲寧都南境最高山。中峯亭亭，秀出雲表，兩峯翼之，如巨靈仙掌。余巡行三日，周其三面，拈此爲山靈訊

半落青天，望峭立三峯，驚覩三壺。孤雲兩角，翳霧鬟鏡裏，疑有疑無。翠黛亭亭影，更秀出、潯陽二姑。晚霞山帶，翠掩芙蓉，太乙仙都。　嗟余。宦轍窮邊，移情洞壑，平生賞會偏殊。山靈笑倒，怪席帽黄塵，慣試崎嶇。太息今何世，戀故山、雲煙畫圖。劫餘猿鳥，夢想峨眉，淚滿江湖。

秋色横空

擬登三仙崍未果，載賦

楓落愁紅。映蒼崖紺壁，氣肅初冬。三山縹緲霞標外，呼吸帝座潛通。鏘瑶佩，駕彩虹。便把臂、雲將游太空。俯視齊州九點，萬古青濛。　誰共振衣杖筇。仰高寒玹羽，動魄靈宫。尋仙五嶽歸來晚，驚見碧海芙蓉。三青鳥，兩玉童。奏廣樂、鈞天驂鳳龍。縱意想飛騰，猶是夢中。

飛霧捲。問此別尋常，甚時重見。望裏觚棱，朔風吹倦眼。

碧芙蓉

蓮花山在寧都城西二十五里，爲州境主山。舊有陂引山水入城，分二渠，供汲濯，匯於署内大池，導出東門入江。其迹久湮，居民疵癘。余清釐市政後，更疏復此渠，遭兵而罷。山寺有檜一株，晴日露點滴不輟，俗呼甘露柏。夜初更，山際時有光倏忽，若東坡所謂『非鬼非人竟何物』者，賦此志之

仙靈隱現。記行軒初税，好山經眼。岫螺梳霧，洲魚浮浪，梅江横練。明星玉女，似按舞霓裳徧。駐雲軿、手把芙蓉，白玉京、遥覲天半。　倒挂銀河手挽。建霞標，當露冕。甘醴珠霏檜百丈，清渠長虹初偃。熛怒驚巖，雷山帶繞，聖燈零亂。緑玉杖拄洗頭盆，世塵疵

月當廳

撫時傷亂，同梅谿韻

鐵笛叫破魚龍睡，江斐鏡影，西子顰心。佩解漢皋，黄鶴一去秋深。巴水洞庭雁風，驟斜陽、慘澹紫磨金。暮潮緊、鯨鏗鼉震，共競呿吟。　湘雲。楚雨連巫峽，怕瑶姬、蜀魂空斷難尋。淚淺夢輕，誰託軫玉哀音。蟲語鳥悲兩無緒，短憐霜鬢菊羞簪。摇落盡，居人苦，戀一寸微陰。

齊天樂

壬戌歲旦，示大姪以文

雪消年轉梅江上，春回盼春猶遠。挂户新符，巡檐笑靨，懽酌屠酥盈琖。衙齋事簡。按一曲清詞，翠尊金板。漸老周郎，歲華無恙感羈宦。　京塵回首似夢，雁行思度嶺，同是魂斷。故國啼鵑，寒枝警鶴，欣接竹林南阮。星

癘同浣。

惜花春起早慢

《詞源》云寄閒嘗作此調，云「鎖窗深」「深」字歌之不協，改「幽」字又不協，再改「明」字乃協云。按：此調宋詞均不傳，《譜》《律》失載，唯《高麗史·樂志》有一首詞，亦欠工雅，以調太拗澀故也。試擬此，以傳其節奏

謝東皇，把嬌紅嫩緑，點染林壑。薔薇牡丹，争麗競色，漸到棽尾紅藥。躭愁病酒，春事闌、春恨誰託。問湔裠，拾翠侶，幾曾輕誤釵約。　宵闌畫燭深尊，驚夢雨靈風，響動鈴索。簪花坐飛似雪，透虛幕、怯聽清角。無眠到曉，生怕他、繁英吹落。向枝頭，惜餘春，喚酒花間重酌。

鶯啼序

重建思莊樓，用夢窗《豐樂樓》韻　寧都官廨廳事後，一丘隆起，曰雪竹坪。明洪武初永春莊濟翁官此，歷十一年，内擢去。縣人思之，因丘爲臺，冠以層樓，命曰『思莊』。道光初年尚存，不知何時圮去。余以辛酉春中涖官，邦人咸謂此樓圮後，政教陵替，僉謀恢復，乃於辛酉仲冬朔日興工重建。爰賦此詞，刻石樓壁

飛梁駕鼇瞰斗，俯川原繡綺。左雲石、右揖蓮花，錦標高建霞際。敞八牖、璇穹鏡海，春城畫本開新霽。幻參旗天外，軍封鳳翎遥墜。　孤塔干霄，萬瓦臥雨，更名山四倚。易堂近泉壑，金精翠微，霏潤嵐翠。訪雙魚、仙洲信息，正三月、梅江春水。傍雲風，臺畔絃歌，暫忘身世。　泉烹麝月，酒酌嬴尊，具主賓四美。同記省、文山墨淚，晦叟詩板，雪竹荒坪，古今人事。陽都舊治，莊翁遺愛，爲臺爲沼徵民樂，賸千秋、小劫華嚴地。中階旦復，翬飛秀發江山，露沈象移星緯。　淩雲概日，佩玉

鳴鸞，尚賦才共遲。待染翰、離家王粲，倦旅蘭成，吐鳳千言，臥虹十二。危闌自凭，烏紗重岸，春朝秋夕同望遠，御泠然、風引仙衣袂。回頭蜀道青天，滿目關河，夢歸萬里。雲石寨在城東南三十里。蓮花山在城西二十五里。螺石山在城南十五里。佛寨如二龜戲寶，在城西北二十五里。塔在城南三里。金精、翠微共十二峯，在城西十里。易堂在翠微峯上，魚魚洲在城東南三里。江中以上各景凭闌可見。軍封山在南豐縣，爲江西東部第一高山。正望如旗，側望如槍，距寧都二百四十里。天氣晴明，登樓可見。州判署在州署東，署後有臺曰雲風，取韓詩『坐久見雲風，四面相吹噓』，與思莊樓飛甍相接。城北十九里墨竹坳，竹葉上皆有墨點。相傳爲文山駐軍於此，道傍草檄，以筆泚墨，染竹成痕云。實則一種寄生蟲所致，臭芳味甘，即甘露也。曾氏篔簹谷在翠微之北三巘峯下，朱考亭有詩寄題，詩板清初尚存。

穆護砂

醉楊妃山茶，雅州金鳳山寺一株，千年物也，世無二本。余以癸丑四月到寺延賞，特放數花。山僧謂非時而花，殆如定武牡丹爲坡公發，不可無以紀之。余許諸爲詞，十年未就。今來寧都，縣齋千葉粉紅、重樓海紅各一。雖絶稱類，適見似人，追爲此解，將以遠寄山僧，刻石花下，塞諸云耳。壬戌花朝，馬頭市作

罷按霓裳舞。問唐宮、豔麗誰數。縱清平法曲，牡丹休賦。自從真妃仙舉。淚不滴、沈香亭下土。倚絶代、名花相妒。悄欲墜、麴漪弄色，顫莫任、流霞輕注。初洗華清，倦陪凝碧，盈盈嬌困倩人扶。借荔枝紅潤，雞頭温輭，瓊醴瑩脂膚。　怕被月宮留住。向荒山、祇園孤樹。笑桂馨天上，蘭辭空谷。年年怨風怯露。任世外、春回千萬度。憑閱盡、勝鬘脩嫵。妝淡泞、海紅羞比，姿綽約、玉茗慙呼。傳粉嫌污，點朱嫌赤，洛神帝女宋東姝。費十載、侔色傳妍，新詞翻舊譜。『谷』字照前闋『賦』字

應叶。宋顯夫原詞作『寥落』，疑有失韻，兹用『谷』字以入作上借叶。詞成不百日，軍事起，寧都被據。粉紅爲何人竊負以去，海紅摧燒爲薪矣。

夢行雲　用夢窗韻

素肌厭冰縠。柔鄉熟。春睡足。鮫綃貯淚，迸落珠千斛。紺煙吹影迷花霧，寒梢頳醉玉。舊紅乍洗，纖腰如束。蓬飛葆，膏未沐。環兒長恨，斷魂海山曲。祇慙金谷樓前路，墜香愁化速。

水龍吟　自羅磜至東龍，螘旋危磴，白雲反出足底，寒風捲之，與炊煙三五相接，若櫜脚然，亦奇觀也。因調無射商一解

一官涼到秋光，春寒更比霜天峭。奔濤聒耳，危梁悚目，巖扉沍曉。蠟屐兜緜，筍將攙霧，路争飛鳥。看人家盡在，雲根石罅，仙都遠、迷壺嶠。冰透行春烏帽。耐高寒、鬅蘇襟抱。鸞驂未返，鴻棲莫定，巢痕新掃。家近峨眉，田荒下潠，浣花人老。歎蠻煙，瘴雨歸來甚日，惹淵明笑。

垂絲釣近　有爲蜀客之招者，倚此代答

杜鵑太苦。聲聲頻喚歸去。萬點蜀山，夢裹尋路。風又雨。任戾天勁羽。應難度。謝鷗盟鷺侶。錦城似錦，彫殘春事遲暮。倦游厭旅。深拜同臣甫。知舊誰嚴武。公莫舞。且倡予和汝。

石州慢　用鮑明遠《行路難》第三首填

日冷璿閨，苔暈玉墀，香度椒閣。紅窗窈窕紋紗，繡户低垂羅幕。有人獨處。問訊小字金蘭，纖羅被服熏芳藿。春燕乍差池，散風簷梅

落。依約。對帷窺影，欹鬢橫釵，弄妝金爵。攬淚含歌，欲寄遥情誰託。抱愁恒涕，鎮自默默無言，人生那得長爲樂。羡野外雙鳧，歎雲閒別鶴。

摸魚子 寒食雨中同蛾術韻，用太素體

數年芳、可憐春半，游悰空繫平楚。舞紅颦緑都抛卻，消盡夢風靈雨。芳草路。斷腸處、淒迷煙柳拖翠縷。梅江歲序。伴坐樹鶯愁，窺簾燕惱，彈指已虚度。　留難住。自惜餘春自賦。謫仙猶寄秋浦。緑章重向東皇乞，暖日明霞當户。開廨宇。列尊俎河陽，花縣誇俊語。新詞漫與。待譜入瓊簫，翻成錦字，歌裏費延佇。此體始自元遺山《雁丘》詞，白太素育於元氏，有所受之，又加密焉。『翠縷』『俊語』兩去上，昉自石帚《七夕》詞。邵氏傚之，他家罕見。白太素《水龍吟》幺前三字用仄，類此。

水龍吟 田頭市龍興寺記明董尚書越遺事

隔江遥送書聲，夜長蕭寺閒鐘磬。隨風更遠，去波如答，魚龍竊聽。畫裏寒山，空中竽籟，起予深省。有何人繫纜，推篷釣月，聞吟嘯、移舟艇。　今夕高軒入咏。似谷音、鶴鳴相應。燈窗一話，鎖闈三捷，文章九命。梅水行春，蓮峯露冕，丹房苔徑。問前賢故事，山川不語，唤殘僧證。

花發沁園春 一春無佳日，拈此寄悶

困柳摧花，翦風絲雨，蹉跎郊外游興。清明過卻，殢酒慳詩，負了翠嬌紅靚。陰晴無定。春已在、酴醾芳徑。更做弄、琴潤香焦，夜篝熏透蘭幄。　釀出桐花凍冷。試春衫黄鸝，屢

誤三請。清尊破睡，錦字傳歌，料峭瑣窗籠暝。餘寒猶勁。啼夢覺、扶酲難醒。恁餖飣、天氣懨懨，不教人瘦誰肯。

春風嫋娜　試晴又雨，更倚雲月自度腔寄意

被盲風癡雨，斷送清明。花有淚，鳥無聲。敞蘭帷，逗取夕曛朝爽，柱鸞低翅，箏雁收翎。步屧芳郊，湔裠南浦，沁損芹泥三兩星。鴨睡香銷窣簾影，簫稀餳冷少人行。寒重春深夢淺，三分過二，已驚見、緑密紅零。呼嬌燕，語流鶯。銜將墜影，扶上山屏。鳳子歸魂，與招沈魄，杜鵑啼血，黏住餘馨。芳菲垂盡，歎年年三月，佳時易逝，難遇長晴。

多麗　積雨兼旬，忽放晴霽。是日，由固口回城，輿中占此

雨初晴，白沙江上煙輕。正頒春、籃輿固口，岫嬴黛嫵山屏。鴨頭漲、前溪鳴玉，蛾眉妒、遥嶂舒青。峯褪雲衣，軒迴露網，柳緜飛送短長亭。見臨路、杏新蒲小，潑襖勸春耕。如人意，惠風清晝，喜洽歡騰。記前朝、瀟晨冷食，幰幃芳甸愁生。鳳子巢、桐花凍乳，鴉雛鞘、秧水孳萍。鈴轉相烏，歌來嬌鳥，嫩篔新炙語流鶯。縱猶有、楝花寒在，春事已堪驚。歸途近，一江魚浪，暖日高城。

洞庭春色　會同水西二峯特立，曰蠟燭寨。爲更名『雙髻』，詞以命之

拱揖五華，照影同川，鏡中翠鬟。倩月蟾梳就，流蘇寶髻，黛嬴點出，菩薩雙鬘。悄立亭亭，風霧裏似，驂鳳飄搖秦女仙。新霽後，對花明柳媚，凝睞嫣然。嬋娟。窈冥洞天。

想披雲帝所、霞皺星鈿。更帶茘牽蘿，宜顰宜笑，晨膏夕沐，和雨和煙。洛水淩波羅襪冷，定微步、春風鏘佩環。吹縹緲，寄遙情萬疊，白石青蓮。

聲聲慢

和夢窗『四香』。梅、蘭、瑞香、水仙曰四香

江蓠捐佩，湘女歸魂，争知歲晚重逢。九辨騷心應難、寫入春容。當年四愁遺恨，伴四香、沈醉東風。仙夢悄、悵芳馨，誰襲真色屏空。　愁倚天寒羅袂，怕玉龍、吹墜難倩離鴻。一笑江横淩波，尚怯霜濃。葳蕤露申清睡，驗同心、輕裊檀紅。端正看、護瑶窗，長在鏡中。

傳言玉女

和逃禪『生四和』。水仙、瑞香、黄梅、幽蘭同坐，曰生四和

晝午熏濃，窈藹茜窗瓊軸。繡屏圍黯，費量珠十斛。龍涎鳳味，紺唾蠻紅生簇。越瓷清供，佩環争馥。　漫比歡儂，怪荀郎、未免俗。自然風韻，共騷心暗觸。美人香草，步引淩波相逐。國香遺恨，更調哀曲。

沁園春

壬戌暮春，陪石城令固始吴述先嗣讓游金精翠微

維暮之春，與客攜壺，共尋翠微。看三峯仙掌，嶽蓮拄笏，一陂環玉，瑶佩鳴溪。墨竹留痕，岕茶知味，望古興懷誰與歸。徘徊久，漸金精霧合，嬴石雲迷。　依稀鶴駕靈飛。指岫幌、蘿扃仙可期。笑丹砂勾漏，宰官徒現，冰銜陽朔，山水方滋。詩補麗英，堂荒九子，賦罷高丘歌采薇。從吾好，待遨遊五嶽，歸臥峨眉。

水龍吟

壬戌歲暮，于役新淦峽江。舟行頗滯，望閣皂諸山，因倚越調寄意

隔年重見青鬟，霧梳煙抹清江上。推篷一笑，山靈應訝，別來無恙。歎窮冬短景，長征倦客，思前事、縱心孤賞。劫火煎魂，機輪摇夢，成追想。擬辦椶鞵竹杖。撫瑶篸、捶琴山響。櫂歌三疊，羣真來會，遥情俯罔。記得驂鸞，名山管領，頭銜輕狂。便芙蓉手把，鈞天九奏，借仙人掌。

西平樂

癸亥秋，蒞官清江。政簡多暇，蒐集縣先正宋孔文仲、武仲、平仲，劉敞、劉攽、徐天麟、徐夢莘、張洽、向子諲、楊无咎、楊至質，元杜本、范梈、傅若金、楊士宏，明敖英、楊廷麟等遺箸，編爲《清江先正遺書》，將次第校印。遽遷官去，惜其不成。漫題目録後，用清真韻

吏隱蕭灘，櫂迴鹿渚，懷古倍覺情賒。三孔劉徐，宋賢遺集，搜求夢杳雲遮。歎舊日祠堂陋本，譌舛難資鏡考，何人爲取，嫏嬛中祕，更刻麻沙。無恙江清嶂碧，思大雅、悵望動咨嗟。探源流略，咸依四部，編目分明，行雁欹斜。還愾想、薌林片石，梅癖逃禪，媵以元風變雅。正始唐音，文苑儒林廣國華。提要纂言，巾箱枕葄，差免塵容，惠爾青衿，式此儀型，絃歌誦習家家。

高陽臺

清江尋向伯恭薌林，用夢窗韻

招隱淮山，離騷楚服，衆香把臂來游。江北江南，詞心本謝閒鷗。光堯聖藻砭泉石，换半規、夜壑藏舟。管興亡，滿地青蕪，猶鎖春愁。芳洲百卉今何在，問酒邊香草，蕙掩蘭羞。

竹馬兒 抒感，借葉石林韻

此身似扁舟，橫江泛海，有誰推挽。記南驂桂嶺，西徇邛筰，滄波雲巘。自笑投老風塵，崑崙睡起，壯懷空遠。猨鶴怨家山，指峨眉天外，蘿肩楹薜。息壤今猶在，神州信美，歲華非晚。休嘲阮狂嵇嬾。努力須加餐飯。浪説四海爲家，買山招隱，無地安從辦。蒼茫獨立，誰是盟鷗伴。

念奴嬌 甲子重九，廬陵耆宿同登贏山，展謁文山祠，遂川警報沓至而返。倚平調志感

暮江秋老，聽嚴城清角，聲斷譙門。大壑繁霜瓊宇肅，鴻陣飛破停雲。境逼高寒，時逢搖落，華髮奈清尊。愁孤佳節，舊游無地招魂。回首江海前塵。經行如夢裏，詩卷空存。橘頌重翻，三閭遺恨高邱。饒君戚畹能滋樹，共沁園、廢緑荒秋。剩無情，黄鳥披緜，啁哳江樓。子諲爲向太后之姪。《酒邊詞》上卷曰『江北舊詞』，下卷曰『江南新詞』。清江黄雀入秋肥腯，謂之披緜，最爲珍味。婁見宋人詩集，今無人解食矣。

探芳訊 擬游青原，二夙駕未果。軍書遙午，宿諸難踐，用弁陽翁韻，爲山靈訊

坐清晝。恁興冷如僧，愁濃似酒。歎漚塵驚電，年涯已非舊。槎枒肝肺星星鬢，詩與人爭瘦。怕窺園、紺老霜葩，翠滋苔甃。　風健雁程驟。指蒼兕臨江，煙贏凝岫。望裏青原，游悰尚慳否。山靈應怪來何晚，呵壁空搔首。渡江雲、迎路依依是柳。

蜀道青天天更遠，難問唳鶴哀猨。醉菊依稀，佩萸誰健，愁極欲忘言。縣花徒絢，淚淹宿酒襟痕。

蘭陵王

秋晚，同信齋韻

老紅簇。青女霜華漸肅。遥天暝，藍霧紺煙，隔水脩眉鏡愁緑。登臨縱倦目。飛撲蘆汀雁鶩。驚心事，時換世非，殘稿滄洲畫難足。

持螯醉芳菊。記話雨上京，同翦宵燭。哀箏一弄章江曲。嗟北雁行斷，西烏飛蹇，低頭臣甫杜宇哭。夢歸影形獨。

悵觸。舊懷續。歎遠宦棲遲，空想蘿屋。絃高柱短流音促。笑勾漏丹汞，紫金浮玉。游仙無分，望大野，淚共簌。

以上《蜀雅》卷九《丹石詞》

青玉案

三村，用須溪《渡江觀桃》韻

仙源縱有花千樹。曾慣被、漁人誤。打槳休猜桃葉渡。劉郎前度，桃根傳語。無寄相思處。

武陵見説遭兵苦。何計相將避秦去。待見流紅春已暮。柳隄菜圃，冷煙疏雨。誰識稠塘路。

念奴嬌

乙丑歸自廬陵，僦屋東湖，未果。經蘇圃有懷雲卿，用竹垞韻

半弓方罫，歎閉門種菜，東湖棲泊。錦水花潭家萬里，心事漢陰聊託。孺子亭南，澹臺墓北，暫寄田居樂。碧鮮朱槿，望秋先補籬落。

休説識字耕夫，南山種豆，歌罷還孤酌。東帛干旌愁攪睡，蠻語嬾參戎幕。一語知幾，故人多謝，闔户舟藏壑。漢書留案，去時忘挂

牛角。

秋色橫空

陳叔起以畫菊索題，菊蓋十人合作

誰貌霜容。向鬘天藻國，闢此新封。柴桑吏隱歸來晚，秋心爛漫籬東。冰綃薄，石黛濃。似十客、鬚眉將晉同。一任天荒地老，甲子重逢。休問義熙建隆。弔華嚴賢劫，省識圖中。一花一佛優曇在，應有色相難空。廬陵令，抱蜀翁。笑脱賊、生還非道窮。試與問泉明，聊證素衷。

塞翁吟

丙寅夏仲，苦雨兼旬，夜寒無寐，倚黄鐘商一解

翦燭西窗下，心碎永夕丁東。與誰話，舊游蹤。記赤雅蠻風。篝花細雨蕭蕭夢，鐙暗淚滴金蟲。幻眼纈，豆垂紅。昵客子愁中。忡忡。言猶在、聯牀舊約，人已杳、雲天斷鴻。大招賦、魂歸路遠，怕徒費、宋玉悲懷，怨入江峯。家山夢裏，輾轉宵深，欹枕成慵。

還京樂

借待制舊韻賦新事

夢天墜，不倩媧皇煉石誰能理。便斷將鼇柱，更揮月斧，神工徒費。駕練橋空際。吴剛智竭長虹委。縱見了、愁惹怨女，駃牛癡淚。到銀河底。共張星開宴，乘槎舊客，重來新領異味。支機片石難攜，報瓊瑶、自贈瓜李。指歡期、應似漆投膠，如魚戲水。未得君平卜，然疑翻見愁悴。

調笑轉踏

十臺懷古　《元風雅》有仿濟南王《十臺懷古》詩，《元詩癸集》亦有黄巖林彦華之《八臺詠》。略采其語，增損入律，並自爲詞，爲消夏之資云爾

掾　白語

蓋聞思古每發幽情，消夏惟延墨客。引商刻羽，佐調冰雪藕之歡；綴玉聯珠，效概日淩雲之序。就元人之舊詠，成凈社之新詞。酷吏斂威，調笑入隊。

勾隊

跣足科頭難逭暑，哀時多病强登臺。澆愁聊借他人酒，弔古同銜樂聖杯。

姑蘇臺

百花洲上姑蘇臺，吴王宴時花正開。半空畫燭西子醉，三更鐵甲東門來。臺傾苑廢春草緑，吴波渺渺吴山簇。抉目千年血未乾，不見棲烏見游鹿。

游鹿。蘇臺曲。歌舞纔停荒草鞠。吴波渺渺吴山簇。三策當年誰屬。怒潮猶射胥門目。一舸鴟夷空逐。

章華臺

楚國問鼎無宗周，詬天篡國走諸侯。霸魂不洗乾谿辱，塊土獨枕山中愁。按劍投龜思肘壁，回首華容歸不得。大曲弓翻湛盧沈，渚宫落日空蕭瑟。

蕭瑟。悲傾國。夢斷三江迷七澤。細腰還舞新君側。只有谿蓤堪食。君兮竄死臣奚恤。莫遣湘纍呵壁。

朝陽臺

大江翻瀾神曳煙，瑶姬一去一千年。翠旂龍駕杳何處，幽雲怪雨愁空山。當時宋玉誇詞賦，夢裏襄王豈真遇。江花黯黯汀猨愁，多少行人望朝暮。朝暮。瞿塘路。誰撥癡雲開夢雨。靈濤飛落巴江怒。悵望巫娥何處。非關宋玉誇詞賦。應怨高丘無女。

黄金臺

燕郊殺氣飛黄埃，昭王不作惟空臺。千金無復收駿骨，棧豆聊用羈龍媒。君臣意氣千年少，樂生度量秋天杪。抵黿之金亦奉軻，望諸墳上生荒草。荒草。燕郊道。馬骨如山霜皜皜。遺墟落日增憑弔。誰省當年襟裒。霸圖易世風煙埽。惆悵英雄空老。

戲馬臺

項王戰馬從東來，喑嗚蹙踏全秦摧。入關不並沛公轡，還鄉卻上彭城臺。沐猴御尊真兒戲，調服駑駘棄天驥。淒涼垓下泣名騅，失路陰陵餘數騎。數騎。楚歌裏。事去猶嗟騅不逝。還鄉衣錦真兒戲。把酒憑高無地。寄奴移晉非男子。贘得江山如此。

歌風臺

沛公置酒君王歸，三侯歌逐風雲飛。兒童擊筑皆應節，父老上壽同沾衣。四方已定思猛士，菹醢功臣鳴野雉。黨無平勃解安劉，五葉誰歌秋風起。風起。思皇士。四皓來歸安太子。楚歌聲斷悲人彘。愁聽宫中鳴雉。安劉者勃知之矣。高帝雄風誰嗣。

望思臺

尨裘金玦寒且離，子弄夫兵罪當笞。巫蠱獄成莫須有，天倫異變起宮闈。湖城樓觀連雲起，戾園魄落泉鳩里。望思望思終不歸，茂陵老淚如鉛水。

鉛水。空零淚。子弄父兵誠有罪。茂陵望斷泉鳩里。大藥徒尋方士。獄中已見真王氣。蟲篆曾孫名字。

銅雀臺

冰井莖摧承露寒，陶泓斷甓留人間。分香賣履西陵吹，只憾彌天戢一棺。玉勝珠囊漢家土，肯爲瞞兒載歌舞。二喬不鎖空春風，落日漳河咽寒雨。

寒雨。西陵樹。疑冢千年無寸土。陶泓尚入文房譜。褫盡奸魂終古。望陵無復陳歌舞。惟見荆榛狐兔。

鳳皇臺

金陵王氣占鳳來，江天遠矚留空臺。青山送盡南朝夢，鳥啼花落增人哀。嬌娥舞散高城暮，餘輝迴隔丹丘路。細雨汀洲白鷺飛，畫船曾繫斷崖樹。

崖樹。秦淮渡。細雨汀洲飛白鷺。斜陽門巷烏衣語。燕子飛歸何處。景陽宮井胭肢污。愁賦江南春雨。

淩歊臺

淩虚高宴敞崇臺，三千歌舞安從來。臺城宫扉鎖花柳，寄奴土障生塵埃。昏昏醉夢春風幾，那顧江東數千里。雲捲江潭見暮山，雪銷巴蜀來春水。春水。當塗地。江上梁山相對起。佛貍幾歲爲天子。目斷江東千里。三千歌舞卮言耳。憑弔新詞虚費。

破子

臺上鎮凝望。風景新亭增悵怏。前王游豫非觀賞。誰啓侈心蓬閬。古而無死今無恙。安用牛山悲愴。

懷古共誰語。聊假游仙消酷暑。曾城上倍臨懸圃。寄意江山煙雨。神行夢駕知何許。縹緲如聞歌舞。

遺隊

不學東都賦七哀，聊同歷下歌十臺。明朝定有遺鈿拾，一笑新停濁酒杯。舞歇歌闌，相將好去。

塞翁吟 簡盦賦贈，依韻酬之

老拙無兒女，騰笑五十稱翁。漫誇是，老來紅。齒髮漸籠東。坡仙賴有朝雲伴，身外過耳秋風。遡宦轍，桂邕容。諭蜀更存邛。天公。戕徒上、卿雲旦復，嗟夢斷、黄人再中。誤歸計、峩眉路遠，更誰分、買宅三榮，種荔瀘戎。江關歲晚，矯首長吟，一任窮通。

慶春宫 丙寅初伏，南海康長素同年來章門，三日而别。别時語我『亂邦不居』，期我以八月觀潮於杭。既而不果行，倚此寄之

焚綫删微，玉杯繁露，素王改制空言。柱折天傾，堯囚舜死，小臣孤憤沈冤。遯思浮海，九州外、聊馳壯觀。歸來猶健，柴市魂招，衣帶

痕殷。　堯年老鶴驚寒。沾灑觚稜，清淚如鉛。銅狄摩挲，神州無恙，拊心望帝啼鵑。故都耆舊，問幾輩、靈光尚完。章門攜手，慚負秋期，猶滯江關。

古香慢

倚夢窗自度腔並步其韻，壽彊邨老仙七十

瓣香壽斝，心印皋橋，畦病蘇圃。奏鶴南飛，噴笛渡江雲暮。公是石湖仙，媿石帚、移宮換羽。自江湖、載酒燼了，宋薪總味甘苦。　問四海、詞宗何處。漚鷺千秋，纔判奴主。顧曲家風，願乞紫霞砭誤。蘭畹輯叢編，溯高韻、垂虹近路。好江南，待歸賦、杏花春雨。

浪淘沙慢

南昌戰後城望，用清真韻　自得勝門，循江岸，南經章江、廣潤、惠民，轉東至進賢門，重街複巷，緜亘十里，全付一炬。滕王閣已無寸椽，洲邊戰血長五六里。廣稱之水地皆赤，經月未散。順化門外衢巷亦燔焉

壞雲墮，灰飛萬瓦，霧鎖千堞。殘血經霜蘚發。哀笳傍水弄闋。惱客子、登臨羈緒結。舊游地、閣燬亭折。似喚起、蟲沙對人語，江山共淒絶。　悲切。故鄉亂久離闊。歎道阻歸難，青天遠、未語聲暗咽。嗟後死堪憐，遑問生別。向風淚竭。憑夢尋同照，家山今月。　亂魂溯回風酸波疊。流紅殢、舊腥未歇。亂鴉起、飛鳴城上缺。戰塵黦、碧化龍沙，助暝色、同雲慘淡催春雪。

前調

九月下旬西山之戰，兩軍傷亡過當。客有述其慘狀者，復次清真韻

戰血灑，仙壇恨結。紺露零磧。斷骴侵苔廢綠，陰燐罥水漾碧。映冷月、寒蕪新骨白。向

夕聽、鈴鐸鐘魚。帶步虛、幽怨似鄰笛，愁黯四山色。　脈脈。我懷問取仙釋。問千劫成毁，何匆遽、人世都如客。如電光漚影，雲飛無迹。醉生夢死，天自寬志士，憂來翻窄。雙淚向同情傾瀉，真哀樂、曠代靡隔。等胞與、無情便路陌。有情底、使有寃親，悵恨極。傷今弔古難終拍。

望海潮　乙丑六月，西湖雷峯塔圮，塼皆中空。內藏《一切如來心祕密全身舍利寶篋印陀羅尼經》一卷，刻板，黄麻紙印，高二寸，行十字，四紙成卷，紙七十二行。首題『天下兵馬大元帥吴越國王錢俶造此經八萬四千卷，捨入西關塼塔，永充供養。乙亥八月記』。記後繪士女香花禮塔。攷乙亥爲宋太祖開寶八年，是歲，宋滅南唐。錢弘俶以兵夾攻，旋即入朝。此刻去『弘』字以避宋諱矣。而只稱甲子，不紀宋號，其故可思已。自造塔下至民國乙丑，歷十五乙亥又五十年。此卷蓋張磐石持贈江西帥鄧如琢者也。丙寅八月十三之役，第六軍參謀開江譚季純得之，出示乞題。因念此經在塔千歲不動，出世一載，所歷已如此，爲譜《望海潮》，題後歸之

年徵開寶，王維吴越，西關祖塔新脩。資福貝多，鐫經寶篋，莊嚴窣堵千秋。剞氏巧雕鎪。印魚箋八萬，舍利光遒。虎氣朝騰，爵離宵毁出閻浮。　何人訪古搜求。贈西江帥閫，曾伴兜鍪。飛騎夜來，嚴城夕入，琳編戰利同收。滕閣俯江流。歎阿房秦火，遺址空留。賸付脩羅賢劫，閒話記南州。

南浦　蔡冰吾大愚别廿五年矣，聞其在漢皋，以《水龍吟》寄之。冰吾倚此調見答，用韻詶之

懷冰抱蜀，廿年來、豪士惜分張。君也馳驅關

隴，沙磧陣雲黄。我亦壯游三箊，伴飛鳶、跕跕下蠻江。歎市朝都换，舊人誰在，留眼看滄桑。　漫比退飛宋鷁，好江山、乘興莫淒涼。玉笛樓中吹起，聲徹鶴家鄉。怕問故山猿鳥，共蟲沙、一例話興亡。效楚纍哀怨，國魂招復應天長。蔡詞有『偏天涯，訪舊半存亡』之句。

鷓鴣天

集《小山詞》句

臥鴨池頭小苑開。紅窗青鏡待妝梅。東城楊柳西城草，楚女腰肢越女腮。　風有韻，絮多才。晚春盤馬踏蒼苔。雕鞍好爲鶯花住，芳意先教鳳管催。

西河

聞黨軍克金陵，用美成韻

形勝地。龍蟠虎踞能記。南朝送卻鳥聲中，醉魂唤起。大江日夕撼城流，英雄淘盡無際。嘯長劍，天外倚。歷年舊史徒繫。興亡故轍軌相尋，弔殘廢壘。幾人百戰定神州，愁心難問淮水。　辨亡論古一鬨市。倦抛書、飛夢千里。萬感不關身世。奈清尊、鬢雪青山相對。蕭瑟蘭成江關裏。

大酺

寄步曾金陵，仍用丁巳金陵唱和韻

指石城高，鍾山聳，龍虎騰拏英傑。江山經百戰，認前朝磨洗，鳥聲如説。故國遒遭，微吟擁鼻，冰炭煎腸砭骨。江空人何處，望蓬婆雪外，夢驚窮髮。況寒食重逢，杜鵑頻勸，斷魂何極。　當年同作客。快吟眺、湖海情猶昔。怕轉首、旌旆江上，畫本滄洲，反天風、怒吹潮立。錦字憑鱗翼。還待著、謝公雙屐。聽鳴鶴、尋佳日。蕭寺攜酒，江步迴舟邀笛。袖塵共君浣得。

鶯啼序

春晚，追和趙儀可韻

癡心盼春到了，甚恩恩又去。算輕負、柳約花期，賺人偏是風雨。問誰見、清明霰雪，穠桃豔李摧芳樹。鎮鶯兒愁坐，交飛燕子無語。

十載章門，最苦厭旅，共流光暗度。孅情似、蕭瑟江關，庾郎身世無住。賦江南、騷心自結，望鄉國、鵑魂難據。任飄颺，琼圃春駒，謝橋香絮。

淩雲健筆，繪日英流，且茗柯暫駐。愁更遣、密圍熏坐，俊語傾倒，醉白飛青，翠歌紅舞。鑾梭獞錦，鴛機賨布，文園歸老扶邛仗，擘奚囊、瑞浥三危露。虞衡罷續，相期賣卜成都，暇日記裁風土。

鶯花换劫，鬢髮催人，指舊盟歲暮。漫省念、帆檣鹿渚。仗履青原，野渡浮嵐，翠微當户。琴歌舊款，巢痕新掃，丹砂勾漏仙夢冷，夢回時、花底脩簫譜。鈞天待理霓裳，顧曲周郎，尚堪正誤。

賀新涼

用韓偓《香奩集·厭花落》填

閟把衣襟撚。悄無人、西園永日，夾簾愁捲。果樹成陰餘花落，雙翅初齊乳燕。驀記起、華堂同宴。事到心中增惆悵，四支嬌、泛入茸茸眼。佯攏鬢，暗回面。

狂心半醉難禁遣。最分明、偷傳心印，任旁人見。不盡書中平生意，多恐郎情未滿。寄錦字、囊封重展。午夜臨窗燒紅紙，紙千張、尚有言千萬。眠枕臂，並申旦。忠愛纏緜，《國風》好色而不淫，《小雅》怨誹而不怒，《離騷》之流裔歟。燒紅紙，焚諫草也。華堂宴見，或者指昭宗遣趙國夫人招至尚食局密見一事歟？何怨慕之深耶！冬郎没後，蓮炬紫綃，遺妾鐍藏，足知其心已。

浪淘沙　用《香籢集・金陵雜言》填

貰酒把愁澆。風雨瀟瀟。石頭城下木蘭橈。才魄妖魂今已矣，麗句誰招。　山色送南朝。煙月迢迢。金陵渡口去來潮。羅襪金蓮皆寂寞，弔古魂銷。二詞全用原詩。斷鳧續鶴，天然合拍，無一字不入律。昔人謂冬郎詩與詞近，信然。

雙雙燕　冰吾拈此調見寄，借梅溪舊叶報之。美成云『燕子不知何世』，哀怨深矣

怕尋故壘，過王謝堂前，巷空塵冷。呢喃欲問，似説舊棲難並。應戀沈泥巠井。更下上、歸飛無定。猶疑海曲驚潮，誤卻簾波花影。　三徑。苔荒蘚潤。漫碧翦紅捎，鬬嬌爭俊。鳩佻鵲喜，慣學幻晴翻瞑。憐爾新巢未穩。便棄了、鷗盟鸞信。教人盼斷番風，日夕小樓空凭。

驀山溪　用清真韻

番風餘幾，芳信催棼尾。春恨逼人來，意懨懨、端端難迴避。倦游無緒，病酒怯黄昏，闌怕倚。風乍起。飛絮斜陽裏。　平蕪目斷，青到天連水。揮淚對滄洲，欲量愁、愁深未已。劫餘花鳥，物候倍驚心，湖海思。霜鬢底。争奈江山美。

探春慢　二兄辛父殁九年，而五弟克羣殁于京師。連宵入夢，宛若兒時，愴然動念，借夢窗兄『翁石龜下世後登研意』自度腔寫哀。按此調與本集《高平探芳新》同，與白石《探春慢》異

夢依稀，見幼年弟兄，兒時庭户。迅景浮生，催散天池毛羽。雲羅遠，孤雁叫，鬢華新，羞

鶴舞。是平生，魂來否，倦枕迷離驚寤。當日齊鑣競路。念桂海轉蓬，梁園飛絮。皓首同歸，空負聯牀聽雨。而今江湖弔影，阻風波、何處去。去無朋，歸無侶，況余遲暮。

迷仙引

《詩話總龜》：石曼卿嘗於平陽舍中代作寄尹師魯詩。曼卿歿後，見夢於關永言。永言乃增損其詞，度以《迷仙引》。今案其調極美，與《樂章·迷仙引》不同。《譜律》不載，依永和之

春郊霽。畫舫依芳，渚風漪細。繡鴨引雛魚浪起。柔藍媚。柳絮搓緜，草薰游人醉。韶景驟，箏雁宵慵倚。慳雨困日，過眼花如錦，驚塵委。冷紅鋪地。雙鴛印泥，香尚膩。呼鶯燕，尋桃李。怯更屐愁睇。黯陽暗，凋紅翠。花落難留，逝景難追付流水。題怨曲、宮溝寄。寄滄波、點滴傷春淚。紅休洗。睠平蕪、目極遙天裏。掩離觴、尊酒人千里。

紅樓慢

北湖老人以此調賦凱歌，不稱其名。改咏閨情，藉傳墜譜

脂盝紅冰，蘸甲琱觴，亞闌花韻籠晝。酥融玉暖酣青鏡，合皂新愁時候。約領訶梨半掩，私語雙渦嬌溜。費鸞腸、眉匠琴傭，要風懷消受。僝僽。宮額梅鈿皺。占水眄蘭情，醲醺如酒。楊絲千縷供駘盪，應比蠻腰纖瘦。滿意珠香翠暖，花月人同長久。春回時，酌酒花前兩依舊。

陽春

山陰傳逸塵求題其先人蘭泉夢琴樓圖，倚逃禪舊譜，作此兩曲　逸塵述其先人官滇時，夜宿五華山寺。夢羽士抱琴貽之，并授以指法。視龍池，下有篆曰『施丏斲理』。次日，農人以古琴求售，則山下掘地所得也。惟髹漆剝蝕太甚，篆

文隱約可辨而已。理絃試鼓不成聲。追憶羽士所授，一彈再鼓，音乃絶倫。及尉丘北，此琴君絃忽斷，遂奉諱歸里，築夢琴樓以居。一日，君絃又斷，亟召家人敕後事，語終坐化。蘭泉名訓，嘗聚五知齋、自遠堂、天聞閣各家琴譜加以校正，爲《夢琴樓琴譜》十二卷，將爲刊行云

五華高，滇池遠，山水韻調哀玉。瀟灑古仙人，羹牆夢、宛接幽哀晛瓊匵。篆銘堪讀。施氏斲、嗣蹤雷蜀。應是自惜沈霾久，知音夢中相屬。　會心在、成連移情後，凝望渺、驂鸞駕鹿。朝來金徽到手，契蘭言、響應空谷。調弦更授古曲。似海上、蒼茫雲木。漫遺恨、兩度君絃斷，仙期待續。

白雪

龍門百尺，根太古、鸑渟鳳峙脩桐。鐐越諒霄，工良製巧，裁成换徵移宫。夢魂通。夢仙遠、散雪歸風。也應似、獄中薶劍，吐氣亘長虹。　因甚謫處夜郎，蠻書赤雅，寄孤蹤。想伴逐臣遷客，鄉思斷歸鴻。還自惜、爨材蕤鐵，賞會託成鍾。撫琴三歎，知音曠古難逢。

鶯啼序

留别簡盦，用趙青山、劉須溪唱和韻。

簡盦讀予和青山春晚之作，有斐然之思。微嫌第二徧韻皆去聲，因拈此賡之，即以録别。而簡盦送别詞成，仍用前叶，殆留餘勇，爲再賡此韻地乎。須溪此調頗誚宜可苦心。首徧古韻作『許』，次徧訴韻作『數』，皆傳寫之誤，應據青山詞改正

河梁送人句裏，黯魂銷幾度。莽中夏、戰血玄黄，避秦知向何處。況蘇李、西京盛日，憂生念亂今非古。軫離懷，託意飛龍，更商宫譜。

十載交期，慰我暮齒，悔歸歟未賦。怒潮起、蝸角蝨棲，燕巢危寄無據。念王孫、金鞭斷折，問羈客、浮家何許。任人嘲，廉吏難爲，餓鄉誰訴。　青蚨化蝶，白馬傷麟，叫怨魂杜宇。劫後訪、族湛瓜蔓，命偶湯火，只合無家，羨他萇楚。洪波捲地，燋原燔舍，蟲天拏攫人相食，任無依、去又安從去。山陽怨笛，聲中散雪，休彈淚滴，孺亭蘇圃。　江關鬢髮，海澨金鱗，倩雁傳好語。便料理、鴟夷輕舸，漫捲詩書，島嶼樓臺，暫淹吾土。珊瑚待網，鯨鼇堪釣，河清能俟人未老，喜歸來、重話連牀雨。依然無恙滄洲，滿酌西江，載尋舊路。

水龍吟

諸遲菊《搥琴詞》賦桐緜，不減坡仙《楊花》。借其韻，賦木棉絨

碧雞招罷南雲，萬鐙紅映珊瑚徧。攀枝春艷，露房秋拆，雪輕雲輭。鋪似兜羅，織輪吉貝，吹從葭管。任蠻書嶠雅，辨章方物，圖難狀、吟空遠。　還問衣蘆閔子，試裝成、助寒偷暖。碧潯舊賞，虞衡新志，驂鸞客倦。午枕欹雲，桃笙敷越，薯莨休點。伴蕉衫葛帔，青奴葵扇，怕秋風怨。

昔分賦潯州、會理木棉，特賦其花，茲乃賦其緜也。木棉初出房，比絲尤美。脆薄不中紡織，性寒不充絮纊。惟粵、閩髹漆皮枕簟，用以實其中，爲卻暑之具。《禹貢》：『揚州厥篚織貝。』孔傳：『織，細紵；貝，水物。』鄭注：『貝，錦名。』引《詩》『貝錦』。其説皆未當。宋人始以吉貝釋之。考吉貝見於《南史》，不能謂古無棉。丁晏謂吉貝即卉服。卉服自屬蕉越、波羅、苧葛之類，取草木纖維績織而成，今閩、粵至多。經文無緣一物重見也。薯莨似芋，產兩廣。野生者良，賁成泥，染練紗羅，堅緻如漆，且含有各種色素。今臺灣、呂宋移植最蕃，然不敵天生者。

前調　題《湘綺樓詞》，即用先生《題嶽雲聞笛圖》韻

百年湘綺音塵，蜀才彫落牙琴碎。學通許鄭，文追揚馬，竟成何事。石室爵離，禮堂馬磨，侯芭哀淚。更君山徒赭，鵑魂化碧，怕無地、容高睡。　堪歎世人皆醉。向湘皋、誰尋捐佩。康成都講，季長女樂，萱蘇蕉萃。私淑何人，説經成市。遺書愁墜。況旗亭障扇，流傳剩譜，按銀簫字。

鷓鴣天　爲顏蟄廠題楊孟在畫石

下拜襄陽結契深。故山風雨憶苔岑。九華應冷壺天夢，萬劫難消碧海心。　曾拄笏，話抽簪。雲衣慘淡歲侵尋。老來疏酒親箴石，笑我經年病不斟。

以上《蜀雅》卷十《退圃詞》

齊天樂　發南昌，值交通阻礙，留滯旅邸，聞絡緯賦

草蟲箋偏豳詩譜。愁翻井闌新句。野老瓜棚，孤嫠漆室，猶説清時農圃。吟風絮雨。想羈客牽情，倍深兒女。强聒聲聲，竈觚窺聽轉無據。　章江留滯最久，故園桑苧老，人更南去。入耳官蛙，歸魂夢蝶，贏得傷心難賦。纏緜怨語。歎刀尺飄零，漫尋機杼。縱織回文，錦書辭太苦。

八犯玉交枝　廈門南普陀觀潮，用仇山村《招寶山觀月上》韻

嘘蜃雲高，沐螺煙溼，畫出緑瀛蒼嶼。空際濤飛松萬壑，半雜蟬聲鈴語。誰撐鼇柱，海客争

説蓬萊，天青潮白生寒霧。如見駟虬驂鳳，羣真無數。遥望隔海烟巒，瑶宫琪樹。神山知在何處。漫回首、朝元仙步。渺凝睇、吴城龍女。奈風急、冰夷亂舞。洞庭張樂愁歸去。怕醉倒鈞天，魚龍噴薄驚秋雨。

鶯啼序　題沈南雅《塞上雪痕集》，用夢窗韻

題襟卷中細數，幾詩豪酒户。任書劍、牢落窮邊，蕙蘭非怨遲暮。幸詩價、雞林舊識，滄波待網珊瑚樹。拜黄金、寧拜紅帬，寵花旌絮。

絶塞歸來，自整舊稿，寫繁霜慘霧。最珍重、蓮幕多才，主賓同展心素。遣羈懷、秋笳更續，夢迴雪、春蠶牽縷。遡晨風，回首京華，暫辭鵷鷺。　夷歌送警，海若方驕，壯游自厭旅。西比路、浦鹽東貫，閒島嶌南滿，鑄錯飈輪，艮維陰雨。來遭鼠疫，歸逢妖火，孤喧人境殊歌哭，轉鋒車、淚溢同江渡。驚心動魄，非關宋玉微辭，舉目已非吾土。　襟痕酒滅，鬢雪簪羞，訝鏡菱换苧。漫省念、窩稽塵冷，舊館青蕪，款燕樓空，馭龍驂舞。詩留瘦沈，醇慚公瑾，栞行心諸孤十載，鼓雲和、湘瑟猶膠柱。還愁飛電年涯，大集期成，故人在否。

沈子太侔鷹吉林廵撫陳簡持中丞昭常之招，以宣統庚戌八月出關，辛亥五月回京。去值鼠疫，來遭大火。此集皆此行之作，哀次同人倡酬，有漢上題襟之意焉。而《鼠疫》《避火》二篇各百均，則詩史也。丁巳秋，余由京赴西江，沈子以此稿見付，本擬爲之校刊。孰意十二年來喪亂已甚，不惟無暇，實亦無力。孤此宿諾，慚感交集。暇日偶一繙閲，題辭《鶯啼序》十二闋，皆用夢窗韻。遂就其叶成此解，用誌吾過。戊辰夏五記。

醉翁操　題李雲仙抱琴獨立圖

登臨。危岑。千尋。快披襟。長吟。惟翁浩然通天琴。鳳鸞聲振高林。羣籟瘖。意趣自蕭森。嘆世人孰知我心。

入琴與共，其德愔愔。出琴與適，寥落山高水深。幽澗泉兮涔涔。大海潮兮湛湛。秋閨啼夜碪。春山鳴春禽。曠代幾知音。放懷天地無古今。

鷓鴣天　爲人題古畫鳳皇、牡丹

阿閣來儀助拜颺。清平選調倚沈香。乘時鳥亦真名士，稱意花能應帝王。

鳴節足，兆歸昌。誰描魏紫間姚黃。梧棲竹實應難覓，且護脩翰住洛陽。

木蘭花慢　戊辰重九，南普陀寺後最高處舒眺。寺後石壁有同年成都岳堯仙嗣佺，偕龍陽易實甫順鼎及陳粒唐昌蕓光緒乙未重九題名篆刻　實甫官廣西左江道，以『畫餅名士』被劾

蕩雲愁海思，俯空闊、作重陽。奈大地秋風，無邊落木，萬感滄桑。高岡。更窮望眼，指青天一髮是家鄉。斜日搔餘短鬢，暮潮咽斷清商。

徜徉。蘚壁經廊。尋篆刻、弔詩狂。悼嘆當年鑄錯，虛名畫餅，招蜀懷湘。魂傷。今感舊，記京華、選勝共萸囊。休覓殘僧話往，有人獨立蒼茫。

瑞鶴仙　己巳重九，和夢窗《丙午重九》之叶

絢霞蒸海嶠。動旅懷、誰省驚秋恨早。黏天盡衰草。念北書南菊，頓攖愁抱。慵舒遠眺。自高歌、聲情縹緲。歎年來、遯處遺榮，久謝紫萸烏帽。

都道。百花潭上，濯錦江頭，儘

尾濕紅深。愁臨鏡，纔畫遠山，無端又上眉心。　香沁。蘭徑悄，蓮印淺，叢頭淹漬泥金。可惜鴛鴦裊衩，繡樣誰臨。牡丹羞落爭相比，海棠嬌彈不勝簪。慵歸去，彈向瑣窗瑤瑟，怨也難任。

南浦　贈周墨史同年殿薰

書劍憶游梁，廿六番，春風吹老塵世。華髮兩相看，依稀認、曾是故人名字。天涯海角，斷雲心緒重提起。夢粱舊事。空惆悵當年，飛花流水。　休言老去情懷，尚兀自埋頭，蠹魚叢裏。賓戲漫騰嘲，文章力、猶傲並時儕輩。清華嚴萬劫後，千秋想知誰會。祝君有喜。清游共扶將，門生兒子。

堪歸老。吟鞭醉裏。鬢細染，學年少。怕郫筒香減，黃花明日，蝶怨天遙夢窈。夕風號、漫掩西窗，暫迎晚照。

八聲甘州　爲鄭霽林題其先德輔堂吳淞放艇圖

酹清杯問水是何年，仙翁賦仙游。領滄江虹月，松陵琴趣，詩卷輕舟。也似雲衣石帚，借酒祓清愁。休比玄真子，狎主盟鷗。　我亦煙波徒侶，笑廿年泛宅，直釣難酬。譜蕢洲漁笛，吹起一天秋。試披圖、江山依舊，定有人、歃羽繼風流。君知否、拂珊瑚樹，祖硯同收。

晝錦堂　題冶春圖

柳眼顰輕，花鬟粉重，百六時序侵尋。飣飣踏青天氣，半雜晴陰。鶯捎游絲飛絮輭，燕扶芰

倒犯　和清真韻

太姥、靚冰奩乍開，黛蛾新埽。拖青曳縞。嬋娟子、善心爲窈。開軒坐對，天海同悲山容悄。鏡空捲雲衣，塔影淩霞表。憺忘歸、引芳醥。　邛海舊游，醉上黿瀘，花深樵徑窵。映水萬炬爇，掩寒月，珠光小。助夜色、夷歌好。歎頻年、羈棲猶遠道。寫異俗殊鄉，筆底描愁照。故山何計歸老。

透碧霄　泉南拍板。拍板始自宋纖。今制聯三木，一手拍之，獨泉南聯木六，兩手捧拍。王禹偁《拍板謡》云：『麻姑親採扶桑木，鏤脆排焦其數六。雙成捧向王母前，曾按瑶池白雲曲。』《文獻通考》云：『拍板長闊如手，大者九板，小者六板，以韋編之。宋朝教坊所用六板，長寸，上鋭薄，下圓厚，以檀若桑木爲之。』則泉南猶古制矣。案：泉南調樂器用琵琶、阮咸、笙、簫、笛、雲鑼、鎖吶，與唐、宋燕樂合。自明中葉崑山腔出，始廢琵琶，用三絃，則此或温州南戲之遺聲歟。惟鴃舌方語，難協正音。康熙間曾徵入内廷，旋即罷去

拍紅牙。十香雙捧婉淩華。六幺偏徹，霓裳中序，羯鼓初撾。鸞鉤輕點，闌干暗掐，銀字橫斜。記新聲、拋豆傳花。乍竹竿秋坼，堅冰春裂，邏娑塵沙。　命雙成鼓瑟，飛瓊吹管，按舞紫皇家。鏤檀輕、文犀重，消息點畫尖叉。白雲奏闋，鈞天夢覺，迴雪霏霞。又何須、低扇佯遮。歎海山漂泊，歌板移情，老我年涯。大曲《六幺》《花十八》在《排徧》之後，法曲《霓裳中序》初入拍。

以上《蜀雅》卷十一《海客詞》

望春回 金陵陽曆歲朝，用李景元韻

滿城戲鼓，映九衢電光，煙火明滅。臨路凍泥深，聽步屧聲咽。千門桃符都換新，怪梅柳、蕭索無人折。望春春遠，原來尚值，歲窮時節。天公放晴半日。又密布同雲，吹下嚴雪。安有大裘長，庇孤露鶉結。誰家兒女猶笑樂，道魚龍曼衍無休歇。夜來寒重，霜華透骨，怯對明月。

吉了犯 爲戴亮吉追題其婦翁鄭叔問冷紅簃填詞圖，用夢窗韻

畫裏、認樵風老仙，斷魂何許。皋橋夢雨。芝崦遠、墓田深阻。紅梅賦，句猶在流光、飛鶯羽。幻相小鬘天，鶴響荒瓊圃。歎楹書，墜如縷。嬌女左家，女壻微雲，同心張外户。蠹稿聚散落，舊詩集，新梅塢。畫卷續、徵題侶，表生金、穹碑仙掌步。料大鶴歸來，一笑吟無住。酹花邀醉舞。

穆護砂 感殷墟發掘得隋、唐以前人弓足事，因憶前在全州掘地得骸三具，皆弓足，頗疑先唐人女子束足已成風習。今獲此證，爲之釋然。追爲此解，並附舊刻碣銘於後

喚起精靈語。問埋憂、地在何處。愧蒙莊作達，髑髏能訴。佛言有情皆妒。任束足、弓弓誇妙舞。新月樣、金蓮隨步。悄欲逐、羿妻竊藥，慘卻甚、太真繯素。千載泥塗，一朝天日，可憐無計定爰書。歎骨銷香滅，當年誰信，金屋貯名姝。怕聽鷓鴣聲苦。葬黃陵、怨雲荒雨。想墜紅深恨，蛾眉謡諑，窮泉尚凝酸楚。化碧血、寃沈心自腐。招不返、倩魂如

故。嗟酷毒、醲醯灌鼻，哀弱質、朽壞侵膚。墮馬鬟欹，舞鸞釵折，那堪隻舄覲仙凫。伴湘娥、啼竹滋蘭，芳馨歸淨土。

夢橫塘

辛未驚蟄，金陵書感

斷雲心遠，絲雨夢輕，晚來飛電虛掣。殿角春雷，合阜出、憎寒羞熱。巖鼓欺花，冷煙籠水，壞陵彈雪。認零金剩粉，乍淡翻濃，人天恨、空悲切。　都言雁足無憑，甚烹魚溉釜，也誤瑺札。嫩約鈿車，難領略、郊游風物。更誰與、調鶯翦燕，染柳熏桃鬭春色。漫動愁吟，背人含淚，撚丁香千結。

三姝媚

玄武湖櫻桃花下賦

香山遲悟道。正樊姬新逢，試妝嬌小。紺萼初胎，漸粉裳煊晝，素肌淩曉。喚錯梨雲，春意與、杏梢同鬧。細數花鬚，無賴游蜂，被花輕惱。　誰似蕭郎殊抱。問盡伐柔柯，賦情何矯。送卻南朝，墜玉兒清淚，數聲啼鳥。鳳笛休吹，脣未啓、朱顏先老。待熟重來摘取，瑛盤頓了。

唐多令

尋春燕子磯，值游女以花枝擲水。余得之，戲賦

春水碧於油。春山靄不收。小春纖、擎住春愁。人面勝花花也妒，驚花豔、替花羞。　危浪打春洲。春心逐遠流。好花枝、何意輕投。輸與老人忘結習，到東海、再回頭。

桂枝香

雪晴登雞鳴寺豁蒙樓，用王介甫韻。以下十二闋，辛未春詞，應邵次公徵

爽心快目。似史說子玄，經論王肅。十里湖

過秦樓　泛舟秦淮，用李景元韻

膩水微波，浮塵虚漲，畫橈隨浪悠悠。聽鴨言鳩訴，縱挽轉芳韶，窨約何由。漫替古人憂。也無須、强買今愁。笑佯遮歌扇，偷描金粉，難寫滄洲。　怪露行蔓草、鴛鴦侶，鎮停雲殢雨，潛度吴謳。偏燕簾鶯户，似韜鈐部勒，那任閒游。孤負秣陵春，動歸懷、蜀郡遨頭。訪輕煙淡粉，誰信當年，有十三樓。

卜算子慢　廢曆歲朝，得北來書，用張子野韻

屠蘇後飲，鞭竹禁聲，積雪助寒催晚。翦燕黏雞，暗想舊京人面。回盼。惜春期不繫東君眼。念往日、銅街紫曲，狂朋快侶星散。　影事尋三館。記演象圭臺，夢華天遠。檢點春衫，兩袖涴塵猶滿。纔遣。一封書、又惹危腸光一鏡，綵舟羣簇。迎春霽雪來窺牖，對披襟、蔣山高矗。練拖江步，雲黏樹頂，溜懸峰足。　有薑髮、雛顔共逐。問何代臺城，悲笑相續。羞照胭脂，廢井沁波留辱。小營校練場如砥，漸褭腰、芳草鷩緑。古愁今感，歸來慵記，後庭哀曲。

望南雲慢　踏青清涼山，小憩掃葉樓，用沈功述韻

白袷尋春，凭掃葉高樓，雲影天光。山圍故國，歎石頭浪打，洗今古年芳。挑菜誰家女，趁步屧、花明草香。小桃夭杏，露眼如啼，粉暈潮妝。　驚傷。化鶴重來，時移代易，婆娑舊柳成行。坡前駐馬，换千古江山，兩字清涼。休覓殘僧語，寫夢華、相看斷腸。半千餘韻，畫壁裁詩，也耐思量。

斷。便直北鋒車徑達，望神皋不見。

風流子　尋春燕子磯，用張文潛韻

江流催日夜，危磯迴、燕子傍人飛。正堤柳未繇，露桃初綻，荻芽茁候，魚浪生時。見游女、障風鶯蛺蜨，私語囀黄鸝。臨水弄花，笑迎花展，撚花投水，花逐蘋低。　何人增惆悵，維摩詰愁見，緑瘦紅肥。無意好花入手，菩薩低眉。歎結習已空，休尋後果，綺懷都遣，誰問前期。分付暮潮來去，慵帶花歸。

緑頭鴨　泛舟玄武湖，用鼂次膺韻

練湖清，六朝一夢如煙。背臺城、景陽芳樹，才人狎客張筵。雞鳴埭、尚悲射雉，毒龍窟、誰弔哀蟬。辱井羞沈，華林恨縊，玉兒含淚殉箏絃。算千古、江南春恨，同輦罷魚軒。　年年有，桃花笑人，此豸娟娟。便新亭、茫茫對此，奈他風景依然。訪脩文、蠹書御覽，念閱武、鯨甲樓船。璧月瓊枝，烏啼子夜，吴歌西曲至今傳。漫譏切、風流天子，平地步生蓮。君不見，金海玉臺，筆下飛仙。

安平樂慢　清明登雨花臺，用万俟雅言韻

步出南郊，麴塵颺暖，陽春白日風香。湔裙是處，祭掃誰家，迎路粉黛相望。柳髪桃鬟，襯弓彎雲袂，競鬬時妝。戲語曲池旁。蟲蟲也愛韶光。　問石子岡頭，散花天女，沈醉知在何鄉。僧俗同歡喜，誌公帽朽祇園場。絮舞花迷，胡覷得、脣乾眼忙。又争知、紅塵紫陌，年年來消減清狂。

惜黄花慢 冶城山朝天宫，用田不伐韻

廢池涵碧，趁短策弔古，清明天氣。路入蕪寢，步迎厲魄酸風，眼眩劍芒腥水。大明官禮習朝天，問誰省、高皇真意。是十將、鐵血壯魂，埋此深際。　弘規付與文孫，奈釁啓、棣鄂宗藩相遞。效彼光僚，霸吴竟假魚腸，靖難自燔朱蘂。孝陵翁仲説淒凉，怕難解、游春情味。向倦裹、也學柳眠花悴。

青門飲 登鍾山最高處，用曹元寵韻

天鎮神符，紫金浮玉，憑高念遠，何王南渡。一髮中原，岱雲河雨，霞表旭光微露。索共山靈語。數九朝、英儕豪侶。虎踞千年，成敗是非，明眼觀處。　撲地嚴城如霧。看院省衣冠，市樓賓旅。舊史風雲，禁陵煙樹，盈望故情今緒。獨爾依然在，换多少、池臺鐘鼓。幾時問道，三茅行藥，更尋仙路。

應天長 訪板橋舊院遺址，用康伯可韻

絮雲翳日，煙柳斷腸，羈游怕尋芳路。徐步青溪，不見春波照窺户。愁紅舞。哀燕語。漫笑我、老懷空負。念佳麗，藉甚當年，懺情無緒。　幽討向何處。種菜編籬，花鳥竟誰主。呼起澹心，難寫孤悰寄毫素。留靈瑣，邀夢雨。對逝水、曼吟千度。蘸金粉，與畫前朝，亂絲成縷。

春從天上來 明故宫，用吴彦高韻

黍麥凋零。見露寢春駒，廢苑秋螢。帝子如降，遺恨維屏。行遯事等空冥。歎孫謀詒燕，哭高廟、冷骨無靈。效淵明，咏刑天干戚，耕

父清泠。　留都幾經劫火，想卜兆當年，揆日占星。爐滅洪楊，歌翻燒餅，興復又起盈庭。譜桃花宮扇，餘民恨、曲罷峯青。　夢都醒。對六朝山色，愁眼雙熒。

八聲甘州　禊飲莫愁湖，客有話阮淩華及徐祁故事者。用元遺山韻

玉京琴危絃起哀歌，胡笳拍中傳。對明湖瀲鏡，殘棋收局，金盞垂蓮。重按銜箋燕子，曲裏葬嬋娟。中有烏孫語，淒感千年。　不似芳華幽怨，是漢妃出塞，青冢藏妍。羨盧家猶得，蘭室篆沈煙。數遺聞、編留董鄂，更媿他、飛燕有伶玄。偏輸我、自低回處，擁鼻花前。

西子妝慢　代悼

慵舞鶴迷，化煙玉冷，縹緲蓬山弱水。藕絲無力繫春魂，替江皋、萬紅飛淚。依稀夢裏。問北去、南來何意。葬傾城，怕舊家兒女，潮妝難起。　當時事。旖旎風光，燕侶應能記。海天芳草盡紅心，託滄波、懺情遙寄。西真侍史。定爭說、花王名字。下巫陽，碎翦新題鳳紙。

劍器近　和袁宣卿

夢疑雨。醒乍歇、纔飄還住。枕邊夢游仙處。待尋取。叩巖户。若有人、泠泠笑語。朦朧尚無端緒。又輕去。　庭樹。弄晴陰正午。拋書坐起，見露網，轣轆牽風絮。憑將幽恨寄瑶京，奈書成更開，雁翎知向何許。好春無數。亂落飛紅，似有傷心證據。凭闌目極江天暮。

齊天樂 散步臺城，和清真

落花飛絮臺城路，羈游乍驚春晚。稚筍新抽，繁櫻漸熟，秧茁平疇如翦。紅疎翠掩。看羣踏春陽，困眠茵簟。界取青天，醮霞和露寫芳卷。

山圍潮打似舊，六朝都送了，愁緒無限。鷺島塵襟，鸞驂墜録，驚惜流光潛轉。傷今悼遠。笑百舌多言，鳳歌虛薦。浪有閒情，替誰眉鎮斂。

西河 寄題曹纕蘅借槐廬圖

槐可借。三公舊秩休訝。槐安大國好疏封，夢粱更寫。赤煙鬱律孔傷麟，删詩還正風雅。

似因樹，分秀野。隔牆翠影交亞。盤蝸負殼亦吾廬，燕欣大廈。道衰迹熄起詩龕，觚棱殘淚霑灑。

偶來勝友喜共話。倦攤書、鄰樹陰下。漫比雒中耆社。説南柯、夢覺東華情惹。延月開尊，忙邊把。

三姝媚 攝山棲霞寺，和古微《龍華》韻

流光驚過眼。算江南春風，已輸一半。散策幽尋，任浣雲生袂，鏡波皴面。穉緑疎紅，臺殿悄、華嚴輕换。燕語粱間，鈴語檐前，驗愁深淺。

誰道鑾春曾慣。甚傍日看花，老懷難遣。舊續虞衡，歎補蘿栽桂，九芝題徧。步入香林，魚唄渺、斜陽都嬾。坐久霞城深處，齋鐘共轉。

念奴嬌 焦山，和半塘題如此江山圖東坡原叶

一拳危石，鎖江流閲盡，前朝英物。誰試摩天疏鑿手，點破頑苔昏壁。水濫岷觴，詩從玉局，浪捲蓬婆雪。狂瀾須挽，我來翹佇時傑。

曾訪海上成連，移情玄賞，舒嘯潮音發。島嶼微茫琴思遠，回首山河明滅。九域蟲沙，同舟風雨，痛痒連膚髮。江神安在，掃雲呼起江月。

永遇樂

登北固亭迴望金、焦，用稼軒韻

小李將軍，天然金碧，圖畫開處。山勢北迴，江流南折，滾滾朝宗去。鼇撐砥柱，城高鐵甕，龍象鬱蟠難住。障狂瀾、金焦兩點，衆流截斷雙虎。　帶淮襟海，盾吴干越，筦鑰金陵東顧。自染煙螺，笑人脂粉，鏡裏揚州路。摩挲劍石，塵埃土障，想像舊時鐘鼓。凭多景、蒼茫莫問，乃公健否。

鶯啼序

風雨中自焦山渡江，登北固亭。讀張子苾、鄭叔問《光緒甲午感事用夢窗韻聯句》及半塘和篇，晚歸金陵，繼聲有作

東風縱狂似虎，也扁舟渡水。布帆緊、練雪千堆，盪摇波面銀蘂。碇石峭懸崖度索，盤渦眩轉天疑墜。袂飄飄、飛上危亭，畫出奇思。　如此江山，冒雨弔古，問當時帝子。締姻好，昭烈栖栖，仲謀情款獨至。定三分，收兵建業，甚終隙，連營東指。漫高吟，遺恨吞吴，未諳微意。　梟盧幾擲，晉曆潛移，繫寄奴寢寐。何地訪，佛貍祠廢，社鼓聲杳，霸迹淩歊，露臺鉛淚。秋風戲馬，春江釃酒，英雄無覓非虛語，對茫茫、累煞詞心悴。重來倦鶴，人民故國都非，譔墨怕題空裏。　名區第一，勝客成三，贈四愁翡翠。恨小阻尋詩甘露，試茗中泠，賁趁鮒鮮，暝隨鴉起。嚴城甕轉，鋒車雷動，高資燈火連下蜀，睠經途，宵冷人相倚。

歸來剩數游情，斷闋重翻，墜魂在紙。

憶秦娥 代《遏雲集》李白

泉聲咽。磨刀水映關山月。關山月。胡兒吹角，漢兒傷別。　玉門關外持旌節。葡萄入漢烽煙絶。烽煙絶。燕然銘罷，又封高闕。

女冠子 代《金匳集》温庭筠

微顰輕笑。乍見西真窈窕。罷梳蟬。迴盼雲生水。飄裾玉化煙。　綺詞花瓣裹。紅怨貝書前。成佛生天願，悔求仙。

應天長 代《花間集》韋莊

緑塵斜柱箏絃語。春宴歸來當夜午。枕蟾窺，衾鳳舞。鴨歇水沈慵自炷。　盼仙期，知甚處。除是夢中飛去。惱亂楚峰疑雨。夢知歸路否。

酒泉子 代《尊前集》司空圖

窨得牡丹，頃刻唐花烘欲坼。獻春筵上曲闌東。鬧妝紅。　開時未到早成空。富貴如斯真可惜。争知忍耐待東風。鬬春容。

眼兒媚 代《草堂詩餘》左譽

濃暖江天暮生寒。花月兩闌干。滿空柳絮，滿庭芳草，做弄春殘。　倚窗誰唱江南好，傾耳且消閒。不干底事，吹皺春水，笑破春山。

少年游 代《梅苑》楊億

燕臺舊夢，上河風物，春展海王村。百城圖籍，百工奇巧，癡騃買游人。　墜鞭遺珥，南坊北瓦，畫裹喚真真。近來花事轉繽紛。也只向、日邊聞。

小重山　代《樂府雅詞》僧祖可

一桁春江似酒濃。遠山應有恨、小眉重。六朝殘夢落疎鐘。聞啼鳥、驚起轉朦朧。　心事待書空。忽隨魚浪捲、逐流紅。飛潛無際任飄風。春歸也、花落奈愁中。

好事近　代《陽春白雪》宋祁

夢遠枕屏空，舒腕寶釵徐落。惆悵賺人歡意，比吴棉尤薄。　春雲微斂鎖眉峰，春纖撚衾角。陡頓憎寒思暖，向阿誰偎索。

臨江仙　代《散花庵詞選》陳與義

憶昔露臺干氣象，俊游聯步英英。風迴鈴鐸雜天聲。綵毫誇繪日，魚藻樂春明。　睡醒崑崙成隔世，歲華飛電堪驚。愁晞短髮向初晴。老來知許事，蝴蜨夢三更。

阮郎歸　代《絶妙好詞》徐照

碧雲離合月將沈。淒香寒上襟。海棠花下忍追尋。横釵驚睡禽。　塵篋像，怕重臨。臉潮陽又陰。我心怎得换他心。知他誰愛深。

玉樓春　代《中州樂府》馮延登

繚牆斜帶麒麟臥。鴿糞沿堦簷馬破。草侵翁仲暈苔深，花罥蛛絲愁靨妥。　人家寒食分新火。麥飯幾曾陳享座。消沈到此戢彌天，澹澹長空孤鳥過。

南柯子　代《元草堂詩餘》王從叔

薄酒禁愁重，遥山壓恨低。幾年不聽杜鵑啼。

記否枇杷花謝、海棠肥。少日思奇服，風塵點素衣。東西南北竟何爲。可奈青天道遠、未成歸。

編者按：以上十二首原題作《代古十二解》

以上《蜀雅》卷十二《江南春詞》

酒泉子

拄笏抽簪。曾記灘江西路。雁風遥，鳶瘴暮。武溪南。幾年江上穩收帆。歸趁郫筒初熟。闤排青，山奪緑。夢魂忺。鶩翁。

其二

吹網織簾。夢識春愁來路。斷腸時，收淚處。思潭潭。海棠橋畔鬱江南。吟到落花紅撲。荔支香，盧橘熟。整歸帆。漚尹。

傾杯樂

淚漬鮫絲，塵生雁柱，檢點舊時愁印。誰道愁來成陣。夢斷層城休問。瑩瑩棲頰嚬紅揾。日如年、年逢秋閏。都來一寸心曲，曲曲迴腸自忖。鶩翁。

其二

曆日先庚，靈符遁甲，吐火越巫傳恨。仙樂參差無準。環佩歸來風緊。麻姑隔座神清穩。背輕搔、春纖愁損。嚬痕莫遺燈照，玉筯抛殘淚粉。漚尹。

應天長

蝶酣蜂膩黄初褪。印枕霞添星頰暈。月一梭，心半寸。宛轉思潮無定準。卜瑤釵，挑翠鬢。慵剔玉釭蟲燼。未了人間沈恨。背燈羞見問。鷟翁。

其二

曲闌迴合閒凭盡。遶砌紅萏滋淚粉。簟波長，香篆燼。柳外歸鴉嘑陣陣。　月牙梳，雲母筍。霾鏡塵奩慵近。待卜蹉跎期分。過雲沈雁信。漚尹。

鳳銜杯

梁塵輕拂紅襟燕。凝立盡、緑蕪池館。惆悵人天、難覓傷心伴。空獨惜、佳期晚。　楚蘭傷，楚魂遠。絃語促、雁風吹斷。長是丁香不放、眉頭展。休問愁深淺。漚尹。

其二

青雲孤卻滄洲願。愁見說、紫溟三淺。一寸柔腸、禁幾車輪轉。烏頭白、駒光短。　一聲聲，是河滿。歌未闋、淚塵輕泫。底事愁生獨在、金尊畔。魂逐哀絃斷。鷟翁。

前調　又一體

城烏頭白暝歸煙。化鵑嘑、魂返何年。又是哀蟬、吟後葉飛前。瓶落井、箭離絃。　宣敕促，賜恩偏。景陽鐘、倉卒分筵。知否麗華瓊樹、異今番。麟筆待新刪。鷟翁。

胡搗練

菖蒲花老是來期，慚媿金盤霜蒳。人世悲歡離合。夢被重衾壓。　江南消息斷江梅，魯酒愁來慵呷。破凍寒蕤應怯。猶見黄羊臘。鷟翁。

其二

鈿窗雲母結冰花，冷襲膺襦腰衱。香燼屏山

金鴨。偎煩慵離榻。箇中滋味薄情知，誰管箏塵棲篋。漂泊玉璫緘札。待答何由答。漚尹。

雨中花

紙罅風尖衾似水。慣誤我、燈花報喜。官閣梅遲，玉樓霜重，無限傷高意。悔不向、黃公壚畔睡。覓殘夢、紅簫漫倚。費淚湖山，供愁杯琖，醉也和天醉。鶩翁。

其二

夢便逍遥呼便起。了不爲、仙期曲會。破賊新歸，園碁正劫，休管兒曹事。漫笑我、難成歸隱計。更休問、逃秦甚地。怒軾官蛙，謠監市虎，也要人迴避。漚尹。

醉花間

星澹天河繩影直。霜濃鉛淚白。鴉影下蕪城，尊酒開離席。愁多言轉默。忍更深相責。此情誰會得。妾心長只逐君行，不歸來，何處覓。鶩翁。

其二

曲曲屏間春夢隔。愁羅凝舊色。山枕隱紅潮，箏雁移秋泣。梅根連遠驛。梅信偏難得。並禽雙比翼。夢隨珍偶度金微，塞雲黃，邊月黑。漚尹。

其三

瑟瑟絃孤箏雁急。漏沈天寂寂。鴛瓦點霜明，扶影嫦娥立。欲眠眠豈得。帳背籠鐙黑。夢遥魂是客。青天碧海此時心，綺櫳疏，生曉白。忍盦。

西溪子

齧臂齒痕猶在。紅暈守宮禁待。卜團圓，靈鏡賺。年芳換。盈望漢清河淺。欲渡苦無舟。接天流。鷟翁。

其二

春苑舞紅輕改。香沁壓愁麟帶。寶筝空，絃欲斷。嘶難喚。雁泣塵飛寸管。眉語嬾回頭。錯涼州。漚尹。

其三

犀枕睡痕春在。眉樣薄侵山黛。竟牀花，香夢遠。魂堪斷。攏翠步摇金顫。簾影小紅樓。罷梳頭。漚尹。

玉團兒

海棠經雨胭脂薄。蝶魂殢、沈香睡覺。露網蛛懸，芹泥燕涴，誰理僮約。畫梁不展秋千索。撼屈戌、金蟾齧鑰。玉女韭廉，虚供灑埽，鉛淚紅閣。鷟翁。

其二

香迷帶眼腰圍約。瘦應怯、寒梅小萼。倩影亭亭，開簾還怕，眉月窺著。迴波不怨春潮錯。怨錦字、脩麟枉託。閲盡花時，紅嘶翠泣，誰管開落。漚尹。

其三

客衣不耐吴棉薄。雁聲遠、鵑聲又惡。柳拜樓心，花低簾額，尋夢無著。鐃他足繭絲偏縛。醉醒半、隨人惋愕。孔漏蟲天，年窮鶴苔衣侵石鏡。緑滿江潭，不浣殘紅印。杜宇嗁春春未醒。涓涓暗水流花徑。忍盦。

鶯聲繞紅樓

識得鴛鴦兩字無。鎖窗裏、鳳紙教書。爲誰親解大秦珠。愁壓繡腰襦。　金縷君聽取，花枝晚、莫怨青蕪。恣君憐愛倩君扶。嗁紅滿氍毹。鶯翁。

其二

怨縷圈花罥井梧。花鬚細、苔腳愁蘇。夢回青鬢事模胡。還刷鳳翎無。　如海春愁在，銷沈盡、兔死生烏。春人休怨鏡鸞孤。紅靨爲誰敷。漚尹。梧桐花細如編絲，宛轉成圈，瀹脂可以刷鬢。唐《宮鏡銘》：『當眉寫翠，對臉敷紅。』

語，愁款觥酌。鶯翁。

蝶戀花

卜得歸期歸未定。畫裏吴船，夢裏瀟湘影。喜説消息楚雲迷遠近。斷魂夜夜驚秋枕。　長託刀頭圓破鏡。照見嗁妝，淚粉胭紅印。春醒慵不醒。閒花無數飄花徑。鶯翁。

其二

絲雨濛濛香篆定。隔住屏山，細寫傷心影。且慢恨比天長除夢近。夢回淚溢鮫綃枕。　殘酒焚琴還咒鏡。鏡屜琴囊，歷歷春纖印。醒來愁未醒。飛紅撲簌迷鴛徑。漚尹。

其三

枯坐冥心疑入定。電火飇輪，歷歷華鬘影。淚滴昨夜星辰天路近。斷雲和夢迷山枕。

其三

鶴市山花泣倒梧。驚魂定、重問姑蘇。烟生紫玉更模胡。還憶苧蘿無。　西子湖光改，吳歌咽、子夜棲烏。遥憐隣女效顰孤。猶説勝羅敷。漚尹。

夜行船

血沁湘筠知淚费。胭脂井、落紅輕洗。不采桲花，還賡魚藻，誰省玉妃顑頷。　賦就招魂愁翦紙。休重按、壽人安世。料得歸徠，空宫環佩，清涕月明鉛水。鶩翁。

其二

露泣金牀雲母桂。鸞膠沍、斷絃誰理。破鏡飛天，椒泥沈井，中有玉兒癡淚。　帝子瑶池春夢裏。蘅香滅、倩魂難起。月死珠傷，鵑啼花落，休問殿芳婓尾。漚尹。

戀繡衾

寒花淒碧競晚芳。畫屏空、涼月浸窗。愁費盡、春人淚，小蠻腰、慵舞倦楊。　綺櫳珠箔依稀認，枕簽閒、休爇斷香。尋不到、西州路，蝶魂輕、春窄夢長。鶩翁。

其二

枉拋才筆賦上陽。怕人嘲、天寶舊妝。愁暗長、紅心草，玉鉤斜、螢戀夕涼。　十香遺曲焚椒録，井華清、留鏡聖狂。依舊是、瀛臺月，甚宵宵、猶照壞牆。漚尹。

愁倚闌令

青蘿館，碧梧廊。怨宵長。病葉泣秋誰互答，

遐方怨

鵑弔月，鳥呼風。駿骨龍媒，翠華西巡天廄空。血殷宮錦障泥紅。渥洼神物在，感懷同。

其二

花唾碧，淚珠紅。裯衩仙帬，絳河春潮波不通。蟄苔淒映綺疏櫳。石華誰攬袂，問脩容。

其三

蟬鈿委，鳳幃空。結綺臨春，景陽歌殘沈斷鐘。落紅驚葉舞迴風。御溝長蹀躞，水西東。

右鷙翁。

其四

麟髓盉，獺脂箒。翦髮塗眉，脱簪非關秋扇風。卻憐金井墜芳桐。繞闌悲露草，兩心紅。

有寒螿。絃語蕭瑟金商。移箏雁、膽怯空房。曲曲天河簾影隔，九迴腸。鷙翁。

其二

鈿霞黯，袂雲涼。踏春陽。未省弓彎何世舞，問伊行。褭褶香印迷茫。誰能畫、九疊屏張。遺褋捐珠勞遠夢，落瀟湘。漚尹。

其三

巫雲溼，楚波長。憶蟲娘。瑟瑟秋眸迴倩睞，損清狂。持勸紅淚盈觴。尊前已、舞換伊涼。一夕靈風飄夢雨，滴空廊。漚尹。

其四

依珠檻，窣瑤廂。水沈香。籠住嬌雲凝不散，試春妝。應惜輕負年芳。冰苔點、花唾痕涼。簾外微霜簾內影，楚蘭傷。漚尹。

其五

瓊淚赤，砑箋紅。錦臆纏綿，一篇無題詞思慵。卻愁難寄此心同。爲君歌讀曲，夢魂中。

其六

鶯燕老，鳳鸞空。舊色羅帬，酒翻慵歌休洗紅。織愁如醉麴塵風。撇波魚尾赤，病秋蓉。

右漚尹。

其七

辭鳳輦，泣鮫宮。凍合銀瓶，竟牀餘香分緑熊。麝塵棲篁掩薰籠。幾入簪白柰，弔驚鴻。

紅窗聽

月午簾空花浸水。人意遠、隱囊斜倚。舊愁端是無尋處，惹新愁不已。　習習紅芳凝夜紫。箏塵溼、休彈苦調，絃中有淚。泣殘銀蠟，泫銅荷淒對。鶩翁。

其二

細數花鬚招鳳子。應省識、解紅深意。怨黄愁粉行煙重，被飛花驚起。　見説深尊歌板地。曾邀得、詞仙夕降，脩簫月底。酒懷渾減，問傷春餘幾。忍盦。

思歸樂

瑟瑟羅衫芳淚舊。愁暗鎖、烟蛾雙岫。月底落花紅欲溜。驀裏覺、影欺春瘦。　似此銷磨禁幾晝。悄一似、睡殘人柳。俊游嫩約過燕九。不須笑、人僝僽。鶩翁。

其二

乳髮倭垂釵影溜。應不妒、藏鴉新柳。著雨海棠飄砌後。莫笑我、爲春銷瘦。　晼晚佳禁鎖，欲費水沈薰坐。青鸞無計問，應有恨、碧蛾雙鎖。雁雲消息叩心期，書字報來偏左。忍盦。

鋸解令

刺桐新乳鳳初歸，遣畫入、葳蕤綺扇。春人持與障輕盈，幾引動、倚闌望眼。墨痕淚濺。底許飄香送晚。輸他撲蝶好心情，卻惹起、舊愁似綫。鷲翁。

其二

海棠嬌靨殢春紅，翦絳蠟、宵沈睡淺。碧城青雀不飛回，儘弦斷、恨眉醉眼。曲闌凭晚。淒絕秦箏雁短。霞箋緘淚寄相思，莫絮向、認巢語燕。漚尹。

期凝望久。惹恨到、夢殘人舊。鏡盟隱約尚在否。好天月、圓時候。漚尹。

憶漢月

休怨雨篩烟簸。欲鬬腰肢無那。柳絲長帶小眉顰，誰管燕飛鶯坐。隋隄西畔路，魂斷處、月欹花妥。泰娘歌倦不勝嘌，嬌擲蒨羅香涴。鷲翁。

其二

魂逐斷雲風簸。幽夢迷離難破。打窗簾蒜乍驚回，挑罷玉蟲斜坐。蘭膏凝夜綠，愁更卜、鬢邊釵朵。曼陀花發是歸期，誰道竟成乖錯。漚尹。

其三

鬖髿月梳雲裹。嬌稱星勻霞彈。鏡菱香玉不

其三

小池西畔砌苔痕，歷歷是、雙鸞立遍。題裙封帊自銷凝，枉擲卻、好春過眼。　俊游負慣。綠怨紅愁不管。絲闌香藺寫新詞，恰按就、韻長拍短。忍盦。

其四

一春消息鳳鸞空，掩繡閣、花深月淺。比花顚頷月淒迷，更瘦損、帶移舊眼。　斷雲送晚。無那天長夢短。玉蟲休更誤歸期，且卜向、壓釵白燕。漚尹。

眼兒媚

琴邊風雨笛邊晴。花霧隔春星。伊人宛在，珠拋瑟瑟，玉泣亭亭。　煙波眉黛同銷黯，心緒亂風燈。淒然擁髻，夢辭秋輦，淚灑紅萍。

鷥翁。

其二

春風曾不管盈盈。江上客愁生。天寒袖薄，夜長霜重，立盡蘭更。　翠禽枝底銷魂語，幽夢碎春聲。梅邊笛送，佩環歸也，消息層城。漚尹。

其三

一枝寒豔照窗明。仙夢冷瑤京。清尊夜雪，籠香紙帳，疊鼓春城。　屏山寫得疏疏影，愁思接丹青。零陵舊事，梅潭素萼，水面輕盈。漚尹。

踏莎行

露板蓬沈，風箏綫斷。悄魂輕逐游塵遠。珠櫳隔雨滴寒更，淚侵印枕芙蓉面。　別夢三千，愁城十萬。欲芟離緒無并翦。雙眉嬾畫待君歸，歸來驗取痕深淺。鷺翁。

其二

舊酒塵襟，新歌障扇。江湖十載經行遍。當筵禁得奈何聲，試妝已自隨年變。笛裏驚魂，花邊倦眼。旗亭畫取興亡怨。過江涕淚滿青山，無人説與當時燕。漚尹。

其三

恨逐香銷，簾和夢捲。箹屏悄倚聞歌倦。逢春病酒嬾心情，轉喉澀卻龍香管。淚玉一渦，嚬妝半面。登樓搵斷橫波眼。花前恁自不禁持，雲沈月閉吹笙院。忍盦。

小重山令

倚沼初涼戀葛衣。鏡邊人影瘦、緑苔肥。秋痕不唾嫩烟支。風漪細、清話醉吟時。松鼠乍窺籬。簷花飛撲簌、小窗西。歸人休訝市朝非。閒哀樂、分付斷雲知。鷺翁。

其二

酒氣成虹入太微。醉來邀鶴語、夢依依。蹇驢茸帽灞橋詩。吟風雪、塵壁不堪題。閒事費論思。倚闌重悵望、塞鴻稀。天涯倦客漫懷歸。龍泉嘯、吹髮斬棼絲。漚尹。

其三

一鏡春漪映秀眉。風光争得似、語兒溪。緑迷紅醉亂鶯嚬。橫塘外、谿鴂向人飛。臨水暗低垂。遶隄芳草碧、戀春暉。王孫怨斷不成歸。魂銷也、飛夢落天涯。忍盦。

其四

蝶瘦禁秋夢不支。晚風吹菊影、淚如絲。斷雲沈恨碧無涯。平蕪遠、殘照兩依依。　回首昔游非。關河長笛裏、送斜暉。萬山紅葉護雲衣。憑高意、惆悵更誰知。復广。

鷓鴣天

背月調笙背影眠。今宵沈恨屬誰邊。忘機休更隨由鹿，祝尾何因笑爨猨。　情轉切，意偏連。醉來無限好山川。蕭蕭十載京華夢，愁鬢驚秋送夜絃。鷰翁。

其二

龍麝香消脈望乾。曲中哀愁解人難。醉吟紅葉三游洞，夢落黃蘆二閘船。　絲闌外，雅杯邊。霞吟雹笑破孱顏。苦從劫後思游釣，慘淡雲衣戀故山。漚尹。

其三

紈素塵昏淚墨乾。褢中書字已三年。凭闌枉送傷春目，滿路風花不耐看。　歸信斷，見時難。卷衣深坐拊琴歎。銷魂又到黃昏候，一尺簾波漾暮寒。復广。

鬲谿梅令

十年箸論擬潛夫。世情疏。媿煞淮南山雅、共輪扶。留人叢桂沁香初。且踟躕。　忽送涼風天末、數行書。報君明月珠。鷰翁。

其二

繞窗花葉自扶疏。照妝梳。一尺紅綃猶見、薄情書。浥殘千泪珠。　折釵休怨舊盟孤。

咒花鬚。目斷游絲飛絮、下簾初。未妨歸燕無。漚尹。

其三

强攜春困輭醒扶。意蕭疏。怕見南園飛盡、錦千株。爲花傾百壺。　静觀濠上我非魚。自容與。一夜笛聲吹淚、灑江湖。昔游風月孤。漚尹。

其四

一聲腸斷内家車。意何如。只恐蓬山春遠、阻雙魚。殢魂經歲蘇。　夢回清恨轉徐徐。費躊躇。記得東華塵影、未模胡。試燈風信初。忍盦。

醜奴兒

青門落日黄埃起，短策秋風。不似吴儂。細

馬障泥映面紅。　年年經醉湖山慣，斜照江楓。借酒衰容。老色春回杖履中。鷺翁。

其二

漚波不浣羈愁去，酒醒江空。畫壁青紅。不似南天六六峯。　回頭蕭寺經行路，側帽西風。感槩潛通。料有瑶瑺寄塞鴻。漚尹。

其三

唐花移檻烘寒日，奪盡天工。一霎淒風。欲倩鵑魂訴斷鴻。　華鬘彈指驚塵劫，人遠春空。怨入號鐘。心事年來託轉蓬。忍盦。

其四

一春閒卻看花眼，黛鎖眉峯。倚斷珠櫳。不信屏山有萬重。　如今春去翻惆悵，枉賦驚鴻。舞罷迴風。莫揾霞綃泣落虹。復广。

相見歡

風沈冷月無聲。過三更。愁説佳人不見、碧雲横。　人縱見。情終遠。竟何成。依舊玉釵斜拔、剔孤鐙。鷟翁。

其二

嗁鳥攪夢頻驚。數寒更。依約青鸞消息、下層城。　尋無處。歸無路。意難平。還是鰥鰥獨寐、到天明。鷟翁。

其三

生憎滿院流螢。亂風鐙。恁自沾花惹草、暗還明。　飄疑雨。暉叢樹。織愁生。留照砌蛩嗁恨、一聲聲。漚尹。

其四

枕函歷歷山程。驛籌更。驚覺敲窗疏雨、送寒聲。　歸期遠。愁鬢短。夢初醒。目斷隔江一髮、故山青。忍盦。

其五

哀絃忽動離聲。暗魂驚。數盡分香紅豆、度蘭更。　烏嗁亂。笳聲斷。送君行。厭聽殘更和淚、不分明。復广。

太常引

芸生蚤蝨待爬搔。盈望玉京遥。莫更反離騷。輟雅曲、巴人自高。　舊懷如渴，新愁如織，揮淚灑湘皋。江上斷魂招。應憶得、烟塵渭橋。鷟翁。

其二

垂虹載雨遡春潮。愁絮鏡瀾飄。波咽笛聲高。問心事、蘭舟共摇。　江南草長，雜花生樹，桐乳致新巢。年事酒中銷。休更憶、離魂斷橋。鷺翁。

其三

夢雲如絮逐花飄。蓬轉耐今宵。門外馬蕭蕭。攬離緒、朱顏夜彫。隱囊春枕，博山沈水，愁共斷香燒。歌倦殢紅嬌。莫更理、飛泉洞簫。漚尹。

其四

蜀江澄碧蜀山高。魂烜不禁銷。江外酒旗搖。任柳色、依依萬條。百花潭水，枇杷門巷，情盡莫題橋。呼酒駐蘭橈。便寫遍、霞牋薛濤。忍盦。

其五

夢回清涕灑神臯。風物記前朝。春雪未全消。國殤痛、誰歌大招。扁舟容與，五湖烟水，桃葉伴歸橈。閒恨謝眉梢。也學得、吴兒弄潮。復广。

杏花天

釣天夢醒閒笙吹。久忘卻、長安肉味。十年江海人顦顇。銷斷清狂筆底。空相勸、提壺客至。也應識、旗亭酒貴。嘑秋玉折春冰脆。惆悵年時錦字。鷺翁。

其二

嘑鶯破曉催人起。續殘夢、琴囊更倚。盤中四角相思字。陳恨偏來眼底。儒冠誤、兜鍪自貴。壯游負、衣簪況悴。四愁輕託鱗鴻寄。難寫離心醉裏。鷺翁。

其三

菱花屢誤當眉翠。掩妝閣、慵梳倦洗。傷春長是懨懨地。翻笑籠鸚不起。休裁寄、珍珠密字。更誰省、當筵定子。鸞絃知有關山意。挑動遐心萬里。漚尹。

其四

鶯花如夢供沈醉。醉鄉小、差容避地。南飛孔雀知余意。弔影山河破碎。論憂患、緣從識字。歷塵劫、觀澄止水。神州北望浮雲起。愁鬢絲絲鏡裏。忍盦。

其五

涼柯勸葉喧晴吹。雁風緊、憑高送淚。塵侵篋衍三年字。難浣離腸渭水。芳游記、洲邊拾翠。舊情憶、舟中擁被。迎秋漫有新亭意。愁賦嬌春十里。復广。

河瀆神

卵色暮天低。匝隄芳草萋迷。誰攜白酒唱黃雞。應惜王孫不歸。盡日靈風羊角轉。攬人離恨千萬。魂逐旌幢遙遠。夢回愁理春管。鷟翁。

其二

烟重雨霏微。杜蘭香去移時。花宮瀛杵野鴉飛。王母風翻桂旗。帝子菭滋湘竹院。按歌珠落塵旋。青鳥不來春晚。斷雲猶戀銅輦。漚尹。

其三

檣艫陣鴉飛。靈旗冉冉來時。丁香叢竹杜鵑啼。帝子魂歸路迷。入夢蘅蕪塵劫換。記涼，擕向銅仙笑。仙掌金莖泫曉。動仙樂、參差縹緲。佩環歸也，滿身星斗，淒螢共照。漚尹。

其三

一夜淒迷，蘭釭垂穗嘶清曉。哀鴻偏向枕邊多，莫漫驚秋早。休唱琅玡大道。但凝斷、愁蘿怨草。寶箏空泣，月笙誰炙，絃孤夢老。忍盦。

其四

月色驚烏，愁人無寐疑窗曉。鼉更歷歷是離心，尋夢關山道。風捲簷花似埽。助淒感、虛廊鶴嘯。攬衣推枕，籟沈天寂，荒雞恨早。復广。

陪靈嫵春宴。宮草心紅花蒨。繡漪橋下愁見。忍盦。

其四

愁綠帶烟吹。二妃祠下春時。黃陵魚浪鷓鴣嘶。湖上花迎羽旗。欲賦神絃幽夢斷。去帆遥共湘轉。瑶瑟淒淒送晚。淚波誰驗深淺。復广。

燭影摇紅

折柳西園，櫻花如雪緗桃小。春池碧草澹詩魂，欲逐游絲裊。清夢燕雲恨繞。寫難就、龍歸怨調。自拈湘管，誰吹玉笛，低吟側帽。鶩翁。

其二

曲宴横汾，秋風帝子咸京道。蘭衰菊秀袂塵

七娘子

歸期卜得花前後。掠釵梁、喜見雙鸞鬭。隔霧花明，捲簾人瘦。篔屏怯試弓彎褎。金錢曲會空回首。結鞶絲、不解丁香扣。引綫牽愁，拈鍼刺手。鴛鴦舊譜從君繡。鶩翁。

其二

傷春最怕鵑嘛後。斂遥情、不綰絲絲柳。眼爲誰青，腰如人瘦。織愁拚付流鶯守。清明近也銷魂又。理春衫、淚疊前時酒。落莫心期，問花知否。斷腸禁得黄昏候。漚尹。

花上月令

緑蘿江閣帶春流。壓春酒，畔牢愁。舊情經醉湖山慣，問盟漚。芳草岸，木蘭舟。小病無名勞伏枕，喧鬭蟻，似聞牛。十年塵夢東華路，苦稽留。風月在，許重游。鶩翁。

其二

薄寒侵袂滯春愁。護香篆，下簾鉤。新詞譜入溪山韻，小紅留。吴語脆，越蛾羞。説與文君游倦意，從卧病，待歸休。花闌酒殢歌眉約，一痕秋。因念遠，强登樓。漚尹。

其三

一江春酒小扶頭。酌花月，不澆愁。洞庭淚釀湘波色，兩悠悠。花外夢，水邊樓。十載吹笙湖上路，年事暮，苦淹留。蘭傷蕙歎斑筠泣，楚魂羞。解珠佩，憶鱗洲。忍盦。

上行杯

微霜侵幕鴛衾重。殘夢和烟和雨送。蠟淚凄然。漬枕嘛痕已隔年。雙蛾巧畫愁仍在。

呼雉成梟爭得快。夢怯天高。歷亂秋魂不可招。鶩翁。

其二

鞭絲徐拂香風動。換馬輕盈驕紫鞚。翠羽明玕。油壁匆匆再見難。　雨花彈指驚塵快。杜宇催春春事改。墜夢今宵。輕逐雲羅雁影高。鶩翁。

其三

杏烟凝鬢衣香重。細馬嬌馱花底送。露溼雙鸞。小立雲廊理霧鬟。　春駒對舞湘簾外。粉袂霞裾天女隊。鏡裏紅潮。不許嗁妝一半消。漚尹。

其四

釣絲風約春漪重。絮點萍開疑餌動。水皺何干，脈脈微波欲託難。　吹香魚浪桃花在。弱柳禁腰辭故帶。怕度良宵。怨縷愁絲有萬條。漚尹。

其五

相風徐轉鈴竿動。愁鬢臨春花雨送。雨閣春殘。紫蒨紅羞不耐看。　欺人眼纈花無賴。任是無情偏有態，倦踏芳郊。瘦倚孤笻過短橋。忍盦。

其六

春山嬾鬬烟蛾重。學得長顰西舍共。入眼芊緜。漠漠林花哭杜鵑。　鸞枝掩抑嗁鶯在。遠夢驚回雞鹿塞。醒更無聊。隔雨珠櫳漏點遙。忍盦。

江月晃重山

寫恨才人劍器，驚心公主琵琶。六朝山色送昏鴉。商女怨，猶唱後庭花。　筆底錚錚金石，絃中颯颯風沙。平鱗鏇角尚槎枒。休相笑，吾道一龍蛇。鶩翁。

其二

乞郡無因得酒，監州欲喜分茶。憑高送目斷雲遮。江南遠，誰與寄梅花。　曲底清尊瀲灩，吟邊醉墨欹斜。霓裳譜就又琵琶。同牢落，誰是小紅家。漚尹。

其三

苦語愁聞獨鶴，清歌教得雙鴉。蓬山不遠曲屏遮。花閒意，高詠滿天涯。　桂海十年瘴雨，邛池五月蠻花。投荒萬里便爲家。心安處，巾墊帽簷斜。忍盦。

錦帳春

緩酒開襟，園花送抱。更誰管、燕忙鶯老。倚紅腔，偎翠鬢，問新愁多少。麴瀾空裊。　漱玉新詞，斷腸淒調。也消得、雪兒歌好。鳳笙寒，魚素報。正夢窗春悄。坐參猨笑。鶩翁。

其四

隔夢幃空，吹愁烟裊。藥闌静、杜鵑嚦曉。疊遥情，成獨笑。惱游絲妨帽。碧深紅悄。　絃促杯寬，病疏春少。倚瑶瑟、暫舒幽裊。舊懷孤，芳事老。任曲腸千繞。有誰知道。漚尹。

浪淘沙　自題《庚子秋詞》後

華髮閱山青。屈指周星。故人誰與話平生。

舊事蓬萊重檢點，煙浪無聲。蟫夢校寒檠。秋籟曾聽。蠹餘殘墨沁紅冰。風景不殊朝市改，愁對新亭。鷟翁。

其三

三管説漂零。鸞馭風燈。怪來詞筆雜邊聲。雅雨黎風同颯沓，持似誰聽。燕越舊游情。人海縱横。夢華一卷太分明。唤起浪仙相比瘦，酹酒山城。漚尹。

以上《蜀雅别集》卷一《和庚子秋詞》

楊柳枝

《薊門春柳詞》三十首，借《比竹餘音》韻

律遲寒谷歎無春。賸挽枯條埽陌塵。一夕東皇偷點染，試妝争似隔年人。

其二

和雨和風鎮日吹。纔看起舞復低垂。輕狂不中花城選，慣爲離人惹恨絲。

其三

火出心空樹半殘。尚垂青嫵綰征鞍。紫騮嘶過花間去，錯怨嬌黄不耐攀。

其四

太液風多廢起眠。月梳雲沐自年年。新鶯那識霓裳曲，舞向離宫弔暮烟。

其五

玉溝金水自迴環。春殿葳蕤閉九關。燕子不知人世改，銜泥依舊覓巢還。

其六

一束宫腰太瘦生。迴風迴雪總堪驚。家山舞

破春仍在，莫遣黃鸝更費聲。

其七

學得啼妝掩醉妝。偷描淺黛點初黃。搴條挽作相思結，縈損愁春九曲腸。

其八

半罨宮牆半覆隄。落花無賴晚鶯啼。一從黃竹歌聲斷，青雀歸飛不肯西。

其九

千縷愁縈更夢縈。搓緜弄絮豈無情。因風面旋猶勝舞，飛度層城路不明。

其十

曾伴驚鴻妙舞來。靈和千樹換新栽。虬柯半死新稊在，猶自依依九子臺。

其十一

淰淰波光沍曉寒。梨雲如雪雨初殘。婆娑寫出龍池影，難作滄洲畫稿看。

其十二

鶯梭燕翦兩差池。織得蜺旌捲鳳旗。婀娜新華宮畔路，暗黃猶映萬年枝。

其十三

隋宮殿脚漢宮腰。舞送飛紅過便橋。不管興亡管離別，休將舊恨問新條。

其十四

鸎青鞞碧彌人憐。露葉煙條未翳蟬。正是清明西苑路，葬花天氣弔遺鈿。

其十五

已含離緒更含煙。萬樹園居帶玉泉。莫問瑤

池阿母事，新詞淒絶鷓鴣天。

其十六

罥日晴絲織麴塵。醺醺如醉絳都春。狗屠燕市今難遇，卻喚流鶯作酒人。

其十七

萬柳堂空致自佳。從教移植滿天街。野雲風概遺山曲，撩我尋春感舊懷。

其十八

百囀宮鶯别上林。舊塵新夢兩沈沈。誰將宛轉楊花曲，吹落繁枝減路陰。

其十九

黏天豌地太纖柔。不待臨風始欲愁。阿彈聲中横笛怨，舞低斜月水明樓。

其二十

幾拋愁眼鬭長顰。漫綰纖絲强贈人。飛過宮牆隨苑水，不嫌呼作兩家春。

其二十一

年涯泥絮黯心驚。憶得忘憂作賦情。刻意傷春復傷逝，千條一夕變秋聲。

其二十二

三成玄圃九成臺。曾按春人歌舞來。鳳輦不歸離苑鎖，隔牆時見野棠開。

其二十三

擬倩游絲惹住春。踏摇時鬭小腰身。榆錢買得拋家恨，一夜思君清路塵。

其二十四

麝作流塵犀作株。鶯鄰燕户亦蘧廬。輿儓國

媛皆顔色，誰見當年衛子夫。

其二十五

結帶題巾恐未堪。蕪城哀怨憶江南。春風蝦菜亭邊路，小借清陰積水潭。

其二十六

塗成半額鬭新眉。折得千條結網絲。眉樣恨長絲恨弱，從渠玉貌解傷時。

其二十七

脆似葦苕散似萍。好春芳物付飄零。鶯巢折後紅緜薄，摇豔偏誇眼最青。

其二十八

夢雲無據黯魂銷。又踏楊花過謝橋。通體禁風留不得，衹憐麟帶壓愁腰。

其二十九

輕絲流亂閉朱欞。舞竹歌桃一笑空。卻怪絮花寒食路，夾城鐙火九微風。

其三十

夢華心事已成塵。綺歲清裁頌璧津。除卻長楊兼羽獵，而今詞筆屬何人。

前调 《江南春柳詞》，借《尊前集》韻五十首，《花閒集》韻二十二首，共七十二首

記傍宫牆擪笛吹。薊門煙柳感春詞。而今蕭瑟江關道，誰向天邊添兩枝。

其二

春雨江南杏鬧時。題巾句好共依依。亞夫誰道非兒戲，醉折楊枝當指揮。

其三

南嶽夫人捲繡幃。披香博士唾冰絲。白門烏夜啼難歇，枉聽新歌楊叛兒。

其四

才思輕狂逐絮飛。漫天匝地任風吹。沈郎堆疊落堦滿，争羡青錢能入時。

其五

眉樣橫波皆入時。新妝那復鬬腰肢。明星玉女供灑埽，拜下樓心總爲誰。

其六

情盡橋臨雁水濱。枯槎殘柄閲千春。多生厭入離人手，簇水蘸青也賺人。

其七

薑髮鬈焦裹更垂。綰春靉靆蹷金絲。丁香縱有同心結，寄恨酬權兩未知。

其八

蘭成綺怨賦青旗。哀到江南日暮時。大樹飄零君莫問，婆娑生意感支離。

其九

搖落江潭怨歲華。玉關不度被春遮。只聞張陸稱交讓，誰割清陰屬兩家。

其十

夢魂拘管慣成迷。花豔塵香驚大隄。無限新栽官柳好，可憐三匝欠烏棲。

其十一

薄怒佯嗔赤鳳來。傾城標格降輿臺。涎涎燕尾拖泥絮，咬破新花儘碎挼。

其十二

早識長眉妒更多。悔移蜀柳植靈和。當年張緒今蕉萃，晚向金城發浩歌。以上十二首劉賓客韻。

其十三

似恨東風不展眉。東風叵耐盡情吹。吹眠吹起還吹落，瘦殺臨春千萬枝。

其十四

行人攀折損宮腰。泣露顰煙戀舊條。留得一枝棲杜宇，要聽啼血過津橋。

其十五

樹老心空鬢尚青。風流天賦與多情。任他兵火交摧挫，劫後猶堪庇燕鶯。

其十六

玉門斜日映搴旗。野堠雕陰盤馬時。一夕鄉心入羌笛，江邊梅發對垂垂。

其十七

三出鳳州漫浪誇。那勝越豔比吴娃。千絲不結鴟夷網，身是江南桑苧家。

其十八

金谷河陽舊有名。南朝狎客更風情。珊瑚血點燕支辱，後庭玉樹變秋聲。

其十九

苦爲墜樓悲豔骨，甘從餓殺競纖腰。傾城傾國都銷歇，舞盡春風萬萬條。

其二十

儘拋嬴黛鬬長眉。更倩鶯梭織恨絲。絮亂絲

繁眉自鎖，天斜争似舊家時。

其二十一

翳蟬羞露怯高枝。漾麴揉金窣嫩絲。一自斑騅輕解繫，籠鸚低喚誤他誰。

其二十二

虚傳麗則長楊賦，乍可清風栗里庭。邊塞北條維地絡，永豐西角動天星。以上十首白香山韻。

其二十三

人柳三眠出漢宫。酣春沈醉九微風。銅駝荆棘銅仙淚，一樣淒涼似夢中。

其二十四

羞逐鴟夷放釣船。五湖明月秣陵煙。過江名士如相問，姓字猶懸尺五天。

其二十五

絮摶成毦絲作旒。教賭官儀起鳳樓。解識宦情如博簺，任他無蟹有監州。

其二十六

麴瀾輕漾醉芳埃。厭殺章臺憶釣臺。苦欲移根近清路，因何不傍白榆栽。

其二十七

蟹簖魚梁近水垂。更添漁具續天隨。西湖五柳陶羹好，争及東都宋嫂時。

其二十八

疏封細柳徹侯條。白馬青絲共踏摇。銜得楊花窠裏住，一肩風月送前朝。

其二十九

緑蕪彫盡賦臺城。玉埒金椎鹿角營。入望萋

萋魂欲斷，柔絲那更絆行人。

其三十

酥雨烘晴鶯曉初。條風颺煖燕歸徐。嬌春莫道無顏色，姹紫嫣紅總不如。

其三十一

鍛竈嵇康眼獨青。竹林游賞異新亭。好陪隱士閒門巷，不爲天家護瑣廳。

其三十二

參差流豔御香繁。不賦華林賦小園。草木無情豈蠲忿，忘憂何事樹金萲。

其三十三

新詞月節教歌成。月月春風夜夜情。三十六宮都應節，全回大地作春聲。

其三十四

隤林楗石障河橋。急束齊裁帶葉燒。留得風流根性在，春回依舊長新條。

其三十五

篆伴芝英畫仿迂。射工穿葉未嫌麤。御輪學得臨風態，六藝通材擅得無。

其三十六

何心惹霧復拖煙。攀折隨人度歲年。斜出酒帘紅杏外，將無誤眼到旌旃。

其三十七

支風給露逐時新。不管迎春管送春。象渡灘山曾手植，攀條隕涕更何人。

其三十八

圈花冪麴小青樓。壓酒吴姬字莫愁。醉倚朱

闌新月上，萬絲如髮學梳頭。

其三十九

風懷桃葉伴桃根。衣袂啼痕間酒痕。畢竟不關惆悵事，十年花月別青門。

其四十

折楊古調總違時。下里巴人世共推。畫壁旗亭真賞在，匆匆遺唱渭城詩。以上十八首薛太拙韻。

其四十一

換舞巴歈替得麽。吴謳適怨轉清和。新來學得鮮卑語，舞錯涼州可奈何。

其四十二

含風宛轉玉兒家。十丈游絲綰日斜。車駕六萌迎窈窕，蟬紗霧縠罩非花。

其四十三

綵旛人勝簇釵鈿。水盰蘭情映碧鮮。舞罷相邀看花去，趁蜂隨蝶罥秋千。

其四十四

與梅同占渡江春。輸卻東風一度新。閒豔暗香評泊盡，空勞委路託清塵。

其四十五

遊鹿開河不記年。鶴飛螢葬玉生煙。漂餘木柹邗溝上，留待疏淮好碇船。

其四十六

東湖官柳幾年栽。臨水青青畫本開。皮作民糧惟骨在，婆娑猶自望春來。

其四十七

青迴鬢雪護衣雲。乞得回仙不老春。更種靈

根觀自在，度他賢劫大千人。

其四十八

托跡淵明耄遜餘。風流孝伯世應無。星躔本自隣東井，羞作人間五大夫。

其四十九

墮盡名城堙盡池。强臺臨望憺忘歸。江湖滿地煙波在，不緝荷衣緝柳衣。

其五十

故枝折盡折新枝。無復清陰與覆隄。重上河梁攜手處，花驄解意向空嘶。以上十首成文幹韻。

右《尊前集》。

其五十一

離腸九曲逗柔條。帶眼頻移損瘦腰。便織花圈投水去，纏緜猶自繞紅橋。

其五十二

金水河邊錦里傍。一渠春酒壓鵝黃。砑牋渲染桃花色，十樣離詩穀斷腸。

其五十三

生綃十幅寫苗條。駘盪春心記板橋。豈爲閑情瑕白璧，莫倚纖腰笑折腰。

其五十四

也隨紅葉度宫溝。不作良媒翻惹愁。吹皺春池干底事，壞雲驕絮慣遮樓。

其五十五

碧雞坊外草堂西。罨畫花潭簇石隄。留得千秋脂粉澤，薛濤井畔碧萋萋。

其五十六

迎陽鶯羽炫成金。脆炙初簧弄好音。博勞多

言鸜鴿舞，誤人江上動愁心。

其五十七

笛裏關山路萬重。錦城回望隔芙蓉。陽安唐柳應無恙，會友逍遥競漢風。

其五十八

石訪支機開卦頻。問津休誤泛槎人。江南春盡寒猶勁，雪外蓬婆未識春。以上八首温飛卿韻。

其五十九

柔稊纔吐露痕微。便蹙風絲逗雨絲。阿䪥一聲羌笛怨，斷雲幽夢曲中吹。

其六十

南浦新波緑漲時。離觴供淚玉雙垂。牽絲宛轉隨郎去，逐浪因風路不知。以上二首皇甫子奇韻。

其六十一

御苑仙城一樣青。寄將離緒謝芳卿。芙蓉夢影分明在，莫厭凡情訝蓍生。

其六十二

隨風低埽落花深。披拂朱闌縷縷金。苦爲顛狂長傍路，郵亭芳草動離心。

其六十三

吹花闘草競春條。妒雪愁絲兩不饒。若遇東施應絶倒，捧心何意損纖腰。

其六十四

墜溷飄茵兩任飛。非關燕掠與鶯欺。萍根若解憐桃梗，共浣春江莫妒伊。

其六十五

汁染青衫映緑波。春神無賴强張羅。驪駒也

識人腸斷，拗折鞭絲贈恨多。以上五首牛松卿韻。

其六十六

漫把纏緜强泥人。啼紅化碧翠長顰。芝田枉託微波語，不賦鍼神賦洛神。

其六十七

通體留仙一搦腰。盤中婀娜掌中描。砑羅裙畔飛輕鳳，楚佩銜時儘放嬌。

其六十八

綠楊枝外是天河。夢掐仙音梵譜和。識得人天離索苦，玄霜搗盡誤姮娥。以上三首和成績韻。

其六十九

金絲晴窣蝶黄乾。吴苑風多怯曉寒。廿四橋邊魚浪闊，青袍如雪倚闌干。

其七十

十三樓外雨濛濛。小苑青樓接大功。燕子不歸春寂寂，六朝如夢葬東風。

其七十一

溝斷清淮接濁河。揚州花月汴州歌。若教畫手能描寫，江北江南不較多。

其七十二

不弔蘇臺不怨隋。萬年芳樹好陰垂。揚靈乞得東風便，玉笛横江盡意吹。以上四首孫孟文韻。

右《花閒集》。

以上《蜀雅别集》卷二《楊柳枝詞》一百二首

以上《蜀雅》

多麗

贈馬心儀女博士，即送其之廣西大學

蜀山青。巫娥十二圍屏。過香溪、明妃故里，臨流尚想娉婷。咽嫛砧、湘纍志潔，尋丹井、巴婦懷清。音始鑫山，歌傳野候，竹枝淒怨最堪聽。指天上、錦江雲棧，查客訪雙星。游仙路，峩眉山月，丈室青城。溯芳塵、華陽士女，敢云齊魯諸生。鸕鶿裘、文君酒貰，宣華苑、花蘂詞成。義有媛姜，勛如冀國，辥濤牋色貴都京。更慗説、蜀中夫子，開卦問君平。驂鸞近，舊游桂管，新志虞衡。

高陽臺

安慶東郊白牡丹，予嘗往觀，未有作也。嘯樓以詞枉示，感和卻寄

曇幻西清，花深故苑，離情欲訴春風。結想今年，還如隔歲珍叢。海棠睡冷梨雲散，怨難禁、滿地猩紅。太惺忪。月下瑶臺，枉負玲瓏。巴雲蜀雨迷丹景，指天彭一掌，夢繞灊宫。淚粉緘綃，孤懷嬾託煙鴻。西方十種仙難問，誤蓬婆、雪外青鍾。思悲翁。絶唱清平，寫寄愁中。

水龍吟

不見農山三年矣。癸酉初秋，科學年會來渝，偕赴成都，因有峩眉之游。君留嘉州，賦此爲别

此州山水方滋，繫舟三日容登眺。淩雲九頂，離堆一佛，二江縈繞。荔子丹兮，海棠香否，墨池堪釣。倘寺訪烏尤，臺尋爾雅，動清興、箋魚鳥。　羣向峩眉西笑。獨君留、予懷如攪。自兹揮手，碧天明月，兩心同照。白也非狂，蘇詩可誦，鳳歌徒誚。把平生意氣，千秋志業，共青山老。

壽樓春

夾江道中

山茨菰山花。映平田鷺起，茅舍煙斜。望裏

峩眉凝黛，藐姑淩華。林際鳥，聲伊啞。恍妙音、迦陵頻伽。看稚子騎牛，邨婆放鴨，忘記戰時那。尋仙路，銷年涯。自歸飛化鶴，愁問官蛙。苦念鸞驂烏帽，虎鈐麻鞎。藤拄杖，膠皮車。笑孔丘、衰歟東家。趁餘熱疎蟬，黃粱夢驚聞稻枷。

眉嫵

峩眉三峯，居中微低如蘜蛾之首者曰千佛頂，八字平分如雙眉者，左爲金頂，右爲萬佛頂。而言者類以迤西傾斜之弓背山爲眉形，遂成古今之大惑。拈此正之

想塵揚桑海，地闢蠶叢，神力破天蘜。愛好仙情性，文君樣，描來嬴黛深淺。影娥鏡展。照靚妝、凝笑巖電。是山以，獨秀名天下，鎮西竺南瞻。難見。匡廬真面。向畫中誰省，光相千變。雲水從今洗，留靈嫵，須彌通到天眼。我來露冕。叩上真、人近心遠。便呼起瑤姬，驂鶴羽、壯游倦。

念奴嬌

途中爲木蝨所苦，客有言其來清去白者，蓋以清明出，白露蟄也。感成此解

萬年遺臭，蠢么麿羞道，商君六蝨。大腹皤然尖厥口，偏詡來清去白。遇隙工藏，乘虛善入，盡吸生民血。非蝨非蚤，四凶之四饕餮。曾記風雨梁園，黑岡宵阻，官驛迷津轍。土匠灰中蜷曲卧，寘我錐囊蛇穴。佛子心腸，菩薩地獄，秏矣空皮骨。蝨天千變，半生奔走休說。

八犯玉交枝

峩眉絶頂觀雲海

東井經躔，勝王靈迹，幻入四禪天上。風袂飄飄邛杖穩，叩得玻瓈聲響。羣真來往。縹緲

絳都春

宿接引殿，丙夜聖燈至，予畏風，只隔窗見其一二

陳倉化雉。蓋歲以夜來，星流秦畤。事起霸朝，光衍名山誇靈異。雌雄宵响真天瑞。更裝點、銀查鼇背。寶夫人傳，神君觀語，我聞如是。　應記。招滇諭蜀，碧雞舊使者，王褒曾祭。萬里夜郎，三品南金梯航至。朱提黃道騰光氣。幻高髻、峨鬟增美。漫教争辨飛燐，墮人霧裏。辨聖燈者多矣，陳寶神光、碧雞金馬、黃道光尚鮮引證及之者。姑發此義，以質後來。

大酺

於觀心坡與步曾別，仍用金陵唱訓韻

對雪山高，峩眉秀，心寫千秋雄傑。雲中君不見，只相看揮手，更無言説。半月仙游，平生賞會，靈境如鐫山骨。西皇尋真隱，坐光明雪霓節先驅，兜羅繇、襯威光相。如見廣成參道，繽兮雲將。疑是海市江潮，又疑雪浪。還疑雲斂仙掌。倩誰問、神樞龍象。耿蕭索、瓊妃珠幌。乍歆腳、瑶臺萬丈。玉京大路迷趨嚮。待借取，青螭憑虛，賸作非非想。

透碧霄

峩眉絶頂賦，依松隱體

震旦大光明。秀兩眉、朝覲太清。寶地西皇，普賢南戒，崆峒廣成。仙人采藥飛玹羽，大妙古靈陵。絢華嚴、銀色天晶。指雪外、蓬婆如帶，直披星斗上神京。　叩霞扃。飛瓊瑶臺，風露頓覺五銖輕。浴日修月，鍊雲生水，變易陰晴。雙嬴黛治，修蛾笑倩，遥謝羣生。又何必、光相親承。定拄笏重來，凡根盡洗，賢界聽希聲。

界，照人鬢髮。似黃鵠徘徊，動成離緒，睠懷安極。山靈應笑客。自來去、流轉悲今昔。二十載、忘年交誼，遠道襟期，抗希夷、露沆霄立。暫判晨風翼。清夢落、岱宗雙屐。漫傷別、期他日。高詠梁父，歸路騎牛橫笛。醉呼老農也得。

尾犯

再宿接引殿，夜聞虎嘯甚厲。晨下八十四盤，見其尾不見其首。舁夫於長老坪見其首。先三日，張精一於怖鴿鑽天見其尾。拈此記之

倦枕託桑門，宵永夢輕，長嘯聲急。掠牖風悲，想山君當出。䰢怒吼、巖扉震響，又驩娭、雌雄共劇。夜闌燈灺，只聽鼾聲，相和助蕭瑟。　侵晨緣峻坂，見一虎蹁路奔逸。未審全身，尾斑然三尺。履无咎、其旋有慶，虎眈視、逢凶化吉。倦眸初啟，飲羽没金呼白額。

瑶臺聚八仙

范石湖《峩眉山行記》云：『草木之異，有如八仙而深紫。』今按，此花徧山有之，枝葉頗不類。昔揚州后土觀瓊花亦似聚八仙，惟花與蘂平，色微黃而香；八仙花高于蘂，色微青而無香。揚州瓊花久爈，惟贛州道署一株，舊曾見之。空谷似人，百感增觸，倚中吕調

后土瓊妃。依稀見、何年賜紫西歸。夜來酣酒，人面巧映花枝。似蝡翩翻藍澗戲，和霞縹緲赤城飛。小葳蕤。紺雲暮合，濃襯妝眉。　慣揚州當年醉別，借贛州駐足，揾淚春衣。經烽火，膚貌不似蕃釐。仙山自堪大隱，奈花落回頭人世非。增惆悵，弔下泉萇楚，翻羨無知。

驀山溪

山薑花，符文水畔彌望皆是

蠻江荳蔻，江上連生久。四出數花鬚，伴峩

眉、雨昏煙晝。作辛從革，辛是老來多，山蘁叟。君知否。醫國當年手。 燂湯過酒。酒惡拈花齅。遼鶴晚歸來，愛川南、水温山秀。託根無地，根喜傍符文，漓江柳。章江蒚。塵事空回首。

慶春澤

木瓜紅，或呼八月瓜，《峩眉山志》謂之石瓜。生初殿蒲公結廬處，葉光厚，似冬青，有齒，又似桑花，淺黃，實如肥皂莢。生青熟紫，瓤如水晶，子如黑胡椒。世界生物學會定爲新種，屬安息香料喬木也

樹挺三珠，瓜成八月，擎來綺席流丹。如餉安期，何妨與棗齊觀。蒲君學圃多奇想，不栽桃、留種綏山。助仙餐。斑異貍頭，頳是龍肝。 邵平五色迷秦火，怕驪山硎谷，説也都難。欲問瑕丘，靈苗可耐高寒。嘉名世界爭延佇，便呼龍、瑤島耕煙。徧瀛寰。琪樹森森，瓜瓞緜緜。羅春生言八月瓜，宣漢有之。徐岱宗言潼南龍多山亦有之。

長相思

賦頻婆果。《翻譯名義集》：『頻婆，此云相思果，色丹且潤。』案實略如栗，美在其莢，外殷紅而内丹潤，每房子二三，熟則自坼。本印度產，粵東有之，嘉州有數株，極高大

夢冷芻尼，香分巨勝，東風乍啟葳蕤。菩提樹好，鹿苑秋繁，禪熏合種相思。領裛訶梨。想丹霞泛臉，人澹春姿。剖玉洗紅肌。孕靈根、南國初貽。算棲託嘉州，竺雲江月，朝朝鏡裏峩眉。關山知有恨，伴韶年、紅豆新枝。美動情怡。參聖果、三危露滋。老維摩、文殊問疾，天花不點荷衣。

綉鸞鳳花犯

賦錦被堆。唐裴説詩云：『一架長條萬朵春，嫩紅深緑小窠勻。只因根下千年土，曾葬西川織錦人。』宋范成大詩云：『誰把柔條夾砌栽，壓枝萬朵一時開。爲君也著詩收拾，題作西樓錦被堆。』倚小石調寫其意

彩雲飛，西來鳳羽，峩眉振春佩。萬妝同倚。牽顫裊長條，�架愁墜。鬧紅鬬紫酣朝睡。檀霞隨夢起。問古佛、九天花雨，優曇誰布指。　文君薛濤是花魂，花光共，受想人天無二。花自好，人長壽、錦江姝麗。西樓上、夜寒病酒，眠思悄、嬌紅堆繡被。便葬了、百花潭土，依然歸净水。

月邊嬌

倚《蘋洲》譜，賦鬢邊嬌。長蔓柔纖，花葉間側，若藻帶然，花肖飛鳥。一名錦帶花

青鳥丁寧，儘卜了鸞釵，燒殘蚪篆。燕雛分影，犀珠鎮怯，蘿帶巧縈珠串。交枝半翦，倚玉樹、珊瑚紅軟。真妃梳洗，翠雲繞、宮衣齊捲。　閶風乍覯飛瓊，集靈斜日，露桃妝面。隼旟王母，蟫衣鳳子，香逐九微輕轉。緣長夢綰。誤墜馬、瑶篸横罥。嬌嚬擁髻，伴頩潮羞展。

鳳簫吟

賦鶩毛玉鳳花

倚新妝，當年飛燕，歸風復返香魂。化身天上種，鳳毛池畔，有玉勝珠塵。羲之曾視草，愛難拚、繭紙鋪棻。倩寫得、蘭亭水曲，白羽欹春。　何人。桐花幺鳥，畫來輕扇，羞妒銀雲。楚宫誇妙舞，細腰裁紵小，鶴氅綀巾。翾風應未老，按清歌、鶩管聲勻。漫笑我、游仙夢醒，瑶草争分。

西河 清音閣，俯瞰雙橋牛心石

天似紙。符文篆就仙字。牛心大石擘窠撑，萬流柱砥。左盤右蹙偃雙橋，長虹迴抱珠珥。

聽方響，筝笛耳。噌吰衆竅都廢。山環水玦發清音，舊塵頓洗。洞庭廣樂古鈞天，隨風吹下人世。

黑白水繞上下寺。大光明、銀界增美。坐久客懷如醉。向山僧便乞，蒲龕同睡。何必栖遲衡門裏。

摸魚子 峩眉龍門洞

截蒼頑、兩厓中裂，厓腰千道秋練。怒猊相蹴鬐鬛起，飛下銀河一綫。媧所煉。禹未鑿、乖龍宵抉神鼇抃。凭虚眩眼。指閣道如虹，行人似蟻，驚夢遶雲棧。

坡翁字，覓盡懸巖未見。寒花紅媚枯蘚。流觴夜棹憑傳説，崩谷幾容高宴。搔首歎。歎自古、英游名勝皆風漢。山空路轉。看水漾金波，魚翻錦鬣，幽處更心遠。

丹鳳吟 賦桐花鳳。李德裕《畫桐花鳳扇賦序》云：『每至暮春，有靈禽五色，小於玄鳥，來集桐花，飲朝露，及華落則不知其所往。』案，峩眉之桐，入夏始花，花時鳳輒紛集，則此鳥其仙乎

一自銅仙辭漢，翠羽西歸，文園消渴。華桐新乳，王母乍迴旌節。花鬚凍醒，錦翎初下，小萼偷窺，香喉輕啜。夢裏飛瓊是否，露冷金莖，揮皺猶戀丹穴。

畫向雪兒扇底，舞紅亂落銀界雪。正好春如海，奈春歸天遠，何事輕別。綵雲南去，日色暈虹生纈。縱使花時重見汝，話鵷鸞千劫。也應有恨，羞對鶯燕説。

以上《蜀雅續稿》卷二《峩眉詞》

浣谿紗　富林地如釜底，節序較蚤，晚春風物，已如夏令。爲綴二解

紅盡櫻桃老盡蠶。玉兒春困鎮淹煎。送花風雨太廉纖。　瑪瑙堆盤殷色可，瓊簫量恨也慵拈。妒他流暈上唇尖。

其二

桑葚垂垂葉已稀。斑鳩喚雨醉慵飛。雲中隱隱走輕雷。　相嶺回看連雪嶂，流沙西去限金湄。更無杜宇訴春歸。

玉樓春　夜窗愁凭，回憶前塵，次西麓韻

東風走馬臨邛道。聽唱小喬初嫁了。趨來雅雨殢春魂，千里關山飛不到。　青天棧外黏天草。暖雪溶溶滋翠葆。王陽九折等閒過，鵝鴿一聲愁鬢老。鵝鴿，即鵝鳩，其聲駭人，相嶺多有之。最險之巖亦名鵝鴿。

前調　富林即事，疊前韻

衰蘭送客沈黎道。綠慘紅芳輕負了。勸郎莫化渡江雲，妾夢金微應不到。　萋萋盡是王孫草。山下蘼蕪生嫩葆。使君五馬莫踟躕，爲報羅敷今已老。

前調　客有述其本事者，更賸一解

禿襟小袖青絲履。記別歡時教着取。衣寬帶褪有人憐，飄盡楊花誰是主。　一春雲褶塵金縷。化蝶留仙應爲汝。歡今輕別復輕還，不道袖長知善舞。

一枝花　閨怨，次緺川均

好夢輕躭閣。驚起一聲姑惡。酴醿開又被、

玉虎牽絲汲井。立苔甃、微窺倩影。沈醉東風喚將醒。凭銀牀，照春妝，春意迴。瑩澈心神定。覷嬌靨、梨渦漩冷。不見其餘見斜領。試蘭湯，鬱金堂，愁夜永。

八聲甘州　過大渡河，和叔子韻

趁哀笳畫角咽奔濤，擊楫亂金流。是西南天塹，誰揮玉斧，界破刀州。直擬乘查天上，鑿空不須求。浩蕩江湖夢，西越東甌。　縱有籌邊神筆，笑前驅負弩，犬子堪羞。歎千秋功業，一擲付泡漚。便招回、碧雞金馬，問雌雄王霸幾功收。蒼茫意、前朝磨洗，此日邊愁。

鳳凰臺上憶吹簫　滯跡窮山，屢負芳事，偶假吟咏，悉憑意象。杜子美所稱絕代佳人幽居空谷者，亦有寄邪。漫成此解

風吹落。咫尺銅街，無緒慳芳約。菱鏡蛛絲絡。人意懨懨，小紅偷理絃索。心事成乖錯。千轉柔腸迴薄。便青天碧海、同飄泊。　刻意禁持，恁自花前落寞。侵曉梅花角。吹起新愁，聲聲偏度簾幕。

阮郎歸　客秋湖泊阻風，勝侶清游，光景如昨。淹滯窮山，積想成夢，借純常子韻，譜此寄懷

仙湖一醉幾曾醒。歸帆憶洞庭。羈魂飛越入高冥。江峯慘不青。　瑟罷鼓，蘭誰馨。宵宵夢楚靈。四愁寫怨託青萍。長謠不可聽。

飛越嶺，在清溪縣西北。唐置縣。泥頭在嶺東，今議置化林縣。在嶺西爲通西康要道。盛夏積雪，望而生畏。

夜遊宮　客有以美人窺井便面索題者，爲拈《捉搦歌》語，次映广韻，成此解

誤燕簾櫳，簸錢庭院，晝長閒領芳陰。正袷衣新試，釵約休尋。小滿餘寒尚勁，風翦翦、乍襲羅襟。香初沁，鸞薰惹袂，山緑眠琴。悄悄。春歸不管，都爲了、裁紅寫翠傷心。賸綺寮凄怨，哀玉清吟。吟到山香藷落，天寂寂、碧海沈沈。低徊盡，冰魂暗銷，遠思難任。

小重山令

子夜清謌喚奈何。憐他花蒨蒨、玉瑳瑳。自拈裙帶背人挼。櫻桃顆、羞暈逗梨渦。　私語惱鸚哥。佯嗔輕舉手、斂嬌蛾。殢人腸斷是横波。靈蕤怨、簾外抵天河。

清平樂　次草窗均

羌謌凄咽。吹破關山月。迴日高標凝古雪。惱我離腸寸結。　吟鞭遥指金沙。客牕幽夢還家。邛海暗連孫水，海棠嬌殺蠻花。

前調　疊前均，效草窗

秦簫吹咽。夢斷秦樓月。落盡柳緜霏盡雪。愁綰丁香帶結。　石城烟水籠沙。青驄又別盧家。十丈輭塵量恨，一羣嬌鳥啞花。

明月引　發大樹堡，蠻山很水，意緒至惡。篴輿假寐，舊感紛來，用弁陽老人和趙白雲韻，以寫幽懷

怨鬟愁黛草蕭蕭。弄春潮。記停橈。楚引流波，吹恨入瓊簫。水涸湘江人不見，斑竹淚，淚珠彈、隨浪飄。　夢歸不歸魂黯銷。託商絃，歌徵招。梅魂冰骨，傷心影、綵筆誰描。又是人間，天上奈何宵。寶瑟餘音增悵悦，離思在，錦江邊、萬里橋。

憶秦娥　宿平夷堡

濤聲咽。奔雷舞練堯時雪。堯時雪。巒山慘碧，暮江愁色。　平夷戍外哀笳徹。零關古道音書絶。音書絶。昏鴉流水，旅人傷別。

南樓令　自青岡關頂，西望阿露諸山，白雲羃之，時露殘雪，竟不見其頂也。次草窗均

殘雪點山明。嶺雲千萬層。藐姑仙、初試妝成。玉宇瓊樓天只赤，揮羽翍、路森沈。　羌笛最淒清。征人不可聽。動邊愁、寒日山城。鶴背高寒歸不得，吹縹緲、起鄉情。

雨淋鈴　越嶲馬氏山莊爲長夜之飲，侵曉登輿，陟小相嶺。途中次柳耆卿韻，卻寄梓材

邊風酸切。暮雲千里，角聲初歇。歡言以永今夕，紅燈綠酒，朱顏相發。可奈離觴正滿，忽荒雞嘑咽。漸唱起、門外驪歌，執手依依曉天闊。　新知轉眼成輕別。更那堪、恰值蒲觴節。今宵旅泊何處，君夢我、嶺雲關月。遥計歸程，知否陳蕃，舊榻猶設。有別後、邛海游蹤，一一從君説。

齊天樂　端午日過小相嶺

淩虚欲奏淩雲賦。琅琅直通天語。射目風酸，臨邊日瘦，客思淒涼無緒。蠻煙自舞。縱神筆能揮，莫尋蕭斧。雪練寒光，冷凝旌旆迸笳鼓。　南雲共麾倦羽。正椒花瘴裏，愁度端午。續命牽絲，宜男翦勝，閒殺人間兒女。離情正苦。更鴂舌争鳴，路迷邛部。寫入新詞，倩嘑鵑寄取。

滿江紅　孫水關有懷司馬長卿

駟馬高車，通絶徼、漢京詞客。漫惆悵、茂陵秋雨，錦江春色。蒟醬爭誇安息味，狼䀜汛埽淩雲筆。記昇仙、舊事豔題橋，功名意。　邛筰路，通南極。靈山道，鏤頑石。便哀牢摩竭，水郵山驛。華國文章非鑿空，剡天雄刃工銘勒。到而今、依舊冕山青，孫流赤。

浣谿紗　禮州道中　禮州，故漢蘇示縣治

淺水平沙出禮州。芳郊旌旆緑楊樓。雄風獵獵送征輈。　赬壤飛文無限好，鍋莊蠻唱不勝愁。孰揮神筆靖邊郵。

鷓鴣天　將至建昌，遥見邛海，如敞匳鏡，絲柳迎人，最撩客感

虹雨梅風下建城。春旂猶拂柳青青。鏡中邛海開匳影，雲外滇池話劫塵。　塵黯黯，鬢星星。夷歌蠻唱總關情。南來贏得蒼涼感，野哭千家那可聽。

望江南　酒邊閒話，客有以影事泥爲詞者。次清真均

窺倩影，依約隔簾波。錦瑟無題箋藥轉，瓊簫有寄託雲羅。裁恨比卿多。　還瞥見，花帔淺檀蛾。顛倒雙成仙樣字，愁聽帝女候人歌。如夢也婆娑。

一絡索　次日湖韻

黛淺遥山横秀。不因春皺。昨宵風雨損芳眠，怪道得、新來瘦。　忽憶鸞絃抛久。箏塵應有。小紅擸掇强登樓，彈一曲、陽關柳。

望江南 賦邛池柳

邛池柳，拂水黛痕齊。媚眼愁牽青雀舫，纖腰學舞白銅鞮。芳草玉驄嘶。憑誰寄，錦字竇家機。秋雨梁園枚叔賦，春風興慶樂天詞。飛絮卻關誰。

水龍吟 偕叔子，步月上東城，望邛海，用樊榭韻

蒼涼萬頃金波，光搖南斗涵虛碧。青天把酒，關河影事，懷人今夕。湘竹斑消，蒼梧怨斷，水雲無迹。趁夜涼攜手，暫舒吟嘯，莽寥闊、岸巾幘。同是天涯倦客。眷高寒、漫嗟淪謫。停杯欲問，呼槃曾記，華年梭擲。貝闕晶荒，鮫宮珠泣，銀潢猶窄。憶前游、張樂洞庭，思浩蕩，湖光白。

明月梅花引 子才同年有瀘山之約，未能踐也，譜此調之

綠楊城郭古邛都。踐楨塗。錯春渠。五月梅花，吹夢落江湖。十載瀘山勞想望，臨九夏，見清秋，開畫圖。已涼未涼人靜初。盪金波，搖海珠。誰攜小李將軍筆，寫出蓬壺。九疊屏風，青黛落匡廬。耿耿臨高舒倦眼，問何日，敞蒙祠，芟筍輿。

四字令 惆悵詞六首

琴挑玉挑。羞潮怨潮。佯嗔薄怒多嬌。結芙蓉碧條。珠翹翠翹。風宵月宵。幾回花底吹簫。揀心香共燒。

其二

鶯嬌燕嬌。魂銷夢銷。無端引恨藍橋。溯微

波暮潮。花朝月朝。愁苗怨苗。相思紅豆輕抛。寫新詞六么。

其三

紅綃絳綃。钃華刻苕。連城身價春宵。倚輕風露桃。香銷恨銷。相思路遥。年年暮暮朝朝。祝他生玉簫。

其四

紅凋緑凋。珠沈淚消。吴歌紫玉烟飄。有離魂未招。風瀟雨瀟。愁深恨遥。傷心影子誰描。泣鮫宫霧綃。

其五

焚椒握椒。冰銷雪銷。靈蕤怨逐青袍。展愁心剥蕉。花梢月梢。心摇夢摇。沈郎瘦減春腰。壓征驂不驕。

其六

長謡短謡。哀吟楚招。爲誰風露中宵。借冰蠶共繅。蘭橈桂橈。眉彫鬢蕭。關河入夢雲翹。盪羃魂碧霄。

洞仙歌　憶嶺外玉蘭花

迷香冉冉。襲芳肌春汗。一笑搴帷麝塵滿。伴瓊筵、恰勝歌樹南强，歌未闋，攜處離腸寸亂。

庾郎蕭瑟意，怕惹鑾薰，惆悵芳馨阻河漢。記散髮斜簪、笑問飛瓊，和倩女、俏魂應返。便夢裏、重尋素馨斜，已怨斷南雲、鬢絲輕换。

踏莎行　用白石韻，賦女手

箏字珠勻，荑膚玉輭。越羅衫衷尋常見。羊

脂攏罷倩人扶，鳳仙搗就教郎染。　酒後琴絲，倦時鍼綫。鴛鴦譜出離魂遠。鸞篦雲母掠瓊梳，贏紋淚暈拈湘管。

前調　再同白石韻

秋水神清，春雲肢輭。桃根打槳分明見。山横遥黛淡難描，霞生半面濃於染。　繅種愁苗，頓牽愁綫。織成閒恨人天遠。湖州小别緑成陰，司勳老去無人管。

天香　次玉笥韻，再賦玉蘭花

鏤玉裁春，钃瓊蜕月，琪花露浥沈水。獞妹歌圍，猼孃偏髻，巧綴返魂心字。晨妝未罷，還簇趁、葱尖玉指。乍展嬌綳貝葉，愁侵麝蘭芳氣。　依前困花倚醉。買歡襟、莫教揉碎。領受夜來香息，鳳幃深閉。綃帳沈沈未捲，渾不辨、温馨美人味。透骨餘薰，休抛錦被。

菩薩鬘　東園賦

方池匼匝淒迷緑。女貞花雨浮金粟。鬘劫小華胥。隨流轉轆轤。　交柯籠曲沼。松鼠驚飛鳥。鳥也學嬌歌。聲聲唤奈何。

喝火令　和定公

寫出人天憾，愁多綵筆彫。紫衣霞帔簇雲翹。細綰粉紅梔結，幽怨雪痕消。　整佩丁東韻，窺簾屈戌摇。學彈情淚上花梢。願乞紅絲，繫住海棠嬌。願在髮而爲澤，鴛枕並春綃。

三姝媚　客秋零陵道中，風物清絶。宵深無寐，思之悦然，追爲此解

懷人湘口館。記零陵新秋，落帆歸鴈。欲采

蘋花，怕美人香草，不勝淒怨。永夜浮槎，槎影並、雙星銀漢。侵曉西巖，誰弔湘娥，轞羅塵遠。嬌映嫣紅花箭。不似鳳樓人，倦牽青眼。滿路芳馨渺愁予，誰與畫江潭苑。嫋嫋靈風，吹落木、湖波清淺。攪起今番離緒，歸期恨晚。

四字令

瑶京玉京。秦雲楚雲。五銖衣袂輕盈。擥留仙蝳裛。　鸞笙鳳笙。珠塵麝塵。霓旌縹緲飛瓊。悄天風碧城。

陌上花

客秋阻風沅江，偕叔子游釋迦湖，入洞華仙境，小憩瓊樓，歷北渚閣，登木葉亭，湖山佳處，頗動息機之感。寒宵聽雨，頓觸前懷，次蜕巖韻爲此，不自知其淒咽也

西風記阻歸帆，惆悵蕙蘭傷晚。滿地江湖，一夢洞華仙館。覺來淚滴湘江水，渺渺烟波魂斷。倩何人、傳語戀巢秋燕，莫輕抛散。　數郵籤、望斷無情很水，楚雨巫雲相半。暫就瓊棲，孤凭草妍沙煖。此身僻向迦湖老，分付寒魚哀鴈。問何年、乞得茆庵佳處，足容疏嬾。

夢芙蓉

和定公本意

蝶魂酣午枕。見仙姝洛浦，淺蛾濃鬢。水裳風袂，飛下悄鴻影。乍陰陽不定。淩波微步秋迴。素轞生塵，更紅衣宛惜，風露太悽緊。　睡妒鴛鴦清穩。欲盪蘭舟，又怕驚他醒。粉勻珠重，愁墜雨淒映。共憐環珮冷。眉尖不遞幽訊。持較芳姿，歎芝田枉賦，才盡落紅陳。

夢玉人引

漸橫吹，銀河悵望，駐雲飛。羽䍡霓裳，迴臨玉女窗扉。咽斷瓊簫，點瓊鉤、大樂參差。更遣飛瓊報，開了湘幃。　幾年淪謫，歸路迴、尋夢小蓬池。月姊星姨，帊羅結認依稀。歷歷仙家語，生愁世上知。共攜手，俯塵寰、鶴怨纍纍。

浪淘沙

子才縣尹同年招同叔子、劼剛、甫生、少白諸君，野飲沈家樓。酒半，主人餉家釀。感何道州索郎之目，綴此留贈　索郎者，桑落之翻音，出《庾子山集注》

炎節見清秋。沈氏高樓。邛池如鏡上簾鉤。風月至今留。喚起索郎聊盡醉，與爾消愁。　簪笏同抽。誰銘隷勢繼鍾繇。願乞瀟湘千管竹，共寫風流。

壺中天

玩月邛海，遙憶桂林，有寄

鼉瀘雲遠布兜羅，襯出邛池明月。松影古簾吹縹緲，盪入玉尊迴雪。好夢杉湖，懷人桂海，底事成輕別。側身南望，彩雲遮斷瑤闕。　應念舊侶驂鸞，勝時清賞，山水奇情發。翠羽抛殘紅豆冷，欲寄霞牋愁絶。三始休吟，萬方多難，換了青青髮。蠻歌淒唱，星迴且共佳節。

滿庭芳

邛池翫月，用《片玉》韻

珠戲驪淵，黛凝螺髻，此宵明月初圓。水天如鏡，裝點費雲煙。波穆魚龍自睡，秋河外、不動娟娟。誰呼起、湘靈鼓瑟，思泛洞庭船。　中年。絲竹感，東山賭墅，西崦尋椽。便舉杯邀汝，同醉花前。爲報文園病久，歸來也、重理琴絃。誅茅就、湖山勝處，風月足高眠。邛海産珠，每良夜月明，恒有大珠躍出波上，光射星斗。螺髻，邛海東南最高山。

惜秋華

辛丑，施氏齋過夏。窗前白石榴花相慰悽寂，曾寵以詩，並稿失去。東園寂坐，興感及之，蓋十三年矣。補爲此闋，以志當年幽緒

卸下紅裹，正端陽過了，明妝初靚。石醋醋來，冰肌卻嫌朱粉。不逐火齊争妍，誰識我、感秋淒緊。莫更話炎涼，對汝傾懷高韻。幽訊久無準。皎仙姝鶴氅，是天人身分。禪寂意，消渴病，倩伊芳潤。瑶臺月下相逢，悄欲墮、劇憐風陣。夢醒。瑣窗寒、石華留暈。

倦尋芳

病起，次彊邨韻

鏡漪怯影，山黛當眉，涼入池館。已去春魂，分付晚鶯嘶斷。小病爐薰嫌藥雜，生疏琴韻調絃嬾。問人天、縱愁腸萬疊，那禁蓬轉。漸芳侶、雲飛星散。瑶想成塵，釵約猶淺。別夢依依，驚覺錦衾空戀。已灑桓伊聞笛淚，還凝王粲登樓眼。儘循行、一千回，緑蕪庭院。

少年行

鴛江琵琶妓有名火竈者，昔曾戲贈以小詩。櫽括其詞，更爲此解

曈神翦水，脂膚映雪，鴛艇載明珠。不解燒丹，愛陪鍛竈，火裏放紅蕖。應憐我、半生奔走，墨突得黔無。笑問花城，瓦窯開未，辦取好家居。

水調歌頭

賦巫峽，代漢樂府《女兒子》

休唱女兒子，上峽斷腸歌。此山中水奇絶，騷客古來多。更有明妃嫛女，閲盡天荒地老，春

夢揚州 次淮海韻，憶洞庭

晚霞收。記岳陽、三醉初休。夢冷洞庭，落木蕭然驚秋。美人香草芳馨思，入杳冥、雲薄星稠。湘江水，湘春淚，茫茫多少閒愁。今我長歌倦游。逢嶽頂雲開，皓月當頭。對酒問花，可爲湖山句留。十年桂海邊風急，有故人、曾脱吴鉤。歸路指，花潭錦里，頻夢刀州。

徵招 張子師結有瑶琴之覎，依白石老仙譜，並次原韻，爲二詞酬之

琴臺罷弔文君井，南來未逢奇士。五月下邛都，柳依依如此。長卿游倦矣。祇贏得、茂陵秋思。海上成連，宕山涓子。此閒誰是。寡珥約金徽，調絃柱、爭知醉翁情味。鬐影淡瀘雲，擁烟螺十二。遠游聊復爾。感投贈、四

夢説巫娥。十二楚峯碧，神秀窈煙螺。朝還暮，雲更雨，奈愁何。丁香叢竹嚦蝯，不斷客經過。試取高唐麗賦，誦向瑶姬芳寢，無語溯微波。幾下沾裳淚，老子且婆娑。

前調 瑶池在黿瀘山半

阿母綺窗下，歷歷見瑶池。料無塵世閒恨，吹入步虛詞。歌徹白雲黄竹，何限雲愁海思，天樂動參差。莫遣雜凡語，難乞列仙知。雙成報，青鳥到，更西飛。層城消息重璧，天子破愁時。多恐虎顏蓬髮，笑倒西方彼美，無計話相思。枉製春愁曲，幽夢至今疑。

以上見《邛都詞》卷一

愁高致。怕辜負、錦繡琅玕，問解愁何計。

角招

鞠通瘦。青琴鼓罷，邛池萬樹垂柳。黛凝烟外岫。似睡覺崑崙暫揮手。心期曠久。乍蹙起、雲濤千畝。天半朱霞縹緲，舞迴二八胎禽，引仙人翹首。　知有。顧廚領袖。鑾箋俊語，山緑争神秀。傷高念舊。動客感、秋心如酒。桐焦時候。嫯泉哀玉溜。老矣中郎，待譜孤絃自奏。恥教百尺龍門，居王後。

天仙子　二調

萬疊雲山歸夢杳。綵筆愁拈花欲槁。江郎賦别黯魂銷。邛都道。多秋草。莫厭金尊還共倒。　日下繁香辜負了。夢裏芙蓉應自好。鴛機錦字肯輕拋。多情笑。無情惱。只恐天孫愁鬢老。

其二

神女生涯原是夢。洛浦高唐皆鑿空。枉拋才筆賦驚鴻。微波送。靈風動。若有人兮愁黛擁。　悵望曾城飛鶴鞚。雲景窈冥烟霧重。懶將閒恨訴東風。相如諷。桓伊弄。芳思愔愔還惜誦。

意難忘　和定公

仙佩珊珊。縱先期七夕，相見時難。銖衣裁楚紵，小扇拂齊紈。箏字淺、瑟珠殘。幽緒幾多般。倩月兒、爲描花影，水墨斕斑。　仙槎去矣休瞞。問雙星、此夕上界何年。癡心分巧拙，刻意數悲歡。零淚雨、溼人間。吹透幕新寒。夜氣沈，明河欲没，猶倚闌干。

前調 疊韻，代人寄恨

眉黛闌珊。縱盤中寫怨，欲寄應難。羅衣塵蓋簏，秋扇掩冰紈。腰素減、鬢雲殘。離恨有千般。怕檢他、舊時衫袖，血淚斑斑。　錢刀密約誰瞞。痛萱蘇、棄擲歲歲年年。辛盤多苦語，子夜夢前歡。鴛侶斷、鴆媒閒。題着已心寒。似者番，雲飛雨絶，花月闌干。

琵琶仙 宋有太宗幸小周后圖，播之丹青，亦歷史污點矣。感成此解

司馬家兒，可曾似、倚嘯東門魁桀。南部天子風流，傾城便傾國。吴沼矣、辭樓下殿，又陪輦、趙家宫闕。粉淚嗁春，銀鐶怯夜，猶裹鵑血。　斷腸到、天藥牽機，有無限、江山共愁別。應倩並時花蕊，賦新詞淒咽。休更寫、張仙挾彈，是息嬀、飲恨難説。孰與回鶻香妃，激揚馨烈。太宗見李後主詞而惡之，遣徐鉉往詗，還報無他，仍賜牽機藥以死。牽機者，服之前後牽引如織機狀，半日乃絶。香妃事，見《湘綺樓集》，遺像在雍和宫，昔曾見之。

芳草渡 桂江影事，用清真韻

香象渡，記打槳分攜，醉花游侶。逗春襟別思，清灕淚迸愁雨。應省儂意苦。容儂微波訴。日暮也，悵望高城，莫便歸去。　愁顧。麴塵輭踏，罨畫斜陽芳草路。指烟樹、仙洲未遠，挑燈認珠户。十三十四，月漸滿、玉奴情緒。照鏡檻，憶否雛鴛自舞。

拜星月慢 七夕立秋雨，寄内　此調係效草窗體。美成、夢窗于『想人在』以下十七字，句法不同，『紅』字仄聲，『那堪』句七字

劫後關河，人間兒女，不管流年偷換。暮雨迎秋，渺天涯愁斷。想人在、玉女窗扉凝望，誤了此夕，雙星銀漢。更惹離悰，到投懷嬌燕。捲綃衣、立盡疏桐院。砑箋紅、試寫流波怨。點點滴滴，聲聲似、飛塵驚電。邉羈魂、欲逐孤蓬轉。天孫也、錦字機絲亂。那堪中酒心情，又佳期夢遠。

前調　代訓

説到秋來，秋心便緊，閣雨芭蕉庭院。惻惻新寒，掩葳蕤宫扇。只今夜、屈指歸人消息，七七八八、歸期天遠。欲問雙星，奈迷濛難見。九迴腸、鴈字音書斷。九張機、錦字回文怨。有淚不寄，南雲化、幽花淒黯。解離憂、訴與伶俜燕。宵宵夢、夢逐關山轉。幾千萬縷愁絲，把柔腸寸綰。今年陰厤七月七日，正陽厤八月八日，故云七七八八。

綺寮怨　移植秋海棠，次梅谿韻

瑟瑟涼初霽曉，砌花歆嫩陰。覓愁種、種向堦前，輦傾國、飛出幽林。無多紅情寄遠，只一捻、惱我愁不禁。恨不禁、恨又生苗，緘紅淚、碧化秋已深。對汝感生爨琴。瑶華夢冷，相思有路難尋。怕説登臨。悵鸞羽、信沈沈。瀟湘美人遲暮，悲絶代、倍傷心。朝嘑暮吟。商絃溼迸指、哀玉音。

大酺　次草窗韻，池上賦

又柳眉彫花，心溼絲雨，輕寒池閣。秋期人望遠，對孤芳淒黯，旅懷偏惡。倦蜨香乾，涼蟬露泣，愁理清商絃索。池衣殘紅，惜已珠溶淚塵香凝夜紫。趁染就、筍翹筝甲，朱絃明月底。翩翩赤鳳爲誰來，看飛燕，姊弟新妝同倚。鸞柱澀，鮫絲溜落花流水。凝情在、慧珠佛頂，佇仙馭、丹雲隨步起。也學得、夫人姿態，休呼他菊婢。鳳仙頂上先花者名佛頂珠，子名急性子。

摸魚兒 采菱

鑑方塘、一奩菰雨，盈盈晴翠猶輭。蓴絲牽曳鴛鴦夢，夢覺采香歸晚。風乍捲。度少女、輕蘋涼入齊紈扇。淩波恨淺。任上下春潮，碧繩橫界，打槳襪塵遠。長洲苑。應憶吴嬌越婉。奈何歌裏頻喚。膩脂角褪瓊枝弱，裊裊水裊低濺。揮玉腕。千絲藕、呼伊弟也情何限。柔腸寸綰。待擷取歸來，冰盤細剥，密意餉芳伴。

冷，粉彫房薄。莫驚起鴛鴦，睡沈波淺，夢回花落。菱枝休恨弱。逐波委，猶踐春潮約。儘悵恨、車輪生耳，曲水迴腸，待報書、又還斟酌。况愁病相半，倩誰與、炷香量藥。沈郎瘦、腰如削。山樓八咏，不道真成抛卻。怕山也無處著。

迎春樂 戲次日湖韻，爲三絕詞

邛池萬樹多情柳。争得似、鳳州手。綰輕荑、共結同心，就拚與、貰臨邛酒。暖日銀屏烘輭繡。秋士意、倩伊甦透。何夕不春宵，莫道是，秋來後。

繡鸞鳳花犯 賦鳳仙

是翾風，當歌卻扇，姗姗振霞帔。緑珠愁墜。怕擘袂盈盈，淹漬紅淚。守宫細擣銀盆裏。

慶春宮　秋夕有憶，用樊榭韻

露泫銅鋪，涼生羅袂，彩蟾初度簾罅。虛館螢悽，寥天鴻斷，萬千離恨難寫。遠人何在，鎮相憶、脩容雋雅。當年影事，適怨清和，繡餘琴罷。　回頭笑唾紅絨，輭語依依，夕燈凝乍。芳蘭未沫，金蟲先泣，長記背人花下。庾郎蕭瑟，寄愁思、蠻牋煤麝。何時重見，説與教知，旅懷今夜。

西平樂慢　題馬少白山水畫帳，用夢窗韻

江上征鼙，山中曆日，相慰鎮自相依。畫裏溪山，華嚴彈指，無聊也説思歸。歎我已皋魚抱恨，君尚茅容有母，天涯小草，萋然共惜春暉。搖落秋風又起，搔更短，青鬢欲成絲。　蠻烟斜日，建寧桴鼓，蜀國哀絃，舟壑潛移。休更問、江鄉景物，紅樹青山，喚取扁舟載酒，側帽閒吟，浩蕩關河笛一枝。重憶去年，三游勝賞，怨逐東風，淚盡南雲，擲畫還君，心隨旅燕飛飛。

鳳皇臺上憶吹簫　擬《漱玉》

夢不分明，説來僝僽，生憎鸚鵡前頭。趁鴨爐添炷，放下簾鉤。怕遣旁人聽了，心上事、欲語還休。休。因春瘦，春歸未久，又到悲秋。　休休。自君去後，千萬疊關山，夢也難留。念瘴雲邊月，何處登樓。魂逐君行無著，魂歸也、珠淚盈眸。重翹首，君今倘歸，訴與離愁。

滿江紅　代木葉詞，再題少白畫幀

一騎南飛，鞭影拂、萬山紅葉。高吟遍、吴江楓冷，赤城霞疊。雁字遥天初界破，鷗波遠水

翻明滅。振千林、槲響雜松風，增騷屑。秋聲賦，空寥泬。賈山約，成虛設。向畫中尋覓，暗驚塵劫。釣渚蘆碕烘夕錦，峭廬樵徑霏朱雪。歎懷歸、畢竟不成歸，堪愁絶。

三犯渡江雲　聞渝變，懷克羣，用郢雲韻

秋空橫殺氣，鼓鼙江上，目斷雁行書。暮雲千里隔，鶴唳長天，吹恨到鄱湖。男兒鐵血，灑西風、碧化寒蕪。最堪傷、國維民命，孤注擲何如。　愁余。巴歌歈舞，字水盉山，是夢魂飛處。嗟予季、全身水火，慎勿廛疏。癡心欲泛滄洲棹，怕滄洲、塵也無餘。歸路遠、懷哉共愛吾廬。季弟克羣監渝税，甫一月而遘變，幾不免。

南浦　哭趙六子元一德

江流不轉，逝滔滔、捲恨下夔門。猶憶雲安楚些，淒斷雁行分。君也哭臨南浦，正三巴、烽火莽愁人。我獨歸來晚，春風錦水，相對話酸辛。　君更東持錦節，我南游、邛筰飽邊塵。何意投身豺虎，黨禍起愁雲。從此魯池岑洞，灑秋空、碧血蝕苔痕。歎浪淘太甚，江天定有未招魂。二兒辛父以元年二月病殁雲安舟次，子元臨其殯於萬。甫朞而子元竟死萬難，致可哀已。萬，故南浦縣也。

無悶

秋到眉邊，愁到鬢邊，攲枕百無聊賴。悵急景浮生，坐看塵海。欲試登臨遺恨，又翠擁、嗁妝橫遙黛。雁書屢誤，鸞絃久閣，淚彈雲外。　關塞。靜巖籟。縱怨笛悲笳，莫償愁債。問耿耿三星，玉人何在。惱恨歸期未準，怕屈指、秋期將人怪。更喜子、當户垂絲，看取此宵裊帶。

攤破浣溪紗　擬南唐中主

眉黛彫疏苑柳殘。砌花淒映曲池間。描得秋心鴦絹裹，共誰看。　漢月窺邊驚遠別，蠻雲送雨作新寒。幽夢欲隨歸雁度，小長干。

鬲溪梅令

扶桑枝杪一星明。照嚴城。城下奔濤，城内月三更。是離聲恨聲。　過雲微雨可，中庭酒初醒。花外新涼，花上淚盈盈。惹愁生怨生。

采桑子

碧紋春帳縫圓頂，好夢難圓。恨寄人天。檢點嗁痕到枕邊。　綠熊瑶席香非故，簟色凝寒。度盡關山。只在牀幃七尺間。

眉嫵　用石帚戲張仲遠韻，賦秋柳

認藏鴉依舊，繫馬誰邊，曾擲賣春眼。省識章臺下，人顛頷、愁尋歌裏鶯燕。舞腰細款。動庾郎、無限哀感。忍回首、二月揚州路，正金縷塵暖。　應念。芳儔星散。任渡邊桃葉，舟上青翰。踠地絲猶昔，傷搖落千絲，難繫香纜。淚痕檢點。比漢宮、眉意波遠。似當日風情，争旖旎、祝重見。

前調　賦新月。舊上聲韻，今移入平聲

記匳邊開鏡，酒底藏鉤，依約認纖痕。那夜秋千下，深深拜、團圝猶惜佳辰。眉樣偷分。是素娥、輕斂愁顰。想天上、不似人間遠，任圓缺陰晴。　也應。怨斷曲瓊。有入懷弓瘦，侵鬢蛾勻。不爲霓裳譜，舒箏甲何緣，掐破遥

青。窺户盈盈。待覓他、端正難尋。向雲母屏風，欹倩影、俏離魂。

朝中措 池上賦

菱花淒照滿銀塘。幽夢墜微茫。欲采芳馨寄遠，生愁驚起鴛鴦。秋風乍襲，懷中錦瑟，枕上瀟湘。撩我年來舊恨，暮雲金碧斜陽。

眼兒媚 東城晚眺

絲絲衰柳逐風柔。眉鎖陷河秋。一匳煙水，半城斜日，幾點沙鷗。濁流瀰瀰成清泚，雲壓亂山愁。有情邊月，無情羌管，攬我登樓。

一翦梅

好夢如雲不自由。纔下西洲。又過揚州。畫屏無睡思悠悠。已隱盟鷗。漫笑牽牛。不惜黄金買莫愁。抱了星裯。放了瓊鉤。浣花溪畔著眉樓。貯汝嬌羞。老我温柔。

蝶戀花 呰洲故事，用清真韻

怊悵烟洲疏雨後。十五盈盈，端正當窗牖。駘盪春心醲似酒。苗條初握千金手。雨惰雲慵嬌夢透。欲喚芳名，家世稱來秀。山棗驛邊迴馬首。人歸茂苑春依舊。

聲聲慢 擬草窗

華燈挑罷，紅豆抛殘，愔愔客感如秋。角枕紗橱前宵，夢到南州。瓊花一枝澹冶，悔年時、不爲句留。風情在，記當筵，卻顧曲底增羞。長惜嬌波臨去，擁芄蘭、寶瑟引我清愁。如此江山，儘消金粉風流。張衡四愁空賦，阻湘波、欲寄還休。莫回首，限天涯、天更盡頭。

前調　擬《漱玉》

箋裁蕉葉，香褪荷衣，天風送做蕭戚。盼斷秋鴻，争奈更無消息。哀蛩催恨如織，塞雲孤、寒砧聲急。雙燕也勸人歸，款語似曾相識。

薜砌幽花自媚，偏護惜輕紅，怕人搴摘。衰柳高城，惟見昏鴉陣黑。宵宵轆轤金井，響疏桐、零露還滴。者愁緒，便舉杯、消他不得。

小重山令　李訥盦『桃葉渡』《南鄉子》落句云『重憶題詩紀阿男』，是重阮之過也。因以二喬易之，另度此調

中有桃根倩影涵。但隨桃葉去，共姗姗。桃花臨水兩嬌憨。移雙槳、桃浪濺春衫。淮水碧于藍。板橋斜日裏，柳毿毿。過江名士擅清談。喬公女、風調竟誰先。

一斛珠　擬玉笥

絳綃銀燭。芙蓉寶帳圍紅玉。文窗窈窕蘭房曲。放了湘簾，怕引檀蛾撲。雙蛾嬾鬬春山緑。天香習習飄芳谷。靈脩卜了還重卜。罨畫溪山，著箇煙蘿屋。

風入松

秋原晴碧草萋萋。芳跡一春迷。王孫怨逐平蕪遠，隔平蕪、黛鎖天低。錦字雲羅雁杳，高城衰柳鴉棲。江關摇落夢依稀。人在陷河西。大陵湖上蘋花唱，記當時、綵筆親題。不信昏黄邊月，宵宵同照幽閨。

漁家傲　擬西麓

日麗秦雲嬌午晝。春風占盡江山秀。淺畫雙

眉争遺鬬。誰先後。日邊紅杏星邊柳。滴滴秋眸波欲溜。銖衣半髀香盈袖。惆悵當歡情似酒。心期久。芳年十五愁時候。

何滿子　用宋人韻傷亂

歷歷華鬘塵劫，蒼蒼撫劍雷音。夢裏刀州驚落木，窮邊目斷登臨。欲問征夫消息，離腸碎擣秋砧。　蝶抱寒花自碧，蛩吟砌蘚長陰。惆悵建寧真瑣瑣，羈人感喟難禁。竸說揮絃目送，冥鴻天際徒尋。

八歸　邛都本事，用石帚韻

戈兒未聘，琴心先許，羈緒乍起乍歇。悲秋我已無家久，愁見玉簫恩重，衛娘情切。便擬量珠還秘惜，奈客感、禁他撩撥。怕只怕、到眼芳菲，又擲與嗁鴂。　南國。春來舊恨，吟成紅豆，淚灑湖山輕別。佛桑花小，女蘿枝弱，寄遠空題秋葉。隔邛池一水，共溯微波剗塵襪。通情話，柳邊幽夢，笛裏詞心，冰壺同濯月。

淒涼犯　淹滯邛都，倏經百日，秋意深矣。感今追昔，次白石韻

暗風送雨哀楊陌，羈人頓感蕭索。海潮自咽，羌歌響答，麗譙哀角。離腸酒惡。更催冷、天低霧薄。望遥空、銜蘆雁陣，捲影入冥漠。　回首瀟湘道，畫艦圍花，洞庭張樂。小鬟刺艇采菱歌，玉拋珠落。舊夢依稀，儘尋覓、都無處著。恁匆匆棄擲也，悔結嫩約。

玉京秋　寒空暫霽，强起登樓，羈緒別愁，撩人不已，和弁陽老人韻

凝望闊。高樓倚長笛，晚風淒切。碧侵塞草，黄勾宫葉。烟柳蕭條送日，拂蘆碕、還舞晴雪。鎮傷別。一腔愁緒，向誰分説。　夢裏關山應怯。算歸期、蟾圓又缺。簟换桃笙，衫辭吴紵，年芳銷歇。角枕香衾，辜負卻、暑過凉生時節。照嘅咽。鸞鏡輕塵掩月。

定風波

次日湖韻寄意。時邊帥相惡，有爲椎鄙之謀者

欲敞雕籠鬬畫眉。多言鸚鵡怕教知。忽憶雙眉慵未畫，待得郎來，吮筆立多時。　螺黛輕描侵鳳頞，宫黄淺貼妒鶯飛。卻拂箏塵彈怨曲，美滿芳韶，休道不禁持。

青玉案

擬方回

深閨那識天涯路。但夜夜、隨郎去。夢裏關山愁裏度。燈昏野館，月明當户。難覓郎眠處。　歸期不準蘭芳暮。雁字遥傳感秋句。檢點離懷知幾許。丹飄楓錦，白迷蘆絮。葉下亭皋雨。

賣花聲

絲雨溼濛濛。檐馬丁冬。起尋殘夢去無蹤。夢也迷離尋也遍，幾曲珠櫳。　何事水長東。流恨匆匆。春潮斷續臉波紅。波到天河潮到海，淚逐西風。

蘇幕遮

擬希文

奈何天，行樂地。怨不來游，蹙損遥山翠。樹色黏天雲渡水。長笛吹愁，咽斷寒雲外。　動羈懷，銷綺思。孤館淒清，睡也何能睡。便擬登樓誰共倚。邊月今宵，雙照離人淚。

三犯渡江雲　次清真韻

高城清角裏，錦陂澄緑，垂柳拂晴沙。輕烟籠翠晚，記得藏春，依舊莫愁家。纖腰未減，怨千絲、不繫韶華。有窺户、娉娉嫋嫋，玉貌襯雛鴉。　休嗟。夢痕雲約，履迹苔輕，認酴醿架下。裁恨賦、箏移雁柱，淚漬鮫紗。秋江渺渺伊人遠，料玉兒、愁倚蒹葭。邛海畔、阿誰共採蘋花。

解蹀躞　次清真均，賦秋蝶

不是羅浮仙蝶，也抱秋花舞。最憐瘦影，伶俜伴孤旅。應有已墜花魂，倩他喚起盈盈，慰余愁苦。　甚情緒。荳蔻梢頭春早，翩翩記相遇。而今藘落，寒芳妒秋雨。省記莊夢依稀，殷勤擘袂留仙，莫教飛去。

滿路花　和清真

輕紅殢臉霞，暖玉凝肌雪。唐宫眉十樣，描來絶。還窺寶鏡，故逗秋波折。卷衣鸞帶闊。樓上妝成，凭闌不語時節。　抛殘紅豆，點點凝猩血。雲羅飛雁遠，書難接。遥情正苦，又冷蛩哀切。擬向西風説。無賴西風，惱人最是傷別。

蕙蘭芳引　和清真

吹斷晚霞，捲秋練、乍迷孤鶩。正客裏登樓，邊草際天倦緑。漫游恨久，但夢想、空山蘿屋。有那人翠袖，日暮寒生脩竹。　伯也蓬飛，綺窗塵鏡，暗换涼燠。念游子無衣，愁賦藁砧怨曲。微霜凝簟，淚泉在目。倩月華流照，伴君幽獨。

玲瓏四犯　秋感，用姜白石體，並次原韻

落木感深，添棉衣少，琴邊秋怨如許。不堪搖落意，畹晚成今古。悽悽更吟別賦。謫仙人、尚羈秋浦。黨錮文章，劫灰身世，誰識此心苦。邛池柳，猶遮路。是藏春往日，蘇小庭户。綺懷空自寫，不向臨邛去。牽絲壓綫非吾好，只銷得、年年羈旅。愁漫與。長相憶、春人伴侣。

陽臺路　初八晚，紅霞滿天，漸散成綺，星斗燦垂，月明如畫。偕少白踏月，次央盦韻　按，此調『遥想』句，柳屯田原詞作『追念年時』，而此多一字，或劍公别有所本耶

碧天遠。揭海紅輭幃，星河繩滿。啟冰匳半面。驚逢應是，黛蛾初展。遥想廣寒人鶴，帔羽衣、玉葱花蒨。雲輕散。悵此宵孤清，增我長歎。影事重重追憶，憶那日、風燈别館。背人清照，只一霎、畫堂西畔。箏塵暗。哀絲楚引，曲底不勝淒斷。嘛難唤。淚盈盈、芳心千轉。

埽花遊　半窗殘月，廿年舊感，翩然入夢，倍增惆悵。次玉笥韻

半窗月色，又照我淒涼，夢和烟埽。痛憐稚小。問雲山萬疊，怎生飛到。執手相看，比似當年倍好。勝常道。道自歷劫塵，幽恨多少。無語情悄悄。歎絮亂絲繁，説難分曉。舊盟負了。縱瓊簫再世，韋郎應老。玉筯輕彈，怕底魂歸路杳。入懷抱。散如烟，逝如驚鳥。

瑶臺聚八仙

眉月娟娟愁寄遠，遥情寫盡蠻箋。捲簾驚見，

人在駐馬橋邊。窺户輕盈端正好，恰三五、素魄初圓。是天然、未秋鬢影，撩我中年。　茫茫新愁舊感，只句中錦瑟，夢裏游仙。謾道東山絲竹，此意誰憐。十載邊雲嶺雨，又何似、相攜范蠡船。移家好，逐五湖春水，嘯傲風煙。

幔卷紬

中秋月食

鼉更點碎，花宫杵急，敲徹雲千疊。問底事蝦蟇，占了瑶臺，香迷桂蠹，姮娥癡絶。影羃山河，度愆璇鏡，辜負團圓節。任萬象陰霏，更有何人，揮斧脩月。　予懷倍切。人天閒阻成銷歇。便休管盈盈，似恁長門暗鎖，儘付墜蟬哀葉。兔寐蟾嘑，魄淒魂怨，天迴星明滅。待重濯冰壺，唤起無雙，莫更輕别。

秋雲怨

食既復圓，零雨竟夕。依馮雲月自度腔，改題秋雲，用寫客愁，兼代嫦娥寄怨

圓靈欲墜。小歷華鬘劫，知他魂碎。待覓鏡中人面，夢雨冷飄都化淚。魄已成烟，心將填海，不託滄波寄鉛水。珠箔無明，顰眉深坐，恨鎖遠山翠。　清光自惜遺塵累。便冰壺皎澈，終嫌虚脆。簾幕通愁更慵倚。低問嫦娥，似此銷磨，幾分憔悴。虚度佳期，世間兒女，怨也那禁客裏。

洞仙歌

寒梅乍見，甚齊齊楚楚。繭栗梢頭弄春緒。是羅浮舊侣、清絶無塵，明月下，飄颯休疑夢雨。　瞥驚鴻影子，咫尺湘簾，曲曲文波罨芳户。我是老逋仙、爲問梅妻，孤山約、要人爲

主。便膢得、雛枝待春先，並鶴子招回、定巢新乳。

以上見《邛都詞》

湘春夜月　報内書，次彦通韻

問征鴻，何緣捎得愁歸。爲報客裏秋情，無緒倒金巵。冷雨更驚幽夢，惹故園今夕，兩地相思。定蠟凝絳淚，蛛縈鏡頩，蛾蹙宫眉。　秦嘉別久，盤中枉寄，輕負歸期。藻井流蘇，長只是、燕窺梁誤，鴛掩衾迷。離懷萬疊，怕庾郎、難寫烏絲。者次第、待鵾絃訴盡，琴邊柱外，還遣誰知。

以上見《邛都詞》卷二

綺寮怨　感事

小醉中山千日，又崑崙睡醒。釣鼇客、拂袖歸來，乍彈指、三淺滄溟。驚心神州歷歷，無恙也、一髮天際青。更悽然、畫角清笳，雜絲管、萬竅喧太平。　錦水曲環錦城。支機石老，當年卜肆愁經。不索占星。問槎客、已冥冥。前宵夢窺銀漢，天上語、最難明。媧怨盈。秋期遠未雨、先淚零。

風入松　憶東園池上枯柳，次夢窗韻

一宵惆悵到天明。行雨舊山銘。蘭成蕭瑟江關道，倩枯樹、爲寫哀情。廢苑依稀繫馬，芳隄隱約聞鶯。　三河徙植罨津亭。綺夢雜陰晴。生稊作絮渾閒事，踠長條、鎮自銷凝。欲問天邊柳宿，因何衹傍愁生。

鷓鴣天 和《庚子秋詞》彊邨韻

鸞羽風乖蜨粉乾。流雲迴照井泥難。驀從錦里笙歌地，憶著邛池趄趄船。 鼉阜下，海祠邊。幽花自媚發酡顏。綺懷銷盡輪蹏鐵，夢怯南來萬疊山。

浣谿紗 南唐後主賦是詞有平側兩調。平韻盛行，側韻世鮮爲者。鄭叔問《冷紅集》有是作，依永和之

麴陌塵香春漠漠。雙飛海燕風輕約。捎墜露花黏鬢角。 覓巢休更尋危幕。往事烏衣新夢惡。自理紅襟愁淚閣。

其二

雀怨高寒夢不歸。蟲天癡絕話因依。看朱成碧未全非。 意境差同香象遠，冥心欲逐曉鴻飛。二年良願半相違。

前調 更次南唐後主原韻

斗帳沈沈春睡透。藏蕤半啟銜金獸。紅浪輕翻宮錦皺。 雲鬟委枕釵光溜。小覺微欹薌澤齅。攬夢誰家絲管奏。

其二

夢度千山未當歸。螘封蝸國是邪非。江關遲暮有稽違。 已歎無家安小隱，更從殘劫戀春暉。尋思何計遂初衣。

前調 疊韻公園賦

火繖高張風不透。花移闌檻羅珍獸。草踐芳茵弓影皺。 濛濛汗雨蒸成溜。辟惡香凝巾角齅。聒耳遙憎簫鼓奏。

其二

急雨催人爛漫歸。沾花彈柳景全非。未成相識已相違。　襟褎淋浪休誤淚，雲霞碧合乍凝暉。池荷應共惜紅衣。

前調　再疊韻

三里霧迷看不透。辟邪天鹿多奇獸。底事干卿春水皺。　漂山璺起涓涓溜。倦羽迴翔雌雉嗅。夢裏鈞天休競奏。

其二

望帝精魂化鳥歸。人民城郭悵都非。金牛玉斧素心違。　井底黿聲餘紫色，江干燕羽戀斜暉。閒尋野老共沾衣。

少年游　次柳屯田《樂章集》韻，射蓬道中賦

征軺衝暑客行遲。塵陌馬頻嘶。新禾雲滿，早棉星粲，日午碧天垂。　農家共説今年好，稍喜得秋期。疊歲田荒，上春苗稿，怕更憶前時。

望海潮　七月六日，由女兒碑渡涪，晚棹桂花園。新月朦朧，流雲冪之，漸成零雨。感洗車之事，賦代雙星寄怨

天孫機上，黃姑河畔，年年此夕驚秋。經歲怨離，佳期盼到，銀潢細浪生愁。無睡笑牽牛。悄畫屏倚望，閒恨悠悠。初集神鴉，未逢查客耿凝眸。　相思卻數從頭。悔天錢辦聘，不買扁舟。清淺一泓，褰裳可涉，長勞錦翼綢繆。星漢已西流。怕綵橋津渡，波闊難脩。

便遣香車洗了，夢雨度宵籌。

前調 疊淮海韻

初安鸞軫，偷移鴛柱，分明錦瑟年華。箏甲褪紅，么絃漾碧，依稀雁落平沙。仙侶駐雲車。望絳河咫尺，霓羽交加。句起新愁，月高絃索在誰家。　琴心久厭邊笳。任吹簫説劍，寵柳嬌花。重唱盛叢，聞歌子野，回頭舊事堪嗟。雲鬟玉梳斜。記小來歌舞，猶稱雛鴉。也學成灰蠟炬，熱淚灑天涯。

鳳棲梧 郇沼白蓮，一花獨晚，倏然空谷之見似人而喜也。爲次夢窗韻成此解

休恨西風相逼早。愁粉顰烟，憐汝猶癡小。潭水一泓清可照。倏然欲墜淩波杳。　茅舍甘心哀窈窕。空谷蘭芳，同是傷幽悄。清絶

無塵人不到。寒螿泣露欹秋曉。

絳都春 驟雨初霽，長虹亘天，因憶桂海之虹，冬春常見。光景如昨，忽忽十年，感成此解

誰拈綵綫。任雲掣雨牽，陰晴都變。曳我夢魂，疑逐飛梁游蓬苑。仙人招我傾霞琖。舞紅破、霓裳零亂。蘂珠仙子，烟蛾斂略，錦裾飄斷。　應念。驂鸞桂海，愛天近、玉壺插篸飛練。驟雨快晴，金碧斜陽暉天半。光凝黄道卿雲爛。晃空際、樓臺隱現。只愁彈指華嚴，又隨夢散。

浣溪紗慢 七夕，用清真韻

巧腸鬬綫腳，愁緒縈瓜果。怨遥恨疊，芳序催流火。筵畔呢語，月露霑花朵。難解雙眉鎖。雲櫛雨梳，斜透新涼，紅嘶翠彈。嬌無那。

玉笳揾偏多，悵人間劫換，天上路遥，夢被風吹破。慘淡四星，離阻成真箇。便是天孫呵。還有個秋期，恁孤眠、人誰似我。

壽樓春　西園獨凭，依梅溪韻成此解，不自知其所以然

偎秋園寒芳。悄伶俜瘦蝶，驚夢蘭窗。夢擎弓彎殘袖，踏歌春陽。聆怨曲、摧愁腸。憶酒邊、花邊清狂。認繡帊詩痕，青衫淚點，猶念舊家妝。　湘魂渺，湘波長。絙皇娥瑟怨，彈入吴腔。欲問佳人消息，碧雲神傷。愁有路，歸無鄉。效韲籢、詩裁冬郎。掩鉛淚斑紅，屏山尚凝筠粉香。

前調　鷲峯寺藥師殿秋海棠舊稱最盛，有『四壁紅香』之目。主者不加護惜，僅砌畔數枝欹烟泣露而已。爲疊前韻，自寫愁懷

搴葳蕤紅芳。正人來鹿苑，龍護瑶窗。種得天邊愁種，共欹殘陽。山蹙黛、波回腸。念俊游、婆娑能狂。怕露泣嬌慵，烟嘘暈損，愁試醉時妝。　緘珠寄，鱗鴻長。更誰拈翠瑱，偷按紅腔。料有勞人思婦，未秋先傷。招楚客，歸吴鄉。問小喬、當年周郎。想英發雄姿，如薰過江。名士香。

前調　王君允升依韻賦廨舍西園桂樹，爲削存之

攀西園幽芳。正銀蟾弭節，朱鳥窺窗。伴我蓬山花懸，漫誇河陽。判爲汝、回剛腸。是少年、天教疏狂。問隱士誰招，嫦娥共悔，高韻謝時妝。　游仙夢，秋期長。寫霓裳梵字，天樂唐腔。藉慰遥情羈緒，獨馨何傷。靈起舞、仙同鄉。記廣寒、曾逢三郎。寄明月相思，前

身莫忘。金粟香。

春聲碎 七月十五夜月食，和譚在菴韻

蕪館乍驚秋，黯黯華年如水。明河匿影，雙星傳恨，更雨癡雲膩。湘簾外、共省鏡裏銀蟾，忍見冰魂碎。 嫦娥也憔悴。寐寐憑誰喚起。烏絲謾寫，怕念遠傷高、恨難寄。空晚際。無限翠怨紅嘶，問可有、團圓意。

法曲獻仙音

弦月延涼，櫛雲留熱，暮色淒迷螢院。夢被秋欺，影緣詩瘦，新來鬢侵霜點。待寫寄、書空字，怕添了恩怨。 九疑遠。更休吟、女蘿山鬼，彈恨淚、湘竹萬條紅染。對面轉生疏，隔重簾、時度并翦。一寸芳心，九迴腸、愁裏禁斷。鬻葳蕤金鑠，曲曲笱屏偷見。

二郎神 秋宵，用徐幹臣韻

畫屏悶倚，怕惹得、彩蟾窺影。漸鳳掩瑶扉，螢疏羅扇，衣怯閒堦露冷。閣淚緘愁愁無路，莫問我、因誰成病。嗟柳怯晚顰，桃羞春面，嬾開塵鏡。 休省。芄蘭碧化，壺冰猶凝。便似此銷磨，恨長年遠終是，愁春未醒。籬角蛩嘶，檠邊雁泣，揉做一天秋景。禁耐得、守住窗兒，到曉夜闌人静。

擊梧桐 秋序已深，殘熱猶酷，衙齋愁坐，意緒紛來，次李鶴田韻

天半朱霞染。偏染到、楓葉紅深紅淺。暮靄熏殘暑，碧蕪老、襯出荒螢點點。蟬乾蝶瘦，黄飛緑黯。心與風旌共轉。咫尺蓬山路，對宦游物候，傷高懷遠。 梧井飄蒿，佳期晼

晚，記得嬉春池苑。信馬蘇隄下，新霽後、處處紅藏翠掩。何事年芳輕擲，有人凝佇，想山眉黛斂。定今宵、銅荷冰淚，蘭炬愁翦。

曲玉管

柳屯田《樂章集》詞多難讀，此調丰神婉約，律度整齊，與《小山詞》之《泛清波摘遍》相似。惟前半平側通叶，換頭以下獨不叶側，是有遺音。爲補二側韻，依永和之，以待知者論定

桂魄胎雲，蕉心孕雨，朦朧飳飣陰晴久。忽送涼風天末，瓊宇新秋。豁吟眸。世外青鴉，江頭赤鯉，密香寶笈誰能偶。玉管金商，縹緲吹下星洲。恨悠悠。　繭紙蠻箋，也難寫、情懷中酒。賦成錦瑟瓊簫，翻憐玉慘花愁。憶仙游。當時歌舞，惱我春風垂手。雁書空誤，鶴夢無憑，獨倚西樓。

滿庭芳

婆蓊寒蕪，蠆彫衰柳，玉笛吹徹高樓。漸看秋老，長只繫春愁。無限前塵影事，春如海、愁更悠悠。青衫上，江州淚點，彈不到揚州。　障歌扇回頭。魂斷處，鞋占好夢，釵約清謳。障歌扇偷迎，顧曲青眸。那更江湖滿目，十年別、舊恨都休。新涼透，金鞍喚酒，慵解鷫鸘裘。

一萼紅　感事

最堪驚。是海雲東望，卷地怒潮生。碣石聞鷄，遼河度雁，天外吹落商聲。儘憑弔、魚山絲竹，更神山、風引旭舟橫。弱國廛完，彊鄰狡啟，中立何成。　遥想燕歌淒斷，歎歐氛太惡，黃禍翻嬰。猾夏同仇，齊盟狎主，畢竟師出無名。耿凝睇、觚稜霑灑，有釣鼇、槎客淚

先傾。目極山河兩戒，孰倚長城。

如魚水 同《樂章》韻

蘇小鄉親，莫愁艇步，記否住近橫塘。繫馬垂楊。珠簾瓊户相望。麴塵香。看對浴、波暖鴛鴦。憶俊賞、經醉湖山，水雲清夢落瀟湘。哀窈窕，叩微茫。盪碧海孤光。幼艾干將。騷音彈入賓商。羨張郎。蓴鱸思、尚戀吳鄉。十年後、恁便重逢小杜，舊約可曾忘。

遶佛閣 和美成韻

恨眉黛斂。天澹暝碧，寒襲蕪館。星鬢搔短。水沈燼冷、芸籤響虛幔。弦月暈合，蟾魄愁遠。詞筆哀婉。苦吟斷句，吳江冷楓岸。暮色助岑寂，坐雨空廊愁似綫。新病不斟、燈紅偏上面。數報六更籌，心碎銀箭。甚時重見。道萬種相思，顛倒迷亂。洗芳尊、待君同展。李昌谷詩『宮門掌事報六更』。

慶春宮 次西麓韻

愁種愁苗，眉心眉意，惱人一寸橫波。迷夢吹花，遥情捲絮，斷魂無奈春何。倦游羈緒，更休憶、吳娘踏歌。當時輕別，彈盡紅鉛，蹙盡脩蛾。驚心葉改庭柯。衣謝冰綃，扇掩輕羅。楚客蘭傷，湘真怨、庾郎蕭瑟偏多。美人秋水，兩凝佇、迴腸織梭。如今應是，書寄遥空，淚寄星河。

憶舊游 題嬉春仕女便面

正游絲約燕，暖蜜酣蜂，巧語流鶯。趁豔陽天氣，且湔裙鬭草，同暢芳情。單衣試了猶怯，香露沁紅冰。更照水勻妝，避花拋堶，隱石調笙。　盈盈。轉嬌怯，倩小玉乘肩，扶上雲軿。粉汗津微，透襯春心如酒，臉暈霞生。薄游未遣忺惜，星眼倦含酲。是那處人家，簫聲隔柳呼賣餳。

月華清　中秋夜賦

天近蓬山，霞生喬木，俯郭秋光如洗。靄靄停雲，引我寸心千里。乍窺人、壁月流黃，定照影、今宵無寐。何似。似冰奩新敞，嬋娟愁倚。　試遣輕輕喚起。問竊藥靈妃，那時應悔。任是團圓，也帶別離情味。已倦舞、叢桂留人，更送遠、素娥歸海。誰在。望盈盈欲語，中含清淚。

御街行　和竹屋《詠蠊》

湘波窣地迷春院。識罨畫、痕深淺。屏山低亞篆烟凝，悄倚並、嬌柔葱蒨。金鉤不動，水沈徐度，更花影、描來滿。　微風半揭珠櫳畔。待捲也、和愁捲。阿誰窺户露盈盈，似霧罩、桃花人面。紅藏翠掩，乍垂還颺，莫誤了、初歸燕。

惜奴嬌　用梅谿韻

尋夢南雲，問遠夢、何曾醒。長飛度、三湘五嶺。錦繡琅玕，總寄與、無還信。天靜。杳書空、雲羅雁影。　鸞羽差池，也不爲、文園病。愁辜負、名山管領。拄笏抽簪，暢好是、閒心性。謾聽。風塵吏、神仙比並。

瑞鶴仙　和雪溪

墜釵光溜枕。困春酲猶自，有髻鬟慵整。梨雲泛清冷。更珠渦斂笑，玉肌融粉。馨穠味永。是夜來、桃開露井。縱司勳，減了心情，爲汝也判才盡。還省。海棠初睡，絳蠟高燒，殢人風景。宵沈漏迴。尋好夢，總難準。費千般萬種，深憐痛惜，喚起從頭試問。問何時、海燕歸梁，定巢意穩。

鷓鴣天

待得郎來烏夜啼。寒暄不道醉如泥。城烏噪曉郎還去，石子琤琤彈馬蹄。情轉怯，意還迷。望郎行處草萋萋。斑騅逝矣無消息，惆悵如聞隔柳嘶。

八聲甘州 和西里

天風吹、浩蕩一番秋，一番助悲懷。送無邊落木，華林桂館，都委蒿萊。也説蓬山路近，悵望費疑猜。霑灑哀時淚，斜日空槐。禁得傷高懷遠，動楚吟九辨，聲滿天涯。又金商淒緊，絲雨泣冰苔。報年來、鶯花多恙，已不教、清夢落秦淮。銷魂盡，大江東逝，更帶潮來。

慶春宮 疊西麓韻

綠暈蕉心，青甦苔腳，晚風絲雨簾波。衣薄吴棉，杯深魯酒，醉來不奈愁何。舊人誰在，怕重憶、何戡唱歌。眉樓腸斷，初月遥山，也學顰蛾。井梧倦葉辭柯。蛩語煙籬，雁泣雲羅。琴怨雍門，珠分漢佩，百年哀感偏多。物華人事，歎輕換、雙丸擲梭。芳菲遲暮，白日堂堂，逝若江河。

綺羅香 追同玉田《紅葉》

茜雪烘晴，鱗霞照晚，紅怨宮溝應妒。也解相思，剩寫斂蛾哀句。甚天上、願得良媒，是客裏、愁橫歸路。襯斜陽、鴞舅霜明，樵歌吹向赤城去。朱顏遲暮更好，休問春華庶子，彫蘦何許。染盡胭脂，羞與牡丹同譜。刪凡豔、南菊重逢，點空碧、綵雲千縷。更蕭蕭、飛著巖扉，倒聽疑暗雨。

前調　王君允升同賦削存

絳樹雙聲，丹山一夢，喚起春妝休妒。殢酒酡顏，惹我怨吟殘句。飄玉井、共惜紅衣，伴仙游、卻迷霞路。最分明、天上人間，何心偏向御溝去。　蓬山應是不遠，誰識劉郎再到，淒涼如許。點染秋容，也入廣羣芳譜。似催發、禁籞唐花，還翦鬬、隋宮絨縷。咽西風、謖謖商聲，打窗驚暮雨。

瑞鶴仙　追和竹山《紅葉》

嵰山霏絳雪。倚晴空高樹，滿凝猩血。孤吟倍清切。正吴江夢冷，天台重別。紅情未歇。更怨入、宮溝流咽。認依稀、冶葉倡條，老眼迷花成纈。　愁絶。嬌春綺恨，舊院芳魂，瘦鵑能説。香銷豔滅。空似錦，那堪折。怕西風吹起，殘霞千縷，謾舞仙裳皺裂。罨山窗、亂點斜曛，捲簾待月。

齊天樂　積雨新霽，薄莫郊行，新月窺人，零露可浥。因念是日九月初三也。客有誦南唐後主句者，戲成此解

夕陽如錦烘城堞，霜柯晚紅新隕。碧破柴窯，澌鳴玉佩，緩步仙蓬清分。秋聲漸緊。更梵寂花宮，桂丹飄盡。乍剗苔堦，紫泥初沁韈羅

印。前塵回首似夢，鶴書遲閬苑，還誤芳訊。月鬬眉弓，珠承睫露，下九初三風韻。魚泉瀉潤。已怨入琴絲，舊家輕俊。細語明朝，薄晴愁未穩。

霓裳中序第一　秋宵書感

孤懷正菀結。亂似文書堆又疊。窗罅蛩嘑最切。更鴨睡爐寒，蚖銷釭熱。宵吟未歇。惹客愁窺户蟾月。情空遠，欲歌離世，此意那堪説。騷屑。哀鴻流咽。耿凝睇天青一髮。茫茫江海魏闕。送萬劫寒灰，六州殘鐵。蜀鵑留恨血。怕夢冷金甌半缺。冥心寄，南飛孤鶴，玉笛已吹裂。

六么令　縣齋碌碌，不覺重陽，撫事感時，和李琳韻

秋深蕪館，枝上有嘑鴂。那堪雁來紅老，淚菊開無力。鎮日山眉愁銷，恨壓遙天碧。篆牆蝸迹。莓苔青暈，魂逐飛雲化莊蝶。千萬哀時痛語，訴向秋風客。哀鬢羞插茱萸，種種憐余髮。鴉背斜陽一縷，霞卷殘紅疊。蕉花酌月。蘆花飛絮，還弄晴漪舞回雪。

以上見《長江詞》卷一

惜黃花慢　重九偕同人步出西城，厲危磴，眺江閣，泥飲僧舍。因憶去年今日邛都舊事，棖觸于懷，爲拈夢窗舊調依永和之。詞成酒罷，暝色寒城，挑燈而歸，倍深悽感矣

葉下亭皋。正雁風荻港，鷗夢楓橋。磴雲引步，練虹帶郭，關河極目，秋水迢迢。去年今日瑤宮宴，題紅怨、春逗眉梢。試舞腰。弄粧卻扇，催上蘭橈。雲端鳳引秦簫。是桃根

桃葉，翠袖輕招。感絲竹、恨留顧曲，人閒夢影，天上層霄。俊游重把茱萸佩，聽秋苑、山枕松濤。溼翠翹。晚風吹送寒譙。

釵頭鳳　擬放翁

摻摻手。盈盈酒。淺斟低唱青青柳。春風陌。同心客。小叢歌韻，衙娘標格。得。得。得。　春依舊。人今瘦。酒痕和淚青衫透。襟兒溼。心兒窄。離情難綰，別愁如織。憶。憶。憶。

其二

鳳州手。真州酒。酒邊同折蘇堤柳。楊花白。桃花碧。半天風韻，解人心迹。識。識。識。　眉痕逗。心期就。莫拋紅淚沾郎袖。千金夕。萬金意。甫能情定，頓成離色。惜。惜。惜。

傳言玉女　擬具茨

鳳泊鸞漂，起舞玉尊迴雪。五銖衣薄，帊羅香暗結。風悄露冷，鶴駕參差星闕。姍姍歸也，衹愁奔月。　漢渚虹流，記仙游、恨未歇。彩雲輕卷，似晶簾乍揭。盈盈向人，欲託微波陳說。思留靈嫵，護花旌節。

侍香金童　擬友古

露飲名園，認取曾題壁。便袖拂紗籠，爭忍惜重憶。那年攜手日。墨暈苔青，賦情悲惻。　嘆勞生、瘴草蠻花都慣歷。動庾信、江關愁似織。楚老相逢情脈脈。更寫新詞，淚痕凝碧。

釵頭鳳　原換入聲韻，今移平聲

橫波眼。秋波翦。輕輕覷着魂迷亂。是解憂。是莫愁。眉痕翠約，渦暈紅流。羞。羞。羞。　梨花院。桃花面。背人簾底廝相見。恁嬌柔。怯宵籌。十年一覺，夢醒揚州。休。休。休。

其二

波明眼。霞生臉。近前依約花羞見。見傾城。試妝成。柳腰蓮步，着地無聲。輕。輕。輕。　梁間燕。聞長嘆。花枝零落春將半。乍嚬鶯。妾夢驚。香衾辜負，愁度六更。惺。惺。惺。

霜花腴　友人設菊讌，爲倚夢窗自度腔訓之

醉冠倩整，便解嘲、難同楚客餐英。南菊重逢，玉山齊倒，狂來未厭吟情。爲誰眼青。向綺筵、交錯飛觥。酹金卮、定有詞仙，嚼商含徵振芳馨。　華燭酒顏争豔，更香生齒頰，酣壓瑶瓊。寒具霜甘，翠尊霞瀲，還調未下魚羹。共扶薄醒。泥醉懷、纖指新橙。把茱萸、仔細頻看，夜闌人未醒。

鷓鴣天　與客閒話，感王壬父對丁文誠語，綴此

虎賁中郎感最深。舊懷悽絶錦江潯。老臣遺策窺身毒，名士卮言夢窖金。　鍾離指，漆室心。解人頤處費參尋。可憐大野玄黄戰，不敵昭文張弛琴。

齊天樂　鶯聲，和夢痕

好音睍睆頻驚夢，紅窗覺來春早。入耳生生，牽愁歷歷，草長江南重到。嬉晴弄曉。任説

與東君，炙簧輪巧。斗酒雙柑，俊游能幾恨縈繞。烟花無恙記否，似人驚乍見，悲喜情悄。喚盡南朝，嘑空六代，剩得青山催老。愁腸更攪。聽燕語芳鄰，也憐同調。訴向春風，斷魂雲外裊。

齊天樂　鵑聲，和夢痕

盲風怪雨辭邛部，羈愁被他嘑徹。白髮蠻江，青天蜀道，病損文園持節。聲聲更切。伴暮色荒郵，向人幽咽。儘有魂歸，一腔哀怨覓誰說。　天津橋上見汝，十年江海淚，重與分別。化縱爲烏，啼原似鴂，訴趁芳菲未歇。悲沈恨結。惜故國餘春，及闋寒月。泣到花殘，晚紅猶帶血。自越大相嶺即無杜鵑，越嶲有之，逾小相嶺以至建昌，又均無之，會理復有之。余自癸丑春末乘傳南行，甲寅夏初返旆，途間惟此最足感人矣。

長亭怨慢　用《十鞬詞》韻

共誰倚、屏風深色。一碧冥冥，墜魂天北。做暝禁秋，廣寒深鎖小眉月。水沈薰重，更殢酒、華鐙側。酒薄不澆愁，送遠夢、依稀京國。　消息。問齊州九點，幾見海童戈戟。鯨呿蜃幻，變昏曉、岱青雲白。已無復、漢殿靈光，儘憑弔、秦封頑石。恨雁語輕傳，淒斷嶺梅邊驛。北魏鄭道昭有登雲峯山觀海童詩。

薄倖　上京舊感，用聖求韻

角聲催晚。倚長笛、登樓意嬾。那禁得、棲鴉流水，點染秋光無限。更悽然、玉貌傷時，絃中訴恨烟中見。見翠暖珠香，錦迷花舞，曾醉櫻桃斜院。　京雒事、人非故，襟袖上、緇塵猶滿。廿年思舊淚，鶯花如夢，褪金宮扇休重展。鳳城歌管。怕回頭雪涕，神州付與南飛雁。楊瓊再問，愁斂山眉恨遠。

花心動 擬梅谿

虯箭催更，掩屏山、疏疏點窗蕉雨。蠟淚未寒，沈水猶温，愁拂夜蛾雙舞。海紅輕揭，芙蓉帳倚，殘醉教移燈去。試低問、施牀繡被，可曾熏否。好夢今宵甚處。偏静遶珍叢，並棲瓊樹，枕印臉霞，衾裹肌香，消得少年情緒。小詞初寫胭脂透，莫闌入、十洲春語。有無限纏緜，恨絲怨縷。

百宜嬌 用聖求韻

麝月篩瓊，麂籬通碧，人倚晚秋庭户。菊老香寒，杞垂珠綴，采趁松陵西去。新篘酒熟，正蟹美、吴船淞浦。寄三高、游衍豪情，冷楓吹剩紅舞。褰屐約、何堪再數。休問病相如，茂陵秋雨。淚灑新亭，樹迷蕭寺，響送南朝花杵。畦瀛倚沼，更湛湛、愁横江路。想披雲、笠釣茫茫，伴煙霞侶。

霜葉飛

半奩秋水。懷人候，凝情愁翦眸子。溯洄無奈隔盈盈，歎轆塵輕委。恰月曉、風清欲墜。蕙蘭蕉萃微霜裏。儘鬭盡嬋娟，怕玉宇、高寒顧影，偷灑鉛淚。　天外更送飛鴻，關河殘照，滿襟離恨如醉。練波難浣九迴腸，簇晚紅衰紫。又落木蕭蕭四起。楚吟應解登臨意。待喚醒、芳馨夢，一枕瀟湘，斷魂歸未。

芳草 和韓玉汝本意

正萋萋、芳原晴翠，撩人如醉如薰。別懷長自鎖，麴塵香輭，鎮日碾珠輪。黏天還接水，最淒迷，古道荒村。愁倚望、樓高目極，怨斷王孫。銷魂。江郎賦後，謝池尋夢，也妒青裠。送人猶未苦，緑波南浦外，恨壓重茵。苔痕滋暈合，覓離蹤、剗舊成新。怪陌上、年年碧色，不管愁春。

長相思

檃栝李太白《長相思》語

花含煙。淚流泉。絡緯秋嗁金井闌。霜淒簟色寒。隔青天。在雲端。地遠天長夢到難。月明愁不眠。

長相思慢

擬淮海《揚州懷古》

白馬濤迴，紫泉恨鎖，雷塘春夢迷樓。蕪城鐵甕，璧月珠簾，二分依舊揚州。重見灣頭。怕琵琶絃上，難寫嬌柔。淮水尚東流。認隋家、殿腳龍舟。　聽隔水歌聲，後庭遺曲，當年天子無愁。開河尋故記，抵吴餘、鹿走長洲。腐草螢羞。瓊花觀、穠芳自稠。便司勳重來，孰與綢繆。

小梅花

肩如削。腰如約。懨懨春困慵梳掠。掩香奩。卷湘簾。碧窗烟篆，沈水也愁添。遠山學得新眉樣。宫錦裁雲疊春障。錦千重。恨難通。雌鳳孤飛，西日出天東。　東風惡。西風薄。佳期畹晚書難託。託春潮。寄青瑶。微波不度，風浪隔藍橋。露嗁煙視流珠怨。欲翦愁絲比絲亂。亂鶯嗁。亂鴉飛。迴腸似織，休理九張機。

芳草 疊韻賦秋草

望蒙茸，青蕪成國，辭春猶戀芳薰。水流花落後，泣秋零露，蔓繫征輪。淒迷衰柳外，夢江南、烏夜遥村。但一碧、銷沈不盡，那管王孫。 舊春魂。憑誰喚起，緑波南浦，拾翠湔裠。舊痕猶在眼，更堪尋襪迹，輭蹙愁茵。替人牽別緒，甚年年、芳物偏新。已目斷、天涯地角，忍待明春。

怨三三 戲成二解

碁枰二九格三三。小字三三。豆蔻梢頭恰十三。捲簾看、認三三。 春游記取重三。喚將出、嬌羞再三。我欲問三三。翩然歸去，卻怨三三。

其二

雛鴉覆額髮鬖鬖。喜見三三。學畫山眉月樣纖。簸錢走、徑三三。 前頭孰喚三三。駡鸜鵒、心兒忒尖。小意更窺簾。花鬟重數，又值三三。

解連環 次石帚韻

笛樓孤倚。正霜淒木落，暗刪秋思。送鶴聲、嘹唳寒雲，恨人隔蓬山，淚沈湘水。黛淺顰深，擁嗁髻、更無梳洗。任風鬟霧鬢，舊日冶懷，約略能記。 濛濛碧天未霽。縱南雲信阻，休怨拋棄。想倦柳、猶踠長隄，甚邛海蠹瀘，夢魂難至。夢也迷離，但曲遶、畫屏近底。怕今宵、自圓冷月，伴人不睡。

夜合花　和孫花翁

碧化鉛紅，缸凝酒綠，小叢歌倦深宵。遺簪墜舄，乍聞薌澤魂搖。迷夜度，殢春嬌。枕芳蕤、霞膩龍綃。夢痕依約，雲沈楚岫，波戀藍橋。　當年月底脩簫。甚難湔綺思，幽恨迢迢。青衫淚漬，知渠玉瘦花銷。愁鳳泊，怨鸞飄。酷相思、又到纖腰。料應無分，斑騅再繫，翠裹重招。

東風第一枝　望梅

毿萼初胎，苔枝乍醒，何郎欲動詩思。夢驚仙蝶同飛，冷怯翠禽自睡。嬋娟寧鬬，儘泫斷、月明鉛水。漸引起、官閣風情，應有冶懷能寄。　今日盼、嶺頭信使。明夜滴、笛邊粉淚。試妝遲倚含章，探芳未尋鄧尉。逋仙老矣，漫凝憶、孤山幽配。笑廣平、鐵石心腸，落筆也成愁綺。

三姝媚　京華舊感，用夢窗《過都城舊居》韻。

司空曾見慣。待司勳重來，舊懷無限。夢冷京華，歎輭塵、襟漬酒痕難浣。怨縷愁絲，空自引、風蘿烟蔓。紫曲依稀，猶是當年，認巢鶯燕。　天上人間腸斷。賦劫後臙脂，也憐才短。擪笛宮牆，怕李謩愁記，按歌傳宴。好問麻姑，東海上、栽桑都變。料有歸魂重璧，休觴穆滿。

長亭怨慢　和《憶雲》

正寒夜、杯寬愁闊。漏盡宵沈，玉龍吹裂。月色霜華，夢長天遠恨難歇。晚柯殘葉。怨搖落。難分說。倚枕聽飀飀，似替訴、年來心迹。悽絕。對孤檠雁泣，憶否拗花時節。芳韶共惜，也應趁、有花堪折。甚玉梅不管人愁，漸催放、南枝春雪。任燕促鶯忙，休換迎秋啼鴂。

雨淋鈴

霜宵獨酌，萬感紛來，泚筆書此，不自知其所以然

霜笳淒徹。正西樓晚，漏點初歇。金尊莫遣頻進，澆愁不盡，愁腸千結。魯酒休嫌薄了，醉來轉消渴。更陣陣、檐馬驚寒，密布同雲欲催雪。官梅破蕊垂垂發。怕何郎、欲賦魂飛越。連宵夢想晴霽，東日照、九陽晞髮。夢也無憑，惆悵人天卻怨輕別。喚不起、辭世青鴂，此恨誰能說。

湘春夜月

最魂銷。畫屏無睡寒宵。苦憶載雪吴篷，銀燭坐吹簫。儘託彩鸞通訊，奈彩鸞輕信，屢誤靈潮。難夢闌酒醒，香盟淚債，空負蠻腰。滄江一卧，襟情自遠，影事難描。紙帳霜華，回味在、薄酸梅子，分付梅嬌。嫣紅醉玉，怕衛娘、愁損冰綃。待見了，更從頭細數、相思幾度，牽恨迢迢。

小重山令

此調作者皆用平韻，惟弁陽翁《浩然齋雅談》所載失名一調獨用入聲。感音悽異，依永和之

好夢初回清漏歇。窺燈聞鼠鬭、錦衾怯。海枯石爛記曾閱。人天遠，難覓破愁節。對影轉悽絕。銅龍銀箭促、涕輕雪。經年陳事

更休說。惆悵極，山枕卧霜月。

梁州令　詠燕，次《琴趣》韻

晴晝嬉游慣。愛煞雙飛紫燕。穿花點水更輕盈，雕梁藻井，幾處閒尋遍。烏衣往事愁深淺。訴向箏頭雁。江南煙水遥遠，鶯飛草長魂堪斷。盡把芳春占。誰信流年如箭。酴醾開了子規嗁，留春不住，苦倩游絲絆。香巢結得同心伴。輭語頻頻勸。簾垂切莫嗔也，開簾怕露桃花面。

徵招　病齒經旬，漸就疏嬾。曉步城上，霜華滿地，殘星挂天，憮然念歲事之侵尋，驚好脩之易擲也。次《憶雲》韻

鱗鱗碧瓦鉛霜點，相看鬢絲催老。霧腳挂朝暾，帶殘星微照。怪來詞韻少。總抛卻、蠹牋蟫稾。白石心情，玉田身世，夢窗襟抱。草草。付紅兒，瓊簫遠、落筆便成愁調。獨鶴唳長霄，識予懷幽峭。苦吟空自好。兩無緒、漸疏歌嘯。問梅信、底事句留，怕又嫌春早。

陌上花　同芝雲、漢槎、仲堯、采臣諸君野飲鷲峯寺。余以病齒禁酒，衆皆酩酊而歸。戲次蜕巖韻，示同座諸公，並調芝雲

斜陽背轉山城，鈴語漸催年晚。露飲重來，依舊海棠仙館。浮花浪蕊都彫盡，悵望驛梅魂斷。賸寒流帶郭，冷吟幽步，暫容蕭散。數齋魚、正坐花飛羽處，濁聖清賢相半。醒眼愁看。無奈酒温花暖。醉歸怕遺籠燈照，驚起夜烏霜雁。待扶醒、再整兩軍旗鼓，莫推疏嬾。

青房並蒂蓮　淚

暗銷凝。正楚蘭魂遠，湘瑟峯青。玉篩珠塵，蒨漬損吳綾。二妃祠下空嘑鳥，染斑筠、螺沁紅冰。是夜來、碧化三年，唾壺寒玉暈星星。　横波昔時倩盼，禁醋釀桃花，齒輭霜橙。割一鑾、秋眸滴滴，睫露霏瓊。長似醅醽沃鼻，未提起、心事已先傾。向砌邊、種得相思，斷腸花下兩盈盈。

風流子　憶邛池，用張耒韻

邛池景物好，江山麗、九夏似清秋。更眉學柳顰，裠侵榴火，采蓮歌倦，雲膩花羞。海波静，錦帆扶殿腳，花月趁遨頭。珠炫夜光，蜃迷宵市，扇邊城郭，潮裏鐘樓。　鑾花堪腸斷，鍋椿雜羌笛，韻也悠悠。惆悵髻螺仙迹，尋夢羅浮。記鬘天影事，曾通芳訊，陷河瘴草，禁管離愁。愁到夢痕無覓，山枕寒流。

陌上花　芰雲見和前作，疊韻詶之

逃禪醉裏壺天，惆悵故山歸晚。九九新寒，消得邑梅江館。麗譙不動城烏起，烟水一灣凝斷。正疏星、隱約月斜霜重，碧雲初散。　踏瓊瑶、定有詞仙下戲，酒韻詩情參半。咫尺蓬山，風静笛清笙煖。近來意緒都寥落，分付蒙莊鳴雁。但哀時、尚有杜陵清淚，老懷渾嬾。

簇水　擬《惜香》二解

西子西湖，賦情比豔今安有。浣紗仙跡，想像在、香溪溪口。漢女遺珠重見，地老天荒後。争知我、醖淚如酒。　賦難就。試鏡影、水寒沁骨，怕凍徹、纖纖手。芳塵襪印，訪雒步、還依舊。願得歡如溪水，遶户長相守。怎消得、臨去秋波皺。

其二

蘋末輕颸，定知少女風來好。水明沙净，莫怨惹、江花江草。羨煞鴛鴦谿鶒，對對嬉春沼。寒碪急、絡素愁擣。　甚顛倒。已負卻、天吴紫鳳，翦縱斷、絲還繞。花絨翠縷，枉十指、誇鍼巧。洗到碧深紅淺，粉淚泫霜縞。微波送、猶帶餘情裊。

水龍吟

和坡公《楊花》

憐他魄脆魂輕，也從金谷樓邊墜。游絲惹住，榆錢買得，漫天春思。燕子銜來，風箏誤卻，重門深閉。疊柔情萬縷，飛揚不定，如雲亂、因風起。　還又團花簇雪，怕鍼神、綵絲難綴。蝶黏疑聚，鶯捎仍散，一春心碎。陌路偏逢，輭塵羞踏，覆萍隨水。問何人痛捨，含情出户，揾紅巾淚。

高陽臺

前詞讀者苦太沈鬱，更和宋荔裳觀女伶之作

眉纈侵雲，肌香籠雪，叢頭鞵子輕拖。淺笑深顰，尊前斂略烟蛾。歌塵不動初簧脆，裊餘音、扇底生波。費春工，減字偷聲，識曲誰多。　魂銷子野聞歌。恁迴腸千轉，無奈愁何。按徹瓊簫，應憐粉印紅螺。春纖掐得霓裳譜，瑣窗前、私授鸚哥。更嬌慵，舞困蠻腰，泥脱蠻鞾。

東風弟一枝

立春日，和梅谿韻

信轉梅梢，冰融黍律，陽和脈動膏土。綵鞭紅映春人，草甲夢蘇蟄户。籬頭覊栗，已吹徹、番風深處。喜萬家、貼燕粘雞，翦勝鬧蛾鋮縷。　箋戴記、磔牛字句。賡雅籥、獻羔情緒。笑斟燕九辛盤，共約咬春俊侶。鉤陳百戲，滿繡甸、幡花如雨。看步綺、青幘行歌，競識令君歸去。

遐方怨　用顧敻體

蕉葉雨，薄絲風。嫩涼邀緑蒿，麴瀾迴碧叢。舞衣霞捲鬢雲鬆。暗愁堆上小眉峰。　香漸沁，淚初融。勝頰冰痕薄，掩妝花霧濃。記歌偷點費春弓。鳳篦金顫玉瓏璁。

前調　移譜入聲

織烏驚，銀漏歇。海紅窗欲曙，小蘭釭未滅。畫屏遠懷難遣瘦鵑説。料無人識此情切。

山，十二疊。疊疊上青天，夢窺沙似雪。逐君雙照玉關月。夢回依舊阻飛越。

春從天上來　甲寅除夕，用玉田體

臘鼓聲催。看門迎歲軸，户挂靈馗。喜溢粈盆，喧騰爆竹，燈火十里春雷。今歲今宵瀕盡，待明日、斗轉星回。滿香街。燦天行綵帖，欣阜民財。　衙齋。夏時早革，記隔月笙簫，律換蓬臺。漢酺臚歡，唐花獻瑞，詩興恰過官梅。争認桃新符舊，迎儺更、錦簇珠排。暢襟懷。問誰邊鏡卜，吉語同來。

八節長歡　乙卯元旦賦

蓬閬壺天。喜山城裏，又過新年。攝提回斗建，七始麗星躔。屠蘇芳酒競傳坐，更萬家、同薦辛盤。獨有寒衙早放，曾見羊懸。　椒花粉茘依然。嬉繡陌、絲鶯蠟燕争先。簫吹鬧雲邊。丹鳳舞、青繒捲得春還。迎年珮，應共祝、八節長歡。行歌意、東風羅綺，嬌隨寶馬香韉。

以上見《長江詞》卷二

眉嫵　常州奔牛鎮陳圓圓故里，次石帚韵

弔殘春吴苑。載月吴艘，花鳥競供眼。豔史滄桑恨，依稀記，伶玄曾傳飛燕。舊巢未款。眷墜泥、興替增感。更休把，國破家亡苦，問珠翠香暖。何限。鴻驚鷗散。有亂唐鸜鵒，天授奇翰。明慧偏輸汝，皈依早，貪癡先解金纜。怨懷半點。證帝天、塵障同遠。戀鄉里滇雲，來鶴羽、尚如見。

以上見《長江詞》

八聲甘州　無錫黿頭渚

置堂臨萬頃對充山，黿頭戲潮來。擁朱旛寶界，横雲管社，雪浪高齋。彷彿神鼇截海，舞蹈百靈偕。層觀蒼巔起，圖畫天開。　吞吐陰陽風雨，瞰太湖一碧，匳鏡新揩。訪龍威招隱，疏鑿要仙才。問元君、清湘前夢，兩洞庭、歸路漫驚猜。胥山遠、溯迴濤怒，弔古登臺。

水龍吟　惠山酌泉，和夢窗

玉妃濃染煙鬟，月梳天鏡窺吴苑。峭雲靈罅，凝酥深塢，塵襟消斷。枕石聽松，捲簾飛雨，笙簫一片。步寒苔徑窈，幽谿樹密，空濛裏、陰晴變。　終古晨霏夕濺。笑羣龍、酣眠不轉。梅霖遮日，銅腥刺骨，俗腸難浣。一桁竹爐，半甌花乳，酌愁斟怨。歎當年陸羽，銀缾

試品，挹清風遠。

以上見《心力》一九三三年四期《蜀雅續稿》

齊天樂

賦娑羅花，宋子京《方物略》贊云：『聚葩共房，葉附花外，根不可徙，見偉兹世。』案《翻譯名義集》：『娑羅，此云堅固。《西域記》云，其樹類斛，而皮青白，葉甚光潤，四樹特高。』據此則西域娑羅別是一種，此不過假其名耳

植根銀地香嚴界，貞姿肯污凡土。樹有稱同，花惟此獨，冰雪峨眉高處。移栽未許。任薰習紅襌，睡酣仙露。浄樂無憂，玉槃瓊佩總堅固。　維摩居士病起，正文殊問疾，空相無著。鏡可觀心，蓮方粲舌，飛落諸天花雨。脩鬘勝嫵。想猶怯高寒，半扃蘿户。待我春游，願王應證取。

風流子

觀舞，和清真

斜日轉銀塘。蘋風度，少女踏春陽。看輕雪乍回，碧蓮翻沼，小腰慵舉，紅杏欹牆。殢人處、慢歌調舞，節遲拍昵金簧。佳俠艷光，笑時飛電，醉魂驚眼，邀處停觴。　司空渾閒事，清狂減，還自注目瑶廂。記否舊家，金釵十二成行。歎老來結想，承平遺恨，怕描殘粉，愁賦翻香。多少夢粱餘話，説也何妨。

以上見《心力》一九三四年十期《蜀雅續稿》

水龍吟

《大江日報》周年紀念

大江東去堂堂，浪聲淘盡英雄氣。塗山佐禹，巴渝興漢，歌傳千世。吾家老嚴，思穿地脈，築城環水。便吞吳撼楚，朝宗望若，上游地、兹焉是。　休溯開明本紀。更休評、孟王譙

李。三人成虎，一丘盈貉，誰功誰罪。道任牛通，山難蛇拔，櫝從龜毁。願天河手挽，銷兵洗甲，自岷源始。

鷓鴣天　戲題佘雪曼畫

拔地千尋霜後桐。當門一朵碧芙蓉。若非天竺亭邊見，會向桃源洞口逢。　如道子，遇生公。點頭應訝白描工。任他忙殺巖懸水，雲確無人日夜春。

前調　王希哲女士輓詞　代

鵾鳩鳴秋草不馨。杜鵑啼血雨冥冥。離憂薜荔歌山鬼，誤死刀圭阨歲星。　哀窈窕，泣零丁。水天愁思接丹青。繁霜十月春紅碎，嫋嫋靈風咽緑萍。

以上見《心力》一九三四年十二期《蜀雅續稿》

高陽臺　題佘雪曼《鶯啼序》詞卷

千里鶯啼，十年螗夢，舊游回首堪驚。一樣秦淮，於今穢濁難清。六朝陳迹都如夢，問何人、收淚新亭。太無情。煙冷臺城。潮打空城。　伶俜燕子知何世，指尋常巷陌，舊壘新營。款語呢喃，管他誰廢誰興。雙柑斗酒思前度，蕩春愁、一枕春酲。最分明。商女歌聲。江館鼾聲。

西子妝慢　安慶聞吴柚山誦『一燈一佛鐵湯池』之句，其人似曾相識，蓋慧燈也。乙卯峽舟相遇，年纔十三，後委身葉氏，復入道云

芝館洛神，鏡心越女，未省爲雲爲霧。半江春水一嬋娟，對巫娥、濕鬟吹嫵。深筠稚羽。總不解、華鬘無住。證紅禪，問小來琴操，而今

知否。　歡緣誤。葉底金衣，換了黃絁去。一燈一佛鐵湯池，幻色身、懺除空苦。　韋蘿漫補。燕不歸、巢傾難護。病維摩，凝想飛花夢雨。庚午在金陵訪之，鐵湯池庵已不存，人久他去，擬爲詞未果。今柚山没已三年，春宵追念，補爲此詞。乙亥初春記。

以上見《文建周刊》一九三五年二期《蜀雅續稿》

八犯玉交枝　詠白杜鵑

臣甫低頭，玉真迴袂，唤起雪衣嬌羽。終日鵑聲寒食近，那更連宵風雨。珠宫人妒。淚泉盈目瓊瑰，饒他啼血痕無著。愁見蜀山紅徧，華予幽素。　也曾夢逐梨英，吟翻意絮。瑶臺雲鎖芳樹。向庭曲、洛神微步。怕羞落、維摩天女。漫凝想，山香按舞。不如歸去歸何處。仗望帝精魂，蓬婆雪外尋仙侶。

見《文建周刊》一九三五年四期《蜀雅續稿》

石州慢　寄石工詞人印人北京

二十年來，南北背馳，人遠天闊。江湖白髮吟邊，每接玉音心折。雕蟲悔盡，共説老去揚雲，烏絲丹篆花盈筆。奇筁石能言，寄壺中黄石。　予亦。遐思滄海，歌裏緘愁，袖中藏鐵。混沌開眉，一掃天工都絶。鋼來繞指，漫詡積健爲雄，沈憂莫化萇弘碧。難拔蜀山蚫，夢燕山風月。

瑞龍吟　有詢花市掌故者，倚此示之

青羊肆。傳自遂古蠶叢，冶春開歲。何須虚託玄元，蜀王本紀，陽昌舊市。　會仙地。誰見抱經關尹，避秦來此。蹉跎後約前期，上真去遠，花宫半圮。　猶記承平游事，麴塵烟景，羞紅迷翠。西指浣花溪頭，帬屐如蟻。春蠶上箔，呼伴來禋祀。臨清夏、山圖赤斧，青芝紫貝。采藥人方至。會昌建福，山輝水媚。東井澂珠緯。三市了，嬋嫣遨頭初起。子雲賦筆，蜀都先志。

以上見《古學叢刊》一九三九年三期

浣溪紗

裘婉容、張伯聲結婚，程琪、程瑗請爲此詞

晚稻初黄桂子丹。峨眉如向鏡中石。張郎綵筆畫應難。七寶裝成銀色界，九霄懸照水晶盤。雙飛今夕勝天仙。

羅敷媚歌

同前，黄静請爲此詞

峨眉山畔蛾眉月，畫出新秋。窈窕盈眸。照見名花開並頭。嫦娥扶影亭亭立，簾捲金鉤。喜結鴛儔。雙宿雙飛跨鶴遊。

以上見《國立四川大學校刊》一九三九年十月十一日

高陽臺

古來咏桂皆云黄鮮，賦丹者拈此補之

商調，亦入高平調

珠樹垂蕤，珊瑚换骨，靈根月窟高寒。欲問嫦娥，幾時留下還丹。洪爐點出嵰山雪，變胎禽、透頂鮮妍。泫瑛盤。頳染三危，露掌金仙。一枝絳節憑招隱，相煙生片玉，日暖藍田。乍見飛瓊，争知嬌頟成殷。誰將瓶粟臨風擲，化丹砂、萬樹紅然。記當年。曾醉蟾宫，花映朱顔。宋曹勳《清風滿桂樓》咏丹桂，蓋應制之作，馮艾子《雲仙》則兼咏丹黄，詞皆未佳。癸叔記。

前調

載賦銀桂

劚葉分星，交枝聚米，花宫老樹懸香。素女秋心，鍊來千杵玄霜。天孫雲練當軒織，想聘錢、十萬應償。報成章。親灑鉛華，飛綴瑶房。淮王雞犬爭餘汞，定傾殘珠粟，擲破荷囊。一點靈犀，無瑕孕出貞芳。銀蕤端合生銀界，傍普賢、諸佛毫光。慠金商。月下嬋娟，秋水明妝。《花史》：無瑕嘗著素裳折桂，明年花開潔白如玉，號無瑕玉花。

以上見《國立四川大學校刊》一九四〇年八卷五期

宴清都　劉道三母朱七十壽詞　夾鏞羽，俗名中呂調

錦幄琅玕柱。瓊筵啓，寶雲低罩珠樹。六詩三筆，八龍五鳳，聖慈劬護。當年蓋室恩勤，寫不盡、停辛佇苦。看繞膝、銀鹿金魚，蔆蟾此夕初度。蘭蓀競侑梅巵，峨眉絳雪，三危頳露。萊衣並戲，清歌徐徹，鳳脂麟脯。霜高萬葉添紅，映老色、霞觴共舉。鏤管彤、壽斝遙擎，聯翩吉語。

一寸金　門人謝儁自長汀遠寄漳州印泥，賦此答之

丹石詞成，鷺島三年倦鐫刻。正謝池春好，蘭臺書史，揚雲老悔，雕蟲玄白。斯籀稽名迹。吞丹篆、袖藏寸鐵。殤回慟、行雁中分，淚灑生金惠昭筆。海雨離襟，滄州詩卷，愁心墜江驛。自蜀山歸老，橫流九地，峨眉充隱，塵傾仙國。苔紙鈐瓊碧。研朱沁、敗綃滯墨。勞君寄、壺泥千金，鳳題宜紫液。予西江最後詞集名《丹石》，取勾漏求丹，鬱林載石。予喜刻印，自廈門以後鮮暇矣。儁兄倬與儁同學，畢業後歿於校內。班昭字惠姬。

聲聲慢　蛙聲爲人所厭，而峨眉大坪及洪椿寺池蛙，美其號曰仙姬鼓琴。括此詔之　仙呂調

官私休鬥，鼓吹方酣，應嫌惱亂禪心。誰氏雙姬，春宵兩部天琴。徒謗調高金石，怕滴仙、

不賞凡音。無絃譜，似巴州蚓竅，巫峽猨吟。聲徹鳳臺西畔，向接輿歌裏，一寫塵襟。靈藥偷殘，私衷怨悔難任。銀蟾未昇銀界，坐小池、異井同岑。空取鬧，笑幺麼、曾證太陰。

以上見《國立四川大學校刊》一九四〇年八卷十二期

慶春宫

雙十慶節同人多趁假登山，依白石韻爲詞示之，以助游興　越調

秋嶺瀓空，秋眉迎笑，快游翠掃天闊。蒼蘇丹梯，瑶京銀界，浩歌直上雲末。癸年詞卷，記曾寫、參霄秀發。而今重到，經月栖遲，倦襟塵壓。　憑君寄語山靈，琴趣騷心，願邀神答。威光圓照，娑羅滿放，乘興當來誰遏。夏長春遠，會須整、青鞋布韈。飄飄風袂，金頂淩虚，再留時霎。昔歲來游，所爲詞《透碧霄》末章曰『定拄笏重來』，《齊天樂》煞尾曰『待我春游，願王應證取』，山靈實共聞之，息壤在此矣。附記。

龍山會

兩小女自成都來述夜襲空戰情形，詞以紀之，用夢窗韻　夷則商

月裏天無罅。送響霜霄，怪鳥穿雲亞。翦斜先布陣，揮勁羽、鶉尾旄頭齊下。星隕雹青紅，似鎔鑄、祥金在冶。照空燈，迴光四射，紺煙濃灑。　逋客蔽影壕端，待起舒眸，懼慘嬰風馬。火鴉迷近遠，猜未了、寒笛催歸深夜。還道屋將飛，地都震、機槍亂瀉。睡未捨、倦睫向短，牀綃帳挂。

以上見《國立四川大學校刊》一九四〇年八卷十三期

西子妝慢　有序

邑子某君，赴嘉定應試，借宿石牛舖劉氏。主人之女三妹，窺而悦之，知不得當，遂病而死。某君弔其墓，有『一天紅雨泣桃花』之句，誦其詩者，過其地

必弔焉。世逾四紀，肆主屢處，二妹家獨存，感成此辭。

蕪館石牛，墜魂佚女，四紀重貽哀弔。黝聞三妹屬劉家，想光塵、雪膚花貌。烟盟誤了。任彩鳳、隨鴉自好。玉驄嘶，甚款門崔護，詖花輕惱。　郎重到。百五新墳，定長卷葹草。一天紅雨泣桃花，鮑家詩、怨吟悽調。楓根怕掃。舊衣服、雲霞都杳。費鸞腸，高韻從卿細表。　天道十二年一周星爲一紀。四紀，訪墓之年。過冬至百五日爲清明。卷音拳。卷葹，拔心不死。『耶娘送我青楓根，不記青楓幾回落。舊時手刺衣上花，今日爲灰不堪著』，鬼詩也。『舊時衣服盡雲霞，不到迎仙不是家。今日樓臺渾不識，只餘古木記宣華』，亦鬼詩。梁劉孝綽、孝標之妹令嫻稱劉家三妹，嫁夫徐悱字敬業。

見《國立四川大學校刊》一九四〇年八卷十四期

真珠髻

峨眉有卉木，灌生，不知名，枝葉酷似巖桂，四月始開。一葉一花，大如指頂，白跗長柄，斂而不舒，五出如梅，紅瓣粉邊，中心攢鬚十餘，蕊黃無數，密綴鬚下，似玫瑰而甜。錫以嘉名，曰絳珠桂，並取《梅苑》舊調，爲詞張之

愁春餘困，藻夏初薰，小滿微寒時節。澗藹軒外，金龜石上，野卉異香潛發。梅蘂檀心，粉萼斂、瓣凝猩血。是我佛、寶蓋珠幢，下拂璇題行月。　頳圓丹竈初出。縱姮娥見了，也應思竊。小山叢桂，新詞招隱，贈遠一枝先折。細數花鬚，透鼻觀、中邊甜徹。儼此夕、重遇飛瓊，萬疊遥情誰説。

賀新涼

題曾季碩醉胡圖

散遣胡旋女。最嫌他、熒煌眩轉，人天無據。寶扇銀屏侈王會，偏見羣胡醉舞。儼畫出、兩

峯奇趣。脱帽科頭胡床上，太婆娑、老子鬚髯怒。天也醉，世誰主。　虞廷自昔陳干羽。鳳來儀、文康清檠，上雲簫鼓。席地縱橫胡雛臥，酣睡何能聽汝。更倒掣、瓶罍傾注。誰解璇閨丹青意，寄蘭情、戲筆膺驕虜。留粉本，示今古。

雪明鳷鵲夜

賦珙桐

珙桐生峨眉九老洞，喬木，葉似桑，四月始開，花只二瓣，長短相抱，若兩手交拱，故曰拱桐。今人書作珙，貴之也。初開純白，隨風招颭，如白鶴羣飛，二三日漸變微藍，蘂攢碧珠成毬，又類楊梅。自光緒間，爲法蘭西人所發見，寰球豔稱，争購其實，移種殆徧。然性喜高寒，不易生也。實似胡桃而橢類榧子，仁最小，不可食。倚万俟雅言高宫調賦之。

駕樊桐金姥，天風春去遠，鶴夢方曉。挺高節歲寒，洞壑甘老。縞袂珠胎仙馭迴，襯貝多、鳳鸞四遶。孕藍田，煙幻優曇，花薦佛寶。漫誇華桐洗雪，畫嬌女扇頭，倒挂玄鳥。龍帶露栽瑤島。載咏蓬萊琪樹篇，化帝休、太平見了。放光明銀界，香清八表。

万俟詠，以政和初爲大晟府製撰，奉詔月進一曲，依月用律。此調臘節所進，十二月律值大吕，其宫應爲高宫，雖有三高不用之説，然依月用律，又所不能避也。故此調最拗澀，宋以來無人填之。唐李德裕有《畫桐花鳳扇賦》。倒挂緑毛幺鳳，似桐花鳳而緑毛特多，眠則倒掛樹枝上。李紳《追昔遊集》越州小蓬萊新樓詩二十首，第十七爲琪樹，又天台華頂詩亦言琪樹，或以爲即珙桐也。《山海經》少室之山有木焉，名曰帝休，狀如楊，其枝五衢，黄華黑實，服者不怒。講山有木焉，名曰帝屋，葉如椒，赤實，可禦凶。夫凶莫大於兵戎，兵戎生於憤怒，一怒而諸侯懼，安居而天下息，使人皆不怒，則兵無從起，凶又何禦焉，故卒章爲世界祝太平。

大聖樂 再賦娑羅花

昔年未見其花，今始見之，有紅紫藍白深淺七色。娑羅之名本借西土四大樹，非正名。科學家定爲杜鵑，以開同時，花同狀，特柯葉不類耳。吾無間然，倚道宮調爲此詞。

娑尾回風，萬紅吹雨，杜鵑啼過。仗佛力、挽住芳韶，寶相徧開仙蘂，高處春多。鏤玉琱瓊冰雪裏，貯丹汞、頳盤擎素柯。天花墮，襯玄都度索，雲海兜羅。　葳蕤露中睡覺，更不比、奇香薰曼陀。映粉煙藍霧，怨紅唾碧，真色殊科。國豔輿儓，名山哀聖，却曲迷陽參鳳歌。開眉鎖，訪虛皇大藥，終笑嫦娥。

以上見《國立四川大學校刊》一九四〇年八卷十五期

翠樓吟 題峨眉報國寺吟翠樓　雙調

斗轉匡廬，天迴玉壘，峨眉掃空浮翠。龍吟軒帝樂，乍翻入，元戎鐃吹。岑樓依寺。伴山月揮琴，松雲生吧。瑜伽水。暗通西上，瀑寒淪細。　佛地。曾迓軍神，總六韜三略，遠籌長轡。開簾邀鳳羽，待稽古，虞庠攸寄。瀛蓬清致。敞學海千門，瑯嬛十二。絃歌起。孔顔憂樂，普賢光霽。

滿庭芳 紅珠山　中吕調

壺隱丹丘，霞生圓嶠，七星端拱紅珠。寶幢華蓋，初日照芙渠。疑是神蛾布子，天爲紙、蠶卵勻鋪。還疑是，鳳皇稃粥，斜抱儸將雛。　精廬。雲海畔，兜羅護牖，箕斗旋樞。聽滿壑松濤，風送笙竽。圍繞瑜伽似帶，田如鏡、玉佩瓊琚。仙游倦，茆庵詐寄，清夢落江湖。

望海潮　擬校歌　仙吕調

星躔東井，提封大府，岷峨第一神皋。維帝會昌，維靈建福，人文漢宋稱豪。神禹治功高。便棣通瀛海，疏納新潮。玉壘爲門，雪山爲郭郡三刀。雄都七宿連橋。有武鄉祠廟，石室經寮。西旅固存，南音始化，金行義問宣昭。開濟倚英髦。願異科同軌，分道齊鑣。暢好成均造士，稽古樂消摇。

以上見《國立四川大學校刊》一九四〇年八卷十六期

遶佛閣　星伯倚待制韻爲詞見寄，即均酬之

大石

岫蛾凍斂。眉際古雪，清照僧館。仙夢偏短。寺樓倦倚，開窗任風幔。戰塵四滿。行遯歲久，天近心遠。詩思淒婉。似迷斷港，孤舟繫無岸。宋玉賦招屈，喚起騷魂風引線。還念二妃、蒼梧□掩面。歎歲晏山空，壺漏催箭。有何聞見。但自寫羈愁，哀調重亂。普賢眉、料應難展。

浣溪沙慢　星伯倚此調，未敢用待制原韻也。予戲次周韻，寫成都避空襲情事示之

九伯弔醉郭，中隱依僧果。晝窺夜襲，人禍天流火。飛彈異色，緑紫疑花朵。隳盡青門瑣。應怕李金吾，想歸遲、星眠露彈。解除那。奈候久人多，縱停杯問月，搔首問天，啞謎難猜破。總算預行，聲響都無箇。煞是煩心呵。真要不煩心，恰須來峨眉會我。此調『多』字是韻，人或知之；首句『落』字是韻，無人言之。予以爲四聲通叶，改用『郭』字。非韻則已，是韻亦無譏耳。癸記。

以上見《國立四川大學校刊》一九四〇年八卷十七期

綺寮怨 北泉脩禊，香宋代拈咸字，既成長律，載賦此詞

未了題襟幽興，嗚呼春正酣。縱遠目、阜長鶯飛，文亭淚、又灑江南。愁聆巴人斷曲，嘉陵水、繪幅開鏡匳。傍縉雲、試祓温泉，臨河敘、韻窄籌共探。問世未須季咸。羲之妙悟，彭殤壽夭同參。換劫華嚴。老香宋、與深諳。休尋夢華前夢，强對酒、奮吟髯。遊情信歡。春衫舊漬痕更添。

高陽臺 山行恣折杜鵑，歸養之瓦瓶，並媵以詞

高揖娑羅，行吟躑躅，春山徧染鵑紅。又過清明，舊游江海俄空。南强北勝渾閒事，任鬥開、蝸角牛宮。幾沙蟲。輸卻東風，腥了西風。不如歸去歸何地，儘唬殘望帝，血滿蠶叢。臣甫低頭，争憐拜也無功。疏枝誕節旄丘葛，貯瓦瓶、猶勝泥中。絳雲封。欲奪天公，莫誤春工。

瑶臺聚八仙 成都霽，望雪山，和蕭公權

帝所高寒。鈞天近、芙蓉萬堞西邊。霽空澂景，雲際儼立羣仙。井落天彭歸一掌，蓬婆雪外落尊前。俯春原。錦圍劍簇，襟帶江山。何年三刀夢合，任併梁改益，地轉長安。閬風上倍，遥見玉壘如拳。崑崙睡殘怕起，聽一曲龍歸塵恨牽。峨眉遠，笑白頭荒遯，猷戀蒼頑。

以上見《國立四川大學校刊》一九四一年十卷十一期

大酺 題王仁泉郊居

傍虎頭巖，龍脣水，人境仙都林屋。浮圖關一

掌，抵雙江青繞，亂峯相觸。斷峽彈箏，回溪罨畫，多少人家修竹。開軒延清響，正琴歌聒夢，飯香茶熟。笑丘壑情深，借君幽賞，寄予真獨。　年涯嗟太速。故山近、投老思京轂。更怕説、滄桑臺殿，浩劫鶯花，軫詞心、倍驚春目。庾信徒蕭瑟，江上宅、莫誅茅曲。眷泉石、哀傾國。風雨如晦，良夜同烹園蔌。快談共君剪燭。

破陣樂　林鐘商調

巨鼇斷足，乖龍割耳，天限東海。誰遣蝦夷跳擲，變封豕長蛇增害。風引神山，塵昏震旦，雲沈雨戒。叩黄靈、與日偕亡，恨訴黔嬴無語，淋漓真宰。帝曰東方寇深，妙手連環難解。　休怪。虎變鷹揚，同仇誓死，淮泗滸，終奏凱。楚漢當年争奪地，戲馬高臺猶在。大風歌，三侯舞，干城敵愾。國有酬庸尊有酒，指黄龍相將痛飲，衆心齊快。舊曲新譜，巴渝浩歌烈采。

以上見《民族詩壇》一九三八年二卷二期

八犯玉交枝　題雪王龕郵片詩詞暨玉津閣自書詩詞合册

玉叟詩心，雪王詞筆，計日借郵酬唱。洪憲元年泥印在，怕有淵明孤想。籤程來往。此中言語非真，羚羊懸渡迷香象。惟見硬黄輕墨，柳家新樣。　充使三十六鱗，鱗鱗血淚，藏山移壑無恙。歷千劫、龍鸞相望。義熙事同飛清響。痛縑素、徒供勝賞。老舲香宋皆玄尚。試寄語三榮，蜀牋寫得今誰枉。册計片三十四，起丙辰二月迄七月。驗郵印自三月二十日以前，七片皆作元年，以後則作五年。是年洪憲改元，三月取銷帝制，故仍作五年也。片爲榮縣趙堯生寄成都山陰胡孝博師者，玉津老人自書詩詞間之。裝潢成册，微有蠹損。王君白與收得，改裝示余。余亦玉津門下，舊感增觸，題此歸之。二窗并識。

見《民族詩壇》一九三九年二卷三期

瑞鶴仙

載賦拱桐花

洞天歸化鶴。春去早刷羽，將飛猶弱。喬柯護林薄。任開遲羞問，秦皇仙藥。雙珏對琢。泛藍雲、珠攢紺萼。自鸞驂小别，朱方夢冷，舊盟芳藿。　京洛。園金比相，帶紫名王，借花伊謔。争知洞壑。標絶品，擅天爵。便移裁西陸，分香蓬島，青鳥銜貽度索。耐高寒、未許卑栖，鳳阿自樂。

見《新新新聞每旬增刊》一九四二年四卷三十二—三十三期

周慶雲

惓尋芳

餞春

捲簾誤燕，移檻愁鶯，幽恨誰語。驀地東風，吹散冶春兒女。寒食空尋挑菜約，冷餳都换吹簫譜。倩遊絲，把韶光繫得，緑楊庭宇。　夢念舊事、唐宫春宴，歌寫蠻牋，花放羯鼓。猶有黄封堪作友，枉裹梨雲，消盡幾回尊俎。望長亭，涴緇塵，一天紅雨。憐青帝難爲主。

眉嫵

詠河東君妝鏡拓本。春音社集

認牕窺朱鳥，帳舞青鸞，留得絳雲影。豔想垂虹路，芙蓉暖，當時飛燕人並。畫樓夢醒。對一作去規、秋水寒瑩。種紅豆，不負相思久，捲簾照春暝。　巾帽傷心重整。笑總持垂老，臥子以江總諷牧翁。猶幻仙境。牧翁築我聞室以居河東，更取《真誥》絳雲仙姥之意顏其所居。菱角花開夜，唐宮樣、何年磨洗金烱。容成侯金烱以善磨鏡名。翠蕪怨永。怕聽去聲來、鵑語悽哽。歎詩句催成，釵約渺、玉臺泠。玉作去。

風入松

余舊藏古琴二：曰宋徽宗松風琴，曰趙松雪風入松琴。乙卯立秋前一日，值春音社集，出以徵題，並與李君子昭各撫數弄，蓋不勝移宮換羽之悲云

杏花詞夢泠燕山。道君有《燕山亭·杏花》詞。留得斷紋殘。胡沙多少神州淚，向西風、歸雁哀彈。莫話宣和舊事，虞薰不似當年。　吳興絕調辨琴原。拂指感無端。焦桐應悔心難死，對冬青、陵樹悽然。却笑王孫抱器，戴表元《題琴原後》云：『趙子昂好古音，人非詘之。子昂抱器與書，發憤著《琴原》一篇。』等閑輕換君絃。

小重山

題許狷叟焚香課女圖

秦火叢殘老伏生。十年心事了、女傳經。爇熏微篆盪簾旌。華鬘遠、仙佩迓飛瓊。　詩句斷腸聽。胡沙哀雁語、塚青青。野花開落又西泠。秋風裏、吹淚記零星。女士有《明妃》詩云：『塞外若無青塚在，千秋誰識漢明妃。』又斷句云：『南朝金粉今何在，化作秦淮野草花。』

燭影摇紅

賦唐花。春音社集

落盡天花，舊時箋奏通明誤。是誰空界造華鬘，烘託春無數。新築瑤臺蕊府。裊爐煙、夭姿自許。幾重香窨，一片孤根，漫言温樹。　歌舞深宮，洛陽輕貶飛塵去。等閑商略到熏修，翻把紅妝妒。誰省芳期易阻。警東風、垂

鐙疊鼓。水仙清麗，肯受斜封，和伊同貯。

滿庭芳 人間何世，海國春殘，難得清明，又逢上巳。余以是日舉社愚園，禊飲之樂，匪擬洛中，盛衰之感，或踰逸少。長歌未盡，譜此寫懷

香影園花，愁心蘇草，燕歸空認巢痕。昨宵寒食，今日祓殘春。題徧山陰醉墨，永和後、哀樂重論。河山異，新亭舉目，滴淚注芳尊。前塵。修禊事，重逢癸丑，開社淞濱。癸丑上巳修禊徐園爲淞社第一集。縱俊遊無恙，應瘦吟魂。多少江南舊識，怕鄰笛、中夜悽聞。社中褚稚昭、汪淵若、胡右階先後謝世。還惆悵，桃源路渺，何處避嬴秦。

八聲甘州 爲徐仲可中書補寫其尊人復盦覓句圖

指萋萋碧草暎閑階，斜陽冷簾旌。正茶煙輕颺，松風潛襲，秋思伶俜。檢點鸞箋象管，麗藻苦雕瓊。無可人言意，都付闗荆。今日消沈宮羽，甚古愁蒼莽，悽問書楹。料詞仙識我，歌辯豈無靈。海天遥、滄桑餘淚，被西風、吹冷鮚埼亭。重描寫、記當年事，愁倚潮生。

浣谿紗 爲繆藝風參議題雙紅豆圖

玉合尊前一惘然。相思如夢不曾單。東風昨夜試憑闌。小顆猩紅林種字，薗次歸田後，人有乞詩文者，種花樹一株，未幾成林，號種字林。生綃翠墨畫如煙。玲瓏骰子最難圓。

齊天樂 檗子龐君遺稿題詞

故山萋碧蘼蕪老，華年鏡中催去。竹屋情多，蘅洲韻冷，誰省蘭成詞賦。移宮换羽。仗客

路鶯花，强排幽緒。醉墨分題，峭寒閣夢又春暮。乙卯上巳，詞社初集，君見示脩禊詩，備極沈鬱。今用詩意。　燈隐暗驚夜雨。一編餘淚血，無限酸楚。骨早飛龍，魂應化鶴，黑塞青林何處。旗亭俊侶。怕車轍重經，按歌金縷。抱得牙琴，曳危絃自語。

絳都春

崇效寺展禊賞牡丹，賦此記事，用君衡體

疏狂更理，記者番嫩約，卻傍琳宫。禊改永和，人來洛作平下聚萍蹤。雕欄十二籠煙重。亞枝翻作春慵。賦情誰寫，香痕夜染，豔色朝融。　儘有滄桑淚點，認松雲蔽翠，杏雨悽紅。畫本載歸，仙根移取怨東風。繁華一例瑶臺夢。俊游應惜芳叢。聽歌消酒，横吹玉笛未終。寺有青松紅杏圖。相傳徐州人張姓與洪承疇戰于松山、杏山間，後洪降，張爲寺僧，即拙庵和尚，繪此圖以寄慨。乾隆時名士題詠甚多。至庚子之亂，圖失所在，復爲楊蔭北所獲，還之寺中。僧如慈以牡丹四本酬之。有姜穎生畫歸卷移花圖存寺中，誠韻事也。

新雁過妝樓

酒樓聞歌，用夢窗韻。春音社集

翠管吹寒。閑情緒、無端盡入中年。懊儂聲裏，腸斷九折迴環。盪魄東風欹枕外，照心皓月倚屏閒。莫愁眠。幾番刻燭，拍遍闌干。　低徊蘭成賦筆，向畫箋選墨，醉寫便娟。楚雲一片，流恨不到吴天。宫娃漫歌舊事，有多少吟魂消翠鬟。風懷減，仗浣襟題燕，扶袖飄鸞。

高陽臺

題朱古微侍郎彊村校詞圖

牙拍吟紅，縹籤繙碧，詞場會集仙靈。手擷叢殘，當時傳唱新聲。如今算作秋牕課，費江郎、彩筆縱橫。鎮消凝，獨夜寒釭，數盡疏更。

年年棖觸閒宮徵，自君弦冷後，難寫瑶情。那得烏絲，商量珠字分明。金門大隱歸來，早有名山絶筆先成。更何堪，淚灑滄洲，夢醒春城。

秋霽 丁巳上海中秋。春音社集

仙幔泠泠，又清光萬里，倚樓聞笛。瘦菊催詩，倦荷禁雨，芳菲最憐秋色。西風故國。怨吟自理今何夕。謾共惜。閒步珍蘩，愁把畫闌拍。

尊前涕淚，眼底河山，怕點新霜，鬢華先白。歎如今、天香夢冷，婆娑涼影沁空碧。玉壘翳雲渾似昔。斧痕誰補，分明座隔春星，廣寒靈境，可傳消息。

霜葉飛 丁巳九月偕詞社同人至蘇臺，登天平山看紅葉。春音社集

綴霜疏錦。秋如醉，吴妝新點明鏡。瘦笻攜向畫中行，人語蓬壺頂。俯傑閣、危闌倦凭。箏絃驚雁涼風勁。數萬笏梯雲，儻許得、高寒静占，結廬仙境。

遊事最憶吴皋，官橋野火，舊客重理煙艇。斷紅流夢到荒溝，賸數峯青迴。漸落葉，鐘聲暗省。盂泉分茗禪心永。待共尋、幽棲處，煙雨登樓，更乘清興。

繡停針 題駱佩香水墨百花卷

展卷處，認鳳紙漂香，泪墨痕泫。繡匌辭芳，問理黛螺，肯學入時勻染。玉臺殘怨。記請業、湖樓人遠。儘教洛譜重翻，緑窗寫愁蘭畹。

番風問幾轉。歎嚼蕊吹花，好春難喚。

雙影伶俜，温夢聽秋，吟事暗銷湘管。亂紅經眼。又腕底、滄桑輕换。麝塵長擣，甲籤冷芸熏遍。

摸魚兒　和勞玉初勞山歸去來圖題詞原調

歎擎盤、露零雙掌，銅仙清泪如洗。消凝終古靈脩怨，悽斷楚蘭身世。歌獨寐。料一夜鄉心，飛渡鴛湖水。危樓峭倚。笑龍戰元黄，棊争黑白，今古等槐蟻。　秋風晚，禾黍凄涼眼底。孤臣吟鬢霜矣。乘桴已抱居夷想，何況海天無際。閑料理。算唯有青山，終是蘊愁地。金甌已碎。待吹笛留雲，揮戈返日，有夏仗臣靡。

緑意　預祝荷花生日。春音社集

陂塘映徹。看綵鸞起舞，銜花兜葉。葉是如來，花是六作平郎，紅墜粉房香屑。亭亭不語風微定，怕别浦、冷侵羅韈。譜衆芳、卻記初辰，漸入嫩涼時節。　宫畔吴娃豔影，爲誰更打槳，廊空留屧。鏡妬新妝，湖水湖雲，都被臥簫吹裂。尊前獨寫嬋媛意，且拍到、長生歌闋。儘愛蓮、心貯壺冰，祇有舊篇能説。

減字木蘭花　題薛素素爲王伯穀畫馬月嬌遺像

朱家翠袖。挾彈翩翩傳妙手。花葉朝雲。爲託微波寄使君。　沈檀親炷。早柳新鶯嬌欲語。半偈重參。惆悵當年孔雀庵。

鷓鴣天　題河東君小影，和白石韻

風裏楊花故賺人。無端飛墜愛河津。河東君，本姓楊，名愛，曾嫁某孝廉。題紅枉費相思句，慘緑真成偶現身。舒淺笑，認輕嚬。犀靈一點慰穠春。白頭江總多才思，好伴仙娥住絳雲。

憶舊游

題金粟香太守《陶廬六憶》詩集

記輕紅擘荔，凍碧尋梅，瘴海前游。暑路飛霜倦，便囊琴挈鶴，催放歸舟。故園未改三徑，春夢冷封侯。算考訂蟲魚，平章竹石，雪鬢盈頭。　蕹愁。問何地，奈火劫重經，沈恨滄洲。却向漁樵話，把家山風物，筆底都收。賞音更在弦外，鴻印待君留。時乞題拙著《琴史補續》。想水月澄鮮，靈衿浣出冰貯甌。

鵲踏枝

爲鈕君宜題先德西農先生《亦有秋齋詞鈔》，用顧兼塘原韻

廿四番風吹第幾。展卷微吟，翻訝横秋氣。別有騷心三楚寄。江潭摇落君知未。　休笑屠龍無用技。宮羽滄涼，寫入琴樽裏。妍手姜張聲徧倚。鄉關應補詞人記。予輯《潯溪詩徵》，附以詞而病其少。

瑞鶴仙

西溪秋雪庵側附建詞人祠堂，惲瘦蘭賦詞落之，即用原韻

招提緣未了。但獨客徘徊，斷垣荒草。山園破煙曉。儘扁舟容與，艣枝聲悄。溪流映縞。記當日、精藍地好。甚悤悤、換卻滄桑陳迹，十年催老。　香渺。湧樓彈指，與客攜壺，幾回舒歗。千絲織到。珊瑚網，不須釣。趁寒泉初薦，仙蹤猶在，漫説塵心竟杳。祇天涯、身世飄蓬，聽歌易惱。

百字令

西溪詞人祠堂落成，劍丞賦此見寄，次韻答之

晴蘆絮影，蕩扁舟煙際，盟鷗秋暱。辛苦詞家騷雅意，分得湖山壇席。薦菊寒泉，尋梅曲澗，鄉思蕭疏極。十年重到，梵天彈指非昔。　偏稱蕙芷延芳，漁簑閒理，來譜蘋洲笛。雨斜風塵外想，算抵新亭欷泣。輦路殘曛，濠梁活水，今古才人筆。夜來霜冷，暗驚玄鬢催白。

逍遙樂　辛酉七夕，晨風廬禊飲，兼約西溪之游

秋思一襟涼染。起視銀河，無復雨絲風片。玉宇澄開，翠蓋珠鈿，夢冷長生宮殿。羽霓曲換。又恩恩、巧乞人間，怨分天漢。記隔歲今宵，濁酒曾勸。　花影閒庭香倩。鬢霜華年愁晚。冰甌墮娟月，題醉墨、更誰管。西溪後約在，如雪荻花飛遍。相將櫂穿煙水，吟情何限。

金縷曲　爲劉蕙石參議題枕雷圖

天半春雷怒。恍空中、泠泠吹下，紫雲仙譜。一枕蒼涼驚昔夢，換了霓裳樂府。早法曲、飄零如許。守缺抱殘身世恨，聽宮聲、不返悽今古。滄海變，感而訴。　楚芳瘦減吳蘭去。莽風懷、料量絲竹，怕歌金縷。紅燭雙行溫半臂，濕透宮袍淚雨。算萬劫、情天難補。鐵板銅琵賡絕調，問新詞、細琢還能否。浮大白，爲君舞。

月下笛　予書《超山宋梅亭記》，後幅有餘紙，因填此解，從《山中白雲》體。第四句，張詞『寒窗夢裏』，《詞律》落去『夢』字，今正之

鶴怨山空，花飛春老，夢殘南渡。冬青勁節，

依約前身歲寒侣。相傳山中梅花爲隱士唐珏所植，曾栽冬青於宋陵。冰苔千點滄桑淚，喚鐵笛、重翻樂府。待招魂朱鳥，王孫去遠，黯澆清醑。趙松雪在化城庵題其額曰『化城深處』，又井闌石刻淳祐年號，亦松雪篆書。今俱不存。延佇。留題處。有湛碧洞天，玉龍雙舞。山有海雲洞，禱雨神應。宋時於洞外建黑龍王祠。宋趙清獻、蘇端明守杭時嘗游於此，有題詩鐫石壁。明丁松坡於石壁鑿其父西軒象。寒巖絕頂，雲深仙侣常護。煙巒秀奪人工巧，好寫入、倪黃畫譜。笠屐約，幾生修，還理藚洲舊句。

多麗

三月十三日寫韻樓展禊小集

喜春晴，良時佳序難并。展重三、樓頭倚翠，輕盈對月飛觥。墨痕香、新詞題水，以『長安水邊多麗人』七字分韻，予分得『水』字。缶廬分得『麗』字，詩先成，末句有『安得新詞倚多麗』之句，故拈此闋。花影碎、夜甲調箏。彩筆分拈，禊愁再祓，朱門重到不勝情。恰湖上、酒痕濃染，眉畫遠山青。應猶帶、六橋柳色，撲上簾旌。蘭史禊飲湖上，歸示新詩索和。數當筵、夢窗寫韻，缶廬席上有句，蘭史、貫恂及予均繼聲。盟鷗客、盡知名。倚燕語、樵歌罷唱，攬鵲彈、花拍停聲。古微、積餘約而不至。樂聖陶然，夢華莞爾，尊前一醉快生平。聽架上、紅鸚低喚，後約訴傾城。流連處、滿天風露，小閣銀屏。

高陽臺

題冷香吟館填詞圖　圖爲鄭健盦夫人胡澐卿女士生前所繪

紙閣風淒，蘆簾月瘦，秋心又到愁邊。幾日西風，清商分付哀蟬。年時醉墨題香處，怕重尋、墮翠零鈿。最堪憐。雁柱箏塵，飛滿冰弦。詞仙眷屬修難到，有丹青吴質，寫上吟箋。綺語銷除，悤悤小別人天。玉簫細掐紅兒譜，只緑窗、殘夢成煙。伴無眠。夜雨孤燈，一片螿寒。

鷓鴣天　和彊村、香嚴宫體四首

檢點羅衣認酒痕。靈蕤秘帙記難真。紅心草短成長恨，藍尾花殘惜好春。　蓮作寸，麝成塵。玉樓歌舞易黄昏。愁根只是生來種，纔畫雙蛾又學顰。

其二

小夢驚殘冷碧河。玉容憔悴看星娥。珍珠串散同心結，鈿盒盟寒得寶歌。　休悵惘，禁蹉跎。璇宫消息近如何。三千花界逢摇落，未必春風隔座多。

其三

七寶妝成宛轉嬌。自憐碧玉教吹簫。誰知絳樹雙聲曲，化作文鴛獨夜潮。　栽恨葉，種愁苗。守宫壓臂驗紅消。銀河清淺風波惡，比翼難填烏鵲橋。

其四

曾幾歡場醉玉鍾。一春心事夢魂中。無窮香葉遮天碧，别樣宫花向日紅。　妝閣外，桂堂東。蓬萊從此隔東風。回鞭笑指長亭路，又聽花陰嘶玉驄。

憶舊游　題春宵憶舊圖

慣鐙唇過酒，簾額敲詩，醉擘鸞箋。容易春韶换，早緑窗人去，催瘦華年。只有一彎眉月，長與照清眠。記紅豆拋殘，碧紗籠罷，細語尊前。闌珊。更誰省，賸別柳同吟，丁卯橋邊。老去風情好，伴當筵側帽，悟徹紅禪。絮雲留影無着，花相坐瑶天。但結習難忘，香題麝墨鷗夢圓。

湘月

雷峯殘塔，和陳仁先學部原韻

觚棱一角，共南屏殘照，蒼茫千古。金塔塗消，佳話婆留留不得，陌上花開無主。銀龍簡壞，瑟瑟寒鴉度。蒲牢咽斷，橫流誰與支拄。

幸有解事元龍，空王禮罷，散諸天花雨。風月雪虹舒醉墨，題徧淒涼新句。如此湖山，無多金粉，過客行難住。怒濤飛雪，隔江弩射何處。

霜花腴

李孟符同年入都修史，臨别，和夢窗韻，書扇爲贈。依韻奉答，即以送別

夢華倦客，趁晚潮，江風颺上塵冠。香冷宫鑪，墨殘仙詔，篇家記纂應難。海天自寬。怕舊痕、消卻襟前。望觚棱、淡月昏黃，片帆千里浪花寒。

秋笛候亭愁訴，更疏槐葉落，暗噤高蟬。霜急催砧，雲遲牽纜，離懷瘦入吟牋。五湖畫船。可再聽、歌裏嬋娟。扇紈輕、淚染新詞，雨燈還耐看。

花犯

賦櫻花

仗東風，紅裁翠翦，繁英更多麗。萬重花氣。薰鬢影衣香，吟賞先醉。舊根問否君房徙。徐福，字君房。仙蓬雲外倚。弄曉色、墨江如繡，娉婷鶯燕裏。

熙春操中唱移春，和文注《琴譜》有《熙春操》。窺鄰送冶態，依然嬌媚。芳信近，遊蜂鬧、綴幡人悴。靈山畔、數番夢醒，空爛漫、

穠華隨逝水。待看了、日斜煙暝，輕陰能護幾。

霜花腴　徐園詠菊，和夢窗韻

聽秋俊約，問幾時，西風醉倚簪冠。霜圃清英，月廊孤豔，籬疏意淡尋難。酒杯自寬。認故園、佳色尊前。算年光、侑客黄花，舊盟不共捲簾寒。　金谷麗韶春去，喚高樓一笛，瘦樹稀蟬。彭澤雲閒，酈泉人壽，傳香稱擘苔牋。水馨送船。點繡屏、涼影娟娟。好斜陽、未是飄零，膽瓶還對看。

浣溪紗　爲葛詞尉題尊公毓珊先生三十遺像

京雒緇塵浣客衫。十年春夢醒郎潛。玉霄曾帶散人銜。　詞客有靈傳彩筆，詩仙無恙築香龕。平波臺下月空涵。

水調歌頭　汪詩圃自滬歸皖舟次中秋，用坡老《丙辰中秋懷子由》韻寄示，因次韻奉酬

千里共明月，悄悵隔江天。南樓絃管何許，風景尚當年。多事吴剛仙斧。驚起玉龍飛舞。宫闕水晶寒。一舸五湖去，澄鏡出雲間。　涼蟾今古無恙，先青史事，紅桑話，付鷗眠。照客舟圓。山色皖公如笑。江色新安如繞。閭井劫餘全。歸徑問松菊，瘦影自便娟。

占春芳　花叢一青衣，冶豔無儷。蓴農、中磊各有所作，予亦效顰

花媚晚，鐙飄豔，倩影稱羅衣。一片明霞園處，麝塵暗襲冰肌。　障袖照璚巵。暈微波、沈醉嬌姿。月華今夕多情甚，涼意絲絲。

滿庭芳　予偕朱登自滬歸里，值家廟冬祭，與諸昆相見甚歡。越三日，年姪有添丁之喜，爲填此辭

日落潮平，帆飛月冷，水窗誰伴閒雲。牀連嬌客，相與倒金尊。薄醉重尋舊夢，望家弄、松菊猶存。最悽愴，溪橋古渡，霜露感晨昏。　諸昆。驚鬢白，經年一見，是主還賓。且細論風月，暫辟囂塵。寒夜熏籠静倚，青鐙味、回首如新。聽雞鳴，阿咸秉燭，慈竹報生孫。

雪梅香　春感。春音社作

雨初歇，危闌一抹戀斜曛。漸東風吹老，時光暗擲流塵。花影波摇水天碧，柳絲煙織素縑勻。曉鐘續，未盡蘭膏，猶是殘春。　淞濱。幾吟望，月淡鵑啼，夢繞仙津。去年此時曾游京津。轉緑迴黃，去年景物還新。鶯語笙簧正諧合，蝶妝金粉忽平分。長亭路，有限嘉韶，多半愁根。

清平樂　題李審言《遊杭詩録》

谿光嵐翠。一片侵衣袂。白首詩仙吟望地。騎鶴擁雲游戲。　木蘭不繫歸舟。壁紗好句應留。重向吴淞翦水，襟痕猶認杭州。

小重山　西溪汎舟

溪水西流拍岸平。遥山如畫罨、黛眉横。萬蘆深處警秋聲。孤篷底、中酒夢忪惺。　鷗鷺結新盟。樓臺隨指點、泝空明。欵招詞客酹仙靈。新霜近、禪榻鬢星星。

虞美人　題嚴俊叔夫人張氏折梅圖遺照

毿裘茸帽蠻鞾窄。幾度巡簷覓。晚寒呵手揀瓊英。好與檀奴消息、說和羹。　十分春在枝頭見。依約春風面。佩環月夜儻歸。來化作花枝幽獨、未應猜。

百字令　題南山蒼翠圖，爲盛省傳學使七十壽

虯枝鐵幹，任風霜歷遍，青青蔥鬱。層翠春雲披拂地，三月江南時節。桃李門牆，珠蘭庭宇，綵舞花連纈。霞觴香醉，古稀桑海曾閱。　遥想玉尺文衡，金蓮炬送，佳話堯年說。山色中條依舊在，還對蓬萊宮闕。沅芷情長，湖蒓夢早，吟望滄江月。歲寒高致，畫圖蒼靄如裹。

鷓鴣天　題劉翰怡京卿笠屐圖

笛外高樓望眼空。登臨翻戀絮雲鬆。曉霜葉印苔痕淺，流水花涵篛影重。　新嶂緑，夕波紅。江山無語畫圖中。滄浪亦有清兮曲，未必明朝雨是風。

木蘭花慢　題《梅芬閣本事詩詞集》，序爲舒問梅作

問花花解否，花不語、爲誰開。記吹笛梅邊，舊時月色，倩影驚猜。天涯夢痕颸處，但落花片片點蒼苔。便許黄絁境浄，莫教紫玉煙埋。　吴臺。回首渺芳埃。香雪黯吟懷。算絮果難圓，楊枝易老，雲過清齋。安排。醉鄉半隱，只蘭成一賦儘堪哀。留得江湖後約，幾時載酒重來。

踏莎行　仲可席上晤高吹萬、黄賓虹、潘蘭史諸子，分韻得『夢』字

花暖鶯啼，林深鶴夢。蕭齋風月成清供。引泉穿石駐閒雲，疏簾香嫋琴三弄。　茶嫩甌輕，酒濃杯重。吟牋細擘斜陽送。客星小聚澹忘歸，緑楊影裏鞭絲控。

喜遷鶯　李橘農姨丈退歸後，蟄居海上，月必三集。今移居蘇州，賀以小令，從張元幹體

書萬卷，屋三間。吴館醉壺天。閶門楊柳似當年。此地憶詞仙。　戀蓴鄉，辭橘里，蓺桂舊名山。花南酬唱水雲邊。客夢錦颿懸。

清平樂　錢瘦鐵折柬賀歲，以通草一方自繪無量壽佛，上綴蛛網，工緻可愛。爲譜此闋以張之

匀裁瑶草。網織千絲巧。譜出喜神除嫞惱。我替梅花深禱。　金容滿放圓光。本來佛壽無量。還祝人天如願，願如文字之祥。

浣谿紗　題仲可鷗社第五圖

汐社聽潮第五回。舍南時見白鷗來。閑情分與鷺鷥猜。　詩格滄涼和淚鑄，酒波瀲灩破愁開。垂燈疊鼓漫相催。

臨江仙　題錢亮臣《問妙香室詞稿》

芳草寒花絃外意，新聲散入蕒波。閑雲一片性靈多。霜雕秋欲射，井水飲能歌。　容易消凝三楚恨，未應芳節蹉跎。問天無語奈天何。雍門彈舊曲，沈醉付青娥。

以上《夢坡詞存》卷一

滿江紅　和錢亮臣自題生壙之作

鄉老白雲，竟早把、青山買得。試認取、蔥蔥佳氣，松風徑闢。共穴先償偕隱願，馬夫人先葬。鑿坏預辨尋幽宅。呼山中、猿鶴賦歸來，猶相識。　黄冠服，貞珉勒。牛眠卜，龍門側。壙在西湖龍門山下。琢墓前圓石，應題詩伯。小結冬心塵夢醒，聽殘秋唱浮生息。數君家、五字足千秋，錢郎瑟。元好問詩：『胎仙不比湘靈瑟，五字錢郎莫漫驚。』

驀山溪　題溪山無盡圖，壽沈季宣副轉四十，誕期爲七月七日

稽山鏡水。鄉味蒓鱸思。華月照雙蓮，恰星期、秋雲焕綺。銀河天上，翻似羡人間，燈結蘂。尊浮醴。七夕千春麗。　衡倉學士。芳譽茸城起。飛雪峭帆輕，戀棠陰、正符强仕。淞濱吟眺，花萼有高樓，巖松翠。澤芝紫。看取丹青裏。

清平樂　爲潘蘭史徵君題虎邱探梅圖

春燈欲試。商略尋春地。莫是孤山林處士。來證梅妻佳麗。　扁舟欵載娉婷。東風吹起紅情。徙倚冷香閣子，低徊殘霸宫城。

齊天樂　題蘭史山塘聽雨圖

銀箏畫舫山塘路，悤悤早成離别。繡館留題，歌橈載酒，回首俊游都歇。孤篷雨拂。賸聽水聽風，墜歡難拾。暗自銷魂，鏡痕兩鬢點霜雪。　天涯征夢憶徧，便淞波翦取，無限愁絶。碧海槎回，珠江月上，過眼輕塵飄瞥。淒聲更切。甚畫裏雲山，送殘啼鴂。對燭西窗，

引尊花外説。

賣花聲　題西樵攬勝圖，爲蘭史作

雲谷翠回環。倦鶴知還。浮槎過眼幾溪山。雞犬桑麻天半現，山半地平，可爲民居。仙境人間。

鄉夢到吟邊。無限林泉。朝霞暮靄最新妍。煙景亦隨塵態變，如此峯巒。

高陽臺　閏端午夕讌，補谷老農即事感懷，譜此見示，依韻奉酬

箭碧傾杯，蘆香解糉，晶簾斜送驕陽。殢酒年華，今朝命縷添長。江梅兩度風前落，甚參差、不換紅腔。儘流連，花數優曇，絲繫垂楊。

靈符舊是胸前佩，要欃槍銷盡，同醉蒲觴。戲水魚龍，幾回海畔成桑。天中賸續昇平話，算人間、盼到重光。怕聲聲，又聽鳴蜩，還費思量。

浣溪紗　題胡澐卿女士石鼓遺墨，鄭健盦夫人，藻青之女也

櫻雨開匳帶草殘。漏釵痕刻小檀欒。緑窗清課想當年。

石墨鐫華橅獵碣，玉箋寫韻理螺丸。掃眉人去袖羅寒。

八聲甘州　題吴越西關磚塔藏《佗羅尼經卷》

渺蒼煙鈴語是何年，雷峯鎮錢塘。想檀林萬寶，宫花簪格，覺路空王。算等莊嚴樓閣，彈指劫灰凉。一杵南屏晚，催送斜陽。

陌上歸歌夢斷，甚飛輪霞影，銷盡新霜。賸殘磚經卷，和墨洗秋妝。豈塵間、鬘雲重現，伴撥沙、唐本出燉煌。人天感、認瑠璃地，貝葉還香。

前調　吳越西關磚塔既圮，偶檢南宋畫院待詔錢唐李嵩畫西湖圖卷，其塔簷級皆具，可以登眺。因倩吳琴木背臨一角，以覘當時風景，仍譜前調

話興亡百感入浮圖，南屏鎖寒煙。記錢江鐵弩，中朝玉印，春滿湖天。寶鐸金盤煥彩，登眺雁雲邊。一幢臨安畫，風景當年。　攬結華鬘未散，任東鄰遺燹，峭立危巒。明嘉靖時倭寇疑有伏兵，縱火焚去，僅存塔心。浸澄波孤影，斜照夕陽船。認前朝、殘山賸水，奈自今、頹壁冷愁鵑。重摹際、只疏鐘晚，誰問桑田。

永遇樂　題林蔚文《永川遇匪記》

煙密藏篝，徑荒叢棘，人世何處。度棧猿愁，當關虎猛，真應青蓮句。吟邊多少，蕙心蘭思，換得慘春愁緒。驚魂定、渝樓試酒，翦燭翠窗殘雨。　奇峰峭壁，芳洲繁繡，帶水枕山如故。沈日昏鴉，沖風冷雁，多事流光誤。恒沙劫影，鑾花紅淚，聽徧杜鵑啼苦。認題痕、巴江浪漲，又傳戍鼓。

月華清　爲金甸丞太守題夜紡課孫圖

紅緯驚秋，青燈尋味，閒階風葉如掃。醉墨陳情，心事傳經誰表。看孫枝、百尺淩雲，知祖竹、蔭分多少。圖稿。寫年時舊夢，淚盈懷抱。　便有金羅芝誥。只落月空機，紡磚人杳。老臥滄江，訂徧雅聲淵調。試畫取、烏烏深情，還自厲、歲寒幽操。吟嘯。又蘭縈瘦影，滿天霜曉。

千秋歲　壽金甸老七十，題琴木繪南山松柏圖

露柯霜幹。濃緑丹崖絢。人境靜，閒身健。

入鹿鳴，與我郡俞曲園太史同時重宴。今先生之孫智夫長齋奉佛，已垂垂老矣。其曾孫公夐屬題

暨陽軍略，認衣冠古處，應躋仁壽。九十華年添矍鑠，漫説黄金懸肘。罷宴鷹揚，鹿鳴榮與，算躍龍門又。一身英氣，汔今猶挹襟袖。　堪歎浩劫塵沙，遼天歸鶴，城市都非舊。大樹勳名餘蔭在，隱德三衢知否。先生守衢時被圍，城外哭聲不絶。先生背上峯意，開城納入數千人後，即解圍，活人無算。圖畫如新，流光易逝，孫亦成耆叟。研精禪理，歲寒還約相守。

臨江仙 題胡宛春霜紅簃填詞圖

殘月曉風江上笛，笛聲吹皺鷗波。伊人散髮刺船過。遠林霜後，絢秋檻倚高歌。　換得紅羊桑海恨，餘生誰補蹉跎。浣愁天亦奈愁何。夕陽斜戀，樹煙外亂鴉多。

艫鄉滮水闊，雁路湘波倦。槐陰話，批雲敕月蓬萊遠。小謫鄰香案。星聚羣仙宴。桑海過，壺觴勸。景延春靄曉，寒抱冬心晚。珍重意，扶紅貯翠東籬戀。

齊天樂 壽海門宗臺八十，是年重游泮水

越山數點青如畫，東湖水窗曾倚。逸老心懷，經生志略，林外雲天無際。春秋耄矣。寫矍鑠精神，壯懷猶是。太極傳真，嘯吟風月等餘事。　香芹南澗舊緑，泮宮身再到，多少遥思。羽籥煙沈，池橋日暮，還續承平遺事。河清且俟。檢一領青衫，問今何世。漫話滄桑，靈光知有幾。

百字令 丁厚庵先生九十遺象。先生籍諸暨，由武科補都司。癸卯重宴鷹揚，因武科已停，併

浣溪紗　題徐貫恂梅花山館讀書圖册

巡笑香熏甲乙籤。徐郎才調自翩翩。萬梅花擁一房山。　冰雪東風塵不涴，嫏嬛福地月常圓。碧春詞筆豔於仙。貫恂有《碧春詞集》。

臨江仙　題貫恂紅燭寫詩圖

鵲腦香添紅袖，鳳脛光照烏絲。玉鉤閒挂畫簾垂。漏聲催子夜，燈味憶兒時。　翦燭花前説劍，澆書醉後題詩。紫琅秀色鬱雙眉。江山千里思，心事一鑪知。

蕙蘭芳引　蕙風曾譜此詞贈畹華。今畹華南來，鶴亭追和以贈，予亦繼聲

新唱柳枝，已繙到、夢華殘録。醉十里香塵，還是上陽豔曲。鳳城鏡影，賸付與、哀絲豪竹。算護霜節晚，綺萼先春含緑。　畫角關山，魚龍庭戲，久倦心目。又風景江南，牽起舊愁萬斛。歌闌雲散，淚痕短燭。念故人、謂蕙風。簫按倚梅同續。

水調歌頭　題貫恂可園觴秋圖

今古此明月，人世幾中秋。名園觴詠佳侶，難得正當頭。風歛纖雲初掃，簾捲幽香還娲，清境傲滄洲。且盡一尊酒，相與共沈浮。　飛吟觥，題畫壁，儘句留。青天碧海何事，偏替素娥愁。漫説霓裳試舞，只恐伊涼换譜，怨笛起紅樓。願駐山河影，長照大江流。

齊天樂　題貫恂品泉圖

風流城北精藏鑒，仙蟫食殘奇字。品别三銖，源尋九府，輕重都關信史。毫芒細視。趁酒熟茶香，古歡遥寄。往事評量，一錢社集動遐

邇。戴文節輩品泉有一錢社。　銅仙垂淚忍見，閉門攻著録，差喜同嗜。璽節鐫痕，尊彝篆款，翠墨朱文慚記。余有《金玉印痕》《獲古叢編》行世。江天近咫。話賞析情懷，共商清閟。董譜傳芬，宋董逌撰《錢譜》十卷。展圖欣附尾。

踏莎行　隋董美人墓誌，爲吴湖帆題

翠墨芬鐫，玉鉤香瘞。蜀王年少多才綺。秋衾銅輦渺寒煙，苔衣猶篆開皇字。　寺主鴛鴦，宫詞花蕊。風流仁壽餘殘記。劫灰紅處認春暉，原石藏上海徐紫珊，燬於甲寅之亂。鄭叔問中翰藏有春暉堂拓本，已極珍貴。夢華往事空流水。

臨江仙　題談麟祥夢庵尋夢圖

盡説天倫多樂事，如今回首都非。燈花紅炧影悽迷。魂應胡蝶化，血是杜鵑啼。　召我趾離原幻境，片時且傍庭闈。惱人無奈汝南雞。不如供點染，猶得想依稀。

西子妝慢　西溪蘆花，用夢窗自度腔韻

寒影黏天，淡痕點水，萬片非花非霧。緩衝雙槳白煙開，颺晴波、畫橋西堍。迎霜自舞。總不化、浮萍寄住。雁眠遲，任葦灣風起，晶光如許。　秋期誤。秋祭詞人，因病未與。菊戔椒槳，暗趁斜陽去。鶴黄雲素邈溪山，襯碧龕、晚鴉紅樹。滄浪韻句。問何處、蘆洲悽賦。更蕭蕭，笛外飛泉度雨。

齊天樂　莫干避暑，偶填此解，適夏吷盦、黄公渚重集漚社，限此調

琅玕疊翠流塵隔，蕭然萬峯深處。劍氣霄騰，嵐光煙幻，看慣陰晴朝暮。幽蹤暫駐。算猿

鳥尋盟，一年一度。小築行窩，攀躋漫詡得雲路。閉門休問許事，占松濤一枕，静悟琴譜。繪景題圖，裁箋寫韻，自得山中吟侣。荷衣漫賦。莫又遺秋來，頓催離緒。夢戀巢痕，日長如太古。

芳草渡 西溪祀兩浙詞人，用清真韻

菊徑晚，又薦酌華泉，瓣香仙侣。念碧簫天上，靈旗半捲風雨。終古吟思苦。還幽情如訴。翠岫近，便望鄉雲，鶴馭來去。　重顧。渚蘆霜影，盪槳煙迷山外路。話漁隱、精藍舊境，溪聲帶禪户。榜歌響嘸，怕引起、蘋洲愁緒。管磬歇，暮鳥斜陽亂舞。

前調 靈峰探梅，仍用前韻

鶴夢曉，正醉客年光，暗催雲侣。念玉妃春瘦，蟠根又幾霜雨。南嶺離思苦。憑東風遥訴。蘚磴掃，記過溪橋，竹外斜去。　迴顧。粉妝萬點，自理煙鋤青嶂路。認疏影、湖山畫裏，琴尊寄庭户。海桑眼倦，賸繚繞、逋仙情緒。古寺月，照冷虬枝對舞。

石湖仙 題大鶴詞册，爲吷盦題

高門蘭錡。老煙雨滄波，看盡興廢。飄淚惜餘春，引樵風、危闌悄倚。觚棱何許，儘怨訴、隔江蘅芷。芳悱。望斷雲、錦翰重理。　吴臯記尋去影，正楓園、霜林換醉。用吷盦詞中《惜紅衣》第一闋意。喜約崦西，嶺色斜陽還麗。杳壇空，鳩啼星徙。冷紅分綺。開綵笥。幽馨共染芸紙。余亦藏有大鶴遺墨。

瑞鶴仙 懷超山宋梅

悄東風過驛。山意嬾，欲誤芳期歷歷。虬枝鍊冰魄。記冬青前度，江南同客。支亭甃石。念好春、樽畔易擲。惱飄窗細雨，還噤翠禽，緩引遊屐。　憶自溪橋攬勝，掃蘚尋碑，聽松臥席。林幽磵澀。斜陽路，總輕惜。剩詩情幾許，寥天吟望，湘妃蛟背凍立。怕寒香動月，吹起玉龍怨笛。

三妹媚 南湖晚眺

風梳煙柳媚。傍紅欄橋扉，暗撩吟思。乍怯春寒，正俯波明鏡，古衫新試。燕語商量，離岸後、舷脣還繫。塔影銷殘，夕照依然，碧天沈水。　回首禪關遥閉。賸喚侶鷗鳧，澹如人意。斷靄蒼茫，襯兩峰健處，倒涵湖翠。立盡黃昏，漸散去、南屏香市。半餉聞根纔静，鐘聲又起。

東坡引 坡仙生日，賦此爲壽

臘殘驚逝速。賓筵侑醽醁。蘇齋舊例千秋祝。鶴南飛一曲。鶴南飛一曲。　長公記入夢，賞音空谷。話勝概、笑堪掬。渾雄兩字金焦熟。江山圖幾幅。江山圖幾幅。余嘗夢蘇長公，相與論山水，曰：『金、焦最雄渾。』醒而自號『夢坡』。

漢宮春 壽劉翰怡京卿五十

臥倦滄江，數流光飛轡，圃老秋容。津橋子鵑，聽慣心事悤悤。西陵舊植，夢觚稜、煙冷杉松。聯酒緒、淞波翦取，澹懷付與吟筇。　長日書城坐擁，聚元雕宋槧，善本欣逢。謏觴異編校讀，鐫到殘叢。名山永壽，笑閒雲、世態浮空。還試譜、蕢洲笛韻，倚闌喚醒魚龍。

霜花腴　壽林子有提學六十

絳霄健翮，趁晚霞，隨風倦倚江樓。湖海閒身，蕨薇高致，壺天又幾添籌。遣消旅愁。晉羽觴、花甲初周。會羣仙、共詠霓裳，月圓雙照鏡中秋。　簪紱蔭承青歲，侍椿庭節鉞，訪遍炎州。燕北掄材，嵩南尋勝，痕題醉墨香留。素波自流。引舊情、煙水盟鷗。冷春音、喚起滄浪，雅聲還唱酬。

渡江雲　拙荆清河君週甲時，設放生會於西溪。今屆七十，仍踵行生日放生，爲填此解

荒庵尋梵隱，護生舊碣，亘蔓點蒼煙。湖洄春宛在，翠藻銀鱗，鏡澈匯山泉。閒罶挂日，任浪躍、秋渚長天。花影涵、雪蘆如海，游泳十霜前。　綿綿。南林先蔭，先祖母許太夫人八十生日，設放生會於南林。古蕩新波，又慈雲垂衍。休再提、昆池黑壤，火井青蓮。西溪總比西湖靜，照金波、明月同圓。宏願永、恒河流水年年。

風入松　南溪草堂圖，爲余君素盦題

畫簾新緑蘸垂楊。風定紫芝香。淞波咫尺漪園路，隔濤聲、低水幽篁。歸夢重尋麋苑，逸情還是鷗鄉。　傳書心事付青囊。春在玉函方。林亭多少閒花影，只壺中、雲淡天長。商略江村圖卷，數聲漁笛滄浪。

宴清都　壽劉澂如學士七十

倦息鱸鄉久。蒓波緑，御香猶帶吟袖。西班聽雨，南坡望月，到今回首。雲屏畫入河陽，

漸換盡、寒鴉臥柳。抱勁質、滿蔭長春，蒼松柱日冬秀。商量捃採朝章，蓬萊淺碧，鉛槧還守。周京念昔，堯天駐景，汗青同壽。金羅麝墨暉映，鑒嗜古、圖書二酉。更舞鶴、闕里秋期，芳流桂酒。

洞仙歌 金磷叟挽詞

遼天去鶴，認人間何世。檢點當年舊封識。更笙鏞絕響、俎豆埋塵，遺墨淡，蔓草宮牆煙起。傳經風雨夜，皓首青燈，門下門生滿桃李。即此媲河汾、荆玉幽蘭，晶英發、循循詩禮。奈海上、仙龕竟傳來，只鳳浦湖清、虎蹲山峙。

前調 題謝榆生孝廉溪山讀書圖，用稼軒韻

桑田劫換，甚茫茫塵路。漫問桃源傍何處。笑同羈海角、咫尺天涯，欣社約，夙好又聯今雨。榆生爲先兄年家子，與余居甚近，十年來未嘗一面。移家圖畫裏，疊嶂飛泉，自有閒雲任來去。裝玉軸、署牙籤，坐擁書城，卻又把、菁華甄取。述舊德、園棋冷幽棲，莫繫戀東山、翠釵扶住。

被花惱 題桐陰讀書圖，爲楊鐵夫作

平臺碧影淡成雲，晴日紙窗春晚。阮薛風流去今遠。江山一覽，情懷萬緒，翠閣消書卷。繙竹素，蘸朱黃，半簾芬曖東廂戀。依舊照藜青，多少嘉韶媚回眼。瑤籤祕府，寶笥幽經，看到人間換。正分星散綺費安排，又秋意、西風漾池苑。撥墨處，染得香芸吟徑滿。

安公子　秋日由武康返杭，道中即景

爽氣淩秋曉。曉風吹出煙巒峭。翠滴征衣車轍轉，答聲聲幽鳥。望幾處、村橋野店溪流繞。駒影馳、漸漸修途杳。指四山青際，還現紅樓晨照。　清宇開襟抱。倚窗心事閒吟眺。畫裏江鄉詩境淡，付晴蘆寒篠。更斷續、雲邊撥盡胡笳調。霜天重、只有東籬好。認酒痕襟上，依舊杭州又到。

憶帝京　題陶俊人水部《陶盦鴻雪圖詩草》

餘生歷劫風塵裏。少日孤寒如水。儒雅邁經師，聲譽標鄉里。島國乘桴游，績學歸登仕。　逮祿養、忽悲何恃。訪石刻、先德堪紀。先德元暉中丞有《蟫蟣憶古》詩墨蹟藏於家。後至鳩茲訪尋石刻，復約族人和詩勒石碑後，以誌永慕。布藝農場，迴翔水部，欲寄秃筆留身世。便仿見亭圖，各有傳家史。予亦有記事圖數十葉，自題曰《夢坡畫史》。

大酺　浦灘晚眺

正濕雲飛，斜暉淡，梅雨江南時節。談瀛淵客夢，渺吴煙吴水，海天相接。浪舶高檣，颷輪砥路，銷盡珠塵瓊屑。層樓燈如畫，照驚波不定，映光飄瞥。任愁滴東流，意慵西笑，凭欄誰説。　連環初解結。舊歡又、輕舞誇回雪。問記否、緗桃花亂，文杏巢空，把嘉韶、喚殘春鴂。演徧魚龍劇，聽怨笛、柳邊吹裂。更嚴柝、關山月。林靜何處，簾外清街風歇。怒潮夜來響咽。

一萼紅　夏日苦熱，擬作莫干之游，用白石韻

井梧陰。蕩薰風如醉，曾上舊華簪。紅鏡天

塞垣春　題疚齋所藏陳迦陵洗桐圖

妙筆傳湖海。看淡宕、豪情在。秦淮別柳，汴京離黍，銷盡香黛。噴玉泉、散作去輕雲靉。已不是、天花灑。聽薰風、來琴裏，碧梧棲鳳還待。塵夢幾回更，江南望、春去歌罷。世澤米家船，又書畫流愛。算前緣水繪，重締澄清，意合隨、詩囊載。一抹翠山晚，素縑猶拂采。

前調　題遐庵所藏王晉卿詞册

燕席飛弦管。記寶繪、風流遠。雕章襲錦，蘇子由《王詵都尉寶繪堂詞》『戰袍賜錦盤雕章』。鳳臺摧羽，尚魏國公主，早卒。春盡鶯囀。賸筆花豔帶歌塵輭。料拍點、闌干徧。望天涯、多芳草，續騷心事難遣。清麗比南音，山谷云：『晉卿樂府高，瑶窗晝静，香篆還透檀沈。倦抬眼、殘枰幾局，喚幽夢、新報隔花禽。枕繞鳴泉，簾摇遠岫，清境如臨。東望海雲何處，任驕陽告喝，聚散無心。垂柳江村，團荷水榭，消夏空自追尋。算瓜李、南皮猶昨，奈餘暉、鴉背閃黄金。待訪山椒劍池，涼意秋深。

石州慢　山居度中秋

竹影摇涼，山意愛晴，煙淨澄碧。溪聲響答霓裳，碾玉一輪催出。寒輝古劍，映帶百道飛泉，衝霄欲起神龍蟄。花外月團圞，恰平分秋色。還憶。飄香桂酒，合壽桃觴，每圓今夕。同算稀齡，只把年光哀益。相偕隱處，更對澗鶴巖松，尊前遥引穿雲笛。雙照寄高樓，有天南詞客。汪氏雙照樓主時止予六月息園。

清麗幽遠，工在江南諸賢季孟之間。』王張意、還照詞苑。晉卿草書有王子敬、張長史遺意，見《後村集》。翰墨古芸緣，正香定深院。認滄桑、幾許題識，詩書畫、合珍煙江卷。繪有煙江疊嶂圖卷。綠橘賦秋美，半淞閒得翦。

天香　康橋居賞菊

零葉凋荷，殘絲曳柳，秋風院宇如掃。送酒人來，傳香詩寄，點出翠攢金繞。淡妝耐晚，誰只説、重陽最好。春露濡根共挹，寒霜着枝還傲。　滄江臥遊思悄。遠車塵、畫屏深窈。記得幾番疏雨，幾回斜照。三徑幽芳自抱。儘瘦蝶、伶俜夢難到。鄭重東籬，年光未老。

揚州慢　題馬湘蘭『聽鸝深處』印。此印側鐫『百穀兄屬爲湘蘭仙史，何震』，素稱雪漁最精作品。今爲平湖葛書徵所藏，搨印見眎。余既繫以長歌，意有未盡，因依白石自製腔寫之

飄柳青衫，惹花紅袖，兩心小印朱文。認芝泥一點，帶蕊石香痕。載柑酒、閒情更遠，茂林幽谷，輕喚殘春。問秦淮、風月能銷，多少良辰。　管絃散了，並吴園、飛絮成塵。飛絮園即湘蘭爲百穀稱觴處。只翠館鐫名，金章篆篆，芳字傳神。砭俗曼聲依舊，深山迴、隱葉誰聞。愛明窗晴日，精廬書畫同珍。

天香　題楊鐵夫抱香室填詞圖

疏蝶驚秋，愁鵑訴晚，高樓靜夜孤倚。柳浪題痕，月湖書影，往跡半隨煙水。冷香自抱，誰寫出、天涯吟思。分韻宫商細嚼，傳神素縑還是。　南雲雁邊剩寄。夢羅浮、問梅開未。

記取浦濱觴詠，海鷗身世。笛外寒笳四起。怕盼盡、斜曛暮鴉蔽。倦眼江山，幽懷盡裏。

徵招　挽漚尹社長

天涯一瞑登樓眼，淒涼望京何許。故國幾繁霜，促斜陽歸去。拜鵑心最苦。早吟斷、白頭臣甫。匆幕流杯，匆幕亭在連州巾山之麓，曾見《彊村詞》。上彊歸鶴，漚尹曾繪歸鶴圖。卅年情緒。

還與翦淞波，滄江晚、留得舊盟鷗鷺。半篋墨痕新，感生如泡露。劫餘無浄土。歎空遣、大招悽賦。瓣香爇、待迓詞仙，指岸蘆深處。

玉漏遲　象樞孫君瓣香彊村，倩作家追摹遺象，徵題，後擬送至西溪詞人祠堂弆藏。因賦此解

馬塍愁未了，滄江劫後，湖鄉雲杳。畫裏鬟眉，依舊茝蘭襟抱。書几苔牋翠墨，透香篆、鑪煙還嫋。顏似笑。含商嚼徵，吟懷多少。

古鷓鴣咽絶哀弦，縱喚得春回，餘寒風峭。渡斜陽，換盡悴林衰草。泡露三生夢醒，擁黄鶴、詞僊同調。人境悄。叢祠絮蘆秋繞。

右詞經漚尹點定一卷，尚未付梓，而漚尹遽歸道山。後復益以近作，分爲兩卷，並附挽漚尹及題遺照之詞，爲之腹痛者累日。慶雲自識。

以上《夢坡詞存》卷二

減蘭　爲曹魯笙題照

吴頭楚尾。蕉萃潘郎遊倦矣。絲盡春蠶。還唱新聲析析䗶。黄金手散。鴛鏡重圓紅淚泫。説與青冥。多恐鈞天醉未醒。

以上《夢坡詞存》

見《希社叢編》第六冊《珊瑚網》

錦帳春　壬申滬上春暮

金谷繁華，平原勝景。問花信、東風還領。繡簾垂，深院鎖，儘鶯聲蝶影。亂紅飛徑。一樣亭臺，兩般温冷。怕依舊、陰晴難定。柳眉舒，棠睡醒。要掣鈴清警。麗韶仍永。

減蘭　爲蘭史徵君題河陽探春圖

珍叢繞徧。春波照影留行卷。無恙吟身。當日中郎似虎賁。　錦牋殘字。君家故實分明記。滿縣花栽。贏得花時濺淚來。

見《小説月報》一九一九年十卷十二期

周應昌

生查子　題賣菊叟畫扇，爲汴友作

不賣李唐花，此老原非俗。却怪傲霜姿，枉被金錢辱。　我是愛蓮人，兼愛淵明菊。何處訪先生，挑向深山麓。

踏莎行　壬寅科分校河南鄉試，闈中作

白屋霜寒，青衫淚悄。浮名誤了人多少。秋風易白少年頭，梧桐庭院嗟曾到。　展眼看花，輕心刈草。文章無價憑顛倒。朱衣座後暗凝眸，點頭莫使摇頭笑。

釵頭鳳

文星讓。官星旺。登場袍笏新模樣。生兼

丑。鷹兼狗。鳴爆聲三，敲鑼聲九。此汴省任州縣儀節。醜。醜。醜。空裝幌。偏强項。書生依舊寒酸相。眉兒皺。顔兒忸。折我腰支，博他升斗。走。走。走。

憶故人 哭南通范仲林鐘同年

宦海交遊，異鄉幾個稱知己。我懷舊雨范長頭，相愛如昆季。家在廉泉讓水。看清才、乘時利濟。别君幾日，贗語傳哀，天乎何意。回首長安，看花舊夢同時記。河聲嶽色壯詩懷，又共聯吟地。曾説蒓鱸鄉味。韭和菘、吾家並美。君初至汴訪吾廡，見門首有『春韭秋菘憶鄉味，河聲岳色壯詩懷』一聯，入門即索詩。辭以無，不信也。故人雞黍，方待君歸，今何棲止。

燕歸梁 爲友繪背立美人圖，戲題

背立閒階孰與偕。露濕鳳頭鞋。避人心事費疑猜。望眼處、到天涯。偷窺半面終難得，衹窺得、鬢邊釵。玉人真是可憎才。待壁後、飽看來。

南鄉子 前題

玉臂倚銀屏。料有心思訴月明。倘許回眸通一笑，盈盈。誰説多情竟不情。畫裏看娉婷。底事佳人眼未青。我欲輕從身後喚，卿卿。又恐嬌嗔不肯應。

如此江山 辛亥歲杪，避亂歸里。時漢口道梗，由汴北行，繞道至秦皇島，擬航海返，島中旅舍作此

無端宦夢重縈繞。天空一聲驚覺。本是南

轅，翻成北轍，忍聽前途戈倒。斜陽古道。看大好河山，待誰新造。折柳河梁，者番别後甚時到。　匆匆燕雲過了。又征車忽卸，柔艣輕遥去聲。十里湯河，湯河去秦皇島十餘里。三更璧月，路入秦皇荒島。長城近眺。怎逐鹿中原，劫灰重燎。跨海歸來，且高歌到老。

西江月　題歡天喜地圖

一片水雲空闊，幾重樓閣嵯峨。相看拍手笑呵呵。袖裏乾坤真大。　大塊文章假我，人心煩惱由他。争名奪利苦奔波。誰有葫蘆一箇。

换巢鸞鳳　甲寅冬月十五日爲民國陽歷除夕，是夜月明如晝，因憶吾鄉俗諺有『三十晚上出月亮』一語，竟成預讖。感而賦此

明月當頭。正天開玉宇，人倚瓊樓。飛灰葭管動，妙句柏梁謳。《全唐詩話》：『景龍二年十一月十五日中宗誕辰，内殿聯句，爲柏梁體。』桃符忽地耀雙眸。緣何歲除青陽未周。真僥幸，祭詩夜、碧空如畫。　知否。休守舊。漫學東坡，還作重陽酒。《容齋續筆》：『東坡有「菊花開時即重陽」之語，故記其在海南蓺菊九畹，以十一月望與客泛酒，作重九云。』寶鏡聽鸞，黄金卜鳳，引得姮娥回首。誰賣癡獃説聰明，范成大《村田樂府序》：『分歲罷，小兒繞街呼叫云：「賣汝癡，賣汝獃。」』陽差陰錯争先後。君休疑，看浮雲、倏變蒼狗。

晝夜樂　題丹徒丁笙甫先生哀思手卷

爲謀菽水儒兼賈。笙甫尊人棄儒業鹺致小康，後經火灾、兵灾，前業蕩然，寄居東邑。奈劫運、更番阻。可憐門祚中衰，况復琴絃重補。愁病消磨豪氣盡，

儘咄咄、書空誰語。嗟母老兒孤，仗孀妻辛苦。一生心血堪千古。幸功成、報大主。直教慈竹霜摧，甫見蘭蓀秀吐。笙翁六旬外始得子，太夫人已八旬，猶及見之。料得重泉含笑慰，怎笑顔、不教兒睹。一卷蓼莪情，試從頭哀數。

滿江紅

再題笙甫手卷

家世難言，寫不盡、哀哀衷曲。數十載、含辛茹苦，誰支殘局。至性尤教神鬼泣，三番股血留襃幅。笙翁之太夫人曾爲父與姑與夫先後刲股三次。享遐齡、特表歲寒心，蒙天福。傷往事，連篇録。淚和血，誰堪讀。是瀧岡阡表，遺文今續。我亦終天同抱恨，四齡喪父慈親鞠。望春暉、圖報矢來生，同聲哭。

前調

翟禾夫携其舅氏程君禮卿家藏侍初堂圖卷，屬題。程爲安徽歙縣籍。圖繪岑山風景極工，爲獨往客手筆。黄鼎，號尊古，浙江烏程人。山蓋程氏祠墓所在。程有某世祖廬墓於此，朱竹垞爲作墓志，王漁洋爲作《侍初堂記》。有清一代，自康、乾迄光緒，名公鉅卿題詠殆遍，真罕得之瓌寶也

一片雲烟，問誰氏、結廬空谷。聽隱約、臯魚聲息，仰天哀哭。布射山前烽火急，侍初堂外松楸秃。嘆瀧岡、阡表賸遺編，從頭讀。　攜手澤，圖成軸。悲往事，家兼國。怎中原今日，又争秦鹿。四面楚歌開厄運，一朝文物支殘局。料精誠、感格到穹蒼，呼天祝。

誤佳期

禾夫又攜其外祖所繪醉判圖，屬題

人世幾多公案。須待此公判斷。如何努目變

低眉，渴睡裝癡漢。　鬼狀任翻新，官樣何妨換。且隨兒戲鬧端陽，醉態描來看。

卜算子　繪鍾馗騎驢圖，戲題

怒捉殿前妖，笑飲天中酒。寶劍藍袍道子圖，共識終南某。　新鬼欲翻天，故鬼空裝醜。還仗先生一掃除，莫趕驢兒走。

浪淘沙　莫春，次禾夫韻

春到幾多時。淚雨潛滋。怪他有脚共人馳。不信園門關不住，欲去還遲。　花事好扶持。蝶戀蜂癡。綰留須倩緑楊絲。離緒年年誰與說，除是鶯兒。

滿庭芳　國變後再題程氏侍初堂手卷

一幅雲山，千秋圖畫，伊人宛在中央。焚香讀罷，情事斷人腸。試看松楸掩映，思親淚、有迹成行。岑山外，行人欲泣，指點說瀧岡。　嘆堂空紫燕，劫歷紅羊。舉目河山有感，怎一紙、閲盡滄桑。天心在，千鈞一髮，留此繫綱常。

前調　丹徒焦東山民丁月江卜居泰邑之謝王河，顔其齋曰『寄廬』，命其軒曰『歲寒』，自作有《課耕堂記》，朱蟄翁爲之傳。今抄傳索題，爲填此解

鼓枻高吟，編茅小住，袖攜山色湖光。故園回首，往事感滄桑。覓得溪雲深處，此間樂、高語羲皇。安排就，筆牀茶竈，春滿課耕堂。　仙鄉。誰問路，桃花笑我，舊亦漁郎。怎遊踪太懶，别緒徒長。王謝堂前燕子，看新壘、仍傍雕梁。風帆便，伊人宛在，願溯水中央。

金縷曲

興化陸仲遠先生震，康熙時明經。嘗與先太高祖繁露公暨先高祖清志公詩酒往還，唱和無間。閱年三百，遺藁無存。偶於戚好處，見有遊南莊詞數闋，淵雅樸茂，想見先輩遺風。謹遵原調，各擬一則，非敢云和，聊志文獻之迹云爾。南莊爲先世竹墟公別墅，在邑之城南，風景幽秀，有顧于觀《南莊記》載在邑志後。因歲久失修，屋宇漸就傾圮。先北堂公改建家祠，用昭喬木世守之意。

幽靜城南路。是先人、蒔花種菜，釣遊深處。一角茅亭依曲水，看竹伊誰問主。有遺老、頻來三五。俯仰彌增今昔感，賸荒園、遺額思翁署。董文敏公舊題南莊扁額，今尚存。三百載，試回溯。放翁團扇留殘楮。想當年、臨流觴詠，餘音如縷。且喜板橋衣鉢在，《板橋詞鈔序》云陸種園先生，邑中前輩，燮幼從學詞云。一代風流繼武。到今日、猶賡前譜。莫歎浮生成瞬息，先生詞中有『浮生瞬息何須算』之句。證淵源、翰墨因緣悟。文字壽，壽千古。

沁園春

見前

數畝先疇，共道伊人，在水一方。想春風載酒，竹修林茂，秋波放艇，露白葭蒼。青草簾前，碧蓮溪上，贏得詞人歌且狂。今何世，指荒祠古柏，猶識南莊。滄桑。世事何常。試舉目、河山增感長。看春城草木，不殊風景，海濱屋舍，慣閱星霜。一代騷壇，幾篇剩藁，今日餘音猶繞梁。傳佳話，有清歌一曲，曾付周郎。

金縷曲

己未歲，寄答后和卿

惠寄雙魚到。喜開緘、情深一往，畫梁音繞。

匡鼎説詩頤可解，疑把衾裯負了。更笑指、東方星小。道是徵蘭應有夢，怎遲遲、未擷宜男草。田有玉，種須早。　嗟君爲我心如擣。奈天公、夢夢莫問，任他顛倒。有女慰情差可喜，惟恨親恩未報。忍憶起、望孫懷抱。縱使蘭芽今更茁，問含飴、那睹慈顔笑。何况是，一身老。

解語花

戈子百洪由滬寄賀歲郵片，背有歌郎梅蘭芳化裝小影，爲黛玉葬花式。愛其工，戲題此於上

陽春有脚，臘雪無痕，花外寒猶峭。綺窗凝眺。江南路、誰寄一枝春到。幽情雅調。却遣個、佳人投報。空色中、香影迷離，夢入紅樓悄。　思向檐前索笑。怎顰眉無語，愁緒多少。美人芳草。分明是、黛玉葬花圖稾。望梅渴抱。仗眼福、燈前看飽。安得他、嬌囀鶯喉，聽畫樑音繞。

金縷曲

爲錢宇澄題弓園圖

咫尺城南路。試披圖、橋横玉帶，柳陰深處。弓園在玉帶橋南。流永一灣花四壁，中有茅亭半露。誰竟被、溪雲留住。海上風波今暫息，喜藏弓、不作迎潮弩。松際月，爲誰吐。　東鄰我是南莊主。盻庭柯、依稀往迹，碧苔猶古。三徑歸來荒未治，太息滄桑幾度。繙邑乘、思摹前譜。西望園林疑入畫，怎吾家、舊稿君偷取。攜斗酒，共清趣。

浣溪紗

爲友畫背面美人，戲題

斜凭闌干似掩羞。堆鴉髻子滑於油。朝朝簾下看梳頭。　緣淺不教謀一面，情深翻怕轉

雙眸。怕成相識便添愁。

金縷曲 題百洪詩集

大有江山助。指匡廬、濤聲月影，君官江西，故集中多江西之作。半歸毫素。訪罷柴桑高隱迹，也挂輕帆歸去。問底事、雲横風阻。兩載三番經浩劫，辛亥國變後，迭次遇險，故集中有『兩載三經浩劫場』句。看餘灰、今尚奚囊貯。空悵憶，留題處。與君三世交情叙。喜邯鄲、同醒昨夢，別來無故。況是詩懷清似水，曾滌西江幾度。快一卷、琳瑯先睹。白雪陽春慚莫和，怎虚懷、却許周郎顧。歌一曲，表情愫。

如夢令 繪鍾馗接福圖，戲題

寫出天神模樣。驅盡人間魍魎。鬼態又翻新，還藉先生巨掌。高望。高望。可喜福從天降。

畫堂春 題醉鍾馗圖

終南沙石怒飛揚。管教小鬼潛藏。而今魑魅更猖狂。莫便徜徉。世事儘翻花樣，先生自醉蒲觴。醉來拔劍耀光芒。且鬧端陽。

滿江紅 袁君伯勤携閬風緤馬圖卷屬題。圖爲陳百生太史小像，傳真者馬白厓，佈景者姜福卿也。時先生年廿二歲，尚未通籍，自號小希夷子。用屈騷中『閬風緤馬』四字以名其圖，倩醉琴山人書之，醉琴爲謝琴山先生。并用騷體撰文，遍徵題詠，琳瑯滿紙，良可寶貴。先生歿後，此圖遺失。伯勤以青蚨十餘竿得之，復爲裝褫，徵題。初填此解，未之書也，稿仍録存

才調無倫，幻想出、閬風緤馬。小坐處、瓊樓玉宇，眼空天下。下筆千言莊與屈，看花一日

真還假。試披圖、樓閣半空中，誰摹寫。仙雲渺，君歸也。色相在，誰知者。歷幾多塵劫，半張圖畫。一代龍眠工繪影，千金駿骨奚論價。富搜藏、此事必推袁，歌風雅。

瑤臺聚八仙

題閬風緤馬圖初稿，意未盡，爰改擬此闋，書以歸之

氣吐長虹。瞻矚處、天馬竟欲行空。現空中色，開落掌上芙蓉。屈子吟殘香草碧，長安踏碎杏花紅。太匆匆。曲終不見，江上青峰。　當年長身玉立，憶眼青一顧，我尚童蒙。先生與先兄子嘉文字交最密。同治辛未，先生得庶常後，回里過訪先兄，時予甫八齡。一識荆州，迄今五十餘載，猶憶其長身玉立，眼若明星，與圖中弱冠風貌固彷彿也。碧海殘圖，依舊面目春風。白雲一去不返，看樓閣虛無縹緲中。神仙侶，賸小希夷影，先生署名卷端，自稱小希夷子。付與山翁。

滿江紅

《南莊輯畧》書後　是編爲子香兄所輯。南莊即今家祠故址。比因祠屋傾側，予加修葺，兄遂憶及。先遜之公七十觴詠時，名流遺老羣集南莊。當日投贈之作，今已散失過半。因就家藏僅存者，輯爲此編，附以餘稿，并補繪南莊一圖於卷端，付諸刊印。予曾從事校勘，裝訂既竣，偶成此以志緣起

舉目河山，閱幾許、白雲蒼狗。喜先世、南莊風景，敝廬堪守。三徑猶存松與菊，一畦還種菘和韭。是秦時、避世小桃源，頻回首。　董子筆，龍蛇走。董香光所題『南莊』額尚在。顧癡稿，烟波秀。顧瀨陸有《遊南莊記》載在縣志。合兩朝詩畫，聚珍藏袖。數典試徵文獻迹，傳家還藉丹青手。笑疏狂、法護繼僧彌，聊書後。

鳳凰臺上憶吹簫

用《漱玉》體　爲吉曾父題彭文勤公墨跡手卷。某歲，曾父於鄉人茅屋中，見壁間粘有彭文勤公爲姚氏題《染香集》七絶三首，以爲奇遇。以青蚨數百購之，裝池成卷，遍徵題詠。姚即東台姚氏之先人，工詩，著有《染香書屋詩集》。彭公於乾隆某科主試江南，舊例，各縣派員隨場辦事，姚與焉。場後，公見姚集，爲題七絶三章。集中有《聞村舍書聲》一首，公最賞之。惜此詩已佚

玉尺量才，金陵懷古，鳳凰臺畔秋光。看庾樓高處，月照胡床。老子興猶不淺，吟壇側、誰負奚囊。朱衣吏，掀髯一笑，也染天香。　滄桑。今情昔淚，聞村舍書聲，五字爲《染香集》中詩題，即文勤公最所欣賞者。孰補詩亡。賸南州遺句，幾字流芳。回首科場佳話，經過了、幾度斜陽。斜陽裏，青山向人，依舊蒼蒼。

齊天樂

再題《南莊輯署》

河山莫問新和舊。欷歔幾番搔首。東海家園，南莊風景，且喜碑傳人口。幽花似繡。想老輩風流，寄情詩酒。賸馥殘膏，家珍如數此瓊玖。　天然畫圖寫就。是先疇舊址，三百年久。柳岸波痕，茅亭月影，中有當年堂構。兒孫悟否。此一卷生涯，與山同壽。譜入歌絃，共青氈世守。

清平樂

禾夫以先兄子嘉所繪尺頁一方屬題。其畫爲鷹立枯樹上，用筆頗蒼老

英姿颯爽。志在青霄上。慣作沉幾觀變樣。應是怕攖塵網。　空山古木蟠根。飛來何處將軍。顧盼秋風高處，也教健筆凌雲。

前調

曾父聞得子事，次韻爲賀，於辛酉除夕，由百洪携來。壬戌正月，仍疊前韻答之

書悶情懷，祭詩時候，峭寒猶勒春光。正聳肩無那，冷踞吟牀。誰展裁雲妙手，閒投贈、製錦爲囊。冰條吐，天葩艷發，《抱朴子》：『温辭則冰條吐葩。』不數椒香。　耕桑。適吾志耳，任放浪形骸，管甚荒亡。喜蘭言時共，賞及孤芳。賀我著花老樹，生花筆、歌到青陽。君知否，春風笑人，兩鬢蒼蒼。

前調

百洪亦次前韻索和，依韻答以四闋

二石山人，百洪別號。中孚才子，謂吉曾父。平分海上春光。仗一枝椽筆，各踞吟牀。怪底洪喬多事，歲除夜、負到郵囊。爭春意，梅邊雪裏，共嚼寒香。　維桑。必恭敬止，怎奪艷矜奇，逐北追亡。看詞壇爭長，競吐奇芳。本是生花妙手，栽花處、記否河陽。君曾官江西。閒消遣，君歌我歌，煙樹蒼蒼。

其二

世事如棋，君才計斗，誰教掩此珠光。憶小窗風雨，夜話聯牀。餘子都爲瑣瑣，如用我、穎脱錐囊。今何世，菜根滋味，仍伴書香。　扶桑。日東出矣，看風景河山，孰問興亡。任隔籬呼酒，瞰我花芳。指中、日近事。指掌海疆圖説，君著有《海疆説》。誰知者、偃臥南陽。休惆悵，萊衣爛然，應謝穹蒼。

其三

翰墨前緣，杯盤小酌，肯教辜負韶光。集香山九老，與君曾結九老會。共倚藜牀。誰是生春妙

手，吟囊外、更負青囊。君精岐黄術。雲深處，空山采藥，兩袖生香。柴桑。昔賢遠矣，喜餘韻流風，未盡湮亡。正歸來三徑，覓句尋芳。回首西江風月，遊懷足、應憶潯陽。今猶昔，情隨事遷，莫問蒼蒼。

其四

快雪初晴，祥風乍布，燦然老蚌珠光。賦乃生男子，載寢之牀。誰製新鮮題目，依歌和、錦句探囊。還相祝，君家燕姞，蘭夢添香。榆桑。歲云晚矣，恰舍舊謀新，牢補羊亡。笑枯楊稊茁，老樹花芳。艷説吾家八士，從頭數、才子高陽。猶龍樣，青松歲寒，莫訝髯蒼。

前調 壬戌夏所生子以天花殤，偶憶前詞，感賦

淚欠千行，珠抛一顆，開殘頃刻花光。憶詞人多事，分韻聯牀。太息鍾情我輩，情安寄、願括吾囊。誰還説，黄花晚節，待挹餘香。生桑。木人太幻，《見聞録》：『南唐末，溧水天興寺桑生木人，長六寸，如僧狀，謂之「須菩提」。以仁壽節日來獻，迎置宮中。』縱仁壽菩提，也付銷亡。喜陽春煙景，召我尋芳。皜皜原來乾浄，濯江漢、更暴秋陽。從今悟，天仙化人，一片空蒼。

前調 悵命途之多舛，叩寂寞以求音，俯仰人天，索解不得，感而成此，仍依前韻

妖夢徵蘭，短歌詠竹，無端虚白生光。看月明驅鶴，倚石爲牀。攜到娟娟秀筆，尋春意、仙句探囊。花神笑，人原似玉，辜負薰香。滄桑。劫灰幾許，隨風月同清，那管興亡。想生非凡骨，化作幽芳。記得老楳花放，人來處、剛轉春陽。分明説，佳哉此間，鬱鬱蒼蒼。

離亭燕　爲王芝生送別　名元瑞，山東濟甯人，曾同官豫省。介弟佩珊今宰吾邑，故來遊。

廿載相思纔訴。一段離愁仍貯。隨鴈南來曾幾日，怎便挂帆歸去。楓葉荻花飛，一棹秋波何處。　乍記東亭風土。又愛西湖煙雨。君行甚迫，以時正八月，欲往浙觀潮也。笑指錢唐江上景，莫遺觀潮期誤。准備小奚囊，應得幾多佳句。

南鄉子　雪夜喜客過訪

索笑到簷牙。問訊梅邊信尚差。一夜西風開遍了，天葩。錯認飛來嶺上花。　幾度撲窗紗。催起幽人睡意賒。不待呼童親掃雪，烹茶。訪戴原來客是嘉。

虞美人　春陰

春陰漠漠輕寒峭。濃睡渾忘曉。怪他枝上小鶯兒。驚破夢中佳句、費尋思。　老天也解傷春意。雨止窗前淚。晚來挂上月如鉤。又怕一彎勾起、幾多愁。

浣溪紗　蝴蝶

貌似何家傅粉郎。綺羅叢裏綺羅裳。一春無事爲花忙。　夢好何妨同蟻戀，衙喧不肯學蜂狂。怪他偏說是偷香。

臨江仙　題翟禾夫詞稿

自古清才多落拓，此情難問蒼天。文章今值幾多錢。青衫司馬淚，黃絹外孫篇。　漫說周郎能顧誤，愧君時拂冰絃。野雲飛處夢詞仙。仙音傳法曲，翰墨證因緣。

滿江紅 用白石道人體

風骨嶙峋，論抱負、應際雲龍。分明是，裘輕帶緩，雅度春容。底事長才難展驥，拚將小技説雕蟲。恨年年、辛苦嫁衣裳，歌懊儂。翻新曲，那能工。彈古調，誰與同。悵滔滔流俗，知己難逢。白紵青衫憐舞袖，暗香疏影識詞宗。看素雲、黄鶴老仙來，借用白石詞『此地。宜有詞仙，擁素雲黄鶴，與君遊戲』之句。簾影中。

壺中天 袁伯勤以所撰《茅山志》屬題

一天風雪，望孤山遥指，凍雲深處。漫説袁安高臥穩，却挂輕帆宵渡。佛座拈香，僧樓啜茗，試共山靈語。禪房花木，香茅今植何許。幾度拂拭雲根，山光潭影，青照苔花古。猶是讀書堂畔月，山有宋富鄭公讀書堂，遺址尚在。松下殘碑誰補。興化任大椿《茅山碑記》有『維舟松月之下』云云。元度詩心，文芳禪意，衣鉢從頭數。元度、文芳皆清初山中高僧。拈花微笑，深心都託毫素。

壽星明 壽夏滸岑六十

四月清和，欲雨還晴，春在玉壺。正熟梅天氣，香來麥隴，浣花風景，筍薦櫻厨。北海尊罍，東山絲竹，此老風流紅袖扶。商山侶，看歡凝醉眼，香染吟鬚。　嗟予。白了頭顱。羨祖逖、先鞭馳騁初。憶木天春永，名齊五鳳，蘭臺秋肅，儀重三騶。賈誼憂時，香山忘老，佳氣還欣充舊閭。掀髯笑，笑鬢邊壓雪，掌上擎珠。

減蘭　二首　讀遊仙詞偶和

宛然忘世。無限飛塵飛不至。江上清風。吹入琴聲鶴影中。　林間清趣。不是求仙仙若遇。花落人寰。天上人間兩意歡。

其二

問今何世。世有桃源吾欲至。把酒臨風。不盡滄桑感慨中。　南山仙趣。煮石仙人何處遇。春到人寰。誰結仙緣仙意歡。

風入松　乙丑八月，喜内兄王叔青來，賦此留之

廿年別夢繞蒼葭。咫尺悵天涯。舊遊苦憶桃源路，笑漁人、兩鬢霜華。難得一泓秋水，迎來八月仙槎。　冰盤捧月上窗紗。情話悦桑麻。河山風景都休問，料奚囊、滿貯烟霞。掃徑未除青草，留君待過黄花。

壽星明　壽枅茶蔡子樵八十

時過清和，笋老蘭長，開到石榴。正壺中日永，醉盦覓句，先生刊有《醉盦詩鈔》。海濱春滿，老屋添籌。俛仰滄桑，婆娑風月，昔日青衫今白頭。西山侣，宋蔡元定曾登西山絶頂，忍飢啖薺，於書無所不讀，學者稱西山先生。看修齡比鶴，閒意如鷗。　中秋。一棹來遊。聽擊楫、高歌清韻流。喜月明三五，觥堪酌兕，壽高八十，杖不扶鳩。公年八十，從容雅步，手不策杖。而今之少年多以携杖爲文明，適得其反。花樣新翻，桃枝争倚，《蕭珍傳》：「王儉當朝，珍年少負氣，策桃枝杖，直造儉坐。」怪彼青年同白叟。君休哂，且偷閒學少，覓醉銷愁。先生自壽詩有『傷心欲説邦家事，花落鵑啼總是愁』之句。

綺羅香　乙丑秋，以園中所結南瓜如桃式者，餽百洪五枚。百洪亦以伊園所種扁而大者報之，并

附以詩。因賦此答之

石徑花疏，冰園果熟，萬寶告成如許。秋色平分，爾我共兹清趣。報投瓜、珍擬瓊琚，録吟草、箋傳金縷。更嘉名、不讓東陵，昚園雙字篆文古。瓜面曾篆『昚園』二字。羣芳曾記舊譜。紋白花黄《羣芳譜》『南瓜開黄花，横圓豎扁，色黄白，紋界之』云云五色，金盤誰鑄。王維詩『金盤五色瓜』。一笑傾筐，蒲鴿未須吟杜。杜甫《園人送瓜》詩『傾筐蒲鴿青』。勝棗大、猜是安期，比桃熟、偷從王母。君之贈瓜謂承太夫人命也。愧南莊、舊徑荒蕪，也思爲老圃。

蝶戀花

二首　百洪月地觀紅梅，成二闋寄感，録稿索和

色染胭脂心抱素。老眼看花，情被花留住。紅雪一枝勤愛護。花魂爲引尋春路。　正是相思無奈處。一笑巡檐，不許雲山阻。可是紅羅亭畔樹。《鶴林玉露》：『南唐李後主於宫中作《紅羅亭》，四面植紅梅，欲以艶曲紀之，故潘佑有「桃李不須誇爛熳，已失了東風一半」之句。』東風莫遣春歸去。

其二

人老花羞花亦老。疏影窺人，同是冬心抱。幼婦新詞餘墨耗。戀花胡蝶輕飛到。原唱爲《蝶戀花》調。　月滿鳳樓樓易造。光照臨川，筆底愁雲掃。記得梅邊香夢好。夢梅心事從頭道。

前調

二首　百洪疊前韻賦讀老莊詞，爰報以讀佛經二闋

貝葉幾行書讀素。一箇蒲團，無住無非住。

説法憑誰將法護。迷津爲指回頭路。佛地祇看方寸處。欲見如來，那有關河阻。試問菩提何許樹。尋山尋向須彌去。

其二

一曲清歌莊與老。我獨逃禪，陋室金經抱。浩劫靜裏功夫忙裏耗。木樨聞否香吹到。修羅誰與造。大地烟塵，願借楊枝掃。退一步行三箇好。低眉且避豺狼道。

虞美人　百洪檢舊友江峯青《菊花詩册》見贈，回牋答之

春初雨夜燒紅燭。閒檢芸編讀。用來牋『春初雨夜，燒燭檢書』二語。宜春館裏賦秋英。江詩爲和宜春館主人李君之作。何處詩人江上、識峯青。平章梅雪方酬唱。和百洪『梅雪争春』一詞，甫脱稿。奪艶矜奇樣。争春未已更吟秋。赢得菊花分插、白盈頭。

驀山溪　禾夫携其外祖新安程吉人先生所藏父執李蘧園菉題贈其尊人五言古一幀，屬題。先生曾自跋數行於後，謂閱卅年已遭蟲蠹，故將缺字憶而補之。今先生久作古矣，其子禮卿亦逝，距先生作跋時又四十年。倏忽滄桑，彌增慨歎，兩世遺蹟，片紙僅存。禾夫有心人，蓋欲保存外家手澤也。爲填此解

聲聲杜宇。歸夢家山阻。唱到海天涯，小奚囊、劫灰猶貯。詩題白也，曾泣鬼神來，神應護。魂如訴。幾字香銷蠹。　殘縑斷楮。算是家珍數。兩世此鴻泥，嫋餘音、今猶如縷。外孫黄絹，合與外孫看，裝池處。因緣悟。也作絲蘿附。

壽星明 壽真州劉謙甫八十，時在丙寅九月

劉向劉歆，一代經師，試溯淵源。想石渠天禄，風翔紫府，禮園書圃，業守青氈。壽世文章，著書歲月，國史儒林家學傳。君祖孟瞻、父伯山、兄恭甫均列入國史儒林等傳。傳家學説，窮餐破硯，達飲廉泉。君弟誠甫爲君撰《徵义事畧》，中有云：『兄嘗寓書相規，有「窮食破硯，達飲廉泉」之句。』怡然。美意延年。問添得、滄桑籌幾千。正節過重九，君誕辰爲九月十六日。香來菊圃，壽登八十，月照華筵。泮藻重遊，君本年爲重遊泮水。野苹賡和，難弟難兄髯笑掀。君戊子鄉薦與弟誠甫同榜。臨風祝，貯卅年別感，君兄良甫諱貴，曾於己丑再落副車，與予爲同年。公車北上時，與君兄弟屢晤，今閲二十餘年矣。一曲追歡。

惜分飛 數月不復弄筆，丁卯春偶見盆蘭，有感

手植幽蘭勤愛護。人與花心共素。展眼春如許。爲誰依舊芳馨吐。　淚綫珠穿花上露。解語如何不語。暗向花前訴。花魂應識魂歸路。

桃源憶故人

最難老去傷離別。怕聽雨聲嗚咽。鬢角又添霜雪。惟對孤燈説。　春風似剪愁難割。況到清明時節。飛盡紙灰蝴蝶。怎末花間活。

訴衷情

東風簾外慣窺人。那是解温存。飛花滿地誰管，翻闢起、舊愁根。　思短夢，感前塵。暗傷春。莫招燕子，更打鶯兒，饒舌堪嗔。

探芳訊　春陰

嫩晴好。正乳燕低飛，流鶯未老。怎東風纔轉，依然北風峭。雨絲斷續天容黯，也共人煩惱。一聲聲、寫怨含愁，從昏到曉。　燈影對人悄。儘書悶無眠，低吟成調。清夜聞鈴，依稀佩環到。鵑魂底事無蹤跡，有夢悲春草。意惺忪、又聽一聲啼鳥。

虞美人

東風已緑忘憂草。寒入重衾悄。貪眠莫怪起來遲。細嚼夢中情味、耐尋思。　春光易老春愁貯。況是春陰苦。尋春路滑懶攜筇。記得有人慣與、喚奚童。此亡妻在日情事，思之惘然。

如夢令

幾許春光纔洩。一段愁懷如結。怪底小鶯兒，慣向東君饒舌。休説。休説。還唱曉風殘月。

以上《霞棲詞鈔》卷一

鷓鴣天　朱竹垞詞云『老去填詞，一半是空中傳恨』，故拙作初名《傳恨集》，曾自題此解

老不工詞强學填。一腔幽恨爲誰傳。澆殘壘塊非關酒，信口狂歌便是仙。　空裏色，夢中緣。漫將怪事問蒼天。銅琶鐵板無腔調，將謂偷閒學少年。

清平樂

春寒如許。没箇尋春處。隔院春歸楊柳樹。莫被鄰家關住。　花庭幾度徘徊。芳情尚費

疑猜。忽見一雙蝴蝶，噙香飛過牆來。

洞仙歌 題翟禾夫所著《飄花鑑》傳奇

春風省識。正秦淮水碧。把袂登樓酒懷隘。禾夫蓋與文君、翰丞飲於秦淮酒樓，有所見，假傳奇以紀其事。問六朝金粉、幾許留遺，萍水外，差喜清芬共挹。　深情誰訴月，夢入潯陽，也使青衫淚霑襲。聽徹阮咸聲、掩抑淒清，白居易《聽阮咸》詩：「掩抑復淒清，非琴不似箏。」應抵得、胡笳幾拍。感飄泊、落花可憐紅，倚醉筆狂歌、杯盤狼藉。

卜算子 前曾賦《鷓鴣天》詞。夏初驟熱，偶聞鷓鴣聲，續成此解

唱到鷓鴣天，底事天難問。又聽鈎輈格磔聲，半是空中恨。　偶作短長吟，慣寫淒清韻。誰譜南薰一曲來，解得心頭愠。

水調歌頭 用東坡韻

傳得幾多恨，高唱鷓鴣天。問天生我何意，誤到白頭年。天道迷茫休問。人世瘡痍誰拯。蒿目盡孤寒。安得救時策，廣厦萬千間。　發長嘯，歌短曲，對愁眠。隔鄰兒女喧笑，猶聽話團圓。渠説春光最好。我覺秋容耐老。清福算安全。况遇詞仙降，花月共娟娟。

清平樂 翟禾夫携其外祖程吉人先生小像屬題。像爲先生自寫，并自題「本來面目」四字於卷端，而未布景。翟因請爲補繪衣服，作半身狀

登場粉墨。世態難摹刻。面目本來能自識。况有添毫手筆。　青衫白髮增憐。羞談時世衣冠。僥幸後生弄筆，完成翰墨因緣。

醉太平　丁卯二月十九夜，夢中恍惚與人誦四言句，音節鏗然，醒後祇憶『非他利他』一句。適次日，接得李君從龍自京寄贈《觀音經卷》，因觸及夢中語，頗似佛經。遂動念抄經，并成此解記之

非他利他。波羅蜜多。布施於意云何。看恒沙滿河。　春宵夢婆。春風寤歌。雪毫新寫伽陀。養人天太和。

長亭怨慢　丁卯春，聯軍十數萬，先後過境。至四月杪，兵尤衆，勢尤迫。不得已，盡室出門，暫避兩日。夜歸後，家宅幸安。睹亡妻遺像，猶懸壁間，感賦

嘗盡了、三冬淒楚。盼到東風，待攄情愫。幾許鶯花，一朝烽火劫春去。去巢雙燕，苦勸我、呢喃語。盡室且攜行，怎不見、山荆隨步。　回溯。問梅花落後，知否林逋思苦。冰魂安往，避浩劫、見機惟汝。賸庾郎、涕淚憂時，忍更續、哀江南賦。幸我室無傷，内仗卿卿還助。

多麗　壽楊恭甫七十

滿庭芳。清和天氣初長。問誰爲、清沖處士，桃源山色青蒼。晉處士楊縯隱居桃源山，君殆近之。舊家風、杏林喬木，君之醫術，淵源家學。民政署、梓里甘棠。國變時君曾一權縣篆，維持桑梓，後成《民政輯畧》一書。玉樹階前，金萱堂上，衆仙今夕詠霓裳。君今壽七十，正繼慈太夫人壽八十，四世一堂，播爲佳話。看王母、蟠桃正熟，偷取笑東方。　曾忘否，當年顧誤，我愧周郎。君少時風流自賞，尤工度曲。溯前塵、同歌泮藻，與君同歲入泮。乙酉至今，

瞬已四十餘年，不勝今昔之感。羡君擺脱名繮。望蓬瀛、乘槎碧海，君以醫星遊漢臯，又曾隨星使龔侍郎作重洋之游。游江漢、貯藥青囊。醫國才猷，憂時情緒，拚將老眼閲滄桑。寫風景、河山舊藁，惆悵米襄陽。君繪山水尤工。尋詩去，登樓庾亮，笑據胡床。君歸未幾，仍遊武漢。

離亭燕　徐梅峰調任泰邑，以詩留別，賦此贈行

自笑歸來曾賦。除却老農誰伍。難得相逢徐孺子，風月清談揮麈。詩酒正從容，蕃榻又移何處。　績佐汝陰神父。清擬廬陵主溥。亂世生涯甘吏隱，贏得安車争顧。春到嶺頭梅，寄我一枝休誤。

菩薩蠻　三首　戊辰正月五日聞爆竹聲戲作

新年計日初逢五。誰家今歲稱財主。到處接財神。争開前後門。　人人伸手要。惹得財神笑。不是笑他猷。笑予忙不來。

其二

家家争祝財神嘏。牲牢酒醴迎神駕。神醉樂無央。今朝酬應忙。　普天同慶日。世界偏窮極。財政現公開。非關推托來。

其三

迎年日日風和雨。倦來高卧羲皇侣。爆竹一聲聲。偏驚幽夢醒。　夢中誰顧我。記得堂前坐。笑説避囂來。其人君試猜。

好事近　百洪謂乙丑正月四日，舟過大小姑二山之間，長江風静，聽某女士雅歌。今憶之，用石帚翁《茉莉》調均，爲詞索和

舟傍大姑山，眉黛阿誰争緑。奪得小姑回否，

笑歸來人獨。漢臯何必解明珠，仙音出金玉。記得洞簫曾和，正沙鷗眠熟。

醜奴兒

和百洪《燭影摇紅》一詞，未及録眎，百洪來催，并攜《粉蝶兒》詞索和。詞中有『美人香草』『商婦琵琶』等句，因調之

美人遲暮憐香草，商婦情思。信手低眉。舊曲曾彈粉蝶兒。歌殘燭影摇紅處，紅友新詞。笑問霞栖。底事陽春屬和遲。

燭影摇紅

春寒，次百洪均

春意闌珊，消愁待釀宜春酒。雨聲催落上元燈，冷到中和後。且覓歲寒三友。問何如、嚴冬氣候。閉門十日，笑聳吟肩，鄰翁知否。刻翠裁紅，錦箋傳到春先透。先生杖履得春多，不似天寒袖。漫道冬烘學究。對東風、穿楊入彀。陽春召我，更約芳辰，詩吟紅豆。

瑣窗寒

春寒有感

細雨簾纖，輕寒料峭，布簾慵捲。偷窺柳色，底事顰眉未展。却憐他、鶯兒欲啼，唤晴也似鳩聲怨。倩東風著力，烟霾掃去，凍雲吹散。情倦。孤燈畔。驀觸起清愁，老天不管。聞鈴似語，助我腸迴無限。怪窗前、梅花傲人，笑攜鶴子厮守慣。且高歌、一曲陽春，坐看天容轉。

驀山溪

春初，雨連日未止，繼以大雪。幼女玉兒初見之，以爲奇。因詢以此何似，曰：『餹也。』余笑曰：『謝家柳絮之後，又得一解矣。』爰戲成此闋

天公玉戲。巧擅飛花技。縞帶或銀杯，更撒

鹽、空中可擬。才高柳絮，誰似謝家姑，癡妮子。翻新義。偏説餹霜美。紛紛碎米。點向紅爐試。絶勝水晶鹽，是五穀、精英佳製。牙牙學語，甘旨奉而翁，烹茶地。尋詩際。淡裏甜滋味。

錦纏道 和百洪《夢仙》調均

妙想天開，仿佛雲裳風擺。證仙緣、夢教誰解。天花筆底生奇彩。握管登臨，俯視羣峰矮。是青琴宓妃，降臨東海。倚天風、俗塵都改。問書癡、可是春婆話，撚鬚微笑，仙句分明在。

前調 次韻禾夫《春日漫興》

柳嚲鶯嬌，又是豔陽天氣。語呢喃、燕斜風裏。危巢記得驚飛起。謂去春避兵事。門巷依然，話舊重來此。正花開杏紅，玉樓人倚。騁遊懷、藻思成綺。詠而歸、樂事天倫敍，閒愁休管，睡味尤甘美。

水調歌頭 《白石道人詩説敍》書後，和二石，亦用東坡韻

南嶽至雲密，峰翠欲參天。禹溪橋外誰坐，問訊不知年。漫道長生不老。嗽得黃精飯飽。握手敍暄寒。一笑入林密，茅屋兩三間。贈詩説，欹枕讀，抱書眠。山大雲起，天半蟾影夢初圓。我亦仙緣非淺。倘得仙翁指點。福慧算修全。天際野雲降，曾賦月娟娟。

調笑令 燕

飛燕。飛燕。記得去年相見。喃喃軟語纏綿。細説安危變遷。遷變。遷變。又到今年

春半。

滿江紅　讀《林霽山先生集》書後

宋林景熙，字德陽，一字霽山，歷泉州教授、禮部架閣。元兵入浙，僧人楊總統盡發宋陵，餘骸委棄草莽，人莫敢收。景熙至陵上，以草囊拾而收之。又聞顱骨爲北兵投湖中，復以錢購，漁者幸一網而獲。乃盛以二函，託爲佛經，葬之越山，植冬青樹爲識。賦《冬青花》詞，復託夢中作詩以寓意。詞旨幽惻，聞者悲之。著有《白石稿》。又《永嘉詩人祠堂叢刻》中有《霽山先生集》，星南以此集貽百洪，百洪因填詞索和

歷代興亡，慟諸夏、有時無主。空憑弔、山邱零落，一坏荒土。故國河山餘煨燼，孤臣涕淚悲君父。又聲聲、望帝覓歸魂，啼春雨。　殘骸拾，漁翁語。吏文闕，詩翁補。問冬青手植，誰家陵樹。雙匣佛經山下葬，一腔夢語花前吐。賸永嘉、殘集數行詩，遺音古。

調笑令　贈友

談笑。談笑。咳唾並皆佳妙。詩豪更是詞豪。白雪陽春調高。高調。高調。攜手東皋舒嘯。

眼兒媚　春夜偶感

月移花影上闌干。抱膝到更殘。茶烟微裊，燈花初結，詩境猶寬。　迷人最是春宵夢，情緒雜悲歡。分明雙燕，倏成孤雁，依舊離鸞。

八聲甘州　爲陳星翁補題丁園餞別圖

往歲，星南有廣州之行，同人餞於丁園。事後星翁倩陳白石爲繪此圖，遍徵題詠

問元龍湖海氣何豪，曾遊五羊城。對珠江花

月，斜陽瘦馬，説甚飄零。記得丁園攀柳，分韻賦離亭。檢點鴻泥迹，人似晨星。我亦天涯舊客，愧當年觴詠，酒未同傾。閱滄桑幾度，還許句重賡。偶彈出、琵琶舊調，惜青衫、老了瘦書生。休惆悵、看傳神處，風月同清。

摸魚兒 二首　戊辰四月初旬，病起後作

甚因由、放春歸去，輕將煙景孤負。喃喃燕子多情甚，似問主人安否。高卧久。任病榻、消磨錯怪東風驟。回春著手。幸柳未全衰，花堪同養，微雨淡雲候。　扶笻望，誰道庭花似繡。腰圍今也同瘦。夢遊曾記銷魂處，修竹茂林依舊。花事又。看飽我、梅黄橘緑消長晝。山中老友。更踏遍階苔，吟殘窗草，吾室陋何有。

其二

問維摩、衆生何病，無端如此消瘦。光陰百代原如客，此理幾人看透。回顧偶。憐繞膝、嬌娃三兩都娟秀。眉痕暗皺。怎兒女鍾情，馬牛負債，翻得老天佑。　天難問，世事雲翻雨覆。吾身何論休咎。閒尋煩惱胡爲者，聞得木樨香否。春去後。看草木、無心長養還依舊。祛愁有帚。且淨掃塵氛，徐參佛理，空色兩無有。

蝶戀花 春歸

春自何來何處去。柳上曾歸，今又歸何許。莫向東風詢去住。東風原記來時路。　老去紅顔誰娬媚。春色年年，不改尋常度。幾度問春春不語。相逢笑訂忘年譜。

前調　閨情

三起三眠人似柳。病裏愁邊，春夢渾忘久。攬鏡忽驚雙頰瘦。衷情羞對菱花剖。　懶向花庭消永晝。斜倚粧台，偶試描花手。閣筆沉吟眉暗皺。鴛鴦描出如何繡。

踏莎行　春怨

春氣方萌，春愁便動。病根半爲愁根種。春來都在病中過，春歸却向愁邊送。　愁本多魔，春原似夢。閒情枉對東皇訟。南風解愠眼前來，薰兮一曲瑶琴弄。

蝶戀花

誰説春光無限好。無限愁雲，都是隨春到。春去愁雲還未掃。愁多翻被東風笑。　老去偷閒聊學少。芟盡愁根，遍植忘憂草。況是枝頭鳴好鳥。佳音頻向哥哥報。

生查子　春暮

春到幾多時，底事隨人老。老去看重來，依舊芳春好。　春老既翻新，人老應還少。鶴髮换童顔，贏得東風笑。

玉樓春　春暮聞鳥鳴

護花有鳥春光惜。軟語叮嚀花莫摘。春殘誰喚不如歸，須勸哥哥行不得。　山禽不解春愁織。笑對東風頭也白。信天幾個學而翁，水縠煙波情共適。

小重山　禾夫示以《春去》一詩，有『勸喚哥哥鳥亦癡』之句，因仿其意

開到荼蘼一刹那。鶯啼愁似織、奈春何。天空有鳥亦情魔。行不得、苦口勸哥哥。　別恨也無多。東風催夢醒、笑春婆。來年柳上待重過。先十月、梅信莫蹉跎。

蝶戀花　別意

有脚陽春何處走。春夢迷離，尚問桃開否。記得臨歧曾折柳。一年又到春歸候。　底事眉痕容易皺。痴倚闌干，此意誰堪剖。暗祝東風消息透。來年莫使春辜負。

前調　春暮病起

花信幾番忘未數。睡眼惺忪，記得春來處。不信園門關不住。夢中昨夜尋芳路。　病起方知花事誤。天氣清和，又是黄梅雨。看竹人來頻問主。一觴一詠從頭補。

憶秦娥　海上玩月，和二石，亦用范石湖韻

壺敲缺。坡仙水調歌明月。歌明月。姮娥莫笑，鬢絲飄雪。　夜潮起落聲如咽。風波激盪愁還結。愁還結。雲光洗眼，海天空闊。

前調　對月有感，疊前韻

圓還缺。醉來欲問青天月。青天月。雲中笑汝，黑頭成雪。　嫦娥去後應嗚咽。悔偷靈藥離懷結。離懷結。年年碧海，水深波闊。

憶舊遊　去年重九與星南、澥岑、蓮舫、百洪等七人泛棹西溪，登天妃山，至薄暮歸。同人更屬繪圖，留藏山寺，各有題詠。予亦有集唐一篇。禾夫未及往，補題此闋，録稿索和，次韻答之

感韶光展眼，刦火驚心，昨歲悲秋。待到重陽日，喜霜威不肅，那處消憂。溯洄晏公溪上，

載酒共悠悠。更竹院逢僧，評詩讀畫，僧志堅曾出所藏書畫縱觀。竟夕淹留。探幽。寄餘興，愧一紙塗雅，展向同儔。不是雲林藁，也烟波託意，笑煞閒鷗。問誰更尋泥迹，思放去年舟。看碧海新圖，煩君筆妙重紀遊。

醉落魄　感事，次二石元均。時在五月久旱得雨後

江城梅落。笛聲吹散塵氛惡。喜看雨後雲歸壑。沛澤流膏，天道何曾錯。　蠻觸猶争蝸一角。是誰暗奪梟雄魄。解人欲索奚從索。黄雀螳螂，夢待何時覺。

南鄉子　次百洪《漁父》詞韻

唱晚酒杯寬。知指斜陽正滿山。除却閒鷗誰得似，清眠。舉網猶嫌意未閒。　老屋小如船。我比漁翁更適然。睡到日高猶未覺，三竿。客至憑他竹院看。

前調　偶成，用前詞韻

俯仰地天寬。泉水清泠樂在山。對月微吟人醉後，高眠。枕上敲詩尚未閒。　書畫米家船。西抹東塗亦偶然。寫竹待摹文與可，千竿。却怕人來失笑看。

前調　二首　禾夫以先子所繪尺頁二方見眎，屬爲辨別真贋，且屬題焉。竊以先子晚年最喜以丈餘巨幅揮灑淋漓，至寸馬豆人，半係早年遊戲之作，然亦每具咫尺千里之勢。此二頁著墨不多，斷非他手所能摹擬。敬觀一過，猶覺信手揮毫意態，僾然有見也，爰爲各題一闋

凡馬洗都空。不在驪黄牝牡中。蹀躞斜陽芳草地，從容。識面何須伯樂逢。　手澤認吾

翁。巨筆曾圖壁上龍。見驥一毛游戲耳，彌工。鄉里猶思欵段風。其一賦背立馬。

其二

人意淡於鷗。一片蘆花一葉舟。笑指海天空闊處，凝眸。雙鶴飛來是舊儔。　山館一琴留。鶴去今過六十秋。琴鶴山館向爲先子彈琴作畫之所。先是，大興朱沅岳先生曾贈雙鶴，故名。吾鄉吴素翁題額至今尚懸齋中。鶴已去而不返，琴雖存而無絃，手澤摩挲，曷勝於邑。寫出白雲千載意，悠悠。仙影分明在上頭。其二賦舟中望鶴。

憶江南　六首　戊辰三月病中，陳星翁以《宋七家詞選》見贈，賦此志惠

空中恨，老去學填詞。涕淚平生侔竹垞，朱竹垞詞有『老去填詞，一半是空中傳恨』云云。清新格調想梅溪。無奈病支離。

其二

高臥久，多病故人疏。花外誰携蘭畹集，枕邊今看輞川圖。摯誼似高符。

其三

三月暮，春在藥爐中。安得良醫逢扁鵲，却欣豪氣接元龍。一卷愈頭風。

其四

新樂府，妙著指迷篇。細繹玉田言外意，最難石帚句中仙。風雅正宗傳。

其五

詞七卷，片玉首吾宗。周清真詞一曰《美成長短句》，一曰《清真集》，一曰《片玉集》。漁笛更翻新曲譜，弁陽嘯翁詞有兩名，一曰《草窗詞》，一曰《蘋洲漁笛譜》。草窗還守舊家風。先我嘯稱翁。

其六

來去迹，只在此山中。萬里雲孤飛野鶴，一痕沙淺印泥鴻。煮石問仙翁。

洞仙歌 觀水，和百洪

烟波幾許，看犁雲鋤雨。家世南莊舊田父。憶黃河碧海、曾濯滄浪，歸去也，還問征夫前路。滄桑經幾度，誰挽狂瀾，漫向恒河問沙數。觀水悟源頭、海上生涯，算乾浄、猶留片土。願更假、西溪去年舟，作彼岸慈航、衆生同渡。

阮郎歸 六月二十一日百洪招飲，座有星南、滸岑、禾夫數人。禾夫以是日爲歐陽公壽誕，因用公《春景》詞韻，賦此索和

歐陽生日是芳時。秋蟬猶未嘶。隔江恍對遠山眉。歐公守揚州時，建平山堂於蜀岡。携客登眺，隔江諸山，如拱揖檻下。我輩今日之會，爲公作壽，即以雲影作山光，可乎。奇峯雲際飛。微雨過，夕陽低。庭花牆外垂。醉餘笑袒芰荷衣。晚涼高詠歸。

迷神引 百洪以悲秋詞見示，適在七夕雨後，次韻答之

留得殘荷秋後葉。聽徹雨中音節。雲車洗處，更看雙星別。畫屏前，銀河畔，情都結。憶乞巧宮娃，眉似月。笑守拙山翁，鬢如雪。賦到秋聲，漫向癡童說。金鐵争鳴，蟲聲咽。書生何用，怎掘盡、琵琶蠍。喜值新晴，波紋細，露痕滑。且覓我清遊，携短楫。却陋彼無聊，歌長鋏。

夢横塘 百洪以阮文達《金井梧桐歌》有句云『美人倚瑟愁不彈，碧紗如水生夜寒』，讀而愛

之。填此索和，因依韻寄感

幽情結想，別感成癡，美人遥隔秋水。竟夜無眠，那有夢、飛馳千里。倚瑟無聲，哦詩有恨，怎言心事。想窺窗月影，意許團圓，應重唱、還魂記。　碧紗底事生寒，任心懸寸素，眉疊雙翠。逝水華年，渾不解、今成何世。試回首、前盟未冷，暗卜金錢問難易。欲寄相思，幾行飛白，化千行紅淚。

霓裳中序第一

百洪感於舊日羈愁，填此索和。予亦棖觸前塵，賦此慰之，并以自慰也

雞聲頗不惡。起舞當年情磊落。誤了平生未覺。感三度京華，十年河洛。看誰智鑿。取大錢囊貯金錯。慚余拙，識迷未遠，不敢飲狂藥。　騎鶴。緑楊城郭。歸去路梅花已著。壚邊漫訪畢卓。二石謂百洪聯吟，雙橋謂禾夫訂約。兩三人共酌。清味在烹葵及藿。風和月，詞壇詩社，不許硯池涸。

醉翁操

秋風逼人，耳腫舊患復發。每發時，頭面紅雲高起，疊爲奇峰，由左而右，周歷始已。因戲成此解

衰翁。龍鍾。扶筇。賦秋風。風雄。平添耳旁飛來峰。儼然頭角峥嶸。隆準公。舊貌認冬烘。滿鬢霜雪顔却紅。　老夫耄矣，漫笑癡聾。外魔擾擾，真體應知内充。雲霧銷兮天空。障礙除兮光融。盈虚消息中。人天相感通。頂上有玄功。箇中微妙參化工。

鶯啼敘

題適楊女兄家藏授硯泣硯圖卷　女兄諱應蘭，適山陰楊氏。姊壻諱其燕，字詒卿，楊大瓢先生裔孫也。咸、同間避粤匪亂，偕一兒、一

弟、一姪奉母至蘇，旋爲東台邑令歐陽公延聘入幕，挈家居東。適斷絃，因聯姻焉。故里家業蕩然，僅携其祖六士先生所藏手卷，幸無恙。居東十餘年中，其太夫人及兄若弟姪等先後歿。君旋以就聘六合，歿於署中。其二子，一爲前室出，尚幼；一爲吾姊出，在襁褓。姊携二子奔赴六合，扶櫬歸，撫孤十數載，爲長子畢姻。未幾，長子夫婦先後歿，幼子亦未冠殀。更撫其女孫成人，贅壻於家，而女孫等復以不知勤儉，致令無立錐地。予因請女兄大歸。其家藏手卷，即臨終前所付託也

人生白駒過隙，衹流芳可溯。看從古、孝子賢孫，到今如泣如訴。況鵑血、啼聲未了，還多紙外酸辛處。大瓢翁萬里尋親，楊可師先生別號大瓢。父春華，明末時因張煌言事，偕妻流甯古塔。大瓢出塞省親，負骨歸葬，世稱孝子。大瓢寓吴中最久，《蘇州府志·流寓》有傳。一般淒楚。清白傳家，山陰望族，更名高比部。六士先生諱夢符，乾隆間進士，官刑部。幾回首、祖硯誰貽，范喬情事悲吐。硯爲六士先生太夫人所授。太夫人得自大瓢先生，即先生《自叙》中所云鄉思樓十二研山之一也，樓爲大瓢吴門讀書處。大瓢爲六士之從曾祖，即其太夫人之外王父也。望春暉、心傷寸草，剩殘石、哀哀摩撫。繪雙圖，二圖，一曰授硯，張東畬繪；一曰泣硯，錢竹初繪。喬木依稀，淚零毫楮。

紅羊亂後，燕子無家，向海濱寄旅。試檢點、先人手澤，硯瓦都碎，詒卿爲六士先生之孫，自避亂遷居後，圖雖存而硯已亡矣。一紙啼痕，獨邀神護。因緣翰墨，人天作合，依依親戚通情話，記當時、休戚相扶助。榮枯一瞬，憐他鄉思樓空，異鄉一坏荒土。孤鸞寡鵠，此後誰依，幸秭歸有路。憶携到、莪詩一卷，道是家珍，剩馥殘膏，叮嚀親付。人琴杳矣，遺音猶

賀新郎 高郵楊薈亭來書索畫，并以《六一吟》索和。賦此代柬

雙鯉傳書到。是前年、及耆壽客，前年，薈亭五十九歲，曾賦《及耆吟》六章索和。醉歌風調。漫説黄花人同瘦，君自號黄花瘦人。高倚南窗寄傲。更嶺上、梅花開早。君壽誕爲十月。寄我東風枝第一，數從頭、方唱陽春小。吟六一，此初稾。

年華浪擲吾嗟老。自歸來、痴聾更甚，有時舒嘯。西抹東塗閒消遣，争奈維摩病繞。况懶似、稽康懷抱。詩畫債臺高築就，對良朋、愧乏瓊瑶報。春暖候，願承教。

瑞鶴仙 南通費君範九以其尊人鑑清先生《哀思録》寄示索題。先生厭世後，已閲十七載，令子猶復四出告哀，徵題不已。其終身之慕，固可想見，尤濁世所難也。爰賦此書後

在，滄桑前後經幾劫，劫餘灰、煩我奚囊貯。燈前漫燎吟鬚，楚些招魂，女嬃塈否。

菩薩蠻 讀無名上人偈，竊其意賦此

木樨香後黄花好。梅花又向東風笑。草木本無心。人心煩惱尋。　無空安有色。便是波羅蜜。喫飽任酣眠。清風明月天。

瀟湘夜雨 讀鄉先賢翟則善先生諱貞《過周得齋諱思兼，字紹旦居》詩，竊其意賦此

遠樹参差，小橋畧彴，依稀雞犬雲中。數椽茅舍倚空濛。清净伴、當窗緑竹，高傲性、背屋蒼松。應羞煞，穠桃艷李，膩粉嬌紅。　山深林密，天然樂處，漫道禪空。看春風庭院，秋月簾櫳。花弄影、纖腰綽約，梅寫韻、笑靨從容。翻疑訝，孤清處士，淡裏味偏濃。

一鄉稱善士。是七歲伶仃，當年孤子。江淮負餘米。怎書生服賈，更遭天忌。行人墮涕。説翔鳳、橋邊往事。其鄉有翔鳳橋將圮，先生曾督修之。試聽來雛鳳，清聲便識，彼蒼深意。　哀思。樹彫椿蔭，篇廢莪詩，歌傳蒿里。長房去矣。仙人迹，本游戲。祇年年、重九先生歿於重九前一日淒淒風雨，滴盡皋魚血淚。續瀧岡阡表，遺編問今有幾。

卜算子　戲和百洪《夢梅》詞，次元韻

高語鄭康成，妙緒天花落。詩婢曾云贈我來，百洪昨曾有此戲言。厚意何能却。　莫怪食言肥，作劇原非惡。爲學風流柳夢梅，好夢瞞人覺。

望海潮　陳星翁以許海秋、李藕船遺墨屬題。李爲朝鮮人，知中樞府事。嘗以詩寄許，許答以《望海潮》詞。真州吴杏樓偶於京都琉璃廠得許詞、李詩遺稿各一紙，歸以贈星老。星老裝池，遍徵題詠，因步許詞韻賦之

玄菟邊郡，句驪島國，車書同我中華。光聚客星，情馳舊雨，荒江鴨緑雲遮。漫唱浪淘沙。望海潮平處，詩友詞家。一瞬滄桑，幾行零落雁書斜。　殘膏賸馥堪嗟。任摩抄陳迹，我輩塗雅。玉井幾篇，許海秋有《玉井山館詩文集》，今已無存。韓齋一幅，許詞原註云：『去年人日，同集於綉山閣讀韓齋，有韓齋雅集圖。』更誰覓向天涯。片羽美無加。喜搜奇海外，不待乘槎。珍重延陵手贈，老眼信無花。

憶故人 哭亡友陳星南

皓首窮經，一肩擔荷千秋遠。天教生死舊書叢，此事關文獻。倒盡狂瀾誰挽。老維摩、憂時病喘。一生心血，留付兒曹，惟餘書卷。

最後因緣，那堪僧閣離筵餞。君殁前十日，李君從龍邀同至大聖寺素餐。君偃臥僧榻，猶共清話。孰意此即訣別時耶！徵題遲報海秋詞，淚抵延陵濺。君曾以許海秋遺墨屬題。頃聞君喘疾又作，往視之，并携卷報命，不意已在易簀時也。悲夫！最感鳴哀言善。賦璠璵、中秋片柬。前印鄉先賢遺詩成，君索閲後，贈以詩。中秋日録稿見示，有『一編持贈勝璠璵』之句，墨瀋猶未乾也。願攜遺句，歌向西風，招君魂返。

菩薩蠻 次禾夫《病起》韻

病餘錯怨西風驟。相憐人比梅花瘦。時予亦在病後。莫怪敝裘單。小窗添晚寒。昨宵蟾兔影。今夕雲中隱。雪意滿天空。散花飛絮中。

清平樂 冬月十五夕，禾夫以《聽雨不寐》一詞録示，且謂病中字句未檢，屬爲訂正。予亦在病中，次韻和之

雨聲纔住。一曲幽情訴。漫説周郎能顧誤。病裏一般酸楚。　惺惺原惜惺惺。相憐瘦骨雙清。一笑愁雲掃去，當頭圓月空明。

一剪梅 和禾夫《證禪》詞

愧説家風是愛蓮。俗慮紛然。興味蕭然。清詞漫唱柳屯田。不是談天。便是悲天。　一箇蒲團也足軒。山谷有《題覺範道人也足軒》詩。大有前緣。還結新緣。性天真處了無禪。用無名

上人句。悟澈生前。指點當前。

瑤華　嘉平十四夕賞雪

瓊樓玉宇。天上高寒，藉密雲圍護。姮娥耐冷，緣底事、匿入廣寒深處。散花天女，儘游戲、天花飛舞。喜玉壺、買得春來，一片冰心同貯。　分明夢入羅浮，看萬樹槎枒，梅蕚齊吐。層巒疊嶂，怎一夕、白了佛頭無數。嬌憨兒女，却堆起、假山摩撫。更客來、共洗詩腸，掃雪夜茶新煮。

夜合花　雪霽

地接遥天，城開不夜，彤雲片片週遮。鵝毛幾許，無端白了烏鴉。疎又密，整還斜。是優曇、散落天花。法歸平等，功成普渡，澤遍荒遐。　秋風回首堪嗟。漫問開軒把酒，説甚桑麻。荒寒景象，冬來旨蓄誰家。天雨玉，物增華。不崇朝、洗盡蟲沙。妖除餘孽，魚占好夢，春滿天涯。

慶春澤　和禾夫《詠雪》

時難年荒，天寒歲莫，最憐饑饉餘生。蟊賊潛藏，更防伺隙横行。六花忽布天空陣，玉龍飛、野戰雲騰。刹那間，劫洗羣魔，歲卜三登。　遺蝗入地應千尺，看紛投米碎，亂落花輕。雨玉田中，分明種就藍瑛。灞橋誰覓新詩句，和松風、入奏泠泠。更冰輪，一片高寒，萬里澄清。

憶秦娥　己巳春初，百洪索覲近作，賦此以贈。蓋是年爲百洪七十初度，又其太夫人八十晋八壽辰，現方謀稱祝也

眠忘曉。喚人喜有枝頭鳥。枝頭鳥。問他知否，那家春好。西鄰好語東鄰報。介眉有酒春風笑。春風笑。婆娑妙舞，老萊忘老。

前調 春倦，喜得鄰翁招

湘簾捲。楊絲慣舞東風軟。東風軟。柔腸幾曲，被他牽轉。梁間燕子嗔予懶。林端有鳥殷勤喚。殷勤喚。西鄰咫尺，杏花庭院。

木蘭花慢 春感

淒涼人去後，怎没箇、信音傳。任兔走烏飛，魚沉雁杳，一瞬三年。風前。柳絲慣舞，引春愁縷縷到眉端。雙影偏來舊燕，幾聲又聽啼鵑。幽蘭。最可人憐。經雨葉、淚成斑。記纖手親栽，素心共證，今爲誰妍。芊眠。衹餘墓草，有裙腰一道隔河看。願倩花魂寄語，白頭人尚平安。

南樓令 償債

幾個肯糊塗。紛紛贏與輸。問前因、總爲償逋。恩怨循環何日了，忙什麽、算錙銖。打破悶葫蘆。其中何有無。怪無端、加減乘除。掃去六塵尋究竟，微一笑、妙如如。

生查子 和百洪《花放》元均

小園花亂飛，不是菩提樹。别有妙香來，空色無尋處。天空花亂飛，俗眼迷層霧。誰是指迷人，俾識回頭路。

以上《霞棲詞鈔》卷二

以上《霞棲詞鈔》

清平樂

拋書人倦。好夢堪消遣。叵耐賣花聲屢喚。錯把鶯兒埋怨。　門前小立攜笻。看他來往西東。春水干卿底事，奚煩各問行蹤。

虞美人　春燕

東風欲捲飛花去。紅落疏疏雨。黃鶯啼向柳梢頭。却怪一雙燕子、不知愁。　喃喃似説春光好。苦勸將愁掃。多情飛去又飛來。遮莫箇儂心事、被他猜。

如夢令

大好春光未半。枉被東風狂捲。一片可憐紅，到處落花零亂。埋怨。埋怨。燕恨鶯愁誰管。

滿江紅　己巳寒食日，戲柬二石、雙橋

二石雙橋，兩有道、先生吟几。奉啓者、昨勞芳躅，君昨曾二過訪。並承珍賜。二石翁昨攜朱注《孝經》并墨搨黃山谷書見贈。一册孝經朱注本，幾章山谷黃書字。更比鄰、説法訪生公，昨曾同訪廖麓樵談禪。參禪理。　寒食過，清明至。挑菜節，尋芳地。正石泉槐火，豔陽天氣。還喜西溪新訂約，同人預約上巳日遊西溪。行看上巳同修禊。笑巴詞、調寄滿江紅，霞栖啓。

憶舊遊　上巳偕夏澹岑，翟連舫、禾夫橋梓，戈百洪、玉尊、昆玉及崔鍾之共七人赴西溪修禊，距前歲重九之遊猶目前也。因即用前遊西溪原調，集禊帖字寄感

感春將莫矣，趣亦悠哉，歲序初遷。得地同觴詠，有林亭左右，不是崇山。所欣氣清天朗，

少長集羣賢。也曲水流觴，形骸放浪，寄託其間。遊觀。暢懷抱，又俯仰興悲，目視流湍。九日曾臨此，慨情隨事遷，悼及幽蘭。前年重九同人赴西溪登高，陳子心蘭興最豪。今則座中無此人矣，悲夫。豈殊永和修禊，嗟述古人言。悟契合因由，隨其所遇當樂天。

瑤臺聚八仙　修禊後，禾夫譜此調索和，仍集禊帖應之

春至人間。形骸暢、和氣亦若春然。況當修禊，隨在又快遊觀。託跡雖殊山與水，娛情不取管和絃。集羣言。虛懷視竹，靜趣猶蘭。當其欣於所遇，感世殊事異，目倦流遷。九老相期，初曾約九人同往。虛左得竹林賢。廖、后兩君臨時因事未到。文殊静坐一室，已悟向清修自在天。廖麓老未及同行，曾作一偈，係題西溪泛棹圖者。遣价送稿至，以代親往，蓋時值誦經也。同懷抱，合古今一契，於萬斯年。

憶江南　先兄子香有手臨板橋道人所書陸種園《望江南》詞十首，楊甥鶴儔裝池乞題，爰就原調爲之

元和老，舊刻放翁詞。《板橋詩鈔》附刊陸種園先生《賀新郎》《滿江紅》二詞，自序云：『先生爲邑中前輩，燮幼從學詞，故刊二首，以見一斑。』鴻跡曾留雙爪在，豹文猶憾一斑窺。十曲補珠遺。

其二

林泉侶，先世舊交親。芍藥欄邊金縷曲，藕花洲畔沁園春。觴詠溯前塵。清初，陸時偕二三遺老來遊南莊，有即席《金縷曲》《沁園春》等詞。

其三

今何世，莫唱望江南。時局棋枰空黑白，昔賢

衣鉢自青藍。風雅幾人談。

其四

三百載，唱徹幾清明。鄭所書陸詞係清明偶興。調古可能賡雪白，曲終還爲寫峯青。一紙二難并。

其五

南莊略，曾補水村圖。兄曾作南莊圖印於《南莊輯略》卷端。數典遠從天啓歲，偷閒慣學板橋書。猶似筆新濡。

其六

傳筆意，殘墨當珍藏。似舅誰爲今薛稷，難兄我感昔元方。跋尾淚成行。

滿江紅 感事，次和禾夫

古往今來，算抵得、漫漫長夜。問多少、王侯將相，果何爲者。若個能争秦氏鹿，中原慣牧胡兒馬。到而今、龍血又玄黄，悲中野。傷時淚，空揮灑。嬉春地，姑游冶。看瀾迴波轉，雪銷冰化。雲雨荒唐原是夢，樓臺歌舞何曾罷。笑維摩、枉爲衆生憂，何遲也。

前調 悲秋，再次禾夫韻

秋色西來，正望眼、天高月白。待把酒、桑麻閒話，醉眠壚側。蓄旨今看無一二，擎杯誰忍吟三百。嘆從來、兵後是凶年，愁懷窄。園蔬瘦，難留客。詩才鈍，難爲賊。用偷詩鈍賊事。喜箋傳金縷，彩揮椽筆。夜静歐陽書罷讀，曲高處仲壺狂擊。問書癡、何事苦悲秋，青衫溼。

前調　爲木夫題《萬古愁》傳奇墨蹟長卷　皖江

程氏家藏墨寶有二：一爲侍初堂圖卷，所以教孝也；一即《萬古愁》傳奇，所以教忠也。侍初堂卷題識琳琅滿幅，前得展閱，亦曾附以拙句。後聞已歸海上寓公某氏，幸此卷尚存。禾夫得自外家，奉爲瓌寶，因屬題

歷代興亡，一例是、山邱華屋。祇落得、幾篇紀載，幾聲歌哭。杜宇天涯亡國恨，梨園月夜招魂曲。最淒涼、唱到血蝦蟆，天胡酷。　歸奇淚，曲爲崑山歸莊作。莊號元恭，有光先生後，名在復社。同時與顧亭林最相友善，時有『歸奇顧怪』之目。傷心掬。智周字，智周，姓李，名光國，興化人。傳奇恐觸時忌，世無刊本，惟歙縣程氏藏有墨迹，即此卷也。拈毫禿。是思陵哀史，崑岡遺玉。可惜侍初圖失伴，幸留定道書盈幅。卷末署『定道書』三字，旁有印章二：一曰『李光國印』，一曰『智周』。看外家、黃絹外孫藏，天緣屬。

前調　和慎園主人《山居》韻

山館無山，有當日、琴聲鶴影。敝齋名琴鶴山館。看先世、敝廬依舊，小窗常靜。海屋如舟花影覆，柴門臨水溪雲冷。笑無多、疊石不成峯，塵堪屏。　眼中事，都如鏡。身外物，休成癭。喜交深金石，音同笙磬。山不在高仙可學，地雖近市神能定。況慎園、好鳥隔枝頭，聲聲聽。

調笑令　繪鍾馗圖

煩惱。煩惱。世態胡盧顛倒。試看木怪花妖。也會翻空跳高。高跳。高跳。且供醉來一笑。

换巢鸞鳳

題吴野人先生蒹葭並立圖　圖中並立者爲天都程雲家

一代清流。看乾坤泱漭，箕潁優游。河山懷故國，風雨泣神州。鼎湖龍去覓沙鷗。問諸水濱悲哉正秋。蒼葭冷，與之子、苦吟時候。良友。沮溺耦。誰寫雙清，古處衣冠舊。栗里心情，新亭涕淚，都入白描高手。我亦今時孑遺民，執鞭倘許追蹤否。望清塵，范堤邊、幾樹煙柳。

燭影摇紅

己巳九月，廖麓樵將歸寧鄉，先挈眷至金陵。同人餞於西溪，爰爲作西溪餞别圖并題

現宰官身，妙蓮花法生公説。每月朔，先生至居士林演講佛法。况從翰墨證因緣，許我談風月。驀聽一聲言别。憶蒓鱸、鄉心頓闊。古人南浦，今日西溪，陽關三疊。　分袂河橋，荻蘆蕭瑟西風咽。范隄煙柳一絲絲，怎繫行人楫。晝出依依霜葉。卜來時、霏霏雨雪。布帆無恙，春到江南，梅枝須折。

柳梢青

爲鮑魯歆題鄭懷蘇女士所繪杏花春柳條幅　鄭蕙，字懷蘇，又字茗仙，儀徵人。適山陽程作人，寄居揚州。工花卉仕女，賦色妍妙，又工詩詞。咸豐三年粤匪亂，城陷，自刎不死，作《絶命詞》二首，見《揚州畫苑録》及《揚州志》

雨驟風狂，燕驚巢破，鶯對人啼。杏靨嬌嗔，柳眉低蹙，緑暗紅稀。　仙乎没骨丰姿。有鐵骨、錚錚自持。劫火留灰，脂痕凝血，愧煞鬚眉。

憶故人

高郵楊甓漁以其尊人亦孫先生遺著寄示屬題，因就原稿中集句應之　先生諱莘存，年

二十八歲，遺著甚富

錦繡文章，牙籤別部詩箋註。閒吟三十六湖濱，芳草斜陽路。繫遍情絲恨縷。聽雲邊、行行雁語。桐焦未遇，蕉夢先醒，旗亭人去。

仙韻珊珊，垂楊只繫人情緒。淒然燕語訴纏綿，無計留春住。此地空留香土。六朝烟、芳魂何處。試尋遺跡，脂點殘紅，風吹花舞。

洞仙歌　次答楊敬齋，寄北平代柬

南唐兩宋，極詞人高致。降至元明變風氣。祇清時、竹垞媲美秦黃，傳恨處，予亦感懷身世。

仙音須默契。側耳雲韶，三月奚能不知味。誰譜洞仙歌、宛轉低徊，千里外、情馳無已。訝且笑、虛譽不虞來，對白雪陽春、愧無涯際。

攤破浣溪沙　仲飛姪遺以水仙花，并出紙請繪水仙，因題

雲冷衣裳骨相清。辛棄疾《水仙》詞『雲卧衣裳冷』。天風吹夢室中馨。鄒亮詩『天風吹夢落瑶臺』。山不在高問流水，有仙名。

攜並羅囊香拂拂，用《謝玄傳》紫羅香囊事。立如庭樹玉亭亭。安得梅花同寫韻，我思兄。黄庭堅水仙詩：『含香體素欲傾城，山礬是弟梅是兄。』

浪淘沙　和吴介之《漁父》詞

秋入蓼花灘。雁陣驚寒。一壺清酒一漁竿。欲向水濱相問答，何日安瀾。

世事似崩湍。誰隱林巒。滄浪一笛漫盤桓。安得磻溪垂釣者，俯仰同寬。

清平樂　繪二仙攜葫蘆立海水上

名韁利鎖。到處牢纏裹。東往西來忙什麽。誰把葫蘆打破。　乾坤袖裏安排。雲端矗起樓臺。拍手呵呵一笑，分明福自天來。

行香子　辛未春百洪往滬，賦此留別，次答三闋

舟艤車鈴。聚散如萍。莽天涯、水碧山青。陽春召我，煙景關情。正布帆揚，詩瓢挂，酒杯停。　笑倚銀瓶。誰醉誰醒。御長風、浪破蒼溟。雲山歷歷，鬢髮星星。看景方新，人猶舊，路重經。

其二

警柝鳴鈴。世事飄萍。望江南、依舊峯青。河山景色，楊柳心情。看楚山孤，吴江闊，海雲停。　净水銅瓶。洗眼常醒。插楊枝、灑向烟溟。燎原劫火，願滅星星。試泛慈航，對人海，誦金經。

其三

花繫金鈴。絮化春萍。趁清明、踏遍遥青。桃花新浪，潭水離情。奈意難言，心難寫，勢難停。　罄矣罍瓶。衆醉能醒。小遊遨、那羨鯤溟。賣文舊夢，作客孤星。待返詩船，招酒伴，講茶經。

前調　寒食日百洪來別，視我於病榻中，彼此都不勝情。後二日感賦，仍疊前韻

語澀檐鈴。迹感江萍。柳依依、眼爲誰青。汪倫善病，李白牽情。看首頻回，言難盡，步還停。　偃臥如瓶。夢爲君醒。訝明朝、展翼雲溟。我懷舊雨，人迓文星。願早歸來，慰

時懷抱。愁病侵尋無聊賴，瘦書生、時或狂歌嘯。藏拙耳，非娱老。精神最羡鄰翁好。弄扁舟、吴淞江上，蒓鱸堪飽。本是當年游騁地，况有阿宜東道。現安榻在令姪處。更舊雨、新知多少。老去文章增聲價，看良醫、良相功同造。聊復爾，道非小。

前調 題金山高吹萬母李太君家傳

世事嗟翻覆。甚狂瀾、一朝盡倒，綱常推扑。巴婦何人秦何世，千古懷清在目。到今日、羞談風俗。誰爲乾坤扶正氣，國之光、蔚作家之福。春滿室，高君奉母處曰『慈竹長春之室』。茂慈竹。冰霜歷盡天恩沐。建貞坊、何如利濟，石梁高築。以建坊資建橋九。一笑功成登仙去，淒絶皋魚痛哭。况風雨、重陽聲觸。時在重九

離索，話曾經。

玉京秋 爲禾夫題周少谷畫秋景長卷　少谷名之冕，明吴郡人

銘陋室。苔痕上階緑，好春堪憶。待到秋來，幾叢菊竹，深黄柔碧。尤喜蟲聲蝶影，矮籬邊、來去如織。更贏得。淡烟疏雨，做成蕭瑟。等是悲秋詞客。獨誰摹、生香活色。緬想吾宗，山中葵蓼，彦倫風格。點染霜痕，看種種、都向秋毫傳出。疇能匹。應是平園遺迹。

金縷曲 得百洪滬函，謂以賣文行醫爲事，爰賦此代柬

愧我歸來早。亂紛紛、荆天棘地，待尋漁棹。衡宇誰家相望處，日夕清樽共倒。説什麽、憂

後。我亦鮮民孤露早，展高文、抵得瀧岡讀。三復罷，淚盈掬。

壺中天　爲太倉陸君魯瞻題祖遺衡岳訪碑圖

儀真汪鋆繪

玉堂仙客，君祖星農先生增祥爲清道光庚戌殿撰，性好金石。官楚南時，嘗入山訪碑。入山深猶帶，御爐香氣。脚著謝公雲外屐，恰遂歸田心事。禹碣堯碑，秦磚漢瓦，古道斜陽裏。青山無恙，經過多少興替。　風景舉目無殊，今何世也，誰灑新亭淚。幾度劫灰零落後，更待何人尋視。一幅雲山，千秋金石，留補他年史。硯田三百，先生撰有《硯譜》，計秦、漢瓦製爲硯者共三百餘。祖謀貽爾孫子。

眼兒媚　壬申初春，聞滬亂有感

鶯啼燕恨惹愁懷。端的甚由來。眼中情事，耳邊消息，没箇安排。　東風底事顛狂甚，花信費疑猜。寒松自秀，冰梅自笑，管甚飛埃。

荆州亭　紙鳶

不是鶯鶯燕燕。惹起愁雲一片。翦紙作鳶飛，做盡笳聲哀怨。　怪底天空一線。攬得人心繚亂。袖手問誰看，一任風狂不管。

醉花陰　清明欲雨未成，感賦

昨歲霪霖天作孽。莫洗黄龍血。謂去年水災中戰事。中澤盡哀鴻，啼過冬殘，苦盼芳春切。　久晴欲雨清明節。恨煞東風烈。大好杏花天，消息如何，怕爲江南説。謂倭寇現擾蘇、常事。

蝶戀花 指墨

漫道山翁閒是福。西抹東塗，磨得毛錐秃。秃了毛錐腰尚曲。敢誇鍼巧工夫熟。　指染墨花香氣撲。點點塗鴉，不藉青和緑。可是米家真面目。且園高子眉尖蹙。

江城子 戲擬耳聾、眼花、頭童、齒豁四題，各得一闋

怕聞得失鬥雞蟲。廿年中。慣佯聾。直到而今、借得密雲封。翻怪巢由工作態，流水洗，水淙淙。　任他金鐵鬧錚鏦。褎如充。過秋風。山雨何來、萬壑試聽松。霹靂一聲誰告語，搖首笑，誑而翁。耳聾。

其二

生來短視愧離婁。上層樓。試凝眸。千里欲窮、辜負少年遊。老去更教花滿眼，空裏色，亂雲浮。　還從報紙辨蠅頭。惹閒愁。淚空流。爲白爲青、舉目總浮漚。瞎雨盲風都不管，雲水洗，碧油油。眼花。

其三

愁絲掃去雪霜飄。首頻搔。氣彌豪。俯仰高吟、神妙到秋毫。人老簪花花莫笑，歸插菊，醉如陶。　頭童慣惹狡童嘲。月輪高。態堪描。落帽風來、拍手到兒曹。覓得桃源行樂伴，黄髮老，共垂髫。頭童。

其四

爲誰辛苦爲誰甜。樂齏鹽。老彌甘。菘韭生涯、荒徑更開三。春色滿園關不住，花缺處，露峯尖。　英華依舊咀兼含。快清談。笑掀

鬋。咳唾風生、濺沫到青衫。説法喜從乾凈地，無罣礙，誦伽藍。齒豁。

醉花陰　二石次和《清明欲雨》一詞，屬疊和，戲擬此

愧造新腔如造孽。枉用心頭血。拜石對鄰翁，攻借他山，且喜磋和切。　紅牙低按宮商節。不作雷風烈。誰唱大江東，鐵板關西，待向東坡説。

前調　再疊

國到將亡妖作孽。野有玄黄血。咄咄問蒼天，大好春光，底事風淒切。　誰持蘇武當年節。空議争持烈。漫續戰場文，一片鵑聲，忍聽招魂説。

前調　三疊

綺語風騷關口孽。酒污羅裙血。秋水泣琵琶，香口如聞，細寫情悲切。　空船獨守嗚高節。彈出聲聲烈。今世自由花，逐水飄流，商婦應羞説。

清平樂　閨情

梅花已著。竟負芳春約。倘是歸來纖手握。準擬將他冷落。　轉思雨雪行程。詎忘兩字卿卿。怎便鶯嗔燕恨，教人寒了心情。

桃源憶故人

武陵何處漁翁櫂。願共溪邊垂釣。豔説落英芳草。我爲迷津惱。　仙源不是山陰道。那許人人能到。避亂何時方了。莫惹桃花笑。

滿江紅 感近事

大好河山，誰惹起、漫天烽火。看鷸蚌、明爭暗鬥，擁兵安坐。城下要盟聞鬼哭，榻前讓地容地臥。任凱旋、高唱到扶桑，江沈鎖。　沙場骨，誰收裹。春閨夢，初驚破。報載東京征婦組索夫團，臥轍不去。想征魂隨返，虜廷爭賀。海上關心圓桌會，倭人擬協議後，開圓桌會。閣中展眼蕭牆禍。謂日將被炸，日相被刺事。悟天心、假手戒窮兵，因和果。

南浦 李君伯瑜嘗集亡友汪馥亭遺詩，并倩子香先兄補繪機聲燈影圖，合裝一册，屬題，爲填此解

三載聚萍蓬，汪題《抱璞齋集》有『東淘三載聚萍蓬』之句。悵故人，揚州騎鶴雲表。飄泊誤塵緣，汪賦『美人風箏』句。東風外、潭水桃花芒渺。汪倫去矣，青蓮酹酒空憑弔。畫梁音繞。猶嫋嫋如聞，美人香草。『香草美人原寫意』，亦汪題《抱璞齋集》句。　欷歔賸馥殘膏，憶燈影機聲，情牽圖稿。別館問夫容，汪詩有『君題我句夫容館』之句。周郎顧，爲寫嘔心懷抱。詩情畫意，雪痕今日皆鴻爪。汪與李訂交詩有『但教鴻爪痕長在，從此桃花水更鮮』之句。感君朋好。還觸我箎聲，悲歌成調。

憶故人 追悼王芝生

倦鳥知還，亂餘鴻迹空懷舊。最難千里故人來，海上詩兼酒。記得季方情厚。謂君弟珮珊。許重逢、元方握手。十年秋水，一曲離亭，那堪回首。　道梗音稀，一聲哀雁驚傳驟。天涯消息隔年聞，淚灑悲秋候。行矣先生離垢。作詩仙、天風兩袖。筆花千古，玉樹三株，天

鍾靈秀。

杏花天影

入船驟雨跳珠亂。暫停泊、蘆花岸畔。溼雲低影壓船頭，似幔。望漁村、半隱現。回眸看。天容忽展。蔚藍際、朱霞點染。夕陽鴉背畫圖中，耐玩。待回帆、且少緩。

賀新郎　爲山陰杜退堪題荷渚前身證影圖

濁世囂塵擾。獨何人、亭亭玉立，破除煩惱。君名其室曰『無煩惱』。遥指山陰觴詠地，依舊風清月皎。況中有、芙蕖池沼。君子風標相伯仲，值芳辰、先後論年貌。君自鐫有『我先荷花八日生』小印。花不語，但含笑。

愛蓮舊説文章妙。閲千秋、溪光可挹，世從吾好。濯彼清漣泥不染，顧影分明寫照。問今日、誰同懷抱。可喜清香來自遠，證前身、摹出新圖稿。歌一曲，寄同調。

蝶戀花　高二適以翟望山先生所臨禊帖遺墨屬題，爰集禊帖字應之

一室風清修竹地。放浪形骸，目倦當時事。山静不曾知老至。惠然欣得蘭言契。陳迹興懷同一致。俛仰之間，感慨幽情係。賢者春風流水次。古今懷抱斯文寄。

以上《霞栖詞續鈔》

南浦　癸酉春，社友陸魯瞻以居停去任，將賦驪駒，因出舊藏衡碑箋紙，囑書近作誌别，爰成此解

翰墨悟因緣，陸放翁，交情證彼團扇。君曾購得子香兄所繪團扇二幀，屬題。示我訪碑圖，君曾以祖遺衡岳訪碑圖屬題。神仙吏、曾侍玉皇香案。秦磚

漢瓦，祖謀况富傳家硯。君祖星農修撰，性好金石，藏有秦、漢瓦數百片，製爲《硯譜》。筆花錦粲。看拔幟登壇，逢君何晚。分明假我文章，怎煙景芳園，忽開離宴。攜手上河梁，依依處、願倩柳絲牽挽。桃花去浪，此情馳共春帆遠。更勞望眼。料别後吟箋，頻煩魚雁。

如夢令

高二適攜其曾祖柱軒先生所繪菊花一幀乞題，云此件已贈伊表叔朱某，朱即先生之外孫也

染就霜痕深淺。描出秋容高淡。幾筆壽千秋，何啻外孫黄絹。黄絹。黄絹。恰付外孫珍玩。

金明池

二適賦此見贈，次韻答之

亂世生涯，斜陽暮景，牧唱樵歌心思。漫道是、文人慧業，聊領取枯禪滋味。笑柴門、雖設常關，問誰向、泉石膏肓通意。金縷忽傳箋，浣薇三復，頓覺春生幽砌。覓得源頭清似水。愧顧誤周郎，而今衰矣。喜聽到、陽春白雪，都洗盡、浮花浪蘂。羡君才、調本無倫，怎流水高山，逸茲奇士。梁父寄吟情，交風友月，算是逢場游戲。

臺城路

題蘇氏舊藏西溪書院諸賢題識遺墨　并序

吾邑城東偏西溪書院創設於清嘉慶丁丑。仍用晏元獻西溪講學時舊名，示不忘也。經始者爲鄉先哲蘇雲巢先生，承先志出資，爲之碑記。而外更繪圖徵詩以資紀念，今已百餘年矣。國變後，匪特庭宇改觀，即前賢手蹟已零落，不復可攷。癸酉夏，西溪碧霞寺僧志堅攜蘇氏舊藏圖，後題跋遺句廿一頁，云爲某居士搜輯送寺保存

者。琳琅滿紙，洵徵文攷獻之一助也。上人請爲補圖加題，冀復舊觀。惟原圖既佚，嚮壁虛造，致失廬山真面，竊無取焉。史重闕文，願仍其舊，以存滄桑之迹可也。爰擬《臺城路》一闋歸之。

海邦疇昔英華萃。泠泠晏公溪水。爽挹西山，書院在縣城東偏孔廟側，仍用西溪舊名。西山即指泰山寺。治分東土，東邑自分縣後三十餘年，始建書院。秀出眉山父子。雲巢先生謂承父遺命創設。人文蔚起。看鹿洞春深，宮牆伊邇。飲水思源，門中吾亦舊桃李。　長方咏歌未已。閱滄桑幾度，誰問經始。風景無殊，碑圖安在，賸有新亭餘涕。珠零錦碎。喜考獻徵文，闕留鄉史。玉帶山門，算千秋韻事。

清平樂　題如皋江序三小影

其人如玉。皎皎超凡俗。白袷春衫仙吏服。李頎詩『白袷春衫仙吏贈』，蓋小影係律師服也。錯認道家裝束。　蟬冠共識江郎。香爐峯頂吟香。江淹有《登廬山香爐峯》詩。願借筆花五色，圖中添箇詩囊。

鵲橋仙　七夕聞鵲，戲成三首

畫屏無睡，仙橋正步。靈鵲料知辛苦。查查忽向畫檐前，問今夕、新傳何語。　人間氣艇，天空航路。巧似天孫也妒。借他破浪到銀河，看雙翼、乘風飛渡。

其二

填橋故事，穿鍼良夜。漫説當年佳話。摩登兒女正兜風，聽唶唶、鵲兒嘲罵。　洋場跳舞，温泉游冶。翻笑隔河車駕。雙星回首料羞看，亟雲擁、風馳去也。

其三

彩雲初展。明星有爛。寂寂無聲銀漢。黄河水忽自天來，癸酉秋魯、豫二省黄河決口。錯認做、天河瀰漫。鐵橋猶斷。報載，黄河鐵橋被水衝斷。仙橋更幻。羣鵲漫教驚散。還憑鵲語問人間，倒盡了、狂瀾誰挽。

柳長春 祝友人七十壽

十月陽春，七旬上壽。嶺梅消息清芬透。一雙雛鳳舞蹁躚，婆娑風月詩兼酒。福種成田，才高計斗。鯫生愧附同門友。霓裳高詠集羣仙，山歌也向當筵奏。

采緑吟 爲趙梅元題拾莧圖

一紙陔蘭影，寫出萬種辛酸。蓬門井臼，虀砧湯藥，藜粥蘋蘩。劫餘生暑，拾荒園莧、漫將采緑同看。試傾筐，紅如滴，分明都是淚斑。茶苦到薺甘。葱蘢氣、緜緜瓜瓞繁衍。寸草望春暉，怎不見慈顔。剩泥痕、歐荻同芳，瞻依意、春永北堂萱。披圖際，如誦蓼莪，歌罷涕漣。

如夢令 爲郜翊如繪釣魚圖

世味何清何濁。老子自斟自酌。閒却釣魚竿，任爾去來潛躍。魚樂。魚樂。何苦供他杯勺。

長壽仙 泰邑曹焕春四世同壽徵題 癸酉八月，君年八十

福自天降。有八十山翁，六十兒郎。文孫三十壯，攜幼十齡强。繞膝更多少長。舞衣重疊萊階上。佳話遍傳，道分明再見，郭氏汾陽。　記否艱難曾嘗。喜蔗境回甘，蘭階增廣。傳家書味香，任變盡滄桑。海屋添籌無量。壽星歲歲逢秋朗。願獻里歌，作期頤、預祝五世同堂。

壺中天　題泰邑徐君星實樓北草堂讀易圖

蓬門晝静，正壺中日月，線添長至。冬至後二日，焦東山民丁月江書來，爲徐徵題。時爲徐六十初度，而鄙人亦正七十也。誰寄一枝春色到，想見山民高致。緘啟焦東，圖傳樓北，高士稱徐穉。小窗閒坐，一編周易滋味。　回首學易年華，商量舊學，十載功加邃。我愧家傳圖説在，那解盈虚精義。葭水遥通，草堂在望，恍坐春風裏。梅花成點，心同悠久天地。

渡江雲　追悼楊恭甫

元龍湖海氣，長風破浪，曾記覓張騫。壯遊歸國日，攬轡盱衡，待整舊山川。滄桑一瞬，感瘡痍、滿目誰憐。醫國手、故鄉小試，碑口頌三鱣。　飄然。放舟漢水，策杖匡廬，祇藥囊詩卷。更寫盡、殘山賸水，淡月疏烟。樓頭黄鶴隨雲去，問歸來、華表何年。懷舊意、西風老淚漣漣。

卜算子　題畫

共有羨魚情，疇則知魚樂。閒却漁竿醉放歌，任爾潛和躍。　呼出月中蟾，招到雲邊鶴。漫問金迷紙醉場，此味誰清濁。

疏影 爲丁月江題耦耕堂觀梅小影圖，用王碧山韻

前身是月。憶順江月色，焦山東順江洲，君之故里也。鄉思縈結。更愛新居，癯仙共步芳屧。風標本與詩人似，況寫照、影疏波闊。一放翁、一樹梅花，毫素飽含香雪。　惆悵江南路隔。一枝忽寄我，誰爲攀折。玉照堂前，摩詰圖中，畫意更何差別。修來幾世奚須問，妙績出、君身仙骨。待甚時、造訪幽齋，領略鄭虔三絕。

換巢鸞鳳 雨夜感賦，寄答嵤亭

大好清宵。怎腥風遍地，苦雨連朝。春心悲杜宇，陰氣集鴟梟。昏昏夢裏盼昭昭。遥瞻北辰迷離斗杓。晨光透，賸幾個、客星環照。　天道。誰可料。狂借東風，一角烟塵掃。燐火猶青，慧芒還赤，中夜驀聞雞叫。烏鵲南飛説橋成，幾家正乞天孫巧。望銀河，俟河清、漫便嗟老。

百字令 爲無錫莊甲安題樂道堂百大名家墨蹟

千秋書法，到而今一變，蟹行文字。説甚鍾王顔柳迹，朽蠹毛錐而已。尚武精神，麾戈時代，投筆紛然起。書城誰擁，南華經裏莊子。　遥見樂道堂開，縹緗輝映，秀挹山川氣。亂世斯文猶未喪，玉色珠光珍秘。千佛名經，百家集錦，一代英華萃。事關文獻，他年功助青史。

萬年歡 年家子馮誠圃以五十壽小影索題

天半朱霞。看霜毫寫成，眉宇疏秀。老我松

雲，對此慚忘衰朽。四十年前小友。也伯玉、年華增富。試與話、文字前緣，若翁曾許攜手。詩歌鹿鳴感舊。憶聲清老鳳，賓座攜幼。變盡滄桑，海屋春添堂構。學易先機見否。今豈是、服官時候。譜一曲、敍萬年歡，介眉聊佐春酒。

清平樂　爲友題清溪小隱圖

世途荆棘。何處堪容膝。天下掃除難著力。且事芝蘭一室。　高秋露白葭蒼。伊人宛在中央。漁唱樵歌互答，烟波通我南莊。

金縷曲　高二適以述懷二闋索和，次原韻

餘子何堪數。笑諸公、棋争一局，不遑寧處。磊落奇才偏抑塞，歷盡空山寒暑。疇解得、弓旌招取。豪比元龍湖海氣，正英年、鬱鬱居鄉土。騷首問，對天訴。　何聞何見空來去。好男兒、沖天有志，順風難遇。珠箔銀屏看畫閉，三日門前辛苦。賸一縷、華山吟緒。裘敝何如蘇季子，舌雖存、不屑如簧鼓。歌慷慨，引商羽。

其二

百感休縈繞。蔡中郎、千秋絶迹，屣將誰倒。攬轡澄清雖有志，且伴風清月皎。養爾氣、名山歌嘯。知己終須逢伯樂，看他時、馳騁驊騮道。迂闊見，勿吾笑。　老夫愧説歸來早。廿餘年、蓬門養拙，寄情花鳥。正值懷人風雨夕，可喜鱗鴻非杳。奈中有、淚痕多少。自古文章憎命達，願忘憂、移我窗前草。高尚志，料君曉。

御街行　爲盧少薌繪荆園圖横幅，因題

荆園可喜無荆棘。有隙地、三弓闢。北窗高臥想羲皇，奚啻山深林密。雲光月影，松聲花氣，共此芝蘭室。　四時最好逢秋色。看竹菊、黄和碧。一灣流水繞蒼葭，通我南莊消息。溯洄非遠，漁樵互荅，未許鷗波隔。

五福降中天　乙亥三月，爲謝王河王冀驤內弟六十初度，書來索詞爲壽

滄桑刦裏人都老，添籌幾番搔首。兩地離懷，卅年思緒，相見還相識否。漁舟別後。想黄髮垂髫，貌都非舊。又到春風，仙桃初熟好時候。　高樓明月正照，白頭梁孟案，眉介雙壽。座上金樽，庭前寳樹，丹桂五枝齊茂。霓裳共奏。笑顧曲周郎，已成衰柳。酌罷婆娑，也山歌侑酒。

浣溪紗　繪螳螂偶題

西抹東塗不是狂。秃毫殘墨有餘香。奚煩新穎露鋒鋩。　世態原無真面目，服妖又變舞衣裳。奇形畫個小螳螂。

畫堂春　張席珍以其祖藴川先生課孫圖屬題

讀書聲裏笑含飴。天倫樂事怡怡。蒼梧猶是舊鬚眉。曾説佳兒。　五十年來祖蔭，百千祼後孫枝。畫圖中有硯留遺。香溢蘭芝。

一萼紅　庭前牡丹開並蒂一枝，喜而賦之

掃荒苔。愧吾廬自愛，花木小安排。修行爲牆，叢蕉倚石，幽草緑上閒階。更圍遍、欄邊芍藥，紅一捻、中有牡丹栽。本是孤標，忽成

並蒂，芳意難猜。我擅愛蓮風格，倘名花競寵，美孕雙胎。爲厭繁華，也甘寂寞，避俗直到荒齋。不然者、山翁老矣，富和貴、何事逼人來。平淡休題絢爛，試證襟懷。

風入松　無錫莊穀遜書來，爲其友福建李雲仙屬題抱琴獨立圖

新聲亂耳不堪聽。冷抱伯牙琴。情移海上思仙客，問成連、何處追尋。今日誰彈古調，伊人別有遐心。　蒼茫獨立意沈吟。對月倚松陰。高山流水疇能解，盼鍾期、直到而今。寫就圖中高格，待求絃外知音。

前調　戈曙東以其曾祖壽泉先生所藏山雨欲來風滿樓畫扇裝池屬題，蓋先大人小堂公手筆也。敬填此解

風生腕底氣如吞。潑墨起煙雲。點睛笑指龍飛去，快披襟、袖有乾坤。繪影繪聲手筆，爲雷爲雨經綸。　目窮千里倚樓人。壽世此精神。河山風景今非昔，證因緣、翰墨猶存。一幅殘圖感舊，千秋畫扇揚仁。

調笑令　爲翟靖簃畫海天萬里圖

豪放。豪放。氣與風雲都壯。胸如叔度汪洋。海闊天空莽蒼。蒼莽。蒼莽。擊楫中流思想。

前調　爲鮑貞甫畫扇

高曠。高曠。遊興老當益壯。藉君畫筆汪洋。寫出烟波漭泱。泱漭。泱漭。一葉扁舟來往。

浪淘沙　蓺孫示以初夏一闋，爰次其韻

溪水緑迴環。梅雨生寒。蠶桑纔了歲方單。縷縷機絲新織素，扇製冰紈。　撫樹小磐桓。味別春酸。麥黄秧緑秀堪餐。粒粒皆從辛苦出，兩字銘盤。

醉太平　題畫

山涯水涯。耕耶釣耶。橋邊三五人家。有疏林半遮。　聲喧樹鴉。波摇客艖。醉來閒話桑麻。問重陽菊花。

南鄉子　戈翼雲知予家藏有董文敏所書南莊舊額，攜紙墨來請撫搨，并乞題識

先世釣遊鄉。作記曾煩顧長康。興化顧于觀有乾隆十六年《遊南莊記》載在邑志。　邑乘舊傳名勝蹟，南莊。三百年來徑已荒。　秀筆董香光。尚有書丹兩字藏。好古誰尋喬木蔭，情長。妙墨雙鉤搨硬黄。

點絳脣　花影

花壓欄干，隔簾香影憑誰遞。妙香簾裏。倩影簾兒外。　幾度呼童，半捲簾兒起。須留意。影嬌如醉。恐匿簾櫳底。

桂枝香　重陽後桂花盛開，喜而賦之

西風太驟。看皎潔秋華，漫教辜負。幾度窺園叵耐，徑荒如舊。晦堂妙旨參無隱，問曾聞、木樨香否。落殘桐葉，催題糕字，倏過重九。　正老圃、黄華吐秀。忽雲外天香，到吾衫袖。晚節幽芳，同傲肅霜時候。分明金粟開天藏，想靈根得天原厚。歲寒同性，仙家分餌，儘堪消受。

鷓鴣天

書畫債山積，賦此自嘲

老去生涯不值錢。詩同水墨尚爭妍。東坡有『水墨自與詩爭妍』之句。借他絹素閒消遣，筆禿人猶當少年。　揩倦眼，聳吟肩。無端作繭自牽纏。明知不似催租俗，避債無臺亦可憐。

金菊對芙蓉

鍾之以其曾祖吟仙先生手繪菊花尺頁屬題

蛩語階前，鴈行天際，傳來一片秋聲。正霜飛木葉，秀吐金英。重陽就菊方懷舊，喜故人、示我丹青。生香活色，人間瓌寶，筆底芳馨。　豪情怳對淵明。笑滿頭雪壓，運腕風生。看秋容寫出，壽客遐齡。婆娑園裏人忘老，早芳田、種就藍瑛。流芬百世，子孫永寶，風月同清。

霜葉飛

戈曙東爲其弟公振海外初返，歿於滬濱，徵求挽詞

故人猶子。公振爲百洪之姪。宗元幹，乘風同此豪氣。夙聞翁譽阿堆才，道是駒千里。看攬轡、澄清有志。河山整頓今誰俟。挈亞雨歐風，正准備、歸來獻策，掌中如指。　霜葉一霎驚飛，悲秋消息，驀聞傳到桑梓。從今邦國事休談，嘔出心肝逝。祇墮盡難兄涕淚。招魂海上嗟予季。剩幾許、池塘草，斷簡遺孤，夢中心事。

菩薩蠻

蟋蟀，次和瓦[illegible]

登場個個森芒角。無端同類交相搏。多事是秋聲。微蟲也鬭爭。　地盤分美惡。得失關憂樂。畢竟是誰贏。勞觀得意鳴。

臨江仙　蘆花，再和萩蓀并懷友

記得河橋楊柳路，陽春煙景芳洲。綠肥紅瘦百花稠。桃潭千尺水，別恨上眉頭。　展眼蕭蕭蘆荻老，故人何處淹留。白頭相望各驚秋。蒹葭增百感，流水自閒悠。

春從天上來　雪燈

快雪時晴。似城開不夜，上下空明。白壁無瑕，紅爐漫點，冬缸冷燄初凝。笑看兒童爭掃，呵凍手、摹就觚棱。玉瓏玲。共一壺春滿，煖到心冰。　招朋。煖寒集會，好贈與孫康，佐彼書檠。臥榻尋袁，扁舟訪戴，清輝透出疏櫺。一片水流花放，除障礙、火候純青。寶光騰。悟妙明圓覺，我佛傳燈。敝簏中尚有十年前舊稿，多應酬之作，前經刪去，茲補録五首，聊資紀事。

慶春澤　壽陶内兄守先伉儷七十

養素情懷，著書歲月，北窗高臥羲皇。一水盈盈，別來幾度葭蒼。柳陰濃護淵明宅，羨先生、福共春長。美風光。並蒂蓮開，好事成雙。　介眉還舉齊眉案，憶商量斗酒，辛苦羹湯。笑指雙星，拜天今擬汾陽。鷗波百里通情話，待揚帆、親獻霞觴。奏霓裳。顧誤當筵，我愧周郎。

滿庭芳　壽獨山胡明府尊人七十

安定名家，都匀講舍，早傳壽世文章。獨山佳話，比似德星堂。服政年華方富，花栽就、春滿河陽。尤堪羨，萊衣絢彩，丹桂五枝香。　正清和天氣，美滿壺觴。莫悵雲山迢遞，新詩獻、不隔北山傳妙句，孔懷兄弟，細道行藏。

梯航。望風拜，高山仰止，遥祝滿庭芳。

前調

曩爲吉鳳池題所藏彭文勤公詩墨，曾擬此調，未書，改擬他調。兹仍將初稿録存

瑣院餘閒，詩家逸興，快逢佳節重陽。清談風月，覓句正銜觴。太息美人遲暮，天寒袖、翠倚篔簹。彭詩有『翠袖佳人倚薄寒』句。青衫溼，爲誰辛苦，慣作嫁衣裳。　品題聲價重，南州妙筆，東海孤芳。賸鴻泥迹在，驥尾名彰。况遇中孚才子，裝池就、珍擬琳琅。科場話，徵文考獻，此是魯靈光。

瀟湘夜雨

某女士挽歌

天上雙星，人間七夕，氏蓋以七夕生歿。生來豔説仙緣。幾行連理線曾穿。橋易斷、宵光欲曙，車忽逝、涙雨增酸。堪嗟歎，三生夙分，祇盡三年。　天涯望眼，悔教夫壻，遠著征鞭。儘天長地久，此恨緜緜。論物化、莊周夢醒，哀永逝、潘岳情牽。休惆悵，遺珠一顆，握向掌中圓。

柳長春

壽丹徒茅翁八十

孝義名門，康寧壽域。春生萊彩歌松柏。華山高處老神仙，傳家原有長生術。　申福由天，辛勞感昔。滄桑舊事從頭述。籌添海上不知年，掀髯一笑摩銅狄。

於中好

除夕即事

内外諸孫玉筍聯。斕斑新様舞衣鮮。争攜雙手知扶老，笑鞠三躬學拜年。　低抱膝，仰攀肩。癡獃不賣愛翁顛。顛翁醉唱於中好，贈汝權充壓歲錢。

南浦月　丙子元宵前夕，禾夫以《人日望月》詞索和

人日何題，草堂未寄心先許。妙辭新吐。月夜閒投紵。　月讓燈光，王維元宵詩：『明月讓燈光。』爲底羞眉嫵。雲低處。素娥無語。釀就燈花雨。俗以元宵前後雨爲燈花雨，卜午豐。

玲瓏玉　元宵雪　社題

燈火元宵，漫辜負、月底吟笻。癡雲似幄，廣寒忽閉仙宮。待按分光舊曲，怎姮娥匿影，天女凌風。長空。舞飛瓊、花想玉容。　到處城開不夜，看瓊樓玉宇，高下玲瓏。火樹銀花，一星星、冷燄摇紅。休嗟玄黄盈野，喜新歲、成天平地，試手龍公。儻真箇，萬邦綏、年告屢豐。

沁園春　題天長縣新建陶公亭　代友作

草草勞人，卅載離鄉，山巔水涯。感滄桑刼裏，更番風景，芙蓉岡畔，何處樓臺。故里魚書，辛官鳧舄，喜築新亭成快哉。謳歌處，正花光滿縣，棠蔭當階。　安排。五柳新栽。盼歸去、淵明還復來。看疏泉鑿石，名侔豐樂，銘功紀德，碑聳崔嵬。美繼包羅，聲揚淮泗，百里今誰宏此才。臨風望，願相隨父老，合頌臺萊。

浪淘沙　雙橋別墅修禊，集禊帖字

又是莫春天。歲與時遷。風流豈若永和年。水曲山幽初不異，今昔殊觀。　世事不須言。感慨同然。臨流寄託古之賢。竹趣蘭情咸自得，樂在其間。

清平樂　前題，仍集禊帖字，和夢梅、禾夫各一闋

氣清天朗。懷抱因時暢。老矣形骸猶放浪。宇宙人天俯仰。　欣然得地同游。咸云禊事當修。一水流觴左右，永和以後風流。

其二

茂林修竹。静室幽懷足。時亦寄情流水曲。天外仰觀極目。　况當春莫之初。清遊期會和夫。觴詠同臨流水，蘭亭少長無殊。

道情　社友以老儒、老將、老農、老圃、老漁、老樵、老僧、老妓命題分詠，爰效顰板橋，戲成道情八則。道情格調，較曲爲嚴，雅與詞近，故附録詩餘之末

老儒生，閉户修。擁殘書，著敝裘。文章記得稱魁首。科名早醒盧生夢，才調空成賈誼憂。門前且種淵明柳。儘消磨著書歲月，結幾多、風月吟儔。

其二

老將軍，積健雄。擊唾壺，韜舊弓。曾縈李廣封侯夢。據鞍馬援心猶壯，遺矢廉頗力已窮。撫摩髀肉羞言勇。且磨洗前朝折戟，共白頭、閒説玄宗。

其三

老農夫，四體勤。擊壤歌，植杖耘。比鄰沮溺幽棲穩。偶陳雞黍憐夫子，閒話桑麻待故人。漁歌樵唱同風韻。更釀就介眉春酒，笑含飴、醉撫兒孫。

其四

老圃家，勤灌園。竹編籬，土築垣。種瓜早結東陵伴。緑葵紫蓼鮮如滴，雨甲烟苗秀可餐。春初韭早秋菘晚。誰解得山中菜味，食萬錢、下箸猶難。

其五

老漁翁，水上凫。竹一竿，酒一壺。厭看鷸蚌相争處。烟波小艇風前笛，簑笠寒江雪裏圖。桃花認取仙源路。怪多事羊裘一著，到而今、浪説狂奴。

其六

老樵夫，野趣饒。白雲深，黄葉飄。寒鴉古樹斜陽道。閒觀棋局柯都爛，愛聽經聲擔不挑。榮枯眼底看多少。芟不盡人間荆棘，總無非、鹿夢芭蕉。

其七

老顛僧，杖自攜。也談禪，也賦詩。雲邊月下寒山寺。偶逢坡老吟修竹，難得涪翁悟木樨。恒沙劫裏今何世。敲遍了晨鐘暮鼓，問衆生、誰識途迷。

其八

老徐娘，風致妍。感新妝，惜少年。歌殘金縷從君勸。巫山雲雨荒唐夢，孽海風波露水緣。琵琶冷抱猶遮面。有幾個青衫司馬，爲殘芳、寫遍濤箋。

以上《霞棲詞三鈔》

胡小石

浣溪沙　和翔冬燕子磯之作

燕子歸來又一年。汀花汀草弄春烟。斜陽獨扣過江船。　休怨長宵難再旦，君看缺月有時圓。只憑好夢護嬋娟。

前調

鸞鏡脂香宿未消。鏡中眉黛比山遥。層樓北望雨瀟瀟。　堪答深恩唯寂寞，待湔新恨有淪飄。長醒長醉總無聊。

點絳脣

雙塔撑空，重來認取牛頭路。暮雲春樹。舊與君行處。　江水東流，江月還如故。愁無數。短笻無語。扶夢隨人去。

鷓鴣天

助飲寒螿咽不驕。高城夢隔夜迢迢。回風不管秋蕭瑟，孤月能禁夜寂寥。　驚聚散，惜淪飄。簷枝無雨亦瀟瀟。春衫絮影猶堪記，燒燭三更過石橋。

浣溪沙

溜馬岡西水接天。吴船信斷已三年。何人今夕理巴弦。　傳恨無聲風剪剪，寫愁有影月娟娟。闌干温徹不成眠。

點絳脣　用夢窗韻

莽莽雲山，雁飛不到巴滇路。短笻去處。霜葉吹紅雨。　何事浮生，長向天涯住。年光誤。憑闌人去。又是高樓暮。

虞美人

故園楊柳鵝雛色。春至從誰惜。幾回判待不思量。無奈開門白浪、是長江。 東風不管黃昏苦。吹起沙頭雨。嬾憑倦眼望歸舟。更遣高雲千匝、掩山樓。

浣溪沙 題三清閣

翠壁蒼濤展海圖。飛樓霞起鏡天虛。滇池佳麗九洲無。 縱壑揚帆人附芥，攀高入隧蟻穿珠。登臨何事說西湖。

玉樓春 飲高嶢，別以中、鴻壽、舜年

人生情味風翻葉。萬里相逢如電抹。未成歸計苦思歸，待得歸時還恨別。 清滇照酒波生纈。作鱠銀刀嬌發發。酡顏莫惜比花紅，明日巴山千萬疊。

浣溪沙 鴻壽每遇警報，輒堅臥不出，詞以詠之

處處驚龍破壁飛。奇肱真自日邊來。何人倚柱不聞雷。 粉碎霆空成坐嘯，風波忠信與忘機。今番鐵鳥是空回。

前調

夏淺春殘懶起時。東陽帶孔又新移。藥爐烟颺日遲遲。 生色青紅明壁畫，分香窈窕換瓶枝。暮寒竹影過牆垂。

玉樓春 昆明除夕酬季偉，時季偉將還西川省親

高城燈火聽笳客。飲罷屠蘇長太息。天涯東

望我無家，君縱有家歸未得。倚閭鳩杖頭如雪。笑弄諸孫歡繞膝。來朝買馬向彭州，百歲斑衣休更出。

點絳唇　海心亭茗坐同鴻壽，用沅君韻

倦旅傷高，斜陽紅到湔裙水。亂山無際。一髮中原是。　裊窕湖亭，静聽瓶笙沸。茶堪醉。與君隨喜。珍重銅仙淚。

前調　飲彝齋湖莊

暮色留人，登樓一片江南水。望鄉何際。烟柳非耶是。　斫鱠燒燈，尊畔情如沸。休辭醉。悲來能喜。傾盡珍珠淚。

阮郎歸

海心亭外好波光。秋蕖平畫堂。棹謳十五自成行。水嬉珠翠香。　人影亂，晚山長。餘霞丹渡黄。歸來楓葉又鳴廊。挑燈思故鄉。

點絳唇　北谷茂林，用夢窗韻

翠溼人衣，眼明真見牛頭路。暗沉吟處。松韻繁如雨。　辛苦奔川，誰唤流泉住。歸心誤。片雲東去。冉冉岷峨暮。

卜算子

疏雨濕燈窗，夜夜雲山亂。花落閑庭未忍窺，幾日桐陰滿。　低語祝東風，湖上春方半。莫把紅橋杜宇聲，吹過垂楊岸。

減字木蘭花

芳韶無價。一臥深帷春便夏。門外梯田。拾級新秧緑到天。　横江白鳥。帆飽如弓波渺

陽紅。前游何事祇悤悤。

其二

一雨秋光變黛鬟。修蛾應損鏡中山。吴雲海月太空寒。　啼露楊絲終不斷，巢林燕子尚知還。好憑西笑問長安。

其三

江漢東流日夜聲。秋心秋水兩難平。西亭一枕萬愁生。　烏榜斜風吹絮白，南橋落月入簾青。人生真悔見吴城。

其四

笳鼓嚴城晚更多。催將紅日下滄波。傷高心事待如何。　江柳自甘風裏老，流鶯猶向夢中歌。閒愁英氣兩蹉跎。

渺。甚處雲山。鳥不能前夢亦難。

卜算子　冀野和東坡韻，詞殊危苦。余亦作一首

風旆水摇人，小立何曾定。蓬髮觀河更百年，改了波斯影。　楚客嘆多艱，此意今誰省。不上崐崙頂上來，不覺天心冷。

以上《願夏廬詞鈔》

點絳唇

午夢飄蕭，風吹不過城南路。垂楊無語。又作黄昏舞。　鳳燭鷀屏，孤約潮流去。重來處。亂鴉如絮。寒角空江雨。

浣溪紗

罷酒闌干笛未終。楚天新恨與誰同。薄寒欺鬢是西風。　迎棹已銷春草緑，當樓惟見夕

其五

林杪涼蟾遠不辭。照人長是隔天涯。湘烟楚竹爾應知。　風笛無端能下淚，雲屏何日免相思。虛堂白曉夢遲遲。

以上見《國學叢刊》一九二三年一卷二期

蹋莎行

墜葉潮翻，斷蛩風語。扶頭人對黃昏雨。登臨歲歲苦秋生，如今秋也飄零去。　花榭燒鐙，水堂吹絮。夢回尋夢渾無路。雙蛾休遣鬬千山，暮寒多在憑欄處。

見《國學叢刊》一九二四年二卷三期

鷓鴣天　建功招飲墨石山，即送其之昆明

瀟灑秋光靜宇開。筍將端合看山來。林花映日猶飄雪，瀑布無雲亦作雷。　思遠道，覆深杯。客中送客此徘徊。清滇舊識支筇處，雲片波潾夢幾回。

踏莎行　秋夜白沙看月，同冀野、介眉、阿柱，同用白石韻

承露江平，褰霄風輭。年時練色天涯見。孤光寸寸客心懸，荒渡脈脈秋痕染。　蓬鬢添絲，羅襟綻線。舉頭未必長安遠。感音林燕漫驚飛，高樓祇是閒歌管。

前調　前韻

鍾麓雲開，淮橋波輭。鳳城蟾魄何時見。夜珠終向僰溪明，素娥也怕蠻烟染。　攀闕扶節，釣桁沈線。夢過能去休辭遠。流入萍跡憒東西，新來天遣青山管。

前調　前韻

宮燕花明，陌驄塵輭。夢華十載思重見。東風剗地盡能狂，涼暉界漢應無染。　急峽銅鑼，斜街絨線。嬋娟雖共愁人遠。是誰哀郢顧長楸，白頭一夜楸羌管。

以上見《沙磁文化月刊》一九四二年二卷一—二期

胡先驌

海國春　題柳亞子分湖歸隱圖　一九一四年

春色婆娑，天外青山如髮。波光摇黛影，聽鳴榔聲裏，漁歌清越。十里分湖，三春花草，應塵網、一時盡脱。勝跡留傳，舊游如夢，靈芬故事能説。　應念碌碌風塵，勝溪舊宅，歸夢至今未得。一幅輕綃，半泓煙水，畫裏湖山空閲。影事如煙，楊柳岸、曉風殘月。扁舟一舸，勝游他日當達。

蝶戀花　四首　一九一六年

寒雁歸來秋又半。秋影如潮，一壁秋燈暗。四砌秋蛩聲不斷。夜闌倚枕秋心黯。　班騅已去天涯畔。水遠山遥，水外山尤遠。淚漬冰綃千萬恨。菱花鏡裏朱顔换。

其二

水精簾外西風緊。四起碪聲，敲徹秋宵冷。萬疊流雲横半嶺。夜深月照房櫳静。　行坐相隨形共影。挑盡蘭膏，守定孤凄境。百轉相思還自省。陸郎消息如萍梗。

其三

海天萬里長相憶。孤擁寒衾，聽盡銅龍滴。好夢難成頻轉側。朦朧不覺秋窗白。　一點靈犀通未得。欲往天涯，身乏雙飛翼。千種柔情填恨臆。淚痕忘把羅巾拭。

其四

落葉蕭蕭秋已老。爲問征騎，可在咸陽道。聞説西秦寒信早。客中身體宜珍保。　未是棄捐增懊惱。繫念行人，刻刻心如搗。但願旋歸終永好。敢辭生死爲君效。

虞美人　賀友人新婚　一九一六年

蓮步梅妝嬌且小。無限温柔繚。濃情膩意寄良宵。羨煞佳人才子、捲紅綃。　畫樓繡幕花含笑。絶代傾城妙。卿卿我我似醇醪。郎是風流女是、閫中豪。

鶯啼序　詠荷，用夢窗韻

平湖練空蘸影，燦紅雲映水。慣嬌並、嫩葉田田，艷絶初綻瓊蕊。露華重、微凉沁骨，煙波浩渺繁星墜。櫂扁舟、驚散栖鴛，倍饒幽思。　碧月涵虚，把盞對景，唱新聲定子。弄菱荇、休折疏花，怕招羈恨偷至。簸吟魂、歌筵舞席，忍輕負、緱笙纖指。早侵尋、酒入詩腸，頓添秋意。　燕雲舊跡，照眼晴霞，最解縈寤寐。春夢遠、曲瀾飛漲，漫省前事。去國銅仙，幾傾鉛淚。翩鴻緩步，沉魚羞靨，宫黄飄粉瑶房冷，被西風、一夕吹憔悴。駒光過隙，蹉跎浪説華年，暗驚衆芳叢裏。　狂蜂怨蝶，倦覓枯香，嘆墮紅敗翠。算衹剩、横塘擎雨，壞井鳴風，屢和疏桐，共牽愁起。銀璫繡羽，離恨歡唾，情縈絲藕心更苦，付鸞簫、凄調能重倚。從教象管如椽，斷闋殘詞，累書鳳紙。

喜遷鶯　題王簡庵《鏤塵詞》

苧衫茸帽，慣馬足關河，霜寒風曉。譙角鳴秋，邊塵警戍，消得庾郎懷抱。天涯憑闌心事，都入無端啼笑。祇秀句，付鸞箋象筆，而今能道。　秋悄。應記省，燕市冶春，緑鬢雙年少。刹海浮舟，江亭按拍，幾度夕陽歸驟。吟情劫餘漸懶，怕聽怨歌凄調。　明月夜，待重翻舊譜，銀簫低奏。

大酺　舟中呈周癸叔先生

溯古蠶叢，江山好，靈氣蔚生人傑。　相如詞筆冷，剩茂陵遺事，至今能説。秀句鏤雲，孤懷比月，應是坡仙心骨。　窮荒供游賞，奈鍋樁蠻舞，坐催華髮。念愁入紅棉，夢回春草，舊情何極。　扁舟還作客。祇當日、豪氣渾猶昔。任負卻、吴鈎如練，投老依人，尚奇勳、笑談堪立。　戢我培風翼。從解了、落機吟屐。　更休惜，閒風日。新譜同按，相和垂虹簫笛。　此意倘君會得。

鶯啼序　中秋夜賦，用夢窗韻

良宵桂華浸瓦，映晶簾繡户。嫩源峭、星斗空明，雁程迢遞催暮。暝色暗、天低野闊，秋風亂起金銀樹。漸更闌、零露如珠，斷雲堆絮。

十里紅樓，近遠笑語，沸歌塵酒霧。慨人世、佳節無多，綺懷慵寄縑素。但丁寧、華年自惜，更休惜、春衣金縷。待扁舟、迎載桃根，共盟鷗鷺。　蘭亭已矣，梓澤邱墟，此生本寄旅。能對酒、月圓幾度。過眼歡事，摧盡繁花，慣饒風雨。香飄桂殿，光摇銀海，舡棱遥指仙宫闕，問瀛寰、可得枯槎渡。吹簫散髮，翻思控鶴冥游，定消素襟塵土。　嗚蛩絮切，敗葉蕭騷，早茜衫换苧。漫省念、燈前屏底，淺妒輕顰，鳳履傳杯，玳盤教舞。分瓜片藕，搴芳攀翠，喁喁兒女恩怨語，付柔荑，彈入箏絃柱。行看檢點羊裙，淚墨留題，尚餘恨否。

楊柳枝

和癸叔《薊門春柳》詞，仍借《比竹餘音》韻　十五首

東皇着意釀妍春。一夕倡條舞麯塵。從此鶯花回上苑，大堤争看踏青人。

其二

因風眠起怨風吹。露葉凝煙故故垂。莫道鳳城頻點染，惹人終古恨成絲。

其三

舜死堯囚舊話殘。旗亭歲歲綰雕鞍。行人錯説春光好，如此柔條莫浪攀。

其四

雨驟風狂困晝眠。靈和春色憶當年。鳳靴人遠鈿車逝，空向離亭泣暮煙。

其五

裊裊春風響珮環。頓驚鶯語度重關。幾番花信年光老，錯覓啣泥舊燕還。

其六

軟舞傞傞過一生。家山破碎總心驚。新鶯不管興亡恨，飛上柔條故弄聲。

其七

飄盡穠春桃李妝。剩將螺黛换宫黄。春風十

里江南路，禁得游人暗斷腸。

其八

婀娜煙絲覆畫堤。墜歡如夢鳥空啼。春城依舊繁笙管，催送斜陽過水西。

其九

九十春光逗嫩寒。幾番風雨百花殘。桃源路杳漁郎逝，休作東南好景看。

其十

煙眉露眼最堪憐。中有臨風蜕骨蟬。一自彩雲南去後，至今遺恨付金鈿。

其十一

哀絲豪竹沓歌塵。飄盡楊花了卻春。金谷繁華久消歇，明珠空換墜樓人。

其十二

休蹙宫眉莫弄顰。樓頭寄語斷腸人。等閒花事年年在，開徧嫣紅又是春。

其十三

飛絮無端化作萍。莫嗟隨水任飄零。枯楊尚有新稊在，憑藉東風眼又青。

其十四

易醒好夢竟魂銷。流水空還廿四橋。狼藉千紅春事了，定教愁損沈郎腰。

其十五

年來斷夢已成塵。欲溯仙源試問津。眼底蟲沙供一笑，避秦行逐武陵人。

秋霽　和簡庵贈癸叔之作，仍次梅溪韻，律則從草窗

天漾微雲，早醉錦江楓，暗老秋色。海燕銜巢，渚鴻橫陣，消他送寒風力。勞生暫息。坐看潑黛山眉碧。念舊國。千里、夢魂依黯繫羈客。　蓮房墜粉，桂窟飄香，眼底風光，助人悽寂。嘆年時、關河馬足，頻經喪亂鬢添白。雙槳畫船從辨得。淺斟低唱，任教浪跡江湖，酹盟鷗鷺，水村煙驛。

解連環　甘棠湖秋泛

嫩涼天色。泛明湖櫂入，練空無極。指畫裏、煙水危亭，映環翠香爐，岫嵐如滴。冷襲羅襟，漸驚覺、肅秋風力。看銜山夕照，半掩暮霞，半皴濃墨。　愁聽斷鴻怨抑。和霜天畫角，悽動寒碧。任幾度、夢逐波沉，恐江草江花，亂人愁臆。攬起離情，最厭煞、高樓哀笛。待歸來、翠衾自擁，墜歡暗憶。

寶鼎現　雙十節溢城簫鼓甚盛，感賦

飆輪雲騎。漏刻初轉，光回燈市。聽一派、秋城簫鼓，遠近飛揚歌浪起。殘月夜、看繁星千點，照得家家扶醉。笑語和、天風四墜，繚繞軟紅塵裏。　記否前度傷心地。剩斜陽、沉寂如睡。笳鼓怨、旌旗鮮麗。轉眼青燐聞鬼語，待把酒、酹黃花岡底。掩淚招魂剪紙。最痛絕、血痕殷紫。換得神州破碎。　依舊舞扇歌紈，算暫賞、年時歡事。祇驚心、野哭千家，繞湘雲楚水。畫燭暗、擁衾無寐。舊話能酸鼻。奈撩夢、人影車聲，搖兀宵來恨思。

解連環　半塘老人與彊邨世丈均賦有鞦韆詞，甚工。亦傚顰一解

惜秋華 讀二窗詞

錦字銀箋，嘆凋年苦説，芳華驚換。曲底淚痕，消他倦游心眼。匆匆夢冷春明，祇贏得、天涯腸斷。難重問、邛池桂海，煙波鷗伴。千里夢魂遠。剩當筵賦筆，紉愁緘怨。迅羽逝，裘葛易，幾番寒暖。臨風拜倒啼鵑，賦八哀、杜陵傷亂。誰管。寄閒情、舞衫歌串。

憶舊游 金風薄人，緬懷江亭舊游，和癸叔丙辰重九之作

嘆緇塵浣素，碎錦裁秋，尊酒飄零。回首東華路，記瑤臺選勝，香塚尋銘。薜墻暗憶題句，誰與説湘卿。祇佛殿塵栖，僧寮草長，一桁江亭。凄清。黯凝佇，對無語西山，黛鎖眉青。事影隨流水，任風欹敗葦，波蕩寒螢。去

暮春池閣。颺垂楊萬疊，暗遮紅索。門倩影、羞睹身輕，怕花外玉驄，傍墻依約。俊賞年光，盡消得、鳳飄鸞泊。自香車去後，剩粉褪香，怨蜂狂撲。尋芳索盟誤卻。嘆娟紅瘦緑，都付零落。看絮語、雛燕嬌癡，便欲訴相思，錦字難託。畫板雙雙，任鎮午、西園低絡。向更闌、颭殘淚燭，舊歡念著。

滿江紅 讀半塘詞

抗疏功名，恁落得、蠻荒投老。幾負卻、吟邊壯志，酒邊孤抱。桂海關山縈舊夢，燕臺冰雪添悲嘯。最悽然、穿塚傍要離，心如擣。詞賦筆，聲名噪。家國恨，憑誰道。剩名山珍貯，茂陵遺稿。彈淚西風猿鶴怨，銷春南國鶯花鬧。算都歸、蕭瑟白楊風，斜陽照。

天尺五韋杜，飛淚灑觚棱。又滿地江湖，行吟倦客羈恨生。

前調　倣夢窗體韻，再和癸叔

錦楓霜彩絢，是賞秋、微吟度年涯。雁程驚寒遠，帶平林暝色，返照昏鴉。井梧斷葉飄砌，千里振驚沙。更壞堞笳哀，荒亭酒冷，恨到黄花。　無心恣憑眺，怕敗柳蕭疏，枯葦欹斜。王謝今何在，問年時燕子，飛向誰家。畫船怨笛休弄，聽曲有龍蛇。任倚遍闌干，平蕪望極羈思賒。

月下笛　用玉田韻，和彊邨

繡幄圍春，湘簾捲月，舊儃佪處。籠煙暗柳，猶認東風斷腸路。樓頭遮絶天涯遠，最憎煞、如絲細雨。剩香消永晝，殘紅墜蕊，伴人無語。　羈緒。年芳暮。待怨曲重招，舊時鷗鷺。傷春倦旅。近來詞句悽苦。花前懶弄閒簫笛，問此意、啼鵑會否。漫訴與，識愁心，惟有含情碧樹。

陌上花　用蛻巖韻，和彊邨

流鶯漸老，薔薇初綻，錦屏春晚。廿四番風，都付絮花池館。銀箋解説相思恨，紅葉宫溝飄斷。嘆西園秉燭，墜歡重憶，酒人星散。　省識苦銷沉、鏡裏朱顔暗損，辜負年光將半。尋常擷翠搴芳意，慵託天涯，幾換嫩寒輕暖。祇憑他、爲説庾郎詞筆，近來差懶。

江城子慢　和癸叔《滕王閣晚眺》韻

遠鴻影明滅。迷暗渚、蘆花亂晴雪。練波闊。

煙嵐擁、畫出西山重疊。聽嗚咽。江水滔滔流恨去，秋濤湧、林端摇淡月。古今剩付危樓，經興廢，記離別。　凄清霜楓戰葉。沐銜山夕照，紅似鵑血。幾消歇。詞仙渺、賦筆憑教争説。笑華髮。輕换悲歡人易老，驚彈指、風花千萬劫。望窮天際歸舟，總心如結。

木蘭花慢　重九日作

倩横空雁影，寫難盡、此時情。正病菊飄香，丹楓焕彩，霜岫浮青。寒江榜歌送晚，迸疏砧怨笛入秋聲。休説龍山落帽，近來歡事飄零。　金尊。看取玉山傾。醉了莫教醒。算艷冶當年，如今盡付，眢井沉瓶。登高漫窮望眼，怕西風吹淚滿江城。消得題糕錦字，詞仙知屬何人。

齊天樂　丁巳季秋，於故紙中覓得先外王父鄭曉涵先生手書自輯《晚翠軒詞》殘稿一卷。先外王父曾自刊《晚學齋集》，流傳亦稀，僅存碩果。覽物愴懷，賦此一解

老仙歸後江山换，叢殘更誰珍護。汗簡餘香，銀簫舊曲，禁得蘭成愁賦。寒蛩絮語。似頻説當年，按歌徵舞。剩有天涯，半編手翰付蟫蠹。　黄山雲海卅六，黯林梢淡日，斜照邱墓。淚灑西風，燈明畫閣，空憶吟邊詞句。飛蹤暫駐。應目笑題箋，世間兒女。愴我情懷，夜窗飄暗雨。

前調　鴉

暮秋如薺蒼煙淡，翩翾萬鴉飛舞。畫堞笳哀，連營馬動，極目荒寒如許。枝頭對語。似慣説興亡，坐觀今古。塔影沉沉，半山殘照又西

去。中原劫灰見否。認隋堤怨柳，飄盡風絮。老柏鳴鵾，頹垣噪鵲，迸入亂離情緒。天涯倦羽。恐偏繞南枝，定巢無處。衹羨冥鴻，五湖堪寄旅。

慶春宮　同癸叔賦丁巳舊臘祀竈日立戊午春

瓊管灰飛，斜街燈爛，夜城疊鼓催更。浮蟻醅香，膠牙餳軟，與君共倒銀罌。載途冰雪，問此去、瑶京幾程。中原金革，閭里瘡痍，憑達天聽。　辛盤待迓霓旌。杯泛屠蘇，香溢魚羹。吹面東風，迎年笑語，最憐簫鳳聲清。柳絲梅朵，漸點染、韶華二分。神麻遥賴，處處桑麻，春滿郊坰。

飛雪滿群山　冬閨，用蔡友古韻

枝噤昏鴉，煙沉金鴨，凍笳淒斷譙門。霰珠飄瓦，霜風砭骨，暮天低壓重雲。晚來寒意驟，慣驚散、璇閨夢痕。臉霞紅褪，螺鬟翠減，銜恨倚籠熏。　憑省念、官梅春事爛，奈打窗斜雨，催送黄昏。淚花偷颭，孤歡細憶，那時寶鈿同分。撩人情緒惡，幾愁損、眉山怨顰。天南天北，金錢暗擲禁斷魂。

春從天上來　和癸叔再疊祀竈，叶賦立春韻

雨雪嚴城。漸畫角清笳，吹颭春聲。眼底梅柳，芳意不勝。光灩魯酒浮罌。待扶頭卯飲，槐封夢、蟻穴通靈。更當筵，雜繁絃急管，牛炙鯖羹。　徐行。冶春巷陌，問太乙東皇，可發雲程。羯鼓鰲燈，釵期鏡聽，歌吹徧滿神京。算歡時難再，飄花淚、激蕩心旌。宿酲醒。便敲棋永日，休論輸贏。

掃花游

吏事羈人，良友星散，重以風雨連夕，遂失三春花時。癸叔有寵瓶花之作，漫拈一解和之，用夢窗《西湖寒食》韻

冶春舊跡，記鈿鬢籠雲，袖華沾霧。笑歌鬧午。踏芳塵繡陌，玉驄嘶路。怨煞番風，變盡千林翠嫵。按金縷。嘆空折剩枝，心事誰語。歡意堪念處。似倩影亭亭，夢中曾遇。野鵑浪妒。背東風啼落，溷花殘污。錦幄生温，莫憶江頭暗樹。碧天暮。待蘭橈、載將歸去。

高陽臺

周氏園本曾賓谷先生故宅。邱壑有致，花木便娟，今淪爲學校。撫今感昔，爲賦此解

曲徑通幽，斜橋約水，流鶯啼近殘春。燕去巢空，畫堂暗簌梁塵。東風催送韶光老，蹙海棠、斂怨含顰。掩重門。花落花開，幾度朝昏。當年勝跡應能數，記杯傳鳳舄，指冷鸞笙。夢醒黄粱，荒燐低映秋墳。階前立盡苔痕碧，看暮鴉、啄影墻根。動愁魂。樓外垂楊，簾外斜曛。

前調

弔大鶴詞人鄭叔問，用集中《待月溪堂》韻

吹笛梅邊，維舟柳外，歌聲飛越雲巒。鶴怨蟲悽，秋風暗换蒼顏。携家投老江湖去，感時心、剩付憑闌。恁無端。清響銷沉，月冷漁竿。

小城煙景應如舊，對樵風溪館，花竹幽閒。畫裏滄波，而今倍覺荒寒。吟魂夜度楓林黑，聽鮑家、鬼唱千山。最悽然。啼煞殘鵑，難喚春還。

三姝媚

憶加州

酒醒殘月夜。念清時孤歡，淚鉛偷瀉。幾度

番風，便匆匆換卻，錦春無價。負手西園，空省憶、挑燈情話。落盡千紅，無那閒愁，彩箋難寫。　樓外花枝低亞。是去後劉郎，夢魂栖借。瘴草蠻雲，記玉驄金勒，大堤狂冶。美景良辰，逐逝水、滔滔東下。剩有遺鈿塵襪，經年恨惹。

木蘭花慢

借耿庵、辟疆、簡庵、然父、石君泛湖有作，即贈耿庵旋里

萬荷香泛處，簫鼓漲、木蘭舟。看柳綫藏鴉，菱絲匿蝶，翠濕煙浮。風飄滿湖笑語，更何人隔水度清謳。一櫂銀波蕩暝，幾家瓊月當樓。　休休。待數前游。哀樂話、總牽愁。記俊賞年光，雪鴻影事，都付東流。幽憂。等閒漫理，算今宵短景許淹留。莫唱陽關怨曲，滄江容約盟鷗。

渡江雲三犯

浄社拈題，得雨意，限第八部韻，賡癸叔作即寄

千山嵐翠合，濕雲過處，暝葉響蕭蕭。野鵑啼已近，半畝芳塘，三兩小萍浮。蔫紅瘦盡，剩成陰、新緑如潮。禁幾度、嫩寒輕暖，暗損沈郎腰。　無憀。芳醪買醉，畫舫徵歌，都不成歡笑。空省念、湖山舊約，閒卻蘭橈。東風竟日吹飛絮，又暗驚、春盡今朝。無語際、由他酒冷香消。

鎖窗寒

和癸叔《宵寒無寐》韻

鴨冷煙沉，燈殘燼落，擁衾情緒。更長夢短，恨煞一宵寒雨。念匆匆、年華頓闌，故園倍憶聯牀語。嘆天涯倦客，鸞箋象管，旅愁空賦。　箏柱。休輕數。總似水韶華，慣將人誤。

燕鶯漸老，分已風光無主。聽枝頭、啼鳥數聲，亂紅盡逐飛絮舞。最傷情、綻了薔薇，尚約東風住。

木蘭花慢　柏盧入京過寧，偕登北極閣，感賦

天涯携手乍，悦情話、此登樓。記燒燭聯牀，飛觴索句，勝事今休。相看漫驚鬢影，總關河搖落涕難收。慚對小山叢桂，故園何日盟鷗。　清秋。强與事清游。歲月漸淹留。聽暗壁鳴蛩，高天過雁，都是閒愁。憑闌遠凝望處，又敗荷衰葦滿汀洲。明日征車去也，暮雲千里悠悠。

水調歌頭　天問

能聚是爲質，質散乃爲能，陰陽交互翕辟，即此衍坤乾。至大極於無外，至小入於無間。窮理竟茫然。未始作何狀，搔首問蒼天。　恒沙劫，千百萬，計光年。宇宙波興漚滅，遑問幾桑田。宏觀微觀等量，憑我智珠在握，法界任探元。一念攝萬有，彈指現華嚴。

浪淘沙　和莎菲夫人

澄澈是吾衷。神健形慵。囂煩世網任重重。幾歷滄桑看換世，蟻國槐封。　活水響淙淙。藻荇明空。靈源衹在此腔中。各有霞情人不識，雲夢心胸。

高陽臺　呈盧慎之

魯殿靈光，天遺一老，壯懷健筆堪誇。業就藏山，餘情遥託詩葩。小樓閲盡人間世，嘆紛紛、猿鶴蟲沙。幸於今，國運重隆，粲若朝霞。　津門舊日盤旋地，任青梅煮酒，雪蕊烹茶。

競仰宗風，名篇傳徧天涯。放翁杜老應難比，餘黄龍、夙願非賒。祇祝翁，黄髮期頤，噉棗如瓜。

金縷曲　自壽，兼柬盧慎之

七十三年矣。自甲午、至於丙午，流光似水。屢閲滄桑到今日，舊雨剩餘有幾。漫自省、昨今非是。華髮蕭齋箋草木，嘆平生、志業如斯耳。邯鄲夢，差堪比。　唯公嶽嶽仍嵩峙。已寫就、藏山巨著，霞情猶寄。杜老放翁兼白傳，異代詞壇媲美。看海内、景行行止。休説文章供覆瓿，富雄篇、燦爛稱詩史。數酬唱，能予起。

水調歌頭　珠穆郎瑪峰爲喜馬拉雅山脈之最高峰，矗峙西藏與尼泊爾之間。本康熙年間測勘全國輿圖所發現。英人發現此峰遠在數百年之後，乃名之爲厄費納士特峰。英人曾試圖由北面登此峰之頂，失敗而罷。前數年我國登山隊歷盡艱險，卒登絶頂，插上國旗，爲我國登山事業建一偉績。今又有重登之計劃。謹歌此爲頌

矗立九天上，珠穆朗瑪峰。四望群山拱侍，氣象極豪雄。北接崑崙巨嶂，西溯阿伯峻嶺，萬里見冰封。五嶽若蟻垤，白豕詑遼東。　涉冰川，搜雪壑，探穹窿。霞客奇情壯采，矢志續前蹤。終到雲霄絶頂，爛爛明星可摘，呼吸與天通。皎潔看霜月，照我國旗紅。

暗香　潭秋寄《超山觀梅》詩，報以此什，用白石韻

練湖月色。聽霜風送遠，高樓羌笛。照水横斜，盡有梅枝任攀折。超山玉龍夭矯，倍邀

得、詩人吟筆。總嘆絶、雪蕊冰花，香霧襲茵席。　南國。感岑寂。記舊夢舊情，恨逐年積。揾衫暗泣。哀樂無端但追憶。何日重傾酒盞，待細説、瓊紅瑶碧。衹老大、多疾疢，料難見得。

鶯啼序

圓明園本清雍邸舊園，四朝踵事增修，極臺榭邱壑之勝。咸豐甲申毁於夷炬。王壬秋闓運曾詠以長歌，並冠以長序。光緒丁丑仁壽毛叔雲澄復作《西園行》及序，述焚園經過較詳，詩亦後來居上。民國後柳翼謀詒徵有《圓明園遺石歌》，則史筆自異於前人。兹園之興廢與艮嶽略同，因以夢窗此調詠之，即用其韻，惜四聲未能盡合也

巍峨絳樓紺宇，擁千門萬户。滿眼現、巖壑亭臺，卉竹葱蘢朝暮。擅幽勝、粉涵黛滃，煙波掩映群花樹。恁匆匆、紅藥吹英，柳綿飛絮。

百頃湖光，畫舫漾影，蕩香塵麝霧。攬荷芰、深入頳雲，内裝多樣紈素。媚君王、芳春四閣，競歡夕、高歌金縷。剩於今，野水荒陂，久栖鷗鷺。　離宫舊館，雙鶴同治朝雙鶴齋猶存，毅宗數臨幸之猶完，翠華數寄旅。劫後訪、白頭宫監，忍話天寶，盡歷滄桑，幾禁風雨。銅仙鉛淚，銅駝荆棘，龍舟燈彩渾如夢，亘銀河、不見星槎渡。頽垣敗壁，依稀結綺連昌，艷魄久化黄土。　興亡自昔，折戟摩挲，嘆淚沾衫苧。溯肅慎、遼疆鶻起，鼉食鯨吞，禹域沉淪，八旗騫舞。遺黎飲恨，揚州嘉定，乘除否泰應似此，付道情、漁唱鏗絃柱。欣看赤幟飄颻，漢業重光，尚餘恨否。

高陽臺　寄胡獻雅

野寺尋詩，瓷都教畫，吾宗別樣風流。千里傳箋，殷勤佳句相酬。鄭虔三絶應難匹，記秋荷、鳧雁生綃。更老梅，霜鶻精神，譽滿他洲。　廿年不見添華髮，嘆傷離念遠，楚尾吴頭。久滯燕雲，何時重返園邱。相縫一醉傾肝膈，話滄桑、淚灑西州。約群賢，結社匡山，招鶴盟鷗。

前調　題《英使覲見記》。時來祝乾隆帝萬壽，携有天文及各項儀器，不知重視也。爲之感賦

百國咸賓，十全頌德，嵩呼萬壽無疆。破浪乘風，海雲歷盡梯航。番酋贐納窮珍異，極鬼工、奇器盈箱。憑四朝，寰宇聲威，遠播重洋。　使臣練達能覘國，盡趨蹌中禮，叵測潛藏。一卷遺書，陰謀廟算綦詳。厝薪積火同巢燕，嘆耄年、志怠情荒。剩於今，孱弱孫枝，魂斷宫墻。

前調　題吕碧城《曉珠詞》。碧城笄年辨女學，詞宗北宋。後旅游海外，風骨益峻，李易安爲之俯首

慕聶懷荆，引杯看劍，千春第一詞人。瀛海乘桴，幽憂遺世心情。雪山照影真姑射，羨天生、冰雪聰明。早吟箋，傳徧遐陬，價重鷄林。　令威華表知興嘆，嘆故園城郭，烽燧縱橫。慟哭西臺，唾壺敲缺誰聽。餓夫抗節追文謝，弔國殤、楚些招魂。更堪傷，研骨成塵，從付波臣。暮年歸國，值日寇踞香港，絶食而死，遺命以骨灰散海水，以結緣水族。

憶舊游 懷仲通，步玉田寄元文韻

看西山已老，落盡桃紅，飛絮飄零。舊夢尋難著，剩心田半頃，種徧愁根。滿地槐花榆莢，夏木葉深深。恁祇贏片紙，爲寄殷勤。　重逢竟何日，尚記得、徘徊刹海，緑陰濃處，同覓殘鶯。忽忽又經年矣，回首暗心驚。不語對中天，更闌燭炧涼氣生。

沁園春 步曉湘見贈元韻，即以奉答

極目南雲，雁影凄迷，沉沉故鄉。數深宵獨立，露沾羅襪，侵晨微步，寒薄綃裳。夙日牢愁，者番別緒，亂後重逢今倍嘗。傷懷甚，對朝歌麥秀，同話蒼茫。　年年碌碌如常。卻儒雅、温文愧沈郎。嘆風花歷劫，茫茫天地，思量往事，無限滄桑。舊恨綿纏，韶光駒逝，自是人生幽怨長。更何處，待探奇攬秀，詩酒徜徉。

長亭怨慢 懷嘯遲，用白石韻

已飄盡、春風殘絮。夏緑沉沉，遠迎朱户。杜宇聲哀，天涯游子竟何許。別經年矣，最觸目、青榆樹。樹底共徘徊，記去歲、朝朝如此。　昏暮。看殘陽入海，海國浪花無數。飛來海鶴，急將者、錦函交付。切囑是、莫滯歸期，任花鳥、飄零無主。極目望瀟湘，拂盡淚痕如縷。

翠樓吟 劫後重來，山河易色，撫今思昔，百感橫生。適仲通索影，即贈一幀，贅以此闋

劫後歸來，衣衫落拓，羞將瘦影相贈。別來纔幾月，已滄海更番清淺。牢愁難遣。又落盡

槐黃，南風輕暖。看雛燕。啄殘花蕊，墜紅成片。　蹭蹬虛擲韶華，祇禿毫殘楮，盡催年箭。舊時歌舞地，已全易桃花人面。無邊幽恨，撫琴劍蒼涼，羈懷如繭。應難免。沈腰今日，帶圍寬緩。

夜半樂　馬纓盛開，有感而作

夕陽倏又西墮，綺霞絢彩，遥照天涯路。漸暑氣全消，暮林微舞。半鈎碧月，枝頭漸露。更看宮柳籠煙，畫樓凝霧。掩映着、紅櫻兩三樹。　望中暝色四合，落盡梅英，笛聲悽苦。愁未已、黃昏危樓凝佇。碧煙宵凝，紅魂夜媚，對茲美景名花，越增離緒。念游子、憑闌悵無語。　到此因念，聚合分攜，了無憑據。尚未若、花期可輪數。錦韶光、輕易竟任空辜負。凝淚眼、望斷鴻飛路。暮雲明滅迷煙渚。

臺城路　言志

古云否泰相消長，神州豈真淪墜。半屬天心，半關人事，莫喪元龍豪氣。勤修道藝。想重整河山，莫非吾輩。未是誇言，冥心孤往自能濟。　他年果能如志。一帆當載酒，長揖而逝。三楚雲山，五湖煙月，嘯傲了茲餘歲。二三心契。便日日稱尊，尋芳買醉。想此孤心，他年當盡慰。

上林春　春情

垂楊樓外晴煙静。瘦紅明靚。搴簾無語看游蜂，乍把閒情勾引。　春晝教人慵困。春眠未穩。惺忪自起品新茶，添寶鴨、穠香凝。

轉應曲

明月。明月。幾度照人愁絶。更深香燼無温。千里江南夢魂。魂夢。魂夢。端是將人調弄。

一枝春

西國椒香樹枝葉芬馥，柯幹婆娑，極似垂楊，較增嫵媚。秋冬結實，朱顆累累，尤爲可愛。爰拈此解賦之，即用草窗元韻

依約籠煙，看仙姿窈窕，紅酣春雨。番風暗數。又是去年情緒。新黄淺黛，早添得、遠山眉嫵。較垂楊、別具風流，婀娜芳華凝聚。　婆娑細腰低處。過東風裊裊，游絲成縷。蜂營蝶舞。葉底鳥翻新譜。春情漫賦。應恐怕燕嬌鶯妒。深院悄、簾幕沉沉，斂魂欲語。

海國春

歲月如駛，冬盡春還，蒹葭飛動，新緑齊茁。異鄉遠客，春色愁人，乃自度此曲，聊舒心曲，辭之工拙不計也

海國春還，簾外青山如笑。東風吹細雨，聽鵲聲凄緊，鶯聲賡調。細草如茵，明花似錦，早蜂蝶、紛紛恣鬧。緑展桸桂（Sequoia Sempervirens），碧添櫧槭，春光一刹煊耀。　堪念異國蹉跎，故鄉萬里，歸夢何時能到。張儉無家，梁鴻入海，骨肉東西燕勞。破浪乘風浮槎夢，幾時醒了。翩然去也，故園松菊堪傲。

天香

海仙花（Hyocinthus orientalis）略似水仙花，具五色幽香，清艷絶倫，洵名芳也。倚此賦之

淺絳迎風，嫣紅展靨，麝塵玉杵誰擣。碧葉參差，弱枝顫裊，玉露斷煙迷曉。黄蜂紫燕，争

看煞、飛瓊嬌小。廿四番風數徧，占盡一春芳候。　環珮珊珊月下，度花陰、暗香幽窈。一縷斷魂，幾許舊愁縈繞。凌波步裊。奈遠隔、蓬山夢難到。望極瀟湘，雲天浩渺。

高陽臺　和曉湘見贈，即步元韻

目斷流雲，心隨征鳥，海天盼煞飛鴻。尺鯉迢迢，眉開喜捧瑤封。荒林落葉成淒黯，更休題、故國秋容。指銀河，光亘長天，何處仙宮。　夢魂不度蓬山遠，想抛殘紅豆，兩地應同。萬里相思，一年又遇西風。江關蕭瑟庾郎苦，看斑斑、鉛淚都紅。更難聽，夜雨瀟瀟，滴盡疏桐。

前調　答瘦湘

憔悴江湖，飄摇海國，無端浪擲華年。三載孤心，幾回微託啼鵑。高飈異地增蕭索，望天涯、何處中原。念翩翩，洛下機雲，一晌情牽。　通眉長爪嶷頭角，想三郎丰度，玉樹風前。錦字奚囊，早應題徧山川。開緘有分聆珠玉，恨識荆、今日緣慳。待春光，重伴薔薇，把盞花間。

燭影摇紅　春雨

雲暗天低，琵琶簾外廉纖雨。暮山煙霧罨遥青，依約千松樹。斜倚銀簫黯佇。又無端、風鈴亂語。泠泠淅淅，落盡檐花，良宵虚度。　芳草芊芊，天涯緑徧無歸路。孤燈夜擁聽殘更，鵑語聲聲苦。廿四番風漫數。嘆花深、心期又誤。年華逝水，春事蹉跎，羈愁如絮。

聲聲慢 月夜金合歡（Acacio）盛開，感賦

黃金炫彩，瓔珞垂珠，麝塵浮動春宵。細葉籠煙，橫斜幾茁倡條。鑾熏暗沾襟袖，度花陰、新月如鈎。閒佇立，聽響沉萬籟，更漏迢迢。　人世滄桑易換，儘華年慘緑，輕付春潮。紅豆抛殘，寸心宛轉紅蕉。孤燈夜窗無語，想茂陵、病骨能銷。情緒惡，便迷離、夢也無聊。

買陂塘 詠雁

聽丹楓、颼颼亂颭，晚風天際凄緊。橫斜飛度滄浪遠，岸柳洲蘆蕭冷。還自省。算菰米生涯，飲啄應無定。瀟湘路梗。待海國歸來，年華換也，舊跡可能認。　霜華重，夜月湖光千頃。流雲輪展成暈。幾回欲下還飛起，渡口漁燈遥映。眠莫穩。怕網罟重重，弋者弓弦勁。星河漸隱。便高舉冥冥，凌風振翼，碧落見孤影。

齊天樂 馥麗蕤花（Freesia refrocto）產南非洲好望角，移植園亭已久，姿態楚楚，花白略似晚香玉，芬馥襲人。瓶供一枝，香盈滿室，名芳也。倚此賦之

冰姿素骨春姽嫿，亭亭一枝凝霧。巧靨籠煙，瓊肌映月，妝點流光如許。離魂怨佇。黯好望風濤，暮天何處。斷夢依稀，滿腔幽恨爲誰訴。　茫茫海雲萬里，儘啼殘謝豹，歸思無據。鳳蝶翩躚，紅蕉宛轉，前度心期重誤。筝琶漫語。算爛錦年華，幾番空負。落日西沉，瘴雲迷晚渚。

菩薩蠻　倣温助教體十首

珠簾寶鴨穠香重。鬢雲斜嚲金纍鳳。妝竟幾多時。畫堂春日遲。　垂楊樓外影。樓裏春人困。漫展繡衾單。微聞濃麝殘。

其二

畫闌干外鶯聲急。天涯芳草無情碧。何處是遼西。屏山遮夢低。　愁深眠未穩。香暖鴛鴦錦。負煞好春光。閨中空斷腸。

其三

篆煙漠漠金爐歇。夢雲如絮明還滅。應是玉關西。廣原聞馬嘶。　玉驄嘶正緊。垂柳因風定。何處賣花聲。驚殘春夢新。

其四

垂楊委地東風軟。續來殘夢如雲暖。天際識歸帆。陸郎今日還。　離情銜淚咽。反覺無言說。偎倚畫窗前。淚痕相對乾。

其五

禁城漏轉初更過。夢回半晌情無那。街鼓又鼕鼕。一燈如豆紅。　柳枝籠夜色。初上蛾眉月。眉月有時圓。墜歡重拾難。

其六

當年月比人兒小。如今人比黃花瘦。新月似蛾眉。畫眉人不歸。　錦屏金六曲。綺席燒華燭。往事莫思維。思維空淚垂。

其七

夜來月色臨窗靜。離愁歷亂如花影。舊約指薔薇。薔薇開幾回。　更闌春袖冷。獨自沉沉等。縷縷篆煙長。燒殘心字香。

其八

月斜天半聞飛雁。曙光遠罥平林黯。香燼漏聲殘。緑窗人未眠。　臨妝開曉鏡。翠鈿簪雙鬢。鏡裹貌如花。陸郎應念家。

其九

陌頭十里垂楊道。於今處處生芳草。芳草碧如煙。一年春又殘。　小桃添緑葉。枼底雙飛蝶。蝴蝶總雙飛。人生多别離。

其十

繡帷寶匣開妝鏡。昔時歡意今重省。加意畫雙眉。陸郎珍艷姿。　芳心終皎潔。素骨如冰雪。秋扇縱長捐。舊恩忘未能。

以上《懺盦詞稿》(含一九四九年後詞)

青玉案

桂華凝露秋香冷。誰把花前人問。薄霧濃雲涼意緊。湘樓寥寂，綺衾單怯，偏我懨懨病。　香燒心字成灰燼。院落閒蛩清夜永。好夢悠悠無定準。霜華濃處，煩君記取，休上潘郎鬢。

見《民强》一九三四年二十期

胡振

金縷曲

應共山爲壽。聳寒空、危崖片石，羣峯低首。自有才華稱藴藉，胷羅二十八宿。况清節、衣冠之後。愛惜羽翰異流俗，儘迴翔、不下争鷄口。蟬似忍，鶴因瘦。　蒼天早與安排就。

有多少、無端哀樂，心肝可嘔。慧業三生愁一世，喜得朝雲相守。且休問、開門無有。舉目金甌殘又缺，正杜陵、野老吞聲候。來一醉，中山酒。

念奴嬌

每歲除日午後，偕程子頌嘉游惠山，登雲起樓，酌酒品茗，習以爲常。今程子卧病已逾三年，余則於客中過却。乙亥正月獨遊惠山，歸譜此解，并作登樓别歲圖，以似頌嘉病榻卧遊

西郊晴日，喜山眠初醒，偷閑時候。休問梅花開也未，且醉尊中濁酒。索債由人，追歡在我，清福能消受。鼓聲爆竹，闌干雲外依久。自駒隙瞬過三年，同遊舊侶，病卧文園瘦。夢杳難尋，歡恨天涯常作客，漂泊飢來驅走。嗒然歸去，酒痕無復誰可拾，風景全非舊。盈袖。

翠樓吟

宿枕餘酲，殘衾戀夢，曉眠欲起還止。清明纔過也，頓風裏連吹紅雨。柳絲如許。幾曾挽東君，暫毋歸去。相思處。低徊尋徧，舊曾游路。凄楚。更一番寒，儘釀陰成雨，天公無主。華年隨逝水，問明鏡朱顔存否。深深庭宇。已翠欲成堆，不堪回顧。應須記，春魂多在，錦囊詩句。

陂塘柳

儘瀟瀟、朝朝暮暮，韶華流水遞換。封侯夫婿渾無主，休怪登樓腸斷。東風軟。記盡日、絮飛相和溪雲亂。陌頭西畔。看芳草黏天，斜陽滿樹，樹外鶯鶯唤。分攜處，折盡條長條短。青青朝雨新浣。離情别意將誰語，日近

長安天半。君莫管。説巧樣、描來淺黛如山遠。驚心有券。知此後江潭，同悲摇落，滿目賸悽惋。

醉花陰

柳絮攬成春似夢。往事和愁湧。抬眼只忪惺，沃雨夭桃，西子將心捧。寂寥院宇和誰共。緑凈苔無縫。枝上子規啼，着意留春，聽也何曾懂。

浪淘沙

且莫説清明。總是天陰。梨花瘦到怯生生。我亦春衫獨未换，休道寒輕。　後約杳難成。魚雁無憑。寂寥庭院只愔愔。小鳥也知人意思，屋角呼晴。

羅敷艷歌

初三望到團欒夜，香霧空濛。露濕花叢。小立閒階只箇儂。　追思舊事心都冷，去日西風。今日東風。將離開到分外紅。

青玉案

幾番風雨韶光瘦。問耐得、輕寒否。上巳清明都過後。紅絲千縷，相思繫就。朵朵皆低首。　高燒銀燭明如畫。正妝卸疎慵候。月轉迴廊相見驟。睡情依舊。香含檀口。春夢濃於酒。

一斛珠

杯傾婪尾。東皇打疊歸程意。春痕顆顆明珠記。醉夢回時，尚帶瓊漿味。　閒庭水樣深深地。麥秋寒到湘簾底。留春畢竟留無計。燕子歸來，且把重門閉。

南浦月

拍面飛花，垂楊一樹無情碧。杜鵑啼徹。春事何能必。　幾曲圍闌，有个傷心立。添淒切。霧愁烟泣。弦下今宵月。

踏莎美人

病酒畏寒，惜花喜早。雨餘隨地生芳草。小桃開徧臉如霞。知道東風早已、到儂家。　因景牽愁，感時懷遠。平蕪漠漠腸堪斷。教人那得不思量。常伴鶯鶯燕燕、過時光。

南歌子

燕子憐春瘦，桃花喜雨肥。柳絲繫住夕陽西。怪煞催歸、枝上子規啼。　闌曲依廊轉，簾垂着地齊。相思重到路應迷。多分春心、都化作春泥。

踏莎美人

竹影輸涼，荔香媚雨。此間只合鴛鴦住。稚荷貼水緑田田。正是清和四月、麥秋天。　蠣粉墻低，蝦鬚簾捲。箇儂想已登臨倦。闌干閒煞夕陽邊。辜負宜晴宜雨、一湖煙。

清平樂　於友人寓齋，見盆蓮將殘，感而譜此

飢驅煩惱。轉覺天涯好。如此浮生殊草草。試問有誰同調。　匆匆振翼西風。荷花欲褪殘紅。彈指一年已半，聽天不計窮通。

賀新涼　天徒新園落成，招飲坐忘廬，囑爲補圖，爰題此闋

秋氣清於沐。趁君處、園林新造，騁懷游目。幽逕縈紆疑畫裏，隙處便栽花木。襯幾竿、瀟湘修竹。一水一山親點綴，向山腰、添箇潺潺瀑。清韻冷，天然曲。　雄心消盡君非昨。肯放過、獄中歲月，南華竟讀。大徒在獄，著有《讀莊窮年録》。悟徹莊生坐忘理，不忘人間禮樂。一樣是、與人酬酢。自是烟霞爲供養，觀胷懷、澄定冰壺濯。消受得，山林福。澄觀樓、坐忘廬，園中建築。

前調

中秋望月，寄孫寒厓先生

唤去浮雲翳。看湧起、一輪皓月，光生大地。好似鏡奩全啟處，清影團欒無蔽。更露冷、風飄香細。來鶴樓窗開四面，知先生、把酒湘簾底。定此夜，添詩意。　停杯料又雕闌倚。詠多少、驚人妙句，月明增麗。太白才高天上謫，塵世幾人堪比。況不減、元龍豪氣。我亦此時思琢句，苦枯腸、搜索非容易。頻按拍，擁吟鼻。

湘月

友人招游黿渚，忽逢風雨，歸譜此解

衝波一棹，任風狂雨驟，浪花濺沸。洗出清秋天氣爽，疑在米顛畫裏。范蠡游踪，吳王戰迹，曾否山靈記。成塵舊事，似烟似夢誰理。　把酒臨風無一語，身世蜉蝣如寄。魚鳥迎人，林泉佇客，打叠浮家計。蒼茫四顧，予懷渺渺難已。

露華

乍晴天氣。又韶光九十，彈指全拋。杜鵑聲老，街頭賣到櫻桃。禁得幾番寒暖，試單衣、憎暮憐朝。休提起，華年錦瑟，似夢無聊。一任東皇歸去，喜壓架猩雲，蔓引長條。氤氲滿院，簾垂不用香燒。欲折低徊未折，露華濃、着袂難消。横卧處，三春無此花嬌。

浪淘沙

春色雨添濃。芳草連空。杏花輪與醉顔紅。日日前村沽酒慣，不負東風。　燕子語玲瓏。兩兩從容。他鄉作客與人同。借取一椽棲息穀，歲歲相逢。

前調

蟲語若爲酬。情思悠悠。可堪舊恨着新愁。照取一枝憐瘦影，月漾如鈎。　涼露洗清秋。草没磯頭。烟籠薄霧一痕留。欲問當年經過處，滿眼荒流。

浣溪紗　水仙花

翠帶臨風玉佩聲。羅衣縹緲五銖輕。凌波微步襪生塵。　玉貌凝團酥粉色，檀心更把麝臍薰。蘭兄梅弟月前身。

以上《胡汀鷺先生遺稿·詞上》

百字令　蠡園餞春，午後微雨，同遊者侯伯文、張補園、諸建秋、孫伯亮、徐秋客、虞循正

湖波萬頃，奈閒愁如許，從何收拾。電謝水流客易過，早是三春三十。稚緑重重，瘦紅點點，聲盡鵑啼血。園林大好，芳霏肯使消歇。　相知否燕夢驚寒，鶯魂怨暮，我亦迴腸結。對清樽心事湧，不信流光過客。黛濕遥山，登樓試望，滿眼傷心碧。斜風細雨，一般怎比寒食。

踏莎行

月淡棲烟，露濃堆砌。不堪遥夜涼如水。重門深掩怯寒更，幾曾識得愁滋味。　往事難提，殘絲怕理。機聲斷續芳心碎。一番細雨一番風，年年辛苦秋光裏。

丁香結　紫丁香

雨洗霞青，露渲雲紫，珠綴滿枝何巧。最幽閒窈窕。深院裏、夜月烟籠人悄。璇璣成錦字，難抛却、相思在抱。芳心揉碎，引恨牽愁百端圍繞。　縹緲。似竹外梅花，倩影横斜更好。纓絡垂絲，流蘇綰結，霧和香攪。豆蔻年華應惜，碧玉隣家小。問釵鈿零落，闌珊誰來肯掃。

瑤華　白荷

澄波夜碧，醉夢回時，却早生涼意。玉盤露滴，珍珠碎、濕透芬芳肌理。亭亭翠蓋，猶彷佛、澹妝人倚。趁月明、打槳移舟，幾度鴛鴦驚起。　荒寒往慣湖鄉，但荇藻陂塘，蘆荻洲渚。吴宮西子，人未識、尚在苧蘿村里。脂羞粉妬，眉淺畫、自然嫵媚。待羅衣、零落風前，憶着顰時嬌最。

長亭怨慢　詠蟬

正人倦、晝長時候。萬緑聲藏，如怨如慕。水滿平田，稻花香裏嘒嘶處。品高調雅，恨欲倩、江郎賦。好潔訴誰知，空相對、白頭吟苦。　知否。將韶光細數，禁得幾番朝暮。翳身既可，緣何事、輕易言語。儘付與、晚日曉風，斷還續、迎涼送暑。好待我柴門，倚杖閒來聽取。

臺城路 重遊玄武湖

滄桑不信番番換，一覽湖山非舊。緑暗鶯邊，紅稀燕後，春色將殘八九。循環造就。嘆金粉南朝，白門煙柳。虎踞龍蟠，天然形勢鍾靈秀。　思量廿年前事，問同來游侶，幾人來又。雉影虹垂，鷗波鏡拭，尚識庾郎消瘦。驚心遲暮。奈逝水韶華，那堪回首。立盡斜陽，低徊魂斷久。

掃花游 純陽誕辰

麥秋天霽，纔送了春歸，還留餘緒。借叶。良辰韻事。早昨宵相約，俊遊伴侶。走徧長街，難着馬龍車水。頻徙倚。任翠繞珠圍，露華沾袂。　滿路芳菲萃。但品緑評紅，蜂狂蝶醉。詞吟多麗。想郊原三月，踏青無此。霧濁塵囂，試問神仙來未。相思地。賸多少、衣香花氣。

甘州

幾番風吹緑滿天涯，清明又明朝。早春衫打疊，杏花買醉，青踏芳郊。休問陰晴寒暖，有約不須招。難撇心頭憶，百感如潮。　回首舊曾游處，儘風光似舊，總是魂銷。數華年逝水，悶極更無聊。賸多少、穠華桃李，送斜陽、草色染裙腰。傷春恨、倚屏山徧，燈燼深宵。

蝶戀花

幾夜西風秋信早。滴滴花開，一點檀心小。種就相思何日了。海枯石爛蒼天老。　閣淚緒，空付與、堦下蛩吟悽惋。濕透露華濃，讓幽花、閒煞砌畔。苔逕無痕，即重來、舊踪難見。將前宵記起，分杪低徊尋徧。

倦尋芳

絮烟籠晝，絲雨飄晨，閒愁難理。如此韶華，禁得一番憔悴。別意竟隨芳草遠，幽情欲化春波膩。渺河山，儘開簾望斷，吳頭楚尾。　把舊事、從頭細數，酒醒香殘，袖上痕幾。瘦盡東風，試問箇儂知未。楊柳綠邊新燕語，闌干紅處飛花聚。最魂銷，倚斜陽，霞明天際。

蝶戀花

吹盡西風秋漸老。庭院深深，葉落無人掃。綠滿階除苔蘚繞。萋萋草没經行道。　淡淡銀黃明月好。半壁天低，欲落光斜照。蟋蟀盈盈泫露曉。瘦盡秋魂，羞把菱花照。莫恨砌蛩聲懊惱。箇中情況誰知道。

百字令　友人招飲賞菊，歸譜此解

重陽過也，任西風吹到，小春時候。自是江南天氣暖，恰好籬花競秀。錦織天孫，文成江淹，似此繁華否。目迷五色，清香和露盈袖。　愛花我愧淵明，歸來乘醉，聊試丹青手。一一花枝爲寫照，欲繼南田之後。霞暈輕紅，霜鎔淡白，金鑄鵝黃就。不堪追憶，年時簾捲人瘦。

法曲獻仙音

殘月餘暉，曉寒醒夢，葉落驚秋將晚。錦瑟華年，韶光逝水，怎禁暗裏遞換。任滿地、西風在，寂寥有誰管。　小庭院。豈能容、許多愁哀吟將近曉。依稀別夢曾來到。

前調

翠葉涼生波影悄。綠罨輕烟，紅點蜻蜓小。日暮采菱人去杳。歌聲尚覺餘音繞。　平遠青山眉樣巧。風景三吳，幾箇能知道。宜雨宜晴宜夕照，新詞合譜江南好。

減蘭　自題畫菊，寄伯亮

東籬花瘦。我亦年時憔悴彀。欲醉籬邊。慚愧囊空買酒錢。　鬢衰添雪。惱亂愁腸何處說。今已闌珊。不待人言來日難。

壺中天　戊寅初夏，醉後作此，以示秋客。商正揭來，心緒惡劣，同在醉夢中也。並製圖以贈

人在何處，但模糊一片，難分南北。聽到棌櫓聲遠近，不見舟行踪迹。霧罨冰綃，山眠羅幕，帶東林斜白。晨光淡蕩，濕透滿身涼碧。　筆底欲攝襄陽，淋漓盡致，鬱蒼蒼空闊。海市蜃樓多變幻，夢境依稀曾歷。丘壑胷中，烟雲象外，煞費經營力。神流意暢，如逢醉裏狂客。

前調　戊寅秋日，偕徐秋客買醉市樓。滄桑興感，悵然賦此

三杯罄矣，捫胷中塊壘，試問消未。不信狂流，況大陸、舉目蒼涼無際。草木皆兵，豺狼當道，乾净尋何地。陶然一醉，片時暫作歡喜。　堪歎釜底游魚，幕前巢燕，生命斯須寄。縱是聽天，憑造化、事事心頭潮起。杜老吞聲，蘭成哀賦，欲把神州洗。陰霾誰掃，碧天欣看晴霽。

鶯啼序

韶光問今有幾，賸飄零滿地。燕來晚、門巷全非，認否當日棲此。王孫怨、平原草色，玉溪錦瑟東流水。最魂銷、鶗老聲枯，解憐人意。

別夢依依，乍逗幻境，向廊腰月底。儘留待、門掩香温，枕衾燈畔誰理。任闌珊、淒其獨自，成秋苑、鶯兒知未。渺征鴻，織就相思，萬千難寄。　嚲羞半面，舞怯殘妝，寸心撩亂碎。倩繫住、無言斜日，緑漲池塘，酒泛尊罍，化爲清淚。愁根久種，更傷疎懶，清明寒日等閒度，易黄昏、莫放蹉跎悔。雲低欲落，四圍霧壓烟霏，彼蒼魂也如醉。　闌干倚徧，景逐情遷，尚縈懷底事。應早悟、畫樓空鎖，簾幙虚垂，鳳泊鸞飄，翻紅墮紫。環痕珮迹，夕風朝雨，瘞珠埋玉東皇妬，惜華年、金縷君須記。縱教春在枝頭，寂寞紗窗，能無憔悴。

西江月　爲李柏森畫扇，并題

拳石埋烟堆雨，幽花香怨紅愁。西風吹逗一絲秋。續續蟲吟月瘦。　落華但餘冷淡，此間不着温柔。韶華似水向東流。又是重陽時候。

念奴嬌　題畫

重陽過了，任西風吹到，小春時候。自是江南天氣暖，恰好籬花競秀。錦織天孫，文成江淹，似此繁華否。目眩五色，清香暗沾襟袖。　心賞我欲傳神，商量殆遍，聊試寫生手。青女素娥霜裏慣，聯袂忍寒相守。粉頰霞烘，羅衣翠染，心鑄黄金就。圖成追憶，捲簾人比花瘦。

高陽臺　題卞玉京小像

錦樹林荒，祇陀菴廢，芳魂棲息難憑。艷迹秦淮，板橋嘗記分明。幽蘭心事何從訴，趁揮毫、滿紙愁痕。儘飄零，飛絮隨風，旅燕依人。　滄桑刦醒浮生夢，將鉛華洗盡，佛火相親。入定爐烟，靈臺肯着微塵。畫圖欲識春風面，想驚鴻、淺笑輕顰。又爭知，似水流年，白髮無情。

百字令　寄溥心畬

長安天半，儘臨風西笑，聞聲思慕。文采風流傳誦遠，三絶才高誰數。小李矜嚴，大年清麗，筆底神來助。巒容川色，俊懷寫出千古。　無奈水賸山殘，迂倪顛米，難把金甌補。滄海桑田經幾刦，不變幽蘭心素。一代宗工，三生慧業，久矣瓣香炷。滄浪之水，愿君慷慨同賦。

點絳唇　題自畫仕女

幾日輕寒，更兼幾日東風驟。踏青時候。醞釀春如繡。　紅點夭桃，緑點絲絲柳。君知否。箇儂消瘦。非復當時舊。

高陽臺　寄秋客景溪

眉叠愁波，鏡涵嗟影，鄉心暗逐東風。鳳泊鸞漂，棲遲燕子相同。傷時欲作江南賦，嘆邇來、才盡文通。况闌珊，夢已淒迷，病又疎慵。　凴欄渺渺予懷感，寄茶傾雨白，酒泛春紅。如此江山，可憐何處能容。縱教城郭依然是，剩破殘、萬户烟空。忍重看，滿地斜陽，遍地哀鴻。

以上《胡汀鷺先生遺稿·詞下》

以上《胡汀鷺先生遺稿》

望江南　餞春圖

春歸去，歸去竟何如。語燕有情尋舊主，落花無力戀殘枝。心事一春癡。

前調

春歸去，歸去忒匆匆。兩袖悼紅悲綠淚，一簾飛絮落花風。此恨問誰同。

點絳唇　秋千庭院圖

又是春歸，曉來幾陣東風惡。子規聲促。風定花猶落。庭院沉沉，寂寞秋千索。愁論斛。傷春一掬。濕透青衫薄。

南鄉子　落花圖

簾外落花飄。孤負韶光付寂寥。意緒闌珊無可奈，朝朝。愁上心頭八月潮。痛飲也無聊。淚洗殘紅咽鳳簫。底事春來偏失意，魂銷。瘦損休文一束腰。

鵲橋仙　秋景

潮落江空，風寒秋老，紅蓼花疎蕭瑟。遥山斷處夕陽明，更點綴、一叢蘆葉。　子久蒼涼，雲林幽淡，未識從何着筆。聊憑意匠寫難工，且休問、水容山骨。

月上海棠　孫子頌陀來書，云放棹秦淮，作有小令兩闋，不欲示人，要相晤時爲余誦之。因作秦淮放棹圖寄之，題此代柬

垂楊低罨秦淮水。想畫舸、漾碧輕烟裏。淺斟低唱，有幾個、平生知己。歸去也，知是月斜西矣。　將無薄倖司勳意。抛多少、白傅青衫淚。閒情逸致，應不減、晉人風味。桓伊

笛，試問邀誰吹起。

臨江仙　暮春題畫

一片閒愁何處寄，柳絲撩亂東風。小桃零落賸枝空。寂寥傷酒後，蕭瑟雨聲中。　爐燼無烟簾不捲，近來情緒疎慵。畫圖描上未能工。揮餘幾點淚，着意染殘紅。

前調

胡子達人春日遊惠山，於路旁拾得芍藥一枝，携回，瓶置案頭，屬爲寫照。戲譜此解

如此踏青天氣好，昨宵相約尋春。香塍五里艸如茵。拂衣飛絮軟，撲面落花輕。　曾向重街斜逕過，一枝誰委芳塵。拾來幾嗅對斜曛。懸知纖手折，何處問多情。

前調　倚闌待月圖

捲起湘簾待夜月，無言倚徧闌干。夜深露冷怯衣單。飄零思往事，憔悴鏡中看。　始信愁多歡喜少，片時歡喜也難。乖人意事總相關。欲抛抛不得，無計解連環。

虞美人　曉景

垂楊搖曳絲絲緑。幽鳥枝頭宿。輕雲薄霧淡烟籠。添上一勾殘月、嵌寒空。　推篷碧落澄清漪。恰好維舟地。熹微隱約幾重山。知是此身已在、畫圖間。

前調　雨夜畫墨荷

小窗悶聽潺潺雨。添上愁如許。杯空酒盡更無茶。賸有案頭墨汁、寫荷花。　藕絲不斷

蓮心苦。若箇多情誤。一花一葉費商量。願得一生低首、禮空王。

一斛珠　茉莉花

晚霞如渥。殘陽半嗡遥山曲。蘭閨正能銀盆浴。霧縠冰綃，隱隱膚如玉。　鬢邊襟上花球簇。輕風扇處香盈握。滿床涼擁月明宿。夜深人静，誰唤芳魂覺。

東風第一枝　遊金陵某氏舊宅，曲廊小榭，位置如畫，歸而作圖

苔繡頹垣，風吟敗葉，幽逕幾時曾掃。縱教明月常圓，無奈紅顔先老。秋千欹側，看斷索、臨風猶裊。想當年、錦帳笙歌，賸有啼螿荒艸。　塵埃積、菱花掩了。簾鈎脱、蛛絲纏繞。霜餘艷冷芙蓉，窗破隙窺殘照。主人何處，天涯暮、不知歸早。儘描來、景物無差，陳蹟成塵多少。

前調　題彭鶴儔女士畫荷花。女士字梅倩，江西之樂平人，爲新建范藕舫比部之女弟子。工詩詞，擅寫生，著有《妙香閣詩詞稿》。遭家難，范君介其來錫，復授贄于吾鄉華藝三丈。後聞范君選授雲南知縣，復往投之。不稱意，重來滬上，不久殁于旅次

翠泣紅啼，粉愁香怨。苦心懷抱誰見。有絲萬縷纏綿，照影一泓清淺。曉霞凝頬，更旖旎、腰肢纖軟。嘆巢傾、燕子無家，漂泊天涯絮轉。　香易燼、零星短夢，玉易碎、雲煙過眼。圖中疑着芳魂，紙上恍餘淚泫。如斯薄命，有幾箇、紅顔能免。雖未覩、當日風流，且讀斷腸詩卷。

減字木蘭花　秋聲圖

月明似水。往事縈懷常如醉。抛去無由。觸景生情總是愁。　風飄落葉。滿院秋聲聲颯颯。露重衣單。無力支持怯夜寒。

浣溪沙　茉莉

銀漢星沉倚碧天。流螢低度晚風前。爐香欲燼裊餘烟。　縹緲芳魂何處覓，遺珠隨翠枕函邊。簟紋波漾一枝妍。

踏莎行　春艸

緑轉平原，路迷深院。芊緜遙望疑如剪。天涯到處馬蹄輕，東風欲染裙腰淺。　酒滿青衫，淚盈歌扇。粘天一片王孫怨。踏青鄰女早回來，繡鞋紅損和泥濺。

琴調想思引　秋景

一夜西風爽氣遒。清霜紅上樹梢頭。蕭蕭蘆荻，觸處便生愁。　回首春風成昨夢，韶華似水向東流。斯須難挽，莫負少年游。

金縷曲　壬戌夏日，識唐吉生於滬上，出扇囑畫。爰譜此解，以紀相見之快

把臂驚初見。溯聞名、相思十載，今才識面。落落襟懷誰得似，清話令人忘倦。有公瑾、醇醪同嗛。慈訓薪傳三絕藝，太夫人杏芬老人有三絕之譽，世比陳南樓云。詩書畫、名重江南徧。又修得，神仙眷。　乖時畢竟才華淺。悵平生、交游無幾，似君堪羡。自笑丹青無派別，污盡溪籐吴絹。賣不了、畫中山賤。不敢逢人談末枝，偏君來、囑畫伊家扇。手欲震，花枝顫。

前調 梧桐

夜色空濛籠薄霧。庭院無人，明月自來去。嘗偏想思滋味苦。夢中又覓相思路。 堦下梧桐三兩樹。做盡秋聲，瑟瑟何曾住。 鬢上清霜添幾許。愁多交與秋蛩語。

前調 花陰玩月圖

曲曲迴廊簾捲起。月上東南，夜色涼如水。花覆重簷香霧細。有人恰在花陰底。 小立須臾知倦矣。只是無言，心事從頭理。 猛拍闌干忘所以。憐渠没箇埋愁地。

歸自謠 梅花

黄昏候。鄰家玉笛聲聲奏。珠璣錯落冰盤走。 一規涼月明如畫。光斜透。半窗疎影

前調 暮春畫芍藥

春去嗟何及。最撩人、花飛如雨，絮飛似雪。逝水華年三月暮，恨比水流還急。更不堪、催人啼鴂。芳艸平原天共遠，奈閒愁、遠與遥天接。平原外，又斜日。 闌珊心事何從説。聽簾前、呢喃雙燕，憐予嘆息。況是邇來常病酒，自覺情懷惡劣。有夢也、眠難穩貼。筆底猶餘傷別意，寫將離、憔悴無顔色。墨和淚，溪籐濕。

蝶戀花 秋柳

和雨和烟還帶霧。蹙損蛾眉，目送行人去。攀折不勝離別苦。一鞭遥指天涯路。 人老何堪猶此樹。鏡裏朱顔，逝水留難住。 舊日丰神今未許。張郎憔悴應無語。

詩魂瘦。

浪淘沙　芭蕉

緑蔭午生涼。日似年長。紙屏石枕竹方床。夜雨洒紗窗。恍惚迷離驚塵夢，覆在城隍。　聲聲葉上斷人腸。斜捲一封書未寄，怎不思量。

賣花聲

月下空庭，露濕桂花香冷。倚闌干、怯憐瘦影。風輕簾幙，數迢迢更永。儘徘徊、不愁成病。　情深怨極，後約毫無憑證。忍思量、當年丰韻。相思難寄，聽征鴻過盡。意摇摇、惱人方寸。

暗香　爲高野侯畫梅，用姜白石原韻

可餐秀色。最撩人清興，數聲羌笛。細嗅香風，愛惜孤芳，未忍輕摘。肯信華光而後，再無箇、傳神妙筆。敢侈説、容我清狂，花底與争席。　夜冷憐岑寂。問多少閒愁，胸中堆積。玉盤珠泣。明鏡霜啼難成憶。看横斜疎瘦影，淺水映、月明同碧。待清曉、湖邊路，驢騎得得。

疎影

含珠吐玉。儘流連不去，林下三宿。夢醒羅浮。啼斷翠禽，一枝斜出叢竹。孤高耐得冰霜冷，任夜夜、風吹西北。正飄零、百卉凋殘，來慰孤山人獨。　消息迅傳驛使，奈天涯路遥，芳艸回緑。何處深山，萬樹齊開，雪擁三間茅屋。悲笳吹裂潛蛟舞，又喚醒、乖龍蟠曲。愛朦朧、月照西牆，粉本天然成幅。

南歌子 秋葵

點額鵝兒嫩，臨風翠帶長。寫來風韻異尋常。好似箇儂病起、怯微涼。　羅襪深深護，檀心密密藏。立殘倩影下斜陽。好待娟娟明月、照流黃。

雨中花 芍藥

拋我流光三月暮。又相送、東風歸去。曲散廣陵，杯傾婪尾，誰把春留住。　空將往事從頭數。收拾起、墮歡無據。一片離情，三更別夢，難忘分携處。

惜餘春慢 師子偕友人來游太湖，予以事未與，因作五湖放棹圖寄之，更譜此解

瘦減紅情，肥增緑意，又是東風歸早。鶗啼引恨，燕語牽愁，醞釀傷心多少。欲挽韶光少留，分付飛花，丁甯斜照。忍輕寒鎮日，無聊無賴，無分昏曉。　孤負却、俊約清游，屏山倚偏，誰識此時懷抱。湖山信美，我更何心，同泛五湖烟棹。憔悴閒時未慣，待得春來，反添煩惱。儘依依、消盡吟魂，試問春曾知道。

踏莎行 畫舫清秋圖，爲蔡子平畫

涼轉西風，與招舊雨。畫船載得秋如許。休言最好是穠春，此間難着春穠處。　水際簾聲，坐中燕侶。君吟多少消魂句。隔江聽徹後庭花，昔年我亦秦淮住。

減蘭 秦淮載酒圖，爲楊千里畫

緑波烟柳。九曲清溪春滿否。丁字簾前。可

載雙鬟人比肩。　酒香花韻。幾箇沉酣幾箇醒。幾箇銷魂。真箇消魂定是君。

金縷曲　題罪僧圖。程子頌嘉，小字瑞生。年來境遇拂逆，常自署罪僧，蓋易瑞生爲罪僧，以自況也。然飲酒食肉，又好收藏古玩，終與禪家旨趣相違。戲譜此解

一見君休笑。儘如斯、醃臢落魄，幾人同調。大肉滿盤親割取，魚又新鮮上釣。一任俺、煎熬炮炒。自是樂天非自棄，撲翻身、醉臥皆完了。塵世夢，聽昏曉。　癡心却又人間少。最喜歡、破書爛畫，缺尊敗銚。折角舊磚跛足鼎，自看般般都好。説不盡、此中玄妙。瓦礫成堆銅鐵銹，字紙簍、箇箇齊翻倒。經懺事，誰知道。

踏莎行　秋海棠

月淡籠烟，露濃凉砌。畫闌轉角幽花媚。柔枝一寸一酸心，深含多少愁滋味。　夢影無痕，離懷付水。雲天望斷書難寄。艷如紅豆最相思，前身合是相思淚。

浣溪紗　翊教寺良忠靖祠，庭有海棠兩株，三百年前物也。近忽變白而香氣馥郁，南湖居士有詩咏之。圖成譜此

月轉廻廊夜漏遲。高燒銀燭照花枝。丹心千古素心知。　莫道此花但有色，於今褪盡舊胭脂。香風吹過一絲絲。

卜算子　梨花

春夢杳無痕，只有愁尋我。玉樣精神瘦似伊，着意想思做。　月已淡於煙，烟又層層裹。

四下無人花自開，滿院春光鎖。

蝶戀花

荏苒韶光三月近。楊柳梢頭，寄到清明信。風雨陰晴天不準。春衫小試春寒忍。　惱亂情懷疑病損。一樹桃花，也受東風困。似夢華年逝水迅。如何消得心頭恨。

浪淘沙　酴醿

漸漸日初長。春在斜陽。撲簾飛絮颭流光。又是一年花事了，這也尋常。　往事莫思量。枉是情傷。酒痕盈袖認花香。眼底暫抛心上熱，繞偏迴廊。

浣溪紗　題張時敏女士碧梧夜月圖　代作

妙絶丹青筆一枝。寫成清景費尋思。忍寒闌角立多時。　花影平鋪人寂寂，纖雲四捲月遲遲。秋風不獨砌蛩知。

前調　白山茶瓦雀

相對應歌玉茗詞。東風偷逗上花枝。枝頭凍雀忍饑時。　修竹無花梅少葉，雪中誰可鬥嬌姿。始知造物也存私。

水調歌頭　題顧坤伯西湖圖

山水西湖好，清麗壓南東。六橋三竺花柳，春色淡偏濃。波暖塵香風膩，畫舫笙簫如沸，芳草逐游騌。六月煙波闊，競唱采芙蓉。　流光轉，去如駛，又西風。黄葉深藏，蕭寺鐘打夕陽紅。雪後孤山梅放，來唤雲中鶴子，殘月夜朦朧。凝神相對處，身入畫圖中。

蝶戀花　燕

説着春愁愁萬斛。零落桃花，楊柳無情緑。莫道借我一椽棲已足。何須晝棟千間屋。　莫道秋來歸去速。却爲區區，鴻雁勤追逐。晏鼠飲河但滿腹，來去不計江南熟。

眼兒媚

東風鎮日漾晴絲。風定落花遲。秋千索冷，衣香猶在，人去何時。　子規猶戀折殘枝。休怪蝶蜂癡。倩魂消盡，粉牆一抹，曲逕迷離。

點絳唇

幾日輕寒，更兼幾日東風驟。踏青時候。醞釀春如繡。　紅點夭桃，緑點絲絲柳。君知否。箇儂非舊。燕子憐消瘦。

減蘭

路埋芳草。記曾拾翠頻來到。滿地殘紅。惱恨摧花昨夜風。　漫天飛絮。和煙攪得晴光膩。一角紅樓。十二珠簾未上鈎。

前調　畫秋景，寄寒厓先生

西風如語。一年大半韶光去。昨夜微霜。落葉無聲送夕陽。　伊人甚處。相思欲寄何由寄。夢也難尋。渺渺予懷秋水深。

浪淘沙

畫裏有青山。心地寬閒。莫嫌茅屋兩三間。春去秋來都不管，安問狂瀾。　一自謫塵寰。酒闇詩頑。周旋世俗太艱難。身後虚名成底事，與我何關。

前調

過了幾陰晴。瘦了穠春，曉寒嫌重夾衣輕。欲病懨懨殘醉後，昨夜清明。　流水去無情。杜宇吞聲。落花飛絮可憐生。一刻千金留不得，莫再因循。

浣溪紗

竹界迴廊柳蔭門。簾垂深院悄無人。闌珊心事不能温。　淡墨遥天新雁影，夕陽芳草暮烟痕。登樓舉目彀消魂。

虞美人　風雨落花飛燕

風來又帶瀟瀟雨。斷送春歸去。濕紅吹散落誰家。燕子飄零依舊、滯天涯。　多情却怪年時瘦。緑損眉山皺。可憐心緒亂如雲。試問人間何事、不消魂。

以上《汀鷺題畫詞》

胡漢民

卜算子　集《曹全碑》字，寄懷協之

時節詡風光，定是南方好。萬里懷鄉有故人，相望長安道。　斯事要商量，或賦歸歟早。明月清風且費錢，不合山中老。『詡』『道』用碑陰字。若『且』『不』兩字互易，則詞順而意乖矣。今先説破，不許陳三作如此答語也。亂中失卻余集字詩稿將及百首，亦年來最大之損失也。

蝶戀花　月蝕，和君佩

不是蛾眉天亦妬。底事團圓，忽被山河阻。省識人間離别苦。盈盈一水都無語。　爲問嬋娟何處去。似爾分明，肯受纖塵污。玉闕重光光幾許。家家樓上争凝佇。

浪淘沙 新除夕寄内，依君佩韻

窈窕善懷予。珍重郵書。客游從不載愁俱。萬里關山風雪裏，著個征夫。　我自樂江湖。到處傳呼。使君豪氣未曾除。陌上花開歸緩緩，卿意何如。

金縷曲 既和君佩寄内詞，更作此以廣之

識我平生矣。十餘年、韓檠杜槧，祇君相似。斫地狂詞詞未罷，且復縱横自喜。漫贏得、江山如此。雲夢胸中吞八九，問誰堪、豪傑同生死。成敗恨，徒爲爾。　西湖舊事重提起。悵新來、關山雨雪，游踪難紀。盼盡飛鴻芳訊阻，處處心魂相倚。見説是、天涯人邇。太上忘情仍不免。笑英雄、自古欺人耳。天下事，語還止。

水調歌頭 朱子英貧困，思家不已。賦此慰之，非調之也

去家三萬里，行役未全休。百年身世，多感今夕且登樓。未必解人難索，唤取并州快翦，爲汝斷離愁。入眼山川好，珍重此時游。　西湖夢，鑑湖月，五湖舟。古人足跡未遍，何處覓封侯。人自悲歡離合，我自東西南北，歲月足優游。破涕一爲笑，期許在千秋。

百字令 寄懷協之，聞游西湖，用東坡《赤壁》韻

爲蒼生起，問誰是、江左風流人物。把酒新亭教我輩，留得江山半壁。歇浦晨經，函關宵度，衿袖皆風雪。虬髯人去，此間偏有豪傑。

遥憶范蠡當年，五湖舟穩，載西施俱發。絲竹中年應屏盡，衹是盛名難滅。未愧盧前，且居王後，鏡裏添華髮。相思萬里，孤心一片明月。

金縷曲　再用前韻，贈君佩

道出陽關矣。譜新聲、迴黄轉緑，人間何似。我自豪吟君綺語，一樣風流可喜。休記得、樹猶如此。滄海横流流未盡，笑黄巾、也兕蒼天死。濯足去，且從爾。　二三豪傑爲時起。歎年來、東奔西顧，風雲難紀。獨有蛾眉忘不得，明月樓高獨倚。應與説、歸期方邇。一局楸枰容易決，待他年、再洗巢由耳。萬里路，行復止。

點絳唇　集《曹全碑》字，示蘆隱

萬里長征，山河別後無從賦。舊家門户。禁受風和雨。　不道歸時，特地長亭遇。歡如故。故人奚慕。有酒寧相負。

前調

大好河山，登臨忍舍風光美。且因君起。明月人千里。　故國歸與，歷歷從前事。心如水。臣門如市。不是平生意。

高陽臺　代楊若衡寄外

別已銷魂，詞還寄怨，東風待拂鸞牋。枝上啼鶯，驚人好夢初圓。王孫不恨歸期誤，恨天涯、芳艸年年。更何堪，明月樓頭，萬里胡天。　飛鴻休管關山遠，寫相思二字，已到唫邊。

分明元不負。等閒忍讀離騷賦。

減字浣溪紗　戲贈鶴亭

佳語當前破寂寥。美人心事惱中宵。纏頭百萬可曾饒。　對客要呼將進酒，看花偏愛老來嬌。未諳蠻語抱蠻腰。

鷓鴣天　再戲鶴亭

學得鴛鴦不羨仙。漫將情味怯流年。當筵翠袖翩翩舞，暗地紅絲細細牽。　心妥處，即流連。廣南風土要人憐。爲誰斟酌吟髭斷，輸卻先生百萬錢。

浣溪紗　和舒信道詞，大厂同作

蜩甲蛛絲有鬥争。雁行虎穴任縱横。誰於勝敗見人情。　王悦治城應讓道，謝玄淝水正

翠妬紅顰，故園芳訊依然。知君氷雪周旋慣，恁歸鞭、不在春先。早安排，指點銀妝，重整金鈿。

滿江紅　民十五年，自題舊稿

收拾新愁，最難是、登高憑遠。相憶處、舊時詞客，舊家池館。花鳥有情成眷屬，江山無賴憑駈遣。三十年、未分作詩人，天涯遍。　删不盡，風雅變。續不盡，離騷怨。祇抒情而作，感深頑艷。庾信生平人不識，魏收輕薄吾知免。且歸來、隨分引芳樽，春何限。

蝶戀花　答蘆隱見和，集《曹全碑》字

大好家居無與主。桃葉桃根，都在人門户。爲甚前歲劉郎歸復遇。東山雨後西山雨。　舊事年時相爾女。要使人人，各有安心處。

揮兵。遼城何事比聊城。《北宋詞鈔》末句『何妨談笑下遼城』，《清人詞選》改作『聊城』。大厂訂之，是也。

滿江紅 和大厂《次文信國改王昭儀韻》作

寄語詩人，可曾似、玉顔鴉色。休更擬、銅仙鉛淚，痛辭宫闕。七發誰從枚乘後，五噫常在梁鴻側。儘天家、傾國重佳人，昇平歇。　繁華夢，難消滅。興癈事，何從説。有低頭神甫，子規啼血。消息難憑雲際雁，玲瓏只見窗前月。聽高歌、换卻斷腸聲，壺敲缺。

前調 再和大厂

馬上琵琶，誰則顧、畫圖生色。空悵望、宗周禾黍，漢家城闕。王粲傷時遊未遠，杜陵懷古身常側。問單于、可繫是何年，烽烟歇。　春秋義，終難滅。和親事，更無説。豈受人穿鼻，水濃於血。俯仰百年誶當哭，嬋娟千里人如月。究相攜、入道送歸雲，無圓缺。

前調 和大厂《清明日再用文信國改王昭儀》韻

聽雨聽風，渾不管、故園春色。何況有、五津烽火，三秦城闕。思在洛陽應奮起，眠過白下曾欹側。肯夜深、留客鬥枯棋，茶烟歇。　綿上恨，難磨滅。漢宫事，有人説。枉古今龍戰，玄黄共血。獨鶴初歸雲萬里，羣鶯亂舞春三月。怕石泉、槐火迫人來，駒光缺。

浪淘沙 和榆生《賞紅棉訪昌華故苑》之作

照海獨紅鮮。老榦擎天。招呼群卉肘其顛。此是世間豪傑氣，不讓人先。　故事幾流傳。霸業徒偏。樹猶如此客何言。要作大裘千萬丈，心意緜延。

浣溪紗　壽鶴亭六十

南面書城傲百王。保民耆壽在文章。飛來仙蜨又稱觴。　閑向名山尋鮑葛，笑誇年少喚潘張。年年松鶴好商量。白香山詩：『猶有誇張少年處，笑呼張丈喚潘兄。』

前調　聞大厂新詞有『百澀詞心已不支』之句，悲壯極矣。輒以尋常論調解之

百澀詞心獨自支。覺翁家數本多奇。如何七寶世猶疑。　少悔雕鎪揚子賦，漸歸平澹退之詩。此情惟有故人知。『漸』或作『老』。

以上《不匱室詩餘》

齊天樂　詠《沙羅密》劇

紗羅密爲某國王女。國亡後，從其母入回王後宮。女愛獄中一預言者，聞其歌夜往挑之，不從。一日王置酒，令女起舞，允惟所欲得以報女。爲東方裸體舞，備極妖冶，王大醉。舞罷，女索預言者頭。王不能食言，乃殺而與之。女得頭，親之不已。王遂揮兵殺女。

後庭花借前朝樹。深宮又聽幽語。宋玉牆窺，陳思洛詠，都悞人天心緒。歌聲甚處。似中婦難防，手提金縷。曄曄明星，寤來覓遍更無據。　清觴爲君曼舞。任纏頭坐索，休靳封予。皓體從風，瑰姿應節，別有相思誰訴。冤親並與。歎加膝推淵，世間儔侶。譜出霓衣，識新聲較苦。

見《青鶴》一九三四年三卷二期

柳亞子

大有　步韻答慧雲見懷之作

芳夢驚迴，彩雲飛盡，那堪往事回首。賸新

詞、此才已落君後。山涯水角伊人遠，便兩地、相思怎守。任教咄咄書空，何處喃喃低咒。　重重淚，青衫袖。莫道不銷魂，春光非舊。愁心一點，山下蘼蕪閒逗。怕向蘼蕪偷問，遮莫是、舊時紅豆。拚蕉萃、沒箇人知，我儂消瘦。

行香子　感舊，和慧雲韻

風也無邊。雨也無邊。更春愁、浩蕩無邊。繞離魂一縷，水角山顛。是意中人，眼中淚，鏡中天。　藕絲還連。月缺還圓。悵無端、此恨綿綿。算萍踪絮跡，夢也難牽。願身成骨，骨成灰，灰成烟。

蝶戀花　憶燕，和慧雲韻

訴盡相思千萬語。喚汝歸來，認取前遊處。最是關心傷別緒。去年今日尋春侶。　莫怨江南芳訊阻。有箇香巢，無恙還凝佇。閱盡滄桑深爾許。似曾相識渾憐汝。

點絳脣　夜雨遣恨，和慧雲韻

雨雨風風，遮斷春光渾太易。問天何意。只管昏昏睡。　儂是愁人，忍聽愁聲墜。且休記。埋愁無地。多半傷春淚。

木蘭花慢　花朝，和慧雲韻

江南芳草長，蜂蝶鬧、又東風。問天涯何處，遊春伴侶，油壁青驄。爲道年年今日，正春心先遣小桃通。省識韶華如許，珠簾卷起重重。　惜春無賴惱春濃。愁轉眼殘紅。忍把伊辜負，小闌干畔，密約喁喁。總被多情誤了，算此生已是可憐儂。不怪好春易謝，怪他來也匆匆。

小重山　魂，和慧雲韻

一縷輕盈那自聊。夢中飛去也、不須招。歸來月下珮環嬌。徘徊處、十二短長橋。　生怕颶風飄。金鈴牢護住、繫梅梢。非烟非霧那能描。柔如許、怎忍幾番銷。

小桃紅　淚，和慧雲韻

湘竹斑斑倩。寫入湘君傳。三疊陽關。一聲河滿。爲誰留戀。涴鮫綃零落不成珠，肯穿他金綫。　惆悵心情變。洗凈桃花面。哭罷新亭，歌殘舊苑。怕人瞧見。勸渠儂將就也些些，忍夢中啼遍。

虞美人　落梅，和慧雲韻

重重香雪風吹斷。羌笛聲零亂。縞衣素袂落如麻。忍見空枝依舊、照橫斜。　憐卿命薄渾如影。好夢羅浮醒。霜淒月冷掩重門。翠羽啁啁歸去、黯銷魂。

前調　憶太一湘中

大鵬未展摩天翼。底事遭繒弋。湘蘭沅芷不芳芬。一夜西風何處、弔靈均。　生離死別那能曉。清淚知多少。鎩鸞囚鳳奈卿何。渺渺予懷望斷、楚江波。

解佩令　題竹坨詞，即用其集中自題原韻

平陵結客，長楊獻賦，嘆黃花、晚節凋零盡。塵土東華，也應把、蹉跎自恨。又何堪、星星

雙鬟。　揚州杜牧，小園庾信，哭窮途、步兵差近。載酒江湖，且收拾、殘脂剩粉。更銷魂、温柔無分。

虞美人　題《定庵詞》，和慧雲韻

千年劍俠真長計。肯老空山裏。才華如許竟虚生。蕩氣迴腸禁得、恨深深。　靈簫去後無人矣。誰識狂奴意。傷春怨女士悲秋。感慨名家如汝、杳難求。

賣花聲　懷道非海上，和慧雲韻

往事夢中牽。十幅烏箋。相逢黄歇古城邊。送汝鳩兹江上去，江水如烟。　秋雁更春鵑。忍話從前。倦遊身世恨纏綿。燕市酒徒零落盡，更有誰憐。

醜奴兒令　春夜寫感，和慧雲韻

飄零莫向天涯問，總是閒愁。便是閒愁。一往情深不自由。　何人慰我傷讒意，細數從頭。忍數從頭。往事零星記得不。

虞美人　題稼軒詞，和慧雲韻

霸才青兕兵家子。讀破書千紙。河山半壁誤英雄。贏得雕蟲餘技、擅江東。　唐宫漢闕荆榛遍。苦恨銅駝賤。華夷倒置總堪憂。未請長纓孤負、汝吴鈎。

金縷曲　寄臥子東京

别已經年矣。還記否、鶯飛草長，江南十里。吴市吹簫燕市筑，攜手荆高儁侶。渾不辨、心中悲喜。我自江湖淪落客，却感君、知己爲君死。那忍説，匆匆去。　海東回首波濤起。酷相思、三千弱水，盲風怪雨。　料得此中人亦恨，潦倒鄉音蠻語。便只是、歸來無計。　莽莽中原誰浄土，且神山、一角鷓鴣寄。　多少恨，窮途淚。

瀟湘夜雨

題《燕子箋》傳奇

小小蠻箋，多情燕子，啣來飛過紅橋。　崔徽圖畫忒妖嬈。誰更信、佳人難再，偏一樣、燕怯環嬌。團欒處，雙雙鴛譜，兩兩鸞綃。　無愁天子，風流狎客，苦憶南朝。記薰風殿裏，真箇魂銷。收拾起、江山錦繡，分付那、檀板銀簫。飄零甚，長江東去，嗚咽秣陵潮。

百字令

巢南以詞見示，用世不售，乃慨然有出世之想。外飾曠觀，中實鬱而不伸，故其詞若重有憂者。爲和此以慰藉之。君嘗搜輯吴長興伯及赤民節士遺集，校勘行世，故詞及之。弼教坊、草橋門者，蓋兩賢殉國地也

彩雲飛下，有垂虹亭長，新詞寄我。　豪氣元龍樓百尺，生怕颶風吹墮。　舊院風流，新亭涕淚，懷抱空今古。才人未老，準備逃禪真箇。　勸君忍死須臾，千秋事業，我意憐才苦。　絶域從軍功未建，收拾名山緗素。　弼教坊前，草橋門上，往事堪追溯。東南文獻，好煩一一將護。

前調

劍華以弔蔣君希剛詞見示，悲而和之

新詞讀罷，便茫茫百感，轆轤終日。　説道英才零落盡，陽九偏逢奇厄。　摶虎無成，封狼遺憾，魂逐秋風歇。病魔無賴，天也何曾憐惜。　最愁憐我憐卿，惺惺惜惜，此意真淒切。　我

有一言君記取，生死無須分別。剩水殘山，行尸走肉，一樣傷心絶。不如歸去，鬼雄長嘯嗚咽。

金縷曲 健行殂落，慧雲以詞告哀。倚此和之，知天涯猶有傷心人也

啼血鵑聲苦。是年時、殘陽芳草，那人門户。望斷紅牆天一角，丁字簾櫳如故。只風景、已非前度。枉殺填橋靈鵲願，奈銀河、未許天孫渡。腸斷矣，向誰訴。　芳蘭自判前因誤。數從頭、蛾眉謡諑，今番真箇。看一片、彩雲飛墮。海誓山盟無恙在，去矣不須回顧。我亦人間辛苦者，最關心、忍續悲秋賦。知此恨，恨終古。

虞美人 題李後主詞

南朝自古多亡國。如汝何須説。傷心剗襪下香階。此恨綿綿流不、斷秦淮。　不容榻畔卿酣卧。唱徹家山破。燕雲十六盡干休。尚算趙家天子、有人不。昔周世宗攻南唐，一得淮南，即回師北伐。非周之力不足滅唐也，誠以李氏自稱建王之後，衣冠文物，仿佛中原。烈祖、元宗，保境息民，於十國猶爲令主。有聖王起，當以三恪待之。非若燕雲十六，淪陷腥羶，爲中原不可不復之地也。趙氏不察，萃精神於南牧，荆、湘、浙、閩先後併吞，宋之將驕而兵敝也久矣。沙陀殘孽，猶崛强一隅，貽憂厥弟，況契丹大敵乎！自高梁河一敗，終宋之世，無敢北轅，豈非太祖貽謀之不善耶？契丹亡而女真興，女真敗而蒙古起，神州陸沈，大命以絶，其禍至今未已。而其咎，則自宋之勇於滅同種，而怯於排異族始。因此詞而並論之，讀者亦有感於斯言乎？

金縷曲　哭馮沼清

豈料真如此。驀傳來、幾番噩耗，都疑非是。畢竟彼蒼渾憒憒，蕙折蘭摧底事。算江左、霸才誰似。馬革裹尸原不惡，奈英雄、偏向繩牀死。終古恨，有如水。　交君四載風塵裏。猛回頭、凄涼故國，新亭名士。大樹勳名空夢幻，辜負燕邯俠子。只贏得、名傳吴市。佇苦停辛誰省識，看血痕、化碧還凝紫。歌一曲，魂來未。

百字令　夜夢慧雲、臥子及亡友沼清，握手談笑，歡若生平，占此記之

驀然相見，有漸離擊筑，孟公驚座。料是夢魂飛到此，畢竟匆匆何苦。黄歇江邊，田横島上，離恨天難補。從知緣淺，已算相逢一度。那堪纔別生交，又逢死友，談笑還如故。絮語喁喁休再記，記也何曾清楚。許劍無靈，焚楚有淚，此恨終千古。青林黑塞，何處是君歸路。

前調　數年前，交亡友沼清，即耳梁溪秦君劍霜名。頃以會弔沼清來吴門，則聞劍霜死矣。愴然賦此

素車白馬，向姑蘇臺畔，愴懷馮異。誰料無心剛道及，君亦翩然逝矣。白首同歸，青年短命，此事休提起。憐才如我，神交數載而已。　當時憑弔明陵，斜陽故國，如許英雄氣。哀樂中年難自遣，一卷斷旒詞裏。劉毅呼盧，信陵醇酒，豈是平生意。男兒多恨，不向沙場戰死。

金縷曲 紀夢

過去生中事。誰竟料、夢魂顛倒，從新提起。歷劫餘生無恙在，依舊喁喁絮語。渾不辨、是嗔是喜。剖却心肝難示汝，歎蛾眉、謡諑真無計。揩倦眼，無人矣。　禪心自分沾泥絮。只難忘、吹簫説劍，當年情緒。楚尾吴頭蹤跡滯，莫怨音程迢遞。便咫尺、也成千里。精鐵闌干誰鑄錯，拚相逢、紨絶陰天裏。絲未盡，春蠶死。

前調 題慧雲《滄桑紅淚詞》

杜宇聲聲裏。忍消受、落花中酒，無聊情味。寫盡滄桑詞一卷，中有美人紅淚。問贏得、鮫綃幾許。搗麝成塵香肯滅，便芳心、寸寸爲伊死。休更作，相思語。　天涯回首傷離緒。記當時、孤燈客館，同聽風雨。紅豆年年勞悵望，依舊多才只汝。奈驅遣、愁懷無計。莫唱曉風殘月句，怕前塵、舊影重提起。擲筆罷，且休矣。

高陽臺 聞臥子被繫作

旖旎紅簫，温柔碧玉，算來此福難消。雨雨風風，春光一霎飄摇。魂消心死都無賴，盼伊人、路遠難招。最傷心，馬角烏頭，夢也迢迢。　雕籠鸚䳇深深鎖，嘆聰明誤汝，翠羽蕭條。如海侯門，蕭郎怎忍輕拋。黄衫俠客今何處，更誰能、盜取紅綃。願將來，成骨成灰，私誓堅牢。

羅敷媚 慧雲有詞見示，倚此和之，兼懷劉三華涇、巢南杭州、臥子海上

前調 送巢南入粵，和寄塵女士韻

草草離歌唱。送君行、新愁萬疊，淚波紅漲。離別儘多歡會少，兩日傾談未暢。早一艇、菰蘆開放。況值中原鈎黨急，念楚囚、梁獄心難壯。惡風起，滔天浪。　羅浮天半山如掌。算從今、飛書草檄，未須悲愴。戰血南天烽火地，應有遺蹤可訪。只此事、兜儂心上。惹我車中新婦恨，剩尋消、問息傳無恙。看汝去，奈惆悵。

踏莎行 秋夜有懷臥子

鳳觜含愁，鵑聲帶血。此生薄倖何須說。這般負汝不分明，劫灰燒燼鴛鴦牒。　弱水千尋，蓬山萬疊。相思可有相逢日。秦淮烟月逼人寒，箇儂蕉萃傷秋色。

天涯盡許相思死，偏不相逢。便是相逢。草草離筵一醉中。　鸞飄鳳泊尋常事，未算途窮。真個途窮。檻鶴籠花恨萬重。時臥子方羈請室，故云。

金縷曲 憶臥子留都獄中

盼汝歸來矣。恁無端、檻車就道，匆匆千里。山北山南羅網遍，收拾酒徒劍侶。有魑魅、攫人而喜。料得白門楊柳月，照南冠、羈客淒涼死。今夜夢，可飛去。　那堪舊事重提起。記當年、交成刎頸，腥風羶雨。便欲從君行不得，卻曲迷陽誰語。總負汝、今番非計。地老天荒盟誓在，只新詞、難倩飛鴻寄。誰辨我，墨和淚。

采桑子　和慧雲移家留溪之作

橫流滄海知何地，愁絕天涯。且住爲佳。松滿門前菊滿階。　伯鸞德曜平生事，天與安排。酒盞詩牌。消遣風雲壯士懷。

其二

釣遊地亦非吾土，作客何妨。清願難償。萬樹梅花十里香。　劇憐四海皆秋氣，一室春光。龍臥南陽。破壁何年仔細商。

金縷曲　秋夜有感

到此難言說。再休提、前塵影事，百端交集。拚則而今已拚了，忘便怎生忘得。只淚眼、背人偷滴。憔悴西風回首恨，料黃花、瘦比君顏色。誰念汝，眠和食。　天涯地角尋消息。更誰知、魚沈雁杳，長空岑寂。愁絕玉人何處去，夢裏也無蹤跡。魂不到、蓬山千疊。北駕南艤成底事，歎年來、奔走何曾歇。難寄我，雙紅葉。

念奴嬌　詠像生花

芙蓉遲暮，況迢迢遠道，涉江千里。眼底秋容誰贈我，絕妙蘭心蕙意。不似枝頭，風痕雨點，狼藉斕斑裏。孤眠伴我，銅瓶紙帳情味。　豈是當日唐宮，鏤金剪綵，妝點春三二。中有美人魂一縷，獨自背燈搖曳。蕉萃年年，花開花落，飄泊渾非計。人天惆悵，銅仙無限鉛淚。

金縷曲　題天笑《秋星閣筆記》

恨雨愁風裏。最傷心、有情眷屬，無情天地。縱有青廬新婦好，難慰伊人愁緒。情至者、大都如是。驀地飛來金彈狠，忍生生、拆散鴛鴦侶。拚一死，全休矣。　花殘月缺休提起。問誰能、推原禍首，卿真解事。情海愛河原浩蕩，無賴强分彼此。斷送盡、人間兒女。容易六州成大錯，只紅絲、一縷輕輕繫。誰作俑，庖犧氏。

念奴嬌

余在海上，慧雲有詞見寄，即步其韻，兼懷臥子白門、巢南汕頭、劉三武林

小屏紅燭，正去年今夕，與君相敘。問息尋消剛一載，料理重逢偏誤。幽怨詞牋，峥嶸劍氣，遲汝從頭絮。一燈古店，低徊往事如許。　最憐絮跡萍蹤，天涯地角，哀怨誰能語。江左夷吾無恙在，歌泣新亭何處。南國行人，西湖狂客，迢遞雙魚素。晨星寥落，海天無限凝佇。

前調

題寄塵女士《懺慧詞》，用定庵贈歸佩珊夫人韻

奇才如許，有青綾帳外，謝家瓊樹。生小語兒谿畔路，弄月評花閒住。漱玉新詞，斷腸舊恨，誰辨今和古。蛾眉絶世，人間脂粉如土。　傷心風雨聯吟，江湖結客，往事休重數。抔土西泠留未得，剩爾騷壇一旅。翠羽蕭條，梅花零落，迸入哀弦去。因緣文字，一編珍重曾覩。

高陽臺

寒夜感夢

英絶眉痕，嫣然人面，不成真箇相逢。舊恨新愁，而今一例銷融。五湖一舸人如玉，只防他、妬殺蛟龍。算從來，紂絶陰天，只在寰中。　明知是夢難尋覓，奈燈昏被冷，怎地匆匆。

如水流年，能禁幾陣西風。天寒翠袖飄零甚，料今宵、也怨途窮。更傷心，來日茫茫，難問蒼穹。

蝶戀花 感賦

未卜他生今已誤。釵斷琴焚，南浦當時路。十樣蠻箋勞寄與。幾曾寫盡傷心語。往事思量誰記取。斷雨零風，又送春歸去。正是江南三月暮。鷓鴣聲裏留人住。

其二

鏡裏窺儂顔色誤。蕉萃年來，總爲郎辛苦。鸚鵡前頭休絮語。背人紅淚還如雨。繡盡迴文無一句。倩夢驚魂，只逐楊花去。盼汝今宵飛到處。秦淮水繞鍾山樹。

滿江紅 弔蔣清烈女士，用岳鄂王韻

鶗鴂聲中，那忍見、衆芳銷歇。恨何物、萋菲貝錦，敢污清烈。媧后從來思補石，常儀豈有曾奔月。歎從容、就義謝讒人，心悲切。拚一死，寃應雪。傳萬禩，恨難滅。痛世間何事，磽磽易缺。六月霜飛東海獄，三年碧化萇弘血。料貞魂、招盡不歸來，排雲闕。

前調 祝《民呼日報》，用岳鄂王韻

禹甸堯封，歎頻年、自由鐘歇。蘄湧現、殽函紫氣，三辰爭烈。鳳羽朝陽儀五采，麟經大義王正月。誓從今、隻手挽狂瀾，雄心切。穢史恥，須湔雪。黄書誼，肯埋滅。看悲歌慷慨，舌存未缺。衮鉞無情南史簡，江湖有黨東林血。向崑崙、頂上大聲呼，撑天闕。

前調　題劍魂漢俠圖，用岳鄂王韻

荆匕良椎，歎底事、俠風消歇。驀地裏、逢君吳市，簫聲激烈。壯士悲歌遼海曲，健兒醉踏沙場月。弔要離、塚畔草連天，雄心切。　沼吴恥，幾曾雪。報韓誼，終難滅。看不平棋局，唾壺擊缺。青史百年薪膽恨，黄衫一劍恩仇血。問何時、恢復舊中原，收京闕。

金縷曲　哲夫作枯筆山水一小幀見贈，爲訂交之券。荒寒寥寂，忽有感於余心，爰取戴子高影事，名之曰夢隱第二圖，詞以張之，即用三年前爲慧雲題萬樹梅花卷子韻。撫今追昔，若不勝情，海内詞壇所不敢望，二三同志庶幾和余

拔地奇峯起。笑平生、鄭虔三絶，君真多事。揮灑烟雲來腕底，靈氣胸中未已。看枯木、寒山如此。塵海茫茫無我席，算此身、合向山中死。負汝者，有如水。　故人萬樹梅花裏。記當年、卜鄰有約，而今何似。恨海精禽填不得，付與淒涼眉史。儂已厭、傷心滋味。只恐人間無此境，便夸娥、移也非長計。圖一幅，且休矣。

蝶戀花　聞臥子出獄有作，用前韻

絶代因緣今未誤。美眷如花，錦樣前頭路。十斛豔福原憑天付與。人間删盡相思語。　明珠誰换取。只羡鴛鴦，不羡飛仙去。蕩子歸來猶未暮。温柔鄉裏留君住。

其二

休道傳言鸚鵡誤。禳見三生，蓮子儂心苦。碧海昨夜護花鈴上語。花開不怕閒風雨。　青天傷别句。此日重逢，莫再匆匆去。料理

雙棲安穩處。不須更化韓憑樹。

前調 依韻答慧雲，并示臥子

竟有天涯愁似許。一水盈盈，木抵紅牆阻。夜卜燈花晨鵲語。思君何日真相敘。　最是年來傷別緒。一樣多情，秋士如春女。銀燭畫屏今俟汝。底須夢裏重逢處。

金縷曲 寄臥子雲間，疊舊韻

盼殺吳儂矣。恰歸來、莫愁艇子，長干十里。悽絕年時秣陵路，聽雨聽風無侶。又誰料、今宵狂喜。桃葉桃根雙畫槳，倘重逢、值得爲卿死。便擬逐，夢魂去。　只愁倦翮飛難起。依舊是、天南地北，孤燈夜雨。倘使伊人能念我，料理纏綿情語。算買棹、來真長計。笠澤吳淞通一水，莫殷勤、浪把魚書寄。好同話，蟾蜍淚。

高陽臺 楚傖泛舟分湖，尋午夢堂遺址不得，作分堤弔夢圖以寄慨。爲題此解

午夢堂空，疏香閣壞，芳踪一片模糊。衰草斜陽，涼風摇動菰蘆。深閨曾賁蕉窗夢，到而今、夢也都無。最傷心，鏡裏波光，依舊分湖。　披圖遥憶當年事，記一門風雅，玉佩瓊琚。一現曇華，無端零落三珠。孤臣況又披緇去，莽中原、哭遍榛蕪。剩伊人，弔古徘徊，感慨窮途。

金縷曲 六月六日秋俠忌辰，寄寄塵、小淑、巢南索和

六月飛霜雪。記當年、軒亭道上，英姿流血。蕩虜雄心誰得似，如汝鬚眉巾幗。只短命、令

人悽絶。大好西湖無福分，甚一抔、難葬伊人骨。還被那，虎狼搰。　素車白馬成陳跡。遺恨事、椒漿展拜，我儂還缺。一種交情生死感，二妙玉臺曾識。問何處、萍踪此日。剩有元龍湖海士，困病魔、豪氣應消歇。誰和我，山陽笛。

沁園春　壽巢南三紀初度

十斛醇醪，壽汝元龍，豈不快哉。記桐飄墜葉，休驚時節，酒澆魂壘，且盡尊罍。初度靈均，更生劉向，信有中原絶代才。才人慣，算逃禪底事，本是諧詼。　少年壯志難灰。看驃騎、弓刀擁上臺。奈黃龍逋寇，胡塵未靖，蒼鵝出地，心史先埋。入洛機雲，草玄揚子，俯視人間盡可哀。君與我，好貞盟共守，古井無涾。

其二

斗大松陵，逝矣吴潘，誰繼千秋。有孤根崛起，目空餘子，故書讀遍，身是清流。釣雪灘荒，垂虹亭圮，文獻枌榆次第收。多情甚，便雕蟲小技，也費搜求。　廼年民史誰修。算魯國、陽秋肯罷休。看遺民著録，表揚芬烈，祕辛紀事，傳播遐陬。天假之年，人無可語，努力名山付汗牛。從今後，祝青藜無恙，書著窮愁。

高陽臺　雲間感舊，寫示臥子

幾社名流，雲間詞客，芳踪渺矣難尋。醉白池南，無端又息游襟。華亭舊是悲秋地，記大哀、一賦愁深。更何堪，小劫人天，別樣傷心。

當年我本無家客，歎萍蹤絮跡，一例銷沈。四載重來，滄桑感慨而今。瑤琴彈斷鍾期杳，悵人間、何處知音。絮心期，滿地江湖，只有陳琳。

前調 亞希夫人手製像生花，慧雲索題

連理枝頭，自由花下，畫簾穩護春深。玉樹堅牢，風前不用幡鈴。楚蘭已屬騷人佩，更何須、夢裏沈吟。笑人間，花落花開，歲歲而今。　芙蓉遲暮秋江遠，問伊誰妙製，巧奪天成。國士金閨，儘多餘技堪尋。迦陵共命西方鳥，伴雙棲、紙帳銅瓶。便休同，野草閒花，一例關情。

羅敷媚 重過滬南有感

迢迢一水黃婆渡，怎不銷魂。拚不銷魂。也算人間一段春。　遊蹤四五年前到，舊夢温存。舊恨零星。燕子歸來認舊痕。

前調 題石子、粲君伉儷合影

幾生修到鴛鴦伴，郎是蘭成。妾是雙成。並坐秦樓弄玉笙。　黃金不把相思鑄，月樣聰明。玉樣温存。繡出人間一段春。

金縷曲 巢南就醫魏塘，迂道來此。余小病初痊，冒雨往舟中訪之，復招潁若傾談，竟日而別，詞以紀事

小病愁難療。忽報道、先生來也，甚風吹到。倒着衣冠迎户外，贏得兒童争笑。算此意、旁人難告。小艇垂楊低處泊，有明牕、净几添詩料。令我憶，浮家好。　深談款款何曾了。依舊是、元龍湖海，容顏未老。商略枌榆文獻

業，此事解人漸少。剩滿地、鴉鳴蟬噪。一客東陽來瘦沈，好共君、清話瀾翻倒。奈别後，忘昏曉。

齊天樂　中秋夜無月

一年分外中秋月，連宵盼他辛苦。偏是無情，黄昏過了，有陣廉纖微雨。酸酸楚楚。似好事將成，又遭奇妒。天上人間，素娥今夜在何許。依舊華鐙繡户。笑争妍鬬影，等閒兒女。别有天涯，征人思婦，多少傷心難絮。年年此度。恨桂樹吴剛，未尋斤斧。寫入新詞，倩紅兒曼譜。

蝶戀花　戲示哲夫

恨海難填天易老。紅袖青衫，總是相思料。我亦頻年傷綺抱。蘼蕪緑遍天涯草。一語告君君莫笑。偕隱東南，有箇傾城了。未用多情成懊惱。雙修福慧如卿少。

金縷曲　八月二十二夕紀夢

夢太無憑據。忽飛來、蓬山弱水，癡魂何處。握手牽衣雙涕淚，珍重離懷低訴。已門外、烏啼高樹。非想非因誰解得，甚禪心、浪付沾泥絮。空悵望，舊眉嫵。　鰥生福薄休重語。似卿卿、良緣美滿，紅顔未誤。彈斷歐心歌一曲，威特沙婁何苦。算已是、名花有主。未必今宵能念我，羨雙棲、安穩天涯路。拚懺悔，愁千縷。

浣溪紗　八月晦日夜夢中作

昔日曾停柳外驂。而今摇落悵江潭。渭城歌裏舊何戡。　戎馬蘭成人未老，文章宋玉我争堪。夢魂何處是江南。

其二

不惜明珠飾劍鐔。五陵遊俠問章邯。人間南八是奇男。朱鳥空歸天尚醉，黄龍未飲死難甘。夢魂何處是江南。

其三

草色裙腰一道藍。隄邊楊柳緑毿毿。相逢上巳正春三。紅鳳親描羞並頸，黄鸝同聽擘雙柑。夢魂何處是江南。

其四

豈有靈簫負定盦。當初一味是癡憨。斷腸風味幾曾諳。舊約重尋鶯晛晥，空梁惟有燕呢喃。夢魂何處是江南。

其五

懺悔狂禪只自慚。簫心劍態更休談。煙霞泉石近來耽。青史青山雙蠟淚，黄花黄葉一茅庵。夢魂何處是江南。

金縷曲

劍華自海外歸，留梨湖旬日而去。倚此爲别，並堅南社之約

秋雨秋風裏。算又是、相逢一度，送君行矣。别後三年幾曾見，見又匆匆如許。怎禁得、酒闌燈死。莫更臨歧珍重道，看青衫、已滿天涯淚。聽窗外，秋蟲語。　碧雲黄葉天無際。慘離筵、丁寧後約，情何能已。雅集吴門期不遠，饒有風流況味。便縱酒、高歌休去。大醉可中亭畔月，好狂呼、幾復騷魂起。重記取，别時意。

減字木蘭花　羅兩峯、方白蓮伉儷畫硯，爲哲夫、傾城題

羅方故物。摩挲一片端溪石。石不能言。想見當年伉儷賢。　而今依舊。蔡張伉儷雙雙守。珍重流傳。紅粉青山一段緣。

金縷曲　十月朔日，南社同人會於虎丘。楚傖、慧雲以事未集，有詞馳寄，依韻和此

匹練吴門道。算僥倖、笙歌畫舫，我儂真到。慘淡東陽祠宇在，不許胡兒拜倒。付吾輩、登臨還好。萬種傷心成一哭，猛山靈、無語羣烏噪。只此意，令人老。　而今雲散風流早。依舊是、荒江老屋，歡場如掃。贏得多情高與葉，珍重郵籤未杳。似聽見、杜鵑聲叫。大好家居争撞壞，問奇勳、誰奏相如趙。拚沈醉，此生了。

前調　劍華有齊魯之行，遲予海上，欲牽衣一別，而余未能赴約，填此代柬

驀地牢愁惹。忍輕提、分離兩字，淚珠傾瀉。蹈海歸來纔幾日，怎便把儂拋捨。又此去、勞勞車馬。離合悲歡成底事，問天公、兀自妝聾啞。情到此，筆難寫。　緣深緣淺誰相借。便匆匆、臨歧一握，也同無價。湖海飄零翻羨汝，絶勝羈棲轅下。算此意、告君休訝。只是長途風雪緊，要眠餐、珍重休忘者。待明歲，早歸也。

前調　楚傖入粵，道出春江，邂逅臥子，開樽闘酒，樂可知矣。書來索詞，填此奉寄

百尺樓頭客。最傾心、雲間臥子，東南人傑。

歇浦遨遊誰把臂，狂殺東江葉葉。這相見、何須相識。箝口莫談天下事，只高歌、痛飲乾坤窄。嵇阮放，荆高俠。　酒家壚畔花争發。笑人間、淺斟低唱，都非英物。龍吸鯨吞無算爵，旗鼓中原大敵。似鉅鹿、昆陽赤壁。笑問玉山頽也未，好商量、死葬陶家側。算此樂，最難得。

前調

三月朔日，南社同人會於武林，泛舟西湖，醉而有作

賓主東南美。集羣英、哀絲豪竹，酒徒沈醉。指點湖山形勝地，剩有趙家荒壘。只此事、從何説起。王氣金陵猶在否，問座中、誰是青田子。微管業，付青史。　大言子敬原非戲。論英雄、安知非僕，狂奴未死。鐵騎長驅河朔靖，勒石燕然山裏。算纔了、平生素志。長揖功成歸去日，便西湖、好作逃名地。重料理，鴟夷計。

蝶戀花

上巳日，余自武林發武塘，慧雲適以是日至，覓余不得，悵悵而歸。書來極哀怨之致，詞以慰之

越水吴山芳訊阻。是汝來時，是我歸時路。刻意尋春春已暮。人生能幾華年誤。　省被蘭姨瓊姊妬。便不重逢，也勝重逢處。一瞥驚鴻人又去。墜歡終竟無憑據。

高陽臺

自武塘歸梨，阻風不得達，維舟分湖之濆。蘆中諸子，握手道故，置酒相慰，至可感也。别後賦此寄謝

浪打歸鴻，雲迷羈雁，今宵又落分湖。越水吴山，輸儂鄉味蓴鱸。舊時鷗鷺猶堪問，愧憐

蝶戀花　寒夜憶内

小別居然愁寂寞。一日三秋，况是三旬約。風雨淒清樓一角。惱人只怨天公惡。　因甚心情容易錯。見也尋常，去便思量著。睡鴨香銷寒夢覺。半牀繡被渾閒却。

以上《磨劍室詞初集》（一九〇七—一九一〇）

滿江紅　迷樓即事，次韻和徐弘士

一飲瓊漿，拚別後、熔肝鑄腦。悔當日、不曾真箇，壚頭醉倒。促我歡娛緣底事，爲卿憔悴何曾料。任泥犁、綺孽大於天，陽戈掃。　也莫記，韶顏好。也莫問，癡魂繞。算十年龍劍，難平淒抱。負盡燕邯遊俠子，羞他金粉齊梁姣。便化身、成骨骨成塵，愁難了。

才、青眼模糊。任飄零，乞食猖狂，未是窮途。阻風中酒年年事，便高燒紅燭，爛醉黄壚。飛絮摶沙，歡情都付提壺。解衣推食雲天誼，奈逢迎、也到狂奴。譜新詞，休悵萍蓬，且寄菰蘆。

金縷曲　題沈詠霓齊眉春泛圖

春水蘆花渚。甚君家、無端收入，畫圖中去。絕代東陽誇瘦沈，濯濯靈和瓊樹。况相伴、潘孃眉嫵。雙宿雙飛篷底穩，笑人間、無限閒鷗鷺。只恐被，鴟夷妒。　算來我本移家誤。况年時、江湖載酒，飄零風絮。一舸重尋歸計好，卜宅梨花深處。奈猶是、他鄉羈旅。何日傍君分水住，便劉楨、平視君休怒。環珮樣，誇先覩。

花底熏修。春風門外幾曾秋。好種長條千萬樹，繫住歸舟。

其二

結綺有高樓。舜死堯幽。興亡一例付東流。解識風花歸僞體，未用嬌羞。　豆眼薄家丘。麟史重修。我來落筆定陽秋。安得五湖狂少伯，載汝扁舟。

金縷曲　題《迷樓集》，次丁堃生韻

良會東江好。賣漿家、唐梯百級，登臨偏早。乞食猖狂吾輩事，海怨雲愁縹緲。況更逼、崢嶸歲杪。難得當壚人似玉，看飄煙、抱月腰圍小。拚痛飲，忘昏曉。　閒情久謝閒花草。奈尊前、狂香浩態，感儂孤抱。叱咤當筵能罵坐，莫怪酒狂傾倒。便倩影、深深鐫腦。只惜

浪淘沙　次韻和戴震殊

不願做嬌羞。錫了星眸。何曾有意把人勾。佳俠含光奇氣在，愧殺儒流。　水膩更山柔。多少閒愁。敢將賣餅薄何休。我有陽秋椽筆在，題上紅樓。

前調　次韻和陳安瀾

雲錦織流黃。緑海紅江。難尋拂水舊山莊。安得健兒三百萬，快馬輕裝。　身世劇蒼茫。豹隱龍藏。酒家壚畔有狂香。喚取吴姬來勸酒，拚老糟鄉。

前調　疊韻和從弟公望

十二小紅樓。樓上尋幽。西灣一曲向西流。黛影波光休錯認，玉笑珠羞。　容我老糟丘。

中原馳檄筆，付荒唐、一卷迷樓稿。青史冷，素娥老。

前調　前題，次田星六韻

拔劍悲歌起。問千秋、信陵不作，更誰知己。醇酒婦人多少恨，寸寸心肝慵理。看如此、河山休矣。難得蛾眉能解語，早甘心、卓女壚頭死。盟息壤，蜆江水。　歡悰草草渠堪記。忍輕忘、湘南楚北，恩蘭怨芷。便讀離騷拚痛飲，何必都稱名士。只慚愧、瑶華公子。露花憐命薄，莫等閒、短盡英雄氣。鶉首翦，鈞天醉。

前調　次韻和凌昭懿

七尺牢籠地。鎮無聊、愛河恨海，迴腸蕩氣。爍盡相思絲萬縷，釜底紅蠶湯沸。總慚愧、鴛鴦樓記。畢竟聰明成自誤，算不須、埋怨周婆禮。拚僝僽，此生已。　尋春杜牧原遊戲。幾曾見、賣漿門巷，簸錢年紀。容易拈花成一笑，凄絶傷讒薏苡。又安得、桃源穩避。不是王郎團扇曲，任人問、憔悴芳姿婢。君莫問，醉翁意。

齊天樂　次韻和星六

輼輬車臭秦皇死，餘威虎狼猶在。張角稱兵，曹瞞據地，更遣强吴坐大。紛紜五代。算南狩重華，尚嫻鞶鎧。北望神州，陸沈宫闕涕横灑。　炎枝越巢肯改。祝精禽木石，填平滄海。政客翻雲，藩酋覆雨，衣鉢高家無賴。江山十載。怕諧價西園，背人偷賣。失笑黎丘，又絲牽傀儡。

金縷曲 西京贈張景桓

燕趙悲歌士。猛相逢、扶餘島畔，燈紅劍紫。異國風光原爛縵，只惜種魂未死。總籬下、依人非計。便座深談情悄悄，算胸中、憂憤何能已。滿腔血，幾行淚。　夜郎自大原堪恥。奈神州、長城自壞，銅駝荆杞。北望宛平南建業，幾輩英雄豎子。更幾輩、傴僂腐鼠。我已雄心銷歇盡，願使君、終爲蒼生起。珍重祝，前途事。

前調 送甘素人歸蜀

同是飄零客。鎮無端、蜻蜓洲上，逢君一夕。落魄英雄應有恨，不遇知音誰識。好伴我、旅窗岑寂。大酺高談渾閒事，更相依、形影肝腸熱。彈指頃，十圓月。　驪歌吴蜀催歸急。莽重洋、同舟飛渡，終須離訣。老我萍踪黄歇浦，君去長江三峽。算後會、未知何日。未敢相留淹滯久，怕白雲、親舍依閭切。珍重意，付啼鴂。

摸魚兒 自題秣陵悲秋圖，爲亡友張秋石女士作，借吕碧城女士《倫敦堡弔古》韻

歎重來、西風白下，平陵黄犢愁奏。國殤多少萇弘血，不是曹家萁豆。翻覆驟。痛一代蛾眉，也死傖夫手。天乎不壽。正奇氣拏雲，圓姿替月，英絶年三九。　捫心問，慟哭新亭時候。伯仁憐我輕負。馬嵬白練香喉鎖，慘抵男兒斷脰。羞掩袖。奈龍劍沈埋，難決仇人首。雄心懺否。但同泰鐘魚，清涼梵唄，虔禮空王冑。

前調　題陸丹林鼎湖感舊圖，疊前韻

憶南天、湖山佳處，湘弦錦瑟曾奏。當時豈料輕離別，吟遍相思紅豆。天意驟。奈夢醒燈殘，難挽纖纖手。山盟海壽。記油壁同車，青驄並轡，嬉戲值三九。　風波急，可奈分飛時候。同心密約終負。蛾眉萬里投荒死，好夢難圓鴛脰。痕滿袖。畫一幅真真，可抵詩千首。柔情懺否。問何地埋憂，狂歌痛哭，願作離騷冑。

前調　題沈哂之瘞雀圖，再疊前韻

歎塵塵、蟲天萬劫，幾多哀曲曾奏。銜環黃雀生來小，未饜人間粱豆。微命驟。痛弱肉强吞，竟死鷹鸇手。彭夭殤壽。算朝菌年華，蟪蛄身世，一例丁陽九。　誰埋汝，撥土摶泥時候。主人情重休負。佳城鬱鬱堂坳築，忍見殘翎斷脰。雙卷袖。更殺粉調鉛，要換詩千首。前因悟否。總未免有情，那能無淚，淒絶東陽冑。

滿江紅　次林庚白《秣陵感懷》韻

袖手枯枰，已厭看、長安棋弈。最難忘、叛旗初展，殺人如織。血染縑囊魂魄壯，身攢白刃尸骸擲。鎮傷心、萁豆本同根，相煎急。　猿鶴恨，成今昔。胭脂巷，休尋覓。歎龍蟠虎踞，久無顏色。侯景當年曾躍馬，王琳此日猶埋碧。更何時、旭日射光芒，陰霾革。

綺羅香　題哂之爲余繪悲秋小幅，即用其尊人眉若先生《題秣陵悲秋圖》原韻。『蓉應春回原是夢，桂逢秋隕若爲情』，眉若和余哭秋石女士斷句也

蓉應春回，桂逢秋隕，此根却憑君訴。寫入生綃，可似伊人眉嫵。倚孤標、曾鬬嚴寒，揉弱質、難禁狂雨。更傷心、子規啼徹，冤沈三字獄誰鑄。　折枝漫詡娟妙，倘比憶翁微意，托根無土。斷粉零香，只合畫圖中住。盼紅心、草長他年，化碧血、魂歸何處。鎮難忘、舊夢温馨，吴淞江上路。

湘春夜月　次韻和眉若，爲瘞秋未遂作

葬衣冠，隔春嫩約成虚。謝家羣從，尋消問息太模糊。玉臂朱書已矣，見《返生香》。借三弓隙地，庸福還無。歎男兒死耳，裹尸馬革，狼藉休呼。　招魂甚處，雲間鶴杳，湖上鷗孤。遲樹豐碑，算只有、鐵函眢井，心史難誣。江頭野哭，且莫教、淚眼輕枯。憑君問，問天涯何日、河山還我，狐兔終驅。

太常引　次韻和王楚英

不多時日過清明。節序又翻新。倦眼最慵青。怕窺到、瑤臺幾層。　風光依舊，河山依舊，不見昔年人。痛淚那能禁。問何處、山陽笛聲。

沁園春　十一月十一日爲秋石女士三十冥誕，詞以奠之

英絶眉痕，逝矣千秋，何處招魂。記紅樓絮語，笑顰無恙，青溪血濺，骸骨休論。覆雨翻雲，荒天老地，雞犬淮南盡噬人。傷心甚，剩瓣香親祝，初度靈均。　忽然奇想無垠。算兜率、天中別有春。料瑤臺玉宇，早瞻靈氣，璇宮貝闕，永護仙真。劍影摩虹，珠光掩月，

風露秋江倘化身。窮愁我，悔草問偷活，留滯凡塵。

金縷曲　爲吴漢歎哲嗣余後樂結婚賦。曰余者，從母姓也

漢歎吾盟友。廿年前、春申江上，締歡杯酒。記得洞房花燭夜，曾以新詞爲壽。生羨汝、劉樊仙耦。别後重逢燕市飲，有荆高、擊筑呼屠狗。歲寒約，毋輕負。　紅桑海底分襟久。驀飛來、瓊箋一握，朵雲如繡。報道鳳雛今已長，喜睹佳兒佳婦。算畫出、葫蘆依舊。學作癡聾應已慣，問羹湯、是否新人手。歌一闋，吾僝僽。

摸魚兒　聞秋石女士衣冠墓告成，填此志感，三疊《秣陵悲秋圖》舊韻

甚歸然、一抔黄土，膚功今日纔奏。埋冤何事輕成獄，淒絶南山種豆。驚變驟。悔惜别牽衣，未挽纖纖手。漫論夭壽。算死縱無緣，生還有恨，同此罹陽九。　衣冠塚，三載蹉跎時候。渾疑嫩約終負。一朝突兀豐碑樹，差慰朱繩繯脰。休掩袖、看大地玄黄，血濺羣龍首。芳魂知否。倘赤帝能興，蒼天當死，剗盡窮奇胄。

浪淘沙　文藝茶話會座上，贈史伊凡女士

珠玉瀉鶯喉。剛裏含柔。吴娃燕語最風流。一闋新詞低唱罷，怎不嬌羞。　京兆畫眉儔。是幾生修。謂女士愛人張弓。天教韻事繼紅樓。爲恐石涼人睡去，芍藥輕兜。

前調 示庚白，爲楊石癯女士作

聞道密司楊。血濺雲陽。先生何事硬心腸。香火因緣應未淺，怎不悲傷。小影貯巾箱。好護沈香。休嫌老太少風光。還有遺文三兩首，仔細端相。女士貌寢，友人戲以『老太』呼之。

其二

我自悔當年。覿面緣慳。矯情難忘意纏綿。安得黄金三百萬，贖取嬋娟。一語告君前。何必朱顔。古來才貌總難兼。相馬驪黄牝牡外，此意誰憐。

前調 壽謝冰瑩女士初度

絶技擅紅妝。短筆長槍。文儒武俠一身當。青史人才都碌碌，伏蔡秦梁。舊夢斷湖湘。折翅難翔。中原依舊戰争場。雌伏雄飛終有日，莫漫悲涼。

其二

歲首賦催汝。今進桃觴。紅塵遊戲盡無傷。豔福檀郎吾亦妬，努力扶將。年少俠遊場。兒女情長。通家交誼鎮難忘。壽汝恨無雙匕首，慚愧詩囊。

以上《磨劍室詞二集》（一九二〇—一九三二）

金縷曲 王西神五十雙壽

老矣西神叟。鎮難忘、撞鐘伐鼓，少年時候。彈鋏馮驩先宿草，淮海秦郎骨朽。問遊侶、幾人依舊。剩汝填詞情思好，更蠶眠、疑出纖纖手。真與美，倘無負。江湖我亦飄零久。卅年來、名場恩怨，王前盧後。儉歲薛蘿君未厭，桃李花開如斗。看爛熳、東風錦繡。偕隱齊眉人似玉，祝木公、金母無疆壽。歌一闋，侑觴酒。

前調 贈莊元勇女士，兼示宋鈞伯

老我支離叟。喜重逢、梨渦潮暈，嫩紅時候。龍漢赤明桑海劫，眉嫵張娘不朽。忍更向、黄壚話舊。秋雨秋風拚一哭，記紫金、山下同攜手。生死誼，盡辜負。　幾年問息尋消久。歎長旛、護花無力，甘居牛後。龍劍押衙君有幸，肝膽輪囷如斗。祝錦樣、前程春繡。市隱相依原不惡，好鹿車、鴻案南山壽。且醉我，葡萄酒。

前調 贈廖夢醒女士

慚愧夷門叟。恰逢君、檻車緹騎，倉皇時候。取子毀巢家國痛，東廠沈冤難朽。算僥倖、紅顔依舊。馬角烏頭他日事，好商量、遲整旋乾手。情與義，兩休負。　十年早領芳名久。羨金閨、明珠擎掌，淮淝捷後。馬策西洲何限恨，熱淚瓊瑰盈斗。便抛盡、鉛華文繡。露苦霜酸多委曲，願從今、婉順依萱壽。倘信我，誓杯酒。

前調 再贈夢醒

埋碧悲萇叟。十年來、風雲變幻，星移物候。掌上明珠原磊落，虎女從來不朽。只身世、飄零非舊。無罪冶長嗟縲紲，問羅鉗、吉網伊誰手。一腔血，總辜負。　朅來我自關心久。費彌縫、調停骨肉，華嚴劫後。兩世交情羣紀重，籍甚泰山北斗。只慚愧、平原絲繡。國士金閨知己感，敢平分、春色狂奴壽。紅燭下，酹杯酒。

前調 題陸丹林紅樹室圖

一笑虬髯叟。記鬐齡、談兵説劍，縱横時候。淒絶鼎湖仙夢醒，瘴海韓孃魂朽。剩圖畫、崔徽依舊。紅樹香山人似玉，促揮毫、更脱羣賢手。簫與筑，總辜負。　逃盟汐社交君久。更頻年、相忘形影，靳驂先後。一老山陰埋骨恨，腹痛橋玄雞斗。仗料理、遺詩錦繡。攬轡澄清吾亦倦，歎英雄、遲暮名山壽。萇叔血，付杯酒。

前調 爲陳霆鋭書『憶香閣』榜，并題此闋

湖海元龍叟。記當年、山頭雙角，量珠時候。郎自雷霆精鋭者，刻骨相思不朽。算妾駕、雷車依舊。底事香君終短命，孕雙麟、難覓回天手。山海誓，總辜負。　綿綿此恨天長久。最傷心、琴亡釵斷，小星沈後。便築層樓留紀念，索我大書如斗。要鐫刻、春痕眉繡。紅袖青衫原一例，趁淋漓、椽筆爲卿壽。九地下，酹樽酒。

前調 贈朱琴女士

吾友朱家叟。喜鸞雛、砌蘭吐豔，揚芬時候。掌上明珠誰第一，憑杖幹才不朽。更學問、能熔新舊。好與支撑家國事，要補天、煉石柔荑手。名父業，期休負。　蘭閨待字葳蕤久。是今年、歲朝春暖，赤繩繫後。荏苒春韶三月暮，物候移星換斗。看無限、前程錦繡。錦帳青廬何日穩，祝雙修、福慧兼多壽。應醉我，合歡酒。

四千年、葫蘆漢史，居然傳後。不信蛾眉心膽怯，一樣肺肝如斗。更一樣、鑄金絲繡。更感臨歧珍重握，證歲寒、交誼南山壽。待重見，賭杯酒。

前調　贈馬景雲女士

已愧仁和叟。喜紅顏、裁詩問字，殷勤時候。風氣能開吾自壯，安用陳言腐朽。更不信、調停新舊。新酒舊囊遊戲耳，笑千言、倚馬屠龍手。衣鉢在，莫輕負。　江湖卅載狂名久。頗思量、金閨國士，替儂傳後。劍氣簫心卿磊落，粵海明珠如斗。便度盡、金針神繡。説法雨花吾舌健，願大書、深刻貞珉壽。倘侑我，一杯酒。

前調　留別仙霏女士

賦別思江叟。太無端、倩魂銷盡，將離時候。百劫餘生家國恨，耿耿心頭不朽。更此夕、情懷非舊。北駕南艤千萬里，奈臨歧、難握柔荑手。珍重約，莫輕負。　論交堪抵三年久。惜匆匆、三旬未滿，盟心太後。豈是文章憎命達，愧贈明珠盈斗。總抛盡、春韶如繡。倘遣歸來無恙在，要心香、一瓣爲君壽。腸已斷，謝杯酒。

前調　贈張瓊女士

蝶夢思莊叟。訝神奇、月丸下墮，誕生時候。騎虎握蛇成隔世，耿耿精魂不朽。喜仙侶、劉樊依舊。白骨如山紅粉健，挽乾坤、倘賴纖纖手。薪膽意，願毋負。　俠遊朱郭成灰久。

前調 悼黃晦聞

太息分寧叟。驀驚心、松凋竹隕，歲寒時候。一慟龔生天年夭，耿耿精靈難朽。剩向笛、淒涼懷舊。絶筆陽秋遺憾在，怎黃書、未續薑齋手。民史約，總辜負。　江湖卅載論交久。鎮難忘、吹簫説劍，王前盧後。龍戰玄黄淪萬劫，世態移星换斗。更莫問、斕斑古繡。憑杖籌安搜佚史，證名場、風誼名山壽。君倘鑒，奠杯酒。

前調 壽向松坡五十

一笑松坡叟。正華年、平頭五十，桃觴祝候。烽火武昌當日事，首義勳名不朽。向黃鶴、樓頭感舊。非種腥羶憑掃蕩，況龍泉、常握書生手。儒與俠，兩無負。　而今革命成功久。總驚心、周旋壇坫，甘居盧後。平虜討倭休夢想，金印空懸如斗。更鐵戟、沈沙斑繡。無限新亭周顗淚，迸一腔、熱血爲君壽。且沈醉，信陵酒。

前調 二月四日，仙霏三十三旬初度。填此爲壽，得兩闋

憂國東山叟。卅年前、明珠掌上，錦綳時候。棟折榱崩何限恨，千古高名不朽。剩曙後、孤星非舊。得婿英雄差足慰，看紅絲、牢繫擎天手。隨唱樂，庶無負。　幾年薪膽生涯久。驀驚心、䲹鸞囚鳳，羣龍戰後。差幸頭顱無恙在，盟誓依然山斗。好赢得、金閨絲繡。忍淚尋歡今日事，祝補天、填海伊人壽。且聽我，醉醇酒。

其二

僕也支離叟。十年來、雄心灰盡，閉門時候。何意相逢憂患際，搗麝成塵難朽。喜翠袖、朱家依舊。鞠育分恩吾豈敢，只熱情、慣握柔荑手。久要誼，忍輕負。　天寒蘿屋漂零久。怪無端、瑶池阿母，雷先電後。俠骨柔腸幾曾見，肝膽輪囷如斗。真值得、鑄金絲繡。婉順嬌雛依膝下，祝長生、好爲慈萱壽。更他日，黄龍酒。

前調　題彭母何太君遺像

號血彭籛叟。痛無端、北堂萱萎，萊衣舞候。不是尋常巾幗嫗，弘血演肝難朽。看磊落、英姿依舊。横杖誓言仇國賊，比補天、煉石媧皇手。遺訓在，莫辜負。　兒郎蘭玉周旋久。記相逢、夷吾江左，新亭泣後。謡諑蛾眉功罪異，我自仰瞻山斗。算值得、平原絲繡。窮島田横苦塊士，有横胸、青史高名壽。歌一闋，奠杯酒。

前調　爲朱其華題洪明達女士紀念册

未老吾先叟。其華呼余爲老太爺。好青年、朱家任俠，酒酣時候。殘魄刀頭餘霸氣，只是綺懷難朽。剩夢裏、蛾眉依舊。戎馬倉皇嬌喘絶，葬香泥、難委兒郎手。同六誓，總輕負。　天涯我亦傷心久。歎秋深、蓉枯桂死，河山劫後。血濺青溪遺蜕渺，熱淚潺潺盈斗。倘碧化、春痕錦繡。一様鐵函沈井史，要大書、深刻苕華壽。如意碎，西臺酒。

更前宵、歸來賭茗，小君拜後。豔絶紅霞燈影暖，春氣潛生室斗。早奴視、珠璣文繡。引鳳何如能跨虎，要掃除、愁病爲君壽。休比例，信陵酒。

前調

一九三五年大除夕維也納舞場賦，於是改歲則行年五十矣

五十居然叟。歎平生、百無一可，知非時候。新學甚深微妙法，粉膩脂香不朽。笑鬱勃、雲情依舊。恒舞酣歌吾輩事，好家居、輕付纖兒手。滿腔血，總辜負。　祝宗祈死頻年久。慚愧殺、吴中名士，少微犯後。入抱温馨憐楚細，難遺横胸星斗。揾紅淚、羅巾痕繡。莫道逢場渾作戲，怕江山、輸與紅顔壽。忍醉我，新亭酒。

前調

其華書來述其女友王覺影事，感賦此闋

同病梅村叟。幾年來、草間偷活，靦顔時候。慚愧鬚髯如戟士，輸與朱顔不朽。剩鐵索、鴛鴦懷舊。酷吏嚴刑三木慘，忍摧殘、軟玉兜綿手。飛血肉，忘毋負。　揮金贖得文姬久。莽無端、貽書決絶，網羅弛後。豈是蛾眉甘薄倖，俠骨崚嶒山斗。肯戀戀、春韶如繡。柴市沙場音耗惡，勝紅樓、佳耦齊眉壽。儘孤憤，付醇酒。

前調

題陳乃乾共讀樓圖

四十堪稱叟。是元龍、高樓百尺，上牀臥候。共讀有人真福分，韻事流傳不朽。算絶勝、添香窠舊。珍籍紛紜奇字秘，校丹鉛、辛苦柔荑手。偕隱約，莫辜負。　詩壇文社相從久。

前調　越風社黄萍蓀集岳鵬舉、于少保、張蒼水、徐伯蓀、秋競雄諸墓攝影，顔曰『湖山正氣』，屬題此闋

柴市文山叟。歌正氣、日星河嶽，炳彪時候。三竺六橋埋碧地，鵬舉英靈不朽。看墓樹、南枝依舊。一代人豪于少保，更捧天、浴日尚書手。好山色，肯輕負。　　硏年胡運沈埋久。撥青天、皖公江上，大酋誅後。剖却心肝付奴革，伯約膽應如斗。更血濺、軒亭春繡。風雨秋家亭子好，祝英雄、兒女無疆壽。圖一幅，奠椒酒。

前調　一民書來，述春航近況，賦寄青島

彈鋏馮驩叟。鎮難忘、東塗西抹，少年時候。辛苦懷芳留小志，期許名山不朽。奈眼底、春韶非舊。寶髻鸞靴零落盡，剩臨池、點染薑芽手。春航學書於越流，曾鬻字海上。偕隱約，總辜負。　　登樓王粲依人久。驀相逢、齋心古廟，雲屏夢後。記前歲青島旅邸相晤事。惜別匆匆如昨日，幾度移星換斗。更幾度、花開櫻繡。多謝殷勤長爪客，報寒梅、無恙伊人壽。還記取，聖湖酒。二十年前，與林秋葉醉酒湖上，春亦在座。

齊天樂　題《柳溪詩徵》，次十眉韻

天魔舞冷湖波緑，金粟珠簾都散。氣節楊袁，文章錢魏，彈指枯棋劫算。逃禪公案。歎駱丞叶仄魂枯，萇弘碧爛。一角漚盟，鐵函心史從頭展。　　硏年鼎鼎詩翰。有草堂瘦沈，風流未遠。遊子輕寒，女郎薄病，襟上淚痕休滿。分南煙水。奈弔古傷今，黄壚謝館。垂

老英雄，江山愁畹晚。

鷓鴣天 次韻和希伏

萬里神皋漭瀁中。好憑赤手振雄風。書生報國謀猷壯，娘子成軍戰伐工。懶膏沐，任飛蓬。貪傳捷訊到簾櫳。揮戈會見鯨鯢剪，翾國寧堪梟獍容。

其二

漫爲家山念墜歡。龍蟠虎踞舊峯巒。請纓已見同仇奮，囊矢終期奏凱還。宵夢好，應開顏。中原狐鼠盡除殲。元戎號令看宗澤，飛將旌旗識曲端。

以上《磨劍室詞三集》（一九三四—一九三九年）

酹江月 九月二十四日爲舊中秋節，羽儀、佛西、雁冰諸子邀集牯牛嶺步月，旋泛舟江上，歸成此解

年年今夜，問姮娥何事，敞開宮闕。俊侶招邀成勝會，惜少瑶尊浮白。筇杖登山，蘭橈嬉水，共此團欒月。相思江上，生憎鏡裏華髮。　無那東望秦淮，北瞻遼水，顧影成凄咽。名士新亭餘涕淚，慚愧劉鞭祖楫。烏鵲南飛，旌旄西駐，待補金甌缺。瓊樓玉宇，人間天上愁絶。

浣溪紗 十月二十八日偕佩宜、無垢、光遼、寶珣、雁冰、德沚、佛西、仲寅、琴可、綺雯、小涵、克夫泛舟遊陽朔，翌日乘汽車返，記事得兩闋

勝侶招邀泛夜艭。亂山重疊水奔瀧。櫓聲摇夢過灕江。　並枕聯茵人似鯽，疏星缺月野無龐。幾家鴛侶總成雙。

其二

美酒葡萄比血濃。樽前倦眼劇惺松。峭寒江上五更風。　篷背去看山曲曲，車塵歸惜路匆匆。蹉跎未上碧蓮峯。

前調

見芙蓉一枝，忽有所感，漫拈是解

絶代名花字拒霜。秋江冷豔斷人腸。龍蟠虎踞奈滄桑。　劍底模糊萇叔血，燈前嫵媚麗華妝。人間天上太凄涼。

前調

二月二九日爲舊元宵節，佛西屬題羽儀所繪守歲圖，次壽昌韻

漫擬靈均賦卜居。窮冬風雪是三餘。陰符慚愧舊兵書。　燭影生憎慳翠袖，狸眠還與顫黄鬚。春雷爆竹可相如。

滿江紅

題瘦石繪延平王海師大舉規復留都圖，用岳忠武韻。四月一日作

三百年來，溯遺恨、到今未歇。真國士、延平賜姓，鏖兵戰烈。組練晨翻南澳水，艨艟夜酹秦淮月。奈棋差、一子局全輸，攻心切。　甘煇恥，未湔雪。蒼水計，成灰滅。憤醜夷狡獪，長圍潰缺。龍馭難歸滇緬轡，鯨波還喋臺澎血。看白虹、貫日畫圖中，排雲闕。

八聲甘州

追悼亡友林庚白先烈，次李任潮將軍韻，依吾家耆卿體。六月八日作

溯髫齡篝火倡亡秦，陳吴漫同論。恁魯連未老，圍城玉貌，蠖屈慳伸。黯淡白龍魚服，空遺熱腸殷。黄鳥殲良痛，誰贖斯人。　未了三生幽怨，悵顧榮揮扇，蛾賊難奔。豈桓魋石

椁，馬革裹埃塵。待他年、鶴歸華表，傍宋臺、勒石表成仁。遺書在、壯山河氣，不死精神。

金縷曲

六月三十日，送季寧復偕其表姊鄭蘇蘘女士入滇

又送君行矣。莽天涯、相逢幾度，離愁奚似。厚重虛懷當世少，豈但畫師而已。待料理、名山心事。何況皕年文獻舊，算慈湖、還是吾鄉里。漂泊恨，有如此。 羨君中表才清麗。定行程、錦囊收拾，黔雲滇樹。我亦杜陵兄妹好，不愧離騷名士。最愛汝、傳神卷子。駿夢美人留粉本，絜心期、莫負蛾眉意。息壤在，誓江水。

浣溪紗

七月四日作

籬畔蕉花豔幾叢。青山排闥入簾櫳。盤飧款我感心胸。 只惜蠅營憎客意，更憐雷動勒歸踪。傷心負盡荔枝紅。

其二

冒雨衝泥入市來。過江名士苦追陪。愆期未忍怨蛾眉。 空對彩箋籠壁句，何曾醇酒醉霞杯。歸途腸共轂輪迴。

齊天樂

七月二十一日爲北麗女弟二十八歲初度，填此奉祝

壽君初度應觴我，高樓綺筵還肯。龍女風神，天仙智慧，影事滄桑休問。春韶鼎盛。算不是人間，等閒脂粉。攫月拏雲，平生奇俠待重整。 南荒憔悴萍梗。麗獅巖畔路，無限幽恨。血面朝天，虬髯橫海，難遣老夫心病。營巢倘穩。滌瘴雨蠻煙，好憑酒陣。慚愧填詞，

江淹才已盡。

前調　七月二十一日爲北麗二十九歲初度，余客臨賀之八步，北麗乃在昭州，相去百餘里，不獲一醉，詞以遥寄

匆匆初度成今日，重逢異方那肯。脱手驪珠，填胸龍劍，絶塞天高難問。栖皇正盛。悵泊鳳漂鸞，膩脂融粉。咫尺昭州，陰符丸蠟未堪整。　華年心緒殘梗。石頭城下夢，蒼涼綺恨。萬里投荒，三生結契，未療釵愁鬢病。旅懷漸穩。又鼙鼓湘江，烽烟倭陣。珍重春韶，風雲緣豈盡。

浣溪紗　八月十五日，女弟子王浣霞招飲八步之滄海樓有作。時余病腦，廢詩已半月矣

忍遣蛾眉有怨辭。枉拋心力費猜疑。哦詩才盡剩填詞。　月落休教牛女替，酒悲倘許信陵知。漫漫長夜夜何其。

以上《劍頭詞》（一九四二—一九四四年）

齊天樂　六月十四日，余在渝州之津南村，北麗來訪，言將有滇池之行，賦此爲别

相思江畔輕分手，桑田命留還肯。惱亂柔腸，零星影事，絶豔驚才休問。興亡衰盛。看西北關河，東南金粉。幾度匆匆，巴山心緒奈慵整。　萍踪土偶桃梗。送君滇海去，多少離恨。鵬翼摩天，鴻泥印爪，好慰無端愁病。眠餐安穩。許他日重逢，名場酒陣。蠟炬蠶絲，纏綿渾未盡。

其二

合歡花底長生祝，行程欲淹寧肯。去歲昭州，

前年桂嶺，襟上酒痕慵問。年華正盛。有劍底風雲，鏡中脂粉。三十平頭，名山絶業倘堪整。　漂零漫怨萍梗。翠湖飛去好，未應有恨。壯士戈揮，美人虹起，不信工愁善病。月圓花穩。倘奏凱東歸，鐃歌破陣。國士金閨，相憐情豈盡。

鷓鴣天　次韻和北麗

咳唾珠璣謝好風。微波欲托轉朦朧。天涯芳草無情碧，牆角榴花着意紅。　銀蠟燼，玉犀通。伯勞飛燕悵西東。鯤鵬變化疇能測，未必重逢便夢中。

浣溪紗　賀高謫生、曾敏書結婚。七月一日作

一紙音書喜欲狂。高郎今遣伴曾娘。鴛鴦翡翠自成行。　香島年時思縱酒，巴山此日賦催妝。畫眉雙管盡堂皇。

滿江紅　借李樹青韻。十月十日作

慷慨悲歌，何處問、門前雙戟。疇肯信、温郎第二，王敦第一。如海人才皆令僕，五侯七貴三千石。看諂臣、媚子壞家居，真堪惜。　楚弓失，楚人得。秦鹿走，秦人覓。要補天填海，誓追曩昔。推枕裴倫名已噪，登壇韓信人誰識。更巍巍、銅像聳雲霄，千腰折。

沁園春　次韻和毛潤之初到陝北看大雪之作，不能盡如原意也

廿載重逢，一闋新詞，意共雲飄。嘆青梅酒滯，余懷惘惘，黄河流濁，舉世滔滔。鄰笛山陽，伯仁由我，拔劍難平魂壘高。傷心甚，哭無雙國士，絶代妖嬈。　才華信美多嬌。看

千古、詞人共折腰。算黄州太守，猶輸氣概，稼軒居士，只解牢騷。更笑胡兒，納蘭容若，豔想穠情着意雕。君與我，要上天下地，把握今朝。

浣溪紗

賀孝感毛振華、黄陂張冠珍結婚。十月二十八日作

孝感黄陂結合良。張娘今夕嫁毛郎。算珠倘勝左輪槍。冠珍畢業於立信會計專科學校，振華則抗戰軍興時曾投筆從戎。　囊底金錐先脱穎，帳前紅拂尚催妝。好教平視一端詳。

其二

中共同盟主席雙。良緣恰好締雙江。迢遥華胄盡堂皇。中共主席毛潤之、同盟主席張表方與新郎、新娘姓氏恰合。　天遣老夫來作合，余任證婚。地圖

酒陣儼成行。于飛五世祝其昌。

沁園春

再用『飄』字韻爲易君左賦，小兒無禮固當迭吡也。十二月七日作

大好神州，國父云亡，道統蓬飄。痛惠陽不禄，天乎憒憒，湘江崛起，誓挽滔滔。誰是黄巢，誰爲白起，青史他年月旦高。支離甚，笑龍陽餘孽，九尾妖嬈。　美新詞筆徒嬌。向楚國、章華學細腰。記懷寧按拍，曾傳十錯，子雲投閣，空反離騷。謡諑蛾眉，評量螓首，花面丫頭任飾雕。誰憐惜，只赭衣傅粉，坐待明朝。

前調

三用『飄』字韻，以斥妄人之爲李世民、趙匡胤張目者

邈矣嬴州，仙李花淫，夾馬旗飄。歎巢妃侍

寢，魄聲藉藉，燕山不復，禍水滔滔。一代人皇，千秋民賊，褒貶休嫌史筆高。君知否，聽唐龜宋涕，諺語姣嬈。『唐烏龜，宋鼻涕』，吾鄉諺語也。崇拜帝皇者，可以休矣。詞場我豈妖嬌。從不向、王門折舞腰。要巴人下里，代言氓庶，引商刻羽，踵武風騷。牧野鷹揚，維師尚父，忍見殷辛朝涉雕。指昆明『一二一』大屠殺案。憐鼠輩，似蜉蝣撼樹，那有明朝。

以上《巴山集》（一九四五年）

浣溪紗

十月三日之夕，於懷仁堂觀西南各民族文工團、新疆文工團、吉林省延邊文工團、內蒙文工團聯合演出歌舞晚會。毛主席命填是闋，用紀大團結之盛況云爾

火樹銀花不夜天。弟兄姊妹舞翩躚。歌聲唱徹月兒圓。新疆哈薩克族民間歌舞有『圓月』一歌云。不是一人能領導，那容百族共駢闐。良宵盛會喜空前。

前調

中央戲劇學院舞蹈團演出《和平鴿》舞劇，歐陽予倩編劇，戴愛蓮女士導演兼飾主角。四夕五夕，連續在懷仁堂奏技。再成短調，欣賞贊美之不盡矣

白鴿連翩奮舞前。工農大衆力無邊。推翻原子更金圓。戰販集團仇美帝，和平堡壘擁蘇聯。天安門上萬紅妍。

前調

疊韻呈毛主席

落魄書生戴二天。每吟佳句舞翩躚。願花長好月長圓。平等自由成合作，匈奴南詔更于闐。驊騮開道着鞭前。

前調　題趙少華女弟畫。十二月四日

革命功成別一天。秧歌隊隊舞翩躚。歌聲響徹鼓腰圓。　翠袖紅衫都美好，裹頭蜷髮共駢闐。畫師背景喜空前。

前調　次韻和雲渠，兼以志別。十二月十日

又是殘冬送別天。門前狂柳不翩躚。一家眷屬喜團圓。　萬里壯遊年尚少，羡君曾到古于闐。而今鷗夢溯從前。

其二

相見匆匆漫怨天。刑天舞戚尚翩躚。老夫心事那能圓。　且喜婿鄉尋綺跡，渝州士女或駢闐。識荆説項兩空前。時將爲作介於張曙時、但怒剛二老云。

以上附《北長集》（一九五〇年）

滿江紅　自題《中國滅亡小史》

遍地羶腥，何處是、唐宫漢闕。歎底事、自由空氣，無端銷歇。秋草黄埋亡國恨，夕陽紅染傷心血。倩巫陽、招得國殤魂，腸千結。　華夷界，疇分析。奴隸痛，空悲戚。問何時喚起，中原豪傑。鐵騎憑誰馳朔漠，銅駝見汝棲荆棘。看鏡中、如此好頭顱，拚先擲。

念奴嬌　遊杭、蘇歸來　自杭至蘇，由蘇返滬。晤去病、勉后、天梅諸人，知於數日前亦曾偕遊吴門，並得謁張公國維祠。蘇之有張祠，余初未知也，填此志感

西湖遊遍，看祠堂歷歷，曾彭左李。南麓獨尋蒼水墓，大抵無人來此。古木含愁，殘山不語，俎豆全荒矣。兩回憑弔，乙巳四月曾謁蒼水墓。痛哭斜陽裏。乃前日杭遊時所感。　誰信一掬椒

漿，闔閭城外，廟奉東陽祀。一樣提兵期滅虜，公與蒼水同時舉義。未許腥羶忘薦。故國魂香，孤臣血碧，種性終難免。緣慳展拜，令我淒然無已。

沁園春　疊韻贈中共代表團一闋

風馬雲車，從天而降，赤旗怒飄。喜延京高矚，群才濟濟，嘉陵俯瞰，濁浪滔滔。天上星辰，人間麟鳳，玄圃昆侖無此高。和平使，叱金釵十二，一例妖嬈。　皇華妙選多嬌。誠黔首、蒼生肯折腰。看炎黄苗裔，豆萁慘淡，金湯城郭，風雨刁騷。民治評量，政權聯合，美璞精鏐共琢雕。塗山會，笑防風後至，載骨明朝。

前調　爲延京交際處補壁。一九四五年十二月二十九日作於渝州

故態狂奴，親炙中山，私淑列寧。看龍蟠虎踞，曾輸小醜，鐮刀鐵斧，穩護名城。盛矣蘇聯，哀哉中國，榮悴荆花舊弟兄。天心詎，歎吾謀不用，挾策無成。　廿年影事心縈。奈遺教、沈淪晦日星。仗吴江繼起，老夫未死，湘潭同調，余季難能。延水西流，長江東去，戮力神州幾俊英。金陵道，約春來並轡，共迓光明。

以上《磨劍室詞》

浣溪沙　仲元索句

生小才華氣吐虹。萍踪漂泊慣西東。扶餘島畔喜相逢。　百級唐梯勞響屧，幾回馳道共扶筇。布袍纖手替親縫。

以上《補編》（一九〇二—一九五一年）

俞平伯

南柯子　和清真

小扇團團雪，輕羅剪剪冰。偶循闌曲聽蛩聲。恰訝一枝凄艷、付閒庭。　索笑脂餳泫，低眸粉淚清。幽姿何意媚宵行。宛轉因風屧響、逗流螢。

浪淘沙　和後主

秋雨聽潺潺。葉子珊珊。爐烟不煖客心寒。約略春歸纔幾日，如夢悲歡。　翠袖倚危闌。遲莫江山。鱗遊無翼去原難。擬把魚書憑雁足，寥落雲間。

齊天樂　殘燈

沉沉寒雨如年夜，西牕祇餘悽哽。漸減清暉，頻移永漏，自惜伶俜孤影。瞢騰夢醒。已金粟垂花，玉荷生暝。幾許蘭膏，爲誰辛苦鎮長炯。　華堂歡宴乍歇，背人深擁髻，嬌倩曾凭。未駐春嬉，唯憐歲晚，咫尺天涯愁凝。憑伊管領。點無際昏茫，一星猶迥。竚立遥天，曉風簾外冷。

霜花腴　尚湖泛舟

稻塍徑窄，耐淺寒，低鬟屢整羅裳。風嬾波沈，櫓稀人淡，深秋共倚斜陽。暮山静妝。對鏡奩、還暈丹黄。溯來時、翠柏陰多，故家喬木感凄涼。　誰醒泛秋輕夢，近荒城一角，夜色茫茫。邀醉清燈，留英殘菊，連宵倦客幽愡。舊遊可傷。縱再來、休管滄桒。更西湖、倩影蘭橈，那堪思故鄉。

換巢鸞鳳 《燕知艸》題詞，和梅溪

南國鬧嬌。歎嬉恬夢淺，漸遠虹橋。『指點跨虹橋畔路，波光如鏡柳如烟』，乃《慧福樓幸草·俞樓落成》詩也。好風偏鬢影，暗陌咽錫簫。微陽春盡去牆腰。露桃擁鬟，池臺語銷。黃昏懶，試靜睡、夜燈留照。　山悄。波渺渺。襟上酒痕，前事空懷抱。記否來時，不如歸矣，淒怨天涯芳草。憔悴行吟迫中年，杜鵑啼罷殘英老。湖烟深，謾回頭、寂對霜曉。

浣溪沙 和夢窻

坊陌泥侵未出遊。夕陰如水罨閒愁。卻憐殘醉共藏鉤。　袖角燕支沈絮語，燈前蟬鬢競花羞。涼宵春淺誤清秋。

前調 立春日喜晴

昨夜風恬夢不驚。今朝初日上簾旌。半庭殘雪映微明。　漸覺敝裘堪煖客，卻看寒鳥又呼晴。匆匆春意隔年生。

菩薩蠻 成夢中句

匆匆梳裹匆匆洗。迴廊半霎迴眸裡。燈火畫堂雲。隔簾芳酒温。　沈冥西去月。不見花飛雪。風露濕閒階。知誰尋燕釵。

蝶戀花

望眼連天愁雪擁。身到天涯，翻把三春送。閒道同衾還隔夢。世間只有情難懂。　鈿合香囊何處冢。一曲錫簫，誰見雙飛鳳。效得微情酬密寵。空懷也被明珠哄。

前調 聞寅恪言，今歲太液池及公園荷花均盛於往年。余惜未往觀。新秋初三日，始偕瑩環至公園。今年六月逢閏，秋涼較早，偶裴回臨水，同賞一退紅蓮。秋晚岑寂，翠葉成羣，孤芳在眼，謂有遺世之心，遲莫之感焉。昔白石翁好作詞序，余所作，視翁何如，而亦有爲序之舉，彌可哂矣

睡起殘脂慵未洗。却憶斜陽，小立明秋水。憔悴心憐花嫵媚。好花可管人蕉萃。今日初三眉月細。已見西風，葉葉搖波翠。明日重來看汝否。沈吟對汝都無計。

蘇幙遮 新月

碧天沈，紅日麗。銀樣鐮彎，時樣眉彎翠。終古問誰猜此謎。纔捲簾衣，一剪西方媚。未輝光，先旖旎。青姊遲來，我侑長星醉。秋永塵寰添一例。約袖盈盈，不拜團圓你。

玲瓏四犯 坐公園古柏下，斜日高樹，一片明瑟。情異兒時，憮然成咏

支拄晴空，澹樹色輕颸，金翠零亂。颯合蕭森，如畫冷紅愁顫。枯坐念我無憀，共舊迹、舊情都換。倚莫天、約畧年時，深巷夕曛還煖。貨郎挑擔迎門看。叩圓鉦、賣糖聲軟。燈前怕讀歐陽賦，淒絕垂髫心遠。塵夢有憶溫馨，乳燕春來頻見。怎鳳城秋早，歸思迴，難排遣。

菩薩蠻

好天良夜秋如水。明鐙一覺黃昏睡。睡醒見伊麼。更深夢也多。夜天都是雪。零亂成雙蜨。閒院午陰遲。衾寒許枕知。

其二

凭肩幾處同油壁。閒循荒沼低鬟立。風起又花殘。空憐玉臂寒。　開年花事好。馳陌遊驄早。誰見復來時。緑陰紅滿枝。

其三

今宵好向郎邊去。後主句。阿誰認得迷離路。飛去又飛還。山前仍有山。　歸來殘睡冷。羅帳孤燈暝。雅雀噪簾東。明眸一線紅。

紅羅襖　聞柝

暝雀尋巢後，荒塋動更時。縱莫雨來初，伊誰同聽，夜天明處，催迫知悲。　也難語、心事寒饑。空枝伴得烏啼。一霎在前谿。喚斷夢、又去苑牆西。

浣谿沙　和清真

一樹梨花雪四垂。三分春色占萍池。幾回玉蝶撲簾兒。　惘惘停眸誰愛惜，匆匆閒憶總成悲。燈前重理砑羅衣。

前調　和夢窗

莫把歸遲訴斷鴻。故園即在小橋東。暮天迴合已重重。　疲馬生塵寒日裡，烏篷扳櫓月明中。又拚殘歲付春風。

其二

疏艷江梅雪幾枝。昏暝籬角一燈時。迴鐙宜見玉嬌姿。　翠翼不辭珊枕膩，殉情無縫繡簾垂。西來檀粉爲伊施。

其三

盡日樓居不見春。也無巢燕語梁塵。簾衣如

水絮如雲。　電炬飛光堪永晝，通宵鼓笛不眠人。梨花深巷夢黄昏。

其四

一自當年嫁小喬。樓頭悲恨已烟銷。重逢如見盡無聊。　斜日烁深聞炒栗，城荒春煖换餳簫。閒庭花溼晚枝嬌。

其五

短燭熒熒悄未收。清真句。重簾微月下銀鈎。傷春何意亦悲秋。　新刺香囊憐叩叩，舊抛羅帕已休休。寒欺零露夜凝愁。

其六

紺碧雲衣動玉樓。凭肩絮語甚消愁。前宵蓬海試氷遊。　紅燭酣春曾幾日，迎涼星火漸西流。藕花風冷餞殘秋。

其七

終歲凝塵掩曲房。闌干時霎月昏黄。飄來桂子不聞香。　惻惻玉蟾愁子夜，沈沈銀兔隔西牕。吴僊頭白羿妻孀。殘月。

蝶戀花　和稼軒

紅燭摴蒲争賭勝。明歲明朝，春上吴鹽鬢。雲水閒悰聊一省。卅年京國桒田恨。　去日若多其可問。稚子喧喧，便覺中年近。風雨艷陽初不定。花間燕子來何準。

浣谿沙　和清真

留得蘭薰衣袂香。燕支一匊水微涼。雀釵飛動髩邊光。　柳眼青多鶯漸懶，今年春艸又池塘。深深淺淺燕思量。

你知麼，回家我也從頭説。

思越人

三十年來事已陳。口脂眉畫各如塵。從知躞蹀街頭步，亦是明珠掌上身。看翠袖，對紅裠。舊情疑假又疑真。隣家小女無相識，却説姆嬷打扮新。

雙調望江南

西湖憶，第一憶湖堧。孤嶼晴開樓閣艷，南屏翠合磬鐘寒。紅上玉闌舩。清鏡裏，何地着從前。春水不知烌鬢薄，家山且傍故人看。如夢也原難。

其二

西湖憶，二憶憶山家。泉水新沾柴火氣，毳塵

菩薩蠻 清華園早春

橋頭盡日經行地。橋前便是東流水。初日翠連漪。溶溶去不回。春來依舊矣。春去知何似。花草總芳菲。空枝聞鳥啼。

蜨戀花

一角筠簾遲日麗。虚室含暄，最得芳蘭媚。淺抹濃粧都不喜。紋漪時復平春水。梅萼桃華君記否。開到薔薇，還與荼蘼醉。瑟瑟墻根風又起。釵鈿微側寒烟翠。

踏莎行 辛未七夕寄環

天上初逢，人間乍別。這遭又負新秋節。有心聚散做新愁，中庭瓜果爲虚設。却憶殘荷，應憐殘月。無眠不愛蛩聲切。離家情味

初上味還差。開盞看春芽。　明前細，可比雨前佳。龍井獅峯名色好，不如來啜本山茶。幾碗夕陽斜。

其三

西湖憶，三憶酒邊鷗。樓上酒招堤上柳，柳絲風約水明樓。風緊柳花稠。　魚羹美，佳話昔年留。潑醋烹鮮全帶冰，冰，魚生，讀去聲。乳尊新翠不須油。芳指動纖柔。

思越人

生小姑蘇郡廟前。阿耶嬌寵阿娘憐。一從嫁與胡兒後，回首家山路幾千。　金釧臂，玉釵鈿。新來不比舊時姸。荒園自鎖苔痕裡，秋蜨寒花也惘然。

浣溪沙

夜久誰來款綺寮。空庭漸有屐聲高。黑貂裘上雪鵝毛。　乍握豐荑歡意淺，重逢櫻顆旅情驕。傾殘銀蠟淚花飄。

以上《古槐書屋詞》卷一

前調

大漠孤懸落日黃。哀嘶征馬未收繮。垂楊風裏轆轤忙。　何事歸人迎蜜炬，誰家游女伴歡郎。閒眠滋味一思量。

祝英臺近　一九二零年三月廿二日，紅海舟中

怒濤狂，眉月俏。孤客緜緜道。東去遥雲，可傍鬢邊照。憐他繡倦宵清，爐熏夢遠，渾不識、歸來恁早。　逐征棹。去來三度相隨，應被姮娥惱。底事悤悤，幽恨漫縈繞。未妨鸞

鶴心期，都和浪咽，索换取、鏡中人笑。

浣溪沙 一九二三年十月八日，紐約城作

颯颯西風夜已涼。燈清人也倦思量。薄帷如紙月如霜。　爲盼歸鴻舒淚眼，飄然黄葉滿江鄉。遥知此夕共茫茫。

以上《古槐書屋詞》卷一補遺

南樓令 家大人命次閏枝丈韵

寒葉墮緣階。閒闈撩亂懷。盼南天、雁不飛回。何處迷津能止楫，有故國、夕陽哀。　無主好樓臺，嵯峨出異才。舊紅牆、衹燕曾來。聞道秦淮瑶殿影，也羞見、月華開。

望江南

茶時分，風弄晚枝愁。青眼思眠渾似柳，黄花多瘁却宜秋。何計是淹留。

搗練子令 遯圃倩環爲繪扇面，並屬我題詞

波遠水，起涼風。寥戾秋聞碪杵中。人去玉關音信減，月明還覺九州同。

其二

桐月影，散如錢。蜀錦芙蓉罨碧烟。其奈秋心都未識，授衣欣得晚晴天。

鷓鴣天 蕭跡園成都書來，卻寄

一别香車舊寵寒。早教清鏡誤紅顔。和烟花雨鵑啼重，蘸水樓陰蜨夢殘。　春樹裏，幾關山。東風淒急尚凭闌。新詞萬里橋邊寄，待拆封題還細看。

前調

莫問林居果否安。新紅櫻顆燕含殘。鶴邊城郭歸猶易，雁底關河會總難。　除夢裏，會貪歡。不然何用念家山。電車一過長街暗，又照譙門罨畫間。謂齊化門也。兩句有改稿，而先友朱君以爲不如原稿，故仍之。

前調

林社殘春勝往時。宮鸚憔瘦洛花肥。漫空倦羽如塵散，又逐河干雪亂飛。　烟柳恨，絮萍知。籠紗飄影悵歸遲。凝粧露浥啼珠艶，却許胡沙盡夜吹。

前調

題許潛庵曲會册子

弦索傳頭失頓仁。謂北曲遺音。郵亭新調冷秋雯。崑腔別派。獨教粱魏風流遠，歌咏承平四百春。　稀舊賞，淡芳尊。藕絲孔裏息閒身。落梅吹徹寒銷未，紅藥花時又訪君。

風入松

高城不見暮天長。風景愛歸航。芳春幾許隋堤柳，問何年、踠地成行。水驛叢蘆含暝，漁村燈火昏黃。　重移攙玉勸檀郎。何惜是離觴。臨流撩亂烟鬟影，縱攀條、難贈紅妝。別有滄波丸月，占他漚鷺悠颺。

祝英臺近

倦流塵，愁暮雪，蟬鬢添憔悴。邂逅芳馨，還約明朝醉。依前柔素分柑，春紅映酒，都不似、那時情味。　寂寥意。從教竹馬嬉遊，承平夢兒裏。巷陌人家，飛燕夕陽媚。獨憐一點燈青，垂髫曾共，却照影、淒然無睡。

沁園春

無奈聞歌，銷湖海氣，爇女兒香。嘆殘脂涴袂，閒愁脈脈，重雲伸眼，此夕茫茫。海國乘槎，山城緤騎，十載歸來鬢有霜。臨歧路，憶牽衣挽手，多少悽惶。　千言倚馬文章。待掩却、蓬門亦自傷。漸梨窓紅暗，秋孤蜂蜨，榆錢緑碎，春駐鴛鴦。淡抹人宜，穠姿獨看，絶倒蘭閨姊妹行。新來意，有明燈語笑，十醉何妨。

前調

蘭艇人歸，香衣蜨認，沁園都荒。減飛英飛絮，閒中哀怨，聽風聽水，客裏年光。四月遲鸎，六橋殘柳，雁寫霞天字幾行。　垂髫事，倩蘭瓊仙侶，細與評量。　空教憔悴姬姜。裛如水、沉陰惜畫裳。已春深寒戀，熏爐薄酒，還須永夕，休恁悤忙。　乳燕呢喃，待成新壘，晚覺投瓊笑語狂。歸來夜，纈倦眸街火，和雪微茫。乙巳歲，耐圃以崑腔譜之。

浣谿沙

煙水湖船舊愛稀。軟紅行跡亦全非。隨人歌舞樂難違。　豈必游驂臨曲陌，何須新燕惜馳暉。歸來贏得露沾衣。

臨江仙　偶感五倫事，戲筆

九世同居須百忍，而今誰會倫常。蒲關愛妾殉癡張。爲臣全大義，黎庶亦偕亡。　今古完人多少，空餘煙墨茫茫。通財交友豈非良。牛衣空對泣，富貴莫相忘。

蝶戀花　東華醉歸

驪陌塵悰如夢寐。秋葉春萍，聚散真無據。麥酒盈尊容易醉。酒紅争减人勞瘁。　莫漫愁妝時勢異。短服袀青，換却羅衣翠。盼得歸來惟兀睡。海槐花落炎風裏。

鷓鴣天

穀雨前聞翦牡丹。新花摇露翠衣單。風標姚魏都非舊，東第園林夕映殘。　追勝會，已闌珊。與誰長笛醉朱顔。孳萍泊絮隨緣去，駝褐争禁四月寒。

前調

明鏡爲緣貯好春。亦緣春恨見眉顰。年光何似西流水，風月皆爲陌上塵。　思俊侣，感前因。落紅如海亂愁新。漁郎歸後無相識，贏得仙源夢裏身。庚寅年，先君評曰：雖用孰典，頗有新意。蓋最後之談詩也。

前調

草緑裙腰惜遠春。羅衣香沁玉闌塵。丹青無减初來見，詩酒徒增老大身。　閒筆墨，總堪焚。花飛猶不記前因。茫茫春水流紅去，漫説天涯若比鄰。此篇後依照崑腔製譜。

前調

業力先牽願力孱。敢將疏隽犯紅顔。飄淪何事塵泥辨，喧寂無非醒夢間。　思電笑，勝名山。途窮奔馭可知還。無端多少閒言語，誤了顰眸一晌看。

前調

一夢徐回午晌纔。紛呈六趣不離貪。娑婆愛欲諸天笑，惡發修羅餓鬼饞。　無隻語，稱芳緘，抽思何緒甚枯蠶。步兵沈醉鄰家酒，中散平生七不堪。

前調

悵望飛雲隘九垓。彌天文網出燕臺。蠅營蟻慕貪夫業，孤雁眠羊買命財。　須坦白，莫遲挨。織成鴛錦待伊猜。閒茶浪酒都知罪，長袖今宜罷舞來。

前調　一九五二年冬至前一日，京寓曲集

鴛水流風跡既陳。吴歈儔侶散如雲。城東鷗寄三椽屋，無恙兵戈歷歲春。　兼北語，幾南人。朋簪際合豈無因。玉量珠轉渾閒事，記取聞歌醉耳新。

蝶戀花　乙未四月初四日，倚裝贈内

今日東城閒趁步。明日勞人，又向天涯去。陋巷蝸居頻爾汝。廿年不到江南路。　燈側離衷聊共語。料理征衫，細檢還愁誤。小別應憐湖上旅。與誰同聽瀟瀟雨。昔在杭垣，君有聽雨之句。

鷓鴣天　杭縣康家橋舟中作

學作新詩句未平。卧聽柔艣汩波聲。軟紅塵土成遥想，新緑畦塍快遠情。　收麥穗，插秧針。早中遲稻待秋登。不須明日愁泥足，却爲田家問雨晴。

前調　丙申五月朔，北上津浦車中

逗得雙雛笑口開。燈前應共旅程猜。誰知愛夜無眠客，驀過淮南電雨來。　欣爾至，慨余懷。江鄉烟翠畫亭臺。欲尋舊夢迷前跡，惜未還將汝母偕。書示潤兒。

臨江仙　康同璧夫人約曲社諸君，於其何家口㢘羅園觀太平花，賦《木蘭花慢》示客，答賦此解

繞屋繁英霏雪，清香淑景時和。人宜擊壤太平歌。雛娃舒絳袖，霜鬢興婆娑。　薇浣新詞漱玉，休嗟歲月摩訶。原詞中語。好花應喜客來過。鶯桃紅豆似，秉燭夜游麼。清真《大酺》詞意。

前調　咏《紅樓夢》

惆悵西堂人遠，仙家白玉樓成。可憐殘墨意縱横。茜紗銷粉淚，緑樹問啼鶯。　多少金迷紙醉，真堪石破天驚。休言誰創與誰承。傳心先後覺，説夢古今情。

清平樂　咏《牡丹亭》

春歸何速。好夢迷離續。一片飛花紅影逐。還要阿娘叮囑。　荒臺池館沈沈。獨憐梅樹情深。記壓黄金鈿匾，不知甚處相尋。

鷓鴣天

以下自豫歸京後作

眼底滄桑寄此身。飄零文字水萍因。佇看雛翼飛騰速，喜及桑榆覩性真。　曾一載，住農村。歸來猶擬問漁津。易求蝦菜居鄰集，收得家書驛近人。

望江南　和耐圃

蘇州好，水調舊家鄉。祇愛清歌諧笛韵，未諳紅粉遞登場。爨弄興偏長。

浣溪沙　并序

一九七三癸丑仲秋廿六日，夢中得詞半首，不知其意，不能續也。至丙辰七月初二日晨，唐山大地震波及京津。初五，枕上忽憶前句『京東二百里餘赊』者，豈即豐南、唐山之謂歟！遂續成之。末韵借用成句，『增』『減』指户籍。生靈何業，并命於一朝；囈夢何心，先興於兩載。如斯浩刦，迥絶言詮矣。

雨裏宵燈暈彩霞。當時一去又天涯。京東二百里餘赊。拾得未明何所謂，尋來如夢或非差。算增算減總由他。

臨江仙

周甲良辰虚度，一年容易秋冬。休誇時世若爲容。新妝傳衛裏，裙樣出唐宫。任爾追蹤雉墍，終歸啜泣途窮。能誅褒妲是英雄。生花南史筆，愧煞北門公。

浣溪沙　黄君坦兄屬題天風海濤樓圖

思昔吟尊伴老坡。丁丑春，令兄公渚曾於斯招飲。東櫻咲處客來過。揚塵知不近行窩。九點烟螺真到海，千重風浪勝觀河。小樓入畫未蹉跎。

鷓鴣天　壬子人日作，越六載，戊午冬至前五日續成之

紅燭撑蒲跡已陳。縱無花勝也宜春。常言北國多風雪，不道西來有美人。携俊侍，過東

瀛。頎頎碩女進中庭。四門乍闢金鷄叫，日照南榮已大昕。

臨江仙

誰惜斷紋焦尾，高山流水人琹。禪心無那似詩心。蜻蜓纔點水，飛絮漫留萍。　多少深閨幽怨，情天幻境娥英。知從羅綺悟無生。蘅瀟相假借，兼美亦虚名。

以上《古槐書屋詞》卷二（含一九四九年後詞）

以上《古槐書屋詞》

憶江南　四首

江南好，長憶在西湖。雲際遥青多擁髻，堤頭膩緑每皴螺。葉艇蘸晴波。

其二

江南好，長憶在山塘。遲日烘晴花市鬧，鄰灘打水女砧忙。鈴塔動微陽。

其三

江南好，長憶在吴城。門户窺人鶯燕懶，日斜深巷賣餳聲。吹徹杏花明。

其四

江南好，長憶在吾鄉。魚浪烏篷春撥網，蟹田紅稻夜鳴榔。人語鬧宵航。一九一八年在北京作。

臨江仙　記六年夏在天津養疴事

夢醒簟紋在臂，倦聞簾押丁東。借君短榻病惺忪。榴紅裙衩小，荷翠鬢雲鬆。　回眄當年香壘，原來祗恁悤悤。天涯是處有秋風。身如黄葉子，霜雪會憐儂。一九二二年十月十二日在紐約改寫舊作。

浪淘沙令

開國古幽燕。佳景空前。紅燈絳幟影蹁躚。億兆人民同仰看，圓月新年。　回首井崗山。革命艱難。海東殘寇尚冥頑。大陸春生歐亞共，晴雪新年。一九五零年元日作。

以上《俞平伯詩全編·集外詞》

玉樓春　和清真韻寄環

花花草草隨人住。形影相依無定處。江南人打渡頭橈，海上客歸雲際路。　消愁細把愁重數。執手正當三月暮。今朝悄對杏花天，那日雙看楊柳絮。一九二〇年。

浣溪沙　答朱佩弦兄，見《敝帚集》

瘦減秋閨昨夜眠。還留密寵擲銀箋。背人淒咽立燈前。　不再樓頭同一醉，出門揮手兩風烟。却言相見有明年。一九二六年。

鷓鴣天　詠西洋紙牌戲

叔寶以喻衛玠。才能越衆强。裝成喬客費平章。東朝自戀風流寵，僧正巍然號法王。　倍集克，譯言小吻。重三雙。昏姻宣布亦平常。須知羣衆威能大，十點今朝捉帽黃。此戲十點大于戴黄帽者。

臨江仙

幾日東風頻拂面，六街微暖泥侵。簷牙凍雪啄鳴禽。殘冬猶勝往，烽火照城陰。　一片暈紅無那，三分芳酒須斟。爲君祝健最深深。願同如願女，宛轉稱人心。己丑（一九四九）仲冬。

金縷曲　和董每戡君

一曲嘉隆舊。歎跫然、足音空谷，寂寥良久。欣遇鶯啼花開日，多少朋來聚首。總梁魏、風流難又。慢轉歌喉低按拍，只懷庭、成法猶堪守。啟蘭菊，青年秀。　嶺梅驛使懷瓊玖。海南天、彩雲飛墮，馨香盈袖。身後是非閒得失，評泊琵琶能究。記京國、初逢把酒。慕想董公真健者，更春深、陌上重來候。歌下里，爲君壽。一九五七年。

六州歌頭

西奈半島，戰火運河封。伊色列，鄰埃及，啟兵戎。逞群凶。一水盈盈送。歐非亞，三洲共。惟勞動。人知重。代天工。真個移山倒海，走多少、樓艦艨艟。旗幟飄空。萬邦同。　歎山茵水。西敏寺。違民意。竟何功。塞得港，開羅市。俱遭轟。硝烟蒙。漫倚神州遠，難袖手，看狼烽。金門會。聲讙沸。振蒼穹。聞道天方古國，策羣力、憤發爲雄。映和平素鴿，新月晚霞紅。來往西東。

如夢令

漫説姻緣鳳卜。誰道鸞拘鳳束。荏苒十年間，欠了一場痛哭。休哭。休哭。且待重諧花燭。

菩薩蠻　庚申小春病榻

烟空一望無相識。飄零不記閒蹤跡。料理浴歸舟。夕陽明舵樓。　雲端疑幻墨。知是誰家筆。欹枕看魚禽。碧波紅淺深。

玉樓春

家居鎮日渾無那。烏兔催人驢趕磨。朦朧聞說午時餐，喫罷歸房重偃卧。　夢中有夢焉知可。疑幻疑真誰是我。善忘應已遣悲哀，不意無端雙淚墮。一九八二。

鷓鴣天

良友花箋不復存。與誰重話刦灰痕。兒嬉未識王綱解，老訝居鄰鮮弟昆。　人已去，總休論。清朝無事到黄昏。斜風細雨長亭路，且待新來客扣門。一九八三年曾孫丙然初生。癸亥秋作。

以上見《俞平伯舊體詩鈔》卷三（含一九四九年後詞）

減字浣溪沙　爲榆生題彊邨授硯圖

白髮天南舊史臣。弘文不起硯田貧。師門風義石交親。　歷眼海桑如轉轂，生花詞筆又傳新。還教芳翰溯前塵。

見《同聲月刊》一九四三年三卷八期

俞琎

洞仙歌

瑤琴塵積，有冰弦誰拂。藥氣沾衣麝熏歇。對一燈相照，又是黄昏，送年光，一枕紅冰淚濕。　評量羅帶子，踠地盈盈，算有影兒還解惜。著意護眉痕、欲展仍顰，翻損了、香桃瘦骨。歎衆中、誰知個儂心，待月滿關河、飛烏能說。

浪淘沙　奈何橋步月

燈火静孤村。冷月當門。凌波微步莫逡巡。比似羊腸人世路，尚少荆榛。　白石自粼粼。

恩怨休論。浪花如雪濺羅裙。霜色踏殘鳴珮過，去訪靈均。

鷓鴣天　黄泉路踏青

滿目斜陽杜宇哀。棠梨如雪下空階。排牆翠竹心同苦，再世金鑾念已灰。　彈淚地，葬愁堆。酒漿誰與奠蒿萊。青青一道春蕪軟，肯近微吟舊玉臺。

金縷曲

挂席芝罘道。想年時、倚舲縱目，煖霞横曉。雁外秋痕山一髮，齊魯餘青未了。惜勝地、遊蹤稀到。聞道逋仙清興發，把袖中、海嶽攜來小。拂絹素，烟雲繞。　東封歲月秦松老。拍闌干、亂愁無次，蒼涼憑眺。七十二君埋滅盡，付與昏鴉殘照。又何論、遺碑斯邈。大陸沈沈龍戰野，祇圖中、風月仍娟妙。且展卷，開顏笑。

鷓鴣天

閑弄銀箏夜向闌。盈盈離緒上眉端。龍沙積雪方蹄杳，珠箔飄燈瘦影單。　虬水咽，麝薰殘。金錢空自卜歸鞍。羽觴醉月團圞夜，可念霜天翠袖寒。

清平樂

華燈四照。曾照花雙笑。纔著思量還自道。莫被離愁縈繞。　賓鴻嘹唳羅天。西風獵獵簾前。喚起箇儂心事，伊人可御吴棉。

唐多令

倚徧小紅欄。盈盈翠袖單。緫殷勤、强自爲歡。可奈朝來明鏡裏，瞞不住、兩眉端。　身世淚偷彈。笙歌夜已闌。總情天、月再團欒。未卜香桃消瘦骨，能幾度、捲簾看。

浣溪沙

並引。以西湖雷峯塔磚製水仙花盆。黄妃遺跡，洛浦靈蹤，同其清逸也

生小扁舟愛聖湖。斜陽頹影醉翁扶。遺經零甓出烟蕪。　綺石静依雲母帳，寒泉清供水仙圖。湘靈瑶瑟化身無。

重疊金 迴文

碧楊垂影篩明月。月明篩影垂楊碧。風舞絮濛濛。濛濛絮舞風。　静心禪覺近。近覺禪心静。芳若杜蘭香。香蘭杜若芳。

其二

捲簾紅雨零烟斷。斷烟零雨紅簾捲。斜抹一天霞。霞天一抹斜。　並枝花寫影。影寫花枝並。山遠似雲鬟。鬟雲似遠山。

其三

淚珠拋損顰眉翠。翠眉顰損拋珠淚。清韻玉環鳴。鳴環玉韻清。　袖羅紅涴酒。酒涴紅羅袖。雙瑄玉奴藏。藏奴玉瑄雙。

其四

鏡鸞青映明妝靚。靚妝明映青鸞鏡。裙蝶簇泥金。金泥簇蝶裙。　曉雲梨夢好。好夢梨雲曉。妍日曝衣天。天衣曝日妍。

其五

小樓紅處飛雙鳥。鳥雙飛處紅樓小。簾繡落

花天。天花落繡簾。意如君語細。細語君如意。柔燕玉懷投。投懷玉燕柔。

其六

鈿華金映碧深淺。淺深碧映金華鈿。斜日淡宜花。花宜淡日斜。怨眸凝望遠。遠望凝眸怨。絃管送秋千。千秋送管絃。

其七

怨蛩啼共人腸斷。斷腸人共啼蛩怨。驚夢短長更。更長短夢驚。佛門空託跡。跡託空門佛。誰與訴心違。違心訴與誰。

其八

扇紈齊寫秋懷怨。怨懷秋寫齊紈扇。愁處此生休。休生此處愁。偈持能靜寂。寂靜能持偈。人有自憐心。心憐自有人。

其九

宿根靈毓奇芬馥。馥芬奇毓靈根宿。禪指一池蓮。蓮池一指禪。笑花拈諦妙。妙諦拈花笑。真果戒香清。清香戒果真。咏佛手。

虞美人　迴文

文波碧浸花紅沁。競艷雲衣錦。颺風簾捲影驚鴻。遠望景陽春徧、緑陰濃。垂帷繡倦啼鶯亂。拂柳飛雙燕。雨微烟淡好春殘。靄靄曉霞流夢、鎖香蘭。

其二

中流碧浴閑鷗鷺。落日空江暮。蓼紅蘋白雁來秋。盡送淺深愁逐、水悠悠。霜新染葉紅堆錦。徑曲蛩啼冷。月殘風峭遠山青。隔樹斷霞明映、淺塘横。

其三

殘歡墜損顰眉黛。久病寬羅帶。偏嘗辛苦悔生平。歷歷淚珠拋恨、此心縈。　年華惜抱幽懷冷。夜永眠還醒。亂愁因夢上心來。細細釀情深處、斷腸迴。

其四

雙鴛枕壓紅衾繡。淚濺香羅袖。盡消沈水掩重門。靜絶淡雲孤月、冷如人。　鳴梭錦織愁牽怨。薄命生來願。福濃兼慧古今無。醉醒墮珠啼盡、悔情多。

浪淘沙

一夢入槐安。長夜漫漫。迷途莫作故鄉看。駒隙光陰彈指過，換了朱顏。　孽境幻悲歡。世味辛酸。蒼茫情海早回帆。天付聰明能解用，咫尺蓬山。

以上《臨漪館詞稿》

祝英臺近　題含真仙蹟圖

繡帷空，綾帳冷。人去蓬萊頂。腸斷春暉，盼斷青禽訊。憑他絹粉傳神，緗筠寫韻。怎寫出、小鸞倩影。　鳴蟬鬢。仙容屏卻鉛華，秋水倚妝靜。珠袖籠寒，一色蔚藍境。端詳翦翦明眸，低佪欲睇，祇錯認、綵衣歸省。

見《清詞玉屑》卷十二

清平樂

一絲絲雨。織得涼如許。倦柳殘荷相對語。惆悵不如歸去。　藥鑪分裊重簾。簾中人鎮懨懨。端的是愁是病，憑君試問眉尖。

蝶戀花　寄外

嘶騎聲聲人已去。半榻餘温，猶戀香衾住。目極關山凝望處。惱他重叠離亭樹。　錦字傳愁偏易悮。入世青鸞，初識相思苦。夢裏欲尋君訴與。迢迢不識天涯路。

以上見《詞綜補遺》卷十五

俞鴻籌

浣溪沙　殘櫻詞

已被東風誤一春。妝成難掩淚痕新。小脣秀靨総含顰。　漫説飄零誰是主，依然姚冶欲窺臣。釵鈿墮處體横陳。

其二

浪蕊浮葩正弄姿。無情風雨五更吹。胡姬掩面失焉支。　鶯起春酲催畫角，枉抛心力教蛾眉。花飛人去不相隨。

其三

難作天香國色看。臨春粉黛入奚官。紅心滿地夕陽殘。　樹底遺茵猶宛在，花前報帕詎無端。美人相凭玉闌干。

桃源憶故人　旭齋屬題无恙遺畫宋人詞意小册，癸未僦居虚霩園消夏所作也。展觀興感，爲賦此解

北窓企脚消長夏，腰鼓琵琶聽罷。无恙居虚霩時，壁懸自撰一聯：『好騎屋棟打腰鼓，企脚北窓聽琵琶。』某伶所書也。自有情懷堪寫。卻向詞仙借。　十年前事成淒詫。人與幽花同謝。留得畫中樓榭。鬱鬱隨修夜。杜詩『鄭公粉繪隨長夜』。

百字令 破夢居士六十生辰

東南宛委，有當門龍卧，是君珂里。卻似柴桑長作客，爲愛七絃琴水。墨井連墻，繡屏隔巷，烏目山横几。坐忘碧玉，怎知今復何世。　難得日餉雕胡，循陔奉母，美意誰能比。六十平頭緣底健，强半單棲而已。典籍爬梳，精神抖擻，宋人詩：『寄語姑蘇孫太守，也須抖擻舊精神。』太守謂新淦孫伯純也。覽揆書閒史。莫辭醮甲，更傾家釀同醉。

徵招 伯鷹繪聽詩圖以誌悼亡，出示屬題

夢痕猶認巴山雨，孤吟暗添絲鬢。樓角玉繩低，又夜分人静。拗蓮真作寸。歎寸寸、愁思難盡。鳳紙題殘，鶯花消歇，好春俄頃。　爲問緑窗詞，青綾障、有幾掃蛾堪並。絶代女房融，更蘭閨才敏。舊情嗟畫境。采雲散、蘅蕪香冷。只贏得、兑閣遺徽，寄三生幽恨。

桂子香 甲辰中秋後，漕涇訪桂

良宵縱目。悵素約已違，秋思誰屬。中秋通宵無月。偏是隄楊未老，沼荷猶緑。俊游準擬佳期補。更相憐、短笻幽獨。小橋莎徑，迴廊石磴，伴尋秋馥。　且莫問、山香舞曲。花開三五日即採爲釀。看穿樹芳禽，珠蕊閑啄。一餉隨緣，徙倚静參金粟。舊香猛憶兒時味，對花前、親授書讀。草堂殘夢，悽涼何忍，夜闌重續。

點絳脣 題无恙畫虛霩園紅豆圖

吹盡香塵，絳雲已散胎仙老。舊情多少。粉本添新稿。　刻骨相思，一捏猩紅小。春光

好。夢中還到。緑映花前沼。

南柯子　題錢牧翁三印拓本

樓閣收丁女，鄉邦重木公。芙蓉秋水久飄蓬。芙蓉莊、秋水閣皆牧翁舊址。印裏猶留三字、可憐紅。　懷寶將安往，枕流當飾終。過雲竟與絳雲同。一樣人間天上、盡成空。『絳雲樓』朱文晶印，舊藏元和過雲樓顧氏。

其二

七聖皆迷路，真仙亦帶枷。放翁詩：『二十四年如昨夢，憑誰問訊帶枷仙。』《五燈會元》：『僧問峻極禪師：「如何是修善行人？」師曰：「擔枷帶鎖。」』曹溪濠上雨南華。一瓣心香爲問、出誰家。《莊子》稱《南華真經》，蒙莊亦曰蒙叟。曹溪南華寺，六祖之真身道場也。　寶篋金封掌，梁簡文《與僧正教》：『緘匿玉毫，封印金掌。』瑶光玉辟邪。侍書想見貌如花。一笑擎來相對、更傾茶。『蒙叟』白文玉印，過雲樓藏。

其三

好古真成癖，緣生若聚漚。百城曾伴小諸侯。夢裏依稀琴劍、舊書樓。　取逕三橋外，奏刀兩漢游。嵩山開母眼中收。此是先河沾匄、越江流。『蒙翁』白文石印，恬裕齋舊藏。象法仿漢碑闕，開浙派之風。

蕙蘭芳引　和清真韵

仙唳渺然，莽沙渡、亂鴉驚鶩。滬瀆舊稱『鶴沙』。看隔浦浮雲，吞吐樹頭薺緑。陣飆易起，似怒鬭、欲掀籬屋。有墜茅拾去，抱入南村葭竹。　柎筐相依，山谷詩『松柎織扇清相似』。桃笙長伴，陋巷多燠。算消盡風懷，忘了懊儂怨曲。秋波無恙，弄珠洗目。塵翳空、重認影雙形獨。

臨江仙 稚柳曩寫墨竹一卷贈伯鷹，報其撰賦所作。伯鷹捐館後五年，荷君夫人出卷屬題。倚聲填此，不勝感慨

留得一篇邛竹賦，江關蕭瑟蘭成。巴山聽雨獨關情。當年休憩地，必種兩三莖。　顛沛風霜添勁節，幾多胸次峥嵘。坡仙已去敢誰評。琅玕遺翠袖，十襲比連城。

前調 題稚柳爲伯鷹作蘇州河詩意圖

憶昔墊巾橋畔路，却來莊語相親。百年曾叩洞山身。觀河思逝者，覿影復何人。　策杖婆娑還欠我，枉教略彴爲鄰。回看往事已如塵。衝煙惟白鷺，依舊去來頻。

以上《捨庵詩詞殘稿》

綺羅香 秋日懷小蝶海上

巖桂飄香，庭梧墜葉，節候已交金序。雨過看山，爽氣撲人眉宇。孤館冷、雁唳晴霄，舊巢寂、燕歸南浦。最憐他、明月吹簫，誰家曲按伊涼譜。　蘋風天末忽起，吹送離愁別恨，搗衣砧杵。一片羅雲，釀出濃陰如許。三春記、雁帛曾投，九秋盼、瓊瑶何處。向何時、燈剪西窗，話巴山夜雨。

滿江紅 閏端午

午日爲重，説難得、又重重午。恨只是、靈均澤畔，多添愁緒。樓閣花絲風細細，香閨重顫釵頭虎。賸榴花、慘澹點紅妝，芭蕉雨。　黄楊厄，誰知苦。白雀瑞，無尋處。且同心鬬巧，疊歌雙縷。良會須饒風月興，閏年看取蹉

跎補。飲薄觴、好比卻愁方，呼儔侶。

以上《苔岑叢書·紉秋軒詞鈔》

俞鍾彦

鷓鴣天

逝水年華去底忙。秋娘零落褪紅妝。玉樓人散花無主，金谷風來土尚香。　凄惻語，惱人腸。不如低度賀新涼。曲中愛把衷情訴，唱到酸辛淚滿裳。

水龍吟

滿園紅葉争妍，無端惹得遊蜂擾。禁烟乍歇，清明又到，人間春老。狼籍殘紅，有誰憐惜，更無人掃。問過牆胡蝶，鄰家春色，枝上尚餘多少。　遠水含烟一抹，憶江南、夢魂空繞。蘅門晝掩，悽涼院宇，悽涼懷抱。鄉國牽愁，旗亭送別，可憐芳草。聽鵑啼、不如歸去，一聲聲道。

高陽臺

客裏傷春，愁中殢酒，懨懨帶緩巾斜。小病經旬，芭蕉緑到窗紗。看花已是明年事，怕明年、依舊天涯。最驚心，鏡裏新添，白髮些些。　秦淮何處迎桃葉，正烟籠寒水，月映平沙。舞榭歌臺，飄零燕子桃花。而今濕遍青衫淚，甚心情、重聽琵琶。更銷他，夢斷魂驚，水隔雲遮。

甘州

莽天涯芳草路悠悠。無限別離愁。自龍山春去，鷄臺夢斷，往事都休。風景依然如昨，金粉付東流。一曲長亭怨，淚灑西州。　重問白門消息，衹雕欄玉砌，長掛心頭。甚繁華一瞬，冷落幾春秋。待重新、臨春花萼，恐歸來、不似舊時樓。斜陽外、烟波浩渺，空自凝眸。

蘭陵王　詠酒

秦淮柳。柳下紅樓賣酒。拏舟去，不醉無歸，那管白雲與蒼狗。香殘到玉藕。拂面金風亂吼。漸吹醒，幾日酣情，强笑青蚨杖頭有。　杏帘望夏口。縱醉不成歡，一杯在手。也知身外皆塵垢。奈渭城再唱，陽關將出，掃愁還待覓儆帚。故園莫回首。　紅友。離君久。又來到灘江，更逢重九。無家何處謀諸婦。念座客常滿，香醪盈斗。當年樂事，如夢寐，尚憶否。

玉樓春

蘭湯浴罷金閨裏。菡萏香濃風乍起。羅衣葉葉軟如烟，秋月娟娟涼似水。　四條弦索纖纖指，此調分明何滿子。半牀幽夢酒初醒，一曲淒涼猶在耳。

醉花陰　秋柳

山色蒼蒼湖水皺。又晚秋時候。微雨過蘇堤，萍老荷枯，景物都非舊。　風欄月榭人歸後。昨夜寒初透。無語又黄昏，倦倚西風，顦顇腰肢瘦。

採桑子

刼灰留得前朝寺，門外雙峯。門內雙松。老衲歸來一笑逢。　循牆剔蘚尋碑字，煙鼎茶濃。苔徑雲封。落日西風幾杵鐘。

木蘭花慢

算千秋大辱，惟南渡、宋高宗。爲戀湖山美，無心恢復，有意和戎。夢夢。鑄成大錯，總甘心半壁主人翁。塞外蒙塵誰顧，人間清議難容。　頑童。弄火有何功。不戢自逢凶。況孤軍深入，羣雄環伺，師老疲窮。茸茸。何堪滋蔓，待從頭一一掃兇鋒。斫就東溟鯨膾，與君痛飲黃龍。

一萼紅

與趙紹荼、錢曉昇飲於公園

醉扶歸。怕蒼苔路滑，拂面噤寒風。獨秀峯高，澤宫人杳，猶聞鈴鐸丁東。掃荒徑、冷楓瑟瑟，甚此日、霜葉比花紅。邊嶠風光，良朋情緒，感慨相同。　想到故園臺榭，有鍾山遠眺，淮水潛通。幾度烽煙，數番風雨，而今黍麥芃芃。又爭料、客窗孤枕，聽今夜、疏雨滴梧桐。酒醒殘燈如豆，曙色曚曨。

長亭怨

寄懷張蘭舫

記當日、燒殘蠟炬。西窗夜話，秋池聽雨。舊夢難尋，江湖霜鬢已如許。干戈滿地，望雲樹、傷羈旅。漫淚灑新亭，問誰是、中流砥柱。　悽楚。只翠樽解意，差慰離人情緒。片帆歸去，又生恐、石尤風阻。聽不盡、羌管悠悠，空惆悵、平陽舊侶。算閱盡興亡，惟有青山意苦。

大酺

丁丑重陽前二日，洞庭舟中作

正碧雲輕，黃花瘦，一棹扁舟南涉。天涯隨處好，任飄零書劍，一肩行篋。極目漁郵，橫空低垂，冷逼香篝，門外一天風雪。滿引樽前屠蘇酒，把萬緒、千端都一撇。笑談久，只莫道今宵，又逢除節。　高歌聊解愁絶。奈唱未成腔聲已咽。聽幾番簫鼓，幾家兒女，盡情歡悦。驀憶今宵璇閨裏，料燈自熒熒花自結。飛歸去，已負卻、三年離別。

瑞鶴仙　咏梅

胭脂微淡薄。較郁李穠桃，又稍高卓。黄昏數聲角。任霜前月下，瓊肌瘦弱。孤山舊約。料林逋、久厭離索。甚天寒、紙帳閒眠，不管幽芳零落。　誰覺。香中有韻，清不知寒，蕭疏自若。甘心寂寞。丰神獨，占林壑。悄無人一片，孤邨流水，心事憑誰付託。謾高歌、白雪陽春，惹人笑謔。

雁陣，隱隱孤城樓堞。清歌無人賞，只翠樽相伴，玉壺敲缺。漸日落長沙，湘君何處，水天相接。西風吹落葉。難吹盡、羈旅愁千疊。空記省、悲秋宋玉，作賦蘭成，匆匆又遇重陽節。夢冷愁腸結，再休想、枕衾熨貼。況永夜、遭魔魘。傷時感事，老淚盈盈承睫。聽誰渡江擊楫。

浪淘沙

黄葉捲蕭颼。客路悠悠。秋心兩字合成愁。冉冉斜陽煙水闊，雁影汀洲。　莫去倚危樓。空自凝眸。青山依舊水東流。塵滿征衫霜滿鬢，一棹孤舟。

大聖樂　除夕

瑞腦金爐，唐花小几，客窗點綴。漸黄昏簾影

蝶戀花　二首

殘夢懨懨心似醉。瘦損腰圍，總被春愁累。淚眼看花花濺淚。斜風細雨千紅墮。樹樹桃嬌兼李媚。底事今朝，滿目添濃翠。蝴蝶過牆深院閉。東風不管人顦顇。

其二

着意尋春春不露。霧重烟輕，春在空濛處。水遠山長歸夢阻。杜鵑休向人前訴。垂楊又向東風舞。裊裊纖腰，唱澈黄金縷。乞奏通明春且住。羣芳要借春陰護。

解連環

狂颷纔息。又簷聲如溜，暗雲堆墨。正惆悵、一角危樓，聽澈夜，瀟瀟何能睡得。無限春情，都付與、閒愁脈脈。料空階、嫣紅姹紫，墮溷沾泥，欲飛無力。　天涯誰憐獨客。問遠遊倦否，還念鄉國。甚芳訊、開到荼蘼，更不管春光，千金一刻。落盡芳菲，怕驀地、歸來難覓。對銅壺、漏聲細數，曙光未白。

解語花

一春花事，盼到清明，偏又冷風淒雨。杜宇聲聲，甚無端、唤緑郊原芳樹。流光如許。問人在、天涯何處。願把殘妝留半面，慰我傷春苦。　水遠山長洞掩，往事如煙，劉阮憶前度。輕薄桃花，莫等閒、片片盡隨波去。柳眉恁嫵。怕新月見時含妒。惱恨垂條無氣力，猶向東風舞。

齊天樂　咏燕

烏衣朱雀今猶在，年年斷魂香壘。春社纔過，清明又到，雨雨風風如晦。玉京顛顇。任朽盡堂榱，飄殘簾葦。尚想舊情，覆巢破卵總無悔。　芹邊時露翠羽，看一雙玉剪，差池比美。漢苑無人，秦樓欲暮，腸斷呢喃聲裏。啣將花蕊。怕落盡紅深，難尋芳卉。忍放春光，匆匆隨逝水。

玉樓春　詠柳

重簾不捲春明滅。檀板歌殘金縷闋。十三樓外雨如煙，廿四橋邊花似雪。　一從南浦傷離別。舞袖宮腰芳意歇。章臺舊夢謾重温，張緒而今愁萬疊。

南樓令

浩月又團欒、名花綻合歡。奈愁人、觸景眉攢。願化天邊春社燕，尋故壘、認江南。　書至勸加餐。病餘衣帶寬。倚豪門、劍鋏羞彈。獨坐寒窗思往事，剔銀焰、到更闌。

臨江仙　題費曉樓美人背立圖

顧影真堪絶世，避人半是嬌羞。蜂腰螺髻儘風流。倚欄頻眺遠，悄立獨含愁。　憶否妝樓分袂，天涯幾度春秋。相逢待與話温柔。芳心猶有恨，千喚不回頭。

眉嫵　就前題另賦一解

恨晨占夕卜，夢繞魂牽，佳約總無準。謾把愁腸斷，真真喚，相逢獨步苔徑。迴眸未肯。料芳心、猶帶離恨。最堪念，翠袖因風起，驚鴻掠秋影。　是喜還瞋休問。只阿嬌前面，少箇圓鏡。六曲欄干外，徘徊久、雲鬟怎耐清冷。憂心耿耿。又生恐、玉容嬌病。但悄立無言，已覺幽閑端整。

江城梅花引　用《蕡洲漁笛譜》韻

庭花落盡雨瀟瀟。漲春潮。繫蘭橈。六曲屏山，閒煞紫雲簫。門掩黄昏風色峭，人去也，捲殘紅、逐水飄。　離魂暗隨香篆銷。望青帘，郵店招。眉痕淡入，青山裹、彩筆難描。玉枕紗㡡，幽夢憶前宵。爲問月明何處好，多只在，十三樓、廿四橋。

綺羅香　詠柳絮

江北江南，非煙非霧，鎮日意迷神眩。糝徑舖氈，一霎香風迴旋。纔罥着、碧幌珠簾，又飛過野橋郵店。最妨他、舞態顛狂，閒情已倦杜陵眼。　斜陽冉冉望極，惆悵春歸何處，凝眸千遍。逐浪隨風，寸縷游絲難綰。縱有意、捲絮搓棉，休想度、金針彩線。任飄零、修到他生，化萍仍點點。

好事近　桃花半開，喜而賦此

侵曉捲珠簾，天氣今朝清朗。階下靚妝一笑，頓眼開神爽。　二分春色最相宜，枝上花三兩。又恐暖晴烘放，祝淡雲留養。

鵲橋仙　次金仲如韻

客窗聽雨，孤衾憶夢，休問閒愁深淺。春光掉首不憐人，莫浪説、東君能挽。　落紅成陣，隨風逐浪，千縷游絲難綰。捲簾燕子未歸來，又怎把、黄昏消遣。

鷓鴣天　仲雅閱余詞句，謂多哀怨之音。賦此見意

檀板清歌憶石城。冷窗夜雨夢魂驚。臨風羌管腸吹裂，展卷吴箋淚染成。推玉枕，醒微醒。搊箏閒唱訴衷情。流鶯不喜淒涼調，花外教人囀數聲。

意難忘

回首歡場。記酒痕淺暈，扇影留香。修眉橫黛綠，嬌額點宮黄。無意處、意難忘。聽一曲清商。怕等閒、春風夜月，虚度流光。而今潘鬢如霜。但雲收雨歇，人去庭荒。新愁凝淚眼，舊恨斷廻腸。傾綠醑、醒黄粱。又換了滄桑。待與伊、重尋舊夢，夢也淒涼。

多麗 和陳誦洛磋使韻，即以奉贈

怪無端，灘江水會西流。蕩煙埃、金樽酒滿，醉鄉差勝封侯。對青天，杯中日月，撑白眼皮裏陽秋。如此寰中，超然物外，目中猶有俗塵不。最難是、枚皋暇日，詞賦共優游。冰心潔、泉甘任酌，莫問廉州。笑當年、唾壺擊缺，而今鋼練初柔。憶家山、傷懷倦旅，欹睡枕厭數更籌。舊好新知，都成夢幻，煙波何處覓扁舟。解人少、解人既見，心爲解人留。從今後、傾懷低首，與子綢繆。

浣溪沙 二首 題黄仲果《醫書潤例》

品到方時字亦方。功深百鍊見純鋼。淋漓斗墨煥龍章。上溯宗風追漢魏，中間變體笑鍾王。庶幾鹿洞共流芳。黄君方體字與朱子書法大略相似。

其二

草聖縱横勢莫當。也如張旭醉時狂。煙雲拂

紙任飛揚。　指甲傷殘三度換，君少時學書用力過度，右指甲褪落三次。　墨池辛苦卅年嘗。　精神到處顯光芒。

徵招　用周草窗韻

紅蕖未落西風緊，蘭成賦愁時到。　天遠暮雲飛，恨瓊簫音杳。　故園秋漸老。　料松菊、已無多少。　鬬酒餘醒，採香殘夢，一時驚覺。　萬籟寂無聲，平沙遠、孤鴻又聞淒調。　兩鬢已如絲，笑黃花簪帽。　樓高雖信好。　問誰識、仲宣懷抱。　憑欄久、曠野無人，又晚煙殘照。

如此江山　辛巳重陽日陰雨

狂飈舞穿庭户。　籬邊菊英乍吐。　三徑就荒，重陽又到，江海飄零倦旅。　荒林獨步。　但滿眼烽煙，一襟塵土。　遙憶江南，故宮蕭瑟盡禾黍。　扁舟也歸何處。　聽寒猿哀雁，燈殘夜午。　露冷蓮房，波飄菰米，萬里悲秋杜甫。　含情欲語。　問破碎河山，有誰能補。　謾想登高，滿天渾欲雨。

相見歡

金樽檀板趁斜暉。　醉忘歸。　轉眼雨絲風片、落花飛。　章臺路。　垂楊樹。　夢依依。　悵恨小園人去、掩荆扉。

臨江仙　趙紹荃前輩重到桂林，喜而有作

記得澤宮池畔，酒樽詩卷留連。　微霜點破嫩秋天。　柳江帆去穩，桂嶺月空圓。　作客正嫌離索，重逢倍覺纏綿。　悲歡離合總前緣。　放懷滄海外，沉醉落花前。

賀新郎 送吴惠範之重慶

春盡芳菲歇。憶江南、閒愁萬種，離腸千結。緑滿汀洲蘼蕪草，惆悵晚芳時節。謾聽到、曉鐘聲澈。濕遍青衫天涯淚，料青衫、淚點都成血。關山路，夢難越。　斜陽黯黯聽鵑鴂。更那堪、河梁握手，故人長别。樽酒殷勤吴姬勸，捲地楊花似雪。莫再唱、陽關三叠。眼底分明人千里，問歸期、難計年和月。長亭怨，聲聲咽。

鬲溪梅令 咏牡丹

牡丹端合號花王。壓羣芳。誰解嬌容只許、嫁東皇。撩人空斷腸。　臨風帶露自飄揚。倚新妝。莫惱穿梭蜂蝶、去來忙。誰教花太香。

絳都春 葉茗卿任□□，在桂林重見，即將訂婚

楝風已近。恨二十四番，匆匆花信。燕語夢迴，斜倚妝臺慵梳鬢。桃花經雨紅成陣。怨春去、門前誰問。芳心脈脈，纖腰裊裊，尚餘風韻。　輕迅。移根上苑，憶前度、謾把啼痕輕拉。尚想舊情，重見蕭郎良緣分。含情無語心心印。漸嬌面、朝霞淺暈。銷魂玉軟香温，夜闌燈燼。

月下笛

滴滴嬌嬌，婷婷裊裊，人間仙品。佳期未準。鵲橋遥望隱隱。春風夜月知多少，謾負卻、良辰美景。任山長水遠，雲遮霧隔，寸心先允。　日近。歡無盡。愛乍喜還嗔，意迷神領。佯推暗引。幾回欲語還忍。晨妝理罷猶調

弄，又笑與、檀郎傅粉。對菱鏡，倚香肩，競賽芳容倩影。

望湘人

自七雄輩出，五霸迭乘，中原戰壘相望。總説爲民，爲民何事，盗蹠夷齊難判。惹起貪嗔，居心竊國，包藏禍患。謾侈談、鈎黨鋤奸，都想競登彼岸。我亦眼花撩亂。望白雲蒼狗，霎時變幻。把青史翻殘，是是非非誰管。此言誅紂，彼言易暴，横議有何成算。但只合、兒戲相看，莫爲古人腸斷。

賀新涼　秋螢

照眼真蕭索。問今宵、胭脂井畔，嫩涼何若。夢到青青池塘草，那識前身命託。漸露冷、練裳嫌薄。渡柳穿荷淒涼意，把平生、形影都忘卻。愁逐隊，近谿壑。星流扇小偏難捉。最驚心、纔黏綉幌，又飛池閣。月下燈前無光彩，惟見花陰閃爍。只恐被、西風吹落。爲戀移盤銅仙液，映秋墳、夜永心情惡。天欲曉，夢難覺。

滿江紅

回首當年，耽詩酒、牢愁萬斛。沉醉後、浩歌長嘯，撫摩髀肉。欲掃羣山空眼界，誓掀滄海成平陸。到而今、熱血冷如灰，身名辱。塵拂面，泥緇足。家國事，成棋局。嘆光陰一去，鬢絲難緑。浪跡江湖成底事，那堪更向新亭哭。問誰能、獨手挽乾坤，金甌復。

浪淘沙　題畫美人

梳掠下妝樓。花見應羞。輕顰淺笑總温柔。

擬摘幽蘭憐並蒂，袖手凝眸。柳外月如鈎。鈎起新愁。天涯底事任勾留。如此良宵空過了，説甚封侯。

臺城路

閲門人賈寶峯《綺羅香》詞，不覺技癢，爰賦此解

歡情深淺空猜度。天涯望穿雲樹。舊約難憑，新愁惹起，荏苒年華虚度。淒涼院宇。怕老卻紅香，問春何處。幾顆珍珠，慰情怎解寂寥苦。　銀燈長夜自守，恨關山路杳，難罄離緒。試卜歸期，相逢有日，待把郎心細數。敲窗暗雨。但斜倚薰籠，倦調箏柱。莫儘撩人，柳邊鶯燕語。

以上《蘋香榭詩詞稿》

国家出版基金项目
NATIONAL PUBLICATION FOUNDATION

全民國詞

曹辛華 編纂

第一輯 ⑦

浙江古籍出版社

惜黄花慢 庚辰重九對菊作

寶靨秋妍，奈癡頭破帽，難插華顛，未堪持鬢，試將勸酒，杯深貯淚，花淡忘言，砌闌不解相遮護，幾曾耐霜苦風酸，意萬千，賦情盡改，吟抱誰寬。今朝[illegible]漫重軒，念故人厚我，九日糕盤，地偏江迥，倚樓甚處，籬荒徑鎖，滿袖何緣，數枝莫歎凄涼夢，但關山重疊愁邊，恨逝川，送人淚水彫年。

目録

施贊唐　八十六首

洪汝沖　一百二十三首

姚光 四首

姚華 二百九十七首

姚鵷雛　二百四十八首

秦之濟　八十首

秦更年　四十四首

馬汝鄴 十四首

馬敘倫 七十七首

袁天庚　一百九十一首

袁毓麐　一百三十三首

莊夢齡　十首

夏仁虎　四百三十五首

夏孫桐　一百八十三首

施贊唐

一品紅　即《鳳啣杯》體

見説侯門深如海。恁和冷、西廂月待。笑一品勳臣，三垣衛士都丰采。渾未省、連環解。美人癡，書生騃。好因緣、非關珠買。只花底驚厖，替人擔盡風流罪。問摩訶、今安在。

喬裝紅　即《贊成功》體

閱人多矣，不上蛾彎。李郎唾手盜珠還。司空見慣，此事渾閒。楊花揉碎，錦繡湖山。掀天日角，踠地雲鬟。虬髯惻惻唱刀環。爲卿成就，翼附鱗攀。脱巾一笑，絶代紅顔。

俠劍紅　即《青玉案》體

女兒短盡英雄氣。亘午夜、流虹駛。直入驪龍酣夢裏。鼉更鼓轉，虎賁戟侍。掉臂來遊戲。枕邊甲子生身記。金盒探回教卻寄。兩字恩仇都閣起。盤雕一擊，冥鴻萬里。留汝剛無計。

戰江紅　即《破陣子》體

河面直通老鸛，江心横截長鯨。垓下不知騅馬逝，濠上猶聞鼙鼓聲。小朝廷已成。南宋英雄退步，西湖詩酒藏名。半壁青山夫婿淚，百戰黄天兒女魂。騎驢洵有情。

以上四首爲《四紅詞》，原有小序：『初學長短句，稗販唐宋，類比『四紅』，爲舊譜易新名，而題亦寓焉。』

玉京秋

梧葉落。洞庭始波，歎頓成蕭索。玉繩低轉，銀河斜絡。何處紅牙檀板，一聲聲、水調歌作。正摇曳，蓼花洲畔，雨絲雲脚。爲問仙山樓閣。儘高寒、嫦娥有約。休恨人間，不知天上，悔偷靈藥。我欲乘風，魂夢遠、又被吟蛩唤覺。雙袖薄。依舊青衫飄泊。

菩薩鬘

櫻桃啣住丁香顆。滿身花影和春坐。鵲踏一枝翻。亂紅飛兩鬟。　内家新結束。窣地湘裠緑。無意露鞵尖。虚廊記蹴蓮。

洞仙歌　自識題紅小影

是何年少，逞雕蟲末技。搬演相思甚滋味。怕匆匆、錯過紅豆時光，留者點，鴻雪因緣小記。　廣寒宫殿缺，玉斧難修，休坐羊車入塵市。酒醒看龍泉、剗盡空花，賸眉際、雙棱隱起。便彈鋏、長歌早歸來，又恐負、十年讀書心事。

杏花天　春光明媚，毬場草平，羣兒相聚，賭鞬爲樂。戲拈二闋，以鼓其興

繡襦拴定鞵幫緊。先讓過、閒人站穩。迎風一朵花飛滚。妙處不離分寸。　漫牽引。沿階蝶趁。儘微力、偷頑使勁。回頭步步看身影。的是天生悟境。

其二

太憨情性生嬌小。正拍手、胡盧調笑。箇中道有絲牽繞。故意向人撇掉。　待脱了。黄

棉短襖。又別樣、穿花弄巧。尋常解數諳多少。說與旁觀分曉。

南浦

秋堂夢醒，苦無情、紅日透窗明。遮莫今宵歡短，話舊太更深。衫上征塵未洗，儘匆忙、揮手又前程。把歸期約了，再三珍重，清淚共盈盈。　不是蕭郎輕別，被飢驅、倦鳥任投林。試上翠樓凝望，衰柳繞行旌。兩處梧桐庭院，寫新涼、一樣是孤吟。更何消說得，卿須憐我我憐卿。

水調歌頭

東坡生日，即用東坡《快哉亭》韻

赤壁泛舟去，獨鶴忽翔空。浪淘千古人物，落日滿江紅。爭似東坡居士，詩卷長留天地，泥爪印飛鴻。臘盡歲云暮，春釀一壺中。　也曾向，金鰲背，躡高峯。放開懷抱，未肯自認作衰翁。萬丈文章光燄，倏忽煙雲變態，李杜角雌雄。天上有宮闕，歸去早乘風。

臺城路

客幕駝沙，校試事竣，春意闌珊，愴然有感。適陳小山廣文製詞索和，次韻報之

去年到此娘分付，聲聲教兒歸早。今日回頭，白雲依舊，何處十洲三島。春遊恁好。祇淚濺花紅，不成畫藁。隔霧相看，腸輪生角眼光老。　漫憑酒杯愁埽。除非燈炧後，夢裏知道。半百年華，一雙秋鬢，甚地彀塗肝腦。接羅載倒。有末路知音，許開襟抱。翦燭商量，斯文宜護保。

百字令

社課分題，得閏三月

春偏老健，度芳辰九十，又添三十。寒食清明

都過了，還是黯陽時節。桃李陰濃，蕙蘭香透，抵得黄楊厄。東風無賴，不將花信收拾。道打起枝上鶯兒，困人天氣，侵早休饒舌。我山中無甲子，剛遣井梧添葉。曲水重遊，仙源再訪，踏破尋芳屐。千金一刻，萬金須與論值。

滿江紅　送賴葆臣大令豐熙自馱沙移任毘陵

斗大孤城，有一路、福星飛照。任自署、催科政拙，陽城下考。惠澤已經周海甸，循聲那得瞞當道。說如今、理劇要長才，忙徵調。　江北恨，驪歌悄。江南喜，鶯花鬧。看兒童竹馬，幾羣迎到。芝蓋高翔争借寇，堂陰近芾還依召。曳風帆、紫烝自東來，江天曉。

解珮令　梁溪寓廨，感懷題壁

颭花風輭，蘸波雲懶。柳依依、偏解抬青眼。近水樓臺，容得我、天真爛漫。儘消閒、粉牆題徧。　玉壺買雨，羽觴飛月，費平章、緑愁紅怨。驀地寒蛩，窺草際、唧噥微歎。説家園、寄情深欵。

沁園春　題張夢癯大令丙廉《心清室詞卷》

飛將何來，手摘星辰，旁皇太清。看大江東去，雲捎孤鶴，天池北徙，浪跋長鯨。欵段無緣，干將有膽，併入伊涼寫不平。從頭讀，是楚騷韓憤，字字心聲。　前程。休問蓬瀛。怕水淺、難勝寶筏撑。願歲寒松柏，同標晚翠，河陽桃李，徧漑春城。綵服庭前，板輿花下，百種山歌信口成。瑶琴撫，又移宫换羽，譜作由庚。

一斛珠 寒窗對月

瓊樓縹緲。天街碾過冰輪小。香魂喚起梅花早。獨鶴徘徊，顧影愁清曉。　薄袖恁禁風料峭。素娥青女工調笑。娟娟眉嫵傷春抱。漫捲珠簾，恐把離人照。

江南好 社課限題，分詠東西南北

江南好，初日照樓臺。海客雙魚通訊去，材官千騎射潮回。紫炁滿仙萊。

其二

江南好，彼美竢芳洲。拄笏看山餘爽氣，停杯吸水盡江流。暮雨下簾鉤。

其三

江南好，別浦送行遲。當户延薰真自在，買山種豆也相思。金粉六朝迷。

其四

江南好，珠斗禮寒芒。婦女臙脂顏色貴，師生沆瀣姓名香。高枕讓羲皇。

蘇幕遮 舊藏西子泛湖圖，范蠡幅巾野服，西子宮妝對坐。無欵識題跋，拈此補之

姑蘇臺，麋鹿走。芳草斜陽，紅在佳人後。三月楊花飛影瘦。愁上眉尖，記得微時否。　莽江湖，争急溜。未嫁相逢，早也能消受。底事干卿春水皺。賺得吴王，十載椒房守。

浣溪沙

花氣薰人絕可憐。滿衣風露不成眠。茜羅屏底藥闌邊。　細數三更更漏轉，悄窺一線線香然。算來總是隔重簾。

一寸金

醉夢光陰，一寸黄金買難得。有鶯兒唤覺，鶉姑催起，鸜哥傳語，偷閒片刻。悄隔紗窗立。春燈謎、背人儘説。且休管、牆外東風、擘絮挼花做寒食。　月地雲階，良辰美景，年年總虚擲。把心香偎冷，眉峰鎖皺，眼波盼斷，纔逢今日。欲問西樓事，但看取、鮫綃淚蹟。中愁中、酒病無多，只是傷離別。

畫堂春

儂家生小住横塘。門前一樹垂楊。繫船繫馬少年郎。看得平常。　可惱蓬頭厮養，輒來調侃徐娘。三分薄倖七分狂。亂捉迷藏。

喝火令

撲絮鶯衣碎，巢花蝶粉迷。晚風吹雨一絲絲。越是困人天氣，越是酒醒遲。　記我親偷眼，憐卿懶畫眉。不曾真箇也相思。到得今朝，到得上燈時。到得夜闌人静，還寢夢佳期。

采桑子　送錢禮南之官山左

春來天上山含笑，撇了樵柯。脱了漁蓑。此去因風想玉珂。　馬前挾瑟邯鄲女，眉樣脩蛾。髻樣盤螺。摘取金鈴護着他。

轉調踏莎行　亦廬分詠，得白杜鵑花

萬里魂孤，三更夢省。問天天不語、霜花冷。寃禽了悟，把啼痕拭浄。故鄉盼、落月空延頸。　鶴市淒迷，龍洲鬱迸。蜀山平遠處、澹無影。焉支失却，賸頹垣廢井。暗香墜、撲簌非塵境。

其二

曉角霜天，洞簫月夜。帝鄉吹夢去、繁華謝。六宮粉黛，早穠粧盡卸。鏡花現、頃刻銀光砑。　易水衣冠，胥濤車馬。離魂同此淚、數行下。娟娟小草，共仙人羽化。玉衣曳、窸窣和冰麝。

醉太平

心香透扉。情絲挂衣。鷓鴣纔送春歸。又黄梅雨肥。　晨光乍晞。朝煙自霏。小樓殘夢依稀。正孤鴛背飛。

長相思

怕登樓。强登樓。欲跨銀河問斗牛。亂螢天際流。　盼新秋。到新秋。依舊江風阻石尤。幾時歸去休。

柳腰輕

綠楊遮暗城南路。瓊簫咽，珠簾暮。斷霞魚尾，夕陽鴉背，襯出殘紅無數。罥春夢、沈醉初醒，逗秋心、鬱伊誰訴。　蕭瑟庾郎詞賦。算年來、俊遊多誤。覷梁嬌燕，颭花驚蝶，荏苒朱顔非故。未妨礙、蓬轉萍漂，且安排、雨欺風妬。

减字木蘭花

雲屏露井。驀地驚鴻飛過影。非霧非烟。颺

起情絲欲破禪。柳招花颭。旋旋微渦紅暈臉。宜笑宜嗔。越隔湘簾越可人。

賣花聲

流水小紅橋。記泛蘭橈。玉人纖手攧瓊簫。吹墮灣灣眉子月，側注春潮。　霜葉又飄蕭。暗曳燈摇。草頭蟲語可憐宵。刀尺聲遲砧杵急，説也魂銷。

阮郎歸

驚飆旋起撲雲低。花飛鶯亂啼。燕巢簌簌落香泥。抱雛猶穩栖。　蓬轉北，柳牽西。芳津前渡迷。金鈴綴定絳旛齊。衆仙還詠霓。

以上《聊復軒詩餘》

憶故人　蘐隱

何以消憂問杜康，怎解得、腸千結。薰風忽送入簾香，不是春和節。　小草禁寒耐熱。占高堂、丹心暗抱。雲裁翠帔，露擢金英，情天超切。

喜遷鶯　鶯求

春起也，夢惺惺。舊雨正飄零。柳陰路曲記曾經。又是短長亭。　洛陽花，河畔草，聚散似浮萍。寒林雪後幾知音。百囀覔晨星。

梅花引　清友梅花

玉壺境。冰壺影。天心一點窺苔井。紙簾粗。竹簾疎。隔窗明月，三更鶴夢孤。　北枝睡起南枝笑。同是羅浮春夢覺。耐風酸。

耐霜乾。滿園松竹，論交共歲寒。

畫堂春　豔友芍藥

一樽婪尾餞春開。鼓聲百面如雷。宮袍金帶稱身材。扶上瑶台。壓帽露珠乍散，護闌雲錦新裁。將離情味不須猜。醉去還來。

海棠春　名友海棠

錦城西府馳芳譽。偏老杜、不題詩句。再拜緑章封，兩字紅粧署。華清宮裏春長駐。聽雙燕、呼來喚去。但願綰垂絲，莫遣隨飛絮。

留春令　韻友酴醿

孤芳不喜争凡豔。風信去、乍開還斂。宜晴宜雨百宜嬌，含笑問、孜孜憨。香夢怯寒冰肌砭。訴不盡、恨幽愁暗。一年花事最闌珊，道十分春猶欠。

菩薩蠻　禪友梔子

拈花微笑來西竺。現身説法呼薝蔔。善果證林蘭。幽人時往還。妙香霏瑞雪。清净無生滅。異域結同心。歸根祇樹林。

女冠子　净友荷花

凌波微步。不染一絲塵污。鏡中天。朝露擎珠湛，晴霞濯錦鮮。交傾青蓋密，杯借碧筩傳。李郭同舟坐，望如仙。

步蟾宮　仙友巖桂

廣台七寶莊嚴好。是當日、吴剛脩造。霓裳合詠大羅天，有金粟、穿雲飛繞。廣寒界接蓬瀛島。時見寄書青鳥。小山招隱到人間，問移植、璚林多少。

秋蕊香　佳友菊花

脩竹宜扶左右。凡卉不争先後。柴桑舊伴松兼柳。相候白衣送酒。　滿城風雨交重九。須記取。此花此色惟秋有。意味耐人尋久。

華清引　殊友瑞香

風流種子姓名香。冠絶羣芳。比邱䰟夢䰟醒，匡廬失道場。　蓬萊仙御紫衣裳。自然超越尋常。苔岑誰結契，高語白雲鄉。

茶缾兒　雅友茉莉

不露風騷些子。怕重提、縵華名字。細于玉屑清于水。頗記得、素馨如是。　拾牙慧而無鄙。泛茶甌、嫩香徐起。烹時休問新來婢。還未脱、黨家風味。

自《憶故人》以下十二首前有小序：「孫北蘐採曾西江「名花十友」詞意爲羅溪訪友圖，而益以蘐隱、鶯求二圖，合十二册，屬爲題詞，各綴小令一闋。」

綺羅香　書《瘞琴銘》後，爲俞芸樊悼王卍雲夫人作，用蔣子貞《題撫琴感逝圖》韻

紫玉籠烟，紅冰揾淚，腸斷空箱金縷。去日梅邊，鶴伴早諧鴛侶。一番風、晴雪烘時，二分月、暗香浮處。埽花陰、緑綺横陳，高山流水兩心許。　而今青鳥信絶，便訪成連海上，夢䰟疇訴。落葉哀蟬，吟望白楊脩阻。寡女絲、三尺深埋，江神引、九原偷譜。試巡簷、蹀躞寒更，竚聞弦外語。

東風齊着力 被酒當風，百感交集，倚此自遣

欲返仙鄉，迴風遠引，又落人閒。花晨月夕，樽酒幾歡顔。枉住邯鄲逆旅，黄粱熟、好夢都慳。休提起，情天兜率，福地嫏環。投老儘疎頑。忙不了、白雲紅樹青山。星晨上界，何事苦躋攀。見過桑田海水，也消得、九轉丹還。由他去，依蛩附駏，鬥觸争蠻。

陽關引 清明日，挈虞思君謁先室陸氏山塋作

細雨新晴後。春老鶯花瘦。潑天濃翠，榆陰薄，桑陰厚。問杜鵑腸斷，泉下人知否。一刹那、白雲墮地幻蒼狗。別汝三寒暑，還記取。重丁甯我，添香火，侍箕帚。算虞山無賴，覓得河東柳。告九原、相從掬淚奠巵酒。

百字令 題周夢坡靈峯補梅圖，用東坡韻

夢中人去，問春婆眼底，江山何物。南北枝頭生意盡，賸有寒苔侵壁。遐想靈峯，舊時台館，四照霏香雪。玉龍蟠舞，弄姿何等雄傑。佛説金粟如來，後生應到，此再教花發。健步移來三百樹，遮隔水雲明滅。斟酌疎林，宜詩宜畫，細證心如髮。補天高手，宛然脩整圓月。

思遠人

本是相逢萍水裏，何苦復相憶。桃花無賴，向人憨笑，句起舊情密。往事如烟那可覓。悄語背窗立。道我醉欲眠，嫩紅浮臉，如霞罩冰雪。

朝中措

初三月子瘦如鈎。日暮挂西樓。剛被風風雨雨，瞞天做弄清秋。　今宵不見，明宵不見，恁地停留。看取十分圓滿，還來照我當頭。

虞美人

海棠殢雨嬌無力。一片啼紅濕。日長人静繡簾垂。道是春寒病起、怕風吹。　落花墜絮團香玉。燕子和泥啄。雙飛雙宿畫堂前。越見陌頭柳色、越欣然。

絳都春

復丁老人劉語石以繼配巢夫人六十壽賦詩張之，用夢窗體，倚聲奉賀

彭城異譜。《姓譜》：劉、巢均望彭城，劉，宫音，巢，商音。是天上散仙，人閒佳侶。審姓辨音，含咀宫商歌金縷。乘鸞士配乘龍女。最難得、栖遲梁廡。相春持醆，機先遯係，爐餘蒐補。　辛苦。紅羊换刼，武陵選、勝景再更寒暑。歲在甲寅，三豆羞桃觴初度。南弧燭夜光纏婺。畫眉手、登高能賦。喜神傳出梅花，繡萊教舞。

三字令

雲絮絮，雨絲絲。釀花時。梭擲快，剪抛遲。裙帶解，藁砧歸。破工夫，鶯與燕，補天衣。　畫娥眉。將進酒，莫張機。醉風光，歌且舞，療相思。

憶秦娥

顔如玉。遠山澹抹雙蛾緑。雙蛾緑。羞花妬柳，乍舒還蹙。　無言悄倚屏風曲。傷春暗把金錢卜。金錢卜。平安有信，報來脩竹。

薄倖

箇人無恙。料猜我、行思坐想。記當口、笙歌叢裏，現出莊嚴寶相。衆禽中、真鳳飛來，鶯鶯燕燕都惆悵。但恕得、樽前平視，夠引情絲萬丈。　自過了、旗亭宴，能幾度、衣香厮傍。便天涯海角，魚沈雁杳，心旌暗逐征帆颺。舊時眉樣。怕雙灣鎖斷，巫雲太尉銷金帳。分明夢見，一掬啼痕枕上。

金浮圖

夢坡于西湖理安寺前造九級五面浮圖，藏所手寫《金剛經》并丁恒女士所繪誦經、寫經諸圖，爲其母董太夫人資冥福。倚此代銘

春暉報。緜緜寸草。僾見如親，瓣香深禱。筆露秋垂，薰沐書都超妙。刻畫工尤精到。同龕供養，鈴語西湖曉。諸天笑。楞嚴締造。九級幢開，五方幡繞。更慈雲一片靈山罩。表。廣印相輪圓照。生生世世，長壽無煩惱。

漁家傲

九曲青溪一葉船。烟蓑雨笠小橋邊。喚作桃源無不可。安排妥。釣竿收起橫琴坐。　蓬海分明在眼前。天風引去便登仙。但向中流牢把柁。印須麽。後來恐有鴟夷舸。

秋宵吟

露華濃，月暈滿。又是關河秋半。涼颸起、漸響遏蛩幽，燄搖螢散。王孫哀，帝女怨。莫問亭長亭短。歸去也、趁菊綻黄畦，蓼肥紅岸。　静裏思量，恁撇下、麟嗟鳳嘆。宿酲纔解，昔夢都非，顧影暗悽惋。霜鬢星星換。怕

天際浮雲，停滯候雁。便打破荒鐘，長夜如此不復旦。

醉花陰

亂雲撩起愁千疊。魂曳如風蝶。酒不落歡腸，薄醉還醒，枉費三蕉葉。　眼前急景飛鳶跕。健步難追躡。槐底且休眠，夢境無憑，恐與南柯接。

以上《蛻塵軒詩餘附存》卷一

滿庭芳

丙辰清明值三月三日，海上隱君周夢坡觴客愚園，先爲長歌紀之。俯仰陳迹，尚不能已於興懷，復譜《滿庭芳》詞，以抒哀樂。續來徵和，次韻奉酬

蜃簇樓臺，黿森陛戟，一場風捲無痕。蝶酣蜂醉，誰解惜餘春。難得清流幾輩，人間世、佳節評論。天教合，重三百六，詩興鼓朋尊。　湔塵沿舊例，搴蘭汀沚，躧柳瀛濱。怕參軍蠻語，攪碎花魂。更約移船水曲，休膠擾、哀樂相聞。偷閒補，西池錦纈，拈韻賭張秦。

江城子

昨宵雨雨又風風。落花紅。畫樓東。剛被黄鶯、喚起太匆匆。簾外春陰猶閣住，慵宿蝶，嬾藏蜂。

其二

春寒最是繫人思。下泉詩。上雲詞。待把離腸、訴與杜鵑知。蜀道如天歸未得，傷遠望，阻佳期。

百字令 小羅浮消夏

火雲彌望，問何鄉容得，清流歌嘯。剛被静脩邀我去，忘却過溪三笑。罯彴支笻，團焦挂笠，泉品馳符調。好風吹聚，一時襟帶莊老。回憶窗下談棋，幾番逢刼，匆遽收枰早。蟬抱高枝吟未穩，又逐柳絲牽倒。鶴夢梅寒，鷗盟萍散，怕檢梁園稿。幸添今雨，不愁花謝庭悄。

凄涼犯 詩圃以《麝塵蓮寸集》《藕絲集》《瑶天笙鶴集》《味菜堂内外集》見贈。即用《藕絲集》中《陵陽鎮曉發》韻報謝

一罏唐宋詞人冶，鎔成萬丈光燄。拗蓮擣麝，歐絲自理，屑香都掩。薰披不厭。似雲錦、隨風舒斂。悵銀河、微波灔瀲，無夢到秋簟。

笙鶴瑶天降，四犯瓓瓏，百禽鳴崦。攬衣起舞，看縱横、倚霄長劍。味菜堂前，想分得、修蛾黛染。集詩壇、衆將姓氏，按部點。《麝塵蓮寸集》爲程夫人繡橋校注。

前調 詩圃卧病申江，叠前韻代柬

天存詞客開秋瞑，風吹不滅螢燄。舊遊滬壘，重來買棹，短篷低掩。郵更聽厭。背燈影，愁眉暗斂。驀微涼、惺惺夢颭，如水沃冰簟。

痟渴文園病，禁得單悽，旅眠雲崦。左支右絀，且消停、引杯看劍。幾輩新知，起居問、詞薰翰染。願千金、善保仔細，藥裹點。

點絳脣

一片花飛，不知何處桃源路。夕陽人語。似惜春歸去。帆轉津迷，總被多情誤。空延

佇。隔溪烟樹。暗鎖眉峯住。

相見歡

野花插滿雙鬟。倚柴關。忽見夕陽歸牧、展蛾彎。　朝復暮，耕織課，屋三間。不信最高樓有、望夫山。

踏莎行

帬衩驚鴻，釵梁顫鳳。衣香一陣風吹送。怕人見面愛人看，背人佯把花枝弄。　粉頸低垂，弓腰側控。曲欄扶定鞋帮捧。嫩涼庭院立移時，褪跟微搦些兒痛。

采桑子

似曾相識春風面，綰了垂髻。褪了纖腰。添畫雙蛾別樣嬌。　使君陌上應羞見，情不禁撩。魂不禁銷。儂有珍珠慰寂寥。

減字木蘭花

豐干饒舌。過客姓名休再說。往日紗籠。今日來聽飯後鐘。　天龍豎指。九品蓮臺平等視。現世輪迴。金佈祇園總刼灰。

踏莎行

螢坐牆衣，蛩吟柱舄。羅雲揭破遥天碧。夜涼如水月華流，滿身竹影娟娟溼。　膏燼蚖焚，香銷麝爇。蓮花疏漏過三滴。銀河絡角斗闌干，畫樓西畔無消息。

水調歌頭　答詩圃在屯浦舟次，中秋夜用東坡韻見懷

別我一千里，秋水共長天。孤舟獨夜望古，續

浣溪紗 次韻，答詩圃

未許清流憚惠風。時還覓句遞魚筒。天涯落魄兩衰翁。　老樹禁寒常械械，遠春得氣乍蓬蓬。早梅消息到吴淞。

其二

雙袖龍鍾倦凭闌。苦吟一字未能安。商量舊學問甘盤。　寓憤總嫌詩膽小，澆愁空負酒腸寬。金針可許度郊寒。

其三

搗麝成塵不散愁。百城書尚擁通侯。未容世界厭罔浮。　花底笙歌先洗耳，松陰箕踞自科頭。擾人小鳥任啁啾。

賦丙辰年。記得來時犯暑。賣了羈愁歸去。風露又高寒。轉側不成寐，茗椀藥鑪間。謝鷗盟，尋鶴夢，伴氪眠。坡仙再世，天上月過萬回圓。左顧長官開祖。右盼故人貢父。文采豹窺全。遥想鼓行篋，彼美憶娟娟。

百字令 丙辰九日登高，韻盦賦懷，語石次韻同懷，兼寄晨風廬主

登高脱帽，看蒼然秋色，都來眼底。屈指重陽風雨少，勝賞數年無此。紅飽山萸，黄酣籬菊，想接柴桑地。舉樽相屬，异鄉萍水知己。　今我不樂題糕，借人詞曲，擫笛尋聲倚。吹出清商驚變徵，鬱似晨風噫氣。雞犬當灾，猿蟲化刼，枉作全生計。請從玄石，且謀千日長醉。

絳都春　次夢坡《崇效寺展褉賞牡丹》韻

蓬山現在，界一泓弱水，便是天宫。玉樹未凋，朱旛猶護殢遊蹤。低頭總壓春陰重。捲簾情緒都慵。更無金帶，科名豫告，策問王融。　待續長安褉飲，恐沉香、亭圮雨淚啼紅。絮果暗參，蒲團婾坐算番風。瑶臺富貴真如夢，繁華輪與神叢。醉拌婪尾宵吟，不覺漏終。

蝶戀花　次頌陀《秦淮餞春》，用歐陽永叔《春晚》韻

絮絮花花忙底許。一殺那間，攪我愁無數。極目餳簫吹斷處。緑陰不似來時路。　酒散旗亭天又暮。燕草如絲，且勸王孫住。樓上笙歌樓下語。摇鞭莫向長安去。

其二

賣弄春光天不許。四面風來，吹碎花無數。酒醒長干帆轉處。驚魂驀斷臺城路。　神女荒唐行雨暮。燕燕相依，王謝堂前住。莫再泥人多絮語。故巢恐被鶯捎去。

徵招　陳季蕃世垣舊爲龍門都講，與故人邵艾廬同筆硯。艾廬盛稱其才，嘗欲爲余通殷勤，未果。今艾廬墓草宿矣，而季蕃又逝。老友東園倚此輓之，次和一闋

漢京仲舉依稀識，何緣得親光霽。記共艾廬遊，論知交無幾。如君差可已。頗牽我、停雲遐思。自絶牙琴，楚蘭憔悴，仗誰扶起。　霧眯看飛騰，有同學、龍門尾燒形似。長嘯拂衣回，把柴扉深閉。埋頭青史裏。早羞問、黨家風味。便塵世、重見桑田，恐不如蒿里。

前調

既次東園韻輓季蕃，追憶艾廬，凄然不已。復填一解，以志腹痛

艾廬別我蓉城去，孱顔未曾開霽。僂指數晨星，問寥天存幾。苦吟非得已。但消遣、暮雲秋思。怕過黄壚，醉眠人醒，喚將愁起。　猶記賭清狂，與長吉、心肝嘔都相似。奔月覓嫦娥，怪玉樓輕閉。今日重思量，勝多少、靦生情味。且休再、慟望西州，更愴懷東里。

金鳳鉤

平蕪院，洩莎徑。有窄窄、鳳頭弓印。步虚聲細，月明人静，穿過幾重花影。　綉羅幫剗兜來緊。更貼地、墜蓮端整。石榴帬掩，看難詳審。應自瘦如春筍。

醉春風

夢好防鶯妬。情密防鸚訴。秦宫花底暗思量，去。去。去。紅豆春栽，白蘋秋采，枉擔心緒。　黯淡雲停暮。寥落星稀曙。不如沈醉倚東風，住。住。住。茶褐簾前，茜羅屏底，且看歌舞。

以上《蜕塵軒詩餘附存》卷二

洪汝沖

以上《蜕塵詩餘附存》

點絳脣

官柳千條，灞橋舊是銷魂處。杜孃遲暮。生怕歌金縷。　檻外簾前，閒撲和煙絮。狂如許。恨春無主。莫放春愁去。

又楊柳、依依如此。望極平蕪，夕陽低墜。便是春来，絮飛休上鬢毛翠。半規明月，消幾許、人間世。縱夢到香閨，夢不到、長亭孤被。　蕉萃。寫烏闌怨曲，妬殺小紅能記。伊涼近也，問簫譜、可曾料平理。算付與、塞土燕支，更霑透、溶溶雙淚。怕萬一輕塵，還向東風飄起。

長亭怨慢　平番驛壁書懷

喝火令　題某女士畫菊

老圃霜華澹，疏籬露葉攢。似聞英落勸加餐。轉過小山西畔，簪向鬢邊看。　袖爲澆愁污，妝因寫怨殘。一秋長是怯衣單。正是魂銷，正是晚風寒。正是比儂消瘦，簾卷畫應難。

齊天樂　題友人天山立馬圖

晴雯飛舞輪臺上，回飆替描殘照。攬轡窮邊，披襟大漠，一篴寒煙衰草。雄心未了。問勑平勒歌殘，幾人年少。寄語黃須，似聞鞭墜鴈門道。　摩巖題字在否，認祁連不是，天外荒嶠。此天山遠在塞外，非甘州之祁連也。苜蓿途長，蒲桃酒宿，倦客貂裘曾到。江鄉夢好。待摹入丹青，鴨闌魚罩。尚想春來，嫩條生樹杪。

渡江雲　甘州城樓

莫煙凝紫塞，驚飆四起，落日大旗橫。又牛羊出沒，淺草堆邊，寂寞少人行。沙場痛飲，問嫖姚、幾日銷兵。看向晚、緑蓑青笠，吹篴罷春耕。　竛竮。登樓王粲，憶遠傷高，正飄蓬無定。那更見、芳菲依約，歲月峥嶸。邊聲謾譜陽關調，怕斷腸、難賭旗亭。君聽取、黃河一片孤城。

奪錦標　塞垣見月初出，悵然有懷

高柳搖風，輕煙赴暝，落日蒼然邊色。一片棲雅流水，殘醉惺忪，亂愁堆積。又征鴻叫晚，怕遷延、河梁消息。但依依、漢月多情，樹杪偷窺孤客。　惆悵頻年浪跡。蹋遍天涯，只是天涯猶隔。料想深閨此際，新浴多涼，玉人悽惻。爲蕭郎去也，早消盡、春花標格。數歸期、待話相思，記取芭蕉千滴。

長相思　塞上作二闋

勅勒歌。弱水波。胡騎啁啾語互訛。来從科布多。　醉顏酡。淚滂沲。鞍上旃裘産鄂羅。年年放橐駝。

其二

塞草肥。霜早霏。玉勒雕鞍短後衣。還來獵一圍。　歌聲低。酒人稀。馬乳蒲桃滿架垂。涼州換不歸。

壽樓春　題章曼仙尊甫价人先生銅官感舊圖

曾侯初創湘軍，成列即潰，憤極，自沈於長沙之銅官渚。時君佐侯幕，詭詞上游造捷，拯之出。俄而捷報果至，侯得不死。迨後論東南底定功，乃卒以此嫌疑，不獲與曾氏諸昆同膺薦達。晚年經此，感而作斯圖云

飛歸艎征鴻。望秋林夕照，蕭瑟江楓。猛憶銅官殘壘，伏波艨艟。流水咽、歌南風。是此間、湘纍遭逢。認社鼓神雅，靈旗颭動，長揖氣如虹。　書生志，回蒼穹。算推枰折屐，瞞了英雄。可有擎天奇夢，決機胸中。援弱手、

將毋同。便爛羊、何須侯封。問塵海茫茫，長鯨又東。誰井從。

念奴嬌　末麗

素馨開後，乍圓姿一點，冰肌新浴。閲遍羣芳誰得似，還倩玉簪簪玉。撮雪摶酥，霏煙滴露，品到茶甌熟。謝佗紈扉，暗香飄過蛾緑。見長記茝若椒風，肥環瘦燕，魚貫藏金屋。説樓東人絶代，堪稱珠量十平斛。淚裹鮫綃，魂銷鴛枕，午夜情芬馥。葳蕤親啓，曉妝羞對膏沐。

滿江紅　題程子大横覽圖，用竹垞《和曹侍郎錢唐觀潮》韻

影事滄桑，畫圖裹、金甌未闕。認幾處、天藍如卵，樹青如髪。三宿浮屠行脚健，津梁不厭催明發。笑當年、偏向一舟中，分胡越。貂裘擁，滹沱雪。羸梧吸，珠江月。拾餘懽詩酒，古愁愁絶。莫問郵亭誰是主，客塵轉到空俱歇。且臥遊、乘興住爲佳，醒時節。

解連環　爲龔門鄧貞女作

楚山空谷。有蘭芽秀茁，一花初馥。倩曉露、滋長靈根，早絲附女蘿，蔭依喬木。旖旎風霜，更休把、玉鑱輕斸。算芬芳竟體，賦質天然，但守貞獨。哀弦莫彈别鵠。甚横塘、未許文鴛同宿。待十載、樹就冬青，卻移向南陔，素衣初服。敢背尊章，奈散手、佳城先卜。看蒼梧、恨凝萬古，淚斑翠竹。

望江南　戲擬長安四時雜憶

長安路，燈火記天橋。小袖禿襟花底活，香車

寶馬月邊嬌。同逐可憐宵。挑菜去，修禊又明朝。等是有家歸未得，不曾真箇也魂銷。紅淚似春潮。

其二

長安路，十刹避驕陽。風竹捎簷金爵黯，露荷妨漿玉虹涼。花氣雜衣香。消永晝，閒看睡鴛鴦。雪藕調冰憑曲檻，買魚穿柳過橫塘。詩酒自清狂。

其三

長安路，最好是江亭。菊蕊經霜姿嫋嫋，荻花臨水鬢星星。秋意倍淒清。無限恨，都向莫煙生。憶遠竟迷三里霧，傷高只隔一重城。寒雁又南征。

其四

長安路，冬景盛唐花。庾嶺早梅方吐秀，豐臺新藥已抽芽。羯鼓不須撾。空想像，綺麗赤城霞。能共歲寒知幾輩，試尋春色在誰家。何處覓丹砂。

蝶戀花 宿盤豆驛

漠漠晚烟平遠樹。惱殺寒雅，帶得斜陽去。雙軌載愁愁滿路。亂愁還有山無數。旅館挑鐙聽夜雨。客夢初回，夢斷愁無主。馬齧秋芻聲達曙。芻聲恰是愁來處。

鷓鴣天 洛陽道中

滿地塵沙撲面黃。春山隱約畫眉長。誰知謝女風前絮，都作潘郎鬢上霜。村釀薄，客衾涼。拚將離緒付匡牀。荒雞野店愁無限，卻夢看花到洛陽。

暗香　羅帕

越羅千縷。對曉奩翦就，輕盈如雪。伴我宿醒，不與襟痕共磨滅。曾向潘郎擲果，懷袖按白石此『忘』字以本詞後半闋證之，知當讀去聲；夢窗詞雖用『簾』字，究不敢從也裹、濃香猶熟。怕萬一、青鳥銜來，都染杜鵑血。嗚咽。拭雙頰。又半枕夢雲，紺冰承靨。合懽乍裂。多少相思悔輕別。長記藏鉤月下，攜素手、同心雙結。看秀句、題遍也，與卿細說。

疏影　珠簾

誰家畫閣。有茜香點點，飛上疏箔。欲倩湘筠，留得啼痕，鮫人萬顆先落。通辭一水疑銀漢，怕下界、微波難託。待梵宮、會闌無遮，證取勝鬘瓔珞。　怊悵簫聲隱隱，看花似霧裏，青鬟非昨。記否長門，微雨黃昏，乳燕曾經低掠。流蘇不隔高唐路，奈月夜、夢魂纖弱。但送情、遙指紅樓，早下五更銀鑰。

綺羅香　題鹿泉翁繡衣獨立圖

涴酒留痕，看花費淚，淒黯宮袍如許。卅載春光，孤汝七襄機杼。宦情淡、沾袖香多，鄉思切、聽碪心苦。認頻年、平等恩仇，一綈不忘故人處。　牂牁今去萬里，應念湔裙伴侶。緇塵還污。照影澄江，好趁夕陽呼渡。拚溼了、白傅青衫，便只爲、鬱輪羞賦。寄深情、但祝無疆，醉謌公按舞。

十六字令

送鹿泉翁改官滇南，即題其琴鶴小影

琴。一鶴孤飛入瘴林。鸞相送，瑶瑟不成音。

調笑令

殘暑。殘暑。夢逷瀛洲深處。西風乍起須臾。消瘦芙蓉病無。無病。無病。殺愁秋高風勁。

西谿子

去江亭數武有女郎墳，三尺翠珉，一篇黃絹，舊題香冢，大類雁邱，殆才子美人哀時感遇者之所託邪。晚春摩挱，檃括成調

浩浩新愁無際。脈脈舊情誰憶。最凄涼，芳草歇。明月缺。一曲清歌乍闋。碧血尚含香。刼茫茫。

謁金門

江亭秋步

西風惡。一葉井梧飄落。塘外雨來蛙閣閣。水深魚自樂。敗壁悔題舊作。曲檻難尋新約。夢到秋宵魂也弱。忍寒羅袂薄。

水龍吟

崇效寺看綠牡丹

石家金谷園中，倩魂又向樓頭墜。尋常粉黛，誤他飛燕，新妝初倚。慘綠何人，攜來碧玉，慣臨春水。歎回黃未了，看朱漸逼，天香在、紅休洗。花葉相當相對。怕重來，乍添青子。垂垂倒挂，争如么鳳，羽毛無比。蜨惱蜂愁，者番富貴，最難摹擬。問誰家翠袖，單寒自惜，逷珍叢底。

如夢令

窗外雨狂風驟。枝上綠肥紅瘦。啼鳥惜餘春，喚醒箇儂清晝。依舊。依舊。纔起又眠時候。

解連環

有東瀛女子小華生者，自題玉照，緘寄所懽。海外朝雲，曲中蘇蕙，詩畫雙絶，斯豈凡葩。好事徵題，哀然成帙。爲拈本事，聊譜新詞，亦冀解語花見之云爾

玉簫天遠。展崔徽倩影，寫愁薵亂。盼不到、海水西流，望一平髮中原，未哦先歎。小別重陽，記此夜、鐙花同翦。正橈空月落，馬滑霜濃，淺醉茰戔。　春光眼前又換。甚倡條冶葉，離緒牽綰。算瘦損、還有蕭郎，怕魂夢相尋，驀地重見。皎目榑桑，料獨活、年來栽慣。問天孫、聘錢貰否，絳河淚滿。

長亭怨慢

前題既竟，無端棖觸，怱怱似有欲言，復成此解

問誰是、泥邊飛絮。證取枯禪，惱儂如許。縹緲三山，好風難遣碎萍聚。舞慵歌倦，空會得、邯鄲步。倩萬頃櫻花，替畫出、西施眉嫵離緒。　記高樓按拍，卅載海波掀處。峨峨大艑，料不解、箇儂新句。只載得、一片愁歸，便歸也、招魂誰賦。看暮暮朝朝，收拾陽臺雲雨。

齊天樂

題北江舊廬圖二闋　京師八角琉璃井，故宅也

天街甲平第紛無數，流傳賴佗詩史。退谷藤陰，亦平園柳色，幾閱清時帬屐。容齋尚已。認甃石吾宗，卷葹雙字。待訪高梧，夜來何處

鳳皇寄。　當時西域戍遠，歎機聲早斷，鐙影難繼。檻折誰旌，簪遺試覓，贏得臣心如水。堂前燕子。怕泥落梁空，海王村裏。謾想音塵，荷戈豆圖又碎。北江有機聲鐙影並荷戈等圖。

其二

昔年斫平地悲歌處，琉璃幾堆寒甃。數點秋花，三分水竹，聞説承平親覯。菭荒未久。想馬渴僮飢，一生歸後。用北江與船山《兩生行》唱和事。　鏡檻無情，墜紅猶自戀襟袖。　郵亭多少勸旅，逝波長不斷，身外何有。命合更生，心真可拔，空惜神州消瘦。殘荷賸柳。怕迸入滄桑，蜃樓非舊。唤起愁魂，我來頻酹酒。

綺寮怨　聽雪

放眼長空如醉，冷雲摶晝陰。漸晚逼、吠犬遥村，飄鐙裏、翠斷朱沉。窗前驚沙又急，相思夜、素酌還自斟。正暗中、細拂輕披，檐聲悄、戍角都凍瘖。　夢去碎瓊更深。零烟墜露，閒情待付瑶琴。舊日青禽。也須認、粉和金。西洲憶梅人遠，想照影、便無心。凄涼布衾。從今怕對鏡、霜霰侵。

遶佛閣　紅梅

故山院宇。長憶歲晚，標豔芳樹。良夜如許。夢中認取、羅浮舊時路。　絳雲四護。才破半萼，還怨遲莫。鶯燕都誤。謾疑點染，桃源賺漁父。　凍雪正融滴，自試紅妝燒寶炬。偏是醉顔，微酡嫌粉污。怕紙帳宵深，櫻褪樊素。玉奴休妒。待唱與姜郎，分詠新句。紫簫吹、暗香吟苦。案白石《暗香》《疏影》同標題石湖詠梅，或謂係一紅一白分詠。又此調係雙拽頭，通體三疊，與

《瑞龍吟》正同，《詞綜》《詞律》均僅分兩疊，非是。

蘭陵王　春雨，用清真韻

雨絲直。簾底苔痕暈碧。瀟湘岸，曾記一犁，净剗春雲見山色。青蕪認舊國。吟罷池塘謝客。花深處，還放馬蹏，輕蹋香泥又盈尺。案此調係換頭之雙拽頭體，與《西河》正同。若《瑞龍吟》《遶佛閣》則不換頭之雙拽頭一種，《詞律》多併爲一疊，誤甚。至謂清真「誰識」句「識」字是韻，不知此句與「烟裏」句相當相對，「裏」字不協，獨協「識」字，有是理乎？萬氏欲神其説，乃引千里和詞及他作之偶合者爲證，自謂非穿鑿。竊恐全書此等穿鑿處正復不少耳。江南舊行跡。正浪颭帷鐙，風送帆席。芹芽蘆筍都堪食。偏溼翠鳩喚，冷煙鸝語，零鈴聲裏過破驛。滯歸雁天北。　惻平惻。嫩寒積。乍屋瓦初停，檐霤俱寂。撩人昨夜相思極。念此際深巷，賣餳簫篴。芭蕉何事，但淚點，住更滴。

倦尋芳　餞春

淚紅濺雨，愁碧埋煙，香汎庭院。爛錦昭華，拋嚲鳳鞾鍼綫。酹酒闇欺花未醒，尋芳蜂與人俱倦。病懨懨，有情絲一縷，把郎輕罥。　更便罥得、郎驄歸也，樓外斜陽，無計留戀。恐天涯，都斷望春雙眼。後約還期楊柳色，深盟空誤桃花面。促良辰，算輸佗，杜鵑千遍。

埽花遊　孤雁

楚鄉夜泊，乍斷浦飄來，數聲清怨。去程恨滿。對寒塘照影，不教分散。謾慰驚弦，萬感商飆漸緩。蓼花岸。有多少睡鴛，休誤更箭。　天上消息斷。認錦字回文，拆緘藎亂。玉關路遠。料春前伴侶，也曾相喚。歲晚滄江，臥後朝班點遍。怎留戀。未羞他、玳梁雙燕。

月下笛　庚子閏中秋無月

玉宇沈沈，今何夕也，夢痕如許。姮娥閉户。羞識南樓吟侶。西風帶雨捎鴛甃，漸不似、秋聲在樹。記中庭依約，棲雅地白，桂枝零露。延竚。分攜處。歎解憶長安，雁程猶阻。重圓怕覩。妬他天上牛女。謫仙空向磯邊殉，待後夜、回光照汝。算占了，早重陽，瞞了黄花半圃。

以上《候蛩詞甲稿》

高陽臺　乘輪舶再入江南，薄遊秦淮

腥浪排愁，狂飆撼醉，依稀夢墮南朝。剛到春邊，山柔水膩相邀。垂楊不管閒鷗鷺，向翠汀、蹋遍寒潮。罥吟魂，雲外雕闌，月外瓊簫。

清遊有分身無那，問飄蕾金粉，甚處藏嬌。更惹煙波，從今溼透鮫綃。沈沙折戟興亡恨，總庾郎、一賦難消。怕重來，佳麗都非，莫辨紅橋。

西子妝　泛舟玄武湖，用夢窗韻

新柳弄晴，早荷出水，小艇輕分香霧。落英猶自昵桃根，蕩詩魂、野橋荒堍。池魚亂舞。更惱殺、流鶯不住。鬱蒼蒼，望蔣山佳氣，年年如許。　歸期誤。一角臺城，又賺遊客平去。南朝豔句。算惟有、傷心難賦。怕銷凝，看到紅妝濺雨。

蜨戀花

北固甘露寺鼎峙金焦，俯瞰江水。辛丑夏，予往避暑，寓石帆樓。沙鳥風帆，歷歷在目，江山第一，令人輒喚奈何也

别酒離歌風力大叶馱。夢戀餘香，醒也金焦墮。又向石帆樓上臥。帆歸日日窗前過。

雁背夕陽明一個。不語凭闌，淚點青衫涴。淺黛深波渾界破。江山第一真無那。

浣谿沙

北固寫望

檻外斜陽戀畫樓。歸飛雙燕尚淹留。晚汀寒翠立閒漚。

山爲多情還北顧，水如無恨便西流。眼重眉褪一匳秋。

鶯啼序

己丑殘臘，予將計車，繫纜邗上。鄰舟有歌《滿江紅》者，曼聲抗墜，幽怨淒清，與風水賡續往來。推篷聽之，異情均感。自此蹉跌，忽忽十有餘年。庚子之亂，挈家南避。明年留滯白下，言遊京江，綺夕華鐙，密圍曲讌。有長身豪客，捉裾入座，引吭而歌，髣髴當年身在舟中，聲來水上也。予時暗驚老大，尤感亂離，魂逐塵飛，淚隨潮至。昔在終軍度關之歲，今爲陸生入洛之年。歷歷舊情，邈焉霄壤。夫商婦之怨，無過琵琶；司馬之悲，止傷淪落。矧兹中原多故，身與世同沉；四座無言，肉比絲爲烈。言哀已歎，斯固然矣。高樓罷酒，蕭寺挑鐙，風雨打門，波濤抑枕，以夢窗長調急韻寫之

紅樓乍聞按拍，有柔情似水。漸淒緊、還又悠揚，柳絲難綴花蘂。釧聲悄、春衣盡褪，銅荷蠟淚成珠墜。任深盟重説，今宵也作去離思。

休唱家山，寄旅荏苒，感當筵定子。繞疏檻、空盼飛雲，塞鴻遥送書至。料潯陽、琵琶苦調，總羞和、柔葱纖指。道青衫，淪落天涯，未如秋意。

沈思往事，野渡維舟，傍柁樓不

寐。箏舫近、夜深泣訴，似爾如汝，一字千回，一回千淚。陳懽破夢，頻年京國，狂飆吹墮三清路，歎婆娑、樹老人蕉萃。誰憐小杜，揚州俊約分明，迸來怨歌聲裏。烽煙況警，鼓角還聞，合聽蛩晚翠。且莫問、貞元朝士。怕有潛蛟，側耳江干，浪搖波起。移宮換羽，迴腸收拾，君前河滿雙淚落，對青峰、愁近危闌倚。傷心法曲飄蘦，待寫相思，自尋蠹紙。

虞美人　憶別二闋

漏虬催動丁東玉。紅浪鴛鴦浴。歛衾含淚少人知。一夜釵盟敲著、枕函時。　無端又誤今宵睡。記取愁滋味。何須獨坐剔蘭釭。恰好鰈魚先已、一雙雙。

其二

玉驄侵曉成輕別，花下鵑啼血。墜懽殘夢總隨風。特地染郎衫袖、一絲紅。　思量合是他生債。的的香瘢在。願爲瑣骨待伊償。還恐情多容易、欠伊行。

瑞龍吟　久客江南，送陳伯弢赴浙，即題其桃源冊子，用清真韻

來時路。曾記亂舞羣鷺，暮春花樹。羈愁還入薰琴，漫回倦眼，天涯甚處。更延竚。　因想蒨桃初綻，個儂當户。依依水國斜陽，夜梆四起，煙波自語。　江上扁舟歸未，綠陰青子，猶堪低舞。惟恐近來僊家，門巷非故。吟邊畫角，驚到秦人句。憑誰問、才名片石，韓陵高步。又指西泠去。送君況是，新亭意緒。

莫挽絲千縷。應念我，前宵聯牀風雨。數行濇墨，一行飛絮。

玉樓春　三闋

橫波脈脈簾垂地。五夜挑殘鴛錦字。欲憑幽夢説相思，卻早亂雅啀破睡。　花前真悔空迴避。小膽惺忪無好計。淚痕和墨點羅衣，記取去年今日事。

其二

流鸎巧語窗前樹。杜宇催人隄上路。釀春蜂蝷本顛狂，雨雨風風禁幾度。　愁紅不爲游絲駐。陌上塵飛郎馬去。歸時莫掃去時塵，萬一離痕無覓處。

其三

夢痕輕逐朝雲散。狼藉飛花春不管。鸞文鴛屧倦還抛，蟬鬢鳳釵嬌更嬾。　薰風又到長洲苑。芳草天涯人近遠。燕泥長是戀空梁，不道斜陽容易晚。

聲聲慢　落葉

銀瓶墮水，金谷飄煙，西風一葉驚秋。鳳宿鸞棲，等閒揺落颼颼。春工翦裁幾費，肯隨波、流出宮溝。吹夢緊，問人間何世，半晌淹留。　連理桃根猶在，甚花難蠲忿，草不忘憂。浸玉寒泉，昭陽往事今休。哀蟬莫彈幽怨，怕稠桑、無語凝眸。誰認取，滿荒郊、都是亂愁。陳伯弢云：此詞殆取《落葉哀蟬》之意，滬尹有和作，見彊邨集中。

一落索

眼底王孫歸未。畫闌慵倚。落紅糝地馬蹠

輕，認當日、千金意。又道江南佳麗。峭帆容易。羊車可是到長門，費幾許、鹽和淚。

鷓鴣天

寶馬香車十錦圍。柳緜消盡雪花肥。悠悠旌旆聞寒角，冉冉關河盼夕暉。　情脈脈，送將歸。征塵莫浣舊羅衣。高樓少婦開妝鏡，澹埽雙蛾淚暗揮。

臨江僊

邊塞秋鴻歸後，妝樓遠夢醒餘。經年草草數行書。劬勞難慰汝，流浪不關渠。　乍避寥天矰繳，可堪中澤菰蒲。稻粱聞已耗江湖。憑將建業水，都作武昌魚。

風蜨令

瘦菊凋籬落，疏桐墜井闌。西風一夜太摧殘。賸有經霜胡蜨、不成團。　酒壓眉峯蹙，愁烘淚雨乾。倚樓無語看秋山。又是斜陽流水、莫雅還。

花犯　辛丑除夕，和漚尹翁

粲銀釭，驪珠乍吐，雙花向人笑。揭來懷抱。對燕喜冰盤，星鬢驚早。忍寒酹酒澆殘稾。鑪香和夢裊。念故里、東風無力，黏雞朱户悄。　尊前墜懽，記年時鐙宵，試打疊、春衣多少。鐘漏緊，千金夜、舊情新調。殷勤共、紫姑暗語，怕還又、青蕪都易了。莫謾警、西烏宮樹，微茫剛破曉。

應天長

東風不管桃花嫩。昨夜緑窗眠未穩。雙鴛印，萡痕暈。恰被落紅鋪一寸。　舊懽成宿恨。人遠天涯還近。不是傷春瘦損。如何衣乍褪。

虞美人

小樓一夜春寒重。雨溼行雲夢。海棠如霧柳如煙。睡起闌干斜倚、曉風前。　香階剗韈尋陳迹。萡印燕支浥。愁紅莫上玉鉤斜。怕被旁人猜作、杜鵑花。

喜遷鶯　題漚尹翁斜街補屋圖　查查浦故宅也

城西荒墅。記闌角亞字，古愁如許。點淚江山，迴腸壇坫，重續斷歌藷舞。樹枯鳳皇棲老，藚破鴛鴦飛去。謾凝想，聽籠紗堂壁，金絲淒楚。　誰補。流水外，修竹萬竿，一一鐫查浦。披褪荷衣，紉殘蘭佩，香草美人情緒。暗數故園佳景，曾占一樓煙雨。任漚笑，怕牽蘿後夜，秋風無主。

憶舊遊　塵

記芳郊試馬，綺陌停車，春事長安。小病疏青鏡，歎衣緇化處，吹散前懽。夢中洛靈微步，羅韈點波寒。正雁柱淒清，驪歌激楚，縈繞梁間。　無端。惹新恨，有一騎飛來，笑破肥環。已滿萊蕪甑，便瀛洲量遍，難勸加餐。故人振衣千仞，冠好更休彈。看扇障元規，南樓月出都夜闌。

慶春宮　渡黃河

殘照西傾，驚濤東走，眼前又過蒲州。縹緲風陵，悤悤呼渡，晚妝螺黛初收。薄寒侵袂，倚橫笛、狂吟柁樓。津梁經歲，羞把萍蹤，說與沙漚。　漁榔乍入秦謳。偏帶哀鴻，隱約沈浮。攬轡蒼茫，褰裳容與，可堪此意悠悠。水清泥濁，問誰更、投鞭斷流。潼關開也，贏得今宵，一枕閒愁。

二郎神　題梧院秋痕圖，爲唐慕潮悼亡作

雁程去遠，正四壁、候蛩涼夜。記缺月窺簾，疏桐驚摵，吟罷蘭膏燼灺。見說心香頻遙視，猛淚逐、麻衣傾瀉。除訪到比鄰，庭烏雖在，此情難話。　泉下。慈恩忍負，待郎歸也。認錦字緘來，瓊肌消盡，猶自溫存暗寫。夜合花前，夕陽西墜，秋與鵑魂俱化。誰更慰、奉倩神傷，對影鏡塵遺挂。

臨江仙　再題前圖，代人作

蕭摵梧桐秋半老，故鄉今夜潮生。玉釵占斷哭蕙庭。暗緘雙淚，新雁爲丁寧。　猶記曉風催迅羽，錦幃彩鳳夸娉。花萎月慘認儀形。夢痕何在，終古一鐙青。

西江月

記得當時相見，畫樓手拓窗紗。懽踪只在曲闌斜。花外柳絲盈把。　驀地雲分雨散，幾回夢到天涯。春魂冉冉似楊花。陌上暗隨郎馬。

浣溪紗　螢

小扇低低撲晚涼。練囊閃閃照書牀。何曾細雨溼流光。　夙世可憐羞腐草，浮生不敢近斜陽。星辰昨夜事荒唐。

芳草渡　秋林夕照

遊花隖，眺荒郊。雅棲晚，雁飛遥。秋山無限額邊嬌。霞比豔，波轉媚，總魂銷。　丹楓醉。官柳睡。帆落人歸也未。憑傳語，木蘭橈。傷高意。懷遠淚。一江潮。

宴清都　煙

宿雨侵苔徑。朝雲散，海棠初日低映。晴光點綴，丹青一幅，輕綃偏稱。遊絲閃閃無定，又曲沼、朧明似鏡。看遠山、偷綰雙鬟，曉妝還弄新影。　恩恩已是清明，居然寒食，佳節誰省。離愁漸織，春魂乍鑠，夢痕猶凝。闌干此際同凭。料沈醉、東風未醒。怕釀成、非霧非花，淒涼作去暝。

臨江僊

鎮日懨懨嬌困，蕭孃一紙書無。可憐豔曲誤羅敷。箔蠶詩意緒，花鳥繡工夫。　怕聽春前鶗鴂，還吟山上蘼蕪。青蠅何事故相污。荔支親手種，不爲賭摴蒱。

雙調南鄉子　贈影

鎮日苦追隨。月下鐙前更水湄。好夢一宵都忘卻，相攜。再訪天台路已迷。　鏡裏瘦腰支。忽訝蓬鬆短鬢絲。見説靈和當日柳，枯枝。我且無憀爾可知。

齊天樂 秋聲

蕭蕭鐵馬商飆動，緐音慣尋羈旅。棧老欺鈴，城荒撼柝，更續疏鐘殘杵。離愁萬縷，乍鴻咽荆雲，狖啼巫樹。聽到無聲，桂花零露淚如雨。　孤舟嫠婦夜泣，擾根塵一片，都是悽楚。大澤生波，空庭墜葉，贏得傷高詞賦。流光細數。記好鳥來時，震霆驚處。謾想瑤階，候蛩予和汝。

霓裳中序第一 凍婕

新寒到翠幕。一院無人花自落。淒婕還尋素約。罥不住殘陽，頓成漂泊。仾徊草脚。弔短籬、風雪饕虐。羅浮在，賦歸縱切，破繭更無著。　輕薄。飛揚如昨。漸弄影、腰支瘦削。秋深誰卷繡箔。怕暗抱涼柯，蜕同蟬殼。冷蜂偏早覺。只傲吏幽棲未託。緐華夢，粉消香褪，忍共鬧蛾捉。

滿庭芳 唐花開後，往往經歲不榮。欲速過求，本實先撥，會心不遠，愴然倚聲

丹寵烘芳，温泉沁暖，是誰點綴殘冬。園林霏雪，帷幄瑞香濃。此際千紅萬紫，珠露滴、巧奪天工。何須妬，寒梅一樹，含笑獨臨風。　煙籠。疑夢裏，陽和乍布，豔冶都融。問唐宮羯鼓，因甚丁東。怕是催花過急，花開後、春已無功。休憑弔，棠萎藥慘，流水太悤悤。

以上《候蛩詞乙稿》

東風第一枝 壬子元夕，陽曆已三月三日矣

顫裊釵蛾，朦朧苣密，今宵剛又新暖。踏青方恨春遲，試鐙尚嫌夢短。香車寶馬，總慣碾、

天街塵軟。問内家、嬌語相呼，記否去年簾卷。　歌未歇、俊遊在眼。腸欲斷、盛筵易散。也知此後魚龍，不似向來曼衍。金吾休矣，莫誤了、湔裙同伴。算皓魄、隨意盈虧，人月恁時圓滿。

踏莎行

朱雀橋邊，烏衣巷裏。金僊昨夜酸眸子。人間蕉鹿本非真，天涯風鶴緣何事。　梗斷還漂，樓高怕倚。鄉書有雁應難寄。傷心莫更賦蘭成，江南到處多煙水。

沁園春　戲詠紙鳶

似鳥無翰，如箏失柱，翔鳴自然。是春深洛浦，鴻驚水際，秋高華嶽，隼見峰巔。柳絮輕柔，游絲蕩漾，一紙吹嘘徐上天。君休笑，怕墜來跕跕，路轉鑾煙。　乘查有客迴旋。更不羨、青鸞傳語便。但瑶笙初譜，飛瓊入夢，文簫乍授，弄玉成僊。身在雲霄，形猶傀儡，手綫全從低處牽。黄昏近，漸兒童操縱，誤罥枝間。

雙雙燕

豔陽畫閣，有雙燕低低，掠殘波影。珠簾半卷，恰好晝長人静。聞道于飛夢醒。待打疊、春寒方勁。高樓恨鎍年年，誤了雕梁文杏。　煙冷。呢喃熟聽。怕不似從前，採香三徑。烏衣門巷，可奈夕陽俄頃。都作尋常百姓。看泥落、驚魂難定。風檐且自將雛，一任柳昏花暝。案梅溪此處『獨』字應讀平聲，《詞律》失注。

玉樓春

柔桑沃若春將半。箔上眠蠶情宛轉。可憐觸緒苦嘔心，不合藏身先作繭。功成暗祝飛蛾變。五鼎由來烹未免。當年衣被到蒼生，今日豈知絲價賤。

卜算子 戲詠無綫電報

兩地寄相思，疑信還參半。怪底郎舟縮不歸，千里忘牽綫。魂夢本隨郎，誰道天涯遠。偏是靈犀一點通，掬與旁人看。

八聲甘州 觀演飛艇

趁東風一舸正凌霄，衝開蔚藍天。看星河槎犯，輕逾緱鶴，巧鬬輸鳶。乍聽頗黎敲近，也擬縱羲鞭。無限蒼茫意，九點齊煙。粉碎虛空真個，訪三間不見，誰索筳篿。歎狺狺猶是，無計證飛僊。料高寒、瓊樓玉宇，到夜來、人月未雙圓。從今後、少攀援處，容我宵眠。

浪淘沙慢 漚尹翁寫示近作，感和

感春又，津橋向晚，杜宇嗁血。殘日銜山漸沒。緐星映水半滅。恨不共鴟夷絲網結。遺長夜、玉軫親撥。念珠幌飄鐙正深宵，香篝竟虛設。 城闕。泰孃紺幰初別。記昵枕低幃，千金意、輭語分付切。嗟夢斷銅駝，江浪嗚咽。暗塵自甐。忘照伊空掩，胸前明月。羅薦文茵承回雪。溫馨裏、桂尊尚熱。佩環隱、清歌驚乍闋。賸沈困、藥裹關心，翠黛竭。纏緜與病難俱絕。

菩薩蠻 滬江春感四闋

春中江上春潮急。傷春人近闌干立。風斷雨絲飛。燕歸人不歸。　蝦須銀蒜重。莫放天涯夢。停繡問吴孃。鴛鴦何日雙。

其二

江南春雪飛梅片。去年人好今年見。圓月柳梢頭。如何但照愁。　愁多春又晚。未必郎心轉。鵑血滿空枝。待郎能幾時。

其三

茜幃省識春寒透。睡鴛忍凍還相守。相守又相離。何妨暫見疑。　風迴雲冉冉。夢溼都如魘。冰雪本聰明。瑶階一夜平。

其四

繽紛紅雨風吹散。鶯飛草長無人管。雁陳又驚心。昏雅況滿林。　濃雲天似墨。關塞迷南北。春好在誰家。兒童捉柳花。

夢揚州 春寒猶勁，庭中惟木筆盛開。同某君作

甚花朝。又滿園春雨今宵。夢裏畫陰，巷外沈沈餳簫。緑窗人隱夭桃面，怕嫩寒、難握荑苗。闌干畔，深盟在，未應江管才消。　楊柳誰憐瘦腰。禁繡闥香殘，藥椀煙飄。誤了睡棠，孏趁鈿車芳郊。拄天無恙風流筆，點數行、歸雁青霄。休醮取，湘波舊淚，蛾黛重描。

摸魚兒 題常寧王節母夜課娱姑圖　時其姑失明

記慈烏、乍將雛了，蕙幃深夜孤冷。囊螢莫妬兒書熟，促織謝他相應。娱暮景。勝姑婦空

木蘭花慢 子大五十生日，譜此爲壽

正星明軫轄，過重午、近長沙。看煙蒻汀洲，澡蘭簾幙，麗景方賒。榴花。乍含半蘂，似新詞流彩爛朝霞。洺水書舟墜緒，五絲入手交加。　非耶。鄂渚記浮查。仙夢又誰家。賸樓外白雲，江邊黃鶴，如此年涯。休誇。幔亭夜永，要分斟蒲斝潤東華。貞石丹青况好，補天不數靈媧。

齊天樂 題梁辟園五橘並蒂圖

騷鄉徠服謌嘉樹，秋容倩誰裝綴。歷歷星垂，纍纍彈發，霜萼同心牢繫。連苞並甒。早貢入明廷，聚奎呈瑞。試舞萊衣，竇家不羨數株桂。　商山回憶舊隱，記頻輸縞軄，柯爛經歲。庾實懸金，王枝薦碧，旁列千頭奴婢。白山，對奕更漏永。按白石此處二字用去上，與諸家不同，音尤激越。所謂『他日野處見之，甚爲予擊節』者，蓋指此也。鏦音暗聽。更不數吾宗，卷葹閣上，鐙火繪清影。洪北江有機聲鐙影圖。　東鄰女，寒哭飢嗁未省。承懽違解温清。卅年忍涙吞聲處，偏是耳根能證。前路迴。算愧殺須眉，但說天易瞑。甘回蔗境。只綽楔崢嶸，滄桑任改，九面望衡正。

江城梅花引 聞歌

月明何處按歌聲。罷彈箏。乍調笙。髣髴花前，搖曳囀新鶯。聽到微微嬌喘處，晚風起，暗塵飛、儘涙零。　涙零。涙零。又殘更。鄉夢驚。愁思縈。倦也倦也，醒共醉、都是淒清。何况良宵，簫鼓負春城。隔斷紅牆心萬里，無一語，剔銀釭、倚畫屏。

平眉最美。幾曾識人間，苦瓜甘蒂。狀補南方，閑心羞變枳。

燭影揺紅

《雲因集》者，傳謚菴與歌者雲郎紀夢徵題之作也。非花非霧，即色即空，結習未忘，爲填此解

絶代芳標，太清一點風飄墮。玉娥郎見散花身，愁被披香唾。容易情天勘過。記前因、當機印可。舞衫歌扇，消盡騷魂，不曾真箇。　神女生涯，夢中雨散人無那。滄桑輕换到梨園，誰念家山破。應是浮湘計左。載春歸、輸他畫舸。彩雲何處，看取啼痕，杭州襟涴。

念奴嬌

題《海漚居士集》　居士姓王氏，適旗族某。慕李易安才藻，故以居士稱。夫亡後不得於姑，遊學京師歸，姑復奪其居宅。乃從其師來湘。詩詞均極哀怨。聞將返黄安母家，以讀書終老云

黄花瘦否，是銷魂清照，前生聲價。命薄差强依駔儈，偏又姮娥長寡。玉笥薶雲，金荃懺綺，血淚空盈把。驚心姑惡，夢回霜重鴛瓦。　猶記楚尾吴頭，念家山破，一片寒潮打。故宅虞翻餘燼冷，不許文姬歸也。湘水漚浮，燕臺鳳泊，問字車停乍。先人廬在，羡他鉛槧瀟灑。

凄凉犯

冰床

雪花亂落寒雲擁，句。流澌忽住嗚咽。水天界泯，茫茫大地，淚冰紅結。人蹤盡滅。更飛鳥、千山斷絶。賸一床、如輿似楫，酒醒上弄明月。　還念臨歧恨，急羽離弦，幾番輕别。去程漸遠，少香泥、暗膠車轍。夢裏關河，奈

雪梅香　松花江酒樓

雨初歇，疏林漠漠鑠斜陽。送長空歸雁，相思漫説千行。一帶岡巒隱危堞，幾家亭閣倚高檣。市聲寂，素練平鋪，新月昏黄。　難忘。看花處，豁盡閑愁，賴有狂香。邃譜蕢洲，鴟夷髩鬅浮湘。蓴菜秋風誤歸客，桃花春水狎漁郎。無聊是，冰天怕近，人立蒼茫。

倒犯　北山宴集，呈在座諸公

正一望山亭，翠深寺門紅繞。元戎隊小。郊坰外、乍添吟稿。凉飆在樹，還拂纖柯驚知了。又過雨羣蛙，閣閣鳴方沼。甗華鬗，只流潦。　回首舊遊，凭遍闌干，頻年懽意少。極浦送去舶，峭帆轉，須當早。念故國、煙波渺。算歸期、江邊漁父笑。笑倦客天涯，獨負閒漚偏又、塵生素韈。算滄江、不許歲晚，臥處熱。

戈順卿云：『《淒涼犯》起結皆厶ㄅ，厶，合也；ㄅ，五也。仙吕調清聲用五字住，商聲七調惟太簇商亦用五字住。所謂住字同者可以相犯，則所犯商調乃太簇商也。其用合字者，合爲黄鐘之住字，則又所謂以商犯宫也。』沖案：白石原詞旁譜於『索』字始注厶ㄅ，可知首句『陌』字非韻，萬氏注誤。至『將軍部曲』句，『曲』字萬氏亦注叶，尤非。是所用爲藥、覺韻，何得以質、陌、屋、沃任意羼入乎？

燭影搖紅　題華胥幻影

廿載流光，夢中尋夢清漳道。再來人面障輕紗，應識鈿車到。一霎驚鴻乍渺。又相逢、歌塵暗繞。舊愁新恨，記弄青梅，渠儂嬌小。　癡絶温郎，鏡臺依樣描雙照。非生非死更非真，慵睡邯鄲覺。忍便封侯去了。翠樓空、垂楊自裊。臂盟誰證，百感瓊漿，藍橋天老。

以上《候蛩詞丙稿》

鳥。鱠鱸秋更好。

石州慢　題成竹山香雪尋詩圖，用卷中大鶴韵

雪意霏香，人去灞橋，前度京國。吴天月色昏黄，又踏一山花白。琉璃萬頃，似棹一舸輕舟，蒼茫古夢迷寒碧。西崦認題痕，只騷魂難覓。　誰憶。壽陽宫裏，鸞鏡初分，更無消息。漸老何郎，詞翰春風猶識。玉龍舊怨，不待换羽移宫，江城五月吹横篴。後約共伊探，費相思心力。

玉樓春　宿雨初霽，棹小舟渡松花江南岸，入農場，與羣公會詩。時值新漲，萬緑迷煙，秋色撩人，江山如畫，恍然身在江南也

鯉魚風起芙蓉老。呼渡悤悤瓜艇小。數畦新稻露初溥，一路野花秋自嫋。　不因宿雨連昏曉。那得珍叢千遍遶。鶻紅休道不如歸，眼底江山無限好。

秋思　坊本夢窗此調下有『秏』字，明太原張氏鈔本無之。蓋夢窗原題『荷塘』二字上本有『毛』字，而詞首『堆枕香鬟側』句『香』字又適與相並，幾經翻印，遂將『香』字上半截合而爲一，以譌傳譌，無人訂正者殆三百年。於兹丁巳歲，予客雞林。時值七夕，新月初上，明河在天，金風驟來，忽灑微雨。小立庭際，秋思浙然，因用原韵譜此，不自覺其感音之沉澀矣

橋轉雅翎側。又絳河良會，素秋佳色。蛩怨瑶階，雁飛華渚，月眉纖窄。正淒絶鍼樓、畫屏無睡步歛抑。映扇羅、螢自碧。記那日相逢，爲懽非夢，縱使舊情猶在，更誰愁憶。　今夕。雙波暗滴。似弄晴、雨意重飾。鈿釵初擘。機絲虚掩，料應頭白。況一刻千金戀

深，歸去須健翼。怕昨宵、風露識。算瘦石攜來，君平卜後便得。竟隔天南地北。

夜飛鵲 曉泛至龍潭山，用清真韻

秋江漸如練，涼露淒其。林壑遠帶朝暉。山容略瘦曉妝竟，微風催換羅衣。鄉心笑鱸鱠，認行歌漁櫂，貰酒村旗。停橈近岸，更攜笻、不恨來遲。　幽徑翠藤交拱，亭名憩僧寮，日暮忘歸。枯樹何人能賦，滄桑閱盡，空自神迷。山有神樹，亦稱帝王樹。前曾歲時致祭，今已枯矣。寺門縱目，似蒼煙、九點青齊。向斜陽憑弔、癡龍去久，霓挂天四。

綺羅香 櫂漁爲題拙集，依韵請謝

醉遺歌前，愁縈夢裏，廿載消魂深處。慣飽秋霜，況又幾番秋雨。輪鐵盡、萬里關河，鬢絲耗、半生羈旅。最難禁、藘亂風鐙，更無人和少年句。　湘弦應悔費淚，還認襟邊舊涴，題痕如許。換羽移宫，都付候蛩低訴。便雅韵、誰識枯桐，總閒情、暗傷離黍。待從君、細譜哀笳，夜寒添院宇。

卜算子慢 題段香戎衣小影

星眸尚炯，霜鬢未凋，影出故侯聲價。草檄雄才，記向塞垣馳馬。指麒麟、殿閣長虹跨。賸耿耿、臣心似水，丹青況是難畫。　絕域柯誰假。又幾度滄桑，舊情衰謝。此日韡刀，細認粹然儒者。只流光、如電堪悲詫。便擬欲、從君射虎，怕荒亭訶夜。

安公子 陽曆九月九日，陪同社諸公登北山賦詩。舊節新時，古懽今約，爲譜此解，感慨因之。

塞上風高，即此爲龍山之會矣

古戍驚秋早。早秋已共深秋到。郭外荒灣蓉葉盡，著蕭疏紅蓼。露一角、精藍薜磴西風埽。攀翠藤、又博浮屠笑。聽暮天樵唱，容我偷閒吟眺。　客鬢霜華飽。晚煙愁鏁長安道。數點歸鴻回側陣，蘸澄江斜照。料也解、河梁別後書難報。凭畫闌、遮莫湖山好。便預作重陽，待覓茱萸簪帽。

陽臺路

懷湘社諸子

戍樓晚。望水天共色，横斜飛雁。帶魚陽、没影蒼烟，空賸蓼花摇岸。因憶瀟湘，萬里故人、雨乖雲散。闌干畔。算爲伊、新題詞句都遍。　已悔流沙非計，歎斷梗、征衫淚滿。鱠鱸秋早，定念我、未歸張翰。良辰況、南樓夜月，舊夢幾回同翫。愁無限。沖案：宋本《樂章集》，此處『寒鐙畔』係三字句且叶韵。坊本『畔』譌『半』，遂讀作『寒鐙半夜厭厭』，以六字爲句，且失一韵。萬氏仍之，夢夢終古。今爲訂正，音節益諧。蓋古本之足貴也如此。聽霜笳，不勝清怨。

霜葉飛

北山看紅葉

素娥微怨。清霜重，秋容人世偷换。緑陰青子認楓林，料染深深茜。稱白髮、顔酡自展。停車都爲伊留戀。正暮色蒼茫，怕襯入、蘆花誤了，雲外歸雁。　猶記舊日宫溝，幽情傳出，尚隔天上河漢。感紅顰翠又經年，夢裏繁華變。賸一角斜陽未翦。輸他絶平塞燕支賤。看洞庭、波流處，多少浮萍，被風吹轉。

以上《候蛩詞丁稿》

眉峯碧 題畫

鎮日東風惡。滿地殘英落。小立無言翠袖寒，春只在、紅闌角。　柳綫長飄泊。桃片還輕薄。人面何堪付畫工，分明誤把霜紈撲叶扑。

浣溪紗

簾幙低垂篆縷輕。涼颸不隔水晶屏。屧廊一夜響秋聲。　密密似雲偏未雨，明明如月卻無星。傾城消息半陰晴。

長亭怨慢 鴉

正流水、孤村時候。點破秋光，日銜山瘦。早辨深藏，白門無恙數株柳。笑佗兒女，塗墨乍、勻黃就。暝色赴愁多，莫更帶、斜陽飛驟。別久。問昭陽急羽，應識玉顏非舊。嘑聲況緊，促歸客、興濃於酒。待夢醒、月滿高城，漸難覓、殘籤盡漏。賺彩鳳相隨，那管渠儂孱僽。

金菊對芙蓉 螢

銀燭摇風，畫屏浸水，輕羅小扇無眠。似巫山秋夜，幾點熵爛。疏幨一任低低入，貯練囊、宜拂吟箋。驚心流火，難尋舊影，腐草荒寒。　因念曲沼闌干。記那回共凭，偷照幽懽。賸星星縈惹，半袖香殘。倩魂不怕愁霖溼，化斷燐、悄度花閒。飄蓋身世，清霜重矣，何處飛還。

臨江僊 題費四橋四時閨憶册子

草長鸎飛何處是，春寒尚戀貂裘。天涯有客

怕登樓。一江思婦淚，雙槳木蘭舟。見説褚裒兼四氣，難描皮裏陽秋。微辭宋玉儘風流。暮朝都付夢，雲雨不關愁。

木蘭花慢

己未七月，山寇陷依蘭。適道尹懷寧阮公先期出巡，城中礮聲隆隆，波涌雲沸，寇蠭擁入署。夫人黃乃從容出廳事，正言諭寇。寇唯唯卻退，不敢恣意殺掠。署既免，城之獲全者亦多焉。其事與咸同間廣信守侯官沈文肅夫人乞援全城迹殊功一。彤管有煒，天姥增輝，實劉《傳》、范《書》之所未聞也。爰譜此詞，以代鐃吹

正福星一路，使君櫂、發江津。甚蟻賊乘虛，潛移赤幟，亂裏黃巾。轔轔。七香擁處，奈投驍難展翠眉顰。驀地狐鳴四起，壞雲爭壓荒闉。　蠭屯。鵝鴨鬧比平鄰。燕寢化煙塵。看從容卻敵，軍班孃子，城築夫人。逡巡。若崩厥角，算禪機彈指毒龍馴。輸與侯官羽檄，嬋娟枉詈申申。

憶舊遊

湘綺老人有句云『雀踏牆腰壞土崩，犬銜馬骨寒溪澀』，十四字寫盡燕趙村落間光景，雖謌行，非工於詞者不能道也。朅來年荒時亂，井邑蕭條，殆又甚焉。言念舊遊，爰賦此解，以廣其意云爾

甚鴟鳴灌莽，鶻沒平林，入眼悲涼。尚有鴉爭樹，是誰家別墅，靜鏁斜陽。敗垣更少苔繡，塵麝欲飛揚。正竈絕炊煙，村稀吠犬，慘澹風光。　難忘。舊時路，憶俊侶春明，衰鬢新霜。換了人間世，負荊卿雄骨，趙女紅妝。倦遊替寫幽怨，時亂恰年荒。賸一葦寒溪，流澌暗咽空斷腸。

金縷曲 雨夜書感

簷溜連宵聒。又江干、冰夷漫舞，水深波闊。歷歷荒洲漚盟在，岸葦東西都没。乍盪洗、人間煩熱。欲沐咸池蛟鼉怒，盼朝暾、萬一晞予髮。愁夜永，怕天缺。　年來關塞聽嘑鳩。只無端、縱横行潦，暗膠車轍。試上毉巫閭山望，猶是昆明新刼。枉拜倒、低眉菩薩。得失鷄蟲何時了，問滄流、待照誰家月。雲意遠，寸心結。

水龍吟 社題賦《反招隱》，因成此闋，仍不免有歸與之歎音矣

西風蔌蔌驚沙，中原極目愁無限。盤雕没處，故山叢桂，留人繾綣。同是天涯，遼陽歸鶴，衡陽迴雁。算庾郎蕭瑟，暮年詞賦，鄉關淚、都彈遍。　桑海麻姑三見。只浮屠、宿來成戀。荒城畫角，鳴髀又起，也曾聽慣。一錨隨伶，五湖泛蠡，笑佗張翰。問江干釣叟，扁舟此去，艤誰家岸。

蘭陵王

晚風作。微雨檐花自落。涼蟬外，驚醒睡鴛，應是飄鐙近珠箔。濃雲罥暮閣。因憶。年時舊約。高唐路，香散豔消，翻惜襄王夢無著。　關河任棲泊。又絶塞秋來，歸雁先覺。白平狼丹鳳書難託。正殷地鞞動，沸天笳起，驚魂聊與慰素酌。暫紅豆抛卻。　行脚。暗商略。怕此後遼陽，迷了丁鶴。求僊恁便空城郭。算錦被晶枕，拚去成離索。牽蘿何意，但淚染，翠袖薄。

念奴嬌　秋海棠

娟娟秋蓝，是春前豔魄，殘脂藷粉。記得緑章曾乞護，占取濃陰安穩。銀燭新燒，紅妝半醉，睡足三庚盡。氾人重見，倚涼多少嬌困。　堪歎幾日西風，頻吹暗雨，容易黄昏近。婕使蜂媒干底事，不放繇華一瞬。夢影璚漿，嗁痕金屋，併入無香恨。望郎何處，料應芳意沉損。

品令　清真體　新寒夜作

菊花開後。點霜鬢、驚過重九。今夜缺月如人瘦。遣愁不去，羅袂涼颸逗。　妝鏡乍添眉黛岫。怕分離還又。合懽裙帶鸞雙繡。眼波微溜。偷向嗁痕齅。

大酺　冬至

又玉龍哀，天香送，吹老空庭梅萼。羣山飛雪遍，展璚瑶千仞，慣迷歸鶴。倦客河梁，霜華兩鬢，猶自羈棲松漠。殘年嬉遊伴，换貂裘一醉，凍醪杯杓。記佳節承平，舊京遺事，故人清酌。　流光還似昨。悵容易、尊俎成蕭索。且自凭、危樓長望，九九新圖，把芳菲、細描輕縛。最怕陰霾起，花信息、等閒遼邈。算嬴得、融風弱。誰與添綫，應就斜暉先度入。歲寒尚堪踐約。

調笑令　四闋

西施

若耶清淺凝春愁，沼吴人去花含羞。君王沉醉大夫笑，唯見蘇臺麋鹿遊。浣紗女伴休相詆，豈有鴟夷盛禍水。三年謌舞結恩深，語兒亭

畔雙鴛起

鴛起。功成矣。爲解乘舟尋范蠡。良弓不合離良矢。妾自酬郎恩義。浣紗女伴誰知己。但羨吴王宫裏。

紅拂

綠雲委地扶匡牀，解鞍小憩調鉛黄。干將欲鳴莫邪歛，不速之客來何方。逆旅相逢雙眼慧，共啖仇頭謀一醉。綦輪豈待裼裘人，縛虎降龍等兒戲

兒戲。霜華淬。共啖仇頭聊快意。功高佐命郎須記。此局全輸阿妹。西南灑酒佗年事。顛倒英雄一世。

盼盼

將軍好客重文儒，後房住麗能掌書。霓裳舞罷華筵散，可憐粉黛一朝孤。羅雀門荒閲年代，誓起高樓貯遺愛。猶有當時舊燕歸，寒食東風忍相待

相待。恩如海。舞罷霓裳人事改。年年寒食東風外。深鎖一樓愁黛。雕梁畫棟應猶在。燕子解憐文采。

費宫娥

景山龍去天地昏，入宫蟻賊如雲屯。眈眈逐逐索公主，辱井何來張孔魂。繡榻於菟初酩酊，屬草鐙前花顫影。代庖封豕嫁烏孫，柔荑寸匕寒光瑩

光瑩。柔荑映。張孔何心生辱井。烏孫代嫁腰支稱。屬草不辭漏永。於菟繡榻迷難醒。没入北平羽勁。

燭影摇紅　上元

芳節天涯，又憑簫鼓回輕暖。素娥流盼度牆頭，鏡裡新妝淺。隨例魚龍曼衍。趁香塵、宵深漏短。上陽仙侶，猶自相攜，徘徊霄漢。

何處霓裳，泝風隱約宮商换。斷腸人唱柳梢詞，難望佳期踐。小宋車前漫喚。阻劉郎、蓬山更遠。買春無價，休問貂裘，醉巾須岸。

木蘭花慢　壽陳漱六母周太夫人九十

望巖巖岱嶽，祝慈壽、閟宮篇。正瑞靄盈庭，人扶玉杖，緑鬢朱顏。斑斕。綵衣對舞，矗秋空璚樹更森然。滿地霏霏寶粟，雲軿不隔高寒。　焦山。有客鼎湖還。一老尚如仙。戊申此日，隨太公焦山賑荒。梁忠節曾贈以聯云：『能活萬人應是佛，同棲二老竟如僊。』今太公與梁皆早歸道山矣。算遐齡壺範，滄桑閲盡，晚照天寛。無端。鼓鼙又動，要分斟桂醑潤鄉關。莫問金甌幾缺，姮娥駐景年年。

滿江紅　題鐵龕省長小影

阿堵傳神，驚景略、人間卧龍。争看取、平原絲繡，范蠡金鎔。紺彩雙鸞春入座，靈臺一片月當空。料也應、團扇正家家，描放翁。　經與史，宏事功。邱與壑，澹心胸。早鄭侯飛輓，譽滿關中。養志延齡還採藥，憂民退食但哦松。更研朱、點易幾辛勤，占歲豐。

祭天神　弔惠興女士殉學　代

望斷雲遥指西泠路。認蒼茫、湖畔連甍前代樹。冬青不辨朝昏，中有斜陽駐。是當年枝上寃禽，嚦紅處。　風景異、春光去。且休問、桑海誰庭户。飛鴞集，驚厖吠，莠草還潛布。只憑佗、貞心維繫，毅力綢繆，終古神州，石煉靈媧豫。

候。莫評量、木橘千頭，渭川千畝。清福能消受。看木葉秋飄，池波春皺。如此園亭，容我讀書否。蟾光許現團圝相，吾佛無量壽。君別號佛楞。望江南、一髮青山依舊。

買坡塘 題劉曉眉桃源問津圖

問劉郎、天台歸後，一帆花外春雨。雲迷洞口人何處，只見緑楊千縷。憶杜宇。聲聲漁唱聞遥浦。尋芳寡侣。看紅露流香，丹霞似錦，暗逐落花去。仙山裏，可有垂髫兒女。風吹衣袂翩舉。武陵聞説秦人在，無異塵寰完聚。今幾許。魏晉渺、雲烟莫道滄桑苦。丹青羡汝。待訪得桃源，木蘭舟畔，添寫一枝艣。

以上《候蛩詞全稿》

絳都春 壽何母李太君

釵梁颭燕。又改歲、頌椒句好，錦幃歡宴。縱眼絳宵，漾出婺星東風煗。芳辰燕九長春苑。戲綵服、舞飛花瓣。舊時江國，紅橋廿四，二分月滿。争羡。幔亭笑語，弄孫處、晻靄瑞雲一片。貴種自僊，嘉卉忘憂常葱蒨。麻姑屢見蓬瀛淺。問可似、三高澤遠。待留官閣寒梅，壽觴親獻。

以上《候蛩詞戊稿》

洪炳文

探芳信 題吴江陶莘農茂才耘經既耕還讀圖

鳥聲不住，布穀催耕，提壺携酒。正一年春及，芳辰漫辜負。北陌南阡青無限，剛是扶犂

城頭月　柳眉

小蠻自昔能歌舞。纖纖偏如許。新月彎環，遠山媚嫵。令我添愁緒。　含情欲與人言語。試把青痕數。愁蹙雙蛾，管儂離别，正是章臺路。

蘇幕遮　柳眼

好韶光，長亭路。偷看行人，隱隱鞭絲度。隋苑繁華争一瞬，含睇相迎，綽約風情露。　鸚鵡洲，桃葉渡。濃露朝零，珠淚拋無數。瞥見名花開萬樹。倏轉秋波，望望春歸處。

蝶戀花　柳絲

春雨纒綿寒食近。新緑參差，卻被流鶯引。何處弄機聲隱隱。别緒千條言難盡。　着色鵝黄留畫本。彈出陽關，浥露飄瑶軫。剪斷青雲誰更忍。一縷柔情，恐被相思損。

虞美人　柳絮

因風作勢敲羅幌。疑聽珠環響。漫天雪影雨初晴。攙入梨花到眼、不分明。　飄茵墮溷時時有。往事難回首。吴綿耐冷卸征衣。逝水浮萍何處、送將歸。

滿江紅　暮秋感懷

三尺枯桐，彈不出、古人懷抱。空羡那、閒雲孤鶴，海天春曉。撫髀每嗟吾輩晚，着鞭已讓他人早。笑閒身、何處寄閒愁，吟詩好。　花落盡，空幽草。夢醒後，餘啼鳥。悵文人前身，孽障一生難了。懺悔無從空五藴，求仙孰是通三島。且閉門、種菜玩時光，英雄老。

浪淘沙 霜林紅葉

秋色上簾櫳。霜信難通。隄邊碪杵塞邊鴻。錯認三春桃李放，絢爛東風。　點綴到江楓。暮景霞烘。酡顔人醉綺羅叢。好趁多情流水去，詩句題紅。

前調 小園野菊

冷信追窗紗。瘦影交加。斜陽衰草路三叉。花意渾如人意淡，洗卻繁華。　心緒正如麻。無興探花。一枝横壓帽簷斜。問訊重陽風雨後，秋在誰家。

滿江紅 自題《三生石》傳奇卷首

人世因緣，莫不是、老天排就。有一介、書生秀士，攤書時候。忽地乘風游玉闕，天香馥郁籠袍袖。對蓮花、聽説舊根由，西王母。　閱歷了，悲懽勾。馳驅了，文章藪。笄情禪身分，恩深誼厚。三世泥鴻堪印証，雲霞仍戀前身友。猛回頭、重返蕊珠宫，離塵垢。

金縷曲 又題卷後

庭院無人處。綺情生、鎮日悲秋，悄無一語。百感填膺芒角露，恨少霓裳歌舞。漫記憶、前身兒女。泥雪三生重印証，譜新詞、遑説推敲苦。天有缺，石能補。　生平只爲多情誤。觸牢愁、酩酊難澆，蓬萊易沮。哀樂中年難自遣，衹聽琵琶低訴。何處是、滿庭芳樹。但願仙風飄引去，到珠宫、重問雲霞侶。離别久，淚如雨。

蝶戀花　自題《黑蟾蜍》傳奇後

安平江上軍容整。鼙鼓傳來，迸入笳聲競。回首將自勤王兵用命。黑旂現出蟾蜍影。　屢出奇謀忠勇稱。麒麟傑閣丹青炳。南天風鶴警。砥柱中流，保此臺南境。

百字令　又題《帝女花》《桃溪雪》兩傳奇後

老天何苦，把佳人才子，艱難嘗試。離合悲懽空簸弄，拋了盈盈清淚。寶鏡重圓，緑珠竟殉，幻出離奇事。藹情詞客，譜成雙絶文字。　剩堪歎逝水流光，繁華一瞬，迴頭無滋味。故國滄桑，海有茫茫身世在，不許閒愁擱起。冊首新詩，暫當仙佛疆風鶴，一例傷心意。游戲。

鵲橋仙　自題《鵲橋會》傳奇後

偶披蓑笠，暫停機杼，今夕相逢懽語。人間嘉耦百年身，好似我、一雙兒女。　有情伉儷，無情河漢，未許淩波屢渡。只今隔水望仙橋，媽鵲問、歸飛何處。

鳳凰臺上憶吹簫　自題《簫鸞配》傳奇後

滴露研朱，臨池洗研，寫來韻本争傳。笑上頭夫壻，未渡藍橋。除是三生修到，消艷福、能遇神仙。超出那，塵寰慾海，忉利情天。　翩躚。鶴聲嘹喨，環珮响、月中想像嬋娟。疑素娥仙子，尚在人間。輕把天機宣洩，遂成就、一段因緣。今宵也，中秋良辰，人月團圓。

掃花游　壽李母池宜人六漱梅茂才令堂七旬

同慶

金蘐兩樹，是姊妹花枝，同根連理。小春至矣。正梅香嶺上，酒香甕底。設帨良辰，争羨名門御李。萊衣戲。弄周甲古稀，先後能記。

慶象賢競美。有令子文孫，蘭苔瑜珥。鵲聲報喜。認婺星分野，斗牛宫裏。吹到雙成，管取玉笙洗耳。曲終未。顧洪崖、捧觴而起。

蝶戀花　題花香醉蝶圖帳額

夢醒羅浮春信度。似惜芳心，飛入花深處。細草如茵粘不住。蘼蕪二月多烟雨。　妙筆滕王圖昨補。一抹臙脂，染出紅無數。回首日邊桃李樹。春風上苑探花去。

百字令　自題《女中傑》傳奇後

龍泉出匣，借紅顔一怒，金蛇飛掣。慟哭三軍皆縞素，齊映麻衣如雪。生斬仇頭，直踹賊壘，靴韎俱流血。詰朝相見，父讎今日能滅。

從此壯士歸元，保全桑梓，大義從容决。太息中原多縱敵，孰是裙釵奇節。世主酬庸，鄉閭慕義，心事偏難説。兵符躬掌，女中真有豪傑。

鬢雲鬆令　憶家圃楝花盛時即景

燕鶯來，蜂蝶聚。一陣東風，吹落花如雨。滿地繁英紛莫數。爲愛吾廬，近了扶疏樹。　月當空，日卓午。撲鼻濃香，如入梅林去。廿四番風留不住。欲寫春光，且唤丹青補。

步蟾宫　壽潘慶濟表兄封翁七十雙慶

歲星下界來游戲。休再問、神仙甲子。鹿車對挽出花間，難得是、椿萱並美。　晚年騎省無情緒，且種就、庭階蘭芷。洪崖喜捧壽觴來，願許附、霓裳隊裡。

長相思　柬曉薔弟

對青山。畫青山。不放犀毫一月閒。怡情泉石間。能畫山水。　彈陽關。唱陽關。又能琴。一曲天風響珮環。余有琴名『天風環珮』。所思人未還。

畫堂春　即景

青山半角隱斜陽。梧桐庭院招凉。何時夢入水雲鄉。一枕黄粱。　明月良宵，隱隱藕花香。憶瀟湘。多情秋士更神傷。攪斷柔腸。

蝶戀花　無題

霧裏看花愁眼纈。按拍徵歌，莫待繁華歇。誰遣何處唾壺人繫節。綺筵飄墮迴風雪。　蟾光三五缺。彈到琵琶，休訝聲凄絶。表裏洞明光四徹。前身記是中天月。

長相思　題畫蘭

對幽蘭。寫幽蘭。譜出騷人心事難。含情空倚欄。　酌金樽。倒金樽。一點芳心畫裏看。江臯烟水寒。

前調　登樓玩月

上高樓。望晶毬。萬里長空如素秋。湘簾懸玉鉤。　碧雲收。緑陰稠。誰按新聲水調頭。高歌凌斗牛。

百字令 自題《留雲洞》傳奇後

名山深處，羡神仙多暇，搜羅材士。列宿雲臺今再見，武達文通而已。九轉還丹，一龕入定，富貴今來矣。人生如夢，卌年歲月如駛。從行見東懾扶桑，北通渤澥，更南窮交阯。此戎羌臣服盡，無復風塵飈起。水截蛟鼉，陸剸兕虎，足了中原事。滔滔天下，洞真仙子誰是。

望湘人 衆香園憶夢 寄懷元真真人 即題本傳奇後

憶天香兩袖，疏影半牆，衆香園裏曾住。茗椀初烹，燭花未灺，更有多情仙侶。玉册名標，金壺墨淡，囑題詞句。説恁時、阮肇重來，只在雲山深處。 别來俄更朝暮。奈仙凡境杳，難通魚素。待欹枕幽尋，祗有碧山烟樹。雪裏思鴻，蕉中覓鹿，儘自吟魂來去。苦望斷、天際真人，何日再瞻眉宇。

減蘭 薄病初起，書懷

養疴許久。料是黄花同比瘦。勉閲方書。案上終朝對藥爐。 宵深不寐。只有青燈知此味。殘月窻横。不是三更便四更。

其二

流光似駛。又見凉風天末起。百感紛投。兀自傷心不待秋。 峯迴水聚。何處神仙開洞府。夢裏名山。安得乘雲共往還。

其三

新秋至矣。案户明河如尺咫。砌畔蟲聲。不是愁人不解聽。 羅幃雪凈。照見娟娟明月影。雁字遥天。待架銀筝柱上絃。

步蟾宮　賀呂甫宗姪上舍新婚

三竿紅日垂簾地。卻早被、鸎兒喚起。裴航昨夜度藍橋，喜得有、雲英伴你。　修蛾要稱佳人意。儘自評量眉史。佳期正是月初三，剛照到、雙彎筆底。

齊天樂　新春書懷　江右署中

春來兀自無情緒。匆匆客中虛度。一雁西風，雙魚遠道，問訊家書何處。時久未接家信。懷人正苦。奈極目天涯，故鄉雲樹。臨水登山，倚欄每獨自延佇。　雪花又兼凍雨。丁冬和斷續，深更衙鼓。短燭良宵，寒衾孤枕，別有傷心詩句。牢愁莫訴。悵齋館淹旬，淒涼如許。怕到黃昏，聽聲聲杜宇。

阮郎歸　詠雪

上元過後落鐙時。寒風吹鬖絲。地鑪添炭客添衣。新春人未歸。　迷雁陣，印鴻泥。瓊樓高復低。梅花問訊斷橋西。捲簾晴絮飛。

水龍唫　雪美人

何來瑣骨玲瓏，翩翩憶向空中墜。皎潔脂凝，娉婷玉立，輕盈欲語。似絮沾泥，如花墮溷，前身何處。記兒童游戲，幾回雕鏤，便自見、丰神露。　只有玉娥生妒。洗鉛華、全身寒素。春光融洩，腰肢消瘦，憑誰防護。冷眼相看，偶然含淚，悄無情緒。怕明朝、日上簾櫳，驀地效飛瓊去。

少年游　送少湘侄回里

一帆風順送歸舟。勝景異三秋。湖口鐘聲，石頭山色，都向望中收。長途風雪須珍重，莫自脱重裘。桑梓談心，塤篪聚首，備述玉亭游。

鷓鴣天　寄次侄萊仙

早掛征帆向玉亭。潯陽江畔柳青青。燕來鴻去兄和弟，一晌相逢便起程。時湘侄歸里，并趣萊侄東裝來此。　干越俗，幕游情。徐徐説與阿戎聽。琵琶洲渚東山色，不是丹青畫不成。萊仙善繪山水，故云。

搗練子　春閨　癸卯在中學堂作

探芳信，誤佳期。慵點臙脂懶畫眉。難把靈犀通一點，只憑紅豆寄相思。

調笑令　仝上

明月。明月。一年頻更圓缺。清明芳草萋萋。緑樹陰中鳥啼。啼鳥。啼鳥。驚醒春閨多少。

誤佳期　餞春

垂柳垂楊城郭。中有簾櫳樓閣。送春無限惜春心，怕見名花落。　獨自倚欄杆，無意斟杯斝。他鄉欲寄故人書，只待南飛鶴。

滿江紅　自題《警黄鐘》樂府

蕞爾黄封，固猶是、軒轅遺族。奈兩大、胡元鄰國，强陵弱肉。巾幗獨攄恢復志，朝廷忍受要盟辱。惜么魔、世界化蟲沙，戰蠻觸。　蕉鹿夢，伊誰續。南柯記，重翻曲。彼文人涉筆，感懷而作。牖户無忘桑土徹，桃蟲應念荓蜂毒。慨黃民、醉夢未曾醒，從今覺。

滿庭芳　自題《再來緣》樂府

文史淹通，功名潦倒，誰憐措大酸寒。彌留絶筆，遺槀一篇存。惟有門生舊侶，卹孤嫠、每叩窮關。傷心處，紙燈麥飯，夜祭泣汍瀾。

妙齡膺使節，前生弟子，都是魁元。更詩篇印證，股暈斕斑。從此家門鼎盛，訂姻好、後福團圞。奇絶事，編成樂府，當作戲文看。

金縷曲　送余挺生大令筠之樂清任　戊申

兩浙從公久。十餘年、衙參聽鼓，槐廳邂逅。撫字催科分殿最，不愧吾民慈母。偶綰此、銅章墨綬。一載章安初蒞治，便商量、小試栽花手。去思頌，萬民口。

兩家同是忠宣後。念鰥生、同居皖籍，他鄉聚首。敬梓恭桑偏誼篤，畧分言情希有。竟不料、來朝馬走。他日龍湫來攬勝，待洪崖、再挹浮邱袖。論文字，一樽酒。

前調　題包素人榮翰詞稿

江左人文藪。老詞人、鳩江旅寓，維揚邂逅。盾鼻磨時餘墨瀋，往事不堪回首。羡閩閣、能逢膩友。大好江山都閱歷，攬征衣、京洛緇塵透。別離苦，相思久。

先生本是龍圖後。溯年來、他鄉槖筆，天涯奔走。紵白燈紅詞一卷，風雅如君希有。願享此、千金敝帚。他日荆州能識面，待洪崖、重挹浮邱袖。論文字，一樽酒。

前調　仝上

一領青衫舊。恨鰥生、雞窗雌伏，兔園株守。

靜坐焚香思懺綺，曾繪是畵，乞君題詞。綺語無時蔑有。問地獄、泥犁知否。離合悲懽生惡感，忒關情、常覺眉頭縐。自號情禪，以此爲累。量衣帶，腰圍瘦。新詞盥誦薔薇手。想先生、元龍意氣，長卿抱負。瓦釜雷鳴騰俗響，忽聽鈞天雅奏。卻早把、靈犀心逗。但願鱗鴻時有便，付郵筒、寄我詩千首。賡同調，吾良友。

滿庭芳 鄭圃看菊，并柬主人，即用王大令詞原韻 庚戌

何處尋芳，滿城風雨，秋殘又值元冬。柴桑高士，隱約在籬東。種得黃花滿地，怳身入、繡谷羅叢。更難得，寫生妙筆，畫老圃秋容。主人善繪事。山房開柿壽，主人舊齋名。屏供翡翠，鳥喚芙蓉。主人蓄鳥名。華堂絲竹，異曲同工。惜少紅嬌厴笛，誇按拍、豆子玲瓏。雅愛此，望衡對宇，佳客有時逢。主人居在南鄰。

賀聖朝 仝上，用陳栗庵茂材原唱韻

洞庭木落秋云暮。元冬將度。西鄰忽報送花來，催題詩句。黃花滿地，碧雲天際，念佳人如晤。林間貰酒是誰來，有白衣相遇。

前調 又一體

種花幾度週星紀。可稱花知己。肖形一一錫嘉名，有玉英珠蕊。滿城風雨，滿庭絲竹，助名花綺靡。捲簾人瘦傲西風，爲憶填詞李。

蝶戀花 和李仲都寄懷詞原韻 辛亥

新詞麗句臨風誦。吊古傷今，命意多悲痛。八斗高才文思重。冠蓋名流，付與君迎送。把酒金粉江山渾似夢。吟箋壓得歸裝重。

同游風月共。題名好比岑岐洞。邑岑岐洞，鄉先哲題名甚多。時仲都游白下、吴門，與同人唱和留題，故以此爲比。

其二

看花老眼渾如霧。大好湖山，每欲游吴楚。爲憶前人憑吊處。淚絲彈作廉纖雨。　蹝伏家園誰共語。夢裏飛球，何日能沖舉。五載相思空自苦。離合悲懽原難預。往年，余在婺州訪仲都，來詩有『誰知五載相思苦，不盡秋心一曲中』二句。仲都有《鴻爪秋心曲》寄懷，余有《電球游》傳奇答復，故云。

其三

吟魂也把關山越。一曲三秋，此事心難撇。雪爪泥鴻留往跡。妙翰臨摹稱雙絶。　尺素魚書前日接。覿面終難，深悔當年别。廿四花風俄一瞥。梅雨連緜無休歇。寄此詞時在四月。往時仲都以《羅陽秋憶》等曲寄懷，余以《信香秋夢曲》答之。合爲《三秋畣曲》，仲都爲印行。

浪淘沙　題垂絲海棠、黄鸝畫扇

金屋曉粧遲。微揾香腮。儂家情緒恰如絲。鳥囀歌喉花解語，真箇相思。　寫出好丰姿。暈透臙脂。深閨正在夢遼西。九十韶光難喚住，春去多時。

滿江紅　自題《無根蘭》傳奇卷首　壬子

蘭草無根，覓不得、中原浄土。只贋有、銅駝荆棘，荒凉誰語。故宫禾黍歌行邁，冬青辛木悲風雨。比靈均、寄興賦荃蓀，吟蘅杜。　井中書，義堪取。史中訛，筆堪補。願激厲華民，掃除胡虜。大義春秋凛夷夏，雄軍革命師湯武。幸今朝、還我舊江山，歸民主。

蝶戀花 趙氏圃中初夏即景，用歐陽永叔詞韻

緑樹濃陰陰幾許。前度楊花，化作萍無數。舞樹歌臺迴望處。行人錯記臺城路。　棟子花開芳信暮。刻意留春，畢竟春難住。隱几支頤嬌不語。一雙胡蝶頻來去。

搗練子 閨情

雲髻亂，玉釵欹。慵點臙脂嬾畫眉。十二闌干明月夜，梨花影裡立多時。

前調 閨怨

彈燭淚，捲簾波。鎮日含顰歛翠蛾。辜負韶光聊自惜，一春恨事算儂多。

長相思 在郡寓作

訂歸期。誤歸期。一片鄉心托子規。儂情人不知。　柳如眉。月如眉。怪底天涯鯉信遲。光陰梅熟時。

其二

雨絲絲。柳絲絲。春去堂堂幾許時。呢喃雙燕知。　折楊枝。贈楊枝。只是今朝暫別離。重來應有期。

減字木蘭花 寄友人

經年別緒。欲托星郵無覓處。棟子花開。一幅瑶箋特地來。　偶拈弱管。每爲情長嫌帋短。爲報平安。共表同心兩地懽。

浪淘沙 柬某女士

玉映擅清才。妙句能裁。亞洲新學此胚胎。要把文明輸女界，桃李羣栽。　把卷對粧臺。

詠絮吟梅。聰明定自夙根來。他日新詞能寄我，珍重緘開。

前調　得次兒武林家書，爲述其意，作此一闋

歸里太匆匆。汗馬無功。函中語。風雲未會困蛟龍。年少終軍難用武，惱煞英雄。　鏡聽到閨中。花卜燈紅。簷前鵲語未曾通。夫壻封侯他日覓，爲祝天公。

十六字令

香。金鴨濃熏夜未央。重簾裡，清馥浣詩腸。

其二

簾。一幅湘紋壓小檐。微風度，響戛玉鈎尖。

其三

眉。鎮日含顰那箇知。問夫壻，深淺入時宜。

其四

波。臨去含情意若何。眉樓上，簾捲近秋河。

以上《花信樓詞存》

浪淘沙　自題《晚節香》傳奇

軒冕怕塵淄。愧見臺司。不因五斗折腰肢。三徑就荒思故土，歸去來辭。　秋色滿東籬。霜葉離披。白衣送酒酒盈卮。晚節香名真不朽，譜作傳奇。

金縷曲　甌隱園送春

玉介名園處。是前朝、王恭結構，亭臺竹樹。幾度滄桑都過眼，只有林巒如故。今甌隱、襜帷暫駐。對景題詩情悵惘，怕韶光、百五仍虛度。太玉洞，迷烟霧。　風風雨雨連朝暮。問何人、金鈴十萬，將花擁護。淮海鶯花詞調

好，只聽琵琶低訴。招幾輩、詩人聯句。一曲陽關彈未了，奈吴儂、白地拋春去。春去也，留難住。

減字木蘭花 甌隱園送春

楝花風繞。問説春歸人未曉。屈指歸期。廿四番風又此時。　不如歸去。休向林間聽杜宇。梅雨家家。怕卷湘簾對落花。

以上《甌隱園社集》

洗景熙

浪淘沙

酣醉大江頭。獨臥扁舟。銅琶鐵板未能休。願借長風乘萬里，破浪中流。　何處有閑愁。蘆白江洲。朗吟響振洞庭秋。驚起魚龍羣夢覺，雲水悠悠。

太常引 自題小照

鬚眉渾似記吾曾。丰骨起霜棱。雙瞳翦水清。却未必、心平氣平。　無窮心跡，一腔塊壘，都付酒杯傾。爾我認分明。又何羨、春風寫生。

喝火令

碧玉相逢日，紅塵正少年。桃花灼灼柳翩翩。最是緑窗人静，明月對嬋娟。　謾道韶華好，難防歲月遷。柔情俠氣兩如烟。記得畫樓，紅袖把香添。記得添香人説，早泛五湖船。

前調

白日消磨我，青雲羨煞他。斜陽滿樹集飛鴉。

同是一枝無定，小住暫爲家。弄筆風生肘，開筵月吐華。甕頭春酒有些些。正好豪吟，正好醉流霞。正好唾壺擊缺，一笑玉杈枒。

南樓令　彝陵曉渡

戍鼓斷殘更。晨星幾個明。長川浩渺曉還冥。遥見山頭紅似火，氣清爽、日初升。塵夢幾人醒。秋江宿雁鳴。涼飆襲襲峭寒生。恰正好滿帆風順，一篙點、自在行。

滿江紅　歎逝水年華，時不再也

幾陣征鴻，早掠起、秋雲如織。斜陽外、半天霞綺，爲誰標得。擊楫中流歌慷慨，懷沙澤畔吟悽惻。看雲間、天際下歸帆，風濤激。遠一帶，楓林赤。近一帶，蘆花白。怎蒼蒼洄溯，總無消息。春水桃花漁父櫂，秋江皓月桓伊笛。任年年、流盡好韶華，真堪惜。

虞美人

彩雲一片亭亭月。玉宇真清絕。熏籠麝冷嫩寒添。悄向深閨却下、水晶簾。秦筝好。逸響縈懷抱。跳珠濺玉恨知希。未必天涯也有、未曾歸。

水調歌頭　晚風送涼，人對寒菊，酒懷如許，知己杳然。走賦一闋，招月共醉

把酒召明月，對影共銜杯。青蓮去古未遠，此樂可追陪。但把金貂換取，莫被黄花笑我，飲酒也須才。素女笑開口，又進一金罍。興勃勃，味醰醰，呼來來。破除萬事醉耳，那管玉山頹。死便遽埋也得，甕臥甕頭亦可，獨醒曷爲哉。好月莫西騁，吾興正如雷。

臨江仙 江畔寒梅着花，贈以一解

密密江雲寒欲雪，幾曾冷到梅花。東皇着意門繁華。昨宵傳臘信，春色滿林賒。　微嗅香魂方夢覺，羅浮風月無遮。一枝誰爲寄天涯。明漪清照影，逸致自横斜。

風蝶令

露點明初日，風絲逗曉烟。朝慵斜倚鏡奩邊。照見一雙蝴蝶、舞蹁躚。　玉質盈盈立，冰綃薄薄添。輕移蓮步却還前。恨煞東君何事、不團圓。

青玉案

日長午倦抛書史。白莞席、烏皮几。一枕安排睡正美。江山如許，烟霞如許，那不閑情死。　名場笑指東流水。甚衣錦、還鄉耀鄰里。莫被啼鶯呼我起。先生何處，夢入桃源裡。

風入松

大風吹雨過江來。萬緑淨塵埃。煩襟滌盡沿隄柳，看江頭、白浪成堆。兩岸帆檣驚絶，一羣鷗鷺無猜。　但聞人語鬧如雷。茅屋被風吹。呼僮慢把簾鈎摘，怕歸來、燕子尋壘。且喜江山無恙，一樽聊試新醅。

念奴嬌

雲眠極浦，甚風帆明滅，江天烟樹。柳漾風絲千絮起，似個愁心難住。目斷波横，腰寬素約，肯把年光誤。流鶯無賴，聲聲只唤春去。　静日門掩梨花，書殘蕉葉，寫盡相思句。可有妝台同倚鏡，十樣眉圖都著。昨夜花前，芳池浣月，悄聽鴛鴦語。煙愁水恨，青鸞應矯歸路。

壺中天

何堪回首，看塵寰歷歷，九州多苦。縹緲仙山金碧色，一任雙鳧來去。秦女吹簫，湘靈鼓瑟，羨煞神仙侶。琅函滿架，擣元霜月中杵。　我本湖海閑人，江風山月，到處能容與。浪裏輕鷗雲裏鶴，那有絲絲牽住。何事工愁，無須寄怨，戚戚誰憐汝。一樽半席，開顏時便心許。

聲聲慢

朗吟天末，那是孤高，寸心未許人知。五夜哀鴻橫空，唳轉清時。江湖載酒去也，論經綸、柔櫓一枝。倚鐵笛、向前灘三弄，石裂聲悲。　慨豈便文通抱恨，只芊綿芳草，淚落連洏。嘆江流浩渺，一去何期。倩誰深宵喚醒，聽山河、葉葉淒淒。更看看、這寒雲慘霧，月落風欺。

山漸青

風蕭蕭。葉蕭蕭。獨臥滄江又幾朝。豪懷負酒瓢。　且囂囂。莫囂囂。待得春光上柳條。桃花打槳招。

前調

烟霏霏。雪霏霏。昨夜梅開第幾枝。前村定有詩。　情依依。思依依。世事真如一局棋。壺盧莫漫提。

百字令

雲光水色，這雙眸浄洗，瀟湘寒碧。放棹湖頭看縹緲，何處仙靈踪跡。花落芳茵，絮離繡閣，偶爾東風力。嘗嗤燕子，涎涎多少啾唧。但只花鳥知時，烟霞無恙，月滿樽芳夕。五斗不須腰折取，修竹吾廬清絶。南畝歸來，前溪垂釣，風動漣漪活。鴻飛何慕，由他去來南北。

高陽台　劍俠

寂寂清宵，沈沈暝色，掀髯獨對清燈。誰伴孤吟，簷前鐵馬東丁。雙龍劍拂芙蓉冷，動雄心、匣裏長鳴。不須驚。烟走一條，風滿三更。　這番幽怨從教雪，甚風雷事業，湯火功名。仰面星寒，看他來去無形。世間不少恩仇事，莫蘭因、絮果多情。恨難平。片語俱無，肝膽先傾。

醉太平

酒熟茶清。樓開月明。好風微度花馨。是無情有情。　階砌蛩聲。雲天雁聲。撩人詩夢難成。看長空幾星。

浣溪沙

碧月盈盈出絳霄。素娥簇簇舞雲翹。春懷無奈是今宵。　花照玉樓香有迹，水清銀漢路非遥。不須惆悵恨蘭橈。

南柯子

露眼妨宵月，風懷愛晚涼。低垂羅帳掩紗窗。怎個漏聲不似、昨日長。　鸎鵡催人起，菱花

水龍吟

園林麗日方長，喈喈葉底黃鶯哢。芭蕉爲簟，荷花作枕，妙香殊衆。清夢蘧蘧，凉魂栩栩，微風乍送。正襟懷灑落，詩情遠縱。白石几、漪蘭供。　檻外雲山翠擁。瑞草階前和露種。圖書滿架，穠陰四壁，茆檐低控。閑理釣絲，重烹苦茗，樵青侍從。待宵來、月上孤舟，凌萬頃、星河共。

鷓鴣天

月上雲階夕照收。碧天如水浸山樓。幾回欲覓相思句，心似棼絲不自由。　燈影瘦，恨偏悠。爐温餘火夜香留。誰家玉笛吹清夜，譜出秋江一段愁。

待曉妝。嬌慵無力試蘭湯。只見合歡衾亂、繡鴛鴦。

菩薩蠻　詠蘭

水雲缺處明霞吐。蝦鬚簾捲微風度。何物最關情。幽蘭開兩莖。　灼灼顏如玉。采采不盈掬。妙韻却難描。湘靈素手調。

東風第一枝　武昌懷古

歷歷芳洲，巍巍傑閣，鄂州煙景如畫。昔人乘鶴，後人題句，都成佳話。星移物換，又多少、風廊水榭。歎白雲、千載悠悠，足令豪懷悲咤。　名流杳、梅花留韻，雄城壯、風月無價。鳥啼庾亮樓前，琴斷伯牙臺下。更無鐵笛，驪龍竊聽清霜夜。看江流、不盡滔滔，争似酒旗閑暇。

清平樂

江頭獨立。陣陣西風急。天地昏黄雲異色。吹透滿林寒碧。中流何處歸舟。烏篷疾比驊騮。還似沙鷗翔起，浪花堆裏嬉遊。

春從天上來

莽莽乾坤。願湖山無恙，水竹精神。白雪吟成，春風識我，都忘世界紛紜。案上亂堆殘帙，蠹魚也解挹清芬。甚殷勤。雖一樵一牧，常與相親。　紅塵。絶無飛到，只虚堂延月，石徑眠雲。林下琴棋，花前觴詠，熙熙共樂千春。止此生涯已足，有何須、鳴玉垂紳。妙香聞。有奇書滿架，桃柳盈津。

以上《維心亭齋詩詞集》卷四詞

姚光

蝶戀花　冬夜有感　丙午

秋去冬來冬又暮。明月宵深，滿腹愁如絮。獨坐寂寞自燒香一炷。荒雞喔喔天將曙。　危樓無一語。燭扉更闌，有恨將誰訴。霜重天寒何處去。數聲雁向林間度。

字字雙　冬夜聞胡笳　戊申

夜色朦朧闌復闌。窗外星月殘復殘。露下無聲寒復寒。胡笳四起酸復酸。

如夢令　湖上春歸

紅瘦緑肥春去。爲問春歸何處。春奈不回頭，剩了滿天飛絮。無緒。無緒。更聽聲聲杜宇。

望江南　夏夜　壬子

夏天好，最好夜遲遲。斗轉參横殊不覺，小樓坐到月沉時。倚枕獨吟詩。

以上《復廬詞鈔》

姚　華

沁園春　寄周髯奉天，即題其十叢居圖　丁未

聽雨愁櫻，坐月吟楓，和雪勾梅。記天風掠海，吹涼客夢，秋霜做鬢，瘦損詩懷。籬下三年，日邊萬里，傲睨江湖憐我才。家山好，念風塵老去，落拓歸來。　天涯。易殢吾儕。更屈鋉、摶沙事事乖。便遼天凝碧，燈星絶塞，湘波怨緑，硯雨蕭齋。周蕭齋有《點絳脣》「一硯梨花雨警」句，見陸輔之《詞旨》。短劍横經，長髯劾史，舊館而今何處開。風吹又，怕煙吟墨語，也化蒼苔。

江南好　二首　《憐蚿雜詩》讀竟，賸以二詞，返之

風塵惡，着水復黏泥。溷俗幾聞人洗耳，無言惟見李成蹊。落照晚煙低。

其二

風塵惡，懊惱寫春詞。登壟乞墦東郭記，《東郭記》第一齣《西江月》：「些兒不脱利名中，盡是乞墦登壟。」林慚澗愧北山移。《北山移文》：「故其林慙無盡，澗愧不歇。」馬耳任風吹。

菩薩蠻　戊申三月二日，觀瑶華爲周髯寫蘭，因題

南鄉一剪梅 壽冥惜 八月十二日二十六初度，和自壽韻

涼月鑄秋心。閑處將愁淺處深。未冷先霜吹上鬢，說到而今。便到而今。　露氣夜來侵。舊夢詩邊寂寞尋。各自心情同一嬾，君也難禁。我也難禁。

齊天樂 爲士行題耿氏補作英菴退叟身行萬里圖

青山黯澹滄江泣，茫茫夕陽今古。柳送晨栖，燈催暝帳，都做人生辛苦。雄心老去。便閱世形枯，夢魂堪訴。紙上殘愁，替人皴皺漲煙雨。　先生天下健者，況戎行走馬，豪氣龍虎。盾墨磨詩，征塵餞鬢，贏得鴻泥幾度。還歸刼數。儘記取前蹤，畫圖重補。舊日吟情，年年夢斷湘江曲。東風剪水尋幽谷。蘸緣做黄昏，月來詩有魂。　山深煙語寂。都化愁和墨。濕怨寫春妍。相思三月天。

沁園春 七月二十六日集雲和，酒後放歌，示主人朱三，並寄印髯奉天

酒上心來，熱血汪汪，起落如潮。看人間萬事，都成鬼蜮，乾坤一指，只解酕醄。夢祟難親，詩魂易失，千疊愁心何處消。秋風起，更吹愁壓鬢，做盡刁騷。　無聊酒醒今宵。奈人散、更闌不可招。索歸尋蕭寺，閑門敲月，坐呼山鬼，長嘯千宵。狂處淩人，悲來罵世，袒臂科頭容我豪。君知否，有元龍尚在，湖海逍遥。

怕無尋覓處。

夜行船　十一月十八日蓮華寺寓齋見月作

碧幙籠寒霜滿院。正横窗、樹枒遮斷。菊後觴情梅前笛，意瀟灑、一庭清怨。　向老心懷殊未淺。照相思、夜長天遠。化水澆愁勾詩做，夢幽處、更無人見。

春曉曲　四首　己酉元日

朝來蘸水調詞筆。探去聲取芳春信息。畫屏尚帶隔年寒，立盡小庭何處覓。

其二

春來畢竟無痕迹。爲恐詩人覺得。去年别館種梅花，踏破早煙重省識。

其三

山梅壓影寒成碧。歛笑含情自惜。似人一樣望江南，説與酒邊三弄笛。

其四

簷鴉恁地喧聲急。道是東風第一。任君不信問昭陽，鏡裏緑蛾迎曉日。

滿江紅　戊申除夕得鄂生先生訃，己酉正月十日作

一代江山，都生就、一朝人物。有多少、是非功罪，賺他心血。柱石西南天萬里，文章今古書千疊。便鼎湖、一去墮龍髯，傾天裂。　孤臣淚，長河決。人間世，寒雲結。待朝來漏盡，更殘悲咽。昔日衣冠如夢幻，空山甲子何年月。恁無情、回首望東風，千秋别。

鶯啼序　譜夢窗『殘寒正欺病酒』有贈　有序

癸丑

庚戌九月，百鑄嘗約集櫻桃斜街之雲瑞堂看菊。明年再集，秋盡花闌，益感前遊。而攝政退藩，適聞報至，已而國變，堂亦掩關。《亞細亞報》館館焉。癸丑故正，復偕百鑄過佛言，候於廳事舊集地也。離痕歡唾，不堪點檢。瑯玡大道，誰吟蠶尾之詩；流水板橋，擬續澹心之記。掌故所在，感慨係之。太陰正月二十八日。

依稀去年夢境，祇沉煙墜縷。乍春醒、纔解成愁，幾分初散還聚。軟紅內、千胸萬臆，前塵點點傷心賦。向東風、吹皺眉頭，更添幽素。　寥落千秋，舊槧蠹盡，問蒼生幾顧。惜孤負、珠玉文章，總知無甚憑據。忍重看、殘箋淚血，化腥碧、斑斕悽楚。暝窗寒，回首斜陽，此情難訴。　縴駒磨蟻，轉軸星周，也忙似迅羽。恰過眼、落花天氣，又早昏曉，慣作陰晴，許多風雨。風人善引，詩心能怨，啼鵑聲裏江山迴，遍天涯、共讀驚人句。龍蛇感泣，蒼茫喚出湘魂，問天怎地無語。零芬剩劫，髣髴前朝，料翠條記否。正柳起、清明將近，舊社難圓，概抱沖貴定李維鈺、問梅長沙黃可權諸君也。草蔓苔荒，雨今雲古。浮生似此，惟須長醉，風萍波梗非易會，感滄桑、陳迹櫻桃樹。欷歔舊館芳菲，怕覓歡痕，繫人肺腑。

醉蓬萊　爲仲恕壽梁保三丈七十，譜聖求

癸丑

正舞衣香滿，風日清佳，梅邊吹曉。酒近南山，任芳樽傾倒。履道坊中，聯吟高會，算香山年少。再六十作平年，先生便是，洛中遺老。香山九老爵里紀年，白樂天年七十四，最少；李元爽，洛中遺老，年百三十六。　人似頻羅，山舟學士。歲逢修禊，閱盡滄桑，幾回歌笑。往事青雲，嘗講學青

雲書院。變朱顏蒼了。魯國靈光，鄭家書帶，稱經師人表。壽與名兼，家緣國慶，月圓花好。

一寸金　譜清真，爲蹇七季常題圖　癸丑

季常嗜飲，暮便酩酊，所欲治事，皆緣醉罷，於是以酒名。貴陽桂詩成，百鑄爲圖狀之。予謂季常寓焉而已。糟丘之築，豈爲斯人？題曰『對酒』，傷其無與也。因填此闋，用代短歌。

愁恨餘生，誤了春花又秋月。賴典衣沽酒，琴邊得趣，提壺酬影，胸中無物。盃冷腸初熱，槎枒事、更難熨貼。醒耶醉、欲飲還停，待與商量暮天雪。　年去年來，芳樽迎送，知春甚時節。趁凍雲籠屋，仍傾餘醞，蕭齋罷卷，堪燒殘葉。無語江山暝，人間世、化爲夢蝶。陶然去、一覺閒眠，算今生是徹。

滿江紅　八月十六日感事　癸丑

月墨星沉，英雄恨、太行千疊。都付與、曉雞聲裏，爲嗚悲咽。篝火幾曾真王楚，扁舟何事忘逃越。問大江、風雨許多潮，隨煙滅。　城下釣，清波洌。東門犬，驚塵歇。歎功名渾濬，劍花飛血。開國誰翻前史例，到頭悔負封侯骨。望中原、黯淡幾龍蛇，堪愁絶。

暗香　畫梅，東華遺墨也。雨甥屬題，淒然賦此，依韻擬石帚　丙辰

倩春着色。尚壓寒弄影，迎人橫笛。畫了索詩，一紙燈前許雕摘。不算年光似水，空依約、研冰調筆。怨落月、獨秀幽姿，東坡《雪中賞梅》詩『獨秀驚凡目』。無語接瑤席。　京國。夜闃寂。待訴與近懷，舊臆如積。墮釵暗泣。

暗香

依韻擬石帚，題棗花墨梅

蓮華山中，小軒二楹，樹棗已華，第一女鑾主焉。其後鑾歸門人文宗沛，二年而殞。宗沛哀之甚，每檢得遺墨，必來乞句。既依韵擬石帚《暗香》《疏影》二闋，題照水梅小幅以去。此雙鉤折枝墨梅，裝之逾歲而未有詞。歲暮養疴，客思無藉，因更譜《暗香》。老去才思頓減，恨無秀句以訓棗靈也。丁巳十二月十有二日。

水痕月色。和冷煙作去聲暝，先春愁笛。畫裏欲仙，一翦生生怎教摘。長使東風淚灑，添酸澀、南枝吟筆。梅溪《瑞鶴仙・紅梅》詞有云：『孤香細細。吹夢到，杏花底。被高樓橫笐，一聲驚斷，卻對南枝灑淚。』但照徹、獨夜青燈，香影撲涼席。　南國。路寂寂。便種了墓門，墮葉黃積。照顏對泣。遺墨堂前悄相憶。驚斷天寥午夢，人去住、羅浮空碧。試問訊、憑翠羽，幾聲喚得。粧閣淒清有人憶。和靖江鄉住處，魂夢冷、千山籠碧。便訊遍、煙共水，也難探得。

疏影

再題前墨，依韻擬石帚

人間片玉。恨珮環已渺，雲去難宿。一朵疏紅，如有還無，枝枝怨寫斑竹。東風問訊羅浮冷，望翠鳳、靈旗天北。更待將、月意昏黃，向夕短檠搖獨。　回顧當時舊課，喜神夜按譜，紅裏描緑。十度京塵，兩載春燈，稱汝綢繆林屋。年來怪底如花瘦，便楚調、落梅聞曲。怕展圖、痛折中郎，老眼淚痕盈幅。

點絳唇

題棗花凭闌士女遺稾　丙辰

心事斜陽，晚涼大乍新羅淺。碧蕪連苑。暮色兼愁滿。　畫稾匆匆，情繫秋痕遠。流光短。墨華重見。生恐風吹淡。

訴衷情

二首　題菱湖泣舟圖，爲董蜕盦

菱花鏡裏畫船中。前歡數墜紅。衹今酒痕依舊，襟上幾人同。　尋夢影，怨西風。聽霜鴻。秦淮嗚咽，點點鄉心，流到江東。

其二

南明一水似西湖。貴筑南郭南明河洲上有古刹，曰『小西湖』。游蹤倒酒壺。十年九回歸夢，輸與蜕盦圖。　風景好，衆璺殊。話清都。龍池清淺，墮盡紅衣，處處啼烏。

水調歌頭

重陽，和《惜香》　丁巳

一日幾風雨，做弄菊花天。暝煙棲定寒緑，寂寞粲孤妍。酒仄不禁秋冷，客倦漸知人老，時節又燈前。歲歲東山約，長憶翠微巔。　難陶寫，哀樂事，盡中年。登高無計蕭寺，如水抱愁眠。何用茱萸細數，回首中秋月色，不似舊時圓。萬里飢鴻影，添怨復成憐。

曲游春

西湖，和草窗韵　己未

問訊東風乍，看柳黄初吐，游絲難織。誤擱梅期，只花餘偷過，萬紅塵隙。一樹寒香隔。料鶴塚、甚時邀笛。正對樓、喚出孤山，留得半湖春色。　雨歇。湖天弄碧。奈游侣偏遲，芳草金勒。纔喜朝暾，又輕陰送冷，兩峯猶羃。煙水疑寒食。怕落蕊、苔深人寂。趁晚來稱月量詩，滿船載得。

揚州慢

爲愔仲圖松柏獨秀齋，因題，譜石帚

紅意填詞，宋子京詞『紅杏枝頭春意鬧』。碧沉消睡，幾回往事成塵。絮涼天客語，又暮色棲雲。算惟有、幽心未老，舊時詞筆，勾夢堪温。試商量，風月煙霞，描畫柴門。望中秀野，稱君家，嘉樹如人。甚道士栽桃，詞人嫁李，猶自冬春。送目大荒何處，斜陽去、也入無垠。賸天邊喬木，青青疑殢湘魂。己未二月望，愔仲過訪山齋屬圖。深情感舊，濁筆調寒，向夕而成。至平蕪處，愔仲則云『大荒無垠』，又不知意之所極矣。

虞美人　南海禊集未赴，補詞

回波轉綠催盃醆。杏花時節又三三。最是舊時裙屐、憶江南。　春猶在。老去愁如海。東風惆悵不開門。只恐液池楊柳、正窺人。

菩薩蠻　劉少泉以花妥墨筆蘭花歸於我，是劉寬夫先生物，題詩滿幅　辛酉

石家秀句花枝妥。石次仲《金谷遺音·點絳脣》詞云：『柳眠無力花枝妥』，『花妥』語見於此。豐娘兩字真無過。花妥，豐氏，明妓人也。殘墨澹如煙。依稀江路寒。　惜香人去遠。猶羨雙棲燕。又繫百年懷。雕零專祖齋。寬夫先生得君子館專，因自署『專祖齋』。

齊天樂　聞石卿述恨

清秋曾與尋歡去。年來頓成間阻。過酒移燈，來茶續座，惆悵春宵膩語。憐伊惜汝。早幾疊眉攢，笑時酸楚。舊事程程，夢痕猶自共朝暮。　分明兩情互許。奈而今有約，長短無據。遺淚酬花，將衣遮影，此意如何分付。逢人訴與。幸儀舌猶存，恨天憑補。暖樹鶯多，恐東風更誤。

菩薩蠻　再題花妥蘭花幅

白門一鄭成雙妥。鄭妥娘。青樓小字排珠顆。羅素更湘蘭。三分水墨天。　望裏春如海。依樣修眉黛。香艸美人姿。美人香艸思。

玉樓春　二月十五日微雪　庚申

東風一半春分乍。試暝催花無曉夜。寂寥村路少人知，幾日山桃開又謝。　清明近也寒猶怕。轉作輕陰天蘊藉。不成雪意亦瑽琤，點點聲聲連雨下。

其二

陰晴冷暝難憑據。記得春來無覓處。一宵寒色滿清都，疑是春光來便去。　頻年老向他鄉住。百歲光陰能幾誤。暗中春夢慣欺人，雪斷花明春已暮。

揚州慢　與印昆登天寧寺塔，和白石韵

千里寒皋，極天無際，暗紅解記春程。正煙鬟過雨，似故國山青。念前度、詩痕尚在，涴塵紗碧，誰與屯兵。更無人、廢院歸鴉，來近層城。　訪碑砌下，數興衰、如夢堪驚。怎塔勢孤檐，檐鈴不語，都似無情。樹樹玉羈曾繫，晴來路、馬作邊聲。漸清明寒食，愁如芳艸還生。

玉樓春　十七日再雪

濃陰散作漫天雪。和入春泥融難結。忽如銀海濺千珠，更向玉樓凋萬屑。　無人深巷終澄潔。點砌侵階重又疊。商量暝色肖梨花，約略幽光期好月。

前調

青羔不怕東風笑。雪罷晴初寒正峭。庭前一樹杏花梢，又擱春紅三日鬧。　兼程遠信真難料。簷溜滴殘聞鵲噪。深閨猶自坐層簾，隔户穿窗過晚照。

虞美人　上巳，與印昆出右安門訪漁洋禊蹟，遂飲花之寺

雪泥酥盡成春水。霧眼看萍沚。欲安醆酒耐思量。舊日板橋何處、覓漁洋。　花之名在仍荒徑。盛事餘觴詠。無多芍藥況幽蘭。猶自争芽怨晚、待餘寒。

前調　自花之寺歸訪江亭

春紅暈臉芳時洒。生意争蒲柳。欲歸不去又江亭。駐馬斜陽來問、瘞花銘。　迴廊遠翠煙鬟媚。能記山陰事。滿城桃李等閒看。不是林間竹下、似當年。

齊天樂　鼠　田寅畫乞賦，白石韵

髯蘇謚黠尊邊賦。憑伊做成深語。耗盡千門，窮餘五技，知否齎糧無處。空腸漫訴。正兵亂年飢，久荒耕杼。壞壁窺鐙，有人長夜動愁緒。　春朝一犁趁雨。過廚煙艸艸，偷試春杵。乍聽窗雞，猶棲幕燕，闇裏都難知數。殷勤道與。有書惜佳兒，果珍嬌女。莫饜芳甘，恐蓮心最苦。

一枝春　陳秋風倚石小照

名與愁兼，甚年時誤入，春紅偏泠。流光戀影，認取髩眉清迥。爲容最苦，替誰向、鏡臺妝靚。除過了、羅綺逢場，耐得幾回心肯。

閒來畫圖堪省。正輕顰乍試，芳姿初逞。幽心似語，舊譜蕙蘭羞並。龜年未老，算先探、落花風景。相對悄、人在天涯，浪萍萬頃。

石湖仙　石帚韵，壽魯國李老夫婦七十

航迴珠浦。喜量海斟江，春在寬處。誰問白頭雙侶。應從羅天訪去。仙根蟠錯，更庇廕、萬人歌舞。偕與。聽補華、雅奏高古。　菖蒲駐顔信美，定書屏、仍銘儷句。寶墨齋題，繞宅蓬瀛煙雨。舊典新謨，德門齊慶，綺琴雙柱。槐影滿，靈光賦重文府。

南浦　春帆，和碧山《春水》韻　辛酉

迴野一帆懸，趁緑蕪、漸成風絮兜滿。疊皺幾湘裙，輕舠快、寒淞貼天堪剪。疾光如水，漲痕應見春深淺。霧檣雨葉知去住，相續前程錦片。　安流放舸無踪，更約束、鄉心朋鷗侶燕。斜影斷雲明，殘陽外、驚轉鬟眉青徧。玄真宅小，照波時送流紅怨。訪仙何地歸無恙，疑似靈槎來遠。

前調　師曾同賦前題，疊韵答之

春雨入空冥，看拍天、去遥沿路花滿。涇濺纜痕新，裁縫就、吴孃乍停刀翦。別情多少，皺來顰樣窺眉淺。單衣試酒光陰，荇鄉水足風更勁，尋得仙桃舞片。　單衣試酒光陰，又蜀魄、要猿湘魂委燕。簫鼓換朱旗，騰龍去、千艑渡頭摇徧。夢回春去，澧蘭沅芷猶教怨。幾時問卸和鷗臥，前浦無人波遠。

前調　疊前韵答復堪和作，並敷其意

抖擻疾風前，便一聲、去休襟淚凄滿。隔溆數

危檣，層樓望、離愁暗縈難翦。刻心摶影，往來遮睡凌斟淺。夢魂未怯東夫浪，飛越漚花羽片。情知鏡裡征塗，尚接巢、裁鱗通波敘燕。寒港壓疏篷，和煙重、星火墜歡侵偏。翻雲掠雨，賺將朝暮成秋怨。了時除却千山路，偏又青驄嘶遠。

前調 改兒子鋆和作

颭水逐霏紅，快涉波、泛萍風送初滿。緑意惹江湄，千山外、沉沉斷雲誰剪。竹邊蒲裡，縐紋斜照浮陰淺。臥窗有客剛破睡，看拂晴椴綺片。隨湘任轉無心，羨捷葉、驚鴻輕幢比燕。空影淡仍明，登仙去、瀛島洞天窺偏。春潮急晚，棹回應帶催歸怨。翠煙猶挂初蟾夜，難認映沙天遠。

惜紅衣 憶南泊舊游，即題師曾寫荷卷子，次石帚韻

雨訊黏秋，詩痕話墨。醉來心力。夢冷愁新，沉沉壓嬌碧。炎涼又幾，開卷處、幽香迎客。夐寂。枯樹庾郎，怯江關聲息。重來紫陌。鼊破波光，知今更凌藉。光緒甲辰五月，曾赴遵義，盧后甫夔颺招集。又十年再集，已爲官道强掠，塹限之南，泊水益鼊。紅情戀舊去國。已南北。伯柱歸貴陽，鷗客客滬瀆。贏得淡煙斜照，長記小游曾歷。放酒杯猶在，問當時顏色。

鷓鴣天 釋龕乞菊，以臙脂没骨寫之

冷豔如春畫許工。情憐此後放秋濃。衣嫌陶令詩中白，頰愛楊妃譜上紅。偎淺醉，出深叢。明霞一剪曉霜封。年時翠墨慚新髩，醞

釀寒香轉盛容。

鵲橋仙　七夕查樓觀演《長生殿》，歸，月赤如血

冰筵試夕，鍼樓迎夜，都繫經年離思。清光未許燭幽期，早勸住、姮娥沈醉。　天邊別緒，宮中私語，惟有文章堪記。人間兒女愛擔愁，者風月、家家干係。

鷓鴣天　南眉既屬寫嶽蒼湘碧圖，以詩來謝，酬之

眼底湘波眉外山。眼情眉意有無間。未除豪氣歸難得，向老詩魂去復還。　殘夢續，嬾雲閒。秋風落葉又長安。從君閉户圖衡嶽，余自貴陽之京師，皆道武陵趨荆襄，猶不及一識衡嶽。空憶先妃淚竹斑。

南歌子　禮竈日聞爆竹聲

發發寒初破，沉沉夢正驚。梅花香裏一時鳴。恰似催將臘去、試春聲。　賦擬閒居岳，人同近市嬰。老來心性漸都平。緑茗青燈猛地、意縱横。

卜算子　壬戌元辰

衾戀去年寒，眉上今年喜。爆竹初停客未來，曉色含煙紫。　人愛舊年多，道勝新年美。似閏逢正又一元，春在屠蘇裏。舊年以太陰歷，新年太陽歷也，時論如此。

鷓鴣天　元辰廣和樓演富連成部

簫管皇都數盛明。查樓舊地尚能名。肉市查家樓，明以來舊爲劇場，即今廣和也。見《京塵雜録》。可憐弟子教成隊，到處人才讓後生。同光數十年間，樓

皆演弟子隊。小福壽，以前余未及見。福壽散，喜連成繼之，又更『喜』爲『富』，成材甚衆，多名於時。　聞吉語，開場靈官舞訖，晉禄、增福神先後上揭帖，作吉語。既下場，主者捧帖張之楹間。　話書楹。門榜八字，似湘鄉曾惠敏公書曰：『廣詞盛世，和頌昇平。』曈曈曉日耀千旌。依然十萬春花夢，座上梅村更淚傾。相傳大柵欄慶樂園有楹語曰：『大千秋色在眉頭，記當年白叟黄童來遊瞻部；十萬春花如夢裏，趁此日丁歌甲舞重醉崑崙。』吴梅村祭酒入清後所題在臺上，庚子之亂，燬於兵燹，今不記爲何人重書矣。

東風第一枝　立春日，和竹屋韵

碧盌分漿，琱盤薦餅，江梅初過寒雨。酒花香泛新晴，燒痕遠連故土。皇都絶勝，怎約束、東風情緒。漸老懷、辜負春歸，嬾賦庾郎愁句。　冰解凍、鯉泉試吐。刀罷剪、燕釵低舞。草塵青候飛葭，柳蘖翠迴旼縷。北雲輦素，早夢破、科名佳遇。莫秉燭、從此沉酣，肯淺淡容春去。唐試進士以『立春日望三素雲』爲題，出《雲洞真經》。

生查子　上元

夜來寒漸消，春嫩冰初裂。好趁月團圓，正是燈時節。　盛游今已非，簫管成衰歇。不見舊時鐙，冷卻良宵月。

菩薩蠻　題畫

西風不改煙鬟緑。茅檐尚有疏林覆。霜葉淡還濃。夕陽紅處紅。　静知秋可悦。涼意催秋月。山色暝成圍。杖藜人已歸。

驀山溪

春來何處。漠漠煙和雨。望眼入青冥，共翩

翻、翔空輕羽。壯懷消盡，冷澹作溪山，天欲語，詩可譜。到紙愁成縷。　三間茅舍，何問誰爲主。翠墨染鬢眉，便瞬息、形骸爾汝。百年如夢，容易一聲鐘，昏又曉，今更古。往事都塵土。

齊天樂　虎皮鸚哥，爲李釋戡賦

正平才豔何曾賦。金籠又翻新譜。博臆刊紅，輕襟奪翠，依舊緗簾呼侶。迎人欲語，認詩裏文茵，虎皮，《詩》謂之『文』，毛『文茵』傳。曲中金縷。鼓翼風生，南山甚日借毛羽。　驚寒夜來應訴。花臺聞號鳳，今更飛虎。漢騎單衣，唐宮噩夢，問姓疑班似武。《輿服志》：『虎賁騎被虎文。』班固《敘傳》：『楚人謂虎班，其子以爲號。』狄仁傑對武后：『鵡者，陛下之姓也。』貍奴漫妒。羨奇服堪描，擬騷仍許。入穴難同，有終軍辨鼠。

清平樂　詠藕

託根玉井。船樣開靈境。回首雨香詩句冷。又過西風蓬梗。　人間處處清池。争來把臂西施。挂口絲連片玉，誤人添了霜髭。

菩薩蠻　三月晦夜午起，和蘆川《送春》韵

丁香開盡春光老。花前未減情懷少。最晚信風狂。酒乖詩更妨。　起宜中夜舞。情到臨岐處。憐取眼前春。曉鐘愁殺人。

念奴嬌　壬戌七月既望，釋戡招同泛潞河以擬赤壁，屬圖紀之，因步東坡《大江東去》詞韵，復校片玉、白石、夢窗諸家，製爲此詞

亂蟬衰艸，東坡黄州《鷓鴣天》詞。對斜陽、堪憶黄州風物。公瑾江山前後賦，又道東坡赤壁。人去難尋，月明誰共，酒熨胸中雪。清遊能

仿，幾家詩句稱傑。公後八百餘年，臨河問水，趁仙舟先發。萬里風煙天未隔，涼袂秋光明滅。明鬧漸清，黯鴻飢晚，今古愁量髮。留雲圖夢，有人珍重年月。余與東坡同生丙子，故尤重此遊耳。

漁家傲 本意

紅樹迎霜秋信早。蒼巖近水明如掃。屋外山光天壓倒。波淼淼。逢人爲説嚴江好。江上扁舟人漸老。半生差幸魚鰕飽。來日風波來日了。煙裊裊。一篙初刺荒汀蓼。

念奴嬌 壬戌中秋，和東坡韵，示大兒貴陽

閏年秋早，乍涼蟾警露，頓驚霜迹。静裏窗紋明水際，眼底幾檣疏碧。玉斧修殘，山河影在，道是金甌國。天香深處，盛時歌吹曾歷。

今夜月爲誰圓，酒尊空盡，座冷長慙客。擘果分盤兒女會，淺醉聊堪一夕。萬里人同，嬋娟可語，勝似征鴻翼。鶴陰能和，舊時游處雙笛。兒婦陳瑗曉音律。

蝶戀花 九日登高不果，飲泰豐樓作

氣霽澄空霜日吐。墮碧凋黄，猶壓重重樹。菊綻初花疏可數。層樓十九無風雨。薄釀芻成陶令黍。無計偷閒，俊賞空延佇。入市一杯雙蟹股。黄昏燈火城南譜。

西江月 解嘲

棐几學山裁畫，疏鐙課茗敲詩。百年有限幾閒時。鬧裏直堪一睡。皮骨任人牛馬，影形容我壎篪。西風吹老鬢邊絲。知否兔爰尚寐。

前調　病起自述

人海百忙着嬾，林棲一病支窮。藥鑪茶竈耐從容。寒月壓簾影重。　山水遊成宗炳，韭華帖美楊風。笛邊梅訊遲春紅。臘鼓迎人催送。

前調　臘八前二日寫梅，壽内四十八歲

雪後苔枝綴玉，春前鋉萼簪紅。湖雲凍坼水西東。千里月來催夢。　鄰老心情未艾，如花眉壽堪同。消寒圖上候東風。長笛一聲初弄。

前調　壽内

臘鼓迎年粥暝，梅牕送酒春浮。敬通不仕已童頭。漸漸孺人白首。　四十七年去夢，六千餘里歸舟。他鄉似故易勾留。壽復榜成人壽。生之三日前，《張子壽集》失而復歸，因作『壽復』榜書并詩紀事。

東風第一枝　壬戌十二月二十日立癸亥春，和梅溪韵

接福催題，行臺列戲，歲時能記鄉土。舊遊無寥尋蹤，暇日有松閉户。葭灰竹管，是静裏、知窺春處。更底事、詞筆干卿，看取水痕煙縷。　寒日短、燭迎俊句。清夜永、酒澆孤緒。歲朝十日催人，笛月幾番問侶。江南花早，漸次第、明年聽雨。正好鳥、唤起春來，切莫又呼春去。貴陽故事，立春日，府縣吏胥承應，以行臺四結束子弟，如雜劇爲《太平有象》《漁家歡樂》諸目，自東郊經行，每四人肩一臺，至府縣治，沿途縱觀，名曰『看春』。至則讙呼曰：『春來矣。』既迎春，府縣隸人疾馳分報撫部，以次

南鄉子 題雙帆畫扇

挂壁一雙松。百甲蒼髯道是龍。俯瞰滄波將化去，山翁。留在雲屏畫幛中。　高臥養春慵。世事何心不礙蓬。亦有謝公舟與楫，無功。任爾揚帆鼓浪風。

其二

來去甚行蹤。身似舟孤事事容。日夜煙波何處了，渠儂。且趁時來一晌風。　時節太匆匆。反覆春秋燕又鴻。不信臨江亭上望，香楓。霜在青林葉上紅。

前調 王夢白背坐仕女，余與師曾各補景，并填此解

天遠水波寬。長記征帆去未還。愁欲深時無可倚，闌干。紅在蕉陰放月間。　花氣襲輕

腰插金書紅旗，皆吉語。撫部得報，則鳴礮慶春。闔城士庶始接春，然爆竹，以紅箋作『迎春接福』字，貼之門庭。遂食紫蘿蔔，謂之『咬春』云。

西江月 布袋和尚

欲識禪宗隱語，本然空有難該。森森萬象甚安排。一擔何如一袋。　迷處庸人多事，覺時老子無懷。曾聞妙解轉詼諧。放下還他自在。

前調 癸亥歲朝閏興

夢轉詩情似舊，朝來歲景生新。梅花不睡笑迎人。倚鏡先妝照鬢。　竹葉沉沉壓醆，松枝鬣鬣當門。春煎試浴五香温。不數金搖玉暈。

紈。扇子相將似玉寒。淚不分明疑是露，偷彈。膽怯防人背後看。

蝶戀花　雙鳳院，和師曾韵

對鏡山雞羞舞鳳。乍見無悰，朧罨橫波凍。一晌迷離身似夢。分明步屧人雙鞚。　名姓何心教倚重。欲護傾城，便與東風送。翡翠寒偎衾影共。鴛鴦繡看金鍼縫。

並蒂芙蓉　本意，贈玉霜

玉暵霜紅，正錦江浪穩，雙華開處。無意鬬嬋娟，任蟾影偷顧。淩波看如洛水，素手相攜夜來步。魏王麗賦。信風清、珮解甄妃應慕。　冷豔耐秋長，勝桃李千數。雲屏繡邊倚醉，粉洽脂融微薰度。炧燈對語。是花枝、也將人妒。詞中尚諳本事，又嘉蓮比瑞，同賡韶護。政和間，禁中嘉蓮生，晁端禮進御詞名《並蒂芙蓉》，即調所由始。

鷓鴣天　山水畫扇自題

早覺西風岱頂歸。年來夢跡尚依稀。羣峯貼地雲如海，一碧黏天玉作圍。　心能寫，意多違。巖巖氣象是還非。且將畫本憑裁翦，試與神工論化機。

菩薩蠻　一居一行畫扇

萬杉如插森森玉。幽人更結臨溪屋。水色漾山光。日從閒處長。　山光連暮靄。一笠斜陽外。小駐問初程。隔山長短亭。

浣溪沙　和釋戡

貯甲成胸十萬堅。藏經作腹晝常眠。妙來詩

句更通禪。眼入窮途仍阮白，文能覆瓿已楊玄。戟郎似聖步兵賢。

齊天樂

端午，和逃禪韵，亦見《片玉》

輕絺點汗霏香雨。榴陰嫩蟾初五。罷澡煎蘭，餘蒸解糉，猶爲湘魂淒楚。調朱繕虎。甚續命絲長，五花披縷。淺醉能狂，老懷依舊幾重午。　年來人事盡改，儘逢時念往，雨今雲古。佩蕙囊香，風零箑扇，獨耐迴腸裁句。鑒兒進香囊，以扇與之。年年兒女都有分扇。鑒兒新亡，所遺猶滿篋也。微聞曲度。怕笛怨家遥，落梅吹處。待懺煩襟，暮來敲寺鼓。

浣溪沙

和清真韵

恬碧嬌紅鬧遠香。深更襟袂水風涼。梧陰竹影欲秋光。　罷聽蟬吟要月露，未妨鷗睡夢池塘。欲成詩句自商量。

前調

和清真

登山臨水賦初成。不辭强醉酒盃傾。浮生客夢短長亭。　枰裏江山誰勝勢，刼餘雞犬自相驚。眼前風物異陰晴。

前調

和清真

帆影乘風葉葉飛。明漪入畫漾晴暉。一航游倦賦將歸。　衣上水痕侵欲透，眼前煙意澹成微。江南木末晚秋時。

西江月

雁過霜寒有信，秋歸紅葉無言。苔紋似繡綠生根。鳥篆汀沙成印。　逗鏡遥山照髩，來帆野水添雲。歸舟不叩剡溪門。是否山陰興盡。

前調

挂壁青松四照，撑天翠巘雙鬟。霜中木葉色斒斕。做弄金天璀璨。　望裏山房遠近，柴門鎮日常關。著書雖好費錢刊。不似閒吟散誕。

虞美人　山茶蠟梅

燕姬不解花名字。怪得繁香膩。爲底逢梅是蠟花。又是將花作葉、錯呼茶。　粧臺窺鏡黄偎額。映頰教雙赤。冰窗雪夜最相宜。不爲蘇黄詩句、幾人知。

解連環　和清真韻

素豪曾託。想冥情弄筆，古思緜邈。問畫裏、何許江南，儘煙送暝寒，朧舒春薄。石帚重來，畫能語、慰人離索。等殘山剩水，甚處買園，理料花藥。　予懷喻君未若。又波鯨舍鵬，清徵酸角。漫説詞客淒涼，只天水無情，夢也荒却。怨墨相思，怎寄語、鐙前紅萼。正春來、憶人念往，淚痕暗落。

卜算子　和竹屋韻

坐看夕陽紅，没入層波去。江上行舟不肯停，無計留人住。　底事問春程，又聽清明雨。那管高樓獨倚人，怨殺黄昏句。右第一葉『滿汀芳艸不成歸，日暮更移舟向甚處』。

謁金門　和竹齋韻

星呼已誤。未了酒懷吟緒。櫂入滄波深煙共雨。寂寞山無數。　人在富春江上住。客處。春水滿江天上去。一帆風更許。第二葉『一簑煙雨』。

清平樂　和散華庵韻

板橋前去。記是經行處。葉上霜新紅一樹。惜取秋光小住。老來冷落詩腸。生疏水色山光。杖履無須檢點，高齊一榻疏狂。第三葉『略彴横溪人不度』。

愁倚闌　和《金谷遺音》韻

嫌㝱短，問途長。不堪量。更道山多隨路轉，歷炎涼。雲裏初放殘陽。馬蹏破、又早昏黃。路盡更疑無去處，有羊腸。第四葉『只見亂山無數』。

太常引　和東浦韻

烟中籬落水中天。人宛在、屋如船。午夢度前川。又卻似、花邊水邊。此間佳趣，鬧紅恬碧，瀟灑更延年。詩意與誰傳。好喚起、沙鷗對眠。第五葉『蕉葉牕紗，荷花池館，别有留人處』。

菩薩蠻　和後山韻

晴驄去盡斜陽道。斜陽更戀青驄好。若問去時情。迢迢不可名。平林看不盡。啼鳥時堪聽。誰與辨西東。苔痕烟影中。第六葉『算空有古木斜暉』。

好事近　和蒲江韻

寒雨夜連江，千柳揉烟如織。浪打孤舟難繫，更秋來風力。幾多心事漫推篷，相守一燈碧。待得朝光小霽，語洲邊瀏鶒。第七葉『山雨打孤篷』。

臨江仙　和無住韵

記得秦淮歌舞日，萬家同賞秋英。無端胡馬變江聲。繁華成底事，空見月孤明。　世事興衰今更古，疾光如電奚驚。新來兩髩鬬霜晴。一帆來又去，獨自聽寒更。第八葉『淮南皓月冷千山，冥冥歸去無人管』。

南歌子　和友古韵

細浪鱗生碧，餘霞雁帶紅。宵來明月曉來風。都與澹煙疏柳、趁秋濃。　水遠微聞笛，山深暗度鐘。危欄望斷起重重。山驛水郵長短、一般同。第九葉『一亭寂寞，煙外帶愁横』。

點絳脣　和海野韵

鄉國牽情，艸堂人老吟清晝。放梅舒柳。墻外寒山瘦。　孤賞難酬，冷落陽春奏。中年後。斛愁餘斗。分付花前酒。第十葉『慵對客，緩開門。梅花閒伴老來身』。

青玉案　和芸窗韵

殘星落月溪邊樹。葉上霜紅秋處處。破曉風來吹墮去。散如花謝，聚同萍化，不辨漁樵路。　舟人認作桃花誤。望裏仙源渺何許。一葉中流掀更舞。鷺零鷗亂，水雲無際，寂寞寒塘暮。第十一葉『冷紅葉葉下塘秋，長與行雲共一舟』。

定風波令　和竹坡韵

秋盡荒汀荻葦乾。夕陽翻浪遠天寒。布帆無數，人在暮雲邊。　舟去益知鄉國迴，櫂回空有信音還。高樓望盡，眉鎖翠娟娟。第十二葉『遠浦縈回，暮帆零亂向何許』。

以上十三首原題作『題師曾畫石帚詞册子』

卜算子　上九畫紅白山茶，壽伯英同年母李七十　甲子

絳帳古稀春，良夜鐙初試。人與天公並日生，猶記蟠根地。　彩筆正如花，恰稱斑衣戲。玉茗丹砂色淺深，並作蓬萊醉。

清平樂　蘭洲先生遺墨『萬樹梅花一灣水，湖山佳處是吾家』畫卷，爲叔通題，和徐仲可韵

江城住處。風裏香成土。先生作宰湖北，有聲。歸去湖山家在否。紅萼雪簪催暮。　茭蘆一棹春灣。往年今日船還。己未杭游，以二月三日訪茭蘆灣，正今日也。匆匆又五年矣。千樹墓門未識，展圖餘雪方闌。

朝中措　月季黄、緋二色

每逢月夕數花辰。盃酒襲芳塵。過盡東風不管，隨時占得清芬。　額黄塗蠟，顔紅暈玉，望裏如人。見慣東家嬌小，墻頭不待窺鄰。

前調　師曾芭蕉、山茶軸子無款識，散釋索詞補闕

誰將敗綠障深紅。生怕晚來風。畫裏無妨雪裏，丹砂煉火春融。　槐堂事往，朱零墨賸，夢冷詩慵。不得替人怎去，一篇孤負紗籠。

清平樂　題平蕪晚景軸，贈楊銘修同年

馬蹏難駐。迢遞平蕪去。愁到夕陽紅盡處。山外一鞭摇暮。　淒煙返顧蒼茫。它鄉轉更思鄉。家在畫圖天遠，夜來山寺鐘忙。

醜奴兒　去年寫山樓清話扇，曾和清真。今寫其後，爲水閣寒琴，仍前韵，更書此詞

秋風如瘮詞心在，一度星霜。又到梅黄。雨後山眉各競妝。　翻將扇底供閒筆，水泛萍香。一角林塘。小隱嫌人話首陽。

憶舊遊　重九題師曾芝蘭便面遺墨，爲悟園賦

問槐堂月色，静裏苔凝，秋院封煙。甚意都銷盡，只風痕扇影，到眼堪憐。畫中時見猶想，調筆寫春妍。怎託思芝蘭，隨人轉徙，未了因緣。　年年。枉相憶，有幾許游塵，茶後鐙前。趁緑窗餘瀋，便雲枝如素，風葉能顛。豈知撒手成夢，遺蹟世争傳。又字罷題糕，孤鐙感舊同夜禪。

水龍吟　印昆以師曾擬香光仿北苑渴筆山水紈扇遺墨徵題，是癸丑冬間作。是年師曾始來京師。爲賦二闋

可憐團扇家家，家珍並數君知否。京塵夢跡，十年堪記，來時癸丑。三絶成名，萬回經眼，幾人低首。更蕭齋一本，師門再嘆，比靈運、人都後。　何處江山如此，儘迷離、乍無還有。煙中渴墨，雨中枯管，任人妍醜。千疊愁心，許多綿緲，只容皴皺。似圖中訴我，縈思舊事，又經重九。

其二

霸才能幾如君，不堪名下容誰某。深情陶冶，詩如魯直，詞如石帚。書亦猶人，畫都餘事，妙來常有。縱楊雲善擬，玄文尚在，問何許、落窠臼。　試數董家山裏，一程程、衹争先後。相看一脈，未嫌千里，師曾自題記：『猶嫌相去千里。』怎成孤負。不信裁縫，虎賁能似，已憎多口。師曾嘗問夢白：『拱北畫何似？』夢白云：『裁縫。』

相視輾然。已而裁縫之名徧京邑矣。歎名存蹟往，思量此事，只堪陳歺。師曾別號歺。

菩薩蠻　食蟹腹疾，九日不出，作畫以代登高

江螯累我重陽病。登臨畫裏成秋興。落木半山亭。老松寒更青。　遠波風過後。坐見雙帆陡。吹鬢轉飄蕭。客心莊與騷。

其二

雨晴林壑明生翠。郊光野色迎人媚。落日寫蒼顏。遠銜山外山。　人家雲裏住。没箇人來去。此地隔紅塵。只容身外身。

柳梢青　貴筑南郭小景

淺水妝梅，疏煙做柳，臘後春初。負郭人家，黄昏燈火，畫也難如。　故鄉何處吾廬。莫問訊、兵殘燹餘。倚醉闌干，偎吟樓閣，夢也都無。

洞仙歌　壽張翁八十

公直鶴也，舊住蓬萊島。八十年來度昏曉。數看花次第、去水波瀾，憑較量，怎敵壺中天小。　仙槎今尚在，泛月歸來，若比洪崖正年少。念人間似海、幾度揚塵，塵起處、只有靈源難到。更天假、恩波渭河寬，奈未了鷹揚、一竿仍釣。

浣溪沙　臘月六日壽内五十，明日新曆明年元辰

喜見諸男進一甌。閨中五十已平頭。今朝有酒不須愁。　刼後滄波清更淺，臘前緑蕚雪初稠。明年明日更添籌。

前調　七日兒婦淑瑗生辰，畫梅與之

第一枝頭見早春。明年子作玉廚珍。喜神今日最精神。更是新正兼舊臘，元辰競道值生辰。婦隨姑後自相循。

菩薩鬘　代內人答壽詞自述

雕盤堆果兒時事。老來一一教人記。檢點鬢邊絲。今朝梳洗遲。　曉寒偎酒煖。紅似梅梢淺。舒展案邊眉。慰君歌五噫。

點絳唇　梅

北地無梅，歲寒誰慰看花眼。盆中一剪。且與傾盃盞。　若到江南，樹樹雕瓊碝。香風轉。水明沙淺。日暮詩人蹇。

少年遊　乙丑仲春題雁來紅扇。一名老少年

老來漸解趁時宜。着意買臙脂。到眼新紅，回頭慘緑，一樣少年時。　爲是非花能耐久，霜徑夕陽遲。去燕光陰，壯秋顏色，畫裏倩春知。

西江月　竹塢來琴秋景巨幅

花外酒邊琢句，山中竹裏爲家。野煙催暝夕陽斜。隔水松情自寫。　有客囊琴相過，不須命駕乘槎。長安落葉亂交加。早是西風來也。

菩薩蠻

西風一夜霜團屋。丹楓界破寒筠緑。蛩語替幽心。教成秋士吟。　流光如羽迅。看看更

玄髩。斜日轉長松。僧房又晚鐘。

生查子 元夜作柳梢月上圖，小滿補題，和歐詞

原韻

好燈能幾宵，圓月同清晝。俊侶試春初，良會消寒後。　無端六一翁，撫事曾懷舊。枉使斷腸詞，浪語侵紅袖。

醉太平

山亭燕新。江樓夢陳。桃華落處知津。好風光巳辰。　青山笑人。清江醮春。天邊一徑入雲。有桑榆幾村。

菩薩蠻

連纖細雨槎煙澀。青蕪滿路春痕溼。節物做清明。錫簫山外聲。　坐中吟未足。游興難拘束。杖履趁閒身。茅亭三兩人。

前調 芭蕉、櫻桃扇

都無密葉藏花朵。蕉陰換了櫻桃顆。隔隴麥風吹。暗中梔子肥。　消停風更雨。攀住東君語。詩句黯成書。解吟教點朱。

浣溪沙 爲邵伯絅潁拓造象，因題

千墨迷離共一軀。聊從筆下見真如。莫將紙本辨枯腴。　醒戀夢情參蝶化，老猶兒態作鴉塗。題成相與一胡盧。

一斛珠 梅妃，擬梅溪體

長門盡日。殘妝坐、嬾梳慵櫛。雙眉冷淡春風筆。一斛明珠，爭把淚痕匹。　新詩字字聲從律。班姬怨後幾馨逸。明姿縱是描難

出。畫苑詞場，留與後人述。

清平樂　大雄山民畫任大椿句『人行紅樹村中雨，潮落青山郭外魚』

霜紅樹樹。指顧臨江渡。重陽近也風和雨。疑是杏花村路。　人家幾處山城。城外秋江做晴。潮長更須潮落，打魚人在鷗汀。

南柯子　譚瑑青聊園填詞圖，屬予爲之，並繫以詞

落絮黏泥過，閒花惹夢新。幾回寧耐脱艱辛。松下竹邊吟瘦、艸堂人。　墨熨金壺淚，牋除玉筍塵。畫中詞意政三分。依約二分寒水、一分春。

如夢令　山茶、蠟梅

宮額沉黄塗就。粉靨寶珠熏透。近水試臨妝，不是卷簾人瘦。春又。春又。石上緑苔寒皺。

瑞鷓鴣　旗下仕女

猶堪背影認前朝。山下焉支色暗銷。弄狗何曾知地厭，畫中一狗與人相向，吾鄉諺云：『天厭鴿，地厭狗。』生兒不復號天驕。　連鑲半臂紅衫狹，一字平頭翠髻高。最是歌臺爭學步，程郎華貴尚郎嬌。謂玉霜、綺霞。

虞美人　鐪胡盧

鄣泥油壁人歸去。悵悵春游處。少年猶自傍香車。寶馬輕塵煙外、一鞭斜。　香餳串串

膠生樝。一樣沽春價。幾多蜜意只微酸。留與郎歸小試，覷吟邊。

菩薩蠻 鍼線箱

高樓日暝躭春繡。紅絨卻欠鴛鴦脰。無語待商量。何來鍼線箱。　風來花外引。鬧砢聲聲近。不惜繡停鍼。因風來處尋。

點絳脣 窮拾人

破紙生涯，一生費却錢多少。蛀肥魚飽。賺我頭顱老。　爾亦爬搔，竟把微生了。須知道。零賤賸艸。中有人間寶。

西江月 坤書大鼓　京師時語女兒曰坤

縱是冰絃解語，不如肉處堪思。喉嚨鍊就正年時。省得曲中心事。　情到妙來流眄，腔從險際生姿。人人愛聽鼓兒詞。最數梨花無二。鼓詞梨花片自山東來，以王颯詠爲最名。

朝中措 壓轎嬷嬷

抹將脂粉上雞皮。盛服鬧霜姿。迎得阮家新婦，將來有樣齊眉。　當年記否，妝成上轎，女伴扶持。如問嫁時心事，至今沒箇人知。

月下笛 跑旱船

似俏仍村，撒嬌成野，怎分兒女。春聲鬧處。夕陽煙外鐃鼓。鉏犂罷了纔塗抹，知甚量歌較舞。教人一笑憐渠，摸擬心事眉語。　平地扁舟泛起，儼身在舟中，煙波如許。西子，朅來波上容與。疾旋捷轉腰姿好，謾詆風巫樂土。須妝點，有鄭櫻聲色，也耐延佇。

太常引　菊花擔

泉明采後有遺芳。處處作重陽。蟹紫更花黄。儘朝市、朝忙夜忙。　愛花人去，識花人少，洋菊盡梯航。揀盡擔頭香。問孰是、陶家舊妝。今京師所蒔菊皆自東來，鄒小山、李復堂所謂洋菊者也。

氏州第一　煤掌包

千丈淄塵，和夢做影，迷離是甚眉眼。黛裏摇脣，煙中着語，鎔銕粗成乍剗。説與蘇秦，縱金盡、無須顔赧。怎不如伊，存身向晦，聽人嘲難。　海又揚塵今漸滿。最清處、蓬萊較淺。爨下餘焦，墨邊殘瀝，予亦無長短。幾人家、堪舉火，纔兵燼、炊煙淒斷。頭腦冬烘，待君來、一寒能暖。連年戰事，冬則煤荒，故云。

阮郎歸　磨刀人

低頭日日寄人簷。倚肩泥水黏。磨礱不厭競尖纖。及鋒今更銛。　升斗計，未須廉。呼聲如令嚴。將軍武庫耀明蟾。仗伊三寸磏。

蝶戀花　蜜供擔

漬法何年傳御局。一擔分來，色色甘香簇。幾轉次第春秋紅間緑。芳情蜜意難拘束。　幾轉街頭初駐足。那許游蜂，趁暖相追逐。宿酒未消茶未熟。晶盤盛得剛盈掬。

八聲甘州　冰車

向幽都捕得冷風回，結成氣崔嵬。鬪驕陽如火，神寒骨重，銷也難灰。買夏年年有價，過處惹蠅猜。不惜推移力，送與涼來。　便是工同造化，怎摶沙就拙，摶水能堆。喜玲瓏喚玉，萬石載瓊瑰。莫遣零丁伴恨，共深閨、清淚點莓苔。餘痕在、春前試認，更發窗梅。

醉太平 話匣子

無聲有聲。無情有情。幾人天上曾聞。賞餘音故伶。疾如撾箏。緩如合笙。曲終江上峯青。正簪紅盛名。梅瀾署別館曰『簪紅』，本石帚梅詞。

生查子 掏糞夫

早知粱肉餘，過肚成污穢。三日便思君，來起西園廢。　誰知污穢餘，産得菁華再。廁上十年心，隴上千大背。

如夢令 山背子

患爾多材交冓。昨夜析薪初就。當作笠兼簑，背平聲，吾鄉音起躡雲穿溜。長晝。長晝。挨得夕陽時候。

昭君怨 二絃師

截竹安絃甫罷。便許評聲論價。身是二絃師。不差池。　憔悴餘年衒技。記取龜年姓李。何處落花風。與君逢。

法駕導引 喪門鼓

喪門鼓，喪門鼓，一擊一聲哀。短夢已隨流水去，斜陽空見素車來。行路幾徘徊。

以上《瑞鷓鴣》以下爲『題歹道人京俗畫册十七闋』

永遇樂

東坡生日，題孫雪居笠屐圖。四聲譜

坡詞景疏樓作，兼呈六禾、瑑青，並粵東人　雪居，明萬歷生人，以廕授應天治中，擢漢陽知府，見《畫史彙傳》

千歲謫鄉，後賢同感，今日能記。短景長歪，南雲北樹，酌先生俱醉。褐裘奚用，坡調《水調歌頭》云：『歲云暮，須早計，要褐裘。故鄉歸去。』鬚眉未老，省識畫中高致。怎描摸、晴川退守，灑然偏身幽翠。　堯年仿佛，張果自言堯年丙子生，而瑑卿及予皆與坡丙子同歲。同生凡幾，今古果仙佳事。身世浮漚，風波斷梗，覊旅勞生寄。坡詞《醉蓬萊》云：『笑勞生一夢覊旅。』瓊樓何處，奎光寒夜，對影暗傾清淚。武陵外、西南遠極，坡詞《歸朝懽》云：『武陵更在西南極。』道歸尚未。

太常引

題林畏廬畫。原題云：『蘆花深處一茅亭。雨後山光分外青。游徧燕南無此景，能毋回首望西泠。』即用原詩發端

蘆花深處一茅亭。秋入暮溪冥。寒絮撲荒汀。都做了、騷人鬢星。　詩中幽意，畫中鄉思，煙水似西泠。歸雁與誰聽。恰醉裏、羈魂半醒。

生查子、

元夜題山水小幅　丙寅

盛時燈月宵，處處笙歌美。同作太平人，肩轂交紈綺。　今來人事殊，燈市非前比。寂寞月空明，没入江村裏。司農告匱，京師燈事極形寒儉。

徵招

三山簃校碑圖，爲夷龕譜石帚

中郎析字聞齏臼，辭成幾多辛苦。翠墨影精靈，只沈沈千楮。物緣隨好聚。耐尋覓、燭燒

茶煑。萬事全拋，十行俱下，訪來寰宇。野館憩詩心，重門閉、氈餘瘦煙堪語。眼際石華應，也青藜煜吐。卻須詞筆譜。檢歐贉、趙殘教補。指圖裏、一榻尋君，細細量釵股。

天仙子 夫趕驢

三十當門稱健婦。纔了鉏犁初日後。挽成燕尾上京來，龜坼手。風蓬首。釵股着花寬似韭。信是糟糠無好醜。廡下齊眉曾見否。梁鴻也作執鞭人，閒井臼。忙升斗。幾日勢家呼保母。

一落索 火媒撢箒

一拂迎人剛可。火媒初裏。身邊塵土手中煙，倉猝裏、應須我。去馬來牛千箇。慳囊誰破。一錢乞與也無多，歸未得、人空過。

碧桃春 老西兒 鳥名也，善鬬

朝陽甫上露初晞。青郊人早歸。朱繩繫定手邊枝。羽毛無處飛。尋茗話，兢雄雌。一場成與虧。逢人争道老西兒。春風今得時。

京師呼晉人亦曰老西兒。

雙鸂鶒 潑水夫

日下香街紅輭。手裏長瓢清淺。應是雨師來緩。點滴從伊澆偏。乍覺風清塵斷。又是蹏飛輪輾。隔日午籌初轉。勞勞依舊誰管。

驀山溪 算命子 瞽者沿街招摇，晝則算命，夜則彈唱

盲詞瞎話，賺盡人間世。萬户簇春城，怎生來、暗中能記。一篇成相，悵悵未教扶，心自静，耳偏靈，不礙繁華地。時辰年月，八箇

生成字。勘了與批評，便如何、忖人心事。夜來明去，幾部腹中書，牌子曲，鼓兒詞，又是閒風味。

霜天曉角　觱篥手

鐃歌甫歇。觱篥聲聲發。又向人家供應，排儀仗、做門閥。　斷續。金鼓列。濫竽聽不徹。官樣文章前部，總有慣、不堪說。

六醜　橐駞

偏胡天萬里，總閱盡、塵飛沙擲。塞鴻未還，春歸無片翼。雪際蹏跡。趁信風吹度，乍青楊柳，指間關京國。南來水土多膏澤。背聳雙峯，鈴喧九陌。厖然更無人惜。恁昂頭闊步，情趣疏隔。　遥空沉寂。憶舡棱紺碧。仗隊紅雲底，增太息。蓬瀛尚幾仙客。對荆銅淚咽，黯然宸極。風雲改、早拋簪幘。憑誰問、委辮氊叢亂後，見伊宫側。春潮去、夜炯秋汐。照珮環、夢返千年恨，如何載得。

徵招　慈航車　譜石帚　此收私胞者，額標曰『陸地慈航』

墻花結子春無主，時來背人偷墮。棄擲委塵埃，忍羅衣初涴。車聲門巷過。便相屬、欲言無那。是怨教埋，是羞教搎，是愁教破。　十丈輭紅深，教情海、瀾翻意城沙堁。儘度孽緣無數，氈包席裹。叩青冥孰可。只生死、與人偏左。願仙籙、各牒鴛鴦，掌上擎珠顆。

沙塞子　喇嘛僧

萬里來朝京國，留不去，鳳城東。聽取朝朝經呪，海波風。　二百年來潛邸，常見爾，故時宮。猶憶春前儺後，鬼般雄。

少年游 切糕車

春黃粉白出晴郊。切玉擅操刀。乳瀝初飴，香炊乾棗，風味亞山肴。堆盤不似膏粱貴，數典記餈糕。《周禮箋》有餈糕。歲歲重陽，於今能賦，宋後盡詩豪。宋子京也。

行香子 人力車

大道塵沙。小道枒槎。何如曲逕狹斜。千條路熟，兩足風拏。怎聚如鳩，爭如鶩，怒如蛙。休説乘人，休比浮家。快時應也馬蹏差。微乎蟣蝨，道亦龍蛇。記李膺門，專諸巷，邵平瓜。各有影事。

好事近 頂力

古云負戴，今云負擔。蓋僅京師有戴者，而語則曰『頂』不曰『戴』也

獨戴二重天，都是一生衣食。空有滿腔豪氣，怎髮衝冠直。嶄然頭角總消磨，斑白少傾側。兼愛未妨摩頂，道利人如墨。

相見歡 烤番薯

紅泥宿火猶温。佐壺飡。芋栗堆邊番薯、宋真山民詩『地爐煨芋栗』。未全貧。貧耶病，當壚事，不堪論。稚子孺人相守、耐朝昏。畫作一母二雛守之。

浣溪沙 牆有耳

此原題也，畫則二人竊聽於門外，有招曰『雨前』

啼笑猶能感路旁。閒來竊聽語偏長。幾人身後蔡中郎。暫許屬垣教悦耳，不煩鑽穴待踰牆。茶前一樣耐思量。

減字木蘭花　大茶壺

南茶北酪。牛飲何分盃與勺。爲底風移。焙茗熏花處處宜。　一錢能買。閒話街坊春似海。向夜泉香。多半紅樓衹應忙。

烏夜啼　執事夫

官儀爲底寒酸。步蹣跚。幾刼胡塵猶剩、漢衣冠。　執事裏，等儒丐，不堪看。仕官今來君輩、笑鮎竿。

玉樓春　打鼓挑子

何人運去家初落。恰趁饑來聲橐橐。千金不識玉東西，也抵星星鈔子薄。　可憐望帝春風魄。淚裏聞聲聲轉惡。過時金紫更誰收，又況人間輕玉帛。

以上《天仙子》以下爲『續題陳師曾京俗畫册十七闋』

南浦　春草，和玉田《春水》韵

風暖謝池波，做芊緜、一片柔情催曉。前路碧成絲，平蕪盡、山外煙痕如掃。朝光暮影，嫩晴消息欺寒小。曾藉芳茵人去後，暗惹浪吟顛艸。　年年寒食清明，寸心縈、恐負慈暉過了。時節杏花初，仍青徧、金勒萬屯嘶到。鶯歌怨晚，夕陽紆徑村帘悄。彌望天涯都是恨，江柳又吹棉少。

以上《弗堂類藁·詞一》（自丁未至丙寅）

西江月　病院感興

浪跡小園丘壑，浮光矮屋功名。西風落葉正吟成。傳徧長安知警。　擥鏡先霜秋鬢，銜瑕未賦閒情。安排廢疾待康成。却做文園貧病。

菩薩鬘　燈光寥影圖

宵來葉上飛胡蝶。蘭閨淺睡香痕浥。一霎夢中身。燈前假更真。　曉鐘聲怎澀。雨促春歸急。惆悵送春心。愁人緑漸沉。

三姝媚　丙寅八月初五夜預中秋，和《金梁寥月詞》韵

靈樨香暗展。漸盈盈澄暉，未來先盼。細數佳期，倩笥纖私掐，玉笙猶汗。試舞僊霓，似漸覺、人間窺見。問訊天邊，柯斧初忙，杵霜應倦。　時去商音誰按。正玉宇知寒，冷風偷换。禁果宫柈，盡彿人前夢，海雲遮斷。對影山河，歌舊闋、金甌翻怨。病損危闌待倚，孤筇恨短。

前調　中秋，叠前韻

風來雲驟展。正姮娥妝成，萬家同盼。露影彌天，似羽衣肌骨，暗滋珠汗。臼杵身邊，記舊日、裴航親見。此夕秋佳，丹桂陰圓，碧梧人倦。　天上年時能按。問羿藥初嘗，骨凡誰换。碧海青天，料掉頭塵世，素心淒斷。人喜團圞，争解得、霜嫠幽怨。競把嬋娟共影，良宵怕短。

浪淘沙　九月十九日，石工約集詞社同人爲展重陽之會。病不克與，走筆賦呈，不耐苦吟，聊慰獵心耳

藥裏襲花香。病裏重陽。驚心時節太匆忙。十日霜晴猶有菊，放入詞場。　擘蟹泛清觴。好趁清光。幾家秀句壓茱囊。惟有淵明吟止

江城梅花引　題陳㱾墨戲

一天雜耍落蓮花。是誰家。鬧分家。聽取聲聲，打竈語波查。不古不今村樣俏，都做盡，諷兼嘲、兩不差。不差。不差。不差。閒磕牙。貌如花。塗似鴉。畫了畫了，畫不了、臉上霜華。壺矢烘堂，墨戲勝清哇。一紙閒抛陳㱾去，重拾起，憶前塵、成嘆嗟。

點絳脣　和朱希真韵，題陳孟聲畫

竹淚斑斑，灑向閑花草。雙薇紫薇、黃薔薇競巧。妒煞湘娥老。　顏色無多，知是驪娛少。嬉仍好。畫中楊妹，押印何須倒。

減字木蘭花　七夕詠牽牛花

銀河漸曙。脈脈似曾花欲語。天上人間。占酒，兀坐匡牀。

瑣窗寒　題山茶、江梅畫軸

雪意融春，雲情慰月，瑣窗幽夜。丹鉛煉就，不共凡花開謝。鬭松篁、新盟歲寒，一雙清影吾能寫。慰頻年記憶，彩毫嗔喜，病來多暇。　刻相賞傾盃斝。道隱士妻孥，未嫌鶴假。玉裝砂，好稱仙心清野。待東風、江水吹晴，色香次第桃李嫁。禁春來、俊侶相尋，怕蜂粘蝶惹。

蝶戀花　丁卯上巳禊集

年年三月風光好。俊約初三，檢點芳尊了。蘆根凍解波文小。碧絲惹夢憐燕草。　今年二月慳晴昊。寒食清明，隔日催清曉。初五日清明。暖入重三杯泛沼。酡顏轉惜寒松老。

斷秋光又一年。天孫應妒。怪得尋郎無去處。一謫人家。争教羈縶幻成花。

鷓鴣天 和倬盦韵

蜀魄凄清夢也愁。林花無賴溷青邱。琴邊看髩人曾妒，不信春風有白頭。　憐日暮，黯雲游。三分談笑酒樽收。巴童僰女仍歌舞，零亂夕陽賽武侯。

前調 同前

春去春來不可名。潮生潮落打空城。東風一半誰輸了，夢裏梅花笛未横。　春漸覺，夢頻驚。詞場重按酒中兵。十分春是梅和雪，纔罷南枝一段争。

前調 同前

高會軒然水起波。廬山靈祕更巍峨。石淙千丈清秋寂，楓葉一林晚眺多。　和月舞，倚雲歌。紅情圍坐醉陂陀。酒闌燈燼成湘夢，天上疏星欲渡河。

前調 同前

天后靈旗海上祠。頻年罷賽已堪悲。樓船來去知誰主，繞樹飢烏近亦稀。　哀渚雁，悼江蘺。琉璃四照水天圍。鐵唐潮退秋江老，多少回航晚載歸。

減字木蘭花 題雁來紅，檃栝黄太冲賦

紅鵑啼旦。忽爾霞光教目换。萎鬱堪憐。根老無花尚取妍。　酸心媚葉。相對吟蟲來病

蝶。宛轉西風。修士聲名頓撼中。

前調 牽牛花扇，以江南豆攊汁寫之

天孫獨處。未識人間拘絆苦。莫唱郎郎。吾鄉呼牽牛花曰打破盌花，其謠云：『牽郎郎，約弟弟，打破盌，請坐地。』兒童喜唱之。迤逗。滿地相思南國豆。紅淚因風。灑向天河意可通。

鷓鴣天 晚香玉、菊花雙供

伏卉猶留最後枝。籬邊寒蕊已當時。移來並作山齋供，金玉爲緣亦是奇。　香未減，露方滋。砂壺茗盌最相宜。秋長林下遲霜信，炎夢依稀似欲迴。

浣溪沙 重九因病不出，畫登高小景，題此

病裏重陽又一年。朝光暮靄畫中天。有人似我碧雲顛。　北地黄花秋較晚，西風紅葉墨爭妍。亂時雞犬更誰憐。奉、晉戰釁已開。

齊天樂 重陽采臙脂豆汁作雁來紅，因賦，和美成韻

秋風妝盡春紅影，爭知雁來偏晚。冷月鑽籬，斜陽掠地，時節并刀偷剪。柴扉更掩。正寒菊初華，小庭涼簟。好趁醉顏，未頽閒筆注吟卷。　江南紅豆任采，似肝腸瀝滴，相思無限。老夢留人，鄉心怯信，情到姿隨勢轉。湖湘路遠。藉露橘霜橙，筍苞同薦。又是重陽，茱囊教替歛。

滿宫花 鯉門以四十之年舉十秋之慶，預圖十事，藉寫半生。余已分繪其二，復以外孫之句徵及老婦之吟。自念病廢逾載，聲調久疏，便欲擱筆。唯是桑海數更，舊人益少，不無系懷，因酬高唱

歲翻新，人似舊。一盞聊爲君壽。前塵何事上心頭。枉負緑楊時候。　夢堪圖，絲待繡。强仕年華天富。須吟徹古殿松風，原題天壇艸憲圖，卒章云『松風古殿鎖葳蕤』。是井水教吹皺。

減字木蘭花 擬六一『留春不住』原韻

春和愁住。春去教愁無去處。來去由春。老却長安更幾人。　黄金縱好。争似春宵人一笑。猶是年時。葉底芳樽頭上枝。原詞『空折枝』，故以『頭上枝』擬之。

少年遊 擬屯田『參差烟樹灞陵橋』原韻

灞陵西去古時橋。煙柳畫唐朝。攀條欲盡，問春何許，無復小蠻腰。　蒼波裊弄斜陽影，秋色漸寒皋。去也臨歧，笛聲淒處，嗚咽起雙橈。

武陵春 擬小山『緑蕙紅蘭芳信歇』原韻

繞屋吟花清興發，寫葉送寒流。時節重陽風雨秋。端不替花愁。　秋英滿路金如散，梁苑舊時遊。醉了重簪影壓頭。香裏説中州。

海棠春 擬淮海『流鶯窗外啼聲巧』原韻

啼鸎似學歌喉巧。正睡裏、一聲聽覺。風細繡簾間，押動情絲裊。　閣籤幾度聲催報。意自警、看花趁早。觸手玉笙寒，擘鏡醒

紅少。

天仙子　擬子野『水調歌聲持酒聽』原韻

扶醉聽歌如未聽。借酒消愁難更醒。傷春長是意迷離，嫌曉鏡。憎生景。事過燈前成憶省。　臥月沙禽相並瞑。池皺星摇波萬影。重簾深處不關花，人語定。鐘聲静。叵耐無情風掃徑。

好事近　擬東坡『湖上雨晴時』原韻

疏柳散淒煙，波澹夕陽明没。湖上晚來秋霽，瞷青山如髮。　白蘋風裏水生涼，簫聲喚明月。醉穩一舟誰畫，認頹顔奇兀。

感皇恩　擬東山『蘭芷滿汀洲』原韻

艸色趁晴煙，平隄沙路。望裏凌波步。驚顧。晌波何託，暫蹙纖眉如語。履痕兜舞絮。争春渡。　仙洞再來，花迷名數。腸斷深深户。開處。午陰緑慘，似做晚天梅雨。落花難説與。黄昏去。

醉花陰　擬漱玉『薄霧濃雲愁永晝』原韻

香燼簾間消白晝。門掩金鋪獸。清醆薦黄花，連日霜晴，乍冷心先透。　秋風病骨初吟後。似藥香沾袖。人意不如花，籬外青山，也到秋來瘦。

千秋歲　題藏山草堂圖爲主人壽，六一體

藏身一壑。預與梅花約。他年待訪林逋宅。未成湖上隱，先養山中鶴。趁京國，梅邊酒暖呼春酌。　且領清閑樂。待敞公孫閣。歸與興，姑休託。吟事催青鳥，鄉夢闗紅萼。殘臂

好事近 內子生辰，李曾廉自斐島以畫梅見寄，因題

海外一枝春，猶作西湖寒碧。正及璇閨人壽，接瓊花瑤席。 岱堂雙樹綺窗前，初英試紅萼。喜入孟光眉案，舞林家鳴鶴。

減字木蘭花 戊辰元日見畹華所作山茶、臘梅

岱堂深處。一話經年生憶汝。又到梅時。喜見山茶扇底枝。 秀才風味。淺墨輕紅都雅緻。數點宮黃。脱手如聞露蜜香。

前調 厩中畜烏騅，俊物也。服駕二十年，遂已老敝，且置閑散，意待其盡而瘞也。家人靳飼養，及予病臥斥去，而以死聞，今一年矣。賦此追惜之

當年轅下。神駿無人堪並駕。爾不嘶風。我在，爲君造墅圖林薄。

減字木蘭花

涼秋又老。賸葉殘柯無多少。煙水初寒。人在明明瑟瑟間。 瀟湘天渺。入望蕭疏餘翠篠。江上峯青。水閣黄昏欲上鐙。

謝池春慢 岱宗堂前新植梅作苞向坼，冬至賦，用子野『繚墻重院』韻

淺寒庭館，年光晚、無人到。凍雪護犁痕，稚萼淩冬曉。消息春潛覺，料度花非少。有無間，看轉渺。晝淒煙暝，依約成冰照。 陽生琯應，含意似、湖邊道。爲念臨風影，生怯巡簷笑。逗夢青禽遠，試靨紅兒小。初英綻，吟事了。笛邊闌檻，暎吹江南調。

亦蒼顔偃蹇中。千金有限。何況燕臺今已遠。一曲虞兮。應似烏騅憎老時。『憎』用平聲，依六一『莫待無花空折枝』。

念奴嬌

用平韻葉石林體題松梅。丁卯小寒，值時憲戊辰初月

江山沈寂，正年光初轉，又起潛龍。黯黯遥天雲欲凝，烟闊濤定無風。忽奮蒼髯，掀騰雪海，鱗爪或西東。未昇先見，待時身寄長松。身邊苔蝕花青，梅妝玉豔，透春色猩紅。晝下靈旗仙仗肅，神物夭矯相從。世變滄塵，谷分寒暝，此事作天公。月明深夜，料應來鶴從容。

漢宫春

蠟梅，和子野，並譜四聲。子野詞出《梅苑》

香鎖纖英。道江梅標格，同譜堪評。丹鑪罷煉，數枝融蠟初成。嬌黄醮水，做道妝、淺色衣輕。教錯見、花參酒入，清芬欲引朝酲。遥憐挂磬無聲。但情芳意蜜，偷遞春程。枯蟬賸葉，一分月淺江城。丁香嫁了，怕暗中、雨結愁生。雲外影、誰傳信使，青禽翠渺參横。京師盆景皆用丁香本接之。

好事近

戊辰元日題松梅畫幅

鶴夢與誰同，寒到五更尤力。雲外斑鱗積爪，壯辰年風色。東風底事隔江南，鐙前早開得。三徑不歸菊後，又一春消息。

減字木蘭花

卓君庸示《柳梅》詩，且云：『柳條而花梅也。』意是倭梅狀若龍爪槐者，邦人别字之柳耳。戲賦答之

將梅字柳。旅夜河東初訪後。並柳呼梅。玉茗詞成杜女懷。蓬萊曾住。照水枝開春好處。悄悵詩新。夢裏風華更惹人。

菩薩蠻 題春景

行雲不礙青山路。馬蹄處處輕如絮。風澹夕陽閑。轉頭山外山。綠波春水渡。渡渡喧朝暮。花樹遠連天。幾重烟柳邊。

偷聲木蘭花 洋晚香玉 種疑出扶桑，都人以其似也名之。梅後桃前，最宜窗供

殘寒約住桃華路。無耐幽窗朝又暮。海客傳芳。簇玉纖英亦晚香。温香徐送迴炎夢。和墨融青初解凍。蕚染黃輕。爇蠟仙裳照夜晴。

減字木蘭花 香蕉蘋果 出芝罘，蓋亦新嫁之品。色香頗勝似香蕉實，故得名。文甥贈到，因賦

志搜赤柰。別樣色香宜作繪。褪了緋青。莫較樝梨總解酲。日南佳實。入賦巴且芳似蜜。雙勝相兼。東海書來雪尚函。

菩薩蠻

夕陽淺水喧春渡。晴雲摶絮湖邊路。風漾柳絲微。人歇待船歸。柴門應未遠。彴徥隨溪轉。桃李粲新花。似迎人返家。

氐州第一 春雁，驚蟄後五日作

晴色江皋，猶滯倦羽，風烟畫裏春曉。計驛難留，游蹤暫繫，依約飛書艸艸。天上行疏，尚次第、青雲須到。暵入酥泥，沙明霽雪，印融

痕爪。　夢阻關河天際杳。甚聊賴、斷蘆枯蓼。蟹稻畦荒，魚秧水慢，不共鷗饑飽。幾番風、花信晚，簾前燕、重來欲笑。莫更棲遲，漸春分、催歸社早。

木蘭花令　題夏景扇

郊原雨過浮清潤。風入薰絃催麥信。酒邊一榻稱單衣，傍午宿妝銷面粉。　剗盡新愁生似筍。飯飽村春糝野菌。清泉烹茗倚斜陽，晚緑明蟾山又隱。

菩薩蠻　陸丹林鼎湖感舊圖

鼎湖莫話龍髯事。情波別貯鮫人淚。清淚濺湖塵。摶作圖裏人。　圓圓天上月。心事他生說。莫與月論心。月中愁更深。

醜奴兒　桃花

東風着意妝梅後，煙水初明。一樹紅輕。人面依稀笑口成。　花開怕引漁人櫂，仙洞雲橫。舊夢曾經。惱亂劉郎此際情。

揚州慢　畫瓊花題此，和鄭覺齋、趙以夫韻

月碎階明，雪翻闌墮，春風玉宇瓊樓。似仙人來賞，記唐蕊珠毬。動萬眼、前詩後賦，無雙道得，長説名流。恨窺江、胡馬南來，剗盡滄洲。　杜郎記好，宋金華杜游《瓊花記》，紹興二年作。對黄冠、墨動香浮。甚問雁無書，人間猶在，不似前游。畫裏如今空想，郎瑛去、歲月悠悠。但依稀過雨，香葩攢做鄉愁。八仙、瓊花、玉蝶、粉團、繡毬並相類，吾鄉粉團、繡毬俱不別，夏初作花。

塞孤 和倬盦《白海棠》韵

躡花陰，繫偏吴綾白。巧剪輕裁難識。棐几瑣牕看僅隔。舒皓腕，攀應惜。凝脂雨、洗春嬌，輕銖曉、窺仙客。趁朝光、催燕巢急。敲冷玉燭釵，怨錯霜柯笛。子美無詩春寂。省識春風長佇立。晴意態，陰顔色。魂化水、作清愁，淄易素、紛塵迹。已全非、眼底朱碧。

前調 題秋莊圖，用屯田韵

入秋來，漸見青林歇。雨後吴山清發。點點早霜紅紫别。朝曦朗，林陰滑。烟初惹、起村舂，鐘餘打、沉山月。驟涼飆、窗縫吹裂。充隱白屋心，癡夢青雲闕。老去襟塵方徹。翠竹蒼松留戀切。看早晚，黄花節。盃在口、菊斟芳，餻在手、盤堆雪。且休辜、里老張設。

祭天神 黄牡丹，和倬盦韵

念四番芳信匆匆了。須重整、三月風光，珍重笵金開照。東皇費盡，染娟心裁趁妍笑。聲華擅、千古家芬，影事幾回綿杳。　和衣香朝氣，乍開地寂游塵少。酒波晴泛花光，珍叢把杯繞。念菱彩憎顔，宫妝塗額，至今無主、玉殿開簾掃。

蝶戀花 黄牡丹，倬盦和師曾韻，疊韻報之

不信參差真象鳳。巷陌華鐙，照徹寒梅凍。一度尋春成斷夢。無雙有二催歸鞚。　洛譜呈身春藉重。絹婦辭多，疊韻花間送。春去未忘人影共。羅衫塵壅金泥縫。

前調 倬盦見候，話黄牡丹詞，訊及詞成，徵圖。仍疊前韵賦其事

五色江花文筆鳳。一病豪枯，塵漬駞酥凍。瑞靄乍起維摩仍午夢。文殊忽降青猊鞚。繪影無分金界重。佛訊來時，先遣名姝送。未須雙靨共。青睛偷覷猫兒縫。

前調 謝倬盦和詞，三疊前韵，限康節事

並世堯夫星與鳳。冒雨曾看，不惜因花凍。司馬溫公有《雨中聞姚黃開呈堯夫》詩云：『走看姚黃拚濕衣。』布算且酣今夜夢。明朝莫縱游韁鞚。《聞見録》：『西京留守府園牡丹盛開，賓客請康節筮花數，且訊盡日。再揲筮，當以來日。果羣馬逸出，與客馬相踶齧，奔花叢中，花盡毀焉。』語報端明詩簡重。何處奇葩，開得應分送。堯夫《謝君實端明惠牡丹》詩：『霜臺何處得奇葩，分送天津小隱家。』道是孤芳容我共。吟箋艸編元刊縫。倬盦《祭天神》詞有『天上孤芳』句，以至元日新堂槧本尾雙鉤製箋書之。

前調 以黃牡丹畫扇贈倬盦，四疊前韵書其上

老去姚風名可鳳。病裏塗黃，光湛流離凍。更把殘樽溫舊夢。心如奔驥難羈鞚。九陌塵多烏帽重。花面迎人，禪面教相送。陳簡齋賦蠟梅用黃面老禪事，因竊斆之。白儉綠沉難與共。良工寫得金無縫。『姚鳳』云者，予中風後自署『姚風』，竟有訛『風』爲『鳳』，簡遞相遺者數數，今始正之。『白儉綠沉』云者，白牡丹曰荀慧生，綠牡丹曰黃玉麐。癸丑、甲子之交，荀、黃同招主人，呼晉觴賞牡丹。酒至，余曰：『此一觴要諸君同飲。』客請其故。曰：『賀黃牡丹也。』客曰：『座無此花。』余狂叫：『有老夫！』因道羅梓青謎，且述影事。客甚讙，徧酌而罷。

前調 倬盦得畫扇，復疊韻書一詞於金箋扇見詒。五疊前韻謝之

清韻連翩如集鳳。箋稱金華，似帶瓊樓凍。

睡裏呼婆春是夢。青蕪又促東皇鞚。仙牒何堪詞意重。灑翰親書，信使更番送。其扇之陰復書『顫裊釵頭』詞，『開元宰相』句聲有誤，更爲『家世開元恩露重』云。秉燭須游良夜共。曉鐘漸裂羣山縫。

前調

六疊前韻，書師曾『緑萼尊前』詞後

一曲棲梧人歎鳳。《蝶戀花》一名《鳳棲梧》。感逝傷春，墜墨淒煙凍。明日黄花成蝶夢。遐心不縶逍遥鞚。回首坫山前案重。語業難消，擔把藏鉤送。窈窕風懷邀月共。閒情誰覓淵明縫。

前調

追維前夢，棖觸成吟，七疊前韻

並萼駢枝雙彩鳳。夏竦《牡丹》詩：『紅芳争並萼，緗葉競駢枝。彩鳳雙飛檻，霞冠對舞攲。』同醉仙盃，琮栗光如凍。宋祁《牡丹》句：『金衣瑞羽迎風展，琮栗仙盃壓霧斜。』談舊撚花看似夢。楊萬里《和彭仲莊對牡丹上酒》云：『呼酒撚花談舊事，牡丹正似夢中看。』黄雲承韈遮塵鞚。山谷《詠姚花》云：『黄雲承韈到羊家。』自貢幽芳邀貴重。舒元輿《牡丹賦序》：『古人言花者，牡丹未嘗與焉，蓋遁乎深山，自幽而芳，不爲貴重所知。』賦海遺鹽，輕被元輿送。舒《賦》赤日、白月、淡赭、殷血，獨不道黄，亦一遺憾也。姚左雌雄聊且共。韓魏公《再賞牡丹》云：『且共對花開口笑，莫持姚左較雌雄。』國香争裂蘭階縫。舒《賦》：『國色欺蘭。』

前調

感事，八疊前韻

記得華年聲起鳳。道是金渾，玉暎花房凍。百事抛人隨去夢。駒光過隙曾誰鞚。贏得吴霜欺鬢重。豔幟標花，兩字甘拈送。白傅白花詩思共。芳名道出千人縫。白樂天《白牡丹》詩：『白花冷淡無人愛，亦占芳名道牡丹。應似東宮白贊善，被人還喚作朝官。』何事之相類耶！

前調　賦本事，九叠前韻

疑值川妃來翳鳳。梅聖俞句云：『黄值洛川妃。』雲幙殘寒，韈底波塵凍。彩筆欲書傳綺夢。水邊竹際飛輕鞚。　衮繡臨軒春典重。寵極花王，進御誰先送。毛滂《蝶戀花》云：『初見花王披衮繡。』錢思公謂姚花真可爲王，魏乃后也。而《聞見録》謂錢爲留守，始置驛貢洛花。又謂，李迪爲留守時始進御，不過姚黄、魏紫三數朵，以蠟封花蒂，數日不落。與歐陽文忠《洛陽風土記》同。蘸殺接頭無分共。秋叢珍重初黏縫。《洛陽風土記》：『姚黄一接頭，直錢五千，秋時券買之。洛人甚惜此花，不欲傳。有權貴求其接頭者，以湯中蘸殺與之。』

前調　十叠前韻，單題葉御衣黄圖，中女鎜臨師曾本，並遺墨也

舊時宫衣梭似鳳。剪上花枝，夜永并刀凍。更屑沉檀香到夢。朝來催動看花鞚。　貴色不因多葉重。肯似揚花，輕與鄰翁送。張于湖《踏莎行·芍藥》詞云：『一枝且爲鄰翁送。』翰墨傳芳閨閣共。題名待補湖山縫。

前調　芍藥

滿院蘼蕪春且去。婪尾盃前，挽得春光住。一朵欲簪春似妒。窰瓶尋得安花處。　舊識豐台花可譜。十里風光，不異揚州路。聞道稅花花減户。春雖未去春非故。

對，魏公曾說。宋韓魏公詩：『誰許清風下，芳醪對一斟。』奈風鶴數驚，令花貧寠，詠歌零缺。元許魯齋詩云：『但恨主人貧且寠，不教相對舞衣紅。』倡倡紅似纈。唐陳陶詩：『緑衣宛地紅倡倡。』念盈丈、花艸傳吴越。《草木記》：『浙中種葵，俗名一丈紅。』檻内記、王家圖舊，借半歸全，好因緣、憾無遺闕。宋王晉卿家舊寶徐處士碧檻蜀葵圖，但二幅，晉卿每歎闕其半也。徽廟一旦訪得之，乃從晉卿借半圖，命匠者褾軸成圖，招晉卿以觀，因卷以贈，一時盛傳，人人悚異。見《鋏圍山叢談》。更許闌干設，能衛足、葉如蓉闊。未遮得、身軒豁。誰與留半，終是詩腸縈結。至今頓成感咽。《西墅雜記》：『成化甲午，倭人入貢，見闌前蜀葵花，不識，因問之，題詩云：「花如木槿花相似，葉比芙蓉葉一般。五尺欄干遮不盡，尚留一半與人看。」』外國亦有此能詩者，愚頗賞其『尚留一半與人看』之語，不忘忠厚，得詩教矣。戊辰夏間，正當花時，偶然念及，益感於濟南之役，因製此

減字木蘭花　燒燭看劍士女

攤書甫罷。却似虞姬來帳下。紅燭迎人。劍影宵光净絕塵。　眼前秋水。照映橫波眉黛底。喜伴紅顔。化作雙龍鏡背蟠。

蝶戀花　題《渺一粟齋畫册》洋菊

百菊吟成誰更譜。一種波斯，又見南峯數。天竹馬蘭今勝古。復堂畫裏何曾覩。　歐碧一枝秋淡竚。相間深紅，顔色濃如許。海燕來棲花爾汝。圖成雙豔迎霜吐。

大酺　一丈紅

正日華開，薰絃試，炎景將蟬時節。頹垣籬落際，趁朝光堪愛，數叢開徹。豔逼朱榴，陰敷篠箭，行處風兜羅雪。繁華無人賞，甚芳醪酌

詞，且圖以存之云。

木蘭花

青蕪猶記春來路。幾日匆匆春又去。乍看梅雨緑成陰，轉眴葭湄霜溥露。　春秋一例佳時序。風月良宵休枉度。輕舟且聽客吹簫，莫效聞蛩人草賦。

清平樂　題汪藹士竹卷

病來種竹。喜得霜柯緑。脱手輸君池墨速。彌望風煙迷目。　瀟湘淇澳堪思。畫成知是誰師。盛夏無人能賞，秋聲獨聽風枝。

減字木蘭花　守瑕得舊扇，故宫物也。中舟已作篆書署『臣』字，更屬補桂，因題

天風吹夢。夢醒天香時暗送。吹落人間。扇底秋風又早捐。　瓊樓雖好。宫闕憑虚終縹緲。玉篆臣書。天上姮娥識得無。

應天長　倬盦書示九日退谷登高見紅葉之作，久病不出，替吾張目矣。有觸於懷，和聲奉訓

清秋節勝日。正壑露山開，競拈吟筆。憑望蕭然，過眼繁華如失。流光驚去疾。但無語、黯紅描得。更問甚，踏破鞵痕，醉荒詩律。　盛會敞幽室。任酒涌思來，道古風逸。人似黄華，零夢貞元堪述。貞元四年九月二日敕令，九月九日宜令文武百僚擇勝地追賞爲樂。見錢易《南部新書》丁。先秋蒲柳質。賸殘臂、仗笻難出。空臥遊，塵慮煩噫，獨負陶秫。

西江月　秋葵、鳳仙

入道仙衣蘸酒，凝脂玉質偎瓊。一般兒女兩

輕盈。顧影初陽相並。仿佛金壇受籙，依稀赤甲彈箏。鍾馗小妹嫁時情。一婢畫中堪媵。

浣溪沙　和倬盦《廣和居感舊》

江湖。尊前賸得幾胡盧。味未全殊。世事賺人如燕雁，詩情感夢説委巷魚香不亞鱸。客來應是後來蘇。舊京風

前調

畊得齊東舊瓦瓶。滿身猶帶土花腥。朝來新貯水清泠。乍摘薔薇顏勝玉，濃香脱手露初經。不須陶譜論天青。

八聲甘州　雷峯塔圮，零塼碎甓時出。《寶篋印陁羅尼經》，左季得一卷，屬題

問千年寶篋伴湖山，曾吟幾殘陽。憶迴峯卓影，金經且晦，暗記興亡。舊刦池灰冷盡，一卷出霾藏。不到潮痕没，猶認錢王。　昔日分裝萬本，經有記，曰八萬四千卷。比石經文笵，等重球琳。壓牙籤百宋，五代説殘唐。數雕瓊、如鐫姓氏，尚靈蹤、身繫國妃黄。誰先後、葛仙秋嶺，俶墖星霜。

湘月　冬至題《秋聲集》，用石帚韻，並譜四聲

止雲戀笛，絮蛩天短韻，消遣光景。水作愁懷，暗化盡、激石嘶風吟興。萬響都清，千愁同訴，一卷淒烟冷。潘霜羞粉，去時孰與臨鏡。　應悔禍棗灾梨，棲靈話夢，影心兵詩陣。不數名場，甚霸國、龍虎輸誰偏勝。漫理哀絃，須吹暖琯，候轉將梅信。姜詞春在，賀

囊血賸堪省。

前調　冬至子夜叠前韵

琯灰應律，驗紅閨絲綫，争指圭景。履襪家家，頓唤起、白髮高堂歡興。舊典猶存，公私多暇，臘意催春冷。消寒圖染，瓣朱擱了妝鏡。　憐我病裏微吟，春來依舊，比創餘臨陣。伏枕量籤，度漏閣、知幾宵情佳勝。自古陽生，端從子起，到底天堪信。圜丘曠久，問天莫對還省。

前調　爲叔通寫朱梅，賦此，叠前韵，仍譜四聲

暖香逗月，趁微酡淺醉，佳賞幽景。水石清奇，更夢醒、約略金釵餘興。岸柳寒舒，江梅晴爛，笛外孤笻冷。冰姿湖影，絢衣恰早窺鏡。　豪走煉湏縱横，融砂論篆，灑仙雲成陣。俗了臙脂，況惡奪、朱紫難容雙勝。瓣點寒銷，妝明綵剪，暗馳江南信。人羞顔改，誤成碧看重省。

前調　臘八前二日寫梅壽内，仍用前韻

選紅弄墨，借脂光粉氣，添補清景。有子如嬰，正絢采、祝臘先催年興。凍鎖東堂，春前雙樹，萼嫩棲烟冷。霜毫揮灑，照花卻滿方鏡。　冰蕊向曉疑仙，巡檐共笑，繞庭柯鵶陣。拂起襟塵，念髩雪、偕老香輪簪勝。畫裏枝梢，天邊酒盞，意暝傳芳信。禪關容隱，林逋客夢同省。

月下笛　倬盦要同賦龍笛，云是清太廟樂。譜清真

瑣尾傷離，參差怨獨，冷懷難滌。孤雲賸竹，

那管人間收得。問霓裳、仙拍暗聽，倚墻露滑誰記憶。想雲韶夢冷，西鼪賓去，久無聲息。龍暗性在，試擫譜樓頭，舊人應識。涼州調古，賸有鐃歌淒惻。嘆新聲、變宮換商，教坊武舞徒弄色。凭闌干，謾説遼東，唳鶴歸路隔。

浪淘沙慢

寒鴉　譜清真『萬葉戰、秋聲露結』

暗緑浄、墻陰暫集。未斂歸翼。料理飢腸待啄，驚迴凍羽更寂。漸廣野銜烟疎着墨。背郭去、催落斜暉，趁暮雲、成陣儘翻側。添幾許寒色。　測測。此時慮亂如積。況枯木、流水多愁慘，情思惟蕭瑟。問望秋蒲柳，誰禁風力。箭光浪景，空付伊，背影朝昏堪惜。春夢醒、繁華收起，堂前幕、舊燕棄擲。冷蟾夜、南枝尚自覓。賸滿地、雪跡霜痕，待記憶。孤村數點淒吟筆。

緑頭鴨

戊辰歲除前五日立己巳春，和倬盦，並同四聲

臘烟清，報春簷角呼來。念蒼龍、掉頭依舊，素梅煖處先開。送殘年、寒銷三九，驚閨婁、步苔階。菜甲盤新，玉英燕小，摇花側顫古瑶釵。更無那、景移人換，星鬢淡風懷。墻陰雪、纔融徑竹，影掃蕭齋。　擁蘇裘、黄金堪歎，晚來雲掩燕臺。念繁華、去隨人事，指南斗、望蘭涯。霸史江山，遺金墜粉，鶯花江令尚詩才。蕙風轉、阻深天塹，誰信月常佳。君曾記、井中張孔，雙鳳喈喈。

探芳信　春餅，和倬盦韵，仍同四聲

稱名雋。早粥米香陳，共呼珍醞。念盤飡蒙助，春情韭華引。玉肪截葉雲衣卷，和氣舒寒暈。擅中廚、擣練晶明，縷銀瑩潤。　梅意轉成恨。奈茗椀初收，瓶笙解隱。午夜蟾圓，依樣畫、非真本。充飢莫説名士事，風味詩腸認。看新炊，薄影琴邊風鬢。

西平樂　題戊辰除夕祭畫圖，譜清真原韵

有序

除夕祭詩，前人舊貫。予欲仿行，因亦祭畫。然詩不周於恒人，不乏識者；畫周於恒人，識者特少。豈非以能者不能言其意，言者不能暢其旨，宏道無人，故爾茫昧歟。夫詩次第於文章，而畫祇品目於技藝，非平議也。欲滌此陋，更稱慧業，既已成詩，復製詞以盡之。圖成，因書其後。

未盡年光，又催蠟彩，宵永漏滴方賒。珠箆陳詩，妙吟難得，争教手眼輕遮。賴素日吞雲吐霧，容許模山範水，閒來自寫心靈，聊稱相璞披沙。終歲觀成考績，殊世論、向背最堪嗟。　化機何有，疑仙訝鬼，神入毫端，隨意横斜。憑俊眼、冥搜暗索，圖墨忘形，體會鳶魚自樂，邱壑羅胷，沉浸詩書氣更華。通貫萬端，澄觀大略，懸揣神情，再敂襟期，共契玄靈，從看慧業成家。

漁家傲　鑿兒於廠甸收得舊扇，余所畫『一年好景君須記』二句，辛酉年作也。己巳

一葉何人曾障面。秋風委棄看成賤。好景難常誰更戀。人事換。幾錢買得欣重見。　依舊春塵趨廠甸。荒攤冷市游人徧。又賺兒童收斷爛。重滌硯。風書與灑新詞絢。

前調

詠太平花。相傳種出長安，慈禧太后迴鑾時，徙植故宮

緲淒清，宮墻向夜，依稀柰花炯。後庭誰省。任淚隕銅仙，和露香定。瑞蓮散綵沉清磬。尚手挈、秦浮光等幻影。慈禧有照，作觀世音像。花開暗識舊風塵，相時明月，紛披生畫景。看似與訴，霾花宮井。謂珍妃以拳匪之亂死井中，相傳是慈禧所殺。清未曉，涼無汗、翠簾人聖。匆匆去、太平夢短，秋信早、凋零誰喚醒。又待訪、宣和遺製，春風澆椀茗。

南歌子

早春治具，閏老來，而倬盦謝病。明日詞至，依韻和之

時節初燈後，心情夢草間。未須屈宋作衙官。柴門淺水借本、擬衡山。廉南湖以王硯田臨文衡山山水圖見假，且乞詞。因有董小宛題詩，爲賦《花犯》詞，遂張

花犯

王硯田建章爲宮紫玄席鏐作山水圖，有董小宛題五言近體。紫玄女曰畹蘭，能詩工畫，室於冒，蓋巢民族也，以才情唱酬聞。小宛題識稱『紫玄宮太公』者，以此畫舊藏宮家，後歸南湖。爲製此詞，述其繫連

想南都，青蓮逝後，遺篇世應少。畫端詩艸。歎隽品曹娥，如共花笑。盛時念雨人同好。朱鈐序雁皎。有朱印曰『宮子行玉父共欣賞』。『念雨』者，玉父集名，以其先紫玄春雨草堂故也。認古墨、柴關秋色，小宛詩有云『秋色護柴關』。幽棲森翠篠。『已到幽棲處』，亦小宛句。當年製出硯田翁，疑春雨小住，軒堂圖了。芸案女，紅窗下、舊曾吟嘯。瑤臺思、《婦人集》云：『畹蘭尤工畫墨梅，雪葉風枝，翛然有偃蹇瑤臺之思。』鏡窺黛語，葛共藟、相攀松際繞。料聚首、園前施帳，因緣紛翰藻。

壁侑樽。一老成孤興，翩然小飲還。詞人春感避殘寒。且待岱堂梅絢，醉鄉寬。

燕山亭　和道君《北行見杏花》作，同倬盦

原韻

愁眼驚春，荒驛倦程，去國心情偏注。花怨騎塵，路入寒沙，顏色解迎邨女。事逐歸鴻，斷魂裏、清明微雨。思苦。看塞谷迢遥，野烟催暮。　宫樹凝望雲淒，憶紅絢晴霞，上林人語。泥朵溷英，趁馬遺蹤，輕抛舊時遊處。轉軸迴腸，臨睡也、悄魂歸去。難據。殘寱醒、征鞍續做。

解蹀躞　題錢南園畫馬，和清真韵

瘦盡鞭絲春影，猶向西風舞。夜槽空齧、酸嘶警愁旅。臨老怯上征途，暇來偶繫殘樁，管枯思苦。　意無緒。應念前塵游俊，披圖歎遭遇。盛時英物、輕蹤躪花雨。黯淡金勒無人，有誰飛鞚青郊，共尋春去。

天香　詠石濤貝多樹子鼻煙壺

身樹齊觀，樨禪喻隱，壺天更闢新境。逗鼻霏微，非烟縹緲，意味手頭先領。炷香熨了，稱把翫、蒲團雲冷。家國微塵何着，王孫自哀誰省。　蕉盦萬緣都静。試餘薰、撚酸偏永。也似楮毫閒趣，畫兼詩迴。爲問西來意旨，視葉葉、真經伴清磬。鏤我袈裟，休驚自影。壺有程松門爲石濤刻小象。《戰國策》：『吾苦夫匠人且以繩墨規矩刻鏤我。』《智證傳》：『良馬見物輒驚，獨見自影不驚，知從身所出故。』

憶舊游　花朝前一日飲城南酒家，明日陰寒微雪，故有卒章『陰晴』之語

正春分過了，約住殘寒，勝侶齊招。等是玄都俊，自劉郎去後，千樹栽桃。看花紫陌紅拂，猶涴酒邊袍。更屈指韶光，眉躉市近，轉眴花朝。芳醪。煖人意，待語豔瀾翻，詞雋山高。曲坊城南陌，趁孤雲車笠，盟事相要。舊痕喚起殘夢，罏在尚帘挑。便預醉芳時，陰晴衆壑珠未調。

玲瓏玉

曹靖陶惠雙紅豆，云是文正公手植者，名德芳蹤，輒觸吟緒，拈成此詞，寄答殷勤

瓊顆勻圓，趁開篋、競穗鐙紅。春嬌正坼，露時記採秋叢。鄭重名流手蓺，到雲礽收取，憑寄飛鴻。玲瓏。閒拈來、詞意轉穠。　料得當年覓植，道種分南國，情託東風。辛相梅花，賦家心、麗則堪同。千年風流如續，稱儒雅、窗前一樹，也署郁農。意無盡，幾回看、常在掌中。

花犯

賦龍爪水僊，舊曰蟹爪，更以龍名賦紀

水雲鄉，仙衣化去，軿龍露霜爪。洞天瑶島。記韵冷琴操，無雙清妙。凌波倩影塵難到。陳王應賦矯。未比得、麻姑長甲，輕舒纖處巧。　餘寒滯春更爭開，東溟幾許路，珂聲風嫋。刀似水，香疑瘮、翠虬爭拗。擎金盞、拏空勢起，甚醉淺、春光知被惱。待皺了、吴江清浪，尋伊歸路渺。

金縷曲

和守白韵，贈李釋戡，稼軒體

漸近清秋節。等中年、哀陶樂寫，早凋玄髮。覓地埋憂無處是，不道胸襟開豁。窮更有、詩爲時傑。我欲飲冰嫌壘塊，甚炎天、耐得心腸熱。前夢冷，把人撇。　歌場吹笛横雲裂。

頓呼起、豪情壯志，櫻風蘆雪。年少談兵懷梵筴，勝是遺編殘缺。健羽迅、春鸎能說。易警涼柯思餘睡，正清陰、滿地成愁絶。斜日下，蟬淒咽。

前調　釋戡以和守白韵見示，疊韵廣之

晚雨催清節。又秋來、明蟾瀉水，清螺映髮。世事烟雲時起滅，過眼一場軒豁。儘付與、詞人稱傑。莫倚清愁吟蟋蟀，尚新涼、再有秋風熱。殘稿在，暫教撇。　箏琶耳浄聲如裂。陡邊城、雲間笛起，玉關飛雪。纓繫賢王君試請，此際金甌無缺。待攬轡、澄清堪說。亭上將軍逢醉尉，問何人、能識真癡絶。君不見，驚湍咽。

前調　七夕和釋戡《觀劇》，疊前韻

果酒清商節。記華清、蛛絲候巧，網纖於髮。秘殿長生曾密語，夜半涼空高豁。早分付、詞場幾傑。更誤功名千載後，賸風流、拍板敲雲熱。天寶事，等閒撇。　秋來霖雨天傾裂。以聞鈴、郎當驛路，棧雲嵋雪。急切漁陽鼙與鼓，驚破笙歌零缺。重感慨、玄宗閒說。幾度斜陽今變古，又三郎、聞曲同淒絶。金縷怨，急絃咽。釋戡詞尾撅印曰『三郎郎當』。

玲瓏玉　《金梁㝱月詞》有此解，詠賣冰者。卒章云『晚香冷伴清吟，深巷賣花』，自注：『兒童賣晚香玉，聲亦可聽。』而《金梁》未賦，因和韻補之

炎夢初迴，暮天迴、別是風華。涼痕乍剪，擔頭簇簇交叉。破曉兒童衒鬻，甚聲堪入聽，地

僻無譁。輕車。風行時、惜涴落沙。倚病年來幾賦，恨遺鹽負海，待譜拈茶。闠市無聞，況深居、傍佛爲家。清吟金梁人去，伴消夏、冰敲盞戛。觚賸輸他。疏單語，數前聞、重粲筆花。

減字木蘭花 蠟梅、牡丹畫幅

蜂情猶恣。花似前身仍蜜意。何處天香。只有唐花弁衆芳。　是花非果。滴滴黄梅嬌髩朶。莫訝花開。春去人間又夏來。

天香 題水仙花，和《金梁寥月詞》韻

冷賸溪痕，清餘水色，琴心悄逗幽冶。乍鏤雲情，凌波欲去，索影繽紛相亞。梅邊幻蝶，甚夢境、迷離纔化。好是青禽未覺眠，香正酣遥夜。　拈豪倚愁試寫。墨華涼、與添冰麝。黝石趁將姿媚，暗帆初卸。如見仙魂冉冉，又映壁、疎燈小窗下。漸聽山中，呼春起也。

鷓鴣天 題『橋横水木已秋色，寺倚雲峯正晚晴』林和靖詩意軸

一徑沿溪略約通。新黄着樹露初濃。何年梵宇依山築，慘澹雕簷向晚紅。　才暮靄，早清鐘。雲歸不復問行蹤。疎林淺水秋初覺，時節催人燕又鴻。

以上《弗堂類藁·詞二》(自丙寅至己巳)

歸國謡 庚午上巳日作，擬飛卿

金屋。料峭晚天寒漠漠。酒邊何處吹竹。遠聲淒勝肉。　畫屏錦鴦窺燭。夜幽風更續。漸看春水塵麴。遠灣心字曲。

以上《弗堂類藁》

其二

妝艷。自影勝花驚照鑑。翠眉山樣低斂。愁多渾未澹。　燕子避人飛閃。水痕雙尾颭。幾回商略心感。履痕苔點點。

采桑子　寒食日寒，擬馮正中

殘寒猶滯東皇轡，花意遷延。人惜囊錢。冷落青帘酒市仙。　舊歡已墜知難續，冷節堪憐。蠟燭偷傳，明日簫聲又暖天。右擬馬嘶。

其二

嫩晴天氣寒仍在，暗數春程。似阻山城。已近飛花艸乍生。　瑣窗朱户重重幕，人怯桃笙。緩放初鶯。燕子慳松巢未成。右擬畫堂

女冠子　清明題亡兒鐓遺墨『柳條雙燕』幅，擬韋端己

四月五日。又是暮春之七。緑楊時。有恨成傷逝，含淒欲語誰。　别來真是夢，忘去轉多思。雙燕生前墨，尚差池。幅是亡之前一月寫，筆致楚楚，予深惜之。

其二

一歲幾戰。逝矣争如不見。正年時。弄筆勤書篆，躭吟解賦詩。　春風生宿艸，依舊又離離。今來聞戰訊，爾何知。

虞美人　春窗客話，擬南唐後主。

風波譎異真難測。況是魚龍窟。樓臺柳色緑將成。先揀得春多處、聽流鶯。　人間仕宦傾如海。經過憎遲悔。挾弓懷彈五城兒。正覷雀來螳後、捕蟬時。與退思論今。

其二

逢僧施粥誰甘少。虎瘦防鷹飽。一盃酒過散羣雄。更莫看成容易、笑談中。棋翻勝局誰終負。一著原非錯。汴州南去又杭州。只恐好山如畫、轉生愁。與倬盦道古。

望江南 擬後主

江瀲灩，極浦緑愁儂。汾水漢才人自陋，圖將并剪剪吴淞。春在浪花中。

其二

江漢水，流恨復流芳。花月送將人去國，芷蘭長見賦懷湘。極處望吾鄉。

其三

人老去，南國正春酣。柳撲輕花添白板，酒斟春色貌霜柑。惆悵賦江潭。

其四

人老去，南國又春殘。鶯正調雛慵對語，梅才結子已含酸。江畹更芬蘭。

蝶戀花 春陰，擬六一

連日春寒花可數。旋暖旋陰，疑作清明雨。已過清明晴有絮。花開花落春先暮。容易肯教春便去。珍重餘寒，春是天留住。莫急催花花下鼓。露英纔午看成故。

定風波 復都論，擬六一

欲擬蘭臺賦兩都。論成賓主各紛如。誰效北師稱靖難。首善。重呼三輔擁黄圖。乍覺窮閻春色到。喧噪。道旁大樹早張舒。縱是蔣山青似舊。都復。咸陽猶有未坑儒。

六幺令

蓮華盦白桃花，擬小山

舊時紅粉，仙洞頓成拋卻。悄然自開無語，耐久偏遲落。老盡塵心證聖，未計春何託。濃陰樓閣，輕寒一樹，似水如煙燕還掠。前度劉郎去後，枉了東風約。驀遇漁父來時，怕見飛花愕。早是天生別樣，好稱幽棲鶴。竹邊闌角。憑伊話夢，莫向人民問城郭。

石州引

弗堂丁香花下作，擬東山　茫父手植一樹，枝柯獨茂，花時光艷滿院。病後連年春日，倚仗徘徊，益令人親

夕灑珠塵，朝趁爨煙，濃聚如雪。庭空甚物迎人，手植一株堪悅。春生滿院，靜處儘我徘徊，花前時有香風烈。煎茗坐移牀，壓詞英詩屑。　時節。雋言清語，花氣牙芬，更難分別。病與春新，遺此餘情都歇。佛機參盡，尚恐小雨微酥，春深葉暗愁成結。更謾喻芭蕉，訴芳心周折。『恩深縱似丁香結，愁展芭蕉一寸心』，賀詞本事也。

下水船

青杏，擬前人

原上青青杏。鶯啄華零猶剩。無意迎人，成陰暗中誰省。臨水影。風後餘紅落定，才見枝枝珠孕。　漸清挺。啓齒愁酸性。街市喧聲入聽。沉水浮餳，生鮮露盤光瑩。今無競。獨讓青梅如豆，爭説詞人成詠。北平市中有賣青杏者，水浸盛小碟中，佐以蜜，小兒多買食之。疑是宋俗之遺。北地無梅，蓋青杏當梅豆也。

八六子

一霎雨過，春益暝矣。擬少游

灑空庭。正如楊柳，枝頭露點微傾。念雨過

何曾一晌，寒收難剩三分，向晨定晴。欣然傾耳纔聽。蕙日麥天宜潤，芳原緑野初經。春來雨澤甚少，新緑猶未一沾溉也。恐暗地蘼蕪，去隨天遠，翠茵滋厚，墜紅難掃，怎教帶恨華迷淚眼，驚心春啓歸程。暫須停。天香蘸衣未成。

沁園春 春晴，擬前人

霎雨驅寒，霽煙開旭，布滿衆芳。念華如人意，欣榮炫錦，天憐鶯老，促曉調簧。盡日楊花，榆莢外尚，時趁餘紅霏更忙。田野趣，已鳴鳩乳燕，清晝初長。　而今淡懷乍省，縱晨熹、夜燭追賞流光。奈遠山當户，初葵向日，緑蕪明野，芳草思鄉。馬競蹏塵，遊盡興又，青青梅子蒼更黃。晴日在，恨芳菲未拾，春去空傷。

雨中華 晴一日又風，擬東坡

華事偏多躭誤，雨擱風延，更甚晴慳。枉了一春空過，擘鏡愁顔。晨夢初興，丁香滿樹，隔院堪攀。擬墨妙細寫，懷芬取態，數繞回環。

春衣換了，安排閒計，病裏最此相關。風信緊、落梅期迅，又遮花間。不如陰翳，柳華遲放，暫許春閒。

早梅芳近 落華，擬清真『花竹深』

教蝶慵，成鶯惱。乍積風還掃。山深無語，嫩緑苔茵藉餘笑。韻珂仙隊散，步襪神光緲。尚裙飄帶拂，天際柳煙裊。

怨開遲，歎謝早。甫落猶夭矯。晴雲擘絮，伴點池波臥浮藻。絢春歸眼底，邐迤河陽道。萬華叢，那容春便老。

滿庭芳

社園牡丹，擬小山

婆夢餘酣，王春今覺，滿城華趁晴暄。近來新種，柴下數名園。『亡國之社，掩其上而柴其下』，出《公羊傳》。可意笙歌未起，颭華鼙、鼓忽驚喧。櫢傳處，討風罪雨，轉鬧午蜂屯。　開元。成往事，曾傾舊國，付與殘藩。任鵑血聲聲，叫月譙門。解道春光幾日，教孤負、玉艷香温。姚耶魏，恩牛怨李，門户未須論。

古傾杯

晨聞布穀聲，擬《樂章》

度龍催耕，夏聲呼起，春意銷沈了。光陰葉底，花謝盡、愁夢躭人多少。杜鵑短羽難來，聞伊似早。鄉音未隔，山風破曉。約畧聲在，雲裏烟中引到。　尚倚枕、陰晴難料。念春暮、呼晴偏好。奈暗數流年，芳菲難貸，新翠抽林篠。薰絃池閣聽叫。信息近、餅餌風光，炊邊早報。藥圃戀晚，餘春仍老。

雪梅香

春暮，擬樂章

枉躭閣，春歸急促又離悰。但連陰成暮，沈沈院落無蹤。朝粉愁烟惱飛蝶，午香妨葉阻游蜂。轉幽獨，舊徑成秋，人與誰同。　芳叢。想佳勝，客至歡來，雹醽千鍾。悔擲韶華，頓成酒窄盃慵。倚病難將問腰脚，跋山臨水怯支筇。春休恨，如人去，留待餘紅。

一剪梅

牡丹時節，微雨亦佳，夜聲僅聞，朝光轉冷。及遼陽訊至，則竟日雪也。擬易安

飛盡春紅到眼秋。柳絮因風，撲滿汀洲。名園幾處牡丹枝，微雨宵經已折頭。　塞雪邊風速勝郵。春若冬葭近思裘。去年早凍已傷

橋邊樣譜。休重問、山南水北，競春慣、春餘孰是主。只詞人、念晚躭芳，涷醅婪尾杯注。

御街行

送春歸生貴筑境内，華似薔薇。野生沿途，春暮而華，華落春盡矣，故曰送春歸。擬易安

臨歧知是春歸處。驛鶱嶺、華生路。長芒短刺併遮攔，畢竟鈎春不住。粉紅銷盡，胭脂融淚，春竟何時去。短長亭子銷魂賦。恁無語、難分付。從離鄉里幾多春，華歲歲應如故。夕陽歸馬，閑猶待我，人老誰留駐。

鎖窗寒

薔薇，擬清真

暗裏春歸，猶留後約，晚芳朝露。明窗未敞，愛早客來揮塵。展臙脂、房櫳畫屏，楝風幾日晴無雨。正水晶換箔，波紋吹動，淡香初吐。

華，今歲晚寒，更替花愁。

芳草渡

蘭，擬清真

削翠穎，正麗日江南，亂鶯飛起。念陌薰風透，閨深夢暖人喜。香草情悴美。宜騷心琴意。露佩重，未皦秋光，獨茂春氣。幽致。雅懷淡影，楚畹通波川自媚。素心好、瀟湘過雨，愁痕瀉清淚。曉寒始斷，替粉本、霜綃堪試。謾贈芍，共采蓮溱並洧。

尉遲杯

芍藥，擬前人

豐臺路。更十里、纈綺留春住。誰從舊日瑶京，猶逐香塵尋去。酣詩縱酒，將墨妙、憑華約春語。問春歸、爲底勾留，被華薰醉歸誤。天涯去驛揚州，繁歌吹、如今冷淡非故。舊國新都詩歐碧，牡丹名有『歐家碧』，借用。都厭數、

微度。濃陰處。訝似自蘭畦，過從藥圃。單衣試酒，此際何人尊俎。尚糅春、入盞如人，小紅秀色眉更嫵。趁光陰、鄭重今番，待作牽衣語。

憶少年

春意，擬易安

春來何緩，春酣未久，春歸偏急。經年再相見，也分攜悲泣。冷露朝來如淚濕。恨流鶯、感時聲澀。含桃墮初果，有兒童爭拾。

以上《弗堂詞·庚午春詞》

芳草渡

題《燕京訪古録》

墨代語，任話劫玄都，寄懷燕市。助客幢犀韻，條條夢影猶繫。三輔秦内史。如長安新記。動舊感，馬認蹏塵，燭澌風淚。遐思。綺懷向老，轉眼繁華歡緒墜。怕回首、襟懷戀酒，年時燕游地。事隨雁去，賸我在、城南蕭寺。甚巷陌，暢道荒灣似水。

應天長

懷費宮人，和邵伯絅韻　庚午五月七日

河山再改，名姓自芬，青娥更有聲色。少甚鷺行鵷列，空縻大官食。人間世，濠上客。只過眼、花愁人寂。盛冠蓋，録夢標華，毀譽凌藉。誰擬舊宮娃，挺刃心寒，鵑淚濺秋壁。異世尚凄餘碧。津橋小時宅。風成古，塵障陌。佇望久、感寂陳迹。怨和楚，草長紅心，孤堠春識。

以上《弗堂詞補遺》

姚鵷雛

望江南 戊寅在芷江

余不諳倚聲，昔年謁朱彊村先生，間語及之，而苦其律度。先生曰：『詞之功，不徒事此也。』先生以嚴治聲律，宗主壇坫，顧其言如此。蓋審乎初學畏難，將望而卻步，用誘而進之，匪獨善《易》者不言《易》而已。頃避寇兵，轉徙辰沅。提攜弱小，經涉冬春，蒲酒榴花，又過令節。瞻念鄉園，賊烽猶熾；傷時感事，輒托小詞。文隨情生，音無繁縟，等之竹枝楊柳，信口可歌，固非嚼徵含商、窈渺刻深之比也。

江南好，北固雨瀟瀟。柑酒從容過竹院，刀鱭絡繹上江潮。門外是金焦。

其二

江南好，暢好是金閶。十里珠簾紅叱撥，一船簫笛小排當。閑醉過端陽。

其三

江南好，勝賞在雲間。夏服有衣皆白紵，酒人無日不酡顏。塔影射荒園。

其四

江南好，虎踞復龍蟠。儀鳳門邊山影合，莫愁湖上水雲寒。攬轡幾回看。

其五

江南好，好是熟梅時。霧縠初裁涼壓酒，湘簾半捲雨催詩。淺夏比春宜。

其六

江南好，臨水盡朱樓。數樹垂楊黃似酒，一溪新漲碧於油。無地着閑愁。

其七

江南好，酒罷已涼暉。園樹老紅和雨落，池塘深碧見螢飛。扶得醉人歸。

其八

江南好，綠野有躬耕。萬樹篩陰聞叱犢，數聲布穀勝啼鶯。閒話豆花棚。

其九

江南好，黯慘望烽烟。起陸龍蛇吞象腹，臨江胡馬斷流鞭。此日是何年。

其十

江南好，處處夕陽多。倉卒寒潮沉鐵鎖，周遭蔓草卧銅駝。去國意如何。

其十一

江南好，消息雜驚猜。阿閣綺窗雷破柱，雄城巖邑劫餘灰。遼鶴忍歸來。

其十二

江南好，父老望霓旌。橐鞬三千齊射日，橫磨十萬快屠鯨。東海始銷兵。

蝶戀花　秋思　戊寅在貴陽

夢淺愁深無意緒。簾掩新寒，乍覺秋如許。涼葉自飄檐畔樹。不關日日風和雨。　獨上層樓還獨竚。山盡天低，惟有雲來去。蟬曳殘聲聲又住。晚鴉三兩歸何處。

其二

殘醉初消人意懶。繞砌涼蛩，猶解吟幽怨。幾處紅樓絲管暖。商聲只在閑庭院。　北雁不知關塞遠。滿地菰蘆，湘水烟波晚。風裏橫斜吹更亂。關心莫被風吹斷。

其三

疏柳寒煙天一角。閣雨癡雲，黯淡還長壑。曲曲漫拂金徽塵漠漠。書來依舊悲離索。屏山凉夢覺。醉也難成，醒更情懷惡。愁與西風還有約。拚教永夜聽檐鐸。

雙調南鄉子 瓶中紅梅 以下己卯後在重慶

縞袂想臞仙。洞壑沉冥不計年。一酌人間金谷酒，翩然。醉舞霓裳也自妍。春淺月初弦。小驛孤村夢化烟。誰記舊時高格調，堪憐。開向銀屏畫燭前。

其二

疏影倚春寒。閑颭屏風玉漏殘。漫擬小紅桃杏色，誰看。强學時妝轉覺難。香雪海漫漫。歸去江南認故山。只恐他時還憶着，前歡。酒污羅裙淚有斑。

臺城路 枯樹

西風斜照婆娑意，蘭成昔年曾賦。雨暗虛籬，烟荒斷壑，瘦影鬅鬙誰顧。秋聲最苦。更闌楯蕭疏，幾家庭宇。減盡清華，不馴龍性尚如故。溪山依舊寂寂，笑輪囷坐老，終遠斤斧。脱葉難留，盤根自出，一任支離寒暑。前游暗數。是白鵠來時，碧柯交處。五畝嘉陰，喚人閑認取。

浣溪沙

山雨疏疏濕晚鴉。霜燈點點透窗紗。餘寒漸欲凍桐花。商略閑盟鷗滅没，矜持芳訊柳夭斜。茶香酒釅在天涯。

其二

一尺焦心緑漸抽。半篙春漲碧於油。收燈過了晚風柔。　老計眠蠶將作繭，孤懷病馬不宜鞦。十年人事總悠悠。

柳梢青　本意

東風愁眼，鵝黄嫩緑，絲絲初綰。雨送山寒，烟分溪暝，淒清無限。　江城又見垂條，恨衹在、離亭候館。冷落鶯簧，差池燕翦，冶春誰管。

蘇武慢　馬元放《歸漢記》題詞

蘇武歸來，秦關漢塞，故國那期重見。兵塵漲陌，戰血連江，也抵幕天冰霰。叫雨鵂鶹，嘯風貙虎，人境轉成迷眩。嘆琅璫霜夜，雲山空繞，夢迴愁矙。　休更憶、海上穹廬，車中旄節，總是斷鴻飛倦。瓊枝繼佩，鶗鴂先鳴，又惹一襟幽怨。惟許長歌，日星河岳，正氣兩間無欠。向短檠深幌，銀箋湘管，自書生傳。

高陽臺　梨花

柳綫縈青，苔錢綉緑，一簾春雨瀟瀟。數樹溪灣，恰看野水平橋。餘寒猶滯芳菲節，甚山坳、殘雪難消。衹輸他，枝上流鶯，啼夢聲嬌。　年時載酒尋花意，付潘郎愁鬢，相對飄蕭。門掩黄昏，銀燈炙了無聊。東欄幾日清明近，又香綿、吹盡柔條。剩宵深，淡月溶溶，移影墻腰。

小重山　春晴

日照春山花滿枝。東風齊著力、醉游絲。緑

蕪一徑柳僛僛。簾開處、掠地燕争飛。小病怯單衣。翠尊渾寂寞、負芳時。平生惟有白雲知。難成雨、出岫不妨遲。

臨江仙　和倦鶴

禪榻茶烟便小病，病中瀟灑無愁。夢乘春水放扁舟。柳塘新緑滿，花溆淡烟浮。薄宦久宜員外置，尊前閑數清流。一簾寒雨漫疑秋。四山紅濕處，扶杖且登樓。

虞美人　和倦鶴

粼粼南浦初消凍。細浪驚鷗夢。梨花雪後亂鶯飛。不信春光如此、不思歸。怨鵑啼罷千山暝。酒與閑愁競。那須更作斷腸聲。已是他鄉過了、幾清明。

千秋歲引

陌上垂楊，欄邊芍藥。澹月疏簾尚如昨。秦筝罷彈玉砌静，吴箋省記銀鈎弱。鳳臺空，鯉波遠，奈離索。　歌罷漫翻金鑿落。欹枕獨聽斜街柝。户外酸風射羅幕。今年未歸春社燕，明年去作秋河鵲。篆爐雲，縠紋水，沉前約。

風蝶令

玉柱新筝雁，金鑪小篆香。冰絲彈怨一行行。忘却黄昏、猶自理殘妝。　溝水東西去，春風上下狂。殘花剩絮滿銀塘。待得圓荷、何處覆鴛鴦。

水調歌頭　壽右公

帶甲滿天地，霜鬢久論兵。終看長劍十萬，破浪待屠鯨。東海艨艟風利，朔漠熊羆結陣，勝算合圍成。舉手謝江月，寰宇待澄清。　烏臺簡，黄髪老，獨崢嶸。凝香燕寢心事，常念白鷗盟。此日芳坰小墅，坐對棋枰酒盞，歸思薦朱櫻。花外捷書至，鐃吹竚飛聲。

謁金門　爲鄭權伯題畫

慵睡起。明鏡黛螺初試。嬌鬢妝成雲髀翠。畫羅雙鳳紫。　紅淚文姬洛水。夢斷胡笳聲裏。雁磧龍沙三萬里。春風才繞指。

江月晃重山　初夏

舊事雙柑斗酒，餘寒小簟輕衾。芳辰一笑已難尋。吴蠶老，惆悵到而今。　城上朱幡捲雨，檐前碧樹成陰。北窗散髻更斜簪。青銅在，消盡昔年心。

踏莎行

已老鶯簧，漸繁蛙鼓。一春鴛瓦長飄雨。柳陰取次又薰風，晚窗商略聽蟬處。　天遠高樓，舟回别浦。畫橋西去隨花路。老紅落盡緑蕪深，雙飛胡蝶閑庭暮。

望江南

行不得，投止向誰邊。身似羸驂臨峻阪，心如驚雁落空弦。岐路更茫然。

其二

留不得，接淅道真窮。醴酒端知非昨日，鱸魚何計待秋風。一笑恁匆匆。

其三

歸不得，故國事全非。深谷高陵迷遠夢，秋鴻社燕只分飛。真個不須歸。

小梅花

宮車陌。王侯宅。長安城烏盡頭白。彩雲收。露盤秋。芙蓉小苑，浩蕩入邊愁。橋陵松柏悲風雨，銀榜千門污塵土。擊圓鼙。舞銅鞮。凝碧池前，豪竹復哀絲。　南八指。睢陽齒。壯士軍中半生死。佩鈴跋。弭蟬貂。烽明野闊，一戰覆陳陶。彎弓突騎今何有。專閫論功印如斗。布威靈。動歡聲。鳳閣鸞臺，簪筆頌河清。

憶舊游

聞石公自貴陽至，因寄

共詩筇訪鶴，酒幌呼魚，人在天涯。暫忍哀時淚，又螺峰送翠，小駐征車。候烽旋閃邊壘，殘堞動胡笳。嘆斷雁驚弦，窮猿覬木，舊燕無家。　堪嗟。十年事，有寂寞玄亭，憔悴京華。雨散南樓客，剩相看衰鬢，飄颯塵沙。款門一笑先許，清話付茶瓜。便夢繞吳船，荒江淡月啼曙鴉。按：以上均爲抗戰軍興，西遷湘黔，迄居渝時所作。自記。

青玉案

和尹默《飲茅台酒》

一廛送老知何地。漫料理、收身計。忍淚看天還歲歲。子真谷口，君平西蜀，商略沉冥意。　花前且倚尋常醉。酒祓花消定誰會。入手郫筒思舊味。白沙清渚，粉江如練，春軟游絲委。

浣溪沙

遲日輕陰半過春。石泉槐火一番新。絲絲柳陌惹閑塵。　啼夢流鶯空瑣屑，定巢社燕故紛紜。綠蕪盡處下斜曛。

南歌子　院齋清晝，碧桃、海棠盛開，風日妍麗，拈此寫之

素面朝天淡，宫妝暈酒深。霞光粉態晝沉沉。便有悠揚蜂蝶、鎮相尋。　暖護青絲障，香分碧玉簪。儘教火急借春陰。可奈花前消盡、少年心。

鷓鴣天　明隼沈君公葬日，余阻事未赴，賦寄琢丈

合郡衣冠掩淚過。故人新冢已嵯峨。亂餘節物臨寒食，老去心情感逝波。　花怒發，鳥悲歌。瑁湖風月托漁蓑。吞聲死别兼生别，頭白匡山奈我何。

唐多令　玄武湖同易君左

烟艇似輕鷗。晴波點點浮。更垂楊、綰瞑絲柔。祇有茶棚兼餅肆，何處是、舊紅樓。　三隱最風流。湖山奄五洲。問而今、詞客誰留。許買菱塘來結屋，西着汝、我東頭。田北湖偕二友居湖中時，署門聯曰：『是爲三隱，奄有五洲。』

鵲踏枝　上巳後湖修禊，分韻得『地』字

湖白山青風細細。柳外橋邊，安穩流觴地。酒避愁腸茶破睡。茫茫非醒還非醉。　試溯永和當日事。烟水南朝，飄盡新亭淚。勝日

清游今又是。桃花微笑人間世。

減蘭　李義山硯

韓碑大筆。比似昌黎無愧色。濡染淋漓。一片端溪轉麝煤。　蘚痕盡涴。清露涓涓生鴝眼。錦瑟華年。留與何人寫鄭箋。

踏莎行　百駿圖

虞阪車踪，東郊毛色。嘶風誰記長安陌。當年一顧已群空，世間安得乘黄百。　洗甲銀河，消烽邊壁。買來烏犉安耕嗇。平川水草勝天閑，形模不上昭陵石。

鳳凰臺上憶吹簫

紫陌新烟，畫堂故巷，湘簾難掩春寒。看過雨、紅消杏火，舞困榆錢。辛苦芹泥未穩，參差羽、空繞梁間。隨風共，匝地絮飛，飄泊誰關。　徘徊緑蕪處處，只腸斷斜陽，依舊危欄。漫瘦影、輕穿繡幌，低掠箏弦。恁自商量不定，偷相覷、花外銜蟬。無憑事，幽恨寄與吟箋。

南鄉子　思歸未得，寄雲間諸故人

緘札未沉浮。亦未程塗嘆阻修。争遣一春忙裏過，休休。赴壑驚蛇不轉頭。　歸思浩難留。不爲鱸魚也買舟。瑞草橋邊凄惻意，眉州。炒豆瓜犀吃得不。

浣溪沙

榆莢楊花作雪飛。怨鶻乳燕訴春歸。夕陽巷陌舊烏衣。　題壁僧虔宜疾去，上書孟六苦多違。五湖三畝計全非。

鵲踏枝　滬寓曉起，聞鳥聲甚美，時將去松江

百舌呼春春已暮。夢覺疏櫺，夜色連初曙。落盡深紅無覓處。樓陰長日冥冥雨。　老計抽簪渾自誤。酒飲兵厨，乞米須仁祖。辦得歸帆宜暫去。征衫先浣緇塵污。

點絳唇　松江呈琢成丈

破帽殘衫，楝花風裏江南路。鵓鳩自語。明日還當雨。　咏石嘲花，微減閑情緒。相逢處。衣裘漁父。怪道寒如許。陽曆五月，春夏之交，餘寒尚勁，琢丈複衣數重。

壺中天　游南埭草堂觀白皮松，作似琢丈、慧殊、念孝

春末假歸，與張琢老、俞慧殊、朱念孝同游郊外，訪南埭草堂白皮松。堂爲姚春木先生故宅，其後讀有用書齋，韓氏居之。松凡二株，離立堂外，數百年物也。嗣歸雷氏，譜桐丈晚年修邑志于此。其旁爲長公子潤民舍。潤民亦博覽，富藏書，今并下世。余等以不欲驚主人，自側門入，徘徊頃之而去。

烘晴紅紫，笑春風不到，千年喬木。化作玉龍仍偃蹇，破壁將飛還伏。卷地濤殘，倚天霜坼，空有雲相逐。槎枒冰雪，舊時鸞鶴曾宿。　遥念繡虎摛文，仙蟫食字，餘韻誰能續。换劫池亭寒雨外，仄徑苔錢凄緑。釵落鉤衣，根欹礙屐，欲去頻凝矚。主人知否，悄然來似看竹。

甘州　寄濮伯欣居士，兼呈柳劬老

正鶯雛風老雨肥梅，飄蕭滿江城。嘆登樓皂帽，精藍寄榻，久謝浮名。杳杳青瑶千仞，鄉思黯愁生。簾底瓶笙沸，歸夢初醒。　無想

依然是想，倘兩忘物我，一泯虧成。誦詩題雋語，戲比謝墩争。恰頻年、閑雲踪迹，衹鉢山、叢桂共清馨。還堪憶、舊憑欄處，蘆竹冥冥。

讀清真溧水無想山作《滿庭芳》詞，因成此。王伯沆先生舊號無想山民。居士云：『欲乞以自號，王先生未許也。』自記。

浣溪沙

六月四日書感

青女娉婷門素娥。憑闌心事托微波。雕鞍綉轂一時多。　紺吐猶留衫袖碧，螺杯漫勸玉顔酡。愁深酒淺定如何。

其二

短夢蘧蘧轉覺長。銅龍漏斷篆烟涼。疏星澹月共茫茫。　鳳尾掐殘千古恨，燕泥落盡去年香。風傳環佩隔銀墻。

踏莎行

潤逼衣篝，蠹生畫軸。縱横流潦妨車轂。出門一笑我何之，鍾山濃黛如新沐。　寥廓昊天，炎蒸澤國。登高望遠傷心目。漢京詞賦自西東，甘陵賓客長南北。

南歌子

雲作奔濤白，天真過雨青。輕雷隱隱夜冥冥。獨自虚庭欹枕、看疏星。　奇字從人問，高歌衹自聽。亂來無恙是東陵。依舊微風深巷、賣瓜聲。

鵲踏枝

酬包朗生天笑自臺灣寄眎近詩

慘碧蕉林初過雨。野葛齊紈，時有清風度。眉月窺人低綺户。海天小閣渾無暑。　開遍庭前招隱樹。道是中秋，恰是春光暮。春水方生君可去。鷗邊夢熟江南路。『春水』句用孫仲謀答魏武帝書。

虞美人

院庭緗桃、海棠已花，休沐日獨賞，賦此

脂香粉艷閑庭午。遮莫驚風雨。近來衰病負春紅。却許破顏一笑、寂寥中。　枝頭翠羽啁啾久。燕子歸來否。定巢無計莫思歸。祇有鬧花胡蝶、滿叢飛。

其二

嫩黄萬縷門前樹。慣送離人去。便教相守老江潭。也復攀條惆悵、説何堪。　緇塵九陌長安道。儘詡春光好。板橋流水月如銀。肯向東風閑門、舞腰新。

臨江仙

寄倦鶴渝州

問訊嘉陵江畔客，載愁重泊吴船。一溪清水且留連。殘梅飄作雪，寒日淡於烟。　一昨抽簪容佚老，草堂合住詞仙。伴人明月幾回圓。蠻花巴子國，靈雨蔣侯山。

浣溪沙

病起，有感大壯『自持殘燭照樓臺』之句，作此

病起殘燈特地明。樓臺無數夜凄清。不須銀燭淚同傾。　曠望關河希雁信，相思風雨冷鷗盟。東欄紅藥幾枝横。以上自《青玉案》起至此，均爲丁亥、戊子至本年己丑春之作，合湘、黔、渝旅中所作，編爲第一卷，都六十一首。自記。

以上《蒼雪詞》卷一

虞美人 初秋與客話渝州舊游

風蟬斷續閑庭角。玉篁寒初覺。涼柯葉葉已難留。最是梧桐身世、不禁秋。　燈前細雨誰相過。與我周旋我。十年一夢話山城。記得四山木落、酒初醒。

拜星月慢 檢篋得大壯詞數闋，誦竟書悼

笛裏懷人，尊前温夢，愴絶樓臺殘燭。幕府清歡，覆深杯醽醁。記霜醲，別館、伶俜獨夜誰語，酒盡人生何促。往事都非，祇憂來相續。　賦招魂、霧掩寒山綠。波紋蕩、恍度靈風肅。那向落月江楓，問魚龍歸宿。琢新詞、桂棹滄浪曲。騷蘭怨、鬗變荆高筑。把蠹簡、淚灑行間，耿秋檠重讀。翁舊有詩云：『自持殘燭照樓臺。』居渝日縱飲，夜深瓶罄，輒嘆曰：『酒盡，此生亦盡矣。』語絶沉痛。

宴清都 瞿紹衡飲席，呈自嚴、叔通、譜蘅諸老

又見秋風起。闌干畔，露凝叢桂初蕊。流年暗換，清游如夢，墜歡難理。憑教日繫長繩，總莫挽、春隨逝水。映灩蠟、綠蟻金尊，白頭短髮垂耳。　簪裾洛社耆英，當筵惟有，南董良史。文潛韞藉，涪皤健筆，顧厨齋美。幽姿寫入横幅，頓埽盡、纍桃俗李。恍冷香、亂落詩襟，氤氳竟體。是日，紹衡以畫梅一幀見貽。

永遇樂 積雨初霽，秋綠四圍，拈管賦之

脱葉嘶風，遠蕪沉雨，秋已如此。蘚徑蛩吟，蕉窗漏静，一片涼侵袂。姮娥消瘦，相依青女，妝薄恁禁憔悴。透檽紗、烟浮灩燭，離愁暗沁芳蟻。　蒓鄉夢到，露葭蒼白，迴入扁舟

天地。羅縠空明，瑶篸倒影，千尺涵頳翠。澄澄碧落，瓊樓玉宇，那許淡雲輕綴。滄江晚、深叢數點，蓼花吐綺。

木蘭花慢　黄葉

正蕭條極目，秋欲盡、雁南歸。又平野霜濃，孤村烟淡，觸緒興悲。尋詩。記携舊侶，好園林恁便緑陰稀。錯認金章鳳子，翩然飛上疏籬。　憑伊。俊語堪思。聲滿樹、醉休辭。最嘆旅褐棲塵，衰顔褪酒，憔悴誰知。雄姿。最憐漢武，對河汾草木也沾衣。莫恨風雲氣盡，還欣芳菊同時。

前調　題吴遇春《小鹿樵室詞卷》

拂塵箋蠹粉，卅年事、夢無痕。漫闠里浮沉，晴寮潑茗，水榭開尊。衡門。嘯歌送老，恁司勛傷别復傷春。一律空中寄恨，竹垞南北吟身。　鱸蒓。枉引歸輪。經卷畔、暫相親。更便長教隔絶，杯盤草草，燈火昏昏。懷人。更悲逝者，嘆延津龍合竟須分。寂歷秋窗夜雨，品詞好續靈芬。抗戰後，余與君僅在里中湛然庵一面，曾荷以詩詞稿屬爲訂定。余時正病中，辭之，遂永訣也。

渡江雲　讀《青梅館詩詞稿》，有懷曩日里中文酒之歡，依聲賦此，感不絶心

江湖清絶處，菜傭酒保，也似六朝人。綺辰聯俊侣，刻燭傳觴，拈筆已如神。鷗閑鶴瘦，料只應、啄雪眠雲。聽歷歷、烟中鸞鳳，長嘯出蘇門。　逡巡。星飛斗没，海淺桑生，便重尋舊隱。空想象、花前邛竹，雨裏綸巾。匡山頭白歸來晚，負杜陵、詩句殷勤。誰更共、一尊細與論文。

上一支筇，記相過、恰逢微雨。霞殘黛苦。渾不似、西施媚嫵。黯吟懷，共翦蔬呼酒，層陰庭宇。匆匆去。淺瀨浮香，冷落孤山句。寒盟漫許。便留着、誅茅佳處。轉萍蓬，同是天涯倦旅。

夢揚州　和寄庵即贈

暮江頭。正冷烟、斜照當樓。笑指鬢絲，又惹天涯新愁。袖銜詩卷還憑眺，共去鴻、身世悠悠。登臨事，重陽近，悄然風雨都收。長憶南都俊游。紛畫幀詞箋，坐嘯冥搜。泛舸素波，醉裏曾盟沙鷗。老來桑海銷清淚，譜綺琴、閑寫幽憂。遥與和，梅邊白石，笛外蘋洲。

法曲獻仙音　和逋居士遺作

逋居士集詞《法曲獻仙音》注云：『南塘秋泛歸，得鵷雛新詞，且有發剡之約。依韵成此，因以趣之。』蓋卅年前余偕龍丁費君過居士南梁新居時事也。星移世换，誦之惘然。余詞既無存稿，兹更和原韵，非曰補亡，聊攄傷悼。

遼鶴飄零，蜀鵑凄咽，又閲蓬萊清淺。南郭幽居，西州華屋，應看巷坊都换。剩扶醉、羊曇過，秋塘敗荷卷。　陣雲遠。記遐征、洞庭湘水，人自去、衡岳幾曾回雁。邂逅許歸來，話巴池、窗燭須翦。永隔黄壚，倏淞江、添淚長滿。縱蒓鱸無恙，忍把劫餘芳盞。

西子妝慢　憶昨歲西湖之游，寄夏瞿禪　一九四九年

枯木酣霜，凍雲釀雪，笑我此來何暮。白公堤

法曲獻仙音

吹萬、滄叟諸老招飲，實爲懷超社集。余以局外獲與，賦此簡吹萬，并謝滄叟

薦菊泉寒，結蘭雲寂，秋入江樓弦管。手馥籤芸，鬢摇杯醁，聯吟繭箋濡滿。比洛社山陰宴，流風定非遠。　海波淺。向蓬壺、自成棲逸，元亮老、常恨意多世短。萬軸散戈船，怕重翻、松槧殘簡。置驛飛書，恰招要、林竹清蒨。笑安豐俗物，把臂忽逢嵇阮。『俗』字入作平。

浣溪沙

寄庵詞有『蠶蛾絲盡只留桑』之句，戲反其意，成此解

儘道無何別有鄉。從游終欲宿春糧。却堪煮字療饑腸。　秋菊雖枯猶聚瓣，春蠶未死已無桑。江湖那許便想忘。

金縷曲

題四十年來之北京

往事東流水。記津沽、吴船乍泊，載來客子。釋笈地安門下路，燈火芸齋迤邐。休沐暇、徜徉郊市。廠甸江亭登覽遍，聽梨園、斜日清歌起。如電謝，卌年矣。　憑誰創造新圖志。最峥嶸、長城北繞，太行西峙。三海芙蕖天壇柳，一片葱蘢佳氣。便真到、人民之世。藍縷山林齊着力，好家居、今日看重理。班固賦，從頭記。

定風波

慧殊藝月季佳種，曰藍田碧玉，南皮張之萬譜列第一者，未花而萎，作此慰之

清簟疏簾午夢回。瓦盆珍重手親栽。聞道風姿驚右相。無兩。姮娥端自月中來。　小別每愁風日損。長恨。秋陰只解護蒼苔。留得

圍大木森蒼鬱。比秦王、扛鼎我何任，心先懾。

月中行 朱念孝惠墨，賦謝

兔毫老秃硯生塵。空寫送窮文。龍香一劑許教分。濡染便如神。　寒燈相守年年事，微吸着、齒沁清芬。輕雷徐轉起元雲。誰解墨磨人。

踏莎行 題《夢秋詞卷》

紅豆箋經，皂囊焚草。獨醒何計開懷抱。秦雲巴雨舊羈愁，江山蕭瑟才人老。　秋夢無温，春叢如掃。酒邊自譜陽關調。東坡莫道近粗豪，詞壇今恨粗豪少。東坡酒酣，自歌《古陽關》。君自謙近作不耐修飾，未免粗獷云云。余論詞頗不主穠麗，固猶嫌同調之少也。

相思應更好。且道。花開何似不曾開。

滿江紅 論詞

老去填詞，原只是、空中傳恨。試閑數、晚唐十國，溯源循本。蘭畹金荃香草弱，陽春白雪鶯簧嫩。問誰將、雅鄭別風詩，漱芳潤。　東坡去，門庭峻。辛劉出，遥駸靳。抉古懷騷意，更無餘藴。不落元人推作手，獨標南宋非高論。看曝書、亭上倚新聲，玉田近。

其二

山水方滋，容老子、婆娑風月。撫一曲，海天風雨，爨桐清絶。啼鴂悲春仍掩抑，秋蟬咽露終芳潔。小回旋、花外白雲間，聊怡悦。　成項謝，陳朱歿。鹿潭起，重揚扢。逮彊村高密。鄭文焯。敦盤相接。七寶樓臺迷架構，十

綺羅香　落葉　琢老郵示《落葉詩》四律，奉酬

帶雨敲窗，因風疊砌，身世飄零如許。試上層樓，映日漾空無數。墜又起、碎影鴉翻，聚還散、故根蛩訴。問誰攀、杜若芳洲，洞庭波遠九秋暮。　繽紛山徑半没，聲亂筇枝屐齒，幽尋何處。幾夜清霜，換盡漲陰庭宇。仰添薪、古樹槎枒，杳題字、御溝延竚。且移燈、細理丹黄，誤書能校否。

其二

委蜕蟬枯，巡畦蝶瘦，故苑荒殘千樹。閑澹秋光，那有落紅飛絮。甚墻陰、一例紛紛，衹催起、暗蛩凄楚。更銀塘、露冷蓮房，枯荷聽到幾聲雨。　啼鳥商略去住。隨分青山汨没，休沾塵土。野銼疏烟，付與數家炊黍。便成灰、培壅新苗，還贏得、課功場圃。竚明年、新緑枝頭，好花長護取。

月下笛　題俞慧殊藏陸宣公墓古柏重青圖

時際興元，飛書羽檄，舍公誰屬。忠州竄辱。想騎箕萬家哭。子胥飲劍同孤憤，靈爽寄、千年辛木。甚參天蔽日，垂垂枯盡，更來樵牧。　白鵠。重來宿。又細葉香凝，老柯鱗簇。圖成小幅。遞傳吟賞難足。婆娑此樹猶堪惜，况易世、孫枝翠矗。好留取，歲寒姿，還爲逐臣張目。

前調　瞿紹衡招飲，爲陶泠月畫家祝生日，因賦贈

才過重陽，黄花翠醑，又憐清夜。淵明醉也。且開眉遠公社。解衣槃礴推能事，只磊塊、填

減字木蘭花　自題詞卷，時有入都意

縹緗自擁。六日蟾兒無世用。除却封侯。儘許詞人有白頭。　空山一葉。吹落琅玕飛作雪。劍筑巃疏。去覓荆高舊酒徒。

定風波　閑意　己丑十月初二日作

寶馬香車過眼塵。寒花瘦竹掩閑門。坐聽虛簷烏鵲噪。爲報。今朝已是小陽春。　仰屋著書誰更問。休恨。蠹魚自了百年身。泖口漁翁頻寄語。須去。雙波一曲上銀鱗。

尾犯　寄費潤泉，并眎袁道沖

送老託書城，金檢翠函，猶護頭目。長夜鉛黄，想燃藜天祿。閑記取、霓裳舊譜，更搜羅、花間萬軸。藝芸堪亞，好問先生，瓻酒定容胸自寫。看毫端醞釀，荆關邱壑，尺縑無價。休詑。神樓假。似畫出停雲，天懷嫻雅。連茵共話。故人三五疏野。十池分與醍醐味，便抵得、長裘廣厦。乞妙劑，起創痍，須待楊枝遍灑。

花犯　初寒，懷故鄉節物，即寄琢丈北京

卷晴沙，商風乍緊，羈愁便紛起。水鄉情味。是紺蟹初過，蒓雉微紫。暗飄霰點燈窗細。鱸魚看正美。記以說、拂衣曹掾，歸程輕萬里。　重尋舊游賦北平聲征，知應繞旅夢，東籬花綺。山翠近，園蕪淺、瘦筇閑倚。悲秋葉、仗拈俊語，還歲晚、迢迢通素鯉。漫問取、烟波生計，橫雲斜照裏。

熟。牽蘿何處補，澹日暮、且對修竹。病惜衰根，渺孤芳如玉。剩相就、桑麻清話，颺茶烟、袁安卧足。謂道冲。夢隨春去，雨暗紺窗搖灧燭。潤泉歸里後，迄未定居，故有後段首數語，時方向之借閲所藏詞集也。

側犯

亂山作音做暝。晚烟約柳栖鴉定。人静。對瘦石疏花、步荒徑。殘檠映醉墨，短髮羞明鏡。愁聽。深院隔鼉更、夜初永。平生自斷，文字終憎命。還乘興。動江關，隨處門高詠。倦逐名場，且娱暮景。須等一葉，五湖漁艇。

減蘭

近偶發興，擬輯清道咸以來詩爲《九家詩選》。兹於所選諸家各系小詞，聊攄詠嘆云爾

縱横馳驟。祖馬騎來看赤手。枕笮閎深。此是陶公百鍊金。韓蘇睥睨。窮過寒郊陳正字。梅屺花開。懷古何人踏舊苔。鄭子尹。

攤破浣溪紗

一片哀音不忍聽。幽蛩怨宇訴飄零。淚盡關山戎馬裏，鬢星星。儘許庾新兼鮑逸，從來白俗勝元輕。晚歲西湖容傲吏，水風清。江弢叔。

臨江仙

一自龜堂仙去，鑑湖烟水荒寒。憑誰力挽古風還。妍詞摩二謝，清籟振三山。病酒耽花狂客，韡霜鬢雪郎官。雜家乙部筆瀾翻。樓臺誇七寶，還仗萬珠船。李蒓客。李審言云『蒓客之詩從實處入』，似即言其博雅耳。

西江月

宫様雲鬟高髻，妍姿蕙雪蘭風。不妨鮑謝便途窮。俯視三唐兩宋。　結束湘沅騷怨，別開燕趙悲歌。銅駝荆棘老摩挲。又見淳于炙輠。王壬秋。湘綺自云：『詩至鮑謝，便無級可登。』

點絳唇

二妙蘭臺，自來袁沈齊名久。半山高秀。奥折宗黄九。　貝葉雲籤，妙挹浮邱袖。樊山叟。富誇萬首。並舉終非偶。袁爽秋。

琴調相思引

詩學詩功不厭深。彌綸百代振孤吟。樓觀滄海，自寫楚騷心。　不薄李何緣俊朗，上方朱厲更淵沈。樊南雙井，清瑟和瑶琴。沈寐叟。寐叟自謂詩學深，詩功淺，意指作詩少耳。然其後篇什之富，功力之深，迥不侔早日之言也。

浪淘沙

書勢入詩論。瘦硬通神。借人設喻語能新。玉屑金泥俱作病，秋水無塵。　三十最交親。張肆朱醇。海門潮起月如銀。凄絶殘宵寒澈骨，倚杖看雲。范肯堂。伯子晚年病甚，作《中秋對月》詩，語特悲悴，未幾謝世。

清商怨

松門詩老倦倚。問人間何世。淚化松煤，刳肝將作音做紙。　聱牙鉤棘細理。好認取、匡廬雲氣。逐孟追韓，差池憐夜起。陳散原。

鷓鴣天　慧殊屬題泓一大師遺墨

鶴去雲歸不可踪。獨持精苦暢宗風。晦堂老

子無言説，滿院秋香一笑中。　留墨妙，想音容。故應謹重似温公。青溪小閣燈如月，横壁縑緗認象龍。司馬温公書謹重，見張廣雅詩。書家謂右軍如龍，北海如象。

虞美人　和旭初

垂楊一樹秋聲在。枝葉朝朝改。祇今葉盡更無聲。愁見亂烟殘照、影伶俜。　劉郎久謝糕盤宴。且祝明年健。重陽過了已多時。恁信滿天寒雨、尚絲絲。

雨中花慢　十月菊

塢竹縈青，汀蘆颭白，扁舟一繫荒寒。恰將秋雁老，啼夢蛩酸。夜冷蜂妝未褪，杯深鵝酥微瀾。黄絁綽約，好持金屑，爲駐容顔。　嚴霜身世，倦倚東籬，不知今夕何年。看次第、荷塘緑盡，蓼淑紅殘。道是陽回葭管，依然薦共清泉。枯香自抱，憐渠憔悴，肯落風前。

霓裳中序第一　和白石

蘭釭照倦極。細滴虬籤偏聽去聲得。徐墜瓶花無力。更篘盞早捐，青裘難索。殘蛬砌隙。嘆忍寒猶共吟客。嚴凝甚，石苔澗竹，慘淡變顔色。　淒寂。暗烟縈壁。漾萬縷愁絲似織。江關遥念舊迹。蜀道郵亭，謝墅坊陌。夢回聞太息。認涴袖酒痕褪碧。還能否，狂歌聯袂，醉帽笑看側。

浣溪沙　入秋以來，課詞自遣，旬月之間，遂得數十闋，合舊作凡百章矣。漫題其後

炳燭餘明亦有涯。殘年何意托聲家。摩挲病眼對空華。　横笛舊曾親子野，載瓻空許過

侯芭。懷人感逝一長嗟。平生師友，如沈逋翁丈、吴瞿安君，咸殫精倚聲，瞿安尤邃於音律。雅忝游從，而未嘗一請益，以爲憾事。

踏莎行

題雲間邦彦圖刻本，寄張琢丈

巾墊林宗，毫添裴楷。機横自昔多蘭茝。鯉書遥寄埽門情，鱸蒓微動還山喟。　褒鄂煙消，滄浪石在。風流不逐山河改。翠尊緑萼似江南，客齋更下東坡拜。是書爲顧香遠先生所刊，曾以寄其師翁叔平於虞山。翁有題詠，兹爲李海霞兄所得，以示琢丈。將捐贈松江圖書館，以存文獻。琢丈有詩屬和。前年海霞、琢丈等在松作東坡生日，故末語及之。滄浪石謂蘇州滄浪亭五百名賢石刻也。

風入松

送漆鑄城還北京

廿年黄綬滯江濱。閑醉客中春。荷熏浄業長回首，悵西風、吹埽巢痕。元亮上京阡陌，季鷹江左鱸蒓。　今朝真是北歸身。别淚漫沾巾。齊烟薊樹憑窗處，剩山川、閲盡行人。書到光浮燕雪，夢回冷帶江雲。君故居在浄業湖旁，已售去。今方謀僦屋，故云。『江雲』或易『吴雲』，然觀名家詞，於重字不甚檢點，且此似尤無害，故仍之不易。

倒犯

寒林

正掩映、重重黯霜，旋看催埽。莎枯徑悄。斜陽澹、亂鴉猶繞。西園静夜、疏影空憐風烟少。但付與李成，筆底傷懷抱。歲寒心、向誰道。　呵手題詩，舊夢閑尋，松楓青未了。醉裏望故國，暮天遠，粘衰草。泛桂楫、歸須早。恁淹留、朱顔俄已槁。有樹不零秋，或者人難老。翠陰隨處好。

清平樂　補《九家詩選》系詞弟九首

阮公鮑謝。落落陳王下。晚楬亭林如啖蔗。此意今誰會者。　七言攬遍唐賢。清如佳莽名泉。康樂芙蓉初日，浪仙兩句三年。黄晦聞。

鷓鴣天　葛天民《清明訪白石不值》詩云：『老懷那得似餳甜。』心有所觸，成此

黯慘窮冬冷欲砭。暮年貧病一身兼。空花遮眼衰堪笑，世態翻雲老始諳。　挑灩燭，數銅籤。老懷那得似餳甜。舌根忘味誰能辨，嚼蠟茹茶也屬饜。

探春慢　懷曾洪父

野蔓黏筇，村壚圍炬，巴山應共回首。水檻金尊，秋巒紅樹，風裏龍鍾雙袖。病長孤高意，漫自訝、沈腰消瘦。只餘肝肺槎枒，腸枯須潤清酒。　此別蒼茫誰省，問草没梁園，巢燕歸否。下潠猶存，長鑱自把，料理晚菘春韭。赬鯉傳書未，聽一派、河聲東走。莫恨伶俜，梅花寒夜相守。

浣溪沙　衰草

薄植衰根自古嘆。何方空谷宅荃蘭。平皋送盡夕陽寒。　官道泥深車轍亂，山橋霜盡馬蹄乾。一般狼藉不堪看。

泛清波摘遍

銜山景短，濱海潮寒，風雨歲闌歡意少。映空如雪，點點蘆花共人老。閑眠早。樓臺近市，弦管飛聲，歸夢最憐紛破曉。淡墨題箋，細説離愁付青鳥。　浦江表。沙岸正平素波，遠岫半黏衰草。安穩扁舟故園，甚時能到。

隔浦蓮近　簡旭初

名山無計閉户。索共圍燈語。霧重郊墟暝，彈長鋏，嗟修阻。堆阜還自吐。諧琴趣。細理霓裳譜。　繞弦柱。新愁舊恨，清桐多少心苦。嵯峨哀鬢，那更閑情能賦。陵谷番番夢破處。憑訴。哀絲聲攪風雨。

摸魚兒　夏瞿禪月輪樓校詞圖

傍蒼崖、水風無價，曾懷鉛槧相守。年時夢到垂簾處，匹練卧虹依舊。君記否。付横笛樓陰，幾度梅花瘦。重來對酒。笑江月隨人，山靈識我，凝眺屢招手。　湖瀕客，松篠蕭疏半畝。湖光還映吟袖。烟波一棹終遺汝，抵得桂輪雲岫。煩子久。仍寫取深宵，畫舫穿紅藕。船舷更扣。似白石新詞，赤欄橋畔，惆悵聖湖渺。蕭寺飯客筍香，重崖討春梅小。待看蘇堤翠匝，畫船應繞。

采桑子　雨絲

綿綿脈脈何人見，比似愁絲。更少休時。街静燈明徹夜垂。　芳菲過眼成蕭瑟，潤物難期。且自迷離。飄向荒村濕酒旗。

洞仙歌　冬至夜，書所見

銅龍滴盡，正樓高天迥。此夜迢迢四邊静。度寒窗恰早、斜月西沉，庭樹暗，驚起啼烏無影。　稻粱休更覷，阡壟都蕪，飛傍沙洲最淒冷。凍霰又彌天、翅羽催傷，周遭見、山昏川暝。便盼得、春風有時回，奈不似呢喃、畫梁栖定。

淡黃柳。

鵲踏枝

蜃氣千年浮作霧。待采明珠，咫尺蛟龍怒。更欲登樓非我土。四山紅殺啼鵑雨。　洞口白雲飛似絮。暖翠晴烟，玉箭毿毿舞。籠袖松陰鐘院暮。棋聲吹落人間去。

瑞鶴仙

巨川見示放翁生朝社集分韵詩，余亦成此

茶山門弟子。比第二名泉，鏡湖清瀰。詩情澮烟水。嘆平生踪迹，干戈雲沸。衣塵未洗。榜吳艭、峨岷萬里。候烽明、大散關頭，喚起渡河心事。　堪記。淮淵寒雨，乍試英啼，正看天醉。遷延暮齒。收京詠，總虛費。便年年家祭，傷心北望，斜日虞淵自墜。只毫端、吐氣如虹，永留故紙。『干戈雲沸』句擬改『斯人斯世』。又作『嘆臨安風月，人間何世』。或有詩云：『清如月出初三夜，淡似湯烹第二泉。咄咄逼人門弟子，劍南已見一燈傳。』謂曾茶山與翁也。

水龍吟

東坡生日，作似詩庭諸君

天仙游戲人間，宦踪直送江東走。湖樓望海，苕溪浮雪，垂虹置酒。施帶精藍，留茆修竹，金焦靈秀。便廣陵賦別，姑蘇作記，鴻泥印、匆匆又。　今日銀尊紅燭，恍同聽、南飛清奏。丹青貌取，行歌笻笠，翩躚雙袖。陽羡溪山，曾聞有約，數椽相守。倘停雲欲問，人民城郭，似當年否。末三句，一作『問陵雲邈矣，人民城郭，鶴歸來否』。

以上《蒼雪詞》卷二

鷓鴣天　題明鈔本《玉田詞選》，即用集中《題周草窗武陵舊事》原韵

莫向東京紀夢華。南朝往事更堪嗟。錦街月暗驕塵滿，紫曲風高白雁斜。　言有盡，意無涯。定場聲裏撥琵琶。笙歌散盡王孫老，流水空山賣落花。所南翁序，有『賣落花而陪笑』之語。

虞美人　題《謚廬過眼録》

人生萬事雲烟去。催迫成遲暮。豈如過眼有烟雲。却仗烟雲供養、壽松筠。　吉光片羽休論價。軼事猶堪話。雲山變幻自無窮。誰識寒梅苦雪、是春風。用録中蔣子和雲山變幻圖意。

浪淘沙　自滬至杭，過松江已昏夜

潑墨滿江山，何處雲間。疏燈罨霧更凄寒。夢醒懵騰還入夢，長夜漫漫。　花信漸番番，共盼春還。柔條冶葉便情關。只恐春來風雨惡，又嘆紅殘。

定風波　庚寅初正，重經湖上，距戊子仲冬之游晌息年餘。人事多更，躋攀亦倦，聊賦短章，索瞿禪和

寂寂寒奩倒碧簪。垂垂水柳帶春陰。堤上濕雲流不住。無語。一襟殘夢懶重尋。　前度看花來恨早。堪笑。漂零香雪又而今。絮帽衝風誰更問。銷盡。翠尊橫玉舊時心。

洞仙歌　西湖呈鵞叟

蒼烟老葑，换明波十里。閑領坡仙舊風味。占高寒小閣、獨坐人豪，圍四壁，葉葉貝多文字。　湖山非寂寞，微震雷音，已有天花半空墜。欻起箭鋒機、活潑源頭，參聖解、粼粼春

水。問千劫人天、是邪非，只淡對番風、一簾芳事。

小重山

初日籠湖柳意蘇。小風分翠縷、已堪梳。冲煙倦羽自相呼。拖筇去、微覺客懷孤。作計侶鷗鳧。中流吹尺八、宿菰蒲。春來人事劇蕭疏。經亂後、鹽醬未應無。

望江南　分詠近代詞家十二首

左列諸君子，彊老、鶴老、湛翁僅得奉手，彥通陳君尚慳一面，其餘皆投分有素，劘切相期者。卅餘年來，存殁參半。懷人感逝，凄結彌襟，豈獨尋攬篇章，懷味芳華而已。至于薄殖寡聞，甄搜苦隘，其有遺缺，無關愛憎，大雅亮之。

荆駝淚，侍從最憂時。隔闊滄江青瑣夢，凄迷錦瑟玉溪詩。一代大家詞。朱彊村。

其二

華亭鶴，勁翮看凌霜。近接二張嫺律呂，還從雙白漱芬芳。人去海山蒼。沈逋翁。

其三

相思子，鵑血結虞山。雙槳芙蕖人似玉，小風鈴鐸夢驚寒。哀豔此才難。龐檗子。

其四

精聲律，曲海作梁津。儘許關王供刌度，未妨秦柳鬥清新。橫笛向江蘋。吳瞿安。

其五

身將壓，肯信骨難灰。酣放幾曾三日醒，伶俜已忍十年來。殘燭下樓臺。『自持殘燭照樓臺』，君臨歿前句也。喬大壯。

其六

揮麈尾，談辯語生稜。留命滄桑家世事，一園水繪久荒塍。吟望舊山青。冒鶴亭。

其七

飛仙語，不帶稼軒龘。獨向寥天窺象緯，魚龍蛙黽盡區區。識得霸才無。馬湛翁。

其八

秋明老，點筆發春妍。側帽紅樓微醉後，拖筇芳草短籬前。花氣淡于烟。沈尹默。

其九

男兒事，西北有神州。蠟淚蠶絲消費盡，不辭垂老近辛劉。無地住温柔。汪旭初。

其十

傳法乳，師説獨斷斷。流派評量參正變，宫商含咀見精勤。尊酒記論文。陳倦鶴。

其十一

宗白石，樂苑耿傳燈。清苦江山留且住，野雲孤鶴是平生。無迹任飛行。夏瞿禪。

其十二

妍雅處，淮海比丰姿。三十六陂秋水滿，扣舷誰唱惜紅衣。心事冷鷗知。陳彦通。

高陽臺　西湖春雪，作似湛翁、瞿禪

姚冶波奩，璁瓏山髻，新妝初試冰綃。纈眼園林，模糊檜頂松梢。玉鱗已作狂塵散，甚獰龍、貝闕猶驕。任荒茫，海氣樓臺，頃刻瓊瑶。

當窗一白渾疑曙，笑姮娥寒噤，怯上墻腰。折斷衾棉，依然夢影如潮。穠華裝綴應成稿，怕東皇、呵手難描。漫商量，喚起花風，染柳熏桃。

浣溪沙　清漣寺

衰病年時負好春。登臺腰脚剩逡巡。强扶茗碗睨潛鱗。　深淺湖光紛受日，周遭草色漸親人。一筇歸路冷烟分。

踏莎行　題吴野人《陋軒詩集》

將淚滋蘭，禁寒倚竹。枯腸盡日餐秋菊。河山風景總成非，頹陽衰草蝸牛屋。　海徙沙新，庭荒酒熟。義熙甲子容歌哭。東淘比得富春無，不知舉足加誰腹。末句意，見集中《垂釣行答鄭絳州》詩。

望江南　續詠近代詞家六首

寐叟、静安所作不多見，而論詞抉發精微，有裨來學。籛老、眉孫、蕁農則篇什繁富，無愧作者。祖菉女士閨襜之秀，雖出寄庵門下，而短章神韵，直欲勝藍。故宜并及也。

翻鯨海，翡翠亦蹁躚。拈出弇州香弱語，詞家宗旨托蘭荃。錦瑟仗誰箋。沈寐叟。

其二

人間話，微旨細推尋。好景當前無阻隔，風荷一一水深深。萬象入詞心。王静安。

其三

當湖叟，雅韵茗柯同。刊落綺羅薌澤習，哀蟬落葉詠能工。花外想宗風。金籛孫。

其四

文字飲，邂逅便情親。授簡舊聞數枚馬，雅歌時欲轢黃秦。頭白氣彌醇。吴眉孫。

其五

登樓客，花月占春江。書格簪花文艷錦，烏絲闌上譜新腔。秀韵故無雙。王蕁農。

其六

黄花詠，異代更誰偕。十載巴渝望京眼，西風簾卷在天涯。成就易安才。沈祖棻。

虞美人 武林歸滬，得潤泉松江書，漫題即寄

飆輪來去天如黑。驛柳疑人立。故山歸計總難成。又是冷烟疏雨、近清明。新來懷袖餘何物。唯有西湖月。照人無寐對鑪薰。直到香消燭盡、更思君。

其二

沉冥自了人間世。詞賦消英氣。明窗十日雨如繩。袖手虛堂堅坐、味無能。嬌紅樹樹明玄夜。消息春陰借。經過湖水碧平堤。只是有無山色、至今疑。

南鄉子

簾户殢餘寒，隨水年芳到社前。早信東風如過客，年年。不待啼鵑已惘然。梨雪柳籠烟，倦倚朱闌獨自看。一種閑愁無住著，微闌。明日陰晴事萬端。

齊天樂 憶龍華桃花

玄都殘夢無尋處，黄昏瘦鵑淒嘆。叠障蒸霞，穠妝眩日，曾付游車千轉。年芳未晚。已負了當時，避秦心眼。歷劫華鬘，翠瀛彈指便三淺。飛英隨水幾度，簇荒波滿地，漂恨無斷。廢圃盤鴉，枯形聚螋，留與窮檐薪爨。流鶯漫眄。儘衰鬢重來，景光都换。頹墨春陰，

倚樓人自懶。

烏夜啼

柳絲遮斷西欄。雨聲殘。争信杏花開過、尚春寒。　銀箏曲。繁弦促。不堪彈。驀見畫梁歸燕、絮新歡。

點絳唇　憶俞慧殊家月季

楚些魂消，藝蘭樹蕙知無地。瓦盆身世。好作移家計。　一尺妖紅，簾底春風起。今償未。去年秋味。碧玉成烟墜。去年『藍田碧玉』一種萎於秋陽，余曾有詞。

望江南　再續詠近代詞家

三峽水，横絶涌詞源。折檻燒車無用處，扁舟下殿便還山。費淚看桑田。趙堯生。

其二

稱綉虎，文采鬱斕斑。詩界天寬供跳擲，詞場地小限回旋。下筆看瀾翻。章行嚴。

臨江仙　題杜詩庭雙壺書屋圖

方丈蓬萊登几席，瑶漿爲駐朱顔。城西瘦杜足清歡。從教嘲飯顆，且許碾龍團。　竹裏樵青知日課，瓦爐微起松瀾。草堂領取半生閑。玉塵浮翠盞，烏帽倚雕欄。

金縷曲　俞慧殊挽詞

撒手君歸矣。正西窗、暗風吹雨，凄其如此。衰病難言生人樂，瘦骨枝梧而已。尚眷眷、平生交契。旬日連床貪清話，且傾尊、莫問瓶無米。知許事，蛤蜊美。　閑中檢點書盈笥。

爲寒燈、慈恩罔極，報之文字。萊彩板輿尋常有，那似啼烏血淚。只念念、壽親萬世。風木蕭蕭長不息，又麻衣、搶地諸郎是。休更叩，彼蒼意。君有《寒燈課讀圖》，又名其齋曰『風不寧』，皆紀念其太夫人之作。

其二

誰省閑踪迹。卌年前、郡齋燈火，流光輕擲。六代鶯花春爛漫，乞我一船簫笛。喜與子、流連晨夕。駐馬江樓聽暮雨，膾鰣魚、如雪斟重碧。揮手去，夜如墨。　刺天海水鯨鯢集。送冥鴻、巴渝萬里，關山真隔。身欲奮飛雲路斷，老屋荒江栖息。更魑魅、喜人相逼。辛苦賊中無好計，擲肝腸、自照吴波白。歸見了，淚沾臆。

其三

魏晉風非遠。論襟情、剛疏簡傲，步兵中散。與物無傷唯緘口，忤俗終成冰炭。寄癖好、也如嵇鍛。種藥栽花閑活計，唤烏圓、花底長爲伴。春日午，閃晴綫。　典琴乞米焉云免。自區分、胡奴仁祖，外和中狷。四壁蕭然書插架，翳户蓬蒿都滿。賴清聖、濁賢陶遣。拔却金釵藏斗酒，看練裙、來舉梁鴻案。身後事，動凄嘆。

其四

分手方秋暑。忽鬖鬖、粃盆除歲，好音無阻。細楷芊綿尺魚簡，但道食貧非苦。只舉體、凛然冰冱。僵卧恍逢袁安雪，布衾單、并少吴棉護。存一息，宛如縷。　三旬荏苒西湖住。

獨憐予、衝寒皮骨，栖栖何所。寢疾維摩無言説，尚意餐眠如故。便寂寂、道山歸去。千里巨卿雞黍約，甚盈盈、一水偏難渡。生死别，恨終古。君病狀，體温大降。余去杭，君以書抵余婿詢地址。然無書，殆已大漸，余不知也。

齊天樂　任渭長百花手卷，爲張青蓮

冰綃六尺番風起，繁英便如潮怒。細染蓉砂，輕鈎麝墨，活色生香無數。綿聯歲序。訝秋菊春蘭，並時嬌姹。艷雪蕉陰，却思摩詰畫中句。　丹青馳譽不朽，夜燈槃礴頃，遥念風度。舞裀留仙，冰奩寫影，消得情懷如許。良工最苦。恨春色三分，旋成塵土。貌取娉婷，斷縑堪萬古。

玉樓春　春盡日，讀彊村詞，至『似酒流年，禁幾度觥船狂瀉』之語，悄然興懷，作此，即當春歸驪唱

剩寒著袂西堂夜。半臂吴棉猶未卸。房櫳含潤雨初收，櫻筍登盤杯又把。　啼鵑凄惻閑相惹。歸燕徘徊空過社。穠春似酒慣醺人，到手觥船禁幾瀉。

減蘭　兩首　讀海藻所收趙韵丞、朱錫百兩先生詩，感題其後

蒲觴艾虎。五月宣南花掩霧。殘雪江亭。素壁留題耿佛燈。　縱横詩酒。橋上鵑啼留滯久。噴笛淮流。斷句猶思趙倚樓。余識韵丞先生於清宣統己酉、庚戌間，京師福州會館酒坐。是日端陽，先生於友人便面見余詩『五月登臨收暝色』云云，爲稱善。嗣游江亭，壁間先生詩中一聯云『不意人間小除夕，來瞻佛殿大光

明』，餘不復憶。先生旅京，實在斯時。海藻小傳云國變後者誤也。民國十六年，余在南京，朱錫百先生以先生遺稿一帙見示，謀共刊行。卒卒未果，至今遺憾。海藻所收僅數章，窺豹一斑，微恨其少。

其二

巖巖風力。何必青雲方玉立。直諒平生。被酒高談一坐驚。　清才雅藻。館閣幾人如此老。排闥鍾山。白髮危欄獨自看。錫百先生晚入江南幕府，剛腸正色，上官同列咸嚴憚之，奚止循謹而已。嘗便坐論事，言人所不敢言。詩文、書法安雅精邃，至老不衰。後客金陵，數年而卒。遺著未刊，此僅收一首，殊有子敬人琴之嘆。

霜花腴

暫歸故里，薄游城郊，風日不殊，坊巷猶是。夜與磊安清話，援筆記之，用夢窗韵

舊時巷陌，試散行，迎風自整游冠。臨水人家，落花天氣，陰晴預料應難。亂愁可寬。恨燕歸、常著人前。映閑門、似雪荼蘼，半庭苔點晚陽寒。　紅瘦緑肥節序，看愔愔院落，待換初蟬。鄰笛塵飛，黃壚客盡，悲歡并入蠻箋。罷行酒船。挂桂輪、簾外娟娟。伴殘燈、細話前踪，鬢霜重認看。

浣溪沙

薄暝樓臺近水明。楝花開過緑陰成。愁如江汐退還生。　危苦風枝烏獨立，清夷雲路月長行。小窗晏坐一蚊鳴。

水龍吟

海上春暮，逢陸保權，賦贈

沂濱春服班聯，相看今日頭都白。四科鉛槧，五陵裘馬，低徊今昔。倦翮青冥，衰根風雨，暮年蕭瑟。賸江干淺夏，樱蘖桐帽，重携手、酒壚側。　休數青雲黃土，賦歸來、衡門栖

逸。君平遁世，堯夫觀物，古情遥集。泖浦凉波，機横煩翠，春晨秋夕。假餘年禽向，扁舟棹罷，孍尋山屐。

八聲甘州

鳳石歿後五周年，今歲五月二十七日，正其在世六十生朝也。海上知舊假覺林奠醱，成此抒哀。其遺書捐贈上海文物管理會皮藏，嘉惠來學，因并及焉　一九五零年

問山丘一往五年來，西州近如何。總寒烟細雨，雕梁燕去，喬木鶯歌。檢點金題玉躞，手澤遍摩挲。盡出瑯嬛秘，助詠菁莪。　風貌長身鶴立，嘆崩松千尺，猶想嵯峨。借高樓澆酒，淚比緑篘多。信勞生、筋骸同弊，較年人、哀鬢我先皤。淞濱路、正斜陽裏，哀笛荒波。

洞仙歌

雲間雷太母百齡壽詞

古稀兒子，尚牽衣依側。孫行賓朋半頭白。看華堂宴坐、姑射仙人，瞻視處，一片神凝金石。　翠瀛三度淺，親見揚塵，記事明珠不須覓。待問鍊顔方、粥飯尋常，更何用、茹芝却粒。縱海上、安期棗如瓜，渾未抵、綏桃三千年實。哲嗣君彦言，太母常膳外，不事服食，即棗脯之屬亦屏勿進。

玉樓春

瞿禪郵示新詞，戲題

辛姜一手陽春曲。咫尺便看追玉局。興來平地看青春，詩人空腸宜萼緑。　君詞多骨吾多肉。瘦硬通神君所獨。與君同合字臞仙，昔有吴儂歌裂竹。謂吴瞿安。

浣溪沙　施養勇六十

六十霜顛獨感春。曙鷄啼罷倦吟身。輕衫且許浣征塵。　百甕黄虀天玉女，半生鉛槧墨磨人。聊憑一笑度芳辰。

霜花腴　題《片玉山莊詞存》，即似叔建

碎金片玉，對短檠，芸籤暗炯英光。填海精禽，集池鸞鳳，謂陳卧子、張詩舲。枌榆代有秦黄。綿心綉腸。祓釃愁、風月千場。放閑身、布襪芒鞵，夢無青瑣老滄江。　哀樂未妨人覺，儘移宫换羽，細按霓裳。憂積潘帷，寒生姜被，吟毫頓閣縑緗。敬拈瓣香。喜定文、還付東陽。沈逋翁有序及校勘記。更雙飛、燕子名篇，小山叢桂芳。叔建近亦事倚聲家言，當不遜小山之繼元獻也。

鷓鴣天　松江海塘堤上作

胼胝勤勞過十旬。日斜畚插尚紛紛。烟分島樹穠於黛，潮落沙灘輭似雲。　神禹迹，策殊勛。誰知偉力在人群。蛟鼉退舍鯨牙折，萬石嶔崎護岸痕。

其二

委迤長堤望眼寬。天容海色總高寒。不知明月幾時有，却向歸艎盡意圓。　驚宿鳥，動回瀾。十分夜色赴憑欄。舵樓汽笛衝波起，合作山陽賦裏看。舟過松隱，感逝，亡友陳陶遺故居地。

前調　夏日松江笏溪草堂小住作

策策雙梧受日偏。北窗敷簟緑陰邊。唯將多病酬佳節，可有閑歡似往年。　攤卷坐，枕書眠。置身且到古人前。狂名湖海今餘幾，老

向家山乞一廛。

浣溪沙　松江海塘雨中望戚家墩作

毒蜃狂鯨盡退藏。網船板户亦豐穰。荒墩懷古重南塘。　未辨撈蝦行草屩，漫思縛艾泛蒲觴。天風海雨度端陽。

其二

出水秧針萬罫齊。徐看白雨跳珠璣。斜風微捲綠蓑衣。　吴越陶人留古鬲，開元工事話長堤。金山烟樹總凄迷。其地有吴越陶器出土。海塘始唐開元時築，土塘也。

虞美人

琤瑽徹夜鳴檐溜。梅子黄時候。江南謫宦最堪憐。却道新來衣潤、費爐烟。　柳昏花暝渾忘曉。貼水荷錢小。筇枝屐齒踏千山。只是出門一步、已愁難。

望江南　秋已過半，風意含霜，鹿鹿道路，久疏詞翰。明窗晚坐，凄感忽生，作此分懷吴越間故人，聊代書簡

湖濱住，蒿徑尠羊求。一客叩門籠絮帽，半窗斜日對茶甌。天際月輪樓。夏瞿禪。

其二

落葉詠，北國擁爐初。但使重巒銷翳蔽，何曾一樹計榮枯。歸興忽蒓鱸。張琢成丈。

定風波　費龍丁作鱸鄉去思圖，爲張秉三秉三征榷五茸，歷三載，寬簡爲政。去而人思之，費龍丁爲作是圖。龍丁妙盡畫理，不輕下筆，山水尤尠見，洵足珍也。爲題二闋

聞道蒓鱸別有鄉。好看塔影卧波光。飛霰彌

天村舍暮。何處。亂山寒汐響漁榔。自昔官閑知政美。三載。呼魚把酒送年芳。却借畫禪留後憶。淒惻。江湖他日未相忘。

其二

峰泖堂堂此逸民。書心畫理並通神。槃礴解衣微醉後。搖首。肯將一筆貿千緡。金石樓中閑睡足。茶熟。堆山縑素任生塵。能事豈容相促迫。水石。流傳角羽識凰麟。

減蘭

去夏自瞿禪許假得《彊村語業》，手自移寫。頃甫畢事，倚此誌之　此下辛卯

相從几杖。海日江雲瞻氣象。獨殿詞場。楚澤東籬并一芳。平生低首。欣賞不辭傾斗酒。神理綿綿。索解何須待鄭箋。舊以先生詞爲艱澀，今讀之殊不爾，惟其氣格凝重，筆力蒼堅，爲不可及耳。世徒以夢窗質實日之，非真知先生者也。

虞美人

初春寒甚，戲作，用彊村除夕《高陽臺》詞中語發端

虛堂冰雪凌兢甚。并斷無何飲。熏爐茗碗伴衰翁。却道江南二月、最多風。寒林樹樹無留葉。但有歸鴉集。殘年閭里自沉浮。除是能專一壑、更何求。

南歌子

寂寥中忽憶數年前巴中歌樂山視旭初疾，日月不居，情事如昨，而有感於近年之離合也。因拈短章，爲故人問

柏燭巴山雨，笻枝北阜雲。年來蕭瑟負芳辰。祇是相思暮齒、轉殷勤。簾燕窺欹枕，園花笑閉門。茶烟澹澹雜爐薰。絕憶維摩禪榻、尚論文。

减字木蘭花　辛卯二月二十四日作，寒雨中春過半矣

臥聞百舌。清曉江城泥活活。花事匆匆。漸近清明舶棹風。　小樓徙倚。猶是市聲難到地。夢雨如塵。留住春寒老却春。

蝶戀花　壬辰二月將盡，沉陰作雨，春寒彌峭

九十日春容易度。一半沉陰，一半風和雨。底事待到晴暄衣拆絮。輕羅紈扇迎端午。　已是傷春無一語。不見春來，那惜春歸去。鍛鍊冰霜梅萬樹。不妨桃李無開處。

以上《蒼雪詞》

以上《蒼雪詞》卷三（含一九四九年後詞）

阮郎歸

風荷紅白漾輕枝。衣香帽影欹。羊車歸矣任人看。鞭絲柳浪寒。　綃霧薄，玉肌低。梅花一笛吹。舊遊棖觸憶風前。春歸已隔年。

瀟湘夜雨

半捲湘簾，微垂錦帳，桃花依舊春風。臉波酒暈印輕紅。劇高寒、瓊樓玉宇，共供奉、蕊闕珠宮。愁無計，西風環佩，此處重逢。　已是幾番顛倒，織愁作錦偏工。又靈犀一點，暗度潛通。倚雲屏、愔愔無語，挾銀箏、脈脈爲容。愁無那，前因何在，聚散太匆匆。

河傳

索笑牙簪，争奈那、剪剪清寒欲絶。待到今朝晴暖，酬花天氣，又勾起、一重離別。　枝頭如玉垂垂實。霜雪凋殘，肯遺芳魂滅。惆悵年時，一笛江城吹徹。杜司勛、感無歇。

長相思

別時愁。會時愁。離合一生雙鬢秋。骨灰情始休。　恨無由。思無由。淺醉初逢一味羞。背人紅淚流。

減字木蘭花　美人笑，和一厂

明珠百琲。閱到人間歌舞遍。獨對黎渦。忠簡平生意已酥。　倩魂難買。帶醉言癡聊自解。一棹潮東。憶否雲郎與九峯。

洞仙歌　贈內

蕭郎飄泊，看故園春盡，斷夢模糊記庭户。憶分杯帳底、却扇牀頭，消受慣，薄怒佯癡情緒。　簪奩應無改，宵分寒輕，猶憶憑欄尋綺語。離別信何如、陌上花開，待看取、鄉關煙樹。

惜分飛

淺笑深顰無意緒。煞憶柔情如許。小立花深處。濃春都被君收去。　冉冉春雲忙散聚。記取舊題斷句。銀燭重開處。淚痕紅溼桃花雨。

南浦

初試五銖輕，正花間，小步風來疑舉。不語掩瑶窗，又惆悵、窗前拏他飛絮。娉婷瘦絶，傷春病酒都無語。霜悽風緊十三樓，一刹殘陽何許。　凄清舊管閒絃，記玉手、曾摻斷雲和雨。蕭瑟閉柴扉，這情懷、都付枝頭杜宇。斜陽如夢，閒愁不與同去。一曲霓裳聽猶似，當年追歡何處。

怕歸去、倦鴻纔知還，又逼著離羣、飄飖風雨。

點絳脣　有憶

的的飛螢，照人今夜愁多少。碧羅窗曉。破夢來啼鳥。　密約消春，誰遣夢先老。長安道。麴塵柳浪，無限斜陽好。

生查子　閨情

深院静聞鶯，午夢人初醒。舊恨似春潮，一一心頭省。　紅雨慣飛愁，暮色蒼生暝。不語自亭亭，立瘦花前影。

導引曲　有憶

春事過，春事過，無寐聽更殘。襟上酒痕渾是淚，花前麈尾不知寒。憑遍畫闌干。

其二

空相憶，空相憶，舊約已浮沉。酒熟喬家花欲笑，歌殘白紵月初陰。黄鵠動歸心。

其三

渾不奈，渾不奈，初見月初三。劍氣欲飛春雨後，酒悲乍發轂輪間。一爲破愁顔。

其四

長相别，長相别，萬事半空花。難忘韓家潭畔路，一街香雪擁輕車。揮手即天涯。

減蘭　五月十日即事

珠歌翠舞。消盡沈雄春已暮。顛倒衣香。料理閒迴一段腸。　春衫涴酒。舊夢重尋春熨透。乞取雲仙。整頓圖書上范船。

其二

鞭絲鬢影。一晷斜陽愁欲醒。輪與袈裟。閒倚雕欄數過車。消魂底事。羸馬歸途人倦矣。瓊姊蘭姨。爭駕雲軿過我前。

浣溪紗 贈素珍，用映庵集中韻

疏雨重風駘蕩春。袷衣天氣最愁人。橫波驀地放深顰。交甫相貽嗤佩角，硫璃影好坐鶯身。彩雲詩後此銷魂。

其二

銷盡狂情更送春。茫茫愁絕渡江人。遠山煙鎖答深顰。翠袖奉卮端破道，華茵度夢未宜身。百無聊賴說銷魂。

金縷曲 午夜不寐，感成一闋，知我罪我，所不及計

風露凝愁坐。儘無聊、青天碧海，都无依據。酒祓閒愁渾未得，還解柘枝徵舞。算銷卻、雄奇難數。詞客飄零關塞暮，莽天涯、彈鋏渾无處。更莫說，狂如許。柳絲無恙春來路。但揮手、俊遊已倦，不如歸去。銷盡黃金同聚鐵，只是一般錯鑄。有長揖、謝君無語。我已君平甘世棄，更何須、反覆雲和雨。交道事，今如土。

前調

劍氣簫心死。問吹縐、一池春水，干卿何事。銷盡黃金磨盡慧，百折千迴難止。好相結、邯鄲俠子。寶劍芙蓉人似玉，算兩般、難稱平生意。此中事，難言矣。海紅簾外秋如此。有無聊、斜風斜雨，殢人天氣。江上人歸峯自

綠，莫問紫雲憔悴。拚薄倖、此生長已。一夢青樓何用覺，儘樊川、潦倒風塵底。已嘗遍，相思味。

高陽臺　題《子美集》

膩手搓酥，豔歌迴雪，輕衫擫笛花陰。吴宫花草，移根又落江潯。柳絲添上螺痕黛，綰微波、一段春深。共幽尋。劍氣簫心，一例消沈。　鍾情剩有屯田柳，悵漢皋珮解，漫倩青禽。海上成連，重教問訊瑶琴。書成二妙蘭台筆，數閒情、笑指詩襟。動微吟。我亦聞歌，忍俊誰禁。

減蘭　示亞子

萍蹤隨遇。枉擲心肝知幾許。倦客難狂。已避名場避酒場。　兩雄相厄。欲作解人慚未得。江上秋風。落葉辭枝記再逢。

賣花聲　寄申公

烟破渺歸鴻。空江落睡虹。釵盟鈿約半成空。惆悵一春心事在，殘雨聲中。　芳草戀行蹤。衣香散棘叢。相思彈破玉玲瓏。幸有虬髯能慰我，高唱江東。

虞美人

簾纖微雨春風細。幃捲初相見。鈿車寶馬絶塵馳。正是江南三月、斷腸時。　沈浮嫩約知何意。遍把闌干倚。金煙香燼漏初寒。欲起還停含意、總無端。

蝶戀花

天上人間成小住。最是消魂，最是飄簾雨。

綺思穠華知幾許。香篝温護三珠樹。一瞥風花春已去。殘醉歸來，笑嚼紅絨吐。檢點酒痕狼藉處。明朝相看渾無緒。

少年遊

有恨多情，相逢未嫁，誰補問情天。江浦空樽，蕪園芳草，一晌總悽迷。屧廊人去香空滿，餘迹總依依。夢也無憑，春原有主，負了惜華年。

念奴嬌

柳色長亭，更離懷添與，幾聲杜宇。欲托青鸞相問訊，盼斷薊雲千縷。津水長流，黃榆吹落，題遍相思樹。人天一晌，迢迢南北無據。消受名士青衫，美人紅淚，迸作傷心句。大樹飄零春寂寞，已彀消魂幾許。長句青邱，短吟姚合，相看傷羈旅。會真一記，何時崔張重遇。

減蘭　題畹華小影

櫻桃無恙。三年影事怱怱想。夢落江天。花裏吹笙又一年。韶華空過。結客量珠都已負。春事闌珊。愧被人呼作弇山。

浣溪紗　前題

撲面西山翠似藍。酒痕和怨上眉彎。十年恨事舊宣南。挾彈韓嫣今憶否，荷鑱杜老故依然。又將姓氏署君邊。

滿江紅　柬檗子

幾兩湖風，吹詞客、清哀如許。教打疊、迂倪稿子，數峯烟雨。松塵茗甌清話了，殘陽煙柳

水調歌頭 中夜閲杜十娘小説，悲愉無端，感激萬狀，因成此解，寄一厂、楚傖、亞子、劉三

珠淚一揮灑，暈纈夜光浮。人間幾許恩怨，千古總難酬。況是離鸞別鵠，也學搴蘭紉蕙，捐棄説靈修。一曲湘妃瑟，遺恨滿滄洲。怎歌館，四座悄，懍生秋。却幸李十一傳，樂府至今留。放眼天花十萬，能受幾番摧折，今古滿心頭。我欲弔金谷，珍重緑珠樓。

浣溪紗

碧玉青溪宛宛流。夕陽風輭柳絲柔。紅欄幾曲水邊樓。淺閣茶煙簾半捲，微薰花氣雨初收。紅橋畫舫似揚州。

其二

繞郭青山一帶斜。水雲深處見人家。二分明

尋詩去。看冷香、咳吐滿人間，君舊句冷香借詩吐。誰和汝。人間事，總無語。孤山侶，悄延佇。算匆匆遊袂，興亡休數。還弩誰徵吴越記，騎驢難覓韓蘄墓。蘄王墓在蘇州靈巖。借鴟夷、一舸送君歸，黄歇浦。

高陽臺 題《蘭芳集》

茸帽欺寒，螺杯困醉，風懷銷盡而今。一角蓬山，禁他青羽沈沈。韓潭依舊如霜月，更緑楊、門户難尋。剩銷魂，花落江南，法曲重尋。成連海上憑誰憶，有汪倫送汝，千尺情深。細寫春愁，烏絲格界泥金。書成更要香魂護，拾落花、薰過春陰。待明年，化作幽芳，開遍江潯。

月一分花。　柳様長眉螺子黛，柴窰小醆女兒茶。風窗霧閣太寒些。

賣花聲　雨望

絮雨傍雕輪。簾外消魂。銅瓶棐几共温存。樓下江櫻如醉酒，記得朱脣。　春恨細於塵。飄落芳樽。畫闌憶否倚闌人。小院苔痕留屐齒，夢斷無痕。

點絳脣　閱辛亥年所作詩，有懷楚傖、亞子、浚南、道非

玉版烏絲，魂兒褶疊書中透。悄回首。美人天末，剪剪明波逗。　祇許相思，不許長相守。新來瘦。傷春中酒。影事年年又。

菩薩蠻　白花惠贈徽墨湖筆，賦謝兩解

隃麋十斛無銷處。目神腕鬼相空語。片石貯煙雲。孤檠我伴君。　俞郎勞餉與。文字同辛苦。絶業理名山。功成共汝閒。

清平樂　前題

龍蛇在手。自覺風生肘。紙幰銀燈相與守。腰下龍泉如否。　鼠鬚斑管輕盈。牙床翠匣瓏玲。安置吴箋百個，倩卿細寫秋心。

蝶戀花

玉鴨烟消寒惻惻。柳怨鶯顰，祇有簾波識。不信閒庭芳草色。春歸還把愁腸織。　入水釵光留未得。泥帶芹香，燕去空相憶。紅煞雕欄蟬鬢側。憑欄難覓柔荑迹。

點絳脣

九十流光，匆匆過了廉纖雨。晚霞慰汝。一抹紅如許。　斷角殘鐘，商略傷春語。憑欄暮。斜陽烟柳。便是春歸處。

浣溪紗

劉三有『一天風雪藝黃精』之句，戲及之，兼示其夫人靈素女士。文字遊戲，不失雅諧，弗誚輕薄爾

藝罷黃精自荷鋤。夕陽秋水澹菰蘆。攝生須問女相如。　不信能經歸謝女，那從鈿合貯丹書。脂痕粉印滿靈樞。

蝶戀花

寒食清明都過了。不怨花飛，但怨春開早。昨夜玉蟲蘭蕊小。一分春在孤燈悄。　墮袂一丸涼月皎。欲理幽歡，醒醉都難好。不信春來人不老。鴛鴦打出相思稿。

卜算子

好是畫簾疎，不隔羅衫袖。人共春愁一例憑，熨得闌干瘦。　鈿怨與釵情，没個商量候。自檢空箱舊酒衫，褶疊春痕透。

春夜情　書懷

孤燈如水。劍作寒芒紫。才展吴箋書細字。徒覺春寒到指。　㕑廊明月如霜。酒闌暗惹衣香。辜負一雙翠袖，教添半臂還涼。

長亭怨慢　題菊儷粧閣

判揮盡、花前清淚，幾度曾來，綠陰門户。燭跋香消，犀釵偷墮曾情緒。翦燈無語。只自把、燈花數。花墮玉釵頭，便化作、離愁千縷。

絮語。未曾窮，春水方生，芙蓉秋暮。一襟酒淚，更贏得、鈿塵粉霧。莫儘問歸期，怕歸後、桃源何許。算只有、嬉春蜂蝶，抱春光住。

減字木蘭花 戲贈鴛雛

江州有語。不重生男重生女。是耶非耶。便算前生也復佳。天非無意。故遣冠山成妙麗。丹火僧牕。那許中間雜女郎。白壺、遇春均有『頭陀道士』之號。

浣溪紗 即事

欹幘微吟試散行。江南設事在啼鶯。綺懷更逗小桃明。斷簡閒尋思蠹迹，暖簾晝捲放蜂行。緑陰庭院嫩涼生。

倚所思 懷人

文章事，大雅竟誰扶。千古南豐香一瓣，十年西笑願全虛。慚愧尺鱗書。林琴南。

其二

四年別，人海各茫茫。回首西河沿畔路，曉風殘月客郎當。呼酒問張郎。張企韓。

其三

歌出塞，杯底薊遼秋。火色鳶肩渾自惜，新豐沽酒倚閒愁。長嘯看吴鈎。馬逢伯。

其四

江南別，樽酒盡平生。十日平原澆緑螘，一天風雪藝黃精。一笑客何能。劉三。

玉漏遲 吹萬新有喪明之痛，握手茸城，神采不屬。賦此奉慰，用樊榭韻絨韉飛新雨，尖寒薄暮，浮生何短。簞酒初傾，蠟淚堆盤花顫。短棹清遊休憶，正玉雪、衮師在眼。去年六月偕劍華至留溪，與吹萬一面耳。燈重翦。隔春情事，滄桑千片。　鬢絲不爲秋悲，衹蠟鳳虛堂，弄梅孤館。哀樂中年，愁聽砌蟲淒歎。投杖沈吟何意，好覓取、一襟蕭散。天正遠。柔楊黯凋江岸。

點絳脣　半淞園秋泛

漫理萸囊，扁舟又作尋秋計。菱花風細。涼透殘陽意。　敗柳殘荷，盡付當窗見。歸猶未。一袈裟地。商略憑欄味。

浣溪沙　海上即事

占斷長秋一角妍。微霜簾底試茶天。鈿車十里起紺煙。　薄病無名如中酒，綺情略盡且耽禪。背燈箏語訴誰邊。

以上見《南社詞集》

賣花聲　郊行即事，同了公

鴨緑欲浮船。嬌柳含煙。殢人微雨釀花天。才近清明寒乍小，小立風前。　側帽自蕭然。覓個安便。春來花事太堪憐。紅已消殘風不定，流水年年。

念奴嬌　題龐檗子玉琤瑽館題詞圖

歸襟歸去，悵年時消散，黃壚伴侶。説劍吹簫才未盡，部付轉喉和吕。妥帖爐香，玲瓏牙拍，細按梅邊句。舊情摇曳，疎簾重聽春雨。　寂寞十載旗亭，酒襟塵涴，省記情無數。只恐青霜彫鬢易，好與安排前路。殘月鈎愁，曉風颭夢，悔向人間住。更闌横笛，瓊樓玉宇何許。

齊天樂 小齋聞蜂聲賦

輕寒纔了酴醾雪，庭枝先逗春起。水柳依窗，湘簾拂燕，静鎖一齋穠翠。細腰何意。似報道花開，催將春事。日煖香酣，西園舊是安衙地。下闋原缺。

金縷曲 答吴遇春見贈

六幅湘簾裡。正無憀、香消睡鴨，春寒似水。忽誦吴郎歌一闋，驀地古芬凝紙。更觸撥、江淹殘綺。説劍吹簫都過了，禮天台、我欲無言耳。幾復輩，總難擬。　誰堪江左無雙士。剩而今、梅村長句，東南之美。松麈茗甌清似玉，正始玄風後起。笑桓侯、舞矛無技。《世説》：劉尹、王導、桓温共譚，桓每詞不繼，上馬舞矛數四，氣王始相敵。鼙鼓殘宵渾欲動，看四郊、誰與平多壘。君可作，我衰矣。

前調 壽耿伯齊六十

籬菊斑霜裡。正先生、角巾微折，靈飛初度。一笑滄桑憑屢撫，張翰秋風歸矣。又詩酒、今生閒遣。不信卅年魏闕意，看致光、一卷金鑾記。韶華過，指流水。　料量濟勝頻年意。只付與、東山絲竹，謝安難起。小漉沙巾陶令酒，詞筆淩雲更健。灑餘墨、晴窗矮紙。合哂二王無吾法，看紛紛、衹學蘭亭面。儒林事，讓公耳。

臺城路 病酒初起，殘春苦寒，隔院箏聲，月華似水，悵然賦之

數星的的疏簾外，閒庭初遇春雨。杏靄消春，

金貂换醉，回首一時羈旅。離懷未苦。但心裏憹春，兩家同貯。幽夢重温，脂痕粉印數清緒。　玉璫椷札枉寄，流紅曾不到，夢都無據。衰柳旗亭，早梅門巷，休憶曾逢伊處。霓裳誰舞。衹依約當時，偷聲入破。一曲瑶琴，峯青江上去。

點絳唇

空庭春去。啼紅一徑清明雨。憑誰約住。做弄情如許。　似水春寒，又是春光誤。人無語。歸期難據。私剔銀鐙數。

以上見《織雲雜誌》一九一四年二期

蝶戀花

星洲羈旅，故土可思，雨晦風蕭，彌增離索。燈下讀天笑生《牛棚絮語》篇，影事前塵，忽填胸臆。嗟乎！青尊銀燭，曾按子夜之歌；前駕後□，遽有東西之翼。而踏筝侣伴，同融雲泥；顧曲巾車，遂成今昔。緑成陰矣，空回杜牧之車；我將去之，乃作虞翻之謫已。夜涼如水，譜以小詞，商音善怨，所不自覺爾

一桁湘簾風帶雨。舊燕歸來，聽得梁邊語。梁上春泥和雨墮。可憐難問春歸處。　斜陽三月暮。滿眼瀟湘，滿眼飄風絮。風絮飛時單影去。幾曾留得春光住。

其二

送過殘春今日未。滿徑殘紅，惱了鶯和燕。多謝東風如有意。落花吹盡無人見。　還恐飛花終委地。又替行人，添却傷春味。寄語飛花須料理。酒邊莫惹青衫淚。

臨江仙 前詞托意蘭茎，興比未盡，重拈此解

六幅猩屏燈上後，穠春一角紅樓。障燈故故擲星眸。尋常歡與恨，一一葬心頭。　又是酒闌人散也，人生如此休休。他年重見應添愁。琵琶商婦夜，清淚濕江州。

以上見《小説大觀》八集

浣溪沙 題《龐檗子遺集》，即呈古微詞長

嗅遍江梅更惘然。燈樓箏語黯相憐。回車腹痛是今年。　誰寫江南腸斷句，落紅門巷雨如煙。又吹愁訊到鷗邊。

見《民國日報》一九一七年三月五日

秦之濟

菩薩蠻 閨怨

芳魂低弄晴絲裊。酸心咽住青梅小。底處落花過。冷紅暈淺渦。　春風簾幙下。燕子纔偷嫁。枉自細叮嚀。明年也似卿。

其二

秋千蹴破斜陽影。弓鞋碎點青苔印。回首忒多情。東風釵鬢横。　黄鶯輕莫怨。伊故違儂喚。多謝向遼陽。攬伊夢短長。

如夢令 夢斷

花落游絲兜住。香斷殘灰偷貯。繡枕數温存，算有夢魂難駐。無據。無據。明月抱愁歸去。

蜨戀花　閨情

莽莽花魂風雨亂。紫裀丁香，一霎流光換。悄下珠簾纔一半。燕泥香帶殘紅返。　愁重帶長生怎慣。莫似湘波，散入江流遠。算買并刀摧不斷。柳陰低抱斜陽軟。

菩薩鬘　尤百末善譜此令，而於《夏閨》二闋微不愜意。擬此代之

千山驀地抛濃緑。朱唇點出櫻桃熟。香汗漬紅綃。侍兒扶起嬌。　金刀新破藕。藕斷絲仍糾。生怕别人知。心頭纏住伊。

其二

桃笙細擘蒼梧竹。淚痕幾許青絲束。睡起夢難留。桐陰飛上樓。　石蓮纖手破。難解中心苦。低首怕思量。和愁清晝長。

滿江紅　城西觀古木寒鴉

古木經霜，感摇落、西風騷屑。回首地、高城望斷，滿林黄葉。惆悵南國芳草盡，風竿月樹勞相憶。算畫圖、點筆斷雲懸，蕭蕭墨。　江上路，歸心急。畢逋尾，空憐惜。但荒烟衰柳，暮寒相逼。閲遍興亡亭沼换，昭陽日影非疇昔。近黄昏、殘照一絲絲，增嗚咽。

菩薩鬘　春歸

曉風和露花魂泣。數聲啼鳥春無力。舊夢怕重温。腰肢瘦幾分。　閒庭芳草色。無恙和烟碧。化草作儂私。隨春不放伊。

調笑令　舒問梅君屬題《梅芬閣本事詩》，用淮海韻

日暮錦官路。野夢沉烟山雉舞。破家雛燕誰

爲主。清淚雙垂玉筯。故鄉夢斷無尋處。算有魂兒來去。遇盜。

其二

脱絮沾泥止。一霎韶華空點綴。不堪啼笑渾如醉。醉又誰傳儂意。傷心香案蓬萊吏。浪結雲中仙會。青樓。

其三

腸斷當爐女。病渴相如心暗許。閭門載酒成佳侶。爲笑香荼多苦。幾時歡會誇奇遇。又抱春愁歸去。萍因。

其四

驀地罡風捲。驚散珠簾濃睡燕。青天碧海何時見。畢竟相思難變。方愁簾外春無限。白下漫傳幽怨。重逢。

其五

何處桃源洞。寂寞勞山清磬動。青蓮懺綺誰堪共。怎管情輕恩重。心香一瓣風吹送。驚醒桐花么鳳。皈依。

蝶戀花 前題，代，再用淮海韻

小苑樓臺花解語。悄倚闌干，斷送芳時暮。九曲腸容愁幾許。隔簾細細催花雨。花雨抱風無着處。怎奈詩魂，細逐殘香去。算有彩毫留得住。瑯琊山脚蘼蕪路。

浣溪沙 王漁洋有『口脂慵點鏡中朱』之句，幽絶豔絶，戲和之

薄薄春陰喚草蘇。蘇時可有夢來無。懶看粉翅又舒鬚。日暮清漪風弄影，蓮花搖散一雙魚。小闌亞字剥殘朱。

菩薩鬘　迎帆亭餞春

飛花牆外迷行路。春魂如線愁難度。今日斷人腸。明朝楊柳黃。　夕陽無意緒。片片隨流去。莫便教黃昏。送伊到玉門。

前調　金静初先生招往寳山官舍觀朱籐

斜陽欲睡春無語。游絲軟抱花魂住。寂寞小闌干。微陰生暮寒。　垂頭扶不起。夢墮涼雲底。悄悄酒微醒。鶉鳩三兩聲。

金縷曲　題黃丈雲門七十造像

把盞呼黃九。問何時、人間謫住，似曾相逅。宋代風流詞客盡，一夜霜催白首。賸眼底、虎詩龍酒。襟上舊痕青欲活，衹狂名、獨自閒消受。數心事，花和瘦。　蔣山王氣餘衰柳。怕重提、故園消息，寒侵金獸。幾許豪情搖不定，化作黍離麥秀。且付與、心酸眉皺。算把春光岩谷駐，君有岩谷駐顏圖。費尋思、惟有愁長久。照殘夢，燈如豆。

夢横塘　壬申春，舟過南沙，懷先姊之葆

微風孕黛，細雨凝青，池塘緑遍春草。十載離憂，偏載向、雷隄停棹。城郭依稀，樓臺隱約，鵑啼人杳。賸無多骨肉，有限悲歡，飄零地、重憑弔。　江干千尺修波，儘日夜濴洄，家門不到。生死尋常，奈難遣、相思長道。衹淒涼舊影，併入暮潮做煩惱。夢醒今宵，一般誰可，語傷心懷抱。

蝶戀花　春暮，和慵叟

一夜江樓梅子雨。酸入春心，猶戀香濃處。

輕燕翻風迎落絮。再番攪亂離情緒。夢醒婆娑身栩栩。低掛湘簾，迷住魂歸去。亂蕊稠葩空點樹。滿庭紅雪聞鵑語。

風入松

曉發錫山眺太湖

亂峯隨意緑江南。曉夢正初酣。如酒東風吹不醒，更飛上、數朶雲曇。何日扁舟輕渡，柳陰深處停驂。恍疑仙境費尋探。空翠落青衫。春濃花媚迷離地，攬閒愁、燕子呢喃。別有銷魂難語，柔情齊付江潭。

點絳脣

題漢李氏王父鏡。鏡藏張景遜君，畫像極精細。一角如王者，旁署『王父』二字，餘均爲女子高髻長袖作歌舞狀。審之確漢時衣冠也

明月前身，夜闌呼起天魔舞。舊時眉嫵。憔悴無人主。閱盡興亡，影裏山河暮。嗟王父。幾多愁緒。世變難回顧。

洞仙歌

丙子又三月晦日，閒愁撩亂，譜此破悶

紅稀緑暗，惹閒愁深淺。獨倚朱闌寄情遠。芳草流鶯倦、吹散斜陽，風乍静，日暮淡黄庭院。花開如有約，花落無言，任把韶華暗偷換。畢竟幾多春、添出温存，曾轉瞬、又嫌宵短。算病裏、尋芳夢成空，奈消受樓頭、薄寒輕暖。

浪淘沙

夏夜津浦道中，胡可文女士寫示舊作《暮春》詞，意旨淒惋，步韻和之

花底玉笙寒。吹出悲歡。那堪舊譜又重彈。江水流將輕夢遠，併付眉攢。世事總心酸。我鬢先斑。迎春辛苦惜春殘。春盡更無聊賴處，却換愁還。

過秦樓　丁丑生日，夜坐兆豐花園。先五日與茗芳過此

恨縷抽蕉，愁絲縈藕，長嘆今吾如故。秋前春後，翠暗紅稀，又報隙光遲暮。消受夜静燈昏，獨向園林，嘯呼鷗鷺。悵波平岸闊，風吹清影，藕花深處。　空徙倚曲徑，螢流碧天，鴻起雲外，箋聲遥度。勞人千里，霽月今宵，暗道襟期相許。贏得青衫淚痕，耽誤才名，情傷兒女。奈吟魂重到，添出一番别緒。

玉漏遲　憶舊

月明人自遠。鈿車消息，算從此斷。拚了相思，難遣一天秋滿。挨受文園臥病，況又是、烽烟離亂。空繾綣。黄花瘦盡，西風簾捲。　去去寂寞誰憐，聽劍泣簫啼，似聞微歎。欲訴無從，明滅心頭恩怨。收拾閒愁十斛，更飛作、流雲幾片。重許見。清夢助人悽戀。

三姝媚

東風無氣力。任花謝香銷，都成秋色。燈火樓臺，賸恣歌攜手，儘人迴憶。楊柳纖腰，何處問、小蠻消息。吹冷瓊簫，似怨還愁，怎生受得。　身世飄蓬難測。算萍水相逢，已堪憐惜。瘦盡春陰，況海棠零落，綠章誰乞。崔護重來，應暗道、全非疇昔。竚看瑶階莎草，露華凝濕。

春風嫋娜　送春

悵春回何處，不帶愁歸。三分怨，七分悲。對鎖窗陰重，一雙蝴蝶，摧花雨細，幾點胭脂。永晝愔愔，黄昏悄悄，坐到沉沉深夜時。轉眼

繁華頓銷歇，心頭酒熱化相思。早信多情誤我，早應情斷，忍重賦、芍藥將離。江南北，路東西。唬鵑人杳，芳草驄嘶。杜牧長吟，心傷如許，冬郎綺緒，詩賸無題。尋消問息，嘆好春似夢，夢痕似線，空罥斜暉。

青玉案 秋雨小飲酒家

樓臺無恙呼吟侶。感王粲、先成賦。漠漠重陰吹暗雨。浮生殘夢，當筵離緒。都入商絃柱。　綺懷冷落春歸去。愁對清秋惜金縷。畢竟秋含愁幾許。一簾花影，一牆蛩語。一霎流光暮。

解語花 詠晚香球

玉簪欹髻，翠袖驚寒，一把纖腰瘦。烟殘金獸。渾無賴、細細幽馨沁透。空房獨守。嘆漠粉、飄零今又。憐待描、疊恨重愁，兀自眉頭皺。　倘許洛神身後。悵陳思仙去，無睡時候。芳衷誰剖。相期處、祇有素心堪偶。再番邂逅。存一點、靈犀微逗。垂畫簾、深鎖秋魂，算此情難受。

玉漏遲 戊寅七月八日坐兆豐花園，子夜始歸

夕陽明一角。高林暮靄，濃陰成幄。幾點疎星，指望女牛如昨。却恨流光不駐，照孤影、人間寂寞。且領略。微醒薄病，嫩涼先覺。　莫惜紅粉飄零，只俯仰青衫，江頭淪落。難覓鴟夷，逕向五湖深泊。坐守沉沉玉漏，感夢醒、三生前約。嗟綺閣。身世緑珠誰託。

菩薩蠻 憶梅圖，爲奚鐵堂表兄悼亡作

看花人病難蘇肺。憶花人遠門斜閉。消息問

東風。風狂花落紅。　天寒憐鶴守。夢共香魂瘦。樓上鎖春愁。春歸愁更稠。

青玉案　本青以乾隆御窑酒具見貽，譜此報之

綠文金屈當年御。賸雀尾、能呼語。試把蘭陵香釃注。十全驕子，一朝英主。消受情如許。　九陵風雨凄涼處。更有傷心感羈旅。莫念兒皇身世誤。石城門閉，龍江秋暮。此恨應千古。

眼兒媚　鳳湖橄欖異於閩廣常産，形如鴿卵，色似木瓜，味腴不澀，質鬆無滓，雋品也。羣書未載，賦此記之。鳳湖在揭陽，邨人均楊姓

可人回味子餘甘。酒後手親拈。湖心波闊，枝頭霜早，夢落天南。　青膚翠顆擬非妥，解苦不須鹽。香留雞舌，酥溶鳳髓，算我初諳。

洞仙歌　詠捲烟

夢闌酒困，鎮相思無奈。館築忘憂動憐愛。飄來花氣重、炙麝熏蘭，微暈處，簾捲春雲雾鬟。　金絲搓蓋露，竟體芬芳，裁得輕綃半遮臂。爲訝忒多情、便化成灰，銀盤受、温存猶在。問畢竟、靈根那邊來，道荒誕虛無、遠傳瀛海。

桃源憶故人　庚辰秋，京滬道上書見

江南早入荒寒景。王氣也經消盡。一帶水程山徑。霜染吴楓冷。　降幡記得前朝近。畫角嚴城風緊。四處暮烟催暝。歸去鴉成陣。

蘇幕遮　新重陽，偶成一解

倦登臨，縈悃愫。秋滿江城，怪殺無風雨。莫

怨長天時序誤。不把茱萸，已夠傷情緒。破碎河山，望斷鄉關暮。爲報中秋猶未度。留得清輝，料更多淒楚。

水調歌頭 中秋秦淮酹月

秋魄一輪滿，故國覽山川。問誰古步邀笛，水榭倚清寒。扇底桃花留恨，舟上桃根不見，豔迹總纏綿。俯視碧淮影，燈火未闌珊。　家漸遠，人還並，共嬋娟。如斯風月，如此良夜奈如年。我把霞漿低勸，君試霓裳飄舞，飛夢落諸天。直向蓬萊閣，拂絹賦遊仙。

長亭怨慢 寒夜

君不見、江頭明月。飛上林梢，弄寒天末。刺骨霜風，長空吹起一城白。玉簫何處，偏喚醒、倦遊客。兜恨是闌干，怎不把、離愁圍隔。

憐惜。惜伊人瘦也，無復舊時消息。數行清淚，任灑向、燈昏遥夕。儂便道、算得秦青，幾喝住、行雲寒碧。漫獨倚高樓，歸雁一聲聲逼。

洞仙歌 紅豆，爲紅豆館主詠

南中舊事，記緑叢紅破。春鬧枝頭意難妥。相思千萬叠、寫向蠻牋，曾不及，細膩輕勻一顆。　漫言多采擷，掌上擎來，疑是珍珠淚相裹。端底未分明、有色無香，偏惹得、恨牽愁鎖。且莫問、佳期幾時諧，但薄倖檀郎、慣嘗這箇。

青衫濕

花如孤注春輕擲，金盡悄然歸。有人樓上，兕風未息，却恨郎遲。　頻傳好語，來時嫌短，去後縈思。問今何似，分明夢見，遠在遼西。

多麗

夜迢迢，申江花月多嬌。傍長街、紅亭翠館，金銀寶氣干霄。拗楊枝、休尋芳徑，迎桃葉不用蘭橈。驅電爲風，散香成霧，華燈明滅漏聲遥。又仙樂、昧離兜禁，吹和鳳凰簫。儘勾引、光炫影亂，神醉心摇。　聽西方、歌傳普樹，纏綿更屬纖腰。淺淩波、洛神羅襪，輕貼地楚女雲綃。織縷流鶯，蹴英飛燕，無魂別處再堪銷。空解道、江山在抱，都付可憐宵。春歸也、狂蜂浪蝶，猶戀柔梢。

以上《謙齋詩詞集》卷七《長短句》

點絳唇

結束風華，歡疎才減誰堪侶。早秋庭宇。涼送梧桐雨。　舊影無憑，近事同無據。飄零處。海棠無語。此恨平分取。

暗香

倪竹宸先生屢約相左，近以長短句書箋見貽，音節清婉，即用白石自度曲譜酬

老來白石。問幾時重賞，江頭秋色。度出新腔，恰似倪迂點疎墨。試向長天唱去，還差近、行雲無跡。驀隔院、月上風低，飛墮一聲笛。　尋覓。感寂寂。歎落拓此生，我慚秦七。寄將信息。心許何須定相識。怎奈空中傳恨，禁不住、連番追憶。況又是、人倦也，欲眠未得。

翠樓吟

緑遍池塘草圖，爲吴湖帆姻先生

前約都非，後期空訂，還憐上樓凝盼。清明時節近，又河畔翠痕如染。而今誰管。算寫向

丹清，參差橫亂。思何限。蝶飛蜂鬧，共伊腸斷。一片。應妒春袍，況雨停風弱，欲吹情懶。離樽聊自酹，天黏處人隨天遠。夕陽催晚。怎不見遊魂，歸同雙燕。任偷換。歲來年去，舊愁新怨。

念奴嬌

宋紹興初，靖州推官張廷傑移紫心白花木香歸植蘇臺，嘯詠錦棚，傳爲佳話。裔孫和孚社兄因以『木香書屋』顔其居，屬題

亂離時候，話遺事可奈，正逢南渡。有容倦遊春未了，買得濃香盈樹。珠幰斜張，繡衾遍覆，不管薔薇妒。倚欄長嘯，滿園晴雪飛舞。轉眼日色遲遲，花隨人老，人却歸何處。架上華光空仰面，想像檀心多苦。青賸遥山，緑留近水，寂寞當年侶。信風微逗，飄來一片纖雨。

雙雙燕

題孔君詒學兄媖君悼詞後

一春過了，惱第四橋邊，落紅如雨。未迷前路，惆悵再來崔護。人面而今何處。聽樹底、聲聲杜宇。併將别恨離愁，兀自銷魂南浦。軀誤。憑誰作主。賸脂粉飄零，折殘釵股。箇中滋味，不辨辛酸甘苦。算我今生負汝。肯重負、長生私語。却怪燕子呢喃，慣向緑窗咒詛。

滿庭芳

題惲南田花卉册

姹紫嫣紅，年年芳意，亂來去伴伊誰。東風無語，日夜鎮相吹。空惹鶯啼宛轉，斜陽外、飛燕差池。怕回首，韶光易暮，狼籍似胭脂。通靈留妙筆，緑章未奏，丹彩先施。儘春魂縈夢，曉露侵詩。疑住甌香舊館，幾番看、幾許

瓊姿。晴窗畔，蜂狂蜨浪，兀自爲情癡。

陌上花

病中苦雨

廿番風信，花朝過了，未曾吹斷。暗雨陰雲，不放一天晴暖。病懷悶絶誰存問，剪勝裁旙都懶。祇闌干徙倚，眼慵肢嚲，此情難綰。

帳卷簾重下，爐煙虚裊，醞釀閒愁成串。盼到春歸，冷落還同秋苑。芳辰縱道明年有，非是今年人面。問怎生禁得，燈昏窗暝，再添悽惋。

滿庭芳

久雨放晴，花飛絮舞，重增棖觸

四月黄霉，一庭紅濕，愁雨還又愁晴。數聲啼鳥，無計喚花醒。空賸苔深草暗，簾捲處、飛絮輕盈。虚窗畔，遊蜂争逐，新緑幾枝横。

商量誰與共，梁前乳燕，葉底雛鶯。悵華年偷換，芳訊難憑。舊事不堪重憶，使忘却、怎奈多情。憑闌久，心隨人遠，鴉背夕陽明。

梁州令

惜别

不怨蓬飄轉。却恨水遥天遠。早知易别悔相逢，臨岐還惜相逢晚。偕隨無計留難挽。

再也無言勸。情天畢竟難管。冥冥飛絮春雲亂。

蝶戀花

鄧生英翹將之香島，屬題《櫻橋綺語》

行遍天涯千萬路。慘緑愁紅，都是銷魂處。却惱餘香留不住。幾番開落櫻桃樹。

車塵今又去。夢裏江南，奈此春如許。誰識相思情最苦。頻傳殘月微雲句。

好事近　閨情

屈指數歸期，當在好春前後。且把閒愁按住，怕思量消瘦。　高樓竟日望長波，不怨風吹皺。却怪潮來潮落，少潮平時候。

卜算子　閨怨

密約未曾虛，好事偏教緩。欲買并刀剪斷愁，春却先愁斷。　別枕細叮嚀，此去休長遠。誰信天涯若比鄰，人比天難見。

玉樓春　寄懷京友

當年相見人同住。此日相思誰可語。記曾插柳小窗西，爲問春深添幾縷。　花稀鶯澀猶羈旅。閒極應抛千萬緒。香爐茶鼎任安排，祇恐清愁無放處。

畫堂春

飛花飛絮斷人腸。問誰收拾殘香。登樓況又盡斜陽。三月時光。　架上鸚哥懶睡，梁間燕子閒忙。春歸没箇可商量。一任愁長。

菩薩蠻　十年前曾爲吴君鏡湖題萬竹叢中一草廬圖，亂後稿佚，鏡湖僅憶『風清月散妍』五字。重爲譜此，不知更添愁幾許也

吞茶和影杯浮玉。就陰潑墨毫俱緑。十畝種篔簹。一廬春晝長。　新愁空白抑。舊句還憑憶。景色可如前。風清月散妍。

清平樂　雪花

平添愁緒。滿眼鵝毛舞。此日飄零無定所。豈僅楊花和汝。　遊仙好夢闌珊。瓊田瑶圃荒寒。天上一般開落，人間何惜春殘。

誤佳期　憶鳳樓圖，爲徐詠緋君悼亡作

此去難尋芳踵。潘鬢俄添霜重。綺窗無賴又東風，春醒人如夢。　觸緒盡成悲，鎮日孤愁擁。不須開落到桐花，冷却釵頭鳳。

前調　雙桂室授讀圖，爲詠緋追念其兄修五作

望斷長天雁序。待唤吟魂何處。青燈滋味耐尋思，一霎池塘暮。　老屋早荒涼，留得雙雙樹。細香飄盡作秋聲，徹夜風和雨。

晝夜樂　雪野草堂讀書圖，爲袁孟純君

文章得失憑誰語。歎此味、自甘苦。相期莫負平生，轉恨古人難遇。却道桐城留滴乳。是大匠、别裁機杼。一瓣爇心香，有幽魂來駐。　閒行悄叩袁安户。聽書聲、破空去。無端攪亂寒雲，散作漫天飛絮。虚室低徊孤影淡，早拋却、世情如許。拂硯費思量，對梅花盈樹。

踏莎行

綺夢消沉，閒情躭誤。滿腔幽怨和誰訴。陰多晴少奈何天，連宵更洒芭蕉雨。　煙白縈窗，苔青到户。塵生筆硯慵吟賦。而今不是不傷春，殘生最怕添愁句。

燭影摇紅　春暮憶故園作

落盡嫣紅，小園何處尋春色。幾番作祟是東風，至此全無力。一任游絲脈脈，更垂垂、柔條千尺。憑誰管領，留得斜陽，牆高易夕。　登山臨水，近年怕道閒蹤跡。算營丘壑置吟身，來去匆如客。終悔花經手植。欲忘情、轉

多回憶。家人知否，且注清樽，休提消息。

以上《謙齋詩詞二集》卷八《詩餘》

疎影　孤山懷古，用白石詠梅韻

幽人似玉。慣斷橋覓句，和月孤宿。霜後湖山，山麓煙邨，寒風細曳殘竹。幾生脩到梅花癖，早種徧、村南村北。算頻年、紙帳春回，籍慰個人煢獨。　恁的西湖鶴返，故人獨不見，三徑苔緑。處士風流，九百年來，賸下叢祠荒屋。高情問有誰堪繼，空佇望、水隈林曲。但疎烟、淡日啼烏，待寫暮愁盈幅。

河傳　送春

華年偷換。恨薔薇紅褪，杜鵑魂斷。芳草黏天，春意也如人倦。碧桃枝、東風軟。　黄昏莫放湘簾下，不是相思，怎便多情念。猶記粉牆一抹，斜陽繚亂。問去程、天樣遠。

醉花陰　紅豆

錯認櫻桃同一色。道是生南國。莫似絮沾泥，怕種相思，千縷新愁織。　縱然分散還相憶。淚染鮮堪摘。窗下飼黄鸝，飛向天涯，好寄多情客。

畫堂春　秋恨

空江如鏡月如眉。故園新雁來時。夜深延佇息燈遲。没個人知。　寶鼎愁燒龍腦，綺窗怕種萎蕤。階棠微雨褪胭脂。無限相思。

滿江紅　秋思

纖雨黄昏，凝眸處、一天蕭瑟。拚寂寞、和烟和霧，眉尖無力。別意糢糊衰草渡，閒情撩亂梧桐碧。任寒燈、凄絶弄窗兒，孤鴻泣。　惆悵處，無消息。疎懶態，今猶昔。恨海棠憔悴，菊花無色。廿四吴橋秋露冷，三千鄉水寒潮急。笑孤眠、滋味未曾諳，撫横笛。

減字木蘭花

輕輕裊裊。一縷芳魂驚渺渺。漏滴三更。何處凄清弄玉笙。　此情眷戀。斜倚薰籠無奈倦。欲寄音書。淡月昏黄映碧虚。

以上見《中醫雜誌》四期《二蘭室詞稿》

離亭燕　浦江舟中過雨

幽恨憑誰洗去。又灑淚痕南浦。野水蓬蓬何處斷，雲際九峯清苦。雲影落江心，化作半篙春雨。　天外客帆無數。江上琵琶休譜。信美文章何用處。碧海青天空妬。芳草亂天涯，謾把閒情分付。

見《滄海》一九二三年一期

湘月　秋日與頌平先生遊西園，有懷諸友，調寄白石道人《湘月》

西園攜手，歎經年消瘦，長負秋色。潭水深如此漫問，記否小時釣息。垂老梧桐，晚蟬猶抱，唱出斜陽碧。孤亭凝望，暮帆沙際無力。　吟杜是冷冷清清，沉沉默默，任黄花肥了。吟瘦寒蛩留得住，多少詩人痕迹。算得并刀，算存古劍，難剪愁千尺。孤鴻清苦，此情誰與商略。

見《滄海》一九二三年二期

鳳凰臺上憶吹簫　悼亡友于平施，用西堂夢謀卿詞韻

姊妹凋零，朋友□落，人間天上傷心。任春花秋月，濕透青襟。俯仰乾坤萬里，多少事、且付歐吟。算詩卷，年年增訂，惟有哀音。　尋尋。淒淒切切，甚雨雨風風，烟斷雲沉。賸山陽鄰笛，焦尾瑤琹。季札恩懷難遣，問何日、挂劍投簪。嗟圖畫，秋江紅樹，夜氣蕭森。

其二

鳳去臺空，月明樓上，迷蕪一片秋心。又潮寒風急，潦透塵襟。長憶客窗夜坐，人病酒、放胆高吟。今安在，紅牙細拍，無限商音。　休尋。百年身世，此事有誰知，知也浮沉。恨孤桐三尺，竟作橫琴。寂寞蕭齋尊酒，存餘瀝、不到朋簪。凝望處，崑山玉碎，山氣陰森。

見《滄海》一九二四年四期

柳梢青

癸亥除夕大雨，倚枕賦此

酒温香凍。惱人鼉鼓，殘宵偷送。撩亂天涯，雨肥風瘦，夢輕愁重。　算將香炭温存，賸一線、寒烟低暈。底處追尋，銀缸搖影，蝦鬚微動。

相見歡

秋風催送王孫。怕慇懃。依約枕邊私語、最銷魂。　月兒悄。夢痕渺。是愁根。印箇迴文香篆、替温存。

以上見《滄海》一九二四年五期

尾犯

秋夜不寐，聽蒼山撥阮咸感賦

舊曲不堪聞，離合悲歡，併入幽夢。幾許良宵，算奇情逸氣，花影下、停雲喝月，酒盃邊、泛彈淺弄。而今何似，淚灑西風，十斛珍珠凍。　孤槎輕遽去，無奈江上潮湧。人未中年，感帶寬衣重。念揚子、草玄寂寞，又昌黎、窮愁待送。與誰商略，秋草零亂寒蛩動。

桃源憶故人

雨夜不寐，寄珩君

愁驚小夢飛還墮。攪亂一溪烟雨。暮雨蕭蕭如許。又種愁苗去。　海棠零落秋誰主。人面不知何處。細檢鐙花無數。唯有此情苦。

以上見《滄海》一九二四年六期

望梅

題《問梅閣詞鈔》

皋橋羈旅。記春歸鄧尉，淡烟和雨。託微吟、挨過黃昏，有好夢勾留，湖山佳處。分付奚奴，且細把、清愁收貯。聽紅顔入道，白首思鄉，莫問禾黍。　新詞記傳遥浦。漫微雲競況，殘月相許。争得如、白石當年，倚鳳管細聽，小紅低度。薄倖梅芬，應暗道、相思遲暮。笑蠻牋摺疊，休被解人唱去。

見《滄海》一九二五年八期

薄倖

翰才從兄惠《後四聲猿》傳奇舊本，譜此奉酬。『四聲』者，《放楊枝》《謁府帥》《題園壁》《投溷中》，蓋借樂天、東坡、放翁、長吉遺事以舒寫幽思也

奇才多少，歎千古、青衫磨滅。更怎戀、風流瀟洒，争得繭絲難脱。悔年來、病酒豪狂，宣城絲竹無從説。聽三峽猿啼，數行雨急，愁絶風狂月黑。　算不唱、楊枝曲，幾消受、相思刻骨。枉功名耽誤，今生文章，信美成嗚咽。讓誰消息。任花濃日暗，園林詩句費尋覓。江州唱去，赢得淚痕狼藉。

語相咻。凭闌久，一聲北雁，殘月下西樓。

淒涼犯　春感

數來廿四，番風裏、清明倏又過卻。□□□□，愁紅怨緑，黯懷藁落。輕陰漠漠。更鸞鳥鸞花意索。恁天涯、頻年羈旅，幾度負歸約。

誰共尋芳去，問燕招鶯，輕憐紅萼。惜春百計，奈春光、惱人翻惡。去去無聊，乍新夢空庭驟覺。起徘徊、眼際一掬，粉淚閣。

祝英臺近　維之畫梅花帳顔見寄，眉孫爲題《青玉案》詞兩闋，譜此誌謝

燕賓來，芳訊至，簾幙墮紅雨。香絮繽紛，知是寄春與。更看賀鑄江南，裁冰鏤玉，爲譜出、梅黄新句。

正愁佇。一聲無賴潮雞，催夢又歸去。乃爾衾裯，心事向誰訴。謝他璧

青玉案　謝翰才從兄惠羅兩峰詩册

冬心□去傷紅萼。任一樹、風採落。猶賸兩峯能領略。芳魂呼起，閒情尋索。飛下雙玄鶴。

寫完好句渾無着。大尹揚州愁晴覺。爲道師承今似昨。澄江清夢，方湖寒魄。有客斟春爵。謂曹拙巢。

以上見《滄海》一九二五年十期

秦更年

滿庭芳　秋夜寄維之吴門

露砌風涼，星河霜冷，畫簾鉤動離愁。故人天末，通夢也無由。回首金閶舊日，垂楊岸、晴泛扁舟。尋詩路，春波正弱，杯酒共清遊。

漂流。來海徼，風萍遽散，泥絮難留。問肝膽誰清，照我如秋。心事無從訴也，賸窗外、蟲

月香幽，玉簫聲細，解伴我、此時清苦。

沁園春　題柳如是儒服小影

畫裏容光，劫餘夢影，猶妒曉鶯。底蛾眉秀靨，嫩勻金粉，峨冠博帶，盡謝鈿瓔。江左風流，秦淮煙月，八豔平分試細評。君爲最，算書生不櫛，名士傾城。　居然長揖公卿。有白首、尚書眼獨青。便舟迎桃葉，莊開紅豆，安排玉軸，共證金經。歲月輕移，溪山暗換，往事重思塵夢醒。待他日，更空花悟澈，入道裝成。君別有道裝小影。

鶯啼序　春晚感懷，用夢窗韻

穠春又教負了，黯愁懷似水。畫簾卷、斜照西廔，半天蜃落紅蕊。恁歲月、何堪把玩，春心擣碎和塵墜。歎孤遊萍泊，瀟湘但餘詩思。

七載吴閶，萬里嶺海，舊青衫遊子。望天際、冉冉雲飛，眼穿雲外書至。莽征途、迴腸易斷，念鄉國、隋宮遥指。任長繩，難繫浮踪，問天何意。　回思影事，細憶前塵，損幾番夢寐。便此夜、萬千心事，更向誰説，賸有孤檠，照人清淚。腰圍瘦卻，征袍寬了，當年張緒風流減，撫頭顱、緑鬢傷憔悴。唯天不老，依然未改青青，弄妍海鏡光裏。

深閨，應秀眉損翠。爲寄語、垂楊攀盡，莫更登樓，惹得風前，凝愁雲起。心情共爾，羈懷尤苦，江山佳處偏易慨，定王臺、慵去憑高倚。戰雲迷斷江南，訴向蒼茫，恨題鳳紙。

掃花遊　題紅葉題詩侍女畫幀　丙辰

井梧乍落，又萤競寒吟，雁傳霜語。怨絲萬縷。甚秋光染得，冷紅如許。一片傷心，黯黯魂銷幾度。苦吟句。仗斷葉淺流，爲寫淒楚。　醒眼看醉舞。問露館雲廊，月明何處。長門待賦。悵葳蕤閉鎖，歲華遲暮。密字珍珠，盡是啼痕淚雨。怎知否。御溝頭、阿誰收取。

壽樓春　伯梁詩老七十

尋殘山無言。漫時傷典午，詩夢開元。去去誅茆湖上，背花高眠。尊有酒、琴無絃。幾度消、斜陽昏煙。更翡翠連棲，琉璃照眼，拚老醉吟邊。　人間世，今何年。便閒吟甲子，都是愁編。待問銀河清淺，玉樓高寒。橫鐵笛，呼羣仙。試更催、梅花開筵。有人倚湘雲，霓裳曲傳。霜雁天。

齊天樂　題連山一望松畫幀壽潛山

連山一望青如洗，長松萬千參伍。鳳葉吟風，虬枝掠瀑，併入瑶琴輕鼓。煙雲太古。儘拄杖呼孫，捧輿將母。野鶴蹁躚，萬年枝上散花雨。　休誇谿壑畫裏，草堂觴詠地，曾未輸與。晚菊尊前，霜楓屧外，贏得平章幾度。松南空去聲處。試種竹千竿，去和煙補。更約梅花，歲寒盟伴侶。

浣谿沙　爲魏小圃題胡蝶秋海棠畫箑　癸亥

虧得滕王子細尋。春風回首感難禁。綺懷藹落到而今。　瘦卻舞衣香夢短，遮來素面淚痕深。可憐誰與訴秋心。

琵琶仙　秋盡夜，依白石四聲填此

烽火連年，枉贏取、負郭羌村羈紲。方夏常説思秋，秋來更愁絶。知禍轉、亡胡甚日，杜陵叟、短歌聲咽。原野龍吟，河山霧塞，笳吹都裂。　鎮無事、燒燭閒眠，聽林杪、西風殆將别。疑似客來寒夜，打柴門黄葉。容夢裏、承平到眼，便讀騷、飲酒爲活。衹是明日繁霜，又交十平聲月。

好事近　甘簃續弦

嫁娶又成圖，早已鴛鴦待闋。最喜添香侍婢，解鄭家詩説。　郎君妙筆賦催妝，索和偏詞客。應把頭銜换過，署山人少室。

水龍吟　厭勝鏡，徑二寸有奇，背刻秘戲者四，女裝，絶似武梁祠像，六朝物也

分明一片新荷，團圞照見鴛鴦睡。秦時明月，漢宫春色，唐家遺事。影裏鸞孤，盤時龍寡，物猶如此。笑何妨注就，蟲蟲燕燕，添四角、中央字。　長定循環纖指。暈紅潮、背人偷視。宿粧慵整，長眉未畫，懨懨情思。三閤綺羅，六朝金粉，而今何似。看土花淺碧，斒斕多分，是銅仙淚。

淒涼犯　春寒襲裾，閉關頌酒，興懷家國，感不絶心，屢思歸去而烽煙塞途，欲行不得。倚白石道人自度曲韻，譜成此解，猶道人《慶宫春》詞，過旬塗稿乃定也。

怯寒鎮日。柴扉掩、吟襟直恁蕭索。柳緜乍起，鶯簧罷弄，嫩陰樓角。東風正惡。縱呼酒、頻斟醉薄。更聲聲、氈廬觱栗，誤認墮荒漠。　浮世空消領，易老年華，等閒哀樂。客途倦

瞻望春申，嶔崎磊落。又還是、春去春還，迤邐天涯。煙塵漠漠，無非是、故山一綫。幾多賓客，花前酒邊幾何。

荷葉盃 又極樂寺海棠　依温體

墮子植根初地。如綺。國花堂。白頭傷亂杜陵叟。終負。汝詩章。

九張機 宋人《九張機》託志綺羅，詞極哀怨，因仿其體以詠飛機。惟世言機數，不聞稱張，既失本義，復乖今語，東家之顰，徒取譏耳。詩云：『飛車雲路奪重圍，諸動原來在一機。今日天荒真破了，山河指掌一塵微。』

一張機。玉人妙手出新奇。蟲天花樣供描取，蜻蜓欵欵，因風掠水，趁逐白雲飛。

二張機。仙家縮地詎云奇。憑將元氣爲舟棹，別離無遠，烽煙卻近，難説是和非。以元氣爲舟，道家言也。

三張機。華嚴法界變泥犁。雲邊一試風雷手，樓台彈指，不須拆下，七寶盡離披。

矣，記遊踪、夢痕霝落。水賸山殘，有胡馬臨江覷著。望鄉關，何日踐我，種樹約。

八聲甘州 爲壽川題江上雲林藏書圖

記年時征棹出南徐，風色似陽關。聽臨江戍鼓，平林佇望，未叩琅嬛。海上相將閱肆，流略恣瀾翻。時出青箱秘，樂與同看。　嬾瓚風流如接，料未來世變，早棄田園。但裒鉛握槧，消得一身閒。指家山、微雲抹處，要常留、圖畫在人間。期他日、返船村去，招我盤桓。

歸國遥 題冼女士畫崇效寺牡丹　依韋體　己卯夏五

閨裏趣。卻買燕支營絹素。指點佛香深處。幾驚傾國遇。　此日衆芳誰主。九衢春欲暮。惆悵劫塵如許。剩尋花掌故。

四張機。從天兵仗委如泥。乾坤血肉分明在，杜鵑枝上，紅紅白白，顔色儘淒迷。遺山詩：『乾坤血肉得此身。』

五張機。火愁不戢自焚時。穿雲出霧從天下，仗他錦繖，恰同扇墜，命繫一條絲。

六張機。鵬摶九萬路逶迤。風濤東海連西海，晴空日暮，碧雲天遠，真見倒行時。

七張機。舊家殿閣總灰飛。兩邊早識初心計，虚空還我，自相粉碎，下策復奚爲。用周伯仁語，謂火攻也。

八張機。游仙有路没多歧。圖開方丈低頭見，青山緑水，無高無下，貼地織成衣。『方丈』出昭明《謝賚地圖啟》。

九張機。雙輪雙翼載雙飛。風雲瞥眼長空净，星河月皎，沿緣穩泛，不用鬬蛾眉。

望江南

芥實屬題白門秋柳圖，醉後賦《望江南》二闋，信手拈來，不自知其詞之怨抑也

白門柳，萬縷復千條。漸見西風愁北渚，也隨流水送南朝。詞客最魂銷。

其二

斜陽晚，柳外息征驂。昔日依依成隔世，樹猶如此我何堪。莫唱望江南。

慶清朝

辛巳歲莫，左良齋中，蘭花盛開，皆作並蔕。是亦花瑞，不可無紀，因賦此解，用王碧山《榴花》詞韻

楚客懷芳，佳人服媚，吹開幾日東風。春盤助巧，不須暈碧裁紅。相與晤言一室，平生兩兩素心同。真堪擬，並飛采鳳，棲向珍叢。　幾誤水仙倩影，又梅花依樣，舊譜羣空。水仙、梅

瓣，諸種咸具。瓊枝璧合，今年更費天工。比似謝家子弟，配他玉樹滿庭中。花長好，及秋蕙發，還勝春濃。

綠蓋舞風輕 客言李公祠倚花猶盛，屋宇則多傾圮矣。回憶戊申舊遊，倏逾卅年，而余亦蹉跎老去。言愁欲愁，悵然成拍

一笛弄風漪，醉倚紅粧，當年嘯歌地。鋪綠方塘，亭亭花四壁，娖隊魚戲。轉眼承平，共年少、都隨流水。過江人，客老吴天，絲鬢憔悴。何意。畫閣彫闌，好得幾多時，換了人世。水鶴飛來，問村翁、伏臘歲時誰記。漫話中興，正江海、橫天兵氣。賸珠盤，清露迸成鉛淚。

金縷曲 自題山抹微雲閣填詞圖 庚辰十月

詞是吾家事。筭窮人、無關工拙，與詩一例。怕心力、拋殘非計。蘦落丁年行役稿，諳盡江湖滋味。客館孤檠勤鉛槧，便不辭、憂患相終始。澆壘塊，儘耽醉。浮蹤粤嶠還湘水。夢前游、汨羅渚上，左徒祠裏。坐滿神靈紛語笑，行見哀吟山鬼。百歲事、早教知矣。呵壁荒唐天難問，漸秋來、九辯商音起。長短句，晚重理。

夜飛鵲 中秋苦雨，夜見微月 己卯

瀟瀟正秋半，梧韻淒然。閒煞藕荇芳筵。嬋娟何處遺良夜，鐙窗卻話巴山。遥將妒雲問，是妨他千古，第幾回圓。人間漫恨，料陰晴、天上都難。誰喚素娥重起，梳洗未停勻，愁

傍高寒。更漏沈沈欲盡，冰姿怯弄，飛墜西欄。今宵過卻，怕元宵、燈火闌珊。願涼蟾聆取，休嫌計早，莫負來年。『雲罩中秋月，雨打上元鐙』，吾鄉有此諺語，見《月令廣義》。

高陽臺

眉孫見兒童吹肥皂水作泡爲戲，感而有作，余亦繼聲

竹馬嬉回，柳花捉罷，瓊漿幻出珠圓。寂滅光中，將低重又飛還。瑠璃莫漫籠雙眼，怕誤當、泡影河山。錢遵王詩：『莫把瑠璃籠眼界，舉頭争忍見河山。』語本《楞嚴經》。試看他，直度文窗，更出彫欄。　此生如夢還飄泊，底浮漚莫喻，客慧難捐。色相都非，休教兒戲談禪。子虛待與相如話，怪振奇、空際堪憐。只愁他，一瞥天涯，何處人間。

生查子

畫蓮蓬

歌罷惜紅衣，更按青房譜。帶露折來新，恨惹絲千縷。　兒女解憐儂，應識儂心苦。照影首飛蓬，夢斷鴛鴦侶。

鷓鴣天

淩次仲論詞須擇調，舉似四、五、七言，爲玉田、金淵所呵者。中有《鷓鴣天》一調，近代王半塘嘗與同人相約，以此調詠史。朱彊村則有廣元裕之宫體之作，取舍意各有在，固未可一概論也。余之爲此，聊以遣興，工拙且不計，違論調耶。然終不免次仲所謂『未能免俗』也　四首

三峽聽猿欲斷魂。傷離念遠費啼痕。西靡樹色咸陽渡，東去江聲白下門。　燒蠟炬，啟芳尊。安排博局賭乾坤。會看喝雉成盧日，孤注難爲一擲人。

其二

薄病懨懨又一秋。眼前心上幾綢繆。尊彝兩已成相背，闌檻回文不斷頭。　佳約在，密書稠。深情願託水東流。饒它采石量江手，碧落黃泉慮未周。

其三

隔水紅廔卻望衡。窺簾彼美特關情。相思莫道渾無益，一昔黃金鑄淚成。　愁晼晚，忍伶俜。斜陽催得月華生。黛螺十斛珠千琲，添助明粧鬬尹邢。

其四

愁見隣姬酒作狂。真成鄙語厲憐王。一絢絲有多時絡，織錦人家機九張。　歌舊曲，怨韋郎。怎教未老莫還鄉。雜花生樹東風醒，凝望巴船下建康。

望江南　題包慎翁小景。慎翁與吾揚人有緣，吳攘翁所爲畫像，舊藏邑中方氏。頃經兵燹，恐已付之劫灰。傳摹之本今後將益貴重，因賦《望江南》詞二闋書其後。己卯三月

安吳老，記問浩無涯。四種成書傳絕業，九流分席占農家。風氣變乾嘉。

其二

鬚眉古，奕奕頰毫添。當代羣言歸斧藻，幾家翰墨接薪傳。積石導河源。

蝶戀花　七夕書柳子厚《乞巧文》後

博取天孫鍼與縷。處處清閨，設果陳漿脯。抱拙老去柳州真謬誤。也思乞巧隨兒女。　平生應自喻。訴盡騷心，奈彼渾無與。不是

雙星還世故。更誰哀汝詞良苦。

卜算子　愚公新得趙、管聯珠小牙印，仲姬舊物也。詞以張之

小印琢聯珠，篆擅綢繆勝。嘉話曾傳倒好嬉，添箇同心證。　游藝總能工，堪與王孫競。儻畫朱陳嫁娶圖，鈐上纔相稱。

瑣窗寒　悼王叔涵

玉老田荒，山分碧斷，此生都已。淒迷夢影，猶憶渡江風致。最神傷、寓懷萬端，總成對此茫茫意。甚懽悰換取，拚教後日，更添愁悴。　別去。人千里。聽入破家山，絶絃流水。神遊何處，料與冤禽爲輩。待招魂、一哭故人，回頭更灑阿平聲灰淚。大舍姪亦同時遇難。問何年、化鶴歸來，二分明月裏。

木蘭花慢　庚辰十月，放翁生日作

幾家團扇在，攬遺像、拜翁前。試玉瀣延春，冰盤燕喜，湯餅開筵。霜天。正當菊後，爲梅花常憶兩京年。空掩憂時老淚，此身已是蠶眠。　堪憐。今古劇同然。此禍竟連連。歎娱神何物，江南怨曲，蜀國鶯絃。無言。也應有恨，問何時北伐定中原。舉目煙塵萬里，兩河百郡山川。一作『中分兩戒河山』，原用放翁詩，或謂與今日情事不盡合，因別擬一句。用校讐家例，以一作目之。

浣溪沙　題席佩蘭墨梅　有孫子瀟題絶句二首

閨秀才名盛綺年。郎君丰度玉堂僊。雙修福慧此嬋娟。　畫課墨梅詩截句，節逢人勝各争妍。歸來堂裏賭茶天。

好事近 題竹扇股

合了指雙駢，展了尺餘三四。認取鴉青雲月，是白松遺製。　金梁舊數下周家，楊妹畫殊異。出入老夫懷袖，忍秋風捐棄。

浣溪沙 垂虹感舊圖，繆藝風爲蔣鹿潭作。次君子彬屬題

斫地狂歌有底哀。聲家真見杜陵才。么絃彈徹竟同摧。　橋下松陵横一舸，梅邊白石酹千杯。騷魂喚起水雲隈。

其二

蟫隱江東盛一時。偏留書種繫人思。問奇載酒我來遲。　感舊淒其詞筆健，傳家珍重畫圖奇。似同先友記穹碑。藝風同輩人題者甚衆。是歲十二月居母憂，因輟詞事。

畫堂春 題仕女畫幅

爲憐時世儉梳粧。謝他玉笑珠香。幽闌誰與畫眉長。徙倚雲窗。　午倦抛書凝睇，秋來欵夢何鄉。遼西消息斷人腸。没箇商量。

望江南 甲午清明，適逢上巳，鶴孫有《沁園春》詞，極工，余亦成此，以紀歲華

春江上，策杖試閒行。朝日曚曨風料峭，梨花淡白柳深青。上巳又清明。

其二

寒食節，昨日已曾經。看取東闌一株雪，不須真本問蘭亭。聊遣歲時情。

前調 自題小影

鬑眉換，歲月去悤悤。永叔齞脣騰謗史，子瞻

磨蝎坐身宮。颸段自稱翁。

其二

荒唐甚，事業老來屯。已被後生描畫盡，衹餘空腹貯天真。天遣作詩人。

以上《嬰闇詩餘》

馬汝鄰

憶王孫　菊

品自清高性自孤。酒邊不復近屠沽。濁世安求靖節如。可憐吾。具此高標徒自辜。

桃園憶故人　有感

永夜迢迢潮思湧。怕觸往時舊痛。許多離恨重重。都是前生種。　往事雲烟渾若夢。從此百念皆空。憂樂不與人共。世事水流東。

憶王孫　龍沙早春

春光疑不到龍沙。二月枝頭未茁芽。兒女階前笑語嘩。唤阿爺。誤拈飛絮當楊花。

虞美人　送孟清寰女士之奉天

多情枉作春蠶繞。離恨知多少。路旁柳色太淒涼。任作千條萬縷、莫悲傷。　縱然離别情猶在。漫把初心改。勸君珍重勿多愁。請看女輩峥嶸、第一流。

采桑子　四時

嫩緑舒芳花吐蕊，曾幾何時。曾幾何時。又是繽紛落滿地。　春光好處匆匆去，老大徒悲。老大徒悲。願留春住毋輕辭。

其二

緑慘紅愁春事了，十里荷香。十里荷香。攜

手池旁納晚涼。浮瓜沉李心偏冷，炎暑都忘。炎暑都忘。隔牆風送笛聲長。

其三

柳凋楓冷朔風緊，羣燕南歸。羣燕南歸。相呼共别舊時扉。天涯羈旅孤身客，暗淚頻揮。暗淚頻揮。願隨燕子南向飛。

其四

檐溜凝冰霜積瓦，徹骨奇寒。徹骨奇寒。重裘猶覺客衣單。頃刻裝成銀世界，悄倚闌干。悄倚闌干。梅花不到幾分殘。

一籮金 寄燕華妹

空齊慨慨無情緒。鴻雁飛來，報到春又去。似水年華愁裏度。千里月明各一處。欲寫鸞箋旋又住。縱有離情，不知從何訴。往事重提愁萬縷。怕見人將紅豆數。

十六字令 寄馬璞蓀妹

望。秋水蒹葭各一方。相思意，日日九迴腸。

其二

愁。只怕梨花白了頭。相思意，不與水東流。

其三

驚。怕聽河梁笛一聲。相思意，燭影不分明。

其四

醒。蓮漏遲遲月滿庭。相思意，潭水不如心。

玉樓春 春日感懷

傷心怕見飛紅雨。牽愁楊柳婆娑舞。嗟予失怙正其時，每見春光心便苦。慈容一隔難再覩。青天碧海恨千古。年年此日淚痕揖，此恩難報終何補。

以上《晦珠館詞》

馬敘倫

蝶戀花

花事闌珊人意倦。仔細思量，何事可留戀。多説春蠶絲不斷。從來柳絮隨風散。　莫道千金徒買粲。换得青樓，絲繡平原幔。一夜醉魂和夢亂。醒來斜月平蕪岸。

醉公子

春去何潦草。垂垂楊柳老。門外少游人。游人多逐春。　高樓凭遠眺。馬嘶人未到。芳草蘸紅塵。眼穿疑未真。

生查子

腸斷落花天，人在天涯外。何事寄相思，燕子偏成對。　含淚上紅樓，草草和衣睡。小婢不知春，頻問平安否。

虞美人

東風不禁楊花住。任阻行人路。杜鵑聲裏又黄昏。何處玉笙吹徹、欲銷魂。　西湖已作經年別。迢遞關山月。分明昨夜是回家。誰道覺來依舊、是天涯。

相見歡

離愁剛下眉頭。上心頭。況又西風憔悴、易傷秋。　憎薄命。憐孤影。淚雙流。最是夕陽時候、怕登樓。

日趁閒攜俊侶，海湧峰前停佇。風勒歸雲，樹零新葉，隱隱疑煙雨。何人横笛，亂帆吹過前浦。

前調

馬關春帆閣，甲午中日議訂和約處也。辛亥孟秋東游經此，不勝感慨，因賦

海天一閣，是當年、宰相和戎之地。敵國重排胭脂陣，輸了嚴疆千里。日相伊藤博文大張聲樂，以會我使李鴻章。紅豆春生，白蘋秋老，忽忽廿年矣。雞鳴風雨，喚來難醒春睡。回首故國江山，燦然如繡，卻付兒曹戲。海上魚龍方曼衍，室裏沉沉死氣。吳市吹簫，燕都屠狗，空想其人耳。長歌斫地，目中安有餘子。

清平樂

題徐仲可丈純飛閣填詞圖

五陵懷抱。訴與朱弦裊。一卷烏絲和側帽。

百字令

訪吳亮公先生靈隱，不遇，遂陟韜光北高峰

幾番風雨，便匆匆、謝了荷花時節。是日立秋，先三日大雨。曉霧初晴山近遠，一掐秋痕明滅。魯國靈光，齊都祭酒，亮公嘗爲吾縣教授。忽忽十年別。雙鳧何處，此情吩咐蝴蝶。幽境繞遍修篁，滄江縱目，人去樓空屹。咫尺雲樹擁，下瞰群山齊伏。臥石疑羊，松聲驚雨，泉賞銀沙洌。洞天清福，會來消盡華髮。

前調

虎丘

車塵未洗，趁殘陽、側帽斜鞭而去。寶殿空王垂色相，爲問英雄何處。說法人空，點頭石在，俯仰成今古。誰來試劍，一池綠皺如故。曾記五度金閶，一肩行李，未把征鞍駐。今

晝裏詞人垂老。溪橋流水濺濺。遥來一磐空山。窗外曉鶯啼碎，筐中贏有新篇。

桃源憶故人 二首　四年除夕

殘年爆竹聲中去。一霎平分今古。欲把殘年留住。怕阻春來路。　情懷且向東風訴。我是沙汀漁父。戴得洞庭雙鮒。歸醉斜陽渡。

其二

韶華過羽人遲暮。往事都無憑據。只有青山如故。暗裏憐人錯。　借問極目西陵路。雲水正迷前浦。時避地上海，故鄉襟帶間，竟不得歸。芳訊不知何許。紅上横枝住。

清平樂

寶簾初卷。花氣微微遠。桂子當窗親手剪。無力并刀微顫。　江南紅葉初凋。離思暗逐征橈。流到金焦山下，相逢極浦寒潮。

前調

西風初皺，人共斜陽瘦。長斂翠蛾非病酒。一片秋心做就。　楚山紅樹方嬌。楚江日夜寒潮。愛聽中宵疏雨，窗前故植芭蕉。

臨江仙

做雨疑晴愁永晝，怯寒慵起添衣。天涯芳草望低迷。高將簾幕卷，只爲放春歸。　閒坐苦吟誰與寄，不如夢裏依稀。莫教枝上曉鶯啼。啼時驚妾夢，不得到遼西。

前調 小住山村

茅舍槿籬山曲，緑楊蔭下人家。小旗邨酒野

塘花。溪流争亂石，山影奪平沙。白髮倚門話舊，小兒竹馬相誇。東風遥度浣溪沙。燕來煙樹外，人去夕陽斜。

高陽臺　五年春暮爲章太炎作　章太炎先生爲反對袁世凱稱帝，被軟禁於北京錢糧衚衕

燭影摇紅，簾波卷翠，小庭斜掩黄昏。獨倚瑶闌，記曾私語銷魂。楊花愛撲行人面，盡霏霏、不管人嗔。更蛾眉，暗上紗窗，只是窺人。　從前不解生愁處，任灞橋初别，小揾啼痕。争道如今，離思亂似春雲。銀箋欲寄如何寄，縱回文、寫盡傷春。奈人遥，又過天涯，斷了鴻鱗。

夜飛鵲　五年五月七日讀邸報，哀袁慰庭

晴窗睡初穩，歡夢剛濃。佳境漸到巫峰。蜂媒蝶使殷勤説，西家曾見朦朧。相推又還俯首，任錦襠乍褪，綺帶輕鬆。心頭顫亂，恐鸞衾、飛落餘紅。　何事驟來山雨，驚破覓無蹤。何處重逢。空惹懨懨春病，瓊簫麝盡，寶瑟塵封。向誰行訴，只斜陽、冉冉憐儂。最銷魂、高樹初蟬亂咽，恨鎖齊宫。

烏夜啼　題徐仲可丈令女書畫遺墨

一卷彤芬麗製，過庭曾寫新詞。殘山剩水南朝恨，都付畫圖知。　最是仙雲事杳，陳王有淚如絲。斜陽立盡西風瘦，腸斷對卷葹。

河瀆神　代莫伯恒題《柳溪竹枝詞》

飄渺一溪煙。細籠春意纏綿。曉風殘月竹橋邊。閒攏輕舟醉眠。　芳草夕陽今古。杜鵑空自啼苦。收拾漁樵閒話，新聲都付兒女。

點絳唇　和吴伯琴《劉莊留别》韻

兩岸飛花，長條不繫東風住。春歸何處。煙雨迷前路。　吹笛愁亭，别意隨風度。鵑啼苦。青山無主。袖手看雲樹。

長亭怨慢　瑞安林君左髓同及介石老師之門，卓犖英才，志清胡葳，居杭之歲，過從爲樂。嗣余栖遲海上，君亦來游。不幸遘疾逆旅，怛然物化。寒潮歸柩，永傷旗鶴。兹從小阮，獲睹遺容，長歌當哭，識於楮尾

驀回首、十年尊酒。畫裏相看，鬢絲依舊。月照寒楓，夜臺寥落亂風吼。最傷心處，黄葉暮蟬時候。候館招魂，更忽聽、寒潮凄咽歸柩。　算嶙峋傲骨，支得沈郎消瘦。臨流濯足，問此意、幾人知否。看舊日、燕燕歸來，又王謝堂上栖宿。倘化鶴重臨，應笑山河如繡。

浣溪沙　三首　魚占見示先德子韶世丈遺墨殘字剪裝本，因屬題尾

墨妙於今未足誇。新傳鳥篆自流沙。尚書筆札廢簪花。　點畫未明卑小道，書成也自笑多差。横流今日正無涯。

其二

書學紛紛重北朝。鍾王規矩轉成祧。更無人處議横驕。近有創鍾、王書蹟并出唐人詭造之説者，欲尊北碑，以續漢隸。　記取唐賢三昧在，北碑南帖未偏標。臨流那得廢蘭橈。

其三

居士風流已莫追。丈自署懷軒居士。尚存餘韻寫唐碑。遺墨爲臨唐碑四種。殘文編綴待他時。　壯歲煮濤談墨妙，悼亡賦罷廢臨池。遺編珍

重好將持。

清平樂　題静儀張夫人百花卷子

璇閨罷詠。又寫群芳影。染翠渲紅生意迴。的是描生上乘。奇葩强半難名。勞他搜遍潮汀。圖中花多粤閩産。偏少合歡一朵，爲憎夫婿多情。夫人爲瑞安章味三先生室。

浣溪沙　先歲得李雲谷殘硯半規，上有其師陳白沙銘辭，詞句尚完，紀年處缺數字耳。四周爲屈翁山題記，則斷滅矣。拓爲圖而識之

片石韓陵未足誇。江門遺旨絕喧嘩。幾人不負出蒹葭。霍謂涯云：白沙抗節振世之志，唯子長不失。子長，雲谷字也。　尊酒單邀明月醉，釣船欲去一枝斜。雲谷有句云：『月明海上開尊酒，花影船頭落釣簑。』白沙賞之。　楚鳳存喪不關他。

甘州　自題三十六歲寫容

甚年年空負此頭顱。須鬢漸蕭疏。只堂堂豪氣，嶙嶙傲骨，和俗終殊。況有捫天巨翼，佩劍恥爲儒。□□□□□，□□□□。　往事無須重記，把悲歡悔吝，一例捐除。歎鼠蟲身世，何事苦拘墟。望佳人、撓挑天際，縱無緣、夢也到華胥。争如彼、靈龜多智，不免魚罝。

子夜歌　三十七歲寫容

記平生、讀書試劍，戛戛恥居人後。論懷抱、乘風何日，鞘裏寶劍消瘦。文采鬥雞，才華試鼠，空向通天奏。對悠悠、如水韶光，彈指四十五十，怕無聞否。　昨宵試、燈前刷鬢，且喜緑絲依舊。難抑豪情，偏無媚骨，無分久升斗。擁書城畫苑，清閒隨時消瘦。擡眼滔滔，

未知誰是，聊進金尊酒。待扶頭、燕市悲歌，去尋屠狗。

八聲甘州

辛稼軒《水調歌頭·和楊濟翁》《破陣子·爲陳同甫賦》及本調《讀李廣傳》，皆自寫骯髒，「骯髒」同「抗髒」。《後漢書·趙壹傳》：「伊優北堂上，抗髒倚門邊。」注：「抗髒，高亢婞直之貌。」不獨《鷓鴣天》追念少年時也。余少志頗似稼軒，辛亥以後，始一意文史。去冬謝太學歸臥海上，至菽水不給，遂斥藏書。輒效稼軒體賦此

甚年年風雪走關河，行李總蕭疏。記挑燈看劍，長城飲馬，氣欲吞胡。也欲舳艫十萬，東去王扶餘。收拾平生志，都付黃罏。　一自胡人退後，便埋頭窗下，雕琢蟲魚。算懷鉛握槧，成就等身書。只無如、生花妙筆，反餓來、交謫愧妻孥。從今學、蕘翁黃蕘圃晚貧，至鬻其藏書榜樣，聊救清癯。

蘭陵王

京師中央公園殘蓮

漸蕭瑟。高柳殘蜩咽急。凭闌處，迎望翠雲，簇擁柔紅殢無力。秋來未幾日。驚説冰肌暗瘠。腸未斷時，先織愁絲過千尺。　閑尋舊細舄。記袖映橋紅，眉攢波碧。花容人面争傾國。偏玉輦難駐，綺霞輕散，何人迤邐共曙夕。更香墜誰惜。　岑寂。問消息。算月總纏綿，蛩最淒惻。斜紋宛宛傷心色。縱曲榭倚遍，斷魂難覓。莽擡頭處，視倩影，在素幅。

浣溪沙

題余樾園爲東皋社集所作畫

風景依稀似斷橋。芙渠綽約柳絲嬌。扁舟人自獨逍遥。　何處青山招隱士，此間流水下詩瓢。晚來閒話約漁樵。

賀新涼 廿二年九月十八日

暗地流年換。怕秋聲、驚人促織，逗人淒怨。迢遞玉關人消息，過盡千帆書斷。縱萬里、荆横棘亂。難道長天無歸路，料弋人、甚處攔歸雁。空教我，停針線。 銀河縱阻人爲遠。只冤禽、百回不折，也須堪滿。算阻盈盈衣帶水，不阻相思無限。儘待得、崖枯石爛。自有靈犀修暗約，教千山、萬水終相見。先試夢，憐宵短。

前調 廿三年五十初度書懷

放眼春如許。卻堪憐、三分春色，二分歸去。任道浮生能百歲，半已匆匆虛度。算只爲、儒冠相誤。一向糊塗何用説，要從今、料理前頭路。匆草草，重新錯。 情懷更與東風訴。

清平樂 爲鄒景叔先生題所藏李抱真蟲蛀硯圖

深衣章甫。吟嘯西樵隖。回也不愚參也魯。公是顔曾之侶。 江門遺旨能尋。一簾風月閒心。文字不遮禪悦，何妨盡興酣沉。

浣溪沙 吾宗蠲叟晦迹杭市，官私聘徵，未屈高蹈。望風興懷，倚此寄奉

人境偏宜結隱廬。弦歌方罷手調疏。烏衣門巷耳生車。 户外朱鞮常任滿，窗前緑草不須除。熱然披髮正游初。

前調 歸雲阻兵，約歸不至

無賴東風滿綺樓。南雲慘淡北雲愁。迢迢天際認歸舟。 燭諳離情先涕淚，夢欺孤枕不温柔。錦衾如水半還留。

有梅花、山國水繞，願爲涣父。不學磻溪垂釣者，只釣旗常鐘鼓。得幾尾、戔戔鯢鮒。換取布衣蔬食足，便收綸、買醉斜陽渡。人與我，兩無忤。

前調　有感，喻之楊花

無計留春住。細思量、三分春色，二分塵土。還有一分東流水，做就梢頭媚嫵。只不解、東君何故。纔教春來還教去，算成心、做弄癡男女。正兒輩，爲君誤。　嫣紅姹紫都無數。向佳人、釵邊顫裊，袖邊飛舞。唯有楊花偏抱獨，不共燕支分妒。只一片、冰心自許。卻爲多情尋蕩子，教飛天、墜地空辛苦。千古恨，從誰訴。

踏莎行　即事

蝶粉黏花，蛛絲惹絮。燕泥輕墮驚人顧。門前曲水向東流，垂楊空繫游驄住。　前度劉郎，重來崔護。偏將彩筆留新句。桃花時節自撩人，無詩怎遣春愁去。

滿江紅　秋初雨過作

乍霽炎威，正人倦、階陰向午。争一息、海西魚起，亂紅奢舞。擡眼渾疑天地閉，傾聽始覺陰陽搏。喜檐前、垂下水晶簾，消煩暑。　旋起看，雲揩宇。徐負手，天憑杵。想當年高閣，延賓情緒。人怪荷香簪不得，我憐蘋老愁將聚。況重陽、節近最愁人，多風雨。

蝶戀花　不爲綺詞忽爾經歲，有以鮮花生蝶抑之成圖相貽者，遂成此解誰道春魂留不住。嫩紫嬌紅，脈脈春如故。無用東皇行雨露。神方自把華顏駐。鳳子纏綿來守護。無語殷勤，反是關情處。密意幽思無限緒。相憐卻似泥沾絮。

賀新涼 忽然有慨，遂付弦歌

天道吾知矣。把群生、爲他芻狗，不仁而已。偏有靈均還要問，問了無非如此。看事事、煙消雲起。任爾龍騰和虎跳，總偏偏、落在圈兒裏。誰勝了，空歡喜。　明知避也無從避。忍常常、昏昏默默，這般滋味。彼之權威如此者，只爲群生如醉。要打破、圈兒羈累。縱者圈兒難打破，便拚了、性命須嘗試。雖不勝，明吾志。

清平樂 余以語體效莎士比亞十四行法，作成《我的影》詩兩篇，可謂意無不罄矣。感於十一月二十二日夜之夢境，復有此解

時時躲過。乍右還趨左。只道常常來戲我。不會真真拋箇。　偏偏時候昏黃。單單剩我悽惶。待月呼燈不至，只堪和夢商量。

浣溪沙 奉題陳止庵太世丈師夢游圖遺墨，即呈叔通師丈教

到處謳歌有美聲。一塵不染卻多情。偏將夢境寫平生。　風流舉世稱三絶，儒雅傳家只一經。鯫生慚愧説藍青。

賀新涼 三十三年六十初度賦

又是十年去。歎十年、韶華如故，鬢絲非故。驀地風濤淹緑野，驚起魚龍無數。對錦陌、銅

駝不語。半碎金甌還待補，愧深衣、皂帽春申浦。望鍾阜，空懷古。　捫天夢裏無憑據。且安排、藏山之業，日親蟫蠹。半畝梅邊一溪水，此計因循已誤。怕斜照、漸昏江樹。扶竹閒吟歸去也，又煙雲、杳渺知何處。浮一艇，逐鷗鷺。

前調　余四十五初度之時，親故之寵皆敬受之，以母在也。今蓼莪之戚，將與終身，追念鞠育，彌增愴傷，何敢徇俗情，樂茲酌

又二分春去。任枝頭、媵嬌輸媚，鬧紅如霧。難解回腸千百結，只爲餘生孤露。記雪閫、寒檠一炷。盡費千鈞獅虎力，縱長繩、莫挽神仙馭。每回首，重淚雨。　懷中十月三年哺。又恩勤、堂前窅下，負攜朝暮。剛補換穿衣又破，眠食時常失故。更小疾、憂惶無措。寸草春暉空戀戀，況茫茫、笑語平生處。逢此日，忍酬酢。

以上《寒香宧詞稿》

浣溪沙　十一首　杭滬道中所聞

風雨閒門訪故知。當年青鬢欲成絲。相看無語鎮移時。　未托青鸞傳信息，勞將紅豆寄相思。致教更損楚腰肢。

其二

似喜還嗔忒費疑。翻憐無計慰相思。忽看顧影弄花枝。　細語似吟團扇賦，搜奩欲檢旋文詩。蕭郎慚愧卻無辭。

其三

寶結同心雙繭絲。流蘇未改舊燕支。教人重憶合歡時。　羅帳輕垂湘簟冷，玉釵斜墜軃

雲低。歡娛未覺□□遲。

其四

鴛夢初成驚馬嘶。露濃煙重苦牽衣。低回無限訂來期。　舊恨剛隨流水去，新愁又逐晚雲飛。爲儂憔悴到何時。

其五

漸峭西風侵玉肌。新霜夾露欲霑衣。花前月下少栖遲。　遣悶不妨微飲酒，安心勝似日親醫。療君一味是當歸。

其六

碎雨零風歇浦西。桂枝將老菊花稀。無聊天氣正思伊。　午睡剛成尋舊夢，香車忽報抵金扉。惺忪還有幾分疑。

其七

含笑相攜入繡帷。問儂可覺減腰圍。凭几數數看浮罳。　未見都懷無限意，相從翻苦不能辭。兩情欲似絮沾泥。

其八

錯怪寒蛩到曉啼。綢繆忘卻玉繩低。弄妝無力又憐伊。　群鳥已從新結束，黛螺猶是舊風姿。釵邊茉莉兩三枝。

其九

三日纏綿又解攜。鴛衾自是戀朝曦。侍兒屏息候傳衣。　枕上未乾紅粉淚，樓前頻聽碧驄嘶。銷魂何必到秦堤。

其十

銅轂轔轔向虎溪。迎眸漸漸緑煙迷。爲伊未

醉卻如泥。填海不愁無怨鳥，通心差幸有靈犀。千山萬水會相依。

其十一

樓外風梳金縷齊。倦鳥争帶夕陽歸。有人凝恨在深閨。　欲碎舊書偏顫手，方看小影又愁眉。教人顛倒不知宜。

前調

五首　乙卯寒仲，國將改步。謝太學南歸，車次無聊，口占《浣溪沙》五解

銅笛聲聲斷禁煙。別情無語更淒然。不堪回首是離筵。　舊事漫勞飛燕説，來時春草碧於天。京城争唱樂堯年。余於癸丑二月入都，正召集國會時也。

其二

五色旗飄古象坊。參政兩院均在舊京象坊橋東。馬龍車水忒匆忙。爲言軍國費平章。　遺恨那堪重記取，空聞揖讓説黄唐。議郎終是怕兒郎。選舉總統之日，兩院内外伏衷甲之士。

其三

雉堞深深對故宫。新開雙闕對流虹。京師正陽門，毁其子城，葺其南樓，以爲觀瞻。於此樓左右各開一闕，以通車馬。大師兀自閲衰隆。兩樓間飾以石獅子二，故清藩邸物也。　簾影沉沉飛燕隔，微聞細語怨東風。淒涼煙月逗寒櫳。清宫有移居西郊之説。

其四

綿蕞諸生功最高。謂籌安會諸人。如何胙土後蕭曹。君王明聖重初交。　儀注春官新奏進，如聞舞蹈異前朝。九重傳語屬嬌嬈。袁世凱明令廢閹人，用女官。

其二

宋子空談救鬥，墨家亂説非攻。如今擁衆便稱雄。愧我無拳無勇。　敢比望門張儉，原非投閣揚雄。走胡走越且從容，權住東交民巷。

其三

背後風波渺茫，眼前雲狗蒼黄。誰秦誰楚總都忘。只是群兒相王。　卻爲天公沉醉，便教長夜未央。一巵濁酒蕩胸腸。殺盡魑魅魍魎。

其四

暑往寒來奔走，朝三暮四縱横。趙錢孫李不須詳。都是一般混帳。　楚館秦樓面目，城狐社鼠心腸。有官捷足去投降。幌子居然

其五

讖語從來數盛周，分明天意那能留。先是有術者言，中華民國終於四年，袁世凱所授意。斜陽無語下西樓。　把酒高歌歌斷續，飄零身世感滄洲。年年春水只流愁。

西江月　四首　《西江月》調，宜於慷慨悲歌。

《水滸傳》宋江題反詩用此調，極其致矣。十五年重五日，張宗昌至北平。余以奔走革命，頗爲人屬目，乃亟避居東交民巷法國醫院。孑然無俚，亦作此調四闋以見意

身世真如蓬轉，客中幾過端陽。艾旗蒲劍憶江鄉。雲水重重惆悵。　朝裏七零八落，民間十室九空協和康。今年節景異尋常。滿眼車騎甲仗。

革黨。

以上《寒香宧詞稿補編》

前調

九年舊曆五月十一日，北京大學同人宴集於城東金魚衚衕之海軍聯歡社，沈尹默出示其生朝述懷之作。越日，余有繼造，張孟劬爾田、倫哲如明復和余辭，余因集而名之曰『金魚唱和詞』

户上猶懸艾緑，尊中尚染雄黄。兒顔隱隱虎頭王。杭州舊俗：重午日飲雄黄酒，即以飲餘書『王』字於小兒額上。　故事年年依樣。　鬚鬢添來種種，歲華任去堂堂。酸甜苦辣已都嘗。只是心田無恙。

其二

往事那堪重憶，淚絲不覺先垂。哀吟陟岵覆髫時。風雪也銜悲思。　漫道熊丸荻筆，只看計食謀衣。心機費盡鬢毛裏。子子孫孫須記。

其三

少小自矜頭角，春秋勤習詩書。汝南月旦頗相譽。同甫文中之虎。　時向長城飲馬，還趨東府呼盧。從來壯士恥爲儒。莫爲儒冠幾誤。

其四

燈下頻看寶劍，夢中時擊天閶。舳艫十萬王扶餘。年少氣真如虎。　已往付他鶯燕，從今覓我蓴鱸。春衣行典付黄罏。邀箇漁翁閒語。

其五

爽意滿階幽草，陶情一盞清茶。嬌兒隔户笑

呼爹。欲語不成咿啞。白馬東來震旦，青牛西去流沙。人間萬事看分瓜。底用蝸頭爭霸。

其六

小徑幽花惹蝶，鄰家老樹歸鴉。漸生新月映餘霞。籬落忽聞情話。閒事無須多管，濁醪大可時賒。買山快快種桑麻。歸臥鳳篁嶺下。

其七

映户兩棵疏樹，侵階幾點新苔。芭蕉半展牡丹肥。采蜜蜂兒成隊。事到頭邊做起，閒來書本攤開。酒餘談笑雜莊諧。也算辯才無礙。

其八

薄醉午床賒夢，微醺乙帳觀書。寂寥門巷耳生車。無事看天倚杵。籬角柔貓弄子，池頭老鸛窺魚。苦吟不得儘撚鬚。好鳥一聲飛去。

其九

草綠溪橋斷處，鳥飛殘月天邊。煙波江上金魚船。賒取閒情無限。入社先求許飲，多情偏要參禪。此中欲辯已忘言。且自飽餐茶飯。

其十

只爲尋花迷路，轉因踏草遲歸。溪流緩緩送斜暉。羌笛一聲牛背。困則埋頭便睡，醒則隨意啣杯。暖風吹蕊蝶齊飛。極好一般滋味。

其十一

欲雨先來暑氣，招風急卸凉篷。推敲幾誤踐花叢。一副詞人面孔。　文字雖然著相，心情徹底都空。西東還是付西東。不問風幡誰動。

其十二

柳岸鳥聲啾喈，花橋流水潺湲。淡煙疏月夕陽邊。清興無端難綰。　佳句争安一字，苦吟競費三年。虚名成就已堪憐。冷了回腸一半。

以上見《寒香宧詞稿附録》

袁天庚

國香慢　賦三海牡丹，和莊漁

刼海桑枯。恁東風似舊，憶否麻姑。人間幾回烽火，北勝難圖。賸得殘陽一地，隔歌筵、猶照氍毹。佳辰已非昔，錦幄空懸，清夢誰扶。　恨紅吹又亂，問金帬去後，玉佩來無。蚤知春短，争奈芳殿香蘇。豈是逡巡酒罷，現浮雲、富貴須臾。相逢畫圖裏，卓午闌干，愁煞貍奴。

長亭怨　香冢，用玉田體，和莊漁

且澆酒、小桃花底。爲問東風，幾時醒矣。瘦碣蘿煙，古苔殘篆繡葱翠。杜鵑啼未。恐啼後、香魂更碎。二月江亭，甚一片、蕭蕭秋氣。

憔悴。聽橫吹玉笛，夢冷淺襟紅淚。濃春有意。怎不與、亂愁同瘞。恰伴了、短命斜陽，枉交付、無情蝶翅。惻惻山阿，若有人兮蘿帔。

長亭怨慢

鸜鵒冢，和莊漁

歎落拓、江東無偶。地下朝雲，可曾知否。浩刼千秋，墓門芳草又春晝。故宮非舊，恩與怨、怎回首。化作杜鵑魂，應夢到、家山前後。　樽酒。奠花邊尺土，正是斷腸時候。琵琶逝矣，那禁得、板兒重扣。試乞取、般若心經，爲伊懺、爲伊癡兕。儻片羽歸來，誄以相思紅豆。

貂裘換酒

爲胡夔文璧城畫梅扇頭。暮寒如水，淡欲無春，只恐闌干月上時，化清夢飛去也

憔悴江南客。把春來、零星雪絮，供之吟席。一片些些愁裏影，入夜更無氣力。也算得、東風消息。不見百花開與否，悔今生、枉注神仙籍。空索笑，暮山碧。　蕭疎幾摺隃糜墨。任輕煙、偶然點去，偶然留得。儻向歌筵徵往事，香扇脂痕暗溼。念逝水、年華堪惜。千古詞場難再遇，問石湖、月色何人識。冷落了，一聲笛。

前調

淮上歌筵遲梅郎畹華不至，夔文疊前韻索和

舊日青衫客。數年時、無多涕淚，半凝歌席。酒入歡場偏不醉，酒亦空嘲薄力。試一問、姮娥消息。應是瑤宮歌舞罷，許閒身、管領霓裳籍。千里外，月痕碧。　淋漓粉黛淋漓墨。鑄新愁、茫茫兩地，怎能銷得。忽憶漫天花蕊

散，黏袖紅香霧溼。歎老去、才華誰惜。頓觸江州淪落感，儻相逢、何必曾相識。君打鼓，我吹笛。

婆羅門引

余藏貝多羅一葉，繢維摩佛象，乃任渭長前輩手筆。敬題此解，以志讚歎

香花散後，笑拈一葉即因緣。分明大智鐙禪。乞與西來梵夾，法相幻莊嚴。有旃檀氣味，上接龍天。　空空妙蓮。現五色、繡幢邊。不是長康絶筆，若箇能傳。攤經病年。冀此中、大覺悟金仙。倏幾世、化作青鴛。

貂裘换酒

觀喜采琴演《桃山洞》劇本

憔悴行吟客。滯江淮、芳蘭信遠，倦題騷席。午夜清歌容易了，難了情天願力。知綺夢、何年蘇息。歷刦春心磨不滅，嘆伽陵、誤墮蓬山籍。愁與恨，盪空碧。　輕鬟薄鬢凝煙墨。六銖衣、飄飄入畫，倩誰描得。團座珠鐙紅欲滴，玉滴歡雲膩溼。道一刻、千金應惜。遊戲神仙遊戲事，怕癡情、都被桃花識。傳豔史，倚簫笛。

浣溪沙

宿第一樓，春雨眷懷，寫此柬弢庵

撩亂青衫淚不禁。零星離恨説而今。晚風吹懶碧絲琴。　落絮無聲憐燕影，飛花有夢託鶯心。垂垂細雨一鐙深。

臨江仙

有贈，用徐昌圖體

么鳳年華嬌小，雛鶯聲韻玲瓏。羅衣消薄怎禁風。酒情和月訴，詩夢囑花烘。　填就箇儂詞曲，只知儂自憐儂。生憎燕子下簾櫳。碧桃空有信，未解試春紅。

生香帶麝吹。貍奴還比箇人癡。選夢花宵，數盡捱更銀箭，春意怎禁持。側豔憑鶯喚，畫燭紅摇影，珠衫碧唾絲。鳳衾鴛枕睡遲遲。

喝火令

畫列桃花一盎，又燭臺、熏籠各一，有小鳥圓偎花而臥，籠上搭美人舞綃，蓋宮闈早春夜景也。漫題此解

落花愁更紅。

同。似儂。恨秋風。輕薄秋風處處怨秋風。畫簾東。畫闌東。兜起秋風蝶也慵。相思誰

雙紅豆

團扇美人圖，應湘魂

於秋。一抹斜陽如水，怎禁躭受花愁。

閒煞緑楊庭院。天涯芳訊難留。可憐春冷悄無人管。風影絲絲軃。窣地湘簾長不卷。

清平樂

淡月秋千榭題壁

却又怕花知。熨煖翠篝衣帶，熨不煖相思。

踏莎美人

題畫

闌約猩紅，簾蘇鸚緑。粉香吹暖鐙屏曲。黛深螺淺費商量。試把一春心事、問鴛鴦。金翠光陰，胭脂情性。臉霞羞貼芙蓉影。櫻桃細雨海棠風。團住鶯情燕夢、又重重。

風蝶令

昨購日本簾一軸，湘痕細擘，纖軃宜風，上飾芙蓉、翠鳥，亦有意致

衣水初驚燕，綃冰不買鮫。湘波八尺晚風調。抵似明珠穿就、莫輕拋。翡翠香應潤，鴛鴦夢尚遥。可憐時節轉魂消。倒捲扶桑日影、上花梢。

清平樂

笛儕嘗謂吴語『熱昏』二字柔軃蕩魂，戲譜短詞解之

懨懨愁病。只與花爲命。夢入温柔魂有幸。畢世不教蘇醒。　一春如醉如癡。這番春更難支。夜夜香燒迷迭，替儂煨煖相思。

虞美人

畫錦被一疊，粉貍伏其上，旁列鬢花、手薰等物，得春睡初起情狀，亦宮闈祕景也。以唐人豔體寫之

雲鬟婑媠珍珠溜。一枕魚丁瘦。多因好事忒匆匆。壓鬢嬌花狼籍、被池紅。　銀篝煨盡沉檀屑。情比沉檀熱。低聲癡語慰貍奴。似說昨宵春冷、怨儂無。

金縷曲　落花

畫裏朱闌矮。數相思、燕支夢影，益無聊賴。撩亂蜂兒撩亂蝶，争做癡狂百態。忽一陣、飄藷簾外。更逐遊絲飛絮起，算今年、了却東風債。吹已冷，衆香界。　神仙歷刼山河改。猛回頭、情天薄倖，玉容難再。觸着陸沉憂世感，我亦徒傷老大。空想像、當時文采。咫尺銅駝芳草地，問英雄、兒女今何在。春有限，是誰賣。

前調

昨以春感寫落花，夔文、莚漁各有和作。天涯倦旅，此時心事良苦也。重述是解

風勢今番變。落霞時、狂飄亂舞，斷紅悽暗。十萬金鈴聲已啞，猶訴華年綺怨。恨滿地、征塵吹遍。熱淚無端凝碧血，漫模糊、便作燕支看。黏馬足，膩鶯眼。　秋千綵索閒庭院。倚尊前、銅琵撥碎，玉箏彈輭。愁裏斜陽消未盡，一角蘅蕪夢遠。且自把、朱門理掩。更把春心收拾起，貯緗囊、不使芳馨散。將影事，記花片。

鶯啼序　春晚感懷，約燮文、莊漁同賦

蕭襟嫩寒殢酒，倦芳辰意緒。記當日、淮上春來，又逢淮上春去。李花謝、桃花也謝，秋千小院閒吹絮。夾衣時人影，絲絲畫簾疏雨。　一角斜陽，墮矣未墮，在垂楊那處。試遥念、芳草天涯，碧痕應共淒楚。怨東風、青鸞失信，悵南苑、黄鶯争語。莽乾坤，烽火蒼茫，怎堪重訴。　詞場落拓，我是狂生，識君是俊侶。君不見、銀幕金扇，黯澹無色，玉宇瓊樓，高寒無主。歡雲易散，愁雲難破，靈均獨醒泉明醉，判幽蘭、與菊分千古。吾曹太冷，相將躑躅荒郊，領來野外清趣。　飛鴻自遠，懶鶴誰招，歎此生已暮。且檢點、青衫熱淚，撥入琴絃，翠袖閒情，續成辭賦。低眉説偈，顰眉觀奕，循環百刼如是耳，問英雄、兒女皆塵土。衰翁夢漸忪惺，替煑團茶，共參味苦。

浣溪沙　樊山《沁園春》賦女兒酒，蜚聲京輦久矣。偶與莊漁語及，即以短調倚之，大巫小巫又何待辨

麴秀才家是舊隣。名茶作聘亦前因。與郎消渴醉逡巡。　曾記歌筵初覿面，也如蘇小認鄉親。珍珠紅滴滿身春。李賀詩『酒滴珍珠紅』。

其二

一盞深杯例合歡。春心釀出露團團。温柔情性百花攢。　争道黄嬌名字好，不知風味可曾酸。青帘紅杏惹人看。

貂裘换酒　金孃月梅名振歌臺三十年，今夏膺聘淮南，所演多金元院本，哀音淒節，惘惘可憐，殆亦傷心人也。即席用前韻賦贈

卿亦傷春客。訴飄零、中年以後，落花盈席。小部檀槽聲韻促，悽咽難銷酒力。問宇宙、何時甯息。環海魚龍争起舞，怕狂濤、濺入中原籍。風不定，亂朱碧。　黄金未必醫貪墨。看場中、封侯卜相，令名誰得。是是非非公論少，愁逼英雄淚溼。有若箇、真情憐惜。唱到宵闌心更碎，語模糊、音節無從識。吹破了，一枝笛。

小梅花

奉和樊山社長觀梅郎演《木蘭從軍》新劇之作

簫聲斷。鼓聲亂。美人起舞胡塵輭。奪賀蘭。斬樓蘭。啾啾匹馬，萬里度陰山。大呼殺賊天生敢。鼷鼠將軍無此膽。射鵰兒。牧羊兒。這般身手，都道健男兒。　班師蚤。歸家好。爺孃祇恐垂垂老。見爺孃。拜爺孃。兒仍作去女，不作去尚書郎。絃邊笑向梅郎語。畢竟是男還是女。男也奇。女也奇。幾人忠孝，及汝上場時。

壽樓春

芳草聯句

望平聲天涯消魂。葒漁。盡斜陽那角，都是愁春。夢白。況值鶯飛時節，落英繽紛。葒漁。千萬里、思歸人。夢白。感路旁、萋萋王孫。夢白。記膩屐煙香，黏裙露翠，依約去年痕。葒漁。　傷心地，何青青。任芊緜不斷，深淺誰分。夢白。祇有靈均知己，楚江蘭蓀。葒漁。空一握，持芳馨。忍怨他、靡蕪無情。夢白。怕枯了秋風，蒼鷹眼明。窺亂雲。葒漁。

憶舊遊

與客述山河四影樓舊事

正扶裘典酒，側帽填詞，倦旅蕭然。嬾注鶯花史，怕零香斷墨，潦倒歌筵。夕陽暗催箏笛，聲影淡無邊。有古堠蘼蕪，新亭楊柳，閣住愁煙。誰憐。更誰問，是落寞情人，落寞情天。近局還如昨，祗清狂衫袖，不似當年。客中幾回春去，白髮又重添。話亂夢山河，東風淚溼紅杜鵑。

滿庭芳

爲倪炳文道烺繪逸園延秋圖，既成，繫之以詞

樨佩星寒，萸簪霞瘦，旅懷彌覺蕭寥。西風三徑，容我挂吟瓢。挽得斜陽長住，疎籬畔、杯酒頻招。陶然醉，角巾寄傲，秋在義熙朝。　雲林標逸致，攜鋤抱甕，拚爲花勞。道萬千紅紫，無此清高。得句催題石骨，依稀認、碎雅零騷。和煙寫，霜痕一抹，時有淡香飄。

湘月

題劉石宣啓琳寒鐙課讀圖

蓮花幕裏，檢殘磚斷甓，目光如炬。老去霜毫飛劍氣，更寫岐陽十鼓。白雪狂歌，大匏爛醉，臧李同驂舞。謂臧雪樓、李匏公。忽思春草，獨吟東野詩句。　手披一尺冰縑，機聲彷彿，掬淚和鐙訴。記得兒時青有味，記得白頭心苦。南國名成，北堂夢斷，畫到辛酸處。慰言歐九，佇看阡表千古。

鎖陽臺

夔文以樊樊山手書《緑菊詩卷》見示，並索補圖

秀語含英，仙華采萼，樊山老去才多。角巾衰鬢，竟日苦摩挲。還向東籬賦色，花如葉、葉也如何。渾疑是，三分春草，一半是秋莎。　橫波珍小幅，催人補畫，更遺誰歌。染霜毫凝

碧，泠墨慵磨。處士本來衣白，無端幻、帶荔披蘿。湘騷意，商量餐夕，好載蟻醅過。

一籮金　秋夜對菊

報道花開重九後。夜夜遲眠，數盡更更漏。只爲澆愁頻中酒。那知酒醒愁還又。清輝明似晝。秋影添肥，人影添消瘦。商略西風詞未就。輭簾霜氣侵衫袖。

其二

此亦陶家籬落耳。疊盎堆盆，已是無餘地。今夜霜蛾來也未。將伊安置屏風底。如此良宵能有幾。花下徘徊，欲睡何曾睡。淡處香來參妙理。清人第一秋滋味。

沁園春　題宋謝文節遺琴

疊山之桐，背鐫『疊山』二字。泠泠七絃，正氣所遺。痛二陵骸骨，空餘朽木，楊髡發徽、欽二陵，皆空無一物，徽陵惟朽木一段，欽陵有木燈檠一枚而已。蓋二帝遺骸浮沉沙漠，初未嘗還也。見《輟耕録》。孤臣血淚，猶溼哀絲。白雁成謡，紅羊歷刼，想見橋亭賣卜時。焚香坐，只松風一曲，遥接心知。誰憐草屩麻衣。早絶調、成連海水飛。任徽殘軫斷，此聲不死，天荒地老，斯志難移。蟋蟀秋空，蝦蟆更亂，馬角斜陽事盡非。興亡感，合君家苦竹，謂謝皋羽竹如意。長繫人思。

東風齊着力　『花陰小立當熏衣』，金纖纖女史《瘦吟樓詩》句也。近人有借此七字作美人圖者，漫題一解

闌影紅蘇，簾痕青潤，晝意春饒。羅裙百褶，

胡蝶不須描。料是孤吟瘦損，搜煙墨、涼搨輕綃。從今後，秦箏嬾置，粵鬯慵燒。　風月一肩挑。花已倦、我知花亦魂銷。纖纖小字，妬煞燕鶯嬌。廿五冰絃彈斷，水仙冷、詩夢誰招。女史卒年二十五，見《緑雪堂集》。『夜涼彈醒水仙花』，亦女史句。清空夜，衣香熨帖，暗度花梢

綺羅香　前題再賦

葉翠迷空，茵紅護地，芳徑別開塵外。踏輭蒼苔，脈脈此情無奈。諳蝶夢、午韻初酣，欸鶯聲、曉風輕灑。漫因他、做起相思，煞時添了些仄詩債。　陰晴寒煖未定，平釀清芬氣味，煩愁都解。釵朵惺忪，也染落霞濃彩。好商量、花底春心，且消領、花中天籟。是花香、還是衣香，品評猶有待。

前調　題裴伯謙丈景福壯陶閣所藏惲壽平折枝花卷

龍腦輸香，燕脂避色，豔絶南田遺製。除却邊徐，碌碌盡成餘子。似法界、亂散天花，比詩家、別裁宮體。寫雲溪、溪上春光，筆尖還帶六朝氣。　鴛鴦飛到卅六，折枝凡三十六種。織就吴綾一幅，風甜霞膩。博士裴佗，收入壯陶閣平裏。擬重填、金縷新詞，偏觸起、玉簫前事。二十年前曾繢百花卷贈四影樓，並題《金縷衣》一闋。悔年時、百種纏綿，尚留無盡意。

長亭怨　爲裴伯謙丈題馬湘蘭水仙卷子，和中泠韻

覓閒夢、七條絃畔。若有人兮，晚吟江岸。畫色蒼涼，舊堤芳草夕陽淡。湘蘭於所居後築一堤，人

稱湘蘭堤。舞衣零亂。和白練、歌帬四散。明鄭之文作《白練帬》院本，演王百谷、馬湘蘭故事。碎玉聲聲，湘蘭理鬟，墮一寶釵，語侍兒曰：「久不聞碎玉聲矣。」似細訴、瀟湘幽怨。　淒斷。話興亡世感，飽了雪霜無限。蘭嗟蕙歎，枉占却、水雲天半。問冷月、今爲誰嬌，湘蘭一字月嬌。算只許、神仙癡看。寫一硯春香，青到星星雙眼。湘蘭雙眼硯鐫百谷小象，並『星星』二字。

以上《八百里湖荷花漁唱》卷一

西子妝　雨後泊舟西泠橋，垂楊依依，一碧入畫，比屯田殘月曉風別饒詞趣，不復問酒醒何處也

雲影兜魚，風光隔燕，綠定一湖煙雨。擡簾剛理玉韡笙，好停船、畫橋西堍。芳韶未暮。問蘇小、移家何處。喜清遊，趁薄寒輕煖，飄飄衫履。　沽春路。曲折裙腰，曲折闌干護。酒旗搖漾短長條，引新晴、幾多吟侶。隣鶯背語。怕歌外、斜陽飛去。按紅牙，盪入垂虹第五。第五橋名東浦橋。

西湖月　往來平湖，疊資勝賞。薄暮遊蹤稀寂，煙波浩然，慰藉清遊，只有舊時月色耳

孤篷滿載春愁，乍臥掠湖光，坐消煙景。柳邊涼月，花邊煖月，儘鎔詞境。笙歌經小刼，又淺夢、輕寒添酒病。漫冷了、鏡裏青衫，畫裏淡紅鐙影。　嫦娥畢竟多情，寫一幅魚天，溼銀千頃。水雲拖處，無人夜渡，碧霄風定。橫琴攜笛意，但付與、明蟾長管領。怎似我、貪戀清宵，玉欄重凭。

玉漏遲

約湘碧泛扁舟沿緣外六橋，瘦檝依風，輕衫點水，月流花泫，宜歌水仙。追棹入裏湖，漏轉三更矣

鶯花春未遠。蒼煙十里，東風吹輭。良夜清遊，恰趁月晴波煖。一舸西湖入畫，好載箇、西施同看。頻繾綣。簫聲鏡影，試情深淺。　柔櫓咿啞，忽被斷橋攔斷。橋外歌鐙酒旆，儘靠着、青山南岸。歸緩緩。吟篷柳絲牽綰。

瑤花

湖上冷節，偕逷園坐小青墓亭，美人香草，觸感成詞，弔小青，不僅弔小青也，即索逷園同作

微波送柳，斷碣封苔，問尺坏誰掃。梅花落矣，空悵望、薄命桃花春曉。煙絲風縷，算替繪、酸辛詩稿。小青有《焚餘草》『對影自臨春水照，卿須憐我我憐卿』即其句也。對影中、試喚卿卿，應有癡魂纏繞。　曾聞善病工愁，誦般若心經，朝夕祈禱。情天難補，知福慧、畢竟兩難脩到。只可憐、第六清明寒食，許我輩、清尊澆弔。橋頭，負却鄉親蘇小。

逍遙樂

湖心亭扁舟泛月，夜半載山光而歸，風露滿青襟矣。倚此解誌樂

湖夢霎時蘇醒。宛在中央，揩出一奩冰鏡。脱了紅塵，換了黄昏，大好壺天清境。有誰消領。只閒鷗、兩兩三三，淡描波影。儘淺訪深諮，活我春興。　剛瀹西山新茗。再填東坡小令。臨流拍歌板，還唱與、水仙聽。鼉更夜已轉，篷底黛蛾妝靚。東風也斯後約，詞衫吹冷。

鎖陽臺

堤上踏春，適憶曩與秋紅坐段家橋，看隔岸兩峯山色，依依如昨日事。今秋紅客病，金陵歡遊成感，轉覺滿湖春色都沾秋氣矣

蝶致風香，鶯聲水輭，兩堤花事方饒。嫩晴天氣，旭日照夭桃。屈指清明近也，已吹暖、隔巷餳簫。尋春路，尋詩小步，行過段家橋。　年時攜手處，明妝獻笑，螺黛輕描。只相思豆老，舊夢難招。落拓歌巾畫扇，千里外、誰念蓬飄。清遊興，新愁觸起，越酒未能消。

浣溪紗

題山河四影樓半身遺照

老去樊川淚滿巾。山河影裏喚真真。哀箏怨笛總紅塵。　廿四番風吹已斷，樓主人歿年二十有四。更無花命續全身。瑶天月蝕半邊春。

其二

似水華年去不留。人天離恨記從頭。那堪重問舊時樓。　淡極姮儀秋後色，肅條眉譜倩誰脩。鬢絲消瘦只躭愁。

其三

每憶松花江名話短宵。刼餘身世各無憀。青天碧海夢迢迢。　一鏡空明留妙相，算營金屋替藏嬌。西風艾納要頻燒。樓主人嘗患肺病。

迎春樂

題湘碧海棠花下小影

燕支照影妝初就。花未睡、春如繡。問卿何事偏消瘦。慣一例、眉頭縐。　莫誤了、蝶兒飛逗。更誤了、鶯兒聲溜。默寫相思詩稿，竊向通明奏。

虞美人

爲湘碧扇上寫蝶贈句

深情密誓釵頭鳳。分得臙脂俸。尋常鶯燕不

須猜。新自滕王畫裏、搨將來。　圓冰一握春風底。金粉餘香膩。如花身段幾生脩。脩到煙波無恨、月無愁。湘碧近寓湖上。

金縷曲

柳陰積雨，餘寒不支，與徐大遏園、張四哲甫寓樓炙茗作

客邸重陰暮。正茶煙、絲絲碧裊，淡浮花乳。三月春寒門不出，廢却吟笻酒屨。邀幾箇、清譚儔侶。圍坐支鐺烹小鳳，好平分、一盞旗槍雨。遊賞約，這朝誤。　天涯且喜知心聚。莫悵恨、湖山寂寞，可憐歌舞。桃李無言鶯燕老，暗綠垂楊釀絮。縱留得、東風如許。只觸臨簷雙鐵馬，又丁東、細答瓶笙語。芳訊冷，復誰主。

洞仙歌

見斷綫風箏飄挂欄柱，率賦

迴廊那角，怨東風撩亂。一縷情絲忽吹斷。問身材蝶俊、骨格鷹蒼，曾憶否，舊日扶搖天半。　墜歡何處覓，滿地殘英，雙翅愁多怎飛遠。小院午晴初、比似秋千，還又被、綵繩低綰。算女伴、匆匆出遊春，繫六六雕紅、替伊嬌腕。

前調

欄上風箏爲夜雨所敗，感而再賦

蕭蕭瑟瑟，把宵寒重作叶佐。兩翼春痕雨跳破。算青雲志願、斷送東風，都化作，恨緒愁絲飛墮。　丰姿消瘦盡，仔細安排，一味飄零怎生妥。扶下畫闌來、爲爾脩容，勞片紙、桃花裝裹。祝此後、逍遥賦遊仙，謾輕踏紅塵、更番顛簸。

前調　繫風箏秋千竿上，飄盪有致，倚此賞之

驚鴻小影，是情絲縛就。嬌惹斜陽更黄瘦。借珠竿翠板、位置飛瓊，剛客裏，試茗焚香時候。　畫樓簾半卷，看盡施鉤，閒靠闌干遣清晝。彷佛玉人來、結束輕盈，扶不上、隨風飄逗。還襯着、桃枝柳枝兒，綰一鏡湖光、彀伊消受。

浣溪紗　水仙祠口占題壁

宋代風流已渺然。誰來此地薦寒泉。東坡一去一千年。　廿五條絃彈夜月，月光如水水如天。鴛鴦隊隊拜門前。

其二

不問遲春並早秋。不分東去復西流。神仙歲月幾生脩。　我與神仙同此樂，宵深還唱水歌頭。玻璃萬頃一般收。

攤破浣溪紗　爲湘碧畫湖濱即景并題

無數青山換曉妝。輕舟容與鏡中央。六六紅橋低映處，儘垂楊。　蝦菜市遥煙自緑，鶯花春淺水初香。細雨新晴天氣好，煖還涼。

其二

懶譜香詞上玉笙。前汀後港任縱横。蕉萃春衫煙水影，畫難成。　各有風塵衰世感，一竿兩槳總逃名。敲冷湖光鐘幾杵，夢南屏。

沁園春　謁岳鄂王墓，哀感時事，不覺涕零

大宋江山，大將旌旗，巋然崇封。溯君王南渡，何來白雁，兵戎北指，未抵黄龍。鐵像無心，金牌有恨，浩浩神鴉叫晚風。斜陽赤，照

千秋蒼土，一片精忠。年來軍事難窮。倒對外、干戈作内攻。痛誓師殺賊，誰爲仇敵，殘民辱國，輒號英雄。天地忌才，賢豪喪志，覆轍相尋例或同。棲霞路，有塡胸熱淚，灑向幽宫。

金縷曲

穆清逸齋主人屬題高淡游枯筆山水十二册，册爲丁未四月客梁谿作

畫裏消長晝。想當年、梁谿客邸，笥櫻時候。墨妙流傳三百載，似有神靈默守。看一朵、孤雲如繡。淡游自號一雲山人。塵刼烽煙今换世，只陰晴、變幻嗟蒼狗。參此意，知誰某。　滄浪圖唱銷沉久。盤山拙公會朱竹垞、宋牧仲於滄浪亭，淡游爲作滄浪高唱圖。賸君家、瑶箋十二，峯巒依舊。越是經營枯淡處，越是清腴妍秀。算郊島、詩成寒瘦。留得乾坤千古筆，繼名宗、不愧房山後。書卷氣，濃而厚。

壺中天

題顧鶴逸秋山圖。其原題云：『松頂層巒滢翠添，巖腰飛瀑白雲黏。溪山佳處容人賞，收入詩囊不礙廉。』又跋云：『乙巳六月下旬，涼雨成秋。展閱東原先生寫南村十景册，於畫理有感觸處，遂塗此幀。』蓋距今乙丑越二十年矣。谿山猶是，煙雲已非，率填此解，以誌感歎

虎頭癡絶，借谿藤寫出，錦囊吟藁。道是東原村落景，涼雨今番吹到。松頂濤聲，巖腰瀑影，都被雲迴繞。草堂清暇，新詩獨自讎校。　不信浩刼滄桑，煙霞非舊，畫裏添殘照。商略名山真事業，只恐著書人老。偶賦閒居，難言避世，何以抒情抱。秋風高矣，約君策杖憑眺。

浣溪紗　畫胡蝶花、雙鴛即題

借幅春風拍小詞。聰明花鳥弄臙脂。一般香夢兩般癡。　失伴文禽憎共命，不飛胡蝶謚相思。情根着地一絲絲。

清平樂　畫柳、燕

東風一笛。此地誰爲別。刼後天涯煙水窄。難着詩人吟筆。　可憐花落春屏。烏衣猶是聲聲。拚把斜陽翦碎，愁紅交與流鶯。

前調　畫梨花、簾、月、睡鳥

疏簾人靜。畫裏尋詩境。淡到無春猶有影。清夢幾時蘇醒。　誰家小院重門。消磨月底黄昏。檢箇花枝同睡，露華滛透香魂。

菩薩蠻　慰車耿南悼亡，即書梅貞女士事略後

秋風嫋嫋仙衣蜕。錦絃彈到無聲地。腸斷九張機。鴛鴦相背飛。　一囊螢化淚。不照相思字。何似漆鐙幽。能知骨裏愁。

其二

貞心早誓梅邊雪。情天不使寒香滅。直合葬孤山。爲君招鶴還。　優曇華一現。佛向愁中見。苦海儻回甘。鸞軿定上驂。

瑶華　二月二十一夜坐脩夢樓炙茗，見窗下花影、月影、鐙影交盪如水，知良宵清景不在紅塵外也。悄然成弄

碧沉沉處，茶煙消瘦，逗湘絲春暝。朦朧梅柳，遮不住、覓箇闌干閒凭。流光逝也，只香色、與愁同證。又悄地、閃出星星，摇盪吟魂

無定。自來好夢難脩，待脩到圓時，依舊清冷。華胥老矣，誰記取、刦後山河塵影。《山河四影樓外紀》，紀余二十年前影事也。蒼茫今古，被更點、幾聲催醒。但夜夜、飲水填詞，此味不堪持贈。紅漁作

摸魚兒　題水蕻花館填詞圖

似參差、一行斜雁，冰絲牽上箏柱。年年照鬢清淮上，飽聽亂笳疊鼓。朝共暮。儘劍脊捫星，杯角狂噴雨。了無靜趣。又解帶量愁，兜衫拾恨，呼夢欲何語。　浮名耳，説甚斲輪刻楮。相看都是塵土。銅琶畢竟能知我，大可玉簫謚汝。鷗與鷺。請替覓青溪，替喚雙枝艣。不如且去。好檢點茶鐺，安排箬笠，尋箇水村住。

其二

水蕻邊、淡香瑟瑟，柴門斜帖幽渚。三間小築秋聲館，不羨暖紅春塢。雙嬌嫭。想鬟是靈簫，瘦是寒簧女。移商換羽。任波面魚醒，簾鬚蝶上，歌罷一齊舞。　江南好，也惜西湖無主。扁舟抛却何苦。飛書馳檄争枚馬，贏得幾篇千古。誰與伍。要八百荷花，余有《八百里荷花漁唱詞》。譜入霓裳序。蒼茫四顧。嘆竹屋烟荒，梅溪月冷，詞隱共君署。

翠樓吟　詩魂

畫不通神，花將入定，一龕落寞誰主。幾多風月債，隔春夢、模糊催去。優遊何許。在薄酒銷時，空香來處。朦朧路。悄無聲息，别饒幽趣。　欲語。音律淒迷，只黯然清影，與愁凝

聚。百篇剛脱手，又争似碧紗籠住。遥遥千古。算李杜精靈，蘇黄心緒。羈孤侣。淡吟如我，冷吟惟汝。

夢横塘　詠南湖團菱，一名餛飩菱

爪痕沉李，浄相寺檇李每顆有西施爪痕。乳色分梨，槃兒玉乳梨，見《漢書注》。武原風物堪記。一道香繩，又聽得、兜娘歌起。脱手珠圓，沁心冰潔，紺珠、青冰皆菱名。栗誠宜水。水栗，菱别名。比方回鴨觳，一樣馳名，方回詩『秀州門外鴨餛飩』。非形似、亦神似。渾沌闢箇乾坤，付蕭家瀹茗，《酉陽雜俎》：『蕭家餛飩漉去湯肥，可以瀹茗。』嘗此新味。嫩緑堆盤，算玉棗、也輸清脆。問東堰、金鵝蛋小，東陵堰多甜瓜，其小者名金鵝蛋。入口香甜總嫌膩。鏡裏人來，慣勞纖手，剖團圞情意。

壺中天　咏留聲戲機

等遊戲耳，問阿誰巧思，慣偷新曲。非土非匏非革木，難道非絲非竹。色相全抛，音徽不斷，也自成歌哭。臺盤針度，傳聲何異空谷。遥想當日氍毹，玲瓏手口，文武般般熟。菊部千秋多少恨，填滿雕梨箱盝。小試機心，别開場面，就裏檀槽促。酒闌鐙灺，暗塵飛墮梁屋。

水調歌頭　夜夢坐漁舟泛郭西上下湖塘，歷三山畫橋，雲水之趣使人涉想塵外。世有煙波叟如張志和者，當答我一歌

夢境忽空闊，天地入扁舟。隨波來去無定，身世託閒鷗。朝食蓴菰菱芡。晚食魚蝦蛤蜆。

不作稻粱謀。攤飯畫橋側，沽醉酒樓頭。柳姑祠，梅尉里，儘勾留。鏡湖多少風月，裝滿箬篷否。準備短簑團笠。準備短簫長笛。歌唱雜漁謳。欸乃一聲緑，煙水六朝秋。

前調

前作意有未盡，因重述之。學東坡無東坡清快，得不爲煙霞笑耶

六合太牢落，吾道歎誰憐。垂楊垂柳深處，把釣看青天。便不蓮花博士。也是桃花漁子。生計薄雲煙。八百里湖水，一碧浩無邊。大於瓢，小於葉，橛頭船。琴棋書畫而外，還載些仄詩篇。何必留名千古。何必封侯萬户。好夢總如仙。今夕有餘興，未夜輒先眠。

玲瓏四犯

昨夜大風，落梅花滿地，憮然成調，殆朱雍詞所謂『笛聲長，吹到偏嗚咽』也。用草窗體

狼籍東風，漫不管人愁，輕薄如此。蝶冷鶯荒，誰主者番春事。殘臘逼換年華，又怎似、換伊身世。算粉香、徹夜飄零，還比淚珠紅碎。笛聲摇盪天無際。趁狂飈、半空吹起。吹魂未斷吹腸斷，憔悴行吟地。回念竹折松摧，消一樣、淒清滋味。有感時詞客，流水外，門長閉。

秋思耗

《春冰詞》，莊漁和《庚子秋詞》作也。余依張瞻園用夢窗韻題《庚子秋詞》者題之。春心秋心，一般紆鬱，令酒邊人按短簫入歌，彌益淒戾矣

花落風鐙側。撥麝煤、癡寫古愁顏色。禾黍歌殘，茝蘭佩罷，長夜春窄。便醒了鵑啼、獨絃相向苦按抑。拭病黄、兜唾碧。料短刦黏塵，斷氣繫淚，總化碎冰流去，那堪回憶。

芳夕。紅槽又滴。只醉顰、薄笑難飾。漏龍空咽。柝鼉都啞，盼天不白。況恨隔蓬山萬重，心冷雙綵翼。同詞客、誰復識。倚一笛蘋州，商量漁隱也得。管甚煙南水北。

菩薩鬘

闌干細雨愁紅溼。消魂獨凭闌干立。一別恨千重。水流東復東。　玉關征馬遠。客邸青春短。楊柳已天涯。楊花何處家。

沁園春　得銅鼓一，不審爲何代物，詞以彰之

鍊此精金，不鐘不鏞，不罍不尊。問伏波諸葛，名稱何別，竹垞桂海，考據何分。科斗文青，皷面有鼉黽無數。鶗鴂斑綠，湔剔苔沙舊制存。摩挲看，恨旁無欵識，誰與評論。　曾聞。南服行軍。早裂地、聲聲掃孽氛。嘆沉埋烏滸，詑爲古器，流傳駱越，記以明文。值抵千牛，功高萬馬，贏得金釵扣扣痕。從今始，好終朝持布，同過雷門。余居距雷門不數里。

天香　自製第十一洞天梅花煙

不平炙松煤，不平調竹漆，梅花夜夜親杵。烏玉名高，黄金價重，好向豹囊深貯。香心蘊結，應抵得、沉熏檀炷。磨盡滄桑歲月，商量洞天千古。　何須便誇鎮庫。鎮名山、也多清趣。話到九玄三極，並肩于魯。方氏墨品止於非煙，奇於九玄三極。我自摩抄倦眼，更認取、魚蟲細箋注。筆若能傳，功當策汝。

沁園春　自題小照

爾何人耶，歷刼鬚眉，已非盛年。嘆白駒過隙，直同矢發，紅蠶作繭，猶被絲纏。晚景悲

歡，問情冷煖，形影商量只自憐。焚香坐笑，風塵骨相，箇裏空傳。問來誰與周旋。有破硯、枯琴列後先。記黃山晞髮，餐松十日，謂參安徽軍政時曾遊黃山。黑河濯足，畫柳三邊。謂顧問東三省軍政時曾歷白山黑水。無耳稱尊，余舊號無耳尊者。無心涉世，臥雪家風益曠然。殷勤問，問桑榆顏色，可似春妍。

摸漁子

辛未秋分前一日，周辨西大封同社邀同戴鶴盦振聲胡栗長穎之載酒西溪秋雪庵，兼謁兩浙詞人祠堂。是日適小雨，魚天水氣，涼沁襟袖，誦元真子『西塞山前白鷺飛』之句，清境彷彿遇之，因繪蘆漪聽秋圖誌勝，並填是解

碧濛濛、一溪微雨，扁舟搖漾秋影。綠蓑青箬安排好，天地特開詞境。詞人祠堂首祀元真子。山四映。借幾點蘆花，填就清空景。澄波做冷。祇雪外鷗來，雲邊雁去，共寄此時興。祠堂啓，俎豆千年不盡。因緣香火堪訂。遥呼漁父烟波裏，流水與伊同證。今且問。問縹緲新聲，可許人間聽。凭闌話茗。更展卷題名，紛披翰墨，妙趣坐消領。

洞仙歌

西溪拜兩浙詞人祠堂歸，一路沙蘆岸柳，蕭蕭有聲。烟際水禽格磔，從紅舲碧槳邊飛起，若甚樂溪山之幽邃也。詞客有靈，儻聞清嘯。曾繪蘆漪聽秋圖以誌勝游，今製此解乃尾聲耳

秦亭水曲，問何人小隱。中有危樓隔塵境。看晴蒲吹篴、霧荻搖叉，儘寫出，蟹舍魚莊風景。烟波無恙在，自笑疏狂，每借漁舠寄清興。蓑笠話平生，細雨斜風，却好與、元真同證。倚一笛、高歌泛中流，喜鷺熟鷗馴、碧秋

無盡。

其二

清谿幾折，在蒹葭深處。蕭瑟尋幽隔煙語。趁蘆花纔白、楓葉將紅，好着個，畫裏扁舟容與。　小橋流水外，漁唱聲中，定有騷魂自來去。蘋藻薦馨香、除却詞仙，更誰作、湖山盟主。願喚取、吟朋此浮家，但貰酒呼魚、把秋留住。

買陂塘　題鮑亞白江村詩思圖

占江村、許多風月，俗塵從不飛到。七分花竹三分水，門外翠巒環抱。阡陌好。喜豆紫瓜青，錯雜紅蓮稻。單衫破帽。任大地干戈，狼奔豕突，只愛此鄉老。　參軍後，俊逸家聲克紹。翩翩何況年少。行吟魚罫鷗磯側，五字七言俱妙。沈晚照。借漁唱田歌，引作新詩料。推敲未了。更荻港撈蝦，花欄射鴨，添畫卜居稿。

前調　題朱秋農西溪泛棹圖

撥瓜皮、細搜風月，清光低潑襟袖。釣筒漁具安排妥，茶竈筆牀兼有。欣拍手。便泛宅浮家，合署煙波叟。荻花放後。正蓴脆鱸肥，稻香蟹熟，倚醉聽秋候。　秦亭下，還記當年載酒。詞朋曾約辛柳。曩年偕鶴皋、辨西訪交蘆庵，曾繪蘆漪聽秋圖志勝。人人豔說西湖好，争似西溪幽秀。知我久。問吟興濃時，亦念狂奴否。交蘆左右。歷楊柳名城，蒹葭舊里，飛渡到潭口。潭口、楊柳城、蒹葭里皆西溪地名。

滿江紅 題朱秋農深樹聽泉圖

如此溪山，問斯世、何人開闢。看樹底、奔騰萬馬，呼風而出。鯤海濤聲難比大，龍湫瀑勢應輸急。算先生、詩酒氣如虹，差堪匹。　既不問，天南北。又不管，年今昔。只孤懷落落，與秋相識。醉後且揮雙玉麈，狂來還拓千金戟。歎乾坤、餘事總蒼茫，青衫溼。

綺羅香 謝周辨西貽菊枕

薄簟裁雲，輕羅障雪，傳到東籬芳訊。巧樣魚丁，滿貯秋光相贈。拈柳綫、一縷情長，裹荷囊、幾層香暈。便憑伊、欸住吟魂，慣攜詩句質陶令。　濂溪憐我寂寂，移取南山翠色，須來三徑。晚節清標，不覺曲肱而領。冀睡中、好月常圓，任世外、北風吹緊。樂逍遥、學箇游仙，日高猶未醒。

水調歌頭 自題《八百里湖荷花館詞集》

萬柄綠無際，雲水自成鄉。謳歌賀監餘韻，八百里湖長。碧箬青蓑生計，白露蒼葭天氣。到處現清涼。隔岸雨初過，淡淡畫斜陽。　蘭亭蘭，柳祠柳，共徜徉。阿儂生長湖上，得句字都香。約箇低鬟蓮女，聽取低吟簫侶。豔曲譜鴛鴦。忽落數聲笛，煙裏裊垂楊。

賀新涼 自題八百里湖荷花館填詞圖

尺八紅簫度。儘消磨、横塘曲港，水煙風露。夜夜波光鎔作鏡，月也終年不去。與賀監、平分今古。畫裏三山是鏡湖最勝處來往慣，嚼宫商、字字通花語。還更覓，冷香句。　閒時空把頭銜署。領仙鄉、芙蕖萬頃，僭爲盟主。老屋如舟秋夢破，都化晴窗碧雨。且莫問、何人飛渡。舊日天涯萍絮影，借銀檀、招入丹青譜。知我者，只鷗鷺。

憶舊游

辛未秋，周辨西同好邀游西溪，曾繪聽秋圖誌勝。今年辨西還越，已裝成長卷，徵題至數十人之多，可謂巨製矣。陳跡如新，前游不再，復填一闋寄感

記詞箋滴翠，畫本摹青，溪外秋來。落落前塵影，早蘆花頭白，何况吾儕。篋中暗搜行草，多半付删裁。只一卷烟波，一簑一笠，觸我幽懷。山齋。客重到，把錦軸新題，親手分排。俯仰悲陳跡，悵蒹葭楊柳，蒹葭里、楊柳城，皆西溪佳勝。處處天涯。清游倘然能續，乘興亦佳哉。儘細掐紅腔，臨流更潑湖上醅。

聲聲慢

雨後小憩園中，萬樹一緑，花香飛上襟袖，多帶涼意，早秋詞境也。拈此寫之，依高觀國體

濛濛密密，鬱鬱沈沈，餘煙一時凝結。裏住秋光，幽夢怎生飛出。闌干細排卍字，展新晴、懶紅猶溼。蕩緑影，吹到花邊，緇塵都滌。幾處疏簾不卷，只階前草色，苔痕如積。覓句人來，摇曳詞衫輕碧。吟成自書尺束，付西風、淡香無跡。更試聽，古藤陰、蟲語唧唧。

甘州

昨夜夢騎胡蝶飛行太空，天風琅琅，若遠若近，恐王子喬鶴背吹笙無此高寒也。醒成一解，以誌幻影，自撥銅琵琶歌之。癸酉七月十四晨記

溯南華一枕夢蘧蘧，逍遥幾千年。愧紅塵故我，癡肥骨相，今也飄然。極不勝寒。小鳳輕於鶴，粉翅蹁躚。便入青空空處，有絮雲鋪海，花雨行天。望蓬萊縹

緲，多半住神仙。聽聲聲、玉簫金管，引佩環、風際自盤旋。唱明月、莫教飛去，長照清眠。

玉京秋

填《甘州》既竟，園中忽來一蝶，赭黃之衣，黑斑燦然，與昨夢所跨弄者彷彿，特形質較爲小耳。因以清酒一尊酬之，須臾即去，甯得謂非宿緣耶

風影活。瑤天散花雨，滿庭香雪。昨挾飛仙，翩翩羽化，千秋一瞥。堪笑身輕似絮，入華胥、先換凡骨。塵巾脱。九天鸞鳳，與之飄忽。　爲謝春駒情密。隔宵來、猶勞話別。算是因緣，非關寤寐，精神團結。醉汝芳醪，且送汝、空際蓬萊宮闕。夢銷歇。餘韻還傳畫筆。擬寫一圖徵題。

憶故人

坐荷花詞館遣興，因念郭外烟波，並懷滬上詞友，率得四首

不合時宜，生成一箇東坡腹。重湖八百譜新詞，香滿荷花屋。　插架奇書可讀。擁瑯環、牙籤玉軸。研磨風露，檢點煙霞，坐消清福。

其二

白塔紅橋，是儂生小盟鷗處。有時選箇篋篷船，幾日尋花去。　那怕鴛鴦見妬。喚雙鬟、玉簫重譜。一篙一槳，一笠一蓑，不妨千古。

其三

華燭銀箏，客中英氣消磨盡。比鄰楊柳舊樓臺，余客滬時，常寓振華旅館，與袁翔甫楊柳樓臺爲近。偏繫春風影。　休道鶯嬌燕靚。有荷花、便開詞境。幾多吟友，欲問周郎，並懷葉作平令。

謂周夢坡、周辨西、葉渶漁諸友。

其四

莫按新歌，寫生也得南田派。清游常欠杖頭錢，畫幅梅花賣。冉冉駒光不再。且逍遥、羲皇以外。簪纓何物，桑海何年，都歸淘汰。

金縷曲　陳艮仙同社手繪龍山詩巢圖徵題

大雅沉淪矣。只吾儕、悲歌痛哭，寫愁無際。截得蓬萊天一角，累代人文所繫。問香火、而今誰繼。珍重故人傳尺素，借丹青、描繪聯吟地。應醉喝，臥龍起。　名山亦自傷憔悴。對斜陽、松杉冷落，幾經興廢。極目關河增涕淚，歲歲兵戈未已。巢屢爲游兵所占。看雲樹、都含秋意。詩友兩三欣握手，更飛觴、鬭韻重新記。温舊夢，玉簫倚。

以上《八百里湖荷花漁唱》卷二

菩薩蠻　題梅花、鴿

東風莫道青山瘦。一枝寫出香初透。冰雪沁儂心。相思深復深。　深心書一紙。懶託飛奴寄。便寄也無聊。邊關春太遥。

以上《八百里湖荷花漁唱》

醉公子　題秋海棠、牽牛、絡緯

栽愁鎔作朵。露重煙還鎖。淺碧又疏紅。美人遲暮同。　畫屏天漾遠。銀燭風吹短。蟲語夜沉沉。玉階秋漸深。

醉太平　荷、柳、雙鴛

空濛夏烟。清涼暮天。夕陽秋思娟娟。寄吟

懷渺然。何來散仙。閒眠醉眠。朝朝花夢同圓。在鷗邊鷺邊。

前調　荷花、兩小鴨

微波送涼。微風送香。分明在水中央。是鷗鄉鷺鄉。露珠綴瑺。雲羅挂裳。閒來莫打鴛鴦。護新雛一雙。

卜算子　楊柳、落花、燕子

簾外語呢喃，細雨初晴候。多少春情訴落花，花也如伊瘦。　春事已銷魂，花事君知否。迢遞江天夕照黃，門巷今非舊。

生查子　菊花、翠鳥

一卷北窗詩，一盞東籬酒。人已淡於花，花更如人瘦。　簾外又西風，道是重陽候。嬌鳥一聲聲，啼徹秋心否。

前調　杜鵑、貓

空山謝豹啼，一霎春歸去。我欲問東風，畢竟歸何處。　夜夜夜深聞，爾或花間住。獨怪睡貍奴，朦朧無一語。

醉花陰　牡丹、孔雀

百枝鐙彩圍晴色。姚魏春無敵。醉舞復酣歌，豔絶韶華，脂粉繽紛滴。　文禽自昔稱南客。都護頭銜錫。金翠沐天香，寫上屏風，合配邊鸞筆。

醉太平　題芍藥、胡蝶

粉香半融。脂香半攏。玉階摇漾東風。做深紅淺紅。濃春晝中。餘春醉中。春駒夢未惺忪。比鶯慵燕慵。

一痕沙　白草、棲雁

漠漠平沙無盡。中有關山霜影。舊夢杳難尋。撫瑶琴。　倦羽䙰褷相倚。封就錦書誰寄。叫破一天愁。别離秋。

蘇幕遮　梨花、睡鳥

月初妍，風又細。院落溶溶，一角重門閉。幽鳥一雙春睡矣。夢不分明，半被雲摇曳。　漏聲遲，香影膩。送過秋千，夜色涼如水。薄酒醒來人獨倚。譜就新詞，寫入笙歌裏。

菩薩蠻　月季花、絡緯

鶯箏蝶板年光换。紡紗聲裏更長短。夜夜夜深時。相思思復思。　陰晴圓又缺。此恨和

誰説。訴與素娥知。碧天秋更遲。

鵲橋仙　牽牛花、絡緯

鴉青淺淺，螺青淡淡，薄薄羅雲如繡。風娟月媚畫屏秋。有一帶、銀河斜逗。　佳期如夢，幽歡如醉，庭宇晚涼時候。人間天上此情同，但莫被、蟲孃啼瘦。

醉花陰　桃花、么鳳

春寒無語晴霞軟。凭得闌干暖。紅索罷秋千，挂在枝頭，多爲銷魂倦。　漫評鶯燕情長短。付與東風管。金鼎裊煙絲，香霧絪緼，還結相思篆。

長相思　天竺子、瓦雀

説相思。悔相思。種出南天紅豆枝。誰云春

到遲。月迷離。霧迷離。破曉寒禽催雪時。芳心知未知。

憶蘿月 秋海棠、猫

小庭深鎖。階下蔫紅嚲。銀燭燒殘嬌半墮。清夢這時剛破。濃春一去無踪。新愁換了西風。分付烏圓珍護，莫教閒煞芳叢。

謁金門 題玉簪、翦秋羅、鳴鳥

風翦翦。剛喜薄羅衫換。攏鬢步摇釵玉輭。晝長人更倦。一點芳心繾綣。閒了畫屏團扇。卜盡歸期天様遠。禽聲偏惹怨。

長相思 桃花、嬰武

朝東風。暮東風。烘醒嬌花映玉籠。花前應憶儂。畫欄中。畫簾中。慧鳥鳴時春正濃。相思紅豆紅。

清平樂 豆花、螳螂

嫩涼天氣。紫豔花開矣。花下斧蟲常使臂。來往碧秋叢裏。石蜋曾唤江東。居然天馬行空。合伴蕭蕭絡緯，描摩籬落清風。

蝶戀花 月夜畫紅梅、天竺子、秀眼襯細竹

幾日東風春又到。八一燕支，點醒香多少。窺鏡低鬟紅欲笑，新粧合倩冰蟾照。打疊相思愁裏稿。秀眼一名相思鳥。豆是相思，鳥是相思鳥。莫謂相思天亦老。聲聲先把平安報。

賣花聲 紅梅、孔雀

煖玉綴枝頭，筆底香收。銅瓶紙帳夜無愁。

試聽紅羅春一曲，文采風流。歌舞不曾休。鸞鳳同儔。水邊籬落足勾留。感念奇才還作賦，我憶楊修。

一籮金　芭蕉、絡緯

一片秋雲飛不去。消瘦秋光，消瘦秋情緒。爲問緑天秋幾許。淡風摇碎黄昏雨。舊夢難尋鶯燕語。换了蟲聲，添得愁絲縷。遠道征衣無寄處。孤鐙臥聽寒機杵。

訴衷情　高柳、落花、飛燕

東風吹緑暗迴廊。莫問鬱金堂。遥山隔斷眉影，滿地落花香。思往事，没商量。惱愁腸。拓開窗扇，支起簾鉤，放出雙雙。

浣溪紗　題楊柳、燕陣

煙水依稀似六朝。詞人酒醒又今宵。不消魂處最魂消。打疊相思愁裏稿，小桃紅瘦怎禁描。烏衣一隊下如潮。

其二

掠雨梢煙景色非。芹泥深緑水初肥。含情脈脈復依依。直欲狂追春意轉，尺絲寸絮不教飛。天涯從此落花稀。

其三

挽住柔條幾許長。浪增離緒是斜陽。前期後約總難詳。小語呢喃妝閣底，春心不是没商量。茶煙染透一襟香。

其四

結陣衝風翅接連。三三五五畫圖前。一齊努

力到天邊。算抵玉壺新粉本，隔牆安置小秋千。枝枝葉葉護纏綿。

惜春令　秋柳、燕

吹亂樓頭玉笛風。斑騅去了忒悤悤。已冷春心温不得，花落可憐紅。往事感萍蓬。悶無緒、殘月朦朧。別語依依前夢遠，煙波一萬重。

其二

愁雨懨懨暗碧紗。蘼蕪淡緑接天涯。後約飄蕭鶯不管，結伴混寒鴉。細數路三叉。斷煙外、知有人家。極目殘陽紅斷處，疏簾一半遮。

蝶戀花　牽牛花、絡緯

縹緲銀河天近遠。淡掃螺青，斜襯雲羅淺。花底涼思一鐙更漏短。如眉纖月屏低掩。誰信蟲孃聲宛轉。似訴秋心，絲縷風吹亂。機頭無尺練。宵宵空絡相思綫。

生查子　水仙、畫眉鳥

明月過前溪，流水香今夕。綽約宓妃魂，恍惚淩波出。嬌鳥鏡中窺，眉畫春山色。停了玉絲琴，小品梅花格。

前調　十姊妹花、胡蝶

幾日弄陰晴，春已這般好。姊妹自相呼，顧影憐嬌小。淺白又深紅，似學東風笑。分付玉腰奴，莫被游蜂鬧。

卜算子　繡球花、翠鳥

明月小闌干，掩映團欒影。萬玉玲瓏寫幾枝，不管東風緊。　翠羽夜啁啾，恍入羅浮境。晴雪梅花一蒂攢，胡蝶春初醒。

點絳唇　菊花、倒掛么鳳

多謝西風，故籬傳出詩多少。自然吟嘯。我亦婆娑老。　瘦了桐花，閒了桐花鳥。餐香好。夢還顛倒。沉水絪緼裊。

南鄉子　佛手柑、鸚武

花雨墮桫欏。幻出莊嚴相若何。一笑拈花參妙諦，維摩。真果修成總不磨。　世界現娑婆。慧鳥從來信佛陀。一卷心經剛上口，摩訶。般若波羅又蜜多。

清平樂　老少年、白頭鳥

花花草草。栽得秋多少。秋到濃時秋更好。不許鏡中秋老。　朝朝蝶户鶯天。依然錦瑟朱絃。莫笑而翁頭白，風流不減當年。

踏莎行　柳、燕

流水長橋，斜陽古渡。消魂消到無春處。紅絲争欲繫春心，緑絲偏又搏春絮。　剛道春來，倏逢春去。烏衣撩亂春情緒。一聲聲似送春歸，一聲聲似留春住。

點絳唇　題杏花、燕子

十里東風，嫩紅開遍蘼蕪道。畫簾斜照。芳訊江南好。　幾箇烏衣，一角朱樓小。音書杳。怕他春老。銜得詩箋到。

減字木蘭花　題繡球花、羣蝶

畫屏依舊。細把南園芳意繡。人影雙清。一樣團欒月有情。將春圍住。莫放東風隨夢去。不染纖塵。鳳子攢香裏一身。

山花子　題桃花、白頭鳥

落落丰神魏晉前。嫣紅得氣筆生妍。漁父不來春不老，幾千年。撇却舊時鶯燕侶，白頭顏色總如仙。始信名山幽隱地，勝壺天。

青衫溼　題梨花、簾月、鸜鵒

詩前酒後笙歌影，傷別又傷春。珠簾沉處，瓊樓曲處，深掩重門。白雲飛下，寒皋夢醒，月也無痕。爲伊消瘦，爲伊憔悴，幾箇黄昏。

虞美人　題芭蕉、牽牛花、絡緯

誰家紡績閒庭院。軋軋鳴機亂。牆肩籬角挂銀河。最是月斜時候、奈秋何。涼蟲徹夜將愁絮。不管人離緒。一聲聲逼夢難成。況又風風雨雨、滴深更。

魚水同歡　題胡蝶花、胡蝶

筆底迷離春幾許。栩栩蘧蘧，合證蒙莊語。形影一雙無覓處。粉香掐箇儂兼汝。綠遍南園芳草路。惱亂東風，吹夢成今古。脈脈有情長起舞。同心同命同珍護。

撥香灰　題半殘桃花、燕子

不知根葉憑誰主。又百五、韶光將去。欲向紅樓訴別情，先付與、烏衣語。呢喃一煞胭風外斷煙煙外雨，雨外斜陽。怎得不商量。軟語雕梁。珠簾倒捲水中央。掠遍芹泥歸去也，小影雙雙。

琴調相思引　題白桃花、燕子

淡泊生涯本一真。東風默默寫精神。似曾相識，門巷幾家春。算是白描新粉本，繁華應謝六朝塵。呢喃聲裏，閒煞畫樓人。

南柯子　楊柳、荷花、鴨

玉露輕調粉，珠波暗散香。今宵酒醒碧風涼。幾箇春鳧活潑、學鴛鴦。笛裏秋初靜，歌邊夜漸長。吞花唼絮興清狂。蘸得絲絲小影、水中央。

脂雨。問人面、而今何處。過盡東風絮亦愁，怎繫得、斜陽住。

點絳唇　題荷花、小鴨

幾箇新雛，鏡中嬉戲清無暑。亂雲深處。香露涼於雨。爲訪鴛鴦，只合煙波住。秋如許。共攜儔侶。脆比初鶯語。

雨中花　題楊柳、魚罶、小鴨

向晚一波明似鏡。有絲絲、淡煙交映。散了魚蝦，夕陽紅瘦，亂了嫩黃雛影。唼葉吞花涼乍醒。起漁歌、與潮相應。不敢驚鷗，何須問燕，菱芡綠遮笭箵。

浪淘沙　題水楊柳、雙燕

一碧夏陰涼。搖曳絲長。隨風亂翦落花香。

杏花天 杜鵑花、燕子

啼痕千點紅冰膩。把客邸、春魂催起。烏衣只自無聊耳。也是聲聲不已。　應憐我、蓬飄無計。虛負了、丁甯深意。江南浪跡歸還未。徹夜徘徊夢裏。

西江月 依史梅溪體，題秋葵花、小雄雞

秋在瓊樓玉宇，銅仙露滴盤欹。道家裝束淡黃衣。乞得三弓餘地。　葉下朱朱伴語，漫云毛羽襹褷。華冠生小已嶔崎。略具英雄志氣。

憶秦娥 淡紅洋水仙、翠禽

春風色。來從海外無人識。無人識。桃花丰韻，梅花標格。　珮環久隸神仙籍。一聲翠羽煙波碧。煙波碧。東歐西亞，踏琴歌席。

烏夜啼 牽牛花、蟈蟈

畫裏人無睡，風屏一月如鉤。緑空濛處涼於雨，蟲語下西樓。　徹夜蕭蕭瑟瑟，鐙邊好夢誰留。問伊何事無休歇，只算替秋愁。

虞美人 楊柳、落花、燕子

畫簾飄落胭脂片。芳意從今欠。爲伊春困絮春愁。只道美人睡起、懶梳頭。　緑沉沉地餘寒瑣。有恨無歡渾似我。烏衣軟語蹋秋千。繫得絲風絲雨、影纏綿。

秋波媚 荷花、蜻蜓

粉花墨葉濇吹香。秋影碧生涼。輕紅雙翅，飛來欸欸，略襯斜陽。　明湖清景真如畫，吟

興與之長。倘逢好手，也工没骨，應補鴛鴦。

踏莎行　杏花、鴿

舊燕簾櫳，新鶯門徑。賣花聲裏清明近。酒帘青襯一枝紅，霏霏雨溼詩人鬢。　好箇江南，東風吹冷。玉驄去後成孤另。待封尺一付飛奴，書還只怕無憑準。

蝶戀花　紫藤、宿燕

沈院無人長晝静。紫霧團香，紫雪團青粉。蜂蝶隔牆空結陣。幾曾催促烏衣醒。　兩兩枝頭棲息穩。明歲營巢，誓在名花頂。芳意纏綿春有影。樓臺一角珠簾映。

前調　畫列桃花一盎，旁置熏籠，上着舞衫，下蹲一猫打睡

乞取神仙天上種。生豔生香，合炙沉檀供。舞欲停時歌益縱。通宵不使胭脂凍。　妬煞貍奴偏得寵。幾世脩來，獨把名花擁。靠着熏篝温好夢。那知簾外春寒重。

前調　晚香玉、睡猫

一縷風來涼馥郁。團扇輕衫，向晚人新浴。唤作飛瓊名不俗。滿身鏤雪還雕玉。　洗盡緇紅塵萬斛。特許烏圓，葉底花前宿。幾世修成清豔福。芳香熏透眠方熟。

後庭宴　枇杷、麻雀

晚翠冬榮，新黄夏薦。蜜房含露香尤輭。强呼盧橘亦無妨，不須晝裏翻疑案。　檐禽飛上枝頭，争向蠟兄偷眼。輕丸箇箇，色比南金爛。勸汝莫生饞，主人方夜醼。

臨江仙 胡蝶花、胡蝶

畫裏重重商畫稿，魂香魄豔都同。一雙瘦骨不禁風。濃情勞粉搨，煖夢借金烘。　蟀怨鵙愁時序换，相思難得相逢。可憐花對可憐蟲。不妨形伴影，最好你爲儂。

采桑子 雁來紅、絡緯

閒來商酌生生稿，畫裏鳴蟲。畫外飛鴻。幾筆青青幾筆紅。　偶然題上新詞句，不倣坡公。定傚涪翁。籬下秋光萬古同。

浣溪紗 芍藥、子規

每到殘春悔見伊。見伊偏又盡情啼。嫣紅無賴怎禁持。　已是不如歸去候，亂填脂粉寫將離。離時終有再逢時。

減蘭 荷包牡丹、檀香、鳥

香囊叩叩。蛺蝶鴛鴦珍重繡。腰帶圍金。贈與檀郎意倍深。　鳴禽嬌小。百寶欄邊春正好。比似桐花。雛鳳身裁總不差。

前調 白秋海棠、燕子

西風消瘦。相思何自拈紅豆。玉立亭亭。肌骨清涼露一庭。　涎涎玉翦。歸路天涯秋欲餞。鎮日呢喃。愁裏吟詩畫下簾。

臨江仙 豆花棚角立一竿，繫絡緯籠

秋靄菲菲花妥夕，纖蛾一碧涼生。桑麻閒話到三更。呼鐙剛捕蟀，引扇又兜螢。　户户家家勞紡績，幾人圍坐枯棚。銀河斜了月初明。竹籠添小語，機杵徹宵鳴。

前調　白丁香、黄鶯

細杵相思紅豆子，裝成玉也生香。藐姑初試白霓裳。芳名傳素客，雅號襲丁娘。　幾箇金衣剛弄舌，聲聲脆比新簧。何須柑酒費評章。真珠穿密字，一串引歌長。

賣花聲　紅藍翦秋羅、蚱蜢

刀尺暫時停。五色雲屏。斯螽身小態輕盈。活潑隨風騰躍起，得氣秋清。　天宇碧無聲。涼夜空庭。霞烘月托費經營。片片七襄機上錦，巧様瓏玲。

浣溪紗　梨花、燕子

幾日輕寒晝閉門。烏衣軟蹋一窩雲。呢喃聲裏又黄昏。　沾酒江南村社節。晝簾朱户總消魂。溶溶月色雨中分。

朝中措　天竹、瓦雀

相思幾粒豆拈紅。倚竹更依松。特具歲寒標格，枝枝點綴三冬。　穿簷小雀，偶然催雪，亦復呼風。比似徐黄粉本，圖成活潑天工。

菩薩蠻　繡球、燕子

梅花簇簇攢春影。拋擲人前香不醒。踏蹴碾珠塵。冰蟾圓一輪。　水晶簾不卷。芳事憑誰管。且付與烏衣。莫愁胡蝶飛。

減蘭　荷包牡丹、燕子

探囊富貴。手笏腰金儀宛在。亂點胭脂。好向花王溯別支。　烏衣不去。門第六朝春有主。繫以紅絲。珍過秋風贈別時。

西江月 畫芙蓉一叢，蔭以疏柳，上有明月，下畜鴛鴦

瘦緑已知秋晚，輕紅還帶霜妍。一雙錦翼並頭眠。明月圓於團扇。　堪憶詞人酒醒，閒中得句如仙。晴波清豔夜娟然。煖夢定無離恨。

浣溪紗 蘭花、山鶯

草碧山青雨乍收。風香時與白雲流。溪邊斜日叫離留。　我亦懶攜柑酒聽，詩衫蕭淡只如秋。清琴彈破古今愁。

醉公子 菊、鶴

問花花不語。詩在花開處。詩意淡於花。一籬斜照斜。　仙禽毛羽秀。丰骨而今瘦。三徑足優游。南山秋外秋。

菩薩蠻 凌霄花、鶴

花城築在高山好。招涼不許紅塵到。空際月華流。青天秋外秋。　毶毶毛氄浄。萬古雲霄影。誰不仰清風。蓬萊鸞鳳同。

前調 美人蕉、蜘蛛、絡緯

緑窗剛送黄昏雨。碧欄又發秋蟲語。各自報新涼。一聲聲更長。　征衣縫欲寄。織得迴文未。愁極美人心。天涯書信沉。

醉春風 月季花、白頭鳥

月月輕英逗。嫦娥知汝否。風前管領四時春，久。久。久。歷遍炎涼，過些寒暑，玉顔依舊。　疑是纖纖手。羢兒新翦就。白頭嬌鳥一雙飛，又。又。又。鶯朝蝶暮，與伊同

命，與儂同壽。

減蘭　胡蝶花、貓兒

描摩小鳳。金粉六朝風露重。草草年華。不放春光過別家。　誤抛團扇。忽被貍奴偷眼見。一兩三聲。驚得迷離夢未成。

雙雙燕　用史邦卿韻賦秋柳、燕

又秋社了，做連日清陰，薄涼庭户。烟絲幾縷，玉笛聲中低度。惆悵梁塵暗墮。怕重認、盧家居處。朱門畢竟多情，儘把斜暉攔住。　慵舉。飄零倦羽。便捱到重陽，更添愁雨。烏衣撩亂，惻惻受風斜舞。裁翦芳菲意緒。與落葉、哀蟬同訴。歸期不定商量，懶聽倚闌人語。

賣花聲　海棠、鸚鵡

銀燭影搖紅。人醉東風。綠章奏罷夜方濃。喚起阿蘇嬌未睡，毛羽惺忪。　春事太匆匆。好夢無蹤。珊鉤一曲語玲瓏。不畫桃花雙燕子，只畫簾櫳。

浣溪紗　繡球花、黃犬

香雪梅花瓣瓣攢。合羣胡蝶結輕紈。賺他黃耳幾回看。　偶學獅兒游戲也，一春風露輥成團。玉闌干外月如丸。

減蘭　胡蝶花、燕子

此身如寄。畫裏東風金粉膩。香影參差。和露和烟夢合離。　蘧蘧栩栩。幾度欲飛飛不去。多謝烏衣。朝夕相依小檻西。

巫山一段雲 黃月季、鶯

淡抹眉心翠，輕揩額角黃。閒中風月好擔當。還着道家裝。金盞溶溶酒，金衣縷縷香。新聲百囀脆於簧。如蝶一春忙。

月中行 楓樹、雞

西風葉葉點輕紅。霜意馬頭濃。征人殘夢五更鐘。茅店月朦朧。中宵也學劉琨舞，三尺劍化作長虹。關山萬里樹空濛。天地幾英雄。

浣溪紗 梅花、鸚鵡

必栗兜羅着意薰。香城特寵寄春君。替伊聘到緑朝雲。啄罷相思紅豆粒，可曾顧曲坐宵分。滿身花氣絵氤氳。

玉團兒 枇杷、小禽

梅天雨浥纏包綻。更碧葉、扶疏風展。膩蠟搓成，輕檀團就，崖蜜香滿。如丸顆顆黃初蘸。引饞鳥、幾番留戀。載酒園中，叩門花下，酸矣誰濺。

浣溪紗 疏籬、梧竹、禽蟲

共説前村小院幽。莫因詩事負清游。西風又到竹籬頭。人籟何如天籟好，聽蟲聽鳥又聽秋。新涼時節夜颼颼。

清平樂 月季花、細竹、芙蓉鳥

丰姿清絕。天賦神仙骨。阿姊相呼名不滅。自爾長圓無缺。飛來幾箇珍禽。生成毛羽如金。月底平安偷報，聲聲沁入花心。

其二

禰正平同宋廣平。漢唐兩賦共傳名。千秋文字有公評。　我亦攤箋留畫筆，更拈詞屑譜新聲。不知白眼幾人青。

前調　秋柳、燕

金碧光陰似水流。西風吹冷玉釵頭。烏衣消瘦不勝秋。　記得春橈桃葉渡，隔江鶯語與綢繆。酒旗搖漾綠絲柔。

其二

瀟灑疏簾罩地長。玉鉤鉤不住斜陽。朱門暗暗落泥香。　屈指歸期歸未得，商量無計又商量。故人天末賦河梁。

其三

蓬泊萍飄又幾時。蒼涼滋味怎禁支。垂垂煙雨惹相思。　杜宇清愁南浦曲，梅花餘憾北江詞。『燕子平生真憾事，不見梅花』，洪北江詞。翠腰減却舊丰姿。

其四

別柱離絃聽未真。故巢花絮跡都陳。不堪回首那時春。　知否飄零書劍客，一般蕉萃老風塵。封侯盼煞倚樓人。

貂裘換酒　菊花、酒甕、熟蟹

酒國春無際。又疏簾、西風瘦影，描摹詩意。日夕華筵聯勝賞，花事東籬可繼。況令節、重陽來矣。左手而今閒不得，且尊前、商略團尖味。秋有興，合如是。　自憐身世同匏繫。只歲歲、狂歌痛飲，放懷天地。除却丹青傳尺素，何處消磨逸氣。直欲把、淵明呼起。雞肋功名誰得失，問牀頭、美醞能餘幾。沈醉也，畫圖裏。

賣花聲 白桃花、翠鳥

洗筆寫清幽。芳意難酬。紅塵纖細不能留。喚作白描新粉本，淡到如秋。　翠羽自啁啾。錯認羅浮。玉闌干外玉簾鉤。要合梅花徵舊夢，重替春愁。

以上《八百里荷花館題畫詞》

南浦 和玉田《春水》韻

澹絶畫中春，碧盈盈，盪盡燕昏蝶曉。山意睡初醒，垂楊外、一鏡蛾眉慵掃。秦淮舊夢，渡頭桃葉芳年小。緑樣新愁流不去，濕透六朝煙草。　落花争慣江湖，甚輕輕、伴着閒鷗飛了。天際下扁舟，消魂處、要與夕陽尋到。相思渺渺。暮雲千里吟情悄。懊惱東風吹浪起，漂出淚痕多少。

見《戊午春詞》

袁毓麐

八聲甘州 渡太平洋

快長空羊角摶扶摇。著我等秋毫。是乘桴已倦，三山縹渺，九點招邀。俯仰星躔歷亂，一幅大圜描。太息青蓮去，海月誰撈。　百尺桅頭遠望，指東西南北，滚滚狂潮。看長鯨厲吻，難禁按屠刀。問中原、何人健者，謾敂舷、醉眼讀離騷。蒼茫恨、填來精衛，淚滿征袍。

鷓鴣天 再過榆關

塞上秋初草已黄。女牆依舊帶山長。明駝過

盡沙如月，白雁飛來信有霜。喧戍鼓，駐征韁。揚塵兩度見滄桑。仙榆不合人間種，留得殘蟬嘒夕陽。

滿庭芳　將離卜魁寄意

班筆纔投，吳鉤又解，塞月偏照人圓。圍燈紅袖，綺思發尊前。舊日文梁燕子，江南客、細閱輕憐。移情處，鄉音漸改，茸帽壓低鬟。流連。催漏箭，頻將釃酎，相慰愁顏。問龍沙磽瘠，可茁青蓮。一夕征衫淚濕，天涯感、同對離筵。重逢地，津橋暮雨，嫩約墜金鞭。

減字木蘭花

游魚沸鼎。眼底紛紛無一幸。夢想華胥。九點齊煙盡刧墟。髠鉗鋌走。平帖誰持金熨斗。奈爾蜣螂。轉土成丸噉亦香。

人月圓

涼蟾遠挂疏林外，殘照尚當門。嬋娟好影，人間愛汝，須到黃昏。沈沈夜色，深閨幾處，盼斷温存。倚闌心怯，黎明又是，風雨前邨。

千秋歲　度函谷關

建瓴險隘。指點殘陽外。山似礪，河如帶。五千言強箸，百二雄安在。悲風起，悠悠此意空增慨。紫氣銷濃藹。漫論成和敗。飛鴉噪，征驂快。揚鞭傷遠道，投幘添狂態。低徊徧，沙場醉卧君休怪。

念奴嬌　戊午臘月十五日抵臨潼縣，宿驪山旅舍。曲廊雕榭，掩映山麓，温泉清澈，芳草芊綿。勞薪甦憩，顧之忻然。忽館人來告，山後潰卒嘯聚，戎裝待旦始行

隴謌聲裏，是丸泥踏碎，東來駐馬。王氣秦中銷歇久，古月峯頭猶掛。芳草褭腰，游鯈紋面，泉暖龍湫瀉。譙樓笳斷，驚心烽火遥夜。此去萬疊雲山，爲誰行役，風雪漫平野。我亦陰符三卷抱，麥飯神仙慳捨。新樣樓臺，欲談天寶，麓畔長生瓦。興亡無限，征袍偷揾盈把。

長亭怨慢　蜀客來隴，攜一鸚鵡見贈，慧黠可愛。年餘，嬰足疾，遽卒。拈此寄悼

是一樣、飄零爲客。望裏家山，隴雲濃密。頭白潘郎，廣筵曾賦景非昔。影形偎傍，惜翠羽、簾櫳側。無復返魂香，恁宛轉、人天長隔。儂歌愁憶。憶荒衙共守，早約偕歸京國。汝和，未全負、玉關秋色。歎噩夢、遽失朝雲，向何處、鴻都能覓。最刻骨相思，殘漏同聽羌笛。

謁金門　官齋有紅梅一株，瀕行對之，不勝依黯

聽邊笛。淒絶西征蹤迹。世外佳人瀕去客。冰魂同愛惜。　看看行裝收拾。斜照河聲山色。簾底無言相慰藉。算心腸鐵石。

水調歌頭　由皋蘭渡黄河抵包頭

一笑乘槎客，意氣薄霄空。黄沙落日催暮，飛雨打孤篷。纔别賀蘭山色，又弔村前青塚，失計漢和戎。遺恨茹千古，兒女與英雄。　神明胄，開國遠，軌文同。崑崙發軔，迤邐九曲漸移東。極目牛羊荒草，欲問河圖亹水，掬淚叩龍宫。莫唱公無渡，再造起鴻濛。

水龍吟　登六合塔

昔時登此浮屠，河山運掌供悲笑。眼中豎子，誰家天下，吾曹能了。揮金饗客，販繒歌筑，誓江年少。看畫船連鎖，狂來買醉，催紅袖、華巵倒。　廿載飄零重到。恁傷心、振衣長眺。萬方一概，欲排閶闔，詔余分曉。海氣癡龍，潮聲怒馬，奈何人老。剩垂楊、幾樹似曾相識，做凄涼貌。

慶春宮　東兒葬靈隱五字橋。乙丑返杭，巡墓志悲

墓草猶新，曇花難住，到來老淚如傾。四山叢篠，兩隄衰柳，秋風伴汝長冥。九原知否，甚人世、滄桑幾更。紙鳶飛處，頭角當年，想像峥嶸。　追隨記共征程，遼海雍州，遍歷名城。故篋塵封，舊氈宵冷，琳瑯絶望今生。慟時翻悟，是一霎、團沙聚萍。靈巖鐘晚，凝佇橋煙，數點青燐。

驀山溪　余外家在餘杭，弱冠後，每歲春時必偕婦往省。自松木場買舟，約六時許可到。岸草山禽，村居如畫，一棹容與，疑入仙境。壬寅後不復作此游矣。迄今將廿年，挈眷重來，情靈搖曳，用美成韻寫之

烏篷煙艇，兩岸湔裙路。亂絮罥柔桑，是吳娘、提筐採處。人家罨畫，牯背牧童眠，聽漁語。鷺鷗佇。打槳如飛去。　前游夢影，又見輕紅雨。暮角散歸鴉，換承平、鬧春疊鼓。遼東一鶴，非復昔年情，塵丈舉。流橫注。老淚紛千縷。

采桑子　夏日即事

晚來一雨囚逢赦，樹緑陰稠。商略良謀。聽賣甘瓜數杖頭。丹瓤解渴清涼境，合號無愁。掛起簾鉤。放出蜂兒也自由。

其二

鍵關鎮日長年様，舊槧摩挲。未算蹉跎。枕畔堆書午夢過。倦來法曲丹鉛譜，院本搜羅。擊節高歌。未必游仙勝此多。

其三

獸鑪飄篆湘簾靜，試弄瑶琹。誰和清音。庭柳新蟬斷續吟。漫愁却暑無方藥，不藉苓蕿。薄醉停斟。萬朵蓮花一寸心。

其四

微塵得失無須問，鬥虎争龍。去燕來鴻。都付衰翁羽扇風。瓜棚豆架西園事，月照孤松。雨滴疏桐。只爲加飧種韭菘。

其五

龔春壺小清談助，舊雨聯牀。齒頰留香。龍井芽茶試共嘗。無端悵觸思鄉夢，百感蒼茫。一事思量。薜荔親栽又過牆。

鷓鴣天

無主殘英滿院飛。賞花人去已多時。王孫未必歸期近，鏡卜釵占只自知。房獨守，幙低垂。風如并剪雨如絲。宵來反復鴛鴦枕，紅淚斕斑却爲誰。

望江南　自壽

蹤迹徧，隨處是家鄉。關外邊塵鴻印滯，隴頭山色馬蹄忙。粉墨一登場。　絲鬢改，豪興尚飛揚。舊雨青燈多鬼簿，新懽紅袖半仙妝。老比少時狂。

西河　鴛湖感舊，用清真韻

煙雨地。羈情慘緑曾記。魚梁蟹簖望依稀，角聲四起。酒帘颭處認樓臺，紅牆猶矗雲際。　昔游夢，孤枕倚。櫪頭古渡連繫。船娘打槳盪湖光，燕飛舊壘。解醒買得柳塘菱，晶盤匀注秋水。　征人到此近晚市。數歸程、長短亭里。換了少年身世。怕吴歌、一片聽來，中有萬斛閒愁，淋浪裏。

臺城路　歸杭

故居久作豪家宅，重尋惻悽腸斷。里郭多非，兒童盡老，相識垂楊低踠。江干舊怨。記九姓傳杯，歌喉舞腕。巷陌愔愔，怕聽春雨杏花唤。　朋侣凋零漸半，似劉郎又到，桃源改换。弦月微朧，隣笳乍起，併入蒼涼孤館。歸思攪亂。驀酒漬襟痕，更羸淚滿。莫倚危欄，采菱人已遠。

南鄉子　下關渡江，聞兵事甚亟

狼狽渡江人。相送江南只暮雲。萬里天風嗚軋起，驚魂。浪打江豚似一軍。　淒絶好罏尊。幾日湖山款緑樽。想見今宵銀蠟盡，沾巾。摇落枇杷静掩門。

淡黄柳　過新華門，見柳色鵞黄，舒條敷葉，摇曳動人。匆匆十四年矣，感賦此解

宫牆半泐。仍逗春消息。大好樓臺如過驛。底事年年駐轡。踠盡長條感詞客。　尺波

疾。魂銷可憐色。樹猶是、景非昔。念江南、故舊情何極。剩有藏鴉，借枝巢穩，曾識韓陵片石。

望海潮 錢塘懷古，和邵次公

南戒分支，東漕發軔，湖山獨秀神州。陌上花開，波心月冷，探春纔了迎秋。覇業眴淹留。想伯符踞虎，具美刑牛。半壁君臣，又看胡馬繫江樓。　天公肯悔横流。且頻觀鬥蟻，漫説盟鷗。押吏出家，妖姬榮國，由來將相無愁。往事溯從頭。似夢粱才老，賣畫章侯。拌却風塵雪鬢，浩蕩泛虛舟。

花心動 水仙

岑寂纁黃，坐蕭齋、亭亭愁對癯影。六幅蹴漪，雙襠凌波，髣髴漢皋情景。別來依約春痕淡，儘消受、一瓢清冷。問誰與，盟將白水，素心心肯。　未解雲殘雨賸。從謫降、瑶台便呈明艷。畫桁深深，頓豁星眸，霜鬢又逢偷詗。賺人魂斷銀釭背，算合伴、青衫宵永。意不盡、團圞更看鸞鏡。

木蘭花慢

聽番風乍轉，太消瘦、憶人時。念玉勒同車，檀篦墮枕，影事魂飛。尋思。落紅無主，奈頭顱羞上好花枝。漫説黃衫客杳，佳人難再纔知。　東西溝水黯分隄。情緒一沾衣。過門巷依然，舊時燕子，語罷差池。淒淒。畫圖省記，勸金卮微笑遞靈犀。十載春明浪迹，五湖煙水空期。

解連環　南雁初來，和玉田韻

角聲催晚。正天涯倦羽，霽霞衝散。想此度、懊惱南來，怕江表無人，惜離懷遠。細聽邊聲，早揾透、盈盈淚點。勸征程蹔駐，玉塞長楊，未舒青眼。　斜陽瞥驚苒苒。帶湘煙楚水，寫成幽怨。悄欲問、芳杜洲前，有裁徧紅桑，幾回腸轉。冷澀箏絃，恐翠袖、倚樓先見。定銷魂、音信乖沈，繡帷懶捲。

洞仙歌　庭前來一蜨，黃質黑章，大常蜨兩倍，盤旋許久始去。《隙光亭雜識》及《藤陰雜記》載太常仙蜨事甚詳，意者即此物歟。今非其時，胡爲乎來？反袂掩面，致詞送之

容臺壚矣，綿蕞風流散。底事仙蹤未游倦。想瑤池小謫、無路朝元，悲故國，一訪樓頭王粲。　門庭羅雀久，戾止嘉賓，我亦南華夢形幻。看人閒何世、千古青陵，憑弔處、曾記征衫濕徧。勸早去、殘春莫勾留，待碧落爲郎、那時再見。

長亭怨慢　京津道中，過楊村

駛颷轂、夕陽無語。冉冉西崦，別都門處。棋刼河山，剩留殘燒淚如雨。野棠開徧，澆碧血、紅顏露。看薄暮飢鷹，偷覷着、炊煙遥度。　凝佇。十年移國恨，惹起客中哀賦。孤村繞水，問今日、石壕誰住。算多少、戰跡低徊，只相對、雛丁鳩嫗。又掩袂津橋，來聽啼鵑沿路。

醜奴兒

嬉春老怕春歸去，瘦倚東風。繞徧珍叢。贈別題詞着意工。　梅青一夜簾前雨，滴漏聲

三姝媚 游祕魔厓見舊題

峭厓鱗碧瓦。是神仙盧師，洞天昇化。指與桑乾，偏覆巖松，鬘山樵閒話。小浣緇塵，逗一點、涼蟾林罅。未亟留題，霧眼重看，礫波親寫。　歲歲滄江愁惹。漸彩筆凋毫，鳳樓才謝。拂拭莓牆，憶錦囊奴背，老僧曾迓。芋火生涯，飛夢過、惺忪無價。獨立天風飄袂，拖笻懶下。

憶舊游 中秋憶九如，時返南已五閱月矣

想潮迴歎浦，露冷燕臺，一樣悽單。卅載游蹤共，濺銅仙鉛淚，幾度桑田。此時月白遥夜，何處好山川。歎轉燭秋光，飄萍浪迹，妒煞團圓。　頻年。九衢路，是飲恨笳聲，寄興釵邊。眼底彈棊局，痛旗亭沽酒，輕別離筵。欲中。蹙損眉峰。擁被輕寒欲起慵。

減字木蘭花

風晨月夕。未識平生當幾屐。酹汝長星。萬歲何曾有一人。　擧蓬遠覷。自古神仙無覓處。菀爾拈花。小品籤來夢出家。

其二

閻浮住老。深愧冲天金翅鳥。一顆摩尼。猶閃微明力攝持。　悉皆平等。如是我聞饒益請。界盡虛空。具足悲心度刼中。

浣溪沙 自題畫扇

著箇閒身一角岑。扶藜低首苦沈吟。秋風凋盡百年心。　芳草如茵春夢遠，平林似薺暮煙深。玉人何處杳難尋。

問駿骨誰買，殘墨寫吴箋。似唳鴻飛盡，寥天半角孤影憐。

高浦蓮近拍　北海秋蓮，伯絅以和彊村翁作見示，並囑繼聲

明匳依舊故沼。倩影烘晴曉。一餉巡闌砌，紅衣惜愁芳草。鴛夢驚樹杪。殘妝悄。聽雨魚摇藻。昔人杳。凌波似訴，宫溝飄到秋老。娉婷水面，猶炫珮裳文葆。千縷柔絲付自笑。凝眺。魂銷曲作平院風掃。

石州慢　澤丞以所箸《勺廬詞》見贈，中有《鬥蟋蟀》詞一闋。愛其詞旨深美，依調繼聲

蕭散閒人，么小健兒，容易秋夜。黄池會上稱雄，赤壁戰時圖覇。蒼頭突起，絶似虎鬥龍争，將軍多少沙場化。孤注萬金揮，儘驕他牀下。　憑藉。雕籠玉食，華屋珍名，頓增身價。振羽功高，報道凱歌旋也。草間偷活，記曾斷續哀吟，甯知一躍驚城社。得失感微生，付蟲天同話。

琵琶仙　弔琴師黄勉之墓，墓在陶然亭側。黄琴音妙天下，九疑山人楊時百嘗爲余言兩人對彈漁歌八年，叩其出處，輒笑而不言。老益困，游湘歸，遂卒。時百葬之都中，有弟子數十人。憶乙卯、丙辰，余從游兩載餘，遂粗諳音律。今人琴俱杳，宿草離離，淒惋之懷，甯止腹痛

危矗孤亭，傍城堞、宿草斜陽微抹。鷓鴣香塚前頭，琴仙此蟬蜕。塘葦戰、秋聲警臆，照嫠魄、冷蛩剛闋。薄暮漁歌，中天雁影，還記徽拂。　十年夢、新譜重看，念芸窗、吟猱正襟襭。彈到猗蘭投袂，罷商音嗚咽。驚逝水、成

連海上，賸一坏、勝地蘼蒴。採薦低阜寒花，朔風停轍。

安公子 重九

爽霽催秋冷。小窗蛩織閒階暝。插徧茱萸縈昔夢，著維摩禪病。勸滿引、吳霜點鬢西風勁。思箇人、渺渺驚鴻影。看畫樓紅樹，猶伴斜陽交映。　欹帽成孤醒。俊游能賦空重省。倦檢寒衣誰待漏，掩房櫳心警。怕獨聽、關山笛破哀笳迸。烏亂啼、繞月梧桐井。算負了佳辰，醉吟剔殘涼檠。

祝英臺近

鳳城南，鴉陣裏，争逐鈿車去。醉倒紅樓，側帽聽金縷。爲伊怨入檀槽，情牽銀燭，數聲價、門前楞樹。　舊游處。最是刻骨相思，剪燈夜深語。一夢燕臺，空賦斷腸句。倩影猶掛屏山，横塘萬里，怎遣得、西風羈旅。

天仙子 擬子野

雨潤曉窗人悄澋。遠樹小邨縈夢境。那堪重憶少年情。鼉鼓定。羊鐙冥。眼底檢愁愁萬頃。　籬畔柳枝墻畔杏。飛絮撲簾庭院静。黃鸝喚得一春晴。花薄命。房空影。誰惜陌頭番信竟。

減字木蘭花 擬六一

斜陽亂絮。見説春殘春尚住。一抹紅雲。比是鮫綃别淚痕。　閒情潦草。杜宇聲中無計好。剗盡相思。怕見飛花投酒巵。

醉花陰　擬漱玉

長隄暮靄分雙袖。記否金鞭授。燈火易黄昏，水遠山遥，醉坐東籬又。　薰鑪篆字氤氲久。是嫩寒時候。屈指近歸期，疲馬貂裘，行李晨霜厚。

少年游　擬屯田

高陽狂客醉登樓。天氣肅清秋。鄉關不見，江山如此，莽莽使人愁。　垂楊凋盡黄金縷，好夢付東流。畫角聽殘，曲闌敲徧，無計辦歸舟。

清平樂　城東某旅店露臺數畝，士女歌舞徹旦

人間占有。不是樊樓舊。急管繁絃消永漏。勸客葡萄美酒。　憑肩轉踏温柔。畫眉裝束風流。學就鮮卑巧語，渾忘眼底神州。

浣溪紗

小曲幽坊憶舊游。青衫漬淚十年秋。閒情多少負吴鉤。　照眼落花争墮溷，彌天飛絮亂登樓。長安見也使人愁。

其二

月有微雲花有風。不辰偏在百年中。闌珊合號信天翁。　局外傷心棋一刦，筵前醉眼酒千鍾。郎當鮑老又相逢。

角招　西郊極樂寺，爲明時文讌勝地。旁有國花堂，乾嘉朝猶以海棠著聞。乙卯、丙辰，余數偕道沖、叔明、九如來游。月必二三次，各攜壺榼，藉地懽飲。春時尚有丁香、梨花盛開，皆數百年物也。今秋鼙鼓聲中，踽踽重到，念袁、汪、金三人離京已久，南皮之游不可復再。近觀流景，遠念

舊懽，悽惋之情，不能無寄

景猶是。潺湲薦稻，門前半剪流水。駐鞍魚梵地。換刦爪泥，看似彈指。風蒲露葦。尚記得、梨雲同倚。倦客淒涼重到，過三兩點寒鴉，夢持觴花底。愁裏。老僧閱世。枯形破衲，相認飄鉛淚。暮笳心欲碎。一髮青山，如人憔悴。旗亭酒貰。剩獨醉、斜陽殘壘。恨極迴腸影事。奈京國、積緇塵，歸無計。

鵲踏枝

目送芳塵閒永晝。一夢遼西，眉嫵時新鬥。倚偏熏籠衾冷久。啼鵑聲苦空牀守。殘脂猶困酒。繡閣棲香，無賴橫波溜。祇恐鴛機停織後。黃姑怕握柔荑手。

其二

未到橫塘先屈指。打槳來迎，陌上剛紅紫。星斗闌干初破睡。綀囊貯得相思字。海月團圓傳嚼臂。鈿合金釵，事事如人意。開到荼蘼渾似醉。眉山黛色從新起。

其三

不耐龍涎簾底逗。西域奇香，偷贈噴金獸。胡樂琵琶能自奏。嬋娟休怨毛延壽。因甚鸜哥多僝僽。雨橫風狂，亂絮隄邊柳。蜃氣樓臺驚社後。殘紅狼藉空回首。

其四

西北高樓芳草路。深鎖葳蕤，窗外黃梅雨。佇線停鍼春漸去。守宮銷盡誰鴛侶。一捻腥紅飄薄暮。溝水潺湲，葉上曾題句。舊日鉛華零落處。思量昨夢無憑據。

玉漏遲

友人招飲南樓，席間感舊

綠窗今再到。檀板金尊，翻添悽抱。記得年時，初見荼蘼開了。如此星辰一夢，空想像、驚鴻嬌小。銀蟾照。團圞前度，斷腸多少。斗

錦屏繡幕依然，奈倚徧樓頭，信沈青鳥。轉參橫，不是那回侵曉。散盡貞元朝士，怎又痛、何戡人杳。拚醉倒。閒愁醉來能掃。

氏州第一

春雁

庭角輕陰，天際倦羽，春愁暗起多少。散髮挑燈，調絃繫柱，匆別江南老了。羈旅宵深，最怕聽、歸期來報。冷驛留音，荒宮過翮，斷魂雲杪。　悵底頻年書信杳。料曾帶、萬千煩惱。夢醒吳塘，羣呼楚岸，覺迓賓人渺。莽京華、顛頷侶，殷勤俟、妝樓玉貌。目送輪蘆，勸迂迴、斜陽古道。

東風第一枝

早春

柳岸鶯啼，榆關雁返，陽春催動心緒。繡坊遙聽餳簫，綺陌競敲賽鼓。湔裙人瘦，尚慵把、花幡裁取。怕悄寒、閒却秋千，紅索舊香凝聚。　懽易了、放燈夜户。腸欲斷、分襟晨浦。便攜斗酒雙柑，第一信風暗數。芳菲猶遠，衹幽夢、薰籠微煮。念醉來、重換貂裘，嫩約玉樓何處。

惜紅衣

丁卯三月二十七日作

易水波寒，華庭日黯，幾多萇碧。帝遣巫陽，招魂誓空惜。潮音大海，終不信、迴風聲寂。悽惻。春色滿園，竟香銷今夕。　螟蛉類急。

拔幟微言，同心感重譯。華嚴妙境，肉相恐難覓。虎豹逐人無饜，一笑九閽供食。算重泉聯袂，開闢汗青新迹。

踏莎行　題傅蕫庵藏園校書圖

風雨青氈，絃歌絳幔。人間善本丹鉛徧。十年已倦看中原，百城何暇尊南面。　振鐸新釁，燃藜便殿。停車幾輩脩羊見。硯田無恙老都忘，那知門外桑田變。

風流子　六橋藏雙鳳硯，爲納蘭容若舊物，禊飲共賦

重光傳再世，風流杳、遺物寄遐思。想花間側帽，名聞雞塞，殿前持戟，恩到烏衣。半規石、宮商常寫意，哀樂慣留題。金粟舍人，共濡椽筆，玉臺亡婦，曾畫峰眉。　大然依依影，詞仙定、呵護永久雙飛。塵刼幾番移換，珍重相知。看十笏齋開，似栖丹穴，一枝簫譜，親捧紅兒。惟恨倩魂銷盡，如此斜暉。

虞美人　赴熱河津奉道中

天津橋畔重衾冷。數驛更初靜。飛輪碾夢度榆關。又見葫蘆依舊、島雲環。　枯林着雪凋年景。邨小矬垣隱。下弦月子似弓彎。蝸角河山擲賭、未曾還。

鷓鴣天　過西山劉氏別墅。甲子秋，曾挈蘇娘映雪來游，追念心痗

一綫渾河彎復彎。蘆溝橋榍卧荒寒。青蕪向晚聞吹角，紅袖臨風記倚欄。　情逝水，事飄煙。無端哀樂對蒼巒。蹇驢獨欵迎新月，人面曾經比並看。

鬥百花 閏花朝

檢點今年愁緒。添得愁深如許。千尉萬蕚争妍，香國仍傳初度。白打匆忙，休再蝶會催開，又被蜂臺窺取。時節迷離雨。　多少倉庚，轉舌聽慵孤旅。春夢斷續，憑誰落紅留住。危倚闌干，私憐九錫恩衰，重酹一杯心苦。

好事近

風雨落花天，夢見箇人微笑。不是千金能買，是陽春回了。　儂情如海起波濤，卿如海中島。除却桑田遷變，誓朝朝環繞。

一蕚紅 戊辰清明後二日，游陽臺山。時杏花盛開徧三十里，彌望無際。遼時清水院藏經處遺址尚在。近則响堂、普照、秀峰、蓮花、朝陽各寺爲清太監産，自被放後，羣棲息於此。宮人入道，古今同慨

策青驄。指西山一角，消息雨聲中。郇小飛帘，約横吹笛，銀河天上遥通。恠如此、佳人絶代，耐峭寒、空谷爲誰容。暈靨遺臺，低鬟古刹，隨處相逢。　因感幽燕十六，剩半泓秋水，流灌芳叢。分道南京，迴心内院，沈醉何限東風。怎今日、扶鳩宮監，説探花、無復舊游蹤。莫報先生歸也，且戀春濃。

一叢花 故宮有太平花一株，木本叢生，四月開，瓣四出，白色黄心，香冽異常。相傳太平世全樹着葩，否則僅寥寥數朵。《宣和畫譜》載宋趙昌有太平花圖，是花名古已有之。今夏盛放，意者人事未卜，而天心已轉歟

何時仙種入昭陽。恩寵冠椒房。山河舉目而

今異，更休説、管領興亡。素臉籠煙，冰心夢月，閑雅内家妝。雕欄玉砌尚相望。天意厭欃槍。宣和譜記傳神筆，强簪幘、欲斷柔腸。明年倘健，再到花時，一醉顛千觴。

玉蝴蝶 戊辰中秋

一片愁人秋色，紅香霝落，舊日瑶京。急景西風，哀感誰賦蕪城。念幽懽、已成畫扇，温綺夢、曾倚銀屏。悵離亭。幾多賓雁，咽向征程。　輕盈。姮娥今夕，顰眉蹙黛，底事含情。玉宇瓊樓，最高飛處剩流螢。俟河清、歌聽無渡，舉杯勸、坐看長星。掩柴荆。倦來支枕，數徧殘更。

祭天神 秋夜無寐，倚此待旦

記浪游蹤跡來人海。數長安、幾度推枰雙鬢改。關河望眼殘秋，萬恨杯難解。念開元尺五城南，今誰待。　落葉舞、鐘鳴快。又悽咽、隣笛渾無賴。迷離夜，顛頷客，旅夢蒓鱸賣。判而今、相忘哀樂，休管陰晴，畫裏盧家，認取斜陽在。

浪淘沙慢 寒鴉

恨墨認、霜天練白，亂蘸盈幅。樹杪呼羣共出，樓頭向晚對逐。最感動旗亭孤客目。帶雪霰、飛隔疏簾，訝故人、顔換美如玉。　相視老燕北。　託足。影形剩弔京國。記當日、楊柳藏身穩，曾聽叮嚀囑。倏燼餘朱邸，香銷金屋。西風數點，覊夢驚，荏苒駒光何速。興廢怨、隋宫終古，清寒骨、易變鬢緑。揀枝倦、投荒甚處宿。怕午夜、月落啼時，漏短促。

淒涼淚滿城頭曲。

月下笛　伯絅得一龍笛，内府物也，同賦

感汝飄零，殘鱗片甲，引商嗚咽。關山破缺。喚起中天明月。傍宫牆、槐落聽謌，李謩妙曲誰共擫。想垂楊怨譜，寒梅香弄，雅音消歇。横吹下馬，記折頸臨風，未甘蟠屈。新亭亂葉，望遠愁聞三疊。伴詞仙、曼聲度來，舊人老盡南内説。按梁州，怕憶紅桃，暗泣前殿别。

謁金門　釣魚臺迤西，農學在焉。秋日往游，沿途風景，不減江南

西風急。吹换垂楊慘碧。望海樓頭銜落日。小橋多圯迹。農圃秋林深入。做就天然顔色。蘆白楓丹青薺麥。戎葵强項立。

浪淘沙　秋雨初晴，獨游廣濟寺。歸時見六街岑寂，車馬甚稀，感此蕭條，甚於歌《黍離》《禾秀》也

古刹露松杉。禪悦聊探。功名牛李現優曇。多少永熙興廢感，欲記伽藍。拈斷短衰髯。蕉夢休談。酒樓獨上唤銀蟾。爾與青山長不改，容我沈酣。

臨江仙　懷仁堂聽曲

水殿風微留返照，明匳一抹如揩。龍輿曾記夜殷雷。香濃銷絳蠟，恩渥賜金釵。天上人間春去易，玉階徧長莓苔。宫鴉晚噪費疑猜。管絃何處奏，落葉滿秋槐。

鷓鴣天　題汪鶼龕柳岸曉風填詞圖卷子。卷爲悼亡姬作

暫作鴛鴦不羨仙。無端絃柱數華年。千絲憔悴樓空在，一抹迷離槳自彎。　情傷逝，景生憐。詞心畫意兩淒然。樂章割取纏綿句，本事真堪作鄭箋。

虞美人

友有簡招回南者，書此寄謝

多君書抵千金至。頓觸蒼茫意。紇干忍凍慣慵飛。病裏越吟和我、夜鳴鷄。　魚龍曼衍今何世。勝算叵羅醉。隔江商女恨應知。金粉家山只在、夢游時。

長相思

密紅花。疏白花。紅白花開苦憶家。當年油壁車。　日西斜。月東斜。暮色侵簾住且佳。閒庭聞亂蛙。

霜天曉角

匆遽西風。換天涯舊容。一夜相思枕畔，枝上葉、亂離中。　孤鴻。鳴遠空。客愁千萬重。苦憶傷春時節，猶徙倚、夕陽紅。

兀令

春陰，庚午上巳後三日作

簾幕深深慵不捲。雨晴難辨。春恨憑誰遣。念南國佳人，隔斷迷離岸。無數蝶浪蜂狂，若箇綢繆伴。只屋鳩齊喚。　輕袷猶寒棉乍煖。潤衣香篆。鑪獸噴來緩。怎躑躅迴廊，未把愁眉展。淒絕遮目平蕪，非霧非煙滿。又角聲催晚。

法曲獻仙音

庚午初秋，戰事方酣。獨處無聊，發篋見亡友芒父贈畫，不勝悽悼，兼懷董卿

孤客驚秋，異鄉傷別，併入哀時詞賦。凜冽西

風，麗都南國，斜陽也遮煙雨。昨夜夢巫咸語。高丘早無女。　俊游侶。算儒冠、誤入非淺，添了海濱愁緒。舊苑數晨星，更悽神、王濛犀麈。畫筆如新，憶芬芳、蕭寺蘭杜。歎承平年少，轉眼即成懷古。

臨江仙

高念東廣東坡『勸爾一杯聊復醉，人間貧富海茫茫』之句，作詞五闋，可謂絶唱。惟意有未盡，依調再廣之

墮地啼時憂患始，偏期六射翺翔。黄粱未熟又收場。青蠅來弔客，紅葉落秋塘。　採藥神山終不返，輻車今古淒涼。北邙松柏鬱相望。一杯聊復醉，生死海茫茫。

其二

蘇季歸來懸六印，道旁妻子傴僂。逡巡胯下少年郎。三軍壇下拜，意氣正飛揚。　鳥盡弓藏千古例，休將趙孟評量。秋風捐扇泣姬姜。一杯聊復醉，寵辱海茫茫。

其三

秋月春風多代謝，眼中覆鹿亡羊。塞翁不爲馬蹄忙。楚弓終屬漢，周鼎却移商。　弱肉强梁庖裏食，山邱華屋無常。刹那流轉換滄桑。一杯聊復醉，得失海茫茫。

大酺

和清真

悵屧廊空，羅紈散，彈指承塵金屋。游踪同隔世，省蘭成哀賦，萬千愁觸。慘緑情痕，傷紅史事，難盡南山修竹。沈思年時夢，記胡麻一飯，遇仙親熟。怎荒驛書遲，隘門羅挂，漸悲單獨。　雙丸飛太速。攬孤轡、何地停勞轂。

想夜半、橫塘潮漲，玉樹歌殘，好樓臺、未妨娱目。醉步城西郭，秋雁咽、夕蟬工曲。怕重説、華胥國。排户遥望，天上星辰如菽。淚零漫看短燭。

應天長　和康伯可《庚午除夕》，伯絅、次公同作

斗迴報臘，星轉送寒，殷闐記曾沿路。天上長安畫燭，光中閙朱户。傳柑坐，連袂語。肯向夕、謙游孤負。欵春信，笛起靈和，人懷張緒。往夢杳尋處。怊悵劉郎，樓閣看無主。凋鬢漸霜回首，興亡付毫素。守清漏，思舊雨。院落静、暮炊烟度。更難勸，酒侑吴姬，聽歌金縷。

八寶妝　和李景元

珠履豪門，管絃銷歇，幻影泮水炎暑。孤枕如年愁絆繭，轉眼迎新簫鼓。儒冠終誤，共誰披髮遐荒，狂歌哀鳳聲酸楚。無數碎紅成陣，迷離前路。樓上望遠魂飛，濁醪破夢，憶經雙槳橫處。看春早、信風暗送，怕攀柳、陽關同去。賸蜂蝶、偷窺牖宇。視天香梟頻添炷。問大澥洶濤，寃禽恨石能填否。

倦尋芳　申江別意，用夢窗韻

麝衾夢短，蟾鏡盟寒，心事絲亂。記得相逢，春滿館娃吴苑。珠箔飄燈驚照眼，銀屏掩夕羞回面。盪柔魂，念憑闌露冷，登樓天遠。踐嫩約、娉婷仙影，重與綢繆，襟帶塵軟。暗託微波，争奈賦情吟倦。寶玦偷看黄浦路，鈿車獨去藍橋畔。有誰憐，似衡陽、北征孤雁。

臨江仙　浦江晚步

歇浦潮聲如怒馬，風吹皂帽驚魂。鵁鶄蹭蹬蜃樓新。沙淘翻急浪，煙散入浮雲。　巨艑高檣紛到眼，南疆鎖鑰何人。長天遠望少微昏。誰傾東海水，一洗浄乾坤。

一寸金　山塘泛舟至虎丘

南國鶯花，到眼春光滿紅緑。看遠塘鬥鴨，晴絲繞岸，長橋停馬，炊烟連屋。傾耳吳儂曲，珠簾捲、幾人夢覺。篷窗外、夾道夭桃，細雨斜風正飄拂。　緩步支筇，田塍如繡，寒山供遐矚。念泠清坏土，真娘幽恨，峥嶸拳石，生公高躅。芳草天涯好，銷魂處、霸殘畫角。魚腸杳、寶物沈薶，暮色愁萬斛。

曲玉瑄　黿頭渚望太湖

趾展松江，腰移笮嶺，依然五百周遭里。一棹連天窮目，輕煐春時。恁迷離。　酒市飄帘，漁舟張網，碧桃紫燕長隄裏。罨畫晴巒，隱隱層浪敲磯。看斜暉。　夢想勞生，轉回首、吳閶遺恨，忍抛肘後黃金，携載苑内西施。杳鴟夷。問神鉦猶在，待攙頑雲飛去，笛中楊柳，亂葉牽衣，却怨伊誰。

南鄉子　金陵作

麓畔露新泥。廣武登臨一樣悲。甛鼎紛紛來眼底，休嗤。我是丹徒老布衣。　烟霧樹頭齊。木客他年也解詩。沈醉東風金粉膩，驚奇。江上潮迴海欲西。

金縷曲 游北戴河

舊是驪城路。聳樓臺、俯涵海氣，盡銷煩暑。夾道松篁涼送韻，萬國萍踪同聚。疑換了、人間朝暮。半臂泅衣迷五色，狎狂潮、不怕蛟龍怒。天上月，共吞吐。　分明蜃市流連處。策疲驢、婆娑皂帽，愴懷今古。遺址博文留瓦當，猶説秦唐堠戍。算一霎、滄桑無數。東望榆關風雨急，結幽期、還許盧敖住。欹枕聽，浪如虎。

浣谿紗 游獅子窩

靉靆烟雲脚底生。藤輿穩坐御風行。下方卯色失層城。　霜後青山添老態，雨餘紅葉似多情。廿年三度到孤亭。

滿江紅 登清涼山頂遠眺

振袂登臨，數不盡、南朝陳迹。冶城裏、過江年少，連翩裙屐。斷壟導淮空問姓，埋金厭氣仍開國。看蔣山、草長鬥青青，斜陽色。　翠微址，尋無石。華陽隱，荒無乇。聽打鐘古寺，感懷今昔。埭上鷄鳴風又雨，關前虎踞潮還汐。指新亭、咫尺是兵衝，征衫濕。

浪淘沙 赤城陪游白下，甚懽。江邊送別，情見乎詞

江闊暮潮平。新月微明。南來一事最心驚。纔繫斑騅匆解纜，如此浮生。　屈指數晨星。涙眼盈盈。傷離念亂鬢非青。執手相看珍重意，直抵連城。

其二

槭槭西風戰白楊。當年畫壁蝕星霜。强支邛杖覺秋涼。　繚繞夷歌聞隔院，模糊佛像卧長廊。游人猶自説貂璫。

畫堂春　宿香山

好山久别似情人。見時陡覺銷魂。蒙頭一片霧氤氲。疑冪羅巾。　鳥喚慣迎游侣，池清不受纖塵。幽香領略趁朝暾。静愛黄昏。

徵招　自題《香蘭詞》後

江山如此空垂涕，鍾情已非吾輩。寂寞杜蓬門，只憂天將墜。陽阿晞髮地。問何補、楚囚相對。日薄崦嵫，夜鳴鵜鴂，厄逢元會。　危苦託陳詞，雕蟲技、分明覆瓿堪比。敝帚享千金，付蛩唫蟬嘒。墓前曾跪誓。算贏得、硯田豐歲。但腸斷、炳燭牆東，遺有生良愧。

以上《香蘭詞》

木蘭花慢　壽徐芷生六十

數貞居耆獻，望城北、著神仙。念對策臨軒。焚香推轂，如夢如烟。頻年。書牀鏡檻，散籯緡大隱一廛眠。且喜斜川有酒，何愁陽羨無田。　家傳。游戲遍丹鉛。美意儘纏綿。記傾蓋津門，撫髀同感，橋上聽鵑。無邊。鯉魚風起，羨小紅閒伴譜金筌。待約東籬壽客，唐睢醉舞華顛。

摸魚兒　癸酉辜月十五日，聊園聚飲，夏閏老以月當頭命題同賦

憶頻年、歲寒心警，匆匆雙鬢如許。玉盤不似

金甌缺，來慰美人遲暮。搔首覷。剩幾點晨星，未把團圞負。羈情恨緒。聽剗地西風，同澆壘塊，重與理樽俎。滄桑夢，彈指樓台誰住。盟壇奇氣猶吐。關山畫出淒涼色，各有爪泥無數。休自苦。念碧海青天，靈藥偷何補。雞聲戰鼓。奈獨擁孤衾，牀前霜影，腸斷故鄉路。

徵招 題林訒庵填詞圖

人間盡譜伊涼曲，孤桐夜寒猶抱。厄會數交期，共白頭催老。春風詞筆好。羨何遜、高情雲杪。歇浦潮音，薊門秋思，寫留鴻爪。　聞與舊盟漚，珠璣落、爭傳月泉新藁。紇干山下鳥。喜贏得、天涯輪，痛宣和煙草。大雅起扶同調。據梧席、嗒爾忘形，問減偷多少。

蝶戀花 題傅沅叔聘室聶夫人書庾子山《春鏡》詩箋

彩鸞妙筆金鑾墨。珍重遺芬，舊是東牀客。鏡不終圓春驟寂。此情可待成追憶。　老去冬郎悲一昔。椽筆銘辭，彤管增顏色。明月投懷歡又合。雲英算未人天隔。

迎春樂 君剛以元旦詞索和

晴簷喜鵲平安報。未許閒情少。看水仙、綽約淩波好。正大地、春回了。　料轉眼、燕啼鶯笑。又屈指、鬧燈非早。心事兒童一樣，那管垂垂老。

婆羅門引 伯絅用遯齋韻索和

鬧燈聲裡，又逢東斗薦辛盤。疏檽還惻春寒。莫問蝸蠻身世，枳棘老栖鸞。算填平五岳，不再看山。　夢醒漏殘。門噪雀、孰爲懽。苦憶雕蟲盾墨，試馬金鞍。江南倦客，衹一霎、星星兩鬢斑。貂換酒、舊市長安。

金縷曲　丁丑和夏閏老《稷園修禊》

舊日蓬瀛客。又萍踪、淑風吹聚，惜春温席。珍重飛光分曹勸，看取新醪漾碧。漫惆悵、霜絲顏色。隔絶紅垣觚稜聳，剩垂楊、留得宮鴉迹。桑海夢，幾今昔。　永和韻事年年歷。念何人、盟壇健筆，换來鶱白。賀老江南腸斷句，大雅遺音未息。聽唱遍、旗亭芳陌。聊折花枝頭上插，肯情遷、俯仰成追憶。重洗盞，畫闌側。

唐多令　丁丑和夏閏老《宮怨》

夜色滿天階。蟾光冷入懷。訝團圓、不此前回。漫説承恩顏似玉，鴉影裏、也堪哀。　走馬遍章臺。何人賣賦才。倚熏籠、愁緒紛來。寂寞宮花容易事，雙淚落、眼慵開。

其二

簾幙窣宮階。春殘最感懷。盼佳音、青鳥難回。昨夜上林風雨後，河滿子、一聲哀。　特敕降瑶臺。曾矜學士才。記雞人、籌唱傳來。九子鈴摇龍欲動，瑶池宴、幾時開。

其三

蓮步印苔階。深恩日繫懷。掩雲屏、好夢同回。解惜紅顏明鏡破，王謝宅、過時哀。　蜃市幻樓臺。陳王最費才。鎮傷心、赤鳳歌來。草草景陽鐘闃寂，芝田館、爲誰開。

其四

熒火傍瑶階，宮娥共悵懷。抱琵琶、馬上頭回。點臂守宮紅不脱，蟬暮咽、肯興哀。　雲母濾高台。雞翹侍宴才。怕胡僧、共話將來。小隊銀裝陪試獵，悔張網、未能開。

長亭怨慢　祭竈夜，和白石

是重聚、浮萍飄絮。衍變魚龍，倏輝朱户。滿眼横流，竟天長孛避何許。刼餘殘火，燒不盡、冬青樹。漢臘祀黄羊，裂成角、焉能堪此。　日暮。遍闌干拍倦，枕上淚痕無數。湘皋雁影，亂雲逐、帛書空付。望隔水、縹渺樓台，照寒月、誰分賓主。算商女琵琶，遺響還歌金縷。

揚州慢　和白石

霜晚添愁，客懷成痗，里門阻滯歸程。望江南雪涕，攬皓髮非青。自翻手、家居壞後，倦看蝸角，還共鏖兵。痛荒台、麋鹿饑嗥，分散蕪城。　感時淚盡，遍齊烟、天外弓驚。念渡畔桃根，堂前燕子，誰更鍾情。夜剔暗檠無睡，隨陽鳥、遠作商聲。勸中山盈酌，沈醺同遣餘生。

臺城路　本意，和竹屋

珠歌翠舞同心侣，匆匆聚萍飄遠。玉枕才消，薔簪淚盡，荏苒斜陽催晚。樓頭試覽。又剗地西風，漏殘魂黯。一掐腰肢，思量誰惜近來減。　明璫緘札幾許，市門曾徙倚，髻雲高卷。遺綺濃幰，分香嫩約，私語阿環聲輭。尋花舊苑。怕秋到梧宮，愁埋蓬觀。半鏡淒涼，額黄慵再點。

徵招 悼邵次公，和白石

旗亭絶唱揚荷句，文章慣憎才士。馭鶴視神州，悔匆匆來此。玉樓人召矣，剩詞客、百年哀思。唾落成珠，筆酣驚座，眼前誰是。　迤邐。滿中州，門牆彦、同嘗太羹滋味。起廢説齊詩，次公《齊詩》學甚深。攬霜毛忽二。白駒過倏爾。杳揮麈、談元風致。雅音社、結集遺篇，怕亂時無計。

祝英臺近 陳蒓衷室馬夫人七月七日生，逝後作秋河悵望圖，徵題

玉繩低，珠露冷，人在傫然室。蒓衷有《傫然室憶語》。長簟驚秋，玳梁尚如昔。庭階夜色淒涼，闌干倚遍，有誰念、潘郎頭白。　鰥眶濕。迴憶密誓憑肩，牛衣悔輕擲。姤爾雙星，萬古一周隔。那堪錦瑟幽辞，綵雲哀誄，都併入、啼蛄聲急。

早梅芳 戊寅春，張伯駒招飲，適階前紅梅一株盛開，相約共賦。余用美成韵繼聲

故家居，喬木繞。畫閣依池沼。仙來姑射，日伴張星索同笑。暈肌春酒泛，點額晴霞小。　綺筵開，懽未了。疑在蘇閶道。巡簷高會，白髮紅顔對忘曉。艷清稱絶世，韻格供凝眺。姤青袍，一片庭際草。

踏莎行 壽龔巘屏

星海槎浮，函關樽倒。當年握手雍涼道。乾

蕙蘭芳引 叢碧山房主人招飲賞蘭

庭院爽軒，靜銀蒜、有人如玉。正白水盟心，哀動楚騷諷讀。媚香座滿，好記取、結交幽獨。想亂耡得免，介石終羞傾國。　淨雪胸襟，堅冰情性，肯忘空谷。看彤几安排，驅盡絆愁萬斛。蘭亭千載，雅懷尚續。傳妙神、應念所南高躅。

倦尋芳 西郊亦雲盧秋日海棠忽開，主人屬同賦，用夢窗韵

曉嵐枕水，秋樹支樓，山館歸晚。亂葉殘陽，相對阿嬌鬟捲。蕭槭商聲催皓首，麗娟仙子垂青眼。露猩紅，念春時遠客，謝王堂燕。　悠俊賞、闌干憑眺，葵放黄深，萸綻紅淺。翠袖天寒，添了倩魂幽怨。金屋藏消捐扇恨，銀

坤何地著賢豪，閉門坐送吟絲老。南國烟昏，東籬霜曉。魚龍曼衍情多少。秋聲一夕落誰家，貞居隱逸人倫表。

霜花腴 稷園有一五色鸚鵡，南洋産，入清宫四十餘年，爲慈禧、隆裕二后所愛。清帝出宫，枵餓垂斃。好事者送入園中，豢飼數年，毛羽漸豐，縱人觀覽。嗟夫，錫時樂之號，曾被殊恩；問上皇之安，不忘故主。顧而哀之，爰賦此解

誕生古越，傍上林，聰明寵被椒房。煙鎖瀛洲，血濡金井，貞元變局能詳。夢醒斷腸。聽管絃、凝碧槐黄。閲興亡、老却閒身，整衣還是舊時妝。　休憶月明南内，算江山浩刼，尚賸餘糧。詞客含情，才人分賦，伶俜忍歷繁霜。畫闌晚涼。望蠣牆、猶踠垂楊。背西風、顧影吞聲，素心遲暮傷。

河緪照姱容見。奏通明，醉花前，借陰休倦。

鷓鴣天　題玉霜主人所藏彡道人畫並蒂芙蓉卷子

出水盈盈秋意涼。鍾陵移植殿羣芳。太清手把仙同醉，七夕河横影亦香。　思往事，幾星霜。玉笄紅杏賀新郎。玉霜在同興堂結婚日，瘻公邀余往觀禮。余以洪北江《杏花》詩、陸白尘《玉笄》詩爲贈物，皆真跡。同興堂外花驄繫，絶色姚黄掩淚看。

漢宫春　庚辰春邵茗生以姚茫父畫黄梅立幀屬題

搓蠟緘封，似江南寄與，前度新春。仙宫侍香大去，誰更温存。含章墜蕊，問何人、點額留痕。指淚眼、紅消翠減，横枝猶殿晨昏。　故人舊居蕭寺，念初禪參透，遺迹堪珍。無根蕙蘭畫意，休並提論。勾芒震出，喜條風、吹遍靈芬。應記取、黄裳元吉，讖文阿堵傳神。

浣溪紗　除夕

卧榻何人慰寂寥。鄰家鞣樂聽心凋。蛇兒年又是明朝。　百六會逢非故我，萬千愁塞度今宵。無眠不戀歲滔滔。

千秋歲　壽郭蟄雲六十

玉堂人到。竹馬東甌道。争艷説，朱顔好。使君碑滿口，循吏庭承誥。年未老。中書領袖羣傾倒。　大隱金門早。勝侶供談笑。龍顧集，名山料。四聲風雅并，六法烟雲妙。君且釂。吹來腰笛秋宵繞。

水調歌頭　壽傅藏園七十

旗翼在天朗，籬菊正初黄。金風玉露秋好，萬目仰靈光。蹤迹三江五岳，睥睨一廛百宋，白髮話滄桑。故物青氈託，蘭桂競芬芳。　聚牙籤，燃藜杖，指青箱。禮堂寫定，手稿四部入平章。園小藏身人海，回首蓬瀛舊事，大夢醒黄粱。料理名山業，雙鑑永相望。

鷓鴣天　閔葆之囑題其先德小白先生繪四皓圖

芒碭雲飛三尺腥。美姬愛子揔多情。卯金四百靈長祚，奇計還須仗老成。　芝在手，貌如生。揮毫想見意峥嶸。商山渭水應同倒，青史名垂白髮盈。

虞美人　邢冕之屬題尋山圖中西湖之一

故鄉八載空回首。刻骨相思瘦。憑君不變舊時容。細雨斜風南北、兩高峰。　雙堤多少長條柳。依樣毿毿否。淡妝濃抹倘相逢。一笑傾城填沼、見吴宫。

八聲甘州　吴越黄妃塔《寶篋印經》爲郭侗伯所藏。壬午夏六月，余由侗伯姬人處購得前題者。侗伯、式之、晴初皆余舊友，仁先亦有數面之緣。依調和之，惟旨趣則不同耳

記墜錢踏破是牛蹄，國除瞬千年。剩窣波七級，寒鴉夕照，憑弔荒烟。一霎閻浮震動，隨刼返無邊。密典瞿曇力，遺落人間。　我本稽留舊主，念釣游踪迹，曾遍湖壖。歎撫兹殘卷，生滅感循環。問何時、白頭歸去，聽晚鐘、閒倚畫欄前。黄皮長、望雷家路，仍好江山。

壺中天

用平體　冷攤中得一硯，長方式，縱四寸半，橫三寸半，厚一寸二分，硯首鐫『石骨金鱗』四隸書，極爲工雅。右有『崇禎二年仲冬』，左有『檇李項元汴』二行。池中剥泐異常，攜歸後磨礱數日，完好如故。審視硯質，大西洞無上之絶品也。喜而不寐，倚聲寵之

風塵乍遇，是三朝歷刧，兵火餘生。石骨金鱗含懿德，水巖佳品分明。四百年來，傷痍竟體，付託恨荒傖。璧完無恙，介貞還爾全形。淪吴地舊主多知，琳瑯法物，天府供充楹。淪落人間誰抱哭，一朝和璞連城。凹象容虚，暮齡守黑，乱世得師承。餓莩同感，未蕪或許深耕。

錦堂春慢

壽戴雨農母百齡

霄嫈騰輝，坤輿鍾粹，人間紛拜神仙。羨起居八座，九五齊全。談笑道咸舊史，儀型孟鮑先賢。歲歲添籌海屋，金粟前身，現相青連。國慶還逢宴喜，想高堂庇蔭，新命延綿。對庭階菊桂，南極開顔。樺燭欣看綵服，軺車記遍瀛寰。更祝郎如林類，唱萬年歡。舞大羅天。

玉樓春

題香影樓研影册子。册中繪香影樓圖，并坿香影樓硯拓片二頁。此硯爲伯褧族祖姑母邵宛生物，宛生則由伯姊所遺，其夫羅鏡泉續娶後歸之，蓋姊妹後先同歸羅爲婦者。伯褧因丁輔之介紹而得，徵題甚夥

思鄉怕憶高樓立。安樂女宗留片石。安樂爲宛生之祖邵右庵藏書屋額名。傳家昭諫自鐫銘，述德伯孫當飲泣。《范喬傳》：『喬字伯孫，得祖硯而泣。』其事頗相類。　連枝共畫雙蛾筆。想見承平憑翠墨。珠還璧返舊庭闈，五葉繩繩珍手澤。

聲聲慢 題林訒盦蟄園勘詞圖

鞴歌氛浄，燕樂聲傳，名園依舊門庭。老去詞仙，一椽來看陰晴。江南不堪回首，怕哀時、憔悴蘭成。慰情處，有擘牋翰墨，埋篋精靈。多少衣冠入夢，又不薄今人，相應留名。百卷琳琅，吹香野史孤亭。追躅黄周絶妙，起朱陶、把臂同盟。雅音歇，奈知音、如數晨星。

清平樂 乙酉冬，歲逼年凋，夜不成寐，倚此寫之

咿哦卒歲。錯了當年計。溲我儒冠休雪涕。試看人間何世。虀鹽聊足充飢。花豬隣舍偷窺。來日不須鏡聽，黔婁磨蝎先知。

其二

冰山簿録。換取一家哭。牽犬東門看角逐。幾个奮身投閣。黄粱一夢收場。敲鐺我有饘香。蜜餌餦餭媚竈，休嗤未備黄羊。

其三

腰纏燦爛。何止千和萬。豎亥驚心難布算。不值貨郎一盼。金釵拔取還愁。鷫裘典盡仍休。欲賣屠蘇共醉，沈吟人倚高樓。

其四

男兒墮地。要挾風雲氣。觀化明矑今倦未。老憶還鄉滋味。魚游沸鼎堪憐。門前國瘦依然。夢擁寒衾昔昔，徂生窮節能安。

以上稿本《香蘭詞續》

莊夢齡

千秋歲　祝胡復孫世伯六旬晉一

籌添海屋。花甲方週六。棄軒冕，撫松菊。山林容笑傲，典籍資攻讀。文行卓。珂鄉猶幸留名宿。　桃李看紛郁。蘭桂流芳馥。啟後學，賴先覺。好將陰德積，便是長生籙。介景福。華堂共晉三多祝。

其二

霞觴進酒。正值清和候。萊綵舞，雲璈奏。學承安國富，門稟蘭陵秀。共景慕。精神矍鑠由天授。　當道豺狼湊。舉國魚龍鬬。任理亂，莫窮究。林泉甘養晦，松柏老彌茂。祝今後。杖鄉漸躋期頤壽。

鵲橋仙　寄酬王、徐、吴、沈諸君見憶

涼風乍拂，新霜已近，節屆秋來易度。遥知重九舉觴時，各抱得、衷情難訴。　吴姬秀色，徐娘丰韻，是否依然堪顧。只愁顔色逐年衰，不似在、珠城共住。

前調　閨情，比朋友相憶也

魂銷遠别，腰圍鋭減，算已秋風幾度。待郎歸與畫眉時，定密把、離愁細訴。　銀箏閒弄，金錢暗卜，還怕小姑偷顧。早知如此苦相思，却悔不、當初留住。

合歡帶　己巳二月八日，錢伯顯先生續娶毛志鵬女士，賦賀

數佳期、正值陽春。花似錦、草如茵。溯昔年鴛鴦瓦冷，喜今宵、翡翠衾温。錢塘名士，西

河淑媛，天締良姻。念相逢邂逅，情苗勃發，爰結朱陳。白由好合，屏去繁文，何須鳧雁迎門。却憎彩輿儀太舊，再調寶瑟譜翻新。紅妝卸罷，芙蓉帳煖，荳蔻香薰。料者番、久旱逢甘，雨雲當吏銷魂。

浪淘沙 壽高母黃太夫人八十祝

令誕慶中秋。八秩添籌。十全福壽幾生修。最羨德門興未艾，玉茁蘭抽。 禄養貝珍羞。蔗境優游。蘭陵美酒迭相酬。一曲雲璈齊舞綵，如集瀛洲。

前調 劉母馬太夫人九旬祝

令誕紀中秋。九秩添籌。蟠桃果熟會瀛洲。五代同堂效舞綵，蘭桂盈眸。 淑德着和柔。壽自相酬。他年晉祝預綢繆。子婦八旬母百歲，今古稀儔。

壽星明 祝鄭慕賓先生暨黃夫人七旬雙慶

天錫遐齡，七旬同庚，誕紀暮春。正時舒淑景，宏開壽域，東南美萃，庭集嘉賓。澤溯滎陽，賢稱江夏，並茂椿萱今罕倫。最難得，有克家桂子，繩武蘭孫。 交親晉祝如雲。共瞻仰、靈光功業存。念好施樂善，濟人利物，萬家戴德，闔邑懷恩。遥寄蕪詞，聊申華祝，愧未趨登通德門。期他日，再筵開百歲，酒進千巡。

浪淘沙 祝俞贊卿嗣母王太夫人七旬

華誕紀秋天。介壽開筵。親朋晉祝古稀年。最羨南陔娱禄養，子孝孫賢。 萊綵舞蹁躚。萱草堂前。桂花正好月輪圓。爲問幾生修得到，福壽雙全。

前調　祝胡馨五先生八旬

攬揆數春秋。八秩添籌。壯年風儀震燕幽。此日南陔娱禄養，泉石優游。　盛會聚中州。介壽觥酬。羨翁矍鑠幾生修。俟屈期頤來晉祝，白雪滿頭。

以上《静妙齋坿詞》

夏仁虎

鵲踏枝

捲雪飛花春片片。忙煞東風，春去吹難轉。西北浮雲容易散。高樓獨上愁何限。　開却罘罳窗四面。多少川原，新緑平蕪淺。惆悵采蘭人不見。兔葵燕麥閒開遍。

其二

細雨斜風淹滯久。强欲排愁，乙乙還如舊。心事傷春兼病酒。沈郎枉煞腰圍瘦。　試問青青隄上柳。愁去無端，來亦無何有。清淚浪浪盈短袖。韶光又是荼蘼後。

其三

敲碎唾壺聲帛裂。謖謖梁塵，唱到陽關折。空際餘音猶未歇。憑闌有客心如結。　天上明明如此月。絃管吹開，但覺聲淒咽。帶與吴剛將恨説。嫦娥不信無家別。

其四

絡緯聲聲啼到曙。但解抽絲，欲理還無緒。今夜新霜昨夜霧。玉驄蹀滑馱郎去。　冰透金猊香縷縷。悶倚屏山，細數江南路。喚起鸚哥教共語。算郎今日行何處。

其五

曉日懨懨寒薄薄。花裏歸期，不分渾忘却。香霧一簾鈎不落。逡巡負了芳春約。　冷抱瑶笙情索莫。説到前盟，欲麿還斟酌。錦字廻文誰與作。此間樂耳歸胡樂。

其六

月裏楊花和影墜。蛩語如栞，偏醒愁人寐。愁緒亂雲飄更起。枕函清淚如鉛水。　斗柄斜垂珠絡緯。小院沈沈，悄共梨雲閉。昨日清游歌舞地。衹今賸有人憔悴。

其七

江水量愁愁幾許。月魄盈虧，難吸春波去。夜静舟人相向語。今年潮信頻頻誤。　向曉銀雲吹縷縷。一髮吴山，憶是來時路。欲采蘅蕪無贈處。蒼梧叫徹荃知否。

其八

急景凋年歡緒短。緑螘新醅，判把金貂换。教炙銀簧調脆管。分司杜牧無腸斷。　風雪蕭騷臨灞岸。十萬玉龍，鱗甲飛霄漢。醉踏瓊瑶還摟伴。胭脂坡上游驄滿。

其九

乍煖微薰花滿目。罨地簾波，小榻横湘竹。金餅賺開窗罘罳。湯傾豆蔻人新浴。　倭墮緑雲拖枕玉。軟不勝春，困倚屏山曲。暗裏偷窺渾未足。莊嚴故遣銀箋促。

其十

催卓金車邀午宴。忉利華鬘，容易輕相見。

促座温香吹拂面。文茵一尺銀河遠。別又思量逢又怨。待説相思，恁奈心情嬾。一寸芳懷愁貯滿。偷彈珠淚雙紅斷。

其十一

叵耐玉驄何處去。獨倚危欄，煙柳斜陽暮。望望長堤相送路。櫻桃落盡江南樹。心事離奇難共語。待覓長繩，繫得殘春否。風際落花煙裏絮。都來飄泊無尋處。

其十二

可可眉峯纔幾許。聚碧凝煙，藏得愁無數。織出流黄無斷處。機中眼底條條路。燕子飛來春欲暮。軟語商量，莫要和儂住。忍淚開簾和燕語。教伊更覓人家去。

其十三

一夜花陰拚立盡。風露娟娟，悶便和衣困。明鏡朝來應有恨。紅冰界破薔薇粉。細數飛花前約近。幾度凝妝，好事疑還信。明月藁砧辭太隱。蛛絲故落人雙鬢。

其十四

開盡海棠花一樹。難買春愁，枉自垂絲縷。嬾按冰絃調雁柱。誰傳心事伊邊去。便算垂楊能作絮。五日斜風，十日廉纖雨。吠蛤聲聲空解語。一池萍葉無尋處。

采桑子

船燈紅映淮波緑，玉盞狂飛。醉折花枝。衆裏藏鈎兩意知。　畫簾單舸潛身出，風露忘歸。柳岸相期。舵尾清譚月上時。

其二

丁簾西畔垂楊樹，盡日吹綿。飄落誰邊。澹粉輕煙畫箔懸。　淩波小榭湘紋卷，好是梅天。細語窗前。雨雨風風莫上船。

其三

香絨一樹垂纓絡，驄馬纔歸。試欵金扉。驚起流鶯過別枝。　傷春人比花先病，生怕歡知。玉篴閒吹。難掩殘妝半面啼。

其四

沈沈玉漏三更凍，鐙蕊偷開。心事成灰。蹙損遥峰一寸眉。　玲瓏月共人無賴，清影低徊。錦字難回。酸透芳心濺齒梅。

其五

湘波盡日無人卷，響曳絲風。銀押丁東。花外斜陽映淺紅。　新來俊約都應少，鎮是疏慵。林外清鐘。心似枯禪入定中。

其六

吴娘醉倚吴船雨，絃索丁丁。銀甲寒生。學按淋鈴總未成。　都來別恨兼春思，愁倚銀屏。掩抑含情。一曲清湘鬲指聲。

其七

羅衣嫌薄風吹鬢，試倚西樓。暝色初收。掐破青天月一鈎。　情知惆悵渾無益，抛却新愁。一任東流。直送行人到汴州。

其八

三千粉黛如花貌，別有承恩。多少黄昏。高髻纖腰枉却春。　當年迎輦花含笑，都帶啼痕。莫話温存。鏡裏相看是舊人。

其九

徐孃鬢影秋蟬薄，半面妝殘。無計留歡。銷盡爐煙覺夜寒。　閒將前事思量過，拍遍闌干。決絕休拚。怕有餘溫侶舊般。

其十

一窗竹影風搖碎，月冷雲淒。高樹鴉棲。驚覺新寒子夜嗁。　流光水逝商飆急，衰草低迷。任是簾垂。霜信朝來已自知。

其十一

蕭蕭黃葉和煙下，亂撲空齋。蟀語銅街。無數春光喚不回。　夕陽紅過墻西去，黯黯秋時。小院風吹。瘦蝶飛來雙翅垂。

其十二

簷冰凍折琉璃脆，雪壓霜重。春夢朦朧。屏上花枝耐冷紅。　寒雲漏出傷心月，料峭尖風。怕理絲桐。坐擁寒衾聽曉鐘。

其十三

背人蕉萃逢人笑，暗拾幽芳。波澹雲涼。自寫新詩自斷腸。　危巢莫信雕梁穩，飛燕雙雙。細語商量。只恐疏林易夕陽。

酒泉子

草長鶯飛。三月江南春水膩，雨絲柔，風片軟，掩香閨。　殘春煙景最相思。十二樓中晥晚，炙哀絃，調脆管，洞香迷。

其二

庭院深深。紅雨一簾飛燕子，篆煙輕，茶鼎沸，晝沈沈。　覺來晶枕墮瑤簪。香夢如潮不斷，惜春情，傷別恨，上眉心。

其三

桐影初凋。一夜迴翔聽落葉，拂階輕，隨水逝，趁風遥。枇杷門巷可憐宵。恰是已涼天氣，定愁伊，魂小小，不禁消。

其四

一曲斜川。盡日流愁愁不斷，漲脂痕，飄粉膩，到誰邊。當時一棹去飄然。賺得妝樓晚上，擲金錢，數花蕊，盼寥天。

其五

玉筋酥融。薄薄啼妝狼藉粉，倚箜篌，調寶瑟，怯房空。碧山千疊水千重。不怕夢魂難到，逐輕煙，隨澹月，出疏櫳。

其六

花掩空幃。小院雨餘横螮蝀，問陰晴，渾未准，熟梅時。風薰花氣入羅衣。屈指歸期過也，吴山青，淮水碧，子規啼。

其七

掩淚空歸。小閣西邊斜日在，曉來風，宵來雨，落花稀。簾旌不卷玉鈎垂。春睡多應未起，燕喃呢。偏不住，往來飛。

臨江僊

倚闌人侶游絲嬾，緑陰池館苔深。迴文消息更沈沈。長門自慣，不是惜黄金。春來春去尋常事，憐渠饒舌春禽。舊時歡笑此時心。落花風裏，兜恨入羅襟。

其二

紅樓一角蓬山遠，侶聞環珮珊珊。紙鳶風緊晚來寒。羅衣冰透，猶自戀闌干。平原草緑芳游散，玉驄閑煞王孫。飄鐙珠箔夢疑雲。芳心一寸，禁得幾黄昏。

其三

楊花小院飛晴雪，化萍付與清漪。曲闌朱户繡簾垂。自推睡早，躲却送春時。　頻年不作遼西夢，金丸錯打黄鸝。隳歡如水逝難追。鑪煙細細，莫更費相思。

清平樂

娟娟涼月。滿地槐花雪。掩抑聲聲無斷絶。風過洞簫嗚咽。　當時乍見迷香。分司惱亂情腸。襟上淚痕猶在，别來恁不思量。

其二

挑燈歸晚。雨過寒星滿。吠蛤池塘鸚鵡院。絡索珠簾斜卷。　畫筵移近雕闌。對看月子彎彎。褶蝶教添半臂，應憐今夜新寒。

其三

爲歡須早。天意憐幽草。照影晚來窺鏡沼。且喜朱顔未老。　與君莫惜深杯。堂堂春去難回。誰與當筵起舞，一雙蛺蝶飛來。

其四

風薰南陌。莫悵關河隔。眼底深紅兼淡白。吹上真珠簾額。　萋萋無限王孫。天教畫出春痕。只合芳游載酒，不關羈客銷魂。

醉花間

小院霜痕疑是月。銅鋪秋皎潔。風動寶簾空，敲響真珠結。　玉笙彈不徹。暫爲薰香歇。屏山剛一折。憑伊隔斷許多愁，共驚寒，鸚鵡説。

其二

梔子花間朱户閉。懨懨終日睡。簷雀不驚飛，對啄青苔砌。別來愁不啻。那管人憔悴。要將愁病已。除非江上石尤風，教游人，心上悔。

其三

説是玉關春不到。胡天飛雪早。朔風透絨韉，落日横衰草。深杯拚飲好。萬里龍沙道。教人容易老。勸君憐取眼前枝，霍嫖姚，頭白少。

其四

彈淚問花花不語。朝朝還暮暮。留得幾多春，禁得連番雨。綰春不教去。春駐還無據。謾將鶯燕許。東風無賴落花稀，緑陰深，圍繡户。

應天長

殘妝應是羞明鏡。薄孄穠愁未忺整。闌干静。雲山迥。蟢子藁砧占不定。苔痕封曲徑。絡緯宵嘑金井。冷倚屏山獨醒。不關中酒病。

其二

牆陰思婦嬌紅綻。冷雨絲絲和霧散。江波遠。沈魚雁。后約黄花消息斷。都來愁共嬾。寫人眉峰無限。上九初三易晚。涼蟾羞照面。

其三

飛花不管人憔悴。教下珠簾誰得會。教伊去，真堪悔。別後一宵成一歲。離亭襟上淚。別酒未傾先醉。今夜泠泠江水。文鴛難獨睡。

其四

秦淮疏柳藏煙雨。小閣籠燈帷影暮。廻淺絳，迷香霧。記共文簫花底住。　燕飛還故故。秋晚知歸何處。索向枕邊覓去。夢中應識路。

其五

從來好事天難許。明月可能無缺處。夜涼生，掩朱户。淅瀝空階蛩似雨。　香閨誰共語。祇有畫檐鸚鵡。一枕秋宵情緒。那能容易曙。

其六

蒼鷹脱臂凌霄去。飛箭離弦留不住。當時語。君記否。郎似垂楊儂似絮。　絮飛誰拾取。再上楊枝那許。化作浮萍飄處。鴛鴦空自妒。

其七

風鐙零亂舟人語。小閣憑闌夜當午。憐酒所停歌舞。閑煞瑶箏雙雁柱。　櫻桃花落處。莫放玉驄歸去。乞借滯人風雨。天能如願否。

謁金門

誰絶世。祇有山中叢桂。霜月娟娟寒自喜。春花應不啻。　塵海知心有幾。愧煞人間交際。不是飲醨容易醉。要期娱晚歲。

其二

臨短陌。別淚盈襟痕迹。莫誤尋常相認識。

昨宵今日客。江岸條條柳色。飛絮游絲狼藉。一曲驪歌無氣力。落梅風裏笛。

其三

雲朝暮。記得巫山舊路。繫慣玉驄何處去。同聽河船夜鼓。后約新愁無數。別夢如煙還似霧。醒來窗蟀語。

其四

休提起。情似門前江水。失却繡鞋昨夢裏。寒燈空作蕊。夜枕禁寒獨倚。一掬紅冰偷墜。聞說音書隨雁至。芳心驚勝喜。

虞美人

柳煙輕漾秋千索。掠影拋珠箔。當時衆裏鬬嬋娟。暖風扶夢上魚軒。百花前。嚦鶯漸老稀游宴。掩抑瓊簫怨。枝頭梅子悶中心。一般滋味耐思尋。晝沈沈。

其二

東風無賴開朱户。吹入殘鶯語。冷煙疏雨不成春。闌干拍遍指痕新。恨誰論。涼雲愁鎖娟娟月。難共嫦娥說。可能留影挂疏桐。緩移花影上屏風。入簾重。

其三

沈沈虬箭秋難曙。酒醒知何處。當時珍重約秋期。蠶飢燕瘦雁來遲。甚心期。雕籠玉鎖花間送。賺煞桐花鳳。思量索是卧深閨。雲鬟啣月擁金篦。枕函低。

其四

聰明特煞憐鸚武。獨共飛花語。階前狼藉樹頭空。著甚心情偏愛、逐東風。花渾不管隨風去。學得婆娑舞。晚來風定落牆灣。又得煩人收拾、入闌干。

其五

長干門外秦淮水。静與鍾山對。逡巡已是菊花期。不信深盟化作、彩雲飛。　樓前芳草天涯遠。盡日重簾卷。雙波欲活更溶溶。倚偏雕闌十二、怯房空。

春光好

卓金車，飛玉勒，紫陌緑楊煙。芳游俊約向西園。醉便抱花眠。　便無情人也老。解得風懷較好。華筵銀燭擁清歌。斜陽奈爾何。

舞春風

裙腰芳草繫春風。蘭茳雜佩玉丁東。年年垂柳傷心碧，歲歲桃花無賴紅。　獸炭蹔融簾局暖，燕泥旋落畫梁空。梨雲棠夢逡巡過，誤盡傷離病酒中。

歸自謡

門外篴。吹向離人情脉脉。灑窗寒雨和愁滴。　欲憑好夢尋消息。窗兒白。郎邊知否人相憶。

其二

憐嬌豔。自把鵞黄妝額點。退紅衫子生綃染。　花叢行入愁花掩。雙蛾歛。琵琶祇合常遮臉。

其三

垂柳碧。折柳聲中風送篴。吴人却作江南客。　數峯青青天一白。看無色。情知福薄應睽隔。

歸國謠

簾鈎玉。風動桃花紅罽罽。嫩寒生肩起粟。春隨芳草緑。芳游正宜燒燭。流鶯休更促。闉住小屏山曲。酒闌香夢續。

南鄉子

軟語惜韶光。燕子飛來春晝長。倚遍玉闌人不見，微茫。江草江花各斷腸。簾押韻低揚。悶倚東風白玉牀。春夢如絲難更覓，迷陽。誤却花間路一行。

其二

小院楝花風。斜日簾鈎冷淡紅。手折薔薇還獨語，無緒。拾得餘芳能幾許。還自掩羅衾。澹到無言怨更深。歡若來時推淺醉，顛頦。鏡裏雙顰襟上淚。

長命女

離亭宴。春水河橋新緑遍。此去多如願。不願眼前厮守，但願行人常健。化作呢喃檣上燕。日日還相見。

喜遷鶯

雁書稀，魚帛斷，情思太朦朧。飛花不放入簾櫳。隨著往來風。思淒涼，魂斷絶。不是向來離別。夜深忽夢上江樓。天際有歸舟。

芳草渡

濃春景，似殘秋。遥峯隱，暮雲收。冷煙斜日伴清愁。心上事，排不去，上眉頭。江波遠。流春怨。盪緑飀紅一片。扶花影，下簾鈎。傷離恨。憑誰問。晚妝樓。

更漏子

月似波，山如髮。錦字雲箋親劄。臨發處，更開封。鴛鴦小印重。風吹鬢。塵生鏡。舊約枝頭並命。人不見，倚江樓。西風東去流。

其二

杏花殘，妝閣晚。一片斜陽紅散。呼茗椀，上簾鈎。笛風吹滿樓。清游地。無閒事。鎮日棠酣杏醉。憐澹冶，學疏狂。不教輕斷腸。

其三

月剛圓，花正好。只有情天不老。煙冪冪，柳依依。呼船載豔歸。真珠幕。沈香閣。三月櫻桃未落。芳草緑，亂鶯飛。微薰換裌衣。

其四

憶墮歡，成獨坐。香夢如潮吹過。街鼓靜，漏聲殘。燈花一穗寒。屏山裏。清清地。閣住春愁春醉。風靜後，月斜時。誰家唱竹枝。

其五

最銷魂，唯有別。況是人間三月。山枕冷，寺鐘鳴。愁人夢不成。吹殘燭。閑簫局。雙鳳繡衾慘緑。抛雁柱，倚紅琹。兜來恨滿襟。

其六

枕邊情，花底淚。併作近來愁思。瓶蕊落，篆香殘。藥鑪煙影寒。垂楊樹。芭蕉雨。滴入愁心更苦。驚蝶夢，聽鵑聲。窗兒不肯明。

抛毬樂

風捲飛花入玉闌。餘香拾取共盤桓。生涯要

共秦宮活，情緒休同絡緯寒。莫任華年去，逝水春風盡此歡。

其二

樓外殘虹滯斷晴。海棠落地膩無聲。渡頭桃葉尋常見，江上楊枝習慣聽。莫唱傷心曲，雨片風絲最有情。

其三

雨後新苔上小庭。窺簾月色不勝情。香輕風軟熏成醉，夢窄春寬睡未成。閒倚屏山曲，愁逐鑪煙細細生。

其四

促坐呼燈月上才。樂遊園上未應回。香隨舞袖生歌席，風送飛花入酒杯。莫問明朝路，躑躅愁紅滿地開。

其五

玉盒緘冰貯淚紅。欲憑夢寄又朦朧。庭心藻荇郎邊月，江上梅花笛裏風。無限春光好，誤盡當時嫩約中。

其六

長待何人勸一杯。流鶯不解報花開。招邀亭榭蜂無賴，熟慣軒窗燕自來。無計藏春住，索向空枝忍淚回。

其七

藕葉聲乾蓮子殘。閒鷗冷鷺耐盤桓。采菱風急波平槳，倚棹歌遲水接闌。日暮須歸去，待補荷衣敵早寒。

其八

白鷺洲前山复山。大長干接小長干。棗花落

盡丁簾悄，柳絮吹殘笛步寒。惆悵江南道，細與流鶯説舊歡。

鶴沖天

斜日下，暮雲披。暝色入簾幃。屏山燈影向人低。風定篆煙遲。　春夢淺，驚梁燕。透入新涼一綫。青梅初綻子離離。垂折亞窗枝。

醉桃源

落梅風裏送人時。玉驄花外嘶。遥峯蹙損雨中眉。離愁隨夢飛。　行杯緩，擫笙低。樽前雙淚垂。微涼記取換秋衣。雁歸人未歸。

其二

梨雲壓損海棠枝。春陰一片低。閒抛紅豆打鶯飛。嫌他窗外嗁。　和別恨，掩香閨。迷陽路怕迷。雨餘新緑草初齊。依稀聞馬嘶。

其三

花梢斜日欲沈山。秋千紅索閑。小樓風送珮珊珊。依微人語間。　棋局罷，酒杯殘。微風掠鬢鬟。氤氳春色上酡顔。斜陽人倚闌。

菩薩蠻

蘭舟打槳長干去。桃根不逐春潮渡。斜日下秋千。鷺鷥波上眠。　香肌渾瘦徹。慵整雙條脱。愁歛翠蛾低。閒歌金縷衣。

其二

年年盡説春光好。今年却任鶯嗁老。細雨落花天。垂簾清晝眠。　梨雲寒似月。柳絮吹成雪。江上望舟還。煙波愁路難。

其三

清明上巳逡巡過。濛濛花霧重簾鎖。氎摺皺羅雲。翠眉長是顰。游絲煙際裊。月澹殘星曉。約指褪金環。東風和淚彈。

其四

小樓誰擫風前笛。涼雲似繡遙天碧。驚起玉窗眠。夢隨飛雁還。揮愁無斷絕。絮影吹涼月。風動玉鈎簾。輕花落畫檐。

其五

薰風緑遍蘼蕪草。春殘算有鶯知道。開落幾番更。花時雙淚横。博山煙裊起。心事如沈水。篆影不成圓。銀蟾又下弦。

其六

嗽金小鳥真珠鳳。刺桐花上春如夢。飛入玉闌干。文窗報曉寒。流光如激箭。春與人俱遠。睡起不成妝。銅鋪月似霜。

其七

緘封寄與生綃扇。團圞却畫江波遠。舟外夕陽紅。去帆煙鳥中。郎心同扇否。捐棄驚秋暮。不及鬱金香。燒時細細長。

其八

文窗了鳥玲瓏鎖。春痕歷歷如雲過。斜日曬闌干。生愁蝶翅寒。繡衾迴舞鳳。穩護香閨夢。夢覺篆痕涼。畫簾春晝長。

其九

菱塘風静横雙槳。叢叢菱刺牽衣上。却勝水中萍。無根種不成。涼波如淺黛。笑語波應解。約住藕花中。鴛鴦東復東。

浣溪紗

燕户鶯窗鎮是閑。隔牆春色不曾關。尋花蝴蝶任飛還。　夢裏那知身是客，東風負却好江山。濃青叠翠有無間。

其二

江上鵞兒一樣黃。都應顔色遜東牆。笑顰空自學新妝。　瓊椀難斟崖上蜜，金爐燒盡海南香。東風無賴引愁長。

其三

大道珠簾十二樓。風流旋共暮煙收。吴姬越女説同舟。　柳絮無根空逐浪，菱枝最弱不禁秋。對人歡笑背人愁。

其四

夢逐櫻花惘惘歸。舊時風景料應非。同遊俊約敢輕違。　瓊樹可能留璧月，垂楊難與繫斜暉。舊恩回憶也霑衣。

其五

無限江山别恨賒。青春作伴不還家。松陰閒煞寄生花。　舊約鴛鴦憐雨别，新來燕子受風斜。蕭郎門外是天涯。

相見歡

西風吹墮瑤華。莫思家。門外青山隨處、有鶯花。　花落處，雙燕語，受風斜。金闕銀臺塵夢、渺雲涯。

其二

海棠褪却深紅。病愁中。鳳約鶯期草草、付東風。　雲似幕，春陰閣，恨難窮。時有斜陽一縷、映房櫳。

三臺令

春色。春色。不似舊時坊陌。牡丹憔悴紅蔫。痛惜花間少年。年少。年少。買得風流須早。

其二

明月。明月。飛上玉京清絶。何須更照空牀。留向人間夜長。長夜。長夜。索把文窗都下。

其三

南浦。南浦。曾是送君行處。近來生怕登樓。花落人行水流。流水。流水。不及溶溶別淚。

點絳唇

柳掩花遮，茜紗窗下文簫住。莓苔一路。依約開雙户。　扣扣芳心，長是和愁處。叮嚀語。殘鶯冷蝶，莫逐春風去。

上行栝

小庭霜月如鋪粉。一尺紅樓銀漢近。知是燒香。環珮隨風韻過牆。　輕身欲化桐花鳳。飛入雕檐愁夢重。撩亂心期。却是深閨未得知。

賀聖朝

湘波翠地銀鈎穩。愁絲千寸。都梁爇罷，冰弦褪了，藥鑪煙潤。　嬾尋繡篋，慵拈犀管，柳憔花困。江南消息，多應誤也，燈華休問。

江城子

冷煙寒霧靄空庭。盼新晴。雨聲聲。越是秋來、越是不分明。窗外芭蕉窗裏客，憔悴影，別離情。

其二

新涼應換裌羅裙。月精神。玉腰身。任向霜前、也有十分春。著甚梁園留滯久，無福分，作離人。

如夢令

小檻憑波如鏡。照出啼妝未整。却下小簾櫳，悄倚緑窗人静。愁病。愁病。撩亂春雲不定。

憶秦娥

聲澌澌。悄掩窗兒黑。滴滴。天遣愁霖愁倦客。當時不分去鄉國。又是經年隔。空憶。兩處思量誰會得。

憶江南

小院沈沈籠淺月。不似清游，坐花時節。閒愁如絮夢如雲。迷離情事記難真。謝家庭院還如舊。身似疏桐，葉葉驚秋瘦。隔牆淺碧不成陰。秋千抛影過窗心。

其二

昔日逢君花正發。容易飄零，這般時節。便教花好許重開。西園那有蝶飛來。花開堪折真須折。但恐匆匆，人向花前别。老紅吹盡夕陽時。舊愁唯有燕鶯知。

思越人

莫怪情懷惡。鎮幾日、東風如削。棠梨瘦却。荼蘼開落。拼綺語、微辭憐輕薄。欲度新聲愁夢閣。思量著。怕誤了、花間嫩約。

以上《嘯盦詞甲藁》(《和陽春詞》)

浣溪紗

山抹微雲水染藍。小樓西角柳毿毿。教人無賴是江南。倚檻剛迎風五兩，迴船恰對月初三。棗花簾下試清譚。

鷓鴣天

录曲闌干卍字斜。一重屏掩一重花。澹黃月上牆陰竹，淺絳燈籠格子紗。金絡索，玉丫叉。秋千舞罷倦些些。生憎女伴邀棊局，鸚武西廊學喚茶。

賣花聲

落日小長干。柳絮吹殘。荷風不動鷺鷥閒。波外蜻蜓飛更住，留戀魚竿。愁緒漸闌珊。無限蓬山。月痕依舊似眉彎。窺見丁簾簾下影，猶凭紅闌。

相見歡 心字香

篆煙裊裊銀屏。爇還停。冷是別離，熱是見時情。春夢斷。寒灰亂。莫教傾。留取一鈎斜月、帶三星。

前調 鏡

近來顏色如何。定愁多。照遍香匳，只是損雙蛾。人憔悴。羞更對。一泓波。轉怕分明畫出、影兒他。

臺城路　秋柳

長隄送盡行人去，纖腰更無人問。瘦不勝鴉，短仍繫馬，吹過幾番涼訊。婆娑意盡。賸慘碧千絲，别來難認。葉葉西風，暮煙凝處帶愁暈。　離懷暗添寸寸。又霜痕昨夜，飛上詩鬢。笛步波涼，丁簾月悄，悽絕江南舊恨。新寒漸緊。料樹底文騘，紅冰偷搵。折遍柔條，長安愁日近。

陌上花　席間有贈

婷婷嫋嫋東風，二月稍頭荳蔻。雁柱華年，會得春愁滋味，簾邊新月初三夜，掐出一痕眉瘦。怕微雲、俊謔人前，惹得性情微皺。　恁酒闌泥語，安絃檢韻，願作添香紅袖。清豔梅花，那信狂奴消受。司勳待作重來約，多恐緑陰如繡。趁當前、領取華燈，照出香濃春透。

木蘭花慢　游莫愁湖，觀徐中山王、盧莫愁小像

湖山誰管領，只兒女、與英雄。數歷歷興亡，鳥啼花落，六代煙空。齊宮。更無片瓦，賸冕旒環珮一龕同。輸與玳梁舊燕，可憐勝國從龍。　匆匆。柳浪荷風。揮手去、夕陽紅。故記淺醉、來游勝棋樓上，少婦堂東。何從。故園更到，飲波光一棹藕花中。酬唱湖干煙月，畫圖添箇吴儂。

南鄉子　和周稚圭韻

絮影夢依依。醉倚吴娘聽竹枝。紅袖青衫飄泊恨，逢遲。已是雲英欲嫁時。　莫寫斷腸

容易繭。推攔慣。珠箔挑鐙返。奈清宵。打詩。同作春蠶各吐絲。待到繭成還自悔，尋思。个裏酸鹹各自知。

金縷曲

老矣相如倦。怪琴聲、吹來隔座，愁根偷展。影事歡場曾敗績，聞道鼓鼙心顫。又盪氣、迴腸無算。不分河船今夜鼓，便催人、隨著湘波遠。魂盡矣，更誰斷。　驚心後約秋應晚。把芳時、一千四百，恁生消遣。忙處思量猶間可，最是酒闌人散。更秋雨、秋風何限。須識天公多狡獪，把離人、瘦殺何曾管。留光彩，更相見。

河傳

初見。人面。鴆媒通俊，哀梨脆鬆。燈前背人眉語工。融融迴波遮斷紅。　生怕蠶絲

裝餙內家争。

望江南

玉局新詩，難忘竹颸；季鷹鄉思，甯只蒓鱸。憶荊楚之歲時，作板橋之新記。小人懷土，大雅無譏，爲雙調《望江南》詞十二首

秦淮好，最好是新正。銀蠟一雙開果盒，金釭兩等試花燈。爆竹隔河聲。　人到處，吉語話嚶嚀。狐白披風飄翠帶，猩紅裙衩響金鈴。

其二

分卿。而今生愁薄倖名。　寸芳心。半渾草草。供詞料。但寫傷離稿。不分別來一痕如綫通。閒中輕將阿姊朦。　靈犀知己。儂你。兩心同隱語，度詞鬥工。

摠寮。瀟瀟滯人風雨驕。

郎意待如何。

其二

秦淮好，二月正春中。俊約纔邀朱雀渡，嫩寒剛好紙鳶風。細語人花叢。　春睡起，商略曉妝容。六扇玻璨渾不隔，鍾山一角入牕櫳。眉樣怪來工。

其三

秦淮好，三月雜花開。細雨香塵飛不起，鳳頭淺淺印弓鞋。摟伴踏青回。　垂楊岸，嫩緑試鶯纔。携得玉人呼艇子，鵞兒波軟浄於揩。雙槳載花來。

其四

秦淮好，最好是清和。淺碧簾衣通複閣，澹青衫子試輕羅。等得玉郎過。　憑闌處，雙影倒清波。山抹微雲聞俊謔，賺人淺暈入梨渦。

其五

秦淮好，風景數端陽。細碾雄黄斟午酒，暗輸翡翠奉丁娘。桃葉此時忙。　清無汗，乍試澡蘭湯。細縠生綃紅映肉，茉莉花壓鬢雲香。未飲醉檀郎。

其六

秦淮好，炎暑鎮相宜。水閣筠簾人語悄，石牀珊枕夢回遲。牕亞緑楊枝。　斜陽下，艇子喚瓜皮。生厭笙歌如鼎沸，西施一舸共鴟夷。遥泊大中堤。

其七

秦淮好，秋意入銀塘。七夕針樓迎織女，中元寶筏禮空王。香靄散微茫。　街鼓定，斜月墮琴牀。一握緑雲光緻緻，夜來花透枕函香。難得是新涼。

其八

秦淮好，漸可到中秋。清露滿身人未睡，絲絲涼意入篸篌。遮莫下簾鈎。商婦怨，併人四絃流。兩岸荻花飛似雪，一河秋水瘦於鷗。疏柳畫清愁。

其九

秦淮好，風景又重陽。釀出芳薌玫瑰紫，煮來新栗木樨香。小飲待檀郎。微醉後，卷幔看山光。十二時中容易變，比將郎意若爲强。試問可憎娘。

其十

秦淮好，景色入初冬。撥阮教歌絃怕凍，泥人學字硯初烘。簾幙下重重。嫌指冷，裝裏鎮疏慵。錦毯分温迎白鳳，晶籠偎煖飼金蟲。嬌嬾最憐儂。

其十一

秦淮好，幾見月當頭。輸與素娥能耐冷，夜深催換紫茸裘。步月巷西頭。虬箭永，清話擁香篝。鸚武驚寒同不睡，替呼佳茗試銀甌。邀客媚香樓。

其十二

秦淮好，臘鼓逐年來。自撥薰鑪添獸炭，水僊一剪向人開。清供傍妝臺。寒柝静，飛雪滿空階。妾似博山心自煖，歡來和顫入儂懷。春意一時回。

揚州慢　桂花

已冷情腸，乍凉天氣，春人綺思都消。怪西風多事，又幻出春嬌。渾不共、羣芳憔悴，孤叢淺映，小隱還招。沁芳懷、澹月疏籠，花氣如潮。　秋期容易，記年時、俊約曾要。拚化作吴剛，無眠倚樹，共度清宵。衹恐姮娥生妒，高寒界、不許輕邀。問瓏瓏倩影，有誰相伴無聊。

虞美人

熟梅天氣無憑準。較比郎心穩。海棠憔悴柳枝孱。禁得一番微煖、一番寒。　珍珠密字親緘裹。心上温馨過。分明誓語比金鈿。休道墮歡如夢、夢如煙。

前調

海枯石爛淒涼語。抵死將儂誤。宵來踏碎棗花陰。一半躊躇一半、也須廕。　春蠶作繭將身裹。種樹應收果。便鎔精鐵作闌干。攔住春愁依舊、上眉山。

解連環　闌干，和儞伽

卍紋迴錯。指濃花壓處，東風院落。簾幕外、都是斜陽，倩攔住春愁，愁來恁却。录曲周遭，記昨日、那人憑着。把指痕細認，應是宵闌，拍遍西角。　新來更無俊約。儘憑伊攔住，秋千繩索。對綺牕、看得分明，也不是紅廧，微波難託。幾步苔痕，恁便似、蓬萊水弱。待何時、倩伊共倚，絮語俊謔。

揚州慢　蠟淚，和頻伽

一掬紅冰。二分愁暈，圓荷露掌平擎。向東風簾幕，暗偷墮盈盈。算一半、成灰去也，尚留一半，表取深情。問檀奴、心事何因，玉盒常凝。　離懷幾許，閃幽牕、月澹雲輕。笑底事干卿，替人惜別，直到天明。莫拭斑斕痕迹，羅帕上、一樣縱橫。有珠兒多少，能消幾箇三更。

木蘭花慢　樓臺易主，花木依然，爪印重尋，憮然爲失

故居重到處，哀柳外、夕陽邊。歎鶴去巢空，燕來壘舊，一霎雲煙。林園。暫邀過客，算一時小住總因緣。月色中庭依舊，落花繞砌誰眠。　悽然。竹逕柴關。清絕處、小留連。數爪印、當時池邊餘墨，壁上殘箋。階前。悄無屐齒，祗流鶯枝上話纏綿。塵世浮踪何定，幾時覓得桃源。

長亭怨慢　水僊

乍吹墮、華鬘香絮。綺夢醒來，峭寒猶駐。小謫經時，瑶宫迢遞望何許。塵緣休問，且暫作、山礬侶。白石與清泉，供養合、書牕深處。　不語。儘呼來隔座，枉説翠璫贈與。湘靈倦矣，恁招得、凌波微步。獨自箇、照影徘徊，算風調、無人摹撫。是甚日乘風，歸去瓊樓玉宇。

賀新涼　蠟梅

芳訊春前至。乍迎來、仙人姑射，澹黃衣帔。鳥語啁啾殘月落，纔醒羅浮清寐。倩籠住、一

雙翡翠。遮莫壽陽初病起，點新裝、顔色葵花似。剛匀得，鵞脂膩。　江妃近日添憔悴。付還伊、珍珠顆顆，黄封開未。擬把相思書密字，驛使一丸偷寄。應解道、檀奴心事。冷折花枝移燭看，覺横陳、倩影饒姿媚。嚼芳蕊，諳情味。

渡江雲

梅岡劉氏園梅花最盛。十餘年前，花時必數往。徘徊香雪海中，落英繽紛，寒芳盈袂，春游士女，裙屐如雲，每一念及，輒神往也。比年再過，唯見榛蕪，惘然有懷，倚此弔之

城南香雪海，年時最憶，襟袖溼寒芳。玉梅花下立，剛好燒燈，時節試春陽。東風正軟，稱鈿車、呵手新妝。有多少、鬟蟬裙蝶，花底溜釵光。　思量。十年影事，吹墮宫黄。怕俊游都散，空自見、香孤夢冷，石瘦煙荒。小闌西畔苔如繡，是當時、印過鞋幫。重來客、不堪更過梅岡。

鶯啼序

憶秦淮舊游

秦淮俊游記否，占柔波一綫。櫂蘭橈、三月潮生，桃花初試新漲，憑料理、文牕棐几，羊燈燦逐斜陽上，更逡巡溽暑，荷風香過人面。　兩岸珠簾，晚妝纔罷，正犀鈎催卷。認憑闌、鬟影衣薰，茉梨低顫釵燕。促銀箋、人呼小玉，圍綺席、春生歌扇。數人間，福地清都，只渠堪念。　京塵十載，誤把微名，换山温水軟。歎客久、歸仍似客，風欺燕約，雨斷鷗盟，桐花如霰。丁簾軟夢，鍾山眉黛，從頭憶起都堪戀。悔當時、看得韶光賤。誰憐惘惘，分襟鼓響河船，錦帆催去如箭。　西風一夜，吹瘦垂

楊，把離愁難綰。便細數、夢痕歡唾，空上眉心，短笛江亭，梅花落遍。魚書漸冷，尋芳舊伴。小樓波晃闌干影，怕重來、照出朱顏換。不應雨片風絲，更滯天涯，羡渠歸雁。

紅情 紅豆

誰將淚漬。向東風遍灑，種來南國。顆顆玲瓏，透骨相思漫輕擲。莫向珊枝細數，難記遍、春愁千百。將錦袋、細與緘封，欲寄好顏色。　岑寂。怕攀摘。正樹底夜涼，弄珠人隔。最憐瑶席。記曲抛殘更誰惜。不及波羅奢子，拚捨作、玉籠鸚粒。把無數、別離苦，倩伊收拾。

湘春夜月 二十餘年前，恒於予家水榭聞秦淮伎桂芳歌曲。庚寅過滬，桂芳猶在，以賣歌爲活，粉墨登場，玉顏狼藉。過訪，話前事，惘然有舊燕之感，度此贈之

歎歡場，卅年影事如煙。那信花裏逢君，依舊聽啼鵑。曲罷依稀相認，似白頭宫女，話到開天。算華鐙影裏，可能照出，昔日朱顏。　春婆夢醒，枇杷舊巷，翡翠歌筵。子弟烏衣，傷心問、垂髫玉樹，已近中年。門前燕子，更飄零、花落誰憐。還絮語，記闌干西畔、斜陽簫鼓，曾繫河船。

滿江紅 用李越縵《和陳珊士寄吴門舊眷》韻

憔悴西風，愁更聽、歌來團扇。數影事、風花一瞥，恁如不見。占遍繡鞋昨夢惡，燒殘銀甲餘灰煖。把珍珠、密字寫相思，嫌箋短。　拋鳳諾，裁鴛券。籬菊瘦，湘蘭怨。吹畫簷秋

影，意中人遠。別恨亂隨霜葉下，小闌人似游絲嬾。有生綃、翠帊裹紅冰，留教看。

齊天樂

飄燈珠箔人歸晚，畫闌嫩蟾初上。滑試桃笙，香函末麗，小榻茶煙低颺。屏山深障。儘清話蟬嫣，廋詞徜恍。咫尺銀河，却憐牛女鎮相望。　涼颸乍吹五兩。更倩添半臂，同喚烏榜。打槳迎潮，停簫遲月，髣髴松陵低唱。自偕幽賞。笑酒緑燈紅，東船西舫。天上清都，衹今餘夢想。

訴衷情

不能雄武不風流。難據是温柔。柔鄉比隣愁境歡，與恨接眉頭。　憑寄語，小紅樓。算休休。書生最懦，要渠肝胆，借與吴鈎。

調笑令

回憶。回憶。燈火畫船人醉。清譚柁尾更長。不覺河風夜涼。涼夜。涼夜。半臂生綃須借。

其二

殘夢。殘夢。賺煞娟娟么鳳。桐花落遍瑶階。消息青鸞未回。鸞信。鸞信。雲浄碧天難問。

其三

憔悴。憔悴。人與秋花並瘦。當初珍重花期。霜雁歸時未歸。霜雁。霜雁。見否關河人面。

其四

無據。無據。錦字迴文寄與。別來消息沈

飛墜。照無寐，儘竊得微明，餘温難倚。憶小扇輕羅，都成前事。莫話景華舊夢，化一點、涼痕隨流水。歎年年、腐草生涯，只伴暮煙寒翠。

齊天樂　秋燕

西風易醒雕梁夢，流光暗中偷換。雙翦斜陽，一襟涼雨，如客情懷誰念。花間舊伴。賸蝶曬殘衣，蛩啼清怨。幾度開簾，主人恩重忍輕斷。　年時最憶春宴。蹴飛花舞席，曾共歌扇。寶瑟塵凝，瑶箏柱冷，又是寒煙庭院。温涼轉眼。算辛苦啣泥，爲誰留戀。社日歸來，遲卿還更見。

暗香　秋痕

和雲和夢。併絲絲涼意，吹來簾縫。澹不禁沈。愁逐鑪煙細生。風細。風細。吹向郎邊知未。

瑶華　寒蝶

秦宮舊夢，乍醒芳叢，又西風憔悴。翅弱情慵，飛更住、低趁斜陽疑墜。飄零殘粉，休更問、南園影事。認幾番、偷颭簾旌，畫出閒庭秋意。　東籬儘有寒香，縱舞向花前，減盡情味。魏郎才調，憐漸老、敢説翩翩絕世。新霜昨夜，誰拾取、一身涼翠。悔不如、化作羅裙，葉葉冷煙摇碎。

無悶　冷螢

閃閃寒星，纔撲簾衣，旋落莓苔深砌。賸幾許殘輝，珠光猶媚。乍喜斜陽收去，算欲避、西風還無計。晚來只有，漁燈摇曳，一般憔悴。

銷，羃䍥文牕罥愁重。又是黄昏到也，伴瘦竹、疏桐摇動。帶空林、一抹斜陽，還被夕煙籠。　多恐。客愁共。認襟上酒濃，鬢邊霜擁。西風倥傯。吹入新楓晚霞凍。便是無情衰草，也愁把、王孫遠送。更宵來、誰畫出，月移花空。

生查子　和彭羨門韻

別久覺情癡，眉窄嫌愁重。瘦影漸俜伶，獨與華燈共。　歡緒墮難尋，待覓昨宵夢。驚起落梅風，玉笛誰家弄。

壽樓春　春事已闌，頗感離索。憶幼時曾譜此調，作送春辭，爲長老所誦。今但記末二語，更足成之

伊誰吹參差。指斷霞紅處，一角樓西。望望天涯如此，送君何之。頻獨酌、還停卮。聽驪歌、聲聲含凄。强欲解愁腸，經年小別，珍重話臨歧。　斜陽下，花梢低。倩一天飛絮，罥住游絲。是處川原歷歷，王孫萋萋。人尚客，春將歸。暮煙黄、微風吹衣。莫更倚危闌，毶緑楊如翦齊。

玉漏遲　讀江南來書却寄，用項蓮生韻

情深難語淺。啼鵑花外，聲聲淒惋。多少迴腸，却是天公不管。錦字緘封親寄與，料心似、博山長煖。認紙上，泪痕人瘦，碧梧庭院。　風懷減盡年年，奈偶拂冰絃，教人難遣。憔悴相如，空自茂陵游倦。九曲銀河波浪濶，渾不隔、芳心一綫。歌團扇。秋來贏得腸斷。

金縷曲 復香君書並寄

羌簽休吹怨。歎人間、歡濃鬼妒，彩雲易散。書上泪痕心上血，併作辛酸一片。這滋味、幾曾嘗慣。轉盡迴腸千萬結，算書生、一事難如願。空贏得，奈何唤。　當時不合輕相見。枉些時、纏綿歌哭，春蠶共繭。慧福何曾修得到，來作梅花清伴。空負了、風塵巨眼。此後酬君當日語，只花叢、不更輕迴盻。真愛我，莫相念。

暗香 方回和白石四聲，悉依原唱。晚春無憀，試一摹仿，把盞微吟，頗能上口

畫闌录曲。鎮暝煙似雨，嬌紅如沐。試卷玉簾，瞥眼春光祇相促。方恨鶯聲易老，還添得、啼鵑聲續。怕素月、不會留春，呼取爇銀燭。　紅撲。乍簌簌。墮粉上衣，倦蝶驚宿。棟風太速。吹入深叢轉新緑。空悵流光水逝，雙鬢内、霜華偷入。拚乞得、春駐也，枕花睡熟。

高陽臺 題馬湘蘭畫蘭小册　款題辛卯花朝，作於秦淮水榭

螺墨題新，猩紅印小，香痕葉葉誰描。簾卷東風，芳期記是花朝。犀毫孏更修眉黛，對文牕、還寫湘皋。問娟娟，雜佩誰遺，憔悴煙苗。　淮波尚似當年緑，但黄紽人去，難認香巢。祇有纖纖，粉痕指印難消。南都舊夢休重省，訴興亡、怕聽瓊簫。滯人間，一樣飄零，小扇緋桃。

以上《嘯盦詞乙藁》(《淮波詞》)

水龍吟

乘汔車過武勝關山腹，用曹珂雪韻

橫空積翠微茫，飆輪不向山阿住。亂雲卷葉，晴嵐似畫，中分豫楚。嶂合峯迴，花明柳暗，更無行處。笑蜿蜒一綫，豁然開朗，疑誤入、桃源路。　車走雷聲何處。枉銷凝、墮歡飛去。梁園佳否，風沙漸緊，塵生微步。舊夢江南，蓬山更隔，離愁千縷。歎輕裝潦草，山靈應笑，把芳時誤。

蝶戀花

留淮干四十日，不能無情。牽率游梁，風物遽易，非塵埃即苦雨，唯以清吟送日耳

福地清都難久住。啼鴂聲聲，併入河船鼓。贏得紅冰襟上注。此行莫漫言辜負。　梁苑風流今在否。朝出東門，直視唯塵土。珍重袖痕愁涴污。不如卧聽瀟瀟雨。

減蘭

驚秋羈旅。乙乙愁懷難理緒。偏是蛩吟。撩亂空階說與聽。　秋陰惻惻。纔放些晴旋又黑。囑付斜陽。留住殘紅繫綠楊。

水龍吟

釣臺秋眺

西風吹上層臺，蒼然四望秋騷屑。盧龍北去，黃流似帶，平沙如雪。畫角清商，殘蟬冷韻，都成淒咽。指斜陽黯黯，暮煙高樹，渾不似、芳春色。　何限傷秋憶別。盻寥空、羈愁如結。阿糜畫鷁，陳橋車馬，當時豔說。今日何年，臺荒鹿走，誰家宮闕。望樊樓燈火，共誰覓醉，問夷門傑。

驀山溪

孫介壽贈秋海棠磁盆，珍翫數日且萎，棄置廡陰，經雨復活，抽花數莖，娟楚可愛。知此

解離憂。何日秦淮畔，喝月水邊樓。

角招

中秋夜聞小兒女飣盤拜月，却憶童時樂事。苒苒中年，欲歸不得，想慈親倚閭，今夕亦不能歡也。賦以誌懷

歎萍寄。新來又向梁園，更滯游騎。一年秋最易。對着西風，難訴心事。飣盤布几。看拜月、兒童嬉戲。燭影鑪煙縹緲，料吴質不成眠，倩浮雲深閉。還憶。垂髫昆弟。玉盤學拜，蠟鳳篌驂至。墜歡如水逝。望徹江南，春暉迢遞。萱花樹茂，算佳節、忘憂應未。寫得新詞待寄。怕絃裏、帶商音，添愁思。

百字令

梁苑秋思，用竹垞《題江南春思圖》韻

梁園倦客，甚波寒雁冷，稻粱猶戀。門巷愔愔，斜日暮、何處趙家宮殿。水落沙平，天黏

卉賦薄，不宜妝閣也。感而賦之

西風籬落。簇簇玲瓏葉。涼露泫啼妝，拭新痕、嬌紅一捻。偎煙影瘦，料不是春花，怨遥夜，媚斜陽，獨自成淒絶。當時誤也，擬補情天缺。珍重伴妝臺，似瞿曇、芳華易歇。應知思婦，只合斷腸時，風淒緊，夜清寥，莫共春人説。

水調歌頭

汴梁中秋遇雨，用東坡在徐州和子由韻，寄懷伯兄濟南、叔兄京師、仲兄俊弟南京

久客鬢絲改，梁苑易驚秋。頻年雁羽零亂，四處五人愁。陶寫更無絲竹，各自風塵奔走，驅馬望神州。煙柳滯斜日，蘅杜怨芳洲。涼飆動，秋未老，欲披裘。宵來風雨，正急高樹叫休留。天意也知吾輩，縱有中庭皓魄，難與

草白，秋老閒庭院。征袍漸薄，鄉心遥逐歸燕。回念子夜清歌，丁簾軟夢，正楊花如霰。別後西風，容易換、不似當時人面。擲遍金錢，抛殘紅豆，説是霜前見。四輪生角，蘼蕪依舊吹遍。

滿庭芳

九日上龍亭遠眺，野煙四合，惆悵獨歸。積水半篙，小舠容膝，中流打槳，彷彿丁簾問渡時也

積潦漫隄，陰雲漏日，西風吹上林皋。茱萸壓帽，獨自强登高。翼翼孤亭百級，河聲壯、俯瞰秋濤。無人到，荒煙古刹，苔砌落鷹毛。記年時俊約，雨花石冷，木末亭遥。空温遍家山，舊夢難招。一樣垂楊巷陌，對斜陽、容易魂銷。催歸去，野航秋水，不似廣陵潮。

高陽臺

出宋門，過黄氏園訪菊

落日翻鴉，西風遞雁，黄花消息遲遲。尋秋人去，暗塵輕趁驄蹄。垂楊無限傷心碧，似來時、踠地絲絲。又荒園，一片寒香，吹過東籬。商量費盡花農巧，笑嫣紅姹紫，那逐春姿。冷澹陶潛，閒情也解相思。自憐羸得腰圍瘦，減風懷、羞買胭脂。算歸來，誰伴清愁，自選霜枝。

壽樓春

歌者劉玉生，吴人，流轉入汴。芳期老矣，而舉止嫻雅，有士人風。酒闌奏《出塞》一曲，聲與淚併，亦傷心人也。倚此贈之

尊前聞清歌。正淒涼子野，無奈愁何。掩映華鐙人面，低顰雙蛾。清商發、朱顔酡。動梁塵，銀蟾生波。有花外唬鵑，江南舊燕，塵影

共蹉跎。　青衫濕，悲滂沱。悵落花似客，飛絮憐他。莫笑江州司馬，當筵愁多。吳山迥，無明駝。掩哀絃、秋風關河。歎同是天涯，十年未醒春夢婆。

八聲甘州

夕陽，用張叔夏韻

小闌愁獨倚滯殘紅，蕉萃不禁秋。認淒涼顏色，秋千索外，鸚武簷頭。應記丁簾軟夢，簫鼓木蘭舟。催出華燈夕，醉倚梁州。　一樣晚晴天氣，奈風吹短鬢，照影還羞。指愔愔門巷，誰伴玉驄游。待把長繩繫住，料應難、不共水東流。空繾綣、天涯芳草，柳外高樓。

臺城路

紅葉

新霜作意描秋色，疎林斷霞一片。檥棹憐幽，停車愛晚，消得幾番繾綣。殘妝自絢。倩熬住西風，待他歸雁。儘爾荒寒，不教輕彼蝶蜂見。　吳江舊夢應念。晚晴空自好，還寄幽怨。溝水流愁，斜陽倚醉，只怕朱顏偷換。韶光休賤。便不是春人，也工留戀。囑付棲鴉，莫教輕踏遍。

翠樓吟

秋事已深，心冘夢褋，夜窗枯坐，曠然有感。孟德有云：『憂來無端，不可斷絶。』可謂善狀秋士之心。輒成此調

帶眼潛消，襟塵孏拂，思量更無歸計。西風欺倦客，送多少飄零滋味。眉峯蹙翠。數馬足關河，燕巢身世。休顒頷。此間樂耳，埋憂何地。　算是。纔有斜陽，又暮雲催暝，陰晴難倚。客懷揮不盡，似落葉埽來還墜。待推沈醉。怕酒薄愁濃，渾難料理。清宵迥，短檠寒燄，照人無寐。

揚州慢　秋暮獨上宋門女廧，聞笳聲

雪苑人稀，樊樓市散，西風何處嗚笳。聽商音一片，渺離思天涯。自淮海、銷藏兵氣，空營細柳，猶帶棲鴉。正斜陽、人倚荒城，雁掠平沙。　江雲莫望，算頻年、歸計都差。儘舊夢長楊，將軍故李，身世休嗟。多少卧龍躍馬，都付與、鐵板銅琶。只故園秋色，遲人雨細風斜。

風蝶令

斷雨分山碧，斜陽半樹黄。閒情應似瘦垂楊。作出絲絲縷縷、綰愁腸。　籠密防鸚舌，臍深抱麝香。眼前情事怕思量。覺道近來羸得、是清狂。

其二

小字書花葉，閑情託茝蘭。半含辛苦半含酸。化作芳甜崖蜜、料應難。　蕭瑟江關賦，淒涼寶劍篇。喁喁兒女褋悲歡。都是秋林霜葉、作斑斕。

其三

白晝縱橫鼠，通衢亍彳魈。董龍雞狗李公貓。總有過人才調、莫輕嘲。　丸轉蜣螂矢，泥營燕子巢。風風雨雨逼天驕。却是渾家睡美、好涼宵。

其四

塞上空憐臂，城中自有眉。侏儒合飽朔應飢。況復廧東宋玉、好微辭。　小雨愁花朵，斜陽曬蝶衣。春風吹皺水參差。試問干卿底事、費尋思。

百宜嬌　吳寶齋贈木瓜，倚此爲報

小字黃香，新名百益，摘向筠囊誰寄。夢熟頻婆，煙寒橘柚，都費紅塵驛騎。汗痕初透，添別樣、濃薰芳膩。正晴牕、薦上瓷盤，瓊瑶難報君惠。　笑一例、繫匏身世。憐我更憐伊，食來無味。酸稱詩懷，香宜酒甕，舊約霜前應記。纔堪鼻選，莫誤認、南皮會裏。只生平、不解攀籐，苞苴何愧。『苞苴』語見《孔叢子》。

念奴嬌　酒樓薄飲成醉，愴怏百端，和張叔夏韻

看花滯酒，任西風無賴，能欺殘客。自古梁園游易倦，歸羡相如有壁。錢鳳何人，諸君健卒，此意誰能識。空留雙眼，向人應是長白。　却笑炊黍功名，唐花富貴，一枕柯南國。值得風塵牛馬走，十載江東燕北。斫劍狂歌，呼騶痛飲，慷慨淋漓極。渾家正醉，醒來何處風笛。

洞仙歌　齊魯公園訪菊，書所見

斜陽小圃，正寒香吹滿。細劚霜枝自評選。蓦釵光低溜、袖影微呈，訝相逢，臨水隔花人面。　軟塵蓮印碎，簾卷西風，瘦比黃花更清豔。嗅蕊自商量、淺白深紅，偏只愛、楊緋嬌倩。試郎意、如何遞餳波，恨不作花農、替渠評斷。

金菊對芙蓉

幰影青搖，茶煙綠瘦，綺牕容易秋深。算鶯期燕約，消息沈沈。小庭香霧迴闌月，記當時、幾度經行。思量舊事，纔抛夢裏，又上眉心。

便算料理吴船，更丁簾晚泊，笛步秋尋。怕歡貪一晌，依舊分襟。茂陵人老長門悄，黯斜陽、不度遥岑。西風昨夜，行行雁柱，冰透瑶琹。

卜算子　秋蟲

霜砌蘚花紅，側耳秋蟲語。不是斜陽挂樹梢，疑落廉纖雨。　切切更淒淒，似訴相思苦。驚起深閨憶遠心，寄到寒衣否。

洞僊歌

汴梁第四巷，相傳李師師故居，道君游幸地也。秋來過此，唯見衰草斷垣，倚此弔之

經過趙李，説風流帝主。軟踏香塵扣朱户。數内家裝束、素手銀箏，昭陽裏，粉黛三千遥妒。　雲荒苔逕冷，幾樹垂楊，猶畫當時舊眉嫵。認一角頹垣、冷倚荒陂，還照出、斜陽紅苦。問風雪、胡天拭啼痕，盼汴水西流、前游憶否。道君在五國城爲李師師立傳，帝子多情，古來第一。

念奴嬌

晚風簾幕，又暝煙吹過，斜陽一縷。愁境漸於詩意近，帶眼潛消幾度。肺病妨香，酒悲避盞，暗減中年趣。筆花落盡，江淹有恨難賦。　回憶井水才名，揚州綺夢，影事如煙絮。衣上鑪薰襟上酒，一樣飄零無據。唬鳩傷春，籠鸚唤冷，都是尋常語。小樓愁上，薊門多少煙樹。

綺羅香

客言洛陽女兒顔色最好，唯不耐久，纔過破瓜，便減姿致，水土然也。法宜於十三四時，移置他處，以調息之。戲紀以辭

珠蚌宜胎，翠禽憐小，別樣丰神嬌倩。十五華

年，記否對門人面。恁吹過、幾度花風，早瘦了、蔫紅一半。似華鬘、天女歸來，優曇鉢裏暫時現。　駐顏誰借丹藥，愁煞海棠枝小，不禁霜霰。珍重移根，勒住二分微煖。待商量、金屋三千，好填滿、人間缺限。怕潘郎、雙鬢先凋，護花虛此願。

蘭陵王

峭寒夕。人坐小屏山側。銀鴨冷，燒盡都梁，難倚餘溫到牕白。重衾裏窄窄。不放尖風偷拆。憐絲枕，壓損繡鴛，空自雙雙戲蓮菂。　青鸞信音隔。便溫遍舊歡，殘夢難覓。虛簷凍徹銅壺滴。正鸚睡驚覺，雁聲遙度，沈沈虛籟透簾隙。燭奴晃寒色。　淅淅。打牕格。又密霰吹來，玉戲聲寂。江南已是圍貂額。況留滯殘歲，鳳城猶客。一般離恨，到歲晚，更愴惻。

四字令　夜牕聞雁聲，懷諸兄弟

遙天路長。江波夜涼。秋來各自分行。覓誰邊稻粱。　瑶箏柱寒。關河易霜。幾時同住瀟湘。伴閒鷗夢長。

沁園春　江南故人書詢汴中風物，倚此答之

俠客侯朱，狎客鄒枚，當時豔談。數恢奇魁傑，昔年人物，塵埃雜沓，此日江山。燕趙悲歌，荊吴秀麗，行到中州比儗難。思量遍算，風流趙構，解戀臨安。　畫圖昔日曾看。寫河上、清明記擇端。恁春霖幾日，潦妨車轂，秋風乍起，塵滿雕鞍。舉舉香巢，師師舊巷，可有垂楊倚畫闌。閒無事，祇吹臺獨嘯，遙望

江南。

高陽臺　大風雪，驅車獨出夷門，登吹臺遠眺

雪大於鴉，風尖似鏃，玉驄碎踏寒瓊。暝色蒼然，角聲吹冷荒城。年時厭説風沙苦，倩楊花、一路鋪平。正旗亭，酒價愁高，冷颭帘青。鈿車舊約逡巡誤，記貂裘競走，烏榜同憑。凭歲晚關河，荒臺獨上高層。茫茫不見江南樹，衹寒林、一片傷心。待歸來，共醉樊樓，誰是侯生。

夜行船　圍鑪夜坐

獨倚小牕聽玉漏。正瀟瀟、竹風吹驟。潑水吟懷，難温綺夢，端合伴、梅枝瘦。　簾局漸涼銷炭獸。撥寒灰、數星紅豆。半似名心，半同情味，都到了、中年候。

百字令　月當頭夕，寂寥寡歡，追憶曩游，惘然成詠

一般皓魄，衹今宵偏到，十分圓處。片片鱗雲凝凍葉，難把清輝遮住。涼覸梅魂，峭含雪魄，藻荇前身悟。姮娥耐冷，別愁應是難訴。　寒回憶碧盞消寒，紅橋賭韻，踏雪淮干路。詞侶星分，酒霧滿襟渾未返，不怕風欺帽絮。人煙散，影事渾無據。孤吟誰和，驚鴉飛過庭樹。

秋宵吟　庚戌夏夜，納涼秦淮水榭。驚鴻校書撫風琹作秋之夜調，涼風颯然，音節甚美。惜其辭未雅馴，許爲填白石《秋宵吟》以易之。匆匆挂帆，未果作也。梁園歲暮，擁被寒宵，棖觸舊游，補製此調，秋懷別意，併入絃音。他日歸過淮干，當見雙髻重吹，十蔥更擫也

倚疏桐，步碧蘚。數點微雲河漢。催炎暑、又換了西風，流光偷趲。小闌迴，翠幕卷。瘦篴聲聲吹遠。相攜處、正玉去骨冰肌，乍涼無汗。漫喜宵長，怕俊約、芳期更短。半庭香霧，剗韈來遲，長記那回見。淒切蛩吟晚。似說今宵，離恨漸滿。到更闌、共倚河簷，涼月橫白户案轉。

大酺

急景凋年，消寒多集，當歡欲愁，輒逃杯杓。懼友朋之不諒，倚此謝之

又早梅芳，新雪霽，小字羅箋相促。消寒高閣會，欵殘冬、良宵如晝，更燒銀燭。暖玉楸枰，軟金蕉葉，圍繞屏山六六。玉人呵手坐，聽笙簧脆炙，乍翻新曲。怕狂乞紫雲，暗拋紅豆，酒悲還續。流光波逝速。照詩鬢、不似當時緑。空數遍、江南綺夢，帝里清游，墮歡影、事難追逐。哀樂中年觸。孏更寄、閒情絲竹。聽淒切、荒城角。風際頻訴，無限羈愁吹入。夜燈照人影獨。

揚州慢

歲闌聞觱篥

黍谷難温，荒城易暮，鄉愁積似寒雲。更聲聲淒咽，偏聽入羈人。訝風急、天高猿嘯，都成變徵，難和陽春。數峥嶸、時序倚闌，愁眄斜曛。無情汴水，料難流、歸夢江村。記小巷餳簫，長街臘鼓，笑語紛紜。久客鬢絲都改，驚心處、那更堪聞。共麗譙清角，都來併作黄昏。

齊天樂

寒雲　以下六闋均和周稚圭

沈沈雲意如人孏，斜陽澹紅遮住。山欲披裘，天疑釀酒，作出朦朧意緒。巫峯何處。算偶

出忘歸，不關行雨。鎮日陰陰，客愁無限共凝佇。小簷偏是易暮。枉寥空盼斷，難認鄉樹。倚竹寒多，折梅路遠，葉葉羅衣誰補。文牕暗覰。似悄掩梨花，濃搓柳絮。迷遍江南，冷鴻歸去路。

前調　寒月

雲陰漏出淒涼色，畫闌悄無人倚。晶晃簷冰，澹描梅影，滿地霜華似水。清輝最喜。奈偷揭氈簾，玉樓粟起。怕負良宵，小窗滅燭夜深對。　西園應記舊事。舉杯邀共酌，花下同醉。一樣團圞，幾時換了，霧冷風淒情味。照人無寐。更繞樹誰憐，凍鴉羽瘁。莫更思量，雲鬟歸夢裏。

前調　寒鐙

香篝坐倚瓏瓏影，宵闌伴人淒絕。挑怕膏凝，窺愁燄短，那似博山長熱。空房膽怯。認低暎屏山，花枝凍折。多少閒愁，也應難共玉蟲說。　塵襟渾是難袚。便銅奴耐冷，羞照華髮。豆解相思，花占如意，記否當時離別。關河又雪。料點點紅冰，玉荷愁滴。祇盼春迴，九蓮枝更發。

前調　寒柝

夜長已是無情緒，聲聲更聞淒斷。小衖霜濃，空街月悄，白雨亂拋繁點。贈來答往。恰疏間鼉更，密和虬箭。聽入羈人，布衾那比鐵衣煖。　尖風吹過一片。念抱關人老，同寄幽怨。遠堠笳聲，麗譙鼓韻，一樣風塵腌臢。芒鞋踏遍。料盼徹駝鈴，待他雞唱。水樣華年，敲殘春夢短。

前調　寒鴉

孤村冷抱斜陽外，空林暮鴉棲遍。瘦影團煙，拳痕點墨，不似昭陽曾見。楚江又晚。悵寥落關河，錦檣歸遠。倦羽愁飛，故巢回首定淒戀。　鬢痕搔處更短。正風嚴雪重，舊侶煙散。細柳河橋，緑槐宫樹，影事都來心上，不堪淒斷。又熬過殘更，曙光催唤。終古垂楊，夢醒霜信攢。

前調　寒雀

紇干城上尖風急，小簷倦禽飛墜。撲雪身輕，搶榆夢醒，空抱一身涼翠。華堂同寄。盼燕子歸來，幾時春至。冷啄疏枝，老梅香蕊墮苔砌。　野花橋畔開未。料張羅門外，寒趣如繪。蛤化波涼，鼠空倉冷，那有雲霄壯志。硯池冰脆。只書案閑行，一生心事。望斷觚棱，朱門煙霧起。

百字令　夜牕冷坐，聞煎茶聲

沈沈虚籟，正氈簾寒峭，魷牕月瘦。掃得梅梢，新雪在、風味党家勝否。榾柮煨紅，乳花泛碧，靈液華池透。相如最渴，雲英煩試纖手。　却笑鼎沸名心，火攻世事，一樣醯雞瓿。蠏眼纔過，魚眼上、爲底匆忙奔走。鸜硯冰凝，膽瓶凍徹，似我心情皺。獨留雙耳，瓶笙閑聽聲奏。

風蝶令　再詠煎茶聲

莫訝笙簧叶，應憐水火争。鼎鐺覆餗盌翻羹。

都向虛窗來作、不平鳴。世事嗟蜩沸，閒情罷蚓吟。竹爐紅映夜燈青。冷看一波纔過、一波生。

淒涼犯

野曠天低，垂垂欲雪。驅車晚出，冷趣彌襟，棖觸歸懷，作此以寄

茸裘風帽，東郊路、天容知釀晴雪。寥寥虛籟，垂垂遠樹，雁痕飛滅。平原望澗。正沙際寒雲暗接。飲車前、欲呼騶卒，冷趣共誰說。還憶江鄉景，偷綻新紅，早梅應發。花應念我，滯關河、又銷殘臘。倦眼愁凝，衹天際吴山似髮。甚年年、客裏夢影，過去似葉。

齊天樂

帳鈎

綃煙籠住芙蓉影，春痕倩誰鈎起。屈曲鎔金，玲瓏刻玉，寫上吉羊雙字。流蘇暖透。認月子彎彎，初三天氣。鎮是雙飛，鴛鴦宜對不宜隻。夜涼催喚人睡。移燈輕放處，還倩梅婢。畫額低垂，珠鬟軟倚，偷覷漢宫秘事。夢輕風細。更微觸闌干，聲聲敲脆。辛苦憐伊，爲誰憔悴死。

木蘭花慢

夜起望積雪

正寒宵悄悄，墮飛絮、影微茫。費剪水工夫，隨欄玉折，鋪砌瓊方。風翾乍停更起，似梨花滿地不聞香。鶴訝今年早雪，鴉啼午夜疑霜。更長。自倚迴闌，愁擁帚、怕朝陽。便化爲春漲，無情汴水，不送歸航。人間要留浄土，正煩伊、凍合玉樓裝。明夕梅邊皓月，好將香白評量。

思佳客

剗韈香階月上遲。夜涼吹徹玉參差。雁寒不遞相思字，箋短難題懊惱詞。 温舊夢，去難追。垂楊瘦盡亞窗枝。都將芳意消殘臘，怕到春來又吐絲。

前調

鸜研冰花結暈圓。魫牕涼月似眉彎。夜長漸覺衣裳冷，自撥金鑪護水僊。 情索莫，思闌珊。寥寥驚雁度遥天。芳期嫩約渾拋却，小簟輕衾各自寒。

前調

虬箭沈沈夜易闌。尖風欺夢透吴緜。玉笙吹落西廧月，冰簟何人共不眠。 銀鴨冷，篆紋殘。一燈紅穗瘦於煙。膽瓶新綻黄梅蕊，沁入詩懷特地甜。

貂裘換酒 庚戌祀竈夜

又送神君去。笑行厨、蕭然無辦，神其毋怒。墨突不黔剛十載，君亦曾無甯處。請聽我、踞觚相語。媚奥不能遑媚竈，便花餳、秸馬難供具。將冷況，上天訴。 君歸欲醉謀應預。把殘年、繞牀逋卷，焚之一炬。便可清樽相對酌，風雪良宵同度。更一事、煩君借箸。除夜須攜如願返，好周旋、爨下調漿醑。君愛我，定相許。

齊天樂 雪花

玉妃舞罷濃還聚。翩翩墮來如許。冰剪裁成，雲羅刻就，六出芳姿認取。亂和霰絮。有百琲珠璣，輕盈同舞。莫笑無根，纖痕已占最高樹。風前休更細數。繁華憐轉眼，都付塵土。一半斜陽，二分流水，等是落紅歸處。顛狂記否。更不及楊花，化萍有據。冷笑梅枝，暗香還自吐。

前調 冰箸

小簷雪後雙雙列。條侯漫愁不足。未許探湯，應妨冷齒，稱否餐氈人物。清寒茅屋。恰配上玉壺，冷淘筵簇。昨夜尖風，生愁敲碎半窗竹。粉奩影倩映出。訝垂紋古篆，誰畫雲籙。龜手持宜，雀錫調合，冷到朱門粱肉。朝陽怕觸。似失手聞雷，借籌無術。却笑人間，熱腸應未屬。

探春慢 齋中養水僊，清泉白石珍供，彌月抽苗，纔可寸許。偶過某錢肆，見泥盆襍種數十頭，葉健花濃，溫香四溢，黠與妒併。戲爲此解

水繪清愁，雲涼綺夢，環珮珊珊來暮。睡鴨烘春，晨烏就煖，費得工夫無數。盼眼銷凝久，待相伴、羈窗幽緒。料知雪重天寒，凌波愁試微步。不信瑤宮仙侶。也氣識金銀，托根塵土。空羨環肥，還憐島瘦，畫出兩般眉嫵。自拾湘臯佩，算誰把、相思細訴。忍俊難禁，痴懷一半兼妒。

尉遲杯

春如夢。夢醒處、殘月生西弄。小樓玉篴聲聲，知向誰邊吹送。舊歡新恨，只一寸、眉心壓愁重。悔年時、枉向東風，誤將紅豆拋種。

長夜贏得思量，剛數遍、沈沈虬箭，簷漏微凍。落盡桐花，春難管空，賺煞娟娟翠鳳。如今漸、魚沈雁杳，悶誰訴、寒衾獨自擁。伴無憀、但有梅花，暗香吹過窗縫。

金縷曲

周稚圭《京邸歲闌夜坐》詞云：『喚起青鸞飛歸去，看樊樓十二珠簾卷。』余客游大梁，逡巡歲暮，乃覺此間百無可戀。夜牕淒寂，鄉思如潮，用稚圭原韻以寄所懷，所謂同牀各夢也

簫局偎餘煖。聽宵闌、驚鴉噪急，寒雞韻短。幾日雲痕凝愁重，何處春城笳管。料綺夢、應難重款。試問西園梅花訊，勒嬌紅、留滯東風軟。河水澗，度春緩。　風前掩抑瓊簫怨。銷清愁、眉峯蹙翠，甚時重展。燈火樊樓無尋處，小市晚來人斷。恁怪得、長卿游倦。屈指江鄉多歡事，正盈街、臘鼓春潮卷。歸夢弱，碧天遠。

一剪梅

春水

蘸影煙蕪翠欲流。底事干卿，漾出春愁。愁懷不斷幾時休。常共潮生，不共潮收。　風軟波輕一鏡浮。曲曲迴闌，低暎紅樓。有人樓上鎮凝眸。盪緑飄紅，不送歸舟。

以上《嘯盦詞丙藁》（《梁塵詞》）

揚州慢

移居

問字新亭，垂楊深巷，尋巢春燕來遲。儘琹書檢點，莫誤了花時。憑料理、幽居靜課，移棠近檻，就竹編籬。趁西簷、蠣粉初乾，自寫新詞。　京塵十載，數年來、幾定歸期。奈不是歸人，空餘鄉夢，杜宇休啼。只合藏身人海，同落絮、沾著春泥。說此間樂耳，何須更寄

將離。

水調歌頭　同商曹諸友讌崇孝寺看牡丹

良會不常有，莫放一春閒。君看鏡裏華髮，昨日是朱顏。取次花叢迴顧，但覺風情老大，鶯燕不相關。絲竹要陶寫，哀樂近中年。　過清明，剛上巳，好春天。南城花事，休負縛束奈朝冠。難得軟紅塵裏，猶有清流雅集，能使酒腸寬。世事已如此，不樂正徒然。

青玉案　昔年假寓陳光禄宅，籐甚美，花時酬賞，輒至夜分。移居未幾，主人來告花萎，弔之以詞

年時最憶春三五。剛覓得、柔鄉住。歌席陰濃明月午。清寥良夜，温馨香夢，淺唱微吟度。　當時枉作名花主。任紫玉、成煙去。萬喚花魂魂譍否。一簾晴絮，半牆黄月，倩女來時路。

西江月

日日風風雨雨，清清冷冷人人。梨雲剗地又黄昏。依約春寒漸緊。　寶篆燒殘心字，繡簾閑煞鈎銀。歸期纖指數番掄。多恐燈花未準。

滿庭芳　雪茄

酒渴纔消，詩魂正嬾，倩誰相伴愁邊。層層露葉，著意裏匀圓。記得真珠小匣，緘封處、紙印連錢。并刀破，香通鼻觀，久窨覺花鮮。　松枝煩細點，成灰寸寸，輕墮牕前。似傷春心事，了却纏綿。吹出非蘭非麝，縈迴處、併入鑪煙。渾無事，一枝檢取，呼吸破清眠。

月華清　卷牕

魚綱量箋，苔紋選紙，疏櫺可可裁剪。碧葦横黏，旋把紅絨斜綰。任幾重、花影移來，渾留住、鴨鑪香篆。向晚。透絲絲涼意，藕花風軟。　更隔珠羅短短。恰攔仕飛蠅，誤他歸燕。幾日炎歊，遮住斜陽一半。放黄昏、白玉錢穿，障清晝、軟紅塵遠。舒卷。算寒温桼透，隨人宛轉。

真珠簾　簾波，用周稚圭《春影》詞韻

虚簷漾出瀟湘景。盪秋魂、一片縠紋疑凝。繡户鎮低，垂覺晚來微冷。容易絲風吹便皺，更燕翦、捎時無定。清境。怕釵梁濕遍，小闌愁凭。　多恐一帶盈盈，隔弄珠、仙侶難窺輕靚。纔送却斜陽，又涼蟾低映。擬托通詞還脈脈，剪秋水、玉肩誰竝。風靜。奈犀鈎催卷，柳昏花暝。

菩薩蠻

文牕六扇玻璃透。真珠絡索揺煙皺。窺見个儂來。小桃含霧開。　緑雲垂倭墮。鎮日慵梳裹。故意賺郎留。今宵學上頭。

前調

腮痕中酒胭脂膩。横波無賴傳心事。寒意入重簾。邀人熨指尖。　烹泉爐火活。解道相如渴。笑捧碧蘿茶。多應勝党家。

前調

葳蕤雙枕宵無夢。乾紅繡袜兜春重。鐙影落金蟲。佯羞故避儂。　輕盈迴就抱。軟玉腰

支小。龍性近來驕。纏綿奈此宵。

前調

銀塘風定停雙槳。眠香交頸文鴛兩。領畧鬢邊香。清宵細細長。　春濃嫌夢窄。容易紗窗白。推枕更遲遲。玉驄花外嘶。

風蝶令

春夢如雲亂，閑情欲懺難。青梅如豆杏如丸。持比儂心輸與、一分酸。　小院涼煙歇，疏簾玉漏殘。月華澹沱夜闌珊。不信嫦娥偏解、伴吳剛。

蘇幕遮

檻風疏，牕月澹，一種新涼，透入秋滋味，病起相如依舊瘦。立盡花陰，露溼羅裳袖。　玉笙涼，珊枕滑，四壁蛩聲，不許愁人睡，碧宇星疏雲似縷。清淺銀河，何事微波皺。

小梅花　效方回體

交衢舞。長安土。翻手作雲覆手雨。鄙況謀。不我欺。産禄駃蹬，分合爲誅夷。一貴一賤交情見。史公因作游俠傳。指日星，矢鬼神。西華葛帔，風雪誰家門。　死范叔。生張禄。須賈馬食魏齊哭。妻跪迎。嫂膝行。季子位尊，況復多黄金。冷突無煙旋炙手。驕陽又在冰山後。莫躍蹶。請迴車。閉門却埽，重廣孝標書。

賀新涼　都下屋值奇貴，覓居不易。讀黄九煙《將就園記》，感而賦此

彈指華嚴現。笑先生、奇思忽發，偏工杜撰。

樓閣玲瓏雲外起，湧向毫端燦爛。都不似、人間宮殿。漫道埋憂無處所，算東將、西就由君便。東將、西就皆記中園名。且莫問，真歟幻。

京華幾作移巢燕。笑一門、眷屬長似，倚裝適館。莫向九煙求借舍，風物吾鄉堪羨。有多少、山温水軟。老屋三間梅百木，便讀書、歸老秦淮畔。存此語，誌吾願。

前調　戲咏不倒翁

放眼皆公輩。笑堂堂、登場傀儡，無非兒戲。攬鏡頭顱真大好，莫道圖儂容易。似錐處、囊中穎利。蹉跌幾番還起立，總盤旋、宛轉如人意。長樂老，將毋是。

中虚上鋭誇新製。細評量、衣冠其偉，鬚眉如繪。終向兒曹操命運，失手階前粉碎。空自詡、老謀深計。敗絮其中金玉外。笑包藏、難向傍人謎。前者仆，後者繼。

前調　朝來攬鏡，一髮先白，爲詰白髮詞

白也來何速。向少年、刷青元鬢，無端羼入。今日堂堂三十五，便到明年卅六。須不是、商山高躅。事業何窮前路迴，把雄心、對爾都收束。雖擢汝，罪難贖。

一莖偷自毫顛出。料明朝、呼朋嘯侶，來應續續。不向熱官頭上集，不共歡場儆逐。偏解與、窮愁相蹙。點點微霜搔頭處，料獅兒、攬鏡真應撲。治平以鑷，莫余毒。

前調　髮不任咎，具辭以辯，爲書於牘

髣髴聞頭責。讀公詞、人將髮指，吾能結舌。多少功名成白首，不信君猶守黑。空負我、相親踪迹。鏡裏朱顏顛上雪，算由來、不許人欺飾。嗟老矣，馮唐客。　潘郎攬鬢休嗟惜。笑吾徒、墨池雪嶺，都憑自擇。弱歲傭書常夜分，直到中年未息。更幾許、無端欣戚。心血年來餘幾許，恁彪之、不作華顛客。公訟我，我詞直。

霓裳中序第一　秋日登江亭望西山

空林上暮色。敗葉吟風如太息。秋在亂鴉倦翮。望天際數峯，晴嵐如沐。荆關畫筆。任簿書塵事拋擲。憑闌處，一山落日，仿佛照岸平幘。　休惜。蜿蜒金碧。料王氣而今似昔。葱葱猶護警蹕。説與西風，款住鄰笛。更迴看魏闕。認幾點觚棱霧羃。呼童返，街燈初上，貰醉盡今夕。

玲瓏四犯　暮秋獨步小園，幽芳一叢，抽花散馥，澹不知名。賞而賦之，用白石體

薄雨送寒，疏煙作暝，荒園芳事都少。幽花如倦客，静掩空階悄。天然最憐愛好。散清芬、不嫌秋老。細蕊玲瓏，纖枝婀娜，别有冷懷抱。　秀榛蕪、含窈窕。似天寒翠袖，斜倚叢篠。儘荒涼無緒，未許啼螿惱。風淒露冷甘消受，勝多少、當門芳草。有偷眼，霜禽傍、孤芳到曉。

淒涼犯　夜牕聞蟋蟀

竹牕澹白。澹蟾溼、天階一片霜柝。秋來無奈，游仙珊枕，飄燈珠箔。中年慢樂。怕華髮星星暗落。聽牆陰、蛩吟似雨，好夢乍驚覺。　如怨還如慕，起舞中宵，此聲非惡。庾郎未

老，耿無眠、亂愁拋却。似水流年，倩千丈長繩繫著。半閒堂在否，供冷笑傒譃。

遶佛閣

真韻　秋日獨游天甯寺，坐射塔山房，用清

暗雲乍歛。荒寺冷落，松下孤館。漸看暝色、凄然上虚幔。恨兜臆滿。初地乍喜，塵市囂遠。鐘梵清婉。倩將綺業，消除度慈岸。廢塔問誰埽，射影斜陽紅一綫。留住暮光，山房窗幾面。正急序凋年，時去如箭。雨花誰見。料聽打鐘魚，塵夢零亂。禮真如、貝經空展。

滿庭芳

憶月

一片圓冰，百年浩刼，別來空費相思。嬋娟倩影，飛不到羅幃。應記年時三五，深院靜、穩抱清輝。歡濃處，鶼鶼雙影，不怕素娥窺。自從偷藥去，青天碧海，那是歸期。料蛾眉黃昏，無奈瘦比前時。幾度初三下九，銷凝處，霧鎖煙迷。拚今夜，膍兒下了，索向夢中隨。

翠樓吟

廣安門外河泊，夏時游屐甚衆。八月既望，驅車獨過，敗柳殘荷，不勝蕭瑟。主人喜爲空谷足音，出家釀飲予。酬以此闋

織雨疏籬，籠煙小閣，林園自饒幽致。柔藍圍數曲，便疑有濠梁間意。風闌獨倚。看矮笠撈蝦，長竿承蟪。蒓鱸思。水鄉風景，恍然神契。　每憶。炎暑初臨，有翠衣紅菂，慣招游屐。擡望眼，又衰草斜陽千里。重來情味。賸一角西山，向人垂睇。殷勤甚，主人招我，一樽還醉。

八聲甘州

歌者陳雪卿能爲悲音，每至曲終，輒自俯首掩袂，亦傷心人也。辛丑春過滬，聞之席間，愴怏難懷，心頭作惡者數日。贈以此闋，偶憶録之

酒闌燈欲灺聽商音，四座慘無温。把淒涼心事，長歌代哭，淹漬羅巾。併入四絃幽咽，索索動梁塵。漫揾窮途淚，花裏逢君。　誰信綺團繡繞，有猿啼清夜，雁唳秋雲。漸青衫溼遍，同是未歸人。又明朝、挂帆滄海，分袂酸辛。容易春風秋月，算等閒、負却了芳辰。

八歸　秋蝶

秦宮夢醒，斜陽籬落，疏疏暮雨乍歇。伶仃瘦影馱煙立，渾覺粉痕清減，香魂嗚咽。眼底繁華收拾盡，賸涼翠一身如葉。更禁得、昨夜西風，冰透羽衣褶。　莫問棠雲杏雨，流光容易，又是重陽時節。傭擡雙翅，倦尋芳徑，聽盡寒蛬淒切。縱黄花待久，難共新霜鬥清絶。闌干外、樓煙偎暖，多恐醒時，羅裙和淚疊。

聲聲慢　絡緯

絲風織晚，綃霧吹涼，落梧庭院人静。乙乙聲低，偏伴虚窗短檠。乍似當機太息，又淒聞、投梭悲哽。停更起，和牆陰促織，鎮啼煙暝。　何限離緒愁絲，怕理時還亂，繅來不盡。思婦無眠，算到征衣漸冷。何況懷歸楚客，寫琴絃、聲聲愁聽。夜牕寒，把秋心、啼入金井。

念奴嬌　憐月

盈盈皓魄，算年時長憶，團圓三五。容易光陰，逢下九、禁得娟娟風露。玉兔凝愁，金蟆

蝕彩，光景憐非故。一彎眉樣，碧天掐破誰補。獨自嚮屧西廊，開軒東閣，翹首空延佇。吴質不眠，涼獨倚、要借人間玉斧。寶玦生寒，銀甌易破，愁絶佳期誤。夜闌驚聽，棲鴉飛過庭樹。

慶清朝

偎夢留馨，和煙墮影，空桑應有餘温。天花散後維摩，偏種愁根。欲倩西風吹去，亂雲如絮鎮紛紜。難揮盡，天魔綺刼，忉利塵因。説是風懷易減，奈見時依舊，贏得輕顰。燕飢蠶病，惆悵幾日黄昏。俊約近來都少，思量無計避芳春。恁便似，江鴻一瞥，滅盡秋痕。

滿江紅

秋暮獨客京師郡館

門掩西風，落葉下、空階蕭瑟。人語悄、暝鐘初動，暮煙横白。寶鴨銷香羅幌冷，小蟾窺户銀鈎側。但幢幢、涼燭照無眠，傷離色。心上事，層波積。眉際恨，千峯窄。問南飛雁羽，更無消息。欹枕欲尋鄉國夢，夢中尚恐關河隔。是天公、作意惱游人，教岑寂。

過秦樓

麟帶餘香，犀鈎挂冷，繡簾偏易黄昏。數舊時丰韻，把容光暗減，心緒誰論。眉黛不成勻。對圓冰、自寫深顰。算晚來衹有，一丸涼月，猶解温存。記紅閨女伴、殷勤勸，勸機中錦字，還織廻文。奈新來情性，越添嬾惰，不會寒温。和病度芳春，藹春愁、密似春雲。問梁間紫燕，底事和儂，只是含嗔。

疏影 遲雪

凝雲壓屋。指暮鴉點點，飛過村曲。危闌□□，枯葉吟風，空林但有蕭槭。紅鑪綠螘安排早，待共迓、靈妃剪玉。只梅花、獨自衝寒，樹外冷香飛撲。擬喚龍公試手，奈沈睡正美，難駕滕六。入望川原，坷坎填平，誰灑珠塵千斛。茫茫朔氣橫空際，更不見、翠微峯角。拚晚來、破却工夫，冷入小窗棊局。

聲聲慢 歲事欲闌，風寒雪甚，歡宴未終，驪唱相促，倚此以謝故人

華燈替月，斗帳籠煙，峭寒不度屏山。脆炙銀簧，嬌鶯嚦囀花間。濃歡味醲勝酒，早薰人、紅破愁顏。笙柱歇，訝梨花滿院，白遍闌干。幾度胭脂坡上，問故人好在，唯有何戡。河滿聲聲，淒涼莫唱陽關。尖風最欺絮帽，算明朝、驛路梅寒。拚酩酊，到更殘、扶上玉去鞍。

齊天樂 歲晚將南歸，踏雪夜過南軒話別。輕車早發，次津門却奇

胭脂坡上漫天雪，經行夜過趙李。冷逼貂裘，風欺絮帽，了鳥文牕偷啓。華燈影裏。有一樹梨花，無言悄倚。顫入儂懷，溫泉還賜上池水。城頭夜烏啼起。又瓊瑤碎踏，催上征騎。夢窄春寬，逢遲別驟，門外天涯何地。紅冰偷拭。偏强作齊姜，賺人濃醉。多恐醒時，餘溫猶在袂。

滿江紅 大雪獨酌酒樓，倚牕四眺，景色奇麗。聞門外歌聲甚哀，愴怏難懷，歌此以解之

朔氣彌空，有十萬、玉龍飛舞。看皓皓、河山

一白，樓臺粉素。狹路貂裘頻夜走，旗亭螘酒連朝賭。聽何人、門外唱蓮花，聲淒楚。悟翻覆，人情苦。算公道，蒼冥主。把茅檐、華屋一般分付。掩盡人間谿壑面，填平世上崎嶇路。恰歸來、天地悄無聲，茶笙沸。

東風第一枝

齋中供碧桃花，爲嚴寒所勒，久不破蕊，歌以慰之

料峭霜威，羈遲春事，曉來辜負芳訊。麝篝銷盡餘温，勒住二分香暈。紺苞乍褪，剛露出、嫣紅愁嫩。便東風、不解殷勤，憔悴越添丰韻。　說天上、移根未信。伴清夜、花魂微困。藥鑪煙裏黃昏，倩影移燈偷近。春光自吝，勝片片、蒼苔難認。是何時、青鳥飛來，消息憑伊試問。

臺城路

盆中碧桃花，寒訊欺凌，已就萎矣。春事將闌，忽破數萼，鮮豔特甚，賞之以歌

瑶池昨夜歸環珮。天然黛痕如洗。鵑血啼殘，棠魂睡後，已是尾春天氣。春工何意。費鏤雪精神，雕瓊心計。笑倚東風，一枝和露自明媚。　年時憶否殘歲。儘薰鑪烘遍，只恁鯫頳。羯鼓千撾，彩灰百喚，盼眼銷凝有幾。花魂解事。也熱不因人，自憐身世。莫悵春遲，酎卿聊一醉。

前調

憶雲

博山一片香雲裊，氤氳靜依琹柱。著袖添温，縈襟趁暖，綰住春痕縷縷。隨郎意緒。似鳳倚桐花，魚吹浪絮。願化錦屏，屏山深處共伊住。　微風偷進繡幕。攬裙裾未穩，僊乎飛

去。脆比琉璃，遠隨流水，愁紅江東日暮。巫峯何處。枉拍遍新詞，非花非霧。欲返離魂，沈檀勞更注。

沁園春

己酉四月，三十六初度

落拓郎官，四十行年，自呼歗盦。笑過江名士，幾錢聲價，積薪宦轍，六品頭銜。新界陳人，冷官熱署，鑿枘方圓苦未諳。思量遍，聽小樓夜雨，似夢江南。　盈顛短髮鬖鬖。算蝸角、功名未足貪。把芳時輕負，蔞蒿滿地，鰣魚正美，過了春三。京洛風塵，觕官面目，故友相逢笑且慚。君憶否，記當初只辦，十載朝簪。

念奴嬌

斜陽煙柳，算年來莫唱，斷腸詞句。口裏應知，生石闕、訴盡哀絃誰語。忍俊難禁，酒悲易發，多恐逢公怒。微詞宋玉，梁園誰最能賦。　只有北里笙歌，南樓風月，謔浪無關處。遺睡攻愁，聊爾爾、署勝蟲魚箋注。鸚武驚寒，晨雞噪晦，此事吾何與。小紅低唱，松陵還過前路。

風流子

詠老少年

是花還是葉，闌干外、偎影夕陽低。看卷似蕉心，雨痕偷展，瘦同梧樹，秋信先知。憑問訊、淒涼蛩語悄，消息雁來遲。慘綠年華，已隨水逝，嫣紅丰韻，不怕霜欺。　西風渾不管，流光迅、吟鬢漸冷絲絲。空對娟娟倩影，幾度沈思。歎玉盞酡顏，醉來依舊，羅裙血色，醒後嬌啼。賸有綺懷未懺，更買燕支。

臺城路 讀伯兄濟南、仲兄西江來書有感

謝家羣從皆清綺，年來盡成離索。賫字光陰，積薪宦轍，一例鸞飄鳳泊。漫誇花萼。都飽羨侏儒，飢同臣朔。怕拆雙魚，客愁遥共暮雲落。　京華最憐季子，正頻年索米，蝨官如昨。章水波寒，明湖翠歛，猶道此間差樂。霜風漠漠。更有弟江南，裝緜愁薄。欲寄新詞，奈何情緒惡。

金縷曲

雪意遥天静。正空庭、疏煙薄靄，作來輕暝。歷碌車塵襟袖涴，乍喜市聲喧定。便合伴、清樽短檠。紙閣新糊爐火活，伴閨人、坐聽茶笙韻。破清寐，試佳茗。　支離殘菊經霜訊。試安排、膽瓶清供，移燈窺影。傲骨棱棱須護惜，留與寒梅比艷。都合我、近來情性。世事如碁紛黑白，便爛柯、局外休多問。新學得，嬾兼病。

邁陂塘 丁叔雅索觀所爲詞，新有所觸，倚此寄之

滯斜陽、嫩寒樓閣，一天幽悶無緒。瑶箏冷抱犀紋柱。抑抑低絃如雨。誰伴取。有照影、一鈎涼月横朱户。孤芳不語。儘斑管深描，圓冰獨笑，自寫好眉嫵。　春來否。何限桃嬌李妒。幽香誰采蘭杜。珍珠羞買相如賦。莫怨靈修忘汝。休見覷。雲澹沱、東風不上棲鸞樹。葳蕤自主。任巧蝶忙香，狂蜂鬧蜜，肯把客愁訴。

金縷曲　檢點十年來小影，萃置壁間，感懷却賦

細數飛鴻影。笑年年、春風人面，別來難認。落拓青衫渾閒事，值得浮沈郎省。添多少、麤官行徑。只有最初真面目，説當時、玉樹相輝映。彈指過，十霜整。　扁舟不繫飄蓬梗。最驚心、鬢絲偷換，中年漸近。綺夢閑情如雲過，依舊春婆未醒。空閱盡、寒温無定。昔日畫圖今日我，忍殷勤、更問他年景。須愛惜，護明鏡。

倦尋芳　閏花朝

翠幡更剪，説與東風，留住鶯燕。撲蝶人歸，依舊輕寒薄暖。前度劉郎應未老，重來杜牧休惆悵。祝芳齡，把韶光九十，平添少半。　銷凝處、年時最惜，春去匆匆，柳線難綰。囑咐冬郎，莫更今朝悽斷。續命絲長芳晝永，月圓人壽花重展。繼清游，酌流霞，金樽休淺。

浣溪沙

冷雨疏疏暝色低。畫闌西角絮成泥。更無人處費尋思。　芍藥吹殘鶯語嬾，桐花開後鳳歸遲。數番惆悵憶來時。

菩薩蠻

落英狼藉胭脂溼。小闌干外煙如織。獨自下階墀。手挼紅藥枝。　庭空人語靜。高樹鴉棲穩。暝色漸沈沈。隔林鐘梵音。

江城子

一春心事戀花叢。盼東風。罵東風。吹得春來、吹去又匆匆。欲折嬌紅還痛惜，拚一醉，

臥花中。梨雲漠漠月朧朧。漏丁東。夢惺忪。穩抱甜香、除是化秦宮。囑付棲鴉休早起，瞞不住，五更鐘。

慶宮春

郵傳新署，怡邸舊園，芳春欲暮，梨棠雜開，澹白輕紅，如張錦幄。早衙吏稀，獨立吟嘯，不知身在簿書填委間也

月澹香寒，霞酣春透，曉來亂鶯如織。啼鳥人稀，尋香蝶密，冷吟誰共瑶席。暫時清賞，似拄笏、看山狂客。打頭晴雪，逯曲迴闌，一襟紅濕。　當年朱邸沈沈，青瑣銅墀，問誰偷識。蜂衙纔换，吟身好在，肯負芳園春色。哦松看竹，應值得、清游竟日。休教雙燕，煙外飛來，笑花岑寂。

惜紅衣

十刹海觀荷

涼翠擎晴，鬧紅圍壁。去天盈尺。乍倚輕油，琴蟬迓詩客。香風細細，知度向、花梢葉隙。閒立。煙外水禽，被吟聲驚出。　鳳城景色。物候驚心，十年滯京國。江南舊夢，怕共野鷗索。空憶後湖波冷，辜負畫船煙夕。待荷衣製就，歸酌緑筒春碧。

買陂塘

寓居擬結小樓看西山。落成後，簷牙低錯，遠峯纔見一角，意未滿也。吟此以簡山靈

爲看山、小樓新築，開軒長對晴岫。却憐眼福無多許，剛可一窗青透。遥拊手。便容得、長吟拄笏消清晝。山靈倦否。儘曉霧開簾，斜陽倚檻，濃翠墮襟袖。　沈吟候。十載官資奔走。俗塵衣上盈斗。車輪閱盡寒温面，祇

有山容似舊。交耐久。怕鶴怨、猿啼笑我終牛後。荷衣製就。便長揖西峯，片帆東海，躡屩過鍾阜。

滿江紅　永光寺新居落成

百丈黄塵，剛覓得、三弓隙地。辛苦似、營巢燕嘴，負廬蝸背。世局秖應同逆旅，傍人莫誤貽堂構。怕比隣、竹垞笑官㑳，抛塵事。屋隣海波寺街，竹垞舊居在焉。　休更説，淮波膩。空夢見，鍾峯翠。算浮生行脚，風萍偶寄。劉禪豈真忘蜀道，漢王終竟思豐沛。秖小樓、一角向西山，長吟對。

齊天樂　題納蘭容若詞集

珥貂公子秋横玉，翩然來作詞侶。綺思吹蘭，愁根種絮，多少傷心人語。重光似否。算小刧歸來，風流如許。人謂容若爲南唐李重光後身。　杜煞朱門，才人一代首齊俯。承平應是歌舞。恁聲聲淒咽，哀怨如訴。豹尾風嚴，旄頭月落，都是離愁多處。夜燈紅嫵。更自倚新腔，瓊簫細譜。把卷微吟，暗香生縷縷。

琵琶僊　用樊樊山和陶子縝韻

月澹煙凉，風初定、摇動簾鈎纖玉。小街已上鼉更，香塵斷車轂。誰共倚、餘温簫局。漸燒盡、金凫黄熟。嚼蕊情慵，欺燈影瘦，虬箭聲續。　江南事、休記從頭，料翠袖、天寒正幽獨。唯有玉簫風咽，似淋鈴怨曲。算舊約、逡巡過了，枉眉痕、蹙損蛾緑。照兩地無眠，幢幢涼燭。

疏影 瓶中折枝梅花

螭柯截玉。喜數花蓓蕾，來伴幽獨。隔水枝斜，攀折人歸，瓷瓶貯取寒渌。逋仙合向壺天隱，怕更寄、塵中芳躅。儘夜闌、鶴怨風淒，漫憶孤山林屋。　應稱山欃靜對，夜牕正睡起，同散幽馥。紙帳寒輕，恰擬羅浮，翠羽一雙飛入。籠燈影上屏山瘦，似澹墨、描成横幅。要催伊、綻出新紅，第一須添簫局。

高陽臺 感事

韓掾情多，方回句綺，化爲蝴蝶花間。青瑣沈沈，故園春色難關。雍容車騎臨邛客，寄琴心、暗裏偷傳。奈朝來，彈打嬌鶯，雨散輕鴛。　年時曾記雲英面，正小喬初嫁，倚玉生妍。一曲離鸞，聲聲彈徹哀絃。生成命比桃花薄，更東風、狼藉誰憐。怪西膺，多事尨音，驚斷非煙。

月華清 臘八粥

果擘新仁，匙翻細粒，寒庖猶記時歲。索米光陰，怕到殘冬滋味。乍堆盤、分餉隣家，更小擔、賣來深市。餳膩。笑評香選色，厨娘工費。　幾處細鼓鼕鼕，又岸柳青回，山梅黄碎。旅食年年，强把甑塵拂拭。數半世、炊黍功名，問塵夢、黄粱醒未。無事。看兒童哺啜，歡呼年至。

邁陂塘 月當頭夕，宴陳光禄家。時余將南歸，傳六茗生覲畢將赴贛，痛飲成醉，席上舉示同座

正良宵、月華如練，閒庭煙定風軟。綺筵履舄相交錯，消受金樽檀板。宵未半。任户外嚴

寒，酒渴生奇煖。柳明花嚲。恰狂客無家，美人未暮，肯入醉鄉淺。人間世，有幾浮生消遣。雲煙都成過眼。微名雞肋真堪笑，能抵蕭娘一盻。渾未嬾。須着意當前，領取韶光賤。歡娛苦短。怕釵挂臣冠，香留妾袂，容易彩雲散。

臺城路

姚一鄂屬和秋草詩，漫爲此闋。時鄂事方亟，憂時念母，不自知其音之淒也

薊門昨夜新霜遍，平原一片淒楚。薄霧籠愁，斜陽滯影，難認舊經行處。燒痕漫數。憐鶴唳風淒，八公山路。莫上高樓，客心遥趁馬蹄去。　池塘舊夢醒否。祇春暉報答，寸心誰訴。鹿走荒臺，龍蟠故里，寫入昏煙縷縷。西風瘦汝。怕遠志難期，當歸寄與。欲采蘼蕪，關河愁歲暮。是冬留滯津上，客况寥落，南望里門，欲歸不得，歲暮關河，遂成懺詞。

揚州慢

春草　庚戌孟春寓津門作

酥雨凝膏，香塵散麴，平原依舊青青。怪東風多事，又吹共愁生。指一片、寒煙漠漠，傷心慘碧，到眼堪驚。料多應、不似年時，如繡江城。　王孫歸未，滯天涯、愁聽笳聲。怕鄉夢無憑，芳時未準，惆悵斜曛。試問踏青舊侶，淒迷處、俊約難尋。倚高樓柳外，凝眸綠遍歸程。

蘭陵王

秋夜有懷

西風急。冷雨蕉窗暗滴。屏山倚，酒夢初迴，一雁南樓韻嘹唳。天涯滯倦翮。廿載江湖浪迹。華燈迴，短鬢更搔，不覺流光暗相迫。芳春年時事重憶。記柳外紅樓，花下瑶席。

一瞥難更覓。嗟箏柱塵凝去，酒人煙散，匆匆殘夢似過隙。更誰共涼夕。　淒寂。砌蛩泣。聽切切嘈嘈，有恨難説。幾時更訪淮干宅。便同棹煙艇，細傾春碧。那回相見，料對語，袖共溼。

齊天樂　夕陽

平蕪何限傷心色，殘紅淡留煙際。遠樹翻鴉，西風遞雁，畫出晚晴天氣。長繩誰繫。倩一角西山，染成青紫。惜取流光，小闌高處試重倚。　薊門煙樹如薺。徘徊凝望處，影事還記。笛步波涼，丁簾夢軟，簫鼓畫船聲裏。故人應憶。歎一抹斜暉，共君千里。衹有黃昏，相思無計避。

沁園春　鼻

築玉爲峯，傍映雙渦，中央膽懸。記玉奴低手，嗅梅曾見，畫師妙腕，點筆宜先。瓜選偏工，蘭交自審，消息參從此觀間。嬌噓細，看淫淫汗集，纔罷秋千。　羅衫不耐風嚴。頓芳息、難勻和被眠。料言時酸透，淚添珠顆，花前嚏小，兆比金錢。袖掩憐嚬，心清覺妙，算有聞根未易删。嬌嗔慣，訴那人薄倖，火出無端。

前調　舌

似炙鶯簧，天賦玲瓏，伊誰可捫。説西施薦網，江瑶遜美，楊妃吐豔，籬菊含芬。櫻顆藏深，丁香結小，咽住華池一段春。春愁滿，聽聲聲啼鴂，低併牙齦。　喫虛心細防人。乍花下、驚呼微一伸。記晝長清睡，香留茶味，朝來小極，色辨苔痕。妙解瀾翻，雋詞花粲，巧似嬌鸚剪得匀。多情處，識相如最渴，乞賜芳津。

以上《嘯盦詞丁藁》（《燕筑詞》）

夜行船　立秋夜

涼意絲絲吹短鬢。倚屏山、燈釭初近。簾影波横，蟲聲雨細，清漏宵來添閏。　一葉庭梧枝上褪。下空階、特傳秋訊。悶裏尋思，閑中領畧，祗覺羅衫寒嫩。

南樓令

微月掩蘭叢。輕颸透碧櫳。映虚廊、一穗燈紅。獨倚屏山渾不寐，聽淅瀝、打窗蟲。　客思鎮疏慵。耽吟病酒中。算一年、容易秋風。祇有閒愁揮不去，和秋意、上梧桐。

沁園春　楊時伯得二栞，一曰霜天鈴鐸，一曰驚鴻，名所居曰霜鴻簃，賀履之爲之圖。題此闋以應之

於氣爲秋，於音爲商，似君之人。指九疑路曲，斑斕晴翠，三間老屋，一箇閒身。落葉空山，平沙遠渚，蘿月湘煙澹不分。披圖處，似潁師推手，恩怨誰論。　故園猿鶴休嗔。悔浪迹、京華車後塵。儘飄鸞自語，呼牛亦應，長貧笑我，短簿憐君。蓉菊芳時，稻粱熟未，風雨連天夢帝雲。君休矣，正箏琶滿耳，古調誰聞。

傾杯樂　丁未冬間，感路事作

油碧朝停，朱輪晚發，多少尋春路。新來聞説

夜合花　暮春雨後，獨步小園

嫩日烘霞，晴烟媚柳，唤回香夢猶温。宵來微雨，簾衣潤透三分。苔如繡，草鋪茵。點殘紅、幾片繽紛。海棠過了，青梅似豆，又是殘春。　王城人海藏身。多惜近來花事，偏付車塵。浮生半日，慰渠蝶惱鶯嗔。步閒庭、容易黄昏。裌衣添罷，如潮花氣，吹入梨雲。

更漏子

掩華鐙，迴斗帳。一片維摩情障。微醉後，薄醒時。濃香瀉被池。　中年樂。歡情薄。絲竹應知虚託。花造次，酒逡巡。深憐枉却春。

陳倉道，却被何人偷渡。韓郎袖裏，餘香輕輕漫與。密約潛盟，金錢細數。那番情事，却怪旁人生妒。頓攪起、漫天飛絮。瞞不住、黄鶯亂語。任錦字千行，紅冰萬掬，怎得靈修顧。韶光尚餘幾許。那更禁、平分春色，被人領取。倩誰説向，繡簾深處。

瑞鶴仙影　題秦良玉圖象

邊風吹落朱明屋，中原若箇男子。峩峩紅粉，居然來殿，一朝青史。軍符舉箸，恰緩急、臨時可恃。想當年、風流英武，夫婿合千里。　召入延英對，蜀錦宮袍，桃花良騎。君恩如此，誓馳驅、繼之以死。並世何人，有孝女、雲英沈氏。沈雲英，道州沈參將女。率兵復父仇，賜游擊將軍。倘天心祚漢，同畫淩煙裏。

踏莎行　觀奕

四角深安，中央細數。兩匳黑白成孤注。楚歌忽地夜深來，重瞳肯讓江東去。　着意閑中，關心缺處。商量莫謾先機誤。寄語寒灰布算人，休從刼後尋生路。

小梅花　用賀方回體

貂不足。狗尾續。七十二車共一輻。爛羊頭。關内侯。人今言愁。我始亦欲愁。卿子冠軍爲上將。歇後鄭五作宰相。五羊皮。楊叛兒。偷把甯王，玉笛向人吹。　鍾山紫。秦淮美。有田不歸如江水。臣朔饑。如餓鴟。宋玉雖美，其奈多微詞。文帝好文臣好武。臥龍躍馬皆黃土。擊缶歌。舞蹉蹉。烏自高飛，羅當奈爾何。

三株媚　再題馬湘蘭畫蘭小册，用周穉圭詠湘蘭小硯韻

墨痕和淚灑。看湘波如傾，吴箋新砑。一片幽香，摩淡中丰韻，脂痕不借。寫照憐儂，認露畹、香凝昨夜。破刦工夫，自染隃糜，繡簾低下。　却憶南都風雅。正水榭牕明，花朝宴罷。認取香王，冶葉倡條，敢爭聲價。瞥眼興亡，又夢雨、一春飄瓦。惆悵江南倦客，新愁更惹。

鵲踏枝

惆悵玉驄消息阻。幾日秋陰，遮斷郎行路。今夜疏星當案户。不成又是廉纖雨。　澹月朦朧雲去住。月影窺人，解道想思苦。立盡桐陰誰共語。歸來淚漬箜篌柱。

滿庭芳 九月三日微陰，甚寒。巷頭買菊歸，携小奚種之，歎以小詞

冷訊催緜，煙痕壓帽，風雨剛近重陽。賣花深巷，壓擔濕寒香。自課奚童料理，疏籬外、點綴秋光。添清興，正宜喚酒，應有白衣郎。　閒庭延佇久，數幽葩、纔同扣小，未綻苞黃。似美人遲暮，掩袖斜陽。算有棱棱瘦骨，渾不怕、昨夜新霜。擬留冷豔，伴取早梅芳。

鵲踏枝 秦淮有贈

秦淮烟月依然好。祇是相如，漸覺風懷少。不分玲瓏嬌鳳小。滯人要向情天老。　密約逡巡耽誤了。慣解推攔，波定停雙棹。生怕別時歌懊惱。江南不是無芳草。

其二

靈芝學寫蘇郎帖。一寸羅牋，小字書花葉。一角箏雁斜飛眉語洽。文裀促坐温香接。　紅樓銀漢潤。辛苦郎來，來又匆匆別。街鼓宵沈霜似月。玉驄歸去銀蹄滑。

其三

梟裹偷窺渾未覺。心似靈犀，毛羽如靈雀。敗績剪水雙瞳波欲活。貯情多少憑斟酌。　難綰情塲聞鼓却。老去春蠶，作繭先愁縛。離人垂柳弱。斜陽祇在闌西角。

天香 淞濱豔影

火樹吹花，明珠替月，翠樓歌管聲早。緩步天階，尋芳香國，瞥眼梨花鮮縞。回眸幾度，將一綫、春波漾到。小巷烏衣，指兒家、綺牕臨

道。自憐風懷減少。對娟娟、情絲驀攪。記低幃巧盼，背燈淺笑。已拚柔鄉穩住，奈玉漏、沈沈天易曉。何處高唐，歸雲杳杳。

金菊對芙蓉

柳絮將沈，藕絲又縛，年來愁緒如雲。算庾郎已瘦，未減風情。江南悔種相思子，費評章、兩兩深心。争春未了，梅香雪色，誰是輸贏。

笑儂心事紛紜。似合歡桃核，一對人人。問纖縑織素，畢竟誰能。思量總覺新人好，且消受、別樣温存。却憐那處，曲闌紅瘦，小院黄昏。

西江月

何處女傍着子，誰邊門裏安心。熟梅天氣半陰晴。比似郎心不定。再見何如不見，多情終竟無情。昆吾切玉不留痕。雲破月來天浄。

探春令　怨意

情深似忍，思深疑妒，兩般情緒。紫綃淹透薔薇露。也回得、郎心否。留歡不住由歡去。金勒嘶何處。衹屏山冷倚，悶淹淹地，獨共鸚哥語。

新雁過妝樓　北里

踏月敲門。過北里、繁絃急管紛紛。玉人歸也，和醉扶下香輪。臉浪暈紅偎火熱，眼波如雪映波明。玉尖凉，郎懷自暖，還倩郎温。

玉樓宵來嚴寒轉峭，怕小梅瘦骨，凍損精神。殘夢，一舸雙槳風横。枕函緑雲亂委，覺一縷甜香時細生。魂先醉，况被池春暖，紅浪錦衾含笑送。道郎今夜寒差重。

臺城路

淮干小住，根觸百端，柔波盪愁，娟月媚夕，時有膩友，來滌塵思。茶花校書，過從尤數，惓惓有故人誼。瀕行惜別，遠送過江，飈車不留，惘然分袂，爲此以寄

庾郎未算風懷減，江南更尋佳麗。爇遍都梁，嘗餘崖蜜，争及女兒茶味。尹邢面避。料天付清愁，損伊眉翠。莫倚高樓，畫闌正在夕陽裏。芳游故鄉信美。祗東牆月色，偏照離思。擫笛松陵，渡江桃葉，不共飈輪千里。游驄去矣。有十幅鮫綃，替緘清淚。珍重秋期，夢痕重覓起。

壽樓春

爲陳仲騫之母夫人八十壽

菊宴休催，萸觴罷引，來參壽筵。正西樓月微皴。

尾犯

京館獨居，涼月媚夕，開簾静對，曠然有感，作此寄内

盈盈皓魄。對團圓離別，兩般顔色。記曾三五，疏桐庭院，新涼時節。博鑪茗椀，同徙倚、風廊側。照渠儂、雙影徘徊，姮娥應歎孤寂。一作京華游客。耿無眠，成追憶。料雲鬟香霧，玉臂清輝，應念關塞。有幾良晨夕。好韶景、浪教抛擲。便是恁、冷冷清清，總被浮名賺得。

鵲踏枝

記得

記得春閨談笑縱。絳蠟燒殘，小集通宵共。雙鬟頽鴉鬟墮鳳。背人眉語微波動。欲話纏綿無半空。俯首燈前，衣帶頻頻弄。旋抱

滿，歡騰玉樹，北堂雲護，色茂金萱。贛水揚靈，太邱累德，慶集禕褕福壽兼。當時論數，女宗懿範，甯愧歐賢。　季方同社齊年。更家慶相同足比肩。説小人有母，京華就養，二齡纔弱，五福差全。篇補循陔，詩歌錫類，公瑾登堂拜合先。南飛鶴，試燈前擫笛，爲破慈顔。

西平樂

四月向暮，歸寓淮干水榭。十年舊夢，一一重温，不自知風懷之鋭減也。北歸數月，猶涉遐想。偶遇樊山老人，出示近作《西平樂》詞，謂此調諧婉可誦，輒填一闋求正

畫榜迎潮，翠簾閣雨，彈指倦客歸遲。花落春殘，故園梅熟，同誰載酒尋詩。賸半角鍾山畫黛，一片淮波照影，都來慰我燕塵，殘客鬢雪添絲。忍見東邊月色，依舊是、夜夜女牆窺。　竭來應省，情埸夢影，裙色襟痕，都是相思。温舊事、紅樓雨泊，朱箔燈飄，且更松陵低唱，桃葉争迎，一半勾留認舊題。水榭額書『一半勾留』，藹如兄卅年前舊題。身似浪萍，憐鶯囑付，與燕商量，似此湖山，恁便輕拋，等閒負却芳時。

此調有三難：以一百二十八字之長調祇押七韻，一難也；全闋用去聲字甚多，清真三十六，夢窗三十一，何處可以出入，不易斟酌，二難也；貫頭字少，非有氣以行之不易貫串，三難也。偶存此闋，以待証之作家。

以上《嘯盦詞拾》（《零夢詞》）

以上《歗盦詞》

緑意

新荷

圓青萬疊。向芳洲淺渚，波痕輕貼。一夜薰風，倚檻人來，已勝花香清絶。鴛鴦卅六難遮偏，纔禁一雙蝴蝶。料臨流、中婦應愁，何日鏡匳開褶。　賒薄難勝酒力，恰相宜小户，碧筒嫩折。密雨初過，莖細愁擎，難把珠玠細

綴。棹歌已過菱塘路，剛薦取、翠盤如月。待他時、芰製裝成，一任西風吹裂。

以上見《藝社詩詞鈔》

金縷曲 七夕沈陰，和釋戡韻

苦雨酬佳節。甚西風、流年偷換，暗催華髮。便挽銀河教洗浄，幾見乾坤清豁。空費了、乘時英傑。照影華鐙如夢裏，但驚呼、不覺中腸熱。思往事，總飄撇。　荷衣已換儒冠裂。定輸君、詞拋紅豆，歌談白雪。煉石媧皇成五色，難補東南三缺。剩柳外、殘蟬能説。觸我中年哀樂感，況打窗、夜雨聲凄絶。讀君作，重嗚咽。

以上見《采風録》

沁園春 癸酉上巳，江叔海丈暨長公、翼雲約修禊北海，分均得『餘』字。時風鶴數驚，殊無好懷，遂成此解

溱洧執蘭，能袚不祥，韓詩信乎。算年年照水，但增老態，家家禊集，未解愁吁。千古高文，永和一序，在晉偏安憂患餘。工部詠，又長安三月，禍返强胡。　今年更是瘴痻。擬令節、相忘臥敝廬。奈主人情重，流風未沫，相邀尊酒，還剪園蔬。試檢頻年，茲游所作，能覓龍橋吉語無。是日敬輿、釋堪以印成辛、壬兩歲禊集詩見示。重三日，歎今成百六，客謂何如。

以上見《采風録》二集

傾杯 影事愴怏難懷，適叔兄與社友同作此調，亦成一闋

鶴説堯年，燕尋王壘，丁簾舊迹重覓。岸草漸

緑，鼓檝試出，逐野鷗浮拍。朱闌十二曾憑處，祇宿塵凝積。前游似夢，憐逝水、不復當年柔碧。　暫得。芳尊作計，水邊樓館，英盼相扶掖。把酒祓清愁，聞歌愁更起，漂零歸客。卯笛花晨，魁簫月夜，一一潮心臆。漫嗟惜。拚一醉、柳陰歌席。

見《如社詞鈔》一集

换巢鸞鳳　復別秦淮，寄呈兩兄及諸知舊，和梅溪聲韻

貪説茶嬌。又河船鼓動，判影谿橋。緩斟金谷酒，黯咽玉樓簫。垂楊無計挽纖腰。問南浦離愁誰與銷。蘭成晚，試攬鏡、鬢絲愁照。　山悄。帆影渺。檣燕語頻，難慰人襟抱。佇笛丁簾，唤舲桃渡，休戀天涯芳草。如畫江山合歸來，不成長向燕雲老。移枝巢，訊情懷、宿燕應曉。

見《如社詞鈔》二集

惜紅衣　秋日偕贅叟、叔兄泛舟元武，各紀以詩。倦鶴復以和夢窗韻見眎，更成此解

蟪冷秋心，鷗尋舊約。髩驚雪白。盛侶招攜，扁舟盪柔碧。鍾山翠紫，猶倒影、清波遥越。阡陌。閲慣興亡，憐南朝陳跡。　城陰渚側。緑盡殘荷，斜陽晃寒色。誰邊更送玉笛。破清寂。故國別來依舊，惆悵晚雲西北。祇暮年心事，葭菼中人能識。

見《如社詞鈔》五集

水調歌頭

秋雨既集，園中海棠非時復開，娟楚欲絶。叔兄舊曾有詠，亦欲歌以賞之。時社中方限此體，嬾於檢韻，亦并和之。調與韻皆與題意不宜，不足存録，但博倦鶴諸公一噱耳

秋娘顔色勝雛娃。熬過一番長夏。比似城開不夜。刻意借芳華。夢雨憐飄瓦。消息誤溪蛙。附鴻郵，過燕社。試停車。非時開謝。來隨籬菊款山家。么鳳緑毛倒挂。霜葉紛紛飛下。不共委塵沙。乍覷桐陰罅。疑綴象生花。

前調

答述庵，即依其體均

脂盝偶飛灑。翦綵笑渠奢。一枝姚冶。

佳節少風雨。讀罷故人書。如雲愁緒。獨憐無計摘紅萸。雁字蟲書無數。笛咽箏哀誰訴。前事付華胥。瓊島三山阻。接巷十洲居。調求同，吟覓侶。曷歸歟。倦鷗閒鷺。江湖隨地是吾廬。何況枝巢定處。花雨梅岡南顧。行矣莫踟躕。驅馬臺城路。明歲好春初。

以上見《如社詞鈔》六集

高陽臺

訪媚香樓遺址

血冷緋桃，盟寒絳帖，南都豔跡空留。石瘦苔荒，垂楊不綰春愁。淮波依舊年年緑，澹斜陽、猶戀閒鷗。是誰邊，一曲雕闌，一角紅樓。

孝陵禁鹿銀牌落，況迷香洞窄，春去難收。多惜紅妝，虚名誤賺清流。監軍不上梅花嶺，祇文章、壯悔堪羞。定輸渠，成就孫郎，葛嫩千秋。

紅林檎近　初歸金陵，展壠東山，書道中風物，用《片玉》詠雪作聲韻

十里孤悽埂，亂花芳樹香。振策過鍾阜，落帆傍湖塘。曉烟低迷荇渚，斷雨乍濕篷窗。黛色似寫春妝。松嶺奏笙簧。　久客歸計迫，華髮喜還鄉。蘭成漸老，前塵休憶金梁。昔歲游梁，成《梁塵詞》一卷。又春陰連暝，新詞未了，暗雲潑墨催舉觴。

見《如社詞鈔》七集

前調　丙子三月中南歸，春陰沍寒，游事蓋稀，偶用《片玉》雪晴一首聲均，成此遣悶，與叔兄同作呈博兄

歸客朝酣夢，晚春天更寒。露草染青紫，烟篁弄瑯玕。天許披裘暇日，擁篾冷抱叢殘。畏風簷雀翻翻。枝巢靜無瀾。　倦翮還未晚，一作去室有餘歡。荒園菜把，朝來猶入杯盤。待浮雲開霽，棕鞵共着，亂花如雪郊外看。

見《如社詞鈔》十集

繞佛閣　暮春北歸，向夕獨遊稷園，賞遲開牡丹。時南中社友，方限此調。亦成一闋和清真韻，寄盋、叔兩兄，並示倦鶴、述庵諸友

嫩寒向暮，苔砌小立，松下孤館。芳事愁短。尚憐葉底、斜枝媚虛幔。蒨紅露滿。幽趣自領，塵近心遠。相對悽婉。漫隨士女，游蹤亂沙岸。　勝日伴清寂，賸與芳菲春一線。還似舊時、啼妝遮半面。又雪絮波萍，時序如箭。晚來重見。怕樹轉珠鐙，風過零亂。好園林、畫圖誰展。

見《如社詞鈔》十一集

解語花 盆蓮

香泥種玉，小勺分泉，便有煙波意。依紅幕裏。通氣息、應有勝流佳士。晚來苔砌。更招得、一雙翡翠。還更疑、咒鉢神通，不許游魚戲。銷暑前游尚記。記剎陂勝集，河泡清泚。翠衣紅葯叶上。凭欄處、消受荷風香氣。招涼何地。賸襲取、堯章前事。衹眼前、尺水拳山，抱浄因同締。

風流子 詠雙鳳硯

雙鳳硯爲納蘭容若故物，清末歸三六橋都護，甚珍愛之，當時名流不尠題詠。後入曹理齋家，今不知落何所矣。有拓本在邵伯褧處，今歸稊園社中以命題。伯褧舊有詞詠之，即同其調。

匣中騰紫氣，當時記、都護脱弓刀。看接翼並游，求凰得偶，雕鎪妙手，細入秋豪。因想見、詞人方側帽，染翰傍金鼇。山骨無言，女牀有地，名流玩賞，文錦深韜。吾衰傷鳳德，曹倉一貯後，何處翔翺。展取青門拓本，想像空勞。念金仙淚盡，銅駝棘掩，文房故物，合付蓬蒿。要續詞林本事，更付推敲。

霓裳中序第一 稊園賞桂

園林正闃寂。一片天香浮座席。秋在鐙南研北。問居士會心，木樨聞得。詞流雅集。看滿庭綃霧如織。歌招隱，小山舊約，此會判今昔。涼夕。瓏瓏月色。晃葉底零金碎碧。嫦娥千里路隔。記袖裏遺馨，襟邊餘息。麝薰難更覓。賸舊日、蕭娘淚漬。休重念，少年情事，夢醒衆芳國。

紫萸香慢　展重陽日瓊島登高

過重陽、無風無雨，經旬喜得秋晴。怕流光輕負，上瓊島，俯昆明。明日黃花也好，算閑居長愛，重九佳名。用陶公語。乍相逢、一笑又作臂萸行。且共遣、有涯此生。　儔伶。老態堪驚。扶短策、强登臨。記窣臺賭茗，天寧禮塔，儔侶晨星。眼前萬家煙樹，依然是、故神京。儘留連、夕陽紅散，歸來猶願，年年此會重尋。鷗鷺舊盟。

虞美人　詠虞美人草

江東一片花如雪。都是貞娥血。纖枝婀娜舞春風。依約細腰曾見、楚王宮。　長從芳譜留名字。不共斑騅逝。英雄兒女揔堪哀。愁見年年猶傍、戰場開。

其二

虞妃淚跡虞姬血。耿耿都難滅。兩家夫壻揔重瞳。竹上斑斕花上、作嬌紅。　翩翩舞袖猶飄舉。誰識儂心苦。當年氣盡楚人歌。留得滿園春色、奈愁何。

石湖仙　盼雪，用彊村韻

玉妃慵瘁。問辛苦三冬，誰翦江水。凝眺莽平原，怕青青、難蘇草際。搴帷長歎，渾不爲、灞橋詩思。延企。待夜來、柳絮飛起。　銷寒舊時俊侶，共長宵、烹茶韻事。東郭先生，幾輩行吟穿履。粟雨彌天，銀鋪匝地。夢中空憶。同不睡。梅花又綻嬌蕊。

蝶戀花 題稊園主人梅花香裏兩詩人圖卷

豔福清才天付與。館似鷗波，衹許鴛鴦住。花底關關聞鳥語。朱顔緑鬢神仙侣。　記得鳳簫初引處。一片寒香，吹上紅氍路。酒醒羅浮聞翠羽。思量不是師雄誤。

金縷曲 題葉遐庵罔極庵圖

佳處能留否。莽乾坤、紅桑碧海，白衣蒼狗。影事如潮排牆過，無限春痕消瘦。憑借問、六朝官柳。萬劫風輪隨運轉，任蛙聲、紫色何成就。空閒煞，廻天手。　殘年自笑枝巢叟。似鷦鷯、一枝尚借，漸成衰朽。身寄塵中心塵外，不解談空説有。也不慣、除葷戒酒。己事晚年須料理，卅年前、妙諦聞吾友。事何在，己誰某。三十年前，遐庵語我：『吾輩漸入中年，宜稍稍圖己事矣。』余極佩其開悟之早。今爲題此卷，故拈『己事』二字，請更爲我下一轉語。

謁金門 題葉遐庵自畫竹石長卷

寒煙側。叢篠娟娟自碧。老可王郎同一筆。不煩深著色。　瘦處那嫌孤寂。澹處能標清節。小影自疑描寫出。此君兼此石。

以上見《咫社詞鈔》卷一（附）

紫玉簫 頤和園紫玉蘭

玉蘭與杏花並時而紫者開較晚。樂壽堂後一株，色茂香醲，爲京師冠。去年三月訪之，猶盛開也。咫社以命題，因憶曩游成此解。

吴女精魂，霍平娘釵股，化身宜住瓊宫。仙人姑射，訝朝來中酒，冰雪消融。玉盤千疊，誰點上、一抹脂紅。憐嬌杏，好春未闌，已嫁東風。　霓裳夜色依舊，衹露殿塵生，繐帳煙籠。當時讌賞，似唐昌觀裏，唳鶴仙蹤。白頭宮女，花下遇、莫話元宗。空惆悵，無限夕陽，一樹瓏璁。

惜餘春慢　送春

薄冷欺花，輕煙閣暝，百五韶光輕負。梨雲杏雨，渾不禁消，已是曉鐘聲度。歡笑難尋舊盟，手折將離，殷勤贈與。檢春衫惆悵，爐熏還在，淚痕如許。　便道是、似水華年，沙汀凝望，那是潮痕落處。東風太惡，衹帶愁來，吹過巷頭簫鼓。芳事都成夢中，無計留伊，隨伊歸去。算清游還待，緑陰清潤，更尋樽俎。

定風波　摩訶池

霧閣雲牕貯麗娟。晝長睡起枕痕鮮。檻外鴔鶬偷眼慣。相伴。並頭也枕緑莎眠。　水漲胭脂同辱井。清冷。衹令遺恨不能湔。莫更宣華談舊苑。重見。香花宫裏祀張仙。

前調　用屯田百字體

雨初收、一枕荷風，雲牕午夢乍醒。膩緑鬟鬆，斷紅頰醉，畫出猩屏影。尚惺忪，未忺整。驚起鴛鴦鎮相竝。天暝。試輕羅疊雪，晚涼剛稱。　君王待重省。亞垂楊、一片降幡映。乍宫車、晚出還同那日，花底輕雷聽。照池波，細相認。記取張仙好風韻。無定。孟人難憑，抛球誰勝。蜀人抛球先入阱者勝，謂之『孟入』。知祥之來，蓋先兆也。

金縷曲　題夏閏枝先生刻燭零牋册子　有序

清代詞人多瓣香竹垞、樊榭，當時所謂浙派，其弊也或失之纖。逞才氣者往往學陳髯，又失之野。舉非正宗也。自半塘翁主壇坫，乃始尋聲於周、姜，徵色於吴、張，詞道復興，殆其會歟！時道愈屯而詞學愈昌，乘除之理，難言之矣。兹册所存爲半塘、彊村、閏庵、瞻園、芸子，實甫、由甫弟兄，諸先生庚子亂前所作。其手録者，則彊村録寄閏庵所謂《庚子秋詞》者也。於時，鄭叔問、曾剛甫亦曾參加酬倡，所作並闕，殆偶未與集耶。聯軍方據京師，國勢危於綴旒。諸先生憂傷憔悴，託諸謳吟，以儗碧山、叔夏諸人之會，殆爲近之。余少喜爲詞，自戊戌上都，於諸老皆得聞緒論，然猶執晚進禮，不敢抗顔當旗鼓。今閲五十年矣，猶得與於咫社之集。慧遠出此册囑題，棖觸前塵，如隔世矣，因成此解，並述其源委云。

運會逢陽九。是才人、長歌當哭，傷心時候。試看趙家天水碧，多少英賢袖手。翻造出、詞壇泰斗。香草美人皆寄託，闇斜陽、一片迷煙柳。今此事，屬誰某。　愛辛九葉時非偶。數當年、貞元朝士，半塘諸叟。净洗浙東脂粉氣，上繼玉田石帚。似法乳、曹溪親授。太息鯫生生較晚，未中原、並轡同馳驟。題敗楮，紀其後。

賀新涼　殘暑

心字燒難滅。似星星、鑪熏未燼，尚留餘熱。寵柳嬌花難禁受，滿地紅蔫翠折。渾瘦了、弓腰半搦。辛苦熬煎三伏過，到明朝、已是清秋節。金井畔，落梧葉。　澡蘭剛罷慵無力。換生綃、籐牀斜倚，猶沾汗漬。記得那人初相見，道是心如六月。祆廟火、兩頭燒着。昨日西風今日雨，便聲聲、絡緯傳消息。愁更與，暮蟬說。

買陂塘　記載湘蘭書畫皆王百穀所授，余舊有題詞，娟淨、公渚和之。咫社徵題，更懸此調，畊

木詞先成，即同其韻

正蕭憀、宣南孤館，黄花應似人瘦。畫圖忽識春風面，認出玉人葱手。香染袖。親題上、花朝水榭銀鈎秀。王郎妙授。寫膩水温山，幽花小石，倩影自描就。　年時事，曾是淮干賭酒。河房月上時候。羅裙血色如煙散，惟有生綃依舊。君記否。數幾度、兔兒年紀如今又。鄉愁暗逗。歎榭冷鷗波，庵荒孔雀，螢度板橋口。

玉京秋

暮秋郊望

官柳直。西山送晴黛，已含淒碧。一抹斜陽，幾行征鴈，數聲風笛。今日茫茫對此，莽平原、誰慰岑寂。流光疾。亂鴉盤處，暮煙如織。　老去金門殘客。背西風、支筇佇立。破帽多情，吴縣愁薄，平添蕭瑟。向西歸來，趁夜市、還把樊樓醉覓。照瑤席。一片華燈替月。

以上見《咫社詞鈔》卷二(附)

大聖樂

密雪送寒，百卉都盡，盆栽遲菊，猶餘數蕚。移入小窻，日以殘茗瀹之，漸次開放，殆將與我作殘冬伴侶矣。歌以賞之

已慣經霜，更煩淩雪，共諧幽趣。算一生、不倚春風，便到九秋，也讓東籬儔侶。瘦石荒苔相依久，乍移向、書城深院宇。能耐否。正窻外夜寒，漫天飛絮。　宵來有誰共語。看瓊蕊葳蕤金作縷。倩華燈照影，熏爐偎夢，同我殘冬辛苦。瀹茗自澆香泥潤，好酬對、清吟聽臘鼓。來伴汝。有盆梅、一花先吐。

玉蝴蝶

有蝶來疚齋滬寓，羅浮舊識也。倩吴湖帆爲圖，自倚屯田此調歘之，書來索同作

悄悄一簾花影，淞濱倦客，誰慰相思。入座翩然，依舊瑑玉腰支。海風尖、羽衣愁薄，浮嶼迴、歸夢堪疑。話心期。故人好在，雪滿吟髭。　當時。師雄酒醒，啁啾翠羽，月落參移。鳳子輕盈，衹伊情重尚依依。寫仙蹤、滕王舊稿，添本事、水繪新詞。嬾重提。太常酬詠，爛作裙飛。

踏青游

本意，用王晉卿韻

煖薄寒輕，貪眠不覺天曉。春已入、平原芳草。勸提壺，催樓伴，樹間啼鳥。乍喚起，湔裙舊時儔侶，霜鬢鏡中羞照。　老去傷春，南冠尚依瓊島。故國遠、夢魂空遶。杏花村，桃葉渡，當時年少。漫覓取，苔間屐痕留處，算有燕兒知道。

絳都春

稷園觀芍藥，用夢窗體

繇搓柳線。乍夢醒畫屏，春歸逾遠。贈以文無，澹白輕紅宜春苑。韶光拋却休嗟怨。算無據、香風都亂。壓闌花韻，單衣佇立，曉煙庭院。　愁見。橋邊豔魄，爲誰綻、露蕊依前嬌倩。細鼓晝喧，兒女青紅游蹤换。花曾識、面還羞面。但惆悵、黄回緑轉。暗中偷度流年，蕙風送暖。

滿庭芳

太平花

隋觀瓊英，唐昌玉蘂，移根分種瑶京。風流未減，長是負佳名。天國曾題吉語，恁喬木、猶厭言兵。春歸盡，來觀扶杖，還復見傾城。

心驚。桑海換，當時輦路，秋草縱橫。但幾庭玉樹，未歇歌聲。應有紅巾花底，喉百囀、不借宮鸎。拚一醉，濃香聚處，有夢到昇平。

其二

如此名花，祇宜天國，何時散落人間。自成芳潔，渾不爲春妍。多少梨雲棠夢，空回首、都付蒼煙。斜陽外，單衣佇立，香靄入梅天。園丁相問訊，移根易似，插柳栽蓮。願開徧寰中，佳識争傳。我便心庵自定，放翁老、與竹平安。翻舊譜，秧歌細譜，同唱太平年。清昇平署有太平歌詞本，即今秧歌類也。今故宮有印行本。

梅子黄時雨　本意兼憶秦淮水閣往事　依九十三字體

鶯老梅天，過一片斷雲，旋作疏雨。記水榭當年，桃根迎汝。衣潤爐煙空費，商量紫燕和儂住。甚情緒。愁煞方回，腸斷詩句。無據。夢痕全誤。問垂楊側畔，苔黯瓊户。寫剗地清陰，斜陽辛苦。雨片風絲隨處是，如潮影事心頭度。銀箏語。吴娘怨歌誰訴。

雨中花慢　槐花

不盡婆娑生意，幾日薰風，香滿瑶席。正冷淘過了，一簾黄雪。地似祇園金布，亂落苔堦如粟。問柯南安穩，薰天富貴，夢醒平何國。斜街舊日，夾道黄塵，踏遍秋風忙客。堪太息。沾衣拂帽，何如柳汁。老去添薪仰爨，寒庖唯仗落葉。念毿毿金蕊，晴空亂撲，換了顔色。用鄭谷《槐花》詩思。

以上見《咫社詞鈔》卷三（附）

臨江仙　李重光生日感賦，依劉延仲補擬韻

銀河落下支機石，紫微相與南飛。渾家同醉玉東西。雨風揭屋，衹是醉如泥。『風雨揭却屋，渾家醉不知』，史虛白詩，譏南唐時事。　記得玉夫濃睡夜，氈帷煙月淒迷。劉宋後廢帝以七夕命楊玉夫候雙星渡河，被戕氈幄。涼宵入悄玉蛩嘶。唐宮宋苑，都是不祥時。嘶、時二韻爲劉延仲補作，見《樂府紀聞》。

瑤臺第一層　窯台秋望

暢好秋晴，驅下澤、遊人寂處行。憑高四望，南環雉堞，西眺螺青。埋憂何地好，看香邱、鸚冢縱横。坐來久，借園官茗斋，閑話瓜棚。　關情。小車疑艇，粘天葦海舊曾經。千夫聲裏，一渠水活，到眼澄清。野凫塘自瘦，付鴛鴦、接羽飛鳴。試呼朋。趁夕陽紅處，還過江亭。

清平樂　鴿

畫簷静侶。不插佳人羽。彳亍苔階來又去。相和梁間燕語。　玉樓深鎖嬋娟。離愁寫滿銀箋。要託飛奴料理，將書寄到郎邊。

其二

碧霄風軟。清脆鈴聲響叶。肯逐成團鴉噪晚。煙外夕陽紅散。　夜游那不歸來。盤空百轉千迴。應有關心兒女，珠燈挑出層臺。

其三

朱門豢養。朝暮供飛放。鸚粒教分紅豆半叶。贏得兒童把翫叶。　何如野寺閒堦。殘僧相遇無猜。許向佛頭著糞，飢來自啄莓苔。

鎖窗寒　十月驟寒，夜牕孤坐，緬懷舊游，曠然有感，用清真韻成此解

樹老拳鴉，簷深佇雪，晚煙庭户。黄花耐冷，過了重陽風雨。訝吴棉、夜來不去温，似聞有鶴蕘年語。助庾郎蕭瑟，江關吟動，寄愁羈旅。　朝暮。思量處。記踏雪消寒，對棊格五。臙脂夜走，駿馬貂裘游侣。賭旗亭、詩酒自豪，紇干凍雀今在否。待重衾、夢裏來尋，計日排尊俎。

沁園春　見故家藏書論斤捆賣述感

書汝來前，老子生平，與汝爲緣。記春明閑步，時矜一獲，冷攤自覓，手擲千錢。抱册歸來，呼燈校讀，插架堆床頗不廉。鈐小印，説子孫永寶，朱墨猶鮮。　揭來飢餓殘年。共駱馬、楊枝同棄捐。笑魯論半部，向誰諧價，禮儀三百，祇付熬煎。裹鮓何妨，添薪亦可，墮溷飄茵任所天。生離慘，歎出門惘惘，顏色堪憐。

其二

書告先生，聚散偶然，公何悵焉。況英雄造世，何須識字，姓名但記，項羽曾言。僕既倦勤，公宜順受，壞壁藏山各有年。還魂好，願更傾膏汁，來寫新篇。　兒孫鬻賣書田。祇腹笥、便便邊孝先。算一文不值，公先自誤，百城虚擁，莫誤來賢。尚可論斤，猶堪易米，小鼓聲中萬竈煙。公休矣，問蠹魚三食，那有神仙。

玉燭新　春節，和周美成韻

玉龍酣戰後。倩幾日嚴寒，釀春纔就。歲華自解，迴新意、岸柳宵來先漏。閒繙貝葉，尚紀得蛇年時候。報載西藏賀箋尚用水蛇紀歲。鑪畔坐、偎煖唐花，吹來暗香盈袖。　　街頭笛鼓喧喧，問帖寫宜春，舊痕留否。鬧蛾休鬥。倚一樹、耐冷梅花同瘦。雙歧麥秀。待唱出新詩千首。微醉後。聞道東方，鐃歌又奏。

陌上花　春餅　依九十八字體

蒸雲屑玉，輕圓束晳，更成新賦。節應芳時，聞道天穿須補。紅閨巧仿元宵月，絕勝蓮花十五。記晶瑩映字，金陵鄉味，猶傳食譜。　　弱似春綿，病齒乍欣逢汝。祇憐名士真如畫，落盡文歎岐卿、儘躤蹤北海，消得冷淘寒具。侯簪組。老饕懷、趁取韮香麥軟，卷春歸去。

以上見《咫社詞鈔》卷四（附）

揚州慢　兩兄衰病，避地當塗。書來告客中況瘁，作此寄懷

牛渚波寒，磧磯苔瘦，遠憐新雁征程。去都門百里，尚水碧山青。自商女、重歌玉樹，過江如鯽，名士談兵。奈淒聞、風鶴登高，愁賦蕪城。　　霸圖在否，識飛來、魚爛堪驚。唱念破家山，潺潺夜雨，難訴離情。倦客髩絲憔悴，霜天聽、曉角哀聲。料陶家松菊，歸來猶待先生。

長亭怨慢

漫惆悵、江干飛絮。浩蕩長空，雪封庭户。枉把遊絲，繫春無計又何許。落花風緊，渾不

記、鷪啼樹。俊約想年時，説舊日、蕭娘來此。雲軿薄暮。見殘鴉郭外，野燒斷痕無數。雲軿駕了，曾金鑰、玉魚親付。怕一遇、草草東風，便飄泊、芙蓉城主。待打槳春潮，重綰垂楊煙縷。

澹黄柳　歲寒簡出，齋中臘梅先放數萼，歌以欸之

霜濃馬滑。行迹稀坊陌。剗地尖風常惻惻。自笑吟蛩向蟄。如夢風花漫曾識。　慰寥寂。寒香伴眠食。且移取、子雲宅。正蘭衰、菊瘦無消息。倩澹沉憂，注檀勻麝，唯有虬枝破碧。

石湖仙　詠水仙

珠宮銀浦。記三島靈根，臨水開處。何事落塵寰，被持裾、應難引去。天風環佩，乜乍試、緑毹歌舞。相與。問近來、幾换今古。　欹鐙更窺倩影，似姍姍、來邀俊句。料得湘娥，遠惜蓬萊烟雨。玉盞承漿，碧裙垂縷。冷依瓊柱。如有語。香魂尚戀瑶府。

暗香　弔邵次公

夜牕雪色。正理愁緒苦，山陽聞笛。夢醒玉梅，一縷寒香與誰摘。豪氣元龍在否，傷寒落、生花詞筆。甚料得、覓醉秦郎，抛枕入藤席。　天國。去寂寂。歎俊語更稀，素竹塵積。夜檠暗泣。風葉淒然遠相憶。長記江亭酒後，驚座客、栽紅題碧。又黯黯、燈炧也，挽郎唱得。

甌夢鴛魂，驚飛定狼籍。登樓更賦去國。渺南北。近郭蔣山如畫，卻是板輿曾歷。怕舊人重到，難覓劫灰顏色。

角招

憶戊申初春，攜閨人遊蘇臺，泛舟光福，遂籃輿登鄧尉觀梅，坐香雪海中，吟嘯竟日。歸舟小飲，船女彈琵琶勸客，不覺沉醉風花。轉眴且二十年，余亦垂垂老矣。近聞孝先方避兵光福鎮，因憶昔游，遂成此解

亂峯瘦。蘇臺夢冷蘼蕪，況是花柳。記尋雲外岫。俊約曉來，妝罷呵手。寒香坐久。賞遍雪、花光千畝。一幅山溫水輭，到天未夕陽紅，儘蓬窗迴首。曾有。畫船翠袖。横塘早暮，人與花爭秀。斷冰融欲溜。料得方回，重來時候。波痕似舊。但滴取、濃愁如酒。倚笛風前試奏。更絃索，約吴娘、微醺後。

疏影

北海觀士女冰嬉

方池削玉。有凍鴛兩兩，疑共棲宿。接羽交柯，纔合旋離，天寒漫倚修竹。黃鸝碧樹相飛繞，記那日、春風隄北。恁暗塵、換卻流光，翠袖可憐人獨。剛是熏籠晝靜，繡帷正悶損，眉黛顰緑。雪樣冰刀，脫取蠻靴，那許深藏金屋。驚鴻瞥過聞歡笑，似一變、拔河新曲。等晚來、倦蝶眠酣，寫入錦屏横幅。

惜紅衣

金陵後湖與明聖相伯仲，每歲南歸，輒弄小舟，容與山光水色間。首夏櫻桃，新秋菱藕，味尤雋永，今但餘夢想耳。感成此解

暮景盤鴉，鄉愁話鶴，斷萍無力。盛侶年時，扁舟弄柔碧。紅香翠語，曾共迓、天涯歸客。寥寂。開遍井桃，隔微波消息。湖頭綺陌。

徵招　江東弔古

偏安失算依江表，銷沉幾多名士。化鶴倘重來，覽江山如此。落花春去矣。歎飄泊、十年情思。夜月啼烏，六朝如夢，酒家誰是。迤邐。走車塵，黯消凝、舊時滋味。是鐵圍山，擬秦關百二。奕枰真率爾。也徒慕、謝公高致。祇葭菼，瑟瑟荒陂，莫更談歸計。

秋宵吟　夜牕一鐙，往往達旦，作此遣懷

瑣牕寒，砌雪皎。漏水丁丁聲悄。鑪煙裏、剩伴我孤鐙，坐看天曉。　想瓊枝，念繡葆。盡日神馳江表。新來恨、但故國河山，斷煙衰草。　歲晚滄江，歎倦客、而今漸老。少陵夔府，杜牧揚州，近樹夜烏繞。華髮驚霜早。勝日全非，芳事頓杳。算游仙、漫想鈞天，今夕贏得醉夢了。

淒涼犯　冬日薄暮，獨過窑臺，登高舒眺，夕陽在山半矣。咫尺江亭，念昔年禊會，故人半已宿草，倚杖荒莽間，唯見香塚旁添一醉郭碑耳。愴怏難懷，因成此解。

夕陽畫出，西山紫、憑高獨念蕭索。野煙四起，川原黯澹，復聞清角。哀腸作惡。怕村酒驅愁味薄。向黃昏、孤吟遲月，徙倚戀荒漠。　還憶江亭禊，賭酒情豪，采春游樂。故人散雨，掃巢痕、燕梁泥落。醉塚香邱，是塵世殘碁半著。弔荒寒、宿草漸滿，負俊約。

翠樓吟　近日復喜填詞，諸友時有瓊報，倚此寄謝

滴粉搓酥，尋宮比律，瑶箋近來飛賜。天風雲

歌玉樹誰省。

以上見《和白石詞》

緑意　賦菖蒲

玉田用白石《疎影》調詠荷葉，易名《緑意》，而四聲稍有出入。昔與鄧孝先同拈此調，孝先謂《緑意》自爲《緑意》，故四聲悉依玉田。余則謂調由白石自製，不應數典忘祖，乃出入於二家之間。今仍本兹恉成此解

亭亭九節。在蓼汀芷渚，獨標芳潔。刺水青鋒，十萬橫磨，劍氣夜沉澤國。深藻不覆鴛鴦宿，正自笑、多情荷葉。莫望秋、與柳先零，待迓安車輪迹。　惆悵蓬瀛近事，舊痕歎盡埽，彌望空濶。念汝生平，作扇揚仁，更與芸編同列。江南歸夢西風緊，便織就、孤帆挂席。憶明湖、曾飯伊蒲，此白勝於熊白。蒲之嫩者曰蒲白，濟南明湖産最佳，寺僧以入饌，其肥美過於熊白也。

外落，似偷得霓裳歌吹。人間流峙。趁水色山光，浮紅鋪翠。新詞麗。杜陵詩句，老年偏細。　滿地。衰草寒煙，儘敬容殘客，與爲賓戲。緑衣門外使，遮風雨關河千里。咀含琴味。稱冷落情懷，窮冬天氣。吟聲動，小牕鐙影，雪痕新霽。

湘月

頹景逼人，哀笳動夕，出門惘惘，茹悲沉沉，偶爲蹋月之游，何異中風之走。歸成此闋，以眎坡鄰

五陵倦客，歎金貂已敝，猶戀斜景。滿目河山，漫更語、落魄江湖游興。借酒難澆，聞歌徒喚，雪透胸懷冷。朱顏偷換，照愁不許明鏡。　憐取夜走胭脂，燈前翠髩，儘風花成陣。一晌貪歡，怕夢境、春了紅羅佳勝。舊侶飄零，華年晼晚，暗雨吹寒信。淒聞商女，夜

前調　詠菖蒲蓮

土栽草木，葉纖細如石菖蒲，花六出，鮮麗如小蓮花，農圃曰菖蒲蓮云。稊園懸此調詠菖蒲，時京師久不見蓮花。余又適有殤子之戚，即用其調，以抒感興云爾。

翠絲細織。似生從石上，還更幽絕。六出花開，有美娟娟，偷取六郎顔色。採菱溪女歸來晚，訝曾向、前汀相識。祇秋風、覓子房空，不解憐濃岑寂。　休憶清游勝事，共銷憂晝舸，鳳城南泊。聞道金仙，承露無盤，一葉一花難覓。卻從瓶鉢生涯裏，借小草、淨緣還結。怕白頭、不及蘆花，一夜被風吹折。

月華清　秋兮良夜，遲月有懷，依洪叔璵九十九字體

秋色平分，良宵似昨，小庭清景如畫。莫悵來遲，剛可晚鐘聽後。漸盈盈、丹桂飄香，渾未與、黃花同瘦。良久。恰夜來展得，一分蓮漏。　莫問嫦娥老否。有未減清暉，照人孱僽。領取當前，花好月圓人壽。笑秦關、漢闕都非，祇影裏、山河依舊。廝守。喚半臂添寒，露華盈袖。

前調　螃蟹包子

《三國志·諸葛亮傳》：奠瀘水，命行厨宰牛馬和麪，塑假人頭，爲言饅首。此包子之作俑也。唐以前並曰漫首，或稱漫頭。包子之名殆近於宋。攷《燕翼詒謀録》，仁宗誕日，賜羣臣包子，即漫首。厥後《夢華録》張循王家食單有梅花包子，陸放翁有《食野味包子》詩。近人剖蟹肉爲餡，曰螃蟹包子，京師五芳齋最有名。余嗜蟹而憚敲剥之勞，同人適有五芳齋會食之約，食指動矣，因先成此調。昔東坡有『一詩换得兩尖團』句，未

知此詞能换得一包子否。告稊園暨同人一笑。

屑玉蒸雲，凝脂裹雪，老饕聊快情意。清謝梅花，不借張家手美。問江湖、多少横行，都收入、先生箇裏。遥睇。乍筠籠捧出，祭同瀘水。莫話正陽舊事。正陽樓剥蟹爲京師舊日盛會。歎腕弱牙殘，不堪勞瘁。難得佳庖，餅餌團尖同致。欣會食、白戰無譁，夸並蓄、黄中通理。知味。任擂薑撥醋，流膏盈指。

瑞鶴仙 癸巳十二月同人爲蘇子瞻、陳迦陵、成容若合作生日，歌此調以代迎神

薦寒泉翠柏。君莫訝，老子韓非接席。遥遥歲年隔。記都從殘臘，降生天國。居然鼎立。御靈風、壇坫並集。料坡仙莞爾，應畏後生，分我春碧。陽羨求由卜宅，也算同鄉，此間詞客。朱門貴籍。還相繼，起燕北。試披圖細認，兩髯座右，少年烏帽自側。過風流此會，唯有長江祭夕。

鷓鴣天 題金纖纖小像硯拓

抱月飄煙一尺腰。芳魂應是不禁銷。生來恰似初生月，不許清輝滿碧霄。留倩影，自鐫雕。慣將翠墨伴無聊。湖麼一瞥驚鴻逝，錦瑟華年逐暮潮。

其二

别有尤生寫照傳。手持團扇影翩翩。瘦吟麼上吟聲歇，值得梅卿費畫錢。蕉葉雨，緑蘿煙。楊花不許點池邊。化萍又把愁根種，躭閣春風忉利天。昔年劉葱石索題湖樓請業圖，圖爲尤詔寫照，隨園自序，乾隆壬子三月作序，云中執團扇者吴中

金逸字纖纖。嘉慶乙卯復聚，序云金、許二女均已仙去，爲之悽惻云。

黃鸝遶碧樹

春寒多風，花事較遲，立夏後韶景轉麗，取課題成此解

花落春還在，輕寒薄暖，困人天氣。嬾惰心情，負江亭俊約，社園花事。曉來燕語，似相勸、尋芳人起。須愛惜、過去流年似水，落紅如洗。　輭脚淵明自擬。强追隨、鈿車花底。便春去、趁清和麗日，應勝紅紫。壓酒吴姬店內，伴錦瑟佳人醉。明朝更飲誰家，待商游屐。

探芳信

甲午長夏，騎月積陰，病足鮮出，雨後眺庭中即景

院深悄。尚宿雨彈蕉，暖煙棲草。任潦妨車轂，長是俊游少。苔墻蝸篆縱橫處，悟得銀鉤妙。憶南塘、舊種紅蕖，多應開了。南塘，南河泡

也。近有《憶南河泡荷花》詞。　孤悶向誰道。乍盼得斜陽，紅上林表。花底輕雷，又偷送、濕雲杪。陰晴天氣無憑準，似那人懷抱。遣無憀，怎奈甜鄉太小。

拜星月慢

詞課懸此調，冥想淮干舊游成此解

金粟香殘，朱絃音斷，影事思量如夢。珠箔飄燈，顫釵梁雙鳳。宵來雨，似說、天教留客休去，没踝泥深西衖。龍性難馴，入迷香春洞。　小山枝、雲外移根種。湘霧瑟、江上何人弄。歲歲碧海青天，問孀娥誰共。寫相思、繡帕包愁重。賸紅冰、淹漬泥金縫。任石爛、嬾惰媧皇，且移花補空。

以上見《稊園吟集甲稿》(附)

换巢鸞鳳　故宫五色鸚鵡，昔承恩眷，今置社園。

力士海南，論斤詠薺，龜年鶩寺，鼓板沿街。淪落之悲，殆有同概。計其入宫，逾五十年。雖江花尚在，毛羽未凋，而息嬀不言，音塵自閟。暇與同社往觀，約拈是調詠之

今日臨風。見慈甯老伴，鎩羽金籠。錯呼時樂鳥，恨絶景陽鐘。瓊華不共臥烏龍。教閱偏斜陽花外紅。桐烟晚，倦影對、緑毛么鳳。如夢。前供奉。折翅枉驚，誰向金輪諷。已是昆明刼灰殘，上皇安否猶餘痛。清都游，墮塵自閟珠喉，暗梳繡葆，羞被羣兒提弄。埃、莫話恩寵。唐明皇時，有五色鸚鵡。張説表賀，謂是南海時樂鳥，見到天下太平。見《唐書》。烏龍塚在西苑瓊華島側，葬明嘉靖所愛宫貓。見《天府廣記》。

前調　再賦故宫五色鸚鵡

狂客禰生。正荒洲有賦，俊彩縱横。况逢南海鳥，猶寄上皇聲。淮南雞犬不同昇。料鐺底殘丹羞與争。紅豆小，任晚歲、啄餘秋徑。慈聖。會祇應。章黼已凋，偏與新旗映。鶴話堯年，燕尋謝壘，經眼滄桑愁更。目笑俳優沐猴冠，自憐文采山雞鏡。凡鳥羣，且相隨、卻勝孤影。

前調　三賦故宫五色鸚鵡

笙鶴難留。賸金籠羽倦，顧影無儔。啄餘紅稻粒，夢繞白蘋洲。衣裳雲冷怕禁秋。似才減江郎花總羞。斜照裏，對滿地、落英如繡。依舊。凡羽偶。飛上曉屏，誰更心經授。苑鹿牌殘，御鴉糧盡，都在滄桑移後。遺事猶

能説東朝，故恩無分依西母。閒梳翎，憶當年、翟巾鸞帚。

蕙蘭芳引 叢碧齋中詠素心蘭，用清真四聲

湘夢澧魂，返秋徑、可人如玉。映一點靈犀，花底露珠似粟。悶煙倦雨，乍睡起、窗痕凝緑。儘鬧紅十丈，漫入孤芳衷曲。　虢國慵妝，樊姬嬌字，共貯金屋。對纖影娟娟，同把瑩懷細掬。旃檀吹氣，澹還勝菊。憐畫師、難畫藐姑仙骨。叢碧喜畫蘭，云得明人法。余意不同，故調之。

前調 階前病蕙，憔悴久矣。秋來忽擢數花，姚冶芬郁，歌以款之

秋氣轉清，小窗外、暮煙如織。訝忽返湘魂，拈取墜簪寸碧。數花澹冶，冒夜雨、亭亭玉作

平立。喜暗芬襲處，乍覺旃檀吹息。　日薄雲涼，苔荒庭悄，慣是岑寂。况蕭楚盈門，誰與左徒慰藉。憐幽天意，露華晚浥。思墜懽、遺佩有人重拾。

繞佛閣 蟄園詞集，賦秋陰，和清真聲韻

暮雲未斂。階砌蘚溼，愁閉山館。清晝疑短。坐看斷雨、疎疎動虚幔。　玉尊自滿。誰更共引，幽衖人遠。天外悽惋。乍聞野鳥，飛鳴度沙岸。　向夕露晴色，樹杪斜陽紅一綫。煙霧更霏、輕漚生水面。又暗澹園林，韶序如箭。幾時虹見。但悶倚湘屏，塵夢零亂。小牆陰、瘦棠紅綻。

倦尋芳 亦雲巢秋日海棠復花，主人約同賦

錦裙夢雨，脂盝偷春，蜂倦鶯懶。幾日微暄，

水調歌頭

中秋前夕集北海。譚讌既畢，諸客泛舟玩月。余以小極畏寒先歸，車沿湖隄行，迴望燈月如畫，因成此解

煙水款佳節，依約似前遊。不知今夜明月，還似去年不。一片瓊樓玉宇。我獨不勝寒處。去去凜難留。迴望扁舟客，逸興渺滄洲。驅薄笨，循湖曲，卻歸休。祇恐池邊高樹，風急響鵂鶹。碎碎山河淡影，明滅秋林陰裏，如夢復如漚。莫共胡僧話，今古事悠悠。

以上見《同聲月刊》一九四一年一卷二期

琵琶仙

和白石韻

司馬青衫，已會慣、淚溼空江楓葉。芳樹飛入流鶯，相逢更淒絕。聲漸苦、絃絃掩抑，聽花底、五更啼鴂。奪柳緣慳，憐桃命薄，歸燕能說。　寄愁恨、銀甲頻挑，又燈影、幢幢去時喚起芳魂一綫。思婦痕淚渾不是，秋娘丰韻何曾滅。似仙山，見銀屏迤邐，玉環釵亂。

前調

念竹外、天涯袖薄，絕代容華，幽怨誰遣。說與春人，不信那時嬌蒨。珍惜越宜燒燭坐，倒流莫訝年光賤。更相留，聘梅花，暗香濃豔。

茜裙畫了，銀燭燒殘，香夢重醒。怪煞西風，解作世間韶景。羯鼓三郎休火迫，鵑花九日同俄頃。問伊誰，把追魂爇徧，垂絲無定。　正向晚、雲巢蕭寂，菊瘦蘭衰，難慰清迥。映肉紗紅，恰見一枝鮮艷。伴取牆陰春八月，酡顏剛貼纖纖梗。買燕支，惜餘芳，更成新詠。

主人折復開海棠，與秋海棠同供一瓶，將作圖紀之。《羣芳譜》：秋海棠，一名八月春。

節。憐取一襟才思，比漫天榆莢。休悵惋、冰蠶火鳳，任落英、卷舞晴雪。起視殘月斜河，照人離別。

以上見《同聲月刊》一九四一年一卷三期

鵲踏枝

偕坡鄰泛舟北渚，赴鏡清齋展禊之約，口占此解

一葉湖天春晚晼。眼底青紅，打槳春衫濺。祇有閒鷗相熟慣。雪衣霜鬢還留戀。　往事思量如激箭。魚浪鱗鱗，曾照驚鴻面。輸與湖波常灩灩。流光細逐楊花轉。

玉京秋

詠桂花栗子

燕市客。聞木樨香否，褐衣初釋。金粟前身，華林舊種，合成秋實。月白中庭露冷，潤枝頭、都化黃玉。寒消息。釜聲纔動，夜燈人集。　食譜紅閨還覓。煮瓊糜、金英細拾。芳沁心脾，甘留舌本，還添崖蜜。容易西風，料漢苑、無復侯瑰嘉植。夜窻寂。愁覓燒氈舊跡。《晉宮閣名》『華林園中栗一樹。』《相玉書》：『黃侔蒸栗。』《西京雜記》：『上林苑有侯栗、瑰栗。』唐人詩：『栗爆燒氈破。』

前調

詠玫瑰葡萄

京師葡萄有名玫瑰香者，以玫瑰花根接得之，色香味俱勝。

香色別。晶盤薦秋味，併成三絕。絳蠟凝酥，霞綃裹玉，瑩肌中澈。新摘玲瓏顆小，是徘徊、化身冰雪。漫誇說。御園奇種，世人分得。　一自紅芳銷歇。向長條、返魂誰爇。幾日西風，但借甜香，全芟密刺，勻圓皓潔。勝茉莉、熏入芽茶時節。露華綴。消渴相如

試擷。《本草》：玫瑰一名徘徊。清平西域得葡萄七十餘種，見康熙御製集。近出殆全由人工，非新種也。

以上見《雅言》庚辰卷四

菩薩蠻 十四闋，和温飛卿原韻

沈檀心字燒難滅。風前陣陣梨花雪。蹙損遠山眉。慵來睡起遲。　殘粧羞對鏡。人與花相映。愁繫合歡襦。隔林啼鷓鴣。

其二

屏山深處推珊枕。波池春透蒲桃錦。落絮罥飛烟。薄寒輕暖天。　量愁深復淺。淞水應難剪。莫更拾殘紅。隨他來去風。

其三

夕陽明滅吹簾額。夢痕依約巫雲隔。歡笑憶年時。何曾輕別離。　金釵餘半股。化作鴛鴦舞。春去料應知。花飛不上枝。

其四

銀塘水暖眠鸂鶒。東流總是無情碧。落盡野棠梨。誰家唱竹枝。　宮黃空貼靨。翠顫釵頭蝶。還自惜芳菲。湔裙女伴稀。

其五

柳緜榆莢吹成雪。海棠風裏逡巡別。潦草過清明。啼殘葉底鶯。　晚來搴繡幙。但覺羅裳薄。却憶舊時情。酒痕衣上輕。

其六

嬌花寵柳空相憶。扶持枉費春風力。新綠已萋萋。玉驄門外嘶。　香籠金翡翠。枕漬胭脂淚。莫信杜鵑啼。迷陽路總迷。

其七

天吴紫鳳縈香縷。斕斑細織桃花雨。鬧埽學時裝。翠眉飛髩長。　風前延佇久。折遍長堤柳。約向夢中來。踏摇娘未回。

其八

瓊樓金谷笙歌歇。多情惟有黄昏月。相對夢難成。屏山缺處明。　斷紅留睡臉。翠帕還羞掩。霑臆淚闌干。坐聽蓮漏殘。

其九

楚雲青紫吴波白。相憐千里人天隔。不及燕交飛。紅襟雙翠衣。　還看庭樹緑。莫唱廻波曲。别夢故依依。春深啼秭歸。

其十

迴檀桃刻雙鸂鶒。褥紋隱起鱗鱗碧。買得越州絲。午慵停繡時。　逝波難剪斷。别意江南岸。捼折牡丹枝。思君君未知。

其十一

浮萍本自風中絮。禁持幾日廉纖雨。辛苦又斜陽。池塘春草香。　憑波窺俊臉。萍缺愁難掩。掩淚度黄昏。梨雲深閉門。

其十二

斗杓乍轉宵亭午。琵琶掩抑彈胡語。忺薄不成妝。清宵細細長。　芳菲還自惜。舊夢從頭憶。容易漏聲殘。輕衾覺早寒。

其十三

雙雙新燕歸來日。畫簷翠羽還相拂。舊日爵金堂。别來春草長。　落紅飛罥罬。野水年年緑。有夢到溪橋。愁痕應未消。

其十四

空庭雨過雲衣冷。宵闌擊遍梧桐影。早是嬾梳裝。釵閒雙鳳凰。　銀河波尚淺。未較天閶遠。無限别離情。玉簫哀怨聲。

以上見《雅言》丁巳卷八、九合刊

摸魚兒

授經約賞法源寺牡丹，並眎近作。時春風多厲，花事闌珊，葉底殘紅，但增惆悵。依韻奉酬

甚東風、麯塵吹起，好春吹向何許。胡紅趙粉都零落，愁聽流鶯悽語。勞眷佇。怕無賴、三郎偏擊催花鼓。朱顏偷駐。料玉女牕前，法王輪下，有夢入平楚。　宣南事，幾輩休嗟遲莫。尊前且進芳醑。浮生今日真成客，等是梁生寄廡。談掌故。把舊日、青松紅杏從頭數。風流賢主。正佛國春長，清時人壽，福分被花妒。

前調

社壇芍藥甚盛，惟壇後菊圃，籬下黄色者一叢，姚冶獨絶。偕伯駒、公渚往觀，疊法源寺牡丹韻作此解

殿春風、鵝兒偷染，動人不在多許。豐臺露浥朝盈擔，半韻誰堪並語。春暫佇。似花國、異軍突起張旗鼓。支笻更駐。憐澹勝葵嬌，遲同梅熟，相對越淒楚。　重逢處，一抹斜陽催暮。呼樽欲酹新醑。幾枝籬角娟娟影，不上花王堂廡。維子故。任眼底、千紅萬紫何須數。葳蕤自主。看蜂背馱忙，鶯聲啼老，俗艷枉相妒。

浣溪沙

秋詞八闋

斷雨疏疏送夕陽。野煙漠漠入林塘。都來併作二分涼。　澹遠漸於詩意近，蕭憀偏引客

愁長。寒温祇是費思量。秋意。

其二

碧落三星月一鈎。西風獨客怕登樓。枉將浩蕩羨紅鷗。　香篆燒痕消不盡，琴絲商意澹難收。合來渾是鑄成愁。秋心。

其三

槐國功名漸醒時。楓江商婦少年思。春人應是不曾知。　金井淒淒啼絡繹，巫雲冉冉展遊絲。夜長欲説總成癡。秋夢。

其四

松菊虛存三徑非。鷦鷯枉借一枝棲。渚蓮落盡惜紅衣。　江上碧雲勞望久，村頭黄葉怨歸遲。難憑息壤證相思。秋約。

其五

衰草平原罨暮雲。疏桐小院漏斜曛。遠山淡到不須皴。　獺髓凝時休更覓，鵾絃續處莫重尋。難抛眼底與眉心。秋痕。

其六

池沼千年換刼灰。思量無計避沈哀。夕陽收拾月移來。　一雁涵江波不動，孤鸞對鏡尾常開。可憐子野費清才。秋影。

其七

碧玉何常數破瓜。錦西風裏鬥芳華。錦西風，一種秋色名。徐孃清艷勝雛娃。　天氣已凉人倦起，猩屏紅亞折枝花。碧闌干外繡簾遮。秋色。

其八

一曲清湘隔指音。殺機何意起縱横。枝頭螳

臺空鳳去傷心地。園亭蕭瑟如此。就水招涼，園書妥夢，人在藥爐烟裏。西風容易纔一葉，驚秋又看冰戲。帝所歸來，鈞天應復戀餘味。　文園近來佳否，有遠山橫黛，篝燈相倚。郎是桐花，妾如么鳳，唱作團泥儂你。情天沈醉。任石瘦苔荒，萬塵都洗。此福難消，温柔鄉共白雲起。

燭影摇紅

蟄園爲題樓臺夢影圖，即和其韻

終古江南，暮鴉啼後涼蟬墜。璚花玉樹總飄零，枉費詞人淚。門外春潮住未。被東風、又還吹起。牽蘿待補，老屋修篁，斜陽誰倚。　歸夢無憑，雁書愁斷淒涼字。綠楊烟雨舊樓臺，都是傷心地。喚起玉琴《板橋雜記》余澹心作其詞集曰《玉琴》更記。祇番番、廻腸盪氣。畫圖寫雀苦相爭。疏林。幔亭張樂夢難成。秋聲。

零雨無情欺獨客，晚風有意入

以上見《雅言》丁巳卷十一、十二合刊

買陂塘

題陳蒓衷淑園偕隱感舊圖

好家居、去天尺五。如今天在何許。宮車晚出渾閒事，何況園林易主。堪眷注。祇種菊、牽蘿舊日倡隨侶。靈禽辛苦。把夢裏亭臺，夢中環珮，覓向畫師補。　閻浮世，同解行縢暫佇。不知誰是賓主。枝巢我亦成歸計，依舊宣南寄廡。但羸得、移梅叠石新詩句。憑君記取。記踪跡東西，情緣長短，都似斷蓬聚。

齊天樂

補桐書屋在瀛臺東偏，昔爲張文端、高江村入值處。今賃作館舍，劉鯉門挈眷居焉。作補桐養痾圖，索題成此入，抵向空庭，拾來寒翠。

踏莎行　壬午上巳北海修禊，分得『出』字，偶憶永叔詞語，衍成一解

歲歲嬉春，年年采緑。塵襟共浣明湖曲。不應孤館閉春寒，垂楊深處秋千出。　鼓櫂人稀，短轅行獨。相逢鷗鷺皆相熟。浪花頭白解人羞，不妨更遣東風蹙。是日大風，湖中浪皆白頭。吴夔爲吾輩白髮人解嘲也。

以上見《雅言》壬午卷二

西子妝慢　七月十六夜，北渚連舟賞月，孑厂先有作，依夢窗韻和之

林靄餘霏，波涵滿月，一片非煙非霧。後遊還擬續東坡，試連舟、五龍橋塊。殘荷自舞。應不慣、西風同住。聽清歌，隔船商女，淒涼如許。　流光誤。幾日炎歊，便趁斜陽去。噤蟬已自斷秋聲，頓清閒、四圍宮樹。江南舊句。祗贏得、山川能賦。莫歸休，露重霑衣似雨。

阮郎歸　賞盆栽海棠

胭脂就日晒乾紅。腮痕中酒濃。留春不讓逐東風。小窗移伴儂。　花之夢，錦園蹤。巫山何處峯。眼前春色稱去疏慵。底須勞枝筇。

以上見《雅言》壬午卷三

鵲踏枝　爲壽經先生題其池玉夫人畫闌雙影圖

緑曲雕闌閒倚遍。依約春風，花面如人面。晼晚華年桑海變。麻姑笑指蓬瀛淺。　影事香塵花片片。丈室維摩，消得神仙眷。同住情天勞繾綣。願花長好人長健。

以上見《雅言》壬午卷六

賀新涼

辛苦填詞客。枉塵霾、幾人黄九，幾人秦七。遺有涯生無益事，祇似暗蛬吟壁。怪他日、偏逢朱十。青浦海鹽相繼踵，到先生、更使幽光發。收片羽，拾殘玦。　少年我亦工塗抹。到而今、阿婆三五，舊情羞説。手爪新人渾不似，懶更紅裁翠刻。算幾載、草間偷息。待等江東平米價，便扁舟、一棹尋黄葉。渾不計，名山業。

見《詞綜補遺》題詞

夏孫桐

高陽臺　怡園曲社

絮攪天愁，花隨水去，冶辰分外驚心。屧響喧廊，塵香到處堪尋。熏風沸暖笙歌地，早瞢騰、一片藤陰。晝沈沈。不信歡場，不悟春深。　年時醒卻華胥夢，笑閒招鶴侶，倦聽鵑音。木石心腸，吴兒那解新吟。茶煙半縷清池影，怕回看、淺鬢而今。更誰禁。萬竹斜陽，笛破穿林。

南浦

蓺風遠自武昌郵示《月湖看雨》新詞，渺渺秋懷，溢於言表。時吴中新結鷗隱詞社，冷境喁于，殆如響應。次韻寄懷，不覺言之淒異也

澤畔共行吟，又幾時，疏蓮冷墜殘粉。風雨雁

來遲，江潭句、依約漢南遥訊。盈盈帶水，料應常被鄉心引。兩家舊徑。知無主煙蘿，飄零都盡。　輭紅夢影如塵，便不問、銅駝青衫珠迸。摇落隔天涯，悲秋意、身到者番纔信。菰蒲倦侶，衹招鷗鷺酬孤興。吴楓驛暝。望天際輕帆，爪尋霜印。

夜飛鵲

望亭雨泊，偕蓺風同作，繪同舟聽雨圖紀之

西風暗吹雨，黄葉聲邊。孤棹冷泊吴煙。津橋星火半明滅，羇人相對遲眠。瀟瀟又成陣，正山鐘攙斷，野柝催闌。清愁萬點，任篷窗、一霎無言。　淒絶轉蓬身世，偏共卧滄江，經歲經年。今夕茫茫雲水，波深月黑，何處鳴舷。擁衾翦燭，想蘆中、夢影都寒。怕棲烏驚起，明朝攬鏡，换了朱顔。

疏影

題陳同叔緑梅花下填詞圖

垂垂凍碧。對翠尊酒冷，香墮吟席。石火光陰，花謝花開，何郎自戀江國。看花白髮人還在，嬾譜入、東風瑶笛。只綺窗、一樹多情，伴得舊時詞客。　壇坫今推祭酒，夢痕認畫裏，襟調清逸。月淡黄昏，鶴瘦苔枯，我共心耽幽寂。空山福分原非易，恨卻汚、春明塵色。待那時、翠翼啁啾，更卜歲寒消息。

徵招

天平春眺

撑煙甃霧青螺影，春山共人俱瘦。磴窄掃苔斑，冷沈沈清晝。昔游還省否。只驚得、落花偏驟。樹窟鷹呼，石潭魚静，夕陽時候。　生就薜蘿心，登臨處、依依幾番回首。萬緑又天涯，醉東風如酒。危闌留戀久。更遥看、五湖雲厚。怎腸斷、一一鵑聲，送晚篷歸後。

長亭怨慢　丙申春暮，將去吴中，同人載酒，招游虎阜，賦此留别

倚醉風前，扣舷歌罷，憺將暝。鬢絲如此，渾怕向、青山映。苦説約歸耕，乍負了、衝煙漁艇。鶯花大隱。話長安舊侣，幾箇斷蓬飄梗。　夢裏，早到處、送春愁更。問一片、莽莽吴雲，可留得、鷗邊乾净。只笛語江城，還趁梅風淒哽。

紅情　荷花生日

愁紅一色。便翠篇酹與，年年今日。錦爛雲稠，暗裏秋心有誰識。流水盈盈似夢，惆悵入、汀洲涼笛。莫更問、畫舸鴛鴦，風露總淒咽。　消息。渺江國。歎膩粉墮脂，鏡心凝碧。采香倦客。腸斷淩波舊痕覓。爲證三生絮果，輕换了、珠房冰菂。祇耿耿、青靄裏，暮天望極。

惜秋華　詠雁，用夢窗《木芙蓉》體

渺渺霜程，問南飛倦翮，因誰憔悴。萬里斷雲，殷勤寄將殘字。應知顧影西風，夢故國、春花銷綺。憐伊。贉天涯、爪雪鷓鸞還忌。　惆悵望煙際。儘江湖偏歷，荒涼如此。叫侣唤羣，一樣稻粱心瘁。愁看水涸沙昏，只似雪、蘆花銜起。淒異。嶺梅寒、暗思歸計。

玉京謠　雪後獨游江亭

薄醉風欹帽，歲晚登臨，霽景銷空翳。認取高寒，蒼煙林外時起。斂怨蛾、一面西峯，甚卻

嬾、今朝梳洗。無人際。朱欄繞偏，閒成孤倚。年時擁鼻來吟，冷暖曾諳，是輭紅情味。過眼鶯花，殘僧多事還記。指望中、無限樓臺，又賸粉、夕陽痕漬。黄昏未。沙路倦尋歸騎。

瑞鶴仙　王半塘春明感舊圖

瘦苔寒更積。話夢痕前度，古庭煙寂。琴尊幾年隔。又東風人世，晨星詞客。愁縑恨墨。護塵封、籠紗自碧。恁悤悤、吟到黄壚，容易鬢絲催白。　還憶。山青嶺外，花發城南，那番幾擘。芳韶暗惜。憑翠羽，訴陳迹。縱看花人在，霜濃春淺，怕觋梅邊舊笛。只孤絃、猶抱冬心，歲寒耐得。

慶清朝　新年

雪賸欺梅，煙輕度柳，瞞人最是東風。銅街似沸，一番簫鼓春濃。賺得杜郎吟賞，安排逐隊鬭青紅。憑誰問，桃符換矣，如此悤悤。　從此俊游遞約，又試鐙期近，挑菜人逢。隨香趁麝，忺春忘了春慵。珍重鈿車滿路，莫教風雨妒花叢。安心未，壘泥社燕，還絮簾櫳。

水龍吟　送張次山納言赴江南

戀人樓外峯青，一尊更倚危闌款。東風信驟，漫天絮影，爲誰遮斷。去國情懷，傷高涕淚，幾人心眼。只觚棱轉首，春花似夢，渾忘了、天涯遠。　南國荷衣初換。棹鴟夷、五湖波輭。叢蘭露沚，輕鷗雪渚，頓教塵浣。料有漁樵，望風争識，切雲冠岸。願朱顔好護，呼猨招鶴，洗山中怨。

惜秋華

庚子秋，攜家避地廣平。重九日，出郭游蓮亭。十八年重到，隄柳蕭瑟，大有江潭之感。用夢窗《重九》韻

淚菊愁萸，向尊前、訴出傷高懷抱。紅上戍樓，登臨怕看殘照。目中賸影關河，任付與、塵飛煙擾。蕭蕭。正西風信緊，還欹茸帽。　城畔翠楊老。儘霜乾曠野，秋光偏好。念倦旅、華髮變，漢南重到。無邊墜葉聲淒，甚處吟、庾郎園小。遲了。陣雲寒、雁羣都少。

八聲甘州

過淇縣，聞右衡助縣尹校士，未得一見，用玉田韻贈之

恨雙萍咫尺未相逢，荒城暮煙遮。過中原幾度，淒淒雁侶，莽莽蟲沙。老矣蘭成詞賦，蕭瑟向誰嗟。和淚弓衣字，題徧天涯。　故侶晨星還賸，歎羈雌處處，夢繞京華。待巢痕重覓，卻換舊煙霞。正深夜、酒醒燈暗，亂愁生、渾不爲思家。飄零感、一枝持贈，惟有蘆花。

解連環

華陰道中詠冬雁，用玉田韻

爲誰來晚。甚玉關倦羽，戀羣不散。認爪印、那計東西，正日冷山河，自嫌程遠。賸字書空，衹伴得、疏疏星點。帶邊聲幾許，雪後上林，盼開愁眼。　還驚歲華荏苒。已隨陽信阻，嶺梅遙怨。念此去、多少風霜，縱耽誤秋來，料逢春轉。柳岸煙行，待馬首、那時相見。指落霞、一朵峯青，陣雲漫掩。

南歌子

灞橋寄家人

薄靄還明水，微雲不障山。無風無雨灞橋邊。

只覺征衣猶怯、曉鶯寒。弱絮都無著，長條那任攀。銷他霧鬢與煙鬟。回首黃塵千里、路漫漫。

水龍吟

西安旅館，忽焉及秋。見微絮墮窗，飛揚無力，傷其遲暮失時，飄零無主，以東坡韻賦之，羈雌聲怨，不知是墨是淚也

幾番錯過東風，秋闌深處還飛墜。薄雲知冷，微陽覺暖，結成愁思。爲問靈和，依依舊態，千門煙閉。賸殘茵一點，飄零瘦影，天涯恨、重句起。　難逐銜泥燕子。爲蟲絲、片時牽綴。紫紅千萬，春塵易掩，留將細碎。嬾說三生，化萍嫌晚，一池涼水。覓微根何處，日斜灞岸，送離人淚。

齊天樂

宿州道中詠蓼花，用夢窗韻

玉波閒浸愁紅影，秋心暗驚溪尾。顫露梢輕，垂煙穗小，柳外疏疏相倚。飛蜻乍起。看低攬蘋花，溼雲沈翠。點點星星，未經搖落恁憔悴。　年芳驛堠換早，幾叢斜映處，漁舍臨水。曉月人過，西風信到，一種滄浪幽意。新涼似洗。問多少秋痕，碎脂零淚。咽盡淒蟬，客懷惆悵裏。

萬里春

爲古微題冬心畫梅。古微以此畫爲社題，余久未屬筆，遂更離亂，無意附入行篋，時時展玩，羈緒生春。昨歲使粵，歸裝燬於海舶，長物僅存，詫爲天幸。春明重到，墜歡如夢，過眼雲煙，益復增人感喟矣

脂凝黛沍。黯淡春愁如訴。悵徐孃、有限殘妝，共東風終古。　隨我江湖去。便容易、劫

灰一度。認枯鎌、多少滄桑，怪金仙無語。

霜葉飛

壬寅，展重陽天甯寺，餞古微督學廣東，用夢窗韻

隨歡殘緒。西風畔、荒臺依舊煙樹。倚闌人影酒波空，涼葉聲如雨。數往事、驚鱗驟羽。斜陽紅賸浮圖古。恁倦旅低徊，幾度看山來，幾度鬢華添素。休説似弈長安，青門柳盡，斷腸還爲重賦。五雲佳氣自蓬萊，冷到銅仙語。指天外飆塵旋縷。霜槎濃載秋心去。漫嶺頭、梅花訊，歲晚滄江，夢隨行處。

露華

史館西齋舊爲方略館，庭前榆葉梅一株，其根桃也，發新榦，不數年，大逾拱把，迴出檐表。當春桃盛華，而梅猶斂萼，掩抑其間，頗感榮悴之異，用碧山韻賦之

弄晴紺雪，認娟容怨靥，猶殢香魂。露梢竹外，年年添得春痕。爲底舊妝憔悴，倚陗風、低亞仙裙。空歎息，芳華換了，未換孤根。依依夕陽明處，早蝶倦蜂稀，煙鎖千門。餘霞似錦，金甌更傍朝昏。幾度笑春相對，悵浣紗、人老蘿村。紅萬點，宮溝暗瀉冷雲。

前調

桃花漸落，而榆梅展萼媚晴。旬日之間，盛衰頓異，對之憮然，更用碧山仄韻寫意

沍煙蓓坼，趁晼晚韶光，又弄嬌色。夢蝶乍甦，還與娟蛾勻拂。一般浪蕊狂花，欲鬬娉婷標格。憑認取，金沙碎環，總異凡骨。連朝雨暗風惻。怕信杳青鸞，難喚芳魄。不道玉容依舊，露含堪摘。沈郎瘦莢飄香，更帶落紅飛出。春去否，殷勤翠尊問得。

南浦　爲周養安題采菱畫箑

生小住湖邊，擁風鬟，常與雪鷗爲侶。萬緑壓微瀾，菰雲外、依約輕橈停處。吴歈楚調，搴芳漫詠前洲杜。卻愛烏菱秋味好，不似碧蓮心苦。西風消息來時，問滄波、一掬新涼添否。手撥碎萍開，驚鴻影、出水游魚應妒。姬姜未識，青紅翻笑鉛華污。幾點煙螺歸棹畔，還映遠山眉嫵。

瑞鶴仙　題章式之四當齋勘書圖。『飢讀之以當肉，寒讀之以當裘，孤寂讀之以當友朋，幽憂讀之以當金石琴瑟』，宋尤延之語也。『飢以當食，渴以當飲，誦之可以當韶頀，覽之可以當夷施』，明胡元瑞語也。皆藏書家故實，式之取以名齋。爲題此闋

冷芸温舊緒。只有涯生事，書城容據。窮通自天賦。幾寒蟲聲咽，春鋤心苦。鉛晨槧暮。笑吾儕、長鑱託付。興來時、葉掃雲披，萬陷女媧能補。何許。嫏嬛仙境，入畫幽棲，吴峯如霧。他年指顧。隱君某，著書處。任虞淵殘景，津橋餘恨，盡入零縑賸蠹。看哀然、向録千秋，碧藜煙古。式之輯《清史·藝文志》。

金縷曲　陳仲恕畫扇以贈，取前人詞『流水半灣，斜陽一角，人在紅樓』之意，戲題一詞

夕照紅如此。對春光、斷腸煙柳，高樓誰倚。争怪伊人遺世想，眼底孤邨流水。更漁艇、問津稀至。只有桃花關不住，繞柴門、一片連霞綺。憑指點，暮鴉際。　年來鄉思成虚寄。似樊籠、羇棲倦翮，雲霄盼睨。五瀉涇前西溪畔，各有幽棲勝地。覓鷺伴、鷗朋餘幾。點筆偷聲相爾汝，夢蒓鱸、何必秋風起。招隱賦，

在斯矣。

八聲甘州

蒙部喀拉沁王貢桑諾爾布索題自畫朵顔衛景小卷

莽神州北去見巖疆，風煙畫圖開。問龍城牙帳，殿荒遼棟，堞賸秦苔。儘有千巖萬壑，水繞白狼來。拱向回中近，衆笏如排。　藝事東丹殊勝，把塞垣秋色，洗出塵埃。笑倪黄幾輩，身未到遐垓。好河山、君家故物，待紆籌、親爲闢蒿萊。燕然上、勒銘椽筆，雲掃蒼厓。

江南春

題俞階青静樂居填詞圖，用夢窗韻

畫裏行窩，吟邊活計，秋堂餘地盈笏。蓬山夢遠，賸墜紅、空老江筆。門外無深轍。蕭疏意、井梧自潔。祇漫與、涼燈選句，瘦笛偷聲，嘉辰且課風月。　靈鈞怨，元亮節。任菊晚蘭凋，想中懷葛。餘溪帶水，正望極、蒹葭如雪。名輩從銷歇。悲歌事、酒腸尚熱。鷗外一翁，酬韻松陵，輯茗玉兮雙玦。階青與古微前輩同郡，同僑居吴下，浙西詞學後勁，今屬茗中，故及之。

燭影摇紅

乙丑元日書懷，次邵伯絅韻

坐對流光，伴人紅萼垂垂老。殷家甲子醉模糊，那辨春遲早。新曆本元旦，較萬年曆差一日。往事蓬山更杳。鎖東風、龍樓日曉。杜鵑聲咽，未穩寒枝，夜烏同繞。　鄉思花前，況驚驛使今年少。江鶯江燕話煙塵，愁入瀛洲草。倦夢華胥唤覺。整殘編、漫題却掃。盼春何處，强把屠蘇，丁寧青鳥。

尉遲杯

江亭修禊未至，分韻得『黛』字

疏楊外。漸日煖薄翠生新靄。愔愔水曲塵

香，還聚西園冠蓋。題襟鄭重，留幾箇、貞元舊人在。笑孤懷、負了春風，等閒難避吟債。倦追念往迹登臨，尋亭畔、題痕蘚薜猶帶。空齋對、芍愁蘭俱非昔，争怪我、看花意怠。只斜陽、戀清尊酒祓，又誰信、王城春似海。著遥岑，怨蛾仍掃眉黛。

高陽臺　題塔影經緣圖卷。雷峯塔毁，出吴越小字刻經。陳仁先得殘本，補完，畫圖裝卷，自題《八聲甘州》，有云『漫等閒、擎天夢了，任長空、鴉陣占茫茫。從今後、憑誰管領，萬古斜陽』，語甚悲壯。卷爲邵伯絅所得，徵題，感而有作

龍象銷沈，人天慘淡，驚心此日湖山。塔去經留，休論霸業如煙。恒沙浩劫誰能算，歎尋常、金椀人間。任流傳。片楮淒涼，夢想華鬘。難忘化鶴重來地，認斜陽南墅，古路西關。拾翠披榛，相逢總在鷗邊。飄零貝葉空王託，便銷他、射虎殘年。怕開編。訴盡興亡，畫裏啼鵑。

水調歌頭　戲爲人題醉鍾馗

天醉久難醒，得酒即爲仙。先生今且休矣，獨醒亦徒然。試問終南徑畔，奚似畢家壚側，白眼謝人間。地席更天幕，抱甕此酣眠。照榴紅，對蒲緑，任流連。竟抛長劍，修羅波譎滿塵寰。卻怪不聞不見，但自垂頭袖手，好夢可能圓。何日墮驢客，驚覺老陳摶。

石州慢　題譚篆青聊園填詞圖，用遺山體

擊筑歌聲，投轄酒徒，燕市新侣。九衢十丈黄塵，閲盡年年笳鼓。月泉開社，還將倦墨愁

蘭陵王 詠柳

爲誰碧。千縷春愁似織。年時見，拕雨弄晴，此樹依稀玉河側。長條覆路直。金勒。猶嘶過迹。東風緊，飄盡暗塵，怊悵攜柑倦游客。

春痕試尋覓。對蔓草瀛亭，斜照銅陌。遲鶯早燕沈消息。空青眼拋汝，白頭催我，靈和前事付過翼。歎人已非昔。

羌笛。聽吹入。又郭黯烽晨，旗閃煙夕。漫天飛絮浮雲隔。念千里芳堠，五湖幽宅。聲聲橋上，喚杜宇，去未得。

瑞龍吟 崇效寺看牡丹，用清真韻

城南路。還見繡陌橫蕪，紺牆欹樹。名花偏傍空王，石壇浄掃，來尋勝處。

小延佇。無恙笑春人面，暖風當户。酣香染徹仙衣，嚲煙縑，喁于聊爾相勞苦。

珍重歲寒心，且爲君軒舞。欣覩。東堂貫月，清光退谷，江邨堪伍。讀畫移尊，遞約良宵雞黍。舊京壇坫，我如通德殘妝，淒然擁髻燈前語。斯事賴扶輪，看陽春争譜。

南浦 春草，用玉田《春水》韻

春色總迷離，又東風，暗向天涯吹曉。生意燒痕蘇，香泥泮、先盼餘寒全掃。鋪茵漸展，幾番潛逗鶯聲小。回首瀛洲非舊處，斷夢倦縈瑶草。

愁根旋滅旋生，正黏花、襯柳芟除不了。休傍戰場青，驚沙畔、難覓采芳人到。煙凝路渺。賦情空對蕪城悄。惟見元都葵麥偏，撩亂夕陽多少。

簇簇，翩翻欲語。　多少繁華姚魏，酒闌雲散，銷歌沈舞。難得過門相呼，遊侣逢故。鈿車錦障，都入傷心句。僧寮外、茶煙歇影，苔茵遲步。寸寸斜陽去。何人向說，憑闌意緒。春事留殘縷。休更問，明朝無端風雨。對花慰藉，燕雛相絮。

天香　芍藥

梢繭含煙，莖盤暈玉，晴闌盡日風煖。十里豐臺，霞畦錦陌，豔說曼殊邨畔。筠籠貯碧，憐論把、春光偏賤。添作幽人供養，依依薫鑪香掩。　婪尾乍酬倦琖。對丰容、問春深淺。簪與翠鬟嫌重，賦情難遣。芳譜長安數徧。賸老去、看花霧中眼。欲寄將離，紅橋夢遠。

惜黄花慢　展重陽社集，飲酒家，即席作

倦客殘萸。正試霜昨日，街葉黄初。一年佳興，餞秋晚矣，持螯補醉，覓句追逋。近來燕市蕭條甚，漸愁到、煙冷屠沽。過舊壚。倚狂喚酒，莫問催租。　尊前更說江湖。悵楚烽未熄，鶴警風呼。避人開徑，幾叢淚菊，思鄉命駕，何處香鱸。玉簫惜少雙鬟勸，背鐙聽、城角啼烏。但醉扶。後期預約圍爐。

燭影搖紅　九月望後，獨游北海，步譚篆青《九日登高》韻

虚度重陽，遲來霜樹紅如醉。過塘寒鴨避人行，還借殘蘆庇。小立石闌自倚。盼晴空、全消水氣。蕭寥詩境，便作濠梁，悠然心會。　金粉迷茫，登臨怕說先朝事。誰家哀笛送秋

聲，搖曳蒼波墜。柳外斜陽尚蔽。乍閑愁、歸鴻引起。怪他張翰，訴盡西風，蓴鱸長計。

水龍吟　落葉，用碧山韻

年年搖落如斯，者番倍覺風霜早。飄煙銅陌，凋陰玉井，聲淒意悄。動地金商，長年棖觸，望窮天杪。又洞庭波惡，吴江水冷，秋心共、南鴻到。　舊夢梧宫漸杳。悵空枝、夜烏還繞。題紅暗訴，回黄有待，幾重情抱。漫羨殘楓，春花比豔，餘霞應少。願松筠本性，歲寒長守，且閒門掃。

卜算子　憶菊，效白石道人《梅花八詠》

古寺訪秋來，花下荷衣拂。人與霜枝恰比肩，曾博慈顔悦。　廢圃晚香沈，孤塔斜陽瞥。六十三年憶舊游，閒向雛孫説。天寧寺蓺菊，稱盛已久。同治紀元，余七歲，侍先太夫人往游。光緒中始再至。重陽游人最衆，往往輦花而去。庚子後，寺漸頽敗，菊圃久廢。今游人無過之者。

其二

萬錦疊成堆，上接丹梯畔。鼇頂高寒卻耐霜，仙仗千官見。　渺渺水天情，零落成秋苑。萬壽山前萬壽花，腸斷金罍宴。光緒甲午後，慈聖萬壽，每於頤和園排雲殿受賀。殿前左右堆菊爲山，丹陛數十級，高更踰之。萬花如錦，宫門外可遥見。

其三

廟市日逢三，壓擔秋如繡。何物郵傭熟世情，佳品供豪右。　蕚緑有仙姿，倚竹横娟袖。姹紫嬌黄盡下風，那惜量珠購。土地廟花市，重陽後尤盛。傭販雖鄉人，常年入城，頗與豪家相習，佳品多索重直。尤重緑菊，每株佳者售一金。

其四

寂寞厭東籬，選勝謀秋餞。酒暖燈明敞菊屏，花影同人淡。　投轄故人稀，難覓黃壚伴。舊日何戡也白頭，芳事長安换。舊日伶家花事，以熙春堂爲最。己丑、庚寅之間，徵歌貰酒，排日爲歡。今舊侶僅存二三人耳。

其五

蘆雪隱鳧潭，院僻無人到。藏得秋光爾許深，百盎霜腴飽。　徑任傍松荒，人自鋤花老。載酒江亭過客多，應被寒葩笑。南窪太清觀在陶然亭西，舊設粥廠，游人蹤迹所不至。一日，余散步入門，秋花滿院，鐘磬無聲，亦輭紅中清涼境也。

其六

花事豔豐臺，秋菊踰春芍。一騎尋秋昔未來，孤負陶家約。　荏苒看花期，晚節思高躅。若是西臺作記人，一琖寒泉酌。豐臺馮園，星巖中丞家别墅也。蓺菊有名，余曾與友期往觀未果。自中丞殉節後，羣從或遷徙。近未聞談此園花事者，恐非復昔狀矣。

其七

宅慣住詞人，花亦如高士。歷歷吟秋迹已陳，餘響慚難繼。　耐久戀寒枝，留待梅開未。最念清醪伴獨斟，虚幌長宵倚。四印齋，王半塘、朱彊邨所居，《庚子秋詞》即成於此。余繼彊邨居之數年。甲辰秋購菊，多而佳。會有騎省之戚，寒窗獨對，賴慰岑寂。此況至今不忘。

其八

駭緑與粉紅，時樣矜新格。都是淵明未見花，荒徑無顔色。　錦障列牙籤，一一嘉名錫。强把孤芳當牡丹，冷客嗤今熱。昨歲城南園開菊花會，争奇鬥異。廿年來競談改革，種花風氣亦刻意求新。然於此花孤高品格移易殆盡，不能無慨云。

高陽臺 殘雪

冰蘚遲甦，凇柯尚暈，微茫霽色林端。耐得銷凝，封條曾見春前。瓊樓陳迹渾如夢，伴斜陽、身世都寒。只星星，吹上繁枝，許戀東闌。

閒中惆悵年華換，正臥袁門掩，訪戴舟還。事遠孤鴻，驚心爪印重看。一般流水兼塵土，勝楊花、飄蕩隨煙。更催人，霜縷盈梳，相對闌珊。

前調 唐花

金屋安排，玉樓醖釀，人間幾費春工。支取韶光，銷寒九九圖中。羣芳原不甘淪落，慣年年、來趁冬烘。任繽紛，礬弟梅兄，鬭豔青紅。

外邊寒重誰知得，暫鑪熏窨擁，釵朵晨籠。香夢沈酣，瞞他凍蝶癡蜂。偷春容易春難駐，又番番、催換東風。待何時，看徧長安，鈿轂相逢。

絳都春 分詠京師詞人第宅，得納蘭容若渌水亭，在玉泉山下

蓮凋渚晚。問緱嶺墮音，吹笙人遠。豹尾退閒，蝸角幽棲依瓊苑。重光詞筆同淒怨。恁抱膝、繁華輕遣。倚闌曾是，梨花落後，望春深淺。集中有《渌水亭春望》詞。

一片。璇流漱碧，繞鴛甃、似帶煙蘿空睠。花底著書，席上題襟多英彦。烏衣三度朱門換。祗謝墅、巢痕尋燕。邈然裙屐承平，夢華恨斷。

惜餘春慢 崇效寺楸花

怖鴿庭荒，棲鸞枝老，古色鬱蔥如許。團團綴玉，點點攢星，淡入粉雲青霧。爲問花時鈿

車，紅紫叢中，幽芳誰顧。正斜陽深掩，綠陰人靜，晚簾香度。還念讀畫，呼僧題襟，招客塵外，每移尊俎。浮生白社，閱世蒼官，惆悵庾郎重賦。争奈春如夢痕，堆徑繁英，東風催暮。歎銷沈幾輩，詞流陳迹，對花追數。

前調 慈仁寺雙松，相傳有清中葉重植，非漁洋諸老所題舊物。寺燬於庚子兵燹，松獨無恙。社集分詠京師花木，召南拈得，以平生未覩爲憾。偶偕訪之，一已枯萎。蓋昨歲棲止流民，爨湢所侵也。慨然同賦

佛國滄桑，仙根陵谷，太息樹猶如此。攤書客去，題障詩傳，都付洛陽殘記。龍蛻何年復生，溜雨皴痕，拏雲騰勢。縱蒼髯非古，也曾親見，貞元朝士。憑弔刼火，迷茫梵香，零落棲鶴，僅留孤翠。空王殿宇，故國風煙，誰省眄柯深意。門外垂楊送春，分到新陰，炊羹堂裏。任行吟庭靜，清濤淒影，夕陽鋪地。

霜花腴 八月既望社集，用夢窗韻

泥人淚燭，對晚屏，依依倦侶南冠。梧老齊宮，筑悲燕市，秋心訴與應難。借杯自寬。趁菜畦、香足霜前。記今宵、醉漬襟痕，倚樓橫管早鴻寒。 風葉亂翻塵砌，已辭巢催鳦，抱樹憐蟬。倉猝光陰，蕭條人事，慵將賸墨裁牋。夢中畫船。正串湖、月皎花娟。奈胥潮、怒繞荒磯，遠雲天際看。

安公子 丁卯重九，用屯田『遠岸收殘雨』體

晚樹留暄景。一天秋色催成暝。戲馬臺高人不見，想郊原如鏡。正渺渺、飛鴻遠帶斜陽影。環薊門、幾點煙螺淨。怕庾公塵污，吹帽

西風偏勁。殘蠹詩囊冷。每逢佳節憐清興。蓴夢鱸思空作計，也商量難定。更入市、荆高酒伴無多賸。簪倦萸、白髮還羞整。聽畫角城頭，醉歸月斜窺徑。

滿庭芳　趙劍秋招同社滂喜齋夜集

竹屋燈熒，梅屏香凝，把酒羈緒都銷。舊時裙屐，多半鬢飄蕭。尊畔滄桑幾换，年華迅、落葉驚飆。看庭外，疏疏映月，喬木話先朝。賢豪。簪盍地，西園東閣，壇坫非遥。問絲聲，經壁草帶書巢。今貯歸來袐笈，同心侶、漱玉才高。還憑取，清商按譜，瑶瑟戛霜宵。

雪梅香　本意

好消息，垂垂花著夢江干。伴幽人羈緒，誰同倚竹天寒。如水詩心逗瑶席，出塵仙骨蜕金環。且銷得，添線光陰，堆絮庭闌。相看。冷風味，百和微聞，翠羽聲歡。老矣荀郎，舊情偶觸花間。幾樹横斜未堪折，十分清逸卻含酸。年光晚，素被空篝，慵賦幽蘭。

鬭百花　閏花朝

二月燕山寒沍。常惜東風來暮。今年兩遇花朝，禁火纔過百五。消息陰晴，餳簫聲暖銅街，綵縷煙籠芳樹。春色平分處。老愛春遲，駒隙看花如霧。春縱暫留，人不少年重度。拾翠歸來，多情杏屋明蟾，還勸玉尊深注。

淡黄柳　和白石

春塵浩漠。驕馬章臺陌。怎怪離人心獨惻。大半倡條冶葉。飛燕歸來未曾識。舊壚寂。年年醉寒食。早煙冷、五侯宅。看東風、物外留春色。尚戀清陰，絮緜飄硯，芳草閒門更碧。

燕歸梁

雙鳳硯齋杏花

花下移尊趁鬧春。午風定、息芳塵。絳英點點襯苔茵。春留得、尚三分。　百年餘豔虬枝古，王謝燕、往來頻。倚闌幾換玉樓人。還倩影、對斜曛。

前調

史館東軒海棠二株，一生一枯，憔悴久矣。今年花特盛，已萎者亦新枝勃發，嫩蕊含煙。右衡昔居軒中，墓草已宿。對花慨然，爲賦此解

忽忽韶光似夢中。又花發、粉牆東。瓊枝新茁轉葱蘢。香魂返、蕊珠宮。　滿庭葵麥還撩亂，覓花下、故人蹤。殘芳偏傍夕陽紅。惜絲鬟、負春風。

湘江静

紀夢。天孫渡河前三夕，余病始間，夢見一廨前鼓鈸喧闐，作魚龍曼衍之戲。隨之游行，所經通衢荒曠。道旁二三老者向余誦數語，謂此道咸間人所作《湘江静》詞，有可慨者。余亦未悉所誦，漫應之曰：『梅溪舊作，原悽楚之音也。』既而百戲紛集，招摇而過。最後童子持紙綵爲花，愈繁夥愈幺細，漸至若有若無。衰草凝煙，前望似已無路，惘惘而寤。即以梅溪原韻紀之

望裏銀河沈暗浦。倦匡牀、賸炎猶駐。迷離夢景，蟲沙證劫，訴誰家愁句。陌上沸魚龍，一波見、一波旋去。行人漸少，郊燐自青，荒煙外、是何處。　病魄蘇，秋緒苦。漫低徊、薊丘雲樹。龍蟠氣盡，烏啼夜冷，警淒清笳鼓。燭翦怕重昏，撲窗聽、亂蟲如雨。孤吟到

老，閒居賦了，蕪城又賦。

高陽臺

自題河橋夢影圖。光緒乙酉秋，奉先太夫人匶附糧艘南歸，於黃河北岸守候盤壩。重九前二夕有異夢，見元配何夫人，布衣青鞋，翩然入舟，默無一語，旁置銅盤及白履一雙。內兄少庵亦至，曰：『妹夫喜也。』余瞿然而覺。時族叔薇卿同舟，呼而告之，曰：『殆有再生之緣乎？』後屬洪毅夫同年作圖識之，終竟無驗。余老矣，及泉相見之期日近，追紀其事，彌歎人間泡幻，真有不可思議者。時戊辰七月

碧海心長，稠桑影短，回思夢境無端。一語難申，惟餘脈脈相看。玉簫猜擬重逢約，賺韋郎、到老悽然。膩塵紈，月黯河橋，畫意荒寒。

同諧吉兆終成幻，俗新婚以鞋置銅盆中，取同諧之意。更履霜入操，承露移盤。翻覆滄桑，徒驚何世人間。白頭今日如仍對，怕鴟夷、料理都難。只魂牽，先壟松楸，江上青山。

迷神引

餞金籛孫南歸

脈脈鄉心春帆路。盼入素秋涼浦。連烽未息，且離筵阻。警西風，蓴鱸願，漫輕誤。南雁隨陽翼，墮煙霧。珊澥漁竿拂，問巢父。

歲月編摩，槁項同辛苦。卷壓歸裝，牛腰數。史亭高築，寶殘帚、千金護。小長蘆，煙波杳，喚鷗鷺。今夜當窗月，杯共注。衰楊何堪折，斷腸處。

壽樓春

題呂桐華夫人清聲閣填詞圖

遲簫聲臺邊。又清商暗譜，驚換芳年。往事傾茶讋字，對花裁牋。愁思緊、淒繁絃。聽唳霜、飛鴻遙天。便翠嶺秋深，紅桑地老，歌韻帶幽燕。

風簾靜，雙憑闌。掃青棠舊迹，空

長苔斑。歲暮江梅誰寄，楚英加餐。長夢憶，南朝山。笑畫眉、人偕華顛。只蕭瑟詞心，鴟夷未還。雲水寬。

霜葉飛

戊辰重九，江亭登高。歸檢塵篋，有數年前挈家人來游未成詞稿，補完之，仍用夢窗韻

倦游陳緒。驚哀鬢，蕭辰來撫秋樹。有情山色尚窺廊，遥翠晴如雨。試目極、衝寒斷羽。風霜回换成今古。笑袖上黄塵，涴到酒痕深，黯淡不分緇素。僧舍半日偷閑，香殘莽冷，問誰糕字同賦。每憐兒女解滄桑，事往鵑魂語。渺城角炊煙似縷。斜陽車馬荒陂去。更萬蘆、蕭蕭外，淚滴新亭，倚闌高處。

霜花腴

彭剛直墨菊

賦秋倦筆，對冷縑，偏驚滿紙風霜。花淡人豪，墨濃枝瘦，傳神妙與相當。醉毫有芒。問傲姿、原薄鉛黄。向東籬、弔屈哀荆，定知詩裏感柴桑。千幅畫梅名世，看森森鐵石，斌媚心腸。傾國難逢，英雄同調，一般寄託幽芳。故家徑荒。望雁峯、喬木淒涼。賸芸緗、護取秋容，魏公題字香。

燕山亭

和道君《北行見杏花》作

芳訊天涯，停馬問春，帘外邨醪誰注。零亂路枝，霧鬢風鬟，争似綺窗兒女。倦客驚心，易悵觸、江南煙雨。清苦。是二月韶光，冷朝暄暮。彌望麥秀郊原，更舉目何堪，斷腸人語。愁紅一色，舊日繁華，依依上林深處。燕子無聊，飛絮裏、幾番來去。休據。春夢好、賺人輕做。

永遇樂　趙武靈王箭鏃，出邯鄲城西鐵箭嶺

殘霸銷沈，悲歌憑弔，寸鐵千古。笴朽埋塵，鋒銛侵蘚，故壘蒼涼處。叢臺瑟罷，沙邱轂冷，無復帳中歌舞。任荒榛、邨童敲火，翠鉎尚怵狐兔。　開疆胡服，雲屯萬騎，曾道君王英武。嗚鏑中原，張弮絶塞，多少興亡數。長平遺恨，摩挲碧血，一例斷厓風雨。衹贏得、殘年杜老，黯吟射虎。

齊天樂　早蟬

翠陰依舊閒庭院，驚時乍聽清響。翳日高樓，嘶風遞送，如訴炎涼無恙。聲聲報爽。到深柳堂中，早荷池上。倦耳醒初，晝長聊復伴孤唱。　年年絲鬢對汝，露餐空自潔，淒調同賞。消夏光陰，吟秋信息，暗裏偏增惆悵。宮槐夢想。任新曲頻翻，別枝休傍。抱葉生涯，夕陽紅半晷。

以上《悔龕詞》

應天長　明費宮人巷，在天津學宮前。沽上詞社命題徵和，用清真韻

唬鵑恨杳，飛燕徑迷，門楣弔古生色。甚處翠蕪埋玉，宮斜閉寒食。興亡事，驚過客。送鈿轂、苧蘿人寂。漫腸斷，閱世滄桑，滿路苔藉。　慷慨隕紅顏，一劍酬恩，天問競呵壁。故殿又更陵谷，烏衣幾荒宅。丁沽冷，塵障陌。早淚洒、夢華陳迹。付歌板，寫怨春風，環佩猶識。

暗香　白蓮　章曼仙招社集於法源寺，以《暗香》《疏影》賦寺中花木

露鉛欲滴。照小池静影，亭亭枝立。耐暑玉肌，出水清涼總如拭。摇曳風裳淡冶，宜對我、山人衣白。看盡日、有恨無言，幽思入吟筆。岑寂。衆香國。便證與静因，供佛初折。鬧紅盡滌。端合芬陀署禪室。一鼏茶煙榻畔，渾未覺、西風消息。甚處素心伴杳，涉江暗憶。

疏影　文官果樹

含煙綴玉。傍梵天尺咫，分蔭叢緑。瞥眼花時，垂實離離，銜泥過燕還啄。登盤風味知何似，且豔説、清華名目。想墮枝、響脆琴牀，未減雨肥梅熟。重詠嘉木。羅兩峯有《文官果》詩，刻憫忠臺壁間。臺畔羅含舊句，蠣苔帶露洗，何代移根，薝蔔香中，儻有鵷鸞棲宿。榮枯都付滄桑感，問掌故、宣南堪續。好倩他、貝葉餘芬，畫筆補參金粟。前數年萎其一，今存三株。

金縷曲　爽召南八十初度，刊集告成見贈，賦此爲壽

蘭錡風流溯。共推君、意園畏友，冰蠶繩武。磨蝎名場炎涼閲，面目書生似故。伴寂寞、青門瓜圃。雅頌熙朝容作殿，賸區區、傳恨空中語。焚筆未，意殊苦。前塵謬託蛩兼駏。早安排、雲煙過了，醬瓿輕付。且喜私家留别集，老眼親讎魚魯。笑夢裏、河清延佇。但把一尊爲君祝，待編摩、歲月桑榆補。心史在，鐵函固。

前調　門人張宜仲自江右來，憘焉道故，云屆重游泮水之年，其先德曾膺此典。詞以張之

異數承明少。結宸知、席前片語，一麾江表。那信滄桑成隔世，蠡澤胥疏送老。便溷迹、漁樵原好。勉爲蒼生還再起，愛甘棠、餘蔭人稱道。旋投綬，乞身早。　舊京意外游蹤到。遽相逢、白頭師弟，掀髯一笑。莫問玉堂天上夢，往事已荒秋草。喜晚節、家風仍紹。璧水重春真濟美，卜傳經、伏勝留秦皓。舉尊酒，用相勞。

玲瓏四犯　夏夜聽雨，用白石體

玉篴潤生，蓮檠光掩，涼聲驚破殘睡。未秋先送爽，入耳煩歊洗。簷花定知暗墜。又芭蕉、傍階敲碎。坐久添衣，吟闌遲漏，誰解寂寥意。　西窗語、歸期未。早長安倦旅，今舊情異。竹山詞筆老，更減中年矣。香沈夢醒淒迷候，念當日、南皮瓜李。偏不待。金風便、銷魂此際。

應天長　題葉遐庵選詞圖，用屯田體

江關淹賦筆。正月照梅邊，伴客橫笛。一代風花，待付何人評騭。琱窗煙乍寂。話壇坫、鷺鷗分席。試記取，絃外音傳，夢湘瑶瑟。　作者幾薪積。問柳思周情，了了心得。環燕誰憎，蘭佩幽芬同襲。詩龕塵境隔。對淞岸、暮潮如雪。尊畔惜。艫膾秋懷，目送南翼。

蕙蘭芳引　爲傳沅叔題萬歷本《薛濤詩》

春灩錦江，想紅砑、斷牋詩幅。對節府香蓮，名侶唱酬倦續。槧鉛送老，翠袖冷、終虚金屋。比斷腸集賸，細與燃脂編録。　洗墨池荒，精刊傳祕，古蠹猶馥。便增色瑯嬛，縚錦豔題舊目。蛾眉遭際，到今感觸。看等閒、紅粉告身盈握。

玲瓏四犯

題顧太清畫杏花，用清真韻。畫爲道光丁酉八月作，太素題詩云『追憶南山野渡杏花』。太清自題《燕歸梁》一闋，見《東海漁歌》

天女遺香，似丈室繽紛，重覯芳豔。倚日熏霞，何處映紅人臉。容易萬感逢秋，聽雨舊情零亂。正繡帷物候驚換。偏憶冶春親見。

玉叉頻展深杯薦。漫評量、黛濃脂蒨。枝頭燕子都如客，愁對看花眼。憑問俊筆内家，賸故紙、春魂一點。又鳳城落照，池館寂，繁華散。

安平樂慢

辛未元日，和万俟詞隱

賸雪簷梅，新煙院柳，屠蘇一琖生香。朝正仗杳，賜酺懽停，雲際苑樹空望。九陌喧闐，見塵攤宮製，采侶蠻妝。映掩棘駝旁。依然不負韶光。儘過眼青春，滿頭白作平髮，離亂身慣他鄉。寥落金吾禁，酒旗戲鼓更逢場。羽換宮移，渾忘却、花飛絮忙。祇東風、年年有約，埽愁仍發詩狂。

芳草渡

彊邨見示還鄉過碧浪湖作，棖觸舊游，百端交集，依韻答寄

碧靄裏，又暫落歸帆，賦情瀟洒。念昔游曾是，湖山坐擁如畫。城郭殘照挂。聽霜鴻飛下。悵望久，夢墮煙波，亦戀鷗社。還惹。

軟紅恨影，淚掩黃公壚畔話。但憐我、天涯倦旅，何時共尊把。扨梅未寄，對冉冉、春燈遙夜。弔故國，漫詠空城浪打。

斷。祇賸得、花前病客，夢春明曾見。

踏莎行　十刹海修禊，分韻得『綵』字

暗柳凝烟，遥山蹙黛。杜鵑聲裏春猶在。鳳城雲樹自蒼茫，登樓心目年年改。　腸斷新吟，毫枯舊綵。傷春惟有方回解。鬧紅深處更思量，亂鴉流水青蕪外。

臨江仙　偕惺樵游社壇，見女郎於牡丹叢中攝影，戲作

枝上花迎人笑，鏡中人與花同。倚闌心事却朦朧。故應矜絶豔，莫是惜殘紅。　洛譜品誰高下，藿村鄰有西東。牡丹花畔競修容。白頭嗤我輩，偃蹇對薰風。

望南雲慢　和少濱故宫杏花，用沈公述韻

寂寞愁紅，對冷沼荒臺，遮眼春光。依雲傍日，已玉樓醒夢，有金井餘芳。前夜東風悄，尚未覺、繁枝退香。此花何似，似伻伶元，擁髻殘妝。　空傷。淚滴銅仙，深巖藏室，新移帶草成行。紅桑换劫，便葵麥玄都，一例悲涼。短髮羞簪了，任暗吟、江頭斷腸。客懷同倦，暮雨吴歌，别自思量。

卜算子慢　畿輔先哲祠看殘花，用張子野韻

閒居獨賦，芳事易闌，忽忽早驚春晚。隔巷珍叢，誤了鈿車迎面。遲盼。恰當門柳綫舒青眼。似絆著輕颸，不把殘紅隨霧飄散。　緑野留池館。又代謝雲煙，種桃人遠。香火銷沈，冷鏁碎苔塵滿。誰遣。弔荒祠、頓覺風流

花犯　滂喜齋朱藤

古藤陰，年年置酒，餘春愛清窈。采香遲到。看麝冷流蘇，芙帳空曉。淡煙半畝紅闌悄。殘英依細草。檜頂矗、一枝新蔓，干雲青未了。　應憐此花閱作去人多，題襟舊館在，苔纂痕埽。幽蔭展，滄桑後、露酣風飽。殷勤意、翠尊料理，休歎息、花前人共老。更記取、搴蘿吟侶，緑窗酬句好。

瑞鶴仙　生日避客，偕少濱、思本游南海，小飲瀛臺酒樓。少濱倚清真『暝煙籠細柳』體見贈，步韻答之

夢華如逝水，又喚侶來尋，壺天春色。樓臺半銷黯，斜陽裏，一片青帘招客。危闌醉倚，境高寒、偏耐酒力。對新蒲細柳，瀛洲偏緑，事往心憶。　應識。澄波依舊，露盤空映，漢闕陳跡。殘金賸粉，啼鴂老，煙林寂。望濛濛、天外烽霾猶未息。覊栖同感倦翼。且流連、雲水閒處，軟紅避得。

西河　法梧門舊硯，爲李惺樵侍講作

珍片翠。詩龕故事堪記。朱研露滴自髫年，舐毫萬紙。著書日月冷槐廳，白頭還伴清祕。　話壇坫，親棐几。石交幾許盟締。煙林一作去角小西涯，甃荒舊里。半珪墨沁手摩挲，紫雲餘暈猶膩。　玉堂夢影歎逝水。想風流、前輩追擬。更有鐵函心在。向區區、耐著名山身世。誰識鉛痕蟾蜍洗。

金明池　溥心畬、叔明兩王孫招集萃錦園看花，雨阻未至，用少游韻柬謝

朱邸留春，名園近水，樹色沙隄舊路。佳約趁、輕陰障日，俊游隔、薄寒滯雨。念千枝、繡幄雲稠，衹悵望、楊柳樓臺深處。怕過了芳期，晴闌遲倚，已是殘紅飄舞。訪竹應知從問主。有棣萼詩編，餘香常住。題襟記、花前儘續，棼尾宴、酒邊誰訴。對年年、紫陌薰風，爲杜老行吟，銷將愁苦。願勝賞平泉，明年重踐，莫遣韶華空去。

浣溪沙

李釋戡握蘭簃裁曲圖

射虎歸來意寂寥。逃禪顧曲見風飆。金臺餘淚未全消。　迦鳥偷聲天樂妙，佉盧傳譜大瀛遥。芳馨端不負蘭苕。

西平樂

門人楊鐵夫客四明圖書館，以桐陰勘書圖屬題。余有舊游之感，爲賦此解，用屯田韻

歲晚江關倦客，橐筆多幽緒。天許精廬暫寄，宵燭清光暎月，晨硯涼痕對雨。秋心暗證，惟有閑庭老樹。抱琴竚。　圖畫裏，堪共語。范氏書樓牘帙，賀老祠堂斷碣，遠夢猶來去。溯往跡、稀逢舊侶。棠凋芾蔭，鶴歸寒郭，難忘了、爛柯處。忽忽滄桑數度。與誰探取，消息山中杜宇。

望江南

題鵲喜圖。余幼時，先太夫人爲畫此圖，十二鵲，取月月喜之意。壽兒取以裝册。憶幼時所歷，分隸十二月賦之，皆十歲前事也

兒時喜，最喜是新年。燈樣又添慈母畫，柑香常侍祖庭筵。簫鼓上元天。太夫人每於新歲自製絹燈，繪故事其上，積至數十事。今已無存。

其二

兒時喜，薄暖到花朝。斜日紙鳶風力穩，平蕪

步屧雪痕消。樂事小園饒。易州署有憩園，四時俱勝，春中尤有曠朗之趣，所最樂也。

其三

兒時喜，寒食踏青時。嘶馬香塵過柳陌，流觴佳會傍桃溪。學賦治春詩。先府君挈之游源泉寺，在易州城西十餘里，有山溪之勝，命作紀游五律一首。

其四

兒時喜，春去尚如春。四月山城鶯語晚，一庭詩境柳花勻。也解惜芳辰。塾師以『山深四月始聞鶯，閒看兒童捉柳花』句命題作試帖詩，頗賞其慧。

其五

兒時喜，官閣慶端陽。續命紅絲蒲作佩，傳家寶墨扇留香。節物總難忘。大父午日書扇賜之，太夫人爲補畫，此扇至今珍藏。太夫人應節手製繭虎、蒲粽等，甚精緻，與佩之。

其六

兒時喜，長夏樹蟬嘶。槐蔭攤書完課早，荷庭聽笛納涼遲。炎暑不曾知。塾庭有古槐，緑陰盈畝。大父曾有槐蔭課孫圖紀之。暑夜納涼，聽太夫人吹笛。

其七

兒時喜，乞巧燭花紅。信道仙橋留鵲影，豔聞秋榜兆蟾宫。瓜果拜庭中。大父鄉舉之年，諸祖姑設瓜果祀牛女，强大父同拜。一蝦蟆躍登衣上，衆賀曰：『此蟾宫折桂兆也。』果應。幼聞，羡爲佳話。

其八

兒時喜，秋色桂堂妍。上壽每隨萊綵後，含飴獨占鴈行先。歌舞憶年年。大父生日在八月下旬，六秩左右，連年演劇稱觴。余在諸孫中爲最長，能隨尊長後成禮。大父顧而樂之。

其九

兒時喜，佳節趁登高。臥佛寺前收舊帖，五華臺畔問前朝。好古笑垂髫。易州城東，歲於九月有廟會，百貨雲集。購得快雪堂初搨《樂毅論》一種，甚寶愛之。署西有五華臺，荒邱高峙，古蹟最著。

其十

兒時喜，冬景靜書龕。爆栗戲分煨芋火，藏花深護織蘆簾。小雪信初占。冬時畏寒，減嬉游，始知讀書靜趣。

其十一

兒時喜，燈火話團欒。添綫閨中陪夜課，綻梅時節吟歸鞍。九九紀消寒。冬夜出塾，太夫人及大姊女紅未畢，相伴仍於燈下弄筆墨。府君需次河北，每於歲晚，乞假省親，回易州度歲。往往計日以待。仿宮中故事，集九筆字爲九言詩句，雙鈎爲圖，按日陰晴風雪，以五色填之。

其十二

兒時喜，臘鼓聽頻頻。鑠印衙齋催放學，簪花騎隊看迎春。人與歲俱新。衙中例於臘月下旬封印，放學亦同期。易州迎春之典甚盛，隨郭外觀之。

鷓鴣天

汪仲虎先世有園曰趣園，高宗御筆賜題刻石已毁，得舊搨本，裝軸徵題

喬木森森世已非。宸章片石有餘輝。紀恩飛白題新軸，述德平泉見舊徽。　增感喟，惜芳菲。烏衣門巷燕還飛。池臺凝碧今何似，惆悵江南客未歸。

買陂塘

俞階青爲作山塘秋泛第二圖，用舊作韻

悔蹉跎、薜蘿心事，白頭殘客誰語。不堪重聽吴孃曲，淒斷五湖烟雨。開卷遇。祇風景依

然，已少晨星侶。憂危覓趣。念鹿上臺荒，鶴歸市冷，今古此情緒。江湖夢，壯歲投身早許。而今身在何處。山中杜宇多情甚，頻喚不如歸去。憑證取。有招隱圖成，導我還先路。春愁總迮。問畫舸笙歌，巖關笳吹，雲水萬重阻。

江神子

萃錦園看海棠，分韻得『穠』字

瑶軒都被錦雲封。逞春容。十分穠。花下分茵、花片墮杯中。料得今宵無月到，銀燭映，越嬌紅。西園勝侶漫追從。惜衰翁。彩毫慵。羞對瓊姿、不稱賦驚鴻。但祝來年花更好，鈴索静，護春風。

天香

納蘭容若天香滿院圖小像，禹鴻臚作，繆氏藝風堂舊藏

金粟前身，紅樓賸影，秋人別具懷抱。擁鼻詩清，襲裾麝冷，待月水亭幽悄。綺疏畫棟，驚暗裏、西風偏早。憑向冰綈證取，烏衣故家年少。詞客瓣香未杳。夢承平、僅存文藻。見説貫華閣上，虎賁重肖。楊味雲重建惠山貫華閣，曾摹此本置之。争似鴻臚筆妙。倚玉樹、翩翩舊風調。長物雲龕，芸緗願保。

華胥引

趣園雨集

迷漫兵氣，寥落吟朋，故都秋老。尚遠重陽，黄花雨洗開又早。且喜清節傳杯，對蕙鑪煙裊。涼入疏簾，醉來聊展幽抱。壇坫晨星，最低徊、舊痕鴻爪。散萍風聚，松筠還期共保。幾許蘭成哀愁，付盍簪新稾。珍惜餘歡，晚晴紅射林表。

宴清都　社園欒枝

照海珊瑚樹。連枝發，畫欄都罩頳霧。柔梢拕錦，繁英綴玉，粉融脂沍。嘉名豔説團欒，正釀暖、東風暗度。襯淡冶、一片梨雲，濃春那不羞妒。　長安到老看花，南天未有，標勝芳譜。穿林翠鳥，飄茵紺雪，對斜陽處。依依鬧紅如夢，漸散了、湔裙士女。問絳都、珍重餘春，金鈴更護。

絳都春　蟄園賞牡丹

酣春静院。正坐擁衆香，人閒花蒨。媚影殫烟，深色烘晴雕欄畔。年年開徑招吟宴。待一洗、鶤愁鷺怨。錦燈高映，瑶牋互擘，翠尊休淺。　還念。春明賸録，泥人處、最是鈿車游伴。霧眼乍迴，禪榻流連情何限。芳題姚

綺寮怨　癸酉月當頭日，社集書感，用清真韻

晼晚梅邊春訊，酒懷兼醉醒。趁小雪、静掩閒坊，殘陽滿、霽後林亭。依然汀魚饌入，烟塵外、夢憶遼塞青。問翠尊、舊月今宵，山河影、照客愁恨盈。　望望斷雲雁程。思鄉倦句，花前漫報瑶瓊。怨笛偏清。和笳吹、不堪聽。惟應素娥常在，與證此、歲寒情。誰家鳳城。金莖暗凍處、盤露零。

虞美人　河東君小象，爲譚瑑青題

絳雲樓畔春光晚。憑弔蘼蕪遠。美人巨眼亦尋常。浪子東林休問、好收場。　横波花誥圓圓曲。一例留芳躅。詩人多事感興亡。還把紅顔點綴、到滄桑。

魏誰家擅。又沁壁、西園詞翰。洞天留駐薰風，夢華未遠。

摸魚兒 七夕社集，和邵次公

對清光、畫屏銀燭，新鴻喚客來早。朋簪亦有天涯感，今夕墜歡重表。秋意悄。詑閲世鍼樓，鬬盡人間巧。風宵露曉。更莫問支機，休論誓鈿，祇勸玉尊好。　神仙事，難免一般啼笑。誤他兒女多少。銀河天上無深淺，脈脈此心常抱。差勝了。看東海塵揚，幾度紅桑老。吟情縹緲。任瓜果庭空，蓴鱸夢遠，招隱怨芳草。

壺中天 彊村易簀前，手遺稿付龍榆生，以填詞雙硯贈之。榆生繪受硯廬圖紀其事，徵詞，爲賦此解

石交真契，是傳衣留證，聲家一脈。雅製端溪琴鶴伴，吟偏五湖秋色。長物摩挲，替人珍重，香火緣難得。殘朱餘露，玉蟾清淚猶滴。　不負授稾殷勤，丹鉛幾度，定本重搜佚。也比詞龕題校夢，天外彊山分碧。手澤千秋，心香一瓣，應許淵源識。代興壇坫，畫圖誰主誰客。

青玉案 式之約社園看桃花

看花伴侶今存幾。又佳約、春游始。池上小桃渾解事。含煙如笑，弄晴如醉。不放春光逝。　洛陽賸得名園記。世外仙源漫相擬。珍重落花時節未。半闌殘照，一灣流水。消息東風裏。

大酺 社園餞春

又牡丹闌，酴醾到，花底清尊相屬。春光留不住，儘臨歧珍重，墜歡金谷。燕蹴英飛，鶯呼客醉，何減當筵絲竹。東風多情甚，護殘紅一半，豔嬌香足。奈禪榻閒心，錦城芳事，暗生根觸。　春歸休怨速。送春句、還許年年續。且試問、玄都新樹，凝碧荒波，幾乘除、望中華屋。一片蒼茫感，頻佇立、夕陽欄角。漸零落、貞元曲。絃翣孤調，空和嚦鵑聲促。夢餘漫題小録。

沁園春 銀婚贈内。夷俗以結婚歷五十年爲金婚，三十年爲銀婚，銀婚人所恒有。余續娶凡三，最後已近五旬。今猶白頭偕老，差可紀也。戲賦此解

半百新郎，轉瞬耋年，閱三十春。笑老夫落拓，硯仍磨鐵，阿婆塗抹，鬢亦如銀。皺佩榮拋，糟糠味耐，留得滄桑歷刼身。聊相慰，這楊稊結果，未讓松筠。　回看世變浮雲。便富貴、神仙何足論。但陶潛歸後，琴尊無恙，孟光老去，井臼猶勤。夕以永朝，唱余和汝，自把俚謡下酒頻。他年事，少鴻篇封禪，付與文君。

鎖陽臺 陶齋昔赴歐西考察政治，購埃及古刻甚夥。余得其造像拓本，或云五千年前女王也。祖胸被髪，冠如鳥形，手執鏡，製甚異，無題識。徵同社賦之

金墖遺封，碧珉荒蹟，争看絶域蛾眉。青禽覆額，加冕屬閼氏。顧影春風美滿，冰奩對、纖腕新持。休輕道，無鹽刻畫，裸國少妍姿。　騫槎曾載石，摩挲翠墨，鞮譯傳疑。已鐫茗字

翳，雲雨迷離。增我伊川一歎，蠻妝徧、舉國東施。空依約，風鬟霧鬢，海外補宮詞。

高陽臺　馮志青龍華餞春圖

鈿轂芳塵，紅樓夢迹，尋春春向誰邊。拾翠人逢，衣香慣惹吟鞭。東風十里淞南路，任消磨、金粉年年。比天台，一飯胡麻，本事流傳。　歡場例有團沙感，話杜郎絲鬢，倦對茶烟。小字冰縑，詩心爲致纏綿。桃花人面依然在，喚真真、畫裏相看。祇愁它，玉樹殘歌，咽盡啼鵑。

前調　傅沅叔屬題其聘室聶稚梅女士詩扇遺墨

玉鏡留盟，蕊珠證果，彩鸞一紙人間。攀桂仙郎，豔稱璧合良緣。媧皇莫補情天缺，望銀河、風引舟還。護遺芬，寶扇徵題，故劍同看。　黄門老去猶追感，誦淒清誄筆，永眷釵鈿。慧業三生，外家曾溯淵源。粲花詩句簪花字，付燃脂、集裏流傳。麗金箱，片羽光芒，增色彤編。女士受學於舅趙給諫，其詩選入《清詩匯》。

金縷曲　丁丑上巳

老作幽燕客。對年年、泥人蘭芍，未疏吟席。風景不殊新亭畔，芳草無情自碧。問何計、酬將春色。别有會心山陰序，便悤悤、觴詠悲陳迹。千載後，感今昔。　吾儕桑海同經歷。念餘生、河清久俟，幾人頭白。正似冰霜寒谷裏，盻取番風信息。漫惆悵、銅駝荒陌。花落花開循環事，話春明、舊夢猶堪憶。留息壤，禊筵側。

南樓令　秋懷次韻

殘葉下寒階。秋風震旅懷。話蓴鱸、空自低回。莽莽神州兵氣亘，聽不得、澤鴻哀。　夕照澹金臺。銷沈幾霸才。對霜天、尊酒悲來。叢菊漫淹詞客淚，偏多傍、戰場開。

前調　宮怨三首，叠前韻

白露冷瑶階。停琴别有懷。舊榮華、逝水難回。自古蛾眉同見妒，邢與尹、一般哀。　雲雨夢荒臺。誰憐宋玉才。鬭新妝、争寵頻來。學得楚腰人盡瘦，猶自惜、鏡鸞開。

其二

花柳拂香階。臨春憶勝懷。悵西風、團扇秋回。閲盡興亡多少事，胭井冷、幾人哀。　近水有樓臺。題紅更妙才。禦溝深、一葉傳來。信道宫中多祕密，鸚鵡畔、口休開。

其三

無語對空階。長門寂寞懷。暗猜詳、緑轉黄回。試問傾城何結果，娃館去、馬嵬哀。　桃李盡輿臺。羣芳未易才。顧昭陽、鴉影還來。留得凋殘金粉氣，生面改、待誰開。

揚州慢　枝巢全和白石自度諸調，强余同作。病未能也，姑以一闋塞責

沈鏁寒洲，接烽巖塞，遠郵阻斷來程。便鄉心一夕，夢影入燐青。賸無主、哀鴻偏地，念家山曲，難唱休兵。忍看看、金粉東南，都作蕪城。　燎原禍始，更何須、身到鑱驚。縱燕幕拚摧，崑炎任熾，猶見豪情。半壁漸成孤注，聽天塹、黯咽濤聲。和桓伊清笛，一般江上

鷓鴣天　黄公渚《匑厂乙稾》題辭

唱徧瀟瀟暮雨詞。吴宫花草不堪思。懷湘屈賈同千古，入洛機雲又一時。　工感慨，耐禁持。看看風水皺春池。千桑萬海人間世，同向天涯話鬢絲。

小重山令　黄君坦天風海濤樓圖　樓在青島，爲先德避地栖隱所築

聞説桃源不避秦。依依南雁侣、盡愁人。一樓高納海天雲。思先澤、薇蕨尚留春。　山舊刼灰新。蓬萊清淺水、又逡巡。九州何日澹烟塵。金臺側、還弔望諸君。

前調　題彭城君摹董小宛病榻聽秋圖

秋士從來易感秋。美人遲暮日、亦相侔。蕭條天壤任悠悠。誰分别、古恨與今愁。　烟愁生。

浣溪沙　白杏花

許爲寒梅作後身。卻憐眉靨尚含顰。依依别是一般春。　夢雨飄時如有恨，頹陽抹處了無痕。酡顏羞煞玉樓人。

長亭怨慢　偶過社園，花事垂盡，再和枝巢

任遮斷、漫天飛絮。暗淡韶光，落紅庭户。雨横風狂，燕悽鸎怨又多許。花旛料理，還欲傍、危欄樹。賸得幾分春，偏對著、茫茫長此。薄暮。看斜陽花外，歷亂倦蜂無數。繁華换了，怎佳節、緑陰輕付。聽橋上、隱隱鵑聲，問來日、芳叢誰主。但照眼荼蘼，離思牽縈金縷。

墨故縑留。影梅庵畔語、漫尋搜。卅年桑海在心頭。春燈黯、殘夢五湖舟。

玉樓春 梨花，用歐陽炯體

落盡桃緋飄柳綫。只覺春游心意嬾。小園昨夜又東風，花事棠梨開別館。　玉燕交飛簾乍捲。夕照餘紅渾不掩。一庭香雪悄無人，嘑到杜鵑春已晚。

瑞鶴仙 吳興姚亶素爲王平唐姻舊，亂後復僑居吳門，以填詞圖徵題，并寄示近作。倚此奉報

刼灰吟未了。正庾郎蕭瑟，江關秋老。寒枝夜烏繞。況相逢南雁，訴將懷抱。風烟坐嘯。滿奚囊、愁縑恨草。盼春回、節物關情，漫惜凍杯傾倒。　聞道。承平追溯，四印高齋，擘牋摛藻。音沉韻杳。黄壚畔，記曾到。話春明前事，荒駝殘陌，憑續夢餘後稾。怕聽它、暮雨吴謳，斷腸苦調。

滿庭芳 元日書懷，和仲策

垂白羈人，軟紅芳節，頌椒依舊開筵。愁深春淺，難避是尊前。塵世悲歡幻影，箇中味、嘗徹中邊。憑誰慰，嫣然一萼，偶對小梅妍。　遷延。天漫問，厓珠又失，皋佩空捐。幾壯懷銷耗，猿臂殘年。長此紛紛蚌鷸，刼灰畔、默省因緣。春婆夢，看人醉醒，淒語訴蠻牋。

卜算子 憶菊餘詠

風氣日翻新，花樣頻頻改。遂使東籬舊隱淪，也作趨時態。　辛苦種花人，鬬豔矜奇采。終有淩霜傲骨存，俗客誰能解。湘人某君，寓西城藝菊，歲出新種。其法雜聚花子栽培，或以他枝嫁接，往往自

成變相。花時招人往觀，其蜕化甚巧。然菊之性格終不變也。

其二

花事盛春園，秋色堪爲殿。位置蒼松古柏間，招集游人慣。　裙屐自蹁躚，風日同蕭散。獨立花前一病翁，總覺柴桑遠。社園蓺菊亦多，游觀者争購之，其值昂於廟市。有心人不無今昔之感。

其三

久客住宣南，又作城東記。錦爛雲稠古佛旁，烟雨前朝寺。　已倦訪書游，還借尋秋至。刼後搴芳尚有人，卻爲花傭喜。隆福寺花市不減斜街。余自丁丑移居城東，所居僅隔里餘，乃時過之。寺外多書坊，嬾復過問。秋冬之間，每逢九逢十日，霜葩壓擔，充塞街衢，其盛猶昔。

其四

市隱故交稀，鄰近存三兩。花木叢中曳杖過，此境離塵鞅。　賴有素心人，使我秋懷曠。一盞茶香夕照遲，淡味宜同賞。伏廬、斐盦鄰巷過從，得慰岑寂。花多手植，折枝盛以古器。茶甌静對，不知身在烟塵紛擾中也。

其五

寂寞賦閒居，松下荒三徑。已少看花聯襼人，愁對凋年景。　有女念衰翁，情慰還聊勝。歲歲苔盆梱載來，少助餐英興。荆人亦有同好，昔居宣南，盆盎堆盈秋砌。自移居悼亡後，人花並渺。六女緯玟，每分家園手植者十數株，以娱老眼，洵足稱慰情聊勝耳。

其六

老境戀寒花，漫詡淵明逸。過眼雲烟八十年，歷歷尋陳迹。　圖繪可傳神，冷淡諧吾癖。詩婢多才屬鄭家，更乞生花筆。舊作憶菊諸詞，伏廬爲花寫照，裝之卷首。去歲吴湖帆又作一圖，有人無花，取憶字之神，因幅溢，未能同裝。今更乞斐盦，屬其詩婢雪瑛繪之，有花兼有人，庶符情事。

以上《悔龕詞續》

買陂塘 山塘秋泛

蕩秋心、一枝柔艑，聲聲如作吴語。迎人波上螺鬟翠，難得更無風雨。佳日遇。不負此、盟鷗呼鷺清儔侶。山情水趣。看臥影荒橋，撐空壞墖，蒼莽逗吟緒。　綺羅地，覇氣銷沉幾許。僧房還占高處。年年閱盡閑花月，惟見畫船來去。憑記取。者滿幅、涼煙衰柳金閶路。新愁觸迕。休寫入斜陽，行行雁字，霜信玉關阻。

憶舊游 題徐芷帆楸陰感舊圖

又繁英綴雪，峭幹含霏，紺宇春殘。閱盡緇塵影，認參天古緑，深鏁空壇。夕陽半晌人去，禪榻落花寒。儘展畫疏簾，尋題壞壁，意總闌珊。　尊前。問游侣，道百輩詞流，掌故曾傳。幾度芳韶换，歎黄壚陳迹，依舊花間。多情更有紅葉，風雨護西闌。願鬢雪成絲，年年此日來共看。

法曲獻仙音 宗室某君，種西番蓮於蒲桃下，色逾紅艷，經雨不涴，屬其閨人寫圖徵題，用碧山韻

火齊攢雲，丹砂射旭，掩暎碧牕痕淺。照眼鮮明，煙殊風異，酡顔舊渦微换。怪小立紅蜻影，依依護春晚。　誤驚惋。認連枝、門叢緗彩，應仿佛、絳妃扶輦。可復識西風，共淩波、人溯秋遠。寶盌脂融，寫嫣然、香韻同滿。把菰蒲添雨，洗盡玉階淒怨。

鷓鴣天

王夢湘柳泉選夢圖，爲濟南歌者作

回雪尊前曲乍闌。歌塵渺渺化飛煙。人間夢影輕於絮，湖上春雲重似山。移畫槳，咽哀絃。鵲山寒食自年年。應知刻意傷春處，絲鬢恒河且自看。

暗香

至日逢雪，社作二首，用白石詠梅韻

鳳城寒色。正昨宵凍澀，西樓殘笛。碾碎玉街，樹樹冰紋待堪摘。雲物今朝倦數，知冷入、郊壇吟筆。笑盡日、熨徧爐熏，清夢滯茸席。香國。萬花寂。問早萼怨紅，半庭煙積。箭虯漫泣。瞥眼東風動遥憶。銷盡羈懷幾許，白戰鬥、尊中春碧。便九九、圖遍也，綺寮伴得。

疏影

吴篷載玉。記擁篲畫裏，煙溆曾宿。一片湖雲，色换千山，風尖碎了横竹。春魂飛墮梅花畔，更那辨、枝南枝北。話夢痕、却在寒波，伴我倦鷗清獨。無賴長安滯旅，打窗聽細響，絲鬢摧緑。添線光陰，容易黄昏，耿耿青燈深屋。還愁入指冰絃脆，變激楚、幽蘭新曲。祇曉簾、清苦西峯，待把凍蛾煙幅。

虞美人

本意，爲壽平題畫

楚腰一捻春魂重。何處愁根種。憤王墳畔日如薰。爲問東風眉靨、爲誰顰。嫣紅蒨緑紛無數。蜂蝶頻猜妬。玉顔不肯怨東君。認取遺鈿墮珥、一般春。

訴衷情　爲蓺風題雙紅豆圖

珊瑚顆顆淚生春。珍重采芳人。天涯心事誰與，易種是愁根。　開玉合，掩金尊。自殷勤。東風無據，渺渺佳期，怊悵黃昏。

浪淘沙　顧石公松花江踴雪尋詩圖

皂帽犯寒行。飲馬長城。朔風中酒踴層冰。莽莽烏稽天似墨，一笑江橫。　哀雁咽邊聲。春到還驚。壯游何處話承平。東北風塵回首望，愁煞蘭成。

壺中天　詠優曇鉢花，爲趙次珊尚書作

珠瑩玉彈，訝人間彈指，華鬘春色。蟠實靈椿千歲有，頃刻花開難值。璧月俄臨，彩雲不散，芳訊留駒隙。亭亭雙袂，待迎扶醉歸客。　舊事金帶園葩，絲音省樹，付浮雲過翼。那及天香生邂逅，恍對餐風姑射。佛國因緣，仙家點化，瑞應嘉名錫。電光能駐，鏡中長映冰魄。花開二三時間，是日適爲尚書八十初度，以西法攝影，徵題。

花犯　爲馮淑瑩題並蒂蓮圖冊

綰同心，天然作耦，亭亭對波鏡。露勻香競。窺半面妝成，一樣端正。比鶼伴鰈仙緣證。紅情人共省。便浄洗、孤單千感，孀娥羞照影。　傳神箇中趙昌圖，雙妃絳輦倚，梨渦交頰。芳意早，苞將吐、孿珠同孕。還描到、露房墜粉。清夢久、秋池鴛睡醒。祇笑我、江花空賦，霞姿酬韻冷。

探芳信　甲子歲朝春，和邵伯絅

歲華蒨。對綵勝風含，桃符塵换。便向陽歡意，小梅透微暖。咬春雪脆休孤負，紅映屠蘇琖。詫兒童、令節雙兼，我曾三見。　花甲紀初轉。似地老天荒，五雲迴盼。應接芳韶，問王謝、舊堂燕。燒燈挑菜從頭數，早拭看花眼。怕因循，鈿轂佳期尚晚。

柳梢青　汪仲虎柳岸曉風填詞圖，爲悼亡作

畫裏腰身。樓頭眼色，煙外眉痕。載酒人歸，渡江歌杳，何處香塵。　一鉤殘月如銀。帶慘緑、藏鴉未勻。風調當年，鬢絲今日，傷別傷春。

浣溪沙　周養安得徐電發、汪退谷、洪北江、胡竹巖小硯各一，摹拓銘字裝册，索題

儷玨雙雙四美誇。過江人物百年遐。兼詩書畫各名家。　石友澹交成沆瀣，硯神小記萃風華。支機何異乞雲楂。

齊天樂　南海譚玉生先生荷鋤遺像

翛然笠屐坡仙影，耆英楚庭猶覩。國秀編遺，瑯嬛校秘，壇坫西園曾主。枝官老去。便識字耕田，换將華組。一鍤歸來，海南煙雨自今古。　白雲蒲澗深處。記承平舊事，尊畔鵑語。霰集當時，陸沈此日，庾信江關非故。風流迴慕。託桃李餘陰，鯉庭追步。讚綴先賢，授經留世譜。

瑤華　劉健之得楊幼雲、張叔憲、李亦元所藏蜀石經，又續收陳芳林、陳頌南兩本，自署所居曰蜀石經齋。此外，見著録者僅黄松石、趙晉齋二家，不知尚在人間否。物聚所好，劍合會有時耳，詞

且摩挲、薰清秘，滄桑零落，寶笈不堪重數。東皋妙墨，蠹芸愛護。

一寸金 題羅復堪三山簃校碑圖

衫袖烏痕，見説耽書久成癖。更寶珉搜異，評量蠆尾，萿緣閱古，摩挲蟬翼。氈蠟頻梳剔。神游處、羽陵蠹泣。看胼手、千本流傳，自有豪情壯波磔。　静味丹鉛，吾廬堪愛，依稀翠揚宅。念賞奇聯詠，謝池春早，過車懷舊，蘇床塵寂。交道論金石。增惆悵、二難賸一。憑君問、斷響人琴，薤瑯栖恨墨。復堪爲瘦公之弟。瘦公生時居旁舍，感舊及之。

春風嫋娜 惺樵嗜女劇，尤傾倒於秦鳳雲者。值其去，用馮雲月韻賦詞，意殊睠睠，次韻慰之

羨傾城一顧，萬斛銷愁。將落拓，換温柔。話

以祝之

成都寶刻。鳳羽虯鱗，護經香球璧。　祧唐縣宋，憑證取、嘉祐開成沿革。殘珉潛曜，幾胝沫、先朝耆碩。問等閒、豐劍荆弓，尚帶滄桑顏色。　前塵雁影齋空，憶酒畔春鐙，醉啓瑶笈。光緒中於李亦元席上見之。雲煙歎逝，輸鄴架、百衲天教成集。晨星傳本，衹一·二、遺珠難覓。卜勝緣、珊網終收，更許十經題室。

永遇樂 東坡生日社集，題孫雪居畫笠屐圖

紹聖孤臣，儋州遷客，遺貌千古。　塾雨衝煙，翛然野服，想行歌還住。　春婆閑話，黎童笑逐，漫識遠游章甫。問荒庵、桄榔緑暗，憩棠到今存否。　坐朝雅集，南飛招鶴，同薦瓣香尊俎。杖履人間，春風長在，紅映疏梅廡。　南

霓裳、總覺萬花無色，繞梁餘韻，長在心頭。鳳去臺空，雲飄衣想，正是忺春春不留。海上成連懵天遠，門前崔護悵煙收。　笑我吴兒木石，秋孃未識，歌場冷、欲赴還休。風如翦，月如毬。連番負了，佳約綢繆。罷瑟清湘，望虛峯碧，散花萬丈，迹勝香稠。知音非偶，盼重來聲價，紅氍影靚，同覷簾鉤。

水龍吟

題章价人太守銅官感舊圖。曾文正初戰靖港，兵挫，憤欲投水，章君援之以免。及文正卒後，乃爲此圖以記。其子曼仙太史出圖徵題

畫中如覩中興，有清更吊寒湘水。艱難組練，倉皇樓艣，風雲伊始。一蹶枋頭，重封峭谷，誰窺天意。剩江山依舊，功成痛定，憶慷慨、韡刀事。　當日參軍蠻語，決危疑、琅琅大計。懷沙竟挽，迴天終賴，沈碎傷逝。莽莽神州，寥寥人物，而今何世。衹聞鼙太息，驚波楚渚，又秋風起。

祝英臺近

題程郎艷秋並蒂芙蓉卷子，彡道人爲其新婚作也

互珊柯，交翠翼，天上蘂宮侶。駢影淩波，惟有繡鴛許。一般玉鏡風情，稿砧模樣，好移贈、迦陵詞句。　綺屏妬。箇中玉暖霜清，穠香伴幽素。紅豆雙拈，月底競脩譜。試看流韻秋江，東風不讓，便追共、梅花爲伍。

蝶戀花

前題，代人作

絶妙新題徵樂府。璧儷珠銜，鏡下仙姿覩。五萬春花何足數。秋江應被文鴛妒。　試與拈花參轉語。郎面如花，誰更如郎否。　珍重雙聲諧絳樹。鐫茗重訂燕蘭譜。

齊天樂

吴絅齋六十徵壽

西泠門望花宜館，清芬百年長守。樓武鑾坡，連鑣篴節，環頭同朝稀覯。宸筵簡授。記宣室嘉謨，席前遲漏。炬冷金蓮，御香猶浣舊襟袖。滄江一臥歲晚，芰衣輕换了，鷗鷺呼友。甲子編詩，陽秋訂史，樂事名山自有。神仙眷耦。羨德父書成，易安題後。趁鶴南飛，五湖方載酒。

法曲獻仙音

社壇芍藥有金帶圍一株，俞階青乞陳大人圖之於扇，爲賦此解

藹栗紅分，宫衣黄束，艷説花中奇瑞。雙管搓脂，一枝含露，香生佩環摇綺。看醉纈翩躚態，薰風爲扶起。柏壇外。繞珍叢、夕陽無限，應夢想、春滿鳳池瑶砌。瘦損沈郎腰，笑而今、難稱金紫。舊事揚州，漫披圖、嘉話重紀。但尋春結伴，賸箋不辭婪尾。

雪梅香

惺樵見和前詞，疊韻酬之

景清絶，除將雪月漫相干。正春光迎臘，枝頭素萼禁寒。如水詩心逗瑶席，出塵仙骨鑠金環。且消得，添線光陰，堆絮庭欄。看看。雨遲暮，埽徑烹茶，索笑追歡。領略孤芳，倚笻竹外松間。許伴黄昏耐寥寂，莫從煙火説鹹酸。瓊瑶意，寄與騷人，同佩秋蘭。

卜算子

憶菊續詠。前歲有作，專詠京師舊事。今廣之，復成八闋

花爲壽筵開，願作重陽景。父老躋堂異事誇，謂兆延年慶。觴詠桂堂連，綵舞蘭堦映。回憶寒家極盛時，媿説孫枝競。大父官易州，園菊

極盛。同治乙丑八月，周甲稱觴，黄花爛漫，人以爲瑞。

其二

斗室貯秋光，少許逾多許。手植花開趣更深，枝葉知辛苦。　露蕊向人間，苔盎留痕古。會得天然澹逸姿，紅紫嫌塵土。余十六七歲時，寄寓保定，偕從弟稻孫蒔花小庭。有菊十餘盆，手自灌溉。秋深花開，妙得自然之致，非壓擔堆堦者所可比也。

其三

河上種花翁，歲久諳花性。獨掩柴門自抱奇，傲骨寒姿竝。　鄭重一甀情，脱手瓊瑶贈。乞得珊鉤與玉槃，助我持螯興。永年趙翁居滏陽河上，蓺菊數十年，多異種。其人孤介，不入城市，花不可利售勢奪也。表兄方紹周得隨先府君任所，有菊癖，典衣沽酒，與之款洽。得分贈數十株，有名玉笥調脂及玉螃蟹者，皆奇絶。

其四

靖節詠東籬，定異風塵態。不見幽人手植栽，高致空懸揣。　甫里有家風，茶竈煙波外。花下年年倚洞簫，此意無人解。同邑陸静夫，逸士也。五十後，妻子皆殁，依女家長涇，課村蒙自給。襆被外惟攜一洞簫。工長短句。種菊横斜瀟灑，得其天趣。余歸里值秋時，同醉花下。攜其詞稿視繆蓺風，爲編刻二卷。吾鄉詞少專家，水雲樓外研聲律者，静夫一人而已。

其五

吏隱隱於花，霜圃皋橋畔。高閣傳觴爲賞秋，花映珠簾捲。　英氣閒清愁，思舊今猶綣。易主樓臺又幾時，休問看花伴。桂林陸刺史築瓠園於金閶門内。光緒乙未重九，建樓新成，招宴吴中詞社同人。列菊幾百種，用白石《翠樓吟》賦之。府中鄭叔問、劉光珊、張子蒓、費屺懷諸君，今無一存者，園亦久廢矣。

其六

傳舍笑萍蹤，花好留人看。來與秋芳作主人，三徑歸新管。　匝地儼鋪金，耐久回冬暖。

點點霜華似滴珠，更助瓊枝燦。余守寧波兼護道署。前年蓺菊畝餘，未花而去，移植郡齋，庭砌皆滿。海濱地煖，深冬不凋，曉霜融日，垂瓣下滴，花之神采僉發，古人所謂傲霜者於此始見。

其七

墨妙舊亭荒，荆棘開新圃。列盎盈堦少異觀，佳興臨觴阻。　獨秀玉峯成，五色雲屏組。笑此多多論將才，花隊編行伍。湖州郡署種菊，秧爲羊踏，花傭諱之。就所餘莳成數百株，及開，種類不盈十。意爲部署，黄者白者各堆一山，又列屏，每層以色相間，整齊畫一，以多爲貴，亦頗可觀。明鐙開宴，座客譽其設施之妙，殆爲俗吏解嘲耳。

其八

菊韻貴清疏，番品穠而麗。雲髻珠翹欲下垂，舞態環妃醉。　色澤映宧蓊，供養宜檀几。海客閒談種植經，聊廣尋秋記。壬子秋，滬上徐園觀賽菊。其花貴大貴多，朵重枝不能勝，垂而復仰。蓋日本種法，位置於古盆高几，始盡其姿態，非籬落間物也。

探芳信　己巳立春日社集，詠春餅

薦新早。趁翠韭登盤，黄羊分竈。又醉酬佳節，芳餌佐清醥。配將鮭菜宜兼美，葉捲田田小。舊京時、風味依然，艷稱春皶。　吉兆卜晴昊。願麥隴風來，老農同飽。缺齒殘牙，更休説、紅綾好。勝他名士空描畫，健啖當筵笑。賦酥花，且喜東風乍到。

臨江仙　元日和伯絅，用《陽春》韻

眼前風物年年異，屠蘇嬾注杯深。老來佳興盡銷沈。平安相頌語，便抵萬黄金。　嬉趁銅街去，聲聲還報春禽。向榮人物一般心。無聊簫鼓，且與散愁襟。

西平樂慢　爲朱小汀題所藏吴兔床小桐溪山館圖，用夢窗體

鄭谷栖真，庾園賦隱，廛外近接瑯嬛。高閣雲輪，亂籤風葉，曾誇架壓千元。看砌草長縈帶碧，池水清留硯瀋，幽居意遠，蒼茫妙筆荆關。爲問堂前燕子，尋舊話、萬柳夕陽邊。　拜經樓古，滄桑易閱，依廡人來，宅相稱賢。憑記取、殘烽樹石，歷劫門庭，幾度機絲伴讀，竹馬嬉游，都向圖中證夢緣。長物作去僅存，荆弓遇合，米舫光芒，漫感山邱，爐荻摩挲，藏書紀事同傳。小汀母夫人爲兔床族裔，咸豐間曾避難海昌，居館中數年。入民國筦榷湘中，得此圖。

瑣窗寒　吕桐花夫人輓詞。夫人工倚聲，所著《清聲閣詞》數千首，待刊。所居爲潘文勤滂喜齋舊宅，屢邀社集

絳幔堯章，玉臺叔夏，此才天吝。清聲閣畔，滂喜餘芳猶引。憶尊前、翠箋共披，九霄唾落珠璣潤。又月簫譜歇，梅屏春閉，已成遺韻。　淒緊。霜蘭隕。正騎省詩悲，令公香燼。燃脂賸墨，蓋篋深儲珍本。待流傳、光燭汗青，嗣音漱玉宜駸靳。悵春明、社約凋零，斷闋空金粉。

青玉案　上巳社園修禊，因病未至，分韻得『與』字

桃花落後楊花舞。正攜酒、鶯啼處。似我老懷渾漫與。杖藜時到，臨觴偏阻。輕把芳期誤。　華林勝事休重數。蘭芍都成斷腸句。刻意忺春春且住。流年如水，看花如霧。還戀閒鷗鷺。

水調歌頭　汪仲虎七十徵詞

眼底閲桑海，天與古稀年。高門江左王謝，名動孝廉船。猶憶上書北闕，不減洛陽年少，白面吐談邊。今昔一回首，勳業總雲煙。百篇詩，幾兩屐，白陶然。召平瓜圃無恙，娱老得身閑。多少春明夢影，付與尊前話舊，珍重歲寒緣。儘許詞清俟，努力保朱顔。

南樓令　宫怨第四首，疊前韻

攜手下庭階。宫娥勸别懷。祝平安、鸞馭遄回。建業文房多秘寶，休付與，劫灰哀。何處避風臺。艱難保障才。漏沈沈、漆室憂來。虎踞龍蟠形勝在，聞喜宴，可重開。

金縷曲　戊寅上巳，寂坐空齋，棖觸舊游，疊去年社園修禊韻，賦此誌慨

還號長安客。閉荒齋、藥爐茗椀，换將吟席。三月餘寒猶不減，滿眼新蕪送碧。惱人是、無情春色。那管世間興亡事，但鶯花、依例留陳迹。徒令我，歎非昔。　年時祓禊歡場歷。趁嘉辰、琴尊勝賞，慰人衰白。劫後園林今寥落，每向花前太息。漫尋徧、煙郊塵陌。一掬香蘭愁波洗，舊繁華、墮影成追憶。吟思黯，曲江側。

鵲橋仙　七夕夜飲酒家，遇雨

銀河露冷，金杯酒釅，天上人間歡遇。多情終古屬今宵，又豈是、秦朝楚暮。　片雲乍起，羅衣暗濕，偏有無端風雨。仙家一夢曉雞啼，也添得、陽關離緒。

水龍吟

名山事業無窮，高人成就天緣造。斯文未墜，留存碩果，巋然一老。早入承明，鬱爲耆獻，士林師表。喜精神龍馬，稀年健勝，得天厚、塵寰少。

老圃秋容入畫，侑瑶觴、霜腴正飽。晚香堂啓，魏公高致，允稱同調。鴻文壽世，古歡尤羨，嫏嬛身到。紀添籌、屈指期頤，歲寒長保。

以上《悔龕詞箋注·集外篇》

浣溪紗

看雲主人屬題昆明艷泛圖

凝碧池頭別有情。同舟仙侶晚霞明。風荷香裏笑相迎。

交甫佩環聊繾綣，朝元絃管久消停。水天誰與話淒清。

見《采風録》第二集

全民國詞

曹辛華 編纂

第一輯

⑧

浙江古籍出版社

国家出版基金项目
NATIONAL PUBLICATION FOUNDATION

惜黄花慢 庚辰重九對菊作

寶靨秋妍，奈穩頭破帽，難掩華顛。未堪持鬢，賦試將勸酒杯深，貯淚花淡忘言。砌闌不解相逢意，讓幾曾耐霜苦風酸。意萬千、賦情盡段，吟抱誰寬。今朝□漫□軒，念故人厚我，九日糕盤。地偏江迴，倚樓甚處，蘚荒徑鎖，滿袖何緣。數枝莫覷淒涼夢，但閑□重疊愁邊。恨逝川、送人浪水彫年。

目録

夏紹笙 九十一首

夏敬觀　三百五十八首

徐致章　二百二十五首

徐壽茲　六十五首

徐鋆　九十四首

徐震堮　一百二十八首

徐禮輔　九十七首

高　旭　一百七十六首

高肇楨　三百二十四首

高德馨 六十八首

夏紹笙

二郎神

春遊

偶拋金豆，忽飛下、一天紅雨。有幾箇流鶯，數行新燕，啼向緑雲深處。榆柳旌旂共春色，更聘得、櫻花千樹。蹋青相遇。　容與。清明時節，停鞭何許。嗟嫋嫋佳人，翩翩公子，指紅杏江村，翠楊城郭，金谷還多勝侶。龍管孕香，酒邊愁到，題了斷腸詩句。任花襲舞衣，鳥承歌扇，把春留住。

滿江紅

己未三月，行將去衡。東州蹈春，重看桃浪；船山懷舊，再登綺樓。率題慢詞，聊誌鴻雪

湘綺樓高，春暮了、燕兒雙飛。曾相識、過江王導，入巷烏衣。三月桃花開笑靨，六朝鶯柳斂愁眉。望白雲、眷屬是神仙，無見期。　臨南浦，思洛妃。降北渚，念王畿。那汀洲蕭艾，倏而芳菲。彩筆題殘紅粉破，金蓮印斷緑苔滋。問何時、再有海濤鳴，天馬馳。

掃花遊

春云暮矣，駕言出遊，碧草送人，緑波迎節。自東岸而涉澗，向西禪而登峯，雨花飛香，石嵐振秀。寄禪湘綺，輝映後先，悄然而歌，垂示來者

落花美節，漸緑了江東，柳邊鶯鬧。畫船喚到。盼羽觴亂流，寶車争道。紫陌黄塵，半拂春人未掃。入仙島。正蘭亭酒酣，珠海花好。　玉閬苑春又老。愛流水桃花，夕陽芳草。山欲倒。歎王喬當日，尚留丹竈。定石蟠苔，繡遍禪衣梵帽。莫歸早。向南郊、亂紅餐飽。

醉蓬萊

楊于叔玫專園餞別，春光云暮，花氣襲予，逝將遠遊，悄焉多感。留香在壁，籠翠何人？回首西江，浮雲過眼，洪水無極，曷勝慨歎

暮春三月好，紅豆新莊，緑楊芳陌。誰慰離懷，有梁園賓客。乍御瑶觴，漫歌金縷，使路人悽惻。控鶴騰霄，乘鸞上漢，觀光南國。記那前朝，百花洲畔，芳草紅心，湖波翠色。雲散風流，江海成暌隔。錦鳥投林，繡苔凝榭，理上清瑶册。挹露瀛洲，凌煙仙界，期摶鵬翮。

鶯啼序

用夢窗韻

胸吞夢雲八九，化南朝艷綺。興酣也、飛出生花，五色高燭天際。繡筆把、麓山摇蕩，龍蛇起陸開新霽。念鴈紅霏處，峰廻天語低墜。

春水愁紅，岸草慘緑，向飈輪倦倚。楚江上、萬馬奔騰，後山飛動嵐翠。聳璇霄、金光黛色，亘蘭野、斜陽流水。積雲霞，不異鬘天，豈同塵世。　神居壽嶽，帝宅天宮，信有前山美。望日月、明滅不定，吐晴吞雨，更走雷霆，詫爲奇事。遭逢喪亂，湘南糜沸，煙香蕭散兵戈後，築碑亭、鎮控神仙地。滇池在抱，樓船縹緲凌雲，莫誇伏波經緯。　鯤鵬亂鬥，燕雀哀鳴，恨日長暮遲。慨今古、横江躍馬，子弟八千，跋地蟠龍，峯巒七二。飈風四起，鑾雲聯合，孤颿懸雨天盡黑，破鯨濤、飛濺仙人袂。洞庭多少飛花，流向南溟，氣吞萬里。

解語花

文波縐緑，綉蓋飛紅，疑傍江南岸。麗人多

嬾。停蘭櫂、倚枕鬟雲蕭散。風摇翠幔。晚梳洗、鏡邊流盼。誰念我、仙處無雙，洽似臨天漢。打槳荷衣燦爛。許霞浸紅粉，露挹香汗。採蓮歌罷含嬌，乍微笑、玉郎偷看。蛾眉鳳眼。料理傳情無限。杯欲停、水上仙花，權作胡麻飯。

瑞龍吟

瓊花夫人蠡園消夏，窗前假寐，日下觀書，亦未嘗不對月飛觴，采荷發藻，間以嘲謔，心曠神怡。綠梅公子爲賦此調

望天際。驚有水月浮沈，火雲飛起。一輪紅日窺窗，香簾試捲，新妝乍倚。共早朝，仙姥步臨池上，漬來花底。微風扇了鱗波，摇珠曳玉，流紅動翠。移到天宮藤榻，紫荷含笑，綠楊凝媚。雙靨半開，恰如海棠嬌睡。冰肌雪貌，香汗浸羅袂。朝雲是、遊仙那有，陽臺春意。簾下晚妝洗。鏡開霞臉，風鳴玉佩。千縷茶煙裏。飛到好，銀瓜芳浮寒水。繡鳳雲堦，雕龍月地。

前調

綠梅公子消夏蠡園，自作起居注，傳播一時。瓊花夫人謂『尚有缺』，乃續奏焉

問千古。誰指白日相盟，彩雲爲伍。燒丹江上閑居，鳳池種玉，蘭階擷露。倚紗牕西畔，偶臨煙水，間調鸚鵡。搴簾却看梳妝，黛眉學畫，蟾蛾欲妒。堂外午陰濃處，鶯柳一堤，荷花兩隖。文史載牀枕邊，修了辭賦。佳人絶世，從昔傷遲暮。東方乃、仙官還把，綠天來補。向夕開庭户。月下聞歌，花間見舞。休把浮生誤。將羅扇，輕摇天堦微步。牽牛織女，佳期細數。

探芳新

湖南交涉使署有補園焉。關督朱公邀余載筆，自號『補緑亭亭長』。嘗玩鶯花，或書蕉葉，假以遣此晨昏。而强村年丈、抱碧先生同時來遊，可謂人傑地靈矣。酒邊花下，樂往悲來，追話半塘，爲之增歎。今賦此闋，投贈三公，用龍蛇體書之，聊以補壁云爾

補緑亭，有芙蓉半山，芭蕉滿院。三徑月明，疑是天家仙館。龍門曳裾簪筆，擁蓮花、相見晚。歎前朝、玉堂連金馬，同官南苑。　回望長安不見。黄鶴在籠，白雲如練。懸劍奈何，空把秋詞腸斷。還開月泉吟社，暫依金谷閒甑。草忘憂，花長樂，俟承天眷。

解連環

寄懷樊山丈《都門次夢牕留别石帚》韻

暮雲愁結。聽瀟湘鼓角，杞憂何極。且忍賦、煙柳斜陽，又波起碧湖，滿天秋色。曾逐煙波，遶霜樹、大江南北。更仙山踏雪，多少夢痕，不堪追憶。　琴邊豆兒電擲。自馳煙海岸，天上飛白。正芳飈、吹緑瀛洲，怎花謝花開，動摇金碧。捉月仙人，欲一趁、天池潮汐。望長安、五雲路遠，上干不得。

琵琶仙

次姜白石韻，寄懷易哭盦同徵燕市

追憶南朝，過江幾、名士同歌桃葉。王謝堂燕雙飛，殘陽正紅絶。春去也、神洲草緑，有誰問、落花啼鴂。滄海揚塵，桑田種玉，天意難説。　任他去、星轉天迴，只花底、朦朧度佳節。暫把十分春懷，付金臺榆莢。豈念我、江湖載酒，彈玉龍、肝膽冰雪。待到風雨重陽，有人愁别。

絕艷新妝，到秋香令節，登高何處。遥望故園，青山白雲紅樹。煙霞隔斷湘江，却聽得、南朝蛩語。歸鴉，唤斜陽、豈是霓裳歌舞。

天上有仙侣。向籬邊采秀，黄花盈掬。且把金尊，莫話過江煙雨。西風捲了珠簾，歎瘦却、柳腰無數。雲路。插紅萸、麗人微步。

前調

一笑凌波，又登樓作賦，同開襟抱。放眼古今，參天蠏山多少。如何跋浪横行，算塵世、秋光易老。相逢，便相戕、不怕鯨吞瑶島。

嗟彼釣鼇叟。趁大江東去，掀翻天沼。更傾玉池，欲使仙山頽倒。看他石碣銅駝，都付與、翠苔紅照。醒了。問霜花、幾時同掃。

以上《綺秋閣詞集》卷之十七《雲夢詞》

木蘭花慢

中秋前二日，再置酒潛園，爲曾環天、袁瑶華、杜樵僧、楊環中諸世丈壽。黄丈華鬘先夕以詩相介，余則後一旬賦以繼之，聊紀勝事云爾

鳳池飛翠羽，桂宫裏、幾花開。想璧月長圓，金仙大集，同上天台。天香正浮水殿，指中央疑有小蓬萊。半畝鞦韆院落，兩行楊柳樓臺。

重來。花映金杯。詩影翠、點莓苔。問墻頭細柳，秋高畫角，抑又何哀。披霞弄香一笑，那仙桃都是玉皇栽。回首鬘天俊侣，幾人還被黄埃。

惜秋華

己未重陽，久雨乍霽。玉蟾詞客，相與登臨，且賞蠏黄，自任烹調。計共八玉碟，色香味皆妙絕等倫，加以菊花，輝映瑶席，麓山風景，有似洞天。乃倣夢窗同賦此解也

瑞鶴仙

次吴夢窗韻

嶽山能毓秀。那鸞鳳瑶臺，彩雲香透。星娥傍南斗。到芙蓉池上，續成儷偶。機聲夜奏。最堪羡、天孫錦繡。雖閒居，猶是蓬萊，每典翠鈿紅袖。　誰料拔釵燕市，椎髻梁臺，玉池王母。倉龍飛去，長安遠，促西走。縱狂飈多事，摇山翻海，也把金戈挽救。看庭前、蘭桂芬芳，壽高天岫。

揚州慢

己未仲夏十又六日，碧湖社友雅集潛園，噓氣作虹，行歌送日。追憶彊邨年丈避而之他，飄泊江關，隱淪塵海，能以長慢爲一代所宗，不禁爲之俯仰無端，紉佩交集。余甚疎嬾，且薄才情，獨尚晚唐，一倡天下，今又變格，非敢攀龍。詞襲稼軒，調用白石，乃調和南北之意，同社其亦笑而相許乎

名世詞仙，過江人物，吟鞭暫指湘城。聽花愁柳怨，便投玦前汀。想今日、刀光似雪，玉笳金鼓，雞犬皆驚。只梁園、一角斜陽，猶照紅英。　釣鰲煙客，被蒼天、重謫蓬瀛。任桂殿秋高，清平調古，誰識奇情。笑那虎溪連社，司門五柳是先生。對樓船横海，人人都爲吞聲。

江南好

中秋題補園，次夢窗韻，呈朱閏文闕督，兼寄强村年丈上海

亭下有丹桂，亭上有青山。那知天上仙界，今夜月光寒。試看東山雲起，便覺南山雲散，圓月下鬟天。天啟白宫闕，人倚翠闌干。　展蕉葉，穿楊柳，幾仙班。詞仙不見，何處披月理瑶編。縹緲蓬山相望，暗澹金波相對，應在碧雲端。碧雲天渺渺，明月夜漫漫。

宴清都 次夢窗《壽秋壑》韻

綠遍營門柳。看又一村邊，人與花瘦。仙娥再渡，天江幾轉，巧雲鍾秀。麒麟誕降瀛寰，那江海、月明如畫。怎巨浪、灌日虹飛，塵沙雨鳴刁斗。　太阿橫掃千軍，河山頓改，笳鼓齊奏。凌煙遠上，鯨波踏碎，便飛鸞袖。雲夢坐似天上，又七夕、紅橋駕就。仰戟轅、虎背彈琴，龍頭瀉酒。

水調歌頭 用東坡韻，和楊叔玫去年萼園待月之作。時客碧浪湖

把酒問明月，彈鋏對青天。不圖湖上蓮社，弄月是今年。鯨吸雲夢八百，筆落芙蓉七二，霜鬢不勝寒。天上一輪月，何故墮人間。　演元閣，邀月地，不曾眠。三尊濁酒，同祝雲外月常圓。待看金波搖蕩，偏有丹霞遮護，勝事總難全。獨自歌歸去，慚未詠嬋娟。

水龍吟

北溟波闊雲高，鵾鵬曾駕扶搖上。張騫鑿碧，仙槎泛遠，鯨濤浩蕩。踏破星毬，玉龍凌漢，金輪連嶂。自捲旗故國，教成强弩，一戰便、驚天壤。　壯士爭傳無兩。薄江湖、霓旌仙仗。白狼河畔，紅鵲峽口，伊誰相抗。總轡咸陽，橫戈躍馬，氣吞蒼莽。更沅湘坐鎮，花開閶巧，把長歌放。

空谷香

秋去了，莫聽霜天畫角，且把離騷讀。有美人兮顏如玉。茝蘭爲佩，菉施不服。倩影臨窗，冷香披屋。小院幽花，夕陽紅淡，儂在空谷。

怎識。素心人遠，燕歸也，杳如黄鵠。望瑶臺兮便歌哭。既駕蛟龍，還驂鸞鷟。江上月明，天際雲緑。此非人境，紅塵不到，滿身花簇。

花犯念奴

己未中秋，綺秋閣賞月，賦贈玉蟾

邗上三分月，流影過江來。韻隨天半霞客，飛上鳳凰臺。靨笑桃花轉媚，黛畫娥眉振秀，華采照江淮。底事遘離亂，猶得到天台。過蘭路，臨桂苑，出紅埃。鴛鴦一舸，心曲當共嶽雲開。浩浩洞庭波闊，嫋嫋秋風木落，澤畔雁聲哀。何日尋西子，相與住蓬萊。

惜黄花慢

重陽後一日，開菊花大會於瀛園。冠蓋虹飛，簪裾雲集。適玉蟾有事，乃獨往縱觀。重叠花山，掩映人海。遇一美女，荆釵布裙，衣青於煙，人白如菊，拈花含笑，有雲中逸鶴之慨。爲歌此闋，並誌勝會焉

插過萸花。白雲外又説，别有人家。香寒五柳，艷幽三徑，堆成翠島，點就丹霞。採遍東籬餐秀色，渡秋水、詠彼蒹葭。聽亂鴉。半山落日，人影横斜。衣香動駐鸞車。有散花采女，三五年華。向風流媚，曳來玉步，横波淺笑，飛上仙槎。牧童不把星河渡，騎牛感、芳草天涯。憶館娃。隔江夢遶琵琶。

風入松

賀徐東海

蓬萊宫殿五雲高。天際響松濤。虬枝蒼翠凌風雨，越重九、齊舉香醪。紫氣都來鳳闕，瑶池回望鸞巢。曾從上界啖蟠桃。騁馬在神皐。黄花向晚天香發，到今日、喜動仙曺。南極應飛玉帛，北溟還駕鯨鰲。

燭影摇紅

揚州風俗，每娶新嫁娘，必請人家閨女雙雙陪宴。禮節繁縟，而不飲酒食肴，旁觀者多，恐易見笑於人也。玉蟾詞客自述童時與其姊淑瑗，號爲『繡閣雙珠』，名家望族争相聘請。先具紅帖，繼以鸞輿。雖屬漢人，或飾旗裝，釵鈿衣履，無不相似。環肥燕瘦，合作姊妹之花，欸爲上賓，優禮甚渥。明月初出，讌於畫堂，新孃當中，陪客對坐。春氣盈户，桃李無言，穠艷花光，照耀一時。三日始滿，新娘來謝，并貽禮物，各具數種。十歲之後，自知含羞，便不應聘，將爲他人所陪矣。余聞而欲躍，恨未參觀，爲倚新聲，以昭於世

明月三分，花開姊妹宫妝巧。笑從銀漢泛仙槎，同下雲軿了。一到紅鐙上後，捲芳簾、亭亭裊裊。乍鳴環珮，暫赴瑶池，三星相照。金杯玉箸総無聲，惟有釧鈴叫。兩靨雙蛾淺笑。笑新妝、風流窈窕。海棠初醉，荳蔻初胎，都稱年少。

賀新娘

甥女聰聰，衡山陳氏，爲余大姊之女，掌珠無雙，三五華年，詩筆茗秀。今乃招贅，嶺梅始花，星耀湘垣，人稱仙偶。其婿常子與吾爲同鄉，名族世家，必有後起之隽。喜而賦此，以誌慶焉

東閣招相見。喜今朝、初畫黛眉，始開霞臉。點翠施紅花不語，休倚屏山遮斷。待牽牛、飛渡星漢。記取鵲橋橋上路，有仙娥、也把鴛鴦羡。對新妝，啟嬌靨。　含羞轉態偷流盼。入蘭房、帳下分杯，牀前卻扇。印日同心原並蒂，莫笑雕梁乳燕。筭出自、盧家庭院。從此月宫雙照影，小陽春、還是河陽縣。花萬開，鳥千囀。

法曲獻仙音　呈徐東海年丈

金菊飛香，玉梅開艷，雙闕蓬壺天上。雨溢龍門，露凝鸞閣，舉他赤城仙掌。望日下、垂光彩，自能設珊綱。　對儒杖。指瀛洲、五雲深處，有星華掩暎，劍光動蕩。談笑定鯨波，謝安心、曲春風漾。滿塢狂花，化爲蘭茝世爭賞。待高懸明鏡，試看海清天朗。

鶯啼序

靈山黛痕振秀，藍田曾種玉。入春夢、天上姮娥，從此藏在幽谷。被霖雨、洵爲香草，御鵬鳥、喜遷平陸。與將軍持節，鶯是神仙眷屬。　水戀江潭，雲憶澤畔，向瀟湘岳麓。泛桃浪、漸索花源，一聲摇蕩澄緑。謁邱陵、蘋蘩自薦，待鄉黨、宗親皆穆。畫堂前，縹帙長開，玉函勤讀。　凌波浣袂，抱月縫裳，治家尚儉樸。爭艷説、能盡婦職，不愧彤管，既錫遐齡，便蒙多茀。雪開飛閣，花承舞綵，萲堂雙拜祥光滿，赴瑶池、記取仙桃熟。非生國士，誰知嵩嶽齊天，更看中原逐鹿。　江雲變色，海水揚聲，有龍蛇起伏。乃捍衛、吴門花草，未葬飈塵，晉代冠簪，尚存華屋。鸞鳳化雀，芝蘭成菉。雷鳴玉杖天也黯，斂苕容、秋老霜威肅。平生愛禮青山，八表霞飛，十洲錦簇。

以上《綺秋閣詞集》卷之十八《雲夢詞》

秋宵吟　名園講學，朝去暮歸，夜上南樓，爲鸎書畫，勞苦過甚，遂嬰沈疴。抱膝長吟，殊覺悽絶

蟲聲滿，屋悽惻。月影半窗瀓寂。餐霞後、有秋海横青，夜天凝碧。　上金樓，吹玉笛。縹緲仙山何極。曾驚覺、黄了楓林，緑兮魂魄。

山鬼提鐙，忽飛向、垂楊巷陌。雕梁落燕，綉苑無人，花散講經席。黯澹斜陽色。誰入白雲，我留丹訣。把芙蓉、一笑歸來，未知今夕是何夕。

淒涼犯

歲律云暮，風雪逼人，兼迫饑寒，愴懷鄉國。遠望親舍，空見白雲。家大夫託金友琴匯欵，馮蒿盦、朱强村、余敏齋三年丈，各貺以金。除夕圍爐，杯酒自樂，紅鐙笑語，不覺淒然霑巾。遊子天涯，感彼芳草，其亦有歸思乎

牧雲海國鯨波起，仙山一片神雨。風寒翠袖，雪壓蒼山，鳥歸何處。懷哉北渚。有絶世、紅梅一樹。問年來、冰霜歷遍，白髮添幾許。誰念滄江上，巷静堆花，庭間積絮。歲云暮矣，佈黄金、半爲仙侶。紅了西窗，縱含笑、都成淚嶼。盼桃開、要隨新燕，同歸去。

霓裳中序第一

小翠花，海上名伶也。時尚背景，偶值《天女散花》，如天半朱霞，雲中白鶴，聲色之妙，無以復加。而吐鳳璇霄，揚蜺蓬島，殆天仙化人歟？曾聞梅畹華亦擅此曲，惜吾未見，因並及之

雲端有仙蝶。若有時兮披玉屑。含笑便開杏靨。況花落鳳衫，鶯啼桃扇，珠光如月。訝長虹劍氣横掣。鬘天上，一鐙流電，處處照顔色。艷絶。碧霞紅雪。與綠萼仙人相挈。如何江海遠隔。島嶼徵歌，櫻花選舞，洞天成小別。怕天外愁雲亂疊。春歸也，玉人焉往，日下立瑶闕。

探春慢

採香時節，車過龍華，紅樹數行，青溪幾曲，滿路飛絮，四野籠烟，閭巷雲開，魚樵泉湧。歎爲武陵重到，陶潛不如。而浣沙西施，招我遊

湖天都麗。有鶯柳夕陽，畫船煙水。誰使那東坡，引斜川、翩然到矣。朝雲何在，我且向、澗邊花底。信美。看春光、多少紅翠。踏青恨無俊馬，冷溪山、綠穿裙屐。豔絶彭郎，奪得小姑來避。如玉美人，掃眉才子。畫屏相對。問明月，幾時能許同醉。

滿江紅

滬海以南，有半淞園者。一溪環抱，孤山撐空。雲氣醉神，霞光秀骨。碧痕窺牖，紅意伺墻。舫掠微波，樓憑淺黛。此亦澹妝西子，爲世人所同樂焉？間携眷屬，重到看花，欣題一闋

十丈黃塵，飛不到、南畝洞天。春燈與、月華同艷，仍以當年。山壓竹邊曾帶雪，橋通花下自含烟。有騎驢、詞客訪仙界，隔人寰。天台好，今又觀。跨鸞鶴，戲鞦韆。把雙眉澹掃，采秀林泉。細雨桃花紅作浪，斜陽柳葉翠

宴，塵心多擾，靈境自遷。小別桃花，暫陟梅島，但恐漫天凄雨，使人斷腸。此曲留題，以驗來者

綠野春來，青溪水到，洞天漁人重訪。髻女相逢，仙源莫辨，惟覺桃花遍放。誰復論秦漢，却贏得、幾聲樵唱。便驚山水清幽，雪林還共來往。坐愛翠楊紅樹，歎花事誰知，仙巒空望。月下簾櫳，雲中雞犬，化作四圍屏障。爭說六橋好，且召我、湖船輕盪。祇怕歸時，碧桃搖落成巷。

石湖仙

春云暮矣，税駕出遊，携南斗兒，一訪名勝。杭州城外有西湖焉，異水盪平，奇山環繞。雨後橫黛，清發蛾眉；風前廻波，秀開杏眼。美哉西子，麗以澹妝。合居瓊樓，端在玉苑。仙葩靈卉，千古不窮；勝景良時，萬人相望。而三潭印月，六橋卧虹，天下無雙，世間獨絶。安得瓊花偕隱間，與湖山同住哉

成船。又那知、歸鳥覓漁浦，卧雲巒。

翠樓吟

香雪之夜，出訪穀民，轉登酒樓，晤春帆於座右，知屬才士，枉過熊湘。衡岳雲高，洞庭波闊，玉霜楓落，靈雨杏開。昔無相逢之緣，今有恨晚之歎。明月初印，寒梅始花，讀我逸詩，稱爲仙客。旋召老林黛玉，含笑若驚，曾傍舞臺，一傾歌扇。鶴鳴霞外，鸞翥雲閒，霓裳羽衣，不是過也。而鶯花無命，楊柳多愁。柔緑易攀，嫣紅難掃，情天莫補，恨海誰填？自述身世之悲，頓增琵琶之感。欲寫哀怨，爰琢慢詞，當使天下有情人同聲一哭也

風冷柳邊，月明花下，良宵誰倚樓閣。跨驢何處是，訂踏雪尋梅佳約。半江幽宴，任低咏緑華，高吟紅葯。搴珠箔。燭花微笑，美人蕭索。當日。曾訪癯仙，羡長遏白雲，遠驂黄鶴。江關都歷遍，嗟神女風塵淪落。天涯漂泊。是燕子身輕，桃花命薄。歎千古，過江名士，幾經銷鑠。

長亭怨慢

暮春三月，草長鶯飛。予將還故鄉，海濱逸老，争投金相贈，以壯行色。渡江楊柳，殊覺依依，臨風倚聲，落花猶爲之泫紅也

怕看陌頭飛絮。都道謫仙，不如歸去。借問蒼霄，意中何似怎相處。好花能語。休負此、垂楊樹。樹到有情時，遍化作、黄金縷。暫駐。望瓊樓不見，僅見澹烟微雨。雲帆掛了，怎忘却、斷腸詞句。最好是、烟柳斜楊，又殘月曉風何許。誰剪得、吴淞江水，洗兹愁緒。

鶯啼序

大江者，亦發源於崑崙西，號金沙，南名揚子。龍蟠數萬里，不其雄乎？余未能全窺，而氣吞如虎。每逢鐵馬，欲揮玉戈，挽彼狂瀾，使之澄清也。恨無大力者負之而趨，以貫環瀛，乃

慢聲歌此

中原大江横亘，東南流入海。氣雄矣、門峙吳淞，天壓蓬島如蓋。看鮫舞、射潮何際，聽龍嘯、御風相待。那凌空樓船，飛到華清上界。　雀據高臺，蛇起平陸，笑英雄成敗。究誰鎮、蕭瑟江關，試窺他斜陽外。轟金焦、烟凝紫氣，瀉秦越、水分青靄。亂鴉多，兩陣排雲，一行垂帶。　桃花淚扇，鷰子愁城，有虎聲霞彩。更追憶、衝烟躍馬，翠樹歌殘，逐日揮刀，紅脂井壞。六朝人去，三楚客歸，鳳台層見降旂出，奪小姑、柳營齊奏凱。回首波上，真是神仙如畫，幾多豪傑何在。　長鯨拔地，巨浪奔霄，剩江流九派。登樓好、横吹鐵笛，花落紛紛，逆溯金沙，雲浮靉靉。石鍊生嵐，玉門成黛，風烟淘盡氷雪冷，過天山、索源星宿瀣。掃除西北黃塵，發色龍堆，騰光鴈塞。

八歸

又渡洞庭湖，天如畫。衡岳在抱，君山入襟。玉鏡初開，相逢杏靨，蛾眉乍掃，似對梅妝。疑是湘靈，呼之欲出。浩歌一闋，不亦悠然神遠乎

雲夢八百，芙蓉七二，底事又來相召。老人南極開仙闕，休使風咽笳鼓，雨鳴刁斗。醉上岳陽樓上望，喜黛色、波光照耀。可憐是、大好湖山，都付與殘照。　最恨芳春去也，留之無計，草長洞庭青了。花撲七澤，浪高三湘，重訪武陵仙嶠。算桃源幾聲，款乃那山水幽渺。秀葳外、漁家鳥落，荻浦帆飛，烟霞何繚繞。

慶宮春

辛酉夏四月十八日，爲家大夫七十壽辰。自滬歸衡，舉觴稱祝。萊衣舞彩，羽扇揚聲，美人滿堂，芳草當砌。擷華南苑，獵艷西京，

多屬遜國清流，中邦秀士。余倣白石詞客，倚筵而歌，或亦承懽之一道也

三徑竹風，一庭松月，天華自簇高宴。欲摘仙桃，笑從南極，老人星光照眼。這回雲漢，放歸艇、雨花紅遍。鶯聲載路，崧嶽崇高，瑶池清淺。　蓬萊深處隨行，霞織舞衫，鏡開歌扇。自回蘭澤，誰上鳳城，傾國怎能重見。瓊林還在，且養望、玉媛山館。衡峰矗秀，紅日興長，白荷香滿。

一峰秀

迴鴈峯者，在衡陽城南，去湘東不遥，係七十二峯之首。松霞蒼翠，花雨繽紛，奮翮翱翔，發聲霄漢，非其形勝乎。予以五月廿五日乃先妣冥誕，年屆七十有一。因延寺僧，爲唸《地藏經》，率子姪輩拈香禮佛。慟定之餘，凴窗遠眺，波光隔浦，嵐影在山，雄秀亘天，襟袍頓豁。慨然留題

者金光拂地，黛色參天，衡岳有誰匹。萬朵芙蓉好，鴈迴處，孤峯能限初日。幽林翠積。聽梵聲、紅淚先滴。便朝覲玉界，香花下、有慈雲懸壁。　還向蓬山亭立。候佛桃飛出，王母迎入。誰使堂前燕，唧哀去，更催人訪仙迹。斷霞横碧。悵綠巒、烟靄紛集。竟争忍、歸歟乘一鶴，倚長笛。

凄嬌慢

秋夕多愁，蟲語嗚咽。奏白石道人歌，於《凄涼犯》《念奴嬌》往復低徊，未能自已，率合而爲一，更不知哀怨之由來。窮而愈立，天其奈我何也

吹簫人去。月明夜、二十四橋無主。艷幽烟水，香冷雲山，仙遊甚處。輞川別墅。鎮幾顆、嫣紅柳樹。到秋來、西風嫋嫋，落葉滿汀渚。　洞庭波兮如許。瑶瑟凄涼，怎忍成離

緒。暫把些、閒愁清怨，付化六橋人語。紅粉欲啼，翠眉還笑，招向花中住。水仙多少，斷魂飛入詩句。

滿湖艷

六月六日，實爲荷花誕降之辰。予偕劉鵠城、陳胎白同往西湖。花氣醉神，波光照眼，追憶年少，讀書此間，貝葉題紅，蛛網籠翠，忽忽有今昔之感焉。乃循幽徑，自西徂南，一嶼峰廻，孤屏岳峙。而峋嶁雄秀，横地亘天，則爲西泠所無矣。欲卜居湖上，遍栽桃花，多種鶯柳，以培風光。且築紅板之橋，通彼畫艇，瑶舘彈月，玉樓餐霞，亦足暢叙雅懷也。是日同遊者，幸有李公蓮仙。而楊子蕉園本有預約，過訪不值，徒增奈何之歎。回首湖山，烟景入抱，自歌一曲，其含白石道人幽意乎

凌波仙姿。問前身、應是明月，合在瑶池。王母何事遺謫，今朝定屬降生時。且約他、酒國劉伶，詩城李白，同去叩丹墀。荷花日下，争開臉、楊柳烟中學畫眉。歎佳人絶代，嫣然一笑，心事有誰知。若尋故枝。幽草礙人，冷雲成蓋，空見舊題詩。悵桃花、丹竈竟隨流水何之。但留着、蟬噪夕陽，烏鳴烟樹，徒使夏陳含悲。誰家翠竹朝紅粉，幾處青山禮白衣。甚子雲、偷孀守玄高閣，大道誤佳期。

醉花慢

甹園花木甲於江東。曾與叔玫吟眺其地，浮雲返岫，明月飛觴，南斗乞花，移栽數種。予則別具衿抱，有櫻花薄命、楊柳多愁之歎。自度此歌，聊答泉蓀雅意云爾

故人之子，釀成流霞，邀我重入蘅蘪。問誰識、蘭披曲徑，荷蓋横塘，有人藏在金谷。自緑珠一別，紅玉不來，應添了、賈生歌哭。那知他、淚破苔衣，花生笑靨，閒把天書讀。且

蛾翥。最好爲、彭郎佔據。擁幾畝風荷，數隄烟雨。幽艶冷香，盡收入、太白詩句。那知汝、鬱圓靈嶠，搴秀峻崖，波外祥光自容與。試問君、五洲版圖。若論形勢，誰是京都。更曾窺着、燕國雄壯，左襟山岳，右帶江湖。嬴得、麗灣蓬壺。採藥嵐端，煉丹霞表，徐苐昔開前途。便呼醒、沈醉少年，平原虎鬥，大野龍屠。擅奇是、威生兵符。仗俯銷潛艇，仰蔭栖梧。海王天帝，都吸向、小紅葫蘆。竟舍吾、流水薄情，拈花微笑，柳邊殘月總糢糊。

念奴嬌

中原乍過，天氣漸凉，吴人嚴吸青招飲於湘東魏樹。殘陽在樹，幽秀滿庭，階畔飛香，雲端浮翠，鐘聲四出，詞意横生。率賦此闋，兼寄李蓮仙

冷芳半畝，憶當年曾共，緑梅閑住。雲叠蒼山修到、幽林蔽日，密葉穿雲，映窗簾幔澄緑。又一榻翛然入夢，夢上緑天，蕉葉竟披腹。争似、松風解珮，蘿月彈琴，牖幾間、紅梅華屋。曾記得、鶯語吐凉，酒波含翠，與誰同倚修竹。嘆仙花、再發靈草，轉生都是，人間異數。

洞簫慢

蕭子銘遠病卒五日矣，適其成服，爲倚慢聲。當予歸時□詢西湖攬勝，鐙飄緑意，酒洗紅愁。竊聞過庭採芳，憑榭摛藻，縱知天女不着寶華，可謂貞童。而擅長地輿之學，恨失於交臂。今乃補談，亦追懷劉秣陵之意也

喜聞我、萬里歸語。追憶玉莊，遍臨瑶渚。不負他、武源訪尋，舟汎露桃，鳥攢雲樹。還有個、斷橋梅嶼。騎驢人渺，放鶴亭高，逋仙今在何處。曾唤起、澹妝妃子，雙靨蝶翻，兩眉

都覓遍，喜得清風爲侶。瘦柳生涼，高蟬唱晚，抵得芭蕉雨。倏然牕下，酒花紅上詞句。入座多少風流，白蓮仙子，何事凌波去。尚有梁園賓客到，門對岳屏湘渚。翠竹當階，朱霞在壁，留伴文星駐。藕香披榭，一亭幽意如許。

湘月

衡州對河有湘東草堂者，爲余填詞地。門枕大川，烟水澄清，雲霞縹緲，遥與岳色相映蠻天。高岫藏青，深潭蓄翠，光景奇絶，殊罕等倫。爲漁爲樵，不復覺在塵寰矣。當此良夜，汎乎中流，江月幽閒，山木摇落，乃凄然倚聲

這歸去也，問南山幾處，亂雲愁叠。田舍雖荒，幸有那、花徑惹來胡蝶。空谷緑肥，殘陽紅瘦，此境何幽絶。詞仙重到，滿心都是氷雪。　最愛秋冷瀟湘，烟波一鏡，着畫船如葉。明月挂天，嘆上界、横亘星河澄澈。北斗摇黄，南溟吸翠，衆籟皆仙客。神兮浩蕩，洞庭誰鼓瑶瑟。

月下笛

庚申之秋，鬻書海上，遇李兆芝於新世界，索讀拙著，爲撰序文，訂交百世。其沈博絶麗，超越齊梁；悱惻芬芳，攀躋屈宋。近代作者，誰與爲儔？把卷吟哦，臨風懷想，恨不相對尊酒，重與細論。辛酉秋初，率賦此解

長劍倚天，風雲乍過，幾聲蘆笛。扁舟散髮。念我淞浦烟客。六朝人遠文章在，最好是、江郎彩筆。歎芳草多情，斜陽無語，洞庭遥隔。　疇昔相逢處，有紅粉青衫，白雲黄葉。涼飈捲到，滿簾江上花月。薄情還是垂楊柳，送人去、尋常巷陌。怎將離緒别愁，都付一鞭秋色。

月華

今歲中秋，予既還故里，骨肉團聚，不以無月爲愁，便忘倚聲。越日，李蓮仙渡江，出詩索和，言十六夜月，華彩蟠龍，世所謂散如香霧者，非也。且逢辛酉之歲，凡見月華者，吸則成仙。或曰禮而祝之，能從心所欲。嗟予不及待，曷克飛昇。程頌旭來，袖新詞相示中秋之作，以不見月爲幸。時萬感來潮，拉雜賦之，亦爲自度曲

珠海月明，憶疇昔、烟柳竟多愁緒。停杯欲問天，到今日、萬里人歸，三秋鴈去。曾幾許。白髮庭前，紅粉窗下，月兒怎不相聚。只怕惹人離恨，訴往事傷心，飛起半天淚雨。反不如、花影自憐，蟾宮暫駐。擣藥成丹，一笑是、真仙嬾向，塵寰容與。　轉念者般蒙塵，駕了慈航，要渡卻、多少兒女。隔良夜，綺霞散來，彩雲圍住。月華相嚼登僊處。蓬山五色，閬苑十光，都化作、瑤臺玉宇。我

翠樓吟

萼園主人頗知詞曲，曾失諸交臂。今讀之，乃知近稼軒，相約倚聲，遺此朝夕。園貯花草，冠乎湘東。予愛挹爽閣高，江山入望，雖秋氣蕭瑟，而重其爲賜書之樓。且洞天雲開，松竹蒼翠，雜以梅柳，宜住風人，吟嘯其間，不知樂何如也。率仿白石詞，聊以引玉。主人知我，當移尊花下，笑而和之

戎馬倉皇，烽烟暗澹，行歌便尋金谷。美人芳草地，貯三兩天香書屋。幾叢花竹。任燕啄春紅，鴉啼秋綠。遷喬木。羨他鶯鳥，避茲雲麓。　幽處好着詞仙，那北山休笑，東風能祝。候陽春再到，種紅豆雙雙堪數。羞爲鴻鵠。仗粉艷驅愁，花香消俗。誰嗟歎，玉龍長唳，銅駝悲哭。

僅願、廣寒千萬，大藏才子美人，桂香飛入詞句。萬花如海，夢過翠霄宫，明月凄然不語。

以上《綺秋閣詞集》卷之十九、二十《幽谷詞》

鶯啼序

壽余敏齋年伯母左夫人

蓬山瑞雲縹緲，矗五光樓閣。有南華、咳唾明珠，頓使龍目驚諤。彩鸞舞衣鳴玉佩，丹鳳吟扇承仙樂。慶朝元聖姥，鍊顔同彼南岳。

夢遶長虹，懷溢華月，歎滿庭珪璞。晝堂上、奉養君姑，鬢霜回首如昨。奮搴裳、盜賊皆遁，恥投筆、風雲不薄。初嫁時，遽典金釵，洞開妝閣。　蟾宫折桂，御苑探花，相夫婿騰躍。最堪羡、揚鱗霄漢，雷電馳光，振翮天衢，日星垂灼。帝思霖雨，人望雲霓，鮫龍倏起滄桑變，更何論、蛾眉被謡諑。側身霞表，誰忍重遘紅羊，且教遠騎黄鶴。　桃花迷漢，松樹守秦，許漁樵同樂。喜偕老、輞川詩景，收入畫圖，麓臺蒼秀，如見邱壑。妙絶簪花，豔超紅葯，謝家風度天孫巧，占長春、瑶池飛羽爵。釣鼇煙客興酣，一吹鳳笙，再彈龍鍔。

石湖仙

芙蓉城闕，有天曹仙吏，閒駐清苑。搔首是三清，那天仙、飄飄意遠。白雲何在，指親舍、鳥驚花濺。龍劍。吐寒光、頂上圓滿。　紫煙冲上星斗，遇虹霓、退藏荒甸。冷着溪山，也有祥雲隱現。慧眼通幽，玄機悟妙，競誇虚幻。問南極，蓬瀛何日方淺。

荷兒豔

癸亥之年，六月既望，獨遊東岸，重看荷花，忽得『風翻蓮葉亂浮雲』之句，逸興遄飛，

清思奮發。爰自度曲，以寫烟光

再嚮天台，尋不着、桃花兒女。卻換了、萬頃緑浪，萬畝紅蓮，更萬簇翠羽。者兩兩鴛鴦，笄是人間仙侶。試回首、滿地落霞，半天蜚絮。做就多少，瑶臺不見，那過江煙雨。彩霓亘霄，看今夕、又屯何許。只留得、幾行白鴈，幾點青螺，加幾重碧樹。有二三、漁邨鐵網，挂在斜陽處。最難忘、雛燕學飛，乳鷽低語。一曲採蓮歌，殘天黄也，亂峯無主。

鶯啼序

癸亥六月廿五日，爲長女嘍芬死亡週年之期也。追念疇昔，掌珠是珍，既富天才，還竭人力，妙工書法，尤擅詩詞。朱閣雅篇，甯止芙蓉之豔；翠樓新製，不徒芍藥之香。文苑薄遊，藝林容與。仰風高於林下，羡璧映於閨中。雖問字車填，而吹簫人罕。鳳凰臺毁，弔弄玉以興懷；金谷園荒，感緑珠以隕涕。行吟燕市，歸賦楚邦，所遇非良，其曷能穀。况威姑弱待，暴厲不仁，震怒奮其雷霆，哀鳴壓其風雨。目不忍覩，耳不忍聞，袖手於旁，無可相救。由是摧折，喪在一朝，悔憾孔多，悲悼增甚。嗚呼，幽蘭在谷，歎無人之自芳；明月暗投，嗟美才之誰識。薺華薄命，振古而然，泣題厥詞，聊用當哭云爾

青山月明若畫，響天風環珮。靈魂歸去有誰招，碧空雲澹如水。鼓簧是登霞神女，吹笙是步虚仙子。白宫闕、丹桂天香，留在詞壘。記得當年，玉兔入夢，化承陽珠翠。岳山遠、七二芙蓉，洞庭波捲不已。駭悲歌、北都戎馬，歎豔舞、南朝佳麗。怎因循、不訂鴛牒，坐生秋氣。蛾眉始畫，粉臉初開，肯低聲問婿。入厨下、纖手調羹，不諳滋味。踐草挼花，忍飄紅淚。背人啼笑，自覺芳心碎。隔江歸艇，空把雕窗頻倚。愁芽易茁，病葉難蘇，

莫憐憔悴。十載風霜，一行鶯燕，倏飄然逝矣。但贏得、玉溪遺響，草堂幽意。清也如月，綺也如霞，香也如蘭，韻也如鶴唳。四如樓上夢花散，斷腸詞、問鏡湖誰繼。幾時綾襪蹴波，訪鸞雪中，覓珠雲際。

解連環

湘東岸者，吾衡之勝地焉。第宅連雲，園林障日，兩隄桃柳，十里荷花，春夏之間，美景都麗。予迺流廣，猶往獨來，鷗鷺是盟，鸞鶴爲侶。留連風月，笑傲烟霞，不覺身在塵寰，世爲誰屬。率賦此解，臨流而歌：『恍兮忼兮，如在天際。徜兮徉兮，又來雲表。』浮生若夢，其亦有醒時乎

范生興越。卻江湖同泛，烟波一葉。歎西施、含笑傾城，東隣流睇，窺墻還消歇。錦繡河山，都付與、夕陽啼鴂。只洞天無恙，白月團圓，綠雲重疊。武陵問津心切。記青溪夾岸，紅樹穿蝶。怎當日、流水桃花，竟不辨仙源，亂飄香雪。直到而今，南浦上、秋笳鳴咽。且回望、日邊玉臺，霞外金闕。

側望

炎夏之日，北望京華，悵觸予懷，悄焉賦此

怨春去矣。問誰能有留春計。初聘牡丹，便逐卻桃李。霜令媚綠彫，雹使嬌紅碎。嘻噫，甚江上、東風笑相醉。　朱顏如玉，燕趙總多都麗。争忍一顧傾城，再顧傾天地。試看使君，眷懷餘膩。重理新粧，自憐珠翠。

徵招

丁憂以來，未嘗製曲。甲子秋，孟家從兄幼陶約登廻鴈峯，遊讌終日。烟霞伺閣，花木窺窗，風景最佳。楊君叔玫歎曰：『異鄉無此好江山，宜填詞以彰其媄也。左壁刊有楊海琴太守詩，寫作雙絶，豈不傳哉？』而寺僧來告，行將設

水陸道場，七日禮懺，傾城空巷，猋舉虹飛，當極一時之盛。余則孤僻，樂彼寂寥，幽谷芳蘭，無人自賞，白雲依岫，青嶂横天。雄秀若斯，襟懷頓豁，徘徊而不忍舍，遂慨然賦之

祥雲一片過吾眼，天門又逢仙侣。小别幾千年，鴈噰噰何處。峰迴江斷也，幸留得、萬重烟樹。魖説當時，綺筵騷客，冷香詩句。殘破舊家山，而今後、飛來半天花雨。待看散花人，是芙蓉城主。一聲鐘磬晚矣，七十二峯無語。柳營外、流水斜陽，怎放人歸去。

夢中令

自度曲一占而成，發生幻夢之間，殊有南朝之魅，竟不自覺，當索諸解人

江南有紅豆。生小不言笑。今朝乍笑。便相逢籬外，花開如繡。一簾風驟。又報春歸了。

蠡園樂

乙丑之年，仲春之月，居於江岸，題爲蠡園。壘土作廬，銖茅成宅，號稱綺秋之畫閣，名曰湘東之草堂。事親如生，避世而處，撫松植竹，種柳栽桃，閒對迴鴈之峰，仰望環蝯之館。落花猶在，芳草不存，觸物興思，銜哀飲憾。幸廣陵偕隱，南斗相隨，售畫之餘，鬻書之暇，縱酒造曲，一付玉簫焉

霞綺江天，月華蘭澤，六朝人在瀟湘。喜武陵重到，便作漁郎。松壑絶塵，桃源迷路，媄景猶是仙鄉。雖買山添資，卻賣田減税，雲水任我徜徉。　更有那、喬木緑透朱窗。楊柳眉尖海棠。臉薄玉人閒，對銀缸、怎悲傷。白雲去矣，空築了草堂。但贏得、多少煙嵐，兩三漁火，且占住、林下風光。

喜遷鶯慢

小園落成，喜饒辭賦；白社方立，恩鮮友朋。招鸞鳳於雲衢，約虬龍於烟澤，蓬巷生彩，蓽門騰光。地是蘭亭，應傳修禊之序；人非翰苑，卻舉款花之觴。心切嚶鳴，志求知己，引彼媄玉，抛此荒塼。既無應門之僮，安有速客之僕。飄焉降轡，稱嵇阮之通明；翩然過江，歎王謝之志趣。掃徑以待，倒屣而迎

柳湖花嶼。鯨吸了埜人，田宅風趣。詩國乍成，畫堂初就，卻妬傾城眉宇。蹔如燕兒巢幕，誰禁得、呢喃新語。應記取。那酒仙蓬島，天香深處。　淪謫無所遇。塵海尚紅，暫種桃千樹。曲徑苔幽，小窗蕉冷，任聽瀟湘夜雨。幾家煙火比隣，數點雲山誰主。且招侶。共闌干憑眺，霞城蜚絮。

海棠影

楊生十一，曾邀至蓴園，同賞海棠。獨傾醽醁，詞意泉湧，花心雲開，如對天仙，翩然塵外矣。而洪水經過，牆壁摧殘，不勝飄萎之感，遂有身世之悲。今夕重來，名花如舊，詞影何在。題而未留，大陸龍蛇，當不再窺伺也

婀娜千絲，娉婷一樹，翩乎獨立雲中。背着清漢，還面着長虹。夕陽相暎，絶世新粧絶世容。細步凌波，弱腰蜚雨，悠然籬外牆東。　肥了嫣緑，便瘦了嬌紅。怎恠天公。恠侘昨夜有狂風。

以上《綺秋閣詞集》卷之廿一《草堂詞》

破家山

踏青時節，追憶先公環蝯館，泫然流涕

白雲仙館今何在。只爲江山改。故里不曾歸。月明回首淚霑衣。　夢魂驚斷哀蝯叫。心事如何了。風雨幾時停。落花淒豔任

天龍第一聲

余君華盦，平江詩人也。偶揚霞彩，便吐月華。企阮氏之感懷，慕謝家之山水，聞風相訪，一見訂交。枉過草堂，登臨綺閣，不卑此雲霧，並尊爲湘潭。索予倚聲，俾傳諸世。欽其雅抱，琢彼蕪詞，才人見之，當亦含咲。佗日定王臺上，孫楚樓前，慨芳草之蕭條，歎梅花之摇落。玉笛一吹，其有小紅低唱，不使太白長愁，則成蓺苑佳話矣

世之衰矣，學桃花避俗。者僊源不許，紅塵乍到，卻任黄鳥飛來，集此喬木。且高譚吐日，大嘯生風，五花燦於華屋。更披着九霞，把卷狂讀。最夢夕陽蒼翠，猶在金谷。暫相勸，還各持一斗，便吸取百川，那烟波、摇蕩眉緑。怎一聲、欸乃去也，江上數巒，天際孤雲，遮住玉臺壘目。只有娥月解人，閒伴吾宿。飄零。

瑞鶴奏鈞天

卜隣湘岸，濯足滄浪，爰慕船山之高踪，迺築草堂之小榭，眷親有志，事亡如存。特約名流，重開雅社，四月十八，虚左相期，仿東坡之壽辰，祀先公之冥旦。蘋藻是采，繼以風華，潤澤龍虎之山川，輝麗烟霞之洞壑，則泉臺增色，花塢溢光，人天交孚，存没俱感矣

綺閣粧成，草堂妍就，悵望五雲開處。祇贏得、錦浪瑶池，華城鳳闕，飛觴猶是僊侶。怎奈何、眇隔方壺島，移家楚江渚。琢詩句。過虎溪、又開蓮社，入鹿門、重拓松嶼。我欲問天公，壽坡僊、人有幾許。柳鞞花蜚，到蠡園、試聽鸎語。看那雙槳緑波，化了一簑紅雨。

玉山怨

閏四月下旬，馮一擎廳長招渡湘水，宴遊鴈峰。逝將去矣，忽因風雨漫天，烟雲滿眼，改設警察廳中。適余填詞，方成半闋，輟筆而歎，豈山靈之拒我哉？然横江一望，雲氣秀神，烟光麗骨。其心嚮往，迺繼續而歌，以寫襟抱。情景雖變，詞意猶存，臨流一抒，聊酬高誼云爾

半蓬花霧。兩槳鷗波，名山召過江渚。有多少詞客，文采風流，冷香争上秀句。甚風伯、值此良辰，吹緑池塘，落紅花雨。我欲呼明月，重上幾層，更重問千古。那雲兒、密密來駐。或有個、蓮步嫋嫋，玉立婷婷，閒共鬟花流寓。樵徑總幽冷，瘦卻垂楊，還瘦到、故山僊羽。一峰傪廻也，虎視當門，鴈啼何許。亭高嵐翠，寺古廧紅，藏在白雲深處。最堪憐，七二峯衡岳，八百里洞庭，把天南鎮住。惟今夕何夕，一點斜陽，任亂鴉馱去。回首銅駝荆棘，吴王故宫，金粉飄蓼誰主。歎六朝、花花葉葉，鷰鷰鸎鸎，都化作、霞城雲樹。山何人訪，香何人搓，禪也何人語。祝天公、一開顔色，收了雨師，添了風趣。

鳳笙仙音

乙丑孟冬二十有四日，天氣和暖，人意懽欣，爲段郎新婚之期，正東閣摽梅之候。花下人兩，鏡前影雙。照日而媚同心，臨風而羞比翼。引領鸞鳳，顛倒鴛鴦，誠洞房之良辰，實人生之樂事。爰歌此曲，用助彼觴，聊爲戲謔之詞，以博姮娥之笑。本乏仙才，又無貴妃捧硯，力士脱靴，豈不自慚乎

玉簫吹月，銀漢吐星，人道赤城不夜。虹飛華蓋，飈舉采旂，知是姮娥遣嫁。神仙排陣來，有多少、鸞鶴驂駕。争看也。珠履凌虛，被天風飄下。天家亦作人間夢，塵心未盡耶。

最堪訝。桃源莫辨，萍水乍逢，秦晉便爲姻婭。閣中疎影，隴畔暗香，皆天仙所化。靈光石黛，秀色燕脂，海市從來無價。調成杏靨，點作梅妝，羞共桃李妖冶。君不見、霞臉始開，蛾眉初畫。一笑生春，風載笑氣如蘭麝。笑嚼紅絨，還笑含翠舄，合尊帳裏，結帶牀邊，不教鴛鴦妒煞。骨麗芙蓉，腰輕楊柳，臨水居然盈把。更莫詫、錦心兒無主，媚眼兒無波，繡口兒也無話。轉態含嬌，却風流瀟洒。玉郎騷雅。哂天上牽牛，鵲橋難架。試看此良宵，凌波洛浦，行雲巫峽，人是儇偶，會勝陽臺，好任蘭臯騁馬。未提防、蝴蝶多事，鸚鵡愛言，漏洩春光到樊榭。且傒金沙老舅，安香小姑，合安排、龍頭酒瀉。借問瑤池自盟，應是天上有情者。不管他、草緑鳳臺，日紅鴛瓦。

清波引

予客黄浦，爲書畫所忙，與畢君倚虹失之交臂。及還熊楚間，閲報章，乃知有清波、淞鷹之名，《天睨》《霞樓》之作，清才巨筆，差足比肩涵秋。以兩君之學，不能得志於時，孑身悲歌，倚食管城，良可哀矣。而倚虹尤抑鬱憔悴，坐喪茂年。天之窮民，謂之何哉？今對其遺著，想見其人。適徧白石之詞，忽獲《清波》之引，爲填一闋，用誌追悼。方諸《晶報》同志扶助孤寒，殊增愧也

白雲明月。是誰召、美人赴闕。玉樓如雪。幾時弄喉舌。彩筆總生花，衹爲塵寰仙窟。莫歎烟柳斜陽，回頭望、已長别。庭留丹訣。護天睨、休使殘缺。玉娥知否，抱哀怨難説。當時共秋浦，竟負半江紅葉。幸有香草素心，結爲盟牒。

猶疑舊顔色。寂寂。亂蛩吟四壁。想當年、作賦西京，行謡南國。同入名場號酒仙，五陵裘馬輝朝日。石湖水心，玉梅花底，幾生修得。到如今、何遜漸老，怎孤負、千金一夕。紅鐙秋雨，白酒春風，醉狗徒、香添瑶席。正吹笛。一聲笳鼓，驚破霓裳何處集。既渺魚鴈，頓沈消息。迄劉阮、再到天台，桃花不言，人面誰識。空相憶。楊柳垂青，芳草凝碧。送君南浦上，風吹緑波，去也魂銷無迹。　疇昔天之北。王郎拔劍悲歌，元亮漉酒岸幘。瑶池畔、綺筵坐花，天香飛上詞筆。那知三生杜牧，一覺揚州，便令江湖落魄噫。自古紅顔，命薄如葉。豈料才人更倍之，還與戎馬相值。隔江絃管，當世功名，究有何益。反不

二郎神

楊叔玫同學爲余文字交，對酒論詞，尤相得也。一別三載，音問久疎，忽聞噩耗，良用悼歎。挽以慢調，辭意不周，仙客有靈，或亦屬和。蓴園猶在，叢菊將花，追念故人，泫然而流涕矣

倏而飛電，又驚破、楚天雲影。算詞筆曉風，玉簫秋月，都向人間做冷。但怪梅花何摇落，那鐵笛、凄涼難聽。歎黄鶴一飛，白雲千古，使人悲哽。　誰醒。桃根易嫁，海棠難聘。怎捲入情場，美人名士，一例從來薄命。紅粉憐才，黄金買賦，司馬總多愁病。惟宋玉凄絶，招魂何處，問天無徑。

山陽笛

江城晝角。狂飆起、吹到垂楊巷陌。馬蹄塵遠，人跡霜寒，一片江山蕭瑟。嘆駒光過隙。簾間燕子，池上荷花，都成仙客。月落屋梁，

如、名山千古，流芳竟無極。

以上《綺秋閣詞集》卷之廿二《蝯社詞》

東風第一枝

吕美秋者，月樵之次女也。寶鳳君得其玉照，登諸《晶報》，再四觀之，歎爲美人。容華絶代，儀態萬方，時下名伶一齊俯首矣。乃父一生有俠義之氣，當辛亥時，曾入聯軍，攻破石頭，建功而不受賞，仍以伶隱。贈以《月樵曲》，曰：『虹旌萬丈擁煙嵐，疑是天宫舞劍酣。莫道梨園無將種，試觀旂鼓下江南。』此詩載之滬報，一時和者不下數十人。月樵感焉，益奮發自雄，於國事多所贊襄，迄今述之，尤增歎也。其母爲時鳳儀韻籟之姊，俱負海上盛名。美秋之姊爲美玉，亦都麗，早著豔聲於舞臺。降爲養母，行將再出，而阿妹不幸，已於夏間嬰疫癘死矣。其在生時，詣南通、蘇州，登台現身，頗得美譽，然未有册立者。天后無私，諒必追封爲美豔親王。不然，湮没不彰，豈不更可哀哉？爰仿夢牕，爲製一曲

蓬島無雙，塵寰殊少，瑶池遽爾相召。似聞對鏡含啼，如見將花斂笑。蛾眉淡掃，妒殺翠蘋紅蓼。要借問、洛浦靈妃，怎赴瀛洲仙嶠。　散花却羡他、婷婷嫋嫋。生小學、廣寒歌嘯。還被花羞，奔月翻令月照。不隨龍跳，便化作、巫雲縹緲。祇贏得、天封香王，試待王母丹詔。

鶯啼序

縣治小西門外有西湖焉，予童穉時曾讀書其地。每當月夜，必賞荷花。常携酒至愛蓮亭，與三五良友，一遊一釣，寺觀之間，詩影猶存。昔在江南創頤春詩社，吴越名士聞而過江，乃大集於鑑園，爲荷花介壽。脂墨霞蔚，裙屐風流，南北兩湖，頓開顔色。及隱居湘岸，亦舉觴湖樓。今日重來，風光如舊，而壁壘已新，不禁有陵谷變遷之感。歸過大西門，入濟仁之堂，登

餐霞之樓。回首南海西泠，滿天花雨，如在目前。則又神躡珠崖，身傍蓮座，仰首頂禮，固爲萬花頌，未嘗不爲蒼生禱也。憂思雲集，詞意潮生，以慢調寫之，寄示海上諸故舊

西泠夢痕尚在，在芙蓉島嶼。笑劉郎、重上天台，桃花依舊留住。祇有那、垂楊薄倖，長亭十里催人去。賸旌旂搖蕩，戟樓煙鎖深處。

日射扶桑，豔絶佳麗，似珊瑚萬樹。隔屏障、一朵仙花，白衣飄着紅雨。到而今、嵐光黛色，憶疇昔、玉簫金縷。更廻盼，王母瑤池，幾多仙侶。

揚舲澤畔，騁馬江皐，南溟足寄旅。類北地、燕脂秀發，初移畫舫，禮翠參香，莫愁盧女。湖名玄武，地爲吴國，樓船横亘張天火，老英雄、任龍虎盤踞。斜陽一片，照他烟水雲山，總成鳥啼猿語。

霓裳漫舞，歌罷蘇隄，動人間別緒。頻指點、浣紗溪上，曾有凌波，含笑嫣然，采蓮容與。傾城絶代，蓬山何許。普陀飛度鬟雲影，進天香、仙袂飄飄舉。謫仙當日書臺，敗壁籠紗，緑殘斷句。

宴清都

丙寅冬日，楊生泉蓀自長沙寄書，言舒君齡士爲其母六十大壽稱慶，索代製詞，謂必有可觀，藉以增輝。嗟乎！當此濁世，斯文將喪，凡居要津者，視爲無足重輕而唾棄之。一旦擧觴，大徵文辭，反鄙薄其人假名於顯達，不知富貴僅炫耀一時，若載入名士集中，便足千古。然只可與知者道，難爲俗人言也。時移事過，則又疎遠，一文且不值，況黄金百斤乎。然神聖尊嚴，不可侮慢；詩人詞客，亦屬神聖。而楊生爲受業弟子，或知尊崇其師。乃仿夢牕，爲譜一闋，豈『此曲祇應天上有，人間能得幾回聞』耶

七二芙蓉岫。雲之際，幾多釵鈿金繡。搴簾

拜月，飛觴飲露，鈞天齊奏。群僊大集於庭，祀南嶽、夫人益壽。在上界、能占長春，瑶池祇有王母。蟠桃慣飽風霜，千秋花盛，萬年香透。丹崖毓鳳，藍田産玉，配成仙偶。眼前蘅茝流芳，看堂下、荃蓀挺秀。洞庭波、唤起南雲，攀援北斗。

鶯啼序

姪女明瑺，幗國才子也，初乃蠢然一物。余歸衡陽，創嶽蓮詞社，家庭唱和，子姪樂從。而余獨賞明瑺，謂可出人頭地，慨然相教。不鳴則已，鳴則驚人，一年卒業，三載成集，著有《珠瑯詞》四卷、《明月樓詩》一卷、《五雲篋文》一卷。李清照有其詞令，而無其天才；葉小鸞有其天才，而無其哀豔。能與明瑶並駕齊驅。先公見而歎曰：『此兩女孫，才則美矣，奈壽命不延何？』言爲心聲，聞其聲，故知其命也。未幾，明瑶有戒於阿姊自戕不嫁。明瑺聞而哀悼，願相從天上。阿母大懼，亟遣嫁於金陵。金陵者，佳麗之地，帝王之都，即遊攬憑弔之場也。古之傷心人，别有懷抱，一至白下，更多感歎。所著詩詞，哀豔絶代，有傷身世，憤不欲生，遂亦自盡。嗟乎！佳人命薄，而才女尤甚。從古迄今，未有如兩人之慘者，豈不哀哉！余命固窮，而所教之人又與之俱窮。其遺稿猶未付刊，抱殘守缺，悲慟曷極，乃追悼焉。明瑺字淑端，號融芳，小名羅漢

重對玉臺編新詠，僅留凄調。後庭裏、金縷歌殘，惟有雨絲繚繞。垂柳板橋餘斷夢，落花烟水空啼鳥。問前身明月，哀怨究添多少。何事傷心，當日掩面，那淚痕紅了。在蓮社、破粉啼香，花草都成詞料。採芙蓉、初日鮮豔，採紅蘂、仙山縹緲。採菱花，舊苑荒臺，亂鴉殘照。詞仙詩客，千古以來，總是把興亡

好事近

花月艷新妝，縵綰合懽金帶。斜倚鴛鴦芳枕，巧笑情無奈。　含羞凝媚轉嬌波，香羅欲偷解。但怪蓬門開後，那腥紅何在。

月下笛

楊氏陳太恭人，故人叔玫之妻，弟子泉蓀之母也。尊敬師傅，無忝名門。諸公子奔喪，搏席習禮，可知奉教有所自來。至若相夫，尤爲難能，愛才、重士、禮客三者俱備，致有信陵之風，俾獲誄詞之報。其爲懿德，不亦盛乎。今聞訃音，曷勝悲悼，聊仿石帚，率倚慢聲，側望専園，益增感喟

夕過羅浮，傷心聽笛，梅花摇落。爲吟芍藥。遺鶯兒覓牆角。錦衣空、被春風雨，幸留得藜光照着。歎斷機設教，畫堂明月，恍惚如昨。　簾幕藏邱壑，有紅杏村莊，綠楊樓閣。仙人憑弔。弔盡古英雄，紅葉猶啼，青山如嘯。金粉飄零，燕脂摇落，桃花薄命堪悲悼。彼姝子、南國誇窈窕。信多才、情癡後主，愁絶訥蘭，幾人能曉。　蘭成蕭瑟，平生辭賦，哀彼江南杳。春草綠兮人去，巫峽雲高，洛川波秀，畫船吟眺。白門潮長，碧天星落，何時弄玉吹簫下，又何時、姊妹花同笑。悲哉終古紅顏，幾卷斷腸，子規哀叫。

生查子

桃李園第二世賞花，留題樹上，不禁有夢影塵迹之感

當時人乍來，驚見花如月。纔喜玉山逢，還泣瑶臺別。　今朝花又開，誰看燕脂雪。空剩好烟波，便使人愁絶。

到了，彩雲飛起觴酌。行厨花下勞纖手，助夫婿、簪裾交錯。至今日，訪舊廬，都感梁園蕭索。

百宜嬌

戊辰冬仲廿八日，乃周雪橋初度，且爲其嗣君完聚。時牧園之梅初香，瑤池之桃增豔，邀我社友，集彼洞房。率倚慢聲，聊當薄誼云爾

訝風鳴簫鼓，雲擁旌旗，自天外飛到。應是璇宫侣，嫁人間、鸞輿經過蓬島。姮娥不老。依鏡台、眉黛初掃。奏仙樂、金屋玉堂上，羨琪樹瑶草。　無限花光都好。想小喬夫婿，乘風浪高。銀漢星槎渺，僊源裏、鴛鴦還解顛倒。嫣紅幾點，那倩郎、破了蟠桃。又争勝巫山，雲一段、成陰早。

喜遷鶯慢

楊子蕉園新第落成，詞以賀之，仿姜白石

嶺梅開後，又紅了江東，十里雲樹。俠氣如虹，仙心成月，摶作龍門儔侣。初平駕龍飛到，問誰是、瑶臺瓊宇。應記取。指瀛洲閬苑，緑天深處。　青鳥還寄語。高卧白雲，松竹爲仙墅。萱草少憂，鬘花長樂，任賞江山烟雨。已教敬亭相看，更傍蓬萊同住。好容與。豈再携雄劍，乘飈飛去。

過龍門

松鶴山房，丁次山丈之别墅也。每經過其地，輒與放談上下五千之年，縱横九萬之里，天花亂落，風趣無窮。畹芳之詩社乍開，紅豆之雅名倏起，聞而笑語，此樂難常。今果永離，人天渺隔，老誠凋謝，尤屬可哀。率倚南唐之聲，聊仿後主之調，不自覺其爲凄豔，抑悲壯耶。仙客有靈，或亦正和

紅葉晚蕭蕭。風雨飄摇。鬘天都是可憐宵。

仙鶴歸來應又唳，雲路迢遥。　烟水更淒寥。無限蕭條。樓中燕子闇魂銷。明月梅花人去矣，珠淚飄飄。

其二

舊事總悲傷。回首難忘。飄然琴劍落蒼茫。大陸龍蛇争奮起，鼓角淒凉。　濯足在滄浪。叢桂芬芳。蓮花吟社月泉香。只賸紅愁兼緑意，空繞漁梁。

前調

鄭生敬脩，其父已九十六歲矣，擬滿百歲時，請余爲文。今聞其喪，詞以挽之

雨雪已飄飄。何限淒寥。江山萬里桂旂摇。白馬素車空悵望，獨自魂銷。　松鶴唳旋飈。湖上蕭條。月明吴市又吹簫。白雲親舍人何在，天路迢迢。

擣練子

爲傅生岳奇題蔣克阜竹林册

闃苑静，畫樓閒。人在深林不覺寒。可是白雲誰與伴，月移清影上闌干。

虞美人

又爲傅生題蔣畫

落花流水春將去。無計留春住。小樓西角又臨風。翠袖單寒獨倚、月明中。　竹心依舊如當日。衹恐花顔赤。欲知君子許多愁。試看桃花水去、不回頭。

浪淘沙

李太夫人，况松同社之母也。丁憂三載，始能還家，卜葬鴈峯之陽。擬建蓮花之社，聞而欣喜，歎爲愛才。迨及梵宇相逢，園林長嘯，杯酒對論，懽逾平生。樂往悲來，恭挽太夫以聯語，意猶未盡，繼之以詞。傚南唐之體裁，寫李煜之哀怨，而才學不遠，能無愧哉。况松天才軼群，中年儲學，當有以正之

應天長

張公美皆八秩大慶，爲製此調，以寫平生。蒼狗白雲，幻夢一夕；紅妝青史，絶豔千秋。矧乃抗志烟霞，寄興風月，不作尋常之頌禱，爰爲南極之仙人。我公臨觴，當亦含笑

滿江梅雨臙脂血。塵外洞天長日月。莊周蝶。峨眉雪。都是彩雲紅粉客。　回頭楊柳陌。盻斷瑶臺仙闕。誰守名山史牒。白鬢飄玉屑。

其二

白頭朱履神仙貌。溪口桃花迷鳥道。開丹竈。搴芳藻。萬古青山長不老。　霓旌何浩浩。靈雨靈風飛到。花滿天城海島。壺中紅藥好。

長相思

庚午春夏，獨客省垣，與廣陵夫人遠隔千里矣。每至鐙後，眷懷故鄉，而戎馬烽烟，釀成

風雨總瀟瀟。隔斷河橋。寒泉罔極恨難銷。夢裏思親流血淚，淚與花飄。　回首白雲遥。芳舍蕭條。甕中明月易相招。故國青山人去也，烟水迢迢。

其二

身世不勝悲。望母難回。慈雲天上獨凄其。幸得佳城廻鴈處，花雨紛飛。　玉雪滿荷衣。相見驚奇。夕陽紅定衆禪機。贏得白蓮詩社在，長伴隣西。

虞美人

白蘋紅豆秋烟淡。影事曾無限。邊城又報角聲哀。躍馬飛龍紅拂、獨登臺。　手擊蓮花嬌欲語。雲散藏何處。欲知何事總多情。試望一天明月、照香亭。

愁夢，歸家未得，日增相思。勉效南唐，用寫胸臆耳

一天風，一天雲。天遠山高日又昏。相思愁白蘋。楚江開，楚江分。七二峯巒笳鼓聞。柳旂深掩門。

其二

一重烟，一重霞。更一重重桃李花。幾疑居若耶。暮雲遮。岳山斜。花外漁鐙三兩家。伊人湘水涯。

其三

一年人。一年春。楊柳年年總日新。花開人未分。月長圓，酒長曛。玉鏡長開眉黛嚬。巫山山外雲。

其四

風一山。雨一山。雨雨風風猶未還。相思行路難。楚山長，楚江寒。道阻兵戈淚不乾。一天心曲酸。

以上《綺秋閣詞集》卷之廿三、廿四《壺公詞》

以上《綺秋閣詞集》

夏敬觀

菩薩蠻

啾啾松柏東陵道。春風又緑西陵草。高馬逐香輪。太原游俠人。南來雁飛月。目斷咸陽闕。御樹繞街斜。杜鵑猶著花。

驀山溪

桃花香海。相約移船待。飛騎出東門，向橋

亭、金鞍重解。美人江上，曾記共湔裳，蘭並采。春未改。惆悵人何在。滄洲寄興，孤鶴晴天外。著眼向空蒼，有一捻、霞脂雲黛。放舟游禊，煙草望無情，隨水遠，雙槳快。來往青無礙。

少年游

海棠初放，辛夷未落，花市鬧紅霞。薄雨新晴，綠楊舊陌，細履蹋平沙。采香女伴同歸未，門巷日西斜。城北春雲，城南春樹，相望似天涯。

破陣子

樸簌一庭花葉，淒涼千遍楊枝。鳳竹舊從堂外截，龍笛新成月下吹。餞春曾幾時。故物無情易敗，篋中珍重春衣。金珥玉釵零落盡，紫燕黃鸝各自飛。斷腸誰與知。

清平樂

平生放蕩。哀樂人中壯。薄有浮名翻得謗。何似淺斟低唱。落花徧地飛紅。長天流水春空。便擬泛舟江海，不知誰是西東。

鷓鴣天

往日城南乍解舟。有人凝望在西樓。而今賸有樓前樹，黯黯斜陽不盡愁。新恨滿，舊歡休。落花飛絮兩悠悠。贛江未是無情水，不向東流向北流。

蜨戀花

故國東風寒料峭。簾卷樓空，特地留殘照。歸計未成鴻雁早。蜀牋密字秦嘉報。芳草一春須懊惱。故手馨香，此恨誰能道。綠鏡朱顏容易老。窺人脈脈銀蟾小。

玉樓春

蘭舟約水輕如翦。水上新絃調白燕。洞庭瑶瑟忽流聲，君且莫歌聽我亂。　舊香已失紅羅薦。半鏡流年空自戀。酒腸無力不勝杯，拂拂春潮生素面。

前調

故栽碧柳聽鶯語。不卷珠簾妨燕去。牆頭新綠密如煙，窗外亂紅飛似雨。　沈思往事千番誤。欲換羅衣猶戀故。斜陽衹在最高樓，無奈霎時留不駐。

前調

赤貂玉領春寒重。偶向花間飛紫鞚。柳腰纖弱那勝情，杏臉夭斜猶自寵。　清時樂事誰堪共。空憶綠窗前夜夢。莫言芳樹不如人，門外碧桃當日種。

臨江仙

極目兼葭彼美，斷腸芳草王孫。東風吹夢有離魂。簾櫳依碧水，鐘鼓又黄昏。　緩轡花間初駐，崇蘭郊外如薰。横琴膝上倍思君。馨香三歲字，惆悵十年春。

前調

細雨庭花寥落，小窗珠幕幽深。夢回往事一沈吟。歌詩分手讖，琴瑟斷腸音。　佛力中

前調

薄薄斜陽暖上衣。單衫試酒未成歸。層樓恰見雁南飛。　蟋蟀夜來依枕語，花驄向曉隔牆嘶。天涯何事苦遲遲。

生查子

含情每上樓，欲望天涯遠。芳樹忽無情，抵死遮人眼。　今番秋已深，處處疏林見。暝色入危闌，極目山仍斷。

宴清都

倦耳聽津鼓。停征棹，一江風暝初暮。依舷坐久，楓梢月上，薄雲霜護。歸鴻亂不成書，似點點、秦箏小柱。漸夜永、關渡淒然，亭皋葉下如雨。　蘭成近日清羸，遙窮冀北，還攬年易退，名場漸老無心。星霜幾點鬢邊侵。舊香銷蓋篋，新淚滿羅襟。

望海潮

庚子亂後，重來京師，感賦此解

雉牆斜日，狐篝新火，危樓直瞰高城。繁吹怨風，銀鎗耀雪，秋場夜點番兵。重到暗心驚。想朔塵帀地，西望秦京。絳闕迢迢，玉河不動燦三星。　東華往事淒清。付垂楊鳥語，疏草蟲聲。檀板未終，殘鐙更炙，笙歌亂後重聽。十載誤浮名。笑酒邊老大，吾亦微醒。滿屋狂花，替談興廢有山僧。

浣溪沙

曲院秋風蓄意涼。芙蓉不奈薄羅裳。些些桂蘂破鑪香。　樓下流波傳客恨，窗頭小葉鬪娥妝。嬭人無奈是斜陽。

吳楚。風鐙逆邸，秋檠繡閣，夢牽離緒。繁思欲滿城郭，料擣盡、千砧萬杵。更舉頭、極望天東，沈沈未曙。

漁家傲 綴芬以漁父詞爲贈，戲以漁婦詞答之

漁婦柳陰炊飯早。一輪赤日滄浪曉。雙槳撥開汀岸草。沙際好。榜歌驚起鴛鴦鳥。　四顧茫茫天渺渺。航頭航尾煙波老。蓬髮不梳君莫笑。終日釣。澄江何處容煩惱。

虞美人 和桂伯華

柔魂一縷花閒臥。萬劫依然我。淚痕驚見水仙紅。破曉霜高無限、斷腸鐘。　蕊宫夜半喁喁語。時雯飛香雨。東風著意上西樓。闌外滄波猶向、夕陽流。

掃花游

石城晝暝，又薄靄籠花，暗香生霧。倚樓幾度。望重陰萬疊，頓成淡暮。甫炙街鐙，厭聽愔愔戍鼓。哽無語。逐天際亂鴻，魂過江渚。　春夢多閒阻。記柳壓河橋，燕窺簾户。草隄數武。任衝泥瘦騎，倦尋歸路。怨抑琴聲，懊惱移宫换羽。更延佇。問多時、信音傳與。

丁香結

宿潦凝車，薄霜依草，時雯曉陽收潤。漸桃蘇柳輭，透曙陌、尚覺微風凄緊。暗隨官騎老，消磨卻、舊日逸俊。天空鴻燕，更奈萬驛千程無訊。　愁損。記翠袖憑樓，倦眼相看淚揾。約扇歌筵，迴鐙酒所，那銷春恨。時序驚又替换，醒醉都思忖。留韶華長在，向我梅花

一哂。

菩薩蠻

垂楊已露青青纈。庭梅拂面飛香屑。曉起揭簾看。誰知昨夜寒。　空花無著處。墮地先成雨。愁絮攪青冥。全無半點晴。

瑞鶴仙

隔菱塘霧縠。涼月上，亂葦叢中一菽。疏螢映潭緑。傍輕紗窗隔，蘆簾高束。炎風乍浴。趁夜游、何用秉燭。引花前象鼻，香冷碧筩，舉酒相屬。　堪歎年華逝水，强對南薰，壯懷根觸。鳴琴按曲。還流響，入喬木。聽新蟬接葉，淒清成調，餘音猶自斷續。待移情海上，天際晚潮正足。

倒犯

萬籟靜、槐陰半侵，隔香簾館。東牆日滿。遥天際、一聲雷電。雄風換雨、時霎雲收斜陽晚。倚竹枕披襟，坐拂輕羅扇。引涼颸、入芳箋。　追想俊游，小笠紗衫，捎鞭隨繡幰。駿馬蹋柳影，賞花客，晨星散。向海澨、成游宦。醉歸來、芭蕉題殆徧。料熱病相如，但取檬漿嚥。舊塵迷倦眼。

踏莎行

翠幄巢蜂，紅窗約燕。嬌花糝盡春如箭。榴紅槐緑夏初臨，流螢暗撲青苔院。　碎佩繁鈴，叢絲脆管。銷魂落魄無人見。燭房鐙席夜厭厭，一規皓月成秋扇。

陽春

竹簾輕，蘆棚敞，花暗一輪紅日。移柱玉尊前，流雲響、素手三弄水仙瑟。墮香瑶席。銷不盡、酒濃愁密。斷鴿未有相思字，憑誰替傳胸臆。　縱調就冰絃、爲低語，難説與、琴心怨抑。尋思生平醉夢，笑癡魂、亂繞京國。羈游孰是主客。任馬影、駝聲南北。東林外、忽發空山磬，新蟬禁得。

尉遲杯

玉尊泛。歎濃愁滴滴如酒釃。纔鬆汗漬羅衫，好風頓吹冰簟。銀屏花豔。認嬌月、慣解蛾眉斂。數篋中、棄擲齊紈，夜香驚放紅菡。　繩牀一夕難寐，南樓上、厭厭獨自魔魘。爝火螢飛，潮流箭急，無那半江鐙閃。臨津堠、蒼茫東瞰。念老去、江郎銷魂黯。洗炎威、一霎秋雲，海上涼生蘆荻。

歸朝歡　水仙花

黄帕夜開金甕酒。醉酹珍叢春一簍。玉冠鈿帶儻歸來，素虯白鳳長廝守。重幃鐙火後。瓊苞乍解相思綹。想當時，蹋波弄影，照水一莖瘦。　葉葉風嬌還雨秀。直是東皇裁翦就。小蘋纖手弄紅冰，幽花入掌香盈袖。月寒階浄甃。梅邊衹合巡簷走。更誰知，横江大笑，獅子勝鬘吼。

瑞龍吟　和周美成韻

斜橋路。長見鐵檻藏花，白鬖流樹。年年龍袱朱輪，解鞍斷柳，銷魂甚處。　漫停佇。追念麗人春晚，鎖香簾户。西樓桂酒初嘗，墜歡再拾，銀鐙細語。別後嬌雲何限，暗牀絃索，纖腰慵舞。歸騎正盤春郊，芳草如故。王孫頭白，應慣傷離句。知誰共、蘭房素醥，金堂香步。斷雁何曾去。夢痕但繞，閒愁亂緒。裙雀飄金縷。鸞帶重，無端行煙行雨。舊情尚似，墮泥飛絮。

玉燭新　謝梁伯通贈梅

溪橋催臘盡。見一翦官梅，弄脂吹粉。翠盆裝點，瓊葩小、矮婧春紅纔褪。使君贈我，道未減、江南芳訊。驚歲晚、蕭瑟江關，繁英强簪華鬢。　酒邊凝佇多時，奈絳蔕愁濃，玉檀心暈。鬟雲待箟。羅幃暖、料是龍綃猶襯。花前逸俊。似舊日、風流何遜。冰雪淨、簾館來鷗，寒香細吮。

六么令　和晏小山韻

雪晴風颶，簷溜無休息。寒鴉凍窺牆角，下見草芽碧。拗得南枝破蘂，一笑朱脣的。墮香沾席。韋郎帶眼，衰減新成瘦腰客。　橋畔流波寄恨，兩度河冰坼。隴上誰種垂楊，歲歲行人摘。愁煞兒郎不管，下馬吹橫笛。那堪離寂。花前黄月，定使春屏暗相憶。

憶舊游　元日立春

正風披宴幄，漏促星階，駘蕩春回。院落諍新歲，鬬酥花芋葉，徹夜流輝。鳳幃漸銷蠨蟗，銀甲弄鴛絲。向曉霧侵簾，羅囊在手，香辣沾衣。　游嬉。碧皋遠，迸柳外娭光，自睇朝曦。念我成羈宦，勸解鞍酺飲，不醉無歸。玉幡慢羞華鬢，羅帶戀腰圍。但樹底鳴鑣，同牆暗憶顰翠眉。

浣溪沙

醉解蘭橈翦翠蘋。大隄花豔忽驚人。粉光宜笑立晴春。　缺月籠鐙歸後閣，疏簾幃客耐黄昏。斷鐘急鼓一銷魂。

早梅芳近

雞四鳴，鴻孤語。逆旅天難曙。鐙昏香斷，一夜排簷醉頭雨。怨深春似酒，夢遠魂俱絮。漸垣衣動壁，微景透窗户。　望遥川，迷遠樹。短巷車聲阻。衝泥疲馬，又逐輕舟過前浦。亂花纔抹岸，别柳還遮路。倚樓人，定知離恨苦。

前調　秦淮感舊

蜜釀蘸，杯浮螘。蒨袖擎扶起。青簾白舫，雉堞春深醉紅裏。映山黄帽側，掬月金罍洗。漸林閒樺燭，妖豔照眉際。　這歡娱，一霎事。縱酒拚人棄。玉盤嬌樹，别後桃鬟最堪記。繚牆殘草在，錦席飛花膩。更傷心，迸隄瓜蔓水。

滴滴金

深深宴寢清香隔。燭光低、玉幬寂。客枕幽單亂愁織。者迴腸應直。　無多翠髮蘆花色。弄風人、去無跡。蜀紙封巾惹春泣。最饜黄堪憶。

看花迴

媚風纔弄晴曉，蕙葉多碧。涕涴素巾共舉，記碧浪侵船，危艦衝日。妖魂乍見，春困嬌娘求對值。横玉際、隱體花繁，夜簾擎月射牀隙。猶津鼓斷、煎情更急。睡臉淚、頓沾離席。想金樓豔豔，漲暗粉腮花，分袂南北。緇塵白袷，凝恨長安珠桂國。擬金船、泛秋露，卻憾鵜兒色。

尉遲杯 答陳伯弢和韻

乳泓泛。向氍毹醉睡驚夢釃。金狨繫馬鶯邊，緑茵頓鋪春簟。華堂花豔。正珠玉、照水愁難斂。待尊前、賦與多情。蘼蕪絶勝秋菡。京庾郎蕭瑟依舊，江關病、歸魂尚自迷魘。國重昏，宫牙小蒨，雙目倦揩星閃。花城暗、倡樓頻瞰。漸地密、天濃揺楊黯。駐酡顔、眼尾潮生，鬢白休吹霜莢。

玉樓春

碧羅帳頂圓無縫。且趁春酲來選夢。斷魂騎絮過江南，風裏落花猶覺重。蛾鬟醉眼頻相送。細怯腰身時一擁。緑香銷歇惱嬌慵，歡思不成愁與共。

前調

同牆困倚清明暖。拂面楊絲初可綰。回身巧笑向郎懷，但覺桃花肌骨滿。搗香傾入垂蓮盞。臨酒拌嬌須信慣。春殘早晚見菖蒲，花便遲開春也緩。

慶春宮

嚴帳花繁，古簾苔澀，飄鐙獨過閒房。潛斷囊纓，偷牽羅袂，暗中熱粉生香。寶釵聲膩，隙月裏、微風動窗。珠帷歸臥，蘭臉唬春，拌挂離腸。　金疊繡幙輕航。垂霧妖鬟，猶送娭光。嬌馬重來，秦蘅將老，殢人無限思量。霎時厮見，愛疊柳、宮眉鬬强。舊情知有，羅帶頻拈，教見鴛鴦。

鷓鴣天

舞閣羅屏扇扇開。嵯峨不動是蓬萊。弄冰纖手拈紅萼，蹋玉輕趺點緑苔。　眉語度，曼聲纔。鸞絃如雁十分哀。夢中慣見行雲子，覺後猶歌起夜來。

前調

睡臉差移映枕紅。雙垂嚴帳隱芙蓉。牽雲曳雪郎終去，秋莢春荑歲不同。　成久别，憶初逢。落花沾簟笑牀空。昨宵啟篋香巾在，依舊重重蜀紙封。

前調

錦席驚秋夢不成。海窗推望月初生。溶溶帷箔冰綃卷，灩灩天河玉練橫。　思桂殿，憶蓬瀛。重簾消息隔傾城。鸞咽奼唱銷魂甚，知是家山入破聲。

前調

戲騎池南游俠兒。樹邊停轡鳥驚飛。可憐雙鴨纔交頸，卻道羣烏不獨棲。　風草草，柳依依。花袍白馬未言歸。祇愁今夜天涯月，不照王孫照玉閨。

前調

午睡醒來泛一巵。酒侵愁肺最難支。重吟細把繁香下，憶事懷人落月時。　無限恨，少人知。此情惟有對花枝。落花無語應含恨，片片飛紅著舞衣。

南鄉子

羅被疊成雙。秋錦紅蓮親鳳皇。長是珠帷人怨臥，空牀。落月猶疑照屋梁。　往事耐思量。記得春花過粉牆。素手折花歡氣息，難忘。誰慣攀條泣路旁。

前調

雙槳去如飛。載得蓮娃夜不歸。翠帶羅裙頻拂水，風微。涼露霑霑欲溼衣。　秋至漸紅稀。媚臉相看不似伊。花落花開無限恨，淒淒。隄上驚烏月又西。

阮郎歸

紫薇紅謝樹當階。蘋花在水開。去時曾約雁前來。秋深音信乖。　無箇事，滯天涯。離絃動別懷。酒濃不耐上香腮。慵妝疏鏡臺。

前調

花庭春去變青蕪。秋來綠又疏。月涼清影轉高梧。門前啼夜烏。　天際雁，水中魚。誰堪寄遠書。枕函顏色不如初。涴多紅淚枯。

前調

柳疏涼月挂街頭。清光偏九州。不須持取燭籠游。晶輪夜不收。　珠箔動，玉繩浮。推窗白滿樓。一年縱好不如秋。秋來無奈愁。

前調

錦堆春睡舊難忘。清歌最斷腸。一生無奈是疏狂。筵前慣引吭。　天繚白，月烘黃。簾花分外香。楚臺行雨夢荒荒。酒醒身在牀。

秋思秏

題陳伯弢《褎碧齋詞》，依夢窗韻

花底茸冠側。半坐侵殘草，照塵衫色。愁付唱詞，醉翻歌面，雲搬天窄。黯城闕疏幃、鳳箋封淚寓怨抑。喚斷魂、飄亂碧。任弔古憑高，老傷懷抱，漸覺去途人困，舊情堪憶。鐙夕。紅槽倦滴。會散時、帕玉空飾。兔寒孤瞪，搖楊如夢，夜湟一白。感此景、華年頓非，駒迅成過翼。共宦客、誰更識。算刺促江南，陳郎吟恨寄得。悵隔。秦郵又北。

珍珠簾

雪翻窗網雲飄瓦。清淮遠、繚繞當時樓下。樓上矚流冰，對晚波愁瀉。恨草嫣香蟬黛淺，映繡沓、鞓紅嬌奼。無那。有傾腰胡舞，玉骨盈把。　應念疊錦開牀，報封巾雲鬢，深情難寫。歲暮不逢人，奈會多歡寡。破柳薰梅春意緩，放峭風、偷吹簾罅。鐙灺。化蠟淚承盤，凝珠亂灑。

水調歌頭

偕汪佩丞、高丹甫同登谿蒙樓。樓爲黄華農方伯奉南皮尚書命所建玉勒趁趲走，先作野盤游。雉場百二誰是，埭口蕩新愁。不羨韓嫣金彈，我欲發虛驚雁，仰視逼雙眸。醉共二三子，來上豁蒙樓。　臺城柳，摇落盡，不堪秋。兔葵燕麥，斜日彌望在山邱。千古傷高懷遠，敗壁壓封苔鎖，墨淚涴神州。飛閣曠吟眺，晴媚接天浮。

繞佛閣　雪霽晚步毘盧寺

散香素巘。琳殿聳雪，冰樹飛糝。來上危檻。媚晴驟洗、高雲透清梵。　舊梅又染。花霧四繞，脂氣烘臉。臨鏡清減。背花俯視，牆陰乍生灩。　醉客貰狐腋，曠野風穿如飲劍。歸唤夜瓶、分江煎酒釅。記暮寺催潮，曾繫孤纜。引愁鐙暗。　最斷鼓迎憂，歡事堪念。冷簾幃、報殘寒點。

綺寮怨

亂眼樓頭斜照，晚烘山霧黄。暗草色、去浦歸帆。曹騰裏、坐對空江。迴思津關滯跡，潮如箭、醉愕聲撼牀。念燕鴻、歲北年南，疏星點、鬢白心暗傷。　倦聽黯然玉簫。尊前顧誤，誰人更問周郎。巷陌寒荒。有繁吹、寫悲涼。危欄望天不斷，惆悵久、最難忘。庭花嘆香。迴廊向盡處、人斷腸。

前調　秦淮舟中

唤酒城陰拏醉，冷風微蕩舟。度水曲、繡幌凝香，空花裏、半見紅樓。誰家飛腔玉笛，蛾眉細、黛色雙斂愁。弄素絃、怨抑秦聲，龍香撥、傍靨初障羞。　舊事暗隨浪流。黄娥出座，尊前醉困扶頭。串咽珠喉。倚歌袖、寫繁憂。

梅脂漸欺霜鬢，也笑我、悵盈眸。鐙殘宴休。嗚騶放轡去、難再留。

惜秋華

陳師曾畫菊寓悼亡意，續婚之後，檢篋出示。余情棖觸，相與愴然

望海通波，攬荒洲宿莽，悽歌獨起。光露泫人，寒花一襟幽淚。西風柿葉翻時，最旅酒能侵愁肺。芳菲。漸秋隨鬢老，空園衰蕙。重按故宮徵。有嗚篔暗發，嬌絲能理。荀倩舊情，汝我共傷顦顇。飄簷夢雨無憑，對玉容、空留紈績。流水。料橫波、兩眸堪擬。

鶯嗁序

吳門旅邸春晚感懷，和夢窗韻

微陰蕩樓釀曉，引蟠花照户。畫簾卷、低約東風，對日還忌曛暮。覆城苑、雲昏萬里，嗁鶯祇在荒宮樹。念臨流漂蕩，參差暗中吹絮。出郭西門，繡韉並騎，墮團紅暖霧。暗塵鎖、垂幕廊深，淚巾曾遺題素。繞搖楊、熅香夢促，亂絲擲、嬌黃千縷。弄風人，妖麗胡冠，小翎飄鷺。哀桃挂眼，頓變青蕪，感春在倦旅。玉露瀉、酒聲無力，恨滿尊凸，倚檻雙成，醉脣銜雨。玄龍但焕，嬌雲何在，朱橋碧舫當時事，賸荒陂、暝色流花渡。南塘漸暖，菖蒲自結疏花，素韤屢濺泥土。平煙廢緑，望接南家，聽怨歌斷苧。暗損盡、風懷年少，困老詞場，奼唱催愁，懦絃驚舞。移鐙散錦，遥帷歸臥，幽單客枕春向盡，歎人情、如置秦箏柱。江南詞客哀時，瘦窄腰圍，帶痕見否。

花心動

次韻和瓶城

無限傷春，夜來風、催翻一庭紅雨。細草坐

侵，遥浦雲歸，流花暗飄愁去。繡茵鋪地平如翦，似攔斷、空江無路。夢程遠，舟移岸曲，數聲柔櫓。　往事楊花浪聚。偏渡陌臨流，殢人狂舞。脈脈苑牆，廢綠參差，滿眼淚波誰注。畫樓空數千帆盡，背鐙共、餘香孤語。待織就、迴文幾千萬句。

以上《映盦詞》卷一

法曲獻仙音

沈鳳樓招飲城南胡氏園，不赴，和清真韻報謝，兼寫示梅斐漪

盤石風篠，掛堂簾竹，暗覺鳴蟲飛度。汎葉牆坳，建瓴高屋，游魚上窺堦户。殢病枕、相如困，秋疏茂陵雨。　翦鐙語。道城南、故人芳讌，嘉會永、屏掩醉眉恨阻。挽取燭籠來，倚垂楊、猶照春嫵。翠佩聲中，换清歌、題寄縑素。料東陽減帶，徑底玉鑣歸去。

減字木蘭花

春隄小漲。曾上江樓同曠望。細雨廉纖。卻道波深費淚添。　秋林晚照。又向迴塘浮短棹。水没蒹葭。十里殘荷禁不花。

更漏子

晚涼生，殘暑退。簾館沈沈無寐。風一箭，月三更。夜蟲千萬聲。　思量徧。腸堪斷。猶是春愁一片。方錦褥，舊羅衣。今宵重見伊。

御街行

用小山韻

江蘆一片狂飛絮。白滿秋堤路。夜深吹月過城頭，照入重簾朱户。美人樓上，闌干凝睇，脈脈江南樹。　天空不斷魂來去。夢作荒臺雨。綠楊滿眼放秋波，兩馬八蹄曾駐。芳蹊

煙帶，雙花空結，曳雪牽雲處。

訴衷情

西風一夕渚蓮收。天畔碧雲流。殘花露泫幽淚，殘葉過人頭。　煙縠靜，月輪浮。十分秋。此時堤上，拂水疏螢，更上層樓。

解連環

溪花零落，秋意漸深，偶溯舊游，不勝遲暮之感，因賦此解，以遣愁懷

後溪燈閣。迎飛螢度水，亂投簾幙。待兔影、纔轉高梧，聽斜透樓鐘，四鳴街柝。綷縩衣聲，誤風捲、葉啼廊角。早空梁射眼，照見玉人，粉淚雙落。　蒼苔印殘繡屧。記銀屏抱汲，秋斷闌索。翠帶壓、千疊愁香，繞衰柳彎堤，恨阻幽約。幾日驚飈，對萬頃、疏紅殘蕚。問誰知、素娥耐冷，夜情似昨。

夜游宫

月照空城罷杵。撼庭桂、晚黄飄户。卻仰寒聲掛高樹。是年時，鴈來程，秋去路。　星野分吴楚。望中見、玉河能渡。百水千山墮煙霧。笑人閒，一江遥，歸計阻。

前調

葉墜梧桐露井。綺樓望、明河掛影。酒退香銷夢初醒。碧沈沈，對疏櫳，燈火迥。　牆角棲烏定。弄圓照、一庭孤冷。光射情人繡圍領。算今宵，共無眠，愁夜永。

秋宵吟

用白石韻

短檠風，弄壁皎。露冷階蟲吟悄。眠思久、漸簟影凝寒，破窗窺曉。　引晨晞，映繡葆。墜

月斜通林表。因追恨、寄片葉秋江，夢迷衰草。淚眼南雲，對鏡惜、紅芳暗老。孟珠家近，宋玉牆東，幾度翠庭繞。歌動寒川早。怨笛山陽，笳韻共杳。向殘紅、淚墨催成，書窄情促意未了。

漁家傲

短柳疏疏秋盡色。梢頭掛月如燈白。倒影空潭千萬尺。雲路窄。寒光下照支機石。鷺起鴉翻天默默。愁人見此思無極。誰爲寄言紅淚客。珊瑚澀。重樓不耐宵來寂。

玲瓏四犯

用清真韻。按《白石道人歌曲》目録《玲瓏四犯》下注云：『此曲雙調，世別有大石調一曲。』清真此詞，即白石所云大石調也

衰柳飄簾，罥傍牖青橙，同弄秋豔。怨別啼多，長記媚香蘭臉。迢遞萬里音塵，睡夢起、霧迷星亂。歎映杯歌扇輕換。雲裏月華難見。半江濃酒觴堪薦。浸遥山、翠屏萋蒨。征帆掛影紛如織，都在離人眼。還又塞北雁歸，漫散落、蘆花千點。恨舊歡拾墜，風底葉，輕分散。

應天長

陳子言招飲半醉居，因與朱漚尹侍郎暢論詞旨。席間賦呈此解，並示同座夏穗卿、麥蛻庵、狄南士、文公達諸君

寒絲弄水，涼雁墜煙，詩情偏繞江角。正要二三詞客，花前共斟酌。彊邨叟，珠玉作。聽唳迴、露霄煙鶴。對瑤菊，一醉蒼然，冷豔衣薄。驚見晉司空，美矣髭髯，狂笑在京洛。世事換移宮羽，知音久寥寞。迷陽路，吾意卻。斷送與、半生哀樂。倚樓望，市上斜暉，懸照

帘幕。

喜遷鶯慢

俞恪士新第落成，時將赴北都。余置酒爲餞，因用白石《功父新第落成》韻，兼以贈别

緑楊秋組。占一劍玉溪，無限幽趣。窗外晴山，羣龍争鬭，嵐氣撲君眉宇。橋西舊時甲第，亂花夜、總章歌舞。那更與。近寇萊遺宅，桃源深處。　林下休戀取。鳴珮退朝，早見離宮樹。手植松枝，養成龍性，爲看老鱗生雨。白雲滃兮出岫，一唤滄江詩侣。懦絃住。有驪歌勸酒，官騶催去。

雨零鈴

丁未早春，偕陳伯嚴、俞恪士、陳仕可出城，南登雨花臺曠望。時薛次申、顧石公均物故，厝柩於安隱寺。感舊懷人，太息久之，因用柳屯田韻譜此，以誌斯游

嗚笳淒切。掛高城樹，霧眼休歇。斜陽廢壘猶在，南陌路、塵飛花發。欲把興亡對語，頓沈感聲噎。共振袂、千仞岡頭，望逐春鴻寫天闊。　豪絲俠酒難爲别。見隴陽、墓草驚時節。而今漸覺交舊，寥落似、向晨星月。翠袖行歌，休放金尊，片晌空設。勸隱忍、無益悲酸，漫許筵前説。

還京樂

登北極閣

照晴埭，直下平蕪亂碧相帶引。見草薰煙媚，望中塔影，僧樓高穩。聽破空飛磬，禪花暗咽韶光醖。縱醉眼，悲仰萬古，冥鴻春陣。　歎流波迅。向疏襟題淚，江山第一，重來如覩畫本。淒涼廢堞荒宫，但堆成、萬愁千恨。晚蒼蒼、仍斷角昏吹，殘燈霧隱。祇恐東風急，教

人無限酸損。

江城子

芳庭晴晝暖融融。翠簾通。萬花叢。偏是花多、閒恨向春風。日下繁香開易落，君不見，水流東。　韶華過眼忒忽忽。但相逢。莫愁容。折贈一枝、連理兩心同。漫遣年光憔悴盡，拚淚眼，洗殘紅。

迎春樂　花朝作

暄風暖景江南陌。春花面、似相識。有霑巾燕子紛如織。都不慣、傷心色。　十載重臨江總宅。念猶是、飄零詞客。芳草碧無情，偏處處、聞鶗鴂。

西平樂

江樓曠望，憂來損人，適伯弢以所作《臺城詞》及漚尹侍郎所譜此調相示，因誦美成、夢窗諸作，迴腸蕩氣，若有惘惘不甘之情。率依清真韻，譜此以抒予懷

徑柳吞煙，苑桃靨晚，樓館望隔簾賒。西北浮雲，蔽虧風日，遥山遠水周遮。念水則涓涓不測，山則蒼蒼入漢，誰能一鑾霜刀，斷割塵沙。雁聲迷楚，樵歌散野，荒澤人歸，林路欹斜。　空嘆無限江關暮色，憑弔處、淚盡總成嗟。悲古省、虞翻相蹇，江總才銷，對此陵移谷變，傷今，輕任流光換鬢華。驚悔舊遊，東臨渤海，西笑長安，共此羈遲，爛熳芳心，翻教夢不還家。

還京樂　用美成韻

翠幃下，驀記當時墜髮晨鏡理。正小蜂窺樹，暗抛蜜乳，愍懃空費。近繡屏香散，沈沈院落

檐花委。濺素蕊，惟有萬點，傷春紅淚。過箏樓底。歎漂歌寒浪，流杯勸酌，淄澠誰解辨味。重來亂葉成陰，但驚心、道旁桃李。晚濛濛、猶樺燭燒廊，燈簾幛水。總憶閒游跡，飛光催向愁悴。

江城子

晴風吹店柳花香。酒罏旁。少年狂。笑倩文君、纖手解羅裳。指點銀缾還索醉，傾不斷，日千觴。十年渾莫識元郎。鬢蒼蒼。漸成霜。往事題襟、都自耐思量。更恐綠波如螘色，難吸盡，是春江。

絳都春

半山寺，王荆公故居也。林木陰森，泉石交翠。陶齋尚書築亭其間，賦此落成

殘花御路。見頹堞抱春，啼鶯深樹。息蔭半山，曛日斜光穿林墅。雷收雲散方過午。亂侵座、幽紅含雨。謝王遺韻，争墩事往，自成千古。何處。樵歌四起，萬松下、但見牛羊歸去。敗堊繡苔，古漏縈蛇題牆句。危亭時迓旍旂駐。算枚乘、登高能賦。更應遲暮堪傷，厭聞戍鼓。

采桑子

庭蘭折盡春歸去，愁對花嫣。凋此芳年。身似芭蕉奈不堅。留侯叔夜吾師矣，將往求仙。長駐紅顏。休遣新霜更上顛。

河傳

溪上。輕舫。鎖煙櫳。斜倚花闌墜紅。夕陽過橋歌吹濛。偶逢。妾西郎槳東。暮靄催燈初照水。煙火氣。菱港千聲沸。不如歸。

人向稀。月微。並船楊柳隄。

前調

歌散。燈暗。掩羅幃。愁鎖玉人翠眉。麝煙化塵香在衣。蓮枝。拗花千縷絲。　見説盧姬悲嫁晚。紅淚泫。常向南雲滿。十三絃。絃語酸。再彈。不明長夜漫。

前調

樓暗。更斷。笛聲飄。么鳳銜花放嬌。玉河掛窗天路遥。迢迢。素娥難見招。　照影人間山與水。千萬里。中有佳人幾。水無還。山不攔。夜寒。箇儂愁倚闌。

點絳唇

時雯鵑啼，萬花輸向浮幢海。照山蠟綵。照水新蒲稗。　禊飲醻歌，草草成相會。今何待。鬢華堪駭。緑豔飛霜改。

長相思

鳳城西。斑馬嘶。陌上雙翻碧玉蹄。斜陽荒草齊。　錦屏期。人不歸。忽夢河橋煙柳枝。當時攀與伊。

前調

琉璃屏。乍見星。珠箔娟娟鉤月明。夜軒低按箏。　傾人城。歌一聲。換袖凝腰無限情。赧郎雙臉赬。

隔浦蓮近拍　翠微亭避暑作

涼雲高掛翠巘。石路沿蒼蘚。萬篠干霄上，千籠拂煙蘿軟。危級扶杖緩。坡仙健。但恨山樊淺。小亭晚。薰風度處，松篁時擬絃管。猨吟鶴嘯，定見北山移簡。斜日曛黄下墜澗。幽伴。雩臺歸詠而散。

碧牡丹　莫愁湖作

翠浪疏花冒。垂柳新蟬噪。一片煙鬟，水上隔簾娟好。對浴文鴛，鶩豔歌雙笑。莫愁猶弄輕櫂。澹炎照。頓做秋意早。薰風自來冰嶠。映席高雲，未許暑侵塵鬧。暗束流光，休燕梁悲老。江山如此年少。

一寸金　江樓感歎

山壓層城，亂靄冥冥下江闊。正市樓寂寞，疏燈照水，高船峨軻，風檣呑月。英爽劉郎獵，强弓射、怒蛟戰血。遥天際、一點煙沙，盡捲驚濤萬重雪。　自分浮生，倉皇鷗鷺，相將棄筒楫。念海濱臣蠢，無田可種，商山綺季，惟芝堪掇。臨水生悲感，津人歎、計謀頓拙。梅花弄、小閣生寒，夜笛吹更咽。

滿庭芳　烏龍潭夜游感賦

渚荻胎棉，溪蓮落粉，碎光初對雲潭。會長離促，人去酒猶酣。夢繞殘淮墜月，孤鴻起、頻喚征驂。憑欄望，星高太白，城鼓夜厭厭。　雄談。誰與共，胡姬利屣，燕客華簪。但尊前衰鬢，沈臥江南。聽徹桓伊玉笛，襟袖上、清淚空霑。西風至，一川窈窕，露氣入横簾。

八六子

莽江潮。暗春樓堞，晶輪湧麗層霄。問雒苑名姝夜夜，桂宫仙子年年，可能恨消。　楊瀾千里吹漂。練影恰横津渡，歌聲别在河橋。

想素絃當筵，再啼秋水，墮蟬驚樹，怨鴻悽語，那堪翠袖重斟玉醑，紅舷同捲冰綃。倦鳴刁。涼蟾又欹露條。

塞翁吟

伯弢以所爲此調相示，潘郎鬢白，未減風懷，誠非好爲綺語也。予是日適有所棖觸，因譜此，以當和歌。十月十一日作

霧壓新湟水，霜氣曉入廊櫳。醉天酒，小丹楓。襯一樹蒼松。吳姬媚臉褰簾笑，脂印誤染屏風。照眼瞥，畫堂東。賸時晌惺忪。匆匆。歌將盡、愁腸頓結，杯未淺、酡顏便濃。已隔斷、蓬山萬里，算空寄、錦帕緘詞，意密難通。蓮塘歲晚，想見寒漪，猶映眉峯。

瑞鶴僊

晚秋自遣

黯山雲帶郭。煙翳水，葉下空江漠漠。寒曦漸沈落。引斜暉，猶媚殘槐城角。風高翅弱。料晚鴻、頻背燕約。擬紅亭歲冷，惟與恨人，洗盞同酌。　不道秦郎老去，斷送年光，柳臺花閣。千簾萬幙。曾相對，滿闌藥。歎登臨有淚，傷春纔罷，驚飈擊斂又惡。念餘歡堪惜，吾且放懷笑樂。

惜紅衣

漚尹侍郎將卜居吳門聽楓園，與鄭叔問爲鄰。寫詞見示，率和一章，兼呈叔問

夜墅吟秋，晴窗讌日。頓添才力。醉眼楓園，西風換林碧。荀卿漸老，寧更向、春申爲客。寥寂。攜手遁人，恰鯤鵬南息。　金閶舊陌。夢頻卸猋褰，香茵盡堪籍。長星勸酒去國。夢魂北。且喜石芝仙伴，約共崦西登歷。問甚時相對，同酌一杯春色。

前調

誦漚尹侍郎四和姜韻之什，有觸於懷，叠韻却寄

黛起榛煙，脂沈渚日。漸增寒力。倦眼登臨，天涯蕩愁碧。壚邊病酒，嗟老大、江南詞客。蕭寂。堂上小簾，隔傾城消息。　疏枝柳陌。花下殘人，衣香舊塵籍。芳心爛漫上國。水雲北。苦逐亂鴻哀訴，愁思總無來歷。況路迴江轉，天借九秋風色。

霜葉飛

和清真韻

露庭莎草。霜飇勁，秋瓢懸掛林表。素娥孤隱向鴻濛，對四園荒悄。夜寂寂、長昏不曉。危樓寒幔吟聲小。坐淚檠風前，賸鬢髮、鬅鬙弄影，壁上餘照。　應念霰雪驚人，殘河吹水，帝闕馳夢難到。停琴凝望見飛鴻，奈酒酣懷抱。想蹈海成連去了。誰知流水高山調。怕墜葉、經絃柱，空擬黃華，和予終少。

滿路花

瓶花拂鏡牀，檐竹鳴廊屧。佩寒羅帶重、珠幃揭。蘭房促坐，玉指調絃撥。殢人雙笑靨。著意温存，那堪片晌抛撇。　歌筵歡短，淚點春衣篋。懷中三歲字、都磨滅。千言萬語，盟誓終虛設。輕任旁人説。早知有今，那時何不休歇。

前調

梅低拂繡襦，香辣薰宫袜。夜深沈醉後、金釵滑。銀燈曲罷，忽解雙花結。玉郎今閒闊。逆上西江，但教夢化鴛鰈。　文君新寡，未止相如渴。殘人秋後樹、風飄葉。長眉舊里，歡

箭水分江，鞲風動日。掃秋酣力。渡海浮幢，冥冥滬天碧。笲杯夜市，渾不似、淮南游客。歡寂。燈散雨星，憶離筵歌息。霜蹄走陌。腸斷樓空，塵絃暗床籍。南雲淚墮故國。大隄北。此景此情誰見，惟是酒人經歷。怕漸侵雙鬢，都作荻蘆花色。

前調 蕪湖萬頃，湖舊爲八旗駐防牧廠。行田泊棹，五疊姜韻

岸草銜霜，洲蘆蔽日。凍鼉無力。路轉隄迴，澄河映帆碧。囊衣賸在，猶認是、王陽爲客。悽寂。流水送人，入孤蓬將息。黃雲滿陌。千廡沈霾，風沙亂填籍。金臺夢斷上國。馬空北。白紵酒歌誰賦，莫向楚山登歷。聽四鳴鴻雁，惟覺麥田寒色。

墜誰重拾。爭似長相別。假饒見伊，用情真箇難徹。

惜紅衣 予移城北樓居，頗可縱眺。林木既脱，荒寒逼人，適滬尹侍郎以續譜此調寄示，因三疊姜韻寫寄

大野浮煙，荒江跳日。遣愁無力。戍鼓催昏，岑樓對衰碧。孫登愧比，空自笑、淮王門客。寥寂。歌倦酒醒，合重關休息。驚飈捲陌。吹墮書幃，牀塵半填籍。滄洲夢斷帝國。遠天北。玉壘古今雲變，都是眼經身歷。問素鷗沙際，何及夕陽鴉色。

前調 庚辛之際，一時朋輩咸萃滬濱，頗極談讌之樂。今道希、季廉先後物故，仲宣、彥復、幼沂、小沂諸人相率北去，惟子言、公達尚滯跡其間。思舊攄懷，四疊姜韻却寄

一落索

伯弢移家吴門，賦此贈别

小雁秦箏低語。傷心何許。若將百草鬬吴宫，載一舸、西施去。　側座對敷紅絮。匡牀頻據。水甘茶串最消愁，料未解、離悰苦。

秋蕊香

雪

空閣粉簷瀉乳。簾外巧排冰柱。紙窗隱隱夜如曙。一晌花飛絮舞。　帳中睡鴨燒蘭炷。眩春霧。纚連玉網千萬户。拋擲琅玕滿路。

訴衷情

雪牆夜影竹斑斑。紫磨月輪寒。皓絶麗人纖手，扶徧小闌干。　風露下，縞衣單。弄嬋娟。隔花聞氣，香不知名，人淡無言。

傷情怨

憶壺園臘梅

迎風珠蕊受暖。愛素心初展。况是當時，真娘花底見。　壺天歸夢路遠。念舊香、花比人健。怕對江梅，離杯春恨滿。

品令

透衣蘭麝。憶相見、花樓燈榭。嬌對夕月珠簾下。慣嚬笑處，曾遺香羅帊。　應似盧姬悲晚嫁。最長眉難畫。荔支同賭閒房夜。醉妝初卸。春困情無那。

月中行

碧池暗結水圓花。魚尾露些些。月隄細路碾瓊沙。槁樹兩行斜。　珠闌粉壁疑通内，門寂寂、但見飛鴉。江妃靚飾玉無瑕。簾幕萬重遮。

定風波

一夜花香不出幃。曉窗寒氣泫玻璃。鑪火烘簾眠乍起。梳洗。要郎爲畫入時眉。　妝罷自來廊下看，玉梅旋折兩三枝。移近珠盤終日對。同醉。還攤籐紙寫新詞。

鳳來朝

素手弄梅朵。倚闌看、繡簾半亸。乍移香、雪檻匡牀左。燭影下、玉瓶妥。　席上脂唇微破。小鬟歌、綺琴自和。膩語遞、誰經過。但脈脈、向花坐。

南柯子

理瑟驚纖手，凝花訝粉題。近前香氣滿羅衣。皓月一輪歌扇、映銜杯。　玉珮留纓斷，銀牌結帶垂。不妨淺語道相思。因甚背人頻唱、柳郎詞。

浣沙溪

欲卷簾幃對小山。畫樓雪後十分寒。小窗橫幅静中看。　一夜風狂花滿路，九重雲擁玉爲闌。此時何異見長安。

長相思　冬日宫詞

挽飛光。轉玉廊。籠晃烘簾入洞房。宫中日漸長。　小梅妝。宜壽陽。頭上釵横金鳳皇。晚來抛枕旁。

前調

柳依依。憶去時。秋盡江南雪又飛。天涯行

朝中措

雲中簫鼓那曾聞。窗語隔紛紜。未返瑶池仙侍，飛來天上將軍。　漢皇端重，披圖授籙，紫字丹文。賈誼已虚前席，東方合在金門。

紅羅襖

淚燭銅盤盡，瑶席翠尊空。正綵樹當階，迴燈春淺，鳳幃銷酒，依枕香濃。　問何事、雙蹙眉峯。金釵鬢滑雲鬆。懊惱夢魂中。睡到曉、倦眼慣朦朧。

玉樓春

復成橋畔秦雲住。燈似蟾蜍香似霧。可憐一歲一花開，是我相思相見處。　玉盤冰椀浸瓊樹。雪壓風欺能幾度。海棠生恨不同時，客稀。　錦屏詩。和淚題。鴻雁明年方北歸。紅箋封寄伊。

紅林檎近

牢握江妃手，暗通荀令香。釧語逗簾館，屧塵散花廊。霎時神交色授，但覺葉冶條倡。夢魂不到巫陽。雲雨事荒荒。　久別紅淚客，消息綺琴旁。羅屏恨掩，今生贏得淒涼。料梅深寒塢，濃眉醉斂，尚疑銀竹過粉牆。

東坡引

旌旗雲簇簇。嬌馬香羅襆。紅裝小隊西湖曲。好花看不足。好花看不足。　西施甚處，蘇臺麋鹿。美人扁舟笑相逐。明珠十斛真難贖。江波空自緑。江波空自緑。

强半年華流水去。

清平樂

笙歌窅窱。雪院春燈早。換得千顰成一笑。不覺羅幃催曉。 别來暗憶傾城。玉堂花豔逢迎。靄靄博山鏡樹，御香渾不知名。

暗香

樓中列盆梅數株，先春破萼，嫣然一枝。除夕綴芬置酒花下，以風琴歌白石《暗香》《疏影》詞，因各倚聲和之

透簾雪色。正小樓傍水，寒飄歌笛。弄手橘香，卻遣江妃與親摘。春向南枝破蕊，同吟玩、尊前呵筆。又盼得、一歲花開，攀取入歡席。 京國。事寂寂。但瘦島祭詩，故紙堆積。淚縈漫泣。椽蠟紅銷衹成憶。還照椒盤綵勝，香霧薄、螺杯浮碧。怕暗換、雙鬢影，擬簪未得。

疏影

風廊散玉。數漏聲點點，燈夜催宿。列几苔盆，吟嚼寒葩，斜行共寫簾竹。嬌紅强半春猶淺，但夢熟、溪橋南北。想翠禽、兩兩芳心，未肯一生棲獨。 還記開門大笑，水仙更伴汝，江上横緑。卻料明年，的礫裝花，已是繁香連屋。鳴琴不弄相思調，慣拍唱、萼紅新曲。啟鏡匳、試覓臙脂，染入歲朝縑幅。

以上《吷盦詞》卷二

霓裳中序第一　金陵初春感賦

紅亭淚暗裛。望睫傷春臨建業。天際雪雲四合。尚風利柳乾，寒深梅怯。東城路狹。又鈿車游轡相雜。分明見，玉堂夜卜，綺燭映簾

押。時霎。弄花三匝。賸野舞，荒歌互答。沈吟江上廟塔。臥草空瓶，倚樹欒榼。亂香還醉蹋。怕迅卷輕緜細莢。空回首，辛夷重見，故地轉淒颯。

丹鳳吟

吳門雨樓不寐，賦寫客懷

晼晚春寒時候，弄水幽坊，鳴箏高屋。宵來風雨，還似亂山飛瀑。堪嗟困旅，撼魂驚夢，壞幕張簷，塵牀敷褥。夜永重樓坐久，自翦鐙花，殘燄猶照魚目。　況是西城會散，醉懷但積愁思獨。暗把歸期數，奈淹留孤館，歸計難速。天涯芳草，逼塞又成新緑。四野垂雲晴未準，怕陽烏眠熟。寫情寫恨，和淚空罄竹。

華胥引

題吳門顧氏怡園，用清真韻

陰雲微釀，朝日輕籠，素梅初葉。墜玉漂波，浮鱗跳錦香暗唼。掬酒時作泉聲，聽市槽伊軋。南雪驚消，畫廊風起寒怯。　重步珍叢，歎衰遲、鬢霜羞鑷。寫牆題柱，依稀都如夢閱。懊惱遺鈿斜徑，賸淚封塵篋。頻掃苔階，瘦屏空對三疊。

垂絲釣

吳中蓺蘭者，歲恒假名園爲賽，奇葩異卉，冠絶一時。三年前，曾於拙政園中一見之。戊申仲春，再莅斯園，官吏方以兵騎紛呶，禁絶游屐。風亭水榭，閴寂無人至，惟雜花淺瀨，衆羽翔鳴而已。乃用清真韻歌此，以誌舊游

翦波燕羽。橋亭曾見花嫵。鏡底換衣，蜂起吹絮。時幾許。障畫廊繡柱。嗟遲暮。過春坊舊路。　倦回步履，蘭堂幽會誰遇。夢尋豔侶。腸斷重來處。簾底飛紅雨。題恨語。問麗人記否。

霜花腴

吴夢窗《鷓鴣天》詞云：『吴鴻好爲傳歸信，楊柳閶門屋數閒。』漚尹、叔問謂爲夢窗曾僑居吴下之證。漚尹有詞，因和韻郤寄

渡江燕集，向水樓登臨，恨滿亭皋。疏柳多情，熟游頻夢，匡牀臥雨無聊。夜城鼓簫。記醉歌、煙月虹橋。並名流、借宅幽坊，照花星隕炬千條。　誰識舊時堂檻，但溪雲一抹，喚共漁樵。林屋歸來，修門回望，尊前鬢髮蕭蕭。桂山更招。寫墜紅、爲付春潮。悵斜曛、偏染滄洲，晚鴉終定巢。

氐州第一

涼月嵌空，潮氣夜擁，高雲乍卷殘暑。岸束雙襟，天圍一帶，誰撤横江網罟。秋過蘆蘆，甚又似、飄春花絮。寂寞情懷，蒼浪鬢髮，散愁洲渚。　弄影罘罳低挂户。傍銀漢、弄寒機杼。露咽風沈，山深海大，覺慣經絃柱。挽滄波、悲事往，川途遠、楊朱日暮。欲共嬋娟，醉無眠、低回酒所。

過秦樓

吴淞校齋

散帙空堂，擘窠枯樹，倦客眼明秋靄。霜屏挂蛺，露葉沈蟬，枕畔夢聽澎湃。時抱澒洞憂端，高積終南，潑天塵壒。歎浮蛆入甕，難澆胸壘，鬢青催改。　追念昔、鳳翮人閒，鴟夷江上，萬事盡堪驚駭。浮曦媚縠，滄海生桑，匝地草乾風駃。何處煙波畫船，淞市蓴鱸，吴盤鮭菜。便鳴榔遠去，還向蘆中欸乃。

拜星月慢

露蟀沈絃，風螢垂佩，水閣鐙衰月暗。壁罅含

秋，匝疏窗閒慢。動愁思，但覺、斜川兀夢初醒，曉峽行雲吹散。老樹寒聲，起星河羣雁。暮歸來、傍澤行吟徧。蒹葭際、悵阻伊人面。細字款縫親題，寫平生憂患。記狂歌、按拍梧桐板。紅顔醉、照徹東西盞。更欲借、葉委荒江，壓蒼波一片。

解蹀躞

傍晚風蜩嘶盡，坐對昏煙舞。浪掀殘葉、漂浮過洲渚。人静月掩空堂，綫穿水面繁星，綺簾當户。淡黄縷。曾挂章臺深處。而今換眉嫵。望中都學、淒淒漢南樹。庾信頭白堪哀，苑牆頻見秋波，亂鴉無數。

花犯　留園秋荷

繚垣深，垂楊媚晚，明霞散殘綺。四隈花氣。曾墮日山亭，遥對姝麗。靚妝豔粉新梳洗。闌干同弄水。最可憶、緑蘿煙覆，濛濛歌吹起。重逢似人太恩恩，朱橋亂倚扇，難成佳會。愁坐永，層巖下、暗聽魚沸。行雲路、傍流步緩，秋思在、叢樊芳援底。更未許、摘香歸去，嬋娟風露裏。

鎖窗寒　題秋郊曉獵圖

露渚浮曦，霜蹏響葉，草生秋阪。蕪田萬頃，健者臂鷹初展。有酸風、射人淚眸，袖中手縮裘難暖。望雨飛金簇，莎殘沙净，但悲鳴雁。雄盼。駒如電。料暮靄長林，慣從玉輦。更衣換酒，笑倚吴娘纖腕。想長安、棋局易移，五侯第宅星暗換。怕筵前、未了清歌，瞬息催羌管。

謁金門

秋柳碧。嫋娜拂檻千尺。月暗綺城高額額。驚鴉枝上泣。　簾幕萬重深隔。銀燭淚花搖席。更漏未殘鐘又急。迴腸今夜直。

其二

秋草碧。誰信春歸無跡。辭漢銅仙門外泣。隔牆吹玉笛。　往事淒涼堪憶。金井甃花如織。斜照西風催去國。可憐腸斷色。

其三

秋梧碧。清露暗霑琴席。草樹深中鉤月出。紅絃聲似泣。　池上拋殘蓮菂。風卷寒漪何急。恩怨到頭銷不得。惡鴟嘶向北。

浪淘沙慢

繚城夜、庭莎露洗，內蘖霜結。盤燭初銷淚跋，屏風乍掩秋月。正織女機絲親熨貼。好鍼綫、密跡都滅。試聽取人閒斷腸杵，寒砧黯敲葉。　愁切。半空雁語休歇。悵萬水千山行人斷，杳杳音訊絕。誰夢去長安，能恁拋撇。舊香在篋。憑翠襟，爲揾相思嚥睫。清漏涔涔簾閒咽。銅龍永、玉壺頓竭。燕巢冷、朱甍塵暗拂。怕微霰、點污臣衣，待弄日，消除滿地琤瑽雪。

塞垣春

霧月侵瓊島。映海上、冰壺皎。鄰牆笛冷，夜闌花斂，歌舞初悄。頓玉幃黯黯驚秋早。暗憶想、傾城貌。對河山、空寒影，一生濃夢誰好。　垂練蘂珠宫，依稀見、靈兔親擣。上藥可長生，問誰獻瑶草。向長安、西笑如故，殘鐙事、沈沈千蛾鬧。白髮醉裙底，玉山無不倒。

蘇幕遮

月穿窗，霜滿户。小凭藤輪，夢熟江南路。夜夜鵾雞號枉渚。寶劍淒涼，袖手誰堪舞。曉儸來，摇鶴羽。九點愁煙，下見齊州曙。忽念高邱無佚女。緤馬崑崙，淚下頻如雨。

南歌子　擬温飛卿

翠幔摇銀燭，瓊漿倒玉巵。殘月去清池。遠雞鳴不已，夜何其。

其二

翠埽眉新暈，紅晞臉薄春。珠壓稱腰身。爲君歌一曲，莫銷魂。

其三

凝碧裁千草，殷紅亂一牀。親手識鴛鴦。就中多錦字，不能忘。

其四

霧鏡昏靈瑣，花幃爛碧城。嬌小坐調笙。鴆媒行不得，歎無成。

喜遷鶯

弦月上，夕陽徂。殘碧映金樞。北樓還對北辰孤。千里接平蕪。　水如醅，山鎖黛。絶世麗人何在。也知酒美奈愁生。堅坐看人傾。

前調

幽閣閟，綺窗寒。西北燭龍殘。畫城刁斗動闌干。高曆衆星乾。　挽羅裳，牽醉袂。自古別離如此。玳筵花散不分明。歌斷玉釵横。

前調

花照席，酒盈螺。醉舞且婆娑。扶桑向晚引西柯。中有鳳皇窠。　弄瓊琚，嬌羅綺。貞女十年不字。瑶臺青鳥去殷勤。先汝恐高辛。

如夢令

街北街南鐙火。不夜珠光千顆。天畔自笙歌，歸夢易迷金鎖。無那。無那。身觸一屏花墮。

前調

白夜月窺花冷。麝火濃薰茶鼎。簾際短檠風，羞見畫樓釵影。持贈。持贈。我有漢時明鏡。

前調

海上暮雲初起。風卷一江愁淚。莫倚閣窗望，更遠更昏千里。流水。流水。中有錦鱗誰寄。

念奴嬌

旅臺秋去，又朔風吹盡，一林黄葉。水怒山盤千萬里，西北亂雲重疊。塞雁翻江，野雚穿草，頻斷凭高睫。寒原頽照，可憐光景旋滅。

因念十載浮沈，脩門往事，依黯難重説。滄海驚流非一狀，身世恒河沙劫。舉盞逢衰，將愁度日，愁極能銷骨。歌鐘殷地，畫闌魂夢孤怯。

六醜

占吴樓近海，對十里、煙衢花陌。翠簾四開，東風迴燕翼。一望無極。爲問春何恨，定摇江柳，向浦橋南北。泥城映帶傷心色。寄語胡姬，將歸楚客。蘼蕪又迷游屐。歎塵沙蝀翅，歧路争入。　高紅瑶席。記螺杯夜溢。似星慣繞辛夷底，三太息。情懷正待追惜。漂香繞、水亭狼籍。渾不飛霧散，十年蹤跡。管、一翦淞波去遠，易銷凝碧。相思句、直道無益。怕鬢霜、个个緣愁變，無由再黑。

浣溪沙

江上春來已恨遲。樓高天遠柳多癡。倚闌干遍蹙蛾眉。　巧倩燕雛勤問訊，慵拈花葉自題詩。爲誰愁損强禁持。

前調

寄語將歸恨未歸。東園桃李漸芳菲。游蜂戲蝀馬前飛。　蘋渚人人歌柳惲，花屏面面畫崔徽。傷春無淚酒沾衣。

前調

花近高樓不忍看。故垂簾幕惱春寒。夢魂偏倚玉闌干。　迎面一番鐙後雨，鎖眉昨日越中山。酒人勸惜未凋顔。

前調

十日春陰只傍樓。象牀玉腕不勝愁。風吹蛛網上簾鉤。　燕已南歸翻北夢，人因後約歎前游。吴江何處慰凝眸。

前調

繡鞅珠幃不隔塵。横衢相見日初昏。萬人鐙火自趨春。　有約不堪重就月，聞歌無奈又緣雲。象筵銷瘦客中身。

三部樂　題張次珊通參日望樓餞别圖

樓角殘陽，照薊柳斷絲，暗沾瑶席。會長人散，空賦岐亭春色。慣愁見、寒食飛花，更夢驚戍鼓，淚染宫陌。玉鞭却倚，去去銅鞮歸客。　丹青近開短紙，認苑牆翳水，臥遊能識。沈沈晚霞一縷，東風千尺。引離懷、萬千迸集。愁靨外、雲迷故國。洗盞更酌，除一醉、堪破岑寂。

四園竹

吴江病靨，淡淡點春山。錦堆殢婕，妝鏡鬭蜂，迷入西園。凝恨中，難更約、花鬚柳眼。小蘋心事偷傳。　駐吟鞭。江南正汝愁人，相逢怕改朱顔。造次飛紅舞旋，重夢花樓，夜月休弦。情未免。勝寄得、音書意萬千。

一萼紅　漚尹、次珊、叔問、伯琴、頌垓、子修諸君同泛舟花步餞春，漚尹先有詞，倚聲和之

柳籠陰。斂川湄晚霽，殘日澹遥岑。江樹花飛，汀蒲葉滿，芳事偏又銷沈。棹歌動、中流興發，甚對酒、重惹少年心。倚水鐙樓，跨橋

簾户，還更憑臨。無那惜歡歡盡，但風懷畹晚，白髮孤吟。花步人歸，東城月上，無限愁緒侵尋。俊游賸、西園半角，向芳草、曾掩墜釵深。再酌流霞勸君，莫帶愁斟。

西子妝慢　水窗聽雨感賦

風掩燭房，夢侵池館，夜雨鳴廊連曉。水窗新展碧蕉心，颭清波、翠旗顛倒。空簷囀鳥。喚酒醒、榴花浪笑。鳳箋長，奈彩毫愁寫，傷春殘稿。　簾櫳縹。一片愁紅，帶露飛不到。十年吴下絶絃悲，向客邊、酒殘人老。西堂會悄。怕重上、南城憑眺。最銷魂，天際芊緜恨草。

華胥引　己酉重午傷逝，同漚尹、伯弢作

蒲更荒佩，榴蹙愁巾，舊情芳節。水驛鳴笳，風帆載旐吴岸折。便有菰米投江，料臥虬難懾。朱索何功，繭絲門巷聲輟。　炊黍光陰，歎知音、素琴先篋。歲寒堂樹，惟餘淒涼館月。欲起沈魂魚腹，奈楚蘭香歇。爲語靈脩，悼騷才思今絶。

采桑子

畫樓夜倚秋城静，庭院疏桐。淡月朦朧。露下三更細細風。　此時無那腸先斷，楚瑟驚鴻。聲在絃中。不盡相思説與儂。

前調

團團玉露彫庭葉，風颭流螢。樹杪微明。東北闌干易見星。　夢迴始覺年光轉，寂寞吴城。一夜秋聲。暗地催人白髮生。

前調

濃雲不放秋河月，細雨廉纖。碎響空簷。南户疏鐙北户簾。　年光秖爲傾城惜，試近妝匳。花好頻拈。莫待明朝白髮添。

虞美人

江花脱盡江鷗老。西館秋霜早。四更殘月水明樓。凝望吴山隱隱、挂簾鉤。　商飆入户涼生簟。特地收羅扇。無眠長恨夜難明。知有海雲埋日、一千層。

前調

錦筵誰取秦箏按。已是歌人换。聞歌無奈淚沾衣。門外風吹殘驛、柳參差。　新亭舉目成衰景。雁語層霄警。浮雲直北最高樓。惟見一天霜露、送清秋。

臨江僊引

夢入小亭榭，晚花肅肅，簾影疏疏。綺闌畔、千紅萬緑紛敷。蘧蘧。訝冰簟冷，銀屏悄，墜月窗虚。驚魂定，是素商時序，殘病羈吴。　心孤。南樓夜永，新雁還下雲衢。覺天涯難寄，繫足音書。征途。奈篝鐙外，霜風緊，换卻寒蕪。還持鏡，問老來頭白，誰遣重烏。

陽臺路

水樓遠。弄古簾片月，空扉常滿。澹西風、薄酒初醒，凝恨錦衾孤展。遥念鳳城人，鎮倚細腰、舞蕙歌蒨。行雲散。賸一宵無眠，蟲語如歎。　往事重重追悔，對素景、神傷舊館。去波涼影，又照我、畫橋西畔。風鐙暗、珠幃思絶，更奈鯉書長斷。哀鴻喚。露娟娟、寒更淒轉。

彩雲歸　芙蓉謝後作

迴闌對酒送斜陽。愛西園、錦幄初張。看暮霞掩赤秋江浄，仙袂舞、幾曲煙窗。那堪共、楚天千里，使春心暗傷。到此念、歲華將晚，自譜清商。淒涼。行吟甚處，歎流連、素景殊鄉。一城露冷，羅帳香歇，又改紅芳。算別來、千花萬草，盡繞騷客離腸。歌筵畔，誰抵當時，一半疏狂。

蘭陵王

小橋側。芳草離離恨色。凭闌見，霜霧曉寒，一夜西風換頭白。行行向大陌。愁客思歸未得。黏天處，江樹共彫，遥接黄雲塞東北。蘅皋舊春跡。記酒臥長瓶，香襯離席。花驄來往青蕪國。旋別袂催冷，墜釵成感，殘陽留影照燕麥。更津渡蕭瑟。孤立。望無極。念朔管聲哀，胡雁飛急。神京渺渺相思夕。對月砌莎短，露庭螢碧。衰鐙沈夢，漲淚雨，向斷驛。

夜飛鵲　通州江堠月夜感懷

郵亭送殘夜，霜露淒淒。商葉冷下虚幃。繩牀疊被悄無夢，孤鐙猶戀餘輝。愁環念何似，共荒城雞遠，斷港潮迴。披衣再起，奈今宵、月又平西。　憔悴堠隄煙柳，攜手向河梁，前度依稀。長是江湖滿地，雲帆不卸，波路空迷。雁聲半落，望蒹葭、隔浦參差。歎人生羈旅、流連店飲，不醉無歸。

迷神引

虎邱晚眺

斜日紅沈明洲渚。桂楫乍橫秋渡。荒邱暮色，暗山塘路。望中收，金閶練，墮煙霧。孤塔叢鈴小，恨誰語。芳草空尊泣，淚頻貯。歲晚登臨，倦眼傷今古。覺越山盤，吴潮怒。斷絲悲席，早銷歇、春歌舞。戍邊笳，嚴城夢，夜來苦。歸雁長天遠，去無所。行雲迷蹤跡，奈何汝。

探芳新

庚戌孟夏，朱漚尹、俞恪士、林貽書同游虞山，登破山寺樓望海。閱日微雨，登劍門，迴舟感賦

晚春晴。蕩海雲媚空，日融洲夐。露洗高林，南澗澄明如鏡。蘼蕪暖，香四散，引薰風，吹暗徑。傍藤輪，消凝久，去後難摹清景。塵事終須遠屏。憶繞檻帶流，浮山玉瑩。待月孤篷，梅雨來朝催暝。層梯高，飛步健，信佳游，難再並。畫船移，琴川暮，悠然鐘磬。

夜半樂

用耆卿韻

亂潮夜湧霄際，驚飆一霎，雲氣沈千渚。見素月流天，蜃樓高處。玉津自碧，蓬山更遠，望中方丈僊人，羽衣霞舉。斷佩結、盈盈眷煙浦。鳳城此際縹緲，笛咽鄰牆，露零宫樹。銀燭黯、風簾旋移秋去。敗蟬嘶葉，殘螢蘸水，絳河咫尺闌干，恨深牛女。溯幽約、人間半私語。到此頻歎，倦鶴空歸，逝駒難駐。馬角烏頭甚憑據。數佳期、終料漢使靈槎阻。搖旆影、婉婉長波路。故鄉臨睨傷幽暮。

西河　靈巖懷古

秋樹裏。巖花半盎雲氣。胥潮送日下寒蕪，舊闌斷倚。苑牆蒿棘黯歌鐘，琳宮今在霄際。　嫣香露泣晚江空，雁聲四起。岫眉蹙盡霸圖銷，樵風曠吟眺，悲逝水。越來自古清泚。時弄哀吹。　錦囊鬬草句未麗。比鴟夷、終欠西子。借酒澆愁無地。向西崦、賸約丹楓同醉。聽咽吴謳滄波底。

石州慢　題成澹菴香雪尋詩圖

雪幌明崦，風棹渡江，春動香國。花前幾日清歌，與約一尊浮白。山橋倚恨，夢醒已是經年，臨流依舊吹寒碧。淒斷蕚紅吟，遣雲坳幽覓。　堪憶。夜谿皴玉，月照南枝，倦禽同息。寫入横窗，綽約癯仙應識。驚心歲晚，共惜投老疏歡，漂零怯聽江城笛。擬辦一枝笻，健尋芳腰力。

芳草渡

客夢裏，悵静闔風扉，夜鄰江渚。聽隙窗蟲罷，疏更似點殘雨。欹枕香氣苦。中繁愁千縷。漸向曉，耿耿寒鐙，欲颭脣語。　前度。冷波冰酒，醉醒書堂驚歲暮。黯分影、關河雁渺，重尋舊嘑處。淚花濺袂，賸在手、馨香如故。浪斷續，傷盡來今去古。

滿庭芳

晴日烘簾，嘑鶯到枕，夢回身在吴城。曉樓凝望，江柳競摇青。黛壓山眉不展，春未至、已慣傷情。今何限，迢迢故國，芳草爲誰生。　東門攜手地，清歌暗盡，從换新聲。念物色堪嗟，愁眼難醒。是處酒旗戲鼓，依稀認、坊陌縱橫。花枝下，白頭彩勝，年少共追行。

前調

客館煙扃，幽坊鐙暗，雨聲今夜愁聞。醉眠初醒，翻覺枕衾温。玉漏無端到曉，空簷語、零亂嘶春。高寒處，蟾宮不見，人事更銷魂。　香塵。沾惹地，歡游墜夢，終掩愁顰。念飛翻步障，飄泊歌裀。可惜東風故國，吹不散、淒霧濃雰。軒窗畔，晨光透隙，鐘鼓似黄昏。

陽春

倚樓人，收鐙夕，應爲好春愁絶。歌散小闌空，厭厭地、數著更漏自淒咽。怨懷長結。紅淚滴、粉融珠滑。何計免卻相思，向鴛幃、共伊低説。　奈飛夢沈沈、蓬山遠，欺繡枕、寒威透骨。東窗疏星漸盡，戀天街、小駐殘月。迴腸爲汝寸裂。但悔恨、當時輕別。念江上、正有梅風信，天教浪發。

三姝媚

漚尹、恪士、貽書、公達、鶴柴同游鄧尉探梅。時恪士將之官甘肅，賦此贈別

荒波春路渺。問西崦東風，放春多少。俊約頻催，向舊年歌處，夢迷清曉。醉拂吟鞭，曾喚起、南枝嬌鳥。此日山橋，無限離情，載將蘭櫂。　須勸金尊同倒。念塞北人稀，故溪香老。漫譜陽關，怕玉龍吹怨，墜紅還早。冷落煙沙，三月盡、纔薰芳草。記取吳中風信，歸來恁好。

虞美人

西園昨夜風吹雨。夢斷天台路。一春無計慰

相思。長恁落紅撩亂、拂羅衣。　玉階躡徧青青草。天意教人老。歌筵隨分破愁來。不待酒闌鐙灺、暗傷懷。

前調

客中春曉迷魂夢。單枕伊誰共。碧簾風裏不攔愁。吹趁落紅無數、上層樓。　金尊莫勸深深酒。醉醒愁仍有。少年情味老來思。真似玉蠶眠後、賸殘絲。

前調

樓高日望煙中樹。不見長安路。夢魂凝想鳳城春。猶有徹天絲管、出微雲。　南園能占春多少。徧地生芳草。舊歡重憶斷人腸。留與落花殘酒、送斜陽。

前調

朱門不鎖瀟湘水。燕羽參差起。隔花香暖小屏山。空向別春時候、惜春殘。　碧桃開落年年見。夢事終千變。日邊誰得駐芳菲。經過一番風雨、一番稀。

玉樓春　贈葉蟫虹

人間但有龜茲樂。廢瑟空堂花自落。尊前閒唱石林詞，鐙火潤州明夜閣。　周郎顧曲傾三爵。須載雅琴江上作。泠泠春語水波寒，一段清冰流萬壑。

摸魚兒

渡垂虹、柳緜飄盡，輕陰低覆城苑。流鶯長作煙花主，還抱高枝千囀。春正晚。對十里、朱樓簾幕東西卷。花濃路轉。有隔夢池亭，稱時尊俎，酒醒更腸斷。　殘山色、收向吴姬畫扇。青紅闌檻零亂。東風那解憐芳草，惟賸夕陽一片。歌舞伴。攜素手、秦箏暗促離筵短。羅衣競挽。看曳雪牽雲，慢妝嬌樹，今日幾人换。

八聲甘州　吴門重午

傍城陰轉處見旗亭，相邀泛尊罍。有浮春鴨老，梳煙蒲碧，江鏡紅稀。鼓吹横波競渡，晝鷁共輕飛。摇曳金隄柳，芳意萋萋。　莫道淒涼節物，麗當空火繖，炎景還催。恨虚門朱索，難遣繫沈暉。想秦娥、玉容恁好，正篋中、紈扇又當時。蘋風晚、聽吴歈渺，誰弔湘纍。

蝶戀花

稻葉没頭田水漫。一片哀鴻，衹在汀洲畔。篁竹煙沙迷復暗。蕭蕭江北江南岸。　夜起看天星斗爛。漏盡孤城，枕上河聲轉。卻恐來朝雲又滿。西風無力吹愁散。

以上《吷盦詞》卷三

前調

閬苑淚花涼泫露。月下西池，已失歸時路。香咽粉窗留客住。銀屏夢好春無主。　皛皛行雲隨玉步。光景旋消，後約渾無據。手解佩珠親贈與。相思一一鴛鴦侶。

其二

薇帳逗煙朝選夢。十二簾櫳，處處風吹動。堂上楚妃殊色衆。腰肢鬭損誰堪擁。　翦葉翠微垂寶鳳。小玉嬌多，髮髻雲鬟重。一曲瑶琴無與共。西樓黯黯殘陽送。

其三

天上雲居真不易。夜度霓裳，一簇仙娥醉。草露爲問玉清緣底事。笙歌未散伊先避。野田風細細。翠帶行煙，釵落無聲膩。涼月照人非好計。有情直待成追悔。

霜花腴　壽朱漚尹六十

聽楓舊屋，駐雅歌，沈吟暗數星周。南斗天漿，玉河清露，持杯醉散千愁。素螢晚流。照斷籬、花發牽牛。念宵晨、自樂中園，義熙人老五逢秋。　依約臥虹雲浪，是春寒笠澤，夜過扁舟。梅宅溪南，花源塵外，重經舊日盟鷗。倦聞櫂謳。感燕鴻、今滯江郵。看臨風、卸了練巾，染霜纔半頭。

新雁過妝樓　春音社席上聞歌

夜海移星。闌干轉、檐枝暗度風螢。酒波袨面，歌喚醉語還醒。玉管參差吹小海，淚花泫燭綺籠屏。拚愁聽。墮筵病葉，秋思先盈。　年年催歸雁翼，過夢程萬疊，鎖霧瑶京。廢牆鸚濫，無限入破新聲。尊前漫辭倦耳，放一箔、銀河穿溜鳴。天隨老，賸弄舟煙浦，來共鷗盟。

秋霽　丁巳中秋作

塵海秋分，漲素宇流煙，碎錦難織。漢女遺珠，水妃分珮，爲誰散愁南北。蕊宫露白。罥波玉練淒涼色。照斷驛。無數墜鴻，天外遞消息。　還念逝水，換卻年光，素商鏗然，來泛瑤席。記霓裳、尋聲製曲，非煙非霧夢京國。誰傍苑牆偷弄笛。慣倚樓處，愁度美景良宵，小屏慵掩，淺醒風析。

霜葉飛 曩借宅吳門，歲輒，登天平，覽楓林之勝。自來海濱，遂疎游屐。丁巳九月，始挈詞侶重登此山。酒畔倚聲，不勝哀感

數峯青窈。官橋外，吳妝臨水長好。畫船重載故人來，趁雁天霜皎。看木木、山容盡老。蒼屏迎面丹楓杲。便拄笏危亭，仗共挹、天瓢醉舞，色換年少。　歸岸最怯烏啼，星疎城火，舊日坊巷誰到。歲寒堂下夢松風，度素絃聲悄。甚缺月窺人漸小。江鄉何許終漁釣。念浪萍、隨風散，惟有孤笻，伴予幽討。

六么令 爲周夢坡題所藏湯貞愍香雪草堂圖

萬香圍屋，花外春山碧。雙崦小橋深鎖，舊蠟阮郎屐。別後頻疎春事，鬢髮蕭蕭白。夢尋無跡。燈窗雪暗，閒把吳峯畫中憶。　丹青誰倩妙手，小李將軍敵。一醉曾過羅浮，十日黃冠客。貌取冰肌玉骨，長伴幽人側。月尊風笛。畫眉樓上，知是鸞箋幾回擘。

婆羅門令 彥通有放琴客之感，賦此調之

夜長久、不成眠臥。日長久、又恁慵行坐。酒畔花前，無非是、愁邊過。分別後，何計消愁可。　單衾冷，紅淚涴。掩空齋、自守殘鐙火。銀箋手寫相思句，一字字、算都爲伊做。萬般著想，巧妙窺破。拚却今生，別買金屋鎖魂个。準把牢關鎖。

雪梅香

感春

水空闊，吹漂一白是楊瀾。送彌天春去，冥冥雨伏風闌。芳草侵帆未休歇，亂花争路没遮攔。酒波窄，寸寸迴腸，何計能寬。　凄然。對棼尾，一架高紅，掃地都殘。浪聽流鶯，再來卸却彫窜。籠燭雙持照飛閣，畫屏千疊擁愁山。夜沈夢，萬里鄉心，教似連環。

高山流水

夢坡齋中有宋徽宗松風琴、趙子昂風入松琴，因並賦之

峭風驀地捲蓬萊。應驚蟬、宫樹當階。還送御園春，飄茵盡染龍堆。江南恨、盾樣空裁。荒雲委，零落宣和法物，玉雁難迴。斷燕山冷驛，閉匣素絃哀。　寒灰。猶留震餘在，空别奏、古調誰諧。人識舊王孫，夢咽故國瑶臺。孤桐爛、自分塵埋。何時又，雙抱仗義遺器，并合幽齋。擁千山翠鬣，仙籟破愁來。

婆羅門令

寄趙堯生榮德山中

一江水、送岷峨外。千江水、盡送吴天外。換谷移陵，黄農世、而今壞。波底淚，流與枯桑海。　東風雨，吹大塊。信茫茫、后土無真宰。荒歌野哭知何所，人未到、有啼鴂先在。夢程柳掃，絮雪如灑。似我萍踪，一再拚了傷春債。那盼天相貸。

卜算子

己未始春，鄧尉山探梅，次韻白石道人《梅花八詠》

舊是探春人，腸斷吴波路。夢鎖山中萬樹花，鬢雪天教與。　嗚笛淚沾裳，一櫂夷猶處。水驛垂燈仔細思，空爲江南賦。木瀆鎮在靈巖山

下。憶辛亥與朋好探梅，亦泊舟一宿。時叔問未赴，獨和白石《八詠》。今葬鄧尉，墓草已青矣。恪士頃亦物化，霧散川流，淒其懷舊。

其二

衣縞水村寒，冒絮遥峯迴。漸見雙崦跨一橋，橋落湖光静。　往事試追還，去後饒清景。緩步循流覓落英，中有青山影。虎山橋跨湖，通東西二崦。

其三

古寺兩三枝，夭矯蒼雲覆。小小珍禽耐歲寒，玉貌空山瘦。　寂寞地安排，因果天成就。行雨行煙夢總非，俄頃仙衣透。柏因社在五峯西鄧司徒廟。四古柏鬱然蒼翠，各盡其致。

其四

冥靄四山花，歷亂稠岡雪。雨後峯腰一看來，雲海天光澈。　玉輦舊經過，亭柱何年折。覓得桑田學負鋤，定自傷心絶。香雪海有御詩碑亭，下視梅雪，亘數十里。

其五

山下築花村，溪畔安籬落。剛取苔根貯瓦盆，生計渾閒却。　認是杜鵑啼，血染枝頭惡。刻骨相思没處銷，暗被東風覺。近彈山道中有梅圃，臨小溪，皆作盆供。俗呼透骨紅者，嫣然欲絶。

其六

坐石看螺鬟，點額添宫樣。夜半天風落膝琴，鶴駕潛來賞。　密雨斷巖陰，未陟空攀想。舊踏斜陽倒接羅，下谷驚樵唱。彈山萬峯臺，明趙宧光書『石樓』二字刻其上，地近湖陰，巖石聳秀。

其七

峭壁背疏花，竹底檐淙咽。著个蒲團坐此中，春與紅塵别。七十二峯煙，水鏡輪澄潔。便到晴時一一明，幾許名能説。石壁精舍在蟠螭山，面壁一軒，修竹深邃。寺外俯視，全湖煙雨，中無涯涘之可尋也。

其八

一水隔漁洋，松竹笙簧細。須作羚羊掛角看，妙悟耽詩味。　題與四宜堂，法酒花前醉。換盡青陰子滿山，無復承平意。聖恩寺在元墓山，有四宜堂、還元閣，面湖一隅，漁洋諸峯，如列几案。

掃花游　答徐仲可，兼懷大鶴、漚尹蘇州

醉歌送日，又細雨催歸，酒空人去。睡屏夢阻。聽庭柯響葉，幾番溽暑。楚瑟驚鴻，獨抱風波自苦。斷腸句。奏一曲南薰，空泛絃柱。　傍朋舊今散處。憶野鶴巖扃，倦鷗江渚。傍花賃廡。竟虚堂篁竹，夜吟無侶。小疊蠻牋，喜有新詞寄與。漫愁訴。占吴天、片闌娱暮。

湘月　仁先賦壞塔見示，因用白石體和之

累沙聚甓，問何年圮半，彈指今古。負壁金身，暗淚損、骨立荒天風露。盡冷銅鋪，空埋珠網，一縫誰遮補。茫茫人世，竟教擲此孤注。　還共杖短支雲，江河掛眼，莽中流無柱。落日巢鴉，似嘆我、來繞頹巔枯樹。蔓草牽衣，蒼苔溼袖，舊掩題牆句。沈哀難寫，墜鈴咽夢誰語。

揚州慢　昔於役淮徐，曾繫舟維揚城下，一宿而去，不及登覽勝地。距今十八年，亂離瘼矣，居者轉徙遷避，非復富庶之邦。因林鐵錚寄示游觀諸詞，感賦此解，即以爲答

羈旅風鐙，閙橋煙月，艤舟憶傍嚴城。歎年光

轉轂，賸念亂餘生。漫呼酒、凭高北踐，暮天冥雁，虛射猶驚。甚荒邱香艸，猶堪笻屐扶行。　罪言在匣，料牧之、今悔談兵。向史墓傷春，歐堂弔古，愁度新聲。夢繞淮岑朱檻，眉峯皺、几席枯枰。更荒雲將壓，江流秋與星平。

湘春夜月　癸亥中秋

暗秋堂，夜來無雨無風。怎奈一片明蟾，都掩入雲中。欲探海山消息，信玉犀然盡，莫覩珠宮。試淺斟桂醑，燈前酩酊，來竚花叢。　荒更向午，閒階露冷，吟傍棲蟲。嘷霧闌干，惟隔斷、廣寒清殿，深下簾櫳。亭皋歲晚，漸素霜、淒損青楓。念此際，擁銀濤白馬，滄波瞬變，身在江東。

大酺

望朔煙昏，晴皋暝，孤枕慵欹江閣。波寒城堞外，濺星飛漁火，夜深潮作。壞撒蘆棉，凋疎柳帶，愁捲西風羅幕。荒途奔車迅，歎飄鴻不定，素書空托。又殘月辭人，亂峯圍夢，厭聞哀角。　閒身何地著。念歸計、頻負青山約。信未有、泓前仙物，晉後秦人，尚安居、太平巖壑。暗想淮南國，清唳急、八公風鶴。待深泊、蒹葭驛。湖海秋盡，鷗鷺都妨矰繳。片帆向誰指落。

念奴嬌　左南生游西溪觀蘆花，次稼軒韻見寄。念往輒同游，自頃避兵海隅，遂負秋雪。因倚聲寄感，寫付杭郵，即以題畏廬西溪圖卷

水波不定，記鳴榔嘗與，荒歌爲節。暗把蘆中

人喚起，夢醒霜花寒怯。漵火都稀，汀煙似掃，萬里孤鴻別。鐔星塵掩，匣中雄劍誰說。　何意織葦編蕭，驪龍深睡，遺棄滄洲月。戍鼓沈沈淒角迴，聲入溪稠山疊。鷗路朋盟，鴨闌人語，心爲淹留折。蒼然林岫，歲寒應皓鬢髮。

滿庭芳　題汪璇甫静寄廬寫詞圖

側帽嬉春，題襟染酒，夢回身老歡場。解酲無術，歌畔且停觴。喚起詞人幾輩，來伴汝、素几芸窗。消磨久，今愁古恨，排遣入宫商。　虚堂。人寂静，裁成楮雪，秃盡毫霜。算朝迎海旭，夜剔銀釭。比似珊瑚鐵網，親手製、教襲巾箱。花枝下，披芬擷豔，風舞蝶兒裝。

浣溪沙　爲吴湖帆題《隋董美人墓誌銘》，即集銘字

迤殿妖花獨映人。轉窗涼月故凋春。餘香落黛竟成塵。　荒墜雪華凝委骨，夜臺風珮接嬌魂。九原終出匣瓊新。

摸魚兒　爲高野侯題許玉年先生孤山補梅圖

是前朝、負鋤人補，而今春覆游舸。吟魂呼喚逋仙起，誰與瘦行清坐。君最可。見買取、丹青寒具深妨涴。珠裝玉裹。替瑞芍軒圖，梅王閣寶，緣分結香火。　苔枝下、畫角曾吹半墮。陽關三疊低和。催程萬里州官去，那許荀龍閒臥。紅婀娜。問隴外、無花孰寄江梅朵。離舟箭笴。寫幾筆湖山，臨分别語，叮囑岫雲鎖。玉年先生爲予婦伯祖，圖卷爲將赴敦煌縣令任

所作。

還京樂　庚午閏六月十四日立秋作

暗塵滿，霎上朱絃素瑟難更理。怪竟牀冰簟，夢迴廿載，流光波逝。但廢堂愁對。緐霜醉髮西風裏。閆木了，驚省露井，梧桐先墜。向層闌倚。見霞沈西崦，千江共月，厭厭涼焰照地。疎星澹近銀河，悵青冥、渺非人世。最無端、教雁病蟲棲，蘭焚桂萎。漫續黃華曲，傷秋今古詞費。

玲瓏四犯　暑枕聽雨，感念長沙之亂，却寄婦弟左良生

瀛海風淒，送繞屋嬌雷，林外輕轉。乍拂燈簾，光颭露螢千點。天漢暗瀉河聲，便倒注、挂空飛霓。料墜荷、玉委波面。明日已成秋苑。　翠廚冰枕沈沈倦。夢瀟湘、故人天遠。斑斕淚染君山竹，愁望峯迴雁。無奈萬疊素瀾，洗瘴鎖、炎洲不散。念片帆怯弄，波浪闊，空靈岸。

齊天樂　題沈子培山水圖

一峯孤拄斜陽外。超然故人神理。看倒三松，難移片石，遺墨刳肝爲紙。藏舟夜徙。賸填壑情塵，付波哀涕。未要人知，畫成奚用署名字。　鄰牆曾唱小海。叩關呼喚我，樓檻同倚。夢繞河橋，行徑埭角，惟覺流光彈指。雲居縱美。但甌脱浮家，老來留滯。硯食生涯，候門貧畫史。

芳草渡

啄飲地，歎雁鶩分餘，自傷毛羽。又結廬人

境，蹉跎數改寒暑。歸擬深閉户。空綢繆陰雨。問故里，可任巖居，著我芒屩。漚聚。兩三勝友，暫泥流人隨分住。道猶有、冰天鏡海，飄飖共翔步。夢回酒畔，暗記省、年時題句。更醉拍，客裏傷春浪語。

石湖仙　題鄭叔問手書詞簡

人歸壺嶠。仗誰喚騷魂，來共悲嘯。重理舊吟箋，看行行、廉苦俊妙。珊瑚鐵網，省識有、覺翁遺稿。歌好。倩阿蘋、和我清嘌。　追思小城夜永，夢縈迴、書堂帶草。費淚傷春，何補平生枯槁。鶴去庭空，石荒芝老。屐痕如掃。波浩渺。山橋腹痛還櫂。

東坡引　小陽晴暖，庭梅欲開，一夕苦寒，丹蕚俱萎。攀枝惋惜，爲賦此詞

生愁脂蕚凍。圍帳選春夢。林間一夜凝寒淞。壓枝冰特重。壓枝冰特重。　誰持玉笛，無情三弄。又滕六、輕飛鞚。江南蕭索如隴。蔫紅都斷送。蔫紅都斷送。

其二

屑瓊裝户牖。凝汞滿堦甃。案頭凍坼銀缾口。蕚紅如病酒。蕚紅如病酒。　星躔錯亂，顛倒春候。怎禁得、春先漏。如此歲寒曾未有。惜花空在手。惜花空在手。

瑞鶴仙　寄題臨安洞霄宫

聳青岑座側。塵世裏入夢，仙宫歷歷。溪煙夜生屐。恍山靈招我，虛廊分席。行襟乍滌。便御風、飛上翠壁。有朝元路迴，誰道帝閽，九鎖無隙。　一段奇緣未果，倦臥江湖，老疏

登陟。東風動陌。春游地，總陳跡。料巖花，又似燒丹初變，番番紅錦浪織。費鵝溪數幅，難寫洞天片石。

三姝媚

辛未上巳後一日，雨過曉晴，偕朋輩游葉園賞牡丹。時林花已稀，水石間殘紅狼籍。憶前歲陪散原倚篠輪石闌西畔，崇桃爛發，仙葩紛披，景候彌暄，人花並勝。自翁索居匡麓，不復共游，吾儕命歡海濱，撫今懷昔，聚散之感，恍若霧星。因賦此却寄，以展離抱

催花春正老。又呼朋尋歡，四園同繞。渡水參差，認燕鶯仍占，去年亭沼。夢熟闌干，人坐對、山桃如燒。此際飄零，無奈東風，愛憎難料。　芳意而今多少。賸露壓煙啼，牡丹猶好。玉豔臨醒，弄舞裙香暖，翠尊重倒。謝客云歸，誰更有、吟懷清妙。欲倩江波西寄，漂紅倘到。

漢宮春

立夏，竟日風雨，適許寄叟寫示見和送春詩，因復倚聲繼之

風掃殘春，便青蕪匝地，花樹成陰。連朝乍晴乍雨，一雨還沈。酴醿醉纈，酒無多、藏恨杯深。人瘦損、量腰帶減，枕函香苦難禁。　鍊石補天何計，奈陽烏將化，填海冤禽。先澤秭雉淚涴，凋盡芳心。餞春似客，攬絲楊、重與愁吟。閑夢過、思量去日，後來應更思今。

渡江雲

有懷秦淮舊遊，用清真韵

微風蘋末起，過江采采，菡萏落汀沙。緑楊三兩樹，似舊垂門，隱約莫愁家。秋潮黛色，襯草髮、流水年華。凝望中、故人何在，衹有夜啼鴉。　堪嗟。歌鐘鳴地，戲鼓當坊，夢承平

白下。曾慣見、行煙步障，隙月糯紗。而今共灑新亭淚，動寒吹、一片荒葭。人更老、何心重問閒花。

風入松　六月二十五日夜立秋作

暮蟬不耐暑無休。嘶斷柳梢頭。開軒欲待金風入，奈斜陽、仍戀層樓。何處能尋涼意，畫屏閒對滄洲。　絳霄今夜碧雲流。銀漢薄生秋。紗廚旋解增眠味，聽西窗、微響簾鈎。蟲語還親堦砌，雁聲初遞江郵。

烏夜啼

玉繩初挂牆東。去花叢。遮莫圓如秋扇、感西風。　銀漢轉。衆星見。暗簾櫳。無奈寒螢三兩、露華中。

安公子

積潦浮平楚。橫流似此歸無路。跋浪東溟鯨噬惡，挾驚飈狂舞。動一片、金戈鐵馬喧簾户。和雁聲、瘦咽危絃柱。奈夜深潮上，又送傾簷飛雨。　愁極天難曙。沈沈壑谷鳴鐘鼓。旨酒一鍾憑戲約，算而今輸與。縱玉繚、雙珠璹瑁曾何補。拉雜燒、不道相思苦。料塞霜初下，更有哀鴻訴汝。

被花惱　辛未八月晦，偕林子有、梁衆異、徐紹周、趙叔雍、黄公渚游古漪園

殘廊曲轉度秋陰，吹落桂華如糝。透骨西風過闌檻。苔縈壁壞，欹斜水榭，翠藻遮清鑑。今古去憑石舫，繫荒煙，臥游奚事深深纜。　來人，珠玉臨流動悲感。丹青養晦，拚老江

湖，萬事輪肝膽。對槎枒怪木亂撐空，漫圖寫、霜容暮天澹。寂寞地，祇怯邊聲驚夢魘。

洞仙歌 爲楊鐵夫題桐陰勘書圖

憑闌點筆，一硯堅如鐵。照眼嵐光四窗接。借丹黄閒染、繡谷花深，開又落，冉冉蓬萊歲月。　元亭誰載酒，尚白何妨，奇字無人更能說。坐玩碧梧芳、待到秋風，也教替、書林掃葉。喚惠施、行載五車來，與據槁瞑吟、唱酬更迭。

一翦梅 爲吴湖帆題宋刊《梅花喜神譜》

却道君家似范村。卷裏生香，浮動黄昏。縹籤風拂緑芸窗，古墨吹成萬點春。　畫梅今屬畫眉人。婀娜枝頭，冰雪精神。强如壓擔用宮盤，手捻雙花，同泛清尊。

浣谿沙 題李拔可妹樨清花影吹笙室填詞圖

嚼徵含宮燭畔人。細調玉琯奏蕤賓。颯然秋上兩眉顰。　須曼花中聊示相，芭蕉林裏自觀身。繫匏誰解雅簧溫。

石州慢 自題填詞圖

花底清歌，尊畔墜歡，那與頭白。誰呼醉席魂馨，起拂硯埃教惜。箋天有恨，試遣譜入宮商，媧皇絃竹皆陳迹。宛轉訴愁環，聽秋蟲虛織。　岑寂。好山來夢，荒谷行吟，念中泉石。憑仗吴裝，替寫林嵐蒼碧。敲殘柳瘦，送老久厭名場，閒謳莫付南樓笛。曙海蕩行襟，澮叢悲餘憶。

一萼紅　再題填詞圖

畫中山。倘茅廬寄我，娛老翠微間。松籟添聲，溪琴摘遍，蒨舞當付煙鬟。奈不共、漁樵歌嘯，空羨煞、腰斧手綸竿。格五人情，桔槔烽火，留眼教看。　十載傷春塵海，負巖盟岫約，拍損樓闌。埋徑蓬蒿，庇身泥水，賸寫無益悲酸。歲華迅、如弦吐箭，又風攪、商葉戰秋乾。鬢雪髭霜都滿，誰辨吟斑。

天香　寄懷張孟劬燕京

辭葉林疏，回霜日澹，開軒望極天表。促遞鴻郵，與温鷗夢，暗念舊京寒早。翠微對酒，想最惜、觚棱殘照。簾館還依近甸，孤吟倦登壺嶠。　天囚孰憐二鳥。便人書、共君俱老。賸把廿年歌泣，漫收琴操。爲問藏山史稿。定不負、張柔蠹餘料。卷裏功名，寒巖胙了。

塞垣春　題葉遐庵夢憶圖

鏡樹曇花幻。化一縷、行煙散。飄鐙雨箔，竟牀塵簟，春夢教選。取鳳箋、疊作三生券。把過去、思量徧。看行行、蠶眠字，縛愁無奈成繭。　人事影追形，淒涼意、多墜京輦。片碣誌朝雲，道如露如電。粉窗開、不掃蛛網，房櫳窈、依稀回廊轉。禪榻換華髮，慰君經一卷。

浣溪紗　爲楊鐵夫作抱香館填詞圖題之

獨抱幽香倚枕吟。紉蘭誰會楚騷心。籠絃過指總商音。　栩栩莊周花罥蝶，聲聲杜宇竹棲禽。物情相感意俱深。

前調 爲張孟劬作山居校史圖題之

東觀遺書等見燒。遺山亭子久蕭條。獨君守闕碧巖坳。塞遠頓驚摧石挺，城荒無計換寒號。夢回霜角徹天高。

上林春慢 題林訒庵填詞圖

濯錦江波，褰采渙流，廿載鬢毛霜皎。廣樂在庭，仙璈隔世，依稀夢回蓬島。此聲難返，訝河轉、曲終分曉。漫相尋，向醉會惜歡，賦情娛老。　畫圖中、翠巖恁好。微吟處、一片石奇松矯。辨枝瘦筇，攜雙蠟屐，平生不虛幽討。照塵春服，更憐取、藉眠芳草。臥長瓶，且莫負、滌愁清醥。

玉梅令

斜陽做暝。雁路層霄夐。重雲黯、泛空孤艇。貯一囊紫錦，五岳具真形，靈賓付與、費人暗省。　釵遺佩落，塵昏妝鏡。憑誰見、曉珠明定。問棲鸞何樹，附鶴枉傳書，都不管、玉寒犀冷。

小重山

人事支離到歲殘。夢程天樣闊、枕難安。糾紛心目是關山。宵來雪、未比曉晴寒。　身世寄危闌。樓臺噓蜃現、不堪看。西飛多少雁聲酸。滄洲畔、問地可容寬。

澡蘭香 癸酉重午

皋蘭露洗，渚鶩春浮，屈指又逢舊節。斜釵綴蘅，細葛含風，那稱舊人霜髮。算年時、重反荷衣，芬芳而今未沫。擬醉無多，素醑先安蒲屑。　莫漫追尋宿眷，敗篋空存，等閒紈箑。懷沙恨渺，鬬草心慵，泩記夢痕難拾。和驚濤、小海歌成，誰省中流桂檝。但看慣、奪錦酣嬉，龍舟飛涉。

踏青游　送春夕，枕上詠荼蘼

銀燭銷風，珠簾半掀還掩。慣不寐、數殘更點。少年心，華胥夢，寢虛成魘。照倦眼，曾非舊時燈火，偏着再三追念。　徹骨荼蘼，宜人數枝紅釃。是過去、韶光浪染。枕函旁，些子好，相看誰厭。試爲我，低回勸花休睡，不放賸春偷減。

醉落魄　爲戴正誠題鄭叔問冷紅簃填詞圖

洞簫聲折。此聲一聽淒涼絶。蔫紅點點吴船拂。認是東風，吹下小城堞。　夢回似見荒涇月。紫霞舊譜誰能説。芳情暗與騷魂接。入畫闌干，猶自繞香雪。

長相思　爲趙叔雍題高梧軒圖

泫露清秋，籠霞素曉，一樹依倚層楹。開窗試納宇宙，風枝啼葉，拂瓦捎甍。據汝誰暝。有吟商小品，熨暖銀笙。戛玉敲瓊。喚蘋蓮、譜入新聲。　漫閑數、鴻來燕至，湖山閱世，借慰勞生。琴材記取，付與知音，倘感韶英。蠹眠細字，向青瑶、深鏤軒銘。料致巢、棲鳳無恙，濃陰解護疏櫺。

瑞鶴仙影

湯定之夢登吴興道場山，雜羣羽流中，聞呼孫太初仙去，異香四溢，覺而語人。初不知太初爲何許人，繼而知太初生明代秦中，名一元，著有《太白山人集》。殁後，遺鶴瓢、鐵笛各一。今道場山有挂瓢堂，其遺迹也。定之前身，其太初之道侣耶？因爲作夢仙圖，并賦此詞紀之。圖中諸羽流，定之所自補也

博山幻出驂鸞影，依稀一見仙客。裊堂篆永，餘香四散，尚縈瓢笛。霜巔岸幘。料名挂、清都玉籍。向巖棲、閒捫洞籥，夢醒證今昔。

因念苕溪上，古寺幽扃，久疏游屐。翠嵐記取，半真靈、去來蹤跡。漫染煙林，欠吴帶曹衣畫筆。費安排、一一道侣，雁序立。

清波引

二月二十一日，與黄公渚同步梵渡公園。蒙籠陂柳間，丹杏數株，已爲風雨摧敗。徘徊花下，感賦此解

闘枝紅杏。與輕釀、一番酩酊。舊愁重省。眼中畏前境。不識迓春路，甚意陰晴無定。可憐鶯燕多癡，鎮相守、落花徑。

垂楊乍醒。換金縷、歌舞最稱。繫春俄頃。奈妝壞難整。憑誰向伊説，兩誓風盟先冷。且恁窺我牆東，暫娱芳景。

杏花天影

綰愁絲柳棼難理。漫分付、煙梳霧洗。一春無路不吹花，甚計。呪東風，且退避。

簾垂地。衾横枕膩。那禁慣、珊瑚香氣。困慵身在翠雲窩，擁髻。誤流螢，强唤起。

醉吟商小品

白石自云：『於金陵遇琵琶工，解作《醉吟商胡渭州》，因求得品絃法，譯成此譜，實雙聲耳。』今考旁譜，乃夾鍾商，用上字殺，俗呼雙調者，是『聲』字乃『調』字之訛耳。郭茂

倩《樂府詩集》載《胡渭州》二首，引《樂苑》曰：『商調曲也。』王灼《碧雞漫志》曰：『《唐吐蕃傳》云：「奏《涼州》《胡渭》《録要》雜曲。」今小石調《胡渭州》是也。』小石亦商調，用尺字殺。《宋史·樂志》：『教坊所奏，則入夷則商，用凡字殺，俗呼林鐘商調者。』然則《胡渭州》前有小石、林鐘商二調，白石所譜則爲雙調。琵琶弦無折字，今旁譜有折字，蓋由絃譯入篪笛也。因與公渚論定旁譜，值庭前玉蘭已謝，遂用此賦之

漸似曉星稀，賸得綴枝三五。未禁風妒。夢絶蕟天路。窈窕芳心誰訴。淒涼澗户。

浣溪沙慢

三月七日，偕黄公渚、梁衆異訪龍榆生、盧冀野真茹，重游張氏園。榆生爲設酒寓齋，賦此報謝

雨宿潤路陌，晴午暄村野。印苔步屐，穠李夭桃下。相映秀靨，薄染鉛脂冶。芳意供陶寫。重拂小闌干，稱吟箋、零騷碎雅。逝波瀉。送過去年華。歎兵塵未了，亭舘無多，誰問花開謝。往事夢回，鶯燕也驚詫。一醉非無價。其奈獨醒何，酒杯中、陽春和寡。

前調

庭前海棠兩株，移自北都，今七春矣。作花始盛，一夕風雨，遂爾空枝。感而賦之

曉色度繡幙，霞影籠雲鬟。未須灎蠟，仍照重欄左。千萬護惜，恰繫金鈴妥。曾奏東皇可。何意緑章空，雨兼風、春陰負我。捲簾臥。記夢事經過。恨燕宫錦段，花海重綃，彈指都殘破。滿地墮紅，狼藉淚痕涴。一例無關鎖。曾是舊恩疏，且從他、煙包霧裹。

江城子

好春曾未細思量。去堂堂。向何鄉。不許緑

陰、深處臏殘芳。瓶供受風簾子罅，紅亂旋，著胡牀。纖悲微痛挂肝腸。雨垂楊。一行行。舞態婆娑、金縷也郎當。鶯燕不知人已老，難共汝，入歡場。

燭影搖紅 和惲瑾叔

煙羃林陰，海暾半浴宵來雨。小陂新漲没蒲根，蜃氣噓晴浦。垂柳夢牽萬縷。翠娉婷、東風嫁與。地卑江迴，水國春空，沼沼平楚。無定暄涼，一番做弄清和午。到門芳草舊心情，腸繞天涯路。何事鶯猜燕妒。料危巢、難安倦羽。倩誰采采，剩託微波，搴香蘅杜。

千秋歲 題漚尹手書詞卷

禮堂日暮。自寫潛韶護。餘墨燦，遺芬古。留教珊網拾，會入瑤琴撫。清夢斷，尋聲暗記千巖譜。往事皋橋路。載酒停橈處。春幾換，人非故。鶴邊雲侶散，雁候霜羣舉。風雅老，伊誰更問閒鍾呂。

八聲甘州

聽愁霖一陣打窗來，層陰黯重軒。任皋雷殷地，梅風拂渡，莫掃蠻煙。江擁涕洟入海，楚夢總無邊。誰管湯湯水，漸蹴昊天。廿載萍浮南北，問故鄉何所，能守田園。覩嚙根桑盡，本不植高原。對滄洲、潮吞汐捲，恐陸沈、深恨有難言。空凝望、止狂流駐，休漲前川。

前調 題避暑山莊圖

溯木蘭秋獮幾何年，淒涼玉關東。悼君聲不返，河傳銀漢，水調徒工。可惜移盤人去，苔路鎖離宮。還見巫閭頂，望海堂空。往事禍萌駸乘，更難羈畫室，相業凶終。怎興亡彈指，簾殿付飄風。想油油、過墟麥秀，有夕陽、來照晚山濃。蘋香汧、費丹青染，啼血鵑紅。

鷓鴣天　謝陳丹初寄贈鐵觀音茶

黯濟巖巔繡古春。慈光依舊照南陳。硯田種得嘉禾早，詩境咀如苦茗新。　枝灑露，舌生津。書窗憑藉破昒昏。年時二水評量慣，煩子頭綱寄與頻。

竹馬子

尋荒夢滄洲，江程暝靄，寒生汀渚。漸更隨雁警，林銜月遠，淒迷平楚。漫拍一角闌干，商謳夜永，素琴難御。潦倒酒杯空，伴閒身，醒醉悲歡離聚。　對此驚桑海，頻搔皓髮，鎮依枯樹。樓居似託孤嶼。還澀吟懷機杼。寂寞自掩深幃，露蟲聲碎，如泣天涯路。屏山四壁，臥向成回顧。

浣溪沙　爲徐貫恂繪瀹廬品泉圖，兼題其《皕鏡簃詞》卷

明月窺簾學鏡圓。碧苔生砌小如錢。兩般風物落吟邊。　拄杖也曾沽美酒，開匳誰不惜朱顏。衣冠來夢古詞仙。

前調　爲許疑庵同年作檀干夜讀圖題之。疑庵方得厲樊榭《宋詩紀事》稿本，爲之勘訂

燭下閒勘瘦厲書。網羅雖博亦多疏。知君補訂老能劬。　泉石靜於花隱地，丹青工愧米樓圖。北黟山色畫難如。

桃源憶故人　爲徐積餘繪隨庵校碑圖題之

平生兩屐名山徧。袖拂蒼崖苔蘚。氈蠟拓歸千卷。支架題碑苑。　閒從石墨求文獻。老眼細書無倦。功比君家鍇鉉。字字丹黃燦。

以上《呹盦詞》卷四

以上《呹盦詞》

一萼紅　爲蔣穀孫題黃秋庵書畫册。册凡七紙，末臨《七姬權厝志》，往昔購自故都，與其姬人奩物同載南歸。越七年，姬病亡，穀孫以爲識也，覩物傷情，悲不自抑。因爲倚聲，以廣其意

碧蕉窗。有牙籤錦贉，堆疊在匡牀。過眼銘心，篆顏鈐尾，皓腕親爲扃藏。就中記、蓬萊妙筆，染牋素、嫣絶小梅妝。感觸金盤，識分鈿盒，教數年芳。　曾是玉環深囑，耿無言相憶，肯負韋郎。畫帶雙花，檀奩七楮，念昔同載歸裝。墨華璨、還珠仍好，最憐惜、人故手馨香。夢裏十洲仙路，挽斷雲裳。

定風波　題林子有歸梅圖

似與君家有夙因。亦緣老眼賞能真。古榦著花三五朵。婀娜。街頭相遇訝輪囷。　還與東風權做主。買取。酒邊消受一番春。便遣槖駝將送去。容許。芳心戀故豈忘新。

歸國謠　憶崇效寺牡丹

芳砌。玉佩亂翻風細細。露華如泫新淚。　數枝紅委地。幾度酒霑羅綺。瑟絃驚變徵。買春誰向蕭寺。別來殘夢逝。

荷葉杯　憶極樂寺海棠

側卧捲簾花下。無那。爲憶故都春。錦堆花

往日琳宫香國。零落密夢重温。難解舊眉顰。誰惜。多半晚妝殘。一枝斜倚玉闌干。不堪攀。

歸國謡

欲潮上。夜半水聲驚曲巷。一家如坐孤舫。行無兩槳。急雨又穿簾桁。不堪前後浪。倚闌人自惆悵。峽雲愁在望。

荷葉杯

一夜雨簾風箔。如昨。天意弔殘人。枉將哀淚洗兵塵。江海杳難分。結得蜃樓千丈。相望。浩浩到危闌。人間何地是高原。惟有衆星乾。

卜算子　詠荷，仿白石《梅花八詠》

灩灩玉泉波，靄靄斜陽渚。翠蓋娉婷入望中，遮斷西涯路。閒放碧筩杯，愁挹金莖露。偃盡菰蒲一鏡空，倒影宫城樹。十剎海，在北京禁城外西北角。玉泉餘波，溢爲陂澤，荷葦蕭蕭，爲都人士逭暑之所。西涯一角，明李東陽所居也。

其二

采采涉江遥，一夜西風起。偏是紅芳欲落時，漫向汀洲艤。分與井中脂，染作花頭淚。憶著南朝總斷腸，妝鏡銷殘綺。玄武湖，在南京臺城下。洲渚之際，草樹蒙翳，荷芰環之。仰望殘堞，牆雉齒列。自北極閣俯觀，則波圓如鏡。

其三

縹緲五更風，夢入還鄉路。瑟瑟秋聲那忍聽，欲訴憑誰訴。落日下花洲，柳鎖徐亭霧。

折得殘紅半不收，愁絶無言語。吾鄉東湖，在城中央。先兄芰舲有别墅，在徐孺子亭南，軒窗瀕水，滿植荷花，百花洲前，荷尤盛麗。隔江西山，黛色横郭，落日渾茫，一舟容與。少年時承平游讌，良可念也。

其四

水篔展晴漪，風幌摇花壁。午夜舟游晚未歸，露洗明妝出。化作百西施，嫁與夫差國。豔色傾城又沼吴，一瞬興亡迹。曩在吴中，每秋輒放舟石湖，泊越城橋，觀串月橋外湖蕩，荷花綿亘十餘里，即范蠡入五湖處。刼來萑苻嘯聚，游者絶迹矣。

其五

藕孔夢初回，暗覺紅薌迴。消受湖山五度秋，追憶成俄傾。葉動戲魚驚，花颭明蟾冷。誰與蘇華作主來，夜夜西風警。杭之西湖植荷，以南湖爲盛。予自己未冬至甲子秋，居杭五年。留戀荷鄉，不忘清景。丁丑再至，則裏湖補植殆徧，波路容舟，才通一線。兵塵遽起，不及賞玩而去。

其六

歷下舊經過，曾上湖亭眺。一舸斜穿葦徑間，三兩花娟好。試聽采蓮歌，不似江南調。相映驚看海旭丹，半入仙壺嶠。辛亥秋，過濟南，遊大明湖，登歷下亭，時湖蓮凋謝，惟餘三兩花而已。居民以葦蕭爲籬援，庭户多在波間。齊人澤居，兹爲异耳。

其七

風動葉鱗鱗，屈指秋聲轉。長記年時畫舸嬉，徹夜喧絲管。墜粉入紅波，低面藏青繖。驚起鴛鴦不得眠，煙雨都吹散。嘉興鴛鴦湖，每歲秋，游人連櫂，競賽絃管，煙雨樓前，蓮芰雜植，而菱實尤美。余嘗兩至。聞之藥夢云，官蕩畢拔壩，植荷最盛，惜未能泛舟一游也。

其八

窈窕四溪花，人影晶壺澈。十里波聲霅霅來，

定風波　爲顧公雄題歸梅圖

認是君家老瓦盆。緑苔深護古梅根。江上重逢花發後。依舊。多情健步遠移春。　似爲此花添掌故。賓主。畫圖各記去來因。便遣西岡園吏折。分接。三姝那得各雙身。

琵琶仙　公渚納姬，工奏琵琶，賦此調之

巉絶商歌，倩誰與、度入秦箏燕筑。宮樣裁出檀槽，吴姬擅塲屋。春思滿、風屏夜碧，試呼取、照妝銀燭。攫向温絃，搊將義甲，催付新曲。　料攜手、闌角花陰，替描染、雙峯上眉緑。垂柳十分婀娜，比腰肢纖束。霜露冷、秋生肺腑，倚玉人、淺泛醽醁。想抱明月盈懷，散愁千斛。

萬柄都嫣絶。　彈指換清商，風笛何人擫。夢境相尋總不如，一片淒涼月。吴興夙號水晶宮，一水穿城，迤邐至霅溪，水聲合苕溪、前溪、餘不溪，霅霅然至。舟行蓮中，舷葉相擊，若相應對，較石湖蓮蕩，又别開境界也。

緑蓋舞風輕　己卯七夕作

昨夕步蓮塘，澹著西風，泠泠起秋思。今夜銀潢，微波凝不動，玉漏迢遞。一葉鏗然，又金井、梧桐先墜。弄仙姿，的皪行珠，光照流水。　閒倚。極望天西，月影臏如鉤，小挂簾底。鬢亂釵横，問誰聞、鈿約語聲輕膩。楚夢荒唐，峽江隘、深閨雲閉。兩星移，應笑世間癡計。

距我一牛鳴地。堪歎換谷移陵，深杯在手，舊節聊喚相對。綴秋場圃有黄花，籍野成嘉會。看疊疊霞峯峻峙。難酬懷遠傷高意。料夜來、霜風緊，更促哀鴻，怨嗷天際。

垂絲釣

寓廬南窗下臘梅著花，嫣然獨絶，尚是康橋園中舊莳也

綴枝鈿裊。黄宫微動春早。迸淚玉盤，三兩娟好。金盞小。勸莫辭醉倒。南簷曉。任寒禽漫噪。點酥染酒，芳心知費多少。舊巢似掃。形影憑相弔。人與花俱老。殘夢覺。被冷香暗惱。

前調

黄公渚、君坦兄弟寄示新詞，譜此報之

引商犯羽。清歌多費含咀。玉漏漸沉，行雁移柱。絃上語。要理琴自譜。鈞天賦。倘

玉京謠

己卯中秋陰雨，夜半開霽，月色甚微。貞白、眉孫先有作，因步之

曲檻閒凝佇，過雨簾櫳，漸有微明遞。已報三更，纖阿西御彈指。罥霧宇、輕比鮫綃，枉滢徧、方諸清淚。朦朣裏。河山影滅，蓬瀛塵起。　人間萬感都非，悵望浮雲，變古今玉壘。瑶瑟驚心，寒絲難與同理。静夜遥、誰典涼秋，照鏡海、不成煙霽。霜驛寄。無據雁音千里。

霜葉飛

己卯重九踐湖帆、榆生滬西農場之約，因過康橋舊居，感喟繫之，賦此，用夢窗體

跨橋成市。疏籬畔，吾家闌檻誰倚。露廊煙皁夢重經，都墮兵塵底。徑屈曲、車穿巷尾。無端聾耳喧觮吹。記往日窗櫳，柳浪隔橫衢，

飛聲帝所。九關深掩，依稀鬟鬢風霧。畔愁意古。還遺壎篪互。書寄吟邊侶。情思苦。共睠懷故宇。

雪梅香

懺庵齋中茗談，展誦所著《半舫詞》卷，因賦此。題之『半舫』者，其出使古巴所顏居也

水澄澈，鏗然一曲上孤桐。認蓬瀛歸棹，攜來海角仙峰。渲染霜華熨寒寂，揣侔雲物麗晴空。錦紋織，萬草千花，知費春功。　沖融。夢痕繫，伏檻心情，半舫蓮風。剥荚論文，盡披閱世深衷。茗碗光浮動巖碧，飯盂香暖清番紅。閒悲恨，共付危絃，彈看飛鴻。

黃鸝繞碧樹

林樾朝開霽，風收宿霧，路餘殘潦。病起身慵，戀袍綈負曝，杖籐扶老。泥人燕語，似微受、韶華相勞。惟是我、就裏心情易損，歡悰偏少。　舞席歌裀縱好。祇蠻花、向春喧鬧。酒尊畔、總無多信息，能解愁惱。最苦避兵藕孔，尚認作、仙壺嶠。誰憐徧地飛英，際天芳艸。

徵招

梵渡公園賞櫻，因過鐵尊故居

東風一放朱櫻破，園林噀空霞綺。記得去年來，小闌干依倚。落紅漂逝水。賦情老、惜春多淚。欲把鄰翁，隔籬呼起。洗杯重醉。　何計。返騷魂，天關迥、埃風上征無際。賸有舊吟樓，擁鶯花愁悴。積塵閒素几。更誰喻、故人琴旨。夜臺夢、歷歷追尋，付嘯啼山鬼。

小梅花

集古語

弩射市。誰先死。城中薄暮塵飛起。劍頭

語。惟恐瓊籤報天曙。月纖纖。向西崦。無奈傾城，消息隔重簾。

祝英臺近 庚辰二月十三日春分，和懺厂

柳如癡，花似夢，誰解作春主。燕雁相逢，腸斷代飛路。可憐九十韶光，勾銷一半，怎禁受、無情風雨。 酒帘處。還看扶醉人來，鼕鼕社邊鼓。那得長繩，教繫隙駟住。可曾再有三分，一分流水，更分與、二分塵土。

前調 花朝，示懺庵

摽梅稀，紅杏鬧，金縷綠楊換。日鳥風蟲，紛逐舊庭院。望中小白長紅，一開一落，也須費、東君拘管。 大隄畔。荒蹊密影重重，春意已過半。后土煙昏，薰染碧蕪偏。向來笑值芳辰，傾杯一醉，那曾似、今朝悽斷。

炊。翁攀枝。盲人瞎馬，夜半臨深池。官家養蘆化成荻。蘆生不止自成積。勢牽連。三十年。若欲敗時，當在江湖邊。 新亭淚。楚囚對。風景不殊河山異。叩缶呼。歌烏烏。人皆集菀，我獨集於枯。虎從北來鼻頭汗。龍從南來登城看。犽吽牙。桀乘車。毋使麒麟，受絆鸞籠筊。

前調

青蕪地。鶯聲碎。那堪故國愁眉外。石頭城。蔣山青。可憐二月，三月花冥冥。臨春結綺荒荊棘。江艸江花豈終極。舊溪堂。黯相望。曾爲久留，金勒一回腸。 柳梳掃。秦蘅老。芙蓉泣露香蘭笑。夢驚頻。倍銷魂。終是先期，零落更愁人。背鐙獨共餘香

春從天上來

幾日春狂。便緑徧蘼蕪，折盡櫻棠。掃衢飛絮，霑夢絲楊。彈指換却鵝黄。怪娟娟蜂蝶，甚意緒、頻叩閒窗。九迴腸。把年時景物，都上思量。　參差墮紅殘萼，但亂點流波，浪逐浮觴。野堠星棋，澄江風帛，旛影競出叢芳。對川平如掌，誰酹酒、一弔興亡。事堪傷。賸透簾斜月，微度鸎簧。

淡黄柳　題厲樊榭西湖餞春圖，圖爲奚鐵生所繪

紛紅駭緑。無限傷心色。刻意攀春留不得。貯就濃愁萬斛。都是東風去來迹。　舊襟涇。依前酒痕碧。載煙雨、小舟仄。奈無端、夢落青蕪國。畫裏湖山，古今憑弔，教染離人淚墨。

夏初臨　依劉巨濟體

羽扇忙閒，葛衣添減，難禁瞬息炎涼。冰簟侵肌，旋聽急雨鳴廊。小屏誰畫瀟湘。夜無多、入夢偏長。迢迢平楚，疑雲未開，深鎖巫陽。　烘簾榴火，拂檻蕉風，暗驚物候，教促年光。春駒晼晚，能消幾許輕狂。試與排窗。燕歸未、忍覓雕梁。漫相望。人間逝波，到海迷茫。

定西番

柳外一聲羌笛。風片過，月輪浮。倚層樓。　襟袖露華微溼。玉河天畔流。依約夢痕難覓。落滄洲。

破陣子

萬里闌干初夜，三更枕簟微涼。難測秋風臨早晚，閒把春宵較短長。夢魂仍在牀。　露下花頭泫淚，月來地上鋪霜。淒絶雁聲江外遞，多少離人欲斷腸。暗蟲猶打窗。

河傳

温教授三闋，音響略异，而皆入南吕宫。昔年曾譜其一，茲補其二。庚辰七夕作

雲澹。風歛。漏丁丁。銀浦看渡雙星。一年一夜別後情。露庭。爲伊低按笙。　蛛網斜挂向人嫋。盆甑艸。閒傍井欄小。鳳無媒。鵲繞枝。路歧。可憐無樹依。

其二

銀漢。天畔。路迢迢。架水偶横星橋。離合瞬息恨不銷。一宵。送迎空自勞。　鈎月西下露花底。花葉萎。都染別腸淚。夢牽情。喚不應。向明。曉仙騎鶴行。

月當廳

庚辰中秋作

昨夕露下湛湛地，離人到此，無限秋心。繚繞畫闌，蟋蟀不駐愁吟。天上桂華自老，伴姮娥、偃蹇小山岑。壯懷損，瓊樓何在，更遣憑臨。　霓裳舊譜誰重按，料歌殘、曲中流徵難禁。鏡影挂空，千古直鑑而今。曾是昔賢斷腸處，較量悲恨一般深。還獨坐，鈎簾未寢，白首霜侵。

惜黄花慢

庚辰重九對菊作

寶靨秋妍。奈戀頭破帽，難掩華顛。未堪插鬢，試將勸酒，杯深貯淚，花淡忘言。砌闌不解相遮護，幾曾耐、霜苦風酸。意萬千。賦情

盡改，吟抱誰寬。　今朝漫啟重軒。念故人厚我，九日糕盤。地偏江迴，倚樓甚處，籬荒徑鎖，滿袖何緣。數枝莫熨淒涼夢，但開向、重疊愁邊。恨逝川。送人浪水彫年。

水調歌頭　十月十七日陸放翁生日，眉孫、貞白招集半舫坌詞會

昔泛若耶上，艤棹鑑湖旁。涵空一角如鏡，來夢古冠裳。緬想渭南老子，猶署蓮花博士，管領水雲鄉。我欲起爲壽，分醉酒千觴。　鼎彝列，詩歌具，誦琅琅。問翁不死何在，文字日星芒。淒絶沈園釵鳳，爛若燕宮蜀錦，餘事壓詞場。今夕共兹趣，梅動意先香。

蝶戀花　壽閔母芮夫人八十

瑶砌叢萱丹蕊放。比似溪南，松菊曾无恙。一笑雙扶靈壽杖。綵衣共舉金尊兩。　紗幔繡餘聽夜講。賜也言詩，合作諸侯相。照世潛光如玉朗。延年美意真無量。

長亭怨慢

問江外、東風多少。苒苒年涯，越梅身老。儘有疏枝，未須繁艷弄晴昊。一程春近，誰駐得、雙丸跳。不信倚鑾花，薄薄酒、能消愁惱。　撥棹。悵湖山咫尺，已似海天壺嶠。滄波萬變，怎容許、故人漁釣。耿相憶、蕚緑華來，夢飛入、樓臺丹縹。讓拍徧闌干，曾否仙裙仍好。

滿庭芳　十二月十九爲東坡生日，陳蒙庵、吴宛春招集半舫齋作會

枕上軒裳，尊前琶板，悠然一鶴南飛。彭山煙

草，千古色青回。摹取梧門畫木，方瞳碧、玉貌如圭。今何似，乾嘉勝日，韵事踵覃谿。公詞。高絶處，難尋迹象，組自仙機。把天風濤海，擫竹調絲。休問熙寧往事，文章在、世莫能非。重追惜，遺編繪詠，都付燼中灰。覃谿所藏宋槧蘇詩，乾嘉諸老，繪詠殆徧。後歸吾友荆州鄧定丞太守承渭，清末爲某傖所巧奪，付之一炬。

玉樓春　爲吴湖帆題《金玉其相》册

醮兒酺婦傳家器。連理盤中芳醴味。雙雙勝過玉鴛鴦，一一鏤成金翡翠。　合歡堂上調鸞吹。二十三絲飛動意。年年譜取定情詩，彈作楚聲清且麗。

前調　爲張伯駒題紫雲出浴圖

碧桐浄洗新涼後。嫋嫋輕雲籠弱柳。畫中不見緑條春，惟見天然瓊樹秀。　此圖終落詞人手。莫是前身君自有。假饒呼出果真真，應把新詞教上口。

杏花天　蔡柯亭以箋釋沈義父《樂府指迷》寄示，題此贈之

比音脣吻詞人事。要兼重、詩心樂體。環情脈注文交綺。分得清真法髓。　論津逮、而今有幾。識途馬、飛騰萬里。書成試把雕龍擬。應是前身慧地。

瑶華　夢招别去，索居南海，不勝惆悵，書來，云有歸志，譜此寄慰

胚花吐葉。何限東風，解離人愁結。桃潭千尺，吹未散、太古荒崖晴雪。輕塵朝雨，斷魂色、垂楊低拂。曾幾回、浮白能消，懊惱玉壺

敧缺。　平生此意無多，忍一點韶華，都付啼鴂。情懷要遣，行坐處、姑莫淹留心折。夜闌軟語，起奏向、朱絃疏越。念暮春、祓禊人歸，正值詠沂芳節。

玉樓春

廖懺盦貽雪茄，賦此報謝

五銖衣染鵝黄淺。纏裹中單銀葉軟。生煙妙體出瓊田，心似芭蕉終日卷。　滌煩消膩同茶串。更助吟思宵不倦。多君貽我寶匳雙，勝獲芳茹教强飯。

醉春風

不道春俄頃。飄零花滿徑。緑楊深處囀黄鸝，聽。聽。聽。香夢牽絲，膩情霑絮，漫勞三請。　宿霧昏妝鏡。微黴生畫幀。晝長庭户寂無人，定。定。定。猶惱東風，一番吹動，竹華簾影。

卜算子慢

酴醿花下作

繁香一架，濃翠四鋪，徹骨染成春酒。拾取狂情，漫遣故人拈齅。鬱芳心、解殿韶光後。奈豔絶珍叢，引蝶勾蜂，隊隊喧晝。　迤邐鄰牆右。嘆次第飄零，不堪回首。折向盤條，那忍罥衣傷手。放殘英、被掃風如帚。問幾日、煙啼露壓，尚園林依舊。

惜雙雙

依張子野體自題燕子磯圖

江草無名萋萋長。巖畔有、榴翻火浪。山雨乍落春漲。水痕新過前痕上。　燕燕參差來復往。應記省、烏衣舊巷。千里縱目凝望。兩三帆影空無恙。

唐多令

莫倚月邊樓。風簾自上鈎。被鄰機、促盡更籌。玉笛一聲亡國恨，新水調、變夷謳。　天漢四時秋。高江日夜流。蹙吴峯、兩點眉愁。屈曲屏山圍卧枕，遮不斷、夢中眸。

玲瓏四犯　依梅溪體壽林子有七十

手擷黄華，爲醮染霜腴，詞客風味。白首吟邊，不負晚秋芳意。猶記華嶽峰峯頭，共悵望、玉京天際。看數番、瀛嶠滄桑，長戲洞仙人世。　故家喬木今無恙，蔚青陰、繼前清美。十年更易顔堂榜，重拜天題字。還待皓月絳霄，來再折、蟾宫丹桂。料雅歌、先付銀笙低按，一尊花底。

齊天樂　壽郭嘯麓六十

宦成還向王城隱，迢迢歲華難老。太液分波，西山送爽，不遺纖塵飛到。顔朱鬢皓。傍磨硯丸烏，納楹籤縹。鼓吹中州，事功甯較遺山少。　珠宫飄下桂子，又凭高會近，籬菊霜飽。采石吟聲，河陽畫意，白寫平生襟抱。游仙句好。是冰雪心胸，久生梨棗。萬里雲羅，待傳初度稿。

月上海棠　賦秋海棠

春花零落春無計。讓西風、占得些些地。石角牆陰，與安排、一般秋意。人間小，自有糟鄉任醉。　芳叢深染胭脂膩。數風流、畢竟真相似。莫恨煙霜，最能消、斷腸滋味。珠簾捲，恰好銀蟾照睡。

瀟湘夜雨　自題瀟湘圖

霜掩江蘺，風肥洲莽，畫中一線君山。愁深眉黛有無間。煙霧渺、都收帆席，波浪濶、誰著綸竿。微茫處，丹青不染，水墨生寒。雁回天外，一年一度，人倚危闌。記年時飛渡，雷走空灘。秦火後、猶餘石赭，淼潦外、惟有星乾。湘靈去，泠泠玉瑟，姑向數峯彈。

玲瓏玉　題鄭叔問爲擬紅女士寫水仙紈扇

金姆橋東，記曾覿、月白沙昏。仙裙不繫，替誰更寫愁顰。素手宮紈玉映，想當筵回睇，呼喚真真。銷魂。還擎杯、親與似人。貌得凌波倩影，悵蓬萊清淺，羅襪生塵。奈共貞芳，兩無言、上叩靈閽。淒涼南羈身世，就中擬、騷心一片，天水王孫。舊歌扇，賸寒花、湘渚夢痕。

紫萸香慢　廖懺盦有憶放琴客之作，賦此調之

展愁陰、園林春老，落花肯罥游絲。早無多香夢，更沾惹，緑楊枝。不惱東風情薄，恨韶華難駐，去壯來衰。又因伊惆悵，憶我少年時。渾算枉負、酒邊黛眉。　相思。寫上新詞。渾不是、舊心期。怪傳箋綺語，風流未沫，翁尚然脂。春懷放歸蠻素，怳如誦、白家詩。道釵鸞、故恩仍戀，白頭游戲，還織錦字仙機。寬盡帶圍。

玲瓏玉　子有賦螺殼道場，譜此賡和

牆牖生涯，總都被、畫筴消磨。行沙弄夕，一雙取自恒河。納納須彌芥子，問維摩方丈，多少么麼。蹉跎。嗟吾曹、身世坎坷。漫道

檀施溢路，歎螺難成飯，翻化爲螺。餓死臺城，縱梁王、也木如何。終是鷃遊蟲入，算無地、能容乾浄，著我行窩。飲狂藥，醉中人、聊當亘羅。

鷓鴣天　壽仇述庵七十，時將歸秣陵

按抑朱絃覓徵聲。人間落韵賦河清。眼前看到三松倒，胸次單教二樹生。　花再發，柳重青。春風著意荅山靈。繞門書帶康成宅，一慰漂浮南北萍。

桃源憶故人　和懺庵

秦箏暗度商聲早。促弄崑園悲調。一曲尊前歌好。無計分啼笑。　稼軒詞句人傾倒。比似蘇門長嘯。争奈曉寒雞報。夢醒愁難了。

其二

醉楓顔色如年少。霞赤不憎霜皓。一艇酒囊詞稿。合賦漁家傲。　城市井窺蠡測小。何似五湖游釣。除是雨巖重到。拚向期思老。

其三

滄洲屏畫眠鷗鳥。枕上夕憑朝眺。總被衰楊絲裊。極目煙氛窈。　卧游翻被丹青惱。都是添愁資料。握手不煩相告。欲去鄉關杳。

石湖仙　潁人書報北京大雪，咫社拈調，以得雪命題，是日滬亦大雪，遂賦之

鑒風機杼。掃敲損瑶瓌，裝點庭樹。相映十分寒，倚桃鬟、仙衣縞素。玄雲鐫壞，有萬段、玉龍狂舞。冰嶼。念上京、咫社尊俎。　逍遥夢邊鏡海，繫雲羅、孤鴻迅渡。換角移宮，

掩抑哀箏危柱。石老天荒，曲幽絃語。此情終古。君漫與。而今孰問鍾吕。

玉樓春　題關潁人『梅花香裏兩詩人』圖

吟肩並倚寒香裏。梅老連柯相對比。蕊紅數點面酡温，萼緑一般肌粉膩。　銀鐙寶瑟調鸞吹。二十三絲飛動意。南音正始出璇閨，珊網雙收春卅四。

撼庭竹　用王晉卿體題葉遐庵竹石長卷

一幅晴窗戲濡墨。形竹態千百。習齋次第爲圖列。仲圭行看留真迹。清影愛篔簹，還寫伴拳石。　與可東坡今再見，洵揮灑尤力。迸跳垛疊從君筆。風翻雨戰未休息。不折老來剛，曾竹鄉深入。

惜餘春慢　辛卯送春

數折闌干，連番風雨，縱目黏天芳草。狂花易盡，墜絮都空，來路塵沙如掃。惟是危巢燕歸，雙語呢喃，也羞人老。向酴醿香裏，擎杯相餞，被花深惱。　旋過却、輕暖廊陰，殘寒簾底，夢歷曾誰分曉。消除豔綺，換布濃青，腸斷杜鵑林表。無奈傷春淚多，春不可留，何如歸早。任年華波逝，堪憐身世，免縈懷抱。

江南春　憶吴小城，鄭叔問故居也

煙暝蕪深，霄空篠勁，坡坨苔上穹垤。宮黄換柳，似舊眉、難解愁結。林表金烏没。蒙籠辨、女牆半截。甚處是、勾吴往迹，一碧無痕，風枝總掛蘿蔦。　芳涇水，春淚咽。濺古豔斑斑，漫塗花頰。沿流蒨草，罥竹隔、橋南風月。人往風流歇。傷高句、賸題彩箋。濠股市頭，惟有啼鶯，傷心故巢林樾。

木蘭花慢

聽河聲度雁，破雲影、下高空。止別館驚秋，闌干倦凭，殘月微籠。山重。裹煙霧渺，似巖巉岫迴未曾通。凝眼樓頭萬里，淚珠桁箔飄風。離悰。此夜誰同。無限意、畫屏中。最惹恨牽愁，無端貌取，十二巫峯。疏桐。向庭院靜，奈蕭騷到耳倍惺忪。況有哀箏怨笛，數回吹入房櫳。

踏青游

用王晉卿韻

雙屐塵扃，層樓困迷昏曉。燒漸没、青回霜草。舊游蹤，重憶省，度空飛鳥。柱杖起，依稀夢曾經處，紅疊亂霞頹照。寂寞生涯，終年道家蓬島。便一往、花園柳繞。這心情，渾似醉，愁多歡少。甚計可，追隨俊遊人後，復與燕鶯爭道。

絳都春

憶稷園芍藥。雍正初，社稷壇工蒇，帝親率臣僚履驗，旗員某不學，遽請建屋壇上，帝不之罪，但微笑曰：『不太早麼？』稷園即社稷壇也，辛亥後淪爲中山公園，今曰稷園

壇花泫露。似淚灑故宮，油油禾黍。翠擁豔葩，零落東風春來去。百年一瞬興亡遽。罥滿眼、游絲飛絮。被教殿後，妍華易盡，小鈴深護。回顧。重跗累萼，漸風弄、暗粉蕊塵盈路。絢爛拜郊，蕩漾桑乾關心處。狂香浩態今頻覷。怎禁得、無情風雨。覺來獨對情驚，未容漫與。

蕙蘭芳引

霜醉晚楓，斂餘照、半明江閣。漸極浦舟回，燈際片帆乍落。背城暮景，認舊倚、闌干西角。恨玉人不見，此夕河橋蕭索。　素月初弦，西風如箭，黯澹簾箔。便千種思量，終悔負伊誓約。孤尊在手，散愁酒薄。虛睡幃、魂夢枕函難託。

念奴嬌　題巢章甫海天樓讀書圖

九溟噓翠，有奇光常接，蓬萊藏室。平揖太清闌檻迴，兼並海源天一。洞穴龍威，津梁鼇架，輦至如山積。珠塵量取，旭暉騰照窗隙。　壺嶠寫入丹青，仙乎脈望，游戲瑯嬛壁。洛誦琅琅聲徹户，相和晨宵潮汐。洗耳流清，繫胸菜美，帶雨春苗摘。論文尊酒，甚時能共談席。

荷葉盃

夢被角聲驚覺。明月。割長帷。萬家窗户禁燈火。深鎖。暗思惟。

其二

咫尺絳河千里。彈指。貫飛梭。繞枝烏鳥數驚散。橋斷。月西斜。

其三

西望楚山何所。雲雨。夢難成。小窗簾幕細風裊。煩惱。月無情。

河瀆神

神嶽火雲頹。古祠深鎖煙煤。候時陽鳥望峯迴。九嶷南峙崔嵬。天際杳冥蒼梧闕。入雲簫鼓聲徹。休怪楚歌決絶。女巫杯珓靈協。

其二

雷動霹光收。雙崖中夾灘流。峽山生塞倒流不。疾風吹斷英州。柚花香裡雲重疊。一聲山竹悽裂。無數杜鵑啼血。巫陽休更饒舌。

其三

斜日大河懸。二崤塵起連天。一屏嵩黛有無間。征雁迢迢不還。留枕夢回愁入洛。玉人争肯輕諾。清淚兩行珠落。幾時纖手重握。

滿庭芳　立冬後三日感逝

秋意無涯，驚飈不定，顫枝危墮霜紅。辛勤拔掃，難遂徙薪功。一劍頻嗟術短，餘情在、吟表深衷。曾容我，幅巾坐上，甘醴溢杯濃。乘空。懷故宇，雲旗晻藹，頓溘埃風。算孤芳無侶，惟有蘭崇。生困雜蕭混艾，歿還讓、椶更幃充。低回念，商絃過指，巉絶舊絲桐。

惜紅衣　次夢窗韵題葉遐庵鳳池精舍圖

澡臆玄經，除煩絳雪。未饒頭白。夢繞魚城，危橋跨溪碧。行歌片羽，教記省、吴游期約。春陌。飛鳥行空，真尋求無迹。山屏卧側。圖畫巖居，冥濛水天色。飄燈夜雨桁箔。獨歸寂。不忘祖庭風韵，玉澗卞山南北。縱結廬人境，長遺漁樵遥識。

浣溪沙　次韵壽廖鳳舒室碧桐夫人

粟里絃歌自識微。亦安勤苦有陶妻。相攜三

見海桑時。雙令戲排鰜鰈樣，一生棲老鳳皇枝。肯將餘錦讓邱遲。

其二

仙醞寧嫌醆底深。還丹九轉鍊從今。全家羅侍膝横琴。白髮猶能中饋主，小軒不遺俗塵侵。添香長助紫芝吟。

前調　題林子有蟄園勘詞圖

南北兵間去住頻。選樓無定史隨身。畫中又借蟄園春。我愧寓匏無補助，君兼青士益精勤。一書百卷聚騷魂。

歸朝歡　左子興年丈爲黄雨亭母柳太君作《苦命行》，經亂散佚，頃復得之，鄧君爾雅爲補書於秋鐙課子圖卷。是圖予昔爲雨亭賦詩矣，兹復用《歸朝歡》調倚聲題之

札札寒機鳴向曙。衣綫夜拈延命縷。秋鐙瑩比火薪傳，冬心耐盡霜荼苦。頌圖師列女。一章曾繼題縑楮。最堪珍，外家遺著，㸚後有神護。翁作五言如樂府。身歷諸艱爲細數。終篇讀罷涕交頤，笙詩亡可南陔補。筆情完白古。鐫珉盍瘞神禾土。想晨昏，孝烏啼徹，翔集冢頭樹。

以上見稿本《吷庵詞》（含一九四九年後詞）

浣溪紗　爲靖陶題昆明豔泛圖

湖面斜陽故故紅。美人擫竹畫船中。藕花生處欲西風。心事暗憑絃上語，頩顔長爲酒邊濃。此情難遣畫圖工。

見《采風録》第二集

渡江雲 寄懷散原丈並簡蒼虬翁

池荷喧急雨，短檠颭壁，渴夢落江湖。廿年心上事，淚盡荒潮，猶是亂離初。橫流滿眼，又水驛、秋到菰蒲。吟望低、闌干星斗，無計遣離居。　愁予。盪魂雲海，流恨江郵，奈歸槎頻誤。曾慣聽、哀猨廬阜，怨宇丁沽。歌呼依舊中腸熱，料未甘、終老詩臞。珍重意、潮回盼報雙魚。

徵招 花朝社集，追念漚翁卜世，各擬輓章。五旦徵調最哀，爲燕樂所不備。白石尋韻作譜，音響巉峭。覆杯墮淚，漫倚此聲

温風不解哀絃冷，泠泠霅溪霜水。縹緲鶴歸雲，斷詞仙游戲。舜韶潛在耳。念遺響、紫霞能記。痛絶人琴，折楊難繼。玉桐教碎。眼底。破家山，空憑弔、淒涼故人身世。帝所奏鈞天，喚頹魂不起。爲君圖玉笥。問誰識、女蘿山鬼。强持酒，一酹荒邱，奈谷蘭春萎。

以上見《漚社詞鈔》

郭郎兒近拍 賦稻孫。時蟄雲得長孫，讌集索賦

露町。栖粱接隴連塍，風膩煙腴仍翠瑩。秋賸。玉粒猶孕。看他茸錦旋鋪，虎掌麐牙名恰稱。　樓迴。舊日元章，倚檻共眺嘉穎。長養東園，霜餘老芥，隔畦相對竝。更森森、立竹階前，閑誦坡詩風味永。

見《煙沽漁唱》卷五

解語花 題駱佩香女史畫折枝卷子

芝芙夢罷，鹽絮才高，餘事遺行卷。信風番

轉。閒枝葉、費盡一春玉腕。燈前漫展。猶追想、宣和北苑。教庾郎、吟恨江南，但道年芳晚。　如淚宫花露泫。記天家供奉，曾語春館。墜箋零簡。宸題處、但恁亂紅經眼。繆素筠女士曾入内廷爲畫供奉。生慚趙管。誰及覩、承平清宴。傷舊情、縈紙絲蟲，連末開針線。

亡室左淑人工繡畫。

見《青鶴》一九三六年四卷十四期

百字令

西溪詞人堂秋祭，賦寄夢坡

詞場俎豆，問心香一瓣，平生誰暱。片玉湖山壇坫主，後許堯章分席。水磨橋頭，孤城闌角，身世淒涼極。異鄉緣分，我來重感今昔。　尊畔顧曲周郎，百壺清酒，霜噴煙中笛。會喚羣仙騎鶴下，一聽人間歌泣。冷淡生涯，蒼茫景物，盡禿傷秋筆。雪頭何似，夜深花絮飄白。

見《青鶴》一九三六年五卷二期

芳草渡

長至後一日，庸庵招作消寒會。憶去歲倦知居首，治具觴客，正是今夕。倏忽奄逝，遂踰十旬。方撒奠賓階，行笳載路，公渚譜是調以當挽歌。宋賢以傷逝命題，惟夢窗『龜翁下世後登研意』《探春慢》一解。爰師其意，覆杯而吟，悽愴繼聲，非有佳韻

玉帳冷，又溘轡埃風，素旗軒起。縱潰緜澆土，涓涓那到泉底。遥念湘上水。知招魂無地。碧落迴，虎豹當關，一往非計。　長至。酒邊覆盞，事影神傷登研意。弄梅蕊、苔堦步緩，跫然夢綦履。尺波電謝，信百歲、浮生如寄。薤露曲，奏向哀絃變徵。

見《青鶴》一九三七年五卷十二期

鷓鴣天 和作

當膝翁今木榻穿。寫詞端要麝和煙。手貽品遜方于魯，齒謝言工趙孟堅。　徑作枕，硯爲田。壽辰不乏治觴錢。女孫亦舉齊眉案，家法吾瞻二老賢。

見廖恩燾《扪蝨談室集外詞》附詞

夏慶紱

蝶戀花 三月十五夜濛月

盼到銀蟾三五滿。蟾乍圓時，又被輕氛涴。一院沈沈花影淡。朦朧恰似看花眼。　遥望江南山數點。今夕憑闌，愁緒知深淺。霧鬢風梳梳更亂。多應怕照人腸斷。

浪淘沙

春意滿芳園。狼籍花繁。花枝拂帽草連天。燕子乍窺簾。姹紫嫣紅開遍了，無路尋探。　過牆蜂蝶舞翩翻。細語呢喃。共逐春風恣意戲，人轉懨懨。

水調歌頭 胡碧老以辛酉壽星會約，並詩見示，倚此奉寄

結此古歡社，行樂四時同。一年十有二月，不放酒樽空。想見蒼髯白髮，相與催詩擊鉢，談笑醉春風。回首望南極，白鶴在雲中。　座中客，花笑逐，映顏童。花間舉酒，相屬起壽主人翁。九老香山會裏，元爽百三六歲，香山九老會始爲七老，後加入遺老李元爽一百三十六歲、僧如滿九十五歲，爲九老。見《甌北詩話》。敬以祝諸公。我獨

滯京洛，長嘯數歸鴻。

定風波　秋夕

香襲花蘋露氣多。玉繩低轉淡微波。秋意沁人清似水。無寐。臥看涼影剪雲羅。湘漢無情橫殺氣。此際。正嚴刁斗枕金戈。猿鶴沙蟲多少恨。試問。何如洗甲挽銀河。

鷓鴣天　田家

豆壓棚低架熟瓜。幽蘋野草亦繁華。臨風綽約疏籬角，開了牽牛幾朵花。溪水緑，板扉斜。風光瀟洒野人家。一樽醉話桑麻酒，浮利浮名不管他。

滿江紅　河洛道廨爲前明福王舊邸，前清庚子，兩宮西狩回鑾，曾駐蹕於此。感賦

堂燕窺人，問知否、銅駝荊棘。曾幾日、匆匆又駐，淒涼行蹕。福禄杯酣新市酒，郎當淚洒淋鈴曲。待續來、祭酒洛陽行，當歌泣。裝巨萬，徒資敵。堂九賞，成陳迹。賸高槐老屋，我來棲息。佩玉鳴鑾歌舞罷，斜陽芳樹樓臺寂。把兩番、遺事話前朝，唾壺擊。清兩宮回鑾駐此五日，以地方供張周備，頒賞九次，故顏其堂曰『九賞』。改革後，此額已撤去矣。

一剪梅　夜雨

涼逼秋燈玉漏殘。點點簷花，影細如煙。梧桐葉落井波寒。滴到波心，料有微瀾。篝耨香飄散麝檀。風襲簾旌，乍覺衣單。愁絲如繭理無端。縷縷抽來，也恁連綿。

壺中天 博兄來書言老態，感而賦此

千紅萬紫，看春來花徑，年年嫣姹。試問朱顏明鏡裏，經得幾番春也。烈士壯心，美人遲暮，彈指增悲詫。山翁還少，有誰丹渥曾假。 況過了哀樂中年，琴絲管竹，不信能陶寫。況是支離南北際，壓帽黄塵盈把。雪糝蘆花，風吹池水，書云『髮白皮縐』。別有新圖畫。客來何處，莫教兒輩疑訝。

采桑子

艱難自古悲行路，噬有豺狼。傷有迷陽。對面時時起太行。 從今盡把交游謝，一笠山蒼。一櫂湖光。世外桃源別有鄉。

壽樓春 遊龍門

披蒙茸煙蘿。認崩沙亂石，路入盤陀。一線伊流清淺，翠浮雙螺。濤捲處、松交柯。影倒涵、鱗鱗蒼波。正霜染林丹，秋澄澗碧，幽勝選巖阿。 龕彌勒，垂青莎。遍高崖古洞，密若蜂窠。仰視巍峩天際，巨靈雲摩。山巔有巨石像二，高可數丈。尋石墨，苔花多。更有人、梯繩椎磨。驀鐘動香山，蒲牢一聲風送過。

朝中措 癸亥六月二日，雨後甚涼

蛙聲閣閣噪池塘。梅雨潤衣桁。未到初秋天氣，已添一味新涼。 終朝閉户，消閒把卷，避濕焚香。髀肉何堪重拊，百年幾許時光。

虞美人 去年十月遊邢州，句留月餘。南旋到家，恰月當頭夕。匆匆一年，月又當頭矣，偶有

所觸，口占此解

去年歸對當頭月。潑眼寒生纈。燈光月影共娟娟。照見去時黃菊、已摧殘。　光陰如籜隨風掃。月又當頭了。一丸圓似去年時。兩鬢霜華添得、許多絲。

郭郎兒近拍　甲子　春寒，同枚叔三弟作

凍雨聲中，飛絮成團，風雪欺春寒料峭。幽悄。獸炭煙裊。宵來情話圍爐，膚粟纔平還起了。天曉。　似此蕭凝，稱我冷落懷抱。駝褐無温，硯冰未釋，倦吟郊與島。最難得、傲骨禁當，一樹梅花方索笑。

摸魚兒

卅年來、風塵骯髒，天涯曾印鴻雪。關河舊夢迷離處，回首寸腸如結。誰料得。自席帽拋來，還是秋風客。從渠笑拙。歎造化賺人，儒冠誤我，此恨向誰說。　倦遊後，賸有詩瓢貯月。夜吟寒浸花骨。朱顔已爲傷春老，又聽數聲啼鴂。愁欲絶。更風雨瀟瀟，簾外天如墨。茶煙乍歇。笑飽睡工夫，而今漸進，一榻化胡蝶。

菩薩鬘

沈沈壓屋春陰重。篆煙一縷飄簾縫。簾外雨如絲。亂愁和雨滋。　困來慵似醉。獨倚熏籠睡。何處玉簫聲。驚人好夢醒。

以上《聱齋詞稿》

一翦梅　枕上聞雨作

一穗燈痕逼漏殘。月色中天。昨夜還看。鹿盧瑤井易生寒。滴到波心，料有微瀾。　獨

客江城淚暗彈。何處驚風，只覺衾單。夢回愁緒理無端。墮葉疑人，又響東欄。

定風波

秋夕，時湘鄂有兵事

香滿中庭露已多。澹揺花影上簾波。今夜月明偏似水。無寐。玉鑪冰簟看秋河。湘漢迢迢横殺氣。此際。幾家樓上夢金戈。征馬不歸多少恨。誰問。淚絲彈損對星娥。

以上見《全清詞鈔》卷三十五

倪澄瀛

一落索

滿院楊花如雪舞。聽聲聲杜宇。不留春住喚春歸，爲甚的、春無主。問春幾度春無語。但隨流水去。愁人無計遣閒愁，且閒户、吟風雨。

憶少年

無端風雨，無端愁緒，黯然離别。河橋更無柳，只梅花堪折。除卻梅花誰共説。平生事、盡如鴻雪。朱顔已全改，況西園胡蝶。

風光好

水東橋。水西橋。橋畔東風試舞腰。柳條條。相逢猶記春妝靚。驚鴻影。臨水簪花體態嬌。最難描。

浪淘沙

項羽

子弟八千兵。咤叱風雲，功名百戰到垂成。失卻范增原不惜，怎失淮陰。一片楚歌聲。垓下驚聞，美人歌舞亦多情。畢竟鴻溝分界後，誰背前盟。

相見歡

粼粼春水陂塘。接吴江。燕子歸來還認、舊雕梁。　春已半。音書斷。怨蕭郎。浪跡天涯孤負、好春光。

三臺令

林外。林外。透出清江一派。看山隔斷紅塵。且喜來時暮春。春暮。春暮。還覓春風歸路。

前調

修竹。修竹。中有幽人茅屋。荷花帶露流香。但覺水亭夜涼。涼夜。涼夜。月在西樓斜挂。

金縷曲

月下蒼松頂。弄清輝、滿庭如雪，滿池如鏡。一樣寒蟾千里共，霜重兜鴦瓦冷。添一片、砧聲清迥。如此情懷如此夜，正艱難、苦恨繁霜鬢。燈尚在，酒初醒。　少年已没看花興。到而今、平生夢跡，前塵幻境。閱盡滄桑多少事，熱念一齊都寢。但雪裏、戲鴻留影。玉宇瓊樓寒澈骨，問嫦娥、偷藥曾何幸。奔月後，可能省。

湘春夜月　自題小影

正初冬，菊花涼露籬根。昨夜一片清霜，今日鬢添痕。唯有畫師解意，怕多情笑我，誤了青春。但眼波尚澀，眉愁暫却，心事休論。　尋花巷陌，題詩塵壁，都解温存。冷月南樓，惟對此、鏡中孤影，回憶前塵。愁腸病骨，問怎生、耐過黃昏。早歲暮，好經營歸計、紙窗竹屋，流水孤村。

水龍吟 平山堂聽主僧彈琴

客來滿地涼雲，入簾翠黛沾衫袖。藤花未放，桃花初謝，苔花點甃。寂寂空庭，泠泠古調，青琴閒奏。問頎師知否，賞音今日，無人繼、鍾期後。我欲題詩載酒。怕江山、笑人孱僽。鶯花夢裏，朱顏偷換，風塵依舊。騎鶴人來，玉笙吹徹，草芳春瘦。聽松濤、萬斛靜中來和，壑龍吟晝。

氏州第一 帆影

歸夢天涯，殘照正遠，當年送客南浦。十幅乘風，孤檣帶日，常繫離魂一縷。凝望樓頭，望不到、扁舟來路。卵色依微，波光蕩漾，數聲柔艣。漸覺壯游無意緒。待收拾、布帆歸去。夢破沙鷗，江涵秋雁，是最關情處。更纖纖、新上月，纔留得、韡紋小住。五兩南風，似催人、烟中暗渡。

浪淘沙 寄懷張二素

寒雨晚蕭蕭。孤館魂銷。翠幃香燼可憐宵。無限新愁無限恨，綰住眉梢。疏柳帶霜凋。何處紅橋。白門詞客太無聊。盼斷音書遲不至，暮暮朝朝。

前調 寄棣輝

去歲寄珠湖。風月清娛。冰心留與證冰壺。今歲寄棠湖。草草流光成六載，老了相如。游倦征途。東風吹緑滿平蕪。秋夢未醒春夢續，一片模糊。

揚州慢　自題揚州畫舫圖

緑展蘼蕪，青齊楊柳，畫橋官舫都休。憶南巡盛日，萬卉不知秋。自江上、紅羊歷刼，園林塵土，總屬清愁。又百年、人往誰來，話舊揚州。　我生遲暮，賸廢池、喬木平疇。有白石詞工，艾塘圖好，風雅旁搜。佳景收將尺幅，團圝坐、儘我閒遊。更巾車蘭棹，當年一樣風流。

何滿子

昨夜清霜一片，今朝黄葉盈庭。忽見籬根霜後菊，向人猶自娉婷。鏡裏偷窺短鬢，不如舊日青青。

前調

往日河橋分手，今宵驛舍銜杯。明日孤帆江上去，何年再見征騑。剩有門前芳草，朝朝空對斜暉。

水調歌頭

五十鬢頒白，不似少時青。幾日東風吹暖，岸柳又垂金。多少登臨雜感，無限浮沈舊夢，到此一齊醒。鼓棹湖干去，蓑笠慰予情。　吟詩事，尋碑地，賞花心。都付干戈堆裏，埋没十年深。休問龍蛇起伏，已見蟲蛇委化，刼火不曾停。且喜囊錢在，沽酒醉芳春。

小桃紅　戲題鍾進士

不爲韶光賤。不爲游蹤倦。只爲功名，蹉跎

蹭蹬，無人挽縴。縱破靴有黨、我何堪，笑風塵滿面。　進士虛銜戀。酒國生涯便。與鬼爲鄰，將官作戲，隨人牽綫。待終南捷徑、再來時，已紛紛時彥。

前調

一鬼爭前導。一鬼行顛倒。一鬼相推，昏天黑地，欺予老耄。更何須下第，說當年，看而今毾㲪。　符法何須效。黨派何須要。醉態龍鍾，年年五日，掀髯大笑。這衣冠難說、合時宜，受揶揄不少。

淮甸春　送吴仲芙之皖

幾度春歸，怪依然留殢，年年爲客。到耳鶯聲驚曉夢，纔覓遊山行屐。篛笠尋幽，青蓑把釣，泛我烟波宅。此時南浦，有人高樓吹笛。

猶是畫角聲淒，南天烽火，難解窮兵厄。浪說青春須鄭重，誰信青春無色。幾輩英流，幾人豪傑，應變憑何策。樽前風雨，笑他王猛捫蝨。

漁歌子

揚子江頭送客行。絲絲烟柳短長亭。寒食過，又清明。花邊乍囀一聲鶯。

其二

烟洗新篁雨浄蓮。黄琉璃上夢初圓。瓜味雋，藕絲連。冰肌無汗祝嬋娟。

其三

金井梧桐露未晞。秋風吹上旅人衣。鱸正美，蟹初肥。縱無鄉夢也思歸。

其四

莊夢初回紙帳閒。漫天風雪掩柴關。詩興健，酒懷饞。梅花笑我不禁寒。

以上《蔞廬詞抄》

徐乃昌

賀新涼

黄公度屬題吴舩聽雨圖

小泛秦淮舫。正相逢、鷗波打槳，斷荷無數。不盡亂離身世感，㡪觸天涯倦旅。算同是、北來南去。醉裏青衫都濺淚，倚新詞、付與吴孃譜。問誰解，此情苦。　昏燈暝和愁人語。況江頭、又將送別，魂銷幾許。怪底春潮流恨遠，漫遣落萍暫聚。耐一夜、酸風凉雨。炷盡沈香簾不捲，背篷牕、添寫離筵句。知明日，在何處。

前調

侴子貞疊前均

乍東青溪舫。幸逢君、詞壇健筆，豪情無數。爲話當年天寶事，一樣飄零羈旅。唱一曲、大江東去。羽換宮移頻商略，倩雙鬟、月底脩簫譜。聊伴我，哀吟苦。　口銜石闕誰能語。感年來、白門寥落，棲遲何許。萬種新愁千叠恨，爲甚一齊攢聚。恁消受、昨宵風雨。簾影半鉤鐙半滅，拂蠻牋、寫出傷心句。且料理，看山處。

壽樓春

秦淮歌席贈況夔笙舍人，用梅溪均

尋幽蘭孤芳。指青谿十里，同話篷囱。正值一作平彎流水，半山殘陽。休借酒、澆愁腸。漫自憎、無方療狂。況冷落天涯，飄零席帽，不作平是舊時妝。　尊前瑟，和人長。記新歌

摸魚兒 唐錕華屬題吴淑娟夫人百花圖

展冰綃、春痕一縷。千紅萬紫如許。臙脂新染生花筆，知是大家風度。誰解語。料殺粉調鉛，題徧同心句。深沈院宇。是姑射前生，瑶臺仙部，管領百花主。　當年事，記否西山跨虎。君家有个仙侣。上頭夫婿專城坐，况復雙脩眉嫵。回首處。又一舸西泠，同泛江南路。累儂綺緒。要分付寒閨，料量粉本，也寫羣芳譜。

青衫溼遍 乙未十月十七日築亡室劉恭人墓於南陵城西。廿九日爲恭人忌日，因效容若，感譜此闋，不自知其音之悽楚也

玉釵恩斷，年年此日，恨有誰知。幾度零風賸雨，罥空山、恍入靈旗。聽秋墳、空唱鮑家詩。子夜，猶帶吴腔。忍憶春波人遠，黯然魂傷。知此際，無何鄉。感舊遊、誰憐蕭郎。料銀字笙調，柔情未忘。縈夢香。

粉蝶兒慢 公度爲室人韵芬題蝴蝶畫册，依均奉酬，同韵芬聯句

瘦影偎紅，輕衣曬粉，沈醉畫闌低舞。乃昌。愛淒迷芳草，任行行去去。韵芬。籬角伶俜抱秋花，莫使冷黏香土。乃昌。望羅浮，海雲飛、吹醒夢魂何處。韵芬。　儂汝。謝家夫媍。拭冰綃、爲寫風流媚嫵。乃昌。感生花瓊管，把新詞重譜。韵芬。妒燕瞋鶯惜芳心，待盼護持寒雨。乃昌。甚翩翩、繞南枝，畫中侣否。韵芬。

鎮無聊、一枕懨懨病，惹迴腸、九曲難支。縱復淚無乾土，争禁蠟已成灰。　爲憶那回殘夢，一鐙官閣，絮語低迷。猶祝郎君遠道，須珍護、何事含悲。到而今、墓草漸萋萋。慘人天、終古成長別，撫新碑、和淚親題。還念香魂寂寞，他年補種妝䆉。

買陂塘　章希瑗招集半隱草堂，感賦

是先生、卜居能隱，胷中邱壑如許。幾閒草閣三弓地，那有油囱花户。閒院宇。只恠石嵯峨，疊向横塘路。最深深處。有幾葉殘荷，兩竿瘦竹，零亂一叢樹。　江南怨，我亦哀音何苦。季來聽斷官鼓。此生已分江湖老，只合重盟漚鷺。憑記取。要結个茅庵，好傍君家住。小園漫賦。約夢影三更，鐙花半藥，同聽夜牕雨。

金縷曲　送鄭太夷之倫敦

又送君行矣。溯當年、乘風破浪，於今有幾。踏徧六洲三島外，信是真奇男子。好莫負、千秋心事。海外奇書如可讀，試艱辛、一一搜珍秘。佳句續，便須寄。　行吟我自拚顦顇。挾宫商、江湖寥落，已甘散棄。一自仙槎行路迴，遮斷莫雲千里。悵同此、燕泥身世。年少知交藷落盡，莽天涯、都是懷人地。好寄我，平安字。

百字令　題鍾桂卿秦淮雪爪圖，用蒿庵丈均

酒醒今夕，又匆匆换了，一番離緒。月曉風殘知何處，驀地魂銷無數。老柳河梁，小桃門巷，漫喚紅橋渡。風懷依約，甚時重拂弦素。

猶憶蠟屐尋碑，吴舩載酒，舊約同芳俎。乙未秋，文道希師、繆炎之、蒯禮卿、易哭盦先後來金陵，文酒之會，一時稱盛。黄公度爲作吴舩聽雨圖。余又與梁節厂、鄭太夷、況葵孫、劉聚卿同游定林，尋牧翁題名，作定林訪碑圖。眼底韶華都侶水，付與春風來去。畫閣飄鐙，孤篷選夢，是我銷凝處。思量無奈，泪痕蕾亂如雨。

念奴嬌

玄武湖觀荷，同徐進齋、朱子涵、吴劍泉、劉聚卿四簪使，沈篴伊太守，用白石均

波明於竟，盪扁舟一葉，重尋漚侶。盡日采香人不見，只見亂煙無數。鈴㖞聽風，柁廔聽水，聽到篷牕雨。湖天蕭瑟，儘教同賦新句。　凄我亦蕉萃江潭，客心摇漾，斝裡曾來去。凄絕誰家謌水調，鬲斷空江遠浦。鍾阜雲蘊，臺城日暮。莫漫飄蕾住。予懷渺渺，幾回還認前路。

臺城路

戊戌九月三日，約同鄭抶雲遊狼山，訪五代姚存題名，並索抶雲爲作訪碑圖

廿年心事登山約，重逢又將秋莫。水驛天空，江城歲晚，得傍佛龕且住。深沈琳宇。憶朝罷人來，艤舟何處。問訊山靈，飄零誰識倦飛羽。　定林今無恙否，舊懽如夢寐，都費悽楚。一角峰青，半潭水碧，莫謾惕心付與。凭君畫取。有淨智泉荒，寶陀石古。淨知泉寶陀石在海月巖右。黯澹斜陽，飄殘紅葉樹。

水調歌頭

張季直屬題荷鋤圖

長鑱三尺健，短笠四簷周。浩然高興長往，學稼服先疇。一夢京華醒早，顧甚玉堂天上，身世等沙鷗。天地莽蕭瑟，蟲鳥自春秋。千

古事，成一笑，付東流。英雄幾輩，相惜雙鬢照滄洲。我欲買山卜宅，只是荊菅滿地，肝膽向誰投。便耦耕去也，江北海東頭。

長亭怨慢　得繆筱珊金陵書，感賦，即送陳仲篔之揚州

甚吹送、幾番芳訊。一樣江南，凋殘金粉。雨驟風狂，那回舊事有誰省。亂鴉聲緊，記喚取、詩魂凝。莫再賦漂零，已負了、少年青鬢。　嘍哽。唱渭城一曲，愁絶暮雲成陳。酒闌燈炧，休忘却、者邊吟興。誰信道、佳麗揚州，算風月、依然消領。應更向琴心，重撫舊題還認。

蝶戀花　沙健庵屬題影梅庵水注

片石玲瓏落色翠。一葉親鐫，鏤取芳心碎。貯傍棗花簾幙底。料應撫徧纖纖指。　水繪園中春去矣。爲甚留題，没箇香名記。閒話水天呼小字。宵來檢點脩眉史。

祝英臺近　冒鶴亭屬題黄甌碧夫人話荔圖，同韻芬譜

擘輕紅，搴膩紫。芳液政如醴。仌弦。種出情根，生小便連理。淑畹。斷腸薦向仌盤，紺珠的歷，道都是、玉人紅泪。仌弦。　恨無寐。是誰寄與相思，芳心恁蕉萃。淑畹。莫賦新詩，賦也夢魂碎。仌弦。同君一樣惕心，飄零嶺表，甚重話、舊時風味。淑畹。

浣溪沙　繆筱珊屬題雙紅豆圖

南國芳枝不可尋。相思遥遰共春深。天邊魚雁兩沈沈。　一掬珍珠空有泪，幾重渌葉已

成陰。累儂顛頷到而今。

淒涼犯　王佑遐屬題春明感舊圖

倦繙一卷叢殘稿，如聞滿紙嗚咽。舊游在否，招魂甚處，已成陳迹。空堦悄立。儘聽到、嘑烏弔夕。又昏黄、仌欄冷月，瑟瑟度簾隙。夜沈寥堪憶春明路，雨雨風風，那回離別。瘦，望苕苕、故人天末。十載懽悰，倚闌曲、芳㟧暗惜。況今宵一枕亂雨，穌泪滴。

臺城路　朱象甫屬題海天夢月圖

人間多少傷心事，天教做成悽惋。錦瑟華年，瓊花豔影，一霎罡風吹散。更長夢短。便夢到瑶台，也防夢斷。碧海青天，素娥知否照清怨。　蓬山休説萬里，玉簫能再世，都是泡幻。鈿鳳盟寒，鏡鸞塵冷，憶語分明難遣。真真悄喚。料題徧仌綃，泪珠彈滿。漫撩羅幃，珮環聲不遠。

虞美人

番風廿四傳芳訊。中有嬋娟粉。碧闌干畔逗春光。慘緑愁紅猶帶、楚宫粧。　虞兮一曲成千古。香冢迷何處。不隨霸業付塵沙。留得芳魂化作、美人花。

以上《仌弦詞》

徐日埊

臨江仙　觀木偶戲有感

朽木問誰施巧琢，居然袍笏登場。酣歌醉舞喜非常。臨風鳴得意，舉止自軒昂。　纔得權家通線索，嗤他如許顛狂。本來面目已全忘。胸中何所有，糞土一團藏。

青玉案　賀金君茂之新婚

洞房花燭雙雙耀。正笙管、華堂鬧。玉鏡臺前剛一笑。定情詩句，意新詞妙。却扇疑温嶠。　魂消鴛帳氤繞。枕上聯吟夢初覺。豔福幾生修得到。如斯嘉耦，瓌才綺貌。眷屬神仙傲。

浣溪紗　酬東園老人

秋雨秋風愁絶時。滿腔心事自家知。遽來黄絹寫烏絲。　契結忘年猶恨晚，詩酬兩地却嫌遲。丰標常繫夢中思。

青玉案　祝李石鈞先生六十大慶

風流文采欽居士。正花甲、從頭紀。頌獻臺萊歌樂只。道尊如彼，齒尊若此。小友呼知己。　門牆濟濟栽桃李。舊雨多情斷金契。更看兒孫齊執贄。先生於三十年前曾館項書巢分轉幕，今復課其曾孫。經師無幾，人師孰比。高潔侶園綺。

滿江紅　祝陸醒恙先生五十華誕

壽域宏開，慶今日、懸弧令旦。又是升恒競頌，百齡剛半。貝錦南箕傷巷伯，知非寡過欽蘧瑗。待撥開、雲霧見青天，榮名顯。　世態變，滄桑换。人事改，炎涼轉。羨頻年治律，解紛排難。盡己忠誠寃獄雪，納民軌物元勳建。看承歡、萊子舞斑衣，張華讌。

以上《意園遺稿·詩餘》

徐自華

菩薩蠻

桃花氣暖烟光膩。閒階月過清清地。越樣可憐宵。心頭未寂寥。　五更花似霰。偎倚羅襟顫。河漢響春鴻。聲重夢不重。

少年遊　病起

西園四月，楊花吹雪，燕子斷窺奩。綉譜慵翻，衣篝無用，長晝直須簾。　纔眠又起行還坐，臨熨薄寒兼。没箇人知，除非春返，何計減懨懨。

訴衷情

年華容易水東流。雁又叫妝樓。換得羅衣嫌薄，自起放簾鈎。　風乍爽，暑全收。没來由。愁過春日，悶過長夏，病到新秋。

卜算子

小病條經旬，無計消清晝。銀匣閒燒壽字香，煙惹羅衫袖。　展紙欲臨池，手戰書難就。却怪秋風故入簾，不管人兒瘦。

臨江仙　寄蘭湘姊

記得河梁牽袂日，青青柳乍舒眉。而今見柳不成絲。如何難聚會，偏是易分離。　咫尺西湖連語水，朝朝對水神馳。若將湖水比相思。水深終有底，別恨盡無期。

清平樂　秋窗夜坐

書詩堆案。睡起還慵看。絃索丁丁何處院。

一曲梁州新按。愁人莫怕黄昏。斜陽總下荒村。不道斜陽過了，初更羣葉敲門。

更漏子　秋聲

舞殘荷，飄敗葉。做得連宵騷屑。山外路，水西樓。羈人渾是愁。　哀雁叫，候蛩語。歲歲閨中機杼。衣罷剪，漏初停。無聲勝有聲。

減字木蘭花　美人目

雙泓秋水。長記年時生受處。欲寫春嬌。纔近簾兒意已消。　昨宵戲語，幾度佯嗔還似喜。曉起妝慵。自愛橫波鏡裏容。

前調　美人鬢

新妝對鏡。倭髻雙鬟相掩映。薄薄鴉翎。夢醒時聞茉莉馨。　梳成宮様。笑把夜飛蟬貼上。纖手輕攏。一任蓬鬆再整慵。

浣溪紗　戲贈閨友

妝鏡慵開怯畫眉。桃花飛片入簾帷。困人天氣日長時。　繡譜翻來拈線懶，韻牌檢處得詩遲。新愁可許阿儂知。

彩雲歸　哭蘭湘姊

彩雲易散玉消香。折荆枝、此恨綿長。果六橋花謝詩成讖，春色暗、姊撰聯贈余有『花謝六橋春色暗』句。淡月昏黄。最怕見、鏡奩開處，更無人曉妝。記把緑蕉圖畫，囑我珍藏。姊彌留時以緑蕉寫韻小影付余。　斷腸。生離猶念，那教死別不心傷。吟窗煮茗，清談難忘，夜雨聯床。收得伊、零牋碎墨，令人覩物淒涼。淒涼處，拚將珠淚濕透羅裳。

憶秦娥　聽簾

韻悠悠。玉簫間品想揚州。想揚州。二分月色，廿四橋頭。　玉人還在秦樓否。魂銷一曲不勝愁。不勝愁。而今杜牧，減却風流。

風中柳　月夜

花送芬芳，小院微風乍起。樹扶疎、夜清似水，月彎眉様，印上紅窗綺。咎香奩、晚粧自理。　髻挽慵來，兩鬢簪茉莉。撲湘簾、朱闌久倚。欲眠還未。却嫌他、小婢頻催，笑説宵深矣。

相思兒令　寄漪芳妹

記得離亭分別，烟柳正絲絲。忽見梧桐葉落，又是早秋時。　奈儂未定歸期。勞卿無限懷思。西風珍重加餐，莫教瘦損腰肢。

菩薩蠻　巢湖舟中守風

連朝怒吼東風急。推篷倚處愁如織。兩岸葦蕭蕭。鄉關望眼遥。　石尤何太苦。抵死留人住。更有助淒清。江洲寒雁聲。

城頭月　連日守風，寄書乏便

浣花牋寫簪花字。欲把離愁寄。可奈迢迢，東流不斷，一碧廬江水。　無由覓個傳書鯉。又是黃昏矣。幾許鄉心，滿懷詩思，笛聲吹起。

兩同心　有序

西泠孫宦青衣，與某公子有嚙臂盟。爲事所阻，不能如願，遂雉經。公子聞之，亦服阿芙蓉膏死。嗚呼！情天莫補，恨海難填。若雙葬之，亦可與雁丘鴛塚並傳矣。爰賦二闋。

底事痴情，偏鍾兒女。問天公、何物爲情，能如是、兩心相許。想人間，多少風流，動遭天妒。　念到死生殊路。已無歡趣。朝朝暮暮苦相思，反不如、眼前俱去。願得教，碧落黃泉，和伊一處。

其二

公子風流，青衣窈窕。生前嘆、心事成虛，魂魄定、九泉偕老。算今來，古往因情，誤人不少。　似日誓言明皦。豈堪忘了。此生連理不成枝，他生願化雙飛鳥。惜無鴛塚築湖邊，並傳蘇小。

浣溪紗　寄楊畹如表姊

修阻關河音信遲。停雲落月輒神馳。送行南浦憶當時。　昔日青青楊柳色，而今都已變愁絲。教人那不苦相思。

其二

綠綺塵生久懶調。不堪回首記垂髫。離愁强半醉中消。　濃淡相宜湖上景，年來無伴負芳朝。明春遲爾放蘭橈。

念奴嬌　憶舊

清明過了，算韶華已去，春光半矣。一院海棠紅著雨，却似太真微醉。日暖風輕，鶯啼燕語，往事思量起。去年今日，碧闌干畔同倚。　有時酌酒評花，停琴佇月，訂譜聯知己。轉眼吟盟天樣遠，情付與東流水。雲散煙飛，蘭摧菊萎，室邇人千里。愁心似織，那堪杜鵑聲裏。

蝶戀花　題牡丹、蝴蝶便面

穠艷凝香顔色好。試問沉香，誰進清平調。一捻傾國名花相比較。玉環醉態花應笑。　一捻嫣紅新賜號。蝴蝶多情，也解芳叢繞。我欲雕闌圍七寶。只愁容易春光老。

意難忘　秋宵憶韻清女史

卸却殘妝。聽桐梧疎雨，灑上紗窗。銀釭頻剔焰，寶鴨燼餘香。愁萬種、未能降。獨自倚吟床。因甚的、秋聲淅瀝，今夜偏長。　惹人觸起愁腸。憶當年舊事，多少思量。晚妝憐嫵媚，花壓鬢雲傍。明月下、按霓裳。此景最難忘。更夜静、殷勤細語，露冷風涼。

賀新涼　癸卯七夕

此夜難成寐。步閒階、露涼人静，微風乍起。瘦影凭闌清似水，相對自憐憔悴。那更堪、年來情思。觸景傷心心易感，蹙雙蛾、損盡眉峯翠。愁如許，愁如醉。　抹空纖月如鉤細。聽桐陰、蛩聲唧唧，滿堦秋意。離合悲歡供領略，寸寸柔腸斷矣。怎禁得、千行紅淚。乞巧何心增悵望，問雙星、奚地埋憂處。思往事，皆情累。

滿江紅　雪夜課兒，感從中來，爰賦長調

大地茫茫，看白戰、終宵未歇。簾捲處、彤雲密佈，朔風凜冽。世界三千都變玉，霜閨一色空疑月。喚嬌兒、且讀舊楹傳，柔腸裂。　熊丸課，期望切。三遷教，慚難及。歎淒涼身

世，那堪重說。舊事已隨流水去，新愁只付鵑啼血。剩寒宵、百感上心頭，乾坤窄。

傳言玉女　和送別韻

下里巴音，敢和陽春白雪。多感才人，翰墨緣新結。縱使媧皇，莫補離天陷闕。剩有篇章，停雲落月。　自笑癡默，終日裏、吟無歇。焦尾琴聲，尚得逋仙識。破格憐才，到處逢人便說。歸也春雨，杏花時節。

踏莎行　留別

行色匆匆，離情脈脈。陽關曲又今朝拍。梅花帶得故園春，時帶瓶梅一枝歸。柳枝那管人愁別。　此去無多，盈盈三月。吟情雅興權收拾。詩筒若有寄將來，休云道遠何由達。

城頭月

濛濛細雨寒威冽。又放潯溪楫。怪煞西風，太無情思，只解催人別。　門前流水聲嗚咽。似把離愁說。最是今宵，舟中岸上，共看殘月。

錦纏道　新柳二首

漏洩韶光，乍暖還寒晴晝。舞纖腰、含煙吐纈。青舒媚眼情初透。翠黛輕顰，往事重回首。　記灞岸河橋，去年分手。奈離愁、濃於醴酒。看梢頭、月上朦朧，問春到江南，春思誰家有。

其二

委地柔條，正是可憐時候。展翠顰、芳情乍透。長亭短陌春光又。年去年來，我亦腰肢瘦。看萬縷千絲，青青依舊。悄黃昏、月鈎微漏。最消魂、少婦登樓，望人遠天涯，愁上眉尖皺。

賀新涼　題百二美樓詩照

都是真才子。問塵寰、茫茫大地，會心有幾。年少未能除綺語，譜出美樓百二。揮彩筆、脂柔粉膩。傾國傾城今在否，更那堪、遠隔人千里。空摹擬，魂消矣。　香奩韻事珍珠字。寫紅牋、玉臺麗句，玉溪清思。萬種閒情無着處，怎得月圓花媚。儘吟哦、花閒月底。天付詞人多少恨，定青衫、濕透江洲淚。把往事，重勾起。

前調

一代射雕手。譜新詞、花間蘭畹，色絲齏臼。筆走龍蛇文倚馬，餘事更躭詩酒。已品學、早傳衆口。何事多才艱際遇，詠霓裳、未向蓬萊奏。嗟秏秏，難消受。　茫茫身世人知否。最可憐、憔悴青衫，天寒翠袖。一掬靈均香草淚，此感誰能無有。又何必、潘愁沈瘦。我是門牆詩弟子，誦先生、佳句傾心久。瓣香奉，甘低首。

十六字令　寄懷漪芳妹

愁。萬縷千絲不自由。月明處，倚遍小紅樓。

其二

情。到不勝時感便生。怎禁得，今夜月偏明。

菩薩蠻　秋感

愁心一片難相寄。無聊獨向紅窗倚。到晚更

淒涼。朦朦淡月光。　濕雲收溽暑。蛩語何淒楚。團扇早警秋。徘徊笥篋收。

其二

篆烟颺碧和愁織。空階夜雨聲聲滴。心事短檠知。照人無語時。　晚妝憐瘦影。鏡掩菱花冷。詩意在秋邊。宵涼遲未眠。

其三

芭蕉窗外瀟瀟雨。滴碎愁心無着處。零落滿地荷。秋聲夜更多。　縱把炎威洗。難把愁腸浣。咫尺望迢迢。天涯未算遥。

其四

紗櫥冰簟涼初透。倚枕髻鬆釵玉溜。風雨太無情。攪儂夢不成。　殘燈明欲滅。蓮漏聲催急。夜静耐尋思。愁心只自知。

水調歌頭　和芑苓子觀菊

冷雨疏煙候，秋意淡如斯。流光驚省，一瞬又放傲霜枝。莫怪花中偏愛，别有孤標高格，偕隱總相宜。對影憐卿瘦，吟癖笑儂癡。　餐佳色，誰送酒，就東籬。西風簾捲，倚聲愧乏易安詞。只恐明年秋暮，人在海天何處，沉醉且休辭。試向黄花問，千古幾心知。

浪淘沙　和芑苓子憶舊感事詞

久客倦東遊。海外歸舟。愛花解語爲花留。豈比五陵游俠子，名士風流。　秋水剪雙眸。顰笑温柔。花前一醉暫忘憂。多少壯懷無限感，且付歌喉。

疎影 題抱琴美人

梧桐庭院。看清光乍吐，月輪將滿。有美人兮，抱得瑶琴，待解錦囊又緩。珊珊瘦影徘徊處，恰一帶、湘簾高捲。悶無聊、多少思量，怎奈知音人遠。　惹起幽情無限。悄黄昏、十二畫闌凭遍。欲把相思，譜入冰絃，彈出還愁腸斷。爲誰憔悴今如許，剩只有、絲桐作伴。夜沉沉、獨自攜歸，位置鴛鴦枕畔。

青玉案 題藴華舍妹《雙韻軒詩草》

裁紅刻翠才何綺。喜會得、詩中意。花蕊百篇清似此。鑾牋小擘，彩毫初試。拈韻晴窗裏。　他年獨樹吟壇幟。道韞清才差可擬。筆架珊瑚花吐媚。陽春詞麗，鏤冰心細。三舍儂當避。

清平樂 佩帕

冰綃試翦。刺繡初添線。彷彿秋雲羅帕軟。恰稱裘輕帶緩。　珍珠密字重重。深閨幾許針工。此去尋梅得句，新詩滿貯囊中。

滿庭芳 題《貳香齋詞稿》

鐵板豪情，金荃綺語，詞人寓意偏深。青衫易濕，感慨最難禁。譜入宫商細按，鍾期杳、莫撫牙琴。愁多少，欲澆壘魂，有酒懶重斟。　憂心。時事亟，蘭成作賦，子美悲吟。都一般懷抱，一樣胸襟。天也忌才似此，借彩筆、弔古傷今。試相問，天涯憔悴，若箇是知音。

月下笛 聞笛

溽暑初收，涼風微拂，冰蟾朗潔。晚來雨歇。

茉莉叢香似雪。步閒階、景色清幽，忽隔院、伊誰擫笛。驀遠韻飛來，調高銀字，穿雲裂石。　曲闌久倚，聽如怨如悲，聲聲幽咽。知音何處，最感躭吟之客。静沉沉、庭宇淒清，長空一碧天籟寂。更休教，吹向東鄰，有人惹愁絶。

滿江紅

感懷，用岳武穆韻

歲月如流，秋又去、壯心未歇。難收拾、這般危局，風潮猛烈。把酒痛談身後事，舉杯試問當頭月。奈吴儂、身世太悲涼，傷心切。　亡國恨，終當洩。奴隸性，行看滅。嘆江山已是，金甌碎缺。蒿目蒼生揮熱淚，感懷時事噴心血。願吾儕、煉石效媧皇，補天闕。

金縷曲

送秋璿卿妹之滬，時將赴揚州

送子春申去。好無聊、做愁天氣，風風雨雨。萍梗江湖成浪跡，十事九同意忤。誰解得、用心良苦。僕僕塵勞嗟不已，問今宵、别後何時聚。君去也，留難住。　臨歧記取叮嚀語。慎風霜、客中珍重，勤傳魚素。聞説揚州煙景好，載酒虹橋秋暮。有幾許、豪遊佳句。勞我蒹葭秋水感，望伊人、不見知何處。空目斷，江南路。

前調

天不如人意。問塵寰、幾家佳偶，美人才子。豔福原憑庸輩享，天總忌才如此。莫惆悵、這般身世。詩酒閒情聊寄托，憤時艱、須展雲霄志。又何苦，爲情累。　故鄉賓帶橋頭水。

臺城路

七月八日夜微雨，戲作

碧天雨洗銀河浄，今宵倍添離思。露冷風涼，月明人去，料得抛梭慵睡。年年如此。嘆聚散怱怱，灑將情淚。會少離多，神仙修到也無趣。　依然寂寥獨自。奈相思一歲，相逢一次。後約迢遥，新愁重疊，誰識這般滋味。痴情怎慰。望弱水盈盈，渡河無計。且織機絲，鴦鴛成錦字。

明月生南浦

中元之夕，獨坐望月。家妹既病，又聞俠耗，愴然感懷，回憶前遊，恍若夢寐，即寄巢南

蓮衣初褪秋光早。雲破長空，又見蟾光皎。別後益憐相聚好。西湖放棹煙波渺。　黄昏庭院憂心悄。剩得而今，獨片傷懷抱。回首定生憎，分流別浦，西湖多事。我見猶憐愁未必，恐使雙眉刻翠。累煞了、龍邱居士。紅袖添香期慧解，奈伊人、有愧隨春婢。何曾識，鴛鴦字。

前調

送巢南之粵

又聽陽關唱。惹人愁、亂峰翠減，緑波平漲。一月西湖忙裏過，草草俊游未暢。真悔煞、詩懷閒放。驀地飛書君忽去，趁豪情、湖海斯行壯。乘風便，破驚浪。　平分一顆珠擎掌。兩相宜、慰君内顧，減儂悽愴。展志南圖從此始，仙境羅浮應訪。料勝似、亭亭亭上。瘴雨蠻煙須著意，盼殘冬、風雪歸無恙。好珍重，休惆悵。

前遊如夢杳。畫屛倚看疏星曉。

滿庭芳　聽雨寄妹

雨枕催愁，風簾攪夢，商聲吹徹清笳。徘徊久坐，秋意入燈花。諳盡初涼天氣，黄昏未、先掩窗紗。無聊甚，書成欲寄，望雁落平沙。天涯。羈旅恨，又逢秋到，可否思家。況工愁善病，應與悲嗟。却怪秋來易感，何況是、秋水蒹葭。憔悴也，看看明鏡，青鬢負年華。

滿江紅　有序

中秋夜，獨坐月到樓。回憶二十年前，韻清相伴，同居斯樓。每逢月明，則家君擫笛，余與韻清合譜《賞秋》等闋，絲竹達旦，不亞霓裳風景。後韻清去，余歸南林，意常悵悵。獨家君必擫笛長歌，慰儂愁思也。自親亡，不聞笛聲二十四月矣。去歲對月，尚有嬌女繞膝，爲談唐宮故事。今則母病女殤，妹復遊學。孑然顧影，百感叢生。斯時欲眠，其可得乎。茫茫恨海，精衛之木難填；耿耿愁天，女媧之石莫補。思親哭女，不覺至曉。因歎今年此夜，亦既涕淚難乾；明歲今宵，更不知若何景況。這般身世，誠難銷幾個中秋。爰和璚卿韻，成此闋，聊當一哭耳。

又是中秋，忍獨看、今宵月色。憶舊日、年年此夜，笛聲催發。玉宇瓊樓歌水調，金樽檀板環花列。廣寒游、結伴譜霓裳，清聲洌。　舉頭望，雲天接。瞥眼處，團圓缺。儘愁人相對，淒涼照徹。顧影負他明鏡朗，問心只自冰輪潔。更思親、哭女淚難乾，和誰説。

臺城路　寄妹

雙魚迢遞啣書至，拔釵急開緘口。惡夢纏綿，癡魂苦擾，無數離情相逗。別來未久。已多

臺城路 十月五日蓉女生日，賦此代哭

芙蓉零落秋江冷，凄涼小春天氣。皓月沉懷，明珠碎掌，往事不堪重記。柔腸斷矣。痛一朵曇花，罡風吹墜。夢也難尋，蓉城縹渺在何地。　今生那能見爾。算盼得相逢，除非儂死。握手秋娘，牽衣嬌女，反羨勝居人世。傷心怎已。覩斷簡殘篇，猶書兒字。贏得長流，眼中多少淚。

高陽臺 滬江客次，盼歸人不至

寒雨簾櫳，殘燈旅館，宵深猶坐窗前。客懷黯淡，滿腔愁思堪憐。朝朝準歸來也，祝西風、吹送行船。又争知，屢爽歸期，望眼空穿。　山燈花何事全無準，任拋殘紅豆，暗擲金錢。遥水闊，魚書可到君邊。夢魂飛渡吴淞去，奈少愁心，彀人消受。拚不思量，奈何又上兩眉皺。　歸來小春時候。看籬菊猶存，嶺梅開又。舊日豪情，而今感慨，且共論文尊酒。休教孤負。聽零落梅花，綺窗人瘦。如水韶華，客中驚也否。

渡江雲 問秋

霜風吹漸緊，蕭蕭落葉，寒意透窗紗。吟秋人瘦也，憔悴無言，翠袖捲簾斜。憑高凝望，惟只見、隔水蒹葭。更數點、碧空飛雁，一片暮雲遮。　堪嗟。幾多愁緒，一霎年華，憶前游如夢，已過了、三秋佳景，孤負黄花。而今試把秋光問，問明年、落在誰家。秋無語、怕教海角天涯。

魂輕、江水漫天。恐相逢，落盡梅花，不是今年。

金縷曲　春江即事　有序

巢南先生歸自粵中，同人咸集。酒酣，先生爲述游蹟，慷慨若不勝情。會余亦有所感激，即席填此，示無畏、志劍、曼殊、天笑、秋枚、屏子、嘐公、千里、楚傖、亮奇及家妹小淑、女兒馨麗。

好翦西窗燭。喜今宵、吴儂來也，燈花休卜。風雨厓門新感慨，儘有愁腸萬斛。争怪得、相逢顰蹙。別緒生憎如繭吐，一絲絲、寫入詞盈幅。重取出，待君讀。　吴淞江水連雲緑。集羣英、論文樽酒，細傾春醁。回首西泠無限恨，豈謂傷心我獨。且付與、哀絲豪竹。擺脱塵襟拚一醉，效東山、携得人如玉。聽歌徹，懊儂曲。名妓張五寶唱崑曲都入妙。

蝶戀花　題扇，和病倩韻

照眼花枝腰一束。慧解靈心，淺笑鬟低緑。春色撩人看未足。試將便面新詞録。　豆蔻年華顔似玉。羡煞吴剛，艷福藏金屋。月夜垂虹吟影獨。吹簫誰和吴儂曲。

百字令　中秋夜對月，寄巢南小淑

明蟾如鏡，只照儂一個，愁心凝結。悵望西溪何處是，碧海青天遥隔。瘦影微吟，清輝冷透，香霧雲鬟濕。把嫦娥問，幾家孤負佳節。　那堪獨上高樓，樓高人遠，隔院飛長笛。記得去年吴苑景，同倚曲闌干碧。水調聞歌，霓裳翻譜，笑指團圞月。可憐今夜，映人三處離別。

血，古軒亭口。五載淒涼風雨恨，一朝光復神州舊。慕芳徽、裙屐喜重來，君知否。

賀新涼　慧僧先生解職歸里，武林四十二會社咸爭祖餞，余更繪西湘送別圖倚聲寄之

瀲灧明湖水。怎無端、晴漪映碧，驟含別意。報道先生歸去也，一片帆飛天際。看岸柳、蕭疎愁翠。記否年時秋慘淡，正奮身、革命風潮裏。殲胡虜，拚一死。　神州光復差堪喜。一年來、民合政洽，心勞力瘁。砥柱中流肩負重，轉瞬西風又起。忽搖動、蓴鱸鄉思。棋局紛爭殊未穩，莫東山、高臥灰英志。應更爲，蒼生計。

摸魚兒　爲楚傖居士題分堤弔夢圖

甚蕭條、幾株垂柳，絲絲淒碧如許。畫堂午夢

菩薩蠻　題野梅畫幅

輕烟颺雪春光冷。山村水郭橫斜影。不傍繡簾櫳。清臞隱士風。　人憐花似玉。花莫嫌人俗。鎮日畫圖看。和儂耐歲寒。

如夢令　題畫

數點胭脂春透。片石嶙峋雲皺。烟雨斷橋西，風景可能依舊。孤負。孤負。臨風一枝疏瘦。

滿江紅　民國元年正月二十七日，爲璿卿開追悼會于越中大善寺，譜此爲迎神之曲

巾幗英雄，屈指算、君應魁首。好任俠、賣珠換劍，拔釵沽酒。慷慨喜談天下事，權奇掩盡閨中秀。痛無端、黨禍忽飛來，傷吾友。　志未遂，刑先受。身雖喪，名垂久。又何妨流

頻番冷，贏得風風雨雨。憑認取。道媚絶三姝，此是吟秋處。靈蹤一去。歎月黯踈香，花殘芳雪，都付斷魂句。　瓊樓杳，誰爇返生香炷。空聞涼雁私語。湖烟湖水年年緑，不見一家詞賦。君莫苦。幸未把、瑶釵玉佩埋黄土。聞前吴江縣令王佛雲爲修墓，得玉釵、佩各一事。　蒼茫平楚。問何日梨花，載將春釀，來拜小仙墓。

高陽臺　七夕，戲填寄閨友

梧井涼生，蓮池暑退，西風容易新秋。微雲淡淡，横空眉月如鈎。一彎碧淺銀河水，阻雙星、欲度無由。盼今宵，早駕靈禽，暫慰離愁。　思量畢竟神仙好，年年此夕，着意綢繆。下顧塵寰，幾家密誓鍼樓。想思更有天涯遠，歎華年、流水悠悠。最無聊，獨倚雲屏，悵望牽牛。

菩薩蠻　題美人桐階秋思圖

梧桐雨過浮新碧。無言悄倚玲瓏石。破睡背西風。眉顰更髻鬆。　寒衣猶未擣。遠望關山杳。秋意耐尋思。吟成寄與誰。

臺城路　別廣州三十年矣。重來不勝桑海之感。會蔡君哲夫以所獲城磚見示，皆南漢以來古物。其一有『成城』二字，尤與君別號相印。因填此解奉貽

頹垣衰草羊城路。重尋舊游何處。鎮海樓荒，昌華苑冷，勝跡憑誰認取。中郎嗜古。將斷甓携來，苔斑拂去。漢篆摩挲，小名巧合更珍護。　陶齋無此雅趣。搨雲藍素紙，偏徵題句。爨下裁桐，柯亭削竹，一樣知音相顧。好修硯譜。便銅雀端溪，而今休數。水榭簾垂，粉奩添畫具。淑配傾城夫人，工畫，居寒瓊水榭。

前調　寄佩忍

燕呢喃，鶯孱僽。嫵媚韶光，已洩青青柳。聞說江南春似繡。萬翠千紅，做出清明候。　好尋芳，宜載酒。畫舫秦淮，舊約休辜負。桃葉桃根今在否。寄語東風，莫使花枝瘦。

百字令　題江樓秋思圖

癸亥秋日，柳君亞子偕夫人佩宜養疴滬瀆。江樓一角，海燕雙棲。畫眉寫韻，消磨花月之晨；茗椀藥爐，領略清閒之福。乃作江樓秋思圖，遍徵題詠。時余適遭大故，更抱采薪。思親有淚，羈歇浦而魂飛；寄妹無書，望語溪兮目斷。支離病骨，久廢詞章；潦倒愁懷，將焚筆硯。慚非漱玉，乏花黃人瘦之唫；敢比耆卿，工殘月曉風之句。重違嘉命，勉倚新聲。休遽付《念奴嬌》歌，淺斟低唱；　祇恐似《大江東去》，鐵板銅琶。

湘簾高捲，有何人悄倚，吟肩相並。一角江樓

鬢雲鬆

今春，余君十眉曾約佩子與余探梅鄧尉，并夢余填詞，得紅冰句，馳書見告。旋因他事，未果往。頃索題鴛湖雙槳圖，爲賦此解，即用其語於末，以誌夢靈也

鬢拖鴉，釵墮鳳。薄薄羅衣，可耐涼風送。雙槳輕劃休太重。湖有鴛鴦，恐破鴛鴦夢。　黯銷魂，餘舊痛。影事前遊，繪入清圖供。隔岸芙蓉曾與共。頃刻花開，淚結紅冰凍。

前調　孤山探梅，寫寄十眉、亭利

嫩晴初，新雨後。料峭微風，吹起湖波縐。鄧尉探梅儂已負。放棹孤山，差喜春還有。　影橫斜，香暗逗。剩兩三株，冷艷猶依舊。鶴語詩人知也否。有約遲來，惱得瞿仙瘦。

最瀟洒，遥望吴淞風景。茗椀香浮，藥爐烟裊，月上鴛窗静。廣寒高處，素娥來伴雙影。　寸應是詞客傷秋，微吟低語，領略清幽境。許愁心怎貯得，多少柔情豪興。瘦到花魂，涼侵詩骨，酒怕今宵醒。玉簫吹徹，可憐秋思誰省。

浪淘沙

十二年除夕，即席贈何香凝夫人

沽酒不須錢。今夕休眠。華燈照影鬢拖蟬。難得銷寒開雅集，緩放歸船。　春訊落誰邊。翰墨因緣。海天萍聚亦悠然。好寫歲朝圖一幅，明日新年。

前調

除夕　有序

新曆除夕，適值月圓之夜，南社同人會飲酒家，倦鶴有明日新年之作，余亦繼聲。

壓歲孰分錢。强醉閒眠。粧台慵卸夜飛蟬。剔盡銀鐙還自恨，未放歸船。　有夢繞親邊。團聚無緣。旅懷蕭索更淒然。欲頌椒花難寄與，明日新年。

古陽關

聞陳淑觀、吴奇隱二女士赴檳榔嶼

江水迴流碧。番舶催帆急。天低日暮，霜風緊，彤雲密。悵萍蹤易散，又送長行客。賦壯遊、同時破浪海天闊。　珍重臨歧處，休惜別。逸廬佳景，留鴻爪，證泥雪。問山川異域，可否如鄉國。祇明月。常從畫裏照顏色。

以上《徐自華詩文集》卷三

御街行

寄繡墨世娣

廉纖不斷階前滴。細濛溟、春寒逼。稜稜瘦骨晚風侵，動我停雲思憶。少陵杜老，輞川摩詰，同是惺惺惜。　重逢甌海容非昔。病魔擾、身多疾。放歌酌酒且開顏，聊解心頭憂抑。桓伊三弄，枚乘七發，暢把襟懷滌。

前調　亡友俞吉初即繡墨病卒，再續前韻哭之

展觀遺稿珍珠滴。歸碧落、情何逼。此生無處覓知音，腸斷夢魂猶憶。華年逝水，塵凡間隔，愧我空相惜。　嗟嗟數日成今昔。心沈痛、首頻疾。清詞字字動哀吟，似抱靈均鬱抑。長沙太傅，汨羅江上，浩渺煙波滌。

瀟湘　夜雨感懷

把酒澆愁，狂歌當哭，誰知磊落心胸。蛾眉未肯遜英雄。握匕首、光凝白雪，擊檀板、響遏秋風。閒舒嘯，長空影碧，吐氣成虹。　楚些吟遍，南華讀遍，追慕前踪。喜清談元妙，揮麈從容。端不羨、石家富有，待學個、梁案賢同。千秋後，權衡得失，評論自能公。

前調　庚子秋登飛霞洞，極目神京，狂歌代哭

絕巘憑臨，危樓徙倚，淒然淚洒西風。層層蔽日樹陰濃。悵北極、乘輿遷播，何日掃、海上狼烽。問底事，圖呈割地，策進和戎。　浪激臺澎，煙沈遼海，門户皆空。況侵凌日照，窺伺齊東。餘悲憤、淚痕濺血，空歌泣、劍氣橫胸。恨天賦，身爲巾幗，太息羣雄。

以上見《香艷雜誌》一九一五年七期

徐致章

高陽臺　慰錢大令悼亡

凍雨欺花，淒雲殢夢，藥爐低裊愁煙。熨體無

靈，畫眉人損朱顏。荀郎不恨情緣淺，恨罡風、吹破情天。攪悲懷，怕聽鳴雞，愁聽啼鵑。凝香燕寢鴛鴦夢，更慈烏反哺，雛鳳長憐。佐得神君，訟庭花落年年。那知一霎超塵劫，悟前因、重證華鬘。對空幃，遺挂依然，天上人間。

前調　瓶中碧桃、海棠各一枝，亭亭雙秀，喜賦

嬌睡酣春，濃妝膩雨，偎人倩影雙雙。一樣輕盈，膽瓶低覬鵝黄。二喬總是傾城貌，背東風、來侍吟窗。儘温存，恨煞劉郎，妬煞梅郎。還將豔福誇多麗，有楊妃殢酒，西子凝妝。燕撲鶯捎，惱他無限顛狂。書城環繞重簾護，再休提、窺宋東牆。漫彷徨，待奏通明，待領河陽。

甘州　題青蕤龕填詞圖

展生綃宛對素心人，當年舊音容。是文壇飛將，詞場鉅手，一代宗工。寂寂青蕤龕裏，萬態入牢籠。花影垂垂密，簾卷東風。多少填膺磊塊，借芳情綺思，刻翠裁紅。料千秋論定，香爇屬南豐。愧江郎、筆花凋盡，怎當他、獎借到衰翁。藤陰下、看珠光起，知有驪龍。

前調　山茶一枝初放，爲狂風吹落，感賦

甚封姨偏妬好花枝，摧殘一宵中。記含嗔著雨，靚妝融露，嬌倚東風。短命悤悤去也，飄墮泣殘紅。悔未金鈴護，腸斷晨鐘。多少傷春幽恨，歎名花萎謝，頓逐飛蓬。縱瑶臺重覯，可是舊音容。願無忘、華鬘塵劫，再休離、忉利舊天宫。惶悽淚、向斜陽裏，灑徧芳叢。

前調　春寒有感

又瀟瀟暮雨作春寒，愁人替花愁。甚蕭蕭瑟瑟，全消薄暖，翻似深秋。幾許凝雲冷霧，嫩日放還收。只恨東風惡，催起鳴鳩。　猶記西湖游眺，望孤山深處，萬緑陰稠。向晴曦影裏，顫舞弄嬌柔。怎换得、陰霾世界，便東皇、也似被拘幽。無窮感、把傷春淚，彈上枝頭。

一萼紅　送從孫肖研遷柩回杭

挽征裾。對殘陽影裏，彈淚向平蕪。雪黯青山，風淒丹旐，愁思先滿長途。好珍重、雲帆安穩，遡長空、岸幘送輕艫。渺渺離悰，沈沈戍鼓，歲晚愁余。　怕見天邊斷鴈，悵騎鯨一去，蕭颯西湖。秋雨燈窗，春風杖屨，當時多少歡愉。到今日、淒淒隻影，問泉臺、還憶阿連無。忍聽驪歌低唱，無限欷歔。

摸魚兒　戊午除夕

又驚心、一年春到，窗前梅訊先報。憑伊風雪聲中换，换出豔陽天好。休恨早。算此去、濃花膩柳知多少。寒燈夜悄。聽爆竹聲聲，殘年催送，暗逐曉鐘杳。　空回首，感念前塵夢泡。離離禾黍誰弔。浮雲過眼知何處，惆悵雪泥鴻爪。還自笑。祇博得、絲絲白髮催人老。清愁難療。且細酌屠蘇，瞢騰醉看，開遍水仙了。

齊天樂　春夜望月有感

一簾花影三更月，迢迢碧空如拭。露氣初濃，星光漸淡，依約晨天將白。闌干悄立。恰對影成三，破儂岑寂。莫笑遲眠，恁般良夜忍輕番霜雪幾番寒，西風一夜催人老。逝水光陰，傷時懷抱。梅花欲放春將到。莫言南鴈帶愁來，愁人滋味先嘗飽。

齊天樂 春寒不解，風雨悶人，感賦

一鳩啼破千山雨，沈沈嬾雲猶鎖。乍逗晨曦，還留宿霧，總與清游相左。妝成只坐。聽一陣廉纖，更添嬌惰。罵煞東風，恨渠偏不肯憐我。

湔裙曾約女伴，鳳鞾剛試著，空恨泥涴。鶗鴂初鳴，薔薇漸放，只是銷魂無那。芳辰易過。且料理春衫，背燈先做。待到晴明，藥闌看晚朵。

祝英臺近 春暮

盼春來，春又去。無計挽春住。燕子呢喃，悄對夕陽語。怪他裊裊垂楊，駒光難繫，只空擲。金波搖漾宛在，歎伊人不見，千里遥隔。欲認前身，難圓舊夢，歡笑何堪追憶。寥天望極。便中有姮娥，倩誰呼出。幾許離愁，剔殘燈暈碧。

長亭怨慢 園中諸花，飄零滿地，感賦

又捱到、銷魂時候。嫩緑添肥，斷紅都瘦。中酒情懷，困人天氣倍僝僽。春光漸老，爛漫處、全非舊。燕子尚呢喃，料只把、東風低呪。孤負。有陽春麗景，付與箇儂消受。舊愁未了，怎禁得、新愁相凑。恨只恨、冉冉年光，驀驚看、薔薇開又。欲挽住韶華，難倩絲絲楊柳。

踏莎行

遠柝聲淒，殘燈夢悄。半庭斜月棲烏叫。幾

繞、玉闌低舞。恨難補。幾番醉酒尋花，招邀俊遊侶。風雨無情，佳約總輕誤。可憐蜨慘鶯悽，魂銷時候，怎禁對、落紅如雨。

解語花　惜春

風欺落蕊，雨洗空林，都入愁人眼。暮寒如翦。心情惡、也似燕慵鶯嬾。殘英片片。撥箏雁、都成哀怨。清晝長、沈睡懨懨，病與愁相半。　猶記前時試煖。聽枝頭啼鳥，清脆嬌婉。暗中偷換。催歸去、只有杜鵑頻喚。東風不管。待分付、垂楊牽綰。生怕他、絲短途長，春去天涯遠。

浪淘沙

萬樹綠陰濃。春去悤悤。落花飛絮兩無蹤。燕子不知身世改，猶覓殘紅。　無語怨東風。短夢惺忪。傷春人瘦寂寥中。惟有窺簾明月影，似解憐儂。

前調

淚漬被池濃，夢訴離悰。依然翦燭話喁喁。道是西湖今夜月，剛與前同。　塵夢太悤悤。吹散西風。杜鵑啼血月明中。一夜催人雙鬢白，腸斷晨鐘。

滿庭芳　感興

麥秀油油，春歸寂寂，杜鵑啼徹黃昏。榆錢千萬，無計療清貧。都被狂飇捲盡，空愁對、烟靄紛紛。誰相念，繁華錦繡，斷送漸無存。　銷魂。看燕燕，經營舊壘，幾許辛勤。任飄摇危幕，愛護無人。縱使呢喃苦訴，深閨掩、充耳誰聞。驚心處，東風太惡，狂舞起飛塵。

摸魚兒　秋蟲

碾長空、一輪涼月，高梧蟬噪初歇。誰將無限悲愁意，都付候蟲淒咽。吟復絶。有幾許牢愁，空向愁人説。聲聲聽徹。和雲外霜邊，鴈啼哀怨，清響滿寥泬。　人間恨，欲訴先嫌絮聒。何曾天聽能達。傷心骨化形銷後，還把不平宣洩。情怫鬱。縱萬口銜寃，不許陳京闕。雄心未滅。休輕視么麼，從來善鬭，中有應時傑。

高陽臺　甌蘭一叢，自章安攜歸，十年不花。今秋忽發兩枝，香冠他種，喜而賦此

清露溥苞，涼風泛葉，幽香暗逗吟邊。一翦初開，月明人倚闌干。尋常慣説春花好，愛秋花、還比春妍。静中參，鼻觀流馨，淡極無言。　甌江閩嶠縈鄉夢，避當門鋤刈，來伴詞仙。十載滋培，芳姿靦面無緣。昨宵新荷東皇寵，杜蘭香、重返人間。願從今，長挹清芬，歲歲年年。

前調

膩柳藏鶯，狂花引蜨，雙栖偏妬鴛鴦。繾綣深情，怕伊感帨驚厖。相思刻骨從頭訴，寄紅箋、幾度商量。背銀釭，暗約韓郎，瞞卻蕭郎。　無端孽海風波起，賸柔情宛轉，別淚淒涼。纔聘鶼鶼，合歡便酌離觴。玳梁還記當時燕，換香巢、再返華堂。慶重圓，喜煞秋娘，惱煞紅娘。

滿庭芳　新移梧桐一株植窗前，雖僅拱把，然夭矯有奇氣，爲賦此

風過迎凉，月來篩影，翠陰移傍吾廬。蛟龍拏攫，生小便扶疏。休笑纔將拱把，卜他日、高蔭雲衢。棲鸞鳳，龍門百尺，佳氣護幽居。　慚余。空自比，枯桐半死，爨下焚餘。待呼童，拂拭浄洗珣玗。遮莫深藏幺鳳，碧雲滿、潤到琴書。吟懷健，題詩葉上，寒翠欲侵裾。

賀新郎　春寒無那，百感横生，挑燈賦此

惻惻春寒透。更那堪、癡雲羃䍥，霰珠跳又。膩柳穠花都休問，只有梅魂凍瘦。算已屈、芳華時候。可奈東皇無權力，任排空、似虎風狂吼。冰與雪，共僝僽。　韶華百五憐辜負。記曾經、狂吟淺醉，儘儂消受。鬬草湔裙尋常事，此日空勞感舊。便準擬、通明早奏。捲地陰霾都掃蕩，放晴曦、爛漫娱清晝。先頓著，聽鸝酒。

虞美人　閨思，用蔣溥卿均

寒閨一夜西風緊。鴛被偎孤影。憐儂枉自寄征衫。誰肯替儂送暖、到天南。　一灣流水門前路。流到何方住。相隨那敢惜飄零。願化飛塵不願、化浮萍。

解連環　雪意

試燈風緊。怪遥空黯淡，凍雲低覷。似有意、欲釀春寒，把輕暖驅回，薄曦遮盡。玉影花魂，隱約處、機緘猶藴。怕飛瓊嬌舞，攪碎銀河，眼纈生暈。　騷人幾經忍俊。漫抽毫吮墨，尖叉拈韻。誤黨家、多少豪情，任歡宴徐開，侍姬頻問。六出奇花，想裁翦、猶多遺恨。待來朝、萬山一白，儘儂細認。

三姝媚　梅影

孤山清絶處。正紅英舒霞，緑苞涵露。萬頃西湖，看倒淩寒碧，横斜無數。唼喋游魚，應錯認、波心香聚。宛對新圖，濃透芬芳，淡描煙樹。　剛送斜陽歸去。又滿地參差，素蟾低護。待訪逋仙，怕暗窺芳跡，有人相妬。似夢羅浮，還恐是、迷離無據。未識歸來孤鶴，猶能認否。

綺羅香　夏閨，用蛻岩均

藕斷絲連，瓜分瓤擘，頓觸離愁千縷。長晝懷人，苦恨客途修阻。竹風冷、頻怯輕寒，荷雨碎、尚嫌煩暑。最難禁、悶損心情，鳴蟬愁聽碧雲暮。　瑶琴月下試撫。卻被新蟾引恨，頻訛宫譜。蓮渚鴛鴦，雙宿萬花深處。方妬他、穩庇芙蕖，又怕那、不情風雨。待雕梁、燕子歸來，説與相思苦。

湘江静　秋閨，用梅溪均

弱柳堆烟蟾浸浦。記瀕行、畫橈曾駐。驪歌已唱，鮫珠欲墮，有傷心詞句。瘦月幾回圓，西風冷、燕辭梁去。殘荷聽雨，高梧咽風，空房怯、斷腸處。　別夢醒，愁思苦。正蕭騷、攪人庭樹。哀蛩似訴，啼烏未歇，又聲聲更鼓。淚點溼孤衾，重陽近、瀟瀟淒雨。遥知客子，茱萸徧插，登高作賦。

綺羅香　簾，用蛻岩均

一桁低垂，微波乍漾，摇曳湘雲千縷。有意留香，似把篆烟輕阻。濾新月、細碎清光，透曉風、滌除煩暑。更從他、引逗幽芳，遲遲花影夕陽暮。瑶琴音響不隔，户外徐聆雅奏，憑偷宫譜。曲曲新蟾，剛映玉鈎垂處。放草色、侵入書幃，蕩雲影、捲來山雨。最無情、遮斷銜泥，不憐雙燕苦。

聲聲慢　閨怨，用夢窗均

抛殘又覓，驚起還眠，歡情夢裏重逢。鏡黯朱顔，妝成誰適爲容。無情夜來淒雨，盪花魂、狂煞東風。無人問，但烏啼月落，燕去巢空。婉追憶從前影事，記賃春、舉案久伴梁鴻。勸深杯醇醪，怎抵情濃。如今自憐孤影，比春殘、鵑淚啼紅。虧月姊，翦柔情、獨宿月中。

前調　閨怨，用竹屋仄均

驚風撼竹，凍雨敲窗，空房一燈淒碧。心怯孤眠，鮫帳欲開無力。蘭閨舊時韻事，枉追思、都成陳迹。淚暗滴，和淒凉殘漏，銷魂今夕。幾度登樓望遠，倩春魂、喚轉異鄉羈客。卻被東風催起，一天暝色。寒空竟無鴈到，更難詢、天涯消息。别恨積，又江城、吹送怨笛。

絳都春　春水，用任亮才均

輕舟快駛。似天上泛槎，銀河雲起。無數斷紅，引取春魂來篷底。絲絲柳蘸波痕膩。問離别、銷魂曾幾。舊維舟處，頻添新漲，半湮荒址。猶記。溪紗試浣，緑波映、素手玉葱曾洗。此日縠紋，倒影晴霞涵山紫。東流一去無回意。莫更問、春風桃李。應驚過隙駒光，也同逝水。

垂楊　春曉

春眠夢悄。被乳鶯喚醒，數聲嬌小。昨夜風

狂，只愁花事闌珊了。曈曨初日臨窗好。嬾梳裹、妝臺斜靠。問紅兒、籬角欄邊，有落紅多少。　分付先開了鳥。怕雙燕尚棲，哺雛難飽。鬬草湔裙，隔宵曾約懽遊早。捱遲恐被鄰娃惱。又只怕、蕭郎驚覺。怪儂家、辜負香衾，寒料峭。

大酺

一春多雨，偶值放晴，對景感賦，用《片玉》均

恰嫩晴初，韶光媚，嬌鳥頻啼深屋。緗桃都放後，正尋香蜂蜨，翅鬚輕觸。粉籜籠煙，疏枝濾月，初茁娟娟新竹。攜柑踏青處，有黃鸝睍睆，舊時聽熟。　遷流何太速。且扶杖逍遥，繞畦穿徑，看花人獨。記燕市、塵海飛華轂。怎到今、空中啼鴂，静夜愁鵑，恁淒涼、動人心目。白髮傷時感，吟思苦、都成哀曲。撫身世、瞻京國。韶景空好，鉛淚紛紛如蔌。多情伴儂淚燭。

長亭怨慢

春寒久雨，向晚適覩新月，感賦

最難得、今宵新月。挂出瑚弓，捧來瓊玦。浄洗天空，倒淩池影總清絶。恨無雙羽，飛不到、光明窟。待悄問姮娥，占幾許、瑶臺銀闕。　空説。悵三春將半，只見滿天風雪。涼蟾偶吐，也衹是、欲明還滅。更惹得、柳倦花慵，聽深夜、哀鵑啼血。且把酒相邀，償我前時長别。

憶舊游

辛章安時次女爲製毛茸綫韡、韈各一，十餘年來，隆冬恒御之。女死烈亦近十稔矣，作此誌痛

記燈挑邸舍，綫擘絨絲，坐盡寒宵。指怯拈針

冷，爲高堂忍凍，雨雪飄蕭。幾番熨貼裁度，燭影茜窗摇。更韈揣尖寬，鞾防瘦窄，費盡推敲。　驚濤。遽兵解，慨物是人非，慘痛難描。蓋篋搜尋日，認條條絲縷，酸淚都抛。織痕手迹如舊，空把瘦魂招。但極目津沽，淒雲黯黯愁望遥。

甘州　待月

悶沈沈孤影倚欄干，迢迢數殘更。怪停琴久佇，開簾待拜，圓魄無情。莫是有窮重聚，抛撇廣寒行。蟾兔悲無主，掩卻光明。　不恨姮娥曠職，恨吳剛仙斧，兵諫無靈。任瑶臺銀闕，萬古此冥冥。怕今番、伶俜出走，待歸來、不是舊宮庭。凝愁久、見微茫裏，皓魄東升。

垂楊　新燕，用止菴均

璇閨靜悄。聽玳梁乳燕，語聲嬌小。爲憫調飢，早將銀蒜先開了。差池纔學輕盈好。漸飛倦、低枝斜靠。瞥離羣、偏啄香泥，看落花多少。　須似慈烏孝鳥。趁毛羽漸豐，哺他長飽。莫便西歸，伯勞東去還嫌早。銜泥又被閨娃惱。待舊夢、烏衣驚覺。伴齊姜、泣送歸姬，帆影峭。

前調　葬花

淒風苦雨。對落紅滿地，痛心如許。欲葬西施，玉棺難覓誰爲主。芳魂歸向華鬘去。掃殘鈿、一邱香聚。藉鴉鋤、高築寬埋，傍夕陽深隝。　從此封姨罷妒。看三尺斷碑，一抔黃土。莫化才人，又遭淪謫飄零苦。嬌娃也被紅顔誤。願忉利、天宮長住。賸儂家、手挈梨花，空酹汝。

玉漏遲　雨後見月

溼雲猶繚繞。清風乍振，蕭然林表。暮靄徐開，高挂玉蟾天杪。纔喜瀟瀟雨歇，更驚喜、清輝晴皎。還自笑。朝來聽鵲，空存疑抱。　幾回注目澄觀，似古鏡新磨，頓添光耀。料得姮娥，今夜悶懷都掃。恰趁晶盤凈洗，愈顯出、新妝娟好。須看飽。還愁片雲遮了。

前調　草

綠雲鋪滿道。登樓望遠，天涯蹤杳。煙柳絲絲，踠地故相縈繞。空惹愁懷暗起，盼不到、王孫歸早。添懊惱。門前恨迹，閨中愁抱。　許多漢苑隋宮，但滿眼青蕪，池荒苔老。染出紅心，一片茂陵殘照。翻羨牛山濯濯，儘芟盡、人間愁稾。憑野燒。銷除極天衰草。

曲遊春　燈花

獨對寒燈悄，正春歸花落，愁思如攪。摇颺燈光，看圓珠殷潤，瘦葩紅繞。已謝荼蘪了。偏開出、枝枝嬌好。想憐儂、掩抑傷春，特地爲舒懷抱。　自笑。襹褷病鳥。者多恨多愁，何喜可報。黄卷青燈，記童年甘苦，恍如夢到。老去才情減，更休説、筆花娟妙。但惜他有豔無香，蛾兒枉鬧。

甘州　楊花

擅花名偏與絮同看，飛揚任天空。似無家羈客，隨波蕩婦，斷梗飄蓬。暗逐凄迷短夢，何處許停蹤。一去無消息，莫辨西東。　偶傍硯池低漾，儘彎腰戲捉，狂煞兒童。怕輕黏蛛網，從此困牢籠。卻甘向、天涯漂泊，儘逍遥、萬里趁長風。前塵杳、化浮萍去，何日重逢。

木蘭花慢 樵

向青山影裏，帶殘照、浩歌歸。正半嶺煙横，一肩雲重，花雨紛披。幽蹊。轉坡踏葉，荷荊薪冉冉出岩隈。溪畔屐痕泥潤，擔頭笠影風欹。　驚疑。柯爛竟忘疲。仙境静觀棋。想寂寂山林，悤悤歲月，清福誰齊。休題。帶經暗誦，笑長饑翁子換朝衣。富貴從來朝露，何如一枕忘機。

霜葉飛 初夏有感

緑陰千樹，沈沈裏，驚心芳事都杳。瞥來燕子不知愁，把落紅銜了。又慘慘、黏天碧草。王孫枉盼歸來早。動幾許閒愁，但悵惘、韶華逝水，蜨蜂空鬧。　可奈舊夢如煙，斜陽芳樹，總添無數愁稿。聽鶯攜酒不多時，何處尋鴻爪。待避卻啼鵑聒噪。無端還被楊花惱。痛一霎、芳華謝，怕覩年年，豔陽重到。

一枝春 銅峰疊翠

萬笏排空，送青來、滿郭巒光濃聚。天然畫稿，皴摺總無尋處。溪山秀挺，恰遥借、錦屏圍住。憑指點、青嶂丹崖，認取洞天仙府。　銅棺渺茫無據。想蒼然、秀色真靈長駐。襟衫翠溼，獨自杖藜尋去。山靈有約，料容我筍將芒屨。還只怕、濃緑黏天，但聞笑語。

夜合花 玉潭凝碧

寂寂涼漪，澄澄慘緑，一泓千古靈源。危崖倒壓，陰森白晝生寒。清澈底，碧潺湲。酌言嘗、甘洌芳鮮。是仙家住，清泉白石，林静花妍。　何年。玉女重還。遥想臨流鑒影，仙骨珊珊。空潭瀲灎，餘芳猶戀溪山。浸冷月，洗孱顔。止水心、不起波瀾。有潛龍在，興雲作雨，沾溉人寰。

渡江雲　蛟橋夜月

飛虹駃彩月，怒濤乍起，拏攫欲騰空。萬家燈火裏，幾處樓臺，倒影水光中。髯蘇一去，認題橋、誰繼芳蹤。空悵望、波間横臥，日夜水流東。　英雄。仁除三害，節炳千秋，聽芳名傳頌。怎到今、橋留屹屹，人去悤悤。塵寰蛟虎知多少，對銀蟾、空想遺風。凝望處、漁舟三兩燈紅。

花犯　龍池曉雲

古招提，莊嚴七寶，崔巍入雲際。赭霞初起。有壑底潛龍，嘘吸靈氣。萬山合沓紛紅紫。如游黄海裏。尚記我、嚮晨孤往，看雲危磴倚。　飛騰變化顯神功，爲霖負偉抱，何堪長棄。看蝘蜓，靈湫伏、恁般憔悴。休韜晦、竟同霧隱，起膚寸、寰中膏澤被。定感念、琳宫依舊，空巖餘溼翠。

月華清　畫溪花浪

花影翻紅，波香摇碧，落英和浪同捲。誰蕩春魂，暗共縠紋流轉。慢移舟、人入新圖，戲掠水、燕銜殘片。誰唤。是天開罨畫，髯蘇傳徧。　斷送芳華何限。怕逝者無情，杜鵑啼怨。水葬西施，幾許詞人腸斷。蜨低尋、逐浪輕飛，魚暗唼、碎英猶戀。休歎。縱從今飄墮，清流堪羨。

西子妝 洴澼雪簑

笠短迷青，絲斜裊白，獨立寒磯人悄。空濛溪影一舟橫，釣竿垂、雪花低繞。酸風料峭。吹短鬢、鬚眉蒼皓。笛聲中，有萬朵瓊花，空明幽杳。　天容皎。一領青簑，色變都成縞。溪山大好似嚴灘，讓個人、畫中添稿。推篷遠眺。蓼花隱、蘆花換了。待新晴，月下狂歌到曉。

甘州 國山煙寺

嘅江東王氣久銷沈，空餘國山碑。看斷文殘字，苔留蝸篆，花落烏啼。莫問孫吳遺事，寂寂付斜暉。古寺今何處，空翠淒迷。　憶昔登封柴望，創莊嚴梵宇，金碧交輝。替荒山生色，萬乘此徘徊。到今朝、已無片瓦，歎幾多、陳迹總寒灰。微風裏、有垂楊舞，恍覩靈旗。

高陽臺 陽羨茶泉

潭靜泉香，春酣葉王，熙朝名輩爭誇。敢信中泠，江心第一無差。扶鳩唐貢崖邊路，挹清芬、端勝山茶。醒詩脾，人倚春風，細啜靈芽。　銅峯深處都名岕，正攜筐薄采，歌聽鄰娃。筠籠裝就呈天府，淺焙徐烘，年年忙煞兒家。勝龍團、俊味清嘉。瓦鐺中，活火煎來，煙縷橫斜。

滿庭芳 張公福地

巖谷深潛，真靈窟宅，暗中一徑斜穿。玲瓏鍾乳，鬼物布森然。几榻丹爐錯置，迎面撲、蝙蝠飛旋。高懸處，崚嶒萬仞，一綫見青天。

神仙。今已渺，空餘姓氏，難證淵源。想飛騰變化，遊戲人間。留下修真舊迹，都付與、蔓草荒煙。松濤靜，雲霞繚繞，天際下飛鸞。

齊天樂　周侯古祠

千秋風節千秋恨，荒祠動人憑弔。廟貌森嚴，林泉隱秀，多少溪山環繞。空傳偉抱。歎蛟虎堪除，駿彤難料。典午銷沈，衹餘林際夕陽好。鄉邦奇傑蔚起，有盧公抗節，先後同調。熱血噴沙，遺屍裹革，一樣時丁末造。風清月皎。想殿宇相望，往來神纛。積憤難平，嶺猿清夜叫。

真珠簾　荷錢

青蚨翅弱飛難起，翠生生、暫共波間萍聚。圓影漾晴漪，恰嫩苞初吐。欲把春光聊試買，被

漫浪、飛榆輕誤。辜負。且約略穿來，蒓絲千縷。常詡。君子清標，甚靈芽甫茁，芳名先汙。愛潔是濂溪，怕一朝逢怒。佇待紅蕖開萬頃，擁翠蓋軒軒高舉。休舞。儻飲馬人來，欲投誰阻。

東風第一枝　荷珠

亂走青盤，狂跳白雨，盈盈鮫淚凝聚。探驪不用沈淵，彈鵲誤驚墜浦。匀圓顆顆，任颭向、蘋花深渚。怕夜光、明月飛來，驚起一池鷗鷺。丹顆現，晚霞映處。青蓋動，曉風收去。儘伊仙掌擎來，擬倩藕絲穿住。憐他搖漾，莫輕擺、採蓮柔艣。再休提、失路王孫，深巷撒時無數。

以上《拙廬詞草》卷一

蜨戀花 宮詞

別殿笙歌花外度。寂寂長門，不是承恩處。欲解愁懷窺玉兎。新妝又恐姮娥妬。　遥指未央宫畔路。隱隱罘罳，雙燕曾飛去。相對呢喃如解語。可能代把衷情訴。

前調

憶昔承恩曾奉帚。荏苒經年，長夜孤燈守。料得君王猶殢酒。無情凉月催宫漏。　顧影自憐花比瘦。深鎖宫門，寂寞黄昏又。不到胡沙空白首。何須更怨毛延壽。

前調

静夜昭陽歌復舞。獨坐無聊，空買長門賦。萬語千言誰與訴。銀鈎低處籠鸚鵡。　轆轤羊車何處去。竹葉迎門，不道仍多誤。敢怨君王無定主。只愁春去留難住。

菩薩蠻

垂楊踠地千條葉。碧闌干外玲瓏月。月影滿池塘。時聞荷蘂香。　傷離兼病酒。對鏡知儂瘦。愁煞夜如年。緑窗人未眠。

如夢令 游仙

笛裏梅花三弄。覓得天衣無縫。淒絶對塵寰，獨控九苞丹鳳。如夢。如夢。祇覺一肩雲重。

南鄉子 記夢

飛夢到之江。重過西湖舊草堂。遥指南屏煙靄裏，殘陽。隔岸人家盡緑楊。　何處問滄桑。誤認他鄉是故鄉。獨自淒涼悲往事，迷茫。鴈唳聲中欲斷腸。

憶王孫

雲消雨過晴晚天。楊柳千絲摇暮煙。明月樓高不忍看。背闌干。底事今宵分外圓。

長命女

人影悄。月浸花枝欲笑。露浥花魂俏。寂寂眠鷗夢好。冉冉流螢光耀。含蕊紅蕖盈玉沼。一夜都開了。

攤破浣溪紗　鳳仙花

五色斕斑翠鳳妍。一彎嬌影記留仙。長印閨娃蔥指上，證情緣。　麗質不遭春豔妬，貞心還共守宮看。憔悴西風無限恨，怯輕寒。

前調　老少年

老去偏能學少年。西風摇落鴈來天。守得歲寒無媚骨，是童顏。　不共花枝春鬬豔，詎同楓葉冷飛丹。小草也隨松柏後，雪霜間。

點絳脣　蜩

閱偏炎涼，暗中先把商聲報。一聲知了。知有愁多少。　病翼驚秋，空對斜陽噪。雙鬢老。别枝羞抱。肯曳殘聲到。

菩薩蠻

一燈照夜明還滅。飛來萬里長空月。難得是團圞。渾忘風露寒。　晨鐘淒欲動。掩泣難成夢。夢縱到遼西。覓君君不知。

蛈戀花

弱柳垂垂千萬縷。手折長條，相送天涯去。明月過盡征鴻無一語。夢魂長繞離亭路。只恐窺人人倚户。待向圓蟾，説與離愁苦。姮娥無意緒。孤淒正没安排處。

前調

淡月沈沈天欲曙。寶帳鴛幃，夢繞江南路。獨自枝上嬌鶯啼不住。驚魂摇漾渾無據。雙燕登樓遥望處。楊柳籠煙，縷縷牽愁緒。呢喃相對語。代儂細把離情訴。

高陽臺 讀玉田詞，感賦

詞客牢騷，遺民骯髒，眼中觸處生愁。追步靈均，一般齎恨千秋。傷心刻骨無窮感，漫輕

前調

雙龍蟠鏡清光皎。一輪璧月窺人悄。鏡月兩團圞。愁人獨夜看。殘燈光似豆。紅淚淹羅袖。底事佩金魚。不教傳素書。

前調

蘭閨静夜停清瑟。一池花影澄寒碧。惆悵玉關情。可憐風露清。龍沙今夜月。鐵甲明於雪。莫唱大刀環。夢中飛度難。

前調

春禽巧弄如簧舌。閒庭滿地梨花雪。深院夢微醒。隔花聞曉鶯。紅蕤金帶枕。繡被鴛鴦錦。酣睡海棠枝。春陰好護持。

從、字句搜求。者情懷，無筆堪描，有淚難收。　油油麥秀歌行邁，問銅駝遺迹，涕淚橫流。隱痛纏緜，興來便發狂謳。殘山賸水淒涼甚，猛酸辛、都到心頭。寄深悲，家國滄桑，身世浮漚。

卜算子慢　梅雨悶人，感賦

香沈紫篆，琴澀素絃，乍雨乍晴天氣。柳絮多情，煙重欲飛難起。掩微暉、明滅層霄裏。醖釀出、千般懊惱，閒愁欲遣無計。　底事天如醉。任怪雨盲風，噪蛙攢蟻。黯黮湘雲，遮斷楚峯十二。鎮陰霾、無望開晴霽。況聽得、檐端雀啅，訴倉空如洗。

玉樓春

輕雷急雨寒還燠。雨後嫩晴蟬又噪。銀塘鷗鷺睡還濃，不管新荷香暗繞。　寶篋鈿雀凝妝俏。喚得紅兒瑶瑟抱。捲簾更爇水沈香，可許今宵明月好。

更漏子　荷花

緑雲垂，紅粉膩。花底鴛鴦雙睡。窺曉月，舞晴漪。露珠香一池。　穿輕霧。蕩柔艣。笑隔花枝低語。香似海，水如天。紅妝鏡裏看。

高陽臺　香谷妹丈以手藝北瓜爲贈，并媵以詞，繼聲酬和

蔣徑芳苞，蕭齋清供，報酬愧乏瓊琚。柿緑橙黄，賦形偏愛塗朱。赬毬珊盌垂垂影，映青蕤、紫蔓相扶。寄情懷，嘉果宜人，觸緒愁予。　不堪再摘憂如擣，怕荒畦抱蔓，將伯誰呼。暫託青門，豆棚風月堪娯。羨他不受人分剖，

幸成全、苦李同符。伴詞仙，吟偏黄花，插偏紅萸。

徵招

立秋日有感，用《憶雲》均

井梧墜葉池荷颭，商聲暗催凉夕。瘦月似悲秋，也低迷雲隙。枯螢摇冷碧。訝團扇、頓疏今日。膩雨滋花，和風薰柳，不堪追憶。　愁寂數年時，滄桑感、前度淚痕猶溼。冷信又驚催，送西風消息。悽蛩愁聽得。看梁燕、漸成歸客。問幾時、點點新鴻，寄遠人書迹。

高山流水

題《青蕤盦詞稿》

碧宵送下步虚聲。洗箏琶、仙樂鏘鳴。琴韻滿滄瀛，天風海水移情。傷時意、匣劍帷燈。憑誰會，一卷風騷比興，筆墨都靈。坐藤花影裏，瘦月共淒清。　飄零。文章慣憎命，還歷偏、劫火刀兵。奇氣藉江山，壯游偏締吟朋。久欽遲、勝欲才名。重逢好，多謝金篦玉磬，藥我聾盲。喜喤喤里，耳鐘韻、度鏗鯨。

甘州

秋蟲

送淒音怨斷向秋空，都作不平鳴。想輕身健鬬，引吭振羽，絮盡衷情。多少沈哀積憤，萬口總同聲。冷月尖風裏，無限淒清。　只有愁人領會，動無窮感觸，肝膽輪囷。歎人閒醉夢，酣豢寄浮生。料華堂、嫌伊絮聒，鬧箏琶、充耳不曾聽。傷懷處、怕晨雞唤，酣睡都醒。

一萼紅

鳳仙一叢正盛開，五色斑斕，高數尺。愛玩方摯，連日風雨，零落滿院，感喟賦此

怪西風。仗漫天雨勢，摧折偏芳叢。倩影蹁躚，仙姿穠豔，藉他妝點秋容。更幻出、斕斑

五色，恍丹山、翔舞彩千重。明月一庭，斜陽半砌，冷照晴烘。回首芳春麗景，自東皇遜位，銷滅無蹤。難得奇葩，藉蠲幽憤，慰情長伴愁儂。最無奈、臺空鳳杳，賸寒蜨、滿地泣殘紅。忍聽聲聲嗚咽，無數哀蛩。

蜨戀花

香國春酣花滿樹。錦繡成堆，風雨偏相妬。墮溷飄茵難自主。更誰肯把金鈴護。滿眼殘紅紛似雨。燕蹴鶯捎，狼藉無人覷。只有枝頭悽杜宇。哀啼對月愁懷訴。

齊天樂

原調繼聲

涼雨敲窗，秋聲滿耳，讀青蕤新闋，倚

無情疏雨驚風颭，蕭蕭作去聲成淒響。敗葉嗚窗，衰蘭被徑，多少秋懷惆悵。林邊曳杖。看瘦蜨斜飄，冷螢低傍。舊恨新愁，一時來似暗潮長。遥天哀鴈嘹唳，聽嗷嗷苦訴，無限悲愴。劍拂霜清，烽遮月黑，笳吹商聲萬帳。中原板蕩。恨穲柳輕盈，慣隨風颺。更有荷珠，轉旋憑掌上。

浣溪紗

一點新涼透碧紗。抱叢瘦蜨戀寒葩。不堪惆悵憶春華。似欲避人雲罅月，宛如垂淚雨中花。數聲悽咽暮天笳。

攤破浣溪紗

九月十五夜玩月

涼月溶溶浸曲闌。滿庭花影靜中看。獨立渾忘風露重，怯孤眠。小院悽蛩撩夢醒，寥天歸鴈入雲寒。長是陰霾長是缺，幾回圓。

賀新郎　庚申重九

又是重陽矣。倚高秋、晚煙凝紫，暮山横翠。手把茱萸重又看，痛飲頻傾緑蟻。願沈醉、渾忘身世。醉後登高搔短鬢，望遥天、煙霧横空起。和暮靄，兩無際。　一繩冷鴈驚寒唳。聽嗷嗷、千般苦訴，飄流憔悴。酣豢娱嬉誰氏子，消受燈紅酒美。歎老去、埋愁無地。落帽風前長舒嘯，愛千林、紅葉明秋霽。還襯託，夕陽麗。

如夢令　仿容若

殘月將沈猶見。好夢欲尋偏短。燈燼鴈聲悽，酒病旅愁相半。人遠。人遠。只有影兒相伴。

攤破浣溪紗

滿眼風雲捲素秋。暮笳悽斷淚難收。一局殘棋千萬劫，幾時休。　夢短夢長風裏絮，花開花落水中漚。濁酒頻澆銷不盡，古今愁。

錦堂春

眉翠描從新月，淚珠滴損殘花。相思刻骨無由訴，飛夢繞天涯。　滿院蟲聲淒咽，一行鴈字横斜。落紅飛絮都無影，腸斷憶春華。

燕山亭　庚申十月十五夜玩月作

碧海青天，長此一輪，萬古多情相照。雞塞鳳城，渺渺相思，勾起怨懷多少。爲問姮娥，怎描出、大千愁稿。娟妙。任思婦離人，暗添煩惱。　人壽花好蟾圓，也擫笛飛觴，藉供歡笑。蒼狗白衣，一霎風雲，對此更傷懷抱。皎皎清光，算塵夢、被他顛倒。醒了。須儘我、今宵看飽。

一萼紅

自遣　東風作勢，寒雨逼人，觸景生愁，拈此

恨東風，慣添寒作雨，不管別人愁。颯颯蕭蕭，朝朝暮暮，天漏争不擔憂。乍林静、偏教擺蕩，海波澄、澎湃湧濤頭。走石飛砂，排空捲地，唤起蛟虬。　多少驚飛烏鵲，怕危巢欲墮，覆卵難留。虎嘯生威，鵬摶有力，誰憐弱羽啁啾。甚時覩、卿雲糺縵，奏南薰、琴撫五絃柔。莫更來從蘋末，苦作颼飀。

念奴嬌

重輓質甫

夜燈淒碧，對傷心景物，酸風殘雪。贈我新詩題我照，一讀一回心折。愴念前塵，摩挲遺墨，清淚都成血。那知今日，與君真個長别。　先猶記戲語他年，青山埋骨，椽筆題碑碣。我騎鯨長逝矣，心事憑誰堪説。黯黯楓林，沈沈落月，夢裏音容接。也應交慰，暫將離恨同撇。

壽樓春

紅葉

烘疏林斜陽。正千山爛漫，争炫新妝。尚記車停楚岸，句哦吴江。矜冷豔、欺春芳。耐幾多、霜濃風狂。更錦燦楓林，霞蒸柏樹，争媚好秋光。　疑野燒，炎崑岡。覦寒鴉點點，斜鴈行行。漫訝花團雲錦，舞徹作平霓裳。空有豔，偏無香。粉蜨兒、飛旋休忙。怕詩惹情緣，飄流御溝傳恨長。

滿江紅　敬書高叔祖學山公題勖齋周公像遺墨後

浩劫頻經，天留住、孤忠墨妙。憑展對、森嚴波磔，沖融懷抱。信國圜扉歌正氣，魯公争坐留遺稿。數行書、鼎峙各千秋，真瓌寶。　釁宮血，遺民弔。墓門碣，寒煙繞。歎等身著作，燹餘都杳。孝若四言傳畫贊，鄭虔三絶輸貞操。藉桐孫、珍重比球琳，長相保。

前調　題倩仲叔祖《辛壬癸》樂府

皮裏陽秋，借往事、聊攄胸臆。無窮感、神傳廋語，心傷故國。琴筑悲歌同激越，齊梁樂府增悽惻。把殘山、賸水再消磨，天何必。　銅駝恨，心如織。澤鴻歎，憂方亟。羡無知萇楚，不情木石。天意好生難復問，人心造劫將

南鄉子　傍晚獨步營前，見山色冥濛，雪意滿天，因拈此解

濃靄壓重巒。漠漠平林裊裊煙。醞釀遥空都是雪，連天。潑墨新圖仿米顛。　急霰送輕寒。雲罅微微淡日穿。準擬明朝雙蠟屐，奇觀。大好溪山畫裏傳。

風流子　雪意

遥天沈暮靄，冥濛裏、遮斷萬山青。恰鴉陣高盤，半捎寒影，鴈雲低度，全帶酸聲。冷暉淡、溼煙縈遠樹，微霰灑空庭。聊詠柳花，未輕霏玉，漫來灞岸，難覓飛瓊。　白作平龍騰空起，之而作、聲勢未肯銷兵。惟見陣雲離合，絲雨飄零。待生花彩筆，尖叉賭韻，辟寒賓帳，羔酒娱情。欣看滿城樓閣，白玉裝成。

何極。倩漁翁、同泛武陵舟，桃源覓。

珍珠簾

荒畦微雪，中有菊花一枝，挺然獨立，爲賦此解

峭風催作漫天雪。瘦黄花、不怕孤根摧折。憔悴寄荒畦，挺歲寒寄骨。莫笑柔葩都輭媚，偏欲與、喬松争烈。豪傑。想獨抱貞心，不因人熱。　應是栗里陶公，伴袁安冷臥，證成高節。歌哭義熙年，肯此身輕屈。我向幽芳重拜倒，待細把、深衷同説。淒絶。看滿地嚴霜，一輪孤月。

喝火令

無限淒凉景，如聞笑語聲。十年聚首影隨形。誰道絮飛花落，今日竟忘情。　淡月三更白，殘燈一點青。怨蛩悽鴈不堪聽。只怕愁多，只怕夢難成。只怕玉樓深杳，有夢也無憑。

浣溪紗

黯淡山容睡態酣。鴈羣衝破一溪煙。漸看春意到梅邊。　薄暝釀寒無賴夢，癡雲凍雨奈何天。不堪回首憶從前。

金縷曲

雪

萬里天容静。眩吟眸、空明世界，玉霏花瑩。多少青山都皓首，和我鬢絲相映。只撩起、深閨幽恨。飛向天涯應難覓，似萍蹤、絮跡渾無定。孤枕上，淚猶凝。　當年冒雪平原境。記晨征、瓊英踏碎，一鞭寒影。今日圍爐看玉戲，猶憶長途風景。且料理、尖叉新詠。待掃飛霙煎苦茗，又憐他、窗外梅魂冷。頻索笑，繞苔徑。

攤破浣溪紗 雪後嫩晴

雪後山光分外妍。凍雲一罅露青天。可許今宵明月好，到窗前。　冰箸垂紅烘嫩日，爐煙裊緑沸清泉。竹外梅花應更瘦，有誰憐。

虞美人 竹爲雪壓，憔悴可憐，因拈此解

幾時學得風前柳。競把纖腰鬬。龍孫怎敵玉龍狂。比似相煎萁豆、没商量。　一枝曾伴梅花瘦。還共松争茂。同心久訂歲寒儔。底事此君高節、也低頭。

西江月

城上烏驚南月，蘆邊鴈叫西風。淒涼午夜一聲鐘。唤醒十年塵夢。　煙裊獸鑪騰紫，珠穿蠟淚拋紅。梅香雪豔釀寒中。暗把年光催送。

甘州 塵

趁風威鼓盪勢漫天，飛揚徧寰中。看紛紛蔽日，蓬蓬捲地，野馬騰空。本是么麼微物，得意便稱雄。世界都蒙昧，怨煞天公。　只有求賢軒帝，但深宵一夢，吹滅無蹤。儘穿簾入幕，飄灑自西東。恨元規、汙人太甚，便遮來、紈扇也無功。遊京洛、把緇衣化，守素奚從。

暗香 雪月相輝，庭中梅影縱橫，用白石韻寫之

一庭寒色。坐玉梅花下，横吹長笛。六出凍葩，未許凡人手輕摘。消得詞仙管領，更留待、冰壺滌筆。恰借取、爛漫銀蟾，飛影墮瓊席。　香國。莫愁寂。有冷魄耀芒，碎玉層積。蠟珠漫泣。棠睡還將嫁時憶。猶記孤山

踏月，携手看、西湖澄碧。怕良夜、垂盡也，幾時覓得。

長亭怨慢

又愁聽、聲聲年鼓。似水流光，被他催去。絳雪飛花，素梅争豔更如許。不堪情緒，空太息、江潭樹。賸白髮絲絲，枉自惜、飄零如羽。

悲苦。怕東風作勢，捲起怒濤無數。巢枝病鳥，似漂泊、落英無主。料不是、彩勝春旛，便堪把、羣芳遮護。但覓醉屠蘇，愁讀江南哀賦。

蝶戀花

謝了薔薇飄盡絮。分付垂楊，遮斷春歸路。滿地殘紅難自主。卻教燕子偷銜去。　枝上啼鶯休浪語。只怕東風，捲起塵無數。極目天涯煙霧阻。庾郎愁絶江南賦。

齊天樂　凍瓜　白雪詞社第一集

一池冰待東風解，青門宛疑炎夏。霽雪荒畦，嚴霜老圃，還傍豆棚低挂。非時莫訝。看抱蔓籬邊，薦羞厨下。早韭登盤，雨中同翦客來夜。

東陵塵夢久冷，伴寒齏入饌，珍比魚鮓。結體疑晶，圓形似枕，啍啍誰箋周雅。休儕菜把。儻遭際南皮，定供清話。許僰哥磁，歲朝圖細畫。

以上《拙廬詞草》卷二

前調　積雪未銷，凍雲似幕，偕香谷、祝三兩君謍前閒步，見南山斕斑可愛，歸成此解

凍雲低壓千峯瘦，崚嶒尚餘殘雪。水墨圍屏，煙嵐畫本，到眼都成清絶。遥空映徹。看花

燦千林，粉堆層笏。老卻青山，佛頭皺處露華髮。年時眉嫵最秀，縱凌雲筆健，山翠能奪。豈料濃青，都成淡素，難覓芙蓉千疊。光摇眼纈。恰借彼繽紛，補他凹凸。更現奇觀，夜深添素月。

清平樂

流鶯先報。柳上春光到。怪底春來人瘦了。描出傷春舊稿。陌頭怕見花開。歸期暗卜瑶釵。待問玉關燕子，可曾帶得書來。

虞美人

碧空卵色天如沐。蓮漏催銀燭。霜華滿地影横斜。只有一輪寒月、浸梅花。鴈聲凄入愁人聽。姜被偎孤影。乘風飛夢到西湖。老我重逢還識、阿連無。

一萼紅 讀《倚晴樓詩詞》感賦

怨天公。斬才人清福，駈入俗塵中。樓倚晴初，園留硯古，月圓花好春濃。驀地把、書巢琴榻，捲罡風、蕩作劫灰紅。歸去無家，飢來駈我，愁煞英雄。滿眼江關烽火，旣登樓王粲，浪迹飄蓬。三影馳名，一官報最，宦情詩境都融。縱修到、驚才絶豔，怎無兒、弓冶紹家風。卻怪歐陽創例，窮後詩工。

高陽臺

殘蝀穿花，枯蟬抱柳，風狂還自尋春。肯惜千金，不教真箇銷魂。勞卿來把征帆挂，送輕舟、早出迷津。莫消停，覓得嬌花，戀住斜曛。堪憐一霎鴛鴦夢，便偷還趙璧，無意留秦。纔茁情苗，那堪覆雨翻雲。前歡已墜難重拾，但空留、繡被餘薰。最傷心，又作孤鸞，未種祥麟。

國香慢

詠蘭　白雪詞社第三集

抱影空山。把梅魂喚醒，同伴春還。香名漫誇王者，夢影闌珊。不許尋常蜂蜨，傍寒葩、低舞斜穿。清芬滿虛室，俏立亭亭，淡極無言。　記曾遭小劫，痛當門竟刈，玉骨摧殘。膽瓶清供，天許來伴詞仙。錦幔湘簾縈繞，料還稱、空谷幽妍。援琴譜新操，喜訂同心，蔣徑聯歡。

齊天樂

綠楊漸引春魂醒，依依未舒嬌眼。半釀穠花，全消黯雪，乳鴨先知波暖。新鶯試囀。看玉樹梢頭，晴光初轉。望遠登樓，寄書應有乍來燕。　東皇能否自主，把陽和漸放，陰曀都換。只恐酸風，偏欺嫩蕊，又送濃霜急霰。遥天雲亂。怕似虎雄威，作去聲成悽怨。漫想融融，一窗晴日暖。

浣溪紗

午後小睡，夢中得『明月如烟難煮夢』句，戲足成之

露柳嬌黃嫩葉抽。毿毿漸欲拂瓊樓。燕來曾帶素書不。　明月如煙難煮夢，行雲似水不澆愁。妝成鏡裏更凝眸。

前調

去歲今朝送別舟。又看春水碧於油。夕陽紅挂柳梢頭。　薄醉醒時還覓夢，倚欄望久更登樓。銷魂無那是離愁。

絳都春 小園桃花盛開，嫣紅如笑，感賦

晨葩鬬麗。看竹外數枝，盈盈凝睇。乍暖乍寒，待訴劉郎辛酸意。無言揾盡深宮淚。奈蜂蜨、紛紛窺伺。恁般淒豔，東風漫妬，教隨流水。　猶記。瑶池會裏，絳仙侍、宴罷酡顏微醉。果熟縱遲，曼倩頻偷都無忌。休提人去閒門閉。悮崔護、重來前地。除非尋取仙源，避秦足作去矣。

齊天樂 燕子初來，覩之有感

淡烟微雨清明近，飛飛乍來雙燕。遠道初歸，新巢待築，遺恨紅絲悽斷。征塵未浣。想塞北荒寒，旅魂猶顫。可帶書來，倚樓聊解玉人怨。　當年王謝舊宅，歎斜陽蔓草，塵夢空戀。太液池頭，宜春苑裏，一例荒鴉零亂。長途力倦。料去鴈聲中，玉關曾見。似說春寒，隔簾聞睍睆。

摸魚兒 題京江李君樹人西泠載酒圖

倚江天、醉吟風月，愁他湖上春老。攜朋載酒尋詩去，三竺六橋都到。濃翠繞。問可比、金焦北固江山好。新詞絕妙。看滿眼鶯花，盈盈介壽，寫入錦囊稿。　衰遲叟，回首之江夢杳。前塵空繫愁抱。京江攬勝還追憶，歷歷風檣天杪。都換了。算只有、殘山賸水供憑弔。披圖一笑。對煙水空濛，夷猶畫舸，人影望中峭。

天香 牡丹　白雪詞社第六集

袍赭烘霞，裳青浥露，天然領袖香國。芍藥嬪嬙，海棠奴婢，比並總無顏色。謫仙已邈。留

絶代、清平詞筆。憑仗新妝市寵，嗤他玉環非匹。　朝來玉容掩泣。厄花王、雨狂風急。似説舊歡如夢，不堪追憶。只恨清遊未早，把墜粉、零脂枉收拾。細嗅餘香，深憐痛惜。

八聲甘州　餞春　拈韻得『春』字　白雪詞社

第七集

雨聲中如聽唱驪歌，幽咽作平泣花魂。挽東皇不住，登筵櫻筍，借佐芳樽。極目長亭迢遞，無處説傷春。拋卻繁華去，多少愁人。　記得青旗迎到，儘偎紅倚翠，幾許温存。怎數聲啼鴂，別夢冷黄昏。賸傷心、一篇愁賦，好江南、何處寄閒身。休凝望、有楊花處，都是啼痕。

探芳信

坐深樹。正花瘦紅飛，陰濃緑聚。歎一春芳景，都逐水流去。傷心怕憶從前事，好夢空孤負。寄悲懷、晚鳩聲悽，暮鴉啼苦。　烟霧黯平楚。慨滿地荆榛，連天笳鼓。愁絶江關，難覓舊鷗鷺。窺簾燕子來還去，莫去巢危幕。寫衷情，且借哀筝説與。

憶舊遊

漸薰風染柳，暖雨滋苔，醖釀梅天。可惜東皇去，賸油油麥秀，摇落荒烟。幾番埽盡韶景，銷滅到榆錢。歎蝩怨蜂悽，紅稀緑暗，愁聽啼鵑。　蹁躚。乍來燕，喜覓得新巢，忘卻當年。不見烏衣巷，傍華居栖託，櫚火紅然。有情只賸殘絮，飄泊尚飛緜。肯伴我淒涼，一作平鈎瘦月林際懸。

洞仙歌　題迦陵先生填詞圖　用圖中汪雲壑均調　白雪詞社第九集

清才豔福，令詞人都羨。韻絶花枝映當面。伴髯仙、許是天上飛瓊，應記得，同侍玉皇香案。　雲郎何處也，感觸簫聲，料恨天涯舊人遠。水繪寄柔情、百首題詩，應難比、新詞哀怨。料一自、衣沾御鑪香，便憶著家山、鳥飛知倦。

憶舊游　竹醉日　白雪詞社第十集

記玉壺賞雨，翠袖凌寒，久謝塵囂。慣説能醫俗，卻禪逃玉版，紅友招邀。驀經幾度梅雨，酥膩抵醇醪。似種夾緗桃，酡顔對影，一樣苗條。　酕醄。化龍去，任拜倒菖蒲，彈免芭蕉。且借瞢騰裏，把湘娥遺恨，都付寒潮。倘逢荷鍤劉子，應解此君嘲。笑夙號虚心，迎風倚醉狂態豪。

高陽臺　梅雨經旬，悶極賦此

乍暖還寒，將晴復雨，癡雲罨住梅天。兩部鳴蛙，一聲又噪新蟬。焚香待把瑶琴撫，膩簾波、不放鑪煙。小庭陰，梅子黄肥，榴火紅然。　惜作平花天氣春如錦，記鸞韡微涴，猶戲秋千。懊惱情懷，而今更甚從前。沈沈大地陰霾裏，恨羲和、叱馭無權。更驚心，怒挾風濤，響震雷鞭。

瑞鶴仙　美人蕉　白雪詞社十一集

瑣窗清夢覺。正朝露未晞，靚妝臨曉。天低緑雲繞。看亭亭紅影，一枝嬌小。清陰静悄。

可許試、簪花筆妙。笑贏才懷素，臨池錯認，研光箋好。　休道。瘦魂摇暝，倩影籠煙，動人愁抱。彈章露稾。憐嬌弱，肯删了。只幽窗暗雨，聲聲哀怨，似聽湘娥悽調。問芳心、細捲深藏，幾多懊惱。

浪淘沙

白雪詞社十二集，在青蕤盦逭署，盆供歐種秋海棠及五月菊兩種。席間更預訂明春爲鄧尉之遊焉

露氣挹朝凉。酒釅花香。羞將睡態媚春陽。淚溼臙脂紅著雨，彼美西方。　鄧尉好風光。湖水蒼茫。春游緩緩待商量。且借黄花謀一醉，自比柴桑。

玉京秋

七月二日，於拙盧爲延秋之會，白雪詞社十三集也

先三作去日。輕飇遞秋信，嫩凉初挹。一院蓮香，半窗竹影，煩襟都滌。殘暑休嗟酷吏，報西風、庭樹消息。敞瓊席。坐蕉茵緑，吮荷筩碧。　早是庭梧槭槭。況悲笳、商聲暗激。慘淡湘雲，淒迷楚雨，遥天沈黑。盼得秋來，怕總做、秋士傷心詞筆。醉凉夕。愁聽西樓怨笛。

惜紅衣

秋海棠　白雪詞社第十四集

照睡憐螢，含愁語蟀，倚嬌無力。醉白嚬紅，柔枝颺深碧。啼痕暗泫，勾引起、悲秋詞筆。淒寂。誰伴歲寒，問冰霜消息。　濃春豔質。燒燭曾看，當時幾珍惜。秋心獨抱，肯與鬬顔色。說到斷腸名字，心事幾人知得。喜晚來相照，猶有多情蟾魄。

齊天樂 久雨初晴，灑然神工，譜此爲青蕤病瘧問

溼雲卷盡千峯出，新晴喜逢秋好。壁篆蝸涎，灣侵魚浪，鎮日驚心淫潦。晴曦放了。溯檐溜聲中，幾多煩惱。破屋秋風，感懷何減杜陵老。　文園原朮病渴，只哀鴻怨蟀，深繫愁抱。鬼趣荒唐，人情冷熱，都令詞仙嘗飽。新詞脱稿。儻瘧鬼能駈，定然收效。快趁凉蟾，酒邊開口笑。

水龍吟 白雪詞社十五集，拈題得秋燕

舊巢猶戀烏衣，伯勞先去賓鴻到。前塵似夢，此身如客，繁華都杳。雙翦參差，殘枝難覓，蜨魂空繞。把炎凉看飽，商量別緒，紅絲繫、休忘了。　身世悲歡莫道。冷斜陽、總添愁稿。香泥銜罷，花枝穿偏，雙棲夢好。底事西風，作去聲成蕭瑟，離情多少。待來年社雨，萬花叢裏，盼歸來早。

前調 秋鴻

帶將秋色南來，銜蘆辛苦關山道。三更夢醒，一聲啼徹，動人愁抱。紫塞羈臣，緑窗思婦，和他淒調。趁雲藍紙好，排開筆陣，一作平行字、揮狂草。　底事聲聲哀叫。破寒雲、霜天侵曉。空塘顧影，嗷嗷如訴，稻粱偏少。嗚咽湘流，淒迷巫峽，征途煩惱。聽平沙乍落，攜琴把酒，對黃花笑。

前調 秋蜨

可憐香夢蘧蘧，那知身世從頭换。霜嚴雨冷，欲飛難起，銷魂庭院。也想尋芳，秋花都瘦，

龍山會　重九　白雪詞社十六集

細把茱萸看。卻憶年時，屢豁登高眼。流光真似箭。前塵渺、空賸西風南鴈。哀唳一聲聲，悽笳和、斜陽淚滿。瘦黄花，低昂向我，醉魂同顫。　淒然杜老孤吟，滚滚長江，不盡猿聲怨。憑高空望遠。身世感、天寶流離如見。莫笑孟筍嘉，狂風吹帽，霜絲零亂。謝吾宗、雙螯手擘，羽觴頻勸。

前調　登蛟橋重樓啜茗

不盡登臨感。大好溪山，都被浮雲罨。樓高人倚檻。萸酒美、壯我輪囷詩膽。鴈字一行斜，似寫出、閒愁點點。蕩秋魂，銷凝半晌，夕陽淒淡。　何須再上層臺，慷慨悲歌，笑拂青萍劍。長天都黯黮。望江漢、多少陣雲愁慘。殘枝空戀。怕無情團扇，闐娃戲撲，斜陽冷、添幽怨。　漫説愁長歡短。記年時、花叢春滿。雙飛雙宿，風光旖旎，那禁遷變。一片青蕪，醉鄉何處，荒寒滿眼。只滕王妙跡，金迷紙醉，向圖中見。

前調　秋蝯

一聲啼破涼煙，萬山紅葉秋無際。巴雲黯淡，蜀江嗚咽，征人流涕。夜深笳吹。試攀枝長臂，秋林果熟，相呼喚、雲峰裏。　應感蕭寥秋氣。假哀鳴、不平如寄。清泉白石，月明林静，狙公游戲。思婦樓頭，羇人枕上，幾多清淚。想空山一嘯，劍光騰處，有涼飈起。

且插菊花歸，清鏡裏、霜絲徧染。指遥峯、半規冷月，罅中斜嵌。

憶舊游　記夢

記明湖弄笛，白舫尋詩，曾伴清游。自別杭州去，便人琴共碎，前事浮漚。一聲唳月孤鴈，百感涕難收。止獨夜燈殘，重逢夢好，拋盡離愁。　夷猶。共情話，更賭曲旗亭，覓醉江樓。拔劍悲歌起，驀連天兵火，驚入雙眸。斷橋塔影都赭，天上落旄頭。賸冉冉吟魂，羅衾半溼清淚流。

霜花腴　亦園訪菊　詞社十九集

冷香萬疊，正小春，居然欲傲春陽。看老秋光，聚成花國，精神鍊出新霜。美人滿堂。更二喬、嬌影雙雙。訝斕斑、五色紛陳，素絲紅玉紫綃囊。　投老養痾三徑，慣華顛亂插，衰鬢縈香。眼纈奇葩，心儀高節，欣看萬朵雲黃。試攜翠觴。擷落英、聊浣詩腸。淡無言、醉倒東籬，莫嗤陶令狂。

山亭宴　見山樓望南山　詞社二十集

好山萬疊青當户。覦遥空、碧蘿紅樹。老去倚樓人，慣招得、烟鬟小住。環窗三面錦屏風，賸缺處、還將雲補。埽徑候柴門，怕獨賞、邀吟侶。　半生慣作溪山主。俊西湖、訪花聽雨。歸隱憇吾廬，鎮飛夢、孤山秀處。新居聊當舊遊看，願此後、德星長聚。問訊石亭梅，早放到、南枝否。

淒凉犯　夜窗岑寂，追懷質甫廣文

短檠欲滅。驚飈撼、敲窗簌簌殘葉。一聲冷

鴈，怨懷頓起，暗傷孤孑。經年訣別。甚魂夢都難再接。枉摩挲、遺文在篋，中散廣陵絶。追念垂虹夜，把酒酣歌，唾壺都缺。舊遊再到，想欣逢、鹿潭詞傑。逸興賡酬，把往日羊求久撇。佇空階、萬縷恨緒，訴泠月。

金縷曲　題朱母儲太君紡織課兒圖　白雪詞社二十一集

搵盡思親淚。記當年、寒機聲咽，夜燈光碎。爲盼登科新記織，甘向中宵恤緯。恨只恨、流光難俟。養薄祭豐增慘痛，賸無聊、圖畫傷心史。休更説，蓼莪廢。　鮮民我久衘悲矣。撫征衣、條條弱線，天涯裘敝。捧檄竟乖迎養願，空對衙齋雪涕。猛睹此、徊徨無地。苦憶斷機慈訓渺，負劬勞、何以爲人子。終古恨，永無既。

翠樓吟　閨思　白雪詞社二十二集

月落鵑啼，樓空燕辝，孤帷暗傷春換。畫眉人去也，看雲鬢飛蓬零亂。瑶琴悽斷。歎夢影燈孤，啼痕花濺。誰相伴。五更殘漏，寫儂幽怨。　共羡。花好蟾圓，把盛年顔色，那時傳徧。穠芳都謝了，賸淒絶一作平聲河滿。空枝猶戀。似蜨慘斜陽，蛩悽荒苑。芙蓉面。近來消瘦，鏡中羞見。

渡江雲　白雪詞社二十三集　拈題得蠡墅

黄金空鑄像，鴟夷一舸，湖上寄幽居。飽經薪膽苦，霸越功成，只合混陶漁。溪山俊賞，共西施、嬌影同扶。悵觸起、藏弓烹狗，還寄故人書。　陶朱。千金仗義，三徙成名，道當年留墅。甚只見、寒村落照，斷甃荒蕪。滄桑換盡名猶在，抵三高、祠宇渠渠。亡國恨、神明誰嗣無余。

千秋歲　浮虹石舫作東坡生日　詞社二十五集

仙乎益算。笠屐圖重展。拜畫像，翻詩案。玉堂春夢醒，赤壁秋懷健。磨蝎滿。文章壽世功名賤。　一瓣心香獻。萬疊眉山遠。清酒酹，溪毛薦。公才天所縱，賤子生何晚。搴帷看。奎垣萬丈文光見。

清平樂　除夕祭詞　白雪詞社二十五集

瑶思璚想。咳唾來天上。白雪紅梅新供養。萬朵筆花齊放。　兩行華燭高燒。半壺濁酒親澆。莫使明年詞筆，輸他柳膩蘇豪。

念奴嬌　探梅玄墓，和常熟翁相國題萬峯寺僧諸瞿『蒲團外萬梅花』圖册　同用石帚韵

湖山深處，踵名流綦迹，重盟鷗侣。開士蒲團名士筆，烘染緗梅無數。龍象莊嚴，鐘魚沈寂，法雨攙花雨。清時佳興，舊題多少名句。　只堪歎故國滄桑，才人零落，都逐寒濤去。只有癯仙芳影在，猶戀空濛烟浦。巖月分輝，渚風送晚，似欲留人住。杳然雲水，片帆天際歸路。

疏影　題横山訪梅圖

晴湖一曲。放兩三畫舫，同訪香國。翠羽相迎，先報癯仙，羅浮舊夢重續。山中定有歸來鶴，儻許步、林家芳躅。怕月明、有意窺人，妬我者番清福。　猶記西湖舊事，暗香噴去溢處，花浸波緑。似繼前游，結伴尋芳，又到孤山同宿。還虧一片傳神鏡，湧現出、杖藜巾

幅。更不須、重覓生綃，補寫萬株寒玉。

攤破浣溪紗　萬頃堂游眺

湖雨湖雲入望遐。滔滔逝水送年華。遥指微茫天末處，片帆斜。　三島排成峯架筆，一鼉蹴起浪堆花。萬頃晴波千里月，照天涯。

八聲甘州

又無端釀出萬重寒，晴空忽陰霾。甚龍蛇起蟄，飛霆急雪，作勢都來。那管嬌紅瘦緑，摧折嫩根荄。恨煞東風惡，不許花開。　謾説播鈴遮護，便通明早奏，空費安排。歎鶯鶯燕燕，憔悴總堪哀。任漫天、盲風怪雨，怯東皇、無計濟沈栽。殷勤祝、願陽和轉，人上春臺。

減字木蘭花　晚晴見月

檐端鵲喜。天放嫩晴如有意。洗出清光。今夜姮娥頓豔妝。　芳蘭受露。静裏時聞香一縷。倚徧闌干。冥想忘添半臂寒。

摸魚兒　春聲

倏經過、半春風雨，春懷悽寂如許。嫩晴花外鶯簧脆，低和隔牆鈴語。傾聽處。想碧草隄邊，金埒驕嘶去。飛鳶四翥。恰翠綫拖痕，瑶箏度韻，天半任翔舞。　斜陽外，幾處餳簫粥鼓。垂楊遮斷郵路。攜柑載酒招吟侶，莫把聽鸝輕誤。休卻顧。一任那、清笳哀角聲如訴。金尊對舉。且細寫烏絲，輕敲象板，排悶訂簫譜。

甘州　影

緊何人抵死苦相隨，描摹我形容。怪非仙非鬼，亦趨亦步，笑貌都同。不作炎涼世態，偏自戀衰慵。意欲將伊問，底事追蹤。　愧乏劍南清福，有梅花萬樹，徧伴詩翁。儻乘風歸去，何處更重逢。只天邊、月明孤照，好舉杯、共酌話離悰。勞相伴、把殘燈剔，瘦影憧憧。

點絳脣

小院春回，嫩寒如水侵鴛被。碧桃開未。昨夜東風裏。　曉日曨明，花底禽聲碎。還慵起。夢中心事。暗揾分襟淚。

山亭柳　春柳

纔逗春痕。便已種愁根。舒青眼，送離人。看到陌頭嬌影，箇儂樓上銷魂。一片鷄聲殘月，別夢如塵。　樹猶如此傷摇落，重來漢苑弔斜曛。黄漸轉，緑初勻。捱到萍蹤絮迹，可憐空鬬腰身。且向陶潛宅畔，結箇芳鄰。

滿江紅　五人墓

義憤填膺，熸逆燄、奮拳一擊。休輕覷、販繒屠狗，幾多英傑。就死不貽桑梓禍，糜軀同灑頭顱血。比三良、誰贖百身來，羞偷活。　東林盡，綱維絕。北寺慘，英賢滅。歎盈庭奴隸，肺肝都別。天爲三吴扶正氣，地留一穴埋香骨。弔荒邱、展拜向斜曛，悲風激。

木蘭花慢　春風凄厲，又釀釃寒，感賦

又清明過了，對春事、怨東風。甚猩被寒侵，鸞韡泥涴，臥起都慵。春葱。曉窗擘綫，繡鴛

鶱、怯冷愧難工。盼盡名園芳信，捲簾已見殘紅。山容。笑靨未曾，逢猶是、睡朦朧。更狂飈嘯虎，驚濤舞鱷。捲地排空。愁儂。燕泥亂墮，定新巢、危幕動摇中。空望天開錦繡，晴檐暖日融融。

浣溪紗

花褪殘紅柳褪緜。無情春老奈何天。日長人倦倚秋千。茵溷飽經嘗世味，摧殘從不受人憐。不堪回首憶從前。

蝶戀花

九十韶光容易度。花落花開，暗促春歸去。墮溷飄茵難自主。枝頭亂落如紅雨。葬汝還尋乾浄土。素手親鋤，碎斸香泥護。儂替花悲花不語。低徊别有傷心處。

菩薩蠻

緑楊踠地嬌無力。寒侵鴛被東風急。殘夢惱啼鶯。落花無限情。花開蜂蜨滿。花落無人管。紫燕一雙飛。銜花入繡幃。

其二

鶯捎燕掠争相妒。榆錢落盡無人顧。還説爲花忙。花枝也自傷。傷春兼病酒。清淚淹羅袖。何必怨西風。東風埽斷紅。

其三

抱香銜蕊歸巢去。花枝狼籍誰相顧。底事鬧羣蜂。花殘愁煞儂。漫天風雨急。一霎雲頭黑。嫩蕊怕摧殘。玉人愁倚闌。

壽樓春

壬戌三月廿三日賤降，兒輩爲設供以祝，感賦娱桑榆斜陽。趁花香燭彩，仍泛霞觴。自歎襁褓病叟，幾經滄桑。憂世變、悲流光。對好春、無端悽愴。看柳也牽愁，花都濺淚，還祝壽而康。 聽飢雀，喧空倉。歎巢危乳燕，藩觸羝羊。更復宵笳月白，夕烽雲黃。昏楚峽，迷湘江。黯落紅、凋殘羣芳。任競勸加餐，蕭騷自憐玄鬢霜。

以上《拙廬詞草》卷三

拜星月慢

摯龕新得井字硯，作銘刊之，同人賦以誌賀　白雪社題

剷玉鴝愁，耕烟龍健，細畫昀昀方罫。福受王明，問寒泉聲價。勺波裏，湧出、千重綺繡穠麗，萬斛珠璣傾瀉。捧到紅兒，侍詞仙揮灑。 記研螺、綺夢眉痕畫。驚炊臼、誄筆悲遺掛。漫説波瀾不起，便名心都化。陋澄泥、豔仿銅臺瓦。羞矜炫、萬石侯封謝。只還怕、名辱胭脂，惹興亡閒話。

風入松

司徒廟古柏

攫拏作勢欲騰空。平地起蛟龍。千年神物勞珍護，舞空庭、嘯雨吟風。莫笑深山隱遯，歲寒長此葱蘢。 羞儕秦岱五株松。曾拜大夫封。盤根錯節留真相，謝浮名、甘翳蒿蓬。扶植兩間正氣，南枝也比精忠。

高陽臺

春光欲暮，滿眼生愁，根觸萬端，不自知其言之悲也

鵑泣花殘，鶯愁絮老，春歸如夢無痕。欲賦離情，舊歡空憶梨雲。緑楊枉颭絲絲影，怨柔條、不繫斜曛。惱啼禽，似唱陽關，已覺銷魂。 年時多少歡娱，景悔悤悤過了，孤負芳尊。

贏得而今，眼前事事愁人。都教嘗盡淒涼味，好江南、憔悴吟身。更何堪，似虎東風，捲盡殘春。

齊天樂

風雨送春，悽悲無那，爲賦此解

東風亂逐春歸去，癡雲壓檐寒重。倦柳如嚬，殘花似泣，無定河邊閨夢。驚颷幕動。怕乳燕巢傾，一朝亡種。枉乞旛鈴，落紅鋪地有餘痛。　遥天沈黯似懵。任雲垂海立，山走濤湧。散落榆錢，飄零籜粉，回首芳華增慟。無端做弄。把大好韶光，霎時輕送。愁對空枝，碎英和淚捧。

蘭陵王

四月二十六日，偕捷臣、謹弟步出南城，至岳亭小憩。亭爲新搆，同人皆有楹聯落之。面山環水，巒翠欲滴，濃青撲人。即景感事，歸途賦此

萬峯碧。亂撲襟衫翠溼。危亭外，濃染鴨頭，一水灣環弄嬌色。題楹感舊迹。空憶英風偉績。長隄畔，垂柳萬絲，恍惚靈旗向風立。　孤忠振孱國。看柱壯擎天，戈憤揮日。旌麾所指無强敵。奈媢寇奸檜，棄親凶搆，勞臣熱血枉噴溢。將星黯囚室。　悲惻。恨何極。歎燕幕危巢，飄墮將及。寰瀛鼎沸誰宣力。賸一渚寒月，數聲淒笛。飛泉鞺鞳，恍突陣，戰鼓急。

喝火令

好雨分秧水，微風養麥天。小池濃緑漲痕添。透水數枝蓮蕊，箇箇疊青錢。　獨領閒中趣，徐參静裏禪。碧紗櫥倚畫屏邊。午夢醒來，兀自枕書眠。驀聽夕陽高柳，初噪一聲蟬。

齊天樂 蟬琴

綠槐高處清音奏，薰風暗催齊女。颯颯移情，愔愔寄恨，似向斜陽低訴。一作平彈再鼓。正玄鬢涼時，綠陰眠處。未遇鍾期，獨彈悽調向誰語。　殘聲摇曳徐度。儼曲作平終奏雅，猶按宫譜。佇月停腔，吟烟弄拍，消受閒中天趣。危絃調苦。想高潔心期，怕遭螳斧。午枕方酣，夢遊聞搏拊。

八聲甘州 喜雨　社題

蕩晴氛一雨潤琴書，新涼散空庭。怪烟林鳩喚，苔階蟻鬬，又報霞生。正是分秧時節，天意慰農情。雲影當頭黑，催得詩成。　好趁玉壺春滿，便招邀吟侣，翦燭同聽。罨遥山霧重，不見佛頭青。料西疇、篛簑影裏，破晚烟、

踏莎美人 用《彈指詞》調

梧蔭篩涼，竹風弄晚。寂寥庭院無人伴。一枝嬌蕙俏臨窗，迎到纖纖月影、也生香。　夜色溟濛，雲容黯黮。遥天半掩星光淡。斜飄低嚲卻多情，好是萬荷深處、一流螢。

聲聲慢 静夜耳鳴，衆喧競作，往往失眠，感賦

繁音乍起，短夢初回，疑無疑有難詳。朗月空庭，何來夜雨淙淙。纔聽平聲亂蛙兩部，又驚猜、飢鼠空倉。神馳處，恍笙琶疊奏，盈耳洋洋。　莫是霓裳仙樂，有書生擫笛，偷傍宫牆。襬襶衰翁，慚無豔福承當。空教夜長人倦，聽聲聲、檐鐵錚鏦。剛破曉，更幽禽、嬌哢隔窗。

吒犢一聲聲。堪欣賞、仿坡仙記，縛箇茆亭。

摸魚兒　壬戌閏五月十四夜玩月

盪遥空、一丸凉月，今宵澄澈如此。昔年塵夢都拋卻，歘被冷蟾勾起。重疊記。記留戀清輝，少小闌頻倚。名場失意。對姚冶秋光，團圞明鏡，灑盡卞和淚。　曾偕計。滉瀁銀波萬里。長天一碧如洗。陶然亭畔尋詩去，對影也拌沈醉。孤艇繫。又擫笛西泠，愛趁湖光媚。平生久契。只玉宇高寒，乘風未許，隨分寄塵世。

憶舊游　憶西湖　用玉田均

數攜琴踏月，倚杖看雲，幾度吟邊。領略清游趣，肯風塵骯髒，辜負山川。斷橋柳陰深處，賒醉不論錢。記塔影鐘聲，詩情畫意，十作平二年前。　顛連變桑海，賸望裏遥山，夢裏飛泉。鴈影離羣渺，寄相思何處，空拂鸞箋。儘教瘦魂飛度，重上兩宜船。但倦枕愁聽，三更淚血啼杜鵑。

壺中天　壽倩仲叔祖五十

義熙而後，看詩編甲子，柴桑風節。松菊怡情蘭桂秀，地占雙溪清絕。寡過知非，假年學易，塵網都銷滅。那時青鬢，只今添了華髮。　贏回首走馬金臺，承平年少，往事何堪說。故國斜陽，浮得新亭雙涕淚，憔悴空山薇蕨。一觥拌醉，藕花香浸生幻夢，簫譜聲悽咽。凉月。

齊天樂　中秋日，時陰時雨。入夜，雲漸開，然無月。三更後，忽然皎潔異常。喜而賦此

林烟不散昏如夢，今宵月華明否。老去悲秋，年來厭世，事事教人僝僽。良辰莫負，況童肯囊詩，婦堪謀酒。卻怪天公，曉來還聽滴殘霤。陰晴頻自做弄，甚羅雲展乍，絲雨飄又。詎料姮娥，新粧待試，儘許騷人消受。停琴佇久。喜皎皎清光，倍添娟秀。悄向池邊，掬來剛在手。

南浦　病目　用玉田體

推枕眼慵開，夢回時，錯認寒更難曉。晴旭滿簾櫳，羞相見、翻恨無端侵擾。傷心底事，暗中珠淚拋多少。安得金鎞來細刮，待賞冶秋花好。河山風景全非，怕撐將、倦眼滄桑看飽。聊且學低眉，僧伽樣、贏得兒童訕笑。無言靜悄。攬人明月空相照。雲水光中堪洗祓，重九快題新稿。

換巢鸞鳳　拈題得『蚊』，分韻得『也』字　社題

雷鼓宵撾。正呼朋引類，萬口爭譁。擇肥思果腹，吮血競磨牙。屏山重疊護周遮。只承望他相離碧紗。誰知道，睡未穩、早飛來也。嗟訝。茆屋下。席地幕天，揮手常盈把。火種牛烟，炷盤螭篆，之子鼾聲雷打。吾輩清宮洞房棲，匣燈籠取無留者。秋風驚，故飛飛、碧草重化。

齊天樂　壬戌九月十七日，倩公讌同人於雙溪草堂，展重陽兼補壽觴也。酒罷赴亦園看菊

月圓花好詞人健，天邊碧桃開早。壽介雙溪，秋尋三去徑，扶杖名園重到。籠紗句好。認彩筆留題，舊時鴻爪。補作重陽，遠山蒼翠入

吟稿。　年前萸酒勝會，記高樓瀹茗，曾共舒嘯。白髮無情，黃花似笑，還學翩翩年少。陶潛醉了。趁紫蟹螯肥，彩蟾芒耀。鼾去臥東籬，冷香和夢悄。

無悶　雪意　社題

癡遏同雲，寒逼峭風，消盡人間暖氣。快火熨薰爐，酒傾浮螘。欲鬬尖叉險韻，只灞岸、詩情句難起。彩茵試。展飛瓊嬾舞，有遲徊意。天際。玉龍戲。記往歲之而，攫拏作作平勢。怕凍霰聲中，又成淒厲。料得銷金帳裏。把美酒、羊羔安排矣。待賞徧、玉宇瓊樓，好作去雪堂新記。

浪淘沙

往事去無蹤。泡幻悤悤。芙蓉江上又西風。多少淚珠無限恨，斷夢飄蓬。　禾黍漸成叢。不見游驄。悠悠行邁夕陽中。莫怪啼鵑聲太苦，草也心紅。

西湖月　本意　二首

千山倒浸晴漪，猛一鏡飛來，盪開寒碧。睡鷗驚起，游魚出唼，恍迎詞客。中流容與久，看桂影、蕢波同一色。算世上、風月良宵，能有幾人消得。　當年白傅蘇仙，曾載酒尋詩，倚闌橫笛。古時明月，今人覿面，可能相識。西泠橋畔柳，料前度、劉郎還記憶。只愁我、樂事都償，不堪重覓。

其二

而今慨念前塵，賸塔影湖光，夢中顏色。斷橋西畔，苔斑素壁，墨痕猶溼。冰輪高轉處，恰照我、詩狂留醉筆。可許攝、垂老吟魂，重印爪泥鴻迹。遥天鴈影淒迷，痛華鶴難招，杜鵑空泣。玉盤如昨，銀潢似舊，更增悲惻。孤山梅縱好，已判與、逋仙長訣別。忍將那、醉月飛觴，俊游追憶。

清平樂

啼痕多少。鸞鏡描愁稿。獵獵西風吹斷草。不管紅閨人老。　別時滿眼芳華。鴈來人未還家。莫問玉關歸夢，可憐明月天涯。

踏莎美人

屈蠖光陰，斷鴻身世。夢中多少傷心事。一汪清淚倩誰收。灑向西風殘月、不勝愁。　雪壓漁磯，風翻燕幕。荒寒野草飢烏啄。陰霾一片晝長昏。淚眼問天何日、轉陽春。

其二

芳事都非，春光慚老。綠陰如幄相圍繞。一羣嬌鳥噪林空。不管落花如雨、滿階紅。　薄醉成愁，釅寒欺夢。流鶯浪把韶華送。杜鵑真是可憐蟲。血滿枝頭、喚不醒東風。

其三

碧玉年華，綠珠聲價。風流名字傳都下。當年珍重嫁王昌。贏得而今破鏡、篋中藏。　夢斷瑶釵，塵生寶襪。貧來忍賣珊瑚玦。鈿車香擁去如雲。翠袖淩寒、倚竹又黃昏。

高陽臺　途遇老妓感賦

蜨瘦驚風，鵑啼咽月，悤悤春去誰憐。轉眼風光，門前不似從前。蕭娘莫怪丰神減，看潘郎、早已華顛。甚東風，吹老花枝，怕說當年。

天涯同是傷淪落，悵河山都改，休論朱顏。比似潯陽，蘆花明月江邊。斷腸司馬青山溼，俊琵琶、彈碎鵾絃。最難堪，衰柳當門，空鎖寒烟。

蜨戀花

多謝深閨簾外月。静夜相窺，肯伴儂孤孑。轉到花陰重又別。欲留無計終抛撇。　鏤玉裁花團素雪。冰冷霜嚴，色色都清絶。更有寒梅撑傲骨。盟心總不因人熱。

其二

百萬玉龍空際戲。海立雲垂，都作之而勢。只有飢烏飛不起。嗷嗷哀訴誰爲計。　蜀錦氍毹紅貼地。美酒羊羔，沈醉笙歌沸。無定河邊風雪裏。深閨入夢金龜壻。

點絳脣

人月雙圓，鏡臺未下心先許。那時眉嫵。曾被秋娘妬。　慵整鸞釵，愁對菱花語。銷魂處。可憐春去。又被啼鵑誤。

清平樂

傍晚過營前看南山作

秋妝頓换。濃睡無人唤。密霰晨飛驚又變。白了青山一半。　鴈來蕭瑟霜天。翠鬟黯淡堪憐。不是千林紅葉，誰知晚景逾妍。

前調

寒烟做暝。新月懸天鏡。幾箇歸鴉栖未定。飛破一溪雲影。　沈沈宵柝三更。半窗梅影縱横。静倚闌干誰伴，一繩冷鴈無聲。

金縷曲　題周笠舸《百感吟》

灑盡酸辛淚。猛思量、隙駒歲月，斷鴻身世。家國興亡多少恨，魂夢猶生感喟。細寫出、騷情辨義。一卷新吟歌當哭，抵哀時、杜老成詩史。神鬼泣，足傳矣。　西湖也共游蹤寄。記年時、看梅踏雪，撥雲尋寺。醉墨留題無尋處，衰草荒烟而已。賸白髮、蕭蕭相對。一霎滄桑塵劫换，似殘花、落絮隨流水。無可奈，達觀耳。

疏簾淡月　蟄盦雪堂落成，同人偕游，歸拈此解　社題

溪山入畫。喜背郭堂成，一枝聊借。曾記侯芭載酒，草玄亭下。亂瓊碎踏西風夜，侍琴尊、雪中清話。水明山净，香温茶熟，儘供陶寫。　過滄桑、重開緑野。攬雨汀雲岫，盡歸吟社。不是新亭，未許淚珠飄灑。層臺高聳闌低亞，俯滄波橋影飛跨。夜游還好，梅嬌月豔，品來無價。

百字令　賀朱樾亭七十生子

啼聲初試，趁紅燈影裏，欣瞻英物。莫怪遲徊如有待，名父須傳衣缽。雛鳳聲清，石麟天賜，此是匡時傑。愴懷慈命，甯馨貽汝曾說。　猶記花縣初膺，流離滿眼，親把哀鴻活。贏得湘中千萬户，徧頌使君生佛。杖國稱觴，充閭誌慶，佳話傳重疊。百觥拌醉，半窗梅浸華月。

憶舊游　補題青蕤主人垂虹詞夢圖

記疏蓬短舫，攬勝垂虹，明月當頭。許踐三生

約，認丹楓黄葉，夢境夷猶。喜逢老仙爲侶，新詠共賡酬。羨大白狂浮，小紅低唱，如許風流。追求。渺難憶，幸寫入生綃，影攝魂鈎。驀墮滄桑劫，料天公也妬，佳話長留。會當共攜簫譜，重放雪灘舟。更補箇新圖，追蹤赤壁前後游。

訴衷情　本意　社題

同心錦帶結流黄。暖玉抱鴛鴦。自從識得離恨便，觸處是愁鄉。　風動幕，雪敲窗。惱人腸。三更殘月，半榻寒衾，夢也淒涼。

南鄉子　雪堂作人日　社題

座上早梅香。人日春和柳漸黄。多少舊時游冶侶，思量。可有新詩寄草堂。　臨老入歡場。幸有知心共舉觴。雲水光中來洗眼，興亡。一帶春山媚夕陽。

如夢令

好夢如烟沈了。殘月向人侵曉。心事夜燈知，誰省别來懷抱。煩惱。煩惱。底事玉梅開早。

生查子

别夢攪離魂，輾轉金釵溜。禁得許多愁，人比梅花瘦。　莫上最高樓，怕見樓邊柳。明月太無情，又到圓時候。

南鄉子　元夕同人重集雪堂，余以齒痛目花，柬招未赴，作此呈蟄盦鳴歉

勝會集同袍。衰病相尋未肯饒。遥想畫堂燈影麗，元宵。花助清香月助嬌。　晴翠撲紅

鷓鴣天

十七日重集雪堂，同人爲詩鐘之會。興盡悲來，感賦此解

酒釅梅香樂意濃。心兵競鬭鑄詩鐘。座中不少驚人句，還恐癯仙笑未工。　雲慘澹，雨冥濛。春陰如畫罨遥峯。可憐依舊溪山好，都入愁人淚眼中。

清平樂

輕雲細雨。雨後雲堆絮。釀透春陰花欲吐。又被釅寒攔住。　沈沈霧罨闌干。緗梅初綻紅然。柔艣聲中淡月，亂烟堆裏遥山。

西湖月

寄陳容民上海

樹雲黯澹江天，喜一鴈傳來，故人消息。酒痕襟上，杭州墜夢，不堪重覓。滄桑多少恨，似幻夢、浮漚空記憶。只赢得、霜鬢絲絲，重見橋。春意纔蘇上柳梢。腰脚縱衰吟興健，揮毫。辜負溪山這一遭。

阮郎歸

夢醒璚樓怨别離。樓邊柳漸絲。含愁强笑自禁持。傷春春不知。　情脈脈，日遲遲。懨懨病酒時。銀鈎閒煞畫簾垂。妬他雙燕棲。

畫堂春

梅花

柳條無力鬭春風。任他飄泊西東。梅花笑傲雪霜中。不藉春工。　平視夭桃穠李，神交翠竹蒼松。逋仙方許伴高蹤。羞説師雄。

憶王孫

柳絲摇曳蕩春魂。惻惻輕寒沈夢雲。去鴈凄凉不忍聞。更無人。梅影横斜月滿身。

可還相識。　軒然海上春潮，正鼉走鯨飛，亂雲如織。　絮萍身世，窮愁著述，感懷今昔。仙皃如許到，倩玉女、銅官迎畫鷁。　儻相訴、廿載飄零，枕函應溼。

浣溪紗　擬容若

記得臨歧淚暗垂。今朝細熨縷金衣。　收將情淚寄遼西。　花影動移隨月轉，萍蹤聚散任風吹。　天涯別緒不勝悲。

前調　擬夔生

惻惻輕寒殢酒辰。　薰籠斜倚欲黃昏。　當年影事去如塵。　膩雨著花紅靨活，溼烟棲柳翠眉嚬。　惱人香夢引春魂。

湘春夜月　春魂　得『魚』字

正春回，雨斜風細征途。　一片倩影亭亭，迎取七香車。　怕是杜鵑聲苦，喚五更殘月，望帝魂孤。　況散餘紫玉，柔如欲墜，嬌不勝扶。　天然秀曼，臨流鑑影，沈了游魚。　柳畔梅邊，還指望、喚醒平塵夢，重覯名姝。　花叢抱影，伴蜨蹤、重入華胥。　看步障，有傳神妙筆，真真小字，燈下頻呼。

點絳脣　二鳥鬭於樹顛，感賦

撲漉羣飛，是誰嗾使交相鬭。　本同乳彀。何事煎萁豆。　育子營巢，甘苦應同受。　無人救。　枉爭肥瘦。　風雨漂搖後。

蘇幕遮 展上巳　社題

弄新晴，含宿雨。開到酴醿，畹晚韶光暮。期展重三休再誤。分付垂楊，綰住春歸路。好溪山，猶似故。修褉良辰，過了何妨補。漢臘年時長記取。麥秀油油，繡出傷春譜。

前調 題孝潔先生像

拜崇祠，瞻畫像。孝德流傳，萬古輝天壤。玉筍金蘐貽燕廣。氣節文章，蓋代真無兩。仰遺容，增悒怏。非孝昌言，誰把狂瀾障。惑世誣民天罰降。梟獍家風，總畫葫蘆樣。

摸魚兒 鰣魚　社題

算嘉魚、物其時矣，剛隨春漲同到。銀鱗三尺穿新柳，江上老漁先報。君莫惱。是美質天生，骨鯁棱棱峭。蘆芽筍小。儘玉版禪參，瓊膏乳膩，贏得老饕飽。嚴灘畔，曾倚孤篷試釣。彎彎涼月驚曉。今朝食指依然動，舊事不堪重道。鄉味好。恰比似蒓羹，鱸鱠歸休早。江東二妙。有初上河豚，同筵侑酒，一任玉山倒。

玲瓏四犯 王文貞豐台藥圃詩册，爲王芍莊大令題　用石帚體　社題

萬卉闘妍，羣英高會，花香詞彩濃聚。餞春婪尾宴，賭韻遨頭侶。奇葩向人欲語。主盟壇、白頭臯禹。借重詩仙，品題花相，佳話足千古。淒涼舊時苔礎。怎翻階麗影，惟賸焦土。劫塵遺墨在，廢壘悲笳訴。楊州漫續繁華夢，弔陳迹、空箋芳譜。行邁處。徘徊久、

離離彼黍。

以上《拙廬詞草》卷四

以上《拙廬詞草》

八聲甘州　訪徐竹逸先生願息齋故址

甚滄桑換盡好風光，難尋舊池亭。溯滇南歸棹，城南闢墅，雄主詩盟。大好溪山管領，息影寄浮生。天許詩人住，花月雙清。　幸有浮紅石舫，賴賢侯題額，筆墨流馨。歎刼灰餘夢，空自弔耆英。最傷神、漸漸麥秀，問故宮、何處是周京。銷凝久、聽疏林裏，杜宇聲聲。

永遇樂　三月三日雙溪草堂褉飲

千古蘭亭，永和盛事，餘韻誰繼。天賦穠春，人聯俊侶，勝地溪山美。鶯花鬥豔，觥籌交錯，肯讓晉人清致。想當時、臨流觴詠，騁懷也只如此。　無端今日，雨僝風僽，似妒陽和暄麗。莫是春光，滿園關住，也下悽惶淚。元正久廢，重三又到，愁絶豔陽天氣。且商量、詞場雅集，牡丹放矣。

倦尋芳　藥圃即事。圃在亦園，乃藥皇廟殿前隙地

古皇邃宇，新圃疏花，陳迹都換。首夏年光，（一作平）路斷紅零亂。有意來尋醫國手，無心再放看花眼。步深幽，怪薰風染透，緑蕪庭院。　覩景物、翻增悽怨，苔繡殘階，穹殿碑斷。也是宸居，底事頓成秋苑。一片荒畦餘啅雀，半垂危幕猶巢燕。壞牆陰，漏硃砂，夕陽紅綻。

以上《樂府補題後集》甲編

露華　金絲桃

絳娥被謫。愛一抹宮黃，旖旎嬌額。未到治秋，先逗東籬顏色。粉絲裊裊低垂，不改美人風格。金縷颭，花如杜秋，怎忍攀摘。　黃裳漫笠元吉。怕帶雨香濃，崔護難識。蕩漾短絲愁緒，垂楊同織。錯疑一樹枇杷，舊夢武陵空憶。寒蜨下，滕王可曾畫得。

滿庭芳　謁陳孝潔先生祠

池柳縈青，庭蕉蔭綠，入門人醉秋光。太邱清德，貽後澤流長。刻木猶嫌未肖，金堪鑄、休事鋪張。含毫處，絲絲淚墨，描出舊時龐。　流芳。傳世德，文章氣節，姓氏都香。恨風微久渺，邪説紛厖。非孝公然肆筆，想先生、心慟神傷。馨香永，溪山拱峙，萬古此祠堂。

訴衷情

流蘇寶帳倚雲屏。獨坐理瑶箏。人與梅花同瘦，伴冷豔、共伶俜。　來雁渺，信難憑。夜三更。明欺孤影，暗攬離愁，冷月無情。

以上見《樂府補題後集》乙編

徐壽玆

金縷曲　初仕大梁，連日官衙聽鼓，塵容俗狀，良用自笑，抑自愧也。賦此呈易實甫觀察順鼎

面目誰能寫。怪無端、捉將官裏，生涯聊且。撇了江南山色好，來聽河聲日夜。更聽鼓、朝朝走馬。纔脱青衫烏帽換，學折腰、時樣何人訝。忒羞怯，似新嫁。　少年意氣供揮灑。到而今、駑駘貽誚，低頭轅下。跳入茫茫塵海裏，事業文章都假。只賺箇、由他笑駡。便許

栽花堪試手，怕春城、未許東風借。合訴與，知音者。

前調

與實甫談江南舊事，憮然有作，再用前韻

醉把烏絲寫。又今宵、清愁提起，一尊盡且。枕上河聲驚客夢，不是潯陽秋夜。偏惆悵、青衫司馬。冰透相思梅似我，聘紅妝、癡願天應訝。未聞説，海棠嫁。　與君熱泪花前灑。記年時、江南問酒，枇杷門下。細數歡場離別恨，相惜惺惺非假。算只有、東風堪罵。悟後禪心泥絮定，悄鬘天、要箇蒲團借。付一笑，懺情者。

慶春時

過揚州感賦

緑楊城郭，簫聲何處，廿四橋頭。二分明月，三分流水，勾起一分愁。　杜郎疏俊，憑問好夢青樓。而今賸有，殘金零粉，寂寞付汀鷗。

疏影

舟中試碧螺春

珠芽吐碧。帶洞庭曉渌，仙掌雲液。吹過東風，喚起春人，煩伊玉手親摘。相傳以女童采此茶則香色倍勝。　新經陸羽搜曾遍，未數到、者般香色。看午甌、酌取芳腴，點點乳花飄席。　嘗盡甜酸世味，一壺試嫩雪，涼換胸膈。酒夢初消，更潤詩腸，合讓江湖詞客。煙輕不許汀鷗避，要説與、冰清心迹。只賦情、少箇樵青，寂寞舵樓霜夕。

月下笛

己丑　寄夢湘濟上，用玉田體

緑髮傷春，青衫換酒，幾人同調。清愁未掃。玉簫聲裏吹老。明湖月滿尋詩路，尚記得、題香句好。恁孤吟無奈，此時羈旅，那時懷抱。

信杳。歡情少。感折柳官橋，東風吹帽。年華草草。登樓怕看殘照。雨花泥絮飛難起，算已是、禪心定了。待細説，與君知，何日西窗夢曉。

齊天樂 寄伯華武昌

東風彈指鶯花老，絲絲怕看華髮。客裏因循，一春過了，不似去年時節。長安賦別。記喚醒詩魂，紫簫聲咽。吟袖飄零，酒痕淚點認清切。　相思故人天末。近來無夢到，芳訊沈絶。病榻光陰，空尊意緒，可算影憐形答。心灰尚熱。要前事從頭，呼君細説。怎奈湘天，江深波浪闊。

水調歌頭 登首山，憩乾明寺，感賦

立馬首山頂，紫氣接蓬萊。松風吹我解帶，俯仰亦雄哉。憔悴十年羈旅，都付閒憑閒吊，百感入詩懷。倚劍向天外，長嘯獨登臺。　甚功名，何意緒，總塵埃。神仙萬劫，猶在招手隔雲猜。《史記》：『黃帝遊首山，與神會。』試問前朝古寺，寺唐時建。喬木森森未改，無語野僧來。飛鳥夕陽下，欲去更徘徊。

滿江紅 寄許鶴巢丈玉璆都門

我與先生，用白石句。又一載、零落舊歡。空贏得、洗愁邀月，箋怨吟荃。紅薾香中詩夢冷，紫簫聲裏客衣單。記鳳城、燒燭話秋心，盟未寒。　酒痕碧，襟上看。憶前事，渺如煙。算消磨治思，過了中年。東海鷗馴原可狎，西風燕瘦漸知還。約買鄰、偕隱萬梅花，香雪閒。

祝英臺近　庚寅　題彭籋九世丈鳳高月底修籋譜遺圖

寫瑤情，裁錦字，筆底萬花放。喚起嫦娥，夜聽踏雲響。不知多少清愁，曼聲度出，記分付、小紅低唱。　幾唫望。我來重理吴絲，楣譜尚無恙。老去詞仙，秋邊古魂蕩。料應换羽移宫，霓裳親訂，更來往、大羅天上。

無悶　癸巳　壬辰大荒落月，需次梁園，從事戟署。時值計典，關防重門扃閉。雪後，同人集署後雪園夜話，何仲芬大令芝祥先以詞倡，倚此答之

橋石鋪銀，林月暈黄，看罷驪宫舞雪。坐水樣簾櫳，玉樓敻絶。人似梅花影瘦，説冷宦、心情吹難熱。更拈賦筆，惠連去也，瓣香親爇。　陳迹。付飄忽。喜嵇阮朋簪，又聯今日。共峭聳吟肩，擊殘銅鉢。更静魚門月鎖，未許放、春風先偷洩。只記取、白地光明，詩骨一宵寒澈。

齊天樂　丁酉　調曹易亭新婚

鴛鴦社結同心伴，洞房今夕春到。醉豔情懷，清和天氣，此際如何才好。青廬夢繞。看捧出嬋娟，頓驚窈窕。妝閣安排，彩鸞鏡底生雙照。　畫眉仙筆未放，又詩題卻扇，催寫新稿。盼到黄昏，幃低燭背，未許輕狂絶倒。雞鳴報曉。説明日官衙，應須放早。一事思量，香衾辜負了。

八聲甘州　有贈

甚吴霜燕月夢層層，百感捲如雲。又清愁提起，今宵鐙火，都帶秋痕。同是天涯淪落，茵溷復何論。莫怨相逢晚，細話蘭因。　張緒

如今老去，把年華似錦，擲與輕塵。任消磨黯冶，負了幾青春。算離恨、那回能補，更歡場、草草付斜曛。且慰我，淒涼客裏，一晌銷魂。

金縷曲　壬寅

壬寅正月，余旅居召陵，將棄官歸隱。我友周子世臣雲留之，未得也。會世臣權知長葛，書來招作平原十日之飲。既往，則流連半月而返。世臣意猶未足，依依不忍別。率填此解，以廣其意，並爲他日相逢之券云爾

別淚休輕濺。算到頭、千秋萬歲，盛筵終散。十日平原拚痛飲，已覺躊躇意滿。況未死、應須重見。我自欲歸歸便得，恁無端、急弩離弦遠。時與命，若推挽。　祝君努力加餐飯。試康莊、驊騮共騁，著鞭未晚。君父恩酬心事了，宦海帆收莫緩。忍苦向、紅塵留戀。鄧尉梅花堪小隱，約買鄰、早盼前言踐。風雪裏，幘同岸。

八聲甘州

篋中舊藏棣儂小史盛妝小影一幀，陸子季良長儁書來索觀，即以寄贈，媵之以詞

隔花窺窈窕鬭新妝，幻作女兒身。記紅毹小步，紅牙低拍，曾喚真真。細數當年影事，歌扇已生塵。留得春風面，一樣温存。　道是陸郎情重，悵鳳城夢杳，欲見無因。慰相思遠道，認取畫中人。憑驛使、和梅同寄，護輕雲、紙上暈香痕。莫醉裏、花魂喚起，錯認桃根。

高陽臺　召陵春暮送別

杜宇啼殘，海棠開後，輕陰罩住春城。忒恁匆匆，閒中過了清明。東風吹散紅窗影，甚管絃、都變秋聲。最難禁，夢裏韶光，醉裏心情。　春歸我亦成歸計，怎別離慣賦，先送人行。

見説香車，明朝漂泊郵亭。相逢他日知何處，更休提、鏡約釵盟。莫相忘，欸語鐙前，憐我憐卿。

減蘭　于役泌陽，欲歸未得，賦寄玉姬

花前笑語。記得香肩同並處。客邸春殘。簾外飛紅不忍看。　虛名負我。可惜韶光愁裏過。獨夜清吟。料汝傷春恨更深。

金縷曲　甲辰　有贈

何必曾真箇。最撩人、秋波雙翦，魂銷無那。消受淺斟低唱處，淒入瓊樓鐙火。況簾外、落花飛墮。老去司勳游已倦，怪無端、古井波瀾大。愁點點，和煙作去。　閒來花底邀同坐。訴芳懷、一春憔悴，眉心低鎖。儂亦天涯淪落者，説甚前因後果。算只合、憐卿憐我。且向

酒邊開口笑，笑世間、如夢光陰過。付一醉，涕應破。

臺城路　秋日游留園有懷

名園夢熟尋詩路，飄然客隨秋至。款竹門深，穿花徑曲，舊日亭臺猶記。梁間燕子。笑張緒而今，鬢毛衰矣。手把黃花，冷吟吹動粉香細。　高樓碧闌十二。美人天末也，難得同倚。昨夜星辰，今宵風月，嘗盡斷魂滋味。情懷似水。算影事匆匆，不堪提起。甚日紅窗，翦鐙深夜裏。

南浦　九日登虎邱感賦

九日此登臨，俯蒼茫，獨倚一樓殘照。早歲恣清游，渾如夢、前度劉郎重到。恩仇未了，卻憐我欲垂垂老。定有昔時猿鶴在，尚識承平

年少。　傷心淚洒新亭，更休提、舊日吴宮池沼。霸氣已銷沈，尋殘碣、賸有真娘墓好。予懷渺渺。秋來都付閒憑弔。且舉一尊酬令節，莫負黄花開早。

憶舊遊

海棠一株，自北地攜歸，友人見而愛之，即以相贈。今書來，云已萎，以詞志怍

記晶簾低掩，銀燭高燒，争看紅妝。自受梅仙聘，喜移根官閣，句詠何郎。盈盈還念嬌小，無力要扶將。倘許我情癡，緑章替乞，香國春長。　心傷。尺書至，道無賴東風，摧折瓊芳。空説金鈴護，任雲孱雨僽，蝶妬蜂狂。花天原少長命，終古恨茫茫。只負爾嬌姿，當年悔不金屋藏。

清平樂

晚舉一子名曰能庸，感而有作

庸中佼佼。莫道聲名好。恨我一生都誤了。不願爾曹再傚。　東坡尚欠聰明。生兒望作公卿。但祝無災無難，何求身外浮榮。

薄倖

乙巳　桂蓀將脱風塵，倚此贈别

尋春幾度。便消受、芳情爾許。縱認得、琴心暗遞，魂夢了無憑據。記紅窗、聽雨挑鐙，苦吟兒女傷心句。儘醉裏徵歌，香邊索笑，無計安排情緒。　辜負盡、東君意，無可奈、落花辭樹。算常時替祝，飄茵有幸，而今却恨匆匆去。三生我誤。只十年贏得，狂名薄倖青樓賦。新愁舊恨，化作離魂一縷。

清平樂

丙午　前歲舉一子名曰能庸，戲拈此調成詞。今年又舉一子，以願愚名之，爲進一解

聰明伶俐。最是遭人忌。別有世間藏拙地。博得大家歡喜。　阿兄甘處庸庸。仲兮應號愚公。莫笑難兄難弟，而翁今亦癡聾。

高陽臺

題黃小宋璟琴鶴歸舟圖

一代才人，卅年循吏，甘棠誦遍中州。淡到名心，商量宦海帆收。南陽別有躬耕地，慰鄉思、林麓清幽。夢依稀，水也珠江，山也浮邱。君籍粵東。　披圖省識江湖意，向車塵馬足，畫箇扁舟。琴鶴裝輕，堪希清獻風流。心頭尚有蒼生在，怕東山、負了盟鷗。更蹉跎，我有茆庵，佳處空留。壽出山時，曾繪佳處茆庵圖。荏苒廿年，未遂初志。

摸魚兒

壬子　重陽雜感

莽乾坤、荆榛夕黯，憑欄怕看烟雨。重陽雖好登臨倦，不似年時心緒。愁絶處。歎滄海桑田，一霎成今古。微聞人語。甚奴僕旌旄，詩書牆壁，惆悵杜陵句。　紅塵夢，休怨功名我誤。而今愁更何許。一身淪落尋常事，忍聽四郊鼙鼓。鐙燄吐。有歡會如雷，猶自酣歌舞。連日滿城張鐙作重陽會，鉦鼓之聲不絶於耳。思量幾度。任庾子悲哀，賈生痛哭，此意向誰訴。

前調

蕁盦見和《重陽雜感》詞，俯仰身世，殆有同慨。粵自歐風東漸，大雅不作，而吾兩人者方效秋蟲之鳴，爭細響於草根籬落間，至可悲嘆。然前喁后吁，樂亦無極，吾道不孤，猶堪自壯。因疊前韻，進一解爲蕁盦問

展瑶箋、商聲飛墮，冷吟消盡寒雨。詩懷酒意供揮灑，贏得一般愁緒。腸斷處。甚身世蒼涼，寫入琴絲古。問天不語。感蘿薜清寒，蓀

荃忠愛，零落楚騷句。風流歇，尚有周郎顧誤。天涯同調應許。張王樂府今猶在，差足樹吾旂鼓。幽憤吐。看拔劍狂歌，還作婆娑舞。低徊幾度。任雨覆雲翻，天荒地老，真宰總堪訴。

前調 庭前蠟梅盛開，再疊前韻賦之

破寒苞、檀心磬口，捲簾初過殘雨。南枝窈窕原同姓，楊萬里詩：『南枝本同姓。』一樣清寒情緒。微暈處。認點額嬌黃，如見宮妝古。嫣然欲語。正有客巡檐，屐痕四映，花底索新句。

羅浮夢，莫怨生天浪誤。先春開得如許。縷金簪首風光好，聽到迎年簫鼓。濃豔吐。更香涴霓裳，陳無己詩：『羽衣霓裳涴香蠟。』似作仙仙舞。芳期虛度。悵月下攜尊，玉人今杳，幽恨那堪訴。鄒姬嘗指此樹云：『俟花開，當攜酒賞之。』今亡去矣。對花思人，何限感愴。

減蘭 壬子九月，鄒姬鳳吾以暴疾卒，年僅二十七。余哭之慟，杜門謝客，悲不自勝。偶檢舊篋，見余所書紈扇二事，十年前分遺鄒姬及盧姬玉貞者也。寫作皆率，固不足珍，對物思人，甯忍恝置。先是戊子之歲，玉貞年十四，來余家。性婉淑，通曉文義，酷愛唐人詩，如《長恨歌》《琵琶行》等什，背誦如流，無一字誤。余有所作，輒亦手鈔熟復之。其性近風雅有如是者。玉貞多病，久不孕，勸再置簉。乃於壬寅仲冬續納鳳吾。鳳吾婉淑有度，與玉貞同，亦復粗知字義。針黹之暇，常向玉貞問字，漸能誦詩。讀畫學作小簡，亦楚楚可觀。每當花晨月夕，相與酌酒論詩，頗極閨房之樂。蘊華來較晚，是歲爲戊申，去玉貞之亡已四年矣。則又問字於鳳吾，一室咿唔，無異玉貞在日。余顧而樂之，晚景堪娛，私竊自慰。

不幸玉貞早世，而鳳吾又舍余而逝也。嗚呼哀已！鳳吾生子女各二，一女殤去，今存二子一女，長者才九齡耳。芳春莫駐，華年遽彫，對此遺雛，彌增傷感。所幸兩子皆能讀書，有成立之望，他日或可慰情於地下。如玉貞之無所出而又早亡，不尤可悲也耶。蘊華請以余所書扇潢池而藏之，以抒我哀，而誌不忘。余曰諾，乃泚筆爲之記而系以小詞

白團扇底。泥我揮毫肩並倚。寫上新詞。尚憶憑欄對誦時。　玉人杳矣。留取生綃珍重意。寄得相思。囑咐香閨好護持。謂蘊華。

以上《亢盦詞稿》

買陂塘

丁亥正月，余有山左之行，同人餞於顧氏辟疆小築，與斯會者，凡十五人。越二日申刻解維，沈淇泉衛、彭如泉溥孫又送至婁關，桂琴樓主亦來話別。於時春雨初歇，微波可憐，情話拳拳，淒不成語。至鐙炧酒闌，榜人促發，而晨鷄已三唱矣。舟窗枯坐，漫填此解，卻寄兩君及桂琴樓主，兼示諸公

又天涯、驪歌盈耳，東風綰住煙柳。訴情儘把金尊倒，不管鶯儔花偢。春乍逗。拚一醉瞢騰，了卻愁時候。萍身去後。算驛路塵高，海天浪闊，鄉樹怕回首。　纔分手。更有青衫紅袖。移舟極浦相就。情長莫挽垂垂別，別意中人如酒。須記取。只一刻千金，天與儂消受。深宵話久。問燭底評詩，香邊選夢，儻得浪游否。

高陽臺

客遊濟上，遇歌郎桂霞

語燕傳情，驚鴻墮影，照人似剪秋波。畫裏眉山，依稀猶記雙蛾。年時門巷斑騅熟，又天涯、對酒當歌。笛聲拖，柳外湖煙，細織冰梭。

歡場草草成虚度，問别來其事，同説經過。回首長安，也曾夢醒春婆。十年杜牧清狂甚，只年年、赢得愁多。道如何，爾尚飄零，我更蹉跎。

前調

客中送春，填此以寄所思，疊前韻

蝶抱香回，鶗催客去，一湖平漲桃波。唤起春人，愁痕緑上顰蛾。東風凄入紅牙板，怕更番、金縷聽歌。夕陽拖，水樣華年，去疾如梭。

江南知有春多少，便山重樹複，魂夢飛過。吹老情絲，人天信杳麻婆。春歸儂未成歸計，怨東君、留恨偏多。奈情何，欲問飛花，可是蹉跎。

前調

静夜枯坐，窗外涼月，若來窺人，尋夢無侣，言愁始欲愁矣。再疊前韻

鴨睡香殘，龍眠燭燼，望窮天際滄波。只有銀蟾，多情來鬥娟蛾。闌干獨倚東風苦，盪吟魂、子夜聞歌。淚絲拖，灑向花枝，驚起鶯梭。

情懷客裏愁如海，望蓬山不遠，青鳥空過。賺得相思，酸心一味蘋婆。年年恨説佳期誤，又今年、恨比春多。竟如何，信也浮沈，夢也蹉跎。

前調

湖橋即事，同夢湘、采南作，三疊前韻

飛絮無因，落花有意，鯉魚瘦盡紅波。遠甚巫峯，雙痕鎖住青蛾。靈心一點犀通處，暗消凝、細舞清歌。髻雲拖，未許通辭，星眼如梭。

愁來絲竹供陶寫，慣柳邊花下，載酒頻過。三五華年，驚心成了阿平婆。茫茫塵海誰知己，有歡場、風月情多。意云何，一刻千金，未

算蹉跎。

前調　聽玉孃彈詞，同采南作，四疊前韻

白紵吟殘，青山別後，瑶緘信斷鱗波。蠶熟春深，千絲吐盡成蛾。無聊紫陌尋芳去，惹新愁、一曲新歌。尾聲拖，淒入鯤絃，細入鴛梭。

敬亭老去風流在，有彈詞怨女，花底相過。恨説江南，玉京夢杳貧婆。梵語貧婆，此謂叢林。天厓同是傷淪落，話滄桑、熱淚誰多。奈愁何，架上銀鸚，替唤蹉跎。

青門引　明湖晚泛，和采南韻

一篴聲如墜。愁裡酒懷先醉。湖山容我寄清狂，詩魂邉出，雙槳畫橋外。

搴蓴待擘銀絲膾。鄉思無聊賴。泥人數點鷗鳥，和煙飛過霜蓬背。

蘭陵王　題夢湘《檗隖詞集》，用周美成韻

紫簫直。吹出湘魂暈碧。才人淚，和墨蘸來，醉譜商聲動雲色。飄零尚異國。疇識烏衣舊客。花間過，贏得勝遊，休計人天蠖伸尺。

詞成明湖話萍跡。正罽草扶輪，絲柳縈席。鮮似離支食。拚捉月呼酒，冷腸澆熱，思量前事壁畫驛。論心北窗北。

悲惻。古愁積。憶虎阜燈殘，燕市鐘寂。天厓我亦傷春極。且秉燭看劍，倚樓横笛。紅牙低拍。向紙上，穎露滴。

石湖仙　偕藍六屏慶翔、孫藴苓承鑑、王夢湘以敏、張采南頡輔明湖泛月

霜娥無語。正隄柳梳煙，港荻收雨。清影泥人圓，照盈盈、驀添秋緒。沙鷗驚起，任一棹、

涼邊尋去。容與。擘畫波、掉入深處。 平分酒腸詩膽，訴嬋娟、幽懷如許。短笛聲高，吹落霓裳仙羽。冷吸湖光，清分毫素。勝遊萍聚。天也妬。今宵幾箇吟侶。

甘草子 十五夜贈月

淒絶。照我無眠，一箇團圞月。愁煞十分圓。圓過今宵缺。不分嬋娟愁如結。似偎近、儂邊欲説。斗轉參横漏聲咽。尚依依難別。

百字令 送采南南歸

鵑啼不住，把萬千愁緒，聲聲句起。生怕客中還送客，嘗徧別離滋味。同是萍身，一隨歸雁，一逐紅塵騎。明湖月上，相思天外無際。 回憶蓮社吟酣，藕塘歌曉，舊夢分明記。此去重逢游釣侶，替説天涯孤寄。塵浣衫輕，酒澆腸熱，鄉思和煙碎。料知今夕，羈魂隨汝飛墮。

三字令 五月望後二日，湖上調夢湘

歌鳳曲，韻鸞絃。記宵前。霞片片，月娟娟。渺芳塵，湖上路，鎮相憐。 垂柳下，畫橋邊。醉無眠。花破夢，玉生煙。恁良宵，應共惜，隔人天。

雨霖鈴 暑夕不寐，淒雨逗涼，殊有秋意。羈思如夢，黯然成詞

孤鐙無語。伴愁人醉，幾點疏雨。空庭變作寒意，過黄昏後，淒清如許。盪出秋魂儘一，枕幽夢偕汝。憑記取、身世炎涼，天樣陰晴太無據。 羈懷如水還如絮。更那堪、簾外聲聲苦。窗痕漬透紗孔，和淚寫、斷腸詞句。舊

了青衫，長共天厓，酒伴詩侶。瀉不盡、千里鄉心，挨到更殘五。

洞仙歌　題沈茀之康歷下尋詩圖

霞天笛語，把吟魂吹活。柳下煙波盪胸闊。正看花眼倦、鬭草心慵，湖上住，過了餞春時節。　藕塘深處去，俊侶相逢，嵇阮朋簪未消歇。倚棹話清游、水色山光，都付與、一編瓊屑。喜名士、當筵畫圖開，尚無恙亭臺、杜陵詩筆。

蝶戀花　濟上夢江南故人，倚此卻寄

無計一春湖上住。惱煞東風，吹送愁如絮。昨夜故人尋著處。夢中明月江南路。　料是荷塘新得句。賭酒評花，幾箇鷗盟侶。憶否天厓離別苦。錦函莫更雙魚誤。

醉太平　張夏紀遇

銀鐙談流。歌聲乍收。淒涼訴説心頭。尚依依帶羞。　金風送秋。蕭郎路悠。泥人替寫新愁。付霜鴻遠投。

菩薩蠻　垛莊夜發

五更茅店鷄聲送。模糊未醒懷人夢。扶夢上征鞍。夢回餘薄寒。　行行村舍近。斜月牆頭暈。微露一鐙紅。那家雙睡濃。

高陽臺　自山左南歸，渡揚子江，望焦山，感賦

岱雨催秋，江潮盪夕，迢迢千里歸程。認得吳儂，故山笑似相迎。數峯無恙寒流上，尚依依、眉眼垂青。展篷窗，貪看雲鬟，半卸帆輕。　煙蘿記踏重重徑，怪八年小別，誤我浮名。

高陽臺　梁溪夜泊，五疊前韻

吹冷梧雲，舞殘蘆雪，梁溪一棹鷗波。岸柳迎人，眉痕緑減愁蛾。十年聽水聽潮慣，又秋風、擁楫悲歌。暮煙拖。夢亂如帆，心急如梭。　鸞飄鳳泊尋常事，記瀹泉品茗，惠麓游過。攜筆墩前，舊題尚憶黃婆。黃婆墩在惠山下。重來未浣青衫淚，恁浮生、離恨添多。思如何。商婦鄰舟，聽説蹉跎。

聲聲慢　秋柳，寄内

病黃暈月，瘦碧棲煙，幾枝摇落江潯。曾繫驕驄，冶春蹤跡堪尋。那時爲儂攀折，帶愁痕、直到如今。回首處，憶鶯聲、小院暖翠沈沈。　我亦當年張緒，怪風流頓減，絲鬢塵侵。只爾情多，一般蹙損眉心。青青陌頭換了，料紅閨、己卯省試，過此，曾登絶頂。舊了塵衫，負他水約山盟。髯蘇倘許仙風乞，把吟身、吹上蓬瀛。爲安排，佳處茆庵，客歲，繪佳處茆庵圖小影。來聽江聲。

金縷曲　八月十七，再赴山左，夜泊閶門，倚此寫懷

又向天匡去。卻匆匆、兩旬一瞬，故園小住。鷗夢初圓吹忽破，飄瞥算成前度。空付與、窮途悽楚。生就江湖辛苦命，任泠吟、閒醉煙波路。飢驅我，欲誰訴。　歡場事怕從頭數。怪頻年、髩絲青減，星星如許。淒絶山塘今夜月，盡是照人愁處。只贏得、離情別緒。咫尺瓊樓鐙火豔，掩孤篷、自斫相思樹。斫不斷，恨千縷。

闈、愁更難禁。問那日，對東風、雙坐緑陰。

定風波

八月二十一日夜，阻風江口，向神默禱，乞助一帆。明日，東風忽至，竟渡瓜洲。喜賦此詞酬之

朔吹連朝下塞鴻。菰蘆涼戰櫓聲中。生怕封姨攔客路。欲訴。東皇乞助片帆風。侵曉喜看旗脚轉。唤起。長年高挂日邊篷。詞筆有靈慚白石。且拍。紅牙唱徹滿江紅。

南浦

秋水，用玉田《春水》韻

涼夢櫓聲中，減溪痕，落葉西風驚曉。盪月鏡奩開，垂隄柳、憔悴眉蛾懶掃。浣紗人去，閒鷗分占煙鄉小。載過桃家雙姊妹，悔煞春游草草。記曾南浦停橈，怎蕭郎、别後信都沈了。漁火暗菰蒲，空江上、那日歸帆能到。長波浩渺。緑愁影子窺篷悄。水閣苦吟王勃句，一夜瘦添多少。

醉太平

風聲水聲。長更斷更。支牀客夢難成。悄衾寒暗生。　鐙昏漏停。詩魂自醒。苦吟直到天明。聽荒雞亂鳴。

醜奴兒令

孤篷昨夜聽秋雨，纔過新秋。便到殘秋。又見蘆花白了頭。　碧雲深處儂鄉里，路也悠悠。夢也悠悠。付與江山一段愁。

千秋歲

將赴濟上，過青駝寺，見壁間有用少游韻倚此者，欵識模糊，决爲夢湘手筆。依韻和之，先寄夢湘

清平樂　雪後偕蘊苓、夢湘游鐵尚書祠。夢湘將寫圖徵詠，先以詞倡，余依原韻繼聲

亂鴉歸去。點破雲中樹。風外酒旗斜颭處。引入寒塘細路。　昨宵銀海填平。釣船野渡孤横。一幅輞川畫景，亭臺不借煙明。

洞仙歌　憶桂

蟾天路闊，渺秋魂一翦。仙磬深山夜飛遠。記金風院落、瓊月樓臺，纔幾日，消受花間淒眷。　露香飄盡後，樹老霞荒，信冷瑶華發清怨。愁絶廣寒宫、瘦了嫦娥，空太息、霓殘羽斷。甚夢杳、蘿雲悄相思，料葉底青禽、笑人緣淺。

虞美人　惠民工次，寄懷六屏、蘊苓，兼調尹子威彦鉞。時三君皆于役濟陽

一筝天外。雁逐癡雲退。宵露冷，晨星碎。夢遥涼倚袖，腰瘦圍鬆帶。呼白月，尊前也算三人對。　濁酒狂歌會。湖上初傾蓋。聊小别，清盟在。鵲華秋色好，詩待尋君改。殘驛裏，相思古淚淘如海。

渡江雲　與蘊苓夜語

短檠蘭燄暈，西風獵獵，寒意襲簾裾。小窗人静後，漏箭聽殘，愁怯夜眠孤。維摩舊侶，賸天厓、禪榻相於。休更説、十年心事，一枕付華胥。　江湖。青衫飄泊，贏得離愁，算除君誰語。渾未省、尊前狂憨去，鏡裡清癯。相逢客舍匆匆甚，怕别時、夢也全無。須記取、今宵鐙火蘧廬。

春風鎮日狂如虎。荒驛和愁住。元宵鐙火夢迷離。尚記幽坊踏月、月斜時。　城南鶯語垂楊路。迸入湘絃苦。瘦魂扶不上花枝。又況人間天上、渺相思。

闌干萬里心

新煙漠漠雨絲絲。芳草天厓緑已齊。短夢初醒燕未歸。費相思。癡問東風知不知。

淒涼犯

荒村小住，春去無影，墜歡如夢，言愁欲愁。用夢窗體

呼春不語。重簾下去、東風鎮日如虎。峭寒尚勒，羈魂黯黯，隔宵夢苦。韶光幾許。强半閒中暗度。悶三分、愁萬縷。和水亂流去。　便放清明過，款蝶調鶯，舊歡都誤。江南信斷，采香人、倚欄何處。愁外城寬，算身世、蜉蝣一羽。踏梨雲、訪到禪天，月路古。

憶舊游

王夢湘問

春事過半，羈思如煙，賦此爲濟上故人

記紅闌款蝶，紫陌聽鶯，昔夢如雲。白屋荒溪路，便小桃開後，瘦不成春。春來怕説花事，寂寞付黄昏。任萬種傷心，除他燕子，更與誰論。　芳塵。七橋外，念載酒青篷，有箇詞人。緑盡明湖柳，料詩懷似水，也帶些温。尊前舊時明月，添了幾愁痕。指一角瑶天，東風細雨空斷魂。

百宜嬌

秋千

深柳村莊，小桃庭院，送出兩三嬌語。百尺竿頭，翩鴻驚起，依約髻雲鬟霧。繒繩牢握，恁怕被、東風吹去。訝飛瓊、飄墮人間，畫中標

格曾遇。驀迴顧。滿肩紅雨。故故欲穿花，蝶兒應妬。碧彈釵長，翠翻袖薄，細喘香邊暗度。將停復作，鬬身段、輕盈如許。不隄防、牆外蕭郎，多時偷覷。

月華清　留别濟上故人

邀雁停雲，呼鷗話雨，嫩寒先瘦詩骨。煙柳春城，記我驪車催發。怎剪鐙、繾慰相思，又酒醒、小樓聞鴂。休説。便去年知有，今朝生别。　可恨秋邊明月。恁照得離愁，者般親切。後夜官河，誰共旗亭拈筆。待夢魂、尋到湖天，怕隔日、斷青山一髮。淒絶。算不堪回首，七橋斜。

蘭陵王

丁亥春仲，與同里孫蕴苓承鑑、張采南頡輔同客濟上，得識湘南王夢湘以敏，浙江蔣子相其章、藍六屏慶翔，山左毛薌林慶澄、稚雲承霖，尊酒倡酬，時有佳集。於時汀草如織，山花欲然，美人目成，春去無主，稚雲爲寫湖橋春影圖。感今追昔，悵然成詞，調寄《蘭陵王》，用周待制韻

畫橋直。千縷垂楊嫋碧。湖邊路，新月一彎，照見春人好顔色。雲巒渺故國。應識山靈笑客。東風軟，吹皺緑波，沿岸桃花豔堆尺。　匆匆浪遊跡。又燕拂吟鞭，鶯語歌席。長年烟火人間食。呼舊雨同話，鳳城蘭訊，迴腸輪轉似遞驛。夢遥斗依北。　情惻。膩憂積。悵醉任歡妍，醒平任蕭寂。愁痕渲出傷心極。儘刻盡宵燭，擫殘晨笛。詩魂消未，墨與淚，潤共滴。

以上《濟游詞鈔》

欸乃曲

畫舸江南酒夢消。十年吹笛向篷腰。秋痕都作愁痕看，紅是斜陽緑是潮。

見《詞綜補遺》卷六

徐鋆

夢江南

漢壽易實甫丈順鼎寄示江南詞，次韻奉和

江南夢，夢到赤闌橋。檀板乍翻金縷曲，玉人低按紫雲簫。一刻買春宵。

浣溪紗

碧玉無瑕出小家。衣籠沉水珮飛霞。晚涼催上六萌車。　一度春風紅豆子，二分明月白梨花。可人標格最清華。

沙頭雨

城北珠媚園爲明尚書顧沖庵別業，最後歸王方穀太守，極一時林泉文酒之盛。今則華屋山邱，感慨係之矣

城市山林，依然粉壁留題處。園壁有『城市山林』四大字。斷煙零雨。幾易名園主。　燕子雙雙，飛入誰家去。愁如許。一絲蛩語。儘把興亡訴。

調笑令

春雨

春雨。春雨。糝入亂紅深處。瑤窗隔片玻瓈。悄地一聲鳥啼。啼鳥。啼鳥。驚破蝶魂多少。

臨江仙

秦淮

桃葉桃根今不見，桃花歲歲還開。夜涼鐙火滿秦淮。緑波遊子棹，紅玉美人釵。　亞字

闌干丁字幙，分明近水樓臺。一行楊柳手親栽。舊時雙燕子，飛去又飛來。

少年遊　秋征

秋風一夜劍衣單。去去玉門關。半壁斜陽，幾行疎柳，何處故鄉山。　男兒要了平生願，征淚莫輕彈。魚海銷兵，燕山勒字，高唱大刀環。

滿庭霜　岳墳弔古

白雁風酸，黃龍酒冷，一時成敗休論。乾坤多難，天不弔孤臣。慘目河山半壁，偏南宋、歲屬庚申。空留得，荷花桂子，彌補破殘痕。　招魂。湖上路，湖煙湖月，湖雨湖雲。儘兒女英雄，兩地平分。蘇小墓同在湖上。七百年來抔土，和熱淚、親薦荃蓀。誰堪聽，冬青一曲，鬼唱趙家墳。

柳梢青　春柳，同静海陳蘧蝶錫周作

何處魂銷。青溪舊路，紅板長橋。燕子飛初，鶯兒歌倦，又是花朝。　十三嬌女垂髫。扶不起、纖纖舞腰。病後絲風，愁中線雨，一味無憀。

闌干萬里心

東風吹綠小眉峰。玉札珠囊手自封。滿地梨花春夢慵。月溶溶。門掩黃昏一箇儂。

攤破浣溪紗　秋砧

冷抱郎衣夢不成。萬家砧杵一聲聲。不解男兒緣底事，愛長征。　涴盡秋衫金屋淚，吹殘畫角玉關情。隔院夜來涼似水，況邊城。

巫山一段雲　張芷亭杞生索題碧城十二畫幀

蝴蝶雙雙誓，鴛鴦夜夜年。碧城十二有情天。花好月長圓。　宓枕横陳體，曹屏小比肩。十香紅汗污衣纖。懽喜別參禪。

賣花聲　莅生太史席上贈詩妓李蘋香，集楊坦園句

豔曲按琵琶。娫爐年華。玉葱纖小進流霞。司馬風流今寂寂，過影非耶。　無奈遍天涯。雨細風斜。洞庭西上理歸槎。九十春光何處也，零落桃花。

海棠春　窗蕉縋緑，鐙豆抛紅，莽莽情懷，黯然倚此

讀書臺，紅袖添香侍。蕉窗風雨秋心碎。幾處涼宵其奈長如此。把一寸、爐灰燒死。渾不似、當年情味。既作有情人，忍説情爲累。

十二時　朱韞才別駕《淚痕集》題詞，與雲間楊蘇盦司馬葆光、泉唐陳蝶仙常博栩同作

對秋風，一編開讀，直恁淒淒切切。料應是、迴腸千疊。誰解丁香雙結。絳蠟燒殘，青衫溼透，開篋空嗚咽。多少恨、迸入新詞，滿紙商音，又恐衷情難説。　甚當日，蘭因絮果，端的命宫磨蝎。花豸傷春，寒螿泣露，挨過愁時節。漫拈紅豆子，相思已早刻骨。　奈而今，月黑花枯，紅痕未易消滅。人隔蓬山，槎横銀海，莫補情天缺。聽催歸杜宇，枝頭夜夜啼血。

臨江仙　壬寅感事，寄周晉琦曾錦。偶一披閱，猶髣髴石子狂吟、沈公說夢時也

一夜西風三日雨，名山早送秋來。年年被放敢言才。前途行不得，依舊倒綳孩。　碎了珊瑚埋了劍，雄心無計安排。人生但使酒如淮。酒酣攜手起，同上妙高臺。

小庭花　題番禺潘蘭史徵君飛聲紅豆圖，圖爲洪詞史作

萬種相思寫不清。拈來豆子忒瓏玲。畫中憑證曲中情。　鴛社重修無量福，鸚簾猶度可憐聲。記儂小字喚銀屏。

生查子　海甯周劍青栩自芝罘寄示豔詞，繼聲和之

千萬擲黃金，難買天無曉。花底不禁消，蝴蝶

一點春

燕子身材小。鸚哥口舌嬌。癡情不管春憔悴，卿領琵琶我領簫。

一剪梅　代新孜贈李梁溪

簾隙玲瓏月一絲。情態依稀。姍步來遲。可憐人是李師師。不解彈詞。祇解吟詩。　看遍名花十萬枝。黄了山梔。緑了牆蘼。送君心似送春時。說不相思。偏問歸期。

太常引　京口夜發

乘風西出潤州城。一幅布帆輕。前路欠分明。知多少、長程短程。　秋光如許，秋心如此，夢也不能成。十里水禽聲。直啼到、三更四更。

香魂俏。　鳥不識歡心，催起人偏早。　兩點小眉山，擱住愁多少。

綺羅香　和丹徒葉葒漁玉森

蠅鼻燈殘，虬鬚香燼，心事更憑誰訴。　組帳紗櫨，還隔一重花霧。　躡芳蹤、紅粉西陵，湔別恨、綠波南浦。　記年時、擘取吳箋，魷窗偷寫定情句。　蓬山難與飛度。　缺月能圓今夜，又逢三五。　薏汝蓮儂，全仗藕絲纏住。　盼蘭橈、載得人歸，裁錦字、寄將愁去。　甚機緣、檢點雙鸞，再來湖上路。

浣溪紗

一剪風輕劈柳枝。　春閨人起較鶯遲。　海紅湘碧可憐時。　豔曲歌殘三字令，迴文織斷九張機。　眼簾淚雨不成絲。

金菊對芙蓉　癸卯夏，滬上味蒓園，王蓴農蘊章同遊

金碧樓臺，琉璃世界，半江剪取吳淞。　擕桃笙竹扇，著我當中。　茜紗衫子香收汗，賀新涼、低唱吳儂。　櫻脣索潤，晶瓶瀉白，甘露檸檬。　捲上百葉簾櫳。　報鋼絲車到，挽住青驄。　趁蒓鱸興味，不待秋風。　萬家兒女痴如夢，一雙雙、都是情蟲。　鄰僧多事，當頭一棒，敲起晨鐘。園在静安寺路，夏夜游人雜沓，有至曉方散者。

羅敷媚　代友爲玉寶題帕

迷離撲朔初相見，玉寶喜作男裝。看個分清。　問個分清。　顛倒怡紅公子名。　東南第一琵琶手，人也多情。　夜也多情。　勒住情天不放明。

十六字令 得儷君内史滬濱手書

探。小字香封荳蔻函。題封日，三月正初三。

花心動 寄凝碧樓姊妹

玉虎無聲，一絲絲、紅情暗中牽就。三五月明，廿四風迴，兩地夢魂俱瘦。鈿車寶馬嬉春路，鞭遥指、枇杷門首。喜不似，重來小杜，梅陰如豆。　人面花光依舊。况楊柳蠻腰，櫻桃樊口。阿妹按歌，阿姊吹笙，伴我酒闌鐙後。沙棠三尺胭脂水，更打點、湖遊鶯脰。漫辜負。殷勤一雙翠袖。

滿江紅 觀師範校運動會

盍往觀乎，南五朵、夫容遥指。拓毬場、蘼蕪一碧，頻呼起起。銅鼓聲中平等會，三字見《南史·梁武帝紀》。錦衣隊裏良家子。笑當年、霸上棘門軍，同兒戲。　流不盡，長江水。洗不盡，神州恥。正抽黄對白，如花世紀。蛙步輕移三足鼎，會中游戲競争有蛙步、三足等名。龍徽高颺千頭幟。好男兒、烈烈更轟轟，當如此。

誤佳期 海上賓儷館録事

抛却璇機鍼綫。那管嗔鶯駡燕。晶盆十二小文魚，飼取殘紅片。　容易上燈時，雪亮流蘇電。消閒不厭百回看，一卷桃花扇。

菩薩鬘 高樓詞，集龔定庵句

高樓特啓櫻桃宴。爐香自炙紅絲硯。花影上身時。春愁亂幾絲。　玉闌干畔路。没個銷魂處。細語道家常。口脂聞暗香。

其二

高樓卜罷芻尼至。鸞箋偷寫伊名字。燈火四更天。香車駕暮煙。　梨花涼弄影。燕子歸期定。春更不回頭。人間無盡愁。

滿江紅　夜過太湖

如此湖山，消不盡、乾坤夜氣。七十二、峰青無語，冷清清地。鐵艦牙旗迎上將，殘脂賸粉淘西子。費幾多、兒女與英雄，興亡淚。　荻塘路，鷗眠起。雪灘樹，鴉飛止。又孤舟作客，吴頭楚尾。紫豉蓴香周子詠，紅丁茶熟張家記。把風簾、吹緑滿湖煙，吾行矣。

夢江南　美人六詠，和許瘦蝶泰

婷婷影，一個可憐儂。羞浴隔幃移短蠟，催妝開鏡照驚鴻。若即若離中。影。

其二

懨懨病，鎮日下簾衣。雙鬢緑雲鬆不整，兩彎紅玉輭難支。一半是相思。病。

其三

重重恨，嵌入小桃心。青鳥紅箋和淚簡，殘鶯新絮斷腸吟。僝僽到而今。恨。

其四

醺醺醉，衣袖唾痕香。扶婢偷歸眠芍藥，泥人細嚼遞檳榔。消得一分狂。醉。

其五

迢迢夢，雨意更雲情。綉枕香迷雙舞蝶，晶窗春破一聲鶯。好事不分明。夢。

其六

喃喃語，薄怒見丰神。留客有心佯對母，韓琮詩『佯嗔阿母留賓客』。誣郎分寵亂猜人。一種愛情真。嗔。

滿江紅 陳蘧蝶錫周夜過澮廬，痛言身世，爲拈一詞，長歌當哭

百慮千憂，爲識得、人間幾字。把一卷、離騷讀爛，便稱名士。慷慨軍中銅柱賦，模糊牀下金雌記。笑十年、不俠不神仙，書生耳。　北宮哭，南宮喜。殊哀樂，關脣齒。看昭昭天演，茫茫人事。雞犬桑麻空入話，蘧蝶有雞犬桑麻閒話圖。魚龍瓜豆今何世。待明朝、散髮弄扁舟，滄波裏。

如夢令 虛舟詩僧淨善輓詞

參透八關禪戒。跳出十方世界。來去赤條條，沒一絲兒牽礙。奇怪。奇怪。二字連用，見陸龜蒙文。到死不留詩債。

念奴嬌 五月五日書公園所見

朱旗畫鼓，又天中令節，飛凫競戲。桃葉桃根嬌姊妹，雙槳乘波而至。頰印三分，膚圓六寸，別有新風致。羅衫雪白，洗空千萬紅紫。　董記取小閣臨街，抛錢争看，輕薄誰家子。餞蕭酥親手製，都帶脂香粉氣。翡翠簾前，鴛鴦券尾，人名押兒。珍重呼名字。劉郎豔福，幾生修到如此。

小庭花　題黄夢曇卧蕉圖

一片蕉心任卷舒。冰紋著處勝龍鬚。身邊少個小青奴。　幻境真如張邋遢，睡鄉佯做吕糊塗。不因午倦浪抛書。

巫山一段雲　贈别

秀秀名連喚，翩翩影自憐。幾生因果幾生緣。生日月同圓。　鬖髮朝誰理，殘香夜不添。梨花如雪柳如烟。無奈嫁人天。

以上《澹廬詩餘·碧春詞》

生查子　雙魚洗，鄉得之東鄉。銘篆奥衍，腹凝丹翠。重九斤七兩，容三寸六分，徑一尺一分，漢器也

沉沕二千年，一躍雙魚起。髣髴腹中書，永永宜孫子。　緑是藺眉痕，紅是燕脂水。遥憶漢宫人，盥濯温銅洗。陸游詩『銅洗供盥濯』。

沁園春　緑梅

松下竹邊，三枝兩枝，慘淡成春。甚尋芳仙客，杖頭玉色，如花美眷，樓底珠魂。小鉢玄沙，慈恩寺裏，分獻詞仙有幾人。舒瓶水，試黄梅何味，嚼蠟横陳。瓶水齋詠黄梅『又是横陳嚼蠟時』。　翩然萼緑風神。披六品、衣裳瘦稱身。任羅浮翠羽，幻成夢境，宫闈螺黛，蹙損眉痕。一例迎歸，山妻不妒，紫婦紅兒漫共論。雙棲處，有輕輕紙帳，矮矮籬門。

聲聲慢　壬子秋，城東通明宫舊址問義甯陳師曾衡恪病。歸，展其梅花館讀書圖及和夢牕詠花詞，次韻酬之

攀藤覓路，蔽竹闚門，此間謝絶迎逢。一角危

樓，主賓雙膝能容。道人朽而不朽，倦東遊、歸臥秋風。忘言對，病維摩一榻，花雨漫空。　遥想安排筆硯，有不因人熱，寄廡梁鴻。數點梅花，寒香比酒還濃。手緘相思片紙，借芝泥、顆印傳紅。老書屋，小書生，都付畫中。

浪淘沙

韓金滄江丈澤榮手輯《崧陽耆舊集》，索題

何物眼簾中。崧翠摩空。碧瀾江名洗盡俗塵紅。四百年來文物盛，箕子遺風。　高唱大江東。板鐵琶銅。莫將小技笑雕蟲。六十一家同不朽，活虎生龍。

金縷衣

費範九手尊公鑑清先生行狀屬輓

驚破淮南夢。驀長房、騎龍天上，如迎如送。四十六年前事業，贏得千家歌頌。居奇貨、吾甯從衆。米價江東低幾倍，捨珍珠、粒粒圓無孔。真智者，亦仁勇。　石欄橋圮空翔鳳。自中流、重新砥柱，潮平不動。世居平潮鎮，有翔鳳橋，年古垂圮，公鳩工修之，行人稱便。崛起階庭三玉樹，早向心田培種。況世世、先芬傳誦。恨我摳衣疎一謁，過公門、何翅西州慟。濡淚墨，筆花凍。

望江南

題湯磷石安鴛湖垂釣圖

君休笑，披上老漁簑。歸逐鴛鴦三十六，水雲深處即行窩。從不畏風波。

其二

君休問，生活近如何。沽酒作鈎圖作餌，過江釣得好詩歌。人比鯽魚多。

踏莎行

陳倦鶴匪石限調徵詠蝴蝶麵、裙帶麵各一闋

名比參香，南菜館有蝴蝶海參。價非菱賤。《淮南子》煮菱爲麵。新詞低唱花間戀。四娘風致自翩翩，雷州林四娘手製蝴蝶麵，只售一炷香時，逾限即罄。當筵休撲齊紈扇。　穀熟鴛鴦，幾番春鍊。何如飯化蜘蛛便。見《酉陽雜俎》。和湯熱噉粉痕溶，令人想煞何郎面。

其二

粉屑桄榔，楊雄《蜀都賦》『麵有桄榔』。香噙荳蔻。拈來不似魚兒臭。裙帶魚味腥臭。卷絲三丈白於銀，方夔詩『麵香三丈卷銀絲』。鮮紅點顆相思豆。蜀人製麵嘗點以豆。　借爪搔花，羅裙帶花如龍爪。重羅微縐。腰肢束得廚孃瘦。落燈風裏剪刀忙，諺云『上燈糰子落燈麵』。剪刀、重羅皆麵名。明朝更祝誰家壽。

一絡索

題畫

任爾同生同滅。紫荊紅棘。孤根不肯寄人籬，晚惟有、黃華節。　留取九秋消息。枝枝葉葉。何來一個八哥兒，儘偷眼、休饒舌。

鵲橋仙

癸亥七夕，蘇來舫成，張嗇庵丈謇召飲，泛濠上

綠楊影外，白蘋香裏，吳榜新裝一舸。東坡詩『遊舫已裝吳榜穩』。風波大陸幾時平，反覺得、浮家安妥。　萬流觀處，舫泊觀萬流亭下。雙星會夕，分取鄰娃瓜果。濠南賓主即神仙，趁秋水、如天上坐。

浣溪紗　甲寅留別雲間雷君曜孝廉瑨

剪碎淞江片片愁。歸人又棹木蘭舟。相親相近不如鷗。　驚蟄早聞雷貫耳，望蟾重約月當頭。鱸肥蓴嫩酒家樓。

過龍門　丙辰正月十日，題大鏞社《敲詩記》爲臘樓

東序此遺音。戛玉敲金。何須打鉢自成吟。灰燼佛前香一瓣，不到詩心。社課每唱，以寸香爲限。　五日戰纔停。癸丑詣樊園，快讀五日《戰詩記》。寸寸撞莛。霜紅月白幾重林。西脊山中誰應響，百衲之琴。西脊山人秦膚雨與其族弟敏之合撰詩鐘兩卷，曰《百衲琴》。

憶少年　魏塘張彦雲師祖廉餞梅畹華東遊，屬題綴玉軒話別圖。時客都門

櫻紅妻島，丁歌甲舞，黄金争買。纖纖散花手，梅郎以自度《天女散花》一曲名都下。怎輕分天外。　綴玉軒中人宛在。最難抛古緣今愛。圖出林畏老手。先行問歸信，繫羊車遥待。

清平樂　題周晉琦明經曾錦天涯芳草填詞圖，即用其自題原韻

蒼然平楚。莫問天涯路。手撥冰絃心太古。恰到清真真處。　晚涼捲上簾衣。粉箋輕界烏絲。留做畫圖憑證，一編香草新詞。君詞以『香草』名集。

前調　張嗇庵丈邀觀歐陽予倩演《長生殿》

玉環再世。倩倩歐陽子。能證唐宫香豔史。我即開元朝士。　翻新一曲霓裳。風流如見三郎。夜半憑肩私語，人前怎不提防。

天仙子

黄蘭坡堅王母持籌象，仙女張扇侍左，絹本少殘而神采不掩。癸亥夏五，購得，時有所觸，借題抒感，金母有靈，當不我譴。黄，康熙時吾通名畫手也

別鳳拋鸞輕下殿。去去瑶池何處燕。虎章大綬入時妝，西王母佩虎章，帶靈飛大綬，見本傳。今官吏之佩大綬、文虎章者，自覺飄飄欲仙也。張羽扇。排花鈿。侍女玲瓏隨毋便。　試問前生誰曼倩。朱雀窗前窺半面。一籌莫展手空持，瀛海眩。蓬山顫。如此仙家吾不羨。

眼兒媚

枕雲偕訪天香閣，適其午妝。枕雲謂是兒媚在秋波，爲乞一詞

此香與閣是天留。韓壽怎能偷。風流王令，欲迎還待，渡口横舟。　昨宵中酒人新起，波溜滿眶秋。水晶簾下，有情無意，看汝梳頭。

比梅

憑涵初徵君澂索題種菜圖

門外徵車轆轆。静掩瞻雲小築。富貴逼人忙，君家多牡丹，四鄰豔之。主人曰：『吾不妨具隻冷眼也。』老我一畦寒緑。知足。知足。此味非魚非肉。

金蕉葉

沈蔭孫諮議鴻達自隴郵幣索書畫，因之神交。近以洮硯寄贈，即鑒藏家所稱『洮河緑石如玉』者。倚此爲謝

四千里外書開讀。依稀有、妃顔如玉。硯神曰滓妃。非歙非端，此材淘自洮河曲。猶帶幾分水緑。　眼兒何必雙鴝鵒。試團煙、頻呼銀鹿。洞天璧友，無多好事誰陶穀。清秘一家收録。陶穀著《清異録》，稱硯曰『璧友』。又洮硯見《洞天清秘録》。

浪淘沙

周南陔然藏眉樓第四硯，背鐫『緑天晴雪』，横波所銘也。同門郭仲達雍南邀題次韻

刼火不能收。片石長留。眉樓雖勝絳雲樓。晚節何如如是柳，終見傷秋。柳曾勸虞山殉國，未從，而卒自慷慨殉其家難。　一角緑天幽。鐫就閒愁。區區即墨漫稱侯。先後葉家眉子硯，題遍名流。

好時光

甲子海上七夕同内子，時外舅施公子英則敬新逝，兼以志悼

今夕人天何夕，星慘淡、月朦朧。海氣些兒涼釀雨，車塵預洗紅。　客裏仍兒女，拚少別、又相逢。雙淚鍼樓眼，望斷丈人峯。

沙頭雨

落葉，和孫師鄭太史雄，用徐仲可中翰珂韻

驀地西風，聲聲黄葉辭宫樹。觚稜高處。夢斷天無路。　頭白詞臣，吟與秋同苦。歌還舞。綺窗朱户。信美非吾土。

如此江山

姚勁秋孝廉洪淦讀拙詩，用白石詠蟋蟀韻，寄酬一詞。燈唇疊和，不盡惓惓

傳家才筆由天賦。西溪一編殘語。《揮麈録》：姚寬著《西溪殘語》。白下從公，姚供職省典會及花市街會濟典。紫琅侍宦，尊人曾官吾通。歷歷年時遊處。羈愁漫訴。儘七夕秋期，停梭投杼。畫舫秦淮，半堤絲柳想張緒。書約秋會同遊。　關懷新雨舊雨。訝沈郎別後，腰細如杵。陳基詩『別後令人瘦沈腰』。温庭筠詩『依約腰如杵』。詞續詩成，酒呼茶代，罰我千杯依數。此情說與。比花市街頭，痴兒嬌女。一味相思，返甘先己苦。

望江南　種荷，示弟輩

荷根藕，同氣更聯枝。涼雨一池秋易到，花花葉葉要扶持。不免妒封姨。

如夢令　王一亭寫白蓮雙鴛

着個瓜皮小艇。洛浦盈盈如鏡。待唱玉田詞，怕有水龍偷聽。風定。風定。夢裏鴛鴦同命。

梧桐影　題蓉湖楊令弗女士所圖董小宛病影

影梅疏，被池凝。畫中人擁被坐。窗外秋蛩窗裏人，七分幽怨三分病。

人月圓　從舊篋得己亥余十四齡時學畫粉茶、紅梅、水仙合景，辛酉冬補題

寶珠綽約紅羅豔，凌水珮仙仙。一花一草，鍾陵人遠，家法誰傳。冰甌滌筆，冬窗彈指，二十三年。畫圖重對，兒時天趣，笑不如前。

相見歡　丁卯五月，雨後泛湖

湖妝濃抹西施。槳雙枝。摇過碧荷深處、那家祠。人蛩駏，比肩語，晚涼時。甘把青絲揉斷、綰情絲。

青門引　題蔡松原嘉繪美人瘞花圖

病起春無據。怎奈風風雨雨。美人心事落花知，十分憐惜，中帶三分苦。囊紅鉏碧香殘處。悄立渾無語。忍見飄茵墮溷，世間乾淨惟抔土。

浣溪紗　贈喜卿

蟢子朝飛訝乳娘。釣魚巷口小紅牆。舊歡新

拾儘商量。軟化吴兒腸是木，東坡詩：『誰信吴兒是木腸。』豔過粤女髮生香。定情有句借漁洋。

前調　題番禺許苓西觀察炳榛西園歸隱圖。園在西湖卧龍橋畔，多藏宋元明書畫

賈哭當年動北都。君奉使美、日歸，條陳新政四要，傳誦一時。聽風飲水老西湖。一船古畫半牀書。　樵外鳥鷹歌許許，漁邊龍伴卧徐徐。翻新丁卯舊橋居。

菩薩蠻　戊辰四月重遊如臯，許情荃、趙學周、謝慕逸、郭仲達、劉企蘇、石又新排日雅集。臨行慕逸贈詞，學周繼聲，余依韻酬之

漫遊人媿徐霞客。閒風閒月談今夕。口燥更脣乾。古《善哉行》：『來日大難，口燥脣乾。』應思來日難。

飛盧天外闢。趙家鄰我寓飛來艇客樓。隨燕尋巢迹。異地故鄉情。敲殘鐘幾聲。

山花子　戴谷蓀繪孤桐館圖，爲栟茶蔡觀明達題

碧悄孤桐午轉陰。東坡詞：『華屋悄無人，桐陰轉午。』輭紅甯許點塵侵。孤木一般知遇感，爨餘琴。　畫筆鹿牀徵嫡派，吟筒鴂閣遞清音。若補添香人一個，更多情。

望江南　松廬校譜圖。前已爲孫松濤賦絶句，入冬，其族師鄭太史贈路瓠盦繪第二圖，復促題此

松爲字，晚歲更名廬。風雪夜窗如掃葉，一家譜牒幾家圖。精比向讐書。

浣溪紗　檢讀馮夢華中丞丈煦昔題梅花山館讀書圖詞，感和原韻

强學中軍語爾馨。何如翠羽惜毛翎。喚醒宦夢續詞盟。雪浣筆頭珠磊磊，月明林下玉亭亭。蒿庵神味沁魂庭。

前調　焚膏補讀圖，爲顧庸載迺德題

柔史剛經顧野王。十年補讀舊書堂。泮橋流水答琅琅。顧居鄰泮宫橋。手翦幾條殘蠟炬，心温一瓣瑞麟香。莫教紅袖怨宵長。

黄金縷　萃中西用過郵票於册，以供覽玩，戲詠

一紙風行龍見首。郵票多印一國元首象，俗曰『龍頭』。貼面留香，津出櫻桃口。寄地和時郎憶否。月牙印處憑分剖。

水龍吟　己巳四月，卧病梅花山館。追和徐仲老題梅館圖韻，寄哲嗣新六，并訪遺著

梅花骨氣嶙峥，問誰得到生修幾。題牋淚涴，惕春惕逝，緑陰漫地。水調龍吟，白蓮香外。玉田、蕢洲皆用此調詠白蓮。耐人尋味。甚夢魂昨夜，悲離歡合，縮短了、三年計。東坡詩『睽離動作三年計』。　海上新聲偷倚。舊詞流、飄零雲吹。蕙風塵蜕，況夔笙舍人。彊村雪鬢，朱古微侍郎。人間何世。禊影年時，心園宛在，半江淞水。丙寅上巳，仲老招同景大令毓華集飲半淞園，謂吾園在心，攝心園合影。想重來一棹，遺書撥甕，待鍾離意。

謁金門　庚午秋，袁性老紹昂續刊《杏紅館集》，自大連黑石礁郵索題詞

遼東客。除是荆駝誰識。杏子年時衫上色。海塵吹欲黑。　漫擬隨園家刻。字字芬芳悱惻。史料胸中銷不得。擘牋孤淚濕。性老前任

清史館職。

菩薩蠻　爲山陰杜蜕龕澤卿題荷渚前身證影圖

香霏蓮渚當年雨。誕先八日花無語。顧影問前身。誰花誰是人。　一龕隨宦蜕。樽酒濠南會。庚午六月十八日，君五十五壽辰，飲客濠館。徐杜迓重逢。畫圖生意濃。《唐書》：『徐有功、杜景佺同官判事，時謂逢徐、杜必生。』

青衫濕　春暮，鳴社第三集題，應郁葆青

萬梅花裏香成海，一棹過西泠。俊遊回首，落紅孤嶼，飛白長亭。　尾春似約，黯然臨别，甯醉毋醒。重來休負，吴娃蝶會，越客雞盟。

暗香　辛未落鐙後一日，姚勁秋丈邀同探梅超山，用白石賦梅韻

一天雪色。把早春唤起，鐵琴銅笛。卅里花枝，踏遍湖山忍輕摘。依約超然臺榭，獵宋豔、聾翁遺筆。拚蘚骨、萬玉堆中，誰敢與争席。宋梅亭，周夢坡丈建，吴昌碩丈題聯云：『鳴鶴忽來耕，正香雪留春，玉妃舞夜；潛龍何處去，有蘿蝯挂月，石虎啸秋。』其墓營於亭西。　鄉國。幾喧寂。自節廢試鐙，寺冷香積。翠禽如泣。江北江南夢空憶。驀地春漪拍手，隨老鶴、出巢雲碧。《有正味齋集》中有寄姚春漪鶴巢《望梅》詞。約作伴、伴到此，幾生修得。

望江南　天平紅葉，鳴社第九集題，應胡寄凡、吴琴木諸君

天平好，萬笏拱青峰。花草吴宫春過眼，如妝如醉滿山楓。題句亂霜紅。傅青主有《霜紅龕詩》。

洞仙歌　庚桑、善卷兩洞紀遊。詩未盡意，合詠以詞，寄酬宜興儲簡翁南强及其女公子能子

征誅揖讓，等茫茫雲海。洞中勝處多曰雲曰海。兩洞名高有人在。庚桑跡，先張公儲爲正名。探毛公一脈、《宜興志》：『毛萇嘗游張公洞，自底達洞庭西山，得穴而出，爲毛公洞。』徑奧渦旋，争入甕，个个爬沙夜蟹。　碧鮮庵尺咫，玉女前身，天半笙寒鶴遥待。洞有白羅仙女像，詩有『吹笙夜過碧鮮庵』句。小隊出郊坰，是游，水上公安隊長孫祥符率隊專舟護行。排日清遊，賢地主、當年賢宰。簡翁曾長宜郡民政，後宰南通，歸修兩洞，煞費財力。憑內翰、仙歌證來緣，問陽羨田廬，可容分買。

畫堂春

補祝許情荃丈樹枌七十誕，在庚午十月

柴灣帶水浄風煙。箇中畫隱書禪。從心歲月有情天。不羡神仙。　歲媲庚寅誕日，家傳丁卯吟篇。和緘開趕嶺梅先。一笑掀髯。

鳳棲梧

梧下定詩圖，爲嘉興金籛孫姻丈兆蕃題，即次集中題沈乙盦丈碧梧清溪畫幀韻

梧葉枝枝蕉葉大。院落誰家，逸趣兼潘左。涼碧陰中容一我。清風明月人同坐。東坡詞：『誰與同坐，明月清風我。』　北夢塵紅鞭影亸。歸櫂桐溪，小閣摹青鎖。嘉興桐溪有青鎖閣，梁太子蕭統讀書處。娱老不圖花嬝娜。吟禪入定防他破。

玉樓春

甯鄉程子大丈頌萬爲《澹廬詩餘》題端，蘭老自翦淞閣郵轉。感次十髮詞韻答謝

蘭芬百把吟巾側。情比秋穠拋不得。淞波一翦碧於湘，才説相逢人又別。　花團錦簇詞紘濯。薙倒鋮懸剡藤滑。篆書蠟紙，故云。筆尖無處不春風，化及深深門外雪。

行香子 壬申舊臘初七日，家母陸太夫人七秩壽，命節筵資分作善舉。詞以志訓，并謝來賓

月紀嘉平。歲次壬申。祝稀齡吾母生辰。龍興應節，鶴語回春。有衆親朋。兩兒婦，七孫曾。　國難方殷。家慶何稱。體慈心一視同仁。解衣推食，壽已先人。戒殺諸牲。受隆禮，敍虛文。

好事近 癸酉九月四日旅滬，陳鶴柴丈詩、夏劍丞丈敬觀席上，和寧鄉女詞家陳秀元家慶詞韻

蹋倦六街塵，歸夢一痕湘碧。小閣雙吟凭處，任天風催急。秀元著《湘碧閣集》，其壻徐澄宇著《天風閣集》。　翩然裙屐會賓樓，醉靨上春色。借祝陳髯曼壽，有鄰筵歌笛。陳丈年政七十。

浣溪紗 九月廿五日，周丈夢坡慶雲、劉君翰怡承幹、張君君謀乃燕、芹伯乃熊召集杭州西溪秋雪庵，會祭歷代兩浙詞人，襄禮紀盛

紅是前塵白是愁。蘆花楓葉引谿舟。幾人雪了少年頭。　神樂五弦歆社祭，心香一瓣附詞流。與祭六十餘人，皆詞苑名宿。依稀漁笛起蘋洲。

前調 江甯仇述庵明經埰索題其外祖姑殷太君紫英《碧華館詩》、外舅方公心齋《養雲廬詩詞》合刊，用集中《春閨》詞調韻

字擬簪花墨界欄。碧華香裏稿搜殘。孫枝秀茁並頭蘭。遺稿，仇同夫人方蕙馨所鈔輯。　傳壻一方先硯澤，課兒兩世夜鐙寒。集有自題寒鐙課子圖之作。歌詞幽咽唱雛鬟。

以上《澮廬詩餘·酟鏡簃詞》

徐震堮

憶舊遊　臺城秋柳

問緑陰舊夢，弱絮前生，幾度芳菲。寂寞臺城下，伴江蘺岸芷，相對依依。淚凝往時眉嫵，愁影落青溪。縱千種風情，水邊沙外，尚有斜暉。　烏啼。白門路，賸草没宫牆，塵鏁朱扉。爲舞春風久，歎哀蟬曲破，憔悴羅衣。舊衾漫思銅輦，幽恨化雲歸。但冷月荒波，年年故國秋雁飛。

鏁窗寒

遠浦沈藍，横林翳碧，莽然平楚。南飛倦影，斷續怕將書誤。遡寥天、長風送秋，暮闌倚笛臨江渚。但冷雲萬叠，湛湛江水，夕陽無語。

羈旅。添愁緒。便閉了重門，避愁無處。樓孤地迥，夢過穿鍼庭宇。奈酒醒、羅袂自寒，暗簾又鏁高館雨。待緘情、寄與荒波，日夜東流去。

菩薩蠻

蕭蕭槭槭梧桐雨。驚烏夜噪秋蟲語。欹枕到平明。數殘寒箭聲。　曉天霜色重。不入高樓夢。繡閣蠟燈紅。四圍絃管風。

霜葉飛　謁明陵，用夢窗韻

帝京遺緒。空山裏，蕭蕭風起陵樹。廟門杯酒酹滄桑，天半神靈雨。但寂莫、金支翠羽。荒祠誰拜衣冠古。望澹日觚棱，賸拂拭、殘碑蘇字，託情豪素。　還念畫壁前朝，朱輪貴里，故國興廢誰賦。女蘿山鬼冷秋墳，付與殘寄瑤華、枉託芝田。太淒涼，燕語黄昏，第幾闌邊。

壽樓春

聽吴船吹簫。又攀條弄蕊，同上蘭橈。一片飛花寒食，倦魂誰招。桃葉渡、空相邀。指白雲、青山南朝。笑夾鏡雙虹，開簾片月，拋擲任詩瓢。　金尊酒，愁難消。看新鶯選樹，歸燕移巢。怕問天涯芳草，玉窗櫻桃。春夢窄，銀屏遥。歎憶君、青天迢迢。奈愁折垂楊，東風暮潮。長板橋。

尉遲杯　用清真韻

鈿車路。記歲歲綠遍東風樹。春光暗度垂楊，雙燕歸巢何處。高樓倦眼，空望斷、橫塘亂帆浦。繞紅闌、一片柔波，帶將輕夢流去。

僧語。算獨客牢愁萬縷。疲驢歸趁斜陽去。背暮山、重回望，殿閣微茫，亂雲深處。

以上爲十一年作

臨江仙

鎮日情懷如中酒，依依繞砌閒行。忽隨蝴蝶到中庭。夕陽紅薄，花影不分明。　長記那時高閣上，倚闌同看雙星。如今相望隔重城。綺窗朱户，留月照銀屏。

高陽臺

淚印書鴉，塵驚箏雁，賺人終是華年。吹絮簾陰，東風摇夢成烟。柳絲繫得斜陽住，甚亭臺、换了啼鵑。又無端，舊事零星，都到尊前。　如今暗雨衰燈外，但飄零酒琖，掩抑朱絃。海思雲愁，不堪料量吟箋。紅樓咫尺關情地，無奈夢窄春寬，對幾叠屏山，甚日重聚。酒冷香消年時事，渾怕説、鶯歌燕舞。珠燈外、星街漏轉，夜新暖、蟲窗聽碎語。甚今宵、花影如潮，月明惆悵簫侣。

鷓鴣天　讀嚴幾道書札，其自述頗多飲恨之詞

猶是雲英掌上身。東風桃李幾番新。將心託月終無路，滿眼看花不當春。　緘錦字，話蘭因。年年腸斷故箏塵。難將此恨分明訴，應悔當時賦洛神。

蘭陵王　春暮述懷，示宛春

過寒食。簾外東風晚急。扶愁起，留眼看春，無奈春光去如擲。天涯況是客。淒抑。吴船夜笛。憑闌處，商女後庭，烟影離離舊淮碧。

江關賦蕭瑟。更水面飄歌，燈外欷幘。滄波一夢頭堪白。傷十載風雨，異鄉書劍，江花江草弄怨色。甚天上消息。　岑寂。翠尊側。歎髩怯繁枝，詩冷瑶席。斜陽獨立青蕪國。憶竹院孤枕，石林雙屐。相思何許，問燕子，倘記得。

六醜　答宛春留别之作

又滄波换夢，正滿眼、旌旗南國。帽塵自彈，栖遲江上宅。故壘蕭瑟。舊日青溪路，酒簾燈語，了不成追憶。西風暝踏孤舟立。極浦寒生，横塘露溼。空懷蔣青淮碧。待書成寄雁，花冷江驛。　相思遥夕。看歸飛倦翼。獨步衰蘭徑，成歎息。城南欲望城北。有千林暗雨，壞雲如墨。沈吟處、淺尊低幘。恐轉眼、雨雪荒齋獨卧，舊人新曆。殘釭照、斷句

盈壁。倩故人、認取秋蛇字，知儂怨抑。

木蘭花慢

聽荒城霧角，正千里、陣雲遮。問滿地江湖，連天烽火，何處京華。驚沙。迴旋大野，算十年開遍戰場花。多少錦衣繡帬，誰吟杜老兵車。　交加。風雪繞天，斜陽斷後栖鴉。歎漢月何年，青山一髮，殘淚飄笳。天涯。舊人尚在，恐江南燕子已無家。回首泠雲江上，愁聞商婦琵琶。

三姝媚

十二月八日宵發梅城

扁舟歸夢短。正空山烟平，暮江潮滿。悄倚霜尊，拂敝裘茸帽，酒懷零亂。月冷千鬟，留汝伴、荒江春遠。照眼滄波，聽水聽風，算今都慣。　支枕寒宵剛半。覺露氣穿窗，布衾慵暖。自起推篷，指萬峯高下，帆隨瀧轉。俯仰嵐光，應笑我、吟湘人倦。賸欲狂歌銅斗，深杯自勸。

以上爲十二年作

曲玉管

與宛春别半歲矣，一旦把晤，喜歡無量。去後，作此寄之，并示微昭。撫時感事，不覺言之騷屑也

凍草荒闌，拳鵶曲苑，東風幾日吹絲鬢。一笑空堂欷噴，簫鼓春城。暫愁醒。　眼底論交，尊前説夢，探芳歲月吟邊冷。別後清淮，風物官柳江亭。向人青。　話雨燈牀，共當日、題襟儔侶，祇今苦恨情多，惟餘秀句飄零。感平生。況庾郎愁賦，目斷江南千里，蕭蕭旗影，草草辛盤，鶴唳心驚。

六幺令　書宛春扇

市橋燈颭，共醉他鄉夕。沈沈繞樓風雨，摇暝烟絲碧。贏得春寒壓髩，江上暮潮急。酒懷荒澀。蒼茫俯仰，海水枯桑並絃泣。莫道相看年少，早是風塵客。感慨花近高樓，愁眼驚春入。付與緑窗勘夢，掩抑紅牙拍。故人應識。黏朱貼翠，總是關河亂離色。

念奴嬌　同葦雲、微昭、宛春登烟雨樓

櫂謳聲裏，算年年閒却，湖山尊俎。冰簟疏簾觴詠地，一鏡香紅遲暮。臥柳侵橋，涼波没檕，樓外陰陰樹。酒邊吟望，舊盟應有鷗鷺。　坐久韻落歌蟬，茶烟髩影，夢入芙蓉浦。但恐畫塘秋訊早，葉葉暝雲吹雨。鈴閣詩聲，燈牀禪味，誰唱旗亭句。題襟人散，後時風月塵土。

夜飛鵲

江樓送征雁，殘照滄波。空外殷地鐃歌。邊聲一夜喚愁起，天涯何處秋多。千門暮烟紫，望旌旗影裏，滿目山河。香車寶馬，甚匆匆、換了琱戈。　驚破隔江春影，風雨暮天長，飛遍駕鵝。回首銅街花月，垂楊十里，攀折誰何。冷雲巷陌，更重尋、趙李經過。怕魂銷無限，霜鐘瓦鼓，山鬼寒蘿。

秋霽　梅溪韻

烟冷吴皋，甚一夜西風，岸柳無色。草閣雲平，雁簾花暝，怒潮到門猶力。故園暫息。半庭日下梧楸碧。感舊國。誰省、側身天地杜陵客。　芳樹徙燕，舊幕啼烏，短歌長謡，無

限淒寂。歎如今、秋衾索夢，空廊聽雨恍頭白。江阻水深行不得。目斷天外，遥念杳杳旌旗，暮烽山縣，亂笳霜驛。時衢防兵潰。

鵲踏枝

夜夜薰籠成獨處。香冷篝衣，容易紗窗曙。箏雁春風空解語。不曾飛過瀟湘去。簾外輕陰飄斷絮。百草千花，遮莫無人主。一樹垂楊風又雨。畫闌那畔長亭路。

探春慢 白石韻

脱葉迴波，冷烟著樹，天寒陰凝窮野。移柳關河，栽桃歲月，江介秋喑萬馬。憔悴丹青手，料家國、傷心難寫。斷魂清些招來，短燈兒女宵話。何事蘭衰蕙變，憐淚涴塵襟，芳酒慵把。酹月尊荒，評花句絶，賸有舊情姚冶。孤燭他鄉客，問甚日、扁舟西下。倦拂霜袍，江風吹夢遥夜。

醉翁操

參差。誰思。佳期。折江蘺。將遺。東南始霜微波違。美人翩獨來遲。生別離。瑶瑟怨芳時。恐憶君恨君未知。素鸞欲下，恍惚生疑。碧雲桂水，多事朝朝錦機。江有楓兮愁漪。媵寸鱗兮何辭。相思斑竹枝。霜風吹羅衣。歸去夢犀帷。玉樓箏冷無雁飛。

綺寮怨 悼宛揚

莫問華堂雙燕，舊巢風雨聲。記那日、細草春場，絲鞭裊、買醉旗亭。相看征衫未脱，荒途裏、倦客誰眼青。甚别來、澹月空梁，人何在、敗壁蛛網盈。望遠乍回雁程。招魂漫唱，何堪夢斷瑶京。水驛霜燈。有鄰笛、倚愁聽。芳洲易生蘭杜，試採擷、不勝情。花飛故城。東風醒醉地、無淚零。

燭影摇紅

甲子除夕，避地平湖，用夢窗《元夕微雨》韻

紅燭他鄉，畫屏先逗春痕淺。圍爐博簺夜如年，語笑誰家院。此際鄉情更暖。數歸期、檐梅摘遍。燈昏酒酢，烏帽塵侵，黄甘香濺。蚪箭聲中，霜笳不敵瓊簫怨。九街細雨溼香泥，寂寞何人看。闌外凝雲未散。夢天涯、東風近遠。明朝應是，海角春來，珠簾齊捲。

西子妝

夢窗韻

秋裏笛聲，酒邊塔影，冷落千山朝霧。斷橋來去馬蹄香，待重尋、燒痕迷堍。殘鴉倦舞。料不爲、斜陽稍住。幾回遊，怪舊時衣袂，緇塵如許。心期誤。客枕驚春，夢醒山月去。隔年飄淚爲看花，又東風、滿城瑶樹。鸞箋覓句。算如此、溪山休賦。最難禁，獨自空簾卧雨。

夢芙蓉

夢窗韻

湖霞飄碎綺。記鷗邊棹過，紺波十里。倚巖花暝，詩思亂鴉外。岸風欺客醉。青山流夢吴被。幾日歸來，應猨愁鶴怨，潭月夜深起。早是香寒袖底。吹笛中洲，散落紅蓮珮。錦漪無畔，羅襪舊塵洗。酒杯分碉翠。霜襟漸引秋意。唤起琴高，奈明璫寄遠，清淚墮寒水。

以上爲十三年作

小重山

與宛春約觀燈平湖，天雨，不果踐約，枕上感賦

欲棹年時載酒船。弄珠樓上月、靳人圓。一宵絲雨錦衾寒。河橋柳、宜向此時看。　花事夢中殘。寂寥新舞袖、舊弓彎。隨香趁燭久無緣。承平淚、分付酒腸寬。

金縷曲

哭弟

落地爲兄弟。分此生、蛩蛩駏駏，百年相倚。誰道浮萍無根草，聚散匆匆如此。忍便把、雙親拋棄。乍看吾曹成長了，令哀年、又灑思兒淚。腸已斷，哀猶未。　四海子由今已矣。問幾年、心肝嘔盡，都成何事。滿架遺書空埃蠹，贏得親朋雪涕。更心事、不堪提起。一葉茫茫人海大，算孤單、入世真無計。行自念，痛予季。

以上爲十四年作

八聲甘州

指凍雲城闕陣鴉迴，珠簾月如弓。正夢啼秋水，酒悲高閣，霜枕來鴻。苦恨星寒劍澀，一葉感飄風。千萬蓬山路，青鳥難通。　莫問舊時闌楯，早梁空塵冷，憔悴珍叢。喚鑪峯小雁，魂影隔冥濛。似仙人、觀枰柯爛，現海山、彈指彩雲空。人天感、聽殘燈外，街鼓鼕鼕。

以上爲十五年作

鷓鴣天

舟次富陽

拂拂船旗指富春。一樓濃翠佔斜曛。晚寒小市催帆落，澹畫疏林帶水昏。　新感慨，舊遊人。何時穩作一廛氓。西湖乍別嚴灘近，終

與青山隔一塵。

謁金門　桐江旅舍雨眺

江上雨。遮却亂山無數。雲水荒荒留不住。扁舟何處去。　樓枕寒潮欲暮。檣燕向人飢舞。檢點征衫顏色故。客愁烟外樹。

唐多令

暝色奪歸鴉。秋風引斷笳。任愁雲、糊住窗紗。黃葉聲多燈影薄，又魂遶、舊天涯。　魂遶舊天涯。珠簾燕子家。有當時、春水春霞。一片夕陽烘涕淚，照江上、去帆斜。

以上爲十六年作

玉樓春　正月初四夜

卷簾不見蛾眉月。暮雨瀟瀟殊未歇。釀愁玉椀酒波深，拋夢珠燈春意闊。　隨香趁燭年時節。腰鼓蓬蓬頻蹀躞。只今獨自撥寒灰，臥聽門前人語徹。

鷓鴣天

酒夢荒荒似亂雲。可憐憔悴爲何人。不如芳草隨征騎，願化遊絲繫畫輪。　辭玉笛，倚金尊。露桃無賴鬢邊新。高樓若解流鶯語，莫待紅芳泣路塵。

點絳脣

桃李城東，花花葉葉風吹樹。半春無雨。蠟屐尋詩去。　垂柳雙扉，記買餳簫處。今無主。舊歡如絮。分付流鶯語。

虞美人

濃陰慣傍闌干角。盡日垂羅幕。客窗隨分換春衫。匝地飛花江北、與江南。　無端夢入清溪路。一片桃花雨。櫓枝聲裏夕陽斜。幾處樓臺如畫、晚寒些。

後庭宴

去不多時，舊曾來處。事如春夢都無據。闌干寸寸是離情，樓前錯種相思樹。　翻憐夢境分明，長遣柔腸縈住。嘘寒送暖，總屬閒言語。絮影滿空簾，東風欺白紵。

雨中花

屏上青蕪心事誤。知夢裏、尋春何處。凍柳無姿，亂鴉如墨，遮斷來時路。　彩筆題牋渾欲許。枉添得、相思憑據。對鏡花枝，入帷月色，没箇分明語。

如夢令

昨夜客窗夢到。一半醒來忘了。無夢已多時，何苦相逢草草。休惱。休惱。付與燈昏月小。

浣溪沙

二月輕寒戀薄裘。病來心緒亂於秋。已拚憔悴一生休。　細雨又遲歸燕影，斜陽長傍舊家樓。十年遺恨滿林邱。

前調

閉户春寒漾鬢絲。傷春豈待落花時。爲誰消損爲誰癡。　常道者番真已矣，未成抛擲又相思。不辭憔悴没人知。

鵲踏枝

往事千端無説處。今日相逢，抵死留君住。車馬匆匆來又去。垂楊直是無情樹。　學囀春鶯無好語。强訴歡悰，先自傷心許。儂作飛花卿作絮。天涯況值連江雨。

其二

門外春陰天尺五。握手相看，共慰飄零苦。語罷緑窗容易暮。當年各被閒情誤。　不作飛緜終委土。繭栗梢頭，已被流鶯妬。明日陽關西去路。斜陽草樹無今古。

臨江仙

如夢秋光何處也，重陽未有黄花。蒼苔細雨

野人家。下帷聽落葉，倚樹候歸鴉。　哀樂年年都慣了，而今無計消他。小窗合眼便天涯。攜將新涕淚，來灑舊箏琶。

踏莎行

柳染千眉，杏窺半面。雕梁換了東風燕。夕陽紅上舊闌干，分明眼底蓬萊淺。　此度歸來，隔年相見。故園桃李春光賤。天涯雖好不堪留，也曾夢裏思量遍。

鵲踏枝

見説西園春漸了。凍雨香泥，獨上城南道。幾度尋芳真草草。花前慣看閒人老。　十里嬌雲煊晚照。細看繁枝，不似新開好。折取殘紅簪破帽。啼鵑正在千林杪。

青玉案

東風吹老江潭樹。一葉葉、隨波去。多謝連江萍與絮。相看一例，濤翻浪捲，流向無人處。　鬧紅深處簾櫳暮。桃李春光等閒度。作計昌狂真自誤。夢中啼喚，醒來猶怕，難向人前語。

木蘭花令

驅車落日原頭去。城曲昏鴉啼不住。直將濺淚洒杯深，一灑漫天花與絮。　當時錯認東風主。玉手檀槽心便許。河橋獨立醉魂醒，翻恨情多無著處。

鵲踏枝

十里垂楊飄古瓦。處處園亭，處處笙歌社。白紵春衫人似畫。桃花亂撲閒車馬。　一笑歸來春已謝。往事茫茫，付與深燈話。默數星光簾不下。半鉤新月榆青罅。

浣溪沙

高柳新蟬轉眼非。客中老盡芰荷衣。西泠橋外藕花稀。　小閣秋風吹夢遠，畫船斜日載愁歸。重來何處不依依。

虞美人

譙樓敗鼓聲聲打。早是三更也。擁衾無寐憶平生。長是者般歲月、不分明。　近來情比梧桐樹。葉葉隨秋去。問君何物是人間。除却悲歡兩字、總茫然。

以上爲十七年作

柳梢青

雪擁高齋。梅花作飯，大地冰清。雁影關河，雞窗風雨，都付瞢騰。　出門一片春聲。看士女、喧闐滿城。車馬紛紛，自來自去，何事干卿。

鷓鴣天

撇却桃花扇底塵。珠燈遣照別家春。衆中啼笑都難主，夢裏鶯花却勝真。　風十里，月三分。年年孤負舞裙新。閒愁欲說君非我，世上悠悠行路人。

其二

莫倚瓊枝照舞筵。好花從不受人憐。坐來却似明明月，望去真成渺渺天。　歸雁後，落花前。朱樓春色誤年年。無端錯畫愁眉樣，青鏡前頭只自嫌。

其三

馬上桃花問去程。斜陽草樹古今情。愁看衣上千家酒，難買途中半日晴。　隨敗梗，狎浮萍。燈前何用訴飄零。琵琶不是尋常調，慢撚輕攏總費聲。

其四

對面相逢只自慚。南船北馬老塵衫。誰知了了三生事，遣作匆匆一夕譚。　心未化，夢猶耽。空言青子有回甘。他時若畫瀟湘景，但畫烟波莫畫帆。

鷓鴣天

十里香塵走幰車。東風吹放一城花。三春好處無人見，細雨青苔燕子家。　闌录曲，徑夭斜。綠陰乞取護窗紗。空庭種得烏啼樹。向夕相呼伴落霞。

水龍吟 楊花

纔開便怨飄零，無風盡日濛濛墜。斜陽院宇，淺寒城郭，白茫茫地。魂怯難留，路長愁省。夢輕無繫。任狂隨畫轂，低窺繡户，渾不是、凌雲意。　迴眼芳菲何許。笑匆匆、滿園桃李。春陰簾外，一聲啼鴂，繁華無蒂。化作浮萍，連江東去，是儂歸計。問世間何物，供人留戀，洒無端淚。

惜秋華 題宛春霜紅簃填詞圖

岸幘聽烟，指疏黄倦碧，西風林館。雁陣破霜，書空暗緘瑶怨。蕭寒恰稱詩情，帶幾筆、沙平崖斷。誰知，有丹青、難畫綺懷雲亂。

江上俊遊遠。記湖樓賭韻，醉題團扇。纈眼冷紅，猶作穠華相看。重來桂陌停車，已輸却、春光一半。愁展。此殘鴉、鬢秋驚换。

鵲踏枝

衣上滄滄殘月小。城闕烏啼，揮手登長道。結束弓刀天未曉。出門一步憐芳草。　休恨别時言語少。上得雕鞍，處處縈愁抱。江上春寒無燕到。天涯消息楊花早。

其二

九陌簫聲風散麝。一角紅樓，人在垂陽罅。行遍撲地狂塵隨去馬。相逢盡是悠悠者。　拓坐江南歡意謝。砌滿心頭，可有尋常話。迴燈歌舞罷。綠窗絃語烏啼夜。

其三

過去思量都是悔。聽雨聽風，昔昔供憔悴。西北浮雲心事在。十年影落滄洲外。　獨上高樓春似海。燕子來時，腸斷閒花蕊。多謝停車迴盼睞。爲君淚落明珠琲。

其四

桃李花開梅結子。柳絮榆錢，忒煞無才思。作繭春蠶殊未死。幾生食得神仙字。　吾欲乘濤觀海市。百折千回，只此門前水。一點癡心空自矢。三山樓閣終何是。

前調

爇盡心香人未睡。月上窗櫺，滿屋涼如洗。一片夢雲吹漸起。隨風作絮渾無繫。　萬事燈前空省記。花萼樓臺，寸寸將愁砌。惆悵年時聽雨味。西風淚血模糊地。

其二

春雨樓頭燈破夢。惱亂芳心，不放些時空。怪道近來新樣重。閒愁嵌遍羅衾縫。　牆外鴉驚梅萼凍。輾轉無眠，又報雞聲動。但把華年安穩送。已如象鼻穿鍼孔。

前調　正月十二夜作

歲事闌珊門早閉。冷醉閒眠，不識時清味。忽動高吟推枕起。百年老屋星光底。　說與何人知此意。却看兒童，剪綵燈前戲。記得斑衣梳兩髻。龍頭舞向長街尾。

鷓鴣天　松江上元

裁剪春衣尚未成。客中幾度聽流鶯。謾言風

月真無價，誰信悲歡別有名。　逢令節，倍牽情。松江又見上元燈。六街寂寞遊人少，獨上珠簾待月生。

西江月

初見燕到

指點巢痕如故，年年歸訊無愆。尊前相見便相憐。燕子於人何遠。　舊夢關情芳草，新愁對影飛緜。天涯海角一迴旋。又到翠陰庭院。

臨江仙

繞郭村村幽事，不教風雨相妨。唯將疏病送流光。一尊留客共，雙屐爲春忙。　未改眠時舊癖，宵宵枕藉書囊。四更斜月轉吟窗。夢醒還似夢，花影欲扶牀。

青玉案

松江東郭門外，村田彌望，絃誦之隙，時作郊遊。景風暄和，春物具美，徘徊於竹籬土巷間，看野犬迎人，飢雀逐食，爲之意遠。九峯三泖，自古稱勝地。惜不能脱略塵鞅，著扁舟一葉於其間也，故於後片及之

輕衫小杖隨花住。道春在、花多處。落照家家歸燕語。疏籬矮屋，炊烟幾縷，淡畫溪邊樹。　人言三泖多佳趣。甚日呼船去聽雨。十里烟波鷗作主。漁簑理罷，雲帆沙鳥，收入襄陽句。王西樵詩：『魚鳥雲沙見楚天，清詩句句果堪傳。一從時世矜高唱，誰識襄陽孟浩然。』

定風波

枳棘籬頭野雀喧。小庭生意自欣然。屋外無山晴更好。添了。斜陽一樹晚來看。　料理清狂原不負。知否。人間難得睡鄉寬。明約

賞花儂更嬾。先辦。三杯卯酒壓春寒。

踏莎行

哭劉子庚夫子

詞卷蒼涼，儒冠侘傺。先生頭白京塵底。一棺萬事總成空，天涯歸骨知何地。　袖墨猶新，楹書誰寄。先生歿後，子女皆幼，生前著作不可問矣。江南愁煞閒桃李。西州花發舊經過，十年三下師門淚。朱蓬仙師歿於六年，周國香師歿於八年，前後纔十有一年耳。

鷓鴣天

似水華年記不真。緑楊樓外雨如塵。殘花亂落無空地，客燕相看是舊人。　消短夢，寄閒身。尊前風月不辭頻。疏簾矮榻茶烟裏，惜取城東半日春。

木蘭花令

支頤默數橋南樹。策策陣鴉摧急雨。清溪寂莫柳彎腰，幾日西風吹不去。　蟲窗駝坐愁如絮。黄葉聲中驚得句。一層樹影一層簾，最是秋來難畫處。

滿庭芳

入秋已五六十日，小雨迎涼，薄雲做暝。窗外梧柳數行，覆簷老葉，時受風欺，飄墮階砌間，琤然作響。下簾兀坐，秋意彌襟，拈筆賦此，不知其何以不可聊也

夢疊山青，詩催雁瘦，板橋霜迹初新。未衰楊葉，風影落衡門。一片涼喧遶屋，推書起、茗椀無温。空簾外，啼螿漸引，絲雨織籬根。　殷勤。憑汝説，寒藤上格，暗水添痕。悵滿懷，明月抛擲何人。笑煞閒愁燕子，十年計、錯種龍鱗。沈吟許，停箏雙袖，覓句倚燈脣。

最高樓

關情處，緣淺轉情多。對面隔山河。惱渠明鏡團圞月，思君流水去來波。一天愁，無頓處，與雙蛾。　花太嫵、尚餘春幾尺。人欲去、嬾題牋十色。心宛轉、影婆娑。緑陰終作他家樹，青梅休唱小時歌。說相思，灰盡也，冷難呵。

淒涼犯　客窗無事，秋意灑然，寄懷禹鐘吴淞江上

背秋亂笛。因風起、孤雲欲下樓角。小闌佇立，盤鴉聚暝，晚烟城郭。單衣換却。又添了、吟懷似昨。但年時、尋香柱陌，秀句半零落。　遥念荒津上，雁尾潮迴，霧沈江閣。輭紅夢遠，指昏黃、海山參錯。兩地星河，料腸斷、風枝倦鵲。恁相逢、客枕話雨，辨冷約。

洞仙歌　重陽前一日作

桐階倦立，早重陽近也。未有黃花補籬罅。好秋光、都付寒日疏櫺，鴉影裏，一片蕭蕭葉下。　故鄉親友少，零雁無行，休道茱萸醉堪把。佳節若爲酬、衰袂西風，憑高淚、爲誰輕洒。待閉上、重門夢兒時，又驀地驚雷、滿城車馬。

浪淘沙慢　烟雨樓紀遊

市橋外、湖風送暝，岸柳搖碧。霜力初酣素陌。詩情正遶畫檝。指坼繡樓臺移曲折。倚危闌、緑影扶屐。攬四面烟波暮簾捲，空明蕩愁睫。　閒立。嫩涼暗逗林隙。早鷺老荷枯，橫塘冷、向晚湖水急。巡翠罨長隄，風影

如織。去鴻未息。嗚櫓中一片，晴霞紅溼。喚起歸舟迎寒入。鷗程阻、勝遊頓隔。但回首、清暉留夢憶。更休問、用里長街，甚處覓。一樓獨借斜陽色。

摸魚子　感秋

倚新涼、小樓吹暝，斜陽都在高處。雞冠鴨脚依然好，閒煞灌園心緒。憑問取。甚暢好秋光，苦戀啼鴉樹。鳴蛩替語。道畫檝雙橋，鬧花門巷，夢裏不能去。　鐘鳴後，門外西風又怒。籬頭暮雨如注。挑燈自寫安仁賦，烟墨零星誰諭。仍倦旅。怪新雁寒暄，不到閒庭宇。韶華過羽。笑鉛槧生涯，歌呼歲月，此事定何如。『如』字去讀，見東方朔文、陶潛詩。

以上爲十八年作

以上《聲越詞録》

清平樂

樓居無恙。愛作神仙想。一片飛花隨水漾。觸起年時惆悵。　而今夢斷平蕪。滿城烟雨模糊。門外顛風如虎，問君睡得成無。

臨江仙

老樹不風偏有韻，淡烟淺畫成圖。高城斗轉入平蕪。長空一鳥下，孤塔亂雲扶。　範水模山都著迹，何人得見真吾。最分明處最模糊。夕陽如琥珀，寫得此詩無。

瑞鷓鴣

纈絲風雨强登臨。折得桃花不自簪。一樣淒涼家國事，十分珍惜歲時心。　眼前芳草無行路，身外浮雲入浪吟。到處閒愁先我在，却緣相避轉相尋。

千秋歲

詩無一句。却有愁千縷。渾不解，愁來處。
夕陽秋井塌，人影長於樹。吟望久，尋鐘一路
沿花去。　池畔逢僧語。小立看萍聚。沙岸
晚，初過雨。城東黄葉寺，又被詩留住。歸鳥
盡，一聲磬落無人許。

驀山溪

北書至，有感，却寄

看花迸淚，慣到殘春病。門掩緑苔深，正愁
絶、天涯芳訊。杜鵑聲裏，强起倚闌干，寒猶
凝。紅成陣。寂寞江南景。　烽烟北望，寸
寸關河影。慷慨筑聲哀，甚荆高、風流頓盡。
平原繡出，笑煞賣漿家，時晉閻據平、津抗命。長劍
耿。孤檠静。我輩生涯定。

鷓鴣天

白袷青燈雨屋深。惜花還惜少年心。玉簫聲
裏春風句，幾度低徊獨自吟。　雲曳白，柳拖
金。身閒無事且登臨。萬千空際蟠旋想，争
似昭文不鼓琴。

月華清

戊寅閏七月之望，白露始降，避地滬壖，已逾半載。誦杜陵『露從今夜白，月是故鄉明』之句，爲之黯然

客枕迎涼，蟲窗款夕，酒懷吟事都懶。賃廡光
陰，忽忽素秋將半。溯歸心、殘夢河山，頓閒
淚、暗蛩庭院。愁畔。有誰家怨笛，雁簾孤
捲。　今夜清光還滿。奈露溼梧宫，草迷螢
苑。菱唱江南，淒入倚樓心眼。倩笳聲、喚起
城烏，問何處、舊巢堪戀。魂遠。傍西風茅

屋，遶枝千轉。

念奴嬌　用東坡居士韻，繼宛春作

劫灰紅處，莽天涯、誰是人間英物。整頓乾坤須此手，莫學靈均呵壁。倚劍空同，洗兵遼海，氣作胥濤雪。泰山難撼，背嵬多少豪傑。　君看鼙鼓聲中，雄獅睡起，一怒春雷發。指點蓬萊清淺水，會見胡氛當滅。麟閣功名，龍門史筆，不負將軍髮。一杯笑屬，漢家無恙明月。

水龍吟　挽吳瞿安夫子　戊寅

傷心海雪詩人，抱琴竟向蠻中老。干戈滿眼，田園萬里，王風蔓草。藥裹關心，長鑱託命，瘴江春渺。記南明舊事，玉簫曾譜，緘愁地、今親到。先生早年有《風洞山》傳奇，譜瞿忠宣事。　廿載湖山吟嘯。都付與、秣陵淒調。吳駿公《秣陵秋》傳奇多滄桑之感，先生最爲激賞。畫船攜酒，講學南雍日，賃秦淮畫船曰多麗，休日輒與友朋爲詩會。玄亭問字，前塵如掃。虎阜埋雲，蛉川漲雨，卒於雲南大姚。騎鯨路杳。賸哀時餘淚，大招賦罷，灑霜花稿。卒前以自定詞稿郵滬，乞序於夏吷厂，書未付梓而先生已歸道山矣。

一萼紅　庚辰人日，與張古香、王季思遊金華北山，以白石老仙《人日登長沙定王臺》調紀之

翠禽啼。放新晴半路，喬木洗嵐霏。危石雲欹，飛泉玉瀉，涼影浮上蘿衣。步深窈、呼燈照瀑，更穿險、舟小度岩扉。冰壺、雙龍二洞。迹記龍年，詩題人日，分付雙溪。　塵外不知何世，向紅梅古寺，蠟屐重攜。古金華觀。月冷笙壇，雲封鶴樹，尋問仙境都迷。聽江上、聲聲

鼓角，且容我、消受爛柯棋。望極斜陽，故山可有春歸。

玉京謠

去秋余來浙南，夢招有詞贈行，卒卒未有以和。山居春早，柳色已新，有懷海上吟事，因倚原調却寄，並示徵昭、宛春

席帽栖吴市，淚點瓊簫，却泛滄洲櫂。戰鼓聲中，天涯何處芳草。殢萬感、飄淚銀燈，又客裏、南枝春到。東風早。山城柳色，初添愁料。　抛殘蠹管塵箋，夢醒淞波，對冷烟越嶠。紅燭分題，尊前相看年少。問甚時、花近高樓，肯寄我、月泉吟稿。閒眠好。休惹翠陰啼鳥。

鵲橋仙

螢流暗竹，蛙鳴淺水，夜静闌干獨倚。熱風吹得酒唇乾，知身在、何人夢裏。　亂山深處，芳春過了，惆悵雲鬟玉臂。謝郎愁鬢上新霜，空解道、月明千里。

調笑令

芳訊。芳訊。盼斷杏梁雙影。三春憔悴羅衣。斜日無人絮飛。飛絮。飛絮。家在東風來處。

鷓鴣天　感夢

忽到當年響屧廊。壞牆梧葉半青黄。園亭入夢多非故，憂患何心更著狂。　春漸闊，意難忘。留香小閣緑陰藏。吟詩日日湘簾底，門掩東風燕子雙。

滿江紅

黄岡萬咸一，以其先德追懷伯高祖里春公殉國事詩徵和。公字蘇伯，崇禎鄉試副貢。

清兵入關，起義師於蘄，響應史公可法。旋聞史公死難，遂留絶命詞，自沈於江。湖北省府、縣志均有傳

提挈江黄，待掃盡、腥羶胡羯。天不許、書生隻手，撐持半壁。燕子君王南渡恨，梅花閣部西臺别。賸懷沙、一賦逐湘累，胥濤咽。　新亭淚，中流檝。三百載，今猶昔。望風塵宇縣，浩歌激烈。蹈海恥爲秦帝虜，買絲欲繡齊人妾。怪墦間、乞食彼何心，紛如鯽。

琵琶仙

元宵已過，遠訊猶沈，霖雨閉門，悄焉有賦　庚辰

春冷溪南，幾回誤、故國梅花消息。闌外三尺遥山，依依舊眉碧。村館静、泉喧遶屋，正馳夢、悄寒簾隙。踏雨西園，翻書小閣，前事頻憶。　過新歲、無月無燈，更尊畔、無人話元夕。遥念綠屏今夜，也鸞箋愁擘。誰爲喚、東風燕子，寄玉璫、柳影香陌。倘教來日窗前，信回江驛。

臨江仙

曉枕綠分簾雨，夜窗紅謝瓶枝。一春不是不相思。稍諳爲客趣，懶賦憶人詩。　夢裏梅花故國，愁邊燕子來時。羈情畏被柳條知。何人攜玉笛，偏傍畫闌吹。

菩薩蠻

畫屏今夜寒新重。珠燈閣住離人夢。箏雁不勝秋。月明何處樓。　含情開鳳紙。密意回文字。羅袖十年恩。憶君長愧君。

清平樂

鏡中眉影。瘦比年時甚。簾捲東風寒食近。天氣陰晴難定。　黄昏絲雨闌干。青山一片啼鵑。不是垂楊多事，那知春在人間。

小重山　和瞿禪。原詞有『愁自依然醉偶然』之句

喚取深杯浣古愁。醉中還耿耿、不如休。畫闌四面葉聲秋。無人處、吹笛坐山樓。　鶴背翠烟浮。三更雲淡淡、路悠悠。月明何樹近吾州。霜碪外、夢斷羽人丘。

臨江仙　風雨龍吟樓呈養癯先生，和瞿禪

種樹已看過屋，買雲便欲將家。小樓杯酒送年涯。天風澎翠壁，鄉月咽胡笳。　俯視茫茫塵世，幾多猿鶴蟲沙。何人丈室散天花。且擕黄嶽夢，來賦赤城霞。

鷓鴣天　贈瞿禪

有客相從寂寞濱。書堂遥憶謝家鄰。新詞漫遣供惆悵，矮屋猶堪一欠伸。　歌抑塞，酒逡巡。未妨高臥北山雲。龍蛇影裏鈎簾坐，不染西風庾亮塵。

前調

幾度春歸在客先。不離西閣又經年。百金未買東屯宅，十畝曾無下潠田。　愁瓠落，酒蟬連。扁舟心事墮風烟。松濤一枕城南路，著我高樓聽雨眠。

水調歌頭　山中月色甚佳，與瞿禪徘徊松影間久之，走筆爲詞，邀瞿禪和，兼戲江冷

何處無明月，秋色滿人間。不知今古幾客，如我兩人閒。却似承天寺裏，荇藻滿庭交影，回首一千年。公復識吾否，一笑問坡仙。　幾回看，天倚杵，海成田。更後千年相見，鶴髮已垂肩。寂寞廣寒宫殿，桂枝團團露溼，下有老蟾眠。唤起爲公舞，吹笛萬山顛。

好事近

獨自去衝寒，不是灞橋詩客。昨夜玉蟲飛墜，有梅邊消息。　杖頭閒掛一枝春，歸破小窗寂。聽雨竹樓滋味，也教伊分得。

風入松

庚辰開歲五日，與臞翁、瞿禪、季思偕諸生尋梅溪邊

一樽憔悴臥窮州。匹似爲花留。春風兩槳橋頭渡，寄相思、曲裏西洲。團扇何人畫我，斜川幾度閒遊。　竹籬茅舍暗香浮。芳意若爲酬。東園回首花如雪，怕歸時、白了人頭。江畔垂垂一樹，看成多少鄉愁。

御街行

前題

暖風遲日江亭路。烏帽尋春去。水南水北幾人家，恰有暗香千樹。鳴禽竹裏，呼來相對，好箇題詩處。　逋仙去後無新句。誰作東風主。孤山山畔鶴亭邊，依舊花開無數。尊前醉倒，春衫猶認，前度西湖雨。

朝中措

連霄風雨窺園。坐臥一樓寬。倦枕漸消吟力，深杯强敵春寒。　千紅萬紫，一齊收拾，付與啼鵑。唯有苔痕得意，朝來緑上闌干。

江城子 寄矖翁景寧

耳邊山鳥勸提壺。樹扶疏。愛吾廬。一枕松風、睡起午晴初。惆悵熟梅時節過，吟屐冷，酒杯孤。　天涯芳草正愁余。憶潛夫。問何如。應怪別來、不寄一行書。爲道竹樓明月夜，翁去後，好詩無。

龍山會 竹樓歲暮，與敬老、瞿禪、季思、心叔取詞調中有『風雨龍吟樓』字者各拈一調，余得《龍山會》

石上堯年樹，冷露無聲，穩作驪龍睡。四山雲氣合，凝望久、鱗甲森然欲起。涼吹入虛闌，歲華晏、吟屏倦倚。似年時，春江暝宿，雨來潮尾。　山閣夜永鈎簾，但有婺蟾，爲銅仙無寐。亂鴉啼恁早，燈暈冷、依舊鈞天如醉。溪曉不聞鐘，動檐馬、西風萬里。暗漏遞，夢正在、泬寥雲水際。

徵招 臘尾淫霖，入春未已，溪喧遶屋，終夜有聲。念與矖翁別踰年矣，回思挑燈煮茗時，何可復得耶

松根一片蕭蕭雨，開門白雲千頃。縹緲瀑邊鐘，倚殘釭愁聽。草堂今夜永。更添了、幾分禪病。舍瑟無言，據梧不寐，有懷誰省。　煮茗記年時，風檐底、搖搖半窗人影。喚起老彌明，與詩聯石鼎。此心如廢井。問誰與、滴翻清冷。別來久、屋角垂楊，尚絆人歸艇。

尾犯 霖雨經旬，山樓兀坐，銅瓶素萼，頗軫鄉愁。偶拈此調，依覺翁《贈浪翁重客吴門》四聲

暗雨石樓鐘，單枕夢回，烟凝高閣。一縷冰

魂，似偎人屏角。笻杖冷、溪橋乍吐，蕙爐薰、銅瓶半落。翠尊空對，漸倦賦情，惆悵孤山約。　年年湖上宅，料愁翠、倚鏡眉蕚。爲説南枝，賭春寒如昨。畫塘浄、輕冰纔泮，晚簾垂、東風又惡。怕將芳汛，遠寄月明江上鶴。

百字令

丁亥中秋前一夕，與諸公會宛春山齋，圍尊待月

空山烟斂，晚香飄、風墮遥天笙磬。十二玉樓雲櫛櫛，佇想一奩端正。秋色西來，流光東注，不負尊前興。姮娥何事，背人偷掩鸞鏡。　我欲爛醉高歌，舉杯相屬，中有滄桑影。老桂婆娑誰斫却，放出清光千頃。無定河邊，紇干山上，幾處霜華冷。一聲裂笛，四山栖鳥都醒。

水調歌頭

思歸　丁未

歸去復歸去，夢寐水雲邊。賃得山園半畝，種竹養風烟。檢校一庭花藥，問訊六橋鷗鷺，飲啄得天全。長日更無事，欹枕北窗眠。　一簞食，一瓢飲，自欣然。萬事空中過鳥，小大不論年。一卷牀頭老易，幾度尊前醉醒，我與我周旋。爲謝載醪者，老病已忘言。

金縷曲

哭心叔　丁未

臣質銷亡矣。歎從今、卜鄰湖上，都成虚計。哀唱獨絃誰予和，藥物閒時誰憶。念屈指、天涯知己。君去唯餘王老在，爲同揮、注海傾河淚。多少事，從頭記。　竹樓風雨同眠起。更西湖、疏簾水閣，挑燈談藝。我是醉人多妄語，賴子交情不替。冀歲晚、冰霜相厲。二十

五年真一呹，想平生、風節如元禮。哀不盡，
天方懠。

水調歌頭 戊申

晚讀人間世，不賦畔牢愁。漸近行年七十，自
顧復何求。半世遊身羿彀，不中豈非天幸，中
即欲誰尤。人事有代謝，華屋變山丘。行
忠信，雖蠻貊，可優游。莫道羊腸九折，路險
不容輈。芟盡舌端矛戟，忘却胸中涇渭，莫莫
復休休。我愛蒙莊子，妙喻泛虛舟。

前調

銘骨佩斯語，機事有機心。擾擾世間何物，哀
樂苦相尋。道在稊稗瓦甓，身是鼠肝蟲臂，悔
作不祥金。瞻望邈難逮，水上有拏音。人
已老，歲云暮，病相侵。餘日何堪把玩，萬事
付升沈。看盡魚龍曼衍，等是雞蟲得失，彈指
去來今。詩罷一長嘯，酒熟可頻斟。

前調 敬老書來，言龍泉初締交事

王老丈人行，和氣挹春風。憶昨兵塵馬足，萍
合劍池東。時復芒鞋竹杖，步屧村村花柳，杯
酒話從容。松影竹樓底，風雨一燈紅。新
來事，憑説與，兩年中。聞道荒江老屋，憂患
略相同。差喜童顏鶴髮，依舊廉頗能飯，高唱
氣如虹。我願不知老，相伴朙雞翁。

前調

病作寒鴉噤，懷抱向誰開。閉門三日霖雨，落
葉滿空階。悵望青山筍蕨，寂寞故人書札，閒
却手中杯。日月老賓送，孤士自興哀。歲
寒事，虛作計，强安排。太息平生叔子，玉樹

已塵埋。萬卷撐腸何用，萬事到頭是夢，天意苦難猜。棄置勿復道，窨酒待春回。

金縷曲　哭王敬老　己酉

屢負攜笻約。怪連句、餘寒猶凝，東風又惡。待得池塘生春草，已是階翻紅藥。矧轉眼、黃壚邈若。從此停雲無好句，閉東軒、對影成孤酌。醒也醉，總非昨。　百年可有藏舟壑。都一笑、彭夭殤壽，孔憂顏樂。白石清泉今已矣，盼煞烏頭馬角。休指點、山川城郭。身似淮王舊雞犬，甚無端、化作歸來鶴。存歿感，付寥廓。

前調　心叔之墓已有宿草，敬老又不知以何時示疾，何時捐館，桑户反其真，而我猶爲人。猗，悲夫

不見牆東老。似成連、刺船徑去，水波浩渺。十丈珊瑚映天紫，下有任公坐釣。我亦欲、東還海道。指點樓臺雲氣外，奈船風、引去無由到。爲君鼓，水仙操。　鈞天一夢胡然覺。猛回頭、狖啼花落，山回雲抱。獨自蹁躚來鑒井，依舊膠膠擾擾。倘今夜、月明瑤島。俯視齊州烟九點，惹洪崖、拍手靈妃笑。書一紙，寄青鳥。

洞仙歌　總理周公挽詞　丙辰

梁傾棟折，行路奔相告。白叟黃童盡驚倒。大星沈、謾説巷哭家家，丹旐外，慟徹四維八表。　一肩擔國命，吐握辛勤，整頓乾坤濟時了。名與日星懸、十丈豐碑，也難狀、泰山分秒。看巍巍、功德在人心，把萬代金甌、作公

祠廟。一月十五日脱稿。

金縷曲 哭徽昭翁　庚申

淒斷鄰人笛。歎年來、故交渾似，驚霜秋葉。一一迎寒解條去，賸却空枝病蝶。最難忘、平生膠漆。剛爲霜紅揮老淚，又與翁、頓作終天別。人世事，跳丸急。　一年一度黄花節。向湖樓、攜筇問訊，藥爐吟篋。每見輒論同舍事，眼底前塵歷歷。怎回首、黄壚邈隔。流水高山知音盡，算從今、愁蠟登高屐。開徑望，憶三益。

滿江紅 瞿禪遊燕，過柴市，賦詞懷文信國，和者甚衆。余亦繼作　丙辰

地坼天崩，看多少、英雄縮手。豺虎裏、扁舟南指，傳車北走。一片丹心扶日月，千年浩氣衝牛斗。讀從容、衣帶數行書，真無負。　吟嘯集，商歌奏。廣陵散，悲風吼。仗精金百煉，撐持宇宙。異代顏張真莫遂，滿朝朱紫俱堪嘔。又巍峨、廟貌一番新，如公壽。

平韻滿江紅 瞿禪重過柴市，賦此調，書來徵和　丙辰

祠宇蒼涼，翠柏映、斜照晚紅。徘徊處、英靈如在，吟嘯從容。危坐風檐歌正氣，一枝漢節仗當胸。賸滿腔、熱血灑乾坤，柴市中。　興亡事，今古同。對遺象，思無窮。問後來誰繼，丞相高蹤。獨有南屏山色好，千年魂魄鬼爲雄。似插天、南北兩嶙峋，衡與嵩。

清平樂 紅旗樓望天都峯　戊午

夢中黄嶽。來往心頭熟。一夕桃花溪上宿。

此願平生已足。　吴儂饜飫西湖。殘年欲賦歸歟。豈意紅旗樓下，今朝高揖天都。

水調歌頭

今夜天都月，飛墮酒杯前。桃花溪上閒步，山翠壓吟肩。遥揖匡廬五老，俯攬潯陽九派，塵世正蒼然。歸去北窗底，欹枕聽鳴泉。　皋蘭下，回首處，惜流年。世故魚龍百變，光景烟花萬里，老骨接祁連。冰壺影裏浩蕩，秋色尚能堅。九節青玉杖，拄到白雲邊。丁酉於蘭州度中秋，忽忽二十一年矣。

洞仙歌　自温泉賓館攀登北海

晴巒洗出，猨鶴徵烟駕。卅里松風緑無罅。磴縈迴、一片琴筑聲中，笻杖底，歷歷萬峯高下。　平生丘壑願，老去無心，來了看山廿年債。踏破亂雲堆、直上蒼寒，都一洗、胸中蔕芥。算登高、能賦我何堪，待唤取荆關、爲渠圖畫。丁酉秋，上海市統戰部組織黄山之遊，余赴蘭州，未與其盛，忽忽至今。

以上見《夢松風閣詞稿》（含一九四九年後詞）

徐禮輔

菩薩蠻

珠簾重疊花如織。玉蟲嚯翌屏山碧。芳艸四肢瘦。別夢亂如山。錦衾愁曉寒。

菩薩鬘

畫簾不放東風度。花迷燕子來時路。鶯語入新年。相思何處邊。　煙銷香閣柳。暗惜腰肢瘦。別夢亂如山。錦衾愁曉寒。

見《學衡》一九二六年五十一期

更風。銀河千里通。　鸞牋裁桂魄。露散天光白。秦女鏡中愁。潮妝飛素秋。

其二

長干皓月鶯聲送。單于三疊漁陽弄。陌上玉緜飛。夢中驕馬嘶。　鴛鴦紅錦褥。胡婕釵頭宿。東市買金鞭。西窗搖紫煙。

其三

秦時明月傳眉語。漢家飛將聽歌舞。蘆笳咽胡塵。渭城楊柳春。　黃河千萬曲。粉面于闐玉。河北鳳凰窠。河南金橐佗。

其四

唐宮寶鏡江心白。三千粉黛無顏色。韓虢入朝來。洞房朱鳥開。　歌長嫌夜短。情重知波淺。窈窕月中人。迴身嬌若雲。

其五

龍堂步縞春愁動。湖波瀲灩梅根夢。風裊五銖衣。南枝向煖移。　璚箏彈怨曲。月落幺禽宿。聒耳景陽鐘。煙波路幾重。

三姝媚　秋光過目，南燕未歸，覽物撫時，悵然成詠

銅龍催曉箭。背高堂孤飛，過時秋燕。繡陌風多，灑後庭花淚，有誰腸斷。澹碧宮溝，流不出、曲江南苑。寶瑟朱絲，吟徹韓娥，繞梁塵散。　西北樓臺無限。聽馬足雞聲，畫屏天遠。舊日寒暄，論故人心事，鏡篋能見。萬疊歸帆，應珍重、殘冬霜霰。太液衰楊倦折，宵長夢短。

大酺　次師命賦此調

正玉笥殘，青燈黯，多少東華風月。香塵迴夕步，漸淩波人遠，恨生羅韈。萬曲秦雲，千重楚樹，歌盡陽關三疊。依依秋來燕，怕垂楊拂水，渡江無檝。訴油壁故幰，素紈餘戀，翠醪羞乞。傷春先送別。論前事、情與蠶絲結。好夢斷、天涯音信，客邸光陰，忍追思、繡衾紅褶。悵望瀟湘竹，彈淚溼、鬲年霜雪。鳳絃急、從今絕。填海誰共，胡雁迢迢凝噎。爲君自持晚節。

望江南

樓上寢，遥夜玉驄嘶。垂手翻殘瑀玉佩，迴身慵試縷金衣。蕩子鎮相思。

其二

花月夜，團扇最風流。子夜嬌歌商女怨，卯年江水佛貍愁。天半起紅樓。

其三

南江水，白馬響銀濤。一舸無人隨范蠡，錦帆紫蓋又南朝。燈火鬧春宵。

其四

歌玉樹，虜馬向南來。鐵鎖沈江王氣盡，城門鹿子夜深開。紅燭淚成堆。

蕙蘭芳引

歸棹近城，海波蕩、半江寒汐。對一舸雲流，雙蓋夢沈竟夕。去年燕子，怕未省、月華盈絀。儘故園落絮，卷入高樓西北。　桂葉眉痕，桃根妝面，滿鏡春色。料霓羽歌殘，難寫素娥怨抑。千紅凝淚，路迷紫陌。飛蓋歸、還見掩門箏笛。

鷓鴣天 限韻詠古

脈脈當筵定子霞。萋萋芳草玉鉤斜。喫虛莫笑隋煬帝，傾國終輸張麗華。　前殿月，後庭花。宮聲不返斷琵琶。千年黃土鴛鴦瓦，飛上垂楊伴莫雅。

其二

明滅珠簾聽玉簫。輕盈細馬撥檀槽。祇今清角吹寒夜，豆蔻花開第幾梢。　僧賣酒，客停橈。中江星火隔金焦。十年夢覺厭厭地，依舊楊州廿四橋。

驀山谿 不到武昌，倏忽十年，夜讀陰鏗《登百花亭》詩，感而作此

秭歸聲裏，春色琴臺莫。緑柳拂長隄，浪淘沙、東犇官渡。武昌西望，蜀客布颿輕，歌吹起，遏行雲，水面浮萍去。　夝川樹老，繞岸花如霧。聒耳五更風，舞婆娑、亂塵飛絮。中州芳草，迤邐不勝寒，明鏡黯，玉簫殘，夢斷湔裳處。

天仙子

莫雨瀟瀟渭水寒。旌旗柳色望秦川。一年秋病臥文園。吹鈿笎，夢乘鸞。宮女齊紈霧裏看。

其二

九月巴陵秋草黃。蒹葭一路送歸航。龍沙迴雁落衡陽。斑竹上，淚痕涼。夢斷湘娥明月璫。

憶王孫

青青芳草雉朝飛。十二樓前烏夜嘑。厭聽秋娘金縷衣。送春歸。折盡河橋柳萬枝。

滿庭芳

塵繞南樓，雲横北渚，斜陽猶滯長隄。玉箏彈罷，商女淚沾衣。一角簾櫳天遠，多少恨、付與哀絲。登臨處，山川未改，難道昔人非。重歸。春欲莫，看花不語，辛苦尋枝。送柳外青驄，芳草淒迷。寂寞謝堂雙燕，興亡事、終古天涯。黄昏近，荒城社鼓，傳夢上青旗。

歸自遥

雲渺渺。羯鼓聲中人窈窕。迴身肯爲千金笑。秦銅休怕當花照。誰知道。春來春去令人老。

其二

春欲語。城外高樓樓外樹。花開不願看成霧。蘼蕪采遍人未遇。歌難訴。明朝桃葉横江渡。

齊天樂　南樓夜坐

高吟鞍馬縱横處，韡刀拂空誰倚。故驛枯桑，長亭蔓草，蹤跡浮雲千里。天風海水。送林燕年年，畫堂秋壘。掩面驚魂，鳳城宫漏更迢遞。　江南花信幾换。斷煙殘照冷，人意無會。蹙恨山移，彫顔鏡折，禁得元規塵起。鸞牋漫理。聽遥夜歌聲，酒醒何世。凭徧紗窗，玉璫難遠寄。

漁歌子

山遠江深草未凋。濛濛微雨趁秋潮。青篛笠，紫霞簫。知過松陵弟幾橋。

其二

絃上黄鸝徹夜嘑。江南渌水最相思。春草碧，送將歸。高樓無雨淚沾衣。

其三

寒山斜照隔江樓。芳草迎風春復秋。煙浪闊，櫂歌收。老魚吹雪上船頭。

其四

秦淮碧水憶江南。燕子紅樓對卷簾。桃葉瘦，柳花纖。船上嬌歌阿鵲鹽。

八聲甘州

南郊

白雲飛垂楊滿南河，荒榛繞西陵。對縹緲烽煙，蕭條關塞，别有陰晴。故國珠簾甲帳，皎日墮無聲。彈指秋光莫，鴻影飄零。　淚竹斑斑誰灑，念蒼梧人去，目極心驚。況年華易失，天意總難憑。送寒潮、疏鐘短杵，挂叢臺、星斗夜冥冥。文通怨、倚闌沈醉，休近高城。

琴調相思引

細雨珠簾溼素秋。夜深雲散月如鉤。孤城潮上，江水忽西流。　庭院沈沈寒不到，闌干暝處唱涼州。歌聲人意，还是少年游。

減字木蘭花

江樓細雨。蜀國春心金雁柱。千里相思。遠

樹含煙鷺亂嘑。柳陰濃翠。驛路何人歌滿子。采采紅蓮。乞與璚絲續斷絃。

臨江仙　賦得梧宫秋

梧宫秋老夷光去，江頭涼月西斜。吴娘慵唱浣谿紗。鷓鴣飛起，終古怨夫差。　五湖渺渺煙波遠，錦颿應到天涯。春風桃李付誰家。無情有恨，開徧白蓮花。

西河　金陵

麾扇渡。東風片片飛絮。夭桃暗簇滿江紅，謝堂細語。異鄉作客幾登樓，凴闌雙淚如注。　望歸雁，書到否。越娥打槳無數。浮雲障日白門秋，去年瘳雨。鳳臺不見洗妝人，明燈横照南浦。　後庭尚有舊恨聚。錦鴛鴦、長怨黄土。未抵落霞孤鶩。記歌沈、夜玉璚枝難賦。回目何堪聽朝鼓。

虞美人

文窗明滅垂楊裏。重匧歌聲起。夜長漏短月如弓，斷送微波一箭、付東風。　飄零遠訊都慵寫。黄鵠從誰下。不知故國又斜陽。但見去年歸燕、換雕梁。

其二

高樓簾卷晴煙碧。春水夭桃色。舳艫銜尾傍官湖，越客臨淵休羡、武昌魚。　估帆泊定迴潮起。玉笛思千里。江東斜日墮青蘋。莫問昔年種柳、是何人。

其三

西洲日落蘆花岸。望斷南歸雁。晴川秋樹隔金隄，別有白門楊柳、夜烏嘑。　紅窗聽盡琵琶語。賦客悲鸚鵡。渡江人老錦帆收。一陣東風吹鶴，下黄樓。

玉連環 天津作

津橋長夜春聲沸。舊游能記。鴟弦揮手海波横，朱閣上、無人倚。迎面絮花垂地。杜鵑陪淚。雲深天遠蜃樓高，隨障眼、烽煙起。

其二

朝朝凝恨聽銀箭。謝堂新燕。西窗微雨洗春妝，行客去、簫聲散。花氣撲衣誰見。故人恩怨。青紅闌檻滿江皋，潮汐起、漂流斷。

巫山一段雲

芳草巴山緑，雲帆送客舟。遠峯十二對夔州。人倚水明樓。縹緲空舲峽，哀蝯叫莫秋。瑶姬夢覺楚王愁。臺畔古祠留。

其二

四望寒山遠，嗁雅覷舊巢。樟亭一綫墮銀濤。乘月聽吹簫。靈旗翻鷺羽，殘露溼鮫綃。三千犀甲爲誰驕。風定客停橈。

燭影摇紅

山影分青，接天長遍王孫草。星河入夜隔城看，千里煙波繞。回步誰家窈窕。唱巴歈、輕矉斂笑。砧催殘葉，帆拂微雲，曲終人杳。江國花稀，玉璫閒恨知多少。眼前烏鵲向南飛，遠訊渾難到。疊鼓聲聲報曉。擁孤燈、窗紗影照。塵埃蹤跡，海水心情，鸞銅催老。

迷神引

秋江晚眺，和柳耆卿

疊疊樓臺湘簾卷。曙色古城前岸。煙村院落，惹蘋花怨。繞江關，南飛燕，半天散。秋冷閒愁積，翠幰展。門外郵亭近，露莎淺。念此飄零，顧影傷羈宦。值碧虹沈，寒溪晚。醉眠風月，采蓮菂、迷雙眼。莫帆收，浮雲破，錦絲亂。流水茫茫綠，清淚滿。高林鵑聲寂，夢魂遠。

安公子

吳淞念別，頓易寒暑，和《樂章》韻，寄南中故人

小榭飛涼雨。雨聲千滴青山莫。一路愁紅林葉卷，別單棲孤鷺。更浩渺、河隄遠夢吳淞浦。蘭棹催、倚柳聞簫語。料故園雙燕，長繞歌前瓊樹。凝望悲殘旅。水樓芳影離痕竚。堠火中宵侵枕障，想浮萍飄處。最不忍、流波客意終難聚。凴鳳幰、寫徹傷懷苦。厭滿眼狂塵，背城蝶歸鴻去。

三部樂

雪後園林，漸引春意，因念東樓舊游，和清真

春色臨淵，送萬里錦帆，鏡波澄絕。浪萍浮處，孤負東樓風月。最先念、如菽荆桃，更謝堂夢繞，桂殿愁發。鳳城碧柳，再見游絲新葉。　宮衣暗香染徧，問去年舊侶，有誰能說。依依兩眉蹙眼，低翹侵髮。倚銀屏、佩環引睫。徒枉信、當歌怨切。入夜殘客，應著意、羅帶重結。

蕃女怨

白翎寒鏃懷古淚。雁筝秋水。撥銅絃，馳鐵

騎。黃河萬里。牙旗玉帳月朦朧。見英風。

傾杯

頻年羈旅，萍梗興嗟，讀柳公傷別念遠諸篇，先得我心，爰和此解

一葉孤舟，半天飛雨，河隄送別秋色。露飲淚促，水郭斷續，立武陵前驛。行行百里南朝路，想玉樓邀笛。牽衣濺俎，看雁錦、疊疊回文誰織。　記憶雙蛾發怨，璅窗紅粉，驚破鴛鴦翼。寫萬壑千巖，鄉村迢遞，引江關愁客。秉燭懷人，題襟留恨，徹骨思量迹。歎吳國。吟不到、古城寒碧。

喜遷鶯

水堂感事

月寒譙滴。迸燭房風起，市塵簾隔。脈脈滄波，迢迢玉鏡，輕送楚江帆直。翠隴連夢遠，誰忍見、半沈秋色。嫩紅斷，感流鸎唱歇，岐路孤客。　空迹。惹恨憶。慘澹素醪，荏苒桓伊笛。四疊陽關，雙聲阿子，凝目萬山棲碧。錦屏埋舊怨，尋去處、浮花曾歷。望雁翼。故驛程、歸訊無隙。

羅敷歌

春山蛾綠愁鸞鏡，柳葉纖眉。團扇當時。十萬金鈴護雪衣。　曹剛右手興奴左，撥斷哀絲。刻骨相思。樓上浮雲到曉垂。

其二

湖船載酒松陵路，過盡垂虹。細雨殘鐘。十里梅花一夜紅。　長門不買相如賦，月冷樓東。夢裏深宮。淡淡疏簾淺淺風。

桂殿秋

瑤瑟怨，夜三更。十里下山空月明。藍橋便是神仙路，多事陳王感雒靈。

其二

秋露重，莫雲飛。江左黃星觸酒悲。三臺燈火如年夜，野草青青送馬蹏。

瑞龍吟　和美成

青蕪路。曾見岸引光風，鏡迷銀樹。高低簾幕歌聲，墜紅未解，吳娘怨處。　采香竚。隄上半天煙柳，絳雲垂户。依稀水國殘陽，梧宮暗送，兒鄉恨語。　悄悵飛瓊環佩，翠衾銅輦，霓裳慵舞。朱鳥訊沈瑤臺，僊夢非故。飄燈倦客，閒誦蘭成句。看三兩、衝波畫舸，連梯危步。載酒江南去。對花窈窕，情絲亂緒。聽盡黃金縷。回雁斷，淒淒斜河妝雨。醉屏喚歇，夕蛬幽絮。

南歌子

吹笛江城遠，飛花入畫樓。故園香雪不禁愁。辛苦三生春草，夢蘇州。

其二

漠漠三更雨，冥冥二月花。夜堂迴雪舞吳娃。一任大江東去，浪淘沙。

其三

澤氣吞雲夢，波聲撼岳陽。巴人摇艢下長江。一夜灘歌斷盡，九回腸。

其四

月落潮初上，雞鳴酒未消。青山江北蜃樓高。隱約降幡一片，是南朝。

更漏子

楝花風，菖葉雨。牆外燕歌鸎舞。雲作帔，玉爲梭。鏡中雙黱螺。瑶臺月。嵰山雪。罘曲闌干馮熱。揮鐵撥，響春雷。魚龍闕酒杯。

其二

金爵釵，丹鳳杷。麝粟墮香流瓦。五紋繡，九張機。東園黄鳥飛。章臺柳。宜城酒。怊悵重逢時候。花未落，日初長。淚珠生鏡光。

浪淘沙 幽州秋興

紫霞鎖、叢臺燕寢，漏水聲寂。千疊浮雲夢結，重逢舊雨怨集。念十萬旌旗胡馬泣。掩雙衷、不知南北。料賦寫悲秋更難免，文通恨堆積。將夕。暗香帳底誰識。又報曉、嗁雅孤飛去，荏苒岐路客。招桂樹冥濛，花冷無跡。露痕淚色，懸布帆，吹斷江城殘笛。音信淹、遲鴛鴦翼，闌干繞、四山映碧。聽燕女、朱樓彈寶瑟。勸休唱、阿子清歌，怒頓歇。登臨且拌迴腸直。

楊柳枝

陌上裙腰草色齊。東風吹緑上春衣。江南渭北三千里，一路飛花送馬蹄。

其二

眉月纖纖下碧天。落花聲裏夜無眠。春來看盡成陰樹，不向章臺避少年。

其三

池草生時燕子飛。斷無柳絮不沾泥。樊南枉費傷春語，珠箔飄燈竟獨歸。

其四

畫裏紅樓起麴塵。花前柔艣送餘春。當筵一唱吴娘怨，暮雨江南那忍聞。

蘭陵王　和美成

晚煙直。垂柳斜陽映碧。問歸路，回雁乍逢，一綫情絲黯天色。單衣歎去國。難識。東山卧客。銀屏裏，無數布帆，傷別吟魂淚盈尺。

懷陵賸前跡。對近岸新樓，危步殘席。荆桃分與流鸎食。況匝地風露，漫天塵土，羅亭寒重夢舊驛。望涼簞窗北。心惻。怨痕積。趁屧響廊喧，琴韻池寂。雙飛燕子愁春極。費竹院芳酒，桂堂横笛。良宵沈醉，且送盡，漏萬滴。

抛毬樂

羌笎動鳴鞘。倭絲拂戰袍。雁行頳鳳卵，魚尾錦霞標。莫問抛還蹵，珊瑚鐵網高。

其二

江鯉肥時錦字歸。春袍黄似麴塵飛。但求在地爲連理，不願將身作帶圍。夜夜長如歲，開到櫻花萬事非。

高陽臺

南國煙花，前谿歌舞，斜陽猶近簾櫳。照眼春光，傷心燕去樓空。舊人不見何戡在，換滿城、落絮朦朧。便迎門，高髻峩峩，微語難通。

謝池夢覺清明過，訴纏綿恨事，淒對危烽。豔跡滄桑，半江濁浪流東。藍橋萬一無多路，且相將、聽盡晨鐘。笑陳王，破費狂名，只爲枕上嘸秋雨。　年華銷與傾城顧。回首青山莫。秦絲揮手枉驚人，何似緩移絃柱。　桓伊瘦損，文通恨極，城外催津鼓。

六醜

弄夭妝豔水，似別有、璇臺瑤室。故人自憐，無愁江上客。玉漏催急。遠近隋隄柳，斷鴻孤影，望海波天色。龍蟠虎踞風流極。樹底調笙，門前倚瑟。回頭莫雲遮日。拌繁紅浥雨，沈恨千尺。　連城潮汐。掩青山四壁。慘澹毿煙起，誰會得。滄桑過眼駒隙。更飄蓱墮處，麴塵遥隔。長干觽、蕩春無跡。歌不盡、一翦柔漪宛轉，亂烏寥寂。還相送、六代南北。只謝郎、倦寫吴宮怨，迢迢歎息。驚鴻。

武陵春

歌榭逢人偶題

客去今朝雲漠漠，昨夜雨瀟瀟。隔水紅樓千尺高。樓上忽吹簫。　秋鴻未是無情思，來往爲誰勞。莫信天涯真路遥。只在緑楊梢。

踏莎行

銀撥初停，紗燈半卷。廉纖細雨披香苑。鵁鶄飛起入東樓，蘋花夾水何人戀。　瘦馬虓驕，幺蟲聲亂。沈沈濃夢屏山遠。誰持舞衷障西風，春歸絮盡垂楊倦。

御街行

琵琶撥盡纏綿語。良夜傾杯處。江楓漁火月三更，馬足匆匆歸去。倚樓心事，相望千里，

瑞鶴僊　塞北詞

渺浮雲塞北。歸路遠，一片城頭玉笛。迢遥漢時驛。感郵亭蓱浪，年來蹤跡。相思故國。迸酒痕、珠淚怨積。倚空樓聽雨，流水斷魂，引領終日。　隔岸煙塵滿地，古柳無情，悄縈涼碧。黄驄紫陌。春風去，忍岑寂。算因循，負了傳杯深意，回環殘夢記得。又三更漏急。千里素書倦拆。

夜游宫

隔院紅絲故壘。繞梁燕、垂楊難繫。聽唱無愁後庭倚。夕陽斜，謝堂深，花迤邐。　九曲青溪水。迎寶馬、冶游能記。一夢雷塘淚痕洗。錦帆飄，斷鴻遥，城百雉。

其二

夕照歌簾翠苑。倚窗眺、市樓風轉。十里愁雲鎖舊怨。夜沈沈，草萋萋，煙一片。　迴雪花如捲。更難訪、那時人面。鸞笛多情到天晚。瀉明珠，漬羅巾，何日斷。

河瀆神

魂斷夢陽臺。瑶姬巴水旋回。祠前白馬卷江來。雅嚑月落蝯哀。　一片衰楊飄玉綫。波光摇動飛雁。晚鼓晨鐘聲散。異鄉歸客情亂。

綺羅香　客有自杭州寄書問訊者，倚聲報之

擣麝成塵，飛龍入藥，過眼千紅萬紫。舊曲陽阿，重疊畫簾誰倚。月如弓、猶帶星辰，人似

玉、不關羅綺。聽譙門、永夜鐘聲，隨風花落幾絲淚。横斜三兩去棹，湖上青青蔓草，錢唐碧水。桃李依然，更憶當年西子。錦帆收、塞雁驚殘，瑶瑟斷、文鸞嚦起。探芳叢、恨比賤長，遠方沈素鯉。

清平樂

明燈照户。銀海花千樹。撲面笙歌邀笛步。永夜春旛戲鼓。迎門百媚傾城。良宵三五盈盈。難怪嫦娥斂避，迷天烽火縱横。

其二

關山無恙。芳草當春長。九曲江流千里浪。待挂布帆西上。去年社燕辭巢。謝堂有客吹簫。明日樓空人去，白蜺嬰拂誰招。

其三

斷鴻驚起。花貌嬌羅綺。玉枕牙牀香錦被。繫馬南街北里。寒暄明日如何。紅樓曼舞婆娑。踠地湘裙百幅，月明夜永霜多。

望海潮

歲晚索居，有懷中江舊游

城低天遠，月明星暗，危帆渡繞金焦。流水半江，青山萬疊，樓前玉漏迢迢。王氣打寒潮。藉夜船燈火，凝望南朝。倦客多情，倚闌無語聽吹簫。春風不忍蕭騷。有參差細雨，梳洗夭桃。沈醉步兵，懷人杜牧，頻年夢斷纖腰。滿地亂螢飄。送古今來往，鐵甕城高。記否英雄老去，瘦馬爲誰驕。

丹鳳吟

秋氣可悲，山川信美。淑通將有江東之行，約賦此調，即以爲别小苑游絲飛絮，燕語纏綿，殘枝羞拆。多情愁鏡，沈醉怨紅聲寂。長安舊侶，粉樓尋夢，佇月調笙，停雲邀笛。歲晚行人未老，照眼蘭燈，良夜滄海珠泣。　暗想十年墜恨，冷衾反覆禁幾日。望盡西江水，任塵埃千繞，迴雁垂翼。紫騮相送，不惜故園春色。萬里闌干曾濺雨，背煙波如織。錦帆卷地，城畔銀箭急。

掃地花　和美成

綺雲護月，任鏡鎖輕煙，道分吴楚。淚痕斷縷。望江干浪急，柳綿促舞。墮粉驚鴻，故里春心細雨。鳳城去。送寂寞亂雅，孤棹歸處。　芳訊頻枉許。記謝朓高樓，阮咸岐路。夜堂宴俎。望澄波太液，暗香流素。萬疊秦箏，未必秋娘意苦。晚風竚。翦燈花、沸天鼉鼓。

卜算子　和耆卿

漪蘆萬點，巖桂數叢，雨滴鏡波濃翠。引酹悲秋，送盡半天狂氣。惹銅盤、淚落簫聲裏。朧幾許、龍池倦柳，經年斷夢難繼。　獨客歸無里。看遠岸荒煙，故城斜水。盪夕珠簾，悵望雁書一二。倚高臺、誰諒黄金意。漏漸息、涼風又緊，幸回牋先寄。

解連環　月夜

桂堂香溼。懸愁蛾暈月，夢魂無迹。繫萬縷、心緒纏綿，試微步錦街，夜游天色。偏倚東闌，恨深鎖、燭房風急。恐征鴻路闊，舊訊易沈，引鏡難識。　重彈漢宫寶瑟。自河陽送別，垂淚千尺。訴怨入、觚竹驚塵，任銀海光摇，樹底吴質。斷續雲煙，要費我、明珠狂擲。

聽殘更、繡牀傍枕，醉吟頓息。

甘艸子 和《樂章》

春莫。過眼煙雲，永夜烏篷雨。海氣逼樓臺，艸色蘅蕪浦。吟罷夢回湔裳侶。慵倚徧、闌干愁緒。陌上何人賦鸚鵡。佘寶箏無語。

其二

春盡。濯水鉤簾，度落江州粉。顧步入空房，難解荼蘼信。塵鏁畫梁迴風緊。柳弄碧、小池荷嫩。花底嘸鷺歌板頓。滯水堂愁恨。

永遇樂 趙武靈王箭鏃

迴雪弓衣，卷波蘭錦，秋鎖荒苑。白羽風移，黃肩雨漬，折戟平沙岸。古宮調軫，叢臺擊筑，慘澹背城孤雁。悵空餘、牙門琱笴，怨歌惹人腸斷。犀毗擐甲，貂冠侵帳，舊事淚沈猴箭。製改紛胡，軍窮浮水，刁斗驚塵遠。馬蹏驕處，青蕪卧樹，過眼莫雅千萬。暗苔繞、鳴驍故壘，餓鴟又喚。

蘭陵王 柳

柳條北。千里金隄暮色。東風起，吹斷雨絲，潑眼煙雲夜如墨。停驂舊巷陌。歌徹。陽關竟日。明燈畔，憔悴謝郎，何必秋娘淚痕溼。微波盪殘汐。論遠訊浮沈，春夢今昔。高樓閒倚江南客。向玉鏡埋怨，畫屏争巧，棲烏嘸處漏更急。怕難返油壁。　相識。帝城隔。念越綱空尋，吴劍誰覓。飛花旖旎餘蓱跡。況濁酒杯淺，繡衾塵積。單衣初換，且對影，睠鳳翼。

聽。易水蕭蕭擊筑聲。荆軻去，天上白虹明。

十六字令

鶯啼序　和夢窗

傳柑宴殘鳳瑵，引蘭燈照户。醉芳酒、明月沈珠，野閣寒雁嗁莫。過銀海、南朝繡陌，輕塵滿眼煙横樹。操離鸞何處，多情徧城飛絮。　錦鷖落靨東風，畹晚細艸，任叢臺鎖霧。寶筝揮、重重奏、瑶瑟庭前，忍聞迢遞絃素。弄夭妝，人倚西樓，故驛，漏籤急、秋娘衣縷。矇朧灞滻，感别秦娥，幾回念倦墮紅鶯鷺。　客問訊、一江波浪，荏苒帆影，半折垂楊，旅。長亭舊夢，星移河暗，夫容香冷愁板橋聽雨。鵑聲遠隔，欷槃如織，賦陽關、網結銷魂渡。山塘自緑，水國露溼金莖，萬疊剗地黄土。無花，换畫闌亂苧。沸社鼓、雲和吹斷，燕寢荒祠，紫殿扶琴，漢宫歌舞。朱簾卷上，倉梧凝淚，春蠶絲盡閒眺望，最艱難、雙酌高堂柱。良宵三五依然，度曲經年，翠殘寄否。

彩雲歸　東城閒步，念遠傷高，賦寄江左游好

披香殿裏縷金衣。探珍叢、滿目芳菲。驚半彫怒竹愁雙燕，千步柳、隱隔長隄。海波逝、遠帆過盡，只湘江雁飛。永夜倦魂容與，舊恨縈回。　羈棲。新亭醉面，柰寒侵、飲馬荒池。瑟絃换拍，凝望山色，夢冷將離。念别來、文園病損，萬翦鯨甲機絲。閒吟罷，迎步涼風，月暈星移。

遶佛閣

弄珠細雨。銀篁墮葉，尋夢交甫。凝望吴楚。

倦過釃酒、臨江斷腸處。翠戕意緒。愁亂萬點，歸燕無數。千里塵土。淚痕滿眼，潺湲鳳皇柱。　聽徹夜堂瑟，舊壘重逢春已莫。料有南樓、梨花浮紫霧。笑戲馬人來，從古難渡。繞門清露。送桂槳微波，音訊空訴。渺長隄、去年游女。

玲瓏四犯

次師曩曾依美成韻賦此，和作一首，不次韻

衰草微雲，任暗笛呼風，流繞寒絮。萬曲迴廊，沾面淚痕難數。紅墜粉碓脂田，斷夢渺、雁行南浦。望釣船撥棹荒渡。重聽晚鐘晨鼓。　鳳城花事成孤負。畫牆高、半簷垂露。文鱗寄恨傷心極，人倦秋無主。凝睇舊曲怨懷，料未省、哀絃促柱。企喻醉歌玉簟，深夜別，催年莫。

思帝鄉

淒淒。滿城楊柳枝。微步謝堂湘燕，鬲林歸。　雙棹惜春游冶，夜長涼露垂。隱約小樓紅處、是天涯。

少年游

和耆卿

停船野渡海風遲。雲冷莫雅棲。碧山九曲，朱橋千步，撲面露條垂。　東闌貼鏡吹香雪，重到探春期。鬲岸輕塵，古臺明月，躍馬夜游時。

意難忘

庚午新歲

簫鼓城東。趁明燈夜色，勝綵暄風。桃蹊春耿耿，梅苑曉重重。停鈿轂、泊烏篷。挂十里流虹。凭畫闌、波澄太液，滿地花叢。圓菱澹碧秦宫。喜黏雞繡户，鬥鷃金籠。牆頭天似鏡，池底月如弓。歌企喻、舞玲瓏。聽隔水疏鐘。碎錦坊、誰家倦客，醉眼相逢。

瑞鷓鴣　和耆卿

飛鸞娟鏡引雙流。絳都水畔踏歌游。無主明蟾，不照傳柑宴，銀海金泉碧玉舟。　繡簾朱户彤霞起，五更一夢瀛洲。醉舞百幅羅裊，嬉笑千門步、寶箏收。唬鳥含煙遠樹頭。

玉燭新　倬盦以和美成近詞見示，奉和

輕紅瓊靨後。弄鏡檻潮妝，掃眉新就。翠峰寸碧，花含笑、聽盡長宵宫漏。垂楊拂面，逞度曲猗蘭芳候。梅訊到、慵舞東風，茸窗半遮霞袖。　銀屏倦眼飛塵，望繞岸千叢，暗香濃否。素腰困鬥。重疊影、傅粉玉蟾纖瘦。煙斜水秀。想賦客蘅皋回首。催萬里、雲海歸帆，鶯簧共奏。

夜半樂　和《樂章》韻，題汪仲虎柳岸曉風填詞圖

斷煙殘照，花貌人遠，關山叢柳凝情竚。看風逞晶簾，塵縈絳樹。璅窗露溼，星河遥夜，浣香池上，蕭條怨紅難數。柰耳畔、文梁燕無語。　箭波相續不覺，十里濃陰，草堂迴步。憎滿地，芳菲棠梨争妒。謝庭弄粉，秦樓垂手，夢中輕解明璫，畫橈重顧。亂醉眼、旗亭翠尊賭。　向此追感，障日流雲，錦絲愁緒。對寶鏡浮霜淚痕處。倚青門、閒望遍城紫霞度。歌漸息、回首汀洲莫。正送君南浦揚帆去。

以上《渌水餘音》

徐蘊華

水調歌頭 和林宗孟詞人《觀菊》

驀地西風起，簾捲夕陽樓。問花何事晏放，可是爲儂留。冷眼嚴霜威逼，回首羣芳偏讓，比隱逸高流。容易華年老，莫負一叢秋。　待把酒，拚沈醉，度吟謳。珊珊瘦骨，更將佳色膽瓶收。笑口縱開須惜，只恐秋光輕別，對此暫消愁。但願明年景，依舊賞清幽。

金縷曲 題《貳香詞》

夙負匡時志。竟蹉跎、名場蹭蹬，壯懷莫遂。萬種傷心多少恨，寫向清詞託意。歎才人、每遭時忌。嫉俗徒然存氣骨，問茫茫、大地何人會。揮一掬，靈均淚。　蓮花幕裏身猶寄。最悲涼、酒半牢騷，鏡中憔悴。弔屈依劉千古感，同是一般滋味。且冷眼、紛紛人世。我向門牆來問字，誦詩餘、無限新聲麗。呈拙句，聊相慰。

浪淘沙 和宗孟詞人《憶舊感事》

裘馬訪蓬瀛。仙侶相迎。四絃水調冠新聲。蒿目感蒼生。省識青娥堪閉月，恰稱香名。　漫賦閒情。請纓破浪待功成。雙槳好迎桃葉渡，名士傾城。

滿庭芳 送别宗孟詞人

風笛飛聲，驪歌欲唱，綠波又向東流。萍蹤吹散，送别動吟愁。縱有長亭弱柳，奈絲絲、不繫行舟。雄心感，江山萬里，已是缺金甌。　休憂。長路遠，東瀛勝地，兩度豪遊。好展鬚眉志，不爲封侯。此去乘風破浪，卜他日、事業千秋。望南浦，片帆掛矣，雲樹兩悠悠。

清平樂　扇囊

抽來弱線。色豔絲絲軟。翦錦成囊忘手倦。好貯聚頭小扇。　終朝佩向羅衣。懷中出入偏宜。卻笑團紈樣拙，秋風容易拋離。

金縷曲　題《懺慧詞》

漱玉清音歇。可頡頏、女兒溪畔，猶留詞筆。慧業懺除焚稿矣，黄鵠歌成淒絶。更又是、掌珠墜失。身世茫茫多感慨，抱愁懷、天地爲之窄。誰解得，詞人鬱。　殘山賸水悲家國。最傷心、秋風秋雨，西泠埋骨。風雪山陰勞往返，今日只留殘碣。嘆一載、空噴熱血。造物忌才艱際遇，賸裁雲、縫月金荃集。恐譜入，哀絃裂。

滿庭芳　寄亮奇

雲淡長天，蟲吟小院，月華浸入迴廊。離愁棖觸，今夜漏何長。病起自憐袖薄，憑欄處、不耐風涼。更何況，頻年在客，憔悴爲誰忙。　思量。堪自笑，勸遊京國，懶整行裝。非吴儂自棄，奈戀高堂。更有連枝花萼，忍分離、詩賦河梁。君莫笑，壯懷感也，兒女未情長。

齊天樂　乙卯夏秋，逭暑劉莊。晚值平湖雨過，紅香狼藉。蕩槳荷叢，歸棹寫此，戲足玉溪之意

蓮飆不約斜暉住。宜報北窗詩侶。柳際微波，堤根細葉，纔看雙鳧眠處。平湖遇雨。愛攜笛瓜皮，倚流容與。瑟瑟紅衣，誰家樓上玉溪句。　亭皋摇落又暮。涼陂三十六，留聽

思佳客

南社頻索初稿，病榻經冬，束箋未報。近見卷中稍載數年前西溪斷句，明日黄花，奚足供詩人一粲哉？因柬此謝之

蓮社詩人愛掛錢。强收㮳櫟付吟邊。別來思舊難成賦，倦去停雲莫繫年。　秋易老，鬢空妍。少年心事病來禪。幽居唯覺溪山好，乞取鷗梟次第眠。

意難忘

薄暮視鑑湖舊舍，歸沿河往浦灘。軿窗寫感，有寄慧僧

遮眼高軒。正冷楓摇落，雁思初繁。驚秋無限意，撫鬢已微髡。遵北轍、折南轅。泫是未歸魂。苦眼中、紛馳長路，馬殆車煩。　傷情冪外霜痕。有涼燈吐瞑，市吹流喧。林陰分域界，鈴語破朝昏。思往事、略温存。賸日定難言。漸付憑、誰家管領，水陌花墩。

凄舞。千點濛香，三更敗翠，惹得鷩蟾窺顧。江妃漫妬。恁彈指西風，暗中年度。只憶深宫，那人曾怯暑。

惜紅衣

往昔旅居吴淞，數繫艇長崎石公間。汪灣荷花數十頃，夏景幽寒，終日但聞泉響。每值夕峯收雨，湖氣彌清，澌夫憺然，欲倩隱玉寫意，索碧棲詞丈題册而未竟。病牕經歲，轉眼熏來，曉起舒襟，聊填此闋以寄意

盎石堆冰，屏紗障日。曉來無力。强起推奩，含情鏡花碧。爐熏細裊，賺軟燕、簾前嗔客。湛寂。一枕藤陰，釣溪人將息。　蓮汀柳陌。來去鳴篴，清游半陳迹。經年興致賸憶。斷灣北。載得米家書畫，烟水刺舩尋歷。衹半峯殘雨，猶待碧山才筆。

點絳脣　題自繪越牡丹雙帶鳥帳額，爲淯芙四姊作

雲染鮫綃，金壺細葉開秋璧。越香千疊。一笑南薰力。　繡冪藏姿，不賽沈香客。今難覓。夢回烟歇。狂寫雙禽息。

前調　謝意珠、淯芙兩姊惠翠毹衾幅、玳瑁落塵，仍疊前韻

一幅鳧衣，爲誰染上蒼蒼璧。翠花斜疊。不費春波力。　起傍晶奩，細認鬖鬖客。休歈覓。翦雲纔歇。憨枕流蘇息。

前調　題自繪雙燕、白蓮花帳額

舊是凌波，丰姿欲共江妃賽。新來愁寄。烟態誰能繪。　翠羽參差，猶作輕憐意。尋無寐。野風門外。涼月應初墜。

西江月　繪柳堂雙燕圖，賀愔蘭居士新婚，即題此闋

一片蓮香綺落，半堤柳浪風摇。玉京涼思動藍橈。攜手橋邊應好。　鴨緑纔消微麴，宮黄細着柔條。又看娉燕結新巢。葉底雙棲偕老。

新雁過妝樓　題仲可叔純飛館填詞圖

翠宇高寒。銀箏澀、猜疑夜夜停鸞。舊聲入破，誰念刻骨家山。髣髴仙蹤追罨畫，低回密記補金鑾。賸無端。瑣窗玉户，江雨霏闌。　勝晴裝池半幅，有古春送眼，淺繡成斑。鄭箋無分，驚歎顧曲才難。悤悤一庭謝絮，沾題處、凌滄應笑孱。方回老，只斷腸愁句，流出人間。

醜奴兒令　題葉楚傖居士汾堤弔夢圖

凝情最是堤前柳，烟也模糊。水也模糊。欲訪靈蹤興已孤。　詞人怎識蕉窗夢，吟也生踈。圖也生踈。一片蒼涼指舊墟。

聲聲慢　歲暮哀感。忽得陳、柳諸賢先後手札，或約西磧之探尋，或徵勝溪之題詠。緬想世外游儕，獨能無懷爲樂也。倚歌此曲，奉題亞盧先生分湖舊隱圖後

鴟夷泛舸，鶴市吹簫，羈心早晚秋潮。且向臨邛，琴臺酤肆堪消。休標向年高意，對疏香、芳雪凝銷。傷神事，況松森永久，野壙蕭條。　一角西山可住，甚賦矜孫綽，資薄郗超。藏海藏山，人間無地歸橈。獨臨畫圖深惘，顧淮南、小隱能招。殢情地，想帆過、別墅正遥。

壺中天　巢南先生既刊《笠澤詞徵》，客有爲畫徵獻論詞圖，因題其後

雲巢垂看。記當年淺鬭，茶傾籤滿。一枕荼蘼沈睡後，賸補吴儂横卷。午夢交光，浮眉高映，綽約冰花散。佩環夜裏，也應低拜沾選。　舊深念秋漠聆笳，瘴天搜乘，辛苦商量徧。舊卷千行重疊是，新卷踈踈誰按。一髮青山，雙聲越縵，只付霜縑展。澹仙紅淚，怎堪重破紗浣。

花犯　櫻花，步調

隔蓬萊，飄雲一片，胭脂洗芳霧。虎飆微動，恁鬭取鉛華，鼓點催暮。北州血濺移根苦。凄情鴻鵠訴。奈轉首、東鄰一笑，窺人終肯顧。　仙娥豈屑作穠妝，箜篌咽，翠帷依稀回

梅後，南天花作絮。怎料得、蓮前肩綽約，只會向、層臺承玉露。休羞看、並護。遭碧水，潛勾引、嫵春應妒。

百字令　遊虎邱

看山舊客，正冬荒冷落，羣花都息。眼澀斜陽摇水外，塔稍登臨奇絶。小侣停詩，奚奴載甕，一笑閒游歷。層層林磴，幽尋穿盡寒葉。歸愛轉櫂烟流，踈牕冷語，悄讋溪聲寂。掠鬢野風渾不醒，苦被垂楊承睫。鳧弄緑，吹待千村月。一舩休去，蕢洲無限漁笛。

瀟湘夜雨　題倦倚鏡屏小影

半捲湘簾，微垂錦幔，桃花依舊春風。臉波酒暈印輕紅。劇高寒、瓊樓玉宇，將歸乎、蕊闕珠宫。愁無計，西風環佩，此處重逢。已是幾番薄病，織愁作錦偏工。喜靈根未滅，世事常慵。倚鏡屏、愔愔無語，抛殘書、脈脈爲容。前因何在，聚散太悤悤。

以上《徐蘊華詞》

凌應霖

金縷曲　消寒會　丁亥仲冬，天氣嚴寒。與徐帆鷗文藻、王燮卿肇曾、蔡少伯廷玨、倪迪民壽康、徐醉山增泰、汝詠池仁鳳、徐夢鷗兆鼇、家翰臣弟樹謨、枚臣弟樹鼎九日一集，醵錢酣飲，取九九消寒之意。諸友皆有謌詠，詠池爲之序，余乃填此闋以記之

暑往寒相代。是天公、循環妙理，怎能消退。寒樹荒涼寒水結，黯淡寒山如睡。整一片、寒容寒籟。詩思未成肩屢聳，擁薰鑪、兀坐無聊

賴。思獨酌，暖詩胃。　良朋忽醵風流會。效閨中、寒消九九，九人分派。九日爲期須踐約，奇想應推吾輩。勝似那、愁寒無奈。　明歲杏花消息裡，暖回時、尚有餘懽在。拚酩酊，日常醉。

其二

木落簾櫳静。到良辰、延賓東閣，掃開荒徑。踏雪尋梅羣赴會，未許靈均獨醒。休負這、詩家清景。統領酒兵幫茗戰，破愁城、敵住冰霜勁。浮大白，起觴政。　猜枚射覆行新令。似當年、青蓮賀監，八仙轟飲。縱嚼新詩風雪裏，不怕吟來齒冷。訝暖意、潛回金井。却笑世間迂腐者，守寒窓、未覩消寒境。呵凍管，記豪興。

踏莎行　望雪

疎雨連綿，寒風料峭。安排賞雪憑欄眺。望雲無語晚來時，明蟾歛彩羣鴉噪。　天意沈沈，人心杳杳。癡情拚被梅花笑。幾回搔首問天公，因何不使青山老。

賣花聲　探梅

蘭刈菊花摧。三徑荒萊。綺窓應有早春回。紙帳銅缾開也未，煞費疑猜。　孤鶴共徘徊。獨自探梅。尋消問息徧亭臺。疎影一窓香一袖，一笑拈來。

金縷曲　西湖十景尚矣，張成子之《應天長》，周草窓之《木蘭花慢》，俱膾炙人口。今兹余館池亭，其地四圍流水，兩岸垂楊，一小西湖也。主人出一卷《池亭八景唱和詩》見示，因仿宋賢之意，

漫爾填此

其一　池塘垂柳

一角帘挑處。步芳塘、青青細葉，把春留駐。水似眼波眉似柳，眉眼盈盈欲語。最嫋娜、輕煙微雨。絲動影摇池面映，訝垂綸、駭散遊魚侶。誰弄笛，調淒苦。　小蠻初嫁腰兒嫵。怨封姨、性成輕薄，向西如訴。弱線柔絲難繫定，燕翦鶯梭不住。只可惜、藏春無隖。正是緑陰將滿候，雪漫天、忽作飛花舞。風著力，送雲路。

其二　小橋月色

雲歛秋河霽。好涼宵、一彎略彴，一輪精彩。疑是羅公投拄杖，幻出銀橋天際。似一片、輕霜微漬。囑付釣魚人照管，這清光、攬碎須留意。休笑我，是猷子。　水清月白佳如此。訝鄰翁、柴扉早掩，黑甜鄉裏。雁齒嶙峋蟾魄朗，不數揚州廿四。天上桂、長生無死。我欲御風高處去，步蟾宫、玩月兼攀桂。誰作伴，跨虹起。

其三　湘水菱謌

一棹秋風舸。盪波光、輕盈畫槳，鏡中婀娜。翠婉紅嬌閒采采，艷質有如此果。却未識、何人采我。萬縷柔絲柔恨惹，懊儂歌、調急湘煙鎖。眉月偃，鬢雲嚲。　朱唇淺破櫻桃顆。訴衷情、聲聲珠玉，九天吹墮。妒煞鴛鴦愁煞雁，一片商音入破。更那處、離亭笛和。明日菱花應瘦損，倚蘭橈、細喘嬌無那。殘葉碧，帶歸舵。

其四　堤岸蘆花

添得霜華重。報秋深、長堤覆徧，雪迷雲擁。

蘋緑蓼紅都壓住，水國增波洶湧。輕薄似、楊花紛亢。最好斜陽漁艇聚，鱖魚肥、佐我烹鮮用。留鴈宿，拂鷗夢。　蕭疎慣把孤舟送。夜潮來、驚飈颯起，岸邊喧閧。晴絮茫茫天接水，不藉丹楓補空。飛鷺入、難尋歸踵。猶憶春苗桃浪裏，雜荷錢、葉葉隨風動。年易邁，白頭慟。

其五　金灣落照

兔走烏飛速。想人生、白駒過隙，寸陰真促。羲御沈沈濛汜迫，倏忽扶桑若木。空悵望、水灣林曲。安得魯陽戈久假，試高麾、榆影迴暘谷。時不再，口西落。　炊煙縷縷分還續。指鄰村、半明未暗，豆籬茅屋。天際殘霞成碎綺，遥襯斷虹一角。漸柳外、燕歸鴉宿。恰好餘光金鏡接，助晴曦、斜照前溪竹。暮靄紫，晚波緑。

其六　渡頭晚晴

濁霧風徐埽。露晴光、鳩鳴乍歇，鵲聲齊噪。雨過天青雲破處，吐出半輪殘照。映蝃蝀、彩橋環繞。水鳥弄晴争曬翮，立苔磯、毛羽初乾燥。魚潑剌，晚垂釣。　一溪霽景供閒眺。倩誰描、新波緑漲，夕陽紅皦。荻筍抽芽菰米潤，荷葉傾珠熠燿。漁舍濕、炊煙低裊。指點木瓜湖畔路，暮歸人、尚挾農蓑小。喧渡口，濯泥淖。

其七　蘆涇風帆

波湧金飈吼。戰蕭蕭、一汀蘆葦，小溪秋透。無恙布帆來何處，正值封姨暗佑。穿織過、殘楓衰柳。露白葭蒼檣直立，看風馳、電掣難逅逗。萬里浪，能破否。　烹騰船底喧奔溜。鷺鷗驚、磯邊撲漉，夢回飛走。秋水也如天上坐，那羨春波漲候。聲勢挾、魚龍爭鬬。咫尺仙山應可到，訪東萊、趁得西風驟。離俗土，莫廻首。

其八　月臺殘雪

世界清奇絶。晚憑欄、彤雲乍散，滿汀晴雪。日照光摇銀海眩，略辨鷺飛鶴立。似拆下、瓊宫瑶闕。簷際琤淙懸滴溜，斷珠旒、凝結成晶尺。冰鏡碎，玉壺缺。　宵來輝映尤瑩潔。皓無聲、素娥青女，一天霜月。枯竹蕭森松偃蹇，滿目殘珪破璧。紅葉濕、烹茶難爇。諄囑書僮休埽却，待來朝、細數尋梅迹。愁晝暖，易融液。

滿江紅　黄天蕩懷古

巨浪千層，風力壯、片帆高矗。想當日、使船如馬，一軍神速。紅粉臨戎娘子勇，青龍扼險金兵蹙。到而今、不見鼓援鼉，弓鳴角。　刀劍戛，攢荒竹。矛戟挺，森枯木。恍鐃歌笳吹，櫛鳴相續。兒女英雄安在也，蕭蕭故壘西風肅。枉教人、望斷晚山紅，秋江緑。

多麗　夜游秦淮

晚風輕。一川殘柳疎星。歎盈盈、湖光依舊，幾回金粉飄零。杏花村、樊川夢杳，桃葉渡、子敬琴沈。朱雀橋欹，烏衣客盡，風流都付去潮聲。祇一片、無情氷鏡，終古獨長明。增愁處，烏啼東府，花落新亭。　聽湖樓、一聲檀板，九天吹下雛鶯。四絃秋、琵琶曲苦，雙槳活、水調謌清。笛擫桓伊，詞吟江總，依稀猶帶六朝音。曾讀過、板橋雜記，懷古不勝情。闌珊也，掉舟歸去，斗轉參横。

西江月 看《石頭記》

那有絳珠還淚，何來頑石奇蹤。荒唐筆墨苦酸衷。閒恨閒愁萬種。 惆悵葬花春雨，淒其焚稿秋風。忽歌忽哭意朦朧。我亦目迷綺夢。

金縷曲 題劉伯逵孤鐙對影圖

蓮漏迢迢轉。悄無人、黄昏院落，暗蛩淒斷。鴛枕長寒鸞鏡冷，祇有雁縈繾綣。更瘦影、回頭窺見。獨坐成三消寂寞，把無情、當作情魔遣。指蠟淚，掩蟫簡。 生平未識真長面。想高懷、青蓮月下，後先無間。銀燭綺筵成底事，春夢繁華轉眼。早悟徹、浮生泡幻。日出扶桑鐙漸灺，更添愁、愁友俱分散。待入夜，再相伴。

沁園春 題陶佛楞還讀圖

稻隴初還，芸案相依，又添興多。是歸田彭澤，委懷誦讀，惜陰太尉，運甓婆娑。祖武欽承，古人晤對，鄴架曹倉安樂窩。真堪羡，羡緑陰環繞，黄卷旁羅。 吟哦。此意云何。把往事、陳言加揣摩。想細研經傳，窮殫文史，旁通子説，兼涉詞謌。義種禮畊，經鋤筆耨，應到金坡鳴玉珂。還添恨，恨吾廬亦愛，此事蹉跎。

春風嫋娜 游絲

颺閒庭一縷，日麗風和。飛絮惹，落花拕。看弄晴有影，茶煙共裊，曳空無力，柳外低過。細罥蜂腰，輕縈蝶翅，牽引春愁愁奈何。縱有并州翦刀快，還愁翦斷更紛多。　莫是東皇情重，憐春易逝，繁華綰住暗煩佗。隨香篆，助簾波。好添霞綺，巧補雲羅。組織烏衣，時黏燕翦，糾纏綠樹，恰擲鶯梭。廣寒宮鎖，願月明影裡，紅絲飛入，牢繫姮娥。

前調　飛絮

正紅殘時節，飛白盈城。沾泥定，點水輕。想樓臺雪舞，謝娘得句，池塘風淡，晏相移情。蜨拂難低，燕捎愈疾，須是檐前蛛網縈。底事飄揚不停息，春深徧報上簾旌。　惆悵隋隄新雨，灞橋殘月，一溪亂撲已清明。元亮宅，亞夫營。夕陽酒店，芳草旗亭。荇葉同浮，化萍有迹，桃花細逐，糝徑無聲。休嗤漂泊，看封姨著力，扶搖直上，轉瞬雲程。

念奴嬌　春陰

綠肥紅暗，正養花天氣，澹雲微雨。燕懶鶯慵蜂蜨靜，閒煞春情無數。庭院深深，簾櫳悄悄，花落無人語。垂楊陰裏，茶烟欲散還聚。　祇爲日麗風和，雪晴霞暖，容易東君去。天意留春春不醒，遮住一輪羲御。棠醉煙濃，柳眠霧重，步障層層護。晝暝人困，瞢騰貪睡心緒。

如夢令　春曉即事

露濕柳梢青裊。霞綻桃林紅小。殘夢六朝醒，窓外一聲啼鳥。春曉。春曉。花隝嫩寒料峭。

減字木蘭花　粉蝶

偎紅倚翠。粉重身輕工作態。莫是莊周。香□逍遥夢治遊。低徊草際。欲去還留依錦砌。風颭垂楊。忽逐飛花過短廧。

惜餘春慢　殘春

鶯老鵑啼，蝶慵蜂困，天氣嫩寒輕暖。飄殘杏雨，瘦盡梨雲，煙景幾多消散。漫説東皇有情，冷落胭脂，教誰看管。歎繁華易逝，挽留難住，鶗鴂淒斷。　前日箇、明月梅花，晚風楊柳，轉眼緑陰如織。文通恨重，開府神傷，那更司勳期緩。底事春來帶愁，春欲歸時，不將愁換。算重逢、須是明年，婪尾寸分珍玩。

永遇樂　酷暑

庭缺桐陰，窗疎蕉蔭，難禦炎日。巽二收風，豐隆靳雨，一任驕陽逼。蠅驅不去，蚊飢群至，晝夜更相淩轢。最無奈、深宵枕簟，我倦欲眠俱熱。　心煩意躁，晝長人困，消遣毫無善術。扇小空摇，棋敲未静，流汗如珠滴。宫傳避暑，灣名銷夏，何處訪尋遺迹。只堅守、天除酷吏，早涼蕭颯。

鶯啼敘　七夕，感牛女事

鍼樓夜涼似水，正銀潢案户。説今夕、天上佳期，渺渺霄漢鸞馭。瓜果獻、雙星坐看，家家乞巧停机杼。説七襄慵織，天孫暫詣河鼓。

　輦道塵清，漸臺路迴，欝相思幾許。恐驚破、下界華胥，拂雲穿月輕渡。未平明、良緣已滿，鎮相對，盈盈無語。訂重來，再晤音容，待更寒暑。　神仙眷屬，怎似塵寰，也有離苦。想因是、泥填精衛，恨海無底，石鍊媧皇，情天難補。濃愁一載，良期片刻，三生注定河梁限，鵲橋仙、淚洒梧桐雨。南陽北渚，兩情碧海青天，幾度金風玉露。　人生若夢，離合悲歡，更黄粱一煑。任憑那、寶屏温鏡，梁案秦簫，蘇錦桓車，徐釵裴杵。雨淋蜀道，雲收巫峽，鈿分褥掩俄頃事，白頭吟、漫譜瑶琴柱。争如天上星辰，歲歲清秋，悠悠終古。

念奴嬌　月夜渡江，用東坡《赤壁懷古》韻

桂枝香裏，趁姮娥相送，卧看雲物。銀漢西斜宵欲曙，天半雙星東壁。銕甕城高，黄天蕩古，四望明如雪。歸舟擾擾，不知誰是豪傑。　暢好煙重帆輕，潮平風正，捷若弦初發。宿鷺驚飛蛩語悄，漁火時明時滅。篷背飛觴，舵樓擫笛，露濕青青髮。故鄉何處，一輪千里明月。

水龍吟　惠泉啜茗

惠山東麓徜徉，一泓澄潔清窺底。羣魚唼喋，珠跳玉濺，涓涓龍嘴。陸羽停車，盧仝潤吻，名傳第二。恨素無茶癖，風生量窄，祇約略、嘗泉味。　洵有清詩神技。淡彌濃、凡流難比。芳留齒頰，甘回喉舌，俗醫腸胃。巖桂香飄，砌蘭馨遠，更增佳氣。願烟波終老，携春山茗，汲秋江水。

綺羅香　莫愁小像

月冷疎碪，風敲落葉，寒夢遼陽驚醒。織罷流

黄，蹙損黛眉因甚。秋漏長、丹鳳更籌，好音斷、白狼書信。想愁腸、卿最愁多，離愁堪慰莫愁盡。玉貌而今傳認。是否嬌姿現夢，重幃清影。倦折紅蓮，羞逐六朝金粉。看此際、鳳紙鸞箋，識當年、燕釵蟬鬢。問何人、譜入煙花，累他身後恨。

望海潮　明中山王像

北清燕代，西平秦隴，一鞭萬里縱横。韓信韜鈐，張良閒淡，始終善保勛名。一局沛殊榮。賜莫愁湖側，別墅經營。物换星移，危樓百尺未頽傾。高懸絶妙丹青。看英姿颯爽，磊落峥嶸。衮冕輝煌，鬚眉赫濯，當年掩映旂旌。功業壓開平。想長槍大戟，遠勝書城。悵恨儒冠誤我，投筆請長纓。

金縷曲　曾文正公遺像

粤逆天戈抗。據金陵、寰區幾徧，腹心誰仗。練卒勤王公奮起，隻手東南保障。先皖鄂、妖氛驅蕩。餘孽數年勦滅盡，莫愁湖、退食停雙槳。騎尾去，闔城悵。甘棠遺愛雲臺像。閣崔巍、中山並壽，瓣香供養。吴下書生生恨晚，僅得丹青瞻仰。想緩帶輕裘模樣。歷代中興功第一，縱汾陽、事業難相倣。名相也，更名將。

浣溪紗　西子

花草吴宫寵絶倫。蘇臺新柳不勝春。誰嫌昔日浣紗貧。屧響巖廊扶醉舞，珠沈天塹捧心顰。那曾共采五湖莼。

虞美人　虞姬

花愁玉慘悲歌裏。留戀知無計。虞兮莫問夜如何。兒女英雄相對、泪滂沱。　君王努力重圍突。薄命休憐妾。劍光横雪殉重瞳。碧血化成小草、泣春風。

陂塘柳　秋柳

黯蘇臺、暮煙涼月，斷絲殘綫猶裊。蕭疎清影淒迷色，襯得敗蘆衰草。寒料峭。受雨打風欺，况又新霜飽。烏啼鴈叫。想緑慘紅橋，黄飄白下，一樣晚秋到。　鷓鴣報。昔日麞臺春好。而今鶯燕全杳。纖腰瘦損長眉鎖，非復翠環青繞。臨水照。愁更病、桓温涕淚王恭老。凋零太早。悵宋玉多悲，桓温有淚，努力及年少。

東風第一枝　悼梅，有序

庭中梅樹一枝，株高已三尺矣。館課餘閒，殷勤灌漑。又植秋海棠十數本於其側，將來玉貌紅妝，春秋競秀，亦枯寂中繁華境也。乃秋試歸來，空庭寥落，金屋則僅存孝綽三妹，紙帳則化爲烏有先生。聞俱係捕蟋蟀者所蹂躪。人在物亡，曷勝惆悵。

庾嶺程遥，孤山路迴，綺窓空對明月。多情天送花魁，一樹牆東自出。慇懃愛護，向庭畔、日勤培植。祝他時、玉骨冰肌，絳帳伴人岑寂。　春雨細、嫩芽競坼。宵露重、疎枝漸密。返魂未着幽香，短幹早標勁節。移鐙看影，問何日、粉妝欺雪。想酸寒、同病相憐，詎料半途分析。

其二

蟋蟀聲中，横遭蹂躪，無辜運值陽九。棘闈何遜歸來，芸案方回歿後。羅浮夢斷，枉灌溉、拮据予手。悵西風、未脱青衿，東閣已成烏有。　黄土黯、殘根早朽。瓊艷冷、枯株空守。逋仙悼折山妻，敏政慘傷寒友。化身千億，秖羡慕、放翁消受。歎虛名、誤爾芳魂，酹地半巵新酒。

意難忘　已萎海棠

圃老庭荒。悵神仙蜕羽，麗質招殃。斷腸原薄命，没骨竟埋香。遭俗物、慘摧傷。黄土瘞紅妝。俱化作、曇花一現，水月空茫。　春來植向東牆。願金風玉露，慰我淒涼。癡情成夢蝶，好景付吟螿。沈艷魄、弔殘芳。冷雨灑幽窗。更那堪、撩人新恨，嗚蟀西堂。

滿庭芳　尚存海棠

粉瓣紅輕，檀心黄暈，刦餘尚有嬌容。蕭疏黯淡，淚灑雨聲中。何處飛來瘦蝶，强行樂、低舞簾櫳。憑欄眺，燕支猩血，一派可憐紅。　不勝惆悵處，芸窗移植，廿本庭東。倏妒花風起，幾盡芳叢。天意留供吟詠，殘艷冷、獨對西風。秋陰惜，殷殷護惜，莫逐曉雲空。

雨淋鈴　殘海棠

紅愁緑慘，竟隨秋老，餘艷將盡。蕭疏幾點無賴，乍零未墮，低迷苔徑。恨煞金飈欺弱質，深夜吹凈。空檢點、思婦啼痕，滿地朱殷斷霞映。　落紅狼藉胭脂冷。最淒涼、風雨重陽近。芳容轉瞬都杳，蛩語咽、蜨偎孤影。好夢難長，良會無多，佳日何迅。甚意緒、簾捲西風，重把闌干凭。

水調詞頭　題《諧鐸》後

領略諧中鐸，休認鐸爲諧。紛紛雜俎隨筆，俯視盡塵埃。洗卻稗官陳腐，抵得遒人徇路，名理格言該。説法粲花舌，諷諫滑稽才。　孝先腹，曼倩口，鬱奇材。祇將妙語莊論，棒喝醒癡獃。人愛風華謔浪，我謂辛酸惆悵，談笑助悲哀。深夜百回讀，長歎暗鐙煤。

换巢鸞鳳　集詞牌名

緑意紅情。憶仙姿多麗，愁春未醒。扁舟尋舊約，法曲獻仙音。春風嬝娜柳梢青。錦纏道、青山相送迎。秋波媚，消息憶、王孫薄倖。　無悶。調笑令。鵲踏花翻，南浦探芳信。魚水同歡，貂裘换酒，河轉茘支香近。燭影摇紅念奴嬌，疎簾澹月梅花引。相見歡，醉花陰、暗香疏影。

調笑令　歸期中阻

歸也。歸也。卻愁布帆仍卸。檐前梅樹驕人。故向先生報春。春報。春報。自笑冬烘頭腦。

臨江仙　記遇

鳳髻濃蟠蛸領潤，淡妝穩坐舟中。相卿之背也情鍾。偶因嬌婢語，回首覩花容。　我是寓公卿作客，漂浮一樣萍踪。有情無意各雙瞳。榜人渾不覺，柔艣浙西東。

鷓鴣天　風雨

大地繁華一夜收。無聊心緒訴簾鉤。殘春已

是傷心景，那更淒風苦雨稠。垂柳泣，落花羞。九分春色十分愁。啼鴂不管人惆悵，猶代黃鶯鬧樹頭。

浪淘沙 述懷

禮法外逍遥。兩鬢飄蕭。名韁利鎖一齊拋。懶慢清狂天賦與，厭薄塵囂。　懽喜與牢騷。都付詩瓢。人情世態筆端描。收拾閒愁閒恨盡，不上眉梢。

蝶戀花 本意

戀煞桃顋和杏靨。軟舞低飛，搨入滕王帖。驚起偶肰聞響屧。輕盈又集酴醿葉。　驚醒癡迷風一箑。無賴兒童，撲得爭相接。綵線絆殘腰一捻。生來莫作貪花蝶。

醉太平 夏夜枕上

宵深夢醒。衾孤簟清。空房無月無鐙。是三更四更。　蝸疏進蚊，櫺虚見螢。牆根笛鼓齊鳴。鬧蛙聲蚓聲。

賀新郎 調吴敏時新婚

此樂神仙竝。洞房春、香圍粉繞，燭摇紅影。遥想檀郎情急候，宿酒瞢騰半醒。又恰值、更闌人静。連理枝頭花解語，意綿綿、那覺秋宵永。巫峽夢，漸佳境。　居恒翰墨躭吟詠。定情時、畫眉彩筆，料添詩興。翠被深沈鴛枕暖，消受良辰美景。還記否、青氈孤冷。祇慮棋須三友戰，繡旗開、奈僅梁和孟。馳鳳紙，問鸞鏡。君酷嗜三友棋。

相見懽　紀恨

鳳簫難協秦娥。負情多。總是秋風氍毹、致蹉跎。　儂有婦。卿有偶。兩如何。悔煞當年耳鬢、共斯磨。

鎖窗寒　風雪

亂舞梨花，紛飛柳絮，霰跳雲凝。騷騷淅淅，深鎖一天駒影。偏庭階、瓊雕粉裝，黏窗入檻蹤無定。是乍疏還密，將低復起，漫空蝗蜢。　俄頃。封三徑。看古樹鴉翻，寒檐雀静。灞橋驢背，添得幾多詩興。試尋梅、籬邊水邊，滿身碎玉飄衣冷。暮歸來、爲扣柴門，犬吠聲相應。

貂裘换酒　滴水成冰，數日不能作字

萬里行舟斷。釀嚴寒、奔騰烹湃，水風鏖戰。火井無波湯谷涸，大地沍成一片。應直是、上凝天漢。點滴珠璣難消釋，看檐頭、冰筋粗於椀。風入室，凍書案。　硯田令歲逢奇旱。便當窗、烘來嫩日，那曾微暖。悶煞花牋閒煞墨，枯煞一枝斑管。贏得箇、詩情撩亂。卻幸子安能腹藁，不須愁、文字撑腸滿。休火炙，待冰泮。

滿江紅　讀《桃花源記》

疑隱疑仙，誰識破、是真是假。竟别有、雲中雞犬，古時村舍。書籍未遭嬴火刦，農桑不識官租價。問此間、甲子幾多經，花開謝。　談楚漢，都驚怕。聞魏晉，尤悲詫。歎紛紛塵世，鹿猴牛馬。俗客偏知歸路認，仙源枉向旁人話。悵重來、已被白雲封，難尋也。

其二

人笑漁郎，辜負了、入山深處。輕捨卻、其人其地，此花此樹。郡下若無歸客説，武陵怎曉仙人住。想問津、前此已多人，都仙去。先生記，難憑據。我今讀，徐融悟。是逢花便賞，有源須渡。妙境即於常徑覓，靈机多被塵心誤。笑至今、圖畫與詩詞，紛無數。

前調　述懷

一事無成，年已過、士衡入洛。知無望、文名韓柳，武功劉岳。中散性成疎嬾慣，步兵淚已猖狂哭。歎此生、歲月半依栖，如雞鶩。身渺爾，倉中粟。壽有幾，風中燭。但俗人休做，好書須讀。遣悶儘多棋酒射，言情分付詩詞曲。笑顯榮、徒惹後人評，垂青牘。

其二

翹首蒼穹，爇一瓣、心看私祝。並不羨、鄧通銅穴，石崇金谷。茅屋三間容席硯，稻田五畝供饘粥。便閉門、燒却舊青衫，無拘束。花四季，梅蘭菊。樹數本，松梧竹。儘時吟時嘯，無榮無辱。節杖承歡萊子戲，荆釵偕隱梁鴻樂。復何須、利藪與名場，忙爭逐。

瀟湘夜雨　冬夜枕上聽雨

衾冷於冰，房昏似漆，夜深旅夢初醒。暗風吹雨震疏櫺。簷溜滴、苔階溼透，椽罅漏、竹瓦涼生。相思甚，西窓翦燭，話雨良朋。乍疏還密，將連復斷，點點愁聲。更枯枝暗泣，乾葉齊吟。催花落、空勞鶴守，因風急、不辨雞鳴。長欹枕，蕭蕭瑟瑟，傾耳到天明。

菩薩蠻　冬日悶坐

疎林啁哳喧飢雀。北風吹面尖如削。禦冷敝裘難。烘窗日也寒。　雪深仍沒股。空覓尋梅路。詩酒盡淒涼。無聊冬晝長。

明月引　明月照積雪

一天星斗斂寒芒。月茫茫。雪煌煌。滕六姮娥，深夜鬭清光。凍住河山千萬里，空有色，皓無聲、天地涼。　耐寒自嘲何事忙。掩銀釭。推粉窗。迴欄倚徧，逾清冷、雜糅冰霜。瑶館瓊樓，人在玉中央。此景有誰同領取，三徑裡，鶴孤鳴、梅暗香。

聲聲慢　雪消

同雲歸岫，嫩日烘牕，迷離陳迹消鴻。璧破珪殘，瓊漿玉液交融。檐頭暗風吹凍，打冰條、忙煞兒童。晴晝也，甚空階雨急，鎮日淙淙。　乍索把尋梅徑掃，看舊苔痕紫，新草芽紅。挺還欹，一林翠竹蒼松。汀前鷺鷥補空，望遥山、依舊青濃。天氣暖，典綈袍、沈醉東風。

鷓鴣天　立春

我是人間亡是公。不知秋月與春風。春牛圖見農家貼，始識春回臘又終。　簪綵燕，看鐙龍。勝遊除是夢相逢。無多春色無邊恨，盡在新春旅邸中。

南鄉子　小除夕作，時代少柏權課

頭腦太冬烘。無節無年總訓蒙。閑置車中新婦似，真窮。一日偷閒也不容。　司命餞年終。俗以臘月廿四送竈。爆竹家家震耳聾。閙裏觀書渾不解，懵懵。贏得朋儕羨用功。

賀新郎　感夢

無分三生石。嫁東風、佳期漸近，杏花消息。九載癡情縈夢寐，到此雪消冰釋。何事幻、蒙莊蝴蝶。飛到海棠春睡處，訝花顏、玉貌曾相識。鴛帳啟，翠衾揭。　相逢共訴相思渴。意迷離、驚疑悲喜，百端交集。神女生涯原是夢，行雨行雲未得。低道我、狂郎情急。日滿東窗春夢破，溼青衫、舊恨新愁積。除紙筆，對誰說。

高陽臺　題詠池夫人遺影，代葉蔚丈作

恨海茫茫，情天渺渺，幾多奉倩安仁。鏡冷絃孤，豈君獨是愁人。如君尤屬情鍾甚，倩龍眠、描出前身。盼歸魂，環佩聲空，粉墨痕新。　蔦蘿忝在葭莩末，悵多愁善病，疎隔諸親。十七春秋，閉門睡過昏昏。夢回髻丱都釵弁，故人家、子女諧姻。得風聞，梁鮑多才，桓孟安貧。

其二

月不長圓，花原易折，一天風雨秋深。暑痢寒痁，更兼産刦相侵。摧殘月老婚姻簿，短因緣、石上三生。動愁吟，急管哀絲，字字商音。　蘭心蕙質今何在，在十篇事跡，一幅丹青。讀畫吟詩，悲傷本易移情。况余舊有黄門感，

被多情、提起難禁。更酸心，一事輸君，雛鳳聲清。

烏夜啼　深夜聞鵑

旅窓語燕嘸鶯。總淒清。況是殘春半夜、杜鵑聲。　鐘未動，月猶明。帶愁聽。語語催歸、歸夢轉催醒。

風入松　悼六月雪

風刀冰劍太無情。爲去冬寒冰所傷。惆悵對空庭。迴思茂質東牆畔，喜瓊姿、冬夏芳清。花小不耐久，而萼極繁。初夏即開，至殘冬方盡。盛時輒有數千朵，月下可作梅花觀。萬朵梨雲共白，千枝松蓋常青。其葉隆冬不凋。　返魂無望慶重生。孤負月華明。一堆黃土淒迷色，賸枯根、苔蘚縱橫。誤煞雙雙粉蝶，飛來依舊輕盈。

金縷曲　題陶亦園照相小影

妙鏡西人製。只須臾、全神湧現，畫工難擬。卻憶當年年少日，同向芸窓勵志。想唾手、功名可致。颯爽英姿無俗相，謂圖形、須在凌煙裏。奢願也，劇談耳。　蹉跎齊近中年矣。漸銷磨、峥嶸磊落，半生豪氣。世變如今難拾瀋，好數家庭樂事。羡一幅、圖開喬梓。我亦效顰留小影，但輸君、膝下嬌兒侍。君有福，顧而喜。

前調　題劉逸雲德配汪夫人《瑞仙廔遺文》

珠玉隨風吐。具靈根、發攄詞藻，慧心仙語。如此才華真絕世，俯視頌椒詠絮。只可惜、遐齡難駐。天與高才偏靳福，料西池、也有修文處。悲且憶，累夫壻。　神仙原在天台路。

謫人寰、刘晨重會，早應歸去。却爲檀郎情似海，難割情絲一縷。二十載、紅塵留住。僕本恨人棖觸易，替君愁、转自增愁緒。怕卒讀，斷腸句。

滿江紅

題吴竹洲平波臺消夏圖

壇聳波平，此地是、元真遺迹。天闢就、清涼世界，夐无塵屑。院繞槐梧濃漬雨，盤登瓜薦鬆於雪。儘放船、載酒水中央，消長日。　詩萬首，苔牋擘。棋一局，楸枰㓨。任驕陽亭午，不愁炎熱。我欲鶯湖尋舊侶，煙波十里相迢隔。只憑虛、想像薦花紅，荷箭碧。

望海潮

題蔡清任擊楫圖

驚波駭浪，縱横番舶，鯨鯢蹂躪中原。渤海天地，長江天塹，金甌破缺難完。悲憤兩無端。指蕭蕭蘆荻，故壘荒寒。大好山河，要隨楊僕泛樓船。　不平激起鳴湍。趁長風萬里，裂碎儒冠。韓信沙囊，顧榮羽扇，併駷祖逖絲鞭。雲水浩無邊。看中流擊楫，驚起鷗眠。肯學羊裘男子，垂釣卧嚴灘。

賀新涼

題陶亦園所得顧菊薌蒹葭秋水圖

露白葭蒼裡。静無瀾、長天一色，半篙秋水。中有幽人攜小艇，云是長康後裔。獨櫂入、煙波深際。爲問古來誰與耦，似浮家、泛宅玄真子。搴荇菜，煮菰米。　當年海禁初開弛。到而今、兵輪商舶，益多如蟻。海岸江灣都借割，陸續風潮迭起。何處是、樂郊堪從。驅鐵小戎真健武，讀秦風、神往河之涘。繪此者，寓深意。

其二

多少題辭者。想當初、傳觀傳誦，水鄉佳話。七十餘春逢小刼，流入市廛邨舍。落寞煞、名詩名畫。墨妙筆精幾覆瓿，索兼金、相顧群驚詫。空歎惜，賞音寡。　陶潛愛古真風雅。慣搜羅、名人遺墨，啚書盈架。覩此蘆中人宛在，羨爾風流瀟灑。且喜是、葭莩姻婭。破浪乘風懷彼美，亟携歸、展玩難輕捨。經鉅眼，便無價。

百字令　題范嘘成閒窗弄筆圖

日長如歲，看櫺軒疏爽，畫欄岑寂。几净牕明危坐處，滿室晉唐名蹟。有意濡毫，无聊展紙，研碎龍賓墨。淋漓揮灑，寸陰虛度宜惜。　遥想巨筆如椽，龍跳虎卧，風捲煙雲潑。湘管一枝鋒鋭利，横掃千軍馳突。大戟長鎗，粗豪舞弄，怎與毛錐敵。求書盈户，幾時酬應閒得。

其二

雅人深致，借臨池揮翰，坐消晴晝。此境此情誰領畧，付與丹青妙手。虛室三楹，硬黄一幅，簾捲開松牖。拈毫微咲，繪摹神趣雙透。　咲我才乏生花，千枝秃盡，鈍拙仍依舊。閒裡尋忙空肄習，妙筆苦無傳授。願侍書帷，鋪牋捧硯，一洗塗鴉醜。按圖三復，滴殘花外蓮漏。

滿江紅　題范茂芝尋詩讀畫圖

詩畫傳家，君本是、斯文種子。羅列著、縹緗黃卷，明牕净几。輞水隱居摩詰墅，小齋環侍康成婢。最幽閒、紅袖夜添香，真名士。　好紬繹，詩中旨。頻諷詠，畫中意。羨風流道學，雅人深致。藝苑如今將歇絶，藉君提倡頽風起。問古來、誰共此高情，襄陽米。

金縷曲　詠丁烈婦

自古誰無死。最艱難、從容激烈，曲成奇志。丁氏女兒金氏婦，賢孝名傳鄉里。祇兩載、金夫辭世。搶地呼天腸欲斷，已安排、泉路相從逝。防範密，且休矣。　海枯石爛無他計。任旁人、千般慰勸，此心猶是。隱忍酸辛三月久，慟絶中元拜祭。早背地、霞膏吞紫。毅魄貞魂招不轉，想深閨、仰酖甘如醴。血泪灑，尚紅漬。

風入松　題吴鵬飛松下坐禪圖

皈依三寶萬緣清。一個定中僧。蒲團坐破非容易，愛清幽、常倚松陰。現出牟尼寶相，疑他羅漢前生。　如今世界徧榛荆。蠻觸苦相爭。何人廣説生公法，化貪癡、頑石通靈。悟徹浮生夢幻，便堪佛果修成。

以上《静寄軒詩餘》

高　旭

臨江仙　客中感懷　甲辰

一抹斜陽天欲暮，客中惹起相思。蕭蕭紅葉斷腸時。沈吟孤館，惘惘我情癡。　到此牢愁難遣去，西風吹老楊枝。古梅嶺上著花遲。春光來未，人世有誰知。

憶秦娥　寫恨　乙巳

東風又。珠簾倒捲春光透。春光透。暮山横隔，寒梅消瘦。　畫闌十二添紅袖。月圓花好人長壽。人長壽。琴樽未改，江山非舊。

菩薩蠻　寄攘叔

憔悴容姿窺古鏡。紅蠶絲縛沈沈病。碧海水悠悠。天荒到盡頭。　危樓思故國。回首愁無極。一曲淚如麻。江南玉樹花。

前調　客中感懷

百匝周環無患樹。小石川植物園中所見。樹猶如此人何語。紅葉漾微波。斜陽愁思多。　清光摇遠碧。月出千山白。之子採蘭歸。天涯相見稀。

浣溪沙　思祖國

縹渺靈旗問蹇修。滄波萬里水悠悠。不堪回首仲宣樓。　眼底風光誰是主，中原文物似前不。浮雲遮日使人愁。

滿江紅　東京寓樓，偶讀岳武穆作，感步原韻

板蕩中原，三百載、文明消歇。最心痛、岳爺死後，無人争烈。精衛恨填東海石，胡兵醉踏中華月。笛聲來、一曲念家山，思歸切。　孤臣操，冰與雪。滄桑感，誰能滅。憶當時憤把，唾壺敲缺。炸彈轟殘豺虎窟，河山染遍鯨鯢血。慶重生、再見漢衣冠，唐宫闕。

壺中天　題公曼《仇史》，即以爲贈

滔天風浪，頓傾翻赤縣，鼉鼊出没。如此江山

誰管領，一任伊川被髮。我輩書生，高歌擊劍，枉自生奇骨。可憐殷浩，書空終日咄咄。　正值瓦釜雷鳴，黄鐘毁棄，隻手撐天窟。豔絶朱明光復史，想見南征北伐。水滸豪情，春秋大義，危繫千鈞髮。讀難終卷，蕩虜雄心飈發。

菩薩蠻

舊恨如潮猶可記。瀟湘水化靈均淚。著耳杜鵑啼。王孫獨未歸。　簾櫳清露滴。惆悵鴉飛夕。閒立畫樓東。秋花故故紅。

其二

夜半珠簾紅有影。月華似水秋光冷。私語拜雙星。微聞蘭芷馨。　蟬鳴聲正急。別淚紅蓮濕。翦燭酷相思。無聊酒一卮。

以上《徂東詞》

百字令　題陳昚盦宣南話舊圖　丙午

年華如水，忽滄桑小劫，情何能已。回首春風添舊恨，紅燭淚澆清史。西燕東勞，生離死別，往事休提起。聚原有散，人生大抵如此。　想君觸著當年，展圖潑墨，愁絶秋鐙底。空憶長安花踏遍，都算承平才士。碧海難填，蒼天何醉，心緒非相似。江湖滿地，擊劍吹簫去矣。

如夢令

省卻臙脂閒費。領略琴書滋味。西北有高樓，冉冉碧雲來未。堪記。堪記。正是臘梅天氣。

其二

悄悄空庭吟久。明月今生消受。並坐話輕舠，紅樹青山回首。思否。思否。春水一池如酒。

其三

吐出情絲千縷。寫就鴛鴦新譜。隔著小紅牆，惹起相思何苦。遲暮。遲暮。折贈天涯芳杜。

前調　感舊

海上瓊樓縹緲。一枕雞催天曉。埋玉自深深，入夢癡魂嬌小。春老。春老。簾外紅梅枯了。

其二

古木斜陽天遠。濁酒一樽誰勸。儂悔太多情，頑石生生如願。憔悴。憔悴。落葉哀蟬淒怨。

賀新郎　贈虬公、愚庵重行東渡

肯傍人籬下。恐怕這、雙雙飛燕，情懷難寫。海上浮萍原有聚，一片蒼涼原野。訴萬種、牢愁燈灺。正喜逢君今又別，只暫時、把臂何爲也。驪歌唱，淚如瀉。　幾回遭此消魂者。最恨是、碧雲紅樹，夢魂縈惹。分手征程千里外，去後誰譚風雅。傷眼底、交情都假。滾滾胡塵天醉死，抱一腔、熱血從何灑。聊復爾，裝聾啞。

百字令　弔蔡仲剛

海天嘯傲，看紅羊劫數，浮漚彈指。眼底英豪殊碌碌，如汝才華差喜。王粲樓頭，山陽笛裏，愁絶情難已。祖鞭未著，公平奈何遽死。憐儂蹈海歸來，蕭條景物，淚灑胡塵裏。地棘天荆愁不了，哭殺雲間佳士。麥飯一盂，村醪一酌，身後交如此。九峰三泖，騷魂淒苦何似。

金縷曲

夜不成寐，起填此解，舊恨新愁，紛然疊至，世有解人，其謂我何

夢化煙飛去。聽琴絃、無端寸斷，閒尋洲渚。倘使梅花今不死，省卻幾多容與。儘罵殺、東風無語。嚼碎花心紅蕊泣，淚絲絲、只得青囊貯。空使我，悵延佇。　生遭多故傷禾黍。肯關心、櫻桃樹下，伊人居處。地老天荒儂未死，解珮相逢神女。莫便是、漢皋遊侶。舊日月明天上缺，到今宵、剛見圓如許。思往事，傷情緒。

虞美人

魂顛夢倒渾難醒。惹得沈沈病。聽明鸚鵡報平安。揭起數重簾幙、笑相看。　秋來柳絮偏多恨。儂意商量定。青衫紅袖暮天寒。惆悵月明同倚、碧闌干。

金縷曲

記恨，次亞盧韻

小倚銀屏側。偷眼覷、斜陽樓閣，紅絲繡出。訴盡癡情詩一紙，燕子偏能銜得。生只願、成灰成骨。似水年華飄泊也，替麝香、青寫愁痕跡。歎此事，真奇絶。　歌殘玉樹傷時節。没奈何、酒澆紅豆，臨波爭擲。文采南朝今渺矣，一一胸前捫歷。忽聽得、紫簫聲咽。儂是朱蘭難著土，被東風、點點吹成血。那忍對，伊人說。

前調

亞盧爲我題萬樹梅花繞一廬卷子，感誦數過，不禁憫然，次韻奉答

説著牢愁起。賸新詞、淒涼哀感，卿真解事。日暮天寒寥落甚，終古相思無已。歎我已、今生如此。一任東風桃李鬧，占百花、頭上甯先死。人世夢，付流水。　與君並老毛錐底。説當初、屠龍縛虎，到今奚似。憔悴風塵同調少，閒覓林泉圖史。最難遣、滄桑情味。抱住芳心終不改，便此間、小住猶長計。儘許我，消魂矣。

前調

題攘叔造像，步亞盧韻。時正讀錢牧齋《投筆集》，故不覺其言之悽惋也

尚臥青山側。奈蒼生、如此憔悴，斯人未出。知否阿咸牢落甚，畢竟年來何得。恨只恨、天生癡骨。同是人間煩惱者，又何須、色相留鴻跡。五濁世，真愁絶。　文人自古無奇節。敢相期、衣冠抱住，且休拋擲。庾信悲涼蒙叟痛，一樣滄桑曾歷。枉賸這、遺詩幽咽。抵死沈吟渾不斷，爲中年、以後皮無血。君與我，毋徒説。

以上《歇浦漁唱》

浪淘沙

春日有懷壯公，即題其小影　丁未

芳草此何時。兩地相思。飢凰啼老碧梧枝。猶記笑逢滄海外，識君在東京。愛煞英姿。　豪竹更哀絲。我亦情癡。中年漸近恨難支。君且人前休白眼，君生而青白眼。聽我彈詞。

清平樂

紅闌干畔。鸞夢風吹亂。行到玉梅花下佇。

知否何郎蕉萃。樓頭四扇窗紗。樓中錦瑟年華。料得者番風雨，簾前多少飛花。

憶餘杭　雨篷與亞君夜話

風雨孤舟人語悄。瑟瑟蕭蕭天不曉。教人清夜那能聽。鴻雁有哀音。時泗涇飢民鬧事。　倚篷鐙炧愁無極。話入蒼涼雲化墨。數聲柔櫓蕩寒波。鷗夢冷如何。

鬲谿梅令　寄鈍根萍鄉

鵑啼辛苦恨春遲。酷相思。滴下鮫綃紅淚、一絲絲。天涯寄與誰。　海枯石爛盡情癡。悄寒時。儘管玉梅風骨、著胭脂。臨風不自持。

柳梢青　淘彝書招東渡，慇慇告語，情見乎詞。孤館無聊，寄以斯製

雨亦難成。兩三四點，紙閣魂驚。不堪今日，春光大地，春淚盈盈。　蜻蜓洲畔潮生。櫻花於我無情。同是愁人，卿須憐我，我更憐卿。

花非花　華亭計子山作，饒有古樂府遺意，戲效兩首

合歡杯，同心結。楊花風，梨花雪。人生能得幾魂消，見時又是匆匆別。

其二

畫眉筆，定情詩。鶯兒嬾，蝶兒癡。天涯依舊生芳草，妾苦思郎郎不知。

大有　亞盧書來，述盛衰之感深矣。填寄此解，以當晤譚

黃板橋頭，綠陰深處，正去年、今日回首。再

相逢、杜鵑當是開後。小園此日春光早，恐零落、護鈴相守。傷心蝶舞蜂狂，一任燕嗔鶯呪。　天涯遠，雙紅袖。芳草滿江南，萋萋依舊。重簾不捲，有朵碧雲斜逗。祇爲斷腸天氣，思量煞、一燈如豆。生怕這、春病懨懨，被伊消瘦。

行香子

時三鼓矣，欹枕不寐，感舊成章，淒豔之音，幾難卒讀

春在誰邊。人在誰邊。更東風、吹向誰邊。迢迢山海，覓遍涯巔。是奈何花，奈何酒，奈何天。　比翼難連。鏡影難圓。柳絲絲、枉自纏緜。向樓頭悵望，一縷情牽。奈月如魂，魂如夢，夢如煙。

虞美人

從弟南溟自沈於水，作此悼之

生猶多怨何堪死。摵摵秋風起。霜淒月冷水無波。若此沈湘蹈海、恨還多。　紫荊一樹同榮辱。忍見西枝落。哀哀此意有誰知。爲割我兒攜去、作伊兒。君死無子，以荃兒嗣之。

木蘭花慢

花朝

黃鸝枝上鬧，花事晚、罵東風。儘天涯今日，嬾陰如水，踏遍青驄。春信柳梢來未，悵紅樓消息渺難通。說道春光猶淺，已教蝶怨重重。　小桃含露淚痕濃。爭似去年紅。祝好花長壽，芳情脈脈，私語喁喁。救得今生薄命，怕他生猶作負情儂。一笑花魂無奈，廿番花信悤悤。

虞美人　落梅

短牆一角腸堪斷。回首斜陽亂。半杯酒滴淚如麻。似此丰姿該葬、玉鉤斜。　滿庭香雪紛紛影。翠羽啼難醒。怕遭污踏不開門。拌與冷風打做、楚騷魂。

前調　掃墓歸舟

菱幃影事都無記。少小頑如醉。芳心芳草兩霏微。枉自沈吟遊子、報春暉。　慈雲幻作空香滅。人世真淒絕。不堪著耳杜鵑聲。彈指如今二十、四清明。

前調　題李後主詞

秣陵王氣深堪惜。天水衣成碧。滄桑遺恨幾時休。争信南朝天子、總無愁。　移商刻羽聲聲破。千載無人和。月明故國淚闌干。算較陳家叔寶、有心肝。

憶江南

長相憶，天際暮雲遮。紅雨傷春癡似佛，青山入夢豔如花。終隔一重紗。　空灑淚，忍看夕陽斜。四月濃陰成剎土，十年舊事總空華。哀怨訴琵琶。

蝶戀花　芳華滿眼，而舊時雙燕遲遲未來，書以訊之

多謝好風傳一語。覓到烏衣，定在斜陽處。縱使天涯拋別緒。也應憐我無儔侶。　祇怕海東波浪阻。捲上珠簾，終日勞延佇。風景南朝留幾許。主人情重難忘汝。

點絳脣　入春苦雨

薄薄窗紗，争信消魂如許易。太無情緒，瑟瑟驚人睡。　著耳終宵，一任簷前墜。君須記。溼沈沈地。尚少相思淚。

小重山　魂

非夢非愁不自聊。依依芳草外、那能招。化爲飛絮背人嬌。風吹去、落在小紅橋。　肯付暗香飄。尋儂尋不見、傍花梢。遊絲一縷倩誰描。争禁得、杜宇幾聲消。

小桃紅　淚

一掬東風倩。灑向靈均傳。杜牧重來，紫雲未嫁，十分淒戀。寫相思紅雨、濕天涯，有絲絲如線。　轉眼芳菲變。卻洗梨花面。枕畔鐙前，行行點點，啼痕誰見。更何堪簌簌、滴湘裙，看明朝都遍。

端正好　記夢

翠濛濛春雲無縫。略聽得、黄鸝清哢。幾生修到此間來，笑惟有、紅兒共。　紫霞千片瑶窗送。看舞起、階前金鳳。深深把臂話離愁，不道相逢猶夢。

賣花聲　懷嘐公海上

説起恨重牽。寫向蠻箋。鴻飛的的到君邊。應憶杜郎憔悴甚，鬢影茶煙。　門外聽啼鵑。訴與樽前。相思相望太緜緜。算是天涯相見好，見也堪憐。

青玉案　有寄

落花愁見江南路。感客裏、光陰度。鷓鴣前頭休盡訴。同心鴛鏡，雙聲鸞譜。又是今生遇。　羅巾滿寫相思句。最是愁人天欲暮。折得柳條無寄處。綰成雙結，叮嚀燕子，銜向天涯去。

浪淘沙　懷辟支湘中

四面楚歌聲。破網長征。不甘黃血瞰長鯨。九死肯忘亡國痛，樂操南音。　同是可憐生。端爲多情。湘江淼淼溯伊人。可奈江南蘭蕙瘁，鶗鴂爭鳴。

水調歌頭　祝《神州日報》出版

鳳鳥高岡噦，驀地噤鴟鴞。彷彿彩霞深處，吹徹大成韶。穢史魏收羞死，直筆董狐復活，元著儘超超。夜半警鐘響，靜聽海音潮。　鑄軒聖，拜虞帝，夢神堯。諸公今日，應爾公義薄雲霄。敲起崑崙天鼓，擬把睡獅喚醒，敵凱勵同袍。料得收功日，鐵馬蕩金遼。

高陽臺　題《牡丹亭傳奇》

好事偏魔，相思成鬼，人間安用多情。一首關雎，惹他萬種啼痕。牡丹亭畔休輕死，證癡兒、石上三生。　數前塵，檀板銀箏，唱與誰聽。可憐作者無知己，把豔詞當做，種性難明。大好中原，何堪吹換羶腥。華夷不辨天何意，訴奇愁、下筆魂驚。古來今，卿亦傷心，儂亦傷心。

羅敷媚

連宵無夢春寒悄，雨也添愁。月也添愁。消瘦腰肢不自由。　披衣重把離騷讀，怨在眉頭。恨在心頭。樓外風光似舊不。

前調　題《吴門紀遊》

吴中王氣猶存否，同是癡情。刻意傷春，我愧諸公負盛名。　更憐綺語銷難盡，懊惱今生。羞作詞人，付與悠悠萬口評。

小重山　吴門感事

四載雄圖虎踞邸。傷心來破衲、壞金甌。當年戰壘少遺留。婁門外、慘澹暮雲浮。　往事怕回頭。青山應抱恨、笑人不。李花零落不勝愁。懷帝子、空自淚横流。

占春芳　山塘聞杜鵑

聲聲血，絲絲淚，苦傍落花邊。滿眼新蒲細柳，那堪往事如煙。　絃管鬧人天。枉相思、五十年前。殘脂賸粉都收拾，付與啼鵑。

百字令　緑水灣謁張國維中丞祠

高祠展拜，憶張侯當日，志存匡濟。馬罪未誅時局裂，緩死文山非計。十載提戈，一篇負國，來者須能繼。楚氛甚惡，鬼雄上訴天帝。　誰教十萬胡兒，義烏横掃，洪水滔天勢。熱血東陽拌一灑，絶痛華夷倒置。龍虎無堆，雞豚有社，千古齊揮涕。忠魂肯死，北廷空自來祭。

臨江仙 留園感題

閒拓亭臺勝景，靜耽泉石清緣。算他冷盡到心肝。東方稱宦隱，南國豔神仙。　一戰從容卻敵，當年安石差賢。東山絲竹園中劇場顏此四字倍堪憐。五胡曾幾日，又值亂華年。

虞美人 西園憶舊

曲闌閒倚無人處。數點黃鸝雨。　十分春色賸三分。看取一池水碧、抵湘裙。　玉釵一晌無消息。花事連番歇。衣香鬢影費尋思。容我舊相逢處、立多時。

憶蘿月 弔朱三夫人周湘雲女士

夫君同調。海外相逢笑。余與朱訂交在東京。　誰料女中稱管鮑。山荊與子交尤早。君與亞君同學。　伯鸞夫婦懷思。寄居廡下情癡。記拉看花偕往，何堪重話當時。

湘月 四月十五夜，味蒓園觀賽珍會，與亞君偕

同行池上，愛電光照遍，晚來清絕。　明月中天三五夜，幾見金甌圓缺。閬苑栽花，鈞天張樂，歷亂奇思發。這番遊覽，愁腸那不千結。　回首流民圖一幅，狼藉荒郊枯骨。淮北饑寒，江南佳麗，兩樣同淒切。鐙前歸話，細君相對嗚咽。

水調歌頭 友人陸仲炳講學廣西容縣，歸至平南大馬峽，遇暴客，死焉。填此哭之

今後且休說，淒絕桂林秋。只恨高邱無女，熱血灑征裘。苦受敝車羸馬，耐盡殘羹冷炙，豈

爲稻粱謀。終投豺虎窟，死矣復何求。山陽笛，正哀怨，怕登樓。僕將何以堪此，生小便工愁。一臂鬼雄倘助，儘挽銀河倒瀉，洗卻舊神州。君亦首應點，猶笑我狂不。

虞美人　題龔定庵詞

東華獻賦真無計。且老温柔裏。一簫一劍絮平生。回首羽琌山下、碧雲深。　稜稜俠骨千年矣。誰慰傷讒意。長林豐草不勝秋。交盡燕邯屠狗、欲何求。

減字木蘭花　途中聞布穀

關心耕作。辛苦聲聲催布穀。恐爾思飢。争向千門萬户啼。　太倉紅朽。飽死侏儒天下瘦。淚落東風。忍聽嗷嗷滿澤鴻。

風馬兒　弔健行公學

鵑聲帶血劇淒清。看花也傷心。月也傷心。憶著今生。愛戀已前生。盈盈。　鸞吪鳳噦太無憑。縱醉也惺惺。夢也惺惺。影事思量，難返舊時魂。沈沈。

金縷曲　前填弔健行一闋，亞子和之，淒婉特甚。兹復依韻寫此，雖曰未逮，輒喚奈何

殘柳風淒苦。記當初、多情燕子，傍誰門户。那曉滄桑經百劫，緑葉成陰非故。只惆悵、劉郎前度。又是秋風零落恨，更難攜、桃葉秦淮渡。傷往事，從頭訴。　他生莫再今生誤。且休提、重簾淺夢，消魂真箇。憔悴名花天不管，偏有鸞軿相顧。奈绛蠟、明明澆墮。薄命同憐彈怨瑟，忍含情、重爲蕭娘賦。餘碧淚，

冷終古。

愁倚闌令　中秋月下，得亞君書，卻寄梁溪

天涯遠，共清光。怯思量。道是中秋明月好，夜何長。　長空丹桂飄香。對金樽、誰訴離腸。報我黄花佳會近，記重陽。

凉州令　雁

秋水蘆花浄。一片平沙如鏡。當時不早北還家，來不能歸，棲亦驚難定。　憐他轉眼南風勁。羽短聲悽緊。稻粱無幾，休再呼羣，恰擬金丸贈。

念奴嬌　蔣希剛病故，亞盧、建華二子爲詞以弔，語絶沈痛，因亦繼聲

傷今何世，恍低昂高冢，淒涼風日。我爲蒼生歌薤露，百劫河山同厄。殺賊功賒，蓋棺事了，羡爾聲華歇。生原多恨，死也何曾堪惜。　埃可憐生不逢辰，行吟披髮，一樣心悲切。印前車君逆料，撒手故人長别。黄土平安，青年福分，大笑冠纓絶。杜鵑多事，偏自聲聲哀咽。

買陂塘　秋夜閱《龍舟會》雜劇，適攘叔自禾返棹，出示《重遊煙雨樓作》，即次其韻

莽蕭條、空齋開卷，逼窗都是風雨。寃讐有志終能報，絶似爲儂深絮。今視古。只對著江山，一片淒涼賦。低徊自語。算寡婦何辜，哀哀都偏，長此征求苦。　從頭數。此女猶應悽楚。寥寥青史無侣。蛾眉羞遺鬚眉死，俠骨誰堪分與。須記取。待走近鐙前，把劍爲伊舞。幾多愁緒。忍提起滄桑，重聽悲劇，演

唱斷腸句。

梅花引

吴豹軍屬題其太夫人遺像

梅花引。東風省。天涯冷落休相問。影猶留。淚難收。看君如此，題圖愁麽愁。　慈雲廿載心悽苦。啞啞啼烏思返哺。三春思。芳菲遲。可憐除卻，渠濃未許知。

蘇幙遮

亞子來海上纔五日，明晨將返棹紅梨，悵然賦此

睡難成，愁未定。細數年時，更漏聲聲聽。腸斷相思灰一寸。倚枕沈吟，鐙映斜街静。　鏡中花，心頭影。見亦堪憐，去去休重問。如此江山如此恨。如此天涯，惹得沈沈病。

木蘭花慢

周湘雲女士哀詞

玉臺當日事，明月好、影娟娟。奈黄歇城邊，無端破鏡，惆悵難圓。依稀往時情緒，便女權、撒手爲伊憐。埋去青山慧劍，灑來紅淚蠻箋。　荒江歌泣奈何天。殘柳化成煙。更剗地西風，蘭摧蕙折，不似當年。潘郎近來憔悴，況滄桑、歷劫恨緜緜。一曲念家山破，可能彈到重泉。

金縷曲

哭馮沼清，步亞子韻

時局艱如此。更何堪、人災鬼虐，滔滔皆是。赤手開天鼇腳立，如汝差稱解事。愧幾輩、空談無似。高樹女郎旗五色，倘論功、可抵沙場死。休便歇，付流水。　落花時節金閶裏。憶當時、春衫細馬，相逢奇士。勞燕分飛難再

見，紅豆抛殘爲子。悔未拉、同歌燕市。悽絶秋風回首恨，料吴山、黯澹煙成紫。蒼天醉，曾醒未。

以上《簫心劍膽詞》

少年遊

春光大地，神州陸沈，顧影自憐，悽然欲絶　戊申

碧紗窗外落花深。誰與訴春心。幾度飄零，幾回遲暮，緑葉漸成陰。　剛箋離恨月西沈。舊夢渺難尋。滿眼滄桑，愁深酒淺，獨坐剔殘燈。

酷相思

春感

正值花天三日雨。恨春信、無憑據。只一縷、癡魂何處去。踏遍是、天涯路。覓遍是、天涯路。　燕去鴻來經幾度。心事也、何從訴。況隔著、紅牆天又暮。不醉也、愁無數。便醉也、愁無數。

青玉案

春日驅車過滬西門，頓觸舊塵，有懷陶公、亞子，分寄櫻島、梨里

滬西城角偕遊地。問此景、曾忘未。不減英雄兒女氣。往年情事，乍歌乍哭，隱約還能記。　櫻花照眼梨花淚。豈相憶、終教不相見。昨夜夢中同把臂。聚原易散，散偏難聚，商略渾無計。

齊天樂

拜鵑室主枉題《滄桑紅淚詞》，即用原韻奉題《拜鵑詞》

手搴芳杜天南倚，奇情萬般傾訴。別調迴腸，新聲盪氣，燈底沈吟酸楚。幾番凝佇。似水老琵琶，欲吞還吐。同此傷心，分明絃外曲中

緒。　思量古愁無數。歎寥寥作者，算伊堪取。春死鵑啼，秋深鬼唱，賸有騷魂少許。解人怕遇。喚絶妙雙鬟，畫樓高處。度到樽前，哀音何太苦。「畫樓高處」一作「旗亭開處」；「度到樽前」，一作「拍入紅牙」。

虞美人　題聘妻張氏遺影

人天無據春無信。現出曇花影。傷心南浦月難圓。半面何曾偏也、算因緣。舊時訂婚都不覿面。　畫師怕我癡情死。故作無鹽氏。所繪甚陋，度其生時，斷不至此。今生何必再憐他。待到他生顔色、定如花。

蝶戀花

望斷蘼蕪無恙否。歲歲分飛，偏算鴛鴦偶。愁到深時如中酒。無言獨自憑闌久。　訴向癡情花落後。兩兩鸞心，兩兩同消受。鬟樣青山眉樣柳。今年又是佳期負。

虞美人　題亞盧《磨劍室詞》

冷蛩嘑壁聲淒楚。訴到滄桑苦。杜門休再傍危樓。怕見西山薇蕨、盡含羞。　十年磨劍抛難得。此意何人識。迴腸盪氣寫瑶琴。悄倚紅梨幾度、費沈吟。

浪淘沙　題君劍《廢雅》

小雅思無邪。敢爲君誇。沈吟無奈夕陽斜。大好江山春去也，惆悵年華。　天半暮雲遮。吹徹胡笳。便相見亦淚如麻。而況此生能幾見，長此天涯。

百字令 寄懷亞盧滬上，并示巢南、申叔、曼殊、屏子諸子

江山無主，賸酒徒幾輩，天涯萍聚。一種芬芳抛不得，空被才名耽誤。癡夢尋仇，騷魂覓食，都是風前絮。斜陽滿眼，離懷緜渺如許。　彈可奈兩地相思，迢迢歇浦，難訴傷心語。罷焦桐同此恨，鳳泊鸞飄何處。亂世多愁，故園小病，盼斷雙魚素。碧闌干畔，惹儂終日延佇。時函招來留溪作十日飲。

少年遊 次韻答太一、鈍根

願填碧海自深深。悱惻美人心。別亦堪憐，生猶多恨，默倚畫樓陰。　秋雲無賴化煙沈。好事夢難尋。風雨懷人，江湖小病，憔悴對青鐙。

前調 題太一《辟支廬詩詞集》

君抱楚騷愁。湘水悠悠。高邱無女怨靈修。不怕蛟龍來攫取，吟向滄洲。　一劍話從頭。匹馬燕幽。相期殺賊覓封侯。此手原來堪草檄，與子同仇。

高陽臺 鸚鵡洲前吹鐵笛者屬題所著《殉學記》傳奇

錢虜爲妖，官奴作祟，乾坤臭腐堪羞。便是人豪，撑天壯志都休。人生死亦尋常事，只芙蓉、與爾何讐。願難酬。淚灑癡天，長此悠悠。　當年我亦傷心者，恨東南半壁，學敝風偷。高豎黃龍，一時英物羅收。蛾眉謠諑無端起，付春江、往事東流。數從頭。忍聽銀箏，一曲悲秋。

浪淘沙　次韻，和僊霞

江上白雲秋。日暮悠悠。相思其奈路途修。摘取杜蘅何處寄，閒立汀洲。　末路且低頭。含笑重幽。黄金斗大鄙封侯。一卷船山心不死，了了恩仇。

羅敷媚　海上，遲亞子不至

故人天末應憐我，別緒闌珊。別夢闌珊。悵望江頭一見難。　低徊怕聽琵琶語，紅豆拋殘。紅燭燒殘。明日揚舲又故山。

長相思

怨眉梢。恨眉梢。一種癡情未許描。真愁彩筆凋。　魂兒消。影兒嬌。如此温柔要福銷。他生謚洞簫。

其二

隔天涯。憶天涯。悄坐紅窗數月華。濛濛障碧紗。　柳絲斜。淚絲斜。惆悵江南不見花。瑶琴一曲賒。

如夢令　感事，和仙甫

空谷幽蘭誰種。習習風吹香重。可惜著根難，當户應愁鋤送。悲痛。悲痛。難醒紅塵癡夢。

桃源憶故人　感事，次太一均

思量舊雨兼今雨。愁絶江山無主。大好頭顱奚補。拂袖婆娑舞。　玉簫聲裏瑶臺女。似怨乾坤終腐。生就容姿媚嫵。心事猶堪語。

其二

南風緑綺勞延佇。賸有飄零幾許。露冷宵深誰伍。涙濕東家女。　誰恩誰怨天難補。老我淒風苦雨。人靜鐙微扃户。鬧煞牀頭鼠。

賀新郎　遣悶，和鈍子韻

滿地花如雪。剛轉瞬、枝頭啼恨，杜鵑聲歇。大好江山人似夢，鬧遍南蠻鴂舌。偏惹得、心逾寒鐵。酒後肯忘朝局改，待相逢、往事從頭説。行行涙，絲絲血。　臨風儂自傷幽咽。細思量、玉梅蕉萃，更誰堪折。休道年華今老大，儘踏破、賀蘭山缺。笑掛去、長城圓月。卻怪宵深猶未寐，剔殘燈、看取刀頭熱。生斯世，同悽絶。

一翦梅

背人悄步傍花陰。清漏沈沈，清夜愔愔。鴛鴦枕畔覓啼痕。誤盡香魂。負盡香衾。　惹儂消瘦到而今。紅袖癡情。紅豆癡吟。半鉤涼月夢中尋。不訴春心。祇訴愁心。

踏莎行

篋裏箋愁，愁邊覓路。濛濛一片迷香霧。不堪筆下繪滄桑，哀成庾信江南賦。　舞蝶顛狂，啼鵑悽苦。落紅卻被東風誤。幾曾招得古時魂，秣陵春死斜陽暮。

虞美人　六月十三日作，用鈍根均

天災鬼虐誰能記。生長傷心地。聲聲苦雨訴琵琶。深怕江南此後、竟無花。　一群犬豕頑如土。不解冠裳古。吴淞風起逼人寒。待到龍飛破壁、笑相看。

桃源憶故人　和無悶均，即答

斜陽影裏傷心賦。默對癡天無語。淚濕暮雲春樹。重認分攜處。　東風無賴添愁緒。零落亂紅難數。落時猶自争飛舞。青鳥休啣去。

卜算子　戲詠瓶中桃花

鐙下儘銷魂，斜倚如相就。一握春風笑有痕，更比伊人瘦。　脈脈繡屏中，似伴聽殘漏。君勿今宵恨寂寥，權當雙紅袖。

憶真妃　弔周湘雲女史

蕭條如此山河。起悲歌。何處風摧蘭蕙、猝湘波。　蒼天醉，蒼梧怨，奈人何。淒絶滬西門外、月明多。

菩薩蠻　前題

絲絲血寫批茶傳。江山依舊風光換。最是怕登樓。潘郎著意愁。　秋來雲化紫。一片斜陽死。湘竹淚斑斑。湘君去不還。

蝶戀花　題惜霜所著厭世小説《若人敷若人》

墮地爲人今又誤。世界淒迷，没日無多路。枯樹妍花誰與語。他生勿再癡如許。　滿目榛蕪君且住。銷盡哀魂，獨自從頭絮。一曲冰絃須記取。紅闌十二空延佇。

采桑子　移居留溪

安能鬱鬱常居住，去自蕭然。歸亦安便。且

作移家葛稚川。　人生到處堪留戀，琴寫籬邊。鳥和林間。只羨清閒不羨仙。

減字木蘭花　留溪寓廬作

此心空浄。近市塵囂殊未信。閉户深山。漫説晏嬰免俗難。　每逢斜照。略有鄰家鵝鴨鬧。獨占清風。抱膝高吟一畝宫。

以上《滄桑紅淚詞》

蝶戀花　和安如暮春有寄　己酉

如許佳期偏又誤。梗斷萍飄，江北江南路。織就鴛鴦該寄與。斷腸訴盡相思語。　袖底芬芳須領取。來不多時，便是悤悤去。隔著紅牆天欲暮。爭禁牽得癡魂住。

其二

密約今生堪幾誤。歡會難期，儂實真悽苦。緑葉成陰安可語。一春花事風還雨。　吐出傷心千萬句。青鳥無憑，消息誰傳去。曲曲夢中尋覓處。迷離山色迷離樹。

虞美人　題梁大同瓦。同里汪氏味蘭齋藏瓦，有文云：『能仁寺比丘正鶩仿銅雀臏瓦五萬片，捨入法忍寺，願先妣童氏十九娘超生佛界。大同元年四月，陸墓甘郎造。』凡四十三字

果能識得西來意。成佛生天矣。入家心性出家身。證到大乘境界、最多情。　沈吟寸草春暉杳。刻畫臣能造。應知作者古名家。硬筆盤空奡兀、復安排。

其二

遺徽銅雀猶存樣。把玩臨風悵。一千三百有餘年。即此零星片瓦、已堪傳。　北人碑版喧流俗。拓跋真寥廓。閒來掘鼠歎無聊。祇

向莽榛蕪處、問南朝。

桃源憶故人 和太一均，即寄

人生最易容顏老。問殘局何時了。拚歲月輕心掉。差喜非年少。　傷心滿眼閒花草。獨醒楚人皆倒。獨餓侏儒皆飽。畢竟伊誰好。

鷓鴣天 用鈍根均，即寄

簾影沈沈芳信遲。啼鵑訴與落紅知。柳條堪折休輕折，折寄天涯好共持。　傷往事，託微辭。繁華轉眼賸空枝。思量撒手同歸日，便是人天夢覺時。

賣花聲 哲夫與其夫人張傾城合繪梅聘海棠圖見貽，填此爲謝

一幅豔容光。活色生香。臙脂隊裏鐵心腸。我自愛花花不語，誰與商量。　厚貺故心將。此意難忘。寄儂絹素壁間張。一種閒愁消不得，來對紅妝。

貂裘换酒 仙甫感某君營救事，寄示一闋，依韻和之

搔首西風歎。最驚心、故人牢獄，沈沈更箭。苦道人情如紙薄，交誼而今遷換。況轉眼、風流雲散。細數心期誰與説，又被人、量去家山半。箇中味，嘗來慣。　迷茫大地何時旦。忽妖魔、横飛蝕月，蔽他真面。一别嫦娥三年久，悄倚樓頭未見。便深閉、休教哀怨。解得左驂能購汝，料終償、平仲憐才願。消滅盡，人天恨。

減字木蘭花 録别

是何年紀。前年夙世休提起。兩字消魂。繡出鴛鴦有淚痕。 拋殘紅豆。腰支拌爲伊消瘦。吹氣如蘭。臨去叮嚀别更難。

其二

妙相逢處。可能留得香魂住。住亦無多。啼鴂聲聲喚奈何。 人生何苦。情癡争被紅牆阻。憐爾憐儂。此願茫茫似夢中。

滿江紅 吴君小枚移書，告其妹其德女士自殉事，倚此弔之

我與而兄，彈指忽、二年離别。瞥驚見、秋桐一葉，飛來悽絶。慘澹紅衫膿血史，淒涼黑獄滄桑月。問可權、太不識人權，空鐃舌。女士未婚夫曰鐃可權。 芙蓉瘴，香波咽。女士以鴉片墮命。申江岸，芳塵歇。女士留學上海。痛杜鵑啼恨，恨何能雪。秋女善悲天已醉，春暉未報花先折。女士絶命詞有『花殘不足惜，何以謝春暉』之句。喚紅兒、譜入玉參差，聲聲血。

如夢令 用太一均，即答

滿眼湖山非舊，悄聽猿啼清晝。把臂訴相思，一掬心馨薰透。消受。消受。勞汝旗亭相候。

金縷曲 南社諸子會於吴門，楚傖自汕頭馳寄一闋，因亦繼聲

説與君知道。料今夜、千人石上，夢魂飛到。擊筑彈箏豪士態，惹我臨風傾倒。祝陳夏、風流長好。恨未狂歌驚滿座，聽斷鴻、聲裏哀蟬噪。愁黯黯，蒼天老。 梧桐葉落悲秋早。

奈麋鹿、蘇臺如畫，荒涼難掃。抉目胥門傷往事，一片降幡影杳。衹古冢、龍泉時叫。畢竟文章成底用，況湖山、久矣非朱趙。餘霸氣，消沈了。

南歌子

仙甫集所作《願歌》及《至日懷人》之什爲《南幽百絶》，索題

幽徑尋芳草，空山弔夕陽。江皋木落正嚴霜。彈到南音嗚咽、斷人腸。　信美非吾土，消愁賸醉鄉。吟魂飛去落瀟湘。戲拍君肩一笑、盡千觴。連夜夢與君飲。

百字令

巢南見示永曆錢，索題，且云：『僕盡精力於帝至矣！　此殆天陰有以報我耶？』其言可哀也

此錢堪愛，擬持澆杯酒，欷歔同弔。三百餘年無恙否，字跡斑然深窈。何物迂儒，瞿張殉後，努力如公少。老天有眼，殷勤貽以相報。　不回想慘澹南雲，烹龍炮鳳，哀史憑誰告。信金甌都破壞，賸這團團完好。德祐春秋，義熙甲子，並是人間寶。傷心帝子精魂，那日歸了。

蝶戀花

和太一韻

花正開時人已散。十斛蛟珠，便爾拋殘半。一任江南風景換。滄桑味儂嘗慣。　蝶醉蜂狂愁思亂。無賴楊花，漠漠煙籠岸。醉去東皇腸欲斷。搴簾細把春光看。

字字雙

定安曾填此調入雜詩中，殊爲失當。戲效兩首

綿蠻百囀柔復柔。畫橋西畔幽復幽。鵑啼紅

落愁復愁。含情脈脈羞復羞。

其二

東風無賴吹復吹。羅帷掛起遲復遲。緑窗沈醉戹復戹。夢爲蛺蝶癡復癡。

金縷曲 簡巢南海上

吾友巢南子。謹題箋、陳辭足下，務祈鑒此。臥病春江猶未起，憔悴故人奚似。奈兩地、月明如水。我欲奮飛來問訊，恨頑軀、難展臨風翅。孤負殺，平生意。　青鐙空灑相思淚。念終朝、呻吟牀褥，情何能已。懺慧詞人偏解事，真箇凌雲高誼。看患難、訂交有幾。依實喪心休更説，惟望君、努力加餐耳。天頓首，悤悤啟。

點絳脣 唐莊觀桃花　庚戌

笑對濃妝，簾前報道東風膩。比紅兒醉。禁得心魂瘁。　半晌無言，領略伊滋味。盈盈淚。酒香粉汗。肯信天涯遠。

憶故人 上巳後一日，西子湖頭懷亞子

草草杯盤卿已去，天涯離恨難支。我來原亦未曾遲。東勞西燕，又是誤佳期。　多少癡情何處訴，碧桃剛值開時。一枝攀折枉相思。低徊緜渺，此意幾人知。

望海潮 登六和塔

靖康半壁，偷安南渡，中原王氣全收。虎倒龍顛，當年英物，悤悤淘盡東流。白雁恨難休。看倉皇蹈海，横掃貔貅。滿眼滄桑，那堪弔古

爲勾留。行行莫再回頭。説不如歸去，抛卻杭州。上巳風光，名流觴詠，相期且續前遊。韻事要千秋。笑一時高會，雲散風流。怕把心期重訴，一醉解千愁。

少年遊　中秋月下作

冰輪湧地逼窗紗。桂樹影婆娑。一曲勞歌，秋蟲啼怨，訴出亂如麻。　好闌干畔正清華。無奈被雲遮。恨不今宵，乘風飛去，大海捉蝦蟇。

以上《願無盡廬詞》

點絳脣　南浦思家　辛亥

湖上鴛鴦，問他幾對分飛去。心期誰絮。南浦瀟瀟雨。　倚偏闌干，春信無憑據。凝眸處。天涯草長，不是來時路。

采桑子　懷巢南武林

賞梅記泛孤山棹，別也愁多。見也愁多。抱得芬芳奈若何。　可憐同是天涯客，卿占西湖。儂占南湖。兩地清光月漾波。

蝶戀花

紅豆離離盈一握。細數歸期，閒對鐙花綠。舊恨風吹新恨擱。相思只在横塘曲。　開卷梅花香裏讀。疊句聯詞，准擬佳期續。料得夜深人欲宿。錦衾悄悄春寒獨。

昭君怨　見落梅，悽然不懌

占得百花頭上。死便深深埋葬。零落滿階紅。鬧東風。　一種空香清絶。抱酒終難澆滅。庭院又黄昏。替温存。

賣花聲

天氣病人否。寒暖誰謀。緜衣剛換又重裘。昨夜杏花今夜雨，打疊閒愁。　春色蕩難收。破碎金甌。男兒擲筆覓封侯。無限東風亡國恨，兜上心頭。

醜奴兒令　夜不成寐，披衣寫此

宵深底事推窗立，星已横斜。月已横斜。隔著青山望眼賒。　天涯芳信如相問，妾是梅花。郎是楊花。飄泊東風不到家。

浣溪紗　二月望夜

一春風雨未曾停。料得今宵欲放晴。要持杯酒訴平生。　月到團欒偏不見，人逢離別最關情。教他故意欠分明。

相見懽　擬南唐後主作

寒深酒淺難温。對芳樽。兩地相思一樣、怨飄零。　歸心亂，歸期遠，悔因循。鬢已絲絲銷得、幾黄昏。

其二

玉簫吹徹前村。憶王孫。擬把零煙碎夢、向伊論。　遊人病，啼鵑恨，鎖重門。蛺蝶雙雙紅瘦、是春魂。

柳梢青　雨中登樓

十二時辰。如癡如痗，整頓全神。瘦盡腰支，銷殘眉樣，懊惱今生。　天涯芳草青青。登樓望、攬了愁情。雨雨風風，悽悽楚楚，我我卿卿。

蝶戀花　一夜狂風，紅梅零落盡矣

薄暈臙脂羞一顧。似水年華，祇怕芳菲誤。紅粉一點檀心須好護。翩翩才調天生付。　飄藞誰與訴。自貼闌干，欲去還留住。沈醉玉環嬌獨步。替他扶起風前舞。

虞美人　得家書

可憐遊子飄蓬樣。客裏添惆悵。平安兩字值千金。手把家書鐙下、費沈吟。　男兒蓬矢桑弧志。今日成何事。思量親舍白雲遥。惹得倚門一夜、鬢蕭蕭。

清平樂　有寄

春寒惻惻。兩地應相憶。從不分離今獨宿。料得天涯愁絶。　枕邊忽聽荒雞。打窗風雨淒其。併作數行清淚，叮嚀流到留溪。

浪淘沙　楊篤生自沈利物浦死，弔以此闋

天末又西風。徹耳驚鴻。男兒羞作可憐蟲。甯與金甌同碎卻，遺恨無窮。　奇氣化長虹。往事都空。魯戈難返日當中。一任狂濤號日夜，淘盡英雄。

點絳脣　題玉琤瑽館填詞圖，爲龐檗子

翠羽啾啾，騷魂喚醒紗窗曉。花開多少。祇爲東風早。　一晌沈吟，似索瓊仙笑。春休老。箇人清妙。歲歲年年好。

蝶戀花　四月一日，感粵事作

百囀黄鸝簾外聽。芳訊沈沈，惹起春人病。綠到肥時紅瘦盡。幾時重奉東皇命。　連日

南風吹不定。蝶醉蜂顛，打落蒼苔徑。絶少杜鵑聲響應。奈儂愁喜交相迸。宿空桑不忍行。鈍根。死生流轉猶相值，已恨今生。休話他生。便説歸期淚欲傾。天梅。

清平調　題龐檗子填詞圖

金管玉簫悽愴。隔浦時聞清唱。刻羽移商誰與抗。白石風流無恙。人間絶少知音。最憐短燭孤吟。儂也傷心故國，忍教虎氣消沈。

惠詩有『故國溪山沈虎氣，短燭孤吟空爾情』之句。

清平樂　滄浪亭偶題

來從何處。見亦愁無數。便是相逢無可語。一種心情兜住。若云不算情癡。緣何醉夢支離。繡得鴛鴦新譜，好風寄與黃鸝。

浣溪沙　宣南酒樓與成琢如聯句　癸丑

怪底春愁不自持。潘郎憔悴鬢成絲。淡煙微

相見懽　前題

心期兩地相同。死聲中。惆悵年來難競、是南風。　春安去，花無語，恨悤悤。回首粤王臺畔、血飛紅。

清平樂　禾中寓樓題壁

郎甘離索。妾命原非薄。陌上花開歸欲速。鏡裏顔應如昨。　客中情緒淒清。依稀月落參横。憶著去年今夕，鐙前笑譜雙聲。

以上《鴛鴦湖上詞》

羅敷媚　與傅鈍根聯句　辛亥

留溪苦苦留人住，卿自多情。儂豈忘情。三

雨落花時。琢如。　黯黯青山如我病，雙雙紅豆爲誰癡。最難消受是相思。天梅。

憶秦娥　十六夜望月，次均和鵷雛

傷殘漏。花無長好人長壽。人長壽。昨宵持較，容姿微瘦。　一池水被風吹縐。相思打疊雙紅豆。雙紅豆。佳人剛病，薄寒堪又。中秋月蝕。

菩薩蠻　將之燕，贈歌者豔芬

宣南文讌當年共。翩翻舞瘦階前鳳。西燕又東勞。天遥夢更遥。　名花該墮地。飄泊何時已。憐我復憐卿。多情似不情。

念奴嬌　題巢南《笠澤詞徵》，用檗子韻

碧闌干畔，把芬芳展玩，昔賢風遠。擬向垂虹亭長問，多少古愁新怨。月下吹簫，酒餘擊筑，彈指年華换。何圖斯世，清音猶響天半。　因想訪豔花南，懷人雪北，錦句囊常滿。真箇伊人辛苦甚，絶勝瑯環千卷。白雪高辭，紅牙低唱，入扣聲聲按。儘教當做，鄉邦志乘同看。

以上《微波詞》

虞美人

剛來便去悤悤了。心事知多少。天津橋上又西風。忍聽杜鵑淒怨、數聲中。　觚棱回首依稀在。可惜人民改。酒杯難洗是牢愁。無限淚珠拋付、與東流。

擣練子

人世事，本來空。彈指京華廿四風。嬴得錢

塘蘇小小，兩行清淚濕簾櫳。

浪淘沙

殘局不勝哀。此恨難排。無情明月照空階。一夜令威思往事，化鶴重來。　靈氣豈終埋。滿眼蒿萊。雄圖京口幾時開。不信東南形勝好，浩浩江淮。

憶江南

傷春苦，今日又悲秋。驀地猿啼不住，好風吹送木蘭舟。重上媚香樓。

菩薩蠻

詞人飄泊原難免。筑聲燕市癡無限。獨自向東歸。孤鐙淚暗垂。　舵樓容我上。回首長安望。好夢總成空。曇花一現中。

相見歡

斜陽一抹餘紅。別悤悤。料峭羅衾天末、起秋風。　卿揮淚，儂該醉，那時重。燕自西飛無奈、百勞東。

其二

不堪王粲登樓。看吴鈎。贏得三分春色、七分秋。　終難斷，如麻亂，楚騷愁。夢裏相逢月掛、柳梢頭。

浪淘沙

到耳浪潺潺。客意闌珊。雪花片片著衣寒。惆悵此生誰管得，舊愛新歡。　月下一凭欄。浩蕩江山。壞何容易造何難。我是青蓮今再世，謫下人間。

木蘭花

森嚴帝闕冷欲雪。十萬熊羆成陣列。此行梅鶴不孤清，飽聽胡笳聲夜徹。　相思細嚼秋蘭屑。盻望江頭情正切。好風安穩掛征帆，重話春申城畔月。

清平樂

驚濤天半。一髮青山斷。鼉擲鯨吞何太亂。幾把滄溟占滿。　闌干黃海堪憑。佳期有願終成。莫便淒淒切切，相期死死生生。

臨江仙

虎口餘生誰念我，天驚石破魂飛。酒醒何處夕陽西。取看青史，安用姓名垂。　無限蒼波無限恨，關山萬里淒迷。多情難得比紅兒。

謂朱娘。腰支瘦損，相送柳依依。

應天長

英雄寶劍佳人鏡。未到用時須理整。沙場靜。瓊樓迥。後日功名渾莫定。　終南原有逕。心史休投眢井。衆醉三閭獨醒。問天天亦病。

蝶戀花

跼促九州無可步。吹徹靈簫，我亦傷遲暮。只合萬花香裏住。偎紅倚翠休歸去。　啼鴂聲聲知幾度。一種心期，欲向伊誰語。底事年年添恨緒。何曾覓箇消魂處。

虞美人

沈吟夜半鐙光綠。酒斷愁還續。眼前相見且

休言，記取華嚴樓閣、現他年。風飄浪打雄心在。此擔何時解。海天遥睇暮雲深，一任狂濤東捲、恨難禁。

以上《浮海詞》

菩薩蠻　又寄攘叔

絶妙江山纖手送。唐宫不醒鸚鵡夢。莽莽古幽州。春風萬古愁。　燈前悽以絶。鑄就相思結。明鏡對人羞。華年去不留。

賀新郎　東京懷佩忍

海上曾相識。把心肝、千里懷人，情難抛得。滿地江湖荆棘遍，獨自朝南暮北。原不爲、飢寒交逼。事業未成天尚醉，歎古來、壯士無顔色。神明胄，蕭條極。　幾時掃蕩匈奴域。試看那、隻身跳擲，提刀殺賊。東亞風雲千變幻，行矣前途昏黑。記取完、沙場奇節。亂世青年真福分，好頭顱、收葬要離側。雖死别，長相憶。

念奴嬌　贈洵夷，次亞盧韵

乾坤多難，看他人榻畔，豈容鼾卧。無奈天涯春草長，悵矣逢君南浦。紅豆新詞，青山舊稿，恨遇知音暮。江頭風雨，儂直十分愁苦。　忍教剩水殘山，斜陽歌泣，曲顧周郎誤。萬丈紅塵堪把臂，滿袖芬芳蘭杜。醉後呼天，憤來斫地，往事從頭數。匣中寶劍，嗚嗚欲向誰訴。

水調詞頭　與某校諸同學話别

去日一何速，來日應大難。忽與君等别矣，使我百憂攢。喜散大千花片。相與同登覺岸。

對面有情看。大地雖荆棘，把臂有餘歡。中原事，蒼涼甚，恨無端。喚起種魂，欲活夢賦□□□。同仇踴躍□□，□□□□□，願力自團團。無限臨岐意，努力勸加餐。

琴調相思引　閶門外聽歌賦此

小小眉樓落日斜。淺斟低唱過兒家。香風幾陣，報放白蘭花。淚灑青衫容易濕，最難堪聽自天涯。似憐遲暮，暗爲撥琵琶。

虞美人　過胭脂橋畔

瘦驢倦跨憐清影。春暮春人病。誰家四扇碧窗紗。拗出女郎半面、似桃花。　佳人本色胭脂少。休逐東風老。橋名豔絶爲流連。惹我沉吟癡到、十多年。

滿庭芳　山塘泛舟

人比花紅，波如酒緑，十分堪愛堪憐。數聲柔櫓，蕩得碧漣漣。争説吴娃妙産，又况是、生長吴船。商量定，泊船底處，笑指畫橋邊。　山塘七里依，愁空提起，舊恨綿綿。忍風燈水驛，過了芳年。忽聽中流簫鼓，魂消矣、夢也都牽。須占盡，曉風殘月，準備買山錢。

相見歡　山塘偶見

向人剪剪明眸。影勾留。可奈匆匆一見、木蘭舟。　便相見。情難遣。恨悠悠。何必化爲鸚鵡、叩紅樓。

齊天樂　約同人游城西諸山，陰雨未果，淒然不歡，譜成此闋

夢中飛至芙蓉頂，回觀太湖何小。跨上靈巖，

蹴翻萬笏，消得此生懷抱。煙霞縹緲。歎淒絶江山，容我清嘯。此願茫茫，青雲梯上那能到。祇番勝游算了。世間遺恨事，不知多少。西北波濤，東南金粉，擬拉俊游憑弔。未堪臨眺。把雨絲風片，倦游相告。賦就歸來，騷魂猶繚繞。

少年遊　重游吴門紀事

昨歸時復夢蘇州。挈春再來遊。節近黄梅，橋過紅板，同話舊家樓。　笑喚木蘭舟。七里山塘，一枝柔櫓，摇破暮天愁。

金縷曲　和哲夫《重九謁孝陵》韻

轉眼乾坤舊。憶當年、兵戈戎馬，秋風回首。十萬胡兒來牧草，舊向中原驅走。莽歸跡、都成鳥獸。剩者前王抔土在，付遺民、憑弔傷懷否。長江險，險何有。　石頭城外論功咎。枉傳説、龍蟠虎踞，地存人朽。縱有英雄能創業，□□□□□。奈後來、豚犬誰守。想見我儕啼哭處，劇悲歌、肝膽應如斗。心頭血，杯中酒。

蝶戀花　蒓農以所和《浮海詞》五解見寄，辭意淒婉。昏暮素居，悵然念舊，再爲依聲答之

百轉柔腸剛一步。寄到紅箋，細數斜陽暮。祇爲滄桑愁不住。鴛鴦寺主匆匆去。　擊劍吹笙今幾度。啼盡鵑聲，恨事憑誰語。腸斷天涯情亂緒。記着煙村模糊處。

虞美人　題《辛稼軒集》

羞爲人世書獃子。死活堆千紙。人生才調絶

沈雄。鐵馬金戈疊過、大江東。　中興望斷腥羶遍。亂世傷生賤。我今同把古人憂。空倚危樓灑淚、看吴鈎。

浪淘沙　和侯葆三

最是别離酸。何日停驂。不甘袖手獨盤桓。時事付清談。扶植東南花燦爛，兩地獨看。　一局棋殘。東風料峭怕春寒。春水一池吹皺了，底事卿干。

虞美人

蛾眉遽肯癡如此。甘爲蕭郎死。此生贏得那人憐。斷勿他生再住、奈何天。　原來顔色難常好。珠碎玉沈了。蘭啼蕙歎何其多。深怕滄桑劫數、盡如他。

以上《天梅佚詞》

高肇楨

滿江紅　維揚八景

其一　甘泉浮翠

策馬西郊，依舊是、七峯羅列。聯絡處、星寒北斗，半明半滅。木落牛山秋濯濯，荒涼直與牛山埒。帶斜陽、荆棘臥銅駝，堪悲切。　徵文獻，多殘缺。攬風景，成消歇。似長安春老，廢宫啼鴂。半畝荒庵游鹿豕，千尋智井埋妖孽。歎當年、浮翠渺無存，留空説。

其二　紅橋暮靄

臥影横波，向晚戀、斜陽一角。甚當日、畫船簫鼓，都教閒却。月夜泛春湖更瘦，風亭隔岸山如削。奈倚虹、勝地盡空林，寒鴉托。　名園圮，景邈邈。名士往，人離索。問腰纏十萬，有誰騎鶴。酒醒竹西歌吹冷，詩成東閣梅花落。更何人、修禊繼王盧，今非昨。

其三　玉鉤飛絮

舞歇歌沉，更説甚、如花如玉。清明近、游人滿路，淒涼滿目。終古埋香空有塚，於今拱墓都無木。正紛紛、乾雪舞晴天，隋堤曲。　風流史，誰堪續。風流恨，誰同掬。料芳魂遺憾，半因傾國。捐愛命憐飛絮薄，捧心眉悔柔楊蹙。願他生、莫再逐萍波，飄南北。

其四　保障芙蕖

十里香紅，綺麗似、仙姬綽約。一刹那、星移物換，同歸摇落。荷浦沙明餘荇藻，江園草長迷樓閣。更名泉、流入瘦湖心，今難勺。　秋容淡，涼颸薄。花凋謝，湖蕭索。悵凌波人遠，誰憐步弱。緑芡芒生菱葉路，彩鴛夢醒蓮花幕。拍闌干、回首憶薰風，情懷惡。

其五　法海疏鐘

寺占湖濱，行曲徑、苔紋篆石。算只有、蒲牢百八，證禪印佛。風定遥傳虚谷籟，天高敲墜寒林日。看巋然、一塔鎖晴雲，飛孤白。　曉鐘響，春如客。霜鐘動，秋將及。歷紅羊浩刦，清香沉寂。蓮性誰參西竺偈，蓮花老盡西風色。到而今、附會托空言，文人筆。

其六　螢苑秋光

腐草殘魂，算又被、西風吹活。歎身世、儼同萍幻，高低飄忽。入幕偷分銀燭焰，穿林點碎秋燐血。甚無端、星散景華宫，真奇絶。　延涼意，輕羅拂。照夜讀，紗囊拾。怎宵行曳火，偎人不熱。光咽豆花籬落雨，夢醒金粉池塘月。恨楊隋、遺事渺難尋，無碑碣。

其七　雷陂落雁

北雁南飛，知又是、秋田菰熟。棄沙磧、離湘背楚，別尋水國。排字空濡傳恨筆，浮漚聊避揮絃目。但年年、繫帛類庚郵，寧無足。也莫唱，邊城曲。也莫向，江湖浴。約同盟伴侶，雷塘棲宿。韓柳雄文留禱雨，休教誤馬都爲鹿。問迷藏、今日有樓無，山邱屋。

其八　蜀岡雪霽

銀海翻瀾，做弄得、三峯一色。詠謝絮、隨風散漫，地天合璧。世路崎嶇填不盡，林泉景勝遮無隙。待金烏、破曉馭東升，扶紅日。棲靈路，鴻泥汨。萬松嶺，鴉巢出。看遠山先露，斑斕頭白。霞彩描成晴意態，風光漏洩春消息。料黛顰、倏瞬轉朱顏，頭還黑。

瀟湘夜雨　林黛玉

禁袖風酸，凝窗烟膩，背人偾淚偷彈。瀟湘淒寂，隻夢怯春寒。腸寸斷、紅蕉剥，盡情一片，黄蘗茹殘。愁花落，花還可葬，只是葬愁難。無言閒竚立，嬾調鸚鵡，敲遍闌干。悵憮憮，憔悴枉負華年。眉峯聚、顰横楚黛，腰帶減、恨褭湘蘭。焚詩稿，詩魂化蝶，誰覓返魂丹。

聲聲慢　秋聲

蕭蕭瑟瑟，雨雨風風，紛紛淅淅瀝瀝。無限淒其誰倩，送來今夕。涼飈正收溽暑，甚商音、擾人岑寂。恨只恨、又摧殘多少，樓台金碧。簌簌空山送響，草與木、慘受者般凌轢。物有榮枯，人更那堪戕賊。鳴蛩繞階訴怨，一聲聲、啾啾唧唧。算尚有，可憐蟲、如助歎息。

念奴嬌 蟬

禪機變蛻，展如羅薄翼，飛趨高潔。夾道緑槐涼似水，説露談風抱葉。不入蛩階，不依螢苑，不逐尋芳蝶。孤標自賞，嘶鳴能應時節。　養透拔萃清心，笑他促織，籬落偎人熱。莫羨圖冠貂作伴，莫飾佳人鬢髮。柳岸風高，桐庭烟暝，吟冷黄昏月。曲高和寡，幽琹空自彈徹。

洞仙歌 秋燕

畫簷對語，道流光容易。記得窺簾相新壘。掠東風、傍晚衝雨還巢，雙睡穩，妬煞雕欄獨倚。　情深難別主，門巷斜陽，似與商量隔年事。冷露濕雲襟，回首關山，何作客、不成歸計。只第一、叮嚀繫紅人，莫再誤啣泥、捲簾遲起。

前調 春雁

衡陽風暖，把殘寒吹盡。染柳薰桃逗芳訊。振翎刀、結陣天際翱翔，流景換，見説雲程路穩。　半生遊成苦，準擬尋芳，掘指歸期又催近。塞北帶秋來，遄返家山，偏不帶、江南春信。任碧草、消磨雪泥痕，縱茹恨書空、莫留爪印。

壽樓春 秋聲

胡爲乎來哉。放涼颸爽籟，潛度蕭齋。儘意

摧殘金碧，恁時樓台。鴻唳月、蛩吟階。似喚醒、羈人離懷。又寒葉敲窗，疏花戰雨，都到耳邊來。　鶯和燕，春聲諧。悵流光轉燭，無計安排。那更清商空谷，浪傳無涯。霜信緊，凋庭槐。委物華、飄零塵埃。算猶有寒砧，聲聲替催。叢菊開。

多麗　反悲秋

新涼透，換來景物全非。有流螢、飛兜小扇，帶風照影羅帷。有蟬聲、報秋斷續，莫將身世話齊姬。梁燕呢喃，分明如剪，暫時離別待春歸。況還有、鳴蛩破寂，曬粉蝶紛飛。斜陽裏、征鴻成陣，塞上初回。　小池塘、殘荷漸老，水邊紅蓼盈堤。井梧凋、未應寂寞，一林楓葉醉山谿。雨溉風滋，東籬菊綻，看花又是蟹初肥。更問訊、早梅消息，記取折新枝。蕭齋樂、消寒未了，芳信頻催。

一斛珠　團扇

攜來月魄。輕盈巧製鮫綃薄。揚芬一掃炎威虐。撲蝶花陰，繞遍雕闌角。　涼颸颯爽吹簾箔。睡濃拋共橫釵落。秋風未與捐紈約。何事捐紈，錯怨秋風錯。

前調　篷扇

錦囊佩玉。玲瓏骨製湘妃竹。半輪影展橫弓曲。拂罷爐薰，袖底香盈掬。　是誰巧樣偷南國。涼生素手帆成幅。放翁莫畫當年陸。花外流螢，嬾向風廊撲。

壽星明　四十自壽

牧豕公孫，讀書下帷，晚學春秋。算詞堆錦繡，句鏗金石，熏香摘豔，茹恨工愁。翥鳳長才，雕蟲小技，求劍何須學刻舟。儒冠誤，問少陵緑鬢，幾許風流。登樓。往事悠悠。只贏得、繁霜飛上頭。悵題橋意氣，着鞭懷抱，等閒强仕，悔覓封侯。刦外琴書，花邊杖履，絲竹東山誰與儔。憑消受，儘尋詩劃句，呼酒添籌。

前調　五十自壽

早歲讀書，中年讀律，老去填詞。歎春風換雁，秋風換燕，年涯催送，飈羽飛馳。載酒閒情，吟鶯歡事，回首前塵空搆思。韶華逝，賸功名雲散，鬢鬢霜欺。低徊。浩刦灰飛。問莽莽、天涯何所之。恨舫空琴鶴，徑荒松菊，蹉跎學易，惶愧知非。袖挹清風，心盟白水，雨日出游晴掩扉。安排定，仰山中和靖，湖上鴟夷。

蝶戀花　龍華桃花有一樹而兼開紅白者，拈此記之

白白紅紅開滿塢。雪壓蘆花，低掛霞千縷。錯認前村沽酒去。武陵人醉歸何處。　試數番風春幾許。紅杏枝頭，底事飄香絮。是否東君嫌淡素。無言竚立斜陽渡。

其二

彷彿黄昏啼杜宇。月冷梨花，枝上飄紅雨。可恨東風謀越俎。曉霜吹醉吴江樹。　又似白蘋洲上路。秋意蕭疏，紅蓼開無數。我欲

問花花不語。鉛華翻被臙脂誤。

解佩令　上海哈同花園

樓台水繞。園林春曉。裊空階、殘梅風掃。寂寂無人，響樹梢、數聲啼鳥。掛雕欄、一痕斜照。松邊鶴叫。池邊魚躍。路廻環、苔連芳草。小小峯巒，冬睡醒、也迎人笑。奪天工、裝成幽窈。

其二

空廊人步。空林風語。浪傳聲、不知何許。竹逕通幽，更漸入、畫堂深處。儘徘徊、渾忘賓主。閒花無數。閒愁無數。任塵寰、何今何古。借問桃源，肯再賺、漁郎舟否。恨涼蟾、催人歸去。

六么令　采石磯

江巒孤峙，突兀如天削。逶迤兩山趁倣，弄成犄角。曾阻金兵偷渡，帷幄深謀略。波濤噴薄。依然天塹，日暮千帆帶潮落。牛渚袁宏月夜，彷彿山川約。想像畫舫吟詩，漠漠天寥廓。憑弔殘山賸水，俯仰今非昨。開樽重酌。英雄名士，一例樓台換鳩鵲。

淒涼調　輓吴秋江

終窮名士青衿老，謀身不計榮辱。脱囊有穎，登樓嬾賦，半生棖觸。風塵僕僕。戀名節、猴冠恥沐。展遺書，傷心絶筆，那忍再三讀。回憶西窗下，百戰詩壇，一枰棋局。可堪月夕與花晨，舊遊難續。待詔騎鯨，恨催赴、玉樓太速。灑秋風幾度，濕袖淚暗掬。

醉思仙　懷舊

自分離。便香消翠冷，無限凄其。記春風南浦，別語依依。明月夜，梨花落，怕聽子規啼。況秋風，灑暗雨，更添千縷相思。　脈脈回頭處，方諸淚點沾衣。悔年時同待，燕入羅幃。須臾聚，須臾散，聚散總堪悲。過須臾，念往事，始知聚散都非。

鶯啼序　感懷

儒冠半生誤我，感駒光逝水。記争獵、青紫功名，一襟馳騁鴻志。悔詩酒、消磨過半，蹉跎屢失風雲會。到如今、絲鬢驚秋，鏡鸞知未。　自顧倉皇，幾度撫劍，趁鷄鳴夜起。便金勒、堪着先鞭，奈無天賦豪氣。請終纓、徘徊借箸，被戎馬、浮沉身世。歎飄零，垂老無成，敢云知止。　叢榛礙路，疊浪横江，寄身甚處是。況又是、識韓無路，御李無日，悵望龍門，遠如千里。清泉一掬，清風兩袖，還鄉不跨腰纏鶴，問空囊、買得青山否。峥嶸傲骨，除非翠竹蒼松，耐寒未必如此。　拚招野鶴，待伴閒雲，領索居逸趣。更問訊、東郊南陌。屈指花風，賦燕吟鶯，剪紅裁翠。年年縱有，無情風雨，春來春去成底事，笑蕭郎、空切傷春意。何時能遂初心，料理琴書，任人譽毁。

奪錦標　南湯山

羅拭雲容，珠抛露脚，一帶山粧新飾。幾樹紅楓冷舞，催做凉飔，畫成秋色。想蘭階桂幕，正忘却、烟蘿蕭瑟。輾車來、領略山村，冶葉倡條消息。　誰道清泉浴德。戀戀塵埃，渥髪藻身何益。況更風沂雩舞，雲翳空言，水流陳迹。縱思彈古調，恐春服、裁成嫌窄。趁歸途，照我斜陽，且把閒愁收拾。

擊梧桐　竹林寺

孤寺深藏，樹山轉陡，幽僻翻疑無路。破靄鐘聲，動亂林表，幾陣寒鴉冷舞。蒼松自茂，閒花自落，竹徑深深鎖霧。勝境囂塵、遠笑我來，渾似桃源漁父。　花鳥閒情，烟霞深處，景物迎人成趣。小坐流連久，世味薄、罔識江湖風雨。天下名山僧占，撫今追昔，惹舊愁千縷。向青山、殷勤低問，山又無語。

洞仙歌　西湖十景

其一　蘇堤春曉

蛾開露眼，織烟堤金縷。次第番風又重數。趁新晴、料理覓句詩囊，攜謝屐，約結尋芳伴侶。　玉樓簾未捲，低護輕寒，不放東風到朱户。漲暖水融融，鴨已先知，春意透、花香何處。待燕語、鶯啼報芳辰，看紫膩紅嬌、藹然春聚。

其二　柳浪聞鶯

巧簧調舌，喚芳菲都醒。岸柳摇波破新暝。豔陽天、準擬斗酒雙柑，柑未熟，載酒先來偷聽。　藏鴉青線弱，低拂行人，驕馬香車競馳騁。盼到綠成陰、葉底聞聲，何計向、深林覓影。問繡羽、金衣一遷喬，更記否、幽棲谷中風景。

其三　雷峯夕照

新煙做暝，促游船歸去。打槳紛紛競先渡。

簇笙歌、漸次飛過蘇堤，人影亂，燈火星星催暮。 寺鐘聲乍動，翠靄消凝，猶見疏鴉背風舞。脈脈問斜陽、片刻光陰，何不肯、爲人留住。待素月、東山送流輝，認倒影橫波、舊時遊處。

其四 花港觀魚

春潮剪碧，任潛鱗游泳。帶藻噴珠漾波鏡。月光寒、潑剌争唼飛花，花不定，掉尾浮沉唼影。 水深原極樂，空息歸潭，半畝方塘勝滄溟。結網託空言，何事漁人，臨淵動、羡魚幽興。但玉餌、金鉤莫貪吞，縱百尺絲竿、枉勞烟艇。

其五 麯院風荷

雨跳青蓋，做新涼天氣。瀲灩清波任魚戲。看交飛、並浴雙宿鴛鴦，風動處，滿目嬌紅婉翠。 半湖花世界，四壁扁舟，繚繞追涼話鄰里。悄囑採蓮人、秋冷橫塘，休搖落、風裳水佩。待盪槳、紅衣再來時，問物是人非、舊鷗知未。

其六 三潭映月

珠盤走露，洗流天冰鏡。倒射寒湫碧波冷。輾琉璃、一片碎景搖花，行漸近，犄角亭亭峙鼎。 新涼風怯袂，不斷聲歌，俯仰無端動幽興。漢季數羣雄，轉眼滄桑，争得似、空潭留影。試與問、紛紛倦遊人，怕倚翠偎紅、不堪回省。

其七 兩峯插雲

落霞孤鶩，點烟蘿秋霽。雲脚低拖黛螺翠。

雨初晴、縹緲疑是奇峯，峯對立，遠向天邊斜倚。碧尖濃霧障，彷彿飛來，一一横空掛雲際。瘦削不禁秋、露冷霜高，偏做出、争雄形勢。料夜色、空明月光寒，有鷲舞猿啼、石花飄墜。

其八　南屏晚鐘

半空清韻，破疏林寒靄。渡水餘音雜虚籟。傍烟磯、一簇漁艇鳴榔，榔乍歇，收網齊歌欸乃。　栖林鴉未穩，背舞斜陽，冷引西山下樵採。月色漸朦朧、酒醒歌殘，應驚散、勝流飛蓋。最惱恨、年年送春時，只破曉晨鐘、一聲無賴。

其九　平湖秋月

雲鱗收翳，放清輝不夜。好景今宵買無價。近黄昏、未厭選勝游情，風淡蕩，一葉扁舟堪駕。　天空澄暮靄，月色溶溶，銜接波光冷相射。萬籟寂無聲、不醉休歸，拚中酒、莫辭玉斝。況兩岸、漁燈浸寒星，這一片秋容、倩誰描畫。

其十　斷橋殘雪

水漸漸泮，賸模糊鴻爪。遠岫斑斕露林表。向孤山、幾度問訊寒梅，梅乍蕊，説與尋芳知道。　暗波初漲緑，暘谷東風，消息沉沉甚時到。誤賺役詩人、高聳吟肩，鞭策策、疲驢破帽。莫錯認、芳堤糁楊花，正未了殘寒、好春還杳。

六州歌頭　狼山

崇川重鎮，江海遠連天。明儒將，戚元敬，坐籌邊。靖烽煙。帷幄謀奇略，震雷怒，嚴霜律，警刁斗，屯鵝鸛，策安全。十萬貔貅，突兀龍蛇陣，賊膽先寒。更青峯一簇，虎踞列屏藩。巾扇翩翩。憶當年。試攜蠟屐，策笻杖，攀絶壑，儘留連。空俯仰，尋陳迹，枉情牽。默無言。形勝成天塹，水澎湃，繞層巒。青靄障，翠微合，悄廻環。高峙挐雲，孤塔波摇檻，月色當軒。料登臨舒嘯，弔古意悠然。拍遍闌干。

點絳脣　閨怨

烟柳籠愁，翠條織就相思字。畫欄斜倚。曉困拋梳洗。　繡被侵寒，不許人慵起。心如醉。夢中情事。無處從頭記。

其二

嬾繡鴛鴦，繡時慣把針拈倒。黛蛾佯掃。怕露愁懷抱。　待向人言，又恐人知道。如何好。背人煩惱。强作人前笑。

高陽台

其一　楊花

層緑堆愁，零紅甃恨，闌珊春事無多。亂點清溪，帶烟暗縐紋波。鎮教南浦添離思，送東君、催唱驪歌。甚兒童，閒捉顛狂，撲手頻挼。　飄零不管粧樓怨，任隨風上下，飛罥帷羅。徙倚雕欄，嬾將檀口輕呵。薄情漫怪同游子，比佳人、薄命如何。感流光，老了煙花，未放清和。

其二　梨花

暗卸霞裳，輕籠雪穀，縞仙誤落紅塵。倩影娉婷，淡妝越樣丰神。無言寂寞欄杆外，最愁人、淡月黄昏。挺芳姿，妬緑欺紅，悄鎖烟痕。

扶疏冷豔顔如玉，但濃華浣膩，鉛粉拖雲。帶雨輕盈，素娥弱不勝春。閒情淚滴蒼苔冷，怯餘寒、暮掩重門。漫歌殘，白傅新詞，空惹銷魂。

其三　海棠

寞錦裁綃，膚腴簇繡，瓊梢偷染燕旨。綺幕高張，千條紅線垂垂。未藏金屋教深貯，被無情、雨打風吹。悵年年，睡醒東牆，芳事全非。

花陰絳蠟高燒地，有疏狂坡老，深夜尋詩。莫恨無香，叢叢嬌豔争奇。偎闌低亞嬌無力，妬華清、婀娜丰姿。甚心情，不伴春來，不送春歸。

其四　芍藥

笑脱宫衣，偷裁蜀錦，仙姿别樣嬌柔。醉露披風，拂欄撲撲香稠。多情婪尾扶春起，甚殿春、翻惹春愁。倩東皇，悄囑酴醿，同把春留。

年來誰折將離贈，任蓬飄萍泊，孤負揚州。倦鳥飛還，重尋藺栗梢頭。縱然許我腰圍帶，怕簪花、花亦含羞。莫空懷，郡圃奇芳，四相風流。

前調

其一　蚓笛

窗外燈摇，籬根雨歇，夜凉苔徑幽深。出穴延緣，篆紋乙乙堪尋。新腔不惹梅花怨，悟三生、月影沉沉。破清商，近和蚊雷，遠和蟬琴。淒涼孤舘人無寐，比楚雲吹裂，一例驚心。斷續悲歌，泥途誰是知音。當年子瑀今何處，咽秋風、響徹空林。觸閒愁，又似鴻嘹，又似龍吟。

其二　蛙鼓

催唱田歌，驚醒客夢，東西兩部紛紜。月魄沉輝，六更續報譙門。千撾猶脹澎澎腹，問甚時、喜怒平分。走輕雷，芳草池塘，楊柳烟村。　誰云井底無高見，但逢逢震谷，何異屯軍。密聚鼉鼉，千頭歷亂成羣。家山莫訝窮林遠，聽梵音、悟徹前因。疊春聲，不是催花，不是傳辰。

其三　螺舟

小畏魚呑，輕羞蠡測，迢遙萬里遨遊。林立牙檣，蝦鬚容與中流。浮家休笑蝸廬窄，待推篷、屋大於舟。甚都同，台圮杯亡，佳話空留。　宛渠俗尚崇虛誕，問矜奇炫異，千古誰儔。高髻斜飛，從今佛也科頭。柁迴九曲波分黛，捲夕陽、蠶翅帆收。破長風，共覓虬泉，莫入羊溝。

其四　蜂衙

粉署分曹，金房布政，細腰妄自稱王。飲硯窺簾，飛飛小吏黃裳。催科來往勞專使，課新租、一例輸將。掩蓬扉，中夜黔驢，自大無妨。　鐘稟眷屬如村落，甚么蟲長鬣，也坐高堂。聚訟嗡嗡，有何曲直平章。種分土木成疆域，鬭芳叢、都爲尋芳。儘安排，釀蜜瓊英，度歲花糧。

二郎神　史墓

鞠躬盡瘁，空俯仰、一坏黃土。想破碎河山，飄搖風雨，誰整勤王勁旅。十里揚州方隅地，便一擲、寧非孤注。嗟患搆腹心，書貽家國，九原酸楚。　回溯。衣冠已朽，英魂何處。歎展拜松楸，月籠邗嶺，惟有梅香萬古。板蕩忠臣，祁連高塚，衰草淡烟如許。但釀出、十日哀哀，痛史問公知否。

鳳凰閣　芭蕉

漸浮煙收靄，閒窗暈綠。晚風敲響賽幽竹。戰雨撩愁似灑，淚點盈斛。也應悔、栽成翠縠。　青綃如紙，浪詠新詩滿幅。漫抽雲葉飲芳醁。可奈中原覆鹿，幾人爭逐。莫都是、樵薪夢熟。

看花回　落花

等閒鶯燕嬌嬾，院宇蕭索。滿地點苔砌繡，甚默默無言，紅瘦如削。殘英守定，癡蝶低飛縈翠幕。孤負了、似錦年芳，又隨流水任飄泊。　曾歎息、佳人命薄。莫也被、雨欺風虐。憑挽東君細問，問既遣花開，怎遣花落。青陽暗老，誰會情懷春去惡。把無邊、眼前景，驀地都抛却。

洞仙歌　觀弈，修社課題

迢迢永晝，惹閒愁一片。除卻文枰怎消遣。運深心、坐隱清簟疏簾，簾未捲，無奈隔簾偷看。　自來推妙手，黑白紛馳，瞬息雌雄萬千變。多少局中人、收拾殘棋，爭急劫、誰操勝算。問賭墅、而今有還無，怕石室山樵、枉教柯爛。

錦纏道　桃腮，修社課題

雨霽烟消，竹外小桃開了。聽殷勤、捲簾人道。斷霞剪出如花貌。莫似真妃，宿酒初驚覺。　正鶯啼弱楊，蝶翻芳草。罷枝頭、杏林春鬧。向去年、崔護低低説，映門人面，又倚東風笑。

疏簾淡月　觀潮

奔騰瀉注。似匹練横江，雷鳴鼉鼓。噴雪翻瀾側耳，渾疑風雨。遠山對峙分南北，擁雲濤、一齊吞吐。倒流三峽，何人更射，退潮强弩。　遡往事、低徊幾度。怎方趁潮來，又隨潮去。輾轉如環，瞬息便成今古。峥嶸英物都淘盡，問中流、有誰砥柱。吴兒擊楫，明年今日，弄潮何處。

念奴嬌　碎錦圖

奇零破碎，甚搜羅敝簏，紛馳筆底。色色形形都畢肖，别擅寫生才藝。歷刦蟲沙，暈苔蠹蝕，物化蟬留蜕。一堆故紙，拈來信手游戲。　多少斷碣荒碑，縱横冷卧，衰草斜陽裏。來往摩抄憑弔者，不過欷歔而已。守缺圖存，抱殘勿失，付與丹青繪。斯人應有，傳神阿堵奇技。

木蘭花慢

其一　烟霞洞

愛猨啼鶴舞，扶竹杖、策山坡。看樹密藏溪，花深礙路，壁峭披蘿。煙霞幻成世界，比洞中風景更如何。擊節一聲長嘯，舉頭富貴雲過。

朝陽絢爍射金波。璀璨石嵯峨。問龍影迷離，虎紋錯雜，遺韻誰多。尋幽更行曲徑，有聳天高閣倚巖阿。不是仙凡路隔，觀棋應爛樵柯。

其二　龍井

讀煮泉小品，試新茗、到西湖。問遐邇流傳，龍泓第一，畢竟何如。餘甘每留舌本，比香林天竺更清腴。且學當年盧陸，過門我亦停車。　蜿蜒蟄伏共蛙居。藏櫝蘊驪珠。看抱甕酣眠，興雲噓氣，伸屈殊途。潛淵不妨坐井，料觀天鱗甲有時舒。偶借地名名物，須知名實難符。

其三　飛來峯

過冷泉亭下，瞻佛國、幾徘徊。指一點孤巒，四圍列嶂，百尺懸崖。何時竺西靈鷲，愛仙居小嶺故飛來。借問是誰游戲，戲將鐵鎖偷開。　移山今古本無儕。愚公亦快哉。便白石成羊，玉函化鳥，莫費疑猜。丹邱若容鼇負，入深山處處總蓬萊。劉阮倦歸到此，定應忘却天台。

其四　虎跑泉

覓澄心石乳，大癡嶺、味芳甘。記避世唐僧，卜居招隱，曾結茅庵。相傳夜來寅客，撥雲根虎穴變龍潭。誰擲在山清液，涓涓浄洗貪婪。　風林長嘯震空巖。目炯視眈眈。歎長獸稱雄，噬羊陷穽，摇尾何堪。爪牙不教誤用，引源頭活水挹湛湛。安得大人虎變，簾泉也許分沾。

其五 葛嶺

向棲霞北往，訪遺跡、醉捫雲。待行近峯巔，初陽台上，丹竈何存。仙翁祕傳仙訣，羡仙家繩武有仙孫。可惜未留手澤，頓教證果無因。

茸茸細草碧如茵。怪石簇峥嶙。笑似道徒勞，當年私第，今日山門。巍巍仰瞻廟貌，半閒堂鐘鼓閲朝昏。千古鵲巢鳩占，寧論誰主誰賓。

其六 孤山

試憑高一望，在南北、兩峯間。更左右湖光，接天無際，映帶廻環。仙蹤尚留人境，附末光鶴塚也嶄然。梅麓花多宋本，一年一度開殘。

塵囂擾攘靄雲烟。誰熟北窗眠。縱願學林逋，當時那有，第二孤山。逃名何須逃世，怕層巒高處不勝寒。賴得聲傳空谷，唤醒倦鳥飛還。

點絳脣

其一 老將

組曳兵符，當年金印腰懸斗。幾番攻守。换得霜盈首。　匹馬雕鞍，钁鑠争鶏口。慚牛後。解權杯酒。一例成功狗。

其二 老吏

循吏公忠，却金廉吏冰懷朗。吏才標榜。傲吏無偏黨。　刀筆風塵，僕僕頻來往。彷徨狀。簿書鞅掌。不是封侯相。

其三 老兵

傴僂從戎，玉關望斷寒衣寄。故鄉千里。去也歸無計。　舊侣刀鎗，閒替人磨洗。心如醉。戍樓無寐。月照征夫淚。

其四　老馬

枹鼓敲殘，嘶風無奈斜陽暮。子方何處。悔未超騰去。骨市千金，皮相留空語。馳驅苦。齒增如許。總爲知途誤。

其五　老奴

落魄窮途，一枝聊借棲孤鳥。寄籬懷抱。羞向人前道。命乞牽羊，錐立儕傭保。年年掃。落花不了。臣僕拚終老。

其六　老婢

月缺花殘，有生都是愁時候。那堪回首。淚濕添香袖。待嫁朝雲，盼斷鸚籠透。幃空守。自憐嘉偶。同夢甘箕帚。

其七　老儒

頭角崢嶸，舊時豪氣今如許。未遭天妒。翻被聰明誤。錦繡心腸，織出工愁賦。才華富。吐咀車庫。笑煞巾箱蠹。

其八　老僧

色相空空，回頭悟徹茵飄墮。夜鐘敲破。懺悔人和我。皓首參禪，未證菩提果。如何可。浄根枯坐。且把心猿鎖。

其九　老饕

聽罷鷄鳴，毫釐一失差千里。盜拚藏誨。慾壑填無計。庭不懸魚，慣食私門饋。貪泉美。出山杯水。界破廉隅地。

其十　老妓

車馬人稀，夕陽冷照門前路。倚闌無語。寂

寞縈愁緒。淪落琵琶，泣向秋風訴。天涯暮。斷蓬飄絮。多少商人婦。

其十一 老謀

擘畫勞心，謀人那肯同謀己。智囊何似。捷足爭謀始。廊廟山林，輕重權衡未。功成退。稼軒無愧。一壑菟裘計。

其十二 老懷

把酒臨風，披襟時學蘇門嘯。禿翁云杳。潦倒誰同調。落拓鬚眉，頭欠冬烘腦。登樓眺。氣橫秋老。楓賽春林鬧。

其十三 老松

不受秦封，遑論漢魏和唐晉。古音一軫。琴奏無絃韻。庇鳳棲鸞，根托温山峻。霜風緊。戰龍孤憤。雲谷容深隱。

其十四 老梅

千載知音，問誰駕與逋仙竝。粉濃粧靚。一任詩人詠。羞嫁東風，不合春情性。橫斜影。品高香静。月冷冰魂醒。

其十五 老鶴

寥唳鳴皋，回翔獨立雞羣乍。令威歸也。羽客千年化。修到乘軒，豈便高聲價。風寒夜。雪深橋下。共説堯時話。

其十六 老猿

月淡霜濃，柔腸啼斷離魂瘦。野賓相逅。認得紅絲舊。隱士清心，亭圮空搔首。軒轅後。歲時奇偶。歷日休輕授。

生查子 送春

客裏遂春歸，別有傷情處。我尚滯征途，他已先歸去。　屈指數歸程，應過江南路。爲我報平安，莫道離懷苦。

以上《半秋軒詞存》卷上

玉樓春　燕

可憐梁上烏衣鳥。行到江南春已老。斜陽門巷話離衷，又恨江南秋信早。　春花秋月年年好。客裏相逢偏草草。舉頭何計問天公，誰把春秋分占了。

其二

玉樓人負紅絲約。簾捲東風春寂寞。舊巢無處覓雕梁，不道雕梁危似幕。　待尋賓雁重商略。旅食浮蹤都是錯。不如南北不分飛，何必天涯怨飄泊。

滿江紅　客窗無俚，憶沈雨辰有『醒後夢』近體詩二十四首，因拈此三字，譜以書懷

車碾勞塵，遮莫似、窮途阮籍。悔未向、林泉寄傲，漁樵分席。身世卅年醒後夢，鄉關萬里愁中客。笑治安、千古托空言，長沙策。　捫不盡，雄談蝨。運不了，分陰甓。悵茫茫人海，側身孤立。燕雀焉知鴻鵠志，驊騮慚伏駑駘櫪。算題橋、尚有一枝枝，相如筆。

其二

着敝蘇裘，底事向、征途涉獵。偏造化、有心顛倒，儒林窮達。關内羊頭醒後夢，眼前名士江中鯽。又何如、舉酒學詩狂，邀明月。　桃花落，思肥鱖。梨花落，聽啼鴂。況客窗春去，羈愁鬱結。屠狗未諳樊噲技，無魚空扣馮驩鋏。把少年、豪氣付高歌，壺敲缺。

其三

天下滔滔，又何事、悲歌擊筑。悵藍田、草深沒脛，誰知有玉。錦帳休尋醒後夢，寒梅冷伴松和竹。展逍遥、秋水兩篇書，從頭讀。　悔未倩，君平卜。悔未種，淵明菊。甚雞蟲得失，也關榮辱。扁鵲醫貧無妙術，謝安賭墅翻新局。任紛紛、變態幻風雲，驚心目。

其四

抱膝長吟，未敢學、清談諧謔。甚落拓、便同晉士，東之高閣。倚馬才華醒後夢，屠龍伎倆今猶昨。歎鬖毿、瘦影有誰憐，雞羣鶴。　欹孤枕，嗟飄泊。聽郵鼓，增離索。算今年又負，揚州芍藥。磨墨偏逢無鼻盾，抱關拚擊吞聲柝。問山泉、出入水何如，分清濁。

其五

寄跡荊沙，策馬把、征塵强踏。問蒼天、是憐是妬，安排遇合。蠹蝕已成醒後夢，劇棋莫戀枰中刼。歎因循、何故負名山，千秋業。　手未荷，鋤雲鍤。足未着，登高屐。甚幾番刻鵠，都教類鴨。世亂愁羈韓信戟，地靈聊下陳蕃榻。抱冰心、應學嶺頭梅，争迎臘。

摸魚兒　荊州關廟

撥蓬蒿、試尋荒逕，巍巍堂宇何處。殘碑斷碣縱橫臥，遺像賸留銅鑄。閒散步。且閒聽、閒鶯閒燕閒相語。閒愁最苦。況兔穴頹牆，鼠穿敗壁，蛛罥破窗户。　滄桑劫，那忍從頭細數。蟲沙猿鶴來去。神靈渺渺成何用，廟貌尚難呵護。須問取。問千騎弓刀，底事争荊楚。撫今弔古。但幾度徘徊，幾番惆悵，幾陣淚如雨。

賀新郎

延秋爲友人作惜別詞，纏綿悱惻，因廣其義以譜之

聽唱陽關叠。甚温柔、鄉中滋味，也如黄蘗。誰分三年纏綿意，贏得者番離别。情愈重、愈多磨折。秋老荷塘鴛鴦冷，悔當時、枉誓同衾穴。孤枕夢，恁凄切。　臨歧揮淚聲嗚咽。這衷腸、對人背地，一般難説。執手相看徘徊立，還恐音塵斷絶。豈小草、自甘獨活。班扇縱無秋捐怨，問下弦、可有重圓月。啼不盡，杜鵑血。

采桑子

次迦厂詞人韻

曉鶯啼破遼西夢，兀坐粧樓。怕理藏鈎。描罷雙蛾嚼筆頭。　春深底事心情懶，閒却薰篝。抛却金彄。魂斷雕梁燕語柔。

前調

前次迦厂韵，意有未盡，故再譜四闋簡寄

開匳默對青鸞鏡，心是愁根。眉是愁痕。試問如何瞞住人。　前塵幾度思量遍，無限温存。無限銷魂。無計平均怨與恩。

其二

逋逃誤入風流藪，心剥紅蕉。淚濕紅綃。點檢春衫怯瘦腰。　情懷撩亂難安頓，雁柱箏調。猊鼎香燒。怕説相思自解嘲。

其三

懨懨病酒心如醉，夢也無憑。醒也無憑。屢卜金錢也不靈。　一年多少凄涼處，春夜鵑聲。秋夜蛩聲。越到更深越怕聽。

其四

畫闌人静珠簾捲，偷下瑶階。偷下瑶階。偷看酴醾開未開。　舊愁遣去添新恨，莫費疑猜。莫費疑猜。惹了情魔事事乖。

鷓鴣天

心似懸旌一樣摇。佳期安得信如潮。情由紅豆葩都變，不長歡苗長恨苗。　春寂寂，思迢迢。踈窗短檠可憐宵。嬌憨小婢真無賴，學嵛死央倩我描。

念奴嬌　岳陽樓

巴陵勝狀，是瀟湘巫峽，天南鎖鑰。遷客騷人，憑眺感遺韵，流風寥邈。黯淡湖光，迷離山色，斜日拖城角。至今誰會，希文先後憂樂。　當日買醉樓頭，吕仙游戲，美酒千甌酌。羽化九皋，飛唳去華表，何年歸鶴。地以人傳，名留人往，萬象皆糟粕。倚闌脉脉，胸襟依舊開拓。

滿庭芳　長沙端陽

地臘逢辰，斗杓亭午，客中依舊端陽。清陰小院，景物换梅黄。照眼菖蒲酒緑，休回首、湔禊流觴。還憐我，家山萬里，浪跡寄瀟湘。　茫茫。行樂事，呼燈聽雨，醉曲吟商。悵墜歡流水，吹鬢飛霜。堪笑艾人艾虎，年年似、傀儡登場。酬佳節，安排角黍，投祭汨羅江。

金縷曲　哭女

往事從頭數。憶孩提、芸窗燈火，不分寒暑。問字趨庭饒慧辯，學咏謝家風絮。便生男、何如生女。不櫛也能成進士，逞才華、巾幗名千古。曇一現，怎調護。　招魂剪紙留空語。甚無端、天賦聰明，忽遭天妬。撒手塵埃知有恨，應恨幽明異路。况永訣、白頭父母。莫使泉臺魚雁杳，報家書、告汝平安否。聊慰我，喪明苦。

其二

飄泊羈湘楚。颭孤燈、迷離魂夢，那堪回溯。病殁不知時與日，藥石寧非醫誤。縱修短、命途有數。骨肉生離成死別，是人間、第一傷心處。嗟伯道，恨難補。　廿齡弱息埋黄土。步空庭、憑誰慰藉，桑榆遲暮。夜臥牛衣相向泣，老淚涔涔傾雨。正世難、年荒如許。草草勞人饑覓食，奈偷生、比似長眠苦。無限事，對誰語。

其三

萬感天涯暮。算年來、只餘秃筆，忍題汝墓。誤我文章埋未盡，遮莫文章誤汝。我與汝、再成父女。入世汝休嗟命短，我休嗟、命似蓮心苦。依膝下，不教去。　天心太忍無由訴。甚病魔、逃入膏肓，痌沉二豎。賸墨殘書慵點檢，一檢一回酸楚。問此別、何時重聚。道是相逢除夢裏，但夢醒、忘却相逢處。尋不到，夢中路。

其四

白玉樓成否。豈而今、赴召多材，有男有女。薦酒欲呼遺像問，可奈默然無語。算汝母、情懷最苦。鍼線衣裳和淚理，共殘膏、賸粉齊封固。争事事，惹愁緒。　悠悠魂魄歸何處。

況茫茫、碧落無門，黄泉無路。孝養烏雛偏不壽，只是未能反哺。悵衰朽、殘齡虚度。視膳有誰供菽水，把當年、鞠育都孤負。腸寸斷，怎分付。

蘭陵王　秋感

暮雲薄。露井梧桐漸落。空枝漏、凉蟾半規，故故窺人轉欄角。驚颷帶葉掠。簾箔陡添寂寞。匡牀畔，飛滿暗塵，似怨琵琶鎖絃索。

重尋舊池閣。又瞥見空階，花瘦如削。思量都是西風錯。甚送了殘暑，做成蕭瑟。教人消受況味惡。算商素太虐。

阡陌。更寥廓。看沼藕蓮空，堤柳絲弱。笙歌畫舫多閒却。問按曲呼酒，誰尋前約。鵾鵬何許，恐未肯侶倦鶴。

六州歌頭　感懷

天寒日暮，都是斷腸時。香草萎。佳人逝。珠樓圮。雲暗墜。風流事。杳難追。過眼鶯花，脈脈回頭處，碧草斜暉。幾低徊心嚮，往世外鴟夷。又誤遲疑。載西施。

刬塵糝地。長門裏。空照淚。月侵幃。山清邃。江濤起。莽天涯。費矜持。滚滚風波惡，無邱壑，卜幽棲。人世異。争容易。覓桃谿。春色無邊，任是花如錦，只掩柴扉。更翛然市隱，莫戀爛柯棋。莫染塵緇。

雨霖鈴　秋雨連綿

天張雲幙。每宵深後，悄送寥寞。匆匆半月駒隙，如酣醉裏，無端拋却。滴碎秋心怕瘦，損芭蕉如削。問未肯、輕放新晴，念否勞人旅懷惡。　羣蛙鼓吹圍池閣。更那堪、遠近敲寒柝。年荒世難情緒，争禁得、者番離索。打盡枯荷，知有浮鷗，又怨飄泊。便待到、重九東籬，恐負黄花約。

綺寮怨　寄友

瞥眼東風迅景，一年春又歸。悵兩地、等是飄零，天涯遠、望斷斜暉。遥知追來諫往，嗟今昔、漸覺分是非。況客中、逝水駒光，王孫草、轉瞬青滿堤。　回首武陵路迷。風風雨雨，無端幾换芳菲。坐昧先幾。動惆帳、惜空枝。相逢故人如問，只道我、鬓成絲。遭逢數奇。新來只自譜、腸斷詞。

合歡帶　憶舊

離懷催换朱顔。攪方寸、夢難安。往事思量都是錯，悵年來，月缺花殘。春風柳絮，飄零未久，秋色斑斕。甚流光、暗消愁海，怎没些子餘閒。　幾回無語拍闌干。斷腸恨、飽釘千般。不是東風牽繫我，又非關。暮色闌珊。空廊繞遍，傷情却在，臨水登山。問何人、似山難老，更如流水廻環。

澹黄柳　鐵馬

錚錚送響，敲破人岑寂。斷續聲和壺漏滴。受盡淒凉況味，贏得飄摇借風力。　向秋夕。纔疏又還密。伴幽砌、亂蛩泣。問何時、碧草嘶金勒。比似風鈴，托身層塔，差勝空簷伏櫪。

東風第一枝　蘆雁

筍老蘋洲，綿飛蓼岸，驚寒賓雁初到。做成羈旅新愁，畫出换秋舊稿。烟波隔浦，露隱隱、漁舟燈小。戀水國、照影横斜，不是鳳棲芳沼。　逾塞嶺、寄沙食草。翔廣澤、惡矰避繳。累他繫帛年年，别恨奈傳未了。鷗侶相逢，咽不盡、關河凄調。待暮天、雪滿江濱，好向灞橋留爪。

憶舊遊　莫愁八景

其一　鍾阜晴雲

被天風剪翠，霽蔚拖藍，織就繽紛。錦叠無心岫，正濛濛過雨，浄洗乾坤。遡空陣横賓雁，飛裂望中雲。愛點綴秋清，纖羅散綺，映帶斜曛。　黄昏。最無賴，甚冉冉浮嵐，如噴氤氳。地擁龍盤勢，歎東吴圖霸，形勝空存。古今幾多成敗，翹首暗消魂。悵物换星移，蕭條日落人閉門。

其二　石城霽雪

正雲溶粉墨，彩架梁虹，捲罷銀波。漠漠紅塵隔，笑山頭頓白，老了秋螺。晚迷投林寒雀，無處認烟蘿。甚剪水瓊妃，裝成麗景，壓倒青娥。　巖阿。卧高士，任過眼炎凉，擊節悲歌。浪寄江湖迹，有釣竿漁叟，帶月披蓑。倦遊那堪回首，淪落悔蹉跎。問虎踞南朝，樓台金碧今若何。

其三　清凉環翠

漸雲腰沁碧，日額飛黄，斜界山門。勝境留空閣，訪詩僧甚處，桃水流春。翠微舊亭安在，芳草細如茵。更竚久徘徊，凄凉滿眼，無限銷魂。　紛紛。砌苔古，映淺淡殘陽，做弄黄昏。指點層巒外，有暮烟蒼靄，圍繞孤村。曲欄幾回閒凭，前事總成塵。任景物芳菲，丹邱邃壑誰主賓。

其四　冶麓幽棲

問苔深繡徑，樹密藏樓，何古何今。地僻囂塵遠，繞迴廊步屧，時聽鳴禽。半天籟傳空谷，風操奏松琴。悵雉堞飛霞，仙都鑄劍，俱付崖陰。　披襟。鎮凝竚，念拾級登高，王謝何心。惹起悠然想，儘逍遥休計，身世浮沉。等閒已成陳迹，花鳥自幽深。縱欲挽遺風，殘碑斷碣無處尋。

其五　秦淮漁唱

聽高歌乍起，短笛横吹，緊送斜陽。裊裊炊烟直，看扁舟一簇，鄰比成行。小溪未妨深隱，何事羨滄江。料曬網晴灘，沽魚换酒，無慮空囊。　徜徉。踏揺處，顧左右長淮，煙水茫茫。設險勞疏鑿，笑苻秦夢想，未熟黄粱。轉頭便成興替，輸與暮鳴榔。賸夾岸年年，千條翠弱楊柳狂。

其六　報恩塔燈

遡凌空九級，照夜千燈，大地光明。藉答劬勞報，似烏雛孝養，反哺深情。倚天挐雲高聳，風際語金鈴。甚梵宇宏開，瞻依瑞相，如列星屏。　亭亭。渺何處，試想像琉璃，四面瓏玲。恨結春暉草，聽漁樵閒話，文獻無徵。静觀往來棋刦，風雨幾飄零。但冷燼餘灰，荒凉滿目苔暈青。

其七 雨花開眺

向浮雲翳日，邃谷流泉，岸幘披襟。綺縠含虛籟，帶斜陽一片，遠掛煙林。緬懷散花天雨，遺韻動清吟。奈說法高禪，三車坐演，舊跡難尋。幽深。悄閒步，任世慮悠悠，了不縈心。第二泉堪試，似慧山攜月，坡老登臨。勝遊恍然今昔，年事去鬖鬖。待遯隱巖棲，無絃譜徹逋叟琴。

其八 牛首煙巒

甚蒼茫翠磴，縹緲香台，百折千盤。遠岫排天闕，又雙峯對峙，峭倚高寒。斷雲捲開圖畫，犄角有無間。倘力借鞭霆，中宵喘月，疑是吳山。迴環。列屏嶂，露隱隱疏林，倦鳥飛還。欲倩無腔笛，任牧童歸去，吹破輕煙。降阿漫求芻豢，東望指函關。歎晉業開基，空勞磐石籌奠安。

澹黃柳 別意

燈紅酒綠，偏趁歌聲咽。百歲光陰消幾別。兩兩柔腸寸斷，無限深情對誰說。東風歇。深山又啼鴂。待攜手、看明月。又爭知、月似人圓缺。後日相思，料應都在，春夜梨庭鎖雪。

多麗 消寒吟

歲云暮，寒梅又釀瓊姿。密藏幽、霜蟲蟄户，橫空陣雁低飛。下重簾、圍爐煮酒，敲冰炙硯覓新詩。凜凜窮陰，鬖鬖短景，鼕鼕臘鼓苦相催。未圖了、消寒九九，舊燕認巢歸。流光轉、天心來復，遞嬗如棋。鑒川流、滔滔逝水，流東不見流西。莫錯認、水流歲月，看循環流去流回。歲月辭人，人辭歲月，箇中消息費猜疑。甚今古、人來人往，歲月總如斯。須珍重、及時行樂，且漫低徊。

玉樓春　題臙脂虎

眈眈炯視當關踞。忘却乞憐搖尾處。渡河誰是虎而人，赤幘難防人似虎。　虎中豈有多情侶。況虎還教金屋貯。繁華短夢幾人醒，異夢同床情更苦。

木蘭花慢　黄鶴樓

訪文禕仙跡，倚笻杖、觸閒愁。況過眼滄桑，驚心鼙鼓，無地埋憂。江流。今來古往，任滔滔淘盡不回頭。開府武昌舒嘯，千秋佳話空留。　悠悠。身世類浮鷗。何計覓封侯。奈時失聞鷄，才慚倚馬，技乏庖牛。登樓。仲宣老矣，甚天涯飄泊尚依劉。輸與腰纏騎鶴，頓教辜負揚州。

前調　再登黄鶴樓

動悲秋情緒，似多病、獨登台。看過艑征帆，名韁利鎖，冠蓋優俳。重來。漢陽舊樹，尚隔江含笑倚蒼崖。俯仰山川無恙，憑闌借拓襟懷。　吾儕。白髪鏡中栽。搔首費疑猜。況酒令抛荒，詩籌散佚，悔未安排。仙才。白雲縹緲，問幾時華表鶴歸哉。周道叢生荆棘，眼前何處蓬萊。

前調　伯樂相馬

甚空羣昂首，力不足、德偏孤。況跼躅同槽，蹉跎戀棧，獨立踟躕。馳驅。未逢伯樂，又何妨血汗換青芻。賞識貽譏指鹿，徒來路鬼揶揄。　悲夫。超乘困泥塗。衡鑑古今無。縱竇勒嘶風，雕鞍踏月，睥睨鹽車。當爐。倘非賣賦，料臨笻伏櫪老相如。牝牡驪驥而外，風塵應有龍駒。

前調　蘇武牧羊

訝觸藩進退，撫羝角、渺愁余。況欺帽風酸，窺窗月冷，照夢燈孤。欷歔。役同養卒，不妨偕牛吏繪成圖。傳意若無常惠，焉知雁足傳書。　歸歟。霜雪染髭鬚。駟馬駕高車。比管子牧民，周官牧地，畢竟何如。征夫。寄身異域，料當年眼底睨單于。人過李陵碑下，應嗟窮達殊途。

滿庭芳　元宵時客漢皋

筆嬾題燈，功虧讀易，客中依舊元宵。星球火樹，粧綴十分饒。三五從頭再數，感年光、容易輕抛。憑誰問，崑崙奪否，寇焰幾時銷。　迢迢。更漏永，月華如水，雲斂天高。正金吾放夜，不斷笙簫。撾鼓禰衡何處，奈漁陽、遺恨攻曹。鄉心遠，年荒世難，無計理歸橈。

前調　花朝時客潯陽

天釀陰晴，人驚時序，客中依舊花朝。黃鶯調舌，歸燕壘新巢。不道東皇疎懶，忘却了、點綴東郊。東牆畔，雪痕約略，寒意勒花梢。　飄飄。風似剪，桃敷淺靨，柳鎖柔條。任陽和未布，閣住餳簫。憑弔江州亭上，琵琶歇、春色無聊。青衫淚，天涯倦旅，一例黯魂消。

月華清　江州上巳

村落祈蠶，關山歸燕，客中依舊上巳。三月烟花，况是暮春天氣。盪舟憶、南澗風和，會飲羨、東堂人醉。容易。漸餳簫吹暖，換紅移翠。　回首故鄉千里。又辜負紅橋，漁洋修禊。落拓江湖，贏得朱顔憔悴。賦馬射、秃筆花殘，詠蠻語、浮蹤萍寄。次第。更何妨整頓，淵明歸計。

前調　江州寒食

插柳盈門，禁烟成俗，客中依舊寒食。廿四番風，催做惱人春色。鬬鷄賸、秦代遺風，嘶馬負、隋隄斜日。争得。把倦遊懷抱，從今收拾。　瞥眼吹葭駒隙。甚百五韶光，又教虚擲。酒熟江南，閒却當年吟筆。撤金蓮、壯志銷沉，驚繡羽、羈愁鬱結。第一。怕明朝魂斷，雨絲如織。

桂枝香　濂溪墓

景幽地僻。聽入耳風濤，撑天松柏。溪上横橋瀲灩，波光空碧。草堂圖像依然在，到而今、山川生色。蓮花峯下，一門廬墓，與蓮同潔。　數百年、前賢遺蹟。甚招隱山莊，也教藻飾。砥礪廉隅，感慨便成今昔。王侯螻蟻誰輕重，但升沉動關名節。徘徊四顧，飄零身世，興懷泉石。

玉漏遲　清明

逝波驚過羽。流光百六，葭灰吹去。斷梗飄蓬，今日明年何處。剛把新烟換出，又鎖住、燕簾鶯户。聽叠鼓。聲聲惹起，一襟離緒。

客中依舊清明，更昨夜無端，無情風雨。沽酒前邨，拚負牧之詩句。花信故園漸遠，問滿地、落紅誰主。知與否。萍踪也怨飛絮。

其二

嫩晴收宿雨。重簾未捲，殘寒慵去。插柳盈門，妝綴春容如許。百尺高樓倚遍，渺不見、江南烟樹。芳草渡。年年占斷，王孫歸路。

客中依舊清明，甚飄泊潯陽，又成羈旅。燕雁分飛，可奈消魂時序。席地搴裙鬬草，更多少、踏青游侶。憑問取。孤懷怎樣分付。

臨江仙　送春，兼有所憶

報道一聲春去也，畫橋流水東西。分明事與願相違。些些行色，禁得杜鵑催。　點檢傷懷尋舊稿，年年愁煞臨歧。人生最苦是分攜。縱教重聚，何似不言歸。

其二

報道一聲春去也，駕車買棹都難。幾重烟水幾關山。等閒猜遍，歸路總漫漫。　聚首不知分袂苦，從今兩地情牽。有誰調護暖和寒。奈何忘却，傳語報平安。

其三

報道一聲春去也，黯然觸起離懷。天公何苦錯安排。花無長好，遮莫不教開。　渺渺歸程無計數，幾回枉費疑猜。幾回惆悵立空階。幾回商略，第一早些來。

其四

報道一聲春去也，離杯催趁晨鐘。古今聚散一般同。寧無相遇，忍見別匆匆。　九十韶光容易逝，飄零滿院殘紅。　桃花人面此門中。明年今日，依舊怨東風。

其五

報道一聲春去也，尋芳蜂蝶離羣。　憨蜂癡蝶怨南薰。南薰不至，何計可留春。　因甚送春如有約，送秋轉更無人。　人情厚薄待平分。春光秋色，一樣兩征輪。

其六

報道一聲春去也，依稀人去難留。　垂楊不繫送行舟。　無端心上，添了一分秋。　燕子歸時書未到，雁來能帶書不。　他生未卜此生休。月圓月缺，一例怕登樓。

其七

報道一聲春去也，天涯孤館蕭條。　客中送客更無聊。　徘徊江上，料理買歸橈。　百歲光陰禁幾別，惱人最是今朝。　短長亭外短長橋。東皇與我，默默兩魂銷。

其八

報道一聲春去也，滿庭芳草斜陽。　多情螻蟻惜餘香。　倒拖花瓣，寂寞上宮牆。　不往不來除是佛，倩誰與佛商量。　勞塵舊夢太荒唐。一年一度，梁燕話滄桑。

洞仙歌　客潯陽有感

匆匆春去，又翠深紅淺。　底事天心負人願。況無端苦雨、無限淒風，做弄得，没箇些兒消遣。　醇醪非我友，一局文枰，愧煞輸贏尠先見。　静坐若焚香、又怕觀書，翻更惹、孤懷情倦。　把一縷、新愁付新詞，奈詞少愁多、意長箋短。

前調

風塵僕僕，悵我身如寄。攬鏡朱顏忽顦顇。況無端薄暖、無限輕寒，似別有，一種清和天氣。　江湖飄泊久，百歲光陰，如此消磨更容易。命薄到書生、投老殘年，何處是、出頭之地。試與把、天時比人情，料世態炎涼、一般滋味。

喝火令　惜別

客久無歸思，情多誤此身。落花時節最銷魂。可奈落花時節，花裏送真真。　酒到先辭醉，愁來不厭新。待將絮果證萍因。可奈送春，歸去更無春。可奈送春歸去，又送送春人。

其二

蓮幕難留夢，榆錢不療貧。仙源何事隔紅塵。可奈避秦無地，無處問迷津。　弱柳梭鶯羽，殘英鎖蝶魂。曲闌干外草如茵。可奈送人，歸去悄無人。可奈悄無人處，風雨弄黃昏。

洞仙歌　雪送春

池塘草滿，又春將歸了。鴻雪痕痕印新爪。正封姨惜別、元冥牽衣，不道被，游戲玉龍知道。　兵戈戕正氣，人事荒唐，難怪天時也顛倒。灞岸聽驪歌、圖補消寒，鬭險韻、應添詩料。似不似、楊花滿芳堤，這無賴東風、留教誰掃。

采桑子　前譜《雪送春》一闋，意有未盡，再拈小調以補之

一年容易春來去，世態炎涼。大地滄桑。消長盈虧遞嬗忙。　備嘗風雪征途苦，行色倉皇。國事蜩螗。分付人天換主張。

喝火令　潯陽江晚眺

帆影揺層浪，鐘聲閣亂山。空濛斜照淡無言。試問青衫司馬，風景似當年。　地僻花無主，春殘蝶可憐。琵琶亭圮賸荒園。園外萋萋，芳草鎖寒烟。烟外茫茫一片，雲水遠連天。

前調　離思

枕上還家夢，樓頭念遠思。寸心千里兩相知。一樣最難消受，花落斷腸時。　燕至春回至，春歸客未歸。天涯高適久無詩。準擬雙柑，斗酒聽黄鸝。生怕黄鸝聽罷，又聽子規啼。

摸魚兒　紀恨

怎安排，者般腸斷，平生都被情累。六州大錯誰教鑄，恨煞挽回無計。何況是。是共歷艱辛，演出傷心史。英雄短氣。問過去悲歡，未來離合，那件許廻避。　當年事。畢竟從何説起。燈前猜盡春謎。月圓花好遭天妒，變做浮雲流水。愁不寐。便借酒澆愁，未飲先如醉。設身處地。料燭短更長，影雙人隻，相對兩垂淚。

沁園春　感時

干戈擾攘，水旱頻仍，滿地刦灰。况風雲變態，陰晴無定，山川蕭瑟，草木含悲。小醜跳梁，强隣壓境，大廈誰撐隻手支。低徊久、正人心厭亂，天意難知。　噫嘻。國事如棋。

問國手、能將國病醫。奈沐猴蕉鹿，往來游戲，哀鴻芻狗，顛沛流離。嘗膽深謀，臥薪遠慮，志士成功或有時。吾衰矣，把寸腸萬結，譜入新詞。

洞仙歌 焦尾琴

斧斤樵采，又何分薪桂。炊爨良材本無意。況趨炎非願、誰是知音，徼幸煞，曲突綢繆之計。聞聲商剔皴，援手枯桐，比救飛蛾更多事。貯入繡囊深、煮鶴人來，殺風景、轉難迴避。歷刦火、飛灰寄餘生，算釜底游魚、悠然而逝。

其二 無絃琴

寄情絃外，問伊誰知道。貧士風流至今少。正廣陵絕響、中散飄零，領略這，洞洞空空玄妙。拈珠徒紀曲，至樂無音，何必孫登一聲嘯。松下偶橫陳、猿鶴忘機，帶天籟、響穿林表。且莫管、鍾期渺難追，恐流水高山、尚非同調。

摸魚兒 夕陽西下，閒步江濱，一簇漁舟，中流容與。感而成調，遂拈此解

莽滄桑、立錐無地，漁山樵水都誤。觀濠頻動臨淵羡，只有涪翁千古。飛楫處。弄駭浪驚濤，不怕蛟龍怒。乾坤逆旅。但甯可忘筌，休教竭澤，噍類苦游釜。登高望，滿目荆榛礙路。橫江罛罶棋布。塵寰變態風雲幻，水國也添淒楚。吾語汝。早認取滄溟，掉尾搖頭去。天門指顧。任灼灼金鉤，茸茸玉餌，熟視若無覩。

其二

問滄波、甚時耕破，種魚翻覺多事。筆床茶竈安排定，簑笠綸竿游戲。烟浪裏。又怕被猜鉤，轉誤投鉤計。江湖滿地。縱彈徹瑶琴，睢陽人散，顧曲尚餘幾。　風吹過，眼底浮雲富貴。依然飄泊身世。往來人海成何用，輸與五湖范蠡。休料理。莫賺得扁舟，無處尋西子。漁鄉釣里。况孤負江南，桃花肥鱖，歲歲付流水。

其三

避塵囂、浮家泛宅，逍遥應讓漁叟。一篙春水斜陽外，沙鷺野鷗爲友。閒飲酒。借醉眼看他，挺險奔波走。十常八九。怎傳簡知更，吞舟拔扈，都半網中漏。　垂綸事，愧煞輸人妙手。桃源知否還有。拚教學扣鳴榔唱，風静浪平消受。何况又。我不是當年，孫緬潯陽守。飄零已久。願鼓棹從遊，枕蓑臥月，水底看星斗。

沁園春　隱括聊齋《自序》，即題《聊齋》

子夜蕭齋，集腋爲裘，是癡是狂。正野馬逐逐，罔兩見笑，秋螢落落，魑魅争光。録續幽冥，書成孤憤，干寶黄州聚一堂。鳴天籟，比秋蟲弔月，寒雀驚霜。　皇皇。寄托文章。似牛鬼、蛇神長爪郎。更披蘿帶荔，曠懷永托，飛頭斷髮，載筆荒唐。案冷疑冰，燈昏欲蕊，黑塞青林共斷腸。根因漏，任病曇入室，六道茫茫。

蘭陵王 四月八日

是何日。都道今朝浴佛。莊嚴相，不掛一絲，蓮座塵埃轉堆積。金容莫拂拭。香國。人天咫尺。情緣斷，煩惱又除，肉髻常留紺青色。精誠貫金石。溯説法空三，洗心澄七。祥輪永駐分今昔。豈功水長清，澡身無術，年年垢濁待掃滌。這多事何必。　遷客。正淒寂。悵嚼蠟橫陳，離亂游歷。回頭縹緲迷西極。更慧日沉紅，慈雲飛白。皈依有志，奈彼岸，覺路隔。

水調歌頭 癸酉四月十口，爲陽歷五月四日，感括此解

前日纔浴佛，明日忽端陽。匆匆烏兔催趁，白髮逝流光。寒暖頓殊常態，遮莫天心顛倒，無計問穹蒼。節氣一齊錯，冷眼閱滄桑。　鶯語滑，燕泥潤，蝶魂香。枇杷未熟，羞與梅子共争黄。倘使深山肥遯，寒盡不知曆日，料量也無妨。屈指中秋節，相約采蓮房。

高陽台 辛未中秋，羈旅黄州。癸酉中秋，羈旅江州。撫今追昔，括此寄感

巖桂飄香，井梧脱葉，客中依舊中秋。浪跡天涯，低回往事悠悠。舉杯準擬通宵飲，對姮娥、細訴離愁。怕姮娥，笑我情同，喘月吴牛。　記曾赤壁清游夜，似疏狂坡老，也泛扁舟。換羽移宫，偷聲水調歌頭。今年今夕知何夕，訪遺蹤、庾亮無樓。轉飄蓬，不是黄州，却是江州。

其二

玉露聲銷，銀河影淡，客中依舊中秋。老大飄

零，空嗟壯志難酬。縱教名入登科記，奈書生、無分封侯。感滄桑，國事蜩螗，身世蜉蝣。隣砧敲碎關山夢，甚年年都負，廿四橋頭。舊約觀濤，會須整頓風流。問天許我梯雲看，看清光、萬里同否。恨如何，人在江州，心在揚州。

前調　江州重陽

天氣思鱸，歲華戲馬，客中依舊重陽。無雨無風，休教孤負花黃。尋幽訪到東籬下，聽漁樵、閒話柴桑。甚淵明，千載風流，一段淒涼。抽毫欲賦滕王閣，但登高遥指，故郡南昌。詩詠江蘺，誰憐東閣賓狂。征鴻不寄相思字，替離人、愁鬢添霜。問明年，帽插茱萸，酒醉何鄉。

一斛珠　題蠶蛾桑葉

三眠三起。些些口腹因桑累。繭房不是藏身地。可奈纏絲，都在繭兒裏。化蛾莫似蟬遺蛻。再來忘却前身未。悠悠造物循環理。蝗化爲蝦，無計問流水。

清平樂　題畫

涼宵過雨。小葉黃如許。輾轉榮枯應有數。流水自成今古。舉頭瑟爽橫空。飄飄幾片梧桐。多謝替傳秋信，錯教人怨西風。

臨江仙　題畫

戍幕寒深深幾許，旗邊夕照空明。黃昏刁斗靜無聲。嘶風昂首，底事不平鳴。血汗只將芻豆換，庸知芻豆換功名。途長夢短最誰醒。征夫與馬，江上兩飄萍。

以上《半秋軒詞存》卷下

以上《半秋軒詞存》

念奴嬌 桂林七星岩

戊寅，是歲由湘鄉楊家灘經桂林、柳州，轉貴州平越

蠻居遺峒，試高擎焰炬，尋幽探邃。物物形形都畢肖，鬼斧神工游戲。石乳旁流，清泉暗咽，爽氣侵人袂。臨風竚久，此中別有天地。　更有勝蹟昭垂，徘徊憑弔，不盡欷歔意。十丈功碑摩壁在，元祐黨碑相對。麟閣留圖，西湖鑄鐵，終是薰蕕味。歸途回首，自憐漂泊身世。

高陽台 除夕寄友

紙裂窗鳴，膏冰燈爇，容身即是安居。今夕偏逢，逝波殘歲當除。去年除夕今年又，問明年、除夕何如。甚心情，商略消寒，酒醉屠蘇。　蒼茫國破山河在，料經霜蔓草，反掌能圖。日暮江空，投荒轉徙征途。相逢共話流離苦，未相逢、有筆難書。待陽和，送盡殘寒，紫笑紅娱。

水龍吟 秋夜懷人

己卯是歲，仍客平越

床前明月疑霜，新秋夜氣清如許。孤眠未穩，殘燈欲滅，淒涼誰語。一寸鄉心，五分旅思，五分離緒。悵知還倦鳥，無依繞樹，家山遠、年華暮。　更惹鄉愁萬縷。待重尋、舊游在否。吹簫後約，捲簾短夢，都成輕負。東閣瓊葩，虹橋繭栗，幾番風雨。望故人天末，不知

何日，有相逢處。

齊天樂

中秋懷毓芝，依西麓《澤國樓偶賦》均

客中又是中秋節，頻添老懷淒楚。逝水流光，銜山落日，何況驚心風雨。愁城寄旅。且醉拂吟牋，笑揮談麈。莫怨萍飄，此生輸與送春絮。　揚州明月更好，幾時能跨鶴，同賦歸去。玉宇澄空，金甌共影，應照當年游處。憑今證古。甚落魄江湖，便盟鷗鷺。待問姮娥，奈何無片語。

綺羅香

重九寄毓芝、揖文，依西麓《秋雨》均

旅雁歸蘆，寒蛩怨草，節物推遷相候。短景催人，愁裏暗添眉皺。漸吹盡、宿蝶殘花，算還賸、庇蟬衰柳。歎飄零、依舊天涯，登高三度負重九。　低徊追念往事，猶記持螯夜飲，醉忘更漏。夢冷東籬，休問菊開肥瘦。高樹外、幾許秋聲，帶黃葉、亂敲荒甃。待明年、聽雨江南，剪燈春薦韭。

鳳凰台上憶吹簫

次揖文《重九登高》均

歸燕嗔簾，亂鴉盤樹，銜山一片斜陽。任馬蹄秋水，喚起蒙莊。炊黍繁華短夢，空化蝶、那處尋芳。朱顏改，蕭騷兩鬢，鏡裏添霜。　休忙。苦風怨雨，應懶對黃花，覓醉飛觴。況玉壺冰瘦，争貯瓊漿。雖有題糕新句，還自笑、倦旅疏狂。天涯暮，離愁滿懷，老了馮唐。

燭影摇紅

次毓芝《重九登高》均

萍泊蓬飄，渾如不繫舟行遠。江邨曉月雨窗雞，滋味都嘗徧。過客飛馳羽箭。問孤懷、恁時怎遣。羈愁萬斛，借酒澆愁，愁深酒淺。

倚醉丹楓，乍分冷豔偏秋晚。青霜着意染疎林，落葉西風捲。歲暮天寒景短。借登高、暫抒老眼。佩萸後約，但願年年，人人俱健。

庚辰由平越經貴陽轉松坎

賀新涼　元宵

大地寒威折。又東風、匆匆吹轉，元宵佳節。迤邐花朝從頭數，漸掃園林殘雪。更暗把、春光先洩。梁上舊巢依舊在，怕江南、歸燕傷離別。懷故國，夢淒切。　良辰好景多虚設。算今年、人間第一，一輪明月。天籟銷聲天衢静，瞥見雲飛烟滅。奈惹起、羈懷愁絶。不了姮娥幽獨怨，問銀蟾、底事分圓缺。腸欲斷，恨難説。

倦尋芳　春雨簡毓芝、揖文

低雲掩暝，濕霧慳晴，春意如醉。潤逼重簾，做出惱人天氣。又東風，把空階簷溜，深深吹碎。桃殢啼痕開易落，柳摇愁靄眠慵起。屈指數、郊遊行樂，爲甚踏平青，桃菜猶未。芳事消磨，在賣杏花聲裏。小潤漲波縈恨緑，遠山横黛堆顰翠。待挑燈，話西窗，故人千里。

摸魚兒　春感

又春風、一年一平度，從頭花信重數。悠悠醉夢韶華换，落拓忽成羈旅。天也許。把浪跡、飄萍變做還魂絮。穿簾認户。算回首天涯，依稀社燕，梁上自來去。　隋隄路。柳外鶯啼蝶舞。無端芳事辜負。孤雲野鶴清遊遠，一葉江湖容與。歸思阻。正次第、斷虹吹霽收殘雨。深山小住。但暗憶鄉園，桃夭杏鬧，開到舊時樹。

木蘭花慢　桃花

又緋桃如火，對芳事、恨無窮。算幾日愁晴，幾番愁雨，幾夜愁風。年年自開自落，怪郊遊誰肯到山中。借得朱旛護取，任他浪蝶狂蜂。春濃。竹外一叢叢。叠翠襯香紅。是依約水西，依稀雲北，依舊牆東。輕盈映門人面，問江南歸客許相逢。惆悵武陵溪遠，幽尋輸與漁翁。

解珮令　簡萬毓芝、朱揖文

半身孤劍，一枝禿筆，甚漂流、萬里空惆悵。躡譜偷聲，也不是、賓王遺響。畫葫蘆、何妨依樣。花間紅友，酒邊竹垞，隔雲山、幾回凝望。魚雁吟箋，莫漫學、吹簫低唱。怕紅姬、笑人疏放。

倦尋芳　梅花

瑶台豔冷，紙帳魂清，臨水香細。未識東皇，不比柳狂桃媚。驛使誤傳離別恨，玉奴暗挹相思淚。抱幽芳，任横斜臥月，愁痕憔悴。更莫管、江南春遠，竹瘦天寒，薄袖閒倚。院落黄昏，領略寂寥情味。風暖詩催何遜筆，雪深臥借袁安被。凭蘭干，望天涯，一枝誰寄。

前調　楊柳

舞風腰軟，照水眉低，催趁芳事。露縷烟條，織出恨羅愁綺。拂帽翻添遷客感，停鞭别有春人意。暗淒涼，又一年孤負，江南佳麗。

記廿四、橋邊遊冶，翠浪揺空，天氣清美。喚酒聽鶯，幾度玉樓拚醉。陌上斜陽人影亂，梢頭明月簫聲起。到而今，恨悠悠，絮飄萍寄。

好事近 楊花

乾雪舞晴天，了却一年春色。爲問是誰游戲，把瓊包偷擊。顛狂風外忽成球，一霎畫闌側。聚散比人容易，任分飛南北。

其二

飛舞入高樓，漏洩送春消息。誤點寶匳脂粉，惹妝台狼籍。倚闌檀口戲相呵，留戀又無力。若便借風吹轉，奈重重簾隔。

其三

低逐馬蹄飛，慣送短亭行色。點點暗沾襟袖，伴天涯遊客。依依知又落誰家，别恨更無極。過雨斷魂何許，認池塘萍碧。

其四

逞巧度明窗，儘向硯田堆積。怕罥畫簷蛛網，葬星星殘墨。明朝浴硯曉臨池，水影暈花黑。波底老魚應笑，换當年顔色。

其五

芳藹糝珠塵，又是一庭春寂。暗换少年絲鬢，惹新愁如織。蜂狂蝶惡太無情，弄粉不知惜。賴是夕陽堤畔，有飛紅相識。

望海潮 春日書懷，依少游均

蕭疏襟袖，飄零書劍，催添鏡裏霜華。風雨惱人，山川笑我，蹉跎帽染塵沙。荒驛又停車，但舊愁未減，新恨頻加。避亂王郎，更非張儉歎無家。思鄉幾度吹笳。記橋頭醉月，堤上尋花。千里斷腸，三年往事，孤遊轉首驚嗟。芳草玉鉤斜。倚夕陽悵望，空數歸鴉。夢裏揚州不知，漂泊客天涯。

鷓鴣天

花事闗心結伴遊。三春芳景勝三秋。昨宵幾陣東風起，十二珠簾懶上鉤。　情脈脈，恨悠悠。夕陽無語下西樓。荼蘼送盡狂蜂蝶，燕立秋千説舊愁。

渡江雲

二月既望感懷

晴空澄暮靄，扶筇露立，寒意襲襟裾。幾行歸雁過，玉樓人遠，盼斷錦牋書。荷衣未換，賸嶄然、凋落頭顱。應懶向、臨流窺影，難認水中吾。　須臾。一輪高掛，萬籟無聲，又良宵三五。空記省、紅橋夜飲，邀影攜壺。而今舊夢飄零盡，更倦游、老了相如。還自笑、輸他世外樵漁。

探芳訊

簡小齋、毓芝，依草窗均

恨長晝。甚遣興無詩，澆愁無酒。正吹簫人遠，淒涼又依舊。風流環燕皆塵土，何必分肥瘦。怪無端、雨暗蕉窗，水侵苔甃。　芳事去來驟。况树密藏溪，烟濃沉岫。落魄邯鄲，而今借枕否。扶摇幾輩飛騰去，躍馬空瞻首。歎先凋，還有新蒲細柳。

憶舊游

依白雲《大都長春宫》均

正烟籠巷陌，霧失樓台，未放新晴。挽住堤邊柳，問醮波嬌眼，何處垂青。黑貂一領裘敝，短鬢已星星。悵摩劍燈寒，彈琴石冷，吹袖風清。　追尋。舊時夢，似莊蝶蘧蘧，飛去無聲。勝景知何許，看紅英狼藉，難駐芳春。緑陰深鎖窗户，隔樹聽鳴禽。但竚立徘徊，繁華頃刻如過雲。

齊天樂　普陀岩

春來忽動山遊興，行行撥苔尋徑。雨過松寒，泉流石響，疑入桃源仙境。徘徊借鏡。問野草閒花，有誰消領。只怕幽芳，笑他春意鬧紅杏。　廻環都是翠嶺。向人如欲笑，冬睡初醒。谷口噴雲，峯腰抱樹，畫出天然風景。僧房晝静。聽一杵鐘聲，發人深省。日暮驚心，伴歸邀月影。

減蘭　春燕，五闋存其三

東風梳柳。又是匆匆新社後。歸燕雙雙。偷渡重簾認畫梁。　冷烟淒雨。惱破春人愁意緒。王謝堂前。風景遥憐異往年。

其二

陰晴無定。閒立簷牙窺藻井。春雨如膏。啣得新泥補舊巢。　黄昏庭樹。一桁珠簾休放下。雙宿雙飛。未識人間有别離。

其三

栖香睡穩。不管傷春人瘦損。日暖風和。蹴水雙雙剪緑波。　呢喃簾外。似説南國芳事改。春在誰家。待倩流鶯問落花。

聲聲慢　春霽郊遊

懸崖掛樹，峭壁生雲，幽深隔斷紅塵。曲徑逶迤，山花帶笑迎人。無腔牧童短笛，又騎牛、吹入前村。凝望眼，比吳巒越嶺，别有芳春。　兩岸柴扉茅屋，裊炊烟幾縷，映帶斜曛。暮靄蒼茫，歸鴉認得黄昏。淒涼滿襟旅思，奈幽棲、難覓衡門。還借問，問天涯、多少逸民。

菩薩蠻

謝娘庭院生芳草。牡丹開盡餘寒峭。急雨捲雲歸。西山斜照微。　亂紅迷紫曲。簫管閒金屋。柳下看兒童。捉花堤上風。

其二

蝶衣褪粉東風惡。畫堂人静羅衫薄。穿柳燕調雛。文園新夢孤。　日斜春又暮。况是連宵雨。花徑減芳菲。流鶯花外啼。

其三

夕陽低照晴池閣。東風不管桃花落。人面費疑猜。崔郎前度來。　輕煙籠翠幕。閒煞秋千索。寶鴨水沉殘。雲屏衾枕寒。

其四

新愁舊恨慵收拾。畫樓吹歇東風笛。無語倚闌干。燕忙花又殘。　花殘春寂寞。宋玉情懷惡。細雨掩重門。黄昏人斷魂。

其五

迢迢清夜長如歲。孤幃月冷人無寐。花外漏聲遥。流紅過小橋。　蘭成添鬢雪。動是經年别。春意隔簾旌。鵑啼殘夢驚。

其六

燕牋誤了江南信。春人惹起傷春病。深徑鎖荒涼。殘紅零落香。　侵階苔似繡。鏡裏潘郎瘦。缺月照花枝。花心月不知。

憶舊游 再登普陀岩

看垂楊倒影，細草平沙，流水潺湲。認得通幽徑，過小橋東去，石磴摩天。倚空擁起樓閣，策杖到雲邊。算勝地重來，方壺圓嶠，却在人間。流連。步深窈，聽老僧説法，舌吐青蓮。别有怡情處，更鴉盤夕照，鶴避茶烟。一聲俯仰長嘯，風雨隔前山。問世外陳蕃，何時下榻容我眠。

掃花游

東風吹歇，向冷淡池亭，餞紅留翠，曲欄倦倚。漸流鶯舌短，亂蜂腰細。芳事愁人，最是虹收雨霽。夕陽裏。賸一片蒼涼，青草無際。俊游回首記。歎楊柳樓台，月寒烟膩。夢雲易墜。又瓊簫玉管，暗隨流水。門掩黄昏，狼藉梨花滿地。宴春夜。問桃園、幾時重醉。

水龍吟 清明，依龍川均

年年客裏清明，驚心晛睆鶯聲軟。籠愁稚柳，縈情芳草，池塘春淺。絲雨初收，鞠塵乍起，晴雲吹暖。悵家山萬里，欲歸未得，又輸與、辭巢燕。舊事如天漸遠。恨離羣、半生孤雁。隋堤躍馬，虹橋放棹，盛流星散。處處陽關，勞勞遷客，一襟新怨。指前村、縱有飄飖酒旆，也應魂斷。

滿江紅 沱江舟中

庚辰四月，由松坎經重慶轉内江

閲盡崎嶇，更領略、江天風色。檣艫外、叢山倒影，輕煙籠碧。迴岸急湍疑瀑響，中流岩石關河夢，多悽惻。漂零恨，慵收拾。況浮沉萍梗，倦遊羈客。浪跡待招鷗鷺侶，探珠未識驪龍宅。問而今、何處是桃源，誰知得。

賀新涼　送春

笑向春光語。問年年、韶華九十，是誰爲主。二十四期花信過，數了何妨再數。縱冷暖、陰晴無據。可奈天涯芳草緑，又未曾、遮斷春來路。風雨惡，也難妬。　春來便在人間住。一番番、花開花謝，芳菲如故。轉怪送春緣底事，閒煞鶯歌燕舞。更孤負、陽關樽俎。錦繡園林天做就，到秋風、莫減春情緒。休灑淚，送他去。

蝶戀花

鐵聚六州空鑄錯。飛絮沾泥，又化萍飄泊。新筍成林多解籜。雞羣舞歇鳴皋鶴。　薄霧霏霏煙漠漠。滿眼寒枝，繞樹鴉難托。簾外紅英如雨落。殘陽猶在闌干角。

清平樂

江空日暮。落拓成孤旅。舊夢飄零無覓處。況更惱人風雨。　晴絲拂領霜侵。天涯誰是知音。流水高山自賞，焦桐悔作牙琴。

摸魚兒　緑陰

又婆娑、障天濃翠，深深低鎖幽徑。交枝秀樾張雲幕，彷彿淡烟籠暝。清晝永。不肯放、蕉窗一線斜陽影。倩誰管領。漸鶯語綿蠻，蟬聲斷續，次第總堪聽。閒庭砌，點點苔痕緑凝。虛堂簾捲人静。石床坐久涼生袂，幾陣落花風定。還細省。料蛺蝶、棲香短夢今番醒。呼童煑茗。更松下横琴，柳邊垂釣，認取舊時景。

風入松

四川諺語『四季無寒暑，一雨便成冬』，實有此情，感而成調

遐征小憩亂山中。寒暑不從同。人情幻出炎涼味，換多少、海燕湘鴻。日麗鳧趨疑夏，雨昏蜷伏疑冬。悠悠駒隙水流東。身世類飄蓬。思量前事空惆悵，孤負了、秋月春風。露冷偏欺勁草，歲寒凋到蒼松。

綺羅香

寶鼎香寒，銅壺漏歇，人與好春俱遠。芳事闌珊，迤邐燕忙鶯嬾。鎮孤負、酒緑燈紅，更冷落、舞裙詞扇。看園林、錦繡千重，那知瞬息等閒變。年華絃柱暗换。前度題紅醉白，水流雲散。塵夢驚殘，賸有幾回腸斷。正庾信、垂老愁多，又相如、飄零游倦。恨憑高、不見江南，感時花淚濺。

南浦 殘蝶

顛狂情性，記尋芳、日日宿花城。無奈暗隨花老，依舊可憐生。賸得癡魂一縷，到分飛、枉自歎飄零。縱輕鬟弱翼，游絲難繫，團扇太無情。匝地萋萋青草，料栖香、無計覓殘英。最是空枝寂寞，何處避流鶯。送盡郊原春色，問羅浮、小夢幾時醒。怕纖腰一捻，秋風不解惜娉婷。

前調　落花

飛英成陣，撲簾櫳、着意做淒涼。淚濕謝娘啼袖，和雨洗紅妝。月照空枝留影，任翩翩、胡蝶誤尋香。看繽紛滿地，階前螻蟻，拖了上東牆。　可恨妬花風惡，儘摧殘、未解惜芬芳。九十韶華易去，何計挽流光。異日玄都桃放，倚春嬌、莫再賺劉郎。向緑陰載酒，聽鸝覓醉送斜陽。

一剪梅

世外蓬廬刧外身。朝掩柴門。暮掩柴門。天寒歲晚最銷魂。風又愁人。雨又愁人。　豪門哀絲不忍聞。吹盡黄昏。彈盡黄昏。明年結伴再尋春。花滿前村。月滿前村。

陌上花　初夏

秦釵怨別，羞匀脂粉，暗描新翠。乍暖還寒，欲試紵羅猶未。倡條冶葉横斜臥，半礙醉筇吟袂。問分飛燕雁，是誰偷換，艷陽天氣。　落日又清陰隔斷，深深門户，不管蕭郎憔悴。兔葵燕麥迎風舞，妝點平蕪，舊夢那堪重理。惱人春意。待鶯殘蝶老，安排消夏，浮瓜沉李。

甘州　久雨

聽瀟瀟瑟瑟做淒涼，先吹到愁邊。漸碧筒蕉展，翠錢荷疊，換盡春妍。荒館殘燈瘦枕，憔悴不堪憐。屋角鳴鳩唤，驚起孤眠。　隱約迎門山色，認是雲是霧，還是輕煙。放新晴未穩，搔首問青天。陰陰深護嬋娟月，便舉頭、難見缺和圓。闌干外、似離人淚，灑向花前。

一萼紅　新荷

小池塘。又荷錢叠翠，倒影蘸垂楊。零亂萍鈿，參差荇帶，依舊同抱幽芳。看雙捲、緘情小字，似暗把、消息寄周郎。掉尾龜游，跳波魚戲，空妬鴛鴦。　回首前塵如昨，記銜風弄笛，臨水追涼。花裏移舟，花邊喚酒，猶賸沾袖清香。甚容易、經年一別，漸重認、青盖倚紅裳。十二闌干撫徧，立盡斜陽。

解連環　松濤

蒼雲一片，比深幽竹徑，别饒清趣。小坐久、爽氣吹衣，又虚籟自鳴，遠聲歸樹。斷續奔騰，彷彿似、漫天風雨。甚空林怒吼，冰琴暗換，舊時絃柱。　因思廣陵古渡。縱觀濤往事，欲尋無處。但默默、翹望平山，想松壑龍吟，也應如故。觸耳驚心，轉惹起、旅懷愁緒。更淒涼、殘粉疏紅，野花滿路。

桂枝香　觀瀑

峥嶸峭壁。掛一簇飛泉，濺濺聲急。疑是雷車馳驟，雪花堆積。山中山外分清濁，但源頭、莫教流出。可堪回首，匡廬勝景，恍然今昔。　看匹練、垂垂百尺。歎塵涴征袍，痕深難滌。況更川流，催送往來潮汐。此間未許魚龍住，入膏肓、枉思泉石。傷心千古，濯纓濯足，不容人擇。

緑意　鸚鵡

雕籠淺閉。有緑衣使者，情苦心慧。風響呼門，客至呼茶，瞥見阿奴呼婢。那知翻被能言誤，負錦瑟、年芳流水。似不如、反舌無聲，揀得一枝聊寄。猶記楊妃酒醒，把紅豆細數，纖手親飼。小立闌干，閒授心經，別有愛憐深意。晝簷風雨孤栖冷，羨沼上、鴛鴦雙戲。算正平、作賦才高，替灑滿襟清淚。

水龍吟 端陽

匆匆又是端陽，客中忘却逢佳節。山梔香遠，石榴紅小，好花難折。時序川流，歡娛雲散，鬢絲飄雪。記去年今日，蒲杯獨酌，思往事、添悲切。　回首天涯跋涉。恨星星、不堪重說。遐方異域，青燈孤枕，幾番風月。身世蜉蝣，關河荆棘，愁雲千疊。想揚州舊事，龍舟競渡，也應消歇。

洞仙歌 新月

黄昏雨霽，放新蟾一縷。寂寞無言照窗户。向空階、隱約描出花枝，知素娥，應有離愁欲訴。　可憐消瘦影，低映簾鉤，似與粧樓鬬眉嫵。默默恨吴剛，時缺時圓，偏瓊斧、千年難補。但得失、榮枯古今同，問消長盈虧、悠悠誰主。

前調 殘月

冰蟾瘦損，又纖纖如故。彷彿新痕掛涼宇。恨無端、負了三五佳期，應惹起，多少天涯意緒。　曉風楊柳岸，酒醒今宵，惆悵明朝更何處。分鏡有圓時、擣就鉛霜，依然是、帶愁銀兔。試寄語、高樓畫眉人，縱深淺無憑、莫忘前度。

青玉案 前詠端陽，意有未盡，因拈次句，復成此解

客中忘却逢佳節。眼前景、風前雪。舊恨新愁山亂叠。玉樓紅粉，地遥天闊，咫尺分吴越。　良辰依舊心情别。碌碌輪蹄暗消鐵。鏡裏花枝無意折。酒闌人散，舞沉歌歇。袖冷香空竊。

高陽台 花影

黯淡纖痕，扶疏淺墨，描成倩女離愁。無色無香，不容蝴蝶句留。多情惟有嬋娟月，肯終宵、相與綢繆。莫呼童，掃盡横斜，送盡清幽。　烟綃隱約崔徽面，奈輕妝不是，舊日風流。蓮步遲移，嬌羞暗減温柔。緑窗風雨塵鸞掩，又幾回、誤却梳頭。待新晴，重上瑶台，重認簾鉤。

前調 花魂

曲徑烟低，空階月冷，飄來一縷輕柔。每到春歸，黯然别浦行舟。紅移紫换啼鵑外，恐薰香、欲返無由。任消殘，幾度依依，幾度悠悠。　無情最是清明雨，怕枝頭驚斷，和淚難收。暗逐游絲，因風吹過南州。飛英也抱沾泥恨，盼家山、别有新愁。更憐他，蝶夢空圓，蝶粉空留。

湘春夜月 棋

半陰晴。日長消得文枰。隔住一桁湘簾，聽玉子琤琤。勝算共争先着，奈滿盤零亂，黑白縱横。任爛柯竚久，徘徊未解，换斗移星。　當年賭墅，東山謝傅，裘帶風輕。落落襟期，

惟只見、指揮若定，儒雅閒情。遥瞻國手，問而今、誰是西屏。待次第，把飄飄急刼，從容收拾，波息心平。

前調　琴

碧雲深。小園松已成陰。向晚鶴未歸來，且膝坐横琴。莫學倦懷陶令，怕寄情絃外，暗負初心。鼓平沙一曲，山鳴遠籟，風響空林。天高月朗，香温茗熟，拈譜微吟。三尺絲桐，休比似、繞梁焦尾，無古無今。伯牙舊恨，算近來、一半消沉。最可惜，是鍾期已杳，茫茫宇宙，難覓知音。

水調歌頭

明月寫花影，翻怪月留痕。榮枯一霎過眼，變幻等烟雲。回首銅駝陌上，屈指平原年少，尚有幾人存。萬物同逆旅，莫問主和賓。粉香褪，襟袖冷，暗消魂。水流花謝空負，吟嘯百年身。抛却烟簑雨笠，又恨正冠納履，落拓未逢春。芳徑斜陽好，無奈近黄昏。

其二

夜永易成夢，夢短轉生魔。年年花滿月滿，幾度悔蹉跎。一樹海棠開老，從使春陰能乞，好景已無多。休借蘭陵酒，妝出醉顔酡。時易失，心徒壯，鬢空皤。明光天遠倚馬，奏賦又如何。祖逖中流擊楫，宗慤乘風破浪，豪氣暗消磨。三尺青萍劍，燈下枉摩挲。

其三

花到飄零日，護惜已嫌遲。狂蜂浪蝶，無賴飛上最高枝。一片池塘青草，啼鳥驚回好夢，何處覓新詩。紅紫紛紛落，春到可憐時。闌干静，寒漠漠，雨霏霏。浮名换得歌吹，莫是和非。不道倚聲度曲，變做悲歌擊筑，事與願相違。鷗鷺同盟侣，知否識天隨。

其四

萬里漂流恨，彈指又三年。故園松菊，消息一望一淒然。夢冷蘭窗帶結，腸斷當年吟社，兩地枉情牽。待約採薇伴，無處覓西山。　春已杳，人正遠，月空圓。風風雨雨孤枕，殘檠不成眠。憔悴文園病渴，飄泊杜陵愁老，往事總堪憐。滿眼皆蜀道，難若上青天。

更漏子

水空流，天欲暮。簾外落花飛絮。風撲面，雨沾衣。愁來人不知。　眉山簇。淚盈掬。瘦影却嫌明燭。新夢斷，舊歡殘。玉關音信難。

念奴嬌

村居幽邃，借倚聲掐譜，消遣長日。書劍飄零如斷梗，彷佛浮家泛宅。明月清風，蒼松翠竹，多少新相識。倡條冶葉，任他門外狼藉。　可須信處處東風，花開花謝，何地無春色。可奈啼鵑鶯好夢，萬象都成過客。襟上酒痕，袖中詩本，歷亂慵收拾。樓頭歌舞，舊愁休對人説。

法曲獻仙音

越鳥巢南，胡蹄嘶北，去國情傷禾黍。草没銅駝，霧沉玉壘，淒涼幾番春暮。奈孤館斜陽裏，零落釣游侣。　鎮無語。歎年來、别襟離袂，偏又染、黔蜀征途塵土。客久縱思歸，理琴絲、忘却陳譜。落拓天涯，負山中、多少杜宇。恨衣香人影，化作江頭烟雨。

臨江仙

水抱孤村山對户，凝眸空惹愁思。小窗人静漏聲稀。梁間雙燕子，啣得落花歸。　竹外輕風消息遠，沉沉宿酒醒遲。鞠塵輕逐馬蹄飛。片雲吹暗雨，何事又催詩。

垂楊

新蟬，依西麓均

蜕魂乍覺。正薄綃剪翼，短琴音小。斷續無憑，等閒嘶破紗窗悄。吟風新恨和誰道。抱槐葉、高枝幽窈。不知春、又不知冬，怨一年秋少。　齊女晨妝未了。漸梳掠鬢絲，翠痕雲嫋。舊夢初醒，墜釵重整孤鸞曉。南薰縱把離愁掃。訴不盡深情縹緲。怕長堤、弱柳衰殘，驚暗老。

玉漏遲

苦熱

箭馳時序驟。等閒又是，暑氛依舊。汗帶珠流，斑甋涴塵吟袖。悵望清風信遠，轉凝想、雨窗簷溜。還更有。候蟬無賴，浪鳴高柳。　小漫説客裏愁多，且汲井浮瓜，薦新嘗藕。小扇蒲葵，伴我暫消長晝。擾擾炎涼不定，問誰把、人情參透。斜照後。談天自來隣叟。

蝶戀花

消夏吟

竹徑深深深幾許。隔斷紅塵，幽邃清無暑。碧瓦朱簷連草樹。此中自有留人處。　四面葱蘢風暗度。疑是秋聲，敲碎離愁緒。煑茗清談思舊雨。冲天鶴避烟飛去。

其二

緑柳陰濃箕踞坐。鎮日厭厭，岑寂蟬嘶破。江海容裏流光愁裏過。尋詩强理閒功課。浮沉前計左。雪鬢霜髭，不是當年我。石枕方床安頓妥。抛書且學羲皇卧。

其三

半畝方塘新雨霽。香泛珠盤，荷盖亭亭翠。女伴采蓮佯弄水。水聲驚起鴛鴦睡。薄暑薰人常似醉。雪藕調冰，閒話當年事。明月清風能有幾。春秋佳日空抛棄。

其四

卓午松林人悄悄。膝坐横琴，莫鼓相思調。一曲廣陵忘記了。斷歌又恨知音少。理罷絲桐臨碧沼。獨立風前，閒看人垂釣。水底游魚穿荇藻。跳波翻笑金鉤小。

其五

扁豆花開堆錦繡。競態争妍，暗裏清香瘦。籬下因風閒坐久。時來不速敲棋友。爽氣霏霏侵紵袖。一局文枰，消遣如年晝。黑白分明人散後。開樽獨醉葡萄酒。

其六

緑展蕉窗人乍静。漏歇簾空，殘麝金爐冷。照眼香紅桃杏艷。悠悠往事休重省。暖靄消沉天欲暝。鹿夢迷離，爲問何時醒。池上晚凉風不定。流螢帶月摇波影。

女冠子

江南烟雨。淑景年年孤負。夢魂驚。寒月鴻空叫，銀河水未清。風雲多變態，冷暖拂恒情。惆悵歸帆遠，待潮平。

浪淘沙　門前馬蓼遍地，夏初花盛開，感而賦之

遁跡亂山中。老眼朦朧。門前滿地蓼花紅。疑是渡頭斜照晚，水國秋空。　蔓草簇芳叢。綽約粧容。知他心事與誰同。身世已無漂泊恨，休怨西風。

歸國遥

天欲暮。浪跡又成堤外絮。淒絶滿江風雨。小舟横不渡。　多少别離愁緒。幾回憑夢訴。畫角一聲酸楚。夢醒愁未去。

瑞鶴仙　螢，依稼軒咏梅韵

晚烟消翠幕。正露滴仙盤，嫩涼衣薄。熒熒亂穿掠。縱隋宫舊事，夜遊誰學。禁風力弱。怕兒童、輕羅惹着。任高低、碎影微茫，隱映豆花籬落。　寂寞。闌干人静，月淡池亭，雨晴台閣。飛星徇約。漂流跡，怎棲托。最可憐、誤入車囊照讀。囊外偷光罔覺。又何如、焰冷牆陰，夢殘屋角。

疏影　悼亡，用白雲《梅影》韵

悠悠歲月。念萬里老妻，懷抱愁絶。病入膏肓，醫乏針砭，受盡痹瘻磨折。情牽兩地常如醉，渾忘去却、春秋佳節。最可憐、一樣殘燈，冷焰背人先滅。　一自鴻傳噩耗，遥知舊婢僕，塵鏡慵潔。夢裏相逢，疑假疑真，未抵醒時哀徹。浮雲潘岳孤鸞恨，恨小草、依人獨平活。又隻身、覓食兒曹，望斷縞衣如雪。

其二

孤窗缺月。正獨客斷腸，離思淒絶。路隔關山，魂隔幽明，連理被風吹折。半規破鏡還鄉日，也不是、重圓時節。問佛家、何處真空，躲得世間生滅。藜藿清潔。事事無違，回首傷心，忍把莊盆敲徹。傳神縱借長康筆，枉畫出、音容如活。倘舊情、願卜他生，認取印留鴻雪。

賀新凉 再客平越

辛巳由川轉黔，復客平越

飄泊舟難繫。又匆匆、車回馬轉，牂牁重至。九九峯巒依舊緑，惆悵家山萬里。諳不盡、别離滋味。道子丹青推妙手，問如何、畫出心憔悴。思往事，暗垂淚。黔中等是桃園裏。甚朝朝、陰晴無準，雨昏烟膩。短檠寒窗新夢覺，無奈愁懷滴碎。縱日暮、江空萍寄。避亂王郎休作賦，客荆州、尚有依劉地。安得酒，酩然醉。

菩薩蠻

樓台寂寞笙歌歇。萬家砧杵秋聲咽。一線夕陽紅。隔簾微雨中。羨魚河上立。結網空勞力。緑水暖春江。閒鷗知鴨忙。

其二

漁燈照水摇紅影。晚來江上風無定。薜荔出東牆。菊花籬外黄。空山新雨足。冶葉倡條簇。大地走龍蛇。寒林栖亂鴉。

其三

重重花影垂簾隔。西樓不放斜陽入。風雨滿

前村。黃昏人閉門。　水邊楊柳色。不向秋堤碧。月黑雁行低。天山音信遲。

其四

登山臨水尋幽窈。山窮水盡空歌嘯。柳外落花飛。徬徨心轉迷。　西風霜信急。小草愁如織。月淡數疏星。殘蛩階下鳴。

其五

芭蕉葉底藏眠鹿。悠悠短夢黃粱熟。游蝶繞遼西。流鶯枝上啼。　畫梁塵暗積。秋燕已如客。烟冷小池空。殘荷低戰風。

其六

斷虹吹霽秋陰薄。簷蛛補網晴絲弱。冷露溼蒼苔。西風猿嘯哀。　春花秋月好。莫向蟪蛄道。花謝月明殘。閒雲歸亂山。

其七

綠槐高處鳴蟬托。螳螂見得忘黃雀。幾度夢悠揚。迢迢秋夜長。　閒花堆蘚砌。低礙行人袂。簾幙捲西風。閒花飄碎紅。

其八

雨中粉蝶花中醉。顛狂溼重尋香翅。休礙護花鈴。阿奴花下聽。　空林黃葉落。莫怨西風惡。流水送斜暉。柴樵山外歸。

其九

月明江上烟籠樹。盤烏三匝南飛去。屋角曉雞鳴。愁人醒未醒。　幾回愁裏醉。省識愁滋味。隔水望高樓。高樓人不愁。

其十

潮生寒夜舟人語。星稀月落天將曙。霜屐渡

溪橋。依依魂欲消。恨無千日酒。醉到太平後。雲散碧天長。西山沉夕陽。

木蘭花慢

昔人有詠雪詩云：『填平世上崎嶇路，冷到人間富貴家。』言近旨遠，感而成調

看雲融水墨，瀉寒玉，散輕冰。正萬徑人稀，千山鳥絕，宇宙無聲。崎嶇世間道路，問今朝何處不填平。誰把瓊包戲擊，婆娑舞徹空明。郊坰。淡月冷銀屏。浪蝶逐殘英。又滿樹梨花，滿街柳絮，滿地蘆汀。巍巍戟門華第，料寒威一例到中庭。蘭麝未篝素被，傲梅依舊香清。

意難忘

前謚悼亡，意猶未盡，復成此解

腸斷天涯。歎空閨月冷，淚滓征衣。百齡原有限，永訣最堪悲。輕遠別、悔嫌遲。遺恨怕人知。四十年、同甘共苦，撒手先歸。情癡轉惹猜疑。奈招魂剪紙，欲見無期。再來難聚首，此去竟何依。鴛獨宿、雁孤飛。心病倩誰醫。倘九泉、重逢弱女，切莫分離。

沁園春

月當頭，是夕無月

庭院黃昏，雪意添寒，暗襲敝裘。正南枝骨傲，小梅催臘，東籬香晚，老菊争秋。野馬良宵，浮雲佳景，滚滚抛入如水流。憑誰問，問今年明月，何處當頭。休休。秉燭登樓。且莫學、桃園春夜遊。況玉欄花謝，難尋舊夢，金樽酒滿，不解真愁。一箇恨人，一襟離緒，一路波濤一葉舟。家山遠，算淒涼今夕，孤負揚州。

齊天樂　孤雁

霜風驚散梁州後，分飛忽成孤旅。荻岸砧聲，蘆汀月色，都是離懷酸楚。回思伴侶。更魂斷平沙，夢沉寒渚。歲晚謀粱，那堪口腹累人苦。　年年瓜代遠戍。一襟漂泊恨，知向誰訴。字不成行，泥羞印爪，多少淒涼情緒。明波自顧。怪燕子雙栖，蝶兒雙舞。可奈敲殘，玉樓箏上柱。

春風嫋娜　梅，用竹垞《游絲》均

聽寒飈剪剪，暗送年華。雲織幕，雪飄沙。正香清紙帳，夢醒守鶴，脂凝盃酒，影幻飛蛇。薄袖無言，淡妝耐冷，不比春風牆外花。若倩橫斜臥明月，莫教烟靄護輕紗。　最是灞橋驢背，仙姝索句，曾愁煞、慧拾人牙。茅舍對，槿籬遮。尋松竹友，有兩三家。詩客江城，怕聞羌笛，怨妃別院，望斷羊車。欲知消息，問山空水冷，冰肌玉骨，誰贈天涯。

意難忘　亡妻週忌，悲從中來，感成此闋

花不重開。慟一年死別，淚灑空階。禁寒甘布被，攏髻折荊釵。思往事、未忘懷。瞻顧轉增哀。更那堪、匆匆屬纊，地角天涯。　流光屈指驚回。借淒涼客館，營奠營齋。影形勞夢想，憂樂費疑猜。人已杳、雁空來。腸斷怎安排。問此時、瓊漿一滴，可到泉台。

一枝春　雪霽

霙霴雲收，放新晴、一片清空蒼宇。餘寒尚峭，漠漠暗侵窗户。平林小步，甚顛倒、落花辭樹。還更有、遊戲兒童，擊碎畫簷冰筯。

樓台粉粧處處。似藍田玉暖，生烟飛去。剡溪訪戴，記得棹回前度。池塘草醒，是紅膩紫嬌來路。惟第一、預約明年，醉春伴侣。

東風第一枝

雪竹頭低，瓶梅夢瘦，舊時風格誰换。採薇樹密山深，覓醉霧沉市遠。飄零禿管，又幾度、寫成幽怨。况近來、歸思如潮，惹起故園心眼。　春未透、種花意嬾。春欲暮、愛花興淺。卜隣待溷漁樵，浪跡暗輸燕雁。劉郎老矣，且莫負、當年游伴。任畫橋、紅紫争妍，聽取柳堤鶯囀。

水龍吟

臘月十九立春

是誰漏洩春光，闗心斗柄回寅又。未逢除夕，未逢元旦，天開歲首。殘雪斑斕，懸冰錯落，餘寒欺袖。任葭灰飛盡，還應料理，驅儺戲、迎年酒。　溪上横斜梅瘦。綴苔枝、瓊葩香透。山城次第，融泥抽草，淡烟染柳。雙屐尋芳，短笻拾翠，争先恐後。正有人暗把，園林春色，安排依舊。

甘州

迎門老樹鴉鵲争巢，感而賦此

甚争巢鴉鵲向疏林，盤旋噪斜陽。慨銅駝荆棘，瓊簷草樹，過眼滄桑。今古闌干鬥鴨，辛苦爲誰忙。鷗鷺無猜妒，烟水茫茫。　緬想椒山深意，换一番喜惡，借閲炎凉。奈蟲沙猿鶴，朱紫奪芬芳。高居未許鳴鳩占，豈他人、鼾睡許連床。還須記、對啣泥燕，休羨雕梁。

壬午仍客平越

水龍吟　元旦

昨宵酒緑燈紅，送年便是迎年處。家家問角，人人聽鏡，喜聞好語。爆竹喧闐，桃符飄盪，風光如故。任青山笑我，流離轉徙，又依舊、成羈旅。　刮耳兒童戲鼓。奈翻添、老懷愁苦。明增一歲，暗減一歲，倩誰挹注。節序開頭，韶華轉眼，易來易去。待春回大地，花朝月夕，莫教孤負。

過秦樓

萬里鄉關，五年飄泊，策馬命車游倦。黄塵撲面，白雪盈頭，一片舊愁新怨。前度幾許豪情，詩戰長城，樽開宵醼。奈天寒日暮，囊空裘敝，大堤春遠。　嗟曩昔、北里尋花，西樓待月，十二畫闌憑徧。驚風蝶夢，流水駒光，細雨翠陰門掩。何況年來旅懷，湘管聲沉，秦箏絃斷。縱歸期未卜，先把巾箱檢點。

生查子　答朱揖文

山外昑詩筒，竚立空惆悵。歲晚故人疏，舊技心中癢。　雲邊幾度認飛鴻，囊錦從天降。酬和又艱辛，畫箇葫蘆樣。

其二

昨夜對寒燈，笑向燈花語。濃艷一枝紅，不怕東風妒。　寒燈今夜又生花，照影蛾來去。試問撲燈蛾，剔焰人何處。

祝英台近　春寒

雨連綿，雲亂叠。寒意滿空闊。嬾譜新詞，晶晶硯冰結。非干花柳無情，紅沉翠歇。問誰似、老梅欺雪。漫愁絶。料埋屐齒笻奴，郊遊趁蜂蝶。忍把春光，閉門暗抛撇。比如灼灼秋陽，逼人炎熱。也應有、西風時節。

滿江紅

流寓逃秦，曾歷徧、西戎舊域。領略些、人情風土，古今事實。貧病罔知游惰苦，澆漓遞仰箕裘澤。更持籌、握算較錙銖，争居積。　天不肯，晴三日。地不見，平三尺。又比隣隔木，矮牆壘石。列肆遵時存古化，生兒襁負沿苗習。倘森林、漸次闢童山，應繁殖。

祝英台近

棄書籤，擔行李。去國八千里。輾轉黔巫，寒暑五更易。正愁來日多艱，米珠薪桂。那知道、更增十倍。　眼前事。自隣游牧生涯，强謀避秦計。孤館青燈，一例舊風味。奈何冷暖無常，時陰時霽。又都是、惱人天氣。

浣溪沙

静坐焚香讀典墳。興亡轉瞬暗傷神。茫茫來路鑑前人。　五霸尊王先弱宋，七雄逐鹿畏强秦。古今成敗豈無因。

其二

優孟衣冠戲沐猴。無端問鼎到神州。通都大邑苦虔劉。　食葉蠶偏忘作繭，掀波鯨每誤吞鉤。白雲蒼狗動人愁。

其三

莫羨安期有棗瓜。單于入寇計全差。寒林風雪亂栖鴉。　帶醉枉撈波底月，添粧空折鏡中花。隔牆春色是隣家。

其四

酒散歌闌畫閣空。芳林秋緑换春紅。雁來燕去太匆匆。　蝨欲搏牛心亦苦，蛇思吞象技終窮。夕陽西下水流東。

其五

草漸抽簪柳漸舒。欣欣春意入吾廬。一宵風雨曉晴初。　雉借繡衣驕楚鳳，虎因善變識黔驢。纖柔螳臂莫當車。

其六

一刼輸赢半着棋。分明人事有天機。大都治亂繫安危。　社鼠城狐休顧忌，飢鷹餓虎失憑依。春婆夢醒日沉西。

綺羅香　花朝

燕壘新巢，鶯調巧舌，九十韶光一半。細雨籠晴，天氣嫩寒輕暖。正渡頭、挑菜人多，又岸脚、賣餳聲軟。但幾回、暗憶鄉園，花開花落有誰管。　郊遊依舊意嬾。不道山谷水態，暗中偷换。凍草冰苔，迤邐趁時都變。看年年、桃李妝濃，不是借、春風吹轉。想杜郎、歌酒揚州，珠簾猶未捲。

摸魚兒　春蘭

正紛紛、柳狂桃媚，謝娘庭院春曉。托根幽谷清芬遠，愁見翠顰紅笑。人未到。問一片、如冰心素誰知道。東風料峭。任蝶戀仙姿，蜂摶玉粉，空向綺叢繞。　娉婷影，一縷馨魂縹緲。依依曲徑深窈。孤標難寄相思怨，羞煞美人香草。高介操。又不與、歲寒三友同懷抱。采芳趁早。怕混入離騷，誤教紉佩，寂寞共秋老。

一剪梅

依約春從夢裏回。燕又雙飛。鶯又嬌啼。江南倦客老天涯。酒冷殘盃。香冷空帷。碧草如雲襯夕暉。風更淒淒。雨更霏霏。金錢燈下卜歸期。野徑雲迷。斜徑烟低。

其二

寂寞深山景亦幽。杏弄嬌羞。柳弄輕柔。飄零身世類蜉蝣。舊夢風收。新夢雲流。一度春風一度愁。塵滿征裘。霜滿蒼頭。鄉魂旅思兩悠悠。心上歸舟。枕上秦樓。

奪錦標

野燒

焰吐紅雲，光騰緑霧，夜走長虹千尺。四遠空明如晝，斜月流黃，小星飛白。看排山錦樹，又依約、花燈元夕。甚年年、多事春風，吹醒燒痕茸碧。　猶記周郎赤壁。鏡水霞飄，暗換江天寒色。可奈奸瞞遺臭，浪捲雄材，雪留鴻迹。倘燎原一炬，問豺狼、如何藏匿。正清宵、萬籟無聲，照破孤窗岑寂。

金人捧露盤

怨春遲。愁春短，怕春歸。數花信、休誤佳期。閒扶竹杖，江頭買醉典春衣。年光去迅，最容易、緑暗紅稀。　層雲密，流雲碎，陰雲合，暮雲低。更多少、風雨淒迷。吹寒做暝，惱人不解惜芳菲。珠簾莫捲，任簾外、柳絮飛飛。

其二

立花前。憐花瘦，綴花幡。怕蜂蝶、留戀摧殘。芳唇秀靨，嬌姿轉瞬隔闌干。清明近也，結遊伴、料理吟鞍。舊愁積，新愁亂，惹愁易，解愁難。況羈旅、又聽啼鵑。鄉心萬里，還家夢醒五更寒。梅鈿滿地，好春在、綠水橋邊。

梅花引

青郊旗鼓送寒威。愛春回。怕春歸。惜別匆匆，祖餞費樽罍。休過舊時游冶地，愁又聽，亂山中、杜宇啼。草齊。柳低。畫閣西。小燕飛。小蝶迷。翠蕤漸肥，更東風、開到酴醾。紫換紅移，闌外幾斜暉。寒食清明都過了，應料理，浣征塵、試夾衣。

醉公子　擬《花間》

舊恨縈方寸。病酒添新困。無語倚屏山。尋巢雙燕還。斜月春深夜。對影花陰下。又是育蠶天。心中愁藹纏。

其二

花落春容瘦。弱柳愁眉皺。心事向誰開。挑燈占繡鞋。香滅衾先冷。夢斷鶯聲靜。强起理朝妝。鏡中蟬鬢雙。

其三

枝上晴鳩喚。東照紅窗滿。春色入羅幃。叙頭胡蝶飛。雲外歸鴻杳。目斷王孫草。慵看舊來書。含情彈淚珠。

河滿子

短夢五年孤劍，餘生萬里浮雲。悵望澆愁沽酒處，牧童遥指前村。勝景四時都有，花飛何必傷春。　寂寞床前明月，模糊帽上征塵。牆外紛紛梨雪亂，和烟低撲重門。試問斜陽一縷，能消幾箇黄昏。

鷓鴣天　覺无量珠，詞以賀之

百斛明珠次第量。瀟湘春色試梅妝。安排金屋重藏艷，料理薰爐暗换香。　新燕子，舊雕梁。開簾又見影雙雙。畫眉别有風流筆，莫與張家鬥短長。

其二

剪葉移根種素馨。亭亭雙影已分明。牽牛慣識銀河路，瞞住天孫覓小星。　絃上語，曲中情。瑶琴月夜隔牆聽。相如日日翻新譜，家學商盤有舊銘。

滿江紅　布穀

小鳥知時，報割麥、插禾消息。聽的的、分明人語，婦孺能悉。後燕飛來先燕去，吹蟬高唱聞蟬逸。甚送春、迎夏又憑他，真奇特。　情更比，鷓鴣急。心更比，杜鵑戚。似秋風籬下，吟蛩促織。越是雨濃聲越大，偏逢夜永呼偏疾。算一年、一度到鄉村，如游歷。

瀟湘夜雨　再賀覺无量珠

萍水良緣，風塵奇遇，畫眉又傍紅窗。温柔本是舊家鄉。屏半掩、烟籠翡翠，衾共展、金縷鴛鴦。何須羡，呢喃紫燕，對語雕梁。　月圓花好，仙鬟解珮，春滿瀟湘。況三年窺宋，心苦情長。覺无來函，云相識三年。遊幻境、莊周化蝶，來函有『夢中夢，幻中幻』之語。揮雅奏、司馬求凰。從今後，西隣窈窕，莫再嫁王昌。

念奴嬌　再賀覺无量珠

藏嬌巫峽，倩何人重作，高唐新賦。金合暗遺羅帶結，又訂同心鴛侶。七夕私盟，三湘解佩，佳話傳千古。倚闌待月，共聽梁燕雙語。　遥想京兆而今，畫眉手筆，深淺思前度。嫁笴良媒紅葉在，細詠當年題句。如是幽懷，牧齋雅致，別有鍾情處。花開連理，莫教風雨欺妒。

賀新涼　輓萬毓芝

聞道君凶息。似晴空、雲沉雨斷，一聲霹靂。金石交情逾卅載，哀誄從何下筆。况百感、如潮奔集。天不假君花甲壽，甚匆匆、跨鶴歸山急。前路事，怎知得。　逃秦輾轉嗟行役。記流亡、湘江巴峽，同爲遷客。最是黔垣重聚首，匝月盤桓朝夕。奈君旅、昆明旬日。猝病便教成永訣，但望風、灑淚吞聲泣。相見處，夢難覓。

其二

重展遺詞續。倚新聲、追蹤紅友，流風堪續。方冀他年君輓我，定有長歌當哭。又誰道、君歸太速。我是江郎才已減，寫哀思、莫管毛錐禿。揮不去，淚盈掬。　連天烽火驚心目。恨睽違、君停鑾甸，我羈山國。兩地迢遥千里隔，爭薦生芻一束。待剪紙、奠君盃醁。招住吟魂須細問，想而今、一枕黃粱熟。人到此，了情欲。

鷓鴣天 和章伯寅，一律原韵

風響空林雨似麻。杜陵飄泊展才華。琳瑯秀句難酬和，敢效飛卿手八叉。愁怎遣，恨無涯。蒼茫故國亂雲遮。與君同是眠沙鷺，江海浮沉處處家。

癸未，客貴陽

疏影 古琴，依石帚韵。平園吟社課題

徽珠軫玉。自廣陵散杳，雲翳星宿。借押吴履齋步石帚韵，有『天挂参宿』句。石不流泉，松不生風，羞儕月下絲竹。而今問有周郎否，更誰解、曲分南北。任貯囊、挂壁銷聲，古調幾人彈獨。偏是焦桐入爨，賞音恨未遇，空裊烟緑。斷雁相如，别鵠文君，夢冷藏嬌金屋。悲歌縱奏雍門操，怕不合、孟嘗心曲。又曷如、陶令無絃，栗里杖藜巾幅。

齊天樂 惜春，并序

人生年少曰青春，春光明媚，每不知惜。然電光石火，易去難留，陶侃運甓，李白夜遊，雖志趣不同，其惜陰則一也。爰本斯旨，以廣惜春之義。

少年流水駒光逝，匆匆不堪回首。上巳攜琴，清明試茗，豪氣應憐非舊。牆頭喚酒。恨夏日炎炎，怎消長晝。苦雨淒風，大堤猶有庇蟬柳。樓台歌管寂寂，畫橋飛絮，送艷陽歸後。月缺花殘，鶯嬌燕嬾，處處緑肥紅瘦。苔階似繡。又新筍驚雷，成林競秀。老大傷懷，淚痕空黦袖。

賀新涼 競渡

遺恨留千古。記靈均、騎鯨長逝，却逢端五。

剛愎雖無成功望，慷慨成仁更苦。只賸得、年年競渡。濁世尠分賢與佞，問薰蕕、可有相容處。嗟往事，類如許。　孤懷已借文章吐。正不妨、高蹈肥遯，飄然引去。溷跡漁樵甘終老，何必波臣爲伍。休自詡、中流砥柱。角黍投江知也未，料忠魂、應悔當時誤。空歎息，向誰語。

南鄉子　春雨

冷暖太無憑。天氣冥濛未放晴。梁上啣泥雙燕語，嚶嚶。烟外歸來對剔翎。　花事最關情。春色三停損二停。更惜夭桃多命薄，盈盈。酒暈紅腮粉淚零。

賀新涼　反送春

莫問春歸未。任匆匆、歲華如箭，抛人客易。春去春來年年有，迎送翻嫌多事。春不是、無情江水。斗轉星移潮有信，豈東流、不作回旋計。誰省識，送春意。　飛紅催换蒼雲翠。一番番、柳腴花瘦，循環無已。寒燠做成推遷序，彷彿古今興替。休錯認、春風和美。白髮蕭蕭吹不轉，儘瞞人、吹得朱顏悴。春那解，別離味。

望海潮　書感

貂蟬無分，儒冠誤我，半生詩酒疏狂。力絀買山，愚侔抱甕，歧途日暮徬徨。芻豆縶飛黃。奈邯鄲枕瘦，夢短更長。七尺鬚眉，江湖落拓負昂藏。　銀河未洗欃槍。任馬煩車殆，店月橋霜。避亂仲宣，飄零子美，悠悠風雨淒涼。孤鶴倦翺翔。恨芝田路遠，悵望雲鄉。

可惜桃源而今，無處問漁郎。

清平樂 擬唐人宮詞

景陽鐘動。驚破羅浮夢。鳳枕鴛衾誰與共。還説君恩深重。盈盈帶雨梨花。玉顔怎及寒鴉。窗下畫眉韻事，那知不在天家。

其二

耐寒梅影。消瘦慵窺鏡。天上碧桃仍薄命。遮莫前緣註定。啣泥燕語雕梁。尋香蝶過宮牆。閒倚長門凝竚，羨他來去雙雙。

其三

徘徊花下。内苑春如畫。回首年年春去也。多少花開花謝。冰輪月月都圓。姮娥千里嬋娟。天上廣寒宮闕，奈何不是人間。

其四

翠顰紅怨。花外春風遠。夢斷後庭陪夜宴。閒煞榴裙桃扇。羊車轆轆雷過。低聲細問宮娥。一片笙歌又起，不知何處恩多。

其五

箭壺未曉。次第黄門報。道是臨朝須起早。也把香衾負了。君王雨露恩濃。畫圖顛倒花容。馬上明妃怨别，琵琶彈出深宮。

瑣寒窗 和朱揖文及錢十嚴、羽霄叔侄原均

燕蹴風簾，鶯梳霧柳，錦春何處。愁心滴碎，店舍夜聽蕉雨。悵還家、迢遥夢魂，幾回又被關山阻。奈飄零孤劍，欲歸未得，是誰留住。萍絮。輕分聚。向緑水池塘，流紅私語。十年匏繫，壯志消沉如許。待浮雲、飛過碧

空，一輪皓月光復吐。顧當時、顧曲周郎，舊調翻新譜。

賀新涼

詞章，恐非彌留時所作。戲成一闋，以俟異日

自古有死，無可諱言，每見前人有自輓

戲了關箱去。歎茫茫、前因後果，幾番蘭絮。利鎖名韁逃不脱，帶水拖泥辛苦。忽一旦、幽明異路。蜕化重投情欲網，莫埋頭、又被文章誤。言未已，淚如雨。　人生百歲猶朝露。到靈魂、軀殼分離，倩誰超度。塵世風雲多擾攘，佛國應非浄土。況生死、端由定數。寄語天涯親若友，算從今、一别成千古。難展望，再相聚。

水龍吟　平園小集

無端萍水相逢，豪情不減蘭亭會。含今茹古，高談雄辯，雅人深致。花月清幽，管絃闃寂，飛觴覓醉。任風雲擾攘，離鄉背井，算都在、桃源裏。　我愧駑駘附驥。步邯鄲、效顰而已。移宫换羽，搓酥滴粉，雕蟲末技。黄俊蘇豪，李狂杜博，語圓律細。看盛流星聚，西園東閣，後先同軌。

高陽臺　花溪消夏，并序

《左氏》有言，趙盾如夏日可畏。充其義旨，凡足以令人驚怖者，均可以夏日目之。故每至夏令，古今中外恒有避暑之舉。然與其避暑，何如消夏。消之云者，謂爲消磨可，謂爲消滅亦可。世無趙盾，則天下無可畏之事矣。消之爲義大矣哉！

燕蹴簾鈎，蜂彈窗紙，横空赤日行天。斗柄南移，那堪長晝如年。翠微高處炎氛遠，信人

間、别有仙源。更何須、放棹西湖，結屋廬山。鐘鳴無計留春住，任紅愁緑慘，寂寞雕闌。青草池塘，蛙聲驚覺閒眠。飛螢閃鑠如流火，伴月光、又到床前。只憐他，燐亂層樓，焰冷頹垣。

滿江紅

鄉人冰子以治印問世，戲成此解

冰子尤君，借市隱、一枝聊寄。無奈是、狼烟滿目，米珠薪桂。耕硯難酬温飽願，補苴且覓刀錐利。與鬻文、鬻字鬻丹青，同游戲。　有子愷，誇其藝。有六逸，書其例。更填詞一闋，冀通聲氣。明代衡山期並駕，鄉人熙載推前輩。任旁觀、咋舌或摇頭，均休計。

一蕚紅

秋感，韵依草窗，平仄依白石。并序

秋屬金，主殺。天上秋來，潛移斗柄；人間秋至，吹散炎氛。彼夫水深火熱而思衽席者，亦猶揮汗摇扇以迎秋也。然絡緯吟風，怨婦怯孤燈之影；梧桐戰雨，騷人興故國之悲。同是秋也，莫不因所遇不同，而感想亦隨之而異。僕本恨人，又多恨事。流離顛沛，酷暑驚心，新秋將至，木葉漸凋。螳螂捕蟬，不知黄雀伺於其後，蒿目時艱，能無别有感慨乎。率成一闋，借遣愁懷。

景清幽。正涼飈送爽，一半暑氛休。林外風聲，窗前月色，無限鄉思悠悠。恨漂泊、投荒萬里，更那有、深壑可藏舟。逝水流光，暮雲殘照，多少新愁。　何況當空紅日，似跳梁小醜，窺伺神州。狐狡憑城，鴻嗷待哺，烟鎖歌舞高樓。倘消盡、炎陽庚伏，賦歸去、山水任遨遊。寄語關心杞人，莫爲天憂。

點絳脣　采菱

翠婉紅嬌，薦新正是涼初透。食瓜嘗藕。次第分先後。　姊妹隣娃，打槳波痕縐。揎紅袖。移舟相就。怕刺纖纖手。

其二

采采盈筐，大家争向船頭洗。皮兒抛棄。笑打游魚戲。　剥玉嘗新，記得鴛湖裏。秋風起。天涯萍寄。多少思蓴意。

其三

借水浮根，月明露白花香細。角端尖利。藻荇非同氣。　脱却青衣，猶帶泥滋味。知還未。潛蹤葉底。不是藏身計。

滿庭芳　中秋南明河上翫月，并引

客中七度中秋，兩旅貴陽。前年中秋，與毓芝詩酒盤桓，不知東方之既白。今年中秋，毓芝作古，曾幾何時，人非物是。徘徊河上，黯然神傷，況望月思鄉，别有憂怨乎？人孰無情，誰能遣此？感而成調，借賦心聲。

狼燧驚心，駒輪彈指，黔中兩度中秋。一匳金鏡，依舊湧寒流。人似吴潮輾轉，無端又、勝地重遊。今何夕，淒涼風景，往事惹新愁。　新愁。知幾許，明波照影，殘雪盈頭。況書沉衡浦，夢冷秦樓。莫向姮娥細問，應笑我、辜負揚州。南河畔，三分月色，可有二分不。

金縷曲　壽邵雨湘五十，農歷正月十六

甲申仍客貴陽，冬令移客重慶

萬象更新後。正元宵、燈期才過，稱觴献壽。百歲光陰方一半，功業五分成就。況七寶、冰

輪如畫。旅舍門庭籠瑞靄，似園林、旖旎春初透。壺篕約，款良友。范陽康節流芬厚。看隆隆、家聲蔚起，工師泰斗。馳騁名場三十載，贏得清風兩袖。且預卜、還鄉時候。今日明年逢晉一，醮親朋、弧再懸門右。拚共醉，太平酒。

乙酉客重慶，秋日勝利

丙戌仍客重慶

滿江紅　筱齋五十晉九，詞以祝之

瀛海波平，還同作、山城寄旅。又次第、桃夭柳媚，春風和煦。流水韶華歸一瞥，浮雲富貴非虛語。問香山、九老聚耆英，圖成否。　松與柏，青如故。蘭與桂，芳如許。況月圓花好，天開壽宇。康健動關修養厚，窮通不改雍容度。看生商、元鳥瓞綿綿，延洪祚。

其二

流寓逃秦，把往事、從頭細數。記僕僕、征程輾轉，黔垣小住。大地頻傳風鶴警，驅車拚涉崎嶇路。算暌違、六稔各天涯，重相聚。　君不是，權豪侶。我不是，漁樵伍。問分金管鮑，何今何古。彈鋏未歌馮子曲，登樓休作王郎賦。料明年、祝嘏敞瓊筵，春申浦。

以上《半秋軒詞續》

高德馨

繞佛閣　讀《林霽山集》，和艮廬

鼎湖一去。長信滿目，生偏禾黍。盤露空貯。怕看淚下、銅仙暗如雨。海桑又覩。珠珥繡履，重涴塵土。香燼叢楚。僅餘近種，冬青數行樹。　寄客最悽絶，悵望春來呼杜宇。還恐帝鄉、魂歸無覓處。算厄運龍蛇，憑弔今古。更牽愁緒。聽薊野樵吟，哀怨誰訴。只堪偕、夢中人語。集中有《白石樵吟·夢中》詩。

百字令　壽明綬之七十，並賀生子

可園垂柳，尚婆娑無恙，攀條相憶。荷芰香中人載酒，記祝康成生日。薊樹雲迷，吴宫花落，過眼成陳迹。滄桑刦後，盍簪重聚難得。　回首眉社聯裾，飛觴相屬，一水盈盈隔。欲寫弄璋書恐誤，頻問長安消息。七十弧懸，三朝餅啖，歡笑應無極。萊衣文褓，輝映錦屏同色。

垂楊　和艮廬韻

霜鴻又到。被戍樓畫角，一聲催曉。淺醉閒吟，鏡中忘却愁顔老。安排温室軒窗小。對燈火、十年搜攪。笑平生、蓬梗萍蹤，負歲華多少。　江上蒲帆風飽。待人訪瘦腰，客尋長爪。恨隔雲山，羽鱗難把離情表。寒梅消息今番早。寄驛使、休辭遠道。聽紅牙、曲譜新詞，端正好。

西湖　和艮廬重游西湖，即次其韻

游宦地。湖山到處妍麗。游驄盡日繞堤行，畫樓慣倚。柳絲見我眼猶青，依稀記昔年事。　誰吹皺，湖畔水。美人比似憔悴。雙峰對插入雲中，髻鬟倦理。近來説道也新妝，妝成休訝時世。　者番載酒泥共醉。映酡顔、霞洞留紫。漫訪坡仙題字。問橫波、古塔雷峰何在，悄立無言斜陽裏。

垂楊 疊前韻和軼仲

昌亭夢到。記酒邊按笛，月殘風曉。醉裏光陰，故園人去芳非老。新荷擎蓋榆錢小。怕吹起、一池萍攪。只垂楊、長送征塵，惹舊愁多少。過眼雲烟看飽。悵巢賸燕痕，迹迷鴻爪。覊客誰憐，夢中思奏通大表。尋春秪恨春歸早。且莫唱、陽關古道。待重來、側帽題詞，圖畫好。

長亭怨慢 重游舊都，和艮廬韻

漸飛盡、江亭芳絮。幾處人家，羃煙籠霧。草草光陰，故宮臺榭問誰主。別君南浦。便一棹、天涯去。去國秖經年，却薺麥、青青如許。獨竚。望仙鄉不見，只見亂紅迷路。昆池水淺，那禁得、刼灰千度。第一是、燕子歸來，認前日、雕梁存否。算只有啼鵑，知道覊人辛苦。

江南好 芯廬南歸，艮廬作此寄懷，依夢牕韻和之

梧館招涼，芰裳題句，舊時詩什紗籠。倚闌消暑，初日照芙容。休説蓬萊往事，揮談麈、飛辯雕龍。行吟處，篘杯滿注，顏映藕花紅。天涯猶是客，梅邊記別，竹裏重逢。問楓橋何日，同聽霜鐘。苦憶江南煙景，空回首、天際歸鴻。憑高望，吳雲遠隔，雲樹暗千重。

徵招 艮廬、九珠、霜厓結社消夏，荷蕩小集，作此遥和

儂家舊住葑溪曲，繞門一灣流水。咫尺即銀塘，棹扁舟花裏。生朝逢廿四。畫船聚、笙歌齊沸。蓮唱歸遲，幾叢荷芰，幾叢羅綺。　遥企挈朋尊，遨遊處、依稀昔年情事。更排日分題，把新詞遠寄。客游誰伴侶，空勾起、一襟鄉思。但憑眺、積水潭邊，曳短筇獨倚。積水潭，都中觀荷處。

西子妝　西湖感舊

如此江山，一般烟月，消得幾番春暮。藐姑仙子忽濃妝，悔當年、苧蘿村住。閒情欲訴。悵隔水、誰招鷗語。俯晴湖，歎緑波誰浣，西泠塵土。　歸來誤。鶴去亭空，寂寞誰爲主。柳條牽拂短長堤，尚依依、剩絲殘縷。重尋故步。慨芳草、都成馳路。莫登樓，怕見斜陽滿樹。

拜星月慢　螢

燭冷光摇，廊虚月暗，十二闌干閒凭。熠燿釵頭，恰慵妝初整。卷簾看，似覺、疎星點點明樹，缺月娟娟移影。羅扇輕攜，識佳人嫺靚。　喜今宵、又值黄昏靜。半晌惹草黏花，總低徊無定。慣隨風、暗入緣衣領。驚飛去、瞥眼來俄頃。便待得、翠袖重迴，已斜穿竹徑。

記隋隄、照夜囊紗映。

夜飛鵲　七夕

疎星淡河漢，問夜何其。今夕乍見還疑。填橋已遣駕靈鵲，姍姍偏覺來遲。癡情笑兒女，尚庭陳瓜果，盒卜蛛絲。深深再拜，問天孫、送巧伊誰。　頻歲獨憐羈旅，長是誤歸期，此意誰知。似怨天錢浪借，錦裳空織，猶自支機。故鄉千里，恨良宵、不共清卮。算人間天上、離多會少，一樣相思。

點絳脣

覊滯舊都，觀荷雨阻，和茗理《八里台》韻

妬翠顰紅，看花十刹難消暑。溼雲低處。無奈風兼雨。　塵海萍踪，歲歲牽人住。尋芳路。漢宮仙去。空對盤心露。

前調

客有自故鄉來者，復填此闋

消夏灣頭，鬧紅一舸堪逃暑。畫船停處。慣聽催詩雨。　休唱菱歌，家憶橫塘住。長干路。棹舟來去。日日餐風露。

前調

再疊前韻

水殿香來，夜深池上消殘暑。繡簾開處。菡萏初過雨。　月落參橫，欵語留人住。臺城路。不如休去。恐受中宵露。

采緑吟

荷葉

一曲田田罷，岸柳渚荻淒迷。紅妝卸後，翠雲何處，白露晞時。水深應獨剩，游魚戲叶仄。睡鷗恐或先知。只亭亭，餘孤影，秋來心事告誰。　思製芰爲裳，西風起、枯蘆殘葦同棄叶仄。漂泊客天涯，漫唱惜紅衣。對烟波、空怨斜陽，歸來好、休待鬢成絲。筩杯泛，涼月滿懷，香襲酒卮。

惜紅衣

荷花

碧檻風來，銀塘露浥。暗香初發。浄展湖光，詩懷沁氷雪。紅妝卸盡，應不受、人間炎熱。清絶。葱袂芰裳，濯亭亭仙骨。　蘭橈桂楫。

傾蓋相逢，前塵半消歇。蓴鄉試望遠，別恨千疊。可惜采蓮涇裏，不共美人攀折。盪槳歸誰賦，三十六橋明月。『紅蘭三十六條橋』，白傅句。

國香慢　盆蘭

巖岫炎薰。記建溪游侶，曾采荃蓀。侯官林君子裘曾餽余素蘭四盆，種佳絶，云産自龍巖州。經年素心重見，還夢梨雲。一縷幽馨襲袂，笑春蕙、無此芬氳。冰瓷散餘馥，棐几安排，鼻觀先聞。　孤芳空自賞，淡無言忽看，月墮黃昏。湘皋仙去，漫共楚些招魂。砌草秋來更緑，望天涯、淚灑王孫。傷心所南畫，移種窗前，愁寫靈根。所南寓蘇宅在樂橋東條坊巷。

洞仙歌　和茗理賦蟹

鱸鄉稻熟，趁西風初起。擁劍橫行正無忌。渡江來、一點漁火星明，休辜負，新酒黃花天氣。　緯蕭衝欲斷，戈甲森然，臍噬提防意中事。鼎鑊待君烹，塞曲爬沙，先惱亂、無腸公子。漫説道、團雌勝尖雄，看秋老難逃、背紅怎避。

桂枝香　和茗理詠月餅

團欒髣髴。問刻玉鏤冰，新樣誰乞。天上盈虧幾度，暗驚佳節。年年客裏中秋過，佐登盤、冷淘槐葉。桂枝香滿，芝泥字印，影留蟾窟。　算不盡、人間陷缺。記飽啖紅菱，嘉話能説。瓜果分擕，曾伴天厨肴核。功名畫地知何用，對西風、絲鬢如雪。祇今魂夢，時時猶繞，廣寒宮闕。

聲聲慢 秋聲，和茗理韻

亂蛩鳴砌，新雁過樓，都從客裏聽到。落葉驚秋，秋士暗傷懷抱。梧桐幾經細雨，向空階、飄墜多少。也不管、有羈人腸斷，總聲聲攪。
況是淒涼天氣，沈沈夜蛬，更寂無人報。風急霜寒，哀怨似聞猿嘯。調調刁刁不絕，感予心、歲暮誰保。仗酒力、散千愁，偏酒醒了。

百字謡 壽九珠六十

鳳池吟侣，問前身、應是蓬萊仙謫。咳吐都成香屑，句生庴堂同日。一笑銜杯，新詞填就，醉把闌干拍。殷懃別後，酒尊跌宕如昔。
遥想此日君家，題餻頌菊，勝友如雲集。蘭玉階前齊捧斝，又聽稚孫按笛。四世同堂，算吴中盛事，更無人及。却教人道，阿翁絲鬢猶黑。

南鄉子 重陽遊北海同寄荃

短鬢吹霜。年年客裏過重陽。今日重陽偏不負。閒携手。玉蝀金鼇橋上走。

其二

花柳如烟。餻香茶熟菊花天。日暮輕陰瓊島薄。詩催作。只怕來朝風雨惡。

攤破浣溪紗 和茗理《早菊》

珍重黄花晚節香。早開豈是爲重陽。冷被柴桑棲隱客，笑籬旁。
巖桂半殘初裛露，林楓微落乍經霜。要與荒寒供點綴，占秋光。

秋思耗 中秋無月，和艮廬

三五團欒夕。問素娥、何事暗離瑶席。燈爐

倦眠，幌移偷視，涼逼簾隙。想仙曲霓裳、舊遊如夢倍怨抑。共望舒、清淚滴。便翠幕高搴，玉笙吹破，到了十分圓處，更添愁臆。京國。音塵正寂。照廢池、忍見凝碧。桂宮陳迹。牆腰低聽，有誰擫笛。算竊藥前番羿妃，應悔生鳳翼。歎皓魄、難再蝕。怕翳日浮雲，長安無夢更覓。恨隔江南塞北。

滿江紅

西湖法相寺前古樟，高宗南巡時曾被御題。宣統三年十二月廿五日遜位詔下，樟前一夕枯死，蘄水陳仁先曾壽建亭爲文記之。茗理賦詞，因次其韻

覆錦山林，記迎輦、南巡尚説。思易代、曾承雨露，肯移柯葉。洛下荒榛今日歎，苑中僵柳何時活。與棲霞、墓柏比精忠，甘枯櫱。亭何在，南山側。邀俊侶，題碑碣。俯六橋桃李、暗無顔色。廕樹曾傳光武種，偃松豈爲秦皇屈。議兩字、封號諡樟神，宜馨烈。蘭封馨烈侯，擬以此二字諡之。

飛雪滿群山

喜雪　消寒第一集題

曳屐尋詩，脱貂賒酒，蹇驢客滯長安。關河歲晚，霜風淒緊，四望天際漫漫。碧翁貪游戲，戰玉龍、空中未闌。乍遥看，似低壓翠髻，頭白了青山。　多説道、江鄉今更好，西崦垂釣，冷逼漁竿。萑苻嘯聚，鵝池聲亂，便星夜奪洲還。儘扁舟乘興，徜徉洞庭烟水間。尋梅去也，披裘好作圖畫看。

雪梅香

蠟梅　消寒二集

倚牆角，繁枝綴玉最玲瓏。算年華三九，宮妝畫額應同。檀口餘香惹寒蜨，鬟心斜插引游

蜂。耐霜雪，但恨無緣，消受春風。朦朧。想庭院，別後窗前，静閉簾櫳。只惜芳姿，淚珠和蠟泥封。紙帳銅瓶正清絶，雪泥鴻爪憶遊踪。相思意，碧口難言，秖在胸中。

瑣窗寒　寒山寺　消寒六集

廢寺栖烏，危樓月墮，悄聞霜杵。孤眠唤起，攪動客愁如許。問何人、昏黄繫舟，到門載屐題詩去。相傳漁洋至寺，夜已昏黑，風雨雜沓，著屐登岸，題詩二絶，時以爲狂。想封橋夜泊，殘鐙明暗，舊時覊旅。　遲暮。重遊處。歎紺宇荒寒，江邨誰主。樺冠扉屨，好認天台儔侶。儘隨肩、遊戲往來，世緣解脱今悟否。剩寒岩、畫本流傳，遺跡供人語。

平調滿江紅　寒鴉　消寒三集

幾點疏林，看潑瀋、顛米畫工。歸禽共、亂山俱暝，斜日烟濛。背影參差拳凍雀，翻飛高下逐驚鴻。聽嗚啞、心事少人知，悲漢宫。　延秋冷，霜露濃。故枝换，舊巢空。認玉顔何處，莫怨西風。畫角數聲催未曉，緑楊終古恨難窮。最銷魂、流水遶孤村，殘照紅。

雪獅兒　冷香閣遠眺　消寒七集

寒枝凍蘂，便招引、吟袖尋芳，扁舟西麓。七里香風，暗惹水波凝緑。松寮徑熟。記待月、可亭曾宿。怕到此、詩情更遠，幽人空谷。　凭闌高下極目。訝疎林、幾處雪深花簇。遥對獅峰，那肯掉頭相矚。不如催棹，歸去問、銅坑遊躅。新題曲。唱遍江南江北。

早梅芳近　西崦釣雪　消寒四集

烟壑深，漁歌渺。徑寂無人到。忽聞柔櫓，盪入前溪數峰杳。碎波雙袖重，墜月孤篷小。願浮家泛宅，身向此中老。　意難忘，興未了。似促山陰櫂。千林積霰，萬點寒香凍雲繞。夢魂迷遠覽，旅緒縈愁抱。望吴天，挂帆歸趁早。

夢横塘　横塘載酒　消寒九集

掛帆衝雨，傍市估春，旅懷如此淒寂。漂泊天涯，悔十載、韶華虚擲。杯泛醁醽，味添櫻筍，儁遊難得。聽垂楊影裏，鳥語提壺，聲聲唤、催歸客。　停舟獨憶當年，聞盈盈笑語，綺筵坐□。岸幘高歌，疎影落、杏花吹笛。到今想、前塵似夢，驛遠山遥殢行迹。但怕他時，

酒痕詩句，也教人尋覓。

繞佛閣　題沈石田竹堂寺探梅圖　消寒八集

暗香散幔。疏影動席，心共塵遠。桑海都换。尚餘畫本、依稀在鶤鵾。　寺門畫鍵。僧話未了，花墜成片。簧翠交亂。夢尋南渡，和王舊池館。　障壁最清絶，永鎮山門留此卷。還與騎曹、秋官同灑翰。歎紺宇春深，荒礎苔滿。也無人管。剩廢址争墩，縑素殘斷。好珍藏、當蘭亭看。

惜餘春慢　餞春，和茗理

欵柳心慵，飛花魂斷，鎖日翠觴空舉。尋芳曲院，畫壁江亭，曾記舊行吟處。都道年年此時，吹緑成陰，慣經風雨。便離尊同引，澆愁憑酒，怎消愁緒。　早又是、花放將離，筵開

客，十平四載，旌旐建，亦縱横。一晌西風，落葉鏖軍罷，金鐵琤鳴。看齊雲樓閣，烈去炬雯時傾。朱户雕甍。儘人耕。　歎宫斜地，玉勾瘗，香車碾，暗塵凝。開府日，乘龍壻，氣崢嶸。但何成。今古同攜手，屢攻戰，似棋枰。憑弔處，常回望，闔閭城。傳語潢池盗弄，休依舊、虎踞龍争。算羣雄據土，星火片時熒。往事堪憑。

醉蓬萊 竹葉清　酒名

坐幽篁深處，試引筩杯，細評芳體。千个琅玕，識麴生風味。觴詠林間，縱横筵上，有步兵來此。桑落初傾，蒲陶乍熟，碧甌如水。　誰是當年，酒家南董，雲液松醪，甕頭新製。紅友招來，只青州從事。蕉葉頻斟，桃笙低棼尾，重約嬉春游侣。陽關再疊，畫榼三升，忍聽送君南浦。知否憑闌有人，把醆臨風，殷勤低語。語東皇須記，歸期休緩，亂紅無主。

曲玉管 蟬

花柳陰疎，宫槐口冷，無情樹碧還依舊。側聽風前嗚咽，吟老梧楸。早驚秋。　渺渺神京，盈盈齊女，别來短鬢蕭疏久。忍曳殘聲，嫋嫋飛過枝頭。恨悠悠。　暗想當時，有多少、金貂華胄。那知夢雨無蹤，年華逝水難留。感前游。悔餐風栖露，受盡悽涼滋味，一聲遮了，抱葉深藏，欲訴還休。

六州歌頭 過淮張故宫遺址

斜陽廢苑，春暮草還生。星霜换，亭臺改，隴邱平。付鼯鼪。追想駒場事，起鹽販，招賓展，笑玉山頽矣。料想吟朋，尊前憶我，郫筒遥寄。

月華清　團扇

辭輦班姬，乘樓秦女，皎然明月初展。新樣妝成，待説舊時恩怨。比翼訝、飛燕投懷，掩影似、抱琶遮面。腸斷。賸氍毹舞罷，桃花曲院。　況是塵侵几滿。類棄婦長離，惹人悽戀。不待秋風，已悟君心涼暖。障塵勞、謝傅親持，題畫讓、放翁傳徧。珍玩。記蒲葵爭買，右軍曾换。

玲瓏玉　藕

誰試銀刀，早横截、切玉盤供。淤泥不滅，甚時取自泥中。最愛朝酲未解，共冰桃朱李，來佐杯篘。玲瓏。勞佳人、輕撚碧葱。　記得瓊瑶細嚼，聽蓮歌聲裏，曾唱憐儂。遶徧天涯，到而今、只怨飄蓬。休嗟絲輕難繫，便真箇、蠶絲束縛，總是虛空。莫抽斷，有羈人、愁思暗通。

四園竹　叢竹

吟窩記築，舊種兩三竿。影疏漏月，枝勁戰風，低壓闌干。篁翠深，移影入、湘簾半捲。此君風度珊珊。　問誰看。當年帝子啼痕，如今坐上猶斑。便栽篔簹滿徑，魂夢猶思，舊日淇園。人已遠。信又隔、遥知翠袖寒。

玉簟涼　涼枕

斜倚匡牀。正掩册倦眠，午夢初長。珊瑚高幾尺，笑襬襶人忙。龍皮還恨扇弱，便跂腳、静對閒窗。涼意滿，算輭紅塵内，誰醒黄粱。

思量。晶簾捲水，團扇送秋，因甚卻棄雕房。紅蕤看淚溼，早竹冷瀟湘。池上忽聽碎雨，料此際、絕以歐陽。雲髻墮，更愛他、釵影橫雙。

八六子　白蓮　用秦少遊體

倚新妝。怕汙脂粉，鉛華洗盡何妨。念種處原生玉井，偶逢還在銀塘。但聞暗香。　無端吹墮明璫。對月忽欺紅袖，迎風乍展羅裳。只恐是、瑤臺羽衣仙子，縞袂低舞，翠鬟高舉，更看片片梨雲墜水，蒼蒼葭露橫江。認微茫。飛來鷺鷥一去雙。

八寶妝　甫里保聖寺羅漢塑像

誰寫瞿曇，競傳唐蹟，畫采一新環堵。象係近人訪得，云是楊惠之塑。　宜興文殊同頂禮，但少髯蘇題句。東坡有《廣愛寺楊惠之塑象》詩。　思量天監到今，寺梁天監二年剏。千百年來，精藍三度凋風雨。宋熙寧、明成化重修，國朝咸豐十年大殿燬。　多恐換宮移羽。　丹青非故。　追溯甫里祠荒，石殘砌斷，白蓮今在何處。寺西廡爲白蓮寺，有唐陸龜蒙祠。　念還似、玉去堂畫水，助惆悵、朱闌雕圬。《澠水燕談録》：玉堂有董羽畫水，歲久稍壞，蘇易簡語韓丕擇名筆補之。丕呼圬者墁其下，以朱闌護之。蘇悵惜不已。　斷紋漆、焦桐付與。俗工終恐隳規矩。　問座上維摩，添毫貌得山僧否。

訴衷情近　七夕

離長會短，怎説佳期又近，鍼樓何處絲穿，鈿盒舊時夢繞。應恨幾回相見，見了還休，恐更添煩惱。　愁懷悄。洗甲銀河雨好。駕橋填海，願把欃槍掃。誰知道。罷耕戰士，停機織女，怨離多少。莫乞人間巧。

雨霖鈴　芭蕉

濃陰牆角。對吟窗罨，鬟影都緑。愁心半卷無限，方摇曳處，纔舒還蹙。雪裏相看畫本，竟描寫難足。最怕聽、涼雨空階，向暮瀟瀟倚修竹。　羈懷已是傷幽獨。更那堪、點滴離愁觸。今宵酒闌人醒，拌翦盡、短窗殘燭。待記明朝，齊把叢叢，碎影芟劚。便算有、千紙雲藍，好與人題曲。

金縷歌　題孫師鄭詩史閣圖

牀上書連屋。算同光、四朝詩稿，幾多篇軸。太息詞人今漸老，夢繞故山林麓。記把酒、東風曾祝。盼望春來歸去好，指辛峰、高處茅廬築。菟裘地，此生卜。　京華廿載羈吟躅。掩柴關、門鄰古寺，冷看棋局。落葉一篇傳海内，贏得藍箋幾束。況錦瑟、年來縈觸。畫裏家山何處是，悄無言、相對披圖幅。還望見，尚湖緑。

霜天曉角　送浩吾南歸

故都荒寂。柳黯江亭色。一角小樓閒話，招翠袖、茶香溢。　脈脈關塞隔。留君歸未得。客裏送人何限，烟波泛、六橋憶。

水調歌頭　中秋和戴綏之，用東坡《密州》韻

高會溯元祐，曠絶已千年。月圓偏值今夕，客裏醉芳筵。遐想瓊樓玉宇，來看朱闌雕砌，陳迹故宮傳。是日偕浦君廉方同游故宫，中西士女來遊甚衆。　麕至訝帬屐，笑語襍腥羶。换桑海，悲禾黍，變華鬘。問君頻歲羈旅，何事戀長安。

料得延君寂寞，戴德字延君。賴有朝雲伴侶，齋供助鍘籩。瓜瓞寓嘉兆，君食瓜遺子，結實兩枚，遂以齋月，余戲謂君得子之兆。人月正雙圓。

一枝春

彭剛直畫紅梅，爲遺嫁孫女俞氏而作。孫壻階青太史檢付其壻郭嘯麓收藏，誠藝苑嘉話也。霜根寄示社稿，爲填此闋

鐵石剛腸，檝閒情、慣作疎花寒蕊。流傳萬本，那比添妝心喜。穠華賦罷，早親貯、女孫奩底。應記取、梅兆先春，占得上林春旖。　韶華暗隨流水。剩烟雲過眼，珍留縑紙。和羹夢醒，久冷廣平心事。娥碑試撫，羡重付、埽眉才子。還看似、衣鉢相傳，價增畫史。

燭影摇紅

雪夜圍爐

句覓旗亭，俊游曾共高王侶。曲闌深處倚芳尊，温鼎香留炷。無奈天涯寄旅。到如今、關山路阻。擁鑪寒對，宵永愁長，畫平灰誰語。　幾載長安，灞橋識我尋詩處。甚時乘興泛扁舟，催棹山陰去。暗數歸期又誤。歎飄零、同誰宴俎。酒闌鐙燼，聽罷聲聲，嚴城更鼓。

瑶華

冰花

天公奇絶。一夜西風，把瑶葩吹結。江南春早，思寄贈、不比寒梅堪折。猩簾低卷，向温室、沈檀休爇。還錯疑、姑射仙人，降下水晶宫闕。　當窗閒鏤瓊枝，看瓶凍琉璃，誰竝芳潔。韶華夢想，知耐冷、不識春來蜂蝶。滿庭翦綵，手段笑、唐宫人拙。門峭寒、屋上霜花，只有素娥能説。

天仙子　冬日田家雜興　用《詞律》第二體

稻熟江南事事嘉。生涯最足野人家。負暄閒話日西斜。雞抱卵，豕生豭。更喜前村酒可賒。

其二

笑語中含樂歲聲。豚蹄斗酒祝常盈。稻屯堆積過梁楹。無一事，掩柴荆。輸罷官租不入城。

其三

底事鄰家炊黍忙。朱陳新結隔前莊。迎來一棹看紅妝。坐父老，醉壺觴。今歲多收十斛糧。

其四

買得桃符好過年。催租吏不到門前。祀神辛苦費豚肩。日早起，夜遲眠。又爇松枝去照田。

月下笛　本意，用清真體

古壘鳴笳，霜城吹角，旅懷悽結。行雲暗遏。聽似陽關三疊。傍宮牆、偷學平變聲，引商換曲猶未歇。想霓裳舊譜，伊涼新調，老伶能説。纖雲初浄洗，看玉宇無塵，四望空濶。行歌趁月。最是河橋傷別。夜迢迢、漏聲正稀，戍樓悄倚群籟絶。感予心，但覺迴腸盪魄，增嗚烏故切咽。

一萼紅　紅豆

瑣窗幽。有相思幾樹，刻骨最難休。絳雪初霏，臙脂輕點，含情蠻女嬌羞。歲華晚、天涯去遠，誰念我、花裏舊時遊。細數鐙前，背人月平下，一樣牽愁。　回首芳塵如夢，記魂銷南國上，影傍西樓。玉去合閒抛，雕籠戲打，無語還自凝眸。　呪東風、明年重到，折上花枝、思共酒杯酬。孫子瀟詞有『把酒祝東風，種出雙紅豆』句。　爲唱比紅兒句，再付珠喉。

清商怨　《珠玉》體，無題

銀紅凝恨旅思滿。剩影兒作去伴。背坐窗前，黃昏愁到晚。　鸞衾熏香嬾展。夜正永、溫鼎銷篆。怕問歸期，春歸人尚遠。

霜花腴　歲寒堂

後凋勁節，訪古祠，年年拜肅上衣冠。虀粥上家風，麥舟高誼，雲礽世守尤難。偃松屈上蟠。蔭庇他、千百孤寒。記當年、地割西齋，建炎兵火此堂完。　高閣舊時相對，聽松風謖謖，謦欬如傳。苔色階侵，靈芝坊産，常腴負郭良田。錦衣等還。笑宦成、惟構林園。像胸中、廣厦先營，後人應遜前。

折紅梅　訪紅梅閣故址

漸冰澌銷凍，尋芳好約，探春游屧。閒蹤迹、市橋買得，寒葩紅梅閣遺址在小市橋冷香先發。玉人何處，渾不似、當年丰格。尚餘笛裏、一曲上紅梅，倚流水荒烟，俯成淒絶。　花開勸折。想前輩風流，綺懷能説。但惜殿丞去後，冷落半庭風月。芳塵頓歇。憑弔處、誰尋羅韈。艶傳佳句、還有詞人，曾古梅名集，翠箋三疊。光緒初，江山劉彦清司馬寓此，名其詩文集曰《古紅梅閣》。

八歸　白石體，詠宋宮人送汪水雲南歸事

離尊共引，哀絃停拍，都下帳飲争設。低鬟解道家山破，還聽琵琶聲怨，洞簫聲咽。送客錢唐江上去，看粉黛雙行成列。暗裏惜、十載江湖，盡變了華髮。　猶記當年供奉，而今飄蕩，怕聽陽關三叠。酒先成淚，夢還迷遠，杜宇無端催别。想宫車信杳，螘爵臨分話淒絶。從今後、海天吟嘯，誓老黄冠，彈琴惟對月。

王静安謂水雲入元後曾仕，恐未確。

玉女摇仙佩　水仙

重簾嬾卷，静挹幽香，暗想春風來處。影瘦偎烟，鬟低欹水，但惜美人遲暮。待把衷情訴。恐梅花笑我，難禁寒沍。縱思效、湘臯佩解，誰假冰綃寫入毫素。争如賦陳王，值得當年，傾城一顧。　還看淡妝露浥，淺碧根埋，別上有丰姿無數。浄几安排，清泉供養，似隔紅塵前路。且喜雕闌護。怕鉛華洗盡，檀心輕吐。試好記取、晨妝對鏡，釵頭簾下，儘人偷覷。飄然便欲淩波去。

尉遲盃　詠宫僚雅集銀杯

高齋迴。退食罷、迴想康熙盛。傳杯記得當年，文采風流誰竝。烏絲鏤刻，還屈指、名篇屢題詠。到如今、仰溸芳流，府僚都在臺省。　休言庶子春華，瞻風度、睢州雅量閒整。户小何妨斟蕉葉，愁不到、漁洋酩酊。清尊伴、蓬萊暇日，檢書看、良宵燭同秉。笑前人、醉卧沈香，昔時無此觴政。

法曲獻仙音　過徐念楊先生墓　依夢窗體

落木空山，斂魂殘碣，髣髴英靈來往。太息清流，暗沈寃獄，甘陵幾成鉤黨。袖片紙、吴民叛，誰能抗東廠。　蓼洲杖。錮圜扉、醵金紓禍，愁未已、桑梓賴公保障。仗義責權臣，忍重教、緹騎搶攘。恨殺茄花，指生祠、今變叢莽。剩荒郊坏土，尚動百年瞻仰。

解語花　元夕和戴山枝，用清真韵

迴廊向夕，故國嬉春，依舊鐙輝射。都下買鐙多在廊房，今年尤盛。繡甍雕瓦。排雲看、疑有衆仙來下。絹製人物頗生動。清歌奏雅。喜聯袵、酒尊同把。人語喧、釵影衣香，香細聞蘭麝。　休道城開不夜。記昇平前事，衣冠游冶。墮簪遺帕。相攜處、還避内家車馬。韶華去也。但只恨、水流花謝。逢上元、來奏新聲，聽畹郎歌罷。梅伶畹華每於元夕演上元夫人新劇。

水調歌頭　行宫瑞雲峰

靈物動天鑒，寥落幾何年。慶雲曾見當日，長夜復漫漫。浪説宣和遺棄，又傍章家池館，片石燼餘傳。相對峙寒碧，照影共嬋娟。　行宫圮，秋草冷，對荒烟。翠華去後，何事重向絳霄懸。世事烟雲多幻，我自嶙峋在抱，歷刼任磨堅。此石閲千載，興廢或能言。

以上《遠香詩詞遺稿》

慶春澤　初雪

秋氣猶悲，冬心自警，天教光景翻新。試手龍公，居然碾玉爲塵。記曾前度占三白，怎悤悤、已等煙雲。認分明，隔夜霜痕，隔歲泥痕。

堯年莫訝今番早，要一番一轉，轉到濃春。嶺上梅花，報來消息先真。填平缺陷將來事，耐寒交、且訂松筠。好招邀，驢背詩人，鶴背仙人。

以上見《鮮隱詞鈔》

全民國詞

曹辛華 編纂

第一輯 ⑨

浙江古籍出版社

惜黄花慢 庚辰重九對菊作

寶靨秋妍、奈戀頭破帽、難插華顛、未堪插鬢、試將勸酒、杯深貯淚、花淡忘言、砌闌不解相遮護、幾曾耐霜苦風酸、意萬千、賦情盡改、吟抱誰寬。 今朝[illegible]漫重軒、念故人厚我、九日糕盤、地偏江迴、倚樓甚處、籬荒徑鎖、滿袖何緣、數枝莫釀淒涼夢、但開重疊愁邊、恨逝川、送人浪水彫年、

目録

高 燮 一百九十三首

郭延 一百九十三首

郭則澐　五百十八首

郭堅忍　七十六首

唐玉虬　九首

陳去病　五十一首

陳匪石　三百七十三首

高燮

念奴嬌　聞清五大臣遇刺感賦

車場如市，一聲雷、震破雙雙兩耳。面血灑將黃馬褂，幾點鮮紅競美。藥雨無靈，彈煙空擲，枉學屠龍技。大索不得，莫是遠颺去矣。　碎却慚荆聶遺蹤，虛無勞躅，如汝差可喜。碎魄零魂猶戰栗，屋上罵聲又起。巡警汗喘，賞懸百萬，秦法殊難恃。燕雲莽蕩，暗殺風潮未已。

前調　題《桃花扇》

模糊張眼，看江山無主，輿圖换稿。一幅滄桑誰堪畫，腸斷秣陵秋老。衰草淒迷，夕陽慘淡，舊淚知多少。零香殘粉，付與聲聲啼鳥。　最恨燭灺煙消，歌終夢醒，門户空爭鬧。國破家亡無所剩，贏得數株紅蓼。孽子孤臣，漁夫樵客，冥冥鴻飛杳。識時俊傑，出山惟恐不早。

浪淘沙　題《小雅樓集》

歌哭幾時休。難以消憂。淒清身世冷於秋。一卷鐙前開不得，儂亦工愁。　時事淚長流。痛説金甌。莫將哀怨訴從頭。何況今宵風雨急，獨上危樓。

滿江紅　題《張蒼水集》，用岳武穆韻

破碎河山，歎一縷、殘魂欲歇。誰肯信、書生報國，竟成義烈。慷慨悲歌江海水，寂寥夜哭滄桑月。撫鬚眉、搔首看天狼，同仇切。　報仇志，酸如雪。華夷界，安能滅。但春秋抱

住，完全無缺。臣節苦嘗熊鬼膽，覺旌紅染黄炎血。問何時、掃蕩犬羊羣，還京闕。

臨江仙　感懷

大好江山誰是主，幾時掃蕩腥羶。痛遭宰割恨難填。神明胄裔，民族太顛連。　漢水無波自由死，沉埋二百餘年。中原難復舊衣冠。同仇踴躍，努力再開天。

金縷曲　懷舊

終日愁眉鎖。最堪憐、胸中抑鬱，有懷難寫。遏住淚珠千百斗，不向人前傾灑。血愈紅、點點零星下。漢官儀，安在也。　黄昏露滴鴛鴦瓦。入秋來、風雨淒其，更闌鐙灺。縱有匣中三尺劍，争奈蹉跎未把。好神州、驚心胡馬。芳草殘魂思故國，建共和、威德聲華夏。夢回時，歎全假。

滿江紅　題《冬青樹》，步書中宋昭儀王清惠《驛中題壁》原韻

滿目滄桑，已無復、趙家春色。最難堪、乾坤板蕩，犬羊登闕。腸斷故宫環珮底，變生列聖山陵側。歎堂堂、萬古漢官儀，都消歇。　擎天柱，一朝絶。亡國痛，向誰説。剩冬青樹上，杜鵑啼血。野老獨聽南内雨，孤臣慟哭西臺月。奈而今、大好舊河山，仍殘缺。

百字令　題《香祖樓》，即用書中《池上聯句》李若蘭和作原韻

良緣美滿，却誰教、一着棋差，轉成愁戚。歷刼餘生人似夢，葉落聞蟲唧唧。纔盼將歸，便歌長恨，辜負郎憐惜。自傷薄命，魂也何須尋

覓。當日燕婉同棲，温柔共亨，萬縷情絲織。三秀連枝香到骨，忍令一枝影隻。戀葉如膠，愛根似漆，豈意天難必。從今已矣，揮手何堪憶昔。

浣溪紗 題《牡丹亭還魂記》

一點癡情不自持。三年地下費相思。牡丹亭畔是佳期。　舊夢依稀腸欲斷，夕陽明滅淚如絲。漢家可有返魂詩。

高陽臺 題風洞山

漢月蕭條，胡笳斷續，忍看滿地斜陽。萬種牢愁，故宫猶剩紅墻。酸辛莫把從頭話，負恩兒、甘作降王。最堪傷。兩顆頭顱，一樣收場。　青衫紅粉飄零矣，甚鸞顛鳳倒，要問蒼蒼。如此因緣，天公怎太荒唐。裙釵却搶千秋節，坐蒲團、兀自思量。忽回腸。埋近忠墳，魂魄皆香。

金縷曲 丙午正月，題先聘妻遺像。宵深鐙灺，淒絶萬端，偶聆前塵，愁懷頓觸，因書此闋。時去先聘妻没已十年矣

往事休提及。憶當年、絲夢牽住，喜歡交集。修到梅花成幻影，腸斷芳年錦瑟。況又值、蓼莪泣血。十載癡懷誰遣此，冀尋君、夢裏俱難得。即相見，何曾識。　思量容易尋嗚咽。到如今、妝臺久伺，愛情膠結。偏是空花忘不了，吾亦未知何說。祇惘惘、令人欲絶。塵世偶留真色相，妻兒顧敬賢爲予言，此遺像係從他像中擇出者，而容貌却能酷肖，亦一奇也。似憐儂、愁緒無終極。仔細看，淚如織。

一剪梅　題天梅『萬樹梅花繞一廬』卷子

空山指點影濛濛。來也無蹤。去也無蹤。此中衹有暗香通。可受西風。不受東風。　知君結想渺難窮。撇了猩紅。隱了芳叢。展圖我淚比花濃。真是相逢。夢是相逢。

臺城路　題漢宮花

故宮回首真淒絶，剩魄殘魂何似。撫鏡生憐，容姿憔悴，畢竟飄零誰使。不如歸死。縱樂操南音，聊復爾爾。滿眼神州，夕陽無限胡笳起。　好夢心頭關住，記天顔相對，熏風繞指。刼後青山，恨餘紅淚，一曲成聲變徵。冠裳如此。問江水滔滔，怎能洗恥。俯仰滄桑，忍把瑶琴理。

以上丙午

湘月　丁未三月泛舟西湖，遥步龔定庵韻

夕陽如畫，媚六橋柳色，風流娟麗。柳外笙歌橋外舫，萬頃波光無際。花落愁多，春寒夢殢，不展東風意。鷓鴣聲勸，未容料理歸計。　祠好是隄繞圍青，潭空凝碧，人影嬌扶起。宇園林瀏覽遍，更向禪林暫寄。山笋清甘，湖蓴滑膩，迴異家鄉味。者番咀嚼，便思老我雲水。

一剪梅　初至吳門即事

濕雲漠漠雨初收。纔别杭州。又到蘇州。金閶門外此勾留。花似顔羞。月比眉修。　山塘七里要窮游。春亦温柔。人亦温柔。今宵特地與妻謀。準備蘭舟。去蕩清流。

醜奴兒令　游留園

滄桑變换尋常事，昔日劉園。今日留園。多少門前車馬喧。　衣香鬢影匆匆見，人自銷魂。我自驚魂。水閣臺廊總夢痕。

浪淘沙令　別蘇州，在汽車中作，是日爲三月十九日

大好豔陽天。春在誰邊。閒花野草不勝妍。驀地嗚嗚聲裏聽，何處啼鵑。　令我思綿綿。舊恨重牽。回頭山色總堪憐。腸斷甲申亡國淚，都化愁煙。

念奴嬌　自杭至蘇，由蘇返滬，晤去病、勉后、天梅諸人，知于數日前亦曾偕游吴門，并得謁張公國維祠。蘇之有張祠，余初未知也，填此志憾

西湖游遍看祠堂，歷歷曾彭左李。南麓獨尋蒼水墓，大抵無人來此。古木含愁，殘山不語，俎豆全荒矣。兩回憑弔，乙巳四月曾謁蒼水墓。痛哭斜陽堆裏。乃前日杭游時所感。　誰信一掬椒漿，闔閭城外，廟奉東陽祀。一樣隄兵期滅虜，公與蒼水同時舉義。未許腥羶忘薦，故國魂香，孤臣血碧，種性終難死。緣慳展拜，令我淒然無已。

買陂塘　重游煙雨樓

二年前、鴛湖曾到，斜陽來問煙雨。那時猶記春歸後，滿地落花如絮。懷往古。便解得淒涼，解得傷心賦。沉吟不語。聽衰柳鳴蟬，聲聲細碎，似識悲秋苦。　休重數。更惹今番酸楚。此游兼乏儔侶。無心久向空庭玩，獨倚闌干容與。君看取。剩有這枯荷，數梗臨

風舞。不成情緒。去敗壁頹垣，幾回尋覓，尚寫舊詩句。

憶江南　題李後主詞

情無奈，回首事如塵。秋月春花同夢過，晚風朝雨更愁侵。此境怎能禁。　沉吟久，淚下太無因。萬種淒涼含思怨，一般滋味動人深。亡國有哀音。

疏影　殘梅

零香猶馥。正闌珊別意，還住芳躅。幽夢淒清，寒雨黃昏，肯被東風吹逐。孤心却恨春無賴，豈願游蜂往復。故寧甘、憔悴姿容，拚耐橫空寒玉。　他竟無人愛惜，萬葩齊取媚，韶華紛觸。獨有斜陽，如怨如癡，照向籬邊巷曲。杜鵑原是消魂鳥，惟冷對、餘花痛哭。剩南枝、月苦煙荒，彷佛傲霜秋菊。

錦纏道　自題《拜鵑室詞》

剩錦零絲，花樣請君休笑。飾時妝、原非了了。南窗自繡傷心稿。明月深宵，奇淚盈懷抱。　步庭前樹底，將身拜倒。冷清清、殘魂繚繞。轉矯喉、苦向啼鵑說。身世淒涼，與爾真同調。

金縷曲　劍公結婚之前數日，成《金縷曲》一闋。感此新歡，頓觸舊緒，音極淒豔，索爲和詞。爰步其原韻，即以爲賀

恨逐秋風去。縱頻年、天涯飄泊，芙蓉北渚。紅燭新歡圓好夢，今日舊愁無與。盡抱得、名花解語。我欲贈君無所贈，擬留聲、機器關雎貯。歌一曲，雙雙佇。　回頭故國皆離黍。

浣溪沙 宛叟詩來，述花朝前一日事。讀之莞結，爰填此解，以寄懷思

節近花朝愛薄陰。芬芳老更惜花深。春愁愁入百花心。　修到梅花猶厄歲，從來佳卉不成林。十分惆悵托沉吟。

前調 題何小山《七榆草堂詞殘稿》

稺柳新波費苦思。『稺柳猶黃，新波未綠』，爲小山《探春慢》調中殘句。叔原去後欲何之。晏幾道字叔原，有《小山詞》一卷。於今復見小山詞。　城北斷腸芳草日，玉壺落月碧煙時。顧荃士太史《城北草堂詩餘》有題詞二闋，改玉壺有評語。零牋殘夢一絲絲。

以上庚戌

憶舊游 題《周實丹烈士遺集》

記年時握手，送抱推襟，情緒纏綿。各茹滄桑

喚卿卿、相將攜手，一□托處。私愛公仇難舍却，把劍同看牛女。試仰訴、神仙伴侶。滿地胡塵誰淨土，問幾時、漢日光如許。定情後，淒吟緒。

以上丁未

買陂塘 弔明故宮

冷斜陽、南都舊事，傷心有恨難賦。亂甎片瓦皆塵夢，怪底殘山如訴。無證據。問寶座金鑾，一例模糊處。龍蟠虎踞。剩故堞淒涼，任他毀卸，車載驢馱去。　荒蕪久，不見衰煙寒樹。誰憐宮殿狐兔。五龍橋上頻回首，禁水無情暗度。休戀顧。怕淚灑秋風，觸物將傾注。滄桑計數。念歷歷興亡，終成宿草，此理從今悟。

淚，但相看不語，灑向誰邊。秋風黃葉滿地，痛哭孝陵前。更醉裏題詩，酒酣耳熱，共擘吟箋。凄然。慘難別，索夢醒鐙殘，分散如煙。報道天聲動，待長驅北指，掃蕩腥羶。烽火兵戈騷屑，消息久停傳。忽霹靂飛來，頭顱亂世空棄捐。『傷心亂世頭顱賤，黃祖能梟禰正平』，烈士成仁前詩也。

其二

正匈奴未滅，戰死沙場，死亦安便。擊楫渡江去，見胡氛猶惡，猛着先鞭。那知義旗甫舉，罹禍劇堪憐。歎國法難伸，奇冤雖雪，應憾重泉。愁煎。怕追念，把舊影半塵，反復詩篇。讀到傷懷處，似聲聲彈出，急管哀絃。況復平生隱恨，未了海棠緣。料碧血長埋，千年定化啼杜鵑。

點絳唇　病中

一榻支離，懨懨睡夢無憑據。不成情緒。聽遍黃梅雨。　除却呻吟，没個商量處。煙痕語。紗窗暝處。恐與魂飛去。

浪淘沙　夢中得首二句，因成此闋

秋夢冷於蓴。欲化煙痕。梧桐疏響撲欄頻。風雨淒迷人不寐，無限黃昏。　一榻隔凡塵。瘦骨嶙峋。繞階絡緯作哀呻。聽到宵闌猶斷續，似我吟魂。

前調　病將匝月，花事謝矣，倚此志惜

咫尺等天涯。隔了窗紗。料知庭草已如麻。開過荷花都不見，又過薇花。　簾外夕陽斜。花落些些。微風吹起便成霞。影倘似花花似

影，病更憐他。

南歌子

舊曆七夕已爲新曆八月十九，戲對雙星，率成此解

乞字同心結，花鍼七孔穿。翠梭織罷思纏綿。準備宵來好夢、十分圓。仙界仍今夕，人間似去年。銀河依舊鵲兒填。不道佳期誤了、卌餘天。

徵招

題王船山《鼓棹詞》

孤鐙冷對婆娑影，畢竟愁腸難斷。舉目盡滄桑，可有人心思漢。故枝空自戀。祇寫出、鷓鴣聲怨。地老天荒，但南無北，海枯石爛。苦憶好春歸，煙花散、一寸情懷繚亂。佇立盼佳期，比天涯還遠。殘紅看不見。想消受、淚珠無算。而今我、亦最傷心，怕臨風重按。

暗香

落梅

空勞悵望。向水邊籬落，閒尋閒訪。偏是東風，桃李枝枝各争放。今日與君言別，眼看這、波翻雪浪。但撩來、花片零星，一例深深葬。海樣。情無量。更取烹茶，滌將肺臟。癡懷誰諒。細嚼殘英空半晌。我自替伊淒愴，非欲避、百花頭上。不忍見、奈何天，繁華萬狀。

金縷曲

題秋棠圖，爲周無盡作。無盡又有《棠隱女士小傳》，敘恨淒楚，蓋傷心人也。爲填此闋

此事真無奈。没來由、動人倩影，亭亭增態。兩種秋思渾似夢，夢裏纏綿何似。忽斷送、淒涼身世。一縷殘魂仙去也，恐夜深、應化啼鵑淚。長已矣，竟誰使。斷腸莫把相思寄。

到如今、深藏金屋，花枝委地。縱有畫工神妙術，寫得渠儂品意。這別樣、傷心難繪。天付多情吾已悔，願與君、同證枯禪味。否則向，花間死。

海棠春　再題秋棠圖，即爲棠隱述意

含情脈脈常凝睇。銀燭畔、殘妝慵理。憔悴可憐儂，揮手休提起。　墻陰一帶傷心地。花落去、墜歡難記。秋雨又秋風，諳盡愁滋味。

齊天樂　題哀蟬《滄桑紅淚詞》後

美人脈脈臨風倚，闌干夕陽如訴。葉病成紅，花啼有淚，總是者般淒楚。誰教延佇。但蹙損雙蛾，藴愁難吐。濕透羅巾，抱琴背立甚情緒。　傷心料他無數。道滄桑影事，儂能記取。故國殘灰，蕪城宿草，舊夢重重爾許。知音未遇。便彈向空山，寂無人處。死盡南風，一聲聲更苦。

滿江紅　題汪氏味蘭齋梁大同瓦。瓦文爲『能仁寺比丘正鶩仿銅雀剩瓦五萬片，舍入法忍寺，願先妣童氏十九娘超生佛界。大同元年四月陸墓甘郎造』四十三字

兒女癡情，頓觸我、古愁歷歷。誰信得、生天成佛，輪迴消息。此日摩挲銅雀樣，當時多少寒鴉集。看南朝、天子捨生來，江山易。　風雨夜，梵音寂。興亡夢，簷溜滴。撫滄桑遺物，徒增蕭瑟。羅廟埃碑猶兀峙，唐宮漢殿無陳跡。問黄炎、證據久銷沉，空嗟惜。

以上壬子

相見歡　本意

多情容易凝眸。莫含羞。可許朝朝伺汝、看梳頭。何處住。商量語。住温柔。着意憐儂攜手、上眉樓。

以上癸丑

減蘭　鵷雛以所著《紅豆書屋近詞》見示，賞以小詞

深情如是。願種漫天紅豆子。兩字相思。葬向心頭一點癡。春風微逗。何事干卿池水皺。幽夢迢迢。酒淺愁深骨也銷。

臨江仙　當湖偕内子同游瀛洲書院

可憐蟲。人文都闃寂，枉說此間雄。壁間聯語有『人文應讓此間雄』之句。三月春寒猶料峭，桃花科第污人根性賤，登瀛好夢成空。笑他名士片片飛紅。闌干並倚太匆匆。樓臺看倒影，湖水自生風。

柳梢青　寒食日報本塔寺晚眺

是雨餘天。是消魂節，是夕陽天。小住匆匆，尖寒惻惻，薄病懨懨。僧寮暫此參禪。遥望處、湖山可憐。將酒澆愁，將花獻佛，將夢游仙。

百字令　題鈍劍花前說劍圖

蒼涼狂憶，記年時壯志，幾番宏論。殺賊降魔真易事，材略縱横動聽。奇致飛霜，芳容妒月，懷抱交相並。風塵倦矣，寒光猶自難近。　那信萬里歸來，悲歌抑塞，豪氣垂垂盡。絶好龍泉誰拂拭，匣裏嗚聲如恨。憑我温柔，銷他慧俠，兩兩心同肯。名花饒舌，一朝快劍鋒

鈍。君前有石章曰『江南快劍』，今改名鈍劍矣。

臨江仙　題姚石子伉儷浮梅檻檢詩圖

略費商量相繾綣，頻挑纖指輕輕。嫩塗學句太癡生。湖波看動蕩，贏得墨欹傾。　小疊吟箋攜手坐，青山紅袖多情。高歌低唱兩分明。移舟楊柳下，雙槳復雙聲。

十六字令　心岫詞人倚調題石子浮梅再泛圖，頗饒佳致，余亦繼聲

浮。攜手西湖一再游。波雙注，人坐木蘭舟。

其二

梅。一夜孤山萬樹開。如相識，一一點頭來。

其三

圖。幾度湖山夢不孤。忘機侶，鷗鳥慣相呼。

虞美人　題浮梅再泛圖

花光明媚波光緑。西子游重續。湖山依舊笑相迎。管甚滄桑切換、景全更。　姚王韻事追黄顧。嘉偶人争妒。倘教歲歲放蘭舟。數到浮梅幾泛、最風流。

喜團圓　題寄塵所著《弱女飄零記》

飄萍斷梗，偶然相聚，生死恩情。鶼鶼鰈鰈，嬌嬌怯怯，假假真真。　兩般憎愛，萬端疑信，一樣無憑。紅紅翠翠，兄兄弟弟，我我卿卿。

惜分釵　數日在松江約友數人爲賞秋雅集，遲鵷雛、劍華不至。昨余返里，而兩君適從張堰回松，相左於途，爲填此闋寄之

桐階響。空凝想。爲誰特地將秋賞。盼相

逢。各西東。兩兩差池，去燕來鴻。匆。匆。眉痕約。鬟痕薄。煙波咫尺都成錯。妙容光。在何方。問訊佳人，膏沐猶芳。剛。剛。

減字木蘭花 美人笑，一厂有此闋，鵷雛和之，余亦繼聲

嫣然覿面。不合凝眸端相遍。靨暈紅渦。粉頰平添潤似酥。嬌羞佯騃。我見猶憐難自解。倩輔撩人。輕吐櫻桃妙入神。

新雁過妝樓 題鈍劍聽秋圖

大好江山。斜陽外、鳴蛩如訴寒煙。雁來時候，猶剩幾樹寒蟬。遥想有人頻側耳，無言悄立晚涼天。驀淒然。誰將此景，移汝鐙前。我亦悲秋能賦，把年年舊稿，寫上蠻箋。讀向臨風，此中多少纏綿。化作商聲萬疊，應飛繞高梧疏柳邊。君聽取，怕蕭蕭瑟瑟，瘦了吟肩。

浣溪沙 寒瓊屬題裸體美人畫幅二闋

禁得芳魂暗自銷。軟温無礙赤條條。羞眸斜睇湧紅潮。鬌髮低垂雲半墮，花枝初着雨難描。撩人春色殢人嬌。

其二

可有痕留臂守宫。紛香一折藕玲瓏。花陰豔疊錦衾紅。螓首蓬鬆篩萬縷，雞頭朗潤睹雙峰。由來色相示人空。

清平樂 題高野侯小像

齊年宗契。標格神仙比。春在先生疇可媲。同占湖山清氣。曩年見曲園老人杖鳩獨立小像，歎爲神

仙中人，今得君而二矣。　西泠幾度滄桑。君家猶剩荒莊。祇是畫梅聖手，封侯更許稱王。君有梅王閣。

以上甲寅

賣花聲　夜讀《磨劍室詞》，集定庵句題之

吟淡口脂痕。涙也縱横。亦狂亦俠亦温文。一卷臨風開不得，人瘦三分。　夢醒轉沉吟。細剔龕鐙。詞家從不覓知音。辛苦癡懷何用訴，似我秋心。

蝶戀花　花朝日作

卷起湘簾騷首佇。寂寞閒庭，空見斜陽去。萬種愁思無着處。纏綿欲向花魂語。　墻外杜鵑啼不住。啼得聲乾，似訴花無主。昨夜東風風又雨。梅花吹落知無數。

菩薩蠻　題《燕子箋傳奇》

多情燕子真癡絶。憑他做就鴛鴦結。決策浄胡塵。相看面目真。　丹青曾巧逗。雙搗巫山岫。一樣豔如花。桃紅一點差。

一痕沙　題武林同游照片

依舊能狂未死。惟我與爾有是。回首六年餘。景全殊。　打疊吟魂一串。飛向段家橋畔。如此好湖山。莫思還。

浣溪沙　題西泠雅集照片

十載聞聲慰渴思。衫痕帽影各參差。紅闌干外日遲遲。　碧草鋪階長似帶，垂楊倚檻緑成絲。沉沉庭院我來時。

減蘭 題三潭泛舟照片

正襟危坐。一葉扁舟人七個。何處停篙。卍字亭間九曲橋。　相攜吟侶。印到三潭情幾許。打槳煙波。湖水湖風莫管他。

羅敷媚 題清波弄影照片

屯田妙致元龍氣，兩樣風姿。一樣情癡。各動榛苓彼美思。　文章歌舞俱超絶，艾艾期期。撲朔迷離。對影清波逐隊嬉。

少年游 爲春航題名小青墓作，用盧尊韻

一杯酬爾各愴平神。風雨斷人魂。芳姓同留，舞衣錯認，非假亦非真。　登場描出傷心稿，曾現女兒身。碎恨零愁，哀絲豪竹，一樣可憐人。

虞美人 觀《來生緣》新劇，擇其尤感人者記以小詞

千磨萬刼難消恨。箕豆甘同命。而今倩影有誰憐。凄絶聲聲低訴、小墳前。　剎那一面因緣淺。患難相流轉。原來夫婿是多情。世世生生畢竟、負卿卿。

臨江仙 觀《家庭恩怨記》新劇

萬箭攢胸腸欲斷，當場一哭難勝。牽衣挽袖劇酸辛。哥哥行不得，聲淚已如傾。　驀地奇冤何處訴，呼天天也無靈。可憐到死未分明。鴛鴦生拆散，骨肉太無情。

以上乙卯

浣溪紗

更弛鐙殘夢暗驚。凝思枕畔怕分明。緣何方

法遣淒清。　畢竟國風非好色，從來吉士本多情。亂頭粗服可憐生。

其二

碧玉年華瘦可哀。家常衫子稱身裁。爲伊憔悴十分該。　薄病懨懨愁似織，芳情脈脈淚成灰。心頭起落一千回。

其三

料峭春寒別恨新。傳來消息没緣因。幾多情淚揾紅巾。　解得顰眉心最苦，猜他深意話難真。奈何天亦斷腸人。

其四

牽得情絲幾許長。惱人莫再細思量。思量日有九迴腸。　一點靈犀終不滅，三生幽怨倘能償。縱教萬死亦何傷。

其五

往事重提淚有痕。天涯回首黯消魂。心期負了不堪論。　好夢難從醒後憶，墜歡無復別時存。度鍼樓上月黃昏。

以上丙辰

巫山一片雲　題方瘦坡《香痕奩影録》

女兒心性猜來慣。卷中恍睹桃花面。一字一銷魂。銷魂十二分。　香痕留不住。奩影無憑據。衹是忒關情。撩人影與痕。

長相思　弔余十眉夫人胡淑娟，即題余君《寄心瑣語》

是仙儔。是吟儔。第幾東風到玉樓。商量好句求。　貌温柔。韻温柔。怪道郎癡無盡休。言愁我亦愁。

其二

月添愁。雨添愁。迸作宵來淚共流。淒迷錦瑟秋。話從頭。思從頭。語瑣情深不自由。都將彩筆收。

端正好　題俞錦心女士《端正閣詩》

簾痕疊疊香痕篆。頓鈎起、錦囊句滿。蘭閨鎮日清如洗，悶還借、詩排遣。女士詩有『悶借詩排遣』之句。簪花小字蠶眠展。鍾王格、自添幽媚，斯才驚絶休輕羨。定不是、尋常選。

花非花　吴門晤沈休穆，以賤字『吹萬』訛聽『秋佩』，因來書暢論聲韻之學。戲填此解答之

秋非秋，佩非佩。人有聲，天有籟。吹來萬竅本非同，信口成章無或礙。

以上丁巳

點絳唇　臥病驚秋

驀地秋來，啼螿四面圍鐙起。一牀如寄。葬向蟲聲裏。夜靜更闌，漸近階前砌。秋滋味。月斜風細。枕畔分明記。

以上戊午

愁倚闌令　題王蓴農十年說夢圖

酒醒前事成塵。忒無痕。殘月曉風何處是，禁消魂。迷離又近黃昏。分明記、昨夜星辰。彈指十年休便過，好重論。

卜算子　秦山塘泛棹作也。時久雨初晴，水没田舍

鷗夢屋廬間，人立菰蒲杪。遠樹迷茫浸碧天，一朵涼雲繞。櫓劃水紋圓，櫂轉波聲峭。斜日微風點黛山，畫意添多少。

採桑子　題惲南田先生遺照，爲潘叔和臨管世瀅本

雲溪小像渟溪筆，貌等漁樵。畫比瓊瑤。好向甌香館裏招。　虛懷高致誰傳出，鬟鬢飄飄。箬笠蕭蕭。野鶴閒雲依樣描。

虞美人　淚

枕邊愁聽鶯啼急。莫遣高枝濕。古箋寫上一絲絲。多恐化成紅豆、爲相思。　月明滄海珠光冷。獨對淋浪影。些兒掬取便成河。應是情天此物、未嫌多。

相見歡　新七夕

離懷慣惹年年。忒堪憐。笑煞歐風做美、一雙仙。　仙不老。相逢早。正炎天。時小暑前一夕。借問香肌汗濕、可成眠。

誤佳期　舊七夕風雨

未奏霓裳仙樂。難睹人兒綽約。愛河恨海不分明，如此波濤虐。　好夢幾時圓，霧鬢蓬鬆掠。一宵月暗太無聊，又聽天雞喔。

戀情深　閏七夕

歡會今年三度。被嫦娥妒。妒他烏鵲屢填橋。把人撩。　新涼天氣似春宵。見慣不相饒。故試郎情深淺，半嗔嬌。

字字雙　題花魂蝶影之花魂蝶影圖

心香裊裊温復温。芳情栩栩親復親。意癡戀重真復真。是花是蝶人復人。

其二

香多態媚娟復娟。脂紅粉膩妍復妍。圖中之

人仙復仙。魂銷影受歡復歡。

以上己未

玉京謡　袁寒雲得卞玉京牙印，廣徵題詞，填此寄之

亦是滄桑豔，夢影南朝，鈐出朱文細。一捻紅牙，恍睹傾城佳麗。問舊事、風月秦淮，證古佛、莊嚴妙契。難重理。桃花扇底。梅村詩裏。　些兒懷袖香温膩。把芳名、鎮粉奩玉几。三百年來，浮沉流落何地。認當時、纖手曾親，到此日、寸痕誰記。偏遇得，佳士袁絲能喜。

清平樂　天梅得里中錢氏所藏何蝯叟致張詩舲手札，囑題

東洲居士。妙語清無比。戲媵霜豪團扇底。十枝聊代精婢。　寥寥三札留遺。楚弓楚得誰知。圖卷游山盒子，羨他佳興離披。

尉遲杯　秋夕偕冷禪泛舟孤山放鶴亭，乘月而返

孤山路。正日暮、客子行吟去。扁舟過了西泠，蕩向殘荷容與。梅林深處。有鶴塚、千年不飛舞。問荒亭、爲甚名留，亭中刻有《舞鶴賦》。　俄覺入暝湖雲，對煙柳、凝一聲聲答洲渚。寒着意無語。雁外鷗邊黄昏近，延隔岸、鐙光漸吐。更誰共、清游自賞，算除却、逋仙孰伴侶。待宵分、樹杪明蟾，露痕襟袖如許。

浪淘沙　庚申九日查山登高

秋老氣蒼蒼。山草微黄。了無風雨到重陽。曠野雲横天浩大，我亦能狂。落日下平岡。

無限荒涼。數拳亂石不成行。何處仙人遺跡杳，一帶紅墻。

以上庚甲

醉太平　題許康侯盥孚之母夫人壽萱圖

情真語悲。兒孤母慈。三株樹折中枝。白萱堂鬢絲。思牽夢離。恩深意微。誰言報得春暉。壽葡萄玉醅。

聲聲慢　辛酉歲杪，往寧車中遇雪，感橫徵事而作

絮飄柳禿，日暮衝寒，迷茫忽地滿目。窗外癡雲如夢，朔風何酷。殘枝細草壓遍，太無端、錦團花簇。便看取、遠山頭，一片都成羣玉。

骨冷神清難俗。冰天裏、我本此心沖穆。閬苑分明，安用報瓊盈斛。飢鴻更憐凍雀，繞荒林、哀哀覓宿。汽笛喚，可喚起、春意轉燠。

訴衷情　題春暉社選三集

辛勤蓄艾歷三年。三起復三眠。良醫肱，經三折，似三疊，奏哀絃。三舍避，卷綿綿。腹便便。三株樹媚，三峽源長，三秀芝聯。

以上辛酉

賣花聲　壬戌歲朝，不果香窟探梅之約，因倚小詞記之

細雨濕林隈。凍滑莓苔。啁啾翠羽去還來。可是棲從疏影裏，借問曾開。百樹手親栽。

歲歲安排。今朝準備把花催。帶水拖泥行不得，空約探梅。

南樓令　正月初六日茸城歸舟，風雨不已，寫此寄慨

急景逼殘冬。兼旬雪更風。感勞生、人似征鴻。已到今年人日近，依舊是、雨濛濛。　船尾響丁東。閒愁特地濃。倚篷窗、夢也惺忪。見説明朝春又至，驚老大、忒匆匆。

前調

人日晴

擁被覺寒輕。朝來眼倍明。聽墻頭、鳥弄新聲。爲報晴曦窗外朗，仍道是、雪花瑩。　料峭步前庭。初陽向我迎。展微霜、竹葉頻傾。昨夜窺人眉子月，争怪得、夢先清。

以上壬戌

齊天樂

陳君眘盦有宣南話舊圖，歲丙午，余曾爲題《齊天樂》一闋。案圖成於戊戌，距今二十五年，即余曩爲題句時，亦已十有七年矣。君復來書謂圖中四人者，今三君已悲宿草，而時亦非舊，不能無感於懷，因乞重題。爰仍用前調應之。君明歲壽臻六十，清癯鶴立，恂恂似不能言，而疾惡如仇，不與濁世相俯仰。其剛正皎潔之概，殆即君之壽徵歟。故詞末及之

生綃留得滄桑影，燕雲怕重回首。夜雨聯吟，秋鐙絮夢，此樂於今難復。君還記否。記風景當年，夕陽疏柳。試看圖中，淚痕應漬袖間透。　形容莫驚冷瘦。晨星俄落盡，蕭寥無偶。人去妖興，時衰鬼弄，一樣清談非舊。涼波遠岫。有老鶴孤飛，羽毛宜壽。早撇紅塵，峭寒猶獨守。

霜花腴

家宴賞菊，用夢窗自度曲韻

玉階疊遍，愛冷紅，秋容誤認雞冠。斟酒螯肥，剪鐙花暖，西風料峭猶難。放懷量寬。早笑聲、堆上筵前。説東籬、霜信頻經，一庭佳色不曾寒。　還把菊英争拾，喜繽紛插鬢，恍

彈銀蟬。苗待叢生，枝成連理，傳詩共擘霞箋。漫催艤船。見墻頭、涼月娟娟。照尊罍、錯雜濃香，醉來同更看。

以上癸亥

齊天樂

題徐仲可先德復庵覓句圖

墨痕誰識當年稿，曾經刼灰三度。蕩槳呼鷗，攜笻策蹇，慣向斜陽來去。無言自語。引微妙天機，欲吞還吐。如此湖山，有人悄立斷橋路。　攤箋祇應閉户。詩成高唱罷，水袂飄舉。酒緑澆愁，燈紅煑夢，好住煙波深處。奚囊滿貯。便清響時聞，一瓢風雨。老屋低簷，個中吟獨苦。

減字木蘭花

粥叟、遁庵兩詞丈以玉照見賜。余方游西湖，攝得一影，歸即以奉報，并媵小詞

投來雙璧。交到忘年情不隔。泰日橋邊。二叟皤然望若仙。　鬚眉老醜。帶得西湖清氣否。寄與詩翁。可許靈犀一點通。

浪淘沙

得朱粥叟、遁庵兩詞丈以和了公作見寄，依韻奉懷

農圃手安排。秋浄如揩。門前五柳與三槐。隄畔更栽桑八百，朝暮頻來。　霜菊似金釵。疊遍庭階。看花藝樹樂無涯。願與高人相共賞，一證吟懷。

前調

再用原韻戲柬粥叟、遁庵兩丈

閶闔我能排。手把天揩。揩將天色緑於槐。攜得霓裳仙子伴，拍掌狂來。　天女拔金釵。擲向瑶階。分明有夢到雲涯。二客從余相視笑，如此襟懷。

女冠子　題文信尼畫幅

是何意境。眼底煙雲無定。莽平沙。曠野誰家笛，邊關何處笳。　荒寒峨嶺雪，豔冶蒜山霞。更作千條柳，受風斜。

其二

皈依經卷。法曲仙音空獻。渺心期。麗質虔參佛，孤情懶畫眉。　蒼師洪谷意，妙擅石濤姿。如此丹青手，幾人知。

百字令　題葛毓珊先生三十歲蒲團遺照

當湖文獻，論舊家應數，葛天苗裔。餘韻流風長不盡，見説是翁高致。海國波濤，兵戈涕淚，回首都如寄。頭顱無恙，神光時現眉際。

誰許及壯年華，蒲團坐擁，便爾銷英氣。少日詩名驚里黨，磊落嶔奇狂上。鄉夢煙深，宦情雲淡，老抱蕭寥意。斯人難遇，披圖動我遐思。

蝶戀花　甲子三月十日，龍華看桃之作

多少香車銜着尾。得得蹄聲，更間嗚嗚汽。一路陣陣飛花吹落地。因風倒卷繽紛起。　花香香不已。花底春濃，花外人兒膩。鬢影釵光連十里。桃源却在紅塵裏。

慶春澤　山莊牡丹大放，中有兩株開作白瓣緑心及淺紅黄心者，皆異種也。詞以張之

暖日烘晴，輕煙破曉，滿庭頓覺傳芳。喜見花開團團，留得韶光。胭脂粉黛休誇炫，殿春風、别具華妝。好端詳。嫩緑嫩紅，國色天香。

由來富貴非相逼，祇空山小隱，亦足稱王。獨占林泉，居然顧影無雙。名葩豈等尋

常品，者妍姿、却抱剛腸。漫評量。笑煞人間，魏紫姚黃。

浣溪紗

余有戲答葉覲復立夏秤人小詞，朱遁叟以閨情見和。爰疊原韻，更效兩闋

一裊腰支似怯生。閒庭草地不沾塵。玉衡繫住幾多春。仿佛秋千場上見，平分鶯燕掌中輕。這般時候那般人。

其二

何處驚鴻一桁生。似防羅襪惹微塵。漫評肥瘦駐穠春。臨去秋波看欲語，攘來皓腕釧鳴輕。個儂底是我儂人。

以上甲子

浪淘沙

重九登北高峰

策杖上高峰。浩蕩吾胸。萬方秋氣四山同。縱覽無分南北□，海闊天空。路轉遇長松。兀立當風。奇枝歲久欲成龍。巨臂横伸吁可怕，盤馬彎弓。

以上丙寅

十六字令

題干醉劍明月樓圖，贈啟明、昆珠婚禮

清。一樹松風靜有聲。高樓夜，人與月同明。

昆珠小名花明。

其二

樓。家住南河河上頭。河頭月，都向望中收。

南河望月爲留溪八景之一。

清平樂

題沈鴻卿臨沈周西湖圖，賀啟明、昆珠婚禮

青廬何處。西子河邊住。深淺眉痕知幾許。

要向湖中鴛侶。春風雙槳湖波。明明爾我相呼。一對玉人同照，商量贈個明湖。

以上丙子

浣溪沙

二闋　戊寅坡誕日，爲壽蘇小集於孫氏之弘一齋。主人出家藏馮少眉承輝所摹坡公像，請夏吷庵、冒疚齋及余題之

一飲無名偕壽蘇。鬚眉宛在尚能呼。神傳古鐵自如如。馮少眉號古鐵。　詩好每參仙佛旨，居閒常羡素蠻扶。公詩有『我大似樂天，但無素與蠻。掛冠未及艾，當獲一紀閒』之句。奚童旁立笑承趨。

其二

我後坡公九日生。少公八百四三齡。望公萬一可曾能。　氣候當年占儋耳，公於元符元年戊寅時謫居在儋耳，有嶺南氣候説。風雲此日起悲聲。近日正聞儋耳失守之訊。更教望古不勝情。

以上戊寅

百字令

庚辰　題孫滄叟春申避地圖，即用滄叟自題韻

孫登長嘯，據緑楊蔭裏，叟居之處名緑楊村。閒參消息。誰令烽煙來遍地，胡馬馳驅南北。兵盜豺狼，人民螻蟻，有土皆焦黑。最驚心處，絳雲灰燼紋織。　故里卅萬縹緗，同罹浩刼，我亦何堪憶。握手滄桑餘涕淚，難免猖狂如逼。痛撫殘編，聊搜長物，零落都無色。相逢一笑，當時空悔貪得。

浣溪沙

題寥天風雨圖，爲履行彌甥侍其大母扶病避難浦東三林塘而作

一夜俄驚怪鳥呼。倉皇烽火繞長途。天涯到

處盡萑苻。　東浦潮聲方激浪，西山日影漸沉嵎。於今林外有啼烏。

其二

回首年時感不禁。重闈恩比海逾深。報劉心事總沉沉。　賃廡羈棲經九載，寒塘小住記三林。披圖我似聽嫛砧。

以上庚辰

一剪梅

癸未秋中，贈朝鮮吴小坡女士。女士系出名門，家傳漢學，尤嗜詩詞，兼工書法。二十七年前曾觀光中華，遍游南朔，與中國諸老輩如廉南湖、吴倉石等倡和往還。此次歷刼重來，不勝人事滄桑之感。秋風乍起，倦旅思歸，念結習之未忘，慨勝游之難再，因介康瓠江君寄紙索書，并示近什，有『孤影離鸞』之句，即填此闋應之

歷刼重來夢裏天。名是蘇仙。姓是飛仙。凄迷鸞影寫華箋。愁亦無邊。恨亦無邊。　廿七年中幾變遷。風也堪憐。月也堪憐。當時游跡渺如煙。山更凄然。人更凄然。

蝶戀花

冷禪、敬庵、蜕園合作楓菊竹石，屬余題句

日暮天寒危石倚。叢菊黄時，楓葉紅愈膩。一樣經霜顏色異。者般冷豔分明記。　峭立風前疏欲墜。無限芳情，穉菊亭亭翠。絶世高懷何處寄。傳將秋末冬初意。

以上癸未

望江南

六十四闋　前老友陽湖錢名山先生見示近作《望江南》詞五闋，以『家園好』爲首句，余讀之而歎。因念寒家閑閑山莊爲余一手所營，吟歗忘憂，山林坐享，冀長作農夫以歿世。奈驟驚

浩刼之彌天，雖敝廬猶存，而百物蕩盡。自避亂離鄉，於今七載。追維往昔，覺四時之景，靡不可愛，飛潛動植，無一不足繫我懷思。遂亦效顰，藉爲止渴。積以日月，共得六十有四闋。處覊旅之地，而寫洄溯之情；窮歡愉之辭，而屏愁苦之語。所自信言皆真實，意出肺肝，讀者其亦相喻於音聲之外者耶

山廬好，得似古人無。雖遜南陽桑百本，却超彭澤柳千株。多少不妨殊。

其二

山廬好，一角對秦山。頑石飛來鍾秀氣，洞天深處露煙鬟。古寺夕陽殷。秦山在山莊東南三里許，有飛來石，下爲南厓洞天，寺在山之巔。

其三

山廬好，即此是深林。緑水彎環如有意，白雲來去本無心。不受片埃侵。

其四

山廬好，春轉歲初朝。魚蟹邨中聞爆竹，雞豚社裏聽餳簫。風軟紙鳶高。

其五

山廬好，園圃愜幽尋。梅折一枝香到骨，蘭開幾朶素盟心。孤抱自深深。

其六

山廬好，樹密鳥聲齊。節奏音清鳴百舌，笙簧韻協囀黄鸝。盡日客來稀。

其七

山廬好，亭榭起湖濱。屋外有隄環四面，門前列石坐千人。幽敞十分春。

其八

山盧好，臨水野人家。笋爲雷多齊破籜，蘆緣春漲碧抽芽。新竹數竿斜。

其九

山盧好，春滿浩難遮。映水無言紅杏樹，臨風欲語碧桃花。綺麗又高華。

其十

山盧好，玩物亦當歌。芍藥花開同佛面，棕櫚笋長似波羅。永矢考槃阿。王璘詩『芍藥花開菩薩面』。東坡有《棕笋》詩。按：棕笋，生棕櫚膚毳中，蓋花之方孕者，味如苦笋，而加甘芳。蜜煮酢浸，可致千里，殆即似今罐頭食物中之波羅蜜。

其十一

山盧好，一笑物能容。傲慢向人鵝步穩，迷離對我兔睛紅。何必辨雌雄。

其十二

山盧好，偶爾品花顔。却厭牡丹稱富貴，頗嫌翠玉太酸寒。最是大方難。

其十三

山盧好，寒食例分荷。屈指花開如月滿，竝頭蓮種逐年多。培養莫蹉跎。

其十四

山盧好，濕雨正初晴。上水蝦蟆羣結隊，出林鳩雀聚歡聲，佳節近清明。

其十五

山盧好，俯仰味醰醰。水際白鷗飛下上，梁間紫燕話呢喃。人向静中參。

其十六

山廬好，蟲鳥一時棲。蜕蛹美逾蝴蝶美，子規啼後鷓鴣啼。耳目兩迷離。

其十七

山廬好，詩句北窗敲。碧影參差慈竹室，朱欄掩映歲寒橋。楊柳萬絲摇。

其十八

山廬好，風暖日遲遲。蜜已釀成蜂力倦，花方開處蝶情癡。蠶到欲眠時。

其十九

山廬好，鄰舍話聯歡。守户犬凶宜有禁，犁田牛老不勝鞭。我見亦加憐。

其二十

山廬好，農事試秧田。羣鴨暖浮紅掌逸，萬蛙争鬧緑衣翩。車水上平阡。

其二十一

山廬好，畦壟菜花肥。嫩茁茅鍼連茹拔，忙催布穀帶聲飛。無數緑陰齊。

其二十二

山廬好，梅雨氣氤氲。蚓始出泥圈作篆，蝸能上壁寫成文。五典或三墳。

其二十三

山廬好，長日漸如年。採取薔薇花作露，曬將苜蓿草生煙。打麥趁晴天。

其二十四

山廬好，萬木四圍遮。拂檻兩行甘露葉，當門一架紫藤花。此處是吾家。吾鄉稱芭蕉爲甘露葉。

其二十五

山廬好，愛博漫輕誇。只爲惜花宜剔蠹，何妨打草欲驚蛇。不許去蟠蛙。我家水鄉，當春夏之交，常見有蛇食青蛙者，俗名蛇蟠田雞。其聲極慘，不忍聞。

其二十六

山廬好，節物不論錢。連串櫻桃紅的的，堆盤角黍緑綿綿。真覺口流涎。

其二十七

山廬好，佳果種成行。紫蒂滿筐梅杏熟，金丸萬顆枇杷黃。童稚喜尤狂。

其二十八

山廬好，玩笑手蒲葵。土垤時鳴長頸鸛，玻缸曾蓄緑毛龜。亦足恣談麾。

其二十九

山廬好，緩步向前津。桑葚摘來甜似蜜，柳棉飛去覆如茵。濃緑戲藏身。

其三十

山廬好，策杖一盤紆。草際躍過青蚱蜢，路旁蹲得老蟾蜍。物態野而迂。

其三十一

山廬好，衆卉逐光昌。五月榴花明可照，百年柿樹欲争長。透過屋簷墻。山莊樹木數千株，皆余二十餘年來所手植。惟墻外柿樹一株，則爲向時老樹。

其三十二

山廬好，人物兩無猜。手供瓶花兼蝶至，肩垂岸柳帶蟬來。妙趣畫難該。

其三十三

山廬好，生意盎然長。雞撫羣雛争護母，貓生一子宛如娘。物類亦慈祥。

其三十四

山廬好，物各養其天。池面曝晴魚入定，枝頭避暑鳥參禪。蓮葉正田田。

其三十五

山廬好，初暑御單衣。點水蜻蜓當面立，迎風蝙蝠掠肩飛。緬想浴乎沂。

其三十六

山廬好，人静夜乘凉。槐影移窗偏漏月，蓮苞含蕊自聞香。更喜切瓜嘗。

其三十七

山廬好，無物不忘機。洗硯招魚吞墨飽，曝書遇蠹食仙肥。他日或能飛。

其三十八

山廬好，風細動輕裾。蠅欲集時將麈拂，蚊當聚處把煙驅。何必過傷渠。

其三十九

山廬好，陣雨起晴空。荷蓋高張珠滴瀝，桐音微戛玉琤琮。炎暑散清風。

其四十

山廬好，弄巧試模型。偶琢樹根成矮几，喜編瓜蔓當圍屏。亦覺小瓏玲。

其四十一

山廬好，我本不材才。豕栅何妨聞誦讀，羊羣亦足小徘徊。人笑指書獃。

其四十二

山廬好，物换境遷流。結網蜘蛛纔送夏，絮甎蟋蟀又鳴秋。隨遇我無求。

其四十三

山廬好，安樂可名窩。緑橘黄橙生樹滿，白蘋紅蓼占秋多。歲月此婆娑。

其四十四

山廬好，滅燭起簾鈎。螢火隨風飄葛帳，蟲聲如雨上高樓。一榻臥深秋。

其四十五

山廬好，秋氣總澄鮮。幾架豆花風細細，半湖菱葉露娟娟。涼意不能傳。

其四十六

山廬好，夜夜聽蟲忙。織布居先經布後，發聲始短繼聲長。肇錫合名娘。秋蟲有名織布娘及經布娘二種。其鳴與織布、經布聲絶肖，鄉間深秋時每夜可聽，滬上竟未聞也。

其四十七

山廬好，忙事比人多。晨起階前憐鬥蟻，夜來鐙下救飛蛾。悲憫付微哦。

其四十八

山廬好，凡卉儘風流。鶴頂明如仙風額，雞冠矮似老人頭。絶妙一庭秋。

其四十九

山廬好，泛棹向山塘。初日淡煙描曙色，夕陽紅樹染秋光。疑在虎邱旁。吾家秦山塘長十餘里，水清見底，風景之佳不下於虎邱、山塘也。

其五十

山廬好，居士足閑閑。大木千章陰蔽野，黄花萬木疊成山。觴詠盡開顏。

其五十一

山廬好，時序爛成霞。夏似春光桃夾竹，老逾年少葉如花。詩句發天葩。

其五十二

山廬好，與物共閒舒。栩栩蘧蘧人是蝶，洋洋圉圉我非魚。或者不能如。

其五十三

山廬好，小病也無名。螭殼窗間穿日淡，蝦鬚簾外逗風輕。一縷藥煙清。

其五十四

山廬好，雨後稻苗肥。十畝橋頭鄰叟語，六弓灣口釣船歸。樹杪襯斜暉。

其五十五

山廬好，耕讀慕商須。學稼艱難常有願，勘詩風雨亦成圖。識字老農夫。

其五十六

山廬好，連日早霜濃。籬畔女蘿猶吐豔，隄邊烏桕欲争紅。未必讓丹楓。

其五十七

山廬好，物競我無争。野外時看鷹振翮，簷前常見鵲梳翎。各有疾徐情。

其五十八

山廬好，靜讀一鐙孤。風起先聞鈴自語，夜寒忽聽雁相呼。有似唱喁于。山莊門亭之頂建繫一鐘，風起則鈴聲自響。

其五十九

山廬好，蔬食莫憎嫌。葡尾經霜梨片嫩，菠根壓雪薺兒甘。自種自家甜。

其六十

山廬好，早起雪交加。一夜圍廊都變玉，滿庭禿樹盡生花。此景冷堪誇。

其六十一

山廬好，昨夜更嚴寒。數尺晶瑩垂雪箸，一篙珠玉打冰船。踏凍趾難前。

其六十二

山廬好，畎畝舊家風。釜底柏香蒸飯熱，甕頭酒氣釀糟濃。歲暮慶農功。

其六十三

山廬好，一室共圍爐。凍雀迎風飛不起，寒鴉繞樹競相呼。伏臘亦歡娛。

其六十四

山廬好，雖好不思歸。刼後殘書聊可讀，窮來賃廡倘堪棲。故里且休提。

減字木蘭花　夢莊見示其夫人薌筠手拓鏡影。此鏡爲先友徐積餘舊藏物，《小檀欒室鏡影》中有著録。今歸周氏海紅精舍

小檀欒主。鬱鬱長埋秋草去。古鏡紛飛。鏡拓零星影亦稀。　心香不滅。化作海紅簾底月。磨洗生春。照見鴛鴦夢裏身。

醉太平　懷滄叟

時危信稀。思多夢肥。祝他壽考維祺。比君家葉飛。孫見龍字葉飛，乾隆時舉鴻博，壽至百五十九歲。　閒吟懶題。柔毫懶揮。伊余閉却荆扉。向

生姿。度登彼岸在何時。

如夢令

春水一池吹皺。憔悴芳容頓瘦。忽地起秋風，入骨淒寒真够。還又。還又。弱質未堪消受。

賣花聲

靈犀者，蘇人，姓陶氏。本農家女，蒔花爲生。有美國人名山旁者，見而悦之，因娶爲室，生一男二女。治家有條，兼爲置産，卜築於滬之虹橋路。自日人占租界，山旁被俘入集中營，靈犀伴兒女以居。一夜，困睡爐側，火着衣，痛而踣，遂死。其後日人敗，山旁自集中營出，鰥耄無聊，即盡售其産以返國。某君見靈犀生有殊色而遭慘死，一棺孤寄，無人顧焉，爲憐而葬於某公墓。頌陀居士作《靈犀曲》敘其事，以徵題詠。余因填小詞二闋以張之

窩中静棲。

蝶戀花

異夢同衾棲不穩。萬喚千呼，未許檀郎吻。恨在心頭誰耐忍。空勞蝶使相牽引。　明月匡廬私合巹。簾外淒風，簾内紅霞襯。手掠雲鬟兼霧鬢。一場恩怨深深印。

浣溪紗

雲外朱樓路欲迷。天陰容易日沉西。可憐夜色更淒其。　鸚鵡前頭空解語，蜻蜓無翼不能飛。魂銷香草美人兮。

前調

冷叟屬題顧長康畫大士像

畫筆誰傳顧愷之。雲容黯淡佛容慈。衆生苦惱定應知。　瓶水傾翻能作浪，楊枝斜插亦

煮玉到黃粱。没處商量。焦頭爛額此何殃。火裏魂歸愁隻翼，痛澈肝腸。憔悴損紅妝。雛哺成行。胡兒枉説有情郎。雨濕郊原花黯淡，人替埋香。

減蘭

嬌姿玉色。到花猶聞花氣息。白髮紅顔。郎自生還妾化煙。芳魂何托。一點靈犀通杳漠。身去心留。海水茫茫萬古愁。

竹香子

癸未海濱修禊圖，前余已三次題詠，今又布景添畫童子三人於中，尤覺光彩奪目。爰再填小詞二闋以贈畫師鄭君慕康，并博諸老一笑

上巳風光無數。楊柳絲絲如舞。偶然修禊仿蘭亭，未必人非古。三絶畫名家，一曲吟梁父。詩情不似永和年，各有奇懷吐。考蘭亭題詩絶少佳詠。

其二

煮茗提壺花畔。修竹梧桐葱茜。平添童子二三人，頓覺春光滿。境不別仙凡，童叟無須辨。待他青鬢盡如銀，定卜河清見。

減蘭

姚叟虞琴爲我寫《山廬好》詞意，作梅、蘭各一枝，以小詞報之

開函一笑。寫得梅蘭雙絶妙。我不如公。衹愛貍奴玩意同。老人眉壽。兼問宛如無恙否。一樣堪誇。聞説娘兒字小花。叟見拙詞『貓生一子宛如娘』句，適叟家之貓名小花者亦生一子，而肖其母，因名兒貓曰『宛如』。

望江南

李次公將往福州，余以《望江南》拙詞一册爲貽。次公并索贈言，因即填此調一闋賸之

閩中好，此去合題詩。極樂巖前應極樂，相思嶺上可相思。函札莫遲遲。

以上乙酉

菩薩蠻

戊子浴佛日，懷超社第三次集同人於玉皇道院。余未有詩，以小詞記之

薦櫻佳節風初暖。蒼茫懷古難排遣。院静似蕭辰。相偕十二人。　澡身塵垢去。盡是同心侣。願乞佛恩慈。肝腸洗滌時。

十六字令

題孫綺芬《綺芬浪墨》

芬。好語如珠粒粒勻。推敲定，風雨閉閒門。

其二

芬。劬學工詩年少人。人如見，爾雅又温文。

卜算子

秦淮聽孫觀實唱大鼓，以小詞賞之

喚起秣陵秋，響遏行雲度。清脆鶯聲瀝耳圓，一串珠喉吐。　檀板左輕敲，右擊冬冬鼓。振得全神顧盼時，皓腕頻頻露。

浪淘沙

題《侶雲居山水遺墨册》

木落洞庭聲。惻惻寒生。暝煙無語夕陽明。遠樹秋山增百感，淡墨描成。　椎髻葛衫輕。思也凋零。含毫點筆不勝情。一葉扁舟人一個，如許淒清。

以上戊子

眼兒媚

有懷苔萍女史，并示子瀟、芳洲

而今風雨更淒迷。螓首那堪回。狂飄飛絮，相思空寄，腸斷歸期。　一燈如豆沉沉夢，何

處聽荒雞。巢痕難覓，天涯地角，燕子都非。

菩薩蠻　魏育盦見示詩稿，讀竟以小詞奉題

幾生修到揚州住。征鴻本是衡陽侶。裙屐與琴尊。風流昔日春。　萍蹤來海上。吟嘯聲猶宕。一卷育盦詩。滄桑不可思。

水調歌頭　寄欽廬安慶

今日是何世，今歲是何年。君看變幻如許，掩袂復奚言。依舊飛還退鷁，對影魂銷黯黯，浪拍夕陽天。回首見帆遠，底處似鄉園。　旅懷積，千疊巘，逼鐙前。誰教異地明月，偏向此時圓。盡許高歌破悶，那用憂愁自苦，得過且安便。但願人長壽，萬事付雲煙。

浣溪沙　嘉興錢氏先德文端、東麓、警石、恭勤諸公遺簡七通，皆言稱貸事，賢嗣沖甫丈彙拓徵題

爭說禾中第一家。簪纓厚澤更無加。吉光奕葉盡堪誇。　貸粟釜鬻皆典雅，甘泉鄉人簡中有「由百金而更請湊足二百千錢」之語。言錢箋啟總高華。清貧況味似梅花。

阮郎歸　周生夢莊見余舊藏清儀老人金石手稿中有《君子者老册》一種，因爲訂正，更一再續輯，得百人，加弁語見貽祝我，可感也。生好佛學，而耽倚聲，於金石亦素研治。其所鈐章曰「海紅精舍」，曰「鴛鴦同夢樓」，皆極雅趣

斯人款款樸而妍。情殷金石堅。多承善頌續疑年。清儀者老編。　香一炷，篆痕綿。填詞兼學禪。鴛鴦同夢佛同歡。海紅簾底眠。

以上《吹萬樓詞》

郭延

泛清波摘徧

己未二月廿五，侍香宋師泛舟百花潭，飲竹閒樓，同宋問琴、鄧休庵、辛聖傳作

連宵快雨，十里春陰，乞取明朝天氣好。鬧紅雙舸，預約俊遊起須早。城南道。明漪似鏡，綠樹如山，可惜百花生過了。夢裏流光，回首中秋感多少。望林表。沾泥自傷落茵，上澥最懷香草。忍聽連年戰壘，江山殘照。鬢垂老。應念勝會不常，且喜今年重到。休惜樓頭萬竹，玉山吹倒。

春風嬝娜

柳花，奉和香宋師

歎生來飄蕩，不是真花。吹滿路，落誰家。任多情、都付東風薄倖，如煙如霧，送老韶華。脱卸游絲，纏緜芳草，碎雪漫空蘇幕遮。道是無情更撩亂，與誰相撲自交加。同是春風管領，千林落處，闌干外、姹鬧蜂衙。章臺路，玉鉤斜。鞭聲夕照，簾影窗紗。聚散何憑，暗塵隨馬，悠揚作隊，宮樹銜鴉。年來年去，縱團成毬樣，倀倀度日，魂斷天涯。

露華

柳花毬

宛然鍊雪，趁東風自轉，吹近湘裙。誰搓碎影，緜緜裏住殘春。笑倩玉纖拈起，勝繡毬、鍼綫留痕。晶彈子，兒童試捉，誤假成真。從今更無分散，甚笑唾芳絨，籠住香雲。浮萍縱化，也應一處攢根。轉念亂紅飄泊，誤一生、團聚無因。釵上朵，妝臺戲與細君。

曲游春　重三，借草窗均

萬里橋西路，正青鞋新試，游女如織。日暖風和，有絲楊縷縷，綰留駒隙。人影疎簾隔。泛一舸、鬧紅横篴。又滿潭、浪沸桃花，零落二分春色。　有客。題紅吟碧。也修禊芳林，銜馬珠勒。高會當年，笑蘭亭一序，壁紗誰羃。佐酒宜蔬食。乍醒後、四山春寂。愛晚霞、無限餘妍，欲歸未得。

齊天樂　問琴閣主約同香宋師、休庵、李哲蓀草堂寺素饌

晉朝煙寺橋西路，今年討春三度。香篆心清，林霏石翠，畫出梵天詩趣。雲陰欲雨。聽韵到修篁，侶催新句。搖落吾師，老來宋玉是騷主。　空山又啼杜宇。藥闌花徑外，鄰隱工部。幕府平生，錦江居止，都付山僧閒語。愁銷萬古。且一筯伊蒲，當餐風露。暝色催歸，佛堂撾法鼓。

滿庭芳　豢拜杜文貞祠，哲蓀均

青笠分畦，朱櫻上市，舍南舍北春深。一牆相隔，僧碓響榿林。不是揚雄宅子，唐年像、風度森森。茶煙外，殘光水檻，梁父稱微吟。　尋尋。還覓覓，非因劫運，誰解詩心。想亂離滋味，不過如今。老託風流節度，平生志、幕府銷沈。花紅處，香龕下拜，游女是知音。

玉漏遲　春夜，奉和香宋師

海棠酣睡慣。濃春一枕，夜心無旦。蠟炬多情，愁對淚花慵翦。是事都如夢裏，秪胡蝶、作團吹亂。君不見。丁丁紅漏，催人銀箭。

幾年望斷滎州，幸此夕當杯，錦城新暎。月少圓時，又念瀰天人遠。芳徑長流暗水，家山破、紅牙誰按。梁燕歎。移時曉鶯千囀。

慶春澤 巢菜

榿水田邊，芹泥坊外，郊原一望皆春。緑蔓蘿生，東風二月柴門。菜花黄後農功急，影離離、報答東君。最堪憐，生遍荒塍，留飼雞豚。田家風味人知否，屬玉纖輕摘，莫佐金尊。煑就泉華，一匙翠滴苔痕。當年玉局鄉心重，見元修、與説殷勤。論風情，一樣儒酸，苜蓿山邨。

一枝春 芍藥，草窗均

香沁詩心，記清平調裏，露華吹雨。芳期試數。正引將離情緒。雲裳乍翦，又殀映、牡丹嬌嫵。君不見、百寶闌干，照得臉霞紅聚。還看素娥來處。是姑山化影，裙拖冰縷。文窗淡雅，月底合修簫譜。雙雙醉粉，料前此、百花應妬。何況説、溱洧風流，萬年膩語。

驀山溪 榆錢

碧圓抛處。一帶韡韡樹。歷歷莢如星，高城夾路。斜風燕子，掠作亂花飛，留不住。多難數。小樣春光鑄。　阿誰惜取。穿倩黄金縷。莫道不療貧，禁煙時、菜香同煮。故山門外緑水，又平橋、荷錢浦。苔錢塢，誰謂詩人苦。

玉燭新 櫻桃

岷江春老處。見萬顆珊瑚，密懸芳樹。丁寧記取。金鈴繫、莫教鶯兒銜去。燕支一抹，極遠望、通林紅雨。風日好、須趁朝甡，離離摘來和露。籠歸滿貯瑛槃，倩玉指輕拈，細聞香霧。味逾粉乳。咀嚼后、逗起相思無數。清歌扇底，問似否、當年樊素。最好是、天亦多情，朱顏久駐。

尾犯

送春，夢窗均，奉和香宋師

燕子不歸來，紅雨萬山，空叫山越。一縷新愁，紐絲揚成纈。凝望久、繁香漸冷，翠尊傾、柔條漫折。問春何在，枕上半宵，海注銅蠡咽。梁園剛作客。驩聚怎又輕別。記得前番，飲雙祠天潤。暗中换、韶華如夢，眼中人、離情寸結。寺鐘休動，忍聽杜鵑窗外月。

夏初臨

四月七日立夏

青鳥歸時，紫鵑啼處，昨宵猶戀餘春。依舊清和，好山緑似新人。屈陶留得嘉文。一年中、此月良辰。麥天寒潤，梅雨香霏，辭謝東君。羈游勸矣，風物蒼然，夢中故里，亂後柴門。催耕唤苦，淹留此地何因。壬癸符新，秖榴花、解妬紅裙。記明晨。浴佛佳期，游女江濱。

法曲獻仙音

休庵招飲，借草窗均，題其《秋雁詞》

生不逢時，老來無託，漫問酒杯深淺。桂嶺香風，草堂人日，淒涼兩朝驚换。又四月、黃梅雨，忘年恨交晚。錦江岸。抱荒庵、一編叢稿，頭白了、空夢秋衾銅輦。萬里玉簪山，送征鴻、程去何遠。幸有朝雲，伴維摩、花下尊滿。比蕒洲漁篴，夜月不勝清怨。

甘州　方鶴叟招飲

歎官身華表鶴歸來，纍纍歷山邱。在御溝西住，閉門覓句，人與天游。更託畫禪清悦，排浄古今愁。袮八年身世，大地皆秋。　此日高齋侍飲，正金篩緑竹，裙妬紅榴。坐萬書堆裏，一屋小於舟。休惆悵、龍眠山色，集錦江、耆舊各風流。莫辭醉、待荷花開後，長夢榮州。

解語花　題青城石室繙書圖

佳人似月，豔福如仙，芳事春應妒。翠簾垂處。雙心動、故把牙籤細數。嬌羞近汝。問新詠、玉臺誰做。微笑中、輕似拈花，怕被燕支污。　黛黛茶香傍午。伴禪經清課，共餐芳露。架頭千部。青蓮巷、應號絳帷騷主。還嗤白傅。孤負了、小蠻樊素。披畫圖、佳話風流，休更鈔棋譜。

買陂塘　題辜雲叟竹西精舍圖

一竿竿、此君同住。餘生消受煙雨。渭川那有封侯分，借它黄茆掮拄。方丈許。算大好天光，即在幽篁處。夢中禪悟。説不盡前朝，腳韡手板，南院伺官鼓。　圖中事，道是倪迂墨趣。輞川青鬮苔路。龍孫長出闌干外，鳳尾又生珠樹。君信否。君勝卻、孤山處士梅花主。硯田五畝。辦一段鵝溪，天寒翠袖，雙坐竹西語。

暗香　棗花

紫桐大葉。有白英幾樹，還又清絶。道是聖花，寄語南風漫輕掠。記得歌傳纂纂，舊時有、黄門詞筆。風景好、路過龍泉，香影入游屧。明月。似積雪。來掩映素姿，更覺幽潔。芳魂欲活。簌簌衣巾壓瓊屑。縱有細雨輕煙，千萬點、應難扶拽。看此後、紅玉滿，亂飛蛺蝶。

三姝媚　枇杷

金丸誰鑄。取向東園西園，醉探芳樹。大葉攢心，似曉裝當額，夕陽山隝。綻得梅紅，酸不盡、清和時序。一院分甘，誰似蜂黄，蜜脾新注。　櫻筍厨邊人去。笑鬲歲開花，熟經春莫。繡閣㚢嬉，把上清冠頂，戲呼兒女。古井斜陽，問記否、當年洪度。莫誤琵琶，江上青衫淚雨。

疏影　緑陰

春紅換色。愛半階漏影，涼氣幽絶。屋外扶疏，清逼窗紗，天長伴我岑寂。江痕一片揩新漲，掩映出、遥山如滴。想眠琴、瀑布聲中，定壓萬花時節。　猶幸㚢光未到，霽煙淡淡裏，朝霧猶溼。莫道無情，石蘚沾衣，正好金蟬新活。山經讀罷沿池步，又卻愛、緑荷生葉。等黄昏、更覺留人，帶入滿庭明月。

壺中天　酒帘

一竿挑出，据韓非子説，壺天掌故。望裏前邨猶未到，遥畫一叢煙樹。萬緑陰中，小紅樓上，料有文君住。祢來吟社，讓它此幟先竪。　一迴念客子平生，山郵水驛，不問誰家主。一騎春塵思小歇，紅染杏花微雨。老淚青衫，夕陽黃葉，又送秋光去。風旛自定，世間除醉無路。

瑣窗寒 竹醉

綠嫩如酥，香清勝酒，籜龍初長。移栽盡活，料理園丁句當。一竿竿、風來半斜，宛然楊柳三眠樣。趁畫闌轉角，佳人無力，酡顏相向。　惆悵。湘江上。漬淚點斑斑，露華春釀。青柯換節，笑倚石榴紅漲。甚山中、千日太平，雨餘亂葉空自響。賴幽人、夜引郫沽，待月琴邊賞。

齊天樂 四十生日識感

飛騰四十明朝過，流光可憐虛度。破卷隨身，依人作嫁，是事無聞如故。孤鴻在渚。已無福今生，對牀風雨。六十衰耎，丹厓望隱夢中路。　兒時恍如昨日，恠絲絲鏡影，雙鬢無數。天氣鳴蜩，命宮磨蝎，一篋蕢洲漁譜。桑田萬古。送錦水年年，經天東注。笑進霞觴，妙蓮心自苦。

八寶妝 荔支

紅錦通林，香心換日，自是海山仙侶。野岸江蒲相掩映，晨染涓涓珠露。落梅天氣，初肥十里戎州，山山風過霏芳霧。好倩葱纖輕褪，琱槃勻貯。　熟過北橘南楊，又經夏至，星球攢遍芳樹。論標格、閩娘俏絕，風味勝、江鰩玉柱。問當日、蜺裳正舞。飛來一騎人知否。怕避世尋源，移船誤認桃花雨。

金縷曲 闌干，次香宋師均

俏絕鴛鴦格。繞迴塘、弓弓亞字，影搖春色。

一綫描金絲不斷，樣自裙邊分得。似畫本、鏡湖三百。盡日無人私倚處，月纖纖、略似珠簾鬲。腰一搦，最親密。　五雲樓閣通閨籍。引長廊、苔痕路入，萬花成國。疏眼通風涼礙竹，醉裏清歌徐拍。經細雨、尚留紅迹。倩影一條多少恨，繚迴腸、甚處量寬窄。休誤會，斗南北。

步月　六月十五夜，成都圖書館侍香宋、般石兩師譚蓺極驩

一院松風，半甌茶霧，晚涼殘夏初殅。月華東上，圓玉勝秋清。暗香過、鄰荷靜睡，淡雲枝、銀漢無聲。登樓望，青羊樹色，山湧墨圍屏。　吾生。年四十，自憐近老境，仙蠹何成。故山空負，書帶草青青。喜今夜、璃窗小坐，共主人、竹葉頻傾。它時憶，依稀白虎聚譚經。

沁園春　殘夏，小天竺作

紅蕅争花，緑楊收雨，招提試尋。過大橋南去，市程頓鬲，平原豁處，野氣成陰。法鼓無聲，山門如畫，縮本西方祇樹林。消涼好，借蒲團一坐，疑是秋深。　沈沈。心上潮音。問流水、伊誰彈古琴。歎武陵何計，地堪避劫，神州一例，俗尚摸金。半晌游蹤，百年漚影，休作扶風豪士吟。歸來也，向高城殘照，別起詩心。

瑣窗寒　簾

一桁紋波，雙犀寶押，畫檐深處。煙痕淡抹，罩得目中人住。伴窗紗、朝殅未鉤，辟邪安正留香霧。只鷺聲嚦嚦，隨風穿出，暗驚鸚鵡。　憐汝。多情緒。似萬縷相思，爲儂細組。

天涯在眼，鬲水一般銀浦。誤歸來、雙燕自飛，玳梁路斷空碎語。問春纖、放入圓蟾，已上花梢否。

湘春夜月 竹簟

換紅茵。蚊幬初罩黄昏。翦取片片琅玕，新織就雙文。疊著幾行人字，劃一江波影，涼到秋痕。配方牀石枕，荷花閣子，清絶詩人。香閨更好，移鐙避影，祢汝承恩。小玉鋪時，剛浴後、冰肌無汗，恣意橫陳。天長夜短，想夢痕、都化湘君。只這青奴福命，和身抱取，着意温存。

埽花游 團扇

小團笵月，正竹裏茶香，好風徐至。細裁素綺。向吴娘買得，緑陰天氣。半寫乘鸞，半寫鴛鴦句子。動摇際。問出入君懷，涼否知未。攜手還審眂。恨遮斷塵飛，不遮顰額。夜沈似水。笑流螢點碧，撲教輕墜。樣比荷錢，借掩櫻脣更膩。漫垂淚。便秋來、蹔時收起。

齊天樂 蟬

前身芳草王孫夢，年年晚涼新樹。亮不驚風，光還照夜，飛傍舊時庭宇。簾前細數。把小扇輕羅，笑呼兒女。淡碧池塘，荷花香裏醉清露。連宵又催凍雨。乍明還乍滅，都是愁緒。半世飄蓋，千山落葉，消得星星幾度。滄桑記否。歎大業興亡，禍根繇汝。且貯紗囊，蠹魚同受苦。

拜星月慢 己未七夕

小日如鉤，斜河横玉，此夕仙心怎度。八載相看，在芙蓉城住。久凝望，似覺、雲軿鶴駕來往，未鬲煙波前浦。舊素新縑，暫休談星杵。　好風來、似聽空中語。如今老、應號翁和姥。羞它歲歲年年，誑人間兒女。向花前、試乞鴛鴦侶。儂家運、可繼汾陽否。笑後會、巧閏佳期，且安心回去。

齊天樂　奉賀楊莘友才郎吉典

此才一壁西南柱。秋宵月華高舉。破瀣乘風，倚天長劍，壯志曝光東曙。芙蓉作主。秖幾度兵戈，捄人無數。一意孤行，問誰知子用心苦。　天公相報不偶，仲謀今玉立，名子名父。烏鵲重橋，紅鸞一隊，酒向九霞觴注。仙香桂府。賀佳婦佳兒，瑶花瓊樹。佇聽丹山，抱孫雛鳳語。

漢宮春　閏七夕

烏鵲真冤，笑干卿何事，忙煞填橋。相逢祘來一月，只當前宵。銀河路熟，比巫山、雲雨峰高。陳瓜果、人間亦巧，兩重絲挂蠨蛸。　假是嬰兒産了，正錦筵拌醉，湯餅今朝。新妝定知插鬢，月月花嬌。陰陽合歷，便情波、三度來潮。鴛鴦帳裏，千里一刻，明年又待雙鑣。

秋宵吟　龍泉山夜

笑秋風，過客慣。又臥龍泉山館。勞人苦、任滿市潮聲，一鐙慵翦。　望殀宵，斗漸轉。靜掩松扉雙板。爭禁得、蟋蟀哀音，夢魂驚斷。幕府平生者，鬢髮星星羞綰。戰塵初過，天府依然，誰是干城選。滄海紅桑淺。我欲歸耕，程去又遠。念承平、知在何年，終夕幽寂應樂。病骨支離，如得見、而翁怎説。更難禁、蓉城月黑，漠漠薶愁夢華録。甚處君居，問君不語，只麗譙吹角。

清風八詠樓 休庵鬻裘刻《花行集》

桂嶺舊詞人，正錦里天寒，親讎叢藁。名借花行好。聚一時秀傑，前朝遺老。彫鏤蜀本，問重價、貧何能了。幸佳偶、紅綫知心，舊裘將去休惱。儒林添段佳話，定不讓文君，千秋卬道。低唱忘温飽。縱鷫衣度歲，豈縈懷抱。裝成胡蝶，似美人、遺我香草。趁芳日、翠袖同看，還又玉山頹倒。

滿庭芳 葉煙

蠶繭纖腰，巴菰舊種，酒餘茶後都宜。野塍三月，春共柳舒眉。竹是湘江淚點，通情處、都怎自遣。

南浦 江樓送香宋師歸榮縣

古井冷斜陽，問澆它，來往幾多離緒。天卧雁初飛，凴闌坐、惆悵翠樓吟句。傳杯且醉，木犀香似留人住。回想百花潭上，一樣酒龍詩虎。此間兩別三年，笑人生、禁得三年幾度。杖履向榮州，横溪畔、争羡與鷗爲侶。飄苓似我，烏降空夢舊時路。後約重尋知甚日，待到春明應聚。

夢横塘 哭劉長述

山荒叢桂，潭泛浮漚，昨宵風雨偏惡。忽報公歸，二十載、情懷蕭索。冠蓋京華，斯人憔悴，問天何薄。賸一卷遺文，小史松岡，一回看、一回哭。人生苦趣多般，想黄泉浄土，此去裹相思。昏昏霧，團成小卓，八犯玉交枝。霏微。煙篆嬝，天長午勸，未飯療飢。笑幕賓官派，如笛橫吹。吸到楸枰半醉，寒傖氣、灰撒殘棋。芙蓉片，阿奴笑汝，風味夜鐙知。

聲聲慢　水煙

一星榆火，幾縷金絲，聲聲韵出銅壺。纖輭輕鬆，依然種是巴茹。餐時井華正換，響淙淙、似沸雲腴。論風情，合香熏耨，篤味灌醍醐。捧到妝樓更好，縱芳心千轉，都可消除。玉指輕拈，煙波一管呼呼。郎邊唾絨一笑，認殘煤、點點氍毹。箸新史，攷源流、姚旅露書。

木蘭花慢　紙煙

是情根節節，小筒樣、海天春。翦碎碎黃絨，縞衣一套，裹得均勻。殷勤。小紅半點，幻仙山膚寸便生雲。花外乍傳歌口，讓它醉紙銷魂。氤氳。寶鴨暗香分。素影自堪憐。恰有人勸繡，蔥尖拈起，一樣如銀。相親。半醒半睡，似荷筩咂酒夢初醺。一笑紙煤吹處，依稀鸞婢粗身。

壺中天　鼻煙

禪參鼻觀，攷氤氳掌故，勇盧閒詰。品到水磨飛冣上，明季初來番舶。口任三緘，心清一點，領畧成龜息。我聞如是，自非思議能必。最是帶子紅黃，彝酸煤豆，此味津津別。莫把香心挑福晉，怕污西施顏色。客話茶餘，夜涼風定，逸趣閒中得。更修瓶史，石瓷珠玉駢列。

前調 庚申初夏，易從舟招同曾浴春，侍香宋、皈石兩師飯於南郊農場，彖拜丞相祠堂

近郊移宴，歎一番驩聚，一番人老。萬里橋邊兵過後，依舊農歌清妙。荷影霏香，柳陰沿路，乍雨添詩料。行行且止，望中籠竹多少。

因念丞相當年，衿懷寧静，梁父微吟好。天下三分全蜀境，不似如今紛擾。唐碣巍然，惠陵相望，碧映堦前草。勸游歸去，半城猶帶殘照。

前調 柬哲蓀巴黎，竹坨均

法郎西去，任成都錦繡，蛙鳴青泊。承學新開生活路，勝似鷦鷯枝託。感舊書來，自由花放，堪笑文明樂。馬塍依舊，臘梅休問開落。

我本一把無茄，消寒何計，夜引郫醪酌。十載知交今幾在，白髮催人游幕。破卷行縢，撈鋮大澥，羨而胸藏壑。高堂无恙，漫傷今歲蝸角。

前調 柬陶天倪澥上，竹坨均

投荒海上，似揚帆萬里，隨風飄泊。燕子生涯還善病，經卷藥鑪相託。百念家山，不平心事，夢想勞農樂。我無才思，謾悲宋玉摇落。

想到斯世悠悠，問天搔首，且向花間酌。大錯鑄成新造國，好似列鋮成幕。大野蜚鴻，朝陽鳴鳳，誰頌魚歸壑。思君長夜，玉繩低轉闌角。

前調 柬從舟瀘縣，竹坨均

片帆南去，羨椿萲長奉，澄溪棲泊。一意孤行多坦易，是事不將人託。薛井泉香，杜陵梅

放，漸少交游樂。消寒西郭，想君繫馬花落。還望在户三星，瀘川殗夜，鐙下雙雙酌。百日別來無一字，笑而心閒修幕。翦燭何時，結茆歸隱，門外戀超壑。知音誰是，嘯歌休叩牛角。

前調　東曾孝穀資中，竹垞均

壯哉吾子，竟從軍去，水南街泊。雁是勞人龍是恠，似我此生何託。短李天涯，一劉泉路，記否當年樂。晨葩故館，臘花今又開落。歲莫雨雪霏霏，思君欲醉，懶引孤瓢酌。十樣鸞牋勞遠寄，同慨楚烏巢幕。玉局猧兒，神州蛋殼，甚處尋雲壑。農歌四起，夜深還望河角。

畫錦堂　熏籠

翠管裁衣，紅泥抱肚，巧絡椒眼玲瓏。正是臘梅開候，鎮日春融。冬郎相偎休撤手，猧兒抓住暗馮胸。寒凍。提攜便，仗而歲闌，禦它苦雨淒風。添彩綫，依繡户，佳人時踏雙弓。胡蝶裙邊繞徧，熏絮香濃。通身情骨湘妃種，雕紋象齒漢皇宮。臨深夜，讓湯婆福命，好夢誰同。

大聖樂　辛酉草堂人日

思發花前，人歸雁后，試探春訊。正塹西榿木渾苔，燕子未來，暗水長流芳徑。寂寞香龕游女拜，笑錦里、風光公管領。馮軒坐，凝對老松，慵分華勝。此間近鄰葛廟，想當日、誅茆重費省。愛竹寒沙碧，江梅肥雨，郫煙含裏。王孫此去到天涯，樓頭凝望處，殀芳難寄。容瘦損，闌干外、錦茵知未。池塘夢、縱吟句好，人漸遠、伊誰同燕喜。且自與、阿侯閒步，餘香黏鳳履。

念奴嬌 成都，用東坡均

西川錦繡，把遺編試數，古今人物。九里三分名勝記，秦季張儀城壁。揚馬文章，武侯經濟，不化涐眉雪。荒荒大局，秖今誰是英傑。又念杜老當年，詩才天賦，與草堂花發。五代風流王與孟，頃刻香銷燭滅。濯錦江頭，蒼波淘不盡，只爭豪髮。我來馮眺，戍樓殘角吹月。

前調 薛濤酒

泉華新釀，看雞缸堆滿，錦江春色。千樹桃花暝。誰分多情高常侍，一例風塵書劍冷。歸路晚，聽嚴城、鼓鼙聲緊。

芳草 龍泉道中作

遍平蕪，春姿碧淡，東風鎮日吹殀。龍泉山下路，翠帷初別，緑生方生。一鞭南浦恨，逐征鞍、處處牽情。望不斷、天涯海角，芳景如屏。青青。樓頭楊柳色，王孫遠、自惜惺惺。遙知人勸後，小園微步處，蹴上紅鞓。幾番難剗盡，笑神州、似汝枯榮。縱夢得、池塘逸句，怎解愁城。

花犯 芳草，松風道中作

萬山青，東風亂轉，萋萋照春水。翠痕如綺。同紺柳千絲，離思空繫。馬蹄踏遍隨游子。丰姿宜浄洗。歎過眼、緑雲無際，疎煙微露三尺雨，露點井韓猶濕。風味都佳，嬌名欲活，漾漾澄空碧。女兒陳紹，定應無此芳苾。　一門巷舊種枇杷，良時游讌，合把弓韣挹。一例臨卭成韻事，玉指鸞牋曾揭。噴鼻香清，通身酥透，醉倚闌干北。韋郎去也，漫邀樓外明月。

澡蘭香　重五，夢窗均

秦娥畫扇，楚樱通厨，一載夢塵半覺。梅香殢雨，竹冷於秋，負了奪標佳約。向窗前、吟賞牽牛，朝來花紅入蕚。望斷丹山，空老菖蒲芳蒻。　此日羣倫盡醉，獨醒誰憐，汨羅寃魄。荷衣水次，薜帶山阿，嬴得大招修幕。按新聲、五福中天，碧玉堂中共酌。記去歲、合北資南，狼星飛角。

三姝媚　題《紙醉廬春鐙百話》

承平鐙火夜。想文心雕龍，幾多瀟灑。妙契同岑，正錦城春暝，月華流瓦。射虎將軍，渾嬴得、北平聲價。運用陳言，花樣翻新，鬼工神化。　吴下阿蒙風雅。拾碎玉殘鱗，一編叢話。酒後茶餘，覺别開生面，味甘回蔗。可惜年來，空只有、戰塵隨馬。夢斷天涯香草，文明舊社。

百字令　題戴文節公《古泉叢話》

生沙活翠，把古今泉布，品題都遍。譜志隋書初箸録，大筆又開生面。寶貨從周，永平非蜀，制作因文見。顧洪如在，一時定教焚硯。　更有厭勝通花，笑史編無補，芟夷休戀。三代當金難攷訂，分類自殊專斷。有美皆收，所親均記，耆舊風流傳。畫禪餘暇，想公羅列璀璨。

前調

東曾浴春巴縣，竹垞均

緇塵染遍，唱大江東去，巴渝紛泊。道是有家歸未得，衲子沿門鉢託。行館蔬香，荒祠梅冷，憶否同游樂。廿年人瀨，舊交多半遼落。　君亦憂患餘生，性情疏放，自遣澆春酌。大局飄摇知有待，今幸郄超入幕。書記翩翩，諸公衮衮，應惜鄰爲壑。我慚先德，望風誰折巾角。

探春慢

成都度歲，用草窗《修門》均

風雨淒然，癡獃誰買，又是一番物候。亂世文章，中年哀樂，捱到今宵仍舊。司命醉寒家，笑爨下、一鐙成豆。小園牆畔梅花，似覺比人清瘦。　游女九街如繡。歎墨客多情，祭詩陳酒。守歲呼盧，占祥聽鏡，玉腕半揎雲袖。薄宦依人，應媿對、宅邊疎柳。待到明朝，澆春倩它纖手。

春從天上來

壬戌正月八日立春

春後人來。笑錦水依然，金竹新裁。綵花茸帽，青草香鞵。忘卻舊歲風霾。問司晨蒼帝，向甚處、小住爲佳。遣幽懷。有傾城游女，燕貼瑶釵。　誰歌太平樂府，任南北蕭條，簫鼓東街。氣轉鴻鈞，鞭分牛土，十載空夢丹厓。愛江梅平淡，教桃李、都作輿臺。步前階。望萬松深處，長日心齋。

百字令

題《静志居琴趣》，即用《江湖載酒集》均

偷聲減字，寫柔情、歎惜鳳鸞飄泊。絶世風流曹子建，心事微波曾託。疑雨疑雲，桃根桃葉，夢斷鐙期樂。杜蘭香去，倩誰尋到碧落。　净休道綺語泥犂，傷春太甚，抽管宜斟酌。室維摩緣底事，天女拈花入幕。一樹枇杷，雙飛蝴蝶，索隱尋邱壑。他生未定，築樓休傍牆角。

齊天樂　與嫃王德方桄步錦江上

與君便作窮交看，行吟一雙來去。鏡裏生涯，花邊影事，都付江潭微步。秋心互訴。笑兩兩鴛鴦，待人南浦。幾日歸裝，雁聲摇落故園緒。　朝來恰收細雨。錦城千萬户。初動碪杵。薛井枇杷，杜祠榿木，衣上酒痕無數。新霜鬢縷。筭登岳長謡，和歌惟汝。作嫁年年，爲人金綫苦。

念奴嬌　小春海棠

海棠如海，記放翁詩説，錦城紅嫵。不分春心濃一點，秋後冬初微露。力薄垂絲，寒輕弄粉，似惜梅邊雨。嫣然含笑，緑章誰乞仙府。　不風致仍似環兒，試將燭照，睡影秋波注。不是東風先嫋嫋，豔鬥嬋娟青女。花市姺光，草堂香信，妙逗詩來處。逢春再宴，此花天下無侶。

前調　癸亥夏，何君穆自滬餽《樂府雅詞》，卻寄，竹垞均。

故人何處，歎淒涼寶劍，窮年羈泊。悵望孤帆天際碧，脈脈微波遥託。苦校昌黎，勤搜越縵，知而文心樂。不才如我，倚聲今半荒落。

驀自黃浦加遺，雅詞樂府，喜極觥連酌。情好深於千尺水，慰此寂憀蓮幕。懶窟方舟，微行低唱，蹟蹈離污壑。薌香風裏，想君南徙天角。

踏莎行

世變蒼蠅，民勞碩鼠，道傍空見菁菁杜。伐檀坎坎俟河清，栖遲好闢衡門路。　菉竹歆風，蒹葭泫露。蘭橈稅駕兮容與。水天一色望伊人，褰裳宛在中洲住。

西平樂 清真體

夜月空堦，井梧葉墜，清宵便覺秋涼。勞碌年年，少城西角，生涯燕子雕梁。歎濯足東瀛舊恨，展翅南溟照影，當時俯仰低昂，爭知又歷滄桑。愁裏登樓縱目，丹山好、隱隱近銀潢。

地通三楚，鴻嗷四野，籬菊將花，無限悽惶。遙念想、資江半壁，刀雨縱橫，捲地潮聲怒撲，鑾角軍容，都是前蟬與後螳。清酒半壺，佳人勸酌，家有圖書，數畝荒田，漫久羈留，青春伴結還鄉。

高陽臺 丙寅莫春，雅安謁丞相祠堂

霽色浮空，姺光照水，蔡蒙三月春深。郊外恣游，祠堂何處初尋。南征勝迹人爭道，正愁予、多難登臨。發幽情，景仰高山，梁父微吟。

沈沈無限興亡感，付檐牙塵網，臺角楠陰。割據三分，亂離不似如今。天涯芳草登樓賦，問生涯、燕子知音。晚歸來，四野農歌，一片鄉心。

齊天樂

初夏游月心山，謁雷太守祠。太守名簡夫，字太簡，陝西郃陽人。至和初，儂智高叛粤，西敗走滇，與蜀鄰。益州守以公知雅州，蜀人恃以無恐。又薦眉州蘇公洵及其子軾、轍於益州守張公方平，由是三蘇名著

月心山下菩提路，荒碑數行尋遍。就石成垣，甘棠蔭日，明德長留鄉典。華年荏苒。賸喬木壓檐，小花浮檻。雨定風涼，煮茶閒坐市廛遠。　香龕帷幔靜掩。景瞻遺像在，幽情無限。一帖江聲，千秋薦牘，猶憶名臣風憲。余生恨晚。歎埽壁題詩，抱芳誰見。聊爲壯語，路人開勸眼。

水調歌頭

無日可忘酒，有酒即銷愁。三杯兩琖狂飲，隨處可淹留。耿耿銀河欲下。明月當樓長夜。自唱自相酬。領畧閒中趣，知是幾生修。淳于譎，詩中李，頌傳劉。風流曠達睥睨，當代鮮其儔。我欲入林把臂。戀戀如泥爛醉。身世付沙鷗。行樂及時耳，天地一浮漚。

前調

己巳碧水寺作

樓觀幾時起，迴出半山閒。當門一片涪水，東去自年年。閒日登臨選勝，細讀鑱巖文字，剥蝕費鑽研。問佛佛無語，相對兩茫然。　立移時，驀回首，向窗前。鬲岸高城隱隱，喬木帶炊煙。更有桑林墉子，和着幾家茆舍，畫意寫黄荃。浮生如夢幻，好景且留連。

揚州慢

緜陽作

襟帶雙流，山圍四郭，北來祘此堅城。問風流文采，賸得十賢名。自郊外、回眸一睇，煙深

處、喬木縱橫。畫難成、妙勝大然，定駐征程。　江東去後，到如今、寒暑頻更。縱大筆漁洋，評量好句，猶復重賡。風景不殊唐代，吾才薄、怎賦深情。只高吟低詠，東堤長和濤聲。

四換頭

芳景姺多媚。牆角鶯聲脆。萬木緑陰陰。幽人弄素琴。　晚節黄華好。何事緜州道。梅雪又交霏。魂銷客未歸。

蝶戀花

金色雙輪芳草路。雁影雞聲，忘卻天涯苦。儂願身爲風與露。行衣緊著隨君去。　陌上楊絲能作絮。不分春歸，一霎難留住。胡蝶亂飛鶯解舞。朝朝北望君來處。

樓上曲

楊柳陌頭樓外水。捲簾初見春愁起。斜倚曲闌空自嗟。封侯無分應憶家。　極目龍緜天盡處。芳草萋萋别時路。爲君不覺損雙彎。君如相憶望遥山。

解紅

秋已半，褪紅衣。女兒尚唱荷花詞。苦到蓮心有甘處，藕絲重續是何時。

滿庭芳　甲戌七月作

風轉寒生，秋隨人到，錦官消息堪驚。一城無主，草木亦皆兵。大語炎炎未久，滄桑變、似鬲今生。綏宣路，天狼夜射，哀雁一聲聲。　填膺。惟忿氣，康猲任性，攪亂棋枰。忍紅羊艁刦，醉夢難醒。空灑新亭老淚，滎州郭、渺渺予情。章山下，洪潮又起，問孰拯遺萌。

鶯啼序　什邡大水後作

何時得乾后土，把心兒滴碎。透簾幙、一片蕭騷，攪得中夜難寐。更煩悶、朝昏莫辨，窗前幾樹芭蕉悴。念才過殘夏，爲伊□添秋味。　林梢黯褪盡風裳，遮徧月殿，任樵漁阻滯。淡淡渡頭迷，緑蘿歌聽山鬼。有芙蓉、城邊未吐，秪紅溼、酡顔相對。亂煙中，四望郊回，大都愁意。　濃雲更布，積水横生，驟驚百谷沸。萬里似、長空掉下，地裂天墜，旅夢香魂，驀然何計。良田美宅，隨波流去，登城遥指三江口，灑同情、一掬傷心淚。宣侯馬叟，故人尚幸依然，拯此瑣尾攸寄。　無田似我，痛徹三焦，歎度支濫厠。恨只恨、誅蛟無劍，返日無戈，水伯猖狂，瀆宗横恣。情腸難按，檐花飛濆。桑田滄海邡亭路，試霜毫、哀韵留方志。心勞媿説催科，好向丹崖，別尋故事。

擷芳詞

秋心瘦。秋味透。鳳衾似鐵怎生受。江流急。江行逆。欲託微波，遥通私臆。脈。脈。脈。　金風吼。銀潢陡。月圓更願人長久。思如繹。情難釋。萬里關山，一聲羌笛。憶。憶。憶。

六州歌頭

艁峕感物，能賦記登高。行迹到。天下小。首頻搔。短長謡。静者心多妙。升堂奥。凌雲表。辭體要。通羣竅。百篇豪。摇慮蕩情，目極城南道。錦水迢遥。儘悲時惜逝，才調入青霄。以永今朝。續離騷。　嗟余年少。多潦倒。憂患飽。解天弢。徒嘯傲。真可笑。混塵囂。簿書勞。逐處尋詩料。粗布襖。友漁樵。風料峭。丹楓燿。是秋郊。雁字雲邊，作箇人人好。萬種思潮。歎韶光如箭，活計付邮瓢。英氣花銷。

攤破浣溪沙

黃葉初霜景不窮。章山渾在有無中。見説白鷗閒似我，小溪東。　千里移情知夜月，廿年歸夢寄秋風。無奈舊愁銷不盡，酒尊空。

多麗

莽蒼蒼。滿天秋色荒涼。正綏宣、前軍夜遁，巴州又繼通江。九歌哀、空憐楚屈，中原亂、孰薦汾陽。黑霧連山，紅旌塞谷，可堪塵路盡茫茫。又聞説、錦官無主，市井異平常。徒遺笑，乞靈龜筮，元吉黃裳。　對邡亭、愁思萬頃，況逢河伯猖狂。桂華新、客來帶雨，楓林冷、鬢點飛霜。月湛清冰，風聲落水，昔年英氣付紅妝。歎獨卧、布衾如雪，胡蝶夢蒙莊。颼颼響，破蕉何事，亂打寒窗。

山花子

海内無家甚處歸。別情迢遞宦情微。至竟百年緣是夢，儘忘機。　朗月清風難愜意，夕陽黃葉不勝悲。推卻簿書搔短髮，且吟詩。

淒涼犯　白石均

一堦積葉秋聲裏，離人百念蕭索。夜涼漏短，藤枯樹老，寄庵城角。金風太惡。便雲影、天光共薄。正嘉陵、紅旗翳日，緝緝大荒漠。

因記年時事，錦里初來，緩歌康樂。盛衰轉眼，比曇花、乍開隨落。遍宇瘍痍，問前綫、伊誰念著。抱私心、不肯自檢，詎受約。

祝英臺近

水痕收，山骨瘦，羈帿又秋晚。到此心情，都似者般懶。冷齋明月清風，舉杯孤酌，夜涼也、可堪消遣。　珠簾捲。微步閒倚闌干，天涯人漸遠。無語厭厭，休再唱河滿。漫云秋是愁鄉，秋歸愁去，奈愁緒、暗隨秋轉。

青杏兒

君且莫悲秋。悲秋是、屈宋離憂。一年休負秋光好，好山好水，好風好月，宿霧全收。　閒亦不須愁。愁極了、定白人頭。東籬聞報花開了，看花飲酒，醉醒由我，何取何求。

連理枝

不覺秋風透。不覺秋花瘦。但覺愁人，乍寒乍暝，最難將就。縱南征有雁、寄書來，奈悲秋也够。　秋到山容秀。秋老山容皺。十月稽遲，一年容易，怎生消受。也須知三徑、半荒蕪，待翦攜纖手。

最高樓

難消遣，儂最怕黃昏。又已到黃昏。冷飈飈的風驚竹，慘悽悽地月當門。望巴山，誰解道，賦招魂。　這一霎、陣雲天共黑。便一霎、淚痕鵑共碧。無了局、且開尊。檀郎也覺心兒碎，玉人莫把被兒温。醉和醒，乘夜舞，笑劉琨。

西施

夢從花底過藍橋。正月媚花嬌。夜鐘驚醒，又月上花梢。袖裏餘香，一霎依然在，那得不魂銷。　轆轤聽得城邊轉，聲聲慢、促霜朝。舊情追念，念念是情憀。帶結同心，後會重尋處，等待到來宵。

行香子

兩足芒鞵。一徑蒼苔。笑先生、初賦歸來。北窗容臥，東畝移栽。看南山雲，西樓月，孰相猜。　伏案頭埋。盡日門開。四時中、景致都佳。芳春對雨，長夏聽雷。更秋籬菊，冬垣竹，共裴裒。

郭郎兒近拍　屯田均

下里。居貧所職由天，秋雨愁人門自閉。朝霽。薄有雲氣。西山如著新妝，小試芳游成鬲歲。　憔悴。幾埒黄華，夜永怕聽風起。亂葉霜餘，歸心雁後，欲將文字廢。又誰知、萬感紛拏，除卻吟商無樂地。

以上《丹隱詞》

小重山令　賦菊

籬短風微欲墮時。疎香侵袂倒、地成漪。一秋芳意幾人知。湘簾卷、霜飽望郎歸。　消瘦覺今非。黄英空窈窕、向誰依。綺窗寒蛩夜螿啼。深憐惜、梅巒玉交枝。

江梅引

癸亥九月，淹留成都，欲歸敍永不得，賦此自遣成都羈客勸傷時。對霜枝。結遐思。屢歲遠游，書劍老猶攜。聞道故園松菊在，任低徊，留何意、自未知。　刻殘畫燭選新題。小窗明，南雁飛。少城賃宅，但惟有、晚魄晴暉。騎幕勞人，初志已全非。遙望丹山秋草盡，恨萋萋，聞蛩涕、下沾衣。

驀山溪　題駟馬橋

錦江詞客。立馬遲游屐。雅氣撓行雲，異軍識、騷壇豎植。一橋直北，相送到長安，千載下，蜿如虹，潭卧深千尺。　今來此地，眺望頻尋覓。斷碣字迷離，傍紅藥、愁聽弄笛。昔年文賦，差幸作上狗監平聲知，歸故里，駕高車，不負當壚憶。

鶯聲繞紅樓

百囀羣鸎拍拍飛。小樓外、春暖花時。攬殘妾夢斷遼西。羌笛又誰吹。　芳徑波生緑，天涯路、遠託征衣。寧知卻瘦舊腰肢。聲聲嫋如絲。

鬲溪梅令　仙吕調　早梅

幾分色彩似佳人。漫淄粼。照影横塘分蔭、竹稍陰。沫珠魚戲尋。　一枝纔吐度晴雲。孏敷陳。細細幽香風過、覺輕盈。歲寒山欲春。

阮郎歸

銀潢秋潔碧琉璆。紅巾餘舊啼。夢回蝴蝶撲殘枝。深深愁上眉。　空復憶，定作上情詩。

那堪花墮時。素蟾夜半影頻移。玉車何所歸。

其二

征鴻雲外獨遲徊。入秋嘹瀝垂。小團羅扇昔年題。簞寒宰約期。心萬轉，夜深時。感懷悲路歧。江山如恨日相隨。惟羸霜鬢歸。

好事近 寒夜

風透鐵衾單，燀燀夜鐙凝緑。霜柝擊驚殘夢，正寒城眠獨。懸知弱水閒蓬萊，山中費餐玉。七作去日千年同例，任絳都芝熟。

點絳脣 無眠

静院沈沈，笑秋無奈秋偏去。夢闌尤苦。寒滴三更雨。破户孤吟，老杜隨緣住。情如許。抗心希古。宵起傲傲舞。

前調 百花潭上作

秋葉何因，落紅飛滿城南道。静聞幽鳥。也作多情調。緑竹潭邊，默見行人老。風光好。舊時曾到。一路圍芳草。

虞美人 賦芙蓉

新妝嬌似人初醉。濯錦江波細。玉顔朝綻疾風吹。蕩漾紅芳霜後、綴高枝。停橈指點深相惜。根託湘靈側。年年秋色映蒼苔。心拒上聲鴛鴦雙宿、又飛來。

前調

年華五四心非石。媚嫵幽房立。玉容紅勝海作去棠花。思慰求賢百兩、碧帷遮。衾裯相抱憂挑摘。伊又恣平聲游屐。天涯蹤迹懶追尋。朗日朝葵消瘦、翠樓人。

憶王孫

舞鷹玉立蔣山秋。容與秦淮泛一舟。閒撥鐙花欲問由。旨相繆。笑炙飛蛾鎮夜愁。

少年游

冬烘秘笈，春風香草，曾住葛園西。翩洗南溟，竿投東海作去，肥熟荔枝時。　歸來萬里，微官匏繫，茅舍卜花溪。勞酒文窗，成霜華鬢，風味有誰知。

鷓鴣天　感舊

明月團圞不似人。王昌惆悵闊無津。宵盟有約雙飛翼，誰是神仙永久身。　梁燕歎，莫啼嚬。果因蘭絮可生春。縣知碧玉終塵土，定逐無心出嶺雲。

前調　秋晚自遣

寒共西風入户來。萬山黃葉漬青苔。閒中伏處繙泉苑，愁獨無憀把酒杯。　鋤淺草，憶江梅。陽春將到日褭回。連朝未出添詩債，不厭入聲敲門爾我催。

前調　癸亥十月一日立冬

帛襪千重樣樣新。不周風冷去來人。前宵秋盡霜林老，還見江頭弟一春。　剛暢月，埽蓬門。凄涼書劍久閒身。嬌妻弱息圍清夜，合飲氈爐我意真。

前調 小雪日作

斗作去宿宵分亥指時。思郎去日馬聲嘶。北歸飛燕南來雁，徙倚書空雨又隨。　寒壅户，壓征衣。律作上吹無射作去早秋悲。　今年芳事看看老，坐有梅花待上聲爾歸。

前調 雜感

不覺豺狼幸此時。楚江風暖問誰知。將軍輿到常高集，却爲輕寒半掩扉。　看碧落，玉繩低。舊時戎府獻雄詞。而今老至居人下，但願前軍奏凱歸。

其二

烽火年年如定期。誰憐伏櫪繫長思。汴河聞説蟲冬變，錦作去里不堪烏晚啼。　梅綻蕚，鬢成絲。生平刻苦蜀絃悲。新來漸飫窮經意，長養微才莫望知。

前調 題舞盤圖

舞見金裙幾面垂。霓裳新曲助傚傚。姮娥玉闕渾飛降，零落天香漫術之。　懷舊事作上，究誰其。丹青能貌好花枝。馬嵬問訪埋香處，惟賸清風冷月知。

夜行船

淅淅風聲歌櫂度。亂波心、點螢難數。牘策常勞，兵戈如此，問輕舸歸何處。　南有征鴻秋色暮。驀書空、倩伊替語。碧玉愁花，黄梅有信，休忘記前番付。

杏花天影

薄寒霜白蒹葭浦。有樵牧、漁郎共渡。自將

輕舸訪伊人，逕去。向中央、定小駐。　花潭路。衰楊亂儛。歎烽火、連年最苦。在山泉水出山清，薄暮。顧長流、徧到處。

醉吟商小品

念幸是年時，翠柳似衣金縷。待花飛處。應惜春歸去。鳦子梁閒低訴。雙雙對語。

玉梅令　高平調　舊成都將軍府梅樹乃百年前物，今移植少城公園，無復昔年之美矣

春雲一片。舊壓將軍苑。神仙種、又隣歌舘。想玉蘭美竝，秀潔戀當年，槎枒縱好，豔腴乃遠。　嗟君煢獨，擎杯深勸。花幽窈、願如素健。定移宮换羽，與客日來尋，吟彳亍、斗沈星轉。

踏莎行　芳艸

剗盡還生，聯緜輕輭。萋萋恨自危亭見。夢魂西塞緑楊煙，沈沈古意紅休染。　泣送雕鞍，壓停金綫。晴芳斷續天涯遠。春風夜月可銷愁，愁心如是伊難管。

訴衷情　客夜

十年客味付鐙紅。城郭水西東。晚月微茫如畫，心坎轉飛蓬。　天道在，比張弓。勿忡忡。百年消息，不朽文章，休拜塵風。

浣溪紗　勸客

不妒上聲冬寒夜夜風。錦城羈客百緣空。家山遥望白雲中。　亂極半由民德尠，賦成常覺夢魂通。誰平流賊息諸烽。

其二

園有梅花綻舊枝。錦城西畔小寒時。夜鈔詞譜故眠遲。入夢江山如待我，憶人風日怕淒其。江湖落魄客應歸。

其三

身似流星老不忺。那堪江上問行船。朔風吹處又新年。知好賜書常自喜，狂生貪酌得安眠。休將塵事日相牽。

其四

夜寂寒蛩不減啼。住居長在碧雞西。井泉朝汲作去注軍持。樓小炷香熏畫葉，墅荒鋤草種花枝。甲年期汝共船歸。

前調 賦蠟花

簾卷淒淒未雪時。綺窗金縷出斜枝。竹間還見鶴將兒。寒豔種從真臘到，返魂香在任風吹。月明清境夜鐙知。

其二

小小金英雨後垂。素兒風采故遲遲。新詩贏得補作去之歸。插鬌翩然雲外鷁，淡妝凝處帶閒犀。冷香宜夜酒醒時。

以上《和白石道人歌曲·令》

霓裳中序第一 癸亥秋野游，過濯錦樓，讀壁間香宋師《翠樓吟》詞榜，感念昔時，更覺傷今矣

清秋望未極。袖拂闌干憑自得。遷變覺由帝力。念三徑就荒，羣居離索。浮雲駟隙。代燕飛征雁猶客。樓空在，一泓灩洌，隱憶舊顏

齊天樂　壬戌九月，微雨初晴，與内子行濯錦江上，杵歌四起，便有秋思

杜門長誦閒居賦。怡情幸花能語。露滴秋芳，沙寒竹冷，同步江波澄處。喃喃互訴。笑家事無端，久停鳴杼。撥剌聲來，頓時觸動故園緒。　巴山慣飛夜雨。趁晴頻灌濯，朝就碪杵。萬户揮風，成都片月，涕灑鶉衣難數。悲懷寄與。看飛沫回珠，問誰知女。勞作去落年年，爲人心最苦。

滿江紅　壬戌，花潭秋泛，竝訪青羊道宫

秋冷花潭，送一颿、風起細瀾。青羊路、楠陰雙岸，蒼碧如山。櫂唱閒摇松木檝，科頭羞戴竹皮冠。向梵宫、芳步淀輕舟，微繫環。　通幽徑，宜細看。踞形勝，古城南。指緑漪分色。岑寂。斷腸題壁。見縷挂蛛絲細織。至今年時游履印迹。竹翠寒沙，舫畫芳陌。至今羣動息。但露茗江波漾碧。漁歌晚，愁予歸去，變調楚商側。

慶宮春　飲枕江樓，坐客各話游蹤，有侈譚海上黜事者。扶醉而歸，過石室故址，聞朗朗讀書之聲。辛酉十月記

微雨催寒，薄雲將晚，渡頭暗水深闊。鐙影依稀，厭厭欲睡，醒作去脾還借雪末。坐中佳士，話游迹、清言四發。春申江上，桑落香生，吴姬親壓。　守關戍鼓頻撾，嫋嫋行歌，問誰相答。城邊南望，文翁址在，古思幽情難遏。打門驚犬，正迎我、香階剗韈。鬅散如許，兒女扶將，笑盈一霎。

處，直繞西闗。驀見歸鴉知野晚，拍空盤舞眼都瞞。帶醉還、遥趁淺霞紅，雲水閒。

一萼紅

癸亥十月，少城公園探梅

水樓陰。有南枝隱見，疎骨亂簪簪。池静荷枯，窗横竹冷，良訊仍是銷沈。凭闌處、澄觀自得，對樹杪、懸想問幽禽。葆孕高花，滯留寒豔，祇候春臨。　因笑蠟梅多事，弄金衣翦翦，不識天心。松帶風聲，雲催雪意，爲教知舊追尋。記前事、官園飲集，賞芳晴、清酒半浮金。後約開時再游，我自情深。

念奴嬌

小春海棠

澹摇蜀錦，筭霜腴、香草江梅堪侶。猩血碧雞天下重，秋後冬初誰數。微力垂絲，薄寒拖粉，最稱鷗邊雨。嫣然含笑，小園曾寫佳句。　色豔仍似環兒，無人燭照，深恐酣眠去。只悔此來先二月，驚雪飛花蘆浦。香嬝荒亭，影封濃霧，斜倚鞦韆住。懷春如汝，眼前休問前路。《史記·司馬相如傳》『揭車衡蘭，槀本射干』注，郭璞曰：『揭車，一名乞輿。槀本、射干，十月生，皆香草。』

前調

熏籠

小紅心熱，者温存、莫是陽回小暑。巧配篋絲椒樣眼，默守冬郎相許。碎錦偎銅，圍泥爇炭，都欠山林趣。湘紋盤曲，阿誰織就工苦。　因念夜寂深宫，天明厮抱，共而成知遇。顧視身材思往事，碧戞淇園千畝。幂角流輝，窗前慵繡，恰好鞵停處。九寒消受，任它風又兼雨。

眉嫵　寒柳

正千山籠霧，萬木飛霜，垂楊閉煙眼。走馬青羊市，沙寒處，鴉兒幾認鷽燕。悴容細歎。傍翠樓、還又多感。更回首，白下秦淮上，愛情共誰暖。　何限。倡條蕭散。忍渭城朝雨，空唱詞翰。摇落風流在，江潭路，前塵春影秋纜。塞鴻數點。送暮雲、山冷人遠。便須寄相思，今臘晚、甚時見。

月下笛　贈李雅南

省識荊州，於今四載，共牀風雨。官閒笑語。若幽人自來去。真情清介兼文彩，但抽紙、思絲萬縷。歎一生偃蹇，花溪留寓，蹭蹬雲路。　延竚。談經處。羡着去聲手成春，自殊鸚鵡。龍潭漾碧，水珠生媚如許。心香松隱榮州在，應慚我、唯唯否否。又相勉，鏡裏蒼華老，漫任空度。

清波引　琴臺

野空犀浦。念前事、鶴來展舞。舊臺何許。草青自孅嫵。俯仰顧遺塵，往往低回難去。高情漫半空時過飛鴻，最岑寂、水流處。　與。想三弄、都是自度。鳳凰來否。有幽怨誰語。當壚縱污，也不負春風秋雨。自此名共千秋，長卿心苦。

法曲獻仙音　題《牟珠詞》

如薛荔烟，有周漁笛，便得文心幽處。前席虚誰，錦城終老，銷愁宴客飛俎。更買宅、花溪畔。尋芳自來去。　指南顧。歎牟珠、夢空長夜。吟步苦、渾似冷鴉盤舞。檢校付兒曹，任中州、聲價如許。竝集栟櫚，念榮州、昔寄妙句。羡宫商如意，下筆時驚風雨。

琵琶仙

桂湖在新都學宫前，廣三十畝，舊曰衛湖。明楊升菴先生于兩堤植桂百餘株，遂易今名。後堙爲田。清嘉慶中，縣令楊道南重濬，引水作堤，頓復舊觀。中華民國四年五月，從戎過此。蕩舟紅衣緑影中，賦詩云：『荷戈當日滇中去，誰分香名此水濱。桂樹亭亭大不見，荷花十頃一詩人。』去今八年矣，追念昔游，不勝悵然

戎馬蒼黄，訪名勝、白棹舟輕於葉。摇蕩深入紅衣，香風更幽絶。叢桂老、亭亭卧緑，令人感、娵歌鶗鴂。十頃滄波，三年戍客，芳事誰説。　記前度、如隔重山，但烽火、頻頻過佳節。守一官清苦，友春花秋莢。吟望久、冥心抗古，奈白頭、點點霏雪。悔恨今不重游，去時輕別。

玲瓏四犯　十一月十六日冬至

玉琖澆愁，珠星移景，尋春春在何許。凍梅香漸遠，舉琯情通古。今朝漏長試賦。顧回風、擁雲迷浦。半子分宜，一陽來又，誰解此清苦。　寒消九、花潭路。只吟宫換徵，常閉蓬户。酒新空襪獻，雁掠平沙去。冬心頓煖添宫綫，借慰籍、江城游旅。暗促返，花魂待、探芳嘯侣。

側犯

怨郎竟去。奈儂怯絆郎留住。如雨。但淚落君前、斷腸句。黄金大錯鑄，悵望風流處。誰語。判攬緑情絲、斬休顧。　勞東燕北，房冷停歌舞。埋怨我。對芳尊，消遣自飛俎。縱

把。雁外滎州，鷗邊諸暨，悔負昔年陶冶。長弄蕢洲笛，將憂遣、芙蓉城下。畧似春秋，冬心能耐遥夜。

八歸

《蜀檮杌》：『王衍即位之日，治宣華苑。乾德三年，苑成，延袤十里。有重光、太清、延昌、會真之殿，清和、迎仙之宫，降真、蓬萊、丹霞之亭，土木窮極奢巧。衍數于其中爲長夜之飲，嬪御襍坐，履舄交錯。』延案，苑址明代爲蜀藩邸，入清爲貢院，宣統初改爲學堂，中華民國元年於此置軍民首長署。六年兵燹，後撤城垣，以其泰半爲高等師範學校。内有蜀藩自箴碑，草書似米襄陽，末印蜀府圖書，文爲『承運爲邦』四字。蜀王友垓好學，善草書，或即其筆也

陰垣蔓蘚，荒亭欹竹，人去好景頓歇。江山易老家殘破，空賸瓦寒鴛重，砌鳴蛩切。貯立摩訶池上望，唱水調哀絃輕撥。歎舊日、緑樹無

説它年，合歡能數。怕觸封姨，又空鴛譜。

水龍吟

破蕉剥盡秋心瘦，雨打窗櫺慵起。無家客舘，承平終古，徒勞夢思。倚枕沈沈，默參前後，鑑於止水。試仰觀銀漢，狼星朗朗，機猶兆、兵干裏。　莫問鄉梅放未。約歸期、幾回空喜。石填恨海，蠻蝸久恃，伊誰有底。種柳江潭，昔年回顧，不當如此。甚無憀、整理哀絃，漫道驥思千里。

探春慢

至後頻日冬暖，薄游南郊

堤柳腴霜，隴梅待雪，晴朝南過原野。庾幕勞人，燕臺無主，何意青袍白馬。游倦懽情少，望雲物、鄉心誰寫。杖藜田畔稽留，老農還共閒話。　因望花溪杜宇，嗟我未結茅，畦菜無

情，但暗鑠鷃鳩。　休道堂樓尚在，雲飛華棟，知是何年分别。降真長夜，落霞將晚，久已溝無紅葉。打箴言斷碣，隱約襄陽異材巘。而今是、滿園桃李，化雨春風，渾忘秦漢月。

解連環

玉闌斜倚。觸含煙遠樹，頓添愁思。念亂風、回雪平原，幾千路關山，望穿秋水。杳邈音書，對雲髻、卻梳休洗。想桃花馬上，柳葉折時，往事猶記。　城中暮寒表霽。歎情人斷絶，胡竟遐棄。負舊約、連理雙飛，任淒冷空房，再應難至。悔煞當初，爲甚未、抑伊到底。算今祇、自嗟自責，夜長懶睡。

喜遷鶯慢

曾慎言於少城買宅奉親，賦此落之

結茅紆組。喜占領少城，無限鄉趣。隣比流鶯，巢容新燕，喬梓秀浮天宇。圖書滿家送日，縱吟眺、筆歌墨舞。羨漫與。是鯉庭春暖，椿萱榮處。　園静，君記取。明日自鉏，好種梅花樹。别舘牽牛，故簷鳴馬，聊蔽怪風盲雨。律詩少陵宗派，合傍花溪吟侶。暫留住。數青山名勝，還須歸去。

摸魚兒

送秋

正西風、翠梧零亂，幾番寒透金井。晨鐘杵外秋光歇，吹角又來驚枕。知猛省。傍鴛帳、含情脈脈冠未整。前途漸冷。念北嶺梅芳，冬心獨抱，此趣那能領。　參消息，不見銀河烱烱。淒涼便判俄頃。久淹錦里黄華釀，新酒勸君深請。清氣迥。算别後、霏霏玉雪將弄影。搔頭欲問。竟一去無蹤，柴門半掩，岑寂對誰飲。

以上《和白石道人歌曲·慢》

揚州慢

巴縣，春秋巴子國也。唐曰渝州，故今偁古渝焉。大江自西來，與涪江合，山介兩江閒，如修蛇曳尾。城當水匯，浮圖關控其上游，遂爲重鎮，稱兵者必争之。辛亥以來，屢遭兵燹，然伎樂之侈，未嘗減也。感賦此詞，并懷天倪

垣擁重關，閣香叢桂，五年小駐征程。看環渝百里，半萬疊山青。又巴水、沄沄自在，浪淘英傑，羞盡貪兵。處方昏、清澈橈歌，圍住江城。　癸年順數，任層層、烽火相驚。羡善病維摩，皈依浄土，斬去閒情。對敵蠻蝸仍舊，創痍付、與遏雲聲。譜蕢洲漁笛，嗟予辜負今生。

長亭怨慢

帆影

望天際、依回雲絮。似戀江頭，別時朱户。徙倚魂銷，黯然蓬背亂如許。疾弦差擬，明復滅、穿煙樹。半幅掩斜陽，獨歎惜、江山如此。　薄暮。向沙灣月下，遠近露檣堪數。程程照影，渾難卻、碧波心付。挽不住、幾翦離痕，算摇落、秋風無主。縱堤柳多情，空嫋殘絲千縷。

淡黃柳

秋柳

斜陽鼓角。摇落城南陌。幾陣金風寒惻惻。回顧春波漾緑。分袂河梁似曾識。　萬山寂。蜩鳴抱無食。儘淒冷、隱君宅。讓楓花獨豔吴江色。稅駕歸來，舊時京兆，休把眉峰畫碧。

石湖仙　壽曾梓萱兄

金河犀浦。是揚馬三蘇，名世遊處。秋盡碧雲天，愛蓉城、棲遲孄去。黃華猶在，我更羨、玉郎斑舞。心與。過壽樓、俯視千古。　公能善生未老，自消閒、絺章繪句。西麓平平，介福情深今雨。席有瓊漿，髮疎銀縷。右之琴柱。陳致語。年年聚會天府。

暗香　香篆

是空即色。正小紅半點，琴邊和笛。沈水劫灰，一縷沄沄肯輕擿。心字馮空幻了，渾疑出、張郎眉筆。念繡閣、月上無眠，芳影壓瓊席。　鄉國。信寂寂。任勑孄箇儂，恨絡塵積。翠罏對泣。衷曲回文寫長憶。荀令衣香在否，休忘却、銀荷幽碧。問者樣、花況味，幾生到得。

疏影　簾影

湘波擱玉。繞畫闌隱隱，知是誰宿。莫比花陰，疎骨欹斜，前身記取淇竹。紅樓窣地重門悄，更似隔、天涯南北。儘動人、一片離魂，繡閣者般清獨。　煙篆微風透處，冷香澹澹遠，同浸苔綠。碧簟依稀，不礙弓鞵，小午橫陳華屋。深宵約住銀蟾，又逐過、壁間籬曲。卷上時、愁減柔痕，把筆寫之成幅。

惜紅衣　寒夜不寐，聞柝聲，感賦

冷籟無聲，嚴城和角，夜長無力。偏遶重闉，釭花黯凝碧。更更未已，驚夢斷、蓉城羈客。愁寂。勞汝苦敲，這如何將息。　金河柳陌。斗軍府沈沈，風鐙自淩藉。前途漫問固國。斗南北。滿郭荒雞啼亂，月共幾番經歷。漸向晨催破，三十六街寒色。

角招

壬寅之秋，從諸暨周先生香草來成都，借居古天府署葛園。園中有觀星臺，相傳爲武鄉侯遺迹。小屋三楹，窗几明潔，蘭菊滿庭，芳馥可翫。讀書之樂，無與倫比。明年之粵東，又明年之日本，庚戌返粵，壬子復來成都，園已夷爲菜圃，僅餘垂柳數株而已。癸亥九月，偶過其閒，荒涼益甚，追念昔時，感賦此詞

正秋瘦。重尋太守官衙，廢傍殘柳。問天高近岫。故迹尠存，知自誰手。荒庭坐久。祇暮菽、寒蔬盈畝。一律興亡浩渺，眷懷昔日春風，老髯髯華首。　惟有。淚垂揾袖。神傷似夢，隨地莓苔秀。潤堦尋伏溜。二十年前，絃歌時候。星臺尚舊。蔓碧艸、芳濃於酒。夜鴿飛鈴亂奏。幸歸得、月追隨，爲吾友。

徵招　寒竹

天寒日暮伊誰倚，還宜坐中佳士。萬緑已凋零，祇青青如此。不才今老矣。愛清足、獨饒高思。抱得虛心，雪殀庭院，我師君是。　透邐。衛淇園，淒風過、千竿洗排塵味。瘦淡節相期，傲陰凝六二。孰華霜肅爾。有人賦、處幽明志。許爲友、落落松梅，縱歲闌何計。

以上《和白石道人歌曲·自度曲》

秋宵吟

錦城西，甚潔皎。桂影搖搖清悄。羈愁冷、歎夜静無眠，亂鴉驚曉。　想巴山，整雉葆。噴血楓花林表。然萁豆、任萬百蒼生，視之如草。　換羽移宮，念去日、霜華漸老。歲寒香宋，海國勞人，幾度夢回繞。蟬急嘶秋早。露

白更長，鄉信又杳。問何時、退隱江湖，魚麥相曬便自了。

淒涼犯 鍾馗聽鬼吹簫圖

白楊道陌。龍吟悄、陰陽合併蕭索。阿誰按譜，偏勞進士，坐評商角。幽情不惡。看揮手楓林夜薄。似行歌、吴門舊曲，屬耳自神漠。窮盡丹青妙，鬼趣縱横，静中生樂。鳳臺露冷，儘山阿、帶蘿苓落。荏冉飛燐，祇寒向宫袍附著。換啾啾、雨溼戰壘，歎負約。

翠樓吟 壽德方内子

月影梅花，霜華錦瑟，文窗宴無珍賜。珠簾開畫閣，正迎臘轟天歌吹。蓉城煙峙。笑口齚無朱，眉峰微翠。磬匜麗。紫簫風過，歲寒聲細。我傍菱鏡妝臺，把舊藏桑落，壽居如戲。碧桃應耐久，望鄉遠金川千里。窮酸滋味。但刻羽忘憂，讀書怡氣。登樓處，晚晴共眺，雪明林霽。

湘月 秋扇

翦霜笣月，甚秋來委頓，如是情景。手玉相鮮，舊夢杳、促拍紅牙無興。綺袖空垂，闌干誰凭，碧閃飛螢冷。蛛昏塵暝，抱愁默守秦鏡。　知女善解行藏，流光過也，任金風成陣。伏隱巾箱，定忘却、前此懷中芳勝。瘦影些些，寒鴉悄悄，肯惱開長信。班姬休苦，蹔時不用須省。

以上《和白石道人歌曲・自製曲》

以上《和白石道人歌曲》

齊天樂　東津打魚

一篙新漲桃花水，萋萋又添芳草。燕子營窩，鸎雛出谷，剛值東津春曉。餘寒料峭。記仙去涪翁，那時曾釣。　芙蓉殘葉尚在，豫約嘉賓，故事重修應齊到。柳陰容與處，官舫多少。細日微風，輕蓑短笛，當此生涯最好。魚吹浪小。笑南北東西，幾番縈遶。逗起鄉心，不如歸去了。

宴清都　南山寺

古寺騎山尾。晨鐘息，長日老僧無事。圓浮塔影，清涵水色，此身如寄。開基問自何年，奈檢遍、綿州地誌。始信得、色相皆空，心傳不在文字。　安昌一片沄沄，西來足下，轉瞬千里。階前老柏，闌邊宿草，倍添詩思。春秋得幾佳日，約伴侶、登臨自恣。訪十賢、好趁歸途，漁歌又起。

迷仙引　仙雲觀

一出西郊，遥望仙雲，湧出天表。蔣廟楊亭，參差高下縈遶。經過夏家郙子，便凡情都埽。曲徑雖馳道盡，微步板橋徐渡，觀門無鎖。隋碣唐碑，崖阿幾處埋荒草。與佛子、同參奥妙。悟惟心，莫謂江山不老。

玉連環　富樂山

使君去矣，問當年、坐中豪氣，而今安在。任鐘聲一寺，苔霏滿徑，松影碧雲長蓋。風流文與可，書法太平宰。四崖題處，爪鴻留下，幾多芳彩。　來此獨立峰頭，看涪江滚滚，朝昏淘汰。只佛子無心，名山管領，始信金剛不壞。倘桃源有洞，避人何害。浮生妄耳，夢酣難醒，古今一慨。

意難忘 南南吕宫

涪上春明。正桃紅柳緑，語燕啼鸎。水枯沙面出，風暖艸芽生。前夜雨、换朝晴。試散步郊坰。望鹿頭、煙雲隱隱，逗起離情。遥知錦繡西城。定華閨獨坐，物候堪驚。同心誰綰髻，帶恨只長顰。些箇事、戀浮名。任兩地牽縈。陌上花、爲君低唱，應不留行。

減字木蘭花 用六一均

吟邊夢曉。水渌涪江春更好。古木煙微。一日思君十二時。前時把袂。别話私衷聲細細。粉黛慵匀。每向回車數問人。

畫堂春 用淮海均

陰低緑樹覺春長。綺窗深鎖朝陽。海棠紅豔蝶分香。好護新妝。劍外還親筆硯，酒邊閒畫瀟湘。幾番刀尺寄衣裳。誰與評量。

思遠人

微日斜風春過半，南徙雁還北。任王孫草長，鴛鴦衾冷，游宦滯行迹。藥爐經卷支機石，之子甘岑寂。縱蝶鬧蜂喧，似潮花市，何曾駐油壁。

畫堂春 用山谷均

高城兩面抱雙江。疎慵孤守晴窗。碧桃花影落回廊。旦夕動微涼。隔院分來春色，捲簾遥納山光。佛名微念坐匡牀。銅鼎爇心香。

憶舊游　去烏尤三年矣，念念不忘，遂成此調

記單椒環翠，三面臨江，沁入心頭。莫問參軍事，縱經箋尒疋，也等浮漚。攜娩幾番選勝，松蓋罨層樓。愛石磴盤紆，使君花發，任我夷猶。　放眼乾坤大，問此生修短，能幾春秋。隱約三泇影，與九峰遙對，風景無儔。還聽上方鐘響，深鎖佛燈幽。更去後難忘，清風朗月僧喚舟。

晴偏好

鴻鈞一轉春初到。芙蓉溪上吟芳草。成綿道。回車緩緩晴偏好。

憶餘杭　雅州金鳳寺，風景佳絶，憶爲此調

猶記平羌江上寺。金鳳萬松濤影翠。撐天瓦屋白於銀。積雪壓浮雲。　海棠紅絶花如海。澹日秋華炤珠彩。別來鳳泊遍天涯。極目起相思。

臨江仙

渌到芙蓉溪似鏡，客中三月紅稀。紫鵑啼徹小窗西。鳳衾寒透骨，燈燼夜深時。　蔬圃錦官回首處，幽懷幾許心知。魂銷無奈寫新詞。鹿頭高未極，烟樹總迷離。

青玉案　彌陀寺作

閒中屢過城西路。苦練成陰春老處。經卷木魚聲暗度。佛燈長耀，僧樓未鎖，時有人來

去。　浮生元被因緣誤。六道輪迴幾何許。及早回頭休漫與。萬塵都埽，一心不亂，好念彌陀句。

風入松

廿年費盡苦吟身。投老錦江濱。馬祠緊接青羊市，花時節、長日沾春。如水驕嘶游騎，比鄰巧語流鶯。　半生贏得是閒人。華髮一星星。鳳幃常願枝連理，卧牛衣、休問浮名。曲巷相宜深隱，西方好證無生。

倦尋芳　上巳寄内

餘花弄暖，流水無聲，春漸將老。樹緑成陰，青門謝池芳艸。撲蝶名園人影亂，浴蠶深巷娃聲俏。正良辰，這幽懷寸結，有誰知道。　更遠望、鹿頭高處，煙靄蒼茫，空悵天表。錦里浮觴，獨自嬾將眉埽。金鴨香殘熏永夜，杜鵑愁聽啼清曉。歎羈游，未歸來，累伊歡少。

清波引　白石均

黯然南浦。怎堪又、緑楊亂舞。寸心期許。淺顰鎖眉嫵。馬影出門時，恨未化風隨去。曉來欹枕魂銷，指天末、是何處。　春容澹與。算等閒、少年浪度。問君佳否。有簾外鶯語。應當艤歸棹，共向花潭聽雨。莫任叢望啼鵑，一聲聲苦。

長亭怨　白石均

畫簾下、烟迷輕絮。燕子雙飛，默窺朱户。一片春魂，水遥山遠不知處。物猶如此，摇落歎、江南樹。贈別恨年年，空自惜、芳菲何許。　薄暮。又朦朧月影，惹起離愁無數。生來薄倖，問誰肯、密憐輕付。最怕是、墜溷沾泥，隨風去、飄藞難主。只目斷天涯，爲爾低歌金縷。

惜黃花慢　題倪萬封畫淵明歸隱圖

爲米折作平腰。到不如遂我，初服逍遥。掉回馬首，一鞭指處，長亭去去，故里迢迢。柳枝依舊松難老，竹籬外、童稚相招。過小橋。釣游似昨，曾艤蘭橈。　從玆以永芳朝。任嘯歌抱膝，不問塵勞。晚秋來也，菊花采采，奚奴作伴，還友漁樵。白衣送酒隨緣醉，樂天命、何必鳴高。景色饒。老迂妙筆能描。

秋色橫空　題畫菊

誰畫芳叢。表寒花晚節，可傲霜濃。生來不管人消瘦，新妝笑倚籬東。金英閃，玉蕊融。更蕭然、自有君子風。肯共江楓嶼蓼，豔鬥秋紅。　心賞問儔與同。有桂枝棲燕，老圃吟蛩。白衣送酒陶彭澤，千古韵事難逢。歸來賦，只夢中。應自悔、折腰違素衷。對一幅鶩溪，鄉訊潛通。

訴衷情近　屯田均

杜鵑不斷，悵望春歸甚處。酴醾賸有餘香，芳艸還添積翠。遥指北來馳道，車聲隱隱，照眼塵頭起。　晴窗裏。素手支頤獨倚。幾多幽怨，欲訴癡成醉。雲天際。阿儂信杳，番風過盡，未旋珂里。紫燕休留睇。

愁倚闌令

一春每替花愁。又雨雨、風風未休。疊鼓清明晴放了，三度綿州。　卅年長事羈游。望故里、南天盡頭。華髮簪簪人漸老，莫滯歸舟。

添聲楊柳枝

陌上花開胡蝶飛。寄當歸。花開是妾斷腸時。蹙雙眉。　綠漲芙蓉溪上路。春深處。蕭郎續命雨如絲。有誰知。

醉吟商　白石均

醞釀春愁，半是雨絲煙縷。畫簾深處。燕子將雛去。芳怨憑誰低訴。含情嬾語。

行香子　奉貽開慈上人

補衲招雲。飛錫回春。一心心、頂禮能仁。小樓深鎖，香篆芳芬。看往生文，成道記，法華經。　白飯清羹。赤脚長身。二六時、課誦維勤。不牽不挂，無我無人。歎衆生迷，名與利，日紛争。

思歸樂

開到荼蘼花事斷。春去也、珠簾慵捲。日暖玉田歸海燕。又逗起、許多芳怨。　蹙損雙蛾愁不展。縱有箇、并刀難翦。歎旦夕歲華偷換。望遠人、馬頭西轉。

粉蝶兒慢　蝶夢

綠颭蕪煙，紅霏杏雨，摇落春痕如綫。弄香棲未穩，遶花枝飛亂。栩栩南華翩欲仙，莫入羅浮峰探。怎當他，者雁兒一去，鶯兒千囀。　忍念。金河小院。尋珍叢、密處同伊游衍。賞心隨撲逐，有輕衫團扇。美景芳嬉曾幾日，此際還辜雙眼。尚依稀、一點靈犀，暗中交換。

黃鶯兒

屯田均

番風吹過春無主。波蹙紋生，花密芬霏，雙柑攜來，快依嘉樹。看柳影一絲絲，好鳥枝頭語。慎毋驚夢遼西，教那情懷，無地能訴。何據。自向上林來，驟掠平蕪去。金衣黃閃，掩映晴暉，和他蜜蜂狂舞。應正是比鄰人，拄杖尋詩處。誰憐宛轉歌喉，薄媚留香與。

徵招

海棠零亂如紅雨，相對可憐俱老。遥望水流巖，巖在敘永縣之馬嶺，瀑布極爲大觀。有烟雲繚遶。宦游驚物候，馬蹄護、王孫春草。一犬吠聲，寄人籬下，者般休惱。駒隙又鬖鬖，臨鸞鏡、頓自啞然失笑。辛苦爲誰來，甚回頭不早。此生原幻影，把般若密多觀照。間中便、古寺尋僧，念佛陀終了。

定風波慢

天外飛來，萬馬怒潮起。怎奈向、舊日驩娱，半付九霄，教這心兒都碎。是青蠅白蚋，和他黃蜂蠆尾。便令那、無事東風，吹得池塘皺春水。何意。把定柁樓，浪險灘凶，泰然不計。看水落石出，山高月小，萬般到頭、總歸虛僞。太無聊、寫入新詞，聊當懺悔。想孟光、知我情性，定不添顣頞。

新荷葉

小様田田，翠圓欲鬥苔花。誤認浮蘋，紅鱗呷著欹斜。倚闌静賞，漾芳暉、荇藻交加。讓他榆莢，療飢拾去農家。不染春華。出泥清潔堪嘉。分付東風，吹來好護萌芽。他時作蓋，蘯湖船、喜煞嬌娃。晴朝更好，露珠承處無瑕。

遐方怨

留不得，黯銷魂。四面圍山色，雙眉蹙黛痕。歸不得，怨王孫。口腹交相累，鴛鴦忍暫分。子規啼徹不堪聞。鏡中人老日思君。

琴調相思引 介庵均

陌上楊花糝玉塵。卷書閒對遠山雲。幾多芳悱，一醉臉生春。滿地蘼蕪迷舊路，隔江桃葉喚何人。望中鴻杳，風露溼衣巾。

後庭花 北仙吕

長松壓極峰。層樓煙翠中。船釣芙蓉月，祠迎水竹風。指涪東。山名留得，使君天下雄。

以上稿本《丹隱居詩存》

憶王孫

涼散荷花鶩夏老。風過處、褪紅如掃。一樓依水易秋心，況滿目、無芳草。含煙遠樹西來道。隔錦水、信音未到。冷蛩砌下一聲聲，只不解、儂煩惱。

山花子

秋鬢滄浪怨夜寒。世情反覆似波瀾。桐樹心孤原易感，獨憑闌。欲學陶潛歸采菊，休嗟貢禹未彈冠。何處相思人不見，在長干。

前調

深院無人掃桂花。秋風秋雨滿天涯。侵曉半城嵐翠入，染窗紗。　幾處紅旗驅戰馬，數株衰柳尚啼鴉。早晚巴陵傳捷報，莫吁嗟。

樓上曲

樓上月明窗促曙。芙蓉花畔歌金縷。歌罷勸君知不知。天涯望極長相思。　一片煙霏含遠樹。迤邐平原腸斷處。絲楊只解送秋風。前門胡未繫征驄。

以上見《詞學季刊》一九三六年三卷三期

郭則澐

菩薩蠻

蕡香吹夢東風晚。飛紅不隔湖亭眼。低唱度琴心。一雙花上禽。　釣船輕勝屋。閒趁煙鷗宿。篷外雨瀟瀟。春蕪長短橋。

前調

春屏暗淚搖銀燭。牆蕉滴碎傷心緑。無語撥蘭薰。將愁與化雲。　香殘偏怨曉。惹夢滄波杳。幽緒百無端。衾羅特地寒。

六醜　次蒼虬韻，詠海棠

記吹香舊館，有倦燕、飛回曾識。錦城夢遥，含顰欹翠冪。春去誰惜。漫許金盤薦，冷枝紅嫵，涴雨痕猶濕。長旛穩護愁無力。蝶瘦魂悽，鵑寒淚滴。凭闌爲伊癡立。又煙絲弄暝，零亂苔迹。　年光輕擲。況樊亭路隔。送斷風花影，渾懶覔。東風換了萋碧。只藹脂半掩，暗傳芳息。玲瓏恨、忍隨蜂翼。憑扶起、刧後春心底處，更尋香國。箋天罷、虛盼晴色。待捲簾、細賞千金夜，仙雲駐得。

水龍吟

涘園晚集，見池荷葉底窅映新花，倚此賞之

柳颸涼到闌干，虹橋一曲題襟水。嫣然半面，偷窺菱鏡，含頳更媚。猶似年時，潘妃細步，暗遮裙翠。倩微波寄語，憐伊心苦，鈿鈿影、妝成未。　莫道紅兒最小，儘撩人、銷魂滋味。訶池浴罷，粉輕香瘦，天然丰致。覔覔尋尋，菭磯立徧，幽禽能記。怕雲裳解後，西風卷去，化相思淚。

江城子

迪庵有詩賦瓶中水仙，爲填是解

玉冠妝就憶新笄。楚雲飛。戀仙衣。檢取殘香，含恨倚金徽。翠佩隔宵初解了，應不似，夢來時。　背人偷寫洛川辭。誤芳期。怨天涯。料得花魂，吟髩雨成絲。一翦燈屏春影瘦，休更遣，峭風吹。

醉太平

花畦半弓。花闌幾重。柳枝褌倚東風。比春人更慵。　春心雪融。春愁酒濃。斜陽又過牆東。賸一分瘦紅。

買陂塘

泛舟南塘，弔聶忠節，次查灣韻

認前番、畫橋單舸，添來瀟碧如許。輕罾界破玻瓈影，攬起一雙沙鷺。偷眼處。早隔舫菱歌，穩載花枝去。風蒲似語。笑霧髾煙蓑，五湖圖就，鈿約總成誤。　斜陽岸，指點苔荒石古。客來誰酹香土。青林夜冷靈旗下，颯颯藕颸蕢雨。君記取。千刼後、滄波不散銀濤怒。涼雲易度。又匳影偎煙，燈痕戀暝，遮斷野橋路。

浣溪紗　同浪公、查灣、息厂聯句

淚眼傷春又一年。浪公。斷紅零落帶愁妍。查灣。　天涯處處有啼鵑。蟄雲。　款夢飄殘珠箔雨，息厂。偎香吟瘦藥罏煙。蟄雲。　柔腸轉盡憶從前。浪公。

其二

紫鳳輕盈小放嬌。蟄雲。花枝作意罥珠翹。浪公。雲屏無價是春宵。息厂。　瘦損香桃憎釧重，蟄雲。吟殘紅豆怨燈飄。查灣。　楚魂禁得幾回銷。浪公。

壺中天　遯園小集，觀所供盆石，云阻風夔門時所得，或魚復陣石之遺，爲填此解

蜀江何限，記汀蒲如畫，前番風色。扁棹留君應有意，分與一拳秋碧。滴溜疑穿，皺雲比瘦，奇骨何人識。梅邊清對，夢痕猶戀煙汐。　當日。赤壁縱横，艨艟斂盡，遺恨空沈戟。抉水奔猊留斷影，只伴騷人行笈。冰柱高吟，雪盆小供，幽致俱無匹。補天終負，客中絲髾添白。

惜餘春慢　又塵新得柳蘼蕪唐鏡，屬賦

淬水荷青，緎泥花碧，片月輕盈如許。調妝影

事，側帽芳情，漂夢更無尋處。應憶驪宮，曉寒星影，初窺翠嬌紅嫵。奈雲屏人遠，菱枝吹散，暗隨風絮。　還拾向、紅豆花前，鬟雲梳罷，賺盡輕憐低語。琴川水咽，綺閣苔侵，枉費斷腸詞賦。匳底春魂，漫招新樣，點成一般淒楚。賸無情鸞影，真真千喚，箇儂知否。

疏簾淡月　重游李園

青青柳眼。乍隔水偷窺，悄傳春怨。寂寞閑庭冷榭，夢雲天遠。花闌幾處欹斜影，料韶光、更無人管。牡丹陰下，那回雙倚，屧痕都黦。　甚金谷、香塵易散。只客鬢成星，暗添悽戀。淺後蘋波，吹皺一痕如泫。登臨漫説春來早，怕春來、翠蕪零亂。悶懷誰省，孤禽啼處，夕陽紅斷。

鷓鴣天　栩樓春集，次姜盦韻

啼斷殘鶯欲雨天。畫樓如夢柳初眠。潤侵簫局疑生醭，冷透琴衣懶卸棉。　杯易盡，曲誰傳。燈宵心事疊蠻箋。茶煙颺起春魂小，悄結龍華刼後禪。

探春　詩趣軒春禊，分得『苑』字

花夢留春，柳煙迎晚。雨後闌干綠淺。小榼煎蘭，輕衫躡草，總是年時游伴。偏幾番腰鼓，早占了、秋千別院。一般畫裏樓臺，何人添寫芳鈿。　多事翠觴頻勸。便醉向東風，酒愁難浣。倚劍心孤，題裙約誤，攙入瓊華幽怨。都下同人約北海禊游，未赴。旅鬢成絲否，怕圖上、吳綾羞見。煙外啼鴉，銷魂如賦秋苑。

三姝媚

園中紫丁香三株，今春特盛。風晨重對，已半殘矣，悵然賦此

同心誰綰就。又飛瓊迎歸，霧綃春瘦。碾碎仙雲，怕玉煙飄斷，畫幰非舊。夢破青鶤，偏數到、收香時候。覓徧珠叢，慵弄殘薰，思濃於酒。　還把東風低呪。恁飣飣陰晴，暗抛芳晝。老去樊川，奈乞花心事，緑陰成後。錦障千釘，憑紫笛、曾歌垂手。淚點明朝，相思偷結，青青似豆。

賀聖朝

忉龕屬題傒園所繪平安圖

鸞條鳳帊分明見。似花枝輕顫。春燈影裏驀相逢，乍一聲低唤。　殘陽銅陌，香塵都换。況飄零釵鈿。相思瞞卻説平安，怕春人腸斷。

解語花

閏花朝約同人栩樓小集，列花作供，芳巇分題，坐月忘歸，清尊彌慁，分得『序』字

瓶蕤供几，鈿葉偎屏，催按霓裳序。瘦鶯啼住。重簾卷、嫋嫋亂紅如舞。檀心正苦。悄憶到、東闌前度。尋舊歡、鑾榼分攜，小夢迷花霧。　因念逝波斷羽。話瓊津天遠，春暗宫樹。舊香誰主。啼鶤恨、總付怨煙顰雨。流塵怕數。賸花影、如潮來去。拌醉吟、休負今宵，須翠尊深注。

祝英臺近

詠苔

疊錢輕，鋪罽碎，一碧繡深淺。掩上虚廊，屧步幾回懶。最憐鈿閣愁凭，香驄去遠，賸行迹、被伊遮斷。　寂寥慣。祇傍冷甃荒階，幽情怕人見。細雨殷勤，殘英遣相伴。憑誰浄

拭塵痕，碾青成紙，把離根、斑斑題徧。

一絡索　詠草

一枕西堂醒否。繞簾煙雨。曲闌干外即天涯，又緑到、傷心處。　目斷年時蘅浦。暗愁無緒。畫輪碾破不成茵，怎絆得、春風住。

滿庭芳　菊癡以閩中茉莉數本見貽，海舶支風，花葉憔悴，爲填此解

蕊細拋珠，葉低減翠，海山來路迢迢。　峭帆風緊，仙袂不禁飄。漫怨璃姿瘦損，還留戀、簾角牆腰。鄉心遠，零香喚起，乘月夢洪橋。　年時羅帳底，鬟雲墜枕，幾縷魂銷。甚歛煙玉悴，影也無聊。知否星星是淚，偏吹髩、暗麝相撩。空辜負，吴艘穩載，幽佩勝瓊瑶。

玲瓏四犯　詠闌影

密密疏疏，恰亞字迴環，苔砌低認。月地斜看，筝柱幾曾端正。扶出半幅鷩鴻，奈背面、暗愁誰省。又翠陰、轉過雲廊，花底屧痕俱損。　斷紅千折描難盡。印涼波、井梧秋近。玲瓏不隔蓬山路，偏寫離人孤凭。一片畫格高低，閃入風簾燈冷。問碧城何許，空綰著，相思影。

清平樂　龍泉寺聽明淨上人撫琴

人來竹院。半榻茶煙輭。夢裏殘山歸雁遠。彈入水雲幽怨。　吟瓢禪版相依。飛塵不到冰絲。驚起簾前睡鶴，松風如繞峨眉。

慶春澤　栩樓桃花盛開，憶前歲花時與浪公聯吟之樂，感而成詠

綃薄籠霞，鬟低斂雨，背人偏自嫣然。喚起春魂，綺情多少纏綿。盈盈不隔東風面，甚東風、換了朱顏。數流年。錦樣飄零，淚迸鵑絃。　亭陰暗記行吟地，奈詞人去後，殘夢沈煙。翦碎輕紅，任教蝶醉鶯顛。多情漫爲傷春瘦，便情多、那得春憐。向愁邊。飄墮香雲，爲舞仙仙。

齊天樂　詠秋燈

窺窗碧颭天如水，依稀暗愁來處。靜墮雙花，涼分半豆，聽到隔簾疏雨。宵長更苦。儘煎透蘭心，悄諳譙鼓。旅枕醒初，瘦魂摇碎向誰訴。　春筵珠翠散盡，賸枯龕伴影，霜鬢千縷。黯黯沈沈，悽悽悄悄，銷得黄昏幾度。荆臺夢阻。便翦恨成灰，總牽殘緒。照淚分明，亂蛩啼到曙。

玉京秋　詠殘荷，用草窗韻

秋恨闊。銀塘渺千頃，雨聲淒切。水佩驚寒，霧裳怨晚，誰題花葉。容易西亭夢破，甚汀蘆、還舞迴雪。竛竮別。液池天迥，倦鷗空説。　玉腕重搴應怯。罥鴛波、涼雲半缺。瀉淚盤空，賸冷蔕、捱過新霜時節。櫂歌咽。愁煞前溪瘦月。

尾犯　詠雁字，用夢窗韻

澹墨一行秋，迢遞夢痕，淒對吟越。争奈斜風，更迴眸成纈。殘照後、汀煙乍灑，暮雲邊、溪流共折。怕教飛散，點向荒灣，孤影涼波咽。　蜚騰憐意阻，上林遠、寄淚空别。好語山傳箭。趙昌圖在，誰分嫩粉，染來宮扇。愁遠。笙歌散盡，瘦枝暗、弔影倚天樓殿。杜牧詩：『萬國笙歌醉太平，倚天樓殿月分明。』漫弄舊香，憶著當時應腸斷。殘妝如對徐妃面。賸飄夢、虛迎銅輦。題庵憑問龜堂，故情怎遣。

疏影 和蒼虬同年《湖樓感舊》原韻

浮生是客。恁暗波換夢，春去無迹。斷塔成灰，淒黯斜陽，殘莎自弄煙碧。江湖酒醒塵衫冷，只刧後、青峰相識。傍竹窗、細檢蛛塵，喚起亂愁難拭。　還憶燈宵覓句，水天舊恨滿，蟾淚俱滴。一霎顛風，翠羽飛回，誤了重闌春色。寒雲鎖斷孤山路，併寫入、庾郎蕭瑟。怕夜來、月上空枝，照鬌幾星添白。

誰傳，正江湖天闊。記書塔、名心都誤，怕登樓、鄉愁又結。暗塵難寫，付與冷絃彈夜月。

霜葉飛 詠落葉

夢中煙樹。長安遠，飄蕭知向何處。一番霜信一番疏，又晚來風雨。賸槭槭、商聲自語。停驂曾愛涼陰住。甚暗屧無情，儘碎踢秋林，夕照斛塵捎去。　經眼舊日風光，空栖鸞鳳，冷落荒徑誰賦。已拋根蒂任東西，奈亂愁無主。正寂歷、敲階細數。天涯頻感蘭成暮。怕故枝、淒寒緊，轉綠蹉跎，誤人笻拄。

絳都春 題太平花影片

瓊姿似泫。記彩駕駐雲，花陰曾見。王建宮詞：『太平天子朝元日，五色雲車駕六龍。』繡軟御街，移取春風向瀛苑。飛英芳晝初開宴。報消息、天

一叢花　以瑩園藤花製餅，分饋詞白，有詞見謝，因填是解和之

仙雲碎疊映屏紗。卵椀勝槐芽。玉纖新揀燕支菜，惠州豐湖有燕支藤，亦名藤菜。見東坡詩注。論風味、只屬詩家。剛到半焦，山禽喚罷，供我嚼春霞。團團休笑似蒸沙。老去更迷花。蓬山舊夢紅綾令，算閒福、不負殘牙。一架綠陰，歌筵敞處，回首是天涯。曩在都同宴雲龢堂藤陰下，忽忽二十年矣。

水龍吟　詠楊花，用東坡韻

怪伊占斷殘春，漫天舞罷和煙墜。翻階涴雨，繞闌飄雪，惱人情思。黯黯濛濛，嫩寒池榭，畫簾空閉。奈鶯慵蝶怨，故枝瘦盡，愁欲斷、吹還起。　撩亂詩魂似此。盪斜陽、髩絲羞綴。靈和夢遠，春痕千疊，忍教揉碎。結帶前歡，浮槎後約，總隨流水。算芳情不隔，天涯處處，惹東風淚。

花心動　牽牛花，同子年韻

銀漢分涼，誤嬋娟、仙衣五銖初試。露綴鈿輕，風颭鈴圓，扶上晚籬煙紫。錦棚一角秋來早，只閒伴、吟人無睡。驀腸斷，紅牆淺夢，暗蛩啼碎。　宛轉愁絲自繫。偏盼到星期，替人憔悴。妬煞漢宮夜月，鴛機虛伴，渚蓮香墜。洗車消息前番雨，認綃碧、幾痕殘淚。數離緒、年年倩伊細記。

木蘭花慢　次和查灣《露臺夜飲》

乍涼臺四敞，燈影外、小紅闌。借露璓延秋，風絃待月，禁得幽單。寥天。唳鴻去杳，黯愁

雲灑徧米家山。涼思微憐越苧，倦懷還理吳箋。當筵。狂欲碎青珊。邀夢到花前。奈鏡影傳愁，箏心訴怨，抛斷華年。人間。舊春在否，又牽腸處處聽啼鴂。此夜西亭酒醒，瓊娥知我無眠。

慶宮春 蒼虬重返湖廬，有詞見寄，依韻和之

幽渚蜻迷，閒扉螢度。晚來寂寞如許。樓外殘山，相看疑泫，黛痕初涴暮雨。繭蠶身慣，又輕惹、悲歡斷緒。湖雲沈夢，覓徧虛廊，冷絃愁撫。　最憐暗檢春痕，刼後落根，舊香無據。半畝荒涯，結茆漫約，心事都成虛語。水天搖暝，甚淒弄、危闌紺縷。不須怨別，還羡閒緣，伴鷗留住。

月下笛 詠絡緯，和彊村韻

荒砌偎霜，空簾弔月，背人低語。伶俜念汝。絮西風甚情緒。紅閨刀尺新來懶，只道是、敲屏殘雨。奈宵寒初緊，秋心攪碎，蠟淚啼曙。　休誤。牽愁住。便錦字千迴，鸞腸難訴。笙歌夜午。空房誰問鴛杼。湖山拚付雕籠戲，算賺取、銷金幾度。付倦客，怨天涯，秋共王孫老去。

瑞鶴仙 戊辰九日窣堵岡登高，用夢窗韻

枕波疑斷嶠。看亂蘆吹雪，鷗鄉寒早。蹉跎負芳草。問行吟何處，總傷孤抱。憑高縱眺。暮雲深、飛笳縹緲。算人間、此水清泠，肯照冷游巾帽。　愁道。嬰春觴闊，泛月槎空，暗塵催老。垂楊碧裹。靈和影，誤年少。怕雕

闌荒盡，萸邊詩夢，虛付煙深水窈。儘儃佪、瘦塔多情，替留晚照。

百字令 詠晚菊，和蒼虬韻

冷枝愁對，正文園病後，秋懷無著。一晌冰霜天地窄，芳性肯隨搖落。蕊細留香，葉殘伴影，鉼几朝寒薄。老來陶令，岸巾風趣如昨。　回首舊徑都非，冬屏斂笑，羞共新梅索。惜取過時顏色在，諳盡雪欺風虐。晚節誰珍，孤情易謝，憔悴同高閣。漫辭簪髩，客心遲暮堪託。

金縷曲 詠寒鴉

聽到盤空語。黯關河、斜陽影裏，亂愁如雨。壞堞荒郵人去後，一片無情隴樹。便聒盡、淒涼誰訴。墨陣翻飛爭巢急，問風枝、漂墮知何處。無限意，趁歸羽。　伶俜凍雀成新侶。驀迴頭、昭陽夢換，玉顏都誤。啼過延秋千屋破，頭白空傷倦旅。又斷影、霜笳催暮。幾許衰楊飄零盡，只隋堤、流水無今古。三兩點，帶愁去。

虞美人 和姜龕《春夜聞笳》

曙窗催白聲初緊。擁枕眠還醒。關心最憶在龍沙。霜曉孤鞍衣上、落冰花。　壯懷銷盡韶顏老。往夢迷春草。王喬按拍正淒涼。卻怪朱門聽慣、只尋常。

徵招 詠佛手柑

鮲窗幻出兜羅樣，蟠根倘依初地。淺笑想拈花，似天龍舒指。一龕燈影裏。待重話、雪天金臂。證果何年，戒香新領，夜寒如水。密意。和沈檀，低擎處、猶含露盤秋淚。浛浛逗霜馨，認酥黃波膩。梵語謂手爲波膩。倦情憑檥綺。料輕負、鳳州殘醉。冷吟罷、悄歛薑芽，耐點茶餘味。

瑣窗寒　久病初起，適詞社同人移尊小集，疏花伴暝，驟雨分涼，用樊榭韻寫之

徑曲偎雲，樓深擱暝，暗淙敲瓦。玉壺舊賞，負了綺春姚冶。乍惺忪、涼花半慊，臁痕印到閒庭榭。記茂陵病起，巴山秋近，者番情話。　平野。迷灣汊。誤篴裏瀟瀟，隔江唱罷。山魂水夢，似與別開鷗社。羨風情、南浦畫橈，鬧紅一曲供醉寫。只維摩、未了枯禪，暗怯衣香惹。

石州慢　暑雨排悶，用兩當軒韻

密葉交櫊，約住嫩霒，窗曉偏黑。煙沈茶銼，醭侵竹几，銷魂時節。憮憮倦緒，錯道淺夢梅黃，迴腸説與江南客。荷響不分明，共糟床偷滴。　愁極。花簾孤倚，悶數虬壺，乍銷一刻。翻羨閒鴛，葉底新涼分得。濛濛翠罨，憶著舊夜燈痕，壁蝸冷篆虚尋覓。窯色破遥青，又雲峯都失。

蝶戀花　瀋陽寄內，次韻　補録舊作

黯澹邊愁催馬去。儂帶愁來，偏汝和愁住。將淚西風無灑處。斑斑紅偏天涯樹。　莫怨秋笳歸夢誤。夢便相逢，那解相思苦。小簟新寒誰説與。曉鴉啼過關山路。

清平樂　寄内，和韻　補録舊作

荒郵晚照。瘦髩青山笑。一片亂蕪連古道。消得離腸千繞。　朱樓夢遠如天。相思雁後花前。知道鳳城寒早，征袍先與裝棉。

以上《龍顧山房詩餘》卷一《瀟夢詞》

西江月

嫋嫋歌塵初轉，盈盈眉月難遮。紅闌一角即天涯。知否酒醒今夜。　細步暗留鳳舄，香塵輕送鸞車。東風吹散小桃花。不管流鶯偷罵。

臨江仙　泛舟有憶

一片銀塘菱鏡影，多情曾照驚鴻。柳煙漂夢兩朦朧。水花無賴甚，還鬬臉霞紅。　西去斜陽東去水，相逢直恁悤悤。五湖心事冷秋蓬。愁絲吹不散，負卻白蘋風。

醉花陰

支枕懨懨添酒困。撩亂雙雲髩。花影忒迷離，來似春潮，那似春潮準。　惺忪偏省江郎恨。燈背低聲問。夢醒莫傷春，春向天涯，夢裏天涯近。

鎖陽臺　記夢

鈿閣塵寒，簫廊雨暗，夢痕悄記雙攜。翠衾催起，幽約惱鶯窺。漫道江南水遠，花魂小、不怕風欺。孤醒夜，青陵縹緲，蝶粉涴仙衣。　飄零珠箔影，人天路渺，虛訂歸期。甚楚雲一瞥，疑是疑非。肯信愁紅送斷，多情月、還照街西。當時事，羅巾淚盡，春恨海棠知。

徵招

匠盦招飲，出建茶名雪梨者供客。味之清絶，意有所觸，漫填是解

冰甌悄寫東闌韻，花前暗添清思。莫是夢中雲，被瓶笙扶起。溶溶仙影裏。怕重泛、玉妃殘淚。憶著鄉山，一枝春到，客愁銷未。　深院碾香塵，銀瓶畔、還疑箇儂芳字。淺渴儘難禁，況離邊餘味。嫌山歸夢殢，只團月、伴人無睡。待纖手、點向東風，定楚魂如醉。

南歌子

詠楊花，有寄

團雪重嫌晚，迴風小閣晴。似無情處卻多情。飛向蝶綃裙底，鬬輕盈。　漂夢思前度，耽狂誤一生。帶將離恨付輕萍。只恐春池吹皺、總干卿。

菩薩蠻

畫簾深掩酴醾雪。天涯酒醒空啼鴂。芳恨玉人知。羅襟繡折枝。　春陰無奈薄。風颭金鈴索。箏語緑楊樓。絲絲牽暮愁。

人月圓

楊絲無力東風緊，柔到可憐時。低絃調鳳，深簾隔燕，除是鸚知。　這回情緒，千般難説，肯怨來遲。佯嗔更笑，分明鏡影，春上歌眉。

采桑子

多生總爲聰明誤，花樣嬌羞。水樣輕柔。團扇心情不耐秋。　燈前憶著銷魂事，雨夜高樓。月夜扁舟。打疊新愁換舊愁。

青玉案　聽雨

無憀偏又黄昏雨。蕙煙冷、慵添炷。夢覺羅屏秋幾許。抝情難斷，捲愁誰訴。心比芭蕉苦。　紅樓遮卻摇鞭路。嫩涼夜、偏孤度。依約錦雲留影住。偎簾微睇，掩燈低語。憶著同聽處。

高陽臺　留春，和姜盦韻

輕舸雲移，紋屏雨歇，夢邊煙樹迢迢。舊慣千金，思量忍負芳宵。錦韶來去無拘管，儘留連、燕暮鶯朝。甚顛風，送斷酴醾，怨咽瓊簫。　天涯碧草尋常見，奈離愁唤起，目極無聊。絮影多情，飄飄還拂虹橋。色身甘化絲千萬，把春紅、裹向煙綃。悄低徊，曉枕鐘聲，心痒誰搔。

減蘭　閨怨

風孱雨僽。髩影今年春共瘦。病後多愁。紅了桃花懶下樓。　尋思無益。心事成灰抛不得。寄語新鶯。啼向君邊一兩聲。

前調

春陰如夢。不道春人愁更重。一縷雲癡。悄傍闌干搭柳絲。　當時輕别。孤緒千般渾懶説。來是空言。昨夜朱樓自管絃。

洛陽春　瑩園賞牡丹

六曲闌干低凭。晚庭香静。暗愁分付與蜂兒，又捲入、楊花影。　粉靨偎煙相竝。似伊嬌靚。隔花不見去年人，悄覓徧、青苔徑。

武陵春

繡幕偎煙花夢懶，微雨又鶯殘。青鏡堆愁避卻難。心上影輕鸞。　道是無情還有意，閒裏訊春寒。盼斷湘波雁未還。天外九疑山。

更漏子

醉還醒，寒又暖。誤了釵鸞箏雁。消息暗，石榴紅。山重愁更重。　春枕別。丁甯説。腸斷幾聲啼鴂。歡易謝，夢難猜。蘭薰一半灰。

前調

綠萍新，飛絮歇。春在舊時池閣。團扇底，好風吹。歡來儂未知。　花夢覺。雙釵落。涼到黃昏簾幕。行又懶，似癡雲。低籠金蝶裙。

鵲橋仙　和秋谷韻

輕顰貯怨，微酲邀夢，一寸臉波春逗。隔闌花影去迢迢，只翠幙、燈痕依舊。　都疑久住，小屏曲枕鎮淒涼，怎教輕別，禁得爲伊銷瘦。又細雨、黃昏時候。

采桑子

畫簾燈影愔愔地，花比春濃。人比春慵。細語如煙意萬重。　等閒難了相思債，説著憐儂。羞靨先紅。儘在橫波淺笑中。

前調

春來偏是懨懨地，瘦了蠻腰。卸了雲翹。便不魂銷意也銷。　開簾悄向東風約，明日花朝。怎負今宵。小簸春心似酒潮。

生查子

玭玭鳳皇絃，彈怨聲如雨。花底解明璫，還怕游蜂妒。　含恨待東風，肯放東風去。燈影小紅樓，憶著纏綿語。

卜算子

別館鎖春雲，抛卻銀箏冷。月比來時瘦幾分，寫就歡愁影。　盼到月兒圓，重數西窗暝。記得車聲過畫樓，慣倚羅屏聽。

玲瓏玉　擷白蘭花供晶盤中，倚此賞之

瑶佩雙垂，記蘭舫、小醉楓橋。盈盈玉瘦，倚風更爲誰嬌。笑問生來瘴海，恁珠娘丰格，別樣苗條。輕抛。偏撩人、兜上酒潮。　最是芳心捲碧，便羅襟熏透，無那涼宵。錯伴晶盤，倩留香、淺亞深凹。容易冰肌愁損，衹偷妒、花田倩影，慣傍雲翹。化身誤，倚湘絃、幽怨未銷。

玉連環　瓊華春感，用彊村韻

花屏影瘦風香卸。酒腸春亞。瓊仙招手話新寒，多少淚、鉛波瀉。　依舊柳邊臺榭。冷鸚偷話。曲廊行盡不逢人，偏目送、斜陽下。

菩薩蠻　集句

柔腸一寸愁千縷。李清照。無情歸燕辭人去。朱淑姬。去住若爲情。舒亶。燈殘夢不成。樓扶。　人餘香空翠被。王沂孫。葉葉梧桐墜。晏殊。人在畫圖間。謝逸。隔江何處山。邵亨貞。

風入松　湖墅即事

楚雲冉冉繞花行。雲比花明。無情卻爲衣香醉，傍瑶階、飛上蜻蜓。悄地教人雙撲，不知何事干卿。　夜來微雨過羅屏。殘酒催醒。衆中誰信矜持慣，憑消受、笑淺顰輕。莫遣煙禽傷晚，紅蕖一半飄零。

雙雙燕　送燕，和雨漁韻

畫堂慣見，甚芳夢差池，一簾秋透。香泥宛在，暗付斷煙殘柳。猶憶紅襟影瘦。繫綘縷、曾沾酥手。分明細雨歸時，怨煞空梁廝守。　偏又。關心遠堠。更寄語西風，別情依舊。雙飛虛約，拚得幾番回首。聞說雲巢定後。問珠館、重朝能否。緘書怎寫相思，誤了楚天雁候。

蝶戀花　詠秋蝶

漂夢花簾纔一瞥。冷翠閒園，不信芳期歇。瘦粉偎煙飛又怯。青陵前路迷茫月。　輕去流光沈斷葉。蹙損金泥，猶誤綃裙褶。憔悴紅蘭如怨別。舊時風露都愁絶。

卜算子

眉萼月彎環，心絮雲撩亂。誤了前期又後期，箏柱參差雁。　梅落子猶酸，蓮拗絲難斷。不是狂香入夢慳，夜夜秋心懶。

清平樂

翠陰深院。一枕秋寒淺。側映斜陽紅半面。的的芙蓉風顫。　簟紋幾縷霞新。迴波似笑還顰。故向花闌閒繞，背人低掠鬟雲。

虞美人　連雨生涼，坐窗襍感

背燈坐聽深宵雨。歷亂閒情緒。芭蕉做就一天愁。不道楚魂銷盡、懶悲秋。　秋衫驗取新來瘦。淚點秋衫袖。空階一碧展苔痕。又是枕屏閟過、幾黄昏。

浣溪沙　用稼軒《贈子文侍人笑笑》韻，示歌姬笑笑

肯信傾城屬恨人。九枝燈下見頻頻。玫瑰喚破小屏春。　睡靨餘酣還勝醉，歌眉生小不工顰。喜神端的是花神。

一枝春　同蘺雲游李氏園，霜後桃、梅、海棠各發數枝，用草窗韻賞之

錯鑄春魂，破初禪、驀墮一痕花雨。流塵暗數，換了鶯邊心緒。吳霜鬢改，儘羞對、露酣霞嫵。算綺思、休便成灰，散雪更教重聚。　歡風光暗歸何處。記空枝倦折，愁歌金縷。歡期未晚，試與巧翻芳譜。薔香碎粉，怕慊底、冷蕤還妬。新夢後、歸燕伶俜，替傳怨語。

夜行船　秋夜

寒歛妝眉銷舊翠。涼釭炧、暗憐花碎。風露禁愁，星辰記夢，秋比人憔悴。　强遣閒情除是醉。偏醒了、更憮憮地。斷雁來初，殘鐘定後，說著銷魂未。

倦尋芳　春穌院聽懋卿度曲，用夢窗《贈花翁舊歡吳門老妓李憐》韻

夢孤錦舸，春擱朱欄，空惱鶯燕。斷影蔆匳，曾照淚花妝面。飄雨蹉跎蘅閣冷，弄香僥倖梅屏見。黯前情，記雲鬟替攏，翠髾慵翦。

儘領略、篴愁簫怨。一霎飛紅，殘鴂啼徧。依
約嬌波，勝似畫綃偷看。燈暈迴顰秋恨瘦，酒
塵淹淚春魂遠。檢蠶絲，又輕隨，玳梁塵散。

減蘭

露花疑泫。不似春屏前度見。悶倚殘尊。悄
借紅梨記夢痕。　飄階螢火。依約簾陰窺髩
朵。燈外朱樓。閃入秋心處處愁。

踏莎行　和蒼虬韻

鏡翠銷香，箏銀換字。新寒不管花憔悴。涼
波洗盡夢千重，祇應瘦月知人意。　別緒雲
乖，歡期汐逝。書沈空見飛鴻至。天涯那有
未銷魂，從今怕記銷魂事。

浣溪沙

絳蠟驚寒暗淚垂。隔簾風急弄箏遲。綺愁拚
付小梅枝。　醒後此情還似醉，夢邊何處是
真歸。寂寥心事夜屏知。

菩薩蠻　補題鹿樵爲素筠所繪梅花小幅

冰天錯現東風面。綃痕迸淚紅深淺。風雨擱
殘尊。新寒斷蝶魂。　芳肌銷幾許。畫裏春
無主。燈影暈羅屏。照伊幽夢醒。

疏影　詠簾鉤

湘紋歛碧。似柳絲悄挂，風漾無力。巧樣玲
瓏，撩起芳愁，庭外暗紅初積。多情鰈影休驚
散，記半桁、偷窺香舄。又忍教、鎮日閒垂，誤
卻翠鈿消息。　淒絶珠塵十里，髩絲漸減了，

歡緒成擲。月樣輕盈，虛傍朱樓，隔斷年時春色。金波易散珊瑚瘦，怕燕子、再來難識。只錦絨、牢繫相思，試問怎生支得。

聲聲慢　賦秋柳

鞭痕舊陌，篴語荒郵，斜陽處處堪憐。折盡風流，傷心如夢如煙。蠻腰幾番銷減，甚相逢、偏是離筵。歌簾遠，縱青青好在，迴眼淒然。　誰信平生泥絮，笑江潭晚別，爾許纏緜。化作愁絲，他時斷夢還牽。殷勤好留霜影，印秋痕、心上眉邊。陽關曲，倚西風、空訴錦絃。

東風第一枝　蒓卿見示舊題桃花畫箑，爲五年前詞龕夜集聯句。芳塵移軫，迴眄憮然，爲填是解

懺綺心孤，題瓊夢遠，夭紅蕾亂誰主。弄香替寫嬌鬟，障影記聞細語。亭亭露井，早占盡、春前幽緒。料別來、羅袖偷攜，避卻繡簾鸚鵡。　香未散、畫綃錦樹。愁欲絕、醉筵金縷。舊題話著詞龕，笛外暗塵怕數。猩痕半涴，認幾點、歌唇淺雨。算此情、休付秋風，說與斷腸崔護。

齊天樂　社集舊賦秋燈，意有未盡，復成是解

蕉屏小枕初涼夜，羈魂爲伊憔悴。剔桂香殘，然蘭恨迸，別是新來滋味。江郎老矣，只冷燼孤花，暗留懽意。一樣竛竮，等閒牆角忍輕棄。　春枝曾分舞席，憶羅幬半掩，釵玉聲膩。雁後籠愁，蛩邊伴影，多少傷心難記。霜衾喚起。怕翦碎柔紅，夢痕俱墜。瘦髩憑看，一星星惹淚。

相見歡

暗塵掩了箏牀。藥煙涼。悄指樓陰轉過、又斜陽。　新夢斷。舊愁亂。漫思量。只似貘屏春影、巧迷藏。

前調

翦風不斷蘭薰。裊春雲。聽到一聲箏雁、已銷魂。　朱閣雨。翠帷語。幾黄昏。消得縷金衣上、落花痕。

燕山亭　憶城南舊游，用彊村韻

小刼龍華，吹散夢痕，恨碧愁紅無數。寒到鳳城，十里珠香，賸有暗塵隨步。清角無端，驀催起、淚鉛如雨。情苦。賸怨蝶重招，瘦魂如縷。　偏是花葉殷勤，念滄海寒蓬，雁邊倦旅。前度畫闌，涴盡垂楊，絲絲怎邀春住。舊笑新顰，漫惹到、鏡屏鸎妬。輕去。便斷影、也隨風絮。

鵲橋仙　新秋

雨螢影暗，露蛩聲驟。悄悄悽悽時候。藕花風後豆花風，問涼到、闌干知否。　恩情紈扇，風情羅袖。爭得年光依舊。鏡波兜上一分愁，怕人比、桐陰先瘦。

清平樂　涼夜，和韻

翦燈誰話。香閣無聊夜。花影闌干微月下。竹風涼到碎疊徐熙殘畫。　墜階螢火初明。鶱笙。換卻仙韶舊譜，拍來字字都生。

前調

夢邊涼雨。夢覺秋何許。南雁飛回煩寄語。千萬將愁捎去。　側枝花壓重簾。花情似我懨懨。閒卻空房箏柱，嫩涼防到葱尖。

以上《龍顧山房詩餘》卷二《鏡波詞》

柳梢青　李園春游，借少游韻

雨後鷗沙。嫩陰低護，幾樹夭斜。碎疊閒愁，顛風捲去，暗付飛花。　分明眼底天涯。正淒黯、啼來斷鴉。帆遠漂愁，簾深隔夢，春屬誰家。

長亭怨　用越縵韻

數閒晝、香泥飄斷，夢到梅梁，者番悽絶。淚盡蘭巾，瘦吟慵檢舊題葉。冷鵑心事，料不共、年芳歇。試與問雕闌，禁幾度、狂花吹雪。　愁説。乍朱樓曲罷，流水鈿車催別。虛簾夜悄，祇鐙蕚、春心偷結。甚東風、揉碎絲楊，尚留得、梢頭斜月。儘萬感尊前，分付丁簾殘笛。

暗香　詠衣桁

一行戍削。認彩雲亂疊，年時妝閣。搭上闌干，花氣餘熏玉葱掠。還怕梅黃醭偏，悄移向、斜陽屏角。儘暗繞、春後芳心，寒暖細商略。　鴛幄。暗愁著。妬錦衩卸初，麝温先覺。紅攏翠約。偷眼檀奴奈輕薄。多少香斑酒暈，輕付與、蛛塵珠絡。誤後夜、裙帶影，楚腰瘦卻。

甘州　露臺晚眺

倚蕠臺四望渺蒼煙，寥天挂瓊鉤。指霞綃揭處，金鳧飛舞，迢遞鐙樓。一派瑶空鳳吹，風峭夜珠愁。疑有仙車過，隱見青虬。　暗惜吴霜髩短，向煙波捎眼，身世輕鷗。怨雲峰幻影，殘畫黯滄洲。儘安排、孤歡閒醉，怕春風、不爲酒人留。銷凝意、倩紅兒唱，恨咽箜篌。

買陂塘　水香簃秋集，賦秋水

捲西風、一行帆影，空濛秋在何許。滄波更比前番闊，散盡冷鷗閒鷺。漂夢去。賸荻響蕭騷，似學愁人語。萍踪漫數。奈廢苑菰沈，空城潮打，總是斷腸處。　悲涼意，暗付江湖倦旅。蒼茫休問今古。浮家便趁蓴香好，忍聽斷鴻啼苦。君記取。儘照髩年年，添得吴霜縷。歸心易阻。又蘭佩香蕾，桂旗影没，淼淼碧雲暮。

湘月　岫雲寺延清閣月夜，和息厂，用石帚韻

一匳秋浄，正山鬟半掩，初迴蛾緑。影入丹林清勝水，兩髩霜華慵沐。冷磬雲沈，危闌露警，磵響淙淙玉。睡龍呼起，抱珠來伴幽獨。　猶憶春枕僧窗，風湍將夢去，流花難掬。天上瓊樓還此夜，草掩宫扉六六。樹暗烏啼，帷寒鶴怨，漫奏無愁曲。佩鸞人遠，舊題誰問巖竹。

一萼紅　甕山賞雨，和息厂，用石帚韻

曲廊陰。乍珠簾暮捲，聽雨卧斜簪。柳髮微匀，荷盤欲碎，倚雲樓殿沈沈。睇銅輦、香塵洗盡，賸寂歷、煙語付青禽。夕榭紅欹，秋厓

碧老，倦眼重臨。　一霎池灰刼換，説霓旌往事，阿監傷心。鳳艒浮萋，鸞扉涴蘚，邀夢空記幽尋。漫重譜、淋鈴怨曲，冷叢淚、猶顫蘂頭金。爲問翠瀛淺後，怎抵愁深。

倦尋芳　秋日重過瑩園，借彊村韻寫感

磴深草掩，樓迴花沈，星鬌傷晚。邉影銀塘，多少夢雲飛散。孤篴愁聽流水訴，瘦笻閒寫斜陽怨。睇煙林，似湘皋曲罷，數峰青遠。　賸一片、荒亭殘柳，皺盡詩心，悽怨難展。蹤徑春絲，記拂舊時歌扇。冷榭呼鷗人意懶，寒畦招蝶風光賤。好樓臺，更安排，幾番腸斷。

念奴嬌　中秋前一夕集氷絲盦對月

一觴秋滿，向姮娥預借，明朝佳節。紅萼吹香春後夢，重覓苔廊心怯。今春曾招同人賞海棠於此。檢點閒愁，銷磨薄醉，偏又尊前別。凭闌孤緒，眼中憑向誰説。　因念碧宇茫茫，秋心終古，同付淒涼月。後夜團欒應有待，今夜雲羅千疊。挽住流光，已非年少，萬感催風葉。杯痕須記，晚來還照華髮。

瑣窗寒　答樊山丈見訊

綺閣籠陰，羅屏掩雨，夢隨秋瘦。琴囊畫幰，半被藥香熏透。黯關河、暝笳漸沈，雁箋盼斷新霜後。問病懷幾許，危闌凭處，髮疏於柳。　辜負黄花酒。記小榼江亭，那回攜手。詞人散盡，算只西山依舊。想豪情、泼寫醉綾，紫萸采罷香滿袖。怕斜陽、照到瓊華，又是銷魂候。舊京社侶重九日同集瓊島登高。

踏莎行 和雲盦韻

夢覺添癡，愁來疑醉。空房半晌惺忪睡。相逢卻似路旁塵，争如去後還相憶。　鏡檻詩痕，釵屏禪味。瓊枝那管人憔悴。絮飛鶯老百思量，苣盤夜夜啼珠墜。

前調 用石帚韻有贈

窺鏡眉低，停箏語軟。樊川夢後重相見。小屏紅燭夜寒多，未春已被春愁染。　心上鸞箋，手中鴛線。聞聲對影愁天遠。謝橋流水夢迢迢，楊花猶欠東風管。

清平樂 上元燈詞

銅街夜迴。踏偏金晃影。搖夢紅蓮風不定。一枕春酲吹醒。　白頭還對鼇山。人間換盡雕闌。片片粉蛾飛斷，十三樓上新寒。

瑶花慢 詠水仙

疏唇半坼。妝影冰匳，認蘭香新謫。宫黄深染，殘夢後、誰問瓊臺消息。泠孱離佩，倚幽恨、啼綃都濕。待翠虬、衝雪歸時，目斷幾番煙汐。　紫宸舊事淒迷，山谷水仙詩『何時持上紫宸殿』。記醉舞緗裘，香墜歌席。湘波暮黯，風鬟瘦、羞鬬玉奴顔色。寒泉漫薦，早怨咽、空江瑶瑟。祇葳蕤、冷抱冰心，可有春人知得。

瑞鶴仙 集夢窗句

洞簫誰院宇。漸酒闌燭暗，春隨人去。輕陰便成雨。念青絲牽恨，幾將花誤。游情最苦。盡日向、流鶯分訴。莫重來、吹盡香棉，更惜鳳鉤塵污。　輕許。醉鬟留盼，小扇翻歌，錦屏人妬。啼紅怨暮。還暗憶，斷腸句。怕煙江渡後，疏簾空捲，愁結傷春深處。最無聊、燕去堂空，夜温繡户。

菩薩蠻　春雪，集吟風臺，息厂、立盦同賦

飛光遠近浮霜瓦。銀杯翻影隨驕馬。樓閣望中迷。輕煙十二梯。　迴看天盡處。白上河橋樹。小坐忍春寒。冥冥待鳥還。

燭影摇紅　詠簾影

繡桁沈沈，蕙薰扶起新寒淺。玉鉤消息不分明，人比天涯遠。飄蕩東風未慣。儘關情、鶯窺燕盼。乍移燈火，又轉闌干，湘魂愁顫。　深坐前宵，畫堂斜掩金波滿。朦朧花霧散如潮，蜻翼捎香斷。别緒春雲暗捲。記殷勤、驚鴻半面。夜明空許，覓偏芳塵，黄昏亭院。

定風波　詠夕陽

恎憕浮生短景催。西風斷角送愁來。换盡六朝金粉影。争忍。暗紅還戀舊樓臺。　盼到妍晴休恨晚。心遠。天涯不共暮潮回。一片蒼涼殘笛後。知否。江山如此使人哀。

浪淘沙　竹窗坐雨，適檢得内子雨中寄懷舊作，因填是解示之

竹淚雨斑斑。緑上闌干。西亭展卻水雲寬。畫出瀟湘秋意思，一雁初還。　小枕夜香殘。消盡悲歡。籠鴛翠被怨新寒。知否一般銀燭底，人隔重山。

法曲獻仙音　詠菊，用石帚韻

輕曆娟寒，瘦魂淒夕，苒苒金飈來處。一瑑泉分，半幓月亞，疏香暗傳瑶俎。怕寸翦、秋心

苦。沈吟背花去。　爲誰顧。話淒涼、舊籬都改，幽夢殢、應怯柘裙新舞。破笑倚霜清，算柴桑、孤約曾許。點髫蜂黄，寫殘妝、還乞妍句。儘金罍沈醉，莫管明朝風雨。

桂枝香

詠月餅

秋屏伴醉。認七寶添修，粉融酥膩。偷得寒簧素影，桂宫知未。顧清賦桂餅詩云『月殿有人留素影』。　波波休羡櫻桃節，櫻笋宴設櫻桃餢飳，亦曰波波。祇團欒、定如人意。半焦禽喚，一痕蟇蝕，暗憐風味。　念畫地、浮名可似。憶舊譜霓裳，難尋殘字。吟到金盤綵屋，總關秋思。當筵碎寫山河影，怕瓊肌、新染鉛淚。麥香收後，小團重瀹，玉蟾如水。

解連環

歲暮寄酕盦濱江

夢長天窄。念關山雪後，故人行迹。正旅夜、殘角淒涼，忍重折瘦楊，伴君寒色。酒醒孤窗，唳鴻遠、浮雲東北。況椒觴泛淚，柘鼓點愁，歲華非昔。　芳韶幾番誤擲。賸風燈颭晚，照髫添白。省怨風、顰雨年年，便釵勝重拈，繫春無力。悶入黄昏，又閒了、花前詞筆。倚繁霜、冷絃萬感，待誰説得。

青玉案

畫樓鎖怨參差柳。記曾綰、紅酥手。爲問行雲還在否。春塵珠鈿，夜香羅帊，暗淚花熏透。　歡期祇道尋常有。別後思量怕回首。不信芳愁濃勝酒。拚教孤醉，醉魂輕蝶，夢挂梅枝瘦。

菩薩蠻　和立盦韻

簫雲吹斷秦樓迥。玉蟾還印闌干影。來去兩無因。春屏夢裏人。　唧愁雙翠羽。啼徧池南樹。銀縷怨留香。羅衾今夜涼。

其二

樓前溝水漂香去。空階猶記啼紅處。片片是春愁。春歸愁在不。　斜陽留一角。低掠金鈴索。蝶瘦枉相思。花闌影又移。

其三

暮寒愁沁歌眉淺。借句。棲梁夢燕如人倦。心事怕春知。多情占盡癡。　折枝還試繡。指亂春綃皺。別易見應難。停鍼思萬端。

其四

畫簾不到閒蜂蝶。隔枝杜宇空啼血。春影散如煙。春心年復年。　玉笙渾懶品。悶倚沈香枕。仙佩去珊珊。情天月幾圓。

探春慢　春日雪中得貺盦塞上寄詞，即依石帚韻倚聲答之

小徑荒，重樓樹暗，春寒猶殢蘭野。過羽飛光，游蓬斷緒，暗負吟船醉馬。盼到邊鴻信，奈獨繭、愁絲難寫。最憐寄淚冰天，錦絃淒怨如話。　聞說舞筵春好，念否隔花人，杯醁慵把。畫戟銷香，珠簾尋夢，還汝燕支嬌冶。歸對官梅晚，定惆悵、銀蟾西下。還訊青禽，幾時同醉芳夜。

玲瓏四犯　齋頭小梅藷落，借彊村韻寫感

黯黯房櫳，乍繞鏡飛梅，珠箔歸晚。小几鑪薰，斜捲綺愁成片。仙佩悄熨春寒，正暮雨、

懶調簾燕。甚麝塵、容易吹散，還傍醉巾重點。冷瓊低亞紅闌半。裊嬌雲、似欹妝面。瑶臺夢後迴鸞舞，誰道風情淺。無那悄覓墜鈿。應惜取、沾香羅薦。倚怨歌空訴，啼珠彈濕，一行箏雁。

戚氏

怪東風。春來閒煞好簾櫳。倦燕愁歸，瘦鸞羞舞錦屏空。惺忪。覓芳叢。殘花沁淚隔年紅。鴛帷幾度傷別，衹與塵髩記飄蓬。帶眼量恨，簫心傳怨，絮飛繭老恖恖。　賸多情賺得，吟袖香裾，羃枕雲幪。　回首鳳陌游踪。珠箔翠桁，到處絆青驄。妝臺畔、吹花庬遠，喚茗鸚逢。十年中。不道酒醒，疏鐘換了，鏡裏愁儂。錦韶瞥眼，悄倚湘絃，黯黯空送春鴻。　只是閒哀樂，低徊似夢，夢也朦朧。爲問流鶯解否，奈啼香不到宋牆東。枉教緑葉頻看，綺蘭易謝，渴損珠房鳳。又九光、鐙下新寒重。多少恨、拚負香茸。儘後期、月滿花濃。怕當歌、袂掩淚龍鍾。甚行雲遠，春山影在，朵朵芙蓉。

眉嫵

和息厂賦昆明湖香山行宫桃花，用石帚韻

認朱樓連苑。幾樹東風，妝淚炫春眼。乍弄朝霞影，鸞車渺，芳心空鬭釵燕。醉襟細款。繞畫闌、多少清感。記簾外，對按平陽舞，正歌袖香暖。　何限。仙雲輕散。枉縷巾紅蘸，愁倚青翰。飄夢霓旌路，尋源去，緑波還絆柔纜。膩脂暗點。話舊香、瑶島天遠。恁低屭無言，渾不似、武陵見。

綺羅香

鈿萼籠香，匳波漾夢，�外閒鶯休妬。瘦損花魂，怕聽四絃金縷。認心事、幾曲闌干，斜陽影、暗留春住。記年時、手種垂楊，緑陰遮徧畫樓路。　蘭成同是倦旅。愁説閒鴛舊約，江湖歸去。冷髩偎煙，換了酒懷琴緒。便殷勤、扶起蔫紅，還擔盡、夜來風雨。賸空階、細拾香塵，斷腸聞杜宇。

百字令　柳墅感舊，用稼軒韻

蕭疏殘柳，問何人憑弔，西風時節。亂葉堆黄池上徑，水鳥飛回寒怯。虹影移舟，鶯聲勸酒，舊夢傷輕別。斷碑榛掩，舞鐃遺事休説。　飛絮記拂春旗，仙艫去後，淒黯前朝月。殘劫樓船收拾盡，餘恨滄波重疊。蕃塚雲迷，野亭水繞，幾樹偎煙折。靈和天渺，客游應感華髮。

桂枝香　瓶桂初開，因憶且園池上桂樹

冰蟾寫韻。正鈿粟吹香，畫簾徐引。消受蜂黄數點，廣寒秋近。分明澹領初禪意，奈閒愁、風旛無準。醉魂揉碎，詩心兜起，夜屏金粉。　似報與、東堂近訊。憶邀月池亭，露涼雙髩。多恐飛來珠雀，舊叢荒盡。飄零漢殿新霜後，問幽巖、誰共招隱。倚闌重按，瑶園怨曲，玉笙愁損。

薄倖　雲盦詞來，睠夢歌離，鬱伊多感，依韻慰之

狂香飄夢。早顛倒、雲屏渴鳳。問幾許、華年心事，暗借錦絃催送。甚東風、吹絮成塵，流鶯別後春寒重。待鈿閣量愁，簫屏尋約，除是

感，青頭歌罷，北斗冥冥。喚起晨光何許，凍雀隔枝醒。看盡閒坊，鬬幾局輸贏。憶否楓廬貂煖，乍籌傳絳幘，唱徹宮城。甚流年斷尾，語鶴暗心驚。睇滄溟、桃都天遠，問淮王、丹鼎幾時成。相憐意、倩梅家筆，試寫疏翎。

掃花游

忉盦來自閩中，爲話石鼓山寺紅梅一樹初發。因憶辛丑前游，奄逾廿載，故林春在，塵夢都非，悵成是解

故峰碧罨，乍倚竹凝妝，墜鈿聲悄。雪香路杳。遞新愁暗付，翠禽啼小。冷約疏鐘，幾疊瑤雲鏡曉。剩寒峭。漸吹淡舊紅，春夢醒早。　吟望心縹緲。憶數點山屏，髩緑分照。麝塵易掃。問瓊妃舊苑，更誰重到。倦眼天涯，笛外東風換了。待歸棹。怕繁枝、也羞衰帽。

星娥許共。還惜取、垂楊瘦，曾繫著、琱鞍珠鞚。丁甯雙青鳥，瑤雲捎去，琴心掩抑朝飛弄。又淒颷動。怨伶俜恨葉，愁根錯向當時種。孤醒易感，拚取歆簪醉甕。

霜葉飛

得舜卿弟里中書，賦此寄懷

倚樓人暮。孤愁迥，浮雲遮斷鄉樹。朔風吹雁送書來，寒帶滄江雨。念一霎、輕漚迅羽。浮生能幾連牀語。莫漫説歸期，冷夢落、西堂瞥眼，緑蕪如許。　應省汎梗中年，焚蘭短劫，客游多少歧路。暗塵銷盡髩青青，偏是愁長駐。正作惡顛風斷渡。荒波看盡冰夷舞。又峭寒、收燈後，故壠關心，野梅開否。

甘州

詠寒雞

更伊誰拔劍舞中宵，荒塒噤無聲。正繁霜淒

瑞龍吟

朱樓路。猶是曲檻迷花，暗鐙飄雨。無端羅幕新寒，秋陰減了，西亭碧樹。倦凝佇。淒絶畫簾重捲，燕梁無主。門前便是青蕪，夕陽似戀，斑騅繫處。　誰省筝邊幽意，冷尊慵對，飛香狂舞。曾記小桃開時，腸斷前度。紅蔫翠涴，花底頻迴顧。空消受、鸞匳怨黛，鴛幬淒語。夢裏流光去。更堪醒後，愁添錦柱。心事冷，依依金爐殘炷。等閒零亂風簾絮。說共，舊屏鸚鵡。

探芳信

飛翠軒詞集看杏花，念忉盦南行有日，息厂方作大覺寺之游，悵然倚此

款芳晝。正絳蠟凝妝，紅簾勸酒。漸鳳樓人老，春似舊時否。飄零瓊苑無消息，閒付填詞手。更關心、細雨江南，錦帆歸後。　風信幾番透。待醉覓花村，夢尋蘿岫。客燕年光，詩卷儘消受。香林十里垂鞭路，宮錦應裁就。負春韶，怕惹流鶯暗呪。

蝶戀花

和雲盦韻

狂索花枝同醉倒。醉捋柔香，那管游蜂惱。紅到芙蓉芳訊少。無聊偏是斜陽早。　清游隨意好。流水車塵，目斷青門道。換盡樓臺人未老。羅裙行處生秋草。

以上《龍顧山房詩餘》卷三《絮塵詞》

探芳信

同嘿園丈策六游李氏園，緋杏連林，春韶正麗，裵裒花下，倚此賞之

曉寒重。乍半斂紅菸，鶯簾鎖夢。認翠灐行處，鈿妝鬬珠鳳。尋香蜂蝶迷前路，深淺春無

縫。付閒身、管領東風，錦城初擁。　幽賞待誰共。祇花壓吟巾，雲隨游鞚。寂寞園林，啼鳥和清弄。九光杯淺春酲薄，『杯灩九光杏』，放翁句。羯鼓休催送。　數年華，誤了蓬山小宋。

惜餘春慢　餞春

幾日朱樓，東風如夢，數到銷魂時候。香塵舊苑，粉本殘山，誰省倚闌人瘦。猶是春前畫廊，覓徧斜陽，翠孱紅僽。問王孫歸路，津亭篴罷，暮寒知否。　還念我、彈墨鸞襟，沾香鴛帊，漸漸風情非舊。傷高有淚，怨別何心，坐數落花偏久。聽到千山杜鵑，芳夢醒初，清鐘催後。縱空簾重捲，綠陰如許，怎禁回首。

青玉案　和叵盦聞歌

飛紅不是江南路。又斷影、鶯留住。　酒淚天涯無灑處。夜香亭館，小箏如語。目送春來去。　錦箋漫疊銷魂句。瘦損腰圍儘憐汝。寄與玲瓏傳別緒。曲殘苔榭，夢迷花墅。鐙外瀟瀟雨。

蹋莎行　和立盦，次小山韻

薄酒醒初，清歌散盡。天涯捎到傷春信。綠窗深閉雨聲中，更何人把流鶯問。　簟冷香殘，樓高花近。檀心抝斷難成寸。愁隨逝水有時迴，夢尋飛絮無蹤認。

其二

弄水分涼，偎花戀暝。柳棉舞罷風初定。鳳簫人去太悤悤，晝長無奈重簾静。　倦思芳茵，殘妝粉鏡。尋春那似年時興。夜來夢到謝堂無，可憐孤燕窺人醒。

其三

繡幙飄煙，朱闌貼水。花陰一片愔愔地。粉牆西角有誰來，蘚香猶印鞵痕翠。　斂袖添顰，停杯如醉。心頭多少閒情事。當時輭語約春鴻，雲羅誤了相思字。

其四

訴恨箏低，籠愁釧重。新寒祇與酴醾共。斷無蜂蝶入簾來，珊鉤卻爲微風動。　舊誓瞞鸚，新歌怨鳳。思量拚付春窗夢。樓前花影散如潮，多情還借斜陽送。

綠意　詠綠陰

空幬怨結。早緒風翦斷，千點花雪。畫閣愔愔，憑問瑤雲，憶否款春時節。閑行待覓眠琴處，誤舊香、晚鶯猶說。漸鬢絲、減了樊川，似向雪西傷別。　還愛堆屏碧淨，小庭乍過雨，清沁苔髮。夢後風光，落盡夭紅，宿鳳應憐香葉。攀枝漫怨青青子，襯細草、一般幽絕。又夜涼、分到吟襟，罨畫半簾煙月。

還京樂　寒碧簃社集，喜蒼虬同年來自海上

飲君酒，且喜尊前此日流人在。歎客中霜鬢，廿年忍淚，頻看滄海。恁醉吟無賴。傷心更寄斜陽外。聽杜宇啼苦，畫裏殘山愁改。　儘龍鍾態。待褰衣、還倚高樓，繞夢星辰，猶是上界。蒼涼語咽荒雞，起中宵、似聞孤噫。感蹉跎、空燭颭秋魂，簫沈夜籟。負了湖山約，何時單舸同載。

賀新涼　南塘泛舟觀荷

放棹虹橋晚。乍銷凝、斜陽幾縷，亂蟬吟斷。

劃破玻瓈雙槳瘦，葉葉風香暗染。漸閃出、淩波妝面。摇蕩煙魂扶不起，甚閑情、付與參差燕。歌管歇，水雲遠。　多生負了看花眼。恁恩恩、銀塘照影，總關清怨。無限秋心隨篷去，篷外風蒲似翦。又盪起、漁燈星點。也擬搴芳前浦路，妒雙鴛、結就煙波伴。還小泊，綠楊岸。

鷓鴣天　露臺夜坐，和息广韻

風袂飄飄一倚欄。笙歌聲在碧霄間。星摇遠火收殘雨，雲展涼陰作晚山。　頻問夜，乍驚寒。思量鬧處遣餘閑。樓臺便是滄桑影，獨愛明河隔坐看。

惜紅衣　用石帚韻賦瓶中殘荷

彈粉偎煙，藴脂映日。倦妝無力。半解明璫，依依鏡波碧。涼叢戀晚，偏暗付、飄蓬詞客。愁寂。清簟夢回，閱篝香千息。　金鼇舊陌。攜酒前踪，浮花淚痕藉。憑闌萬感水國。渺天北。幾許錦鴛飛斷，誰辨暗愁來歷。賸翠盤殘舞，憐取昔時顔色。

前調　匠盦復將出關，枉過話別，疊韻賦贈

倦眼看天，狂歌送日。病餘心力。坐盡斜陽，窗筠戀寒碧。征蓬漫恨，還一笑、深杯留客。羇寂。鷗夢漸醒，約荒波棲息。　高樓廣陌。惆悵空歸，歌茵亂愁藉。新亭淚斷去國。任南北。爲憶故陵佳氣，天外也曾攀歷。折晚香誰寄，憑問白山秋色。

玲瓏四犯　夏夜聽雨

小簟分涼，漸淅瀝窗蕉，幽恨初緊。做盡淒

涼，偏是漏殘香燼。簾外冷翠沈沈，早過了、隔江梅信。料渚荷、一夜紅褪，花底錦鴛愁損。少年聽慣何曾省。憶朱樓、玉簫徐引。銷魂唱到瀟瀟曲，尋夢吴雲近。鐙背細點舊愁，悄怨著、曉鐘無定。怕鏡屏秋早，偷減了，雙青鬢。

鳳棲梧 題梧葉寄叵盦

葉葉梧窗秋歷亂。葉底秋心，皺盡何曾展。一縷錦瑟年光愁裏换。西樓月好無來雁。檀雲飄夢斷。夢向天涯，碧草和天遠。聞道洞庭波又淺。空江誰管芙蓉怨。

買陂塘 七夕泛舟，用樊榭韻

問靈槎、者番消息，濛濛銀浦雲暗。愁煙怨雨年年意，併入夕陽淒黯。渾易感。奈誤了星期，慣把離腸賺。蕢風夢澹。賸萬斛清愁，涼波捲去，寂寞水窗掩。輕橈影，曾傍西亭菡萏。詩心猶戀冰簟。魚天一角清如許，應是晚霜來漸。帆葉斂。看白鳥明邊，不著閑鴉點。溼雲未減。便盼斷前汀，料無雁過，楓淚幾行染。

疎影 詠影

驚鴻一瞥。似鏡波半掩，偷眼癡絶。肯便輕拋，微步依依，密意慣憐鶼鰈。殷勤照向春波裏，奈幾許、閑情難説。便隔花、遠似天涯，小立慰人孤孑。猶憶雲屏促坐，髻翹翠鳳顫，孅態都活。洛浦神光，乍合還離，怨煞碧窗明月。朦朧替寫愁心眼，問怎寫、黛眉千結。又繡帷、一笑迴鐙，暗裏也應傷別。

渡江雲　詠桂

青琴彈月罷，霧香漠漠，風引到銀屏。麝塵留不住，細結秋心，一半付漂苓。妝鈿翦碎，傍畫欄、啼露珠輕。剛夜涼、碧窗如水，夢共小蟾醒。　伶俜。前身空託，上界曾攀，訝飄雲無定。憑檢點、淮南幽怨，人老巖扃。何因重見仙旗翠，又瑶園、催換新聲。金粉影、相憐愁髩星星。

前調　忉盦歸白海上，話舊酒樓，惘然有賦

紅樓微雨夜，短篷乍卸，仔細話江南。錦絃秋共瘦，冷約花前。對酒怎成酣。吴雲夢杳，記當時、春在珠簾。吟望頻、賺人迴顧，津柳漸毿毿。　愁沾。鴛塵舊帊，蠹粉殘牋。歎狂才都減。休更説、江花江草，恨滿歸帆。荒波對席閑鷗老，賸風情、分付何堪。淪落慣、無端也溼青衫。

水龍吟　中秋夜同息厂登臺翫月

一臺穩占高秋，秋情衹許詞人領。華鐙盡處，碧雲都斂，玉蟾孤映。去雁關河，啼烏城闕，蒼茫天迥。睇瓊樓前路，笙歌飄斷，空吟偏、涼星影。　偏是孤酲易醒。背西風、繁霜愁迸。瑶宫此夜，霓裳殘舞，爲誰端整。笑浣飛塵，危闌下瞰，琉璃千頃。問何時快意，素鸞騎去，醉蓬萊頂。

憶王孫　詠秋草

荒翠無情霜漸緊。愁數盡、雁朝蛩暝。舊時金埒不重來，又瘦了、斜陽影。　離離千里關山迥。偏只似、別來心徑。冷煙和夢兩朦朧，

要盼到、東風醒。

畫堂春　詠燭

搖紅畫閣影依依。殘宵曾伴釵圍。曆星眉月兩參差。宿燕幾曾知。　寒粟漸沈金燼暗，花還隱羅帷。春心灰透已多時。有淚秖偷垂。

月華清　詠寒鐘

幽徑沈雲，危峰擱暝，寺樓知在何許。響落空江，怕有魚龍潛舞。洗衆籟、山月高時，警斷夢、水風清處。凝佇。又諸天定後，一聲殘杵。　悟到浮生去住。數雪北香南，幾番朝暮。喚破塵心，報與沈沈朱户。恨無奈、匝地笙歌，愁易斷、隔城笳鼓。誰語。問銅山消息，繁霜應阻。

滿江紅

杭州南高峰麓法相寺前古樟，純廟南巡累經題賞。辛亥遜位詔下，樟忽一夕而枯，過客驚歎，目爲忠樟。社侶約同填是調賦之

鬱鬱蒼蒼，縱灰燼、猶存正色。記一夕、風雷飛去，頓驚移國。材大恥干梁棟用，心摧怒挾神明力。算英靈、終古共湖山，精忠柏。　安否訊，殘僧識。生死劫，遺民泣。恁萬牛難挽，故根如石。定有蟲書成病已，終煩羽葆扶玄德。歎空枝、留照總淒涼，虞淵日。

高溪梅令

玉釵影顫酒波寒。醉花間。昨夜東風不到、曲闌干。舊愁千疊山。　較量帶眼隔年寬。問雲鬟。乍近春前春恨、便相關。日長紘索閑。

一萼紅　人日花下觴集，用石帚韻

小樓陰。認莓鬟數點，邀夢理紅簪。凍解冰鱗，光浮蠟鳳，芳夜清酌沈沈。翠尊冷、疏香乍染，又幽唱、催起宿花禽。錦柱憐聲，彩旛羞髩，暗怯春臨。　回首承華天遠，問東風何世，皺損芳心。油卜疑乖，爇香總負，殘緒重費温尋。早飛盡、梅梁舊燕，賸泥痕、還印畫屏金。漫道愁來是醉，醉淺愁深。『愁來渾是醉』，徐賁《人日》句。

瑞鶴仙　得泱盦海上書，卻寄

渺蓬山路斷。南雁到，説道滄波又淺。收鐙舊庭院。問瑤笙吹澈，春寒誰管。芳尊幾換。賸暗塵、花外自輭。料瓊仙去後，飄盡夢痕，夜夜銅輦。　莫笑琱梁意倦。一樣竛竮，儘輸檣燕。空簾怨晚。愁蛾影，怕人見。向高樓試望，煙蕪如許，斜陽何處更戀。縱江春好在，應是淚鵑灑徧。

一枝春　題彭剛直公紅梅畫幀。是幀以飾外姑俞夫人青廬者，夫人固剛直女孫也。舊有公手書楹帖爲媵，中經散失。余於沽上閔市得之，外舅因併舉是幀見賚，謂既慶珠還，宜令劍合，亦佳話也。倚聲紀之

小幅橫斜，寫冰姿、爲想吟香人健。湘舲夢渺，記否紅閨傳硯。玉叉試展。愛金幄、碧簷相伴。公所書楹帖云：『金幄瑶筐開寶勝，碧簷羅帶入新詩。』看老筆、還鬬寒虬，鐵石廣平如見。　低徊聖湖殘本，憶山租、舊抵苔枝題徧。公借居俞樓，嘗繪梅花大幅，以爲賃直。璚奩幻影，換了認春池館。曲園有認春軒。微雲漫許，早才盡、夢中花

管。慙閉閣、清對癯仙，自忘歲晚。

宴清都　春曉窺窗，緋桃初嫵，倚此寫之

一鏡妝鬟嫋。重簾外，紺雲低護清曉。籠綃掩媚，欹鈿鬬舞，絳仙嬌小。樓臺澹粉裝成，報昨夜、東風又到。待下階、屧步都慵，斷腸暗付啼鳥。　思量錦瑟流光，頻年花底，夢共春杳。紅簪惱鬢，香巾惹淚，倚欄人老。無言似怯漂苓，忍重理、韋郎怨調。怕後期、更把芳尊，斜陽瘦了。

水龍吟　氷絲盦感舊

故人來酹殘觴，草堂猶是題詩處。棲塵短榻，繡苔荒徑，風流誰主。冷眼論兵，狂才賭曲，廿年心素。正江山搖落，寥空鶴下，應悽斷、新亭語。　也識浮生無住。感前踪、滄波漂羽。夔門訪杜，湘皋哀屈，伶俜詞賦。一瞑攀天，千憂入地，蕭然終古。又歌殘楚些，低徊笛淚，背斜陽去。

齊天樂　述懷，次和蒼虬，兼呈彊村詞丈

飄蓬一往無南北，伶仃更教輕別。迸淚毫枯，沾霜鬢短，寸寸心塵難滅。荒波萬疊。念夢裹神州，斗垂天闊。索共書空，此懷休向海鷗說。　危枰殘劫換盡，望長安何許，離黍宮闕。亂後笙歌，愁邊鼓角，偏又啼鳥悽絕。浮生懶閱。縱願斷香留，總成灰劫。未了芳情，渚蘭空怨結。

石湖仙　題映盦所藏大鶴山人詞札

楓香飄斷。祇彈雨吴牋，鉛淚猶泫。花冷石芝崦，怕年來、雕欄又換。浮名身後，問可抵、

一生幽怨。悽戀。費故人、翦紙千喚。 江南俊游宛在，聽新詞、羅裙唱徧。瘦碧沈吟，等是傷春心眼。曩名吾簃曰『瘦碧』，浪公謂與山人複，易以寒碧。瀉恨杯螺，擔愁釵燕。夢雲都幻。華表遠。倏然語鶴天半。

蹋莎行　詩趣亭桃花下茗坐，蒼虬有詞，因次其韻

窺徑紅深，抱亭翠冷。花陰轉過斜陽近。不辭破笑爲東風，衹應愁靨難端整。 斂鏡羞霞，飄衣褪粉。流鶯啼罷春魂醒。夢痕不暖舊闌干，連昌宮畔傷心影。

聲聲慢　題清微道人空山聽雨圖

貝經繙罷，檀篆薰殘，山屏鎮日瀟瀟。散徧天花，人間猶話靈簫。門前漲添鴛水，問新來、誰繫蘭橈。瑤臺畔，乍春雲悄倚，寫盡無聊。 夢還憶蓮帷人病，漸佛妝慵整，閑了珠翹。怯清鐘，分明身似芭蕉。相憐畫窗瘦影，倩留題、衫角裙腰。空費淚，又楓江、悽斷暮潮。道人別有楓江秋冷小影。

臺城路　寄懷君坦青島，即借其《登柳樹臺望勞山》韻

卧樓人共黃花冷，沈沈斷鴻來暮。病減秋尊，衰添曉鏡，算是清愁如故。夢迷鷺浦。認暝色重山，亂雲無數。說到銷魂，竹聲剛送畫簾雨。 人間同是倦客，楚蘭漂恨，慣芳約難據。散雪吟殘，迷陽唱倦，顛倒春蠶千緒。新霜更苦。儘翦碎蘼香，玉璫慵訴。篋外蒼涼，海雲孤倚處。

浣溪沙　雪後登臺寫望

雪外樓臺玉幾重。六街鐙火澹連空。斜陽到海不成紅。　過鳥影迷深淺霧，歸帆夢引去來風。倚欄人在鏡奩中。

以上《龍顧山房詩餘》卷四《蘋雪詞》

清波引　臣盦寄示長春西園新詞，同韻抒感

卧虹春冷。宛圖就、石湖詞境。亂雲無定。晚笳喚愁醒。怨歌訴流水，料有游鱗厮聽。最憐前度雕欄，早銷卻、絮花影。　羈游暫領。渺身世、猶是汎梗。錦韉攤瞑。認清淚鉛凝。重來髩絲改，肯負搴蘭心性。衹恐窺檻狂鶯，笑人孤凭。

琵琶仙　蜨仙簃社集，以疾未赴，感拈是解

重對滄鷗，驀迴眼、換卻年時春色。幽愫曾約絲楊，依依待歸客。多少意、釭花鈿翦，怕吟望、照來頭白。急軫心凋，危絃淚咽，還戀今夕。　又看到、宮蠟煙殘，歎春後、風光幾虛擲。料理藹蠶孤緒，付微吟呵壁。偏夢裏、清歌易散，更暮雲、睇斷天北。準備離笛千愁，瘦魂禁得。

龍山會　仲雲汎舟秦淮，有詞和夢窗韻見示，余亦繼聲

碧樹秋無罅。夢到青溪，幾曲黃波亞。珠簾漂影斷，歌管地、三兩野鷗飛下。依舊六朝山，寫淒怨、煙眉澹泊。感芳游，敲篷晚雨，淚花紅灑。　天末暫聚征蓬，影事坊南，憶少年

涼分宿燕，新曲巫娥彈罷。狂枝翠亞。漸暗水漂花，酒懷俱瀉。一洗鴛塵，屧痕愁問舊亭榭。　伶傳憐取小鳳，乍飄鐙去晚，羅袖禁灑。錦陌心遥，銀灣路迴，多恐蓮房香卸。歡華暫捨。賸斷續千絲，楚雲縈惹。起聽簷鈴，冷釭紅又灺。

水龍吟　息厂觀麗郎季雲演明妃故事，約同賦

佩環試與招魂，鑾韀窄袖人如玉。昭陽日影，荆門山翠，夢懸雁足。報取君恩，燕支一騎，降城重築。歎白沙青冢，春風不到，空千載、傷心曲。　重見紅氍華燭。莽關山、愁長絃促。嬋娟萬里，丹青餘怨，歌雲斷續。漢月心孤，胡天淚冷，秋蛾猶蹙。更周郎俠氣，當筵一顧，勝黃金贖。

裘馬。過江人漸老，瑶瑟冷、彈向青林幽夜。何處不滄波，渺孤恨、深杯暗瀉。醉休捨。只莫似、山公巾倒挂。

菩薩蠻　和《蘭石詞》韻

低鬟愁壓雙金雀。啼珠瑣碎紅冰薄。花影轉殘更。參差夢後情。　悲歡瞞鏡影。除是箏奴省。停柱惹相思。天寒來雁遲。

其二

珠簾十里塵如海。尋春舊徑青蕪改。衰柳故垂垂。愁牽未盡絲。　空尊禁汎淚。細記尊前事。處處是斜陽。樓高教斷腸。

齊天樂　雨夜讌集即事

人生難得秋前雨，安排畫屏今夜。韻逗歌蟬，

鷓鴣天　和立盦

柳外樓臺小苑幽。驚鴻影斷記前游。苔綦緑掩吟春榭，菱唱涼生汎月舟。　新夢覺，舊香留。三生風絮管離愁。瑶池酒罷清歌歇，青鳥飛回也白頭。

踏莎行

香暝金篝，影迴羅扇。蘼蕪緑徧閑庭院。高樓昨夜自東風，梨花雪盡何人管。　小夢難圓，濃香易斷。新來祇覺當杯懶。捲簾無奈是斜陽，畫梁誤了歸來燕。

瑞鶴仙　仲雲寄示《傭廬春集》詞，索和

款簾風絮亂。問歸鴻消息，隔江春遠。狂花繞吴苑。又湔裙新禊，杯香簫暝。青山笑盼。倩邀笛、蘭成宅畔。羨游蓬、重夢東華，密炬暗紅初翦。　腸斷。當筵悽語，掃盡巢痕，客愁如燕。褢裛舞扇。忍拋卻、舊釵鈿。指朱樓高處，風光空在，總付煙霏霧卷。縱石腸、得似吴兒，海桑怕見。

前調　爲霜根同年題四當軒勘書圖

盥芸香耐晚。記人海冥冥，翠波三淺。春痕夢中换。枉蘭臺紬史，槐街行卷。丹鉛老伴。笑纍殘、愁絲似繭。乞餘年、細檢秦灰，猶是補天心眼。　休管。栖仙蟫瘦，槖夢螢枯，有涯俱幻。藜光自暖。算營就、太平館。儘千金殘帚，寒窗消受，掃葉朝來又滿。莫披圖、憶到江南，數峰澹遠。

漢宮春　蟄園牡丹盛開，浩態酣春，穠香薰晝，命觴留賞，如在石家錦障中也。用夢窗韻寫之

宮扇開時，訝錦窠雲髻，新降仙姝。含情暗欹粉靨，濃夢剛蘇。琱闌舊倚，傍瑶天、風露都殊。春似怯、霞帷半捲，緑衣低捧瓊盂。　洛浦頻年怨別，恰歸驄暫駐，教伴清娱。殷勤墜香漫掃，歌席憑鋪。金裊舞罷，又幽禽、催喚提壺。還仔細、羅屏雨重，玉妃酒困誰扶。

浣溪沙　爲人題並蒂白蓮畫册

夢入瑶天片月涼。淩波並影舞霓裳。雙成家在水雲鄉。　微步依依憐素襪，同心的的繫明璫。鴛鴦飛過也思量。

前調　和釋堪感事，即效其體

繫馬青門認故枝。雪香吹盡燕歸遲。年年客裏負芳期。　鏡語難憑情似幻，琴心欲託意還癡。春回可有夢回時。

渡江雲　雨夜有懷，和蒼虬韻

蕉聲疏未斷，暗釭簸夢，倦枕十年心。卷簾秋冉冉，迸淚衰荷，恨染越羅深。嘶驄路渺，賸領取、風葉清吟。凝望頻、隔江煙水，一雁動寥音。　追尋。欹巾殘話，翦燭閑悰，奈雲萍無準。枉幾度、蟬停歌軫，燕蘸啼襟。縱教洗盡星河影，説淒涼、還怨辰參。孤思永、篝香小閣愔愔。

燭影摇紅　寄懷匠盦濱江，即和其《中秋書感》韻

笳鼓重關，亂雲極望愁無際。龍沙飛鞚廿年蹤，天遠禁迴睇。多事孤吟費淚。倩邊鴻、丁

甯怨意。楚蘭歧路，是處殘山，菟裘何計。憔悴憐儂，共支病枕西風裏。挂弨虚壁掩蛛塵，垂老空奇氣。安得懽觴破例。話滄波、鐙床更倚。夜來殘月，撩夢荒江，暗楓迢遞。

安公子　賦燭淚

背枕釵蟲冷。畫屏斷夢啼難醒。灑徧銀荷迴眼處，怨東風無定。醉舞夜、殷勤記與籠紗靚。尋墜懽、可奈千愁迸。又漢宫傳罷，遥想仙盤孤映。　滴盡蠶更永。繡茵輕涴何人省。網户沈沈堆恨在，怕沾來蕭鬢。儘惜别、芳心怎便成灰肯。憐暗紅、結就相思影。問幾時雙照，認取曆星春凝。

被花惱　題鐵夫同年桐陰勘書圖，用紫霞翁韻

詩愁擱住畫樓陰，商略雨昏煙曉。暗惜孤根舊春少。瑶雲欲墜，青鸞罷舞，冷夢蘧蘧覺。惆悵問欹鬆几，檢琅籤，翠簾重寫西風照。　華林，多恐空階翳荒草。幽牕戀影，悄熨蟫香，地迴塵難到。待安排鳳軫譜清商，又銷減、腰圍爲秋惱。撫雪鬢，好約桐君閑處老。

東坡引

鶯簾呼夢起。桃鬟泫妝淚。一枕新火閑牕底。愁來除是醉。愁來除是醉。　空尊忍覆，危絃懶理。漸换了、中年意。飛紅猶向東風地。酒醒春去未。酒醒春去未。

鷓鴣天　折栩樓紫丁香一枝，寄匠盦塞上

夢隔鶯花更幾重。豔陽催展舊珍叢。半垂紫雪和煙溼，千結瓊香勝酒濃。　愁黯黯，信悤悤。折枝方便託邊鴻。斷腸人比春前瘦，何

況高樓雨又風。

三姝媚 次和蘭史《留園感舊》

吴春醒倦眼。記輕橈來時，柳絲初翦。十二樓空，黯舊愁説共，謝堂殘燕。暗碧無情，偏占斷、風亭煙苑。一樣闌干，怯倚斜陽，背花人遠。　何事香塵輕散。更片片殘山，淚鵑啼晚。瘦損酴醿，對冷吟潘鬢，也羞妝面。綺夢無痕，空剜蘚、前題尋徧。衹恐天涯醒後，東風又倦。

風入松

愛閑何事罷清尊。花落未開門。朦朧心眼迴帆後，檢春衫、半是愁痕。舊渚夢尋芳草，蘼臺目斷孤雲。　伶俜樓燕語黄昏。啼笑可曾分。幾重羅幕餘寒㡌，問東風、怎與温存。莫怨危闌煙柳，人間處處銷魂。

前調 暑夜

空簾花影轉金波。深坐夜如何。裵褢團扇渾無賴，儘閑情、捲付風荷。繞夢舊時星斗，撩人底處笙歌。　支床心事病維摩。涼袂染秋多。飄零莫問今何夕，任西風、替掃煙蘿。畫取一痕清淺，沈吟卻爲斜河。

虞美人

西亭曾是鶯花路。緑偏銷魂樹。飄鐙小閣雨聲寒。不道有人閑倚、畫闌干。　酒遍諳盡愁滋味。醒眼難成醉。殘鶯啼作斷腸聲。我已自憐無計、怎憐卿。

解連環

亂紅無著。正憑欄萬感，餞春池閣。甚斷夢、還駐仙雲，認偎鏡輕鸞，淚妝低掠。强醉酥香，奈醒後、宵寒偏覺。又疏窗報曙，攪起離腸，一片淒角。　芳心幾番評泊。憶鈿花颭影，年時羅幙。枉費盡、綠賦紅吟，待重檢愁痕，暗塵飄卻。涴雨柔枝，料不負、東風鈴索。恁流鶯、背人寄語，怨春忒薄。

木蘭花慢　爲克齋題山游圖卷

黯疏林遠岫，亂煙外、掩孤鞏。記蕭寺尋題，苔寒減髮，松老添鱗。用先德文恭公留題句意。輕篢幾穿翠徑，惹禪香愁檢雨花痕。收拾龍城倦夢，一鐘清出巖雲。　生綃還駐詩魂。征雁影、等閑分。歎干霄劍氣，銷沈短夜，暗付殘樽。歡游總傷過客，賸青山終古對斜曛。憑問栖崖怨鶴，天風細語應聞。

憶舊游　過水西莊遺蹟，追懷查灣

認明漪夾鏡，密翠通帷，中卧修虹。竹外朱樓近，早歌殘世換，鐙月悤悤。錯教白頭詞侶，來躡水雲蹤。算隱几攤經，鉤簾賭曲，猶是家風。　低徊舊游處，又酒舫花沈，屧經苔封。一例風流歇，更茀堂遲就，輸與盧鴻。夢邊故灣何許，春淚野棠紅。待招鶴歸時，蓬山路隔應萬里。

石湖仙　題石帚集

垂虹猶是。好招手詞仙，吟向煙水。豪宕結羊裙，儘纏綿、吴絲怨淚。江春留眼，驀憶到、雪天環佩。拚醉。問小蛾、此恨知未。　鴟夷漫懷舊隱，感漂蓬、江郎老矣。卷裏啼鵑，訴與同時青兕。候館秋蕪，戍樓寒吹。夢醒何世。花共悴。多生枉負英氣。

菩薩蠻　題清微道人仿馬湘蘭畫蘭卷子

鐙唇颭雨秋魂醒。畫窗瘦了嬋娟影。將淚寄清湘。盈盈罷佛妝。　綢繆紅押尾。莫誤青溪字。一葉一花扶。瑶田婕到無。

前調　和臣盦《秋懷》

霜心敲碎栖簷鐵。高樓月墜啼烏咽。秋枕懶於雲。閑苔緑到門。　吴蘭慵寄問。懽盡都成恨。碎竹響空欄。天風夢佩環。

臨江仙

羃翠陰陰池館静，簾波不散蘭薰。藕颸微動報黄昏。窺匳眉月瘦，迴枕臉霞温。　疊鼓催歸歸也懶。春心中酒微醺。參差花影印羅裙。畫屏雙倚處，皺徧楚山雲。

太常引　題詠霓女史畫菊

鈿叢細染綺羅香。新樣點蜂黄。憐取玉葱涼。莫暗怨、瓊臺早霜。　貘屏曲罷，金蕤汎淚，幽影耐思量。簾捲易斜陽。怕更惹、秋人斷腸。

水龍吟　輓彊村詞丈

眼中煙柳斜陽，斷腸又送詞人去。承明先輩，風華絶代，飄零如許。故國兵前，浮名夢後，料無迴顧。更衰蘭慘涕，迷離恩怨，空留恨、牛衣語。　海内清才有數。歎滄波、漚盟誰主。抽簪縱早，揮戈終負，虞淵沈暮。寄訊仙山，凌雲一笑，悲歡何據。祇風流頓盡，人間費淚，寫江南賦。

木蘭花慢　題陳圓圓道妝小像

早商山夢斷，認鸞影、是耶非。倩粉鏡傳愁，黄絁懺恨，换卻宫衣。淒迷。翠蕪舊苑，問山名鸚䳇幾人知。畫裏雲鬟罷整，乍疑蠟炬迎歸。　仙扉。燕老又花飛。深坐淚雙垂。縱繁華閲盡，滄桑家國，總怨蛾眉。芳期。暗憐逝水，甚香蓮還弄並頭枝。圓圓投蓮池死，池中遂多發並蒂蓮。料得歸魂夜半，横塘煙月依依。

塞翁吟　贈雲薖

負卻鴛湖櫂，愁唱冷陌黄驄。渺往事，水雲空。夢落桂香中。青山有約留庵住，人海幾負秋風。理倦緒，弄吟筒。待傳與吴鴻飄蓬。　身垂老、雕欄换盡，惆悵問、花前舊踪。夢華影、荒波易洗，枉凝盼、北渚仙旗，怨結蘭叢。斜陽未晚，照到霜林，還勝春濃。君有暘臺觀紅葉之約。

洞仙歌　憶梅，和鐵夫韻

飄麝簾慵卷。好春那更到，新寒亭院。正香塵似海，綺愁無岸。恩恩翠羽啼煙斷。賸幾樹、斜陽閑處戀。虬籖轉。早唤起芳心，鐙影窺羅幔。易變。浮觴影事，按笛年光，冷夢醒初，寄語閬苑東風，肯信錦屏重暖。天涯等是傷春眼。空惹恨、危欄孤倚偏。情更遠。渺鄉山，一片飛紅意千萬。乍淚泫。驀酒醒、驚霜瑄。又題瓊人去，暗煙遮盡高樓晚。

倦尋芳　雪殘寫感

鬬蛾戲罷，眠鶴醒初，人在瓊館。晃夢東風，偏又絮痕吹斷。舞袖來遲臨笛怨。吟欄偎久呼杯懶。引遥情，怕銀鋪碾碎，畫輪催轉。甚彈指、飛鴻輕散。林表量寒，愁共深淺。縞袂歸時，何處夢雲堪戀。逝水銷沈呵壁淚，空花顛倒登樓眼。檢梅塵，枉低徊，謝娘庭院。

掃花游　久不得叵盦書，歲暮寄懷

倚樓怨別，甚送暝關河，去鴻都杳。暮寒更峭。怕吳霜短鬢，冷笳催老。悶掩空尊，歲事鐙前換了。亂雲繞。便重折瘦梅，還爲春惱。

幽徑渾懶掃。記舊踐花陰，暗迷啼鳥。魫窗怨曉。算孀娥解意，旅愁分照。淚入冰天，涴卻秋蛇凍草。夢醒早。渺蓬山、甚時重到。

金菊對芙蓉　題霜根所藏王晉卿山水軸

石氣迎涼，葉聲送晚，尋詩孤倚巑岏。指蒼苔一徑，秋到柴關。含毫換了煙江稿，費閑情、商略梅鬟。千金見享，仇池縱換，肯餉詩仙。

太息寶繪堂空，又紹興御賞，禁籞松間。怕丹青染淚，來雁聲寒。風流合付詞人手，認小楓、紅似當年。拓叉清晝，古愁喚起，一片殘山。

鷓鴣天　和蒼虬旅感

迢遞雲陰擁海樓。連村簫鼓亂羇愁。棲棲絕塞隨陽雁，渺渺神山落漈舟。

雙闕夢，五湖游。春心賸有淚相酬。千紅錯嫁東風去，冷約梅花共浄修。

臨江仙　燈影，和内

散盡長筵珠翠，年時春夢淒迷。朦朧深坐聽荒雞。箏心偎淚暗，鏡背引愁低。　金燼悄憐殘萼，殷勤教展山眉。夜香微熨思依依。緑窗風不到，多謝鎮犀帷。

以上《龍顧山房詩餘》卷五《氷蠶詞》

天香　和蒼虬《連邸歲除書感》

帆遠沈煙，笳涼遞暝，殘陽猶戀孤館。炙硯逡巡，呼杯恅悼，心緒漏籤俱轉。年涯過羽，驀引恨、隣簫低颭。迢遞關雲塞月，拚飛自憐南雁。　遥夜夢依梭殿。儘温焐、宫盤芳饌。幾輩暗驚丰采，坐中裴監。閱盡蘭衰蕙變。更寄淚、荒波楚鄉遠。問訊寒鵑，春心定倦。

瑣窗寒　爲散釋題握蘭簃裁曲圖

篴韻清初，杯香散後，山屏孤凭。歌心金縷，幾負燕朝鶯暝。蘯餘情、蘭薫未消，夜吟長伴湘魂醒。早仙韶换譜，銀紅塵掩，斷腸誰省。　懽故苑芳菲盡。算記夢金臺，淚痕留賸。叢迴顧，等是鏡中春影。縱新聲、分付李謩，宫牆路阻愁更聽。判伶俜、離佩相憐，嫩約檀槽穩。

一萼紅　甯園紀游，用石帚韻

野亭陰。認藏花徑窈，錦石映斜簪。鷗汊通潮，虹橋夾樹，烟外荒翠疑沈。畫橈去、清歌未歇，又暮靄、催起翦波禽。燕趙客游偏慣，鎮風沙滿臺榭，孤感憑臨。　拓地林塘，上梁眼，皺損詩心。龍漢身更，鴟夷約誤，懽緒飄雨難尋。且消領、菰蘆晚興，賺漁蓑、新句抵千金。惱煞斜陽斷紅，還印愁深。

石州慢 蒼虬閣試趵突泉，和病樹

一夢明湖，供與瘿瓢，清伴霜夕。調笙小閣愔愔，韻入松風漂擞。冰甌留賞，衹恨渴吻天涯，閑吟長負西泠雪。商略薦金英，愛巾缾餘冽。 憑說。聽猿永夜，浴雁闌秋，舊情悽絕。明王衡《趵突泉》詩：『微霜初下雁秋浴，落月漸低猿夜聽。』賜茗重温，淚斷剪鐙時節。虞泉凝睇，便擬喚起潭龍，荒波休信春心歇。破睡更沈吟，照山眉雙結。

前調 題映盦填詞圖

一枕新霜，啼過夜烏，相伴垂白。江南怨煞蘭成，斷送舊春誰惜。行吟倦矣，況是酒醒天涯，重簾銷盡鷺花迹。迸淚染吴綃，衹鮫珠空織。 孤寂。藜床戀晚，蕙帳驚寒，夢邊龍石。君故廬近龍石。畫取風情，珍重殘山留碧。鸞腸易損，更費幾許清愁，傷秋分付閑箏笛。影事黯鐙前，儘番番追憶。

菩薩蠻 重過聆秋閣

紫騮蹋碎玲瓏雪。霜街夜色明於月。深巷度琵琶。鐙紅鳳女家。 玉釵敲夢斷。夢挂梅屏畔。慊影彈銖衣。垂鞭人自歸。

瑞鶴仙 暑雨山游，歸過自青樹，柳陰支榻，荷香沁衣，流連忘暝。君坦續游，有詞，依韻和之

水香摇浦溆。記柳外停車，山衣飄雨。歸雲娟殘縷。睇烟郊晍色，一臺高據。林泉付與。儘蹉跎、酒懷琴緒。傍苔牆、愁箋拈來，怕有

冷鷗偷覷。　凝佇。吟亭紅老，别岫青孤，舊悰何許。多情巾屨。偏揹到，感秋語。料行歌側帽，霜林巡徧，也似征鴻待侶。賺宵來、客枕淒迷，夢邊塔宇。

惜餘春慢

病樹貽鐵崖嬉春研拓本，屬題

鴒眼含波，鴛心分淚，一片春魂鐫就。寒偎瘦篴，夢擱清歌，惆悵峭帆歸後。閑了花前錦杯，老去詩愁，墨華沾透。問珠簾何許，傷離滋味，淬妃知否。　休更説、射棨明光，年時塗抹，絶世蛾眉終負。還珠恩重，抱石身孤，萬感斷鐘殘漏。難補人間恨天，拚與痴頑，白頭相守。算風情無恙，酥痕曾染，草枝摻手。

草枝，鐵厓妓名。

朝中措

重過甯園，殘菊離披，猶存餘蕾，感填是解

畫樓依舊鎖秋陰。香斷曲欄深。寒重晶簾猶捲，夢回金鈿難尋。　冰泉幾薦，相憐舊色，風雨曾禁。多事額黄偷整，半妝描盡傷心。

絳都春

煮鶴有談，玉溪所歎，不圖怪事，乃見節園。併命傷雌，感音怨獨，相憐素羽，爲引丹歌

珠林借羽。早緱館夢闌，荒菭妨步。似警翠眉，啼掩雲羅誰愁侶。分明紫蓋三清路。賸遼海、斜陽教駐。負霜珍重，參差唤起，縞仙殘舞。　凝佇。蓬臺又遠，亂蕪外、懶數燕昏鵾暮。迸恨故雌，一别蘭岑嬋娟誤。新寒漫索金衣語。儘惆悵、雕欄前度。明朝説共東坡，怨孤玉宇。『明朝便恐兼烹鶴』，東坡詩句。

摸魚兒

潮汕間産異蟹，形小而殼黄，背有美人半身影，紺髮垂雲，雙瞳翦水，了了如繪，俗呼美人蟹，傳肱舊譜所未及也。次公索同賦

漾疏鐙、翦葉雙影，好風江上吹汝。眉痕偷印漁娘翠，换卻汴宫殘譜。宋宣和有雙蟹圖。秋夢住。莫夢裏横行，結就芙蓉侶。汀沙夜語。弄潮誤落落琴聲，水仙彈罷，涼逗緑蓑雨。相思那去。何處楓灣蓼溆。梅家風韻重賦。笑網得有腸堪斷，迴眼茗邊如訴。鴛舸路。紅衣更嫵。怕流水前身，西施，還惹吴兒醋。驚鴻迴顧，萬感楚雲暮。

前調

再賦美人蟹

嗛吴娃、一錢看煞，輕帆迎到螺女。嬌雲覆額天然媚，十二點脂着汙。蟹背有十二燕支點，見《北户録》。迴睇處。偏海月無情，斷卻嬋娟侶。『失伴惟應海月知』，昔人詠蟹句。楊枝放汝。笑饞吻坡仙，岐亭吟罷，虚負玉盤貯。蛾眉誤。祇伴潮來汐去。蠻谿奇豔誰賦。前頭防有鸚哥觜，鳌名。怎把淚珠分訴。傾國顧。忍倒曳金戈，也學天魔舞。微波寄語。正鐵網摇江，西風瑟縮，愁試小蓮步。

月中行

夢回花影在簾鉤。燕去又經秋。嘶驄舊巷夕陽愁。一角柳邊樓。當時携手憑欄處，多少意、雨散雲休。蛛絲罥斷露枝柔。怕有小紅留。

宴清都

和閏庵丈，賦公園鸞枝

灩灩栖鸞樹。穠華夢，倚欄酣帶朝露。嬌腮

展笑，低鬟鬬媚，錦烘珠沍。分明粉鏡霞妝，印步障、香雲暗度。恁鎮日、醉倚東風，朱顏鍊砂貪駐。　還愁占斷燕支，江南信殢，含怨難賦。游蜂影亂，啼鵑淚熱，最傷春處。斜陽似堆新恨，又恣舞、花前趙女。怕晚飋、澹減紅芳，輕紗倩護。

慶清朝慢　次韻寄懷哲維白下

夢雨高樓，傷春冷陌，多時鵑淚啼乾。吳船幾度，翠楊難繫餘懽。迢遞江鴻背語，箏心皺斷曲屏寒。韶光賤，亂蕪滿眼，金粉飄殘。　蘭館舊悰易謝，祇暗香琴在，伴我清彈。蹉跎謝屐，摩松何日雲還。入世綺才未盡，新愁題徧六朝山。風情在，謐簫月底，麾扇波間。

惜黃花慢　香草宧招集賞菊，索賦是調，和夢窗韻

倦舞金裳。菊中有名霓裳舞者。認鈿屏半面，依約徐娘。畫樓高擁，繡簾未捲，恩恩過雁，惘惘斜陽。瘦魂吹醒西風晚，伴青女、羞整殘妝。念異鄉。俊懷負了，零亂萸觴。　危欄更怯清霜。訝露盤餘恨，分染宮黃。　夢痕催換，歲華感寂，多情顧影，何計憐香。醉吟人與秋俱老，故叢淚、千點淒涼。儘斷腸。岸巾笑爲花狂。

月華清　月當頭夜，趣園詞集

樓枕銀波，窗窺瑤斗，玉虛高處寒款。笑語天風，蕙幌雲羅齊捲。引碎瓊、冰軨清初，瀉亂汞、露盤斜畔。迴眄。又霜禽驚起，殘蕪亭

又收鐙院宇、倚笛簾櫳，新病後。認取茸衫人瘦。鴛橈曾繫處，巧似迷藏，墜夢沈煙悄尋穀。託流水、訊行雲，緑徧絲楊，怎絆住、隔花羅袖。賸卷裹、蘋香記當年，怕唱入眉峰、一痕吹皺。

木蘭花慢 贈歌者張蘊娘

幾傷春怨別，畫簾底、訴新鶯。正楚佩香霏，秦簫韻裊，愁化雲輕。盈盈。臉波半斂，乍迴眸不笑也傾城。端是天南柳宿，怎教訛作張星。 竛竮。綵扇翻歌，天寶後、換新聲。記紫蘭一曲，翻風燕妒，啼露花醒。飄零。袖中宮譜，祇雲和留付董雙成。多少銅華舊恨，夜來傳徧旗亭。

苑。逝水年涯幾見。怕照鬢添星，素娥情懶。舞袖霓裳，夢影仙蓬吹散。驀驚心、畫角催沈，偏解意、翠尊隨滿。悽斷。奈梅梢移曉，流光愁餞。

四犯翦梅花 冷萼辭春，疏香戀晚，凌波竝影，橫玉牽愁，倚聲寫之

酒潮春瀲。夢唐昌寂歷，碎簾香月。約鈿舊寒，怨東風輕別。翻飛楚蝶。話酸苦、綺腸雙結。珠箔歸遲，雲裳解後，翠禽啼歇。 冰欄幾回凭熱。認殘妝半嚲，鐙影紅怯。對鏡明朝，怕瓊枝成雪。金衣勸折。儘萬緒、篴闌歌咽。麝粉愁新，檀心淚冷，海仙千刼。

洞仙歌 爲鶼龕題柳岸曉風圖，即和其自題韻

斜陽身世，幾雁期鶯候。過錦風光懶回首。

絳都春　蟄園詞集賞牡丹，限調同賦

歸人似燕。又蒨影畫簾，斜陽催捲。困舞翠盤，慵織鸞綃含嬌怨。年時扶醉仙蓬畔。悵妍夢、行雲偏遠。洞簫吹起，紅欹黛掩，嫩晆亭院。　誰念。流鶯恨別，殢情處、繡逕深叢吟徧。弄粉舊香，彈墨新愁留春淺。籖聲迢遞花陰轉。更莫放、杯闌歌散。喚鐙憑照嚴妝，鈿屏夜暖。

宴清都　瑩園春禊，分韻得『宇』字

閟索新鶯語。垂楊畔，舊時蘭槳停處。平堤花擁，閑廊水繞，似遮人住。東風暖逗朱脣，淺睡裏、微渦更嫵。園杏初花。　趁醉筇、躡徧芳陰，留連還恐蜂妒。　流杯幾送飛英，題裙墨黯，惆悵前度。沾愁翠榼，淹塵皂帽，夢回天阻。斜陽轉過燕山，又聽到、聲聲怨宇。笑髩絲、那稱紅簪，山香倦舞。

風流子　倬盦邀集蒴圃賞雨中芍藥

盈盈紅似滴，婕魂醉、繞徧翠欄干。正玉妃舞歇，畫裙慵整，夢欹羅薦，啼損晶盤。爲問怨春春解否，無語彈香鬟。憑賞墮瓊，小簾扶起，背憐搓錦，流水催殘。　年光梅黃近，鈿車斷、芳事綺陌闌珊。惆悵鳳池曾見，鉛淚偷彈。怕唾壺點碎，琱筵恨別，帶圍瘦減，珠箔留寒。消受霧邊衰眼，重賦愁鸞。

南浦　題林畏廬翁西溪圖，兼訊忉盦溪游

搖曳一灣秋，指詞仙，隱處溪雲迷曉。西堰舊通潮，荒庵畔、古雪沈沈誰掃。清游最羨，酒瓢穩載瓜皮小。彈指楚天愁幾許，憑問舊時

芳草。分明圖就殘山，引歸心、早是越蓴香了。憑訊冷紅蹤，清波路、果否控鸞重到。梅塍夢渺。微吟愁對瓶枝悄。今夜、水窗風絮影，白上髩絲多少。

洞仙歌　賦雪絮，用耆卿韻

休道沾泥慣。記鸞袖乍舞，風情深淺。幾籠鞭冷陌，掩鐙幽院。分明粉鏡迴春面。問小字、盈盈還盼盼。閑愁綰。待喚醒梨魂，重話東闌晚。繾綣。涴衣易惱，點髩頻驚，墜夢荒煙，認取灞柳沈沈，可有緒風偷翦。量寒剩付釵頭燕。剛試手、瑶階尋覓徧。悽更戀。怕回看，惹草縈沙思何限。任聚散。料未解、塵灰願。又仙雲飄盡，繡簾孤恨無人見。

渡江雲　病懷兼訊忉盦海上

春酲愁未洗，藥烟半枕，病過楝花初。歸帆天外夢，怨煞樵風，冷約渺鴛湖。吴牋懶理，料滄鷗、還笑人疏。空賸得、箏心殘淚，宛轉和紅歈。踟躕。危欄柳老，舊逕落荒，問行吟何處。消幾度、飛塵銅輦，落日黄壚。縱教照髩江南緑，怕風光、不稱寒蘆。漂羽恨、栖雲倦鶴知無。

石州慢　秋晚涉園見籬畔殘花掩抑可憐，惓然賦之

一徑秋陰，扶起瘦紅，幽緒如葉。惺忪綺怨羅愁，問訊晚霜心怯。殘妝洗未，最憐負盡濃春，撩人猶弄燕支雪。南雁幾時回，又花前傷別。癡絕。舊香無據，新恨無端，枉教淒

切。不信衰遲，芳佩丁甯重結。斜陽更遠，等閑倚偏荒籬，餘寒拚共西園蜨。擁髻夢中逢，話年時煙月。

綺寮怨　題亶素天醉樓填詞圖，用美成韻

繞鏡春紅吹老，殢愁吹未醒。黯紫曲、亂蕪殘照，滄鷗影、怕近西亭。當時落霞彩筆，漂蓬久、倦客誰眼青。更幾番、抹月批風，華年遠、錦瑟幽思盈。　惘惘懶尋暮程。傷心漫寄，知音那有瓊瓊。夜寂鐙清。擁髻話、怕鸎聽。危欄怎禁回首，訴去水、總無情。歸來鳳城。應憐舊苑柳、秋又零。

南浦　題端甫所藏黄小松湘江歸棹圖

無限楚山青，寫黛痕，扁舟江上迎汝。雙影並篷牕，宵來夢、猶繞舊湖烟雨。鷗程幾曲，垂楊都是牽情樹。錦絃倚暮。應妬煞黄陵，惁般孤度。　詞人占盡風流，任邀月蘭皋，留雲蘅浦。三十六鴛鴦，停橈近、剛覷小蓮嬌舞。瀟痕皺碧，夢回長記歸舟句。劇憐絹素。空淚染塍花，春歸何處。

浣溪沙　用夢窗韻賦燈下牡丹

夢入瑤天半化雲。翠禽無賴伴啼昏。爲誰風露見行裙。　寶幄微開遲夜舞，金鈴不動定春魂。隔花初散綺羅人。

其二

一片瓊臺罨暮雲。鏡波紅澀玉塵昏。九光枝畔畫仙裙。　彩扇半遮秦女面，珠璫新返洛妃魂。不分明處更撩人。

摸魚兒　三月晦日稷園牡丹花下餞春

記相逢、翠池西畔，盈盈鸞袖邀舞。綺鐙盪起香如水，十二錦欄低護。腸斷否。認夢裏仙雲，夢後維摩雨。流鶯寄語。借小戔當歌，密圍留醉，萬一絆春住。　江關晚，錦樣流年懶顧。驚心花外啼宇。夕陽簾角凄迷影，偏近舊時壇樹。吟望苦。賸掩淚衰蘭，底許尋歸路。愁絲漫數。憑側帽餘狂，繁枝笑折，重疊唱金縷。

以上《龍顧山房詩餘》卷六《漚影詞》

慶春澤慢　崧若招集西沽丹霞精舍賞桃花，分韵

白苧宜暄，青郊勝畫，游蓬小約幽尋。影掠仙雲，垂鞭人繞香林。東風容易吹成雪，便傷春、那待春深。傍芳陰。點盡鴛泥，皺損鸞襟。　當花還勝無名，醉占鶯邊臺榭，韶景千金。斜照多情，商量薄暝輕雰。一番開落如更世，道前遊、争不驚心。覓荒潯。烟柳黄昏，怨入嚦禽。十年前偕龠閣、匜厂、查灣同游，今俱爲異物。

風入松　和立盦賦晹臺杏花

東風摇夢杏雲酣。峯髻綴紅簪。斜陽澹入燕支海，一叢霧、一隊飛驂。來去千重花影，濛濛香濕輕衫。　泉聲近處湧精藍。行殿燕呢喃。青林煮酒人都懶，衹分付、蜨醉蜂憨。吟到北梅亭子，不知春在江南。

四犯翠連環　丙子荷花生日，補廬師、嘿叟、趣園同集湛虚水閣觀荷。念逾日爲崇陵長春節。法駕辭烟，凄香如怨；朋簪睠晚，冷翠猶依。感

昔傷今，一時橫集，約同拈是調

雨氣衫涼，風香檻溼，愔愔萬蟬吟瞑。連舸繡鴛還往路，望斷露盤無影。洗妝裳珮浄。錦雲倒寫璚霄景。水亭紅處，短橋疎柳，怨極斜陽靚。　夢境。曾傍金春，悵舊時虹渚，暮寒孤領。碧樹翠壺殘劫外，三兩倦鷗淒醒。鎖煙珠殿冷。迷離花霧愁誰省。風漸猛。翦散菱歌又，悽對蜻簾静。

三姝媚

香山秋晚，霜紅弄妍，倚聲寫感

山鬟妝更絢。盪吟情西風，釀寒深淺。淚比春多，惱去鶗啼罷，翠巒花黯。劫後斜陽，何處問、連雲亭苑。借與繁華，青女來時，曲屏初染。　休把珊瑚敲斷。怕墜影宮溝，有人凝盼。步錦重重，醉鈞天還憶，壽芝歡讌。怨倚清商，偏看盡、秋紅淒變。向晚玫階寂鎖，飄愁又滿。

金縷曲

來今雨軒春禊，和閏菴

唤起西園客。又安排、采蘭新唱，夢温琴席。唬雨闌干留雲住，遮斷倡紅冶碧。總添與、茸衫愁色。樓閣冥冥春寒裏，盼斜陽、立盡蒼苔迹。杯酒外，黯非昔。　開天全盛偏身歷。賺番番、傷蒲怨柳，暗催衰白。無力東風如人倦，惱亂鸎消燕息。忍重問、摇鞭亭陌。蕉萃青門疏星侶，怕清尊、後日還成憶。歌緩緩，醉巾側。

法曲獻仙音

春盡日招同人蟄園賞牡丹，爲餞春之會。酒間適聞茗簃西歸之秏，心驚殘笛，淚染芳尊，罷席不怡，倚聲抒恨密砌霞翾，蒨園風掠，嫩約留春亭院。豔絶禁銷，倦來輕別，芳韶慣將愁染。縱翠錦、千重障，流光怎遮轉。彩雲遠。記珍蘗、舊香邀句，歡似夢、偏又夢痕易斷。迸淚惜飄紅，甚東君、不管幽怨。唱入參差，繡屏低、瞞了新燕。料嫞妝臨夜，暗恨著花如泫。

前調

閏庵、彤士招集稷園，洛花將謝，藻夏初臨，歲羽髮髮，低徊涉感

夢平雨琳壇，暝煙玫砌，幾日深蘗開偏。趁婕來頻，喚鶯歌續，春歸更温芳餞。指柳外、青蕪路，王孫去非遠。畫幰卷。待東風、背花迴顧，花上影、猶認倚妝飛燕。訴怨翠霓裳，夢仙韶、何處池苑。舞倦盤欹，彩霞飄、羅袖香染。伴酴醾新恨，瘦損玉娥誰見。

喜遷鶯

遯圃黄芍藥花，時讌客

檀心如醉。正香滿舊欄，穠妝初試。剪蠟堆雲，撩蜂銜雨，翻影畫羅屏底。幾許帶圍愁減，肯逐妖紅狂紫。借芳琖，趁東風微倦，金衣扶起。花意。君解未。微斂旋欹，不爲傷蕉萃。鵞絹天香，鶻綾宮樣，多少夢華殘思。灩蘗好留春在，莫問斜陽人世。露槃下，料殘枝，半染銅仙清淚。

木蘭花慢

奉題補廬師《黄山詩册》

九龍喧翠雨，引飛佩、繞林阿。指磵路銀沙，天都玉柱，千態嵬峩。頑松羡人更健，度層嵐不借海駒馱。一枕風泉夢破，隔窗山鳥初歌。微哦。憑慰蹉跎。似曹阮、共經過。問聽濤直上，笙鐘萬壑，何處秋多。清游總憐逝

羽，衹白雲携袖任婆娑。卻恨木蓮剗盡，教人覓徧烟蘿。

絳都春　南塘寫望

荒烟暗浦。問舊燕可識，蘭舟維處。倦緒怨春，啼損香心薔薇雨。绿楊不斷垂虹路。儘凝想、翾風殘舞。幾家亭館，雕欄換後，瘦紅誰主。　孤竚。前灣暝色，賸漁唱、替了蘋洲葀譜。冷鏡波空，瑟瑟風蒲共鷗語。臨流莫道騷情苦。怕還有、愁魚相覷。更堪隔岸星鐙，又移夢去。

瑞龍吟　集洛聲漚碧舫，用《片玉》韵留題

南塘路。依舊冷檻黏萍，野亭欹樹。輕颸涼到烏巾，鏡煙邊晚，漁歌處處。　悄凝竚。多少俊游臺榭，暗蛛窺户。行吟怨入菰雲，水天向寂，殘漚自語。　回首蓀橈人遠，夢餘何世，水夷争舞。重許照顔荒波，懽影非故。憑欄萬感，分寫魚須句。還料理、疏蕻點髩，幽落延步。流水將愁去。舊谿似此，鸘鸞薄緒。孤負秋尊縷。歸燕早，愔愔簾櫳絲雨。倦懷又惹，一襟塵絮。

壽樓春　雨後過水雲榭，久坐。疏花睠寂，涼吹生秋，俛卬盛衰，愀焉傾寫

吹參差誰聽。正波空燕别，雲悄鷗醒。柳外荒烟如怨，亂笳無情。金井外、寒菭生。認舊香、啼鉛分明。奈雁柱愁孤，鴛槎夢阻，無計訴秋星。　傷高句，題羅屏。早紅慵翠怯，千感春醒。況是登樓身老，倚闌心驚。流水影，斜陽停。送倦觴、風花冥冥。問凝碧繁華，淩舟唱暝腸斷聲。

鶯啼序　夏日同嘿丈、君剛、兑之詣舊山賞荷，就漚舫久憩。斜陽漸下，水氣生清，林岫櫹潹，樓臺寂歷，悄然有昆明劫灰之感。歸填是解，和夢窗韻

樓臺半收灩錦，正風蕖散綺。畫廊繞、倦燕徘徊，怨極烟樹無際。繫橈畔、斜陽苒苒，珠簾盪晚西山霽。傍天風高處，春韶夢影飄墜。　過翼年光，試步杏苑，記仙雲近倚。聽珂路、晨入西池，露蕖交暎金翠。換芳菲、啼鵑淚熱，亂紅謝、香塵流水。怕瑤牕，青鳥飛回，訝非人世。　冬郎老去，委篋鸞巾，媿數舊恩美。甲帳冷、通天重到，悵阻星斗，倚杵茫茫，補媧心事。寒蕪寄恨，荒波迴盼，凌飈催歇霓裳舞，黯林亭、往日繁華地。灰痕悄拾，遥憐罷織秋娥，夜機定留寒緯。　琳扉繡壁，轉睫栖塵，歎鳳輿漫遲。更忍溯、青旗臨射，赤羽蜚艖，騎從宸游，駕虯十二。橫汾寥遠，懷沙身老，江頭蒲柳吟望苦，儘吞聲、還拚瓊瑰袂。白榆望杳關山，況隔龍沙，佩環萬里。

前調　定公所藏飛燕玉印，近落市廛。余手拓之，浼心畬補象，嘿丈寫傳。遠條春杳，翠佩如逢，殘籀香沾，彩毫交暎，亦盛事也。倚聲記之

嬿妝乍疑病酒，想鶯鸞倦舞。燕飛近、影入昭陽，夜光低擁珠户。紫茸畔、明璫穩繫，新恩惹盡蛾眉妒。任妖紅飄蕩，高枝自占風露。　絕世温柔，意態近遠，肖鴛鴦舊譜。寶鬟嚲、初浴沈香，絳紗深罨蕖霧。盪仙舟、迴波太液，悄嘶濕、宮衣金縷。怕行裙，輕趁蘋飈，翠瀛歸去。　茗華姊妹，苑接丹椒，幾背鸚寄語。霞帳冷、玉壺緘怨，暗洗懽唾，恨嫋釵翹，

寵移箏柱。矉眉懶畫，回心羞唱，難忘偎竝春寒夜，便東風、暫熱還無據。芳華易歇，空憐鳳翼參差，枕屏半霑梨雨。　情寬夢窄，咫尺蓬山，歎遠條路阻。甚轉眼、梅梁單影，翦斷巫雲，素柰藞煙，斑筠栖暮。伶俜待寫，瑶天長恨，鈐紅殘印牽淚在，儘淒涼、誰作哀蟬賦。低徊蘭籞沈蕪，漢月依稀，佩環到否。

探芳信　東香新村讌集賞荷

畫橈到。正野亭風來，錦荷香早。任翠鸞偷舞，斜欹露槃曉。垂虹橋下流花路，花遠和煙繞。儘蕭疎、孄著樓臺，輞川新稾。　幽意伴鷗悄。問似水凉陰，借秋多少。酒罷西園，鏡波影、醉紅好。輭塵不涴清泠趣，人向壺中老。墮簫雲，攪起鴛鴦夢小。

花犯　賦齋頭秋蘭

倚新寒，湘奩素靨，嚬妝爲誰整。翠翹低竝。露淺夜空江，歸夢初醒。汜人罷舞鮫波冷。離烟愁萬頃。好伴取、一窓瀟碧，仌絃心共永。　何年上宮降瑶香，嬋娟念遠嫁，雲沙餘哽。幽怨晚，清霜下、羽仙淒警。蹉跎恨、楚天易老，剛瘦了、西風瓊佩影。待汎酒、憑湔滄淚，懸知花意肯。

水龍吟　新秋重過水香洲寫感

卧簫吹徹秋心，小廊翠冷螿嚬雨。閑園水外，吟橈繫夢，狂花攔路。霓袂千嬌，露欄一瞥，影留春住。問青蘿舊徑，東君別後，空殘燕、偎人語。　碧輭芳池誰主。傍虛簾、愁紅懶舞。迴腸更憶，月波浮酒，風香絃句。陳迹游笳，暗塵遺挂，刹平那今古。又驚心、柳外斜陽，隱隱繞城笳鼓。三十六陂吟館中，仲鈞遺挂尚在。

醉桃源

嘁紅金燼夢依依。花殘春未知。畫梁微雨落香泥。無情江燕飛。　風絮亂，暝雲迷。嘶驄何處歸。倚樓人瘦緑陰肥。愁牽楊柳絲。

瑣窗寒

丁丑七夕，和夢窗

驚雁啼煙，淒蟾鎖霧，絳河愁見。秋情最苦，底似今番悽惋。鴛鍼悔教人偷，簫雲幾許飛梭展。正荒波漲目，竛竮離珮，倦吟蘭畹。　迴盼。重欄換。忍問訊殘鯨，露寒池苑。蔓草行裙，是處山眉顰晚。看西烏、繞枝漸稀，最銷魂、冷燭銀屏，夢惹瓊華怨。

月明故國疑天遠。

浪淘沙

二闋

春去夢猶濃。十二樓空。瓊枝斷送曉來風。偏是巧蛛貪結網，誰管愁紅。　天遠問江鴻。緑暗千峰。赤欄橋外暮烟重。有限夕陽無限恨，都在牆東。

其二

密意叩瑤扉。花外欄低。繞枝驚起翠禽嘁。無數亂紅飄作雪，流水橋西。　芳夢幾番迷。虛誓鸞箆。隔牆悄立采香梯。誰道眼前春去路，瞞了黄鸝。

點絳脣　題自繪柳陰菱榜便面

采采銀塘，鏡波影入霞綃淺。翠絲不翦。葉底先偷眼。隔著垂楊，人似紅襟燕。蘋風遠。歌聲吹轉。一片江南怨。

菩薩蠻　寄劉大孟純黔中

衰蘭揮手吳天窄。送君不見君顏色。新夢月難圓。惱人啼亂鵑。　離絃牽怨抑。是處殘山碧。去路幾煙沙。客中還勝家。

水龍吟　和蘗夢，用東坡韵詠秋絮

舊叢能幾西風，亂愁暮雪還吹墜。黏雲有影，團霜無力，絲絲殘思。聞訊河橋，澹雾寒色，誰家門閉。儘春前萬恨，啼鵑化後，又飛趁、淒笳起。　禁盡紅欺翠攬，負芳韶、青旗曾綴。斷腸聽到，聲聲來雁，夢隨烟碎。離佩飄洪，僑蹤散葉，一般流水。歎江潭老矣，拚教惹袖，染傷秋淚。

龍山會　重九集飲香草庭，歸經郊園，登阜縱眺

勸醉黃花了。蘚經閑筇步，引腸千繞。倦吟人漸老。蕭鬌影、還戀天涯香草。愁裏怕秋陰，況吹恨、金笳寒早。感前悰，楓林別後，亂紅誰掃。去年九日觀香山紅葉。　重尋翠阜幽亭，倚偏雲根，欹帽西風嫋。蓮峰無屐到。輸我占、一點瓊壺青小。欄外即荒波，換多少、滄州殘稾。黯低徊、斜陽澹處，冷鷗飛渺。

蝶戀花　題自繪楊柳岸曉風殘月便面，和耆卿

別路絲楊寒細細。草色煙光，一片愁無際。去去楚天殘月裏。姮娥也帶銷魂意。　悵望

蘭舟情似醉。今夜郵亭，酒醒知何味。折盡風流終不悔。攀條人比秋憔悴。

聲聲慢

又黼席間歌者琴孃索詞。尋過璧翁家看菊，復於花間遇粲者，樊樓伎也。泥絮情踈，風花影促，傷秋感夢，寄以曼聲

絲楊颸夢，鈿菊凝妝，秋容還鬬春濃。扇底微波花塵，粉霧惺忪。懽筵暗羞迴顧，逗琴心、何處驚鴻。愁對影，恁啼蘭千恨，唱疊眉峰。偏又林亭邀賞，展釵屏十二，撩亂金風。紫鳳窺人，分明不隔簾櫳。無情也禁惆悵，黯瓊香、流水西東。歸且緩，倚斜陽、留戀小紅。

臺城路

枝巢有詞憶江南故墅，因憶亦雲巢數月不至矣。咫尺兵阻，同此悰憛，和韵抒感

倚樓孤睨人間世，吟腸近來冰冷。暗螙侵年，殘蛩寄命，誰管新亭風景。停辛慣領。恁剗地霜蓬，亂愁無徑。眼底西山，瘦蛾應改舊丰韵。　雲巢別後好在，楓根尋夢去，荒笳吹醒。涴墨軒屏，留青塢檻，等付蕪城悽詠。滄波痕沁。付雁外量寒，鴉邊分暝。是處危欄，茫茫搔短鬢。

渡江雲

歌席有贈

歌蟬秋更嫋，暗蕪怨碧，底處妥芳茵。舊簾憐燕在，柳外幽坊，寶勒散如雲。桃枝未渡，漸路隔、紅雨前津。空斷腸、十年殘夢，楚舞掌中身。　逡巡。瑶尊香惹，綵扇塵飄，惱檀心無凖。禁此日、緑陰迴眼，飛絮留春。多情縱許蘭昌見，怕鏡霜、花也羞人。山黛晚、惺忪半是愁痕。

踏莎行　和君武

宇迴籠寒，麈深擱暝。碧梧庭院西風近。無情有恨是斜陽，暗紅送盡亭臺影。　燕幙笙歌，蝫衣金粉。堆眉綺怨難端整。十年費淚惜飛花，傷秋不是新來病。

應天長　題公渚《碧蕙館詞》

鐙寒黍夢，箏亂絮痕，華年半侵哀樂。倚偏舊欄斜日，聲聲惱清角。東風懶，鷽訊錯。暗淚染、背花絃索。鳳枝斷，粉涴香黏，自分飃泊。　愁髩送殘山，陣雁來時，荒翠更非昨。問訊故園春色，何人主紅蕚。蘼蕪恨，盼剗卻。又怨寫、燕泥簾幙。瘦吟苦，對訴新寒，除是歸鶴。集中有過潛樓墓下之作。

木蘭花慢　曩爲懋卿寫蓮波一舸圖，存浪公朱鳥庵，同時詞侶多有題詠。玉樓既往，錦軸俱沈，怨逐花塵，淚霑笛唱。暇日倩工補繪，綴長短句幅端，以記前悰，兼徵補墨

盪銀塘鏡綺，倩霞影、小屏温。正晝舸歸遲，絲楊嫋嫋，涼沁羅衾。撩人。似傳燕語，問山眉何事爲花顰。羞暈紅衣共灩，嫣香彩袖旋分。　傷春。瘦盡鸞魂。雙槳路、幾迷津。悄儘暮蘋孤佇，銀簫唱罷，早枨鴛塵。行雲。無夢到，怨年時流水誤桃根。回首西亭翠冷，楚萍搖斷斜曛。

揚州慢　上巳郊游過亦雲巢，和白石韵

山夢留瞯，埜烟堆恨，討春怯試初程。是新寒多處，怕柳眼難青。問劫後、雲巢好在，幾家雞犬，嫞話殘兵。黯空原、一片斜陽，紅繞宮

城。　東風似客，數年芳、過羽心驚。況寄雁身孤，沈駝淚熱，銷盡羈情。舊怨冷鷺難訴，繁華地、拚付笳聲。縱危欄凭慣，愁隨春草還生。

齊天樂　爲鹽厂題松窗王孫所繪天風海濤圖卷

斷魂潮尾愁無岸，溟濛漸飛蛟雨。挂夢危槎，催年怨角，浪打殘山如許。冰夷恣舞。黯蜃氣高樓，片雲來去。幾度陰晴，回頭忍問舊煙鷺。　晨昏親舍最戀，征蓬偏又遠，長風吹汝。白雁横空，紅桑剗地，千感南冠誰語。鄉關路阻。怕劫外孤亭，怒濤還注。顧影蒼茫，水天琴自撫。閩中石鼓山有亭曰『天風海濤』，又琴調亦有《天風海濤之曲》。

以上《龍顧山房詩餘》卷七《護春詞》

疏影　都下緑萼杏，只來今雨軒後一株。余爲表孤芳，始漸有解賞者。游節偶過，適值芳期，澹格標春，幽情睠晚，和白石韵寵之

繁枝暎玉。記翠蓬蘸影，么鳳曾宿。靨淺含波，鬟薄偎雲，啼妝似怨湘竹。春光一任流鶯鬧，衹夢繞、雪香南北。問恁時、聽雨樓中，喚起縞衣人獨。　休誤羅浮俊羽，古春占最早，分與莓緑。項斯《夢仙》詩『緑杏摇風占古春』。絶代牽蘿，錯嫁東風，肯羨金槃華屋。嬌驄葉底何曾繫，早催斷、霓裳仙曲。怕夜來、暗墜珠塵，悵寫汴宫殘幅。《宣和舊譜》有徐熙杏花。

馬家春慢　爲彤士題馬湘蘭白描觀音

蘭葉嫞描，楊枝試盥，孔雀庵中心境。寶月分明，印前度丁簾波影。江柳殘烏喚急，怪濃夢

眉樓難醒。供鐙龕休近頭陀，洗鉢花都浄。王百穀小印曰『王頭陀』。湘屏乍傳清磬。問星星研匣，誰與端正。粉絮泥空，素蓮香結，鸞篦羞贈。彈指青溪曲罷，賸寂寞、燕歸春冷。漫細説情禪，怨語雪衣愁聽。

夏初臨　戊寅夏至，枝巢詞集

曲榭留雲，小簾收雨，芳罇重碧初斟。銅盌迴環，榴牕静晷愔愔。舊悰坊巷怯追尋。醉青門、一晌愁深。清游都倦，斜陽漸多，何處登臨。　蹉跎芳事，畹晚年光，夢闌戀枕，緒懶抛琴。安排且過，撩人柳外嗁禽。漫理春心。酒醒時、暗緑成陰。黯行吟。荒笳送歸，宮樹煙沈。

惜紅衣　荷花生日，偕蜀盦、蟹厂招同人集浄業湖酒樓。微雨捎涼，風香引醉。酒罷，趁花閑步，緣東岸至集芳樓下，芳事尤勝。和白石韵紀游

畫扇追涼，清尊借日。畔愁心力。瘦夢偎闌，葑波戀人碧。嗁瓊怨雨，剛一笑、蕢風留客。躭寂。吟繞柳灣，約鵁鶄栖息。　朱廛對陌。經眼堤沙，飄紅亂蕪藉。菰雲漲淚水國。斗沈北。賦命共花蕉萃，清淺翠瀛曾歷。酹墜香何語，私惜秋孃顔色。

前調　崇陵聖節後一日平臺汎舟，再和白石

攬髩滄煙，移橈晻日。鬧紅無力。倒影亭臺，涼緺際霄碧。仙蓬戀晚，偏鵁鷺、重來如客。蕭寂。愁老暮蘋，仗風香將息。　瓊扃繡陌。飄夢珂聲，春痕淚波藉。嬋娟念遠去國。鳳

車北。斷得夢華吟思，何意九天攀歷。料冷虹飛處，猶怨玉池秋色。

虞美人 題自繪湓江楓荻便面

空船愁夢涼蟾語。嘑濕闌干雨。退紅花影似蕭孃。喚起娉婷猶認、舊京妝。　楓林瑟瑟絃聲落。酒醒羅衣薄。不緣漂泊那相逢。消受當筵半面、是春風。

玉燭新 外舅見貺盆栽秋海棠、茉莉，秋窗伴寂，几硯生芬，倚聲爲謝

嘑鉛秋淚漾。伴翠袂瓊仙，蕋宮留樣。照妝換了猩屏夢，剛倚珍珠簾桁。扶欄影上。瑣碎結、千絲花網。偏邂逅、靈鵲回時，添取畫窗幽賞。　殷勤替潤斑毫，余寫荷亭清暑便面奉呈，遂叨瓊報。念斷譜宣和，夢餘增悵。亂蕪剗地，搖落恨、賸許衰叢厮傍。新寒待障。悄怨著、流蘇颺蕩。消幾度、滴粉涼階，籠香夜帳。

新雁過妝樓 星夕初涼，薄游北渚，蘭橈徐泛，絲管相隨。鉛露漂愁，羅雲織恨，感音而歎，情見乎辭

垂柳闌干。停橈處、涼颸暗裊歌蟬。問秋何意，偏是怨霧矄煙。鵲駕捎雲斜舸外，翠壺貯月小簾前。黯凋顏。臥簫吹起，如此江山。　躭愁休文自覺，早鈿箏錦瑟，取次拋殘。露寒今夜，含恨獨對宮槃。更闌斗窗似水，睇天末、金車人未還。飄茸老，賸斷腸幺拍，羞付雙鬟。

秋思 秋夕聽雨

敲枕檐鈴急。颭夜釭、剛照瘦眉秋色。聲驟

避蟬，睡闌驚燕，紅樓天窄。奏涼葉金商、暗蕉心碎悄自惜。瀉絳河、無限碧。問翠濕重山，玉驄歸未，料有鳳巾殘淚，背花俱滴。　淒夕。桃笙恨織。拚舊牕、短漏添寂。漲雲千尺。拚教遮斷，卧駝坊陌。更一瞥巴山信遥，愁送南雁翼。歎倦客、催髩白。待唱徹瀟瀟，鐙前誰訴怨抑。夢隔吴篷夜笛。

天香　贄園賞桂，限調

蜻翼捎香，犀心印月，簫廊似度沈水。薄袂禁薫，淺樽憑壓，喚取小娥簾底。銷金幾度，恁暗麝、撩人如醉。含霧低籠翠幄，飄雲悄交珠珮。　花前亂笳又起。颭斜枝、碎螢愁墜。占盡舊欄風露，漫傷春背。曲罷瑶園換世。怕更覓、秋香惹星淚。夜館清時，笙歌散未。

瑞龍吟　自題小影，和夢窗韻

渺天際。來路翠倚巑岏，阮樓雲起。玉清淪謫歸遲，倦簫怨寫，吟坊醉市。　黯迴睇。瓊佩繡衣年少，夢闌槐蟻。江山幾劫龍華，亂雲陣雁，催人暮齒。　長憶珠簾前殿，露鵑嘑罷，瀛波猶沚。春枕斷卻仙韶，醒眼殘世。繁華翦蠟，嘗盡知何味。安排向、秋牕螙葉，强如尋睡。野史亭中淚。暝愁悵望，荒陵廢隧。佳氣微茫裏，塵髩影，東風不迴流水。禪心澹月，商量初地。

六醜　春晚重過李氏園，緣坡杏林，摧折殆盡，殘紅如泫，當風自憐，用清真韻寫感

怪東君太忍，甚一餉、春紅拚擲。斷禽暗嘑，繁華隨去翼。藟亂苔迹。冷徑花深處，挂笻

曾近，記倚雲香國。荒波底許尋脂澤。露咽瑶塍，塵迷錦陌。殘妝問誰憐惜。似嬋娟錯嫁，仙侶悽隔。　年芳長寂。儘新蕪弄碧。送斷斜陽，影餘歎息。伶俜最感吟客。渺游驄悵望，曲江天極。蔫紅瘦、倦簪衰幘。愁絶是、日暮燕山，宛轉翠旍雲側。漂香淚、不轉煙汐。又雨聲、惹起江南恨，何人會得。

絳都春　和蓼厂詠頤年堂海棠

東風避面。弄粉鏡半妝，盈盈疑泫。夢破漢宮，含恨低鬟羞人見。吹香知傍誰家院。怪客燕、頻來偷眼。消春何計，芳韶又到，廢池荒苑。　悽戀。金槃舊賞，畫闌畔、碎錦塵痕尋徧。炬翦淚殘，鉛染愁新含孤怨。高樓花外如天遠。怕夢後、行雲都倦。更憐月墜紅屏，夜寒自遣。

雙雙燕　蟄園春社以春燕命題，涉感危巢，驚心倦羽，既圖燈絹，媵以新聲

舊簾影斷，又飛趁東風，小桃庭户。春寒怨晚，山暝水昏慵度。飄夢珊闌未穩，驀偷眼、梨雲深處。新來瘦了垂楊，怎約流鶯同住。　私語。跉蹁翠羽。凝盼倚朱樓，忍拋芳縷。珊鈎初挂，夢怯亂紅争舞。勾起靡蕪倦緒。問別後、烏衣誰主。含情懶傍畫檐，長日趁人來去。

夢横塘　小園芍藥將殘，適兼龕示《雨霽送春》詞，觸緒繼聲，不自知所感之深也

聽鶯門徑，宿燕池亭，草香剛弄新霽。看到將離，一半是、愁紅瞯翠。情怯春深，夢驚春遠，

欵留何計。認漂花水暗，卷絮塵空，惺忪影、都成淚。　東風恁地無聊，黯緑陰滿眼，杜宇聲碎。錦樣園林，消悶裏、幾番殘醉。也知道、情多易老，劫後樓臺怕重倚。爲謝斜陽，舊欄迴戀，畫銷魂滋味。

蝶戀花　為庠弟題梨花横幅，玨庵閨人所繪

澹粉輕煙邀夢住。幾日簾櫳，香雪飄成雨。白燕飛回無覓處。吹簫樓外春雲暮。　翦斷紅情情更嫵。月地仙霓，妙寫鷗波譜。水樣芳愁漂不去。斜陽似識東闌路。

燭影摇紅　爲枝巢題樓臺夢影圖

啼雁煙江，幾行殘柳斜陽墜。絮花狼藉掩雲廊，飄盡東風淚。千感箏心歛未。引危絃、迴潮又起。樓臺移繡，寂歷春蕪，頹闌誰倚。　還忍伶俜，夢回虚盼歸舟字。散場歡笑水東西，多少牽愁地。斷稿滄洲宛是。怨紅桑、迷茫海氣。斗槎轉後，待訊鍾陵，年時荒翠。

鳳皇臺上憶吹簫　暑夕水亭納涼，與枝巢縱談舊事

鴛榭銀鋪，虹亭翠亞，衣香扇影迴環。乍柳煙疏處，歌墜清蟬。取次游船收盡，明月底、夢共鷗閑。微颸動，踈簾水外，小几花間。　留連。故人共語，歎幾度池灰，催老朱顔。倚九霄風露，依舊高寒。身世秋荷零亂，流花路、去水無還。禁回首，生衣夜涼，泥煞闌干。

西子妝慢　中元後一夕北渚泛月

銀粉抹欄，翠漣飛槳，翳岸林巒浮霧。扣舷人倚月中行，颭涼鐙、夢驚殘鷺。虹河夜午。睇

北斗、天都迥處。畫詩愁，問柳昏花暝，誰家樓宇。芳期誤。篴唱西風，又近凝碧路。夕波寒影落魚龍，浸玉壺、幾行煙樹。流光易去。渺鴛櫂、衣香前度。暗驚心，一片秋聲驟雨。

前調 和玨庵《敬躋堂秋望》

琱檻約波，畫窗臨水，鏡裏衣塵花霧。鬧紅歌板疊鴛橈，占新涼、暗輸煙鷺。秋心最苦。聽葉底、啼螿未住。舊池臺，認幾行宮柳，仙艫何許。行雲路。碧漢風多，怨共銅狄駐。笛寒天遠咽離鴻，遡滄瀾、恐無歸處。愁蒓懶舞。賸孤恨、如潮來去。對西山，立盡重簾暮雨。

風入松 遯圃秋寒，牽牛花逾豔，寵以小詞

瑶階如水露花涼。纔放錦欄長。牽絲不恨銀河遠，背西風、自繫明璫。多少星嶠鴛淚，新來染徧羅裳。閑庭摇影伴垂楊。霞曉絢幽妝。團欒巧似天錢樣，結相思、碎織秋香。夢醒難尋殘佩，一生慣避斜陽。

浣溪沙 八闋 和枝巢秋詞

瘦柳無心絆夕陽。晚煙閑煞藕花塘。越羅禁受一絲涼。團扇袖中恩漸薄，孤檠燭外夢初長。風簾雨簟百思量。秋意。

其二

轉枕西窗燭暗時。楓林天遠訴相思。新寒鸜鵒幾曾知。冷蜨飛回春有影，亂蛩啼破雨如絲。説來總是可憐癡。秋夢。

其三

一晌清淒不自由。秦川秋晚怯登樓。夢餘情緒澹於鷗。炷蕙灰殘吹又起，剥蕉寒透捲還柔。寫來重疊是離愁。秋心。

其四

故國蓴香夢是非。情如客燕傍人棲。多時冷落芰荷衣。紅豆易抛憐别久，白蘋漸老怨來遲。蹉跎偏自耐尋思。秋約。

其五

宛轉清商萬葉飄。心頭風雨暗相撩。空階如水月如潮。捲入重屏歌未歇，驚回單枕夢無聊。芭蕉亭院最長宵。秋聲。

其六

涴雨涼花獺髓殘。天階一片浸新寒。人間愁換幾雕闌。風露有情秋似拭，星河無影月難瞞。尋來多在小眉山。秋痕。

其七

徑冷香深步綺重。新妝臨夜勝春濃。稱心偏是雁來紅。思婦姓秋元有命，美人怨暮若爲容。芙蓉從不嫁東風。秋色。

其八

燈外西風照夢頻。悄如過雁拓江雲。秋花多事畫羅裙。明月涼生吹篴夜，斜陽瘦似捲簾人。等閑换了鏡中春。秋影。

換巢鸞鳳　故宫有五色鸚鵡者，貢從南海，見賞東朝。時樂稱祥，早珍綵翼；精衛啣恨，忽睹緑桑。天墜宫移，鳳飢鸞鎩。調護既久，文彩漸還。乃徙置於故都公園，即社壇舊址也。社樹近棲，依然故國；天門昔夢，遽墮人間。憫其所

遭，慰以是解

煙月層霄。記琱籠試哢，綵扇争嬌。恩深教鳳引，命薄怨鸞飃。乍迴眼斜陽花外遥。前朝土，賸冷社、舊痕分照。天渺。孤影悄。重弄羽衣，羞惹春人笑。託諷金輪，問安玉輦，心事淒迷誰曉。驚破家山劇新寒，漢臯刼後沈芳草。空相憐，卸宫妝、一鏡秋老。

蕙蘭芳引　叢碧山房詞集，詠素心蘭

湘夢醒時，早秋到、畫欄干側。盪玉女清愁，一翦澹煙摇碧。素霓漫舞，伴髻影、風流張碩。渺舊香夕畹，淚曲冰絃彈溼。　翠薄禁寒，璚飄愁暮，共耐蕭寂。證花底瀟盟，門外亂紅任積。丁甯離佩，暗蕪望極。懷故溪、涼露晚來初白。

倦尋芳　亦雲巢秋日海棠忽發數枝，倚此賞之

借春步綺，偎月妝鈿，愁伴殘燕。暗叠霓裳，煙外畫簾重捲。故著猩痕窺夢瘦，多沾鵑淚吹香懶。謝西風，倩吴霜鍊玉，慰人幽怨。　漫惆悵、鸞腸輕斷。露曙臨妝，寒試深淺。一樣顛花，銀燭夜長添戀。錦幄濃姿難似舊，紅簪衰髩羞相見。片雲飛，睠秋陰，雁聲庭院。

繞佛閣　蟄園詞集，限調賦秋陰

翠陰倦展，煙外雁擱，涼信金井。殘漏偏永。似憐蕙幌、微香弄淒暝。　露槩試冷。頹照舊欄，和恨難整。鵶陣嘶警。甚時喚轉，西風夢吹醒。　暮角助蕭瑟，望斷重雲仙掌迥。停待燕簾、新寒飄雨定。怕緑障紅遮，秋去如

梗。亂蕪心徑。儘半晌懨懨，愁對清鏡。怨蘗臺、暗雲無影。

蘇幕遮　中秋夜泛月北渚

水花涼，煙柳暝。一葉菱波，風過靈鴉定。收盡繁鐙山閣迥。星斗無痕，瘦了瓊華影。　露生衣，雲繞鏡。今夜晴多，容我朱闌凭。曲罷仙霓清怨永。倒浸雙虹，心上秋千頃。

滿路花　沁泉廊展禊

花欹屧徑紅，波撩簾廊碧。汎蘭香到酒，青門席。飄愁角語，樓倚垂楊陌。玉璫邀夢隔。擱雨簾寒，此情舊燕知得。　綢繆芳侶，繭紙催重擘。東風如解意、留春色。闌干熨暝，何處聞飛笛。懽計年年客。雪徧棠梨，照人瘦鬢添白。

以上卷八《瓶花詞》

霜花腴　餘清齋賞菊限調

餞秋似客，記酒痕，金英暗點塵冠。憑水簾清，熨花杯淺，偷歡醒醉都難。翠瀛夢寬。感舊波、分渌尊前。占風情、繞屋狂香，暮愁約共渚烟寒。　浮旅更無歸處，睇玉熙路迥，怨咽吟蟬。邀舞低哦，列圍深坐，霜華半溼吳牋。思回畫船。誤瀹甕、前度嬋娟。十年前與憐卿北海泛月，維舟岸柳之下。送年芳、總付斜陽，小叢持淚看。

以上《龍顧山房詩餘》

前調 贈孟劬

倚樓暮笛，占好秋，天香喚起詞仙。花雨飄嗛，藥煙偎枕，吟懷夢味俱閑。楚蘭自憐。卷暗愁、商略騷牋。儘荒波、老卻滄鷗，舊盟不遺水雲寒。鬢危冠。白社尊疏，青門身懶，歸鴻負約年年。怨歌漫傳。繫瘦吟、還戀危闌。勸深杯、笑指山楓，醉紅珍重看。

浣溪沙 二解

園居秋晚，來禽一樹，著花滿枝，澹粉偷春，殘妝絶世。余方手録《真夢》，憐其晚豔，若契芳悰，倚聲寫之

薄薄羅衣耐晚涼。研脂分淚寫秋娘。情天真有返魂香。　刼後殘妝偷顧影，夢餘微綺轂迴腸。九分怊悵一分狂。

其二

髩鬌雲屏隔世逢。斷腸花外見春紅。夢華一瞥有無中。　似水年光蜂蝶老，忍寒心事綺羅慵。明朝知道雨還風。

渡江雲

斷燈寒更緊，暝雲暗擱，峭意到簾鈎。好春消病眼，冷陌荒塵，底許繫驕騮。當歌又懶，早冷落、殘笛蘋洲。吟望孤、隔屏新燕，未解絮芳愁。　悠悠。歡華流水，別夢行雲，早邯鄲醒後。何況是、蘭成枯樹，容易驚秋。無情不怨東闌雪，怨斜陽、多事遲留。漂泊恨、傷心偏近高樓。

燭影揺紅　辛庵爲預志壽藏，賦此奉酬

山遠鵑啼，一春客路多幽怨。照懷津月向人明，芳緒深深見。凝望斜陽又晚。渺龍沙、偏無過雁。淒涼甲帳，惝怳鈞天，夢回孤館。頭白蹉跎，後期心事思量徧。舊情料理付東風，身是將歸燕。刼後青山未轉。祇安排、看天淚眼。馬塍何許，萬感殘紅，空尊還勸。

木蘭花慢

夢華人换世，問煙柳、幾斜陽。正怨别花零，啼香燕老，何限迴腸。殘粧。暗羞故國，對青山還惜翠眉長。舊誓瑶釵夢斷，新寒羅帶愁量。　相忘。身世兩茫茫。禪板是收場。縱仙韶好在，料無同調，解按霓裳。安排千秋灑淚，共伊誰低髻話淒涼。知道傷春易老，老懷難放春狂。

應天長　慰管生笥香

蘭鉏太忍，荃變恐誣，騷懷含怨難説。何計留春如許，漂零付啼鴂。嬋娟佩，千萬結。恁轉睫、翠殘香歇。賸衰淚，暗灑空江，暮雨淒咽。　不道前路正繁霜，强慰伶俜，珍重繫芳褋。不道亂蕪迷眼，顛風更奇絶。斜陽徑，人世别。怎料理、恨苗愁葉。舊叢在，何許春回，重問煙月。

菩薩蠻

幽叢露重紅蘭泣。羅帷誰放新寒入。不信到如今。灰殘一寸心。　香塵流水送。來去春如夢。十日九沈陰。閉門花雨深。

其二

東風臨鏡桃鬟整。畫羅扇底傷心影。驚夢小鶯啼。綠窗花霧迷。　曲闌閑倚徧。淚濕參差燕。含恨斂山眉。粧成知爲誰。

其三

重重繡幙雲垂地。夢回釵玉和煙墜。斷送落紅輕。啼鵑三兩聲。　顛風情太薄。掣損金鈴索。恩怨兩難言。花開是刼痕。

其四

寶闌深鎖金鋪冷。當時密語君應省。燈暗小紅樓。春寒歸燕愁。　蘭心多怨抑。天遠湘絃泣。著意解連環。半床羅薦單。

其五

山香舞罷花如雨。金堂殘燕聞愁語。飛絮一春飄。斜陽情盡橋。　退紅羅袖薄。出手新寒覺。拚淚織鴛絲。纏綿君未知。

風入松　上巳北海永安寺春禊，拈得『行』字

斜陽留戀舊林亭。閑客此閑行。垂楊綠暗湔裙路，甚心腸、還約殘鶯。替了禪天鈴杵，亂笳愁漲宮城。　藥爐烟裹過清明。難買是春晴。銷魂更在危欄外，怨天涯、啼老鵑聲。莫倚叢臺東望，暮雲終古無情。

摸魚子　偕默丈、忉庵國花堂賞海棠

慣禁持、一春風雨，妍韶何計消受。枝頭啼斷銷魂鳥，無那翠僝紅僽。妝乍就。奈塗抹零脂，羞靨偎人瘦。春心暗逗。正拆繡池臺，收香闌檻，野寺鐘沈後。　停雲恨，最憶烟沽花候。十年歌板孤負。東風吹得離人聚，休怨

鏡顏添皺。君念否。便竝轡尋芳，只算今生偶。羈懷儘有。怕錦幄飄殘，紅屏吹淡，春去肯回首。

倦尋芳　古柯亭對花暝坐

膩脂著眼，團雪翻歌，吟坐忘晚。絆客斜陽，多在翠陰庭院。萼綠仙來邀舞近，櫻紅妝罷當杯懶。亭畔對植紅白海棠。指槐柯，笑人間蟻國，夢濃花遠。　甚旦暮、陰晴無據，一瞬顛風，催換輕扇。寄語朱樓，省否燕慵鶯怨。尋夢園林歡易滅，沾愁羅綺嬌還倦。黯流光，怕明朝，亂紅飄斷。

繞佛閣　花雨軒送春

紺雲掩霽。烟外磬欹，僧院如水。幽樹交倚。暗藏畫檻、安排送春地。　灩叢頓洗。吹徧散雪，零亂誰理。殘拍含徵。曼吟定引，清禽暗驚起。　壞壁字猶濕，過眼詞流空昔輩。愁迸暮年、傷高寒笛淚。只冷鬢維摩，禪榻滋味。瘦魂銷未。暗曲罷東風，啼宇聲碎。覷花陰、斜陽猶醉。

燭影摇紅　甗庵寫漚丈『燭花紅換人間世，山色青回夢裏家』詞意爲圖，用夢窗韻補白

釵燕年光，暗塵金燼何人見。一聲飛爆送春來，春影思量徧。如睡青山對面。引鄉心、江梅近遠。今宵夢到，柳外黃昏，疏煙池館。　紅颭釭花，爲誰深照妝眉蒨。燈前偷換幾東風，催得朱顏變。舊曲仙霓剪斷。占清愁、荒城暮管。倚闌寫恨，寄與羊裙，歸鴻應便。

醉桃源 題瘦碧詞丈花影吹笙圖

曲房簾卷裊幽香。花深月繞廊。露華如水玉笙涼。無聲也斷腸。 紅寫韻，翠凝妝。秋心怨夜長。拈毫情與蝶魂颺。低鬟人笑狂。

戚氏 霜腴得顔修來長楊羽獵圖，置尊墨謔亭，招客共賞，索賦長調

好東風。天山高處挂琱弓。雁磧揚旌，虎城迎仗斗車崇。曈曨。曉霜融。沙長草暗擁飛驄。清郎羽獵能賦，拜寵詔許佩韃從。轡輭鷹趁，鞍輕駝載，據鞍劍氣如虹。儘番兒妒煞，青兒才健，白馬身雄。 怊悵豹尾前鞚。榆塞路迴，迤邐照霜烽。行圍斷、霧沈毳帳，草積驪宮。認軍容。羽騎畫裏，東栘中絕技，炙飲如逢。狻猊老卻，悄憶橫汾，冉冉目望煙鴻。 更羨蘭錡彥，霜腴先世隸正黃旗漢軍。生綃訪得，約賞樽同。射柳風流在否，問白翎好手恐都慵。年時按譜天鵝，老胡勸酒，覺了華胥夢。 賸亂鴉、梭殿斜陽送。狐兔影、迷眼愁儂。便鳳饑、乳酪誰供。倚黃竹、淚咽雨濛濛。又秋寒重。蘆笳夜語，喚起魚龍。

花犯 亦雲巢海棠秋後忽開數枝，適秋海棠亦盛開，各折一枝，合瓶供之。春嬌秋豔，綺映瓊舒，洵奇賞也。戲紀以詞

翦瓊枝，涼叢連影，鈿屏共香嫋。膽娘含笑。憐睡粉啼鉛，冰鏡分照。錦韶似慰秋娘恨，明珠分繫巧。料暖玉、顰偎燭淚，宵寒融未了。 玉妃按曲怨來遲，吹笙譜，乍認朱唇嬌小。芳訊晚，還惆悵、燕簾春杳。殷勤意、紺壺獲取，愁後夜、西風吹夢老。便誤喚、香名休妒，

同心雙窈窕。

石州慢　寄君九

一枕春殘，凝望去鴻，江路波闊。參差短驛斜陽，漫説衰楊堪折。重簾休倚，暗惱笛外東風，攔天吹盡無情雪。長盼鳳車來，正來時愁絶。　花發。舊闌香斷，冷燕呢喃，似傷輕別。迷路飛紅，已誤秋千時節。不堪鸞鏡，認取楚楚新妝，人前難掩宮眉結。破夢翠禽啼，又西樓斜月。

金縷曲　爲人題生壙

濺袖灣頭雨。帶頻年、琴絲殘淚，楓根捎去。收拾一生春韶夢，只有青山歸路。且覓個、休休亭住。搔鬢沈吟斜陽怨，更躊躇、説向嬌兒女。歌怎寫，獨絃苦。　飄蓬我亦蘭成暮。暗迴看、迷茫本穴，收根何許。衰草寒林交游盡，賸對韓陵堪語。怕轉眼、也成今古。萬事生前安排好，縱他鄉、孰謂非吾土。身世恨，此中付。

前調　贈笠似

六十身非老。怪無端、顛風捲籜，巢痕都掃。虛説蓬山乘風去，短夢炊粱醒早。況君更、蹉跎年少。乞郡緣慳爲郎屈，睨神州、幾換滄桑稿。聊隱市，任嗤笑。　花前曾羨萊衣好。縱如今、悽惶當室，勝儂病槁。鯨甲昆池呼不起，滿眼殘山衰草。黯家世、人前羞道。宋後金初傷心局，便逃名、那是矜高調。愁此夜，恐難曉。

霜葉飛　憶南塘舊游

亂鴉啼暮。孤燈畔，危絃愁繞風雨。斷魂隨雁過滄洲，寒咽魚龍語。甚白髮、驚秋千縷。銅華沾慣繁霜苦。懶更問浮家，悵望幾、斜陽散盡，舊汀鷗鷺。　何况按拍臨風，偎舷弄水，彩鴛雙槳曾渡。畫綃偷眼見行雲，悽絶迴波顧。怨一夕、春兼夢去。垂楊難繫韶光住。倚瘦笛、尋聲倦，悄覓詩痕，露花涼處。

木蘭花慢　爲沅叔題黄左田手撫曝書亭圖

貌山鬟數點，淺秋在、水西亭。羨繞屋寒漪，敲檐翠雨，人比鷗清。輕舲。傍花任繫，檢蟫香料理趁新晴。顧影衰顛易白，攤書倦眼先青。　伶俜。重拓林扃。借畫史、證心盟。算平生輸與，歸田録就，泊宅編成。王城。小園在否，付雲安大隱更題屏。指點樓臺霽色，溪居描寫承平。

前調　浄業湖泛舟寫望

送滄波又遠，暝色滿、舊西涯。自飛蓋人稀，菱歌路斷，愁漲蒼葭。荒笳。暗移殘世，賸閑鷗三兩點雲沙。來去夢依佛火，興亡話向漁槎。　當花。孤感還賒。波鏡影、側烏紗。問鬧紅前水，驚鴻望杳，環佩非耶。繁華。等成過客，只頹陽還戀酒帘斜。回首空煙冷翠，可憐付與誰家。

西子妝　客談鄉事，偶觸羈愁，結念掃松，含淒比竹

秋燕著愁，夜烏咽淚，夢向松根銜土。故山消息紙鳶風，鬧新晴、幾家茶鼓。歸鴻未賦。只

凄絶、天涯返顧。黯江關，早杜鵑紅徧，輕帆來處。　蕪城阻。碧草烟郊，懶試吟屧步。客中烟栁又清明，惹鄉心、小桃當户。先壟地名「桃田」。　伶俜慣度。問麥飯、年年誰主。怨東風，斷送楊花最苦。

前調　《藏園蓬山話舊》第十二集述感

深坐圍香，清陰歇雨，罷酒閑園春晚。夢華人老鏡烟中，怨年年、鬢絲催換。觴花恨濺。早殘拍、霓裳翦斷。倦斜陽，傍謝堂空對，伶俜歸燕。　蓬臺宴。怯理芳尊，只爲聞笛懶。碧桃消息話西池，醉魂迷、美人青眼。乘風意倦。悄牽恨、金瀛三淺。怕重來，血淚紅鵑漬滿。

瑞龍吟　延壽寺證公招賞牡丹，冒雨驅車赴之。彈鬟粉溼，歊曆香融，倦態彌妍，倚聲成賞

垂虹轉。依舊翠徑通門，畫廊連院。無人簾户愔愔，怨羅恨綺，傷春誰見。　暗凝盼。妝罷鳳鬟低彈，露濃香濺。行雲半溼羅裙，寶闌斜倚，新寒乍淺。　抛盡羅屏前夢，繫情休問，宣華亭苑。慣舞翾風，芳心含恨猶卷。維摩病榻，坐送千紅斷。思量到、燈牀對話，歌屏塵句。沾淚金樽懶。拚付與吴絃，瀟瀟彈徧。醉痕最惜，一襟花片。

高陽臺　邃圃牡丹當春瘦損，蕉萃可憐。爲寫殘妝，不勝幽怨

膩玉偎盤，狂香障蠟，新妝曾羨傾城。鏡裏風光，愁紅別樣伶俜。彩旛無力花魂繫，怨空

尊、不待漂零。漫安排，錦幄温存，羅袖逢迎。白頭人與春俱倦，便酬春消淚，春也無情。狼藉東風，斷腸總付殘鶯。危欄肯信明年有，算今年、能幾芳晴。最無聊，半面愁鸞，還鬪娉婷。

玉胡蝶 畟園賞菊，有仙蝶方宿花上，見余至，翩然佪舞，若相迎者。其司空蝶仙之塚別現幻身，抑太傅蝶影之園曾標畫史者耶。余拙於寫生，愧負其意，用夢窗韻倚聲贈之

碧繞金圍敞燕簾，暗蝶偷弄花光。攬碎秋痕，簾外細雨飄涼。瘦叢老、舊香還掠，別恨認、衣涴宮黃。悄魂傷。彩雲天遠，凝望迷茫。難忘。仙蓬俊賞，舞盤熨露，枨錦驚霜。故國西風，采芳人亦臥清湘。暮角咔、又催輕別，繫歸心、不是吳航。兩惆悵。枕寒莊夢，何處斜陽。

鷓鴣天 亦雲巢舊柳爲客軍斫盡。傷其濯濯，益我悵悵，涉目易欷，經春懶出，此身尚贅，不保一邱，況來日耶。客有怪其頹廢者，倚是解示之

剗斷妍韶惜柳絲。長年病懶負芳期。灰殘春緒牽腸誤，勘透風光閉目遲。身是寄，夢還痴。棠梨開過蝶來稀。料無人酹茶邱墓，悟到東山没字碑。

謁金門 三調

眉黛窄。愁訊玉璫消息。夢醒方知身是客。斷腸芳草色。昨夜燈花筝席。今夜風花殘笛。鸞帊輕拋君不惜。背人紅淚溼。

其二

春夢促。春在誰家金谷。柳暝花昏看未足。

誤人鶯嘴綠。倦倚雲屏人獨。煙外微聞哀玉。吹散鴛鴦三十六。夜寒何處宿。

其三

來雁絶。立盡西樓斜月。刻意傷春春又别。楚山愁萬疊。彈怨箏心悽切。鷤鴂前頭難説。拚送狂香和淚咽。寸腸灰更熱。

徵招　爲蓼庵題蒼虯所作夜坐庵圖

秋心消卻閑風雨，難消畫屏今夜。閉閣忍新寒，正荒譙更罷。寂寥銅狄話。漫商略、旅愁陶寫。楚曲傷孤，越吟念遠，繭懷千惹。　圖畫。屋廬深，空簾月、迷離亂花如瀉。近酒儘迴腸，奈杯寒燈灺。窗鷄啼似啞。問熱夢、幾人醒者。倚闌久、清鏡明朝，料暗霜盈把。

水龍吟　輓孟劬

招魂如隔重城，傷心翻雨吴鴻至。寒林日落，衰蘭春謝，山河淒異。史稿滄桑，詞名湖海，並時誰嗣。歎長安殘刦，危枰未了，胡不忍、須臾俟。　早悟浮雲身世。戀京塵、欲歸無計。花陰醉琖，藥烟病榻，看君憔悴。古調銷沈，當歌萬感，捶琴孤涕。更傷高愁眼，斜陽處處，是消春地。

宴清都　瓶花簃詞集，賦瓶中芍藥

障蠟餘寒淺。芳情託、漢宫春後歸燕。瑛盤罷舞，瓊壺悄熨，曉叢初翦。吹香怨隔雕欄，倦舊色、東風半面。敞畫閣、笛唱飛來，偎屏笑靨如展。　青樽翠管長閑，游蓬紫曲，歡緒天遠。愁漪淚疊，離煙思冷，綺懷傷晚。憑誰迴腸傷往，斜陽影𢲸參差柳。問訊殘鷗，定憶六馭宸游。汴津樓。汴京寶津樓爲北宋觀競渡處。故苑繁華，怨悽咽、寒潮東去，楚歌幾餞騷魂，空傳芷恨蘭愁。感淹留。睇玉熙何許，賸有荒波鯨甲，釣天醒後，舞疊魚龍，刧外滄洲。

前調

後湖秦家園子汎舟觀荷最勝。比爲鯷人所踞，劃爲魚塘，水葉風花，離披頓盡，重尋游躅，輒有滄桑之感。倚聲寫之

亂葵迷津，新蘆壓水，荒灣淺碧誰留賞。一片殘笳城陌，煙柳淒涼。斷人腸。小艇偎花，閑笻蹋草，蜻簾嫩約頻來往。暗妒漁簑，占盡笛外風光。野雲鄉。墜夢游蓬，笑仙福、浮家輕負，剗紅舊渚依稀，空餘刧後斜陽。思茫茫。儘白頭吟望，目繞風蒲煙蒻，滄洲無恙，晚汐迴時，瞥散鷗行。

爲歌金縷，衹點入、悲花倦眼。檢夢痕、惜取瓊枝，啼紅灑徧。

金縷曲

爲欣大題抱蜀廬校書圖

夢繞巴山雨。指幽居、楓江一角，似牽船住。手拾松崖叢殘卷，卷底蛟龍深護。更挹袖、同時錢竹汀顧千里。舊種虬枝如人老，賦羇愁、更感蘭成樹。苗硯在，伴朝暮。　當風夜聽啼鵑苦。感飄零、江梅好在，舊香誰主。四海一廛無著處，判共滄鷗爲侶。算本穴、差餘完土。北定中原何年事，激雄心、起趁荒雞舞。消此意，付寒蠹。

曲玉管

乙酉重午北海觀競渡寫感

錦纜雲沈，金鋪日遠，瓊臺晚色留人久。一片風蒲蕭瑟，流水悠悠。繞皇州。冷眼憑高，

踏莎行

珠箔迷歸，玉璫緘怨。朱樓夢覺行雲遠。舊堂長日絮花飄，料無玳瑁容殘燕。　罷舞山香，尋聲河滿。纏綿雙淚尊前見。斜陽瘦盡爲春愁，愁紅偏近春人眼。

惜紅衣

神武門外觀荷，和白石

水淺熏霞，花疏閃日。鬧紅無力。舊渚籠香，殘妝鏡煙碧。啼鬟倦整，憐一笑、頩顏迎客。凄寂。秋被夜寒，悶愔愔芳息。　朱樓粉陌。珂珮天遙，迴波淚狼藉。漂瓊怨晚去國。斷鴻北。海闊雲沈多感，何況翠瀛三歷。悵釣鱸人暮，空戀玉京秋色。

前調

忉庵自御河觀荷歸，分贈紅蕖數柄，供瓶玩之，三日殘矣。悵然有賦，仍和前韵

綺簟邀秋，芳篅款日。峭吟猶力。證與同心，瓊壺印新碧。辭根似怨，偏碎佩、伶俜如客。凄寂。涼雨夜闌，隔流花消息。　匏居冷陌。驚眼狂塵，瓊香暗愁藉。仙霓望渺化國。水南北。斷却五雲歸思，空記夢華來歷。怨上陽春遠，多少玉顏鴉色。

塞翁吟

荷花生日過沁香亭賞荷

柳色垂虹岸，香偏翦燭房櫳。半粧就，冷霞紅。奈笛唱都慵。眠沙一覺閑鴛夢，紘柱換了薰風。怕轉睫，露盤空。又的苦愁儂。　濛濛。重簾外、浮花水曲，心事共、斜陽澹濃。便秋夢、温尋翠被，想飛佩、夜月歸時，怨咽離鴻。安排勸酒，酒醒西亭，人在仙蓬。

前調 鏡瀾亭對花坐雨，和美成

亂葉翻翻舞，龍池晚色瓏璁。驟雨過，畫橋東。颭一鏡芙蓉。湘波不動愁歸燕，簾外遠黛迷空。望故國，暮煙重。恐啼損猩紅。忡忡。揩塵眼、游裙半濕，疑喚起、行雲夢中。便今夜、新涼賦就，奈幽恨、捲疊芭蕉，翠蠟還封。仙乎羨汝，水外闌干，飄語天風。謂霜腴、經笙久坐山亭間賞雨，雨深未下。

秋宵吟 娟淨簃秋集，賦六夕

斗窗涼，霧閣悄。颭夢牽牛花小。思天上、正轉枕悲歡，夜長怯曉。 怨秋河，千萬繞。怕說星期添惱。 關情處、奈照影螢孤，絮愁蠶擾。 洗罷香車，又碎織、雨簾澹渺。網蛛情惹，駕鵲來遲，露井墜梧老。消息新晴巧。萬一明朝，鸞佩信早。便傷離、總勝人間，鈿合盟歇怨未了。

滿江紅 暑退寫感

無力朱陽，笑霎瞬、火繖頓收。風露重、井梧飄後，寒到簾鈎。來去關懷聽雨覺，炎涼翻手看雲休。正伊州、一曲倚參差，花外樓。 情似客，殘燕留。陰似水，暗螢流。睇星槎路迥，河漢悠悠。夢破羅衾如此夜，命隨紈扇不禁秋。又驚心、白雁一聲高，天地愁。

秋色橫空 九日當翠閣登高，還過蒓翁小飲

吟榼悤悤。趁佳辰就菊，小隱牆東。西山似夢矇矓裏，新來瘦却眉峯。登臨倦，笑語融。喜此日、重陽無雨風。漫笑笻閑屧懶，負了霜紅。 偏我愁中病中。倚危絃寄感，怕問離

鴻。銷魂秋與人俱瘦，何況客路相逢。蓬山路，幾萬重。賸欲寄、相思何處通。料剪斷幽香，悽戀故叢。

虞美人

燕泥庭户春無主。歷亂彌天絮。玉璫密意訴淒涼。不道雲屏夢遠、更迴腸。　將荷作鏡曚曨絶。誰省心如月。從今古調莫輕彈。袖取霓裳殘譜、背人看。

浣溪沙

插脚崩渦一幻身。龍天了了去來因。思量只是負君親。　算海刦殘纔見佛，移山力盡且輸人。破空樓閣月無塵。

其二

但得相逢便有緣。酒杯深淺一般圓。人生難捨是從前。　萬感風花侵短枕，百年煙柳怨危欄。仙山回首五雲間。

其三

去日園林記夢痕。一寒惻惻罷芳樽。花前豈有未銷魂。　松色多情思款徑，蘭心終古悔當門。夕陽畢竟勝黄昏。

其四

向道觀空未是空。三生悟澈曉來鐘。蓬洲宫闕萬芙蓉。　檢點心經參慧樹，安排野史翳芳叢。靈山有約會相逢。小詞四闋，留貽蟄園須社諸舊雨，永毋相忘。

以上《龍顧山房詩餘續集·獨繭詞》

水龍吟

聆風委蜕經年，其諸弟始得招魂設奠於城西僧寺。追賦抒哀

琳瑯一擲都休，悠悠不解蒼蒼意。棋心幻極，

木蘭花慢 綬丈所居爲憫忠寺別院，洛花盛開，招共吟賞

障歡叢灩錦，又春到、舊雲房。羨辟蠹儲芸，栖鷯選樹，長傍禪香。霓裳。舞風淺彈，向羅屏乍鬬曉霞妝。吹起參差輭玉，夜牕悄和幽篁。　尋常。看偏銅駝，滄海眼、對紅芳。算畫欄好在，重來新燕，幾許迴腸。風光。伴人久住，便廛臺無地也何妨。花底清宵似水，鐘聲微度隣牆。

滿庭芳 詠拈花寺托雲松，和君剛

瘦夢摟雲，寒髯飄雪，是翁秀絶人寰。帀庭飛翠，翩舞出滄烟。靜晝鐘聲似水，呼龍起、隱隱濤翻。枯禪伴，風旛動否，花雨幻仙鬟。　苔皮曾共撫，詞人去後，芳榼闌珊。記牻牛曾琴歌慟絶，浮生如此。輕命危欄，煙江渡後，招魂無地。料士龍叔夜，重泉把袂。千古恨、橫空起。　早識漂蓬左計。恁悤悤、霜飛波委。慰恨辤窮，憐才淚咽，斯人長已。剉骨成灰，楓根碧化，應生蘭芷。待荒城鶴返，禪香悟徹，甚閻浮世。

琵琶仙 霜腴量珠借蟄園結霞閣爲鴛鴦之社，拈此調之，即以爲賀

羅帳迷香，鳳巢穩、占著瑶林春色。新譜彈徹箕屏，銀紅共憐惜。鐙影畔、梅妝笑展，喜捎到、粉蛾消息。碧海添杯，瓊臺選夢，憑記芳夕。　偏幾度、躭擱東風，替留取、酥香待君摘。收起楚蘭清怨，付春窗眉筆。良夜永、明河賦就，看鴛梭、錦字雙織。祇恐仙枕溪樓，暗蟾窺得。用樊榭事。

繫，話到開山。偃蹇蒼鱗易老，劫灰影、染就霜斑。清陰在，雲堂幾過，摩頂亦因緣。

花犯

亦雲巢海棠秋後忽開數枝，適階下秋海棠盛開，各折一枝合爲瓶供，倚聲賞之

翦瓊枝，涼叢連錦，鈿屏共霏嫋。膽娘疑笑。憐睡粉嚥鉛，氷鏡分照。綺韶弄巧瑶階冷，東風偷夢早。對晚色、竛娉休訴，花愁人未曉。環妃按曲怨來遲，相思影，悄伴紅兒嬌小。寒泉養、倦香漸深更淺，銀燭畔、鬬妝偏好。且趁賞、金盤殘夜，醒，防換轉、春魂秋又老。雙聲簫鳳梟。

宴清都

和蒲江韵，題兼龕還來涉趣圖卷

幽怨傳琳管。尋故徑，冷紅荒翠零亂。披巖桂老，搴帷蕙笑，舊樽重暖。啣泥記逐春韶，問幾度、雕梁劫換。儘暝欄、吹盡香綿，夢痕還拾秋苑。思量掩幰花塵，停橈柳水，含恨誰見。離悰寄與，夕波鴛影，那時鐙院。年年望遠悽斷。引倦屧、家山著眼。倚孤吟、叢菊西風，歸心未晚。

以上見稿本《瓶花詞》

金縷曲

閏庵疊前歲春褉韵，感懷舊游，索和

殘燕歸如客。趁園林、飛英勸醉，躪花爲席。劫後樓臺斜陽影，烟柳無情自碧。斷腸是、誰家春色。萬一東風知人意，倩香緜、吹散愁蹤跡。流水外，渺今昔。腰圍瘦盡無來歷。祇年年、鶯花到眼，似憐衰白。望斷嚥鵑山頭路，底處雲消雨息。賸笳語、淒涼殘陌。不信芳心灰難盡，更樽前、事事禁追憶。多少淚，露槃側。

浣溪沙　題肖梅寫賣花女郎

澹澹春衫楚楚腰。年光碧玉占芳韶。含情偷揀小蘭翹。　鴛袖影迴紅雨散，鸞巾香惹緑雲飄。不知蜂蜨爲誰招。

沁園春　忉盦訪市得梅椿奇古，爲吴中顧氏故物，約於花後還之，作還梅詞索和

白髮閒情，買取春風，肯惜阮囊。愛斜枝倒插，巧摹松障，疏花側聚，半隱苔椿。綴玉多姿，還珠有價，且賺當前醉幾場。誰賓主，算逋仙格調，纔稱孤芳。　寒香。微動簾廊。恁虎頭癡福，黄金許贖，虯髯奇遇，青眼虚償。待汝成陰，供吾索笑，舊管新收兩不妨。春歸否，念胡沙環佩，愁咽紅觴。

木蘭花慢　題雪瑛臨燕文貴武夷疊嶂

正鄉愁滿眼，引羈夢、繞雲峰。認密樹山城，荒波野屋，似斷人踪。霜紅。晚來倚醉，問丰標可似幔亭翁。摹徧遥青九曲，飛嵐卷上屏風。　塵踪。憶款仙霞，毛竹影、翠濛濛。甚雪兒妙腕，烟皴霧染，也鬬天工。漂蓬。自嗟久客，渺家山何處著歸鴻。邱壑撑胸底用，憐渠偏賦泥中。

風入松　爲綬金題翠袖凌雲圖

玉池倩影見行雲。竹粉染湘裙。年時家傍丁塘柳，短長條、寫盡顰痕。迎到春風畫檝，緑波還遶閑門。　多生脩得掌書身。纖手理紅芸。新妝催試花釵樣，算眉樓、濃福輸君。珍重闌干輭玉，袖羅籠麝香温。

以上見稿本《舊月詞》

醉桃源

心如爲余寫蟄園圖，題以是解。戊寅中秋，蟄雲

樓臺如水晝愔愔。重欄花淺深。捲簾微雨遠山沈。竹風涼到琴。　圖輞水，寫雲林。壺天小隱尋。詩痕多在碧梧陰。清禽烟外吟。

以上《龍顧山房詩文集》卷首

惜紅衣

重至亦雲巢，和白石均

拄杖尋幽，澆畦遣日。病餘心力。挂眼林亭，留人遠山碧。滄波戀晚，憐倦燕、歸來如客。棲寂。孤撿畫簾，隔東風消息。　回頭舊陌。市地香塵，飄紅亂蕪藉。啼鴻漫怨去國。等南北。賦就小園何意，還似夢華重歷。黯渚宮門閉，腸斷誰家春色。

暗香

伯駒移江南梅樹植之園中，春深始花，借白石均賞之

可憐春色。認偎欄半面，愁沾瑤笛。瘦煞苔枝，試手東風忍攀摘。鄉夢江南更遠，空怨寫、蘭成詞筆。漸逗入、劫後芳情，花底占吟席。　京國。俊游寂。問玉照舊亭，墨波塵積。金尊易泣。散雪年光耐追憶。消受天涯霧眼，應界斷、嬌紅荒碧。待喚起、琴外意，幽香會得。

疏影

詠綠萼杏，用白石均

嬋娟如玉。訝雪香入夢，翠羽曾宿。靨歛清愁，淚洗濃妝，春心似怨湘竹。相看肯信東風鬧，只冷燕、飛來枝北。想朱樓、夜雨收時，扶起縞衣人獨。　休羨暘臺俊賞，小紅易嫁了，

偏欠蛾綠。倦倚瑤雲，悄戀彤暉，半畝別成花屋。分明舊苑銀袍影，祗舞趁、霓裳殘曲。怕鬢霜、暗惱瓊枝，羞寫素娘裙幅。

以上見《和白石詞》

永遇樂

彈墨羅襟，沾塵玉篋，幽事尋慣。硯水烘晴，瓶花媚曉，簾外清禽喚。花庵餘韻，竹垞殘譜，歲月暗添詞卷。聯題在、園林勝處，好着醉船吟幔。　煙沾舊別，荒鋤催老，鏡顏偷換。弦外箋愁，燈前顧影，殘夢衣香褪。南州借旅，西園補記，重結汐盟鷗伴。宮城晚、斜陽滿眼，暮雲掩斷。

見《詞綜補遺》卷首題詞

天香　和原韻

天外憑欄，秋邊倚篋，無情煙柳如此。散雨吴杯，吟霜楚調，負卻怨紅愁綺。滄江夜迴，剛曲罷、冷蟾飛起。孤感頓驚雲鬢，新寒暗憐薑指。　迢迢夢華帝里。睇長陵、墮煙凝紫。悄熨海南殘炷，寸心灰矣。古恨人間解未。早移盡、霓裳舊宮徵。怕理危絃，聲聲惹淚。

見《抱香詞》卷首《抱香室填詞圖題辭》

揚州慢

荒翠沈山，亂蕪連苑，夢邊處處斜陽。記斑騅別後，早瘦了垂楊。念身世、危闌易倦，過江吟鬢，新染吴霜。縱胡沙、春渺花前，多少廻腸。　旅蓬漫恨，算清愁、天註須償。賺竹里添圖，蕢洲換譜，重理餘狂。惘惘倚廔笛語，鄉心遠、約住幽香。問羊裘誰繫，還憑新雁商量。

阮郎歸

海棠風裏卸吳綿。新寒今夜偏。春心翦碎不成煙。燈花紅可憐。殘酒後，曉鐘前。更長如小年。夢魂便得到君邊。知君眠未眠。

以上《忉庵填詞圖》

珍珠簾　簾影

疏燈碧透梧桐院。下銀鉤、瞥眼一痕雲亂。窣地儘迷離，認蕙煙初滿。冉冉紗帷涼月印，又淺淺、斜侵芳毯。低掩。奈湘波遮斷，韈塵添黯。　猶記惺忪枕上，共花陰碎疊，看成疏簟。細雨燕歸時，怨金堂偏暗。多謝隔闌風蕩漾，卻怕被、窺屏人見。催卷。笑雕櫳幽思，者番銷減。

以上見《閩詞徵》卷六

齊天樂　爲葆生社兄題迦陵手書詞稿

碧空瞥墜迦陵羽，依依冷香殘翠。汴水花明，淮堤山遠，盪盡平生奇氣。蠶絲未死。憶枕上春酲，帳紋如水。斷夢悤悤，料他紅豆總難記。　當時俊游可羨，儘偎香鬥茗，添來幽事。錦瑟彈瑟，銀鉤寫怨，斷送華年似此。藏山漫慰。奈歸鶴蒼茫，劫塵猶是。一翦寒花，認詞人影子。

虞美人　同立广用彊村韻詠雪

輕煙樓迥窺鸞鏡。仙袂雲無定。小梅剛趁晚寒開。偏是飛瓊一笑、入簾來。　越溪夢斷疑天上。絮影迷煙槳。粉痕涴盡舊蕉箋。爭奈銀屏心事、畫都難。

其二

霓裳舞罷瑶雲遠。心逐風旛轉。天花幾點落經床。莫是安妃素面、倚新妝。　茶煙細領閑中味。釵玉寒應避。此情容易付東流。多恐瓊枝瘦盡、更添愁。

金縷曲　次韻贈散釋

又近呼鷹節。睇金溝、殘陽影裏，柳疏於髮。莽莽黄塵沉覇氣，倦眼憑誰暫豁。空邂逅、詞仙詩傑。醉弄吴鈎燈前舞，賸雄心、重爲聞雞熱。塵土夢，廿年撇。　當筵鐵笛吹俱裂。寫滄桑、霓裳舞罷，絮痕成雪。塊壘深杯澆得否，拚把珊瑚擊缺。更約共、窗梅閒説。猿臂功名蹉跎慣，算蛾眉、知己還奇絶。歌夜雨，助悽咽。

見《采風録》

翠樓吟　十刹海春禊未赴，分得『萬』字

密樹藏橋，高樓夾水，當時鈿車來慣。尋常歌舞地，驀回首夕陽悽斷。襟塵空浣。怕照影荒波，年年清淺。愁還嬾。畫窗凭處，暗驚春雁。　漫勸。花底金尊，問舊人誰在，篴聲如怨。俊懷銷未盡，賸分付、夢華殘卷。西山青展。想柳外闌干，單衫輕扇。東風晚。倩鶯留住，寄聲千萬。

見《采風録》第二集

淒涼犯　詠冬青

洛宫夢隔春風冷，空山徧長荆棘。熟梅過也，幽瓊霣雨，涴襟俱溼。攀枝怨極。問誰護、蘭

亭剩甓。驀迴看、雲根蘚破，斷影黯西日。箋恨天何忍，枉説長生，閏楊同厄。雪香路渺，奈珠襦、也無消息。劫後青殘，更休話、靈芬太液。訴啼鵑、幾許淚血，半化碧。

蝶戀花　詠秋蝶

記否華林芳草碧。舞趁羅巾，香雨仙衣溼。劫後花魂招不得。寒蕪處處傷心色。　憐取伶俜雙瘦翼。金粉抛殘，舊恨無人識。多事尋尋還覓覓。夢邊那有春消息。

摸魚兒　戊辰七夕，和石帚韻

甚秋河、幾番清淺，暗雲遮斷瑤井。啼痕碎灑梧桐雨，涼到曲屏單枕。幽緒省。盡抛卻、蛛絲舊盒慵更整。天街露冷。料駕鵲歸遲，驂龍去遠，綺恨又新領。　凝眸處，弦月窺人夜炯。歡期難駐俄頃。十年洗甲成虛願，心炷這番重請。蟾佩迥。又驀見、殘山一角天外影。支機怕問。只黍餅香初，芸籤曬罷，拚付逭愁飲。

惜秋華　栩樓宴集賞菊

薦與寒泉，正幽吟悄絶，霜心俱抱。澹影畫簾，温存漫煩斜照。分明瘦盡西風，更怨蝶淒蛩愁擾。跉竮，鎮相憐、伴我塵中烏帽。　華鬘暗催老。縱芳期耐久，争教長好。忍俊待、歸雁後，欵籬人到。秋娘似惜蹉跎，戀醉筵、金翹香小。狂了。數花枝、酒籌多少。

慶春澤慢　詠初雪

意倩雲傳，聲隨葉墮，銷凝幾度憑闌。喚起飛瓊，迴風爲舞僊僊。一寒消息今番早，檢詩情、不向梅邊。乍偷尋，碎點楓根，半蝕苔斑。秋來心緒攀幽懶，恰天供清興，先到柴關。試擬煎茶，風懷悄付雛鬟。林陰鶴夢剛催醒，待相招、細話堯年。問何人，罷理荚吟，對寫蕉禪。

更漏子 寒夜

苣煙沈，松火冷。碎疊鈿花氷影。聽暗漏，引孤鞶。窗梅瘦似人。顛風惡。羅帷薄。好夢怕教吹卻。霜瓦重，月廊低。新愁鸚鵡知。

錦纏道 長至

病後今年，几閣最諳寒晝。愛幽盟、綺梅圖就。壯心商畧葭灰透。夜氣春回，暗付金尊酒。漫登臺寫愁，亂雲依舊。倚玉杓、醉吟搔首。問幾人、能説承平事，夢沈玎傘，月冷千門柳。

江城子 憶梅

尋春怕説段家橋。麝塵飄。咽寒潮。何處瑶笙、吹起月明宵。不信東風天樣遠，鐙蕚畔，暗紅撩。題瓊前約水迢迢。便心招。已魂銷。禁得何郎、愁鬢爲伊凋。夢到仙山偏又覺，嗔翠羽，忒無聊。

以上見《煙沽漁唱》卷一

探春令 詠紫影

嫩寒池館蕩輕陰，正愁人天氣。甚畫欄、一片濛濛地。料偷寫、傷春意。有情偏向花陰墜。映斜陽如醉。問夢痕幾許，都無覓處，拚化星星淚。

虞美人　詠夾竹桃

花當葉對春風影。瘦格斜還整。紅妝悄倚翠闌干。任是無言淚點、幾層乾。　窺人半露羞霞淺。半被湘雲掩。也應瀟灑也風流。澹粉輕煙畫出、淺深愁。

減字木蘭花　詠薛濤箋

香名細記。染就桃花都是淚。碎疊春痕。一樹枇杷悄閉門。　玉璫誰寄。萬里橋邊人萬里。井水脂香。不與南朝寫斷腸。

一斛珠　詠荔支

海山佳處。紅雲宴罷風光駐。越孃十八冰肌妒。翡翠盤輕，看取虬珠舞。　除卻君謨誰解譜。宋香瘦盡愁風雨。垂垂幾許銷魂樹。

家在楓亭，人向天涯住。

夢夫容　荷花生日

幽懷憑喚起。乍芳篛碧輭，水香欲醉。試招鴛舸，移向鏡波裏。靚妝閑共倚。錢錢新樣應記。説著今朝，偏羞霞半面，回影看魚戲。　舞婕風光指似。消息南薰，洛浦迎仙佩。霧裳千態，分付絳絲繫。夜來羅扇底。新聲齊唱憐子。鈿約殷勤，怕紅兒暗笑，吹皺奈池水。

鵲橋仙　新秋

露花戀暝，風篁弄夕。一片詩痕難覓。曉來微雨過羅屏，似説與、愁人知得。　夢華暗換，懽期空擲。何止朱顏非昔。人間是處總銷魂，更休問、歸鴻消息。

昂、敲檐寒鐵。酒醒也，賸霜鐘、煙外未歇。

以上見《煙沽漁唱》卷二

龍山會　九日集雲山房

野屋疏林外。俊約題裙，且了簪萸債。霜柯青漸殺，危闌俯、幾曲煙沽如帶。直北暮雲多，漫重話、東南滄海。黯銷凝，殘山滿眼，夕陽無賴。依然佳節思鄉，雁後關河，斷夢沈蒼靄。醉吟容我輩，停笻晚、算有黄花相待。病起髮星星，任顛倒、山巾還戴。甚心情、倚廊細領，笛邊秋籟。

南鄉子　詠寒衣

何處響霜砧。裂葉風高接晚陰。量到腰圍秋更瘦，争禁。情比新寒一倍深。燈夜幾停鍼。淚掩冰花涴繡襟。暖到君邊君不見，沈吟。知否紅閨熨貼心。

洞仙歌　詠蟹

霜明水浄，映蘆簾如畫。隔浦疏鐙冷光射。又秋來、幾度潮落潮生，金甲恨，閑卻西風漁社。背紅供换醉，任是無腸，斷影江湖儘愁寫。嫩約趁黄肥、手軟橙香，憑消受、樨屏好夜。問别後、風情怎禁持，誤細響寒沙、畫廊琴罷。

聲聲慢　詠秋聲

蕭蕭暗樹，蔌蔌虚廊，依依替傳騷屑。疑雨疑風，偏是一天霜月。歌簾幾曾聽到，衹孤吟、和成悽咽。斷雁後，又金笳初緊，亂愁如葉。最念秋人易感，驀驚心、似與暗催華髮。試譜涼州，多恐笛龍吹裂。年時壯懷減盡，儘低

永遇樂　詞社第五十集，即事，用竹山韻

刻竹幽題，苦蕉冷約，漚侶重聚。錦瑟年光，金樽心事，春影東流水。蘋臺暝色，殘山宛在，絆我醉吟巾袂。問何時、湖天橫笛，畫橈趁月歸去。　悲秋淚熱，看雲情幻，結就騷魂如縷。有約停琴，無憀談劍，奇氣空相許。蕢洲幾夢，淒迷難説，暗付雨花風絮。記新寒、落梅曲罷，小闌凭處。

百字令　忉盦南歸餞集，同賦

津亭箯作平罷，正鴛橈歸晚，潮痕如雪。換得吴儂煙水眼，况有梅花堪折。明鏡雙凭，青鬟四照，唱到洪塘月。前頭鸚鵡，渡江休問桃葉。　偏是舊約秋蓴，烽煙遮斷，孤恨金笳咽。欲倩風帆將夢去，夢繞鄉山千疊。雁驛輕裝，鷗波小汎，不算天涯別。釣龍何許，待君杯酒重説。

踏莎行　詠寒菜二闋

雨甲青抽，霜根翠亞。槿籬秋晚剛鋤罷。荒畦金粉野人家，空城煙水園傭話。　世味荼諳，鄉心蓴惹。冰壺一傳從孤寫。茆檐飢色儘淒涼，城中又長春盤價。

其二

野圃荒煙，空籬晚照。元都夢後愁多少。閉門秋盡雨風中，一畦畫就傷心稿。　雪甕封宵，冰盤薦曉。酸寒風味隨宜好。年年生事冷蓬蒿，小園賦罷蘭成老。

行香子 醉司命

畫鼓騰騰。絳蠟盈盈。想神君、酒面微酲。一年何事，憑達天庭。笑阮廚空，嵇鍛懶，沈琴清。　椒醑花餳。夢影承平。憶兒時、綵服逢迎。而今空對，溼葦寒棚。剩距觚談，銜鬴恨，燎衣情。

慶春宮 賦豹房銅牌

斑管圖形，玄銅垂佩，羽林幾輩宵直。宣府雲迷，淮樓花渺，詔題猶記正德。御簾天近，傍仙仗、東風放入。鷹坊中貴，鳳艒名娃，俊游應識。　一方蘚字分明，憑話前朝，恨隨沈戟。煙火殘棚，管絃舊苑，何處重招鵑魄。淚鉛空認，料難問、提鈴夜色。飄零劫後，留付詞人，冷攤覓得。

清平樂 上元鐙詞

鐙筵春短。夢逐香車遠。柳月黃昏簾不卷。今夜東風偏懶。　樓臺歌管誰家。愁人暗惜年華。臥看盤窗蜥蜴，小紅影上梅花。

澹黃柳 詠新柳

偎闌弄碧。金縷纔堪折。漸近津亭寒食節。生小風情解得。漫與人間管離別。　翠眉結。相看正愁絶。乍嬌舞、緒風掣。怕青青、幾日吹成雪。待燕簾櫳，卸鐙庭院，剛挂昏黃瘦月。

其二

鑾腰瘦絶。慵舞東風側。弄影池臺春寂寂。停待宮眉展緑。爲問何人解吹篴。　正相惜。靈和好顔色。舊陰遠、黯芳陌。怕天涯、倦眼青難得。欲訴纏綿，暗憐漂蕩，偏是新鶯未識。

以上見《煙沽漁唱》卷三

醉鄉春　詠酒痕

倚笑憶翻羅袖。消領黄藤酥手。便醉裏，已魂銷，何況舊香銷後。　好夢竹西醒又。賺向花前回首。一重涴，一番愁，沈腰更爲春衫瘦。

百字令　題栩樓詞集寫影。和查灣韻

園林罨畫，記金尊前度，客來花底。小拍霓裳剛曲罷，催捲珠簾十二。坐石苔寒，偎廊柳暗，亭館三弓地。題襟肯負，眼中春色如此。　偏是絮影籠愁，花痕送暝，慣寫人憔悴。鏡裏風光留不住，一片斜陽流水。冷篴誰邀，危闌幾凭，詞客魂銷矣。好春漸老，夢回還戀殘醉。

惜餘春慢　餞春

寂寂空尊，依依殘篴，黯黯緑作平陰庭户。閑愁燕老，斷夢鶯疏，憑數雨朝煙暮。亭外朱欄幾重，多謝斜陽，片時留住。奈隔屏癡蜨，將飛還怯，似關離緒。　應怨煞、溝水無情，千紅漂盡，任取芳韶來去。筵前錦瑟，陌上香鈿，長憶舊相逢處。偏是頻年浪游，聽慣啼鵑，傷心難賦。怕清狂都減，歌雲銷後，一簾塵絮。

臨江仙　詠新荷

昨夜銀塘新雨歇，鏡中人面田田。輕盈碧玉尚雛年。緑雲妝未就，閑處貼香鈿。　憶否

鼓笛令 詠蛙

荒池一雨生科斗。漸閣作平閣、惱人清晝。餘怒車前空抖擻。問官私、定干卿否。 月斧更誰神手。歎銷蝕、山河非舊。 夢影金華腸斷久。又捱到、六更時候。

還京樂 喜蒼虯至自海上讌集，同賦

舊懽在，可奈沾愁鬢雪難料理。睇海山如髮，十洲刼冷，清談虛費。待碧筩同醉。風情忍共芳華委。問別後，湖淥幾蘸，羅襟孤淚。向宮槐底。好安排重記，金鑾鳳蠟，光寒憑覓夢味。還驚語篴淒涼，怨騎鯨、欲招仙李。數前塵、空恨梟茶煙，闌宵似水。鑒影尊前月，端應憐我憔悴。用清真韻。

鬪紅前度醉，鑄愁無奈青錢。綠波重疊待游船。幾時羅蓋底，容得錦鴛眠。

浣溪紗 題慧波畫箑

猶憶鐙屏舞柘枝。杯闌一笑看調脂。櫻桃斜畔月斜時。 重撥春心匀酒淚，暗分秋色逗歌眉。看花人亦鬢成絲。

玲瓏玉 夏日賦冰

斲向藍田，預料理、韵事今朝。浮瓜嫩約，最憐皓腕親調。是處疏簾細簟，笑青蠅飛過，纔怯還驕。無聊。剛聲聲、蓮箭共飄。 憊說頭銜似汝，便宮盤叨賜，愁隔雲霄。舊夢東華，問朱門、幾輩山消。依然壺中清隱，早諳盡、霜情雪思，怕近炎歊。酒醒否，「醒酒冰」見山谷詩。怕重看、還誤淚綃。

齊天樂　詠早蟬

蛻仙飛佩來何許，微聞儘教悽斷。翳柳煙收，迎梅雨歇，人在斜陽深院。繁音又轉。恁長晝無聊，緑陰吟徧。倦倚薰絃，爲誰重絮故宫怨。　南冠應念潦倒，幾番青鏡底，緣鬢催換。暗葉同飄，喬枝未穩，何待西風驚晚。清都夢遠。怕楚雀飛回，翠蕪蘦亂。漫想高寒，露盤天共遠。

前調　閏荷花生日

倚簫重與歌憐子，盈盈水香如許。暝翠分篷，酣紅繞鏡，説到停橈前度。瀛洲路阻。恁戀影滄波，暗禁風露。剜緑堂空，廿年腸斷舊題處。辛亥閏六月，余在東嘉。且園剜緑堂畔荷花最盛。錢錢新樣換盡，算漚盟未改，休怨遲暮。夢歇青墩，愁回錦水，羞見霓裳殘舞。霞觴再舉。怕解佩風情，冷鴛還妒。幾日秋生，箇儂心更苦。

壺中天　詠殘棊

幾番柯爛，歎縱横黑白，無多殘子。賭取宣城誰好手，兩字全輸而已。蟻陣桓桓，蟁籠吒吒，劫後須料理。吴圖重覆，棘門元是兒戲。　聞道舊日長安，側楸重整，朝暮看懸幟。破碎河山收局否，邱貉紛紛空計。鸜鵒憑呼，狻猊待乞，簷雨秋燈裏。卻占星象，斂枰還望佳氣。

前調　詠破硯

一泓古碧，早星芒箕隱，月暈鉤殘。割玉鑱雲何代手，斷珪傳徧人間。注水愁穿，試金疑脆，誰辨墨花寒。磽磽雖缺，石交還仗他山。憑數魏瓦榛沈，汾泥蘚汙，顛史儘羞顏。彈指金池成百碎，補天心事應難。漫覆枯棊，料無完甋，鴝眼泫微瀾。削觚須戒，玉堂餘樣留看。

無悶　題五峰草堂圖卷，蒼虬爲愔仲所繪

家在南湖，樓外畫欄，愁結斜陽幾許。悵別鶴頻驚，倦鷗誰主。零落涼叢鈿粟。早閱盡、秋來閑風雨。故綃試、認殘山一角，最銷魂處。況溪路。夢來去、便信斷蓴香，也應迴顧。況刻翠暈寒，故人心素。憑寄西風怨篴，問別後、幽篁平安否。待泚筆、題上浯臺，莫負雁邊歸艣。

以上見《煙沽漁唱》卷四

剔銀鐙　聞雁

昨夜南樓月滿。夢破如聞羌管。霜重疑沈，雲低漸邈，可有錦書捎轉。空簾試卷。問秋在、誰家亭院。　念汝拚飛未慣。鐙背爲酬孤歎。故國兵前，纍臣老去，禁得幾番腸斷。尋聲又遠。待傳寫、瀟湘清怨。

山亭宴　立冬日水香簃社集

送秋黯黯籬頭雨。怨天涯、斷鴻留住。消息小梅初，尚夢繞、江雲一縷。畫堂孤笛又黃昏，怕吹歇，水風殘譜。無計避新寒，賸索共、銅仙語。　亂蕪掩盡青門路。忍分付、夕陽終古。衰鬢伴滄鷗，數幽事、驚心逝羽。舊懽零落換新愁，總不似、盛時尊俎。對酒儘淒涼，待酒罷、歸何處。

蘇幕遮　詠冬柳

凍雲沈，殘照駐。一片荒寒，笛外關山暮。依舊謝堤來往路。不見秋孃，腸斷歌金縷。　澹含顰，慵罷舞。怨煞霜風，摇落知誰主。縱使明年春好住。祇恐斑騅，去後無尋處。

金縷曲　題吴柳堂先生《罔極編》墨蹟

不斷蒿莪涕。寫凄涼，銅駝刼後，滿城胡騎。返哺心孤霜毛秃，冷夢啼烏唤起。睇故隴、荒雲千里。家難國仇空一慟，儘窮愁、付與毛錐子。看崦日，又西墜。　横街祠宇斜陽裏。愴重來、喬柯已改，壁題猶是。先公有詩題柳堂先生故宅。尸諫蒲城孤忠竝，魂戀橋山尺咫。念此日、長陵佳氣。我亦摧心風木恨，賸鐵函、更補興亡史。濡紙尾，墨和淚。

鳳皇臺上憶吹簫　納蘭容若生日，集蒼虬閣

側帽當花，題箋倚柳，風流劇耐人思。奈四愁空賦，瘦了瓊枝。不許鴛鴦頭白，『不信鴛鴦頭不白』，《飲水詞》語。秋墳冷、怨咽哀絲。尊前夜，闌干月墜，夢去誰知。用容若自壽語。　當時。俊流散盡，歎響絶柯亭，逝水如斯。賸梅邊孤琖，重費新詞。多少人間濃福，便輕付、騃女癡兒。招魂處，黄雲紫塞，匹馬歸遲。容若奉使覘梭龍諸羌，以勞致疾卒。

郭郎兒近拍　賦稻孫。時蟄雲得長孫，讌集索賦

再展麞牙，麞牙稻，見白詩。喜動柴門，南畝閑身成晚笑。低繞。赤甲香早。題樓應傲襄陽，嫩緑遥分書帶草。　扶老。好傍先疇，禨褳

拙計粗了。話到瑯琊，奇童漫許，用李百藥事。乍看桐鳳小。祇心田、盎盎春留，乞作平與他年囊粟飽。

憶舊遊　過水西莊遺蹟，追懷查灣

認歌鈴颭雨，舞佩迷花，雙鳳來時。剗盡樓臺影，甚斜陽似夢，還戀南碕。斷腸押簾殘拍，幽怨玉簫知。剩老去詞人，尊前話舊，旅鬢添絲。　匆匆酒壚別，又淚眼危闌，送斷芳菲。等是鉏蘭恨，算故香無恙，重照清漪。篋底手書猶溼，愁誦太鴻詞。用樊榭挽蓮坡詩語。問拋卻塵寰，仙山底處尋紫芝。劉文煊贈蓮坡詩云：『黄髪未有期，紫芝不可茹。徒懷超世想，未免塵寰慮。』

祝英臺近　辛未清明

冷餳簫，閑粥鼓。芳節病中度。鬬草人非，腸斷畫橋路。年年歸夢青山，棠梨開後，又聽到、瘦鵑啼雨。　倦凝佇。楊絲裊盡新愁，怕隨晚煙舞。改火年光，依依舊尊俎。最憐刼後東闌，春風不到，祇分付、斜陽來去。

永遇樂　李園春禊寫感

尋夢游輪，欸愁吟榼，舊時亭館。社冷鷗疏，堂空燕老，芳緒悤悤換。午醒猶薄，春寒且忍，十二畫欄凭徧。算猶是、蘭池清韻，休話翠瀛深淺。　華林俊賞，青旗何許，一片垂楊遮斷。流水年年，斜陽處處，偏我銷魂慣。比鄰篴語，驚心薤唱，梁商上巳日會賓客於洛水，酒酣作《薤露歌》。時查灣、遜園新逝，借用其事抒感。蘚壁舊題都黦。怕簾外、東風又去，絮花怨晚。

百字令　須社百集，題填詞圖

天涯絲髩，幾憑欄腸斷，年年萋緑。無那閑雲邀夢去，輕付烏絲紅燭。百種沈吟，一般流怨，秋雨迦陵曲。玉龍吹過，淒颼猶裊檐竹。　何况故國鵑啼，名流鶴化，移柱悲懽促。結束風騷餘涕淚，灑向西園殘幅。煙柳愁春，露花傷晚，白紵歌難續。碧滄留影，相看應笑寒鷟。

更漏子　賦春陰

酒懷慳，簫約誤。心上幾番風雨。偏悄悄，又懨懨。燕歸嗔下簾。　飛絮斷。畫樓晚。算只花光到眼。春有意，帶愁來。愁來偏費猜。

以上見《煙沽漁唱》卷五

金縷曲　詠桃花茶　樊山偕雲薖、鈍宧游雩壇，坐山桃花下啜茗。落英如雪，時墜杯中，笑曰：『此桃花茶也。』有詞屬和

驀地仙雲墜。隔闌干、瓶笙寫韵，石泉初沸。薄薄脂香銷不盡，偏有忺人滋味。算玉訣、餐霞新試。漫拾夢痕氷甌話，怕元都、幾樹俱憔悴。芳事盡，雨風裏。　飄零肯便隨流水。倩詞人、茶經細訂，替商芳謚。應笑阮郎仙福淺，小泛瓊漿如醉。問此意、樵青知未。一段傷春新來恨，又絲絲、悄逐春煙起。鉛淚影，暗紅膩。

芭蕉雨　賦春雨，和迦陵韻

巧展餳簫冷節。怪無情損卻、東闌雪。柳外愁絲千結。錯道寄淚天涯，王孫怨別。倚

簾頻熨袖摺。問玉蕊誰折。只惹夢暗尋、伶俜蝶。背燭夜、睇紅樓，烟碧幾樹濛濛，休疑是月。

臨江仙 初夏

昨夜輕雷剛送雨，鏡波點上荷錢。緑陰簾幕又今年。瘦腰輕幾許，病過楝花天。　啼鴂聲殘人意懶，日長閑了秋千。青梅如豆落琴絃。芳心千萬結，酸苦鎮相憐。

四字令 南塘汎舟

溪雲路長。溪風夢涼。低篷聽到鳴榔。是鴉娘雁娘。　新蘋弄香。晚桃弄妝。一痕沁上羅裳。亂花光水光。

青玉案 春暮園游，用夢窗韵

翠苔掩了垂楊道。怎春後、無人到。兩點蜻蛉波影小。蘋風吹去，舊時亭舘，目送涼雲杳。　江鄉別恨蓴絲老。挂夢青山黯斜照。涴盡蘦紅春意少。醉魂無賴，暗隨芳杜，卻怕殘鶯曉。

春光好 折瑩園酴醿數枝，供瓶吟賞，倚聲寫之

香綃袖，雪籠巾。摘來新。醉折蠻腰上畫輪。悄含顰。　一翦粉蘤親注，幾回翠被偷薰。不是春人愁裏影，是春魂。

沁園春 寫感

窮矣虞卿，老矣班生，枉天下才。歎客中送客，蒼涼隣笛，夢邊説夢，慘澹池灰。魏晉都

非，荆凡誰在，滿眼殘山自往來。傷心事，待剗空瓊島，搥碎金臺。　不須高語無懷。周身外、浮名何有哉。看朝秦暮楚，千場傀儡，恩牛怨李，一例塵埃。魑魅窺人，蠮螉寇汝，爾許煩憂底處埋。悲歌氣，有賣漿屠狗，識我心哀。

前調　寫感再賦

石火風燈，不飲何爲，息也解人。問誰知我者，今無鮑叔，能令公喜，安得參軍。胸有千秋，身行萬里，低首甯堪雞鶩羣。憑高望，又東南滄海，西北浮雲。　薰天甲第紛紛。笑富貴、何如倚市門。看幾輩墦間，但爭肉飽，而翁俎上，也許羹分。鴻鵠焉知，蛤蜊且食，還我胸中自在春。雙眸在，藐許多蠻觸，釜底游魂。

賀新涼　觀劇

鐙月紅氍地。驀喚起、鈞天夢影，繞欄流憇。綽約神光疑洛浦，嫋嫋鸞絲鳳吹。又鼓角、催開新壘。躍馬橫戈兒戲事，笑登場、猛挾風雲氣。筝笛和，亂盈耳。　萶蓏心死何曾死。賸幾許、今愁古恨，淚隨絃墜。檀板金尊人易老，不是當時阿士。愁更對、宫妝衫袂。三五梨園餘白髮，問岐王、舊宅荅荒矣。霓譜在，爲誰倚。

點絳脣　詠新月

畫出離愁，寒簧悄試摻摻手。一痕眉瘦。怕爲微雲皺。　羅韈徘徊，弓樣摹難就。人依舊。簾前纖柳。腸斷黄昏後。

臨江仙 賦竹夫人

水殿暗分花蕊寵，青奴學得風流。枕屏無語似嬌羞。幾時簽鳳紙，有夢隔鴛裯。　生就玲瓏仙骨瘦，怪卿衹欠温柔。夜來氷簟入新愁。斑斑湘女淚，團扇共傷秋。

隔溪梅令 雨後飲西湖别墅，寫意

霧裳翩舞弄新晴。擁仙軿。緩棹歸來涼夢、晃漁鐙。苧衣添一層。　晚波漂斷影婷婷。似風箏。覓徧斜陽還倚、水邊亭。暗淙疑佩聲。

錦堂春 詠秋海棠

妝粉偎煙更瘦，香鈿顫雨疑沈。瑤階滴碎相思淚，花外又秋陰。　漫遣緗梅誤聘，暗憐紅豆同心。一般銀燭重屏夜，春夢費重尋。

鎖陽臺 涼臺夜眺

暗瓦沈煙，繁鐙替月，眼中無此高臺。晚霞低抹，流豔鬭桃腮。一霎金晃錯落，星橋迥、雲幕齊開。滄波遠，丁灣幾曲，黯黯隔飛埃。　秦川身易老，烽烟目極，銷盡狂懷。賸飀零南雁，寄夢天涯。偏是涼飈解意，花欄畔、還颭瑤釵。孤凭久，蠻絲宛轉，邀笛共清哀。

以上見《煙沽漁唱》卷六

小重山 和匠厂病中感懷

幾曲湘屏罨翠陰。藥烟清到枕、静愔愔。虚廊風葉伴愁沈。新寒緊、驚斷夜飛禽。　樓迥隔車音。遥鐘三兩杵、和孤吟。秋懷誰信比秋深。殘更夢、句起少年心。

滿庭芳　賞月

中秋前一夕，忉盦邀集新居飛翠軒

榭曲藏鸚，堂深宿燕，晚寒不到簾廊。翠簾人坐，蘭箭裊衣香。圖就平安好語，鐙屏底、還駐春光。壁懸紗鐙爲傒園所繪平安圖。多情夜，雲羅漸捲，月地待移床。幽栖新結就，傳鈔俊句，爭和山薑。田山薑有《移居》詩。歎游蓬小聚，同是他鄉。商略凌寒寸節，留隙地、更補松篁。歸心阻，啼猿漫怨，詩夢墮洪塘。

青玉案

栩園賞月，用方回韻

重欄不隔行雲路。看花影、如潮去。笛外西風消幾度。悶招鷗社，笑呼蟾户。同倚高寒處。　危欄目斷江關暮。緑減愁吟感秋句。乞與微晴天亦許。夜烏多警，冷蛩如絮。還恐明朝雨。

聲聲慢　賦秋柳

影隨秋去，思伴雲慵，風亭幾樹蕭蕭。擔盡離情，偎人還弄纖腰。虚教怨煙恨雨，只如今、説作平也無聊。新夢後，甚眉痕添瘦，恁地難描。　早料柔絲易斷，賸霜邊冷鬢，拚共愁銷。眼底天涯，分明不隔紅橋。丁甯漫留春約，算三生、終付萍漂。孤笛淚，倚江皋、悽送暮潮。

玉連環　和彊村

歌簾飄雨危絃卸。曲屏春亞。酒痕花影散如潮，都暗向、心頭瀉。　寂寂燕樓鶯榭。舊情誰話。最無情是畫鞦韆，曾斷送、行雲下。

點絳脣　南塘觀荷，和忉盦

人在香中，輕衫小扇渾忘暑。畫橈移處。掠葉聲如雨。　繞徧垂楊，不挽斜陽住。前灣路。漁榔來去。閃閃疏鐙露。

其二

十里風香，緑雲曲曲深藏暑。吴船何處。唱罷瀟瀟雨。　生羡鴟夷，一舸花間住。秋來路。載愁歸去。葉葉多風露。

眼兒媚　詠盆蘭

湘帷波影暗香摇。仙佩乍心招。窺人未慣，葳蕤葉底，半面藏嬌。　多生結就騷魂瘦，幻眼誤荃茅。伶俜念汝，一枝香早，信似秋潮。

八聲甘州　題雷峯塔藏經

甚龍天彈指刼塵空，何人話黄妃。歎風流錦樹，千年霸氣，澹付斜暉。爲想香花散處，陌上舊春非。零落金幢字，蘚雨淒迷。　笛外殘山如夢，又攖雲影斷，寂寞烏啼。算珠林無恙，壞色認蓮衣。蹉跎撑天素願，剩枯龕、回向總依依。憑呼起、風窗蜥蜴，幻夢醒遲。

滿江紅　放歌，和息庵

蕭瑟金臺，渾不信、斜陽猶昨。更莫恨、江淹才盡，匡衡名薄。世事大都如説夢，人生第一須行樂。看酒杯、倒瀉似黄河，從天落。　棋局换，誰高著。吟社散，空前約。望蒼芒陵闕，雲垂煙錯。如此江山巢幙燕，何爲富貴乘軒鶴。祇尊前、咄咄次公狂，無多酌。

鷓鴣天　庚午元夕

憶著銅街蹋月時。峭寒消息玉驄知。閑尋小市青帘酒，閑欵幽人白板扉。　箏語寂，鏡眉低。銷魂唱到柳梢詞。天涯何處紅蓮夜，珠箔飄愁黯黯歸。

蝶戀花　惠中夜飲書所見

縞袂飃煙來又去。笑捧金盤，斜倚玫瑰柱。家在玉河河畔住。柔條吹作漫天絮。　隔座杯香眉欲語。數罷青錢，暗賺秋波顧。一朶行雲無著處。教人錯認巫山路。

前調　寄懷匝厂題梧葉貽之

黯黯空林風葉亂。畫徧殘山，愁黛何曾展。芳草漸疏人事換。可憐汾水飛秋雁。　坐數斜陽紅又斷。罷酒闌干，目送行雲遠。莫道量寒羅帶淺。玉笙吹徹江南怨。

以上見《煙沽漁唱》卷七

芳草渡　答切庵，用清真韻

別恨遠，正紫曲荒涼，醉吟誰侶。問隔江鷗訊，疎襟幾蘸寒雨。笳吹聽最苦。偏頑雲難訴。夢醒後，暗送年涯，一雁難去。迴顧。斷煙瘦柳，怕近當時攜酒路。小橋畔、嘶驄過去，依依舊朱户。旅游易懶，況更惹、花前離緒。黯向夕，背鏡愁鸞自舞。

前調　前作意有未盡，復成是解

雪霽後，正暝色千林，倦禽呼侶。念濁觴誰勸，懽悰早散秋雨。垂暮吟更苦。憑參差誰訴。萬古意，但羨鴟夷，一舸歸去。留顧。

輦塵宛在，已斷孤衾尋夢路。剩蕭鬢、繁霜易感，新寒到蓬户。亂蕪滿眼，徒對話、芳菲心緒。倚暗汐，又見魚龍夜舞。

東坡引　沽上重晤切盦，感賦

東風先客至。朝來鳥聲喜。年光一瞥清歌裏。勸君花底醉。勸君花底醉。　斜陽又晚，危欄共倚。祇添了、傷春意。羅裙儘把離愁繫。明朝歸也未。明朝歸也未。一作：『萋萋江草銷魂地。王孫歸也未。王孫歸也未。』

風入松　瓊波夜泛

蜻蛉盪入藕天涼。烟思墮微茫。瓊妃悄立亭亭影，薰風軟、乍舞雲裳。螺岫一行鏡影，鴛波幾點珠光。　橋陰細語隔垂楊。花外裊衣香。菱歌欲唱江南曲，閒愁遠、不到横塘。偏是明蟾無賴，夜來還照宫墻。

錦帳春　甕山春感

驪輦辭春，貘屏扃晝。甚花底、猶傳宫漏。佛香中，仙掌外，望陰陰苑樹，斜陽都瘦。　粉絮飛初，錦叢開後。便扶醉、還來擕酒。燕梁新，鴛舸鬧，賸閒愁割與，斷煙殘柳。

大酺　聞切盦游雁宕，却寄

早屐游疏，烟嵐思，消與黄塵雙轂。寒湫聽却慣，鎮淙潺簷雨，耳根愁觸。怨鶴關心，歸鴻寄語，殘夢炊粱應熟。蹉跎留庵願，記前生衲子，翠崖三宿。甚江國書來，洞天身到，傲人閒福。　攬雲休縱矚。怕春後、猶是傷高目。歎歲晚、芙蓉孤倚，薜荔淒吟，只安排、黛蛾千蹙。問訊丹霞客，愁未歇、鳳簫哀曲。采真約、何時續。攜手鐙夜，煩話靈巖飛玉。瘦魂還依澗竹。

天香

舊京海棠、榆葉梅秋後再花，倚此賦之

珠佩來初，冰簾捲後，新妝誤著羅綺。走馬今朝，聽鶯前度，總付冷游閒醉。高樓又近，儘萬感、東皇知未。愁袂新迴鏡舞，啼綃早分鉛淚。　傷春畫闌更倚。惱秋人、幾番凝睇。消領舊香多少，暮寒如水。零亂江花夢裏。對紅萼、微吟共憔悴。試弄涼簫，蛙平魂喚起。

以上《漚社詞鈔》

憶江南

沽上水香洲雜詠

芳洲好，八里古臺邊。漁笛吹來青箬雨，游船摇過緑楊煙。人影鏡中天。

其二

芳洲好，小築傍雲涯。篆路轉頭迷港汊，鑑塘倒影現亭臺。門外藕花開。

其三

芳洲好，臨水小柴門。蓮渚窺人魚最樂，竹籬迎客鴨能言。船繫碧蘆根。

其四

芳洲好，花竹繞精廬。蝶影閑畦金粉地，鷗盟小榜水雲居。題徧練裙書。

其五

芳洲好，結屋近滄浪。風露三更停畫槳，煙波四面繪瓊窗。花外水都香。

其六

芳洲好，曲徑夾清溪。花影不離橋上下，柳陰微界水東西。一帶短長堤。

其七

芳洲好，最好一漚亭。藥徑引泉通石井，花塍覓路出烟汀。處處碓車聲。

其八

芳洲好，新拓草堂幽。罷酒闌干溪月午，飄鐙簾幙水風柔。三十六陂秋。

其九

芳洲好，清賞四時宜。春望曲歌楊柳岸，秋吟人醉菊花籬。踏雪更相期。

其十

芳洲好，難得主人賢。歸路依依花壓袖，清光泛泛月隨船。一夢小游仙。

以上《水香洲酬唱集》卷三

滿庭芳　六橋屬題松雪畫楊妃簪花圖

芍藥吟殘，海棠扶起，最憐飛燕新粧。雲鬟淺掠，添得露華香。休管釵盟鈿約，生綃裏、留住韶光。銷魂處，緗桃折罷，何處覓三郎。無言春已謝，蝶衣褪粉，蜂瓣粘黄。蝶粉、蜂黄皆開元宫粧名。料風流學士，銷盡柔腸。偏少仲姬題句，簪花字、替寫滄桑。低徊煞，髻翹鬌朵，莫誤是南唐。

水龍吟　外舅樂静老人屬題洛神圖

西風吹斷蘋香，是誰貌得驚鴻影。朝霞門豔，微波如語，天然標韵。夢裏黄初，一霎悲歡，斜陽能省。嘆蘅皋路阻，芳菲易歇，凝佇處、成凄哽。　畫裏瓊枝初映。寫神光、月寒霜冷。鮴窻相伴，閒臨玉版，應添清興。束素亭亭，翻香裊裊，一般輕靚。倚青峯數點，休彈湘瑟，有人愁聽。

采桑子

相逢只在垂楊岸，媚眼花羞。輭語鶯柔。扶上鸞車恰並頭。　春光去也成虛負，錦勒香收。羅帕香留。夢到輕烟第幾樓。

以上見《鐵路協會會報》一九二三年一百二十七—一百二十九期

望湘人　觀鷗碧館演《龍女牧羊》劇本

乍低鬟恨雨，斂袖愁風，冰綃鮫淚零亂。叱石歸遲，凌波步小，悵隔漢皐游伴。漫想夫憐，空啼姑惡，聲聲腸斷。　甚渡江、殘柳婆娑，彷佛靈和曾見。　何惜玉璫寫怨。奈瑤琴再鼓，洞庭天遠。倩旅雁飛回，指點滄波清淺。奪取燕支，踢翻鸚鵡，一霎興亡誰管。只僥倖、佳壻乘龍，更整畫堂春宴。

見《鐵路協會會報》一九二三年一百三十三—一百三十五期

清平樂　六橋屬題姬人繪緑梅便面

畫簾清曉。巧索梅花笑。玉蕊仙人親寫照。扇底春風多少。　含毫小語東君。一枝斑管平分。依約夢中翠羽，緑衣幻作朝雲。

見《鐵路協會會報》一九二四年一百四十五—一百四十七期

人月圓　和寒雲

香銷夢斷，惺忪夜倚，柱月斜時。斂恨成癡，停愁更懶，閟擱芳卮。　去年新柳，流鶯啼處，似怨春遲。春遲也好，慵看冷蕚，紅孕相思。

見《北洋畫報》一九三〇年九卷四百四十八期

惜秋華 六橋人兄有姬人玉并之戚，賦此奉慰，兼題玉姬所繪梅花便面，即乞正拍

路隔蓬山，料玉兒念著，蕭郎憔悴。錯種慧根，空教怨羅愁綺。分明瘦勝梅花，認秀骨天然清麗。流連，想脂香點罷，春魂如醉。 惆悵重簾外。賸窗絨涴雨，幾番凝睇。闌柳漸疏，曾門遠山眉翠。朱書寄與歸期，早夢斷、箜篌聲裏。雲起。結相思、碧城十二。

以上《東北叢刊》一九三〇年十期《香珊瑚館悼詞》

倦尋芳 秋日重過瑩園，借彊村韻寫感

磴深草掩，樓迴花沈，星鬢傷晚。盪影銀塘，多少夢雲飛散。孤笛愁聽流水訴，瘦筇閒寫斜陽怨。睇煙林，似湘皋曲罷，數峯青遠。 賸一片、荒亭殘柳，皺盡詩心，淒怨難展。 踠徑春絲，記拂舊時歌扇。冷榭呼鷗人意嬾，寒畦招蝶風光賤。好樓臺，更安排、幾番腸斷。

見《詞學季刊》一九三三年一卷一期

一萼紅 夏雨初過小圃夜坐，次石帚韻寫懷

暗花陰。恁幽苔繡徧，涼襲水晶簪。收雨雲閑，偎煙月懶，琴罷羅幌沈沈。翠楊外、誰家倚笛，引愁緒、嘶斷繞板禽。悄感流光，畫窗低處，銀漢斜臨。 回首液池天遠，甚悤悤粉墜，苦結蓮心。風露飄衣，星辰插鬢，歸夢重費追尋。忍拋撇、輕紈舊笥，記當時、曾染麝香金。只怕牆蕉捲愁，又報秋深。

見《青鶴》一九三二年一卷二期

賀新郎　賀甘簃續膠之喜

吟到梅花句。倩斑毫、春風傳寫，喜神新譜。舊是青田雲鶴伴，今結瓊波鴛侶。好料理、瑤匡金縷。樓外淞江明似鏡，照文梁、恰見雙棲羽。都荔曲，鳳琴鼓。　中年最好柔鄉住。莫平生、風雲豪氣，消磨兒女。弋雁明星應互警，重爲荒雞起舞。更輭語、雄心分付。棐几添香寒晷永，問東萊、博議書成否。還新詠，玉臺譜。

見《青鶴》一九三六年五卷一期

換巢鸞鳳　詠故宮五色鸚䳇。前作意有未盡，衍爲是解

一別深宮。歎繁華過羽，是想都空。倚寒羞錦繡，望月怨樊籠。殘妝重整綵雲慵。但添灑離襟鵑淚紅。漂苓恨，漫倒挂、伴伊么鳳。　愁送。春似夢。私語問安，猶抱牽衣痛。折翼何年，斷腸誰賦，輸與城南芳塚。天上巢痕渺難憑，到頭文彩從嘲弄。偏相逢，話開元、白首供奉。牽衣，用唐明皇五色鸚䳇事。

見《雅言》庚辰卷二

紫萸香慢

借西風、紅萸新釀，飛尊笑酌詩僊。儘雲峯游衍，問猖鶴，是何年。占盡園林清事，更芸香消受，靜業丹鉛。算洛英、晚福若箇似君全。況舊價、省槐早傳。當筵。忍話開天。鸞掖夢、渺滄烟。賸綠桑冷覷，荒波刼影，不到雲泉。眼中策藜人健，看扶醉、藕花前。倚樵柯、鬥棋收未，蕉叢霜老，吟葉卻愛酡顏。題

偏暮山。君自香山歸，極言紅葉之勝。

見《雅言》丁巳年卷八、九合刊《藏園老人壽言集》

沁園春 壬午上巳春禊，分得山字

曲水相逢，苦勸深杯，爲洗頹顔。恁湔裠歲歲，風前小苑，聞笳處處，烟柳危闌。抖擻春心，支持病骨，萬種羈愁欲避難。論身世，歎右軍不似，何況香山。 者番燕懶鶯殘。算作達、依然老子頑。縱探囊蚨盡，今朝且醉，繞床蟻鬥，甚事相干。放我棠顛，歎君竹醉，領略風光總一般。狂自笑，笑先朝沈炯，底落人間。

木蘭花慢 壽袁文藪七十

露階花弄綵，看重舞，舊霓裳。記瑣院秋寒，瓊臺月滿，共折天香。吴霜。泥人鬢改，賸青山還識老馮唐。春夢慵尋宦味，清懽貪結詞場。 迷茫。烽火暗蓴鄉。垂白寄閑坊。儘浮生經慣，檀槐代謝，葵麥蒼涼。商量。深杯勸引，注滄波傾與渴鯨腸。任道江湖歲晚，飛塵難近吟堂。

以上《雅言》壬午卷二

玉燭新 詠雪，呈辛庵

瑶天抬望眼。正暝色簾櫳，悄無來雁。纖塵都遣，凝望處、隱隱林遮山限。飄瓊未斷，訝玉蝶、飛争春暖。偏解意、唤起維摩，呵寒笑看花散。 微吟自嗅新梅，待唱向旗亭，共誰呼盞。梨雲思淺。怪夢後、風情俱減。重闌熨遍。又語鶴、偷傳清怨。空想象、白鳳騎歸，瓊樓寄怨。

見《閩詞談屑》

夢玉人引

袂霞輕。游仙忽引閬風行。月地雲階，掌書左右傾城。十丈瑶臺，認司文、丹篆分明。喚起雲璈，乍聞步虚聲。陡然驚聽。皋鶴唳霜清。纔檢琅籤，覺來頓悟三生。依稀見到紅桑影，荒波縹緲情。夢回處，懷中摘得春星。

見《清詞玉屑》卷二

露華

花天舊憶。看悄曳宫羅，倩影孤絶。幾度東風，香縷砑箋俱拂。佛前許换新妝，卻似道家丰格。金樓住，尋常漫數，趙紅歐碧。銅盤暗緒曾識。念墜夢宣華，春好愁摘。唱到縷衣猛斷，玉璫消息。黌帆載恨迢迢，怨煞畫圖顔色。幡影畔，空教澹鶯呼出。

憶舊游　自題木天尋夢圖

記蘭晨賜錦，杏序停鑣，夢到蓬池。冷劫鸞巢换，問柯亭竹翠，愁認殘枝。小鳳這番還老，悄立多時。篋黯舊宫衣。一片亭臺，斜陽戀影，省時邀依。沈思。夢華恨，枉彩筆親傳，回首都迷。漫話靈和事，望珠簾甲帳，回首都迷。飄零隔花鈴索，新燕不曾知。賸照怨瀛波，明朝青鏡添鬢絲。

以上見《清詞玉屑》卷六

菩薩蠻

畫船人影闌干曲。按歌拍徧闌干玉。生小住秋江。芙蓉花自雙。　琵琶遮半面。低語無人見。記取板橋南。青溪妹第三。

見《清詞玉屑》卷八

雨中花

萬種傷心誰做就。儘詩鬌爲伊消瘦。軟帳閑房，疏燈舊院，卻少雙紅袖。　環佩珊珊來也否。乍挨過冷梅開後。水樣寒多，煙般夢斷，愁味濃於酒。

金縷曲　殘句

消得倚樓銀帕淚，怕落花、中有朝雲影。

惜秋華

夢遠青陵，算今生註得，牽蘿憔悴。迴影鏡空，當時鈿鸞私誓。相逢便惹柔腸，認舊蝶飛回花底。殷勤，訂新歡要倩，巫陽提起。　長記杏驄繫。甚雲屏冷落，芳盟虛費。石上幻因，憐取眼前眉翠。分明鳳管雙聲，又唱入、哀蟬凄淚。愁憶。問前情、玉簫醒未。

以上見《清詞玉屑》卷九

失調名　題怡園會琴圖　殘句

寫秋聲，便似秋深，碧梧葉葉淒緊。

浣溪紗　和陳蒼虬題《詞龕夜話圖》韻

記著西窗月落時。秋魂飄斷一絲絲。淒涼舊事夜燈知。　任是無情還有夢，卻因暫住悔輕離。人天虛說碧雲期。

花心動

新約羅屏，訝蟾宫、吹來羽霓仙侣。夢淺燈飄，歌嬝珠匀，絃裏綺情徐度。當筵紅豆殷勤記，早牽就、相思千縷。驀腸斷，秋眉暗語。楚魂留住。　卻念宵來風露。愁損了、東陽帶圍如許。邂逅鈿盟，宛轉琴心，消領峽雲湘雨。討春我似司勳懶，儘惆悵、緑陰多處。問旛錦、今番替誰穩護。

以上見《清詞玉屑》卷十二

揚州慢

山古棲禪，谷寒送籟，宦游記躡飛霞。正新妝臨水，認拂鏡鉛華。剛怊悵、移梅人去，荒亭鷗語，憐我簪斜。移海謂林迪臣太守。　墮芳鈿、婀娜仙雲，疑降摩耶。舊香在否，祇安排、惹草縈沙。問斷錦韶光，西湖別後，拚付誰家。算飄零兩一夢東風換了，偏春影、挂住心涯。算飄零兩般，身世同是悲花。蒼虬同年倚是調，憶西湖煙霞洞梅，埘書見寄。因念庚戌冬日舊游，依均寫感，即希拍正。

見《翰墨千秋—閩籍書畫》

菩薩蠻　寶釵

重重步綺摇秋影。五銖衣上飄煙冷。生世慣空江。當時本是雙。　拒霜情宛轉。芳緒何人見。夢裏別東風。羞顔深淺紅。

西江月　湘雲

天上碧城何許，人間錦水多情。蕭娘鏡裏鬭娉婷。憐取臨邛妝影。　故苑仙姿銷減，空江秋怨分明。昨宵風露夢瑶京。煙外愁鴻啼醒。

浣溪沙 寶琴

一鏡盈盈舞彩鴦。江妃含笑倚新妝。佩環消息暗思量。穩稱錦雲籠翠被，暗催玉露解羅裳。丰容莫道不禁霜。

唐多令 岫煙

芳佩爲誰留。紅顔最耐秋。仗西風、洗盡清愁。一鏡千妝争媚嫵，遮不住、木蘭舟。冷面也嬌柔。韶華任水流。便東君、肯嫁還羞。三十六灣春不到，何處去、弄珠游。

琴調相思引 探春

鏡裏分明第一春。占來秋色也忺人。晚妝纔試，驕盡綺羅塵。錦渚再逢休怨别，粉煙微瘦肯含顰。桂橈來處，無意鬬羅裙。

以上《紅樓真夢》第十八回

郭堅忍

菩薩蠻

秋來百事皆無可。雙眉鎮日重重鎖。畢竟爲何愁。淚珠長自流。玉堦閒獨步。寂寞前游路。遠信最難憑。征鴻到未曾。

如夢令

窗外梧桐雙樹。簾内金鑪香炷。底事日無言，自覺此心難訴。難訴。難訴。閒誦樂天詩句。

浣溪紗

四壁虫鳴薄暮天。微微鑪内裊殘煙。綉餘無力祇貪眠。小院峭寒新月上，一行雁字過簾前。箇儂惆悵又題箋。

祝英臺近　寄妹

擘雲箋，開寶硯。幽恨怎生遣。懊惱秋虫，不管客悽怨。怕看籬外花黄，簾前月瘦，更思我、昔時庭院。　思更見。除是再世同生，化作一羣雁。來去連翩，聚散莫違願。最難此刻淒涼，終年分别，極目處、楚湘遥遠。

欄杆萬里心

曲欄拍遍費躊躕。望斷征鴻一紙書。迢遞關山千里餘。究何如。爲恁多時夢也無。

前調

滿庭月色掩雙扉。花影扶疏蝙蝠飛。坐久澄澄寒侵衣。怯空闈。故弄銀箏不忍歸。

點絳脣　題琳璣大姊小影

直恁懨懨，翠鬟慵整顰眉嫵。怨封侯否。一笑爲題句。　默坐攤書，釋卷無情緒。愁千縷。好纏伊住。莫放天涯去。

西江月　和李夢蘐女士韻

惆悵盈堦落葉，淒涼滿院秋風。含愁不語盼征鴻。腸斷多時信壅。　得句慚非詠絮，閒行無奈身慵。一腔幽怨問梧桐。可否舊游能夢。

玉樓春　贈鄰女

朱樓掩映垂楊柳。玉笛横遮樊素口。見儂何事也含羞，放下簾鈎朝内走。　芳心亦解傷春否。既遇知音甯忍負。料卿月上定重來，欲賦滄浪，將歌河滿，擘箋幾度凝眸。對黃花惆悵，豈爲悲秋。説甚金章紫綬，少年志、齊付東流。此中事，君休過問，春去難留。　封侯。料應無分，飄泊了餘生，甘侶閒鷗。奈心非木石，何計能謀。忍負青山緑水，已看透、萍跡沉浮。明朝約，煙波刺船，散髮忘憂。

鳳凰台上憶吹簫　覆妹書後

風吹幕。人驚覺。宿鴉啼得銀蟾落。譙樓鼓。鄰家杵。蹙眉閒聽，擁衾無語。數。數。數。　吴棉薄。羈懷惡。一燈如豆垂雙萼。香消縷。天將曙。紗窗瀟颯，侍兒看取。雨。雨。雨。

釵頭鳳

獨立墻東凝望久。

一籮金

月色溶溶人睡去。綉幕風吹，閒坐無情緒。欲撫瑶琹仍又住。知音千里關河阻。　亞字欄前涼幾許。將老秋花，那禁風和雨。羡煞行雲能自主。含情默默看牛女。

惜餘春　苦雨

颯颯瀟瀟，疏疏點點，不住梧桐亂滴。梅妻含淚，菊婢低頭，都被風姨狼藉。惆悵閒凭曲欄，落葉盈堦，暮煙如織。此時倍無奈，昏黃庭院，草苔皆濕。　誰念取、倦鳥歸林，悲鳴羽重，也有衷腸難説。瀟湘幽怨，洛浦深情，都對蒼蒼同泣。驀聽鐘敲，遠寺衣怯宵寒，紗窗凝黑。待挑鐙人静，淒淒冷冷，溜簷愈急。

菩薩蠻　芭蕉

燈前掩卷凝神聽。疑風疑雨猜難定。更有碧梧桐。疏疏聲亦同。　小窗虛閣外。春去伊猶在。曉起見新霜。可憐憔悴黄。

減字木蘭花　秋海棠

横波不語。化石山頭終莫補。試問梅花。何福脩生處士家。　愁依玉砌。月出黄昏渾欲睡。鵑血凝紅。弱質那禁雨又風。

菩薩蠻　秋葵

飄然獨抱出塵態。丹心一點千秋在。非愛道家裝。不隨桃李芳。　嫩黄疑似菊。枝葉纖纖緑。無力倚風前。輕盈欲化仙。

醉紅妝　月季

四時長受露華濃。對葵黄，伴桃紅。牡丹芍藥總堪從。金屋貯，玉堂供。　東皇底事獨情鍾。偏伊可，奪天工。不管海棠零落也，腸斷在，暮煙中。

金縷曲　隱括李謫仙《將進酒》詩意，示友

天上黄河水。恁滔滔、奔流倒海，直過淮泗。明鏡高堂君不見，朝暮頭顱改矣。但得意、千金休吝。莫使金樽空對月，盡吾歡、酒後昏昏睡。歌一曲，願長醉。　牛羊烹宰供飧饋。又何須、鼓鐘饌玉，侯尊王貴。自古聖賢皆寂寞，飲者名流後世。平樂宴、十千方已。莫嘆囊中錢竟少，試呼兒、將去貂和騎。同二子，逐愁退。

字字雙

垂楊陰裏樓外樓。春水一溪流又流。長安年少侯封侯。征場白骨收未收。

前調

春來春去年復年。兔走烏飛天復天。青山終古閒復閒。坐看波浪添復添。

菩薩蠻　得揚州故友來信，却寄

人間最苦生離別。柔腸怎禁千重結。喜得雁書來。遲疑又懶開。　滿懷幽鬱思。一把飄零淚。難得故鄉中。親朋尚憶儂。

夜行船　寄荇洲伯姊

忽忽悠悠常若醉。不如斯、即難安置。鬱恨千重，幽愁萬斛，提筆轉無一字。　臨鏡自驚老已至。而今是、屏除壯志。後會何時，相思鎮日，書滿箋頭皆淚。

於中好　再寄荇姊

新來倍覺無情緒。正悲秋、又愁秋去。臨風獨憶神仙侶。便夢也、難尋遇。　此生全被痴情誤。祇贏得、淒涼悲苦。書成欲喚征鴻住。尚未盡、心頭語。

菩薩蠻　又寄荇姊

休言鍾郝閨儀好。而今兩地愁顛倒。祇有月華明。深知彼此情。　同心能有幾。各被聰明累。惆悵奈天何。偏遭白眼多。

蘇幕遮　戊戌中秋有感

雨絲絲，風細細。不測天心，一變何如此。深下重幃門緊閉。芳酒盈樽，懶作無聊醉。觸新愁，懷遠思。翹首長空，問月幾時至。變幻風雲因甚事。數遍殘更，倍覺清清地。

滿江紅　寄揚州琳姊

欲訊芳蹤，又勾起、閒愁萬縷。儘拋入、淒涼岑寂，暮雲春樹。鎮日并肩猶恨遠，三年分袂因何故。更飄然、一棹出揚州，隨春去。　獨自箇，甚愁緒。奈無計，尋伊處。聽梁間雙燕，呢喃互語。似道故人歸也未，倍添惆悵難成句。倩青禽、試問海棠開，何時聚。

蘇幕遮　二妹新賦悼亡，作此寄之

病迷離，心恐悸。入骨相思，喜得雙魚至。尺幅花箋難盡意。料得臨封，也是頻揮淚。　別多年，長兩地。萬語千言，欲寫無從起。石爛海枯今已矣。願取他生，永作兄和弟。

臺城路　辛丑七夕

庭前絡緯啼秋住。又到雙星歡聚。玉漏無聲，金風暗動，正好鵲橋引渡。深情萬古。能久久如初，何須朝暮。應笑人間，傷離惜別痴兒女。　金爐燒盡香炷。對銀漢沉沉，碧天將曙。流火窺人，孤燈照影，別有淒涼難賦。凭闌凝竚。嘆良宵不寐，豈因獨處。仰問天孫，可知儂痛苦。

虞美人　長夏如年，偶拈花草數事，藉遣幽懷

荷花

淩波長伴鴛央侶。耐盡心心苦。亭亭玉立自風流。豈畏炎威烈日、一低頭。　臨池小立微風裡。往事閒提起。怪他人面比紅妝。怎

及出塵標格、氣芬芳。

羅敷媚　蘭花

屏邊緑夢初醒候，閒自思尋。淡雅幽襟。孤介生成具素心。　相看默默無言語，欲撫瑶琹。轉又沉吟。懶作離騷腸斷音。

醉思凡　茉莉

冰姿欲仙。玉兒態妍。配伊素手纖纖。拈金絲細穿。　嫩涼暮天。晚妝鏡前。記曾軟語凭肩。嗅清香鬢邊。

蝶戀花　萱花

一片夕陽斜照裡。滿院桐陰，檻外苔封砌。賴有此花開未已。願同人壽長如此。　意懶身慵無意思。小砑雲箋，閒寫忘憂字。人自愛花花自貴。比蘭畢竟非同氣。

大江東去　甥女綺華失怙來依，一年，其父携去。愛不能留，賦此贈别

相依曾幾，歎光陰、真比白駒過隙。此别豈同，輕聚散、我又年來多疾。遍地烽煙，蔽天雲幛，後會知何日。從今酒醒，又添一段淒惻。　亦解萍跡升沉，浮生常事，可奈心非石。何况親知，如母女、留住自慚無力。弟妹嬌痴，汝身柔弱，堂上歡休失。叮嚀不盡，黯然一句難出。

前調　叠前韻寄綺華甥女

幽齋寒寂，賸斜陽、野馬飛縈窗隙。天畔征鴻，悲唳過、人正懨懨卧疾。藥味鑪煙，醫經脈案，度盡如年日。消磨血性，蒼蒼因恁悲

惻。　回記豪氣凌雲，有時酒後，拔劍披堅石。近者身輕，休比燕、那有絲兒微力。攬鏡驚嗟，韶光逝水，故我形全失。寄聲小友，相逢難認儂出。

浪淘沙　寄荇姊

窗外曉鶯啼。欲起遲遲。昨宵有夢在閨時。獨自低徊重記憶，説與誰知。　莫道暫分離。怎禁相思。懶拈針線懶吟詩。一院海棠齊落盡，雨又絲絲。

前調　再寄荇姊

昨夜雁曾啼。休再遲遲。酴醿直到海棠時。多少新愁和別恨，待訴君知。　轉瞬半年離。夢想眠思。遣懷無計衹吟詩。弱質經秋重又病，心亂如絲。

滿江紅　京口晚泊

今我重來，衹一片、夕陽而已。有多少、樓船戰艦，曾經駐此。歷代興亡如夢幻，南朝名勝餘流水。再休言、鎖鑰障金陵，終何濟。　帆影歇，炊烟起。舟泊處，鄉音異。偶推窗縱目，幾揮痛淚。遥望瓜洲燈火暗，是儂泣別牽衣地。儘低徊、提筆不成文，魂消矣。

清平樂　江行遣懷

輕摇柔櫓。雲水迷濛處。何日行程方可住。獨倚船窗細數。　在家人比鷗閒。此時轉羨孤山。萬古長江静坐，風來浪去無關。

生查子　歸舟感作

離愁萬斛多，雙槳摇難動。天也解憐人，不忍順風送。淚如江水流，恨比山峯壅。竟夕懶歸眠，怕作江南夢。

夜行船 舟行丹徒，水淺灣多，一行一頓，詠本意

昏暗不知南北路。俟潮來、支撐前去。水淺灣環，舟多擁擠，似我迴腸愁聚。滿耳紛紜村俗語。整衣坐、自和自訴。旅館淒涼，船窗恐駭，歷盡長途辛苦。

浪淘沙 雪窗作，示素冰女士

積雪襯梅紅。喜與君逢。窗前吟賞酒盈鍾。促膝圍爐追往事，轉笑孤鴻。　益友得閨中。兩意深同。三盃薄醉上眉峯。多謝天陰留客住，不放飛瓊。

無俗念 小峯二弟來揚葬親，余適旋里喬居。卅年馳憶，一旦相逢，詞記其感

怱怱聚首，仍然是、勞燕分飛去矣。彼此長成方識面，執手恍疑夢裡。念叔神傷，思親腸斷，欲語無從起。君能自立，不禁含悲且喜。　自恨血性生成，況關手足，花蕚原無幾。流水浮雲輕一別，骨肉流離五地。大兄北京，二妹湘南，槐妹皖南，二弟久客東歐，余一人喬居維揚。獨涉山河，當斯世界，此後更馳憶。萬金竹報，叮嚀慰我頻寄。

一籮金

長日懨懨無意緒。正喜迎春，又送人歸去。佳節中元愁裡度。倚欄獨立相攜處。　欲拂雲箋旋又住。縱有詩詞，也少新奇句。寂寞

襟懷情萬縷。細拈紅豆顆顆數。

滴滴金　三侄女遠嫁陶氏，道經揚州，作此惜別

沿堤空種垂楊樹。怎不綰、雙雙住。逸少風流元亮品，勝秦娥簫侶。憐兒嬌小新爲婦。一飲離觴何日聚。萬語千言囑未完，倩青禽再訴。

金縷曲　寄三侄女

記得分離際。當酒畔、轉催速去，恐垂涕淚。兩日重逢真潦草，從此音塵千里。盼後會、談何容易。料爾執笄供婦職，性温良、應得翁姑喜。聰慧處，勝諸妹。　幼年粗涉書和史。向緑窗、倚聲覓韻，依依問字。深幸閨中得小阮，添我幽情逸思。試回首、恍如夢裡。爲語趨庭如有暇，筆簪花、珍重需頻寄。務念我，長相憶。

水調歌頭　和靖盦《送女至中學手工》韻示二女，時亦至中學手工也

難免依依意，親自送登舟。只過揚子江耳，毋用動離愁。莫怨孤身作客，千里古人負笈，不殫遠尋求。學費非輕易，學業要勤脩。　緊切記，奮志去，勿回頭。苟能自立，何用受制嫁公侯。況我支那男子，多半病夫奴性，誤配實冤尤。願汝時勉力，勿作陌桑游。

浣溪紗　舟游平山，女伴索詞，得平、仄二闋

放槳隨風過柳堤。水禽聲裡舵輕移。同舟仙侶促題詞。　紅藥未開春正好，萬松葱翠柳垂絲。誰家歌吹繫人思。

其二

携手共尋山徑去。青萍曲折連雲樹。遥望江南吟賞處。何郎小杜成千古，催得詩成無妙句。轉觸興亡征戍苦。

定風波

翠竹修修映碧窗。夢餘倦倚小匡牀。幾箭素心相對坐。無那。深幽庭院足清涼。自覺心空如水月。明潔。何曾却暑有奇方。多感蟬聲相警醒。安命。前塵後事不思量。

虞美人 和大姪《蟋蟀》韻，兩闋

閒堦籬落相和至。一等秋滋味。拘琴正苦少知音。切切淒淒月底、伴孤吟。 自嗟兩鬢今如許。那更還聞汝。含悲含怨爲何人。引我塵心久浄、又愴神。

其二

月明獨自中庭步。恍似人私語。淒涼百種萬千愁。長夜漫漫訴到、幾時休。 近來事事無佳思。灰盡華年志。驚秋回溯賈平章。宋室偏安半送、半閒堂。

金縷曲 綺華甥女來函，索手描花綉，并詢近狀。覆此長調，附以小影

正苦無聊賴。慰淒涼、彩雲冉冉，飛來天外。語字纏綿殷問候，此意千金難買。轉添我、幾多感慨。折柳河橋輕贈別，至於今、屈指過三載。知後會，何時再。 致聲妝閣空承愛。自病起、綺懷慵盡，柔腸全改。綉線金針抛棄久，何況手描花彩。祇贏得、愁魔無奈。爲謝

深情仍似昔，寄一紙、小影卿休怪。看是否，舊姿態。

前調

自題抛書哺子小影，寄示水月女士

悶對庭花坐。鎮日間、離愁別緒，雙眉深鎖。自顧遍身渾是病，扁鵲無方醫可。更莫問、舊時工課。抛却詩書還哺子，將一腔、豪氣全消挫。歡樂事，没些箇。　淚和筆墨依㠄墮。縱有了、殘詩斷句，共誰酬和。料得同心同此境，時向夢魂尋過。歎夢裡、偎依長左。憔悴容顏何足惜，慰離懷、密密加封裹。相見際，如真我。

水調歌頭

友人送外子素娥，特備小酌，侑以長歌

長調

酒畔躍而起，侑以此長歌，莫負友情家釀，不醉不能休。已去渾如夢幻，未至何勞着想，世事等雲浮。磊落丈夫子，豈作楚中囚。由皖豫，過襄漢，抵揚州。津梁長此，疲瘶輾轉一圍週。喜得消閒暢飲，看取素娥無語，應也羨人不。誰説黄金盡，明日典貂裘。

玉樓春

謝惠外素娥者

鉛華洗盡饒幽秀。一種晚香名世久。用臧貽老詩句。冰姿瀟洒不沾塵，只合嬋娟青女友。貞心傲骨能持守。雨冷風寒偏耐受。多情相贈解煩憂，愧少瓊瑶酬玉玖。

減字木蘭花

書空咄咄。雨鳥登穿恨明月。一片光溶。故逞團圞欺箇儂。　重門深鎖。坐卧閒吟無是可。脈脈依依。萬種閒情付小詞。

滿江紅 自題停琴拔劍小影

一表英風，只應是、繪圖麟閣。却緣何、釵環巾幗，潛藏綉幕。抱負未能伸志向，遭逢大半多輕薄。激昂時、罷調棄宮商，磨干莫。　長嘯處，天驚愕。生鐵鑄，今生錯。恨無知執法，欺人太惡。說甚德從惟順守，更多儀禮加拘縛。偏登壇、演說我同儕，齊騰踔。

卜算子

病久愈生愁，愁重還添病。白印金爐篆字香，深意私衷領。　淚比杜鵑紅，懷抱霜華冷。髮亂如絲懶自梳，愛好心情懺盡。

浣溪沙

閒撫瑤琴遣夜長。空房人靜月窺窗。珠徽冷按韻鏗鏘。　古調不求時俗賞，捫心自負俠心腸。知音祇有一爐香。

子夜 苦雨，二闋

長空細雨濛濛洒。閉關悶坐和誰話。不說不能休。說時更悵愁。　晴曦何日照。懊惱天難好。人笑杞人愚。儂嗟同調無。

其二

陰陰更比殘冬冷。幽懷觸動傷春病。製得踏青鞋。幾時能出來。　封姨尤肆虐。吹得庭梅落。倚枕日懨懨。放晴私祝天。

減蘭 喜晴

簷前鵲噪。驚醒醉眠還自笑。料峭寒輕。深謝東皇肯作晴。　重幃捲起。多日紅欄慵不倚。翹首長天。整備明朝放紙鳶。

西江月

袖手曲廊閒步。自記年前詩句。金爐香燼懶重添，好箇無聊情緒。庭外殘梅全落。幾箭紅蘭初吐。春來懷抱不曾開，惱盡風風雨雨。

菩薩蠻

李夢蘐女士生辰，因雨未去，戲示一詞

良辰偏遇陰陰雨。筵間莫動離愁緒。珍重飲雙盃。那人即日回。　玉容花遜好。姑婦傾城少。斑彩侍慈親。低頭弄幼孫。

前調

封姨故意將人戲。多情不許瑶池醉。吟賞再相逢。罰君金谷同。　饞涎堪笑我。思食長生果。爲問女青蓮。今朝得幾篇。

虞美人

得二女申江來信

一封書到千重喜。反覆重頭視。可憐嬌小賦孤游。料得痴兒不敢、訴離愁。　言言只問平安不。珍重慰慈母。生成諸女孝於吾。引我奇酸透鼻、幾欷歔。

河滿子

鏡裡鬢雲半白，壯懷耿耿難休。懷抱無窮牢落感，生來恥作依劉。知己談何容易，同心更莫輕求。　亦解封侯無分，偏教志羨兜牟。我欲乘槎天上去，凌雲探極尋幽。按膝徬惶四顧，前塵後事悠悠。

水調歌頭 壯外行

明日即分袂，不作別離悲。耿耿心頭片語，用敢訴君知。今世雷陳有幾，所重毋非酒肉，道義棄如遺。凡事貴振作，莫望人提攜。　我與子，同命鳥，兩心期。影形違隔，夢魂時刻總相隨。但祝鵬飛直上，萬里雲程無碍，良晤必非遲。魚雁長來去，家室勿馳思。

湘月 題真州汪小蒓先生令堂卞、夏兩太夫人寒燈課讀圖

烏啼月冷，和熊丸强忍，幾多清淚。歎爾未曾瞻父面，便判人天生世。螢案潛心，鵬程努力。願取承先志。師原是母，藁砧泉下應慰。　窗外颯颯西風，蘭膏無焰，相對難成寐。他日瀧崗阡樹碣，需表二親劬瘁。茹苦含酸，柔魂消盡，永叔名成矣。欣然一笑，追隨駕鶴天際。

風敲竹 題真州汪小蒓先生春輝寸草圖

烏兔奔難住。一轉瞬、秋光蕭颯，春輝過去。回首兒時依膝下，宛轉那離跬步。偶小別、牽衣囑咐。痛煞歸真雙駕鶴，叩仙山、腸斷親何處。抱此恨，終千古。　從茲廢誦伊蒿句。聽棲鴉、啞啞長夜，尚知反哺。罔極劬勞兼苦節，又遇干戈兵苦。時有洪楊兵事。得顯揚、稍償悽楚。我亦傷心成永感，負慈恩、深重空生女。展斯圖，淚如注。

蝶戀花 畫梅花贈蔣毓秀女士別

玉骨冰姿無俗思。林下風流，久仰芳名字。調鉛草草聊將意。願教花月長如此。　疏懶

自知爲世棄。深感多情，稱許爲同志。聞説錦帆行去矣。離愁萬斛紛然起。

浪淘沙

癸丑春暮滬上作

春色已蕭條。處處無聊。此來舉目少心交。江水恁滔滔。掩耳懶聞家國事，不禁魂消。無定風潮。笑他過客爲誰勞。我自欲歌歌不得，恐怒龍蛟。

前調

一抹淡斜陽。暮色蒼茫。寂寥人見更淒涼。多少興亡牢落感，齊付滄浪。遥望奔長江。何處吾鄉。阿誰省識舊行藏。明日挂帆歸去也，耕種麻桑。

風蝶令

獨坐知更永，倚闌怯夜寒。西樓明月又團圞。惆悵此回書信、恁般難。聯步形如雁，同心氣似蘭。分飛不覺十年間。怎不相思相憶、淚頻彈。

河傳

惆悵。凝望。路三千。音訊無人可傳。亞闌曲廊宵更寒。垂簾。緑窗香暗穿。寶鴨爐邊和悶坐。清淚墮。誰念悽涼我。憶前遊。江水流。難留。斷鴻沉又浮。

唐多令

繡華居士來詞，羨居揚州之好，步其原韻召之

悵望燕雲邊。伊人雅可憐。料英姿、公瑾當年。詩意清新詞秀逸，似柳在、曉風前。壯

志淡如煙。情懷軟若綿。一行行、寫入吟箋。倘愛鶯花十里路，來醉賞、好春天。

以上《游絲詞》

唐玉虬

西江月 甲子歲雪夜在天津作。原本十首，兹憶得八首

往歲歲除燕市，風前未換單羅。豪情不爲客愁磨。雪夜吟聲愈大。　曉霽九門如鏡，一鞭鏡裏穿過。瑶峯玉嶂載明駝。那作袁安僵臥。憶燕市。

其二

若憶名山門下，清風遠接槃阿。數竿脩竹影婆娑。夜夜龍吟鳳和。　人物還逾元亮，文章自比東坡。青山一曲採薇歌。風雪柴門高臥。憶名山師。

其三

兩載雍奴税駕，絃歌聽徧兒童。族叔祖企林時爲邑宰。日斜官舍鳥呼風。樹裏山城似甕。　最喜良宵雪霽，長郊無有人蹤。登臨把臂有元龍。謂閩侯陳南陔。長嘯寇公雄封。憶武清。武清舊名雍奴，漢寇恂封雍奴侯。

其四

今月原如古月，虎溪可似苕溪。雪含溪月照茅茨。遥想題詩高士。　萬里關山似玉，願教接手同歸。君愁家室我天涯。一樣人間憔悴。憶虎溪陸孔章。

其五

古渡長年雲鎖，微波館裏詩情。翩翩丰韻照

人清。最愛君家子晉。　故國寒梅開未，天涯雪霽荒城。夜深月静好呵笙。我且待君秦嶺。憶白雲渡王曼士。

其六

獨稟乾坤清氣，生來冰雪心胸。不知雪月霽遥峯。誰繫高人幽夢。　安得三間茅屋，屋旁只種青松。長當山雪絶人蹤。開徑惟延二仲。憶戴溪奚昇初、謝玉岑。

其七

雪後無風有月，樓臺浸入瓊壺。飛來白鶴似人孤。摇曳庭中珠樹。　萬里晶瑩不斷，江南還憶吾廬。近來閨閤意何如。點滴紗窗玉筯。憶内陽湖。

其八

夏月西山山寺，涼宵踏月槐庭。碧蘿風疾藕衣輕。一杖飛過山頂。　遥想峯巒三百，雪中應更幽清。何當跨鶴載瑶笙。月下重游仙境。憶燕京西山。

浪淘沙

絲竹沸華堂。月静花香。自將紅豆種空桑。一道緑萍風卷去，水面蒼涼。《浪淘沙》下半闋，上半已忘，亦在天津作。

以上《玉虬殘詞》

陸明桓

滿庭芳　寫怨

紅豆抛殘，黄衫約誤，沈沈幽怨難禁。孤鐙挑盡，寒夢落江潯。回首舊時情景，深院裏、賭韻聯吟。相逢處，天涯海角，高誼託苔岑。問干卿底事，工讒刻意，致謗无心。奈飄鸞泊鳳，煮鶴焚琴。衆醉何由獨醒，纏綿恨、欲訴沾襟。新詞譜，啼猿斷雁，紙上有哀音。

漁家傲　秋懷

一片秋聲何處起。西風落葉空山裏。孤雁飛來書不寄。蕭條意。月明時下羈人淚。　極目吴淞煙水際。伊人宛在情摇曳。惆悵何時重把臂。傷幽契。愁來獨自南樓倚。

踏莎行　寄遠

萬斛閒愁，兩行清淚。暮雲江樹人千里。衡陽歸雁倘飛來，玉璫緘札親題寄。　月墮銀屏，涼生鳳髻。零星好夢從頭記。大夫一賦忒荒唐，從今銷盡凌雲氣。

前調　伊人來書，輒以夜半修成。寒宵忍凍，盛意可感，填此謝之

獨客情懷，孤衾滋味。荒雞喔喔催人起。知卿此際未曾眠，珍珠密字親緘寄。　便欲乘風，還思插翅。明知妄想安能遂。書空咄咄太癡生，遥天望斷浮雲蔽。

前調

上祝加餐，下抒別思。叮嚀萬種嫌辭費。銀釭剔盡不成眠，背人偷寫珍珠字。　去住隨緣，合并無計。墜歡重拾知何際。只憑斑管訴相思，行間滿漬相思淚。

虞美人　題端陽雅集圖

五銖衣薄當風坐。着箇淒涼我。見時歡笑别時愁。料得卿卿含恨、上西樓。　瀟湘侍者吾能算。鎮日長相伴。嵩雲秦樹久離居。畫裏真真一喚、一欷歔。

高陽臺

好夢如煙，離愁似絮，墜歡欲拾零星。門巷桃華，傷心崔護重經。黄衫枉説留成約，卜金錢、盼斷歸程。忒淒清。感逝吟詩，思舊題銘。　當時刻意留卿住，有玉簫咽月，銀燭調笙。一擲韶華，便教負了鴛盟。雙修福慧知難得，算能償、已是來生。一行行。百轉風懷，寫徧雲屏。

前調　遊泗洲寺

衰柳寒鴉，小橋流水，斜陽偏護紅牆。草没殘碑，何年選佛成場。叢林曾歷開天刼，儘低眉、閲遍滄桑。甚荒唐。一枕邯鄲，醒了黄粱。　高吟松子空山落，有詩題敗壁，人立回廊。望古傷懷，那堪孤抱荒荒。六時清課心香爇，懺塵根、同上慈航。莫相忘。慧業重修，此約終償。

浣溪紗

一枕梨雲夢不成。無言獨自坐調箏。箇人心性太聰明。　薄霧籠花鶯嚦嚦，春潮帶雨晝冥冥。隔牆聽唤賣餳聲。

前調

燕子歸來舊壘非。烏衣巷口夕陽低。前塵影事總淒迷。　紅豆相思應刻骨，緑陰遲暮莫留題。無多蹤跡比鴻泥。

前調

盼斷音書又一年。從教閒煞衍波箋。吾心匪石比還堅。　豪氣如虹虹化月，秋懷似夢夢成煙。酒邊不到到愁邊。

前調

紅瘦櫻桃緑葉肥。桂堂東畔藥欄西。看花曾與手仝攜。　膽略丁年誇射虎，心情午夜怕聞雞。零星往事忍重提。

前調

剩有閒情付落花。鉛華洗盡怨韶華。從今應悔亂塗鴉。　已遣禿殘江淹筆，更教學種邵平瓜。老農老圃計非差。

浪淘沙　旅意

獨客去留輕。病與愁并。聽風聽雨過清明。一樹馬櫻花落盡，老了啼鶯。　歸路短長亭。數遍郵程。家山何處暮雲橫。鄰篴悠揚聲又起，無限淒清。

如此江山　乙丑暮春，以避兵留海上。薄遊半淞園，桃花謝矣，歸去无期，悵然倚此

吳淞翦取憑誰賦。名園恰臨申浦。海舶連雲，江潮滾雪，齊向尊前奔赴。圍棋莫賭。算大好河山，又成孤注。時齊盧之戰方已。海底紅

桑，待栽來巳是前度。　天涯况悲失路。奈聲聲鐵篴，勾起愁緒。蜨翅嬉春，鶯花寫恨，并入傷心無數。幽懷欲吐。笑袞袞遊人，此情誰喻。儻遇知音，便湘絃細譜。

春風嫋娜

看春光老矣，尚客天涯。攜俊侶，駐輕車。正斜穿曲徑，衣香引蝶，閒憑綺檻，鬟影堆鵶。桂棹迴波，花街試馬，不管城頭吹暮笳。四壁留題紀遊句，新詞都付碧籠紗。　更裛玉川七椀，詩腸潤遍，擊銅鉢、韻鬬尖叉。眈泉石，戀鶯花。甌斟緑蟻，拍按紅牙。銀燭燒時，高吟未倦，瓊筵敞處，小住爲佳。休嫌放浪，歎浮生若夢，歡場易散，且莫思家。

燭影摇紅　清尊讀曲圖，外舅汀鷺屬題

軟碧斟來，綺懷欲訴渾无據。小紅低唱我吹簫，韻事從頭數。往蹟興亡無數。莫傷心、鶗絃替譜。滿浮大白，青眼高歌，盱衡千古。　悲歡離合幻空塊磊填胸，引杯雪涕知何故。悲歡離合幻空花，收拾歸詞賦。一幅畫圖深處。倚新聲、閒情爾許。已斜丸月，欲死孤檠，沈沈更鼓。

解珮令　萬山深處一蒲團圖，爲外舅題

白蓮結社，青燈禮佛，遺餘生、此事差相近。借箇蒲團，料不是、鳴高肥遯。是年來、照空五蘊。　逃虚有託，入林必密，早全消、一腔孤憤。叠嶂層巒，點染出、鑿坏高隱。懺浮華、静觀朝槿。

踏莎行　代閨人答

曲號相思，詞填薄倖。無端小別悲淒冷。一書遞到轉添愁，楳花報道詞人聘。　妾意如環，郎心似鏡。意能往復心明浄。郎心妾意要相同，瑶章和就郎須聽。

貂裘换酒　自題彼汾一曲樓

一曲分湖水。古精靈、騰光掩曜，鬱蟠生氣。露白葭蒼人宛在，憑弔靈芬廢址。聽唱出、秋墳詩鬼。蘅夢夢醒无百載，問年來、絶調誰能嗣。清興發，唾壺碎。　雞鳴風雨思君子。遺蕭晨、長歌當哭，視天如醉。一臥滄江驚歲晚，窗外寒楳吐蕊。不待賦、小山叢桂。殺粉調鉛新事業，月當樓、容我圖重繪。先哲往，酒親酹。

前調　珠溪夏君綠笙家藏明楊椒山手臨《枯樹賦》真蹟，都爲十葉。洪楊時，夏君家遭回禄，凡所珍弆，圖書金石，蕩焉无存。獨此真蹟，從瓦礫中檢出，完好如故，但四角盡帶焦痕，亦云異已。當余年十三四客珠溪時，親見俞師壽耘題詩，其後更有漁邨董丈鈍庵題句，髫齡未之留意。迨庚辛間追憶前事，欲向夏君借觀，而夏君已蜕，斯願无從得償。今董丈墓上草又宿矣。回首前塵，黯然欲絶，漫成此解

十幅龍蛇字。帶焦痕、飽經刼火，未熸光氣。大廈將傾樑棟折，枯樹婆娑如此。便擲筆、問天天醉。定有精靈相聚泣，閃寒檠、殘月來窺几。傳萬古，見孤詣。　廣川題句猶能記。況師門、兔毫親染，瓣香展視。只我當年渾不解，眼福自甘抛棄。剛一瞬、已吟傷逝。萬卷樓夏氏樓名空人化鶴，悵從今、玉軸難重啓。僨

此願，終虚矣。

前調　吴門圓通寺聽棲谷上人彈琴

已遣禪心死。七條絃、元音冷澹，獨追正始。三弄楳花寒月墮，『三弄楳花魚讀月』，禪房額名。驚起游魚出水。廣陵散、問誰堪嗣。上人弟子學琴，多未得薪傳。爲我一彈還再鼓，鬱蒼茫、如聽松濤起。塵俗狀，都銷矣。　埋愁瘞恨偏無地。響霜鐘、空山梵宇，挑鐙相對。怎奈荒雞催報曉，依舊一肩行李。又踏遍、琴臺簫市。兩字浮名何足戀，訪成連、海上將船刺。盟息壤，志先矢。

如夢令　題柳懷玉遺影，應素琴屬

何處飛來雛鳳。巧麗世間無種。紫玉忽成煙，一現曇花堪恫。如夢。如夢。貌取風姿親供。

貂裘换酒　外舅屬題光彤大姨遺影

畫取真真貌。影亭亭、雲鬟霧鬢，藐姑風調。一枕梨雲春夢醒，何處海山縹緲。便仙去、也憐過早。見説性情温似玉，爇心香、令我真傾倒。詞乍譜，寫孤抱。　碧城底事來朱鳥。脆琉璃、悲秋倩女，冰魂長杳。料是夜臺眠最穩，萬種閒愁盡掃。又只恐、輪迴轉了。留得零星詞句在，錦囊空、恨未窺全豹。遺著小品文字甚佳，惜多殘缺。憑棖觸，發清嘯。

前調　題岳倦翁《金陀粹編續》

寫出孤臣恨。剔殘燈、整襟莊誦，悲風淒緊。十載功隳三字獄，千古奇寃可憫。便欲飲、黄龍無分。北望神州横灑涕，叫重閽、斯意天難問。妖霧撥，此書進。　棲霞嶺畔看歸櫬。有賢孫、頻揮史筆，辨誣傳信。迎聖立儲遭主忌，淚墨淋漓細認。憑隻手、難回厄運。大好河山仍昔日，又何堪、胡騎重蹂躪。掩卷起，發孤憤。

高陽臺　題黃壚買醉圖

醉後呼天，憂來斫地，狂生意態殊狂。題壁詩成，高吟海水蒼蒼。鸘鷞裘典春衣換，醉春風、斷送春光。莫荒唐。醉眼頻擡，閱盡滄桑。　无端歌哭知何事，奈情深杯淺，燭短愁長。壓酒吳姬，如雲豪氣難降。青山埋骨傷懷抱，學劉伶、荷鍤郎當。到昏黄。一夢南柯，物我俱忘。

浣溪紗

簾捲西風落葉深。銀河淡淡漏沈沈。隔牆隱隱逗疎碪。　夢欲圓時雞乍唱，燈剛暗處鼠先臨。一番秋事一番心。

前調

湖海元龍耐久要。樓高百尺倚星杓。凌雲壯志未全消。　有限光陰悲逝水，無多愁思付寒潮。擁衾臥聽雨瀟瀟。

前調

一卷南華付達觀。雞蟲得失渺雲煙。便無花月也陶然。　薄醉何妨邀好友，逃名未許臥深山。臨溪小築屋三椽。

前調

一種閒情謚洞簫。玉闌干外夜迢迢。无多消息逐春潮。　夢短愁長宵漏促，天高風急衆星遥。熏籠斜倚到明朝。

前調　書前縣長沈沂《去任留别》詩後

江上尊鱸動客心。歸來一賦便抽簪。鷗盟鷺約好重尋。　刀劍漸看成買犢，干戈難得化鳴琴。感人政績入高吟。

以上乙丑

高陽臺　元宵迎紫姑神作

笑拔鸞釵，高燒鳳蠟，紫姑今夕遥臨。聚米堆沙，依稀波磔堪尋。无知兒女團圞遶，比星期、乞巧穿鍼。倘來歆。果雜盤陳，酒帶香斟。　子胥不在曹姑去，奈千秋遺恨，一片愁心。竈下沈埋，年年幽怨難禁。無端勾起閒情緒，又輕輕、寫出瑶簪。到更深。燈滿斜街，月滿空林。

以上丙寅

以上《蘇齋遺稿・彼汾一曲樓詞》

陳方恪

水龍吟　北湖田氏水閣詠白荷

紫騮嘶遍芳洲，舊家簾幙深深地。玉奴今夜，眠香正穩，瑶簪初試。驟雨方過，輕雲暗染，頓添清致。悵扁然一舸，題紅訊杳，相思意、誰堪寄。　猶憶琅玕獨倚。對西風、若有離思。翠腕歆涼，冰頤擱淚，素娥扶起。魚淰波荒，夢魂不到，寒衣空委。怕明朝、碎盡芳心，分付斷橋流水。

河傳

春雨。無緒。掩屏山。斜彈雲鬟暮寒。錦衾半堆人未還。闌珊。畫樓更漏殘。欲付雙魚愁遠道。風訊小。溢浦潮迴了。曉鶯啼。殘夢迷。那時。悔教輕別遲。

菩薩蠻 梁節庵丈屬題金拱北畫册

緑鬟翠匎金篦簇。雲絁嫋嫋香風逐。家住碧峯前。華陽洞裏天。石壇春草氈。芝露教晨擷。留與待登真。世間忠孝人。

南浦 春水

嫩染碧鷗天，傍楊枝，低拂漣漪清淺。應憶乍生時，相逢處、指點畫橋芳岸。寒生斷泖，依依猶自飛新燕。織段閒愁流不去，漸被晚風吹亂。眉痕照影經年，甚緇塵不浣，總餘淚點。舴艋恐難禁，青溪路、還送冷紅千片。湘江解纜，斷魂更逐斜陽遠。前度池塘清夢渺，誰道寄情都嬾。

鎖窗寒 詠簾

鳳節妨香，鸞花薄露，簟紋鋪藻。瑶階静擁，蕩漾夢痕難掃。偃風枝、晴廊燕翻，石泉碎點金霑抱。悵玉樓十二，銀河斜掛，碧笙吹曉。窺笑。當年少。記高捲南薰，神仙人妙。横街放夜，坐送千門歡鬧。想玲瓏、遥倚未眠，夜情密意飛不到。待歸時、省識春風，窣地苔陰悄。

拜星月慢

缺月牆陰，幽香坊角，隔水砧聲微度。依舊風情，認紋窗煙霧。歎如夢，最是、欹紅軟翠筵底，臘鳳匆匆歸去。永夜無聊，數青溪鐘鼓。　甚傷心、穩向天涯住。孤鸞信、第一眉痕誤。料應紅袖寒添，惹歡塵都污。記今生、萬種溫柔處。天河迴、錯喚桃根渡。衹賺得、楚客蕭疏，寫江關哀句。

浣溪沙

隱隱津亭疊鼓催。殷勤從與勸離盃。高樓紅袖首重回。　故國寒砧傳晚信，錦衾瑤瑟動清哀。三更殘月度秦淮。

浪淘沙

壬子，海上王子展丈出眎近作《落葉詞》，屬和。爰填小令奉答

雁背閃孤光。壟首雲黃。小樓一角褪斜陽。驀地捲簾人睡起，滿地啼螿。　無語點離觴。別有愁腸。拚將殘稿畫瀟湘。添箇流人三兩輩，同話滄桑。

春從天上來

海棠花下作　維揚南城外，環碧山莊池上，有海棠一株，高逾尋丈。叢臺絳跗，臨風繙纚，南中所罕覯也。甲寅暮春，偕叔芸諸子薄遊來此，藉坐花下，分韻賦詞，因得此解

翠擁紅幢。是瓊壺窈窕，飛影殊鄉。宿露搓酥，斷霞凝粉，簾捲恰對穠芳。好自珠樓燦曉，多少意、酒力難將。剪鮫綃。盡一春蜂蝶，都隔銀潢。　霓裳。人成垠舞，算喚起瑤姬，有淚如江。吹轉朱旛，絳雲迷卻，猶憐蘸水淒涼。一捻殢嬌慵學，東風裏、曾訝濃妝。

解零璫。漸絲絲細雨，委盡柔腸。

破陣子

頩玉秋香樓底，裁雲粉絮簾前。莫把尋常花月恨，譜入鈿箏舊雁絃。春城話可憐。　一自蘭橈催發，幾回荔浦情牽。錦被半堆金線暗，冷落閒門逐繡韉。東風伴醉眠。

踏莎行

鳳杷題紅，鵾笙吹霧。夢中哽咽天涯語。細篁幽籟獨來時，玉鴉啼過南塘路。　一髻遥山，三春柳絮。十年閒事悤悤度。高樓極目到平蕪，斜陽一抹傷心處。

陌上花

東風換了花光，涼節謝娘池館。漫熨春衫，猶認酒痕輕淺。那時小檻追歡處，一徑蘼蕪堪剪。奈芳盟幾許，瑣香金篋，寄情都嬾。　歎年涯荏苒，銷磨綠鬢，夢醒碧山鐘板。兩袖霜華，送到月明秋坂。玉樓十二驂鸞去，愁共彩雲天遠。劉郎病後，鳳帷深下，夜長思遍。

浣溪沙

伏枕爐煙睡起遲。鬢邊風信玉梅枝。小山殘雪夢回時。　多是江城惆悵客，舊游重到問誰知。謝廊迴合水平池。

秦樓月

銀塘路。背人一點流螢去。流螢去。夜涼幾陣，花梢微雨。　曲闌干畔梧桐樹。桐陰一抹紋窗護。紋窗護。如今少箇，驚鴻偷覷。

蝶戀花

青嶂露零山月小。猿思鵑飛，千里清秋道。惆悵沈郎歸合早。白頭不礙臨邛好。　一曲新聲歡意少。淚粉紅香，寂寞西池曉。昨夜亂魂飛浩渺。斷雲殘雨俱收了。

賀聖朝

夜來香　夏日晚涼，坐瘦公齋頭閒話。庭際有夜來香一盆，南産也。瘦公指而告曰：『此花幽馨冉冉，不減梅、菊、水仙。酷郁惡同乎薝蔔，側媚羞侔於素柰。除珠蘭之瑣碎，無跗蕊，不足道，花之與莖葉同色者，惟蘭有之，不炫燿色相，全天真也。凡人在日間，七情擾攘，六根溷室，雖有香而不聞。夜昏息機，鼻觀乃清，香界無差別也。香以專夜，名不賓實，而余氏《板橋雜記》至斥爲媚夜淫葩，殢人妖草，冤矣！　盍爲清詞一灑之？』予噭然曰可，遂信筆賦此解

遥憐可可窺人乍。伴風廊琴榭。好將空谷比幽姿，合氾人姑射。　吴舲初到，紗橱睡起，定緑珠無價。幾回偷眼避遊蜂，又夜涼如畫。

南浦

旅居京師，自秋徂春，不無羈泊之感。偶經城西，水側夭桃兩株，臨風婑婧，對之悽然。爲賦此解，不自知音之哀也

柳外駐軒車，有輕盈，並倚内家標緻。相見鳳城西，吹笙去、掩抑玉人春袂。羞紅弄蕊，破壯十日輕陰裏。猶是天涯同照影，零亂一身清淚。　漢宫簾捲春明，正揚花如夢，沉香人起。淺醉酌流霞，玄都恨、還問仙娥知未。千山萬水，家園唱徹今無地。直到旗亭啼杜宇，魂返故溪環珮。

疏影

題伯沆師孤雁圖

西風漸緊。對暮天杳靄，雲意低暝。倦羽催

聲聲慢

夢窗此調有合詠梅、蘭、瑞香、水仙四香。伯兄爲作圖，命譜詞題之，即和夢窗原韻

石橋冰泮，屐路苔踈，還從歲晚相逢。細雨吴郎，幾回夢想春容。銀屏夜涼初覺，引醉魂、低裊香風。銖衣輭，向玲瓏燈館，弄影歛空。

前事故山愁絶，伴巖扉臨水，目送飛鴻。漫道如今，相思人比花濃。天涯料憐雅澹，有檀奴、俏染蠻紅。凝恨處，佇崔徽、長在畫中。

洞仙歌

題秭園『梅花香裏兩詩人』畫卷

畫看初罷，共商量奇字。梅樣風姿澹春倚。恁隃麋黛淺、寶鴨香温，簾下了，占盡寒閨清致。

鵑啼催早，小住江南，璧月瓊枝弔佳麗。帶甲滿關河、斷夢征塵，莫更溯、蘭成愁思。轉海印、祥雲護華鬘，總福慧雙修、比肩歸，迢遞煙程，淒涼説與秋景。寒山占斷相思路，盼不到、書題斜整。悵玉樓、縹緲香深，合是酒消人醒。

還憶長門影暗，怨啼似訴語，封淚鴛枕。渭水波聲，幾點清暉，換了唐宫金鏡。蒼茫別下汀洲去，任瑟瑟、秋江淘盡。更那知、夢穩霞莀，自有寒心難省。

三姝媚

崇孝寺牡丹

籠鶯初喚起。撩晴絲芳菲，鈿車如水。錦障街南，認翠翹金熌，緑煙垂地。玉蕊唐昌，應換卻、仙家塵世。鳳吹歸來，瀲灩韶華，好天沉醉。

何似千嬌羅綺。問第一昭陽，那人能比。穩護雕闌，對露晞妝鏡，粉融香膩。夢覺傾城，偏誤了、平章門第。記取春風詞句，閒情自理。

人瑞。

鎖陽臺　裴伯謙丈屬題所藏吳漢槎鷄塞填詞圖卷子

塞北春空，江南魂斷，獨餘芳草閑花。故園歸訊，燕子已無家。漫道東陽瘦損，舊題有、椒壁籠紗。還來伴，春燈天末，深屋杏花斜。堪嗟。王孫頭白，往事風流，恁尊前重對，付與琵琶。莫向青山擫笛，怕明月、不返軒車。誰憐取，梅僊賦後，清夢泠胡沙。

翠樓吟　瘻公爲程郎艷秋索詞，即賦題其小影

怨粉闌珊，沉熏撩亂，相逢碧桃花底。楚衣香未減，浸秋剪雙瞳如水。瑶華持比。坐迓月梧簷，紅牙親記。東籬地。澹情剛稱，冷香名字。　漫喜。艷冶鎖磨，趁鳳城絲管，費春彈淚。沈郎應瘦損，忍重對流鶯身世。瓊漿初試。便慧業愁根，一時都洗。金尊外。殢人無奈，繞梁塵墜。

鷓鴣天　癸亥初春，潯陽江干作

未放陽春入鬢華。一生清恨過恒沙。東風淚滿青蕪國，子夜歌殘碧玉家。　羈思迴，水雲賒。東蒙舊隱杳歸槎。當時松雪心期在，何處招魂賦楚些。

虞美人　西壩作

平田汩汩鳴流水。風颭秧波靡。前山過雨後山晴。門掩槿籬翠滴、濕衣襟。　江邨三月鵑啼去。不放殘春住。野棠開過斷橋西。且忍伶俜歸夢、莫教迷。

浣溪沙

一樹榴花綻欲燃。朱櫻結子緑蕉天。薰風亭角畫堂前。　已拚心情非昨日，何因惆悵似當年。緗紈斜脾髩雲偏。

前調

一曲霓裳興未終。瓊簫翻譜玉玲瓏。片雲流水隔香紅。　應念長安今夜月，素秋飛影出瑶宫。千門人語斷腸中。

憶江南

閒睡起，庭樹午陰圓。百尺冰泉吹露井，幾竿石竹間茶煙。長日静如年。

其二

閒坐起，零露濕羅衣。屧響暗迴波影動，髮香微度曉風吹。滋味忒淒迷。

其三

閒語罷，露葉點團龍。庭際早梅低屈戌，桐陰眉月映房櫳。人影小屏風。

其四

閒醉罷，歸去滿鞖霜。門館春燈迷曲社，石橋煙月照牌坊。行跡祗淒涼。

蝶戀花

惆悵年時歌舞地。爲問修眉，可抵吴山翠。闌外誰惜雲萍無好計。錦帆又逐天涯起。　涼葉行雲樓下水。夜夜銀屏，還共人無睡。涼葉静傳歸後意。夜深明月移秋被。

虞美人

梅花金萼勻香雪。柳眼低相結。東風吹遍上陽春。腸斷滿城簫鼓、説昇平。　笙歌散後遊人去。微潤天街雨。酒懷幽思兩誰同。消受玉樓人起、五更鐘。

浣溪沙

昨夜春寒透錦茵。博山香燼嬾重熏。沉思前夢恍疑真。　玉勒風前嘶遠道，寶釵樓上鎖輕塵。看花垂淚憶歸人。

蝶戀花

喜鵲橋成催鳳駕。白首佳期，休負人天話。覷眼當筵歌舞罷。西樓一夕相思乍。　屈指花開花復謝。獨守孤芳，渾奈胭脂姹。婉轉歸來銀燭下。溪堂風月涼無價。

前調

目送橫塘來往道。蛾緑鶯喤，猶想相思調。今夜月明齊放棹。平波細膢魚鱗渺。　一枕西池餘夢草。爲問西風，何計催歸早。歸計未成佳約杳。故山夜雨鵑啼老。

少年遊

東風著意弄輕寒。憔悴客衣單。別後樓臺，重來煙月，人事易悲歡。　當時俊賞尋芳侶，惟有燕飛還。白髮愁新，滄波恨渺，歸夢繞雲山。

虞美人

東風盡日長門閉。恨剪方池碎。一雙翡翠護

鑾柯點碧。趁越溪雪霽，曾共吟屐。素澗泠泠，靜拂瑤琴，春風爲洗芳澤。青山一見經年事，定誰惜、飄零江國。悵娉婷、恨想雲衣，淚灑翠華亭北。

須信驂鸞舊侶，月明香霧裏，飛去無力。儘念多情，賸取寒姿，慰我天涯遊歷。金尊別有相思句，奈瘦損、庾郎詞筆。便醉歸、一笛扁舟，付與暮愁空闊。

風中柳 題綴玉軒話別圖，即送畹華赴日本

渡口梅風，輕約薄羅歌扇。帶朝慵、宮衣剪剪。幾多離愁，經海清怨。早歸來、翠樽低勸。

夢想雲棠，莫負十洲仙願。數繡程、珠簾盡捲。春櫻壺嶠，滄桑人倩。待閑話、畫圖親檢。

雕闌。又是黃昏微雨、鎮相看。釵橫蟬髩輕雲染。細鞾金雙臉。近來情事夢魂中。無奈閑房一晌、殢春慵。

采桑子

五雲樓閣參差起，遠樹摇丹。銀箭飛山。玉笠瓊蓑立馬看。

恁扶殘醉過前驛，風月高寒。回首朱顏。腸斷清歌入夢難。

其二

霸陵握手傷離別，泗水東流。錦纜龍舟。最怕黃昏泊石頭。

天涯江袖情何限，好語難酬。一曲吴謳。秋雨如人淚不收。

疏影 癸丑歲暮，獨載雪詣孤山觀梅。時值高花半吐，水石瀟寥，流連孤賞，悠然會心，石湖幽躅，恍旦暮也。仍藉白石翁仙吕宫寫之

點絳脣　書庚子行役詩後

嫵婉苕華，昭陽往事人争道。驚傷窈窕。淚鞠長陵草。　甲帳丁年，去日愁中老。還祠廟。渾河秋杳。雁叫天山曉。

臨江仙

歌斷酒闌燈暈冷，銀河門外迢迢。金風城郭夜香飄。去時冠劒，贏得壯懷消。　永日繡簾慵不捲，妝成獨自無聊。一天風露濕檀槽。廿年家國，愁絶楚宫腰。

前調

岸柳蕭颸蟲語斷，畫船雙槳空横。欹鉦迢遞隔重城。相看愁欲絶，爲我一調箏。　櫂轉波迴涼月墜，歸心暗驚棲禽。江山清感十年情。消伊千點淚，何必問他生。

滿庭芳

樓傍春陰，山銜小苑，可憐人似秋螢。石城西去，溪緑黯冥冥。來唤濺裙舊侣，認前跡、屧印苔生。朱門閉，杏花風急，零落燕泥馨。　牽情。争奈是，偷傳香柬，初見雲屏。幾慣閒儚懰，驀笑逢迎。漫道那時别後，多少事、説與無憑。銷凝久，年光暗掐，江柳又遥青。

疏影　梨花

輕盈素靨。向故山曾見，如許清絶。睡力融肌，半嚲蒼翹，幽蹊悄步芳屧。相思一夜青禽老，怕碎損、仙宫裠褶。恁柴門、静掩餘寒，銷得滿溪明月。　應憶牆頭唤酒，依依正望裏，催怨離别。此際高樓，竚倚香肩，映取粉痕明滅。東風縱解尋芳去，定迷卻、前村殘雪。更黃昏、歸櫂重經，流水一春無跡。

霓裳中序第一

輕颸颺桂檝。岸曲楊花飄亂雪。人去夕陽萬疊。悵物候頓驚，離愁空結。鄰簫倦咽。倚闌催遍啼鳩。佳期杳，玉京舊約，髣髴夢魂接。簫屑。暮雲低合。更滿地江湖阻絶。蘭成身世漫説。十稔狂名，幾許華髮。唾壺敲儘缺。向醉裏乾坤傲兀。清吟嬾，孤懷還共，浩蕩遠鷗沒。

曲游春　秋日與伯夔游徐氏園作

桂院新涼嫩，看秀蕊離離，難畫秋色。曲映朱門，鎖香苔金井，碧梧喧寂。石磴蘿陰濕。認隱約、浪題浮壁。甚杜郎俊賞，歸來惆悵，緑窗風日。弄白。新蟾簷隙。誤臨水眉梢，窺粉簾額。往事豪情，幾因歌駐轡，藉花圍席。屈指韶光隔。歎勝地、風流都息。恁無聊、掩淚林亭，故人共惜。

慶清朝　海棠，用碧山《榴花》韻

絶艷宜簪，倩魂易冷，幾回彈髩東風。春嬌乍倚曲欄，獨映嫣紅。和醉重鳴怨瑟，絃間幽意有誰同。斜陽外，斷霞作被，殘粉成叢。猶憶故山步月，聽杜鵑啼夜，緑碎煙空。朱英數點，飛簾應爲詩工。鏡裏暗藏清淚，怕教零落亂雲中。深深院，濃愁未醒，爭似花濃。

臨江仙

十載琴臺供跌宕，酒邊垂淚清漚。故人湖海謝交遊。歸程何處，芳草極凝眸。今夜憑闌風露裏，幾枝楊葉颼颼。江城煙月照鵶愁。夢回高閣，夜戀舊衾裯。瑶宮。千門人語斷腸中。

荷葉盃

別後家山何處。春去。花底正持觴。醉歌欹枕合歡牀。此際一思量。多少密情深意。無計。那得是佳期。舊懽新恨入顰眉。腸斷總難提。

卜算子

樓上錦衾寒，樓外愔愔雨。竹徑芹泥濕未乾，不辨曾來處。相對剔銀釭，隔座迷花霧。一霎歡娛一段愁，霎霎渾無據。

浣谿沙

惆悵臨歧酒一盃。悄風黃葉共徘徊。青燈低映繡簾開。故國寒砧傳晚信，錦衾瑤瑟動清哀。三更殘月渡秦淮。

浣谿沙

昨夜西風起畫屏。衰紅殘翠不勝情。夢回愁度十三陵。樓上鎖塵留彩月，隴頭流水怨離聲。看花垂淚憶歸人。

前調

回首秦林入望空。片雲流水隔香紅。玉簫帆落石塘風。辛苦猶憐天上月，素秋飛影出

湘月

清明後，許子季上招遊北湖。予雖寄跡江南，不履斯地十年矣。即用項蓮生《甘露寺夜遊》韻譜之，以託興焉

一奩曉翠，盪澄湖、十里雲絮無影。垂柳移陰，甚换卻、當日眼中風景。遠岫啼眉，夭桃媚粉，還認棲香逕。因到日落禪關，青帘隔溆，顫寒笳不頃。蘭橈去也，閑愁瑣得千定。攜酒重來，算此意、千古誰人消領。燕閣春空，鴛碕草長，魂斷蒼煙冷。遡風高唱，莫教宿鷺驚醒。

玉蝴蝶

昨夜雨喧春睡，臨明小起，潤逼衣裳。宿草迷離，狼藉杏蘂飄殘。曉風約、市聲漸遠，野水漾、雲霽孤光。黯情傷。淚流屏掩，凝想高唐。平江。歡期此日，鼓吹高閣，錦障風檣。別後琵琶，爲誰彈恨到瀟湘。悵萍散、難尋舊跡，指酒邊、羞檢清狂。九迴腸。錦城花發，點鬢繁霜。

攤破浣溪沙

海燕歸來黯羽衣。畫屏金簟瑣清輝。還共酒懷無氣力，鎖長眉。雁字欹斜燕塞北，碧雲蕭澹楚天陲。今夜故人魂夢去，不禁吹。

荷葉盃

十載重樓春破。深瑣。無復理膠絃。暗塵羅幙舊金鈿。花重已迷煙。目斷塞鴻征雁。秋晚。明月滿關山。相思相見恨應難。魂夢在人間。

少年游 夜宿慈雲寺

十年蹤跡楚江蘋。稽首過慈雲。花雨空旛，碧山殘磬，愁夢未曾醒。而今寂寞樊川髩，遮莫悔多情。七夕心期，五湖舊約，歸去可憐生。

八聲甘州　弔雷峯塔，并序

甲子八月二十七日，雷峰塔圮。據塔中所藏《陀羅尼寶篋印經》，造時爲宋藝祖開寶八年，距今九百五十餘年矣。相傳吳越王錢俶妃黃氏於南屏山雷峯顯嚴院造塔，奉佛螺髻髮，以宏卹胤錫羡之願，故本名黃妃塔，俗以地名雷峯塔也。時值齊、盧搆患，孫氏乘其後，奄有兩越。孫軍入杭城，正值塔圮之日。夫肇始於五季鼉食之秋，復告終於九服魚爛之際，此一大事因緣，不知尚有旃育迦王復作於陽羡劫灰之隙否？諸公有詞弔之，尤推蒼虯翁一闋，悲感蒼涼。披諷不足，因復繼聲，匪特用志康回之變，亦聊託藏舟之感云爾。

問金輪持世到何年，微塵碎虛空。定露盤飛去，東萊海上，收影龍宮。幾許冥搜俯仰，遺構跨蒼穹。零落汾陰意，聊抵登封。又是兵戈滿眼，溯鈞天夢破，草草沙蟲。費三生屐齒，同聽一樓鐘。瘞蓬蒿、難尋珠鑊，任萬鴉、迴陣噪西風。空憑付、哀湍斜照，指點衰翁。

摸魚兒　丁卯之夏，逭署西溪。夜宿茭蘆庵，徙倚門外，夜清山寂，窅然以思

靄斜陽、晚山如鏡，雲光淒入平楚。野塘花瘦聞魚唼，門外亂螢成畝。遙夜阻。漸石上涼生，翠袖臨風翥。荒碕悄佇。對落月空船，幽禽驟警，瑟瑟老茭語。清遊興，怎奈銷魂是處。莫霜飛絲鬢千縷。葛洪川畔三生約，付與笛聲今古。應莫負。算漫趁燒香，願了深深炷。心期暗許。幾玉樹歌殘，青樓夢覺，來傍水雲住。

擣練子 丁卯秋日，重過南屏故居有感

人不見，燕空還。曲逕紋窗掩淚看。水竹翛翛風日冷，後門閒煞釣魚竿。

芳草渡 韋齋、松岑諸君由吴門寄書，堅徵洞庭探梅之約，以牽役人事，迄未能赴。清遊興盡，勝賞緣慳，渺渺予懷，倚聲代簡

客夢醒，對墜月驚枝，竝禽聲細。問縞衣人去吳宮，半遶流水。西崦開遍未。拋銅仙鉛淚。但漫恐，故苑華鬘，刼換塵世。　何似。矮筇倦侶，望裏遥峯彫舊翠。更憐取、湖壖步影，踈妝蘸明綺。畫船盪盡，付酩酊、漁天閒醉。算後約，又自清商奏起。

定風波 摩訶池

一夜西風動石鯨。荒波愁思杳青冥。曾共詩人憐泛梗。誰省。刼灰重與認昆明。　鈿誓長生連理願。同恨。水天閒話度雙星。何似江南花落後。還有。妝臺香夢傍青城。

湘春初月 重至西泠

爲梅花，天涯曾載愁歸。漸換滿眼芳情，都與浸春巵。一枕渡頭清磬，送賀郎老矣，忍解相思。極臏斷絃離席，殘妝怨粉，留點歌眉。　恨别後，參差舊約，迢遞佳期。淚掩珠塵，長夢見、玉樓波暖，銀燭春迷。東風欲謝，趁艷陽、重寫烏絲。但恨處，算作吟遍了、沙邊渚外，還有人知。

掃花遊 弔徐仲可詞丈

秋山冷眼，又倦旅重尋，薜蘿深窈。斷鴻去早。問湘潭浾記，白蘋愁老。玉筍雲封，未許

青楓夢到。夜窗皎。剩剪燭舊題，悽滿吟抱。何事清會少。幾入社攢眉，賞花簪帽。俊遊盡掃。甚仙源櫂穩，碧桃開了。故態銷磨，宛識蘇門曼嘯。渺芳草。認年年、鶴歸華表。

瑣窗寒

題吴湖帆藏《隋董美人墓誌》

桂殿棲霜，山庭寢日，玉衣晨舉。椒塗望斷，寂寞暗塵凝鋪。撫哀蟬、西風乍驚，故宫一例傷禾黍。悵雲陵草緑，香淒鴛隧，冷螢飄炬。休訴。蛾眉誤。任續命承恩，漫憐輕妒。宣華舊恨，幸道先春朝露。侍金輿、秋衾夢闌，枉教太液留仙住。剩殘珉、細溯幽芳，淚滴蒼梧土。

雨中花慢

四月初二日陰雨，訪彦通屯雲館，聯句用東坡韻

開盡酴醿千架，柳閣陰濃，摇曳輕煙。東。頓喜隔年佳侣，點破苔錢。彦。修徑縈迴，低闌掩映，不異家園。東。衹樂苑殢酒，滄江鼓枻，夢遠情連。彦。　無邊細雨，屯雲書彼，對影記取從前。東。春漸晚、一番花事，過眼淒然。彦。衰鬢休嗟潦倒，芳華故再喧妍。東。六朝煙水，揭來雙燕，共我年年。彦。

高陽臺

楚青丈屬題霓裳艷影，并序

予頻年以來，飄萍南北，青眼未逢，黄塵何極。獨優伶倡伎之中，不少激楚流連之子，漸成傾蓋之交，感締緼袍之約，緯繣至今，負人者多矣。偶撫此幀，牽引舊懷。城南觀女劇，有某伶聲調激楚，棖觸綺懷，重提舊恨，淒然賦此，即陳同座諸子。

檀板金樽，緑楊池館，相逢身在他鄉。怨曲重招，人間未許商量。座中滿目新亭客，忍同

拈、紅豆淒涼。更何如，側帽簪花，白首歡場。少年未抵千金諾，聽離鸞負了，舊日王昌。屈指繁華，嬌名羅綺難忘。多情已分天將老，歎春風、髩影無雙。祇銷凝，劉郎寂莫，歸臥銀釭。

水調歌頭 爲省安題顧鶴逸畫北固雲山圖

京口古雄鎮，是我釣遊鄉。大江日夜東去，山色鬱蔥蔥。著屐來登北固，迴望金焦兩點，宛在水中央。頫仰發長嘯，意氣自飛揚。　一彈指，今古事，幾滄桑。論兵作賦，誰更相約醉千場。何意輸君遊歷，更遺虎頭興發，四壁素綃張。絶似米家畫，雲海接蒼茫。

八聲甘州 匡廬山中作

對屏風九疊倚晴空，氤氳漲江天。恁柴桑日瘦，虎溪人去，煙月年年。縹緲竹林清磬，回首白雲邊。冥吹松陰合，石瀨濺濺。　來撫封碑陳迹，甚紫芝歌斷，白鹿尋仙。悵玄機老矣，何處問前緣。待幾時、野棠開後，又漫山、春雨響啼鵑。誰還伴、東蒙舊隱，雲臥華顛。

蝶戀花 和王静安韻

卻似無情應有恨。夢裏相逢，欲引還相近。不照菱花知瘦損。搴帷怕被人人問。　過盡銅街車隱轔。拂檻柔荑，惱煞春韶訊。好雨良宵剛一寸，清眠不與愁人分。

其二

樓畔辛夷吹霽雪。樓上黄昏，已掛纖纖月。徙倚舊情渾憶徹。紋窗六扇風簧咽。　一抹牆腰侵草色。牆外生憎，擾擾閒車轍。欲住還拋無那說。百般滋味都緣別。

其三

竹屋蠣垣低夾道。翳紫珍叢，露顆迎初曉。一曲遥峰青窈窕。野塘嫩綵魚鱗小。　指點江邨煙樹渺。如許韶光，直恁鶗啼老。陌上游驄嘶不到。落紅幾點黏新潦。

其四

池上碧桃開又落。一枕瞢騰，欲起渾無著。滿篋塵箋虛舊約。不成禁受難拋卻。　屢數歸期誰可博。還怕歸程，步步荒葵藿。才斂斜陽零雨作。流光也似人情薄。

其五

撲面濛濛飛弱絮。一霎溪山，蕭瑟渾如許。雲影四垂天景暮。小樓夜半聞微雨。　每到春來愁欲訴。訴盡愁腸，依舊成虛度。苦道離人留得住。長亭幾送征鞍去。

阮郎歸　和静安韻

嶺雲一徑護松關。鞭梢眉月彎。壺觴蕭寺駐雕鞍。秋尋山外山。　欹霧髩，綰風鬟。楓林圖畫看。玉笙遥隔翠微間。清歡重會艱。

點絳脣　和静安韻

匍匐歸來，平生意氣頻虛左。狂瀾虛舸。呼馬呼牛可。　一氣洪鈞，鼓就祥金我。閻浮大。人天敷坐。紛碎空花墮。

謁金門　和静安韻

迴廊側。欲辨香蹤無跡。秋入蛩聲無氣力。曉風吹惻惻。　蘭燼鐙窗狼藉。籬角露珠熒碧。幾點流雲河漢密。夢痕來處覓。

菩薩蠻 和静安韻

溪山輸卻斜陽半。江城一例秋蟬亂。秋老獨還家。東籬菊始華。　錦鱗書十二。不寄蓬瀛字。一覺我何人。潮音枕上聞。

點絳脣 江行舟中，和静安韻

漸近歸程，惺忪翻覺羈愁積。等閑輕擲。舊夢何因覓。　沙岸漁燈，望裏星星滅。江波白。雲車駃月。浪捲千堆雪。

少年遊 憶舊

青山銜郭，青溪繞步，巷口夕陽斜。咽暮悲笳，倦秋疏柳，幾點掛寒鴉。　歸來庭户清如水，白髮語交加。侍坐盤餐，下帷鐙火，争忍數年華。

踏莎行 題吴湖帆夫人『緑遍池塘草』圖册

鏤鳳才名，彩鸞仙韻。玉臺蘭雪融心印。東風重返謝池春，千秋慧業銷磨盡。　惱帶鴛慵，撩釵燕困。西亭翠被棲香燼。丹青忍續斷腸吟，吴霜一夜沾潘鬢。

臨江仙 題淞雨吴謳圖

依樣江南山色好，捲簾人隔星河。鏡華空掩醉顔酡。未應歌小海，曾與託微波。　欹枕簾花和淚墮，織愁争覓龍梭。瑶京影事費銷磨。畫圖重省識，誰分此情多。

浣溪沙 題遐庵罔極圖

卅載觚棱夢已闌。故園休放舊盟寒。更迴清

思寄琅軒。風裁不教禪悦減，憂危誰省寸心殫。忍聽擁髻話悲歡。

點絳脣　題遐庵竹石畫卷

勁節寒梢，盎胸不盡丹淵稾。中庭月皎。影放千尋表。翠袖空山，日暮憐幽草。苔窠老。吟鸞玄杳。恨憂西窗曉。

減字木蘭花　題二風堂詞意圖

餘妍清婉。逗入鬟雲花欵欵。緑影簾空。付與秋蟲弄曉風。詞人攜語。話向尊前猶媚嫵。畫譜宣和。别拓閑情繼衍波。

念奴嬌　賦訪雲主人桐影小築

歌殘桃葉，送風流、幾輩過江人物。瑟瑟清溪流不盡，荒卻半城山色。翦韭循畦，牽蘿補屋，許占閒鷗席。故人無恙，墜歡何意重拾。誰念辛苦營巢，朱門换了，舊壘都陳蹟。差喜歸來三徑在，手植疎桐如幂。滴露妍硃，移陰布榻，一枕羲皇易。瓶笙輕度，挑燈聊話今夕。

浣谿沙

錦瑟流塵未忍彈。門前春水燕飛還。高樓羅帕有新寒。　故國飄零迷影事，美人清瘦罷朱鉛。看花對酒不成歡。

瑞鶴仙　題遐庵夢憶圖

看山清淚。猶憶。新州歌版，誤喚籠鸚，玉彩雲容易墜。自吹斷秦簫，鳳樓空閉。紅塵换流水。話歸來炎海，嶺梅芬齒。曇春一例。負幾許、鴛盟艷綺。判今生、付與浮家，多辨平，寒潮夜落，江堞秋笳遥怨。驚烽驟捲。又叢菊開殘，故園心眼。歲晚鄉關，恨波迢遞素鱗遠。天涯離思正苦，亂雲迴雁陣，何意吹散。淛水新阡，匡山破屋，都付書空偃蹇。孤懷自款。待同託長鑱，共分蘭畹。珍重瑶華，莫教衣帶緩。

石湖仙 題吷盦丈藏鄭叔問年丈手書詞册

無邊煙水。恁消取詞流，多少佳致。迴枻濯滄浪，緬三高、天隨近似。騷蘭遺恨，忍更會、託根無地。何意。問義熙、幾換塵世。年時聽楓載酒，占林亭、停雲舊里。淚掬西州，漫擲風流誰繼。玉笥悽銘，馬塍哀吹。恍移宮徵。人海底。摩挲髩影孤寄。人誰是。靈蕪繞袂。餘香綰，絳綃底。甚眉痕縹緲，佳期鈿盒，難返鴻都舊事。對幽窗、重剔銀釭，恨盈蠹紙。

霜葉飛 息庵自舊京緘寄西山紅葉，和君任

玉顏生小。辭柯恨，瑶姬初下林島。鳳城西去眼偏明，誤討春人到。慣衹説、尋芳倦了。爲誰重檥仙源櫂。又醉約登臨，晚靄合、寒鴉噪盡，幾銷斜照。休憶過目繁華，驪宫高處，頓隔霜信雲表。舞裳輕斷逐飛煙，認哀蟬悽調。更一霎、流紅夢渺。人天偷換相思稿。念寄情、江南岸，擁髻燈前，恁時懷抱。

齊天樂 長夜得五兄九江書，棖觸歲寒懷抱，闌宵倦枕，憮然成詠

十年零夢潯陽岸。垂楊舊曾攀遍。斷浦沙

漢宫春　爲吴湖帆題仇實甫繪《長門賦》圖卷

金屋妝成，甚阿嬌生小，争解閑愁。多情故教易怨，無那綢繆。銅鋪夜永，感微涼、團扇先秋。蘭燼暗、車音墜夢，幾番流水宫溝。　漫道瓊華遺恨，指同心深院，渾算恩稠。鴛機斷紋未抵，縏帨雕鎪。蛾眉自昔，賺才人、一例離憂。還妙寄、蒲亭清翰，砑光粉熠銀鉤。

渡江雲　吴淞江濱鄧氏草堂題壁

殘霞明遠燒，海天暮合，去浪湧輕漚。廢隄循故壘，細路平沙，矮屋隱林邱。寒潮自落，傍岸簇、漁火初收。清露滴、野田風起，門外柳颼颼。　牽愁。遊春鞭鐙，貰酒旗亭，恁江南客久。應遍識、辭巢零燕，泛水閒鷗。相看剩有當時月，又幾回、遲我淹留。歈翠袖、誰家玉笛高樓。

菩薩蠻　和子栗《黄陵夜泊》

蒼巖蘚壁凝陰鐵。煙蘿縹緲愁猿絶。皓月迥孤征。江流石有聲。　叢篁湘淚浥。灘轉哀湍急。客枕倚中宵。明朝雙鬢凋。

石州慢　題林子有訒庵填詞圖卷

紫陌呼鸞，蕭寺聽鶯，年華如瞥。江山清感無多，付與殿春啼鴂。京塵未浣，檢點歡唾離痕，酒闌歌斷瓊壺缺。一舸伴夷猶，有津頭涼月。　愁絶。靈和穉柳，閬苑憨桃，目成都别。楚雨初收，爲問雲香何葉。芳蘭漸晚，怎知投老心期，紅牙漫譜陽關疊。幾度對良辰，底不成拋撇。

高陽臺

題繆藝風丈垂虹感舊圖，爲弔蔣鹿潭作

梁苑樽空，青樓夢覺，褰裳重艤吳船。想像明璫，湖雲祠樹如煙。黄花吹老松陵路，墜瓊簫、一曲嬋娟。更情牽。未穩鷗盟，漫逐萍緣。　江南何處招清些，甚哀時杜老，目斷開天。橋上修嵐，年年鎖恨眉巔。圖成已換滄桑稿，付遺民、白首相憐。撫塵箋。喚起吟魂，鄰笛悽然。

鷓鴣天

壽訒庵六十

袖手長安罷弈棋。歸來人海好鬚眉。賜書新沐教兒讀，家釀初斟待客攜。　呼鶴子，抗皇羲。盪胸雲壑養清機。他年下噀秋秔熟，笑博新詞換五噫。

玉燭新

壬申秋夕

東鄰初剥棗。又片葉琤霄，亂蛩催曉。海涯倦旅新來瘦，萬里西風毷氉。關山笛弄，感棄國秋蓬年少。抛不斷、惟有相思，隨人總如芳草。　當時俊約珍盟，甚路隔仙源，信沉青鳥。歲華電埽。空贏得、鏡裏吳霜侵早。玄都再到。儘打疊劉郎愁稿。眠未穩、驚起寒枝，啼烏夜遶。

臨江仙

丁丑七夕，爲南唐後主逝世千載之期。遐庵招同諸子設奠西齋，未及蒇事而兵禍驟作，座客倶倉皇罷去。明日遐庵出示此調，屬余繼聲

驚狂蜨舞渾多恨，那堪槽鳳分飛。石城秋訊隔簾西。起來搔首，銀漢碧天垂。　爭管拂幃還墜溷，與君一樣淒迷。空王應許念窮兒。

僧祇彈指，春夢了無依。

虞美人

南朝幾許傷心事。一枕蘇春睡。猗蘭青鳥返瑶天。不盡落花流水、恨年年。　興亡覆手翻雲雨。誰抵鍾情苦。瓣香千載盟清詞。人是金戈鐵馬、渡江時。

玉樓春　西園茶會

砥宫椒壁光縈練。精耀華鐙珠珞絢。花陰促坐食單涼，池畔開樽冰瀑濺。　鷺翹璅步迎風顫。玉樹週遭勻似剪。蹋歌聯臂趁侏儒，舞罷衣香聞細喘。

鷓鴣天　席間代贈

窄袖弓鞵趁錦韉。淡勻眉韻出天然。幽情欲化涼雲去，此夕西樓替月圓。　從別後，憶尊前。莫將清恨損華年。落紅拚得隨流水，胸綱黏泥總可憐。

浣谿沙　次蘉庵《戊寅元日》韻

垂白孤兒泛梗身。眼穿兵氣入蕭辰。江湖滿地不逢人。　別浦柳青猶惹恨，故園花發若爲馨。幾回腸斷永和春。

玉闌干

纖雲浄捲涼天宇。幾點冷螢黏玉樹。相逢此景耐迴腸，休閒語、月明前度。　帕羅歡唾餘香污。掩綵蔆、眉黛非故。近來別夢索無憑，争安排、萬種愁緒。

傳言玉女

宿醉還醒，不斷矮簷殘滴。硯雲香淺，漾熒釭影壁。西崦俊賞，誤了吟邊遊屐。輕寒猶鎖，早梅消息。　浪泊經年，向春風、淚暗裛。雁鱗空寄，阻藍橋煙驛。芳菲夢闌，待鱶江湖歸檝。當時鷗侶，哂人頭白。

洞仙歌

爰居閣主倩今雪女士橅周文矩玉步搖圖，爲瓶齋主人壽。圖成徵題，因戲作此解

垂珠㔷葉，裊紃枝金縷，趁節迎風步微逗。恁唐宮標緻、漢殿輕盈，渾不許，偷眼杜陵延壽。　梁園珍重意，絕代丰姿，應仗傳神出纖手。玉雪兩相歡、寶髻天花，也祇合、才人消受。笑宛轉、先期報瓊瑤，認一角猩泥、好春酣透。

木蘭花慢

和青萍居士悼亡姬之作

聽江城落葉，又砧杵、亂哀蟬。甚精爽銷磨，香繒曳影，蕙帳凝煙。還憐。新州老去，誤籠鸚幾度喚嬋娟。漫道逢人意緒，歸來費淚鸞牋。　銀蟾。低户照無眠。舊恨總難捐。悵極目征塵，刀環夢斷，翠袖寒添。他年。相期素約，共名山燈火伴吟編。應是金鈿願穩，玉簫重話前緣。

琵琶仙

次韻和青萍居士《毗盧寺扶桑十一面觀世音丈六瑞像》

十丈旃檀，甚彈指、乍現荼羅蓮國。諸寶瓔珞莊嚴，珠鬘晃金碧。宏四願、尋聲度厄，儼禮補、彌陀遺跡。紺馬朝飛，天琴畫下，音妙靈匹。　歎垂老、萍泊三塗，待憑乞、金篦抉纏

幕。還又劫灰揚偏，舞洪濤聲急。分瑞露、天心悔禍，普南洲、共被慈力。且化玉帛干戈，歲清時謐。

齊天樂　題趙叔雍高梧軒填詞圖

西風一葉鏗梧韻，平牽夜窗幽夢。夢裏谿山，雲深院宇，猶認神清仙洞。冰輪乍湧。映大地霏瓊，諸天凝汞。障袂層霄，笑看塵世沸醽甕。　年光迢遞易晚，悵江湖路阻，難駕飛鞚。雁後芳期，琴邊俊語，都付唬蜚偷送。閒愁萬種。待寫入奇懷，故人誰共。倦影燈前，玉蟾窺畫棟。

燭影摇紅　壽郭嘯麓六十

倦羽江關，賦情何處同衿契。臨風遥憶玉珂人，跌宕長安醉。奕世芸香共繼。詠芙蓉、金天鏡裏。舊巢歸燕，夢魘花愁，傷春無緒。

其二

沙合南臺，故鄉鸞鳳蜚英異。滄桑閱盡遂閒身，料理名山計。餘事脂櫻唾膩。鬬芳菲、詞場青兕。瀊樓還羨，作健逢辰，謨觴清閟。

人月圓　賀李功拼世兄新婚

相攜人月雙圓候，佳氣鬱瓏葱。鳳翹金縷，瓊枝玉杵，竝影春儂。　應多樂事，評量奇字，商略眉峯。芸香清伴，風簾詠絮，汗簡雕龍。

《漢書·張敞傳》：『識古文奇字。』

雨中花　戊寅荷花生日，社集分賦

太液承歡霞袖翥。禁多少、玉酣紅嫵。宮粉凝妝，仙雲竝影，縹緲淩波步。　一自移盤人暗去。怕荒卻、月明千畝。怨笛沉煙，殘螢飄

采桑子

無情渡口垂楊樹，不綰行舟。分付東流。最怕黄昏泊石頭。　天涯影事孤蓬夢，好語難酬。一曲離謳。秋雨如人淚不收。

玉樓春

洞房紅燭花枝煗。宿酒不辭金爵滿。别來幾度對良宵，風月衹供腸寸斷。　石城柳老鶯聲囀。去住青春人意短。明朝兩袖拂蘋煙，又向溪山迷淚眼。

滿宫花　七夕

碧天雲，河漢鵲。耀我繻襦金絡。緑窗花好不歸家，惆悵舊闌庭角。　裊沉檀，浮晚酌。月淡千家簾幙。蕙煙蘭露待君來，此意更無水，夢斷臨平路。

雨中花慢　秋荷

泛玉歌闌，鬧紅粧褪，野塘零亂斜暉。又涼蟬唱晚，倦柳淪漪。露重瑶房欲墜，煙昏青鏡都迷。佳期過卻，水天清夢，輪與鷗知。　錦鱗波遠，盪盡蘭橈，採香人到應遲。還暗憶、巴池颭雨，潘鬢縈絲。碎影猶憐翠被，餘酲空想嬌姿。西風後夜，寒蛩蓼溆，替寫相思。

燕歸梁　題陳君任佳住樓詞意圖

玉恨曇歡一夢醒。蹤跡楚江萍。征裳不浣酒痕青。留待與、話飄零。　長亭煙柳，長隄芳草，何處是歸程。幾回消息盼簾旌。應共我、此時情。

人覺。

朝中措

花光涼節夜痕秋。人在小紅樓。殘夢兀遙燈影，驚心疑漾簾鈎。　屏山歸路，青蕪沙外，稚柳江頭。漸是蘭橈盪盡，倚闌無那凝眸。

虞美人

夢魂慣識春庭路。不抵仙源誤。爭知重到盡魂銷。最是當時依樣、月華嬌。　畫廊檢點泥痕在。漫共辭巢悔。斷腸何處説酬恩。一度花開一度、捲簾人。

浣溪沙

意氣挐雲憶昔年。當筵借筯畫山川。功名欿枕看飛鳶。　草檄未成憎命達，酬恩何計受人憐。一龕雲臥送華顛。

蝶戀花

禁煐禁寒風信惡。雨滴空階，閒颭鞦韆索。滿眼情懷還似昨。珊環故故吹羅幙。　漫道新歡迷舊樂。窺玉牆東，未許三年約。直抱此情歸碧落。他生鑄就今生錯。

清平樂

棗花西院。弄語閑鶯燕。已是聞聲情不淺。況道恁時相見。　尊前別有風流。三生同夢揚州。翦取吴淞江水，輸他一段凝眸。

浣溪沙

鳳葆霓旌列畫看。蘭舟簫鼓盪漪瀾。更飄仙樂滿人間。　廿載華胥驚夢破，三秋煙柳倦蕉心桐半乳。才度庭陰，荏苒紗窗暮。拈取繡絣還倦與。生生端被伊誰誤。

清平樂 重效沈體

於謳副墨。聖聖銜陳跡。讀盡陰符開口說。兩戒河山都別。南冥地陷雲昏。齊州一髮如痕。慚媿夷門老矣，蒯緱何處酬恩。

前調 詠鴿，社作

簾櫳疏綺。人意雙清美。漾枕流鈴初睡起。知是嫩晴天氣。裁書欲寄平安。幾回招手雕闌。不似上林愁斷，西風何處關山。

浣溪沙

重見蕭娘鬢未凋。當時争看舞塵高。一聲囉嗊最魂銷。秦苑鶯花煙月麗，漢家宮闕日憑闌。西征往事憶長安。

蘇幕遮

强支頤，慵整髻。疑喜疑嗔，離合迴還意。門外日高猶睡裏。不管春風，浩蕩移人世。會時難，別輕易。曉月殘星，心事嗤迷際。欲草魚箋偏不寐。幾許安排，飣餖相思字。

浣溪沙 效海日樓體

漏洩瑤臺事有無。香心密印未模糊。一編銜袖蕊珠書。廣樂既張天酩酊，謨觴初閉地清娛。人間差認白鳩符。

蝶戀花

吹轉番風天未許。小草牆花，猶有殘春住。燕子飛來渾不語。雙雙又向人家去。卷盡華昭。歸來擁髻可憐宵。

蝶戀花

人病懨懨春過半。春意人情，恍隔銀河漢。獨下沁芳亭畔看。春風吹盡無人管。　楊柳陰濃籠四面。誰在濃陰，彈徹流光怨。已是酴醾飛片片。看君合取伊誰殿。

憶江南　題疏燈殘夢圖，爲癡雲作二首

燈暈冷，殘夢忒零星。秋水緑蓑江上笛，杏花春雨驛邊亭。重話不堪聽。

其二

殘夢醒，燈暈結成愁。千里水雲虚錦字，十年塵土敝貂裘。何日棹扁舟。

洞仙歌　賀甘簃仁兄新婚

三商燦曉，溢門闌佳氣。寶扇銀鸞並交媚。看下了晶簾、眉黛輕描，相對坐，商略緑窗奇字。　元龍豪氣在，哀樂中年，合有深情寄魚水。一棹木蘭船、鏡鑑香篝，生消受、柔鄉滋味。有比翼、鴻光式相莊，待明歲重陽、餅筵高會。

鷓鴣天　壽許季純六十

綺沮湘波窈窕才。蒼生前席古今懷。當時西府甘鶼炙，歸去南山養鶴胎。　開歎口，接行盃。東方狡獪撼車雷。滄桑閱盡春生早，待向萊階掃劫灰。

蝶戀花

喜鵲橋成催鳳駕。白首佳期，休負人天話。覷眼當筵歌舞罷。西樓一夕相思乍。　屈指花開花復謝。獨守孤芳，渾奈胭脂姹。婉轉歸來銀燭下。溪堂風月涼無價。

臨江仙

玉樹華年情卓犖，吴城好恣春遊。雲屏十二敞高樓。曲闌斜憑處，楊柳水風柔。　今日小憐應憶我，相逢休訴從頭。琵琶絃上暗驚秋。馬嘶花發盡，踈雨滯成愁。

南歌子

晚靄低平楚，輕寒上小樓。絲絲微雨漾簾鈎。翻作一番風景、替人愁。　對酒孤歡賞，看花近白頭。天涯早道倦清遊。準擬歸期何事、又淹留。

踏莎行　題五代人繪行腳圖

白象香城，金瓶海水。何年會得西來意。無邊花雨滿人天，可憐重認袈裟地。　影事三生，窮塗萬里。拂衣石上人初起。心魔春怨兩俱空，斜陽持鉢千山裏。

浣溪沙

閱盡千花淚濕衣。東風南浦未成歸。萋萋芳草伯勞飛。　幾日江樓同曠望，碧雲蕭澹楚天垂。天涯何事與心違。

虞美人　題十園秋思圖，爲寥士作

山圍潮打仍朝暮。落木枯陵樹。夕陽紅上鼓

樓西。猶認幾家門巷、草萋迷。　相逢楚老傷離亂。詩髩經年换。雁飛紙閣影初涵。又放一襟秋思、滿江南。

臺城路

辛巳重九，會同社諸子北極閣登高，憑瞰臺城。賦本意，得『燕』字

翠微秋磴苔綦渺，前遊頓成淒黯。素籥迎涼，清商戒節，雲物昭回江甸。南朝舊怨。對宫井霾香，御溝流艷。玉樹歌闌，墜歡何處賦銅輦。　潮痕依舊未改，霸圖空悵望，天澹山遠。鳳嶺人歸，龍沙夢覺，都付傷高心眼。羈懷自款。趁華菊勝簪，淥醽浮琖。莫待飄零，故蹊迷社燕。

采桑子

丁亥歲暮即事

移家偏向秦淮畔，陋巷柴荊。紙帳疎櫺。軋軋鳴機隔院聽。　當時裙屐風流歇，幾許飄零。回首前塵。拄頰鍾山兩髩星。

其二

天涯歲晚催歸急，豚柵鷄棲。盡室同攜。煙水家風老布衣。　寒宵擁絮愁無那，燈影迷離。夢影依稀。迢遞霜鉦月向低。

其三

雪晴門巷妨車轂，澹日空牆。缺月幽坊。人海孤蹤祇自傷。　卅年竹馬嬉遊地，屈指韶光。幾閲興亡。燕子歸來話短長。

其四

衝寒八口攜家去，矮屋青氈。鐺捲同椽。朝日房櫳曬水仙。　天教還我長干住，江令祠前。朱雀橋邊。清恨南朝有替傳。

少年遊 庚寅十二月廿八日立春作

疏疏雪銀霰林塘。雲影逗微陽。盼到春來，偏愁春到，何計遺韶光。　早梅猶自亞閑房，寒減舊衣香。不似春酲，非緣薄病，無處著思量。

浣溪沙 庚寅除夕

夢斷香銷恍浹旬。桃符空映舊疏櫺。齋盤幃火伴殘更。　世亂待輕生死恨，家單忍話索離情。且儲清淚泊閒身。

前調 題張次溪《天橋故事集》

誰向燈窗續窈聞。上河風物忍同論。駝綱壇樹幾斜曛。　卜肆舊蹤呼妙子，書棚清話老遺民。卅年殘夢委芳塵。

金縷曲 走視紫英墓作

欲語心先碎。卅年來、歡娛苦短，年華催逝。只數吴皋同賃廡，少稱蘭閨清事。又一刹、蓬飄海澨。自爾釵鈿看盡徹，問何曾、一日舒眉翠。愁與病，相料理。　城南老屋青鐙裏。恁幾回、忍饑待我，夜寒無寐。淒絶平生先死願，總算而今信矣。甚爲我、前驅螻蟻。鐵軌城陰遥映帶，更白楊、荒塚悲風起。報君者，僅如此。

鵲橋仙 七夕，用秦少游韻聯句

星期七夕，人間天上，玉霑金風幾度。器伯。當時佳約等閒看，賺老去、風懷無數。彦通。　尊前擫笛，花間索句，迷卻採蓮歸路。蟫盦。銀河倒映舊鍼樓，器伯。悵盼斷、簾櫳朝暮。彦通。

踏莎行　題何敘甫手寫詩卷

海國秋光，山城夜雨。夢回重理閑羈緒。狂蹤收拾到丹青，關河歷歷消魂處。　盾墨龍香，弓衣繡斧。尊前笑賭旗亭句。滄桑影裏著斯人，扶節白首春風路。

高陽臺

緋苢同心，靈鶼共命，梅邊穩住吟身。小謫華鬘，從知早種蘭因。璿璣才調風流遠，羨漚波、福慧平分。儘消他，韻事紅閨，刻燭裁雲。　石城大好家居在，傍絨莊綺陌，煙水東鄰。壁月新愁不散，輕上眉顰。無端錦瑟空房語，送華年、斷夢成塵。倀誰憐，青髩蕭疏，對影朝昏。

滿江紅　戲題小影

裊裊青衫，問今日、寄愁何地。敢分是、今想無福，他生修慧。寶玉紅樓難比潔，癡珠秋月徒空瘁。祇亦花、寶鑑一春航，差堪擬。　多情種，平交誼。憂幽病，相思淚。算酒邊人外，諸般滋味。五噫行歌志到隱，七年淹席惟思睡。待安極、穿塚傍要離，吾其已。

浪淘沙　乙未花朝病中對雪，今年值閏三月

無力任輕颺。巧糝鶯黃。杏花消息隔銀牆。應是東皇培閏莢，故勒春光。　紈扇已捐箱。蝶影茫茫。石城拌老住龍荒。閑愁藥爐新活計，聊當持觴。

鵲橋仙 乙未七夕

疎花媚晚，青桐褪暑，消受嫩涼庭宇。衣香簾影自依依，奈換了、隔年情緒。　分爐行篆，量枝綴鏤，別見紅閨幽愫。人間總被誤聰明，悔莫乞、癡騃爾汝。

踏莎行 次周夢莊詠新緑韻，即題其詞集

意氣孥雲，生涯泛藻。淮南歸夢知多少。年年別浦送寒潮，秋風一夜苕花老。　瓜井清吟，蔬枰淒調。遺民往事惟君道。仙才忠厚託靈均，挑燈那賦傷春草。

滿江紅 丙申秋日病起，後湖作

倚棹湖邊，看迤邐、崇城如畫。記當日、鞭絲帽影，幾番遊冶。小苑新鶯啼夢後，碧山涼月吹簫夜。儘棲遲、白首臥江南，何爲者。　廢塔外，殘陽瀉。孤嶼畔，雙凫下。祗琴樽消歇，綺緣都捨。滄海清音人已遠，江關舊恨身偏寫。更支筇、倦眼獨臨風，秋瀟灑。

摸魚子 丁酉初春，送器伯還運城

渺關河、春鴻秋燕，一年一度來往。燈期祗道江南好，偏是雪花如掌。孤俊賞。歸趁及、汾香酒熟開春盎。雲山北向。任抱犢書殘，飛狐逕沒，懷古託微尚。　飄蓬恨，十載棲遲相望。河源何處同訪。偷閒莫問勞生事，且挹鍾山朝爽。從俯仰。還喜有、征裝滿疊新詩帳。驪歌又唱。試檢點樽前，幾人猶在，休與話惆悵。

浣谿沙　南吕宫六調

一曲琴心聽隔牆。暢吟回雪澆空廊。十年身價領群芳。風景未張消息路，世情相識怨恩忘。馬蹄歸去獨回殤。

以上《彦通詞録》（《少年遊·庚寅十二月廿八日立春作》

以下爲一九四九年後詞）

前調　贈賈碧雲扮杜十娘投水，調寄《浣溪紗》

相見平生意已多。絳花紅泪護清歌。故留情志折消磨。銀楫三竿人似玉，青山兩剪水如螺。一聲歸去奈愁何。

其二

壁滿花濃又一時。東風連夜妒横枝。却憑辛苦自矜持。夢斷西樓長作伴，恨填香海悔來遲。三生應自懺情癡。

以上見《秋星雜誌》一九一五年一卷一期

蝶戀花

習習秋風迴玉殿。强駐歡娱，惟近傷高宴。彩袖清尊勤捧勸。千秋萬歲長相見。夢醒津亭彈别怨。故國愁鬟，日暮低鸞甸。一曲錦城腸九轉。歸時莫使酡顔變。

其二

門外玉驄嘶遠道。弄壁銀釭，窈窕傳孤照。一枕長是淚珠縈粉抱。青春那得無愁好。西池餘夢草。蛾緑宫腰，猶想相思調。今夜月明齊放棹。平波細媵魚鱗渺。

以上見《文星雜誌》一九一五年二期

前調　寄衆異

試翦羅裳都未稱。酩酊心情，只合吴門病。

一曲溪山明遠靚。櫓摇盻斷寒花信。不道思愁滿鏡。油壁香車，何日還相迎。歸折繁枝銷酒困。高樓那計東風横。

見《微言》一九一八年二期

南浦　湖上

玉葉壓涼波，盪暮容，船窗淺蘸文綺。遥怨上眉峯，秋風薄、吹淡舊時羅袂。清遊去久，怎禁多少閑花蕊。湖雲掩映還疑夢，年年畫樓西指。　沉思別後青驄，怕蕙館烟横，柳堤風起。誰與念幽單，新來恨、多辦看山清淚。移家密意。可堪佳約隨流水。斷魂賦未，空一枕離亭，消伊殘醉。

見《小説月報》一九一八年九卷八期

鷓鴣天　秋日閒游鄰曲慧月尼刹題壁

古桂懸香抱曲房。玉晨清磬冷秋陽。蓮臺斜度城陰暝，雲衲輕摇鏡水光。　遥漏永，浄琴張。江南離恨費評量。若非一句空王偈，知向春風幾斷腸。

見《公議》一九四一年三卷一期

陳去病

浣溪紗　雨中櫻桃花

雨潤櫻桃濕幾枝。含情脉脉費猜思。春愁無限似蛾眉。　愛護直教遮錦帳，飄摇誰與弄晴暉。不勝紅瘦緑肥時。

前調　盆中緑萼花漸零落矣，爲作錦囊貯之

一盎瓊瑶貯古春。亭亭疑是洛波神。不堪明

月老黄昏。　青鬢幾曾簪蓓蕾，白頭唯與共精魂。古歡新恨莫言恩。

念奴嬌　鄧尉山中，題諸瞿上人『一蒲團外萬梅花』册子，用石帚韻

扁舟一葉，向湖山深處，招携鷗侣。依約藐孤仙子在，逸興清游何數。鐘識邾鏗，經翻貝葉，忘却廉纖雨。　精廬大好，琳瑯吟盡佳句。薄暮。重上層樓，雕欄閑倚，便擬驂鸞去。怪底吟盟天樣遠，飄瞥真同南浦。嶺表春遲，孤山夢斷，只合龕鐙住。萬梅如雪，相依休問歸路。

蝶戀花

一捻纖腰工結束。翦翦秋波，眉黛争飛緑。妒殺猩裙看不足。小名試向花間録。　身本當年劉碧玉。第二泉邊，生小牽蘿屋。翠袖天涯鴻影獨。可憐漂墜西溪曲。

鳳凰臺上憶吹簫

碧玉身材，破瓜年紀，照人眼底真明。况司書捧硯，會理瑶箏。不是隨春憨態，圓午夢、一味嬌嗔。還應似，櫻桃楊柳，蠻素風情。　凄清。恰才相值，這秋半團欒，明月如鉦。豈吴剛仙窟，七寶瓏玲。自有嫦娥靈藥，煩玉兔、搗徹瓊英。渾無那，裴航市上，杵臼空尋。

菩薩蠻　水仙花

紅窗日暖琉璃碧。伶俜約略呼之出。羅襪馳香塵。微波一盎春。　鵝黄濃染額。腮粉春葱托。最怕是寒盟。冰紋石上生。

清平樂 泰山絶頂騁望

登峰造極。雙手捫天碧。匹練吴門鄉路隔。惟有白雲低拂。松濤耳畔泠泠。當年翠輦曾停。浩蕩神州何際，齊烟九點青青。

百字令 偶經閶門酒家，得宋淳熙、明永曆錢各一枚，用宋曾覿《淳熙九年中秋隨駕詣德壽宫起居上皇賞月應制》韻

土花暈碧，相青銅恰似，古時明月。難得方兄完好在，真個兩難奚別。兩片寒瓊，唐鈺詩『親拾寒瓊出幽草』。一朝吴市，邂逅欣重疊。阮囊增采，清商應和新闋。曾記破碎金甌，如蚨飛去，半壁争凄絶。一擲何曾孤注判，陷盡中原宫闕。陵散金錢，孝宗。璽分御寶，永明。國耻誰家雪。邊聲厲響，驚心何限虧缺。

前調

金猊香褪銀燈緑。提鞋悄地來掀幕。只道夜風生。原來却是卿。卿情真似蜜。儂奈慵無力。要剩抱香眠。盡卿恣意憐。

前調 詠榴有贈

驕陽時節花如火。猩紅一樹裙兒妒。莫説柳三多。多男算是他。并刀和露剖。粒粒相思豆。端的費相思。問伊知不知。

鷓鴣天 辛亥九秋，吴門賃廡養疴有作

朱鳥窗開夕照紅。華堂歡宴又從容。燈明滴淥欣還在，霧鬢雲鬟恨未逢。花燦爛，月玲瓏。靈犀一點幾曾通。瑶池舊會何須説，路隔屏山一萬重。

浣溪紗　昨夢漫游塞外，見土田肥沃，頗宜耕植，欣然有屯墾之志。未幾，峰回路轉，徐度溪橋，則微茫萬頃，宛然身在水雲鄉矣。枕上偶得二闋，推衾寫之

塞草青青塞柳妍。壯懷猶自説開邊。桑芽初緑好屯田。　小小漁村逢野店，疏疏簾桁揚茶烟。具區縹緲遠連天。夢中恍惚一老漁語余云：『此梅花塢也。』

其二

瘦影凌波絶可憐。個儂原住太湖邊。梅花點點擁嬋娟。　一舸鴟夷曾許隱，半椽茅屋合參禪。兩崦深處稱仚神仙。

踏莎行　張家口旅行，竟日愁不能已，寫此寄懷

攬轡登車，憑高瞰遠。胡沙一片連天晚。故園消息近如何，梅花落盡愁難返。　瀚海烽多，哀鴻唳斷。天涯白髮人應倦。朔風吹徹亂鳴笳，伊誰解道春將半。

蝶戀花

寒食清明都過了。盼得春來，又怕春歸早。緑暗紅稀鶯燕老。天涯何處尋芳草。　獨上高樓思渺渺。感逝懷人，幾度愁盈抱。白日蹉跎清興少。落花流水江南道。

鷓鴣天　亞子輯《子美集》成，戲題一闋

絶妙清新俊逸才。偶翻曲調上歌臺。青衫紅泪斑斑認，白雪陽春續續彈。　珠宛轉，玉回環。願揩倦眼爲君抬。黄河遠上憑渠唱，我自貂裘换酒來。

湘月　題懺慧畫蘭紈扇。扇爲其祖亞陶翁所命繪，閱稔已十二餘年矣。翁風流弘獎，藝事兼長，爲清同光間詞林尊宿。晚歲悉以所學授諸女孫，故君亦遂通六法。自翁殂謝，君即不復揮灑。會譚往事，遽承見畀，爰填是解，用寄感慨

唐宫巧制，喜一握齊紈，團欒如月。纖手描成空谷艷，争似徐熙彩筆。楷細鉤銀，詞工飛絮，長技驚三絶。風流文采，謝庭當日誰匹。　詎料一慟人琴，頻年篋笥，抛撇誰憐惜。墨涴塵侵花黯澹，付我重來拂拭。玉軸瓏玲，芸香馥鬱，珍護逾珠璧。素心共對，晴窗何限薌澤。

人月圓　詠折枝桂花、香櫞

丹黄滿目香盈袖，正好是秋天。薌林宴後，栴林供罷，盡許參禪。　當時曾盼，一枝折取，十缶傳宣。而今只向，小山招隱，橘録旁箋。

菩薩蠻　題慈姑、鷺絲畫幅

菱塘一片波如鏡。依稀認取蹲鴟影。青草白蓮間。春鋤意態閑。　水蘋遮不盡。一足拳來穩。寂寞頂絲垂。窺魚魚可知。

前調　題菖蒲、佛手柑畫幅

安期已服如瓜棗。麻姑未見舒長爪。鈎弋擬前身。鬖鬖緑鬢匀。　青瓷宜供養。配以仙人掌。才盡笑江郎。文章妙吉祥。

清平樂　題鈍劍花前説劍圖

沈沈簾幕。午夢人初覺。一劍鋩寒花影簇。知有翠眉飛緑。　悲歌莫認漸離。疏寮竹屋依稀。獨我飄零長鋏，何年去逐鴟夷。

前調　題潘蘭史惠山訪聽松石圖

琅琊碣石。底處尋殘刻。只有惠山泉咫尺。認取唐賢遺迹。一拳奚啻玲瓏。佑微栗里高風。漫道書狂似虎，還疑樹老猶龍。使李聃事。

念奴嬌　丁未清明，虎阜謁張東陽祠，不果

人人争道，在虎丘東麓，有新祠宇。瞜水戰功驚海外，瞜水，今陽澄湖也。一夕八王如鼠。奇石鎸功，城頭罵漢，吾意終無取。幾回經過，瞠目九天未睹。　差喜一老相逢，黄鸝橋畔，絮絮和儂語。絶勝忠魂香火地，花木亭臺無數。上冢船多，踏青人聚，底事扃雙户。瓣香清酒，怊悵難陳嘉俎。

虞美人　五人墓

五人已矣何消説。有碣誰能没。凄清如我五人存。只是年年上冢、漬啼痕。時與天梅、屏子、劉三、道非偕。　温馨别有真娘墓。艷迹傳千古。可堪名士詡風流。對著名山名妓、總含羞。

天仙子　重謁張東陽祠

短艇輕橈隨處艤。又到中丞香火地。神鴉社鼓不成聲，哀欲死。無生氣。入門撮土爲公祭。　痛飲黄龍今已矣。亮節孤忠空賫志。滿園花木又凋零，餘碧水。向東逝。祠在緑水灣。盈盈酷似傷心泪。

念奴嬌　由山塘泛舟，過野芳浜，游留園及戒幢寺，有慨

蘭橈輕揚，有雲間佳士，秀州狂客。虎阜横塘隨處艤，浜底野芳幽絶。盛事難追，餘馨猶在，我意良飛逸。爲君道故，華屋丘山歷歷。

留園不是劉園，一花一石，大抵今非昔。祇樹香林誰繼起，一笑相逢彌勒。留園西有戒幢寺，俗名西園。其僧日走城中宦家，募金如山，遂得興復，游人至者甚衆。震旦香燒，恒河沙没，我佛應凄切。印度已爲英人所滅。低眉入定，心事大雄誰測。

減蘭

席上有感

人衰代謝。卞董風流今莫話。欲聽琵琶。除却兒家更那家。紅樓曾記。有個惺惺嬌欲死。圖畫親描。説到魂消意也消。

惜分飛

欲游支硎未果，戲代船娘譜此闋

澹粉輕烟春欲暮。一棹横塘飛渡。準備西山去。朝來賣得時鮮果。好事多磨天忽雨。畢竟彼蒼心妒。妒了郎心苦。妒儂更妒西山路。

念奴嬌

丁未七月朔日，馬齒三十有四矣。漂泊海上，百感填膺。適值秋至，因邀秋枚、晦聞、真長、屏子、天笑、屋廬、無涯、式如小飲，酒間賦呈

韶華荏苒，又桐飄一葉，驚秋時節。碌碌浮生卅四載，憂患始從今日。入海探珠，登山采玉，流轉曾無益。歸來江上，依舊布袍長鋏。

可堪卷地風潮，吴山越水，兩處頻悽惻。彈斷薰琴渾不競，士氣天南如墨。祈死無靈，療愁鮮術，撫劍空嗚咽。信陵醇酒，算了這生歸結。

攤破浣溪紗

月殿雲廊鎖碧流。滿村風景足清幽。猶聽一聲歌白苧，女兒喉。　胡馬嘶風常戀闕，靈狐枕首不忘丘。怎奈五湖人不返，兩邊愁。

高陽臺　有感徐湘蘋夫人事

筆格横珊，鏡奩嵌玉，南州高士人家。有個俜伶，小名記取蘋花。比肩嫁得元龍婿，逞豪情、湖海堪夸。好年華。翡翠蘭苕，璧合無瑕。　徐陳本有苔岑契，況樓高百尺，奇氣衝霞。玳瑁梁間，雙栖海燕周遮。略談風月供消遣，盡憑欄、看遍山茶。只堪嗟。福慧修成，之子天涯。

前調

擁髻填詞，憑肩玩月，當時幾許歡娛。底恁匆匆，留伊不住何如。翩鴻一瞥靈氛邈，剩孤懷、渺渺愁予。影模糊。雁杳魚沈，没寄封書。　驀然錦字傳來快，詎看猶未了，淚已漣洳。道受新涼，懨懨人忒慵疏。秋風從古稱多厲，怎禁他、辛苦程途。病曾無。碎矣儂心，夢也驚呼。

鷓鴣天　春暮與景瞻、匪石、痴萍、楚傖、無射旗亭偶集

薄霧濃雲半帶烟。鷓鴣啼亂奈何天。綠楊巷陌人誰過，細雨櫻桃色可憐。　情脉脉，意綿綿。愁來且向酒家眠。鱸蒓味美盤飧好，莫問春歸何處邊。

菩薩蠻 夏五社集雲起樓，即事分韻，得『寒』字

名園幽寂宜春晝。相携幾度銜杯酒。四顧緑陰濃。可人滿座中。　蘭亭非昔比。復社差可擬。吟興盡闌珊。斯盟何可寒。

醉太平

黄花韻長。用《漱玉詞》意。榴花蕊香。用東坡本事。花花葉葉相當。傲王郎趙郎。　畫圖滿床。釵鬢兩行。烟波去去微茫。勝鴛鴦一雙。

臨江仙 水仙花

好個瀟湘妃子影，風風雅雅宜人。襪羅不染一些塵。似懷瑶瑟怨，傾倒盞臺銀。　漫説江皋曾解佩，三生要有前因。微波欲動暗生春。春情流不住，繚繞楚腰身。

浣溪紗 南濠舟次望月

側側輕寒翦翦愁。殢人天氣又中秋。扣舷惆悵月當頭。　一縷幽情如篆繞，兩行清泪似泉流。伊人何處認扁舟。

其二

月白風清幾度秋。思量曾得似今不。隔河牛女爲增愁。　十幅蠻箋尋舊約，數聲柔櫓訝中流。不堪鄰笛唱涼州。

前調

日薄西風暮靄横。重簾低彈碧波生。乍翻還落不能平。　萬事不如潮有信，千愁難慰夢無憑。鏡花水月直銷停。

其二

薄薄羅衾裹夢單。秋深怎奈五更寒。不堪曉

月又團欒。　藕斷絲連縈病骨，香殘粉褪息餘歡。一番腸斷唱孤鸞。

其三

秋冷衾寒眼泪多。文園此日病如何。若聞遥夜怨湘娥。　恨海幾曾填木石，愛河驀地起風波。聲聲行不得哥哥。

其四

雁杳魚沈訊問稀。征人天末獨悲思。可憐勒寄一寒衣。　脱輻豈宜占易象，分釵忍肯譜新詞。薄情還算是蛾眉。

其五

鰈鰈鶼鶼總合宜。不應抛撇任天涯。拒人千里太差池。　縱汝鐵鞋雙蹴損，覓來誰復似儂痴。怎生回盼故遲遲。

滿庭芳　夜間酒罷，偕貞壯游避暑花園作

銀燭光收，金樽宴罷，不堪酒氣難銷。風纖露薄，又好是良宵。耿耿玉繩低去，和碧漢、摇影瓊霄。深閑煞，裳鬆籬畔，且與把涼招。同爲故村營壘。　匆匆過幾平橋。馬啼疾、直到西郊。聽三弦鼓板，猶是前朝。竊與舊不肖吴門清唱。瞥眼無花亂墜，不思議、幻術争高。每時鐘演電光燈戲。按：日本博覽會有一室名『不思』，即演此者，予東游時見之。雞鳴矣，一鞭歸去，殘月挂林梢。

百字令　寫懷

秋風徐起，正金虀玉膾，漸饒芳味。大好家居争撞杯，一木安從撑抵。張掾扁舟，天隨漁具，高致真堪企。五湖烟水，好逐前塵去矣。　誰知惡浪翻鯨，張羅趨利，多少纖兒得意。

一劍飄零，無着四處，幾倍嗚鶩風逝。檢點袈裟，安排瓢笠，覓個精藍地。樓觀滄海，準續駱丞句耳。

賣花聲　寄贈雲栖子

丹桂倚庭東。摇曳秋風。銷魂最是五更鐘。檐鵲未聞身未起，一枕朦朧。　晨起懶推窗。臥病滄江。閑愁難遣惱心腸。願賦先生歸去也，紙短情長。

玉漏遲　見懷寄贈王子桐閣

敝廬欣聚首。連朝又共，吟詩酌酒。鵝水清游，却喜誼聯婚媾。那肯神離貌合，但願與、河山長久。時自咎。今生晚結，老成朋友。　門外忽唱驪歌，咫尺竟天涯，月明如畫。書室淒涼，人與菊花同瘦。鄰舍砧聲不斷，更一陣、秋風飄袖。程四九。投報重叩情厚。

賣花聲　又贈桐閣子

門外綠波長。秋漲橫塘。水程四九到山莊。柔櫓自搖風自送，蟹舍烟涼。　却病本無方。且自扶將。從來丹訣駐心囊。江南江北同是寄，賺殺蕭郎。

清平樂　丁卯上巳感懷

錫簫聲咽。又是湔裙節。芳訊沉沉春寂寂。燕子不來愁絕。　陰陰深似三秋。天寒難卸重裘。一片烟蕪慘淡，傷心怕上層樓。

前調　翌日寒食重賦

禁烟令節。處處鵑啼血。倦眼天涯愁欲絕。心事這番難說。　介推遺恨如何。晉重詎免譏訶。贏得雲龍風虎，紛如春草還多。

前調 清明，三叠前韻

血花怒裂。滿目胭脂色。招盡冤魂心欲訴。況是清明時節。東皇奚事冥冥。半陰半雨難晴。不但芳菲未吐，還教鶯燕無聲。

以上《病倩詞》

陳仲權

滿庭芳 代刧灰賀葉琢堂子洪吉達民與沈芬女士新婚

海上寓公，甬東人物，一時喬梓聯輝。畫堂春永，喜氣溢重幃。攜得雙雙彩鳳，娱親且、笑着萊衣。更堪高堂羨壽母，七十古來稀。新年纔過了，金樽泛酒，玉障成圍。看休文腰瘦，之子于歸。嬌小誰家兒女，離鴛水、小鳥依依。從今後，子高夫婦，同跨龍飛。

晝夜樂

鵲橋牛女初相遇。便把衷情訴。何期學道静能，却配左芬才女。況值元宵燈市後。對滿目、銀花火樹。寫達祖風懷，發天民妙悟。畫夜無事長想聚。此温柔、願偕老。鴛鴦勝似神仙，何必入山修道。知否歡情無限外，更别有、動人聽處。軟語醉沈沈，唤真真千度。

賀新涼 鳳佩生辰

照眼榴花炫。算當年、商山四皓，今朝降現。知是荆妻應壽世，同一生辰堪羨。料他日、蟠桃赴宴。生早太真剛一日，祝長生、合借長生殿。倉卒客，座中徧。清涼一服屈臣鍊。

十三餘、嬌癡小妹，冰盤分薦。火棗冰桃無處覓，只命庖人治麵。嗟市遠、難求珍膳。徐榻塵生緣客掃，笑杯盤、狼藉賓朋倦。休投轄，聽客便。

沁園春　龍生日

梅雨初晴，乘小羊車，經雙鐵橋。過市街購就，陳琦家果，登堂喜看，姊妹花嬌。碧鸛飛來，知是裴寬，笑臉相迎大小喬。從頭擘，看離枝纖手，一色嬌嬈。　繡餘長日難銷。金葉格、玲瓏紙百條。當樗蒲競賭，荔枝争啖，温郎老矣，兩美癡嬌。笑大姨夫，枉稱多藝，小道偏難奪錦標。呼將伯，幸臨時師傅，座有雲翹。

金縷曲　題方白《革命奇緣》小説，和吴君

濁世誰知己。嗟宦途、蠅營狗苟，人心卑鄙。芳草天涯何處是，説甚癡情女子。只薄命傷心而已。士氣消沈今盡矣，嗟英雄、胥墮紅塵裏。春婆夢，醒還未。　美人大半拚情死。恨周郎、山盟海誓，都成逝水。不向金閨通尺鯉，薄倖郎情如紙。笑崔護、重來何事。若不黨碑題姓氏，恐好官、猶自爲之耳。憑笑駡，焉知恥。註：録公論報署名憶雲，煌識。

南柯子

折柳君平馬，遊春衛玠車。宣南城外路横斜。尋個洞天遮斷、市聲譁。

其二

金屋藏吴女，珠簾坐越娃。温柔鄉裏美人家。

誰説遊人到此、不看花。

其三

翠柳千枝綫，紅桃幾樹花。吳娃越女競相誇。爭許遊人到此、不思家。

其四

古寺尋崇效，名花訪牡丹。東風料峭怯衣單。遙憶故鄉花落、復誰看。

其五

分韻詩成未，傷春淚暗彈。名花雖好已春殘。爭許遊人對此、不心酸。

誤佳期

都下一春無事。懷舊尺書遠寄。夜來空點讀書燈，只照相思淚。欲睡夢難成，起坐思關妹。最驚人是雨和風，鬧得心兒碎。

點絳唇

花事匆匆，無多幾日春光好。東皇歸了。客裏心如搗。寄語君平，休自添煩惱。須知道。春光將老。折柳應須早。

其二

無限悲傷，閒中寫出成詩草。匆匆封了。寄人知道。遞去書函，封了無留稿。須珍寶。編成詩草。血淚知多少。

以上《先烈陳仲權先生遺著·詞》

陳名珂

憶江南　春日園居即事

春光好，偏是雨淒淒。情短情長胡蝶夢，花開花落鷓鴣啼。人醉小橋西。

其二

鶯梭影，正是百花開。陌上草薰千里緑，剪刀風裏把春裁。相約小園來。

其三

薰風暖，簾外草青青。梅子肥時鶯有恨，落紅片片感飄零。折柳短長亭。

其四

春晝永，寂寂鎖窗紗。蜨夢常同人夢熟，盼他梁燕莫喧譁。待到夕陽斜。

其五

葳蕤綺，半謝半開時。燕子歸來香不斷，夜深紅雨落花枝。杜宇太情癡。

其六

黄昏近，明月遲紅樓。雲淡風輕棠熟睡，花香人悄屋如舟。倩影上簾鉤。

海棠春

鸚哥簾外輕輕道。看媚眼、玉容倦了。半臂掩酥胸，蘇合香微裊。　蕉窗白晝如清曉。倚繡枕、睡痕端好。微覺轉秋波，似怨檀郎嬲。

滿宫花

思緜緜，情悄悄。一縷金鑪香裊。低垂羅帳月玲瓏，隱約眉痕難埽。　笑渦深，愁態少。碧玉年華嬌小。檀奴著意海棠心，輸與意兒分曉。

惜分釵

酥胸裏。如珠淚。別時脈脈無窮意。小橋

西。棹聲低。百八晨鐘，一兩雞啼。悽。悽。回文字。郵筒寄。夢中曾捉宮砂臂。綠楊隄。子規啼。悵憶柔情，可奈雲泥。迷。迷。

柳含烟　春雨

河邊草，展春痕。寒食江南烟景，杏花紅透酒家村。斷人魂。深院秋千垂柳綫。惱了樓前雙燕。玉簫未許漏春聲。夜三更。

虞美人　送春

一番光景終難戀。此去心如箭。前途珍重草離離。春若思儂記取、海棠時。　今生常負風流債。只是無聊賴。吴山楚水各天涯。燕子丁寧明歲、早些來。

瑶臺第一層　燕

簾捲東風，雙影度、歸來宿雨天。春愁難浣，柳絲花片，風景依然。六朝金粉地，是舊時、王謝堂前。曾經處，卻蕭條門巷，夕照寒烟。　杏花聯翩。銜泥辛苦，玳梁細語主人賢。綠沈江滸路，算村裏，酒家樓上，朱雀橋邊。別來、情緒纏綿。鎮相憐。有烏衣子弟，愁煞芳年。

春從天上來

涼夜何其。怯露滴衣衫，雁過樓西。憑闌干曲，蟲語淒淒。月光悄悄私移。驀窗櫺開處，更偷照、兩地相思。聽無腔，鄰家吹玉笛，更上樓梯。　無如豆棚寒重，但卻下晶簾，翦燭嘘唏。可奈嫦娥，牀頭依戀，勸儂且展愁眉。

只情長鸞鏡，春中浦、好夢輕馳。漏殘時。恨縷啼痕和夢、落芭蕉。

博山香燼，悽絶寒灰。

孤鸞 悼亡周年作

春光依舊。數遥夜鐙花，拋殘紅豆。屈指歸期，又是者般時候。落花杳無蹤影，儘傷心、易成消瘦。驀地風過深院，賸、聲殘漏。

問蓬萊、宫闕平安否。我舊恨新愁，多難參透。歷盡天涯，贏得笛邊楊柳。樓空怕聞燕語，最淒涼、鏡臺塵垢。獨自憑闌斟酌，病也難勝酒。

虞美人 和友人悼妓作

梨花零落隨春去。春也無憑據。舞筵不見昔年人。幾度惺忪畫裏、唤真真。　瓊漿不與裴航便。天上難相見。枕邊翻覆舊鮫綃。一縷啼痕和夢、落芭蕉。

剔銀鐙 題畫，爲沙聽彝作

連理花開幾許。白玉闌邊凝竚。荳蔻梢頭，秋千影裏，却是伊誰庭宇。柳枝低舞。試問你、酒醒何處。　昨夜一場風雨。撩亂春心無主。臨水人家，者般時候，記得蘭橈容與。當時情緒。賸夢裏、烟痕一縷。

水調歌頭 題湯芹生《庚子秦中于役記》

省得昔年事，低首不成歡。一聲杜宇腸斷，青瑣散朝班。天子蒙塵西去，江表微臣轉粟，粒粒動心酸。馬上一鞭影，東望路漫漫。　藍關雪，秦嶺月，擁征鞍。記此萬里，勝蹟留與後人看。自古興亡王霸，賸有頹垣斷碣，起廢更無端。殘照漢宫闕，何似舊長安。

點絳脣　題美人秋千日景，與周企言表兄同作，限『影』字

春困無聊，步虛悄自尋幽徑。墮釵鬟頂。徙倚楊枝並。　飛燕身輕，喘息嬌難定。簾櫳靜。粉牆人映。蹴碎斜陽影。

前調　夜景

銀燭摇紅，照人起舞穿花徑。月圓天頂。人與天兒並。　一綫春痕，肯綰游絲定。黄昏靜。綠楊斜映。裹入春烟影。

相見歡　題張雄飛小照，和拙巢韻

人間樂事無涯。乍離家。好共成連海上、駐年華。　吟情透。吟肩瘦。諒無差。爲向西風簾外、問黄花。

青玉案　用賀方回韻

春山一綫蘼蕪路。送不了、憂愁去。似水年華容易度。等閒辜負，舊時門户。燕子歸來處。　與誰貰酒旗亭暮。壁上猜名記詩句。一腔幽恨，滿庭飛絮。花瘦損腰支知幾許。一落紛如雨。

賀新郎　秦伯未結婚

一曲梅花弄。正江南、陽春十月，暗香浮動。燭影摇紅三更燰，多少笙歌接踵。把淮海、詞人簇擁。擁到洞房深處坐，看流蘇、寶帳諧鸞鳳。準備著，圓佳夢。　忽聽笑語風吹送。道新娘、今宵玉貌，柳嬌花寵。明日眉痕時樣否，夫壻平章供奉。須説與、華堂賓衆。休攬新郎無主意，趁良辰、早進宜男頌。好換取，

牀頭甕。

謝池春　題謝玉岑白菡萏香室填詞圖

巷裏橋邊，楊柳翠烟低裊。恨烏衣、將春送了。花開花落，把人兒催老。況池塘、夢中生草。　吹簫説劍，總是無聊懷抱。便而今、驚人謝朓。清吟低拍，又秦黄才調。儘搜尋、漏殘風曉。

意難忘　題長沙陳述盧瞻麓圖

人在天涯。儘尋消問息，夢裏烟霞。兒時游釣處，先澤墓門賒。莨楚恨、豈無家。縱舊話殘碑，週遮。一任他、峯巒疊翠，湖海浮楂。　嶽麓何差。願山靈呵護，珍比籠紗。衡山高斷雁，湘水浪淘沙。些個事、怕人誇。待説起桑麻。有畫圖、閒來指點，明日黄花。

賀新涼　贈遵化宋仁溥邑侯兆麐

小隱棲吴下。記年時、弦歌十里，酒闌歡罷。截鐙留鞭三月暮，欲倩垂楊繫馬。留不住、春風歸也。雪浪湖邊今寂寞，采夫容、江上嫌姚冶。閒徙倚，又秋夜。　梅花舊賦從頭寫。好安排、千秋事業，名山聲價。莫恨無情天與地，楚水吴山如畫。便管領、江南風雅。雛鳳清聲堪娛老，豈尋常、澤畔行吟者。聊暇日，啖甘蔗。

四字令　癸亥深秋，赴蘇寓巢氏甥館後樓。殘夢初醒，風雨如潮。枕邊有《懷人館詞》，倚聲低拍，如醉如癡，譬諸劉晨、阮肇重到天台，但見雲海沈沈，碧天浩渺。此情此景，誠奈何天也

情真意真。鐙紅鬢青。醒來細數温存。是衾邊夢痕。　釵斜斷紋。衣殘舊熏。思量輾轉

黄昏。況風聲雨聲。

調笑令

風雨。風雨。殘夢醒來處處。小樓一段閒愁。被裏香銷夜修。修夜。修夜。惆悵花開花謝。

其二

十五。十五。天上嬋娟最苦。雲璈吹下霓裳。碧海青天夜涼。涼夜。涼夜。賸有癡騃難賣。

浪淘沙

廣李後主作

惆悵倚樓人。有恨無聲。三梧兩琖酒重温。今日渡頭空有約，淺草青青。　無限客中情。粉黛輕盈。怎生消受夢難成。薄薄羅衾簾外雨，獨自黄昏。

其二

何物最相思。紅豆春枝。五更三點漏殘時。無計留春容易去，雨片風絲。　者莫訴情癡。守着窗兒。怎生挨過曉鷄啼。點點楊花飛不起，一綫青溪。

賀新涼

癸未中秋，爲朱君少鴻題行樂圖

愁合銷今古。正當頭、團欒照夜，月明三五。行樂及時休辜負，如此梧桐院宇。傍一曲、清溪延佇。流水小橋芳草緑，按瑶琴、小坐思量撫。目送那，飛鴻去。　關山一派飛塵土。莫爲他、尋消問息，無情無緒。辛苦人生三萬六，珍重晚晴紅處。招幾個、佳人勝侶。大藥黄精容易採，再加餐、白髮朱顏駐。好同看，霓裳舞。

念奴嬌

武進劉翰筠以其高伯祖圃三少司空所書清高宗御筆杏花便面索題，謂係左詩舲得諸廠甸，歸於劉氏者

上林春暢，想繽紛輦轂，風飄花絮。惆悵芳菲圖畫裏，賸有日邊紅處。玉漏聲銷，金猊香冷，零落長陵土。人間無恙，小樓深巷聽雨。　誰教珥筆詞臣，生生世世，永把家珍數。荆棘銅駝閒指點，卻是三都能賦。昔日風流，卌年離索，此意成千古。荃蘭在握，怎能輕易捐去。

雙雙燕

題朱蜨痕《清霞館紀事詩》

翠簾半卷，風吹熳朱樓，刼塵清冷。餘霞散綺，細數十年廝並。飛去飛來露井。儘辛苦、差池難定。涎涎尾掠芹泥，翦出成雙春影。　香徑。如酥雨潤。便蜨把鶯捎，由他疏俊。落紅誰埽，紫陌夕陽煙暝。但願香巢夢穩。怎盼得、天涯音信。好趁一抹春痕，兩兩畫梁閒凭。

婆羅門引

題震華、梅禪兩上人爲吳君雲山所作行看子

角巾漉酒，科頭閒凭小簾櫳。鬢邊著箇西風。望裏河山如繡，黃葉襯丹楓。正江南斜日，秋水夫容。　天涯梗蓬。怎生肯、與人同。且自來尋蕭寺，聽打晨鐘。高僧惠崇，寫小景、丹青稱最工。還賺取、醉眼朦朧。

虞美人

甲申春社，風雨終宵。念明日修禊之約，竟不成寐，倚枕譜此

天涯逋客腰支瘦。卻爲愁量觳。招邀才得素心人。又恐春寒嬾踏、輭紅塵。　無情一夜廉纖雨。没箇商量處。小樓獨自怨東風。倚著羅衾聽打、五更鐘。

千秋歲　童粹衷三十初度

春秋鼎盛。仁壽花明鏡。楊柳岸，蘼蕪徑。鬧紅蜂釀蜜，織翠鶯梭影。清和月，豔陽天氣繁華景。　密意添君興。好語噓君聽。巫峽峻，澄江迴。五湖煙水闊，四海風波定。加餐飯，河清我富長年命。

好女兒　用晏小山韻，題金肇基女適許遺影

緑徧春池。風信完時。滿枝頭、賸有相思子，念將雛紫燕，無端愁病，淚濕巢泥。　掌上明珠投暗，對圖畫、好凝思。恨膏肓、二豎臨人

腦，便輕輕誤了，一天飛絮，數斷歸期。

以上《文無館詞鈔》

陳協恭

菩薩蠻

匹夫匹婦勤耕織。豪家富厚堆金碧。習見厭瓊樓。蓬門衣食愁。　罡風吹海立。駭浪催人急。翹首望前程。蒼茫迷遠亭。

憶秦娥　勝利日誌喜

歌聲咽。家家共慶團圓月。團圓月。者般情景，迥然差別。　今朝應號更生節。島夷侵略根苗絶。根苗絶。自由平等，施行無闕。

調笑令

紈扇。紈扇。佳畫名書雙面。消閒解悶年年。勝聽悠揚管絃。絃管。絃管。羈客空教腸斷。

長相思

少風流。老風流。緑鬢尋歡到白頭。從來不識愁。路悠悠。意悠悠。羸馬長途難即休。言登王粲樓。

更漏子

膽粗豪，心仔細。經過世途迢遞。襟酒漬，袖塗烏。斑斑同鷓鴣。時命薄。老蓮幕。誰畫淩煙高閣。青史上，大名垂。先生難自知。

攤破浣溪紗

銀燭光稀玉漏殘。一輪皓月出雲間。悵觸羈懷久無寐，卷簾看。香霧雲鬟猶自濕，清輝玉臂不勝寒。白日憧憧遥夜静，淚闌干。

憶江南

多少事，只在性情中。辭苟有情嘉縱鵠，技偏無用學屠龍。名利馬牛風。

擣練子

常客滿，幾尊空。座上時聞笑語風。解事兒童親父執，大方内眷撤簾櫳。

相見歡

興來步下層樓。理絲鈎。釣得潭魚雙尾、賞中秋。吟不斷。覺心亂。不關愁。爲乏新詞侑酒、皺眉頭。

浪淘沙

夏雨正潺潺。旅況闌珊。芰荷衣薄不禁寒。家國蒼茫叢百感，何自言歡。　悵望倚迴欄。破碎江山。當時綺夢再温難。慚愧呢喃雙燕子，棲穩梁間。

虞美人

叢林晴日鳴知了。陌上行人少。天公不肯放絲風。直把長空投入、火爐中。　清飆涼露知何在。急盼時光改。勸君忍耐不須愁。等到秋來氣候、自周流。

一斛珠

釵環新過。郎家駐日今真個。背人偷數珍珠顆。可惱隣娃，隔院潛窺破。　倉卒欲瞞無計可。當窗聊把羅裳涴。相呼欲語情無那。薄怒佯嗔，一笑香涎唾。

謁金門

眠又起。滿院月光如水。欲浸香花瓶酒裏。手攀庭桂蕊。　頻向高枝徙倚。涼露盈盈將墜。唤醒山荆迤邐至。同心深自喜。

踏莎行

白石長辭，玉田已老。倚聲誰屑雕蟲小。知交三兩共行吟，四山看遍炊煙裊。　海上音沈，渝中信杳。旌旗潮湧龍沙照。成功馬上溺儒冠，寓廬悵惘焚詞早。

賀聖朝

母家姊妹留人住。儂自羞言去。郎君誤會起風波，似一番風雨。　如膠似漆，情深幾許。忽參商莫訴。不知郎向負荆時，更相忘何處。

御街行

朱藤壓架苔粘砌。門草斷、風箏碎。郎君憨態妾含羞，竹馬青梅鋪地。春秋佳日，晨昏散學，總是長干里。　家人竊笑偏陶醉。偶不見、便彈淚。天真情緒絶無斜，不解相思滋味。近來父母，姻緣提起，倒反相迴避。

漁家傲

詠箇舊礦工

窩路幽深情景異。主人難示垂憐意。鄭重童工肩負起。巖洞裏。蛇行屈曲愁燈閉。　遠別親人違故里。鳩形鵠面爲生計。血汗盈盈流滿地。難入寐。沙丁白骨旁觀淚。

蘇幕遮

落花時，飛絮地。攬勝登高，四面山圍翠。雨後新添三尺水。鷗鷺忘機，寄跡烟波外。　剗閒情，收綺思。亭午人慵，一枕夢騰睡。十二闌干君莫倚。感慨無端，空灑傷春淚。

錦纏道

絶世豪華，電炬通宵如晝。數衣衾、浙綢湘繡。佩環晶玉光能透。百美全臻，現代堪稱首。　羅山珍海鮮，廚推名手。玉壺中、舶來香酒。歎農夫、終歲常勤動，饑寒昏暗，甚麼都無有。

離亭燕

老去性耽書畫。鎮日當窗揮灑。閒與兒曹尋笑樂，設覆分曹教射。贏得阿儂時，領獎請臨寒舍。　冬日寬袍長掛。直與古人爲亞。指點魔方開智慧，譜入村居佳話。留意燕歸來，休把重簾輕下。

訴衷情

征人踏遍板橋霜。書劍是行裝。盈盈十五嬌女，一眨眼、似儂長。　尋伴侶，撫年光。黯神傷。欲歸未得，將去還留，迴盡柔腸。

阮郎歸

五陵年少看花時。紫騮行且嘶。市樓痛飲破愁眉。同儕神欲飛。　江岸闊，野天低。酒旗風外垂。熱腸俠骨讓青衣。扶持人醉歸。

南歌子　戲詠閨人

張小錢唐剪，毘陵卜老梳。行囊鄭重手親扶。投贈閨中、一樣不能無。　郎自從公慣，兒還入學初。樗蒲鏖戰費功夫。忌諱諧音、根本怕言書。

臨江仙

牛背牧童吹短笛，笛聲相和歌聲。歸來好趁晚霞明。思量無限事，消遣有涯生。　遥望杏花村外路，酒家招展帘旌。行吟坐嘯意難平。不知因甚事，感慨一腔横。

西江月

擊鼓頻催令發，鳴鐘急待詩成。珍奇羅列玉

杯盈。首座推辭難定。　惡客頻來不速，主人偏自多情。雪梨冰果酒能醒。恰喜兒眠聲靜。

桂枝香

蛾眉在目。愛雅淡端莊，教人神肅。鎮日豪徒蟻聚，少年蝟簇。大方應對無多語，瞥驚鴻、清標高矗。音嬌檀口，擎温纖手，膚圓雙足。　溯當日、五陵追逐。但博得迴眸，投贈頻續。笑語煩君破費，拜登無辱。藁砧貧賤偏相愛，願年年、共泛波緑。相逢恨晚，晚珠還汝，賡唐賢曲。

天仙子

枝上啼鶯初入聽。夢到遼陽驚乍醒。起來猶白懶梳妝，羞對鏡。傷離景。一再催歸終莫省。　直北關山雲霧暝。瘦損腰肢慵攝影。從今悟徹罷相思，君意定。儂心靜。分付園丁勤掃徑。

晝夜樂　詠華容道事

風塵知己疆場遇。溯闊别、應歡聚。朱玄各隸旌旗，難表前時情緒。慷慨憐君奔日暮。更何忍、狂風卷絮。畢世負英名，由他單騎去。　此中曲折誰堪訴。算君恩、本難負。回思昔日流亡，繾綣漫教絆住。裘馬翩翩投贈外，更别有、感人深處。翹首望蒼茫，富儒家風度。

雨淋鈴　得煒妹四妹書

懷人情切。浪遊清興，久已消歇。燕都吴苑雲黯，消魂時候，魚書初發。雒誦循環至性，使童叟嗚咽。夜靜後、遙念同枝，駭浪滔滔海天闊。　烽烟滿目頻年別。縱强胡、怎奈凌霄節。尋蹤近伴嬌女，親歷盡、橋霜店月。重返寒廬，尚有殘編，舊稿陳設。料此日、秉燭揮毫，應有言難説。

卜算子

富貴馬蹄分，貧賤牛衣聚。愛結人間不解緣，甘願蓬門處。　衣錦未還鄉，人與春俱去。一闋虞兮奈若何，終古誰留住。

蝶戀花

自顧軨才甘識小。經國謀猷，不肯縈懷抱。兀兀窮年餘暇少。傳情體物收詞草。　壽世文章應載道。持論空疏，枉被時流笑。昔日陳書音信杳。迂儒嘵舌徒增惱。

洞仙歌　詠木蘭

從軍兒女，應點兵可汗。絶塞關山馬蹄滿。十年間、儂也斬將褰旗，心只爲，憶舊思親零亂。　歸來膺上賞，有喜天顔，本色嬋娟覲霄漢。拜謝尚書郎，願借明駝，行千里、送兒還轉。巾幗隊、一例策奇勳，應定下明條、壯丁許換。

水調歌頭

刼後無長物，盡室到南天。近來肢體癱瘓，豪氣遜當年。悵望漫天烽火，聞説江鄉擾攘，無計庇饑寒。飛倦知還鳥，留戀在羣間。　訂詞草，編舊稿，減春眠。句斟字酌，衷情曲折語期圓。罔計千秋毁譽，只在寸心得失，刻意忒求全。有誰知窈眇，空自惜聯娟。

清平樂

推誠相處。舉步皆平路。心底暗藏虛僞處。兄弟難教同住。　寸衷易使人知。憑君百囀如鸝。有質那能無影，因風自動庭薇。

畫堂春

少年跑短我吟長。同欣佳節端陽。燕來角黍富清香。餽贈盤裝。巧奕風傳八柱，嘉肴製自三湘。大家齊著舊衣裳。不費評量。

驀山溪　得趙君敬謀書

豪情勝采，俊雅今無偶。少日騁詞壇，歷風塵、天然挺秀。京曹戎幕，輾轉客公卿，香汗透。梅同瘦。綠鬢難相候。　黄封勞酒，偏沓才人後。迢遞遠馳書，尚留戀、渝中殘豆。

文章憎命，世事每如斯，陶門柳。還存否。故舊空搔首。

憶王孫

老年寄望在兒孫。志事流傳安我魂。琴韻書聲耳熟聞。慰晨昏。坦白光明看此門。

如夢令

北地冬塲冰溜。南國夏池波皺。軟硬水中嬉，香汗盈盈同透。懷舊。懷舊。離索腰肢新瘦。

桃源憶故人

當庭親析幽蘭種。嬌女殷勤相共。莫賦羅浮歐鳳。芳艸騷人擁。　雲軿迅捷歸心動。勘破諸般迷夢。心愛隨身嫌重。贈與頑童弄。

鵲橋仙

雙棲愧燕，高飛遜鵲，笑煞神仙風度。年年七夕一相逢，料絮盡、離懷無數。　初飄涼露。尚餘殘暑。來往匆匆雲路。催征促織總勞人，應不讓、玉容遲暮。

河傳

荔支龍眼。是南邦俊味，滌除煩亂。旖旎風光，長憶海珠江畔。綺懷收、狂思剗。　玲瓏映竹嬌無限。夜雨挑燈，膩我詠諧慣。如海侯門，輟聽廣陵名散。陌路人、誰復管。

滿庭芳

校課蕭閒，家錫豐富，春來恰喜天晴。雕龍躍馬，羣號玉堂英。弟妹共分梨棗，常能使、維護均平。郊原外，呼朋約友，趁早放風箏。　山泉澄澈處，沙泥浄汰，可濯吾纓。偶騰身高阜，賽似登瀛。汽笛争鳴嚮午，急歸去、小蹶堪驚。才華露，球場講席，聲譽動山城。

青玉案　懷亡弟復安

征塵追逐閶門路。苦口勸、探親去。共硯吴淞曾一度。西泠芳草，南朝朱户。劬學焚膏處。　珠江噩耗傳春暮。禦侮愁吟脊令句。雁蕩橋邊情幾許。立冬敗葉，清明飛絮。泣涕漣如雨。

薄倖　懷先室

萬方儀態。記少日、慈親垂睞。便丐得、蹇修通問，竟綰鴛鴦錦帶。泛甌江、静好無違，承歡修睦情無奈。偶曲詠新腔，謎猜小慧，巧把聯環輕解。　廿年裏、爲兒女，多半是、縫衣燒菜。頻聽得、萱室嘮叨叮囑，參差意見□心礙。慈暉難再。曾殷勤苦口，同諧白首堪倉賴。相從地下，雙塚巍然長在。

惜分飛　憶外家

望族堂高名湛露。秋桂春蘭芳聚。歷屆巍科取。更教寒士軒眉覷。　永別重闈尋墜緒。空有花晨月暮。再到承歡處。低徊往事飛難去。

河滿子

筆妙堪教攝影，歌喉也可收音。真理百般供役使，慧心可使蒞臨。手表不須上練，擣衣那用敲砧。　凡事成於立志，古人惜到分陰。少日因循悲老大，至今後悔難禁。大好韶光易逝，春歸何處相尋。

燭影摇紅

山勢崚嶒，前川後水分深淺。但憑氣壯屈干戈，管轄權移轉。蜷伏生涯漸慣。賸孤懷、頻頻回盼。閨人游戲，逐客逋逃，海天隱見。

玉宇生輝，陰霾籠罩宵分短。黄炎世胄且齊心，莫恨程途遠。待到樹摧猿散。各芳鄰、自紓青眼。蔭濃瀾澳，月麗溪灣，海南林院。

減蘭

溜冰游水。合讓青年豪興起。簾下燈昏。一卷沈迷寂見聞。　解頤笑語。只有人來儂不去。百步穿楊。絶技參觀偶出房。

千秋歲

蛩聲嗚砌。如訴家常細。秋雨歇，秋風起。吟成雲水白，畫就林巒翠。黄昏後，懷人天末遲遲睡。　故里書誰寄。客館塵難洗。迷望眼、烽煙裏。揮毫傾賸墨，起舞飄羅袂。銷兵甲，孤懷欲挽銀河水。

鎖窗寒

如畫溪山，當年曾過，緑楊門户。蕭疏庭院，滿地繽紛紅雨。叩柴門、未見司閽，主人款待班荆語。乃十年暌隔，狼煙千丈，天南羈旅。　春暮。沈吟處。論列土酬勳，宜膺爵五。孤懷高誼，惟有延陵儔侶。想江鄉、梅鶴自清，橋南小築今在否。待東歸、重見耆英，山味呈雕俎。

解語花

飛蓬蒙首，粗服隨身，不掩光華射。遷盆移瓦。家常事、蹀躞往來竈下。神清情雅。收墜蕊、片時盈把。妝早成、摒絶鉛華，天韻芬蘭麝。　綺陌鶯晨燕夜。每迎人觀笑，丰姿妖冶。羞遮綃帕。嬉遊處、留戀王孫驄馬。儂心静也。曾早把、虚榮辭謝。歸故鄉、菽水娱親，待潮平風罷。

過秦樓

中樞文告，内府機宜，帷幄每憑謀斷。軍人魯莽，文士空疏，争點終依巾扇。近日涣散人心，憤懣孤懷，骨喉弦箭。乃逢迎衆楚，養成驕縱，言長聽遠。　行自念。賈誼陳書，范增嘔血，蹇運腐儒同染。楚歌垓下，鼙鼓漁陽，何計綢繆應變。夢覺今朝，衹應及早抽身，替人慵倩。但回頭下界，剩有殘棋數點。

昭君怨

等到床頭金盡。陌路誰來問信。任汝訴饑寒。不相干。　記得妝樓曾倚。脈脈兩情如水。裘馬趁豪華。儘周遮。

感皇恩

萬樹伴孤山，幾生修到。得氣清高況緣好。冰霜寒徹，早把塵埃銷了。橫斜疏影裏，西泠曉。　垂柳斷橋，蘇隄甬道。昔日高蹤至今杳。寓言眷屬，猥褻逋仙林鳥。青青自終古，何曾老。

好事近

襆被到南天，可奈吾徒寥落。早合乘風東下，爲烽煙擔閣。　從前歇浦憶吾廬，今日已非昨。歸去一廛奚庇，向江湖飄泊。

賀新涼

大篆傳鐘鼎。最好是、體修貌古，局勻神靜。嗣是分書繼蹤起，胥隸趁時便徑。逮晉草、從頭提醒。北魏諸家争造像，儘運功、使力荒傖病。唐試館，始嚴整。　後生學習應詳省。歷古今、大家林立，師承誰倩。滿幅琳琅皆娛目，畢竟皈依未定。寧一任、觀天由井。寢饋鍾王法虞褚，競臨池、表正能端影。雖小道，握金鏡。

瀟湘夜雨

落落才高，翩翩年少，記乘萬里長風。目無餘子在寰中。曾結客、酒浮大白，頻顧曲、花愛深紅。無難事，功名唾手，意氣如虹。　天南迢遞，窮愁潦倒，久滯遊蹤。儘依人作嫁，叵耐樊籠。常悻悻、馮驩彈鋏，嗟咄咄、殷浩書空。逢時會，自全無計，權作信天公。

祝英臺近　懷意園

訪名園，尋古渡。世澤曝晴浦。闊別多年，渴望洗兵雨。從來喬木人文，新陳代謝，更誰是、千秋留住。　繞楹覸。當年閣部揮毫，珍重琳瑯數。推論興亡，陸賈著新語。如今哲嗣云亡，魂歸天上，問甚日、攜笻重去。

南浦　懷袁君伯庸

白下比鄰居，記是時，春暉猶共歡緒。筮仕到之江，紅塵裏、飄泊漫天風絮。催科撫字，相看只有傷心語。璇閨春暮。空往事低徊，自慚風度。　吴淞刼後重逢，悵鸞影東臺，鷓歌南浦。橐筆儘依人，陣雲黯、頓覺欲來山雨。滇南萬里，魚書欲寄知何處。銷魂院宇。苟驛路能通，何如歸去。

齊天樂　懷吕君誠之

博聞强識由天賦。少年亦工諧語。紅粉天驕，青衫任俠，走筆移人情處。孤懷莫訴。縱縑素尋常，自家機杼。迢遞遼陽，明珠投暗促歸緒。　江南又來急雨。正勢憑胡虜，慢驚鄰杵。梓里旋蹤，枌鄉講學，國故保存無數。

陌頭容與。幸負米郊原，欣看嬌女。海宇重光，免桑榆愁苦。

沁園春　懷莊君通百

歐浦遙看，冠蓋叢中，憔悴斯人。念同孚雅集，籃中呈寶，聯珠雜院，甑底生塵。稚子辛勞，山妻艱苦，林類披裘歌底春。烽煙急，阻良朋情重，納諫謀新。君方納余言，允勤作書，郵路即阻。躬親。開拓煙雲。向故紙、堆中棲此身。聽金聲擲地，文章自富，蘭言傾座，意氣甯貧。盡室沖襟，畢生至性，展拜先靈常薦尊。君休問，待張天作幕，與古爲鄰。

醉太平

安閑守真。顏丹眼青。四山泉似鳴箏。和蒲團磬聲。　書函寄君。神馳意縈。抽身高隱

南屏。把繁華夢醒。

喜遷鶯　懷莊思緘師

南華丰采。溯建國初元，隆情難再。吴會居慵，燕都遊暢，仿佛自名無礙。馮宿才高巴蜀，梁顥品珍南海。集羣彥，冰清玉潤，吾廬非隘。　輕快。娱晚景，奮志揮毫，終歲難償債。覓渡橋邊，二知堂上，父老空懷遺愛。笑語申申已杳，好句琅琅猶在。待歸去，向師門追薦，鰻魚揭菜。

雙雙燕

華筵解后，覯姿態花妍，丰神霜冷。樗蒲戲倦，同入繡幃肩竝。繾綣遠離鄉井。向歐浦、營巢初定。多情且共銷魂，薄命自憐顧影。　幽徑。叢讒浸潤。便星類參商，證延豪俊。

滄桑瞬變，頃刻烽淒煙暝。滇桂羈棲未穩。竟疏闊、江鄉芳訊。修篁日暮遐思，曲檻春來閒凭。

換巢鸞鳳

雛鳳聲嬌。記心縈菊町，夢繞櫻橋。郊遊常蠟屐，隅坐每吹簫。繡裳盛飾在蠻腰。遂教旅人沈憂頓消。懷家國，曾遥睨、龍沙殘照。情悄。波浩渺。京國周流，棖觸幽人抱。美景園林，香車巷陌，滿目離離衰草。漢室當時薄少年，而今共厭馮唐老。歎天公，弄人多、誰知分曉。

瑞鶴仙　懷陶君希泉

寒微同緑鬢。羨得寶先回，屋身俱潤。宦游故鄉近。正鸞膠初續，瑣闥鎖恨。同心偕隱。傍瑶圃、棲香初穩。自燕京、皖彦乘時，再聽東山芳信。　難問。經營證券，計較錙銖，結交豪俊。柔腸迴寸。時機失，歎才盡。乃鵾弦復斷，浮家泛宅，好夢遊仙驚醒。笑人間、萬事浮雲，循環增損。

風入松

堂皇富麗記春明。文士寫碑銘。而今到處秧歌扭，飄巾帶、兒女調情。學步褊褼跨鶴，歌喉宛轉啼鶯。　城南廟會盛壇亭。冠蓋喜新晴。燕雲莽莽狼煙黯，倚闌干、萬里眸凝。久別茫如隔世，相逢期慰餘生。

一翦梅

壟植前山水自澆。修桿風摇。美蔭凉招。羣兒相和踏歌嬌。長袖飄飄。錦帶瀟瀟。　夢繞揚州廿四橋。雅樂新調。華燭高燒。休將春色等閒拋。良友投桃。好句題蕉。

永遇樂

彥集南朝，英羅北地，於此相聚。歎浦風悽，灘江棹遠，更飲滇池水。元龍淮海，劉郎謝傅，可惜中途分袂。漫贏得、衰庸似我，厠身暫難歸去。　清談竟杳，旌旗雲擁，未見晨曦一縷。楚澤行吟，珠江小宴，歡緒延幾許。巴山夜雨，調停無望，孤負一春風絮。試回憶、當年舊夢，儘移情處。

瑤臺聚八仙　詠江夫人周女士

情重嬋娟。依繡榻、扶病自寫蠻箋。藁砧于役，旌節遠駐窮邊。茗碗藥鑪疏折簡，風簷月榭盼郵船。意纏綿。博聞瀚海，沖抱澄川。　頻年幾曾分袂，自今春小極，錦帳如煙。兒女無知，游戲在綺窗前。離懷無限惆悵，問短綆、何由汲井泉。塵寰裏，說同心永愛，修短憑天。

水龍吟　懷劉君伯中

少年共客南寧，交深微覺才華露。賓朋風來，人文月旦，酣歌醉舞。襆被東遊，幾番徵逐，一行鴛鷺。向京華小住，紅塵千丈，竟難覓、枝棲處。　蓮幕空招人妒。歎平生、儒冠同誤。前遊雋地，故交勝概，殷勤相語。吳苑重逢，西窗夜話，互通情素。乃鸞膠初續，諸般未了，乘風歸去。

綺羅香　懷陸君稼軒

互短醫家，相輕文士，見說同行多妒。中道捐軀，獨我悲涼裁句。幸糟糠、夙擅簪花，喜令嗣、培成玉樹。覘愛文、小院棲遲，不孤期望慰仙去。　甌江昔歲寄旅。曾共青蓮酗酒，頹然如許。素習岐黃，遂著杏林新譜。爲潛修、頂禮如來，竟出世、忘情塵縷。賸此時、浪跡天涯，江鄉聽急雨。

疏影　懷湯君定之

二分明月。襲詩畫家風，弱冠超絕。鄂北嶺南，昕夕揮毫，曾記再三肱折。難教八桂留芳範，襆被向、羊城持節。數頻年、幕府宣勤，眼看萬流起滅。　世事滄桑頓改，鶯遷來北地，仍守高潔。結契豪華，執鞭美校，藝苑高名聽徹。相逢海上孤鸞影，爲我道、人間偷活。傳驀地、綺夢重圓，再過琴園飛雪。

醜奴兒

山居卜築叢松下，瞰葉眠陰。世事幽沈。春往秋來別會心。　休誇海内交游廣，老眼猶明。腰脚還輕。默數同庚有幾人。

荆州亭

閒向高樓徙倚。一望海天無際。抱膝慣長吟，古調自彈焦尾。　榆葉沾泥亂委。柳絮因風飛起。買得小金魚，養在荷花池裏。

醉花陰

秋夜月光明似畫。木炭形如獸。情話有良朋，活水深鑪，茗瀹明前腰肢瘦。

鳳凰臺上憶吹簫　懷劉君顯卿

梅竹街邊，茅葭衖口，從今不忍回頭。儘量才有尺，釣譽無鈎。多少傳家世澤，違別後、一炬都休。滄桑裏，多才仲子，遽徇新秋。　歸休。舊遊如昨，縱踏遍鄉關，儔侶難留。每夢縈喬木，望斷層樓。長記童時聯譜，情悵惘、不轉瞪眸。人間世，一番經過，衹益牢愁。

聲聲慢　懷錢君叔陵

精深易理，料事如神，人望意期歡戚。返自金陵，奉母危城休息。一門投奔無路，早料到、寇氛正急。偵騎至，衹嫣然一笑，夙緣先識。　猶憶新晕掌教，嬉遊處、最後一棋親摘。在握智珠，心計洞明白黑。羈居每多匱乏，到殘冬、猶分餘滴。歎此日，賸一雙、兒女留得。

南鄉子

殘照上茅簷。静守蕭齋意未忺。且訪杏村沽酒處，簾尖。客自貪杯主喜添。　獨把雪髭撚。欲詠無題又另拈。繾綣關心雙燕子，懨懨。今夕遲歸莫下簾。

生查子

山城八載居，何以消長晝。博奕每争先，橋戲甘留後。　烽煙滿國中，朋輩還如舊。望遠絶音書，縮手藏羅袖。

鷓鴣天　懷梁君公約

垂老傭書寄冶城。萬家珍重是丹青。索詩盈座兼求畫，揮灑埋頭不計程。　留媵婢，負康成。琵琶别抱不勝情。布衣椎髻梁鴻婦，鶯鷰交飛組織明。

人月圓

黄昏惘惘思量遍，心事卜燈花。先人丘墓，故交裙屐，獨客思家。　音書未達，吟詩未就，歷亂塗鴉。積思成痗，吾生頃刻，知也無涯。

望海潮　閲黄君任之《蜀南三種》

相逢漢上，猶明老眼，楷書時作蠅頭。我走桂滇，君遊巴蜀，征帆共倚蘆洲。百萬數貔貅。正同仇敵愾，意氣横秋。夜雨挑燈，書生悵惘看吴鈎。　羈人寒徹重裘。覩編氓貧慘，深慨侵牟。愛國青年，傷時皓首，紀遊筆底全收。揮灑滿亭樓。賸幾行涕淚，送别歸舟。却喜同盟勝利，歌舞復神州。

玉漏遲　懷張堉品生

吴淞音信杳。清河舊戚，新聯羅鳥。曾客津沽，生事紛紛纏繞。有約滇南未至，竟陳肆、重彈前調。天一笑。晴空霹靂，倚廬高嘯。　垂老飛倦知還，算退隱諸般，憑君年少。阡陌棲遲，草草餘生終了。此日啼聲初試，料江國、吉星臨照。雞唱曉。旅枕夢回多少。

點絳唇

風雨宵來，中庭花落知多少。枝頭啼鳥。報道春城曉。　荏苒光陰，自撫頭顱老。三迤道。溪山煙草。依舊當年好。

念奴嬌　懷陳君石和

昆明池上，看紅袖、手抱一雙英物。爲道漢皋

陌上花　懷秦君慧迦

通才雅望，更承家學，追隨何晚。獨客昆池，繾綣爲留餐館。公餘走筆談文藝，珍重篇殘章斷。待中原恢復，蓴鱸動興，賓朋蕭散。重作記金陵晉謁，挑燈夜話，戀意離懷相半。漁陽鼙鼓頻相擾，復作南遊，只遜當年情暖。羨神仙眷屬，棲遲異域，雲遊香江征雁。都懶。

東風第一枝　懷方君德公

蓺菊聞香，花分葉判，十九預言依約。圓形不作尖錐，綠蓋那開紅蕚。芒鞋情怯，爲生計、塵寰輕掠。偶相逢、燕市嬌驄，猶夢故山猿鶴。　飄翠袖、京曹俸薄。凋客館、交遊淪落。錙銖懶較蠅頭，紛爭怕覩蝸角。軺車南分袂後，箴語久懸齋壁。比户暄忱，中樞宵旰，國恥終能雪。歸來奉母，奔馳暫讓時傑。　相逢猶憶江山，椿萱都健在，有懷明發。歇浦游蹤淮海夢，無限思潮起滅。勝利台前，凱歌聲裏，又散扁舟髮。雲軿驚落，太清遽蝕瑶月。

滿江紅

海上親朋，誰健在、全無消息。空悵望、通衢車馬，撫今懷昔。皓首耆英嗟不待，青年俊彦誰相識。數交遊、淪落到吾徒，催人急。　酒罷醲，機停織。尋綺閣，留遺跡。只頹垣枯井，淒風斜日。狎水誰思東里戒，臨歧自效楊朱泣。舉頭望、但見柳垂青，煙凝碧。

返，記京口、曾親魚箔。數平生、博雅温良，恨不置身臺閣。

摸魚兒　懷管君達如

記前時、臺灣隨宦，歸嘗紅粒香輭。從遊共向東山墅，歷盡冬寒春暖。書萬卷。聚三五童騃，同把薰風扇。文雄詞婉。忽客路飆馳，師門棹發，獨我歎緣淺。前塘岸。佳話壻鄉甥館。功名未許疏懶。成均獲雋登高第，簽發户曹樗散。争黨見。祇可惜清才，平地辭芳苑。津沽娛晚。慟雙萎棣華，滄桑家國，北望海天遠。

多麗　懷何頌眉表伯、子言妹倩喬梓

眼垂青。朗開童稚重冥。正隨侍、下帷攻苦，壁間常展聯屏。宦情慵、西湖策蹇，遊蹤遍、南海藏螢。畢世憐才，及身食報，且看白首慰凋零。自松雪、乘風歸後，走訪次公醒。軺車過，殫精祕笈，揮翰幽亭。待義門、遊仙證果，郎君嗣響泠泠。擅文辭、能言鸜鵒，紆籌策、點水蜻蜓。詩詠宜家，爻占歸妹，瑟琴調協動人聽。滄桑際、傳來噩耗，遽殞少微星。孤羈客，遥憑雷岸，悵望雲汀。

奪錦標　懷徐堯卿親家

筆硯精良，幗窗浄雅，塵土慣曾親拭。放筆偶圖山水，初稿空虚，旋施朱碧。算多男多壽，不甘棄、濃描艷織。教兒曹、敦品修容，孝謹歡承晨夕。　惆悵南天久客。祖腹東歸，獨我山城蕭寂。匝地無情烽火，歇浦情牽，燕都思積。儘魚沈雁杳，竟疏調、江關消息。祝椿萱、永亨遐齡，戚黨桃觴頻滴。

眼兒媚

薄田數畝在林西。贅壻託身低。近依城市，常親書卷，累代幽棲。　同時六逸儒門重，共仰白雲溪。疏慵性格，寒微家世，甘守窮閨。

誤佳期　詠王姓工人婦

涼月潛窺幃幕。躬率雙雛居約。稾砧礦洞竟埋身，近歲情懷惡。　玉貌比花妍，珠淚隨花落。秋雲片片逐風飛，命比雲還薄。

柳梢青

滇南無扇。歌臺爐竈，偶然窺見。換酒貂裘，生寒羅袂，芸箱藏遍。　士林健足如飛，渾不計、山程遥遠。知己相逢，登堂情話，高冠遮面。

解珮令

阿兄揮手，更喪吾弟，數同堂、手足今垂盡。襆被歸來，又誰料、家門留恨。再長征、孱軀衰鬢。　兒時豪語，中年壯志，到如今、黄昏將近。檢點舊巢，祇贏得、燕泥蝶粉。算鄉關、棲身無分。

暗香

離離禾黍。看地埋枯井，山垂鍾乳。日暮寒鴉，歷亂環飛幾行樹。尚憶吴宫往事，集諸將、沙中相語。談笑裏、手創興亡，翻覆爲雲雨。　凝佇。歎遲暮。記叱咤羣雄，而今何處。賓朋散去。誰復當筵賦鸚鵡。争得蛾眉匹馬，仍中道、相捐修阻。託我佛、向浄室，念珠頻數。

慶春澤

懷張君春帆

意氣凌雲，丰神滿月，少年一往情深。掌教珠江，消磨三載光陰。共和建國多艱阻，盡纖綿、自效宛禽。峭寒禁。曉起披裘，宵睡蒙衾。

士行同泛瀟湘棹，悵兕觥酒薄，虎帳韜沈。餬口四方，征車曾到淮潯。歸來橐筆春申浦，莫能容、自展蓬心。動哀吟。並世交遊，碑誄難尋。

春風嬝娜

記錢塘門内，廟號金華。遊池沼，掉泥沙。説豐年可兆，能驅蝗蝻，靈氛堪寶，自侶龜蛇。比户春蒸，閤城秋賽，享受人間香共花。予翅曾聞産丹井，沐猴共笑戴烏紗。

越俗由來信鬼，閭閻饒富，鏤金易、盛飾門牙。心無主，眼重遮。沈迷喪志，揮霍傾家。野有餘糧，制崇東序，國多俊彥，標指南車。童時隨宦，忽年逾五十，滄桑變幻，夢繞天涯。

翠樓吟

懷陳莊

山影參差，湖光瀲灎，難忘昔曾遊處。中央看宛在，航一葦瓊瑤庭宇。清幽如許。苟得此棲遲，紅塵慵去。情難據。黃公壚近，迎來新雨。

遲暮。感慨多端，只懷人對景，空增愁緒。天涯還浪跡，向塵海私衷誰訴。堤邊叢樹。還依舊青青，將春留住。聽鼙鼓。雲霄響徹，自憐風絮。

以上《和白香詞》

動鄉愁，繞郭晴霞絢綺。

玉漏遲

將出都門，沈悦庵敬學餞别旗亭，感賦此解

客心抽萬緒。沈沈冷鎖，千門街鼓。腸窄杯寬，絳蠟淚痕如許。莫負今宵痛飲，料明日、天涯人去。回首處。那堪再認，燕南紅樹。

草草斷梗西風，悵倚月聽歌，醉花尋譜。望斷長安，頓隔幾重煙霧。怎遣山遥水遠，但車鐸、郎當相語。離思苦。江郎政吟愁句。

臨江仙

過石頭城作

滾滾驚濤飛匹練，魚龍吹起微腥。亂山依舊六朝青。寒雲沈幕府，熱淚灑新亭。

寂寞孝陵煙樹碧，故宮禾黍縱橫。高城畫角隔江聲。風威嚴鎖鑰，水氣變陰晴。

采桑子

天南地北遊蹤徧，怪怪奇奇。怪怪奇奇。見慣司空不用疑。

浮沈人海無聊甚，甚麽東西。甚麽東西。也向而翁説是非。

見《江山公報》一九二〇年六期

陳昌任

西子妝

同吴鼎丞銘常十刹海觀荷

波暝平隄，香輕拂檻，路近琳宫朱邸。半湖殘日漾文漪，蘸垂楊、禁城天咫。荷亭倦憩。問誰是、詞人飲水。其地有納蘭容若故邸。擅風流，向鬧紅深處，新腔閒倚。

清涼地。喜滌煩襟，只在人海裏。碧筩香沁酒杯深，映觚棱、暮雲凝翠。花中櫂艤。莫摇碎、吴船歸思。

念奴嬌　安慶雪霽，與顧子虬、顧竹庵、汪君碩同登西門外大觀亭

江天晚眺，瞰蕭寥萬象，人間銷歇。倦倚危闌斜照裏，指點煙帆明滅。葺帽衝寒，氈韡蹋凍，冷透重闉雪。蒼茫千里，眼前無限空闊。　還記烽火當年，游燐碧閃，無數頭顱血。故鬼啾啾新鬼哭，先後有徐錫麟、熊成基起義事。幽憤如今休説。廢壘雕盤，崇祠鶴弔，賸有苔花碣。英靈如在，怒潮終古嗚咽。

金縷曲　廨齋寂坐，棖觸舊愁，渺渺予懷，愴然賦此

芳草天涯路。亂繽紛、千紅過眼，畫簾飛絮。吹起春魂渾不覺，恨被江雲綰住。空遶遍、迴闌無數。望斷長安春似海，念藏鶯、林密知何處。花未落，鳥嚈苦。　春山隱約横眉嫵。憶年時、挑鐙倚枕，夜深私語。雲袖嚈痕紅暈濕，總被東風錯誤。又誰道、青驄人去。殘夢零星今在否，把情絲、密織相思譜。空化了，斷腸句。

琵琶仙　京師瞽者王玉峯善鼓三弦，能於弦上作諸戲劇，道白、曲調、鉦鼓、管弦，一一都具，一時稱爲絶技。往在都門，數遇劇場。鼎革後，南來奏技吴市。適有所感，因用白石自度曲黄鐘宫調賦此闋

銀甲呼風，又驚看、廣座雕梁塵落。長日偷譜霓裳，香名飲河朔。憑寫取、梨園舊本，只輕攏、幾條絃索。盛世聲容，清時鼓吹，心意閒託。　記前度、羈旅京華，待回首、昇平事依約。誰料液池凝碧，换淒風寒角。今日便、江

南再見，奈杜陵、意緒偏惡。更是長負香盟，念伊漂泊。

瑶華　上野看櫻花

瑶鈿萬叠。花滿諸天，散濛濛香雪。瀛洲三月，春政麗、最似江南江北。桃酣梨醉，乍相識、東方嬌靨。愁紺雲、吹入羅浮，漫妬玉梅高潔。　繽紛繚繞吟眸，訝一上蓬山，重墮花窟。飛英亂舞，憑輭襯、芳徑尋春鴛屧。柳橋地名，爲伎寮所萃冶處，想片片、猶霑裙褶。聽浩歌、一曲魂招，海國細箋芳牒。《櫻之花》曲爲日本國歌，所謂大和魂是也。

解語花　荒木酉子以所畫折枝見貽，因成此解

披箋喚月，潠墨嘑煙，蛾黛描來慣。映花人面。東風裏、莫辨暈紅深淺。湘簾乍卷。撫楸几、豔生柔翰。相共妍、風致嫣然，帶露枝初翦。　情緒春融翠管。念搓脂調粉，誰伴幽遣。綠瀛風暝。屏山掩、蜂婕暗驚春遠。光凝素絹。認小字、芳馨題款。珍重看、宜爇蘭沉，臨小窗偷展。

法曲獻仙音　乙卯春暮過白下，吴鼎丞邀飲秦淮酒樓

桃葉迎人，柳花催客，去燕烏衣重到。往日停橈，幾年聽篴，還看白門斜照。喜舊雨聯歡笑。別情話多少。　恨深渺。望觚稜、黯然天際，聽月夜、杜宇苦嘑未了。雪爪印秋鴻，最難忘、人海花好。迅羽光陰，覺怱怱、陳迹都埽。認春衫舊漬，更把玉樽同倒。

憶舊游　制科罷廢，忽忽十餘年間，金陵試闈已鞠爲茂草。丁巳春暮過此，追懷疇昔，感慨系之

記低簾鷺宿，矮屋蜂攢，過去年光。短燭三條灺，笑浮名枉賺，席帽逢場。十年細省何事，曾詠幾槐黃。歎舊夢依稀，前程蹭蹬，誤我文章。　蒼涼。試凝眺，只院鎖寒煙，橋圮斜陽。易餅殘塼盡，吴梅村詩：『易餅市間皇殿瓦。』賸栖鴉叢樹，鳴蟀頹牆。朅來又值兵後，人事感滄桑。愴倦客重臨，東風盡日開野棠。

瑣窗寒　游寒山寺

暮靄籠谿，寒林負郭，柳殘官渡。危橋跨浦，静倚六朝琳宇。款禪關、舊題在不，昔人旅泊蒼葭渚。記夜烏啼月，江楓漁火，對愁眠處。　來去。城西路。念爛漫春游，畫船別墅。輕舠載酒，向晚紛紜簫鼓。怎如今、流水閉門，五更鼓角成怨語。伴疎鐘、盪響年年，過客悲今古。年來恒有兵駐此。

夢橫塘　過橫塘，弔唐六如先生墓

棹橫霞浦，岸倚虹橋，遠潮東注如束。古塔支雲，俯一片、芳菲林麓。遼鶴歸魂，蜀鵑啼恨，地猶眠犢。看風楊舞晚，宿莽栖煙，牛羊下、隨樵牧。　才人自昔堪悲，過桃花故宅，待薦秋菊。數尺孤墳，餘斷碣、蘚斑寒緑。問埋得、佯狂幾許，絶世千秋仰高躅。弔古人來，一窗山色，似唐家橫幅。

遶佛閣　沈石田竹堂寺探梅圖，舊藏寺中，王佩諍屬題

暗香四遶。清夢更續，何處春早。疏磬林表。

坤，風鈴瘦咽斜陽裏。

六州歌頭 過張吳王故宫遺址，作此索和同社

殘陽一片，紅上子城牆。飢鼯竄，愁鴟唱，掩叢篁。境悲涼。花草吳宫地，貯施旦，游麋鹿，鶴市換，帆涇廢，閲興亡。百尺齊雲，一劫殘灰冷，白骨成岡。記當年馳逐，奮起白駒場。黄屋金昌。阻巖疆。看梁閒箭，閣中字，張士誠初據平江，以承天寺爲府第，射三箭於梁上爲識。又寺中千佛閣木上有『萬歲』字。及士誠居此，果改名萬歲閣。三十六讖碑詳。至正間，平江城基掘得碑，文有『三十六』『十八子』等語。説者謂上指九四，下指其倡亂人數也。南跨越，西踰泗，駕陳友諒方國珍。汝爲彊。青史無憑耳，就成敗，道低昂。天日照，歸之命，士誠被執，見明祖，瞑目不視，曰：『天目照爾不照我，視爾何爲！』盡焉傷。惟賸邱墟禾黍，空淒斷，暗漫邀勝侣，年時看花到。白披翠篠。閒訪紺宇，庭户深杳。詩思幽渺。望中薜榦，橫斜映孤峭。窈絶問修竹，記否當年曾索笑。何限寶坊、荒涼攜酒弔。認曲徑依然，芳意盈抱。此游清妙。歎瘦沈難逢，梅訊重報。倚春風、恣情幽討。

八寶妝 甫里保聖寺有唐人楊惠之手塑羅漢殘像，詞以弔之

敧堵消紅，斷鐘沈碧，棹檥暮江煙水。門掩松風秋磬冷，引我枯笻閒倚。頑碑苔繡，自春花鴨無言，天隨吟處都荒矣。寺本爲陸魯望故宅。惟賸應真殘影，神工雕繪。誰道妙手楊生，劫灰話盡，月輪猶照塵翳。更休問、社蓮甚處，寺旁舊有白蓮寺，今廢。記千載、吳鄉清異。念安得、莊嚴復起。揭來懷古攄幽寄。歎泡影乾

雨蛩螀。只游人弔古，稱號尚難忘。九四張王。

霜花腴

吴瞿安

訪范文正公歲寒堂舊址，在靈芝坊。和

故家第宅，問幾人，流風擅美千年。三友軒荒，百花亭廢，三友軒在雍熙寺西欒圃中。百花亭在南園。園林總委寒煙。抗懷古賢。看蔭留、喬木參天。認西齋、四壁圖書，勁枝還竦兩蒼官。

勳業和羹争道，記黄虀曲嚼，公少時嘗作《虀賦》云：『陶家甕内，淹成碧緑青黄；措大口中，嚼出宫商角徵。』耐盡酸寒。憂樂孤懷，冰霜清操，森然氣肅階前。詠詩舊廛。數義聲、長在人間。步芝坊、其地名靈芝坊。舍宇連雲，一庭猶翠攢。

雪獅兒

先韻

虎邱山冷香閣眺雪，和鄧羣碧老人孝

雁横遥浦，鵶翻暮樹，千山愁冪。換了塵寰，齊聳玉屏環立。貂裘岸幘。凭袖處、危闌風急。宵來雪、一天輕絮，十分寒色。

渺莽浮雲望極。記年時、游宴酒船歌席。短策山塘，數徧吴宫陳迹。登臨感昔。待悄試、尋梅雙屐。詩思織。幾縷暗香飛入。

望海潮

弔戚南塘，索和同社

浮雲横陣，驚濤飛箭，平原古戍蒼茫。蛟鼉浪平，鯨鯢觀築，當年氣懾扶桑。長劍耀雄鋩。仗盡摧賊膽，全掃欃槍。紀效書傳，尚摩穹碣話興亡。

堪憐薏苡讒傷。罷千軍部勒，三鎮邊防。東海未填，南雲竟返，淒涼塞外燒荒。衰鬢點吴霜。看角巾白袷，閒步金昌。戚公自嶺南罷歸，過吴門，角巾布袍，偕二三文士，攜手徒步，人莫知其爲將軍也。部將陳第作《塞外燒荒行》以弔之。憑弔英靈，又悲笳鼓競斜陽。

水龍吟　怡園感舊，和蔡巽堪韻

曲廊迴抱清池，落紅滿地無人省。年時結社，樽羅窪石，泉評新井。燕子歸來，似曾相識，一簾花影。記雕闌共倚，觀魚射鴨，濠梁趣、閒中領。　禊飲頻叨酩酊。好園林、倦眸長醒。風亭月榭，小詞題徧，四時佳景。園主顧子山方伯文彬著有《怡園好》詞數百首。誰道而今，舊游如夢，吟情難逞。悵煙扉鎖竹，瘦筇獨拄，覓新詩境。

石湖仙　題亢壽民澂碧廬填詞圖

披襟延坐，趁行樂芳時，苔院花隝。煙景畫圖幽，愛吾廬、翛然得趣。新聲閒倚，寄興在、篴腔簫譜。佳處。看寫君、灑落丰度。　鐘聲十年夢醒，悵飄零、鷗盟鷺侶。三九詩鐘社、六一詞社等同人，十餘年來多半散亡。翦燭裁詩，漫憶承平樽俎。滿目滄桑，滿懷今古。鬢絲添否。誰共語。松風靜和吟句。

月華清　中秋後一日秋分，夜遲月有懷，依洪叔璵體　稊園社課

螢颭秋鐙，蛩催宵杼，桂花香滿庭院。閶闔風來，過了素商剛半。宿雨霽、瑶砌聽殘，彩霧散、畫闌凭暖。俄見。漸清光映澈，嫦娥月殿。中秋值雨，十六夜，月色大好。　此夕西樓幔捲。記汐社吟朋，解襟譚讌。醉墨重披，蠹損當年詞卷。最凄絶、楚竹音沉，還又盼、蜀牋書斷。天遠。共嬋娟千里，一尊同勸。乙丑八月十六夜與鄧孝先、金松岑、費韋齋、蔡師愚、亢壽民、吳瞿安、龐蘅裳等讌集鶴園，瞿安擫笛三弄。忽忽二十餘年，諸人皆先後下世，

惟蘅裳僑居海上，與余二人存耳。思之黯然。

減字木蘭花 題金纖纖小像硯拓

綺窗繡倦。悄倚東風珠箔捲。消瘦吟身。自賦新詩自寫真。　鳳池清閟。多謝冬郎撫搨細。恰喜同鄉。莫誤真娘與泰娘。此本爲仁和韓泰華所拓。

以上《櫟寮詞》

陳宗彝

醉花陰

昨夜新涼透雲表。報説秋歸了。驀地入簾櫳，減卻鬢絲，未卜他知道。　挑盡孤鐙鄉夢杳。更漏知多少。隔牖囑秋蟲，莫漫啾啾，唧唧將儂擾。

點絳脣

前度春光，浮萍蹤跡東流水。相對無心，拌得空花似。　我道閒情，未必寒灰死。重然起。今番如此。真箇銷魂矣。

滿江紅 步冒鶴亭韻

一樣頭顱，漫道是、雄才天賦。只不許、書牆涴壁，攀今弔古。熱血須逢知己灑，黑頭休被浮名誤。願從今、重整舊神州，乾淨土。　泡幻影，北邙墓。浮生夢，邯鄲路。問才人何苦，生驕死妬。潭底龍吟飛欲起，甕中雞聚知何處。把啾嘈、簫管一齊休，淵淵鼓。

以上《漚公遺稿》卷下

陳衍

浣溪紗

過雨苔痕玉不如。紫藤亭館閉門居。可憐閒煞七香車。燕子不將春愛惜，落花那管客躊躇。箇儂曾見海棠初。

前調

一桁衣香曬晚晴。幾生修到夕陽明。那人夢向玉山行。紗眼尚知人意思，簾鈎不解汝心情。呢喃燕語作麽生。

灘破浣溪紗

一碧茶煙染不成。竹爐松子墜零星。風做松聲茶亦響，不分明。雨過樓臺簾影翠，月來欄檻簟紋青。團扇夜涼無用處，佇流螢。

蝶戀花 落梅，用韻

地近闌干能幾尺。一夜東風，點盡梅花白。只有一窗窗紙隔。不知誰弄江城笛。花氣藥爐多病客。疏影暗香，絶調今難得。逝水年華看錦瑟。昭君關塞琵琶黑。

前調 殘月，疊前韻

月上牆腰無幾尺。躭擱人眠，故故簾鈎白。不是靈妃江海隔。泥伊喚住同邀笛。較雨量晴多事客。一樣尋常，近水誇先得。等到曲終江上瑟。數峯不辨青和黑。

其二

樓角斜陽纔咫尺。一換寒温，又是無多白。

問汝停杯天樣隔。邀之不住陽關笛。遥想雞聲茅店客。曉發匆匆，蜀道難行得。歷并捫參疑瑟瑟。屋梁顔色楓林黑。

疏影

菊影，用韻

黄昏又近。這疏疏密密，拋撇誰領。無限斜陽，上盡簾鈎，簾掩西風人静。詩人見説如伊淡，怎淡到、煙痕都暝。就箇中、摸索渠儂，孤袖暗香齊冷。　慰藉消魂瘦損，暮雲破一角，漏洩清景。壓帽欹斜，依樣朝來，只有寒温差省。範圍約束疏籬管，管不住、周遮三徑。恰小窗、落墨徐熙，一幅折枝相映。

其二

柴門小啟。甚重重疊疊，堆入簾底。柳不成痕，桐不成陰，竹又个無成字。水邊籬落横斜見，又不似、羅浮粧倚。倩阿誰、問答形神，除和陶詩無計。　非復三人對影，舉杯邀月色，岑寂恁地。衣白衣黄，大袖疏襟，黯黯酒痕難洗。争妍仿佛佳人背，顧好處、自憐無墜。趁早些、收拾横陳，玉骨枕函留翠。

其三

疎燈一點。又遮遮掩掩，秋滿欄檻。次第看來，如此蕭疏，那有一分明豔。水仙祠下寒泉薦，冷落語、酒旗茅店。到不如、夢醒紗幮，約畧梨花雲冉。　誰話餐英舊事，美人怨遲暮，初眼清感。止水盈盈，古鏡精神，總怨煙消香暗。畫圖若寫西風照，莫孟浪、秋容增減。算夜涼、蝶瘦螿寒，只有箇螢還閃。

一剪梅 梅，用韻

破帽疲驢劇可憐。録就吴船。録就湖船。富陽沈碧好山川。梅尉祠邊。梅子詞邊。暗香疎影阻歸田。江國今年。槐府明年。袁安高卧正陶然。不出門前。况出山前。

點絳唇 口脂

塗抹川紅，一彎獺髓珊瑚凖。鬥茶沾吻。顏色微微損。　纖手偎寒，書葉輕輕吮。殘霞宛。指痕留粉。不及伊難拭。

霜天曉角

酒清杯潔。明日嚴裝發。最是無多離別，只一箇、團圓月。　愁絶。衾尚熱。語長燈半滅。珍重破題兒也，忍躭擱、短橋雪。

長相思 韜光竹徑拾得雙紅豆

愁惺惺。惜惺惺。昨夜燈花結不停。今朝山有苓。　名甯馨。色甯馨。春風把酒祝亭亭。變伊雙粒星。

醜奴兒慢

夜夜涼蟾，偏照離人顏色。者山水、登臨佳日，難道淹遲。兩度湖心，湖裡小艇慣飛飛。雲林一徧，雲棲一徧，此外何知。　分明爾我，吟紅才調，拾翠年時。全不許、香車並轡，柔櫓雙枝。倚徧雕欄，柳絲鬈影共清池。扁舟歸去，五湖煙水，他日來思。

六醜

儘乘船騎馬，甚客裡、光陰虛擲。無多薄游，真飛鴻過翼。雪爪留迹。且住爲佳耳，尚梅花千百，湖山香國。離居縱遺傷蘭澤。今日桃蹊，明朝柳陌。春來更當追惜。奈鏡臺病後，遥念窗槅。　酒闌人寂。望江天空碧。魚雁沈沈，忒無信息。布帆明日行客。似前月浮梁，迢迢何極。蒙頭睡、不掀巾幘。渾不管、重利商人，輕別鼾聲牀側。離魂共、上下潮汐。只景純、未取文通筆，差能賦得。

滿庭芳

山斷錢塘，波遥申浦，襆被出武林門。犯寒孤棹，有酒嬾携尊。驀地歸心似箭，甫能屆、霜霰紛紛。停橈處，無多燈火，寂寞傍荒村。　銷魂。真底事，寒衣漫理，裙帶輕分。杳題帕迢迢，一字温存。此去輕舟一葉，看水面、只載書痕。郵籤報，前途水驛，還耐幾黄昏。

天仙子

喔喔荒雞浮客聽。不許愁人眠不醒。此時遥想綺窗前，臨曉鏡。傷流景。往事停粧重憶省。　坐盡欄干天未暝。衰柳斜陽雙瘦影。夕陽收去影還單，立不定。行又静。落葉蕭蕭堆滿徑。

南浦　用張玉田《春水》韻

春水載儂舟，問閒愁、幾斛稱量應曉。驀見遠山青，斜陽外、猶似粧樓纔掃。出門長記，眉心皺比眉彎小。作達偏爲瀟灑語，佇看牛腰詩草。　眼前寒食清明，道思家、作客將焉過了。送汝短長亭，長亭外、依舊夢魂難到。煙波浩渺。愁人同調尋孤悄。點點梨花春雨算多謝、這番分付。汝也不合出山來，替人去、聲聲爲主。剩只有蠻牋，題字言愁覶縷。

雨霖鈴 舟次聞蟲

蟲聲低切。正蘭舟向，沙际初歇。誰知乍暖春氣，先知道了，草根偷發。漫説篷陰細透，勝流水嗚咽。早惹起、池館相思，一綠窗紗別來濶。人間若箇春來別。尚不教、孤負花時節。看看百花生日，無恙是、好花圓月。且自商量，裙幄花裀，瑣碎都設。肯等到、天際歸舟，早共加餐説。

減蘭

一肩行李。依舊聽風還聽水。枉惹相思。儘可看山共畫眉。梅花落早。溪上梅魚風信好。溪水悠悠。儂飲溪頭汝飲流。

滴，垂淚替伊多少。

水龍吟 用東坡《楊花》韻

昨宵風露泠泠，海棠上、月鉤西墜。蒼苔立盡，不管冰寒，那時情思。金縷兜鞵，紅蕤欹枕，帷開還閉。恠傳杯選事，紗窗低報，却偷被、背儂起。簾外碧桃芳訊，等些時、嫩英都綴。匆匆可涴，人間春色，只除在碎。試問於卿，干將何事，皺伊池水。但雲鬟玉臂，清暉香霧，有盈盈淚。

長亭怨慢

更耽擱、蘆花偎絮。燕子樓臺，柳條門户。暮雨瀟瀟，那時纔明奈何許。勸君行矣，莫悵暮天雲樹。樹解甚麽來，會做出、多情如此。日暮。征鴻不見，只見鷓鴣無數。難行得也，

望江南

驀然見，底事費尋思。淺碧韈幫黏草色，退紅裙衩罥花枝。護惜不曾知。

其二

花前見，半臂不曾添。拂了衍波箋一幀，曉寒欲賦吮毫尖。回首喚鉤簾。

其三

燈前見，珍重眼波斜。墨吮絳唇脂不管，茶斟緑脚黛差些。知否那人家。

浣溪紗

杜宇千山不可聞。桃花憔悴墓田春。英臺蝴蝶舊羅裙。　酸到楊梅渾不耐，石家醋醋又含顰。者番天氣者番人。

如夢令

六扇碧紗輕茜。裊裊爐煙如綫。滅燭又停琴，恰佇月兒深院。相見。相見。松罅替伊方便。

賀新涼

竟有吞聲別。怪連宵、風房露檻，雲旗明滅。十載迴腸無一語，已透中邊洞澈。却不道、催花時節。縱有鵑聲蹄不斷，頓西樓、月黑天如銕。曾不見，鵑之血。　百身莫贖三良穴。甚池塘、荆榛櫛比，都無磨折。拚却曉風殘月苦，英發雄姿休説。况細數、燈光香熱。耿耿當能占鵲感，總星辰、昨夜明河澈。又豈啻、牙琹輟。

以上《朱絲詞》卷上

菩薩鬘　回文

落花風景春衫薄。薄衫春景風花落。地水碧些些。些些碧水池。偶躭佳句有。有句躭佳偶。難道不看看。看看不道難。

暗香

藥香細裊。共病魂斷續，簾波縈繞。漫説護持，悔煞淹煎已多少。誰遣朝占夕卜，驚心處、都非佳兆。鎮夜起、步繞床前，窗紙色將皎。誰曉。思悄悄。算贖與百身，難問幽杳。有如日皦。曾較彭殤定誰夭。流水華年自古，好趁着、蔫花嬌褭。怕杜宇、啼血也，一春未了。

其二

髻鬟未整。已十旬鏡檻，流黃塵冷。夜夜遲明，乍可甜鄉去俄頃。金斗沈香熨盡，和綰坐、更衣全屏。漫打疊、比瘦黃花，簾押捲秋影。曾省。舊門茗。指斷臂海棠，續了圓頸。算天尚肯。教免蘅蕪夢驚醒。持匕留裙無恙，回首處、還應悽哽。算苦少、來日也，夜游燭秉。

洞仙詞

人天九變，趁華鬘瓔珞。玉氣珠光尚如昨。彩雲留、記取周昉屏風，宜稱處，弦柱華年寄託。年時曾待闕，臉際眉山，盼斷粧臺扇初却。店裡定婚人、不道重來，莫金纓、衣裳躭擱。只除裏、春雲碧琉璃，肯鈿尺裁量、秘辛輕錯。

揚州慢

南浦殘紅，西山冷翠，一舟怎去温存。自江郎賦別，此恨算重論。望烽火、鄉關照澈，酒旗歌扇，消歇芳尊。自來俊賞，總牽纏、哀感餘根。把白練裙題，紫羅囊佩，併與銷魂。寂寞鷗波門館，花無主、蝶夢黄昏。有溪流和淚，潺湲都到江村。

木蘭花慢

又金棺閉了，全凋孝綽三人。是曾祭徐君，摧藏掩抑，獨倍傷神。禁他五年腸斷，已卷葹不死是前身。到底山邱華屋，生前遺跡陳因。人琴。悽慟況牙琴。同調話頻仍。數著碗爐香，書籤藥裹，月夕花晨。如今濟尼重問，愴謝家林下渺音塵。看取童牙孤露，他年頭角嶙峋。

柳色黄

一片飛花，攙着柳綿，摇蕩新燕。春光幾度飄揚，客裡出門初見。久疏步屧，準擬訪友宣南，偷閒半日逢僧院。棖觸舊游來，却尋春情惓。迴旋。丁香花底，芍藥階前，踏青曾徧。前度劉郎，不是空懷人面。再來何日，待作索米東方，從容割肉金鑾殿。門館覓鷗波，看車停雙鈿。

綺羅香

簇蝶裙腰，鈿蟬髩影，前度嬉春時節。綺陌香泥，昨夜初飄春雪。粧點出、夾岸瓊樓，映燈火、繁星明滅。那知他、瓦冷鴛鴦，欄干偎罷被池熱。匆匆驪唱又發。誰向青青客舍，垂條攀折。淡粉輕煙，珍重泰娘留別。邀顧曲、檀板梨園，約載花、玉驄金埒。總今日、回首音塵，箇儂先愁絶。

湘春夜月 滬上感舊，用黃德文韻

恠春江，許多油碧愁痕。重問人面桃花，依舊是朱門。能幾渡江桃葉，已有人迎接，剩得桃根。更替人指點，珠宫舊牓，題字猶存。　江皐解珮，驚鴻照影，沈醉天昏。擁髻銀燈，何苦共、落紅惆悵，同調傷春。窺江胡馬，望眼烽煙早銷魂。待不去，向花叢取次、低頭只合，除却巫雲。

八聲甘州

早安排折柳唱陽關，送君挽征衫。竟里亭斜月，重門上鑰，細雨春帆。翠被薰香擁處，汝手執摻摻。羅帳燈昏際，離思難緘。　此去閨中風暖，已綠波人遠，草長江南。更遥遥青翰，何以報瑶函。只春風、白銅隄上，與黃河、遠上共矜嚴。好依舊、臨風楊柳，萬縷長攙。

前調

便重來唱徹後庭花，此愁奈君何。待斑騅驕赭，瓊枝璧月，春影婆娑。携手神仙眷屬，挾彈走三河。抖擻衣塵去，相對顔酡。　一霎夢夢天醉，惡東風剗地，吹斷横波。把瓊思瑶想，收拾任蹉跎。枉殷勤、緘書三四，較細君、珍重意還多。只將偏、填膺煩惱，付與悲歌。

高陽臺 別蘇龕

錦瑟年華，黃驄客子，一春同擱刀環。曾幾番游，匆匆燭炧歌殘。分明故唱貞元曲，憶當時、朝士衣冠。自依然，別去春明，出去陽關。諸君不少何戡在，更旗亭貰酒，賭取雙鬟。急管繁絃，無端枕簟先安。江南倦客歸歟未，唱瓌瓏、讓我孤還。没心情，白下鶯花，白下江山。

永遇樂　寄蘇龕

一髮青山，何人占斷，歸去來處。比向瀟湘，誰教我，掉首向秦而去。杏花春雨，緑楊城郭，同不是鄉關路。怎蓬萊、回車指點，謫居獨得家住。　江潭自古。容行吟騷客，寫怨朝朝暮暮。誰識年來，不生蘭芷，潤色牢愁句。小山叢桂，不來招隱，便合招魂共語。相望久、芙蓉浦上，尚盈墜露。

雙雙燕

舊巢在否，甚來寄漂流，玳梁重覓。銜泥倦矣，試聽井桐蕭槭。错認柯亭品笛。撫錦幕、虛涼羃䍥。分明軟語商量，説與旁人争識。　回首重門翠掩，正香夢酴醾，嫩寒四壁。睃花捎尾，懊惱不堪攀摘。都爲將雛故國。過春社、帆檣開鷁。知得瀚海雙棲，尚耐幾時寂寂。

壺中天慢

天涯明月，早關窗打疊，將伊迴避。不道關心迴避處，早避斷魂無計。萬疊滄波，五更短夢，到枕喧蟲思。挑鐙猛想，置身今在何地。　携手暫竝閒階，冰輪乍碾，照澈離人淚。况覓佳期還寢去，曲曲屏山怎睡。仔細容光，端詳情況，爭忍重回記。方諸如許，鑄成此錯真恙。

鳳凰臺上憶吹簫

字字銷愁，行行排悶，依然愁悶全封。道覺鬆纏臂，蹙損眉峯。何補離腸萬一，無益事、合絕來蹤。甫能彀，些兒減遣，誤惹還濃。　重重。滿枝結子，憎底事桃花，壓徧嬌紅。　累柳枝斜嚲，眠起皆慵。誰管夜深無睡，多半總、聽五更鐘。令人瘦，年來也應，錯嫁東風。

其二

金縷花枝，北風裙帶，別離最是今年。甚一春心緒，不上蠻牋。知否人歸雁後，何止思發在花前。無聊也，待援此例，却又徒然。　無眠。最防瘦損，看病渴孤花，怎護暄妍。　憶蓝珠宮裏，曾話纏綿。試作年時瑤想，禁忍俊、一晌遷延。遷延到，花時有人，要簸雙錢。

齊天樂

撥愁幾度拈吟筆，愁多筆難料理。逝水華年，看天白眼，掩抑低徊而止。此閒穠李。有十索丁娘，李波妹子。取次花叢，嬾將回顧有如此。　無端天與臣里。恁春光晼晚，嬌姹紅紫。錦幕虛涼，朱旛黯淡，蜂蝶也知徙倚。卿卿爾爾。尚百日清齋，太常如水。一任花枝，笑人眠共起。

八六子

忒侵尋，一年時序，愁腸直共縈迴。正半晌驚心鳥語，霎時濺淚花枝，記春暗來。　無端幽夢難諧。此水縱非衣帶，何曾縹緲蓬萊。當送我乘風，鏡湖飛渡，夢游人近，夢輭人到，那堪此際誰敲繡户，聲聲殘雨空階。待安排。銀釭乍明鏡臺。

賀新郎 丁亥閏四月十三日賦

朝雉飛鳴鷺。是一雙、南來翡翠，西來青鳥。幾度靈均媒不好，癡漢欲馱騣裹。算判牒、氤氳分曉。七寶樓臺三萬户，看枕邊、玉斧工夫巧。待比翼，伽儸了。　梢頭荳蔻娉娉嫋。壓春風、珠簾十里，善容爲窕。展眼千重石榴吐，領取一枝生小。想花下、櫻桃多少。淺紫綸巾顔色稱，羨座中、夫壻舒同佼。奈望眼，穿天杪。

徵招 賦送何研孫同年歸揚州，用韻

天涯秋燕都如客，寒煙黯然平楚。縹緲見雲車，是蓬萊歸處。萋萋春欲暮。舊曾勸、王孫無渡。一霎萍蹤，乍圓吹散，滿城風絮。明歲去銜泥，知何處、修椽覓巢辛苦。春草戀斜暉，怕東風無據。班生誰復妬。喜猶趁、蕪城秋雨。只除却、會合聯吟，珍重臨歧語。

紅情

者番物色。算水嬉結網，柯亭評笛。報道芙蓉，葉葉花花近攀摘。金屋安排漸穩，單欠我、催粧詞筆。正怪汝、打槳迎來，躭擱挂蒲席。　洴國。笑寂寂。漫記與繡襦，舊恨眉積。著人欲泣。揉損繚綾夜深憶。繁掾香囊叩叩，應不數、香車油碧。更待我、平視也，洛神賦得。

以上《朱絲詞》卷下

以上《朱絲詞》

浣溪沙

一自迦陵刱此圖。吹簫題帕滿江湖。聞君旁有侍兒無。　傳硯屋成新建夏，校書松補待秋吴。知君别有禹鴻臚。

見《訒庵填詞圖》

前調

北宋詞壇最擅場。有如詩律盛三唐。朱垞怎似玉田張。　孤雁茗柯仍入選，太鴻開卷是天香。彊村衣鉢晚年强。

鐵夫詞家以抱香室填詞圖屬題，其自題調寄《天香》。余論調主張北宋，南宋惟白石、夢窗。謬説如右。不倚聲且五十年矣。衍。

見《抱香詞》卷首

陳匪石

西河　姑蘇懷古，和清真

尋夢地。浮雲去住能記。迴廊步屧静秋塵，醉鬟睡起。亂流一葉指横塘，依稀鷗鷺沙際。　後彫樹，曾徙倚。夕陽縷縷紅繫。烏栖唱徹客重來，燕迷故壘。病心不爲沼吴顰，鴟夷淒對。吹入寒山鐘聲裏。

蘭陵王　送人之檳榔嶼，和清真

徑梅里。倦眼獨看人世。賸簫心劍魄，西風沉恨江水。酒邊俊侶話舊市。好春光、花晚烟直。一縷輕痕界碧。斜陽外，無數遠帆，蹴起層波漾離色。栖栖向瘴國。誰識。行吟賸客。清樽對，豪氣半消，霜匣孤鳴劍三尺。

從頭話萍迹。記雨夜聯床，漚夢分席。疏狂閒乞歌姬食。偏幕燕愁重，露蟬魂警，飛鳶驚墮背漢驛。望雲黯南北。　惻惻。怨懷積。便説與相思，花外音寂。成連海上情何極。料曲奏流水，淚飄鑾笛。西風催徧，醉又醒，斷漏滴。

菩薩蠻　荷蕩晚泛

青墩相送芙蓉好。搴愁木末芙蓉老。簫鼓夕陽天。沙鷗相對眠。　中流收急槳。咫尺秋潮漲。越女浣紗歸。涼風吹滿衣。

右《市簫集》，存三首。

水龍吟　蛇莓山觀瀑，和夢窗

望中艸密花穠，海天別有宜春苑。濃陰如幕，炎曦不到，雲連峯斷。百折雕盤，九霄鶴唳，碎英千片。問何人手抉，銀河直瀉，寒光動、龍蛇變。　衫袖濛濛雨濺。咽危崖、奔車雷轉。空明一鏡，鑪熏未冷，瘴塵初澣。溝水東西，夢中秋老，墜紅流怨。乍瓜棚小坐，茶煙靜裊，意翛然遠。

齊天樂　椰

芳郊一片婆娑意，炎塵未教輕漏。剪月篩雲，擎霄障日，依約簾波微皺。龍門自有。倚百尺孤根，翠皮霜溜。不解飄零，素心留證萬年後。　涼霄還賦采采，楚江歸夢引，萍實如斗。別緒膏煎，生涯濩落，崖蜜分甘時候。金刀素手。記醽渌同傾，露匏曾剖。縹緲仙山，海天凝望久。

二郎神　和青山

片霞照海，又倒挂、一天帆影。望嫩碧香迷，遥青波染，春入蠻雲夢冷。待寫魚箋相思字，奈客里、侵尋愁病。應練髮偶晞，單衣重試，怕窺明鏡。　追省。緑楊巷陌，朝煙寒凝。鈿約爲看盡櫻桃，玉窗慵掩，鵯鵊聲聲喚醒。空留，酒痕猶涴，多少隔年情景。知甚日，斷闋同賡，子夜畫簾風静。

法曲獻仙音　白鶴山極樂寺高樓面海，晴雨半山，夏秋瞬變。夜坐成賦

舟逐螢光，樹藏鴉色，望入蠻天深處。岫月輕招，海波狂吸，詩情暗消尊俎。又半捲、炎氛去。巖腰洗秋雨。　悄無語。共魚龍、梵音傾聽，更箭短、催動寺樓鐘杵。冉冉鶴南飛，念家山、知在何許。倦笛吹殘，信人間、還有歧路。任孤鳶跕影，占斷隔溪塵霧。

右《娵隅集》，存四首。

水調歌頭　癸丑春自海外歸，檗子賦詞相勞，次韻酬之。越十餘年，乃克改定，檗子已不及見矣

寥廓此天地，目送夕陽遲。玉龍哀怨吹出，徹，楊柳又絲絲。幾尺淞波新漲，十載吴宫殘夢，依約白雲飛。執手兩無語，簾外鷓鴣啼。　星辰夜，山河影，爲誰悲。隔年乳燕，門巷猶自認烏衣。歧路天涯愁滿，别淚花間彈盡，難得醉中歸。出海雲霞曙，盈耳早春詞。

壽樓春

呼深杯澆愁。正春光未老，微雨初收。幾度

霜邊窺鏡，座中藏鈎。花淚盡、山容秋。問大江、何時西流。怕戲鼓塵荒，明璫夢杳，無計訴靈修。　浮雲意，空悠悠。早臨風倦笛，吹滿蘋洲。尚見殘蟬聲曳，斷鴻痕留。芳艸緑，催行舟。料月明、今宵南樓。有空谷佳人，頻廻素眸。天盡頭。

玉樓春　和重光

北風滿地吹胡雪。不見横空新雁列。連宵有夢到梅花，仙骨珊珊寒未徹。　九天咳唾霏瓊屑。一曲琵琶絃切切。誰憐長樂殿中人，依樣玉門關外月。

淡黄柳　寒食，和白石，並送劍華

雷車輾麴。前日城南陌。卯飲厭厭情惻惻。望裏梅梁蕙閣。胥宇當年燕能識。　最愁寂。今朝度寒食。冷烟鎖、五侯宅。更絲楊、夾道吹離色。到處春深，淡雲微雨，空有夭桃泫碧。

剔銀燈　重九前一日聞歌，仲可有作，余次均

落葉蕭蕭墜地。人與山容誰悴。柳鎖頹陽，菊披冷霧，短鬢不勝秋味。登高費淚。甚明日、能扶殘醉。　倦笛臨風重倚。響遏秦歌雲際。瘦蝶偎香，枯蟬泣露，曲曲爲傳心事。薄寒夜吹。又萬户、砧聲催起。

花犯　櫻花

悄闌干，青禽去後，番番信風換。露條催綻。渾未洗千嬌，輕綺霞爛。占香弄粉花陰晚。牆東凝望眼。問幾日、夕陽烘透，平蕪春半翦。　劉郎夢中到蓬山，盈盈水有分，仙姿重

甘州

舍弟仲由于役幽燕，道經上海，信宿而別

正瀟瀟暮雨作新秋，西風動江城。對當窗明燭，匡牀碎語，濁醑深擎。別緒絲絲未理，津鼓促征程。簾外飛鴻過，寒陣初驚。 姜被當年重認，渺故園一角，夢委荒荆。問天涯投老，蹤跡幾回并。望長安、浮雲千態，幻海波、愁蔽晚山青。傷高淚、勸須臾忍，休洒新亭。

霜花腴

菊，和夢窗

淚叢舊色，帶晚香，多情戀取衰冠。容比秋癯，骨因天傲，丹青替寫仍難。故園儘寬。任萬花、開落風前。向柴桑、自續佳盟，徑松門柳伴天寒。 酬節最饒幽興，甚吟商促拍，又換哀蟬。零雨年光，繁霜身世，淋浪恨墨盈箋。泛觥作船。許灔波、留影娟娟。怕無言、見。雲霧冷，淩波步、麝塵飄散。餘寒峭、醉魂易醒，呼望帝、歸來清淚滿。尚暗想、一枝連理，華鬘天際遠。

瑞龍吟

乙卯秋初，陪彊邨翁游扈西園林，和清真，同欒子作

長堤路。還見翠冷侵苔，蔭交迷樹。殘蟬淒咽高柯，院桐未隕，新涼處處。 忍停佇。曾記綻桃春晚，笑窺簾户。而今已覺秋多，畫梁舊燕，臨風倦語。 吹度荷香如醉，鬧紅亭舘，羅衣輕舞。桑海淚中相看，人半新故。蛛塵罥壁，誰問籠紗句。重回首、鷗鄉過影，莎階聯步。逝水飄花去。題襟儘有，吟情醉緒。平翦愁千縷。斜照斂，無端西風催雨。 悶懷又結，一天雲絮。

淡了伊人，卷簾相對看。

甘州　丙辰春禊，是日余初度

洗淞波醉眼向天涯，東風駐吟魂。正珠簾飄霧，鈿車散麴，蘐卉當門。記省承平舊事，花豔洛江濱。一片笙歌暖，容與閒身。　忽忽流光如夢，問燕歸鷺乳，换幾番春。任餳簫催徹，青柳倦窺人。試輕衫、湔蘭初罷，泫淚紅、吹淡欲無痕。勞生恨、已消除未，把酒重論。

六醜　送春詞

記棠陰睡穩，畫燭冷、東風摇夕。燕鷰泥人，瑶階春布席。溼唾猶碧。看看飛紅盡，暗中熏染，颺柳絲盈尺。波光瀲灩仙源隔。袖手危闌，停車短陌。依然段家橋側。甚愁霏一片，催釀離色。　單衣寒惻。聽鶗聲正急。帝子魂歸否，清淚滴。名花便擬傾國。柰沈香倚罷，藥闌苔積。歌塵黦、縷金誰惜。寥落似、十載長門閉雨，翠娥頭白。酴醾豔、窺向簾隙。恐曉鐘、唤醒梨雲夢，留香未得。

水龍吟　輓槼子

野雲冉冉孤飛，隔花暗引春星墜。詩愁怎遣，斜暉半斂，玉觴微醉。載夢横塘，聽秋松浦，賦情多麗。柰重陽漸近，商飈驟緊，鄰家笛、聲淒異。　休道文章信美。只天涯、羈魂歸未。桂堂昨夜，月明依舊，銀屏無睡。杵斷春希，霜繁花盡，怨吟山鬼。問成連去後，天風海雨，甚人間世。

右《蘆中集》存十二首

以上《倦鶴近體樂府》卷一

高陽臺

疏雨延秋，荒烟接水，池荷不見殘紅。眉黛誰描，新愁鎮鎖遥峯。星辰昨夜渾疑夢，況夢回、啼蟀聲中。記當時，門外垂楊，曾繫青驄。

何人換譜伊涼調，任鄰家簫鼓，曼衍魚龍。月被雲妒，孤吟翻惱瓊鍾。蠟盤淚注鼉更轉，引素商、一杵霜鐘。怕明朝，特地驚寒，悽斷征鴻。

徵招

天寧寺登高，循銀灣而返

揚鞭却指銀灣路，荷香舊沾衣袂。雁背又斜陽，換西風人世。客塵渾未洗。正回首、白雲無際。帽影欹寒，角聲催晚，滿襟詩思。

眼底慣逢迎，盧溝外、滔滔亂流東逝。萬古此西山，擁愁鬟如睡。菊叢今日淚。漫根觸、故園心事。楚天遠、脈脈秋魂，被暮鴉呼起。

洞仙歌

高秋殘蓼，掩空庭涼霧。弱柳千條爲誰舞。只無情日月、有美湖山，輕換了，一片斜陽笳鼓。

珠簾寒不卷，半榻茶烟，且話巴山舊時雨。涕淚滿江關、曾幾西風，認黃葉、邨邊歸路。聽隔院、疏鐘一聲聲，便化作詩心、不成秋緒。

渡江雲

輕寒欺短袂，軟紅醉蹋，斷夢擬重溫。畫樓天半起，燕去誰家，冷落舊巢痕。柔波漾碧，載短楫、曾賦桃根。歸路遥、角聲吹送，次第近黃昏。

紛紛。橫雲征雁，噪柳飛鴉，寫淒涼不盡。還暗驚、高梧金井，啼緯秋魂。相思歲歲花争發，願小山、叢桂留人。箏柱换、歌聲又蔌梁塵。

玉京秋

悽晚色。新蟾弄孤照，鎖寒簾隙。尺波似箭，漂香無迹。清角高城又起，倒飛霜、明鏡生白。夢痕窄。一重重恨，畫屏能識。　弱綫明朝添得。夜何其、銀荷餤直。涙貯金樽，歌殘瓊樹，思量今昔。獨鶴空山，試問訊、枝北枝南消息。倚長笛。千里關山正隔。

甘州

裂帛湖秋詞，和夢窗

殢重陰到處亂鴉啼，長空翳明星。倚吴根殘畫，荒波故苑，斜日孤城。咫尺樓臺湧現，蜃氣海波腥。片葉飄紅盡，流怨聲聲。　終古銅仙無語，問露華秋重，塵夢誰醒。有沿堤衰柳，留眼向人青。浸廻漪、西山愁黛，擁石鱗、寒雨泣前汀。重回首、指東華路，歌舞昇平。

琵琶仙

如水天街，晚風裏、鈿轂珊鞭聲絶。曾見宫燭分烟，纖腰鬭廻雪。秋又老、霜紅自落，弄疏影、小梅藏纈。阿子歌翻，宜春酒熟，離恨千疊。　漫孤倚、凝白闌干，話淮水、東邊舊時月。催起玉窗殘夢，把寒灰重撥。春信遠、歸程暗省，盼陌頭、緩緩花發。可奈横竹吹殘，凍雲淒裂。

采桑子慢

東風未轉，珍重梅花無恙。正淒絶、人間何世，夢雨荒唐。萬疊寒波，怨流羌管不成商。孤鴻雪際，拳鴉樹杪，殘畫秋妝。　寄語衆仙，鈞天沈醉，休問霓裳。鎮相對、朱樓隔霧，人語微茫。山盡平蕪，鳳城西畔尚斜陽。摶沙心事，迴燈淚影，都費思量。

祭天神　贈珏闇

正廢池喬木春光淺。費商量、好鳥枝頭千萬轉。年華逝水流萍，夢影天涯遠。問遼東、鶴羽歸來，情何限。說不盡、關山怨。　付殘拍、重摘清波徧。枯桐語，歌又泣，酒陣輕排遣。料依然、新亭斜日，滄海孤舟，自倚危闌，望損江南眼。

過秦樓

晚色吹涼，淥波澄練，畫閣下臨無地。橫枝露翦，亂葉雲迷，柳外去驄難繫。回首載酒江南，鶺鴒聲中，袷衣初試。甚韶光百五，落花風緊，黯然如此。　還夢入、斷驛殘燈，荒江孤櫂，倚枕暗啼秋水。河山故國，風雨中宵，不信有人憔悴。翻歎平生，爲誰懷遠愁深，游仙詞費。但闌干盡處，彌望烟塵未洗。

看花回　和清真

岸梅初放冰蕊，照水明潔。妙手作羹未晚，奈暖乍寒輕，芳意沉結。空庭過雨，苔漬香泥簾底滑。凝望處、蔽日浮雲，漫天飛絮已愁絕。　還靜倚、迴闌待月。正短竹、罷吹時節。收起清鉛舊淚，怕客子光陰，白了玄髮。春回故國，開盡千花休勸折。儘車雷、夢中轉，暗覺情懷別。

玲瓏四犯　宮橋夕眺，呈蓤茲翁

拂水亂螢，排空層雉，南譙初動嚴鼓。淚珠拋未忍，點點菰蒲雨。宮墻舊曾傍處。聽霓裳、又翻新譜。霧影香飄，月華燈替，彈指幾今古。　層霄迴、多風露。想高蟬漸老，寒噤無語。百年喬木在，望極浮雲暮。從頭記起開天事，問零落、宮花誰主。蓮薏苦。西風外、殘紅解舞。

霜葉飛

己未長至後二日，驅車近郊，天陰人静，林梢挂雪，一白無垠。《公羊》曰『木冰』，《釋名》曰『氛』，其實一也

薊門寒早。珠塵凝，愁陰疑鎖林表。亂峯無語釀黄昏，淡睡容多少。歎玉燭、年光艸艸。臨風輕換仙衣縞。似憩足蘆碕，共暗雪、華顛鏡裏，各自悽照。　心事漫託朱弦，平沙千里，向夕征雁初到。萬家門巷閉梨花，問甚時春好。引獨客歸舟夢繞。江空人静披蓑釣。恣醉吟、冰梅岸，催轉晴光，數聲啼鳥。

龍山會

水堂與傅君劍話舊

客燕飛歸訝。去住隨塵，聽雨江樓罷。倚天長劍在，明鏡裏、添了霜絲盈把。前路隔微波，繼高詠、湘靈和寡。照深杯，金臺暮色，斷霞如赭。　還惜大好園林，醉舞酣歌，付五陵裘馬。小梅妝未竟，香夢淺、誰乞春陰先借。淒戾笛中音，送寒晝、流澌碎瀉。淚謾洒。待月上柳梢眉樣畫。

鷃啼序

中均

聞人話瞻園師軼事，棖觸心悲，同遺集

寥空數行雁哽，莽蒼蒼萬葦。素商動、黄鵠磯邊，暮雲相望愁悴。暗笛奏、梅花自落，餘紅可許頹陽繫。颭荒燐、詩唱秋墳，夢醒何世。

飛烏東南，迅羽過眼，認梁間燕壘。送簫鼓、明月長橋，舊家門巷遥對。又吴天、霜鐘警客，引殘酌、城烏寒起。有涯生，如艸青袍，每沾清淚。　西風故國，咫尺觚棱，皺冷半池水。行且住、鷸冠金彈，盡避驄馬，路陌謳歌，問誰能似。蓬壺勝境，花磚晴晝，功名還比匡衡薄，換江湖、滿目淒涼味。孤光占得，年年載筆登樓，望京賦情千紙。　楓林夜黑，唳鶴亭臯，料倦魂尚滯。最感愴、童烏曾預，數卷玄文，簡斷編殘，硯塵難洗。巫陽筮楚，銅仙辭漢，人間猶有懷舊念，沸滄波、多少驚心事。虚堂静掩宵深，畫燭雙椽，露零未已。

夜飛鵲

黄蕘圃得宋刊《魚玄機集》，作玄機詩思圖，於七夕張宴徵詠。瞿安取其事，譜爲《無價寶》雜劇

京華偏冠蓋，憔悴斯人。心力好付陽春。迷離一片渺烟水，吴根殘畫同論。斜陽小樓外，謾愁縈絲柳，望冷孤雲。堂前舊燕，勸歸來、莫誤黄昏。　居近宋廛庭宇，瓜果記當年，詩夢閒温。重認蛾眉蟬鬢，花期月夜，紅淚殷勤。素紈半蝕，換宮聲、待返秋魂。但寒山無語，南枝自繞，特地傷神。

最高樓

春光早，頻數小梅枝。殘月上階遲。高樓今夕嗟寒重，遥山何處放雲歸。自銷凝，金爐暗，枕函欹。　聲不斷、隔簾鳴碎鐵。風又緊、墜檐聞散雪。清夢淺，直須迴。逝波箭影還相逐，華年瑟柱易成非。恁相思，渾未許，寸心灰。

拜星月慢

廢緑生波，殘紅辭樹，九陌塵荒日晏。月影秋千，隔鄰牆誰見。費惆悵，似説、星辰昨夜何許，雨葉風燈相亂。悄對重門，想桃花人面。　記珠簾、畫燭深深院。如澠酒、翠袖殷勤勸。燕燕幾度飛歸，把雙眉都展。甚開奩、頓覺吴霜滿。籠鸚地、畫出離鸞怨。忍更聽、却手琵琶，溼青衫一片。

西子妝

高柳羃陰，畫樓隔水，望裏層城春暮。賣花人遠不聞聲，颺東風、綵幡無數。行雲駐否。但尺咫、天台舊路。飯胡麻，問治桃開後，仙源何許。　翩鴻去。月底纖纖，乍認雙屧步。燭花猶記昨宵紅，傍緑陰、海棠深護。飛英處處。更東注、流波如訴。勸歸來，夾岸啼鵑最苦。

齊天樂　庚申三月重過象坊橋

番風過盡春如夢，紛紛墜紅誰管。絮逐雲飛，塵隨馬起，時雯輕寒輕暖。經行未嬾。正如血斜陽，鳳城西畔。隔葉黄鸝，數聲啼破翠雲晚。　探芳前事暗省，小桃依舊笑，何處人面。錦瑟年華，秋千院落，禁得柔腸幾轉。天涯望眼。怕殘纈無多，寸波難翦。點素成緇，紵衣和淚澣。

浣溪紗

銀漢紅墻入望迷。帶香蝴蝶一雙歸。無風無雨是佳期。　未免有情殘醉後，不堪回首落花時。隔簾誰唱縷金衣。

雨霖鈴　和屯田

殘蛩悲切。向虛檐底，碎語無歇。高秋霽景何限，蔌桂正、巖香初發。接羽新鴻過也，任流水嗚咽。自映帶、千里蒹葭，露影吹涼野雲濶。　駒光到眼須臾別。勸且將、酩酊酬佳節。銅盤滿貯清淚，知幾見、古時圓月。子夜歌翻，争忍鑾絃，楚管空設。況鏡裏、猶是朱顏，笑指金尊說。

惜紅衣　永定門秋望

過眼雲孤，尋秋地窄。鳳城今夕。岸葦無情，盈顛爲誰白。荒壇廢宇，斜照外、神鴉顏色。猶昔。燈火幾家，矗高樓西北。　塵香九陌。如夢笙歌，春深舊京國。蘭台再試賦筆。惘然憶。譜入水風殘調，一片鼓笳聲急。算燕鴻來去，喬木百年能識。

惜瓊花

波流急。鞭影直。早重陰暗閣，芳信猶隔。落梅風裏餘寒惻。人倚高樓，何處長笛。前游渾記得。甚楊花未雪，絲鬢先白。酒邊忘却春風筆。穠李夭桃，都是愁色。

曲游春　龍樹院與江亭一水相望，瞻園師嘗講學其中。師庚子出都，半唐諸老餞之於此，有日望樓餞別圖。今改抱冰堂矣。辛酉春暮，獨游感賦

駐馬城南路，對繞堤深柳，垂蔭天窄。散麴芳悰，怕東風颺起，幾絲愁碧。霧眼花光隔。任葉底、亂鸎梭織。背畫闌、影落平蕪，遥揖翠微山色。　水側。憑高望日。問殘酒催醒，

何處羌笛。門巷依然，歎蘭叢露冷，棗林香寂。梁杏春無迹。賸幕燕、飄零如客。問曉風、夜月徘徊，幾人髩白。

驀山溪　冬柳

婆娑老柳，眼底長亭路。不見玉驄歸，見西風、亂鴉無數。關山萬里，一片凍雲横，憔悴損，舊時腰，謾憶臨風舞。　長條踠地，歲歲花朝雨。重過畫橋陰，感凋年、有如此樹。黄金散盡，斜照上荒臺，春信遠，野波寒，隱隱哀笳暮。

蕙蘭芳引

殘吹晚空，遠山正、睡容初熟。送一羽流光，閒裏半消鬢緑。佩秋俊賞，記共采、澤蘭盈匊。省會心不遠，盡日無言空谷。　待月樓臺，聽鸎門巷，斷夢誰續。縱青鳥殷勤，還恐探看未足。佳人何處，歲寒倚竹。清淚垂、墻外幾聲横玉。

倒犯

夜雨、過紅香半彫，翠陰猶小。闌干四繞。梨花地、閉門春悄。登樓乍見、楊柳依依臨風裊。縱萬水千山，隔斷遼西道。計歸期、也應早。　蓬首自憐，翳鏡慵開，蛾眉誰爲掃。夢醒淚暗滴，送殘柝，烏啼曉。算念極、翻成惱。寄音書、新來南燕少。甚畫燭銀屏，不分呈雙笑。問天天又老。

角招　和白石

倦魂瘦。斜陽在，野橋嫋嫋烟柳。夢回天外岫。記折短條，持贈親手。滄洲駐久。艸偏綠、南阡東畝。日日高樓徙倚，聽寒食節簫聲，幾臨風翹首。　曾有。曼歌歛袖。清談擁髻，人占江山秀。灔波春碧溜。淚溼青衫，將離時候。花陰感舊。正客裏、愁濃於酒。暖炙銀簧未奏。甚幽谷、一聲聲，鸎求友。

少年游

連朝風雨近清明。楊柳自青青。三疊陽關，一聲河滿，十里短長亭。　大涯不辨愁來路，甚處看啼鸎。綦迹苔陰，酒痕襟上，帆影畫中行。

河傳

簾外。春在。柳如絲。非霧非花望迷。翠樓曉妝初罷時。依稀。去年雙燕歸。　夢裏遼西音信斷。蕃錦怨。纖手迴文展。白頭吟。琴有心。只今。淚珠空滿襟。

菩薩蠻

春山橫黛春波綠。嬌鸎啼徧闌干曲。花夢鎖葳蕤。出墻紅一枝。　東風吹不轉。芳草斜陽岸。雙槳木蘭舟。凝妝人倚樓。

其二

銀波不許黃姑渡。哀蛩金井啼清露。雲破月微明。千家砧杵聲。　西風關塞北。老盡燕支色。歸雁一封書。君邊衣到無。

祝英臺近　盆中蠟梅春深始花

守孤芳，回暖律，風信到香海。半展檀心，疏蕊凍初解。依依紙閣雲窗，天寒日暮，鎮凝想、入時眉黛。　暗中待。枝上無數蜂黃，東園正挑菜。喚起幽禽，相憶嶺雲外。總然爐火無温，屏花如睡，歲華换、春光長在。

蝶戀花

行偏上東門外路。隔岸垂楊，不繫班騅住。艸長鷺飛三月暮。無邊春色抛人去。　已是傾城休再顧。迢遞高丘，遺褋今無女。往日呢喃梁上語。定巢燕子知何處。

其二

冉冉游蜂穿户牖。日影移磚，緑樹籠清晝。幾度花開花落後。鏡中不見微波皺。　昨夜小池風雨驟。短夢驚鴛，淚戰新荷瘦。獨倚危闌重負手。柔腸欲斷君知否。

其三

猩色屏風青玉案。照夜珠光，隔座分明見。鏡裏朱顏應未變。歲星還逐金牀轉。　消息石榴紅欲綻。冷暖君恩，一霎思量徧。陌上不辭歌緩緩。熏風先入蘼蕪院。

其四

展盡秋雲羅樣薄。相望銀河，微步凌波弱。輪與東鄰容易學。姮娥真個偷靈藥。　夢入犀帷啼笑各。月上花梢，不記黄昏約。呼酒迴燈歌十索。空枝驚起南飛鵲。

念奴嬌　過十刹海，一畦晚稻，昔之荷蕩也

鏡波澄碧，浸宫墻倒影，斜陽紅嫵。夾岸垂楊青未了，隱約藏春深塢。畫鷁朝飛，珠簾暮卷，閲徧陰晴雨。湖山無恙，經行猶記前度。　不此地十里荷花，流連歌酒，幾輩貞元侣。不信冷香吹又盡，一水盈盈誰語。滄海人間，野

風門外，如彼離離黍。殘蟬相送，倚鞭重認歸路。

繞佛閣

砌花徑蘚。零露盡白，秋影鴻斷。寒閉虛館。料無笑語、因風墜天半。布衾夢轉。更漏細數，塵鏡慵展。霜鬢搔短。暗中似水，流年又偷換。　夜月照天末，自古關山同此怨。回首舊游、嘶驄楊柳岸。柰樹杪參移，良會催散。紫簫聲變。便寄我音書，珍重霜霰。酒杯深、注愁還滿。

木蘭花慢

壬戌展重陽，集次公寓園

記牛山絕頂，每持淚、餞重陽。又一抹秋煙，兩開叢菊，簾卷西堂。行行。唳空雁過，帶斜暉陣影入蒼茫。邊訊瓜期柳戍，歸心菰飯蓴鄉。　霓裳。吹下天閶。邀玉笛、動明瑺。問能幾消磨，前宵微雨，昨夜繁霜。思量。歲寒近也，舞西風庭樹葉初黃。無醉無醒最好，此時此會休忘。

解蹀躞

觀葦野晁潭，偕次公、蜀丞

浪影低翻葭菼，陣雁驚寒起。斷腸斜日、危闌且休倚。燈火倏繞高城，竝鞍緩轡歸時，野烟凝紫。　軟塵裏。閒話天涯情味。秋光正無際。舊經江北江南、五湖水。掩映殘葉疏林，小山含笑相招，夢中叢桂。

紫萸香慢

癸亥重九，獨游瓊島

照迴漪、沿堤疏蓼，入門已覺秋深。爲層臺高峙，引游屐，一登臨。未信無多風雨，竟波兼天湧，地接雲陰。更蕭蕭、萬木聒耳作龍吟，

霓裳中序第一

垂楊舊巷陌。醉拂長條曾送客。殘夢欲尋未得。但人面去年，燈花今夕。金衣自惜。照酒巵襟淚猶溼。東籬下，一叢晚菊，隱約釀寒色。　蕭瑟。暮年詞筆。冷眼看長安似奕。數聲登高誰賦故國。尺錦書遲，古鏡塵積。正萬里蟾光弄白。蒼葭老，丹楓如畫，去櫂水雲隔。

雪梅香

晚笳急，浮雲一夕蔽長空。渺層城何許，秋光淡入冥鴻。如雨驚飇打林葉，滿天寒色染江楓。感幽獨，望斷斜陽，還倚疏篷。　閒中。悄凝念，百艸千花，慣費春工。暖律誰吹，瓣香且祝東風。井氣陽潛釀新緑，燭心宵永託渺衆慮、有人感音。　侵尋。往事烟沉。籬菊采、與誰簪。賸橫空幾點，飛鴻瞥影，如語離襟。倚風獨思鱸鱠，正紅樹、徧江潯。儘南枝、故巢猶在，夜寒霜重，鳴鶴歸後疑瘖。腸斷自今。

秋霽

寄次公淳安

秋影涵空，送瘁羽孤征，乍阻南北。素月窺窗，冷波吹箭，桂堂漸生虛白。慣聽露笛。畫闌獨倚清宵寂。望故國。三淺翠篷，何似舊顏色。　因念大隱，魏闕江湖，釣徒烟波，新試簑笠。動星辰、羊裘五月。招迎應有富春客。珍重歲寒歸計得。怕短篷外，還見莽莽平原，晚鴉飛盡，野雲如墨。

餘紅。微熏度，重簾放了，長護夫容。

絳都春

米市胡同我園，清同治初鄉先生許海秋所居。乙丑春，偶經其地，感賦此解。仲可見之，戲謂余爲海秋後身云

飛花淚濺。正雲裏鳳城，輕陰催晚。老屋數椽，垂楊千絲餘寒戀。穿簾來去雙雙燕。記前度、熏風薇舘。白頭吟侶，憑高望損，故國心眼。　一片。烟蕪似織，夢中路、又是江南愁滿。皂帽未歸，杯酒誰家啼鴂喚。天風海水宮商變。謾惆悵、曲終人遠。夜深邀下飛仙，暗驚塞管。

華胥引

流年波逝，空谷音希，暗塵簾幕。敗葉敲窗，驚飈撼枕催夢覺。獨擁瑶瑟高堂，對滿牀絃索。斜月多情，替人留影闌角。　雙燕無歸，信梁間、定巢非昨。小爐殘暈，依然雲輕霧薄。轉眼蓬山迢遞，問素書誰託。癡語宮溝，斷紅猶戀芳約。

蘭陵王　柳

倚空碧。金縷毿毿弄色。東城樹，曾記手栽，宿雨朝烟過寒食。飛花舊巷陌。誰憶。塵梁燕迹。青蕪地，如對故人，離合頻年未頭白。　單衣又寒惻。看遠岸嘶驄，前渡浮鷁。桃花流水春歸急。愁弱絮飄墮，化萍無影，聞歌江上付太息。甚杯酒消得。　脈脈。意猶昔。待粟里人歸，重卧窗北。當門五柳垂絲直。任朔雁秋老，暮鵑春泣。龍池無夢，但醉裏，聽夜笛。

留客住

遠書到。算此行、並無多別，尚憑歸燕，與話人間離抱。清霜漸入明鏡，暮雨深鎖，重門情悄悄。芳華自惜，問沾襟、客淚又添多少。紫雲杳。柳店花香，前塵了了。夢裏春城，萬一薔薇開早。應見翠陰深處，畫蝶雙飛，黃鸝音自好。單栖慣否，最愁人、幾點漏聲催覺。

迷神引

惻惻輕寒珠簾卷。素月幾回留看。南樓夜笛，引關山怨。盪晴空，飛歸雁，陣雲亂。終古龍沙雪，夢中遠。花外東風緊，又春晚。萬感人間，未語先腸斷。覺客途賖，歡期短。俊遊金谷，好風月、今誰管。淚鵑殘，林鶯老，野鷗散。芳草無情碧，迷望眼。明朝蘭舟發，載愁滿。

右《漸筑集》存五十一首

以上《倦鶴近體樂府》卷二

南歌子

鬔鎖金蟾在，銜書翠鳥回。疑是復疑非。紅樓相望冷，雨霏霏。

其二

紅豆相思樹，青荷宛轉絲。歸信故遲遲。玉顏憔悴損，强禁持。

其三

驛路羊腸窄，西風馬首寒。翠鞏出陽關。琵琶絃上淚，不堪彈。

其四

出谷鶯調舌，臨風柳嚲腰。重見合魂銷。春

江花月夜，殢人嬌。

其五

蘇小門前柳，羅敷陌上桑。枝格暗交相。娟娟明月影，出東墻。

湘江静 和梅谿

傍柳移舟風過浦。借新凉、片雲留駐。叢荷半委，衰蘭暗泣，稱悲秋詞句。客燕識歸程，西風外、聯翩飛去。明霞送晚，迴波照人，依稀認、夢游處。　酒意消，詩思苦。想當時、雜花生樹。春寒未減，清歌乍起，動逢逢鼉鼓。執手上河梁，臨歧淚、滿襟如雨。天涯縱有，平生萬感，登樓謾賦。

四園竹

梅風送溽，晝静水沉微。蘚痕四壁，雲氣半簾，濃緑侵詩。餘潤含，零雨歇、長虹漸起。暖寒衣袂先知。　斷腸時。朝昏换幾陰晴，樓臺鎮鎖葳蕤。乍過行春舊地，巢燕梁空，暗落香泥。如夢裏。夢又窄、林蟬處處嘶。

竹馬子

當芳艸粘天，晴絲罥路，柳陰垂晚。送黄鸝好語，風柔日永，愔愔池館。未識芍藥開時，薔薇謝後，繫春長短。縹緲紫簫聲，阻行雲，猶記紅牆西畔。　誰見。幽階履迹苔滿。山色修蛾人遠。一霎夢雨飄檐，漲波連鏡，宫燭輕烟散。對景空延佇，蔫香易落，墜鈿幕，又遇歸來燕。雙雙度

内家嬌　懷次公大梁

冉冉斜暉，滔滔逝水，花影霧中重看。書城坐擁，人海深藏，未覺年芳催換。舊頓刼塵漸冷，樊樓夜燈仍爛。頻寫離怨。　放眼。乾坤游子倦，料買醉河橋畔。有春星零亂。照馬上單衣，鏡中皺面。問陣鴻、爲底凌雲作勢，縹緲高丘途迴，淒涼暮笳聲變。定贏得、一曲迷陽，鳳兮獨自長歎。

曲玉管

艸長江南，花開陌上，依然九十春光好。目送征鴻如客，千里迢迢。轉魂銷。近水樓臺，喧天笳鼓，揭來舞燕交肩少。舊地重經，往往嘶過溪橋。玉驄驕。　夢醒天涯，有無限、憑欄心事，感音子夜能歌，傾杯壘塊頻澆。幾昏朝。只沈陰愁擁，迤邐長城如綫，絡空垂海，野鶴飛歸，不見東遼。

惜紅衣　曉行江灣

岸艸燒痕，溪雲凍色。破寒無力。半圮樓臺，臨流幻金碧。啼烏四起，疑坐對、延秋門側。頭白。霜冷板橋，没前宵人迹。　遭迴水陌。迎面初陽，頻年未歸客。天涯試問信息。野風急。薺麥滿塍如繡，不辨斷鴻來歷。悵布帆重到，楓葉荻花非昔。

木蘭花慢　彊村翁下世一年矣，追念成賦

鷓鴣聲不作，愴長別、憶冬分。駟萬里蒼虯，九天玄鶴，雲暗塵昏。無津。掛帆出世，感山丘重問過江人。真箇迷陽唱倦，白頭心事誰論。　洲蘋。殘譜笛中聞。喚起未歸魂。記

疊鼓陰沉，方諸淚迸，曾賦吴春。清尊。獨弦自賞，送王風蔓艸百年身。終古高桐井上，寒蛩愁傍孤根。

解連環　雪中，和夢窗

素塵冰結。乍人蹤徑滅，夜光無極。謾畫景、收入詩囊，似驢背灞橋，慣餐寒色。萬里歸鴻，盼不到、尺書天北。但聲聲斷角，隱隱亂峯，有人愁憶。　華年未甘枉擲。指關榆瘁葉，連陣雲白。引夢魂、飛度遼西，正鐵馬怒馳，遍地燐碧。醉拂吴鉤，誓獨挽、銀河殘汐。破窮陰、唱籌到曉，店雞喚得。

前調　水仙，和清真

寸根誰託。依清泉片石，信芳情邈。乍倩影、窺見淩波，似環佩夜歸，霧綃衣薄。笑語臨風，又檐底、玉梅同索。想還丹換骨，九轉竟成，搗徧仙藥。　空山不逢采若。耐天冰地雪，寒動清角。便駐得、長日壺中，忍烟景陽春，冉冉過却。曉旭穿簾，替畫取、連枝花蕚。爲雲沙、舊愁未澣，淚珠暗落。

憶秦娥

天涯客。相逢花下春狼藉。春狼藉。輕陰閣雨，柳絲無力。　驕驄嘶過青青陌。杜鵑開偏山南北。山南北。啼鶯依舊，勸人將息。

澡蘭香　重午泛玄武湖，遂至鍾山北麓，和夢窗

新荷鏡暗，老柳烟濃，熟黍夢回未覺。流鶯自語，小蝶輕飛，悄念探芳前約。照林隈、榴火初酣，何如殘櫻半蕚。錦片年芳，付與亭邊青蒻。　獨向行舟盡處，翠浥層嵐，靜驅吟魄。

峯廻路轉，樹短陰稀，數徧轆車油幕。問何人、緩引蒲觴，波影山光共酌。漸聽到、隔水笙歌，停雲天角。

滿江紅

紈扇秋初，暗叢颭、三五亂螢。開簾望、迢迢河漢，依約雙星。波際鴛鴦清露冷，樓頭鳷鵲斷雲橫。正高梧、飄葉墮銀床，心暗驚。　湘江瑟，緱嶺笙。引虛籟，帶愁聽。悄燭支長漏，玉簟涼生。枕角留仙無夢到，燭花垂淚待天明。滿空階、如和懊儂詞，蛬又鳴。

驀山溪　重九掃葉樓分均，得「笑」字

危樓一角，層雉長淮繞。半畝故園荒，盪詩愁、輞川殘稾。登高作賦，幂屐過江多，萸佩紫，菊簪黃，料理成秋笑。　飄蕭落葉，經夕霜華飽。遼鶴悄無言，有東風、舊愁未掃。衝泥去馬，吹淚水西橋，斜照裏，暮煙寒，目斷神州道。

采桑子

候蛬無語殘蟬噤，冷露侵堦。屧印蒼苔。自古針神號夜來。　燈摇碎影簾垂地，夢醒空齋。青鳥音乖。有約黃花幾度開。

其二

荒溝流水秋蕭瑟，老柳當門。門掩黃昏。手掐花梢月有痕。　鵝笙暖炙金銀字，隔院歌顰。不駐行雲。淒斷巫山夢裏人。

傾杯　市樓會客，約爲長短句

璧月簾虛，箭波帆遠，平居畫閣愁獨。勝友乍

瑞龍吟

乙亥元巳禊集烏龍潭景陶堂。潭側舊有綽楔，曰『何必西湖』。堂即惜陰書舍，今爲國學圖書館。余游牛渚未至，翼謀代拈『舞』字均。和清真報之

城西路。依樣瘦馬銜泥，暗鷃藏樹。嬉春何必西湖，畫橋卧柳，尋詩勝處。偶迴佇。歸燕乍飛仍止，舊時堂户。花開総惜分陰，夜深慣聽，通明俊語。催度番番風信，翠蘭初擀，青蘋能舞。偏是鏡中星星，雙鬢非故。如山浪白，高詠横江句。空凝想、宫袍燦錦，凌波仙步。扇海長虹去。借人酒琖，權消恨緒。盈耳歌金縷。鄉夢裏，今朝龍潭烟雨。費君健筆，劈雲成絮。

換巢鸞鳳

送疚齋翁之廣州

紅藥階翻。正銜泥燕老，照水鵑殘。曉烟新集，廣席夜設，落九天珠玉。東風十里金陵路，每隔江聞曲。庭花夢裏，清籟引、約畧琵琶場屋。暗觸。尊前百感，晼蘭芳近，何處汀洲緑。儘倦客歸來，閒情分付，與濤松烟竹。徵角重翻，河山無恙，脈脈憑高目。翳明燭。期百五、好春看足。

還京樂

畫簾卷，匝地殘紅廢緑初過雨。問燕鷃何事，競將百五，韶光分付。願夢雲長駐。梨花弄色楊枝舞。悵望裏還是，淚滿天涯歧路。被流塵阻。甚銀河清淺，來時佩玉珊珊，留枕謾賦。千金換得春宵，勸春歸、怕聽啼宇。渺予懷、當載榼尋芳，援琴按譜。幾簇幽蘭發，空山相慰遲暮。

候火，夜月舊家山。重門天許閉春寒。問誰與消茶餘酒闌。平生感，漸攬鏡、鬢霜愁看。花滿。歸緩緩。多事海風，吹夢天涯遠。故國烏衣，帝鄉玄圃，沾淚征衫休澣。心共羅浮蝶悠颺，望京應費登樓眼。琵琶聲，座中人、一餉腸斷。

浣溪紗

宿雨初收日未斜。游蜂顫影撲窗紗。蜀葵新放一叢花。　何處蘭苕栖翡翠，當年門巷種枇杷。夢回纔信有天涯。

山花子

萬紫千紅換綠陰。無人庭院展蕉心。三五呢喃新乳燕，畫堂深。　細艸池邊迷夢迹，流泉門外度微音。茶歇香消殘酒醒，晝愔愔。

綺寮怨

縹緲仙山何處，海光回望遥。聽廣樂、醉引流霞，清虛府、絳袂曾招。呼龍耕烟種玉，玻璃脆、鏡日頻勸敲。怕爛柯、對奕無人，空中語、覆鹿重夢蕉。　謾信跨鸞上霄。紅朝。翠暮，雲翹。慣怨迴飇。貝闕珠巢。儗同賦、水仙謡。天孫聘錢償否，洗淚眼、愛河潮。樓頭弄簫。前宵。尚解佩、臨漢皋。

惜紅衣

夜泛玄武湖，過慵廬未泊，賦寄，和夢窗

斷嶼留雲，澄波浸月。際空一白。老柳扶疏，微風颺柔碧。篷窗鬢影，如燕子、翩飛斜掠。香陌。花外瓊簫，疑秦樓仙迹。　芳洲兩側。綠蓋紅衣，依稀舊時色。沙鷗夜夢正熟。萬緣絕。晨夕獨經行地，凝望斗南箕北。指嘯臺高處，雙槳來時曾識。

玉胡蝶

轉眼素秋時序，謾歌子夜，催動清商。雨過虹殘，天際淡月昏黃。撲流螢、輕羅小扇，啼絡緯、金井銀床。水雲鄉。翠荷擎盖，猶護鴛鴦。　新嘗。相思況味，渡江桃葉，入夢高唐。楚客歸來，簟紋如水夜初長。報瑶札、雁程不到，記鈿盟、鳳紙收將。九迴腸。畫屏無睡，百感茫茫。

浪淘沙

月上雨晴初。涼浸階除。不聞山鳥勸提壺。紫豆花殘紅蓼瘦，秋影饃餂。　燈語瑣窗虛。十斛明珠。寂寥人境慰情無。門外長橋橋下水，曾照羅敷。

拋球樂

地月疑霜簟枕秋。夢回酒醒却扶頭。西風瓊苑啼床蟀，殘照銀荷泣箭虯。相望盈盈水，十里珠簾夜不鈎。

其二

笛譜新翻字字雙。羅衣未換夜微涼。山窗雨打芭蕉碎，水閣風吹菡萏香。寥落天涯感，秋影橫空雁一行。

水調歌頭　金陵懷古，擬東山

陳迹渺江滸。六代帝王居。浮漚吹雨。泊舟河畔覓珍珠。椒殿春移蓮步。狎客狂吟瓊樹。長夜醉中徂。誰遣韓擒虎。一戰沼東吴。訪紅羅，歌白苧。驀廻車。埭雞催曙。千年沈睡破華胥。依舊龍蟠虎踞。重見雲連星聚。彈指闞榛蕪。翹首扶摇路。旌旆盪陽烏。

泛清波摘徧　扈濱雪中度歲

燒痕野艸，瞥影邊鴻，如矢歲華催换了。渡江春色，但有氷梅數枝早。淞濱道。明燈閃閃，官柳蕭蕭，連騎俊遊今漸少。繡幕休垂，放入寒光見懷抱。　庾園悄。飛絮乍縈畫檐，解凍尚遲芳沼。翻恐回風向人，鬢絲吹老。獸香裊。花外信息愈疏，天涯夢程難到。幾處金盤燕簇，醉吟昏曉。

倚風嬌近　春深見梅枝

初日曈曈，紺雲舒卷林表。數聲春轉綿蠻鳥。留鶴守殘梅。有約綺窗開。蕚緑花來。淺笑。輕顰都好。詩夢重尋，東閣當時年少。江北江南行到。畫裏胭脂妒花貌。苔枝老。殢香弄雪東風峭。

紅林檎近　獨遊鍾山，深入林薄間，緑陰蔽虧，時聞鳥語，流泉互答，山花媚人，翛然有出塵之想

林沼宜晴雨，翠紅無暮朝。灌木護嘉卉，石泉化奔濤。行行崇山峻嶺，信否故國周遭。彷佛夢裏春韶。盈耳燕鶯嬌。　采菊陶令宅，持鉢虎溪橋。平生勝賞，歌聲曾入雲霄。問閒身能幾，幽芳暗引，杖藜不覺歸路遥。

繞佛閣

霽霞照晚。波翠艸碧，殘畫谿館。香徑泥軟。舊巢認否、殷勤問來燕。　岫雲又展。環顧

四野,車過塵滿。歸路遼遠。更堪雨雨、風風占春半。繡幄去天尺,夜永通明章幾薦。勾起暗愁、鵑聲聞楚岸。怕過了清明,番信輕換。好花誰見。但夢想當年,相映人面。繞珍叢、醉飛千琖。

碧牡丹　贈半櫻

劍氣烟雲幻。車轍關河賤。博望歸來,酒泛蒲桃春暖。夜月朝花,懷舊游都徧。綠櫻何處江岸。付吟卷。　蕙帳幽夢短。依稀暮鵑啼亂。幾日東風,颺起柳綿無算。露笛吹殘,剛畫簾垂半。開奩應有新怨。

漁父　東坡《漁父》四章,鮮有和者,效顰二解

漁父出,忘機久。汀鷺沙鷗前後。憑舷一笑解羊裘,天上客星何有。

其二

漁父返,風波外。無纜無帆無碍。交蘆倒柳影橫斜,皓月半船同載。

夢揚州　陳丈鶴柴相告,勺廬歸揚州經歲矣。回首薊門舊游,忽忽如夢,和淮海《頻夢揚州》之調寄之

朵雲收。報遠書、旋寫旋休。夢影半殘,落木蕭蕭成秋。幾吟醉斜街晚,絮颺空、花藥紅稠。涼飈轉,雕闌外,亂鐘催送離愁。　聯轡何時再游。知駐馬湖陰,試酒樓頭。聽水聽風,雪爪而今鴻留。教簫玉夜紅橋好,爲釣詩、天與垂鈎。顒望久,流螢舊地,頻夢揚州。

秋宵吟　夜校瞻園師詞續,怏龕寄叙至

瑣窗虛,畫燭炯。露顆秋垂毫穎。塵箋理、幾

按譜吟商，醉中消領。　滿霜天，斷雁哽。四壁蛩寒人静。茫茫恨、是照月梁空，過雲無影。　縱有丹青，認暮雪、皃潭勝境。校書劉向，夢筆江淹，往事問誰省。楓落吴江冷。淡墨山容，殘睡未醒。想憑高、淚眼臨風，鄰笛吹徹怨夜永。

解連環　冬柳

露條曾折。嗟駒光過隙，灞橋將雪。算未減、張緒風流，覩前岸柳容，凍荑疑發。自剪花幡，效唐苑、括春芳節。有蔫紅病緑，宛轉向人，寳帶新結。　歌驪酒懷已怯。况驚飈夜急，寒水朝咽。釀怨色、斜日歸鴉，想三起三眠，怎忍輕絶。斷角聲中，舊夢繞、龍池天潤。千黄金、蘸波嫩縷，駐雲送月。

引駕行

風廻雲起。霞飛霧隱神游地。艷陽天、騁驄馬，長安徧看桃李。彈指。又樹色蘢葱，墟烟晻藹曙光裏。渺塵境、行行漸遠，杜蘅香、撲襟袂。　迤邐。千山擁黛，萬壑鳴湍相繼。算汎汎鷗閒，毵毵鶴老，有時曾至。何計。趁花晨月夕，前村桑落買春醉。百慮澹、東軒乍醒，儼羲皇世。

酒泉子

雙燕窺簾。簾外落花如雪。斷雲飛，殘雨歇。嫩寒尖。　潮生潮落淚波添。前度去舟天遠。柳千條，山一片。日西銜。

朝中措　紅橋雨中，和六一

絲絲寒雨濕遙空。殘黛鎖雲中。只有沿堤楊柳，依前醉舞東風。　清愁怎祓，香浮玉蕊，波泛金鍾。曲水又逢元巳，衰顏我已成翁。

右《桓笛集》存四十六首

以上《倦鶴近體樂府》卷三

卜算子慢　漚夢、半櫻各有追憶盧溝曉月之作，余賦此

高秋角斷，遙夜劍寒，極目野橋燈火。月影微茫，瘦馬去程曾過。真箇。濕征衫、老淚風前墮。問絳幘晨雞，甚日浮烟障霧啼破。　好景輕拋彈。賸捧露金丹，別愁無那。隔岸西山，隱隱黛眉雙鎖。誰可。寄相思、試託聊城笴。聽殘筑、臨流醉擊，又哀音難和。

金縷曲

大地風光好。儘芳蕤、蜂酣蝶倦，燕新鶯老。十萬金鈴親手繫，還向通明夜禱。怕冉冉、櫻桃紅了。綠葉成陰平蕪碧，染蠻箋、化作傷心稾。千百度，畫闌繞。　海棠濃睡驚回早。費禁持、高樓雨急，野塘雷小。幾日輕寒重門閉，門外聲聲啼鳥。問落絮、飛花多少。颺起天涯愁如海，願從今、休放東風到。揩淚眼，對殘照。

霜葉飛　嶽麓山愛晚亭，和夢窗，同白匋

晚來情緒。雲涯外，飄風悲撼千樹。亂鴉衰柳大江東，殘夢孤篷雨。送一夕、南飛瘁羽。回頭疑見紅桑古。聽怨瑟湘靈，冷淚濕、征衣暗換，客中緇素。　何意翠麓停車，丹楓照

眼，二月花艷同賦。忍寒無限後彫心，對酒丁寧語。挽白日、長條萬縷。流波還洗煙塵去。訪舊游、吟笻健，五嶽天齊，畫屏開處。

好事近　泊渝州

片嶼帶雙流，噴起一聲長笛。高下樓臺燈火，炫檀欒金碧。　吴船萬里載愁來，東望陣雲黑。多謝霧中玄豹，借一枝栖息。

念奴嬌　巴山坐雨，久不得舍弟書

夜來風雨，信天涯、一樣清明寒食。冶翠嬌紅，渾見慣、夢裏鄉愁如織。塚卧狐狸，灰飛胡蝶，到處殘鵑泣。空城潮打，東邊淮月無色。　籬落一樹荆花，移栽何地，荏苒春消息。萬里麻鞋三尺劍，吟望低垂頭白。峽束灘危，城欹樓迥，霧滿江南北。哀猿斷續，爲余啼破空寂。

芳艸渡

雪浪裏，滙萬壑東流，岸連吴楚。過峽門常見，遥青半掩愁嫵。多少檣燕語。知安巢何處。夜吹起，下上差池，欲傍人住。　重數。眼中堠火，夢裏雷聲江上路。怕回首、夷歌徧野，爰居樂鐘鼓。蜃樓海澨，算只有、怨風啼雨。啟劍匣，報曉荒雞聽取。

玉樓春　和小山

流光不肯欺明鏡。昔日朱顔今雪鬢。枝頭長是曉鶯啼，雲外更無新雁信。　登樓送目平蕪盡。咫尺山河誰與問。琵琶只有四條絃，傳得空中多少恨。

其二

無端高却旗亭價。百轉千迴謌子夜。酒邊情景眼中人，記得崔徽初入畫。　當年醉舞重簾下。簾外何人催試馬。忍將雲雨去來蹤，留作滄桑今昔話。

其三

春花秋月無長計。夢到年時行樂地。夕陽一片可憐紅，三五寒鴉差解意。　玉顔憔悴渾閒事。金掌分明傾別淚。淚波留到九迴腸，把酒問天天已醉。

征部樂　和屯田

酒邊花外，駒陰解惜翻虛擲。杳難問、雙鴛去迹。芳艸地、沉恨今夕。高唐夢，從頭覓。射雀錦屏無的。展望眼、隱約紅樓，擘鈿分釵永相憶。　明知際此，飄燈箔冷，時候幾人留得。但鏡裏、清光曾覩，柳星朱鳥，殘影心頭識。幻女床山色。翠羽返、倘傳音息。恐遠書、也寫離愁，對玉瑠慵拆。

石州引　和東山

隔水星繁，蔌蔓露瀼，江上天濶。婺蟾永夕窺人，可惜木犀難折。闌干倚徧，未信鳥道巉巖，峨眉還有春前雪。誰唱白銅鞮，雜蘆笙音節。　風發。去波萍梗，殘醉壺觴，夢中催別。鼓打迴帆，杜宇千山啼絶。覺來依舊，對影惹起相思，同心合予雙絲結。盼到陌花開，已明年三月。

尉遲杯　和清真

滄洲路。悄目斷、十里堤邊樹。頻年暗碧籠

浣溪紗　金碧峯晚望

隔岸青山隔霧看。夕陽樓閣影廻環。杜鵑聲裏一憑闌。　車水馬龍巴子國，風帆沙鳥柘夫灘。只無人與話春寒。

大酺　重九

又菊花黄，茱萸紫，釀酒須酬佳節。廻闌憑欲徧，但霜風淒緊，陣雲愁叠。浪拍荒碕，舟横野渡，蘆荻飄蕭如雪。驚寒南來鴈，語傷心不盡，漢闕秦月。縱高閣凌虚，暮山縈翠，舊情都别。　天涯音信絶。記春半、桃李芳蕤發。儘到處、銀屏題艷，玉麈談玄，小梅花、座中吹徹。去去雙輪疾，衰帽落、客衣塵黦。慰幽獨、楓林葉。丹轉何計，東望吴江烟濶。岸猿替人哽咽。

烟，依約春鷺藏處。游蹤記省，殘月裏、輕舟出前浦。野風吹、萬柳欹斜，片紅催趁潮去。五波逝甚日重廻，高樓外山眉，隱隱愁聚。秋光到、月江城梅花落，疑徧地、鑾歌鳳舞。近黄昏、陣蒹葭水國，暗中换、淒涼朔雁語。影摩空，歲寒誰是儔侣。

水龍吟　吳瞿安輓詞

酒邊惻惻吞聲，瘴雲萬叠蘊憂地。低垂白首，浮湘斷夢，沼吴殘淚。不見江南，杏花春雨，先生歸只。但相期早了，中原北定，丁寧囑、蒸嘗事。　金馬碧雞遥指。玉龍哀、斜陽紅裏。平生彷彿，評量月露，咀含宫徵。慘緑年華，冷紅亭館，昔游餘幾。鬱人間、百感高歌風洞，又當前是。

丁香結 和清真

疏影窗梅，晚香盆菊，簾外翠紅羞隕。甚短更催迅。轉畫燭、暗滴銅槃珠潤。素箋懷袖裏，三年字、罷讀未忍。停杯無語，有恨漫遣西江吸盡。　風引。念種柳千條，旦夕鴉盤壞陣。淡月懸霄，遥山帶郭，黛娥藏暈。還唱瓊樹舊曲，盼斷春陰寸。量腰圍多少，驚見休文瘦損。

聲聲慢 履川、晁公見過，並招大壯飲郇肆

荒波流夢，清角吹愁，秋林黄葉成堆。淡日平煙，閒門半掩蒼苔。山中更無車馬，好風俱、舊雨還來。十年事，歎盧溝月暗，種阜雲埋。　消得風光流轉，對千家城郭，三峽樓臺。老樹經冬，重逢且約花開。啁啾隔籬翠羽，地天

塞翁吟

露色晞平曉，微泫水葉青紅。辨遠樹，有無中。淡隔霧山容。鷺飛草長相思地，番信暗惱東風。夜雨急，暮雲重。漸彫盡香蕤。　匆匆。芳游罷、多情舊月，分付與、流萍斷蓬。許十里、烟堤夢到，等閒對、薺麥摇春，冷落吴宫。南薰未轉，緩緩花開，誰問歸驄。

吴音子

緑綺曾調，鎖窗永晝薰風引。彈指落鴈平沙，商聲夜凄緊。萬里關河，六朝金粉。舊夢新愁，燈下淚隕。　早春信。君莫問。飛葭後、百六清明近。園亭非故，海天還有氣嘘蜃。手障東流，智珠盈寸。倚竹牽蘿，霜霰自忍。

心、教見寒梅。郵店近，永今朝、聯借蟻醅。

惜黄花慢

述盦和夢窗賦菊，見懷却報

圃菊幽芳。替故人畫出，鬢色繁霜。淚藪開處，瀹懷自遣，伶俜歲晚，寒影空江。鳳㦝遠寄平安語，念前度、杯酒重陽。墜夢涼。亂莎賸水，三徑全荒。　頻年滯迹殊鄉。共素秋萬里，天宇孤光。暮砧催起，授衣正急，冰絃按徹，刻羽無腔。後彫欒傍喬松住，短籬下、風雨都忘。雁路長。望雲寸折迴腸。

黄鸝繞碧樹

濃緑畦頭菜，冬山不許，卸妝成睡。冷霧誰披，向長空送出，畫中螺髻。晚風柏舞，散秋影、晴霞餘綺。窮望眼、暮雨朝雲更好，巫峯十二。　手録吴船片紙。感遷流、浪萍如寄。

楚天外、甚烏衣巷陌，江令門第。換盡玳梁舊燕，賸野澤霜鴻唳。新來怕上層樓，但餘清淚。

洞仙歌

流錦文章絢。對鏡波瀰瀰，溪堂春晚。想山桃未落，海棠初綻。凝香曉露千嬌面。載酒過、珍藪吟賞徧。閒亭館。到蠟炬成灰，猶計歡筵展。　轉眼。靚妝雨洗，瘦影風欹，數點殘英，付與紫蜨黄蜂，竟日畫闌輕欵。金鈴響處空枝顫。識往事、銜花歸俊燕。簾外見。

蹋莎行

駐斜陽，玉勒琱鞍俊游伴。感聚散。問幾熟、胡麻飯。縱長繩能繫，翠陰深鎖蘼蕪院。

渺渺魚天，重重烟樹。亂峯遮斷來時路。新

簣每憶上林鷖，長風誰障東風虎。　邛杖扶將，郵筒寄與。殷勤解勸流人住。桐花開落四清明，高樓畫角層城暮。

定風波

珠箔猶遮隔雨燈。園禽新變斷腸聲。西北高樓臨大道。風到。琵琶胡語最分明。　獨倚熏籠温綺緒。無據。外邊寒暖夢中經。手織迴文雲錦字。心事。後期還許慰平生。

過澗歇近　岷江舟中，和屯田

西楚。挂片席、春晚柳綿飛空，水急灘聲疑雨。慰愁旅。萬一嬋媛佩玦，鳳吹臨前浦。曠望久，渺渺微波未通語。　往事重省，萬里乘風破浪去。海山天迥，經旬變寒暑。何似江頭，夕照光中，坎侯歌罷，自有待月留雲處。

驀山溪　雙十聞捷

隔城簫鼓，喧破愁霏晚。卅載語前游，擁黄鶴、玉梯天半。河山兩戒，休作畫圖看，曾幾夕，月華清，留照金尊滿。　好風吹送，帆影隨湘轉。千里指江陵，浪花中、峽雲初展。青春白首，有夢早還鄉，佳麗地，涴塵腥，燈火誰家院。

臨江仙　次均答孤桐

彈罷朱絃歌白苧，闌干十二閒憑。層雲隱隱盪胷生。嵐浮空翠合，霜肅老秋横。　江燕湘鴻開倦眼，照天寒燧休驚。西山晚色卜陰晴。樓臺金碧影，新月吐微明。

高陽臺

微雨中園梅始花

酥雨融泥，寒烟鎖黛，依稀江國初春。破兩三椒，梅紅恰近冬分。催年疊鼓匆匆裏，費歌聲、遏住行雲。怕東風，吹淚成冰，盪夢留痕。

老懷賸有閒哀樂，又兼天浪湧，連海塵昏。暝色高樓，長空斷雁遥聞。山中豹隱無消息，寄南枝、驛使何人。記花時，每倚雕櫳，同罄芳尊。

燭影搖紅

江南梅

衰葉疏林，霧中山色渾疑睡。野橋初見影橫斜，多少衝寒意。紅萼宜簪尚未。藐姑仙、低徊弄水。黄昏時候，羌笛聲聲，春愁吹起。

殘客天涯，玉籤還認花名字。一枝馳贈隴頭人，回首承平事。香雪西崦信美。路迢迢、東風剗地。鴟夷一舸，華表千年，重尋何計。

夜半樂

吴興張石銘富藏弆，精校讎，刊《適園藂書》，與嘉業堂並稱善本。石銘逝後，園燬於倭寇。改七薌畫爲園所自出，汪旭初爲石銘猶子秉三橅之，曰適園憶舊圖

釀春點點梅綻，山亭一角，殘夢紅羅譜。認醉墨盈牋，玉壺曾賦。傍林小築，餐霞舊隱，鷓鴣聲裏歸來，半郵烟雨。慣笑摘、青黄薦芳醑。

秘文檢校在手，隔葉芸香，涴衣薇露。東壁近、藜光深宵明處。逝波愁竭，危烽慘照，畫中晼晚樓臺，可憐焦土。漾寒緑、苕溪自終古。

向此休問，賸迹苔莎，未灰緗素。換短刼、華鬘亂塵步。倚斜陽、誰見岸柳參差舞。商調引、小阮哀絃訴。雁飛無軫孤雲暮。

鶴冲天 和東山

林鷺睍睆，常怕春光漏。堂北畫簾垂，如年晝。頃刻花催放，風信是、清明後。記夢詩千首。阮郎歸未，紅落冶桃溪口。　鴛鴦水上誇珍偶。也應佳會準，歡期久。五兩隨波駛，留恨與、琵琶手。緑染長堤柳。　幾番經眼，只道曲中人瘦。

西平樂 静石灣夜話，索旭初、尹默和，並謝百年士遠。原依彊邨本柳集，起拍十字於『苦』均分段。旭初據《詞律》，謂不可從。歸檢汲古本柳集及四印齋本梅詞，據改，仍竢考定

艸色粘天又緑，寂寞東川旅。佳賞湖船散後，陳迹零縑斷簡，殘夢斜風細雨。修蛇宛轉，雲裹飈輪偶度。引幽緒。　春白老，吟未苦。況是融尊鄭驛，有主朝花夜月，短箭留人住。聽廣樂、鈞天伴侣。摩挲淚硯，偃仰塵榻，還寄興，小園賦。極目江關甚處。可堪徧野，殘血哀啼杜宇。

内家嬌 婦亡十有三年矣，適逢誕日，讀大壯新詞，遂同其調

雨鎖高樓，雲迷斷嶼，啼宇嘯猿相繼。山河賸影，兒女癡情，半蓐蘭缸紅墜。舊夢玉臺伴侣，新題太真名字。簟竟牀、尚省當年度廝，魂返無自。　受祉。長生朱縷繫。繡户静饒佳氣。想同安遺事。任短枕留仙，素衣濺淚。艸艸蒲觴誰主，栖栖燕巢如寄。信遇甲、倏忽光陰，鏡容不分憔悴。

三部樂 壬午中秋無月

羣玉山頭，記桂子晚香，四天澄澈。片雲遮

斷，知妒誰家圓月。耐孤冷、偷藥姮娥，鎮繡簾罷啟，翠管空設。夢回角枕，唳雁吟蛩淒切。瞿塘寄蹤久慣，有素秋萬里，野烟遥接。多情許盟白水，教題紅葉。倘鮫人、淚珠未竭。星采爛、寒生貝闕。目送去客，愁泊岸、風利時節。

望遠行

岸柳初凋萬縷金。楓蘆交映氣蕭森。西風簾卷晚寒侵。黃花消瘦不勝簪。遼陽月，秣陵砧。自南自北雁無音。泠泠瑤瑟曲中心。青山江上幾晴陰。

淒涼犯

離亂以來，舊時吟侶次公、漚夢、盍簪、晦翁、太狷、霜厓、半櫻先後物化。與大壯話舊及之，愴然不怡。和白石，並寄述庵、叟素

玉樓路隔。塵黴冷、猗蘭逸句愁索。篆香尚裊，孤檠照夜，夢回天角。雞聲又惡。歎尊酒、情緣水薄。枉當年、旗亭畫壁，轉眼弔幽漠。依舊秦淮岸，老樹婆娑，久忘哀樂。櫂歌乍起，想桃根、淚珠偷落。細馬春過，有波外、閒鷗記着。甚曛黃、不許駐景，負後約。

謁金門

春夢窄。如虎東風連夕。踠地楊絲無氣力。調簧鸎語澀。河滿聲中故國。不忍聽伊消息。飄送落英流水急。武陵仙路隔。

其二

花外憶。飛燕似曾相識。滿徑蓬蒿王謝宅。玳梁何處覓。行徧孤邨荒驛。不忍話伊蹤迹。月夜佩環歸未得。四絃彈淚溼。

其三

寒惻惻。綠慘紅淒無極。拂檻春風如過翼。斷腸前度客。花下重逢有日。不忍望伊顔色。奪後燕支霜霰積。未秋哀草白。

鷓鴣天　癸未元巳，風雨中卧病花巖僧舍

曲水無觴堞隱笳。鳴禽高樹戀春華。一週甲子閒中過，兩戒河山夢裏賒。　牋墨燥，篆香斜。枕囊藥裹在天涯。閉門風雨餘寒峭，生意牆陰薺菜花。

高山流水　苦熱，和夢窗

噪蟬日日引炎風。徙高槐、藏影蘢葱。江上四天垂，涵秋望絕來鴻。荷擎蓋、似惜衣紅。清涼境，何處昏黃院落，澹碧簾櫳。寫浮瓜韻事，鄰客最情濃。槃中。空聞小垂手，隨拍舞、妙解旋宮。廷露起商歌，蔓葛轉怨蒙茸。賞心人、幾見良工。墨緣重，還問詩愁遣未，勸酌金鍾。儗羲皇有分，窓北儘忺慵。

玲瓏四犯

山雨來時，怳記得催詩，頭上雲暗。戰葉荷喧，飄亂淚珠千點。濃睡乍醒鴛鴦，盪倩影、鏡痕流豔。信露晨月夜非暫。留待後期重譣。　謝家堂户春陰澹。燕飛歸、畫梁分占。新雛舊侶秋如客，人自依闌檻。紈扇未必棄捐，竟喚起、平生百感。況去程一片，煙水濶，搖江菼。

洞仙歌　秋夜聽雨作

紅樓相望，黯啼痕愁嫵。歲歲巴山此時雨。

算開殘巖桂、彫盡池荷，風力轉，纔洗人間煩暑。　漏長明燭短，鄉味蓴絲，半翦淞波夢中語。恨事水東流、牀蟀禁寒，共瀟晦、鄰雞催曙。又滑滑、泥深似春郊，只不見、玄都種桃千樹。

一寸金

妃瑟泠泠，轉瞬微風起蘋末。正水天一色，雲開雨霽，東西相望，蟾生烏没。潭影翻秋雪。傷弦雁、唳寒陣結。經行地、菊老萸稀，過了重陽未酬節。　萬念交縈，江山如畫，登臺嘯聲發。問女星曾幾，分章雲漢，淮流似昔，籠紗烟月。三淺蓬萊水，魚龍戲、未堪坐閱。層濤壯、海若來思，笑擊珊樹折。

蝶戀花

緩緩歸來招彼美。車走雷聲，陌上香塵膩。花信更番過廿四。哀鵑啼亂斜陽裏。　强展芳茵消薄醉。艸長鶯飛，履舄知餘幾。風月一般惆悵地。敬亭山色荆溪水。

其二

潮落潮生瀘水岸。跕跕飛鳶，瘴霧淩晨變。忍作燕支顔色看。鏡中倭墮烟中怨。　欹雨綸巾麾渡扇。墜夢重尋，五月風波慣。衣帶一江流不斷。緘情説與西飛燕。

其三

聞道洞庭波又起。瑶瑟聲中，半蹙眉峯翠。洞口桃花如夢裏。薜蘿荒徑啼山鬼。　一段靈襟蘭與蕙。願轉光風，臨鏡紉秋佩。紅粒啄殘鷺鵡嘴。相思遥夜拚憔悴。

其四

夢迹雲朝連雨暮。峽口驚湍，山上巉巖路。兩岸猿聲啼不住。似勸凌波，早轉蘅皋步。搖落秋風多少樹。寒城一眺傷平楚。

彩雲歸

待老山古木千章，蔚然深秀，乃古洞雙桂擢後，松柟梧柏，日見芟夷。水鶴無巢，高霞孤映，扶笻四矚，不禁感慨係之

疏鐘墜響破烟霏。晝屏開、幾曲峯危。當霽天萬木如張蓋，樵徑引、艸色侵衣。閒中聽、亂鶯嬌囀，每雙柑自携。隱現觸牆遥指，地勝人稀。　何期。霜斤到處，好風光、過眼疑非。石泉淚湧，相向嗚咽，訴與斜暉。最不堪、空潭照影，倦鳥三匝無栖。雲關外，猶有殘僧月下尋詩。

生查子

雙雙海燕飛，灼灼千紅紫。處處探芳人，隱隱春雷起。　盈盈一水間，粲粲誰家子。黯黯歛長蛾，日日高樓倚。

其二

涎涎燕尾郎，手挾黄金彈。薄暮五陵回，白玉堂中見。　逢歌須盡歡，對酒休辭滿。溝水兩東西，明日聞長歎。

其三

青天碧海心，下九初三約。只苦路程遥，不悔因緣錯。　銀漢鍊顔時，咫尺雲羅薄。一度會雙星，多少填橋鵲。

其四

燕支百仞山，山下如花面。贈我玉連環，報以同功繭。　無端敕勒歌，吹送胡沙怨。昨夢出關來，未抵天涯遠。

其五

今朝蟢子飛，昨夜燈花結。萬一槖砧歸，正值清秋節。　徐揩滿鏡塵，邀下中天月。笑問錦屏人，何似天山雪。

其六

洞庭嫋嫋波，木葉蕭蕭下。玉簟感涼秋，銀燭憐遥夜。　對影不成歡，淚迸觥船瀉。一曲雨零鈴，分付知音者。

其七

櫻桃五見花，玉女窓前住。蛺蝶滿園飛，冉冉斜陽暮。　迴飇一以吹，咫尺迷紅雨。持淚勸殘英，莫逐東流去。

千秋歲引

玉管傳歌，銀屏記約。不分而今忽飄泊。寒雞報籌曉夢斷，孤鸞對鏡春情薄。海天遥，野風急，嶺雲惡。　南去謾憐栖樹鵲。東望更疑歸遼鶴。往日音書待燒却。沄沄素波連晚雨，娟娟翠篠垂新籜。鬢如霜，眼如霧，緊誰覺。

解語花　和清真

分山斷碧，墜葉飄黄，三五清光射。萬家鱗瓦。傳書雁、冉冉戾空不下。長謡變雅。拚掩户、瑶卮獨把。灰篆寒、猶有餘馨，染袂疑蘭麝。　前度珠燈照夜。記雙波流盼，春意

蕙清風 大壯和東山，余同作

留取鏡中花，雲屏低照。回首玉臺前，宛然嚬笑。風靜咫波平，萬古銀河道。鍊顏後，爪姑猶少。　呼吸蜃光寒，烟迷遠島。四面水樓燈，雨來今少。霓羽倚天聲，況有平生好。悔未住、翠壺終老。

丹鳳吟

杏雨沾衣時候，去水無波，流光疑滏。啼痕紅泫，凝艷孕香添色。淒涼最是，紫騮嘶徧，悄悄池亭，愔愔坊陌。嫩柳纔眠又起，萬縷拖金，重認游冶蹤跡。　鬬艸蹋青舊事，步塵碎屧餘響寂。夢裏驚鴻影，記秋千來往，曾照晴碧。窺人無語，約畧燕簾雙翼。鬢改顏凋巾唾在，盻行雲消息。似癡似醉，花外空竚立。

融治。送鉤題帊。微風過、細響暗驚檐馬。仙源近也。知幾見、露桃開謝。殘夢回、非霧非烟，剛曉烏啼罷。

臨江仙 檢舊稾感念

孤負天街風月好，豆花紅上衰燈。隔簾有意慰伶俜。九霄新雁影，四壁亂蛩聲。　往日歡娛今日夢，管絃何處春城。堆牀散帙任縱横。酒愁還突起，秋病總無名。

前調

卷地霜風侵客夢，幾回論鬢添愁。簾紋如水屋如舟。好音魚浪濶，殘篆獸烟浮。　夢裏渾忘筋力減，狂呼擊楫中流。高大丸月冷於秋。山河新舊恨，一笛正當樓。

虞美人

一年一度桐花凍。獨醒翻疑夢。伯勞東去燕西飛。惟有啼鴂夾道、勸人歸。　高樓望眼長空暝。笳鼓風前競。隔墻吹送賣餳聲。纔信客中時節、近清明。

下水船　和東山

春盡蘅皋路。鳴鳩還催誰去。風卷晴絲，依依鳳臺鴛浦。情幾許。林表山眉蹙暮。簾底歌唇銜雨。　會心語。只有陳王賦。波静游龍欲駐。千里輕帆，難追戲流塵步。悄回佇。一片斜陽煙柳，前日嘶驄來處。

高陽臺

濺淚花開，傷心鳥説，不關春早春遲。緑轉平蕪，高樓慣感單栖。夜潮驚散填橋鵲，歷星霜、深鎖葳蕤。步塵香，何處相逢，陌上人歸。　西園染柳熏桃偏，尚殘寒料峭，晚雨淒迷。難得鄰娃，隔花唱徹金衣。社前多少飄零燕，怨東風、謾繞空枝。尾翛翛，重定新巢，惜取芳時。

右《麻鞋集》存六十五首，二十三年作迄《臨江仙》，末五首爲二十四年作

以上《倦鶴近體樂府》卷四

鷓鴣天

又染黄金上柳絲。春風初轉魏王堤。啄餘鸚粒珠論斛，换後鸞巢玉作枝。　尋舊夢，譣新詞。宜簪小萼訝紅稀。林禽一片纏綿語，腸斷花陰竚立時。

修蛇感歲華。

減字木蘭花　葉楚傖挽詞

翦淞有夢。三十年前箋管共。晦雨鳴雞。記得杯乾燭跋時。　東風似虎。刼後春光懷故土。小住星軺。不分騎箕上碧霄。

齊天樂　歸後半載，波外翁至，執手相勞，喜極而悲

頻年漂泊西南後，苔岑久忘同異。半折芳馨，千莖鬢雪，携手危闌重倚。羈塵暫洗。正烟月籠紗，晚天浮霽。鏡展山屏，向人猶鬬舊眉翠。　番番花信過了，駐驂還認否，觴詠前地。樹雜鷺飛，堂空燕宿，如説人間何世。因風皺水。怕纔息驚濤，又添新淚。倦眼慵開，乍逢如夢裏。

其二

淺淺雙鴛印碧苔。秋千影裏舊池臺。依稀露葉烟條在，辛苦風晨月夜來。　花作障，酒如淮。春前春後費安排。誰憐瘦損相思骨，稱體新衣未翦裁。

其三

靈鵲檐前聽未真。關山萬里夢歸人。杏含紅淚難爲別，苔繡青錢買得春。　傾白墮，送黄昏。葳蕤不分鎖花魂。九衢流潦兼旬雨，惻惻殘寒晝掩門。

其四

油碧稀逢陌上車。東西勞燕滿天涯。團圞有願酬奩鏡，哀怨無端訴塞笳。　零雨過，晚風斜，錦帆早晚下三巴。窺簾半額高丘女，宛轉

四字令

前後徧一二句暗韻，沈雄說

風吟露吟。霜侵雪侵。晚來庭院愔愔。采寒花自簪。　琴心妾心。青衿子衿。去鴻消息沉沉。自前春到今。

水調歌頭

飛閣跨空起，涼雨永今宵。夢濃偏易驚破，簾外一薎蕉。鈿合金釵猶是。艾納都梁灰未。魂斷若爲招。自倚側商調，分付隔牆簫。　繞枝鵲，棲幕燕，此生勞。縞衣絳袂，相望相慰說蘅皋。僂指中秋來日。瞥影雙星前夕。有路極天遥。又恐西風緊，落木下蕭蕭。

臨江仙引

北客書來，譜此記之

暮景，畫裏，東去水，北歸人。關山到處愁痕。

賸亂鴉枯樹，送殘日孤雲。風前駐馬，變徵有聲，誰唱惜餘春。　浮生百年如過客，忘憂幾度微醺。已素秋天氣，況烟靄紛紛。寥空望眼未展，往跡歷刼休論。

驀山溪

重九集桃葉渡口酒樓，越翼日聞曹纕蘅赴

延秋有約，宿雨初開霽。門巷未全非，定新巢、當年燕子。伶俜十載，唱徹念家山，闌檻外。西流水。省識重來意。　持螯薦酒，賓主東南美。泚筆賦星雲，玩珠峯、瑞光凝紫。茱萸插罷，鄰笛一聲來，哀樂事。人間世。回首西風裏。

三姝媚

西風驅過雁。問朝昏陰晴，幾回經眼。舊日

旗亭，向酒邊慵較，夜寒深淺。彩筆誰題，愁未掩、蛛塵蝸篆。醉裹朱顔，猶是歡逢，鬢霜驚換。何處嗷嘈絲管。怕幻出春聲，夢緣終短。呪鉢生花，傍綺筵曾訝，歲闌重見。黍律初吹，還未有、尋芳鷺燕。待動何郎詩興，番風自轉。

鳳銜杯　登雨花臺

高城不礙登臨眼。烟樹外、大江如線。坐對周遭，山色斜陽晚。應皺了、觀河面。　野風長，市聲遠。寒碧照、刼塵無算。往日諸天法雨、花千瓣。色相真耶幻。

瑞鶴仙　有客誦『苦恨年年壓金綫』之句，爲賦其意

老生涯綫壓。佳興少，物候都忘伏臘。勞歌自爲答。買吴絲新繡，能言秋鴨。香留玳押。信篆心、無負艾納。苦燈昏夜冷，重與唾茸，强起搜篋。　說甚文章錦樣，在手金針，穩身珠袚。紅遮翠帀。交輝處，艸花雜。算相逢，儘有長安佳麗，羅幕誰認舊褶。羨田家最樂，春滿罫畦菜甲。

應天長　和清真

浮空霧冷，迎路堠殘，山川换了愁色。尚有數竿修竹，調飢鳳能食。繁華地，身是客。幾夢裏、慰人岑寂。翠尊共，一片笙歌，舞榭茵籍。　何事幻鈞天，大塊文章，光自射奎壁。半世步苔垂紱，狂吟杜陵宅。歸來晚，經故陌。繞樹後、夜烏無迹。展青眼，野外遥烽，前度曾識。

鷓鴣天

賃廡南岡，爲故友鄭仲期所築。撫中庭卉木，憶曩昔唱酬，余懷愴然矣

投老無家又卜居。竹頭木屑刼灰餘。定巢猶是頻來燕，將子真成暫止烏。　宵鬥酒，晝呼盧。十年前事感黄壚。中庭翠柏渾無恙，徑尺陰成且讀書。

菩薩蠻

冰紈裁就西風起。香殘燭灺銀屏底。人境冷於霜。菊花猶未黄。　奇峯天外出。吞吐中宵月。西北有高樓。緯啼金井秋。

浪淘沙

蔡嵩雲《竹西鴣唱》題詞

風卷海波腥。桃李荒荆。迷陽有曲夢無程。收汝淚縱横。回首可憐歌舞地，如此蕪城。　目斷遥青。孤蟾冷傍亂烽明。日暮鄉關何處是，野老吞聲。

歸去來

請老後作

衰鬢欹冠慵整。殘夢春婆醒。松菊相依來時徑。看雲起、四邊静。　杯底香醪冷。餘情寄、琴音詩興。駒光過隙宫槐影。風和雨、幾回聽。

念奴嬌

煙雨軒爲明東園故地，雉堞舃潭，汀蘆堤柳，與陶然亭相似

軟紅不到，傍舃潭依約，江家庭宇。輕薄榆錢飄欲盡，惆悵春歸何處。清角吹愁，飛車輾夢，三兩閒鷗語。蒹蘆高柳，六朝烟水如故。　臨鏡螺黛新描，隔城山色，曾濕東風雨。晴意雌霓弓樣小，簾影陰陰垂暮。朱鳥來時，黄鸝囀後，聊共流光住。天涯芳草，漲波遮斷

前路。

齊天樂 玄武湖楊氏淵廬爲孫少江慵廬遺址，落成索題。回憶往來湖上與少江結鄰之約，忽忽二十餘年矣

嘯臺高處登臨廢，秋烟尚籠堤柳。帶郭人稀，横舟岸濶，殘客重來時候。芙蓉渡口。又斜日窺簾，片雲低岫。百卉都腓，徑開如見歲寒友。　湖山吾土信美，買鄰金不惜，幽抱輕負。鬢雪千莖，絲縈半縷，愁入汀蘆塘藕。移喧妙手。羨丘壑能專，宛然堂構。五鳳修成，眼中空萬有。

右《松徑集》存二十一首

以上《倦鶴近體樂府》卷五

鷓鴣天 重游渝川，喜晤西溪，次見贈原均

濁酒能温舊雨情。十年前事話伶俜。錐囊脱穎文峰塔，畫出江干霧裏城。　容待臘，意慳晴。幾時柳暗帶花明。朝朝曳杖南山路，庾信文章更老成。

鳳銜杯 寔父和我《雨花臺》韻，寄詞見招，却報

看花霧裏重開眼。抛斷了、壓衣金綫。一卧滄江，誰道相逢晚。依舊是、廬山面。　艸堂深，市塵遠。寒漏轉、曉籌添算。待展瓊枝玉蕊、春心瓣。净洗烟雲幻。

應天長 信宿平居話舊，和清真

遥岑露爽，斜照破陰，秋英未改佳色。惠我素箋稠疊，場苗勸駒食。槃阿地，滄海客。市未

遠、頓殊喧寂。笑相遇，驛置尊開，野徑苔籍。殘夢尚依稀，淚炬宵闌，孤憤醉呵壁。問字蹔留車轍，愔愔子雲宅。沙痕淺，橋下陌。倚驅馬、謾尋題迹。似簾底、語燕頻來，芳信能識。

菩薩蠻

輕舟蕩漾烟光裏。蓉裳荇帶驕羅綺。隔岸一聲歌。襪塵生素波。　青荷持作鏡。花面交相映。短夢羨鴛央。西風今夕涼。

柳梢青　賦菊，贈華陽朱懋先

壽客精神。西風簾外，幾度朝昏。骨換丹成，迴燈就影，帶雨移根。　霜邊多少春痕。任澹澹、無言似人。不厭相看，蓉城秋錦，玉壘晴雲。

暗香疏影　討春汪山，梅已半殘，山茶初綻，循清水溪而返

絳衣玉骨。幾釄寒自忍，徘徊明月。步綺稀逢，香海而今已如雪。休恨尋春較晚，風外笛、江城吹徹。算翠禽、畢竟多情，邀我入仙闕。　交映苔蹊蕙磴，似人半醉醒，茶韻嬌絕。不掩清光，夾道煙嵐，靜裹溪流千折。相將一試山泉味，又咳唾、紛飛瓊屑。指兩三、含萼桃枝，後約阮郎先結。

楊柳枝

銅駝陌上曉煙浮。凝碧池邊晚雨收。九十芳韶誰解惜，連年舒臘又零秋。

其二

狼籍東風半雨晴。江南多少亂飛鶯。短條折

盡長亭晚，知唱陽關弟幾聲。

其三

帶雨移根著意栽。兩行陰裏素馨開。晴光長憶龍池水，曾照宮腰瘦影來。

其四

笛聲飛上最高樓。夢裏遼西斷昔游。春水一匳金萬縷，幾回天際誤歸舟。

其五

樹猶如此我何堪。往事依依種漢南。到底庾愁消不得，西風一夕愴江潭。

其六

玉門消息怨春遲。羌笛風前有所思。輸與酒旗歌板地，柔荑先見向西枝。

其七

罨溪妝閣鎖春寒。眉樣誰描月子彎。不信小蠻新罷舞，三眠三起畫中看。

其八

依舊煙籠十里堤。曲池彌望艸萋萋。多情爲我歌金縷，半屬城烏半棣雞。

其九

金粉樓臺夢裏歸。年時染汁上春衣。而今只有花如雪，化作流萍不肯飛。

鎖窗寒　和清真

候火新槐，輕煙散入，幾家簾户。韶華逝水，轉瞬落紅如雨。有頻年、定巢燕來，乍逢久別呢喃語。想杏花巷陌，青帘風颭，那時行旅。朝莫。曾經處。恣鬬勝分曹，雉梟格五。

摩挲醉眼，萬里飛雲無侶。艸萋萋、堤柳自青，遠筝夜急腸斷否。顧啼鴂、爲我留春，永日諧觴俎。

荷葉杯

滿地月明如畫。回首。望江南。故人千里斷消息。天碧。水拖藍。

其二

翠鈿玉釵寒顫。人面。小桃紅。別情春思兩無奈。回睞。背東風。

蕃女怨

曲闌花影春晝午。乳鷺啼樹。遏雲調，迴雪舞。畫堂深處。白門寥落意多違。幾時歸。

其二

鏡花奩月池岸路。非煙非霧。鬢邊蟬，釵上鳳。相逢如夢。夢中山枕隱濃妝。鬱金堂。

遐方怨

煙漠漠，艸離離。巷口斜陽，謝堂而今無燕飛。一春須有憶人時。刺桐花落盡，鷓鴣啼。

沁園春

坐對南山，悠然有會。元人詞疏快、雅潔、平博，力求自然，乃宋詞、元曲關鍵。偶效其作

高閣臨江，岸隔雲連，山屏鏡開。問人生幾見，青蕪變海，春光依舊，紅藥翻堦。清水溪邊，文峰塔下，裙屐年時攬勝來。空中語，甚張霄成幄，有酒如淮。池臺。半掩風埃。向老地、荒天倦眼揩。但濠梁託興，觀魚知樂，華亭引唳，與鶴爲儕。萬事由天，一聞放我，石上題詩掃綠苔。心安處，即祇園舍衛，

弱水蓬萊。

滿庭芳 懷霍松林羊城

籠柳堤烟，過牆淮月，寄情今古悠悠。徑開三益，松菊幾番秋。琴趣無弦有會，新聲播、山晚青留。君曾手録拙稿，所造亦日進千里，故以山村、蜕巖爲比。烟波外，連緜不斷，天北是神州。雲浮。游子意，秦關萬里，終日凝眸。溯書光藜杖，機影燈篝。無恙春暉寸艸，歸期阻、清渭東流。桄榔下，鷦枝偶託，重賦仲宣樓。

應天長 仲堅寄示《苦雨》詞，依原和清真均奉懷，並以壽之

池蓉媚晚，巖桂孕秋，丹砂鍊汝顔色。暗許螽魚同樂，神仙字三食。滄波路，誰主客。似閉雨、院梨春寂。送歸棹，七二丁沽，海上廛籍。無恙舊吟身，劍氣珠光，懸象應東壁。坐對溜霜柯葉，森森錦官宅。千絲柳，懷御陌。數載酒、聽鸎蹤迹。罨溪影，短鬢婆娑，臨鏡重識。

滿江紅 己丑立秋

玉露金風，等閒換、人間秋色。憑問訊、就荒三徑，緑蕪陰積。擎盖雨中荷幾尺，曳聲枝上蟬無力。甚已涼、天氣未寒時，難將息。流不轉，支機石。歸何計，浮槎客。況鄉心同處，可憐今夕。千里火雲山燒赤，一畦菰米波沉黑。謝艸螢、還伴老吟身，高樓側。

浪淘沙慢 和清真

眼前又，荒波斷梗，蔓艸頹堞。霜角清音漸發。霓裳曼舞頓闋。自陌上花時春緒結。晚

風路，百轉千折。甚燕子辭巢尚能語，芳塵竟遼絶。　嘈切。爲誰怨寫空濶。正岸葦蕭蕭，沙痕凈、縹緲孤雁咽。嗟旦暮悲愉，人境全別。淚泉易竭。臨鏡屏、聊伴窺簾寒月。

殘畫螺青山層叠。方壺小、世情未歇。片雲吐、傾天疑補缺。夢中見、碧海澄秋，萬竅寂，明霞擁佩歌迴雪。

醉蓬萊

余以戊子四月懸車，九月余弟仲猷歸里，把酒持螯，極晚歲對牀之樂。比冬，仲猷一病不起。余旋視女東川。轉眼經年，適逢重九，和東坡贈徐君猷之作。同懷永別，哀甚於良友臨分矣

記人生樂事，無雨無風，去年重九。親結萸囊，更簪花盈首。老屋東西，乍來胥宇，分歲寒相守。謝艸微吟，陶籬有託，不堪懷舊。

滿眼青山緑水，還是景物關情，雉梁三嗅。南鵲孤飛，繞道旁疏柳。有夢持螯，對菊幽賞，未笑逢開口。萬里尋聲，秋墳詩唱，酹君清酎。

殢人嬌

平居春深，有殘菊，寔父采之，與碧桃、杜鵑同作瓶供。昔夢窗賦四香，艸窗賦三香，三妙，皆同時物。兹獨異是，譜此記之

待得春來，幾許輕嬌薄媚。渾無恙、寒泉風味。三更月上，謾孤枝愁倚。窺洞鑰、仙風宛然吹袂。　素面承恩，絳綃貯淚。閒相伴、畫堂醒醉。秋心與證，有壺中天地。應不數、尋常萬千紅紫。

水調歌頭

香山詩曰：『共把十千沽一斗，相看七十欠三年。』今年上巳，索居止酒，爲下轉語，並以自壽

記得白公語，七十欠三年。十千一斗酤我，休惜杖頭錢。徧地春聲歌鼓，滿眼斜陽烟艸，思發牡丹前。曲水自今古，風日爲誰妍。住爲佳，聊復爾，愛雲山。浩歌未已，花外新月一鉤懸。最好平安傳語，道是霶殀有準，萬里下吳船。但願人難老，不羡酒中仙。

鷓鴣天 庚寅七夕

山月娟娟度薜蘿。蟲聲今夜得秋多。苔陰零露涼於水，江上停雲薄似羅。催短箭，託微波。幾曾真見鵲填河。人間儘有羅池客，織倦耕慵奈爾何。

一萼紅 道旁紅梅，八月忽放一蕊。和白石

野橋陰。有三花兩蕊，巾幘記曾簪。烟雨黄肥，池亭緑净，芳事無奈消沈。素商換、涼颸乍入，又樹底、催老舊啼禽。長老花光，故人何遜，乘興誰臨。蒼苔猶斑，丹霞獨豔，幽徑還耐追尋。信仙夢、羅浮早覺，算今宵、應是價千金。恍若傾城路逢，一顧情深。

水龍吟 午夜聞蛩聲，時立冬數日後

宛然十月豳詩，繞牀病蛩霜天語。纔連又斷，將嘶先結，疑吞疑吐。萬竅齊瘖，四更初打，緘愁誰訴。念鰥魚不睡，重衾尚戀，淒涼境、渾如許。 還問蠶絲盡否。想依然、三星機杼。幾家孀婦，熏籠斜倚，寒衣未絮。雨雪霏霏，閉門塞向，無聲尤苦。記秋風乍起，哀音替寫，有歐陽賦。

風入松

四時芳序等閒過。老子况婆娑。倦游諳盡江湖味，雁孤飛、萬里雲羅。霜信變衰艸木，蟾光倒影山河。　鏘鳴鸞鳳曲中多。獨寐不成歌。風停雨霽如年夜，甚燈前、歸夢偏訛。濁酒愁城能破，凄清無奈秋何。

臨江仙

更生姪書告除喪，仲弟之歿已逾大祥矣

裘葛兩更駒過隙，荆花無分重開。人生到此有餘哀。燈牀風雨話，除是夢中來。　一瞑隨塵知未悔，煩憂不到泉臺。青山終許骨同埋。伶仃嗟我老，抑塞惜君才。

水龍吟

辛卯立春，爲太陰曆小除日。憶五十二年前值此，半唐老人與瞻園師倡和有作，爰追和之

閉門羈緒蕭寒，病中那計春遲早。爐邊燭下，無端破涕，䩄然微笑。首尾迴環，一年時序，錯疑顛倒。看娟娟綵燕，迎人欲語，芳心逗、知多少。　休問東風誰借，已争先、樓臺花鬧。太平鼓笛，青紅兒女，忘憂却老。待酌屠蘇，與題帖子，祭詩纔了。有春情一縷，隨梅趁柳，似游絲裊。

戚氏

淼無邊。一色秋水與長天。野鶩沙鷗，雨絲風片儘留連。無端。向蓬山。祥光晻靄白雲間。層樓峻閣何許，氣吐如蜃海波寒。縹李彌望，藍橋伊邇，附書冉冉青鸞。怕緇塵未濯，潢潦方長，迴顧人寰。　誰遣。滯客槎

還。旌旆遶徧。迤邐路三千。曹騰際、故園心眼。小刼華鬘。帝鄉寬。夢醒暗省，銀河不解，鍊我韶顏。駟虯跨鶴，郢説齊諧，綺語還賦游仙。　信有清虛境，非垂露筆，妙處能傳。況是明璫翠羽，似名花未肯霧中看。不成倩女離魂，少兒倚醉，情比吴絲短。聽數峯、江上湘靈怨。今古事、流響空絃。會意時、懵欲忘言。浸明月、夜色照闌干。記閣黎院。高柯墜影，荇藻庭前。

杏花天影

白雲紅葉啼幽鳥。似春色、桃溪夢覺。記曾人語此中聞，短櫂。恐迷津、未許到。　荒山道。寒煙亂艸。信扃户、閒吟自好。有人秋水隔蒹葭，一笑。又無言、但坐嘯。

慶春宮

寒熨梅枝，春歸梨苑，信風過眼堪驚。疑雨疑雲，非煙非霧，曉簾百變雰殅。久無佳興，俊游嬾、裁詩未成。高樓顒望，還幸初陽，天際暄明。　飄流謾惜殘英。山映千紅，人豔傾城。波轉通詞，塵飛隨夢，競催絃管新聲。海山重誓，第一是、花開太平。好音懷我，蝶使蜂媒，特地關情。

鷓鴣天

一碧雲羅雁影稀。鬢花曾與卜歸期。可憐酒醒香銷地，又是烏啼月落時。　人不寐，夜何其。白頭吟望苦低垂。淚痕明燭秋光冷，説與堦蛬恐未知。

金縷曲

青鬢還餘幾。送流光、一年一度，秋風容易。寵柳嬌花春九十，經眼都成往事。但涼夜、天街如水。何處廣寒清虛府，感飄零、法曲人間世。心影在，雁聲裏。　夢中重見雲霞綺。想山妝、依然明浄，晚香薌桂。初日芙蓉金英菊，倘與衰翁料理。甚詩酒、尚堪驅使。人事音書寥寂久，問徑中、三益今誰是。炊黍話，一彈指。

踏青游

一春多雨峭寒，欲歸未得

時節清明，依然峭寒簾户。又盡日、如膏酥雨。怪今年，曾不見，紫紅酣嫵。但夢裏，長堤秉蕳臨水，南陌探芳盈路。　鬱鬱松楸，家山望中何許。況值此、灰飛百五。願春遲，憐老病，心期仍阻。洗倦耳，愁鵑向人啼罷，獨倚畫闌無語。

絳都春

有詠社稷壇芍藥者，率同其調。計余丁卯出都，正值花時，今二十五年矣

揚州夢乍。念瘦減帶圍，瓊枝題罷。繭栗寄情，婪尾行歌年時話。參天千尺蒼雲罅。記畹晚、斜陽亭榭。倚闌無奈，將離意緒，翠陰初夏。　三雅。花間自遣，探芳訊、又是紅翻堦下。色相未空，時世妝成春無價。柔香長繫秋千社。問誰信、霜絲盈把。待教幽徑重尋，臨醉顏替寫。

滿庭芳

太平花，依程垓體

妝靨春遲，繁英雪綴，望中柯葉離披。午陰濃處，香色一般宜。井水能歌柳七，蓬萊醉、還

欠新詞。仙城迴，青光蕩射，豐瑞漫然疑。無窮今古事，瓊華價重，瑶圃根移。要普天開偏，玉樹交枝。廿四番風過也，芳盟訂、多少心期。車書一，衣冠萬國，同詠放翁詩。

倦尋芳 題孫正剛歲寒詞隱圖

夢程雁後，詩思花前，闌歲新餞。慘緑年華，春盎鏡中真面。立雪蒼茫邀鶴守，盤松夭矯欻龍見。費銷凝，是臨風岸幘，晚笳催徧。　問窈渺、騷心誰會，無數峯青，江上人遠。技比雕蟲，識字子雲同歎。非色非空風味在，閒雲閒雨文章賤。振天聲，好探驪，懦絃千變。

徵招 滬瀆無山，壬辰重九，閉門不出，連日以傳抄碧琳琅館本及傳校毛抄本，校吴伯宛過録勞顨卿本《全芳備祖》

青山不到登樓眼，滄江此時羇旅。令節强爲酬，渺秋山何許。菊叢清淚聚。筭餐得、落英如故。轉轂牽愁，覆杯成夢，者般情緒。　有女想高丘，明霞豔、空中佩環無數。老至覺懽疏，漸天寒日莫。絶絃還獨撫。忍芳事、暗消尊俎。晚風起、唧唧商聲，唤醉翁同賦。

清平樂 題冒鶴亭水繪庵填詞圖

高山流水。不是閒宫徵。祖硯相承三百祼。一樣滄桑身世。　白頭詩酒生涯。連年泛宅浮家。夢裏影梅庵在，經冬老樹初花。

瑣窗寒 寒流

度水穿沙，侵肌砭骨，野風驚驟。聲嘶萬馬，夢裏疑無疑有。偏南枝、乍含凍蕊，路回嶺表新鴻瘦。是紫雲大漠，寥天寒籟，破空來後。

依舊。詩魂逗。怕倦擁重衾，吴棉冰透。尖叉韻險，暫與消磨尊酒。聽邊笳、催起莫愁，倒飛鏡撲霜信又。運陶鈞、氣轉陽生，待臘先舒柳。

玉燭新　癸巳歲朝

窮冬風雪後。偏萬户千門，好春來又。歲華换却，情天話、暢飲屠蘇時候。纖塵不涴，早霽色窗明清晝。懂事認、一紙盟書，三年未離懷袖。東風自此無閒，看染柳熏桃，向來稀有。素心未負。前夕與、燕綵蠟花相守。河山錦繡。倘賦得椒花千首。憑聽取、兒女青紅，笙簫競奏。

陌上花　與貢禾、仲容薄游滬郊

關河萬里重逢，誰信鬢霜成縷。走馬芳郊，猶是向來情緒。幕天席地花陰坐，不醉不教歸去。怕無言、换了露鷺風燕，冶春將莫。草青青似染，征袍看徧，漫憶京塵緇素。宛轉情絲，過眼夢痕如雨。客中歲月沙邊約，還問當前鷗鷺。儘平生、未改中年哀樂，墜懽何許。

疏影　題繆子彬校書圖，並以爲壽。子彬，藝風先生子

騷心韻客。喜一陽始復，春在蘭室。烟水江南，週甲光陰，翩翩徧數㞸屐。傳經一代劉向，尚記得、燃藜東壁。想近來、足用三冬，亂葉掃時思適。重過南岡未忍，舊游共鶴館，芳訊都寂。獨抱遺芬，薄采秋芸，顧託成書增色。因君觸我家山念，五十載、雪門蹤跡。似夜窗、閒説開天，擁髻粉娥頭白。

月華清

連夕陰雨，中秋後一日放晴，月分外皎潔，是日值秋分節

江雁涵天，階蛩吟露，素娥今夕初見。水令翻新，恰好剪秋一半。瓊樓迥、金鏡誰磨，蓮漏永、玉繩徐轉。相伴。自廣寒游後，芳期能展。　吴質不眠已慣。怕老樹婆娑，斫來還滿。小影山河，勝隔霧屏雲幔。縱未覩、昨夜星辰，忍負却、故園心眼。良願。要人間普照，清輝無限。

念奴嬌

西溪函告寔父怛化，詞以抒哀

夢醒莊蜨，只没不知時，悲來誰語。三百梅花身世老，常與白鷗爲侣。小技雕蟲，高才倚馬，多少驚人句。殘莎欑水，輞川烟景非故。　蒼長憶翦燭當年，喁于互答，曾聽西窗雨。蒼狗白衣千萬變，山色陰晴朝莫。玉壘浮雲，金臺夕照，舉目成今古。沾襟墨淚，浩歌天問懷楚。

醉翁操

寒風颯至，雜以凍雨。瓠盦拈此調督余，與柳溪同作

蕭騷。終朝。風號。雨瀟瀟。周遭。驚烏夜飛迷其巢。葉黄千樹飄飖。前路遥。野外雁行高。説嶺梅早寒怎消。　太平氣象，聲斷嗚條。載詞載舞，唯有鸞笙鳳簫。心以何而忉忉。影以何而刁刁。雲涯迴望勞。相思朱顔凋。冷意透霜袍。破愁誰共持醆醪。

晝錦堂

老柳條髡，疏梅影瘦，惻惻如此春寒。過眼朝霏夕靄，隱約遥山。天街如酥含夢雨，逝波無

語惜華年。簾櫳莫，客燕未歸，巢泥舊迹都殘。重看。綃霧冷，芳草地，依稀環佩珊珊。最苦神娥，不肯暫駐仙軿。綺懷空結紅塵裏，黛眉常鎖碧雲間。光風到，終遣有情花藥，替展歡顏。

水龍吟　甲午重九小集市樓。押入聲韻，用紫霞翁説

舉頭窮目無山，朅來慣作春申客。雲羅萬里，涵空新雁，江南江北。酩酊須酬，九秋佳節，依然今日。願茱萸插徧，年年此會，天難老、情何極。　　瞥眼黄花七十。感枯榮、前塵歷歷。持螯有約，題糕不敢，夢中追憶。重過西園，木犀無隱，拒霜猶力。漸明蟾照野，寒蛩在地，又砧聲急。

摸魚兒　題程仰坡西湖十景圖詠，用張成子《重過西湖》韻

映虛瀾、淡妝濃抹，塵香隨處堪浣。西城倒影空明鏡，心與白雲俱遠。鸎解唤。唤不轉、寒潮寂寞錢塘岸。繁華夢短。悵聚景梅荒，芸居燕去，天水暗中换。　　經行徧。曾記青春作伴。萍蓬蹤迹何限。他鄉無此湖山好，歸思轆轤千轉。情未嬾。任竟日、吟風弄月晴窗畔。單衣淚滿。怕夕照依然，雷峯不見，重過舊亭館。

踏莎行　題螺川詩屋雅集圖

卉木扶疏，琴尊瀟灑。天然愛酒能詩社。分章雲錦擅迴文，采桑一曲謌詞雅。　　曹霸丹青，范寬圖畫。珠聯璧合璠璵價。座中白髮

老維摩，拈花一笑春無罅。

以上《倦鶴近體樂府》續集（含一九四九年後詞）

以上《倦鶴近體樂府》

前調 味蒓園訪菊

敗葉漂紅，荒烟減翠。海天涼歘浮空起。當門衰柳尚婆娑，無言淡到斜陽裏。　過雨魂清，經霜夢悴。花陰人凭西風醉。秋光得似故園無，餐英重憶兒時味。

浣溪紗

碎剪輕羅葉葉衣。秋雲澹薄雨霏微。已涼天氣未寒時。　鏡裏驚看斑鬢影，尊前重譜斷腸詞。荻花飛盡雁來遲。

齊天樂 椰

芳郊無限青蔥意，驕陽欲遮還漏。葉碎篩雲，蓋圓閣雨，一桁簾波吹皺。龍門自有。似百尺高桐，翠皮霜溜。不解飄零，素心留證九秋後。　山前乍逢飯顆，早寒星墮影，飛滿懷袖。瓠落誰憐，膏煎自苦，贏得澆胸杯酒。銀刀試剖。又蠟蜜分甘，膩黏櫻口。漫想花時，海天凝竚久。

木蘭花 用李後主均

天山一夜催寒雪。瞥影飛鴻驚散列。半空樓閣望都迷，別院笙簫吹欲徹。　琵琶舊譜翻金屑。譜入鵾絃聲切切。誰憐長樂殿中人，依樣玉門關外月。

浣溪紗　宋鈍初歿一年矣，海上故人祭之徐園

鬧杏東風紅剗地。灑窗冷雨絲絲淚。返魂香篆傷心字。　大招一賦詞猶費。千古瀟湘嗚咽水。女蘿幽徑嘑山鬼。

聲聲慢　題秦滌塵《淮海先生詩詞叢話》

微雲情緒，小石宗風，蟲絲夜吐秋深。月冷鉤殘，天涯無限傷心。瀟湘帶愁流後，有黃鸝、長伴孤吟。寥落感，是人和天瘦，又到而今。　重把珍聞收拾，對飛花片片，獨弔藤陰。劫火灰乾，人間享帚千金。方回一般腸斷，更西河、墨淚盈襟。芳草恨，算江南、幽夢未沉。

眉嫵　河東君妝鏡背銘二十字曰：『照日菱花出，臨池滿月生。官看巾帽整，妾映點妝成。』唐物也

記祠龍江上，化鵲人間，宮史鑄天寶。未洗銅仙恨，嬋娟瘦，蘼蕪春艷重炤。膩塵廝擣。伴硯奩、沉水香裊。賦情在，玉夜芙蓉舫，問詩句誰好。　朱鳥。窗窺春曉。怕鬢霜新染，慵整巾帽。吹落圓蟾影，凝愁處，瓊樓仙佩聲渺。翠菱又老。暈淚痕、村豆紅小。但新研吴牋，重拓取、黛眉稾。

還京樂　題徐仲可填詞圖

放歌地，說似危闌柳色禁腸斷。記夢雲來去，段橋月暝，蠻江春煖。更暮笳催徧。弓衣涴墨邊愁澣。甚暗裏，心事付與，青燈書幔。　把珠簾卷。燕歸來，剛趁斜陽淺碧，都迷芳草淚滿。頻年怨別傷高，問人天、瘦殺誰管。費銷凝、仍故國春回，殊鄉歲晚。譜入南樓笛，

江梅驚見紅綻。

減蘭　題周芷畦水村第五圖

壺天春小。華髮青山驚換了。莫雨如絲。打槳聲中唱竹枝。　吴魂重覓。唤取楓漁分片席。無恙唫身。穩卧寒溪一嶝雲。芷畦自號汾南漁俠，著有《柳溪竹枝詞》。

秋思　題蕁薎十年説夢圖，用夢窗均

心影燈船側。看莫雲、殘樹未消寒色。箏柱罷調，鏡奩重展，愁入春窄。更南國相思、浪抛紅豆自歎抑。向二泉、波映碧。問醑擘椰瓢，楫横桃渡，遍數繫驄前地，定誰堪憶。　清夕。霜毫潤滴。淡翠螺、嫵態羞飾。怨懷争托，江山如畫，浩歌雪白。送落日啼鵑斷腸，憔悴成病翼。料倦客、應共識。算步卻迷陽，哀時詞賦换得。夢隔天南地北。

千秋歲　《樵歌》有《千秋歲》壽人詞，較淮海多一字，四聲亦畧異。依此壽仲可

畫櫳風霽。泛盞冰梅蕊。赤霞暎護西湖水。奩開霜影健，人倚花陰醉。賦情遠，寒雲研色傳心事。　惹袂爐香細。巧篆神仙字。頻放眼，滄波地。河山應不改，海雨飛無際。春駐久，瑶華種滿蒼龍起。

憶舊游　春日偕玨庵、揮孫登江亭

共停韉柳外，步屧菭陰，清興依前。十日餘寒淺，忍重門閉了，輕放春閒。亂雲暗迷殘堞，迴照夕陽殷。尚杏粉天黏，蝶衣香重，芳景争妍。　頻年。醉遊地，認蘚壁留題，墨雨痕鮮。丞相祠堂近，又無多朝士，難問貞元。燕

人祠張文襄於龍樹院，與江亭一水相望。野花徑曲誰見，濃翠失西山。但拂地風柔，平池廢緑生細湍。

倦尋芳　孟符丈用夢窗贈李憐均寫杜牧成陰之感索和，賦此，殆所謂下轉語者耶

鬢霜照影，衣霧銷香，人似秋燕。巷陌愔愔，還記楝風吹面。一曲琵琶江上住，九天環佩雲中見。費纏綿，是弓彎半折，睩波雙翦。　又幾許、春愁秋怨。月上花梢，落徑立徧。翠羽稀逢，衫袖啼痕重看。洛女輕回神渚步，劉郎空歎蓬山遠。訴東皇，再休隨，絮萍飄梹。

以上見稿本《舊時月色齋詞》

菩薩蠻　觀春郎《孟姜女》新劇，爲亞子告

婆娑一樹相思子。春風讓與問桃李。甚處着

閒情。人間愁夢醒。　無聊惟送別。轉盡腸千結。淚雨一絲絲。問君知不知。

玉京謠　亞子遊滬，爲春郎作三日淹，今歸矣。倚夢牕自度曲以當歌驪，想亞子、春郎同一黯然也。亞子約余尋夢西崦，卒阻未果，故詞中及之

酒緑燈青夜，十日春江，忽送君歸去。百尺垂虹，牽人無限離緒。爲慣歷、人海歌場，換一舸、湖烟湖雨。渾無據。靈簫奏罷，還歌金縷。　榴紅寫入湘裙，點點斑斑，算杜鵑最苦。芳草天涯，誰將珠淚量取。念我亦、濕透青衫，況夢斷、吴山眉嫵。應重譜。殘月曉風詞句。

蝶戀花　和中壘均，即以爲贈

淡月侵簾寒擁袖。劍胆簫心，爲甚年來負。

不是點點淚痕襟上舊。紗窗影颭燈如豆。展得黄花魂也瘦。寫入秋心，摇落江潭候。愁眉眉又皺。填詞老去閑清晝。

其二

花事闌珊，不與春爲主。沈醉鈞天高尺五。血淚銀燭燒紅深夜語。高丘零落嗟無女。淪落斑斑啼杜宇。梵唄無聊，簾底教鸚鵡。天涯心共許。西窗同聽芭蕉雨。

夜行船

畫燭玉宇高寒彫月桂。怕哀竹、怨桐重理。昨夜歡情銀屏，珠簾繡幕，赢得一行行淚。却被殘更，聲聲來夢裏。盈盈意、井波能起。敲斷，夢又驚回無尾。

卜算子

寂寞簾櫳燕又來，記得冶春時，燕子雙雙語。愁共暗鴉啼，夢逐歸鴻去。簾外絲絲雨。白日無情解笑人，悔勸駒光住。

燭影摇紅

久滯瘴海，歸期屢訛，倚此寫怨

炎雲淨捲換新草色無情，緑窗永日深深護。客愁深、年涼，一枕啼秋雨。筆底都無秀句。家山何處。華暗度。倚闌遥望，一髮神州，玉瑠空有別來鶴冷猿孤，上園紅蕚誰爲主。悵歸期、而書，揞淚和鵑語。底事將春繫住。天涯羈旅。今間阻。可憐依舊，夢裏鄉關。

霜葉飛

夜窗無事，重檢舊稿，淒然有作

夕陽無語杜鵑啼到春殘後，空盤還貯鉛淚。

醸黃昏，前事銷沉未。又笑語、天風吹墜。新來嘗透愁滋味。記舊夢吴宮，翠燭淡爐煙，又費幾分殘醉。　經慣雨雨風風，秋詞半篋，百端愁恨誰寄。碧天如水水長東，待掬肝腸洗。恁剪斷、紅情緑意。袁紘重理温憔悴。況正是、西窗下，潤逼銀鈎，冷摇金穗。

浣溪紗

么鳳初調寶鴨熏。飛綿風颭點重茵。要憑鶯囀喚鵑魂。　一珩簾波清似水，半窗花影瘦於人。春來消得幾黃昏。

滿江紅

燕燕飛歸，早大地、艷陽風景。却還怕、花開花落，芳盟未隱。編繫金鈴濃碧護，高燒銀燭妝紅暈。轉提防、青帝誤春韶，東風緊。　敲羯鼓，痴魂醒。數蓂莢，芳心警。莫化爲鵑淚，夕陽紅冷。別院亂彈弦索響，危牆争蹋鞦韆影。聽清歌、一曲九迴腸，相思永。

念奴嬌　渡中國海舟中，和鍾山韻

渾淪未闢，被無情海若，鴻溝先畫。幻出蓬壺仙世界，記事乘槎盈尺。引我游蹤，無端鑿空，遠逐成連跡。掀天波湧，夜來聲破空寂。　休道破浪乘風，英名蓋盡，千古談瀛客。叱起魚龍吞蜃氣，瞥眼雲山俱北。百轉飛輪，一聲長笛，幾輩臨風泣。舟過馬尼剌時，見有歐西士女相持而泣。琉璃碧浸，放歌聊寫孤臆。

齊天樂　檳嶼椰林蔽天，彌望皆是，詞以紀之

芳郊一片婆娑影，驕陽欲遮還漏。葉碎篩雲，蓋圓閣雨，幾度簾波吹皺。孤枝比瘦。只百

尺枯桐，龍門曾有。不解飄零，感秋心事讓蒲柳。疏林者番睇望，甚纍纍綴徧，佳實盈斗。瓠落誰憐，膏煎自苦，贏得澆胸杯酒。銀刀試剖。記蠟蜜分甘，膩黏櫻口。海角春深，種分交阯秀。

惜紅衣

出遊霹靂，車過沓東色海，一池紅芙蕖搖曳道左，有憔悴可憐之色。遥憶莫愁湖上，正翠蓋紅裳，亭亭玉立時也。江鄉迢遞，頓觸離思，用白石韻寫之

梅雨經年，薰風永日。護花猶力。幾朵殷紅，凌波妬秋碧。芳心競否，蕉萃似、江關詞客。愁寂。離笛吹殘，共哀蟬聲息。驅車紫陌。輾麴霏塵，池邊亂填藉。湖山大好故國。阻南北。一片水光雲影，昨夜夢中重歷。問舞衣寒剪，何似舊時顏色。

丁香結

檳嶼有感

舟逐螢光，市藏燈影，風送幾聲嗚軋。趁浮雲撥盡。問玉兔、底事時盈時缺。鶴飛南去久，蹁躚舞、雪羽未鎩。重重山水，悵望故國遥天一髮。淒絕。任景物翻新，客裏情懷盡别。夜色微涼，春光不老，惱人時節。蠻笛無限怨抑，寫我腸千結。看飛鳶驚跕，一片塵昏海國。

賀新涼

弔史閣部墓

廿四橋邊路。黯魂銷、疏煙淡月，嶺梅千樹。漢代衣冠今在否，付與寒蛩自語。更幾輩、燕城能賦。一水彎環山下過，共江潮、嗚咽聲如訴。禾黍恨，一抔土。殘旗舊日臨江滸。痛南都松楸不老，河山非故。石上遺書琳琅

字，萬古雲霄一羽。問華屋、生存何處。燕子春燈歌舞歇，廢園亭、門掩風和雨。争似此，百靈護。

六么令

薄寒侵幙，鈿閣暗雲積。春心逗成微雨，望裏亂絲織。柳眼纔舒又倦，惘惘樓頭色。露橋塵陌。東風緑遍，甚處天涯萬山隔。　猶憶催花座上，羯鼓曾親擊。却怕歸雁聲中，錦字難尋繹。依樣年華似水，門掩梨花寂。古懽追覓。探芳人老，静倚闌干手空拍。

沁園春

檳嶼贈尊農

歷歷關河，萬里投荒，强説壯遊。任歌成錦瑟，獨彈古調，吹殘玉笛，暗寄清愁。法曲飄零，文章羈旅，何處騷壇盟訂鷗。帆風利，喜足音空谷，送到扁舟。　夷猶。鴻爪痕留。况一例、吴歈能唱酬。念詞人花外，新歌迭奏，游蹤海澨，奇蹟窮搜。片片蠻雲，聲聲狖鳥，寫入蠻荒誌異不。君須記，是仙山有主，氣食朝牛。

浣溪紗

和孟碩《獄中》韻

楓冷霜凄月落時。西風吹老玉參差。危闌煙鎖夕陽遲。　片片愁雲迷雁塞，絲絲淚雨洗燕支。幾人解道是相思。

摸魚兒

重九

嘆秋風、者般容易，一年一度重九。滄桑人世烟雲幻，三徑黄花依舊。還賸有。那帶病枯蟬，幾個嘶殘柳。柔腸轉又。在百尺台荒，千峯樹秃，風雨滿城後。　登臨處，一片悲笳迭奏。西風險被吹瘦。驚寒夢與聲俱斷，北雁南來時候。休送酒。聽郭索聲聲，閑却持螯手。愁絲織就。况念遠傷高，牛山竟夕，紅淚染楓透。

桃源憶故人

檗子倣鈕玉樵詩，用『雨絲風片，煙波畫船』嵌字格譜此，强余效顰

雨餘池館紅埃斷。絲罥晴檐春短。風度流鶯千囀。片片飛花亂。　煙簑一領和雲澣。波緑江南愁滿。畫裏五湖天遠。船在垂楊岸。

燭影摇紅

題尊農填詞圖

寒浸重簾，雨餘衣潤爐煙費。游絲約住亂鶯聲，狼藉霏香地。幾度消紅減翠。又秋宵、銀牀啼緯。催人腸斷，迸入簫心，怨題一紙。　手擷靈芬，白雲多少山中意。玉龍吹出鶴南飛，淚雨鑾花漬。海氣冥冥眼底。怯登樓、斜陽容易。用檳嶼見贈詞意。不如歸去，惠麓泉清，和愁都洗。

臺城路

楚傖爲天寥青裔，既得《午夢堂集》稿本，復泛舟分湖，訪葉小鸞墓址，作分湖弔夢圖記之。甲寅上巳出圖見示，爲賦一解

飛瓊不慣人間住，悽悽杜鵑啼暮。用天寥悼亡女《水龍吟》詞意。閣冷疏香，堂醒午夢，寒瑣櫻桃微雨。『開奩一硯櫻桃雨』，小鸞銘眉子硯句也。滄桑幾度。指一角分湖，夕陽紅處。慧業三生，返魂香燼渺無據。　歸來歌徧楚澤，對棠梨一樹，空怨零露。斷岸舟移，殘碑蘚剔，淚濺離離禾黍。隨春老去。怕重和當年，浣紗詞句。小鸞曾爲侍女隨春賦《浣溪紗》詞，一門皆有和作。緑遍蘼蕪，悶尋癡燕語。

惜黄花

黄花崗紀念日，和檗子作

殘陽難繫。亂山空翠。憶蠻江，矗高岡、晚風天倚。聲送杜鵑啼，心怕卷施死。灑滴滴、餞春新淚。　思量前事。麗華禍水。折鴛鴦，折鴛鴦、血霞飛起。化碧竟三年，遺恨黄塵委。聽一曲、女蘿山鬼。

虞美人

和李後主同天梅作

金縷鞋提，故宫夢斷；紅羅亭圮，帝子魂歸。垂淚而對宫娥，多愁以方春水。千古傷心，一篇恨史。僕本秋士，好作寱詞。四壁蟲吟，自適其適；一聲河滿，言愁欲愁。草窻效顰，花庵擬古，聊以卒歲，是用作歌。

西園花事荼䕷了。春意垂垂少。一年能有幾番風。腸斷小樓今夜、雨聲中。　啼紅淚點分明在。未許芳心改。柳絲萬縷繫春愁。不繫桃花輕薄、逐東流。

擣練子

蝴蝶夢，醒來空。玉宇高寒幾御風。可奈杜鵑啼徹後，半天殘月墮星櫳。

浪淘沙

徹夜朔風哀。没處安排。經霜紅葉落空階。萬種閑愁同不掃，兜上心來。　遠岫冷雲埋。弱水蓬萊。茫茫天眼幾曾開。聞説雲英漿可乞，有酒如淮。

憶江南

多少恨，回首白門秋。幾點寒鴉棲敗柳，一江明月送扁舟。夢入景陽樓。

菩薩蠻

王孫遲暮情誰免。西風吹起愁無限。一日幾思歸。尊前清淚垂。　黄河歌遠上。獨倚危闌望。匹練浄長空。江山圖畫中。

相見歡

海棠褪了殘紅。怨忽忽。銀燭高燒不抵、夜來風。　杯中淚。催人醉。一重重。况是伯勞飛燕、各西東。

其二

連宵月上妝樓。掛簾鉤。春色三分還似、二分秋。　催腸斷。絲絲亂。未消愁。只有遼西夢裏、展眉頭。

浪淘沙

簾際溜聲潺。環佩珊珊。宵來衣怯五銖寒。猛憶巴山當日雨，無限悲歡。　往事記憑欄。誓海盟山。華鬘天上到應難。手擘金釵分一股，同謫人間。

臨江仙

羽毛自惜蹁躚鶴，笛中一曲南飛。虞淵誓挽日輪西。溟池無際，彌望海天垂。　怕説令威歸後事，眼前城郭都迷。空江學作弄潮兒。風波平處，魚魚樂相依。

應天長

銀河手抉開明鏡。儹罷聘錢眠宿整。星辰静。雲霄迥。翻恐雨晴天不定。　歸時尋舊徑。渴飲丹砂神井。一枕游仙夢醒。憮憮還似病。

蝶戀花

玉宇高寒天上步。西墜金烏，惆悵空山暮。風捲道路崎嶇行且住。征鴻歸燕時來去。　喚醒鵑魂，徹夜深深語。驀地徵雲林外度。添人愁一緒。殷殷車走雷聲處。

虞美人

隔簾鬢影堆雲綠。盼斷釵盟續。除調嬰武更無言。爲憶風流張緒、正華年。　同心繡帶今猶在。結子憑誰解。宵來酒淺奈愁深。雨雨風風芳意、可能禁。

清平樂

青春剛半。輦路羊車斷。雨打梨花花影亂。又聽一聲河滿。　巫山雲雨無憑。長門一賦誰成。寫出扇中秋怨，還期殿裏長生。

玉樓春

題《子美集》，爲亞子作

天涯一樣愁滋味。描寫春痕千萬紙。亞子前有《春航集》之刊。斷魂縷縷曲中心，血淚斑斑巾上字。　荒天老地鍾靈氣。顛倒鴛鴦樓上記。謝希孟《鴛鴦樓記》嘲陸象山曰：『自遜、抗、機、雲之死，而天地英靈法氣不鍾于男子，而鍾于婦人。』青衫何處問江州，記取新詞歌井水。

法曲獻仙音

巢南以十四年之心力爲《笠澤詞徵》一書，乃爲《徵獻論詞圖記》，同社檗子、癯盦各題一解。巢南復徵余作，珠玉在前，彌自

亟矣

亭上虹垂，壺中天迴，舊日紅簫低度。響墮疏鐘，夢迴芳草，鷄鳴漫天風雨。向百尺峥嶸處。蒼茫獨懷古。展縑素。有華香、一般情思，遺緒渺、佳話柳塘倩補。周勒山有《松陵絶妙詞》，沈柳塘有《古今詞話》，君所爲《笠澤詞徵》以沈伯時《樂府指迷》、陸輔之《詞旨》附入。韻事勝填詞，問良工、誰惜心苦。短鬢婆娑，粤游吟、重續新譜。吴江沈曰霖有《粤游詞》，君亦曾載稿遊粤。待楓漁棹返，徐電發有楓江漁父圖。妙筆水村同賦。

六醜

自荼蘼事了，更過却、黄花時節。緑陰盡凋，哀蟬聲又歇。好景誰設。舊日傷春感，畫欄低凭，怕麗譙吹徹。斜陽滿地猩紅血。草記將離，藥留獨活。青山終愁如髮。只寒鴉背日，遺恨能説。無邊風月。奈流鶯語滑。漫痴過眼驚鴻頻，成一瞥。銀河到底波闊。漫痴情上訴，九霄宫闕。登天路、雷車音絶。還又是、徹夜狂風怒吼，助人凄咽。來年事、莫問花發。恐嶺梅、尚有衝寒意，枝頭凍結。

惜紅衣 莫愁湖殘荷，用石帚韻

冷翠凝烟，殘紅映日。蓋擎無力。粉墜房空，天光浸寒碧。鴛鴦夢冷，雙燕更、秋來如客。悽寂。歌送采蓮，怕西風吹息。維舟短陌。人面田田，前歡委塵藉。華嚴路隔水國。亂雲北。縞袂絳裳何似，苦境年時經歷。化碎瓊飛舞，愁入石城山色。

虞美人

春霖一片，流潦妨車，適讀檗子新詞，渺渺兮予懷也，次韻和之

濃陰一片天如墨。薄潤衣篝逼。柳絲低拂小樓西。盼斷花驄紫陌、踏香泥。　慳春天氣春猶淺。惻惻輕寒翦。枝頭紅杏怕無多。便是風流小宋、奈愁何。

滿路花

前詞意有未盡，用清真韻，再示檗子

敲窗柳絮風，填户梨花雪。麴塵飛不到、雷聲絕。情天舊夢，一握芳馨折。雨中春思闊。粉重香遲，蝶衣尚舞花節。　紅心纔染，蜀國鵑啼血。遥山青未了、和雲接。傷春刻意，輸與鶗鴂切。閒共金鈴説。有蒲柳，秋未零，生面開别。

前調

韶光不再，又是春三，適景瞻以悼遜初詩見示，不啻山陽鄰笛也。再用清真韻，以寫予悲

蟾蜍影蔽雲，蝴蝶灰飛雪。春韶纔一半、鶯歌絕。絲楊繫恨，十里長堤折。夢回鈿閣闊。雨雨風風，賣餳又换新節。　離離芳草，碧化萇弘血。泥深蓬顆没、愁雲接。茝蘭楚澤，幽艷傷心切。誰把恩仇説。法輪轉，忉利天，魂夢猶别。

蝶戀花

寒食清明都過了。手折空枝，枝上殘英笑。蠟炬灰乾天未曉。落紅滿地東風掃。　一夢梨雲春潦草。緑葉成陰，草又飄零早。見説秋風容易到。荒溝流水長安道。

西江月

中泠都中見懷詩曰：『翩翩一只羽衣鶴，海外飛來海上閒。昨夜夢魂遊赤壁，他年飲啄誓西山。人前强學氍毹舞，酒後還歌菩薩蠻。敢謂尚存鴻鵠志，無端來作入籠鸝。』似我耶，不似我耶？然直以我爲鶴矣。作小詞以自況

梅放孤山夢短，月明緱嶺寒多。人民城郭眼中過。見説令微化我。　松下舊巢誰主，風前倦羽重梳。聲聲清唳引吭歌。一笛南飛入破。

採桑子

新移居跑馬廳畔，聞之居人，舊日吴中費某藏嬌之所也。詞以記之

蘼蕪小院迷新緑，昔日香窩。今日吟窩。坐看圍棋爛玉柯。　美人香草靈均淚，澤畔春多。天上寒多。風颭珠簾一桁波。

滿江紅

觀《落花夢》，贈優游

無量恩仇，天下事、從何説起。都付與、水心詞筆，水雲涕淚。三徑落紅春去了，千年化碧魂歸未。驀騰騰、一夢幾時醒，鵑聲裏。　吹玉笛，梅花墜。磨寶劍，桃花洗。倩江河淘盡，粉融脂膩。戟折沙沉亡國恨，海枯石爛傷心史。任悲歌、吹斷奈何天，情不死。

國香慢

蘭皋始編《梅陸集》，予作兩絶句題之，繼改《蘭芳集》，復索填詞，用弁陽翁夷則商調勉賦一解

數點峯青。記瓊簫冷咽，江上雲停。愁心畹香重訴，瑟怨湘靈。一曲霓裳天上，認前身、除是雙成。相思舊京國，經代風流，占取佳名。　鳳陵幽素寄，載青衫古恨，袖墨星星。

淚痕金鑄，無限潭水深情。準擬何郎吟卷，寫花魂、東閣春凝。依然二難並，柳七新詞，一樣温馨。柳亞子有《子美集》之作，君乃專爲《蘭芳集》，然二集定可並傳。

好事近　題婁東某夫人紅情緑意圖

燦爛玉交枝，腕底破寒猶力。一幅鴛鴦春軟，繡金鍼神得。　雙聲敲與翠禽聽，孤山漫相憶。臨鏡額粧自寫，透南枝消息。

虞美人　答可生

不甘清醒甘沈醉。綺恨能消未。無情燕子故飛飛。爲問玉關人老、幾曾歸。　薰桃染柳春風慣。夢自遼西斷。萍花前日是楊花。颺得閑愁無量、黯天涯。

暗香　癸丑重午

薄寒小閣。被幾絲綵縷，將愁牢縛。黍夢未回，釀得蒲觴放閒却。榴花依然照眼，只裙褶、殘紅斑駁。問旭日、是否中天，陰翳揜雲薄。　歌咢。弔沈魄。漫賦作楚些，較量清濁。淚珠暗落。江上風濤晚來惡，東作平艾曾盈一把，甚畫虎、鑄成真錯。轉瞬便、眉樣月，笑人天角。

浣溪紗　張園愚園書所見

帽影鞭絲陌上塵。雨餘天氣近黄昏。緑陰深處半藏春。　秋水能波涵倩影，湘裙有褶展愁痕。天涯没個斷腸人。

如夢令

天氣陰晴一半。只有愁腸難轉。酒緑更燈紅，消得三盞兩盞。依黯。依黯。入耳鶯聲啼亂。

芳草渡

花事了，又斜陽。香半燼，意難忘。酒酣時復舞伊涼。吴鈎笑，我猶是，去年狂。　蠶未老，引絲長。煙水闊，幾蒼茫。菱花寫入鬢邊霜。春愁重，銷不盡，况他鄉。

祝英臺近　和尊農韻

擲金梭，抛玉軫。心緒怯鸞鏡。别院秋千，不送隔牆影。可憐日日春陰，潦妨車轂，猛占得、花期纔定。　舊潮訊。記得波漲瞿塘，朝昏有憑準。雁雁魚魚，消息也羞問。看他水上鴛鴦，深深盟誓，轉教我、畫欄慵凭。

綺寮怨　中秋對月，百感交集，用清真韻

怕觸悲秋心事，引杯忘醉醒。隔綺户、乍見團欒，深深徑、一角空亭。知誰高樓獨倚，微茫裏、鬢緑燈影青。最惱人、竟夕無眠，轔轔過、户外車馬盈。　月窟不知幾程。乘風去也，深情話與飛瓊。玉宇風清。問天樂、可能聽。蓬山萬重猶隔，剪不斷、是癡情。將愁作城。鈴聲怕化作、秋雨零。

金縷曲　偶談小説，不可思議，有感作

何處爲知己。恨頻年、風塵奔走，斷蓬身世。閱遍蛾眉無一盼，説甚美人名士。者玉軟、香温風味。落盡桐花飛盡絮，漾閒愁、黯黯渾無

俚。牧之夢，醒還未。　人間幾個拚情死。看奴奴、鴛鴦密誓，碧天如水。争道温柔鄉裏好，一笑置之而已。儘幻影、迷離阿紫。解脱沈沈無邊海，問金迷、紙醉誠何事。心只在，腔兒裏。

滿庭芳　春雨

點點縈愁，絲絲織恨，朝來一味清寒。湘簾捲處，人漸怯衣單。展得蕉陰三尺，隔牕聽、春已闌珊。多情是，雨中雙燕，飛去又飛還。　重鬟。青似滴，和煙着霧，罨畫溪山。更兩三行柳，濕透眉彎。屈指清明寒食，好韶光、簷漏春殘。從今後，杜鵑聲裏，休去凭闌干。

臨江仙

記與藐姑曾有約，花前玉斗頻澆。冰肌玉骨黯魂銷。春回心一點，夢轉路千條。　未許脱離香雪海，愁山恨水迢迢。聲聲羌管太無聊。斷魂餘半縷，吹過野塘橋。

卜算子

仙骨自珊珊，不借春陰護。松竹爲朋鶴比鄰，世外閒風度。　冷眼看繁華，清福誰能妬。一夜寒風雪滿枝，遮斷孤山路。

點絳脣

秀挺孤標，等閒敢揀繁英摘。一枝先坼。漏洩春消息。　玉骨冰清，冷夢和雲積。紅塵隔。帶烟梳月。妝點溪山色。

相見歡

蛾眉淡掃爲容。月横空。只有春心微透、畫

難工。成陰後。春容瘦。枉情濃。問爾和羹何事、太匆匆。

好事近

瘦影寫橫斜，兀是衝寒風力。雲壑托根深穩，怕詩魂尋得。　不邀清夢入羅浮，訊天有誰憶。畫角一聲送暝，問鶴歸消息。

瑞龍吟　用夢窗韻，與中泠、中壘聯句

去年面。猶憶寶髻流雲，仙裙洗練。匪石。緗桃醺笑東風，花驄紫陌，千回百轉。中泠。漏催箭。看到月斜烟暝，絳珠袖濺。中壘。蜂鬢淺褪宮黃，綺春葬雨，繽紅鬧晚。匪石。一角朱樓依舊，星姑機冷，銀波天遠。中泠。金縷謾歌玉簫，愁被鶯亂。中壘。紅心菀結，芳草江南岸。憑欄處、風鈴語澀，電車影斷。匪石。翠箔殘漪捲。絲楊自嬝，樓空燕散。中泠。黎枕雲欹爛。應只有，照人晶蓮悽怨。中壘。天青海碧，飛霾成片。匪石。

玉樓春

冥迷竟日催腸斷。銷却春光春不管。青旗城郭如絲，碧玉簾櫳風似翦。　垂楊若恨人情淺。星眼乍開眉未展。花前覓醉到黃昏，消得閒愁無一半。

踏莎行　題中泠《春冰詞卷》

巢燕愁深，盟鷗夢冷。斜陽滿地山和影。危闌煙柳不成春，斷腸人在蘼蕪徑。　筑意簫聲，箋愁墨恨。迷陽一曲天難問。淚花點滴化冰花，花前自把羅巾揾。

瑞龍吟

中泠書來，以近製新詞見示，依元韻率和一解

素天際。誰分種玉耕煙，悄呼龍起。金飈吹徹丹霄，雷車叱馭，星垣列市。　忍迴睇。翻盡一枰猧局，陣雲收蟻。羣仙隊解霓裳，舞停廣袖，圖陳病齒。　描取山河澹影，銀流冰沍，霜毫慵泚。魔女鬬腰新妝，争入時世。孀娥暗老，愁咽瓊漿味。沈沈夜、鮫珠泣罷，波心酣睡。不濺情天淚。漢皋佩玉，苔霾古隧。月墮宮溝裏。應不似，蓬壺瀛洲春水。風寒露重，冷清清地。

西河

和清真《金陵懷古》，用元韻

芳草地。秦淮舊夢誰記。繽紛花雨滿長干，曉鐘喚起。霓裳曲奏大羅天，仙風吹度林際。大堤柳，雲外倚。亂絲縷縷難繫。紅桑海底走蛟龍，鬼啼故壘。怒濤日暮打春城，滔滔不斷流水。　燒痕一片接野市。是當年、江令門里。鹿夢未醒人世。只寒鴉凍雀，西風愁對。六代江山模糊裏。

大酺

寄中泠鳩江，並懷眉孫

問雲邊鴻，堂前燕，幾度天涯依黯。纔聽櫻海雨，又閒庭花落，淞波秋剪。綵筆雕龍，蛾冠繡豸，端合玉霄宮殿。飄零人間感，是珠光宵冷，玉柯春爛。暫鷦枝分寄，蝶衣重落，鳩聲偷喚。　斜陽雲外遠。玉龍孝、迸入鵑聲亂。莫洗眼、吴頭楚尾，滚滚江流，浪花翻、貯愁還滿。莫賦蕪城句，芳草地、亂蒿一片。悵年事、流光電。紅豆南國，千種相思無算。東風

况此夜、金吾猶禁，一院梨雲，入夢痕淺。碧海青天，寫出素蛾嫠怨。逝水年華空念往，顰春眉黛應重見。隔朱情，聽聲聲，玉龍吟倦。

暗香疏影

梅郎來滬，檗子爲譜《暗香》《疏影》二曲，約予同作，逡巡未果。今梅郎去已兩月矣，依夢窗體賦此補誌，梅郎、檗子見之，其亦有歌逐雲沈之感否耶

絳仙秀色。問倩誰畫入，生花江筆。九畹芳馨，留得愁根種天北。應是蓬萊謫降，占一角、東風南國。引夢魂、飛上銀霄，吹破幾聲笛。　憐爾珊珊骨瘦，廣寒霓聲入羽舞、飛散香麝。宛轉癡情，訴與王昌，帶雨杏枝紅泣。梅郎《玉堂春》劇絕妙。春花秋月人間並，兼指春航。料未許、巫雲争席。怕有愁、萬古難消，染徧嫩黄宫額。

幾時吹轉。

洞仙歌

啼鳥不春，斜陽欲泣，予懷渺渺，悲從何來。偶檢舊日詞稿，覺傷心淚不可抑止也。用蔣劍人韻，題詞其上

蘭成老去。只江南一賦。河洛辭親别懷苦。更青桑海底、碧落人間，今古恨，迸入啼風淚雨。　壯情猶未減，冷逼青鋒，起舞霜高孰心許。鵑血怕題殘、繫住殘魂，隨夢逐、沙鷗汀鷺。正一片、斜陽滿空山，任攪碎柔腸、絲楊千縷。

倦尋芳

甲寅元夕，和夢窗韻

餤飄絳蠟，泥印紅鴛，香霧霏晚。綵剪旗翻，天市火雲宵捲。梅粉纔乾啼雨淚，麯塵輕障看花眼。意難忘，是殘寒鎖却，有情樓燕。

木蘭花　送中壘之鳩江

江城寂寞收鐙後。一枕梨雲醒卯酒。東風釀就許多愁，吹起陽關三疊奏。　烏篷罅裏休回首。楚尾吴頭山影瘦。扁舟摇碎一江春，色染青青堤畔柳。

水龍吟　壽汪符生丈六十，用夢窗壽梅津韻

引杯一醉芳春，酒酣絮語英英露。江梅散馥，仙桃開宴，詩吟秀句。松老龍皴，千年柯葉，不曾改處。正星辰夜静，天輝南極，珠光奪、紅蓮炬。　看罷華堂綵舞。數游蹤、雲飛霞舉。翠微直上，胡麻飽啖，仙風噀雨。花事河陽，占春一角，艷情能賦。想滄桑閲徧，扶藜健在，認銅駝路。

石湖仙　亞子故居爲陸輔之桃園遺址，既移家梨川，迺爲分湖舊隱圖記之。甲寅秋暮，馳書索題。荏苒數月，倚此寄之，時乙卯元旦後一日

江波煙渚。浸天影壺中，詞仙曾住。亭外石蒼蒼，共梧桐、秋窗碧護。樓前新雁，好句索、玉田同賦。陸輔之有碧梧蒼石圖，自題《清平樂》調，和玉田韻，有『怕聽樓前新雁』之句。今古。倚竹枝、往事愁訴。　青桑又生海底，引滴滴作平、滄洲淚注。點染丹青，祖研摩挲宵午。憶月秦淮，酒醒何處。一般悽楚。亞子先德蒔安先生有秦淮憶月圖，子屏先生有酒醒何處圖。重認取。楓漁一棹來去。

減蘭　題丁氏風木菴圖

數椽老屋。門對明湖春水緑。風雨西谿。聽徹慈烏夜夜啼。　二難名並。留取雙雙仙蝶

影。徐叔鴻廬墓，太常仙蝶飛止其廬，因作蝶仙三影圖。重寫丹青。眼底滄桑問幾經。

蝶戀花 四年國慶日

一夜西風摧碧樹。冷雨淒迷，做就江天暮。如此韶光能幾度。楊枝尚弄妖嬈舞。　片片彩雲飛別浦。不見當時，解佩蘅皋路。巫峽三聲清淚注。多應好夢無尋處。

桃源憶故人 遯初三周忌日感賦

青青隄柳窺人眼。曇夢三春猶短。鵑血枝頭紅濺。淚點荆駝滿。　花城低祝香魂返。津鼓桃源誰喚。日繞畫梁千轉。幾個銜泥燕。

浣溪紗 三月二十一日同檗子作

聽徹當筵定子歌。楊花帶雨舞傞傞。夢回九夜寒多。　化骨錯疑丹藥換，孤琴癡盼素絃和。羞紅强説醉顏酡。

安公子

玉宇瓊樓換。危亭高矗青天半。西子妝成蒼翠處，揜山色空澹。訝幾點、漁燈一霎莊嚴變。帆影中、畫出秋風晚。怪古人饒舌，勞我雲扉輕款。　石刻苔紋爛。客中鴻爪搜尋徧。冷落江楓鐘杵動，有詩愁難遣。念我亦、維舟月夜霜天滿。吹玉龍、法曲飄零怨。望鹿臺雲影，一聲曉鳥啼亂。

燭影摇紅

屑玉凝珠，嚴寒風味濃於酒。壽陽新試額妝梅，深院閒呵手。倦鶴。簾底山茶倚瘦。妒紅杳、寒雲千畝。重城天遠，燈火初殘，夢回時未候。次公。　一剪芳馨，悶來自撚花枝齅。未應詞賦擬長門，權把修眉鬥。倦鶴。獨鶴哀吟倦否。隔微波、歡盟易負。東風吹轉，珍重江南，相思雙豆。次公。

玉漏遲　題《龐檗子遺集》，用草窗題夢窗《霜花腴》詞卷韻

斷紅流恨少，天香秋冷，夢華春杳。畫角寒梅，冉冉野雲孤抱。吹入江城短篷，腸斷處、回欄干繞。閒破笑。曼歌金縷，惜將年少。　墨怨魂甚處重招，向薜荔山阿，縱聲哀嘯。淚星星，愁長謝池春草。一枕游仙催醒，空問訊、窗前朱鳥。寒月悄。殘宵影娥悽照。

以上見《南社詞集》

梅子黄時雨　本意

榴火紅酣，甚雲氣未消，蒸徧苔礎。更乍暖輕寒，似晴仍雨。襟上依稀殘酒涴，麝熏不肯芙蓉度。閒院宇。緑意滿堦，飛上詩句。　亭午。虚窓明處。縱厭厭睡起，醒醉無據。想潤逼琴絲，猗蘭慵譜。諳盡迷離煙水味，夢中疑是江皋路。攀條語。陌頭柳枝如故。

雨中花慢　槐花，依《詞譜》秦淮海體

縹緲秋心誰寄，夢中南柯，瞬變空色。看旋開旋落，九街旋積。説與黄金同價，塵土軟紅狼藉。漸晚風門掩，寸許花深，徑荒人寂。　西風兔窟，吟倚吴剛，冷露峭然飛溼。何處有、蟾宫桂子，舉場消息。了了春婆葉底，別枝嘶徧蟬翼。任情深一往，緑陰高樹，勝境

重憶。

高陽臺　訪媚香樓遺址

鵑血啼春，鶯聲媚曉，是鄉曾貯温柔。生小傾城，簾前玉墜争投。淋浪滿壁詩書畫，有崇蘭、九畹香稠。證同心，一曲琵琶，雪苑歸舟。
燈船影裏興亡，夢共輕烟淡粉，雨歇雲收。夜色籠紗，秦淮依舊西流。何人解唱桃花扇，尚依稀、燕鎖空樓。想當年，開徧辛夷，長板橋頭。

以上見《如社詞鈔》第七集

訴衷情

啼鳥。春曉。烟絮裊。畫樓陰。鸞鏡舞。瑠羽。步摇金。繡羅結同心。沉沉。天涯班馬音。夢中尋。

女冠子　湖上坐雨

跳珠白雨。水上風荷軒舉。片雲低。采若芳洲遠，横波畫槳稀。鴛鴦新浴罷，蛺蝶倦飛時。細柳新蒲緑，上簾衣。

以上見《如社詞鈔》第十二集
以上見《漚社詞鈔》卷三(附)

采桑子　李重光生日感賦

梧桐深院紅羅護，不鎖清秋。遮盡閒愁。簾静低垂玳瑁鉤。朱顔未改尊罍在，排徧歌頭。歲歲歡游。銀漢無聲欲斷流。

其二

暑風亭子清涼境，月下徘徊。露冷煙微。塞雁初飛菊未開。別離謌奏空垂淚，一寸心灰。往日風懷。金縷鞋提昔昔來。

以上見《叚社詞鈔》卷四（附）

早梅芳近　本意

松竹交，園亭好。步屧東風到。隔籬疎影，浸月寒波故相照。探芳苔徑邃，喚客禽聲小。乍羅浮夢覺，殘漏耿將曉。　粲瓊蕤，自放了。咫尺臨官道。稀逢驛使，寄與南枝向誰表。碎霞光漸淡，冷雨香仍抱。怨横羌，歲闌聲未杳。

見《梯園吟集甲稿》（附）

虞美人　遊静安寺，口占示叔子

緑陰匝地槐風醉。花事闌珊未。蘆濱十里軫紅飛。争道人歸春尚、未成歸。　殢人嬌語鶯啼慣。可有腸能斷。無情風雨虐梨花。爲乞東君曲意、護情芽。

金縷曲　依韻和叔子

抵事將人誤。問何時、春愁漾盡，杜鵑聲住。賸有詩情如海闊，專作懊儂詞句。算一曲、周郎能顧。白雪陽春人間少，怕流鶯、笑我惟長噱。知己感，肯輕負。　淞波平剪春江暮。是吾曹、狂奴故態，兒呼文舉。煙柳危欄腸斷未，一角斜陽無主。恁鳳管、紅兒分付。迴首臯橋風流夢，甚花間、影事今無據。心上事，共誰語。

以上見《民權素》一九一五年四期

尾犯　竹蓀過海上，倚此爲贈

花月滿春江，江岸落梅，聲送風笛。車走輕雷，黯天涯行客。翻覆手、陰晴未定，雨雲蹤、夢魂猶隔。血痕題徧，十幅練裙，一色榴花赤。姬姜蕉萃損，蹙蛾黛、數盡晨夕。日影昭陽，妒寒鴉顏色。買櫝恨、珍珠無價，問卜悔、金錢暗擲。金粉飄零，恨海有波浸天碧。

見《民權素》一九一五年八期

鵲橋仙 甲寅七夕

彩雲未散，支機未爛，今夕星橋穩渡。銀河清淺月光寒，是天上、風波平處。　錦裳織就，聘錢償否，營室怨啼朝暮。黄姑自有別離愁，甚鈿約、釵盟能主。

見《國學雜誌》一九一五年一期

紫萸香慢 癸亥重九

照衰顏、當階紅蓼，絶憐此日秋深。問瓊樓何處，况殘客，怯登臨。道是無多風雨，竟波兼天湧，地接雲陰。聽哀龍奏徹，不省曲中心，枉悵望、幾重遠岑。　侵尋。往事音沈。叢菊好、與誰簪。笑章臺走馬，歌筵擲錦，空費黄金。眼中百花開徧，又蕉萃、似而今。儘南枝、舊巢猶在，夜寒霜重，孤鶴欲語還瘖。清醑自斟。

見《鐵路協會會報》一九二五年一百五十八—一百五十九期

菩薩蠻

一花一葉芙蓉好。烟波江上芙蓉老。隔岸怕聞歌。傾盤珠淚多。　紅妝臨鏡舞。渺渺淩波路。打槳越娥歸。凉風吹滿衣。

河傳

花外。春在。雨霏霏。楊柳依依望迷。翠樓曉妝初罷時。凝思。燕歸人未歸。　昨夜遼西殘夢轉。啼鳥亂。芳草天涯遠。白頭吟。琴有心。只今。舊歡何處尋。

綺寮怨

向晚西風猶勁，倚闌衰帽欹。送遠日、岸柳婆娑，驚寒影、塞雁初飛。迢迢重城路隔，秋濤趁、片葉知寄誰。記那回、送客江頭，琵琶語、換得雙淚垂。　坐對素蟾半規。清輝玉臂，何當再見崔徽。畫壁留題。渭城句、斷腸時。釵鈿舊盟仍在，忍借酒、訴心期。懷歸未歸。家山夢醒後、雅亂啼。

以上見《中大季刊》一九二七年一卷四期

憶舊遊　題陳竹香玉堂補竹圖

漫湘臯舊淚，晉代宗風，同認吴牋。立盡花磚午，問甘蔗彈罷，心事誰傳。四時不改柯葉，涼翠溼空煙。有湛露恩波，凌雲賦筆，凝想高寒。　長安。弈棋似，歎繞樹無棲，饑鳳聲乾。化鶴魂歸否，過東華門外，流水潺潺。倘留幾個疏影，扶醉立風前。話視草年時，金蓮夜撤春夢寬。

見《海光》一九三五年七卷六期

菩薩蠻　題杭州孫邇安先生小照

春燈乍識華顔色。談經座上分牋客。代謝古今同。天邊看燕鴻。　富春潮又急。雙槳催人別。臨去索題詞。紅鱗遲復遲。

其二

聖湖風雪辭殘臘。吟邊新債應先答。飛句祝康寧。朱顔照緑醽。　知君心似佛。保得身如玉。相贈墨無多。相思幾尺波。

見《梅社月刊》一九三八年九期

水龍吟

寄呈右公

眼中莽莽乾坤，從頭整頓何時了。鈞天不醉，朱顔白髮，錫公難老。西北神州，東南天塹，夢懷縈繞。要腥羶滌浄，重調玉燭，祥光動、烏臺曉。　紅藥翻階春好。興遄飛、長空吟嘯。烟雲落紙，魯戈心事，楚騷風調。渭水旌旗，淞濱壇坫，千軍曾埽。映流霞盞底，岧嶤太華，覺南山小。

以上見《民族詩壇》一九三九年三卷三期

国家出版基金项目
NATIONAL PUBLICATION FOUNDATION

全民國詞

曹辛華 編纂

第一輯 ⑩

浙江古籍出版社

惜黄花慢 庚辰重九對菊作

寶靨秋妍、奈瘦頭破帽、難插華顛、未堪插鬢、賞試將
勸酒、杯深貯淚、花淡忘言、砌闌不解相遮護、幾曾耐霜
苦風酸、意萬千、賦情盡改、吟抱誰寬、 今朝[illegible]漫重軒、
念故人厚我、九日糕盤、地偏江迥、倚樓甚處、籬荒徑
鎖、滿袖何緣、數枝莫搵淒涼夢、但開向重疊愁邊、恨
逝川、送人淚水彫年、

目録

陳栩 四百九十五首

陳家慶　二百十四首

陳曾壽　一百六首

陳衡恪 三十一首

陳寶琛 四十三首

陳　夔(字子韶)　一百七首

孫念希　七十二首

孫景賢　三十三首

孫肇圻　二十七首

黄文琛　一百二十三首

黄協塤　四十八首

陳栩

南鄉子

小病起來遲。瘦損雙眉鏡不知。零落桃花三月雨，絲絲。細逗春陰上柳枝。　花影罩罘罳。無奈輕寒透被池。小夢如烟飛不去，癡癡。一日相思十二時。

卜算子

病骨弱于花，腰樣輕如柳。便不相思去那邊，早也銷魂彀。　薄薄素羅衣，染着臙脂縐。除却鞋尖似舊時，都是今春瘦。

臨江仙　和華癡石弔雙玉女史

寫罷紅詞腸斷也，芳魂何處追尋。夢時微聽喚郎聲。醒來鐙影淡，枕畔悄無人。　魂些歸來和淚喚，峭寒偷入羅衾。夜臺誰作護花鈴。可憐今夜月，猶似去年春。

其二

鈿盒香銷鴛帳冷，今生未卜他生。等閒灰盡惜花心。癡情誰似我，顏色那如卿。　眼角辛酸餘掬淚，花間哭也輕輕。怕伊聽着太傷情。夜深啼杜宇，花落泣殘鶯。

洞仙歌　艷情四首

絡蘇簾隙，襯纖纖眉月。悄地芳心細於髮。聽珊鉤觸響、驚喜相參，可憐煞，剗地一雙羅襪。　倚懷凝半晌，軟極嬌軀，柔若嬌花竟無骨。誰伴阿孃眠、一幅鴛衾，道已是、做成三窟。拚露怯、風驚此間來，恁一刻千金、莫嫌倉猝。

其二

中門掩了，借湘簾影裏。悄步尋燈碧桃底。料相逢驀地、小極心情，説不定，是惱是驚是喜。　畫屏剛獨倚。彈指聲輕，畢竟聰明解人意。一幅繡帘開、欲笑還禁，描不出、兩人心計。任小婢、刁酸隔房聽，也分與些兒、獨眠滋味。

其三

蠣牆西畔，盼文窻窈窕。簾内紅燈上來早。料今宵無分、憑仗東風，悄地裏，將我夢兒吹到。　蕭郎魂已斷，睡眼朧朧，翻見卿卿枕邊笑。輕薄是鸚哥、簾底驚寒，輕輕把、小名低叫。這心事、如潮怎生消，趁翠被餘馨、當伊重抱。

其四

馬纓花謝，悵美人遲暮。舊夢荒唐没尋處。恁蕭條門巷、寂寞樓台，只賸個，葉底鶯兒能語。　薄情終恨汝。誤却春期，鈿約釵盟了無據。若説不相思、嬌小魂靈，怎還向、夢中來去。算到死、春蠶忒纏綿，願來世他生、莫教重遇。

拜花按：右詞四首，初刻本作『海紅簾外』云云，係誤收其友人之作。當時同鈔一本中，其門人滕志新未能辨晰，轉將先生和作漏未刊入。今特更正。

貂裘换酒　題周如如女史《九懷樓詩存》，和華癡石韵

詠絮曾傳謝。怎而今、零星抛賸，鸞牋鴛帊。幾點墨痕千點血，併做亂愁一把。恍夢到、玉

瀟湘夜雨

客姑蘇驛，秋聲四起，萬感交集，枕上作此

雨驛笳鳴，風牕紙咽，黃蘆苦竹蕭蕭。破樓壓水打秋濤。繞四壁、蛙聲似雨，湧一陣、淚點如潮。腸斷也，夜深來叫，一個鴟鴞。　起來四顧，分明客舍，不是僧寮。甚鐙昏人語，馬嚙空槽。念去去、音塵梗斷，奈歲歲、浪跡蓬飄。莽回首，黏天衰草，目斷左家橋。

洞仙歌

吳門餘香閣晤花雲香眉史，喜賦四闋，譜入簫管，倩眉史以琶琶歌而和之，遂成時曲

紅樓一角，乍綉金簾卷。衣上珍珠照人閃。認欄杆隙裏、露點鞵尖，低首處，側鬢鳳釵搖顫。　司空雖見慣。不道今番，銷却芳魂又過半。因甚總顰眉，多少嬌羞，全在那、橫波

樓珠樹。寂寂花陰聞鬼哭，看銷魂、詩卷傷心畫。多半是，病時寫。　芭蕉秋雨瀟瀟打。共愁人、襟邊淚點，無聲滴下。金鴨香銷紅袖冷。絳帳而今空掛。早孤負、花朝月夜。千古紅顏都命薄，算將來、我亦傷心者。梅未聘，海棠嫁。

花發沁園春

和黃曉秋農部《堅白堂夜雨不寐》

雨織簾絲，風捎窗紙，寒蟲兩個斷叫。鐙明似暗，人睡還醒，幽恨苦相縈擾。花痕人貌。怪夢裏、也難忘了。賸孤枕、翠被單寒，影兒獨自愁抱。　透薄紗幮未曉。被鄰鷄旋將，曙影催到。十年淚血，幾度驚魂，負我半生吟嘯。荒邨古廟。算客裏、凄涼還好。奈近日、分外銷磨，曉來清鏡羞照。

一轉。算陌路、蕭郎太風流，早一寸情絲、被他撩亂。

其二

鵝笙象管，早歌樓人滿。偏是姍姍步來緩。更鏡屏顧影、寶袖籠香，渾不管，座上周郎腸斷。　琵琶休錯亂。調準冰絃，抱入香懷麝蘭暖。爲怯指尖寒、不肯輕彈，只唱個、連環便算。把銀帊、輕輕掩櫻唇，恰暗逗嬌波、怪郎偷看。

其三

蛾眉雙蹙，有十分幽怨。不飲香醪待人勸。悵銀筝侑酒、寶扇遮歌，贏得個，兩字芳名低喚。　斜陽歸別院。門外鈿車，載得西施去多遠。轉過小紅橋、一搦蠻腰，比橋畔、柳絲還軟。指花外、紅樓是兒家。認五色玻璃、璇窗六扇。

其四

青驄油壁，聽轔轔不斷。繞過花邊又兜轉。已兩番別去、三度相逢。剛覷定，一笑黛蛾雙展。　心隨金輅輾。淺印泥痕，來去生憎馬蹏亂。陌上許多花、如綉春華，早都被、個人占斷。恁回顧、雲鬟半堆鴉，怕扭了嬌軀、教郎心軟。

滿江紅　初夏和嬾雲内史韵

楊柳陰多，風吹皺、一池春水。簾波漾、好風偷入，薄羅幃裏。新緑罩窗紗眼碧，殘紅委地春心碎。有三分、幽怨二分愁，眉間綴。　菱鏡掩，雲鬟委。珊枕亞，花鈿墜。鎮懨懨似病，癡癡如醉。燕子喚回珠箔夢，鵑兒注滿金樽淚。起來時、猶自嬾凝眸，和衣睡。

珍珠簾

用玉田體

惜紅精舍葺後，頗覺華麗，譜此寫景，

迴廊曲曲尋芳路。小房櫳、却被好山圍住。微雨潤蒼苔，走一雙乳兔。絶浄玻璃窗六扇，反映轉、滿庭花樹。人去。放一角斜陽，紅塵偷度。　窗外一鑑方塘，照倚欄人影，游魚吹咀。琴罷喚茶來，有銀籠鸚鵡。解語花枝斜入户，倩十幅、湘簾低護。詩句。在燕子歸時，鶯兒啼處。

上江紅

春暮

新緑成陰，欄杆外、做成春暝。最無賴、晨窗倚枕，晚燈臨鏡。小夢遠隨飛絮落，柔情颺入游絲影。算嬌癡、只有海棠魂，呼難醒。　重門掩，文窗静。花自落，人長病。看迎風燕子，低飛不定。霉雨聲沈唐苑鼓，曇雲影散沙門磬。笑鄰娃、空費好吴綾，裁春勝。

滿江紅

甲午花朝惜紅精舍小宴醉後，戲仿稼軒體賦此

試問東皇，這春色、可能買否。臣將進、榆錢萬串，蕊珠十斗。拜緑章於楓陛下，獻紅霞爲花王壽。願春光、長好月長圓，花長有。　皇曰咨，依卿奏。今猶是，春時候。爾將吾詔去，花鄉一走。聖代于今多雨露，芳心從此休僝僽。倘封家婢子敢猖狂，殺無宥。

金縷曲

春曉

庭院深深裏。隔窗紗、花梢日上，懨懨睡起。

滿架荼蘼初開了，啼鳥一聲飛去。風吹暖、玉欄花氣。羅幕輕寒慵未卷，綉屏閒、一縷鑪香細。看花影，上苔砌。　起來小立簾櫳底。嬾生生、薔薇無語，海棠還睡。嬝娜東風游絲軟，罥住落紅飛絮。欄干亞、花陰滿地。一段春愁禁不起。鎮無聊、慵把雕窗倚。遣愁去，更無計。

如此江山　湘鄉余鐵生太守重葺淑園，囑題江城如畫處

我來卻好斜陽暮。高低亂山無數。過眼雲烟，回頭歲月，到此思量都誤。昂頭四顧。笑如此江山，怎生分付。琴鶴歸來，正宜長向此間住。　登高好憑作賦。看斜陽畫出，多少烟樹。落日千家，晚霞一角，人在蓬萊高處。我欲乘風，大羅天上去。

南浦　春暮懷小桃花館主，用程虚舟韵

花影壓重簷，睡起來，獨自了無情緒。燕子説春歸，珠簾卷、放入風前飛絮。綠陰滿地，空庭悄悄無人語。斜陽欲暮。有啼鳥一聲，暗中飛度。　年年孤負韶華，早夢斷西泠，心傷南浦。莫道不銷魂，那堪更、昨夜小樓聽雨。夢魂杳渺，影兒也自無尋處。叮嚀杜宇。好説與伊聽，不如歸去。

月華清　丙申秋八月既望，昭慶寺見月華，賦此繪狀

一鑑高懸，五雲捧住，彩虹萬道如練。漸把冰輪，四面重重圍轉。驀擡頭、失卻長天，乍四顧、光華爛燦。吟玩。想嫦娥織女，争妍未

倦。人在梵王宮殿。正夜静更深,獨憑欄畔。千里懷人,更比昨宵腸斷。算世間、好事多磨,怕天上、彩雲易散。凝眄。正琉璃瓦上,瑞烟籠滿。

月下笛 用曾鷗江體

笛尾吹凉,分明是,怨歌聲咽。歡苗愛葉。到秋來、盡摧折。樽邊苦憶櫻唇小,恍重見、玉纖輕擫。甚銀牆碧漢,黄姑織女,偏愛離别。淒絶。關河闊。鎮夢裏思量,酒渦雙靨。投懷婉轉,淚華猶嵌衣摺。雙鬟茉莉花堆雪,恁片片、化爲蝴蝶。賸幾處,蟋蟀荒階下,啼碎明月。

疏影 别情,用張玉田韵

疏簾淡月。正西樓夢轉,鐙影昏絶。一味無聊,窗外芭蕉,生生被雨摧折。荒階蟋蟀淒涼語,挨不過、斷腸時節。料是他、鐙引愁來,待把鐙兒吹滅。一晌容顔憔悴,卻淚珠洗得,翻覺光潔。秋思今宵,落在誰家,好把笛聲吹徹。相思已分懨懨死,怪栩栩、夢魂猶活。怕經年、意爛心灰,指顧鬢華如雪。

滿江紅 聽風

一片秋聲,自何處、驀然飛出。試起看、庭院無人,半牆斜月。近水樓頭鐙影亂,靠山亭角花陰黑。向斷垣、荒井細尋蹤,都無覓。落一陣,蕭蕭葉。打一陣,錚錚鐵。似千軍萬馬,四邊相逼。月暗荒郊新鬼哭,雨淋腐草寒螿泣。莽驚風、脱葉走虚廊,追來急。

前調　聽雨

淅瀝蕭騷，只一夜、把人愁死。更夾雜、郎當簷鐸，亂蟲聲沸。點滴不離心左右，分明做個愁天地。漫俄延、起坐剔銀鐙，鐙如米。　纔吹到，梧桐底。又滴在，芭蕉裏。一聲聲耳畔，偏生挨擠。破我一床蝴蝶夢，輸他雙枕鴛鴦睡。待重眠、陡覺薄羅衾，涼逾水。

洞仙歌　自題《桃花夢》傳奇

小桃花下，賸斜陽一片。笑靨顰眉夢中見。算拋殘紅豆、寫盡蠻牋，贏得個，襟上淚珠千點。　人今何處也，腸斷蕭郎，南北東西枉尋遍。小病又經年、不是傷春，是舊例、傷心難免。鎮挑盡、銀釭譜新詞，早咽住歌喉、宮商都變。

解珮令　琴麗聞簫聲有感

冰絃停撥，閒愁重繞，聽誰家、隔水簫聲度。憶得當年，月底商量修譜。囀新聲、低徊如訴。　一天涼月，一簾冷露，悵明河、咫尺無舟渡。小砑蠻牋，爲寫出、那時情緒。恰還愁、小紅生妬。

一剪梅　月夜調琴，以商調譜之

一片閒愁訴不清。生怕黃昏。又到黃昏。芭蕉只解做秋聲。攪亂琴心。攪碎秋心。　葉落階前一寸深。風更淒清。月更淒清。幾枝花影繡羅襟。吟也銷魂。醉也銷魂。

喝火令　記得

細柳籠春藹，飛簷抹晚霞。紅樓一曲抱谿斜。

記得個儂生小，樓上學琵琶。　舞袖嵌雲鏡，歌衫繡月華。衣香多處是兒家。記得門前，一樹碧桃花。記得碧桃花外，一帶竹籬笆。

醉太平　秋夜

寒窗一層。寒鐙一星。朦朧宿酒初醒。見琴書亂横。　疎更乍停。疎鐘又鳴。梧桐做出秋聲。不容人不聽。

畫堂春　本意，用山谷韻

夢魂偏短日偏長。起來還見斜陽。鴛鴦枕畔墮花香。慵整殘妝。　簾外淡烟籠竹，依稀夢到瀟湘。覺來清淚濕羅裳。没個商量。

長亭怨慢　題譚仲修先生斜陽烟柳卷子，和程子大韻

渾不似、灞陵驛路。那處人家，小橋藏樹。絲柳無情，斜陽畫出斷腸譜。流鶯低語，怕飛盡、枝頭絮。春思裊吟鞭，正指點、六橋烟雨。　日暮。向西泠回首，冷落舊時吟侶。玉田老矣，夢不到、櫻桃簾户。有多少、客思鄉心，都吩咐、東風吹去。見洗滌詩腸，自把六班茶煮。

無俗念　南屏晚鐘，用夢窗體

屏山四繞，望峨峨宫殿，去天尺咫。漢柏秦松連不斷，一抹朝霞如綺。佛守空門，鴉盤古塔，山色空濛裏。清鍾一杵，梵聲吹下人世。　怪道昨夜湖樓，那人枕畔，屈着柔荑記。絲柳和烟濛不住，穿過溼雲猶獮。破曉尋來，依山覓去，認得南朝寺。牌樓新竪，古今滄海

如此。

玲瓏四犯

雷峯夕照，用夢窗體

古塔頹唐，擁四脚荒雲，秋後誰掃。老衲歸來，賸有半林殘照。生怪多事啼鴉，又銜到、枯枝多少。正滿湖煙水蒼茫，一角斷霞籠罩。雕簷畫甍今休了。任游踪、往來憑弔。黄妃禮後斜陽晚，禁苑空餘芳草。休憶南渡翠華，認取墖仙都老。算美人黄土，單賸个，僧伽貌。

花發沁園春

花港觀魚

風皺鱗紋，波摇人影，曲廊面面臨水。樓陰左右，蓮葉東西，多少苗條魴婢。欄杆私倚。怕有客、釣絲閒理。待吩咐、港口垂楊，漁舟不許偷繫。　倒浸碧天如洗。讀黄昏月華，瀲灧波底。雲痕跳碎，泡暈吹圓，領略濠梁滋味。夜涼水氣。早侵入、吟邊雙袂。是今夜、開了蘋花，飛來一點秋意。

綺羅香

柳浪聞鶯

折柳情長，尋花夢短，此地恰逢春暮。多事青驄，又向者邊行去。聽啼鶯、猶説當年，問走馬、而今何處。便攜柑、載酒重來，六橋都是斷腸路。　欄杆私底凝佇。指點斜陽外，亂愁如許。過雨垂楊，換盡舊時眉嫵。渾不似、江北關情，怎禁得、城南烟雨。更憐他、欲别還啼，唤聲君且住。

五福降中天

雙峯插雲

兩峯相對誰高矮。蓬蓬白雲如海。古塔南頹，危臺北峙，鳥向王陵空拜。黑龍潭壞。風雨掀翻，山僧偷駭。一吼蒲牢，鐘聲曉擱濕雲外。　御碑亭子猶在。認林陰幽蔽，碧瓦流靄。渡水横橋，背山築閣，空翠撲來無礙。我來憑慨。賸野鶴宵唬，老轅夜咳。南渡翠華，於今何處也。

湘春夜月　三潭印月

問嫦娥，何年飛下蟾宫。分明一派銀河，人在鵲橋東。誰家探蓮艇子，向芰荷深處，低唱玲瓏。怕夜深涼笛，吹來潭底，喚起癡龍。　是誰多事，籠來燭影，水底摇紅。生怕西風，便輕把、明珠幾顆，漾碎波中。瀛洲不遠，待乘槎、一訪仙踪。却不信，在人間也有、琉璃世界，翡翠房櫳。

花發沁園春　蘇堤春曉

薄靄籠春，嫩寒瑣夢，流鶯啼過春曉。橋頭賣杏，山背敲鐘，催起踏青人早。紅窗窈窕。眄樓上、凝妝蘇小。難怪道、昨夜游人，紅船不放歸棹。　小立西泠芳草。問春山朝來，眉黛誰掃。嬌花怯露，細柳颦烟，輸與野桃偷笑。垂楊樹杪。露一片、明湖淼淼。知那裏、拾翠人來，玉驄花外嘶了。

水龍吟　平湖秋月

平湖一水連天，水隨天去秋無際。没人亭院，夜深誰把，冰蟾呼起。柳帶拖烟，桂香流瓦，金波瀰瀰，向湖廊徙倚。一絲涼意。早逗入、詩魂裏。　莫放水晶簾子。待擎杯、邀來同醉。玉龍睡醒，夜深應怪，嫦娥多事。冷露無聲，瞞人濕遍，欄杆十二。笑此身、不在段家橋畔，在冰壺底。

買陂塘　曲院風荷

繞迴廊、彎彎曲曲，欄杆通到何處。湖光卅里明於鏡，開了芙蕖無數。風乍過。把翠蓋掀翻，瀉下涓涓露。垂楊幾樹。儘蘸水拖烟，依窗拂檻，摇曳伴花舞。　南窗下，一榻何妨高臥。襲人花氣如霧。晚來不用蒲葵扇，涼月一鈎窺户。君記否。者六角亭邊，曾繫蘭橈住。採蓮舊侣。怎去歲相逢，今年不見，都向那邊去。

長亭怨慢　斷橋殘雪

莽四顧、茫茫一白。山與水兮，只分凹凸。立馬危橋，原來留下去年雪。朔風吹歇，道過了、銷寒節。漏洩一分春，剛點上、美人雙屧。　奇絶。怎年時西子，卸了淡妝濃抹。梅花無主，又補滿、孤山山缺。却不道、翠館紅樓，都變做、瑶宫珠闕。試分付丹青，添畫二分明月。

洞仙歌　庚子客蘇，訪花雲香校書不得。荷誕日騁車追涼，猝然相遇，迺詣談竟夕，賦贈

晚涼時節，聽蹄聲得得。來去香車亂如織。看紅樓兩面、紈扇高低。醞釀做，一路媚梨香息。　阿誰欄畔立。瘦小紗衫，背影娉婷鬢雲黑。瞥見黛眉痕、一半驚疑，却正是、舊時相識。算人面、桃花又相逢，合打點温存、薄憐輕惜。

其二

朦朧月色，趁夜涼過訪。指點紅廊那邊向。

認門楣小字、樓角雙鐙。剛正把，六幅晶簾鈎上。　入門先問訊，纔上香梯，細碎弓鞵隔簾響。花底乍相攜、含笑牽衣，化做个、明珠擊掌。怕一寸、芳魂不禁銷，漫勸解羅裳、自挑珠幌。

其三

年華碧玉，却輸儂癡長。天與聰明善調侃。說我無知己、只解憐卿。　却不信，翻道个人胡謊。隔窗誰盼望。兩處周旋，解識芳心愛倜儻。爲整白羅衫、不用輕紈，信說是、冰肌涼爽。把六柱、檀槽付人彈，自整頓嬌喉、背郎低唱。

其四

顰眉笑靨，總合儂心眼。軟語泥人酒過淺。者銷魂樣子、可喜龐兒，在夢裏，去歲今年常見。　算是纔一面。要說多情，還怕卿卿道儂諞。莫怪指尖長、特地留伊，好吩咐、定情時剪。余左手指爪長八寸許，其直如矢，明若通犀，雲香酷愛之，故有斯語。只縷縷、情絲繫卿邊，想合有些兒、相思前欠。

陂塘柳　與舍弟蓉仙登北寺塔絕頂

一層層、盤旋曲折，雲梯接上天去。危闌六曲憑空險，生怕罡風吹墮。低首處。笑半壁江南，只有星兒大。長空欲暮。看幾點歸鴉，一丸落日，足底亂雲裏。　君且住。我欲憑高作賦。半空飛下奇句。九間佛閣無人在，簷鐸郎當自語。歸去否。指七里山塘，畫舫如魚聚。梵鍾一杵。便四顧蒼茫，搴裳欲下，插脚入烟霧。

南歌子　閨情

柳葉顰眉黛，桃花襯臉霞。剛剛睡穩莫驚他。吩咐鬟兒、簾外走輕些。　睡起雙鬟軃。羅衾半體遮。腰肢無力倚人斜。笑索檀奴、親手遞杯茶。

其二

嫁去教郎愛，歸來阿母誇。和卿不是別人家。爲甚人前、稱我總稱他。　膚色瑩如玉，妝成豔若霞。同心髻子綰雙丫。要與郎肩、相並照菱花。

滿宮花

鏡奩兒，都未蓋。知道那人不在。薰籠脱下舊衣裳，領上脂香猶帶。　去也匆匆，偏恁快。真個教人無奈。明朝多分不歸來，歸也將他不睬。

杏花天

替卿拭淚扶卿起。到底是、怪人怎地。不成爲了前言戲。便從此、將人不理。　我何敢、辯非和是。生受了、寃家兩字。果然你要抛儂死。敢先向、泉台等爾。

金蕉葉

書生薄福銷磨盡。當不起、許多緣分。兒女癡情，偏偏愛與儂親近。越是纏綿越窘。　相思誤我何郎粉。怨天公、生儂不蠢。從教兩處留情，煞是難安頓。借個戥兒秤準。

風蝶令 秋情

寶髻新梳就，珠簾卷上鈎。桂花葉子碧油油。映着斜陽亂滚、水晶毬。　懊惱還如昨，凄凉最是秋。天公和我有何讐。總要酸風苦雨、教人愁。

子夜歌 送別

此行到底真和假。教人怎地能抛捨。攜我小魂靈。和君一處行。　去也從今別。歸也何年月。魂也總相隨。歸時須帶歸。

步蟾宫 別意二首

西風只解吹人瘦。吹不散、眉間顰皺。斜陽猶掛柳梢頭，算別去、不多時候。　衾邊枕角衫兒袖。早都被、淚珠湮透。傷離傷別又傷秋，也虧你、怎般禁受。

其二

臨岐小飲何曾醉。鎮默默、無言相對。非關嬌嬾不因癡，也只恐郎心愁碎。　今宵酒醒寒山背。驀生地、一篙烟水。料來無夢到妝樓，便睡也、如何能睡。

望秦川 剪蘭一穗，爲婉兒贈行。因杭諺謂『親手接人贈花者，來世必爲冤家』，故不接，乃作小詞紀之

原是夫妻蕙，權呼姊妹花。將花親手付兒家。未了臨岐話，無端情願生生世世、做冤家。　日已斜。回頭埋怨到船家。你要開船、儂也不還家。

七娘子　別恨

盈盈一水無行路。恨偏生、有個船兒渡。儻有船兒，没人摇艣。便他要去如何去。　船兒原是鬟兒雇。把鬟兒、再四重吩咐。要你扶持，替他調護。好將原様交還我借叶。

減蘭　紀夢

低呼密問。蹙着眉兒佯不應。別日無多。道心腸變了麼。　繡衾冰冷。一陣西風吹夢醒。兀自朦朧。枕畔依稀見玉容。

步蟾宫

歡嗔顰笑由他慣。看不厭、枕邊鐙畔。是誰教你忒娉婷，怎怨得、阿儂糾纏。　輕離暫別還牽絆。儘耳鬢、厮磨休遠。不該生個粉孩兒，便分與、恩情一半。

鶯啼序　代書

雲香可人妝次，自別來安否。月圓日、曾肅蕪函，殷勤專使緘去。並寄上、提琴一握，親將小字鐫絃柱。迄於今、未見環雲，莫非投誤。　惜別怱怱，屈指早已，過中秋十五。悵牛女、遠隔天河，鵲橋不許偷渡。況文園、懨懨臥病，把鈿約、釵期都阻。更天天、雨雨風風，怎生調護。　睡還不穩，坐也無聊，自朝直至暮。苦憶煞、樽邊淺笑，耳畔温語。鬢角厮磨，琴心低訴。勞卿纖手，替儂綰髮，象牙梳子香猶汙，把良宵、平白輕挨過。高城一堵，而今望眼將穿，夢魂不肯飛度。　悶來遥想，酒緑鐙紅，儘緩歌慢舞。只料取、四絃秋月，一曲春風，便有周郎，更無小杜。鰥生薄倖，卿如怪我，還須憐我休惱我借叶。這墨痕、中有啼痕附。肅此專問芳安，并候回書，知名不具。

如夢令　用淮海韻

雲鬟寶釵斜溜。眉黛遠山低皺。欲換繡羅衣，親把水沈薰透。非舊。非舊。人比影兒還瘦。

南歌子　用六一韻

窗底風如剪，簾鈎月似梭。滿身花影倩人扶。笑問海棠香夢、醒來無。　金鴨添香後，銀釭上火初。鴛鴦綉罷晚功夫。自研薛濤箋子、學真書。

醉花陰　用漱玉韻

薄醉愁眠消永晝。門掩金鐶獸。花影上床幃，薄薄紗窗，一綫斜陽透。　金籠沈水薰衣後。怕淚痕沾袖。獨自坐深閨，一個黄昏，簾外桃花瘦。

一剪梅　用竹山韻，題葬花圖

喚起花魂用酒澆。旛影摇摇。柳影招招。如花顔色比花嬌。風怕飄飄。雨怕瀟瀟。　埋香塚在沁芳橋。香土親調。香楮親燒。祭花不用紙錢抛。果薦櫻桃。文寫芭蕉。

鳳凰台上憶吹簫　用漱玉韻

鈿委金蟬，釵分紫燕，曉窗慵自梳頭。怕斷魂飛去，放下簾鈎。往日説儂多夢，於今是、夢也都休。三秋別，算來幾日，已是千秋。休休。歸期誤了，怪驛館郵亭，有甚勾留。儘教人日日，倚遍高樓。樓外幾株楊柳，偏生地、遮住雙眸。憑消受，五更殘夢，一夜閒愁。

聲聲慢 用漱玉韻

秋聲難覓。起坐無聊，寒蟲助我淒切。顧影憐儂，獨自怎生安息。殘鐙黯然無語，又誰家、杵聲敲急。人去也，短長亭夢裏，路途難識。　多少亂愁堆積，顏色改、都來自家摧摘。好月難圓，還要被雲遮黑。銀壺漏聲點點，共愁人、淚珠同滴。這滋味，也虧俺、抵死禁得。

晝夜樂 用屯田韻

舊愁新恨剛相遇。便都向、眉峯聚。情絲多似蠶絲，欲理又無頭緒。一縷相思心上繞。風吹散、斷魂如絮。如今夜夢來時，莫放伊歸去。　獨眠滋味和誰訴。算青春、兩孤負。若教儂做游絲，定把香車挽住。莫說近來無好夢，便有夢、也無尋處。化個鬼靈兒，把關山飛度。

鎖窗寒 小桃花館懷舊，用清真韻

寂寂閒庭，更無人在，蛛絲盈户。桐陰一畝，禁得幾番梅雨。小樓陰風簾自開，緑窗賸有黃鸝語。嘆花開花落，春來春去，光陰逆旅。　日暮。垂簾處。認艾虎猶懸，去年重五。榴紅依舊，少個翠鬟吟侶。問今年、雙燕自來，雕梁舊壘猶在否。凝芳塵、半壁紗幮，留隻空樽俎。

翠樓吟 和黃唐堂《詠花魂》

弱不禁銷，嬌還易斷，暗度曲闌深處。海棠初睡去，想夢到玉樓瓊宇。嬌柔如許。怕輕似楊花，隨風飛去。無憑據。更防迷住，一簾烟雨。　日暮。一縷春愁，共游絲飄漾，兩無情緒。月斜人靜後，碧欄外、似聞私語。相思有樹。倩花外流鶯，低聲喚住。歸來否。斷魂還怕，亂隨飛絮。

綺羅香 題平湖秋月，用玉田韻

小曲廊深，一彎水淺，花落東風還妬。壁上留題，都是斷腸詞句。畫欄外、碧草黏天，小亭畔、垂楊幾樹。算春來、肯帶愁來，是愁不肯共春去。　光陰同是逆旅。春去秋來，贏得閒愁幾許。此處當年，月底曾脩簫譜。被春風、吹斷花魂，把絲柳、織成愁縷。是流鶯、說起傷心，淚痕都化雨。

永遇樂 別情，用竹山韻

飛絮成塵，落花如夢，料難團聚。兩下離情，四行別淚，填滿西湖水。沒情絲柳，偏生不解，牽住那人衣袂。遍天涯、芳草斜陽，知從那邊尋去。　玉釵斜溜，鬢雲鬆也，卻似亂愁千縷。人比春嬌，春如人嬾，釀得春如許。心情無賴，夢魂無據，逗入漫天風絮。認窗外、湘簾隙裏，是愁來處。

以上《天虛我生詞集·海棠香夢詞》

鶯啼序 題虞山龐病紅樹松吳門載夢圖

濛濛一篙烟水，正吳江楓落。板橋短、涼月如霜，人家幾畝修竹。畫船載、鐙邊幽夢，寒山分與眉尖緑。漾吟魂、一水瀠洄，文波如縠。照影羞看，鬢畔華髮，被流光催促。記潘車、市上曾游，擲來嘉果盈掬。儘温存、鴛樓春醉，肯躭誤、雞窗夜讀。有多少，恨縷情絲，繫儂心曲。　于今休矣，彈指風流，墮歡不可續。便許我、埋頭睡也，奈此芳景，魂不禁銷，眉偏愛蹙。相思此地，最難抛却，漁燈伴影楓橋宿，問何年、一枕黄粱熟。別無長物，眼前除卻琴書，貼身衹有僮僕。　去年何事，滚滚黄塵，壞車輪馬足。算何似、烏篷三尺，容個匡牀，桃葉攜將，蒲帆掛着，中流容與。浮家一舸，升沈休問榮與辱。讓秋潮、城外嗚嗚哭。夜來蚜破衍波，拚把銀毫，爲君寫禿。

貂裘貰酒　又題《艷窟新聲詩詞集》

一覺揚州夢。怨東風、者般多事，鴛鴦吹攏。顰笑歡嗔忘不了，嵌入一絲心縫。但生受、燕嬌鶯寵。錦瑟年華剛十五，記紅牙、小拍凰求鳳。非薄倖，忒嬌縱。　年來我也遭磨弄。没商量、書生福薄，美人情重。除卻巫雲渾不是，縱有明珠無用。笑天地、原來如甕。十萬金鈴君繫遍，問個中、可有知心種。容拜賜，細環誦。

買陂塘　題海上萍寄生謝君三十初度小影，嬾鶴介紹

你能詩、能書能畫，人間原是無匹。柳絲不繫桃花馬，惱煞粉郎胸臆。情脉脉。怪鏡裏眉痕，蹙損春山碧。襟痕未滌。記松浦行雲，揚

州騎鶴，年已過三十。君顏色。我固未曾相識。聞名無異親炙。畫圖不寫春風面，剪取衍波一尺。呵凍筆。待題首新詞，寄與梅花驛。何當車笠。便道左相逢，旗亭賭唱，把臂話疇昔。

金縷衣 題常熟翁澤芝之潤《玉連環室詞》，竹山體

祇有相思分。不分明、銀屏夢影，畫簾鐙暈。夜雪瞞人無聲下，逗入潘郎雙鬢。訴恩怨、是誰嬌吻。月暗琴川花枝暝，向紅窗、獨自銀毫吮。獸爐小，篆烟噴。　簪花小字烏絲襯。解連環、同心纈子，水晶雙印。合是天公安排定，生受醉脂啼粉。載一舸、鴛鴦夢穩。綠繡笙囊相思軫。拍紅牙、彩筆橫三寸。好詞曲，玉田近。

氏州第一 贈琴川花瑞詞人，即次《玉連環室詞》韻

玉琢連環，花孕雙瑞，此君生有香福。早爲傾心，失之交臂，文學因緣何薄。剪取紅牋，記曾鬬、秋詞蟋蟀。渺渺文波，盈盈帶水，勞勞夢轂。　小字端詳驚故熟。但惆悵、瑤華未讀。滬上鶯花，吴中山水，併繫儂心曲。望秦川、何處是，待吩咐、夢兒尋着。笑煞癡生，擲金錢、也來燈卜。

浣谿紗 虞山龐綺盦樹栢寄來小令數闋囑和，即次原韻

曉撥薰籠宿火留。梅花香福幾生修。一枝斜入小妝樓。　紙帳夜寒疑有夢，洞天春曉了無愁。祇餘心上一分秋。

其二

心字香燒印子深。合歡花底漫沉吟。隔重簾幕夢相尋。　秋水盼穿雙淚眼，春山蹙損小眉心。紅鐙樓上隔花陰。

其三

弱弱芳魂瘦影單。去來無力怨更殘。和衣靠暖玉欄杆。　花底心香銷宿火，柳梢眉月悄籠烟。屧廊分手去珊珊。

菩薩蠻　又

秋愁不管眉山小。添來顰黛知多少。風揭軟簾開。那人來未來。　不嫌腰樣瘦。生怪羅裙皺。移過小銀蟾。水沉香更添。

陌上花　題《綺盦詩詞集》，即用集中題倩影圖韻

舊游如此，料來襟上，酒痕猶碧。摘粉搓香，化做鬢邊蝴蝶。紅箋打疊相思稿，博個輕憐輕惜。儘書生消受，添香伴侣，欺花顔色。　趁韶華正好，勞人巧思。莫向天孫多乞，喚取紅兒，試拍檀牙一折。沈腰祇慣傷春瘦，都爲惜花心熱。羨如君才調，者般清福，幾生修得。

凄涼犯　翁澤芝爲題吴門弔影圖，即用其韻

酒痕泛緑襟邊認，啼紅相間猶昨。姻緣錯也，今生休矣，算差一着。東風太惡。便欺侮、桃花零落。奠清明、虎邱山麓，聊踐踏青約。　門巷依然是，賸個蠨蛸，暗牽簾幕。魂歸來未，泛靈槎、苦尋無術。淼淼烟波，恨填石、寃禽力薄。哭西風，血淚搵透縞袂濕。

徵招　次赤鳳公子翁錦芝見題吳門弔影圖韻，草窗體

柔腸零碎分年斷，于今斷腸真矣。和淚問桃花，怎將他呼起。盈盈衣帶水。甚情緒、自填哀誄。月浸橋弓，波搖人影，一絲涼氣。　宛在水中央，描倩影、藍天倒涵如紙。環佩悄無聲，泣鮫人雙淚。芳心應不死。特爲汝、招魂來此。試聽取、夜半啼鵑，也喚卿歸去。

南浦　次黃曉秋家驥《平湖秋月·懷舊》韻，從柳耆卿體

水天一碧，記依稀、風景似當年。試問秋光如許，明月甚時圓。三株兩株楊柳，怪絲絲、不繫小樓船。對平湖皺碧，孤山凝黛，秋夢渺如煙。　惆悵段家橋畔。更誰家、燈火燦華筵。冷落紅簫碧管，烟鎖畫樓前。山兒水兒依舊，對西風、愁煞隔波蓮。算年年不改，一堤芳草送吟鞭。

安慶摸　彩雲輪中即夜

亮晶晶、一重窗子。四邊不漏空氣。風潮滾滾雙輪健，聲浪一齊而起。人倦矣。奈少個談心，睡也無滋味。別時無幾。把挽逗柔情，臨岐軟囑，都向枕邊憶。　人生是。最怕相逢知己。愛情紛戰胡底。楚孃眉黛何郎粉，一總嵌人心裏。愁沒計。偏我到申江，不當繁華地。吳頭楚尾。這透腦相思，兜頭煩惱，都化淚而已。

念奴嬌　題梅聘海棠圖，應朱韻才之徵

老天何苦，把春心秋意，生生勒住。一幅湘簾

天樣遠，蝶使蜂媒都阻。片月分愁，西風曳恨，夢裏尋將去。莫燒高燭，怕伊低頸無語。　算來應分相憐，卿脂儂粉，正合無雙譜。已是幾生修到此，還被雪欺霜妬。孤格稱儂，斷腸呼汝，誤煞儂和汝。緣慳如此，詠花人可知否。

洞仙歌　自題箏樓泣別圖

相逢幾日，又櫻桃時節。豈是芳心愛離別。奈盲風虐柳、苦雨欺花，只落得，捧着臉兒嗚咽。　寸心誰是鐵。一刻春宵，如許繁愁怎分説。門外是天涯、欲去還捱，早樓上、紙窗如雪。再握手、相看淚如潮，怕從此分襟、影兒都滅。

買陂塘　題並蒂白蓮圖，和紅豆詞人韵

鎮牽連、藕絲不斷，轆轤聲在金井。宵深和月團清夢，吩咐浪平風静。鴛夢醒。儘傍玉偎香，憐煞雙雙影。鶼鶼翼並。任蓮女跉竮，漁郎煢獨，宿向畫船冷。　思量着，正好緑波如鏡。何人並坐蘭艇。分明不是藍天種，天與一般嬌靚。烟暝暝。怕連理深情，牛女都能證。鮫衣一領。擬裹汝歸來，伴儂愁去，療此渴中病。

洞仙歌　寄張雲蘭校書

東風門巷，認桃花依舊。樽低相逢破眉皺。愛櫻唇潤酒、花鬢黏香，那還説，特地爲郎僝僽。　別來無恙否。如此春寒，薄絮衣裳怎禁受。前日是清明、蘇小鄉親，應難忘、西泠

楊柳。問畢竟、紅船幾時來，向卍字廊邊、更番攜手。

齊天樂 題上虞潘少文普恩《趨庭集》詞，和吴世欽明府韵

鬢絲不逐星霜改。河陽種花休采。舊號神童，新呼佛子，道是前身仙宰。詞場綺寀。自白石成塵，誰爲鼎鼐。數到潘郎，鳳毛一展焕奇彩。　奚囊貯蘭茝。趁學詩餘暑，還戲斑綵。筆盡生花，車盈擲果，留取春光長在。才真似海。便倚馬題襟，萬言堪待。想象高踪，隔江聞款乃。

洞仙歌

屏山曲录，下珍珠簾幕。密密窗紗罥紅燭。料梁間燕子、簷底鸜哥，猜不透，羅帳深深偎玉。　口脂香馥馥。訴到相思，枕上雙蛾黛痕蹙。兜起薄羅裳、襟上斑斑，教看取、淚華紅簇。只道是、蓬山隔天涯，似恁地相逢、問儂何福。

浣谿紗 雨夜有懷内子

撩亂悲歡夜夢中。薄幃驚雨蠟燈紅。醒來恍對鬢蓬鬆。　帳額影摇燈蘂小，枕凹香膩唾花濃。者般長夜怨天公。

其二

放下銀鈎幾忖量。開衾猶噴雪肌香。妬他雙枕繡鴛鴦。　惹我絮煩遲玉漏，謊人花信報銀釭。曉來臨鏡算成雙。

其三

個裏情懷祇鏡知。暫時消遣弄胭脂。强爲嬌

女晝長眉。怕着寒衣慵起早，不圖好夢慣眠遲。虧他往夜耐相思。

其四

海水新添入漏壺。夢中歡笑醒來孤。這般好夢不如無。脂盒唾絨憐小巧，粉奩圓撲想規模。怎生催寄一封書。

長亭怨慢　題周子炎爲薛鳳兒所作《桐花箋》，並爲譜成傳奇八齣，即以此爲自跋

止不住、淚珠撲簌。滴上蠻箋，化爲鉛緑。一樹桐花，于今空賸女鸞宿。情絲難續，早剪斷、同心燭。說甚薛濤詩，倒做了、長沙賦鵬。委曲。怎藏嬌金屋，真個書生無福。才人一例，總都被、天公魚肉。早知道、紅豆空拋，再不等、黃粱炊熟。便扯碎衍波，拚向西風一哭。

以上《天虛我生詞集·眉山冷翠詞》

蝶戀花

六曲房櫳花四面。鏡樣玻璃，拂拭無塵點。露井小婢開簾回笑臉。風前放入雙雙燕。宮桃開已遍。幾個春寒，顔色些兒變。屏角迷藏人不見。麝香偷出紗窗眼。

前調

四簇秋山妝未就。小艇横塘，采采同根藕。脫却寒衣來貰酒。題牆詩句當年有。油壁青驄穿細柳。柳外高樓，樓上雙紅袖。無意相逢開笑口。花枝招展纖纖手。

金縷曲　題劉江許瘦蝶《嘯秋閣詩》《夢羅浮館詞集》

籀罷和凝版。恁鑾牋、珍珠密字，鑄成愁券。一樹梅花圈到底，前度相思圓滿。幽夢轉、羅浮山遠。中有纏綿兒女語，小紅牙、試倩飛瓊按。歌一闋，酒雙勸。　嘯秋高閣凭江面。風過處、許多奇句，飛來天半。紅葉滿山題不盡，付與奚奴收管。便化做、錦霞千片。寶氣珠光迷五色，漱薔薇、再讀三千遍。詩與畫，竟難辨。

月華清　寒月，應著涒社徵

一樣窗前，二分簾隙，有梅花處尤白。籠水籠沙，多少晚烟搖碧。問吹笳、何處荒城，纔滅燭、者邊孤驛。今夕。怕潮來池上，了無痕迹。　愁煞山樓鳳翼。恁顧影堪憐，西風還偪。輪與昏鴉，樓上井梧百尺。夜深時、孤犴能啼，酒醒後、玉人難覓。岑寂。算相思憑據，屋梁顏色。

前調

山寺敲鐘，江樓吹篴，不知今夕何夕。寒到君邊，勞我秋碪先拭。最思量、晏殿餘香，休問起、樊川舊宅。禁得。在閨中獨自，晚來將息。　惆悵棲鴉啼歇。便斷夢如煙，床前無覓。夜半能來，惟有小池潮汐。縱年時、雙淚能乾，怕天際一梳還蝕。吹熄。把銀荷移過，更番憐惜。

摸魚子　題嘉興吳芬子受福所藏馬湘蘭小印、卞玉京寫經硯、柳蘼蕪妝鏡、李香君小影合搨本，應雲間詞客阮劍癡君之徵

悵飄零、南朝金粉，可憐留此微物。菱花不共

河山破，聊做興亡憑據。回首處。早難覓、桃花扇上傷心句。硯凹認取。怕不是真真，年時小影，恰是淚痕污。　紅橋外，惟有西風禾黍。畫船誰載歌舞。美人名士歸黄土，難藉法華超度。天付與。是我輩才華，只贈閒兒女。形乖影錯。再休把同心，連環小印，鈐上斷腸譜。

壺中天　題秦散之丈敏樹小睡足寮圖，次册中宋浣花先輩志沂、譚仲修世叔廷獻、崔磐石方伯永安倡和元韻

曉鶯啼處，正畫中人倚，芙蓉池閣。窈窕文窗新緑暗，一種幽情無着。柳嬾於人，春濃似酒，詩思風吹落。銀牀睡起，簟紋猶印衣角。　聞道猿鶴宵驚，烽烟夜逼，不改琴樽樂。醒眼再看塵世事，棋局幾番輪卻。末日功名，浮雲富貴，夢裏空期約。蟲沙小劫，睡鄉渾未知覺。

邁陂塘　題朱芙鏡司馬兆蓉、德配者香夫人蘭瑛所著《錦霞閣詩詞集》

一篇篇、華駢葉儷。錦霞裁作箋紙。情天寵與簪花筆，當世掃眉才子。君莫是。是蘇蕙重來，補織廻文字。調羹餘事。便步障談詩，持紈覓句，消灑竟如此。　春時節，聞道曉妝纔罷。玉笙交付簫史。銀毫小注沈檀顆，罄欸萬言能試。新進士。怕南楚關圖，小妹無名氏。蘭心蕙思。算絶頂才華，齊眉福分，千古一人耳。

滿庭芳　春夜鬱坐寫悶

燈蕊摇紅，簷花暈緑，愁邊惟有吟樽。没情寒

雨，又要做黄昏。虧煞簾衣無縫，深深地、圍住春魂。思量遍、依然獨醒，殘酒手中温。年來多少事，心頭眼底，幾件留存。算鴛鴦福分，受盡深恩。偏要自尋煩惱，生生地、扭斷情根。只留得，衾邊枕角，一點夢兒痕。

鶯啼序　次吴癯庵韻

殘花已拚落盡，料春風也窘。畫簾底、留駐輕寒，緑琴淒到無韻。又容易、黄昏近了，迴腸祇有藏愁分。濕鮫綃、羞揾眉痕，黛蛾雙印。獨自惺惺，幾度懊惱，認爐香細歕。自一陣、盲雨酸風，舊時鶯燕難問。檢離樽、寓周啼煞，盼征騎、芻尼無準。偢浮萍、聚散匆匆，那堪重論。靈蕤約夢，寶釧尋盟，酒懷半未穩。便道是、熱中情囈，醒後忘了，嚙臂深紅，等閒都隱。華鐙雁足，紗幃蟬翼，如梅瘦影難描寄，來蘼蕪、飲盡心頭恨。除非睡裏，尋來一晌温存，博個淚頰微皺。年時贈芍，若可療愁，待碾成細粉。和一滴、胭肢啼漬。撚做珍珠，飼與鸚哥，怕先悽損。嬌憨小婢，拈來只道，天涯緘到紅豆子，算當歸、消息今番僅。想思憑據寥寥，一疊鴛箋，半函鳳蘊。

金縷曲　爲漢皋畢鈞堂題其先人岐山司馬永豐《哀輓集》，仿小山體

不怪滂沱雨。却元來、大星隕了，太陰難畢。四省孤寒齊下淚，誰與救援饑溺。兩廣、江西、山東水災，公倡協賑，及助棉衣若干。只留取、一雙飛舄。管鮑交情何足道，看焚餘、債券高三尺。能濟富，且周急。漢鎮某某兩洋行債事，華商多受其累。公爲維持，耗六萬餘金不惜。其他負逋而力難償者不下數十萬，悉

焚其券置不問焉。論者謂能人所不能。先生道義高千古。到如今、大江南北，歌功頌德。太乙光分榆柳火，儘許鄰家來乞。拓商界、許多成績。公創燮昌火柴公司，役男女數千人，貧民賴以生活。此外所營商業，亦多類是。今歲重陽公七十，好兒孫、休抱萊衣泣。嗚鳳集，且雕刻。公年六十八，卒於丁未九月。及兹三載，其令子謀梓同人輓辭，問序於予，以詞代之。

摸魚兒　《桃花扇傳奇》題詞，應著涒社徵

問年時、春燈燕子，於今都在何處。淒涼一柄桃花扇，倒做興亡憑據。天不許。賸錦繡江山，半壁教歌舞。才人末路。把絕頂聰明，兜心煩惱，托付小兒女。　君看取。一部斷腸詞譜。斑斑紅淚猶污。三忠死後家山破，儌倖美人黃土。無可訴。是亡國遺臣，抱恨終千古。長歌當哭。莫認作尋常，後庭花曲，唱到隔江去。

前調　次吴門沈瘦蝶韻

悄黃昏、一彎眉月，玉簫聲漸吹冷。荷亭四面涼如水，簾外芙蓉千頃。人睡静。偏有個銀鸚，背地呼香茗。脂奩粉鏡。怪繡滿蛟絲，花生螺管，不鑄並肩影。　年時節，攜手畫欄閒凭。素娥輪與嬌婧。風鬟笑倩檀奴整，昵煞文鴛交頸。殘醉醒。便一夜無眠，都管雙心肯。銀河耿耿。記舊約分明，紅樓縱遠，應在夢中等。

金縷曲　題秦緩卿琴《城南草堂圖》

家住城南角。繞柴門、幾株楊柳，一叢修竹。西面寒塘東背寺，中有數椽茅屋。卻容得、文

宣家屬。帶水弓橋分界限，向人間、享盡仙家福。卜鄰者，瓣香祝。　高堂白髮當風燭。賴承歡、冬衾夏枕，春蔬秋菽。一自吴門來作客，愁煞倚閭人獨。况天氣、薄寒輕燠。手綫身衣游子夢，旅窗深、苦憶丸熊讀。留紀念，此圖幅。

前調　題胡蘊山文輝《濯足萬里流圖》

骯髒黄塵裏。向天涯、東奔西走，從何説起。世界已無乾净土，難覓立錐之地。盡卻曲、迷陽而已。莫問滄浪清與濁，有吾儕、出世皆清矣。濯纓者，笑孺子。　悲夫逝者如斯耳。一年年、江河日下，滔滔皆是。匝地風潮誰挽得，多少王侯螻蟻。棄天下、渾如敝屣。塵海英雄悲失足，脱宫靴、趋向黄河洗。吾與汝，是爲記。

安慶摸　題黄少白《韓隱廬詩鈔》

問天公、所援何例。才人定教窮死。文章折盡儒酸福，潦倒江河而止。姑且試。看古往今來，幾輩皆如此。當時韓子。肯賣藥街頭，懸壺市上，夫豈好爲是。　黄君者，嘗以伯休自比。牢騷不知何似。杜陵茅屋風吹破，立錐可堪無地。悲往事。仗筆硯多情，能演傷心史。家私半紙。苦寒不能衣，饑難爲食。聊以解嘲耳。

洞仙歌　題胡蘭癡紅袖添香夜讀書圖

風燈羊角，照青藜夜讀。信説書中有金屋。借寶釵撥火、翠珥挑香，享盡了，才子佳人雙福。　紅顔嗟命薄，願共心違，錯種藍田一雙玉。檢點舊縹緗、不是丹鉛，是點點、淚痕斑駁。試畫幅、生綃證相思，這斷夢如煙、那還能續。

前調　題許伏民《夢紅雲館玉簫集》

箏聲簫韻，正一般腸斷。檢點零縑寸心亂。早桐花落盡、絮果抛荒，衹將個，葉葉芭蕉題滿。　可憐天不管。去鳳隨鴉，無可如何怎生勸。一語最酸辛、相見應難，除非把、小名低喚。則魂夢、無拘料能來，願妾意郎心、剖開同看。

其二

紅雲兩朵，想梨渦温軟。夢裏投懷薄魂顫。怎模糊情囈、宛轉愁容，離不了，眼角眉端心坎。　舊吟詩一卷。卅首無題，讖語何該做存案。揉碎薛濤箋、仔細思量，怕撕錯、鴛鴦雙券。倘不是、姻緣怎相逢，這孽債寃由、將誰埋怨。

其三

玉鈎斜處，自金釵敲斷。前度鸞牋已同葬。怎五千日裏、十二年來，又添出，如此一重魔障。　東門開祖帳。尺幅鮫綃，重被臙脂淚痕濺。莫是再生緣、離合悲歡，偏怎地、像伊模樣。算只算、文齊福難齊，早知道天涯、不如泉壤。

其四

琵琶遠嫁，問何年歸漢。缺月中秋有時滿。只相思無了、相見無期，做了個，離恨天中懸案。　彩雲雖已散。地老天荒，海水能枯石能爛。只有美人恩、嘔出心肝，償不得、些兒情券。這一卷、淒涼玉簫詞，已彀我銷魂、那堪重按。

貂裘貰酒　輓許荻村封翁，應其文孫漢勛茂才銘麒之請

破曉觀天象。罡風吹、老人星墮，東南角上。八十六年塵世夢，龍馬精神猶壯。算還了、兒孫前帳。大海騎鯨頭已白，怕倚閭、人在瑶池望。歸且去，好迎養。其太夫人去世未遠。　回頭故國雲山莽。恁蕭蕭、淒風苦雨，傷心戚黨。彭祖高年儘十倍，筵席誰家不散。如公者、更無缺憾。四代豪名聞海內，數從游、子弟皆卿相。歌薤露，莫惆悵。

齊天樂　題《玉雪留痕》，次林琴南紓韻

鐫珠刻玉傷心透，情天替留餘步。宛轉蠶絲，些微鯽墨，都是感恩深處。小衣金縷。怎扣解芙蓉，含羞還住。着甚來由，淚花彈指化紅雨。　盲風先殺病蕊，拚伶仃薄命，埋恨荒嶼。海水煎愁，山雲撮夢，擔荷別家寃苦。故園禾黍。誰指望明珠，重還合浦。撤却樊櫳，洞房歌振羽。

金縷衣　再題《玉雪留痕》，次金鶴笙爲韻

天下無難事。有心者、投湯蹈火，未嘗能死。兒女胸中無別物，一字惟情而已。況薄命、不如乎紙。嚙臂留盟恒有事，則捨身、布施非無理。默涅也，例同此。　人生不幸能文字。好榜樣、漂流列國，鄒人之子。千古英雄多末

路，假使設身處地。誰不道、波羅揭諦。著作名家屠狗耳，守財奴、獨立當今世。一念及，髮爲指。

安慶摸　龐芝閣先生屬題《隋董美人墓誌》原拓本

認斑斑、零縑賸墨。淚華千載猶濕。六朝山水都如夢，何況美人顔色。拋未得。有一縷情絲，嵌住三生石。呼之欲出，問環珮來時。棠梨落後，誰與共寒食。

休再説，往日隋宫明鏡，土花一寸凝積。落鬟故黛無憑據，早被鏽紋侵蝕。尋往跡。祇龍首原前，芳草年年碧。春燈如漆，縱炤取殘碑，摹來恨字，何以致魂魄。

紅情　咏紅豆，從朱竹垞元咏體，應都中著涒社徵

筵前記曲。愛柔荑素手，拈來盈掬。試比櫻唇，一様胭肢潤紅玉。別後相思多少，勞寄與、美人南國。敢認做、鵑血凝冰，顔色鬭蛾緑。

叮囑。且籠燭。怕看煞絳珠，惹伊羞縮。量成十斛。飼與鸚哥料無福。若恐珊瑚網漏，除用取、情絲穿束。總不抵、骰子上，嵌來入骨。

緑意　咏緑楊，用無名氏咏荷葉本體，應著涒社徵

紙鳶風裏。早傍城依廓，毵毵如此。一樹濃陰，分與隣家，讀罷殘書曾倚。無端駱馬歸陳跡，問樓下、青驄誰繫。祇賸他、款乃聲中，畫

出二分山水。試聽陽關三疊，不聞説要汝，管人離異。南浦春波，顔色思量，愁煞驪樽芳蟻。高低湖月心俱碎，怕又是、渡江風起。莫等閒、縿徑飛花，逗入鬢絲難理。

羽仙歌 無題

東西文字，讓個人聰敏。游歷重洋十年近。愛蓬雲鬈髮、剪水青瞳，別有種，跌宕風流神韻。我心灰木久，多謝情大，特遣伊來解愁悶。卿是自由花、何事低頭，斸不了、女兒身分。莫説是、相逢没稱呼，且兄妹爲之、兩心都肯。

其二

洛妃羅襪，怎者般輕健。攜手登山小如燕。採山花幾點、綴上衣襟，説比似，西地羅蘭嬌豔。春衫剛稱體，抱月飄烟，一尺腰圍九分欠。婉轉解依人、仔細思量，伊與我、有何情戀。惟願取、惺惺惜惺惺，若不是姻緣、毋須詵諞。

其三

畫船一舸，載春人兩個。百葉窗中比肩坐。喜憨容入畫、吹氣如蘭，没情的，款乃一聲柔艣。回頭楊柳岸，含笑春山，簾隙窺人把人妬。古蹟證模糊、蘇小馮娘，比做那、貞孃坟墓。祇可惜、桃花已飄零，賸流水斜陽、此番來錯。

其四

藍輿作對，去秦亭山外。伴我爺娘墓門拜。感芳心懇摯、不解嫌疑，祇曉得，一味天生情愛。蹴球芳草地，翩若驚鴻，輸與檀奴豈甘賴。歸去晚鐙前、一卷蠻牋，肯譯與、解人聽者。拚得個、宵宵四更眠，説便是天明、也應無礙。

其五

午飡夕膳，任堆盤苜蓿。秀色容餐已知福。最櫻唇怯酒、星眼羞鐙，猜不定，顰笑一雙蛾緑。未防瓊姊見，耳鬢厮磨，雪樣柔頤暈紅玉。情願坐人懷、拗轉柔腸，倒説我、怎般輕薄。禁不得、銷魂惹嬌嗔，把心坎思量、等閒猜着。

滿庭芳　咏紅杏，應都中徵

昨夜高樓，明朝深巷，無端嫁了東風。憐伊雙靨，羞比小桃紅。記否江南時節，慈雲寺、西畔相逢。禁得個、醉人天氣，挨盡雨聲中。料應關不住，一枝春色，偷出牆東。正晚妝纔罷，夕照還烘。愛煞文姬兩鬢，尚書號、新拜昭容。若問取，兒家何處，借酒問村童。

浣谿紗　應著涒社徵，分咏漁、樵、耕、讀

雨笠烟蓑没事忙。江湖滿地獨登場。幾家疎網曬斜陽。阿婦曉妝波作鏡，而翁歸去醉爲鄉。桃源怕有問津郎。

其二

竹裏煎茶記小時。龜蒙曾賸十篇詩。和誰隔水問相思。靈石峯頭歌宛緩，爛柯山脚夢依稀。琴邊一客已忘機。

其三

緑野人來畫裏行。一犁春雨麥秋成。御圖開

卷賜題名。烟際呼龍閒種草，隴頭牽犢慣談經。好從沮溺問先生。

其四

炤取青藜太乙光。泥他紅袖爲添香。深深楊柳舊書堂。恨不十年修蠹史，喜從五夜掛螢囊。樹根秋思憶歐陽。

燕山亭 咏夾竹桃

露井春深，玉澗月明，愁煞坐中佳人。遮莫笑人，窺向重簾，寫做个人兩字。崔護今年，虚盡看花心事。何似。向幽谷深谿，暫時迴避。

説甚緑浄紅夭，自椎髻人遥，誰簪茉莉。嫵媚麗姝，寂寞湘君，相思可憐如此。小朵臙肢，算是淚花斑記。聊以。把盈斗、落紅先寄。

齊天樂 題陳鐵如封翁寅坐菊圖

臥遊不慣行吟倦。濁醪待憑誰勸。醉月心孤，坐花身老，休喚白衣人轉。風簾試捲。早難覓春叢，小鶯雛燕。手把茱萸，不知人去幾多遠。

還來舊家庭院。記繡裀芳褥，輸與温軟。泛泛流霞，纖纖素手，長憶清樽相伴。良辰美眷。怎容易西風，夢都吹斷。來日相思，一天天更短。

雙頭蓮 蘇臺漁隱王冠蘭以種蕙圖屬題，爰就所述本意，爲拈此解

天忒無情，怎許嫁梅花，海棠先死。姻緣如此。問畢竟、天末美人有幾。禁得燠室栽蓮，寒塘種蕙。算只是。煑鶴焚琴，煞人風景而已。

更堪孽海迴瀾，已早拚獨處，又逢傾

國。蘭姨蕙姊。論標格、信説一般無二。争奈宋玉徒窺，羅敷早字。但對此，香草同心，那不墮淚。

鶯啼序　合肥李可亭以《殿秋集》屬爲題曲當序，似於體例不合，改作長調

平梁可亭詞客，乃青蓮苗裔。論著作、倒海傾崐，卻纔陸賈年紀。儘猜説、前身漱玉，重來洗盡胭脂氣。拓宜春小舘三楹，萬花叢裏。

無奈流光，容易暗换，又西風吹起。好園林、賸有黄花，伴他淒寂秋士。罷評量、姚黄魏紫。争分咐、屈醒陶醉。問何人，把酒還來，冷清清地。

星霜昨夜，風雨明朝，勝游不可繼。重憶取、紅樓舊夢，幾輩詩友，分咏秋花，傳爲韻事。牙籌檢點，舊題重記。吟朋況是多于鯽，擘濤牋、請照蘅蕪例。雙螯斗酒，聊當鹿脯羊羔，浪仙除夕之祭。

天涯地角，同病相憐，數幾人知己。除非是、瀏江瘦蝶，許仲瑚別字。鏡水癡龍，山陰周子炎字。愛菊夫妻，愛菊軒主爲陶巽人室。悼棠兄弟。通州張峽亭字悼棠子，其弟峯石亦工詞翰。襟懷磊落，一般如此。殿秋詩集收拾好，是才人、心血英雄淚。慚余謬托知音，薄獻蟲肝，附兹驥尾。

虞美人　春日偶成，時客平昌幕中

緑陰庭院春如夢。風颭簾波動。夢回時節悄聞鶯。牆外餳簫吹入、賣花聲。

高樓下。山水明於畫。一番微雨一番晴。人在奈何天裏、過清明。

鶯啼序　題沈太侔祠部《塞上雪痕集》　用夢窗韻

天涯一般落魄，減詩腸酒户。便容易、消瘦腰圍，病中彈指春暮。負多少、花晨月夕，年來厄煞黄楊樹。算行踪漂泊東西，類他萍絮。馬足車塵，惝恍似夢，墮荒烟蠻霧。最難忘、低拍紅牙，緑鬢人唤樊素。記相思、落花十律，證離恨、垂楊千縷。好情懷，輸與汀洲野鴛沙鷺。二十年前，君爲蕊芬女史嘗作《落花》十律索和。　低頭皓月，壓鬢濃霜，異鄉牓倦旅。驀驚起、一天風雪，塞草都萎，檢點衣襟，淚華如雨。鸞牋幾疊，魚鱗千片，雲屏猶記傷心史，悵蕭蕭、夜雨秋娘渡。西泠校書錢素秋刻詩集，君爲徵題最多。天邊雁字，原來寫不分明，爪痕況被塵土。移宮换羽，改盡詞華，甚翠裙白苧。但博取、眉端顰皺，心坎愁煩，綵鳳難招，碧鷄慵舞。從頭細數，餘歡殘醉，璚筵星散銀燭炧，笑屠門、大嚼江珧柱。揚州一覺醒來，直恁礴礲，果無恙否。

以上《天虚我生詞集·清可軒詞》

南歌子　題費鶡侍先生以羣所繪仕女册頁，爲金聽孫所藏本

竹院秋來早，桐階月上遲。推琴何處訴相思。分付薄羅雙袖、揾胭脂。　草色濃於織，蟲聲細若絲。自家幽怨寸心知。小坐湖山石畔、又多時。

菩薩蠻　又

玉梅花底春魂薄。天涯小夢風吹落。屈指數歸期。斷腸人未知。　醉餘無氣力。小倚闌干側。縞素舊衣衫。染將紅淚斑。

如夢令　又

簾外一絲寒氣。燈影亂摇人意。呵手製征衣，成也料無人寄。歸未。歸未。彀了者般滋味。

浣谿紗　又

薄薄鮫衣稱體添。畫紈嬌小握葱纖。倚闌何事鎮懨懨。　小立恐防花露面，萬條絲柳當垂簾。料無人見鳳鞵尖。

留春令　又

夢斷難尋，酒醒猶困，那堪如此。寂寂重門，杏花開了，説道歸來未。　一寸相思愁不起。迴避真無計。纔教撇卻，眉頭眼底，又嵌人心裏。

浣谿紗　又

玉篡黏香理亂絲。晚窗篝火嫩寒時。了無頭緒費尋思。　宿酒乍醒還默默，歸期重數又癡癡。明朝應否寄秋衣。

虞美人　又

錦鱗消息無尋處。没個愁憑據。門前潭水比清深。難道爲儂顔色、便魚沈。　柳陰好與儂遮住。香餌抛將去。一竿私祝釣詩鈎。休把平安兩字、付沈浮。

一落索　又

月華淡白秋雲緑。認幾竿修竹。淚花猶染舊痕斑，偏無處，追芳躅。　長憶玉闌干曲。費幾番叮囑。往情争道付東流，便夢也，難尋著。

虞美人 又

門前春草依然碧。不見青驄跡。東風端的不知愁。又放一枝紅杏、出牆頭。　崔郎去去知何在。詩在斜陽外。鞾弓自印綠莓苔。錯認踏青人是、昨宵來。

風蝶令 又

腕弱沈金釧，鬟鬆溜玉簪。展開鳳紙寫秋心。畢竟最難落筆、又沈吟。　潭水深千尺，家書抵萬金。前番魚雁倘浮沈。難道天涯游子、不追尋。

桃園憶故人 又

畫船滿載春歸去。奩鏡蕩開花霧。漠漠柳陰如許。應分停篙住。　掠波雙燕呢喃語。惹起柔情無數。怪底漁郎船過。偏向儂回顧。

臨江仙 又

雪牕深夜停紅燭，薰篝添上龍涎。峭寒猶自怯重棉。天涯今夜，料也不成眠。　寶釧淒馨憐素腕，幾時攜手燈前。芳樽孤負晚來天。縱教沈醉，惟有夢相憐。

浣谿紗 題春曉圖

窈窕文窗六扇開。檀床睡起嬾咍咍。惱他雙燕入簾來。　瘦竹分陰遮帳額，好花移影上妝臺。更無人處一徘徊。

前調 愚園所見

萬點飛花落滿池。綠波如鏡炤芳姿。被人偷

見未曾知。　一晌憑欄還嬾嬾，幾回欲語又遲遲。爲誰如此苦相思。

前調　贈周小紅録事

縞素衣裳白袷紗。個儂嬌小嫩於花。玉梳斜掠鬢邊鴉。　雅量敢和郎鬬酒，渴懷私倩婢呼茶。醉來翻笑別人家。

其二

小立亭亭玉一株。晚鐙烘醉解羅襦。坐懷泥我教提胡。　素手握來温似玉，朵頤偎近軟於酥。薄魂銷得一些無。

其三

促膝調絲唱懊儂。櫻桃小顆破春紅。知音難得兩心同。　一晌温存和合枕，六時顛倒自鳴鐘。偏生河鼓打鼕鼕。

其四

繡幰迎來月在牆。幾回留戀祝更長。枕邊要索唾花香。　寶扇央題青玉案，銀箏收拾紫絲囊。道聲去也嬾徉徉。

前調　訪小紅所居於吴門大井巷

別去芳容想像非。枇杷花下叩珠扉。者般庭院夢依稀。　鏡檻花扶人影至，繡簾風揭語香飛。待從何處表依依。

其二

粉頰雙渦笑更深。自將纖指熨眉心。了無言語一沈吟。　銀杷酒痕憐昨夜，玉廚香茗餉知音。後期相見約西泠。

前調 贈昭林，時猶擁衾未起

强揭羅幃笑語輕。容光罩眼不分明。由他輕薄怪書生。羞極香襟遮半面，幾回低唤未曾譍。後牀玻鏡露傾城。

前調 贈翠玉

阿姊年華二八强。大家風度畫眉長。西湖歌舞問端詳。無限嬌憨羞小妹，者般輕薄笑癡郎。佯言阿母到中堂。

前調 懷小紅

獨客孤舟酒未醒。個儂模様嵌人心。不思量處又沈吟。客裏温存憐福薄，醉中扶掖感情深。不圖相見在臨行。

憶江南 乙巳七夕游仙詞

游仙夢，河鼓打鼕鼕。神女携雲歸楚岫，天孫燒燭返璇宫。簫史却乘龍。

其二

游仙夢，花底叩珠扃。小婢低聲開翠幕，阿孃輕嗽隔雲屏。都是假惺惺。

其三

游仙夢，樓底別無人。牙榻移燈呼悄悄，紗帷描影唤真真。雙枕小横陳。

其四

游仙夢，夢轉恰三更。儘我温存情切切，憐伊嬌困嬾生生。斜月入疏欞。

其五

游仙夢，小夢渺于煙。繡帳不垂銀燭背，酒樽移近象牀邊。趺坐伴花眠。

其六

游仙夢，容易四更初。不彀纏綿央小玉，終當醫可渴相如。深夜放流蘇。

其七

游仙夢，地久與天長。宿願縱教償蛺蝶，此身恨不化鴛鴦。爭肯做王昌。

其八

游仙夢，不是怕孃醒。推枕莫搖金屈戌，隔房誰響玉冬丁。到底吃虛驚。

其九

游仙夢，一刻抵千金。支臂願爲郎作枕，撫躬休使妾開襟。生恐曉寒侵。

其十

游仙夢，枕上細相憐。不用怪儂開眼睡，爭能抛汝轉身眠。重與貼花鈿。

其十一

游仙夢，催散一聲雞。鴛枕並頭樓上下，鵲橋分手路東西。巫峽斷雲迷。

其十二

游仙夢，疑幻復疑真。灑淚也應飛作雨，斷魂早已化爲塵。勒石誌前因。

長亭怨慢

乙巳重九前一日赴申舟次，時應九香樓電招。獨夜耿耿不寐，舉念情愛，如飲醇醪，倚篷自遣，偶成此解

辜負了、明朝重九。三尺孤篷，一杯悶酒。耳熱些時，想伊屈指問來否。水程迤逗，誰爲

我、先通候。來日定相逢，再不做、參辰卯酉。回首。算別纔半月，恍有萬千昏晝。前路茫茫，怎挨盡、五更長漏。縱良宵、真值千金，情願讓、別人消受。但換取西風，吹我夢魂先走。

氐州第一 西園

鏡檻涵花，匳池貯月，緑波吹皺人影。水曲廊深，中央亭小，空翠做成春暝。試問遊魚，還知否、倚闌人病。載酒年年，尋芳處處，舊遊難省。　密幕重簾風息静。閒坐處、遠聞清磬。摘盡枇杷，書殘貝葉，詩思和禪定。怕明朝、風雨後，都零落、翠嬌紅靚。借取紗籠，待題詩、壁間重證。

曲遊春 小坐惜紅精舍，有懷却寄

濃緑遮窗暝，放斜陽一線，偷照簾隙。荼蘼如烟，惱芳情最是，薄晴時節。六扇葵花格。悵寸許、軟塵凝積。有落英、幾片飛來，點皺硯池凹碧。　祇惜。狼毫麝墨。待寫上蠻箋，淚暈猶濕。非醉非癡，鎮昏昏情思，怎般禁得。小夢飛無力。正芳草、平原如織。寄與兩字相思，教伊細識。

洞仙歌 閨情

銀房寂寞，鎖嫩寒如水。不去尋芳耐憔悴。況日長似歲、夜永於年，那禁得，翠被薰香孤睡。　晚來無氣力，薄飲些些，半盞葡萄便沈醉。欹枕悄思量、小夢荒唐，還早被、罡風吹墜。纔記得、分明又模糊，賸一樹櫻花、想伊柔媚。

其二

湘簾放下，倩孤檠低照。一䅟瓶花向人笑。者相思滋味、懊惱情懷，怎生地，寄與那邊知曉。　歸期明日是，小婢搴幃，錯問歸來恁般早。鸜鵒忒多情，渴了文園，干底事、呼將茶倒。聽窗外、風吹雨瀟瀟，算坐着無聊、不如眠了。

其三

薄衾單枕，向邯鄲尋夢。花底迴身托么鳳。被庭蕉打雨、簾蒜敲風，驀驚起，更鼓譙樓聲動。　醒來無覔處，床背銀屏，返照蘭釭嫩紅凍。摸索墮釵痕、脂粉餘馨，又嵌入、離人心縫。鎮轉輾、匡牀不成眠，怕捱到天明、歸期

還誑。

其四

紗窗淡白，有一鶯啼起。百鳳和鳴亂如沸。把銀荷熄了、寶蒜鈎將，悄思想，那處曉妝成未。　花梢遲日上，一樹梨棠，辜負東風尚沈睡。牆角走鈿車、一步還差，早門外、烏龍先吠。爭知道、相逢又非他，鎮立盡斜陽、櫻桃簾底。

其五

銀瓶索酒，拚今宵依舊。獨醉孤眠再消受。待明朝撇去、隔歲歸來，也教您，禁着幾番僝僽。　一更人静久，忽地華燈，簇擁魚軒轉屏後。小婢笑先迎、説道歸來，怎捱到、者般時候。尚一晌、俄延卸嚴妝，渾不管紗窗、曙光

將透。

憶秋娘

歸也未。門外早思量。繞盡迴廊心屈曲，櫻桃簾底露燈光。嬌女正呼娘。

其二

歸也未。圓月恰當檐。步上屧廊輕似燕，垂髫嬌婢笑開簾。春思盎眉尖。

其三

歸也未。銀燭麝煤長。刻玉螺杯深注茗，絡珠鴛帳滿薰香。角枕列成雙。

其四

歸也未。屏背捉迷藏。隔着房櫳聞笑語，却和女伴話家常。虧您硬心腸。

洞仙歌　紀恨

銀簾絲雨，正櫻桃時節。一寸飛花亂愁積。記香車問字、柳翠橋邊，孤負了，特地去來尋覓。玻璃窗六扇，一晌流連，座上衣香未消滅。僥倖海棠詞、檀口噓香，渾不厭、幾回擊節。道黃鵠、磯頭是伊家，也小謫塵寰、聰明冰雪。

其二

不該小病，臥一房山下。錯怪儒酸擅身價。更勞他問詢、門向東西，料不是，酒後茶餘閒話。後期如有約，盼煞雲軿，眼角心頭儘牽罣。何敢莽相思，難得知音，竟屬在、掃眉流亞。怪作弄、無端費人猜，怎無影無蹤、自春徂夏。

換巢鸞鳳　爲胡蘭癡題圖

臂上香銷。悵茸幃獨醒，永夜無聊。同心羅帶結，並蒂緑絲縧。算來都半不堅牢。相思那邊蓬山路遥。纔夢去，又旋被、罡風吹掉。休了。誰想到。連理好花，驀被旁人拗。硯匣空收，鏡臺虚下，畢竟姻緣顛倒。算只癡心尚如前，靈均淚點今枯槁。近年來，好容顔、怕已愁老。

采桑子　題仕女册頁

蜀牋紅涴相思淚，寄去長安。料也應乾。封了重新拆取看。　雖然密字珍珠細，寫遍烏闌。毫不相干。畢竟深情欲訴難。

醉翁操　有懷，譜入琴調自遣

吁嗟。虞兮。汝何之。相思。相思。汝兮於今兹。汝歸來也遲遲。知幾時。歲月去如斯。况潘郎鬢兮絲絲。　遠山疊疊，碧水漪漪。鱗鴻杳渺，比來音塵轉稀。鳥何心而雙飛。花何心而連枝。汝何甘别離。淒其復淒其。風雨又淒淒。瑶琴一撫雙淚垂。

金縷衣　鍾八銘著《游戲世界》《天花亂墜》兩種，篇首擬附訂肖影，屬題曲，未暇選聲，乃作小詞應之

咄咄真奇事。竟登臺、現身説法，天花亂墜。世界本來游戲耳，何用尋根究柢。鎮埋首、硯田而死。放膽文章拚命酒，算英雄、豪傑都如此。公早得，我心矣。　自由革命風潮起。

花發沁園春 徐濬廬詩詞草題辭

鏤雪成詞，餐花琢句，此君生有仙骨。蛇珠七寸，鳳帛千襄，妝點琅函一軸。掃苔刻竹。儘歲歲、夜游燒燭。漫評量版籥和凝，兔毫應早題禿。　三百梅花繞屋。問先生幾時，修到清福。樽邊録事，樓上吹簫，攜取神仙眷屬。腸輪夢轂。知何日、旗亭賭曲。感名山、藏器年年，長歌聊以當哭。

洞仙歌 潘少文鐫湘竹聚頭扇骨贈青蓮館主，囑題詞，爲賦一解，并索青蓮館主和之

瀟湘日暮，怕美人幽獨。爲剪琅玕署苕玉。正蝶衣黏粉、鳳翅舒金，度一縷，婉轉歌雲堪掬。　江干長聚首，尊底招涼，密字珍珠記新曲。多分夜深時、怕去依依，還奪取、枕邊藏儘紛紛、抄書録報，名詞堆砌。學派何分新與舊，同是尼山苗裔。惟庸俗、乃相排擠。省識本來真面目，蓋中庸、之道無偏倚。二而一，一而二。

金縷曲 孫次青以蒲桃架下尋詩圖索題

秋色來何處。正纍纍、蒲桃滿架，一番微雨。幾點莓苔芳徑軟，中有幽人來去。肯沾惹滿身香霧。牡蠣牆西鸚檻北，舊題詩、記得琵琶句。應尚在，細尋取。　深情醞釀知何許。憶年時、夜光杯裏，淺斟深注。親擘蠻牋書錦字，捻取胭脂紅顆。印幾個、團圞證據。薄醉微吟無着處，摘將來、待付雙鬟與。當豆子，替儂數。

着。笑打采、何須海南香，記小拍鴛肩、玉纖曾握。

八寶妝　題嚴嵎虎《珠聯璧合集》

價貶連城，人誇雙璧，想見緑窗情事。手種合歡花並蒂，檢點鸞牋鴛笥。宵來涼月如鈎，欹枕聯吟，霜鐘應響寒山寺。曉起水晶簾底。再修眉史。原來玉種藍田，珠圓合浦，樊劉伉儷如此。博山畔、紅裳招月，畫奩裏。青瞳剪水。拍一寸、檀牙棐几。相思豆粒休多記。儘曲譜雙聲，詩吟逗口香燒臂。

浣谿紗

高甍連雲燕子飛。美人樓上試春衣。偶然香屑落珠璣。小閣藏梯花罨映，薄簾兜影月依稀。自儂來後掩朱扉。

其二

簾外鶯啼曉夢殘。九華帳裏不知寒。隔花紅日已三竿。金釧雙沈芳褥軟，玉鉤斜露繡襟單。枕邊耐我六時看。

其三

幾曲紅橋接短廊。水萍花炤鏡屏香。卷簾人已罷梳粧。笑嚼紅絨當荳蔻，肯抛珠唾打鴛鴦。了無愁思畫眉長。

滿庭芳

錦帳籠春，銀釭照夜，薄醺人正扶肩。鴛衾薰透，還自整花鈿。多分嬌羞未慣，垂鬟婢、加放重簾。羅襟短，芙蓉雙紐，不合太牽連。　裊絲銀褥軟，一方繡枕，新裏蘆綿。怕朵頤紅玉，痕印纖纖。兜取入懷輕燕，雲鬟膩、香惹脣邊。生憎是，睡容難見，醒待並頭眠。

玉麒麟慢

大兒祖光孕十二月，産兩晝夜，今十歲。次兒祖翬，孕亦一年，閱六時始分娩，事後稱幸。丙午十月十一日三朝夜伴，頗寂寥，作詞補紀之

搗麝成塵，燃犀代蠟，銀籠繡褓薰香透。流蘇帳背，最憐他、擁被深更，微聞嬌喘，朝來已見眉山皺。悔當日、癡情忒甚，累伊如此消受。

蒲團初稽首。乍激發、如天大願，瓣香禱罷從新跪，挨殘銅漏。要除非、選取良辰，黎明時候。黄鷄再唱紗窗透。是何處、鴉鳴鵲噪，錯教忙問安否。

其二

瓦竈留香，銀釭接蕋，惱人兒女侵晨起。癡憨小婢，照常時、滿注銀盆，要儂梳洗，廻腸九轉渾無計。我宗祖、神靈倘在，此身情願相替。

是誰新法紀。鎮不許、和伊見面，生教熱煞鍋邊蟻，蘭湯百沸。耳根邊、一陣喧嘈，道聲恭喜。生男我本尋常事。喜的是、個儂無恙，但儂真已愁死。

八犯玉交枝

題吴靄青君《百八古磚室金石印譜》

寶籀黏紅，瓊苔綈緑，靄靄古香凝聚。秦磚漢瓦蒐藏富，剛合牟尼珠數。珊瑚玉樹，只覺銀海生花，芸編葉葉騰朱霧。疑是茗華琬琰，絲鸞家譜。

惆悵鐵券銷沈，穹碑倒仆，銘勳空借銅柱。歷塵世、滄桑幾度，早磨滅、鼓文薛魯。怕縱有、驪龍難護。巋然獨賸圖書府。仗片石通靈，情天好替媧皇補。

以上《天虚我生詞集·搯花記月詞》

解佩令 常熟馮伯淵徵題荷浄納涼夜話圖

藕花深處。晚風多處。曲欄杆、有人憑處。惹汝蓮儂，訴不盡、酒邊心緒。私語。濃情幾許。濃愁幾許。併做了、相思如許。後夜思量，怕月誓、星盟無據。畫圖兒、好生收貯。

蝶戀花 戲以周拜花語演爲小令

如水交情儂與汝。不見相思，見了無言語。一歲相逢能幾度。那堪又向天涯去。屈指郵程逢一五。天雁河魚，來往休躭誤。聞道見書如見我。翻因遠別能常晤。

金縷曲 爲王鹿春畫家題所製花卉草蟲册頁，得酒一斗

世界蟲沙耳。算年年、春來秋去，光陰逝水。過眼繁華無證據，辜負萬千紅紫。爲寫上、衍波箋紙。不是尋常羣芳譜，是愁中、病裏傷心史。回首處，一彈指。輞川老去芭蕉死。倩何人、替花寫照，離形得似。綵筆今番生五色，再世維摩居士。有活潑、天機如此。我輩清狂由來慣，趁餘醺、題滿横斜字。便投筆，笑而起。

江城梅花引

夢回珊枕麝香濃。半朦朧。半惺忪。透薄紗窗，窗外月濛濛。宿酒漸醒鐙漸灺，悄無語，倚銀床、數曉鐘。曉鐘。曉鐘。蕭寺中。山萬重。水萬重。去也去也，去多遠、山水遊蹤。幾度歸期，約了又成空。往日書來嫌草索，於今是，許多時、没一封。

蝶戀花 爲湯樸安畫紈扇自題

複室重廊秋不到。曲曲紅欄，沿着湖山繞。千頃芙蓉開徧了。晚來新月如鈎小。　翡翠高樓臨樹杪。飄渺仙人，却住蓬萊島。吹罷瑶笙心悄悄。碧天無際餘音嫋。

虞美人 次幻那韻，寄懷孄雲内史

薄懷中酒春心悶。影事心頭印。枕邊猶有墮釵痕。最是耐人尋味、是黄昏。　脂期粉約勞相問。約了仍無準。香銷酒醒蝦銷魂。如水鴛衾只倩、夢兒温。

前調 閨情與幻那聯句，首二句皆幻那作

柔魂一縷風吹散。化作梅花瓣。珍珠簾幕玉欄杆。只是夜深時節、不勝寒。　銀房獨宿何曾慣。冷透鴛衾半。醒時難續夢時歡。留得十分愁思、在眉端。

沙頭雨 答沙頭舊雨許瘦蝶

寥落晨星，漂離身世如萍梗。萬千愁病。欲説成悲哽。　書劍飄零，爾我皆無幸。羅浮境。夢都驚醒。何況箏樓影。

滿庭芳 癸丑四月一日爲陽歷五月六日，戲拈一解，從虚舟體

昨日端陽，今朝立夏，無端誤盡光陰。峭寒如此，難問是天心。只恐摇摇園柳，又容易、變了鳴禽。悵一樹，枇杷未熟，無術點成金。　世情顛倒甚，笋廚纔薦，蒲酒先斟。笑落梅天氣，猶裹重衾。二十四番風信，從頭錯、錯到如今。試推算，荷花生日，時節已秋深。

洞仙歌　吴門長爪郎製《菩薩蠻》見贈，棖觸舊情，爲譜長調奉酬

六年前事，更那堪提起。爪印空留感情記。惜真真小影、不見多時，可能彀，再把一幀重寄。前承惠素心玉照並長爪小影，爲亡友華凝石竊去，故向再索。　美人無恙否，天上蘭香，巧笑憨容尚能擬。屈指向花前、一寸愁苗，又長到、廿三分矣。算辜負、當年惡情魔，便剪斷情根、不該拋棄。予爪爲惡情魔所斷，遂棄去。

前調　小病勿瘳，晚飲輙醉，無以自解，偶拈一解解之，仿稼軒體，寄示嬾雲

幾多煩悶，況孤窗獨坐。如此春宵怎捱過。仗三杯濁酒、一晌癡眠，去向那，夢裏討些生活。　醒來翻怪我。約夢相尋，昨夜偏生又相左。欲寄一封書、若説平安，終究是、未曾醫可。若説道、依然病懨懨，又只恐添伊、一重眉鎖。

前調　有贈

相逢無語。忍怱怱別去。打疊心腸竟忘汝。又何勞問訊、何必殷懃，平白地，添我萬分酸楚。　姻緣都已誤。李代桃僵，何必從旁又相妒。寧可兩忘情、寧可他生，寧可做、蕭郎陌路。寧可是、從今莫相思，似這種相思、算來何苦。

滿江紅　次幻那韻，寄嬾雲内史

心坎温存，忘不了、軟香柔玉。別離後、春山自畫，黛痕應蹙。冷落鴛鴦衾枕薄，迷離蛺蝶闌干曲。最思量、樽畔醉顔紅，羞蛾緑。　芳

訊遠，流光速。銷瘦損，湘桃骨。算相思舊帳，幾多盈縮。獨客夜尋歸夢約，萬金書寄加餐囑。想嬌癡、費煞繡鞵占，鐙花卜。

洞仙歌 爲小萬柳堂主人題馬湘蘭天寒翠袖圖

美人空谷。悵一般幽獨。淒絶鴛鴦伴愁宿。仗銀毫翠管、描寫深心，那時節，想見黛蛾雙蹙。歡場隨轉燭。細數郎情，比到羅衫更嫌薄。何物耐思量、一首催妝，待重倩、畫眉人讀。試檢點、修篁兩三竿，早染徧啼痕、化爲湘竹。

前調 又題黃媛介流虹橋遺事圖

畫橋絲柳，是春愁來處。一點芳心逐飛絮。甚前生因果、夙世寃緣，便把個，情網輕輕兜住。相逢偏不語。總被嬌羞，誤煞聰明小兒女。一樣斷人腸、花落人亡，有多少、去年崔護。算只算、惺惺惜惺惺，借畫意詩情、更番憐汝。

前調 又題董小宛孤山感逝圖

斷橋流水，被東風吹皺。零落梅花比人瘦。算愁深愁淺、情短情長，心底事，只許個儂猜透。招魂勞素手。冰雪聰明，寫出相思料能彀。祇恐斷人腸、淡月昏黃，祇寫到、十分之九。要留取、中間一分愁，好分付翩翩、鶴兒厮守。

前調 又題方白蓮秦樓惜别圖

紗窗涼月，逗銷魂曙色。襟上相看淚痕濕。怎心頭别恨、眼角離情，平白地，虧你怎生描出。畫圖重省識。門外天涯，千古傷心二而一。影事記依稀，簫韻箏聲，算同是、者般淒絶。有十首、新詞憶秦娥，怪萬柳堂中、不曾收入。

鬲溪梅令

一絲簾縫一絲風。太玲瓏。隔着窗兒、銀蒜響丁冬。短檠花墮紅。　三分懊惱七分慵。暫朦朧。欲不思量、偏自又惺忪。夢回聞曉鐘。

清平樂

銀簾絲雨。葉底鶯兒語。一枕梨雲無覓處。夢裏却尋愁句。　起來獨自憑欄。羅衣猶耐春寒。留與薄情知道，不將雙淚揩乾。

愁春未醒

愁春未醒，偏又添些愁病。怎禁得花嬌柳困，一晌懵騰。不爲傷春，却因何事懶生生。眉兒顰損，腰兒瘦損，憐煞卿卿。　說也不明，猜還不準，躭盡虚驚。那知道、怪儂薄倖，恨我無情。你本多情，如何喚你不回聲。從今以後，你如喚我，我也休譍。

勸飲辭

鈍根爲席仰高君索題銀杯款識，爰拈《憶江南》小詞八闋，分鐫杯上，將爲擎杯者勸飲焉。因取『萬事不如杯在手』意，即以『杯在手』三字爲引

杯在手，莫作等閒看。脱却貂裘雖可换，杏花風裏怕春寒。有酒不如乾。

其二

杯在手，相勸莫辭頻。掌上嬌擎憐素腕，樽邊

香膩愛朱唇。滋味辨津津。

其三

杯在手，領略主人情。酒落歡腸能幾度，小鬟等語説分明。醉了不須醒。

其四

杯在手，斟到十三分。灌頂醍醐須快飲，休教翻涴石榴裙。最好是醺醺。

其五

杯在手，能飲一杯無。罄後但憑公子索，醉時當倩美人扶。贏也不如輸。

其六

杯在手，萬事付之天。安得山中千日釀，酩然直到太平年。齊作飲中仙。

其七

杯在手，爲甚故遲遲。不是嬌羞新嫁婦，何該推却合歡巵。試飲一些兒。

其八

杯在手，不醉不須歸。有酒儘教開大户，没人傳語到深閨。尊意却防誰。

長壽樂　用柳耆卿韻，題胡讓之《百壽印譜》

紅友《詞律》收《長壽樂》僅八十三字，不全。誠庵《拾遺》據宋本補完後半，第三、四、五句與前半字數相等，而句法不同。以予意度之，『便是僊禁春深，御爐香裊，臨軒親試』，安知非抄傳之誤。『僊禁』『御爐』本屬四字對句，而『便是』二字則在『臨軒』之上，庶前後句讀均同，但换頭耳。又後半起句『情漸美』，本係叶韻，誠庵誤註爲句而可平可仄，及句讀亦多舛誤。試以耆卿另作『繁紅嫩翠』一首較之，即足互證。故拙作依休問起。樓上錦篝鴛被。雖信美。王粲《登樓賦》：『雖信美而非吾土兮。』却不道，往日勝游難繼。破碎湖山，模糊烟水。燕子春燈誰試。又滄桑一度，楊花飛撲連雲第。彷彿在、細柳營前隨喜。衹見那、拂拂旌旗如市。

前調

前詞意有未盡，再拈一解，仍疊前韻

眉痕斂翠。懶腰肢、剛趁畫裙初繫。似笑還顰，欲眠又起。迤逗緑情紅意。向樓頭凝睇。桃花扇底橫波媚。則索要、趁着薄醺微醉。漫騰地、扶入玳床珠被。春睡美。夢兒裏。粉約脂期堪繼。碧玉鬟低，縷金衣窄，偷把舞腰輕試。怪丰神濯濯，原來新及春風第。便只合、生受鶯嗔燕喜。怕衹怕，撩亂錦江花市。

『尤紅殢翠』韻，而句讀則參照兩詞，並矯正其後半闋三句，知音者當不目爲失律也

雕紅刻翠。問心頭、多少情絲牽繫。百歲光陰，十分顏色，最是合儂私意。愛玲瓏剔透，簪花字比花還媚。錯認做、小顆櫻唇凝醉。印上了、文錦素綾鴛被。真盡美。博取個、百世期頤相繼。賈女聰明，韓郎僥倖，儘把小名描試。向書城坐擁，藏嬌合借樊王第。福與禄，併做一團和喜。應天上，南極星繁如市。

前調

答東園《咏柳》

眠香訪翠。問年時、花外玉驄誰繫。畫舫飄萍，紅橋堆絮，賸有幾分秋意。記風流如是，小名還比香君媚。尋不見、那處倚樓人醉。

喜遷鶯 用竹山體，和東園《賀程筠甫重詣鹽城》

牡丹風裏。正嫩日滿窗，暗薰花氣。出岫行雲，在山泉水，猜到去年詩謎。曉來似聞鶯語，報道一聲恭喜。却原是，那劉郎前度，今番重至。容易。從頭數，剛是十年，恁寸陰彈指。鐵柱崗頭，射陵廬畔，驄馬舊時曾繫。不知畫梁雙燕，還識卷簾人未。甚情思，笑東風吹皺，一池春水。

多麗 從《蛻巖樂府》體，題周瘦鵑《香豔叢話》

一重重。花嬌粉膩脂濃。妝點做、金莖玉葉，晴窗展向春風。綺羅香、芳情醉蝶，玻璃軟、靚影驚鴻。心事千般，眉圖十樣，玉臺明鏡炤玲瓏。似身在、寶山珠市，銀海眩朦朧。評量到、衾鸞衣麝，釧鳳釵蟲。盥薔薇、低鬟迴誦，恍聞絮語喁喁。悄然時、眉顰蛾緑，嫣然處、唇綻猩紅。瘦燕輕盈，癡鶯睍睆，珮聲環韻互丁冬。盡分付、蠻牋綵筆，密密替形容。分明似、鮫絲細織，鴛錦裁縫。

江城梅花引

玲瓏妝閣逗燈光。碧紗窗。碧油幢。小塊玻璃，反映月如霜。中有個人無個事，晚妝罷，換羅裳、聞暗香。暗香。暗香。度迴廊。夜未央。更漏長。盼也盼也，盼不到、斜月昏黃。六幅湘簾，幅幅畫瀟湘。簾裏是他簾外我，没情的，一重簾、遮斷腸。

洞仙歌

没情秋雨，鎮廉纖不斷。百步紅樓比天遠。奈天寒似水、夜永如年，虧煞你，一晌獨眠曾慣。　相思何可算。耳熱些時，知道芳心把儂怨。仔細試評量、情短情長，又豈在、枕邊衾畔。倘真個、雲英嫁裴航，便不做神仙，也都情願。

金縷曲　次許荷僧留别韻，即以贈行

送爾春江去。悵匆匆、行雲流水，落花飛絮。一樣天涯淪落久，那有琵琶能訴。算我輩、飄零如故。無限傷心家國淚，似春潮、争向毫端赴。天不管，日云暮。　分明同在愁城住。又添些、相思材料，暮雲春樹。潭水桃花深幾尺，記入江郎詞賦。令勸酒、雙鬟低度。倘向歡場開笑口，願殷懃、寄我銷魂句。離别恨，不須數。

望秦川　偶成

欲寫家書寄，思量寫什麼。知他愁病已多多。儂病儂愁、何忍告知他。　檢盡三條燭，旋看十指螺。萬千言語塞心窩。兩字平安、寫到四更過。

高陽臺　次許瘦蝶韵

去夢如烟，餘寒似酒，睡情猶滞星眸。絲柳無情，偏生緑上高樓。殘花落盡春風瘦，儘飄零、燕侣鶯儔。憶前游。紫陌香車，緑耳華騮。　淒涼影事銀燈背，倩櫻桃記曲，荳蔻緘愁。錦瑟華年，又隨谿水東流。南園芳草相思地，委殘紅、没個人收。甚句留。山水悠悠，天際歸舟。無作有，憂愠起羣小。　心思巧。移向黑甜鄉裏，此生應許終老。蘧蘧栩栩匆忙甚，難怪腰肢瘦了。春睡覺。又打疊温存，寫出相思稿。迴波栲栳。算人孰無情，物又如此，安得不顛倒。

賀新郎　應穆郎新婚徵詩

鑄就鴛鴦券。借深深、合懽杯酒，扶肩雙勸。却扇相看人似玉，想見黛蛾偷展。有多少、柔情繾綣。碧漢銀牆凝眄久，甫而今、成就神仙眷。博取個，兩心願。　千金一刻春宵短。最憐他、十分嬌嬾，萬分腆覥。密愛輕憐憐不彀，憐到眉痕深淺。生受了、個儂青眼。天上蘭香容識面，賀新郎、請把新詞獻。相見禮，請捐免。

摸魚子　世上餘人以蒲團趺坐圖索題，謔之

笑鬑鬑、幾莖華髮，于今真個芟去。分明一個僧伽樣，不是沙摶泥塑。呼負負。這大好頭顱，生被儒冠誤。袈裟試著。想坐上蒲團，現身説法，應有解頤語。　君聽取。佛説許多因果。算來畢竟陳腐。金剛不壞波羅蜜，那有一些憑據。君看取。俺妙相莊嚴，何用金丹駐。嬌憨兒女。莫錯認猜疑，迷離撲朔，唤做老師父。

前調　題許瘦蝶《我夢園十二金釵傳》

問書生、生來豔福，果然能有多少。醒時已是纏綿煞，何况夢兒奇妙。尋懊惱。笑作繭春蠶，自做愁圈套。拈花惹草。怕以假爲真，將

買陂塘

唐開成磚刻《程夫人墓誌銘》，於千七十一年後，出現於朐山。庚戌春，孫鼇卿爾瓚自甬來杭，出示諸家題辭，屬綴數語，適在病中，爲華癡石提携去，遂不果。壬子歲，阮劍癡尚珍復以此本相示索題，置案頭信宿，未暇展讀，復爲匆匆携去。入夏五月，航海漫游，至岱山訪蓬萊之勝，晤湯爾規濬於蓬山書院。翌日來書，屬題詞，發緘啓視，不圖復見此本，并拓一緘見贈。予往昔應酬題咏，都無宿諾，獨此本三顧予廬，初不以草草之辭塞責，亦不自知何心，豈冥冥有知，甚勿欲我爲膚泛語，而必欲我贊一辭耶。雖然，諛墓之辭素所勿習，細玩一過，乃知此磚爲有情之物，其誌銘雖不紀撰書人名，但味其辭，如『藍田玉折』『巫山絶雲』等語，非爲其郎，何敢道此。誌稱媲於吳郡顧氏而不書其名，正惟手自爲之，轉勿以己爲重。其終篇不言相夫子事，則丈夫無藉妾婦傳也。但以母儀稱，則英雄諱言兒女情也。極寫子女哀慟之狀，正以自喻。抑爲當日名位相關，不得不爾。吾觀於此，乃覺潘岳《悼亡賦》爲昵昵矣。天下惟情之至者，轉無以自爲表述。此誌此銘，至情之文也。唐磚何足貴，可貴者，情耳。吳郡顧氏，夙産情種，至今勿替。曾讀吾舊著書者，當知吾言非謬。吾因有感於中，乃不禁情見乎詞

一千年、前頭人物，算來干我何事。獨憐天忒無情甚，偏令美人先死。銘共誌。寫藍玉巫雲，知是高柔製。鍾情如此。便地老天荒，海枯石爛，難滅此文字。

尋不見，靈廟東亭遺址。峨峨淼淼山水。誌云：『後枕峩峩之山，前臨淼淼之水。』落鬟故黛無憑據，惟識玉環年紀。楊太真亦三十八歲死。休比擬。那羅襪餘香，未免嫌柔膩。孫鼇卿題詞有『聞道楊妃留錦襪』句。聊將鳳紙。把吊古傷今，淚痕和墨，揾取斷腸記。

附録碑文：夫人廣平程氏，笄年媲於吳郡顧氏，母儀肅肅，班

氏可儔。擇鄰之譽早聞，舉案之聲冞著。噫乎！天不錫壽，綿綿篤疾，藥石無瘳，以開成三年九月二十八日而絧乎私第，春秋三十八。男子一人師政，三日不食，泣血絶漿。育女二人，長定琅琊王氏，次女居室，皆哀號擗踊，訴天不聞。以其年某月二十五日，窆於明州鄮縣蓬萊鄉峋山山號于郭端埭墳乙向。後枕峩峩之山，前臨淼淼之水。東南三里有陳將軍靈廟焉，正南二里道場俗號東亭之寺。今恐江山改變，陵谷有移，勒石于誌，用記千秋，而于銘曰：積善之門，莫保遐存。何神不佑，天命俄奔。藍田玉折，巫山絶雲。刻石題名，永没泉垌。千秋不朽，萬古存形。

徵招　從白石體，輓徐了青

蕉窗悶損黄梅雨，愁中况聞凶耗。昂首問天心，甚者般顛倒。奇才今更少。有幾個、詞場名噪。天上修文，人間絶筆，太無公道。　夙抱付浮漚，生平事、惟存劫餘吟草。淒絶未亡人，爲商量梨棗。情緣終不了。算空把、文心傷悼。只留取、一卷殘篇，付後人憑吊。所著哀情小説《不了緣》未了，鈍根囑予續之。

角招

斷腸稿。憑誰替，把前塵影事尋告。予懷終渺渺。去雁已沈，來鴻今杳。引爲同調。恨覿面、逢君不早。何處仙山蓬島。除非靈夢能尋，示斑斑全豹。　悲嘯。書空殷浩。故卷重開，愁見青藤貌。月華思皎皎。隔世相思，屋梁餘照。摧肝瀝腦。把寸寸、肝腸重絞。算是牢愁圈套。倒輸與、出塵人，先乱掉。

蝶戀花　戲題周瘦鵑化妝小影

畢竟天公無奈汝。一霎工夫，變了黄崇嘏。却向水仙花畔坐。自家翻檢姻緣簿。　蝶自蘧蘧周栩栩。嫁與東風，還怕旁人醋。低着頭兒嬌不語。是他心口商量處。

浣谿紗　題畫

天半晴霞襯臉紅。好山分翠上眉峯。個儂心事比春濃。　碧玉華年羞比月，縷金羅衩愛當風。背摹蕭史學乘龍。

蝶戀花　又

小顆櫻唇紅血血。嬌似梨雲，豔似桃花雪。抱月纖腰剛一捻。芙蓉小展雙蝴蝶。　鬬草歸來無氣力。恰把闌干，認做檀奴膝。日漸黄昏天漸黑。如何不去香閨息。

金縷曲　高太癡索題《千金語》説部

此是傷心語。不徒爲、情場失意，寫他兒女。一字唯貧無可奈，生把姻緣躭誤。便辜負、鳳儔鴛侶。若使相如天不妒，向長門、早賣千金賦。何致便，鑄成錯。　月蘭秋榭今何處。記喁喁、憑肩小囈，惟儂和汝。吴水淞雲三百里，誰料雁魚脩阻。却都被、洪喬瞞過。至竟深情真付水，怕香魂、未必歸黄土。空寫上，斷腸譜。

蝶戀花　《海棠香夢詞》補遺

淚點輕輕沾翠袖。不爲傷春，也覺腰肢瘦。刻骨相思猜已透。水晶骰子嵌紅豆。　春病懨懨春思逗。笑向人前，還説眉兒皺。憐我憐他憐不彀。可憐形影都非舊。

其二

魂夢總隨郎左右。剪下鮫綃，那有工夫繡。

眼角淚珠常滴溜。人家都笑嬌啼後。瘦到春人春也瘦。一個黄昏，早已難消受。臂上宮砂還謹守。那人可與商量就。

拜月星慢 王鹿春爲柯陶庵畫七夕景物，獨惜瓜果盛筵没人消受，爲題一闋，以補其意，從草窗體。圖中點綴乃香爐、酒盞、佛手、葡萄、蓮蓬、桃實、哀梨、瓜藕、諫果、菱角等，故逐一借入詞句

荳蔻香濃，葡萄酒淺，人醉曝衣樓上。握手些時，悔將伊輕放。誰想到，今夜、玳筵潦草只怕，又被雙星偷享。薏汝蓮儂，奈許多魔障。欠温存、羞靨宮桃絳。鬭聰敏、妙語哀梨爽。不合劈藕分瓜，把檀奴抛颺。惜纖纖、菱角嬌擎掌。夢兒裏、料許重偎傍。畫取這、絮果蘭因，做相思圖樣。

以上《天虛我生詞集・海山仙館詞》

以上《天虛我生詞集》

疎影 和内史題梅泉弔影圖，校录《花韵盦殘稾》成書後

黄昏月冷。悵一縷吟魂，呼遍誰應。三百梅花，一掬寒泉，何處重尋倩影。紗窗月落無人住，怪簾外、東風凄緊。想夜深、化鶴歸來，斷井荒垣難認。 賸得小詩幾頁，奈蠹魚蝕後，脱字礸損。一讀銷魂，一度沈吟，一點秋鐙挑盡。卅年舊事何從訊，算内史、依稀還省。甚無端、録罷華牋，淚濺烏絲紅襯。

祝英臺近 春思

雨霏微，花慘淡，一寸碎紅積。多分絲風，還透畫窗隙。怕伊生小嬌癡，寒寒煖煖，渾不解、春來將息。 雁魚隔。便教雁往魚還，瑣

瑣也難説。黯黯情懷，千里暮雲碧。除是夢到紅樓，香篝翠被，博一晌、輕憐輕惜。

上江紅　春暮

一夜東風，欄杆外、落紅成陣。初睡起、襲人花氣，嫩寒銷盡。風卷游絲烟外裊，雨黏花片枝頭賸。最生憎、杜宇一聲聲，催歸緊。　重門掩，文窗静。花自落，人長病。看迎風燕子，低飛不定。得地垂楊縈弱綫，滿池春水開明鏡。早石欄、杆外海榴紅，端陽近。

雙頭蓮　乙未除夕

送故迎新，驚壯志仍虚，歲不我待。白駒何乃向，暗裏銷盡，半生梗概。但學裴老傷年，賈生自愛。　笑我輩。埋硯年年，無臺可避詩債。又看曆尾無餘，嘆人生如寄，須能自解。流光不再。當此際、且放一身豪態。試把數斗新醅，澆胸中大磈。但自愧。浪擲光陰，一十七載。

淮甸春　冰

玉壺碎卻，把水晶一塊，依然琢就。恠道昨宵寒似水，向曉不聞清漏。蟾硯徒烘，魚書難達，正是愁時候。呼僮數問，可知春信來否。　挑遥念别去伊人，臨妝墮淚，把鮫綃冰透。得口脂呵又凍，點着絳唇翻皺。竇袖輕籠，紅罏悶擁，人共梅花瘦。更嫌指冷，夜眠慵解金扣。

木蘭花慢　别恨

任東風老去，吹不斷、淚盈盈。記春淺春深，春寒春暖，春雨春晴。都來煞詩人興，更落花

鶯啼序　憶舊，用吴夢窗韵

紅樓再尋舊境，早塵凝繡户。人寂寞，翠掩重門，燕子不來春暮。畫欄外、花開自落，游絲罥繞相思樹。賸苔痕、緑上芳階，亂蟲吟絮。

重憶當年，洗盞晏賞，在花光香霧。漫開樽、並坐分籌，綺懷題徧箋素。倩小紅、銀箏輕按，金谷酒、歌殘金縷。恁歡情、絶似芳洲，忘機鴛鷺。而今但只，對景懷人，隻身如倦旅。別後悵、園林無主。水流花謝，又是幾番，風風雨雨。斷腸惟有，流鶯能語。韶華不把紅絲綰，悵明河、咫尺無舟渡。闌干倚徧，尚留舊壁題詩，墨痕半封塵土。登樓惟見，遠樹雲烟，更孤村桑苎。但不知、那人今在，何處天涯，去鳳忘歸，孤鸞慵舞。傷心欲寫，無聊情緒。秦箏剛譜相思調，早斑斑、血淚霑無計挽春晴。芳草猶迷舞蝶，垂楊空語流鶯。

玄霜昨夜搗初成。回首失雲英。但如病如癡，如狂如醉，如夢如醒。舊恨新愁多少，只眉間心上不分明。夢裏相逢何處，睡中兀自呼卿。

月下笛　本意

落葉山頭，乍添得、幾分秋色。長天一碧。問誰家按瑤笛。隨風飛到闌干側，似有意、怨人離別。算光陰流水，一從別後，隔斷消息。

凄絶。悲秋客。正小病懷人，怕逢佳節。風流非昔。相逢祇怕難識。幾行秋柳如人瘦，鎮憔悴、更和誰説。聽幾處，蟋蟀荒階下，啼碎明月。

絃柱。今宵夢裏相尋，枕上模糊，可能見否。

大江西上曲

康壽《抱膝廬筆乘》《潄霞仙館譚粹》等書成，後不刊，譜此抒憤　爲雪門内兄修校外大父朱曼叔

先生休矣。且搜尋斷簡，爲今之計。千古才人薤露耳，全仗文章不死。滄海沈書，隍池埋劍，短了英雄氣。吾儕著述，烏虖如此而已。　遐想撚斷髭莖，向左圖右史，礴穿袖底。抱膝書城，常自喜能讀，望他孫子。曠古遺聞，近今逸事。公乃爲之記。彼都人士。于今誰繼公起。

十二時

不寢

一更人静，二更鐙燼，三更夢遠。四更五更轉，聽鷄聲不斷。　念殘月、曉風楊柳岸。去去也、亭長亭短。羅衣不知冷，把欄杆靠暖。

於中好

贈三妹行

粤東此去三千路，女兒家、幾曾經過。海天濶處風濤大。怎禁得、輪船顛簸。　餐風宿水多辛苦。第一要、自家調護。阿兄阿姊牽腸肚。早寄個、書來纔可。

齊天樂

和姜白石《重九》

相如慣作悲秋賦。凄涼半階蟲語。去雁還來，花黄似昔，回首故園何處。傷心欲訴。算憔悴經年，亂愁難抒。簪到茱萸，他鄉獨自甚情緒。　宵來一番驟雨。梧桐庭院悄，幾處砧杵。寒到君邊，衣還未到，屈指歸程難數。家書寄與。早魂與俱歸，遥憐兒女。客裏重陽，比菊花更苦。

望海潮　和忻元禮《秋聲》

風敲鐵馬，雨淋簷鐸，秋聲滚到牀頭。孤雁嗷嗷，寒蟲唧唧，隔江潮打孤洲。草木盡貔貅。似啣枚人馬，殺氣横秋。一陣風來，疎鐙忽暗響簾鈎。　夜眠欲擁羊裘。訝蕭條四壁，誰唤夷牟。斷角驚天，哀笳動地，銀河倒瀉難收。莫更上西樓。怕室懸似磬，屋小於舟。誰把一聲長笛，吹徹小涼州。

以上《海棠香夢詞》初刻本

金縷曲　題箕裘願學圖

國粹淪亡矣。痛于今、孝經倫理，完全圈起。一自歐風東漸後，述作紛紛歧異。把手澤、等閒拋棄。縱有箕裘傳世業，不三年、改盡先人志。難得見，克家子。　丁蘭刻木從前事。信天公、鍾靈獨厚，鳳毛能繼。尺幅遺存誇拱璧，珍重前賢題字。喜輝映、後先如此。非曰能之吾願學，好家庭、且續龍門史。留榜樣，此圖誌。

紅情　用竹垞體，題傅屯艮《紅薇感舊圖記》

潭川塵夢。算到今七載，還留餘痛。仗汝聰明，翻把書生當嬌寵。堪笑迷藏幾度，翠樓畔、珍珠簾縫。只負了、三宿空桑，打槳渡頭送。　惶恐。政潮洶。似敗局一枰，再番搬弄。是誰懵懂。啞謎春燈未猜中。憂患餘生尚在，最難忘、美人情重。向畫裏、虔誠辦取，瓣香親供。

賀新涼　國慶日感賦，應獨鶴之徵。時爲民國十年

自改陰陽歷。却年年、未過重九，先逢雙十。締造艱難經九載，時局依然如昔。祇裝點、文明形式。無蓄由來稱不穀，九年間、數見飢和溺。惟搗亂，是成績。　共和政體分南北。問何時、方纔統一，中華民國。眩眼旗燈輝五色，紅是脂膏流赤。那黄是、金錢魔力。青勝於藍專制毒，尚横徵、暴斂難明白。官幕内，幾重黑。

洞仙歌

小住蓉湖，經旬未返。接家書，因譯其意，戲成此調

蓉湖莊畔。想河冰已泮。底事歸期尚遥遠。此行因裝置機械，而機船被凍于崑山，遂遲十日。料旗亭賭酒、畫舫徵歌，有多少，文字因緣牽絆。　匡床勞轉輾。携去鴛衾，未必吴綿竟能煖。况是病中身，夢淺宵深，怕還要、錯將人怨。

聽一夜、西風做嚴寒，又萬水千山、雪花飛滿。

五福降中天　孔雀

庚申十月，舍弟自江都調任吴中。值王仁山先生五旬壽，并其兩公子同日授室，爲製雀屏索題

文禽徽倖稱南客。雲梯乍升千級。羅幕堪矜，彩衣應妬，璨輝煌顔色。雞羣独立。想奇偉、楊修能識。獻瑞呈祥，者番宜傍畫屏側。　三槐正看手植。似隨雙鳳至，來和琴瑟。合邑絃歌，滿床袍笏，剛是宣尼學易。一門九德。喜珠樹雙枝，檀欒合璧。作賦陳思，愧無才一石。

瑶臺聚八仙　鷹

仁山先生久任江蘇高等檢察廳長，視民如子，見不仁者誅之，如鷹鸇之逐鳥雀也。適湘繡畫屏巧合身分，爲題此闋

氣爽秋高。雲路遠，宜向萬里扶搖。羞同雉兔，要識志在淩霄。放眼只知天地窄，棲身應比鳳凰高。似鴻毛。長風遇順，六翮初調。濯郅都豈足並論，祇然明子産，堪作同僚。濯丰姿，恰又似、細柳千條。在南無異在北，替晉代、崔淇一解嘲。知天命，命同符尚父，嬗美蕭曹。

百字令　題王鹿春梅邊獨立圖小影，次潘菊潭韵

輞川小景，問何人領略，畫中詩意。閲盡炎涼撐冷眼，堪笑世情如紙。識透天心，放開酒胆，嘯傲空山裏。隴梅開遍，一枝當向誰寄。知否弄月吟風，尋芳拾翠，幾個真名士。濁世翩翩成獨立，爲避塵囂來此。老去逋仙，再生摩詰，占盡湖山美。歲寒松竹，料應都算知己。

洞仙歌　題周拜花溪橋送別圖

斷橋流水，送伊人到此。轉瞬風帆去千里。料柔魂已斷、素手仍攜，兩下裏，都把時光忘記。畫圖重認取，莫是雙星，化作人間我和你。莫是鵲橋邊、古樹青籐，還把我、夢魂牢繫。算泡影、曇花總虚空，只兩字相思、耐人尋味。

賀新郎　謝九香君新婚索賀，爲製此闋，藉博葉女士雙笑

鑄就黃金屋。試梅妝、晴窗呵凍，畫成蛾緑。喜共小鸞談妙偈，閒煞東山絲竹。在舜水、姚江尋樂。蛺蝶雙飛鴛並宿，把香巢、稱向柔鄉築。問修到，幾生福。　九香樓上銷魂録。

笑年時、十香詞句，未曾填足。僕曩著《九香樓紀事詩》及説部，謝君謂在十年前已熟讀矣。輸與神仙新眷屬，今夜洞房花燭。儘消受、掌珠懷玉。蜜月風光須记取，寫纏綿、料有專門學。謝君善譯言情小説。應寄與，我先讀。

洞仙歌　應翁衡卿浦雲別墅徵題

浦雲別墅，在漕河涇畔。上澳塘前不多遠。認參天老樹、繞屋清流，雅勝似，一幅倪迂長卷。　板輿迎養後，報答春暉，菽水承歡遂初願。詠罷百梅詩、不道萱花，又旋被、西風吹斷。算骨肉、團圓一坏中，祗慟煞臯魚、墓門空展。

其二　疊前韻

煌煌綽楔，笑經離道畔。不及龍門品題遠。仗文人筆墨、山水清音，描寫出，孝子思親圖卷。　覃谿留品藻，六桂開芳，不負先人具三願。鬱鬱此佳城、廬墓松陰，也都把、紅塵隔斷。便解識、浮休悟南華，任秋水澄鮮、春雲舒展。

賀新郎　賀金快人與俞慧儂結婚於揚州

試譜房中曲。賀新郎、小詞傳唱，後堂絲竹。都道快人添快事，成就有情眷屬。却剛在、揚州騎鶴。眉様二分明月好，畫眉人、況是温如玉。問修到，幾生福。　秋花插鬢同心菊。向紅閨、西窗携手，東床坦腹。詩解聯吟書共讀，想見袖紅鬟緑。擬畫贈、添香圖幅。我在天涯遥致祝，羡合歡、杯裏蒲萄熟。願分與，一杯足。

中鼈。千鈞正懸一髮，問天天不語，誰是豪傑。地擲金錢，樓吹玉笛，名士過江如鯽。燕姬趙妾。把國事蜩螗，枕邊閒說。人自團圞，任金甌破缺。

安慶摸　題《休甯率谿程氏六烈婦合傳》

嘅而今、中華民國，四維都已捐棄。頻年烽鏑驚心處，比似紅巾無異。奇女子。便解放身心，慣作逢場戲。文明學士。說守禮成仁，舍生取義。惟有腐儒耳。君看取，此是前朝遺事。婦人胥重廉耻。此頭可斷身難辱，慷慨成名而死。荒亂裏。料一樣遭逢，屈指何堪計。差强人意。算萬口褒揚，點頭太息，今古尚同例。

浣溪紗　題畫

岸草谿蘋緑未勻。一篙春水漾斜曛。炊烟團樹樹團雲。　山作圍屏波作鏡，竹籬茅舍自成隣。晚風吹瘦浣衣人。

蝶戀花　題畫

庭院深深深幾許。門外天涯，緑遍相思樹。重到畫欄携手處。藤花淚滴宵來雨。　半晌支頤無一語。暗把歸期，屈指從頭數。輕薄東風欺負汝。留仙裙子軒軒舉。

如此江山　辛酉中秋感賦，應獨鶴之徵

淒風苦雨中秋節。今宵料無明月。屋漏如舟，天昏似夢，幾處瓊筵虛設。兵戈未歇。又江北江南，哀鴻啼血。潮落錢塘，有人擬捉甕

賀新涼　民國十年雙十節，獨鶴老友來索頌詞。爲填《賀新涼》一闋，以誌希望

兩種陰陽歷。巧相逢、今朝重九，明朝雙十。吉語應誇三十節，民國從茲而立。願政黨、紛爭都息。南北雖然難統一，把干戈、戎馬權收拾。重締造，賴羣力。　吾民久已拚飢溺。但祈求、和平兩字，少安魂魄。樹木也應根本固，縱似黃楊多厄。到今歲、也長一尺。陽歷無閏月，故云。無雨無風登高會，太平洋、歡送題糕客。須步上，最高級。

前調　昔六一居士兩度爲簡肅公快婿，千載傳爲韻事。今予通家兄温雋生先生，亦以次女爲其快婿過君暢侯續絃。爰製小詞送嫁，用慰老懷

註就姻緣簿。是天公、苦心孤詣，者般調處。舊女婿爲新女婿，巧合歐陽成句。好仍向、黛吟樓住。阿姊遺雛勞撫養，替媧皇、早把情天補。彌缺憾，永團聚。　分明連理同根樹。共春風、蘭姨蕙姊，一般將護。畫稿詩篇重檢點，添寫玉簫詞譜。便韻事、流傳千古。兩姓家庭無怨曠，算天公、尚未安排錯。持此語，慰尊甫。

江城梅花引　題畫

個儂底事愛尋愁。怕深秋。又深秋。幾度西風，吹入小紅樓。睡又不成行又惱，梳妝罷，換輕鞵、雙鳳鈎。　鳳鈎。鳳鈎。鳳鈎。嬌並頭。趁晴遊。意悠悠。走也走也，走過了、鸚鵡芳洲。摘得秋花剛一握，待送與，又遲延、羞也羞。

蝶戀花　又題背面美人

窄窄春衫腰樣小。霧鬟風鬢，化作巫雲繞。一曲闌干閒自靠。料伊不是尋芳草。　心事些兒猜得到。不用嬌羞，不肯和人道。試把畫圖翻轉了。定然窺見嫣然笑。

洞仙歌　題徐相宸醫士采芝獨立圖

仙風道貌。似秦時遺老。東海瓊田乍來到。甚金莖廿四、童女三千，偏不許，攔入十洲圖稿。　精神誇獨立，竹杖芒鞋，原比冠裳綺羅好。國手早推君、異種應鋤，只休把、斑龍輸了。我本是、羅浮舊神仙，願與子偕行、短歌長嘯。

前調　爲聶管臣祝熊母吳太夫人六十壽

壽星明處。聽津門簫鼓。綵繡斑斑效萊舞。想詩吟尚齒、頌獻期頤，有多少，燕許才人題序。　芳辰勞記取。玉殿宏開，十二金芝綻瑶圃。桃實八千年、屈指今春，纔祇算、百分初度。趁櫻筍、厨邊啟華筵，把五豆紛陳、霓裳同譜。

其二

綵鸞家世，是神仙眷屬。雲笈丹書舊曾讀。更玉函金海、虎畧龍韜，正不獨，女訓一篇能續。　及笄剛許嫁，夫壻宜僚，楚宋軍前露頭角。祥女入門來、媪御公姑，盡稱祝、家庭多福。且僶俛、承歡證同心，共夏扇冬衾、春蔬秋菽。

其三

中裙肯浣，縱家君萬石。不惜勤劬耐勞役。

便班昭再世，莊淑重來，也覺道，工德容言難匹。寢門常侍疾。湯藥親嘗，孝養終身竟如一。秀草應時生，吉夢占熊，喜肩左、鳳凰來集。是天上、移來石麒麟，早學術超羣、文章華國。

其四

賢明聖善，况尊榮富貴。偏喜荆裙却冠帔。溯丸熊課讀、封鮓留箴，題不盡，七幅金花羅紙。沅江通泮水。廣厦千間，鬱鬱春陰種桃李。淡泊自甘心、補屋牽蘿，甯向那、衡門棲止。儘幾輩、孤寒卜隣來，許惠澤同霑、慈雲同庇。

其五

黄巾匝地，却過門不入。歷史争傳漢高密。詎蠻夷感化、盜跖懷柔，千載下，竟有鬚眉巾幗。慈祥還積善，衛幕潘輿，濟濟謳歌徧隣邑。疇昔駐巫州、分隔雲泥，也曾受、解衣推食。信説是、當今女文宣，作百世師資、萬家生佛。

其六

靈芬當誦，愧無才京兆。景焕雲騫欠詞藻。料參軍俊逸、開府清新，定輸與，今日登堂庾鮑。瓣香虔頌禱。半劑金丹，緑鬓朱顔轉年少。繞膝盡簪纓、五福三多，長博取、慈顔歡笑。更奉觶、揚觴祝春暉，願人壽年豐、月圓花好。

沁園春　詠新美人足

小立亭亭，碧玉妝成，西方美人。似吴王宫

裏，偷來響屧，窅娘樓上，撤去鋪䙰。樣窄弓弓，聲圓得得，淺印蒼苔細馬勻。身裁好，比尋常高了，三寸三分。　舞筵催拍三巡。愛小步、廻旋展畫裙。共華堂珠履，一般交錯，凌波羅襪，兩樣丰神。掌上擎來，球邊蹴去，未稔檀奴愛與嗔。横量處，怕踏青時節，多惹芳塵。

前調　詠新美人手

約指玲瓏，一舉成功，衣寬帶鬆。擅簪花蟹字，輕調鯽墨，提琴雅奏，慢曳雕弓。政客提携，名流交際，都在先生把握中。高談處，儘指天劃地，宛若游龍。　并刀自剪春葱。怕爪印、泥痕誤乃公。算朝雲暮雨，憑伊翻覆，拈花鬭草，彀汝礮聾。情棒當頭，歡雷起掌，絶妙官銜兩字空。明朝會，把門兒推上，翩若驚鴻。

前調　詠新美人口

吹氣如蘭，豆蔻檳榔，烟香酒香。聽閒關鶯語，音同西地，甍飛同夢，詩詠東方。諸重千金，魂銷一吻，甯與旁人論短長。稱呼妙，只先生爾我，不肯呼郎。　現身説法情場。似剛健、婀娜大鼓娘。把言辭張大，天空海闊，聲音做小，狗叫雞嘷。慣説平權，高談參政，兩億同胞賴主張。嬌嗔處，受春風小罵，憐煞王昌。

紫蘭花慢　題紫羅蘭盦懷舊圖

紫玉簫聲，銀屏夢影，依稀馬跡蛛絲。悵嫁去蘭香，尋來崔護，空賦陳思花枝。料應無恙，只而今、誰與扶持。憐汝空蹊皓露，戀他寸草春暉。周郎自有香福，但欲證三生，未畫雙眉。賴江淹彩筆，林逋妙想，描寫情痴。微辭。要防宋玉，説從頭、消瘦到腰肢。化作杜鵑須早，化爲蝴蝶休遲。

以上《香雪樓詞》

翠樓吟　爲顧道生題圖

柳外樓高，花邊人倦，依稀舊游曾到。斜陽猶在樹，早偏是、玉驄嘶了。春山欲笑。笑別恨離愁，幾時忘掉。相思料。又添多少，杏花芳草。　窈窕。六扇文窗，儘斷腸人倚，提防昏曉。碧苔鋪夢遠，怕驚起數聲啼鳥。銷魂圖稿。縱團扇家家，一般都好。庾郎老。只將詞賦，自尋煩惱。

慶春澤　題周節母松筠圖，應其子婿涂筱巢之徵

節比松筠，壽同金石，栢舟媲美莊姜。廿二年來，身經幾度冰霜。盈庭珠樹三姝媚，倩淳于、佳婿揚觴。正華堂。紫誥新頒，白綬銀章。　箕裘克繼今無憾，賴承歡兒婦，聊慰姑嫜。繡褓文襦，含飴笑弄蘭香。心寬耳順須安養，且徜徉、扶杖於鄉。應天長。來日光陰，恰正無疆。

國香慢　顧道生索題紅白牡丹，從草窗體

國色天香。任姚黄魏紫，呼后稱王。難忘小時清夢，一度思量。彷彿沈香亭北，清平調、索寫三章。東風漾羅綺，恰卷湘簾，催進絲簧。　畫師工點綴，儘燕支多買，描寫英皇。

三生片石，衹怕定斷人腸。自古名流高士，知誰是、第一無雙。笑他范成大，底事干卿，瘦損東陽。

邁陂塘

十五年元旦感賦，應獨鶴之徵

一年年、迎春送臘，光陰真似流水。維新極處翻仍舊，建歲依然逢子。千萬世。任變換滄桑，畢竟還如此。干戈滿地。笑逐鹿中原，亡羊岐路，都是夢而已。　從頭記。難忘舊時庭院。麝炱香噴羅綺。膽瓶新插梅花蕊，纔是小寒冬至。何所事。但綠蟻紅爐，領略閒滋味。於今休矣。儘歲月催人，風塵老我，無可奈何爾。

摸魚子

前題，應瘦鵑之徵

似甯馨、呱呱墜地，到今年已十五。燃箕煮豆何時了，當盡許多艱苦。知道否。儘翻手爲雲，覆手還爲雨。朝秦暮楚。將大好河山，完全人格，一併作孤注。　思量處。戎馬倉皇如此，中原畢竟誰主。冬青花炤天魔舞，惟有繁華歇浦。君看取。恁啼笑悲歡，相映成奇趣。不如歸去。暫借酒澆愁，巡簷索笑，來作廣平賦。

臨江仙

閨思，用屯田體

斜日度花影，送春人倚，一角廻廊。畫簾底、陰陰先做昏黄。商量。待雙燕子，歸來後、掩了虛房。還防有，向晚來明月，偷照空梁。　荒唐。天涯芳草，直恁夢短宵長。惱紗幮、蚊陣一夜笙簧。薰香。怪廻文印，于今也、零落堪傷。除非是，把春花秋月，一例都忘。

洞仙歌

陳西園囑東園索和《西園二十咏》，以詞應之

西園翰墨，料前緣非淺。千里神交夢曾見。正繁花如海、美酒如淮，有多少，粉壁新詩題徧。　南園芳草歇，輸與東園，載酒尋芳老逾健。索寫廿章詩、豪氣元龍，早都向、病中銷減。譜一闋、清商洞仙歌，和白雪陽春、敬求蠲免。

琴調相思引

題小翠畫箑

松下鳴琴寫素心。秋蟬無賴起長吟。世間惟有，明月是知音。　一弄濤聲驚鶴夢，十分雲氣撲鴛襟。畫中人意，多分惜分陰。

鷓鴣天

和絳珠，答吴東園

淮雨淞雲各一天。洛濱高會不如前。晨星碩果凋零盡，祇賸紅簫白石仙。　愁似海，夢如烟。幾回滄海又桑田。南園蝴蝶東園柳，説與旁人總惘然。

百字令

爲李博亭作　題李節母寒燈課子圖

寒燈一點，憶兒時也似，者般情景。畫荻丸熊辛苦久，容易曉窗催暝。短紙塗鴉，長篇倚馬，忘却秋宵冷。高堂白髮，曉來愁對明鏡。　只道萱草忘憂，誰知咽淚，都在心頭哽。夜半慈烏棲不穩，生被罡風吹醒。易斷機絲，難留燭影，往事悲重省。畫圖空對，讀書聲更誰聽。

雙雙燕

戲咏燕窩，爲嬾雲内史作

向明燭下，試新買銀箝，替他梳洗。彷彿冰蠶，偏要耐人心理。祇怕蝤蠐粉頸，又添上、

些兒酸味。縱然渴病難消，領受個儂情意。柔膩。涎涎燕尾。似畫井雕梁，困人天氣。啣泥辛苦，爲問檀奴知未。須識千絲萬縷。應比做、鵝毛千里。莫教猜作瓊脂，傾向水晶盤裏。寒瓊脂俗名洋菜，絶似燕窩。

摸魚兒　戲詠魚翅，爲瘦鵑作

正當筵、冰盤狼藉，主人來進杯酒。杭俗，設筵凡進翅，則主人例獻酒。銀篦玉櫛誇風味，卻比魚唇濃厚。天下口。算一樣相同，饕餮都如狗。風馳雨驟。便掃個精光，盤乾碗净，危坐待其後。　冠裳會，輸與狼吞虎嚥，阿鵑何事消瘦。徽閩川粵應嘗徧，白炙紅燒都有。還不彀。向大菜單中，開列仍居首。除非新婦，或强作冰人，裝成朝貴，未必起而走。冰人坐筵，進翅即起辭，不終席，亦杭俗也。

緑意　戲詠蓮蓬，與小翠同作

嬌擎翠掌。數家珍一般，疑剖珠蚌。並蒂雙頭，比目同心，恰配采菱人唱。西風漸怯雲房冷，恰還恐、個中虛誑。莫輕輕、擲向鴛鴦，認作愛河情彈借叶。　小艇紅船花港。玉纖親結束，伴他雙槳。剪蓋爲燈，破菂成盃，輸與閨中奇想。烟簑雨笠天然好，更半點、漁郎模樣。笑銀壺、貯滿蘭湯，也與一般疎爽。新浴室有蓮蓬頭噴水具，用以沐髮者。

綺羅香　詠乾荔支

絳縠囊皴，紫綃膜皺，猶勝葡萄滋味。風栗鹽梅，輸與者般伶俐。莫認做、碧海探驪，便省却、紅塵飛騎。料玉環、修到長生，小唇朱靨美如此。　年時多分病齒。忍令香銷色褪，冷清清地。望斷江南，難忘舊時運理。似紅蠶、久縛情絲，似丹鳳、尚留膏髓。又何須、朽腐躭憂，露泉勞比擬。

前調　咏鮮桂圓

燕卵纔圓，龍睛未點，偏受美人歡喜。雲外天香，領略莆田風味。衹應付、桂樹仙官，怎甘做、荔支奴婢。數南方、第一家珍，詔書催貢魏文帝。　芳名都喚益智。儘把金丸琬液，誇矜如此。秋杪春生，却帶紫陽花氣。莫惹起、漢女相思，怕還被、夫郎偷擬。料禪窗、咏入新詩，定稱無漏子。

紅情　咏菱角

水鄉風趣。是淩波照影，浣紗兒女。小印輾弓，驚起游魚避鈎去。衹分銷魂一搦，忘不了、鴛湖烟雨。儘消受、素手銀刀，樽畔泥人數。杭州西湖有賣菱肉女兒，當筵剥進，按枚論值。　孤負。掌中舞。料一樣輕盈，殢人嬌處。些兒甘苦。約束當年怕回顧。脱却牽連荇藻，又做了、浪萍風絮。衹可惜，明鏡裏、美人遲暮

緑意　咏蓮蓬

勞伊打槳。趁三更畫船，重到花港。水閣雲廊，無限荒涼，依稀並頭鴛帳。星移斗換凝眸處，剛正是、低頭樸樣。衹盼他、蒂固根深，禁得愛河風浪。　猶記迎秋席上。藏鈎含笑問，勞我凝想。葉底蜂房，扇底香囊，彷彿那時情況。心頭苦味無人識，早拚向、污泥深葬。再化作、並蒂連枝，來慰者番惆悵。

高陽臺　戲咏臭醃菜

曝鯗能游，醢鷄能舞，厨孃手段堪訣。略具酸鹹，與人所好原殊。鄧通不解田家味，道開罎、香勝醍醐。辨精麤。比筍還鮮，比肉還臑。　陶家運甓成何事，笑空空腹笥，餓煞窮儒。須趁三冬，先生佳饌先儲。金輪皇帝休相問，要含香、鷄舌偏無。補空虛。取出蕓薹，添入瓠䫥。

慶春澤　題卷菸盒面

金谷詩成，玉樓宴罷，記曾分與親嘗。吹氣如蘭，薄魂銷盡王昌。春風笑展櫻桃顆，裊晴絲、噓向檀郎。細評量。說與檳榔。一樣芬芳。　沉檀小炷玻璨盞，似鵝笙象管，初炙銀簧。鈿盒開時，玉葱還比纖長。香奩詩韵分籌記，替花枝、一度飛觴。費平章。雪白梅香，都在奚囊。

南歌子　題春閨睡起圖

綃帳經於霧，香裀軟似苔。下床猶自懶咍咍。雪藕搓雙臂，冰桃暈兩腮。　欠伸還復傍妝臺。祇恐鬢雲鬆了、惹人猜。

喝火令　題畫

麝腦銷金鼎，蛛絲罥玉釵。小鬟樓上擁雙丫。獨向水晶屏背、弄琵琶。修竹千竿直，垂楊萬縷斜。畫簾和雨織輕紗。紗外一重窗子，窗外紫籐花。花外一雙飛燕，飛向別人家。

飛雪滿羣山　甲子十二月九日雪，即席偶成

千樹梅花，一川蘆荻，畫中無此清幽。誰將粉墨，輕描淡寫，樓臺都作雙鈎。縞衣人未老，天爲誰便、相思白頭。黄昏似畫，黎明似暮，天氣轉如秋。　尋不見、墮釵剗襪影，賸香温玉暖，苦憶衾稠。晚來無酒，夜來無夢，山陰空泛扁舟。寒江垂釣處，却不辨、杭州汴州。霜娥月姊，今宵未免生古愁。

如夢令

正是緑窗人悄。窗外不聞啼鳥。一陣晚來風，風裏一聲知了。知了。知了。休把那人驚覺。

金縷曲　題田挹珊機絲夜月圓，即用原作韵

秋夢連宵警。向蕉窗、慇懃盼到，雨恬風静。圓月窺人應見笑，鉛淚依然如綆。問誰把、青虫絲併。玉簍生寒憐素手，共嬋娟、小立梧桐井。尋往跡，隔塵境。　露華濕透欄干影。恁飄零、墮歡難拾，墮鬟慵整。無奈相思如此夜，比似長門還永。把襟袖、幾番欺冷。祇怪牽牛渾不顧，任西風、吹瘦蛸蟏領。絃外意，畫中省。

前調　題酒丐丐畫圖

吾道真窮矣。偏天涯、沿門託鉢，療貧無計。賴是張靈能作畫，博得酒人歡喜。便引做、劉伶知己。措大家私無長物，滿床頭、左右惟圖史。十萬貫，半張紙。　生平不乞錢和米。

最傾心、虎頭三絶，龍眠三李。飽暖飢寒身外事，所好與人殊異。又何用、向人摇尾。不學垣元甯作丐，儘傍觀、笑作墦間祭。交易退，此其例。

蝶戀花　民國十四年國慶節，戲作鼓兒詞，應獨鶴之徵

遇了中秋纔七日。紀念今朝，恰又逢雙十。五世以來添九七。分明寸寸黄楊厄。國慶由來成慣習。結綵懸燈，究竟成何益。眼見放豚皆入笠。衆生偏有欣欣色。

其二

道是年來民氣盛。扶弱鋤强，肯與拚窮命。只此已堪爲國慶。國中何况多神聖。容易糾紛難鎮定。到底思量，未必能平等。酒醒夢回聊自省。自家如此如何肯。

其三

選舉豈真民意思。坐向垂堂，多半千金子。大部謂須開考試。長鎗短筆聞之喜。天下滔滔胡底止。無論如何，弊總多於利。國有四維惟剩恥。五分鐘後依然死。

其四

髫鬌韶年剛十四。一味嬌憨，未解人間事。喜怒貪嗔無顧忌，撩他隣犬狺狺吠。我輩縱非孩子氣。捉住迷藏，無計能迴避。每到生辰循故例。大家來作逢場戲。

沁園春　怡稼農場奚挺筠先生五十壽

聞道先生，博學多聞，長我二年。有楹書十室，園林六頃，等身著作，經世文編。怡稼名

莊，甘農別署，家學淵源出醴泉。兒孫輩，更英俄德法，無不精研。從知天命安全。趁學易、閒耕杜氏田。悵蜩螗時局，蜉蝣身世，我真牛馬，君則神仙。一樣襟懷，兩般境象，相見應教各莞然。於今始，借文章投贈，料亦前緣。

長壽樂 爲翟羲人都轉之封翁耀亭先生七十壽

老人長壽。自古來、有福斯能消受。所欲從心，承歡繞膝，今日齊開笑口。想鯉庭、鴻案金樽，滿進黃花酒。不争取、彭澤當年五斗。早添得杜氏，寶田幾畝。　閒話舊。最難忘、賣豆種瓜時候。茆屋棲遲，筍輿迎養，世味炎涼嘗透。展重陽、十日霓裳，小隊笙歌湊。又何似、幾輩蘇韓秦柳。傳寫出當代，璠璵錦繡。

臨江仙 題小翠畫箑

彷彿苧蘿地裏，依稀桃葉江邊。落花如夢柳如煙。石磯西畔去，可有打漁船。　甘住竹籬茅舍，閒尋白石清泉。每因流水感華年。荀衣勞夜浣，班扇怕秋捐。

憶秦娥 又

悄悄。悄地無人到。涼宵。孤負秦娥碧玉簫。　鳳凰臺上文窗窈。愁思添多少。芭蕉。來做秋聲慰寂寥。

望秦川 又

心似湘妃竹，顔如帝女花。小名應許喚英華。來是同行、歸去定同車。　早解明珠佩，遲來漢使槎。多情曾與飯胡麻。衹怪劉晨阮肇、只思家。

夢江南 又，用馮延巳體

御溝題葉原多事。似水流年。逝者如斯耳。未妨高臥學陳摶。任他滄海變桑田。

瀟湘夜雨 題小翠畫箑

病葉驚秋，淚花承露，晚窗誰共荒涼。墮鬟猶似舊時妝。渾不覺、西風人瘦，還道是、衣帶加長。回頭處，小時清夢，一半都忘。　天涯多少，楓丹橘緑，水碧沙黄。只廻文詩卷，偏斷人腸。且領略、銀釭苦茗，休再問、寶鼎薰香。分明是，易安居士，不是病瀟湘。

南歌子 又

不見書裙女，偏來説夢婆。是誰風格似東坡。恰向山窗豢着、右軍鵝。　莫上山陰道，休填水調歌。百錢一字漫嫌多。比到長門賦價、又如何。

鬢雲鬆令 又

綺窗開，梳洗罷。細掠雲鬟，兀自無閒暇。多分水晶簾子下。耐着心思，還把眉兒畫。　索花鈿，呼繡帊。痴極雙鬟，遠在屏山亞。鏡裏回瞋偏不怕。如此嬌憨，只派鸚哥罵。

如夢令 又

且向畫橋閒佇。莫向那邊行去。劉阮不重來，流水桃花何處。知否。知否。又是一年正西風掠地、衰草黏天，怕已是，冰雪長河先凍。玉關門外路，水疊山重，秋色如潮馬前擁。應是木蘭花、東閣歸來，恰還向、沙場尋夢。倩一寸、流波送飛鴻，又畫角嚴城、無端催動。

明月逐人來　又

黄昏時候。月明如畫。剛挨到、晚妝完後。梨花院落，不是胡行走。一任夫人知否。香霧雲鬟，多分自家消受。偏辜負、一雙紅袖。干卿底事，還乞天來佑。花好月圓人壽。

洞仙歌　又

羅浮夢影，怕年時忘了。爲寫娟娟玉人照。向百花頭上、羣玉山邊，錯認做，倩女離魂幽渺。梅花三百樹，開到孤山，祗恐林逋已愁春暮。

憶王孫　又

秋窗容易上燈時。修竹梧桐各有思。一半清閒一半痴。欲題詩。詩句還如月到遲。

洞仙歌　又

畫中詩意，似當年樊榭。小住青溪碧山下。向花邊載酒、松下聽泉，都道是，石帚一般流亞。小名勞記取，月上闌干，獨自徘徊到深夜。紈扇未曾捐、盲雨淒風，偏容易、馬纓花謝。望天目、秦亭兩模糊，這舊夢新愁、怎生描寫。

前調　又

彎弓盤馬，扣絲韁不控。忍把金丸彈嬌鳳。

老。第一是黄昏、横影浮香，總兜起、許多煩惱。向月地、雲堦獨徘徊，怪翠羽枝頭、又來催曉。

茘子香近　又，用方千里體

想見紅塵，飛騎剛捧到。縱然齒病呻吟，已是嫣然笑。料應甘勝蒲桃，核比丁香小。端好。休把瑛盤打翻了。　庭院悄。正午夢剛才覺。南海人歸，却比天孫還巧。七夕今宵。新月梧桐上來早。防備上皇催召。

羅敷媚　又

采桑人意嬌如畫，臉似桃花。命似楊花。風景偏偏似若耶。　世間蠢物惟蠶繭，辛苦兒家。僥倖誰家。還惹西施去浣紗。

卷珠簾　又

卷起珠簾秋已暮。草色苔痕，緑透宵來雨。籬角信説相思真有樹。女蘿沿上孤松去。　畫裏秋虫相對語。如此西風，應有銷魂句。瀟湘門外路。易安居士尋詩處。

洞仙歌　又

漁娃生小，愛一竿垂釣。水氣嵐光滿懷抱。料無關得失、不定沉浮，祇博取，獨自莞然嬌笑。　錦鱗三十六，消息傳來，前度劉郎已愁老。流水送桃花、流向人間，怕還惹、問津人到。却正是、滄浪水清時，似汝水滋泉、方壺員嶠。

憶王孫　又

富春江上是兒家。風景依稀似若耶。不共西施學浣紗。一竿斜。道是生涯即水涯。

洞仙歌　又

廣寒宮裏，正桂花香透。仙露明珠釀成酒。待從他青女、乞取玄霜，聊解我，渴病相如能否。　平分秋一半，今夕人間，騃女癡兒鎮厮守。忙煞小寒簧、雲外天香，要散作、天花千畝。向碧海、青天暫徘徊，趁玉兔閒時、銀蟾明後。

前調　又

延秋小榭，正緑陰如畫。一卷南華送長夏。任風蟬墮砌、野馬當窗，早已是，心與莊周同化。　儂心原似水，淡到無言，書味醰醰竟無價。草色與苔痕，忒煞匆忙，又緑到、碧欄干亞。怕多事、西風暗中來，要吹瘦春人、斫羅裙衩。

月下笛　又，從玉田體

夜雨剛停，秋潮欲上，畫船無主。琵琶歇後，寂寞潯陽斷腸路。蘆花楓葉飄零盡，衹賸了、煙波如許。怕倚樓人獨，一聲吹起，霓裳中序。　辜負。歐陽賦。縱寫徧秋聲，了無佳句。低徊怨慕。洞簫誰説能訴。蓮儂薏汝勞相憶，早隔斷、幾重雲樹。莫賣酒，向秦淮，錯忍隔江商女。

憶漢月　又

夢裏關山難越。塞外風霜尤烈。胡笳歇後一

懵騰，猶見漢時明月。銀駝無意識，又喚起、漫天飛雪。薰籠斜倚到平明，祇恐焦琴氷裂。

洞仙歌 又

好花臨水，共春人照影。瀲灎波光皎如鏡。甚東風無賴、流水無情，又早是，開了滿園紅杏。　欄干都倚徧，還把花枝，當作欄干偶然凭。底事費沉吟、底事干卿，猜不透、箇儂心性。似桃葉、桃根渡邊人，又誤了歸期，惹伊痴等。

前調 又

爲誰辛苦，動寒窗刀尺。長信宮中太岑寂。正燒殘短燭、寫就長牋，偏生地，縫入征人衣褶。　芳心應忐忑，無定河邊，知是何人手親拆。彷佛御溝中、紅葉題詩，一樣是、無聊痴極。　又誰料、天憐有情人，似玉女投壺、不曾虛擲。

前調 又

麻姑指爪，又添長多少。清淺蓬萊碧天曉。正瓊漿熟後、玉甕開時，都化作，雲氣花香圍繞。　文園饞渴久，不是藍橋，偏有雲英偶來到。乞取駐顏丹、萬古千秋，應許似、蒼松不老。　最難忘、瑤臺步虛聲，想綽約玲瓏、虛無縹渺。

前調 又

柳梢月上，近黃昏時候。半臂輕紗晚涼透。算干卿底事、着甚來由，又道是，春水一池吹皺。　小紅橋半曲，來是俄延，去又匆匆怕辜過蒲菰軟，水面風來菡萏香。　宵苦短，日偏長。一甌清茗伴昏黄。輕羅扇底渾無事，秋水南華亦澹忘。

雙鸂鶒　又

偶向石橋閒立。病起腰肢無力。團扇未能抛得。晚風吹皺衣褶。　今夜梧桐月色。獨自怎生將息。羞見一雙鸂鶒。瞿塘還有潮汐。

洞仙歌　又

葬花心事，悵美人遲暮。春去春來了無據。把閒愁萬種、熱淚千行，都付與，荒塚一坏黄土。　落紅吹滿地，試問東風，明歲今朝再來否。花命薄於人、人貌如花，更禁得、幾回風雨。怕緑葉、枝頭易成陰，又杜宇聲聲、不如歸去。

負。如此好年光、流水韶華，便容易、緑肥紅瘦。再休問、鐙宵去年人，似隔岸桃花、那堪回首。

巫山一段雲　又

已面三年壁，將成九轉丹。爲誰披髮入深山。原來菩薩蠻。　參透野狐禪後。應是乘鵝時候。無心出岫定中身。巫山一段雲。

浣溪紗　又

玉籆黏香理亂絲。晚來篝火自尋思。不知何日是歸期。　祇怪春蠶成繭早，何該秋雁寄書遲。今年應否製寒衣。

鷓鴣天　又

寂寂軒窗納晚涼。碧梧摇影落池塘。墙腰雨

法曲獻仙音 又，用夢窗體

緱嶺雲開，秦臺露重，彷彿畫中詞意。舊夢如塵，新愁似水，偏偏玉笙吹起。且莫問芭蕉外。明月上來未。　晚風細。背湖山、冷清清地。來領略、花底嫩涼滋味。舞帶坐時長，甚纖腰、消瘦如此。斜抱雲和，把霓裳中序重理。料今宵阿母，應少一人隨侍。

闌干萬里心 又

謝家池閣又黄昏。團扇徘徊一斷魂。舊日欄干不敢捫。了無痕。人自清涼夢自溫。

遥天奉翠華引 又

玉驄花外嘶。正平明、宫殿開時。龍池柳色，爲伊多半顰眉。芙蓉綃帳裏，料玉環、香夢轉來遲。星座春寒，錦袍應染胭脂。　低鬟凝想，甚東風、偏惹游絲。可憐光彩，殘花吹上高枝。祇怪輕羅扇，念奴嬌、不替掩丰姿。却被張郎，輕狂寫入新詩。

洞仙歌 又

拈毫欲寫，又無端停了。聞説今秋雁來早。甚秋聲滿院、秋色當窗，偏没箇，塞外音書傳到。　黄昏時節近，守着窗兒，彷彿填詞李清照。楓葉正如花、門外天涯，有遠水遥山多少。莫便是、瀟湘館中人，又吟雨吟風、自家憑弔。

前調 又

荔枝香近，正楊妃病齒。一笑蛾眉更嬌媚。道今宵七夕、瓜果筵前，定博得，沉醉三郎歡喜。　晚涼新浴後，小倚匡床，柳樣腰身嬾扶起。鄉夢記依稀、半晌支頤，又凝想、蜀中風味。若種向、長生殿前來，料箇箇團圞、枝枝連理。

前調　又

畫圖省識，似寶琴立雪。人與梅花共清絶。正溪橋欲渡、兀自回頭，待還要，和月一枝親折。　雛鬟嬌怯慣，入抱冰壺，説道天寒砭人骨。知否月明中、林下人來，都只爲、愛花心熱。但祇恐、啾啁以禽啼，早又是羅浮、夢回時節。

前調　又

漢皇何忍，遣明妃出塞。累世和親太無賴。甚美人顔色、兒女婚姻，也關係，家國興亡成敗。　鼓鼙思將帥，不及蛾眉，傾國傾城一而再。難怪古今來、如此周旋，倒做了、外交家派。仗一曲、琵琶四絃彈，便兩意相投、萬愁都解。

卷珠簾　又

絡索珠簾剛半捲。纈子同心，打慣雙絲綰。天氣乍寒還乍暖。紫薇一樹花開滿。　沉香容易晚。幾尺芭蕉，緑到妝臺畔。一角小閣湖山天樣遠。秋宵更比春宵短。

江城子　又，從張泌體

瀟瀟風雨聽雞鳴。曉窗秋夢醒。看天明。可惜幾重修竹、漸凋零。若待東籬重把酒，怕已是，瘦生生。

洞仙歌　又

琵琶艇子，似年時夢影。小撥檀槽指尖冷。正青衫濕透、白傅詩成，禁不起，絃上秋心淒哽。　黄昏煙水闊，月子長圓，争奈葡萄易催醒。莫唱後庭花、一代興亡，早已是、不堪重省。賸蘆荻、蕭蕭做荒寒，再休問錢唐、江山九姓。

昭君怨　又

若問吴孃心事。不願隨波逐水。甯願住蝦蟇。弄琵琶。　經慣煙波一舸。何似歸來閒坐。消受晚涼天。四條絃。

洞仙歌　又

横吹一曲，向石榴花底。新學霓裳試重理。似沉香亭畔、羣玉山頭，祇少個，帶笑君王同倚。　新聲高幾許，换羽移宫，只合清商與清徵。特製小篔簹、隔八相生，似嚦嚦、春鶯飛起。料李謩、墻陰暗驚疑，道天上人間、得來曾未。

浣溪紗　又

柳色當樓緑萬條。春愁如酒未能銷。不堪回首憶吹簫。　鴛瓦寒堆三月雪，魫窗花擁四廂潮。眉山青過蠣墻腰。

洞仙歌　又

當樓寶扇，映花光香霧。剛送羊車出門去。趁十分嬌懶、半晌清閒，來領略，青瑣窗前幽趣。　海棠開泛了，幾尺芭蕉，緑到年時畫眉處。抱膝起沉吟、流水光陰，怕容易、好春催暮。翻羨煞、牽蘿賣珠人，又何用長門、馬卿詞賦。

前調 又

嬌憨心性，愛春球蕩漾。小扇輕羅未拋放。向櫻桃花底、芍藥闌邊，獨自個，消受風清月朗。　瓊漿調滿盞，牙管拈來，泡影曇花動惆悵。輕薄是東風、墮溷飄茵，偏不許、扶摇直上。待贈與、姮娥照新妝，也倒影山河、一般無兩。所畫爲一女郎以筆管吹皂沫作春球也。

前調 又

館娃宮畔，甚蘭橈桂棹。恰向青溪學垂釣。料無關得失、不定浮沉，祇博取，粲齒蛾眉嬌笑。　錦鱗三十六，消息傳來，前度漁郎已愁老。流水送桃花、莫向虹橋，又招惹、問津人到。借一樹、垂楊當珠簾，怕照影臨波、把魚驚了。

前調 又

雪衣風帽，向寒江獨釣。祇恐文魚已沉了。甚竿橫翡翠、餌下珊瑚，怕已是，一味朔風吹飽。　久拚遺世立，小字玄機，還恐旁人易知曉。日日坐江潯、恰似嚴陵，最難忘、富春山好。待借取、銀河泛仙槎，向弱水蓬萊、同游三島。

喝火令 又

秋色清於畫，秋心淡似烟。漫因流水感華年。且向松陰深處，消受晚涼天。　漢月還來照，齊紈莫便捐。畫中詩意本天然。況是天然，愛好坐林泉。況是林泉深處，抱膝學參禪。

洞仙歌　又

三冬清課，與古人爲友。金屋書中自然有。料中闈典實、内史文章，應比似，大業建安優秀。　鬟眉還被笑，洛社耆英，孟老清寒賈郎瘦。新讀蟹行書、舊學商量，總難忘、髫年時候。問桃李、瓊瑤贈伊誰，待自照青銅、品題紅袖。

高山流水　題小翠畫箑

高山流水問知音。莽天涯、何處能尋。只有澗邊松，一般酒洒胸襟。渾不受、半點塵侵。分明似，天上人間月色，無古無今。光陰。雖然似流水，且領略、一刻千金。世態任滄桑，須趁勝日登臨。試評量、落照疎林。有多少，往代興亡陳迹，

前調　又

楓葉濃於酒，黃花瘦似人。瀟灑風雨病中身。最是不堪回首，往事已成塵。　詩豈療愁物，書爲引夢神。自家憔悴十三分。偏要一回，凝坐一深顰。偏要聽風聽雨，獨坐到黃昏。

奪錦標　題三友實業社新年贈品仕女圖，用嵌字格

三百毛詩，一篇眉史，派作個儂清課。誰是偎香膩友，耳畔珠璫，鬢邊花朵。怕年芳啼鴂，早梅實、傾筐先墮。算人間、惟有風流，慧業文人難做。　生小由來嬌惰。結社聯吟，偏要郎歌妾和。愁煞新妝飛燕，半晌支頤，終宵凝坐。似文姬出塞，愛喬裝、者般梳裹。一任他、紅袖青氈，却笑品題由我。

都付浮沉。問蘇髯，能否解識古琴吟。

浣溪紗　又

打槳歸來唱竹枝。蘆花楓葉各成詩。十分瀟灑一分痴。　千頃波光明似鏡，個儂心緒細於絲。錯將珊網網西施。

踏莎行　又

小步凌波，閒情咏絮。人間省識黄崇嘏。抱琴時向月明中，題詩只在籠紗處。　看竹歸來，踏莎行去。柴門却對冬青樹。莫教猜作病相如，分明却是離魂女。

黄鸝繞碧樹　又

楊柳當風處，最宜携酒，晚來趺坐。小隊笙簧，向閒中算作，阿儂清課。游絲婀娜，怕牽惹、飛花小朵。平白地、逗向釵裙，還要嬾人梳裹。　莫笑鬟雲半墮。愛蘸烟、爲伊曾破。怕重憶、是蘇堤柳浪，無奈顛簸。祇恐鶯銷燕歇，尋不見西施舸。争如畫裏真真，掌中擎妥。

蝶戀花　畫蝶自題

流水光陰纔一瞥。三十年來，不畫雙胡蝶。雨後端整麝煤剛滿碟。自家來寫滕王帖。　飛花霜後葉。賸粉殘脂，早已都銷滅。莫笑書空還咄咄。年芳到處聞啼鴂。

洞仙歌　題小翠畫箑

煎茶竹裏，寫樵青憨態。林下丰神總堪愛。正龍團瀹就、蟹眼翻時，平白地，添出許多天籟。　瓶笙聽不厭，車轉羊腸，問字人來竹籬外。剛正起風篁、一樹高槐，恰併做、松濤澎湃。甚釣艇、烟波不歸來，怕細雨斜風、將人吹壞。

前調 又

先生醉了，向胡床一倒。拔劍重新又還鞘。任銀瓶酒罄、寶帶衣寬，暫銷去，心上許多煩惱。山僮年紀小。蠟炬擎來，肝胆鬚眉向人照。我醉欲眠時、一樣豪狂，一樣是、者般氍毹。但一味、清閒似陶潛，但跣足科頭、不曾鞾帽。

浣溪紗 又

一路桐陰月到遲。輕衫小扇獨尋詩。石橋西去是東籬。蜀錦花開紅躑躅，楚天雲拓碧琉璨。草根無處不莎鷄。

洞仙歌 又

蘭橈桂檝，似當年桃葉。回首風華向誰說。悵東勞西燕、北馬南船，却總是，孤負柳邊人歇。柔情深幾許，不送汪倫，潭水桃花已千尺。一舸泛烟波、坐向船頭，應自笑、狂奴何物。縱摇曳、東風便周郎，怕掌上擎來、也嫌唐突。

前調 又

樓頭楊柳，共春人消瘦。陌上青驄怕回首。甚怱怱別去、緩緩歸來，躭誤到，緑葉成陰時候。秋紈拋得否。襟上啼痕，猶涴杭州舊時酒。第一最難忘、帽影鞭絲，離不了、大隄前後。又誰識、虹橋倚樓人，把一寸眉山、終年顰皺。

如夢令　又

剛是竹爐湯沸。開了繡幃閒倚。一樹臘梅花，恰共山茶開矣。歸未。歸未。門外猧兒空吠。

南歌子　又題小翠畫條幅

雨氣連山黑，松陰撲地青。美人體態總娉婷。却愛當風小立、學蜻蜓。　飛瀑奔天馬，流泉囀夜鶯。者般清籟共誰聽。除是瑶臺仙侶、許飛瓊。

翠樓吟　新製窗帘，輕不盈握，絶似《紅樓》中軟烟羅也。寵以小詞

薄似鮫綃，輕於蟬翼，兜來滿庭花霧。嫩晴藥片住，畫廊外美人鸚鵡。微風颺處。又細罥游絲，暗黏飛絮。清虚府。素娥應有，碧紗籠句。　一炷。沈水香銷，賸軟煙如許。和愁凝聚。晚燈紅暈透，怕雲惹、夜來微雨。垂楊千縷。似隔着蓬山，幾重雲樹。喁喁語。要人憐煞，緑窗兒女。

洞仙歌　晚坐無聊，占此以代家書

颷輪轆轆，料長途此去。心似游絲罥飛絮。早華燈上了、夜膳開時，便已似，天末風蘋吹聚。　喁喁相爾汝。耳熱些時，又向池塘夢春雨。何日是歸期、祇恐歸來，翻變做、了無言語。卻何似、天涯儘相思，倒添得奚囊、許多佳句。

其二　翠兒書來，云近甚清健，但不能飯，殆因飽吸山光，遂不煩人間烟火食耳。占此示之

是兒清福，伴神仙眷屬。來吸山光飲湖緑。

料胸中塊壘、心上愁煩，早已共，柳絮桃花吹禿。人間煙火食，櫻筍時光，原說蒓鱸太嫌俗。況在水雲鄉、洗滌詩腸，也儘有、珠璣盈腹。但莫似、年時楚宮腰，又梅額憎黃、柳眉顰綠。

其三 來函每每久擱，且函尾不署月日。因寄此詞

家書珍重，料書成還擱。封了重新又開讀。待重新書好、還有新詩，卻寫在，小小郵筒邊角。　郵程原咫尺，屈指來鴻，往往空桑已三宿。爪雪辨依稀、無日無時，算惟有、燈花能卜。願日日來書報平安，任抽盡蠶絲、莫嫌蛇足。

蝶戀花 孫兒克言種痘，來書謂其笑而不哭，頗可憐念

摘粉搓酥雙玉手。想見嬌憨，自弄含飴口。憐煞并刀加雪藕。居然臂上嵌紅豆。　眈誤歸期三月後。小住湖樓，清福憑消受。學舌鸚哥能語否。可能宛轉扶床走。

前調 來書約歸期，而書到已遲三日矣

說道歸期明後日。左右思量，畢竟虛和實。料取今朝還未必。憑樓兀自看山色。　屈指郵程原咫尺。祇怪身無，彩鳳雙飛翼。叮囑石頭城下客。家書千萬休遺失。

孤鸞 獨鶴悼其繼配鍾夫人之亡，囑題像贊，爲拈《孤鸞》一解，聊以代誄，亦當招魂

十年一夢。悵肺葉終萎，病苗多種。玉臂寒

時，猶見豆痕紅腫。郎心早應似割，又那堪、斷腸悲痛。何況身經兩度，惜分飛鸞鳳。向人間、築箇雙鴛塚。料青女素娥，天上厮共。可奈荀郎，依舊薄衾孤擁。誰憐兩行兒女，怕蘆衣、者番真凍。引用獨鶴自撰悼啓中語。除是開帷重見，補情天無縫。

以上《香雪樓詞二集》

金縷曲四疊

半畝園雖小。拓晶窗、玲瓏三面，儘堪吟嘯。四百年前連理樹，剛把緑陰籠罩。放一線、斜陽西照。曲檻疎籬花種滿，漸黃昏、眉月彎來早。添幾許，畫中稿。　轆轤金井銀床曉。夢回時、花梢日上，數聲啼鳥。絶似扁舟楊柳岸，雲影天光都妙。便忘了、百千煩惱。何事風塵三十載，點秋霜、兩鬢先催老。禁不住，莞然笑。

北窗高卧非關傲。恁匆匆、東園載酒西泠買棹。試向六橋鶯燕問，留得幾家祠廟。供湖上、游人憑吊。未若簞瓢居陋巷，又何須、百畝求温飽。心與力，莫虛耗。　人生百歲由來少。被天公、無端作弄，許多圈套。過眼風花無覓處，説甚十洲三島。多付與、斷雲荒草。惟有詩腸和酒膽，興酣時、只怪乾坤小。呼斗酒，共君倒。

浣谿紗　小翠畫箑

林影山光逗緑楊。文波小艇趁新涼。烟鬟都染媚梨霜。　花語吹來簫韻細，露盤擎到藕華香。水鄉原是女兒鄉。

摸魚子　題周恨石幽篁静嘯圖

一叢叢、林深箐密，此君甘處岑寂。除非明月來相照，以外斷無人跡。周恨石。縱不擅彈琴，也有孫登癖。風清露白。倘佳士重逢，湘妃來共，今夕是何夕。　久拚遺世孤立。甚簸烟弄雨，愁恨交織。迴腸盪氣難爲計，聊以自舒胸臆。愚不及。笑畫意詩情，輸與王摩詰。十年一别。料行氣成虹，清聲調鳳，今日尚如昔。

洞仙歌　二首

西泠橋北，起玲瓏樓閣。六摺玻窗向湖撲。似天開圖畫、人在蓬萊，剛倚到，雲母石闌干角。　玉皇山色好，恰對飛簷，雲影波光皺羅縠。秋水緑如烟、楊柳隄邊，慣牽引、畫船來泊。與蘇小、林逋結芳隣，待移我琴樽、伴他梅鶴。

其二

勞人幾輩，憶年時招隱。塵累牽纏苦同病。且偷閒幾日、將息些時，來共我，樓外樓中狂飲。　興亡君莫問，唐宋元明，一様消沉水漚影。獨有兩峯雲、出處無心，渾不管、西湖風冷。聽幾杵、晨昏鳳林鐘，縱未熟黄粱、也應催醒。

滿庭芳　答小翠

海上春寒，砭人肌骨，曉來猶見濃霜。貂裘換了，依舊薄棉裝。誰想五雲山上，籃輿小、滿戴驕陽。　却不信，半千里外，如此判炎涼。炎涼。真隔世，吾衰久矣，無夢還鄉。又辜負清明，一路垂楊。料得西泠樓上，闌干亞、緑滿迴廊。待吩咐，呢喃雙燕，來伴老鴛鴦。

戀繡衾　寄小翠

春寒如水可奈何。小桃花、開泛幾多。六橋畔、長隄上，問垂楊、緑到怎麽。　麯塵風軟西泠路，正西施、妝點翠蛾。畫樓裏，晶窗底，甚懨懨、猶戀被窩。

滿庭芳　西湖息養社作

曲岸藏鶯，微波掠燕，畫船都載鴛鴦。六橋西去，無樹不垂楊。衹怪鈿車陌上，匆匆地、催送斜陽。留不住，偎花傍柳，浣女伴漁郎。　蒼茫。烟水暮，梵鐘幾杵，又做昏黄。甚眉月梢頭，還比人忙。才是朦朧半晌，無端又、過了東牆。誰知道，湖樓小住，一日幾滄桑。

西子妝　同上

風柳吹棉，湖蓴擁雪，此景幾人曾見。偶携鴛侶踏莎行，泛紅船、緑波清淺。白堤路短。怎禁得、飈輪一轉。恁匆匆，把香車油壁，麯塵兜滿。　雲林遠。何似扁舟，日傍閒庭院。春風笑冶遊人似柳邊鶯，去還來、一雙雛燕。渾不避、陳思偷眼。待評量，西子妝成誰艷。

前調　本意

水眼嬌明，山眉顰黛，濃淡恰如郎意。暖風吹到艷如蘭，袓羅襟、兩峯雲氣。宵來睡足。任嚲了、雙鬟慵理。嬾腰肢，是垂絲人柳，畫樓斜倚。　惺忪未。儘許劉楨，默默含情視。畫橋圓鏡乍開奩，逗氤氳、粉香脂膩。水晶簾尚怯東風冷。喜晶窗六扇，臨湖十分明净。幾片朝霞，靉靆似畫，借藍天作襯。漸分染、紺碧流丹，梵宮都在仙境。數鐘聲、敲殘百八，正西子、妝成嬌靚。甚長堤、柳嬾於人，未曾眠醒。　橋頭買酒，闌角尋詩，宿酲尚酩酊。却不信、青驄油壁，隔夜安排，小卜魚仙，被他猜準。西泠路曲，南屏山遠，横波一寸瓜皮艇。好樓臺、處處描金粉。朝陽濯錦，雙峯挽就螺雲，隔湖自照鵜影。　人生能得，幾日清閒，向水邊棲隱。儘享受、山光湖淥。畫意詩情，半盞陳醪，一甌新茗。湖蓴正美，櫻桃剛熟，小廚香積貓頭筍，住文園、醫可相如病。不須打槳扶笻，十二迴廊，已經穀凭。

底。料無計、將儂迴避。怪啼鵑，偏道不如歸矣。

金明池

嫩日烘花，輭風吹絮，正是牡丹開後。早捱過、清明寒食，待典却貂裘換酒。怕桃根、雙槳來時，祇贈得、枝上青梅如豆。又雨雨風風，寒寒暖暖，不管春人愁瘦。　滿架薔薇紅漸皺。鎮畫帳茸幃，水沈薰透。還未到、清和天氣，偏做了、黄梅時候。笑行裝、纍墜逶迤，要棉袷單紗，一筐都有。但早起看山，遲眠待月，已穀閒中消受。

鶯啼序

流鶯一聲啼起，料今朝晴穩。畫簷外、多少青山，曉來收入奩鏡。乍推枕、披衣小坐，雲房

夜合花

乍暖還寒,欲晴又雨,不知天意如何。閒中歲月,無端也付蹉跎。彈指過,一句多。算西泠、添個吟窩。向明窗下,攤書危坐,來伴烟蘿。　分明不是南柯。底事波光雲影,都起旋渦。樹態千般,山容百出,柳絲猶蘸春波。臨北苑,學東坡。畫中詩、聊且消磨。待安排着,浮家泛宅,雨笠烟簑。

前調　詠蓴

雉尾拖雲,馬蹄印水,綠痕新漲平堤。第三橋畔,明漪斜展玻瓈。歌采采,小瓜皮。掬清波、憐煞柔荑。似新荷葉,田田貼水,點滿桃谿。　饒伊掐斷情絲。祇怕秋風張翰,已悔來遲。葉底冰鈴,根邊珠串,原來不染污泥。香滿盞,滑流匙。似新茶、小展春旗。在微醺後,飽餐秀色,真可療飢。西湖蓴菜,香甘肥嫩,勝於松江之華亭,蕭山之湘湖。每於春末夏初采摘,自蘇堤第三橋起,直至桃溪,滿湖皆是,三潭印月殊不多也。其狀如新荷葉,浮於水面,絶似馬蹄之印,故稱馬蹄蓴。其下爲柔絲狀之長尾細梗,旁綴小卷葉甚多,供食者但摘此小卷葉耳。摘斷處流漿甚滑,晶瑩如水精玉髓,亦復如冰,自成圓顆,不溶解於冷熱水中。故稱其梗曰雉尾蓴,亦曰蓴絲,稱其流漿所結圓顆曰冰鈴。入秋則老,無人采矣。舊傳産於湘湖,而《萬歷錢塘志》及李流芳《西湖卧游册》均謂湘湖蓴菜實由西湖取去,故於蓴羹歌云:『西湖蓴菜蕭山賣,千擔萬擔湘湖濱。』但在近日,西泠橋畔亦見馬蹄、雉尾徧滿湖濱,顧無人采。三潭印月亦然。惟於望山橋之裏湖,曾見一舟遠泛,有垂髫人作掬水狀,不知所采果爲蓴否。酒家所賣,則皆販自菜傭。《西湖志》載李流芳《三潭采蓴圖跋》云:『圖中人舟縱横,皆蕭山賣菜翁也。』但予來此小住已經半月,殊不見有人競采。足見湖上女兒,近已嬾如人柳,雖菱芡滿湖,亦且視同萍絮,聽其自化爲泥。是則西湖真爲銷金墹耳,不勝慨哉。

滿庭芳 立夏

昨日端陽，今朝立夏，年年如此流光。忙中歲月，偏是者般長。祇有春風秋月，渾不管、幾度滄桑。依然是，峭寒天氣，梅子未曾黃。難忘。前十載，小廚櫻筍，新試旗槍。愛鰣魚正美，烏飯初嘗。老去沈腰肥瘦，全憑仗、玉尺衡量。剛換了，鳴禽布穀，來喚燕歸梁。

喜遷鶯 題程筠甫遺牋小册 曩午筠甫重詣鹽城，東園製《喜遷鶯》詞賀之，索和，曾作『牡丹風裏』一闋。忽忽已成隔世，不勝人琴之感。爰仍舊譜，爲題遺册以應

浮生若夢。甚一枕黃粱，將人搬弄。載酒東園，聞蟬西陸，容易流光偷送。誰憐杜陵遺老，做了傷時麟鳳。又何用。把遺縑賸墨，更番環誦。還恐。塵緣重。天上謫仙，又詩心摇動。化鶴歸來，籠鵝換去，添上許多煩冗。留些浣花牋紙，儘把碧紗輕籠。斷腸種。似黃壚重過，那堪悲痛。

齊天樂 題采蘭藝黍圖 張衡山先生曩以封臂療親，得禮部題奏旌表，而學使題額以贈曰『采蘭藝黍』。先生藏之篋笥，不以誇耀於門楣。及歸道山，公子益君乃以裝池成帙，并繫一圖，擬乞時賢題咏，用彰潛德。爰體先生之意，爲製《齊天樂》一闋，以當楔子

采蘭藝黍尋常耳。何勞宰官題字。清畏人知，孝由天性，豈爲沽名如此。劇憐封臂。乃惶急之間，禱天無計。不願褒揚，毁傷還恐惹清議。光陰荏苒廿載，甚清朝紫誥，猶在緗笥。補作新圖，重提舊事，無奈人天隔世。南陔詩思。倘束晳猶存，也應稱美。子孝孫賢，

只今能有幾。

飛雪滿羣山　本意，寄嬾雲内史

曲檻圍花，重廊撲絮，茸幃侵曉偷開。山頭羣玉，水邊挑角，一時幻作瓊臺。者般天氣好，怎不向、孤山採梅。六橋車路，三亭橋堍，蘆荻料成堆。應想到、滄洲圖畫裏，正停樽細聽，徹夜春雷。時正日寇侵入閘北。西陵夢短，南簷日暖，惹人日夜徘徊。戰雲猶未散，一旬裏、思量幾回。杏花開後，不知能彀來未來。

風入松　十闋　民國十八年西湖博覽會時，爲音樂亭特製歌詞，未曾留稿。兹承金華汪浩君録寄，瘦鵑補刊如左

其一　參攷品陳列所

環湖燈火繞成城。夜夜放光明。斷橋孤嶼長堤路，平添了、十里春星。絶似金蛇萬道，隨人直到湖濱。自斷橋至西泠，沿湖燈火綿亘成串，金波漾彩，愈遠愈長，直到對岸。　淡妝濃抹本天成。却與物華更。鈿車陌上轔轔過，有多少、士女如雲。都向鄂王墳畔，來聽海客談瀛。岳王墳爲參考品陳列所。海外出品雖未雲集，但其宣傳廣告則已逢人説項，頗能聳人聽聞。

其二　音樂亭

南朝金粉聚西泠。蘇小結芳隣。麯塵風軟吹香雨，平白地、兜滿羅巾。容我評花品柳，若他淺笑輕顰。　闌干臺榭綴瓏玲。芳草正如裀。華燈雁柱參差處，剔團圝、明月高擎。剛聽雲璈奏罷，還驚空谷傳聲。音樂亭有二處，一在西泠橋蘇小墓畔，一在孤山空谷傳聲，而無敵牌商場，適在西泠橋北。門前有噴水裝置，所噴水即無敵牌花露也。游女過此，每引羅巾承之。吹面不寒，沾衣欲濕，往往顰笑同時而作，

頗饒情趣。

其三　博物館

畫橋新築小紅亭。最好月中行。游人如蟻笙歌沸，煩煞了、和靖先生。儘有籠禽檻獸，與他梅鶴争名。　山坳曲折繞園庭。遮莫厭重經。須知山海搜神記，幾曾有、如此高明。開拓胸襟眼界，再看水秀山清。孤山現爲博物館。放鶴亭前築有長橋，通招賢寺。其間羅列珍禽異獸，以及礦産、水産、動植物等標本模型，并於巢居閣設播音機，吸收大禮堂京劇鑼鼓爲無綫電之播音，故游人趨之若鶩。橋上建有三亭，可供小坐，月夜最宜。

其四　衛生館

右台山鬼幻精靈。人道演胎生。獨憐女伴低頭過，含羞處、還怕人評。都道妝台平視，不圖來作劉楨。　崎嶇山徑幾回經。燈塔最高層。衛生兩字休忘却，要提防、沾染微菌。縱有十洲仙藥，難償一點精神。俞樓舊址現爲衛生館，與西泠印社通。陳列産科手術畫本，打破一切羞恥。參觀者多口講指畫，僉謂見所未見。但於『衛生』二字，則往往誤解爲保衛其生産云。

其五　工業館

蟲沙萬斛化香塵。錯認是青燐。高懸纓絡菩提樹，却原來、電炬通明。當户機聲軋軋，一時齊轉飈輪。　百工居肆太辛勤。招隱入山林。瓊樓百級高低轉，要問人、幾度登臨。如入五都之市，豈能一蹴而成。菩提精舍現爲工業館。其東舊爲同善堂義冢地。去年遷葬净盡，化荒邱爲華屋矣。其中陳列機械，實行工作。旁通抱青别墅及小王莊。游人須幾度登樓方能循路而出。高麗女郎，每生嗔怨，殊不知物力本來如是，造物之人費却心腦，不知幾許。游人但費足力，又何怨乎！

成。稻粱菽麥都能辨，算五陵、子弟聰明。唯願從今以後，居然五穀豐登。舊行宮本已改爲公園，今設農業館於此。距岸二百尺，與阮公墩、湖心亭成三角之地點，建一噴水池，高六丈，頂立一農夫，下置鐵牛三頭。牛口噴水，高可數丈，謂寓甘霖時降、農耕慶喜之意。但今猶未竣工。

其八　教育館

文瀾閣畔擁書城。藜火照純青。中原文獻如烟海，補殘編、何讓雙丁。世界縱歸黑暗，此間獨放光明。文瀾閣舊藏四庫全書，咸豐燬於兵燹。光緒初間重建，邑人丁申、丁丙，補鈔閣書，猶有缺者。近始由前教育廳長張宗祥補鈔完竣，移置圖書館中，今以圖書館爲教育館。且設電燈機，故全湖皆暗，此間獨放光明也。美人石上話三生。滄海又重經。由來格物須窮理，貫天人、端賴模型。多少興亡存廢，請君温故知新。

其六　革命紀念館

平湖月色透晶瑩。環水石欄新。參天華表當中立，要人知、革命精神。三角形成戀愛，民權民族民生。華燈簇水亂飛螢。高冢妥先靈。平平大道孤山路，笑當年、驢背逡巡。莫去探梅訪鶴，來看戰血餘腥。平湖秋月現爲革命紀念館。臨水台中矗立紀念表爲三角形，沿湖燈火最多處也。其後爲南京陣亡將士之墓，闢爲大道，直達孤山。以視疇昔蹊徑，不啻化崎嶇爲康莊矣。曩年浙督公祭陣亡將士時，予曾爲製一聯云：『大丈夫當馬革裹尸，死如不死；好湖山與鬼雄埋骨，神乎其神。』

其七　農業館

前朝禁蹕久銷聲。建國重農民。不耕而食原非計，漫推崇、名士高僧。畢竟誰爲霖雨，沛然求慰蒼生。公園自昔勝湖濱。樹木十年

其九 絲綢館

天開圖畫久傳名。何況是丹青。文林藝苑千門啓，更蒐羅、西爪東鱗。頰上毫添栩栩，鏡中人喚真真。照膽台現爲美術館。　湖雲湖浪縐羅紋。五色葛仙裙。綺羅香裏花如錦，是天孫、巧樣翻新。誰念春蠶辛苦，獨來憐惜惺惺。葛蔭山莊一帶現爲絲綢館，惟陳列品中轉以人造絲爲多。

其十 大禮堂

沿山樓閣最高層。燈火綴繁星。官家圖史闕興廢，一斑斑、來數家珍。水彩分描統計，石膏添塑模型。堅匏別墅現爲特種陳列所。　銷金鍋裏聚游人。蜃氣結爲雲。縱然富庶還須教，禮堂開、先講民生。莫當繁華鼓吹，須知博覽精神。大禮堂在孤山之北，現爲劇場，時開講演，但不知聽講者與觀劇者孰多耳。

以上《栩園近稿》之二《詞》

洞仙歌 寄嬾雲内史

湖樓悶雨，料當窗兀坐。閒看西施學眉嫵。怕晶窗四掩、羅幕垂雙，也難把，如剪東風遮住。　陌頭楊柳色，緑到如何，應替桃花憶崔護。燕子可曾歸、一抹雕簷，想已是、楝花含蕊。暫抛卻、紅塵住仙鄉，要安放身心、忘情兒女。

其二 寄翠兒

桃源嶺脚，向華嚴庵畔。小步尋芳不多遠。認迤斜蝶徑、簇擁鵑花，剛正在，一角瑞雲山半。　蝶巢新築後，胡蝶花兒，説道今年已開滿。摘寄一莖來、活色生香，把一幅、雲牋沾染。道猶有、桃花待儂來，有幾樹殘英、不曾零亂。

前調　西泠橋下逭暑

驕陽如火，甚西湖避暑。欲覓桃源竟無處。向西泠橋下、小泊瓜皮，暫捱過，赤日當空今午。　呼兒攜紙筆，聊學伊川，來講經文二百五。《大學》一篇原只二百五字，拙著《大學講新》即成於此。錯認是陽明、鹿洞清談，引多少、游船停住。又都説、生公不如他，看頑石點頭、不知其數。

其二

湖風扇暑，漸温暾水漲。千樹垂楊萬蟬唱。似蘭湯催浴、蒲箑驅炎，禁不起，添上一重羅帳。　中流重打槳。且向孤山，移取籐床鶴亭放。午倦暫抛書、帶夢尋詩，共逋老、馮娘酬倡。待博覽、橋邊月華升，早散盡遊人、獨留吾黨。

前調　紫雲洞逭暑

棲霞嶺上，愛緑陰成弄。破曉來尋紫雲洞。正佛筵初散、仙仗遥臨，香徧地，燭淚居然凝凍。　峇岈深谷裏，滴瀝寒泉，沁入肌膚滲毛孔。却笑熱中人、逐逐風塵，偏也有、者般閒空。把石壁、山厓剔玲瓏，又題上新詩、要人傳誦。

其二

湖樓咫尺，儘朝來暮去。莫問炎涼與今古。但胸中雪亮、腋下風生，已經是，享盡人生奇趣。　洞天忘卓午。擔榼提壺，芳我山僮冒炎暑。分與一杯羹、石枕匡床，且睡到、月鈎升樹。便曳杖、披襟下山行，又何用勞勞、再營別墅。

前調 俞樓燈舫

俞樓燈舫，有畫帘四幅。秋菊春蘭與梅竹。向平湖弄月、曲院迎風，消受着，多少山光湖渌。　坐中人似玉。難得相逢，同住孤山兩南北。只隔一重橋、幾樹垂楊，算加上、幾重簾幕。但月姊、由來最多情，照一樣清暉、兩家簷角。

其二

紗燈龍燭，正月平西後。打槳銀河早相候。似吹笙子晉、擲豆麻姑，偶然到，塵世來尋詩友。　朝霞紅一片，羣玉山頭，拾級同登看星斗。浴日在咸池、照眼生花，把曉露、滿兜懷袖。再櫂入、荷花水鄉來，算如此清遊、絕無僅有。

以上《栩園近稿・湖樓集詞》（癸酉年刊）

賀新郎 丁丑元宵前一日，爲我老友鍾綬臣先生哲嗣夏生兄之令媛于歸誌喜

正是張燈節。喜臨門、乘龍佳客，才華雙絕。新婦參軍剛恰配，預料明年今日。早添了、外孫行列。禮法傳家三代上，羨趨庭、幾輩皆英傑。同詠到，謝家雪。　人間最好元宵月。與人生、一般美滿，團圓無缺。夫子本來忠且恕，何況愛情雙熱。但記取、無違真訣。井臼親操原不必，小家庭、自有新生活。滋味好，永如蜜。

瀟湘夜雨　丙子六月十八，蝶莊即景

狂雨傾盆，鑾風排闥，四鄉都化雲烟。簷牙齊掛水晶簾。吹煞了、滿池荷葉，平添出、幾道流泉。湖山背，天魔成隊，來舞鞦韆。　晚燈初上，臨波摇影，無數蜿蜒。似孤蓬遠泊，十八灘前。看不厭、青蓑緑笠，聽不厭、急管繁絃。安排定、羅衾絮被，今夜早些眠。

蝶戀花　蝶莊遣興四闋

四十年來忙碌碌。直到今朝，略享清閒福。半畝荒園新種竹。密葉疎篁，漸漸生幽緑。　早願飽吸山光還飲渌。芰荷香裏過中伏。離塵兼絶俗。何妨高隱成孤獨。

其二

六尺魚罾依柳岸。隨分魚蝦，來佐先生饌。小串葡萄堆滿琖。冰桃雪藕時時换。　長日如年偏易晚。玉骨冰肌，真個清無汗。一任長空懸火傘。愁煩早被風吹散。

其三

金井梧桐飄一葉。道是迎秋，合向風前立。涼月滿街如積雪。紗幮還有些兒熱。　夢裏莊生時化蝶。誰料雙星，偏自甘離别。秋思滿懷無可説。明朝已近荷花節。杭俗，六月廿四爲荷花生日。今年六月廿二立秋。

其四

自闢東畦添種菜。準備園蔬，博取生平愛。雞豕怕開葷殺戒。客來甯向城中買。　詩酒難償前世債。日日扁舟，來訪山陰戴。獨有行雲偏不睬。梅花遠隔孤山外。

前調　四闋　丙子六月十四，寄嬾雲内史，爲渠望六侑觴。録付翠兒歌之，令儀必倚聲而和也

池上幾番疎雨過。仙掌擎來，葉葉珍珠顆。山色忙煞游魚閒煞我。披襟兀自橋心坐。　山色空濛添絮裹，水色蒼茫，柳色如鬟墮。仙犬比人尤懶惰。碧紗橱裏還高臥。每日黎明即起，灑掃庭除，勞力而不勞心，亦頗自得其樂。

其二

小試烹調教婢女。活潑魚蝦，市遠無尋處。笑比新設魚罾懸電炬。夜來安放朝來舉。　磻溪垂釣語。依舊馮驩，日下千錢箸。寄語山妻休見妒。太常齋已安其素。紉蘭每晨上市買菜回來，即自烹飪，亦頗可口，惟葷腥每不如素菜之新鮮耳。渠本長齋，予亦安之若素，並不必需魚肉。園丁好事，乃設一罾，顧亦未有所獲也。

其三

竹裏樵青新生筍。一寸銀鞭，還比萵苣嫩。病後綠豆紫茄紅蔔襯。菜根粗飯清香噴。　一枕居然成小隱。畫船輕車，城市翻嫌近。黄粱勞顧問。靈心悔不生來蠢。每當午倦抛書，輒有不速客來過訪。日中路遠，若拒不見，未免歉然，但恨入山不深耳。

其四

疊石爲山如作畫。一舉千鈞，未許輕描寫。絡索鍬钁剛放下。美人笑倚葡萄架。矗峯一石，頗奇俏。匠工謂爲美人，但予認爲絶似葉淺予所畫之王先生也。　瘦骨嶙峋仙鶴化。踏浪凌風，幾處奔天馬。老住嬾雲窩裏罷。西湖也許添佳話。舊疊山洞尚欠玲瓏，因改疊之，並嵌一碣，題曰『嬾雲窩』，並誌云：『丙子六月十四，天虚我生爲山妻望六紀念。』

前調　四闋

密葉濃陰千萬个。却被斜陽，驀地橫穿過。何處山外晴雲紅似火。北窗也不容高臥。　何處風來何處坐。長日如年，惱煞閒中我。向晚烟波摇一舸。柳稍眉月剛剛墮。

其二

十畝蓮塘紅灼灼。驚起啁啾，一陣荷花鵲。打漿湖邊才半學。居然來踐南屏約。　不礙山程渾不覺。環湖已見燈光爍。乳鵲小似瓦雀，向晚千百成羣，棲荷葉叢中。俗稱禾花雀者，殆即此之訛歟。科頭兼赤脚。預備明朝，添置青箬笠。水路

其三

急雨追人來對岸。剛到湖心，又被風吹散。一片明霞開錦繖。浪花偏向船頭濺。　渡水鐘聲催晚飯。爲愛黄昏，處處停橈看。歸到湖莊拚夜半。扁舟要把詩裝滿。

其四

住到故鄉還似客。短褐相逢，未必能相識。竹杖芒鞋兼荷笠。公園來撷秋宵笛。　却笑忘形如落魄。來也無端，去也無蹤跡。有飯偏偏常不喫，夜深自煑新鮮栗。此爲陳萬運令郎采贈，故特誌之。時在丙子七夕前三日也。

滿庭芳　詠蝦生

鳳尾輕移，蟬衣初褪，小盤玉粒珠光。防伊老去，不許浴蘭湯。爲恨魚兒多骨，推翻了、宋嫂專長。加上點，蔴油小磨，還要滲生薑。　清香。無俗味，似含花蕊，嫩不禁烊。料滿腹珠璣，冰雪充腸。莫又三杯兩盞，平白地、變

了紅妝。若問起，兒家何處，應去問張郎。謂張生也。俗謂『生張熟魏』，亦頗切合。

摸魚兒

詠醋魚帶冰　或稱帶餅，其實乃冰盤之歇後語也

似這般、秀才風味。怕伊含有諷刺。冰肌玉骨清如此，酸煞宋家娘子。渾不是。笑彈鋏馮驩，還把銀瓶指。醇交如水。任洛友相思，夏蟲難語，心在玉壺裏。憑誰妙手料理。道温泉初沸，一爨而起。口碑遠在青山外，南渡到今無二。爲爾計、便泛宅浮家。也有要湯技，釣絲閒理。且放下屠刀，抽來寶劍，一吐不平氣。

滿庭芳

荷葉包粉蒸肉

翠裸輕攏，緑衣小裹，愛他透骨清香。酒邊風味，纖手勸親嘗。甯可鄉居無竹，遮莫要、瘦損何郎。先生饌，肥甘如此，日日自加餐。荒唐。堆滿盞，擎來翡翠，坐到鴛鴦。問割愛何人，移贈東方。莫道冰肌無汗，芰荷香、薰透衣裳。還祇恐，和魚同餒，貯入小冰箱。

高陽臺

詠瓜子

瓠齒微噙，櫻脣小斂，似聞檀板清音。偶展雙渦，笑痕先上眉心。藏鈎祇分狂奴醉，料難猜、密意深深。酒重斟。莫負瓜期，一刻千金。　人前黑白原難辨，訝梅邊香雪，吹落苔岑。嬌唾些兒，偶然黏住羅襟。吴娘豔説玫瑰水，儘銷磨、閒裏光陰。漫沉吟。接二連三，做個仙禽。

金縷曲

詠史　篋中偶得半闋，不知何時所作，姑足成之

千古興亡史。大都由、人心好惡，昨非今是。豈有智愚賢不肖，狐貉一邱而已。誰不是、黨同伐異。揖讓征誅原一樣，也無非、傀儡牽絲耳。湯與桀，一而二。　自從盤古開天地。不分明、爲誰辛苦，三皇五帝。大抵爲人先爲己，處處討人便利。祇爲了、貪生怕死。畢竟難違天所命，到頭來、短盡英雄氣。天下事，總如此。

前調

爲錢化佛題《世界名人畫史》

佛乃由錢化。古今來、神通廣大，又何疑詫。嬉笑何妨兼怒駡，不失風流儒雅。儘人説、東方流亞。作戲逢場歌哭罷，酒杯寬、且向花前把。呼紙筆，共揮灑。　文章聲譽喧名下。便搜羅、珍珠滿篋，珊瑚盈架。莫道陽春能和寡，都是而今班馬。待補入、淩烟圖畫。佛法能將金布地，便毋須、借重鷄林賈。惟紙墨，乃無價。右爲十五年前所題，係由姚澹愚襟弟代書。澹愚於民國九年作古，今其墓木拱矣。

洞仙歌

三疊體　亞光姻兄爲胡雪巖丈之曾孫，夙工繪事，學貫中西。與共笑言，如對玉山琪樹，令人生美感。大抵爲湖山靈氣所鍾，無怪其文藝日臻美化，迥不可與濁世佳公子同日語也。頃以畫集索題，爲作《洞仙歌》三疊應之

翩翩公子。信湖山有美。爾雅温文竟如此。料臨池寫影、活色生香，有多少，摩詰畫中詩意。　芝園勞夢想，小日遊踪，回首前程隔三世。芳草憶王孫、無限深情，都奔到、江郎腕

底。莫認作、尋常畫圖看，悵美眷如花、流年如水。兩峯依舊好，毓秀鍾靈，代有名家供修史。詩與畫相連、我輩因緣，也算是、三生知己。待歸隱、西泠共琴樽，願與子同尋、菜根滋味。時在民國廿三年立春節後一夜，燈畔銜杯，信筆爲此。小翠以爲兩闋，于第三疊之第二句認作平仄倒誤。及細讀，始知爲半畝園體，因而一噱。亦佳話也。

摸魚子

朱生更翽爲三鳳詞人薛青萍君之入室弟子，近刊《蘭茗雅奏》詞稿，由青萍君來函索題。端人之友必端，故雖未見其詞，亦可想見其人。青萍謂朱生之能爲詞，得力於拙著《文苑導游録》不少。然則青勝於藍，必有可觀者。爲拈一解，以當切磋

廿年前、門牆桃李。擅填詞者無幾。風流雲散消磨盡，紅翠僅存而已。紅爲紅梵詞人顧佛影，翠則小女翠娜也。吾老矣。但協律調聲，翻比從前細。生平絶技。在信口吟成，從心寫出，工拙所不計。世間原有天籟。似涼宵秋笛，花外吹起。樓臺七寶裝成後，何處耐人尋味。温存得知也未。是家學遺傳，琴趣真無比。温存得體。想入室薰香，同岑求氣，唯我算知己。

以上見《耳順集》

南歌子

由蕪湖至漢口不及兩月，又被逼赴重慶設廠。途中無俚，偶成《南歌子》一闋

家國艱危日，河山破碎時。驚蟬難覓定風枝。畢竟天涯何處、可棲遲。幕燕營巢壘，簷蛛續網絲。早知伶俐不如癡。却怪當年杜老、尚能詩。

大江東去

和翠兒《大江東去》詞於蜀道中

大江西上，歴西陵巫峽，瞿塘三險。逆水行舟

原不易，虧我司空曾見。馬肺牛肝，兵書寶劍，識透廬山面。飄蓬如此，本來無可留戀。乘風飛過夔門，兩山排闥，背景俄然變。暮雨朝雲渾不是，衹覺煙塵滿眼。日薄無光，天低有限，驛道如螺旋去聲。巴山小住，西窗燭共誰剪。

蝶戀花

除夕遷寓通遠門，自懸蜨莊風景片於壁。因憶臨行時，顧森千君反客爲主，夜起相送。予過蜨廊時，滿園燈火齊明，絶無悽戀景狀，因云：『但願歸來，池館還如舊。』顧君笑云：『當然如此。』今憶此語，寄慰孏雲。

秋去春來明日又。但願歸時，池館還如舊。料取清明寒食後。碧桃花下重攜手。　人世幾回開笑口。吹聚行雲，憑仗天緣凑。春水一池吹不皺。月圓花好人長壽。

南歌子

過後空勞想，從前亦等閒。夢魂常繞蝶廊間。總覺他鄉無此、好湖山。　天女花同散，維摩髮盡斑。故園何日唱刀環。爲約行雲飛燕、一齊還。

滿庭芳

民元至今已歷二十七載。每屆良辰，輒用首二句以賡舊調。今於天南客舍拈此一解，聊當家書。惟與《高陽台》每多纏誤，客中無舊稿，因寄翠兒校正之

昨日端陽，今朝立夏，依然如此流光。乍寒乍暖，天氣似家鄉。往歲湖莊小住，禁不起、水榭冰牀。又誰料，南滇西蜀，同樣有炎涼。　思量。偕隱處，人間天上，幾度滄桑。待乘風歸去，水遠山長。苦憶鰣魚蒓菜，在江南、每飯偏忘。算祇有，粉蒸荷葉，客裏荐新嘗。

前調　五月十二日作

一雨成冬，重棉過夏，天南風物宜人。夜來多夢，疑假又疑真。祇覺心頭甜蜜，相逢處、分外相親。誰料得，相思滋味，雋永似鱸蒓。舉頭聞鵲喜，藍天如洗，不染纖雲。怕郵程誤了，去雁來鱗。珍重千金萬里，自昆明航空郵遞，必經成都、重慶、漢口、香港，一函之費，需滇幣三元。乘客每人需滇幣九千六百元，始由海道以達滬濱，所經途程實不止一萬里也。一來復、往往兼旬。到信即復，則兩旬一見回信，否則一誤便須隔一星期。願兒輩，夢魂相約，來共四時春。

洞仙歌　就翠兒來書所述，喜成一闋以答

故園今日，紫薔花開了。粉蝶成羣又飛到。似春風燕子、社日重來，剛正是，人壽月圓花好。六月十四爲内子六旬晉一壽。去年今日在麗都花園，頗爲熱鬧。梅蘭芳與胡蝶女士亦來祝嘏，可謂九流三教俱齊矣。平安傳竹報。萬里音書，每到星期盼青鳥。一語解人頤、索笑含飴，偏生要、惹伊煩惱。喜能共、兒孫學躬耕，願多種忘憂、北堂萱草。

前調　嬾君來書，囑於歸時攜雲南花果種子內子近喜自種花草，但孫兒好弄，每移植之。

滇南花種，比江南易長。第一驚人是仙掌。在安甯每見、樹大成圍，都把他，當做樊籬屏障。安甯州距温泉不遠，風景絶勝。琵琶偏小巧，過了黃梅，纍纍依然似金彈。獨有白蘭花、一樹當窗，張滿了、流蘇小傘。但茉莉、珠蘭也平常，看玉井蓮開、可真十丈。太華山之蓮花至今未開。

解連環

戊寅六月四日，嬾雲内史來詞，約于中秋補祝予壽。嬾君長予一歲，後予十日生。因題此闋付郵，屈指航程不過十日，想必正在合家歡晏時，可博王母一笑也

瓊樓玉宇。待乘風歸去，月兒圓未。要吩咐、月裏寒簧，把搗就玄霜，早些偷寄。桂樹含香，須等候、吴剛來倚。好端整霓裳，千秋同慶，一杯同舉。　過了滇南雨季，料黄河之水，依然清矣。算滄桑、一度揚塵，倒落得天涯，更番隨喜。獨笑維摩，還不免、許多牽記。快騎上、丁仙老鶴，翩躚飛起。江小鶼兄爲予畫騎鶴圖，寄贈嬾雲。

浣谿紗

安甯雜詠，和翠兒題畫韻

粉背翻風舞白楊。白楊在風中，葉葉偏反，遠望如棠棣之花。井邊兒女造玄霜。神仙手段本平常。鄉村女子刮鹽硝者多以鴉嘴鑱，盛以筐籃，登小邱，傾于濾桶中。文筆峯頭尋矮塔，曹谿寺畔夢高唐。曹溪寺下爲高唐坪，人家十數，如在畫中。無爲方得壽無量。雲南道觀多懸『無量壽佛』扁額，供奉三清。據謂佛是老君，而文殊、普賢塑像亦均作道人裝也。安甯州人大都清浄無爲，日出而不作，日入而不息。蓋夜市恒至十一時有半，早市則在九點鐘後。老人壽至百餘歲者，志載甚多。

其二

一日須更四季衣。山高月小覺星低。晚來微雪是鹽泥。土人以井水潑田，隔宿生鹽硝于面，則以井水淋取，煎之成鹽。　帝女花中殘蟀語，仙人掌上亂鴉啼。鳳仙花高大如浣衣女兒，仙人掌高大如持戟衛士，在安寧可謂屢見不鮮。傳言風物似阿迷。次蝶謂自安南入滇過阿迷州，所見風物頗似安寧而更勝之。予本擬乘飛機過河内，今當乘『密雪林』車緩行，以收詩料，歸貽細君，當比東方之肉爲有味也。

前調 和翠兒擬《飲水詞》五首元韻，寄贈嬾君，以當歸訊

客裏疎朋亦至親。早無癡戀與貪嗔。東施何苦捧心顰。戰事不了，正是何苦來耶。社約重勞歸去燕，輪迴一轉再來人。酒邊難覓舊襟痕。原約三月間歸，後改八月，但均未果。蓋念再來人可置前世事於不問，而予則如神仙下凡，徒添塵累而已。

其二

人比梅花瘦不禁。夢中悔嚙臂痕深。翠兒來書云，内子病後仍隔日打補血針，雖消瘦而精神頗佳，因夢見臂多針影。予適盡换齒牙，因痛惜而嚙之。芭蕉葉葉卷秋心。蠶繭自添春束縛，魚書空盼夜深沉。郵信送來，每在夜間，但至十二時即無望矣。蜀綿差敵晚寒侵。予自巴山飛蓉城時，已將吴綿衣被留在重慶。及至花朝遇雪，遂復添置蜀綿。今在昆明，才近中秋，已覺寒透骨矣。但據久客者言，驟寒如此，入冬則轉温和，惟寒暖計，終歲在七十度間，上下不過二三度耳。

其三

大廈全憑一木支。簷蛛猶自苦抽絲。風枝安定待何時。放浪未除名士習，纏綿來和女兒詞。耐人尋味是相思。予嘗謂世味皆苦辣，惟有相思滋味則甜蜜無比。

其四

出岫行雲豈有心。夢中蕉鹿嬾重尋。不如來賦白頭吟。漫約追陪王母晏，早經摔碎伯牙琴。與君描粉繡觀音。

其五

每憶清輝玉臂寒。楚詞勞我想伊蘭。蓬萊真隔萬重山。歸夢耽延過月半，嬾君約於中秋家晏補祝生辰，合足一百二十歲。客心時復轉秋千。滇

南流水正潺湲。王思訓《滇南通考》云滇池周三百餘里，源廣流窄，有似倒流，滇之名殆此。或可謂其迴環倒流，故曰滇。予自去年十一月十六日離杭，經皖、鄂而入蜀來滇。今擬十一月十六由滇經海防香港而赴滬，正似迴環倒流，剛繞一匝，亦可笑也。

齊天樂

八月十八夜，和翠兒韵寄内

獨憐破碎山河影，冰蟾早經寒噤。桂樹風摇，菱花塵涴，難怪臉霞銷損。飄零琴軫。任扣緊心絃，酒懷難醒。盼到團圞，帶圍鬆了又逾寸。　錢塘休問潮信。被吴霜點滿，離人雙鬢。碧海填愁，瓊樓鎖夢，改盡姮娥心性。陰晴不穩。怕一夜西風，熱腸先冷。約了歸期，依然渾不定。

南鄉子

戊寅中秋

萬事且隨緣。費盡心機亦枉然。昨夜十三今十四，偏偏。月到中秋尚未圓。今年八月十六望。　造物也無權。何况英雄赤手拳。解得身心安放處，天天。不學神仙便學禪。

以上見《丁戊餘生草》

鶯啼序

偶於舊篋中檢得甲子陽歷除夕所作未完之稿，時在丁卯，相隔已十二年矣。第三闋所指爲誰，則已渺如塵夢，憶不清矣。『荳蔻年華』，似爲小蓉，時方十二歲也

紅鑪細添香獸，映華燈如雪。儘分取、插鬢梅花，笑容齊上雙靨。正排定、團圓綺席，當窗可惜無明月。仗冬青絡索，明珠巧裝春節。　再須荳蔻年華，屈指暗數，怪人家錯説。怎匆匆、頒來過、廿四晨昏，井梧纔展新葉。

解連環

去年六月，予在昆明，内子填此詞寄予，爲予六十初度紀念，予曾和之。今年六月，適與内子同在海上，因叠前韻，以寫近懷

茫茫天宇。問行雲出岫，也思歸未。願孤山、梅子留酸，任荔子黄柑，别人偷寄。立馬吴山，料無復、長城堪倚。有多少鄉親，攀來蘇小，不勝枚舉。　誰是當年劉季。早田園荒盡，先生休矣。算只有、海上成連，又一曲同彈，轉悲爲喜。往事零星，便數盡、牟珠難記。空説湖山，偕隱再休提起。

霓裳中序第一

用草窗體，輓靖江劉硯畬先生

晨星已漸少。又是一番風信到。碩果還驚吹掉。況空谷蔫蘿，當蘭草。馬州文廟。正兩廡添寫圖貌。歸來早。尼山舊侣，相見定歡鳳曆，便催换、宜春鴛牒。未甘心，棄舊迎新，要留一頁。　誰憐小玉，索到銀瓶，夜寒正砭骨。似凍雀、啾啁私語，雪地來去，撲入茸幃，滿身冰屑。天公惡劇，將伊欺虐，斜風一路飛蝴蝶，待今有、酒無須熱。浪仙多事，祭詩何必今宵，鸜哥也忒饒舌。　明年後夜，臘八剛逢，算芳齡奇絶。要除去、憑空兩歲，未過生辰，不但無增，翻教減折。惹他王母，傳言玉女，神仙信有還童訣，快乾杯、擊響催詩鉢。原稿止此。　誰知十二年來，留得餘音，至今不滅。

紅友《詞律》於『事往花萎』四字句云『萎』字平聲亦可仄讀，但别作如『麝靄飛雨』，『敢詫京兆』，均仄仄平仄，是宜仄不宜平也。『藍霞遼沈海過雁』，『過』字或謂應讀作仄，但别作『御爐香惹朝衣袂』則當是平不是仄矣。《鶯啼序》四叠中多拗句，日來作者每多出入。　惟予以爲既填此調，自當互印相證，未可徒取其便也。

笑。誰料。黃粱夢覺。有二十四年前鴻爪。海峯當日未老。記曾與靈皋，金樽同倒。元龍先醉飽。便乞得、寶珠花好。於今是，巫雲滄水，一例付憑吊。

附誌：曩海峯先生卒年八十有三，今硯畲先生却早一歲歸道山矣。予在乙卯春晏，有方雲舉先生同席。因予盛賞寶珠山茶，遂爲分取一穗扦種於衙齋，但不知今已成拱否。客歲在滇，聞茶花有如牡丹者，惟心目中仍以靖江之寶珠、無錫之小桃紅爲最可愛耳。時在己卯初伏，天虛我生識。

金縷曲　四疊換韻

六十年前我。正今朝、呱呱墜地，有如雞卵。萬物本來由濕化，絶似微塵一顆。漸醞釀、而成因果。動植飛潛同此例，向人間、一現皆天數。難解決，是生活。　祖宗血肉稱奇貨。弱者總爲强者肉，難免幾番兵禍。誰不是、夜郎自大。第一區分勤與惰，信天公、畢竟常捱餓。還算我，未曾錯。　養兒防老憐吾母。卅年前、參禪學佛，先歸黃土。兄弟親朋妻子女，都是萍蓬吹聚。偏要我、從中作主。哀與樂、兩無逃處。去日已多來日少，笑長生、不死真何苦。將化蝶，故名栩。　酒酣自起婆娑舞。把新聲、重翻舊譜，再歌金縷。莫待無花空折取。況有漫天風雨。且賞識、盈庭珠樹。六月依然無酷暑，正封姨、做美來黃浦。拚一醉，竟千古。時方颶風襲滬，寒暖計在八十度，正與去年今日昆明天氣相同。

玲瓏四犯　用石帚體，題樊誦芬女士畫册

袁石重生，浴沂三世，鬢眉換了巾幗。幻身參蝶夢，纖爪留鴻跡。香山已經頭白。纔省識、

湖上歸帆空泛宅，雨夢俄然驚覺。再休唱、迴波拷老。蓮步空廊消雪印，玳梁閒、應有餘音繞。勞檢點，此鱗爪。閒居賦罷添追悼。待重調、零脂賸粉，爲伊圖貌。料是神傷吴道子，淚眼已經枯槁。只愁對、斷腸詞稿。悵望千秋鸞鏡破，借延陵、故劍來憑弔。人不見，曲終了。

以上《栩園遺稿》卷上《詞》

清平樂 題《禮拜六》雜誌封面畫

眉兒淺淺。紅上桃花面。兀自低頭偷腆靦。偏又被人窺見。本來不慣孤眠。况教長日如年。錯把沈檀椅子，朦朧當做郎肩。

見《游戲雜誌》一九一四年十期

金縷曲 爲吴湖帆題紀念箋

緑遍池塘草。五年前、簪花題葉，墨香猶裊。

時，天虚我生作於翠吟樓畔。

家每不識曲，莫知所賞其真，故附誌之。已卯竹醉日蜩始鳴

調，自成一曲耳。予嘗考證《八犯玉交枝》亦與此相同。填詞

《齊天樂》，是其所謂『四犯』，正以《齊天樂》不守其律，侵犯别

《齊天樂》，第三、四句與前同，第五、六句犯《疎影》，煞尾仍爲

上，其第四、五句犯《菩薩蠻》，第六、七句犯《暗香》，尾三句爲

詞本爲集曲，起三句即以《齊天樂》之第三、四句移在第二句

爲叶，並於『要』字斷句，實爲臆測，無所依據。殊不知四犯之

則其下五字句適與前半闋尾相應，但换頭耳。紅友以『與』字

石帚詞尾云：『教説與春來，要尋花伴侣。』應於『來』字斷句，

偏付與、水程山驛。且自擫紅簫，和他姜白石。

謝庭留笑影，馬帳空塵積。花磚一寸連城璧，

門前雪、深盈尺。憶當年裙屐，多化飛烏。

雲英姑射。腕底雲煙，胸中塊疊，都在此圖册。

滿庭芳　紫葡萄

豔過櫻桃，穠逾桑棗，畫師應白流涎。美人香吻，一樣口脂鮮。聞道華清宫裏，玻璃琖、排向歌筵。誰探得，驪珠圓滑，第一是張騫。堆盤紅燭蘂，也宜樊素，噙向樽邊。愛衷衣小紐，同受人憐。莫笑魏文咽唾，西王母、還許纏綿。何訪飲，瓊漿百斛，和汝醉中天。

見《紫葡萄》一九二五年一期

高陽臺　詠美人手

倦繡停鍼，嚴妝呵鏡，天寒曾笑伊殭。貼鬢簪花，嫌他舞袖郎當。闌干細掐連環印，百忙中、還肯添香。剥蓮房。多謝蕭娘。飼與蕭郎。　蘭房扶醉支頤坐，記一雙寶釧，勞我收將。小握柔荑，薄魂消盡王昌。玉鉤輸與金樽畔，笑檀奴、猜透迷藏。斷人腸。前日高唐。今日河梁。

見《半月》一九二五年四卷四期

慶春澤　詠軀

藻棁留香，苔碑壓繡，願伊長壽如公。謔浪閨中。惹人雙靨潮紅。天寒布被眉山冷，笑先生、頭腦冬烘。鳳麟龍。一樣玲瓏。兩樣推崇。　無端辜負香衾，慣算黄金小印，博得花封。卜向燈花，輸他視聽明聰。十三圖案迴文錦，弄琵琶、曾唱玄宗。喜相逢。李姓詞翁。陸姓詩翁。

見《紫羅蘭》一九二六年一卷十八期

金縷曲　詠黄金瓜

結納誇桃李。又誰知、故侯家世，富饒如此。

纍纍何人懸肘後，不食笑他空繫。替壯士、牀頭吐氣。南北東西何足數，效中央、顔色高無比。曾列在，禁門裏。　燕幽曾學尼山祭。誦豳風七月，便生秋意。一樣東籬風味好，難辨青門栗里。試種向、祇園布地。一寸光陰誰可代，似藏嬌、正值芳年紀。緜髮卷，粉龐膩。

洞仙歌　詠北瓜

胭脂小里，似燉煌舊地。秋色欄斑滿園繫。伴羲皇高臥、阮籍低吟，却不許，領略豳風滋味。　是誰工刻劃，鏤玉鐫珠，却把珊瑚報桃李。月色半闌干、且續蒙莊，無何有、鄉中遊記。聽絃索、西廂曝衣樓，正乞巧筵開、衆星同祭。

前調　詠瀛香瓜

澄黃碧緑，帶些兒羶味。一個銅元買來底。似王瓜還小、韮菜還粗，更比那，切碎海參還細。　蝦油還溜取，打蛋煎魚，阿拉寧波最歡喜。一樣換芳名、斗大黃金，休錯認、一般無二。夏日有黃金瓜，亦稱香瓜。只怕是、瓜精變成形，用曲本中麻地故事。是斷臂僬僥、玉樓寒起。

以上見《上海畫報》一九二六年一〇一期

前調　題孫伯亮先生晴梅館

滿窗晴日。是幾生脩得。來與梅花共晨夕。正茶烟歇後、榾炭升時，渾□管，門外雪深三尺。　琴書張四壁。不用薰香，花氣如潮擁瑤席。最好是黃昏、疎影移來，便虛室、一時生白。況原是、羅浮夢中人，數知己平生、至今唯一。

見《上海畫報》一九二八年三百一十期

西湖月　爲西湖卍字草堂主人遺世二週紀念作

西湖月色如何，料不似從前，一般清潔。人間天上，許多惆悵，有懷難説。蝶巢壙在，却不及、先生先解决。便解脱、萬種塵緣，竟向西天成佛。　結鄰同傍棲霞，自移榻南屏，遂教長別。晚鐘摇夢，至今還引，莊周胡蝶。祇園留畫境，想舊日、蒲團應尚熱。但辜負、一瓣心香，海濱空爇。

附誌：盧鴻滄先生建彌陀閣於棲霞嶺之西，予築九鄰仙館於棲霞嶺之東，先生所居處爲東山路，予所居處爲西泠橋，往來不過數百步耳。予之生壙，在桃源嶺畔，墓碑即爲『蝶巢』二字。前有石臺，嘗與先生登臨遠眺，則彌陀閣之琉璃頂正如龍眼，爍爍放光，每當月夜，尤可觀也。閣上壁畫爲極樂國之環境，設蒲團於蓮池中。嘗與先生坐忘終日，竟不知門外雪深三尺也。及予避暑南湖，移居蝶墅，遂隔一水，與别三秋。及自蜀滇而還，晤其公子志學，始知『八一三』前已歸道山。先生躭禪過我，無怪得先解脱，莊生縱能化蝶，但仍不免爲形役耳。己卯新七夕天虚我生識。

見《自修》一九三九年七十二期

陳家慶

永遇樂　望鄉

天抹斜陽，鴈横秋水，暝色如許。萬里蒼煙，十年喬木，故國渺何處。逢萊清淺，魚龍都盡，苦被何人相誤。舊山川、城郭猶在，化鶴幾時歸去。　流光暗度，芳華未泯，病裏又逢秋暮。紅葉蕭蕭，青山隱隱，認得瀟湘路。天涯羈客，登臨南望，幾度含愁無語。歎禾黍、凄涼遍野，有誰作賦。

夜合花　己巳二十三歲初度，寄清畹諸姊

蝶粉沾衣，燕泥落几，閑來細步蘭房。花雨繽紛，薰風吹送微香。驚逝水，惜流光。嘆客中、易誤年芳。暗尋思處，珠樓話月，玉砌追涼。　十年一夢他鄉。只麻姑東海，幾見滄桑。登臨萬感，江流曲似迴腸。謌宛轉，調凄涼。看九天、飛墮瓊章。故人天末，憑誰寄語，雲水相望。

清平樂

檐花細落。閒却秋千索。一片新愁何處着。凄斷晚風簾幙。　依稀暗柳藏鴉。歸心夢繞天涯。幾度高樓橫笛，江城吹落梅花。

多麗　黃鶴樓懷古

暮山青。漢陽煙樹冥冥。對楚天、滄波無際，似聞鼓瑟湘靈。白雲飛、昔人何在，黃鶴去、仙夢都醒。淚灑西風，情深故國，每因懷古感飄萍。自江上、梅花吹落，玉笛那堪聽。空留得、鴉橫落日，水滿寒汀。　對千古、興亡歷歷，祇餘一角危亭。浪花深、英雄淘盡，關河老、風物凋零。帆影依闌，鐘聲送客，隔江漁火正星星。又獨立、晚雲無語，玉兔湧滄溟。關心處、畫中樓閣，屐齒曾經。黃鶴樓既燬於火，舊時樓惟閣於畫圖中追認之。

解連環　依清真韵，寄懷馥姊

芳情難託。自綠波春去，素心人邈。倩玉簫、吹起冰魂，正思繞蘭叢，步流蘅薄。水樣韶

年，怎禁得、幾番離索。對瓊樓玉闕，嬾共嫦娥，暗竊仙藥。　汀洲漫採杜若。悵所思不見，空憶天角。念謝娘、詠絮多才，看秀句瑶箋，可曾閒却。滿樹繁英，喜猶似、舊時紅蕚。望今宵、暮帆遠浦，潮生月落。

水龍吟

慎予女士招飲翊教寺看海棠，並觀南湖居士所藏書畫、泉布

東風又到長安，禁城三月春如繡。香車寶馬，風流裙屐，好花時候。如此江山，無邊歲月，客懷消受。看海棠樹樹，冰飢勝雪，通明殿、不須奏。　蕭寺斜陽一角，任幽人、隻雞杯酒。飄然來去，幾回吟眺，畫中攜手。法物收藏，百城坐擁，讓他耆舊。更殷勤、寫入生綃尺幅，作蓮臺壽。

好事近

何處絮飛來，驚起滿天風急。極目兩三鴉點，向寒林飛入。　小窗無語獨徘徊，却訝樹頭白。料得梅花有訊，報故園消息。

浪淘沙

寄姊

何處望神京。客夢零星。行行無計惜芳春。斷盡離腸誰會得，負却叮嚀。　笳鼓動高城。又聽邊聲。天涯有淚落縱横。消息平安煩報與，慰此勞生。

清平樂

冬盡日

寒侵翠袖。且盡新醅酒。姑射仙人如我瘦。可憶風神依舊。　鴨爐香裊微温。能消幾個黄昏。又是春光到眼，畫圖换却乾坤。

瑤華

又逢令節。春到今年，漸上林花發。江南江北，垂楊遠、想見東皇笑靨。尊前新感，怕轉眼、繁華都歇。消幾番、緑轉黄迴，誤了西園蜂蜨。　自憐幽獨無言，悵客裏流光，玉簫愁絶。飄裙路渺，正此際、千里關山初別。碧雲暮冷，奈閒却、珠樓明月。嘆飛瓊、誤入人間，往事從頭休説。

水龍吟　長江舟次大雪

他鄉歲晚遄歸，客途千里風兼雪。滄江水碧，遠峯頭白，空冥奇絶。鷗鷺迴翔，魚龍曼衍，怒潮嗚咽。向暮雲天半，舵樓閒倚，登臨意、和誰説。　太息金甌碎缺。好山川、幾人豪傑。楚天何處，寒鴉零亂，思深愁結。玉樹瓊林，望中多少，幻雲明滅。問紅桑刼後，塵揚幾度，到今時節。

夜合花　晚香玉，和艸窗《茉莉》韵

玉骨無塵，冰肌勝雪，漢宫捧出新妝。月明似水，仙子乍試蘭湯。晚飔逗出微涼。正雲屏、静對幽芳。紅衣夏老，黄花秋晚，誰與争香。　天街夜色昏黄。曾記嬋娟三五，結伴徜徉。釵梁嫩蕚，鬢邊嬌影難忘。夢裏紛墮銀床，看枕函、多少風光。美人頭上，才人筆底，都費思量。

徵招　寄懷舊京諸姊

清遊回首長安遠，吟懷都换愁抱。西北憶高樓，更何人憑眺。垂楊應自惱。對古陌、斜陽芳草。十載江關，千秋詞賦，誤人年少。　煙水又南朝，蒼茫外、醉拍闌干一笑。呼起幾征鴻，寄裁紅舊稿。蕉窗聽雨好。知甚日、巴山重到。隔千里、明月娟娟，奈寸心如搗。

水龍吟　題劉子庚師噙椒室填詞圖

月明笙鶴瑤天，素琴彈出幽蘭譜。玉臺魂斷，銀屏夢冷，哀蟬重賦。秋雨聞聲，春波弄影，碧城何許。怎灞陵亭畔，西風殘照，多半是、愁來處。　莫説龍飛鳳翥。好江山、可憐笳鼓。憑欄試望，蒓鱸故國，杜鵑心苦。白社聯吟，黄壚載酒，鬢絲無數。願蒼蒼留得，巍然一老，作詞壇主。

臨江仙　寄懷珍姊

鎮日心情如水淡，抱琴獨倚蘭房。仙家風度自清狂。荷衣蕙帶，難學入時妝。　長記驛亭分手處，笛聲吹碎離腸。海雲相望莫相忘。生花筆底，應寄好詩囊。

一萼紅　游三海歸，賦此

攬芳洲。正湖山歌舞，玉笛出瓊樓。法曲繞梁，仙娥絶世，可似前代風流。閲多少、繁華興廢，祗蓬瀛、清淺照人愁。金粉飄殘，霸圖零落，往事悠悠。　荒徑徘徊不語，看雕梁絮燕，細草眠鷗。碧月凝塵，紅蘭泣露，空嘆時序沈浮。莫負他、水天良夜，倩何人、吟賞話清遊。爲惜芳華易謝，欲去還留。

滿江紅　寄懷同門諸姊

天上星娥，曾共我、雲窗惜别。湘簾下、幾回低語，客愁難説。彩筆拈來春在手，清標記得人如月。嘆江山、靈秀屬蛾眉，真英絶。　陽關道，歌三疊。衍波紙，詞一闋。算相逢又到，別離時節。道韞有才傳錦句，飛瓊和淚辭仙闕。待何時、尊酒共論文，霏冰雪。

好事近 題畫

心似野鷗閑，夢對海天深碧。何處蒼波人語，怕樓船風急。　夕陽如水下孤城，鴉陣帶秋色。幾度憑欄負手，聽關山風笛。

其二

沈水裊爐烟，風動篆紋浮碧。又是簾纖微雨，報黃昏消息。　濕雲天遠燕驚寒，愁對小樓立。明日百花歸去，怕子規聲急。

其三

吹笛柳陰船，悄共如飛雙楫。夢得六朝風物，笑河山歷歷。　浮雲蹤跡一身輕，莫漫傷行色。何日寒潭秋水，與漁娃分席。

浪淘沙 重九前一日寄姊

曲檻繞紅牆。畫裏年光。雁來時候夢瀟湘。秋水蒹葭何處是，惆悵南塘。　酒莫入愁腸。人在他鄉。晚涼天氣換新妝。佩紫簪黃佳節近，明日重陽。

其二

秋到桂堂東。金井梧桐。北來南去問飛鴻。昨夜筵開人薄醉，面共花紅。　消息恨重重。往事成空。人生長在別離中。悄倚危欄橫短笛，涼月西風。

齊天樂 消夏

琴聲又逐薰風起，愁中暗驚時序。楚澤招魂，湘皋競渡，纔過江鄉重午。登臨最苦。看起陸龍蛇，晦明風雨。如此江山，可憐遺恨自今古。　清吟都换客感，記蘭湯浴罷，描就眉嫵。簟影凝塵，衫痕映雪，還憶南州歌舞。頑雲自古。怕十里長安，聚蚊談虎。病起懨懨，晚凉添幾許。

臺城路　前題

緑窗一枕遊仙夢，渾忘亂愁多少。水珮風環，荷衣蕙帶，猶是去年人好。韶華未老。任書劍消磨，琴尊顛倒。芳緒閒情，畫圖描出斷腸稿。　清遊何事最早。怕新蟬唱後，秋思先到。翠簟邀涼，金盤砌雪，煩暑而今都掃。桐陰月小。聽箏語如烟，自憐愁抱。曲曲眉痕，共誰新樣巧。

高陽臺　消寒

鏡對梅妝，詩傳絮詠，小樓又到冬殘。節序催人，天涯風雪驚寒。年芳荏苒成追憶，只夢中、錦瑟空彈。怕玉龍，吹起閑愁，偷上眉端。　綺窗笑語黄昏後，待茶烹雀舌，香爇龍團。九九圖成，五銖猶怯衣單。杯浮竹葉沈吟久，擁紅爐、歌斷猗蘭。夜漫漫，葭管飛灰，春近長安。

臺城路　頤和園

澄波十頃開妝鏡，瓊林又逢花事。王母宸遊，東皇御宴，歌舞年年歡會。迷金醉紙。看仙殿嵯峨，佛香芬馤。千折明廊，最憐宫眷駕親侍。慈禧每登佛香閣，必以某福晋侍輿。　繁華應嘆一夢，鼎湖龍去後，都换人世。阿監啼飢，遺民蹈海，幾度供人歔欷。湖山聳翠。任蠟屐重尋，畫船閑艤。莫放春歸，杜鵑猶帶淚。

好事近 憶伯兄漢元

又值暮春天，樹樹柳花飛雪。一片池塘芳艸，與愁苗爭發。　望中何處是家山，莫向杜鵑說。昨夜一丸如水，是他鄉明月。

滿江紅 寄清遠姊

冀北江南，空悵望、暮雲春樹。算祇賸、槎枒肝肺，向人無語。絶俗猶留高格調，淩雲可有新詞賦。嘆別來、裘葛屢相更，歸期誤。　驚歲月，遲魚素。空佇立，成辜負。看胸羅冰雪，清才咏絮。坐擁書城堪避世，行歌京國休懷土。問何時、剪燭話西窗，聞韶濩。

石州慢 希明姊東遊，眷懷祖國，觸緒興悲。既返舊京，來書道念，作此寄之

海上行歌，蓬島賦詩，搴裳高舉。羡他破浪乘風，不負頻年羇旅。山川信美，祇恐異國飄零，仲宣鬱鬱終懷土。袖底有乾坤，又飄然歸去。　延佇。燕雲萬里，目斷錦鱗，渺渺雲樹。多少閑情，欲說又還無語。風雲大陸，夢裏起舞聞雞，撫時我亦愁如許。何日便同遊，訴滿懷離緒。

賀聖朝 送春

二分春色都辭樹。剩一分風雨。征衫檢點最消魂，看淚花紅處。　幽情難問，歸期細數。祇滿懷離緒。天涯誰解惜芳菲，任東皇來去。

前調

畫屏幾點江南樹。織絲絲微雨。西樓聊共燕徘徊，望晚雲深處。　楚蘭描出，亂愁無數。繫悠悠情緒。子規猶自兩三聲，道不如歸去。

探春慢　寄兄姊都門

風雪關山，流塵歲月，客裏暗驚時候。玉笛心情，旗亭別恨，事事不成回首。詩酒正流連，記一霎、天涯揮手。莫教春近江南，却讓寒梅消瘦。　京洛緇塵非舊，看西山翠色，欲無還有。桃李年芳，風雲才略，都付尋春詩酒。簫鼓動江城，看一片、長安如繡。相叩火樹銀花，元宵歸否。

清平樂　半淞園冬景

朔風吹雨。檻外寒如許。人在梅花清絶處。悄共冷香無語。　一年好景全凋。園林到處蕭條。猶賸幾竿修竹，風前故故飄摇。

少年遊　寄澄宇

峭寒幾日到窗前。呵凍拂吟箋。滿地干戈，連天風雪，獨客總淒然。　思量祇恐歸期誤，多少亂愁牽。脈脈癡懷，悠悠離緒，和夢訴君邊。

石州慢　秋感

秋盡江南，黄葉半林，人境幽寂。涼蟾照夢江鄉，縹渺水雲凝碧。紅心草没，尚有一段新愁，夜闌負手閒庭立。來去問西風，換幾番陳迹。　空憶。萬紅千紫，回眼繁華，頓成今昔。去日偏多，怕聽當年消息。舊情何在，望斷碧海青天，嫦娥慣見人歌泣。倚枕數清愁，又誰家長笛。

南歌子　對菊

簾捲西風瘦，花開夜雨寒。幾回愁對畫欄干。太息天涯霜訊、正漫漫。　詩和陶彭澤，魂消李易安。酒痕襟上不曾乾。只有故園三徑、夢中看。

玉京秋　寄懷玲姊，步艸窗韵

雲水濶。斜陽滿江樹，亂紅清切。歸鴉噪晚，寒林飄葉。負手西風獨立，對蘆花、十頃如雪。憶初別。　玉簫幽恨，斷腸難説。　病起懨懨嬌怯。嘆天涯、清禽漸缺。繡幕燈初，銀屏雨後，吟懷都歇。海國秋來，霜訊早、閒過茱萸時節。風鈴咽。摇碎檐前淡月。

瑞鶴仙　春郊，和清真韵

指煙村霧郭。攜榼去，一路芳塵漠漠。荼蘼自開落。聽鵑啼，都在斜陽林角。風摇柳弱。念買山、猶負舊約。且憑軒小憩，微掬玉泉，漫引清酌。　黛色蒼茫日暮，夜月淒涼，漸籠孤閣。天垂野幕。蟾宮遠，誰偷藥。嘆流光易謝，春歸何處，情懷此際正惡。又羌笛悠悠，吹送牧兒笑樂。

一萼紅　休沐日與雲間諸生郊行

共春遊。正天開畫本，新緑滿汀洲。乳燕啣泥，新鶯織柳，儘覺芳意温柔。更三兩、桃花竹外，對一溪、春水鴨沈浮。綺陌斜分，芳塍繡錯，小憩田疇。　行到柴門犬吠，似武陵漁父，仙境尋幽。掩映嵐光，參差黛色，煙景豁我吟眸。看攜手、風前笑語，最難忘、儔侶發輕謳。却恨斜陽一抹，易惹人愁。

蕙蘭芳引　寄蕙蘭姊

滋蘭樹蕙，似當日、靈均幽抱。滿掬芳馨，空谷深居窈窕。芸編共讀，喜黌舍、相逢偏早。只故人別後，目斷錦鱗青鳥。　道韞門庭，令暉才筆，更驚年少。誦萬軸琳琅，應有繡窗新稿。落梅風裏，幾回吟眺。　頻佇思、何日畫橈人到。

百字令　題空山覓句圖

暮雲天半，問何人獨立，蒼茫無語。披薜蘿兮偏窈窕，争似燕鶯儔侶。　絶粒幽吟，徘徊空谷，別樣好眉嫵。芳心一寸，漫添多少幽緒。　羡他飲露餐英，馨香盈袖，生小清如許。十里山花紅滿眼，化作錦囊佳句。明月悠悠，松風謖謖，莫問今和古。神光縹緲，閑愁不到靈府。

浣溪紗

巷陌風光絶可憐。夕陽紅欲上吟鞭。舊遊辜負好春天。　縹緲家山留夢影，蹉遲歲月惜華年。非關興廢亦凄然。

東風第一枝　歲暮雜感

雁背風高，牆頭雪壓，驚心節序將暮。數聲臘鼓催年，誰問天涯倦旅。　憑欄極目，便回首、家山何處。望凍雲、落日崦嵫，幾點晚鴉棲樹。　宵晼晚、回燈逗曲。肩瘦聳、巡檐覓句。舊遊記慣些須，新愁又添爾許。吟情依舊，衹往事、凄涼無據。嘆歲寒、獨抱冬心，未被客愁相誤。

高陽臺　新歷除日

竹葉沾唇，梅花點額，小窗簾幙深深。酒熟茶香，能消幾許光陰。客中第一關情處，怕故山、猿鶴愁侵。悵而今。抱獨幽懷，欲寄微吟。　明朝道是新年好，衹風欺凍雀，雪壓寒林。那有春風，任他芳訊沈沈。兵塵滿眼沙場淚，夢玉關、烽火驚心。恨難禁。半壁江南，何處登臨。

青玉案

春愁黯黯腰寬帶。休只去、倚欄再。詩事偏多難避債。吟肩消瘦，幽情都改。壯志今何在。　清狂誰似當時態。抱月懷風各無賴。負盡流年終不解。飄零琴劍，蹉跎人海。目斷斜陽外。

調琴相思引　夏夜

冰簟銀床小院清。燈移花影上窗明。今宵微雨，涼意枕函生。　寒水乍沈朱李熟，冰盤初進藕絲輕。誰家簾外，玉笛暗飛聲。

憶舊遊　爲人題《玉瓃緘札》說部

看冰盤換日，玉笛邀涼，坐對花前。蜜意醲於酒，問瓊樓甚處，夢賦遊仙。舊時幾多芳事，留取數華年。有彩筆嬌春，銀燈照夜，偷寄蠻箋。　凄然。別來後，衹錦字封愁，人在愁邊。消息何由達，喜韶光正好，易補情天。一片蕙情蘭思，私語屬嬋娟。笑忙煞詞人，零縑賸墨和淚編。

水龍吟 題荻秋訪舊圖

望中煙水蕭寒，畫圖寫出蒼茫意。荒墩斷岸，孤雲野樹，風前掩曳。荻渚洲横，蟹村屋小，高人曾寄。嘆西風故國，殷勤洄溯，扁舟去、何人會。　莫問泬寥秋氣。想東林、昔賢勝地。荻秋爲明高攀龍讀書故址。名流三五，縹緗滿架，蘭襟清泚。鷗鷺盟心，烟波息影，古懷同契。羨剡溪逸興，飄然來去，話滄浪味。

水調歌頭 叔華姊索題所臨夏珪溪山無盡圖

畫裏溪山好，煙水豁吟眸。此中千里雲樹，景物最宜秋。幾處鶴汀鳬渚，正好浮家泛宅，來往任扁舟。留得仙源在，可許我同遊。　閨中秀，林下風，世無儔。乾坤多少清氣，筆底已全收。喚起夏珪來認，應嘆神傳阿堵，曠代渺難求。別有煙霞趣，靈府總悠悠。

齊天樂 春日出西直門訪釣魚臺

東風吹緑西郊柳，行行漸多芳緒。燕子人家，斜陽巷陌，都在好花深處。低徊不語。看杏嬾桃嬌，亂飛紅雨。容易流光，鶗鴂只恐怨春暮。　望中一片黛色，翠微遥指點，似鬥眉嫵。曲徑通幽，虚堂習静，蠟屐時忘歸去。凝情訪古。便回首前朝，亭臺如故。坐暝松林，晚寒添幾許。

聲聲慢 某君以所臨曼殊松下横琴圖索題

行雲閲世，流水横琴，飄然身入山深。鶴約猿期，相逢幾度沈吟。紅塵回首天末，問人間、誰是知音。祇燕子、雙雙歸影，共話松陰。

病添新恨，長是輕妝憶舊遊。春渺渺，夜悠悠。客中何事苦淹留。重來未必芳期遠，下九初三獨倚樓。

其二

猶有輕寒鎖畫簾。綠楊天遠樹如煙。闌干六曲春何在，庭院三更月正圓。魂悄悄，影娟娟。夢回無奈亂愁牽。困人又過花時節，難遣紅閨幾日眠。

其三

糝徑楊花逐馬蹄。夜來風雨總淒迷。東皇此去無消息，南國而今易別離。憑望眼，托靈犀。最憐何事壓眉低。情知芳事匆匆過，怕聽青山杜宇啼。

花艸三生舊夢，記春泥細雨，驢背詩心。慧業修來，可憐舊恨難禁。悽絕鬢絲禪榻，問羈魂、何處招尋。喜今日，有詞人、粉本細臨。

龍山會

月夜寄懷伯兄漢元、仲兄壽元，步夢窗《載酒雙清》均

月地雲階冷，玉漏迢迢，卍字欄低亞。晚颸搖柳浪，涼意在、一桁珍珠簾下。樓閣聳玲瓏，好妝點、風光秀冶。漫商量，湖山無限，四時瀟灑。　惆悵海角天涯，買斷繁華，笑五陵裘馬。燈花紅暗墮，推枕起、何處烏啼遙夜。獨自理瑤琴，散聲似、銀瓶水瀉。倦欲捨。又縷幾冰絲絃上掛。

鷓鴣天

春暮寄姊

澒洞風塵十二州。東風連夜冷於秋。無端薄

其四

淺淡山容鬥晚妝。客中閑過好時光。濃香軟翠斜陽老，漢怨唐愁古淚荒。　頻記取，漫思量。東君回首莫相忘。山川好處都消歇，那有閑情到謝堂。

菩薩蠻　臺城話月

荒城日落煙凝碧。六朝花柳渾無迹。留得一層牆。微聞空艸香。　素娥嬌不語。好夢從頭補。聽到景陽鐘。空堂一杵風。

前調　白門秋望

謝庭空憶當時月。而今却又關山隔。夜色上闌干。單衣知暮寒。　簾篩花影碎。絳蠟雙垂淚。門外馬蹄忙。五更催急裝。

其二

故園楊柳曾相憶。而今扶病看秋色。殘照正當樓。西風十二州。　一雙金雁遠。莫問愁深淺。何處是家山。洞庭波一灣。

其三

玉樓昨夜簫聲歇。客中又到清秋節。睡起立多時。六街燈火遲。　憑欄休遠眺。月是他鄉好。涼意入高齋。清霜驚病懷。

浣溪紗　題蕙姊水村圖館

新拓文窗六扇紗。海紅簾底夕陽斜。笑桃一樹恰開花。　酒醒奈吹今夜雨，春歸猶聽隔年笳。閒情消得只些些。

憶舊遊　西湖歸來，寄昭煦二姊

記一杯換日，雙槳凌波，細語花前。最是清遊好，看乾坤醉醒，坐對山川。日日白蘇堤下，不費買花錢。嘆倦旅歸來，高樓夜靜，猶夢湖邊。凄然。傷離後，祇露冷秋江，月落霜天。往事休重省，悵美人何處，腸斷華年。轉眼西風都盡，猶賸雨和煙。聽虫泣殘檠，零縑一一手自編。

金縷曲　秋宵送別蘭姊

燭剪西窗底。記寒宵、依依泣別，淚花偷洗。盪氣迴腸愁難訴，一樣纏綿情意。盻秋色、連波空翠。笛裏關山明日事，嘆雲萍、聚散匆匆易。空悵望，天無際。客中我正傷孤寄。更那堪、河梁折柳，消磨英氣。千里他鄉斜陽外，蘭棹片帆迢遞。應早作，南來歸計。瑟瑟金風驚歲晚，怕芳華、轉眼成憔悴。行樂處，倍懷繫。

浣溪紗

惻惻輕寒上小樓。鸚哥無奈喚梳頭。真珠簾捲玉雙鈎。夢裏依稀惟惜別，客中消息但傳愁。二分春色一分秋。

壽樓春

逢江南春歸。悵匆匆歲月，零落芳菲。幾日哀鵑啼瘦，沈郎腰圍。空賸得、楊枝肥。好倩他、輕扶殘暉。看塵涴雕梁，淚迷粉閣，雙燕認依稀。情深淺，心低徊。數天涯萬里，腸斷魂飛。省識繁華如夢，舊遊都非。無意緒，牽羅帷。總玉纖、慵調琴徽。又梅子江城，陽闌唱時。花雨微。

三姝媚　寄懷故園諸姊

湘簾扶夢起。任薰風吹來，樓臺如水。儘日冥濛，正晝長人静，倦拋針黹。欄角微吟，驀逗入、玉簫聲裏。回首流年，霎時開謝，東園桃李。　別様芳情難記。算插架琴書，玉臺曾倚。見説家山，有舊時猿鶴，懷人千里。月下松陰，應盼斷、吴頭楚尾。又負江城佳節，風光旖旎。

石州慢　與同門諸姊遊幕府山十二洞，次吴瞿安師韻

嫩緑凝鬟，空翠濕衣，淡烟輕舉。亂離時節登臨，一髮亂山誰主。關河刼後，是處摇落芳華，更無春色軒眉宇。讖句記魚龍，散南都歌舞。　來去。屐痕潮印，石隙寒生，五雲何處。花事猶遲，生怕諸天風雨。山靈知我，忍負俊約經年，紅桑一瞥悲今古。往事問前朝，怎凄清如許。

瑞鶴仙　重九寄故園諸姊

翠眉嬌入鬢。又無恙秋容，菱花還認。憑他好風韻。奈浮雲西北，飛鴻難倩。華年一瞬。漫嘆息、愁城悶損。自花時望到，於今盼煞，故園芳訊。　休問。畫船載雨，短笛吟風，舊時方寸。重陽又近。傷離後，酒懷病。看紅萸霜飽，空山摇落，幾度芳心自警。怕登臨、到耳商聲，凄凉夜永。

臨江仙　紀夢

水殿風來花弄影，晝長漫賦遊仙。忽聞法曲

奏鈞天。笙簧如水，小語瀉珠圓。一枕梨雲驚睡覺，華鬘路隔三千。壺中日月誤華年。雲軿回首，掩淚獨潸然。

滿庭芳 學圃探梅

瘦影飄香，寒葩逗月，小園芳徑徊。蕾紅將謝，春色暗相催。探取鶴巢舊訊，燕脂雨、點遍霞顋。重回憶，江南月夜，環珮獨歸來。　巡檐堪索笑，吟肩瘦聳，屐冷蒼苔。問孤山，何日繞屋深栽。只有羅浮仙夢，祝紅英、花底傳杯。東風裏，閒愁萬疊，休聽笛聲哀。

意難忘 重過明陵，歸途賦此

路出城闉。也非關鬥草，不是湔裙。輕雷頻碾玉，微日正烘雲。風細細、葉紛紛。重與賦招魂。對夕陽、宮牆紅墜，陌草黃分。　有人共挹清芬。記傷高念遠，洄溯辛勤。幾番勞望眼，兩度上秋墳。思帝子、憫王孫。賸漁火江村。好安排、歸途雙影，照出東門。

浣溪紗

風日江堤路幾千。湖光山色到吟邊。遣懷翻自憶從前。　一寸春心憐宛轉，四時情緒托纏綿。舊遊何處訪嬋娟。

蝶戀花 送春

春色匆匆何處去。幾日東風，吹綠無邊樹。燕濕紅襟愁不語。畫簾幾點江南雨。　舊日芳情團作絮。極目天涯，舞遍來時路。客裏年光何計度。無端又恐東皇誤。

其二

夢斷前朝金粉地。惱煞游絲，不把流光繫。

枉費枕函多少淚。年時誰解芳菲意。鶯語參差風細細。明歲春來，消息何由遞。開落尋原常不計。今生算把來生替。

滿庭芳　晚步西復舟山

零落深紅，荒涼淺碧，晚秋風物蕭條。夕陽影裏，何處認前朝。凄斷寒山一角，登臨處、芳意都消。相將問，龍沙眼底，誰見霍嫖姚。　魂銷疎柳外，新愁幾許，又瘦蠻腰。看長天鴉陣，天外迢迢。報道一聲歸去，怎奈他、鄉思難描。蒼茫處，黄泥小寺，絳蠟任高燒。

浪淘沙　盆蘭及海棠着花，拈此寵之

背立訝新妝。羞對紅牆。春風未負好時光。銀燭高燒看不足，却勝秋芳。　雲錦護天香。蜂蝶休狂。屏山六曲晚風涼。捲上珠簾邀月姊，花下持觴。

高陽臺　鳳城元夜寄姊

十里銀花，千家火樹，鳳城今夕何年。玉宇高寒，舉頭又見嬋娟。東皇漫道春如海，儘六街、風物凄然。最堪憐。酒滿瓊筵，人在愁邊。　客中縱有閒歌舞，便消磨豔治，都付尊前。佳節魂消，負他人月雙圓。魚龍漫衍長安好，愛良宵、梅影清妍。莫留連。急管繁絃，夢斷情牽。

水龍吟

亭皋木葉蕭蕭，楚天千里秋無際。瀟湘南望，布帆安穩，月明風細。鴈字驚寒，漁舟盪晚，洞庭初霽。衹文通此去，芳菲故國，何人會、傷時意。　莫負少年才氣。繞南枝、一身如寄。行吟屈賈，而今休問，人間何世。遊子天涯，憑君傳語，欲歸無計。又陽關惜別，匆匆客舍，揾思鄉淚。

前調　寒砧

素商時序飛來，西風漸覺關河小。長天雁過，深林木落，玉關秋渺。棧道排雲，軍書如雪，夢隨能到。嘆年年萬里，他鄉瘦馬，征袍冷、刀鐶嘯。　如水幽閨夜悄。趁無人、霜砧自擣。銀塘月浸，羅衣風襲，盈盈倦了。錦字誰憑，韶華難再，何時歸早。看無雙顔色，明朝菱鏡，定催人老。

菩薩蠻

横塘緑醮垂楊影。晚風微逗簫聲冷。殘照下西山。娟娟月一彎。　清愁知幾許。擱淚渾無語。春去已多時。鶯花瘦不支。

其二

家山無恙年年隔。他鄉空有團圞月。客况一鐙知。銀屏夢折枝。　鈿車佳約爽。衹是添惆悵。回首已無春。江南愁煞人。

其三

石城豔説風光好。今年争奈春歸早。花草夢蘇州。南風正麥秋。　一篙春漲足。記渡胥江曲。人世苦飄萍。爲留雙鬢青。

金縷曲　新柳

春到人間早。又匆匆、迴黄轉緑，花朝過了。媚眼初舒愁何限，慘碧年華嬌小。却已被、東皇顛倒。丰緒靈和誰得似，衹當年、張緒風流好。情一線，夢縈抱。　消魂緑上陽關道。

喜柔條、依然婀娜，漫隨人老。粧點風光三二月，逗出流鶯聲巧。漸幾樹、籠煙低裊。爲恐韶華容易逝，料傷心、也似天涯草。腸欲斷，恨誰曉。

高陽臺　重午訪芳姊湖陰別墅

細柳縈堤，新荷漲岸，依依緑滿江村。水戲湘皋，魚龍曼衍黄昏。清遊記慣兒時事，步凌波、舊夢能温。衹於今，佳節年年，消盡吟魂。

湖山無恙人猶在，但幽懷漸減，芳意微存。翠墨紅箋，幾番輕涴啼痕。噙香抱粉南塘路，倩薰風、吹洗愁根。暫相攜，酒滿金尊，月滿乾坤。

曲遊春　夜坐感事，用草窗《禁烟湖上薄遊》韵

花月誰家院，儘燕雲儔侶，來往如織。緑鬟年芳，衹歲華偷擲，流光駒隙。天外雲山隔。待獨自、夕陽横笛。又彎彎、月照高樓，捲入半簾顔色。

紫陌。垂楊摇碧。換幾度尋春，玉轡珠勒。幽怨重提，怕山河淚漬，古今愁羃。邊土傷蠶食。料故國、於今寥寂。便夢中、飛渡胡天，何由見得。

虞美人　題蘇若蘭小象

嬋娟不爲聰明誤。密意蠶絲吐。機中錦字百年春。却喜畫圖猶見、慧心人。

横波曼睩含情好。那信流光老。璇閨千古有知音。一樣同心梔子、豔西林。

聲聲慢　寒宵對菊

雨侵簾額，露濕欄腰，劇憐遥夜凄涼。瑟柱華年，金風已報秋芳。玉臺苦吟新句，奈生來、

不識東皇。漫思量，便瘦損懨懨，猶怯清霜。陶令纔歸三徑，好一壺、秋水香噀斜陽。短夢迷離，尊前舊事難忘。負却明瑠翠羽，數佳期、耐盡秋光。幽懷遠，問誰家、宵寂夢長。

望江南

西湖好，最好畫船過。秋水晚來鷗夢濶，夕陽初去雁聲多。雙槳掠蘋波。

其二

西湖好，最好養花天。丁字簾前看蝶舞，水心亭畔帶鷗眠。無夢到愁邊。

其三

西湖好，最好晚風前。臨水人家妍入畫，惜花亭院淡於煙。月子十分圓。

滿江紅 登珞珈山，泛東湖

遊遍江南，算歲歲、飄零爲客。喜今日、故園載酒，好花時節。十里煙鬟妍入畫，一篙春水波翻雪。憶他鄉、無此好湖山，楚天濶。　青不斷，圓無缺。聞笑語，開歡靨。看遠峯鴉背，夕陽紅抹。欲向桂叢賦招隱，還宜水底掬明月。待他時、蠟屐更重尋，開閶闔。

蝶戀花 詠梅

江北江南春未極。秀靨盈盈，儘有新妝日。多謝東皇珍護力。巡檐索笑勤相覓。　倩影亭亭知共惜。淺水黄昏，怕聽高樓笛。此日離懷心正惻。嬋娟別後應長憶。

其二

遥夜蕊宮香暗透。占却春光，豈讓羣芳後。

玉骨冰肌渾似舊。多情莫使花顔瘦。絶豔只應天上有。小謫人寰，妬煞閒花柳。折向膽瓶香入袖。紗窗扶影勞纖手。

高陽臺

疎柳籠煙，幽花掩月，舊遊記慣臺城。湖上秋來，波心冷到鷗盟。韶光容易拋人去，甚南朝、燕燕鶯鶯。黯銷凝。脂水秦淮，流斷清泠。

蔣山依舊天橫翠，祗年時帝子，望斷瑤京。北固樓高，於今又動邊聲。百年興廢尋常事，聽寒潮、嗚咽難平。莫沈吟。螺碧深杯，且洗愁襟。

望江南　題畫

江山好，望裏欲黄昏。碧水一灣迷晚渚，寒鴉幾點繞孤村。歸夢莫重温。

菩薩蠻　臺城晚眺

斜陽一塔光明滅。天風梵語聲嗚咽。韻事説前朝。臙脂井底嬌。　霸圖零落久。往事休回首。梁燕不歸來。邊城畫角哀。

如夢令

永夜殘更向盡。畫閣簾波不定。四壁透虫聲，遞到滿天秋訊。風緊。風緊。雁字瀟湘驚冷。

減蘭

柳昏花暝。幾日蘭閨無夢影。負却清遊。檢點閑愁上翠樓。　窺簾月小。又是初三眉樣好。竹外琴邊。可有風光似去年。

其二

藥爐烟漾。庭院晴絲風力漲。小立花前。病

起懨懨祇自憐。　袖羅初薄。五月江深寒草閣。分付飛花。不許穿簾到謝家。

水龍吟　水仙花

姍姍羅襪無塵，凌波嬾向東皇笑。輕妝照影，高標絶俗，軟紅不到。水石清華，仙姿幽潤，人間春早。喜深閨靜對，素心無語，簾半捲、香盈抱。　應共梅花奇傲。儘消受、嚴寒料峭。凝情最是，月斜風定，芳魂縹緲。秀靨黄冠，嬌鬟翠袖，洛妃年少。恨江皋解珮，誤將顔色，作畫圖稿。

齊天樂　題霜紅簃填詞圖

西風容易侵吟鬢，秋懷近來難訴。漢怨唐愁，吴歈楚些，古淚凄清如許。鄉心正苦。奈滿地干戈，一襟烟雨。此夕尊前，征袍休更涴塵土。　新聲還案舊譜。共霜花冷豔，抽盡芳緒。一代才華，十年書劍，方信浮生輕誤。閒情細數。問金縷紅牙，爲誰酸楚。往日風華，祇今猶在否。

浪淘沙　花朝前夕作

簾外雨瀟瀟。滴碎春宵。峭寒微逗一枝簫。掩却碧紗屏幾曲，燈影紅消。　夢斷更無聊。淚濕輕綃。聽殘更漏夜迢迢。明日落英知幾許，誤了花朝。

浣溪沙

春色三分滿玉樓。綠窗閒上繡簾鈎。倚欄無語悄凝眸。　畫裏有山堪避俗，客中何計可埋憂。淚痕拋盡向東流。

前調

乍暖輕寒二月天。一絲楊柳一絲煙。紗窗春曉却慵眠。　日影遲遲臨畫檻，梅花片片點湘簾。碧欄干外架秋千。

點絳唇　玄武湖作

十里香車，東風却與儂家便。垂楊如線。掩映澄湖面。　一水盈盈，也歷興亡遍。春還健。他年重見。漫感紅桑變。

其二

洲上人家，三三兩兩斜陽外。韶光何快。四月櫻桃賣。　柳舞花飛，一水縈衣帶。愁如海。仙源堪愛。可許人遊再。

浣溪沙　寄姊

扶夢風前獨倚欄。五銖衣薄怯春寒。尺書迢遞思漫漫。　慧業修來原是幻，愁根剷盡可成歡。異鄉花月莫多看。

其二

休向青山聽杜鵑。留些情緒爲春妍。連床話雨又經年。　笛裏關山空有恨，尊前歲月去如煙。每因帆影數歸船。

其三

記得花時慰寂寥。寒篁姊妹坐吹簫。江城夜雨正飄瀟。　溪水綠添鷗夢穩，春泥紅涴馬蹄驕。些些舊事說前朝。

點絳唇 人日寄璉姊

韻事流傳，草堂今日題佳句。燕歸不語。芳訊春難主。花事遲遲，消得寒如許。年來去。催花無據。恐被東皇誤。

其二

綵勝新裁，荆襄兒女春纖巧。風光趁早。妝點枝頭了。放飲三杯，似覺乾坤小。心香禱。餐霞人好。莫共流年老。

其三

月子初肥，彎彎照徹菱花影。鬢鴉偷整。呵手梅妝冷。勝賞無憑，不是當年境。欄休凭。天涯酒醒。有個人人病。

浣溪沙

梅子江鄉四月天。午陰佳處樹清圓。兒時姊妹惜芳年。淺黛初描金鏡月，沈檀輕注玉爐煙。水晶簾底貼花鈿。

水龍吟 中秋寄懷昭姊

他鄉又值清秋，廣寒宮闕都依舊。羅衣乍試，晶簾初捲，晚颸微逗。祇有嫦娥，桂宫高倚，與誰廝守。問美人何處，西風摇落，似此意、君知否。看取山河大地，又天涯、愁來時候。聲高戍角，香分瑶席，聽殘更漏。霧濕雲鬟，寒消玉臂，耐伊禁受。笑黄花無恙，籠煙浥露，也如人瘦。

高陽臺 與舊京諸師友崇效寺看牡丹，寄澄宇海上

繡陌凝塵，香車碾玉，相攜盡日看花。一段芳情，今年却訝遲些。今歲綠色牡丹花開較遲。嫩紅暈碧嬌如許，便尊前、消受繁華。更堪憐，璀璨明妝，來自天家。　裁冰詞筆知誰健，看座兼少長，韻鬥尖叉。試拂吟箋，元輿賦筆休誇。三分春色流塵過，憶同遊、人隔天涯。又無端，愁上眉頭，欲報秦嘉。

前調

畫棟飛雲，珠簾捲雨，晚風扶夢清遊。鴉背垂陽，絲絲綠到紅樓。登臨誰會當時意，儘南朝、山水温柔。最傷情，涕淚江州，兵馬揚州。　異鄉偏眼韶光，好望沙鷗點點，煙水悠悠。蟹熟鱸肥，由他老去三秋。白門此日無多柳，怕關河、霜氣猶留。黯銷凝，恨咽心頭，愁聚眉頭。

鳳凰台上憶吹簫　鳳皇台懷古

黃葉聲中，金風客裏，江城有相尋。正夕陽煙柳，報道秋深。不信黃昏立盡，祇餘得、鴈序哀吟。關情甚、衣香夢冷，花草愁侵。　蕭森。何時鳳去，總徑古臺荒，負却登臨。看三山天外，二水洲心。爲問詞仙老去，憑誰與、蘇豁塵襟。歸來也，幽懷未展，月黯牆陰。

臺城路

珠簾不礙玲瓏月，流入幽輝多少。柳外橫琴，樓中吹笛，客裏閑愁都掃。尊前一笑。記絜語茸窗，夕陽紅了。此日心期，芳馨還似舊時好。　乾坤何處最小。百年春一夢，醒又嫌早。京洛緇塵，南州冠冕，終古自憐孤抱。花前暗禱。願年去年來，春華長葆。莫問江鄉，蒓鱸消息渺。

摸魚兒

看無端、綠肥紅瘦，天涯是處芳草。憐他來去都無迹，不信流光還早。春白賣。問舊日、湖山佳麗因誰好。鵑啼未了。任一枕惺忪，五更淒斷，總被閒情攪。乾坤小。望裏關河縹緲。神京遙指天表。青山一髮愁縈骨，難遣哀時懷抱。休更道。誰記取、紅桑往事知多少。尊前暗惱。便酒醒無言，茗華錦字，鐫出斷腸稿。

祝英台 賦榴花

早成陰，遲結子，芳意滿淮楚。五月江城，照眼紅如雨。生來不識東皇，小庭初夏，恰共度、人家重午。艷魄吐。新裁百褶羅裙，凌波憶仙侶。爲問朱顔，底事嬌如許。費他多少天工，燕支點點，應染遍、夕陽無數。

洞仙歌 閏重午

畫船簫鼓，記年時佳節。漫衍魚龍正奇絕。但而今、却向夢裏家山，憑認取，一水瀟湘嗚咽。當門懸艾虎，綵線香菰，誰更投詩弔忠烈。千古最傷心，脈脈高情，祇付與、金甌殘缺。恨閏月、今年恰遲來，算帶得驕陽，惱人情熱。

采桑子 弔杜鵑女史

嬋娟總是傷心侶，誤煞華年。莫補情天。小字分明喚杜鵑。彩雲吹散瑤京遠，月照尊前。人在誰邊。一段新愁記宛然。

其二

綿綿綺恨年時有，淚共花紅。酒共情濃。往事淒涼一夢中。　酸梅苦李知何意，惆悵東風。懊惱吴儂。難得他生與再逢。

其三

浮生已分成辜負，斷簡零篇。錦瑟湘絃。留得些些更可憐。　人間無復埋愁地，紫玉成煙。好夢疑仙。知是良緣與惡緣。

浣溪紗　梅花

簾外花深夜色幽。簾中人醉小紅樓。暗香清夢思悠悠。　明月徘徊空墮淚，玉龍斷續祇吹愁。濃春滋味似窮秋。

其二

玉骨冰肌可耐寒。一枝清瘦倚欄干。夜來愁損不成歡。　小刼華鬘留色相，諸天風雨幸平安。何時歸去步姍姍。

菩薩蠻　重聞戰訊作

白楊烟外荒城路。二分涼月三分雨。又是去年秋。征人何限愁。　沙場烽火夜。鐵馬金戈下。莫便話曹劉。誰如孫仲謀。

前調

鳳城二月春猶淺。稱身却喜吴棉軟。雙燕正歸來。文窗六扇開。　無言閒佇立。燈影愁凝碧。花外漏聲殘。江城細雨寒。

點絳唇　題澄宇畫

半嶺天風，松濤萬壑知多少。山中春早。閣子紗窗曉。　數點峯青，一片白雲繞。塵難到。幽人縹緲。小隱林泉好。

慶春澤　中秋寄姊南都，同澄宇作

瑶席傳杯，瓊枝弄影，比肩人在花陰。玉露初寒，淡煙微逗羅襟。淺斟低語商量慣，怕姮娥、忍俊難禁。笑登臨。徙倚雕欄，指點疎林。　西風無恙流年早，有一分秋色，一寸眉心。玉鏡高懸，碧天萬里沈沈。幽閨坐對年時事，問嬋娟、可憶清吟。祇而今。月姊天涯，夢裏追尋。

湘月　贈雋姊

仙才人好，看蘭霏玉映，丰神瀟灑。洗盡人間塵俗態，應是天風吹下。彩筆凌雲，高標勝雪，襟抱宜風雅。他鄉相遇，深情一片難寫。　平生四海論交，孤懷落、有臂無人把。偏是與君同氣味，贏得時流都詫。草長花飛，鶯啼燕去，節序將初夏。江南羈旅，幾年曾共清話。

摸魚子　哭劉子庚師

嘆無端、東堂一老，匆匆騎鶴西去。名場冷落年時恨，贏得詞壇千古。天不語。看酒冷愁醒，魂魄歸何處。回頭記取。算吴苑鶯花，秦關風月，好夢半塵土。師辛秦數年。　舊庠序。灑遍天涯淚雨。門牆桃李如許。蕨薇充飽他鄉老，可似當年杜甫。情最苦。總目斷蒓鱸、故國聞笳鼓。傷心自譜。有濯絳吟香，嚼蕊，一卷畫圖補。

如此江山　遼吉失陷，和澄宇

西風容易驚秋老，愁懷那堪如許。胡馬嘶風，島夷入犯，斷送關河無數。遼陽片土。正冢突蛇奔，哀音難訴。月黑天高，夜闌應有鬼私語。中宵但聞歌舞。嘆隔江自昔，儘多商女。帳下美人，刀頭壯士，別有幽情歡緒。英雄甚處。看塞北烽煙，江南笳鼓。不信終軍，請纓空有路。

揚州慢　過閘北

海上繁華，江南佳麗，東風一夜愁生。看刼灰到處，盡化作蕪城。憶當日、春光滿眼，紅酣翠軟，歌無承平。但而今、枯井頹垣，何限傷情。　河山大好，又無端、棄擲堪驚。嘆血飲匈奴，肉餐胡虜，一簣功成。百萬雄兵何在，君休笑、留待蝸争。想神京千里，不聞畫角悲鳴。

湘月　天風閣即事

結廬人境，看地偏心遠，悠然物外。插架圖籤相對坐，脈脈此情誰解。寫韻憑軒，鬥茶覆椀，贏得旁人怪。襟懷天賦，乾坤清氣猶在。　却喜青史留名，青山買屋，有約終相待。世變紛紜何足數，休問麻姑桑海。芳草侵簾，飛花入户，吟賞翻多債。春華長駐，風光如許堪愛。

以上《碧湘閣詞》

天仙子　半山寺同澄宇

山半幽居留勝境。儔侶相依來問訊。小樓燈火手同攜，風乍定。人漸静。絶壑嬌龍初睡醒。　欄外煙鬟兼霧鬢。佇立靚妝花掩映。誅茅有約甚時償，宜高詠。堪偕隱。説與山靈勞記省。

念奴嬌　天都峯頂同澄宇

插天翠嶂，問何年飛出，神峯靈闕。眼底群峯齊俯首，絶似佳人獨立。峭壁猿驚，危崖鳥嘆，拔地七千尺。碧空寥廓，海光雲影遥接。極誰信仙侶相攜，飄然來王府，清輝同挹。極目更窮千里外，惟見四山如雪。滌盡閒愁，渾忘塵慮，便與諸天説。華鬘他日，乘風重叩閶闔。

臨江仙　自天都峯下，至文殊院，回望煙巒，遠在天半，拈此壽之

曾向九皐騎鶴去，舉頭遥接蒼蒼。盤空鷹隼共翱翔。翠痕沾蠟屐，雲影入詩囊。回首天都青入畫，漸行漸遠微茫。上方仙界暫徜徉。幾人能到此，胸次不尋常。

風入松　文殊院小住

登臨忽失四圍山。景向霧中看。相攜小住文殊院，聽松聲、如瀉狂瀾。坐待黄昏雨過，憑軒時怯衣單。老僧笑語勸加餐。蔬筍正堆盤。香廚别有仙風味，羨壺天、日月偏安。經歲竟無夏令，立秋猶待春寒。

卜算子　散花塢中，一石突出，厥狀類筆，頂出一松，亭若華蓋。山中人呼爲夢筆生花，因填此解

曾夢筆生花，却遇生花筆。誰是江淹第二人，藻績生顔色。造物發神思，便與留奇蹟。郭璞當年未索還，幾度開蒼碧。

醉花陰　自雙溪閣，入慈光寺，萬峯聳翠，凉意逼人。與澄宇小憩寺中，集白石道人句

署紵雙溪人不渡。暗繞青青路。都沁綠筠枝，霧鬢風鬟，夢與秋相遇。回首諸峯天欲暮。抱幽香無語。涼觀酒初醒，象筆鸞箋，惆悵誰能賦。

蝶戀花　過仙人榜

我本大羅舊仙侶。藉列蓬壺，猶記騎鯨去。今日曾入廣寒攀桂府。幾番竊聽霓裳譜。行經靈誥處。蕊榜高懸，姓字猶留否。回首高寒憐玉宇。翠微小立渾無語。

望江南　蓮花峯觀雲海，並與澄宇題名石上

蓮峯好，煙樹半陰晴。峭壁凌空三萬仞，白雲鋪海九千層。列子御風行。蓮峯好，攜手一登臨。說與山靈應更羨，玉臺夫壻是徐陵。彩筆共題襟。

點絳脣　石柱峯下水晶井

鏤月裁雲，盈盈幻出水晶井。一泓如鏡。時照驚鴻影。石柱參天，峭壁懸千仞。勞修綆。縋幽尋勝。人到清靈境。

鷓鴣天　光明頂上四望群山，如開畫本，詞以紀之

絕壑濤聲動地來。天空海闊任徘徊。四山紺黛凌霄立，霧縠霞帔費剪裁。峯挺秀，石崔嵬。輿臺廝養盡仙才。天工却比人工巧，歲歲丹青畫本開。

踏莎行　散花塢

怪石凌空，仙人指路。老僧採藥來還去。盈盈天女下散花，遙看翠袖飄飄舉。攜手徘徊，低鬟笑語。青鞋微透臙肢雨。華鬘天遠

傳心影。却吳棉、御後尚無溫，欄干冷。長宵裏，雨初静。空階外，風凄緊。聽更闌無寐，寒添雙鬢。醉折花枝聊賭酒，閒吟秀句還分韻。喜連宵、屐齒入山深，探奇勝。

踏莎行　西海門觀雲海

出岫無心，漫空疑雪。千山皓皓鳥飛絶。銀濤海底忽奔來，陸離光耀眼生纈。　巨浸汪洋，洪流倒決。凌霄漭瀁心驚裂。俄看宙合漸微茫，諸天回首明還滅。

卜算子　青鸞峯下望天都、玉屏諸峯

出谷墮層雲，擢秀插晴碧。百步天梯蜿蜒來，空翠沾衣濕。　有美似天都，玉屏遥侍立。青鸞振翼忽飛還，招我入瑤席。

渺難留，幾番悵望遊仙侣。

卜算子　清涼臺

奇石破空來，幻此清涼界。老樹西風葉葉吹，人立斜陽外。　暮靄漸呈愁，遠山悄横黛。已御吳棉尚覺寒，絶壑生虚籟。

踏莎行　始信峯道中

四壁流丹，千崖滴翠。北山奇秀南山媚。行行漸入畫圖中，虎頭唤起偏難繪。　霧濕煙鬟，寒侵薄袂。天花片片隨風墜。回看萬古青冥冥，鴻濛起自何年歲。

滿江紅　獅子林夜雨

六月獅林，誰描出、一天秋景。頻攜手、篁陰小院，松林幽徑。幾許疏鐘驚客夢，半龕佛火

洞仙歌　青龍潭上與澄宇合攝一影，拈此題之

憑肩笑語，漫尋幽芳徑。秋水寒潭照雙影。喜蘭襟清沘，蕙帶飄蕭，還又是、舊日酒懷詩鬢。　一聲長嘯處，驚起魚龍，來向空山聽高詠。小坐共忘機、碧樹愔愔，好占取、松蔭蕙磴。問賃廡、伯鸞待何時，便五噫歌成，可能偕隱。

步蟾宫　桃花溪上觀夷女浴

桃花溪畔銀濤冷。看洛水、驚鴻留影。千巖萬壑雪飛來，正潭上、珠流玉迸。　鉛華浄洗餘嬌暈。只約略遠山難認。橫波無奈使人愁，却颺下、一天風韻。

清平樂　同遊女伴夜浴湯泉，拈此戲之

甘泉靈液。始自何年闢。玉笑珠香無氣力。留取温馨四溢。　華清當日何如。月明浄洗脂膚。却喜洞天春暖，還同濯魄冰壺。

望江南　澄宇得青龍潭一石，名曰鐵骨桃花硯，詞以誌之

桃花硯，秋水正盈盈。曾伴高人吟晚翠，空山明月寫幽情。片石擬連城。　桃花硯，鐵骨雜瓊英。腕底煙雲驚紙貴，夜窗風雨作龍吟。擲地有金聲。

木蘭花慢　長姊定元函招赴滬，澄宇獨留山中逭暑。登車小别，不勝悵惘，填完际之，並辭山靈

翠微招隱處，記攜酒、訪山靈。正聽雨燈前，餐霞物外，漸隔紅塵。同珍。清遊歲月，衹相

期不負百年身。留取吟懷依舊，他年來伴松筠。芳辰。吟袖暫相分。欲語意難伸。嘆小別無端，愁凝遠黛，夢逐飈輪。微顰。猿驚鶴怨，問何時重作避秦人。待寫銀鈎小字，尺書遥倩江鱗。

以上見《黄山紀游詞》

臺城路　集白石詞

闌干表立蒼龍背，未負滄溟烟雨。呼我盟鷗，與君遊戲，湖山盡入鐏俎。玲瓏深處。似湘皐聞瑟，珮環無數。驚起魚龍，化作西山雲一縷。彩霞飛過何許。天外玉笙杳，數峰清苦。虚閣籠寒，簷牙飛翠，不受人間袢暑。新詩漫與。仗酒祓清愁，林下真趣。第四橋邊，擬共天隨住。

見《黄山攬勝集》

望江南

秋訊早，凉露襲珠簾。楊柳樓臺添畫景，海棠庭院蕩秋千。時近小陽天。

其二

愁思遠，扶病眺天涯。淚雨飄愁凝緑暈，酒潮流夢泛紅霞。帆影一江斜。

前調　春愁

春悄悄，獨自卷珠簾。一碧煙迷堤柳舞，亂紅春殢海棠眠。愁絶豔陽天。

其二

花事好，何計避春愁。一桁湘簾渾不卷，倚闌人瘦慘于秋。無語淚長流。

眼兒媚　別姊四闋録二

畫簾初卷晚風柔。脂水逐香流。桃花壓鬢，柳煙凝袂，月滿層樓。　清明已過鶯聲老，春夢總悠悠。作癡懷抱，斷腸情緒，何計拋休。

其二

催歸杜宇幾時休。殘夢斷高樓。一鈎冷月，半篙春水，愁渡湘洲。　浮生幾日何須戀，珠淚滿江流。深深別恨，盈盈離緒，暗鎖眉頭。

桃源憶故人

隔花吹雨清明候。陣陣輕寒微逗。闌外落紅鋪繡。腸斷芳辰驟。　明年知否人依舊。應是脂消粉瘦。無計遣除長晝。愁煞江南豆。

生查子　餞春

扶病問東風，春色歸何處。只管逐花飛，不解吹愁去。　珠箔透輕寒，鵑血飛紅雨。短夢幻如煙，容易浮生悟。

其二

小疊衍波箋，難寫愁深淺。宛轉餞花魂，莫向東風怨。　開落亦尋常，聚散原無限。空裏悟浮華，殘夢何須戀。

其三

幾日倦開簾，默坐閒揮淚。水漾鏡波寒，風搗爐煙碎。　春去怨東皇，不管人憔悴。扶病檢殘紅，擁髻和衣睡。

其四

草色入簾青，苔印堦前碧。杜宇報春歸，舊夢難尋覓。　幾度倚闌干，淚共臙肢滴。只恐隔年來，深院無人跡。

浣溪紗　送鏡蓉姊返湘

攜手河梁淚共彈。碧天風冷正宵殘。幾回無語怯衣單。　惜別怕拈紅豆子，傷離愁到綠楊灣。斷腸恰是月初三。

以上《正始社叢刻》第二集

前調

妙手偏能幻有無。也宜黑白也宜朱。一編端可自清娛。　絲帕已能千變化，紙牌還肯幾踟躕。者般神技賽陰符。中華民國十一年九月十日。

見《幻術月刊》一九二二年二期

點絳唇　與思亞二姊遊玄武湖

湖上花開，蘭閨暫告遊春假。誰賡風雅。裙屐都瀟灑。　粧點韶華，好幅江南畫。鶯休罵。紅嫣紫姹。未被東皇嫁。

其二

未入山深，幽篁掩映團瓢小。禪房悄悄。那有紅塵到。　管領南都，修得湖神好。春光早。悽悽芳艸。綠遍西洲了。

《國立京師大學校女子第一部週刊》一九二八年二十七期

浣溪紗　病中寄姊

往事思量總未消。幾年愁損太無聊。帶驚臢眼瘦蠻腰。　起陸龍蛇留浩刼，當關虎豹又今朝。天涯有淚費迢遥。

菩薩蠻　寄玉笙姊粵東

斜陽纔過寒山去。絲絲煙柳籠微雨。雨後數殘紅。花紅寂寞中。　剔來芳訊遠。莫問愁深淺。凝恨憶天南。年年三月三。

以上見《國立京師大學校女子第一部週刊》一九二八年三十期

八聲甘州　重九澄宇讌客海上，即席賦呈同坐諸君

對西風一霎又重陽，匆匆換流年。正霜華滿眼，雁橫秋水，楓落江天。誰信關河倦旅，楚客獨潸然。忍説蒓鱸美，三徑虚懸。　攜酒登臨高閣，共夜遊秉燭，笑語尊前。看靈光魯殿，華髮幾詞仙。喜今宵、高吟蓮社，暢雅懷、賡詠且留連。明朝好、有人家處，唱遍屯田。

夏映庵、陳子言兩丈均在座。

秋霽　陳鶴柴丈有詩見贈，賦此酬之

雲水蒼茫，看斗大乾坤，着個詩客。皖雅書成，淮南天遠，卅年獨拋心力。幽居漫輯。閉門夜夜孤燈碧。念故國。遥聽空山，應感鬼神泣。　商飈正緊，一葉西風，一笛秋聲，吟興未寂。挹清輝、同聲海唱，先生選《滬瀆同聲集》，拙稿亦蒙採入。相逢蓮社仰顏色。杯酒俊遊隨蠟屐。羡古稀歲，彌月墮地能言，光宗紹學，孫枝秀茁。先生有曾孫生甫彌月，即能呼母。因用先生所定宗譜之『光宗紹學』四字爲賀。

以上見一九三三年《詞學季刊》一卷三期

探春慢　郊遊過棣華園，見牡丹盛開

芳草迷煙，暖風吹夢，緩緩閒尋郊野。十里晴藍，一篙淺碧，景物似秋瀟灑。始信東皇好，尚留得、春光豔冶。牡丹乍展芳心，國色倩誰

描下。　攜手芳園小憩，喜詩賡棣萼，芸窗共話。織樹鶯梭，摇天柳浪，大塊文章無價。幽徑正徘徊，又横笛、牧童歸也。如畫。後日重來，緑陰初夏。

滿江紅

甲戌三月，與澄宇同遊小姑山。冒雨偕行，舟泊絶壁下，因填此解

雲鬟風鬟，看小姑、亭亭幽獨。恰便似、十洲縹緲，蓬萊遥矚。千尺飛來煙雨碧，一篙撑起春波緑。漸輕舟、泊向大江心，山浮玉。　絶壁聳，孤峯矗。淮水右，江南曲。歎海門雄鎮，瓣香長祝。卻憶彭郎曾奪取，含情不語蛾眉蹙。正春風、三月我來遊，浣塵俗。

木蘭花慢

晚泊長江感賦

泊長江晚霽，又煙水，送歸舲。正風過潮平，雨收雲淡，日落山青。兩岸漁歌互唱，只聲聲柔櫓盪前汀。莫向江心弄影，魚龍驚起滄溟。　扣舷我欲唤湘靈。難與賦娉婷。歎笛裏關河，酒邊歲月，好夢誰醒。前朝故歡猶在，後庭花依舊隔江聽。遥指神京一髮，何人痛哭新亭。

以上見《詞學季刊》一九三四年二卷一期

掃花遊

森林公園晚坐

薄寒似酒，正醉後重陽，亂愁無數。行行不語。對秋容淡冶，漫吟秀句。梧葉蕭蕭，禁得幾多風雨。悄回顧。傍柳下池塘，還覓佳處。　芳意餘幾許。喜重續清遊，吟邊歡聚。華年迅羽。怕秋光一寸，又成輕去。短笛西風，欲把閒情付與。暗凝佇。看斜陽、漸低林樹。

木蘭花慢　石門湖秋泛

展晴帆一葉，向天際、漾輕舟。漸野水寒生，夕陽紅斷，暮色偏幽。清遊。石門小泊，看滿湖煙景正温柔。雲影低摇碧浪，晚風微拂眠鷗。　凝眸。蘆荻掩汀洲。蟹舍暝煙浮。待隔籬呼酒，舉杯邀月，消盡閒愁。悠悠。水鄉縹緲，便緑蓑青笠足勾留。更羡漁娃笑語，渾忘魏晉春秋。

浪淘沙

疏柳不藏鴉。瘦影欹斜。水邊林下有人家。幾日遲來秋更好，開遍黄花。　何處課桑麻。身在天涯。故鄉山色暮雲遮。行到前村頻悵望，又聽悲笳。

虞美人　菱湖曉行

長空鎮日籠晴翠。涼露和煙墜。曉來猶見月如鉤。鉤起一泓寒碧、淡横秋。　臨流好景成孤賞。一笑勤還往。興來高躅幾人同。祇有無言松竹、契幽衷。

滿江紅　聞日人陳兵南翔感賦

殘照關河，聽幾處、暮笳聲切。更休唱、大江東去，水流嗚咽。越石料應中夜舞，豫州肯擊横流楫。怕胡兒、鐵騎正縱横，愁千疊。　長城陷，金甌缺。黄浦路，吴淞月。照當年戰壘，霜濃馬滑。三户圖强惟有楚，廿年辛苦終存越。問中原、又見幾人豪，腸空熱。

以上見《詞學季刊》一九三六年三卷一期

陌上花 丙子上元前一日，同澄宇登黃鶴樓

滔滔萬里，長江東去，幾時流盡。風物依然，歷遍興亡誰信。千年黃鶴今何在，笑指仙人難問。看嵐光入畫，數峰天外，淡凝妝鬢。　且憑欄把酒，臨風寄慨，漫論古今豪俊。更上層樓，悵望昔時形勝。盈城簫鼓春如海，佳節上元初近。衹承平舊事，魚龍漫衍，又縈方寸。

齊天樂 春望

青皇偶向人間駐。芳菲便添如許。曲岸沙平，長堤草潤，纔過一犁疏雨。時聞笑語。正十里芳塍，春鋤處處。幾日遲來，東風綠盡澗邊樹。　鳴禽漸抽綺緒。亂鶯聲不斷，歌送金縷。竹外花開，江頭水暖，絕憶坡仙佳句。幽懷漫吐。試寫入丹青，難傳毫素。衹恐流光，霎時來又去。

八聲甘州 春雨，寄玉姊湘江

又長空萬里溼雲羅，鳴鳩隔芳林。正薄寒時節，小樓夜雨，深巷春陰。纔聽賣花聲過，簾影漸沈沈。忽憶放翁句，隱几微吟。　料得瀟湘江畔，漲半篙綠漪，釀就愁深。想篷窗淅瀝，短棹入荒潯。憶靈均、滋蘭紉佩，總芳馨、滿抱意難禁。天涯客、每登臨處，時動歸心。

蝶戀花 寄懷竹軒姊

小病纏綿愁寂寞。人去匆匆，誤了尋秋約。夜雨廉纖樓一角。夢回無奈茶煙薄。　賦筆吟箋猶似昨。迢遞關河，誰把雙魚托。往事思量何處著。燈前悄聽檐花落。

琴調相思引 與畹姊話舊

草草風光去不還。亂愁多似畫中山。故鄉猿鶴，聊共夢盤桓。　都道前身是明月，卻宜此日紉秋蘭。韶華無奈，誰駐舊時顏。

驀山溪

幽燕薊冀。自昔多奇氣。百二古雄關，看千載、山河壯麗。龍樓鳳闕，霄漢鬱葱蘢，天橫翠。星呈瑞。好景渾難繪。　堯封舊地。忍把從頭記。偏壞好家居，恨纖兒、無端自棄。范滂何在，慷慨憶登車，金甌碎。銅仙淚。誰攬澄清轡。

高陽臺 和瞿安師《訪媚香樓遺址》韻

舊院苔侵，珠簾月冷，南朝一夢荒唐。燕子歸來，梁間猶戀斜陽。樓前脂水空嗚咽，更何人、寸斷柔腸。看秦淮，歌舞風流，暗換滄桑。　閹兒逆豎今安在，喜紅妝季布，姓字留香。扇底桃花，當年歷盡興亡。侯生老去云亭死，祗新詞、喚醒歡場。聽花前，檀板金尊，一曲淒涼。

卜算子 廢圃尋梅，集白石道人句

綠萼更橫枝，月影玲瓏徹。花下鋪氈把一杯，臥看青門轍。　象管帶香題，曾賦梅屏雪。化作西樓幾縷雲，龍笛吟春咽。

以上見《詞學季刊》一九三六年三卷二期

訴衷情 題芳姊惜別圖

異鄉烟水只供悠。歸夢不宜秋。高樓今夜明月，照兩地、思悠悠。　憶往事，暗凝眸。淚難收。一聲長笛，三疊陽關，萬里孤舟。

見《新上海》一九三四年一卷五期

千秋歲

賦碧羅春曉茶

碧羅春曉。一角君山小。穀雨至，清明早。攀條舒素手，隔水浮仙棹。筠籃重，攜歸細細香薰好。　淺醉還宜笑。舌本花争妙。清入夢，芳盈抱。睡餘開畫譜，醒後添詩料。風生腋，緑窗鎮日茶煙裊。

見《安徽大學月刊》一九三四年二卷二期

齊天樂

寄玉姊白門，集白石道人詞

芙蓉影暗三更後，西窗又吹暗雨。絳雪生涼，餘香纔潤，贏得天涯羈旅。新詩漫與。但繫馬垂楊，不思歸去。記憶江南，暮帆零亂向何許。　江淹又吟恨賦。亭皋正望極，林下真趣。紅萼無言，玉容消酒，難遣離愁千縷。幽禽自語。待新雁來時，相和砧杵。笛裏關山，一聲聲更苦。

見《安徽大學季刊》一九三六年一卷一期

鷓鴣天

題元姊月夜探梅圖，集白石道人句

人繞湘皋月墜時。市橋攜手步遲遲。東風歷歷紅樓下，兩處沈吟各自知。　春未緑，夜何其。美人呵凍綴横枝。盈盈相望無由摘，剪剪幽花小更垂。

見《安徽大學季刊》一九三六年一卷二期

滿庭芳

坐月

露濕吟肩，寒侵玉臂，一輪界破青天。闌干倚處，花影自娟娟。萬里長空如水，遥山外、非霧非烟。舉杯祝，良宵三五，人月正雙圓。

纏綿。無限意，難傳毫素，漫賦銀箋。但盈盈坐對，暗惜芳妍。欲喚嫦娥起舞，蟾宮遠、難集羣仙。凝眸處，含情欲語，幽賞不成眠。

見《國聞周報》一九三六年十三卷四十四期

滿江紅

秋暮同澄宇作，兼酬宗君長沙

簾捲斜陽，倚樓望、暮煙明滅。亂鴉外、霜風漸緊，單衣寒怯。一髮青山歸夢遠，滿襟涼露鄉心切。念楚天、詞客獨登臨，愁難説。洞庭水，瀟湘月。雲萬里，波千疊。料闌干拍遍，唾壺歌缺。愛晚亭邊秋已老，定王台畔花猶昔。問何時、攜酒共相尋，霏冰雪。

見《中心評論》一九三六年二十期

綺羅香

玄武湖觀櫻花，晚宴浣花樓

照眼芳菲，彌天綺緒，重攬白門春色。萬疊湖波，儘許清愁同滌。張繡幕、樹簇紅英，施錦帳、柳摇金碧。喜南都、山水温柔，迎人雙槳鎖無力。年來觴詠未寂。多少奚囊好句，高情誰識。千里尋幽，未染緇塵京國。喜昨宵、星聚名流，又今日、杯傳瑶席。怕明朝、回首江南，滿懷添暗憶。

浪淘沙

武昌皇山遠眺

家住鳳皇山。長日憑欄。碧雲來往自蕭閑。捲上珠簾看遠軸，青門眉彎。好景畫中看。欲畫偏難。後湖湖水正微瀾。願買長竿終日釣，不走江關。

摸魚兒

咏梅

正巡檐、笑看梅萼，飛來一片香霧。壽陽妝額還依舊，誰把玉龍偷譜。情暗訴。記林下清標，夢引羅浮去。廣平漫賦。怕冰雪精神，春風才筆，豔惹萬花妒。水清淺，幾處灞橋烟浦，横斜疎影如許。蘆簾紙閣風光好，喜伴高人爲婦。孤山路。憶當日逋仙，曾結花儔侣。淡妝不語。認明月前身，瑶台舊事，寫入俊詞句。

清平樂 琪姊攜鴻兒親送紅梅

武昌春早。梅萼先開了。冷豔寒葩香縹緲。人與花枝俱好。多君珍重相貽。更勞玉手親攜。幾日小樓妝罷，無端添個詩題。

滿庭芳 沈綬箴姊寄示其小姑張篤和女士所撰耿仲釗君墓表，至爲沉痛，填此慰之

把卷沈吟，看中有、佳人血淚。最憐他、迴腸盪氣，悲歌斫地。壯志已隨流水逝，浮生休作百年計。嘆從來、福慧兩難全，同游戲。人間世，渾如寄。當年事，何須記。祇青燈黄卷，閑繙經貝。一笑拈花成静悟，三生宿草參微諦。待他年、彤管頌清芬，傳青史。

八聲甘州 劉君見和拙詞，疊韻奉酬，並示湘社諸友

念家山千里獨消魂，匆匆惜華年。看湘流浩淼，愁凝望睫，夢隔雲天。何日揚靈焱焱，一葉興飄然。蘭芷芳難紉，九畹堪憐。却喜雲羅萬里，翦秋心一片，雁過風前。數才人眼底，誰是李青蓮。問清詞、幾人白雪，移情處、海上有成連。江鄉遠、嘆天涯久，我欲求田。

西河 雨後豁蒙樓遠眺，用清真韻

舊遊地。重來事事堪記。鈿車陌上動芳塵，

晚風驟起。杏花微雨近清明，暮烟遥掛天際。緑楊外，欄獨倚。瓜皮小艇誰繫。古城悵望寂無人，苔深故壘。一奩翠漪溼斜陽，興亡不管湖水。　地偏小隱遠隔市。喜良宵、月照千里。莫問仙源何世。只高樓茗坐，依依相對。好景疑看畫圖裏。

驀山溪

元德夫人以蜀錦見貽，並邀賞桃花，余匆匆未果往。采石磯之遊，夫人亦以事阻。填此却寄

春風不住。吹我江南去。千里憶神交，喜石城、一朝歡聚。太平門外，仙境待尋芳，纔携手，又分襟，俊約匆匆誤。　蜀錦親貽，款款情無數。采石未同遊，獨憑高、悵望雲樹。他時留得，蠟屐共相偕，雞鳴埭，台城路，好覓奚囊句。

水調歌頭

李洞庭君索題未晚樓圖

雲水故鄉好，千里洞庭湖。一片滄波，浩蕩有客探驪珠。家住岳陽樓下。落日紅吞光射。拍案忽驚呼。攬轡魯陽在，晞髮幾曾孤。　韶光早，人未老，景堪娱。君山如畫，笑看風物尚當初。留得桑園萬頃。待接清芬世盛。如展輞川圖。我亦半天下，江海憶蒓鱸。

以上見《南社湘集》一九三六年六期

百字令

楚江秋澹，正暮天雲淨，薄寒時節。負手西風來又去，驚起經霜紅葉。野草縈黄，疎林褪碧，一路煙村闊。豆花離舍，是誰點染清絶。　却嘆駒隙流光，童年回首，歲序成空閲。欲倩魯戈留落照，唤醒中原豪傑。如此山川，依

然風物，忍見金甌缺。歸途無語，滿襟篩碎明月。

見《民族詩壇》一九三九年二卷六期

西江月

欄角微風乍起，桐陰初月微波。夜長一綫待如何。料理緑窗清課。　不恨流年暗换，只憐秋色無多。瀟湘征雁幾經過。惆悵歸期偏左。

見《民族詩壇》一九三九年三卷一期

菩薩蠻

寄兄姊

楚天千里風初咽。片帆漸到寒時節。年去又年來。江關老霸才。　芷蘭休更賦。留取凌雲句。落日黯神州。誰深故國愁。

見《民族詩壇》一九三九年三卷四期

齊天樂

水雲隔斷花南北，林颸漸看天晚。萍末流香，鷗波穩夢，好把荷衣輕剪。銀屏月掩。正煙冷蘭缸，涼生湘簟。漫託微吟，楚騷清怨入詩卷。　蘅皋難問舊事，流塵驚歲月，幽懷何限。竹外吹簫，酒邊説劍，空使秋心宛轉。良宵意遠。待嚼蕊調冰，玉盤初薦。觸起閑情，黛蛾愁更斂。

見《民族詩壇》一九三九年三卷五期

水龍吟

重九社集，余以小極未往，澄宇代拈得「話」字

客中勝日重逢，楚天千里秋難畫。登臨極目，羣仙高會，文章聲價。風雨不來，關河如舊，江城遥夜。想高陽酒侣，雄譚驚座，牛斗震、

風雷詫。　小病佳遊暫謝。倚花前、詠歌多暇。龍山眼底，幾回吟眺，白雲飛下。醉把茱萸，故園東望，桑麻誰話。又霜深戰馬，中原鼙鼓，問何時罷。

高陽台

梅萼雪晴，江皋水暖，青皇漸換年華。小駐吟鞭，却看春在誰家。輕陰漠漠花如夢，對芳時、空惜幽葩。最銷魂，煙樹暮雲，愁滿天涯。　南都自古傷心地，似前朝遺恨，折戟沈沙。潮打荒城，於今又聽悲笳。劇憐胡馬窺江後，祇當時、天塹休誇。悵歸來，敗壁留題，誰與籠紗。

台城路　弔黄季剛先生

雲門老去蘄春死，文星近來驚隕。四海詞章，百年肸蠁，大夢而今先醒。悽涼暮景。只萬里江山，空餘高詠。淚灑西風，白門遥悵絳帷冷。　江漢英靈未泯。流芬承屈賈，代生才儁。馬鄭遺風，許倉絶學，誰沐芳薰雅訓。千秋論定。每痛哭天涯，才人薄命。回首平生，曲高難和郢。

以上見《民族詩壇》一九四五年四—五期

陳景寔

金縷曲　送春

彈指春將去。最淒凉、徑掃殘紅，樹摇濃碧。雕榭畫廊猶似昨，滿眼落花飛絮。縱多情、埋香埋玉。難把緑章乞上帝，問賸粉、遺芳可能聚。淚空洒，總無趣。　怱怱一别惹人慮。且檢點、美酒佳肴，清談趨叙。此去天涯何處是，好待明年再遇。累鶯燕、助人悽歎。梁間樹上啼不住，怪東皇、此來不久寓。無限恨，對誰諭。

訴衷情　感遇

鬼妒神姦隨處有。紅羊幻蒼狗。提防壁縫牆耳，莫輕語，碑在口。淚滿把，酒盈斗。隄頭柳。別時折盡，於今再發，掩映畫樓。

江南好

小住江南，屈指十載，鶯花風月，隨處留心。撥開霧眼，歎人海之滄桑；未斷情絲，感興衰與離別。追懷既往，且懺將來，爰賦《江南好》上下平三十韻

江南好，曲唱大江東。霧鬢烟鬟人似玉，遊仙疑到廣寒宮。花月正春風。

其二

江南好，幽恨訴無從。柳媚花嬌兩無主，車如流水馬如龍。何處不相逢。

其三

江南好，春泛木蘭艭。滾滾愛河沈弱羽，瀟瀟夜雨打船窗。臥聽二簧腔。

其四

江南好，風景惹人癡。姹女孌僮工侑酒，春來先到遠山眉。遊子不須疑。

其五

江南好，百合滿香衣。逋客匆匆忙似燕，相携到處打茶圍。青蚨騰空飛。

其六

江南好，盡是美人居。一笑拈花無相我，三更涼夢轉愁予。宧槖總無餘。

其七

江南好，趁此鬢鬟烏。逐隊鶯花誰管領，月明淺醉莫愁湖。拇戰手頻呼。

其八

江南好，芳草自萋萋。蜂抱落花鳩喚雨，蝶魂入夢燕銜泥。清濁聽靈犀。

其九

江南好，花事費安排。翡翠錦屏金作碗，芙蓉綃帳玉爲階。欵欵鳳頭鞋。

其十

江南好，眉史心如灰。楊柳司空多見慣，紅梅花下轉低徊。煩惱撒難開。

其十一

江南好，孽海感前因。歌扇嫁襟同一哭，相憐都是夢中身。辜負錦江春。

其十二

江南好，舉目盡烟雲。杜牧於今狂勝昔，祇應低首鏤金裙。江氣雜妖氛。

其十三

江南好，春夢了無痕。流水光陰奔似馬，鶯飛草長悵黃昏。心事不堪論。

其十四

江南好，彼美隔雲端。上有青冥之長天，下有綠水之波瀾。相思摧心肝。

其十五

江南好，桂子月中攀。十載揚州夢一覺，早春花事又闌刪。不禁淚潸潸。

其十六

江南好，好事竟如烟。浪擲金錢輕買笑，鶯鶯燕燕惹人憐。傷感直萬千。

其十七

江南好，有美不勝嬌。雪蕊似胸玉似膚，桃花如臉柳如腰。真個魂兒銷。

其十八

江南好，珠淚莫輕拋。六代鶯聲猶在耳，一勾新月上簾梢。街鼓鼕鼕敲。

其十九

江南好，風雨興多豪。桃李枝頭聞燕語，龍蛇筆底走羊毫。借此寫牢騷。

其二十

江南好，韻事説東坡。雪月風花隨處有，行樂須到繁華窩。脂粉此區多。

其二十一

江南好，碧玉染烟霞。番佛兩尊入局後，夜深乾鋪醉眠花。偷破大西瓜。江南各商埠妓院，向分蘇、揚兩幫。妓女曰『倌人』，未經梳櫳之雛妓曰『清倌人』。夜深酒醉之客，可喚兩情融洽之清倌人侍夜，惟不得解衣，名之曰『打乾鋪』。嫗鴇監視綦嚴，始則一燈横陳，繼則垂幃假寐，陳倉暗渡，次晨開銷二元足矣。但清倌人多冒牌，嫗鴇故作此，以眩惑客者。

其二十二

江南好，徑入温柔鄉。萍梗生涯悲碧玉，桃花薄命惜紅粧。金屋誰能藏。

其二十三

江南好，苦我慣多情。涉足花間輕易過，玉京踏遍訪雲英。空剩淚盈盈。

其二十四

江南好，薄醉酒初醒。紅袖飄零飛似絮，青衫淪落有如萍。鶯燕苦叮嚀。

其二十五

江南好，嚙背盟如冰。不恤人言誰則敢，可憐薄倖我何曾。有夢轉堪凴。

其二十六

江南好，新曲譜箜篌。卅六鴛鴦圍碧玉，百雙蝴蝶繞青樓。夜語到更稠。

其二十七

江南好，結納重黄金。阿堵價高聲勢貴，孔方去後少知音。冷煖見人心。

其二十八

江南好，好夢落江南。北里絃歌誰最着，人人艷説李三三。且駐紫騮驂。

其二十九

江南好，月樣眉兒尖。柳絮身輕飄似雪，窺人不見入湘簾。偷傍美人奩。

其三十

江南好，雙鯉昨宵緘。吩咐鴿奴傳達去，卻愁飛上七星杉。别淚染青衫。

沁園春　將有遠行

野鶴閒雲，萬里辭家，踪跡莫凴。看殘篇斷牋，窗文課草，書癡艷福，消却今生。海角浮萍，天涯飛絮，如此風波可懼曾。最傷心，是茫茫大地，默默前程。　客裝多舊少新。且撿點、敝裘和素巾。衹玉章鐵硯，史圖匣劍，詩囊畫稿，奕譜桐琴。慰我離愁，依依相伴，暮暮朝朝隨此身。回頭處，恨蒼蒼生我，落落知音。

謝秋娘

辛丑七夕，攜金枝女史，泛舟甘棠湖，登烟水亭，謁吕仙祠拈香，夜宿湖中作

雙星會，湖水禁波瀾。一帶銀河清見底，長生殿裏又團圓。正好話當年。

其二

燒香去，夜久更亦殘。私語喃喃人不曉，雙雙握手拜神前。心事盟情天。

憶江南

余離黔先一日，姚錫之攜胖娃、桂芬兩郎醉余於斗姥閣。次晨，乘輿克征，錫之更攜兩郎，遲余於十里雲圖關，倚裝賦此

小別離，門外是天涯。指點故鄉雲樹裏，故人情重別離遲。重訂江南期。

其二

離亭畔，分手各參商。我輩行樂隨處遇，群仙隊裏舞霓裳。意氣少年狂。

金縷曲

曉荆校書背惜花主人之約，因感巧卿故事，賦此示惜花主人以解之，而惜花主人已清瘦如菊矣

恨海可曾填。猛回頭、烟波無際，風浪靡邊。彼岸蒼茫何處是，但見烟雲浩漫。問精衛、記否生前。銀漢似牆高幾許，幻滄桑、成陸淺何年。也只得，恨綿綿。　傷心莫話此中緣。最淒涼、偎頰軟語，刺骨讒言。酒陣歌場都是夢，空教淚洗青衫。怕祇怕、藕斷絲連。英雄底事今猶昔，歎舊業、荒疎脂粉間。淚珠兒，一團團。

長相思

真惺松。假惺松。翠袖撩人趁晚風。春心通未通。　情朦朧。意朦朧。雲想衣裳花想容。桂堂東又東。

醉太平

似真非真。恩深怨深。翠樓昨夜雙成。添幾分温存。　有情無情。魂尋夢尋。雲情雨意都停。只春愁惱人。

一痕沙

昨夜仙郎中酒。扶掖勞卿玉手。翠袖進醒湯。飲瓊漿。　立馬花前未穩。消受東南金粉。夢裏認雲英。喚真真。

浪淘沙

翠黛畫屏中。春意慵慵。懷人獨立小樓東。我自傷心思錦瑟，誰怨東風。　雲鬢亂蓬鬆。減却花容。枇杷門巷夕陽紅。有約不來多薄倖，真個渠儂。

菩薩蠻

闌珊花事春將暮。翠幃好夢無尋處。樓外月黄昏。隔簾聞語聲。　生來情性皺。憎怕偎雲袖。雖是勾欄花。守身無點瑕。

生查子

翠袖隔窗紗，覷見湘裙衩。工病復工愁，憔悴銀釭下。　雲髻挽當頭，背説傷心話。故意作嬌嗔，特地將人罵。

南柯子

翠袖沾紅豆，春心託杜鵑。避人小語問何年。没個商量打點、作聘錢。　靈鵲飛今夕，天孫出世間。水晶簾下枕雲眠。且喜良宵好夢、七分圓。

點絳脣

月上花梢，玉階悄立無人省。簾鈎未穩。瞥見翠鬟影。　露墜金井，夜久羅衣冷。和愁等。雲空雁陣。又是秋期近。

阮郎歸

西湖歌舞趂郎遊。水荇翠帶浮。明朝聽説送行舟。秋波不住流。　雨連夜，風石尤。雲山處處愁。天公特地將人留。領略小温柔。

虞美人

黄昏卸得殘粧罷。小立欄杆下。翠裘打點禦冬寒。金縷先應半臂、换吴棉。　望人消息天涯遠。心事慵還懶。雲媖薄命嫁東風。墮入紅塵幽恨、訴誰儂。

減蘭

緑楊橋下。片片飛紅春已謝。有美相携。翠歸來日未西。　紗窗静處。没個人來聞好語。雨愛雲愁。偕隱名山誓白頭。

好事近

寶鏡對儂開，照見滿頭珠翠。趨教侍兒温酒，笑檀郎微醉。　雲媖他日去郎家，總算隔年别。等到貯嬌金屋，了塵凡小劫。

小重山令

翠輦雙龍駕暮烟。只因一笑誤、降塵寰。九天仙女玉如顏。澋智慧、料理早參禪。　飛墮紅塵間。飄蓬隨風去、不知年。雲台七寶妙生蓮。秋波動、故意惹人憐。

醜奴兒令

翠屏誓約別離後，魂也相隨。夢也相隨。三宿空桑事已非。　雲鬟問字知何日，情也有時。恨也有時。誰肯心甘薄倖兒。

賣花聲

賃個小房間。金屋依然。翠鬟雙倚小欄杆。嘯傲好湖山。好個多情人十五，酒地花天。　柳宿花眠。雲情雨意太癡顛。江水無情流夢去，再住何年。

隔溪梅

翠幃春暖燕雙飛。王孫歸。油碧迎來人似玉，丁香花下倚朱扉。　雲媖小字記依稀。憶當時。一笑搴簾羞見客，姍姍鳳履步來遲。

浣溪沙

翠珮當年解漢皐。江天萬里寄書遥。盈盈一水隔秋潮。　雲雨巫山原是夢，元霜曾擣可憐宵。衹今鳳去憶吹簫。

望江南

戊戌重九登迎江寺塔

寶塔上，高聳碧天空。佛子西來闡教理，大江東去舞魚龍。浪捲夕陽紅。

其二

寶塔下，鬧熱梵王宫。流水是車龍是馬，鞭絲鬢影去忽忽。劈面來香風。

賀新郎

九十春光，彈指將去，庭角紫羅蘭花盛開，經風雨摧殘，黯澹無色，歌此招之

惆悵東風下。問卿卿、雲英未嫁，如何歸也。滚滚無情長逝水，横捲逆波而瀉。更風雨、閒情牽惹。留得勿忘儂一語，倩騷人、筆底傳佳話。恩和怨，都成假。　年年枉害鶯啼啞。説甚麽、晴窗刺繡，春郊試馬。滿把靈均香草淚，背着湖山偷洒。怕只怕、有人笑咱。草角花鬚愁不解，看雙雙、握手同歸化。總勝過，文君寡。

前調

夜登宣武門，擕酒自酌

往事今朝説。乍回頭、關河迢遞，烽烟明滅。且洗金尊斟美酒，邀此一輪明月。猛憶起、少年時節。寶馬香車都是夢，到如今、赢得鬢眉白。誰曾是，過來客。　茫茫萬里神州刦。最驚心、漫天衰草，霜林落葉。更值王孫懷遠道，正此一鞭得得。况又是、琴書飄泊。搔首中原多少恨，莽乾坤、今古幾人傑。休退縮，莫輕歇。

虞美人

題《逸儂吟草》

旗亭畫壁真詩伯。裙屐風流客。偎紅倚翠度春風。直似群仙繚繞、蕊珠宫。　錦心繡口天生就。詞句玲瓏透。瓊漿玉露洗瑶葩。祇許花間蝴蝶、逗清華。

霜天曉角　大觀亭獨眺

霜風吹又。重來情如舊。對此滔滔江水，幾許英雄消瘦。　詩書滋味厚。舟車作客久。滿把琳琅清淚，問塊壘、能銷否。

金縷曲　宜城觴詠社題遊樂園

屈宋風流歇。問誰是、文章班馬，曲詞元白。羣彦光芒高北斗，總是使君羅列。收拾起、無邊風月。闢地成園民衆樂，比靈臺、構造還精絶。文王囿，何消説。　詩書没字秦斯刦。最驚心、歐風似虎，美雲如墨。恰是中原多難日，浩蕩烽烟變滅。莫辜負、地靈人傑。草角花鬚都帶恨，看屠龍、洒盡玄黄血。伊尹志，那時節。

以上《觀塵因室詞曲合鈔》

陳曾壽

暗香　壬子寄巢雲

舊痕淒斷。是年時攜手，虎坊橋畔。愁護暮鴉，芳樹陰陰後堂見。還踏天街月影，乍忘了、西風冰篳。誰管他、如葉青衫，絃底玉龍怨。　争羡。御香染。儘夜夜露痕，襟袖難浣。幾時清淺。贏得銅仙淚空滿。重覓翦燈心事，除付與、夢中庭院。却又怕、尋去也，夢中都换。

鷓鴣天　癸丑三月，靈壁道中見燕子

翦破流光不自持。空梁忽並玉差池。荒城不識春風面，已是人家插柳枝。　蓬户小，草檐低。莫尋珠箔問香棲。衹今清憶猶成淚，何

況虛簾重到時。

菩薩蠻 宿州道中見海棠

凝脂第一東風眷。天涯流落還相見。腸斷出牆枝。亭亭欲怨誰。　夜階風雨驟。心上紅先瘦。已過曉妝時。高樓簾捲遲。

清平樂 題彊邨校詞圖

避愁無計。縹鳳千春淚。微灺釭花參細字。如見夢窗憔悴。　披圖松竹情移。飄零欲懺無期。射虎殘年心事，皈依來註秋詞。

踏莎行 白堂看梅

石疊蠻雲，廊棲素雪。鎖愁庭院苔綦澀。無人只有暮鐘來，定中微叩春消息。　冷霧封香，紺霞迷色。慵妝悄淚誰能惜。一生長伴月昏黃，不知門外泠泠碧。

洞仙歌 蜜供

小年樂事，是元宵懽動。争乞香嚴佛前供。愛酥同酪乳、甜徹中邊，燒鐙了，一笑鄰僧還送。　飄零成隔世，愁破嘗新，還入兒時舊京夢。海物競登盤、雨怪風腥，更誰識、諸天珍奉。算輪與、蔬腸拚清齋，笑檀越、區區蜜蜂恩重。

祝英臺近 乙卯除夕

頌椒花，書帖子。無復舊京事。酒薄成醒，爆竹尾聲裏。何心感逝懷人，卅年夢斷，只銷得、閒情如水。　伴殘歲。空倚一篋秋詞，愁墮煙穗。悽惻吟邊，還覓好春字。梅梢一點星明，夜痕偷換，有萬一、春魂還起。

憶秦娥

女兒香，同怡齋九兄作

情脈脈。吹蘭一縷心香結。心香結。沁人欲醉，再添無力。狂蜂欲覓何從覓。當前已恨人天隔。人天隔。銷魂如此，幾生修得。

木蘭花慢

舊京移菊，憔悴可憐，感賦

冷牆陰一角，結幽怨、舊痕青。自辛苦移根，戀香殘蝶，夢也伶俜。羞憑。別畦新緑，算年年、稱意占階庭。一寸霜姿未展，西風涼透窗櫺。　亭亭。還向畫圖尋，影事慰飄零。悵蟬休露滿，芳心委盡，枉致丁甯。微醒。晚來乍洗，賸無多、清淚奠寒馨。流浪他生未卜，斜街花市重經。

惜黃花慢

園菊久萎，冬至日忽放二花，沍寒中金英燦然，喜成此闋

霜徑都荒。訝捲簾重見，舊日宮裳。別經小刧，拈還一笑，原來寶相，不是秋妝。金環飄斷三生影，乍添續、一線斜陽。沍暗香。紺梅數點，商略昏黃。　相看漫惜瑤觴。算紫楨埽盡，獨殿遺芳。別成嘉瑞，帶圍腰瘦，天然入道，冠壓眉長。淒風捲地蟲關閉，遠情付、蝶夢飛飀。夢未央。雪中露掌輝煌。

天香

南湖寂住，風雪蕭然。臘八日煑粥，聊應節物。童稚懽欣，獨傷舊夢，同七伯父作

顏帖閒臨，陶詩細和，年華蕭散輕送。王臘誰知，家風依舊，七寶粥香盈甕。分甘未了，還笑看、兒童爭鬨。住近南屏紺宇，聲聲木魚呼動。　年時里居弱弄。燦袈紅、幾多僧衆。爭愛戒傳嬌小，也諳禪誦。鄂中諸寺僧於臘八前數日沿門乞米，人家小兒女記名寺中者隨之。淒斷江城舊

夢。待晚與、彌陀一龕共。磬口花傍，鉢盂淨供。

喜遷鶯 丙辰除夕，次夢窗《福山蕭寺歲除》韻，寄呈寐叟

風朝雨暮。笑經歲、夢穩湖波輕櫓。貰酒鄰村，分齋蕭寺，恰稱六橋淹旅。爲問幾家漢臘，依舊春聲萬户。更持燭，照梅妝，深夜微禎醒否。　佳處。晴雪映。兒女畫堂，不夜花光午。工部燈輝，太平鼓奏，回首髫年過羽。四十明朝已是，空詠少陵詩句。耿相憶，整朝衫，東老重梳斑縷。

木蘭花慢 春日雪後泛舟

曉妝勻粉重，帶眉嫵，忒連娟。正一鏡堆鬟，數峯寫影，雪韻高寒。經年。畫中居住，笑今朝、還向畫中看。淺碧纔回晻靄，飛霙又没綿芊。　飄然。一葉水雲天。渺渺叩湘舷。盪吟情未遠，關心仍在，一樹窗前。苔錢。幾枝綴玉，問多時、春色上詞箋。但祝十分開好，不妨小勒紅妍。

浣溪沙 孤山看梅

心醉孤山幾樹霞。有闌干處有横斜。幾回堅坐送年華。　似此風光惟强酒，無多涕淚一當花。笛聲何苦怨天涯。

虞美人

傾城士女長堤道。各有情懷好。夢中池館畫中人。爲問連朝罷酒、是何因。　東風紅了西湖水。濃蘸燕支淚。輸他漁子不知愁。偏向落紅深處、繫輕舟。

臨江仙

梔子香寒微雨歇，深深一院清涼。花梢斜月半侵牀。鐙青疏鬢畔，一點寫經香。　已分今生從斷絕，無端又著思量。千生無恙是迴腸。温存涼簟好，今夜未成霜。

菩薩蠻 爲浪公作詞龕圖題句

十年秋夢淹留處。分明翦燭同君語。滿院碧颼飀。都成心上秋。　禪天無分到。賸結詞龕好。心事雁難知。沈吟漱玉詞。

臨江仙

修得南屏山下住，四時花雨迷濛。溪山幽絕夢誰同。人間閒夕照，銷得一雷峯。　極目寥天沈雁影，斷魂憑證疏鐘。淡雲來往月朦朧。藕花風不斷，三界佛香中。

其二

七十二欄紅不斷，繞廊荷氣深深。斜陽無限付沈吟。塔尖雙卓筆，堤影一張琴。　鏡裏秋妝看更好，低鬟密簇瑤簪。晚來天色坐中沈。四圍飛冷翠，都落玉盤心。

如夢令

棹入藕花深處。掠水鐘聲低度。打槳亂紅霞，飛起一行鷗鷺。休去。休去。已被荷風留住。

太常引 戊午七月，太常仙蝶來蒼虬閣中，二日始去。时病山、彊村二老適來，約同人賦詞記之，龠厂作圖

銖衣翩影墮輕埃。憐我夢秋齋。一片落花

哀。問清淺、而今幾回。料應天上，巢痕倦埽，偶憶故人來。萬刧付瓊杯。賸一寸、相思未灰。彊村老人數見之，每禱輒至。

其二

朝盟煙水暮清都。歸去渺愁予。寂寞水堂虛。待重整、留仙舊裾。蟲天身世，飄零一葉，還自託秋枯。相傳仙蝶有不願見者，則化爲枯葉。一笑本來無。儻無恙、春風畫圖。

菩薩蠻　題畫

蓬萊舊事餘塵霧。乘風我欲歸何處。清減夢中山。飄零且未還。琴心松壑冷。落日明峯影。天遠柰情何。溼紅無限波。

滿江紅　過徐州，感賦此闋

芒碭雲邊，盪終古、斜陽明滅。恨此地，一番經過，一番棖結。猶是當年兵與酒，可堪今夜人和月。看荒煙、莽蕩古徐州，風雲歇。温嶠誓，滄江楫。包胥淚，秦庭血。竟蕭然何事，笑人寂寂。伏櫪空存千里志，碎壺獨感平生烈。問何時、單騎去兜鍪，驚奇絶。

木蘭花慢　湖居元夕花下作

向玉梅花下，正佳節、月初圓。看交影枝枝，珠明欲淚，庭暖無煙。應憐一懷悽惋，算相看不負有今年。身在瑤臺十二，分明處士窗前。蕭然。鬢老有情天。杯底問嬋娟。甚雪壓霜欺，銖衣長著，如此高寒。芳緣多生未了，著一分淡冶不妨禪。滉漾湖光欲曙，破愁拚得遲眠。

踏莎行　贈左笏丈

影塔秋杯，裛花春袂。年時題徧僧廊字。再來何事斷經過，殘妝難洗紅巾淚。　鶯亂朝慵，烏啼殘醉。相思一點憑誰寄。那堪飛絮認萍根，依然簾幙無人地。

浣溪沙　己未都門重過雲和主人

一片紅飄去不回。酒邊清管自生哀。眼明真見故人來。　我隔蓬山餘涕淚，君歌凝碧費低徊。幾時花發舊池臺。

其二

處處香棲隱畫粱。夢中誰記舊年芳。逢君花落一迴腸。　眼底都成渾不似，尊前惟覺意難忘。傷心從道是清狂。

揚州慢　庚申二月，同愔仲至高氏園，看殘梅新柳

柳眼初惺，梅英微褪，芳蘭無限低徊。向小窗沈醉，記花下曾來。又幾日、東風吹雪，綠扶紅瘦，如夢池臺。滿瓊階、黛補閒情，願作莓苔。　天涯望眼，賸隔年、清淚盈杯。有刻意傷春，玉堂舊侶，潦倒仙才。好就煙波明處，攀條語、暫也爲佳。問誰家短笛，晚來如許清哀。

木蘭花慢　湖上桃花開時北遊

向湖山小別，新雨罷、更提壺。正千樹桃花，一堤楊柳，圍繞吾廬。春光十分穠冶，算今生好夢未模糊。莫把逃禪心事，等閒說與西湖。

愁予。渺渺向征途。天際片雲孤。只斜陽影裏，聲聲啼鴂，暗暗平蕪。春歸我行未已，問天涯何處是幽居。欲寄斷紅消息，臨流還倩愁魚。

高陽臺　贈彊村老人

中酒愁醒，當花笑淺，小頹風範猶存。刻意春邊，年年冰緒難温。故人鶴瘦今安在，過廢園、密竹斜門。大鶴山人新逝。問新來，小極扶頭，消幾黃昏。　天涯芳草歸何處，算東風過後，空染啼痕。校字鐙窗，些些未了知聞。青山青史餘雙鬢，看鏡中、清冷千春。只飄零，無計銷除，還近芳尊。

點絳脣　秋海棠

點點愁紅，分明一幅秋心院。十分幽怨。只是無人見。　露重煙迷，倩影涼風顫。年光換。幾回淚泫。猶有腸堪斷。

洞仙歌　愔仲以西山大覺寺玉蘭影片屬題

明妝一見，正幽香浮動。四照廊陰粉光重。儘冠釵低挂、腰佩輕翻，經院靜，長伴六時禪誦。　重來驚紺鬢，野飯僧牀，清冷難尋玉堂夢。憔悴減身香、向晚春寒，問白袷、風前誰供。賸付與、芳尊祓清愁，看瓊樹、朝朝歲華輕送。

浪淘沙　煙霞洞看梅

瑟瑟峭寒加。徑入春沙。半山亭子玉周遮。短檻憑香香越暗，坐冷菴茶。　最好一枝斜。低抹紅霞。爲誰冰雪啟春華。一刻閒情天儻許，平視梅花。

浣溪沙　雪夜寄莘田

竹折溪堂夜雪時。紅梅鐙下證相思。夢痕淒冷雁難知。　索我新圖愁未寫，賺君好句和常遲。沈吟銷得鬢成絲。

無悶　辛酉元旦

燒柏香殘，籠燭欻起，夢裏流光又換。待獻頌椒花，恨長天遠。鸞鏡乍明曙色，帶瑞紫、南山熏微辨。向篆煙凝處，十年心事，伶俜忍慣。　香泛。把玉琖，對碎瓊半湖，峭風如翦。問幾日波柔，鏡心紅熨。隔歲未銷獸火，尚小怯、晨妝冰釵燕。看數點、春色梅梢，已入歲寒庭院。

念奴嬌　壞塔，次樵風韻

蒙茸尖合，帶寒鴉數點，殘照終古。夢想莊嚴愁獨客，欲禮空王無主。珠網全飄，金輪半塌，不礙疏鐘度。江山如此，孤標何苦支柱。　惟見七級檐頹，一鈴舌在，報人間風雨。欲寫荒涼題敗壁，只稱寒山詩句。香火緣空，苔綦磴滑，飛錫應難駐。修羅零劫，諸天花散何處。

前調　西溪詞人祠堂落成與祭，次央广韻

寒香初薦，有衣冠入夢，宵魂曾曬。英氣清愁銷已盡，贏得溪山片席。鷗路明邊，鴈行低處，冉冉秋無極。煙花難翦，尊前風景猶昔。　應記南渡人來，舊京望斷，樓角寒吹笛。寂寞千秋誰淚灑，賸有紅芙露泣。結集緣深，貪

多癖在，不負閒吟筆。蘆中身世，扁舟華髮鷺白。

采桑子　又賦二闋呈彊村老人

菴堂點綴西溪好，詞翰招魂。一片秋痕。艇子如雲盡到門。　少章遺節風霜舊，喬木孤根。霜柳全髡。惆悵煙絲一樹存。

其二

流人泛宅西溪好，愁被清尊。商略黃昏。一角殘山半雨痕。　手中容易馨香故，銜淚歌脣。辛黨萍根。歸北歸南漫共論。

蝶戀花　聞露

獨夜始知涼月色。竹影移廊，未覺成蕭瑟。微漾湖光熒暗壁。疏鐙影裏芙蓉白。　偷換流年情思積。草際煙浮，已了寒蟲織。欹枕不眠聞露滴。心心只替秋香溼。

一萼紅　孤山探梅

盪微陰。正西風料峭，苔屐怯幽尋。岸柳拳鴉，山椒落鴈，天畫如許寒林。是昨夜、馨魂乍返，漸幾樹、脂暈破蕭森。略損風姿，刼餘池館，隨分行吟。　誰折試簪還墮，似拋將紅豆，難結同心。萼綠仙遲，雲英嫁早，同感春夢沈沈。便勾引、閒愁又醒，者次第、何計遣春深。却又飛霙弄晚，莫辨遥岑。

卜算子　菊中新洗紅一種顏色獨絕，京中已不易得。十二年中，予數移來，皆不活。今歲又覓得一盆，有花三朵將開矣，喜賦

眉畫睇初含，淚洗脂仍少。仙夢銷沈十二年，

逢着秋魂了。景短向陽難，晚出驚霜早。百感幽香舊色花，可似當年好。

南鄉子

相見靨雙嫣。紅洗秋妝晚更妍。誰畫長眉青入鬢，連娟。難得天然是偶然。　移近晚晴邊。微襲秋衣淡淡煙。欲問經年多少恨，無言。修到天憐可自憐。

惜黃花慢　同彊村老人作

託命孤芳。賸十年魂夢，長繞伊行。小廊迴處，鳳城西畔，幾回燭底，仔細秋妝。當時一笑天能妬，便拚斷、故國遺香。枉斷腸。寒畦生事，檢點苔荒。　移根瘦損堪傷。更一枝輕折，長惹思量。舊塵在眼，只餘清淚，佳期注脚，偏是斜陽。人間原有相逢事，漫羞暈、憔悴容光。正夜長。背鐙添影淒涼。

彊村曰：『「人間」二語，言情極哀婉之致，從來未經人道。』

浣溪沙　焚香

微滓虛空是淚痕。聊憑香篆定心魂。重幃深下易黃昏。　學道不成仍不悔，此心難冷更難溫。一絲還嫋博山雲。

八聲甘州　甲子八月二十七日，雷峯塔圮。

據塔中所藏《陀羅尼寶篋印經》，造時爲乙亥八月，正宋藝祖開寶八年，距今九百五十餘年矣。千載神歸，一條練去。末刼魔深，莫護金剛之杵；暫時眼對，如游乾闥之城。半湖秋水，空遺蛻之龍身；無際斜陽，杳殘痕於鴉影。爰同愔仲同年共賦此闋，聊寫愁哀云爾

鎮殘山風雨耐千年，何心倦津梁。早霸圖衰歇，龍沈鳳杳，如此錢唐。一爾大千震動，彈

指失金裝。何限恒沙數，難抵悲涼。　慰我湖居望眼，儘朝朝暮暮，咫尺神光。忍殘年心事，寂寞禮空王。漫等閒、擎天夢了，任長空、鴉陣占茫茫。從今後、憑誰管領，萬古斜陽。

前調

黄妃塔中藏經，凡八萬四千卷，多成灰末。予收得稍完者數卷，以他卷殘字補之，自作補經圖

剔殘磚、秋雨逗苔斑，寒灰撥經香。啟素縑密裹，零僧剩佛，字字琳瑯。試與殷勤補綴，化蝶半飛揚。百納家風舊，功抵媧皇。　堪歎人天漏果，竟酬忠恩宴，輕送君王。有冬青遺恨，一例感興亡。問世尊、真如解脱，甚當年、悲淚海潮涼。空輪與、麻沙書客，持伴鐙窗。

浣溪沙

修到南屏數晚鐘。目成朝暮一雷峯。纁黄深淺畫難工。　千古蒼涼天水碧，一生繾綣夕陽紅。爲誰粉碎到虚空。

踏莎行

雲縫鋪金，霞邊起鶩。十年魂夢憑依處。人天一例損孤標，蜕身何苦諸天去。　廢址棲煙，寒山無語。殘紅一片傷心樹。向來淒黯送黄昏，只今淒黯都無據。

醜奴兒慢

乙丑春三月，赴行在。所寓小石齋中，海棠盛開

幽齋客思，長傍愁陰黯黯。乍迎得、芳姿多麗，睡足妝嚴。燭底分明，羞儂絲鬢鏡中添。争如不見，幾回獨語，空賦香匳。　儘護幔紗

迷濛，霧重料峭風尖。算猶勝、梨花孤館，臥雨厭厭。堆枕紅雲，更無春夢到江南。幾時嫣笑，日長風定，盡捲湘簾。

臨江仙

如此淒迷如此夜，閒廊閒客閒行。暗芳開墮靜無聲。人天都未覺，心動自堪驚。　未必有情天已老，一鈎眉月還生。人間無賴是深更。難評花月色，淚眼未分明。

一萼紅

黄岡縣長圻沿江岸四十里，平疇彌望。予由里門至黄州率經其地。曩值郡試之歲，士人畢至，商賈輻輳。兵後荒涼，無異僻壤。丙寅二月重經，感賦

晚江潯。又輕煙染柳，新緑乍成陰。古岸潮吞，荒垣燒入，彌望淒暗摧襟。問歸燕、幾家舊壘，算去往、無恙只沙禽。故郡風流，少年心事，夢也難尋。　還覓遠村投宿，認兒童鬧處，盲鼓愔愔。落日摇金。寒波逝碧，空照衰鬢驚心。對愁目、西山一邏，没孤鴻、天遠恨沈沈。倦倚風鐙亂時，濁酒孤斟。

花犯

滬寓桃花盛開，次清真韻

近高樓，濃妝一面，瞢騰見時味。絳英繁綴。偏帶露盈盈，如許佳麗。峭寒袖手曾孤倚。飄零成漫喜。只可惜、昨朝輕負，曦高猶擁被。　年年對花換心情，西泠悵夢斷，應添憔悴。新漲緑，餘愁雨、愁煙飄墜。長相憶、粉雲膩處，紅一鏡、樓臺斜照裏。問別後、芳尊誰酌，春魂橋下水。

浣溪沙

花近高樓恰未知。朝來忽見最繁枝。不成相笑却攢眉。　莫訝傷春難刻意，傷春已是隔生時。可憐無夢柰佳期。

六醜　海棠，和彊村老人

記嬉春酒醒，有絶代、穠華初識。怨風正狂，殘妝欹翠羃。零落誰惜。越見丰姿好，曉來清露，浥袖痕都溼。强扶倭墮終無力。愁亂絲垂，紅凝淚滴。淒惶幾回憑立。儘芳闌叩徧，幽恨無迹。　流光虛擲。又天涯遠隔。往事如殘夢，難再覓。東園漸入叢碧。聽杜鵑啼後，斷無消息。乘風願、早輸歸翼。空瘦損、去住春心，應自悔逢傾國。輕陰乞、漫相雲色。賸爇天、一寸寒香炷，成灰拚得。

疏影　戊辰三月，同夷希君適返湖廬

閒鷗笑客。倏廿年夢斷，一去無迹。戢柮窮湖，深渺魚天，銷凝幾度寒碧。重來萬里衣塵黯，怕邂逅、煙簑相識。儘眼前、似酒春濃，付與淚痕潛拭。　還翦西窗密炬，故人絮語罷，涼露輕滴。鼠迹蟲絲，簾幕淒迷，猶是梅邊月色。當年雪夜疏鐘裏，傍映水、一枝清瑟。甚到今、明鏡幽波，不照異鄉頭白。

踏莎行　寄愔仲

蠹蝕蠻牋，圖窮錦字。秋新一葉驚憔悴。迴腸轉處是逃禪，重重洗盡年時意。　鳩妒芳銷，春隨恨逝。牽懷翻怯音書至。從今相憶莫相逢，相逢惟有傷心事。

慶宮春　七月返湖廬

莎隱蟲聲，葦低螢點，再來秋遽如許。溼透寒香，泠泠露下，襲襟疑是過雨。鷺鄉曾慣，甚今度、悽魂觸緒。依稀留夢，別院迴鐙，案塵重撫。　年時豔冶春光。縱酒心情，斷煙無據。蕭疏至此，都難説似，蹇盡人天言語。素波摇暝，尚縈惹、殘霞一縷。那容消受，恨水鬟山，鎮長伴住。彊村曰：單微一線，古人集中亦不多見

踏莎行　十月初十日，夢湖齋坐雨，夜景幽絶，醒記之

水映疏簾，花圍密坐。雨聲一陣蕉窗過。篝鐙四壁散琴書，冰盤小榻陳瓜果。　怪鳥驚啼，飄螢溼墮。梔香荷氣紛重裹。只餘漁子未成眠，葦間一霎流星火。

八聲甘州　十月返湖廬，晚菊尚餘數種，幽媚可憐

慰歸來歲宴肯華予，寒芳靚幽姿。賸青霞微暈，殘妝乍整，仍自矜持。休更銷魂比瘦，惆悵易安詞。潔白清秋意，九辨難知。　我是辭柯落葉，任飄零逝水，不憶東籬。早芳心委盡，翻怯問佳期。看鐙窗、疏疏寫影，算一年、今夜好秋時。平生恨、儘淒迷了，莫上修眉。

燭影摇紅　許汲侯丈於三台山下闢一園，梅花最勝。自丈謝世，不忍復過。今來湖上，正值花時，折數枝插瓶賞之

寂寂苔枝，斷無人處紅猶徧。向來開謝不曾知，那記東風換。冷落清歌芳琖。也銷除、傷

春淚眼。試鐙風起，凍雨疏疏，閒階任滿。綽約幽姿，折來還供寒窗畔。依然著意試新妝，小萼猩脣點。獨自伶俜應慣。柰輕移、鎖愁庭院。賸迴腸後，無語移時，者回相見。

前調

薄命芳菲，更無啼處孤鵑悄。疏鐘涼滿五更心，歷歷單衾曉。愁雨愁風吟稿。算東皇、何曾知道。蠻牋蝕盡，象管枯時，幽窗斜照。

遮莫陰晴，眠蠶吐盡絲方了。多生誤住有情天，誰信瞢騰好。百計難扶顛倒。悔東園、苔綦曾到。一番夢醒，清淚無痕，芳塵重掃。

臨江仙

三月十六夜，夢至一寺，殿前廣潭，月光皎潔。有人告予曰：『此明月寺也。』因成一詞。醒後不全記，餘味在心，足成之。

明月寺前明月夜，依然月色如銀。明明明月是前身。回頭成一笑，清冷幾千春。

照徹大千清似水，也曾照徹微塵。莫將圓相換眉顰。人間三五夜，誤了鏡中人。彊村曰：古人未曾有之境。

踏莎行

庚午三月十一日，夢見桃花數十株，落紅亂飛

飄接梅魂，落先絮舞。繽紛萬點桃花雨。斜陽影裏不勝紅，沈沈夢與斜陽去。

前度劉郎，去年崔護。傷心等是無憑據。林塘容有再來時，不辭淚眼長凝佇。

木蘭花慢

黯金猊冷後，爇香願、賸淒迷。甚心字氤氳，都如帶眼，息息偷移。單棲。凍禽未覺，恨無

端、清磬返魂時。一寸相思灰盡，銷凝待與誰知。　天涯。長自誤佳期。愁負最高枝。看惱人天氣，輕寒輕暖，也自成癡。催歸。夢邊杜宇，算好春、將去莫須啼。惆悵芳菲隔眼，嫩寒偏入簾衣。

徵招

三月廿四日，同彊村、夷叔、匑厂、子玉、惕齋及寥志二弟集蘇州怡園

重來未覺雕欄改，林容褪妝微瘦。深樹漏斜陽，轉清陰閒晝。芳株飄彩綹。已過了、上紅時候。一碧匆匆，啄餘梅子，枝頭如豆。　細雨洗塵襟，供新茗、還逢舊人如舊。慵覓少年心，任瞢騰中酒。青萍池面皺。漫窺映、龍鍾雙袖。却又是、怨宇聲聲，送好春歸後。

齊天樂

早蟬

新陰重緑無情樹，迎薰碎琴初理。燕壘銜殘，鶯梭織老，人静文窗疏綺。么弦獨起。正罷絮風微，仰槐煙霽。輕翼疑仙，漫隨蓬鬢共憔悴。　深宫舊怨記否，只濃餐玉露，塵外孤寄。恨費千聲，高難一飽，那解哀吟深意。天然不滓。笑嚇鼠鵷雛，定何滋味。待委芳心，暮秋殘照裏。

前調

和彊村老人

百年垂死當何世，因依更成輕别。費淚園亭，諳愁酒琖，歷歷前痕難覓。荒雲萬疊。賸緘夢淒迷，雁程天闊。撥盡寒灰，墜歡零落向誰説。　蓬萊舊事漫憶。更罡風激盪，摇撼銀闕。本願香寒，孤光月隱，堪笑寃禽癡絶。枯

枰坐閱。拚一往悲涼，爛柯殘刼。自懺三生，佛前心字結。

畫堂春　仿山谷體詠燭

更無人處照無眠。宵長越顯愁戕。一生替淚已堪憐。何事化空煙。　故事玉堂都渺，舊情塵篋難捐。何如蕭寺伴枯禪。籠去訪秋山。

鷓鴣天　題清微道人畫蘭

憔悴空山聽雨人。三湘清怨入微顰。　玉纖輕點花疑瘦，釧重慵移葉未伸。　芳佩冷，露痕新。微波何事誤靈均。心香意蕊難分別，刼墮華鬘又一春。

渡江雲　和彊村老人寄懷

歸墟何處是，愁帆一挂，淒斷再來心。廿年驚噩夢，幾許悲涼，清淚比潮深。招魂翦紙，算慰藉、惟倚微吟。何幸逢、白頭湔祓，空外叩寥音。　還尋。殘鐙情話，小閣芳壘，便幽棲能準。空賺將、輕過懽日，重愴離襟。人生幾度能禁別，問爭如、遥望商參。應好待、秋堂聽雨愔愔。

風入松　次彊村老人病起之作，時將南下

苦心不惜麝成塵。別久感餘薰。橫機漫試東坡老，正何妨、衰相天身。密課温燖藥裹，行窩安穩吟魂。　清秋病起景光新。曾拜夢中人。千年結集因緣在，住刹塵、好是逡巡。早晚開尊雨夜，不愁迷路煙津。

天香

壬申除夕，同君適自大連赴旅順，車行百里，已昏黑矣。先是，上爲僦一小樓，徧尋始至其處。門扃無人，徬徨久立，寒風砭骨。僕人覓屋主取鑰來，乃啟而入。乞水鄰家，爇鑪煑茗，稍回暖氣。相對兀坐，天風海濤中，隱隱聞簫鼓爆竹聲。萬感無端，因賦此闋

垂海星搖，標巖塔迴，高寒偏撼孤館。斷續鄰簫，依微畫角，荒嶠歲華偷轉。氍毹坐擁，只亂眼、風飄鐙颭。酒畔離悰幾許，丁甯浪憑歸雁。　故事料應難問，白頭宮監。霑賜近依行殿。拜頻傳、椒盤香煗。身老天荒地變。賸冷抱、梅花夢中遠。霜鬢塵絲，風情都倦。

鷓鴣天

橫海青峯占小樓。鄰家爆竹動離愁。一年客裏將除夜，萬里荒波不繫舟。　黃石約，赤松游。古人志事等閒酬。衰慵不稱風雲事，破硯寒香獨自修。

浣溪沙

書卷抛殘夜未殘。昏昏夜色淡林煙。一痕眉月媚冰天。　角枕倚時空舊夢，願香冷後證枯禪。儘無聊賴也遲眠。

木蘭花

趵突泉

清泠一勺輕千里。倦客勞塵聊與洗。沈吟秋柳試春茶，桑苧風流難再擬。　小甌還瀹明窗底。何限林泉瀟灑意。不妨風味似江南，但莫石頭城下水。

揚州慢

憶煙霞洞梅

梅繡荒山，石威静谷，舊遊最戀煙霞。向洞門

徐步，幾度問芳華。記長倚、半山亭子，昏黄月上，倩影横斜。暈微紅、墮砌嬌雲，仙夢非耶。一身萬里，賸而今、慣住胡沙。儘湖水湖煙，也休暗憶，儂已無家。飄斷辭枝故蕊，曾何處、不是天涯。漫拚將、今世今生負梅花。

清平樂

笛聲幽怨。愁鎖深深院。月上林梢霞影淡。一笑天人初見。空山雪閉雲遮。温存絶代鉛華。待到千紅鬧處，故應不見梅花。

疏影　憶湖上舊月簃梅花

分明舊月。證曲廊小徑，釵玉低壓。入袂香寒，折得繁枝，鐙窗横影清絶。相看相笑情何限，那信有、他年輕别。占湖山、小住千春，相伴此生孤潔。一去邊關萬里，飄零信老矣，前事休説。歲歲年年，不見花枝，只見鑱天冰雪。淒涼夢也愁尋去，更休道、江南天闊。縱人間、魂返無香，一縷舊痕難滅。

蝶戀花

萬化途中爲侶伴。窈窕千春，自許天人眷。來去堂堂非聚散。淚乾不道心情换。噩夢中年拚怨斷。一往淒迷，事與浮雲幻。乍卸嚴妝紅燭畔。分明只記初相見。

木蘭花

閒居寂静同僧院。漠漠香寒鐙影暗。倦抛書卷曉鐘殘，微瞰冰窗孤月伴。故人江海音塵斷。欲語無人空自嚥。新來别思海同深，始恨從前如未見。

減字木蘭花　心畬王孫蓄倒挂鳥一雙屬賦，一名收香

翠衣小小。偎卸紅襟同命鳥。探使殷勤。不見羅浮夢裏人。　交相媚嫵。誰識蓮垂心獨苦。香冷難收。地老天荒誓白頭。

南歌子

雞唱催將息，烏啼續苦吟。半牀書蠹共銷沈。字裏悽迷、時遇少年心。　塞雪連三月，時花抵萬金。年時刻意怕春深。不見春來、春去感而今。

玉漏遲　五月見芍藥

殿春春已去。池臺如夢，銷魂一顧。夢不分明，休問誰家庭宇。淡薄脂痕慵傅。拚禁受、幾番風雨。君莫妬。同命東風，儘甘遲暮。　空自懺、紺鬢年年，情天易老，念念芳悰非故。不應邂逅，迎笑花枝，如此蕭涼情緒。試檢點、人間何味，漫贏得、清愁如許。誰共語。倦矣棲林靜羽。

浣溪沙　閱彊村詞，憶及望予南歸懸榻以待者經歲，中間數寄詞相問，淒然有作

花徑冥冥取次行。舊盟全負甚心情。爇香灰盡也須驚。　懸榻經年虛望眼，寄聲幾度費吟魂。人天留影一彊邨。

前調　爲病樹題佳住樓詞意圖

傳恨空中語漫訶。高樓偏受夕陽多。十分幽怨隔簾波。　一代芳華消歇盡，堂堂吾友付誰何。料無險忌到梨渦。

鷓鴣天 丁丑九日，次愔仲韻

衰病逢辰强舉觴。倚闌高處怯流光。曾無瘦菊酬佳節，看盡歸鴉掠夕陽。 尊未暖，意先涼。此心安處是何鄉。應憐倦影隨陽雁，猶戀巫閭絕塞霜。

摸魚兒 戊寅冬十二月十二日，夜夢隨太夫人肩輿尋西湖上舊居。蹊徑迷離，至一處似舊居，又覺稍異。啟門而入，明窗素榻，低徊久之。醒後淒然。時新購紅梅一盆，濃香深色，出關數年以來所未有也。起坐相對，因成此闋

最難忘、一湖寒碧。圍湖都是山色。十年藏影深深地，留作此身長憶。吟未歇。正徙倚、寒梅一樹明孤月。曲廊暗屧。愛五夜鐘聲，半空塔影，生事最幽絕。 今宵夢，還向那邊游歷。淒迷亭館非昔。明窗素榻低徊處，清淚那禁偷滴。窗未白。卻不道、一身僵臥邊城雪。殘釭欲滅。算猶花背牀，疏影相對伴愁寂。

六么令 花朝，次愔仲韻

乍迴暄霽，驀地還飛雪。一分也無花信，拚作十分勒。慵起氊毹深擁，宿酒都無力。閒情非昔。漫天風絮，偏是今朝上紅節。 堪笑推排不去，相對星星髮。應憶攜手湖邊，千樹壓寒碧。惆悵他生未卜，罷著今生屐。何時將息。寸香灰盡，還爲年芳恨啼鴂。

踏莎行 新綠

宿雨苔生，輕煙柳染。嫩茸細縷芳痕淺。暗中欲換舊池臺，落紅滿地無人管。 眉黛初描，裙腰乍展。出遊天氣趨妍暖。惟餘冰緒

不曾温，相看猶是寒林眼。

鷓鴣天

燕子嗔簾不上鉤。碧天有恨笑牽牛。今生只道圓如月，小別猶驚冷似秋。　天易老，水空流。閒情早向死前休。鑪香隔斷年時影，未必新愁是舊愁。

前調

偏愛沈吟白石詞。只緣魂夢慣幽棲。扁舟一片長橋影，依約眉山壓鬢低。　無限好，付將誰。漫云別久不成悲。思量舊月梅花院，任是忘情也淚垂。

虞美人

濛濛撲面真無賴。欲滿虛空界。只因柳絮惜春殘。如夢花枝、夢也未曾看。　辭枝一任風吹去。難捉年芳住。漫分流水與泥塵。倦眼枯時、無淚濺離人。

高陽臺　丁亥二月，墨巢園中，看花茗坐，海棠已將殘矣。感賦一闋

樹掩疏籬，花圍密坐，栖遲半畝芳園。幾日重來，已驚梅葉陰圓。海棠枝上胭脂淡，點客衣、飛雪翩翩。暗銷凝，擁髻含情，强自扶妍。　閉門長與薰鑪守，甚番風偷遞，春已堪憐。宿雨難收，依然留住春寒。惜春刻意仍多負，漫等閒、輕送年年。且開懷，小聚爲佳，隨分尊前。

菩薩蠻　丁亥十二月，舟中作

浮天渺渺江流去。江流送我歸何處。寒日隱

虞淵。虞淵若個邊。船兒難倒轉。魂接冰天遠。相見海枯時。喬松難等期。

浣溪沙

己丑秋七月，病中賦此

日課多年取次休。春來與病久綢繆。那堪梅雨更淹留。香篆銷沈閒睡鴨，小窗屈曲上牽牛。看花隨分待涼秋。

以上《舊月簃詞》

暗香

壬子寄巢雲

舊京乍識。正幽單客枕，潘郎愁積。淒滿暮鴉，芳樹陰陰後堂碧。還踏天街月影，乍忘了、西風塵席。誰管他、如葉青衫，絃底玉龍泣。應憶。舊簪筆。盡夜夜露痕，步冷東掖。袖香漫裛，贏得銅仙淚空滴。暗雨剪燈心事，除夢裏、門庭重覓。卻又怕、尋去也，夢都非昔。

酷相思

嫩柳鵝黄千萬縷。更密襯、桃千樹。者一段、春光難畫取。紅不斷、緑如許。緑不斷、紅如許。北去南來移景序。只換得、傷心據。便占斷、湖山佳處住。春歸也、人將去。人歸也、春將去。

浣溪沙

題桐君桐陰待月圖

金井新秋一葉知。江波忽影佩參差。清歌一曲鬢成絲。舊恨遥傳鸚鵡筆，幽棲還寫鳳凰枝。笛邊月色爲誰遲。

以上江寧蔣氏真賞樓鉛印本《舊月簃詞》

石湖仙　題石帚集

垂虹春纜。正雲雪淒迷，低唱簫畔。傾倒石湖仙，贈輕盈、流傳事豔。閑情微寄，可抵得、此生幽怨。魂斷。想珮環、萬里天遠。　江鷗舊盟好在，感侵尋、羇游已倦。水剩山殘，一代飄零詞卷。伴影闌干，憶人庭院。夢中都換。煙柳黯。西湖付與誰管。

還京樂

舊京夢，一去經年索寞愁慵理。儘萬千心事，浪憑過雁，鸞箋虛費。謝息機鷗侶，寥翔世外荒波委。任別遠，難洗貯露，銅仙清淚。　莽風塵底。更何期蓮勺，依隨翦紙，魂歸中酒趣味。文章大塊休休，換芳園、幾番桃李。漫銷凝、還檢點尊前，傷心逝水。感取相憐切，酬吟應減憔悴。

見《煙沽漁唱》卷四

聲聲慢　題清微道人空山聽雨圖

霧凝香霧，雲濕疏鐘，攤經人倦虛堂。薄潤芳箋，含毫寫入微茫。應憐種蕉身世，住寒山、消受清涼。聽簷瀑，似瀾翻千偈，齊讚空王。

誰賺采鸞妙蹟，賸一層公案，故習難忘。異代漂苓，相逢珍比琳瑯。情天刼餘未老，便點衣、花雨何妨。漫輕擬，夢行雲、巫峽斷腸。

風入松　詠寒鐘

蕭蕭落葉滿秋山。古寺夕陽邊。山門一片荒鴉色，送寥音、霜杵流天。杳杳漸如殘夢，沈沈都化空煙。

臥樓僧老不知年。相暖一青氈。難銷宅火人間世，對趺跏、慵問犍蓮。出手還成一擊，龍鍾漫笑枯禪。

水龍吟 冰絲盦感舊

憑軒花木依然，無端幻出淒涼境。拳枝寒鳥，棲廊素雪，一時入定。壁畫猶懸，案書未掩，總帷風冷。剩銅鑪殘篆，香篝宿火，長相伴、生前影。　浩渺滄洲逸興。佐談鋒、千巖萬嶺。獅峯蹋雨，龍湫濺雪，芒鞋輕俊。湖海歸來，園林勝事，佳晨觴詠。甚清吟未了，轉頭夢覺，示維摩病。

以上見《煙沽漁唱》卷五

浣溪沙 詞龕夜談，邈然隔世，追憶前蹤，愴然同賦

黯澹秋窗落葉時。昏燈相對鬢成絲。劇談月落不曾知。　未轉頭時真似夢，如今夢影也迷離。情天容有隔生期。

見《煙沽漁唱》卷六

陳慈

憶江南 紀事詞十八闋。此詞與前紀事詩十二首均作於民國元年，其時爲最早

芳思恨，人意正縈懷。故遣女傭觀會去，自拈鍼黹傍妝臺。心事把人猜。

其二

芳思恨，獨自念如凝。隔著房櫳容壁隙，女兒私事少人知。隱隱被儂窺。

其三

芳思恨，長夜度如年。隱几樓高春睡美，綠窗燈影伴嬋娟。春夢近誰邊。

其四

芳思恨，人醉意如迷。追躡扶梯蓮步輭，纖纖柔手女如荑。嬌婉儘人欺。

其五

芳思恨，嬌小意堪憐。雙燕呢喃聞戲語，懶雲斜插翠花鈿。纖手又情牽。

其六

芳思恨，羅襪步淩波。隱踢蓮鉤渾不拒，暗將心事共摩抄。春意許儂多。

其七

芳思恨，輭語共綢繆。相戲藉非防姊見，故懷鍼果引郎搜。心事許儂媮。

其八

芳思恨，最好女兒身。燭滅香消人影竄，臨窗暗立卸羅帬。香澤許儂親。

其九

芳思恨，十里步洋場。人海叢中迷去道，漫呼尋姊引同行。心事繫人旁。

其十

芳思恨，春睡正關情。薄壁漫將人意隔，輕迎淺拒暗知卿。今夜露華生。

其十一

芳思恨，人意自殷勤。顦顇思郎來送食，翩然獨立近黃昏。滋味辨津津。

其十二

芳思恨，長夜憶伶俜。一晌偷閒來伴坐，緑窗無語暗輸情。孤負可憐生。

其十三

芳思恨，一霎近芳姿。不學仙人留指爪，强要阿妹代修齊。心事果誰欺。

其十四

芳思恨，何以慰吾癡。香澤引親呼共坐，儼然舉案竝齊眉。端不避嫌疑。

其十五

芳思恨，客意慰蕭騷。輭語頻呼郎小字，鶯簧宛轉一聲嬌。春色恁輕抛。

其十六

芳思恨，好夢竟疑真。雲雨枉勞神女至，幾曾真箇令銷魂。芳艸對斜曛。

其十七

芳思恨，渺渺意愁予。愛惜勸郎頻節飲，王孫珍重萬金軀。有酒願同酤。

其十八

芳思恨，人事苦無成。一再殷勤來問址，卿猶憐我我憐卿。難遣是癡情。

以上《待月齋存稾》卷七《豔體詩詞》

陳銳

望江南

春不見，孤負可憐春。淡柳鑠愁煙漠漠，小闌扶恨水粼粼。往事已成塵。　人不見，孤負可憐人。花下又逢三月雨，夢中猶隔一條雲。風露夜紛紛。

鷓鴣天

尺碧晴絲繫玉驄。畫樓西畔記相逢。眉愁暗

閣啼時雨，臉暈微生酒後虹。　臨水怯，對花慵。柰何郎也柰何儂。郎行只在斜陽外，閒卻闌干一角紅。

暗香

怨塵凝碧。自黯然不掃，眉邊春色。有美一人，曉起臨妝耿相憶。偏是團圞鏡裏，早換卻、從前標格。算別後、點臂宮砂，紅潤見歡迹。　消息。又寂寂。空卜斷玉釵，寫偏飛帛。枕函夢滑。衣帶無情有寬窄。誰解人生恨事，總付與、孤鐙寒滴。便再世、相聚也，那能記得。

浣溪紗

花外敲門喚酒遲。春愁先到緑楊枝。客懷更不自矜持。　往日風流疑作夢，而今漂泊嬾填詞。黄昏微雨上鐙時。

其二

一擲年芳等急梭。歡愉時少別時多。相思如水不堪搓。　倚去未妨鬆兩鬢，啼來兀自緊雙蛾。今宵愁極柰明何。

其三

簾捲東風又一聲。峭寒吹瘦玉樓笙。心心眼眼許多情。　芳草閉門黏夢影，梨花滿地帶春酲。爲誰惆悵過清明。

其四

微命相看百可憐。喁喁私語小扶肩。一雙愁色壓闌干。　試腕暗驚珠串重，圍腰還覺寶鉤寬。新來消瘦莫相瞞。

其五

絶代容華小謫人。淡妝斜佩送青春。自澆杯酒酹花神。冷雨欺他鵑血熱，故巢尋偏燕泥新。回頭歡怨總成塵。

遶佛閣

酒波一翦。蛾緑借暈，渦笑深淺。鮫帊痕滿。背鐙斜搵、嬌凝怕人見。醉眠愛晚。還説別後，偏怎宵短。佳約幽繾。畫屏素月，香消水沈篆。　曉閣漏壺滴，鐵馬珠筝敲碎片。問隔枕秋聲，孤凭誰慣。斷魂今斷。怕翠羽林啾，芳夢吹散。拂愁絲、鏡霜新染。

前調

風雨不時，景物悽畢。羈人登覽，有斷腸之音

午晴未準。霜葉匝地，秋色淒緊。巾幘慵整。碧天縱目、汀洲雁無信。堞樓獨凭。煙瘴滅没，瓊海千頃。蠻唱悽迥。莫帆落處，潮回蜑家艇。　鳥宿四山黑，倦旅蓬飄迷故徑。長痛墓門、陳根連露井。問樹遶慈烏，哀怨誰聽。客歸須定。願笠子長鑱，黄獨同命。澣征衫、淚痕如綆。

一萼紅　寒鐙

錦屏隈。有孤檠淺照，風急雪還催。摇影膏輕，垂頭穗重，寒透今夜蘭臺。乍相值、亭亭不語，盼雁足、悽立幾曾回。繒彩流光，魚龍生戲，何處蓬萊。　聞道九華歌散，怕相思一豆，剔盡成灰。微火多情，餘花自笑，空歎春謎難猜。暗悵觸、兒時況味，教誰見、牆角替

人哀。弟一丁甯，鬧蛾莫又飛來。

燭影摇紅　寒衾

鴛館單栖，被池一榻憐春淺。淒涼聽雨總無眠，咽水更虯轉。兩字相思畫慣。意緜緜、捱宵望旦。去時歲月似鐵，多年氷蠶曾見。四角平鋪，貼胸擁背今嫌短。重重錦爛是天涯，夢隔牀頭遠。懷裏餘香未散。剩啁啾、羅浮浸眼。向空斜抱，細數歸期，綺羅庭院。

鏁窗寒　寒柝

刮地初霜，臨關半月，亂鴉飛盡。諿諿響徹，危燭戍樓煙燼。碎鄉心、三更四更，一更一點歸期近。想提鐙窄巷，老兵傳語，月光如凝。宵迥。悲同省。但急節和碪，嚴聲催枕。晨鐘未動，誰報曉天鴻信。自無人、深院漏沈，小厖覷竹遥吠影。總輸他、斷木中空，賺得殘年恨。

水龍吟　寒鐘

大千春色飄殘，世尊寂聽渾如睡。摇摇斷杵，碧雲欲莫，寒山轉媚。煙際懸音，霜前送梵，盪空無地。忽奔濤萬壑，一時都到，閻浮界、松風起。落月烏啼鴟尾。隔重城、夢遥難寄。曉天百八，高樓何限，景陽清淚。上界鐙幡，故宫龍象，鏗訇愁思。又西頭打鼓，朝朝莫莫，入離人耳。

探春慢　寒角

荒霧懸旌，冷風卧鼓，蚩尤宵墮平野。一疊嚴霜，連天曉奏，吹散胡羣牧馬。多少清商怨，借兜勒、烏烏共寫。輪臺昨夜軍聲，老兵驚起愁話。長是悠揚壯峭，催捲甲、疾驅弓折。難把幕府琵琶，龜茲觱栗，不共別情閒治。餘響歸鐃外，聽斛律、牛羊來下。自恁單衣，南山留扣脩夜。

垂楊 寒嚠

漁郎夜覺。正柳隄細漲，鯉魚風小。楚竹安排，亂流低罩。潛蛟悄鳴榔，生長瀟湘道。識無際、浪花深窈。甚茸蓑、冷坐灘頭，歎近來魚少。圓網平鋪了了。覷霜蝌出沙，罥絲青嫋。拽起還拋，一鐙沈照鷗天曉。浮萍四角吹如埽。盪沫雨、中央縹緲。秖午時、插脚泥塗，吾亦老。

玲瓏四犯 寒硯

鸘眼凹深，記淡墨題詩，花氣熏晝。幾日霜毫，吟案冷鋪氈繡。呵手坐，費摩挲，祝片石、煖雲生酒。甚淚蟾、鑄就相思，空盼泮水時候。十年磨鐵波紋縐。照方池、寸心灰勾。冬烘苦被兒童笑，短篋隨人後。誰拭半面凍塵，曾貌寫、漳臺春瘦。且莫教焚卻，乘醉也，一濡首。

浪淘沙慢 滬上送易由甫，用清真韻

送君路、潮奔極浦，霧壓荒堞。歸興無端自發。清歌即席乍闋。看鬢角眉尖愁共結。柳條碧、素手親折。料此後、風萍逐流水，人天事悽絕。清切。古今望眼空潤。對浩蕩神州，沈陸恨、付與霜雁咽。休更說江湖，朋舊輕別。豔才易竭。銷幾回來去，春花秋月。平地羌笳悲風疊。樓臺好、勝游漸歇。拂明鏡、嬋娟圓又缺。問夢覺、十萬鷺花，甚玉色。傷心一夜青絲雪。

慶宮春　寄懷文叔問舍人蘇州，用草窗韻

修鶴梅崦，零鷗荷蕩，畫船幾聽吴雪。催老清歌，驚春狂淚，市簫何限悽咽。夢游如絮，莽萬里、煙塵頓合。京華北望，鼓角南來，壯肝都裂。　昔時倚醉承平，怒馬鮮裘，俠情雙絶。朱顔照水，而今頷頳，怕見海潮生月。舊題團扇，肯憐我、歡場攜別。山中芳杜，遠道相思，不堪親折。

東風第一枝　武昌客舍送宋芸子赴長安

袖海龍吟，巢阿鳳羽，文章當日雄絶。壯遊幾換桑田，憤懷暗悲錯鐵。人間何世，恰值我、江關時節。算分手、薊北湘南，早辦十年離別。　行勸也、玉驄愁咽。春半也、杜鵑啼血。眼前去路誰賒，客中醉顔易熱。飛緜萬點，莫吹逐、天涯頭白。祇送君、一片相思，夢遶舊京明月。按此調不宜作入聲。鑒別恖恖，不暇更改，久益不能割愛矣。自記。

絳都春　平調　春汎黄浦

吴天遠秀，盪緑波一鏡，杳朗無塵。望裏畫樓，此時愁絶，送春人禯。桃濇柳紛，相引燕歸，容易黄昏。好花空發，垂絲自結，負了芳辰。　幾歲江關賦本，但奔驢共命，唳鶴招魂。故館夕陽，滄桑留影照金尊。臨流急淚休輕揾，眼前誰辨清渾。便催烏榜，東風醉拾釣綸。

鶯啼序

辛丑之歲，余在京口防幕，懷歸未歸。適甯鄉洪未聃刑部來，寓北固山寺，時相過從。一日偕飲酒樓，洪忽不樂。因述曩於邗江舟中，聽鄰婦歌曲，極酣豔纏感之致。十年以來，東西蓬轉，重有家國之難，久不再聞此聲。吾儕老大，故可想已。余聞言，方有所獨，相與增感。酒罷，洪用夢窗韻填此視余，聊復泚筆和之

春江送愁更闊，甚抽刀斷水。浪花似、片片柔情，急流還蹴連蕊。酒衫重、塵痕未澣，筝船曉月陳歡墜。想桃根、雙檝臨風，幾觸離思。

烏鵲南飛，畫鼓夜紞，感從軍蕩子。枕函夢、曾説飄零，玉驄消息難至。悔殷勤、封侯誤覓，换年鬢、滄桑彈指。剩狂歌譙隱，樓頭問天何意。

邯鄲過客，未聃小印。襆被僧房，聽疏鐘不寐。還暗省、維舟邗上，抑掩幽哽，隔座琵琶，燭龍催淚。分明在眼，家殘國破，竄身來向江干哭，看新蒲、野老都憔悴。何堪捉臂當場，促管傳栝，惱人鶗鴂天裏。

知音自惜，邂逅填詞，總惹紅怨翠。君不見、孫劉栖憇，若箇英雄，很石菭荒，亂鴉驚起。瀟湘波淼，歸歟何日。風流摇落悲宋玉，寫蘭荃、休更微聲倚。蒼茫第一江山，第一相思，縮來寸紙。

十二郎

煙雨樓在鴛湖中，其左背郭，西連鴛鴦湖，爲禾中第一勝境。用夢窗《垂虹亭》韻題意

絮雲蘸水，放郭外、嫩晴如凝。唤翠笛吹煙，銀匏擕酒，同上南湖釣艇。軋啞菱歌清香裏，暗觿歇、鷗眠纔定。看平聲過雨荇荷，通波亭榭，漸忘塵境。

佳興。吴儂澣罷，澹妝窺鏡。自鹿去蘇臺，蠡施偷嫁，誰向鴛鴦顧影。恨眼傷高，綺才消别，愁接越來潮冷。呵素

壁，醉墨分題，付與塔鈴搖暝。

浣溪紗　題王幼遐給諫春明感舊圖，時同客滬上將別矣

一弓生綃拂酒塵。歌吟曾見太平春。貞元朝士更無倫。　夢裏河山鷺寂寂，望中樓閣雪紛紛。北風殘笛送車輪。

其二

一去燕臺暗恨生。詞人幾輩似晨星。也知喬木厭譚兵。　撥甕浮蛆新世界，看花啼鳥舊心情。銅仙清淚爲誰傾。

其三

隔雨飄鐙更不歸。畫闌惆悵幾多時。問君行李又何之。　佳會也如錢易散，閒情惟與伎相宜。中年禁得鬢成絲。

解連環　余去杭州，巴陵方湘賓用夢窗贈石帚韻見詒，詞意深美。行已六日，始克和此，奉寄

悵然愁結。盪輕雲不散，莫天無極。乍佩解、花下逢君，費重贈，斷腸寸牋春色。絮點飄煙，畫船去、六橋南北。祗孤山片石，鶴語夜寒，惹儂長憶。　狂名盛年一擲。指湖隄素月，曾照蘇白。悔浪游、我輩來遲，對剩葉零枝，怨紅吟碧。望眼傷高，看飛動、龕門秋汐。問襟塵唾痕，凝酒幾回賺得。

雨霖鈴　題張次珊通參詞餞圖，用屯田韻

西風清切。又疏簾底，菊蕊都歇。關河萬里如霧，堪回首處，東門臨發。夾道衣冠送酒，但攜手悽咽。念故陌、銅狄青蕪，熱淚經天灑空濶。江南帶水留人別。自掩關、酌客銷

佳節。三千奏牘何用，金馬夢、漢宮殘月。此意冥冥，爲語雲中，矰繳休設。算最有、煙柳無情，莫與寒蟬說。

秋思耗 題《庚子秋詞》，和次珊依夢窗韻，遥寄朱古微閣學

衰影經秋側。看露華如澡，菊寒無色。笳散幕烏，鐙去聲催邊馬，塵合天窄。聽長樂鐘聲，送人幽夢共歎抑。黯去魂，寃化碧。料故國三千，玉顔清淚，共指夕陽深處，數番追憶。今夕。青鐙自滴。封鼶詞、彩筆重飾。舊時猨鶴，分明猶在，定誰髮白。歎一縛、輕條培風，無計摧勁翼。問過客，應不識。但夜雪江南，梅邊吹怨寄得。望隔吟箋硯北。

玉燭新 詠梅，用美成韻

江雁人歸後。乍夢遶南枝，草堂詩就。嬾晴綴玉，勝簪處、一樓香魂還漏。樓臺似舊。但絳雪憑闌消候。殘角裏、又是黄昏，無言暗籠煙袖。芳菭淚鏁冬春，漸老去難攀，故鄉知否。素娥漫門。臨水照、那似天然清瘦。何郎句秀。想月夜林邊搔首。聽鶴語、招手僊雲，高寒細奏。

燕山亭 北上感道旁垂柳

驚眼樓臺，笳角四鳴，似我經年游處。新綠漸垂，别後長條，纔有舊眠鶯侶。不解傷心，儘攀折、尋常來去。延佇。但廢陌斜陽，送人無語。還念衰笛榆關，拂金輦遲歸，暗塵迷路。行宫月到，一種思量，佳期被他躭誤。有

限柔情，恨不似、遥空飛絮。啼宇。腸斷也、一聲聲苦。

買陂唐

題朱古微侍郎斜街補屋圖。爲查查浦故居，馬平王定甫亦曾寓此

剩西山、露皴煙嫵，褰簾猶認殘照。斜街一箇詩人屋，堆賺亂愁如草。春又老。正往日、尋常鷺燕迷昏曉。塵龕自埽。對淺壁荒鐙，高城畠月，支枕憶年少。　東華夢，前輩風流未杳。藤花曾共吟笑。玉珂金馬扶歸夜，還補滄桑詞稿。君莫惱。君試問、晚晴查浦一字定甫誰同調。神州坐嘯。讓老子婆娑，朝衫脱卻，將去换清醥。

一萼紅

送吴仲懌布政量移畿輔

蔣山陰。洗新秋片雨，朝緑似抽簪。官柳扶鞍，京塵换袂，行役幾判升沉。謾回憶、庚桑舊壤，話畏壘、餘粒有栖禽。去後樓臺，來時父老，攜酒憑臨。　聞道五湖佳約，用文叔問和石帚奉贈詞意。恁高雲滄灑，出岫何心。孤夢攀天，殘呻帀野，畿甸荒迹堪尋。待争覩、芃芃膏雨，祝苗黍、隨地種黄金。試聽衢謳，吴波咫尺煙深。

木蘭花慢

奉和朱侍郎見贈之作

話滄波路斷，又燕市、看花回。指苑樹栖鴉，城蒿卧馬，春歛餘悽。宫池。去人未遠，衹驚塵黄日隔天涯。閒淚臨風自落，宦情如霧都迷。參差。相見更何期。譚笑憶當時。有直閣吟箋，斜街畫本，曾和荒詞。軻離。舊游漫問，但過江名士鬢成絲。慚愧歸無三徑，折腰

還道相宜。

長亭怨慢

壬寅歲杪，半唐老人受儀董學堂之聘，其詞有曰『鷗鷺莫驚猜，試認取、盟書一紙』。時在秦淮妓家，屬和此調，僅得半闋。今夏過揚，一夕盤桓，云將爲西湖之游，且促成之，而未能也。秋間，余卧疴秦郵，乃倉猝聞君噩音。初都未稿，既讀北海文叔問吳門書，始復痛絶。酒壚人眇，悲逝自悲，取續前聲，比于紼謳之無節。半唐有靈，其識我否也

未拋卻、一年春計。對酒當歌，舊狂重理。檻外東風，流鶯呼我定何意。鐙初茗後，才領略、江南味。醉眼問花枝，已暈入、薦紅窗紙。身寄。歎江關老去，怕説故山烽起。紅橋廿四。且分付、杜郎憔悴。甚倦旅、一別西湖，卻來傍、要離眠地。祇無恙黃壚，憑弔先生歸只。

尉遲桮

早春彶櫂白門，信宿邗上，言愁無據，用夏劒丞蹬韻寫之

碧胡汎。怪扶頭可可春初釀。東風又皺微波，吹成嫩涼如簟。搴芳人豔。臨水照、欲放眉還斂。歎今年、彩筆紅銷，賦愁淒入江菼。夢宵來惜取流光，殘鐙外、酒魔暗答詩魇。憑誰見、雨飄檐，靈潮捲瑟，危旆窄魂同閃。祇覺後、孤篷鸎聲黯。引邗溝、一扶桑東瞰。道垂楊，睡色平黏沙茨。

看花迴

秦郵晚眺，春意荒寒，用夏劒丞太守韻

片雲低渡，淮水莫景瀲碧。正有箇人望遠，凭柳外高樓，樓上斜日。湖山罨畫，來去嬌魂迷向值。春困久、半晌還醒平聲，亂鸎啼夢度林隙。思往事、飛花更急。歎冷落、謝娘瑶

席。誰記清歌一闋，送紫陌黄驄，塵暗天北。酒旗歷亂，眼底登臨懷故國。總江淹、未銷減，莫賦傷心色。

慶清朝

園夜坐涼，奉懷楊駢卿給諫

檻曲通雲，溪流鑑月，相思不隔重城。匡牀散髮，坐久人意忪惺。一覺緑陰雨過，夜光如水簟如冰。招涼處，圃亭似舊，換了蟲聲。　因羡賦歸最早，解繡衣林下，野趣旋清。蒔花種术，老去何限關情。莫是勦譚世事，眼前螳雀幾堪驚。文遊近，甚時折柬，重門吟觥。

前調

駢卿和詞年衰而吟甚健，可喜也。次韻奉教

十萬買鄰，三分種竹，擁書便抵專城。吟邊鬢雪，擥鏡還惜惺惺。爲想茂陵卧久，正宜消渴與調冰。槐風裏，短鎗角扇，試聽泉聲。　淮海俊遊易歇，賦大山招隱，意夐神清。追攜恨晚，忙際空説閒情。幸不到門觸熱，嗒喒流汗令人驚。抽簪去，願陪玉局，同汎金觥。

以上《褒碧齋詞》

瑞龍吟

扁舟衝雪，至下關入城。歲晏江南，寒寂可想。傚夢窗體，賦成此解

秣陵岸。遥望凍樹髡煙，磊沙鋪練。推篷一帶平潮，暮鴉四起，荒城半掩。　步帷濺。因念上街泥雨，怒蹄衝汗。誰知瑟縮氈裘，短轅坐我，清吟自遣。　來去江淮何事，鬢絲催老，年光飄轉。爲説昔時梁園，歌舞都換。英辭妙墨，眼底鄰枚賤。還孤憶、弓衣繡句，羊醪清醼。抵死風吹面。萬山動影，空花歷亂。笛裏天涯遠。愁絮裏，江南何時吹散。挂檐

素月，窺人游倦。

抛球樂 二首

三月春寒乍雨晴。客愁新燕一身輕。花前顧曲音猶澀，簾角偷香夢不成。咫尺闌干路，負你斜陽半晌情。

其二

自到江南春事乖。少晴多雨半塵霾。後湖張網逢魚泣，南曲看花被燕猜。柳絮驕人甚，偏逐東風舞一回。

木蘭花令

亭皋一雨成秋樹。目送芳年隨水去。相思一夜夢南雲，遶徧天涯多少路。 縑機塵黯鴛鴦杼。妾意匏瓜悲獨處。向來祇恨不曾閒，今日方更閒更苦。

朝中措

愁中見了笑溶溶。花襯碧螺峰。妝罷這般熨帖，夢回恁地惺忪。 千篇詞賦，半生歌哭，擬付阿儂。何日滄波一舸，眼前已是西風。

西平樂 登雞鳴寺眺古傷今之作

樹杪臺城，霧中幕府，彌望路插青郊。清角還來，暮潮初上，愁聲盡捲前朝。歎霸國、山川似舊，宮井燕支，未湫春鐙，燕子看來，一例沈銷。 爭說東山絲竹，殘局裏、臥起也無聊。令威重到。蘭成易老。一髮江南，魂斷誰招。空竚想、蘅洲露夕，蘿洞花時，便有漁翁載酒，野客攜琴，官裏何將捉爾曹。歸去未歸，泥涂久滯，松菊徒荒，對此躕跱，物換人非，東風淚涇湘皋。

高陽臺 春初，步至莫愁湖，憩勝棋樓，慨然吟望

寒水籠煙，荒碕繫艇，女牆遮卻紅塵。未到花時，湖邊已有游人。青楊淺覆東西岸，步畫闌、都是回文。恨沈沈，闌外高樓，樓外黃昏。

江南自昔無愁地，甚年來吟眺，但有傷春。絶豔驚才，輸他若箇名存。魚天一片前朝影，喚翠娃、收拾垂綸。恁淹留，誤了歸期，自倒空尊。

鶴沖天 晉太康九年畫鶴塼硯拓本，爲鄭文焯題

宮井廢，殿基穨。遼海夜飛回。冢中名士幾人灰。餘恨涅青苔。　鑿詩龕，眠畫憕。到眼片雲秋瑩。此時江左說漂蘦。殘唳寫誰聽。

眉嫵 師曾世兄新婚將別，詞以慰之，即送其赴日本，用白石韻

漸蘋花偎水，葦葉飄烟，風浸送歸眼。執手丁簾下，辭巢語，叮嚀人似秋燕。翠襟共欸。訴近來、游迹多感。鎮相望，日出扶桑表，定儂意先暖。

身世歌筵將散。幾漢瀨荀爽，吳下張翰。沈陸龍蛇起，移舟住，神洲誰寄孤纜。鬢霜又點。禁片時、人遠天遠。算孤負深梧，殘醉裏、幾回見。

楊柳枝 十首

行人頭白柳條青。始恨春風不世情。若有當時豪賭興，長楸還試馬蹏輕。

其二

二月隋隄水皺池。流鶯已在最高枝。一般飛絮無才思，卻任東風刬地吹。

其三

擲盡榆錢送好春。弓彎舞袖鬥時新。妝成未免多輕薄，牽惹香街十里塵。

其四

殘局湖山絕可憐。十年林燕故依然。酒旗畫角斜陽裏，猶自殷勤纜別船。

其五

西望長安道路遐。朱樓碧瓦切清笳。勸君莫忘關山苦，啼過枝頭有莫鴉。

其六

玉虎絲沈不可牽。樓陰搖曳帶秋千。長宵那有羊車過，眽眽啼烏上井闌。

其七

儘有風流似昔年。幾回恨雨復嚬煙。生來不入靈和殿，恐被君王一晌憐。

其八

短棹天涯酒易醒。曉風殘月有詞名。自從錯到江南路，冷眼看人幾送迎。

其九

已分漂零更不歸。心中眼底事多違。英雄若箇桓宣武，空對江潭泣十圍。

其十

露皎煙黃夜欲深。白門鐙火恨沈沈。牆頭去盡閒車馬，老我安排鍛竈吟。

埽花游

冷楓笑客，照悴影吴波，素霜新染。寺門半掩。拂危牆薜襞，舊題詩黯。醉眼登高，怕有山魈晝瞰。憩游暫。聽林葉亂鴉，飄送歸梵。回望秋荏苒。蕎古事今情，盡來荒檻。莫愁繫纜。數齊梁殘照，畫帘斜颭。看慣江南，剩祗狂吟未減。翠微暗。獨踟躕、負他長鑱。

紅林檎近

秋色已瀟灑，客心方鬱陶。宿莽帶城郭，長風送江皋。我欲憑虚矯領，上覽紫極金霄。邈然孤鶴與翱。羣仙答笙璈。汗漫徒快意，冷落且登高。英雄出手，當筵祗合持螯。任紅桑成海，蒼雲變狗，洞庭歌闋浮大瓢。

夜飛鵲

李曉暾罷職閒居，重有鼓盆之戚，詞以慰之

滄波望歸路，君意何之。林葉下雁聲遲。尊前狂念已消盡，單衣依舊塵緇。相將賃虚廡，但文園多病，宋玉長悲。尋常巷陌，趁秋高、過我填詞。堪羡挂冠能早，隨意汎江湖，一舸鴟夷。誰料西風吹汝，哀蟬不斷，玉篋都迷。鳳幃暗月，隔泉臺、怎照相思。歎誰人無死、何天可問，莫更歔欷。

六幺令

九日登高，用清真仙吕調寫意

萬蟬收響，官柳驚涼燠。臺城幾行秋影，漸萎前朝緑。詞客哀時未了，自惜登臨促。羣山如簇。斜陽一瞬，淒絶興亡舊遊目。因念陶公歸去，斗酒懷松菊。佳節且暫淹留，那得向黃塵底。自嗟卑慙老，狂朋漫問，平居知甚興味。無端怨闊恩疏，恁分明、舊時牛李。似而今、都燕雀依林，艅艎去水。倘協東籬約，簪霜來共顛頷。

竹馬子

甲午應試都堂，曾與張子馥、鄭叔問聯句，和柳七詞，擊鉢分曹，致多懽賞。茲子馥化去久矣，余與叔問吴天相望，亦正寥落可憐。有憶前塵，仍用柳韻攄感

看殘靄縱橫，長蘆散亂，冷鷗依渚。歎神京去遠，斜川別久，催人寒暑。最憶城北胡衕，分題對酒，上林鶯序。驅馬送君行，問塵埋，張緒風流何處。自此成幽阻，朝華倏謝，夜螢空聚。江南歲歲延佇。誰撫韓陵私語。剩得庾信哀時，一篇枯樹，臨水傷遲暮。重簾晝燭，待話秋魂去。

公田熟。天外浮雲笑我，百事多拘束。安排笻竹。紅萸相識，取次明年醉醽醁。

綺寮怨

題鶴道人沽上詞卷

對雨當風殘夜，早涼吹上衣。暗舞榭、數點狂香，征塵裏、怕見花飛。當年旗亭畫壁，黃河唱、麗日春送悽。念醉中、玉笛羌條，關山遠、怨曲當寄誰。　悵望去天一涯。昆明舊事，何堪再夢銅犀。露泫雲淒。有蟬淚、灑高枝。滄江故人都老，且漫譜、冷紅詞。悲君自悲。相思待盡處、蠶又絲。

還京樂

寄易實甫武昌，用清真韻

素秋迴，見說棕鞵布韈休更理。歎故人江表，廿年客路，登臨空費。記雁邊鷗際。高吟白日哀湍委。送倦眼，何處可灑，看花晶淚。

塞翁吟

散髮尋秋水，還照野客龍鍾。畫闌外，綺霞朧。閒去聲暮靄青紅。情人最好秦淮住，清露夜滸芙蓉。汎錦瑟，換秋風。訴弦柱西東。　恩恩。前歡逝、針樓夢窄，新會渺、蓬山路重。有懷裏、江郎恨賦，又堪對、小別銷魂，短燭孤篷。垂楊繫穩，冷酒荒波，沈醉霜楓。

惜紅衣

漚尹侍郎、叔問舍人屢言江南之游，迨秋不果，但有愁望。適兩君先後書來，兼示倡龢近作。勉賦寄意，仍用白石韻

冷訊通蘆，清愁餞菊，雁邊風力。細寫鱗箋，江天印遥碧。登臨倦眼，空竚望、來游佳客。秋寂。琴調酒歌，説殘年栖息。　長安古陌。飈駭塵飛，冠裳半凌藉。浮雲斷送故國。指西北。萬一阮狂稽嘯，重認五陵登歷。料夢華無恙，悽絶夕陽鴉色。

滿路花

和映盦詞韻

梅嬌乍逗簪，苔密初勝屧。下廊裙帶重、微風揭。無言有意，不許人撩撥。斷紅生半靨，驀地回頭，此時教恁拋撇。　歌紈啼素，淚染相思篋。殘灰書細字、看看滅。争知恨網，不爲春蠶設。今後從休説。着甚纏綿，儘伊無箇銷歇。

齊天樂

重遊滄浪亭

館梧霜葉秋飛盡，高城雁迴初響。半潦通橋，層煙冠石，吟屐蕭蕭孤上。寒鐘又放。送天末潮音，替人悲壯。倚徧危闌，舊遊誰共訴心賞。　文章流寓自古，水亭風詠地，空肅遺

像。土木移形，衣冠換目，時事幾翻新樣。沈吟片晌。指吴會浮雲，晚生千嶂。待語西施，越絲愁細網。

惜紅衣

白石此詞『日』字非韻也，叔問獨以爲當叶，姑徇其説。重和一首，不足以云勇

短巷衝霜，高樓礙日。暮寒猶力。繫馬閶門，垣苔破荒碧。梧盤送老，都看賤、年光如客。心寂。歌散酒闌，學禪龕居息。　狂花綺陌。多半殘春，隨風墮茵藉。零香斷夢衆國。蟻柯北。難得美人無恙，重共水沿山歷。莫但悲游事，吟落一江楓色。

壽樓春

題張彦雲娟鏡樓圖卷子

春之人翩然。記驚鴻顧影，要眇疑仙。幾向微波通問，畫屏尋歡。攘皓腕，歌幽蘭。抗和予、旁皇無耑。但鏤想靈犀，鐫芳麗琬，留照鏡中年。　三生事，花如烟。有珠囊舊物，脂譜新編。最念離鸞光隱，小蛾春寒。心上月，何時圓。拚豔才、消磨嬋娟。便金屋安排，盈盈並肩卿可憐。

燭影摇紅

吴門春雨，得王夢湘潯陽書，并和叔問見懷詞。棖觸舊遊，不能無作，對叔問益念夢湘也。仍同夢窗韻

門掩昏鐙，離觴斟酌愁深淺。城根一夜雨漂花，春老吴孃院。撥盡鑪灰坐暖。數皋橋、羈遊影徧。舊人誰證，吟鬢星稀，禪心泥濺。　江上楓青，琵琶還訴天涯怨。眼前同調已無多，休作尋常看。夢裏行雲未散。采江蘺、横塘寄遠。清明過了，糝絮光陰，年年萍捲。

應天長　連雨有歎，用夢窗韻

風竿轉瞑，雲絮蘸空，沈衾偏灑郊陌。正見燕寒巢幕，銜泥話春色。烏衣巷，前度客。定識我、秀眉吟窄。舊塵在，一片殘衫，酒暈青碧。　哀樂念今昔。不到中年，不信世情隔。但憾箸書緣絕，咿唔撫空壁。滄波路，歸思寂。早倦聽、下亭淒笛。賦愁了，冷雨檐花，清漏初滴。

霜花腴　用夢窗自製腔韻，酬和叔問

數椽借宅，傍小城，先生坐隱危冠。花市呼園，笛家邀步，柴門閉也應難。醉鄉儘寬。料陸沈、不到尊前。但詞人、漸作流星，過江烟雨曉光寒。　芳節最傷吟望，問吴宮消息，總付鳴蟬。白石烟波，紅梅亭榭，何期冷落朋儳。遲君放船。遡美人、秋瀨娟娟。近楓橋、夜火攜歸，五湖同夢看。

瑞龍吟　春光向盡，古微先生邀同張次珊、褚伯約、鄭叔問諸君，集於聽楓園，拍照聯詞，極客中之清致。余方有俗役，未終席輒去。越日賦此奉酬，仍用清真均

吴園路。仍見鏡沼開萍，罥亭攢樹。年年抱月飄烟，翠裙門草，春歸甚處。　共延佇。還念舊家人渺，燕巢當户。天教借宅東偏，煮茶聲裏，樵青寤語。　衰鬢不堪重照，晚襟交手，風鐙紅舞。爲道近來音書，人事多故。浮雲望極，吟斷江關句。知誰問、黄金賦稿，青門遊步。歗侶從君去。對花對酒，翻縈黯緒。恁解愁千縷。扶醉眼，催歸歌脣銜雨。怨香夜溼，迷空霏絮。

小重山令

賦楊花，答叔問殷勤之意

密雪輕緜舞作球。西園斜日下、没人收。無端才思説風流。尋春盡、滿地是閒愁。吹不上枝頭。還能將別淚、灑江州。昨來纔有幾萍浮。東西水、隨處且淹留。

瑞龍吟

和叔問《餞春》

平江路。還向廢苑尋煙，斷津攀樹。依依帆角青山，送春正在，斜陽盡處。黯愁佇。誰見小城棲隱，蓬蒿生户。天涯倦客重逢，覷簾燕子，關情對語。　年少京塵多暇，扇裙翩影，狂歌酣舞。空歎素緇衣新，何似人故。冷紅瘦碧，惆悵題襟句。而今共、吴根貰酒，皋橋聯步。慨想歸田去。撫琴命操，離憂萬緒。催老嗟霜縷。無計挽，門前榆錢飛雨。莫教便作，泥中輕絮。

水龍吟

枇杷詞，舊無傳作，梁溪舟中，偶一爲之

果林翠晚山深，梅肥時節初過了。洞庭平望，東谿勝處，爛晴垂曉。膚擬雲腴，皮兼沙白，核誇單好。自蜀都賦罷，唐宮帖後，誰誤寫、琵琶稿。　天與蠟兄名早。勝尋常、許多梨棗。經霜滌蕊，憑薰釀實，甜香滿抱。千樹黄金，但愁摘盡，園丁偷飽。憶板橋西去，隔花門閉，有才人老。

花犯

鄧尉看梅，盛開之後，致多清感

蒻柔波，吴舠送酒，芳塘汎清曉。翠微春窈。驚路轉溪橫，詩夢曾到。紺霞萬頃晴香皎。棲禽啼樹杪。誤幾日、枯笻幽伴，今年花信早。　鴟夷載愁去恩恩，尊前事付與，寒山偷笑。殘吹裏，東風怨、舊家亭沼。憑誰見、一枝照水，吟秀句、江南人漸老。但又恐、重來林下，青山都換了。

渡江雲

朝檐殘雨斷，柳橋路滑，挂夢酒帘青。故鄉春更遠，社燕飛花，冷約過清明。東風賺客，又短笛、吹入離聲。年去來、曲中人在，對鏡幾絲星。　堪驚。江關詞賦，下潠田園，數歸期難定。私自憐、書空殷浩，題淚張衡。鵑心恁比鷗心熱，唤五湖、雙槳愁醒。凝望處、長天恨接潮生。

丹鳳吟

吾鄉張伯琴太守抱道負才，不可一世，而仕宦不進，垂老徜徉於吳門。既久客將歸，歸安朱侍郎、高密鄭舍人咸有高詠，致其攀留。余時于役馬洲，未獲躬陪盛餞。顧忝忘年之雅，夙昔推襟送裛，於其行也，彌覺黯然。若乃柴門松桂，沅水桃花，訪鄰尋里，終焉漁釣，有觸夙心。波路悠阻，既瞻望弗及，矢音寤歌，亦異時之貞券也。用清真韻，凡百十四字

檢點留君無計，細雨連江，回風飄閣。春歸如燕，臨去暗傷簾幙。吳皋帳飲，撫塵揮涕，夢逐裝輕，衣霑緜薄。緬想扁舟故里，片水桃花，凝望如在檐角。　既自役形悵惘，挂冠頓觸鄉緒惡。便有金如土，怕青山難待，華鬢催鑠。送君行矣，目極洞庭帆落。岸芷汀蘭應念我，寄相思盈握。此情此恨，知甚時住着。

大酺

吳門餞春

借習家池，中山酒，花裏行廚初熟。停車喧客

到，喜狂朋猶是，舊遊巾服。試拂亭欄，還欹枕簟，人影四圍深竹。佳期何由醉，共傷離身世，送春心目。柰簾角昏鐙，裄陰飛絮，斷愁催續。　鶗啼芳事促。最無計、年軌留奔轂。且莫論、陶潛歸去，畢卓酣眠，暫推排、一場拘束。未怪蘇臺月，流照入、越娃哀曲。況蹤跡、天涯客。臨水惆悵，誰見修眉重緑。夜闌更嗟短燭。

華胥引

重午傷逝，同朱侍郎作

香蒲摇浪，斑竹鳴風，暗驚佳節。亂笛吴城，輕飄楚水歸路絶。獨有高閣清樽，對井梧傷別。頭白賓僚，向來恩怨能説。　重過西州，歎轔轔、素車催發。錦牋題句，而今塵封半匧。黯黮騷魂招未，指帝鄉披髮。多謝巫陽，大江和淚流闊。

小梅花

寒風結。花如雪。花前又是經年別。卷羅帷。天四垂。娟娟小紅，秀發香生肌。美人贈我錦繡段。何以報之青玉案。奏瑶琴。惜同心。但覺一花，一歲一愁深。　湘之水。人千里。夢想冰盤舊風味。燭盈盈。賦難成。而今何遜，漸老漸無情。江南城頭夜吹笛。不管清寒與攀摘。粉牆坳。月當霄。賺得些時，擡舉放春嬌。

八聲甘州

滄浪亭爲年時遊憩地，經秋再至，則晨氣彌野，蒲柳向彫，引步賦情，徒增悽望。書寄張伯琴丈沅上

墜空簾夢影捲滄浪，疏星悄然流。正吴城風

曉，臨江鼓角，吹過南樓。不待憑高望遠，投老易悲秋。一寸潺湲水，難澣離愁。　尚想夫容開後，有故人歲莫，湘上扁舟。共魚龍寂寞，垂釣下寒湫。總平生、英雄無用，歎甚時、攜醉説吴鉤。歸來也、有溪山處，待我淹留。

戚氏

布政韻　薄游金陵，九日陪諸公登掃葉樓，和樊山

五湖秋。蘋花飄雨點輕鷗。古驛荒磧，晚天零雁起新愁。凝眸。望官郵。高城睥睨落帆洲。當時利名奔走，遘此佳景幾回頭。吴楚迢遰，東南羈旅，但看江水悠悠。念悲哉宋玉，魂斷千里，何以銷憂。　江左第一名流。乘興命駕，徙倚面林邱。青山好、賦詩招李，荷鍤呼劉。又安求、醉後戲語，前騶若可，喚馬呼牛。每逢令節，掃葉階前，煮茗同試甆甌。　獨有河山感，當全盛日，意氣雲浮。顧我人前漸老，便當歌對酒怕登樓。即今上座衣冠，過江伴侶，客裏逢重九。話六朝、風物都非舊。尋往迹、争忍淹留。桂露零、澗壑沈幽。步踟蹰、野色送人不。剩歸來後。清涼片影，上了簾鉤。

探芳信

靈巖覽興，同古微、詒書、窓士、劍丞

畫船到。甚采香吴宫，半埋荒草。步翠巖高處，酸風射烏帽。琴臺一片平煙裏，樹隱秋聲早。認遥空、黛冷花飄，曲中人杳。　游舊共清悄。問短髮青山，誰定先老。夜火江楓，引漁笛、送歸棹。柔波蕩得離人醉，夢過横塘曉。剩愁心，寄與回廊自遶。

芙蓉露泚。

喜遷鶯

寇士提學甘肅，揭來吴門，言訪遊舊。汎扁舟，淩石湖，登天平、鄧尉、靈巖諸山，意氣甚盛。既連陪登頓，觸景摅寫，歌筵酒舫，時一寓聲。念將遠別，墜懽足珍，於其行也，復泚筆賦此送之

霜林紅亞。帶殘照一片，暮愁難畫。催老關河，驚秋衣鬢，還與故人重把。試向玉門西望，自古風雲瀟灑。料茲去，有弓衣争繡，新詩無價。　牽惹。憑弔處，西崦斷橋，煙水同遊冶。似此江山，可憐歌舞，猶自燕嬌鶯姹。細想宦途何限，都負五湖情話。黯回首，更誰今念我，酒邊吟罷。

念奴嬌

虞山始見《越絶書》，山不高陵，惟西北拂水巖，疊石谽谺，下臨尚湖，擅一山之勝。明人

卜算子慢

登石壁絶頂望太湖，晚泊虎山橋下

衰虹飲去水，寒雁遡風，幾疊莫天愁近。蘇壁紅乾，又寫餞秋霜信。下疏鐘、一徑藤蘿引。到眼底、琴臺劍阜，吴山霸氣都盡。　寂寞遊蹤趁。快酒汎波蓴，畫添林粉。老客江湖，慣向冷楓題恨。過山橋、沙際潮流緊。甚雨急、衰鐙夢裏，繫烏篷難穩。

三姝媚

回舟山塘，妓席有作

西興回首地。放歸橈篷窗，坐涼無睡。暗笛吹愁，攬翠瀾還見，夜魚飛起。霧晶鐙昏，時蕩漾、微酣遊意。眼倦江湖，多是青山，笑人憔悴。　襟上塵痕初洗。趁酒席歌場，鬢絲重理。畫燭更闌，緬舊歡如夢，夢都如水。遶過閶門，迸數點、悲秋清淚。恁采相思何處，

刻『劍門』二字其上，以其險怪比于蜀道，遊屐至此稀矣。今土著但呼爲『劍門』。探幽得詞，以諗來躅

賦愁無地，步蒼巖直上，長風飄擻。蜀道艱難隨處是，險爲人心虛設。一綫闚天，二分垂趾，鴉背斜陽闊。冷楓紅透，秋山還著春色。　尚下有幽壑潛蛟，層瀾不動，萬頃光明滅。想英雄投釣日，意氣皤然如雪。至此徘徊，幾年翻覆，事與湖煙沒。浩歌歸去，莫雲回望重疊。

法曲獻仙音　興福寺舊爲破山寺，即唐賢常尉題詩處。潭影山光，貞隱攸宅，寺外墓地頗多。今虞俗率以冬初祭掃，經途所遇，時見白楊。本爲遊山，何心歎逝，自來淹薄，吟望易悲，亦詞人之本色矣

斤竹樵稀，挂枝猨寂，繚曲三峰如綫。樹密迷幢，徑深通屐，禪房晝晴花滿。看倒影、瀲潭裏，雲英洗雙眼。總蕭散。　柰蘭成、慣吟愁賦，歸計阻、心與去鴻共遠。窈窕薜蘿人，想臨風、青鬢吹斷。歲莫山阿，恁斜陽、來照悽戀。問蒼煙覆壟，可有昔時遊伴。

水龍吟　題大鶴山人《樵風樂府》

十年雪涕神州，氣酣西蹴崐崙倒。素商夜起，潛蛟暗舞，危絃苦調。亂插繁花，時温濁酒，自成悽悄。爲一閒放汝，掉頭高詠，蒼茫處、無人到。　回首東華塵渺。溯題襟、舊遊都老。堯章歌曲，玉田身世，最傷懷抱。占得吴城，荒園半畝，儘堪愁了。怕茂陵他日，人間流落，有相如稿。

探春慢　題成竹山同年香雪尋詩圖

輕暝籠寒，峭枝破臘，溪橋幽意如畫。踏雪林深，提壺郵近，還覺春心暗惹。消息東風裏，料不許、玉人先嫁。細看芳臉瓊肌，盈盈猶自無價。　憑向南雲喚起，嗟老去何郎，孤恨難寫。亂笛黃昏，扁舟西崦，眼暗年時遊冶。纔作梅邊客，夢翠羽、啁啾今夜。有約疏籬，月明長伴瀟灑。

鷓鴣天　聽楓園呈古微先生

野外提壺與漫遊。出門瀟灑閉門愁。西風昨夜吹紅葉，南客今年更白頭。　尋里寂、灌園休。吳楓聽得幾回秋。也知墜地無人惜，莫更題詩付御溝。

倒犯　祖庚員外既逝之次年，始獲題其填詞圖。言哀已歎，聊當招魂之賦

夢影、共秋花半零，夜窗如雨。湘鴻叫侶。弦詩地、頓成悽楚。雲牋暈砑、留寫相思纏緜語。認畫裏翩翩，玉貌無塵土。弄瑤華、按金縷。　秦柳聲名，弱歲詞場，推襟相爾汝。矯首隘四極，素商疾，長飆阻。竟斷折、垂天羽。念衰沈、人塵悲久旅。料醉墨孤吟，不寄重泉路。片魂歸且住。

祭天神　年前吳門竄歸，古微先生有贈行之作。玆又隔一世矣。依韻奉和，殆難爲懷

送好春偏是風和雨。恨天公、不管人間心事苦。津頭執手臨分，淚壅鐙船語。聽烏啼怕見湛江，楓林暮。況下有、蛟鼉怒。　更愁

絶，南北無歸路。山河在，閭井換，忍哭長終古。待何如、要離墳畔，鸚鵡洲前，一覺長眠，便了離騷賦。

高陽臺

花外鵑甇，樓陰鶴歎，春光電洩煙消。半壁斜陽，是他親見前朝。登臨枉自傷心目，恨舊遊、輕薄難招。記從來，雪艇松龕，幾費吟敲。餘生天遺無聊。衹長浮范宅，未反原騷。一哭松楸，麻衣短髮飄蕭。桃源已是尋無路，說避秦、何必今朝。恁無情，江水江花，送我漁舠。

陽臺路

綺疏晚。墮粉塵暗笛，還吹春怨。糝東風、一翦蘼蕪，都是淚澆愁染。多病光陰，正念去年、倚肩人倦。哀弦斷。又怎知、而今鴛侶飛散。此恨緜緜無盡，待訴與、宵長夢短。劑薪量米，但怪我、慣曾疏懶。懷中剩、潘郎賦筆，也自鬢霜催換。釵和鈿向鐙前，不堪重展。

安公子

暗暑催長夜。夜長始覺風無價。燭燼虛廊生竹籟，透聞根瀟灑。但細憶、銀牀舊對多情話。搴畫屏、夢冷無痕也。盼碧天雲破，可是青鸞來下。至此成牽惹。等閒又是秋乘夏。蟬唱千聲驚客鬢，感華年如瀉。獨自箇、千愁萬恨無休暇。誰料他、粉黛都虛假。認素縑塵涴，尚有崔徽遺挂。

過秦樓

倚月闌孤，餞秋香燼，風刮冷雲成片。螢來弔水，雁去箋天，還挂舊時愁眼。宵永總是無眠不，爲貪涼、頓疏羅薦。甚年光、付與秦樓一夢，玉簫吹斷。　長記得、翠陌鬭初，紅橋鷗外，迤邐太平遊衍。相如病後，元亮歸來，剩有酒悲琴怨。誰更傷心，覓他將返房櫳，纔抛鍼綫。道婆娑老我，離恨并刀自翦。

謁金門

鴂啼急。馬上單衣寒惻。路轉蠶叢煙雨溼。雲橫山脚直。　道是欲行不得。仰脅攀天無力。今夜誰家吹玉笛。五溪深莫測。

其二

鴉飛急。一陣蠻天雲黑。野竈無煙山鬼寂。晚風吹薜荔。　道是欲歸不得。何處問君消息。眼底旌旗懷故國。嶺猨啼我側。

蝶戀花

撲面黃塵春景暮。江上飛花，亂送征人去。幾日娉婷風又雨。回腸遶徧來時路。　聞道長安不可住。好事而今，到底爲誰誤。細數歸期期已屢。馬蹄蹴踏知何處。

沁園春

側望神州，白日西傾，江流未央。自周宗既墜，皇輿板蕩，永嘉之季，道路豺狼。野哭千家，夷歌四起，禾黍秋風古戰場。今何世，蒼天已死，黃種云亡。　柴桑。柳老松荒。早枯盡、歸來淚數行。痛西臺石碎，魂招朱鳥，昆明灰燼，刦換紅羊。故國山川，廢池喬木，辭輦銅仙也斷腸。無家别，仰天歌罷，獨立蒼茫。

花犯

善德山即古之枉山，隋時以善卷嘗居此，故名。今但稱爲德山，林壑深美，擅一區之勝。予足跡不到此已四十餘年，王湘綺詩所云『恒馳域外觀，久負門前山』也。丙辰春日，熊宣慰使奉母避兵於此，同人攜酒相勞，予亦往從。蓋處離亂之時，而有娛遊之感，傷今念往，最難爲懷。適廖君復塘和予前韻見詒，賦此答之

近清明，晴煙媚柳，東風弄春曉。片山青窈。歡載酒攜筇，樵徑深到。毒龍睡穩方潭皎。殘鐘穿樹杪。頓悵觸、卅年幽夢，閒身歸未早。　玄黄戰爭太紛紛，沙蟲恨，訴與枯禪應笑。蝸角裏，滄桑换、故宫都沼。知何地、結鄰勝隱，休信道、秦時人未老。試重訪、扁舟溪上，桃花開過了。

曲玉管

長沙曲園飲餞古微先生，重過已秋，賦懷卻寄，即用其集中韻

訪柳賒陰，浮瓜豁暑，高樓弦索餘清響。又是西風吹徹，初雁無行。攬離腸。　滿眼沙蟲，回頭吴楚，殘年那共追遊賞。一臥滄波，久矣不夢羲皇。思何鄉。　莽莽神州，賸遥指、前朝枯樹，衹今老去蘭成，江南詞賦空傷。視蒼茫。想平生都盡，到此重尋秋徑，園亭依舊，藺足徘徊，卻怨迷陽。

秋霽

和梅溪韻

湘水苕苕，汎畫舸晴波，漫翦秋色。楓咽紅乾，蓼披霜密，雁程慣禁風力。倦飛未息。數行影寫寥天碧。念故國。誰問、瘴江閒臥釣

鼇客。年事向晚，鬢雪欺人，短歌長吟，都付淒寂。洞庭陰、靈筠夜泣，千年枯淚照斑白。歸路片鷗應記得。趁早涼後，還又換酒青衫，采蓴幽渚，買鱸荒驛。

金縷曲　答楊綺塵原韻

此筆真奇絶。滌湘波、詞源千尺，聰明冰雪。寫入商弦潛虬舞，颯颯動人毛髮。且休賦、杜陵三別。各有滄桑無限恨，付紅腔、紫玉簫吹徹。誰贈汝，繞朝策。英雄往事看消歇。恁尊前、南强北勝，花飛煙滅。歸訪秦時閒雞犬，幾箇溪漁能説。又黃菊、籬東霜發。卻憶江南吟影隻，令叔紹六君。料愁侵、秋序驚啼鴂。詩夢落，屋梁月。

以上《裒碧齋續集·詞》

念奴嬌　丙戌出都作

扁舟去國，正傷心雁過，今年秋早。照水衰顏猶似昔，禁得冷楓相笑。鷗外推篷，鴛邊倚被，商量新詩稿。遠游何事，而今才信歸好。休説載酒京華，高樓明月，春夢迷離曉。三尺琅玕能值幾，還我漂零懷抱。天遠柧棱，江沈鼓角，猶恨征帆峭。臨邛家在，此身分付傭保。

揚州慢

菰港移鐙，篋篷支雨，解衣初上吳舠。過申江十里，但落葉蕭蕭。秋正好、楓林冷處，碧鷗三兩，來趁回潮。怕相思、今夜剪他，須是并刀。盛年浪迹，而今狂念都消。問楚澤蘭茎，湘天橘柚，何日漁樵。擬把別懷輕訴，鵾弦裂、響作離騷。且安排游事，五湖煙水相招。

以上見《國粹學報》一九〇七年三卷九期

漁家傲

人静烏鳶相對語。重簾不捲肥梅雨。新渌濺愁濃幾許。憑闌處。分明無想山中住。便爾唱予誰和汝。平生總被名韁誤。何日田園攜橡芧。清尊注。陶潛那不思歸去。

金縷曲　九日風雨

何日無風雨。到重陽、瀟瀟淅淅，便成愁譜。簾角吴山青數點，總被浮雲遮住。更何地、登高能賦。偶話東籬歸路杳，料黄花、瘦到無人處。簪不得，爲誰舞。　沈沈此恨成今古。黯東南、星飛海沸，漏天難補。岸上維舟眠較穩，我亦尋常鷗鷺。奈佳節、淹留如許。消受深秋垂老别，但扶頭、茗芋杯無數。檐花落，盼將曙。

雪梅香　夜造聽楓園，叔問、昌碩先在坐

晚寒切，高城脱葉旋西風。望天涯無伴，行吟漸覺愁工。過市鐙稀雨霑屐，敂門人熟酒盈鐘。此何夕，邂逅平生，還似初逢。　朦朧。倚窗問，燭外梅梢，剩幾新紅。老客吴趨，對花忍憶遊蹤。歲暮音書歎寥寂，五湖煙水各西東。明朝事，待買霜鯿，分付烏篷。

前調

雨連夕，高樓獨客故傷心。攬征篷千里，霜天暮角寒侵。魚市煙荒午收楫，烏邨風急暝呼林。點還滴，檻外窗前，多少愁音。　沈沈。數年事，蠟淚珠啼，坐冷鴛衾。儘説還期，瀟

湘水闊雲深。楓樹青凋半江葉，梅花紅減十分陰。寒灰意，已是當年，何况而今。

以上見《忍古樓詞話》

陳衡恪

金縷曲 徙居白門，留别公湛

誰道吟懷淺。有鯤絃、吴天怨别，苦啼春鴈。煙雨溟濛明朝路，蘭枻暫教留戀。更細寫、愁痕低泫。一幅墨花和淚舞，料桃潭、不及情難遣。楊柳岸，片帆遠。　冷風吹皺滄波面。最難忘、詞塲伴侣，故鄉英彦。千里卜居南朝地，憑弔粉殘脂黯。但夢裏、蘼蕪繾綣。錦瑟年華須痛惜，待重逢、暢瀉金樽滿。鬟邊語，音晛晥。

以上作于留日之前（一八七六—一九〇二）

眉嫵

又殘陽摇曙，宿蓼分涼，愁入去舟眼。底事悤悤别，雕梁畔、因依還羡雙燕。妙詞意款。伴露裝、殊慰悽感。暫回首，瀲灩江南水，映孤夢猶煖。　堪念雲萍飄散。且自偎清影，頻弄征翰。鴻語催秋緊，年年樹、蒼茫曾繫遊纜。淚襟暗點。悵玉人、空望塵遠。便先算歸期，春鏡裏，待廝見。

前調

對微風柳苑，隱霧蓮汀，聊闊異鄉眼。宿鳥歸飛處，闌干外、沉沉雲醉天半。素襟共遠。便興來、徐步芳岸。看平地，藻荇交横影，又良夜難遣。　十里晶簾初捲。料翠欹珊枕，涼沁香汗。環燕皆塵土，癡兒女、鳴箏誰補幽怨。淚深意款。悵棹歌、空老張翰。待邀我明蟾，凌波路，照清淺。

祝英臺近

見時難，別時易。十九不如意。心在天涯，人在緑陰裏。晚來暗雨簷前，瀟瀟滴滴，又滴盡、更殘漏墜。　未成寐。近日多少相思，問儂還問你。霧重寒輕，兩地甚滋味。幾時雙宿雙飛，蓴邊弄笛，同領畧、五湖煙水。

暗香　憶梅，次夢秋韻

半窻雨歇。料幾枝綴粉，臨風堪折。暗憶芳盟，笛語悤悤換時節。休道江南信早，空贏得、經年拋別。想見那一撚幽香，千里冷雲疊。　誰說。路悽絶。正夢繞夜寒，秀靨凝怯。玉塵自潔。寥落孤山寫明月。但願枝枝倚偏，聊慰我、相思情切。又甚處攜素手，舉觴對雪。

醉落魄

一簾冷月。照山照水光澄澈。對花對酒情親切。千里嬋娟，今古共圓缺。　沈沈鐘鼓今何夕。長空過雁飛無跡。樓陰掩亂梧桐葉。樓上佳人，獨坐不吹笛。

以上留學日本時期（一九〇二—一九〇九）

解連環　爲公湛畫水僊并題，用清真韻

素根聊託。悵溹洄別浦、寸心緬邈。試睡起慵展晶奩，但顰惹月寒，夢移春薄。畫槳來遲，正孤守、一窻幽索。定冰姿恨隔，不共麗人，細評花藥。　湘皐近來自若。想輕裳暗掣，香送天角。甚亂雲、漸阻相思，忍付與瑶

詩否。嬋娟慣鬬。愁未穩、鏡裏暗窺簪瘦。眉邊弄秀。應念我、幾番搔首。休更聽、殘笛聲聲，高城夜奏。

以上爲題花卉册頁之作，凡三闋

疏影

秋蓮詞人詣孤山觀梅，詞以紀之。予不得同遊，次韻寄意

西泠舊碧。引澹煙縹緲，扶上雙屐。十里疏花，天末遥看，眉邊暗惹香澤。春風欲透瓊肌軟，似未惜、波寒江國。想夜來、雪意淒然，夢入水沉亭北。　還問逋僊甚處，冷虹細蘸水，愁遏歌力。玉珮無聲，鶴語盤空，那管飛鷗來歷。蒼茫目斷扁舟路，恨不共、石湖吟筆。倚半牀、斜月黄昏，起觸滿懷雲闊。

環，怨情閒卻。净洗鉛痕，穩伴取、煙條珠萼。怕荒汀、夜風似剪，點波淚落。

慶清朝

海棠，用碧山榴花韻

絶豔宜簪，倩魂易冷，幾回殫裊東風。春嬌乍倚，曲欄獨映嫣紅。和醉重鳴怨瑟，無人處、幽意誰同。斜陽外，斷霞作被，殘粉成叢。　猶憶故山步月，聽杜鵑啼夜，緑碎煙空。朱英數點，飛簾應爲詩工。鏡裏暗藏清淚，怕教零落亂雲中。深深院，濃愁未醒，争似花濃。

玉燭新

賦梅，用清真韻

小園才雪後。正東閣春回，冷紅粧就。醉霞汎玉，徐凝睇、宛轉芳心微漏。停盃憶舊。料寂寞、倚欄時候。煙磧遠、糝玉胡沙，飄零漫侵歌袖。　江南水驛關情，問解珮歸來，尚能

水龍吟

微涼不隔窗紗，蟬嘶乍歇林陰轉。江帆暫卸，蹉跎一月，釣遊俱嬾。翠竹籠煙，白雲堆絮，捲簾低看。又牆頭蛺蝶，雙雙起舞，似曾向、畫圖見。　聽説池塘水滿。問迴廊、可曾浸徧。閒堦小立，苔痕碧潤，尚餘蝸篆。偶未窺園，紫薇誰料，這般零亂。甚清愁輸與，天涯倦客，漸鬢華換。

聲聲慢　夢窻有梅、蘭、水僊、瑞香詞，倚聲和之，并寫成圖

煙消鸞肩，月冷犀帷，燈前俊侶初逢。黶錦天機，萬花争妒嬌容。僊鄉自成清供，倒銀瓶、且醉東風。勝情處，對文窻窈窕，香噀塵空。　遺珮江臯如在，悵玉龍吹夜，愁斷孤鴻。暗結同心，温柔誰賦春濃。臨流舊時妝蒨，寫瑠屏、驚墜鴛紅。端正看，小腰支、還似鏡中。

慶清朝　公湛用梅溪韻賦此解，倚聲和寄

柳帶垂陰，荷錢試碧，霏霏微雨溪亭。餘香半畝，未慳詩思經營。霧閣翠迷清曉，流鶯夢、老燕巢成。春歸後，湔裙曲水，無語留情。　天氣乍寒乍煖，正地卑衣潤，寶篆香凝。青山自好，畫闌點筆愁生。嫩約倩傳芳卷，故人何事細丁寧。難忘是，華髮勝賞，攜袂孤城。

清平樂　題山水花卉册頁第二開

紫雲墮水。微浪生風綺。粉態半酣春夢裏。胡蝡一雙驚起。　晚煙緑上筠枝。輕盈卻怨開遲。不見王孫驕馬，隔簾自託腰支。

前調　題山水花卉册頁第六開

春山自曉。露浥無人到。一徑苔深香縹渺。惟有數聲啼鳥。　千年流水泠泠。清風寫入瑶琴。惆悵湘靈夢遠，天涯委珮留簪。

以上留日回國後至赴京之前（一九〇九—一九一三）

好事近　題清供圖

供養水僊花，開到盈盈欲折。一片歲寒清思，共芳香幽絶。　碧天雲浄雪初消，又見風吹葉。人意鐘聲俱遠，有一輪冰月。

前調　仲虎先生前年宴集朋輩於斜街寓園，其時紫藤盛開，流連竟日。今已移居牠宅。回憶舊居，不無三宿之感，因屬補繪此圖，以紀一時之興，命之曰趣園雅集圖。又，是宅爲朱竹坨故宅，更增一重公案也

一架紫藤花，組織滿園春色。靜裏緗簾棐几，對酒人詞客。　紅塵人海小遊遷，笑傲前賢宅。幾度落英如掃，憶舊情能説。

蝶戀花

萼緑燈前迷彩鳳。幾日東風。細掃臙脂凍。殘醉未消尋好夢。流雲暗結遊僊鞚。　才説傾城聲價重。一樣年華，自把芳菲送。春色鵝黄聊與共。無情花影天衣縫。

自度曲　題紅梅

紅雲薄。前村約。春在闌干角。何處笛聲和夢覺。峭寒珠錯落。

以上北京時期（一九一三—一九二三）

一萼紅　題背面仕女畫

晚涼天。尚未疏團扇，纖手弄冰紈。香汗微收，鬆鬟不整，久坐還聽鳴蟬。淡霞暈紅酥臂玉，似罷浴、初試盪羅便。細數苔紋，暗熏花氣，儘意留連。　借問誰家庭院，但芭蕉三兩，不見闌干。莫是藍橋，休疑姑射，雲路別下嬋娟。甚背面、嬌羞體態，也輕移、環珮在人間。畫筆端相片時，幽愫難傳。

菩薩蠻　十月十八日集杜少陵句

蒼苔渴酒林中靜。佳人拾翠春相問。老去願春遲。梳頭滿面絲。　感時花濺淚。晚著華堂醉。去住損春心。孤城隱霧深。

其二

魚龍寂寞秋江冷。風含翠篠娟娟靜。幽樹晚多花。微風燕子斜。　捲簾殘月影。寒水光難定。佳句染華箋。虛空不離禪。

其三

香飄合殿春風轉。且看欲盡花經眼。落日在簾鉤。燕姬翠黛愁。　洞房環珮冷。結束多紅粉。故作傍人低。聰明憶別離。

其四

清江錦石傷心麗。含風翠壁孤雲細。細麥落輕花。風前逕竹斜。　霏紅洲蕊亂。丸藥流鶯囀。高柳半天青。乾坤一草亭。

浣溪沙

銀漢臨岐一道催。悄風黃葉共徘徊。青燈低映繡簾開。　故國寒砧傳晚信，錦衾瑶瑟動清哀。三更殘月度秦淮。

看花回 賦蘭，用《片玉》韻

翠叢先放春早，暮景呈潔。被酒乍開倦眼，對掃黛文君，還慰愁結。芳襟自遠，細浴東風泉底滑。銀屏酒、静理琴絲，葱尖會意已清絶。何事更、移樽向月。嘆荏苒、幾經時節。采采不堪滿把，覺空谷煙痕，欲沁華髮。低徊故國，路阻幽篁猶待折。看青娥、未全老，詎忍輕拋別。

西河 題秦淮汎月圖

秋乍霽。涼飆劃破雲翳。閒邀夜色賞秦淮，淡蟾在水。六橋不隔柳蒼蒼，煙光摇盪眉際。畫樓外，重徙倚。緑漪兩槳須記。興亡漫説六朝山，燕還舊壘。帝城客去晚潮回，華年空嘆彈指。軟塵聚首似夢寐。莽東西、琴

其二

回首秦林入夢空。片雲流水隔香紅。玉簫帆落石塘風。辛苦猶憐天外月，素秋飛影入瑶宫。千門人語斷腸中。

採桑子 題畫竹

巖扉舊掩參天翠，月悄霜乾。瘦影啼猨。不似蕭郎十五竿。凌霄飢鳳歸來晚，夢遶千山。眼底江南。蕭颯西風送暮寒。

鬲溪梅令 題紅荷

娉婷何處寄芳悰。憶前蹤。樓臺一桁水溶溶。酒闌花笑風。襪羅冰潔舞衣紅。忒玲瓏。驀然回首晚煙中。簫心横碧虹。

劒千里。見了若添離思。嚮飛螢岸曲，停盃相對。收拾餘歡笙歌裏。

以上未能編年詞作

南浦　春帆，次碧山春水韻

千里碧無塵，看飛來，一葉風正張滿。墨淡染平沙，青山外、遮斷晚烟如翦。客程何許，嫩陰低亞春痕淺。有人夢裏留恨處，又隔潮頭雨片。　澄波縱眼蒼茫，甚入峽、唬猿窺人乳燕。孤影太竛竮，高樓上，應悮亂雲尋遍。垂楊別浦，黯情重訴江南怨。著花岸芷迷歸路，依舊水遥天遠。

見《學衡》一九二三年十九期

以上《陳衡恪詞》

陳寶琛

南樓令　中秋瑩園待月

叢薄易黄昏。衆星檐際繁。好山河、生怕蕓吞。七寶催修成也未，一年事、彀銷魂。　秋色正平分。天風吹海雲。甚仙人、擎出金盆。只要高寒捱得過，怎秋月、不如春。

尾犯　雁字

何恨苦牋天，天迥塞遼，風送如墨。旋整還斜，織秋光成畫。霜信緊、憑伊報與，旅愁深、無人會得。弋矰休篹，萬里南來，防有上林帛。　年年勞遠目，倚闌處、險斷消息。那計東西，悔春泥留迹。諒生性、隨陽難寫，儗名流、書空太劇。亂鴉更迭，鳳泊鸞飄誰惜。

月下笛 促織，和彊村韻，同愔仲作

月滿西堂，淒淒切切，是何情語。無人和汝。恁抽愁萬千緒。相思金井闌邊夜，忍重説、長安舊雨。賸虛樓警夢，孤鐙弔影，絮恨難曙。　誰誤。留人住。奈啜泣王孫，泠吟交訴。荆駝側畔傷心過，金籠買鬭，幾絇閒殺寒杼。又棖觸、商音一度。藜牀下，等噤聲偷活，且放秋去。

霜葉飛 落葉，用夢窗《九日》韻

一秋無緒。霜天裏，朝朝風撑辭樹。夜長還要警孤眠，聽打窗如雨。更惻惻、危枝倦羽。添薪虛憶庭槐古。儘唱徹哀蟬，甚處覓題紅，那管客衣緇素。　長記九日江亭，商飈獵葦，此題弱冠曾賦。而今人亦，禿成枯羸，共階蛩語。忍撇却、乾梢斷縷。飄零休便隨流去。但保得、冬心在，轉緑回黄，是歸根處。

惜秋華 看菊羅氏園，用夢窗韻

似此風光，便歸來栗里，成何懷抱。種菜閉門，英雄也曾埋照。秋花瘦本輪春，却省得、禽喧蜂擾。只慚愧、衰顛漸禿，乞枝簪帽。　容易見花老。趁蕭晨轉暖，霜姿端好。晚節淡交，可許葦杭頻到。長年苦費澆培，賸自怡、地偏園小。看了。恐尋芳、素心人少。

定風波 夕陽

畫裏殘山一道斜。際天衰草帶餘霞。陵闕誰家那忍問。傳恨。故宫明滅付歸鴉。　無分南榮長炙背。何意。晚晴西閣尚留些。還是枯葵偏耐久。厮守。知時讓與合昏花。

百字令　晚菊

褊哉韓子，恨霜中花好，胡爲生晚。信自情芳何早暮，籬外西風從换。送酒人稀，餐英客去，獨作南窗伴。夷然冰雪，一叢應勝千萬。　不念三徑全荒，頽齡强制，祇就微陽暖。香色過時甯可采，要驗天心梅點。疇昔朱門，淵明擠壞，此品誰曾見。署牌珍重，隔年留種休斷。

其二

一秋過了，看東籬凋槁，霜下誰傑。獨立略無遲暮感，自是義熙遺孑。位置南榮，瓦盆未厭，花好還須葉。寒泉相慰，從來不借餘熱。　猶記老圃親澆，數叢留殿，純白逾冰雪。澹到無言偏耐久，豈有緇塵能涅。轉眼陽生，與梅交代，芳意何曾歇。落英餐穀，晚香存幾休折。

錦纏道　冬至

九九圖成，子半一陽微動。憶郊壇、迭曾陪從。衮龍仙樂千官擁。雪點豐貂，了不知寒凍。　賸圜丘巋然，盛年如夢。悄黄鐘、律猶吹中。儘老來、虚過團圓節，一家三地，又欠搓九供。

金縷曲　寒鴉

朔氣催成暝。莽沉沉、亂雲堆墨，横斜千陣。槐柳故宫深藏處，禁得霜天淒冷。又正恐、争栖難定。寒日無光何時曙，記翩飛、曾帶昭陽影。終古恨，幾人省。　夜啼動攪孤眠醒。更憐伊、月明繞樹，最擔虚警。投止蒼黄知誰屋，接飯叢祠差幸。且珍重、羽毛休損。開口易招南兒唾，漫誤人、北雁傳邊信。頭盡白，故山迴。

江城子 憶梅

暗香入夢正花時。手親移。盡成圍。廿載偕寒、廿載忍抛離。下策火攻新出窖，聊慰眼，怎如伊。　定誰索笑繞芳池。縱開遲。易空枝。鐵石心腸、能免坐相思。衹恐月明還念我，春又到，幾時歸。

瑞鶴仙 戊辰，東坡生日，用梅溪體

老坡生丙子。算五十三齡，戊辰剛值。奇才踐清地。正金蓮光下，唏嘘先帝。宮壺拜賜。可曾念、黃州李委。奈從今、白髮蒼顏，磨蝎命宮難避。　長記。乾嘉全盛，歲歲蘇齋，勝流高會。奎精畫裏。衣冠客，盡時制。適先庚旬日，詩龕詩老，南雅芙初並至。恁滄桑、花甲重周，却來我輩。嘉慶戊辰，是日庚戌，諸公以先十日庚子題名蘇齋圖中。圖藏予處。

菩薩蠻

衣冠筐篚承平景。荒莊回首師門盡。垂暮幾門生。酒肴無限情。　水鄉魚筍足。投報紛相屬。虛耗海濱同。可能存舊風。饋歲

其二

送寒併送凋年去。粃盆竈馬歸何許。別歲比人難。人行猶有還。　羔豚相慰勞。但祝年年好。且自酹吾詩。依然是義熙。別歲

其三

居夷雖陋仍吾土。四冬漸長癡兒女。何苦舊

京思。人方廢夏時。通宵喧爆竹。羣辦椒盤宿。燈下愧蘇齋。細書猶賣獃。守歲

玉燭新　己巳人日，集栖白廎

初正俄七日。數雁後花前，欲歸誰得。乍晴旋曀。虛凝望、客裡東風無力。臣家舊德。故未忘、生寅時歷。忍見此、遺孑周黎，嗷嗷若爲安宅。詞流會飲高齋，仰壁上英光，中興名筆。廳前懸曾、左、李三公楹聯。降神輩出。人間世、剝復循環難測。年芳自惜。愧綵勝、金花頭白。祇賸與、虀菜酬春，題詩寄憶。

漢宮春　新燕

社雨初零，瞥雙雙紫乙，下上煙梢。分明海山蟄起，來就春韶。華堂睇偏，儘銜泥、甚處安巢。曾記否、吳宮火及，莫嫌卑陋衡茅。生情最知時節，況炎寒見慣，北雁東勞。隄防餓鴟，眼疾敢愛飛高。禖壇氣淑，幸瑶筐、遺卵天教。從賀厦、烏衣門巷，夕陽影裏南朝。

淡黃柳　花朝

無花自若。誰信花朝及。九九餘寒消不得。恁蕭寂。東風總無力。稍回暖、霰旋集。看山桃、却累閒蜂浪蝶。虛趁林園偵消息。欲破還邀勒。最是冬郎，往年猶可，悽斷今年此日。

一叢花　木筆

謫仙夢裏揣香妍。亂插向晴天。春心未展疑含淚，恁垂露、不著朱鉛。偏是曙風，吹開蘭蕊，捧日賽初蓮。樓前歲歲占花先。紫白鬭嬋娟。高枝墜瓣無人管，便歸去、老禿誰

憐。清水院中，雙株玉雪，聊自攙情禪。

驀山谿　寒食

東風不競，熟食寒猶劇。嫩緑柳初稊，裝點作、千門春色。漢宮傳燭，回首豔陽天，半仙戲，萬花輿，能料成今日。　紙錢麥飯，出郭人如織。餳粥望諸陵，新來事、傷心何極。過家草草，虚憶舊焚黄，黄州感，柳州悲，七載仍爲客。

慶春澤　蒙賞藤花餅，分餉同直徯園

香奪蓮華，甜逾桂栗，内官頒與嘗新。玫瑰誰先，一般味取餘春。紅綾重啗臣滋耄，更殘牙、賜紫增榮。坐涼陰、伴食朝朝，腹負羞捫。　京居壓架豐茸滿，悵花時人遠，何況江村。收拾繁英，餅師猶惜温馨。上陽深鎖鶯銜盡，甚心情、説向程丞。儘分甘、衫袖包歸，共飽濃恩。

憶舊游　豐臺勺藥

看羣芳代謝，占斷春光，婪尾連畦。過草橋南望，恐揚州盛日，無此華滋。向時祖園王墅，蕪廢屬場師。問碧玉誰家，銷魂值得，留視圖詩。　噫嘻。駐車處，忍千梢薌粟，賣與凡厮。歲歲兵塵裏，恁輪蹄交遝，虐甚風姨。永隨洛花先後，名品舊京遺。奈短髮羞簪，還憐欲插無古瓷。

探春令　絮影

是何悠颺，半庭晴日，隨風無著。誤羣兒、撲地還争捉。又斜上、墻新垩。　六如空相誰真覺。比沾泥奚若。替謄春寫照，浮萍一去，底處尋根脚。

點絳脣　泛舟八里臺觀荷，次子有韻

一舸清渠，曙風障斷塵闤暑。過雲行處，不帶些兒雨。　本亦浮家，花欲留人住。無多路。便隨香去。收取荷盤露。

夢芙蓉　同梅生嘿園曉泛荷灣

爞爞熏夢斷。喜敲門客到，缺蟾斜瞰。練波雙槳，談笑入葭薍。露香花近遠。初陽妝就明豔。未隔兼旬，看緗房翠菂，開謝漸過半。　苦念金鼇影畔。牢落紅衣，水怨蓬萊淺。比還連雨，傷潦共菱芡。一灣芳自占。舟招況對詞伴。記否家江，正魚肥荔美，和月趁潮泛。

賀新涼　立秋日，蒙賞秋葉餅，與愔仲同賦

秋至誰先省。看行朝、畢羅頒下，夏時猶準。嫋嫋風將涼一味，付與湯官管領。却撫得、銀牀片影。撫序易生長年感，聽哀蟬、還憶蓮花餅。包袖熱，莫教冷。　流民織路無人振。忍回思、承平士女，翦楸簪勝。上苑蟲文分明驗，淒絕壺飧從徑。況旅食、飄零難定。角黍花糕年年事，對舊京、内樣滋悲哽。牙齒缺，且留飣。

桂枝香　中秋蒙賞月餅

中秋又及。正桂子香飄，拜恩籩實。一樣團團纔滿，坼還成十。金盤玉屑分明是，憶冬郎、禁中曾直。倚牀閒啗，丹心最苦，素餐滋恧。　咄宮闕、何年此夕。便影就山河，怎禁

蠹蝕。如許高寒，樓宇寘餐誰壁。合修七寶談容易，但畫地、噉名奚益。太清休滓，含毫欲賦，爲君停食。

龍山會　九日集飲味雲寓齋

五度過重九。海曲風光，斷送成哀朽。登高無培塿。小樓外、危緑蕭疎槐柳。不日奈層陰，及未雨、來中君酒。却牽情，名園咫尺，夢痕非舊。李氏園爲兵佔駐。　那堪陣陣哀鴻，流轉關山，雪早衣誰授。艱難開笑口。風鶴裏、差算黃花無負。世事迫偷生，念有弟、先廬猶守。對萸囊、揞笻北望，爲兄搔首。

八聲甘州　寒雞

此何聲、淒絶五更初，三號徹霜天。憶傳籌絳幘，重閣乍啟，束帶鳴先。換得千村萬落，呼應海潮間。誰復蹴人起，氣盡中原。　此際歡場耳熱，正燈明酒釅，如沸吹彈。任門前風雪，啼斷夜漫漫。更哀鴻、相麕曠野，盼陽烏、不出怎回暄。最難忘、宣南殘柝，戒旦當年。

慶春宮　豹房銅牌

雲黯康陵，蕪深南內，片銅賸臭猶劇。蹋鞠朋游，爭棋不遜，若曹同此門籍。尾隨氊幄，更何羨、穿宮五百。漫勞譏察，義子連翩，況兼豪賊。　一從夜度居庸。關鑰難遮，印符親敕。家裏忘歸，覆舟漁後，歌哭都成陳迹。一朝遺念，只天府、圖藏謦蹕。留名真箇，威武餘風，就中呼出。

瑤華　水仙

蘭猶帶土，蓮不辭泥，怎如伊清絶。模金鐫

玉，貌不出、一種肌冰膚雪。半窗寒日，儘厮守、又過殘臘。却没緣、識面東風，省惹許多蜂蝶。　滿城心醉唐花，看水石盆中，曾否因熱。詩人可惱，浪舉似、仙子淩波塵韤。梅兄易謝，縱憔悴、國香休掐。把蒜頭、珍重收培，閒歲依然花葉。

淡黄柳　新柳

回黄轉緑。誰透春消息。入畫纖眉舒未得。幸語行人莫折。留與千門作寒食。　御河側。青青怎如昔。乍裝點、可憐色。憶當年、重爲靈和惜。肯信東風，玉關遮斷，猶有羌兒怨笛。

應天長　明費宫人故里

生男莫重，生女莫輕，忠貞或在巾幗。刲盡析津城郭，過閶爲憑軾。惜么麽，非闖賊。誤利匕、刺仇偏失。恁纖弱，俠烈如斯，一何雄特。　聞説寇深時，邂逅中官，頻問外消息。處死寸心堅決，誰能犯完璧。從先后，歸毅魄。附傳尾、藉扶人極。舊門巷，正對宫牆，閱年三百。

醉鄉春　酒痕

試驗舊衫回憶。知是幾場餘瀝。望疑影，䚡猶香，誰信墜歡難拾。　慘緑暈成重碧。墟下可憐陳迹。比白傅，説杭州，滿襟況更聞琶濕。

齊天樂　早蟬

羇居又入蕤賓律，新陰蓊然槐柳。苦聒愁聽，荒蛙厭聒，琴曲迎薰初奏。冠緌似舊。任費

惜紅衣

立秋後五日，同梅生重泛荷灣，和石帚韻

夜雨成秋，前塵計日。勝游猶力。櫂香雲疎，花戀叢碧。芳辰易駛，傾意待、同舟詞客。清寂。支枕扣舷，得斯須將息。銅駝廢陌。擘翠搖紅，菰蒲恣陵藉。無因再夢化國。海南北。寒却舊盟鷗鷺，自笑萬波空歷。恁滿房心苦，那似昔時顏色。

齊天樂

觀蓮節鶴亭集飲十剎海，樊山成『荷花生日七律』八首，瞬已經月。憶辛亥六月遇閏，再閏則須辛巳矣。戲作閏荷花生日

廿年季夏重逢閏，匆匆立秋旬許。翠蓋花疎，緗房菂老，又説騷人初度。箭杯再舉。記朋飲湖樓，墜歡如露。況隔滄桑，液池回首櫂行處。而今僂指藕節，只漁鄉幾曲，銷得殘恨聲聲，怎消長晝。不是先鳴，變商容易落秋後。無情宮樹一碧，況蕪平梗泛，何限回首。露逐盤移，天留葉翳，高處猶容癡守。違山許久。賸對鬢慚衰，蜕身憐朽。別動經年，更煩相警否。

玲瓏四犯

夏夜聽雨，從清真體

十斛明珠，不與換今宵，檐際新溜。灑竹喧荷，風過欲停還驟。燈外驀地傾盆，頓氣爽、似聆金奏。恁夢魂、冰簟禁否。堪喜旱田深透。夢回翻憶宣南舊。慣殘更、徙牀驚漏。九重謝降旋憂潦，容易河開口。今日滿耳鼓鼙，誰暇問、庶徵休咎。賸禿翁支枕，聽滲漉，沈吟久。

暑。位占餘分，光隨太乙，相對渾忘遲暮。芳心最苦。似爲我淹流，犯風淋雨。後十一年，可能來壽汝。

水龍吟

得碧栖臨没手札，感痛代哭

十年望斷來鴻，發函乃出彌留頃。滄涼掩抑，死生之際，一何神定。我欲招魂，海天兵火，巫陽焉訊。念百迴千結，那時情味，盈眶淚、如泉迸。石帚清狂無命。恁流波、日親蛙黽。頹唐爾許，不應真箇，江郎才盡。叢稿誰收，審音刊字，吾猶能任。却自憐老耄，君還舍我，就何人正。

摸魚兒

題子有填詞圖，即送其南下，便道游岱

鎮相望、兩年重見，新霜髭鬢如許。蒼茫家國無窮淚，都付笛聲箏語。腸斷處。對老柳殘荷，誰復如前度。江湖倦旅。正妬煞迦陵，及身清晏，滿意勘音呂。多歧路。乾净可留片土。年芳恐不吾與。荃茅變化渾無準，虚説結蘭延佇。君試數。恁舊社佳儔，沙散何緣聚。匆匆又去。羨巾篋攜來，嶽蓮廬瀑，飛鞚躡雲步。

壺中天

殘棊

一枰零亂，欠猧兒替我，從新翻却。越是收場須國手，不管饒先争著。休矣縱横，究誰勝敗，局罷同邱貉。可憐燈下，子聲敲到花落。大兀自坐爛樵柯，神州卵累，眼看全盤錯。好河山供打刼，試較是非今昨。蜩甲枯餘，玉塵輪盡，説甚商山樂。羨他巖老，夢邊那省飛雹。

前調 平韻 破硯

衰殘石友，儘相從刼後，磨墨磨人。整個金甌看撞碎，畫山一角偏珍。對此畸形，依然介性，戀戀劇多情。舊氊雖敝，與伊同伴寒呻。

坡老苦説無田，枯還食汝，遭際總承平。亂世全身差自幸，璧完能望陶泓。不見銅山，繫囚流竄，惟有斷碑親。半珪烏玉，蟄居聊送餘生。

以上《聽水齋詞》

踏莎行

雨做蟲天，霜將雁字。薄寒不管花憔悴。宵深賸與睡相宜，奈無好夢恔人意。

萬態雲翻，百年電逝。西風卻又吹愁至。愁腸相對百千迴，細思有甚干卿事。

見《煙沽漁唱》卷六

陳夔（字子韶）

點絳唇 壬子

花滿春城，袷衣初試清明雨。鬧紅深處。笑指湖邊路。

隔岸樓臺，似約游人去。公無渡。夕陽煙樹。又是春將暮。

浣溪沙

春老殘紅慘不肥。一隻胡蜨故飛飛。憐他猶自竊香歸。

琴曲參差愁玉軫，簾波蕩颺見金泥。無端蹙損遠山眉。

水龍吟

佛倩以杜老新婚之别有高柔愛玩之心，曾託尺素，索賦新詞。而人事冗繁，久而未就。會有所觸，遂成此解。要之，華留萬里，弧矢四方，詹詹之言，亦取適一時而已畫樓簾捲春深，春隨人去愁無際。萋萋碧色，送君南浦，斷魂千里。縈損柔腸，驚殘好夢，爲郎蕉萃。算風風雨雨，落紅飛絮，一樣是、離人淚。　憶否洞房慵起。共商略、入時眉翠。喁喁私語，盈盈雙笑，歡情融洩。忍負歸期，怎生忘卻，華年似水。倩迢迢錦鯉，將書寄與，説相思意。

清平樂

碧梧脩竹。怎比人如玉。學得西方新結束。卻厭尋常羅縠。　別來過了殘春。閨中愁損芳魂。莫向臨邛沽酒，楊花最惹閒人。

金縷曲

送客江頭路。忒迷離、輕遮望眼，隔江雲樹。最是無情江上，水慣載離人別去。怕不道、天涯從此。今夜孤舟溪橋泊，倚篷窗，解得相思否。風月岸，酒醒處。　窮途我已傷遲暮。算年來、隨陽旅雁，稻粱謀苦。漫説元龍湖海氣，曾向邯鄲學步。又祇恐、蛾眉人妒。湧起瓊臺彈棋局，悔才華、卻被儒冠誤。君去也，更誰語。

長亭怨

看隄上、春回芳樹。染柳薰花，豔辰百五。夜奏通明，願乞青帝永爲主。幾番風雨。卻不道、春將去。切莫送春歸，且共約、薔薇留住。　最苦。這春光漸老，依舊落紅無數。頹垣斷井，聽雙燕、會人言語。道幾度、屬付東君，怎不管、飄零飛絮。待化作浮萍，只怨春陰遲暮。

解連環

暮蟬聲亂。正林塘乍霽，暑塵都浣。最愛這、滿郭山光，更闌角向西，夕陽紅淺。跣足披襟，約小坐、晚風庭院。奈幽蘭渌水，古調自彈，賞音人遠。　心驚歲華荏苒。算春歸未幾，紅意淒斷。呪雨壁、莫長苔痕，怕滿目青蕪，又成秋苑。轉眴炎涼，忍棄擲、懷中紈扇。祗殷勤畫檐，素月照人一去片。

掃花游

層陰驟合，旋玉屑霏霏，野烟如洗。絮雲萬里。似春城漫舞，被風吹起。應是飛瓊，慣試梅妝冷翠。鬭清麗。駕銀鶴玉龍，乘興游戲。　臨砌泛碧蟻。恍貯入冰壺，頓離塵世。浪吟醉裏。是東風郢調，競聲能幾。偃臥柴門，可有山陰棹艤。問晴未。看西山、晚來横霽。

太常引　癸丑

西風依舊遶庭梧。門掩一燈孤。依約夢回初。可曾有、還鄉夢無。　鏡中顔鬢，客中情味，心眼兩蕭疏。愁裏起行沽。忍重過、黄公舊壚。

前調

娟娟涼月又侵門。街鼓已黄昏。鸞鏡記曾分。且認取、當年淚痕。　眼前門户，膝前兒女，身後事紛紛。誰倩夜臺聞。可能慰、今宵醉魂。

踏莎行　甲寅，悼黄翰臣妹倩。佐治天台，卒於歸舟，旅櫬尚滯野寺

問客何能，唱公無渡。天涯祇有依人苦。繁霜一夜碎春紅，劉家小妹傷心句。　古寺鐘聲，危巢鳥語。旅魂千載何曾寤。桃花無意賺劉郎，茫茫烟水迷歸路。

浪淘沙

嘉樹近檐端。花信連番。南枝向暖最娟娟。偏是妒花風雨惡，玉笛吹殘。　白日掩荆關。獨自盤桓。祇憐春事太闌珊。欲典春衣沽美酒，不奈春寒。

踏莎行　題錢斐仲《雨華盦詞》

漱玉清詞，然脂妙句。家傳書畫俱千古。封胡羯末盡多才，芳心獨解吟風絮。　記燕窺簾，恨鵑催去。夢魂怕入西堂路。集中原句。遺編零亂女兒箱，芝芙腸斷脩簫譜。

謁金門

湖上水。可是惜春人淚。日暮危闌愁獨倚。晚山如畫裏。　記得個人椎髻。盼斷刀環猶未。自惜賃廡無好計。短書裁不寄。

臺城路

棠梨開盡春將暮。天涯又還羈旅。玉勒嘶風，金貂换酒，寂寞銅街游侣。閒情自賦。悵隔水娟娟，美人修阻。待折瓊枝，結言無女黯延佇。　瑶臺今尚在否。衆芳摇落後，唯有飛絮。折柳官橋，持觴曲岸，總是傷春心緒。何堪杜宇。又祇解聲聲，勸人歸去。歷亂鄉愁，鬢絲添幾縷。

虞美人

曈曈霽日烘晴翠。檐鵲聲聲碎。花香微度入紗窗。瞥見翻飛胡蝶、自成雙。　閑庭永晝科頭坐。日色紅於火。緑陰時有好風邀。最愛繞籬一帶、種芭蕉。

八歸　重五送張味真歸剡

梨雲夢冷，梅風香潤，春盡客子愁獨。丁丁伐木思求友，難得俊詞清韻，唱和相屬。不道琴尊容易散，只料理、歸帆何促。且趁這、角黍蒲觴，帳飲泛醽醁。　曾記湖船共載，水仙祠下，不雜尋常絲竹。晚山青送，夕陽紅斂，水入垂虹凝緑。正移情不遠，此別何年載賡續。憑魂夢剡溪飛渡，更上金庭，隨君聽一曲。

減字木蘭花　題畫三首

玉梅一樹。人與花光相比素。小立闌干。惆悵東風特地寒。　宜春髻子。小鳳戰篦金倭墮。黯淡春容。點綴胸前一萼紅。

其二

新來秋近。屢盼歸期仍未準。坐起誰忺。半臂新綿隔夜添。　黄花比瘦。瑞腦香銷閒寶獸。夢斷關山。抱得瑶琴不忍彈。

其三

當窗疎影。索笑殷勤還耐冷。捲上簾鉤。殘夜花明月滿樓。　憑傳春信。無定行蹤何處問。莫遣花飛。惆悵年年空折枝。

瑣窗寒　秋感。清真『畝』『酒』二字當用勻，宋人故多以『宥』『有』通『御』『語』者，千里、玉田

皆用勻

衰柳梳風，疎花戀月，一簾秋景。陰晴未定。又是煙昏雲暝。夜沉沉、泣蛩正哀，漏聲更約羈人聽。怕蘭成老去，等閒忘了，暮年詩興。心警。胡笳競。正吹動邊愁，客懷孤迥。砧衣自省。早識玉關寒勁。那知人、長望素書，雲羅萬里無雁影。問伊誰、擬絶天驕，獨立三邊静。

點絳唇　別黄曙安

爲祝西風，布颿無恙歸鄉里。老妻稚子。共話團欒喜。日暮河梁，獨自傷蕉萃。相思意。有如江水。不灑臨歧淚。

國香慢　鄭平甫繪秋蘭見贈，賦此答之

一縷騷魂。正含豪渺邈，寫出秋痕。猗猗畹香風汜，入室濃薰。歲晚嚴霜蕉萃，肯隨他、桃李争春。中襟滿芳意，自惜孤標，休要當門。國香宜紉佩，悵靈脩數化，寧僅荃蓀。美人遲暮，應念芳艸王孫。一任空山獨秀，問曲中、哀怨誰論。勤培滬溪土，爲祝東皇，莫使離根。

鷓鴣天　乙卯

春到薔薇已可憐。那堪風雨更潺湲。離離碧艸燒仍茁，點點飛花去不還。鶯囀澀，鴂聲繁。斷腸猶自聽啼鵑。雕梁燕子能言語，衹解驚人夢裏閒。

虞美人　湖上餞春

人生斷合花前醉。不管朱顔改。花枝莫笑少年心。已是星星雙鬢、不勝簪。湖邊春色

歸何處。寂寞春無語。惜春常是替花愁。祇恐飛花如雪、逐東流。

點絳唇

年少疏狂，玉鞭遥指横塘路。畫船簫鼓。一曲黄金縷。　曾屬東皇，好把朱旛護。君聽取。杜鵑聲苦。花落春無主。

清平樂　夏日山居三首

小園西角。斜日遲遲落。照眼榴花紅一萼。不負故山歸約。　晝長午夢初回。沉沉簾幙低垂。開着窗櫺一扇，待他雙燕歸來。

其二

熟梅天氣。雨過添濃翠。芳樹斜陽明晚霽。知否來朝晴未。　小窗疎簟紋平。一鉤新月初生。忽地遥天雲起，濛濛殘雨籠晴。

其三

晚來新浴。困便欹湘竹。到耳鳴蟬聲斷續。疑是薰弦琴曲。　牆頭時見流螢。錯疑河漢移星。坐久玉繩低轉，夜凉應到銀屏。

石湖仙　題柳亞子分湖舊隱圖

松陵南去。有千頃烟波，騷客曾住。門巷掩梨花，問何如、新桐碧護。蒹葭秋水，渾不間、晦明風雨。無緒。憑臥游、幾度探取。　家聲試追舊德，記爭傳、竹枝秀句。爾許清音，自得江山之助。午夢難尋，靈芬不駐。幾番懷古。游衍處。輸他老鐵能賦。

好事近　丙辰小祥後作

春意故遲遲，簾外峭寒猶力。祇有梅花一樹，透春風消息。　驅寒能飲一杯無，斜日澹將夕。莫厭十分斟酌，怕酒醒愁入。

探春慢　丁巳

遲日烘晴，斷雲閣雨，踏青天氣瀟灑。畫舫攜歌，銀瓶索酒，幾許王孫游冶。爲問隄邊客，怎輸與、蕭孃聲價。載將魚炙蓴羹，遥看帆影低卸。　忍令舊情衰謝。更結伴西泠，歡意多暇。艇貰瓜皮，石舒蕉葉，那得弦琴能寫。一棹歸來，未了清游興，早澹日、無言西下。西園燈火相射。訪蕉葉鳴琴故蹟。

西河　西湖餞春

歌舞地。西湖自古多麗。探春卻又送春歸，落花濺淚。采芳老去倦登臨，飄零休問桃李。　斷橋畔，愁獨倚。韶光與共蕉萃。長隄柳下聽殘鶯，感紅怨翠。夕陽冉冉戀南屏，鐘聲摇盪雲際。　以今視昔爾許事。也依稀、芳訊能幾。寂寞西泠秋水。更傷心爲問，當年誰會。風月平章南園記。

惜秋華　紫薇花。夢窗此調數首頗參差，茲各擇其整者從之

幾日西風，早疏林簌簌，殘紅如掃。紫綬半茸，亭亭雨昏烟曉。朝朝暮暮窺臣，似慰我、悲秋愁抱。寒峭。對空庭夜深，更延清照。　花事幾番了。祇幽姿静女，依然娟好。物

化感懷，當日閲人多少。何曾上苑移根，有傲菊許賡同調。堪笑。伴黄昏、莫嫌人老。

月華清

玉露凝珠，碧天似水，素娥窺户端正。桂殿高寒，按罷羽衣應冷。算虧他、今古常存，又因甚、缺圓靡定。清迥。邈乘風起舞，卻廬人境。往事何堪重省。記十六年前，早分鸞鏡。鬼唱秋墳，落月帶蘿誰聽。儘悲君、搜篋多乖，尚冀汝、執笄能敬。亡室祔葬先妣墓旁。淒哽。衹鰥魚此夜，不眠愁永。

清平樂 題費曉樓仕女畫稿

白描粉本。筆意龍眠近。爲有閑情消不盡。畫個風鬟雲鬢。無端天與娉婷。佳人一顧傾城。衹恐横波無賴，特地緩點雙睛。稿中未點睛。

少年游 買舟西渡，晚泊江口

離離霜樹暮煙昏。日夕掩柴門。幾點歸鴉，兩行征雁，黄葉渡頭村。生來只是耽鄉縣，出岫懶於雲。不分中年，愁風愁水，慣作異鄉人。

霜花腴 用夢窗韻

瘦笻暫歇，怕野風，輕輕檢點巾冠。妝就青山，涅成紅樹，秋容畫也應難。水雲正寬。有夕陽、留照尊前。算年年、强自登高，紫萸黄菊未盟寒。心警歲華遲暮，賸棲香病蝀，抱樹枯蟬。乘興題糕，無錢賒酒，情懷付與蠻牋。待歸放船。望遠天、新月娟娟。最憐他、半玦清輝，有人愁獨看。

萬年歡　壽丁太夫人

葭琯飛灰，早天公玉戲，飄灑瓊屑。舞綵斑衣，階下六丁成列。先報陽和信息，似著意、蘭馨華絜。笙詩奏、眷戀春暉，艸心一寸猶切。當年小篋佩觽。柰芝芙夢斷，鄰笛哀咽。幾許炎涼應念，世情衰歇。無限傷心舊事，第一是、芳銘棠笏。重看取、畫荻清芬，管彤垂範千葉。

醉吟商小品　歲除，越流索詞，與羣季同作

又幾度東風，早送甕頭春暖。最難相見。弔影分飛雁。桃李芳園宵晏。金尊酒滿。

好事近　戊午初夏

孤館閉春寒，花事者番蕭索。卻被曉鐘敲斷，又綠陰成幄。好攜柑酒聽黃鸝，巧囀類箏玉。燕子不知何世，絮梁間幽獨。

惜分飛　團扇。兒輩詠此題，頗有思致。予力避恒蹊，轉失自然

一曲清歌桃葉渡。且喜迎郎無。苦世事如朝暮。恩情豈盡涼飇誤。休逐閒階胡蝶舞。要障庾公塵污。春艸昭陽路。玉顏空把寒鴉妒。

疏影　夏丐尊以小某花屋圖索題，且謂系念故鄉，容當重繪燈機老屋圖，故并及之

江東賦客。挈一肩小住，虛室生白。爲有寒梅，枝上幺禽，吟窗解伴岑寂。玉尊緩飲春風影，悄不管、高城橫笛。且看他、翦雪揉春，費盡斷腸詞筆。　猶念家山老屋，異鄉雖自好，

羈思如織。怎不歸來，紅蓴年年，次第無言狼藉。機聲燈影萱庭夢，怕問訊、綺窗消息。要待他、照影團欒，認取舊時月色。

石州慢

題李息霜《前塵影事》卷子。息霜舊藏朱、李兩校書書畫、便面各一幀。及將被薙，乃贈其友夏丏尊。丏尊爲徵題詠，拈此調答之

弄墨然脂，豪素寄情，無限親切。天涯訴與離愁，欲綰同心雙結。十年夢覺，笑桃巷陌惛惛，春風猶記當時曆。珍重惜花心，付隨身吟篋。明徹。色空無礙，分解塵根，水波雙絶。莫怨恩疎，能耐幾多炎熱。蠔蛾舊契，倘教綺語删除，拈花便是當頭喝。泥絮喻禪心，兩相忘風月。

摸魚兒

題子淵臨淵閣圖。圖繪倚巖一閣、江上兩小舟而已

倚危巖、數椽高築，風波眼底如許。人間無限風波惡，失足恨成千古。憑記取。要戰戰兢兢，常凛詩人句。忘懷小住。算恰好躬耕，微吟梁父，高臥待三顧。臨眺處。幾葉風帆掀舞。都緣名利輕誤。請君試聽箜篌怨，祇是勸公無渡。何太苦。看比似錢唐，八月濤猶怒。南來北去。要丁屬長年，衣袽豫戒，莫到江心補。

龍山會

夢蜨鄧尉探梅歸，爲述游興，并出示九日錫山登高用夢窗韻唱酬之作。寒夜不寐，淒然有感，即用其韻。下五闋系戊申、己酉間客吴時作，偶得舊稿，更爲點定存之

朔吹侵簾罅。旅緒淒清，隻影孤燈亞。寒威欺薄袂，人未寢、慘澹銀蟾西下。流水換年華，歎客裏、消磨黯冶。試重尋，衣襟點點，淚

痕如灑。看他結隊翩翩，踏雪銜寒，意氣雄裘馬。故園花信早，相思夢、幾怨綺窗遥夜。因甚不歸來，葭琯動、南枝春瀉。有檐前、舊時月色，黄昏低挂。

夢芙蓉　用夢窗韻

春光融燦綺。正珠簾乍卷，好風十里。眼波眉嫵，人影短檠外。錦筵花共醉。餘香曾夢鴛被。記别伊時，正斜陽冉冉，天際亂雲起。　轉眴前塵眼底。月滿樓空，隱約疑環佩。酒痕重檢，應籍淚珠洗。倩將金翡翠。殷勤爲我傳意。訴入琵琶，聽聲聲掩抑，心事付流水。

八聲甘州　别黄大

黯消魂、倦客後春歸，一曲悵離筵。況迢迢逝水，沈沈暮靄，如此山川。别浦垂條千尺，不繫木蘭船。攜手寂無語，愁眼相看。　自惜年來蹤迹，望鄉關日暮，去住都難。賸悲歡離合，哀樂感中年。更傷懷、古雲今雨，有幾人、垂念綈袍寒。空惆悵、向停橈處，夢斷吴天。

鵲橋仙　向夢婕乞《瞻園詞》

魚懸珮冷，豸冠茸淺，回首長安日遠。美人香草總思君，誰解識、湘纍哀怨。　登高能賦，歸田有詠，道是騷壇冠冕。玉田嗣響未消沉，願乞取、白雲詞卷。

南鄉子

城上月如鉤。城下寒泉滮滮流。蘋末清商風乍起，新秋。客子衣單動暮愁。　歸路幾回頭。風景依稀憶舊游。昔日可憐歌舞地，凝眸。人語疏燈賣酒樓。

湘月

己未仲春之初，與同人游水仙閣。宋張功甫玉照堂故址也，旋舍爲寺。今仍禪者居之，而割其半以駐軍樂隊。歸而賦此。功甫姬人病起，有入道之志。又堂前有鴛鴦梅，有牡丹名瑞露。俱見《南湖詩餘》。今猶存古梅數十本，碑碣凡六，序舍宅爲寺甚詳

南湖在望，怕春寒猶滯，輕負名勝。有約條風似喚我，攜屐閒來消領。水竹三分，雲山一角，檢校檀欒徑。摩挲碑石，忽聽隔院清磬。因念舊侶驂鸞，雙棲自怯，喜禪關清靜。顧作鴛鴦讓玉砌，嘉樹年年交頸。瑞露翻紅，玉龍噴碧，應記楳煙冷。梅梢月上，戍樓畫角催暝。

生查子

齋前十姊妹花一株，楚楚可憐。一夜大風，爲籬落所壓。詩以悼之曰：『似虎風狂一夜譁，庭前吹倒竹籬笆。繁紅已逐殘春盡，可惜同根姊妹花。』或者見之，以謂有所風刺。及園丁扶起竹籬，花容依然。復詞以慰之，然恐被口語，祕不敢示人也

小草弄夭斜，顔色娟娟好。可惜託根微，一夜隨風倒。　扶起竹笆籬，依舊盈盈笑。珍重好時光，莫遣秋風早。

疏影

客中送客。對出門惘惘，離思何極。淺薄東風，容易飄零，芳菲苦恨狼藉。違山十里聲盈耳，衹蟪蛄、惱人秋積。更連天、草長平蕪，慣襯夕陽顔色。　惆悵朱顔鏡裏，近來衹換得，雙鬢衰白。塞北江南，空染緇塵，老了江關詞

筆。尊前一曲垂楊柳，待折取、柔條千尺。恁隔院、吹落梅花，又是一聲羌笛。

薄倖

索居無俚，觸緒愁生，讀賀方回《東山寓聲樂府》，效顰成此

遠山眉顰，更襯着、明眸善睞。便鎮日、燒香丸藥，衹是輕盈憨態。記當時、微睥雙肩，簸錢堂下嬌無柰。且薄鬢鳴蟬，鸞鞾蹴鳳，喜向春城挑菜。　自冷落、荼蘼院，渾不辨、病因誰害。錦屏春欲暮，單衣初試，生憎些子餘寒在。怕傷心再。怎春情一掬，愁聽巷曲將花賣。開簾見月，香徑深深下拜。

訴衷情

讀《花間集》

南浦煙雨愁不語，倚蘭橈。人已遠。腸斷。驛邊橋。此別最魂消。迢迢。緑窗殘夢遥。可憐宵。

滿庭芳

夏日山居苦雨

餘雨跳珠，壞雲堆絮，小院容易黄昏。寂寥三徑，新緑又當門。爲惜琴絲潤逼，庭陰静、重費鑪薰。憑闌久，疏疏澹月，流影入清尊。　消魂。思往事，華筵刻燭，醉墨題裙。柰關心藥裹，壯志空存。未要聞雞起舞，流潦甚、妨礙車輪。聞人語，重陰未散，何自望朝暾。

玉漏遲

憂生念亂，百端交集，夜不成寐，賦示羣從

晚來人意倦，斜陽紫陌，曲闌憑徧。未定烏棲，早又砌蛩啼怨。一片蒼涼暮景，盡收入、愁人心眼。愁怎遣。衹應説與，杏梁雙燕。　閒雲不是無心，柰餖飣陰晴，霎時千變。障

面清游，襟上污塵誰浣。太息靈脩數化，怕階下、荃蓀難免。清漏轉。生生夢雲驚散。

西子妝 浣溪懷古

山送遥青，門横皺碧，猶認館娃眉嫵。至今春殿鷓鴣飛，更荒涼、鹿游臺古。雄圖漫詡。算祇剩、明璫翠羽。儘沈吟，問警籌薪膽，消歸何處。 閒凝佇。隱約靈旗，欲並蠡巖住。溪上有西子祠，隔溪爲范蠡巖。岸旁桃李儘無言，笑當年、效顰輕誤。東鄰舊侶。已莫得、同車歸去。有誰憐，貧賤江頭越女。

祝英臺近 庚申，荷池納涼

宿烟收，纖雲卷，荷浄逗涼意。池面風來，陣陣送香氣。祇緣新月如鉤，誤驚魚戲。卻側瀉、一盤珠碎。 忍無寐。試問良夜何其，玉繩已拖地。解語亭亭，坐對訴心事。莫嫌傾蓋相逢，清涼臭味。怕容易、西風憔悴。

永遇樂

寶鏡當空，銀河無影，秋至庭户。紈扇新疏，羅衣待索，夜静涼無暑。敲殘砧韻，數殘更箭，坐久漸沾衣露。算朝來、桐陰葉落，已聽亂蛩深訴。 流年暗换，西風容易，怊悵美人遲暮。吉士多悲，長年善感，歲晚佳期阻。東籬叢菊，小山叢桂，不共冷楓低舞。任蕭瑟、江關老去，小園自賦。

霓裳中序第一

流光如過翼。策策清商吹巷陌。憔悴茂陵病客。正籬菊染黄，江蘆縈白。遥岑寸碧。是近來、裝點秋色。登臨處，所思不見，悵望在天北。蕭瑟。亂愁堪織。最不柰秋聲正急。清砧今又再拭。葉滿銀牀，雁度沙磧。畫檐沈素魄。聽漏箭、丁丁静滴。烏啼曉，霜楓淒緊，樹樹失棲息。

南歌子　四首

隴水梅花落，薊門桑葉秋。北斗挂城頭。關山今夜月，望鄉愁。

其二

鏡裏顰眉緑，尊前諱臉紅。無語怨東風。一春憔悴盡，孰爲容。

其三

静夜邀明月，清朝對碧泉。雲樹伴身閑。空山黄葉裏，擁秋眠。

其四

玉斝湛芳緑，銅盤膩蠟黄。新起合歡堂。三千珠履客，自成行。

永遇樂　樊漱圃參議刻其遠祖唐樊紹述集，且以其主祔祀西湖白太傅祠，徵題

明聖湖堧，千秋遺愛，白傅祠宇。夙昔交親，東都著作，歲晚同心侣。花前置酒，漫嗟塵土。共作南州花主。問長隄、穠桃豔李，可能滿容歌舞。　湖山有美，風車雲馬，自有仙靈來去。碧瀲瑶翻，髻銜頭繡，一例句留住。貞元才子，燭天光燄，歷歷珊瑚奇樹。算何如、參差列宿，一龕十五。

清平樂　辛酉

晚妝風細。逗起相思意。髻子傷春梳不起。

釵落虛堂聲膩。門前芳草天涯。何曾游子思家。誰共小窗遥夜，一簾淡月梨花。

憶少年

童年嬉戲，中年離隔，衰年顔色。情懷尚如舊，衹尊前頭白。下九初三勞記憶。任升沈、漫諏消息。今朝且爲樂，怕重逢難得。

阮郎歸

蹋青拾翠趁芳菲。鄰娃隔夜期。春風先到小桃枝。試郎緑耳梯。　登傑閣，繞長隄。還家月上時。輕塵不惜縷金衣。繡鴛微沁泥。

琴調相思引

客裏逢春不當去春。那堪風雨更愁人。畫闌干畔，極目送行雲。　欹枕難尋炊黍夢，開簾易惹落花塵。鶗鴂聲裏，腸斷欲黃昏。

一斛珠

連朝風惡。落紅滿地成飄泊。懨懨長負嬉春約。簾影沈沈，歸燕撼鈴索。　銀屏昨夜寒猶薄。離懷衹恨當時錯。無端翻動城頭角。睡夢惺忪，珠淚共梅落。

夜行船

開到荼蘼花事盡。剛賸得、楝花風信。薄醉還醒，嫩寒猶在，只是落紅成陣。　後約芳期嫌未穩。灰不盡、相思一寸。明鏡孤鸞，畫梁雙燕，應見日長人困。

臨江仙

瀲灩韶光三月暮，玉鉤簾影沈沈。晚風庭院

綠成陰。馬嘶芳艸遠，鶯語落花深。　記得畫樓南畔見，帶羅曾結同心。釵盟鈿約杳難尋。一春芳訊斷，寂寂不成吟。

錦堂春

賀樹周得子。樹周得子晚，其母望孫尤切

景色風和雨霽，時光夏始春餘。萱庭種遍宜男草，養得鳳凰雛。　灼灼蘭芽在抱，融融蔗境堪娛。明年重博含飴弄，老蚌出雙珠。用孔北海語。

月下笛

秋中將有吳門之行，買舟西渡，兀坐篷底，苦不得寐。既念以垂老之年，流離不已，賈舂牧豕，一飽無時。淒然久之，感吟成調

瘦鱅鳴秋，輕帆送別，水明沙靜。津亭漸暝。晚山如卸妝靚。西風吹澹閒鷗性，任浩蕩、烟波萬頃。柰黃粱未熟，沈沈春夢，恁時能醒。　風定。懸帆影。上一抹眉痕，滿江淒冷。羈懷暗省。漫憐鮭菜歸興。萸香菊澹年年好，偏負卻、家園美景。待乞食，向吳門，誰與簫聲共聽。

一萼紅

牆下秋海棠一枝，託處幽隱，憔悴可憐。旅人覩之，宛若越客之見似人也。拈白石調賦之

古牆陰。有幽花小朵，嬌怯不宜簪。破苢苔封，殘甎石補，剛襯寒翠沈沈。莫嫌這、秋容冷淡，更掩映、籬角一籬金。小玉鄰家，嫣然一笑，珊步承臨。　予亦久傷蕉萃，要風晨月夕，與徵秋心。桃李成蹊，荃蓀數化，何事枯菀相尋。最腸斷、枝頭血淚，惜流景、容易又蕭森。待得紅妝睡醒平，已是春深。

徵招

九月十八日夜午，雨過月出，清光逼人。顧影徘徊，不勝天涯淪落之感，以白石黄鐘徵中調寫之

土花薄蝕秦時鏡，擁上中天光滿。雨後湛清華，看纖雲如卷。太清澂似練。結遥想、玉樓瓊觀。起舞徘徊，一庭秋影，與相零亂。　深綣怎良宵，任羈旅、依依總難分散。玉笛暗飛聲，引鄉心淒惋。歲華驚屢换。儘圓缺、幾回輪轉。歎終古、慣歷關山，與勞去人同踐。

朝中措

春風秋月等閒過。心事託微波。十指敢誇鍼巧，一生衹悔情多。　風流高格，依依脈脈，長是蹉跎。不學西家眉樣，閒匳自寫雙蛾。

菩薩蠻

暮雲唱斷陽關句。斑騅又繫津亭樹。殘葉帶霜飛。夕陽紅盡時。　風平帆影直。帆底吴山色。潮落海門寬。離人江上寒。

一枝春

十姊妹花春盡始開，淺白深紅，娟然可愛。以艸窗新弄寫之，『逞』字遵草窗用韻

恰又殘春，妒花風、幾度千紅催暝。朱顏自逞。結袂緩臨芳徑。嬋娟慣鬬，判濃淡、靚妝相競。漫自詡、棣鄂偏反，娣姒定尤韶令。　珊瑚碧樹交映。柰韶華已暮，爲容誰領。東風嫁與，莫恨不如桃杏。連根帶葉，聽團扇怨歌聲永。還比似、飛鳥依人，入懷未肯。《爾雅》娣姒，實女兄弟專稱。有小鳥亦名十姊妹。

瑶華　蘆花。草窗《瓊花》一闋首句用韻，後人多失檢者

霜清露白。占斷寒江，弄秋聲蕭瑟。梨雲梅雪，休比儗、不是驕春顔色。楚天秋晚，問誰識、芳心清出。縱饒他、輪轉隨風，不似落紅狼籍。　南來塞上賓鴻，怕投入繒羅，一枝先得。滿船冷月，同載取、慣趁西風潮汐。誰吹塞管，只鄉淚、如鉛頻滴。最怕聽、吴市簫聲，爲謝此中逋客。

憶舊游

記晶簾倦繡，玉簟圍棋，遲日初長。幾許香閨意，儘迴簪轉黛，未解猜防。玉鉤翠幕無數，深下莫愁堂。柰人遠天涯，含情不見，空怨流黄。　難忘。殢人處，是荳蔻詞工，親寫文窗。翦碎相思字，怕迢迢錦鯉，不到伊行。畫樓舊日巢燕，依約認斜陽。但院宇深深，藤蘿繞屋秋雨涼。

霜葉飛

水樓留照。霜林晚，西風摧落多少。更無殘葉庇寒蟬，況暮歸棲鳥。衹冷靄、愁陰未埽。丹楓還逐鷗波渺。賸落拓吟情，盡付與、吴江秀句，也成淒調。　停車坐愛霜紅，春光爭豔，暫息無限愁抱。萬山寒翠溼人衣，更冷欺茸帽。看緑鬢、星星換了。歸期偏讓征鴻早。待故園、陽和轉，虚幌依依，鏡鸞雙笑。

蘭陵王　歲暮歸舟遇雨，用清真韻

暮帆直。涼月一痕瘦碧。空江畔，荒葦敗蘆，摵摵蕭蕭弄寒色。閑漚寄水國。應識。塵勞

過客。孤衾冷，愁夢未成，夜雨江聲聽千尺。狂游浪蹤迹。幾穎脱囊中，籌借前席。隨陽旅雁同謀食。憑萬里魚浪，一枝梅信，欲將珠淚寄遠驛。柰迢遞南北。心惻。亂愁積。待剗盡愁根，難破岑寂。予懷渺渺情何極。歎枉自焚硯，更誰邀笛。欹枕無寐，聽腃雨，共淚滴。

以上《盧尊詞》

少年游

爲馮春航題名小青墓作

紅氍毹上見真真。阿堵妙傳神。撲索迷離，有些瓜葛，應恐是前身。　今朝獨訪埋香塚，杯酒奠芳魂。記得當時，自澆蘇小，一樣意中人。

前調

既爲春航製此調，一時頗有屬和者。興之所至，再作一首

依稀倩女乍離魂。明月認前身。憐我憐卿，芳心自警，今古一雙人。　當時屢貌嬋娟影，意態不如真。何似今朝，悲歡離合，薄媚足精神。

蘇幕遮

觀春航演《血淚碑》，感賦

夢痕殘，弦語細。忍把吴儂，往事重提起。愁落啼鵑聲萬里。悽入心脾，衹益人蕉萃。　烟黯吟魂，躅綺思。舞榭歌臺，都是傷心地。月不知人事改。賸有飛花，替濺春城淚。

青玉案

觀春航演《自由血》，感賦

閒關試聽鳴鳩語。道莫食、桑椹去。吹盡狂花飛盡絮。春愁秋思，目挑心許。都是將伊

誤。晚涼宜誦周南句。恁只把閑情賦。省識良工心獨苦。仳離家室，騃癡兒女。趁慈航度。

西子妝

贈春航。憶壬寅秋過滬上，觀演《陰陽河》，體貼入微，予時方悼亡，爲之涕下。距今蓋十四年矣。故後闋及之

塵去眼中，綃成泉底，一片扶輿清氣。淡妝濃抹總相宜，是當年、越溪西子。湔帬上巳。恐羞煞、隄邊桃李。引清聲，更自然佳妙，神明乎技。歡娱地。一曲離鸞，轉費相思淚。夜臺何自訪嬋娟，料秋墳、也吟山鬼。流年似水。尚依約、舊時眉翠。好湖山，重聽笙歌醉裏。

點絳唇

別春航

客裏逢君，斷橋西堍通芳訊。亂紅飛盡。又結臨歧恨。陶寫中年，絲竹偏無分。情何忍。相思一寸。人遠天涯近。

水龍吟

壽春航二十七初度

五雲深處層樓，冰肌玉骨清無汗。人間小謫，藐姑仙子，猶居閬苑。飛雪青琴，泛霞碧玉，暑塵都浣。是蓮花世界，荷花誕日，花争似、人嬌婉。曾記斷橋初見。慰相思、樓臺歌管。西湖六月，風光減卻，俊游星散。海上仙山，馬龍車水，慶延鶴算。願月明千里，遥飛一醆，饜青精飯。

解語花 贈女伶王克琴，爲三徑主人作

迴身肖鶴，倩影驚鴻，顧盼傾城國。聘珠三百。雙棲處、應有鏡鸞愁隻。金尊易泣。忍重尋、綺羅香澤。歡未闌，春夢驚殘，淚滴闌干溼。　會有清狂騷客。睹驚才絶豔，儂汝憐惜。似曾相識。秋波轉、芳意暗傳消息。旗亭畫壁。漫贏取、春風詞筆。誰寄將、蕉萃行吟，付玉人知得。

虞美人 三徑主人爲情所苦，尺書相質，答此以廣其意

碧桃栽向雲深處。無計花間住。微波脈脈奈愁何。最是事難如意、爲情多。　迢迢雙鯉傳消息。千里長相憶。夢魂不度月明中。憑仗靈犀一點、兩心通。

清平樂 贈孫菊仙

聲容如此，莫漫輕先輩。第一雲間歌正美。與爾鈞天同醉。　渭城高唱成三。尊前老卻何戡。報道先生歸也，斷腸花落江南。

三姝媚 記所見

高樓簾捲處。有亭亭瓊枝，畫屏春聚。並坐喁喁，正緩吟輕拍，細論簫譜。顧影徘徊，更作意、連番顰妒。莫是仙人，倫理霓裳，鬭嬌眉嫵。　知否東鄰羈旅。恁喜聽新聲，轉添愁緒。一角屏山，柰漏移清夜，夢緣無據。欲託微波，渾不見、窗間青羽。記取春風詞意，流鶯寄語。

翠樓吟

老鳳聲清，流鶯語滑，璚臺妙選羅綺。霓裳仙子舞，問何日、偷傳人世。梁塵驚起。正響遏行雲，情移流水。君須記。自今休唱，後庭歌吹。　此意。誰是知音，恁柰何頻唤，斷腸聲裏。曲終人不見，隔簾底、嬋娟千里。天涯憔悴。賸楚客騷心，蕭孃顰翠。愁無寐。夜寒燈暈，暗垂金穗。

花心動　悼小月英

西子湖頭，記春時、欣逢廣寒風度。秀色可餐，嬌語如弦，迴出詠霓仙侶。不曾驚覺鈞天夢，匆匆向、江皋微步。漫凝想，淩波佩解，總成離緒。　自惜閑情幾許。嗟楚水巫雲，美人倏阻。易散彩雲，一現曇華，淒絶斷歌零舞。料應青鳥傳書急，瑶池晏、星軿難駐。怎知得、玲瓏玉扃那處。

訴衷情　恩曉峯

女伶，一時稱盛。主人請作新詞以張之，欣然命筆　歲在丁巳，西湖歌舞臺廣徵

璚臺絲管競黄昏。暖響遏行雲。西湖歌舞誰最，腸斷故王孫。　珠宛轉，玉精神。易消魂。落花時節，小謫人間，能幾回聞。

雨中花　露蘭春

颯爽得如人意。嘹亮更消人醉。北地賢王，天山飛將，都是驚人技。　巾幗當年遺豎子。恁兒女、偏饒豪氣。安得相將，紅巾翠袖，爲揾英雄淚。

鷓鴣天　小金鈴

掌上留仙合讓卿。可憐飛燕倚身輕。臨風玉樹翩翩舞，貼地金蓮步步生。　能巧笑，惑陽城。護花願爲繫金鈴。聘錢十萬誰相假，遣嫁銀河織女星。

南鄉子　小月紅　小桂紅

百囀叶宫商。雛鳳清聲最斷腸。更有桃根稱姊妹，無雙。一曲春風各擅場。　小閣鬱金香。未許輕窺瑇瑁梁。料得闌干私倚處，斜陽。指點行人着意忙。

生查子　陸菊芬

好伎好歌喉，不怕周郎顧。箏調寫春風，歷歷黄鶯語。　曲罷數峯青，聲遶湖邊樹。秋圃有幽香，莫怨春光暮。

昭君怨　張少泉

場上管弦清脆。場外月華如水。袍笏乍登場。韻悠揚。　嫁個上頭夫壻。雙宿水雲深處。暖玉種藍田。已生烟。

相見歡　贈張文豔。十年前曾見其姊文奎，聲容尤美，今已亡矣

娉婷一捻腰身。忒精神。況是臉檀眉黛、不勝春。　東風淚。今猶在。與招魂。惆悵舊時桃葉、問桃根。

綺羅香　有以流離而甘爲人妾者，某君欲量珠聘之，爲余繩其材美，屬歌詞以張之，爲倚此調之

鳳錦飛鍼，螺丸眉研，微積不差圭黍。林下丰

姿，尤擅謝庭吟絮。怎禁得、錦瑟年華，反成了、牽蘿愁緒。算殷勤、多謝東風，不教桃杏漫無主。　芳情誰解繫住。難得同心共綰，商量鴛譜。着意温存，消受細君眉嫵。早知道、梅子含酸，料空説、倉庚醫妒。怕有人、織素停機，背燈揮淚雨。

高陽臺

有以所適非偶，抑抑成疾者，介人求診，感而賦此

寂寂芳辰，珊珊瘦骨，劇憐眉黛輕顰。楊柳樓頭，愁看陌上斜曛。箇儂住近西泠路，負湖山、夫壻浮雲。黯消魂。落盡紅英，佇盡黄昏。　多情自古傷離别，倘重尋夢迹，定有啼痕。入骨相思，不堪回首前塵。中年易感青衫溼，莽天涯、同是愁人。最無因。我自悲秋，汝自傷春。

臺城路

霜鐘驚盪詩魂墮，西風又吹頭白。瘦菊啼黄，疎苔慘緑，深鎖一庭秋色。羈愁似織。祇老去情懷，最難將息。欲寄相思，玉鐺何計倩鱗翼。　紅牆知隔幾尺。樓陰空悵望，眉黛凝碧。約後薔薇，香銷荳蔻，反悔年時相識。屏山路窄。待强遣靈犀，遠尋薌澤。夢未分明，砌蛩聲正急。余有所作，輒就正馬一浮先生，直諒多聞，獲益良多，而獎借之意尤盛。壬子秋季，此詞脱稿，頗自滿志，顧先生怫然不喜，以换頭以下詞意近褻也。自兹以往，即或託體閨襜，亦不敢流入狎昵，懼爲識者所訶也。故既删而復存之，以志吾過，且告後人。

以上《然脂詞》

陳夔（字典韶）

十六字令

儂。愁上眉峯一萬重。梅花底，明日又東風。

其二

佗。細雨燈花做什麽。羅巾上，遮莫淚痕多。

如夢令

燕子秋來未去。還向主人低語。小别又經年，記取夕陽紅處。紅處。紅處。多少落花心緒。

水龍吟

浴蠶天氣惺忪，三杯淡酒渾無力。玉階悄悄，柳花碎瑣，梨花明白。芸篆香消，紙囱燈澀，自家將息。甚風風雨雨，連朝别緒，心頭恨、難抛得。浪跡江南江北。悔蹉跎、年年羈客。蘭亭修褉，旗亭畫壁，幾人裙屐。夢影匆匆，鏡塵非復，曩時顔色。算春來只有，儂和燕子，是曾相識。

安公子

戊申歲杪，彊邨、大鶴咸譜是調。其明年春，余亦繼聲

昨夜東風峭。峭風吹緑咸陽道。一點春心愁望帝，怕紅鵑啼老。對寂寞、興亡賸跡空憑弔。尋夢華、故國音塵杳。㪅幾番陵谷，滄海而今枯了。猶是韶光好。樂遊原上無人到。萬歲千秋弓劍恨，付湖山殘照。數不盡、哀絲脆竹知多少。去不回、逝水江天渺。把鬢邊情緒，寫入芸囱吟稿。

夢江南　畲和湘老

遊仙夢，如夢亦如仙。雙枕猩紅花好好，一奩黛緑月娟娟。香暖玉生烟。

其二

遊仙夢，非夢亦非真。巫峽斷雲難作雨，隋堤殘柳不成春。愁絶畫中人。

臨江仙

薄暖輕寒不定，正當鳩後蟬前。天公作意熟梅天。一番過雨，簾外又潺湲。　最是困人時節，愔愔睡起還眠。没情没緒悄無言。晚來新霽，詩夢月同圓。

十六字令

尋。簾外西風冷不禁。黄華盡，消瘦到而今。

其二

聽。一片風聲雜雨聲。堪憎甚，孤枕最分明。

步虚詞

獨自冷清清地，無言愁倚高樓。今宵月上柳梢頭。又是黄昏過後。　殘醉猶留眉黛，峭寒已動簾鈎。蕭疎絲鬢不勝秋。人共一燈紅瘦。

菩薩蠻

玉鈎簾外東風急。柳梢漏洩春消息。絲雨又連朝。小樓殘夢遥。　雲藍雙袖薄。寒入欠紋角。怕見燕雙飛。天涯芳訊稀。

眼兒媚

一春顛頷故園花。閑煞好韶華。玉樓人遠，

玳梁塵冷，燕子無家。斜陽誰識凭闌意，烟柳又天涯。最傷心處，中年絲竹，老婦琵琶。

風光好

見時難。別時難。多恐花前泪不乾。莫輕彈。生來豆子相思種。春愁重。愁味心頭總一般。十分酸。

憶仙姿

今夜依然無夢。夢也教和誰共。燈燼不成眠，盼到五更何用。多恐。多恐。生就孽緣情種。

河傳

香冷。人定。欲三更。殘酒愔愔易醒。碧空似潮風葉鳴。淒清。夜長秋有聲。蠟已成灰天不曙。千萬緒。欹枕和蛩語。是誰來。門半開。弓鞵。莫教侵綠苔。

點絳脣

秋老蛩天，茜紗囪外風吹雨。一聲聲苦。都在梧桐樹。別燕依依，莫放辭巢去。閑延佇。且和儂住。遼海歸無路。

玉連環影 和容若自度腔韻

紅處。霝亂胭脂雨。鎮日閒愁，愁也無人語。鎖眉山。怯春寒。風皺池波，甚事與卿干。

謁金門

羅袖薄。倦倚嫩涼簾幕。露重庭花紅欲落。防他鸎鵡覺。斜月牆陰轉角。依約星辰似昨。只恐夜來風雨惡。到頭還自錯。

攤破浣溪沙

山上蘼蕪緑化烟。新人那及故人憐。南部鶯花消歇盡，又今年。　羅袖愁添他日淚，玉釵敲斷此生緣。惟有天邊眉樣月，總娟娟。

前調　詠秋海棠，疊前韻

花影深深月滿烟。泥人嬌小不勝憐。一度西風一悵悵，送流年。　秋老芙蕖同有恨，春來鶯燕總無緣。只恐夜涼還遇雨，妬嬋娟。

醉太平　對月

花鉤夢魂。詩斂淚痕。只消一個黄昏。瘦修眉幾分。　前身後身。今人古人。者般名士沈淪。照羈懷不温。

清平樂

西風吹淚。不管人顦顇。今夜空庭涼似水。銀燭畫屏無睡。　月中依舊山河。近來消息如何。生受樓頭一笛，天涯秋思誰多。

蝶戀花　壬子春暮，觸景興懷，時將挂冠東下也

桃花紅透梨花白。開到楊花，直恁春無力。香索鞦韆雙燕立。茜紗如夢東風急。　小院苔深人寂寂。濃緑成陰，不放斜陽入。過了清明歸未得。門前芳草連天碧。

金縷曲　壬春，謝病歸里，蘧甫主政送別河干，臨歧握手，黯然於言

後會知何日。黯銷魂、緑波芳草，匆匆行色。回首東湖湖上路，翻悔十年作客。勝幾點、雪泥鴻跡。啼鴂聲聲留不住，怨春風、吹送歸帆

急。揮手去，淚霑臆。　烽烟矧是連城黑。莽天涯、今宵何處，水程山驛。中歲休提哀樂事，還勸大家將息。忍重見、洛陽荆棘。珍重河梁臨别意。有桃花、潭影深千尺。拌一夜，鬢絲白。

驀山溪　留别江右諸子

江山如此。眼底今何世。楊柳緑絲烟，矧又是、清明天氣。簾珠卷雨，南浦水粼粼，銷魂地。臨歧淚。都是愁滋味。　倦遊歸矣。點鬢霜華易。一路子規聲，更催送、關河行李。輭紅十丈，舊夢渺如塵，獨自倚。烏篷底。彈指人千里。

浪淘沙　登廬山放歌

劫火照昆明。書劍漂蓋。天荒地老淚縱横。直上匡廬峯絶頂，放眼青冥。　淘盡大江聲。舊恨難平。十年浪跡百無成。如此收場真不值，也算功名。

壽樓春　道出潯江，重訪琵琶亭

尋琵琶空亭。問香山去後，還有人聽。歲歲楓林蕭瑟，荻花凄清。猶記取、攜餘酲。話勝遊、江湖閑情。恁月底題詩，秋邊送客，其地我曾經。　天涯夢，渾無凭。待重來舊址，都付銷凝。但見峯圍高壘，浪淘孤城。何處是，蘼蕪青。算古今、同悲漂零。只殘淚衫痕，流年暗驚。華髮生。

菩薩蠻

珊珊胡蜨輕於絮。和烟飛過鄰家去。細雨杏花香。一枝紅出牆。　樓頭新月白。照見儂白髮，留命待紅桑。渾不省、少年狂。總没個商量。莫更尋、秋宵殘夢，夢也荒唐。

高陽臺

篋中偶見舊巾，十年前故人物也。觸緒興懷，不覺淚痕滿紙矣

月缺花殘，珠啼玉碎，蓋鎌尚在人間。粉漬脂痕，傷心都付雲烟。杜蘭香去冰蠶老，更春風、吹換桑田。總淒然。一寸相思，碧海青天。　屏山屈曲銷魂地，記燈邊軟語，扇底華年。憔悴而今，新霜我亦盈顛。休教淚濕鴛鴦字，有唾絨、舊日紅瘢。恨綿綿。除是他生，破鏡重圓。

子夜歌

小窗枯寂，忽見横枝，地老天荒，誰能遣此？寫愁得句，何翅一聲河滿也

又淒涼、舊時月色，獨自舊時庭院。忽聽得、顔色。無語怨東風。玉人添病容。

薄倖

江湖歸矣。笑春夢、婆娑醒未。忍留得、眉尖心上，歷歷平生萬事。照恒河、非舊朱顔，等閑付與東流水。問叱咤風雲，銷凝金粉，幾個英雄豎子。　望不見、長安遠，今日是、人間何世。最難禁哀樂，無多絲竹，尋思也夠窮途淚。阿誰知己。算天涯、只有湘纍，一寸埋愁地。蹉跎莫悔，擔盡虛名到此。

意難忘

烟柳蒼涼。有高樓倚處，總有斜陽。江山餘涕淚，花月着興亡。雞塞遠、雁天長。好立盡迴廊。問那堪、酒邊情素，燈背昏黄。　西風一夜飛霜。自翠華去後，遺恨倉皇。孕愁欺

聲聲長笛，賺了玉人幽怨。緑萼仙姬，紅羅亭子，悔把春光賤。恁無言，籬角黄昏，還記共攜手處，畫闌凭徧。　誤卿卿華鬘小劫，劫後可能重見。應有魂歸，魂歸只怕，花落濃陰滿。夠東風幾度，吹殘塵世都换。嚼平取芳心，相思和淚，和淚伶俜嘸。總輸他，清福孤山，一家美眷。

菩薩蠻　題徐天劭全家合成百歲圖

書生福慧雙修得。孟光舉案齊眉日。銀燭照紅氍。團圞百歲圖。　阿侯顔色好。玉樹庭階繞。儂是蹇修人。頌君宜子孫。

金縷曲　亡友邵心炯書『好夢定隨明月，今生修到梅花』楹聯，墨瀋猶新，墓木已拱矣。愴懷舊雨，不勝惘然，爲譜是解，書於聯尾

終古團圞月。歎茫茫、青天碧海，幾經圓缺。回首舊遊如隔世，寥落不堪更説。只無恙、梅華清絶。修到今生仍薄福，爲憐君、瘦損飛龍骨。君已矣，悵長别。　命宫我亦愁磨蠍。悔蹉跎、一場婆夢，十年鴻雪。彈指湖山塵刼後，詩酒風流銷歇。怕重聽、尊前啼鴂。泉下故人多宿草，賸零縑、殘素收行篋。腸斷句，倍淒切。

菩薩蠻　題秋怨圖卷子

秋來病起嬌無力。西樓一抹殘陽急。樓外有垂楊。荒荒瘦影涼。　夜深風露重。好夢和誰共。啼蠟冷雲屏。枕函紅淚冰。

蝶戀花

璧月羅雲新雨霽。何處哀螿，便有秋來意。

酒醒夢魂扶不起。嫩涼庭院深深地。　別後征鴻無一字。説甚相思，都作愁滋味。　今夜畫闌休獨倚。闌干上有傷心淚。

祝英臺近

乍燒燈，將翦綵，簾外雨聲小。緑到江南，猶是夢中草。幾番燕子銷殘，舊時門巷，賸荒徑、也無人掃。　夜寒峭。水邊忽覿横枝，還比去年好。坐對名花，真成被花惱。春來一點相思，爲儂顛頓，更辛苦、怕儂知道。

眉峯碧

小袖銀屏冷。照見人兒病。　水樣聰明玉樣情，只可惜桃花命。　忍淚窺鸞鏡。往事和愁省。不許輕陰護海棠，一春瘦盡娉婷影。

浪淘沙　題汪受益悼亡詩後

何限别離情。驀地心驚。華鬘小劫返瑶京。聞説參苓難續命，藥也無靈。　和淚寫鸞旌。遺挂銀屏。夢中蝴蝶可憐生。三月桃花千尺水，哭過清明。

一萼紅　重過白門

淚伶俜。甚銷殘金粉，名士又新亭。淝水秋聲，楚祠夜火，畫角吹滿臺城。更莽莽、千家野哭，怕天陰、月平黑不堪聽。潮打寒沙，風嗚故壘，似恨言兵。　擊楫閒尋桃葉，奈江空人去，夢也心驚。廣漠銅駝，荒陵石馬，何忍凭弔重經。賸六代、斜陽紅處，話興亡、陳跡幾藷星。可有東山絲竹，起問蒼生。

醉太平

愁多病多。人生幾何。也知萬事由佗。管閑情什麽。江湖逝波。英雄渡河。大千世界婆娑。抵仙家刹那。

摸魚兒　題虞靈紅豆山莊圖册

好韶光、暗移人世，百平年喬木如故。芳心莫問三生果，淒絶靡蕪荒土。君記取。記金谷香温，紅出珊瑚樹。樓空燕去。恁烟月銷凝，芙蓉藷落，殘夢已無據。添怊悵，宿草天涯舊雨。古鳳同訪山莊，題詩圖後。籠紗曾護佳句。瑶華重歷昆明劫，消受故園霜露。情一縷。祝歲歲東風，留得春常住。相思最苦。有舊恨新愁，美人名士，都是斷腸處。

青玉案　自和《眉峯碧》

鬱金堂上雙棲燕。忍輕把、春光賤。狼藉東風春不管。香消玉碎，紅啼緑慘。瘦損芙蓉面。　押衙古道天涯遠。誰絶沙陀再相見。腹内車輪千萬轉。三生孽債，一重公案。莫問愁深淺。

西江月　和小鐵韻

多少閒愁閒怨，無端兜上心頭。殘紅委地没人收。一樣和儂消瘦。　中酒微酣偏醒，含情欲説還休。年年風雨作去新秋。只是朱顔非舊。

摸魚兒　送春，用稼軒韻，和冠秋

又吹來、一天絲雨。生生看到春去。凭闌細

掐尖紋字，數過廿番風數。留不住。算開了酴醾，便是春歸路。文梁燕語。道春事年年，依然巢幕，漂泊也如絮。　揚州夢，只惜良辰易誤。妝成猶被紅妬。緑波南浦銷魂賦，別恨替花低訴。花亂舞。休撲滿羅衫，上有東華土。相思自苦。怕上最高樓，樓高望見，芳草舊遊處。

點絳脣

野闊秋高，峭風吹送寒潮咽。斷霞明滅。遠樹昏鴉没。　古渡無人，何處堪爲別。都銷歇。雁聲殘月。榆塞音書絶。

琵琶仙　黄鐘商　重九

何處登臨，等閒總負了，龍山佳節。千里望斷觚稜，銅仙泣殘月。曾記得、題餻俊賞，悔容易、故人催別。菊酒吴霜，萸囊漢苑，歸鶴能説。　莫回首、高閣滕王，也驚問、天涯幾華髮。愁煞夢花殷七，有紅鵑啼血。輕命向、危闌一倚，莽劫塵、病眼還怯。歲歲漂泊西風，可憐秋葉。

聲聲慢　寄懷劍秋都門、孟孚天津

東湖問水，南浦留雲，十平年前事休提。劫盡灰枯，生看滄海塵飛。天涯可堪回首，有江州、殘淚霑衣。傷心處，是連昌宮殿，楊柳絲絲。　何況關山千里。算摶沙身世，夢醒都非。曾幾何時，青銅換了須麋。相思美人蘭草，願秋來、珍重惜芳菲。知甚日，又梅華、遥寄一枝。

六州歌頭 春草，依韓无咎體

東風着力，吹緑到天涯。燒不盡。紅心恨。又萋萋。翦烟齊。記得年時候。新雨後。春波皺。重回首。曾攜手。正葳蕤。江北江南，一碧平蕪路。走馬驕嘶。認依稀。殘照裏，巷口烏衣。覓取香泥。燕低飛。　祇今寂寞。闌干角。都零落。惜芳菲。荆棘地。銅駝淚。黍離離。再休提。舊夢池塘冷，和愁瞑。總相思。音訊斷。情懷亂。没人知。何苦青青，只怕繁霜早，誤歸期。問王孫去矣，甚處更逢伊。説也悽迷。

鵲橋仙

燒燈過了，湔裙過了，一霎嫣紅開遍。樹頭樹底落英多，争怪着、東風不管。　舊時烟月，舊時鶯燕，悔煞當初相見。小屏山外即天涯，恰比箇、天涯還遠。

洞仙歌 秋暑夜起，背誦東坡補蜀後主《洞仙歌》，悵然和作

良宵闌暑，把蓮衣揩汗。露下牆陰絮蛩滿。小窗扶夢坐、如此秋光，空引起，一平片愁懷缭亂。　摩訶何處是，惟有長天，星月依然耿銀漢。法曲落人間、少箇紅兒，分付與、曼聲嬌轉。問八百年來。幾滄桑，只夠得西風、那般催换。

唐多令 七夕

花水又三星。秋光冷畫屏。算填橋、鵲也多情。不道今番相見晚，遲一度、兔華明。今年逢閏。　莫便怨聆娉。年年好夢成。勝人間、永

別呑聲。縱有長生私誓在，已寒了、鈿釵盟。

憶少年

愔愔情緒，沈沈庭户，陰陰時節。開簾怨春色，又荼蘼如雪。　滿地紅英啼宇血。任摧殘、有誰收拾。思量總無據，悔當初輕別。

鳳凰臺上憶吹簫

偶見二十歲時照象，觸撥前塵，不勝今昔之感

鏡裏頭顱，分明是我，青衫舊日風姿。奈鬢邊霜影，點上絲絲。愁煞江湖老矣，空留得、幾處鴻泥。春來去，良辰美景，總不多時。　休提。卅年恨事，金粉好江山，回首全非。恁劫殘灰冷，付與相思。少小名都結客，傷大半、宿草萋萋。平生意，消磨至今，更有誰知。

滿庭芳

涼宵逭暑，候蛩已秋，觸緒傷懷，悄然成詠

壞壁塵生，空牆月上，酒醒愁倚雲屏。豆棚瓜架，何處一聲聲。便算黄昏過了，晶簾底、捱到深更。都迸作，淒淒切切，謝爾盡情鳴。　分明。遷客怨，十平年浪跡，湖海飄萍。甚浮生似夢，夢也難成。越是憎伊絮語，偏無睡、越要人聽。拌今夜，柔腸寸斷，冰簟淚縱横。

蘇幕遮

漏初長，寒不寐。自剔銀缸，愔盡愁滋味。月滿中庭如撥水。今夜霜濃，有酒難成醉。　數流光，彈指易。莫更悲秋，又到秋婁尾。一點相思和夢寄。嶺上梅花，已着南枝末。

花心動　連朝風雨，感秋已深，兀坐掩關，憮然今昔

揉碎秋心，鎮無聊、風聲雨聲催暝。待到夜來，何限淒清，只在碧梧金井。打窗殘葉欺燈澀，更和着、寒螿悲哽。怎禁得，冰花淚濕，枕綿紅冷。　觸撥蓬山恨事，都付與滄桑，那堪重省。禪榻鬢絲，夢醒香消，換了舊時情性。一彈指，華年又催急景。雁程千里音書斷，況南菊、伶俜人病。

鵲橋仙　詠菊

昨宵煙雨，今宵風露，夠得寒花消受。孤芳自賞不知秋，總負了、年年重九。　憐伊寂寞，爲伊顦顇，比着卷簾人瘦。東籬一角義熙天，要晚節、和儂厮守。

臨江仙

過了挑蔬纔數日，嫩晴已入新年。風光潑眼討春天。苔錢初着雨，柳線未勝烟。　重碧輭紅千里地，依然錦繡山川。樂遊原上草芊綿。踏青人去後，花月爲誰妍。

珍珠簾　寄懷頌韓上海

鬢絲禪榻年時候。者無聊、教我生生消受。幾度易東風，早玉容吹皺。滿地江湖非故國，攬轡問、河清人壽。回首。算良辰仙眷，贏得孤負。　當日同是青衫，數文場跌宕，盧前王後。舊夢總如烟，悔那番分手。老去填詞餘涕淚，要各自、寒氈厮守。還又把、豆子抛殘，相思也彀。

滿宮花　寒夜不寐，月色皎然，感時得句，十二月既望也

好嬋娟，經幾度。直到殘冬三五。一番相見一番愁，併入今宵情緒。　舊歡場，無覓處。莫問那時眉嫵。瓊樓天上是何年，不管人間遲暮。

相見歡

酒邊細數年華。又梅花。只有舊時明月、上窗紗。　探芳訊。無憑準。總天涯。風送一聲長笛、是誰家。

柳梢青

淡淡春魂。最無聊賴，静掩中門。燕子來時，楝花開後，如此黄昏。　鏡塵消瘦眉痕。又添上、新愁幾分。茶半香初，酒闌燈炧，誰與温存。

南鄉子　上巳，雪後觀桃

踏雪惱春遊。紅出桃花分外愁。南渡分明新畫稿，梢頭。添上初三月一鉤。　禊事怕重修。可有鴻泥幾點留。便遇東風仍命薄，知不。没箇人兒去去休。

木蘭花慢　清明上塚

望楸梧蓊鬱，葡萄到、墓門前。恁地老天荒，海枯石爛，遺恨黄泉。年年。燒去痕蔓草，泣東風、澆酒野芊眠。留得先朝鳳敕，穹碑寂寞蒼烟。　人間不道有桑田。塵事苦難言。歎顯揚已矣，讀書何用，誤了寒氈。山川。信非故土，矧孤兒、雙鬢亦毿毿。爲問冬青樹下，更誰來拜春鵑。

洞仙歌　和小鐵韻

紅燈影裏，便目存心許。一度相逢一迴顧。柳梢新月上、立盡黄昏，還記得，消受滿身花霧。　者番春易老，鎮日思量，願遂東風化萍絮。試問卷簾人、杜宇聲聲，都道我、不如歸去。倘買箇、扁舟更重來，怕酒醒香焦、夢無尋處。

鶯啼敍　寄懷彤士都中

平生幾人肺腑，話天涯舊雨。早聲望、珍重龍津，過江誰似風度。算名士、虚名不值，竛竮浪跡同萍絮。恁無端、兜上眉頭，萬千情緒。　記取當年，弱冠弄翰，甚韓歐李杜。與君共、黄卷青燈，抗懷高論今古。判文場、升沈得失，再休説、春華詞賦。悵分飛，勞燕東西，

一官羈旅。　紅桑海上，白髮尊前，夢痕了莫據。劫後問、故山何處，滿目烽火，是箇啼鵑，勸儂歸去。緇塵踏遍，哀絲聽遍，關河回首渾閒事，夠消磨、十載長干路。工愁善病，憐他大好光陰，刹那刹那孤負。　田園息影，小築皋橋，笑伯鸞賃廡。便異日重逢俱老，翦燭談深，洛社都非，倍增淒楚。相思欲寄，相思難寄，雙鱗臨發還又止，怕君知、中有傷心語。憑闌望極燕雲，雁帶秋來，尺書到否。

齊天樂　海棠春曉樓圖，爲趙茜之題

夢魂淒斷前朝樹，深深那時庭院。睡態烟籠，垂絲露浣，簾外東風開遍。停鍼午倦。好細疊回文，嫩香生硯。夜奏通明，緑陰乞平借一痕淺。　韶華彈指易盡，故山何處是，人世都

月下笛

欄鐵敲涼，簾鉤挂暝，故園秋早。長空浩渺。問南鴻可曾到。雕闌玉砌無消息，望不見、咸陽古道。恁湖山岑寂，一平番暗雨，一絲殘照。　多少。愁難掃。怕閲盡西風，海桑枯了。閒情悄悄。蕎鶯團扇人老。舊時燕子還相識，賸巷口、橋邊野草。待月墮，莫登樓，千里霜天角曉。

好事近

草木也驚秋，猶記去年今日。料是深閨夢裏，有魂歸未得。　西風吹淚滿神州，依舊角聲急。望斷洛陽宮殿，又銅駝荊棘。

換。壁冷蛛塵，妝殘蠟燼，莫問雕梁舊燕。靈根徙轉。怕緑悴紅憔，更教誰管。寫入冰綃，畫樓天樣遠。

浣溪沙

倦倚東風嬾畫眉。遊蜂無力不知歸。好花應惜未開時。　小雨籠香紅墮淚，輕煙鎖夢緑沾衣。江南春老忽逢伊。

雨中花

簾外落紅如雨。簾內有人愁緒。暮暮朝朝，鶯鶯燕燕，都是銷魂處。　上苑宜春春已去。更莫問、河陽花樹。何日重逢，除非夢裏，夢也渾無據。

眼底中原猶未定，詎忍長眠不起。惟帝鑒、老臣心瘁。此後舊京離黍憾，泣銅駝、誰與官家事。拌一注，大河淚。　我公苟緩須臾死。便身丁、蒼黄辭廟，六宫車騎。萬或承平重見日，祝告無忘家祭。只攬轡、澄清難竢。觚落門生頭亦白，轉江湖、銷盡元龍氣。知己感，澈肝肺。

醜奴兒

書《波羅密多心經》後

南無觀世音菩薩，現宰官身。現女兒身。不爲詩人斷六塵。　誰能悟澈西來意，未入沙門。未入禪門。依舊支那一鈍根。

鼓笛令

落葉

夕陽冷到傷心處。倚回闌、秋聲如雨。夢墮樓頭聞雁語。更誰替、西風爲主。　莫按羽

憶蘿月

殘釭花冷。一點相思影。纔可朦朧偏又醒。夢也摇摇無定。　窗紗不隔秋聲。頗黎枕上分明。剐是涼風送雨，和愁分外難聽。

徵招

乙丑九秋三日，嘉興尚書師忌辰也。師謝世三載矣，傷時感逝，和淚陳詞

萬方鼎沸餘今日，冥冥九京知否。死未見中興，哭冬青何處。劫殘灰幾許。便入平地、天終難補。化鶴魂歸，啼鵑腸斷，二陵風雨。　宿草已三秋，斜陽裏、淒涼北丘抔土。問字失元亭，痛西州門路。夜臺休自苦。縱生亦、人間多故。甚蒼莽、水盡山窮，忍此焉終古。

金縷曲

再哭嘉興師

墓木拱然矣。歎年來、滄桑岸谷，棘天荆地。

衣殘譜。悵南内、草深人去。一夜蕭蕭聽不住。又添得、鬢絲幾許。

鏁窗寒　書舊作《子夜歌》後

白地繁霜，青霄皓月，夜深寒峭。燈邊語影，只有你儂相靠。便年年、羅襟淚痕，綺愁没箇能知道。鎮掩關寂寞，迴廊兜轉，更無人到。

攏了。相思稿。斷百結柔腸，爲花寫照。紅桑閲盡，那得情天不平老。問江湖、何事浪遊，故園未若歸去早。賸留些、夢幻泡痕，算是逃禪好。

長亭怨慢

出西郭，迤北十餘里，曲流清潭，渚蒲汀柳，晚明王煙客西田也。時與桴亭、確庵諸先生倡酬遊覽，君國之感，觸緒傷懷，後之人讀其詩者，有餘痛焉。野闊秋高，憑弔蒼茫，睠懷曩哲，亂離之概，今昔同悲。以白石自度曲中吕宫譜之

賸塵外、零星殘土。記得當時，水西門路。劫後扁舟，兩三詩酒舊遊處。故山無恙，誰手種、前朝樹。莫聽斷腸聲，有拜倒、紅鵑臣甫。

天涯人去。但寒烟蔓草，做出者般淒楚。却不道、二百年來，何世算如此、情怀良苦。是一平樣、傷心遲暮。好結箇茅亭，拚與閒鷗同住。

雙頭蓮　壽汪鵜龕

彈指紅桑，驚攬鏡都非，舊時顏色。蒼茫故國。溯往事、雪裏難尋鴻跡。爲問老去綈袍，喜康甯猶昔。知甚日。話雨西窗，燈前一雙頭白。

但願美意延年，恁烏紗絳蠟，摩挲銅狄。長安似奕。又負了、畫省春風詞筆。便

欲喚起湘纍，也無人能識。遥寄憶。善保千金，加餐努力。

八聲甘州　丙寅春初試筆

忽東風一夜滿神州，池塘又青青。漸梅梢受月，苔痕破雨，過了燒燈。欲怪天公多事，没處着春聲。久負冶春興，閒却新晴。　切莫登樓遠眺，怕樓頭日暮，望見高城。有城邊廢壘，零落野花腥。便番番蜂情蝶訊，甚近來、消息總無憑。呼明鏡、送華年去，如此盈盈。

滿江紅　鶼龕以六十自壽《滿江紅》寄眎，率成倉和

詞派婁東，三百載、斷推蘭笑。好記取、一家衣鉢，竹林同調。潭水桃花臨别意，青山畫扇新吟稿。聽尊前、白髮李龜年，談天寶。　同夢有，池塘草。同命是，迦陵鳥。算驚才清福，幾生修到。江海詩名紅杏舊，風塵人事黄桑老。甚玲㻞、我亦托蘅蕪，誰知道。

臺城路　題江甯吴廖伯大令《小圃記》

十年前事殘陽外，東湖可堪回首。閣上尋秋，江干問水，略憶清遊攜手。驚塵劫後。賸寂寞人間，小園花柳。老興婆娑，六朝烟景入懷袖。　飄摇蓬梗似我，買山猶未易，絲鬢非舊。鳥眼愁胡，鵑心望漢，看得紅桑也彀。相思各有。只詩夢爐香，與君消受。爪雪天涯，甚時重載酒。

蝶戀花

小院日長添麝炷。不卷蜻簾，怕逐東風去。一寸晴絲黏落絮。和愁紅罥花枝午。　只有

定巢雙燕乳。辛苦香泥，依舊隨儂住。夢墮滄洲無覓處。斷腸春色蘼蕪路。

阮郎歸

原頭荒壠又清明。殘碑草没平。年年杜宇泣冬青。不知何代陵。　寒側側，晝冥冥。千家野哭聲。鳳城斜日澹觚棱。白頭過舊京。

南樓令

賃廡皋橋，揖冰先生舊居也。春日見壁間先生畫幀，憮然今昔，聊復倚聲

留得畫圖新。風花一段春。暗驚心、羅額生塵。十二欄干紅已朽，何況是、倚闌人。　小住亦前因。鮫綃認舊痕。想當年、詩酒閒身。夜静空庭涼月白，遺句在、黯銷魂。『空庭月白』，先生自挽聯中語也。

南浦

每歲植蓮，輒以一詩記之。今譜是解，詞旨愈悲，以視浮翠山房，又何如耶

生小玉玲瓏，好移來，曲院深深深護。回首若耶溪，文闌外、依舊紅裳無數。亭亭照影，蕊珠曾記鴛鴦語。一平掬泥香清浄水，未共劫餘焦土。　人間天上相思，甚而今不見，明璫翠羽。花落液池荒，凌波去、魂斷故山何處。藷星淚粉，夜涼誰識芳心苦。留得枯荷包冷飯，消受素秋風露。

南歌子

院静莓苔緑，春深蛺蝶黄。一重亞字小花牆。祇恐牆陰、攔不住斜陽。　玉笛誰家怨，羅巾舊日香。休將消息問垂楊。恨煞年年、總是斷人腸。

減字木蘭花

白門楊柳。可是青青還似舊。燕子春燈。愁煞家山入破聲。　十年浪跡。憔悴西風江上客。莫話南朝。一例銷沈早晚潮。

鷓鴣天

紅粉青衫恨一般。等閑姓氏付雲烟。若非乳燕飛華屋，那識勾闌有秀蘭。　思美眷，惜流年。不須淪落怨蒼天。漢家虧煞毛延壽，也算蛾眉絶代傳。

喝火令

春夢和烟遠，春愁似酒濃。惱人春色夠惺忪。休放夕陽閑煞，千萬卷簾櫳。　選樹鶯聲滑，尋香蝶意慵。者番芳訊太悤悤。過了清明，

燭影摇紅

寂寞掩關，孤懷棖觸，和夢囱韻

一碧烟郫，踏莎歸去羅鞵淺。隔牆紅索落新晴，人語誰家院。獨倚熏籠不暝。夠伶俜、青衫濕徧。夜來還怕，冷雨聲聲，簷牙珠濺。　羌笛春風，緑楊先結關山怨。好花休折未開枝，留取明年看。憶自西園客散。便相思、天涯夢遠。麝心香爐，鳳脛燈昏，攤書慵卷。

倦尋芳

鏡心語影，窗眼驚塵，春共人遠。隔着珠簾，簾外緑陰陰滿。翠縷新愁吴苑柳，玳梁舊恨盧家燕。黯銷魂，正淒清又是，夕陽庭院。　算彈指、江南花事，狼籍東風，還有誰管。扇底天涯，棖觸十年哀怨。多恐相思紅豆老，枉教鑄淚黄金賤。怕悤悤，鬢絲邊，海桑偷换。

過了楝花風。過了楝花風後，將恨付殘紅。

臨江仙

鵯鵊荼蘼春已老，天涯緑徧烟莎。重簾如海隔横波。夜來風更雨，那處落花多。　況是連江人去後，誰尋陌上銅駝。今年楊柳太婆娑。淚紅凝短蠟，眉翠損長蛾。

虞美人

芙蓉烟暝玻璃匣。院緑濃陰合。莫嫌夏午夕陽遲。消得疎簾清簟、一枰棋。　海紅衫衵雲羅扇。月上花痕淺。翠屏風外即天涯。知道相思今夜、又誰家。

鷓鴣天

一夕西風到鬢邊。舊時庭樹落哀蟬。鏡心冰結紅爲淚，羅額秋深緑化烟。　人悄悄，恨綿綿。枯禪況味奈何天。欲填恨海煩精衛，夢影香塵三十年。

離亭燕

幾點斜陽外，一平燈小窗前語。春水池塘秋月榭，記否曾攜手處。慧業總如塵，天涯卷簾人去。　遲暮牢愁無數。休忘玉環分付。金粉銷殘名士淚，眼底湖山非故。落枕十年心，相思夜長難度。

卜算子　和東坡韻

深院浄無塵，風定簾波静。袖底零星一卷詩，中有山河影。　舊夢悄如烟，老去和誰省。楓落吴江雁外秋，不抵心腸冷。

惜分釵 秋宵聽雨

知何處。秋來路。牆陰又着芭蕉雨。一聲聲。一更更。似解愁人，倚枕分明。輕。輕。　相思苦。渾無據。峭風欲卷離魂去。夢頻驚。酒初醒。永夜難爲，濕透紅冰。盈。盈。

江神子 七夕

閑庭風露悄無聲。欲三更。拜雙星。低訴相思、防有隔牆聽。畢竟仙緣天上好，猶歲歲，一宵盟。　人間何限別離情。恨伶俜。淚縱横。鈿盒重圓、除是卜來生。今夜逢伊惟夢裏，還只怕，夢魂驚。

霜花腴 虛堂人悄，感秋已深，以夢囱自度曲無射商譜之，不自知其悲從中來也

撫時感事，對素秋，年年也殼魂銷。鴛甃霜痕，翠鈴風語，樓頭木葉蕭蕭。夕陽似潮。有暝烟、飛上簾腰。莽江湖、夢影春塵，衹餘顚顇到今朝。　多少倚闌情緒，便澆愁覓醉，醉亦無聊。堂燕烏衣，宮花玉平樹，傷心莫話南朝。故山夜遥。問月明、何處吹簫。暗消磨、劫外生涯，一絲絲鬢彫。

品令

雨荷收淚。好風送、湖塘新霽。天宇夜色涼如水。粉牆月上，微有窺人意。　別緒萬千難自理。況傷秋情味。玉釭明滅蛩聲裏。冷清清地。幽夢扶魂起。

惜秋華 牆西秋海棠一叢，雜荆棘中，淒豔欲絶。越日視之，萎矣。徘徊棖觸，爲度夾鍾商一解。時丙寅秋七月也

斷送紅妝，到如今説甚，柔情幽質。一樣姹嬌，傷心未逢春日。憐伊病不禁愁，便滿地臙脂狼籍。飄藹，盡風吹雨打，都無人惜。　儂乏護花力。聽哀蟬落葉，虚廊沈寂。怕卷翠簾，點點淚痕凝碧。涼宵應有魂歸，歎命薄平、更誰相憶。悽惻。恨纏綿、斷腸秋色。

浣溪沙

《蕙風詞話》盛稱後蜀歐陽舍人《浣溪沙》詞之豔。新秋倚涼，戲而效顰，遥隔千載，奚責古今人不相及耶

一幅環妃賜浴圖。籠紗小袓粉凝酥。宫梧分月上流蘇。　花脚咬紅憐腕玉，檀心暈絳點唇珠。微微香澤近人無。

傷情怨

秋夜，和清真韻

連宵風雨不小。看柳枝黄了。倦倚燈屏，暗愁和夢照。　長空千里雁杳。問幾時、榆塞書到。一笛横秋，冰簌霜訊早。

二郎神

可憐老矣，怎弄得、没頭没腦。憶杏苑春聲，楓江秋訊，都付飛鴻寸爪。夢墮天涯蓬萊遠，可約略、前番曾到。經幾度海桑，歸來休問，故園花鳥。　憑弔。西風敗壘，斜陽荒草。賸入破家山，銷殘金粉，紅淚藹星舊稿。除是湘纍，楚蘭心事，還有阿誰知道。算十載飄泊，關河浪跡，衹今閑了。

夢横塘

云瓿《樂府補亡》，古鳳所書，余刊於辛丑之夏。卒卒二十餘年，鉛槧猶新，人琴已杳。爲譜是解，無限愴懷

月明雲散，一寸零香，劫灰拚與紅死。白袷當

年，記俊約、尋春吴市。闌底烏絲，酒邊銀字，四絃重理。看珠聯璧合，播滿詞壇，蘇黄後、真無比。回頭换羽移宫，驚沈湮法曲，夢醒何世。宿草萋萋，銷歇盡、慧情芳思。但留得、千秋竹素，地老天荒只如此。我亦衰頽，怕提前事，總傷心知己。

玉樓春

江湖滿地啼鵑血。彈指風流都歇絶。曾無好夢入黄粱，已有華年催白髮。爐香灰燼心猶熱。把酒看天問明月。燭花如淚淚如潮，萬劫相思寒澈骨。

永遇樂　秋夜聞簫，有懷江右

一片瓊簫，嗚嗚咽咽，如泣如訴。月底花前，誰家兒女，吹澈聲聲苦。西樓攙着，蛩吟雁唳，何限攪人情緒。立多時、由來甚事，滿身盡是風露。驀然憶起，潯陽江上，曾聽琵琶淒楚。楓荻秋光，客中送客，夢影無尋處。傷心莫問，中年絲竹，彀得紅桑幾度。更棖觸、開元盛日，羽衣舊譜。

訴衷情　八月十五爲女崇詩大功釋服之日，對月徘徊，愴然成詠

月明華屋又中秋。彈指已山邱。曇花消息何處，水上一浮漚。紈素恨，在眉頭。怕登樓。忍教重見，翡翠簾前，鏡匣香篝。

石州慢

薄醉初醒，孤館釀寒，風雨遥夕。蟬魂雁訊淒清，又是一天秋色。簾空漾水，照見瘦影相思，銀釭無燄三更碧。儻得月來時，有紅樓横

笛。猶憶。中流擊楫，逆旅炊粱，眼前陳跡。翠老香焦，此際最難將息。愁邊聽葉，陡覺萬木如潮，聲聲併入哀蛩急。拍遍玉闌干，更何人能識。

踏莎行

庭草萋萋，檐花蕺蕺。雨聲滴碎秋心緑。牆陰黄蝭瘦於人，伶俜冷抱西風宿。　夢影三生，愁痕一匊。斷腸不信相思酷。夜深霜月浸窗紗，溶溶欲濕芙蓉褥。

水龍吟　況蕙風内翰哀詞

孑遺留命桑田，絲絲直到春蠶死。江關蕭瑟，烏紗絳蠟，翠尊銀字。淩景新聲，薇垣舊夢，水流雲逝。便旗亭名滿，黄河唱遍，都非是、平生意。　南望家山萬里。莽烽塵、西風身世。孤芳自賞，可憐只有，梅華知己。緑鬢丁年，紅心子夜，暗消英氣。恁人琴寂寞，彌天際地，灑雍門淚。

訴衷情　古月樓自寫春思圖，圖不盈尺，筆致娟秀。觀隨園跋語，知爲雍乾時揚州才女也。老友歲寒得於皖江，郵寄徵題

風片花淺雙燕翦，欲清明。金屈戌。牙尺。悄無聲。心事隔簾旌。盈盈。小池新緑生。夢忪惺。

霜葉飛　秋末冬初，釀寒時節，掩關枯寂，觸景興懷，和夢囱韻

斷愁零緒。閑庭悄，天涯霜訊紅樹。滿空吹淚惜秋華，葉葉風和雨。聽一霎、移商换羽。昆明重見飛灰古。恁息影荒寒，舊夢了無痕，

賸有寄情豪素。因念海國傳烽，關山失路，過江誰擅詞賦。蝎宮磨盡鬢如絲，魑魅窺人語。恨莫繫，楊枝寸縷。牢牢不平放年光去。待酒醒、休追憶，只在眉邊，黯銷魂處。

蘭陵王

民國改元，十有五稔，天時人事，交感於中。寒雨連宵，倚恨無寐，以越調犯正宮度之，狂歌當哭，不覺言之雜沓也。

雨聲急。樓外雲容似墨。三更近，殘酒乍醒，形影孤燈坐遥夕。江湖悔作客。陳跡。心頭歷歷。消磨盡，豪竹素絲，一點烟塵劫灰黑。伶俜又今日。便擊碎珊瑚，窺鏡霜白。老來歲月防追憶。況蜀道鵑血，楚祠狐火。哀鴻肅肅遍四邑。但搔首愁極。寒色。滿荊棘。莫更問生桑，填海銜石。黃金鑄淚無人識。賸話舊窗燭，感懷鄰笛。熏籠和夢，夢不得，到故國。

玉梅令

天寒歲暮。白髮關河阻。流光易、暗中偷度。恁小樓獨夜，萬感入長更，銀屏照影，蠟殘淚苦。隋隄腐草，周京離黍。悲風動、四邊戍鼓。便詩心酒夢，老去足生涯，尋不見、舊遊何處。

驀山溪 除夕

殘宵幾刻，兩歲平分半。還復祝長春，又爆竹、桃符庭院。寥空鶴語，今夕是何年，驚物候，念家山，燈背天涯遠。灰中悶字，撥火書千遍。老去減風懷，也不管、梅華幽怨。零星賸稾，祭汝亦無靈，忍重見，舊朝衫，發篋黃塵滿。

鷓鴣天　元日

雲氣樓臺曙色開。梅邊詩夢落天涯。紅燒宮燭花含乳，綠破春泥筍抱胎。　休獨自，立蒼苔。深深深院有誰來。鑪香頂禮牟尼佛，總爲閑居無好懷。

絳都春　正月下旬病起

書囱病起。問竹外一枝，梅花開未。幾日不來，林木欣欣含新意。葳蕤芳草銷魂地。爲中有、銅駝雙淚。雨絲風片，連朝又近，禁烟天氣。　彈指。良辰美景，算容易、付與行雲流水。照影鏡冰，誰信年年移塵世。東君不管人憔悴。只依舊、春城桃李。莫辭寒襲羅裙，亞闌翠倚。

慶宮春　老病侵尋，春陰如晦，閉門覓句，聊遣愁懷

非霧非烟，輕寒輕暝，十分醖釀清明。雙燕懷春，一鳩拖雨，暝絲飛墜簾丁。畫屏扶夢，最難遣、香消酒醒。可憐時節，樓外陰陰，花外冥冥。　天公不放新晴。開遍棠梨，小院無聲。暗淡雲容，模糊風色，者番芳訊蘦星。舊遊回首，又吹綠、長亭短亭。躅莎人遠，還有誰知，老去心情。

臨江仙　二月十九夕作

彈指樓臺千劫過，蟲沙何限蒼茫。番番花訊斷人腸。風來非昨夜，燕去已空堂。　笛裏家山驚入破，無端夢亦荒唐。看他逆旅飽黄粱。春宵纔一刻，海上又生桑。

一落索

門外垂楊一樹。怨春無主。年年大道送行人，已閲遍、人來去。　日暮關山何處。離愁難訴。便教入水化爲萍，總薄命、同於絮。

南鄉子

春色太淒涼。消息沈沈怨緑楊。不道今番風訊惡，思量。猶覺他鄉勝故鄉。　花底惜流光。留得殘紅劫後香。欲拜鵑魂臣已老，蒼茫。誰與羣芳作主張。

掃花游

丁卯夏五，移家柱史坊。後牆隙地，本明毛氏依緑園址，夷爲民居矣。欲尋遺跡，而竹木水石，僅有存者。彳亍晚眺，不能無西州之感也

夕陽瓦礫，數四百年來，舊家都盡。石苔翠損。想爐香盌茗，那時清韻。古木蒼蒼，幾見樓臺海蜃。有冬青一樹，樹腹已空，旁出數枝，猶復蒼翠，數百年物也。再休問。勝寂寞廢墟，惟有灰燼。　晚風正緊。認模糊淚影，劫枯花殉。燕壘重尋，憑弔何限恨。是一樣傷心，敗殘金粉。只怕雙棲未穩。怨芳訊。更和誰、小山招隱。

獻仙音

唐時法曲，至宋而黄鍾商《獻仙音》一調僅存。曾百餘年，已如《廣陵散》，矧今日耶？長日囪閒，和堯章韻

紅燭秋心，緑楊春脚，最是銷魂多處。劫外星移，酒邊雲散，淒涼故國觴俎。縱萬古須臾耳，繁華水流去。　莫西顧。自漁陽、禄兒鼙鼓。驚破了、開寶羽衣歌舞。法曲問朝元，恁無端、淪落如許。樂府家山，怕重提、團扇麗句。祇維摩垂老，丈室一天花雨。

西子妝慢　後園納涼

山雨忽來，水天欲暝，小立新涼無價。柳梢煙霽月華生，扇輕羅、素商良夜。鷦枝許借。算即是、平泉緑野。步虛聲，似玉簫風裏，幽人吹下。　閒陶寫。已過中年，只有愁一把。避秦隨地可桃源，隔緇塵、碧空如畫。雲雷叱咤。好都付、瓜棚閒話。又霜前，雁訊流光去也。

釵頭鳳

燈花小。茶香悄。黛愁綺恨何時了。銀霜白。羅雲碧。壞壁虛階，冷蛩如泣。唧。唧。唧。　休憑弔。空吟嘯。亂離歲月誠難料。鴻泥跡。蝸篆色。細數華年，五絃瑶瑟。一。一。一。

迷神引

老病情懷難話處。落筆便成酸楚。秋宵漏永，誰識儂心苦。酒初醒，燈將炧，奈何許。破紙書窗，冷風虎虎。倚夢溯從頭，淚如雨。　蝎命宮中，不信天能妬。好年華，蹉跎誤。矧望平原，江山那堪回首，攬明鏡、都非故。美，豈吾土。荷鍤窮途去，無死所。隱憾抱遺經，腐儒腐。

渡江雲　寒夜聞軍號

頹陽紅欲盡，釃寒潑水，暮色上疎櫺。小樓風乍起，漸漸黄昏，鼓角動江城。蟲沙遍地，問甚時、可得休兵。還和着平、啼鳥征雁，總是斷腸聲。　聽聽。嗚嗚咽咽，慘慘悽悽，正霜高月平冷。更那堪、秋深臥病，分外分明。關山難越華年急，莫回首、身世飄零。愁不寐、教人夢也心驚。

三姝媚

霜天寒作去暝。正淒淒清清，薄醪初醒。放下簾衣，聽破窗如語，夜來風勁。夢斷西陵，消受夠、江湖愁病。似此黄昏，香燼燈殘，可憐形影。　休問生涯蓬梗。怕隱痛難言，怎堪重省。總悔蹉跎，甚歲華容易，鬢絲明鏡。劫外空山，還算是、梅花僥倖。付與心頭諳盡，伶俜唳哽。

疎影

鶇龕以《疎影》《八聲甘州》兩闋郵寄屬和，次韻酬畣

新詞玉潔。試問渠那得，如許清絶。料是衝寒，驢背尋詩，一鞭灞岸風雪。長安古道音塵遠，但寂寞、漢家陵闕。悵景陽、夢斷宫槐，賸有曉鐘聽徹。　憐我歸來倦旅，等閑總負了，江海缾鉢。地老天荒，頭白營齋，勝概豪情都歇。相思欲寄渾難寄，説不盡、離悰顛末。倚小窗、吟到梅華，又過踏歌燈節。

八聲甘州

倚危闌落日望中原，天涯孰知予。只文園題柱，臨邛貰酒，貧病相如。忍數紅羊幾劫，欲語總含糊。多少興亡恨，都付長歔。　不道三吴佳麗，恁春光憔悴，莫采蘅蕪。問燕臺柳色，猶似昔年無。待秋來遲君南下，拾墜歡、江上話蓴鱸。同攜手、上西山去，息影樵蘇。

憶舊游

便鶯鶯燕燕，絮絮花花，如此年年。舊夢寒無

影，算關河浪跡，催送華顛。鳳箋欲寄何處，難與説蓀荃。怕破碎家山，紅心望帝，只有啼鵑。潸潸。淚痕滿，縱濕遍青衫，斯恨誰傳。幾曲闌干地，認莓苔屐印，即是桑田。故園況是荆棘，吟思鬱昊天。正社雨連朝，春江一碧愁化烟。

凄涼犯

節婦爲諸暨邊春豪女，適餘姚周懷伯茂才。早寡守節，事姑撫女，垂四十年，年六十九。臨殁前一月，夜宿夫墓旁生壙中，遺命不具棺殮，以藁梩掩之。其志可悲也已。八三老人孫踽叟樹禮徵題，以仙吕犯商調譜之

柏舟苦節。彌天憾、年年淚漬巾篚。澤蘭有女，甘泉有母，寸腸百結。寒宵露冽。對孤塚松楸缺月。矢靡佗、今生永訣，預示死同穴。日平薄崦嵫近，白髮青燈，黯殘冰雪。夜臺鑒此，付藁梩、可憐埋骨。麥嶺山頭，墓在西湖茅家埠大麥嶺山麓。忍憑弔斜陽馬鬣。土花紅、滿地點點，杜宇血。

氏州第一

詠春雁，北京聊園詞社題，四聲悉依清真，未分陰陽，猶難播之絃管也

飄泊南征，秋暮寄旅，殘年只幾彈指。露白寒塘，沙黄斷岸，回憶吴頭楚尾。泥爪天涯，怕舊印、糢糊難記。冀北雲平，烟程訴説，故鄉千里。滿眼江湖頻轉徙。奈無分、豔陽桃李。上苑花濃，長門草長，惜倦遊歸矣。待重來、霜訊緊，愁蘆葦、都成隔世。玉燕紅樓，料輸他、東風乳子。

東風第一枝

詠早春，亦聊社題也。以春日第一課，故拈此二調。余和草囱韻，原作真、文，雜入庚、青，並及侵韻。今姑從之

笠屐尋梅，池塘夢草，東風吹送芳訊。穉黄纔試鶯聲，淺緑已眠蝶影。安排花事，好消受、小囱幽静。記者番、絲雨苔錢，添了一痕微暈。　寒惻惻、玉梨欲暝。人悄悄、海棠未醒。幾時燕子歸來，舊幕翠泥暖沁。良辰美景，驀棖觸、年華雙鬢。正踏青、天氣新晴，柳外夕陽紅嫩。

鷓鴣天　病中口占

一世情懷欲話難。一場春夢已闌珊。枯桐半死心還直，殘蠟三更淚未乾。　悲露電，念家山。老來遯跡禮旃檀。衹餘藷落牀頭稾，好好長留天地間。

陌上花

休尋夢影天涯，都是斷人腸處。鏡裏春痕，非復舊時眉嫵。十年浪跡江湖去，悔把韶華輕誤。算歸來、只有鬢絲禪榻，暗傷遲暮。　莽殘山賸水，風塵澒洞，況又中原多故。幾度蟲沙，眼底劫灰無數。未甘餓死隨衰命，欲覓桃源漁父。更何堪、北望漢家陵闕，夕陽終古。

以上《詩餘口業》

孫正礽

天仙子

廿四番風飛一頃。年華似水何堪省。緑陰滿地掩重門，酒初醒。茶烟暝。楊花落盡春無影。

南樓令　題海棠香夢圖

高燭豔烘霞。温香沁碧紗。蕩春陰、飛到楊

花。倩倩亭亭烟樣瘦，當子細、幻途睽。綽約怯風斜。惺忪趁月華。認樓台、畫裏人家。不是鶯兒聲喚轉，隨柳絮、落天涯。

醉春風

裊裊游絲顫。淡淡晨妝嬾。海棠開後到如今，想。想。想。屏角閒愁，花前長歎，夢中低喚。　花落春零亂，絮嗔春駘蕩。香温玉輭醉醒中，響。響。響。珮解鐙前，鈎垂帳下，釵橫枕畔。

菩薩蠻

醉人天氣醲於酒。棗花簾底波紋縐。何事甚干卿。春潮日日深。　不愁風似翦。只恨江流遠。雙槳趁潮平。潮平風浪輕。

調笑令

明月。明月。相祝團欒無缺。清光隔着珠簾。不隔絲絲篆烟。烟篆。烟篆。一縷纏綿無斷。

蜨戀花

殘醉纔醒春欲暮。一唱將離，日日風兼雨。添得春潮深幾許。亂紅已逐春潮去。　多少短長亭子樹。萬縷千絲，挽得春長駐。不信自家難綰住。楊花先與春爭路。

浪淘沙

絲雨釀黄昏。花落無言。瑶琴絃冷酒温醺。人自傷春春自去，深掩重門。　詩句寫蘭蓀。待向誰論。柳棉飛盡了無痕。一縷爐香烟斷續，瘦似春魂。

減字木蘭花

緑陰催暝。風裊茶烟纔酒醒。雲漏斜陽。移送秋千影過牆。　繁絲脆竹。聲和珮環天半曲。無着相思。瘦盡痴魂賸一絲。

滿江紅　秦淮弔古

一水盈盈，當把這、興亡飽閲。如夢慨、齊梁六代，繁華一瞥。卷裏秋娘吟杜牧，渡頭春舫迎桃葉。賸板橋、垂柳影斜陽，風摇曳。　望仙閣，亂啼鴂。樂遊苑，亂飛蜨。只清波幾曲，青山幾叠。二百里源西去水，數千年物東邊月。儘淮流、日夜送寒潮，聲嗚咽。

采桑子

工愁善病年年事，夢影惺忪。釵影鬖鬆。淚與飛花一樣紅。　傷春惜别人經慣，絃索丁東。曲調玲瓏。豈爲楊花唱懊儂。

桃源憶故人

鴛鴦瓦冷霜華重。珊枕翠衾半空。除却梅花誰與共。耐得寒宵凍。　南枝破蕚春纔動。淡月暗香微送。玉笛高樓夜弄，醒縞衣仙夢。

喝火令

南北三年久，關河萬里餘。天涯地角悵離居。直是生離死别，多這一封書。　相見除非夢，愁多夢或殊。夢行遼遠路生疏。却怕夢中，來往有歧途。更怕夢中尋夢，夢境總糢糊。

酒泉子　悼亡

慟白頭吟，不我同行先我去。層城知否住芙蓉。訊無從。　卅年井臼病愁中。有限因緣無限淚。無情天地有情儂。夢匆匆。

慶春澤　題許仲翃《羅浮仙館詞集》

秫露霏香，梨雲妥夢，綠窻朱户沉沉。譜掐梅邊，一編氷雪晶瑩。碧空無際中天月，挾飛瓊、高處吹笙。韻珊珊，花底泉流，泉底綃輕。　水南香雪春如海，是君家梅屋，書擁專城。鸚舌新詩，和他翠羽嚶鳴。倚樓玉笛閒三弄，是何人、偷度新聲。聽雙鬟，低拍紅牙，豔唱旗亭。

鵲橋仙　本意

珊珊環珮，盈盈河漢，此恨獨成千古。神仙不免别離多，翻羡爾、人間兒女。　瑶宫密誓，鍼樓乞巧，耿耿心徒記取。天錢償未拙如何，試待問、巧從何與。

雨中花令

芊芊草色絲絲柳。一池春水風吹縐。丁字簾疏，辛夷花落，何事懨懨久。　七分春色三分酒。去年此日而今又。風裏殘紅，窻前纖月，一樣因何瘦。

畫堂春

春寒料峭掩窻紗。愔愔庭院無譁。柳棉飛盡柳陰斜。燕子人家。　忽忽芳春如夢，絲絲夢似飛花。年年春夢落天涯。夢裏春華。

踏莎行

鬬草心慵，拈鍼意困。花前討個傷春信。踏青有約强兜鞋，瘦黄微恙羞臨鏡。　嚦嚦鶯聲，懨懨婕夢。春光作劇干人甚。好風何處送行雲，惺惺誰解憐同病。

秋波媚　梅

梅花除却不吟詩。擬補楚騷辭。孤山夢冷，羅浮夢短，一樣相思。　美人林下獨來遲。影瘦月嫌肥。茅屋空山，小橋流水，落寞惟伊。

滿江紅

也惜分陰，那肯負、良宵清晝。那易得、情場蕉萃，歡場消受。一曲歌翻青玉案，雙飛箋勸黄籐酒。莫推辭、花下酌殷勤，纖纖手。　春光漏，陌頭柳。春風到，梢頭蔻。早待他留枕，遲郎鬆扣。南浦無情生碧草，東風到處吹紅豆。況而今、刻骨臏相思，先他瘦。

卜算子

訴盡女兒痴，且向慈雲叩。買得春蠶萬丈絲，虔把如來繡。　愛着六銖衣，默誦云何咒。一串牟尼百八珠，的的拈紅豆。

菩薩蠻　壬子暮春，聞歌有感

雙籠烟月淮流碧。六朝如夢淮流急。時序又翻新。城春花木深。　畫船簫鼓鬧。争唱新詞調。惟有杜秋娘。琵琶和淚彈。

梅花引

眉新月。肌新雪。盈盈十五風華潔。曳輕裾。弄明珠。花如人面，花好值春初。戲調鸚鵡拋紅豆。一裊腰肢無礙瘦。忒聰明。忒聆娉。揀摘花枝，高處試身輕。　春醪酌。春衫薄。綠楊陰裏秋千索。愛嬉頑。態嬌憨。笑將明月，閒弄當冰丸。廣寒宮待移家住。近覷星河牛女渡。羨神仙。會神仙。遥知天上，應不誤嫦娟。

小闌杆　蜨魂

雙雙飛過海棠西。幻境半迷離。薇露寒消，梨雲春暝，嬌怯怯些兒。　篆烟扶着逐晴絲。縷縷顫花枝。輭趁微風，薄粘輕絮，香夢正酣時。

卜算子　美人魂

癡絶忍相離，天半游絲縷。驚斷香閨夢裏春，客路清明雨。　千里送郎行，駘蕩粘飛絮。緲緲輕陰問落花，真箇消何處。

山花子

畫舫珠簾古渡頭。紛紛絃管鬬新謳。惟有杜娘歌舊曲，秣陵秋。見《桃花扇》傳奇。　殘照隔煙沉遠浦，落花和夢送寒流。一片江山雙老淚，怕登樓。

醉太平

風搔白蘋。烟沉綠芸。虛堂夢冷於冰。若枯禪一僧。　鐙青瘦吟。香焦瘦琴。斷鴻替寫秋心。破雲羅一聲。

鵲橋仙

一枝玉笛，一枝冷豔，銀漢冰輪萬里。扁舟容與泛中流，蚪箭盡、涼生羅袂。　幾家香夢，幾人粉淚。幾處酒闌人醉。一聲高唱大江東，餘情付、茫茫煙水。

酷相思

何處樓頭吹紫竹。還和着、玲瓏玉。訴盡了、江南紅豆曲。春去也、簫聲促。人去也、絃聲促。　落盡檐花風簌簌。碧冉冉、陰如幄。奈細雨、珊珊鐙影緑。詩夢斷、香魂續。香夢斷、詩魂續。

沙塞子

不知何處月明多。盈盈水、十里迎河。簾盡捲、家家綺羅。處處笙歌。　桃花流水蕩迴波。銷金窟、莫慨深窩。六朝夢、數聲啼鳥，今又如何。

雨中花　早梅

風綻凍雲雲破隙。漏一縷月痕淡碧。縞鶴未醒，翠虬欲舞，香襲騷人筆。　落寞園林耽寂寂。生怕漏、早春消息。雪擁溪橋，冰凝埜渡，路斷空山蹟。

憶少年

畫梁雙燕，畫船雙槳，畫屏雙燭。成雙復成對，只樓中人獨。　雙袖單寒雙鬢緑。盼歸期、雙雙如玉。雙鬟解人意，替雙蛾顰蹙。

菩薩蠻　月

嬋娥初覿修眉鬬。一痕不碍纖纖瘦。前夕鏡開函。芳華十二三。　今宵將十五。暗把佳期數。妝竟待君看。團圞相見歡。

南柯子　柳絮

果是生前種，花偏落後開。身輕容易上樓臺。只隔一層簾幙、幾層階。　月淡飛無影，風輕舞欲廻。團圓難得化萍纔。莫再桃花同命、命同乖。

慶春澤　梅影

香雪千珠，清泉一鑑，蘆簾紙閣先春。流水孤村，誰家高士園林。碧天如洗氷蟾冷，認朧仙、霧縠煙裙。瘦娉婷。立也亭亭。笑也盈盈。　高踪落寞空山夢，這靚妝對鏡，絶代佳人。淺暈輕顰，迷離欲喚真真。風前未敢頻吹笛，怕驚飛、一縷春魂。藉篝燈。移上雲屏。細與温存。

卜算子

春夢瘦於煙，春酒憐孤酌。一夜東風捲落花，紅聚欄杆角。　燕子未歸來，不忍垂珠箔。明月團團高過牆，閒煞秋千索。

前調

前日使花開，今日催花落。一様東風兩様心，背地思量着。　前夕落燈花，今夕燈雙蕚。但願郎心肯轉回，未必郎情薄。

浪淘沙

雪色藕絲裳。雙槳横塘。芰荷深處水風涼。何處棹歌長。葉底鴛鴦交頸穩，占作柔鄉。一串珠吭。扣舷聲響和鳴榔。生怕驚他香夢破，著意思量。

蝴蜨兒 本意

蝴蜨兒。舞芳時。眠香花裏醒何遲。夢兒迷不迷。嬌小憐他瘦，輕狂豈自知。娉婷到處惹相思。春情飛一絲。

蜨戀花

年時不過横塘路。趁着新晴，小試尋春步。翠幰雕輪驚一遇。嫣然回首横波顧。幾疊碧雲巫峽阻。子細思量，只夢堪飛渡。約定楊花扶夢去。驚聞窗外珊珊雨。

踏莎行

春夢輕烟，秋魂瘦月。春秋最怕逢佳節。春愁纔了又悲秋，年年禁得空房怯。絃管笙歌，風塵雨雪。時時處處覊歸客。不憎西笑戀長安，悔從南浦輕離别。

天香

粉箔如煙，紅樓隔雨，春到薔薇猶淺。苔徑幽深，畫廊廻曲，清絶試香庭院。絲絲烟篆。又攙着、落梅風輭。恰似廻腸斷續，只愁眼波低翦。年來春懷如草，已離離、東風吹徧。短夢惺忪十二，碧峰更遠。况是夢中尋夢，已早被、春雲重重捲。欲采蘋花，傷春人倦。

南樓令　自題萊舍

地僻路紆斜。堂虚枕水涯。似桃花、源裏人家。竹屋茅檐簾盡捲，新簇簇、緑陰遮。　生計課桑麻。餘閒種豆瓜。讀幾篇、秋水南華。不記春來春自去，飛盡了、海棠花。

蜨戀花

碧葉田田花簇簇。一撇輕舟，雙槳横塘曲。疊雪輕羅波縐縠。窄衣短袖新妝束。　歌響串珠聲戛玉。荷芰香中，夢破鴛鴦宿。細輭心兒撞小鹿。願他好夢從新續。

浣溪紗

自媿浮生七十過。絲絲雙鬢早婆娑。居然一個老頭陀。　遠望神州瞻北斗，欲求浄土誦南無。最傷心事了瘋魔。

醉太平

丰姿暈霞。雲鬟綰鴉。可憐絶代風華。問年將破瓜。　肥些瘦些。蟚耶笑耶。不知藷落天涯。捉風中柳花。

城頭月　蜨

竛竮嬌小天生就。花裏雙雙偶。淡日低飛，微風多致，芳草春如繡。　惺忪曾入羅浮岫。月下憐消瘦。蠹蜕生前，繭蛾化後。南國多紅豆。

四和香

曲折回廊輕響屧。悄地弓鞋躡。苔徑深深花疊疊。好趁着、玲瓏月。　短檠書燈明半滅。

輕把簾兒揭。嬌喘吁吁言欲噎。笑指着、同心結。

謁金門

殘溜滴。枝上殘花紅泣。春去雨中誰解惜。雲漏斜陽碧。　金獸篆香將息。烟瘦曲穿簾隙。何處黃昏吹玉笛。空階人獨立。

羅敷豔歌

恨郎心比江兒水，今日東流。明日東流。只管東流不轉頭。　思郎淚比江兒水，朝也長流。暮也長流。流到何時可罷休。

謁金門

春已半。鎮日雨絲風片。過了花朝花未見。尋春人已倦。　不是春光看賤。多是尋常鶯燕。徼倖捲簾通一面。傾城驚絕豔。

搗練子

風定後，月明中。羅幕珠簾隔幾重。雙穗燈花紅豆影，篆烟扶着過牆東。

浣溪紗

寒食誰同哭落花。聰明無奈損年華。綠楊城郭是兒家。　古調記彈金縷曲，香魂應返玉鈎斜。魂兒切莫落天涯。

山花子

秋夜獨坐，聞鄰家笛聲，音甚悽戾，感拈此調。譜成，殘燭欲燼，雁聲滿天，不覺離愁之紛沓也

悔種芭蕉聽雨聲。一燈如豆暗雲屏。正是秋懷無着處，亂蟲吟。　天末涼風孤雁唳，誰家

曲度雨淋鈴。不是愁人聽不得，太淒清。

青門引

佳節清明近。燕語畫堂人靜。海棠欲睡只慵慵，過幾番風，禁得幾番病。　欄杆曲曲同誰凭。瘦怯羅衣冷。浮雲遮斷明月，不曾照得纖纖影。

浣溪紗

夜雨瞞人睡睫知。苔痕莫惹鳳頭泥。東風紅到海棠絲。　香爇翠鑪黏指爪，簫吹玉管染唇脂。捲簾人更瘦於詩。

其二

苔徑迴環柳徑斜。冰紋窗槅水紋紗。一重方空即天涯。　刻骨豈因斟鵲腦，低眉何況抵犀牙。胭脂點點着櫻花。

其三

屏角雙纏蟢子窠。畫檐蛛網罥春多。不知今夜夜如何。　心細喫虛撞小鹿，指敲聲沓歛雙蛾。燈花開落怪銅荷。

其四

解贈明珠解贈香。贈香先製紫羅囊。花描新樣兩鴛鴦。　一念酸寒頻顧我，十分疼熱轉羞郎。閒愁留點耐思量。

其五

楊柳梢頭月一痕。碧桃花下酌金樽。可能真個也消魂。　竟體芳蘭花氣息，盈懷團絮玉温馨。幾人消受美人恩。

踏莎行

萍影波飄，梨魂雨着。淚痕濕透衫兒角。與誰同命慨楊花，東風何苦留紅萼。　昨日春鵑，今宵秋蟀。短檠長夜燈花落。人情未必盡秋雲，羅衣更比秋雲薄。

南鄉子

萬里覓封侯。江漲春潮送遠舟。舟上儘多離別恨，悠悠。落日孤帆動客愁。　江遠水天浮。江上青山水上樓。樓上有人横玉笛，悠悠。只遏行雲不斷流。

減字木蘭花　遊南郊某氏廢園

誰家荒圃。幾度問花花不語。流水涓涓。猶似當年弄管絃。　梁間雙燕。猶戀香巢人不見。喬木蒼苔。花縱無人也自開。

菩薩蠻

吴江水軟吴山碧。高樓誰弄斜陽笛。莫弄落梅花。留春略住些。　留春春已晚。行客歸途遠。屈指計歸船。東風飛柳緜。

南鄉子　揚州作

雙槳放蘭橈。城郭垂楊緑萬條。眉鬬纖纖腰鬬瘦，魂銷。簾捲高樓翠袖招。　佳節況花朝。月底簫聲廿四橋。十里春風依舊是，無聊。一水盈盈漲暮潮。

摸魚兒　聽瑟瑟校書彈琵琶

寫秋聲、蕭蕭颯颯，嘈嘈切切如許。盤珠的溜霜飛葉，莎際亂蛩鳴羽。初淅瀝，芭蕉葉上三更雨。燈前機杼。又風掠梧梢，波瑤蘋末，索索敗荷渚。搔然似，萬竅怒號淒楚。玉關鐵騎奔赴。銀河倒瀉三千丈，曲罷黯然無緒。悲相與。君不見、青衫濕爲琵琶語。離愁同訴。歎紅粉如斯，白頭已矣，何必感今古。

蜨戀花

未識留春春肯許。莫放春歸，遮斷春歸路。楊柳小橋芳草渡。香塍繡陌花攔住。　争奈聲聲啼杜宇。只勸春歸，不管傷遲暮。爲語東風當自主。呶呶莫被啼鵑誤。

好事近　春閨

風亂落紅深，人立落紅深處。一抹斜陽無語。愁壓雙蛾聚。　妝樓簾捲遠山青，螺黛如眉嫵。多少入時顏色，儘夠修新譜。

鬲溪梅令　紀夢

玉梅花下夢中雲。御風行。行入羅浮仙舘、恰芳春。瑤臺花月明。　惺惺誰解惜惺惺。翠衣人。遮莫巫峯十二、雨初晴。仙禽三兩聲。

菩薩蠻　昔人有名崔廿四者，秦淮歌者，與崔同名。戲拈此調

思君日日時無輟。巫山重被巫雲隔。花信數芳韶。吹簫明月橋。　詩詞堪入品。讀史心能領。小曲唱花枝。小名人早知。《二十四枝花》爲時下豔曲。

卜算子

前日倚欄杆，欄外花如綺。郎度新詞妾按箏，雙調天仙子。　今日倚欄杆，欄外花如洗。

郎買征帆妾勸觴，一曲江兒水。

望海潮

漏永燈殘，自抄詞稿，愁懷棖觸，遂填此解

中年陶寫，老年狂放，猶看霧裏花枝。子夜新歌，丁簾舊院，東風水縐頗黎。酒醲月明時。有蕊含豆蔻，香冷荼蘼。茳影蘭魂，羣芳翻譜買胭脂。　幾回撚斷吟髭。是空中傳恨，花底催詩。烟咽寒蛩，雨餘短蚓，涼飛一縷蟬嘶。秋瘦玉參差。把卅年夢影，掐入冰絲。碧暈燈牕，杜鵑聲裏補騷詞。

臨江仙

畫閣垂簾簾外雨，聲聲滴碎秋心。誰家玉笛變商聲。薄羅涼意早，瘦得可憐生。　繡筏芳醪聊慰別，尊前話訴零星。香篝沈水錦衾溫。枕痕冰淚漬，帳影燭花昏。

相見引

日落珠簾盡上鈎。夕陽簫鼓木蘭舟。有人窗下，鏡裏看梳頭。　酒酌葡萄煩暑解，花簪茉莉媚香流。倚郎低語，今夕似新秋。

鳳棲梧

簾外東風花簌簌。滿地殘紅，忍把凌波蹴。緩步花間鳴佩玉。苔痕瘦印如弓束。　終日懨懨何所屬。强自矜持，不肯雙蛾蹙。怕聽相思新譜曲。誰家又弄柯亭竹。

杏花天

小樓一夜聽春雨。春又到、江南何處。蘼蕪綠到春來路。紅杏牆頭半露。　調瑶軫、琴鳴珠柱。敲檀板、曲歌金縷。玉蟾光滿窺簾幕。莫把芳春輕負。

一斛珠　美人口，和李後主『香口』韻

花前小坐。十分春色雙花朵。清言霏玉嬌無那。微展梨渦，一笑珠唇破。　密語低聲時對我。芬芳聞自櫻桃顆。書生微倖佳人可。暗度丁香，帶着香津唾。

點絳唇

踏月閒階，花間聯影成雙過。向姮娥坐。對影三人可。　寂寞空房，獨自親燈火。花雙朵。吹燈去臥。依舊孤單我。

浣溪紗　梅魂

寂寂孤村水一涯。萋萋芳草路三叉。昏黃淡月月低斜。　細雨絲絲點蘚徑，輕陰裊裊趁楊花。不知何處是林家。

謁金門

春已暮。多少落紅誰主。欲遣閒愁呼燕語。未知他肯否。　小院飛來柳絮。難得與儂同聚。素手纖纖頻拾取。風來吹恐去。

浪淘沙

窗碧水紋紗。庭院無譁。繡簾纔捲暗香賒。知是江南春色早，誰惜芳華。　遠客未歸家。莫寄梅花。恐添幽恨到天涯。楊柳青青樓不上，生怕愁他。

隔溪梅

青溪曲曲水溶溶。月玲瓏。依舊夜深飛過、

女牆東。雙清烟水籠。珠樓兩岸敞簾櫳。數花藂。知是何人花底、泣春風。琵琶歌懊儂。

醉落魄

碧梧小院。芭蕉抽緑心猶捲。花底流螢三四點。隱約苔痕淺。　妝樓風颭燈紅閃。水沈香炧烟絲轉。碧紗橱静人歸嬾。玉簟知秋，孤負新凉爽。

酷相思

一局楸枰看世事。殘劫已、滄桑易。藉宿醲、浮蛆醇酒味。藉飲後、沈沈醉。藉醉後、沈沈睡。　一枕遊仙春睡美。春夢裏、觀遊戲。只花月、閒情兒女繫。揮盡了、英雄淚。消盡了、英雄氣。

浣溪紗

襟上香痕間酒痕。香消酒醒况黄昏。十年落魄寄吴門。　點點絮飛遊子淚，絲絲花影美人魂。而今何處説温存。

愁倚欄令

闌干外，夕陽中。數殘紅。鸚鵡也知人意，罵東風。　春人無恨離悰。春光去，别我匆匆。飛盡楊花春夢短，負春工。

踏莎行　柳絮

小雨拖青，淡烟籠碧。年年忍送天涯客。雪泥鴻爪信因緣，相思渺渺江南北。　一捻纖輕，雙彎愁壓。年年飄泊無行跡。去年瘦削奈西風，今年更識東風薄。

一落索

日暮斜陽淡碧。殘紅如泣。廉纖雨後又東風，何太促、春歸急。何處高樓橫笛。苔階獨立。杜鵑啼血忒淒清，一聲聲苦、叫瘦纖纖月。

以上《憶香詞》

孫念希

憶江南　送友歸南　前清宣統三年冬濟南作

多少恨，一夢五更殘。翠袖高擎紅瑪瑙，銀笙低吹碧闌干。未解盛遊難。　悲遠別，今夕盡君歡。但覺笑言前日在，不知風雪暮江寒。惆悵雁行單。

唐多令　天津客舍寄濟南諸友

一雨漲湖烟。湖雲壓客船。牓幾曹、聽水祠邊。應惜故人歸未得，便歸也、總悽然。往事莫回牽。滄桑只目前。乍涼情、衝起愁天。一夜葉聲追夢醒，出門去、恍經年。

百尺樓　謝蔣侶梅贈硯　以上民國元、二兩年天津作

如此莽風波，何處尋歸櫓。文字枯時忽遇君，閒煞籠紗句。一屋青山黛可期，合與聯牀住。空擁碧溪雲，筆底無烟雨。

采桑子　濟南行途贈友

開緘怪得題空字，道有詩來。卻費人猜。猶是蓬山咫尺乖。　無端再到遺歡地，落日金臺。濁酒黄埃。訪舊傷時一費才。

前調　桃花花下得句

一色明霞歷亂紅。幾株春雪淡迎風。更堪憐處碧紗籠。　夢淺只疑來日短，顏低微損去年豐。似人憔悴儘秋儂。

菩薩蠻　看花歸賦

渡頭共説看花去。春人春服盈春語。去去晚纔歸。歸舟風浪飛。　細占明日路。只欠消塵雨。雨起却關情。宵來數問晴。

前調　花前遲客一日，風至不得，繼賦謝遊人

纔教顏色東風着。低頭忽訴東風惡。無語怨黄昏。落花人閉門。　看花須趁早。莫待花光老。一日有天涯。殘紅不駐車。

其二

眼前燈影憑分付，客到呼盧。客夫攤書。那管明朝鶩破無。　春光不敵春寒惡，千里城蕪。獨步笻孤。苦憶荆高舊酒徒。

其三

又是長驅成獨自，拋却人師。拾起人兒，歸去高堂戀母時。　濟南斷與今宵抵，不怕行遲。只怕□低。新有填詞一段癡。

浣溪沙　西沽桃花節，花前遲客題名啓事

幾度看花各人癡。花開一度一相思。花前東道不須辭。　自揀風亭供荈茗，强要雲客過題詞。要留名字與花知。

浣溪沙　花前遲客，憶昨戲題

贏得佳人一笑過。題名未肯肯回波。亭前飄瞥露雙渦。　數盡車塵成悵望，携來詩卷自吟哦。一翁花下久婆娑。

清平樂　送張用陳歸里

三間茅屋。一臥三年足。載得高文山簇簇。歸看自家秋熟。　折腰人事重重。此中何處堪儂。滿眼鄉園味好，青梨赤棗黃菘。

菩薩蠻　賀襄綸一子歸田業蜂

個個兒郎誇弄筆。一郎都下歸如蜜。擲筆解長衣。真知書味時。　春王新賜履。不數人間帝。此去領花封。而翁太上農。

蝶戀花　秋日憶大明湖

思起明湖如中酒。咫尺天涯，不許人歸就。禁得住老愁鄉渾忘久。秋風秋雨今時候。　一樣蕭疏湖上柳。湖上人家，只有秋依舊。京華非故有。夕陽下撲江南瘦。

夢江南　對雨有懷濟上

無眠客，孤聽雨瀟瀟。一夜秋聲喧有意，一秋人意寂無聊。翻起恨如膠。　明湖際，着滴最飄蕭。壓得城低雲不起，倚將風定屋如搖。都作淚痕澆。

浣溪沙　晏城道上爲濟南作

偷看湖山獨自歸。山山無語鎖愁眉。一湖空水對斜暉。　道是平安還作怯，强支憔悴却因誰。西風來去晏城催。

菩薩蠻

夜牀展轉，反覆韋端己詞，衝口湧出『春水碧於天，夕陽紅上船』二句，連誦不置。已乃悟次句非韋作，乃天續也。爲足成之，以貽我歷下明湖

暮春天氣人初倦。湖樓漸起看山眼。春水碧於天。夕陽紅上船。　船行城北曲。看到城南緑。三面緑遮城。山容活畫屏。

卜算子

睡境惺忪，得『獨坐秋苔砌』之句。憶夢中見邵介眉，爲作一畫，題曰『趙氏湖小別圖』。圖成，忽以亂筆抹之，云使滿紙起風雨勢。雜聯幻影，寫入長愁

或可是前身，此意非人世。有恨無情没箇知，獨坐秋苔砌。　曾是畫中天，潑墨天容閉。別處分明趙氏湖，風雨成摇曳。

水調歌頭

夜緒

身閒無一事，還病此身多。者番過盡，一日日盡待如何。最苦黄昏飯後，不見素心人到，清夜獨經過。把卷未能寐，且與古人磨。　不堪憶，最無據，夢魂苛。醒時浩劫，千萬都與夢重摹。生怕夢尋慣路，還到似曾到處，惆悵舊時窠。多少别離淚，揮手負山河。自上頁《采桑子》至此，爲民國十六七年天津作。

摸魚兒

弔北平故京　以下民國十八九年北平作

纔風飄、故宫殘紙。匆匆又刷人世。凄涼十七年間事，滴碎帝城哀史。説不起。把一片、清華銷與灰塵底。盛時誰記。賸北海枯荷，西山零樹，點綴斜陽裏。　傷秋客，倦眼滄桑

無已。當年曾飲燕市。旌旗冠蓋番番盡，落有騎驢一士。行又止。怕異日、歌喉酒吻都非是。閒愁没理。待壓住啼痕，霜沉寒鼓，自搦金臺意。

蝶戀花　與丁佛言同至豐澤園

丁香花裏丁公到。重認巢痕，共走宮門道。人事一番番去了。悄無人處花光照。　重門不鎖春風暴。自作濃春，自起傷春抱。捲盡流霞拖地掃。春陰强把春愁罩。

沁園春　步宋人韻，贈散仙肅初，時同官市府

扶痛追隨，如此京華，坐教寸灰。慘西山日薄，天低鴉點，蕪城風急，春斷蜂媒。收拾酸辛，裝潢熱鬧，潸淚惟應入酒杯。牽絲罷，忽同傷傀儡，憐到君才。　耳邊戰鼓如雷。休更擬、沙場身獨回。算儒書劫到，殘螢燼滅，□山幻盡，歸鶴仙來。一世之雄，只今安在，七尺軀寧足算哉。呼車出，但徜徉作伴，莫爲人哀。

浣溪沙　題張炎午雞雛圖　以下民國二十年至二十四年保定作

最是雌雄混沌時。瞢天瞢地只游嬉。閒來花下語呢呢。　飲啄本來生性有，飛鳴何事出羣奇。莫教長大到爲犧。

蝶戀花　去歲追薦先姊，寫哀未成，忽忽一年，漫書自志

空持佛號知何益。一日思恩，那及恩終世。恩到思時同棄置。人天一瞥稱兄弟。　曾將熱淚銜文字。文字書成，非復當時意。悽切

去年今日裏。一年忽忽爲前事。

菩薩鬘 近愁自寫

春秋不是無佳日。愁人怎敵愁如織。辜負好潛園。公園裏外閒。　燈來驅作睡。睡也無滋味。睡起未收燈。瞢騰天又明。

前調 前題

一牀一案循環倦。離他更苦無他伴。未覺孰情親。往來無限頻。　愁將詞暫破。强起填詞課。最苦没詞傳。若人深恨邊。

摸魚兒 次孫蓀荃衰柳韻

儘銷沈、六朝烟雨。疎疎還曳風縷。逢人欲説防人覺，認道漢宫人樹。生地誤。有絶代風流，輕被當時妒。如今遲暮。縱癡鬥腰支，苦留眉樣，秋色不堪主。　孤眠起，細數芳塵坐負。黄昏獨自悽楚。長亭短陌飄蕭盡，賸有江南幾許。歸不去。只荒寒一段，浪託棲魂所。溪山不語。算望斷天涯，黄回緑轉，舊夢知何處。

清平樂 即事

入山無記。苦説山中秘。説盡烟雲還自己。回首桃源非是。　鐘聲纔放人歸。車聲又走空雷。日聽南南北北，一春送盡花飛。

前調 閒忙

一茶破睡。鏖盡清宵味。已上孤床翻更悔。起打疊詞中淚。　勞生合與休閒。閒來却索忙添。比似蜂黏蝶溼，一生只注花前。

鵲橋仙　伴愁

手邊書落，口邊茶閣，輾轉孤床疲臥。不成清醒不成眠，一半句、閒言强和。　入云則入，坐云則坐，更没些兒自個。眼前無奈是雙眉，者一鎖、一雙人鎖。

浣溪沙　閨情

相見争如不見時。一回消瘦一回知。猛擡頭處總生疑。　强説愁寬能健飯，分明身削不勝衣。只消十日小生離。

前調　詠謎

一點靈犀路不通。黄昏人定約朦朧。無多言語見匆匆。　錦字腸回機宛轉，簪花心細格玲瓏。最難消息試燈風。

水龍吟　題雲盦詞卷

知君百事粗粗了，抽得吟身歸去。春秋佳日，小園高臥，朝朝休沐。料理閒情，深閨芳草，故宫喬木。算一番惆悵，一番嫵媚，自怡悦、風流足。　可奈吟邊舊侣。等吟興、不齊吟福。森森髯戟，沈沈腸結，都無是處。苦戀荒城，日鄰絲竹，不聞歌舞。怎雨窗寒鼓，爲君還起，呢呢兒女。

菩薩蠻　劉守真廟春遊

緑波三尺春流短。緑苗三寸春疇淺。三月落花天。滿城人上船。　船行行不足。十八灣灣曲。曲盡莫還家。前棚唤吃茶。

如夢令 憶舊

記得那年時候。苦傍畫船歸後。女伴一雙雙，無奈那人襟袖。今又。今又。轉是相思白晝。

臨江仙 與耘青、辛木陪息庵春園茗話，疊息庵韻

消得清狂能幾日，如泥醉殺山翁。一春情到看花濃。纔行通馬竹，又拂入門松。 一日須行雙日事，安排遊計從容。相逢同樣鬢絲風。待燒高燭照，莫放彩雲空。

其二

偶向春明追勝侶，牡丹時節聆翁。今朝清興爲花濃。名園尋綠水，古寺訪青松。 莫漫狂吟愁日短，清宵刻燭猶容。歸來同上掠衣風。各携佳句去，填得錦囊空。

其三

笑殺王城人海裏，遠來着個村翁。一歡知敵萬愁濃。休論人魏晉，但保我喬松。 拋却眼前花不看，更期何日從容。重邀明日醉春風。車回須緩緩，杯到莫空空。

其四

花似少年人老去，頭於未白成翁。用曹子桓語。晚春心事護花濃。願教傾國豔，都作後彫松。 識得好花如好友，重來不用先容。莫言南北馬牛風。日穿三海遍，心澈萬緣空。

金縷曲 自慨

誰更憐吾老。擲閒身、人間着迹，無非顛倒。癡處行吟狂處醉，管甚前期多少。更不道、心

情枯槁。興到百場償博負，算輸人、此事平生小。人未朽，蓋棺了。傷心不見春光好。最酸心、春花迎面，春人低帽。春自無言來去慣，人有避春懷抱。絶困煞、當場啼笑。人世悠悠花裏客，比浮生、未有花分曉。一續一，興亡料。

清平樂　題謝邁度壽册

南朝故吏。看盡長安戲。多少幽并詩意起。五十高生年紀。君家春草池塘。何人不道澄江。却笑堂前語拙，飛來燕子尋常。

前調　賀婚口唱

風流文采。未道簪纓改。盛事華年誇並載。喧徹長安人海。英才自織雲裳。同心更譜銀簧。好語珠穿一一，神光璧合雙雙。

采桑子　貪説

老來自覺風情勇，貪説真誠。不顧狂名。頗有新詞告後生。閒中莫減閒吟力，管甚人評。且作聰明。萬一他年起誦聲。

月下笛　和彦威韵

春不禁寒，鬢從凋緑，寂無人語。孤棲苦。浪託浮踪水萍聚。流塵本自無根蒂，更休問、故園風雨。任泥黏絮惹，牽連一色，斷無尋處。延佇。生淒楚。待暮已成朝，朝還作暮。殘年自譜。鏡中消盡期許。朱顔縱有重回日，怎喚起、當時伴侶。腸斷後，没腸迴，怕聽驚弦一度。

金縷曲 題王可魯畏曙圖，即步見寄詞韻

悽斷燕中市。刷寒風、荆高絶迹，空聞變徵。前路熹微誰料得，但信天公游戲。沉寂寂、西山朝氣。邊色連陰笳吹急，着衰翁、管甚興亡事。拖悄影，孤城寄。　摧殘老驥無千里。賸投身、行間字裏，自誇精騎。差喜□心人健在，禁得夜涼如水。絶不負、一官撫字。古有聞鷄提劍起，看使君、自警無人地。桑與梓，清明倚。

前調 送春，和羅北平，步其原韵

春去難追矣。慣抛閒、戀春詞客，稠情若水。歲歲輕將春放過，枉自傷心無已。猛亦念、吾生勞止。今歲更教春落落，錯相逢、各在匆匆裏。驚喚起，回沉醉。　清吟應是銷愁計。料强如、人前學啞，日長添睡。脉脉相思通一線，淡影飛煙輕逝。待把住、浮踪無倚。再觸回環牽悵惘，没奈何、人面東西避。尋未得，桃源記。

相見歡 枯坐

歸來枯坐空庭。夜燈明。却憶少年時節、入瞢騰。　深着意。輕將事。試雛情。豈意西風禿鬢、守殘京。

前調 對細君有憶

相看無語沉沉。莫思尋。曾是一雙天寶、末年人。　稱士女。當時侶。絶風神。只恨匆匆斜日、便黄昏。

滿江紅　公文講義出版，自題

道是公文，卻夾帶、詩詞一紙。這只是、無聊作者，自嘲而已。有限精神供役使，無窮苦辣留文字。算浮生、往事太蹉跎，過彈指。　慣脫手，公家事。誰掛眼，其中秘。但千聲一口，等因奉此。標點翻新成革命，葫蘆依樣堆陳例。只書生、不廢舊生涯，窮推此。

浣溪沙　憶同車眉嫵　以下民國二十六年北平作

知是山長是水長。斜拖一抹費思量。無邊心事在深藏。　細壓只疑金作線，橫侵端稱玉爲梁。世無京兆與誰商。

金縷曲　贊忱請註詞，爲填一調見意，時同有隱憂，兼以相廣，用成容若簡顧梁汾韻

漫灑窮途淚。終不成、荒城塵土，便埋身世。消息傳來多異説，判斷須由明慧。切莫遣、猜疑相累。最有閉門爲上策，瞑不聞、桀犬空人吠。風雨過，雲收矣。　知君今爲詞憔悴。此是情天無際語，句下何由鑿死。縱作者、那知己意。比似春蠶絲作繭，問前身、可是分明事。君且臥，其中耳。

前調　送贊忱南行，再用前韻

悽絶翻無淚。猛驚心、明朝一別，各爲人世。知是生離離不得，到此全銷靈慧。算只賸、浮生爲累。文字交親通性命，慣推門、到屋尨無吠。曾幾日，都非矣。　名場例有人憔悴。只不堪、漁陽鼙鼓，霓裳驚碎。便恐知音成斷

浣溪沙 寫夢

似是無情劇有情。眉峯高豎雪分明。不通一語笑聞聲。　題作待儂原亦可，定來尋伴却無名。一舟廻處水雲生。尾句一作『當前此事不關卿』。

前調 夢境，恍是濟南北極閣　民國三十四年八月十六日夢醒作

一片清光照玉闌。闌前無恙好湖山。秋風吹過不知寒。　入手未携天上句，驚心回到眼前歡。少年三五見當年。尾句一作『少年滋味滿當年』。

金縷曲 寇退，寄贄忱重慶，用八年前送行韻　以下民國三十五年作

忍定吞聲淚。再休論、天沉地仄，是何人世。絶，放與河山俱死。再不起、蘭成生意。今日盧溝橋上柳，把京華、送盡渾閒事。知我恨，惟君耳。

浣溪沙 幽居憶遠，首尾用七年前夢中句　以下民國三十三年

一夜西風换酒旗。酒醒風壓萬檐低。陰陰門巷瘦城池。　有水有山粘寸寸，無書無夢泊絲絲。高樓天遠雁來時。

相見歡 夜闌

一燈對照無情。不分明。坐被書牆横斷、一重城。　渾無事。長不寐。似聞聲。只是年年支夜、慣三更。

萬轉歡聲纔半出，又是欺人牙慧。更苦把、蟲沙拖累。似有民勞無處説，閉關梁、沸耳唁唁吠。西向望，魂飛矣。　餘將寂寞償憔悴。守荒城、十年一屋，秋風吹碎。僥倖詩名隨入蜀，寸地容吾不死。見白也、情親君意。一卷江山靈氣在，起瓊樓、自檢高寒事。呼共語，差堪耳。

相見歡　柬友

年來熱淚都涼。慣無腸。已是不禁腸斷、不思量。　動憐惜，驚一語，惹千行。自識殘紅零亂、不成妝。尾句一作『似聽秋波嗚咽、送殘陽』。

百字令　題趙頤庵行卷　以下民國三十六年作

故鄉重到。却投荒隻影，滿懷枯槁。似是地靈人傑盡，一例蟲沙浩浩。冰雪埋春，雷霆送日，放與天俱老。孤城無語，江山閒殺情藻。　尚使君何日輕車，名都踏遍，自載還鄉寶。憶斯人憔悴甚，一卷教聞談笑。灑露凝珠，吹風曳玉，初日芙蓉照。十年回我，青春重入顛倒。

前調　談藝，再質頤庵

洛陽才飽。正花花葉葉，與春俱鬧。異日秋心知不免，惱殺貪多愛好。十日留思，千秋論價，不在山陰道。欲開别逕，人間凡語都掃。　語君細處須磨，濃時要洗，冷處須生造。行過蠶叢三萬里，方識自家妍妙。開放波瀾，摩挲律吕，直逼前賢抱。燕歌唱出，慨慷天下知曉。

前調 投《育德中學四二周年紀念集》

故人招手。道此門今日，桃花如舊。浩劫歸來人萬里，不與河山俱壽。一集收文，八方獻藝，大有精靈輳。後營老將，當前鉦鼓休負。文我歎淪落青衫，沉淵乍起，不盡低顔醜。文字胸襟何處説，只有凄音密奏。閲世成川，懷人入骨，已是平生够。爲君留句，樓頭换取盃酒。

淡黃柳 題蘖塢遺詩，敬履其《明湖題壁》詞韵

蒼蒼一笠。陰遍江南北。百曲愁心傳暝色。片戟沙塲拾得。猶是前朝舊相識。淚潮積。一滴通南極。聞鄰笛、思湖石。看衝烟、影盡無人惜。檢取殘盃，教沉甕底，撩亂人間朱碧。

生查子 調内

當年離別時，萬里相思紙。字字鎖連珠，不許郎飛起。如今離別時，兒女書盈几。紙紙與先看，不放些兒字。

前調 書憶

千山來處難，五日歸程遽。來意辦三年，一夕銷魂與。自携如意衫，巧趁雙行步。步步落天街，但有衫風語。

菩薩蠻 劉守真廟後遊，用前游韻

一寒不恨春光短。重重愁剥春情淺。塵咽午風天。柳邊無個船。橋頭偷駐足。冷盡閒心曲。未了野人家。支棚煑舊茶。

如夢令　前地，疊前《憶舊》韵二首，次首倒步

正可春濃時候。卻莫思量春後。約伴強陪春，不是春人襟袖。姑又。姑又。且了今朝春晝。

其二

十五年前春晝。已説兹遊今又。再到愈蕭疎，只有舊詞籠袖。休後。休後。詞裏翻身時候

浣溪沙　雨歎

鎮日風沙雨太稀。三春一雨濕層皮。九重高處不曾知。　天上恩波無近水，雲中消息只空雷。江南艸長又鶯飛。

如夢令　蟹信

未覺十千高價。公子新秋來也。來路兩重翻，不許連橋橫跨。平化。平化。産地舊經十二連橋達保定，今路梗，遂爲北平市貨。昨夜定興車下。

前調　郵通有謔

亂喊滿街新報。五日一時俱到。知是綠衣來，大有夢中人笑。休躁。休躁。正要秋風衣帽。

春光好　酒懷

休更吐，酒懷新。避人嗔。四十年來換盡，酒前人。　縱遇客談天寶，霓裳何處能尋。祇許錦城絲管，亂紛紛。

鵲橋仙 棲遲保定，斷續十年，悄思有感

十年零亂。雨捎風剪。輾轉西南庭院。客中不是不思鄉，鄉祇落、城隅一點。宵涼也慣。秋深也慣。人與斷橋俱遠。漕河屢警，平保阻車。日闌無計出門看，看不到、黄昏星爛。時電力不給，市燈普停。

以上《花知屋詞》

孫景賢

菩薩蠻 閶門柳

水亭悵望山塘路。垂楊巧作秋眉憮。何處玉驄歸。隔江三兩枝。搖鞭風罥絮。莫道無情樹。前度見花飛。春黏白袷衣。

浣溪沙 燈花

手翦寒花怯曉風。留春不住五更鐘。九枝芳淚一般紅。已落猶開心不滅，無情有恨夢都空。那知遥夜亦匆匆。

攤破浣溪沙

春事闌珊晝閉門。愁風愁雨到黄昏。玉骨能消消不盡，淚珠痕。坐久心隨香篆活，夢回身倩燭花温。枕蝶悠揚無覓處，隔宵魂。

西子妝慢 七夕泛尚湖，病鶴、檗子同賦

磯鳥浴秋，渚雲合暝，水面香燈零亂。巧分花果簇觥船，會佳期、拜星河漢。閒凝望眼。似洛浦、驚鴻乍見。傍西巖，悵問傷心句，彈箏人換。煙波伴。雜佩荷衣，又恐芳物晚。

昔遊清興玉鳧知，蕩月波、夢痕先遠。青穠翠輭。記鷗叟、鵝兒同看。畫橈輕，急趁菱陂路轉。

祝英臺近　黄浦曉別

岸平潮，簾抱日，雲意委晴浦。水驛霜天，相送道無渡。替儂分付船家，安排枕被，好將息、前程辛苦。　遠遊誤。莫教孤負年光，閒愁到風雨。蝶夢醒時，偏聞怨禽語。耳邊啼道哥哥，行不得也，早相守、不如歸去。

齊天樂　雪農屬題其先德《倚瓊樓詞卷》

裁雲縫月才人事。蕭閒太平身世。柿葉翻時，薔薇謝後，描遍春情秋意。寒瓊漫倚。正微雨黄昏，畫簾垂地。把卷高吟，墨花斜漬數行淚。　風流江上盡矣。眼前凝望處，清景不異。剩水殘山，詞魂去遠，吾輩相招無計。紅牙怪底。便解拍新聲，未諳愁味。七寶樓臺，也隨塵劫碎。

西子妝慢　渤海舟中，夜見星度，人間天上，離會不同，感懷有寄

機錦織雲，酒漿挹斗，拜罷人間兒女。海楂深夜不曾歸，想無眠、曉屏清苦。雙星笑汝。又一度、佳期空誤。記年年，共誓秋河水，歡悰何許。　星橋路。莫問風波，早趁烏鵲渡。一雙西燕拍天飛，繫玉璫、替傳幽素。銀灣盡處。訂良會、瓊霄尺五。認前生，百子池邊舊縷。

淒涼犯　讀《庚子秋詞》

筆花未落。秋懷健、先生玉貌如昨。陣圖幻

浣溪沙　閏六月七日天津賦，和檗子

從古仙家好別離。玉溪詩意至今疑。伯勞休放燕先飛。　滄海平填留後約，愛河雙渡證前期。分釵合鈿漫相欺。

念奴嬌　倚虹丈歸自京師，邀同閒話

小窗情話，倩池波深照，隨鷗沙帽。我亦春明門外客，乍聽秋風歸早。畫省香爐，青樓絃管，夢裏容西笑。金鑾莫問，近來愁事多少。　聞道。酒勸長星，萬年天子，玉几眠初覺。告急牀頭如火急，不待銀虬催曉。解甲男兒，簽名臣妾，吟盡傷心稾。石城佳氣，坐看葱鬱江表。

鸖，軍書倚馬，夜吟官閣。詞魂瘦削。漸寬褪、羅衣冷薄。更潛行、荒江幾曲，蒲柳訂幽約。　何限凭高意，鳳輦塵牛，雁程風惡。雨鈴韻苦，共西山、數峰商略。漫譜新聲，怕南內、無人教著。待寒灰劫盡，老鶩也化鶴。謂半唐老人。

徵招　湖上探梅屢矣，歲晚將別，折枝以歸

鴟夷不到西泠路，烟波讓儂容與。載得苧蘿人，訪逋仙梅嶼。雪中紅豔吐。想當日、碧車曾住。倚竹天寒，隔花煙暝，倦游慵賦。　勝侶互招邀，忘不了、溪山舊經行處。幾度蝶魂消，也揉春作醑。客心千萬緒。更休聽、翠禽私語。冷香裏、折一枝雲，擁繡衾歸去。

虞美人　觀元槧《陽春白雪》

冷芸堆裏前朝槧。妝閣鈐脂豔。誰收餘燼絳雲樓。想見憐香惜玉、一生愁。　雲煙過眼歸何處。百宋廛空賦。山河泡影本無常。便聽教坊歌罷、莫淒涼。

思佳客　南匯城西廢樓，傳爲董香光先生讀書處。舊有先生手書『繡佛前』三字，即畫禪室意也。賦示芷生

一角書樓舊有名。寒泉秋菊薦維馨。能留我輩游人住，還仗當前繡佛靈。　思去日，髩成星。六橋詩夢隔年醒。東西南北人無恙，那見秋光不淚零。

浣溪沙　冬日過趙氏静圃，盆菊一枝，嫣然作花。主人索賦

襦帳無消怕雪霜。深深金屋阿嬌藏。秋容留看夕陽黄。　晚節凌寒同竹箭，歲華争麗到梅妝。斷無蜂蝶逞清狂。

霜花腴　歲晚重泛秦淮，用云瓿丈韻

舊時柳色，蘸遠波，垂垂巧騁纖腰。噓氣樓臺，斷魂煙水，當年夢影都消。打城怒潮。向晚來、桃楫雙摇。看風吹、片月波心，玉盤敲碎亂珠抛。　佳約素秋同載，過青溪白石，重弔南朝。邀笛舟迴，吹簫人去，珠宫暗泣潛蛟。忍拈彩毫。賦五更、燈火河橋。問尋常、燕子歸來，幾家紅袖招。

祝英臺近　大明湖，次鸞師韻

岱雲低，津樹暮。寒雁自來去。信宿湖天，尋夢水深處。繞隄都是垂楊，雪消不盡，又渾

木蘭花慢 黃鵠磯酒樓

幾登高望遠，有黃鶴、舊時樓。看曖曖晴川，蒼蒼大別，遥隔芳洲。凝眸。畫闌乍倚，正落梅風裏不勝愁。天塹誰同俊賞，地靈宜有仙游。淹留。岸柳絲柔。偏解繫、木蘭舟。暗歎風景依稀，詩人安在，呼問沙鷗。歸休。塵净洗，待一彎新月到中流。回首寒生薄髩，江城五月如秋。

水龍吟 歌笛湖上，荷廊晚眺

昨宵雁帶秋來，一池荷雨新涼滿。山光照檻，波痕侵襪，風簾齊卷。髩角纖雲，眉邊微月，水天吟伴。記鬧紅孤舸，穿花四壁，同消夏、垂楊岸。此地前朝禁苑。鶴歸來、滄波清淺。歌聲笛韻，而今剩有，寒蟬唱晚。悴葉知似、飛花前度。望中路。鏡波曾照吟身，衫痕涴荷雨。萬國兵前，愁看冷紅舞。重來載鶴船空，盟鷗人散，只留得、歷亭無主。

風入松 寶月樓

危樓天半不禁風。依舊月明中。女牆陰裏千官散，趁柳煙、鞭影匆匆。誰道故宫禾黍，齊看新闕芙蓉。玉妃環珮夜深逢。只隔綵雲重。從今收拾桃花恨，悟紅桑、碧海皆空。唯愛西山晴翠，朝來常撲簾櫳。

生查子 秋夜讀《夢窗詞》

滿枝風露香，人比霜花悴。誰解得秋心，便是愁滋味。蠹籤披素芸，半篋珠璣背。涼籟助孤吟，雙井蛩聲碎。

時，病柯閲世，歲華頻换。問塘蒲、亦有淒涼心事，洗妝人遠。湖爲明楚藩舊邸。

浣溪沙　秋霖屬疾，賦此遣懷

窣地簾波不上鉤。碧梧深院雨颼颼。聲聲滴到五更頭。　半榻夢痕清似水，一官滋味冷于秋。簷花還共淚爭流。

卜算子　唐花

芳訊隔年催，蝶夢侵宵轉。不信春人是舊人，淚滿看花眼。　喚起玉龍飛，寒意知深淺。燕燕鶯鶯一晌歡，忍把韶華餞。

臨江仙

新鶯偷漏春消息，叩窗蝶使頻驚。旛風鈴雨夢偏醒。吹花擘柳，只有霎時榮。　陪酒陪歌渾不管，空歎梁燕多情。濃陰滿地薄寒生。玉攓秋信，蟬葉兩無聲。

念奴嬌　王漁洋云：『江行看晚霞，極是妙景。』賦此寫之

楚天新霽，看千帆遥與，孤雲爭渡。鴉背微陽紅欲盡，卻又霞烘寒樹。幾葉霜楓，一叢水蓼，秋在人愁處。漁燈三兩，碎光相映前浦。　幾度。黄鵠磯邊，乘濤載雪，隨意沙洲住。浪跡渾如舟不繫，誰是烟波儔侶。小謝詩情，長江畫景，消領閒鷗鷺。赤城安在，斷虹東望歸路。

惜秋華　楚中歸，過海上，感舊詠懷

楚尾吴頭，載晴波一線，歸舟千里。客夢乍醒，沈思少年情味。憑誰爲滌塵襟，待風翦、

淞江練水。殘葉，浦中乾、遠瞰春中林際。陳迹燕能記。數尋常坊陌，煙殊月異。怕拾墮歡，點滴已成淒淚。隨人强上層樓，問碧翁、而今何世。天外。繡雲封、隔梯十二。

燭影摇紅　燕谷新梅試花，病中作

微雪慳春，嫩寒詩閣梅偏綻。病懷强爲此花開，幽絶無人見。簾額波烟乍卷。挽梨雲、紋衾夢遠。起呵凍壁，千點霜華，熏籠温遍。

斜倚修篁，玉龍花外吹遥怨。問誰把琖祝東風，芳訊江南轉。漫試鉛妝半面。燕歸來、庭陰弄晚。願邀璧月，照澈珠塵，愁根深淺。鑾師勸學佛，病未能也。

浣溪沙　爲忍華居士題所藏孫子瀟先生手書罄兒詩卷

記否秦淮打槳迎。五湖烟水載娉婷。只憐好夢片時醒。

此日重尋埋玉處，當年誰草瘞花銘。漫憑詩卷問心青。

念奴嬌　師鄭丈屬題其家藏雙紅豆圖

指痕一捻，是江南佳種，雙栽詩境。恰好物華全盛日，追想才人清興。竹葉澆愁，梅花寫意，曾見子瀟先生畫梅墨跡。悄祝春韶永。吾鄉掌故，尚書先後輝映。

休問。鸚粒誰家，殘紅似淚，洗面千珠迸。詞客有靈應化鶴，城郭歸來難認。借叶。林蕙堂空，長真閣圮，留此相思影。煙霞瓶水，兩君翰墨同證。卷有舒鐵雲、王仲瞿題詩。

浣溪沙　瀛臺修禊，韻限『南』『海』二字，分賦平、仄各一闋。前闋唐宋人多作此體，後闋唯南唐後主有之

無恙長安三月三。桃花紅醮水波藍。斷腸春苑恣遊探。古鳳丈集永徽本禊帖字，鉤橅爲簡。蔴紙留真摹寶笈，羽觴修典作清談。此中風詠勝江南。

其二

瓜艇快將詞客載。蓬瀛直上仙居在。花柳無私欣有待。　幾人淚點風前灑，招得蘭魂芳思改。且祝年年春似海。

菩薩鬘　卐字廊白牡丹

玉樓小劫春無恙。碧桃紅杏長相望。呵護仗東風。陳芳國已空。　年年花似雪。寒盡心頭血。生誤帝王家。清愁未有涯。

摸魚兒　戊申八月十五夜，泛月尚湖，偕病鶴同賦

望平湖、雨雲遮暮。水天涼意如許。蘋風乍皺鷗邊月，偏又淡煙籠樹。君莫賦。待喚起、姮娥借襪凌波去。淺斟勸汝。看倒影潛鱗，墮輝警羽，清怨上詩句。　三橋柳，依舊漂萍泊絮。銷沈人事無數。青袍最惜芙蓉淚，還怕袖痕非故。秋幾度。争忍説、水精鴛夢渾無據。綵鸞已誤。悵甚日梅邊，掩鐙重倚，天際念歸鷺。

浣溪沙　題鶴公石屋尋夢圖

寶刹深敲白石扉。洞天佛屋坐忘歸。數鴉相送鶴雙飛。　過眼林泉遺勝迹，畫眉花管寫哀詞。獨尋秋夢小雲棲。

以上《梅邊樂府》

孫肇圻

蝶戀花　秋日遊惠麓

郭外青山雲外繞。黄栗青菱，風味秋來好。一抹斜陽明木杪。輕車五里香塍道。　滿院桐陰人悄悄。踈柳殘荷，涼意生芳沼。花自無言香自裊。枝頭桂子知多少。

蘇幕遮　秋夜有懷

下晶簾，扃綺户。細剔銀缸、獨坐渾無語。寒柝聲聲碪幾杵。銷盡吟魂，更有風兼雨。　正愁余，還憶汝。此際天涯，應訴飄零苦。歸夢恐教關塞阻。消息沈沈，欲倩飛鴻去。

鵲橋仙　明湖春泛即事

柳烟籠翠，湖波縐緑，風景故撩吟客。歌聲微度畫船遥，問底事、天涯咫尺。　見時差喜，别來休怨，此去飛鴻無迹。當初何苦一相逢，空負了、柔情脉脉。

點絳唇　題畫

幾曲闌干，阿誰憑遍添愁思。遠山凝翠。似把斜陽媚。　一縷幽香，紅粉和烟墜。秋波膩。遊魚休戲。中有鴛鴦睡。

百字令　自題小影

鬢眉猶昔，恨無端錦瑟，華年遲暮。劍氣簫心消未得，十載江湖來去。携酒西泠，揚帆東海，薊北留題處。如烟往事，從頭屈指堪數。

無奈棋局長安，滄桑身世，有願何從訴。覆雨翻雲都不管，到底還行吾素。倚馬文雄，驚筵語妙，福慧天應妒。何如孤棹，尋盟烟水鷗鷺。

高陽臺　有憶

紅豆量愁，青鸞寄恨，秦淮曾醉春風。傾動當筵，翩然入座驚鴻。憐他幽怨無人會，倚闌干、懶理絲桐。最難忘，畫舫青谿，幾度相逢。

臨歧記否重來約，奈刹那鶯燕，小劫沙蟲。極目烽烟，天涯何處萍踪。情長緣短三生定，悔當初、話別匆匆。也難禁，九曲腸廻，一點心通。

蝶戀花　秦淮餞春，用歐陽永叔《春晚》韻

作意留春春不許。廿四番風，屈指從頭數。一縷春魂飄盪處。綠陰遮斷蘼蕪路。

飛絮天涯三月暮。楊柳如絲，苦綰離人住。花底似聞雙燕語。春來莫共春歸去。

前調　題西神梅魂菊影室填詞圖

和靖淵明何處覓。説劍開尊，孤憤填胸臆。者莫華年思錦瑟。滄桑影事成追憶。

銀燭秋堂歌按拍。花下吹笙，樓上應橫笛。不用勸君虛結習。詞人自古抛心力。

一翦梅　題照宇《玉煙珠淚集》

彈不成聲錦瑟絃。有限塵緣。無限纏綿。秋來情緒總淒然。恨也難填。夢也難圓。

桂老蟾寒劇可憐。月缺中天。人逝中年。微之新賦悼亡篇。淚比珠聯。情比絲牽。

憶秦娥　客中排遣之作

秋光冷。西風吹亂梧桐影。梧桐影。月痕如水，夜長人静。　醒來欲把閒愁屏。怪他絡緯啼金井。啼金井。華年錦瑟，可憐萍梗。

望江南　二首　題畫

江南好，最好是江南。雨意先教雲潑墨，谿光更愛水拖藍。煙景十分酣。

其二

江南好，無景不疑真。漠漠樓臺皆近水，濛濛煙雨恰宜春。疇是畫中人。

長相思　二首　秦淮舟中作

柳絲絲。雨絲絲。一角樓臺入暮時。所思無盡期。　夢迷離。影迷離。意外相逢分外疑。偷將冷眼窺。

其二

住層樓。倚層樓。修到鴛鴦總並頭。迴身摀阿侯。　繫輕舟。盪輕舟。有限風情無限愁。眼波何處流。

一翦梅　無題

芳訊南枝又北枝。忙煞峰兒。啼煞鶯兒。個儂心性忒嬌癡。見面相疑。背面相思。　絮影風前不自持。春去何之。人去何之。新聲偷倚誤佳期。花又開時。月又圓時。

金縷曲　題杏邨十年浪迹圖

弧矢平生志。溯從頭、一朝投筆，幾番攬轡。少小那知行役苦，省識此身如寄。更不信、河清難俟。十載光陰成過客，儘銷磨、帽影鞭絲裏。展驥足，强人意。　劫灰飛遍江南地。也難禁、問天搔首，感時濺淚。眼底滄桑何限，争奈獨醒衆醉。願此後、休談國是。猶有蓬廬堪息轍，憶前塵、自寫漫遊記。專著述，羨吾子。

浪淘沙　四首　江行漫賦

浩浩大江流。洗盡閒愁。浪花如雪擁輕舟。湖海飄零緣底事，輸與沙鷗。　兵革幾時休。何處歌謳。幾人暴骨幾封侯。留得江南春一點，未許悲秋。

其二

身世兩飄零。滄海曾經。中流壯志負澄清。法曲仙音人未識，江上峯青。　衆醉我偏醒。休問前程。好山相送復相迎。没個商量聊自遣，臥聽江聲。

其三

形勝古今同。幾輩英雄。江山無恙霸圖空。只恨雲留黄鶴去，殘照猶紅。　一棹漢陽通。香送荷風。臺荒難覓伯牙蹤。偶到禪房消世慮，幾杵清鐘。

其四

遊興我猶豪。一水迢迢。風雷頃刻起波濤。真箇江行忘六月，暑氣都消。　攬勝暮連朝。圖畫難描。小姑山近大姑遥。殘照半江凝望處，兩點金焦。

金縷曲　題鄉先輩顧仲蘇先生竹裏舘圖遺照

一碧涼如洗。有幽人、其間小住，烟霞深契。

胸次渭川千畝在，況有孤琴閒倚。是山左、舊時廉吏。科第功名身外事，羨蘭成、詞賦都清麗。脱塵網，斂豪氣。　浮生幻夢何須記。歎而今、雲翻雨覆，時丁叔季。琴劍飄零雙鬢改，籬下那堪久寄。空負此、林泉歸意。前輩鬚眉今似昨，對修篁、如坐薰風裏。永瞻仰，忍拋棄。

以上《簫心劍氣樓詩餘附存》

菩薩蠻　二首

韶光不怨匆匆去。落梅風急閒庭暮。好夢最難留。情多易注眸。　欲拋拋不得。遺卻心頭憶。花外月如弓。懺愁休更慵。

其二

歸來未算年華誤。被儂留得香魂住。夢醒轉沈吟。心香誓舊盟。　梨花涼弄影。除是和愁等。鳳屧過闌干。蒙他訊晚寒。

賣花聲　二首

羌笛落花天。往事誰邊。尋思脈脈未成眠。獨自淒涼還自遣，慧思華年。　想見涕潺湲。獨坐嬋媛。鍼兒七個盡情穿。怊悵綠梅花下路，如夢如烟。

其二

庭院似清湘。没箇商量。紙屏六幅繪湘江。惟有填詞情思好，瘦硯敲霜。　樓外月昏黃。翠釧肌涼。歡期抵過八千場。無數蛾眉深院裏，第一難防。

蝶戀花

目斷遊絲情一縷。艷想穠愁，屈指尊前數。才把幾點枇杷花下雨。春烟閣斷天涯樹。　夢兒牢捉住。帳𦆯春宵，没箇銷魂處。繡院深沈誰是主。行雲欲度簾旌去。

虞美人

文廊匼匝屏風曲。料得憐幽獨。梨花情性怕黄昏。收拾箏簫寂寞、掩重門。　青衫不漬清尊影。蘭蕊彫明鏡。半庭春月暖於烟。錦瑟生愁忽忽、感華年。

以上《綴珍集》附詞

黄文琛

虞美人

題紅豆仕女圖

等閒漫把芳春過。行樂何時可。昨宵帳裏夢惺松。不信天涯有路、夢難通。　雲鬟睡起嬌慵理。瞥睹相思子。拈來疑似淚珠紅。觸起閒愁無語、立東風。

一翦梅

一點殘燈伴寂寥。坐到深宵。愁到深宵。蛩聲猶自苦相撓。怕是魂銷。偏易魂銷。　隔院寒砧帶恨敲。風又瀟瀟。雨又瀟瀟。欲眠還起首頻搔。醉也無聊。夢也無聊。

買陂塘

乙亥暮春遊莫愁湖，登勝棋樓有感，兼憶王君綬雲，即用其《寄懷》韻幾何時、英雄兒女。銷沉一樣無語。雨絲烟柳春將晚，重認昔年荒墅。回首顧。只不老青山，依舊朝還暮。憑欄弔古。算流水光中，斜陽影裏，添賦斷腸句。　蒼茫際，回憶鄣山舊雨。何時攜手重聚。人生離合渾無定，千里別懷難訴。愁幾許。況此際、登臨昔日同遊處。癸酉秋，曾偕君過此。歸鴉細數。又小閣燈昏，疏簾月上，獨自下樓去。

臺城路 秋夜金陵旅舍，與王君綬雲話別

相逢未遂登臨願。無端又歌南浦。紫蟹霜肥，黃花露綻，好景翻無情緒。離愁幾許。只料理歸裝，黯然無語。雁過長天，笑人分袂太匆遽。　朝來還喜細雨。算陰雲漠漠，留得人住。酒盞重溫，燈花共翦，此夕依然儔侶。休崒笑語，願破曉鐘聲，寺中遲度。轉眼天涯，有懷何處訴。

摸魚子 別後雨阻舟中，有懷王君綬雲

憶當時、乍逢旅舍，兩心歡喜無限。無端征雁催人別，正值白門秋淺。空繾綣。只各自無言，鎮日愁相伴。萍蓬易散。歎從此天涯，一函紅豆，欲寄路逾遠。　分攜後，準擬明朝歸便。誰知風雨留戀。孤燈小艇荒江裏，一滴一聲幽怨。人不見。料此際、郵亭魂也銷無算。宵長夢短。且檢取新詞，幾回重讀，欲和已腸斷。君有『話別』《醜奴兒慢》一闋。

齊天樂 秋夜不寐，風雨撩愁，挑燈歌此。蛩聲嗚咽，如相和答

當時共説秋光好，秋來轉增離緒。細雨撩愁，

尖風破夢，又是聲聲砧杵。天涯病旅。怪嘹唳征鴻，忍添淒楚。問夜何其，幾回危坐把更數。　拈毫欲作平抒幽怨，恐詩翻惹恨，將寫還住。唧唧噥噥，淒淒切切，偏聽寒蛩私語。無端自苦。問世事如斯，又將誰訴。莫逞哀吟，擾吾清睡趣。

卜算子　秋夜不寐，次瘦竹三兄韻

憶昔報秋來，人共黃花瘦。酒醒燈昏夢也無，數盡聲聲漏。　今又報秋歸，依舊雙蛾皺。秋去秋來一樣愁，總是淒涼候。

南樓令

天上月如鉤。鉤來心上愁。怕逢秋、偏易逢秋。蛩語不如人有恨，苔砌畔、故啾啾。　好夢總難留。韶華似水流。擁寒衾、細數更籌。窗外梧桐偏作惡，没風雨、也颼飀。

如夢令

酒意昨宵微中。絮被曉園殘夢。薄日上窗紗，庭外彤雲低籠。寒重。寒重。一樹老梅香凍。

前調

簾隙風來尖勁。摇曳一燈無定。殘月上梅梢，瑟縮擁衾取冷。人静。人静。閒却一庭花影。

菩薩蠻

彤雲漠漠烟催暝。紗窗午夢鴉驚醒。細雨溼闌干。倚闌人正寒。　天涯將歲逼。歸雁偏難覓。莫道不相思。淚痕沾繡衣。

望湘人 懷王君綬雲

記涼風兩岸，殘月半簾，秦淮河畔同住。燭炧徵歌，酒闌擫笛，爲問風流何許。短榻吟秋，錦箋寄興，爭裁新句。柰恁時、歡若尋常，那計分離淒楚。　誰料孤帆遠去。望雙魚不至，尺書偏阻。想千里懷人，各抱別愁無數。青陽又逼，甚時重晤。有約都成虛語。只夜夜、夢繞鄣山，握手梅花深處。

高陽臺 秋光已老，風雨撩愁，挑燈静坐，矢口成吟

借酒追歡，憑詩寄恨，閉門獨自沉吟。幾度魂銷，窗前密雨斜侵。枝頭病葉都飄盡，怎西風、猶戀空林。慣黄昏。攪亂吟懷，滴碎秋心。　生來底事工惆悵，記年時作客，愁聽寒砧。不道歸來，淒涼又是而今。蒼天不管人憔悴，儘陰雲、日夕沉沉。問何時，曉放新晴，樂事重尋。

蝶戀花

一幅湘簾斜不捲。隱約聞聲，半面窺難見。獨立階前空繾綣。桃花紅處斜陽戀。　怎柰呢喃雙紫燕。不解相憐，似道人偷盼。悄掩碧紗窗兩扇。無情更隔相思斷。

前調

風壓疏簾燈影重。一縷梅香，悄度紗窗縫。襟上酒痕和淚擁。多情悔把愁苗種。　杜宇聲聲花外哢。苦勸人歸，翻破還家夢。惟有月明常與共。起來獨向閒庭弄。

高陽臺　花朝坐雨，有懷故人，次石瓢仲兄韻

旅館聽鶯，芳郊試馬，記曾同度花朝。日暖風和，輕塵隨住鞭梢。萍蓬縱有離家感，賴尋春、興未全消。迨攀條。贈别楊枝，轉覺無聊。　歸來此日真愁絶，悵青衫憔悴，緑鬢飄蕭。天末良朋，蒼茫雲樹迢迢。東皇忍把芳辰棄，更長空、傾倒天瓢。閉蓬茅。約負鈿車，何處餳簫。

水調歌頭　雨窗感懷，次瘦竹三兄韻

今古不平事，匣内劍空磨。三杯兩盞淡酒，怎敵此愁多。陌上夭桃如繡，隄畔垂楊如織，都向雨中過。不把好春惜，天意竟如何。　簾怕捲，樽嬾把，句慵哦。知音寥落。問誰擊筑共高歌。準擬移家湖上，一葉乘風來去，身世老漁簑。幾許芳菲恨，從此寄鷗波。

消息

獨上江樓，畫簾盡捲，幾徧凝佇。萬里關山，千重烟水，隔斷相思路。客帽黏塵，征衫點絮，數盡往來行旅。只長途、斜陽一片，任烘暖、離亭樹。　鵑呼愁至，鶯啼寒嫩，碧草天涯春暮。望眼將穿，歸期又誤，密約都無據。誰家畫舫，幾聲玉笛，觸處但增凄楚。黄昏近、紗窗半掩，影兒共語。

蘇幕遮

日初長，人易倦。午夢驚回，樹底流鶯囀。牆外殘紅飛片片。多事東風，送入儂家院。　動芳情，添别怨。日日登樓，悄把王孫盼。芳草青青更遠。生怕無愁，故使離人見。

滿庭芳 苔錢

一抹斜陽，連番細雨，翠蚨鋪偏芳園。鐫來蟲篆，無處不蝸盤。其柰不作平堪舉贈，凝眸處、羞澀堪憐。朦朧月，憑他誤認，纖手數應難。憑闌。閒佇立，東風捲處，帶草頻穿。算風前榆莢，同此匀圓。拚與鶯兒作俸，江南路、難買春還。閒庭畔，經誰萬選，青色訝斑斕。

高陽臺 落梅，和石瓢仲兄

圓玉拋空，明珠墮影，無言獨下苔茵。月冷孤山，暗香不動黃昏。高人怕惹繁華習，任飄零、老樹荒村。最清寥，放鶴人歸，流水閒門。枝頭隱約堪愁絶，縱潛施綃帳，難護仙雲。素質誰埋，東風吹滿籬根。珮環夜半無人覺，想歸來、淒絶冰魂。算江城，玉笛聲中，多少愁痕。

東風第一枝 柳線，和陸君子峨韻

乍覩抽青，旋看褭碧，春深垂徧征路。繡來箇箇苔錢，穿向片風過處。夭桃相傍，慣攬墮、殘紅無數。怪幾番、難挽遊驄，翻惹一作去腔離緒。　攀莫作去盡、翠條若作去許。量不作去定、帶圍亂舞。拂隄暗籠輕烟，捲水戲霏細雨。絲絲低挂，怎不把、西烏牽住。替織成、千縷黃金，但見曙鶯來去。

青玉案

登樓不見天涯路。只愁逐、天涯去。水遠山重遮莫住。夕陽芳草，落花飛絮。正是春歸處。　聲聲杜宇空啼苦。屈指歸期幾回誤。擬倩呢喃雙燕語。江南尋到，陌頭相遇。細把儂心訴。

鳳凰臺上憶吹簫

嫩日烘晴，暖風吹醉，芳塵點點輕揚。正柳嬌桃媚，蝶浪蜂狂。多少離懷棖觸，雕梁畔、燕語雙雙。無人見，幾回佇立，百徧思量。　淒涼。小樓獨上，空望斷天涯，路共愁長。莫問春光深淺，春深處、一隄芳草，青斷人腸。青溪曲，誰家畫船，着意尋芳。更是堪傷。

卜算子

一陣晚來風，吹散梧桐雨。怪底寒蛩不作聲，昨夜秋先去。　獨坐待嫦娥，欲把離愁訴。待到相逢夜已闌，依舊愁無語。

虞美人　戲拈秋字，和石瓢仲兄韻

秋窗寂寂人初去。賸得秋蛩語。秋情惟有一燈知。不是傷秋消瘦、舊風姿。　茶邊一縷秋烟裊。幾點秋螢小。秋來無柰是黄昏。涼逼秋衾有夢、也難温。

漁家傲　秋夜與趙君詞甫茗話，再拈秋字，和詞甫韻

幾點秋螢光似豆。秋宵閃爍花前後。豈是秋來人病酒。秋知否。年來詩思如秋瘦。　秋月穿林風入牖。一痕秋影和簾皺。客裏悲秋閒話舊。秋情逗。又聽四壁秋蛩咒。

虞美人

年年此日西風起。愁思和秋至。當時只説待而今。待到而今依舊、信音沉。　一庭霜月

蛩聲急。好夢難尋覓。蕭蕭落作平葉太無情。偏又窗前添箇、兩三聲。

浪淘沙

秋夜夢難成。小立閒庭。庭前風露悄無聲。立到纖纖殘月墜，兀自淒清。舊約不分明。無緒無情。涼宵最怕數長更。數到更殘腸已斷，愁看晨星。

鵲橋仙　雨夜悶坐，有懷故人

長天雁過，幾聲哀語。兜起滿懷離緒。萍飄梗泛歎年年，問何日、苔岑重聚。挑燈獨坐，西風吹雨。添得閒愁幾許。天涯各自抱相思，只不許、相逢細訴。

東風第一枝　杏花

柳眼初醒，桃顋未綻，一枝嬌豔如許。絳綃十幅新裁，暖香半林乍吐。霑衣細雨，隱約記、江南歸路。聽小樓、終夜瀟瀟，客裏暗增愁緒。花徑臥、定饒興趣。雲鬢插、料添媚嫵。慣留白傅遊蹤，豔說尚書妙句。胭脂勻注。問十里、春光誰主。羨幾人、及作去第歸來，斜照一鞭飛度。

念奴嬌　梨花

官梅吟罷，獨亭亭開向，清明時節。斜凭東欄空悵望，韻事而今都歇。夜月溶溶，曉雲漠漠，寂寞一株雪。玉容含雨，似多幽恨難說。憐彼獨處深宮，長門終日閉，倚窗愁絕。滿地瓊英人迹少，惟有啼痕盈靨。素袖籠烟，碧紗粘粉，影亂翻飛蝶。邊鸞描入，一枝圖裏堪折。

虞美人

憐他瘦削雙眉小。擔盡愁多少。重門應不鎖相思。拚把癡魂夢裏、繞天涯。　誰知夢更無憑據。難覓天涯路。一庭斜日晚風涼。又見芙蓉池上、浴鴛鴦。

高陽臺

酒爲愁捐，詩緣嬾廢，淒涼最是今年。幾許傷心，從今更倩誰憐。東皇歸矣渾無語，一霎時、天上人間。任朝來，腸斷流鶯，淚盡啼鵑。　髫齡失恃悲無限，幸椿花尚茂，朝夕承歡。造物無情，偏教妒到團圞。人生七十原稀見，最難堪、孤影窗前。歎今生，樂事難逢，恨海

難填。

浪淘沙

雲影暗紗窗。梅雨淋浪。困人天氣助淒涼。怕到黃昏愁不寐，偏又昏黃。　往事莫思量。幾斷柔腸。閉門獨坐淚盈眶。煉石補天難補恨，恨比天長。

沁園春

陸君子峨歸山三載，去秋以迎養來滬，便道筠溪，遽爾言旋。書來又五閱月矣，填此寄懷

一別三年，已分今生，再見無期。幸毛生捧檄，迎親滬北，王郎訪戴，迂道筠西。舊雨重過，春風滿座，意外相逢樂不支。拋愁去，且挑燈讀畫，貰酒評詩。　方嫌黃菊開遲。又豈料、匆匆一棹歸。歎論心竟日，歡情如昔，

分攜五月，離緒誰知。我固飄零，君仍潦倒，賸有蠻箋一幅遺。吾何恨，恨蠻箋百幅，莫訴相思。

點絳唇　元夕，次趙君詞甫韻

小市燈殘，又聽鄰院雞催曉。莫教草草。月似今宵少。　春到江村，景物增詩料。吟懷好。暗香繚繞，知是梅開了。

前調

曉日烘晴，嫩寒庭院争啼鳥。睡魔纔了。又被詩魔擾。　多事東風，偷綠庭前草。安排好。墨作去牀茶竈，斷送愁多少。

好事近

窗外鳥聲喧，窗内苦吟人瘦。一縷幽香偷入，料梅梢春透。　晚來詩思淡于雲，明月白如晝。添得一簾花影，被東風吹皺。

卜算子

一雁過寥天，昨夜西風起。纔喜新秋一味涼，又犯驚秋意。　露滴咽鳴蛩，雨過蟬吟細。作盡秋聲總爲誰，只入離人耳。

點絳唇

枕簟生涼，綠作去陰庭院秋來矣。徧階苔細。没箇埋愁地。　盼煞歸期，人不知秋至。重門閉。夜闌燈炧，嘗徧淒涼味。

瑤花　白桃花

鉛華盡洗，淡掃蛾眉，似朝回瑤闕。東風一棹，乍見處、欲認梨雲千疊。靈根何自，豈種向、空山明月。問幾生、修到梅花，却與一般高潔。　阿誰前度劉郎，想老去重來，同感華髮。玉作去容寂寞，渾不似、崔護尋芳時節。春融粉頰，任斜照、冷烘晴雪。倘折來、晶枕頻偎，蝶夢定教清絶。

以上《疏篁待月處詞草上·紅豆詞》（誌填詞之始也。自乙亥至丁亥，時居筠溪）

高陽臺

戊子春檢行篋，見仲兄手書《春陰》疊韻詞二首，愴然於懷，即用其韻，書於《緑梅花龕詞》後。時携家遷龍川之前一日也

尺幅鸞牋，雙行醉草，幾回同度春分。九十韶光，依然風雨銷魂。墨花慘淡傷心稿，譜閒情、字字啼痕。掩重門。草滿池塘，舊夢難温。　平生意氣消磨盡，自瓊簫漫撫，添種愁根。憶舊懷人，不教閒過朝昏。珠璣一卷誰收拾，想當時、錦織天孫。到清晨。一慟憑棺，惆悵風塵。

瑣窗寒

書《山中白雲詞》後，即用集中悼王中仙韻

宿將家聲，西秦世胄，勢傾中外。朝歡暮樂，生長綺羅叢裏。柰偏安、中興未久，趙家事業金甌碎。縱故鄉尚在，人民非舊，已無情致。　誰是。知君意。賸健筆凌雲，麗詞瀉水。天涯憔悴。甚處覓、酒作平仙詩鬼。此句依原韻作七字。漫贏得、黄金頓空，凄涼譜出傷心淚。更太湖、換却西湖，小舟偎短葦。

玉漏遲

書《蕢洲漁笛譜》後，即用集中《題吴夢窗詞》韻

審音從古少。堯章去後，清才今杳。一曲蕢

洲，獨具雅人深抱。想見旗亭醉酒，憑賭唱、珠圍玉作平繞。應暗笑。西園南浦，消磨年少。　豈知世事無憑，又屢變滄桑，虎悲龍嘯。玉柱銅駝，埋向冷烟衰草。重話武林舊事，已不是、當年花鳥。芳意悄。閉門詠歌斜照。

點絳唇

雲淡風輕，夜來釀作廉纖雨。一作去燈明處。無夢翻成趣。　秋自多情，人自無情緒。重陽去。爲留秋住。幾箇殘蛩語。

浪淘沙

細雨溼蒼苔。鎮日陰霾。蛩聲淒絕雁聲哀。瑟瑟蕭蕭風裏葉，時下空階。　筆硯且安排。舊恨拋開。黃昏無事倚妝臺。一樣去年時節也，兩樣吟懷。

清平樂　用仲兄集中韻

僝僝僽僽。風雨宵還晝。蘆荻花肥籬菊瘦。又是早寒時候。　荒村何處堪遊。秋高不似春柔。兜起滿懷離緒。一聲玉笛樓頭。

虞美人　用仲兄集中韻

空庭月黑宵飛雨。絮絮寒蛩語。天涯病旅怕悲秋。不是今年減却、去年愁。　幾聲征雁離情逗。人共秋光瘦。竹牀紙帳短檠斜。自酌新醅扶夢、入梅花。

前調　疊前韻

苦懷舊雨思今雨。寂寞和誰語。風清月白一般秋。不信有人歡樂、有人愁。　篆香縷縷疏簾逗。約住烟痕瘦。橙黄螯紫幾枝斜。莫放樽空閒却、草堂花。

前調　適有所感，再叠前韻

階前黄葉風兼雨。樓上温存語。羅衾夢暖不知秋。始識人生歡樂、總勝愁。　含嗔作意頻挑逗。贏得魂兒瘦。玉釵敲斷淚痕斜。知否有人長夜、卜燈花。

離亭燕

雲掩重門荒僻。苔鎖半階岑寂。幾日西風秋已老，人共黄花無力。冷逼雨絲斜，燈影一窗紅溼。　竟夜瀟瀟淅作平淅。細把别愁重織。天末幾人癡似我，渭北江東空憶。舊夢已長拋，且向枕根閒覓。

水調歌頭　僕本恨人，命途多舛，曾繪獨立行看子以寄慨。辛卯秋，韓君印秋屬題玉照，棖觸余懷，填此以應

磨蝎命宫住，我昔感生平。百年駒隙過耳，何事苦經營。漫説爛羊屠狗，試問黄虀白飯，斷送幾書生。此意不堪寫，獨立思縱横。　更何意，蒔花客，君别號。有同情。飄然插脚塵外，長嘯謝浮名。但得向平願畢，即著遊山謝屐，四海一身輕。倘許隨鞭鐙，無復嘆伶仃。

滿江紅　寄懷曾君嬾萍

餘子紛紛，有誰似、南豐超絶。曾共我、吟詩中酒，日無休歇。家業蕭條腸更俠，功名坎坷心逾熱。問人生、何事最銷魂，年年别。　渾不見，魚書達。空悵望，江天闊。衹夢魂一

縷，夜闌飛越。中浦笙歌春漸老，隋隄楊柳花飛雪。想一般時節一般愁，和誰説。

柳梢青

怕是春來。春寒春暖，都費安排。飛電光陰，飛蓬身世，飛絮情懷。　淒涼各自天涯。回首處、平生願乖。蝶夢休癡，鶯簧休鼓，燕侶休猜。

玉漏遲　寄語松、瘦竹兩兄

浦江何處是。回頭倏又，三年別作平矣。別淚成珠，流到甚時纔止。空盼相逢笑語，便笑語、晨昏無幾。偏此際。度將一日，似經一歲。　可歎世事無常，被燕語鶯啼，喚將春至。春幾何時，却早杜鵑催逝。誰惜春來欲去，枉負了、當時桃李。愁不已。宵宵夢魂千里。

柳梢青　題《紅樓夢》便面

小步珊珊。茜紗窗外，鸚鵡簾前。愴怳情天，是湘竹淚，是鏡花緣。　癡情畢竟誰憐。但强記、琴邊夢邊。別有傷心，牡丹亭上，似水流年。

疏影　題梅花便面

孤衾似鐵。憶夜寒不寐，曾伴清冽。巡徧茅檐，閒煞銅瓶，忍把疏枝攀折。何郎彩筆何曾暇，早過了、燒燈時節。怪小樓、玉笛聲聲，吹散一庭香雪。　應是芳心自重，炎蒸滿眼裏，難寄高潔。孰向孤山，偷寫春魂，不怕幽人嗔絕。披襟拂拂清風至，想入座、盡消煩熱。尚底須、寄自江南，已觸別愁千疊。

金縷曲　題王君味如《悼芬集》

譜出聲悲壯。好因緣、匆匆過了，此生何望。碧海青天情一片，化作淚珠無量。但悄對、妝臺惆悵。心怯空房歸未忍，任銀釭、紅冷梅花帳。蓮漏永，夢魂蕩。　芳愁不共蘼蕪葬。看天邊、星沉月缺，只增淒況。回首去年今日裏，尚是紅顔無恙。應悔挂、征帆南向。纔免生離成死别，問何如、兩地長思想。空盼斷，珮環響。

前調

余友詹君作屏去家七載，壬辰春，因病遣价持書召子述屏一見。述屏撓於衆議，未能决行。余於他友處獲讀手札，悲其遇，爰填此解，寄慰作屏。其後述屏竟行，或有感於斯詞歟

直欲呼天説。問斯人、懷才若此，忍偏磨滅。七載飄零歸未得，客路風霜飽閲。也只爲、窮愁憂鬱。撇母拋妻無柰耳，柰而今、轉使聲名劣。誰竟諒，爲嗚咽。　迢遥一紙招兒訣。想當日、書成擲筆，淚皆凝血。縱遇廣平難卒讀，况是心腸非鐵。又豈料、空留鴻雪。眼底從兹無骨肉，枉中宵、魂夢長飛越。須鄭重，莫傷别。

十六字令

寒。飽歷風霜雁影單。重衾戀，好夢落江南。

十二時　龍川久客，六度春歸，回首江南，黯然愁思，填此寄語松、瘦竹兩兄

熟梅天，淡雲籠日，空際斜飄烟縷。慣釀出、酸風淒雨。乍暖乍寒無據。蝶意都慵，鵑聲且杳，莫問春何處。算賸有、一樹楊花，糁入碧波，吹作浮萍如許。　動遠思，前遊猶記，

十里豔歌申浦。屈指而今，緑作平陰如畫，又是閒鷗聚。畫梁燕子，不作平知幾易新主。浪説重誰惜余，荒村旅舍，萬種無聊情緒。只夢魂屢憶，池來，空餘别恨，尚是音書阻。塘謝老佳句。

江城梅花引　夜坐，懷瘦竹三兄

幾聲哀雁起汀洲。怕離愁。惹離愁。況是池塘，春草夢沉浮。卅載游蹤何處認，更難忘，醉聯吟、茗一甌。一甌。一甌。耐更籌。月上樓。簾上鉤。想也想也，想不到、身世漂流。甚日歸來，心事繫孤舟。一樣黄昏閒不寐，偏獨自，對吟釭、淚不收。

行香子　書齋坐雨

肥了苔紋。瘦了花魂。碧粼粼、漲了溪痕。絶無人至，掩了柴門。聽鵲聲低，鳩聲鬧，燕聲嗔。雲又紛紜。煙又氤氲。倒芳樽、人又微醺。寂寥景況，還又黄昏。把被兒翻，香兒爇，夢兒温。

喝火令

霧氣黏書幌，煙痕逗畫籠。寂寥庭院掩重重。似聽繞梁雙燕，絮語怨東風。別院秋千冷，前溪畫舫空。一年春事太匆匆。又是花飛，又是絮冥濛。又是熟梅天氣，門外緑蔭濃。

千秋歲

春歸何處。花事無人主。蝶已嬾，鶯無語。愁隨江上笛，夢逐天涯絮。蒼茫際，荒煙一抹隋隄樹。舊約渾無據。幽恨憑誰訴。鳩自急，蛙空怒。一牀香夢穩，滿院濃陰護。偏又是，芭蕉葉上朝朝雨。

十六字令

情。花自無言鳥自鳴。悲歡處，彼此不分明。

其二

愁。山自青青水自流。人何處，驀地上心頭。

其三

思。人在天涯雁到遲。支頤坐，心事一燈知。

其四

歡。花正芳菲月正圓。憑欄望，私語並香肩。

酷相思

早識江南風景麗。問何事、天涯寄。算啼鴂、聲聲催別耳。欲去也、知非計。欲住也、渾無計。　盡引得年年襟上淚。盡化作、相思字。又門外、花開花落矣。春好也、人千里。春老也、人千里。

南鄉子

春信透梅邊。次第花開一院妍。怪底看花儂有恨，年年。江北江南路一千。　心事倩誰傳。萬種無聊鎮日眠。替訴離愁雙燕語，綿綿。好寄東風到遠天。

長相思

寄滬城同社諸子

望江南。憶江南。憶煞春城景共探。桃花水一潭。　恨懨懨。夢懨懨。夢到相逢句共拈。離愁醒後添。

釵頭鳳

春無語。人無緒。一年花事誰爲主。櫻桃

赤。芭蕉碧。蝶舞都慵，燕飛無力。寂。寂。寂。傷春賦。懷人句。一牀愁夢憑分付。桐陰密。苔痕積。秀麥寒輕，熟梅風急。滴。滴。滴。

相見歡

暮雲濃護妝臺。掩雙柴。又聽一宵梅雨、響空階。除却醉。還應睡。是離懷。況是輕寒輕暖、費安排。

暗香

遊梅花嶺，謁史忠正公衣冠墓

碧天張幕。只夢痕永繫，孤山梅萼。却被軟風，吹我征帆竹西泊。借問南朝舊迹，算還是、綠作平楊城郭。更漫説、水部風流，無處覓東閣。寥落。苦求索。幸勝國衣冠，一坏如昨。夕陽淡薄。疏影無言護精魄。何處殘骸碧血，傷馬阮、南都鑄錯。聽空外、時嘹唳，數聲野鶴。

憶江南

丁字簾前，六朝佳話，友人訊及，填此示之

秦淮憶，最憶盪春風。眉黛山痕遥鬬綠，唇脂花片近争紅。簾捲畫樓中。

其二

秦淮憶，最憶夏招涼。波滉一船燈影活，風飄兩岸夜來香。揮汗醉瓊漿。

其三

秦淮憶，最憶是深秋。兩兩尋香蝴蝶嬾，喁喁話別女兒愁。殘月下樓頭。每值秋試，各處妓女多來秦淮。迨考客漸散，始各言旋，姊妹分離，深宵話別，實有此景。

其四

秦淮憶，最憶歲將闌。小閣圍爐鴛夢暖，華堂賭酒蟻波寒。長夜任漫漫。

浣溪紗　揚州畫舫次於秦淮，偶遊其地，填此寄慨

怨粉啼脂土一坏。玉鉤斜畔草離離。遊人猶自説隋堤。　香蕩湖蓮紅上下，影分水荇緑東西。誰家簫鼓畫船歸。

前調　梁溪畫舫不亞秦淮、揚州，追憶昔遊，填此寄程君午亭

一面碧山三面水。人家有女風姿美。時棹畫船留客醉。　當年一逐春風隊，六載離情何日慰。賸有酒作平痕襟上漬。

清平樂　題竹裏煎茶圖

蓑衣抛緑。三徑濃陰足。石鼎烟生茶正熟。閒伴此君幽獨。　蘇蘭薪桂誰司。可憐軟透腰肢。日暮天寒堪倚，勝他風雨無歸。

前調　題浣紗聽鶯圖

西施何處。三兩越溪女。浣罷溪邊閒倚樹。長此朝朝暮暮。　筠籃滿貯輕綃。東風瘦透纖腰。驀聽一聲鶯語，春愁唤上眉梢。

如夢令　題雙美聽鶯畫幅

竟日酸風淒雨。滿徑落花飛絮。私計欲留春，相對柳陰深處。無緒。無緒。驀聽一聲鶯語。

金縷曲　題重陽餞别圖，送張君筱舫筮仕粤西

何事離愁繞。論男兒、南船北馬，豈終吟嘯。

人惜琵琶胡別抱，我道此行却好。塵世事、知機宜早。金馬玉堂雖有待，柰萱幃、愛日慈顏老。知捧檄，合西笑。　人生怎柰忘情少。最難堪、一樽話別，二三同調。風雨滿城腸已斷，况對江湖浩渺。却恐又、魚沉音杳。尺幅畫圖留爪印，待他年、得意迎歸棹。翻一曲，賀君稿。

醉太平　題王君味如詞稿

花痕月痕。香痕酒痕。併成一縷啼痕。向霜毫吐芬。　鄉魂旅魂。醒魂夢魂。釀成一片愁魂。是離騷替人。

以上《疏篁待月處詞草中·夢梅詞》（誌服膺石瓢仲兄綠梅花龕詞也。自戊子迄丁未，時居龍川）

卜算子　舒君問梅別二十年，今冬來滬，並示以詩詞稿。爰填此解

窗外報梅開，窗內人來候。人與梅花一樣清，不與梅同瘦。問梅體胖。　人是昔年人，筆墨驚非舊。讀罷新詩更讀詞，詞比詩還秀。

憶故人　去歲花朝，曾賦詩祝凌君棠蓀五十誕辰。今花朝又屆，適接手書，追謝填此寄懷

雁杳魚沉，尺書何幸從天降。一年今又二分春，往事回頭想。　依舊百花争放。問何時、扁舟過訪。鬢絲潛白，碧草天涯，終朝惆悵。

浪淘沙　雨夜不寐，憶揚州舊游

小院又昏黄。默對蘭釭。雨聲徹夜響淋浪。村店杏花開也未，幾徧思量。　舊夢醒維揚。回首難忘。畫船簫鼓想登場。最是令人情繫

處，兩岸垂楊。

高陽臺

柳眼凝愁，桃顋暈淚，無端負了清明。十里紅樓，蕭然齊下簾旌。踏青已誤鈿車約，但終朝、悄倚銀屏。漫安排，斗酒雙柑，何處聽鶯。　勞勞倦客何曾暇，值春光明媚，恰作平好怡情。能幾回遊，偏教風雨堪憎。梨雲滿地渾如夢，問何人、更過閒庭。縱開晴，芳草天涯，花信頻更。

揚州慢

廿載揚州，十年滬瀆，昔日冶遊，於今難再，拈此遣懷

梅閣聊吟，柳堤閒眺，竹西省記前遊。慣攜來畫舫，蕩緑水春柔。自一棹、歸來海上，畫簾珠閣，都是離愁。又烟花、三月風光，空憶揚州。　故人已杳，想如今、青草荒邱。内兄王鐵梅已下世。縱跨鶴尋芳，拏舟訪舊，何興勾留。況是鬢絲潛白，全非復、昔日風流。只玉作平簫明月，年年牢繫心頭。

一萼紅

年華老大，世事滄桑，回首家山，别踰十稔，拈此寄慨

石城頭。記探幽選勝，陳迹六朝留。十里秦淮，珠簾盡捲，茉莉香逗清幽。茜窗下、瓊簫度曲，膩人處、微醉灎雙眸。笑語春濃，歡娱夜永，何限風流。　杜牧而今漸老，只閉門申浦，何日重遊。半感飄萍，半悲宿草，當年曾共綢繆。赢得吟魂顛倒，最難忘、風雨送歸舟。爲問舊時鶯燕，可解離愁。

暗窺人，故向疏簾逗。

金縷曲　蘆花，用朱粥叟韻

桃李知非偶。獨伴他、紅蓼花疏，白蘋花瘦。荏苒春華原轉瞬，江總黑頭空負。也似爾、霜華盈首。明月琵琶商婦怨，覓蠅頭、忍向江湖走。羞鏡影，倏成叟。　英雄事業何時就。歎頻年、拈毫弄墨，千金敝帚。老大頭顱同感慨，兩鬢蒼蒼非舊。雁行折、中宵愁逗。不道空江風起處，夜潮來、孤枕淒涼湊。荒岸畔，暗蛩咒。

高陽臺　春日寄龍川諸友

酒社哦詩，燈窗話雨，當年曾共纏綿。能幾回遊，無端遠隔江天。渡江梅柳春如舊，觸閒愁、春也堪憐。最淒然。往事思量，都化雲

蘇幕遮　知己纔逢，倏焉言别，酒闌苦憶，填此寄懷

叫黃鸝，啼杜宇。催得人來，催得人來去。一片疏林驪唱處。遮斷長亭，遮斷長亭路。　歎多離，離久聚。獨酌黃昏，獨酌黃昏雨。落盡殘紅飛盡絮。賸有傷心，賸有傷心句。

玉樓春

綠楊庭院紗窗靜。日午風輕花弄影。湘簾六幅漾微波，語燕呢喃驚夢醒。　故人何處期空訂。望眼將穿仍獨詠。起來情緒尚懨懨，蝴蝶一雙飛不定。

生查子

春來好景多，日晷偏嫌驟。方喜日初長，又是黃梅候。　斷續雨聲喧，獨坐宵還晝。燕子

烟。頭顱鏡裏今非昔，想一般憔悴，那似從前。世事滄桑，何時重續良緣。閉門寂寂成辜負，只終朝、淺醉閒眠。望龍川。幾許離懷，付與瓊箋。

憶舊遊

梅芬，吴姓，蜀之郫縣人。幼遭匪虜，售於山左之賣解者。爲之讀書、習藝，由是知文義、解音律、精技擊、善超距。及長，苗條婉孌，隨假父母僕僕風塵，自皖、鄂、湘、越，流至吴中。假母固重利者，遂入樂籍。乙未春，舒君問梅探梅鄧尉，始與之識。明年重訪之，則人面桃花，徒增惆悵。後值庚子之亂，其假父母以入匪黨被誅。梅芬遁迹南下，復與舒君晤於金閶。扁舟載酒，相與徜徉雲水間以爲樂。時梅芬已悉本生母尚在，就舒君私議，俟奩蓄稍豐，即作歸養計。壬寅夏，忽聞母喪，倉猝就道，未遑與舒君别也。乃越五載，又邂逅於滬甯車中。云已焚頂髮山，特假歸省墓，願畢，當復往了此餘生。舒君聞之，不勝扼腕，爰將新舊詩詞，彙編一册，屬友人題詠。填此以應，并序其顛末如是

記拏舟冒雪，策蹇尋詩，鄧尉梅開。迤邐探幽勝，訝相逢蕚緑，恍入天台。爲言幼遭淪落，磨蝎命多乖。歎賣解生涯，倚門身世，誰替安排。　重來。渺何許，已落盡桃花，門掩蒼苔。只道前緣了，詎金閶重遇，雲水時偕。紫萱忽傳凶耗，從此又天涯。想遁迹空門，回頭夙孽終自哀。

摸魚子

問梅于八月十四日到滬，中秋過余小酌，十六清晨乘汽車返蘇。未及走送，填此郵寄，聊當贈行，并索和玉

問行塵、幾時纔到，歡逢偏動離緒。來宵明月依然好，底事匆匆歸去。留不住。空自憶蕭齋，握手談心處。朝霞乍吐。想汽笛聲中，濃

烟影裏，百里早飛度。　長亭路。一曲銷魂嬾賦。何時杯酒重聚。黄花佳節徒虛約，恐負重陽風雨。情莫訴。只此後、吴山淞水相思苦。新詞寄與。待客帽征衫，麴塵細撲，好和錦牋句。

南樓令

秋思撇重重。清閒味轉濃。聽階前、絮絮鳴蛩。幾日連陰殘暑浄，開徧了、海棠紅。　入暮捲簾櫳。銜盃望遠鴻。負良宵、知己難逢。多謝嫦娥來作伴，應笑我、眼朦朧。

虞美人

殘蟬抱葉嘶無力。苔砌蛩吟急。閒來静坐小窗東。陣陣幽香輕度、木樨風。　女兒花瘦梧桐老。涼意驚秋早。閉門獨自倒金樽。又是一痕涼月、破黄昏。

探春慢

干戈未息，歲月將殘，有約不來，訴愁無自，雪中獨酌，填寄問梅

冥漠遥天，蒼黄四野，漫漫雪意多少。零亂花飛，低迷竹碎，一幅畫圖新稿。纔喜栖遲定，怎又是、干戈紛擾。十年鑾觸頻争，欲話滄桑難了。　凖擬相逢一笑。問底事山陰，獨滯蘭棹。緑螘醅新，紅泥爐小，此際相思誰曉。幾度呼僮至，把户外、徑封潸掃。只有梅花，夜闌同耐寒峭。

前調

飄零湖海，陳迹空嗟，擾攘風塵，奈何徒唤。爰填此解，東閔魯西

鍾阜聯吟，邗江賭酒，回頭空賸鴻爪。白屋風光，青燈滋味，依舊天涯潦倒。誰惜華年去，

算只有、鬢絲知道。劇憐閲盡滄桑，干戈今又紛擾。　喜識陸機年少。羨灑落襟懷，清才今少。飛絮池塘，聽鶯時候，眼底幾多詩料。且覓壺觴樂，莫辜負、一年春好。放眼乾坤，笑人空自煩惱。

東風無力　梅雨連朝，舊遊何處，譜沈謙自度曲，寄龍川諸友

雨釀梅黄，乍暖乍寒時節。蚓歌長，蛙鼓鬧，鶯簧聲滑。望天涯、前事總難忘，夢繞揚州月。　鎮日無聊，衹淺醉閒眠，怎禁離愁千疊。畫船遊，鈿車約，盡成空説。問何時、握手笑顔開，按譜翻新闋。

秋千索　或作《撥香灰》　秋夜枕上見月，譜納蘭容若自度曲，寄懷王叔吾

連宵明月真多趣。偏故故、照人眠處。一枕新涼夢乍醒，更助我、閒吟句。　團圞一樣憐羈旅。料觸目、轉增離緒。不爲悲秋已斷腸，況竟夕、寒蛩語。

四犯翠連環　秋光過半，風雨淒清，獨酌無聊，譜吴承勳雙調自度曲以自遣

蟬噤殘聲，蛩工絮語，江城早驚秋意。落葉打窗風雨急，哀雁半空時唳。擣衣砧又起。憐他思婦芳心碎。柰何時候，柰何情緒，可有安排計。　省記。前度芳辰，曾聽鸝携酒，緑楊陰裏。兩岸風光看不盡，此境令人心醉。春花成逝水。於今開到芙蓉矣。凭閉户、終日金樽倒，往恨難爲理。

山花子 季秋，偕問梅遊半淞園，即次原韻

厭煞繁華歇浦邊。此園風景獨超然。鳥語花香山弄色，各争妍。　舊雨同遊無俗事，閒參畫意與詩禪。待到桃花流水日，再尋源。園中溪流曲折，兼有小艇，匆匆不及遊。

城頭月 冬月，寄龍川同社諸子

又將明月當頭矣。往事空勞記。把盞言歡，裁牋賭句，多少纏綿意。　頻年絶少音書寄。但識平安耳。夢裏關河，望中雲樹，都變相思味。

浣溪紗 春寒

翦翦東風拂面吹。敝裘乍脱又重披。憐他梁燕鎮相偎。　村店杏花開也未，樓臺簾影捲還遲。重衾留戀夢回時。

前調 春陰

漠漠輕雲淡淡烟。添寒弄暝小窗前。非晴非雨杏花天。　紫陌尋芳偏意嬾，紅樓待月枉情牽。閒愁黯黯易成眠。

三字令 暮春閨思

春過半，日初長。倦尋芳。花漠漠，蘇蒼蒼。剩遊蜂，兼浪蝶，各顛狂。　癡倚檻，嬾梳妝。負韶光。愁黯黯，思茫茫。水偏遥，山更遠，斷人腸。

安慶摸 題吴匡予《海上消夏録》

歎炎天、亢陽如火，清涼何處。庭户卜作平居。除是深林内，纔得好風時度。黄歇浦。偏士女如雲，日夕紛來去。清歌妙舞。更銀幕光

中，鼓詞聲裏，揮汗竟忘苦。　延陵裔，邱壑胸中，別具一編，蒐輯今古。傳來軼事防湮沒，齊付錦囊存貯。朝復暮。想拂扇拈毫，滌盡心暑。刊行快覩。問幾輩時流，偶然把卷，可悟冷閒趣。

沁園春

幼遭離亂，老感滄桑，行年七十，没没無聞。慨壯志之久灰，冀餘年之長假，爰倩友人繪巖谷駐顏圖以寄意，自題是解二闋

五十年前，記度生朝，其樂最真。正趨庭學禮，躬承色笑，同堂覓句，韻協篪壎。錦繡年華，優游身世，當日何嘗識苦辛。流光迅，倏歡場盡歇，往事成塵。　而今七十無聞。算飽閱、滄桑餘此身。幸相依朝夕，萊衣堪慰，關懷冷暖，梁案長親。白髮潛稀，朱顏易槁，林壑棲遲應自珍。憑人笑，笑桑弧蓬矢，壯志無存。

其二

一片青氈，困我半生，可憐可嗤。憶干時挾策，登龍願阻，飛章草檄，倚馬才微。月夕花晨，詩壇酒社，贏得天涯鴻爪遺。難忘處，是及門雲散，同輩星稀。　浮生大底如斯。歎老大、頭顱悟已遲。只不求聞達，漁樵爲侶，同甘淡泊，梅鶴安栖。一掬清泉，數間老屋，却病延齡容可期。從今後，任循環消長，時局如棋。

金縷曲

龍川楊律青以悼亡詩郵示，填此唁之

譜出傷心稿。好因緣、他生未卜，此生先了。煉石補天留缺陷，媧氏羌無分曉。豈真箇、歸真瑶島。自古仙娥難久謫，賺多情、日夕長悲悼。魂夢裏，合相告。　廿年共命鶼鶼鳥。

又誰知、迦陵折翼，霎時分道。天上人間消息斷，空憶雲情月貌。未了事、當前多少。母老姑衰兒女幼，問如斯、惡果何因造。勞海客，遠憑弔。

蘇幕遮

梅雨連朝，故人遠去，閒愁黯黯，填此遣懷

甚情懷，無意緒。鎮日溟濛，燕子和愁語。窗外浮雲行復住。纔漏斜陽，又灑簾纖雨。一好春歸，知已去。冷醉閒吟，何處尋儔侶。抹荒烟堤畔樹。怕唱方回，梅子黄時句。

齊天樂

問梅老友少以詩名。光緒戊子余挈眷遷龍川，君亦旋客吴門。戊申後重晤於滬上，君出詞一卷示余，屬爲勘定。初甚畀之，及讀竟，覺清氣往來，無質實之病，而精於律，嚴於韻，直可步武弁陽老人。余曩曾序君詩稿，今復填此解以題君詞，亦以識欽佩之意云爾

廿年南北相思苦，詞仙又添新稿。岸柳撩愁，宫花眷夢，回首韶光潦草。同儕漸少。歎雨屐風帆，鬢絲俱老。一卷琳瑯，盥薇三復夜情悄。　詩壇堪樹一幟，更怡情韻學，別作平具孤抱。戛玉敲金，移宫换羽，不減蕓洲風調。知音恨杳。恐拍徧紅牙，箇中誰曉。待約探梅，倚聲同放棹。

喝火令

接舒君問梅書寄答

長日如年候，炎蒸滿眼中。市聲嘈雜興都慵。惟待月明人静，閒坐數分鐘。　相思許暗通。開緘妬煞福偏濃。把晤成虚願，道是荷花，映日滿塘紅。道是朝朝扶杖，消受此清風。

蘇幕遮　接閔魯西函，填此寄懷，兼及新社諸君

乍逢秋，猶酷暑。嬾出柴門，不道君歸去。一紙書來情縷縷。半載塵勞，珍重清閒趣。　合家歡，良友聚。把箋聯吟，定有新詞句。摩詰堯賓皆勝侶。謂重傒、青萍。我亦神交，咫尺江潮阻。

徵招　丙寅仲秋，武昌城被圍匝月，餓死者纍纍。

某君爲紅十字會員，救濟所至，發現一女子絶命詞，殆餓死時所爲者。其詞曰：『別鵠哀吟已十年，秋風腥血亂離天。此身措置悲無地，還是尋夫到九泉。』『昨宵噩夢黯驚魂，手執香花拜墓門。霹靂一聲猛風雨，醒來滿枕溼啼痕。』『無命孤兒委草莎，旁枝乞得女兒花。夭桃未逭春風吉，頷淚吞聲納壻家。』『衰柳蕭蕭黄鶴樓，亂鴉啼處已堪愁。誰知絶食臨危日，又聽悲風一夜秋。』『白駒空谷浪吟初，積稿頻年血淚餘。從此摧燒罹浩刼，少時悔讀等身書。』『一琴一鶴孝廉船，莽莽溪風送別年。今日渭陽隔千里，夢魂那得返天邊。』『幾叢蘭蕙泣秋霜，半畝荒園敗葉黄。漫説先靈憑式地，人琴從此歎俱亡。』『月慘雲愁夜五更，哀蛩滿地露盈盈。可憐唧唧蟲微物，猶爲寃魂訴不平。』『歷盡人間苦與辛，再生塵世倘無因。當遊世外超千刼，願把哀衷訴鬼神。』『一斗珍珠一斗米，米荒原不爲田荒。全城雀鼠行將盡，不待城亡人已亡。』『緑烟慘淡一叢蕉，磨到喻麋把淚澆。絶命哀詞吟百首，萬般寃苦總難消。』余讀之，憐其境，悲其遭，且惜其詩不全，姓氏不彰，爰填此解弔之

崑岡火燄無分曉，精華概歸餘燼。破鏡不重圓，信紅顔無命。況圍城食盡。歎破卵、覆巢誰憫。百計思量，渺孤先謝，拚成齏粉。　惶窘女兒花，將誰託、重泉怕成賫恨。割愛遣于歸，問阿娘何忍。娘言風鶴緊。賴姑舅、提携安穩。從今始、血淚詞成，祝所天來引。

金縷曲 節孝祁夫人，上虞裴君勉三繼室。年二十九，裴君歿，夫人初無戚容。三黨長老窺其有死志，令僕嫗防範，并責以撫孤大義，始慟哭失聲，絶而復蘇者再。於是以教養諸孤爲己任。初裴君設肆滬城，歲有贏餘。柰驟喪其主，爲人侵蝕，致負債纍纍。親友咸爲不平，勸之訟。夫人曰：『「甯我負人，毋人負我」，此語先夫在日，每痛斥之。今骸骨未寒，忍背其言以傷先夫之志？』卒不許。遂次第摒擋以償，人尤賢之。年四十八，以咯血卒。余友曹君拙巢爲作傳，徵題及余，填此以應

千古傷心調。是蛾眉、青年矢志，苦全節孝。屏絶人間濃豔福，甘受淒涼煩惱。儘桃李、争春含笑。日日歲寒風雪裏，肯輸他、松柏青常好。直守到，玉京召。　生難死易原知曉。柰當前、遺孤待撫，責來諸老。茹苦含辛兼晝荻，廿載光陰潦草。偏又令、家財消耗。無我負人人我負，但連番、摒擋將逋了。才識量，丈夫少。

徵招 戊辰新正九日，展讀《問梅詩詞稿》，首列遺像，愴然於懷，爰填此解哭之

無端又動黃壚感，詞壇愴焉今昔。灑落舊丰神，只披圖空憶。春風吹繡陌，怕開到、梅花無力。漫冀重逢，盞還同把，句還同覓。君近年每於陽曆新年來滬，不意今於陽曆元旦下世。　促膝記年時，扁舟至、依依共開瑶席。一醉別愁消，奈都成陳迹。廿年頻遠隔。已嗟嘆、韶華虚擲。忍今後、展讀遺編，更淚隨聲滴。

以上《疏篁待月處詞草下·怡雲詞》（只可自怡也。自戊申年始，時居滬上）

以上《疏篁待月處詞草》

黄協塤

望江南　題元夜放鐙圖

昇平景，佳節慶元宵。萬户千門皆錦繡，丹宸絳闕盡璚瑶。火樹復星橋。

其二

華鐙燦，香動六街塵。良夜是花都解語，仙家有樹號長春。風景一時新。

風蝶令　戲題日本女子阿花羅帊

艷極偏宜澹，情深轉若疏。喁喁私語怨檀奴。爲甚將儂小字、對人呼。　薄愠顰含處，慵妝病較初。花魂昨夜不勝扶。可有欺花細雨、濕花鬚。

浣谿紗　送人之吴門

夜半寒潮没釣磯。臨風揮手片帆飛。一聲珍重復牽衣。　暗祝趾離圓好夢，生愁少女誤歸期。柳絲欲折更依依。

前調

綺夢灰殘忍再温。峭寒獨自掩重門。風風雨雨又黄昏。　晴雪白粘詞客鬢，宵鐙紅瘦女兒魂。不堪聽唱鮑家墳。

浪淘沙

風雨殢寒葩。繡幕低遮。自描清□對菱花。怨殺游絲無著處，送盡年華。　漂泊在天涯。萍水爲家。向人弄筆學塗鴉。莫被斷腸吟一集，誤盡才華。

點絳唇　鳳仙花

瘦影伶俜，秋心一點憑誰寄。相思有淚。灑遍蒼苔砌。　有个人兒，紅染春葱膩。宵初睡。被郎偷覷。疑是丹砂細。

醉太平　日本森川竹磎聽秋館題壁

秋河漸横。秋星半明。何來一片秋聲。是三更四更。　梧飄葉輕。篁吟韻清。有人斜倚孤檠。正閒愁暗生。

賣花聲　題貴陽陳衡山梧月山館圖，時同客日本

梧翠撲簾旌。山館宵清。黄庭讀罷對孤檠。詩夢醒來懷小謝，池草初生。　觀海到蓬瀛。久别書城。閒摹粉本寄幽情。猶似當年明月夜，一片書聲。

醉太平　爲林湘君眉史題墨荷小幅

鴛貪夢長。蟾吹影涼。盈盈一鑑方塘。照天然素妝。　風飄葯緗。霞浮芰裳。回頭笑問檀郎。是花香墨香。

柳梢青　贈蘭仙

蠣殼窗明。夢痕留蝶，睡味憎鶯。擱下琴心，圍將帶眼，一味淒清。　紅心枉自盈盈。更誰惜、煙飄露零。空谷苔深，荒汀月冷，等是傷情。

清平樂　題美人松下調鶴圖

齋壇晝静。滿地疎松影。驀聽一聲花外磬。驚得胎仙夢醒。　金丹餌後肌香。煙裾霧縠輕颺。願得騎將紫鳳，月明飛度紅牆。

減字木蘭花　題陳冠玉門寒圖

銖衣霞帔。洗盡人間脂粉膩。月曉霜清。相約驂鸞下玉京。　風飄袂舉。隨意良宵游戲去。莫門嬋娟。只恐秋生翠袖寒。

南鄉子　題梅花、美人畫障

獨自怯憑闌。香雪千林曉露溥。略記年時春夢裏，姍姍。姑射人來翠袖單。　鏡裏黛眉攢。折得寒葩未忍看。只恐一聲銅笛怨，闌珊。花影蕭疎月色寒。

南柯子　觀小伶胡碧霞演劇

嬌小懷中置，輕盈掌上擎。喬妝越是可憐生。越是絶無情處、越含情。　卻扇微障袖，兜鞵故掩鞶。佯羞薄愠不分明。未敢人前孟浪、喚卿卿。

憶江南　日本紅葉館席上爲諸麗人題扇，同森槐南祕書孫子與大令作

个人好，出水似紅蕖。小字鑴茗嗔客喚，低鬟侵月泥孃梳。浴罷晚涼初。初。

其二

芳年小，袖薄不禁寒。肯與嬌花争豔麗，願爲慈竹報平安。獨自倚闌干。安。

其三

鶯花主，只合住蓉城。增一分愁顰愈媚，到三更月魄尤清。一笑也留情。增。

其四

風流夢，蕉鹿證因緣。幻想願生無欲界，前身悔住有情天。頂禮法王虔。鹿。

其五

風塵老，衰柳泣寒潭。夢影可能尋倦蝶，情絲猶未斷春蠶。花事憶黔南。可南。

其六

銀箏弄，美景憶當年。短夢輕塵如隔世，落花飛絮誤前緣。心事託春鵑。美。

其七

真堪愛，一笑頰生渦。明豔乍疑珠照夜，鮮澂差似月舒波。欲別奈情何。愛。

其八

銀鐙畔，相對語喁喁。紅褪蜥痕防姊問，青裁魚子爲郎縫。合喚有情儂。　無人處，默默訴芳悰。才子文章原錦繡，美人顔色勝芙蓉。作合願天公。縫字繡君，山崎氏子與相深眷愛，故特倚雙調以寵之。

四字令　代題朱雲逵《半甲乙詞》

花簾夢涼。花庵草荒。而今風月詞場。讓君家主張。　情長夢長。脂香黛香。新詞傳遍吴閶。付秋孃泰孃。雲逵蓄雛婢數人，自製新曲教之，故有是戲。

醉花陰　前題

杏花寒重癡雲殢。屏角春痕膩。方寸小紅牋，摺就同心，遍寫鴛鴦字。　沈檀几掐葱紋細。曲付紅紅記。眉角遠山稜，半是情天，半是相思地。

浣谿紗　喜兒詞

录曲屏開鳳脛明。紅氍扶上態盈盈。乍聞花

底一聲鶯。眼角暗飛波一瞥，眉稜横鎖恨千層。絶無情處也撩情。

其二

可是江皋解珮仙。閒來花下弄秋千。問年剛好月初圓。　未慣濃妝微靦覘，偶因薄病鎮淹煎。不成歡笑只堪憐。

其三

嬝嬝婷婷下玉墀。上頭斜插碧霞笄。偶攏蟬翼露柔荑。　彈袖春痕籠蜥蜴，兜鞵紅暈上蝤蠐。爲郎特地啓瓠犀。

其四

慘緑丰裁妙絶倫。散花偶現女郎身。搴幨一笑亦前因。　翠縷戲填新水令，青琴閒譜望湘人。畫樓昨夜感星辰。

其五

銀燭當筵乍目成。怕人嘲謔故含情。暗中低唤一聲卿。　爲惜落花添懊惱，偶吟飛絮感飄零。惺惺祇合惜惺惺。

其六

蕭瑟蘭成鬢已斑。空將詞賦動江關。得卿乍可破愁顔。　不分奇香薰繡被，更無妍唱付嬌鬟。早年綺思已全删。

菩薩蠻　折花

少年愛惜花如命。老來漸識花情性。折得一枝回。含苞纔半開。　莫燒銀燭照。怕被紅妝惱。呼婢下湘簾。護伊香夢甜。

柳梢青 題于香草石上參禪圖

綺夢當年。青衫客裏，紅豆花前。鸚鵡才高，鴛鴦命薄，同墮情天。　而今一榻茶煙。再休被、游絲暗牽。薝蔔香清，芭蕉雪冷，同悟情禪。

虞美人 題蔣蘊深明經姬人拈花圖

小庭柳絮霏香雪。闌角瓊英密。戲拈花片學填詞。笑泥檀郎按譜、理琴絲。　特開三徑迎桃葉。苔印弓弓屧。玉簫雙引鳳皇兒。休怨東風紅豆、子生遲。姬人謝氏，小字素媖。歸蘊翁，後連舉二男。

采桑子 牽牛花

冷蛩吟得秋心碎，煙鎖閒庭。人倚閒屏。淺碧衣愁曉露零。　疏籬隔斷銀河影，花露迷冥。花夢忪惺。愁殺天邊織女星。

減字木蘭花 秋海棠花

緑衣吟怨。盡日無人苔滿院。蝶醉蜂癡。訴與閒愁總不知。　檀心脈脈。雨碎煙零誰護惜。褪盡芳紅。相伴寒螿泣露叢。

菩薩蠻 鳳仙花

秋花落盡無人掃。秋窗幽夢誰知道。淚點浥紅綿。相思欲化煙。　擣和香麝細。染就猩痕膩。微露玉葱尖。錯疑紅豆拈。

眼兒媚 閨情

杏花寒重雨如絲。曉起捲簾遲。蝶乍醒初，鸝纔囀候，燕未來時。　金猊香篆裊輕颸。盡日掩罘罳。閒約鷗盟，夢憎鶯喚，愁訴鸚知。

醉太平　夏閨詞，效奚燕子體

瑶階露多。銀屏月過。隔花唤醒鸚哥。看雙星渡河。　眉青洗螺。衫黄褪鵝。嗔郎偷覷金訶。下湘紋帳羅。

菩薩蠻　偶讀李笠翁《繡鞋詞》，有『米大尖頭，何處能棲鳳』之句，戲反其意，譜爲小詞，非敢嘲時，亦爲李後主懺風流罪過耳

沈檀巧鏤重臺小。春趺怎比天然好。莫繡紫羅鞵。青灰緞最佳。　金盤雙彩鳳。猶怕幫兒空。去聲。添箇並頭蓮。教郎越愛憐。字書無『緞』字，游戲之作，不妨從俗用之也。

柳梢青　壽珩君

試折梅花。替卿簪鬢，笑語卿家。畏壘通侯，愁城專閫，我最奢遮。　且醉流霞。更休問、油鹽醬茶。槐國黄封，花宫紫誥，卿亦榮華。

攤破浣谿紗　偶讀《澹廬詞》，戲效其體

擫罷風琴月上遲。催眠無術坐支頤。約莫懷中時計上，已三時。　意密轉難傳電綫，病深微覺怯風絲。今夜相思剛起點，苦禁持。

望江南　端午閨詞

端陽日，新製簇絨花。蒜結獨囊絲五色，蒲簪細葉髻雙丫。更擣守宫砂。

其二

端陽日，風景最清研。瓶插榴花添活水，鑪燒艾葯起新煙。角黍乍登筵。

其三

端陽日，卯酒泛菖蒲。賭韻戲翻青瑣記，辟邪

新篆赤靈符。鬥草泥檀奴。

其四

端陽日，約共耍青游。香滃朮羹紅玉椀，涼生蔗汁碧甆甌。攜上木蘭舟。

浣谿紗

聽盡銅龍漏點遲。一鐙如豆獨凝思。强拈湘管學填詞。　鵲尾裊煙團作字，鰕鬚織月細成絲。寂寥情味有誰知。

柳梢青　讀《庚子秋詞》

散盡宮鴉。龍樓霧鎖，鳳闕雲遮。滿地煙塵，滿天烽燧，滿耳鉦笳。　儘爾紛拏。比今日、猶差勝些松加切。故國滄桑，故宮禾黍，故老蟲沙。

以上《賓紅閣樂府》

国家出版基金项目
NATIONAL PUBLICATION FOUNDATION

全民國詞

曹辛華 編纂

第一輯 ⑪

浙江古籍出版社

惜黄花慢 庚辰重九對菊作

寶靨秋妍，奈癡頭破帽，難摘華顛。未堪插鬢，賞試將勸酒杯深，貯淚花淡忘言。珊闌不辭相遲，護幾曾耐霜苦風酸。意萬千，賦情盡改，吟抱誰寬。 今朝漫重軒。念故人厚我，九日糕盤。地偏江迥，倚樓甚處，蘺荒徑鎖，滿袖何緣，數枝莫負淒涼夢，但問重叠愁邊恨逝川，送人浪水彫年。

目録

黄侃 四百三十六首

黄榮康　七十一首

黃紹璟　一百九十八首

許之衡　一百六十一首

許元竑　七十首

許南英　五十九首

章士釗　二百九十六首

章衣萍　三十四首

章杜　一百二十一首

章華　五十七首

章鈺　一百三十四首

梁文燦　一百八十六首

梁啓超　六十四首

黄侃

江南好

斜陽裏，瘦影待誰憐。人意已隨流水遠，秋聲先伴暮蟬還。憔悴又今年。

前調

歸思永，飄泊又經秋。遥望寒煙蕭瑟遠，滄波無際使人愁。日暮獨登樓。

擣練子

斟白酒，燎沈香。幾日愁霖嬾啓窗。剛道晚晴天氣好，不堪滿目是殘陽。

楊柳枝

春曉深宫乍起時。景陽樓畔鬭腰支。如今已是清秋節，獨向西風斂翠眉。

前調

悵望隋隄日晚時。萬株垂柳尚如絲。可憐秋色年年改，帝子無愁竟未知。

前調

曾作飛花送客船。江關秋盡轉淒然。柔絲更比春前短，枉把離人舊恨牽。

如夢令

悵望雲軿歸路。鬢影環聲何處。翠幕自黄昏，不管燒殘香灶。人去。人去。恨久更難分付。

前調

夢到燈窗竹院。意密翻令腸斷。舊恨已拚銷，新恨從教宛轉。難遣。難遣。晶枕啼痕猶泫。

遐方怨

燈焰颭，簟文摇。獨掩虛房，羅袂無聲魂暗銷。砌蟲孤咽恨迢迢。高梧籠濕月，冷秋宵。

訴衷情

幽夢已醒慵更覓，對殘燈。相望處，樓閣幾多層。危欄憶同凭。銷凝。如今還獨登。夢無憑。

轉應曲

胡蝶。胡蝶。飛上羅裙雙帖。便教疊入空箱。差勝分飛斷腸。腸斷。腸斷。忍向別枝重見。

天仙子

雨後桃花紅滿地。春光濕盡飛難起。小庭深院又斜陽，鶯聲細。扶殘醉。花間自灑相思淚。

前調

衹有閒愁銷未盡。春來屢寄天涯信。垂楊緑遍不歸來，空有恨。誰相問。花開又是清明近。

南歌子

青羽裁裙短，朱蠙綴履明。長晝踏莎行。此時剛一見，已多情。

江城子

緑波惟解送歸橈。路迢迢。恨迢迢。江上回頭、無語暗魂銷。細省相逢真似夢，拚夢醒，更無聊。

相見歡

他鄉又是深秋。使人愁。蕭颯西風斜日獨登樓。家山好。歸期渺。爲誰留。祇是年華心事兩悠悠。

歸國謡

思故國。萬里滄溟歸不得。秋來仍作天涯客。高樓此夜空相憶。一聲笛。滿城但見秋煙碧。

醉太平

無情有情。親卿怨卿。樓頭對數飄零。有簫聲笛聲。燈青鬢青。愁醒夢醒。深宵醉倚雲屏。聽長更短更。

浣溪沙

一任花風颺鬢絲。禪心定處自家知。牀頭金字未須持。萬一塵緣終不斷，他生休昧此生時。華鬘忉利也情癡。

玉樓春 斜陽晚眺，落葉紛飛，身世淒涼，睹物彌歎

蕭蕭落葉還依樹。一陣西風無覓處。緑陰留與隔年人，莫爲婆娑傷歲暮。風流往事誰堪訴。悽愴江潭人已去。飄零不惜向天涯，祇有斜陽猶可語。

前調　前數日赴某比丘之約，行經通湘門，獨步踟躕，返舍成《玉樓春》一闋

閒中偶與春相見。水次垂楊花外燕。夕陽紅到可憐時，歸路無人愁緒亂。　倚窗卻展前頭卷。盡日丹黃成慰薦。不須琢句苦傷春，門外青蕪生已遍。

踏莎行　和同叔

草緑通波，花紅映路。春前曾共徘徊去。傷心不見舊時人，人間天上歸何處。　碧海生塵，瑶臺隱霧。青禽去後書難附。獨居情緒總悽涼，高樓夕照空庭雨。

前調　丁未秋日，閒居東京，眷懷故國，悵然賦此

遠道秋還，高樓客去。天涯夢覺渾無緒。寒煙偏解趁西風，絲絲散盡歸何處。　複堞藏雲，遥山隱霧。閒情渺渺從伊誤。斜陽卻照斷魂歸，苔痕緑遍來時路。

前調　自題《擘蕙詞》，用碧山題草窗詞卷韻

彩筆填詞，玉簫倚調。孤吟不恨知音少。祇憐頭鬢有新霜，夢迷故國連天草。　斜日心情，深秋懷抱。淒涼更與何人道。空教宋玉擅才華，風流卻向江南老。

浣溪沙

偶憶年時心字衣。彩雲曾向月中歸。重來門巷已全非。　鏡裏既無鸞共照，釵頭何用燕雙飛。高樓不見見斜暉。

前調　戊午元日記游

金碧檀欒映好春。憑高不受九衢塵。陽臺終

日有行雲。勝地獨遊空有恨，芳辰陪飲更無人。靜聽簫鼓送黃昏。

前調 戊午春感四首

春到人間愁與俱。殘梅謝了柳黃初。詩懷今昔不相如。羸病不禁三日醉，亂離難得一家娱。浮名嬾計總區區。

其二

寥落新春白袷衣。在家沈醉出忘歸。感時傷命兩俱非。金勒不來花正發，玉璫難寄雁仍飛。輕將雙淚灑斜暉。

其三

士女熙春足勝遊。羸軀到處見春羞。强因山色一登樓。芳草自然堪下淚，萱花何事可忘憂。此情分付醉時謳。

其四

海思雲悲亦易平。筐牀夜夜待鐘鳴。鏡中容色未妨更。遠信不從蒼雁索，殘書難與白魚爭。預愁明日酒瓶傾。

菩薩蠻

旗亭喚酒過寒食。香車幾日來芳陌。樓外小桃紅。玉樓簾幾重。春來催鬢白。誰慰尊前客。殘醉客愁濃。落花深院中。

前調

綠蕪一片傷心色。闌風伏雨花狼藉。漸看樹陰圓。沾泥香未乾。鈿箏空掩抑。歸去金堂側。何事獨憑欄。無人知暮寒。

前調

燈影欄干秋遠近。淒簫細裊相思韵。坐久夜逾清。雲低壓雁聲。　愁醒嫌酒薄。暗葉簾前落。更莫下疏簾。簾中一樣寒。

前調

天仙不用常詞贊。雲情雨意空相羡。吹咽玉樓簫。秋心一夜遥。　涼空星歷歷。尋去無蹤跡。幻想與奇情。可憐虛此生。

前調

千花萬蕊催春事。高枝月照啼鵑淚。夢醒亂紅飛。無端春又歸。　緑陰空滿路。不是當時樹。塵涴斷襟香。花殘情更長。

鷓鴣天

爲愛斜陽獨上樓。新來人意冷於秋。西風吹送華年盡，不解離人此際愁。　緣斷續，信沈浮。柔腸一寸枉綢繆。不如併付秋江水，直向天涯盡處流。

前調

水下天涯客去鄉。此情畢竟數誰長。若教一去無還日，便是癡人亦斷腸。　魂渺渺，恨茫茫。羈懷歸夢兩淒涼。甫能懺得愁根斷，又向危欄倚夕陽。

前調

六曲圍燈照墮蟬。茰煙初燼夜將闌。如何瓊漏丁東響，苦礙羅幃楚女眠。　春夢窄，畫樓寬。推窗猶見月痕彎。迷魂招得天雞唱，卻怪羅衣耐曉寒。

前調

燈暗懸簾木葉飛。秋宵岑寂獨思維。空教病骨傷幽素，一往淒涼竟爲誰。　添斷炷，掩空幃。舊歡已墜不勝悲。衹應窗外團欒月，猶照羈魂夢裏歸。

前調

別意經年似舊濃。夢回仍歎鳳幃空。不知別館三更月，今照高樓第幾重。　悲落葉，聽西風。新詩吟罷更無悰。挑燈鄭重裁箋寄，敘到歸期帶淚封。

清平樂

愁根難斷。舊好難重見。更有斜陽難繫轉。費盡幾多虛願。　不因別有痴情。那能縹渺空靈。覓得一宵幽夢，居然歷到他生。

前調

愁花恨葉。秋盡成蕭瑟。簾外清霜闌角月。更有無邊淒切。　前身悔作春花。年年飛向天涯。化作秋花耐冷，一般損盡年華。

前調

煙輕月淺。不放眉痕展。百尺樓窗燈近遠。認取秋光一點。　憑欄遥意難收。因風裊入高樓。恰好羅屏人静，可能一晌綢繆。

前調

綾窗讀曲。依約顰蛾緑。月射疏梧風撼竹。無奈秋宵人獨。　虛勞青鳥蓬山。望中便是銀彎。倚遍雲屏十二，天邊北斗回環。

臨江仙

柳外樓臺依約，城頭燈火昏黃。歸來閒館細思量。魂銷鶯語輭，夢破蝶身颺。　芍藥闌空人去，蘼蕪徑絕情長。重逢未省在何鄉。他年應記取，陳迹在篔簹。

前調

征鴻過盡愁難寄，寂寥樓外斜暉。滿林黃葉自紛飛。一聲清笛，空使淚雙垂。　望斷層城人不見，暮煙無限凄迷。簾間風細送寒遲。暗燈回照，纔是夢來時。

前調 六月十八日廋辭

板閣風涼無一事，細吟花蕊新詞。羅衫薄薄映冰肌。桃應妝半面，柳要學雙眉。　越布手巾金錯盌，多情計掾堪貽。不曾腸斷月英詩。任他平望水，自照野鴛飛。

前調

樓外輕雷驚倦夢，水紋簟上涼添。起來闌角御新縑。斷虹還拂樹，斜照正烘簾。　隔岸煙巒來鏡裏，黛痕如學眉尖。翦茸濕柳欲齊簷。晚風吹不散，妝襯一彎蟾。

前調

闌外落花池上絮，年年苦怨春風。繁華如夢

易成空。斜陽情脈脈，流水淚溶溶。　春自難留人自老，不須更覓歡悰。可憐憔悴與誰同。獨將無限意，明鏡對愁紅。

前調

秋夢如煙吹不散，絲絲裊向天涯。玉簫淒咽是誰家。樓高人更迴，燈影隔窗紗。　浪説柔情容易達，愁心望裏頻加。翠帷還被曲屏遮。遥憐深夜月，猶自照庭花。

前調

一夜波紅多淚，三秋庭緑迎霜。遠懷無事不淒涼。窗深聞暗雨，樓迴見斜陽。　卻想小姑居處，一雙舞燕雕梁。如金閒夢隔金堂。猶憐明月好，長爲照流黄。

前調

秋盡空山誰念我，對燈自寫新詞。淒涼終是爲相思。一聲孤雁過，寒雨入窗時。　漢浦經年音信阻，料應一倍悲悽。飄零從此更無期。魂銷心未死，難慰箇人痴。

前調　秋海棠

煙鎖空庭苔滿院，秋深人意先慵。寒花一簇小牆東。憐他憔悴日，猶自學春紅。　曾記春殘花謝後，幾番淚灑珍叢。誰知重見夕陽中。斷腸原已久，更莫怨西風。

前調　秋柳

往日風流何處是，斷橋斜照寒煙。柔絲歷歷轉淒然。獨將摇落感，分付與哀蟬。　記得春閨相見處，勞伊苦致纏綿。如今憔悴有誰憐。西風偏有意，吹恨上眉邊。

前調

夜雨秋魂頻斷，夕陽孤影空歸。恨深愁淺兩難知。小樓人静後，疏幕月明時。　若道此情誰解，那應空説相思。最憐幽夢覺來遲。殘燈留冷焰，還照淚雙垂。

蝶戀花

憔悴自臨流水語。莫把年華，流向天涯去。一往情深憐已誤。天涯更有天涯路。　嗚咽如人朝復暮。欲爲人留，可惜留難住。浣了啼痕心更苦。人間那有重逢處。

前調

霧隱文窗星隱樹。縹渺痴魂，記得當時路。夢裏年華容易度。醒來纔是天初曙。　百計思量原已誤。欲不思量，卻又無情緒。莫道此情無處訴。有人更比儂辛苦。

前調

簟冷樓空風暗度。殘月淒涼，到曉穿疏幕。若使嫦娥知别緒。分光好照伊人去。　既解離多何用聚。獨自凝思，衹怪相逢誤。音信也多難訴處。夢魂更是無憑據。

前調

中秋日卧病，懷人不至

常恨秋多明月少。幸得團欒，卻被浮雲嬈。今夜清光應到曉。衹愁不向人間照。　目斷

寒空心縹渺。期約雖佳，變幻仍難保。坐掩
雲窗燈悄悄。任他簫鼓街頭鬧。

前調　七月二十三夜紀夢

一夜秋寒人未寐。弄影疏螢，來照涓涓淚。落葉
萬種纏綿無好計。高樓一樣傷憔悴。
驚風飄暗砌。漏盡香沈，帳掩簾垂地。相見
依然如夢裏。可憐別去真容易。

前調

刻意悲秋原已誤。臨水登山，總是傷情處。
彩筆空題腸斷句。人間自有愁無數。鶴怨
猿啼朝復暮。一卷新詞，半得相思助。客恨
深時秋又去。羈魂覓遍天涯路。

山花子

未到分攜已斷腸。多歡多怨是清狂。直到而
今翻念舊，任思量。水盼蘭情何處覓，羅屏
鏡檻兩難忘。已是清秋還寂寞，恨茫茫。

虞美人

前遊如夢誰能記。回首空流淚。朱顏那得似
從前。惟有秋光依舊、自年年。天涯縱有
知心侶。不解憐卿苦。夜長人靜酒初醒。萬
境蕭條何處、訴深情。

前調　二月二十四日偕旭初出太平門，繞隄至蓮萼洲

尋花細履湖堧路。紅亂芳洲樹。東風微起碧
波間。不道豔陽時候、卻輕寒。香臺千繞
憑誰惜。曾映雙鴛迹。疏狂不減少年心。明

日重來未到、緑陰深。

前調

魂銷夢冷心難定。恰稱深秋病。夜長人倦一燈青。衹有瓶花和影、伴伶俜。　多情留得微軀在。憔悴原無悔。遥憐卿意比儂癡。千萬無聊不肯、報卿知。

前調　辛亥九月作

前遊幾日成秋夢。贏得新愁重。獨攜短笛上空山。無奈楚天秋色、十分寒。　無情也應相憐惜。何况曾相識。如今清淚枉成絲。空説别時容易、見時遲。

昭君怨

秋螢冷，苔階寂。畫扇輕羅無力。深樹月痕微。掩青扉。　草際暗蛩淒斷。夜静薄寒難散。寥落更伶俜。夢初醒。

木蘭花

平生好作悲秋句。辛苦填詞嗟已誤。誰憐飄泊向江關，魂斷故園無覓處。　霜華鏡裏應無數。醉後雄心還自訴。天涯惟覺夕陽多，此意茫茫成獨喻。

前調

多情衹是傷離别。相見何因愁更切。誰知情重即愁多，若是無愁情亦絶。　開簾卻見團欒月。又恐冰輪還易缺。可憐圓缺似郎心，願得清光常皎潔。

月中行

簷牙墮月照無眠。幽恨省他年。瀟湘衹在曲屏間。夢斷已涼天。　誰家倚閣吹橫笛，聲未歇、客意飄煙。重城漏盡轉淒然。淚落五更前。

生查子

江上採珠還，初見秋波瞥。問得莫愁名，便是愁時節。　默默又依依，羅帶頻拈結。無限此時情，後日和伊説。

前調

江南秋夜寒，夢遠關山近。潮水送愁來，中有多情信。　相思怨已深，相見還添恨。獨自履風波，辛苦誰能問。

採桑子

無言自下香階去，涼月徘徊。花影微篩。露浥蒼苔濕錦鞋。　含羞迎夜知誰俟，城漏頻催。網户虚開。只有疏螢相伴來。

前調

誰能零落隨風雨，分付游絲。繫上空枝。長作愁紅也不辭。　明知斷夢終難續，送得春歸。强訂來期。儂比啼鵑一倍癡。

前調

新詞寫遍蠶綿紙，寄向誰邊。私恨緜緜。人與秋蟲共不眠。　幽蘭泣露香猶在，拋卻涼天。消息誰傳。燈黯羅屏一惘然。

前調　辛亥七夕

星河誰送微雲度，望斷香車。離思偏賒。珠佩輕摇帝子家。青天碧落長相見，良會堪誇。小別休嗟。素女姮娥不及他。

前調

雙璫尺素知何處，梁燕空還。門掩重關。鏡裏眉痕月一彎。有情何必長相聚，紅淚闌干。兩意如環。霧幌烟窗一例寒。

前調

當時誰信相逢誤，贏得悽迷。慧絶成癡。訴與秋風總不知。而今重訂他生約，瘦骨成灰。紅淚長垂。未必心堅願總違。

浣溪沙　宿村店

荒驛鳴蛩伴客愁。殘燈清簟一宵秋。夢回疑在舊時樓。簾動乍聞金屈戌，枕低遥見玉雕鎪。當時未覺是綢繆。

前調

暗砌蛩休月色黃。一團林露漾浮光。秋魂禁得幾分涼。綺席凝塵人寂寂，玉璫緘札恨茫茫。重幃幽夢最無妨。

前調

六曲闌干繞閣深。鑪香初燼幾沈吟。樓高長得接秋陰。四角盤周當日字，一枝釵寄此時心。彩雲何事更難尋。

前調

鳳紙殷勤索報章。新來情緒那能詳。寒雲江月兩回腸。心苦厭看團扇字，晝長空費小鑪香。高樓西畔又斜陽。

前調

小閣蕭晨病不勝。一宵微雨嫩涼生。那能還聽墜梧聲。漫惹篆煙牽斷緒，空翻蠹札問前情。今生幽恨幾時平。

前調

長劍飄零緑鬢凋。祇憐幽恨未全銷。清狂那覺是無聊。已自蕭條成獨往，何妨相對共蕭條。煩伊低唱我吹簫。

前調

一夜秋風萬里寒。所思遥在碧雲端。不堪飄泊又摧殘。簾密惟應星暗入，樓空一任月低看。生愁珠淚濕闌干。

前調

秋盡王孫去未還。蘼蕪不耐暮山寒。儂今欲採畏摧殘。經歲遠書疑似裏，一宵幽夢有無間。相思相怨總相關。

前調

月冷湘蘺秋恨生。西風吹散舊時情。人間何處問深盟。獨向瓊臺棲甲帳，曾無鈿合報傾城。哀蟬落葉怕重聽。

前調

誰信飄零是宿緣。蕭蕭客路夕陽天。又將離恨度今年。　流水有情長向海，西風吹夢總如煙。絲魂銷盡在秋前。

前調

幻出優曇頃刻花。斷莖零葉委泥沙。多情枉是損年華。　已分纏綿成結習，好將憔悴作生涯。人間唯是我憐他。

眼兒媚

今生一誤爲知音。空説結同心。他生休誤，情緣斷續，還費沈吟。　行雲朝暮長相接，猶自悵難尋。自從別後，纏綿憔悴，又到而今。

前調　庚戌七夕

露寒香濕夜無聲。細語禮雙星。神仙有分，便教淪謫，絶勝無情。　去年今夜無窮意，曾與證深盟。西風又起，秋河不動，空照雲屏。

前調　賦梅

天教冰雪護姿容。幽意冷邊濃。孤芳無語，自然高潔，不愛春風。　一彎蛾月來相照，瘦影爲誰慵。最憐遥夜，寒香飛盡，煙重庭空。

前調

秋清人静掩孤幃。蘿碧見依稀。金環結願，玉簫吹恨，枉是分攜。　人間桑海須臾變，遺恨更誰知。累他腸斷，霜寒早別，花好歸遲。

唐多令

高樹早涼還。渠荷開又殘。幾分秋、已是淒然。惟有夕陽紅可愛，人去後、好憑欄。　楚澤憶幽蘭。初心總未寒。對西風、遥計平安。未必重逢真絶望，只不是、舊朱顔。

菩薩蠻

曲欄干外樓陰直。垂楊低蘸清漪碧。風輭夕陽天。花隨人上船。　畫橈忘近遠。歸去清川晚。窗迴不知層。依稀簾内燈。

前調

苔痕緑入深深院。娟花影共斜陽轉。風蝶自成雙。飛來黏紙窗。　簾低常礙燕。欄外游絲輭。春夢太悠揚。帷飄聞暗香。

前調

秋宵夜夜風和雨。殘燈孤影添悲緒。何術懺深情。牀頭金字經。　飄零空賸我。病與秋俱可。更莫羨生天。分離總可憐。

前調

淒風吹葉蕭疏響。獨眠人在高樓上。簟冷意如冰。摇摇秋夜燈。　曲屏何限恨。人遠瀟湘近。料得更傷心。魂飛關塞深。

前調

宫門漢月隨人遠。衰蘭浥露如波眼。玉樹與瓊枝。繁華殊昔時。　南飛憐渴雁。新恨湘篁見。何事向瀟湘。龍沙非故鄉。

河瀆神

木葉下空山。誰知人意闌珊。多愁偏是怯秋寒。西風又入簾間。　斷雁不傳書一字。爭識新來情思。拚得兩行清淚。爲伊終日憔悴。

太常引　自題小像

仙心俠意兩難平。一例化幽情。塵海任飄零。更休問、他生此生。　濃香引夢，寒花伴影，到處總凄清。虛願慰伶俜。莫輕遺、愁醒恨醒。

前調

紅樓燈影最亭亭。樓外有繁星。遥夢竟無成。但自覺、秋清夜清。　無端幻想，無憑密意，兩地不分明。更聽懊儂聲。好證取、深情淺情。

荷葉杯

誰遣今生虛度。相誤。密意索誰知。從今多是斷腸時。相見也無期。　不道華年損盡。愁恨。癡願更纏綿。他生長住有情天。衹是暫無緣。

前調

褰幌愁紅相映。明鏡。人在畫樓深。羅衣還被曉寒侵。將息更無心。　昨夜橫波遥望。惆悵。咫尺隔蓬山。最憐孤影逐燈還。回首是簾間。

浣溪沙

預擬良辰有勝遊。風情争肯爲春羞。便無佳伴也登樓。　平旦行雲成好夢，開春白日照離憂。祇應名酒發清謳。

前調

萬感如潮不遽平。挑燈倚壁待鷄鳴。寒威破户恰三更。　頗恨苦吟將睡擾，尚謀沈醉與愁争。起看斜月向簷傾。

前調

黄竹歌成尚有情。瑶池誰見許飛瓊。筵前彷彿記幽盟。　青鳥信乖添别恨，金釵恩重是前生。憐君憔悴爲傾城。

前調

舊夢高唐覓斷雲。鏡中眉黛遠難分。幽篁留淚待湘君。　吴市蠙蜨難再贈，海南玳瑁總輕焚。珠簾下後斷知聞。

前調

酒凍頗黎散綺筵。燈光深夜比珠圓。漫將餘響托雌絃。　舊夢緣屏香冉冉，新痕着袖淚涓涓。今宵惆悵似當年。

虞美人

斜陽冉冉空山冷。賸得淒涼影。哀鴻南去不堪聞。腸斷蒼梧何止、萬重雲。　如今好夢真難再。眼見山川改。憑誰呵壁問青天。更勸仙人留命、待桑田。

無端的。望斷南來翼。誰知一樣惜分飛。有意憐君還自、不勝悲。

前調

癡蠶作繭絲難絕。香燼爐灰熱。如今相見已無緣。贏得一回追憶、一悽然。　驚風吹散瓊樓夢。別恨傷鸞鳳。彩雲飛去更無踪。回首蓬山似隔、幾多重。

六幺令

畫樓人去，誰報愁消息。平蕪遠黏天際，巧擬海波碧。恰正殘春近了，好夢無端的。別絃離席。回頭淒黯，愧作飄零舊詞客。　遥想繁櫻水際，十里穠英坼。陌上傳語芳華，更與何人摘。若待華燈照晚，定有淒清笛。忍教岑寂。春期損盡，卻是而今最相憶。

前調

征鴻自向瀟湘去。不爲愁人住。空山誰伴過黄昏。好就紫蘭香徑、與招魂。　天長路遠無消息。惟有長相憶。秋殘夢覺一傷神。萬事蕭條有恨、向誰陳。

前調

幾年離別他鄉見。分外添淒戀。別來消息又茫然。但有愁心寄向、暮雲邊。　如今已分淒涼定。消受愁兼病。卻從何處着思量。祇恐他生緣會、更荒唐。

前調　聞雁

燈昏雨暗聞孤雁。何事多清怨。人間離散最傷情。此去天涯空作、斷腸聲。　錦書經歲

前調　重陽卧病，和清真

暗塵初斂，孤館嫌秋燠。重陽竟無風雨，試把吴山沐。還恨佳時病久，負卻鄰醅熟。不須□逐。籬邊客杳，應惜無人對叢菊。　登高休望故國，日落雲遮目。悁悵老去難留，願服藍田玉。空道悲秋易解，卻唱思歸曲。良辰遥卜。明年須健，自起持尊向花囑。

江神子

江楓落葉送歸舟。擬淹留。望蘋洲。無奈離煙、恨水共東流。燈火孤城笳語咽，殘醉在，下簾鈎。　閒來偏引舊時愁。兩眉頭。無限秋。斜日浮雲、西北有高樓。千頃滄波今夜夢，蘆溆畔，伴眠鷗。

前調　案頭以瓶供黄梅，幽蘭伴之，水仙亦將花矣。晴日欣然爲賦

幽香冷豔乍相逢。小齋中。晝融融。一種清癯、修潔最相同。也算安排金屋裏，休懊惱，謝東風。　天涯消息任輕鴻。寄無從。佩仍慵。只祝韶華、長駐漫成空。試看凌波還可賦，和窈窕，助春穠。

滿江紅

彩筆雲窗，少年事、憑誰與説。又還是、堆盤筒粽，楚鄉時節。桃印乍懸應辟惡，蘭湯浴罷渾忘熱。但高歌、一曲望湘人，心悽切。　長命縷，曾爲結。輕柔腕，真疑雪。自榴裙題後，信音都絶。黍夢未回菰已老，梅風纔到蒲堪折。祗涼蟾、一縷似當時，情懷别。

洞仙歌　古林寺

寒雲落葉，認城西荒寺。幾度徘徊到鐘起。歎焚林劫火、遮日兵塵，渾未料，江山青山猶是。　南朝空一夢，殘照蒼茫，多少樓臺問誰記。爲語此中人、畫裏生涯，休辜負、山林城市。試結個、茅廬兩三間，更檢點琴書、好成鄰里。

前調　重過神武門詠荷

凌空萬葉，訝重來依舊。雨破圓痕翠瀾皺。暗塵稀、恰好羅襪徘徊，凝望杳，魂黯江妃去後。　舞衣寒易落，紈扇秋多，何處哀絃又輕奏。祕殿映深渠、試檢啼珠，芳流瀋、題紅應負。待强整、殘妝爲君留，怕一夜西風、看花人瘦。

浣溪沙　社稷壇晚坐

社柏森森待晚青。池蓮的的迓秋零。亂蟬殘日更關情。　燕去有時還故殿，鴉飛何意度嚴城。送人偏有暮笳聲。

前調　擬南唐中主

斜日簾櫳燕子飛。雨晴風細落花遲。晚來寒重怯單衣。　樓迴不妨芳草遠，院深空任碧苔滋。此情終擬付游絲。

前調　春晚自貽

鍾阜雙鬟畫怎如。當窗脉脉笑窺書。緑陰紙閣一廛居。　臨砌愛看花結子，卷簾喜見燕將雛。始知春晚勝春初。

前調

翠匼江樓四面天。曲闌移影下湉漣。更添眉色到窗前。　衰柳正隨官路遠，冷楓遠迓夕陽鮮。愁來人去各經年。

前調

窗暗時聞語細禽。簾開暫得見秋陰。檐花落盡晝愔愔。　撥臢鑪灰猶有熱，飄殘鄰笛不成音。閒眠淺醉也無心。

南歌子 游法净寺，從功德林還，舟經長春嶺作

汀畔叢蘆白，波心一寺紅。輕艭歸去溯尖風。如此川原未信、畫能工。　殘照彌堪戀，清游不易慵。他年天許作吴儂。日擬拏舟來往、蜀岡東。

西江月

憂國惟能痛哭，思鄉無計遄歸。一身多累遁難肥。垂老堪傷頊尾。　病裏醇醪乏味。愁中好景都非。任從萬事與心違。一眠不須辭費。

前調 水仙

漫笑著根無地，牛憎弄蕊因春。梅花已覺是高人。更比梅花清峻。　愁入瑶花歲晚，寒生緹暮宵分。一生原不識紅塵。寂寞從他笑哂。

戀繡衾

闌風長雨獨閉門。理蟫殘、還校舊文。摩倦眼、添閒悶，下窗帷、天氣近昏。　夢情先與

羅幬冷，仗醇醪、沈醉未醺。訴不盡、悲秋意，對深宵、燈焰自熏。

前調　春日經淮上感憶

紅樓絲管經歲停。黯垂楊、闌畔自清。夢不過、橫塘路，送芳塵、腸斷去萍。　桃根雙槳知何處，甚春來、難寄燕翎。綺情共、年光換，映清淮、愁見鬢星。

風入松　夜憩酒壚感舊

今宵槐徑好追涼。人静酒壚旁。胡姬綽約知人意，向瓷缸、頻注瓊漿。蠻語參軍尚憶，鞮芬平子難忘。　十年幽夢隔扶桑。銀闕路迷茫。釵頭雙燕飛何處，歎尊前、幾換紅妝。歸路星河耿耿，添人無限思量。

前調　七月十二日，病少間，攜笻出東郊展眺，忽憶六年前此際，正偕癡梅寄跡滬濱夷落中。歲月遷流，悲歡變幻，獨行荒徑，追感華年，衰柳寒蟬，似並助余淒抑也

頹陽將恨到孤城。官道少人行。數絲病柳無生意，更堪消、幾度蟬聲。疏草正和煙淡，微雲欲與山平。　歲華箭激最堪驚。依舊歎伶俜。綺疏此日如天遠，映心頭、歷歷文櫺。秋眼無多衰淚，還途灑與飛軨。

前調

清霜一夜菊花殘。晨起怯衣單。征鴻更向江南路，萬里雲、萬里關山。錦幄銀箏淒斷，羅襟粉淚斕斑。　佳期日日盼刀環。誰與掃眉彎。層陰初散斜陽晚，倚高樓、空數欄干。沈醉如何便醒，宵來不覺秋寒。

水調歌頭　納涼達曉始眠，醒後因書所得

五首

登樓遣涼夜，月照萬荷花。涼颸催睡未肯，坐到玉繩斜。一任羅幬蚊宿，要聽江城雞唱，東向吸朝霞。暑氣遁何往，幽意浩無涯。　思芳草，悲落葉，歎浮槎。閒愁甚此都斷，客子乍還家。但願日長萊綵，縱令塵盈范甑，安穩過年華。一切世間諦，無表亦無遮。

其二

辛勤親蠟屐，遠慮尚嫌多。前有一尊佳釀，未飲已宜歌。正使二豪侍側，無過螟蛉蜾蠃，寧問子爲何。佳俠在塵表，相望渺煙波。　惜往日，枌栩下，足婆娑。高堂明鏡珍重，長照玉顔酡。若見南飛翡翠，便織回文錦字，月下漫停梭。蓮漏自幽咽，良夜又虛過。

其三

微香何冉冉，細路獨行來。柳下輕風拂鬢，權當掛冠釵。況有姮娥流影，似破幽人岑寂，到曉不言回。梁燕也驚起，花底共徘徊。　疏星入，涼露泫，宿煙開。一宵清思堪賦，抒寫阮生懷。莫問蟬今鶯昨，儘伴長松橫石，俗客漫相猜。有酒且斟酌，鋪簟近莓苔。

其四

俯仰終宇宙，不樂復何如。得知千載蠱事，況有古人書。不恨蘭衰蕙替，只恐化爲蕭艾，容易衆芳蕪。三秀亦堪採，歲晏孰華予。　舊山好，未歸隱，欲誰須。江湖翻戀魏闕，公子豈非愚。何似西疇早穫，閒便北窗高臥，緑樹繞吾廬。鄰好不煩買，二仲日相呼。

其五

故鄉黄篋簟，炎晝且生寒。當門一片山色，送緑到簾前。只待驕陽西歛，好是餘酲析盡，庭卉對人妍。左右清風至，客思更翛然。　興衰事，窮通感，付蒼煙。昨宵圓月已缺，勸子惜流年。種得蘭茝不採，採得芙蓉難寄，此意頗堪憐。吟罷獨怊悵，翹首碧雲間。

前調

留春

一春寒雨苦，節序又將移。能有幾多花事，已逐白駒馳。落盡穠桃豔李，病起獨來香徑，驚見緑陰肥。鶯燕亦怊悵，樹底累拼飛。　春解事，應爲我，去遲遲。留得嫣紅幾朵，伴我照清漪。只要花能款客，更祝春常在手，豈羨酒盈巵。天定從人欲，杜宇枉催歸。

念奴嬌

倚樓無語，正西風淒緊，頻吹衰草。明月多情仍照我，分得清光多少。笛裏殘聲，欄邊墜葉，一晌催人老。前塵如夢，舊愁終是難了。　遥夜孤吟還暗泣，空費淒涼懷抱。悲久成癡，別多轉怨，卻向阿誰告。嚴城迢遞，可堪消息仍杳。

前調

月夜太平洋舟中

海天如鏡，暮煙施斷縷，隨風還滅。遠舶微燈三四點，摇影纔明仍歇。列宿光沈，潛虬睡穩，湧起波間月。瓊田千頃，廣寒深浸宫闕。　遥指天際神州，念情凝望，惟有青餘髮。宿燕眠鷗驚醒後，憐我悲歌難徹。駕海樓船，回思應是，未抵舟如葉。江潭春夜，此時知更澄潔。

浣溪沙

悴葉驚秋不耐風。飛來閒砌伴吟蛩。蕭條身世最相同。　尚有芙蓉能耐冷，幽情還向冷時濃。清波照影可憐紅。

前調

蛾粉零星帖畫屏。輕身滅影尚關情。深宵意緒倩誰明。　翠幕生波銜瑣户，寒燈如水漾殘更。西風巧作斷腸聲。

前調

清曉妝成蠟燭啼。傷心第一是潛離。從今魂夢互難知。　豈有錯刀酬遠道，更無青雀寄微詞。不成相見枉相思。

前調

明月無情獨自圓。羅窗流影照人眠。卧看銀漢數秋天。　珍重微生酬摯意，搜羅幽恨付蠻箋。飄零猶幸有卿憐。

前調

辛苦流連總爲儂。可憐長是逐征蓬。今生無福再相逢。　别後淒涼惟自覺，秋來蕭瑟與誰同。追思前事竟冥濛。

減字木蘭花　山居秋夕

空山明月。樹聲人影皆蕭瑟。此夕遥思。除是哀鴻不得知。　秋光千里。問誰喚得香魂起。十二欄干。祇恐羅衣特地寒。

前調

虚房燈影。落盡秋花人未醒。不肯思量。夢裏何緣亦斷腸。風寒露冷。此際夜長樓更迥。空説相思。兩地淒涼各自知。

前調

低鬟一笑。無限深情待相告。婳眼斜明。密帳香微燈焰青。秋宵寒雨。滴碎芭蕉妨細語。兩意朦朧。夢未成時已曉鐘。

前調

寄情何處。落絮游絲春欲暮。斷夢無憑。水去雲回恨不勝。天涯人老。寄語歸來須及早。莫愛飄零。尚有殘紅苦待卿。

卜算子

花影過明窗，香縷穿疏幕。庭院深深睡起時，人比東風弱。柳絮倦難飛，榆莢輕還落。燕子歸來語畫梁，似訴春躭擱。

念奴嬌

海山兜率，算相逢較易，勞生已了。密怨潛離俱不誤，誤在當初一笑。花落經春，萍浮甚處，魚雁雙沈杳。誓言雖在，冬雷夏雪難保。萬一任肺疾纏綿，淚珠零亂，轉覺銷磨好。種種淒涼無可説，只待心灰形槁。幕裏微容，扇頭詩句，見即添蘼惱。夙緣千劫，懺情今日還早。

長亭怨慢

望欄外、遠天衰草，無限芳菲，一時銷歇。人去樓空，乍逢歸燕對悲咽。昔年閒恨，而今別、癡懷更切。大好秋光，無人管、傷心時節。　淒絶。旅愁難訴處，羞與暮雲親説。愁多恨少，又分與、西風黃葉。問斜陽、底事悤悤，便了卻、一天秋色。斷霞無奈多情，留照晚山明滅。

前調

向何許、秋光看遍。最愛無人，夕陽庭院。被酒登樓，倚歌垂淚意何限。綠蕪將夕，空凝眺、長洲苑。愼莫久凴欄，別恨恐、寒煙搖散。　日遠。算舉頭能望，卻是故山尤遠。還鄉夢短，也休想、天涯吟伴。更不奈、荏苒年華，任黃葉、西風催晚。但曠野蛩聲，如答離人悲惋。

前調　連夕卧病書懷

料平野、秋光將遍。最怕登臨，獨扃深院。澹月窺簾，早涼侵簟夢無限。昔曾行處，愁一例荒苑。漫覓少年心，算總被、驚飇吹散。　念遠。縱千程萬驛，未抵玉京尤遠。哀時鬢短，只一室、商歌無伴。倩誰問、閱世銅仙，任塵劫、悤悤頻換。賸永夜挑燈，還共鳴蛩悽惋。

渡江雲

燈昏人伴影，倚風悴葉，攜夢向天涯。夜長房靜後，冷月移陰，悄悄度窗紗。寒風漸緊，想從今、吹到寒花。堪悵是、秋來還去，秋去向誰家。　驚嗟。遙村雞唱，近榻蛩鳴，助愁多難卸。珍簟角、啼痕新舊，斷斷斜斜。一宵一度思量慣，算祇應、愁做年華。天又曉、門前滿樹啼鴉。

迷神引

烽火驚心江關暮。舊國尚迷歸路。空城澹日，更遲遲度。念漂浮，黃塵裏，恨誰訴。危堞悲笳隱，和愁語。嗚咽分流水，斷腸否。半壁東南，此錯何人鑄。一枕華胥，真無據。最憐回首，好山河、都非故。渺神州，浮雲黯，寒鴻去。還對宵燈影，淚如雨。荒原西風急，戰聲苦。

摸魚兒

去年六月三日，風雨中獨上十刹海酒樓觀荷。行柳緑添，叢蕖紅濕，景山瓊島，煙樹蔥蘢。今茲追憶，始知春物娛人，故鄉無此也。寓齋苦熱，賦此追摹，清景已逋，遠懷彌軫

正江城、火雲煊午。延涼仍少深樹。低簾短榻人初困，清夢湖堧風雨。樓畔路。愛十頃田田，青蓋淩波去。蟬聲送暮。看輦道人經，山亭鴉集，瓊島隱深霧。歡游地，一晌尋思已誤。輕齎歸計何遽。水天試話年時事，目斷夕陽紅處。情漫訴。便再到陂塘，誰伴花間住。炎蒸最苦。想水佩風裳，依然好在，輸與舊鷗鷺。

前調

長春觀度重午作，用去年夏日憶十刹海舊遊韻

度凄涼、此番重午。巢禽歸已迷樹。沈陰幾夕天如夢，嗚鏑驚飄愁雨。雲外路。想火照玄顏，神鬼悲號去。雖晨似暮。正萬户傷心，羣凶得意，歌哭隔氛霧。牛車計，深悔因循自誤。眠薪肌灼何遽。荒江一望無津濟，十

口飄蓬何處。卿漫訴。卿試念、遺黎甚日能安住。人生最苦。縱婘屬團欒，生涯散澹，還羨渚邊鷺。

前調 吊江户櫻花

恨無端、送春風雨。繁櫻零墜無數。辭枝還愛隨流水，一片也無尋處。卿已誤。願莫把韶光，攜往天涯路。爲誰獨苦。算衹有啼鶯，一般癡絶，盡日繞空樹。 飄零恨，儘與卿卿對訴。人間誰解愁緒。他鄉正擬長相聚，不奈子規能妒。卿識否。卿別後、緑陰千樹都無主。傷離不語。知甚處重逢，他生未定，還恐化飛絮。

前調 庚申七夕和白石韵

歎新來、乍躭閒静。懶聞蛩訴梧井。佳期偶向愁中覺，從此又教愁永。傷去景。問誰料天孫，誓約還更整。雲鬟霧冷。算別緒經年，秋天一夜，歡恨兩心領。 危簷角，還指微波炯炯。橋成何待俄頃。已諧仙侶偏多障，餘巧世人猶請。離思迥。鎮獨步空庭，冷落銀漢影。幽歡自省。訝十載前頭，陳瓜舊處，翻作斷腸境。

八聲甘州

聽幽窗暗雨冷侵魂，淒然感涼秋。又昏燈籠影，輕飆翦骨，辭夢高樓。正苦愁恨不去，争道怯愁休。愁有能消處，殘淚仍流。 卻倩餘絲相繞，怕斷時縹渺，一去難收。愴滄波寒汐，湔恨又教留。擬他生、蓬山重見，奈紫氛、高處不通舟。梁間燕、正雙棲處，料惹凝眸。

前調　賦得紅葉

仗霜紅掩映晚秋天，鮮妍勝凡葩。縱臨春瓊樹，芳華緑葉，難鬬豪奢。浄洗連山夕靄，湧起赤城霞。妝點雲生處，多少人家。　莫便隨風狂舞，看衆芳已歇，孤豔堪嗟。向吴江初落，詩思與誰誇。想宫溝、佳人題怨，帶幾分、寒信到天涯。小池上、有芙蓉在，共殿年華。

木蘭花慢　盆蘭晚秋，一花幽異。容子四兄見而愛之，屢爲此詞。容子往在燕臺，眷陳蘭香。自經喪亂，久無消息。因憐芳草，復憶嘉名，悱惻之懷，庶斯能喻

憶湘皋舊佩，漫回蕊、繞屏邊。縱解玩孤芳，移根上國，消息誰傳。飄然。杜蘭香去，問玉郎重遇是何年。休把幽心展盡，可知秋冷南天。　相憐。別淚涓涓。情未歇、態猶妍。歡羈泊天涯，倡條冶葉，怎抵嬋娟。離煙。洗愁痕浄，伴蘼蕪堂下記前緣。便擬招魂緑畹，小歌一曲游仙。

前調　雨中劉生從廬山見訪，喜賦

詫顛風斷渡，誰迓汝、過江來。算卧雨相如，傷秋宋玉，忽展愁懷。幽齋。下塵凝榻，況留人叢桂也將開。別後詩篇幾許，煩君一一敲推。　清才。眼底誰儕。松謖謖、絶氛埃。正乍別匡廬，下山雙屐，猶帶莓苔。徘徊。詠招隱士，誤佳遊鼙鼓動江隈。欲補前時俊約，明朝試訪琴臺。

鎖窗寒　讀《水雲樓詞》，有感鹿潭晚歲事，賦此吊之

逝水漂花，浮雲蔽日，暮年江表。蓬窗倚處，

載得青琴偕老。想笠簇、怨鴻自啼，葦洲對説飄零好。算窮途意緒，蛾眉能慰，便應傾倒。　閒校。蟫殘稿。歎如此遭逢，偶同襟抱。連枝漫誓，愧擬期梁誠操。問誰澆、詞客斷墳，西風暗襲紅心草。怕幽蘭、白雪微辭，後來庚續少。

前調

偶折花插供瓶中，初未悉其名。女容謂是玉蘭。喜賦此調，即用文英韻

乍暖晴雲，初銷瑞雪，異花新見。梅英漸少，幽獨卻增煩惋。報荒更、園圻素葩，膽瓶位置愁心展。喜嘉名肇錫，儕蘭齊玉，小歌芳晼。　凝盼。誰堪換。任翠翠紅紅，占香瓊苑。東風尚早，漫歎江鄉來晚。祇清芬、待誰共憐，雨籠露浥幽懷遠。更煩他、玉佩凌波，共説華年怨。

齊天樂

庚申除夕

一盃藍尾無酬獻，蕭齋自嗟年暮。綵勝宜春，桃符換臘，空惜流光如羽。西窗舊侶。記親擘黃柑，爲添尊俎。短鬢如今，祭詩徒有斷腸句。　瓶梅輕放素靨，暗香殘燭畔，相對無語。歲晚書稀，江寒雁寂，芳萼憑誰寄與。孤吟最苦。任博簺酣歌，世間兒女。爆竹聲中，又驚良夜午。

掃花游

夜讀碧山賦秋聲詞，試步其韵

深窗夢覺，正屋角風箏，纔彈仍住。最傷寄旅。動天涯萬感，此情難賦。漫作寒螿，畢世淒涼自取。向何許。借一笛譜愁，還倚疏樹。　頻歲歸計阻。況獨聽鐘鳴，倍添酸楚。暗樓邃宇。只秋鉦頻送，更無人語。怕繞荒庭，

墜葉紛紛似雨。斷腸處。想閨中、夜碪尤苦。

八六子

遠帆微。暮陰千里，層層掩卻斜暉。念浦外舟人泊處，海邊潮信來時。悵然意違。　前塵回首都非。皓月漢臯臺下，涼風石鏡亭隈。總未料江頭，俊游驚散，半宵烽燧，數聲笳鼓，已教颭颭旗催棹去，鱗鱗波媵人歸。閉荊扉。譙門夜烏又飛。

惜紅衣　寄友人越中，用白石韵

別意驚秋，離程計日。遣愁無力。罷倚層樓，沈沈暮天碧。瑤華歲晚，誰寄與、殊方羈客。淒寂。簾外燕歸，闕江關消息。　狂塵廣陌，縱有芳菲，經寒易狼藉。行瑤苦恨去國。滯天北。浪說海桑難遇，偏遣一身經歷。但五噫歌就，空羨越中山色。

賀新涼　秋恨

望遠皆秋色。向天涯、蕭條萬感，頓傷羈客。爲問新來南飛雁，應憶青蕪舊國。但滿眼、滄桑難識。休弔斜陽高樓外，算長安、更在浮雲北。誰念我，正悽惻。　西風暗送流年急。歎金仙、移盤未久，淚鉛猶滴。漫道銅駝今方醒，還見長眠荊棘。縱蟻夢、枯槐何益。化鶴幾時仍歸去，怕人民、城郭都非昔。思到此，恨無極。

瑞鶴仙　己未元日晚出，觀城南高樓遊人

春旛迎夜翦。喜椒花堪頌，辛盤初薦。藏鉤恨宵短。聽隔鄰歡笑，雛鶯新囀。寒梅照淺。記年時、分柑人遠。試春遊、一樣無心，祇負

畫輪羅幰。腸斷。曾梯分麝，高閣飛雲，歲華宜戀。街簾半卷。問誰在，暮燈畔。又殊鄉簫鼓，催歸不忍，空惜塵香尚淺。對曲屏、春隔天涯，但應夢見。

解語花

英吉利人哈葛德撰小説曰《紅礁畫槳録》，敘一女子情死事。閩縣林紓譯以華言，亦復委曲哀豔。往在漢上，從秋華得是書，既美歸荑，復哀同病，常日諷誦，未嘗或離。近以綫帙脱壞，重爲綴裝。書首有《解語花》一首，未知誰作，律韵皆有微誤。因依調别製，聊詠其事，秋華見此，當爲淒咽也

晴漪蕩碧，夜夕流紅，摇散文鴛影。淚珠沾鏡。芙蓉老、誰遣怨魂輕醒。鮫宫正冷。收情網、斷珊慵整。空自憐、填海寃禽，此恨隨年永。溟漲愁瀾無定。送虛舟何處，奇與難並。碎萍漂梗，乘潮遠、似與阿儂同命。嬌郎更病。算往事、殷勤猶省。招桂旗、巖畔相逢，終是淒涼境。

拜星月慢

新秋罷宴，有懷故國

静閣收喧，清尊催醉，柳角殘陽欲暮。竹枕新涼，識微醺情緒。正初醒，試握、玲瓏畫扇斜倚，磊落冰紈纔度。悄聽商音，起循廊徐步。

又西風、乍落關山樹。堪憐我、醉後孤吟處。悵望綺户文窗，擬斷腸前句。念幽閨、漸覺秋心苦。彈紅淚、付與新鴻去。怎奈向、一水盈盈，隔天涯客路。

月下笛

是夜被酒早卧，醒後月色依然。下步荒庭，惟殷遐想。城頭笳吹適動，倍助淒懷。歌此一闋，不覺哀淚之浥衿也

此月多情，應如看月，那人何處。羈雌最苦。繞空枝、動緤緒。荒庭巡遍仍難睡，看衰葉、隨衣亂舞。把青扉閉了，珠簾垂下，夜色仍度。無據。長門賦。歎四屋黃金，起塵如許。刀環望絶，照愁明鏡千古。關山無限惟秋到，問離恨、人間共否。只除是，斷續譙城角，似和悲語。

前調　八月十三夜館樓眺月，和白石

月影空寒，疏桐細響，露濃如雨。欄邊雁語，怨憑欄、舊人去。垂楊卻爲相思老，賸憔悴、柔絲幾縷。但玉京信遠，瓊樓秋悄，悵望天路。延佇。無言處。有代説羈心，緑衣鸚鵡。西風萬里，故鄉今在何許。碪聲笛韵俱淒絶，問遥夜、愁腸斷否。掩關後，更照人虛幌，倦夢難度。

霓裳中序第一

西風到巷陌。斷續蟬聲催暮色。微涼怯添病力。但深閉暗窗，愁聽蕭索。空園滴滴。怕衆芳容易狼藉。雕梁燕，不應怨別，與客伴孤寂。愁極。舊盟難憶。早羽迅流光過隙。寄情悲懷何計自釋。拂簟塵多，展卷箋蝕。寄情無使覓。算斷了人天信息。鐘鳴矣，銅盤殘苣，淚共冷灰積。

淒涼犯　乍秋已涼，樓坐成詠，和白石

碧梧墜葉微涼早，先驚節候蕭索。柳絲漸短，蟬吟漸倦，怕憑欄角。金飈又惡。算羅幌羅衣並薄。奈寒煙、仍添暮色，遠覽更寥漠。因念鄉園好，九畹蘭滋，隱棲真樂。燕歸近

矣，恐須臾、衆芳零落。漫擬飄蓬，等風定、依然滯着。報山中俊侶待我，踐舊約。

西河 和清真韻

天涯路，惟有秋塵仍起。登高懷遠悄無言，送愁流水。併添樓迴惜斜陽，欄干西畔孤倚。望渚際。叢蘆葦。暝色蒼茫千里。思回天地入扁舟，鷺盟應記。憶歸頭白轉凄然，寒煙波上空翠。到此境、何限悲思。儘西風、添杯吹水。祇恐客懷難醉。感關河歲晚，飄零未定，獨想人間無窮事。

秋思耗 怨別，和夢窗

清影孤燈側。但數花、猶弄夜窗寒色。沈醉乍醒，似聞歌管，追惜腸窄。記催曲瓊筵、四絃曾爲訴怨抑。對畫屏、山澮碧。恨檮燭光殘，玉驄嘶去，竟遺斷魂今夜，又成相憶。長夕。銅壺細滴。料繡帷、嬾卸妝飾。漫彈湘瑟。銀河遙望，露濃月白。正密合雙魚，桂叢何計飛鳳翼。念倦客、惟自識。怕臥疾荒郊，重城無信寄得。夢隔金堂户北。

尉遲杯 九月十一夜，飲席早歸，獨留寓樓。憶去年此夜，與兩友人自危城逸出，維舟江畔。感念兵戈，悲吟達曙，今忽忽一歲矣。飄零如故，時事日非，懷舊傷離，和清真此解

滄江路。記一舸、夕檥依深樹。愁聞戰伐聲悲，空憶危城何處。多情舊友，曾逐我、寒宵宿前浦。有閑鷗、自臥荒洲，任人將伴歸去。如今浪迹天涯，還追念、扁舟葦渚相聚。往日心情俱零落，難寄意、清歌妙舞。何時更、逢君水國，歎身世、凄涼卻共語。祇空齋、夜

久焚香，夢來猶想吟侶。

高陽臺　見御渠荷花感賦

翠葉羅煙，冰華冒水，清香仍滿宮溝。花外徘徊，素心人在瓊樓。綃衣不怕輕塵涴，怕陂塘、一夜驚秋。最怱怱，笛裏涼風，祕殿西頭。宓妃何意凌波去，賸雲裳玉佩，付與閒鷗。舊夢尊前，斜陽還照汀洲。鬧紅一舸年時侶，料如今、獨映箜篌。莫重來，露冷空房，粉怯珠愁。

前調

比户繁燈，深帷花燠，新春乍漸鷫裘。罷洗朝酲，吟情一例悠悠。江城簫鼓臨元夕，掩重關、久誤佳遊。也無心，朱幰銀鞍，綺陌東頭。樂昌半鏡何時合，算情緣未斷，不負綢繆。漫卜金錢，眼前勝景誰酬。鸞箋枉是憑青鳥，歎紫姑、空解藏鈎。只應他，獨處姮娥，永照離愁。

前調　立秋前一日作

蟬咽高枝，蛩辭深壁，西風又拂江樓。節物催人，空勞顧夏悲秋。揮戈投杖都虛語，看夕陽、早又西流。最關心，井上雙桐，一葉先休。雕梁珍重多情燕，算歸期已近，暫得淹留。試問渠蓮，舞衣褪後誰收。紅銷翠減俱難料，只從今、不上簾鈎。一任他，圓到涼蟾，巧到牽牛。

前調

晴日烘春，光風轉畫，銅瓶殘萼猶妍。未了幽懷，暗中又換流年。憑誰乞與江郎筆，寫清愁、三百吴箋。祇難禁，聽雨樓陰，數箭燈邊。天涯芳草知何意，甚牽情千里，依舊芊綿。漂蕩韶光，等閒便到榆錢。人歸漫比春歸易，謝啼鵑、苦勸歸鞭。最傷心，旅病而今，密約從前。

前調 晚經神武門詠荷

山影明霞，夭妝豔水，飛塵不蘸宫溝。羅襪歸遲，凌波空記前遊。西風乍動靈妃笑，誤夢雲、猶戀朱樓。試邀他，瑶席乘涼，珠佩臨流。江南舊賦田田句，對金環皓腕，絲綷輕舟。小別横塘，天涯重伴嫣柔。紅衣卻向秋前減，算怨懷、空付閒鷗。最銷凝，十頃微漣，一片清愁。

前調 十二月廿九日作

飄雪犀帷，停寒鴛枕，幾家庭院黄昏。盼斷回鸞，傳箋不到朱門。高樓依約疏燈外，似遠山、含黛難分。最憂他，繡被香篝，誰與温存。桂旗獨蔭驚鴻影，算衆靈雜遝，未解銷魂。託罷微波，夢來真欲爲雲。牽牛私識推尋遍，問何時、詠到歡聞。祇丁寧，堂下蘼蕪，長伴蘭芬。

前調 上巳日禊遊昆明湖，湖上桃花盡放，折取數枝以歸，供諸瓶中，珍惜甚至。病中每聞風雨，輒計湖上花飄零盡矣，爲之惘然，因賦此解

禁苑春深，禊遊人去，湘桃開徧湖灣。蚪户沈沈，東風不啟銅環。無情只有燕池水，向鏡中、仍照西山。更何人，淺拂胭脂，重倚欄干。

遼陽歸信知難寄，但拈花弄蕊，時憶鄉關。已是飄零，如何禁得輕寒。銷魂莫向斜陽語，怕羅衣、容易斕斒。只憑他，幾片愁紅，流到人間。

前調

曉枕鵑愁，午窗蜂鬧，暄妍天氣撩人。立夏猶賒，誰家已餞餘春。閒行自是心情嬾，況相逢、彩幰雕輪。最嫌他，一架荼蘼，空爲人新。　詩腸琴思渾岑寂，問何如金尊，醉倒芳茵。强拂吴箋，難描此日傷神。花前立盡斜陽影，有啼鵑、見我沾巾。只丁寧，年少黄衫，愛惜佳辰。

前調

纖月摇情，明河鑑影，微涼暗透絺衣。虛籟將沈，車聲遠陌初歸。高樓衹在疏燈外，料繡簾、徹夜空垂。最輸他，螢照雲屏，蚊傍羅幃。　玉階攜手當時事，甚流年易換，佳會終稀。倚徧雕欄，如今蓮漏偏遲。嘶驄不向橫塘去，問羈懷、更有誰知。度風蘿，笛韵淒清，巧共愁吹。

蝶戀花

借問秋情誰領略。暮雨寒螿，相伴成蕭索。漫借醇醪消寂寞。愁腸更比醒時惡。　好句悲秋皆有託。萬種無聊，不但傷摇落。秋更淒清人更弱。沈腰潘鬢都非昨。

前調　將去揚州重至湖上作

波上殘陽紅萬疊。小得勾留，不負清秋節。一紀重來情緒別。蘆花替我頭如雪。　終古雷塘流未歇。杜牧三生，前事憑誰説。後日風帆天畔葉。夢魂應踏揚州月。

前調

露氣通帷天向曙。挑盡殘燈，還用添愁句。今夜夢魂何處去。江南即是天涯路。萬種幽懷誰與訴。天上人間，一樣無憑據。但使他生花裏住。飄零不悔從前誤。

前調

一笑燈前人影共。瑟瑟輕寒，不度羅屏縫。斗帳初垂釵燕動。畫樓今夜棲鸞鳳。嘶騎橫塘斜月送。滿眼秋波，慚愧酬恩重。睡意低迷如酒中。孤幃明日温殘夢。

前調

花影侵窗涼月澹。冰簟無眠，静看簾波展。烏血啼時城漏轉。紅巾新淚宵來染。條脱鬘絲纏細腕。枕上凝思，此夜情猶淺。兩意循環何日斷。秋眸一轉難重見。

卜算子 蘭

百草總芳馨，未抵秋蘭媚。祇有湘靈共往來，月照斑筠淚。騷畹替移根，相伴唯荃蕙。畫裏風前子細看，不礙孤芳意。

前調 柳

何處得秋多，江上垂絲柳。乍見翻疑緑勝常，誰信朝朝瘦。不肯逐浮萍，柯葉堅相守。守到清秋倍惘然，挽得斜陽否。

謁金門

涼蟾小。露重庭空人悄。一炷幽香燒未了。愁多秋易曉。夢裏絲魂空裊。相見歡情偏少。長見爭如長別好。人天雙縹渺。

前調

歸不得。玉樹歌闌雲黑。喚作主人原是客。青蕪迷舊國。望斷高樓西北。一片夕陽顏色。鶗鴂無聲春事寂。鷓鴣飛又急。

前調

歸不得。愁見天涯秋色。落日青山非故國。遠遊情惻惻。斷雁空傳音息。備有傷心誰識。地闊天長惟夢覓。夢猶無氣力。

菩薩蠻

越羅裙窣金絲細。行纏輕約春趺膩。微步向珍叢。花開四面紅。玉釵香露嚲。鬟畔珍珠顆。鏡裏與花前。嬌容誰可憐。

前調

梨花滿地堆香雪。池光倒映玲瓏月。斗帳繡鴛鴦。寒衾宵自長。烏啼天向曙。獨擬蘼蕪句。鏡裏見眉山。春人愁未闌。

前調

文窗鏡影春星漾。殘燈微映輕羅帳。落月掛簾釘。嬌郎侵曉行。銅荷紅蠟淚。遥夜鈿箏意。春好不思家。他鄉無限花。

前調

櫻花萬樹籠香霧。好春合向蓬萊度。傍晚畫橈歸。燈繁花亂飛。　金卮留客醉。茜袖倭娘媚。醉後更淒迷。休歌金縷衣。

前調

如今已是櫻花節。去年已與櫻花別。臨去戀春光。回思還斷腸。　雌絃金雁柱。花底聞微語。春好願留伊。他時休悔歸。

高陽臺

殘雪梅銷，新晴柳弱，郊原復見初春。海國歸鴻，年年輕棄遊人。如今但怕啼鵑到，勸人歸、歸又無因。更消他，幾曲清歌，幾度佳辰。　層樓定是憐芳草，望迢迢遠道，費了眉顰。祇惜朱顏，何時比似前新。嬌紅願共春常聚，奈東風、不肯相親。待春歸，嬾化飛綿，擬化香塵。

前調

深巷餳簫，連村社鼓，禊遊節物天涯。南國旌旗，未妨春到人家。崇桃積李看難倦，又輕颸、吹綻桐花。問幾人，曲水浮觴，新水煎茶。　韶光在處都堪賞，況紅樓翠幕，紫陌鈿車。怎得雙鴛，相攜細履平沙。流鶯勸酒休辭醉，更徘徊、淡日殘霞。醉歸來，插帽繁枝，一任橫斜。

側犯

勸君漫去。澹雲夕照留人住。南浦。更幾日潮痕、上舟步。　鱗波縱媵予，嬾續湘纍句。

津鼓。催畫鵁今宵、向何處。　嚴城閉早，急取歸時路。還念汝。冒炎蒸，魂黯更無語。淚浥危欄，目窮江樹。弦月昏黃，數聲漁櫓。

水龍吟　白蓮

萬花無此娉婷，接輿偶向孤山見。結璘小謫，飛瓊暫墮，瑶臺仙眷。縞袂延涼，珠璫弄水，寰中游衍。便酡顔收卻，鉛華洗盡，冰匳内、越清顯。　容易玉繩西轉。動微波、襪羅輕濺。飄然歸去，更無人覺，露瀼風軟。柳外眠鴛，葭邊隱鷺，來尋已晚。待今宵月下，練單宿處，共嬋娟伴。

前調　秋花

御溝空覓啼紅，殘花落盡秋無主。天涯吟望，哀鴻遍地，都成愁侶。故國斜陽，荒城斷角，銷凝誰語。歎西風搖落，這般容易，争堪問、重逢處。　辛苦啼蛩休訴。待招魂、楚歌先誤。山川紆曲，風霜淒變，歸來何許。幽渚塵香，平蕪煙斂，遺蹤難據。算娉婷片影，何人爲向，畫屏中取。

前調　秋寒檢舊扇，見仲蘧所書《瑞龍吟》，紙墨猶新。斯人已逝，悲吟此曲，以當招魂。仲蘧詞曰：摇鞭路。還見戀影斜陽，繫魂雲樹。春山低羃遥青，最憐芳草，迷人舊處。小凝佇。應爲袖單風冷，乍扃朱户。踟躕擬説幽懷，寸腸自斷，當時怨語。　人事空煙都散，美人多感，慵歌羞舞。端恐鏡中朱顔，憔悴非故。纖腰瘦削，猶詠靡蕪句。休回溯、文窗共倚，花陰微步。人與飛花去。憑君試問，頻年意緒。難翦愁千縷。春夜永，更闌仍聞疏雨。　怨懷化作，一天濃絮。題記曰：右詞一首爲瑗近作，自經喪亂，意思蕭瑟，海濱飄泊，時感前遊。自惟情懷不深，材智庸下，執操浩蕩，見棄知音。時命既乖，夙心終左，縱復微吟永歎，衹以自憐。惟是勞苦之生，必須排遣之術。託想於綺羅香澤，未必遂爲大雅所譏也。季剛先生天性耿介，不受世羈，投契以來，相忘形表。昨見此作，亦復擊節稱歎，矜我愚情。不圖多感之辰，乃得同心之友。歡然以喜，愀然以悲，固知俗士譏評，必以吾兩人爲狂佚。然深隱之懷，既經共喻，世議瑣瑣，又何計焉。壬子三月劉瑗記

最憐匣裏孤絃，賞音去後淒無語。山陽怨笛，秋來思舊，深情待訴。人事蕭條，故交零落，茫茫泉路。歎西風一夕，蘭摧桂隕，哀蟬㬥、天涯樹。　還憶花前同步。感年芳、微吟自苦。青春別恨，紅樓幽夢，斷腸詞句。寫向蠻箋，芸香未冷，淚痕休蝕。想英華靡絕，楚歌重倚，當招魂賦。

南浦　送張君之海濱

南浦送行人，算炎蒸似此，居人猶熱。何事向天涯，渾不變、年少飄零前轍。黃塵未歇，神州望裏堪愁絕。不信斜暉留不住，只要揮戈情切。　嗟予獨抱幽憂，歎雄心猛氣，都成虛說。辛苦愛微軀，鹽車下、任驊騮蹀躞。燕歌遠別。哀音未放先淒咽。一劍防身君莫誤，更漫投人明月。

西平樂　晚經玉蝀橋，見團城以北，宮觀漸荒，岸柳渚河，無復生意。西風乍過，觱篥吹愁。因和夢窗西湖先賢堂詞韵，以寫感今傷往之懷

故國頹陽，壞宮芳草，秋燕似客誰依。笳咽嚴稱，漏停高閣，何年翠輦重歸。看殿角孤雲覆苑，林杪輕煙漾晚，疏燈數點，波間替卻餘暉。

還愛西山暮色，蒼翠處、散影入楊絲。墜梧眢井，漂花暗水，一夕西風，人事潛移。空漫想、樓延寶月，橋壓金鼇，賸有深苔碎蟀，叢竹殘螢，猶伴驚鴉認舊枝。憑弔廢興，銅盤再徙，滄海三塵，樹老臺平，盡剗瓊華，孤蓬又逐沙飛。

楊柳枝

莫辭摇落伴寒鴉。好向江潭送歲華。應憶春前飛絮苦，化萍何日到天涯。

憶王孫

高樓魂斷五更前。刻意傷春總可憐。已爲幽情損少年。枉纏綿。羅帳燈昏倍惘然。

前調

緑波江上送輕橈。爲有歸期耐寂寥。風雨淒淒接永宵。一燈摇。别恨終難取次銷。

前調

爲誰容易損年華。春盡高樓日又斜。祇愛飄零不憶家。在天涯。更有閒情詠落花。

前調

寒城倒影入荒陂。官路人稀鳥下枝。畫角淒涼此際吹。客懷悲。掩卷重尋昨夜卮。

如夢令

樓上春寒宵重。壓地重簾不動。簾外有微風，時向畫欄輕送。如夢。如夢。燈暗繡幃低鳳。

前調

已是地寬樓迥。那更香殘被冷。夜坐久尋思，歸夢遠書難定。誰省。誰省。絡緯秋啼金井。

蝶戀花

流水潺潺無斷絶。流向天涯，何止千回折。不得長留甘永訣。可憐緣盡空嗚咽。舊恨茫茫何處説。暫蝕仍圓，衹有多情月。擣麝成塵香未歇。癡魂願作青陵蝶。

前調 江寧作

玉樹歌殘明月在。潮打空城，人事年年改。渡口桃根誰與載。秦淮流水空相待。繡户金堂春似海。燕子歸來，坊陌知何代。故國斜陽猶曖曖。盧家少婦愁無奈。

前調

露下空階寒漏咽。歷歷秋星，不及彎環月。分得清光仍皎潔。不辭孤影成淒切。長向秋來傷暗別。萬事難忘，此恨何時絶。遠夢無憑山萬疊。連環已解愁香歇。

前調

一夜繁紅飛盡了。化作香泥，不及青青草。獨向珍叢成静繞。別情牘有儂能道。鶯自長啼人自悄。剗地殘陽，不向枝頭好。願祝明年人莫老。花魂再倩巫陽召。

日日春陰濃似酒。不放花開，何事催花瘦。

翠幕沈沈香燼久。此中更有人僝僽。爲問閑愁仍在否。解道無情，争奈當初有。雙燕飛回人去後。曲欄無限冥濛柳。

採桑子

幽香静護清宵夢，夢覺高樓。月上簾鉤。只有空牀敵素秋。關山此夜同寥寂，河漢西流。更漏初休。一夜芙蓉淚點稠。

前調

楊花嬾化浮萍去，憑仗輕風。吹墮簾櫳。不逐芳流更向東。那知人命如花薄，春盡無悰。有意憐儂。欲訴奇愁近更慵。

前調

遥帷未必相憐惜，空抱香心。月暗煙深。一鬱秋眸何處尋。別前心事誰能憶，自判蘭襟。又到而今。佇苦停辛獨自吟。

一翦梅 水仙

瑶草端宜種玉田。葉已娟娟。花更僊僊。斑斑錦石弄清漣。塵慮都捐。幽意誰憐。伴我丹黄曲几前。影比梅妍。香共芸鮮。清高纔稱百花先。且度寒年。同迓春天。

菩薩蠻

文窗明月籠輕影。羅幃不動秋宵永。幽夢欲成雙。枕邊聞暗香。醒時還似睡。側見横波媚。子夜又烏啼。攜將殘夢歸。

浣溪沙

狹路相逢倍感卿。畫欄同倚夜三更。卻嫌雙

影月中明。欲訴癡懷防薄怒，偶聞微語已多情。簾前鸚鵡證新盟。

前調

不恨離人恨柳枝。柳枝惟解送將歸。年年客路淚沾衣。春去愁心隨逝水，夢回幽意裊游絲。此生多是別離時。

前調

兩地淒涼共一秋。燕雲楚水各凝眸。夕陽無恙照高樓。雁足幾時來故國，蛾眉何事怨靈修。朝朝添淚助江流。

前調

欲藉柔情度此生。錦長書重語丁寧。祇憐幽意總難明。莫遣秋風悲畫扇，空教深夜掩雲屏。望賖翻覺是無情。

前調

纔有微涼接簟波。羅屏無睡意如何。而今已自覺秋多。最恨簾痕妨皓月，長勞鏡影照明河。佳期仍是夢中過。

解連環 和李孟符，用夢窗韵。孟符詞曰：萬愁紆結。漸黃昏盪暝，暮寒無極。正倚樓、涼月窺人，對衰翠怨紅，雁邊秋色。夢裏嬋娟，早魂斷、玉京天北。儘哀蟬韵咽，數盡墜歡，總成追憶。　年芳自憐浪擲。又霜前細菊，潘鬢添白。戀危欄、一角斜陽，試西望故山，亂雲擬碧。擬託微波，趁雙槳、滄江煙汐。怕西風、夜長露冷，甚時寄得

暮陰猶結。上西樓眺遠，怨懷何極。算楚鄉、還隔寒雲，怕蘭蕙變衰，頓成秋色。歲晚闌

河，渺歸夢、獨迷南北。衹佳人望切，漢浦雁稀，枉勞相憶。　年華正驚易擲。更楓林露落，烏恨頭白。最傷心、一抹遥山，帶疏樹斷煙，做成淒碧。感入蒼茫，試付與、空江潮汐。賸襟間、淚珠漸冷，問誰見得。

壽樓春

去國已將一年，故鄉秋色，未知何似。登樓眺遠，萬感填匈。古人有言，悲歌當哭，望遠當歸。無聊之極，賴有此耳

看微陽西斜。倚層樓醉起，秋在天涯。怎奈鄉關千里，斷雲猶遮。悲寄旅、思年華。問浪游、何時還家。想故國衰蕪，長亭舊柳，惟有數行鴉。　摧蓬鬢，驚塵沙。聽寒風野哭，荒戍清笳。換盡人間何世，海桑堪嗟。涼露下，滄波遐。澹一江、淒淒蒹葭。但遥想蒼茫，招魂路賒。愁轉加。

芳草渡

客意嬾，漫盡日招邀，舊時遊侣。甚曲房閒眺，沈沈自掩秋雨。誰解離思苦。聽纏綿低訴。夢乍醒，斷岸潮生，一棹歸去。　休顧。水程潮遠，霧靄煙横迷去路。静追思、藏鴉暗柳，重來認門户。鬢絲易碎，況宛轉、天涯愁緒。雁陣没，但見狂蘆倦舞。

採桑子

青鸞漫報愁消息，儂已多愁。儂已多愁。分得愁多更不休。　簾垂枕冷遥相憶，心上成秋。心上成秋。暗雨微燈共一樓。

前調

今生未必重相見，遥計他生。誰信他生。縹

渺纏綿一種情。當時留戀曾何濟，知有飄零。畢竟飄零。便是飄零也感卿。

前調

西風一夜凋庭樹，燈照孤幃。遠道魂歸。心未成灰骨已灰。研丹擘石天難問，回首堪悲。奢望全非。化作孤鸞鏡裏飛。

前調

天涯不覺春將暮，辜負年光。無限思量。縱不登臨也斷腸。酒醒卻上高臺去，滿目蒼茫。獨自淒涼。遠堞平湖映夕陽。

前調

馬嘶陌上秋塵重，行迹難尋。不耐蕭森。蟬帶斜陽過柳陰。簾波微羨闌干曲，慵說登臨。淚浥羅襟。昨夜孤幃有夢侵。

浣溪沙 同況夔生題朱淑貞小像二首

誰寫春風入畫圖。詞仙玉貌費臨模。而今還解斷腸無。織錦回文原有恨，行雲入夢竟成虛。枉教交甫憶明珠。

其二

閨秀工詞有幾人。當時漱玉信無倫。清辭麗句好爲鄰。詠絮才華輕謝女，彈琴風調笑文君。柳梢誰見月黃昏。

前調 頤和園

湖上遊仙迹未荒。一波瑤水浸回廊。隔隄鷗背帶斜陽。拂面不嫌垂柳弱，湔裙疑有落花香。倚欄人去恨茫茫。

鷓鴣天 和淮海

階下寒螿窗内聞。燈花紅帶舊時痕。佳人一去難重見，夜夜相尋惟夢魂。　憔悴久，嬾持尊。誰憐孤館易黃昏。城頭露下人聲斷，落葉蕭蕭深擁門。

前調

簾卷高樓曲未終。秋街露冷月如弓。卻憐橋下無情水，猶得依稀照玉容。　歸路遠，起秋風。衣聲屐響有無中。夜來孤館魂空斷，别夢何曾到繡櫳。

菩薩蠻

繁霜故國烏頭白。楓林月落關山黑。金屋起秋塵。思君惟舊人。　御溝流水咽。腸斷東西别。翠輦絶經過。游魂深夜歌。

前調

金銀樓閣排雲見。人間桑海須臾變。化鶴也思歸。輸他丁令威。　霜華飛點鬢。容易雄心盡。不見去年人。秋花空自新。

前調

江楓紅冷秋垂盡。魚書遠寄天涯恨。憔悴不關秋。非秋還自愁。　危欄空倚遍。此恨知誰見。回首是長安。斜陽惟獨看。

減字木蘭花

人天如夢。良因須自今生種。鈿合釵分。但肯纏綿好報恩。　多情薄命。别來空向殘春病。莫惜飛花。枝上明年再見他。

前調

壯心銷盡。惟餘幽恨鐫方寸。塵海漫漫。暫得相知是宿緣。　輕顰微歎。當時知有無窮怨。一度分攜。直到他生是見時。

壽樓春

春日屢陪同社爲後湖之遊，詞事雲起。伯沆、曉湘皆拈此調見示，聊復和之

銷春來閒愁。倩壚邊舊侶，花下新謳。更愛松間油壁，柳陰蘭舟。非故土、何妨留。笑半生、渾如沙鷗。但小渚漣湉，鍾山翠暖，連日幾番遊。　空懷遠，增離憂。儘蕭條杜若，誰採芳洲。又見繁絲縈樹，斷紅隨流。鶯意嬾，鵑聲稠。近夕陽、還凭西樓。便籠燭歸遲，瓊筵更謀。藏酒鉤。

六醜

向島觀櫻

對蠻花進酒，又恰是、殊鄉寒食。願花散愁，愁多花未識。落去無力。問去年香夢，膩脂零粉，費幾番追憶。斜陽染就嬌紅色。嫩蕊纔舒，殘英旋積。幽吟衹成悽惻。怕鶯癡蝶怨，休更攀折。　飛花仍急。向東風似泣。悵穠華易盡，綠波無極。仙雲渺、已難蹤跡。終不奈、一片華燈照晚，萬枝岑寂。無聊處、復待誰惜。算斷魂、儘有相憐意，共憑夜汐。

慶宮春

樓接重陰，窗鳴疏雨，鄰簫又送愁聲。花影留屏，波痕縈幔，蕭條庭户初扃。鏡中臨晚，怪雙鬢、傷離減青。黄昏遥雁，飛向南塘，尺素

無憑。　無言暗憶娉婷。迢遞青門，惟見高城。纖指添爐，顰眉停繡，寒宵應怯孤燈。夢來無定，更魂隔、垂簾幾層。當時何事，空贈瓊漿，須怨雲英。

浣溪沙　題《憶雲詞》

宛轉柔情絶妙詞。華年銷盡鬢如絲。淒涼惟有自家知。　欲遣勞生須有託，一爲秋士便宜悲。憐君蕭瑟不同時。

前調　贊小象

倩影亭亭意態真。世間何物比丰神。從知難得是佳人。　空谷紫莖香耐雨，疏枝緑萼净無塵。不同羣豔鬥穠春。

前調　蕭寺夜作

頂禮空王一瓣香。死生流轉費推詳。愛河覺路兩茫茫。　但得團圓甘墮落，爲他懺悔更思量。殘燈清磬易回腸。

前調　贊梅

慰藉梅魂有暮寒。翠苔深護小闌干。劇憐幽獨待誰看。　不向春風求管領，好和明月暫盤桓。淒涼分定更無言。

前調　江干卻寄

江上回頭有暮霞。生憐珠佩委塵沙。個人瞬息即天涯。　萬里雲羅空有雁，三春風絮本非花。憐儂未了更憐他。

攤破採桑子　題舊藏時辰表中所嵌小象

梅妝礬色無人學，只伴冰霜。合受淒涼。晚節還堪殿衆芳。也，囉，真箇是、意難忘。

蘭情蕙性誰能紹，種向都梁。恨滿瀟湘。好續離騷詠國香。也，囉，真箇是、意難忘。

瑣窗寒

醉起無聊，餘寒未息，嬾窺朱户。花飛向晚，更灑一天靈雨。想西城、去年燕來，對人也作纏綿語。奈水鄉久客，難尋幽夢，自憐羈旅。

春暮。閒行處。記茜袖瓊枚，個人十五。紅顔易老，换了當時鴛侶。感飄零、空數歲華，短歌怨曲還念否。算澆愁、但有松醪，盡日開尊俎。

蘭陵王

海波碧。天遠垂空漾色。危欄外，仍見片帆，載了斜陽返鄉國。簾前燕似客。還識。分飛可惜。江關去，應倩塞鴻，來與羈人伴岑寂。

連宵夢難覓。況雨上高樓，風送涼汐。孤燈孤影摇長夕。將一枕清怨，數年悲感，哀音零亂付鄰笛。悵然淚輕滴。

追憶。但悽惻。更獨倚浮雲，共羡歸翮。寒煙裊娜秋無力。似别恨縈繞，舊懷牽織。滄溟迢遞，倦望眼，自歎息。

阮郎歸　代題閨稿

真珠密字詠芙蓉。簪花書體工。還將女史媲飛龍。八分師蔡邕。

賡楚賦，續鄘風。新來貽管彤。魯魚訂罷萬珠紅。粉香盈卷中。

大酺

又碧梧凋，西風晚，秋滿江頭城郭。鳴蛩催織罷，遠碪聲飛度，數重簾幕。篁浥文波，燈垂冷穗，孤館偏嗟離索。雕梁紅襟燕，報歸期轉近，素書須縛。歎天末凝情，夢中尋路，信音空託。　循環看晦朔。但長送、流景填哀壑。儘換替、霜前征雁，露下寒螿，好年華、暗中銷卻。料到傷秋客，添蒜髮、鑷來紛落。聽蕭瑟、鐘鳴曲。雲海悲思，都付回腸綿邈。病懷情誰遣着。

浪淘沙慢

小庭静，風欹細草，露染殘葉。荒壁蛩鳴乍歇。遥天雁語正咽。待獨閉窗櫳還自怯。斂珠淚、黯澹盈睫。歎夢裏、難尋舊遊地，徒令怨魂絶。　淒切。最憐路遠山疊。又帳冷衣寒，相思處、悄悄良夜色。憑一片離心，飛度重堞。漏聲似竭。空照人幽恨，簷間斜月。　猶記尊前哀弦裂。難忘意、幾番爲説，斷腸久、從今休怨别。這宵怨、卻恐相同，燭焰滅。鴉啼曉樹愁時節。

秋千索

庭空春小人閒後。正驀地、難忘時候。並立東風意共癡，悔未遣、微辭逗。　苔痕歷歷還依舊。祇孤影、更誰相就。向暝幽花一徑寒，奈人比、幽花瘦。

六醜　三過神武門，憶荷花有作

又金羈散晚，訝一頃、紅香輕擲。鏡空靚妝，流光如迅翼。覓夢無迹。更過疏疏雨，櫂歌聲渺，墜旅魂江國。塵沙委佩留芳澤。燕繞池亭，鷗翻水陌。飄零待誰憐惜。縱鮫珠泣盡，人似天隔。　嘶蟬初寂。但宫梧自碧。眼底雲波遠，無信息。燕臺倦倚吟客。向殘霞悵望，驛程何極。荒渠暝、小風欹幘。因追念、十里横塘盪槳，醉鬢頹側。無聊意、莫付涼汐。裹亂絲、寸藕情長在，何時斷得。

夜半樂

暗雲漸散天半，沈沈日夕，寒意生庭户。漫獨向回廊，流連私步。翠蘿升壁，蒼苔掩徑，樹頭已是花稀，乳鶯啼苦。問春色、飄零向何處。　淚痕枕畔點點，別鶴慵彈，病鸞羞舞。乍箭激酸風，柝鈴淒語。素衾空疊，香篝未暖，夜長和影相偎，亂愁千縷。念繡閣、深盟竟誰主。　倦旅。惟是悶酌春醪，暗吟愁賦。歎楚峽、迢遥更無路。想行雲、朝暮自有神仙侣。簾半卷、隱隱瞻鸞馭。露寒清影吹簫去。

蝶戀花

祇有朱顔留不住。不伴春來，卻解隨春去。垂柳年年空作絮。飄零不戀無情樹。　好倩游絲牽別緒。罥住春衣，指引歸來路。有限年華誰與度。斜陽又向天涯暮。

前調

擬伴嬌魂花裏住。稽首東皇，莫放花飛去。清曉開簾鶯亂語。穠香一夜歸何處。　重到尋芳前日路。點襪香泥，撲袖濛濛絮。滿眼淒迷無限樹。緑陰雖好知誰主。

前調

欄外斜陽春欲暮。寸寸游絲，嬾繫柔情住。浪蕊浮萍成短聚。相思衹有沾泥絮。萬種癡懷誰與訴。雙燕飛回，不道新巢誤。靜壓重簾香不度。珍啼付與芳流去。

前調

又是斜陽催客去。衰柳寒蕪，細認同來處。滿載秋情兼別緒。無言自向天涯路。不恨飄零無與語。衹怕多情，更爲儂辛苦。水遠山長從間阻。人間遙作傷心侶。

前調

芳草青青來去路。玉勒雕鞍，猶是前遊處。望裏章臺還恐誤。垂楊不是當時樹。酒浣愁腸愁不去。春夢迷離，化作漫天絮。行到天涯春又暮。爲儂辛苦遲回住。

鷓鴣天

淡淡斜陽曳醉天。綺樓絲管正清圓。華燈翠箔邀驄住，人語車聲隔巷喧。春晼晚，月嬋娟。蕭娘雙袖六朝煙。微波小艇秦淮夜，一曲霖鈴憶去年。

前調

蟋蟀空階帶冷吟。微軀努力振微音。莫嫌淒切妨君寢，聊語秋來一片心。隨落葉，偶寒砧。燈前殘淚點羅襟。衹愁秋盡歸無所，簾外清霜每夜深。

前調

林葉將風入夜闌。流螢近扇復飛還。馬聲隔巷華燈散，人影空房短燭閒。無限恨，倩誰寬。更無幽夢過屏山。紅樓卅級知何處，只在煙凄月皎間。

前調

盡日紅雲灼碧空。護簾不覺好陰濃。柳絲裊裊高樓外，荷蓋亭亭夕照中。揮箑倦，劈瓜慵。讀書搜句總無功。紗厨竹枕桃枝簟，略有涼飈便不同。

前調

攬鏡猶欣鬢未華。不妨槬落作生涯。祭詩酒熟勞人喜，壓歲錢多稚子譁。添蜜苣，照梅花。擘柑咒醆意猶賒。何人更共藏鈎戲，此夕迢迢最憶他。

泛清波摘遍

和晏幾道韵，用萬樹説，分四段。晏詞『空把吴霜鬢華』句，無誤字，詞譜於『霜』下横增一點字，不可從

金樞影小。緑綺光沈，江山繫舟詩意好。夜涼人寂，縷縷輕飈送潮早。清秋道。明河耿耿，平野蒼蒼，羈恨更難禁受了。歲月悤悤，自別蘭情見期少。綺懷渺。長路尚隨去萍，短鬢漸如衰草。空倚孤篷未眠，淚凝清曉。俊游杳。珠佩舊日浪投，瓊臺甚時重到。且向滄波叩楫，玉瓶堪倒。

三姝媚

楊竫方自宋埠來訪，留宿，話十二年前之遊，達旦不寐。感賦此曲

流光真易換。歎相逢先驚，鬢顏都變。海國前遊，賸鑄思詞句，對君重展。水弱蓬萊，應未信、紅桑栽徧。夢境覬髳，輕被瓊臺，曉風吹散。　春恨人間何限。縱解惜殘花，翠陰愁滿。璧月仍虧，但舞容歌態，賺人悽惋。嬾覓神方，知此後、情隨年遠。算有銅盤蠟淚，深宵共濺。

六醜

正涼霞紺海，漏瑟轉、西風微掣。小山桂叢，留人香半滅。卻值佳節。曼衍魚龍戲，萬枝旛影，映五雲高揭。驕嘶寶馬香韉熱。絡幕傳籤，淞波翦纈，迢迢蜃樓仙闕。聽嚴城簫管，一霎吹徹。　歡悰未歇。奈霜痕苧髮。儁侶攜遊處，懷抱別。年芳又過鶗鴂。漸街塵倦步，霜寒侵襪。銀花燼、細車聲絕。不堪問、玉殿秋期，剩了舊宮新月。清商怨、休唱白雪。待夜闌、更續傳柑夢，釭華恨結。

生查子

行纏約雪趺，巧作淩波步。本爲覓郎來，不道郎先去。　蘭釭深夜花，將別情難訴。樓上曉寒天，目斷江頭樹。

前調

瓊漿解駐顏，自向明星乞。不待枕中方，已愈纏綿疾。　香殘尚有痕，絲斷難成匹。辛苦上邪辭，癡願何時畢。

前調

燈痕淡著花，霜氣寒侵被。多病轉偷閒，領署相思味。有情空寄書，書好才須費。密字似珍珠，總是宵來淚。

前調

小幌隱微燈，花瘦疑無影。不知人意深，但覺羅衣冷。細細度春宵，往事從頭省。幽夢苦難成，漏盡和愁醒。

前調

自結菖蒲花，賸擘秋蓮菂。相思君不知，相見終何益。怊悵紫鸞飛，漫報愁消息。欄外是蓬山，不用紅牆隔。

前調

簾外是斜陽，人傍斜陽立。紅影上春衫，花落東風急。春去不關情，但爲卿卿惜。啼損杜鵑聲，費盡游絲力。

蝶戀花

辛苦恰如春後絮。化作浮萍，不悔飄零誤。百計留君君不住。人間那有重逢處。玉白蘭芳誰肯顧。一笑紅樓，侵曉嘶驄去。錦瑟年華容易度。連環漫解愁無數。

山花子

冷雨將寒度畫樓。殘燈無焰照新愁。銷盡羈魂人不覺，是深秋。半晌似聞孤雁語，夜長風細響簾鈎。纔有夢來還又斷，恨悠悠。

前調

悴葉飄幃夢已殘。層陰衹戀小樓間。縱使秋光無限好，與誰看。前浦潮生帆影静，長天風緊雁聲寒。爲有遥情倍惆悵，淚闌干。

前調

林際疏梅谷底蘭。多情長是耐清寒。化作優曇何處覓，太無緣。　綵縷那長能續命，瓊樓端合小游仙。蘿帶桂旗皆寂寞，下空山。

前調

一夜東風放萬花。曉來人隔緑窗紗。卻怪春光太漂蕩，到儂家。　但有香臺巢翡翠，曾無茜袖拂琵琶。愁共柳綿飛欲盡，向天涯。

四和香　移床憶半屏

乍拂凝塵長簟冷。夜向空房永。飲不能酣終易醒。經歲事、勞追省。　深幕一燈明鳳頸。照我淒涼影。欲把禪機銷此病。知舊約、無由整。

蘇幕遮

燕歸時，即去後。薄薄紗窗，一縷鑪煙透。翠幕低垂新病酒。微雨添寒，花與人俱瘦。　嚲雲鬟，低翠袖。衹有眉峰，密鎖還依舊。展盡蕉心情未逗。兩地春風，一樣多愁否。

南樓令

湘月照黃昏。湘筠浥淚痕。爇心香、刻意招魂。清漏漸移環佩杳，望銀漢、有微雲。　綵縷織回文。荒郊阻白鱗。攬幽蘭、猶賸清芬。倘爲飄零憐渴雁，漫長是、斷知聞。

南鄉子　重贊小象

見影已知愁。憔悴豐神鏡裏收。獨立雕欄應

有恨，遲留。衹恐羅衣不耐秋。　相對久凝眸。翻信離魂解見投。卻買沈香熏小象，綢繆。也算重逢在畫樓。

前調

春雨一庭寒。幾片嫣紅傍畫欄。　爲怕幽芳零落盡，重看。縱在枝頭也可憐。　人意太闌珊。春去華年更不還。衹恐明年清鏡裏，朱顔。不似枝頭此日妍。

清平樂

畫簾垂地。一一娟花墜。細雨不禁蕭瑟意。卻把碧苔輕洗。　暮寒庭院沈沈。雁聲時度樓陰。幽夢驀然驚醒，暗窗又是秋深。

前調

香濃語膩。略解恩恩意。人静秋街風細細。怊悵兩人空醉。　滿堂燈影摇紅。回思卻是朦朧。重見不知何處，青谿昨夜相逢。

前調

一枝片玉。相見清江曲。柳似垂鬟花似肉。正是秦娥十六。　春來秋去相思。人間天上無期。贏得萬千辛苦，都緣一刹那時。

前調

辛亥中秋山居憶舊

酒闌歌歇。已是無期別。今夜愁心何處説。一樣清秋明月。　滄桑衹在須臾。而今意冷人孤。欲奏招魂楚些，空教恨滿衰蕪。

前調

寸眉兩葉。禁受愁千疊。幽意纏綿無處説。但有魂銷心切。更深月過回廊。照見秋花斷腸。儂比秋花命薄，誰憐獨自淒涼。

蘭陵王

遠煙直。芳草連天自碧。高樓外，飛盡柳綿，獨倚危欄望春色。飄零念故國。還惜。風光伴客。幽吟處，分付斷愁，應及游絲漾千尺。　芳華去無迹。漫酒勸金卮，絃怨瑶席。年年羈旅過寒食。思曲榭斜照，片帆遥浦，空將離夢滯舊驛。怕回首江北。　悲惻。寸懷積。向別館傷酲，深院愁寂。春期晼晚情無極。料隔帳聞雨，背花摇笛。相思何限，恨漸永，涙自滴。

西子妝　二月二十三日同社集北湖祠樓感賦

汀草緑齊，井桃紅嫩，共説尋春非晚。偶來高閣認前題，歎昔游、歲華空换。滄波淚濺。算留得、閒愁未斷。凭曲欄，訝瘦楊如我，難招鶯燕。　追歡宴。卻恨東風，攪起花一片。酒痕惟解漬青衫，比當時、醉情終淺。殘陽看倦。倩誰慰、天涯心眼。待重來，又怕平蕪絮滿。

華胥引

澄江似練，明月如煙，岸楓墜葉。夜宿孤篷，叢蘆隱隱聞雁唼。獨有潭曲漁歌，和櫓聲伊軋。羈客天涯，乍逢清景心怯。　雙鬢飄蕭，便重看、鏡中休鑷。古歡新恨，何時輕暈細閱。荏苒歸期難定，任怨歌盈篋。秋遠瀟湘，素心空寄三疊。

憶秦娥

春歸了。楊花飛盡鶯兒老。鶯兒老。樓高晝永，簾低人悄。蘼蕪枉是王孫草。天涯望極愁難到。愁難到。遥山暮靄，暝隄殘照。

添字採桑子

斜陽祇向愁邊好，催老啼鵑。烘遍飛綿。一片緑陰遮不住，小樓前。回欄倚遍空惆悵，此意誰憐。自惜流年。又是黄昏新月影，照嬋娟。

南歌子

情向愁時重，緣從想處深。幾年遥許是同心。何事一回相見、一沈吟。帷薄防燈映，衣輕怯露侵。新來消息更沈沈。不信夢中啼笑、也難尋。

前調

寶匣收殘黛，羅衣褪舊紅。幽花無語夕陽中。引得春愁一片、墮簾櫳。微意何曾達，離愁暗許同。此生幽恨本無窮。分付深情流水、共朝東。

前調

襞錦難成字，拗蓮尚有絲。遥情絶勝乍逢時。祇是新來愁緒、少人知。鏡檻花頻落，珠簾燕暫窺。無端惆悵損春期。誰信一生憔悴、爲情癡。

菩薩蠻

簾痕微疊波紋漾。濃香静裊芙蓉帳。明月透窗紗。空庭正落花。　春威臨夜薄。未肯侵羅幕。垂柳曲欄東。嬌柔耐曉風。

前調

子規啼罷春無迹。煙蕪自向天涯碧。塞上雪如花。春深休憶家。　鮫絲紅淚染。夢斷孤幃掩。繡户下葳蕤。梁空燕子飛。

前調

紅樓深夜春妍暖。香燈未灺羅幃巷。月暗更籠煙。宵長人未眠。　流鶯清曉語。庭際飛紅雨。簾迴不知寒。繁紅一夜殘。

前調

繁花飛盡春將去。垂楊暗碧迷歸路。好夢最難醒。緑窗煙月明。　鬢雲朝倭墮。鏡裏眉雙鎖。羅袖淚痕殷。春殘人未還。

前調

閒潭花落流春去。夢回明月低朱户。雙燕宿梁間。恨長宵未殘。　兒家臨漢水。歡住長江尾。柳絮滿江飛。歡心能憶誰。

丹鳳吟

已是青春將半，絮影翻窗，桐陰侵閣。殘紅無賴，飛過數重垂幕。欄干倦倚，掩關尋夢，静日香微，餘寒衾薄。試把來書細展，暗損佳期，還念人在天角。　漫記別時意緒，近來料得情倍惡。醉裏年光老，算朱顏空好，容易銷鑠。幾番風雨，日日生愁花落。更恐人歸，春去了，淚涔涔盈握。滿懷遠恨，知是誰見着。

聲聲慢

友人畫梅蘭共一幅屬題，用夢窗賦四香韻

寒林疏影，騷畹孤根，幽芳書卷初逢。一樣娉婷，冰肌洗凈塵容。人間萬花齊放，好年華、偏讓東風。緊相依，誤多情蜂蝶，紙上春空。　猶記相思遠道，寄天涯消息，江燕邊鴻。爲問雙蛾，晨妝今爲誰濃。仙葩祇應耐冷，鬬嬋娟、不在青紅。清致悄，對銅檠、香裊夢中。

霜華腴

大鶴詞師以舊作懷夢窗楊柳閶門故居之作見示。遭亂飄泊，久有適吳之意。扳纏未遂，夢想徒勞。奉和一闋，用堅夙願

客愁歲晚，悔漫游，蕭條總爲儒冠。華屋瞻烏，空林巢燕，風塵寄迹應難。旅懷自寬。弔舊時、詞客風前。歎金閶、改盡繁花，南橋西館總荒寒。　秋色尚餘楊柳，換斜陽幾度，夢冷枯蟬。舟壑潛移，山丘零落，傷心付與吟箋。墜楓夜船。料月痕、依舊娟娟。等他時、賃舍臯橋，雅詞還再看。

浪淘沙

擣麝已成灰。密誓全非。高樓簾影隔燈垂。倚遍危欄渾不覺，暮雨寒時。　宋玉在牆西。頻誤佳期。如今情緒更淒迷。春事飄零人漸老，空賦微辭。

好事近

秋蝶

簾外十分秋，曉夢淒迷時節。分得幽情一半，

有飛來孤蝶。誰憐憔悴向西園，身更輕如葉。莫遣蘭蓀損盡，又等閒輕別。

前調

繞閣是秋山，獨倚斜陽一面。又是西風催暝，問銷凝誰見。秋山遮處是天涯，遠思知何限。漾作寒煙無數，向天涯不散。

前調　秋曉聞笳

凌曉啟樓窗，眼看蒼浪天色。門掩千家沈睡，但縱橫阡陌。空城笳吹轉喧鳴，聲遠藉風力。漫把胡沙寒意，向蕭條江國。

一絡索

倚遍危欄將夕。遠情脈脈。隄南衰柳已微黃，便旖旎、知誰惜。無限山程水驛。滯君蹤跡。西風蕭颯祇成秋，漫瘦損、天涯客。

倦尋芳　玉梅詞隱有《鶯啼序》一闋，婉麗幽惻，感慨無端。因題一解其後，用君特韻

舊堂罷舞，新壘分棲，春歸留燕。逝水年華，誰認畫中人面。花落空憐芳塚在，柳飛還向長隄見。念鴛盟，悔連環頓絕，寸蓮輕翦。更訴與、尊前幽怨。遮面琵琶，鸞柱移徧。萬頃桑田，幾度醉來閒看。一舸西施湖上去，吳宮回首菱歌斷。最傷心，夢回時，彩雲須散。

綺寮怨　九月朔日淞濱賽會，都人出遊廠門，獨吟和清真此解。

萬舞鈞天沈醉，劇憐人尚醒。訝往日、玉樹銅駝，興亡感、便到新亭。遲遲殘陽欲下，荒原外、一髮山更青。但自傷、去國經年，雄心損、

鬢額霜易盈。悵望故國幾程。佳人信斷，何須再報瑤瓊。鼓急江清。摻撾在、有誰聽。身閒羨人觀賽，漫怪我、最多情。狂塵滿城。黃昏獨坐處、偏淚零。

早梅芳近

秋月清，秋花好。院寂微涼到。葉搖虛響，露浥蒼苔暗螢照。簟搖燈焰細，扇拂羅紋小。看長河漸落，銀箭已催曉。　意難忘，夢倦了。柳綠門前道。一天薄霧，數點疏星掛林表。淚痕猶滿臉，短語偏縈抱。待重來，但愁幽信杳。

南鄉子

晴絮化雲飛。樓外斜陽燕子歸。炷盡沈香人已倦，深閨。擬把閒情付與誰。　春盡不勝悲。拾得殘紅帶恨回。莫道幽棲成分定，低窺。却怪雙鴛在繡幃。

望江南

添香罷，寫恨向雲箋。腸斷可憐無好句，幽情宛轉那能傳。寫罷轉淒然。　相望處，燈影畫樓前。幾日暫來還暫別，所思祇在一城間。未信便無緣。

端正好

料秋心幾多幽恨。並付與、香殘燈燼。不同春意好飄颺，但一念、縈方寸。　鬢雲縹渺天難問。算祇有、微軀堪殉。更無希望更無愁，縱萬古、雙心印。

滿宫花

柳微黄，蟬未歇。已是可憐秋色。煙痕又向柳邊多，柳外一彎微月。　儘蕭條，無處説。寒蛩淒咽。獨伴寒蛩淒咽。不堪摇落向天涯，更值清秋時節。

朝中措

闌風伏雨送殘春。深閣掩孤嚬。弱絮已隨流水，落紅更化香塵。　無情百舌，問花不語，空惜佳辰。收拾今年愁緒，朝來還餞花神。

浣溪沙　題畫梅

爲盼江梅計驛程。對花忍俊愧飄零。小窗横幅寫寒英。　萼緑華來無定所，薛靈芸去足深情。暗因幽卉憶嘉名。

前調

江上蕭條獨舉杯。夕陽依舊照樓臺。楚天人去不重回。　高柳西風蟬已歇，寒蘆秋水雁初來。危欄何意久徘徊。

前調　和南唐中主

落葉還能繞樹飛。一宵微雨便成泥。飄零何惜淚沾衣。　斜日有情人易老，南雲無信雁空啼。秋來新恨有誰知。

前調

鏡裏清霜點鬢華。可憐秋老不還家。更無靈藥駐年涯。　好夢最妨深夜雨，多情惟愛夕陽花。飄零心事總堪嗟。

前調

暫熱仍涼恰是秋。微陰終日冪高樓。更無心緒憶遨遊。偶得奇書消永晝，强尋閒事祓清愁。不妨身世兩悠悠。

卜算子慢 和耆卿韵

長天過雨，餘照弄霞，野闊亂山横翠。遠客情懷，到此更悲秋氣。梟殘蟬、自咽西風裏。悵荏苒、年華易老，舊歡今後難繼。故國三千里。但惹恨寒煙，送愁流水。酒薄樓危，凭徧畫欄十二。也無人、知道新來意。甚咫尺、長安夢杳，便音書空寄。

風流子 和清真韵

晴碧滿春塘。花飛倦、燕子語斜陽。正深閣繡餘，乍開朱户，晚妝匀了，遥盼紅牆。自別後、寸懷空繾綣，奇托與絲簧。宓札未成，篆煙銜幕，變歌纔闋，清淚浮觴。回思潛離地，難忘處、仍是舊約西廂。知否怨魂，如今卻傍誰行。算暗樓曲檻，長縈別夢，斷襟零袂，猶帶餘香。還有見時，別時容易何妨。

探春 雪中感懷

彭蠡歸鴻，紇干凍雀，飄零同感時序。蕭瑟關河，嚴凝天地，望裏難分吴楚。休説氛霾静，怕海岱、猶多烽櫓。最憐越使梅殘，征人消息誰付。此際羈愁重否。正野哭千家，聲動蓬户。風掣旌旗，寒侵重甲，郊壘還催鼙鼓。三峽江流咽，問蜀客、船回何處。應羨羣鴉，長得安巢枯樹。

生查子

宿酒薄還醒，遠夢輕猶記。小苑與高樓，總是難忘地。　春物自懸心，不解愁人意。飛絮落池塘，盡化相思淚。

酒泉子

燈暗香銷。簟冷帷虛人悄。夢難成，涼月照。度秋宵。　寒蛩自向苔階泣。一夜風箏急。更無眠，紅淚濕，滿輕綃。

小重山　二月二十五日寒食遊高座寺

馬腦岡頭石徑危。寂寞高座寺、掩禪扉。種松幾度旋成圍。人何在、春物鎮芳菲。　青史事多違。梅陵留廟祀、也崔巍。野棠如雪落還飛。南朝夢、一例付斜暉。

前調

北牖微風近隱囊。爐薰纔歇後、送荷香。更煩庭樾蔽驕陽。簾波定、緑影映衣涼。　凍酎且盈缸。炎威不到處、晝宜長。人間地迥足思量。攤書罷、招燕伴虛堂。

點絳脣

一樣嬌紅，枝頭不及釵頭好。春光未老。無奈人歸早。　暗碧淒然，却把珍叢繞。空閨悄。鵑聲到曉。又是春歸了。

前調

怯露疏螢，暗飛微鑑羅帷薄。孤眠難着。況是遙砧惡。　幾夜西風，萬態皆蕭索。愁難卻。不堪搖落。秋應憐人弱。

前調 檢匣得舊扇，尚未書字。扇爲螮蝐骨，癡梅所贈也。感賦一闋，即題扇上

蠙甲玲瓏，幾年匣裏愁輕展。聚頭人遠。辛苦知誰見。濃笑書空，曾傍柔荑腕。音塵斷。忍吟班扇。淚與殘蟬泫。

前調 元夕先陰後晴

點綴微雲，素娥心事原澄朗。萬燈陌上。一鏡人齊仰。綴玉窗前，深夜誰相賞。垂疏幌。暗香來往。卧作羅浮想。

前調

休話前遊，意中人隔瑶臺路。緑陰多處。苦恨催花雨。流盡年光，流水何時住。閒情誤。燕歸鶯去。幾度青春暮。

人月圓

鼎湖龍去隨年遠，誰復畏軒臺。無情江燕，營巢陵樹，秋去春來。玉衣晨舉，玄堂晝掩，松壑風哀。黄旗安在，青絲又見，何世無才。

應天長

一枝新菊煙微潤，風細露寒眠不醒。空階静。孤鴻迥。依約曲籬初月暈。悄將燈掩映。映上緑苔無影。隔着幽窗夜永。微香又不定。

采桑子

年年三月傷懷日，游賞無心。也廢謳吟。羸病還當此際深。十年前事憑誰説，聽雨樓陰。藉卉江潯。一種閒情不似今。

虞美人

落花已逐回波去。燕子銜難住。春殘常有妬花風。不恨花飛衹恨、太悤悤。　羅襟留得啼痕在。負卻相思債。凭欄人去已多時。從此人間何處、問佳期。

前調

東風無力留花住。衹怪鵑聲誤。欄杆重認落花痕。不道春歸猶有、未銷魂。　長條也解留行客。別意真無極。枉教青鳥報多情。縱得相逢衹恐、是他生。

前調

遥山雨裹顰輕澹。螺黛偏難染。紅樓西畔柳猶眠。勸倚雕闌同度、寂寥天。　東郊見説遊驄有。衣典供酤酒。出城還是怯泥深。靜掩羅窗一任、曉寒侵。

前調

寒檠屏角留殘穗。雨夜供愁睡。生憎庭樹有啼鴉。起看晨光猶自、隔窗紗。　故園歸夢三千里。歲晚江湖裏。貂裘已典酒瓶空。鏡裏清霜還比、昨宵濃。

前調

竹山有聽雨詞，後二語殊弱。試即其調，而微變之

也曾聽雨荒江畔。腸斷寒汀雁。也曾聽雨畫樓西。翠被眠酣心惱、短牆雞。　如今聽雨書窗底。冷氣穿窗紙。應知夜雨本無心。只是人情感舊、自難禁。

阮郎歸

燈稀露重罷歌聲。華鞍照曉星。柳陰樓閣自濛冥。羅幃人醉醒。　蚊響寂，燕翾輕。搴幬初旭明。追涼今夕定相迎。薜蘿池上亭。

前調

日長晴絮傍簾飛。曲屏煙麝微。芙蓉繡帶一雙垂。閒階花霧霏。　春思遠，舊歡稀。天涯人未歸。愁紅休向鏡中窺。娉婷非昔時。

少年遊　三月二十六日，檢曆，知春盡

人間何處更尋春。檢曆獨傷神。八九年前，今朝遊賞，欲續已無因。　只餘斜照明如昔，來伴倚欄身。滿地殘英，也須珍重，粉態片時新。

浪淘沙　己酉年在日本東京作

桂樹滿空山。秋思漫漫。玉關人老不生還。莫道此樓難望遠，輕倚危欄。　流水自潺湲。重見應難。誰將尺素報平安。惟願夕陽無限好，長照紅顏。

前調

閒處便工愁。此福難修。無端縹渺到心頭。剛得牽牢還自去，去也須留。　獨自上高樓。一夢綢繆。是歡是怨總温柔。天外孤簫吹夢斷，恨倩誰收。

浣溪沙　頤和園照片

別館猶存國已捐。西郊風物盡堪憐。山名萬壽也徒然。　候晚偏宜花戀樹，塵多乍愛水

涵天。清遊回首十年前。

前調 春晚猶寒，閒居遣悶

今歲春寒似禁花。閉門覓醉惜年華。觀遊未省屬誰家。柳樹飄殘風不定，燕翎濕盡雨還加。驚心暗碧滿天涯。

前調

燕戀虚堂集不飛。雨晴花片已盈溪。春殘愁劇病瘥時。映幌月痕羅襪澹，窺窗山色翠眉低。不關傷別杜鵑啼。

前調 記夢

夢入羅浮路未遥。翠禽飛下緑梅梢。温馨情況慰蕭寥。暖逼凫鑪生薄汗，寒辭鴛被起微潮。始知風雪亦良宵。

前調

樓閣微寒昨夜風。起來梳洗意猶慵。對郎羞怯又惺忪。照影波光如眼媚，透簾山色比眉濃。今宵應不在愁中。

還京樂 和美成韵

甚情緒，一卷相思怨曲還自理。望羅窗深閉，翠筠隔了，癡懷須費。漾暗愁無際。銜天皓月如波委。待夜久，虯水漫響，相和清淚。向鴛幃底。定何時重見，還應細説，今宵孤館況味。堪憐細蝶斜門，鎮難忘、豔桃穠李。擬淹留、愁夢逐飛花，情隨逝水。可惜天涯客，無人長伴憔悴。

望海潮

荒江烽燧，浮雲樓閣，回頭試望京華。傷別恨人，招魂怨曲，蒼茫佇立塵沙。無處駐牛車。悵路窮日晚，羈思頻加。擬問殘陽，待將秋色向誰家。　孤城正隱悲笳。早驚飈振葉，流水漂花。霜鬢易摧，青山更遠，浮生似此堪嗟。煙裏柳絲斜。縱比前摇落，猶庇棲鴉。腸斷征蓬，未知何日到天涯。

瑞龍吟

晚春偶赴吴門，臨去留題逆旅，用清真韵

金昌路。仍見暗柳低門，麗花飄樹。凌波輕別横塘，畫船載酒，邀春甚處。　漫延佇。容易舊宫芳草，翠迷巖户。吴天幾日勾留，醉魂未醒，哀鵑又語。　應動移居心事，有情山水，銷愁歌舞。生恐鏡中朱顔，憔悴非故。狂香豔跡，空記纏綿句。休辭爲、尊前媚眼，沙間聯步。送了韶年去。凭高自遣，飄零怨緒。何許謳金縷。人意嬾，宵深還聞風雨。後期未及，一川萍絮。此己巳所作，棄置殘書中。乙亥秋日，曝書檢得，丹墨紛然，聊爲寫定，以留游蹟。詞則非工，何須把玩。量守居士記。

蘭陵王

秋柳，和清真

短絲直。還想春前暗碧。斜陽外，猶賸幾株，入眼蕭條是秋色。年來怨去國。誰識。風流舊客。江潭上，如遇故人，應惜飄零淚盈尺。　芳時逝無迹。記酒漬衫襟，花送帆席。天涯芳草逢寒食。愁客舍罷歌，去程人渺，曾將音問附信驛。竟長滯天北。　心惻。恨空積。又別館烏啼，高樹蟬寂。寒煙遠水秋無極。但月照雙杵，露沾孤笛。休尋舊夢，怕夢杳，淚更滴。

鶯啼序　秋感，用夢窗韻

層陰傍樓散晚，悄梧飄暗户。閉孤館、詞客哀時，正愁年華垂暮。舊山外、西風换緑，殘蟬警響天涯樹。但衰楊憔悴，牽絲更無飛絮。　酌酒登樓，病眼眺遠，漸高城隱霧。峭寒驟，楓落吴江，短書誰寄魚素。倚危欄、荒磯韻急，亂煙織、離愁千縷。好斜陽，仍滿汀洲，已輪鷗鷺。　清秋燕子，信宿漁人，祇今尚倦旅。獨自感、百年身世，歲晚途遠，似弈長安，手翻雲雨。　觚棱望斷，風飇期誤，徒聞東海栽黄竹，甚蓬萊、淺碧舟難渡。鯨鱗水涸，昆池漫覓胡僧，浩劫儘賸灰土。　燕歌送別，楚曲招魂，早淚痕漬苧。待檢點、防身長劍，訴想淒簫，醒後微吟，醉來狂舞。遥情付與，南征單雁，蒼梧雲暗沈舊恨，又華年、瑶瑟驚絃柱。飄零空老雄心，故國迢迢，夢能到否。

霜華腴　重陽前一日，適值休沐，偕遊北渚，用夢窗韻

素秋縱目，算紫萸，明朝又滿危冠。紅藕香殘，白蘋風動，傷高念遠應難。暮天儘寬。共放清歌酌花前。悵斜陽、漸落汀洲，斷橋流水景荒寒。　京國朋遊堪記，記纔酬怨鴂，更和涼蟬。哀樂中年，陰晴塵世，還勞倦客題箋。再無畫船。對敗荷、相望娟娟。趁歸途、賸有銷凝，遠山扶醉看。

以上《黄季剛詞鈔》

浣溪沙

十里繁櫻傍水開。韶光如共客徘徊。清波斜日畫船來。　照影仙雲飛不度，隨潮紅蘂去還回。置身何意在蓬萊。向島觀櫻。

卜算子

簾垂夜氣清，窗暗星光見。密帳香殘酒半醒，嬌喘依稀辨。　好夢苦難成，成又難留戀。一嚮幽歡轉惘然，贏得魂真斷。

前調

明月逐車來，雙照嬋娟影。行到江南夢未成，坐覺春宵永。　語細息微聞，意倦詞難整。便是須臾要福銷，已在華鬘境。紀游。

山花子

驀地相逢似夢中。羅幃春暖態雙慵。鬢亂枕欹釵力弱，顫金蟲。　嬌喘乍聞猶隱約，橫波纔見已朦朧。殘月曉鶯催夢醒，恁悤悤。

虞美人

綠窗香定春人倦。媚態惟儂見。一聲珍重更依依。但有斜陽無語、照人歸。　曲闌重到啼鵑老。拾得相思草。空將深恨付詞箋。不道鸞飄鳳泊、已經年。

以上見《纗華詞》

賣花聲　冰肆作

雨霽晚街清。芒屨閒行。酒罏深迥見傾城。雪藕竟須煩皓腕，唐突雲英。　鶴立復鴻驚。羅襪塵生。更回蝤領不無情。今夜追涼歡樂并，涷酎酬卿。

高陽臺　詠鞵肆新製女舄

銀飾蠙連，瓊雕鳳綴，費他掌屧裁量。七寶同心，依然漢殿新妝。生蓮不數潘妃屧，似遠遊、洛濆翺翔。問如何，裙底弓弓，緩踏春陽。

妍趺恰稱瑶階步，便有時褪卻，剗韈何妨。還恨承雲，深韜六寸圓光。和諧到底休成錯，盼多情、秦掾貽將。願一生，素趾周旋，夜傍蠵牀。

琴調相思引

又向瓊臺見玉真。當軒寫韻越精神。桂旗明禮，來往莫辤頻。　秀骨籠綃宜映日，豐趺纏錦不霑塵。更施綾幛，傾作解圍人。

浪淘沙　一首　調吴靚

歸夢近鴛機。涼月依稀。更留燈燄解羅衣。小簟輕幬人靜後，細問心期。　經歲怨分攜。燕路逶迤。爲誰重滯楚江湄。報道石郵風最惡，椗重難移。

訴衷情　游仙

彩雲清晝降人間。上載紫清仙。靈飛六甲相授，仍反太玄山。　空想像，未笄年。髮齊肩。琴心三疊，妙道俄成，重見何難。

夜半樂　漢上紀游

桂旗掩映巖畔，仙靈雜遝，游戲來神滸。正望極微波，欲通誠素。寸心暫達，明璫自解，乍如交甫初逢，漢濱游女。訝鶴立鳧飛過前浦。

更歸舊徑徙倚，郁烈椒塗，試尋芳步。知拾羽無心，長吟遐慕。靜風深夕，繁霜到曉，又同獨處牽牛，眼窮河渚。問飄忽、神光竟何許。　到此方歎，誓約難憑，盛年難駐。便態綽情柔錯相顧。指潛淵、空恨道遠人神阻。清吹杳、想像還無據。淚多分與長川去。

喝火令

會少期仍誤，來遲夜又深。漫言郎意似儂心。從此不教郎去，去了便難尋。　屈意教除釦，嬌嗁更染襟。此時情態最難禁。也肯雙飛，也肯赴淵沉。也肯玉棺同葬，不再負知音。

洞仙歌

漢皋臺下，是重逢佳地。窈窕無雙好年紀。訝豐趺不約、㐱髮猶編，論裝束，宛似豐標公子。　弄梅騎竹馬，梧樹門前，記否移居作鄉里。同姓可憐人、除是天孫，更莫把、凡人相比。歎纔敘、微情又分攜，向十里江隄、送儂九里。

前調

燕南趙北，計郵程無限。已是三秋盼征雁。想藍衫卸了、更畫蛾眉，京輦下，爭說臨邛仙掾。　解圍綾障裏，林下風流，天壤王郎合相羨。憔悴轉蓬身、一去神山，又誰冀、今生重見。只小字、私書未曾拋，愛妙格簪花、臨摹千徧。

前調

游梁賓客，數相如工賦。最喜佳人慰遲暮。但幽蘭白雪、靜撫清絃，原未料，同列鄒陽讒訴。者回真懊惱，月墮懷中，夢裏驚颷又吹去。遇合總由天、再見飛瓊，要多謝、江頭鞞鼓。縱塵海、飄零也無妨，且圖向蓱根、暫時團聚。

前調

秦淮喚渡，有殷勤桃葉。更有桃根不煩接。喜白門楊柳、月節堪攀，煙水上，屢鼓莫愁雙楫。往來雖不定，花底爲生，自突蒙莊化胡蝶。相見不相親、擬訴衷情，第一怕、豔生梨頰。便試唱、驪駒揭而歸，累境上輕郵、致書稠疊。

前調

珠簾暮捲，看蕃街燈火。一片紅雲半空墮。算良期二七、子亥還周，休更對，風裏楝花虛坐。同心初綰就，媔眼羞開，竝覆紋衾要伊可。相見已銷魂、何況相偎，再莫説、不曾真箇。問何物、拳拳表深情，報約指金彄、美鬈緘裏。

前調

大江西上，趁飛雲舟穩。便借秦樓合匏巹。從運期更姓、蠶室名妻，塵壒外，早辦青山偕隱。玉房招綵女，看鳳將雛，阿閣營巢尚無準。多事怪封姨、吹散穠華，更不任、游絲牽引。望咫尺、瓊樓隔天涯，怕織素嬌嬰、無誰憐愍。

前調

小蘋何處，想羅衣心字。也似春衫淚痕漬。怪娟娟紅粉、卻勝鬟眉，池水皺，畢竟干卿底事。　魚書經歲少，無限然疑，那識蘭心蓄深意。辛苦互流連、俠骨柔腸，只贏得、淒涼身世。歎擣盡、玄霜見雲英，又仙路崎嶇、玉京難至。

前調

火晶燥露，踏紅塵相訪。北馬南船路迂枉。柰桃人未飾、殺改無憑，橫術畔，白晝愁逢夔罔。　空桑三宿處，戀意彌增，强把歡悰慰悽愴。歸路望夫山、心事相關，恨雨散、雲飛一晌。問再到、瑤臺是何時，待花謝重開、月殘重朗。

前調

蓮花瑇瑁，詫無端摧折。玉虎牽繩更輕絕。記上邪辭裏、多少精誠，真怪事，竟有冬雷夏雪。　絳綃空繫臂，鑄錯因誰，費浪人閒六州鐵。便合禮蒲龕、經卷香爐，懺千劫、纏綿癡業。待後日、俱生世尊前，已了悟空華、更無言說。

前調

御溝蹀躞，料文君意冷。消渴誰人問園令。便金莖取露、瓊蘂和湌，總不及，琴畔長看鬟影。　芙蓉花已散，黃蘗成林，苦況新來也分領。秋雨夜蕭蕭、淚灑孤檠，鎮相伴、寒蛩淒哽。歎燕足、如今吏無書，儘薄倖任宗、恨隨年永。

點絳脣

忽枉羊車，今宵要作藏鉤戲。醺醺一醉。草草還驚起。　剗襪牀前，不解鳧飛意。卿休矣。枕函落地。誤把丹輾替。

定風波　感舊懷人

弱水回風引客船。青鍾消息更難傳。誰料蘇卿老歸國。蕭瑟。燕支山下記經年。壚畔胡姬方十五。心許。繁櫻晴晝向人妍。鞭石成橋東海上。無望。那能留命待桑田。原注：大森小島孝。

前調

宛轉吳聲白紵歌。阿儂隔燭溜橫波。攜手背人詢小字。須記。曲終江上訪湘娥。瓦市佳游明月下。通夜。橫塘歸去聽鳴珂。緑葉成陰看總好。休惱。尋春輕晚奈伊何。原注：鄞縣林湘君。

前調

碧玉當年未破瓜。蘭情水盼枉相加。記否幽坊涼夜半。人倦。親從皓腕繫紅紗。一去吳雲無信息。尋覓。誰知重見在天涯。柳爲相思纔化絮。留住。放他飛去落誰家。原注：無錫周蘭芬。

前調

邀禊名園未有因。燕池花落又經春。猶憶西郊風日美。十里。平蕪如翦藉鈿輪。歸路斜街燈似月。奇絕。滿樓紅袖迓歸人。我尚飄零卿已嫁。休訝。世間離合本逡巡。原注：吳縣陸克琴。

以上見《楚秀盦詞》

以上見《量守廬詞鈔》

蝶戀花

水浴清蟾更漏悄。槐影陰陰，佳約追涼到。無語憑肩聞薄笑。腰支瘦後輕難抱。 夢自無成人自杳。露濕欄干，容易良宵曉。辛苦癡懷仍未了。柔腸不惜成灰早。

渡江雲

十二月三日夕，王易曉湘、汪東旭初集予齋。乙夜酒罷，圍爐深談，頗動舊山之思。因用玉田『山陰久客』詞韻，聯句抒懷。後闋轉趨和婉，相與拊掌高歌，身世閑愁，一時冰釋矣

寒燈深屋静，旅愁對説，花信放梅初。侃。故園春尚早，夢繞晴皋，碧草帶經鉏。王易。狂歌痛飲，甚年年、寄跡江湖。汪東。空解惜、桐凋竹老，棲鳳久無株。侃。 憐余。看天眼倦，望古情遥，向雲山佳處。易。休更怯、蘭畦露冷，蘿徑霞孤。東。千秋一醉堪消得，況遺懷、不少琴書。侃。還共喜、霜華鬢角都無。易。

生查子

題曼殊所歡玉照

夢隔神山外，魂銷斷札中。沉香朝夕拜，他世好相逢。 薄命疑緣少，癡情逐想飛。蓬萊青鳥斷，何處是重幃。

湘春夜月

借淮海詞意

最銷魂。夜來羅帶輕分。可惜一覺青樓，誰更與温存。莫問冶游前事，算幾番回首，薄靄紛紛。向此時遠別，還停客棹，聊引離尊。 遥山自碧，斜陽欲晚，殘角譙門。過盡寒鴉，天外有、一灣流水，環繞孤村。傷情望久，又遍城、燈火黄昏。歎去後，到何時復見，空□惹得，襟上啼痕。

江神子

長湖北畔路横斜。是誰家。短籬遮。隔着籬兒、驚見一叢花。何必抱冰堂下去，花縱好，較争些。　奇葩無價況能賒。怎當咱。要憐他。日日來看、路近不須車。報答春光非美酒，□只箇，送年涯。

戀繡衾

春夢醒後休更尋。更尋時、白髮已侵。争得似、對語雙燕，鎮年年、相伴舊林。　憑誰再把前緣續，免一生、爲你掛心。算是咱、癡心了，向空牀、還戀繡衾。

折桂令　書《太平樂府》後

孤檠伴影秋更。校訂遺聲。才令多名。正贈難明。英莖誰聽。雅鄭休争。果能辭精句警。還勝市井優伶。瓦甑雷鳴。未省門庭。利病譏評。笑冷青城。

思佳客　誦丹經作

欲合神丹掩綺疏。月爐文火進徐徐。郎君服散從無怨，更勸優游讀道書。　龍虎侣，要相扶。煮石紛紜世誚愚。流珠不得金華力，未必凝成恰似酥。

金縷曲　戊辰元日承德作

喪亂何時了。嘆無端、羈棲遼海，新年又到。半世厄窮仍不閔，那有福祥堪禱。拚辛苦、長餐虞蓼。何限故交無酒酹，算菜根、縱淡猶能咬。公自愛，錫難老。　百年畢竟分彭夭。喜芳春、依然入眼，且寬懷抱。悼物哀時皆妄耳，鬢髮幾人能皓。又何貴、蒼蠅來吊。仰屋昔書尤繆計，覆醬瓿、寧要玄亭稿。料唯有，醉吟好。

西江月 丁卯

莫論升沈榮辱，休談往古來今。自榮自辱自升沈。貧富窮通算甚。 世上無窮風月，身邊有限光陰。三杯濁酒等閒斟。一覺從權安寢。

以上見《黃季剛詩文集·量守廬詞鈔遺補》

瑞龍吟

湖邊路。仍趁畫槳重來，望迷煙樹。春波輕涴愁痕，舊游人遠，空尋舊處。 枉延佇。猶記年去嬉冶，繫驄門户。花枝綰結同心，傍肩倩笑，低鬟細語。 誰料紅顏先變，酒醒緣短，銷沈歌舞。惟有斷腸東風，花事如故。蠻牋萬幅，難寄相思句。還愁向、斜陽弔影，空堤微步。 淚灑芳流去。人間夢斷，都成怨緒。難翦愁千縷。歸意嬾，飄殘冥冥紅雨。照人澹月，一身香絮。

風流子

西風凋晚碧，天涯迥、旅客後秋歸。正夕霏始隱，候蛩淒斷，暮寒初急，征雁參差。掩關罷、砌虛驚碎葉，梁闇霣殘泥。宵短夢輕，未傳幽意，影孤魂黯，偏引餘悲。 遥憐深閨裏，傷情處、應念遠道無衣。無奈夜砧空搗，難料歸期。想繡帶光銷，從教腰減，鏡臺長掩，獨自眉垂。惟有鳳牋託恨，還恐人知。

意難忘

眉捧梔黄。乍低頭向壁，細語停觴。釵垂花影顫，衣染酒痕香。壺漏咽、幕波涼。憑急雨淋浪。醉態輕、回燈帳角，幾度形相。　雕梁燕宿雙雙。想殘宵媔眼，未便羞郎。酡顔留淺暈，山枕隔濃妝。鐘動後、惹回腸。更不曉何妨。正恐伊、朝來怨別，驟減容光。

宴清都

倦客聽更鼓。秋宵寂，斷鴻雲外飛度。微寒透紙，淒風墜葉，響生虛户。相思倍覺無聊，悵舊好、終成怨侶。翦片札、遠寄朝雲，愁深夢筆難賦。　當時細語幽懷，絃低柱促。空歎歌苦。銀屏待月，紅樓望雨，事沈人去。蓬山路隔誰到，但恨繞、重帷静處。擁錦衾、獨自熏香，多情念否。

以上見《雅言》一九一四年二期

早梅芳近

小園深，新緑繞。樹色涵平沼。自搴珠幌，半掩羅巾逗微笑。履輕苔暈溼，帶緩花錢小。算低鬟細語，偶見便知妙。　苦相留，自去了。嘶馬横塘道。行雲空反，抱日孤眠怨天曉。暗樓勞記憶，静檻愁憑眺。正春歸，夢雨沾遠草。

四園竹

微涼透骨，静夜掩青扉。幌疏畏月，香重耐風，人宿空幃。幽夢醒，還望極、屏山影裏。遠魂銷盡誰知。　慢淒其。天涯倦旅頻年，飄零暗損佳期。待向雲羅寄恨，空費纏綿，宋玉微辭。盈鳳紙。意未絶、猶憐舊會稀。

齊天樂

夕陽還照高樓外，微涼漸催天晚。斷杵西風，疏砧墜葉，誰惜寒衣空翦。重關漫掩。怕移燭雲屏，漾鐙冰簟。坐久無聊，試將羈思付吟卷。　汀洲蘭蕙自老，舊情衰謝後，新恨何限。雁影驚霜，蛩聲訴月，消得愁腸幾轉。佳人去遠。算密札頻緘，冷芳誰薦。漏永鐘殘，逝魂猶未斂。

以上見《雅言》一九一四年三期

清平樂

玉樓天半。風裊歌聲斷。坐看一簾花影亂。明月今宵剛滿。侃。　佳期已是難憑。短書還被催成。不似春潮有信，朝朝隨落隨生。東。

喜遷鶯

斜照斂，晚風微。花好向人欹。攀條弄蘂倍依依。小徑已紅稀。侃。　歌聲散。離情亂。回憶謝娘庭院。夢魂今夜待尋伊。也抵暫時歸。東。

阮郎歸

行雲和夢下遥山。春來人自閑。爲誰容易意闌珊。珠唬滿袖閒。侃。　嫌酒薄，惜花殘。無心理墜鬟。多情最是損朱顔。斜陽莫倚闌。東。

錦堂春

雨濕香泥透，閒花落砌無聲。玉釵劃斷相思

字，永夜憾難平。東。　好景祇如前日，多情未卜佗生。夢魂擬向郎邊去，路遠不能行。侃。

應天長

鳳帷妝倦羞窺鏡。釵重鬟輕欹更正。　整宵初静人猶迥。今夜佳期渾未定。侃。　悴梧飄滿徑。絡緯慢嘶秋井。本自愁多易醒。　如何人又病。東。

望遠行

自有閒愁不肯明。何因繡户一春扃。可憐好夢也難成。恨隨芳艸到長亭。侃。　抛紈扇，拭清砧，年華消盡爲多情。春光回首已心驚。更堪秋恨又隨生。東。

浪淘沙

花徑水潺潺。芳事闌珊。曉來風雨晚生寒。不見薄衫低髻子，空憶前歡。東。　六曲舊憑欄。抵得蓬山。望中咫尺到來難。　惆悵彩雲飛去也，何處人閒。侃。

其二

飄泊易成哀。春恨難排。落紅墜粉已盈階。回首東風思故國，何日重來。東。　玉骨竟長埋。宮闕蒿萊。禁門深鎖爲誰開。　燕子不歸人又去，依舊秦淮。侃。

木蘭花

梨花院宇春飛雪。侃。　小隊明妝花下列。　競持絃管鬥新聲，東。　樗燭燒殘筵未徹。侃。預愁徑滑鋪香屑。東。　臨去回頭心更切。今宵誰在小紅樓，侃。卻下珠簾閒待月。東。

虞美人

平蕪又見春痕綠。舊憾憑誰續。水流花落兩無言。却怪無端錦瑟、思華年。侃。　玉璫緘札空留在。香斷連環解。歡娛未抵別情深。夢中嚬笑、兩難禁。東。

其二

一年芳事匆匆了。枝上嫣紅少。嚬鸎枉是怨東風。那識春歸祇在、數聲中。東。　但教春色依然在。不怕朱顏改。人生無奈是多愁。春去春來一樣、淚雙流。侃。

一斛珠

小梅開過。東。春愁漸有些兒箇。侃。向君閒索珍珠顆。東。淚比珠圓，情似珠難破。侃。欲說相思無一可。東。花殘枉被爐烟涴。侃。春深別院還無那。東。天半珠樓，幾點隨風唾。侃。

臨江僊

落花深院無人見，當年燕子雙飛。斜陽還照曲欄西。珠簾一桁，偏向晚來垂。侃。　咫尺紅樓成悵望，更堪雲雨淒迷。何時重繫玉驄兒。章臺回首，唯有柳依依。東。

蝶戀花

誰見淩波花下步。不怨花飛，祇恨春將暮。鸎燕縱將春勸住。玉郎卻已先春去。侃。　自惜芳華愁裏度。莫怪嚬鵑，愛作傷心語。萬丈游絲牽別緒。隨風縹緲歸何處。東。

破陣子

夢裡已忘身世，門前不改山河。故國淒涼生荆杞，倦客飄零憶烟蘿。幾年困兵戈。侃。

卻笑少年英氣，愁中漸漸消磨。獨向歡筵垂別淚，唾壺敲缺自悲歌。回首謝仙娥。東。

以上見《雅言》一九一四年一卷八期《和南唐後主詞》

浪淘沙慢

晚寒重，驚飆動野，澹靄依堞。胡角臨城又發。漁歌度浦未闋。正獨坐黃昏遥想結。渺天畔、憶往心折。問故里榛荆待誰剪，音書竟長絶。　凄切。怨懷漸滿空闊。念地遠天長，肝腸斷、隴水猶自咽。嗟歲暮飄零，偏愛離別。恨多漫竭。長照人惟有，天邊明月。　林外煙横山重疊。寒螿老、碎聲暗歇。聽清管、敲壺還易缺。甚悲思、絶少人知，對暮色。羈人此際頭如雪。

以上見《進德月刊》一九三七年二卷十期

黃榮康

蝶戀花　題美人春恨圖

一桁垂楊絲到地。交映花枝，斜拂簾丁字。沈火微醺銀葉膩。鳳鞵半繡成猶未。　是病是慵還是醉。料得無人，解識渠心事。有約簸錢鄰女戲。梳頭强起扶殘睡。

菩薩蠻　二首

日光斜照筠簾薄。落花飛繞迴廊角。兩箇小黃鸝。枝頭相對啼。　時光猶似舊。可惜春人瘦。立久不勝寒。風吹羅袂單。

其二

春風一徑蘼蕪緑。踏青路轉城西曲。鮫淚背人彈。人前强笑歡。　昔年攀贈處。今化相思樹。故意步遲遲。緣他立小時。

前調　題『秋至拭清砧』圖

孤桐淡寫銀蟾影。數聲絡緯題金井。北斗轉闌干。空階生夜寒。　沙沙林葉墜。催得秋心碎。無故又愆期。白蘋風起時。

南樓令

日曬繡簾前。花枝的的妍。最撩人、碧玉瓜年。撲落一雙蝴蝶小，釵股溜、髻鬟偏。　弱柳白飛緜。新苔緑作錢。立池頭、鴻影翩翩。已去仍來因底事，無一語、鎮相憐。

浣溪沙　清明道中作

無數青山擁馬蹄。落花垂柳短亭西。縱無風雨也凄迷。　芳草緑邊墦祭亂，杏花紅裏酒旗低。一聲聲緊杜鵑啼。

相見歡

垂楊一角高樓。聽嘶騮。知道人歸故意、下簾鉤。　紅玉几。青綾被。白羅幬。儘作千般婉轉、不勝羞。

江南好　消夏十首録三

蟬聲唱，曳過最高枝。消受蘭風新浴後，評量茶味晚談時。好客惱來遲。

其二

催詩雨，攬得晚天涼。碧浪半篙平似鏡，烏篷三尺小于房。蕩入藕花鄉。

其三

隨潮去，十里石橋頭。路轉柳陰漁子宅，燈明花外酒家樓。何處采菱謳。

臨江仙　第四體

蟬翼臨風髩薄，藕絲窣地裙長。幾回相見細形相。葉書同試墨，花坐當薰香。　鈴静猧兒不吠，簾低燕子深藏。閑情賦就再商量。文牕青竹裏，一雨晚來凉。

滿江紅　庚戌重九

槭槭西風，吹帽落、令人凄絕。最憐是、他鄉作客，佩萸時節。紅樹秋山鐘欲暮，黃花濁酒盃難歇。歎流光、容易老詩人，傷離別。　歸夢遠，關河越。搔鬢短，星霜閱。望遥空一抹，夕陽明滅。身世飄零同斷雁，命途偃蹇嗟磨蝎。醉狂歌、無那念家山，銅壺缺。

飛雪滿羣山　登龍坡山

霜雁南飛，陽烏西下，龍坡山頂秋高。伏龍經濟，雕龍著述，古來多少人豪。無端搔首徧，莽乾坤、是禽鳴獸嘷。滿野禾黍，連村砧杵，一片朔風號。　且莫怪、英雄淪落日，儘薄遊鄉里，輕侮兒曹。飽嘗風雪，飈馳歲月，只憐白了顛毛。舊遊三五剩，昔年事、重提漫勞。人生行樂，黃花榼酒雙螯。

減蘭　村居

蹉跎老去。小結蝸廬林下住。雞犬圖書。一半平分水竹居。　漁蓑釣具。暇日煙波尋活趣。消盡名心。明月閒雲自古今。

浣溪紗

璧月籠花淡似霜。魷紗欞外晚風凉。静無人語夜蘭香。　玉札倩傳青鳥使，金經教誦雪衣娘。所思人遠隔瀟湘。

摸魚兒

記當年、兒時釣弋，舊遊多半零落。風塵卅載人空老，賺得鬢絲蕭索。歸路擱。憶玉鏡橋邊，酒艇垂楊縛。江天杳邈。問蘆市觀燈，木灣修禊，鄉社事誰作。　浮生夢，至此幾人方覺。湖山如畫猶昨。文章身後虛名耳，底事更番商略。生計薄。擬變賣貂裘，換取煙簑著。惹人笑謔。又春水蝦肥，秋風鱸美，負了故園約。

城頭月　秋夜寄家書，用蔣苕生韻。三首録一

客中有味都酸楚。海樣愁如許。一點銀釭，數聲譙鼓。那更風兼雨。　香懷綺恨將誰語。暗把佳期數。去歲今年，兩回七夕，並向天涯度。

念奴嬌　珠江贈別

何人一笑，把明珠偌大，輕輕拋擲。萬古江流流不去，化作波心頑石。閲盡蟲沙，偏饒風月，畫舫多如織。酒旗歌扇，垂楊句住遊客。　吟得幾許新詩，教珠娘唱取，檀槽低拍。銀燭金燈天不夜，無奈照人頭白。自古多情，風流人物，强半江湖謫。曉鐘才動，早潮催挂帆席。

醜奴兒令　旅夜二首録一

夜窗如水淒清甚，檢徧書郵。數徧更籌。聽雨聽風卒未休。　無錢可買華年住，敝了貂裘。白了烏頭。襆被天涯又幾秋。

買陂塘　題朱竹垞《静志居琴趣》後

歎從來、風流才子，文章罪孽難數。賜書門第聲華重，人似少年徐庾。裁笛譜。定風月鶯花，多少閒情緒。金荃幾部。把白紵清歌，紅牙細拍，字字按宫羽。　當年事，傳徧旗亭樂府。銷魂真箇如許。多情拚墮犁泥獄，試問人生何苦。留綺語。並詩卷風懷，未肯輕删去。有人和汝。向江北江南，緑紗牕底，同聽杏花雨。

點絳唇

小雨初晴，畫欄杆外香風軟。柳陰斜轉。幾陣蟬聲顫。　雪白輕紗，熨體凉無汗。湘簾捲。月華如扇。不障人兒面。

霜天曉角

葵枝桐乳。池館消殘暑。一葉金風飄墮，兼幾點、豆花雨。　鐙下草蟲語。倦螢飛欲去。夜久月明人静，聽不斷、擣衣杵。

玉樓春

嫩陽初照紗窗曉。唤起幾聲秦吉了。酴醾香夢乍醒來，簾外春寒猶料峭。　一春長恨歡愉少。滿院落花人悄悄。文猧睡久繡氊温，寶鴨爇殘煙篆裊。

卜算子

縛帚掃殘花，不掃春愁去。掃去春愁愁復來，底是愁來處。　細雨又斜陽，黯黯閒庭暮。燕子歸時人未歸，人在江南路。

賀新涼　雨夜不寐

旅枕眠難穩。聽窗前、瀟瀟淅淅，倍增愁損。起檢家書燈下閱，潮溼墨痕重涴。儘負了、春光晼晚。白髮青衫還作客，算功名、付與新詩本。蝦菜夢，故鄉遠。　緑陰幾日添池館。悄無人、落花滿地，疎簾不捲。舊侶零星三兩在，消息天涯隔斷。空自對、爐香茗椀。拋撇情懷非易事，更聲聲、催盡殘更短。雞唱又，惱鄰院。

菩薩鬘　感事

幾年寂寂宮花落。天池夜半神龍躍。恢復舊江山。功名一夢間。　平生經濟事。已付千秋史。重把釣魚竿。嚴灘煙月寒。

生查子

四面種篔簹，幽雅辭塵俗。睡起日如年，滿地新陰緑。　硯匣與書牀，安置紗櫥曲。自寫貝多經，細細焚香讀。

賀新涼

梗斷蓬飄慣。算年年、江湖作客，凄涼何限。鏡裏頻添雙鬢白，無復朱顏角丱。依舊是、黃花燦爛。慷慨淋漓歌當哭，向旗亭、催取銀箏雁。沽酒債，百錢辦。　吾生强半多憂患。

正中原、縱横豺虎，風雲瀰漫。紙上談兵無用處，空有雄詞千萬。究奚補、蒼生塗炭。一箇詩人窮杜甫，笑許身、稷契言虚誕。天寶亂，重愁歎。

浪淘沙 題畫

碧水蘸殘陽。淡著秋光。笛聲何處起蒼茫。吹出荷花三萬頃，併作新凉。幾尺小遊航。載箇詩狂。滿窗山色滿篷霜。除却太湖渾不似，一帶漁莊。

采桑子

臨行幾度丁甯語，預約歸期。過了歸期。依舊天涯怨别離。家書字字行行寫，不盡相思。寫盡相思。只是書歸客不歸。

滿庭芳 寒夜對月

寂寞書齋，淒凉客夜，素娥倍可人憐。半窗花影，和月淡于煙。斗帳新寒似水，羅被薄、還未裝棉。鄉關夢，欲尋何處，擱在枕函偏。餘香温寶鴨，蘭燈半灺，剪穗重然。有玉蜍不老，依舊年年。與我天涯相伴，幾回又、雁底蛩邊。忒容易，江湖兩鬢，白了柳屯田。

菩薩鬘

落花如夢春陰暝。茜窗人病妝慵整。無計奈春何。勸君金叵羅。梨渦生酒暈。添得春容困。鸚鵡喚梳頭。不知人害愁。

浪淘沙

若木老槎枒。海島成窪。蛟龍礪角虎磨牙。

寃血殷紅流不盡，化作秋花。月落素馨斜。一夢繁華。可憐五季帝王家。城外青山山外路，亂骨如麻。

沁園春

天下紛紛，虎鬭龍拏，畢竟何如。幸黄巾不擾，免罹兵燹，青氈無恙，還注蟲魚。虀甕醃霜，苜盤煮雪，淡薄生涯味有餘。園林小，儘半爲學舍，半作家居。算來萬事皆虛。恁富貴、功名且讓渠。只榕陰聽曲，聊當讀史，禾阡散步，足抵乘車。家本清貧，性無別嗜，稍有囊錢便買書。羲皇侶，向北窗高卧，白日徐徐。

酹江月　題芙蓉吟館圖

波平檻曲，是誰家池館，晚凉如水。萬柄紅香圍小榭，中有湘簾棐几。鷗約霜探，鯉潮風趁，路過花洲尾。夕煙一抹，數聲漁笛吹起。憑教岸柳微黄，江楓半赭，併入雲藍紙。歲月飈輪桑海幻，且作嶺南詩史。添隻烏篷，筆牀茶竈，自號天隨子。湖山無恙，卜鄰我欲來矣。

水調歌頭　題尺水樓讀畫圖

家在鏡湖曲，三十六陂塘。天涯回首如夢，歸臥老漁莊。幾尺小樓臨水，樓上安排圖卷，樓下繫游航。樓角數株樹，淡淡寫斜陽。一螺墨，一甌茗，一鑪香。紙屏石枕，無事睡起日方長。也有荆關粉本，也有倪黄著色，隨意檢巾箱。詩思驀然起，高唱入蒼茫。

浣溪紗　題盧楚寶小照

如鶴詩人瘦不支。江山極目倚欄時。無窮心事對斜暉。　春雨杏花人悄悄，秋風蓴菜夢依依。更從何處寄相思。

漁家傲　甲子秋夜

秋雨瀟瀟黄葉亂。碧窗如水羅衾戀。千里家山心一寸。殘夢斷。夜長不寐愁成陣。　幾日西風催客燕。驛程久候無歸訊。疲減腰圍霜滿鬢。寒月近。寄衣不到天涯遠。

臺城路　春草，和玉林、詠雩

平蕪一帶寒煙抹。啼螿怕聞凄咽。燕子歸來，芹泥依舊，何處六朝宮闕。斜陽似血。賸幾寸殘山，燒痕明滅。舊日王孫，青青兩鬢漸成雪。　清明又過幾日，更黄昏細雨，教人愁殺。金粟堆邊，玉鉤斜畔，怎自年年不絕。歸心欲折。便緑到天涯，倍添悽切。南浦萋萋，只供人賦別。

賣花聲　題吴劍公戎裝小影

驀目望神州。滄海橫流。十年磨劍北山頭。欲斬樓蘭渾未遂，抱恨悠悠。　換酒脱貂裘。笑看吴鉤。等閒兒女不知愁。陌上垂楊如許緑，莫上妝樓。

天仙子　懷盧佑程西泠

何處鶯聲啼不倦。落盡碧桃天漸暖。夕陽斜照過西泠，人不見。腸空斷。去去天涯春更遠。　萬里功名雙鬢短。已被霜風侵客面。緑楊亭畔按銀簫，吹不散。陽關怨。別恨平教添一段。

鷓鴣天　和詠雩韻

水調分明聽這邊。銷魂況是葬花天。非關殢酒厭厭病，一種衷情不可言。　篁褪粉，柳飛緜。鷓鴣聲裏雨如煙。勸君莫吃青梅子，透入心頭一味酸。

臺城路　柳，和頤年

春風又到江南路。斑騅舊曾遊處。十里旗亭，幾聲玉笛，惹起離愁無數。畫橋西去。更添箇流鶯，嬌啼不住。和雨和煙，依依一碧奈何許。　風流問誰似汝。只靈和殿裏，當年張緒。漢苑痕模，隋堤影亂，身世而今無主。流光付與。縱千種纏綿，有情誰訴。怎不銷魂，一鞭殘照度。

金縷曲　丙寅夏，雪溪若陶有申江之行。余與劍公、白英、璧軒、詠雩、君實、天醒餞于定香水榭。臨別惘然，爲填此解

楊柳青如此。甚頻年、送人作客，添人憔悴。吹到陽關湘笛裂，片片離魂都碎。板橋外、夕陽西墜。白社飄零青眼倦，問天涯、此去誰知己。泥爪印，偶然耳。　與君今夜拚沈醉。怕明朝、酒醒何處，茫茫千里。趙尉雲山黄浦月，便坼相思兩地。更無那、新愁催起。君等少年吾已老，背人前、揾盡青衫淚。多少恨，付流水。

水龍吟　贈璧軒

翠樱葉葉生凉夜，深同聽疏窗雨。新詞幾闋，滴殘絳蠟，哀吟不住。花落鶯啼，似君年少，

傷心何苦。更聞愁惹起，平明吹笛，又送客、江南去。　多少風流情緒。問何時、織成金縷。尋春柳外，徵歌花底，有人待汝。鳳泊鸞漂，江湖舊恨，尚餘幾許。好玉壺買醉，人生如夢，夢醒何處。

菩薩蠻　題畫佛

日長古刹松陰静。蕭然一箇枯禪影。一縷篆煙微。蒲團入定時。　恒河千萬刧。都付杪欏葉。落葉坐來深。深山無古今。

賀新凉　與龍箕百

我亦多情者。念生平、風塵結客，少年裘馬。邂逅君家好兄弟，等是風流儒雅。平叫起、登龍聲價。青眼高歌吾老矣，望臯亭、木葉蕭蕭下。斜日照，淡如畫。　黃花白酒閒相話。弔西風、秦城漢闕，頽垣斷瓦。汕尾歸來秋一舸，蕩入蘆汀荻汊。長尺半、鱸魚初打。童穉歡迎朋輩喜，説新詩、更入濠南社。漁笛起，月明夜。

臨江仙　題張純初牡丹圖卷四首

窣地簾衣低不捲，玉人一枕春酲。江南舊夢欠分明。起來無意緒，花底惱鶯聲。　深淺胭脂君莫問，而今花樣無憑。愁邊易減卻風情。繁華陳迹耳，富貴可憐生。

其二

我亦京塵憔悴客，青衫落落歸來。舊遊春事記銅街。風流銷歇盡，把卷重徘徊。　福慧多生消受得，畫屏紅袖金釵。非煙非霧是蓬萊。華燈璀璨裏，定覷不須猜。

其三

如此江山堆錦繡，暖風吹得人迷。洛陽宫樹亂鴉啼。十分春色徧，一抹夕霞低。　掬盡新亭名士淚，淒淒還更淒淒。南强北勝總成泥。姚黄兼魏紫，往事不堪提。

其四

一幅春痕明豔許，前身定是華鬘。書生緣分未全慳。貧來愁割賣，老去費温存。　酒後琴餘呼欲出，金蓮蹴損姍姍。沈香亭畔倚闌干。臨川新曲子，那得不銷魂。

望江南

深院夜，疎雨滴梧桐。霜鬢不瞞明鏡白，孽緣難懺佛燈紅。秋在客心中。

齊天樂　題屈劭宣家藏翁山先生手卷

君家本自工詞賦。離騷妙傳千古。露滴紅愁，煙凝翠怨，題徧芳洲蘭杜。天南舊裔，更家國漂摇，白頭吟苦。破衲殘檠，黯然相對甚情緒。　淒凉數行墨淚，問誰同慰藉，江館風雨。華嶽歸時，沙亭隱後，别寫詩篇如許。零縑斷楮。計蟫蠹牙須，幾餘霜暑。劍畔琴邊，看虹光欲吐。

生查子　秋意

月上紫薇梢，人在緗桐底。碧幔挂朱蕤，窗几清如水。　自爇博山鑪，裊裊檀煙細。絡緯石根鳴，夜半輕涼起。

以上《擊劍詞鈔》

賀新涼　七夕

涼歇花間雨。悄昏黃、畫闌干外，月痕眉嫵。又到蘭期初七夜，撩動惱儂情緒。彈指把、年華偷數。三十平頭羈旅過，向天涯、身世嗟萍絮。離別恨，共誰語。　心波摇漾都無主。望寥天、碧漢紅牆，渺何處所。路遠玉人消息隔，腸斷一條銀浦。劇憐那、癡情兒女。揀綫拈鍼同刺繡，乞天孫、教得鴛鴦譜。頻盼望，渡河鼓。

前調　中秋

萬籟清如此。是誰家、一聲銀笛，把愁吹起。明月團圓依舊好，可奈羈人老矣。寂無語、小樓凭倚。極目家山天一角，歎年光、飄瞥如流水。思往事，夢魂裏。　平生蹤迹知誰似。

比古人、赤壁東坡，夔州子美。鳳泊鸞飄多少恨，幾卷詩編甲子。卻說甚、英雄名士。中酒看花頭漸白，望嬋娟、那得常如彼。秋一半，思千里。

十六字令　秋雨

禁。窗夜挑燈獨自吟。聲聲滴，涼入旅人心。

如夢令　桃花

一種嬌憨心性。争奈生來薄命。夜雨太無情，打作殘紅無定。無定。無定。空歎箇儂孤另。

臺城路　戊申春夜，同盧七林、曹筠亭、歐陽心若、范伯蔭泊舟河口話雨。明日，予下羊城，倚此留别

小篷一夜爬沙雨，幾人擁衾眠未。半爛青氈，頻添白髮，嘗盡天涯滋味。銷磨意氣。歎富貴功名，都成虛事。辜負深宵，春明無夢落燈穟。　催得新詩多少，又戍鼓村雞，攪人難寐。書劍隨身，家鄉回首，惆悵浮生萍寄。明朝分袂。便唱徹驪歌，欲留無計。花重江城，一鞭紅濕膩。

十六字令

春。如許匆匆恁處行。渾如夢，來去不分明。

江南好 消夏十首

閒居好，四面是園林。截截闌干隨水曲，重重窗户隔花深。時坐小亭心。

其二

幽窗底，遮住綠雲層。哈密瓜鮮開碧玉，暹羅席滑拭紅藤。一覺睡瞢騰。

其三

迴廊繞，一角樹扶疏。寶鴨微熏沈木火，花蚊不到碧紗幮。無事又鈔書。

其四

移蘭棹，去泊荔枝灣。吹袂香來蓮葉側，隔船歌出月兒彎。十五歲雛鬟。

其五

湖頭月，送我畫橈歸。穿竹數星螢火落，近桑一路野蛾飛。夜色滿柴扉。

其六

江村夜，無數納涼人。瓜架豆棚圍坐處，蕉衫葵扇自由身。無地著紅塵。

其七

南窗臥，一枕水雲横。洗盡劫塵千種熱，印將明月一心清。仙夢自然成。

此組詞原爲十首，第四、六、七三首已見《擊劍詞鈔》，兹删略。

洞仙歌　己酉正月初六内子三十初度

簷前鵲報，道今朝何事。簇簇花開儘紅媚。算馬齒加長、鴻眉偕老，排年序，我適長卿三歲。　十年貧裏度，椎髻布裙，尚有儒家好風味。小女劇嬌癡、執盞盈盈，也解得、勸娘微醉。好柏酒、椒盆祝年年，恰人日良辰、明朝又是。

前調　代内子和

一枝銀管，肯抛將吟事。替畫雙蛾忒妍媚。計熨體分凉、同心綰結，恩情裏，幾許過來年歲。　飢軀無奈別，盼到歸時，嘗盡相思幾重味。家樂慶團圞、設帨今朝，有斗酒、與郎同醉。便富貴、功名也何如，祇駐得朱顔、紫霞觴是。

點絳唇　采蓮

一雨新晴，碧闌干外香風輭。施朱傅粉，露出張郎面。　唤箇漁娃，打槳相尋便。鴛鴦睡，莫驚他醒，歌也聲聲緩。

念奴嬌　鎮海樓

木棉紅照處，遥望鴉點，斜陽如畫。萬劫危樓依舊在，今古幾人雄霸。逐鹿中原，屠鯨巨海，誰是真王者。儘多豪傑，趙佗劉龔之亞。贏得百戰英名，只今長付與，采樵人話。廢壘殘旗都没了，秋草茫茫山下。把劍憑欄，無端偏感，我淚如鉛瀉。英雄遺恨，亂山終古如射。

以上《凹園詩鈔・詞附》

黃紹璟

長相思 日本東京和長沙陳德退女士

酒多情。詩味清。那堪夜雨話蓬瀛。華燭淚縱橫。　月光明。水光明。往事重提百感生。不忍説金陵。

昭君怨 衢州丙辰中秋夕

秋夜月圓有勁。惹起相思陣陣。風送桂香來。撲香腮。　莫把香腮頻撲。香氣思量難過。秋色固闌珊。繡衾寒。

調笑令

無語。無語。脉脉滿懷離緒。憑欄暗數寒砧。更那堪秋雨沉。沉雨。沉雨。没意思那機杼。

賀新郎 衢州城上晚眺

秋色連天遠。笑投林、歸鳥而今，怎生飛倦。萬苦千辛應歷盡，世味也應嘗慣。料汝浮名心意淡。來賞幽巖清趣味，覓烟霞、古樹來相伴。秋英豔，楓林晚。　數聲羌笛傷離恨。

立斜陽、金風如剪，信疎歸雁。月滿西樓愁萬疊，還有舊愁無限。這心情、怎麽打算。寄語琵琶休亂鼓，怕征人、戍客俱悽怨。鐵衾寒，誰與暖。

醜奴兒　杭州海潮寺秋夜

一夜西風吹急管，處處愁凝。樓影亭亭。寒山古木盡凋零。　聊把竹簾輕捲起，月色清明。四壁蟲聲。一片宫商不忍聽。

梧葉兒　香港寄黃二明

拖家去，著書間。什事不相干。小園鋤菜後，老子釣魚還。小窗明月好，有多少、緑水青山。

鷓鴣天　傷武漢

儘説風流興自濃。銅琶鐵板大江東。英雄自古稱强項，都付温柔一夢中。　將軍劍，霹靂弓。大好江山付豎庸。多少故園猿鶴淚，長天無語又秋風。

浣溪紗

鎮日懨懨愁鎖眉。似慵似懶似呆痴。試輪纖指數歸期。　老去東坡情更好，别來和夢到遼西。抛殘紅豆費尋思。

歸國謡　客香港，聞賊徒俞作栢、李明瑞宵遁，我師克南甯，喜而歌此，并寄盤斗寅、黃二明

秋光好。凌霜我愛黃花瘦。小園庭院疎籬酒。　消息傳來歸國好。君知否。賊徒昨夜連宵走。

清平樂 天津寄內子丁希文

倚枕不寐。窗外雨聲細。細細雨聲涼意似。一派孤眠滋味。　夢魂不到春申。閃閃燈光刺人。欲把繡屏遮住，一陣陣賣花聲。

柳梢青

天津橋邊。黃鶯啼處，芳草如烟。困人天氣，鸚鵡簾前，柳色三眠。　良辰美景難并。算那九十春光，二十四番風信，負了春心、誤清明。

如此江山

一片烽烟接地起，兄弟鬩牆糊鬧。中貴侯封，袴襠權要，中冓之言真醜。南朝金粉，更羅綺如雲，横波緑溜。　如此江山，一蹋糊塗怎麽攪。　予懷耿耿僕僕，風塵真苦也，憂心悄悄。一事無成，鬢絲漸雪，慚愧我躬云老。　眼中了了。東野工詩，文章難飽。吴市吹簫，英雄嘆屠狗。

滿江紅 臥病香港，聞敗朱紹良於平樂

八桂山川，秀珠江、水何清越。淘不盡、英雄遺恨，中原如髮。再殺一圍好身手，横戈痛飲暴王血。　山花紅紫，匹馬亂山殘月。　花間酒，千山雪。醉沉沉，雲和月。好男兒何必，置身高闕。百感蒼茫隨處有，勝負到頭無別。恨殺賊、我病不能來，清和節。

水龍吟

風流都説杭州，西湖佳麗稱第一。蘇堤春曉，柳浪聞鶯，遊人心醉。曲院荷風，雙峯滴翠。

消磨了千古，英雄豪傑，埋没了、平生志。幾番物换星移，便忘却、遼東恥。追懷形勝，注到心頭，許多往事。于氏墳前，岳王祠畔，半作牛羊地。倒錢塘江水，再横磨十萬只。

清平樂　梅花

嬌生嬌養。恰似深閨樣。一派莊嚴多寶相。端合在瓊樓上。　此身只與人看。此身不與人攀。月近黄昏時候，暗香倩影姗姗。

其二

粉香兒臉。怎不教人想。則個不曾先意嬾。便道今宵怎樣。　月剛十五娉婷。花偏無語含情。怪我顛狂不睡，只因你太聰明。

南歌子　吸阿芙蓉者

懶散和衣倒，愁來酒懶温。困人天氣又黄昏。正是没瞅没采、没精神。　一霎神兒旺，氤氲滿室春。顛狂揉碎楚天雲。一燈紅豆真個、是消魂。

木蘭花

雪滿關河風滿院。窗外月華天上雁。最難禁是别離情，一回回兒夢中見。　夢裏相逢偏又怨。夢回翻恨夢時淺。揔教盡日夢温存，也勝醒時常不見。

燕歸梁　代蒲姑作，寄甘郎

拈來紅豆最相思。似我情癡。一回把玩一回迷。愁刻骨、没情醫。　想歡南北天邊遠，無聊賴、火車兒。不載郎來載別離。妾心苦、有誰知。

減字木蘭花 水仙花

冰肌玉質。婀娜臨風無氣力。真個消魂。一縷幽香入骨温。　生來嬌養。夜夜要人窗下伴。月色玲瓏。一霎顛狂累了儂。

臨江仙 寄内

羈旅故都三兩載，爲卿多自思量。空將別淚灑他鄉。故園風景好，孤客自凄涼。　無限春申江上月，一圓缺一迴腸。如花美眷好容顔。多情都付與，風雪關山。

浣溪紗 觀南海溜冰比賽

新華門外汽車驕。音樂幽揚透碧霄。遊人爭説賽冰溜。　香在衣裳刀在脚，溜冰鞋之刀也。冰連銀海柳連腰。幾時怎不夠消魂。

南歌子 又

雲擁千絲網，波搖萬頃春。鶯鶯飛燕是前身。一回狂舞低眼、一傳神。　半搦腰兒轉，光捎一海冰。幾多消息隔層城。爭得周郎一顧、便傾心。

迎春樂 乙亥立春，盤中水仙花幽香相對，悠然神往

花花葉葉偎相抱。一陣陣、幽香透。直活醉煞也人兒了。剛醒過、他還又。　早知則箇温柔好。夢魂也、合春偕老。箇中或許天知，天亦爲他瘦。

品令

見時實在則箇。羞答答、情難過。低著頭兒，又把眼波錯。臉兒紅、恨得躲。　霎時不見鬧得慌，見了心情又惡。他前甚不願人瞧破。可憎才、那酒窩。

前調

胭脂染得些子。他强自偷吃。平白地惱他十來日。細思量、悔不及。　好容易兜他笑了，却又被他咯肢。笑得肚腸寬復窄。鬢雲鬆、眼兒直。

浣溪沙

幽窗明月送微茫。月色含香浸繡床。燈前花影照成雙。　街漏沉沉天寂寂，夜闌殘夢寄凄涼。何人吹笛逗鸞凰。

清平樂

韶光易老。又是春分了。春到江南花更好。擾擾燕雲煩惱。　十分愛好年華。强留紅日西斜。可恨東風冷峭，重重重壓梅花。

憶秦娥

恨恨。恨得牙根緊。他他。等待歸來咬口他。扶醉夜歸欺負我。抱我和衣臥。　愁人。見了他時不忍心。

一落索

某夫人，杭之麗人，嫁某久矣。粉褪紅殘，別枝欲去，來故都索人，欲嫁吴大頭。予偶識之，異其事

又向花叢奪秀。可憐眉皺。暗抛春色到吴

儂，人與花俱瘦。　料是玉簫閒久。可也相凑。省他朝暮倚欄愁，向取黃鸝索有。

玉樓春　熊希齡年六六，毛彦文三三，在滬結婚，一時豔談

桃源本是無人到。多事漁郎消息漏。無端攪起一春潮，春色鬧人禁不了。　可憐顔色如花好。一任秋霜侵翠葆。廿年深鎖緑苔門，盧家子弟狂來掃。

月先圓　哀事也

兩小無嫌。竹馬相憐。相逢長大纏綿。密意記當年。茂苑纖纖娟月，沉醉花前。　怎料良辰美景，幻成了、奈何天。蓬山未抵，屏山已遠，只空留幽恨，萬種閒愁，寫盡吳箋。

清平樂　爲林之啓、王延綬女史介紹席間

飲香賓酒。淺笑扶紅袖。手指碧天眉月好。靈犀一點微漏。　娉婷十五娟娟。神仙美眷潘安。花好月圓人壽，相看琥珀杯圓。

前調

鸞顛鳳倒。春色人間透。蝶舞鶯翻真個惱。一回兒便迷著。　不分桃李合姚黃。都能沉醉鴛鴦。一片彩雲遮住，低聲喚個兒郎。

踏沙行　三月三日，與黃一葦及其夫人林之啓、王延綬女史遊頤和園。連雲宮闕，山色湖光，遠望長城，撫今追昔，凄然於懷

湖波瀲灩，山光挹翠。排雲宮闕遮天角。我來懷古動新愁，悲歌不是傷寥落。　長城萬里，江山如昨。一任雨打風吹剥。從今胡馬

渡陰山，滿地胡塵沙漠漠。

小重山　三月三日遊頤和園排雲殿，山後敗瓦頹垣，不勝感慨

排雲宮闕綰烟霞。宮鴉含淚説、舊皇家。雕梁畫棟鼠鼯嘩。銅駝處、今已亂桑麻。　瓦礫寄興嗟。古今多少恨、問琵琶。春風無賴雜胡笳。酒痕上、還有淚痕加。

念奴嬌　閒窗夜静，寂寞無聊，思往事

是什因緣，遮莫一年相聚。數了從頭再重數。記得那時分袂，淚珠偷滴，如今只有，夢中言語。　檢點淚痕，勾起舊時情緒。風魔了不堪回顧。抵死寃家，牽腸割肚。千愁萬苦。還又五更風雨。

鷓鴣天　乙亥初春，黃一葦夫婦、林之啓、王延綬女史遊西山温泉

約伴遊春踏翠微。碧桃花下譜新詞。温泉活水源頭遠，浴罷難歌緩緩歸。　山如昨，事全非。花前不飲已傷悲。如今只好夢騰睡，花落花開總不知。

其二

寂寂園林落照邊。故宮樓閣尚依然。眼前滿地花含笑，荒草銅駝柳帶烟。　春水碧，酒如泉。花前未飲淚先泫。江山萬里渾如昨，一任胡塵障滿天。

其三

誰唱伊涼絶塞聲。曲終人已淚縱橫。江山多少經行地，落日蕭蕭匹馬鳴。　休回顧，認前

程。腰間猶是有青萍。老天不與人憔悴，三尺龍泉拔地驚。

其四

我是都嶠一野夫。分明不識也之乎。也書給雨支風券，笑向胡姬索酒沽。 真老大，不曾無。老天教我學童孺。不須記取鴛鴦債，爲雨爲雲聽鷓鴣。

蘇幙遮

三月十二日，紀念孫中山總理，登西山碧雲寺。予戎衣謁衣冠冢。低徊往事，注我心頭，北望河山，何時可復，凄然可以歸

碧雲寺，空千古。我來憑吊，無限傷心處。 春樹迷天雲漠漠。東北山河，颮地隨風去。 甚奇才，争爾汝。博這蚊飢，蚤餓來何苦。國計民生誰與語。低徊往事，不堪回顧。

謁金門

春何許。花外黄鸝含住。懶散人兒慵舉步。老大無情趣。 春歸畢竟何處。問伊誰來記取。花開緑又成陰舞。怕漸黄梅雨。

鷓鴣天

黄鸝百囀喚春回。魏紫姚黄取次開。牢落燕雲成底事，眼前合駐百花杯。 人間世，學痴騃。是誰曾是欠誰來。人龍醉臥蝸牛舍，萬里江山一馬棰。

青門引

乙亥清明，夜坐無聊

乍寒乍暖。早晚没情打算。黄鶯百囀又清明，飛花比去年還亂。 窗前明月剛才半。兜的心頭悶。更那玉漏丁冬，一更更兒敲轉。

浣溪沙

愁到清明酒一杯。飛花撩亂點莓苔。今年人是去年來。　寂寞閒庭隨野鶴，青梅如豆綠成堆。夜深猶自獨徘徊。

漁家傲

乙亥清明後三日，遊故都三海

北海烟花南海月。故都又是清明節。風捲柳棉亂行客。愁凝絶。陰山隱隱還飛雪。　杜鵑心苦偏啼血。血染山花關塞黑。鬼雄夜夜空嗚咽。空嗚咽。長城萬里悲風發。

浪淘沙

春去閒愁百二，把琖狂歌

世亂復傷離。春又離披。閒愁酒力莫支持。風雨才過今又月，真個憐伊。　鶗鴂怨芳菲。葉葉枝枝。殘紅無奈夕陽遲。十二曲欄杆十二，倦倚腰肢。

其二

對酒惜殘紅。無限孤蹤。一春都是雨和風。風雨無情花有恨，月自西東。　雲意遠天空。曉角霜鍾。悶頭悶腦悶人龍。百二閒愁關不住，一任飄篷。

臨江仙

飲罷歸來天月半，譙樓鼓打三更。沉沉夜靜寂無聲。小童呼不醒，倚枕又天明。　自笑勞勞何所事，殘篇破研灰塵。天生傲骨愛崚嶒。隔牆聽不見、賣花聲。

醉花陰

二月廿八日，爲内子丁希文生日譜寄

二月廿八猶能記。歎流光如水。轉眼百花

紅，你今却又，四十還加一。諸兒壽你料難醉。我老奔穿鼻。你病氣力衰，十分春色，都付飛花碎。

木蘭花慢

一官故都，兩載於茲，冷煙如舊。國難日深一日，國人酣歌如故，不減清談、遊春、修禊，留連風月

又春光老去，一番雨、一番愁。記長城烽火，年前今日，擲碎金甌。悲歌空懷慷慨，制不住哀痛的心頭。嘆年華易逝，還又那鬢蕭騷。罷休。無復賦同仇。誰又有嘉猷。看胡塵滾滾，黃沙萬里，瀚海風濤。依舊秦淮風月，白門柳修禊任優遊。但祝人天長壽，台城柳儘風流。

朝中措

東風半夜送春寒。和月到闌干。只恐牡丹嬌怯，翠屏遮住春山。個人情遠，知他甚子，腸斷江南。可恨更殘漏盡，爐烟不篆彎環。

浣溪沙

殘春分緑上芭蕉。活計清閒酒一杓。小紅低唱我吹簫。月滿西樓風淡蕩，海棠無力夢迢迢。香沉百合透裙腰。

朝中措

年來心事搃陂陀。兩鬢漸蕭疎，春意都隨流水，壯懷屹自消磨。逢花不醉，朱顏暫駐，對月高歌。只有青萍狂興，清光冷拂天河。

驀山溪　代某爲某將軍母壽

若個男兒，有整頓、乾坤妙手。滿具足、虎頭食肉，關西將後。功業無人可比，英雄自古多忠孝。看萊衣舞綵，萬方同，壽還又。　晉龍頭，傾醁酎。爲公歌，祝母壽。瑤池昨夜初，報桃新熟。萱草靈芝同獻瑞，牡丹芍藥陪清晝。願年年、今日祝長春，如此酒。

如夢令

春滿江南花好。燕語鶯歌還又。長是不關心，一任風吹雨揉。聽著。聽著。隔樹黃鸝索酒。

謁金門

春歸去。燕子苦留不住。遺紅分綠芭蕉樹。快又黃梅雨。　昨夜分明去處。醒却無憑無據。花落水流天不語。舊歡留再續。

柳梢青

我憶杭州，杭州仍是，舊時明月。柳浪聞鶯，錢塘蘇小，斷橋殘雪。　負却年前鷗鷺，約輪與、湖光山色。空餘趙豔燕姬，等閒消得。

西江月　北平所見之迎取

新娘坐在花轎。幾棍頭鑼開道。簫聲勾引鳳鸞行，添些兒鼓手。　悄悄兒想著。今夜洞房花燭。不知怎的消停，那兒風狂雨驟。

天仙子

荼蘼開了楊花亂。天氣半寒還半暖。困人最是鶯聲軟。芭蕉卷。人兒懶。招手喚春春不轉。玉纖輕把珠簾捲。方便蜂兒方便燕。倚欄望斷萬重山，都不見。還留戀。樓頭柳色眉兒淺。

浣溪沙 閒齋逸興

庭院蕭閒幾樹槐。老人無事任安排。清晨和鳥唱喈喈。午涼樹底時酣睡，傍晚花生酒一杯。月華半夜過來哉。

雙頭蓮 王劍外同學墮馬死故都南海豐澤園。前同來抗日，忽焉數載。先一日尚相見歡然，隔夜之間，便成隔世

華年四二竟成虛，古今同慨，傷心墮馬，痛把偌大頭顱都擲碎。看那破碎山河，殘缺長城，悽然萬里。舊雨凋零，我公去矣誰寄。更有孤鸞寡鵠，黃毛穉子。呼娘索父，傷心難制。念家國、付與何人料理。縱使揉天摔地。斯人難繼。只怕是，陰山漠漠，狂風又起。

清平樂 久旱忽夜雨

晴波無限。道我何曾慣。平白地來三月旱。又驚又怕又汗。一片雲迷楚岫。霎時風橫雨驟。點點滴滴分明，直到曉天時候。

浣溪沙

昨夜挑燈看牡丹。低垂粉頸斂羞顏。暗攜紅袖出雕欄。分明夜雨瞞人去，笑説窗虛月不關。故垂簾幙鎖春寒。

祝英台近

春意閒，春魂冷。個人兒春困。懨懨渾不似、舊時風韵。庭院無人悄悄，落花飛絮，更不

管、我儂心悶。　晚霞一角，映得十分情，只恨眉兒損。枝頭梅子，漸漸酸兒緊。更有那、緑肥枝子，芭蕉葉大，望斷天涯芳信。

浪淘沙

蛛網亂交加。網住飛花。且將春色住些些。此去幾時歸也未，莫便天涯。　是處總參差。著什紛拏。啼鶯無奈苦留他。依舊落紅春去也，燕子人家。

清平樂

紅樓一角。緑樹環遮著。葉底鶯歌樓上和。些子晚霞點綴。　難禁月上黃昏。多情燕子窺人。庭院悄然寂静，楊花捲地堆門。

摸魚兒

痛金甌、風篩雨簸，新愁舊恨難量。想當年豪氣何在，便斷送爛文章。到如今，只落得、崚嶒傲骨，冰心劍胆共悽涼。總嗔鶯叱燕，歌桃舞柳，剪不斷愁腸。　胡塵滚滚，胡馬牧陰山，全不費點周章。没個人兒作主張。長城萬里，一任毁邊牆。剩山青燐黑，百般感喟，空閒了李廣，鬼雄夜哭，霜月蒼茫。

踏莎行　乙亥初夏，遊三貝子花園，坐緑陰下，蕭然意遠

緑陰樹下，好風招坐。淺碧荷錢烹茗椀，山前山後杜鵑啼，血染榴花紅似火。　小橋流水，山禽呼我。斜陽外酒旗低亞，問君能飲一杯無，有多少高陽儔侶。

南鄉子

甚子人間世。胡天胡帝還胡地。白日裏亂哄哄鬧著鬼。究竟鬧些兒什事。直任是晦氣。契女乾兒開府第。羣雌粥粥，流氓作皇帝。一二三四五六七。

攤破浣溪沙

十二欄干曲曲斜。月移花影兩三椏。夜深不願歸房睡，聽池蛙。怕調紫玉驚鴛夢，露溼裙腰暗恨他。一陣落紅驚撲鹿，墜棲鴉。

揚州慢

《塘沽協定》三載於茲，落拓燕塵，又逢此日。慨乎前事，戚焉予懷，日暮途遠，悲從中來。耿耿不寐，中夜起舞，徘徊斗室，悽然譜此

燕趙豪俠，故闕繁華，解鞍繫馬談兵。歎雄關第一，斷送了卿卿。又怎禁、塘沽協定，長城壞了，胡馬縱橫。黃昏後、寒風角起，無限悽清。韶華易逝，三年往矣堪驚。悵雲海蒼茫，孤烟夜雨，難慰予情。萬千搖落多感，真無奈、乙乙愁生。空斜照、孤城隱隱，邊雁無聲。

浪淘沙

庭樹幾株，緑陰如許，鴉栖蜂戀，惓焉予懷

庭樹兩三窠。緑陰婆娑。平空留得暮鴉多。只怕夜來風雨惡，惱了人家。且慢莫嫌他。蜂愛排衙。風流飛點最高花。隔座送鈎春酒暖，甜到心窩。

謁金門

真堪嘆。白髮蕭蕭亂劍。影燈昏天月半。斫地悲歌徧。別離久矣忘鄉縣。約略都嶠容

筦。石印山前水清淺。有松岡書院。

前調 戲譜

老奔波。日晒風吹没奈何。拚著命兒真了得。都只爲情多。全不怕惡爺磨。就只怕家子婆。打碎醋餅兒怎哪。南無法摩訶。

烏夜啼 乙亥端午，夜坐花陰樹影

月子彎彎窈窕。年還小。羞答答、話兒裏偏俏。婷婷嬝嬝。隔著花兒笑。直到三更，還不睡覺。

江城子

黑風吹撼瀋陽城。急拖兵。棄大營。逃入榆關第一名。山河錦繡三千里，斷送了，又長城。雄兵百萬擁孺嬰。馬悲鳴。雁無聲。迴風嫚舞、歡笑有飛瓊。白山黑水元菟月，杜鵑血，鬼燐青。

南歌子 庭院槐陰如許，正好晝眠，無如倭氛逼我，國事艱難。悵長城之雲黯，聽燕壘之悲笳。故不敢斫地作聲，亦聊作步兵之哭，并簡陳柱尊、馮振心

户外沉雲黑，槐陰睡不成。東風不讓半分晴。留得簾前、鸚鵡話凄清。巢禽悲故樹，舊壘看苔生。琵琶無語劍難鳴。十分無奈、熱淚洒新亭。

虞美人

三載北平來伴飯。消却英雄胆。征衫只好任塵埃。笑他白髮星星、暗裏催。文章自古從來賤。到處人白眼。何如寬飲兩三杯。放

卻心頭餘韻、自悠哉。

沁園春

乙亥長至，呼友食魚生，豪飲快飱，酒酣歌此

蹤跡如萍，相逢甚難，莫便痴呆。宜操刀細斫，滄浪赤鯉，白鷄黃酒，喝雉猜枚。天下紛紛，何時定也，與子寬懷飲幾杯。高歌也，徧江南河北，劍俠奇才。　酒酣擊筑豪懷。歎今古、英雄幾輩哉。悵雲埋紫塞，草長陰山，老殘李廣，胡馬南來。胸中塊磊，此時作怪，一日拚將醉一回。披衣起，月華信美，斫地生哀。

賀新郎

如此好山河，平白地、這般斷送，沒些兒個。手握雄師稱百萬，半夜悄然南撤。總然博個身輕，這可留下了罵名兒，千秋萬世難逃過。董狐筆，人人唾。　嗥火狐鳴先胆破。說甚躍馬橫戈，殺敵致果。多少新亭揮淚客，誰愛惜神州也，可憐浩刧由人做。偌大將軍無主意，怕蝦夷、舉動多粗魯。痛中原，誰是主。

昭君怨

一個山咀村住。一個春申江住。一心兩地愁。雨瀟瀟。　北平花好月圓。北平落拓三年。閒愁空把箋。心情懶。

沁園春

乙亥六月廿七夜，日人以重金嗾漢賊白堅武買駐豐台鐵甲車變，砲擊北平城。同時，日人持原武彥集匪數百，先藏其住宅，故清攝政王府也。思聞砲響應。而事先爲我知，軍警監視不敢發，遂不逞。天明，事亦寢，然滿城一夕虛驚矣

三更四更，憂國難眠，肺肝如沸。恨城狐社鼠，認仇作父，青天白日，潢池盜戲。喪心叛國，逆旗横豎，大砲打北平城裏。成就了，是滿城風雨，虚驚一夕。　四塞邊城角起。可惜山河，日蹙百里。正九世復仇，十年生聚，十年教訓，春秋大義。析骸猶爨，殺妻餉士，甯教咬碎睢陽齒。心何忍，更燃箕煑豆，把同胞噬。

謁金門　夜雨不寐

更何許。窗外雨聲如注。真個欲眠眠不去。欹枕聽蟲語。　萬里家山何處。猶是天涯覊旅。没頭没腦没情緒。只有風和雨。

齊天樂　乙亥初伏，吾友毛績齋將之陝北，同人餞於北海。暮雨蒼茫，歸途有感

亂荷揉碎緑珠心，誰攬楚峯暮雨。故苑人疎，水寒鴉渡，同是天涯凄楚。相望無語。歎傷心水沁，烟沉院宇。滴瀝荷花，趁晚風、送我歸路。　回首西山山外，眼明看不到，長城烟霧。静聽羌管，雁迴瀚海，不斷邊防戍鼓。帶來愁數。呼不起柳營，漫歌醉舞。溼雲沾樹，殘蟬話今古。

清平樂

知因甚事。兜的心兒裏。越要睡時越不睡。惱煞沉香鴛被。　蕭蕭夜雨凄涼。五更風咽紗窗。愁鎖眉峯千徧，枕邊恨染瀟湘。

風入松　乙亥七夕雨

一番悶雨一番風。愁阻鵲橋東。樓頭腸斷今宵月，平生恨、合訴寒蛩。雙星知否相會，煩

惱死寺樓鐘。涼思暗度井梧桐。消息到芙蓉。寒塘留得殘荷在，攪亂了、幽夢惺忪。惆悵藍橋路遠，行雲苦隔巫峯。

清平樂 中日大使昇格，痛言

人謀鬼謀。大使格昇高。割山河不用金刀。外交家禮數周。不用飛機大砲。經濟交通攜手。你我同種同文，共存共榮共了。

百字令 王可魯先生自范陽書來，予正病暑，謚此作答

老拙臥病，正悶煞人也，藥爐閒語。枝子花清沁到骨，那曉么荷更苦。一紙書來，開函細看，渾似連床風雨。揔莫相忘，故人千里如許。回憶故苑同遊，夜窗擫笛，曾共先生謚。今日范陽羈別羽，淒絶征衫塵土。六十功名，浪花烟緒，杈杈人腸肚。半幅蠻箋，問君別來安否。

沁春園 答寄杭州丁鏡娟、斯仲英女史

没什閒情，打算這些，似太痴騃。算老殘李廣，白蘋活計，紅蓼飄零，怎的安排。是就是了，誰知道呢，春蘭秋菊意相乖。休笑我，茱萸花好，有酒無杯。花前月下徘徊。嘆豪俠才人土一堆。聽斷橋流水，西泠月色，南屏鐘好，只兩三槌。值什子事，相思遠道，一日相思十二回。真堪嘆，那瀟瀟夜雨，風緊庭槐。

浪淘沙 示杭州黃二明二首

記得去年時。白下談詞。茶甌一笑指花期。說道西湖同把琖，你我心知。節序近東籬。

客况凄其。秋風秋雨不勝思。霜落螯肥鱸鱠美，揔是差池。

其二

霜落隙窗風。蘋白蓼紅。稻粱今又困孤鴻。回首白門花下事，雨過雲空。信道淡交中。依舊情濃。白頭車笠兩相逢。不會便教輕別去，一任飄蓬。

浪淘沙　秋夜

窗外月華明。樹樹秋聲。驚回千里夢三更。無可奈何霜露重，蟋蟀悲鳴。劍影忒孤另。此恨難平。長河寂寂夜冥冥。除却當年曹孟德，一例凄清。

憶秦娥

黄鶯説。餘香猶凝秋千索。秋千索。蝶兒迷亂，蜂兒迷著。殘紅片片牆邊落。幾人夢斷秦樓月。秦樓月。斷橋流水，禁烟時節。

山花子　秋月攜瘦萍遊三貝子園有感

殘荷風攪亂橫塘。莽莽陰山莽莽蒼。落日牛羊下荒坂。只凄涼。寒蟬咽盡空山樹，匹馬蕭蕭踏大荒。萬古閒愁斜照裏，路漫漫。

木蘭花慢　葉翠微將軍死，少年竹馬存者無多，凄然誌此

聽邊城角起，侏夷禍、徧陰山。正英雄許國，騎飛塞外，唱大刀環。怎的將軍碎馬，便魂歸天上霎時間。匈奴未滅身死，叫人怒目呼天。平生意氣似君。難招魂、動肺肝。痛當年

竹馬，少年同學，有幾朱顏。風流一笑餘事，哭君也落日萬重山。江上沉雲鴛水，淒淒風雨邕南。

六州歌頭

人道周郎，真箇勝重瞳。中原大，遼東小，逞豪雄。翩翩公子，金鞍寶勒，美丰容。有父功。談笑白山射虎，黑水屠龍。青天白日，投機革命，乘時易幟，臣功第一封。那三千萬里，三十萬兵，九一八半夜送東風。　管什的遼陽砲撼，梅郎唱，宇宙鋒。時夔優梅蘭芳演《宇宙鋒》于協和醫院禮堂。　蝴蝶舞，趙四媚，朱五穠。術尤工。珠圍翠繞裏，人不見，景陽宮。朦朧月，九爺府，落花紅。斷送熱河，還又才知道，誤國昏庸。昏庸悲誤國，誤國又重重。河北遼東。

金縷曲　一樹金，故都名妓，既嫁復下堂

去去即天涯。歎人間、烟沉霧鎖，冷落無家。昔日風流何處耶。遠山暮靄殘霞。天爲我、也眼巴巴。不是生來儂命薄，只爲他、憔悴却羞他。荻花楓葉琵琶。　傷心昨夜泛靈槎。更桃根桃葉都了，静寂無花。惆悵落紅流水去，淚隨流水灣斜。遣愁無奈弄康猧。鸞飄鳳泊何時了，看看風雨又黃華。樓頭月，浸窗紗。

鷓鴣天

燕郊萍寄又西風。素月丹楓對酒盅。多謝寒蟲倍親切，萬般安慰唱枯桐。　愁叠叠，恨重重。一簾燈影亂飛鴻。人似去年依樣瘦，平

添霜鬢兩三鬆。

謁金門

西風緊。亂了一庭樹影。幾點栖鴉驚不穩。露溼衣裳冷。　月到中秋瑩。渺渺長河恨。那人兒無準信。心兒常不定。

唐多令

開徧木樨花。人海一孤槎。愁共遠、目斷天涯。秋老白蘋風不定，江蘺恨、賦懷沙。　樓外酒旗斜。薄醉數歸鴉。理還亂、烟鎖雲遮。收拾閒愁無著處，青衫淚、溼銅駝。

一萼紅

費思量。正長河洗月，楓落暮雲黃。孤蛬自語，萬家砧亂，低徊無限悲涼。真堪嘆、飄零似我，還自笑、楚客太荒唐。江蘺織恨，紅葉沉愁，樹樹清商。　回首瞢騰一夢，桃根錯認，劍影生寒，酒爐灰冷，長楊賦賤，隨他地老天荒。平白地、輸了東籬角，杜陵無酒尚低昂。臨風一發長嘯，雲海蒼茫。

鷓鴣天　秋日遊南海二首

苑臺無復帝皇遊。空與閒人泛緑舟。水際殘荷風有恨，宮鴉閒話故宮秋。　瀛台月，冷蕭騷。琉璃空碧舊時樓。眼前到處經行地，滿地荒烟滿地愁。

其二

今年愁似去年多。懶聽樓前笛裏歌。零落鶯簾零落恨，只因花瘦怨偏多。　人何處，夕陽斜。數聲歸雁到平沙。夢魂欲渡蒼茫去，愁緒無端把夢遮。

西江月 五首

老子今年四五，一年一度中秋。不知生受幾多愁。生受幾多煩惱。　看看眼前還樂，酒杯寬却心頭。小紅低唱我吹簫。明月十分懷抱。

其二

英雄名士塵土，海枯地老天荒。美人判命門新妝。醉倚桂花殿上。　掩掩遮遮作態，牆東暗度王昌。露濃香透溼衣裳。冷不提防鷄唱。

其三

醉了不知底事，開池趕墨隆隆。何人昨夜送遼東。遮莫乳兒雜種。　粗豪率直肝胆，平生意氣元龍。不曾殺却老阿瞞。漢殿終歸鬼弄。

其四

幾輩親朋戚戚，銜杯了不開懷。哀鴻遍野怎安排。野宿飢寒扔壞。　世事幾曾不是，到頭都是乖乖。勸君且飲莫痴騃。昨日花枝不戴。

其五

皓月當頭最樂，幾多倚翠偎紅。十分秋色十分穠。看看西風已動。　一枕黃粱夢好，梵王幾杵疎鐘。瞢然驚醒月玲瓏。白蟻眼前供奉。

浪淘沙

明月滿中庭。槐影亭亭。枕前絡緯共凄清。

涼夢不圓空寂寂，寶瑟悲鳴。花瘦不勝情。紅葉飄零。南樓更鼓帶愁聽。錦幄重薰低護月，還惜餘馨。

齊天樂

最難堪黃昏時候，人兒瘦心兒亂。華燈怯月，露寒驚夜，車載客愁飛捲。魂兒天半。目斷長亭，影兒不見。那淚珠兒偷滴，脚跟兒不轉。　還忍鷓鴣簾前，鳳樓人共倚，恍如昨晚。緯娘鎖語，明河淺淡，錦幄添香重暖。夢兒重綰。歎一夜西風，天翻地換。雲愁織恨，海枯石爛。

漁家傲　國聯拒絕中國理事要求

落日懨懨天欲黑。夜氣沉沉見鬼蜮。忍氣吞聲求鬼悦。那可得。怪事怪事咄咄咄。　野蠻人無理可説。公理之神鐵與血。自由之魂拳與骨。偕亡日。神明華胄醒來弗。

西江月

金錢美人官爵，人生哲學楷模。猪精肚裏要金箍。甯漢血流漂杵。　容共先生遺訓，反共聖人囊珠。翻雲復雨好工夫。烟霞洞打鬼語。

浪淘沙　二首

河朔陣雲高。匹馬蕭蕭。古稱燕趙多英豪。御苑居仁堂上坐，輕曳鵝毛。　甯死不低頭。走太原州。西安甘肅不辭勞。縱然越過希馬拉，也不降曹。

其二

銀樣蠟槍頭。妙計歸曹。老婆先自到杭州。

報道先生隨後到，多少泉刀。三十萬袁頭。與爾消愁。官高一品再封侯。明日白門同道去，河上逍遥。

喜遷鶯 暮秋

天高月小。極意不悲秋，秋心亂攪。雁陣驚寒，孤蛩夜語，緯娘歌殘紅蓼。露溼桂花涼沁，風曳黄花夭矯。對此景，搦笛不勝情，倚闌倦了。人似娥兒舞，怎奈鬘凋，心倦影兒悄。錦幄黄昏，銀缾瀉酒，也幾經得僝僽。願低首叩天公，夜冷秋風莫叫。風如剪，剪不了庭前，落葉飛繞。

臺城路 用玉田韵，寄杭州敬仲二子

年時舊事真如夢，我已鬢毛漸老。杭州客感，故都摇落，無語孤燈一笑。怎的倦了。瑟瑟西風，吹殘角帽。萬千情緒，冷透暮天衰草。

舊懽今已窈。更蓼紅蘋白，孤芳自少。夢來桂影，虚樓倚笛，呼起錢塘蘇小。真真惱。又幾度飛鴻，幾番催曉。紗窗吐白，甚時重夢好。

壺中天 抗日於役長城，河冰夜渡，匹馬亂山，天寒氣壯

長城萬里。秦皇漢武，華夏分南北。平白地侏夷怙亂，黄塵猛飛胡騎。衰草斜陽，關河古道，天外黑風立。短衣匹馬，斜月照英雄淚。

馬頭落葉蕭蕭，水寒沙共遠，了無人迹。極目凄迷愁欲絶，劍影飄然獨倚。沙擁雲浮，雪偎裘暖，浩氣横長碧。拔劍哀歌，河冰自咽燐黑。

浪淘沙　雙十節深夜，行中南海

湖水月籠烟。涼到心邊。孤蛩和露烟寒芊。殿閣依然紺碧色，不似從前。　秋思萬牽連。緑瘦紅憐。鴻哀雁語斷腸天。二十四番雙十節，和鬼呼冤。

甘州　寄杭州斯夔卿師

記西湖躍馬萬松嶺，長劍倚風前。甚老殘李廣，將軍健飯，似我飄零。短夢渾然如昨，故國百年心。勒馬吴山上，隱約龍吟。　無端相逢燕壘，悵吹燈借月，劍影蕭然。料此番歸後，忙煞裹湖船。算袖了、平湖秋月，踏碎了、葛嶺古雲林。湖墅裹、燈前兒女，無限光陰。

瑤台聚八仙

蟾影娟娟。秋光漸老，懶倚畫樓前。知天上明月，今夕是何年。花冷鴛鴦何處宿，亂移花影到牆邊。寃不寃。抛殘紅豆，雁斷涼天。　爲儂繫住明月，莫放他過去，共此孤眠。迢迢長夜，難遣愁到雙鬟。凄凄切切心碎，無聊賴、絡緯咽寒烟。懷人處，滿身風露，溼了花鈿。

浪淘沙　煙鬼自嘆

越想越凄涼。紅豆燈殘。女兒賣了又婆娘。短命六親都斷絶，影隻形單。　雙淚落君前。無限心酸。支離瘦骨擱烟床。活似死人多口氣，苦了閻王。

清平樂

三更半夜。想著他兒，只翻來覆去臉兒赤。越思越想越急。　猫兒亂叫闌干。可兒明月當窗。被兒寂静無浪，那兒空了半床。

促拍醜奴兒

風雨捲殘秋。菊花無奈也低頭。移尊拚著花前醉，管他則甚，眼前高興，何事生愁。　白了少年頭。不曾輪却酒邊樓。天亦教吾休管事，江山在眼，有花有酒，度曲吹簫。

南鄉子

二十負虛名。濩落生涯了不平。白髮蕭蕭真老也，不成。腰間還是有青萍。　斫地作哀聲。萬里江山萬里情。匹馬亂山笳角起，悲嗚。一曲高歌涙已冰。

朝中措

草窗日日拂風埃。不許塵埋。却是萬千心事，懊遭無處安排。　日暮途遠，人間何世，渺渺予懷。只有酒邊短夢，劍影徘徊。

滿庭芳

噫予何歸，家在何處，迢迢地角天涯。支風給雨，酒券乞人賒。眼前無賴活計，眼前事、明日黃花。但自遣，疎林斜照，搔首數歸鴉。　更不消提起，中原荊棘，故國桑麻。嘆巢禽無樹，舊壘栖蛙。日月消磨雙鬢，安排心事付琵琶。蒙頭睡，鷄鳴又起，鵝鴨耳邊嘩。

促拍美人魚

彼美人魚。玉罩失柔膚。萬人空巷願爲奴。君不見執鞭褚。　金陵王氣式微。龍耽虎醉栖栖。不是青山姓蔣，幾希衆木難支。

鷓鴣天

閒攜竹杖過前村。沽酒歸來帶夕曛。紅葉滿山留落日，晚霞爲我候柴門。　天邊雁，雁成羣。左前右後互相親。忽見孤鴻驚失羽，向人低首話辛酸。

念奴嬌　壽季寬弟

問吾季子，有幾多聲價。氣慨直干霄漢上，算是奇才無二，磊落行藏，平生謀國，忠貞動天下。黄塵滿面，僕痡矣，馬云瘏。　堪笑雲出無心，甫離山便道，豈無心者。知子並非酣富貴，丈夫豈便浮沉也。他年山咀，種瓜閒老，自有千秋話。向哥哥還一笑，箇只瓜幾大。

清平樂

梢頭冷月。關河滿冰雪。月落有時枝有折。杜鵑啼盡無血。　山青林黑風寒。看看是什人間。胡鬧如花美眷，一場鬼火燒殘。

浪淘沙　黎元洪國葬拖刀泉。當年兵敗，匿此不出。予輩速其歸洪山，主大計，黎氏泫然。今者榮耶，辱耶？悵焉予懷

山色有無中。破廟來風。窮途困了幾英雄。前有拖刀關大聖，後有元洪。　時勢造英雄。屠狗人龍。成王敗寇一丸封。馬骨也應關大計，看杜鵑紅。

黃鶴洞中天

我家在都嶠，心地平平地。壯懷報國有崐崙，曾斬樓蘭誓。　年來頭屢低，淚溼青衫袂。歌殘鐵板人不知，月照寒潭水。

鷓鴣天

長安無復帝皇家。殿閣崩殘落照斜。蛛網離離狐鼠嘯，淒涼宮樹話宮鴉。　那那那，那桑麻。銅駝淚血杜鵑花。衰柳離披飄太液，殘荷長夜咽胡笳。

齊天樂　王可魯自范陽札予十，傷別譜寄

天時人事動興悲，轉眼又成陳迹。北海開樽，南海煑月，歌板似曾相識。奇人怪客。高唱大刀頭，眼横秋碧。劍影蘋香，寃却了少年容易。詞筆先生健麗。奈相如漸老，天涯況味。短褐塵髒，心傷制淚，愁不斷長城毀。燕姬趙媚。便恐木屐兒，侏夷禍起。寂寂萬重山，故人千里。

水調歌頭　再寄范陽王可魯

先生情意切，密密寄書郵。悲歡離合常事，知己古難求。憶昔酒邊搊笛，乘興花前點月，柳暗水邊樓。如今增別慨，人事總悠悠。　故都雲，范陽月，兩難留。算我平生遊迹，不負少年豪。最憐鶺鴒孤影，落日野烟原上，沙遠不勝愁。別後如相憶，酒痕襟上稠。

木蘭花慢

城南風月好，烟柳最是宜人。每夕陽西下，華燈礙月，樓閣雲深。多少金張公子，金迷紙醉

鬧芳春。爭得燕姬趙豔，歌來越調吴音。當年走馬杏花村。鋒鏑寄閒身。記瀟湘別館，宋郎心眼，試聽新鶯。一別黃河天上，黃河九曲，九曲哀吟。玉門關上柳，春風已是隔年心。

浪淘沙

冀察共遼東。都誤昏庸。人謀不及鬼謀工。恨煞漢奸爲虎倀，莫怨蒼穹。　燕趙古英雄。今日何窮。空遺易水咽悲風。十萬橫磨何寂寂，無限孤蹤。

前調

愛國一何窮。賣國偏工。傷心無語泣兒童。不作沙場刀下鬼，死在奴從。　低首拜蒼穹。作甚痴聾。江山半壁有無中。究竟我儂何罪孽，下死磨儂。

如夢令　天津寄王可魯

悲歡離合無據。枯桐空自長吁。短笛過滹沱，河上冰澌馬苦。珂廬。珂廬。今夜月明何處。

鷓鴣天　乙亥冬過天津，贈馬占山將軍

博得英雄最上流。白山黑水不勝愁。關河故國淪胡虜，十二金牌哭岳侯。　將軍劍，不降曹。匹馬悲風咽怒濤。壯懷誓雪侏夷恥，不願封侯願斬頭。

如夢令　弔蘇小小坟

著甚恨沉寒水。夜夜悽涼橋底。我爲不勝情，到此坟前呼你。呼你。呼你。呼你爲何

不起。

清平樂 弔小青

踏殘山月。槁石留殘雪。荒草離離爲悲咽。彷彿小青坟穴。天高地凍風寒。多情不似人間。香埋粉墮猶恨，我來遲了潘郎。

采桑子 示陳松青女史

只爲傷心來拜佛，悔了今生。懺了來生。五更斜月太悽清。尋思往事拈花祝，割了根情。絶了聰明。横了心腸也不成。

西江月 又示陳松青女史

短髮鬆鬆雲漾，隨隨便便梳粧。不施朱粉不施黃。燒水燒茶燒飯。不是神仙菩薩，分明是個姑娘。如來殿上不參禪。畢竟如來骯髒。

浣沙溪 二首 寄瘦萍天津

漫寄花箋付瘦萍。西湖無賴是黃昏。但憑清夢到天津。夜静月閒人寂寂，電燈閃閃不成雲。敲燈碎月倒開樽。

其二

人生長恨水長東。活計都消旅況中。西湖依舊去年同。一枕驚回千里夢，十分明月十分儂。瞢騰又鬧五更鐘。

鷓鴣天 乙亥臘月，自杭去北平

別緒凄凄細雨飛。征魂夜半枕邊支。路長冷到新年雪，夢入西湖天不知。雲冉冉，月低低。愁衾怯重恨難移。明駝不負迢迢路，何必三更速曉雞。

南樓令

十載別杭州。西湖一再遊。兩峯依舊識儂否。腰瘦不因官樣小，都只爲、舊風流。　天地我何求。曾無半點愁。高歌原不是悲秋。感時不作尋常態，低頭幹、不回頭。

前調

燕趙託萍蹤。蕭蕭匹馬雄。高歌斫地作悲風。顧影自豪還自笑，長劍外、氣如虹。　談笑酒杯中。高懷誰與同。投閒無復遇新豐。老夫不作懷沙恨，如椽筆、走蛇龍。

鷓鴣天　獨步孤山

西湖不是舊西湖。今日西湖俗了予。絶好孤山絶孤客，梅花低首拜金夫。　荒草裏，小青呼。爲予傳語寄林逋。重泉可有清閒夢，落日荒山亂鷓鴣。

前調　移家居青莎鎮

不巴城市不巴村。平白閒添了個人。閒水閒山閒日月，好花好酒好花生。　杯自酌，且孤吟。燈前劍影任縱横。眼前且莫增惆悵，已是諸天動鬼神。

前調　二·二六日本兵變，軍閥荒木真崎主之，吾其多難乎

夜看兵書到五更。關懷家國夢難成。嚴城隱隱傳刁斗，靜聽邊烽又一驚。　雲黯黯，雨霖鈴。赤禍創痍没骨深。侏夷禍恐狼奔穴，誰趁安邦第一程。

前調

丙子春過漳州，一宿即去。花事已過，綠也成陰，有感

花事今年又錯過。相看綠葉已成婆。不堪回首當年事，渺渺情懷黯黯波。　茶偏好，奈茶何。擕茶飲我恨偏多。銀海波搖人欲眩，車兒聲已隔林阿。

前調

含情注定，恨海藏波，負負

枝子交加香蓼繁。停辛佇苦待君看。待君不至空惆悵，瘦減要肢不爲春。　今相見，綠成陰。回首前時已隔塵。花到荼蘼花亦老，隔籬吠犬不堪聞。

卜算子

春去復春回，依舊郎情薄。夢繞郎邊郎不知，愁聽鶯花落。　春暖又春寒，腰瘦春衫削。眉鎖春愁知爲誰，知否從前錯。

點絳脣

丙子清明後，孤吟官舍，暮雨敲窗，時駐閩南同安

寒食寒烟，清明過了春光老。黃鶯飛了。梅子含酸瘦。　暮雨瀟瀟，吟冷同安道。山城小。不知多少。荔子花枝裊。

前調

又

清明過了，春光又是空辜負。衙齋孤獨。的答黃昏雨。　燕子泥巢，愁煞春歸去。傷離緒。可憐無語。懊惱譙樓鼓。

孤鸞

蓮心難説。似燕子無家，孤鴻唳月。地老天荒，渺渺雲山愁絕。怎的春光輕撇，又過了、

清明時節。直怎帶恨牽愁，愁帶春潮咽。奈夢見、飛越魂兒隔。只夜夜孤衿，朝朝凄結。更一聲聲不斷，杜鵑啼血。漏聲呀敲碎了，那人兒、柔腸百折。誰把一枝横竹，笛亂吹工尺。

憶王孫 同安溪邊散步

春花過了便天涯。偶向溪頭看浣紗。隔岸因風送落花。不睬他。歸來無語坐空衙。

千秋歲 遊大輪山，見百尺蒼崖刻李世賢破同安事，獨立峯頭，心泉注恨。同行有陸秉衡、徐子序、劉積美

大輪山嶺。無限傷心景。眼前事，心頭病。破瓦殘磚餘片片，留得梨花影。蒼崖上，苔痕印出英雄姓。　莽莽東風横。低首前賢敬。人悄悄，梵鐘静。人去空遺恨，往事誰能省。傷心也，滿山荒草啼鵑冷。

菩薩蠻 同安西門橋晚眺

平林漠漠烟如織。雲山莽莽横空碧。好景晚來多。斜陽聽踏歌。　浮生真若寄。今又來浯水。浯水碧於天。何時歸去還。

閑中好

閑中好。海棠伴清晝。箇裏人不知，因風入懷抱。

羅敷豔歌

霧約蝤蠐雲約玉，媚眼惺忪。雪腕酥融。暗香微度口脂紅。　高跟鞋子柔膚膩，腰細迴風。眉語心通。兩情都在不言中。

謁金門 寄北平楊蔚雲

如何住。住下也應没趣。愁絮愁風又愁雨。和鬼來言語。休莫莫,人何處。南北迢迢今幾許。羡君鴛夢一雙雙,似我還孤獨。

調笑令

燕子,燕子,飛向天涯何處。閒天閒地閒愁。藕絲咽咽抽抽。抽咽。抽咽。落日滿山啼鳩。

摸魚兒 寄上海陳柱尊

挂扁舟、南向八閩,同安路去。誰分天涯,相見常相别,各此酒邊期許。愁無語。悵歐浦鶯花,花帶烟和雨。離情休訴。聽半夜啼鵑,曉窗布穀,問先生安否。思重會,渺渺海天

雲樹。吹殘短笛,太息英雄落拓,嗟無命,彈鋏歸來無據。休煩絮。名山應有分,自有花開處。帝王糞土。且滿酌花雕,魚頭鷄脚,醉倚擎天柱。

錢塘潮 爲海鹽鍾靈秀女史、杭州徐子序之冰情玉愛而作

君住浙江頭,妾住浙江尾。日日相思不見君,起落隨潮水。此身寃負君,心拚君前碎。誰分早晚不相思,禁不住襟前淚。

歐浦恨 又

黯然魂銷黄歇浦。長是天涯路。春蘭寂寂怯春寒。時見雙雙燕子、話同安。渺渺情懷心曲曲。愁煞江頭雨。重重幽恨鎖重樓。無情月不照我、到杭州。

宴清都

鶯早當窗喚。荔子花香，向曉風迷軟。魂兒未醒，睡眼惺忪，夢兒偏短。錦被留香還暖。可奈春濃人倦。霎兒人亂。心亂。意亂。神亂。　長思花好月圓，多情自我，無計拘管。藕絲凄咽，蓮心的的，幾番迷戀。無言淚珠成串。枕上溼痕痕染遍。怎禁得、此後思量，柔腸百轉。

長相思　同安客思

東一溪。西一溪。溪回水曲海之湄。鷓鴣撲拍飛。　這荔枝。那荔枝。芭蕉葉大桂圓肥。怎的不相思。

前調　同安所見

言不同。語不同。兩語三言惱乃翁。性情真正猛。　衣不充。食不充。十人九個阿芙蓉。婦女拜恩公。

菩薩蠻　登大輪山

大輪山下雙溪水。不曾流盡英雄淚。東望去台灣。凄涼飄渺間。　閒愁關不住。三月春將暮。匹馬下空山。鷓鴣啼那山。

鷓鴣天　自角尾、灌口歸同安，歸途日暮，紅月照人，動我懷抱

一輪紅月太多情。照我同安第幾程。日暮自歸山悄悄，人何寂寂影亭亭。　天涯恨，恨難平。多情我自負卿卿。明知薄倖添憔悴，委曲逢迎總不成。

清平樂　滸井道中暮雨

春衫雨溼。風斜飛燕急。雲鎖遠山橫黛碧。潮打孤村古驛。　十分娟好春蘭。瀟瀟暮雨同安。願美人兮延佇，回頭便隔春山。

鷓鴣天

春寒寂寞度閑庭。的答黃昏雨不停。牆外荔枝輕弄色，暗將花氣亂心情。　無所事，輒愁生。十年春事十年心。多少繫人腸斷處，斜風細雨憶雲箏。

荔枝香近

隔院時聞鶯唱，荔枝樹。似説醉迷曉夢，不放春光去。燕子含愁，暗把眼波兒些注。還扭過頭來，低低細語。　臉兒紅，印著枕痕媚嫵。紐兒未扣，瞋郎來細數數。怎的兒、昨宵魯莽，這般欺負。教你今宵愁苦。

南樓令　月夜風寒

零落又同安。玉蘭花影窗。窗前玉蘭花，高數丈有餘。甚風聲、半夜生寒。平生兩脚經行地，空贏得、牧之狂。　月落滿關山。歌殘夜未央。蒙頭睡、兜的悽涼。明月半床空半席，端的是、夢來難。

高陽台

深葉愁鶯，風柔倦懶，日長静鎖孤懷。幾番消遣，幾番暗自安排。牆外荔枝花正暖，花到荔枝春已乖。更悽然，萬綠眼前，愁到幽階。　當年豪氣今何在，看溪回水曲，三秀烟埋。聊落同安，如今也呆打孩。甚心兒梅邊弄笛，掩重門、有鳥喈喈。推窗望，鳶飛天外，飲兩三杯。

梅花引 遊同安梅花山

梅花山。溪灣灣。當年争戰血花斑。水瀰瀰。草離離。有個人兒，匹馬悵斜暉。人家落索炊烟溼。夜雨時聞鬼嗚咽。晚霞横。映前汀。太師橋畔，有女浣沙青。

謁金門

天涯月。怕照那人心怯。枕上夢兒留不得。醒來無處覓。相思只管相思，惜别鎮長惜别。悶損人也没話説。心兒越更急。

青玉案 梅雨

林花惻惻心情惡。整個人兒長寂寞。枕上夢雲虚一角。簾前燕子，向人調戲，戲罷雙雙宿。窗外雨聲争入屋。聽得分明的答。點點滴滴不曾錯。剛來一陣，又來一陣，魂兒都滴落。

鷓鴣天

愁到無聊賭酒杯。飛捎捉月過來陪。疏狂醉了剛鬆手，縮到牆根去拔鞋。拈花笑，近前來。莫道無情我不乖。試看橋下多情水，到海隨潮去又回。

厭金杯

風軟香柔，花慵意嬾。可憐宵、枕兒虚半。愁把鶯簾綰。挽個月兒來做伴。密密甜甜玩玩。隨花徑遠。忒小心兒，驚動了、鴛鴦對岸。無情緒，那脚跟兒忙，這心兒亂。一陣薔薇香滿。

聲聲慢　寄石楚深杭州

荔枝花暖，柔荷展翠，燈前看劍風生。苦竹黄蘆，都隨流水游萍。同安幾番夜雨，生涯也、只雨飄零。驀抬頭，新來燕語，道我負鶯鶯。　怕聽山陽短笛，萬般悽感，水遠共山明。披衣一發孤笑，笑與愁并。江空水雲寂静，照人天外兩三星。情未已，倩譙樓、慢打三更。

攤破浣溪沙

半幅横波嫩欲流。生憎偷眼偶回眸。似曾解識東風恨，月如鈎。　櫻桃最是銷魂地，學得時妝揔帶羞。個中情味知多少，柳梢頭。

浣溪沙

燕子傷春入夜寒。可憐無語託同安。相逢一笑可也難。　隔院聽鶯人脉脉，簾前倩影揔姗姗。愁深愁淺到眉彎。

綺羅香

四野蛙吹，花前看月，滿天星斗縱横。漫嗟往事，恨隨春草青青。功名事、渾如糞土，閑把玩、豔影娉婷。算江山、信美多少，經行地爲我留情。　江湖淪落久，慣平生孤另了，不解飄零。鶯兒無語，愁予兜的分明。想樓倚、玉人延佇，更天涯、望斷愁凝。愁多少、遥山遠水，無準信歸程。

解連環　寄懷北平珂廬主人

歌殘南浦。最難忘燕雲，高陽儔侶。曾共酒邊和月醉，聽瀟湘玉笛，樽前低訴。水驛山樓，了不斷、羈愁別緒。甚雲車一撇，千山萬水，載將愁去。　烟郵霧閣自語。更枕前新月，山縣閒住。念故都、如此良宵，詩叟詞仙，醉臥牡丹圃。吟魂剛醒，又客夢、遠尋來處。三更寒月落，笳角一何淒楚。

南柯子　夜雨

萬里家何在，同安寄客程。羈懷黯黯皷三更。那堪風雨、滴答到天明。　窗外荔枝溼，階前碧蘚青。天涯似我搃飄零。離情何處、處處是浮萍。

思越人　越女麗，人多争之。一夕，爲好事者驚其鴛夢，太煞風景

鎮北宮前是妾家。春花秋月沒些遮。無端驚起鴛鴦夢，一段痴雲悵落花。　愁黛歛，淚痕賒。眼前流水嘆無涯。那堪花下重相見，鸚鵡前頭暗恨他。

南歌子　夜雨

一夜瞞天雨，真教夢不成。玉蘭花下溼亭亭。可曾經慣、細語問鶯鶯。　那得狂如此，曾無半點晴。教人一陣一心驚。嬌殘無力、脉脉對殘英。

清平樂

烟晴雨意。淺淺雙溪水。溪水無聲溪月美。照不到心兒裏。　蕭條淒緊孤懷。杜鵑花落

花開。愁度西安橋上，海潮去了回來。

賣花聲　自同安寄季寬弟杭州

山咀舊柴門。洛水縈村。得閒宜釣浣沙濱。緑楊不負黄鶯語，石印千尋。　松徑入山深。花好來禽。天涯應動弟兄心。可惜年年芳草色，輸了家人。

木蘭花慢　漳州木棉花

青天白日滿地紅，英雄恨燒高樹。只殘庵破廟，籠烟月，乾坤正氣如許。微臣虎。恨賊奴甘賣國，拜仇作父。鋤奸心苦。手提三尺劍，霎時間、把狗頭切去。　眼前景杈枒，個人腸肚。往事不堪重數。背人寂寞空山裏，老淚縱横風雨。無言語。看斜陽亂，緑野花嬌舞。脚兒停住。又點點昏鴉，前山叫鷓鴣，後山叫杜宇。

如夢令

閒裏光陰無那。滿眼榴花似火。愁病復愁貧，惹得妻兒笑我。且莫。且莫。風物向秋瀟灑。

滿江紅　來同安三月，辭官歸去

榴火横空，轉眼間、又歌南浦。看剛是、紅垂荔子，桂圓未熟。萬里江山傷客恨，臨風把琖同安路。又無端、勾起半生愁，瀟瀟雨。　燈前影，獨自舞。腰間劍，窮相許。笑杜陵無酒，低昂廣武。飄零白了少年頭，文園誤了長楊賦。回頭一笑，而今別矣，驅車去。

以上《松岡詩餘》

許之衡

浪淘沙

花草六朝寒。秋士多酸。微吟初解鬢毛斑。不耐幾回飛夢過，省憶闌珊。鄉思荔枝灣。難覓漁竿。滄江休共歲華看。照我半彎眉月夜，唱念家山。

蝶戀花　辛亥粵中鄉居口占

誰把芳華輕易擲。隋苑人空，拚放楊花入。聞道東皇無信息。花鈴難繫花魂魄。浪説靈和丰度客。但解三眠，不解將春勒。媚杏夭桃無氣力。驚看一夜梨雲白。

其二

大好名園誰是主。蜂蝶成團，不辨探春路。傍柳穿花撩亂處。但教香在長相聚。怪底陰晴朝異暮。如海春城，斷送韶華去。啾唧繞闌鶯弄語。北窗空對千紅舞。

臨江仙　甲寅、乙卯間春明雜感

一樣風光朝與暮，東君妥貼偏難。欺花困柳弄寒暄。誰分春色，來作兩般看。舊苑不隨芳事改，新枝朵朵争妍。春工儘費買春錢。籠陰送暖，暝羃度華年。

其二

幾隊南來新乳燕，日長屋角争巢。啄花剪水鬭林梢。園公無語，負手聽啁嘲。銀匼金鋪添點綴，好春百樣呈嬌。窺簾悉窣也魂銷。野花朱雀，誰認舊紅橋。

其三

香國滿園春色好，燕鶯何事輕分。憐他爭壘逐香塵。調簧刷羽，總是誤芳辰。　一葉一枝成向背，翻教鳥惱花嗔。幾番凝佇到黃昏。畫樓低度，無計遣王孫。

其四

纔覺釀花風裊娜，摧花又是狂颸。封姨畢竟最難知。春容乍轉，吹散幾繁枝。　從此號秦休鬬豔，綺園芳事全非。却愁風力漸離披。醞晴做雨，又換一年時。

其五

閒看簷牙蛛結網，朝朝捕得游蜂。瓊疏暫覺日光融。惹人閒倦，午定報簾櫳。　多事杜鵑啼血緊，胭脂滿地殷紅。春來花發又成叢。花魂鳥魄，都是怨東風。

其六

閱盡送迎官道柳，篩篩弄影婆娑。飛花飛絮入煙蘿。舊時眉樣，畫得恁般多。　重展纖腰迴舞袖，依然媚景靈和。風光還似向年麽。鶯簧蝶板，猶唱豔陽歌。

其七

愛學入時粧束好，輕衫剪就吴綾。還邀解意幾娉婷。批黃判白，斜草瘞花銘。　却恨罡風偏作惡，緑章猶阻通明。春光賺得幾多停。羅衣易薄，珍重曉寒生。

其八

不解寵花驕柳意，天公故作迷留。倡條冶葉儘夷猶。何須隋苑，剪綵話風流。　只恨天涯芳草歇，有誰目極汀洲。斜陽煙樹正當頭。捲簾腸斷，莫上望京樓。

暗香　居仁堂梅

滿林一白。正弄緜做絮，繁英如羃。共羨玉容，冠領羣芳好顏色。還道東皇做美，春信偏、江南江北。却怪得、嶺外岧嶤，霜訊滯消息。　危立。凍蛟脊。更小小翠禽，宿處爭覓。絳綃與飾。相望瑤臺永朝夕。休説南枝未覺，虯幹已、潛蟠苔隙。怕畫角、吹起處，冷清又逼。

燭影摇紅　居仁堂牡丹

捧出花王，絳羅一幨開春宇。人間富貴説無雙，來獻瓊華譜。國色有誰與妬。早長居、瑤天蕊府。爭如姚魏，眠底愁看，墮煙籠霧。京洛繁華，江南春意還同否。只愁幾度信風翻，吹散燕支雨。無奈桃妖杏嫵。傍紅闌、嬌欹醉舞。重簾深掩，消息傾城，累伊凝佇。

遥天奉翠華引　居仁堂詠雪

朔風天外生。驟翩翻、羽葆空冥。疑雲弄絮，沈陰高處難明。閶闔浮雲動，乍析圭、分璧耀中庭。萬户光揺，齊來報響瑽琤。　蓬萊殿闕，遠望迷、鋪玉砌瓊。衆芳凋盡，嶺梅孤骨誰撐。漫結瑤華想，怕興餘、溪艇又空橫。爭奈田家，尚祈年、道是祥霙。

如夢令　過象坊橋，感花事闌珊口占

縱是桃花輕薄。不意東風翻惡。吹散一庭紅，態豔粧濃罷角。飄泊。飄泊。纔信繁華非昨。

其二

旖旎杏花嬌態。橋北橋東堪賣。一陣落花風，吹散枝頭香靉。難再。難再。休鬧嫣紅牆外。

洞仙歌 晚晴簃菊

蒼枝勁葉，占盡秋容態。巧殿羣芳弄晴靄。是誰家、乞得佳色東隣，纔種出，老圃繁英靉靆。 漫言人淡瘦，綴玉鋪金，滿地連錢競搖采。羞殺冷茱萸、讓與高名，怕同倚、籬根難耐。更浥露、凝風鬬芳姿，只碎月一庭、捲簾無奈。

風入松 晚晴簃芭蕉

綺窗罨畫晚涼天。鹿夢正初圓。濃陰衆綠誰能並，占牆坳、一角還專。任是竹彈終日，碧雲無恙依然。 葉肥翠簇弄晴暄。浥潤護苔錢。捲心斜鬬丁香結，釀寒風、搖月搖煙。簾外萬珠戰雨，寄閒猶託書牋。

摸魚兒 見三海捕魚有感

是何年、龍宫縱壑，潛鱗翔溢如許。鮫絲織就千重網，好趁月明抛取。聞客語。道刼火昆明，尚有臨淵處。遥望玉宇。見碧海鋪銀，嗚榔喧笑，樂意到漁父。 蒼紋額，指點金牌非誤。舊時鑾液曾貯。探珠豈藉垂綸手，滿載合裝柔鱅。愁月去。便捉得錦鯨，難覓神仙府。魚龍漫舞。君不見繁華，御園平樂，閲代也塵土。

滿江紅　望延慶樓

宮樹冥濛，夕陽映、瓦鴛分緑。長憶着、鎖春遺恨，雀臺高矗。黄鶴不來邀帝子，玉龍高倚成哀曲。怕錦袍、宮瓵獵重圍，難言續。用馮小憐事。　修月斧，豪懷觸。傍牆笛，悲聲促。看雨容晴態，古今翻覆。丹鳳五雲平地起，銅駝一夢飛煙速。合留將、斜日好江山，窮遐矚。

踏莎行

銀海雲流，銅槃露滴。昭華三弄聞鄰笛。瑣窗開處月朧明，捲簾又報金風入。　楓葉摇丹，榆錢蕩碧。鏡波來去催寒汐。征鴻不共遠人歸，天涯夢裏飛雙翼。

應天長　宋張矩有《西湖十景》詞，余讀而好之，爰用其調分詠頤和園景物

其一　長廊

萬條翠篠，千曲畫闌，檀欒四照金碧。想見御娥鴛屧，行時響遥寂。巡檐下，花欲滴。遶一片、對湖波色。好長夜、貯月空明，不礙蟾魄。　今度閲紅桑，廢苑興亡，鸚鵡慧能識。藻彩半凋楹角，沿堦蘚痕積。鸞和渺，麋鹿逼。莫倚度、玉龍哀笛。看垂柳、撲絮撩人，依舊簾隙。

其二　佛閣

水涵紺碧，天湧蔚藍，凌虚傑閣高矗。七寶嵌空樓觀，祥雲護靈鷲。蓮臺下，山翠緑。俯萬丈、鏡湖澄渌。那還羨、縹緲瀛洲，仙掌霞幄。

煙雨話南朝，八百珠幢，塵刼渺何速。一例古今興廢，推遷付巖谷。風鈴響，飛鳥逐。落日射、遠林寒瀑。合長住、古佛無言，禪籟幽獨。

其三 戲臺

玉笙翥鳳，銀簫和鸞，飛甍畫棟高拓。匝月錦棚簫鼓，羞誇漢平樂。霓裳罷，珠翠落。怯露濕、五銖衣薄。記傳遍、法曲開元，盛事如昨。　歌舞對湖山，攧笛宮牆，誰記紫雲拍。弟子髮皤猶在，聽殘白翎雀。家山破，休復作。舊夢付、四條絃索。更臨眺、此日瑶臺，天際寥廓。

其四 山洞

碧巖霧滃，瓊島月流，牽蘿逕入空谷。一線瞥窺天影，盤蝸九層曲。雲斤鑿，仙斧斸。傍疊磴、野花芬馥。恍疑是、别境桃源，幽夢相續。　興廢溯前朝，艮嶽嵯峨，花石炫奇築。幾度海桑經變，傷心軫同覆。招猿狖，飛蝙蝠。恨寂鎖、白雲丹屋。只留得、佛髻遥青，空翠凝緑。

其五 橋隄

夕蘆捲霧，朝柳醮煙，明湖淺碧遥抹。畫出幾彎虹影，浮梁半痕没。西湖路，疑夢接。恍蕩漾、六橋波闊。曲闌遠、雁齒齊排，玉洞流滑。　何處教吹簫，夜月銀鐙，隋苑豔游歇。但見野花朱雀，芳春興猶發。呼鸞道，風景别。又換了、數聲啼鴂。傍堤岸、草長紅心，恨水空咽。

其六　湧泉

玉虹瀉影，銀碉遶流，漣漪漾出寒碧。隱約武陵仙壑，桃花泛春色。經苔罅，穿石隙。誤樹杪、度秋聲襲。又疑是、素女鳴琴，愁訴幽寂。
猶記舊華清，水膩泉温，驪宫敞瑶席。此際總歸陵谷，湍流尚清激。雲根裏，紅葉滴。更莫問、御溝消息。祇贏得、響答蒼松，潤透蘿薜。

其七　石船

戧金舊製，明玉雅名，玲瓏一望清澈。恰待御河廻輦，螭頭醉涼月。隋堤事，應笑拙。更莫羡、錦帆棠檝。儼雕就、玉女蓮舟，巧製奇絶。
天上話浮查，縱覓支機，銀漢渺難涉。賸有彩霞飛鷁，長留伴瓊闕。橫江恨，空鎖鐵。又冷動、石鯨鱗甲。問何似、茂苑菱歌，宫嬪能説。

其八　銅牛

柳陰暝卧，花雨晝眠，疎林隱挂遥碧。恍見晉宫衰草，荆駝映斜日。蝸紋遶，苔篆蝕。想御輦、玉犛聲寂。液池畔、不似銀河，機石空憶。
王氣久銷沈，鑄鐵埋沙，同話舊朝迹。夜渚冷波愁對，空餘月痕白。桃林事，非曩昔。怕又聽、杏梢吹笛。合長伴、淚雨金槃，荒砌銅狄。

望江南

陳椿軒《梁雲曲》盛傳一時，余和以詞十首，録四

梁雲曲，天半閬風吹。扇掩桃花凝秀靨，箋傳燕子寄芳思。鶯語咽瓊枝。

其二

梁雲曲，誰與按紅牙。解唱鴛鴦挼杏蕊，故應么鳳號桐花。一字一縑紗。

其三

梁雲曲，本事百詩徵。月底新聲修得似，梅邊瘦影化難勝。惆悵是迦陵。

其四

梁雲曲，題袖涴羅衫。天氣葬花紅雨濕，簾櫳待月玉鈎銜。春恨總難緘。

高陽臺　己未七夕

亭角延秋，湖心貯月，庭花倒影含香。乍捲簾衣，金風吹動清商。鍼樓多少閒兒女，尚年年、問訊銀潢。訴情長。畹晚良宵，莫負風光。　遥聞瓜果當筵處，有喁喁私祝，兜影蘭窗。北斗南箕，永憐隔漢相望。何如也學黄姑渡，贈支機、同話虹梁。黯思量。極目微雲，佇立迴腸。

水龍吟　歌寮有譜《紅樓》補裘事者，崔伯樾約同賦，步韓无咎韻

翩然么鳳輕盈，仙鬟如願前身是。銀屏語近，紅樓夢邈，珮環聲墜。苦憶流塵，愛描影事，譜來橫吹。縱鴛鍼密縷，線長宵短，衹半晌、偎人醉。　不是蓬山千里。奈芙蓉、霧鬟煙洗。情天莫補，彩雲易散，衵羅誰寄。咽淚燈前，斷腸簾畔，干卿春水。似瀟湘弔影，一般幽怨，付斑筠翠。

霜花腴　題李釋戡《鞠部叢談校補》

墜殘法曲，問教坊，依稀似話開元。紗帽斜街，櫻桃深巷，芳游夢紀樊川。點黃注鉛。歎玉谿、詩客能賢。寫淋浪、故國繁華，故人心眼付蠻牋。回首大晟飄散，總宮移羽換，恨滿鵾絃。燕市餳簫，旗亭歌板，江東落拓愁牽。放懷此編。似錦囊、雙璧當前。賸羊曇、目斷西州，淚痕和字渲。原著爲羅癭公母舅遺墨。

浣溪沙　仿蘇有轆轤體詠燕詩，意有所諷，余採其意入詞

一自吳宮草不春。昭陽無復戀華裀。低鳴啾唧怨誰人。亂蹴金鋪榆莢碎，望穿畫閣柳荑新。年年窺幕問何因。

其二

綺閣迢迢舊夢徂。累伊絃索暗塵鋪。翎邊難繫斷腸書。香逐馬蹄遲款段，影窺簾浪儘紆徐。過春社了又何如。

其三

公子歸來解惜春。尾涎涎處亦撩人。常時相見故逡巡。不分低飛金戍夜，可憐廻憶屬車塵。畫樓高處漸黃昏。

其四

相遍雕闌與畫梁。芹泥銜出綴餘香。春歸殘碧付池塘。啄麥幾回翻翠浪，蹴花一陣散紅芳。不堪凝睇黯廻腸。

其五

王謝朱門認畫輪。幾番簾幙換香塵。舊巢重

覓已成新。繡轂送歸嗟去妾，翠樓空鎖怨佳人。差池無計惜餘春。

其六

畫閣遥望淡欲迷。野花猶自媚斜暉。似曾相識認簾衣。舊楝低徊辭壘日，空梁惆悵落泥時。依人軟語費凝思。

其七

自逞腰身舞態饒。穿梭弄剪若爲勞。銜花終竟化萍飄。共鬭榆眉憎雀噪，争棲柳眼妒鶯嬌。一回凝佇一魂銷。

其八

煙柳無情翳夕暉。空颭金縷萬條絲。尋巢還恨是空枝。杏雨掠殘驚墜羽，苔錢蹴盡化香泥。漫誇門巷舊烏衣。

木蘭花慢 戊辰三月三日禊遊未赴，賦呈京華吟社諸公

舉宣南禊集，月泉社、又重修。看漭瀁山川，晴和甚日，俛仰臨流。羈懷縱澆魯酒，恨輸他從事領青州。誰仗麴波海氣，替人永祓清愁。　凝眸。鵲華峰頭。顰翠怯、黛煙羞。想戲馬臺荒，湔裙客杳，難遡歡游。東君也容助我，向春瀬婪尾醉浮漚。元巳佳辰報與，暫教觴詠銷憂。『懷』字、『君』字不叶，用玉田體。

前調 題邵次公北海秋蓮圖，時戊辰四月也

鏡波明紺宇，翠雲影、露紅嫣。指往事瑶宫，玉妃遺步，涼月娟娟。文鴛。背人暗語，話錦塘不似曩時妍。惆悵御河蘋末，商飇已動鷗邊。　魂牽。洛浦衣翩。愁易過、豔霞天。

漸太液風高，難擎露蓋，淚似銅仙。還憐。簸來驟雨，怕羅裳又被亂珠濺。回首菱歌舊夢，芳涇幾變晴暄。

八聲甘州 團城古松，和次公

對遥天魂黯景山陽，蒼蒼偃蟠虬。伴金鰲清霽，塔痕迴映，黛色全收。雨榦風鱗催老，尚許歲寒留。莫向斜陽語，煙鎖瀛洲。　玉佛靈光長護，似安禪龍定，低卧寒湫。望春陰瓊島，結綺閉空樓。剔璇碑、漫尋題字，敕翠雲、猶話舊封侯。蒼茫意、苔荒石黝，閲幾番秋。

唐多令 誄梅氏室

銀漢翳微雲。蟾圓中又分。悵星娥、輕駕飆輪。碧海青天環珮冷，悲獨夜、儘傷神。　鸞鏡黯凝塵。羅幬香罷熏。奈長飄、姑射仙魂。從此孤山埋恨地，餘淡月、伴黄昏。

一蕚紅 三海啟禁，偕文叔同遊

步瀛洲。似唐宫大酺，禁鑰啟龍樓。擘蕙搴蘭，遺簪墜珥，儘意裙屐風流。問金粉、滄波餘幾，尚館娃、蓮櫂發輕謳。鏡殿苔深，玉堦花落，俛仰悠悠。　一自蓬萊夢冷，總陰晴難定，翠減紅羞。舊燕辭枝，新鶯倦宿，空悵題葉荒溝。任來往、珠鈿銀勒，怕尋賞、非是曲江游。却恨鵑聲喚處，又起人愁。

綺寮怨 聞陳述叔北來成詠

走馬蘭臺人倦，酒痕衣上青。報嶠客、渡海游踪，緇塵染、又到春明。詞壇今誰據席，霜花調、怨抑難重聽。話故鄉、淡碧湖山，鶯花老、顧曲愁畫屏。　濺淚漫同杜陵。銅仙泫露，朝來怕望觚棱。斷角叢鈴。捲風去、旅魂醒。瓊簫夜闌愁度，且暫與、過旗亭。深杯緩停。瑶京舊夢處、猶繫情。

花心動　題《秋聲集》

蕙泣蘭啼，換金風、催來幾番秋色。夢怯綺疏，香冷珍叢，愁入一庭寒碧。庾郎閒託南樓詠，誰會意、闌干低拍。伴憔悴，堦蟲露草，總成淒戚。　同是天涯浪跡。且俊約招邀，月泉吟客。怨寄楚騷，歌和吴歈，醉裏唾壺頻擊。滿懷棖觸新亭恨，只鄉思、蓴鱸堪憶。怕容易、霜華又侵岸幘。

浣溪沙　和況夔翁聽歌詞

九陌華燈炫錦標。得時聲價自瓊瑶。却愁妒損有嬌嬈。　奔月不辭羅袖薄，葬花誰與豔魂招。怨懷何止咽銀簫。

其二

天與成名藝苑高。羣仙歛手避雲翹。夜闌一曲費千綃。　蠟炬也憐雙筯落，鵑魂怕被五更摇。商歌迴處恨如潮。

其三

瑣骨連環宛轉身。故將歌態鬭嬌顰。傾城空巷累都人。　淚盡怨花兼怨葉，夢迷疑雨復疑雲。鸞臺簫管又成新。

其四

百感春魂盪不支。暫停羯鼓又哀絲。歌雲聲裏萬人癡。　燈影簾紋同簌簌，簫心絃語總淒淒。淚痕惟有落花知。

蘭陵王　和夏閏枝丈《詠柳》

古城堞。金縷蕭蕭萬疊。登樓望，愁見幾回，甃雨羃煙翠眉壓。年時景換別。猶說。芳菲興發。隋堤路，鶯亂燕迷，空對河橋水嗚咽。闌章臺豔游歇。奈匝地簾櫳，吹墜香雪。珊傳蠟東風節。嗟太液波淺，曲江春謝，張郎丰緒拚瘦絕。那堪更攀折。啼鴂。聽淒切。便繫徧歸鞍，難繫離缺。飛花糝徑隨飄瞥。只淚眼凝恨，舞腰羞貼。昌華何在，賸弄影，掛淡月。

金菊對芙蓉　洪憲瓷瓶

秘翠分峰，凝花出土，捧來宮袖鵞黃。仿前朝進御，巧製浮梁。天青雨過嬌顔色，誰爲判、琢粉融香。華胥夢斷，玉槃淚漬，同慨蒼涼。清供合貯文窗。共漳臺瓦硯，珍惜無雙。莫誤他羣鼠，倒碎銀牀。砑金縹色如今少，問宣和、舊譜誰藏。人間零落，魂銷井絡，抱汲寒漿。

拜星月慢

瘦菊迎霄，叢蘭啼露，悄觸蕭騷客思。一枕延秋，羃緗簾垂地。動離恨，苦憶、瀟湘蜀道修阻，馬足船唇勞瘁。竚望南雲，總臨風凝睇。向琅玕、徧畫相思字。明蟾照、坐對人無寐。慢縱酒病詩狂，只愁心難寄。盼鱗鴻、又隔銀河水。霜華重、漏滴銅龍碎。但睠念、玉宇高寒，怯闌干獨倚。

黃鸝遶碧樹　唐花

金屋重簾護，唐昌舊種，嫩苞瓊蕋。擷弄天

公，甚年華火速，强扶嬌起。漢宮剪綵，漫贏得、匆匆芳事。人笑道、似學殷家七七，神仙遊戲。　刼影曇花一例。懺空王、梟幡難繫。捲簾看、賸愁蜂悴蝶，尋徧紅翠。却惱灌園阿段，未解惜藏春意。翻教破曉驚殘，倚闌凝淚。

望海潮　過洛陽

山廻伊闕，河縈漳水，争誇虎踞龍蟠。高柳戍營，繁花戰壘，儲胥隱護雲煙。霜柝靜鈴轅。似程家將略，刁斗虚懸。夜幕棲烏，怕驚鳴鏑旅魂牽。　隋宮漢殿空傳。望蒼茫憑弔，斜照荒阡。東渭派分，南雲日黯，誰容坐嘯凭闌。懷古恨難捐。想才人入洛，易損華年。有客河橋獨語，金谷聽啼鵑。

虞美人　段家橋口占

人人豔説西湖好。佳景名傳早。今朝婪尾踏春陽。惟有冶花零翠、助風光。　風光簇擁知誰再。芳意垂垂改。兒家爲愛簸春錢。誰使老紅狼藉、不堪看。

其二

大隄女伴穿梭似。無限深衷事。痴心空拜佛前香。何日金輪推轉、薄情郎。　煙蘿徑仄循行澀。雲水還空闊。撇波雙槳送兼迎。要使山山相峙、作圍屏。

蕙蘭芳引　和冒鶴亭丈滬上贈畹華作

幽夢泠香，藐姑伴、豔游誰續。正鶴羽人歸，歌管又聞鳳曲。半淞盪晚，乍照影、月華流屋。好杏花節近，共酌江南醽醁。　盛日追尋，樊樓歡事，盡換涼燠。問宮譜霓裳，惟有四絃碎玉。楊枝重唱，奈催轉轂。銷倦魂、遥寄水西雲北。

六醜　聞牡丹謝後作

恨芳時未賞，任曲苑、春光抛撇。舊京夢回，鞓紅羞半捻。日暮聞鳩。唾袖人何在，近來消損，賸點脂雙頰。霞裳瀲灩香魂怯。膩粉籠煙，穠粧竚月。如今頓成銷歇。只番風廿四，吹偏瑶闕。潘郎愁絶。漸侵尋鬢雪。罥眼飛花絮，餘病葉。東闌照盡銀蠟。奈輕陰倦護，緑雲千疊。繁華影、幾多摧折。誰復溯、洛水名園麗景，豔游重説。啼鵑淚、一片凝血。想故山、漫惹蘼蕪怨，柔腸自結。

石州慢　過半畝園遇釋戡、哲維

舊日平泉，玉砌朱闌，芳徑幽闃。高門藺錡風流，喬木森森叢碧。鵑啼草蔓，催送幾縷新愁，庭花不語如人立。訪故碣璇題，但蝸涎沿跡。　還憶。畫圖鴻雪，芥子園亭，園爲李笠翁手築，後歸麟見亭河督。總歸銷寂。燕燕無家，那問謝堂消息。長干鄠杜，望古頓觸騷懷，清歌唤盡何人識。又暮靄昏黄，暫低徊吟屐。

以上《守白詞甲稿》

青玉案

天涯芳草王孫轡。還認得、停驄地。舊夢闌珊休説起。聽風廊小，傍雲樓悄，去去人千里。　么絃慢撥鶯聲碎。縱有流霞總難醉。斜月簾櫳羞獨倚。瑣窗鸚鵡，不知春恨，猶自呼茶至。

應天長 寒食，用清真韻

鵑啼暗雨，鳩喚嫩晴，蘼蕪遠帶山色。又是禁煙時節，輕陰做寒食。韶華夢，如過客。漫錯怨、燕銷鶯寂。任飛絮、解嫁東風，落處狼籍。
春到十三陵，草没銅駝，顛倒卧苔碧。爲問路人能指，誰家故侯宅。斜陽外，空巷陌。甚處認、淚花紅迹。紙錢繞、瘦蝶飛來，荒徑還識。

絳都春 步夢窗賀質房韻，爲楊友量珠賀

花磚午線。話小宋豔情，蓬山非遠。金屋鏡深，簪髻人來宜春苑。銀箏瑤瑟銷清怨。錦屏底、華燈撩亂。韻紅吟翠，凭肩月下，緑莎庭院。
曾見。豐臺秀色，玉人共芍藥，天生嬌倩。姬豐臺產。解語喚伊，争似傾城量珠換。鸞綃重畫新粧面。費詞筆、迴腸宛轉。紫霞消得風流，鳳簫熨暖。

木蘭花慢 過洛陽 已改《望海潮》，姑存原稿於此

望長河去水，淘不盡、古今愁。悵金谷花殘，銅街蘚没，勝蹟空留。休休。龍蟠虎踞，莫輕誇千載帝王州。戍幕閒飛烏鵲，霜笳時和鵂鶹。
英游。入洛幾名流。弔古易懷憂。看東渭分涇，南雲蔽日，煙靄凝眸。曹劉。紛争何事，問誰教借箸誤前籌。詞客河橋獨語，謂楊君雲史。朝朝杖策吟秋。

謁金門

愁似織。點點銀牀露滴。又換涼秋來此夕。

桂華摇暗碧。鴛甃苔痕長積。萬井亂蛩啼急。隔院嗚筝聲怨抑。紺羅香霧濕。

高陽臺 陳椿軒邀飲文園，坐有歌人，即席賦贈

絲雨如煙，落花吹夢，相逢便是江南。柳色沿池，幾多寥落江潭。奉誠園内風光轉，奉誠園即岐王宅，見《唐代叢書》。喜當筵、尚有何戡。更誰堪。未撥冰絃，已溼春衫。　驀來燕子窺簾久，偏亂人韻緒，多事呢喃。滿地亭臺，争如水繪梅庵。迦陵詩骨支離甚，只銷愁、紅友能談。興初酣。莫唱楊枝，催上歸驂。

百字令 壽曾剛甫六十

嶺東近代，數才人詩伯，首推公傑。舊日蓮韜論學籍，末座黄裳慚列。蓮韜，廣雅書院齋名。君與余先後入院肄業。識面思韓，聞聲慕藺，一瓣心香爇。春明握手，滄桑已歷洪刧。　瞥眼轉緑廻黄，貞元朝士，漸見晨星缺。留得霜筠風骨在，老去冬心逾潔。恰比坡翁，冰花寫照，雅詠寒泉酹。義熙甲子，故應千載能説。

長亭怨 衰柳

驀風裏、楊花吹緊。斷送華年，六朝金粉。漫鬬腰肢，小蠻非復舊時韻。暮笳聲咽，扶荔院、芳菲盡。煙翠總飄零，過幾度、繁鴉如陣。　消損。記清秋盪槳，淚眼隔波相引。黄驄曲好，可留得、永豐春訊。憶影事、俊約梢頭，有樓外、涼蟾猶認。待夜泊歌闌，同説離人長恨。

多麗 和張槼園《聽歌有贈》

想雲霄。步虚仙袂逍遥。似飛下、九天鸞鶴，

因風吹度瓊簫。舞軀輕、隋宮斂袖，脩蛾緑、漢苑垂條。囀玉鶯欺，翾風燕妒，添些薄醉殢人嬌。按小拍、紅牙板細，錦字吐蘭苕。還留得，羽衣法曲，莫任沈銷。　甚紅樓、豔傳韻事，譜將愛葉歡苗。量鴛綫、暈霞波媚，欹鳳枕、籠霧魂飄。寶瑟絃高，玉箏指迸，唱醒江月瀉寒潮。合擬把、真真喚與，倩影待重描。是前世，芙蓉宮闕，謫下雲翹。

過秦樓 李景元體

嬾薺初挑，輕煙纔禁，畫堤閒度清明。想緑酣紅膩，爲點染韶光，拚逐流鶯。信步遶山亭。有依人、柳眼逢迎。問迢迢征騎，郎蹤何在，重綰離旌。　遍鈿車駿馬、尋游賞，憶籌花鬭酒，曾伴娉婷。能幾回攜手，共湔裙水曲，薦送芳馨。春訊去匆匆，漸鴛梭、隔斷遥汀。恨王孫遠道，無賴柔荑，依舊青青。

山花子

日日花開帶霧看。依前春恨隔蓬山。一段心情拋不得，去留難。　蠶裏千絲終斷絕，鶯歌百囀總闌珊。飛絮不知人意倦，撲欄干。

霓裳中序第一 畹華三十初度

彤雲影綽約。姑射仙人肌玉削。飛下冰魂一萼。又霓羽乍飄，銖衣初著。瓊簫韻作。正鬘天花雨霏落。今宵裏，閬仙長爪，自獻脯麟爵。　憶昨。上陽屏幕，記豔曲驚鴻舞掠。鸞臺誰許占却。翠羽環輕，縞袂衣薄。緑華疑夢託。喜蕊闕年年勸酌。常如願，何郎不老，日與笑東閣。

驀山溪

撲天風絮。總是愁來路。又換一番秋，驟驚心、迅馳烏兔。庾郎凝恨，擊筑起長歌，闌干拍，看吳鈎，黯黯浮雲暮。　謝堂樽俎。勝事難重溯。惆悵玉京人，半飄泊、天涯倦羽。湔蘭浥蕙，擬託楚騷吟，清怨切，和寒蛩，併作秋窗語。

二郎神

才人有飄茵之感，爲賦此解。步徐幹臣韻

楚峰盪碧，又散落、彩雲踪影。想舊日簾波，新來匳月，淒絕鴛鴦夢冷。自是花枝多零落，況驟雨、催人愁病。嗟玉骨半銷，煙鬟羞攏，漫臨鸞鏡。　還省。去時淚滴，冰綃紅凝。料此夜相思，蝶魂纔轉，偏又啼鵑喚醒。墜葉辭溝，暗珠沉浦，難寫怨離光景。聽不盡、哽咽哀蛩訴語，露寒宵靜。

疏影

殘菊

淒霜碎月。看翠簾窣地，秋入涼纈。幾處關山，斷續疏砧，客枕瘦魂初怯。東籬俊侶還依舊，只賭酒、旗亭銷歇。悵小園、晚景難留，付與墜香零葉。　離恨纏綿待寫，有人乍病起，幽態愁絕。剗韈弓彎，下了香堦，依約懶粧嬌靨。尋思隔歲重陽事，倚醉影、茱萸同折。怕夜深、檢點冰奩，損盡粉痕一捻。

南鄉子

歸路入斜陽。酒渴船頭倒玉缸。檣影漸低波影瘦，蒼茫。煙柳蕭蕭翳野塘。　蔓草古臺荒。月照寒花空斷腸。誰念客心輕似絮，飄揚。折盡西風未敢狂。

丁香結　某君與某郎紅毹合歌，張棨園有詞賦贈，約同作。步《片玉》韻

琳闕飛仙，蕊宮芳樹，聲繞畫梁塵隕。驟羽翻霞迅。幻蝶影、伴對梅魂清潤。倚笙偕鶴侶，旁觀客、那禁俊忍。青鸞邀唱，紫鳳合舞，情歡未盡。　香引。似並簇瓊葩，擁出瑤宮月陣。素客風流，紅兒綽約，自矜眉暈。誰解天上法曲，百轉腸廻寸。愁雙成還妒，翠黛因伊蹙損。

桂枝香　柳溹閣屬題阿雯小影

人如芳字。似雯映晴空，疏黛横翠。畫出芙蓉倩影，露濃花睡。絳芸夢裏疑相喚，半含羞、茜窗斜對。是真是幻，非煙非霧，香雲吹起。　記昨夜、伊家新製。正唱徹高寒，風送仙袂。莫卸明粧，留得鏡中霞綺。湘妃與誰憐消瘦，只梅花修到同倚。照來片片，微雲淡月，菱波蘸水。

燭影搖紅　前題，代友人作

是也非耶，雲鬟幻出花花相。分明絶代掌中身，蝶惹聞香傍。半簇翠荷盤上。莫教他、非煙輕颺。小語欄邊，凝粧簾側，風吹桃浪。　當是前身，瑤仙散髮歸華帳。裝成鎖骨褶衣輕，脈脈横波想。人破纔停新唱。舞腰欹、湘紋斜漾。問訊春風，常時省識，漫增惆悵。

點絳脣

懊恨東風，吹殘輕夢疑無著。水流花落。寂寂閒池閣。　一徑斜陽，人影闌干角。春魂

弱。柳煙飄泊。芳砌埋紅藥。

瑣窗寒 秋海棠

冷蝶吟香，凄蛩佇語，半侵牆角。凌霜瘦色，忍待斷腸人覺。淚霏霏、粉勻露搓，胭脂好染輕綃著。怪玉煙欲化，秋痕初捲，淚沾紅萼。　收却。閒簾幕。縱病起慵粧，莫辜俊約。垂絲影老，舊夢瑶堦飄泊。怕蹉跎、梅聘未來，西風又報霜信惡。趁湘裙、一抹波紋，豔色從伊學。

解連環 與學圃諸子遊西山戒臺，用夢窗韻

黛峰層積。聳蓮臺縹緲，五雲無極。送暮靄、遥下平蕪，擁煙樹四垂，盪搖晴色。縱目觚棱，奈杳隔、鳳城天北。撫琳宮片碣，蘚没舊題，盛時重憶。　花枝酒籌笑擲。共眠茵藉地，邀醉浮白。問五陵、佳氣山川，只石馬銅駝，暗埋苔碧。放眼滄波，數不盡、來廻潮汐。怕青山、笑人鬢影，素絲換得。

埽花游 同張芋庵遊萬生園

麴塵雨浄，正萬緑初酣，翠涇新漲。瘦筇緩倚，步莎陰徑轉，絮花飄掌。客裏韶光，贏得暇時一晌。漫怊悵。聽幽鳥亂啼，煙際遥向。　年事都換了，賸蠟屐吟觴，尚留清賞。鶯飛草長，舊亭臺猶話，故侯門榜。燕子多情，還覓前巢寄傍。策歸鞅。又長安、軟紅愁障。

高陽臺 唁鄧爾雅悼亡

鸞縝煙銷，麝塵香冷，蕭騷潘令愁新。瘴雨蠻江，棲遲易損嬌雲。向禽粗了中年願，悵同心、又斷瑶根。最那禁，缺月難圓，昔昔啼痕。

仙郎錦段饒詞筆，想栟櫚舊稿，蠹篋誰熏。宋鄧肅有《栟櫚詞》。蕙炷宵殘，梨花獨掩閒門。夢迴何處稠桑路，怕秋深、還誤鵑魂。更天涯、訊報悲鴻，驚起覊人。

惜秋華

夜籟蒼茫，聽銅龍漏下，三更初轉。曲檻弄風，風醒夢魂吹倦。吟懷瘦不禁秋，賸傍砌湘花凝怨。宵短。悄微雲一抹，征鴻聲亂。　重捲慢紗看。已疏幗冷透，鑪灰香篆。蘚雨暗堦，飄落翠鈿無限。黃花已苦清寒，況屋角、頻飛霜霰。腸斷。茜窗陰、天涯路遠。

渡江雲　稷園水榭修禊，分韻得『當』字

春容舒水榭，靄籠翠柏，瀲灩藻蘋香。禊游邀俊侶，鬬韻分茶，此日共徜徉。櫺開四壁，據綺席、泉石生涼。歛醉吟、玉觥高舉，障袂好風當。　難忘。華林前代，御苑連空，指朱檐碧幌。都拚教、宮鶯無語，銷盡年芳。湔蘭薦芰還如昔，對景物、休惱紅桑。欄外眺、何人鎮立斜陽。

徵招　題陳家慶女士《碧湘詞稿》並贈別

沅蘭澧蕙鍾靈秀，吟情擷芳瑶草。喜見謝庭人，動筆花飛藻。絳帷風日好。誦萬葉、芸編初了。惜別燕臺，去程迢遞，海天帆曉。　雲水數峯青，湘靈遠、誰譜鸞絃清調。路隔紫簫聲，悵荃蘭縹緲。半淞煙樹裊。知濯魄、冰壺多少。望汀渚、時有歸鴻，寄碧窗新稿。

轆轤金井　送宋韻冰女士遊日本

望鄉心遠。喜珠江濯秀，左芬重見。燕樹層

城，護書幃千卷。瑤情嫵婉。更覓句、金荃蘭畹。漱玉才華，冲虛標格，宋媛孫道絢有《冲虛詞》。倚聲吟徧。　碧瀛錦槎又泛。向十洲壺嶠，芳緒初展。舜水祠邊，憶舊游塵染。憑伊素雁。寄新詠、緑櫻町岸。越嶺雲深，金臺路迴，甚時重款。

以上《守白詞甲稿・擬删詞（附）》

垂絲釣

繞花翠羽。雕櫳窺見眉嫵。颺起茜裙，輕惹飛絮。情幾許。凭畫闌繡柱。芳春暮。盼遊驄遠路。　恨深緣淺，天涯何計重遇。燕來喚侶。猶記雙棲處。花好偏經雨。誰寄語。問臉痕見否。

隔浦蓮近拍

珠簾垂下繡葆。複徑房櫳窈。乍起抛針線，拈香粒，調雛鳥。嬌伴尋鬥草。嫌嬉鬧。望眼縈臺沼。朵鈿小。　流蘇帳曳，重温鴛枕顛倒。花欹柳困，露重不知春曉。千里遼陽夢未到。驚覺。黃鸝剛喚林表。

芳草渡

夕照遠，奈信隔蘋洲，興孤吟侶。漸月華收照，芳階又灑涼雨。羈枕離思苦。教鳴蛩低訴。悵萬里，淡沱春江，不帶愁去。　曾覷。酒邊鬢影，記浣襟痕湖上路。暗凝想、花枝悶撚，徘徊傍庭户。沈腰減盡，漫比似、當年張緒。爛熳日，厭看千紅鬬舞。

意難忘

宮柳嬌黃。記曾携秀靨，笑引流觴。湔裙鬟影亂，沾粉杏花香。青障濕、緑陰涼。聽激響浪浪。看水邊、文鴛對浴，也羨形相。如今鳳翼難雙。只憐伊瘦減，爲念蕭郎。蛾顰銷淺暈，螺點蹙遥粧。思再見、幾迴腸。便握手何妨。又忍教、蓬山路隔，怨盡年光。

華胥引 水閣幽居感懷

霜紅蘆岸，蕭瑟金風，亂飄碎葉。雁鶩齊飛，蒹葭水暖争泛唼。隔浦遥識漁舟，聽艣聲伊軋。孤客江樓，夜涼單枕還怯。吹夢滄洲，乍驚看、髩華羞鑷。海波東注，何人紅桑耐閲。減盡腰圍消瘦，忍再翻衣篋。愁倚危闌，任他風浪千疊。

瑣窗寒

燕剪初忙，鶯梭似織，小桃當户。涼飔暗起，又灑緑窗疏雨。惹人愁、袖間淚痕，舊盟每憶花前語。念冶春杜曲，樊川豪氣，半銷羈旅。朝暮。難忘處。是盼斷銀河，鏡圓十五。簾衣照眼，睠想淩波仙侣。彈樓頭、楊柳自青，繞廊繡屧還在否。待相逢、拚解明璫，滿酌開芳俎。

側犯

紺雲暮捲，錦鴛蹴起波紋靚。人定。看浸碧秋荷、夜涵鏡。蘭滋媚暗渚，蘚濕緣幽徑。廊静。邀翠竹，横斜度簾影。中庭仰眺，月上銀河瑩。還細省。彈花枝，曾唱探春令。夢隔蘅蕪，瑣窗日迴。桐乳蔌蔌，滿鋪金井。

還京樂

露華浄，夕坐梧堦恨積難細理。正繡帷垂户，篆香熄鼎，詩腸空費。蕩素波庭際。銀牀病葉隨風委。望桂影，應有萬古，方諸清淚。對珍叢底。悵前塵回首，年芳易促。燈窗空惹舊味。鵾絃頓觸愁心，怕重尋、豔歌桃李。斂疏狂、休畫壁題牋，風廊聽水。只惜殘粧額，黄花同伴憔悴。

月下笛　夜坐中庭對月

草軟螿啼，花低露綴，皓輝流璧。鳴琴怨抑。唤起龍吟哀笛。盻遥天、笙鶴未來，廣寒妙曲誰共識。想瓊樓易冷，銀河難渡，每縈胸臆。

星辰對景，渾不是前宵，傍闌低拍。吟懷自省，瘦損南樓羈客。暮枝寒、唳鴻倦飛，麗譙又動清漏滴。悄徘徊、但祝璇宫貝闕，風浪息。

風流子

圓荷新點碧，飄涼雨、水閣餞春歸。看緑漪萬頃，霧綃勻浄，翠雲千疊，霞彩參差。繞池畔、鷺鷥依暗葉，鸂鶒浣香泥。汀蓼漸高，雁程縈恨，苑楊初老，蟬響生悲。樓臺臨流處，瑠璃映、摇動幾桁簾衣。無奈鏡匳邀月，還近秋期。只箭徑風吹，榆錢低糝，綺窗宵短，玉露頻垂。催冷素波一片，留與鷗知。

解蹀躞

樹底黄鸝嬌弄，散地紅英舞。倦魂孤客、宵來感羈旅。無奈瞥眼芳菲，畫堤捲徧香塵，惹人淒苦。舊情緒。曾記鴛裙迴步。横塘話重遇。探春應惜、佳時阻風雨。擬問消息傾城，好憑雙燕丁寧，夢中來去。

蕙蘭芳引

楓樹舞紅，漸汀激、陣寒飛鷺。見隔浦迴環，芳草媚霜更緑。亂鴉度晚，乍送響、荻洲漁屋。指半鈎月上，向夕風摇叢竹。興寂萸囊，情疏蘭佩，又换涼燠。問汾水秋河，誰譜雁翎怨曲。金英鋪地，露華滿目。銷倦吟、禁受酒醒人獨。

玲瓏四犯 和椿軒詠柳

隋苑初晴，看漾緑拕黄，都趁春豔。半拂溪橋，匀染露顰煙臉。飛絮乍捲愁絲，漫化了、浪萍撩亂。甚萬條織翠新换。留與倚粧人見。傍堤驕馬障泥薦。戀樓頭、黛眉嬌倩。鶯簾燕户疏還密，何處迴青眼。遥望繡陌細腰，又逗起、秋心一點。念舊家節事，傳彩燭，輕煙散。

荔枝香近

照檻薔薇開遍，春漸去。但覺蛺蝶翩翩，臨水穿香霧。風光一晌流連，又打疏窗雨。愁看、滿苑棠陰墜花乳。平野草，送客棹、歸南浦。望遠傷懷，何日翠觴重舉。還識簾櫳，迤邐垂楊唤鸝鶊。夢遶深宵蠟炬。

風流子

秋色滿銀塘。花枝動、鬟影裊斜陽。盼歡約未來，背人尋夢，錦牋擬遞，誰箇窺牆。繡幕底、似聞嬌語轉，妙曲比鶯簧。玦月半彎，乍摇瓊佩，扇紈輕別，初動金商。前宵開朱户，琅玕響、疑是步屧東廂。暗數麗譙，燒殘燭淚成行。問幾時月底，眉痕畫翠，再逢花畔，心字縈香。分付巫峯，莫教朝暮相妨。

驀山溪

東風颭地，院落霏花陣。斷黛鎖山眉，軟紅侵、荒堦蘚暈。芙蓉浥淚，淒入舊滄波，銀浪汎，緑蘋稀，那道鴛巢穩。　倦蘭衰柳，已去春難問。征雁遶雲羅，轉哀絃、不傳芳信。移檠路遠，無地駐金仙，筝換柱，縷飄衣，休按霓裳韻。

蘭陵王　湘江舟次，扣舷成詠

曉帆直。烟水空濛盪碧。蘭舟上，時送好風，獨起推篷望雲色。星沙念舊國。應識。湘纍怨客。黃蘆岸，啼偏鷓鴣，斑竹痕深淚盈尺。平生浪游跡。但喜傍魚梁，分占鷗席。鄉心思採蓴絲食。嗟雪鬢搔處，歲華催老，梅花無訊寄堠驛。去程渺南北。　悽惻。悶懷積。悵澤渚波沈，蘅蕙芳寂。青峯杳靄凝愁極。又夕照疏艇，斷霞漁笛。魂隨歸夢，漸暮雨，聽碎滴。

六么令

近秋庭宇，經雨分涼燠。蛛絲罥簾迎曉，傍水鳧雛沐。花徑輕陰迤邐，蠟屐低徊熟。浮名羞逐。芳樽緑蟻，還酹庭前數叢菊。　登臨閒眺霽色，碧落開心目。清籟瀉下流泉，似雪霏寒玉。人世塵纓盡洗，逸興滄浪曲。升沉何卜。雲山深處，願踐幽棲舊時囑。

夜飛鵲 對庭前梨花偶成

梨花半開處，尤愛偏其。斜日暖漾晴輝。疏簾一桁雨纔過，翩翩遥度鶯衣。風前颭琪樹，似唐昌宫裏，偏拄旛旗。春陰愛護，願東君、著意休遲。　惆悵畫闌人遠，垂柳縱多情，難繫春歸。花事清明輕送，流塵刦换，飄絮煙迷。素魂瘦怯，漸凝霜、影與檐齊。怕狂飆吹損、繁英落盡，獨對樓西。

六醜

見簾鈎弄影，正掠羽、鶯梭偷擲。暗思故人，雙飛無鳳翼。逐浪萍迹。去路寥天遠，片帆風舉，度楚山吴國。行吟漫戀瀟湘澤。蓼紫盈洲，榴紅滿陌。年華更堪追惜。倚雕闌十二，芳思遥隔。　江城蕭寂。望千峰盪碧。冉冉行雲想，沈信息。蘋花殢老吟客。怕香銷翠斷，目凝愁極。西風緊、漸催霜幘。從別後、不管宵長夢短，淚沿衾側。相思恨、一似潮汐。寫素綃、漬滿珍珠暈，何堪寄得。

滿路花

簾鈎閣晚陰，窗槅融晴雪。飛梅嬌弄蕊、輕塵絶。游絲拂處，一縷柔情折。客愁天際闊。不斷平蕪，送人又换韶節。　新梢紅糝，暗灑啼鵑血。雲屏燈影顫、春魂接。蓮壺動響，催夜聲聲切。幽夢尋花説。却愁好花似人，容易離別。

塞垣春

雁翼飛晴野。見蓼溆、霜紅卸。門依緑水，樹横蒼巘，人在圖畫。望碧雲訊斷文鸞也。偏濁淚、當襟灑。自藍橋、神仙杳，別離心事慵寫。　丰韻想娉婷，房櫳又、幽邃閒雅。拜月竚庭階，正風露遥夜。但姮娥、與伴清夢，空惆悵、曲廊闌干下。蔌蔌弄花影，翠樽愁獨把。

滿江紅

塞北人歸，眄秋水、相思雁足。閒倚袖、客懷繚亂，瘦腰慵束。葉底飄殘丹桂蕊，酒邊擘碎紅萸肉。望斷雲、一髮是中原，傷春局。　身世事，難自卜。銷萬念，廻腸曲。只爐烟縈夢，鏡華流屋。天遠難尋青鳥使，枕單誰伴孤鸞宿。又忍見、香陌黯芳菲，狂塵撲。

四園竹

山光盪碧，乍送靄荆扉。水摇皺縠，林映斷霞，青入簾幃。楓岸霜花漸赤，秋江迤邐。早涼鷗夢先知。　更凄其。西風暗老蘋洲，鄉關雁渺來期。漫訴離懷遠寄。身似菰蒲，瓠落奚辭。愁滿紙。怕下筆、難言字又稀。

三部樂

香閣題襟，悔負了舊時，小蘋嬌絶。厚盟深誓，虛話驂鸞圓月。曾記佳約清明，正嫩桃乍綻，紺杏初發。凭闌握手，相對相當花葉。　分飛又憐似夢，向絳英樹底，豔情低説。那堪好春若駛，愁絲如髮。甚鶯花、悶凝恨睫。空想望、江關意切。欲寄淚墨，愁尺素、難盡懷結。

氐州第一　湘岸江樓漫憶

孤閣淩虛，天際放眼，涵空雁影低小。浸碧遥漪，殘紅斷岸，霜色煙嵐縹緲。罛網橫江，滯瀲灩、晴霞餘照。楚國依蘋，君山傍竹，暗憐人老。　紫杜紅蘭芳意少。更無奈、故園魂遶。蕙帶縈紆，蓴絲繚亂，織萬端愁抱。倚危欄、催歲晚，檐花黯、何時索笑。不定風鈴，又驚人、聲聲撼曉。

浪淘沙慢

漸春暮，游絲向晚，颺滿亭堞。斜日輕舠待發。驪歌怨譜半闋。記昨夜羅綃同綰結。小簾外、竹影低折。似共倚湘娥證盟語，梅魂更清絕。　情切。翠鴛戲水波濶。奈夢斷西風，雙蕖怨、擁起寒浪咽。驚鷺避鷗猜，風景都別。衆芳頓竭。依舊圓惟有，多情明月。　難和瑤琴鸞絃叠。蘅皋渺、佩蘭韻歇。歎從此、鴟夷歡會缺。載愁去、一舸迢迢，岸樹色。蒙茸但映蘋花雪。

西河

登黃鶴樓

名勝地。驂鸞舊事曾記。憑高送目渺霞天，暮鴉四起。漢南一碧草如裀，晴川烟樹無際。　動遥恨，還徙倚。夕陽晼晚難繫。沈沙斷鏃憶前朝，尚餘故壘。至今濁浪捲潮來，驚心東下流水。　瑣廊畫檻瞰近市。敢題詩、貽笑巴里。倦旅獨悲身世。歎浮雲蔽日，悠悠空對。愁入孤帆滄江裏。

解語花

金波盪夕，素魄流虹，千里清輝射。露寒鴛瓦。銀河净、冉冉兔輪欲下。風廊静雅。暫徙倚、瓊簫獨把。呼小鬟、簾捲湘紋，寶獸熏蘭麝。　猶記文窗半夜。對花枝低訴，曾共嬌冶。舊時香帕。題詩處、倦走探芳驕馬。韶光去也。還只見、桂華飄謝。邀翠鸞、遥度雲岑，遲羽書都罷。

一寸金　重渡漢江，拏舟成詠

青碧遥岑，俯瞰寒流遶晴郭。見彩鳧出没，殘霞掩映，花迎溪口，村依巖脚。波湧江聲作，漁歌唱、霧帆半落。秋雲外、白羽孤飛，暮靄沈沈動空廓。　舊夢江湖，瀟湘東下，扁舟記曾泊。念小園桃李，都成嘉蔭，芳畦韭薤薤，堪尋佳約。歸緒千山裏，低迷處、岫痕漸薄。閒吟望、鼓檝中流，近識鷗鷺樂。

選冠子

簟織湘紋，簾喧清籟，夜寂渚鴻初斷。繩河未上，素魄遲生，久坐拚捐紈扇。涼吹漸起花陰，聲促蛩階，滴沉虬箭。聽鳴珂戛處，霞裾低彈，畫廊人遠。　還又覺、帶結腰鬆，匳波容瘦，嬾倣黛峯眉染。香銷翠箔，清瀉華桐，匝地隕霜寒變。争奈佳期尚遥，傳語孀娥，應憐嬌倩。便圓團早許，休費方諸淚點。

紅林檎近

梅子青如染，杏花緋更香。翠雀噪金柳，碧鴛泛銀塘。幾多煙鬟弄影，坐待鏡月臨窗。便奪漢苑宮粧。嬌語似鶯簧。　只惜羅袂薄，輕謫軟紅鄉。佳人命蹇，難尋歡約釵梁。任芳菲經眼，韶華易短，猒彈玉瑟羞舉觴。

埽花遊

遠峯翠積，送渡口波平，水分吴楚。嫩楊散

縷。逗蘋花碎撲，小鶯掠舞。倦起憑闌，眄斷巫娥淚雨。放船去。趁落日亂霞，煙靄深處。遊釣應可許。羨勝地桃源，那知塵路。澗蕁薦俎。念思秋倦客，漫傷緇素。向夕疎林，怨鳩聲聲喚苦。悄延佇。黯銷魂、寺鐘村鼓。

倒犯

傍檻、見鶯歸燕來，亂愁誰埽。窗紗透縞。玲瓏處、夢迴清窈。年時舊事、偷語春心憑闌悄。静夜裏，鈿釵角枕深情表。證盟香、引芳醥。　遥想豔娥，倦對雲屏，苺苔庭院窵。夢斷路又隔，怨明月，蟾輝小。恨負却、花枝好。望秦樓、楊絲飄滿道。但舊日簾波，一桁斜暉照。誤人春易老。

大酺

記緑陰濃，緋桃豔，鸎鵡呼簾華屋。尋春當日事，有雲英初見，佩環聲觸。步屧廊虚，停琴苑静，幽響時聞風竹。柔鄉低迴處，算玲瓏一桁，畫闌憑熟。正鴛結深盟，鳳簫長和，未諳孤獨。　悲鵑啼太速。最惆悵、離緒催歸轂。待慰贈、千絲羅帶，百琲珠囊，總難酬、淚花凝目。厭聽江梅笛，誰訴出、月中哀曲。信音隔、瀟湘國。携手無計，聊寄相思紅菽。伴愁賸燒短燭。

瑞鶴仙　度榆關作

繞層巒向郭。征路迴，一片平沙漠漠。鞭絲颭山落。指長城，遥見雄關天角。花飛絮弱。念沈腰、猶是瘦約。且林坰繫馬，輕解佩璫，小買春酌。　極望滄溟海氣，擁起蓬萊，五雲樓閣。悲笳動幕。談瀛事，溯求藥。歎班生老去，燕然無夢，邊風吹袂又惡。暫愁霾埽却。聊倚翠樽笑樂。

法曲獻仙音

簷鐵摇風，鏡匳通月，夜寂鼉更遥度。韻咽瓊簫，怨傳瑶瑟，芳姿自憐蓬户。乍徙倚闌干處。鮫珠隕如雨。　悄無語。悵桃源、路迷難問，仙侣迴、幽款又成間阻。柳眼蹙愁顰，懶重描、宫樣眉嫵。淡碧螺鬟，舊粧痕、都謝鉛素。待盈盈一水，夢裏却尋伊去。

霜葉飛

亂花芳草。銷魂路，飄零猶滯江表。雁迴沙渚訴歸遲，送幾聲清悄。聽瑟瑟、蘆笳伴曉。輕煙高處飛鴉小。悵旅客天涯，賸對月、霜葩瘦損，一院斜照。　風露漸促韶華，淒清孤館，計日何處春到。夢痕飄過謝家橋，記那時情抱。總玉骨西風瘦了。誰家吹起涼州調。望斷雲、欹庭樹，回首芳游，故人應少。

西平樂　金陵懷古

故壘煙沈，怒濤夕打，欄檻縱目愁睩。幽屐閒探，醉巾重漉，憑高冉冉雲遮。問建業金湯勝地，東冶低迷去景，商歌唱醒秦淮，依稀淡月籠沙。遥聽江頭畫角，清怨遞、萬籟動悲嗟。　蔣山高峙，臺城四擁，旌戟排空，樓觀飛斜。誰念省、烏衣巷曲，朱雀橋邊，幾許平蕪亂碧，香陌驕塵，無賴殘陽送歲華。臨眺涕零，狂吟賦鵩，淒響聞鵑，對此茫茫，悵望嬋娟，無愁願學盧家。

埽花遊

曉鶯按曲，似喚起騷人，採芳平楚。翠交恨縷。傍朱門繡陌，鞸腰搦舞。細草香泥，暗想鴛鞾滯雨。信隄去。盻一角斷牆，人在何處。 青鬢凋幾許。悵舊夢如煙，板橋西路。淚襟對俎。奈清樽易竭，未宣心素。暗碧斜陽，聽徹春鵑怨苦。小延佇。黯聲闐、畫船簫鼓。

滿庭芳 柳潄閣消夏，和椿軒

槐影當窗，蘚痕侵簟，小荷珠露輕圓。夢回人倦，風定颸茶煙。臨水簾衣暗簌，柳泉畔、深碧濺濺。幽居好，縹緗滿屋，可當米家船。 華年。鴛柱換，頻驚戰鼓，還賸棲椽。且酌杯宵候，拈韻花前。聽到江流怨曲，莫輕負、鐵板銅絃。桐陰憩，驕陽漸徙，猶許傍鷗眠。

早梅芳近

溪谷深，園林好。路接仙源到。一池清淺，淡綴梅妝鏡痕照。院虛花露重，徑曲苔鈿小。賸腰肢瘦怯，無奈冶春曉。 怨難平，恨未了。眄綠楊垂道。闌干碧桁，記與閒凭訴情表。散愁金箋引，解語琵琶抱。舊情懷，至今成夢杳。

塞翁吟

嫩碧闌干裊，春晝暖日曨聰。驟雨過，小樓東。潤夾砌芙蓉。粧臺徙倚窺簾外，飛絮半捲晴空。恨綺陌，亂霞重。乍飄滿香紅。 心忡。描螺黛、輕捎鬢角，抛鳳枕、羞欹帳中。撫淥水、思彈怨調，只無奈、冷落鵾絃，錦瑟塵封。梨雲弄晚，似駛韶華，翻盡花風。

瑞龍吟

長干路。惆悵蔓草盈阡，亂鴉棲樹。行吟誰識湘纍，放歌縱酒，天涯甚處。　悄延佇。因念鳳樓鼇省，禁城煙户。熙熙綺陌繁華，贈蘭紉蕙，尋芳笑語。　飛度年光如夢，翠鈿飄粉，霓裳沉舞。多少畫堂巢痕，梁燕非故。垂楊太液，休詠龍池句。空憑弔、橋横雁齒，廊廻鴛步。恨水東流去。送春又動，新亭意緒。心鎖愁千縷。何况是，連朝無端風雨。　斷紅碎碧，落殘香絮。

水龍吟　碧桃

夜來風拂朱闌，乍開笑靨莓苔地。無言傍竹，依稀當户，雲鬟嚲避。隋苑新粧，漢宫嬌舞，佯羞輕閉。倩春工護惜，玉人愛寵，休牽惹、盈盈淚。　憶否華筵燭底。照霞裳、恍疑仙吹。瑶池望杳，屏山隔斷，愁心唤起。夾岸流紅，粉牆掩袖，畧窺芳意。怕謁漿客去，重來過訪，已天涯比。

看花回

怨娥窺鏡無語，照影瑩潔。對此素幬自擁，悵永夜相思，幽恨凝結。雲鬟夢鎖，斜溜釵梁梅朵滑。遥念處、路隔瑶京，亂花飛絮總愁絶。　前事似、輕煙淡月。又滿目、送春佳節。知否年芳易换，怕玉壘金風，促老華髮。屏山數曲，争抵巫峰千萬折。柳絲柔、黛眉黯，慢憶前番别。

宴清都　憶故園梅訊

夜色催鼉鼓。孤衾澀，漏長歸夢愁度。梅梢瘦影，依稀故國，瑣窓瓊户。羅浮淡月昏黄，奈訊斷、仙槎俊侶。只拚得、想像雲鬟，淩波步弱難賦。　如今賸有袁安，空山卧雪，依舊淒苦。江皋路隔，瑶琴倦倚，絳綃人去。風高又逼清唳，聽破曉、霜禽唤處。問幾時、覓伴孤山，幽棲願否。

綺寮怨

幾點南鴻雲外，遶啼催夢醒。看皓月、照滿金鋪，蒼葭感、尚記旗亭。笙囊依然掛壁，人何在、夜寂燈穗青。念舊游、俊約花前，空回首、恨墨懷袖盈。　桂棹又馳去程。江梅漫寄，飄殘徧地瑶瓊。斷角淒清。庾郎悴、擁愁聽。鸞綃異時重會，倚鏡檻、訴心情。相思鳳城。梧堦墜雨際、和淚零。

丹鳳吟　和芋庵《白門感春》

晼晚江南芳候，颭雨雕櫳，凝陰朱閣。鶯巢初定，羞對舊時簾幙。繁英萬點，倚粧嬌妒，暈碧綃輕，嫣紅裳薄。漫把盈懷怨語，訴與啼鵑，鉛淚沾透衣角。　過眼六朝似夢，送春又觸覊緒惡。細數閒金粉，漸零脂俱黯，疏翠潛鑠。斷腸歌吹，法曲任教零落。爲想秦淮風外柳，怕柔絲難握。捲塵滿地，飛絮何處着。

紅林檎近

秋菊霏芳意，晚菘知暮寒。岸葦盪烟水，湘筠埽琅玕。多少風梢露葉，也逐墮粉飄殘。又看霜鵠低翻。遊魚動廻瀾。　晝燭開宴賞，妙曲引清歡。繁櫻細筍，還來增飾雕盤。算樽前銷恨，高歌對月，砌花今夕須細看。

應天長　偕枚叔遊玉泉山

螺涵秀巘，虹貫怒泉，觚棱乍湧晴色。悵望故臺麋鹿，宮花任銜食。華林騎，梁苑客。總付與、霧銷煙寂。賸高樹、一帶濃陰，可當茵藉。

還向寶幢遊，紺殿嵯峨，蒼靄耀苔壁。度盡梵天清刼，空潭老龍宅。銅駝影，埋亂陌。黯蔓草、翠華前迹。悄無語、但有殘僧，禪偈誰識。

丁香結

牆柳搓緜，井榆飛莢，催送豔紅飄隕。聽子規啼迅。黯暮碧、但覺煙鬟微潤。夢雲撩亂處，傷春怨、淚咽自忍。園林閒眄，滿地繡綺芳時欲盡。

風引。見乍捲游絲，颭雪低迷陣陣。楚魄難招，湘花暗憶，自凝愁暈。眉岫蛾黛漫蹙，尚賸春痕寸。惟青山無語，佇看年華瘦損。

遶佛閣　紅梅

鏡波静斂。疑露杏靨，羞傍孤舘。良夜愁短。夢中認取、煙綃度吟幔。紺雲罩滿。瓊樹對影，香氣清遠。仙袂嬌婉。步虚冉冉，餘霞照江岸。

絳雪正融滴，自整穠粧添午線。尤愛醉顔、微酡堆粉面。誤繡户宵深，蓮墜壺箭。縞衣羞見。任碎點脂痕，鬟鬢零亂。裊湘紋、茜裙輕展。

尉遲杯

江南路。見曲水、緑遶青溪樹。飄蕭翠織千

條，還拂游驄經處。停雲望斷，愁一點、鷗波落遥浦。悔河梁、送遠臨歧，任伊分袂輕去。江湖浪跡年年，芳菲過、何時釃酒重聚。冷落餳簫清明節，都厭看、箏歌扇舞。疏簾護、梨花似雪，甚前夢、還尋月夜語。陡流鶯、唤醒春魂，畫屏疑是歡侶。

拜星月慢

倦蝶沉廊，閒螢依砌，幾簇花陰葉暗。月影斜過，入疏梧庭院。雁聲遞，漸覺、偎衾客夢初冷，繞闕星輝猶爛。感舊西樓，苦團圓難見。記雲屏、背燭窗三面。春人語、共話蘭叢畔。奈似錦浪文鴛，陡霜風催散。聽瓊籤、碎滴鳴蟲館。凝眉岫、竟夕長吟歎。黯悵望、碧海人遥，促迴腸欲斷。

晝錦堂

卯酒酣餘，雲屏倚處，寂寂花影窺櫓。倦整緑鬟低亞，暗蹙眉尖。荼蘼翻階知晝暖，夜香熏枕覺情忺。雕闌外，落絮偏飛，因風碎撲湘簾。還厭。金鳳翣，蘭麝冷，春衫消瘦慵添。怪底紅蔫觸恨，翠黛生嫌。錦鶯啁唧愁難寫，繡鴛顛倒筆羞拈。閒凝望，無奈綺疏長日，困鎖懨懨。

玉燭新 海棠

輕寒霏雪後。見膩粉融脂，染勻初就。内家素靨，飄環珮、眄想穿花宫漏。連昌一樹，已换却穠春時候。凝恨處、無語低徊，魂銷畫闌紅袖。瑶臺誤貯嬋娟，歎雨泫雲昏，淚痕禁否。靚粧漫鬬。都不似、舊苑玉梅嬌瘦。霜姿挺秀。只暗惜芳華回首。驚睡起、難綰輕陰，通明倦奏。

花犯

繚牆陰，疏梅弄晚，題瓊舊情味。夢痕低綴。愁霧鎖雲屏，空想嬌麗。障天暗雨危闌倚。檐鳩還自喜。奈轉軸、客懷難度，殘宵支素被。　江關歲華去如塵，平蕪望斷處，天涯憔悴。風露重，知無限、鈿英飄墜。饒烟樹、萬株弄影，都未省、春歸鵑夢裏。怕上苑、綠愁紅慘，滄波餘恨水。

黃鸝遶碧樹　落葉

香國繁華謝，西風夕捲，釀寒催暮。盡換晴陰，似箏琶散落，舊時蠻素。瑣窗翠牖，乍敲醒、驚秋吟緒。愁濺淚、徧眼滄波去景，千林收煦。　轉軸廻腸怎吐。待題紅、未銷煩慮。埽庭際、怕沉煙蠹碧，難庇坏土。最苦怨蟬送調，聽掩抑何時住。還應眄想芳林，漫傷枯樹。

解連環

素心誰託。嗟秦樓夢促，鳳簫人邈。乍倦醒、驚起餘寒，奈香篆炷銷，袖羅痕薄。漾水簾櫳，漫閒撚、玉奴絃索。想籌花對月，皓腕並攜，遶徧闌藥。　姮娥似知念若。映盤龍鏡匣，低照檐角。記向夕、瑶瑟傳情，怎鸞柱慵調，妙手閒却。咫尺紅牆，渾換了、當時桃萼。看重來、洞天静鎖，絳英自落。

憶舊遊

記蘭房水静，對語纏綿，閒款深宵。碎柝風前過，伴秋心怨抑，墜響刁蕭。獸爐半熄香篆，帷影一燈搖。漫細説家山，鶯沈燕悄，總是魂銷。　迢迢。寄書訊，話媚景尋芳，曾共聯鑣。但阮郎歸後，問雲屏深處，香袖誰招。露華暗灑清鬢，星點徹銀橋。悵遠隔仙源，依稀尚憶溪畔桃。

渡江雲

東風繚繞處，暖回曙色，翠藹擁堤沙。鳳城懷舊緒，漢殿輕煙，轉燭到侯家。銅街繡陌，盛綺錯、争説繁華。飄嫩黄、液池垂柳，裊裊惹棲鴉。　今嗟。芳春驚換，綴錦成空，幾揚塵日下。銷怨魂、深杯婪尾，香夢紋紗。鶯簾燕户都非昔，賸滿目、秋水蒼葭。無限恨、商歌唱出楊花。

浪淘沙慢

夜泊處、天低皺縠，樹障寒磧。萬里平蕪蘸緑，千尋去水漾碧。聽繚繞蟲吟霜葉白。送夾岸、楓荻蕭蕭，又數聲、吹過短篷笛。煙靄助愁色。　脈脈。綺懷睠念難釋。歎花月、吟賞春宵侣，今度成孤客。惜墜紅無主，空餘鴛迹。舊香暗浣，飄倦魂，夢裏巫峰偏窄。年事換、驚秋殘緒，遥天末、雁訊頓隔。楚蘭怨、遺芳在路陌。奈遠眺、越國雲山，悵恨極。清歌自倚何人拍。

慶春宫

凝碧鴛沉，啼紅鵑老，倦遊懶上臺城。花雨纔滋，苔衣初繡，惱人陌上春聲。瘦簪欹帽，怕新染、吳霜鬢星。江南愁賦，殘照垂楊，依舊絲縈。鶯簾燕幙將迎。羞對東風，重訴飄零。蘭苑樽空，蘅臯芳謝，袖痕千點淒清。錦書思寄，奈欲織、迴文未成。紫簫天遠，有甚微波，託寫心情。

以上《守白詞乙稿（一名《步周詞》）》

以上《守白詞》

渡江雲

故都中央公園修禊，拈得『容』字，用清真四聲譜之

年年偕飲禊，彩毫未禿，又詠舞雩風。杏桃香乍綻，嫩翠嬌黃，隱約見芳叢。詞盟勝集，就水曲、閒吸瓊鍾。憑畫闌、一池清淺，倒影寫春容。　匆匆。湔蘭時序，鬬草光陰，裊朱旛簇擁。還和來、餳簫葭管，吹散晴空。陽和暫駐須行樂，曳短策、遥遡橋東。波泛處、依稀怨葉流紅。

應天長

沈太倅招飲十刹海酒樓，和原唱

亂荷颭水，高柳鎖煙，詩情繞遍江閣。握手二三詞客。花前共蔬酌。繁霜叟，太倅一號繁霜。珠玉作。似露迴、唳霄煙鶴。對籬菊、倚醉瞢騰，冷豔衣薄。　驚見瘦東陽，使酒掀簾，談笑在京洛。洗耳合師巢父，太倅重聽。知音久寥寞。西涯宅，埋路角。明李西涯曾居此地。渾不見、舊時紅藥。倚樓望、罨碧斜暉，天際遥落。

金縷曲

效稼軒體，贈李釋戡

歲歲鶯花節。送芳萍、啼鵑身世，又催華髮。放眼高歌惟有子，浩氣三山清豁。人道似、孫吴英傑。甲帳宵餘常顧曲，甚東風、博得封侯熱。功業事，儘抛撇。　桑乾河畔風澌裂。到而今、全閒馬矟，但尋驢雪。湖海才人齊抗

手，得句瓊壺敲缺。信此事、千秋難説。侘傺中年桓宣武，誦江潭、數語真殊絶。今古恨，爲嗚咽。

以上見《北大學生》一九三一年一卷四期

浣溪沙 歌者琴雪芳仙去，散釋居士以詞徵和，並約嵌『琴雪芳馬回回』六字。率譜答之

翠練星毬徹夜輝。馬龍車水六街馳。幾回回首憶年時。　鬢雪飄殘芳興減，琴心消盡皺痕知。春城愁聽蹋歌詞。

見《津浦鐵路月刊》一九三一年十期

許元竑

浣溪沙 乍別離

只自牽蘿雯倚籬。平添虛怯近臨歧。多少思情總負伊。　心事傳將蘇醒樣，酸酸掠眼首頻低。背人寂寂夕陽遲。

其二

賸水殘山繫者間。茫茫來日會何難。人面桃花未竟闌。　細顧月臺人已舊，翩翩幾度任綿蠻。社燕歸時淚始乾。

前調 夜闌

永夜虫聲靜裏聽。悠悠憑對四邊清。窓外星兒窓下人。　無眠昧理心頭事，偏有鼾牛近隔鄰。人間哀樂算前因。

鷓鴣天　春憶去年人

小鳥鳳簷浪叫喧。都緣消息扣春閽。亭皋老樹紅飄緑，簾幙幽栖雨夾雲。　時過却，幻前邨。衡陽歸雁客思存。舊遊辛苦衝飛散，憔悴籠堦賸遺君。

西江月　山深處

此地纔聞鳥語，四圍山色青葱。層巒疊翠儷相逢。各自雲旍舒送。　多莫人煙罕到，緬懷萬古濛濛。暮鴉成陣響長空。爲有山靈呼擁。

浣溪沙　旅途

長松挺立山之阿。弱絮人前現嬝娜。合是東皇恩愛多。　山鳥山花饒意趣，凌風歷歷不煩它。閒拋道理按清歌。

其二

縹緲白雲麗碧天。消除殘暑掛斜陽。判它兩字是清妍。　不昧長爲車上客，霎時情緒帶流光。儷黄配緑匯茫茫。

其三

迎面石蓮開滿池。青禽叢裏躍高低。一回清趣共神怡。　放野牛羊間得似，天邊短樹真如薺。微風吹度草萋萋。

其四

信美青原物類頤。烏遮白幔引離披。田家作苦不知疲。　隱覺黔黎多賤役，蔽廬風雨半裳衣。菓蔬粗糲毋爾飢。

前調 蘭溪乍引

綠素豔陽兩映飛。山陰道上點清輝。風光脈脈寢悠微。秋波勺注蹄涔水，愛道陽和鋪滿圍。陌野牛羊況未歸。

前調 代題

筑垣遙憶去年間。受命端詳締造艱。護得機鋒任往還。盟國旌旗彰麗影，新生昧旦定人寰。中華花草釀歌懽。

西江月半闋 代題

鮮血染成碑記，緬南擂鼓精神。撫茲袍澤黯魂驚。頑寇芟除未盡。

鷓鴣天 代題

曳得天星帶女蘿。招魂只在曲之阿。蠻煙瘴雨休愁結，水遠山長引逝波。雯起處，人揮戈。一心一德殲妖魔。從頭收拾河山錦，多少健兒萃織梭。

減蘭半闋

似曾相識。倩影伊誰闖夢臆。酒醒花慵。殘雲猶殢渺無峯。

西江月 聽琴

琴韻弄來幽惋，悠優簾影重重。清陰院落響丁東。若有人兮愁擁。適纔豔陽遮道，青林香息融融。間噓熱浪透酥風。南國心情放縱。

鷓鴣天 離蘭伽

香霧迷濛雨乍收。漠寒春訊漾心頭。閒堦宿

草添離色，待得花時人弗留。羌欲訴，鎖煩憂。塵勞草草幾回休。青衫柳色共飄蕩，多莫旌麾舊酒樓。

減字木蘭花 機上景照

浮花簇束。白沫浪頭戲相逐。指引茫茫，安排雲海匪人間。輕紗宛約。緑樹憑看辨翠屑。萬憶陸沉。珊湖水府應如今。

霜天曉角 有懷

春歸也未。寂寞難憑恃。陪得藥爐丹灶，花顏面、澹如水。堇籬聊共倚。悠悠襟帶水。野鶴稻粱誰寄。書劍頻看視。

浪淘沙 寄恨

入夢不成悲。故事依稀。年荒馬亂哺無糜。藐爾孤雛延續否，衹合天知。芳草歲時姿。黯黯雲飛。蓮陽洲渚接天涯。虛負纍纍心上玉，誰與護持。

菩薩蠻 蟋蟀

荳花開落舒香息。滿園愀聽清啼織。暮靄遶籬邊。金風陣陣牽。閒懷容寄與。鬥草初如許。墻角即天涯。兒時不可追。

浪淘沙 昆明之夜

未穩聽啼鴉。古幹槎枒。滿街踏月顯清華。一片行雲遊碧海，兩没妨遮。十里輭風加。油壁香車。鐙紅酒緑恣流霞。添得翩翩裙屐侶，良夜堪誇。

蝶戀花 郊干避警

夾岸長松探曲徑。風葉離披，晴日漏清影。倦態尋芳拘不定。機空軋軋連忙聽。　一面明湖門似鏡。簇擁葱蘢，露出紅樓頂。生事修藏敲玉磬。人間福地誰家姓。

前調 翠湖

亂草荷塘穿小徑。舞態欹欹，春樹闌杆凭。濠上觀魚泥水性。浮光唼喋青萍影。　移就清陰茶盌静。嫋嫋抽煙，愛共詩魂證。埽緑摛詞饒冶興。如雲兒女紛飛乘。

前調 大觀園

瓌瑋文章華浦證。肖得三潭，波月交相印。兼邊裙腰芳草賸。拈花微笑人蘇醒。　修潔園林鶯掌政。金碧妙香，飄杳樓台併。小小扁舟飛蝶競。緑楊牽繫迷煙暝。

臨江仙 清曉

雨歇邗溝帶泪，曉來露氣猶重。遥看草色近簾櫳。輕烟麗古樹，閒倚小橋東。　曲徑花開玉白，窓欞葉蔭青葱。似曾殘淚襯芳容。悠悠塔影蕩，脈脈烏嘑風。

前調 紀事

消息出林近似，門前景色鮮清。只今換却自由身。並肩行也健，感慨語微呻。　世事未堪暗惡，當途擺佈荆榛。從頭憂患漫傷人。風花浮日色，且自拂埃塵。

前調　萬人塚

舊事平添血記，萬人塚瘞幽魂。當年隻手弄翻雲。宮廷方障日，鑾貊自稱尊。　賸有蒼山雪擁，孤標冷冽黄昏。風詩古道故宜存。天心齊縞素，一字壯千軍。

蝶戀花　晝永

一様清涼歌水殿。葉素飛翩，緑影浮窗面。霽日離離光又眩。岑樓好是深深院。　意馬心猿都轉遍。雲樹鄉關，無處苦留戀。　望眼争穿塵裏綫。回頭休向人家羨。

前調　夜沉

清磬聲沉敲古廟。禮佛誰家，鐘鈸旋相弔。曼引哀音勾逸調。死生大矣誰能料。　月色朦朧□下照。屋角天涯，莫道幽魂少。　青草流年依舊肖。先生落拓又荒徼。

十六字令

牽。短笛黄牛吹未圓。杏花雨，邨店惹新烟。

其二

茫。塔影郊原颭翠蒼。欄杆外，風輭挈斜陽。

臨江仙　臥遊

滿地黄花狼藉，輕陰葉徑風飄。清和四月淺愁描。豐碑凝煞氣，嘑鳥蕩今朝。　曼引雲旂昭展，自由神像孤標。珠江映帶晚來潮。漢家遲月色，蜑户競歸橈。

前調　憶灘江

迎面川明橋板接，欣然蛙躍凫游。軟風吹緑

弄輕柔。山尖簇擁，人倚木蘭舟。　出谷行雩霎陣雨，淋漓笑煞沉浮。宛如皺襞蓮塘鷗。迷濛舒卷，渺渺寄予愁。

前調 雨懷

滿院濃陰賡宿雨，霏霏晝鎖樓闌。憑將雛鳥報清殘。閒愁了却，只道路漫漫。　寂寞襜帷低掩護，蘋杳孤館虛寬。瀟湘花草調輕彈。青衫夢裏，檢點淚痕乾。

前調 旅遥

一抹輕烟邨店近，雨餘猶帶寂清。向陽花塢漫闢情。黃金鋪滿，腴媚薦車茵。　流水涓涓衣帶泪，神鴉樹杪聲聲。柴扉鶏黍舊芳鄰。風飄叢莽，嘶馬綰長征。

前調 小憩

合道岡迴水複，野田陌上□青。如臨幽谷未遷鶯。微温香裏吐，薰沐夢痕頻。　別院紅怡攬過，陰籠古樹郊坰。唧噥雛鳥趁閑人。寂寥浮一片，飄渺寄餘身。

前調 江沱

乘得水鳴舟漫轉，絲風陌外青青。回看闤闠飫埃塵。籬邊仍徙倚，衣袂幌搖輕。　替換荒烟閒過了，江沱一帶冥冥。疏林鷄犬嚮將迎。沉哀罹古樹，咿喔習童聲。

蝶戀花 里亭

陌上巾車摇未了。緑染平蕪，霧氣縈清曉。密樹兩桁交徑窈。出林引逗舒嗁鳥。　野外風輕描影表。小駐荒邨，籬落鷄聲繞。光景悠悠人語悄。一壥閒與祛塵擾。

前調 偶題

消息爭知容易掉。時節江潯，迎面桃花窕。合有人兮春悄悄。重來蝶夢分飛了。似水柔情虹影杳。一種相思，腸斷須多少。化石娉婷恰樣肇。幽魂陪淚旋相遶。

前調

乍覺田疇蛙叫爽。少小多情，一縷和風幌。物態欣欣伸嚮往。阿曾留滯花絲網。報道踏青存勝賞。聲息楊梅，紅雨紛途壤。待整行裝誰念想。滴殘清淚愁難仰。

采桑子

晨曦引領入湖裏，晴翠依稀。雛鳥清啼。幾日不來草長齊。南天帶得戀荒意，一雨涼凘。麗日遲遲。終歲常新百衲衣。

其二

池塘清淺牛游戲，隱憶童年。葉樹風牽。照拂行人替釋肩。郊原一色踏青好，芳草無邊。生意油然。暫引飄蕭近自然。

浣溪沙 夢懷

檢點裳衣特地寒。夢痕啼徹幌汍瀾。兒孃何事遶相干。城市荒鷄聲裏寂，蕭淒淫雨透更闌。不堪遥憶舊鄉關。

其二

折券推衣帶緩寬。倚籬清客一般般。火爐和

雨罥林巒。社燕流年連怨結，未曾春賞報花殘。于飛爭度萬重山。

臨江仙 寄雨

淅瀝聲傳深院閉，醒來冷浸孤衾。神鴉破曉觸天心。料應有恨，濛昧契遥吟。 心事一堆縈夢裏，治絲撓亂尋侵。成陰結子墮初心。災荒此際，消息滴愁霖。

踏沙行 憶湄南

船泊河湄，星輝閃視。夜凉不信炎荒裏。明朝問禁試途登，撩人客子陌生地。 篝火叢深，鷄聲籬寄。迷蕪楚澤宜漁市。港汊灘淺暫勾留，森然一面椰風起。

前調 鑾天

照眼黄帔，菓腥委地。豔陽掩映菁森裏。迷風佳景透酥魂，肉香妖媚歡然起。 火傘舒波，洋車媿美。飛翩况是天驕子。銀鐙璀燦拾層樓，悠悠叔夜凉於水。

南鄉子

光景數當年。南園風花一味牽。柔静椰林疏日影，清妍。玉潤鶯歌近午天。 結構舊因緣。偕隱移時好釋肩。圓月紅粧幌又見，誰邊。鐙火闌珊泥影前。

臨江仙

乍覺迷茫窗月白，四圍酬對蕭清。良宵曼衍繫猧鳴。春濃意水，無那展殘更。 幾度摒除仍幌現，個儂踪影盈盈。未工綵賦彷曾經。夢呼小字，不管惱飛瓊。

前調

旖旎湖光輕粉膩，良宵皎月溶溶。菁林淺草蔚葱蘢。翩鴻漾影，迴護倩東風。咫尺甍宮迷望眼，隔花人遠簾櫳。柳絲堤畔閃萍踪。心聲叠奏，無那幻飛蓬。

蝶戀花

依約羊車牽覿面。裁剪風華，繡出人兒伴。王母觀成雲曼衍。杏梁恰是巢新燕。　漱玉詩情春喚轉。山水名都，劉阮天台幻。載踏花林歸陌甸。鶯嬌容與迷歌扇。

前調 懷

曲水灘頭消日永。漂泊萍踪，幾陣風吹警。倦羽歸巢看又暝。瑣窗葉碎紛呶併。　生事茫茫仍照等。雲桂清湘，時接飛鴻影。展叠絃音圜外乘。靈扉一霎尋甦醒。

浪淘沙 輓

勝事乍闌珊。枝曳誰安。于飛燕燕殢濡翰。潤土喻花閒裏歇，冷怯衣單。　引鏡壓愁顏。劍氣痕珊。蕭郎淚落溢潺湲。細數生涯縈逝水，俯仰都難。

蝶戀花 觀泳

水藻荷塘梭過了。唼喋浮光，烟靄盪昏曉。楊柳晴堤遮裊裊。三潭入擁蛙浮侻。　淺草重茵枝葉繞。避却囂塵，仰對雲縹緲。一面屏峯臨鏡沼。提盤目縱歸飛鳥。

臨江仙 雨後翠湖泛舟

湖上殘雲收宿雨，依稀緑沁凉澌。紅蕖嬝嬝出清池。浮光掠影，魚水信相依。　疎影葉陰摇岸過，明粧剗艇閒嬉。虹橋斜日浸離離。青天碧海，摇晃兩忘歸。

前調 中秋月澮，伴遊翠湖

纔是曚朧梢月吐，等閒倩却雲遮。人遊夢澤恣紛華。天心和暢，容與透窗紗。　秋思休關花密邇，前因合注天涯。團圓三五興何賒。夜闌痕澮，隱隱纈流霞。

蝶戀花 催粧

花陰麗日漾清影。陌上絲風，愛共闌杆凭。畫裏新眉仍對鏡。依稀香夢未須醒。　桂蕊飛飄秋正勝。眼角天池，波没珍禽泳。水複山長牽近本。前因繫住慢重省。

其二

南國籬邊厮晝永。一蹴功成，紅葉紛飛迸。收拾風華宵月定。教儂恣意憐芳景。　勝事須尋尋乍等。笑煞漁郎，凉歇花蹊徑。唱道摽梅歌句賸。迎頭錦繡齊齊整。

一剪梅

曳得閒情付邈遊。徑轉仍幽。車吼似牛。銀光細粉洒霜秋。萬籟悠悠。虫韵清愁。　沉漠邨墟吠未休。途戒心憂。盤谷兜留。徘徊恰是月當頭。一陣風柔。無那華稠。

臨江仙

乍展晨粧天穆肅，露痕淺草常滋。貪看山色彷前蹊。靈烏點地，磔磔向人啼。　如墮盤中擁大甕，可真氣宇恢奇。振衣石上噏嘘時。雲寰繚繞，相牽靜初歸。

前調

孤館鷄聲人境索，關山月照迷離。奇峯三兩隙中窺。夢回魂冷，草草枕衾攜。　寥落荒街沉野趣，霜華葉樹未晞。殘燈明滅薄河湄。幽懷如訴，念念少寒衣。

鷓鴣天

一樹霓黃花綻開。山隈茅舍寄清裁。白芒擁絮紛飛起，緑素波翻逝不回。　時寄與，心事灰。詞壇留取爨焦材。脚跟無綫蓬飄轉，風日前頭慢慢猜。

蝶戀花　壩陵橋

兩岸奇峯遮欲暝。谿谷山陵，傳寫壩橋勁。古色斑爛濡藻井。涓涓流水洽幽倩。　顧盼沿迴雲漠頂。盤削撐天，故是苗兒境。瘴雨蠻煙春帶永。青青茵夢不曾醒。

前調　黄果樹瀑布

白練長披標絕勝。下注寒潭，繚繞雲烟併。滑石苔痕描黛賸。輕裾牽曳仙郎影。　三桂南風故不競。除却圓圓，百萬填淵阱。怪道各鳴羌不定。阿誰暮夜悲沉凝。傳説吴三桂兵敗，全部被圍於兹，盡投潭死。

浣溪沙

雨濕長楸天蓋陰。枝枝摇曳吐風音。最難消受着寒噤。真個山山路不盡，寂寥容與約山禽。旅人腸斷合孤吟。

其二

帶住輕陰拂曉過。蒼冥嶺上幻清波。休關描黛與青螺。寂寂祇應心裏托，騷魂閒引山之阿。耳根直是濯湄河。

其三

依舊河池況已稀。朝來無復衆聲嘶。情親微份彷如斯。還是陽和顏色吐，山光認取壓窗低。水鳴活活賽當時。

其四

不許幽人喚奈何。蕭騷枕上雨經過。冷衾村店慣消磨。咿喔兒啼緣聞甚，一聲嘹喨笛長麽。沉沉空曠攬天和。

其五

叠叠盆山戴色青。秋光纔是未凋零。劉郎花塢兩關情。愛挹葱蘢紛藻繢，平添麗日輭於銀。臨風夭嬌拂衣輕。

其六

蕉葉欄邊依蕩摇。遊魂佛國尋見招。薰風熱浪彷痕描。田畝悠然收艾後，野花疎落不爲嬌。南山風格任飄飄。

以上《三叠雲箋》

許南英

洞仙歌　荆軻入秦

感恩知己，白衣冠易水。風雪蕭蕭聲變徵。恨武陽不武、膽小如鼷，太宰負，市駿燕丹太子。　圖窮匕首見，走柱廻環，嚇殺秦廷諸武士。翻悔樊於期、殺身成仁，還問儞、頭顱有幾。儻若是、漸離與君來，又何致、刼盟荆卿枉死。

臨江仙引　春宵

花影雲拖地，夜痕似水，月色如銀。約鄰女、瓣香卜紫姑神。黄昏。環肥燕瘦，驚鴻影，滿院釵裙。　儂心事，想柔情欲訴，細語難聞。温存。滿庭瓜果，酹向花下芳魂。問今生、薄命未卜他生。丫環。春風料峭，空庭外，猶怯衣單。送神去，且呼姊妹，灰紙齊焚。

滿江紅　題畫

蓼岸蘋汀，緑水外、數間茅屋。斜陽小、茫茫暮靄，亂山古木。似是畊烟得意筆，又疑米老愜心作。想化工、筆墨已雲烟，巧生熟。　筆未到，神已足。真墨寶，出書簏。披圖游徧了，胸中丘壑。妙手荆關今已杳，三王以後無人續。信平生、品畫眼無花，真奇福。

南樓令　閨怨

冰簟冷銀牀。殘燈暗不光。秋宵祗爲一人長。十二欄干都倚徧，心忐忑、怯空房。　明月照流黄。清宵淚數行。酷相思、滋味偏嘗。記曲欲拈紅豆子，懶搜索、紫羅囊。

十拍子 傳臚日戲贈同年吳肅堂殿撰

紅杏枝頭春鬧，景陽樓上鐘撞。曉日天門排玉笋，贊引詞臣上玉堂。傳臚姓字香。 昨日敝裘行路，今朝衣錦還鄉。閶面狀頭差一着，還是才人惜豫章。八閩天破荒。

十六字令 晚秋

寒。日暮高樓獨倚欄。風習習，猶自怯衣單。

菩薩蠻 即景

曉暾初射紗窗裏。美人中酒朝慵起。擁被恣酣眠。金釵墜枕邊。 海棠春欲睡。況是前宵醉。一笑捻腰肢。朦朧問是誰。

上行杯 無題

別後芳心忽癢。食時恍惚眠時想。試卜燈花花不放。 況是柳梢月上。譙鼓五更天又朗。惘惘。爲歡愛，淚痕兩。

東風齊著力 防海

刁斗嚴城，元戎小隊，駐節江濱。滿天星斗，兵氣動鈎陳。方冀文章報國，誰知戎馬勞身。難道是，輕裘緩帶，主將斯文。 海外起妖雲。拚轉戰、浪撼鹿耳沙鯤。登陴子弟，憤慍勉從軍。翻恨庸臣割地，盟城下、何處鳴冤。九州鐵，問誰鑄錯，成敗休論。

少年游 游廣州花埭

芳魂憑弔素馨斜。滿地發幽花。環佩聲遥，臙脂夢冷，長繞渡頭沙。 南天漢帝今何在，嶺上散殘霞。盪槳珠娘，皆名春色，風浪水爲家。

清平樂　游鼎湖山

山門初地。便有西來意。水色澄鮮山色翠，行脚病僧一二。　小橋流水潺湲。仰觀樹杪飛泉。試問鼎湖湖水，長流流到何年。

百字令　題朱翁子負薪讀書圖

伯鸞德耀，看齊眉舉案，夫妻和煦。誰識買臣翁子苦，負耒橫經如故。挾卷三餘，負薪一束，日日行吾素。中年富信，蒼蒼不予誤。　轉瞬可嘆十載糟糠，姬姜憔悴，竟下堂求去。會稽官太守，不是單寒窮措。世外浮雲，門前覆水，此錯伊誰鑄。一坯黄土，至今尚留羞慕。

摸魚子　再入都有感

記慈恩、舊題名處，瓊林春宴通籍。六街策馬看花去，得意徧游春陌。宣麻白。内院頒紅綾，恩賜承金闕。恩波叠叠。喜就職樞曹，賛襄武庫，詎意兵機發。　中東事，注意垂涎甌脱。鯤身鹿耳愁絶。長安索米三載，幾易冬裘夏葛。才又拙。嗟聽鼓應官，兩鬢生華髮。西山拄笏。決計不如歸，朝來對鏡，笑我頭如雪。

十拍子　歲暮與友人探梅

亭畔徜徉放鶴，橋邊偃蹇騎驢。問訊西谿氷雪路，知否寒花開也無。消寒作畫圖。　送舊一聲爆竹，迎新萬户桃符。風雪滿天山欲暝，定有村醪野店，朦朧醉百觚。

柳梢青 遊關嶺

浮嵐積翠。楓林坐晚，停車還愛。桑柘村間，桃花源裏。問今何世。嫩紅一樹櫻花，亦稍慰、客中風味。如癡似笑，飯後酒餘，任人調戲。

前調 下關嶺

征車下嶺。朝暾初上，前山山頂。岫霧猶寒，天風乍冷。忽吹人醒。小軺似箭離弦，險莫險、折肱脱臏。多謝山靈，先生不死，亦云僥倖。

滿江紅 謁延平郡王祠

赤手擎天，是明室、獨鍾閒氣。想當日、横師海上，孤忠無二。誓死不從關外虜，故藩擁戴朱術桂。看金廈、兩島抗全師，伸敵愾。亡國恨，遺臣淚。存國脈，回天意。剩廟宇空山，古梅憔悴。故國尚存禾黍感，荒祠不忘蘋蘩祭。聽怒潮、嗚咽草雞亡，神鯨逝。

祝英臺近 謁五妃廟

杜鵑聲，精衛恨，國破主恩斷。桂子空山，宿草餘芳甸。記曾璇室瑤房，寵承魚貫。從君死、一條組練。那曾見。荒塚二月清明，村翁新麥飯。撮土爲香，一盞寒泉薦。徘徊斷碣殘碑，貞妃小傳。也羞殺、新朝羣彦。

南樓令 遊岡山超峯寺

路入大岡山。沿溪轉幾灣。看超峯、蕭寺山銜。佛自無言僧寂寞，香火静、掩柴關。衆鳥高飛盡，孤雲獨去閒。夕陽斜挂樹林間。

與病維摩初入定，尋舊夢、學逃禪。

清平樂　漳州東郊廢院瞻銅佛

一頭鳥糞。我佛無人問。寶相莊嚴明卍印。未識何年坐鎮。　空梁蝙蝠紛飛。閒階乳燕初肥。歇馬來尋故事，祇餘三尺荒碑。

賣花聲　遊圓山琵琶坂董仙祠

何處是仙家。仙坂琵琶。滿山開遍水仙花。此是真人棲隱地，細草平沙。　痼癖中烟霞。夢斷京華。來年雙鬢已皤皤。願與仙人爲弟子，採藥烹茶。

沁園春　過木棉菴

矯矯虎臣，爲國除奸，的是可人。喜清漳道上，炎陽酷烈，木棉菴外，劍影生寒。辛苦瘴鄉，郎當遣戍，私意君恩奉赦還。西湖上，悵笙歌散盡，夢冷湖山。　蘭亭玉枕誰觀。與金籠、蟋蟀一律殘。嘆平章誤國，養奸縱敵，彌天罪案，有口難分。一世稱雄，六州鑄錯，聚鐵添如鑄佞臣。停蕭寺，看將軍斷碣，苔蘚生斑。

減字木蘭花　水仙花

黃冠玉質。異種流傳英美日。仙坂琵琶。遙指圓山是妾家。　春風一度。待送春歸歸故處。省識東風。又醒芳魂映日紅。

明月櫂孤舟　幽居

厚禄故人都謝絕。甘窮餓、採薇食蕨。泌水衡門，杜門謝客，畏見英雄鐵血。　同學少年多不賤，經亂離、死生契濶。自咬菜根，晚菘秋來，應有高人羡殺。

洞仙歌 和陳智君

啞然一笑，甚功名争競。杖履歸山亦天幸。想當年薄宦、羊石浮沈，遭坎壈，惟有樂天知命。 有時招伴侶，拈韻敲詩，亦自饒余老年興。搔首望昆明、滿目牢愁，傷心處、戰雲無定。爲甚事、干戈日鏖争，歸隱謝時人、薜蘿山徑。

青玉案 送友

愁腸得酒因成醉。滴滴化、離人淚。未卜何時期後會。亂山匹馬，斜陽殘照，躑躅西風裏。 花濃酒釅君須記。文采風流尚未墜。香火十年舊交誼。一鞭去也，前途珍重，寄我平安字。

霜天曉角 竹溪雅集

隨喜招提。問城南竹谿。勝日賓朋滿座，浮緑蟻、聽黄鸝。 酒餘合有詩。壁間看舊題。日暮玉驄歸去，古松外、夕陽低。

前調 清明

上巳清明。聽餳簫繚縈。細雨紛紛時節，深巷裏、賣花聲。 春陰不肯晴。炊烟處處生。指點杏花深處，呼美酒、聽倉庚。

前調 燕子

燕子呢喃。聚語坐樑間。似是嗔垂一桁，留香久、下湘簾。 春泥新未乾。營壘欲喬遷。還是烏衣巷口，依王謝、傍高檐。

前調仄韻　憶舊

已無生氣。進退真狼狽。半壁東南已去，忍不住、牛山淚。汐社杜鵑拜。河山悲破碎。多謝安平漁父，盪雙槳、來相濟。

天仙子　游虎溪白鹿洞

虎溪白鹿留勝迹。滿山蒼翠秋如滴。亂山荒塚四無人，餘亂石。蒼苔滑。猶道是神人窟宅。

醉花間　過吴湘玉墓

真娘墓。蘇小墓。俱是埋香處。生比桃花嬌，死爲荔枝誤。一棺歸淨土。是汝生天路。落日滿前山，惆悵不歸去。

憶王孫　別南社諸子

離筵祖道別王孫。後會何時不可憑。舟子鳴鉦報展輪。最銷魂。燈下猶看舊酒痕。

如夢令　別臺灣

望見故鄉雲樹。鹿耳鯤身如故。城郭已全非，彼族大難相與。歸去。歸去。哭別先人廬墓。

前調　自題小照

已矣舊邦社屋。不死猶存面目。蒙恥作遺民，有淚何從慟哭。從俗。從俗。以是頭顱濯濯。

柳梢青　無題

今年相見。依稀不減，桃花人面。眉黛春山，眼波秋水，障羞團扇。酒邊脉脉深情，臨別去、廻波一轉。好事多磨，佳人難再，夢魂空幻。

探春令 憶舊

撕磨耳鬢，深情脈脈，兩心相印。似赤繩、綰住死央牒，信道是、前生定。記曾花徑手同攜，藥欄肩同凭。怨罡風、吹夢一齊空，水底月、鏡中映。

秦樓月 閨怨

郎來未。春宵中酒懨懨睡。懨懨睡。羅帳酒醒，都無滋味。羅巾濕透相思淚。玉璫緘盡相思字。相思字。柳梢月上，待郎不至。

疏影 有贈

渡頭相遇。颺情絲一縷，被伊牽住。美眷如花，似水流年，來往瞿塘灩澦。年來不帶看花眼，隨流水、楊花飛絮。怎當他、翠袖殷勤，切切凄凄私語。背却東船西舫，可憐宵，偷把金鍼微度。海誓山盟，生生世世，三月于歸定賦。好花還仗東皇護，怕巽二、滕六含妒。且從今、捲起風帆，移入無風波處。

望湘人 聞沈琛笙重修《龍溪縣志》，作此誌慰

信文章有價，名士無虛，傲樵尚未歸去。史席重臨，薌江再至，安硯依然龍署。徐孺文雄，胡瑗學粹，陳遵才裕。記曩日、冷宦初來，着意朝縈夕慮。搜羅新朝掌故。奈饑傖謡諑，僉壬含妬。負白石菽莊，牝擲千金抛注。

斯文未喪，舊人尚在，佇看鸞翔鳳翥。笑跖犬、高吠神堯，知否自承謬誤。

燭影摇紅　葭莊修禊

修禊蘭亭，右軍韻事重回首。偏逢上巳會羣賢，老者偕諸幼。隨意詠觴永晝。問伊誰、新詩賦就。湖山嘯傲，洞壑流連，醉偎紅袖。　上聽潮樓，驚濤駭浪兼天吼。東山絲竹爾何人，猶自芳尊侑。疎懶閒雲在岫。小桃源、花陰石竇。良辰美景，消受此間，竹修林茂。

蝶戀花　和沈琛笙三月晦日作

春送東風今日去。芳草萋萋，未識歸何處。別淚桃花紅灑雨。阿儂太息韶光誤。　作計留春三月暮。明歲春來，綰住垂楊縷。不許春歸楊柳渡。花間爲蔽東皇幕。

念奴嬌　有贈

東瀛眉史。數今時裙釵，首屈一指。習禮明詩，争道是、絳帳髯僧弟子。筆仿簪花，才工詠絮，道韞差堪擬。幽情無限，苦處難與談起。　惜汝碧玉華年，紅顏薄命，淚暗彈江水。翠袖春耐冷，作客嘉禾舊里。鴛度金鍼，蟲雕鐵筆，四海誰知已。少年薄倖，美人休矣休矣。

紅娘子　除夕

笑我爲覊客。霜鬢生華髪。爆竹迎春，椒花度歲，匆匆除夕。記前年此日、在薌江，問梅花浮白。　已把舊愁送，又把新愁積。拾翠東郊，看花南陌，香車油壁。輸春來勝事、與時人，但相親歡伯。

清平樂 遊恒心園

尚留殘暑。陣陣梛梛雨。度臘殘荷今又吐。一味新涼如許。倦來夢入黄粱。蘆簾竹簟籐牀。誰道羈人萬里，華胥當作還鄉。

殢人嬌 恒心園品茗

謖謖松風，涼生庭院。挈都籃、安排茗戰。閒情顧渚，舊臺陽羨。賚鳳餅龍團，一甌香嫩。 竹裏樵青，引泉送炭。借熏風、輕輕熬煎。盧仝七椀，清風腋畔。鎮日功夫，坐拋一半。

高陽臺 題蟫窟主人《摩達山詩草》

公子翩翩，風流絶世，平生著作如林。萬卷琳瑯，茂先疑是前身。牙籤玉軸曹倉滿，笑予生、書窟仙蟫。偶閒吟。錦囊得句，夢戀香衾。 捲簾人比黄花瘦，看唱予和女，鬥角鈎心。雞犬雲中，劉安隔斷紅塵。閒中日月桃源裏，怕漁郎、來問迷津。隔苔岑。流水高山，絃外求音。

花發沁園春 丑兒入京游學，作此送之

送汝出門，前程萬里，臨歧不盡歔唏。金臺雪色，玉蝀霜華，此際寒生燕市。寒威若此。早凍了、桑乾河水。此去好立雪程門，不知雪深有幾。 不患獨行踽踽。有亞歐文人，相助爲理。噫吾老矣，何日歸來，想見入門有喜。勗哉小子。不願汝、紆青拖紫。祇願汝、秋蟀春鶊，到時寄我雙鯉。

玉樓春 少眉新居

壻鄉久住偕仙眷。吃盡胡麻仙子飯。仙人聞

道好樓居，玉宇瑶臺都不羨。　安排精筆與良硯。松根坐讀高人傳。誰言俗子不能醫，中有奇書千萬卷。

點絳唇　陪徐貢覺夜宴聯詩

肅客開筵，主人盛饌情何重。烹龍炮鳳。異味恣供養。　自到南洋，衹有今宵暢。醉嘉釀。形骸放浪。佳句宜賡唱。

千秋歲　戲和蔡鶴田詞

桃花流水。似武陵源裡。牧豬奴，聊爾爾。逢場興倍豪，見獵心先喜。笑平生，此道非我擅長技。　别有酸寒子。險狠如蛇虺。一局坑人甘鴆醴。不使破家心不已。從今信誓。懺悔甘斷指。南洋遠，莫被人當作居里。居里，外國賤者之稱。

柳梢青　偶成

不暖不寒。暮春天氣，袖窄衣單。有賢主人，適子之館，授子之餐。　倦時園裡盤桓。覓詩句、柳邊竹邊。數盡行踪，嘗來風味，衹有棉蘭。

前調

世外神仙。羲皇之世，懷葛之天。流水桃花，與山契合，與水流連。　興來摩達游山。互酬和、珠玉成篇。筍束牛腰，雜參軍語，寫薛濤箋。

瀟瀟雨　落葉

餘生如此樹值深秋，蕭瑟落江潭。似杜陵老去，支離南北，飄泊東南。前度婆娑生意，對此復何堪。遠眺秋江浄，露出精藍。　招呼兒童浄掃，與樵青竹裹，烹茗清談。問歸根何處，此理正遐覃。是天時、冬藏秋斂，向招提、問訊老瞿曇。齊解脱、與墜車醉者理相參。

洞仙歌　題眉生二公子摩耶看雪圖

冰天雪海，看天公游戲。玉屑瓊瑶寒山寺。萬重山、一片寒影茫茫，花六出，點綴冬山如睡。　有人携笠屐，小立東風，試問山梅着花未。廻望舊家園、煑酒圍爐，高堂健、言歡度歲。憑雪印、鴻泥寄阿兄，共領略摩耶、琉璃世界。

賣花聲　中秋夜

今夕又中秋。獨上高樓。長空萬里暮雲收。何處笛聲吹折柳，動起鄉愁。　無計且勾留。酒侣詩儔。鸞箋玉斝夜相酬。預擬春來烟水闊，天際歸舟。

畫堂春　思故園梅花

釀春天氣雨霏霏。棉蘭有客懷歸。故山梅樹放新枝。惟有春知。　耐冷巡檐有我，寄人遠道伊誰。天涯消息，夢裡依稀。兩鬢成絲。

洞仙歌　過日里棉蘭福建義塚

登樓作賦。悵美人遲暮。棖觸鄉心如亂絮。過拉武漢外、日里地名。筆底沙邊，日里地名。問碑碣，累累草纏荒墓。　予心悲逝者，爲甚勾留，何故棲遲不歸去。且待過青春、作計還鄉，吟杜句、故人梓里，應準備、擊鉢催詩，海南香微熏炷炷。

瑤臺聚八仙　自壽

戎馬餘生猶健在，對鏡具此鬚眉。頭顱亦好，一肚不合時宜。迴憶治兵鯤島日，問何人、危局撑持。殘棋只差一着，全局皆非。　饑來索米燕市，笑樞曹散吏，悵悵何之。綰綬羊城，風塵俗吏何裨。此鄉聞是寶玉，獨冷宦年來兩鬢絲。清風兩袖，買山無計，素願相違。

以上《窺園詞》

章士釗

鷓鴣天　赴蘭州飛機中

一瞚人如片葉浮。要從西北見神州。回頭下望人寰處，乘興堪爲萬里遊。　雲外日，隴邊秋。金城依舊枕黄流。山如牛背偏多骨，田似魚鱗不見疇。

玉樓春　在蘭州何競武官舍作

五泉山下人初定。素月流輝蟲語靜。橫空連院眼中明，千里大河門外迴。　山河猶是秦時影。舊業雍王全不賸。雍王章邯。我來未計作麽生，涼露一天先試冷。

踏莎行　題青海女子李宜晴詞卷　宜晴，青海土司女，年二十四，空無倚傍，自然善詞。吾至蘭州，來呈詞卷，因題此歸之

茅葦千年，蒹葭何處。中原才思羌無主。臏看西海泛靈槎，春風度得芝芙女。　即事生情，隨緣吐句。却令詞客難分付。斷腸曾見幾方回，夢中枉識江南路。

臨江仙　舊曆十月十六夜，宿静甯看月

照得河山依舊在，秦時關口靈長。華家嶺外

静甯鄉。子魚污穢地，龍臥却留芳。遥夜荒谿人影隻，眼前無樹堪量。清輝白草兩茫洋。邊風徐領略，先看月如霜。

前調 平凉城外柳湖，左文襄讀書課士處。門首懸文襄所書『柳湖書院』四字。園中柳樹略存，獨最大者一本方斫伐在地。泉暖，爲高寒地帶所珍異。文襄篆書『暖泉』二字刻石，元有小亭覆之，今移置牆隈矣。不有導者，無從覓得。適客有求書者，吾爲寫一絶云：『左公當日憩湖邊，轂轂冰斯壯暖泉。却喜後人能愛惜，量移牆角字依然。』客去徘徊，更成此闋。蓋是夜以車滯宿亭舍也

一桁斜陽衰柳，戒人剪伐先戕。召公曾此暗神傷。風詩如不在，何處識甘棠。　丞相慣工小篆，暖泉兩字堂堂。矮亭遮覆太尋常。却移牆角下，説與伴栽桑。文襄當日開邊，以勸人種植爲第一事。

鷓鴣天 月笙遊秦，同人以絲竹娱之。吾適至自蘭州，岸幘參坐。歌者鄭衛間美人，以香玉爲名，常其姓，聲容爲當時第一。吾聞歌三日，佳其名不虚傳。香玉即席求遊揚，月笙笑曰：『余爲爾迎得詞人至也。』吾因賦此闋付與之

早歲尋仙未覺賒。太清宫殿耐冬遮。何時偶遇春光好，却到長安又看花。　歌管急，舞身斜。韋娘一曲醉千家。劉郎老去無腸斷，高髻雲鬟略減些。

踏莎行 贈石鳳翔兼簡友漁

四海平生，一家萬石。文章經濟都希見。漢廷決事仗春秋，秦川織錦成紈縵。　白髮江湖，紅蕖聚散。故人相似珍年晚。天寒且盡小槽紅，人來莫道長安遠。

鷓鴣天

破曉長江偶出門。滿天鴉陣作烏雲。於今却解詞人意，流水斜陽萬點村。　千載事，一朝論。咸陽古道自先秦。阿房五柞都塵土，賸付啞啞寫夕曛。

踏莎行　贈寇勝浮

湖海飄蕭，功名澹淡。家聲韵事從來遠。白門君去倩誰憐，北門君去無人管。　四十年間，君爲言，余曾題其漢隸册子，有『四十年間一刹那』之句，余忘之久矣。八千里畔。重逢未覺丰神減。秦腔少習老年工，漢分一字千金换。

浣溪沙　李芝亭《營西京平報》五年，索詞

東野當年號善鳴。水風激盪電霆生。人間端賴此平亭。　孔子西行雖不到，寶書秦國定先成。文章猶自壯西京。

踏莎行　景梅九出示舊詞，有『瞞愁偶向夢尋歡，醒來却被愁知道』之句，依調和一闋

白社荒寒，紅樓黯淡。我來却喜君身健。安神長近聖人居，憂時嬾避猥兒面。　影事成塵，流光似電。浮生一夢元非遠。老年猶爲少年忙，舊愁偶逐新愁見。

玉樓春　登慈恩寺塔

荒城帝室誰分別。車出南門寒欲雪。撑空醜樹點棲鴉，撲面酸風吹落葉。　慈恩舊事甯銷歇。鴟吻塔鈴噤不説。見山何必問終南，無水劣能分素滻。

前調 在驪山湯泉作

驪山高處生佳矚。渭水尚縈秦塞曲。祖龍墓下有鴻門，太息當年空逐鹿。温泉水滑人如玉。想像楊妃新賜浴。三郎遺恨到羅囊，比似斬袪多一哭。

前調

土花蝕盡漢宮月。沙子吹空秦塞雪。唐人弔古已糢糊，天道今論疑太拙。留殘何似真消歇。難遣眼前三兩物。寒松踠地作卑枝，淚竹凌風搖瘦節。

前調 登驪山高處觀新題記

柏人誰與通消息。此舉無名煎太急。楊妃化作寺人披，傳恨誰爲白居易。江南不與同風色。曲水平蕪千里碧。驪山也當蔣山看，何必鑿殘無罪石。

前調 西京與月笙同寓競武宅，競武約自蘭州來會

山林何氏留幽意。舊路南塘誰記憶。香芹鮮鯽却依然，飯顆偕遊渾不異。能文好武尋常事。珍重報書人且至。買田未遂也欣然，儻許重來休沐地。

前調

長安道上鋪秋葉。客思深時風景別。竅巖今古有淒煙，版築公私皆壞堞。我來恰是寒時節。殘柳荒橋天欲雪。城南灞水舊風流，賸與牛羊爭日夕。

鷓鴣天　得蕭嫺蘭州書，爲其夫壻江達言事

大字雄奇小字腴。黄庭親見寫成初。匆匆二十年華過，猶憶榕陰捲袖餘。　郎意苦，父書蕪。魏公援手舊含胡。驚心老滯秦關客，却答文姬隴上書。

踏莎行　遊華清池，見五代《風流子》石刻，書、詞均佳

恩寵初承，凝脂乍洗。雪膚花貌參差是。梨宮玉笛却偷吹，龍池羯鼓誰沈醉。　端正樓空，沈香亭圮。湯東也失鴻濛氣。四關無計護靈湫，賸看殘闋風流子。

玉樓春　寄慕少堂壽祺蘭州

慕容帝業雖銷歇。曹霸風流猶曠絶。客途初出五泉山，除却逢君餘豈屑。　聞聲見面無須説。早歲操觚慚矢橛。似君耄學幾人同，癸巳稿成俞正燮。

前調　寄高一涵蘭州

共君白社揮毫日。未計衰殘同作客。玉關萬里壯神皋，也爲詩人開霽色。　人生快意當前決。那有東西南與北。蜀州今日在蘭州，落筆便須參甫白。

浣溪沙　此詞爲歌者張素芳作

鬟髮如雲布作裳。紫棉香軟貼鞋帮。動人偏在淡梳妝。　有約不來緣底事，相逢一笑似無妨。何時再唱小紅娘。

前調　贈張佛千　佛千伴余遊覽數日

石鼓歌中舊姓張。史晨碑上記盧江。煩君相

伴踏槐黃。　近出城南登雁塔，遠趨霸上試驪湯。長安稠酒也須嘗。稠對清而言，即所謂濁酒也。

減字木蘭花　長安道中雁字

赭霞箋好。寫盡長安今古道。整整斜斜。比似懷師更到家。　昨宵咄咄。作意書空人太拙。楚客徘徊。書寄衡陽又却回。

玉樓春　過灞橋

灞陵過客知多少。王粲南登成古道。我來恰是晚寒天，一片殘陽連白草。　橋長水涸河身老。傾淚却教流浩浩。可憐回首即長安，轉望東南增毷氉。

鷓鴣天　遊八仙庵　即興慶宮故址。庚子，西后駐蹕於此。庵前有『長安酒肆』石刻，李太白、呂純陽醉處

興慶宮中夢上皇。梨園子弟最堪傷。天留武媚千年後，解把禪房作御床。　無限事，九廻腸。長安酒肆舊猖狂。雙槐不肯干霄上，怕向原頭看夕陽。庵有唐槐，高不及丈。

玉樓春

長安何事關情劇。我共萬鴉同作客。霽開翔似黑雲飛，日暮亂投枯樹泣。　千年慣與人相習。街路野田紛點墨。不須尋覓白頭烏，怕問延秋門外宅。

蝶戀花　客居無俚，汪松年送舊詞數帙至，喜拈此解

杜曲桑麻收過也。客舍閒閒，漸近咸陽夜。當日無人工打馬。呼盧未惜屠沽詫。　李白

秦樓吟月下。黄四娘家，衹以閒情寫。我却優遊無顧借。多君假我詞盈把。

玉樓春　與纘之、清華、志莘遊開元寺

行人詑到開元寺。戲鼓酒旗紛一市。夢中姚宋定傷心，天寶季年荒怠始。　依稀廿載江南事。紫曲門荒難記憶。西來老趁少年遊，笑識平康唐舊里。

蝶戀花　爲歌者作

門外金風摇翠葆。見説招邀，十里奔波到。昨日却無鸚鵡報。前天似是洪喬惱。　杭守昔年詞旨妙。一曲新涼，曾發當筵笑。憐我遲來非意料。煩君一倚猗蘭操。

臨江仙　在長安酒肆作

百篇斗酒口稱臣。却船强臥爐菌。元來李白屬狂人。艷陽疑太酷，麴米怕真醺。『豔陽酷酒』，見夢窗詞。　我却西來從蜀道，當前誰是文君。長卿今日已無禈。香殘風滿店，衰柳歛黄昏。

踏莎行　贈劉定五，兼懷李印泉

雪壓燕亭，雲横秦嶺。相逢賸驗銀釭影。多君三宿戀齊王，願言天下烏乎定。　師友飄零，江山印證。灞陵橋畔秋風冷。短衣匹馬舊相隨，憐他李廣家山迴。

玉樓春　蘭州與同人登五泉山十日，復由西安寄包少拯

西風檢點奚囊去。吹却方回腸斷句。入秦却

憶五泉山，白草黃雲天欲暮。夢中未覺泉聲住。秦隴關山分似誤。天生西土壯神州，那用東南矜北固。

陌上花　題景梅九《紅樓夢簽證》

梅邊一夢，夢中驚見，花鬟無數。鬟上佳人，醒後問歸何許。人間載得情多少，春色向來誰主。笑東坡漫說，一分流水，二分塵土。是風流舊案，天生情種，恐把平生辜負。借得杯來，醽醁紛紛爭注。紅樓更比青樓幻，鏡裏行雲行露。祇石頭半塊，空來色往，未須深據。

玉樓春　調纘之

唐昌宮裏花無數。見約看花剛日暮。憐他影子盡模糊，却仗主人頻指數。姚黃魏紫嬌誰主。略識長安風味古。眼中彷彿墜樓人，何不遣隨雙燕去。

前調　題張伯駒《叢碧詞》

頹辰落拓秦關路。影事重重難記注。津橋回首十餘年，風暖誰知愁日暮。詞人晚歲初相遇。略識玉田微妙處。寒雲飛散蟄雲歸，巖上無心還逐去。寒雲，袁克文。蟄雲，郭則澐。

偷聲木蘭花　調清華

午窗靜寂宜輕睡。除却瓶笙吹細細。驟起牆隈。側榻鼾聲逼似雷。半床詞卷都翻倒。彷彿神光無夢到。讓與高唐。作賦終須說楚王。

鷓鴣天

幾日陰晴不定天。沈吟遊事落誰邊。鴉兒似識行人嬾，爲喚黄昏噪屋顛。　真有意，定相憐。黄雲城上舊棲煙。莫將織錦秦娃淚，亂點纕蘅楚客篇。

前調　汪松年刊布李宜晴詞五闋於《西京日報》，拈此紀之，並柬旭初

自許平生楊敬之。逢人愛説不須疑。項斯當日無名句，横掃今看女匹磾。　從錦水，到天西。汪倫欣賞也同時。雙卿凄調人難信，漱玉流風我却知。

前調　渝機改蘭州道赴寶鷄，瀕行以機損聞，候人不至

天馬蒲梢不用馳。陳倉道是碧鷄栖。紅牆望處何嘗遠，彩翼成時始得飛。　非對面，却通辭。珊瑚壩上送行遲。祇今青鳥多乖巧，咫尺蓬山怨路岐。

玉樓春　戲贈管北

千年秦塞音塵息。勝友聯鑣絃管急。風流誰似庾安西，伉爽盡歸楊管北。　不須大眼仍多力。受命兼工端木億。銅琶微帶潤州腔，鐵畫略參張四筆。

其二

冬來何事消閒好。打馬博鵝兼射鳥。可憐諸事概輸他，餺飥賸容同一飽。　勞君僕僕陳倉道。迎得碧鷄天定保。歸來一笑把銅錘，還唱揚州新揭調。

感皇恩

飛轡踏長安，逢人誇好。彷彿平生幾回到。灞橋剛過，雁塔十分明了。滿街鋪落葉，西風曉。　隨分冶遊，開元古廟。那有閒情似年少。沉吟獨自，好友城烏原草。何時纔得夠，忘憂老。

鷓鴣天　飲稠酒處，張佛千云曾陪劉禺老流連甚久。因寫此詞，寄禺生渝州

前度今番事不常。天涯著得幾劉郎。我來初上慈恩寺，便夢微之在大梁。　人道是，酒須嘗。想君危坐鞴爐旁。柳街依舊風悠颺，曾否吹成滿店香。

前調　題潘素吳墨井雪山圖摹本　素，張伯駒室

太白山頭雪半殘。人間流去幾分寒。不知粉本傳神未，特地攜將比並看。　分妙處，到毫顛。冰心一片在壺邊。笑誇夫壻工詞筆，已遺張炎號玉田。

千年調　汪松年爲《西京日報》年刊索詞

又是一年春，醉臥長安道。細數西來幾歲，歲歲都好。今番爆竹，又拆收京兆。揮涕淚，捲詩書，歸去早。　平生好事，發語都嫌躁。近日學成，馮婦怕被人笑。良辰吉日，却解千年調。看諸公，似君房，言語妙。

月中行　旭初詞卷在余處，余行時，爲馮若飛借去。旭初展轉詢是事，拈此報之

夢中不忘踏歌詞。詞卷秘中闈。曾防格律有偷時。却被老元知。　西風吹冷長安道，遺落葉、要我題詩。我來無那得歸遲。長記漲

秋池。

八聲甘州 呂方子自桂林寄其鄉人新刊《匏園詩集》來，展卷多感，爲拈此兼示朱琴可

正長安落葉捲西風，却懷去年遊。記吟邊放眼，單椒刺月，八桂飄秋。此處城烏塞草，朝暮一天浮。灞水橋邊問，似恡西流。　二十年前回首，更因詩撩起，無限離憂。看匏園行卷，宿淚漬猶留。算吾儕、長浮天際，未須知、何許有歸舟。狂如故、恁無聊處，揭調甘州。

瓠園李誠字眉庵，臨桂人。

鷓鴣天 嘲美芳

乍踏寒窰未覺寒。有人因此愛長安。武家坡對驪山殿，寶釧終須勝玉環。　天氣冷，酒杯寬。今朝不必去尋仙。玉魚金盌多應在，且到城隍廟裏看。廟門兩旁皆舊貨店。

前調 長安月

照澈秦時與漢關。依然如水浸長安。樹藏萬點鴉偷靜，城響三更鼓趁寒。　人一個，事無端。祇卿看我我卿看。長生殿裏矜私語，曾被牽牛笑玉環。

前調 上海學院諸生招宴

淞泖風烟不可求。飄鴻爪迹鎮相投。素書我媿圯橋老，約法今須鄭邑侯。　重見面，各忘憂。長安市上酒家樓。收功見説宜西北，莫負秦中自古州。

踏莎行

薺麥争青，牛羊下括。田園踐踏無人咄。明

年農事定何如，秦人似怨天無雪。　千里晴空，三邊皓月。故鄉平野輸他闊。　却傷嬾性與愁并，冬寒未是遊時節。

玉樓春　易均室著《藝海揚塵小識》，靈蕤夫人以精楷書之。爲拈此解，題於卷端

滿懷松雪無痕跡。字與畫眉同一筆。歸來賭茗笑難禁，也爲徐熙花鳥泣。　人間勝蹟終銷歇。今古華戎渾一迹。翠蓬淺處偶藏弓，何必楚人真自得。

前調　贈張伯英

前年相遇渝州郭。手寫新詩酬索寞。殆緣詩惡不堪持，却爲旁人潛剥落。　今年相見長安陌。乍撲征塵尋素約。小詞未必勝從前，垂老交期無處託。

唐多令　爲郭昌錦題澠池會盟臺

露蝕土花臺。英雄淚滿揩。看江山、勝迹重開。咫尺澠池吾未到，閒撫缶、也興哀。　碧血濺黄埃。書生語壯哉。信文章、總是童騃。堪笑河南俞學政，將犬子、比雄才。曲園有《澠池懷古》詩。

踏莎美人　灞橋柳

千載離情，幾番詞客。憑誰指點憑誰説。詩中折柳似相招。未必詩人都到、霸陵橋。　衰草連空，栖鴉點墨。于今我在長安陌。長安陌上總魂消。不待朝來灞水、映青袍。

蝶戀花　答均室約在漢中見面

嬾學南鵬大作背。踠地徐徐，醉倒長安市。楚漢紛爭唐破碎。要馳千里閒憑軾。　頓轡

不妨歸蜀計。鐵馬西風，大散關前地。白社故人期一至。呼燈共話揚塵事。

鷓鴣天

未到秦中意致賒。秦中乍到便停車。好遊元止山陰興，又況新來嬾病加。　憐日暮，望天涯。長安風物賸啞啞。小詩偶憶韋端己，一一歸巢却羨鴉。

踏莎行　周嘯潮以詩來，喜拈此解壯之

灞水新愁，端州舊夢。輕輕綴緝渾無縫。鄉知君面更知心，長安風月憑相共。　偶學雕虫，居然繡鳳。看來字字龍蛇動。多情何必作詩人，詩人不外多情種。

月中行　張佛千病，以詞起之

杜公家住少陵原。獨自出門難。岑參兄弟作奇緣。攜上渼陂船。　遠來我却相知少，惟與子、問水橋邊。灞橋流水如君湔。未疾不須纏。

風蝶令　過張季鸞墓

一代觀摩友，當前隔絶人。寢門未久哭劉蕡。漫説霸才無主、始憐君。　幽顯長安路，迴環玉壘雲。年時笑語尚相親。今日悄持詩卷、過秋墳。

前調　贈李之逸

老氣濃於酒，豪情吐似雲。歸來不預世紛紜。也爲捉人閒話、石壕村。　北海碑文峻，東川

句法尊。晚年餘事已無倫。何况平生飛動、意猶存。

小闌干 國歷除夕

長安城裏一家家。闌夜闃無譁。何氏山林，却來招惹，火樹一園花。 江南相識趁蜂衙。坐久不廻車。堂上簸錢，房中度曲，年事劣堪誇。

其二

宜春帖子血斑鮮。功令急於弦。日月光華，河山恢復，都説在今年。 沿門挨户到城邊。破屋不成椽。啓缶蛇空，窺瓶米罄，仍辦買聯錢。

鷓鴣天 伯英寓齋懸有太炎贈句云：『虛名真誤百年身，亂世文章抵一塵。猶有故人憐舊雨，白頭莫歎尚如新。』八年前事也。悵然有感，爲賦此解

亂世文抵一塵。于今天道更難論。長公故自魁元祐，身後誰知端禮門。 千古事，逐年新。人言祖法盡沉淪。已然顧籍渾無有，初解虛名不誤身。

前調 稚珊精藏清代書畫，粗閱一過

梳剔殘叢不計年。肯將荒遠廢精妍。東州愛寫蘇詩句，南雅堪追晉代賢。 纔瞥過，便流連。眼中長漾砑光箋。肩隨洛下東西陸，胸貯淮南大小山。

前調 壽劉鏡屏六十 益陽劉璠父。璠時于役西安

跡隱何如心隱賢。桃花江水武陵源。八方須

洞風塵日，一老磯頭自静便。　兒輩事，世間緣。神州大業在安邊。饒君甲子輪君識，判斷江山六十年。務觀句。

前調　贈趙次驊兼憶伯先

几硯精嚴見性情。牙籤萬軸自成城。邠鄉充國隨緣在，也解屯田也解經。　談往事，若平生。胸蟠韜略付帷燈。何人京口誇醇酒，存没於今概不驚。『伯先京口誇醇酒』，三十年前陳獨秀《存殁口號》句。

前調

墐户猶疑風入樓。帽簷長壓一冬愁。出門慚與鴉争路，潤麥難移雪滿頭。　書罷讀，句窮搜。無人静館養吟眸。揭來山雀緣何事，故向窗前噪不休。

前調　兩湖會館題壁　館爲光緒元年左文襄所置

節相開邊氣不馴。楹間手澤尚如新。十年九塞千行柳，誰是湖湘後起人。　萍偶聚，絮多因。可堪孤旅數蕭晨。階前不少南冠客，莫怪鍾儀錯入秦。

步蟾宫

奔輧衝過鴉行路。鴉飛起、却衝車去。唐宫消息讓渠知，猶帶得、斜陽如故。　沉沉盡宿城邊樹。聞道有、金丸偷注。誰防他日避胡來，啄屋底、達官何處。

鷓鴣天　貽志莘

四海論交各不同。況君斟酌古人風。平生不解要湯術，却枉阿衡作臥龍。　從鼓篋，到成功。躊躇四十七年中。似君行樂仍年少，看取樽前六一翁。

前調 與松年談舊事，追懷徐又錚

芒碭曾疑王氣新。當年城北美無倫。大風詞老驚堪繼，叔夜琴空倏不聞。 人盡換，事都陳。謡吟聊與送蕭辰。騎臺荒廢黄樓圮，寥闊誰云大雅存。

玉樓春 題張君俊建都西安説後

窺江胡馬難重數。那有桁頭堪禦侮。祇貪江上泛漁舟，南宋山河成贅附。 收京二字何曾腐。西北天生還地負。賸從高處見神州，應遣衣冠都北渡。

踏莎行 易均室在城固發見湖南詩人張茶坡棲隱處碑石，喜爲此詞，寄均室

青塚黄昏，白雲千載。江山不落文章外。未緣孟子鹿門蒿，龐公棲隱應何在。 斷碣苔封，才名沙汰。履綦晦昧誰當怪。吾曹合是欠詩人，茶坡寂寞求收債。

鷓鴣天 遊荐福寺作

百丈浮屠十丈塵。永寧門外立黄昏。中唐故實歸公主，荐福無功鬼不神。古傳寺門兩旁吴道子畫有鬼神。 鴉織樹，樹篩雲。千年惟見土花新。繚垣未改周遭勢，不貯城南半點春。

前調 贈吴敬之 廷錫向之之兄

少與梅江共一塵。老來同作亂離身。東吴文學蕭疎甚，買醉長安不計春。 傷往事，怕重論。眼中岸幘拂棋人。長公白首初數見，四海當時狎潁濱。

前調　劉公畏以詩來，自署『西楚老兵』，因拈此解酬之　公畏，壯肅之孫

莫問清門幾許清。風流文采自平生。元戎舊有輪臺恨，指壯肅。猶遺諸孫號老兵。成敗事，古今情。酒酣閒話故彭城。千條嗚咽東流水，只許淝淮作楚聲。

玉樓春　酬劉季膏

西遊偶卜千年調。惱亂旁人殊未料。爲開風氣却非才，只會文章還有道。長安天遠黏衰草。人賴詞心形不槁。三劉俱有稼軒風，誰似改之情義早。

鷓鴣天　元人鄭子經著《衍極》一書，論書法頗微妙。從趙次驊借讀覃溪批校鈔本，批語『妙哉！今日始聞《蘭亭》多用篆法，東坡所謂「他日徒參雪竇禪師」者也』云云，頗堪注意。此本光緒乙酉爲江建霞師所得。葉菊裳在廠肆失之交臂，辭意悻悻。戊子歸潘文勤。又有劉聚卿審定章，己巳羅振常跋之，流傳有序。書極珍貴，惟讀之，於書法轉難捉摸，不禁廢書而歎

手不工書意解書。解書却怕細工夫。蘭亭篆法賅天道，俊語須教善體無。參雪竇，入鴻都。偶然神悟抵河圖。覃溪一去無消息，聚訟寖歸板片粗。

玉樓春　贈景莘農　君先公天相，字吉人，辛長沙有循聲

長沙不久留才子。遁作詞人還隱市。相逢無意説温涼，却問務頭何處是。匆匆四十餘年逝。竹馬甘棠猶略憶。南冠未覺楚音孤，白首縱輸詩律細。

鷓鴣天　贈張翔初

湖海交遊四十霜。張公九尺鬢眉蒼。灞陵却愛田園好，醉尉嗔來也未妨。　閒對坐，淡相忘。酒酣先自唱秦腔。天生鉄腕無揮處，餘事還堪褚遂良。

玉樓春　省府門前

啞啞穿過黄雲裏。薄暮鈴轅同鬧市。參差枯柳不成行，黑點如花還涴地。　長安遍是鴉孫子。羽後奈無鴉本紀。唐槐舞爪一千年，鴉老應知天實事。

鷓鴣天　旅夜偶感

蜀筍河魴次第來。長安冬事在深杯。思量麥隴空根蒂，無雪噤寒劇可哀。無雪，土不能潤下，明春麥難長，恐成荒象。　閒過去，嬾安排。恥於木雁妄論才。軍符火急誰當問，字債山高却怕催。

玉樓春

閒人却得忙情緒。客不知名相爾汝。字如風葉滿街飛，詞似口涎隨意吐。　西來一月從人度。太白終南都未去。非關脚力老來差，怕對名山無好句。

以上《入秦草》

鷓鴣天　徐賡陶以母氏篝燈課子圖求題

補綴笙詩媿未能。請來成相學蘭陵。平生事業從頭數，一盞兒時伴績燈。　隨累土，看崇成。宵宵雁影雜雞聲。斷機和藥争俄頃，未抵深更一足檠。

天仙子

幾輩詞人瀘水路。小市拙溪相對語。我來恰是鬱蒸年，人病暑。天靳雨。三日不知何處去。　憑仗主人多妙緒。筆架書床勤部署。適來却道晚涼佳，重平野渡。遲日暮。江雒似商留汝住。

鷓鴣天

瀘縣滿街燃燈唱戲，仲虎謂是慶祝土地生日，他縣所無。詞以紀之

丈八官街足礙人。籠燈圍鼓致紛紜。相驚却問緣何事，道是今宵慶社神。　巖畔屋，水邊村。黃雞白酒四時春。專城漫説芙蓉主，未抵瀘州土地尊。

踏莎行

撫琴渡口

急雨初過，涼宵夜渡。賞心先在冥蒙處。燈光兩岸影參差，漾成波底虹蜺舞。　雪壓瓜州，月明盆浦。沱江也待詞人語。放翁小市怨沙堤，我來却擊空明去。放翁詩云『小市門前沙作堤』，蓋江流冬涸，沙堤盡見，兩岸捩舵即達，未容盪槳也。仲虎云。

臨江仙

古渡沱江剛日晡，荷花著汗難收。南郊作客有深謀。平岡舒遠眺，高閣對長流。　歸渡沱江初月上，飄飄無限離憂。聊將小市當并州。心如邊馬急，詞帶塞鴻愀。

踏莎行

南溪包壽銘與宋云子有連。自言二十歲時盛服往謁湘綺翁於北京。翁驟問：『子見史湘雲乎？』君未知所對。翁笑曰：『吾則見之，一白髮老媪耳。』昨在雲峰寺與君同宿，得聞此事，君求贈句，因譜此詞

作賦雕龍，裁詩引鳳。何人説與紅樓夢。於今却解壽陽妝，髑髏半面東風送。 晚歲逢君，清言出衆。雲峯寺裏燈花共。莫嫌筠管長蒲盧，文人自古珍無用。

前調 瀘州近苦偷瓜者衆，園主不惜早摘，失其香甜。熙午獨見贈老瓜一頭，味美無匹，詞以調之

腰畔輕鐮，道旁矮架。萬人流冗聊通假。故侯辛苦種東門，瞪他抱蔓經臺下。 白果新畦，藍田舊壩。我來也昧園蔬價。主人贈客不須豐，先生傳食從無謝。

以上見《遊瀘草前集》

點絳唇 花溪泛月

堤岸輕呼，人聲月影溪流住。南塘幾度。船是初來去。 煙水蒼蒼，擬入秦淮渡。人不語。復成橋畔，悄悄停橈處。

前調 誤歸期

遼鶴將飛，千里雲枯歸意渺。故鄉如歸，怕我傷懷抱。 頻誤佳期，烏鵲争相噪。人不老。秋花秋草。莫問何時了。

減字木蘭花 冉園湯泉

香泉細注。問是何人行樂處。何况凝脂。楊妃昨夜妒西施。 靈湫知否。物色如卿應自醜。今日微涼。侵入離人總斷腸。

采桑子 詠月

若爲看去光應少，如此嬋娟。一樣纏綿。莫負青天碧海緣。 尺書不寄憑卿語，非缺難

圓。似説清蟾。怎把成橋鵲意傳。

清平樂　冉園雨後

山南深秀。雨洗千巖後。晚涼人静恰宜詞，□得詩情如舊。幽坳盡處停槎。園亭小小人家。門對一溪清淥，樓當幾樹殘花。

蝶戀花　嘲尹默

幽人静石灣頭住。山鬼來時，人石呼曾記。忘却腰圍身作度。文章瘦了疑誰去。　我來徑入南山路。不見南山，祇見南山霧。　多爲神留文豹許。開眸總望玄玄處。

望江南　南山即事

六月半，避賊到南岡。絶澗猿身危掛樹，殘山雁字懶隨陽。日長心更長。　昏昏睡，無事起仍忙。人愛劣書題紙背，僮收斷句入詩囊。小令更荒唐。

臨江仙　從旅館至冉園示理鳴

隔夜西風未散，對山宿霧争霏。晨朝無事出門時。牆頭雙燕在，溪岸一竿垂。　記得年前初到，曾隨仙女逶迤。雲英嫁去再來遲。意中明月在，還是飲當歸。

定風波　晚香玉

手把花枝笑語君。小園無計可留春。偷花道是風流賊。總摘。分貽依舊入西鄰。　不到晚來香不散。緩緩。美人夜半薄妝新。老去東坡風趣爽。寧賞。周家背面内人真。周夫人摘晚香玉一把云：『不摘將爲人偷去，摘來仍分送隣家。』

夜行船 與仲虎談舊事

曾記錦帆風送。天涯到、尚誰相共。秘書無恙草鞋牢，『草鞋秘書』乃熊公被難時人以稱仲虎者。祇贏得、重逢淚湧。　今古恩仇成一闋。平生事、滹沱似夢。晚景無多歧路，聞君語、拊衫增痛。

鷓鴣天 返上清寺寓

無心化鶴却先歸。擡眼驚看城郭非。舊日經過華屋處，坳□煙水浣征衣。　上清寺，牛渚磯。神仙妖怪交依違。意中廣廈被何處，天下紛紛寒士稀。

玉漏遲 簡旭初

飄搖莖影渺。愃書名逸，太玄思杳。師友平生，魂夢寢門長繞。曾記汝南豪語，祇枚叔、紛披古抱。却還道。當年文賦，江東獨妙。　老來亂後相逢，任歌樂殘山，上清斜照。鍵户高談，依舊俊游年少。擫笛聽歌幾處，莫算是、龜年重到。知己少。天涯酒襟詩料。

虞美人

倦情祇索胡牀臥。輾轉人一箇。抛書重上一枝煙。煙裏何人冉冉，掠雲前。　書奴煙婢扶吾醉。了却平生事。此情誰欲令人知。墮瓦頹牆伴我、暫來時。

憶帝京 簡豢龍

炎天敗屋殷勤語，勸我歸須熟計。指事欠分明，却解迴環意。自笑拙心機，依舊縈歸思。　殊未料、雁行難待。稍差跌、不成飛去。事後思量，明知譬説，道是老天陰作劇。去住視因緣，括盡平生事。七月八日飛機失期，致未回湘。

玉樓春　和尹默

人生冉冉渾無定。昨日筵前今日病。芳筵病榻等閒身，轉眼釵鈿驚已賸。　阿儂自聖清狂甚。敲遍闌干尋舊訊。漫言不見隔年人，一箇當前看玉鏡。

疏影　芭蕉

何來一片。看陂陀十里，緑雲遮遍。枯處仍留，折後還連，難斷平生未見。去年臥病新開市，曾互約、愁心漫展。誰教汝、雜茁漫天，繚亂今憂昨怨。　欲把情根移去，看此山遼闊，是何真面。小院誰家，如此驕陽，不借濃蔭羃掩。角燈縱伴籃輿急，又一捲、一枝細檢。恨者番、賊火無謬，下手先秋妄剪。

卜算子　七月十七日晨赴九龍坡機場，以桂林大火，機不能到，悵然而返

飛轡大江陰，犯露九龍路。雁訊荒唐却自還，來往一天霧。　去住一何心，遲誤非無故。不是江南終不歸，莫試叶成賦。

臨江仙　擬始電約蔣訴心見迓桂林機場，是日無機，未去

昨日與君話別，今朝却又重來。迷離消息費君猜。衡陽嗟雁斷，銀漢看烏回。　吾土縱非仍美，江南欲賦無才。閒多依舊數莓苔。不來緱嶺約，虛負蔣山梅。

前調　簡叔章

賊火今年連上苑，幾家屋頂都飛。深宵默滴到牀帷。一肩紙傘，殘夢雨如絲。　同是有家歸未得，登樓信美難持。數間破屋破仍非。孤城落日，飄瓦打門時。

賀新涼　楊雲史挽詞

海上奔風雨。驀争哀、當年才子，江東獨步。駿骨竟將佔□朽，究竟平生孤負。空賸得、煙霞萬古。從此胡牀無下上，問元龍、豪氣歸何處。別非久，淚如注。　洛陽赤手扶開府。趁□間、嵩山觀雪，丰神虎虎。一卷佳圖名蹟□，定要鯫生題句。祇恨我、達夫晚遇。待到詞成賸宿諾，已青林、魂夢來無路。厓門遠，淒何處。

漁家傲

歸計不成留亦好，用放翁句。即爲留計還嫌早。閒把小詞隨筆草。新意少。啣煙又向胡牀倒。　街頭似說紅鐙照。荒荒聽得行人噪。天意故將詩意老。籃輿到。依然一路看山飽。

高陽臺　七月十九日赴桂林，飛機中看雲

千里晴空，一身飄舉，白雲共我偕行。過去仍留，煙霞比縷還輕。雪山高聳神明靜，又銀濤、洶涌初成。悄無人，四望無垠，萬白無聲。　夏深真箇奇峯遍，祇峯頭俯瞰，鳥亦難經。擬近陽臺，今朝行處分明。閬風緤馬無多路，却等閒、飛到王城。下來時，風洞分涼，獨秀先青。

西江月　桂林初曉

幾樹庭心雀噪，數聲廓外笳號。薄寒輕襲被難拋。這是桂林夏曉。　隔帳明燈猶在，殢人香篆剛消。夢回春意總難描。又況游人初到。

念奴嬌　邱毅吾約飲甲山村宅

黑山何在，記當年同浴，北陵風雨。胡馬萬蹄人萬里，南渡崩奔誰止。獨秀峯明，甲山村靜，更遇高陽侶。昔游如鑠，逋來重又題句。　誰説詩酒無過，三年戰伐，多少豪情去。到此不愁香草遠，入夢芷江沅浦。平楚煙輕，近山青送，八桂堂先住。況君英少，平生家國相許。

高陽臺　詠小金鳳，示歐陽予倩

花事凋殘，絃聲寥寂，羈人姑此徘徊。曾記馬卿，長門賦罷初回。琴心懶把文君約，却聽歌、呼鳳相偕。到於今，風冷良豐，夢斷灘限。　多情奉倩招要夜，説從來桂勝，明張鳴鳳曾撰《桂勝》一卷。未抵玫瑰。唱到桃紅，羞成月魄難裁。誰家白玉桐花似，認枝頭、小小雀喈。曲終時，青盡江峯，落盡江梅。

憶秦娥

千山繞。兒孫羅列都如抱。都如抱。一峯獨秀，未煩先到。時此峯設防，官禁登眺。　太守流風邈。灕江古道游人少。游人少。七星巖下，晚涼鶯噪。

滿庭芳

朱琴可蔭龍，桂林少年，輯刻王半塘、況夔生、鄧雨人鴻荃三家詞，并在半塘故宅爲老詞人逝世三十六周年集會。賦此貽之

臨桂詞家，過江名士，光宣想見風流。豪情煙雨，醉到古吴州。縱是河山依舊，朱顔改、擲筆都休。空贏得，杉湖宅在，文藻故鄉愁。 英年誰獨步，靖江王遠，俊裔猶留。媿謬爲詞客，忝爲佳游。當日蕙風拂我，恨多故、問字無由。似聞説，殘秋斷雁，曾過趙家樓。秋雁在蜀與趙堯生唱和。

永遇樂

桂林與郭松年話舊游覽

八桂風煙，眼中零落，他人無睹。三十年間，驚濤橫卷，多少英雄去。西林虎嘯，武鳴豹變，人物而今何處。憶當時、飛書馳檄，不定枚臯誰是。 殘年未了，歎相對蒼華，人映江山如許。莫忘同游，七星巖畔，晚照淒涼語。可憐祠廟，沈淪巷陌，不見神鴉社鼓。西林祠已淪爲街市。 更誰問、莊園題版，今仍在否。良豐舊業，西林捐贈省府，曩題『西林花園』橫額已不見。

水龍吟

木龍洞黄旭初宅集宴

千山斫地相呼，睡龍驚起隨風舞。衡成洞口，閒房小小，迎空去補。背負巖茸，門當野浴，情同太古。正數峯晚照，白浮蒼翠，餘一半、陰如雨。 座上酡顔何似。對江山、豪情如許。百戰成功，一杯相屬，兩堪得意。座有張向華、劉恢先。 桂勝三分，人都知道，一分在此。莫相忘此日，灘流掩映，主賢賓醉。

摸魚兒

侯夷午自衡陽來會

乍飛來、知還倦鳥，桂林枝好堪住。翩翾忽憶

同林友，曾寄衡陽書字。雁不語。憑鵲訊、天河泛濫橋難渡。思君正苦。恨如夢浮生，如煙舊影，日日人遲至。　多少事。况待君同聽取。算來知己何許。含情未必逢鸚鵡，謠諑尚輸人妒。姑且去。幸贏得、小紅低唱傷心句。滿天飛絮。切莫學，蛛絲糾纏，定在簷角招風處。

水龍吟　王半塘逝世三十六周年集，席上作，示朱琴可

桂林深處危樓，詞人空有當年宅。而今宋玉，臨江换得，杉湖清絶。宅前有積水曰杉湖。况鄧同鄉，鄭朱同軌，風流都歇。問誰標詞派，家園子弟，知重大、還和拙。琴可本半塘『詞須重、大、拙』之説，標爲臨桂詞派。　鐘缶新聲何别。便驚人、孤懷難説。意本半塘詞。平生衹在，悲秋庚子，傷春吴越。三十六年，荆駝幾許，未煩躬閲。儻魂歸同賞，殘桃斷葦，淡煙寒月。

賀新涼　桂林唔龍積之翁，翁在癸卯以《蘇報》案下上海獄。時余主報事，獨逸去。感時傷懷，賦此奉貽。翁今年八十三歲，甚健爽

舊事何須説。只當年、孤懷雅抱，一時難越。蓋代章鄒同速獄，讓我名捕獨缺。多應是、義聲横絶。三十年來新黨錮，歎蜩螗、羹沸無分别。先覺士，口先結。　飄飄鶴髮神仙格。久忘懷、東陵瓜瘦，新豐臂折。易暴誰知非與是，付與維摩丈室。人又道、中興時節。昔日少年今亦老，却扶頭、共看灘江月。翁尚在，敢嗟白。

漢宮春　游西林公園，即廣西大學所在地

開府園林。却化爲城闕，滿眼青衿。問關舊時從事，細檢巖陰。履綦何處，祇荒碑、支閣苔岑。行不盡、長溪寒水，依然欄檻深沉。往日英雄誰念，任良豐山水，描寫形音。相思未知我到，紅豆飄零。溪旁紅豆樹兩枝，多年未結子。老年賓客，乍來游、重問難憑。漫贏得、早在魂夢，桂林曾弔西林。

齊天樂　篷窗聽雨，用高觀國韻

平生風雨難追憶，今日人天俱遠。峭壁霏青，澄灘罷浴，淡淡灕江煙晚。窻唇臥覓。正影入鐙飄，聲催愁黯。真箇嘈嘈，聞絃白傅情懷減。板橋西去遥望，訾洲載酒處，簾深未捲。訾洲，桂林妓院所在地。簫鼓江天，箏琶院落，省得桂林幽怨。新晴舊苑。歎今宵孤寂，未殊游觀。夜半誰眠，鐘聲增數點。

賀新涼　酬蔣訴心《灕江泛舟還珠洞》之作

波動詩成綺。覺廉頗文苑，理宜兼此。五十封侯容易事，却羨江干艇子。滿眼是、灕江清泚。罷浴歸來還闕韻，記斜風、細雨篷窗底。詞意透，透如水。閒情欲借滄浪洗。整停舟、伏波巖下，還珠洞裏。古意流傳同解佩，龍睡仍疑未起。看題字、驀然潘米。襄陽與潘景純題名，米書。劇歎熙寧全盛日，祇南奔，胡馬今何地。禁，掬，傷心淚。

滿江紅　酬琴可見贈萬紅友《詞律》及《四印齋所刻詞》

滿地文章，人笑我、拈來胡易。誰愛檢、花間

雙白，商量細碎。時事衹今多突兀，横胸刀劍歸何處。看吟來、一曲滿江紅，參差是。　風流帳，朱公子。驀相遇，桂林水。憐衰年殘鬢，自甘憔悴。四印遺書新着眼，秋風江上□重起。却微疑、處處泥宫商，荒詞旨。

前調　題吴虞薰石《東游甲乙稿》

閩士工吟，賸幾輩、舊時相識。却少見、横戈躍馬，依然詞客。邊帥詩人佳話在，海藏氣概誰曾敵。竟一番、神户看櫻花，後先集。　平生事，幾兩屐。殺賊手，一枝筆。被霜痕拂盡，龍泉無迹。『霜痕滿手拂龍泉』，君集中句。到眼西南無限憾，英雄偶作書生泣。待功成、相約訪寒梅，證今昔。何梅生曾序君詩。

念奴嬌　詠桂林山

龍堆蒼玉，把桂林四面，團團圍就。掃却蒙茸千仞立，未定登臨能够。天外飛來，地中拔起，始意猜難透。海龍何在，帶波衝處依舊。　當日太守風流，讀書堂下，若説無雙秀。獨秀峯由顔延之得名。又向伏波巖裏看，俗筆縱横無數。因謝留題，故爲藏棄，骨重神無垢。妄人難解，如何比筍還瘦。

菩薩蠻

苦晴未了還傷雨。炎蒸做得秋如許。天意竟何其。游人難自持。　昨宵眠未穩。午夢仍無朕。路湮客來稀。黄昏獨坐時。

如夢令

密密書空小字。瑣瑣難言細事。檢好又再封，一目仍然閣起。莫氣。莫氣。大抵人生如此。

西江月 簡于右任

誰把詩餘漫要，却驚句子難工。文章底事信天翁。天與還須人動。　活法全憑悟入，騷心疑有神通。自憐頭腦太冬烘。烘似煙花着夢。

前調 閨情

屢屢佳期脱空，悠悠遠道難行。懨懨無意訴衷情。誰是訴衷情近。　客到愁還殢酒，夢回慵亦調笙。枕邊瑠札最難憑。姑與一回相信。

西江月慢 用呂渭老韻

乍晴天氣，風過處、游絲千尺。燕雀蹴庭花，啾啁似惜，溼紅輕擲。畫堂東、有女誰家，歌聲徐按，短簫橫笛。者何時、斗室長思，獨自沒人識。　雁北去、頻頻虛鑠翼。怎南返、迴文定織。已懶應寬人懶咎，似要盟先食。却如何、前路遲回，定須明白，此番端的。君知否、詞破昨宵無限寂。

浣溪沙 睎訴心

雨過寒飛夜氣侵。主人勸我不須吟。久陪生倦也難禁。　隔室鐘聲防客聽，幽階蟲語識愁深。扶頭依舊理詞心。

木蘭花慢　爲俞逸芬題《寒云日記》

盡疎狂到死，花受恨、月留痕。祇親近蓬萊，低徊洹上，流落京門。消他半生骯髒，戀胡牀亂乞美人恩。多少敗錢荒帖，摩挲未解煩冤。奇香何處算風流，一夜酒杯寬。奇香，天津妓名，曾與余共識。此妓鬧酒。任四海論交，中年浪迹，無礙高寒。賞心偶思孤證，便千金印記付燒殘。人惜不能有二生，天今已無存。逸芬見彼以千金購古郵票二去其一，謂必如此，孤本始貴。癖奇如此。

卜算子

簷溜似溪流，庭樹仍朝噪。群動洪纖到耳明，元是眠時少。樓外有兒啼，花下何人掃。一夜無眠起却難，斗覺詞人老。

水龍吟　陽叔葆求題尊人《悔庵詞鈔》，先經遐庵點定，賦此歸之

桂林不少風情，問今日吟殘還幾。幾多詞客，一麾遠出，爲尋芳意。繼軌常州，別標臨桂，談何容易。遐庵序中有『桂派』之稱。況嶺西懷抱，嶺南抒寫，原不是、同鄉事。未必遐庵立異。却從頭、勤勤點記。如今到我，前身既謬，那諳風味。祇覺情多，玉田白石，參差都是。似無須重叩西堂，當日悔於何處。

朝中措　爲琴可題朱海谷桓海上受降圖，乃嘉慶十四年事。海谷以翰林守閩，爲此圖，有程春海、陳碩士諸家題跋

受降城下紫髯郎。蘇詞。城外月如霜。成就書生抱負，發皇菩薩心腸。海天萬里，旌旗一色，舊夢蒼涼。倘是先生尚在，金田以後

無光。

喜遷鶯　簡鍾伯毅，用馮去非韻

居然穿渚。余幼有句云『江上飛帆穿渚渡』，當時詩人舒善生丈見而笑云：『渚何能穿？』正春意留桃，此間百葉桃正開。夏涼生雨。聳翠群峯，拖藍半水，點綴詞人歸路。主我當年豪友，鍾子前時逆旅。謂訢心。好景物，却恨他呈露，燕人言語。　慵説藏書約，挽近名山，書被庸流污。早歲横戈，暮年櫜筆，自得不須人舉。閒夢江南玄鶴，欠看水田白鷺。吾倦矣，便上湘舟發，從藍山去。

浣溪沙　爲萬少石題李芸甫秉綬百福齊眉圖

修到梅花開滿林。招來蝙蝠照黄昏。齊眉舊夢讓先混。　湖海才名三絶並，承平光景一時新。亂離題評惱詞人。

念奴嬌　獨秀峯懷古

靖江王府，三百年不靖，究緣何物。更溯從前，都説是、太守風流欲絶。半壁河山，寄奴經濟，氣節胡從説。讀書堂下，試問誰是人傑。　步到獨秀峯前，低徊身世，想起懷甯客。自異求同冰炭性，人已一時應滅。今日遲來，坐觀池水，干我無豪髪。此巖千古，不須要記年月。

朝中措

萬峯蒼玉刻孱顔。蘇句。高處料應寒。何必盡人都到，唯求到處知還。　名迹飄零，人材委靡，負此江山。似我徒然過此，推知來者無難。

六醜　示桂林諸友

正朝暾曄曄，一轉眼、空濛如織。却愁雨多，愁來初我值。雨去無迹。問天公何意，者般戲弄，定誤人家國。輸他庭雀消息。晴固飛飛，陰亦拍拍。嘖儂好生欣戚。祇窺窗相語，語碎難悉。　灕水長碧。照天涯遠客。憔悴篷窗底，成闃寂。羣峯四繞如筆。蘊幾多詞話，寫來何極。山無賴、故爲壁立。終不遺、隨意看花飲酒，從容巾幘。前途遠、風雲難必。便踵門、漫作藤纏計，如何使得。

瑣窻寒　俞逸芬求題所輯《寒雲詩詞稿》，用周美成韻

一段雲輕，十分寒重，白門朱户。天津小白樓，袁宅。熙春密室，却愛胡牀風雨。熙春君所闢旅社。

認眉痕、挑鐙教詩，故人來去無遮語。君妾眉雲，君詞有云：『樓頭認到黛痕，畫眉省識銀蟾妒。』使硬黃橫寫，殘紅徐吐，風流羈旅。　何暮。從游處。嘆海甸春三，城南尺五。山公下世，誰復并州儕侶。幾何時、子建亦亡，名篇蝦鉏都在否。恰相逢、弟子芬芳，卷帙和樽俎。

鷓鴣天　答琴可

撏撦蘇辛我未知。讀書萬卷立誠時。晚從月府偷偷過，却勸吴剛養桂枝。　先四印，忍、默、平、直。後三詞，重、大、拙。依聲立命舊相依。半塘風韻争沾溉，莫笑滋蘭九畹遲。

祝英臺近　得月笙書作，用稼軒韻

雁南翔，誰帶信，冉冉落江浦。見説來時，獨自怕風雨。亂離處處都同，校量多少，豈不

願、桂林長住。好偏覷。利害總覺相差，差處幾番數。雞骨花鬚，應是誑人語。料他惹得愁多，愁終求了，却未若、任他飛去。

鶯啼序　和琴可，用夢窗韻

飄零正同社燕，傍誰家舊户。恰西去、逢到新知，未説來此何暮。况兼是、名流載酒，高情喚起杉湖樹。覺當年、詞客英靈，遍沾風絮。

四印孤懷，説與大鶴，『峭依瘦影』，謂鄭大鶴，四字見瘦碧《湘月》詞。入東南海霧。冷紅處、參入仙霞，一時丹采掩素。祇家山、榕殘桂落，逸馨遠、飄如煙縷。却於今，老鶩潛歸，提攜鷗鷺。

夔笙悄弄，秋雁孤飛，異鄉並倦旅。亂後看、淒涼吴蜀，六載前事，半塘歿於鼎革前六年。廢寺殘魂，更堪風雨。孔璋墓下，仲宣樓上，千秋靈爽無分別，信南溟、識我灕江渡。羣山峭立，何須絶壁留題，剩乇山谷塵土。四印本山谷語。

桃紅百葉，草緑三生，妙緒無半苧。暗歡喜、江山年少。掩映風流，吐鳳韓歸，聽鷄劉舞。垂雲未遠，應成新賦，孤桐浮磬皆沉響，强相將、難入無絃柱。依然秋水長天，勝友如雲，子安健否。

臨江仙　與琴可談詞理作

辭外無辭滯拙，句中覓句傖荒。本非知樂却成章。長城誰飲馬，子建主無方。畫得葫蘆依樣，幾多傀儡登場。人間詞話亦淒涼。雲英誰得近，枉自説瓊漿。

東風齊着力　贈龍伯純

世路萍蓬，人生戎馬，到此年華。東風好事，吹我着君家。未料君仍作客，家鄉裏、如在天涯。看來是，葉公不好，老子虛誇。　此意莫輕譁。曾記得、北陵雨横風斜。六橋何處，六橋，三多號。紅豆也堪嗟。謂劉宏度。亂後居然邂逅，終不算、詿誤煙霞。我敢怨，一爲遷客，南去長沙。與君同遘瀋陽之變，今始相晤。

摸魚兒

酬琴可檢送《清百家詞》見貽之作，用稼軒韻

計平生、未遑斟酌，逢場醉倒歸去。詞人應寫詞人意，莫管紛紛家數。君且住。有道是、鈞天本自多歧路。緑楊不語。任竹垞開宗，觀堂結響，多少飛飛絮。　文章事。涉筆多應錯誤。成蠅還恐人妒。飄流縱草江南賦，總覺有情難訴。誰起舞。誰不見、朱顏改後思鄉土。能文最苦。蘊藉稼軒翁，斜陽怎比，天際輕陰處。

西江月

追憶邵次公

一世才華無兩，半生潦倒堪嗤。文章稗販到君疑。總是名心害你。　未見人前賣老，卻從詞裏尋癡。東京故事繫人思。欲問齊詩那裏。

定風波

後章鄒詞，龍積之翁求作。吾贈翁有『蓋代章鄒同連獄』句。翁言後七君子中，章乃器、鄒韜奮亦是『章鄒』，事殊可詠。吾仿東坡《後六客詞》意，仍調寄《定風波》爲之

吴分賢人聚不常。老人星在獨光芒。東坡《六客詞》云：『盡道賢人聚吴分。試問。也應旁有老人星。』偶遇當年游俠少。却道。後來居上忘淒涼。　三十八年同一夢。堪痛。家國仍是患蜩螗。

安學坡翁難得似。只取。蘇張換作兩鄒章。《後六客詞》云：『賓主談鋒誰得似。看取。曹劉今對兩蘇張。』蓋前游爲東坡與張子野，後游爲蘇伯固與張秉道也。

水龍吟　過蔣翊武就義處

桂林何處堪思，灕江試數英雄淚。伏波軍敗，靖江城圮，殘痕都是。風洞山前，四松雙烈，存亡忠義。奈一呼張楚，功成天忌，寧自惜、不同死。　袍澤今存有幾。記當時、武昌偕醉。憂君年少，豪情萬丈，甘爲玉碎。無可奈何，刀橫江水，烏騅不逝。到於今祇有，斷墳遺掛，識要盟意。

齊天樂　蔣訢心家園庭

庾郎吟罷仍尋句。却看小園花絮。雨砌微鬆，苔階細溼，稍稍幽居風味。心摇似醉。正馴雀棲愁，殘棠補睡。幾曲闌干，眼前人物共憔悴。　閒來何事可記。祇窗陰客到，同話文字。一曲飛聲，高樓在望，偶忘今生如寄。流光易逝。願寫入湘絃，滿庭芳意。望去斜陽，玉人曾起未。主人子女皆能歌。

永遇樂　錢慕霖宗澤逝後一年，訢心請譜一詞念之

地下錢郎，生前管領，水程山驛。奔走三年，輪蹄鐵盡，祇是風雲急。草衰河北，路羈沅浦，到處概留恩澤。論人物、毛蒼九尺，氣吞江海何極。　蔣山傭在，淒涼回首，風義向來堪述。而我依稀，煙霾猶記，陰洞茅堂客。曾屢與君避空襲於陳雪軒家。去年今日，老鷹巖下，草木一時無色。歿於山洞車中。空嬴得、湘靈無恙，爲君鼓瑟。

前調 北大同學招飲市樓，用稼軒韻

二十年來，重重師友，別無尋處。不合時宜，肚皮放大，出入由他去。偶然杯酒，宛然秋水，爾我書生如故。祇當年、願持風義，世間妄道如虎。　諸君無恙，沙灘籠月，醉後尚堪回顧。一脈狂泉，幾番鉤黨，彼是紛難主。吾今老矣，舊曲中郎，祇許牆陰摇鼓。未須問、先生那裏，作馮婦否。

念奴嬌 懷重慶諸友

灘江西上，是幾時，不見渝州煙雨。聞說日長陰洞裏，賊火今年如許。四面山明，一肩人瘁，人被山留住。却懷諸友，此時分散何處。　誰管獨秀峯高，延年魂在，讀得書如故。作客漫將詩骨換，稍稍尋聲按譜。潭水深汪旭初，東陽瘦沈尹默，誰與商今古。開緘試看，渠儂新學言語。

西江月 閏五更詞，與琴可同作。徐悲鴻云，廣西民間舊有此詞

誰爲荷花生日，故將六月重輪。今年閏六月。餘分閏位各紛紛。時局于今混沌。　昨夜雞鳴戒旦，送君送到前門。多延一刻也難人。底事五更不閏。

臨江仙 唐小姐拉胡琴

鳳撥翹翹依左肘，鵾絃右手匀抛。頻低慧眼看擅槽。朱唇如欲動，羅襪又輕摇。　繡幕飛聲鶯燕靜，全殊江上嘈嘈。聞歌車到不回朝。閨房深處鬧，場屋定來嬌。

望湘人 與琴可同作，用方回韻

恨詩心乍老，秋意忒深，淚痕愁墨相半。一字求安，掉殘書袋，思去聲入華年年晚。倏爾荆班，累君荃察，寒灰差暖。記半生、上下相從，闕此雲龍良伴。　畢竟堯章有斷。縱小紅不嫁，曲簫仍遠。認勝友三生，聖處萬情皆淺。詞成絶妙，微雲淮海，似起山陰游觀。儻並世、王謝相高，衹是尋常雙燕。

鷓鴣天 桂林避警

胡雁南征故故飛。游人驚起塹難歸。可憐吠雪仍成習，殘索斜陽見亦稀。　鈴語斷，角聲悲。灘江橋上此依依。隨流應入還珠洞，却畏龍回惹是非。

齊天樂 重至甲山村，穀吾索贈言，爰爲賦此

桂林晴處還飛雨，晴雨甲山村裏。軟碧空濛，千峯一水，此景天然能記。人言無俚。説脈絡依稀，岡巒孤起。依傍從來，觀山仍自扶牆意。　樓臺遼左似夢，幸風流未遠，兵甲新洗。異地重逢，衰年獨往，青眼誰堪比你。何時再至。願共乞山靈，幾分奇氣。六一當年，環滁看數里。

尉遲杯 酬林半覺見贈廣西石墨，中有蔡京黨人碑

游山倦。恨山靈、不把碑寫獻。徘徊龍隱巖前，龍隱疑將碑斷。君言非也，毡搨遍、鱗鱗成卷。漫相將、試酒榕蔭，平生展讀未見。　似君真有好願。嘆不絶、崇寧宋室如綫。待制蘇髯，宰臣章七，分占蔡家公案。興亡事、

非同人面。更難説、天心怎流轉。笑當年、未到揚州，一覺空求相半。

法曲獻仙音

庭有白花，不知其名，即葉即花，花出葉杪，苞不盡展，形如仰鐘。早起賦之

抽箭蘭青，吐花梨白，掩映閒階涼竹。我不知君，君翻知我，多情伴人幽獨。慰藉事、來無朕，平生枉馳逐。　幾回矚。嘆悠悠、路旁名利，誰似爾、洗盡鉛華自淑。一點淡妝心，應孤山、和靖同宿。又恐江蘺，染離憂、其曰可讀。賸南冠流落，辜負美人如玉。

玉樓春

八月四日藏春園避寇，園爲蕙風故宅，今爲吕鏡秋所有

頻聞亂角還慵去。隨分車如流水住。城東老屋訪詞人，詞似無靈人不語。　懷春舊日懷何處。巖下幾曾留半苧。出園仍自海天空，獨秀峯前煙一縷。

阮郎歸

避警歸作

惡風吹損讀書帷。書衣零亂時。武城曾子暫來歸。他家牆屋飛。　詩思苦，壯心違。拚將雙鬢絲。天涯何處不流離。明朝誰得知。

湘江静

詠旭初女弟子沈祖棻，並簡尹默

月照山門秋意倦。記當時、上清殘宴。瑶章乍到，傳觀未遍。惹伊人贊嘆。紅淚灑烏絲，瘦幾回、東陽詞翰。芬芳弟子，言司女夫，多應是、斷腸換。　詞絶妙，人不見。閒房許多幽怨。離堆二水，烏尤萬壑，任爐煙分罥。消息惱闌干，且試下、重簾三面。愁來斷得，宿怨未去，還能放遠。

眼兒媚 蔣家兩小姐度曲

桂山幽處小樓陰。風暖試鳴琴。清商不怨，閒中最好，如許情深。　融融雙唱憑嬌女，一喜百隨心。客來都道，畫堂春滿，法曲仙音。

惜紅衣

戀枕尋詩，留茶洗筆。懶嗟無日。細數窗櫺，凋殘兩三槅。鐙毬掣起，又説與、過都消息。霹靂。真箇惡緣，訪藏春詞客。　匡門兀兀。寒吹侵肌，斯人感飄泊。當年記否，賊火在燕北。到處煙塵如故，只怕不堪重歷。算一時情到，應試桂林秋色。

菩薩蠻 題蘇康甲《珠山樂府》，邵次公有序

美人相對調春色。畫成却是無言客。錦軸掛樓頭。回思憑檻柔。　珠山山上月。照見人天末。流恨墜紅回。侵門荒翠哀。用集中《瑣陽臺》語。

玉樓春 舊曆閏六月十三傍晚作

庭前幾樹深深碧。晚涼如水閒階白。惹起詩人刻劃心，枝頭一鳥偷知泣。　桂林殘暑生秋色。飛來一月瘵岑寂。尚少些兒端正容，新詞欲把瓊枝羃。

前調 沈祖棻詞云：『闌干四面下重簾，闌不斷、愁來路。』余譜《湘江静》解之云：『消息惱闌干，試且下、重簾三面。愁來斷得，宿愁未了，還能放遠。』繼思前解仍未安，復爲此詞，簡旭初

闌干四面三方杜。一方却爲驅愁去。誰料新愁此路來，舊愁苦占三方住。　古今利害紛

難馭。種成瓜豆何須訴。開網當年事未同，似非愁智輸飛羽。

多麗　酬琴可爲校詞稿見貽之作，次韻

看殘紅。詞功怎比西風。鎮無聊、吟殘秋雨，怕他滴碎梧桐。退之嗔、漫驅窮鬼，可之疹、妄罵書僮。僕本驚心，却無恨意，恥憑詩句解憂忡。四十載、孤懷落落，何必强求同。祇消受，碧分澗水，青染江峯。　此番來、欲歸未得，一身流轉如蓬。算范雲、城偏老友，憐何遜、年少辭宗。掃葉頻勞，剥蕉待證，與君齊唱大江東。更爲我、連環擘斷，一字欲研窮。真思向，前身夢晉，細詰來踪。

蘇武慢　八月六日清晨即事

微雨冥濛，曉雲輕翦，香燼燭殘人起。城中角靜，郭外山圍，馳道送人如矢。誰海上來，依約羈鴻，翩然將止。奈幾回翹首，鬢餘香霧，影虛澄水。　憑料得、月露深宵，燈牀密坐，細語脱空原委。鸞思香靄，燕偶參差，消息尚難空倚。今日未來，却惹吾歸，爲君題記。計別來無恙，染詞流習氣。

浣溪沙　張向華再索書

馬上風愁颯爽姿。却來下馬弄書詩。將軍心事我能知。　昨日雨餘題贈句，今朝花下寫新詞。簷過一雀報晴時。

鵲橋仙　琴可看荷花遇警幾殆，有詞，和一首

東巖就睡，西巖蝠醒，都笑結廬人境。深池危語逼來真，誰一首、新詞做定。　清灘水沸，秀峯煙凝去聲，昨日南風不競。輸君抵死看荷

花，又解得、觀音血暈。

前調　桂林遇魯若衡，談湘事有感，賦比

斜陽壞壁，斷潢飄梗。州吏清明如鏡。家家懸掛百靈鐙，好照遍、長沙光景。　定軍山杳，朱仙鎮迥。黄岳兩家堪並。巢空悄悄燕歸來，應不管、尋常百姓。

朝中措　若衡談園藝甚精到，爲賦此

四時芳意鬧園林。解語獨知音。秋菊願栽莧腹，芙蓉却有椿心。所談接花之術如此。　問君何往，明年春到，試約同斟。倘得呼花佐飲，從兹五畝牆陰。

花犯　送松年返武宣

正啣煙，登階拄杖，遥呼在家否。卅年老友。却意態依然，風味相守。健談强記誰堪右。舊事頻回首。可記得、覺廬同臥，胡牀橫左肘。覺廬，廿年前上海同寓處。　似君作計定先歸，流連祇爲我，新來非久。殊未料，賊飛到、累君奔走。知君有、故廬別榻，慚不是、南洲高士後。但夢見、一鐙風雨，深宵空僝僽。

浣溪沙　八月七日，美芳來

一夜風催候雁來。依微山色接天涯。月低天曉與君偕。　前歲厓門傷遠道，今朝桂海看清埃。幾多人事重徘徊。

以上《長沙章先生詞稿》

念奴嬌　黄達雲杰約宴李家村軍分校，校址爲蔡松坡入粵西治兵所選地

灕江東下，三十里、却惹相思横駛。灕江由良豐

得支流曰相思江，繞村而過。奇勇忽逢南八面，山若千條飛矢。如此蒼涼，李家村畔，道是英雄壘。址荒人去，數行松樹迤邐。　者是當日風雲，松坡血淚，一碧成寒沚。同里後賢黃霸裔，指點宏規新起。山月溪流，夜寒籟寂，並說詩情美。國憂鄉夢，一時奔迸如水。

高陽臺　秋燕

一掠斜陽，雙棲破屋，牽來細細閒愁。　疑是秋心，教成此豸西游。桂林鋪遍孱顏石，問香泥、何處搜求。祇憐他，小小身裁，隨分句留。　當初玳瑁梁間語，縱玉人難解，猶自凝眸。明月流光，依稀夢見高樓。於今同作天涯客，卻無須、認取簾鈎。祝明年，舊社春歸，偕返江洲。

蝶戀花　用美成韻

昨夜倦游人靜後。悄悄歸來，燭影成虛牖。欹臥懨懨如中酒。一編斜照書鐙手。　徐吐煙環猜不透。相背無言，未見星眉秀。　莫向深宵回恨首。來朝準擬情依舊。

臨江仙　江南陸軍學堂同舍生俞瑞徵鍾彥以書來，說及觚庵師當年相賞事。感情萬端，以詞見意

割得鍾山青未了，夢回四十年期。談兵姑憶少年時。三牌樓畔，試馬柳陰遲。　踏遍天涯仍故我，平生師友難追。青谿風雪記依稀。白頭弟子，今日始能詩。俞恪士先生名明震，有《觚庵詩集》行世。時爲陸軍學堂總辦。學堂在南京城北三牌樓，觚庵師宅在青谿旁。

滿庭芳

王元叔煥來，爲言宣統三年曾入桂林法政學堂，嘗與亡弟勤士相接。又言民國十三年曾奉余札充南昌地廳推事。棖觸舊情，爲賦此闋

四海當時，卅年一瞬，淒絶桂筦風雲。季心長往，然諾爲誰論。難得彭門汝潁，都記取、君子身親。算一段，縱横計就，慷慨志空存。紛紛。天下事，三章誰約，八表同昏。憶舊京風起，故郡星分。敭歷如君何忝，法曹老、折節參軍。相逢處，低徊往日，短翼痛斯文。

滿江紅

與琴可談近事作

整個江南，算有主、深諳文墨。最怪是、衣更酒薄，詞華生色。啼筆背人都自詭，江山易得朱顏戚。況于今、湖海縱流傳，難如煜。 江左建，夷吾出。中原没，新亭泣。祇禍心未露，包藏多術。生擅王敦窺竊技，死輕郭璞神明責。笑西堂、樂府殛奸諛，草花末。尤西堂《百末詞》有《滿江紅》一闋，稱覽稗史，載王文成夢郭景純，極言王導之奸，敦之反，導陰主之也。因賦此。

踏莎行

曉陰

天意微秋，庭陰乍曉。桂林風氣行人早。未須騎馬聽朝鷄，叩門却有吟朋到。 幾樹紅英，一窻翠篠。詩心漫逐游絲繞。除愁除夢不求醒，叫醒稍恨鶯兒噪。

臨江仙

何故桂山多洞，此情渺渺難知。當年海底刷泥時。魚龍全不見，風雨尚依稀。 連我吟魂衝去，只留詩骨空支。孱顔亂石惱人思。西流何日又，化看萬珊枝。

歸朝歡　桂林寄劉禺生、汪旭初

一樣西風吹急角。憑藉千峯天外削。出山原是過來身，傷心苦憶渝州郭。野田都是雀。向誰訴説金丸惡。算桂林，却饒風景，稍把新詞琢。　老氣如君仍索寞。萬斛風情何處着。吾行卻曲尚難前，荒荒蘭芷辭空託。窮途思舊約。雙門朝外應如昨。待秋高，歸尋殘句，還與君同作。

蝶戀花　寄劉豢龍

欲待歸時還未去。一月羈留，人去西江路。曾記别時君細語。清湘已乏滋蘭處。　雁訊衡陽傳幾度。勸養幽姿，憑藉南山霧。夢裏深深啼杜宇。問君今日能行否。

長亭怨慢　寄履川

漸覺得、詩將人惱。餘事拚擋，另抒懷抱。總是傷心，暗隨雁影催秋老。爲春欺慣，却愁見、青青草。況草自多情，也不定、斜陽扶好。　昏曉。望長安不見，此去故鄉仍渺。清灘縱妙，佳山水、曾經非少。也會得、興盡歸來，索君等、還同幽討。祇不許相驚，新換詞人嘴爪。

夜合花　寄尹默重慶静石灣

兩月詞功，百年心事，放懷寄與先生。西江萬山都秀，不爲吾青。祇依舊愁心，鎮無聊、減字偷聲。記東陽客，詩成每憶，臥省飄零。　如君秀韻天成。静石灣，問添幾許鏗鍧。汪倫來否，踏歌又是何情。謂旭初。計四十年間，風雲過、浮世浮名。老來贏得，賞奇析醜，與世無爭。

兩同心 題《吕方子詩集》，兼示琴可

陸川年少，想入高寒。三四卷、詩心照我，兩千載、古調誰彈。微覺得，種柳江邊，秋氣彌山。 論交江海年年。臨桂雙緣。此又是、一時朱吕，晦庵、伯恭。學到處、重振騷壇。媿相逢，端復高名，七字難殫。

水調歌頭 歲辛亥，亡弟勤士二十六，充廣西省警察廳廳長，佐中丞沈埜辦新政有聲。後沈公以廣西響應武昌，實由亡弟定計左右。沈公爲之桴鼓不驚，坐更國變。此間能談此事原委者，今天無人矣。昨過撫署舊址，衹餘短牆一圍，化爲廣衆技擊之所。撫今追昔，情見乎詞

三十年前事，一一到心頭。當時此地威武，人物出湘州。曾記中丞豹變，計出金吾一棒，慷慨賦同仇。古意倩誰識，明月在高樓。 青陽逼，四海窄，一子由。功名元出年少，年少不曾留。一代興亡勝迹，今日鞠爲茂草，何處託羈憂。悵望東坡老，彭水憶生游。東坡此調半是懷子由作。

送入我門來 示姪東巖、東浩

三十年前，乍移胡鼎，而翁曾此蜚騰。顧我西來，晚歲試初程。早知河山碎，似應惜當年身手輕。只吾家清白，臣戎半箇，也負平生。『於中應有，一箇半箇恥臣戎』，乃龍川詞句。 便欲一帆歸去，幾多鼠牙雀角，惱亂無形。我自閑閑，憂樂總難名。時危縱作菟裘想，問墟落桑麻孰與成。仗爾曹著力，家仍芒屩，門有書聲。

滿江紅　八月十三，張向華席上作

剪取吴淞，期蕩盡、蝦魚踪迹。誰不道、飢餐渴飲，精忠無斁。于萬斯年亡國恨，一千四百横戈日。莫傷懷、行戍未歸休，風雲急。　大小戰，鐵軍力。江海意，張公惜。衹傳杯馬上，笑談今夕。一片圖存乾浄土，三年制淚瀟湘客。歎書生、橐筆兀無聊，看山色。

高陽臺　桂林懷遐庵

輕漾波心，亂撑山骨，灕江如此風煙。第一番游，似曾往日留連。鶩翁昔擅杉湖勝，衹今朝、冷緑堪憐。更無須，問訊西巖，龍隱何邊。　平生師友飄零盡，獨石林無恙，逸趣遥傳。臨桂風流，番禺一老蟬聯。悔遲仍費江郎筆，總輸君、絶妙詞箋。謾相驚，誰詠楊花，見賞坡仙。用章質夫事。

武陵春　夷午、李默庵來致意，賦此

回雁峯前花事盡，盡處概生愁。雁訊來時人倚樓。未到意先秋。　聞説衡山僧院静，臨去反遲留。爲恐衡山最上頭。窺得見、破湘州。

青衫溼　琴可爲誦君武『一車扶夢過衡陽』之句，愴然賦此

求凰元是荒唐事，騎鳳更荒唐。舊時司馬，悄扶殘夢，曾過衡陽。　樓欹人在，白楊堪詠，紅粉仍狂。河山破碎，美人黄土，誰解收場。

少時與君武在上海遊宴，君武詠三馬路妓左芸臺詩云『破碎山河一美人』。

玉樓春

紅樓當日何人到。空説瀟湘門館好。夢回微覺一庭幽，也是一生清靜曉。鶯聲日日催人老。鬆砌閑花開落早。算來幾日便相離，我去鶯花又誰惱。

浣溪沙 重經蔣翊武殉難處，過邱毅吾昌渭甲山村宅作

西郭千峯慭慭浮。沉沉物色桂林秋。劃人舊地種新愁。西郭外舊是刑場。雪帶深青描樹影，風吹空碧染江流。甲山村外又登樓。

念奴嬌 坐看諸山，頗涉遐思，拈此自解

平生疏懶，儘意中山水，眼前放過。一到桂林形勢異，硬把千峯圍我。南郭子綦，枯容鯁色，隱几堪同坐。嵯峨如畫，蒼玉縱橫堆垛。

曾記安石當年，從容蠟屐，準擬雲間臥。雁蕩環城今日事，本石湖詩。臨絶曾無一箇。却羨于湖，靖江作帥，水調聲聲破。張孝祥有《水調歌頭》詞，題稱帥靖江作。東還海道，舊約重尋差可。

瀟湘逢故人慢 寄覃理鳴

思君不見，祗渝州月色，揚越當頭。一番照離憂。恨湘灘分道，都昧西流。人來日暮，望長沙、無意歸休。謾贏得、桂山淫滯，看看又到中秋。出西郭，驚宿草，想伊人、平生風義空遒。謂蔣翊武。枉下筆稱酋。胡漢民碑文所稱。溯東髮要盟，曾幾人留。靈均子姓，茫茫是、諂笑包羞。相爾汝、唾壺擊缺，各憐豪氣難收。

臨江仙　東髯翁

記得兩年前事，手持散曲相貽。勸爲小令寫幽思。當時如不省，今日却成癡。　人戀雙朝古闕，神傷二主傳衣。憶君恰在桂林時。于湖名業盛，水調已先知。用張孝祥事。

踏莎行　訴心約游蘇橋，未去。尋知爲張子武其鍠故里，感賦

月近中元，地連三筦。茲游自恨筇枝短。似緣知是故人居，西州有路愁難斷。　四照堂空，吴佩孚入京，設辦公室於四照堂。長辛店遠。子房未了封留願。蘇橋一水接津橋，江聲猶帶鵑聲怨。

憶舊游　寄侯疑始

別侯生未久，曾記相逢，苦説香君。幾度秦淮暮，向河房深靜，環佩留魂。嬉游何止年少，豔色重高文。歎老矣而今，殘檠破屋，猶詠黄昏。　紛紛。許多事，早情傷遠水，意淡歸雲。三歲渝州月，憶上清路近，照徹清塵。偶然心力抛去，好句尚同珍。祇故國寒沙，夢縈江左無限春。

玉樓春　雨階，懷尹默

幾多詩句情依舊。析盡風林無限醜。祇緣知律眼前稀，説與前山容獨秀。　別來總是愁時候。縱有燕翎書不就。一簾花雨偶思君，準問東陽先問瘦。李彭老詞云：『閒簾深掩梨花雨，誰問東陽瘦。』

憶舊游　和琴可《蓮荽》詞，次韻

記娟娟秋水，佳麗當時，散麝開蓮。句出《麗人

賦》。彼美今何許，惹人間花事，急景年年。賸將碧筒灣去，殘醉與流連。儘郎面過花，一般心苦，臥倒吟邊。　誰憐。舊風物，有紅陂鬧舸，朱檻調鴛。玉手曾親折，稱銀瓶如膽，壯得佳眠。如何暗香摇動，偷上小詩箋。似白石簫寒，低徊疏影横幅前。

三姝媚　和琴可題臨桂女詞人張芩舊藏《西廂記》

春情誰不忸。衹風流輸他，恨他元九。卅韻詩心，屬人家兒女，於卿何有。動色譏彈，窺隱曲、却陰消受。一卷西廂，仗此流傳，是真非偶。　舊事紅樓記否。説傾國傾城，被人欺負。深鎖幽閨，總因夢生緣，萬般廝守。還讓詞家，消魂在、微雲抹後。誰把小紅偷去，暗香石帚。

尾犯　琴可來言吾詞有似玉田處，因憶太炎當日見道州字跡，輒謂有一二筆似己。拈此爲笑

是誠婀娜。説蝯翁書法，幾分似我。阿兄狂態，平生不及，老來亦頗。玉田詞聖，這次第、計非左。得此君、長伴孤吟，北山良願雲鎖。玉田詞云：『只恨剪燈聽雨，誰伴孤吟，料瘦筇歸後，閒鎖北山雲。』　功力元來么麿。鎮無聊，如此作。雖五言近杜，七字隣蘇，汪生題過。旭初云然。何足療寒餓。妄鼓吹、終無一可。幸親切、臨桂宗風，賴君消得吾惰。

迷仙引　吕方子從南嶽攜詩來，喜拈此解

君説歐蘇，吾説蘇黄，一般風義。三十年來，此情隨分相擬。笑東坡、獨自箇，好與人贔屭。只算作鞭影，終憑我輩，脊梁豎起。交

呂平生事。憶永康山裏。謂呂戴之。抬眼丹霄，鴻軒又在清灘水。一例是、文章氣誼。還令人想慕，到陳無己。謂琴可。

滿江紅　簡方叔章

欲問秋崖，詩心替、詞心生否。記曾笑、孤桐自詡，無絃琴手。片玉槳來吾亦喜，清真二字仍何有。衹西風、一曲桂枝香，半山醜。　江岸暮，幾行柳。池館黯，幾杯酒。算風流未淡，偷聲能彀。故國愁峯青强送，斜陽淚水紅爭溜。共胡塵、飛上小吟箋，怎辜負。

春從天上來　示方子

詞學凋零。歎甲宗重拙，乙夢空靈。不出阿堵，捉搦無形。一往同墮玄冥。問何人鼓瑟，却枉道、江上峯青。到我來，祇隨風吹去，不管盈盈。　元來不成樂府，儘裝點衣冠，見笑優伶。何謂吟安，謾矜拍遍，無賴更說偷聲。又頂天男子，寫懷抱、焉用邦卿。此指邦卿爲平原墨吏事。應分明。必古人似我，方有生平。

聲聲慢　鶺鴒詞，贈羅鈞任。鈞任自昆明來桂林，自承爲司機生之私攜品，路上號曰『鶺鴒』。達官貴人往往求爲鶺鴒而不可得。行路之難如此，余悲之，爲賦此闋

滇池碧海，蜀道青天，說來歌哭紛紛。桂林山骨高聳，也惱鵑魂。達官避胡無地，悵延秋、烏噪城門。祇贏得、向牂牁道上，待捉鶺鴒。　夢裏西京舊事，嘆風流京兆，曾被奴嗔。民國十二年事。今日却逢懷袖，何礙奔奔。翻憐爰居三日，病懨懨、俎豆空陳。解嘲處、更寃禽千歲，木石黃昏。

瑣窗寒　和方子《秋感》

暖砌聞蛩，炎洲飛雁，幾分秋意。平生浪迹，不管授衣無計。衹依然、有家未歸，因寒怕入衡陽汭。却輸他風緊，詞心飄蕩，偶來扶起。縱是。淒清味。喜老境生詩，少年留契。分曹密密，閒了江楓巖桂。怕教人、妄作品題，句中缺少山林氣。但解嘲、門對蒙茸，寒聳獨峯翠。

菩薩蠻

昨宵失睡仍朝起。愁人向乏銷愁計。涼日上珠蘭。秋風一味寒。添衣窗下坐。冷燕簷前過。燕語似將離。丁寧春社時。

水調歌頭　與人論詩作

詩者求誠事，無物莫輕塗。人間遍地禽犢，何必以詩呼。爲問文人多少，幾個却教知悔，未讀十年書。又況濫撏撦，去悔直無途。百般僞，真一點，在喁于。並此幾希放去，暴棄復何如。看看數根詩骨，要得平生豎起，安肯比籧篨。嘆息小兒女，顛倒舊天吳。

臺城路　送鈞任由桂林之柳州

臥游苦憶帷燈夜，江山暗憐人老。桂海今秋，榆關故柳，不改年時歡笑。百杯傾了。問抵得新亭，淚痕多少。記取明朝，曉風吹汝龍城道。　炎方舊富謫宦，詞家宗七九，殘魂孤峭。千里江流，十年嶺外，更想羅池古廟。平生拜倒。衹三黜名慚，雁迴猿嘯。用劉夢得酬柳詩『三黜名慚柳士師』，及『歸目併隨迴雁盡，愁腸正遇斷猿時』等句。正北三千，望錦州恰好。柳詩：『勞君遠問龍城地，正北三千到錦州。』

城頭月

秋長客去人蕭索。日掛簷牙落。冷砌孤檠，閒愁萬種，展卷還拋却。懨懨情思渾無著。誰在當前覺。海棠睡起，林鴉飛過，共把黃昏約。

鳳池吟　和方子《論詞》

兩事當行，應須牢記，嶄嶄我與今人。儻詞中味我，一窗雙白，也是殘魂。體貴當時，王楊萬古重高文。此中消息，問誰參透，筆定如神。　古賢依約非遠，信幾分暗似，脈絡相因。儘行幗萬卷，讀來能破，杜老方尊。言語尋常，君房下筆妙無倫。天然境，却妄言、果贏云云。

西子妝　《彊村語業》有《酬先外舅吴北山先生本調》一闋，迴環諷誦，悵然有作，敢云追和，聊寄所懷

鉤黨生涯，黃昏晚景，淒斷詞人身世。後先抗疏各匡衡，換功名、薄來如紙。悲歌無俚。拚一醉、更加塊壘。對西池，恨簾影深深，燕泥空委。　吾歸晚，名勝江山，看打殘潮水。清谿一曲儘風流，照當時、美人名士。侯生枉擬。算一代、朝歌吴市。對而今，重唱庭花那齒。

天香　庭前珠蘭盛開，庸奴撲摘取利，花葉亂飛。淒然賦此

香暗通簾，黄微欺砌，秋階浸月如水。養就詩心，和將粉氣，隱隱襲人成醉。誰堪試摘，除弄玉、輕移纖指。緣何蕭艾同鋤，竟爾釵鈿齊委。　絶憐幽芳氣味。早看來、當門非喜。一片癡心，留作漢皋珠佩。贋得闌珊滿地。更誰與、佳人説身世。孤燕飄樓，非煙折箠。

鷓鴣天

題王静安《人間詞話》。静安謂：『詞人觀物，須用詩人之眼，不可用政治家之眼。』引羅隱『雷塘』及諸如唐彦謙《仲山》詩爲證

一代騷心付等閒。詞人枉説政無關。忍將半曲昆湖水，來比雷塘與仲山。　將詞話，出人間。平生恩怨未全寒。銅牛似解淒涼犯，悄向西池月下彈。

其二

詞外重重事象真。詞中覓句意全貧。于今清邃空高閣，還是山中有白雲。觀堂引朱子《清邃閣論詩》，因謂詩中無句如玉田、草窗之詞，一日作百首也得。　詩無補，費精神。閉門正字付深論。却憐謝客池塘夢，不著遺山一輩人。觀堂又引遺山《論詩絶句》云：『池塘春草謝家春，萬古千秋五字新。傳語閉門陳正字，可憐無補費精神。』

後庭宴

農曆辛巳八月初一日，日全蝕，以天雨不得見。據云自嘉靖來四百年無全蝕矣

碧海青天，兩家男女。人人只道嫦娥苦。拚將此日不光輝，任他世上輕言語。　數來嘉靖從頭，四百餘年無睹。秖今通脱，不奏辰房鼓。赤幘各空歸，漫天飛霧雨。

喝火令

秋意殊蕭索，詞源嬾重尋。一庭花影故深深。

扶頭默默夢魂，一路過湘陰。　昨夜欃槍見，今朝霧雨沈。流離去住總無心。歸也多煩，歸也少知音。歸也故園零落，愁聽變鳴禽。

摸魚兒　和人作同琴可

遡從頭、半男疑女。東京消息先誤。　蕭蕭送客當年事，偷得美名無數。行踽踽。曾幾度、瀛洲流落無歸路。翻雲覆雨。算暮柳煙憐，才情減盡，一惹便飛絮。　秦淮渡。流水棲鴉故故。重來持甚情緒。汴河不盡亡人淚，此日彥游何許。姑莫舞。氍毹地、萇宏碧血揩難去。閒吟到汝。慎莫話傷心，傷心應在，仰面看人處。

遶佛閣　和琴可《霜夕》

鶴鳴未遠。天末倦旅，陰戒涼館。零露將斷。定知玉井、梧桐曉風顫。　向誰繾綣。秋色涴地，和夢都遍。沉夜愁半。客中月落，烏啼正天滿。　賦意劇蕭瑟，枯樹江南人忍見。還念晚來、簾鈎鸚鵡歎。『簾鈎鸚鵡夜驚霜』，玉溪句。又庶女宵啼，蕭客晨踐。慘悽無算。　幸大野盤空，毛血零亂。有牀頭、畫鷹堪展。

摸魚兒　題《湖南六家詞》　孫鼎臣芝房，周壽昌自菴，李洽舜卿，王闓運壬秋，張祖同雨珊，杜貴墀仲丹，光緒庚寅王葵園刻本

兩千年、楚辭如月，靈修去人非遠。葵園一代風騷手，收拾杜蘅天晚。先爛熳。蒼筤室孫、桐花杜湘雨張情何限。逡巡婉娩。四字本王逸。甚一笑江横，嫩黃心事，只在暗香滿。壬翁《芳草》詞，駁正山谷『一笑江横』之句，有云『嫩黃三四箭暗香，疏影地搖曳煙颺』。　長沙岸。年少幾多清怨。于

今柔柳誰綰。風流老輩都凋散，惟賸敗縑零簡。城南院。曾記得、一翁虛受千夫雋。葵園掌城南書院。餘情戀戀。問何時歸去，重相咨盡，七諫九懷選。

滿江紅 得伯鷹書促返渝

試問梧桐，秋雨後、葉飛幾許。更何故、葉飛片片，題詩無數。三載周南淫滯慣，當年河北崩奔苦。怕等閒、冷却桂林花，忙凝竚。天下事，一輿羽。驢背上，一囊句。看千朵孤峯，半江紅樹。故國山河終似月，老年詞筆猶如虎。本無須、海道便東還，憑風阻。

破陣樂 秦堤上作

離堆昨歲，靈渠此日，容我游眺。天爲西南留勝迹，那管登臨誰到。古渡甘棠，斜陽烏桕，十分秋老。踏長堤、二水中分處，看如犀鏵嘴，劃開江潦。五嶺遥連，眼中都是，前朝雄抱。祖龍當日開邊，二郎神算，尤見三將軍好。制意公私區界限，除却柳州難了。曾笑丁公，倉皇改作，一場毷氉。此依詞律增兩字。說甚湘灕分派，派湘水、元由人造。海陽毋禱。漫言南至蒼梧，不須楚寶。蒼梧故爲楚地，語本蘇秦。

齊天樂 陽朔中秋

平生不解尋山興，老年迹如萍水。一路看殘，千巖青了，未辨誰人誰鬼。危樓平視。忽一月飛來，洞君心事。無奈明何，添衣獨自忍寒吹。中秋前度那裏。舊情休要問，且與攀桂。近望龍城，遥窺雁蕩，眼底江山沈醉。幾人遺此。儘割盡愁腸，劍鋩仍起。一點蟾心，古今遷謫意。

高陽臺　陽朔宋明軒故宅

山左將軍，嶺偏羈客，百般都付東流。恨我疎慵，遲來三度中秋。房櫳小小題名大，君自題進德堂額。想當時、結構清幽。卻緣何，陽海千山，不管閒愁。　相知晚遘如君少，憶鐵獅銅狄，幾許佳遊。憂國同心，事殊江表依劉。罹詬逢紛無限淚，換曉風、殘月蘆溝。更誰知，灌口車迴，綿谷霜遒。

賀新涼　于晦若古詩三首後題

一代陳蘭甫。見何人、騰騰虹氣，獎成詩虎。賀縣才情同光格，十載清秋幕府。雅不愧、翱翔書圃。鵬舍孤懷龍川筆，論遺臣、猶遺齊皋羽。簣齋輩，首應頫。　西林中表吾知汝。

相逢時、年當癸丑，情殷征虜。九尺蒼皇張公樣，江海平生自許。祇贏得、吟殘梁父。漢代通滇元避暑，說亡秦、正好驅三户。形勢在，今如故。第一首詩題云：『乙酉春客蜀，制府丁尚書丈來，談及南洋形勢，將經略藏衛，通廓爾喀，以連印度，公曾再疏論之。句云：「劍門夔峽雄川陸，直下樓船走珠玉。一朝鐵路金天來，從此東關在全蜀。」「濟陽少保人中龍，按圖倚劍何雍容。欲從漢代通滇路，逕到元家避暑宮。」「咫尺忻都接唐土，右臂何年委强虜。搏趙新聞鬥兩雄，亡秦正好驅三户。」全詩共轉韵四十八句，若預知今日抗戰形勢者然，是亦奇也。

翠樓吟　詠梅樹

綠葉微稀，苔枝密就，瓊花驛訊仍杳。日從庭下過，聽鳴雀盤桓稍稍。馳思幽眇。笑杜牧三生，縈情張好。彼嫌遲去，我來何早。　此老。元是詞人，緬暗香疎影，私誇簫妙。小紅相伴久，總難遺歌聲繚繞。何時能了。甚東閣詩清，綺窗寒到。須年少。一秋無賴，任他潦倒。

滿江紅　羅鈞任挽詞　辛巳十月十六日歿於樂昌

五十三年，驚了卻、不衫公子。還自念、平生風義，寢門難止。事大時艱真有識，歲寒松老仍須死。計與君、十日暫睽離，何渠爾。　板蕩際，酒杯內。風雨夜，雞聲裏。記紅搖池燭，白生窗紙。瀋陽同寓時狀。鳳鸞當日香迎宿，鶺鴒此度奔誰理。歎少年、同學竟凋來，小如汝。英倫同學中君最少。

傾杯樂　飲少石宅作

曲徑疑禪，危樓上客，屋近灘江道。千層壘石，餘輝靄洞，七點星巖殊妙。霜髯銀燭憧憧，閒房寫照。黿分鄭鼎，魚追宋嫂。異味情極，却讓齋房芝好。豆腐最精。　誰不有、憂時風操。此何地、雙忠遺廟。試放眼看來，四松如抱。世事茫茫料。張巡許遠顛倒。勸足下、且闔愁腸，傾杯樂笑。琵琶應問，當場賀老。座有歐陽予倩。

以上《長沙章先生桂游詞鈔》

念奴嬌　聞人談水利工程，感賦

三門古峽，嘆金湯虛牝，工煩再造。從古黃河清幾許，妄說太平已到。塵土飛揚，水流昏墊，春色三分了。東坡已往，高詞澈讀人少。　聞道八百秦川，有人誇耀，中劃鴻溝好。過顙在山非水性，又況洮河小小。日馭蒸騰，河牀浸潤，畫水俄枯槁。無須詑道，滄桑此處難曉。

前調

孰未累我，算游行萬里，嗜書成癖。書局自隨非我分，一卷手中難釋。不足藏家，祇娱老景，願伴龜堂夕。殘鐙倦眼，蠅頭夾注能讀。　須信天道忌盈，絳雲一炬，惱殺錢謙益。大屋數楹都貯滿，還賴牆陰安置。試問而今，舊緣皆破，誰許殘叢立。大公無我，怎教私字容得。

賀新郎 記魯迅舊事

跳蕩鍾山麓。憶當年、兩生逋峭，蜚聲水陸。老子山陰游揚外，説是一雙屬玉。却不道、分飛獨宿。冠蓋綿延京華地，驀相逢、世界全翻覆。嗟狹路，堂與屬。　淮淝舊閫當陽獨。似前朝、二王秦晉，殺機潛伏。私養荆高分明意，使我立當危局。忠告盡、却難辰告。兩害相權從輕取，賸强教、噪雀先離屋。吾爲此，吞聲哭。

其二

才大無容處。屈下僚、雞蟲得失，急他何苦。寥闊南天千千里，極目原田膴膴。更加上、與情水乳。第一平生心安事，把周公、安置東山土。大雷電，候迎去。　危疑重謗須終負。四十年、荅無一語，居然能彀。華蓋一編專門集，指似孤桐狂詬。却在我、聾丞聞鼓。曾與驀期期期約，這吞聲、帶到斜陽暮。待地下，笑相語。

前調 北京大學

北府流風渺。記當年、子陵去後，鶴書曾到。

那有悠悠青衿子，一步即堪敷教。算未作、無情京兆。七十餘年翻騰手，似春秋、陳蔡成紛擾。餘毒在，尚未了。　鄭卿鄉校留遺貌。經喚起、全黌廣衆，公同鈎考。生也囚耶無分別，一切從頭推倒。人説著、隱娘孤抱。遥望井岡山中火，不解依、劍術收原燎。大和會，忌輕躁。

西江月　戊申元日

一個環球統帥，千年命世辭宗。文韜武略儘從容。化作驚濤齊涌。　廿紀末棋行屆，五洲噩運將終。東門高柳已葱蘢。惹起長風萬種。

其二

六十年前今日，東朝父子雙危。不才猶下海西帷。南望武昌雲起。　甲子周期已滿，春秋筆法難持。誰嫌不足少年時。老去粗諳易理。

小重山　八十初度作

務觀才過渭水年。頻頻誇九十、耀詩箋。文章今日不論錢。稽山上、人上不粘連。　盛事學中傳。身聞猶自習、老三篇。妞兒歌唱勝鶯遷。汪洋海、老小一齊填。

永遇樂　依調答陳一峯香港

赤柱山高，黃泥涌遠，一般嫵媚。海日朝升，巖風夕發，都狗君侯意。樓中行唱，花前點筆，青鳥紛紛窺伺。論文章、建安骨子，共道蓬萊委寄。　我聞在昔，海南大將，一個姓陳人是。人本同宗，地均過嶺，詩乃吾家事。勝流何往，惜君後出，未荷彊村扶起。遐庵在、篋中物色，肯忘晤記。

西江月　續前二闋，戊申之日

舊國自知老大，病夫人笑罷羸。衝天説要百年時。驚覺欲仁仁至。　革命順人第一，會盟扶弱無疑。太陽紅處總皈依。不道朱旗遍地。

憶舊遊　中央文史館原定計劃招滿二百名。吾曾親領訓言，實應如此辦，則館額最高時不過一百五十。歷年有死無增，現祇寥寥五十餘名而已。自『文化大革命』後，館外老者尤爲困厄。鄙意館額能望徐徐補足，爰成此闋，冀達天聽

悵前朝文海，占畢長年，游手堪驚。一旦逢專政，便尺長寸短，難荷裁成。獨賴東皇顧藉，風暖向東傾。見白屋餘生，烏衣故老，一樣飄零。屏營。吾甚恐，嘆草經野火，燒盡難生。世無貧富別，問誰加存濟，惜此惺惺。餓死縱然事小，天語世人聽。黨曾公言中國不許有一人餓死。想茅屋秋風，少陵廣廈無限情。

瑞鶴仙　丁未歲將盡，上海收捕流氓阿飛，爰拈此解

張眸紅遍地。聽萬國謳歌，一元恩被。鼠投牘完器。笑鴟鴞毁室，萑苻成聚。兒童好戲。祇街頭、竹弓相覷。讓公家、替作嚴君，管令教刑虛使。　延企。太平宛在，人手丹書，鷄粘朱户。老夫耄矣。這次第，史無例。算天嬌城郭，雙鳧飛到，俯瞰人民異是。到頭來、寅亮天工，由人代彼。

定風波

粵人李應韶以詩見投，吾誤認爲三十年前舊識浙人李應韶。爰成此解，以示竹孫。

李韶，南宋名士

兩越争看李應韶。李韶原以宋賢高。從古景賢如取火。僅管。分多本量不加消。掃舊近來成號召。不道。掃人掃物要分條。試問掃人誰作範。何況。人民七億舜和堯。

蝶戀花

依調和辛稼軒，戊申元日作。南宋戊申爲孝宗淳熙十五年元日立春，而吾今年立春在人日

誰向街頭探節序。采勝椒盤，張眼無尋處。往日年光全掃去。賸留大衆團圞意。有脚陽春何日駐。舊重歲朝，人日兮尤趣。世運概由人鼓鑄。那愁風雨無憑據。

其二

南宋江山同割據。比似而今，日暮和天曙。堪笑壽星誇遠志。長城自壞招强御。鐵馬錦襜無用處。辛苦嫁軒，何限幽憂意。一歲花期成恨語。平戎萬字先抛棄。

沁園春

試筮以玄，赤舌燒城，其占不祥。算皖桐餘孽，文章定價，淝淮説客，封建當陽。罪釁千重，無須稷下，妄效田巴騁短長。吾老矣，詑甚稽山有土，未見人藏。從來太乙東皇。儘遺放、春風醒萬方。看薰蒸殿閣，羌能解慍，蒙茸荆棘，忽地生香。放手量才，朝堂廉藺，也讓蘭亭蜍志荒。擡頭望，似周公吐哺，文視如傷。

蝶戀花　適當此聞越南南方解放戰綫紀念人民力量全國遍地苦擊美國强寇七日，聲震世界

了結經年防寇苦。今日溪山，昨日奠邊府。祇要人民搥戰鼓。天嬌也是芻靈虎。　捷報傳來人日暮。隣國騰歡，不斷歌和舞。　曾記甲申誰御侮。一心恥把剛來吐。

木蘭花　『文化大革命』第三年

靈魂觸處深深見。革命三年如雨箭。風因着力入門來，苔似同岑存異□。　由來階級陰陽面。辛苦糾纏難自遣。者番金鑑恰從頭，一卷丹書長在眼。

摸魚兒　檢辛稼軒詞，一生尋求安宅，鋪設山林，不遺餘力。梁啟超兄弟於此籤釋甚詳，成爲辛詞中殊堪刺目之處。爰用其本題亦名《山鬼謠》韻，拈此致慨

問先生、生存華屋，稼軒含笑無語。似君瀟灑風流上，豪到元龍爾汝。名利路。竟忘却、宴安酖毒無今古。瓢泉誰舉。忍柱杖雨巖，敲殘怪石，山鬼謠吟去。　須記取。秦代陳吴風雨。千年農戰掀舞。擴張天下爲公量，不準阿私兒女。狂放處。還告我、求田問舍心良苦。臨安何許。嘆南渡君臣，荒淫奢侈，未讀上林賦。

望江南　何什孫以所作《雪白仙》演南唐小周后詞見寄，依調曰此解

雪衣女，神似小周娘。全繡鞋歸李鍾隱，白話翁傍米元章。舊子費商量。

其二

相望遠，人至馬臥圍。地近崖門長弔古，身同

墨斗未亡歸。談藝筆如飛。

高陽臺

余今年八十有八，玉老譜《慶春澤》見貽，實則《慶春澤》即《高陽臺》的異名。余不敢當春澤之慶，因拈同調奉酬

鮐背難行，龍鍾可厭，憑君説甚生朝。堪笑龜堂，誇言九十逍遥。何須大耄論伸縮，最難求、無病聲銷。却今年，門敞天安，樓望登高。

平生血淚江湖滿，記全球走遍，落得無聊。斷紙題詩，飛斜事後仍描。劉郎老去交游歇，賸樂天、白首相招。願賞筵，舉瑶觴，上慶神堯。

永遇樂

戊申二月，得陳晨伯賀余生朝詩。余臥後腹擬一《永遇樂》詞答之。明晨倩蕭君寫出自誦一遍。雖無姜白石之清騷，而殊覺堅不可撼。因寫與印可，博其一粲。此不足爲外人道也

一派齊年，四分五裂，飄零殆盡。李靖新亡，袁褒早逝，二葉原非近。吾今久痺，堪歎龜萎，妄説九旬無病。何須問、龍城真僞，搜討人譏曰佞。爰居曙後，無人垂見，一顆孤星愍愍。

當日交游，曹劉沈謝，摸索知名姓。廚興誰問，銷沉三閣，惆悵獨來江令。擡頭月、玉河淮水，一時並印。

前調

戊申春二月，伯堅見示七十自序，篇中以劉峻、汪中自期。余諷誦一過，置之懷袖數日，嘆三十年來未曾見此類高華文字。爰爲譜《永遇樂》一闋，歡喜贊嘆，併原稿還之

身誤儒冠，事隨轉燭，大都如此。君本郎潛，人言□叔，突兀自題序。汪中挺拔，孝標典贍，掩映三人而已。試擡頭、黄茅白葦，誰見如君才氣。

一門□盛，夷吾江左，奉手君家

伯氏。兄弟連鑣，張皇革命，八先生有子。老年賓客，晚途脱略，未檢後來文史。似龍門、相高百尺，分枝由己。

如夢令

八十餘年夢幻。同擊廣陵絃散。執别太匆匆，忍憶河梁送遠。宛轉。宛轉。回首三生恩怨。

其二

等是海枯石爛。金谷似聞長嘆。遼鶴縱歸來，説有哀猿愁伴。誰見。誰見。祗剩韓陵一片。

其三

八十餘年一晌。許汝空中傳恨。丁令倘歸來，祗有楚天能問。無悶。無悶。則亦付之無隱。

永遇樂

戊申三月二十三日，遐庵足不能落地，爲侍婢攙抱辱臨寒舍，傾吐舊恨，聲細如蜂，領會良苦。并從懷袖摸出白色小紙載《如夢令》二闋見贈，字欹斜難辨識，字句亦重複錯亂。篇中只有『楚天能問』一語，乃同時摯友□□□□□□。爲譜《永遇樂》一闋，以壯其氣

世累平生，看來祗算，食指一動。早達憐君，風塵之室，鴻洞煩君控。而今耄矣，天宮有事，惹得諸孫大鬨。似堯年、叔山無趾，何必與問垂拱。　諸公袞袞，當日馳驅，人誦江柳一□。初建漢家，天人□氣，强比千鈞弩。不須回首，雲龍風虎，都付槐堂大夢。從今年、鷄窠中老，任人撫弄。

如夢令 依調答遐庵

算是人生遭遇。夢裏月圓如故。誰是采蘭人，九畹争能不顧。幻住。幻住。居士原無去處。北京西部有幻住園，乃遐庵爲有情人所置墓地。

其二

嗜好皆知進止。金谷比來非是。獨有墜樓人，每見落花如醉。猶是。猶是。惹得杜郎無寐。

其三

八十餘年三截。唯有中權奇絶。歲莫聽猿啼，難忍愁胡泠瞥。莫説。莫説。恩怨由來一刧。

其四

爾我平生來往。蘇李交情不像。誰肯去降胡，國士少卿無恙。莫想。莫想。説到河梁惝怳。

其五

今日人民專政。無鬼久成輿論。遼鶴祇心聲，誰見飛來丁令。莫信。莫信。受用眼前爲正。

其六

一時寢堂深論。正值小餐時分。嚼麥類乎□，大盆酪漿立盡。高興。高興。者是兄弟情近。

其七

氣可彎强壓駿。中外剛强鼀進。莫忘海南人，儋耳當年聲振。有訊。有訊。一派黄□皆贐。

其八

當世論交廣闊。共指遐庵一個。辛苦種田人，收獲而今亦夥。人滿。人滿。淚灑殘箋無算。

以上《行嚴心聲》（附）

滿庭芳　寄懷弘度嘉州

午夢驚回，殘詩懶續，懷人天末風涼。十年不見，人老別離長。眼底河山失色，何須問、鬢髮欺霜。高空下，穿雲亂角，幾度共蒼黃。茫茫。無限感，一身未北，留滯南荒。似久病相如，病亦無妨。到處都逢年少，應誰與、閒話滄桑。却瞞過，臨安喪亂，詞客賸彷徨。

齊天樂　弘度見寄所著《箋屈六論》，服其精博，爲拈此

靈均元自夔巫去。沉沉二千年度。摘豔生吞，傳騷妄作，端賴君家章句。劉向父子。冥冥付與。溯典校石渠，揚靈湘浦。倦筆枯燈，一聲山鬼似深訴。西頭士龍甚處。問塵霾廨舍，還倩誰住。謂豢龍。蓀美蕪深，蕙花老盡，又是一番凄苦。離憂萬縷。歎阜帽當年，歸餘遲暮。半爲傳經，半幽情借吐。

聲聲慢　寄弘度嘉定，并柬豢龍

北陵風雨，孤竹山川，相依不忘當年。曾幾何時，又吟秦塞通煙。江淹許多舊恨，對蕪城、賦筆宜先。却無意，把宮商顛倒，亂譜繭箋。二劉雙丁曾似，並騷情絕世，咳唾蘭荃。奈訪伊人，阻我迴雁峯前。近到衡陽，訪豢龍未得。問君烏尤寺古，與何人、緩步齊肩。應大詫，

詑高生、老去詩傳。

鷓鴣天 趙家寰書來，稱吾託弘度之詞，爲防遺失，録副一過始寄。曩怪弘度迄無復信，乃知其故

漫與詩篇不計勞。取云敝帚夜金刀。却驚寫本知從伏，衹爲郵書怕誤喬。　音渺渺，意忉忉。豈緣月旦愛風騷。湘纍文字誰消得，苦憶詞人杜叔高。叔高精於楚辭，見稼軒詞。

以上《章士釗詩詞集·詞》（含一九四九年後詞）

臨江仙

多君病久恣人憐，雪衣廻繞牀前。尋寒問暖一天天。長閑閑處，靜卧遺温緣。　未必劉郎腸惱斷，元來不羨真仙。人間何處有瓊筵。夢回獨自，一笑抵無邊。

以上見《沈尹默手書詞稿四種·寄庵詞》附見詞

滿庭芳 孟純先生見寄《中山公園觀太平花》詞，時適郭沫若先生在京籌開和平大會，依調同作

曄曄王城，陰陰夏木，孫園花事依稀。太平萬歲，葉葉尚羅衣。吟賞不關吾事，詞箋好、風景應非。曾憶否，玄都兩度，桃没麥苗肥。
花時。唐盛日，蓮窺鶴監，馬踏沙隄。況汾陽勛望，回紇相依。拜罷衣冠萬國，清平調、供奉親題。千年後，名從公主，笑帶壽王妃。

以上見《咫社詞鈔》卷三（附）

慶春宮 題孝吉《種萵苣齋集》

一臥滄江，平生瓜菜，拾遺當日風流。久客炎方，晚傷薄禄，藝蔬强作優游。奈何輕萎，遽難待、霜雲素秋。元來青莧，滋蔓侵尋，甲拆無留。　何獨企前修。寥落三年，同此方

州。累到猪肝，恥爲牛後，趨來自荷粗耰。漫云哀樂，嘆安石、中年更遒。幾多蕭艾，蘭畹仍存，莫賦離憂。

見《世界學生》一九四二年一卷九期

鷓鴣天　梔子花折枝

曾記韓公謁廟時。芭蕉葉大伴花肥。錯攸湘上無情水，辛苦移根到蜀湄。　空色相，絕條枝。風霜雨露不關伊。映紅照緑都無意，安問誰家有曲池。

見《新新新聞每旬增刊》一九四二年五卷十五—十六期

憶舊游　拔可遠貽近刻詩詞，作此酬之

問墨巢何處，一卷飛來，如接玄亭。韻事須風骨，信梳翎如鶴，定吐天聲。祇憐當時未喻，別後會嚶鳴。恨手把新篇，心回舊學，依樣難名。一代遼陽叟，楊雪橋爲君師。說后山悽惋，深得其情。吾意非姝暖，看寫來橫絕，概見平生。重拙到君方有，應使半塘驚。願更展詞功，町畦另闢趨美成。

以上見《同聲月刊》一九四二年二卷第七期

鷓鴣天　墨巢前年寄詩二適，見標題有『聞行嚴放歸』之語，作此酬之。

念遠傷離意各疲。故人爲誦寄元詩。幾番安頓難言放，自始飄零那得歸。　閒意趣，嬾生機。小詞排遣當棲棲。平生未學愚黔首，也自無言被逐時。

以上見《同聲月刊》一九四三年三卷七期

百字令

依韻答辟疆。辟疆罕作詩詞，而勤於編輯雜誌，且約爲撰論文，故詞意云云

共來百越，歎經年、滯了一方消息。千丈詩心同白髮，嬾與野蘋争隙。舊恨江南，新愁劍外，剗地疑無迹。偶然吹到，東風陰訴詞筆。

還羨國子先生，晨趨館下，夜對寒光壁。獨自哀歌城闕後，欲殺久無人惜。應料文園，除將封禪，萬事都難及。不須重問，暗蛩何故偷泣。

見《中國學報》一九四三年一卷二期

滿江紅

李君寅恭講森林學於中央大學，閲十五年，求爲系友會作歌。念近人多歌《滿江紅》，拈此贈與

憑眺中原，熟比似、牛山傷目。從古是、英雄都愛，邃林深谷。萬里黄沙吹不盡，一春洪遼流難遏。咲孟軻、只賴斧斤寬，留材木。

農國大，謀應熟。書生起，人須服。看講堂分散，無毛胝足。禹甸隨山神迹遠，楚疆篳路雄圖續。更李家、舊澤鎮犀牛，新開蜀。

見《西北森林》一九四四年二卷二—四期

鷓鴣天

訪李幼椿、左舜生於陋巷，不遇，題門而反

門外慚稱長者車。干戈天地此蘧廬。萬言却有平戎策，三畝曾輸負郭居。

居處近，往來疏。初知本色是吾徒。延平雙劍千年合，肯放乖龍耳不殊。

見《民憲》一九四五年一卷十二期

玉樓春 門外海棠又開數朵，蓋秋後第三次矣

棠枝已自披離老。數朵輾花開又好。恥於遲暮損芳菲，也爲流亡寬潦倒。　似聞十月春潛到。喜汝獨將消息報。錦官城外菊花愁，大庾嶺頭梅蕊小。

滿庭芳 褚慧僧以七十自壽詩索和，詩用草書精寫，頗見真力

老氣偏遒，鄉音不改，我懷左相風規。文襄一生惡人説官話。浮生功名，信詘自隨宜。更用精勤二字，嘉興味、籜瓦堪師。揮毫處，雲煙動宕，都帶雪霜姿。　年時。相見少，大廷折角，略覩風儀。算卅載津梁，一往無疲。我失乖龍左耳，嶃到此、猶是委蛇。君七十，渾如少日，雄傑見真稀。

水調歌頭 侯疑始以《中秋大雨》詞索和，依調拈此

水調歌來慣。即景是中秋。蒼蒼何事，今夜却把月華收。未久燒天大旱，天上料應無水，誰豁雨師眸。定拖人間淚，洒作萬家愁。
東坡老，逢令節，便忘憂。平生四海相遇，高會在徐州。儻似沙湖道上，終日一莎煙雨，逸興也當休。又況侯嬴老，於世本無求。

望海潮 吾到長安，溥泉剛返渝。頃來談西京盛處，旨趣相同。譜此紀之，兼柬髯翁

車塵微後，襟期相近，歸來閒話唐封。韋杜俊遊，金張舊宅，坡陀指點無從。憑弔又匆匆。賸秦關漢月，長照心胷。無盡興亡，亂鴉飛過夕陽中。　黄圖赤縣仍同。有五台似掌，八

水如龍。重險峭陵，連岡蟠冢，巨靈隔閡華戎。形勢殷葱籠。信東南起事，西北成功。儻許奉春建策，委輅願從風。溥泉與吾主張戰後建都西安。

以上見《臺灣建設》一九四八年一卷二期

鷓鴣天 宿新開市譚莊

竹徑幽深松徑寒。重來不見赤闌干。幾回路夢商於近，一夜吟成蜀道難。　言不盡，眼相看。人心窄處酒杯寬。秋宵唯恐偷偷去，説以銀釭不許殘。

其二

曉日籠窓風入林。橋扉悄坐去年陰。車聲疑在高空上，猶作驚鳥駭獸音。吾鄉於此處避寇襲。　園小巧，景深沉。竹籬芳援綴如金。芭蕉漫與松争長，松自貞堅不受侵。

其三

山上愁鴟嘯幾聲。人隨殘月打殘更。豁房夜氣蕭森甚，撼醒詞心直到明。　明早起，曉風清。眼前節物又移形。庭蕉巧綴牛心結，園柏和調鳳尾笙。

見《臺灣建設》一九四八年一卷三期

木蘭花

初來猶是深冬樣，驟訝荷衣無處辨。蒙莊何苦説燒天，炙得人兒如獸炭。　人間冷暖難分辨。五月披裘誰則慣。對山却羨石榴紅，薄薄衣裳霞燦爛。

見《臺灣詩報》一九四九年一卷一期

章衣萍

蝶戀花　華西壩散步

陌上看花歸路緩。客裏尋春，也怨春光短。看遍垂楊心意懶。碧桃憔悴無人管。　幾度壩橋凝望眼。怕聽鶯聲，又聽鶯聲喚。斷水荒涼人影亂。笙歌飄渺紅樓晚。

前調

攜手歸來渾似醉。暗記蘭言，要睡何曾睡。殘月孤燈心欲墜。相思一夜人憔悴。　休道郎情薄似水。口上温香，枕上凄涼淚。萬種癡懷難消受，十年嘗透情滋味。

浣溪沙

懶在人前倚畫闌。樓頭小立怯風寒。玲瓏姿態耐人看。　落葉有心紅似血，秋花無語淚偷彈。今生消受此情難。

蝶戀花

午睡醒來渾無據。不是銷魂，也是銷魂處。起坐凝人嬌不語。好花濕遍傷心雨。　半世柔情知幾許。怕問芳年，總道芳年悞。卿似浮雲無定主。朝雲暮雨空來去。

浣溪沙　嘲瓊蓮芳

尖尖臉兒薄薄羅。尋歡無奈上愁蛾。燈前曾記託微波。　爲醉爲妍情事妙，朝雲暮雨客愁多。今宵心醉奈卿何。

蝶戀花

深掩重門風又雨。著意尋歡，那管相逢暮。忍淚吞聲儂自苦。銷魂今夜卿卿語。　多少春光愁裏去。怕見春歸，還送愁何處。十載春愁無處訴。天涯老盡相思樹。

前調

盡日相思似病酒。暮雨朝烟，盡是愁時候。獨倚欄干風滿袖。萬娘不管人消瘦。　寂寞高樓人病久。無限傷心，都在黃昏後。夢裏約言還依舊。郎來消息卿知否。

一剪梅

相思正似浙江潮。早也魂銷。晚也魂銷。關山飄渺路遥遥。過了今宵。怎過明朝。　剩有狂歌濁酒澆。醒也無聊。睡也無聊。楓橋何處玉人簫。雨濕芭蕉。淚濕深宵。

酷相思

愁來怕寫纏綿句。又況是、清秋暮。嘆自古、青春留不住。花落也、人何處。葉落也、人何處。　情緣總是因循悮。辜負人無數。就踏遍、江南腸斷路。郎去也、君心苦。君去也、郎心苦。

菩薩蠻

風雨蕭蕭人語細。唾尖甜舌相親膩。人去小樓空。燈光映臉紅。　江南飄泊客。懊惱垂楊陌。且惜眼前情。偎君直到明。

滿江紅　長松山作

結伴登山，又早是、悲秋時節。憑欄處、孤松古寺，襟懷幽絶。慷慨心情天付與，將軍事業人争説。但一杯、濁酒話興亡，傷心熱。　悲時淚，都成血。家國恨，金甌缺。羨冰天雪地，義軍奇節。抗敵國强成往事，南朝君相從來拙。聽暮鴉、啼破萬松風，聲聲咽。

蝶戀花　寄曙天上海

夢也難歡愁也盡。極目高樓，黯黯雲煙暝。境不困人人自困。年年嘗盡人間恨。　紙上音書心上影。怕説江南，怕見江南信。無奈春來風又勁。落紅處處都成陣。

以上《看花集》

虞美人　憶湯

暢觀樓外初相見。花底相偎顫。風吹露濕各西東。最是不堪回憶、月明中。　別來六載音書杳。病久心情悄。人前只道不思量。且向高樓含淚、看斜陽。

蝶戀花　深秋，上海遷居有懷

十里紅塵無着處。秋到江南，老盡江南樹。歲歲重陽苦病累，看花總被重陽誤。　孤傲心情誰共語。獨看白雲，懶與俗人住。夜夜夢魂何處去。梵王渡畔行人路。

菩薩蠻　公園池畔信步

風吹落葉池中去。無聊人在無人處。往事怕回頭。回頭總是愁。　牆陰悄獨立。悶對斜陽泣。憔悴爲情多。情多可奈何。

浪淘沙 追記夏間莫干山獨步夕陽下看山

獨步白雲間。遊思漫漫。看山鎮日不曾閒。知道青山也有意，紅了蒼顔。　遠道憶幽歡。見也都難。春雲秋夢早消殘。還有那人忘不得，倚遍欄干。

臨江仙 憶家

驀地西風吹樹老，菊花看到梅花。病中何事苦憶家。故園山水好，壯志付煙霞。　十載飢寒歸未得，負心深愧啼鴉。夕陽無語冷窗紗。病來憔悴甚，倚枕試新茶。

浪淘沙

暮雨滴成愁。愁上心頭。一生煩惱爲風流。總是相思添病也，病也堪羞。　人在短橋頭。私願難酬。夜深何事倚高樓。雪裏偕行渾似夢，夢也難留。

清平樂 贈雲

莽莽天涯，那有知音者。夢裏人兒何處也。滿目離愁難寫。　白雲搖曳空中。心隨雲去西風。不曾塗脂抹粉，居然巾幗英雄。

邁陂塘 雪中送鴻

怪天公、無聊無賴，風雪催人上路。半生只爲傷離別，懊惱情懷難訴。寫不盡。是舊恨新愁，黯黯隨人去。登樓四顧。嘆匝地飛鴉，漫天風雪，行人今何處。　還惆悵，無奈雲妹未來，隔江無計飛渡。與君同是可憐人，偏我鬢絲先誤。愁無數。儘一片狂心，遶盡天邊樹。

青春易度。只暗裏思量，不苦別離，最苦相逢暮。

蝶戀花　有寄

休怨傳言鸚鵡誤。欲寄離愁，没寄離愁處。花事闌珊春早暮。夢魂夜夜吴淞住。　獨對柔波誰共語。私祝離鴻，休逐東風去。遶盡海邊千萬樹。儂心總比君心苦。

摸魚兒　海邊有感

又無端、臨風惆悵，爲誰海邊留住。半年總做淞江夢，惱煞深宵風雨。君記取。是瞞了那人，來訴匆匆語。無量辛苦。看濁浪連天，癡心萬縷，暗逐離鴻去。　紅衫客，人兒媚嫵如故。我來休怨遲暮。一往深情空癡絶，見也無從細訴。人難住。嘆別離不忍，車上勞延佇。低聲細訴。願絶業成時，與君奔走，天涯日出處。

攤破浣溪紗

心事淞江夕照邊。幾回相見總相憐。素手偷親親不得，在人前。　客歲重陽纔識面，重陽已是又經年。葉瘦花殘渾不管，奈何天。

浣溪紗

夜夜深閨伴鳳城。燈前月下總難分。悄無人處喚親親。　戰士高歌空憶曲，輝煌紅燭看新人。多才多藝女兒身。跋：冰瑩女士有《從軍日記》之作，傳誦士林。一九三二年一月十日，與顧鳳城先生結婚，女才郎貌，好合百年。爰作此詞，以爲二君賀。

蝶戀花 時事有感

東北戰雲日睥睨。大好山河，多少傷心事。南渡諸公昏欲死。神州處處哀鴻淚。　風冷心酸難買醉。如此人間，那有和平地。將士頭顱槍砲裏。遥聞戰鼓雄心起。

江城子

吴淞江上小嬌娘。玉軀長。鬢雲光。指點閒鷗、同坐話斜陽。細剥香蕉送郎口，郎莫笑，看鴛鴦。　西風吹老美人粧。怕倚廊。怯空房。盼過新年、郎不渡申江。懶聽寒潮深夜語，儂病也，自心傷。

蝶戀花

獨倚危欄看日暮。郎似清風，儂似風中樹。三月相思無着處。夜深踏遍吴淞路。　月下海邊羞獨去。水色潮聲，總是傷心處。欲喚白雲來共語。天寒雲散難留住。

虞美人

夢中幾見孤高影。寒夜薄衾冷。年來生怕説風流。不是風流底事、淚常流。　對燈難寐添愁緒。有恨無人語。好花早向戰旗紅。怎奈紅旗流血、遍江東。

蝶戀花

窗裏愁人窗外雨。望極天涯，寂寞情何許。腸斷海濱攜手處。砲灰馬骨人難住。　嘗盡中原兵革苦。寫遍雲箋，總是傷心語。底事春來君又去。斜陽冷落通州路。

浪淘沙　春日有感

淡日照幽窗。倚遍迴廊。愈難相見愈思量。弱柳好似娉婷影，柳緑人黄。　往事冷池塘。水遠山長。孤鴻飄渺斷人腸。寫盡情天憐愛字，依舊凄涼。

蝶戀花　春日有懷

愁看和風拂柳葉。芳草青青，好是春時節。幾處野花香不絶。懷人總苦相思結。　懶聽黄鸝閒弄舌。有限人生，底事長離别。無奈江流隔南北。浮萍歲歲身爲客。

菩薩蠻

郎是浮雲儂是絮。惱人徹夜蕭蕭雨。倚枕望郎來。郎來笑口開。　温懷熱笑靨。錦帳迷蝴蝶。不覺漏聲殘。曉風拂面寒。

玉樓春　病院早起

漠漠曉煙籠碧樹。兒童牽犢臨流去。開窗祗待那人來，人在曉煙遮斷處。　病來翻覺多情趣。相對朝朝我與汝。莫談國事莫參禪，且聽鳴禽枝上語。

虞美人

月前人在楚天外。魂夢尋都礙。别後三旬忽相逢。臥談絲絲離恨、到天明。　而今人又臨江下。臨岐淚盈把。燕京聚首是何時。莫誤梅庵月下、訂心期。

以上《看月樓詞草》

章柱

浣溪沙

客子愁如野草長。踏青買醉事都荒。自家心緒費商量。　水榭細飄飛絮影，珠簾低捲落花香。春來春去總尋常。

蘇幕遮

雨絲絲，烟漠漠。依舊輕寒，依舊輕寒着。一枕茶香新睡覺。倚遍欄杆，倚遍欄杆角。　客愁濃，杯酒薄。况是春歸，况是春歸卻。燕子不來花已落。誤了鞦韆，誤了鞦韆約。

臨江仙　秋夜作家書

霜老蒹葭驚客久，情閑都付雲烟。鄉書珍重意拳拳。黑痕偏黯淡，雙淚落燈前。　紙帳銅瓶人寂寞，日來瘦聳吟肩。薄棉初試尚輕便。夜長風露冷，歸夢繞親邊。

浪淘沙　戰後秋感

桐葉報新寒。宿雨初乾。幾回惆悵倚欄杆。殘照西風荒徑冷，刼後溪山。　衰草蔽空壇。敗瓦頹垣。舊儔零落夢闌珊。又是笙歌連苑起，杯酒狂歡。

浣溪沙　真如秋望

刼後重來客思慵。記曾道路滿兵戎。秋光又與去年同。　衰草淒迷籠薄霧，寒蟬斷續咽西風。一天斜照可憐紅。

臨江仙　離情

寶鴨香濃烟細裊，珠簾低捲涼初。碧天如水片雲無。相逢情繾綣，惜別淚模糊。　杯酒澆愁愁轉熾，新來寬褪羅襦。紙窗殘月一燈孤。路長千里夢，人遠數行書。

浣溪沙　初秋

簾外西風爲報秋。碧梧金井小庭幽。擣衣聲裏獨登樓。　三載深情縈舊恨，一腔孤憤攪新愁。蘆花白了少年頭。

憶秦娥　秋感，用太白韻

寒恐咽。孤燈不礙疎簾月。疎簾月。清輝依舊，照人離別。　霜林搖落深秋節。西風塞外笳聲絶。笳聲絶。玉關何處，夢迷烟闕。

采桑子

西樓猶記裁詩句，銀燭流光。金篆飄香。風定簾鈎捲晚涼。　而今舊夢成陳跡，不忍思量。惆悵横塘。獨倚雕欄更斷腸。

菩薩蠻

歸鴉掠破炊烟碧。黄昏碪杵聲聲急。梧葉戰西風。鄉愁又幾重。　秋光和夢冷。目斷孤鴻影。襟上淚絲絲。家書乍讀時。

其二

關山木落西風緊。征衫冷透顔消損。紅樹夕陽斜。邊城隱暮笳。　孤懷誰共説。鄉夢烟波闊。一樣去年秋。平添萬種愁。

摸魚兒 傍晚過閘北

最難禁、客愁如夢，匆匆來過城北。當年也具林亭勝，一帶管絃徵逐。兵燹速。都付與、頹垣敗瓦枯喬木。寒烟漾緑。剩衰草斜陽，荒墟碧血，半壁悵顛覆。秋風裏，忍聽幾家骨肉。傷亡離散哀哭。新仇舊恥何時雪，又起干戈東陸。争逐鹿。問此後、河山似畫將誰屬。痛昔日繁華，今朝冷落，賺我淚盈掬。

更漏子 不寐

錦衾單，紅燭滅。涼浸半簾斜月。撩別緒，亂離愁。西風心上秋。　籠壞堞。飄殘葉。滿地霜華如雪。征雁唳，暗蛩鳴。夜長欹枕聽。

水調歌頭

喪亂幾時已，刼火敝長天。愁看東魯西蜀，征戍自年年。又報邊城鶴唳。彈雨槍林無際。血濺戰袍寒。北顧思燕薊，危在睫眉間。　酒懷闊，春思穩，擁衾眠。雄關斷送，將軍甲帳夢初圓。坐待江山破碎。一任師徒崩潰。忍辱可求全。缺月懸殘夜，淒冷賸嬋娟。

浪淘沙 賞菊

落葉滿江村。秋到籬根。孤芳冷豔細温存。簾捲西風寒意重，瘦了詩魂。　傲骨耐霜繁。烟鎖重門。幾枝清影亂苔痕。幽夢初圓驚乍醒，淡月黄昏。

憶秦娥　憶倩如女士

相思切。當時悔却輕離別。輕離別。緑紗窗下，背燈嗚咽。天南地北音塵絶。魚書欲寄愁難説。愁難説。兩行清淚，一鈎殘月。

臺城路　重九

斜陽遠樹鴉翻墨，匆匆又逢重九。落葉堆霞，殘枝鎖霧，襯染淒涼時候。放歌縱酒。賸緑鬢愁深，黄花人瘦。歲歲登高，眼前景物總非舊。　籬邊幽賞難又。正西風南雁，鄉淚盈袖。暮杵敲寒，霜鐘颺冷，秋到敗荷衰柳。茱萸簪就。望萬里故園，天涯搔首。悵觸離懷，侵衣寒露透。

虞美人　感舊

西樓月色明如練。花外初相見。低頭欲語又含羞。不識人間還有、幾多愁。　情深悔被聰明累。點點羅襟淚。三年前事未模糊。賺得相思兩字、爲伊書。

浣溪沙　送别

簾外霜華叠碎銀。一彎涼月照離樽。天涯翻更送行人。　海上烟波鄉夢闊，燈前風雨客愁新。從今魚雁莫辭頻。

石州慢　塞外步榆生師《壬申重九後一日遇彊邨丈吴門寓居》原韻，依東山體

黑水凝冰，紅樹映袍，邊騎衝雪。聲聲晚角吹寒，滿眼密林飄瞥。英雄幾輩，竟葬古堰荒丘，丹忱靈爽甯消歇。無計贖江山，泣波濤淒

咽。愁絶。凍雲遮嶺，零雨飄腥，弔亡傷別。笳管悲涼，苦向心頭撩撥。白狼河畔，夜有怒馬長嘶，征衣碧染仇讎血。窮塞戰塵酣，鎖蒼烟殘月。

浣溪沙 旅雁

苦向江湖覓稻粱。碧天斜影字雙雙。衡寒千里下衡陽。　紫塞烟青征鼓急，金門月黑暮笳涼。一聲啼破五更霜。

八聲甘州 傷亂

舊山河何處可藏身，蒿目動閑愁。騰沙場戰骨，窮途餓殍，合葬荒丘。人散田園寥落，甯復問耕牛。衰草斜陽冷，倦鳥啁啾。　還顧朱門紫陌，尚羊羔美酒，玉管珠喉。便年荒世亂，高枕竟無憂。道路中、誰憐瑣尾，向歲闌、野哭撼神州。多事日、不堪回首，老淚横流。

滿庭芳 歡敘　代作

虚閣生寒，重簾遮月，絳帷初試薰籠。莫辭沈醉，聊爾聚萍蹤。無限新愁舊恨，沈吟在、杯緑燈紅。芳樽倒，燕支淡暈，雲鬢半蓬鬆。　惺忪。當此際，鵲爐火嫩，寶鼎烟濃。漫添得，今宵被暖香融。細細狂歡儘意，弦柱理、銀甲丁東。歌聲歇，西樓燭暗，花外五更鐘。

生查子

藕絲牽恨長，往事從頭話。初識謝娘時，小院斜陽下。　三年夢尚温，便爾東風嫁。愁絶再來人，淚滴淒涼夜。

浣溪沙

讀罷雲箋枕半欹。懷人多在月明時。舊遊如夢費沈思。　金縷斜書拈玉句，銀燈低唱賣花辭。謝家年少最工詩。

菩薩蠻

而今悔卻當年錯。謝娘負了燈前約。舊事忍思量。思量空斷腸。　情深深幾許。此日憑誰語。一枕淚絲絲。更殘夢醒時。

天香　榆師以所製《梅花》詞見示，格高意遠，讀之爲悵然者累日。謹依夢窗韻呈教

素質凝冰，愁妝照水，東風作弄清峭。淺黛輕勻，濃香細染，點綴枝頭嬌小。妒花暗雨，偏着意、摧殘何早。翠袖寒添薄暈，縞衣夢回纖巧。　橫斜綺窗到曉。淡無言、寸懷多少。一任蜂狂蝶舞，雪欺春鬧。猶是孤芳嫋嫋。又浄洗、鉛華合終老。月地雲階，江南訊杳。

高陽臺　落梅，和夢窗

絳雪留痕，仙雲掠影，芳魂零亂蒼灣。村塢溪橋，荒波冷浸瑤環。宵來幾點催花雨，到平明、閑卻湖山。　賸淒涼，解佩人歸，淚染欄干。愁添粉豔迴鸞。儘庭鋪玉屑，地襯香瘢。瘦了詩懷，東風微逗輕寒。吹殘五月江城笛，伴晚烟、竹外池邊。問兒家，踪跡黃昏，縞夢初圓。

解連環　新柳

亂雲如冪。便輕寒退了，總難將息。傍野渡、殘醉初醒，況吹暖早春，曉風無力。遠黛新描，未消損、舊時顏色。想牽愁鎖怨，應有征

人，對此相憶。盈盈淚珠懶拭。正鶊黄乍展，絲雨纔纖。漫贏得、當日纖腰，向芳草長隄。縮取行客，縱是長條，問禁受、幾回攀摘。認三眠、舞烟拂水，灞橋恨積。

水龍吟 北望

徹天遮滿胡塵，版圖誤送傖夫手。東流黑水，西迴松嶺，一般依舊。羌笛聲中，夕陽影裏，不堪回首。況侵凌無已，河山有限，還能供、幾分剖。太息艱辛誰負。但倉皇、曳兵而走。孤城落日，蒼茫萬里，腥風怒吼。酣夢初醒，閑情頓杳，佳時難又。賸如今北望，兩行老淚，溼青衫透。

西平樂 新晴

薄霧籠晴，溼雲釀雨，輕寒猶帶些些。流水潺湲，半篙初漲，掠波柔櫓咿啞。更柳逐東風舞醉，春被錫簫喚醒，芳郊滿目烟光，蒙茸嫩緑叢遮。繫馬垂楊綺陌，遥望處、村外酒旗斜。小園苔潤，長堤草軟，出谷鶯聲，吹過窗紗。堪點綴、枝頭紅杏，粉淚方乾，畫棟呢喃細語，燕壘泥香，裊裊游絲眷落花。曾記共伊，親攜玉榼，閑掛詩囊，鎮日留連，對賞佳時，無端夢斷天涯。

浣溪沙 憶舊

病酒心情欲説難。朱欄强倚怯輕寒。暗思前事賸悲酸。紅杏雨餘芳草軟，緑楊烟鎖大隄寬。好春無恙共誰看。

前調 湖上曲，敬和榆師原韻

弱柳牽風翠黛長。杏花零亂不成行。輸他西

子舊時妝。沙外波平鷗夢穩，雨餘烟噴燕泥香。畫船歸去趁斜陽。

其二

窈窕妝成比洛妃。山如裙帶自成圍。腰肢應比舊時肥。出谷鶯哥和雨喚，掠波燕子逐烟飛。蘇公堤上鬥芳菲。

其三

怕向湖邊認舊痕。西泠花草盡愁根。傷春紅淚溼黃昏。草色窺簾經雨緑，柳條拂檻趁風翻。薄寒時節易銷魂。

其四

一抹斜陽照水明。輕舟容與聽流鶯。春如薄醉喚難醒。隄繞生香千樹暗，波涵倒影數峯生。妝成西子太輕盈。

掃花遊　餞春，和榆師《虎邱餞春》，用清真韻

一年好事，又杜宇聲聲，怨啼悽楚。柳飄弱縷。自東風過後，瘦腰怯舞。野水無言，寂寞黃梅細雨。陌頭去。問燕子可知，春到何處。佳日能幾許。賸絮點溪橋，花飛村路。淚珠滴俎。聽流鶯悄語，似憐幽素。兩盞三杯，未飲心酸意苦。獨延竚。晚霞明、草深蛙鼓。

金縷曲　初夏

緑樹流鶯語。似聲聲、埋怨春光，等閑歸去。落盡荼蘼餘香冷，寂寞板橋西路。祇兩岸、垂楊低舞。花謝花開都不管，但輕輕、飄墜枝頭絮。清陰密，已如許。困人天氣添愁緒。更那堪、舊時燕子，而今何處。閑煞鞦韆庭院裏，幾點黃梅疎雨。門半掩、殘紅無數。已是

懨懨常病酒，更朝來、聽徹鵑啼苦。絛風暖，獨凝佇。

浣溪沙　江邨消夏

地僻塵囂半點無。綠陰深處結茅廬。敲棋人静碧紗㡡。　冰簟風清閑品茗，荷衣香襲細攤書。珠簾低倦月來初。

金菊對芙蓉　中秋夜無月　雨細如絲，夜涼似水。亂蛩聲咽，丹桂香濃。念今夕中秋矣。倚遍欄干，仰清輝而不見；燒殘蠟炬，訴舊恨而何從。天涯此夕，雖欲千里共明月，亦不可得。徹夜無眠，賦此寄意

夜雨飄愁，秋燈破夢，薄寒初透征衣。正江南秋半，塞北塵飛。凭欄望斷天邊月，不教人、省識清輝。料他今夕，也應惆悵，故國全非。

猶記此會當時。把爐香重爇，簾幙低垂。向樓頭同倚，淺醉瓊杯。争知别後腸千結，費幾多、孤客相思。樽前眼淚，花前心事，一例爲伊。

浣溪沙　秋雨

打點閑情强倚樓。溼雲黯淡不成秋。一天絲雨細如愁。　人倦厭聞清漏滴，夜深添得小窗幽。殘荷暗葦故颼颼。

西樓月　重過西樓　自度曲

西樓應是低徊地。憔悴韋郎，無限悲秋淚。濃陰裏，青總曾繫。夜静裁詩，晝長煑茗，歷歷争來眼底。待欲把、墜歡重拾，怎奈他、浮生若夢，流年似水。　卻怪聰明增百慮，縱伊負我深恩，到頭不悔。十載辛酸，還博得癡心

兩字。最難堪、今日重來，一彎新月，幾曲雕闌，風景似當年，但少個、舊時人倚。

金菊對芙蓉　白菊

冷夢初酣，秋光漸老，匆匆過了重陽。縱心驚急景，鬢染新霜。争妍未忍隨春態，卸鉛華、洗盡濃妝。寒烟籠處，縞衣輕試，低舞霓裳。

故國刼後蒼涼。也薄施零粉，淺挹柔香。怕西風簾捲，瘦損蕭娘。年來憔悴情何限，減舊時、彭澤疎狂。東籬猶是，能堅晚節，留得孤芳。

金縷曲　有感

華髮頻添矣。十年來、人情閱盡，炎涼而已。瀝膽披心還自苦，總是難逃猜忌。但省識、世途如此。放浪形骸歌當哭，向樽前、往事休重記。消舊恨，酒杯裏。中原到處哀鴻唳。聽胡笳、一聲聲急，新亭雪涕。莫再低徊思故國，熱血滿腔空沸。況更畏、金銷積毀。搔首問天天不語，讓朔風、吹起愁無際。知我者，一燈耳。

西河　虎邱懷古，和清真

遊冶地。中吳舊事猶記。孤城日落暮笳涼，亂鴉四起。闔閭霸業盡成灰，西風吹恨無際。

曲欄畔，和夢倚。碧雲冉冉難繫。空餘衰草泣寒蛩，頹垣廢壘。莫尋野老話興亡，迷離惟看烟水。　亂山寂寞去遠市。臥牛羊、高塚蒿里。商女不知時世。尚金尊檀板珠喉相對。如度生涯昇平裏。

鷓鴣天

淡淡雲羅淡淡風。春寒猶是者般濃。花梢紅到輕烟外，草脚青回細雨中。　香霧溼，碧苔封。柳條低拂畫欄東。舊時燕子知何處，惆悵珠簾第幾重。

柳梢青　本意

花氣輕浮。香塵踏輭，拂水腰柔。乍染鵝黄，新描螺黛，春在梢頭。　雨痕點點初收。小橋外、碧漲如油。綺陌情牽，深閨眉鎖，終日凝眸。

浣溪沙　江南春感

重到江南景不殊。輕風剪剪雨疎疎。嫩寒欺客值春初。　枕上傷心空懊惱，人前忍淚强歡愉。箇儂知我斷腸無。

前調

鬢染星霜衣染塵。年來慣作倦遊人。歸帆今始掛雲根。　倚杖老親詢瑣事，牽衣幼姪索奇珍。燈前歡笑酒痕新。

望江南　秋感

鄉夢闊，人在望鄉樓。一片明河澄似練，半彎涼月瘦如鈎。勝地記同遊。

其二

驚旅思，常是淚闌干。殘照關河征鼓急，西風古道客衣單。霜滑馬蹄寒。

其三

楓葉老，載酒没心情。萬里關河常作客，九秋風露厭談兵。留取鬢絲青。

其四

深院閉，寒柝帶霜敲。幾點疎星懸樹杪，一鈎新月掛簾腰。歸夢路迢遥。

浣溪沙　幽恨萬千，痛飲數盞，面紅耳熱，不知涕淚之何從也

故國河山落照中。城狐社鼠尚争雄。無人解唱大江東。　老去詩懷甘淡泊，新來情况轉疎慵。樽前拚取醉顔紅。

水龍吟　榆師以《楊花》詞見示，並命爲楊花翻案。仍依東坡韻呈政

賣餳時節新晴，珠塵萬斛和春墜。飄緜散雪，輕飛慢舞，千重幽思。年去歲來，江南塞北，孤懷深閉。問家山甚處，烟迷故苑，妒清白、驚飈起。未解攀援依附，累多情、舊歡難綴。崎嶇蜀道，炎涼世態，思量心碎。冷淡生涯，半簾明月，一溪流水。化浮萍猶自，不教泥污，洒飄零淚。

前調　榆師以新詞見示，並出手册囑題。謹依東坡韻呈政

眼中誰挽狂瀾，等閑常恐風騷墜。壯懷磊落，新詞動宕，坡仙才思。鹿洞傳經，董帷述學，書窗休閉。任人間何世，獨行心素，肝腸熱、吭歌起。知遇深情似海，愧庸愚、門牆羞綴。從今拚向，三更燈火，唾壺敲碎。萬事浮雲，文章長在，高山流水。上危樓共望，斜陽烟柳，洒哀時淚。

卜算子

天氣半陰晴，人正新來瘦。行遍江南别恨多，折盡江南柳。　歸夢攬詩懷，鑪篆熏殘酒。消息沉沉近一年，舊雨平安否。

浪淘沙慢　乙亥中秋前二日，送榆師南遊，主講中山大學

正秋半、香飄桂子，露溼梧葉。江上蘭橈待發。一腔幽恨似結。怕聽取陽關聲唱徹。兩相對、寸心淒咽。念此後、音塵阻南北，重逢甚時節。　情切。賸餘眼淚盈睫。望萬里中天，浮雲滿、故使清光絶。奈三五長圓，千古恒潔。高寒不滅。憶舊遊腸斷，曉風殘月。　方幸追隨門牆末。輕舟去、芳華頓歇。孰憐我、癡愚頻指撥。默無語、鎖盡離魂，但暗祝，片帆穩掛烟波闊。

浣溪沙　雨夜有感

不愛諛揚不怨憎。一春常是没心情。江南草長客愁生。　檢點舊歡腸欲斷，思量餘味夢初醒。小樓殘滴兩三聲。

前調

莫向銀燈憶舊遊。舊遊如夢海西頭。而今贏得兩眉愁。　一枕新涼風定夜，半簾絲雨晚來秋。自扶殘醉下危樓。

金縷曲　送别陳大兄大法、孫大兄石靈

風笛頻催矣。數年來、艱辛共歷，和衷匡濟。杯酒交情容易厚，休戚相關有幾。最難得、文章知己。夜雨紙窗燈影畔，算從今、空賸愁滋

味。多少恨，尊前淚。　離筵未坐心先醉。上河梁、臨岐一語，願君牢記。此去世途應努力，莫把韶光虛費。打疊起、滿腔豪氣。魑魅揶人須仔細，要壯懷、磊落清如水。揮椽筆，正風議。

眼兒媚　乙亥冬，送別楊淑莊女士，兼題紀念手册

書窗燈火共流連。往事已如烟。無多舊友，無多詞侶，又坐離筵。歲寒社詞友鄭女士理庸、俞女士令默、許女士桂英、陳大兄大法、郎大兄仲滌等均先後離滬。結社人稀，倚聲事廢，蓮韜詞苑，已無復當年之光景矣。明朝門外天涯遠，後會在何年。壯懷同訴，文章筆底，歌哭樽前。

渡江雲　揚州，我舊遊地也。十年不到，頗系念之。適許桂英女士將歸邗江，出紀念册索題。爰賦此送別，兼憶瘦湖烟水

西風吹暗雨，井梧葉落，獨雁下瀟湘。數年朋輩減，好友無多，那更倒離觴。三杯兩盞，化熱淚、酒入愁腸。思舊時、歲寒圍坐，咏雪共平章。　思量。二分明月，一帶青山，料園林無恙。尋不到、樽前殘夢，袖底餘香。休將往事從頭説，托苦吟、歌哭興亡。人縱别、天涯常寄詩囊。

眼兒媚　代擬

情多未許學風流。腸斷十三樓。不堪重省，酒邊歡笑，燈畔歌喉。　春衫袖底餘香在，心事水悠悠。而今累我，纔醒前夢，又惹新愁。

其二

爲誰消歇酒杯心。前事費沈吟。相逢舊約，

當時已誤，又誤而今。　尋春燕子重來日，一院碧苔深。　斜陽門掩，好花落盡，緑葉成陰。

金縷曲

丙子秋東渡，留別京滬諸師友

京洛緇塵滿。况年來、啼痕狼藉，征衣自浣。袖底餘香依舊在，換得一肩清怨。倩誰訴、蘭成哀感。歌哭無端腸枉熱，背疎燈、涼雨梧桐院。歎總被，浮名絆。　江南已是羈遊倦。更那堪、海天空闊，去程遥遠。此夕樽前拚醉倒，明日酒醒人散。獨憔悴、峭帆雲黯。松柏詞心堅後約，但相期、歲月吟懷健。莫常使，音書斷。

鷓鴣天

將之東京，師友設筵祖餞，冀野師即席口占此調見贈。謹依韻答謝

得近高賢夙所期。瓣香低首拜吾師。東華歌板標清致，南部新聲鑄妙辭。　書錦字，舉金巵。傷離情緒兩心知。江山如此難爲客，忍誦當筵送別詩。

浪淘沙

東京雨夜不寐，寄懷幹芳二姊南京

簾捲峭寒生。慵剔殘燈。打窗疎雨不堪聽。那更連宵銀角急，歸夢難成。　莽莽海潮平。萬里長征。西風吹起故園情。料得石頭城下水，也帶離聲。

鵲踏枝

春暮寄大法，時歲在丁丑

記得去年斜日暮。倚杖聽鶯，亭轉蓮韜路。落盡野棠飛盡絮。餞春同賦新詞句。　客子光陰愁裏度。風景依稀，舊雨今何處。寄語離人休自苦。浮生多被饑驅誤。

綺羅香

偕澄子妹遊小金井堤，觀櫻花

薄醉初醒，餘寒乍退，同訪櫻花深處。片片春雲，紅沁御孃眉嫵。正一帶、暗水流香，似千點、淡霞籠樹。悄無語。　晴光新浴翠色，幽草平鋪澗畔，芳塵微步。拂面風柔，撩亂鬢絲輕撫。情脈脈、纖手相攜，撲羅衣、落英如雨。待他年、中土移根，錦旛珍重護。

憶舊遊

偕澄子妹汎舟長浄峽

趁曉寒料峭，宿霧溟濛，同汎晴川。路轉溪聲急，任扁舟一葉，掠破輕烟。亂山翠色如洗，古木欲參天。又影寫柔波，枝棲幽鳥，風景無邊。　留連。滿芳徑，有草軟苔深，新緑嬌妍。水浄沙明處，更臨流濯足，小語扶肩。密將肺腑相訴，攜手共言旋。漸薄暮橫空，疎林尚綴斜照圓。

少年遊

初夏，偕澄子妹遊井之頭公園

陰陰古木散餘涼。風軟柳條長。一抹濃烟，半篙流水，人影漾波光。　芳櫻點點飄輕雨，紅染屐痕香。照眼雲濤，滿身花氣，歸去趁斜陽。

西江月

攜手尋芳山徑，並肩待月蕉窗。當時景況永難忘。添得今宵惆悵。　欲寄斑斑別淚，難書曲曲離腸。迢迢午夜似年長。夢後思量枕上。

新雁過妝樓 憶澄子妹

斷續殘蟬。新涼漸、秋聲已到愁邊。沈腰瘦損，常似小病纏綿。寂寞欄杆誰共倚，海天況隔路三千。恨如泉。近來枕上，紅淚斑斑。
難忘依依遠送，正棧橋雨細，秩父帆懸。當時一別，知是再會何年。相看黯然執手，但珍重、平安早日傳。烽烟阻，望半輪斜月，竟夜無眠。

念奴嬌 除夕，寄懷繼華姊丈、幹芳二姊長沙

春盤堆玉，又匆匆到了，歲除時矣。已是兩肩離恨重，那更危闌頻倚。雨雪連山，烽烟滿路，地隔三千里。相逢何日，背人還洒清淚。
望斷樓外歸鴻，衡陽不見，見征塵無際。戍鼓沈沈霜角急，墨黯家書難寄。臘酒杯停，夜窗夢遠，佳節偏愁裏。天涯今夕，鄉心料亦如此。

浣溪沙 戊寅春感

水樣輕寒透袷衣。河橋楊柳已如絲。去年正是賞花時。
便有情懷寄何處，儘多心事訴伊誰。愁烟夢雨自禁持。

鷓鴣天 二月十九，夜不寐

一桁珠簾鎮日垂。露桃帶雨着胭脂。護花但解憐新蕊，折柳誰諳惜舊枝。
爐篆細，漏聲遲。孤燈挑盡淚如絲。東風不識春無主，緑遍江南路欲迷。

浣溪沙 暮春

烟柳淒迷落日低。平疇燕麥共人齊。登臨怕

上最高梯。剩水將愁流斷岸，殘花和淚糁香泥。不知春去已多時。

前調 秋感

沈水香微夜漸闌。候蛩淒斷怯新寒。秋來不放翠眉閑。那有園林尋舊賞，況多風雨減清歡。夢中甯解憶長安。

好事近

碪杵響西風，撩亂別愁難理。望盡半簾斜月，又今宵無寐。傷離紅淚欲成冰，兩地隔千里。片霎夢中相見，奈夢回容易。

六醜

正殘螿泣露，有萬種、淒涼難說。影單夜長，孤燈明復滅。翠被寒徹。倩夢伊邊去，恨他風緊，掃一林黃葉。愁懷欲寄無由達。帶眼頻移，琴心嬾撥。金爐舊香重爇。問誰能領受，如此時節。疎簾低揭。是當年皎月。更是當年景，情味別。今宵望遍天末。又津亭戌鼓，聲聲哀咽。烽烟阻、信沈音絶。都緣那、故國秋笳誤了，片帆輕發。思量處、紅淚盈睫。向枕函、細數相逢事，離腸百結。

點絳唇

烟水淒迷，眼前多少傷心事。夕陽紅裏。隱隱悲笳起。禾黍離離，舊是笙歌地。愁難洗。故宮深閉。盡滴銅仙淚。

霜花腴 重陽

汝南事渺，悵此身，應同墜葉飄零。鴉起寒林，雁啼荒渚，還疑草木皆兵。驀然又驚。看野塘、楓老波平。憶年時、好景江南，亂山無數可憐青。沙苑箭飛何處，且休抬望眼，淚洒新亭。征鼓敲霜，秋笳咽月，西風尚帶餘腥。畫闌怕憑。況已添、雙鬢星星。忍登高、遍插茱萸，更生懷遠情。

虞美人

西風陣陣涼如水。愁損雙蛾翠。無言獨凭曲闌干。送盡幾多鴉陣、夕陽寒。波光雲影年年在。青鬢經秋改。笙歌依舊似當時。祇有哀箏彈怨、没人知。

前調

秋光已老江南岸。衰草連天遠。危樓扶病强登臨。不道征鴻過盡、信沈沈。無人會得憑闌意。滿眼傷高淚。莫尋宮女説玄宗。試望飛灰還共、夕陽紅。

惜紅衣 和白石

畫角吹寒，荒城落日。强支心力。被冷無眠，燈殘焰凝碧。關山萬里，誰解慰、多情詩客。淒寂。斜月半簾，想天涯消息。尋春舊陌。衰柳啼鴉，羅襟淚狼藉。征塵黯淡故國。阻南北。苦憶海東烟水，知是幾時重歷。問枕邊今夜，能否夢伊顏色。

鷓鴣天

待寫相思轉黯然。怕將紅淚染花箋。追歡惆悵知何日，飛夢迢遙去那邊。疎雁字，阻狼烟。愁多無奈學逃禪。燈窗坐聽秋宵雨，如此情懷又一年。

長亭怨慢　雨夜聞 HAXTON 所奏 GOUNOD 之 AVE MARIA 懷娥鈴樂曲

正殘醉、愁邊初醒。不卷重簾，晚來風勁。雨滴空階，悄聞弦索助秋冷。共誰低語，多少意、無人省。嗚咽歎聲聲，似暗訴、生涯萍梗。　夜静。望蓬山何處，寂寞自憐清影。心期縱阻，怎忘得、舊時情景。況一曲、婉轉哀絲，是當日、燈窗曾聽。且料理羅襟，珠淚今宵紅迸。

三姝媚　和碧山

燈花紅正綻。破霜天斜飛，一行征雁。萬里關河，賸荒烟殘水，做成悽黯。寂寞魚龍，更休說、鴉棲梁苑。怎不而今，新恨頻添，舊狂都減。　顰損眉痕深淺。況被冷更長，夢回人遠。欲寄相思，怕雲箋難寫，别情函婉。費盡沈吟，還守定、當年心眼。莫問愁中消息，寒生歲晚。

玉樓春　和小山

當年只道天涯近。别後平安何處問。鏡中華髮與時增，畫裏朱顔含淚認。　非關路遠無音信。總爲難傳心上恨。花箋十頁寫新愁，費盡花箋愁未盡。

其二

重簾不卷斜陽暮。怕向危樓和淚住。衣寬帶減去年人，水遠山長前日路。　憑闌猶記初相遇。别後流光容易去。料應每到月圓時，獨立小窗攜手處。

其三

征鴻無計傳心素。按遍舊時箏上柱。哀絃祇解送愁來，孤枕但期飛夢去。當年記得伊邊住。指點琴書聲絮絮。人前故意學矜持，輕撫鬢絲偷眼覷。

其四

孤衾似水人初醒。緑鬢漸凋慵對鏡。夜深短燭易燒殘，天遠新愁難洗净。斜風吹雨飄香徑。明日陰晴猶未定。不須重檢舊青衫，點點昨宵紅淚賸。

其五

棲鴉啼破紅窗静。偏在斷腸時候聽。堦前霜重亂愁生，簾外月斜殘醉醒。翠眉顰損休窺鏡。日日天邊無雁影。此心終不負初盟，争奈相逢期未定。

其六

初心依舊年前似。夜疊雲箋書細字。翠銷眉角減歡情，紅印頰邊添别淚。小窗暗憶當時事。一點靈犀能會意。如今涼雨剪孤燈，斷盡離腸知道未。

其七

春明門外芳塵軟。柳汁曾將衫袖染。休顰螺黛翠痕殘，莫洗羅衣紅色淺。遥聞别院吹簫管。不卷珠簾時候晚。燈花卜盡信沈沈，還把舊書和淚展。

其八

關山路阻重逢晚。往日歡愉都在眼。歸來愁緒一肩多，别後啼痕雙袖滿。天涯縱使音書斷。終信兩心同冷暖。夢中方擬訴衷情，殘漏五更驚夜短。

其九

夜深怕見蘭釭綻。隔院笙歌猶未散。一鈎明月獨憑闌，萬里碧天空過雁。沈吟欲舉紅螺盞。不是花前貪醉慣。都緣無計遣離愁，或可有時銷別恨。

其十

年年舊恨新愁裏。堪説歡情能有幾。經秋寶鏡欲生塵，入夜羅衾如潑水。歸期空屈纖纖指。誰識低眉無限意。別來淚眼不曾晴，那更孤城清角起。

江城子　月夜憶澄子妹

蕭蕭落葉撲簾櫳。別愁濃。入眉峯。祇悔當時、分袂太匆匆。十二闌干都倚遍，今夜月，與誰同。千山萬水路重重。見何從。信難通。因甚江湖、滿地戰雲封。粒得蕉窗人獨立，猶日日，盼征鴻。

揚州慢　和白石

荒塚碑横，廢墟狐走，往來路斷行程。看巢營野幕，有點點鴉青。正人似、傷弓倦鳥，萬竿蘆雪，摇動疑兵。嘆東流、淮瀆潮回，猶打空城。亂鷹過後，望遥天、雁影都驚。對賸水殘山，淒風缺月，無限關情。霧失漢宫何處，衝寒起、隱隱笳聲。悵胡塵千尺，愁如春草叢生。

浣溪沙

消息沈沈未許探。秋來常是病懨懨。怕將愁

緒入眉尖。酒醒峭寒生翠被，夢回斜月照珠簾。此時情味有誰諳。

前調

雙袖啼痕次第添。朱闌慵倚病懨懨。西風吹面暮寒尖。滿院秋聲頻到枕，一庭月色自開簾。此情此景舊曾諳。

其二

落葉敲窗別恨添。懷人千里病懨懨。海天烟水擁青尖。路遠雁遲疎錦字，秋高人瘦捲珠簾。辛酸滋味自家諳。

前調

香冷金爐嬾再添。悲秋傷別兩懨懨。羅衫不耐晚風尖。只爲愁多温翠盞，豈緣涼重下珠簾。難言心事幾人諳。

燕山亭 寄懷榆師

秋老霜楓，凝赤亂霞，襯染悲涼天氣。庭院寂寥，落葉聲多，終日小窗長閉。念遠傷離，幸獲得、江頭雙鯉。驚喜。更語語關情，萬千深意。　憑記當日追隨，望雲樹蒼蒼，遣愁無計。圍爐晝永，立雪宵殘，此願幾時能遂。滿眼兵戈，星散盡、舊遊詞輩。顛頽。常盼取、平安相寄。

虞美人 自題紀念册

無端輕別愁如海。日日朱顏改。拚將紅淚洒江南。飄蕩離魂相隔、幾重山。　夢闌酒醒人何處。舊事從頭數。雲箋點點墨痕香。留待他年回首、細思量。

鷓鴣天　題潔如女弟紀念册

聚散無端類轉蓬。年光彈指太匆匆。文章雅麗誰能及，身世淒涼孰與同。　書別恨，話離衷。淚痕還比墨痕濃。臨岐一語聊相贈，冰雪聰明好用功。

踏莎行　題麗娟女弟紀念册

片片行雲，悠悠流水。人生聚散真容易。書窗猶記共推敲，謝家才調誰能似。　短笛聲中，殘山影裏。送君無限低徊意。年來傷亂復傷離，花箋寫盡愁難已。

浪淘沙　詠曼將歸里，賦此誌別

好學冠同倫。問字殷勤。年來朝暮共論文。此後硯田須努力，着意耕耘。　紅淚溼羅巾。

別緒難陳。陽關一曲不堪聞。那更連天烽火裏，又送行人。

虞美人　送婉清妹歸里

月圓常被浮雲誤。有恨憑誰訴。夜長挑盡一燈紅。衣上啼痕心上、別愁濃。　臨岐多少難言怨。寸寸柔腸斷。扁舟歸去曉烟中。從此天涯何日、再相逢。

以上《藕香館詞》

如夢令　呈今可詞人

聊託尺書傳語。空有瞻韓意緒。文藝主純真，大雅而今何處。凝佇。凝佇。願結天涯詞侶。一九三一，真茹。

菩薩蠻　別

曉風殘月添惆悵。曼聲低語流蘇帳。忍淚囑

遊人。珍持客裏身。心頭離恨滿。錯怪清宵短。切記早還鄉。免勞客夢忙。一九三一，海陽。

以上見《新時代》一九三一年一卷四期

減字木蘭花

輕寒如剪。漫把啼痕重檢點。暗憶前遊。寸寸柔腸寸寸愁。　梧桐庭院。月已團圞秋已半。欹枕孤吟。誰識今宵一片心。

揚州慢

孫大珂兄出手卷索題，填此奉贈

逝水年光，傷時心事，荒村同聽疎砧。共西窗剪燭，更話雨宵深。但休問、淮南江北，淒風缺月，那處登臨。忍相看無語，繁霜青鬢都侵。　杜郎老去，且澆愁、杯酒頻斟。把魏國河山，漢家陵闕，付與哀吟。記否論文舊地，蓮韜路、燐火陰陰。歎前塵如夢，而今夢也難尋。

浣溪沙

送鄭念非歸吳江

小聚年來樂未央。一朝風雨斷人腸。南飛客燕倍倉皇。　把盞論文猶昨日，剪燈熨夢已他鄉。相期此後莫相忘。

前調

雲璧女弟寄贈新詞，賦此代簡

東海歸來劫火侵。殘山賸水怕登臨。偶將哀怨訴狂吟。　有酒難溫當日夢，無人能會此時心。新詞鏤玉感知音。

以上《同聲月刊》一九四四年四卷二期

前調

沈恨柔腸寸寸侵。西風落日怕登臨。傷高憶

遠付微吟。宿雨寒添桐葉淚，新秋涼入藕花心。豆棚淒切候蛩音。

見《江蘇民政》一九四六年一卷一期

齊天樂　和星槎先生兼塵梅先、墨厂兩兄

亂鴉啼處淮南路。登臨頓添悽苦。戍火空村，征塵廢壘，眼底傷心無數。殘楊尚舞。問三徑都荒，幾時歸去。暗葦蕭蕭，露盤新貯淚如許。　憑誰孤館共語。望微明月色，搖碎江樹。短袂生寒，深燈照夢，織就輕愁萬縷。秋懷似雨。更馬足關河，歲華閒度。待話桑麻，故山尋舊侶。

見《江蘇民政》一九四六年一卷二期

蝶戀花

小病非關殘酒困。難遣情懷，清淚冰綃揾。

萬斛離愁心一寸。鏡中眉黛都銷損。　枝上蟬聲添暑悶。知否平安，屢卜燈花問。屈指歸來期已近。浮沈青鳥無憑準。

見《集成》一九四七年一期

錦園春　題憶梅詞人慕椿圖

小窗幽寂。記挑燈夜課，機杼聲急。回首而今，都成陳迹。　皋魚涕泣。更烽火、故山相隔。寸草情虛，春暉夢杳，音容長憶。

見《集成》一九四七年二期

章華

蜨戀花　寒蜨

紅愁緑恨渾無數。寂寂桐階，蛩冷啼珠露。廿四花風吹幾度。西園短草生秋霧。　香夢

曾酣金碧路。真個飄零，粉黛今非故。影瘦衣單誰與護。天寒莫上斜陽樹。

如夢令

燈穗落殘花小。蠟淚滴乾煙裊。不捲水晶簾，關住春愁多少。人悄。人悄。清角一聲吹曉。

燭影摇紅

留滯都門二載矣，琵琶胡語，無與爲歡。偶過西城，有操南音者。風景不殊，自有飄泊之感，爲賦此解

漫遣羈愁，倦游僝僽燕臺句。霓裳仙樂久飄零，空聽胡笳語。怪底清歌慢舞。怎聲聲、江南曲苦。故園何處，薊樹紅邊，吴山青處。一笛呼秋，秋情只託秋聲訴。楊枝舊調記依稀，誰按龜年譜。且把花風細數。柳絲黄、蕭條如許。眼前留取，夜夜瑶笙，年年金縷。

浣溪沙

寶鼎香銷睡鴨知。雨前新瀹五花瓷。一簾晴日寫烏絲。揉碎夢痕花錯落，弄殘春影燕參差。緑楊何事掛相思。

其二

蜨翼蛛絲殢輭紅。玉闌狼藉落花風。雨昏燈碧兩溟濛。圍帳繡芙香燼入，押簾銀蒜燭煙通。要扶幽夢度玲瓏。

鬲溪梅令

題梅花扇

嶺南春色付誰看。舊家山。底事東風吹夢、到長安。故園清露寒。一枝留取寫宮紈。月團圞。祇恐花開花落、易闌珊。玉人還

未還。

蝶戀花　客中春餞

灞柳毿毿纔作絮。幾度春歸，幾度人歸去。送盡春人何處駐。算來還是楊花苦。　碧玉簫吹愁欲訴。儂已飄零，君又臨歧路。涼月娟娟人不語。馬嘶門外星河曙。

滿庭芳　題紅蘭卷子

曉鏡菱生，昏燈蕊綻，同心容易天涯。清湘露冷，吹氣弱於絲。生怕無人爲主，把金錢、暗卜歸期。便抛卻，纖纖雙豆，長是種相思。　遲遲。又春草，迷離如夢，蝴蝶參差。看燭煙摇曳，珠淚凝脂。記否閶門蕚緑，驀成陰、負了花時。衹贏得，一襟幽緒，分付阿誰知。

燭影摇紅　五日同劉五泛舟秦淮，觀水嬉

畫鷁横飛，閙紅深處釵光溜。夕陽簫鼓晚涼天，涼意香羅逗。打槳聲中憶舊。更淒清、江南曲奏。不知今夜，幾處招魂，誰家酹酒。　笛落梅花，夢中人去空回首。碧波依樣向西流，瀲灩燈如皺。寄語劉郎知否。遠蓬山、幾重春透。恁他隔座，心絮霑泥，也應消瘦。

暗香　題忘憂草、合歡花折枝

是何芳草。對合歡一朵，盈盈如笑。種向玉欄，不是同根總清妙。魯酒而今漸薄，憑消去、閒愁多少。只願得、月影嬋娟，花不共春老。　風悄。信杳杳。試寫入錦屏，慘緑休惱。曉鐘未報。寄語東君護持好。紅豆相思莫采，還記取、江南曾到。但畫裏、人在也，幾

時負了。

長亭怨慢 爲江劍霞題東瀛女子小華生影

甚吹散、天涯飛絮。影事模糊，玉鈿何許。畫裏呼名，綠蛾猶認舊眉嫵。涴塵羅襪，攙不起、盈盈步。綺夢幻神山，怕弱水、三千難渡。無緒。記重逢阿輭，學字翠樓深處。青驄去矣，且珍重、酒邊詩句。牋別後、碧草春波，便除却、江郎誰賦。算不異當年，衹有重陽風雨。

前調 答張文叔

又吹盡、桃花紅雨。人先去春來，春辭人去。月影窺窗，離魂和夢墜江浦。淚珠多少，流不到、相思處。醒枕怯燈寒，恁鐵馬、聲聲淒苦。空佇。聽胡琴小婢，可似畫船歌舞。東君老矣，問楊柳、幾番遲暮。風神損、張緒當年，算琴劍、飄零如故。有未盡蠶絲，分付青禽傳語。

念奴嬌 秋思。乙未客京師作

悲哉秋也，正連天衰草，重陽時節。塞外陰風吹甲帳，冷透布衾如鐵。聞道黄龍，年年罷戍，依舊關山月。寶刀抽斷，碧痕猶認凝血。爲問上將廉頗，中原何在，一帥旗漂折。鬢染青霜身老矣，伏櫪雄心難攝。料得雞鳴，軍中起舞，孤憤輸繒帛。許多邊思，馬鳴如助寒冽。

其二

畹蘭香發，又林空日暮，長沙遷謫。看到牽牛花事了，何處一聲唬鴂。香草魂移，卷葹心死，兩地傷離別。夕陽回首，鳳城無數宮闕。

從此滿目風沙，長安不見，一片浮雲白。黑水沈沈千丈底，難洗眼前流血。戍角吹寒，征鴻飛去，故國音塵絶。刀頭休問，酒漿還酹騷客。

其三

已涼天氣，漸宮庭嚮晚，蛩吟淒切。賜聘天錢曾卻扇，無恙團圝明月。十八笳聲，郎當鈴語，迸入湘靈瑟。網絲生鏡，夜闌慵照顏色。

聞道一片支機，明河迢遞，只是長相憶。憔悴荃蓀香夢斷，莫怨雙花飄泊。檢點啼痕，商量別緒，子細題秋葉。此情誰語，玉籠鸚鵡能説。

其四

玉繩低處，甚驚風吹到，一時寒澈。人道仙家無罣礙，更有清愁難説。星漢槎迴，蓬瀛信杳，誰覓丹砂訣。舉頭休問，桂輪多少圓缺。

我欲跨鶴歸來，彩雲何在，天上人間隔。廿五湘絃瑶瑟怨，玉宇高寒偏怯。寄語姮娥，枉偷靈藥，碧澥青天闊。茫茫如此，可憐精衛銜石。

蘭陵王　題王半唐春明感舊圖

晚風急。燭燄搖成瘦碧。西窗外，曾照幾人，死別生離去京國。題襟記勝集。應識。坡仙舊客。經年事，都付夢婆，一縷春魂漫尋覓。

何郎擅詞筆。賸酒酹籠紗，塵黯歌席。南飛孤鶴誰家笛。甚彈指吹罷，數聲翻轉，山陽悽怨淚暗滴。舊情待追憶。斜立。玉欄側。衹楊柳蕭疏，相對衰白。吟懷渺渺傷今昔。恁珠泡涵影，印泥留跡。丹青圖畫，怕好景，似過翼。

惜秋華 雁

萬里雲羅，陣橫斜、瘦却秋痕如線。菊老異鄉，天邊故人心眼。音書寄與伊誰，但賺得、相思數點。無限。趁西風、送來聲聲腸斷。　江雨帶潮晚。看蒲菰深處，早亂花成霰。湘岸柳、塞門樹，甚時游倦。慇懃按出平沙，倚素琴、小窗彈怨。應念。問歸期、歲華先換。

慶清朝 新年

瓊漏侵寒，銀鉤餞臘，春回爆竹聲中。釵光鬢影，俊游車馬如龍。陌上短塵欺面，隔年殘酒暈銷紅。看看近，小樓杏雨，深院燈風。　今歲漢酺賜罷，聽玉樓天半，語笑從容。崔郎記否，桃花前度相逢。燕子舊巢未改，空梁漸覺乳香融。關心事，合歡綵勝，貽遍房櫳。

三姝媚 唐花

斜街花市早。爲情人相思，争開霜曉。倩女離魂，似暗香熏透，珮環歸到。笑淺淩寒，憑占得、璇閨春小。此際應憐，葉換根移，燕沈鶯悄。　蠟炬慇懃低照。漫負卻芳卿，温存懷抱。凍澀瓊簫，怕夜闌翻作，怨紅悽調。轉緑回黄，風信錯、東君休笑。記取回頭千片，金鈴護好。

紅情 荷花生日

紅衣初織。漫等閒負了，田田芳色。萬頃煙波，絮果三生幾時覓。一歲一回見汝，休忘卻、今朝今夕。但現出、清浄前身，香冷上吟筆。斜立。斷橋側。看鏡舫去來，俊游裙屐。玉容暗惜。似水流年總虛擲。鷗鷺幽盟記取，長願得、嬋娟如昔。試問訊、隄畔柳，也應認識。

水龍吟　題夏眉生山城菊隱圖

短麈不到空山，古香一片秋光冷。琴堂響輟，秫田耘罷，危闌孤凭。玉麈譚禪，金罍浮豔，賺人觴詠。想疏簾乍捲，比花還瘦，三生事、和伊證。　回憶鄉關芳訊。算陶潛、賦歸難準。東陵瓜熟，北堂萱長，賞懷應更。晚節驚心，飛雲極目，涼飈吹鬢。漫悤悤看了，風僝雨僽，又重陽近。

清平樂　題孫紫簫雙紅豆圖

愁波逝水。一掬相思味。酒黯籠紗塵黯字。遍識貞元朝士。　幾年淚絹詩龕。東風畫裏江南。唯有比紅新曲，情絲抽盡春蠶。

東風第一枝　賦得『人日題詩寄草堂』

酒意微蘇，詩心漸煖，此時幽緒誰省。十年詞客傷春，萬里故人善病。瑤箋半幅，憑寄去、相思一寸。但怪他、殘雪消初，添了鬢邊愁影。　看稚子、釣絲戲整。憐老婦、鏡臺偷聽。不知錦水韶光，可似鳳城麗景。巫雲一片，怕隔斷、長安梅訊。更滿城、催動簫笳，知否試燈風近。

前調 元夕雨中作，和梅溪韻

火樹初明，銀花乍放，東風徐扇芳土。亞闌珠瀑飛窗，小閣繡幃障户。春衫濕透，也應憶、情人何處。料去年、楊柳梢頭，空發淡黃金縷。　星月約、漫吟麗句。梅柳夢、自牽幽緒。爲偷吹笛新聲，負了看燈舊侶。春城絃管，那吹散、絲絲醉雨。怕此時、寒到瓊樓，珍重御風歸去。

瑤華 水仙

淩波素襪。洛浦神仙，步娟娟微月。池荷落盡，魂未斷，厭向人閒因熱。同心誰是，算只有、争春梅雪。想那時、水珮風裳，化作此花寒潔。　一枝移入西窗，與畫意詩情，相對幽絕。小盆葱蒨，應自笑、石上三生重結。伯牙老矣，但分付、玉琴低拍。待恁時、點點飄茵，却謝採香胡蝶。

鳳池吟 春冰

霽色初明，薄寒天氣，渺渺遠浦回春。看玲瓏萬樹，輭風吹下，玉屑珠塵。屋角檐牙，郎當莫誤雨霖鈴。一般狼藉，消殘雪影，瘦盡霜痕。　江心鏡影微漾，甚雙飛燕翦，點破銀屏。又蘭橈暗觸，似人別意，欲散還凝。生怕來時，老魚吹浪緑粼粼。蟾光冷，待夜來、映出前身。

花心動 花朝

紫陌餳簫，趁東風、聲聲柳邊吹暖。杏雨乍停，桃暈猶凝，做盡這回悽斷。惜花偏在花開日，花不語、此情誰遣。儘珍重，芳春未老，已抛一半。枝上鶯兒暗囀。莫等到、重來翠凋紅亂。撲蜨畫闌，戲草璇閨，無復去年人面。素娥今夜嬋娟鬭，算春事、幾番人見。怕燒燭、難尋海棠夢遠。

疏影 題冬心畫梅

雙花蕙蒨。比趙家姊妹，還更清婉。紅褪脂香，碧減眉痕，鴛鴦鏡裏重見。名芳莫問前身事，但憔悴、玉樓人面。想夜來、紙帳消寒，誤入小窗詩卷。知道真真去也，倩魂尚在否，啼夢難喚。才下新妝，却上毫端，留取春心一點。冰姿休向人閒種，怕瘦笛、江城吹怨。是甚時、修到金仙，老去綺情猶眷。

解連環 秋千

緑楊亭閣。看玲瓏架上，畫繩金絡。正小鬟、初試新妝，愛束素腰輕，淡黃衫薄。戲蹴雲梯，鬭捷屐、纖纖如削。甚東鄰巧笑，宋玉偷窺，暗出牆角。繽紛亂紅自落。並遺香墜粉，飛度簾幕。恁好風、翻作高低，笑天上人閒，這般無著。燕舞翩然，漫留取、仙乎裙腳。待飄零、大家散去，院花淡漠。

露華 碧桃

粉雲淡白，笑崔郎錯識，人面春風。盈盈步淺，輕妝洗凈脂濃。認取素娥顏色，怕驀來、月下相逢。芳韻減，清姿綻玉，睡靨消紅。青溪渡頭曾見，甚打槳人歸，門鎖煙空。珠簾半捲，幾回燕子惺忪。竹外數枝摇落，似暮天、香雪溟濛。歌扇遠，新詞漫拍懊儂。

角招 社集日望樓

正吟瘦。無端助我銷魂，緑遍槐柳。淡煙窗外岫。難得可人，樓上扶手。花驄去久。只負却、蒼蒹盈畝。一碧遥天渺渺，上三千級丹梯，儘詞仙搔首。　還有。墨光漬袖。清言霏玉，爽挹西山秀。畫簾雲影溜。芳草萋萋，招涼時候。尊前夢舊。算無計、能消殘酒。付與蟬琴細奏。又斜日、落高城，黄昏後。

減蘭 題晚晴簃玩月圖

衆仙同詠。一曲霓裳天上聽。夜殿通明。不但人間重晚晴。　兵塵浄洗。幾費銀河千斛水。碧海青天。肯化光明照綺筵。

倦尋芳 閏花朝

綰香殢蜨，留粉酣蜂，都恨歡淺。展卻春痕，分與緑楊添線。無限迷離生草夢，有情遲暮看花眼。燕飛來，似盈盈小别，那人重見。　記影事、緗桃初放，門向東風，依舊簾捲。漸老韓郎，消得幾回腸斷。挑菜歸來佳約誤，采蘭人去芳期遠。戀流光，莫輕催，玉壺銀箭。

滿庭芳 題汪鶼庵柳岸曉風填詞圖

往與王義門、翁慵庵、張隱蘭、曹君直結詞社於宣南。代異時移，多半物故，存者星散，亦不復爲詞。鶼庵獨守科律，老而不倦，『能道江南斷腸句，只今惟有賀方回』，當之無媿矣。追維曩游，不勝悽黯

碧玉輕吹，紅牙低拍，豔曲誰奏雲屏。填詞湖海，依樣寫丹青。多少汪倫墜緒，桃花外、潭水清泠。江南遠，天涯故國，楊柳短長亭。

沈吟思往事，燈愁乍炧，酒怕初醒。忍回首，西窗夜語丁寧。卅載傷春俊侶，題襟上、屈指晨星。屯田老，京華舊夢，都付雨霖鈴。

南浦　春草，用玉田韻

持酒正傷春，甚東風，吹緑瀛洲清曉。香夢謝池回，題詩處、還憶石苔曾掃。穿芳戲水，兩三么鳳桐花小。誰省長安居不易，獨對一庭幽草。　平原如此芊芊，問盤鷹試馬，何年得了。碧色亂青袍，臺城路、莫是壽陽人到。天涯浩渺。王孫一去音塵悄。只怕荒煙斜日後，挑菜俊游都少。

蘭陵王　詠柳

聽羌笛。如訴關山路隔。斜陽外，千縷萬絲，都是傷春淚痕織。歌場記畫壁。飄泊。旗亭倦客。凭欄久，憔悴晚煙，不似靈和舊顔色。鈿車夢金碧。恨雨重難扶，風軟無力。倡條冶葉誰攀折。便勤政樓畔，永豐坊裏，香山情緒甚處覓。向人最蕭瑟。　江國。耿相憶。數逝水年華，飛絮游迹。長安城上烏頭白。又嘶騎塵暗，戍笳吹急。婆娑生意，對此樹，助歎息。

水龍吟　奭召南觀察以夏閏庵前輩庚子西安行在舊詞裝潢成卷，命爲題詞，即次卷中原韻

九華新掃巢痕，燕泥猶認空梁墜。淇園音訊，華陰游跡，灞橋詩思。回首西征，雄關百二，萬重雲閉。想麻鞵見後，金鑾記罷，星軺路、秋風起。　還憶春明影事。數題襟、太虛雲綴。籠紗難得，故交珍重，玉零金碎。時局如棋，俊游如夢，流年如水。問誰知楚些，芬芳

字字，是騷人淚。

滿庭芳　題譚篆卿聊園填詞圖

荔子村邊，先世有荔村草堂。桄榔園外，萬里迢遞家山。哀時庾信，詞賦動鄉關。花影吹笙唱罷，番禺葉氏有《花影吹笙館詞》。明蟾盡、南海珠還。雲機上，天孫巧織，吹下錦斑斕。　年年。温舊夢，黄塵帽底，白雁歌前。莫留待，春婆喚醒闌珊。珍重金尊注滿，相將怕、人散花殘。長安裏，西風畫角，獨自倚闌干。

霜花腴　用夢窗韻

桂飄露落，對晚秋，疏花更懶簪冠。臨水多悲，登高誰賦，將歸送遠俱難。帶圍早寬。甚暗風、叢菊霜前。最驚心、亂葉敲窗，玉欄金井老梧寒。　猶憶舊家庭院，賸歌殘別鵲，怨訴哀蟬。華表羈魂，銅仙清淚，新愁迸入詩牋。柳邊放船。怕鏡波、憔悴娟娟。待明年、醉把茱萸，酒痕何處看。

安公子　重九，用屯田『遠岸收殘雨』體

古道餘衰柳。柳邊輕抹山眉皺。冷盡秋光殘日外，作銷魂重九。問點點、霜鴻解寄相思否。調素琴、怎忍清商奏。怕按歌人在，還比黄花消瘦。　詩句香囊扣。倦游慵把茱萸酒。萬縷愁絲拌翦斷，只并刀誰有。更莫去、憑欄獨自黄昏後。應最憐、倚竹天寒袖。甚暗雨淒風，向人一般孱僽。

氐州第一　春雁

羈泊當歸，歸路萬里，年年倦羽難定。塞草新痕，吴楓舊夢，商略鐙昏雨暝。天遠冥飛，似

帶到、煙江梅信。野水無人，高樓有客，畫欄孤凭。記取蘆汀詩思冷。又撩亂、紙鳶風勁。淺墨斜書，空青作字，一片春愁影。驀相逢、南燕侶，鄉關事、呢喃不盡。莫話瀟湘，怕哀絃、催人酒醒。

虞美人　廣和居題壁

城南歌管都銷盡。賸此青帘影。旗亭無復柳絲絲。猶憶黃河遠上、白雲詞。癸巳、甲午間，此地詩鐘局甚盛。　酒家傭保渾相識。三十年前客。壁間淡墨走龍蛇。誰與一尊清醑、酹籠紗。

霜花腴　題彭退省墨菊

黯秋弄色，對楚江，沈沈更寫芳菲。磨盾殘膏，餐英孤抱，天然淡掃蛾眉。亂愁强推。任寄情、彭澤湘纍。最憐伊、似鐵心腸，美人遲暮廣平梅。　籬落傲姿依舊，歎根移葉換，影瘦霜肥。粉壁斜披，疏鐙清話，貞元事物都非。夜窗夢迴。問故鄉、何處當歸。怕黃花、笑我飄零，酒邊觥自飛。

虞美人　送劉蕙農赴金陵

石頭王氣銷沈盡。潮打空城冷。而今冠蓋滿京華。聞道畫船煙水、可爲家。　過江名士多於鯽。誰識劉賓客。知君此去不勝情。惟有六朝山色、向君青。

其二

烏衣門巷斜陽樹。生小移家住。江南逢我舊相知。爲報昔年吟鬢、已成絲。　斜橋騎馬休回首。紅袖誰招手。明年春雨杏花飛。知道先生歸也、未曾歸。

菩薩蠻　題唐甎美人搨本四首

唐宮粉黛埋幽徑。香泥留得驚鴻印。黄土巧摶人。人隨黄土陳。相思衣帶緩。獨立腰肢懶。一幅欠伸圖。難從周昉摹。整鬟。

其二

日高睡足渾無緒。當鑪淺立移茶具。莫是婢樵青。能諳陸羽經。鬟絲煙共裊。落葉階前掃。誰試小龍團。松柴火候難。煎茶。

其三

香廚洗手人如玉。東風吹鬢甎花緑。滌器似臨邛。伊誰犢鼻從。上陽春易老。無復唐天寶。倩影剔苔斑。依稀墮馬鬟。滌器。

其四

深閨寂寂多秋思。江湖没個平安字。漢洗吉祥書。不如雙鯉魚。西風關塞黑。城上烏頭白。猶憶曲江濱。晶盤行素鱗。烹魚。

以上《澹月平芳館詞》

前調　賀沈友卿玉堂歸娶

銀虬滴盡蓬萊曉。鏡臺微整珠花帽。入直負香衾。宫鸎時笑人。畫眉螺子碧。乞借蘭臺筆。柳色上林嬌。倩郎依樣描。

踏莎行　題撫松高詠圖

夢裏江花，池邊謝草。裁紅刻翠吟襟好。松風彈上七條絃，更無人和陽春調。鶴瘦枝横，龍蒼幹老。騎驢覓句西山道。天寒誰與結同心，袖中一卷新詩稿。

減字木蘭花　吳門口占

花鈿貼鬢。一霎經過香滿徑。倩婢扶嬌。瘦影亭亭度小橋。　淩波素襪。短棹安成防滑滑。好是斜陽。襯出環兒倚醉裝。

其二

吳江水濶。鏡外燈光簾外月。欸乃歸舟。更有歌聲比櫓柔。　鴛鴦睡穩。故故停橈防喚醒。生小蘇州。但作去篙師不願侯。

生查子　詠白秋海棠

綺羅嬌不勝，束素腰肢細。金屋悄無人，只是沈沈睡。　春魂何處蘇，滿地霜花碎。吹上玉欄杆，點點相思淚。

暗香　題竹垞古藤書屋

誰家庭院。有古藤一架，飄英如霰。道是當年，長伴詞壇作去仙眷。漫説而今苦緒，衹紫蜨、雙雙能見。問載酒、何處江湖，花落爲腸斷。　人面。泡影遠。但樹若相思，綺夢還戀。屧廊風輭。燕子歸來別魂亂。爲想丁香在否，崇效寺有竹垞手植白丁香一本。都怕被、簫聲吹散。又漸送、春去也，舊游應倦。

長亭怨慢　高麗使者徐褧齋將東歸，餞於松筠菴，留其相以別

正東閣、羣英初集。木落天寒，茗談人寂。玉盞橫飛，酒酣持劍唾壺擊。賞心樂事，忙寫入、乘槎筆。中座起驪歌，又催動、使君車騎。　佇立。願放翁團扇，留得家家珍惜。鏡波

約畧，想晉代、風流帬屐。丁甯到、風雪歸軺，寄驛路、梅花消息。聽三疊陽關，惟見林煙空碧。

以上見《盋山舊館詞》

章鈺

湘月 題陳同叔如升緑梅花下填詞圖

萬紅電謝，問荒山老屋，誰伴高節。喚起逋翁，與重認、別後珊珊貞骨。篁韻怡魂，茶香破夢，咳唾皆清絕。菭陰巡徧，碧天飛上明月。　遥共白石詞仙，心香一瓣，證天然芳潔。翠羽啁啾，似訴説、頻歲江湖羈屑。破帽籠頭，殘鐙伴影，獨浪煙霞窟。青鸞何處，歲寒長此盟結。

賀新郎 和張沚蒓上龢《天平春眺》

林壑西南好。怪流鶯、隔花勸説，認春須早。雙槳蘋波輕比燕，掠破吴天縹緲。渾不怕、山靈騰笑。一朵白雲攀未儘，聽長松、併作天風嘯。腰腳健，幾年少。　江湖浪跡難分曉。趁今朝、謟煙犯雨，商量畫稿。清絕禪房功德水，拚學酒徒輭飽。最恨是、匆匆歸棹。百六韶光容易逝，指蒼厓、此是尋詩料。楓葉醉，待重到。

齊天樂 題夏閏枝孫桐青燈有味圖册

兒時光景浮雲換，宵宵短檠依舊。猊鼎添檀，蝦簾押蒜，最是黄昏時候。餐芳吮秀。儘壓瓦霜肥，窺窗月瘦。萬籟沈沈，良書獨擁勝清晝。　江湖幾度載酒。悔胥疏憔悴，年時奔走。鐵馬千蹏，紅蟫一髮，費我躊躇搔首。觀河面皺。只嚼蕊吹花，情懷尚又。急鼓疏鈴，此生消受彀。

惜紅衣

《金纖纖墓銘册》，袁隨園撰，王夢樓書，及門王韶九大成藏其世父惕庵翁物

鬥茗妍姿，調薑韻事，麗娃班首。吐盡春蠶，罡風夜來陡。瑶閶難叩，詩命如、花不久。辜負。一縷倩魂，泣曉隄楊柳。　野王二老，老去多情，分飛惜珍偶。憐才補恨，月色尚依舊。爲問采香徑畔，果見優曇開否。賸一椿公案，珍重託青箱守。

水調歌頭

題海豐吴石蓮撫部詞卷

十二萬年劫，不壞是金仙。人間今日何世，暝色赴虞淵。賸有隨身鐵笛，且趁波平月上，吹醒洞龍眠。寂莫與誰語，招手古成連。　兀兀醉，昏昏睡，儘狂顛。蓬萊方丈，何處縹緲此心懸。公自餐風飲露，我尚拖泥帶水，愁話向鷗邊。回首滄浪畔，春夢裊蘿煙。

高陽臺

風雨妬春，爲花寫怨。壬子春作

獨自芬芳，無多顏色，懨懨自戀春華。忘卻孤根，頻年漂泊天涯。韶光九十曾餘幾，尚更番、作踐橫加。黯無言，末劫難逃，薄命休嗟。　此生已分泥塗盡，枉百年作計，泫露烘霞。柰天公、醉眼麻茶。願從今，生不逢春，剗淨萌芽。

壽樓春

和伯宛韻

招詞流秦黃。趁遨頭酒後，棼尾花旁。別啟

芝田閒館，絮愁他鄉。銀燭短、羅裙長。數平生、一般悲涼。是偷笛生涯，謚簫身世，重遇褪紅娘。歌哀郢，懷沈湘。儘拗蓮搗麝，臣本非狂。除卻畫梁雙燕，與誰商量。身稊米，心空桑。漫推尋、穀臧羊亡。已辜負濃春，來吟玉溪荀令香。

水龍吟 題平湖朱竹石廉訪師遺照，用鄭叔問韻

大荒披髮來兮，新亭定哭山河異。中流砥柱，故家喬木，茫茫餘幾。虎逝龍亡，教誰收拾，人間今世。悵令名壽考，先生歸也，慭遺不、闕天意。知否門生老矣。賦滄浪、當年孺子。拘嗛窮海，拜鵑荒谷，是何情致。霽月槐堂，春風檀席，精神寄此。愧雷塘著籍，無才作記，配劉公是。

惜餘春慢 題內府碧桃畫扇

麝帕曾籠，犀屏誰護，墜落人閒如此。無功畫水，有恨遮塵，愁殺乘鸞仙子。還仗佳名聚頭，紙醉金迷，洛陽争市。忍春風回首，檀鏤筠析，上方珍庀。難得是、雙挺靈根，瑤池真相，付與徐黃妍史。霞般氣色，雪樣心情，也入夢華新紀。知否岧嶤五雲，紅杏日邊，和誰嬌倚。賸班詩張賦，低徊吟望，歲云秋矣。

齊天樂 丙寅八月初五日，津南秋禊

眼前便有滄洲趣，蕭蕭水邊亭子。舊款湔蘭，新盟話荔，我輩追歡猶是。危闌獨倚。正警露蛩吟，駴波魚起。故國西風，向人不忍算歸計。圖經猶認柳墅，百年回首處，鉛淚如洗。紈扇抛殘，瓊樓望斷，容易流光換矣。秋

英市砌。也摘粉搴紅，一般標寄。不分稽陰，夜涼偏夢至。

水龍吟　爲奭召南良題夏閏枝詞卷，用坡公韻

夙生同是詞仙，相逢聊拾前歡墜。人間何世，憑誰説似，山哀浦思。頻歲箋天，柰何天醉，九閽牢閉。又西風緊矣。驚回斷夢，陽九戹、指十月初九日事。十月爲陽，此惡讖也。休提起。且喜故家蘭錡。把珍聞、嘯亭重綴。舊人猶在，偶然陶寫，研綾挼碎。青眼高歌，白頭閒坐，兩情雲水。酒尊前、欲捲還看，滴不盡、蟾蜍淚。

水調歌頭　題雷峰圮塔中所出經卷

壞劫佛難救，終古賸斜陽。一千年上公案，故紙費評量。爲問金塗埋偏，何事龍天不佑，末路諡降王。影事入圖畫，空爇海南香。琴泉圮，報恩燬，等無常。儘多眼福，向人誇見白毫光。四川琴泉寺塔，孟蜀時，王鱣寫《法華經》，江陰繆氏、上虞羅氏均得殘帙。明南京報恩寺塔頂，成祖泥金書衆經一小篋，一百九十餘番，今藏羅氏。鈺皆得見之。前此祥雲萬丈，後此寒煙一抹，起滅總荒唐。佞佛怪吾鈍，佞宋笑吾忙。

點絳脣　題新鄭出土唐刻美人滌器塼搨本

好箇金甌，傷心曾被纖兒破。料量在我。躭閣熏香坐。釧動花飛，生愛閒功課。嬌無那。鸞綃雲韝。休惹燕支涴。

水龍吟　閏枝用碧山韻詠落葉索和

罡風真撼孤根，飄零休悵春花早。寒鴉偎影，哀蟬留蛻，這般嚴峭。玉露凋傷，絳雲吹散，

美人天杪。忍重提舊事，星榆宿柳，最高處、神仙到。記否東皇矜寵，偏亭皋、清陰環繞。是何壞劫，秋聲纔賦，冬心難抱。作踐由他，蕭條至此，閒愁多少。賸枝頭碩果，憑天扶護，待陰霾埽。

蘇幕遮 戊辰五月，栩樓詞社首集即事

避棊讐，抛酒債。朱十陳髯，同爇心香拜。六月松風無處買。儘彀傷心，忍作傷心話。

樣描鴛，塵搗麝。畫肚攢眉，與遣無聊夜。汐社逍遥人不怪。定有詞仙，字字華嚴界。

祝英臺近 苔

傍陶籬，沿蔣徑，生趣尚如許。苒苒綿綿，舊雨更新雨。别留一段芳暉，逃虚寄寂，早多謝、尋花來去。戀香土。怪他絮影萍踪，漂零竟無主。井塌臺傾，獨自費支拄。賦心擬仿江郎，行吟倦矣，待分付、涼秋蛩語。

蝶戀花 秋蝶

入夢莊生何日覺於教切。游戲花天，只道春光好。誰分春光原草草。金風玉露來偏早。

到處蛩愁兼蟪弔。秋士秋娘，一樣傷懷抱。羨煞飛仙呼老道。置身總在高寒表。

摸魚兒 七夕，依石帚體并韻

正人閒、輟犁停杼，生機荒盡墟井。雙星有巧何從乞，空自北窗高枕。渾不省。聽兒女青紅，慣把瓜果整。秋心本冷。奈金虎號風，石鯨咽雨，愁緒彀人領。通天表，歸計休提沈冏。滄塵偏感俄頃。浮生貴壽原無謂，早笑令公私請。閶闔迥。怪到眼欃槍，望斷河漢

影。佳期怕問。且盒放蛛絲，爐尋犢鼻，想與破顏飲。

齊天樂 秋鐙

天街夜色憑誰領，兒時光景還在。星不螢流，露方鶴警，照我寸心千載。年芳易改。尚金粟分輝，銀荷散采。蟬噤蛩愁，背他更自没郎妬切聊賴。前途今已漆黑，料量刀尺事，鄰壁都壞。錦褥迎嬌，雕盤擲選，那比春宵可買。西風遼海。且扶醉研騷，添香聽唄。認取都家，豆棚瓜架外。都家，用吾蘇明都元敬事。

玉京秋 殘荷，依草窗體并韻，據《詞緯》本

天宇闊。淩波衆仙子，賦歸情切。霞境拋花，露珠泫梗，風裳飐葉。閒殺追涼艇子，讓凫翁、來點晴雪。黯然別。鬧紅舊夢，向誰重説。水殿尋秋初怯。和新詞、摩訶早缺。拾瓣裝書，留房揩硯，真香吹歇。劫換昆明，盼只盼、船藕年年添節。正悽咽。翻看湖心盪月。

南樓令 待月

三十六雲廊。行行長復長。要登樓、又隔紅牆。盼得嫦娥梳裹好，怎禁受、晚風涼。歷亂萬星芒。撩人空斷腸。且停琴、心口商量。知道冰輪隨例滿，更何處、聽霓裳。

百字令 柳墅感舊

蜃臺鮫市，埽翠華駐處，荒荒無迹。一角平林兼淺渚，并少宮人閒説。雲寺頒香，海樓閲武，壞劫今何日。白頭吟望，舊時楊柳顏色。休溯玉輦宸游，鑾迎酺賜，盛典光千葉。剛

痛銅駝荆棘裏，又痛龍年蛇月。指東陵事，年月用宋人『犬之年，羊之月，霹靂一聲天地裂』舊體。那覓新亭，權呼汐社，來踏啼鵑血。沽潮起落，料知終古嗚咽。

慶春澤 初雪

秋氣猶悲，冬心自警，天教光景翻新。試手龍公，居然碾玉爲塵。記曾前度占三白，怎匆匆、已等煙雲。認分明，隔夜霜痕，隔夜泥痕。
　堯年莫道今番早，要一番一轉，轉到濃春。嶺上梅花，報來消息先真。填平缺陷將來事，耐寒交、且訂松筠。好招邀，驢背詩人，鶴背仙人。

定風波 夕陽，依歐陽炯體

也識來朝起大東。眼前光景太匆匆。費盡傾陽葵藿意。無濟。遥空留得幾多紅。鎮日閒眠兼淺醉。追悔。晚晴還許一從容。見説海西剛到曉。輪繞。黄人待迓最高峯。

更漏子 寒夜，依飛卿體

月輪高，霜氣肅。難得虚堂人獨。尨吠緊，雁聲哀。權將愁埽開。沈沈醉。昏昏睡。銀燭金爐幾輩。越寂寂，越閒閒。人疑此境仙。

金縷曲 寒雅

何處昭陽殿。歎年年、爲天磨折，霜鋋風箭。也識玉顔人已去，尚自故林淒戀。曾不見、鬧春鶯燕。替訴同羣棲託苦，祇啞啞、心事教誰辨。惡聲報，聽人便。　九霄鸞鶴翱翔慣。到而今、一般潦倒，傷心劫換。怪煞兒童塗抹易，狼藉墨痕成片。賸終古、垂楊相伴。到處雪裝銀世界，愛羽毛、守黑知難變。鳳隨我，亦非願。

江城子　憶梅，用謝無逸體

石湖佳處舊家山。路漫漫。思無端。迸起鄉心、心與鶴俱還。怎柰雲霄難插翅，香夢杳，又經年。　早春獨步記從前。對遥天。黯無言。那得江南、驛使遞吟牋。一樣胡沙仍不慣，多少恨，感詞仙。

東風第一枝　唐花

裝點新韶，句銷舊臘，花花世界如此。那來玉戲神通，竟出火攻下計。東風消息，也省識、春歸猶未。柰好春、由汝探支，鬧得滿堂紅紫。　春未到、爲花送喜。春一到、爲花失意。可憐作踐芳叢，反道化工巧替。繁華入夢，漫錯認、羣仙高會。試借問、亂插松筠，相對是何心事。

法曲獻仙音　詠臣厂家藏陸象山先生珊然琴

佩玉齋荒，濯纓池塞，欲聽元音何處。楚昔亡弓，趙今完璧，低徊象山風度。想静坐、嘉名錫，愔愔感嵇賦。　斷紋古。記當年、鹿鳴初唱，消息到、曾是一彈再鼓。盾樣帝新翻，料淒然、身世南渡。瑣骨玲瓏，試張絃、如與仙遇。問鵝湖高會，那日磐笙調否。

瑞鶴仙　戊辰坡公生日，用梅溪體

支辰干在戊。算五戒後身，大齊登九。宋景祐三年丙子至有清宣統辛亥後戊辰，計八百九十三年。回頭溯元祐。是興龍嘉節，帝先臣後。宋哲宗十二月七日生，詔名興龍節。欒城對霤。正頒到、春旛法酒。算更番磨蝎，臨宮好運，那時希有。依舊。乳花茶泛，銀合香焚，祝公來侑。高寒舉首。真宰訴，直奎宿。問平生忠愛，茫茫來者，究許伊誰尚友。悵千秋、孤鶴南飛，且將笛奏。

菩薩蠻 社集拈坡公《歲暮三詠》爲題

歲盤欲饋將何饋。土風曾不希爲貴。節物感吴閶。尖圓俄到方。端午糉、中秋月餅、年糕，吴中有尖、圓、方之目。　腳錢分布訖。笑認歸來物。二語括顔度詩，『腳錢』二字亦見詩中，《蘇州府志》引之。『訖』字本鮑照詩。　一樣不嫌虚。賀牋行滿廬。『名紙朝來滿敝廬，世情嫌簡不嫌虚』，亦前人句。饋歲。

其二

舊年將別何堪別。匆匆行色天風雪。作踐怕無名。借題坡老生。　臨岐應致語。敢唱災星去。『災星去後福星來』，宋優人迎新官時諢語。此去幾回頭。迢迢花甲周。別歲。

其三

新年欲守如何守。團欒坐數銀壺漏。消息問春風。有誰心事同。　回悲兼往惜。今夕知何夕。第一祝銷兵。焚香天未明。守歲。

玉燭新 人日棲白廎宴集

官梅紅一萼。記白石仙翁，好詞曾讀。故鄉雁後，歸無計、且喜雲萍棲泊。宫裝戴勝，已盼斷伊人標格。挑菜節、何處尋春，尊前幾番商略。　媧皇果否摶成，爲肇錫嘉名，乍迴龍朔。寄詩舊約。千載下、漫道草堂蕭索。新蟾挂角。更擬趁鐙宵行樂。誰好事、烹鴿延賓，轟傳字錯。

金縷曲　題萬紅友鳳硯。朱鳥庵舊藏，今歸水香村夫

鳳德今衰矣。歎無端、由天墮落，由人磨洗。末路聊爲詞客伴，依舊飛騰綺麗。忍回首、絳雲天際。還仗羽毛能愛惜，儘凋傷、不與凡禽比。留隻眼，替蟾淚。　九成臺是翺翔地。問遺蹤、溪山罨畫，於焉鶋寄。仙樂迦陵欣合奏，堆絮當年園裏。又流轉、幾家檀几。爲道石交須鄭重，莫塗塗、換得隨鴉詈。會重草，帝鴻記。

漢宮春　詠新燕

依舊春風，料當初王謝，依舊人家。捎將隔年絳縷，辛苦天涯。巢痕試覓，好樓臺、別樣繁華。誰喚醒、烏衣夢境，是邪難道非邪。　貼地休誇輕俊，儘珠簾捲起，人面今差。香泥欲銜又住，怕惹驚沙。雙雙倩影，傍昭陽、不及宮鴉。相慰藉、從頭領略，者番細雨桃花。

澹黃柳　花朝，栗齋詞集，座上以晚梅、早蘭爲供

藏春塢裏，來做花生日。難得看花皆第一。猛憶詞仙好句，真是江南舊相識。　春消息。天涯尚寒勒。綵同翦、鼓休擊。感年年、不爲天憐惜。把酒東風，萬千心事，珍重生香活色。

驀山溪　寒食，依蘆川體

好春百五，換得新槐火。明日是清明，曾不見、山塘畫舸。冬郎避地，無伴倚南樓，寒具

設，冷淘供，佳節無聊過。　開元舊典，香用黃綾裹。何處哭冬青，還自念、梅灣村名茶磨。山名。兩地皆近石湖先塋所在。牛醫追養，讀到柳州文，心惻惻，淚盈盈，彈上梨花朵。

春草碧　本意

莽蒼齊趁東風力。也與百花争、芳菲節。無近無遠青青，難辨江南更江北。好片少年場、忙裙屐。　誰信謝夢荒荒，郊心惻惻。我春竟非春、天涯客。知否前路何如，王孫又斷春消息。祇當亂山看、傷心碧。

一叢花　木筆，依淮海體

問渠何事也書空。餞與碧翁翁。掞天麗藻憑誰賞，好消息、還報東風。塵濯絳河，香籠璧沼，權領管城封。　朝雲花片寄無從。寶帚肖橫縱。春開第一留標格，忍重賦、照殿春紅。回首夢中，而今何似，愁殺老文通。

買陂塘　題漁洋山人戴笠圖。時山人三十九歲，手芝草，倚古木而立，已有髭矣。禹鴻臚繪，多吾鄉先正題記

自坡公、雨裝圖就，先生差肖標格。華嚴法界明宗尚，詩律早參禪律。曹霸筆。要老帶莊襟，愛好教人識。蒼茫獨立。試問訊何如，龍鍾卅九因，甚見顏色。　商山路、真有靈根蟠結。拈來同此馨逸。黄州當日皆年少，一笑鬑鬑非昔。人代隔。尚舊事吴中，誇數漁洋迹。呼之欲出。恍布韈青鞵，高秋萬里，去看蜀天碧。

探春令　絮影，用小山體

眼前疑雪又疑煙，問誰窺真面。對鏡人、知道空花眩。尚偷照、嬌身段。　捉來偏聽癡兒怨。漾簾波同輭。似漢宮舊事，珊珊在望，難把離魂喚。

憶舊遊　詠豐臺芍藥

已金池絮起，玉殿花飛，甚處留春。十里城南路，正狂香媚夕，浩態迎晨。浪傳曼殊家近，争指芸蘿村。是白石當年，紅橋訪豔，同一銷魂。　翻新。到芳事，問鳳沼東西，早剗陳根。慣向田田住，尚東風攀戀，忘卻沈淪。最憐日邊殘客，婪尾倦攜尊。任曉喚銅街，癡傭去踏京洛塵。

減蘭　薛濤箋

寃家尺二。占斷錦江春色麗。玳瑁裝書。薄命應憐紙不如。　零香殘粉。要訴十離多少恨。儻畫桃花。素素將來是一家。

點絳脣　八里臺觀荷，和林子有

葑瀫蒓鄉，記曾買櫂商逃暑。萬荷深處。慣看跳珠雨。　抛卻煙波，歲歲津橋住。橫塘路。夢中歸去。香海吟風露。

浣溪沙　邵茗生《宣鑪彙釋》題句

接迹宣和博古圖。千形萬色費描摹。志泉戕硯此爲徒。　自集香方羅衆媄，獨敦銅行奉雙娱。鑪奴標格勝官奴。鑪奴，茗生自號。

買陂塘 秋水

問伊人、別來無恙，盈盈相望何處。桃花瓜蔓更番過，波路可憐修阻。容易度。竟轉換、年芳還我滄洲趣。鷗晴鷺雨。信萬象皆空，一塵不染，眼界豁如許。江南夢，報道松陵葑渚。吴天風景非故。年年要踐扁舟約，三十六陂容與。留客住。也一樣、雕菰綴米蘆飛絮。津橋倦旅。且同證心清，莫悲面皺，再草禊秋序。

洞仙歌 蟹

煙波好處，儘橫行無忌。怪雨腥風趁秋起。閃漁鐙幾點、辛苦爬沙，莫誤認，涼夜調琴如此。稻粱憑作踐，孕白含黃，偶爾朝魁亦游戲。帶甲慣驚人、野店吞聲，誰傳信、無腸公子。且料理、新霜菊花天，要換取尖團、正其時矣。

桂枝香 月餅

團欒屈節。乍捧出玉盤，分樣蟾窟。回首穿天補後，歲華飄忽。登筵空惹圖靈笑，笑廚娘、巧今新乞。味調霜蔗，香黏露桂，有人能說。正涼夜、高寒宮闕。怎餖飣粗工，如此唐突。争道攜來，天上當年甜雪。小時不識留佳話，到而今、名士何物。寄聲饞客，休教蟆蝕，一輪無缺。

湘月 八月十四夕集冰絲厂，依白石體并韻

百花誕日，記蘭梅媵座，來賞韶景。路熟杭州，厂所在街名。儘替得、夜泛西湖秋興。洞石清供，園蔬嘉饌，均即事。稱我交情冷。迴廊巡

偏，一輪正挂天鏡。回首汐社經年，牢愁萬古，付香禪棋陣。夢境光陰，怕更問、南北誰强誰勝。破碎山河，高寒殿宇，望斷澄清信。良書曾借，誤文且勘三省。鈺撰《胡刻通鑑正文校宋記》，借厂主景印本覆勘。

聲聲慢　秋聲

千愁不斷，萬恨難平，天公代爲傳到。塞斷聞根，剛自强寬秋抱。居然似潮有信，蕩虛空、騷情多少。驀地起、憑山哀浦思，把人心攪。

已是傷春病夏，好消息、那聽按時來報。大造何言隨處，篁吟松嘯。驚回大千醉夢，要商量、歲寒共保。莫等閒，仿歐陽、篇賦算了。

攤破浣溪紗　早菊

風骨端須向晚爭。窮年棲遯稱淵明。何事春光同洩漏，太無名。涼信更番相逼甚，香叢一例可憐生。要與金天開世界，此先聲。

龍山會　己巳重九，雲在山房小集

休説登高好。歲歲登高，祇是添愁料。霜風吹雁到。依然是、異客異鄉多少。華頂即攀空，定四際、危烽來照。賸黃花，孤撐晚節，伴人條歗。還教路訊城南，別館停雲，强與寬秋抱。龍山關合巧。主人家無錫。舊游處、應念參軍烏帽。那有興題餻，端不爲、吾生潦到。問何時、宣華宴上，酒悲忘了。

南鄉子　寒衣

典去敝貂裘。記爲沽春上酒樓。不道霜風容易到，温柔。何處仙鄉不可求。一笑不須愁。鍼線猶堪與婦謀。還我布衣真本色，松楸。焚送無從淚又流。十月朔上冢，名『送寒衣』。

疏影 賦影

浮生老矣。尚不離寸步，真好嬉子。鏇迹歡場，埋照窮鄉，偏偏無計迴避。虚堂結得牢愁伴，儘不問、人閒何世。要借他、常寂光中，與證萬千心事。　潭底鐙前鏡裏。即空亦即色，隨分游戲。勸飲長庚，贈句泉明，忍仿前賢高寄。年年顧爾傷遲暮，祇獨立、不慚非易。笑達摩、我相猶存，枉惹幾多塵滓。

滿江紅 詠忠樟。杭州南高峯法相寺前古樟，純廟南巡，累經題賞。辛亥遜位詔下，樟忽一夕而枯，士夫以『忠樟』謚之。用文信國《和王昭儀》韻爲弔

桃柳争春，賴有此、聖湖生色。一樣是、樟公安否，宋高宗語，見《壽樟記》。承恩金闕。檜不分屍王墓下，梅休招隱仙祠側。是天生、不二木之神，甘銷歇。　舊巢埽，真香滅。人誰顧，僧能說。尚空山搘拄，託鵑啼血。祇願心灰炎井火，定嫌幹挂秦時月。忍更看、賜號太平花，宫牆缺。

永遇樂 詞社第五十集即事

陸走龍蛇，始戊辰五月，届今己巳十月。是何人世，亦姑謀樂。下澤行吟，一年容易，篇倍騷經作。鴛鍼交繡，麝塵獨擣，聲病幾番商略。問牢愁、除他錦瑟，一柱一絃誰託。　鐘沈缽碎，墜歡重拾，慰此流人蕭索。十日平原，七歌同谷，不管風波惡。茫茫影事，重重灰劫，祇合此中棲泊。要追步、清尊集後，莫輸

一著。

阮郎歸　擬小山并韻

洛川風格豔黄初。花曾美眷如。羽衣改課上清書。從教綵伴疏。　金鳳杳，玉蟾孤。高寒對望舒。銀潢一樣怨機虛。天錢借得無。

其二

藍橋無復擣玄霜。情長恨更長。寒鴉何處認昭陽。埋愁未有鄉。　腰束素，額塗黄。嬉春謝婕狂。新聲還自按伊涼。虧他木石腸。

瑶花　水仙，步草窗韻

蘅皋豔迹，芝館靈因，悔西池輕別。清泉白石，差稱得、姑射膚冰肌雪。花中君子，一般是、亭亭芳潔。好畫他、微步淩波，與伴禿株霜傑。　甘心紙閣蘆簾，任繙徧騷經，名等梅闕。東風不管，翻避了、多少狂蜂癡蝶。國香零落，只清净、託根堪説。尚有情、憑弔靈均，夢到湘煙湘月。

踏莎行　寒菜

瓜架霜催，豆棚雪繞。田園休道生機少。試看塌地自青青，閉門足慰英雄老。　臘甕儲珍，歲盤鬥巧。從來活計農家好。莫聽措大齩根談，散金花待春風到。

行香子　祀竈，用竹山體

香也誰燒。酒也誰澆。記年年、爆竹聲高。粥難口數，餳少牙膠。正雲沈沈，風獵獵，夜迢迢。　災待神銷。福待身徼。醉天公、休再空朝。窮同韓送，鄰仿孫邀。願酒尊盈，飯甑溢，餅鐺焦。

八聲甘州　寒雞

是天生責任在司晨，何心避風霜。忍自甘雌伏，凋年急景，見誚乖常。儘有鴉迎鵲報，首與破渾茫。癡信重陰裏，依舊朝陽。　要做雪窗譚侶，柰荒畦敗圃，多少悲涼。尚溷人籬下，辛苦覓餘糧。莽天涯、更誰起舞，顧羽毛、還似昔昂藏。無聊極、一般身世，怨鳳羈凰。

清平樂　上元鐙詞

太平鼓響。聊把元宵賞。幻出魚龍兼罔象。種種簇新花樣。　儘教調仿婆羅。儘教舞賽天魔。不減中秋月色，癡心偏拜嫦娥。

淡黃柳　新柳

回黃轉緑。何處春消息。信是東風齊著力。到眼倡條冶葉。禁得番番峭寒勒。　液池側。荒涼洗銅狄。馬曾繫、燕還識。祇桃花、薄命争顔色。渺矣靈和，寄聲張緒，休弄風流似昔。

醉鄉春　酒痕

醉夢不堪提起。襟上到今難洗。屋漏黯，石華殷，回首那時風味。　醒眼看天而已。忍聞茗柯實理。亦點點，亦斑斑，換成幾許傷時淚。

應天長　費宮人故里，用清真體

鯉風扇海，鮫霧架樓，英靈獨數巾幗。碧玉小家争說，當年劍仙出。青霞選，甘殉國。肯聽爾、大蟲添翼。副車中、血濺桃花，頓駕雌霓。燕趙有餘風，粉聶釵荊，佳俠破常格。要替孟宮花蕊，門楣換清白。孟蜀花蕊夫人亦費姓。荊駝後，憑弔客。等拜倒、麗娃鵑魂。張吴隆安公主於明兵入蘇城時，突圍救夫，自刎死盤門新橋下。事見《蘇郡志》。後名其地曰『麗娃鄉』。御河底、一樣完貞，何處埋碧。與費宮人同殉者，有魏氏等三百人，同投御河死之。見《明史稿》。

慶春宮

賦豹房銅牌。牌，橢圓式，長三寸有奇。一面橫刻『豹字七百七十五號』，下鐫豹形，一面刻『隨駕養豹官軍勇士懸帶此牌』。蓋明正德時物

銀袋留模，紅盔分寵，詔教字換中鐫。皇城值宿有紅盔將軍，帶刀千户，領申字牌。見《明史·兵志》。數記龜符，形參雞幘，健兒徼幸朝天。駕旋家裏，虎圈闌、承恩御前。爪牙多少，真箇纏腰，一色金錢。鷹坊等此荒煙。當道王羆，想見傳宣。打馬塵埋，投龍淵出，價高客氏名箋。幸留皮相，好摹付、宣鑪後編。寺攤評泊，休弔獵郎，見《魏書·官氏志》。且撫銅仙。

探芳信

庚午清明，林子有招飛翠軒看杏花

羨和靖。乍嘯詠梅邊，重開三徑。要鬧春佳賞，翻新入詞境。長安十里游蹤倦，也報黃鸝請。泝南塘、指點牆頭，這般嬌靚。舊夢賜緋醒。尚聽雨驚殘，倚雲憐冷。寄語花枝，休當柳枝贈。酒旗大好江南路，撩我鄉心迴。算今年、未負鞭絲帽影。

百字令　栩樓春集攝影

爲春留影，當公麟一幅，西園高逸。人在花中花在鏡，巧借駐顔新術。哀郢窮交，避秦舊侣，把臂芳林入。廬山真面，認他黄九秦七。　憐我屏跡歡場，擔頭桃李，愁付觀河集。倚徧闌干人十二，慚問靈芬詞格。同集十二人，《靈芬館詞品》亦十二。杏鬧題新，棠顛號俊，還把年芳惜。鬚眉如此，數帆臺畔鴻跡。臺傍衛河，厲樊榭爲查蓮坡作銘。

惜餘春慢　餞春

緩緩來兮，匆匆歸也，借取陽關離醆。愁邊汐社，亂裏新亭，癡約者番排遣。知道春非我春，前度曾經，勝懸旛翦。怎收場，容易商量交代，雨絲風片。　憑再訂、翻藥聯吟，餐櫻新集，總覺年芳難挽。鶯歌漸澀，蝶舞都慵，一味惹人悽眷。誰把飛英會開，紅瘦緑肥，追歡都倦。佇東皇迴馭，清尊無恙，那時重款。

緑意　賦緑陰

繁華一瞥。儘挽春不住，光景清絶。別樣愁人，依樣留人，煙姿露態都活。騰章那用通明殿，是席地、帷天時節。謝碧翁、偏貺幽居，隔斷醉蜂癡蝶。　如入歐公鴿夢，夢中一世界，何等芳潔。我愛吾廬，極望扶疏，錯當陶家鄰結。閒情曾未湖州惹，肯浪怨、無花堪折。把此心、分付眠琴，儻許道成三疊。

臨江仙　新荷

有意看花先看葉，葉香替得花香。羨他世界占清涼。亭亭青蓋下，已解護鴛鴦。　記賦玉京秋一曲，淩波幾度思量。歡場又展水雲鄉。莫教歌驟雨，累我倦尋芳。

曲玉管　禪　以下至《雨霖鈴》爲故鄉六一消夏社題

倦侶棲林，浮生翳葉，依然入夏吟身好。總爲當年齊女，宮怨難銷。說無聊。　閣閣蛙爭，營營蠅集，早秋信息憑誰報。咽徵吟商，曲曲高處琴調。儘逍遥。　隔道蟲天，也留得、殘聲摇曳，料難雪唱雲酬，生愁仗馬同嘲。土風操。尚幺絃張起，自訴南冠心事，幾番蛩絮，幾度螳驚，漫怪牢騷。

六州歌頭　過淮張故宮遺址

吃乾菜葉，終古怨西風。銀槍隊，黄衣屋，後重瞳。起江東。運到三興土，規鮮水，聯鶴市，香涇鑿，靈巖築，門神工。蕞爾駒場，肯溷魚蠻子，老死蘆中。趁江山無主，高拱隗囂宮。天意夢夢。遇真龍。　竟黥徒潰，粉侯縛，家居壞，霸圖空。子城畔，娃鄉側，策吟笻。感匆匆。一樣荆駝恨，腸木石，賸吴儂。呼九四，蘭盆餤，到秋紅。何處故王臺榭，總輸與、錦樹繆封。歎興亡一例，山指孝陵鍾。誰算英雄。

醉蓬萊　竹葉青　酒名

正汗筠繙徧，束筍題殘，商量陶寫。逃入壺天，把越窑輕瀉。多少紅兒，風香雨净，讓此君瀟灑。秀本堪餐，清真到底，碧芳同價。　工部當年，尚憐無分，玕贈由誰，珀光先謝。白對蓮花，做天然佳話。蘭液流芬，荷筩鬥色，報林賢來也。有味書鐙，个人照影，醉仙拌畫。

月華清　團扇

麾不江分，遮仍塵起，到今誰更珍重。回首離亭，一握記勞題送。痛漢苑、寶篋都捐，枉宋殿、草書曾諷。搖動。料乘鸞仙子，也驚春夢。已作江南骨董。等顧繡談箋，坐乖時用。素月流天，賸有圓靈還共。儘從此、香被蟫銷，端不許、墨遭蠅弄。清供。愴雲飛葉下，那年傳誦。

玲瓏玉　藕

心竅玲瓏，戲邀得、小玉登筵。風香露潤，箇儂舊住芝田。信是淤泥不染，際流霞紅醉，多少饞涎。纏綿。留情絲、將斷更連。倦矣腥砧膩鼎，要芳華當齒，倩入吟牋。媵視茶瓜，水精盤、雅稱珍鮮。藍橋雲英何處，爲多謝、天漿貺我，咳吐皆仙。老饕笑笑，明年空賦采蓮。

四園竹　叢竹

平安世界，賸有此君家。舊狂六逸，高隱七賢，來避繁華。秋一方，春一塢，瀟湘入畫。水涯還接山涯。此中佳。分栽有數琅玕，蘭成作計原差。願化青鸞萬尾，交與仙人，盡埽殘花。歸未也。惹夢得、風來七椀茶。

玉簟涼　涼枕

消受松風。要趿腳北窗，腦換冬烘。游仙誰導引，借手段玲瓏。溫柔鄉隔幾許，一世界、此亦鵝籠。安頓好，好水精眠夢，拋盡塵紅。

蟲蟲。當宵宿露，當晝抱冰，公等忒不從容。佳名無恚錫，稱浄榻疏櫳。通靈真有化境，儘熱鬧、我自清空。將息去，肯羨他、梅底師雄。

八寶妝　甫里保聖寺羅漢塑像

白馬支庵，赤嗚孫塔，甚處佛留真相。知否天龍遺蜕在，近傍牛宮無恙。當年名妬道玄，邀福吴儂，玲瓏甘運仙人掌。難道濁泥淘盡，西施同葬。　齋去漫詎雲堂，不涅善業，藥叉誰鎮魔黨。儘懸賞。巧工鑄蠡，怕騰笑、羣盲摸象。歎香界、飆輪簸蕩。木蘭空寶唐題榜。祇手段通靈，荒都蹟許劉鑾訪。

荷葉盃　本意，用飛卿體

已仿碧筩新樣。難暢。覓天瓢。捧來生怕緑雲碎。香醉。笑三蕉。

訴衷情近　七夕

彩橋架起。又算秋期一會。罡風已壞牛宮，愁霧復妨繭税。天上近多塵累。密誓濃歡，想換從前態。　瓜筵敞。敢請雙星置對。簇新花樣，早拜仙家賜。人間世。幻雲幻雨，翻騰窮矣。後將何繼。果否初心悔。

雨霖鈴　芭蕉，依黄勉仲體

高梧叢竹。要逃炎、那及天皆緑。臨風大葉招颭，青鸞倦翮，將飛還伏。火傘張空，總不許、春夢驚鹿。此世界、何等清涼，配輞川、添雪成幅。　闌干外露光煙淥。住紅塵、算占帷屏福。休争是樹非樹，高寄處、借他爲屋。一樣愁心，聊爾傳書，也付斜束。且讓我、聽雨眠雲，懶檢彈文讀。

石湖仙 題《白石道人歌曲》

詩評高妙。更山水清空，隨處詞料。一足奏虞韶，感初生、嘉名有兆。金星占命，訂曲譜、蟹行誰曉。同調。對小紅、點拍雙笑。傷心鴂啼一片，莽江湖、年年寄傲。擬就鐃歌，總負雲霄襟抱。擪笛天荒，謚簫人杳。馬塍還弔。鸞鳳嘯。梅山漫溷真稿。

玲瓏玉 夏日賦冰

羣玉山頭，自珍重、作作寒芒。憐他熱客，也教乞與清涼。夢斷瑶池斫雪，尚千年兵老，争詎鄱陽。空堂。疑仙家、來此擣霜。好伴筠煙蕙露，料蟲天嬉夏，難做商量。襧襶門前，訝無端、走汗偏僵。生就堅凝神骨，儘分付、洪鑪試我，不怨郎當。恨無術，火中蓮、移種佛鄉。

鼓笛令 賦蛙

問渠兩部何嫌怨。儘聒人、晝長宵短。那有公私供判斷。斬黿手、也愁難管。甚處廣寒宮殿。料仙蟾、早經羞見。白出諧詩傳笑徧。衹冤了、當年句踐。

步虛詞 用换韻體題葉小鸞女士疏香閣主遺影卷

已等鏡空絃寂，早忘玉爛香銷。絳霄吹落鳳皇毛。想惹仙人煩惱。絶代芳蕤易謝，傳家副墨偏工。掌書例入易遷宮。聊仿西青談夢。

齊天樂　早蟬

蟲天俄把高枝占，聞根被他撩起。蟻陣方酣，蜣丸乍蜕，偏把幺絃重理。年年慣技。正倦借琴眠，俗拚筝洗。著甚乾忙，四字見坡詞。一聲聲又沸人耳。　黄梅剛到雨霽。園林喑反舌，清寂堪喜。助虐驕陽，分肥潺露，禁得排場開始。浮生幻矣。怎競趁蛾炎，替騰蛙吹。好好提防，楚痀人樹底。

玲瓏四犯　夏夜聽雨

難得新涼，怎伴影明燈，偏照無睡。屋漏牀牀，搔首又防天墜。螢火也不窺簾，儘點滴、教人心碎。是萬方、併做愁淚，休信甲兵今洗。　打篷疑把孤舟繫。鎮無聊、冷清清地。西窗有話邀誰話，辜卻茶瓜味。拚得坐到曉鐘，幸隔斷、欃槍天際。怕浄香浮動，憔悴煞，花君子。

木蘭花慢　題陳圓圓入道小像

是寒簧下謫，呼小字、悟殘生。歎萬里蘿村，十年槐國，大夢全醒。明明。舊時鏡子，裩紅花自哂畫難成。回首鵷儀擁仗，皈心雞足傳鐙。　鴻冥。情網透層。屑休道、阿環曾。信娥眉絶代，蘼蕪儒服，與鬥娉婷。潛形。太陰何處，展遺縑恍遇洛川靈。故事卿家記否，妙常先噪香名。

齊天樂　閏荷花生日

長生誰似花君子，池塘嫩秋尤妙。不厄楊年，先添藕節，依舊亭亭霞表。歡腸换了。怎朱序云闌，玉容難老。一醉無名，靚妝佯倚鏡天笑。煙波清福占盡，惹雙鴛羨爾，仙樣風貌。綵伴添蘇，閒身熟魏，回首瑤觴爭倒。歸風信早。要綠意紅情，趁翻新調。漫當先期，乞他銀漢巧。

塞翁吟　殘棋

有甚輸贏算，依舊落子丁丁。不兩立，鬥心兵。賸殘劫堪爭。當初黑白原難判，還說死裏求生。錯到底，太無名。問仙著誰能。推枰。人間世、何來國手，休自負、功由敗成。儘留戀、蟲天得失，怎忘了、一刹那間，漏盡鐘鳴。旁觀倦矣，戲嗾猧兒，新樣調停。

百字謠　詠破硯

補天無分，怎寬頑身世，也感郎當。何物纖兒曾一擲，帝鴻年歷難詳。眼早鸜枯，尾真龍斷，怪事等南唐。瓦全多矣，讓他高踞文房。還怕春社拋墻，秋閨壓線，珍護比香姜。完本初心殘亦數，總留神骨堅方。角折都忘，舌存偏喜，終古石交長。我生爲命，百年休報田荒。

無悶　題五峯草堂圖卷，蒼虬爲愔仲繪

叢桂留人，今日付誰，聊趁愁邊寫與。有五老嵯峨，自來庭戶。多少神仙境界，恁賦出、孤蓬驚沙句。曰歸賦罷，呼猿放鶴，料天難許。羈緒。託毫素。想覓壑尋邱，幼輿前度。羨結社西泠，旅鷗分住。傳有知言作者，入畫苑、名防爭墩誤。宋胡宏，字仁仲，時稱五峯先生。轉笑我、頭白天涯，還夢石湖漁趣。

渡江雲　詠桂

靈根生自直，金風玉露，特地釀天香。巋然仙客號，月殿岧嶤，手種記寒簧。含貞吐烈，越高華、越見芬芳。誰似君、婆娑雲外，慣染御衣黄。　吟商。荷觴倦後，菊約聯初，向巖阿延賞。有阿師、吾無隱爾，指點當場。小山剩有留人處，怕相逢、敗興吴剛。馨逸甚、冬榮看伴松篁。

畫堂春　詠燭，用山谷體

回思折聖侍尊行。到今還伴宵長。六龍銜照杳難望。投篋感冬郎。　依舊攤書擧，誤由他、鑿壁偷光。臣精不惜自銷亡。墜淚替人忙。

剔銀燈　聞雁

漂泊天涯怎了。秋雨秋風偏早。中澤頻年，上林何處，忍再重提泥爪。聲聲雲表。還突過、蟬哀蛩悄。　肯替稻粱計較。海思雲愁多少。題字皆殘，揮絃亦澀，試問和誰吟眺。如何是好。聽鵲後、添番煩惱。

雙調憶王孫　秋草

好片歡場容易變。渾不似、落花芳甸。幾番風雨幾番霜，枉省識、春人面。　微生甘被牛羊踐。驚到處、碧燐紅燹。儘他風雨儘他霜，尚入夢、春暉戀。

一枝春　彭剛直公紅梅畫幅，爲遺嫁孫女於俞氏所作。孫壻陛雲遂付其女夫郭則澐藏之。爲賦此解

滌筆銀河，衹嬌孫、婉孌能令公喜。樓船倚曉，爲貌朱霞天際。東風嫁杏，怳先兆、上林妍使。曾細把、兒女英雄，話向認春軒底。認春，俞氏軒名。　而今老彭誰比。只真花不落，靈根還寄。穠華夢醒，笑仿硯雲傳壻，留香歲晚，最心折、雁峯樵子。憑借取、冰玉風流，證成畫旨。

蘇幕遮　冬柳

雪無聲，風有力。今日隋堤，并少傷心碧。不恨羌兒還弄笛。但恨寒雅，露宿由誰恤。
李衣殷，嵇鍛寂。無分攀條，愁煞長亭客。但願樵斤休浪及。更願春回，葉尚垂垂出。

風入松　寒鐘

沈沈党帳倩誰聽。還吼天鯨。一聲聲把聞根破，風嚴月悄霜清。不厭故香殘燭，替他急鼓疏鈴。喚回春夢佛多情。棒喝皆驚。雕盤虎嘯相高下，肯爲細響錚錚。盪得陰霾漸碎，催教霽旭徐昇。

水龍吟　冰絲盦感舊，盦爲白栗齋廷夔所築

座中怪石森森，石交太息人何處。嘉蔬入饌，名花登几，低徊前度。老去參禪，狂來按曲，此情誰訴。恁清尊無恙，唱妍疇麗，輕拋了、雲萍譜。　曾展湛淵静語。信迢迢、風流天付。少游已矣，百身何贖，一般悽楚。鄴架通書，顧厨品畫，而今終古。賸千秋悵望，琴沈笛咽，過杭州路。杭州路，津南地名。

金縷曲　題臯蘭吴柳堂侍御可讀《罔極編册》

册爲侍御遭母喪時日記，時值文宗有木蘭之狩，

家國巨變，均詳記中。後爲第三孫郭齡所藏。郭齡，予僚壻也，以難廕試令鄂中。於宣統辛亥兵變失之，今歸浙人姚某

費盡褒賢筆。衹鯫生、雲愁海思，百端交集。親見慜孫同硯守，與乞俞樓短律。更屢拜、城南遺宅。在南横街。尸諫一封驚急遽，曲江翁、老病還親説。豐潤張安圃制軍師。家所寶，寶此帙。　修羅劫到俄亡失。料已歸、秦坑楚燄，不堪尋覓。家國傷心無限事，誰補庚申日歷。喜還入、雲東祕笈。昔有兕觥還趙例，要遺孤、重把清門立。當不訛，吾言直。

鳳皇臺上憶吹簫　納蘭容若生日，集蒼虬閣

蓮麝爲心，葠貂何物，還他本色詞人。是滿腔忠愛，志在靈均。多少雲愁海思，曾不分、奉倩傷神。翻贏得，南唐兩主，錯擬前身。　郎君。定依帝所，聽奏樂鈞天，應悔悲辛。賸荀香裴玉，桂苑留真。證取南中鴻雪，貫華閣、曾寄琴尊。煩呵護，章家塢裏，忍草長生。容若有天香滿院圖遺象。隨扈南來，會顧梁汾於貫華閣。閣址在章家塢忍草庵。

浣溪紗　韻香女道士仿馬湘蘭蘭花卷

修得咸宜觀裏身。自將風格寫温存。瓣香認取秣陵春。　秀箭好題楊妹子，愁根翻種柳夫人。爲誰花片寄朝雲。

憶舊游　過水西莊遺址，追悼查灣

已孤雲寺圮，黼雪樓荒，還溯伊人。舊日通賓驛，傍青青柳岸，指點難真。輞川畫圖何在，摹本認翻新。莊圖嚴氏蟫香館藏摹本。歎南渡牋詞，西臺坐獄，都付沙塵。　清門。百年後，

有老輩風流，山谷詩孫。往事休提起，羡故家文藻，還照清尊。柳家七郎堪弔，知返杜鵑魂。忍回首年時，江南慣説烏夜村。查灣少游吳下，每晤輒談金閶舊事。

一萼紅 辛未人日，栩樓花下小集

謝駝翁。爲吾曹送喜，氣象换嚴冬。羯鼓鄰催，雁鐙僮上，鋪堂全照春紅。信人力、能偷天巧，殷七七、休自詡神通。雞卜徼靈，鴿羹數典，相與從容。知否人間何世，又羊兒年分，轉到東風。錦片排場，火攻手段，天心原是夢夢。漫管他、芳華一瞬，把濃愁、分付酒盃中。要問草堂，今夕題句誰工。

鶯啼序 題宋王晉卿山水軸。軸爲鈺藏，别有記文詳之

西園主人興好，要商量畫境。菊花節、當日香山，一聯多謝持贈。倦重展、煙江舊稿，晴秋别寫天然景。倩春鶯、瞞過梅妝，粉侯休請。

一樣丹青，遠勢莫比，恍蒿陽攬勝。最難得、霜入千林，鬧春疑賦紅杏。借龍眠、山莊筆法，狀鴻乙、草堂觴詠。任東坡，甘换仇池，掉頭甯肯。

將軍下筆，侍女吹簫，畫禪上乘證。試問訊、鳳樓能事，果否經進，御翰宣和，瘦金輝映。烏臺一謫，駝岡重潰，生愁同付江陵劫，又何時、秀與雲栖競。承平故物，居然未押葫蘆，紫泥爾許端正。

風流將種，著色罡風，瑞應圖成，倪同彪炳。葵花巧合，承恩前度，沈沈家國多少恨，畫中人、知亦華胥醒。從今寶晉題齋，汴岸清明，笑他贋鼎。

雙調望江南　辛未清明

江南客，佳節憶從前。虎阜錦鋪迎會仗，蠡湖鱗接上墳船。碧柳絳桃天。津橋畔，怪殺勸歸鵑。聽倦拔河唐苑戲，望殘賜火漢宮煙。只合𦏁題年。

百字令　須社百集，題填詞圖

少風波處，儘雲酬雪唱，清尊遙替。一片黃蘆連漲海，偏仿會琴高寄。稻蟹思鄉，荆駝行國，疑血還疑淚。浮圖安頂，九成誰道容易。　笑我沓舌方心，登場舞蔗，依舊將軍技。偷活草閒愁萬古，那問居前糠秕。鮑老郎當，楊妃評泊，聊與諸君戲。此生才分，百篇甘讓仙李。百集中鈺所作凡九十四闋。

驀山溪　辛未重九即事

東風無賴，壓住西風緊。此地屬誰家，尚突兀、飛樓架蜃。異鄉異客，隨例約登高，餻字窘。酒悲奮。況是潛淵近。　故園叢菊，料已拋荒盡。路指小蘇州，爲問訊、南湖花隱。平林淺渚，免得費攀躋，占蟹汛。聽鴻陣。算有吟秋分。

水調歌頭　題瑞雲峯圖，用坡公韻　石顛末見姜紹書《韻石齋筆談》。國朝入蘇州南巡行宮，粵匪平後，織造使署典守之。宣統國變，改織署爲巡警教練所，以石爲試火槍之的，略殘損矣。老友高遠香攝影寄舊京，命三女元暉圖之，爲題此解

辜負帝媧鍊，流落在吴天。浪傳昭代靈物，紈縵現堯年。一朵凝懷堂下，堂名出御題。幻出玲

瓏萬態，得地最高寒。冷笑佛獅吼，涸迹市廛閒。塵澒洞，花寂莫，草芊眠。此心不轉，卷舒總戴絳雲圓。世自倉皇反覆，我自英多磊落，大造或矜全。故老數雙璧，寒碧等嬋娟。冠雲峯原名觀音峯，在閶門外。寒碧山莊以高秀勝，瑞雲則嵌空玲瓏過之。

浣溪紗 壬申，十刹海禊集，分韻得『絲』字

認取餘波太液池。舊時光景柳絲絲。如今翻羡永和時。 去國慣忘三月好，討春教補廿年遲。東風無賴怕題詩。

水龍吟 題徐湘蘋相國夫人晚年墨花册。夫人爲吴兔牀先世某太君作也。用《拙政園詞感舊》韻

到今白髮青裙，孱生算有花知道。駝囊禿穎，雁書賸縷，隨身還好。槐府傳觀，蕊宫進奉，當年瑶草。怎江村黄葉，孟鄰結就，等寒女、誇鍼巧。 林下高風未杳。替無聊、斷腸詞稿。千身繪佛，一坵傍祖，那回天笑。倚竹吟餘，調薑奠後，何心精到。是千秋墨淚，漫嫌畫詠，少梅村老。

遶佛閣 賦法源寺丁香，用彊村《崇效寺楸花》韻

散珠碾玉，天要點綴，貞觀遺寺。晴雪攢蕊。也招粉蝶、盈盈醉鄉醉。 梵雲徙倚，崇效舊夢，誰分重理。迴向初地。問花可有、吟魂被句起。 掩映萬瓔珞，壓倒尋常桃李輩。曾灑牧之，春梢傷往淚。信佛海鮫綃，翦出偏異。色空參未。願聖火青熒，分照棠睡。怪殘衫、枉熏沈水。

錦堂春慢 詠恭邸萃錦園海棠，分韻得『攜』字

金闕標霞，瓊臺浥露，分根花萼樓西。稱高華風格，蘭畹芝泥。悦灑燕支萬點，羣仙曉報妝齊。見説朝回春暖，籠袖芳林，天上香攜。　依舊排雲淺笑，笑迎陽衆嫭，金屋難棲。儘封姨嬌妬，杜老忘題。增重梁園氣色，何曾粉悴紅悽。好賦纖穠宫體，一徑花之，罷叩招提。

買陂塘 閏枝屬題光緒乙未山塘秋泛圖，步韻

念家山、幾多塵夢，而今憑向誰語。浮生竟坐流離老，無分犯煙諳雨。難再遇。還賸得當年，一二尋秋侶。商量畫趣。已看慣危烽，弔殘宿草，回首甚情緒。　江南路。欲采蘋花未許。華胥知誰何處。吳娘儘蕩淩波影，愁問鷺來漚去。重認取。是試茗調琴，四字虎邱題名，吾宗賢事也。步步詩來路。松盟錯迕。且望帝傷春，避戎話夜，休悵舊游阻。

雨中花 賦雨中芍藥

酣酒染衣春占盡。賸禁受、洗春幾陣。金帶誰堪，玉盤自寶，坐待芳華隕。　零落早知花本分。總不許、秉蕑人近。素面天留，香魂泥化，懶把東風恨。

水龍吟 詠托雲松，用坡公韻　松在德勝門內拈花寺

此生誰分擎天，好雲何事紅塵墜。知還未果，向空垂盡，是何情思。争道爲霖，翻同作霧，這般濛閉。佛穹青萬里，無端隔斷，果誰見、攙身起。　仗有老龍潛躍，把香林、四周籠綴。金剛豎脊，木叉伸臂，自拚糜碎。何等神

通，比蜺蟠礎，如犀分水。要教澗底秦官，背地灑、泥犁淚。

沁園春 壽閏枝七十九初度，用《贈内》原韻

家世黄公，閲盡滄桑，保太古春。是詞林本色，難抛筆硯，竇山空手，未識金銀。麋鹿荒臺，龍蛇大陸，天爲斯文留此身。高寒甚，尚眼前糠粃，夢裏松筠。　紛紛。過眼煙雲。記四十、年前文細論。羡竹垞詞綜，偶商派別，梨洲儒案，自策精勤。梅訊傳牋，楸陰策杖，也復乘風來去頻。吾何願，願芸臺學壽，清健如君。

浣溪紗 題潘文恭孫祖楨蘭卷

長養東風不染埃。國香剛傍謝階開。那堪墨竈上寒菭。　料是傷龍同佑謫，翻從畫蝶見滕才。靈根還茁舊南陔。

洞仙歌 題林子有忉盦填詞圖卷

靈均往矣，賸蓉裳蘭佩。賴有人兮大詞苑。數千秋、幾个飛夢高寒，餘子輩，枉費鵑愁蛩怨。　浮雲孤月裏，唱麗醻妍，偷減求之去偏遠。特地扇莆風、芳潔天成，塵衮衮、心仍霄漢。試問訊、城東舊銅仙，祇忍淚看天、歲寒遥伴。

以上《四當齋集》卷十四

百字令 壽胡綏之七十

讀書真種，歷千霜萬雪，依然年少。兩字儀徵題學壽，信有古人相詔。守藏爲聃，傳經是伏，獨立黄塵表。鏡臺開後，豔傳携手雙笑。　生值龍漢開皇，茫茫來日，愁見秦灰埽。老

輩風流流水逝，後輩南車誰導。風雨編摩，星雲涌見，四部弇州稿。蠹魚身世，歲寒珍重同保。

夢芙蓉　荷花生日

鬧紅迎一舸。正瑤池慶會，靚裝豔裹。願花常好，重把錦帆作。綵雲停朵朵。天然不惹塵涴。信有靈根，託清涼世界，宜捧碧筩賀。　爲道花休笑我。同是歡場，最好香天躲。恍傳嬌語，多謝衆仙過。願迴炎海舵。年年踐約真箇。淨土長生，占煙波福分，詩慣藕船和。

解紅　荔支，用和凝體

玉露售，絳雲腴。羨他口福誇謫蘇。儘占南天色香味，到今怕道漢宮扶。

八六子　白蓮，用少游體並韻

玉亭亭。怳逢蘅浦，真妃得藥長生。正瀉碧三巡罷後，鬥紅雙槳來初，醉邊夢驚。經風經露娉婷。小鬥粉奴妝態，橫捎雪社吟情。　猛憶起瑤池，那年高宴，素鸞飛下，淨香天際，對此的的銀璫著雨，盈盈珠淚烘晴。　縠愁凝。冰絃倩誰繼聲。

金縷曲　戲集郭氏舊典，祝栩樓五十初度

樂府銷沈矣。到而今、騷壇健者，要推君始。林外野言名目好，一卷殷勤料理。更補出、靈芬詞旨。仙侶同舟前日夢，埶疏巾、冷笑長安市。看種樹，槖駝耳。　杜陵有句宗賢寄。信一顆、隋珠照夜，後先暉麗。修到青山偕隱伴，香沁梅花字字。看高館、芳堅同峙。會得

南華新注解，儘鵬溟、鷗澤皆游戲。徵貴壽，漫詞費。

以上見稿本《四當齋集》

錦纏道 長至

檢點年光，暖信暗傳葭管。悄房櫳、漏聲催箭。玉梅花底新寒釅。抱膝鐙前，隻影教相伴。悵歡塵易消，孤懷撩亂。撚霜髭、峭吟都懶。料紅閨、繡倦停針坐，十葱籠袖，應也慵添綫。

見《煙沽漁唱》卷一

琵琶仙 臣厂歸自濱江，集於栖白廎，酒闌同賦，用石帚韻

琴館蕭閑，慣看盡、得意風帆千葉。誰分詩款雞林，風流占雙絕。剛去也、遥空數雁，又歸也、緑陰聞鴂。夢裏花鑣，愁邊蒜酪，幽緒難説。且分付、排日追懽，把尊俎、探支浴蘭節。都道送春容易，換番番蓂莢。離合事、由天簸弄，感散沙、更感團雪。試問同調秋笳，幾回傷別。

見《煙沽漁唱》卷四

山亭宴 立冬日水香簃社集

鳳毛曾品花農硯。淨流光、玉梭金箭。容易歲寒時，又勝事、從頭注選。悲秋多少無聊局，且尊俎、別商排遣。湖海繼聲誰，試借問、今陽羨。北風雨雪游筇倦。這重陽、百年罕見。凋序逐人來，正掄指、甲旬未徧。梅花剛有争春意，要忍過、冰霜磨鍊。把酒逬詞仙，趁令節、三雲堄。

郭郎兒近拍　賦稻孫　時蟄雲得長孫，讌集索賦

再熟。當年曾誦吴都，真見而今嘉種卜。蔥郁。繡隴新緑。椿蘐重蔭圖成，湘鄉曾氏事。更補豳風圖一幅。　亭毓。共仰先疇，食報定配豐玉。博得元章，樓頭榜就，盎然生趣足。願年年、遞茁孫枝，拈徧新題桐與竹。

以上見《煙沽漁唱》卷五

浪淘沙　千葉蓮，和仲遠

別樣妙蓮花。分種天家。重臺並蒂漫争誇。料是觀音忙手眼，幻出靈芽。　雅稱卐闌遮。四照晴霞。朝雲花片衹些些。儘唱百宜嬌一曲，十倍憐花。

見《煙沽漁唱》卷七

十二時

依然水次，依然林坐，依然觴集。蘭亭話真本，彀千秋於邑。幾許流入仍故國。感茫茫、攬今猶昔。消愁更愁否，問當前春色。

見《中央公園廿五年紀念刊》一九三九年

梁文燦

人月圓　己酉寒食　故鄉一别已廿四年矣，風景依然，感而賦此

十年不到城南路，細草起平沙。杏梢紅畔，帘痕白處，賣酒誰家。　暮春天氣，閒愁心緒，遲日西斜。小橋流水，兩行垂柳，數點棲鴉。

憶王孫　郊游即事

紙鳶風裏紙錢飛。春水隄邊春草肥。驢背呼僮貰酒回。趁斜暉。陌上花開緩緩歸。

菩薩蠻　感舊六首

荔枝別撰羣芳譜。隋宮憨壓司花女。覆額髮鬖鬖。嫋娉剛十三。江南春信早。紅豆生多少。卻憶簸錢時。相思知未知。《羣芳譜》：「錦荔枝，一名紅姑娘。」

其二

梨花院落秋千索。比鄰姊妹春衫薄。忽地喚郎聲。隔窗聞曉鶯。衣裳初按茜。面共桃爭豔。素手裏紅巾。爪犀偷贈人。

其三

蜀江新濯鴛鴦錦。曉窗試繡鴛鴦枕。花樣倩誰描。泥郎攜手教。玉簪香滿院。一朵釵頭顫。月上是歸時。語多蓮步遲。

其四

柳梢月上黃昏約。眼波欲動防人覺。一笑各頭低。相逢溪水西。兒家居咫尺。生小即相識。親遞鳳團茶。暖香聞鬢花。

其五

芙蓉帳暖棲金鳳。啼鴉驚破香閨夢。對鏡懶新妝。倚欄春晝長。看花雙眼淚。悶抱狸奴睡。綠葉忽盈枝。尋春人怨遲。首二句用「鳳」「鴉」字，略逗寓意。

其六

天邊雁寫人人字。春深不見音書至。昨夜夢雙棲。覺來聞曉雞。子規啼正苦。歲歲清明雨。迢遞憶秋千。綠楊樓外天。

前調　重作二首

鳳仙帶露參差翦。纖纖指甲紅初染。嬉戲不知愁。手拋雙綵球。　汗融姿轉媚。着雨臙脂醉。花裏是前生。香軀蛺蜨輕。

其二

玲瓏巧舌鸚鵡。十三絃上春鶯語。忍笑不成歌。垂頭囓袖羅。　妬心生女伴。交口呢喃燕。不解罵春風。潮添雙頰紅。《子夜歌》「小開罵春風」。

齊天樂　蛛網

綠蕪庭院無人處。迷離似煙非霧。整整斜斜，疏疏密密，總是依門傍户。春深幾許。任紅罥落花，白黏飛絮。底甚重重，緘愁不解放愁去。　略怕斜風吹雨。待晴開屋角，添砌如故。蜨粉衣輕，蜂黃腰細，漫向牆陰飛度。纏綿最苦。抵多少人間，怨男癡女。自縛春蠶，柔絲千萬縷。

念奴嬌　明湖懷古，用坡僊《赤壁》韻

采蓮何許，似江南、瀟灑六朝風物。一舸鬧紅行入蕩，四面簇花如壁。雲水空明，石泉香冽，肝胆霏冰雪。古亭詩史，騷壇大有人傑。　還憶入夢芝芙，吹簫伴侶，萬斛詞源發。漱玉浣花誰嗣響，名士晨星明滅。我欲留題，藕神應笑，搔盡絲絲髮。棹歌聲裏，歸船滿載明月。明湖有藕神祠，祀李易安。

浪淘沙　暮春

芳草憶王孫。目斷香塵。一庭紅雨落繽紛。

雙燕不知人懊惱，飛過西鄰。無計度殘春。慘霧愁雲。畫屏斜倚酒微醺。門掩孤燈人影瘦，如此黃昏。

金縷曲 趵突泉

突湧三峯雪。是何年、泥沙淘盡，者般澄澈。汲水煎茶聊當酒，釀得詩情活潑。只怕有、舊題黃鶴。白雪樓扃梁燕去，淼明湖、秋柳鳴蟬歇。雲不返，水空咽。　玉泉趵突霏香冽。點朝班、幾回青鎖，春華夢蜨。十丈京緇飛不到，依舊冰瑩玉潔。猶欲向、清流一濯。高唱滄浪孺子曲，快天風、吹出紅塵劫。餘傲骨，冷如鐵。

減字木蘭花 送李堯臣同硯回甯陽　時同寓濟南金泉精舍，編輯《山東通志》，堯臣主圖畫部

三年筆硯。夢繞流泉金一綫。四日程途。拾得寒山入畫圖。　客中送客。等是有家歸未得。明歲春明。撲卻緇塵一笑迎。堯臣隨任甯陽，亦係僑寓。余明歲服闋入都，聞堯臣亦有北上意。

金縷曲 翟才女遺琴　才女，掖人鐵笛先生孫女，善琴，得之家傳。尤善《長門怨》《平沙落雁》《梧葉舞秋風》諸曲。適人數載，竟以縊死，哀哉

一曲長門怨。知生來、多愁多恨，蛾眉顰慣。回首家山千里隔，目斷平沙落雁。更梧葉、秋風滿院。了卻浮生拚一死，背孤燈、只有孤桐伴。絃欲撫，寸心亂。　離鸞別鵠流傳遠。歎古今、引商刻羽，悲哀强半。馬上琵琶沙塞淚，毳帳胡笳淒斷。恨遺曲、水流雲散。一縷香魂何處也，聽鵑聲、夜夜妝樓畔。焦尾在，血痕濺。

驀山溪　憶舊

年華荳蔻，小字銀屏豔。羞靨倚琵琶，漸暗中、秋波低轉。酒闌歌罷，春色可人憐，鬟絲亂。花枝顫。道我何曾慣。　雲情雨意，旋被風吹散。只小別些時，將門巷、枇杷尋徧。重來崔護，那得便迷津，桃花片。箇人面。空有啼痕濺。

行香子　秋閨

砧杵聲殘，木葉霜殷。恨流光、已到秋闌。登樓一望，長路漫漫。見萬重雲，萬重樹，萬重山。　天邊雁過，盼到書難。比黃花、瘦損愁顏。挑燈兀坐，被冷衣單。一番風，一番雨，一番寒。

離亭燕　寒夜

釀雪鬬霜天氣。淡酒澆愁如水。山枕寒欹慵不整，初試孤眠滋味。香燼漏聲殘，蠟燭替人垂淚。　幾度熏籠斜倚。一夜風摇窗綺。案上銅瓶和底凍，紙帳也無春意。曉起揭重簾，今日梅花開未。

金縷曲　甲寅九月三日初度，邀同人夜飲，即席口占　時倭、德據膠州灣

海上風波惡。黯離愁、鄉關日暮，飛鴻斷絶。猛憶今朝初度也，九月初三夜月。曾經過、幾番圓缺。錦瑟年華迷曉夢，醉黄花、又到重陽節。羞插鬢，半成雪。　少年壯志錚錚鐵。聽花冠、更番起舞，青萍磨折。方丈蓬壺僊路迥，天際戰雲重疊。歎浩浩、塵沙換刼。觸鬬

鑾爭緣底事，莽平原、膏盡生人血。浮大白，向誰酹。

齊天樂 鄉思

霜林醉晚鴉蕭瑟。妝成一天寒色。玉笛吹殘，瑶琴弄破，惆悵梅花消息。閑愁漫織。聽落月城頭，凍笳聲急。風雪天寒，天涯多少未歸客。　傷心故園荆棘。想荒蕪三徑，螢火深碧。燧燧驚魂，關山隔夢，斷雁沈魚難覓。蘭成賦筆。莫只怨江南，且哀江北。拈盡吟髭，看明朝鬢白。

賀新郎 題王蟫齋上元感舊詩卷　蟫齋以上元日生，壯歲幕游燕、豫、秦、桂等處，懸弧吉日，多在客中，因作《上元感舊》詩十首，裝成一册，索人題詠。現就館直隸任邱也

元夜年年有。歎王郎、因緣鴻雪，三生注就。初出梁園爲賓客，燕市更番醉酒。問嶺海、六鰲駕否。夢斷秦娥秦樓月，蟫齋在榆林時有所眷，至今耿耿。　憶家鄉、幾作團圓守。多少淚，春衫袖。　今年花月燈依舊。喜相逢、懸弧吉日，光明如晝。願月常圓花常好，更是月圓人壽。便自此、天長地久。管領再從花城始，任邱，古名花城。紀年華、直到百年後。囊錦貯，萬千首。

浪淘沙 秋思

落葉上簾櫳。秋老梧桐。重陽消息雨聲中。淡到黄花無覓處，瘦倚西風。　無計遣離悰。一夜寒蛩。炎涼訴盡穗燈紅。寫入琴絲音更苦，寄與征鴻。

浣溪沙　觀孫供奉菊仙演劇

曾侍瑶池王母筵。人間遺曲尚流傳。後庭玉樹最堪憐。　凝碧池頭絃管奏，一時座客盡凄然。江南腸斷李龜年。時菊仙新由滬回都。

賀新郎　題易實甫壽星麻姑畫卷　卷内有女伶鮮靈芝所書『老壽星』三字。圖係一壽星坐倩麻姑搔背

芝草何年種。記前番、金蘭摧折，淚澆香冢。聞女伶金玉蘭死後，實甫撫棺大慟。到處閑情沾花草，臭味芝蘭與共。況更有、梅花入夢。深鎖侯門無消息，剩琴樓、一曲留星鳳。提往事，恨潮湧。《琴樓夢》傳奇，樊樊山先生作，專記實甫與女伶王克琴事。克琴後歸某豪帥。梅花夢事見傳奇内。　美人題字瓊瑶重。自誇如、榮膺綸綍，五雲高捧。壽相描成還多事，添箇畫中嬌寵。問唐突、神仙何用。天上麻姑雖長爪，現莊嚴、那許塵心動。防罪過，背鞭痛。

清平樂　芝罘贈妓

月盈三五。正是愁時候。領略春風方未久。面共梨花消瘦。　當筵喜着紅妝。教人唤作新孃。愛煞無言桃李，生來不解輕狂。

浣溪沙　己未春，再觀孫供奉菊仙演劇

海上歸來鬢髮皤。龜年老矣尚能歌。落花時節奈愁何。　猶是當時供奉曲，故宫誰復憶銅駝。貞元朝士已無多。

以上《蒙拾堂詞稿·紅豆詞》（己酉至戊午）

金縷曲 鍾山弔明孝陵

飲馬長城北。錦衣還、猶貪六代，霸圖殘蹟。殺運廿年無解脱，血染王孫草碧。任鍾阜、晴雲五以上代平色。燕子飛來功狗盡，黯金陵、王氣難尋覓。還剩有，福王一。　荒陵松柏連荆棘。愴無人、鼯鼪晝現，鵂鶹宵泣。華表豐碑憑弔少，輸與孤忠片石。試問訊、昌平歸客。落日牛羊邱隴下，料山川、形勝非疇昔。南共北，兩寂寂。明故宫有血石，相傳爲方正學草詔時齒血所濺。

滿江紅 秦淮贈妓

十里秦淮，誰照影、者般明秀。相逢處、倚欄微笑，半遮紅袖。一瞥驚鴻偏記省，妝台初見歡如舊。只歌聲、嬌弱可人憐，花枝瘦。　春未足，江南柳。情已種，江南豆。記芳齡纔過，篋錢時候。且喜歐陽留意早，生憎小杜尋春後。怕深紅、落盡緑成陰，佳期負。

生查子 己未吳中九月三日，自壽

風雨滿台城，節近重陽候。眉壽月初三，一醉他鄉酒。　鎮日苦相思，顏比黃花瘦。只采楚山芝，莫種江南豆。

念奴嬌 華嚴寺，用稼軒《賞心亭》韻

勝碁樓上，歎樓空人去，剩愁千斛。萬頃渚蓮搖落盡，隄柳蒼涼滿目。駐蹕離宮，酬庸賜第，雀鼠穿梁木。愴懷今古，東山依樣絲竹。　更苦一載南都，歌姬狎客殿，上薰風曲。三百年來金粉地，今日又成殘局。淡月籠煙，濃雲蘸水影，泛樽醽緑。暮天將雨，蕭蕭風打船

屋。時正某帥誕辰，方招伶演劇。明宏光時教曲在薰風殿。

憶王孫　舟中望金山

波心突兀湧金蓮。第一江山第一泉。舟子乘風不繫船。嘆無緣。只見峯高塔影圓。

南鄉子　京口

無地著離愁。行盡江南不覺秋。木葉未殷蕪草碧，凝眸。一路青山到潤州。　滚滚大江流。鼎足荆吴一戰收。顧曲周郎差解事，荒邱。何處英雄孫仲謀。

賀新郎　中秋夜，泛舟西湖

西子開妝鏡。蕩輕舟、湖平八月，琉璆萬頃。第一關心停處，奇蹟三潭月暎。况添箇、驚鴻倩影。隅坐低眸羞不語，待當筵、肯與郎肩並。只此意，寸心耿。　年來浪迹傷萍梗。感滄桑、星移物换，那堪對景。爛醉且尋船尾臥，一任宵深露冷。又恐被、山鐘摇醒。玉宇高寒歸夢斷，料嫦娥、也自悲孤另。誰更記，霓裳詠。

浪淘沙　題程稻村稻畦圖

木落雁南翔。秋老江鄉。門前流水稻花香。露白葭蒼無限思，人在中央。　世事幾滄桑。回首茫茫。風塵何日卸歸裝。博得畫來入夢，一枕清涼。沈歸愚云：『明陳臥子謂《詩·蒹葭》爲秦人思西周之作。』卓然特見，詩意本此。

滿江紅　西湖題岳鄂王廟，用薩天錫《金陵懷古》韻

龍馬過江，暫閣起、中原消息。最厭耳、攀轅

二聖，誓言疇昔。但得偏安神座穩，廟謨深隱誰能識。拚一朝、十二下金牌，催歸急。　風波獄，紛羅織。朱仙捷，空陳迹。歎十年功廢，中去聲興無日。愁煞騎驢湖上客，寃沈三字天人泣。到如今、只見柏森森，忠泉碧。廟内有精忠柏，門外有泉名忠泉。

金縷曲　平山堂

跨鶴神游久。正深秋、霜風淒緊，今番載酒。眺盡江南秋入眼，隔岸羣山頫首。恰第五、泉香時候。怪石縱横松徑曲，看黄花、偏落重陽後。聊遣此，景幽秀。　傳花韻事推歐九。想尊前、批風抹月，風流太守。巖壁蒼涼苔蘚蝕，苦我題詩未就。歎人去、亭臺依舊。急唤山僧煎茗熟，問當年、豔蹟今存否。殘照外，參差柳。

南歌子　感懷

亡國靈胥恨，流民俠監圖。江山滿眼渺愁余。料得杜陵老淚、也應枯。　禾黍秋風裏，枌榆劫火餘。人間何處是吾廬。爲問桃源還許、問津無。

永遇樂　台城懷古，用稼軒《北固亭》韻

鍾阜雲深，秣陵秋老，佳氣何處。殘霸宮城，大江天塹，浪擁三山去。那時樓閣，者番邱隴，叔寶羊車曾住。走倉皇、新詞未就，至今猶怨擒虎。　繁華轉瞬，荒煙蔓草，邀得牧人一顧。數點棲鴉，幾株衰柳，寂寞長隄路。悲歡陳迹，興亡舊夢，隱隱隔江簫鼓。問商女、庭花玉樹，尚能唱否。

念奴嬌　夜過露筋祠

疏星淡月，正黄昏、軋軋摇殘柔櫓。雲樹蒼茫誰唤渡，遥指露筋祠古。青草冢荒，桃花廟圮，彼美皆塵土。艱難一死，世間多少兒女。自古歌舞揚州，繁華夢裏，誰識冰霜苦。江水淘淘流不盡，賴有紅顔砥柱。畫棟棲煙，靈旗颯雨，環珮歸何處。寒泉秋菊，清風猶挹行旅。

前調　寶應旅邸書所遇

盈盈十五，儘嬌憨作態，撩人笑語。我按清歌卿記拍，夙世吹簫伴侣。落拓江湖，凋零鬢髮，幾得佳人顧。紅顔青睞，生平第一堪數。碧玉小家初識面，博得濃情如許。明日舟中，萬千迴首，立盡江天暮。一鉤新月，令人想煞眉嫵。

柳梢青　漂母祠

淮流東注。漢時祠廟，千金亭古。楞樹陰中，飢烏聲裏，炊煙何許。堂堂巾幗英雄，論俊眼、溧陽堪數。江北江南，擊綿漂絮。一雙奇女。

前調　胯下橋

淮陰年少。天教玉汝，千金當報。胯下王孫，履邊孺子，一般同調。劇憐晚節稍漓，血痕染、未央宫草。古廟松杉，荒磯鷗鷺，英雄誰弔。

浪淘沙 廣陵懷古

十里錦帆遮。殿脚嬌娃。揚州一夢儘繁華。不惜鏡中頭頸好，且看瓊花。　荒井句斜。腐草驚沙。離宮别院屬誰家。隄上垂楊橋下月，唬煞棲鴉。

以上《蒙拾堂詞稿·杏雨詞》（己未）

浣溪沙 春景

十里秦淮水蔚藍。六朝煙雨酒家帘。杏花時節在江南。　吹浪魚兒機活潑，定巢燕子語呢喃。幾家妝閣盡鉤簾。

齊天樂 和壽林師，用清真韻

紅鐙十里秦淮路，蘭橈未愁歸晚。白袷初成，清明甫過，吹面東風似翦。妝樓半掩。恰分照嬋娟，波平如簟。夢覺十年，閑情棖觸舊詩卷。　殷勤商女勸酒，後庭花一曲，感慨何限。秋柳陳游，春明舊夢，舉目河山移轉。羈懷正遠。愛流水桃花，鱖魚新薦。且醉芳樽，一天愁露斂。

念奴嬌 送壽林師回魯

清明過了，正江南春雨，先生歸也。帘影杏花村店酒，杜宇聲聲如話。十日句留，六朝形勝，幾處登臨罷。此行無負，江山盡入圖畫。師善畫山水。　憶昨蕩槳秦淮，紅鐙緑酒，歌舞深深夜。博得屯田詞一闋，風月頓增聲價。逸興方濃，壯游劇倦，夫子何爲者。人生行樂，濟南無此瀟灑。

眼兒媚　春日贛榆作

開窗惻惻嫩寒侵。淒絶似秋心。滿庭月色，滿地花陰。　江南舊事休重省，風急雁行沈。三生緣淺，三更夢短，三月春深。

憶王孫　偶成

鬢花初卸晚妝時。手把餘香有所思。付與檀郎好護持。兩心知。不贈將離贈莫離。

桂枝香　秋夜有懷

蛩吟最苦。正秋夜初長，聲和碪杵。驀地夢回山枕，再無尋處。天邊鴻雁多消息，苦人間、相思難訴。剔殘燈炧，數完更漏，惱盡情緒。　更點蕉窗細雨。想兩地孤眠，墜歡何許。憶自采蓮歌罷，匆匆秋暮。分明咫尺天涯遠，卜佳期、金錢終誤。明朝晴未，萬千莫溼，玉人來路。前調用芍藥別名『將離』二字，竟成語讖，傷哉。自注。

前調　中秋秦淮泛舟

香輪又滿。正十里秦淮，簫鼓喧晚。水色天光交映，萬花齊展。箇儂侑酒偏遲至，倒金樽、清歌低按。人間天上，千秋今夕，素娥應倦。　問何似、西湖游醼。恰去年今日，舟中人面。碧玉千金，猶記那時羞赧。吳姬越女爭妍媚，論情緣、若箇深淺。月明千里，嬋娟相共，盡如人願。

念奴嬌　秦相故宅知壽林師　用稼軒《書東流村壁》韻

一番風雨，恨無端又到，深秋時節。十里秦淮游客倦，漸覺單衫涼怯。宰相門庭，狀元宅第，幾度傷離別。余先後寓狀元境秦相故宅三次。前朝遺事，至今故老能説。閲盡恩怨興亡，東窗猶是，千古樓頭月。嬌小吴娃新度曲，當作悲歌重疊。霧裏看花，杜陵垂老，肯把雄心折。舊情新恨，也應搔盡華髮。

人月圓 夜雨寄懷

寒蛩聒得人心，穗燄黯還明。梧桐涼吹仄，芭蕉細雨，一片秋聲。　匆匆話別，花開花謝，潮落潮生。江南江北，兩情兩地，淚眼難晴。

『兩情兩地』，一作『此時此際』。吴城龍女調『淚眼不曾晴』。

念奴嬌 九日登雨花台

講經台古，正重陽木落，天空如洗。恰好捫蘿千仞上，一覽秣陵佳氣。城郭籠煙，樓台隱樹，罨畫參差是。大江如帶，爲誰橫亘千里。綵翦小旌旗，紛紛仕女，莫會登臨意。林角峯頭相望處，多少廢營荒壘。武帝園陵，蕭梁寺觀，殘照西風裏。傷心今古，長干橋下流水。

滿江紅 方正學墓，用薩天錫《金陵懷古》韻

燕子高飛，天已兆、興王消息。全不料、讀書種子，崛强讀平聲猶昔。痛哭不批傳國詔，血痕石上猶堪識。到而今、望帝一聲聲，鵑啼急。　瓜蔓也，窮羅織。遺骸也，應無迹。奈墓碑高矗，上摩星日。遥望孝陵抔土在，夜台相見君臣泣。怕春來、原上草離離，王孫碧。

賀新郎 京口懷古

地盡長江險。矗危樓、如横强弩，古今天塹。爲問紫髯殘霸跡，城上曉烏啼散。更顧曲、周

郎一返。好借東風吹客夢，聽金山、夜夜鐘聲遠。興與廢，倩誰管。　堂堂帝胄乘龍選。惜無端、釁生荆楚，頓忘炎漢。小妹何關分鼎事，忍使宮車望斷。棄銅雀、當年舊怨。欲着阿瞞爐火上，笑獅兒、有弟仍豚犬。千古恨，春潮滿。

柳梢青　瓜洲夜泊

潮平岸闊。江淮分處，恰宜宵泊。自古瓜洲，兩三星火，幾家村落。　參差煙樹昏茫，何處認、唐時城郭。月色如霜，沙痕似雪，淒聞吹角。

念奴嬌　青口贈妓

舊情衰謝，驀從頭、又被卿卿誤我。暖語回春忘夜永，坐到更闌燈炧。欲笑還顰，將行又

住，斜立嬌無那。輕身迴抱，相貽唯有櫻顆。『碧玉歌迴，身向郎挽櫻顆』，見史詞。　曉走送別殷勤，慵妝未褪，眉黛深深鎖。十日句留魂付與，曾未鎖魂真箇。□緊荑苗，慢移蓮步，形影終抛躲。紅巾持贈，昨宵粉淚猶涴。

滿江紅　嘲雛妓寶鈴

暮雨瀟瀟，浣不盡、俗塵如許。空辜負、韶顏稚齒，月圓三五。覷破酒邊歡笑假，聽殘曲裏宮商誤。算臨行、曾未一迴眸，冥鴻舉。　天生就，摇錢樹。人習慣，隨風絮。怕春花秋月，等閑虛度。身小未諳長袖舞，眼低只愛多財賈。論纏頭、纖手數能工，河間女。

浣溪沙　夜雨宿姑蘇

破楚門前駐客舟。金閶亭外酒家樓。二年九

度過蘇州。老去聽歌情興倦，夜深隔壁尚吴謳。晚風吹雨溼鄉愁。

望海潮　兖州道中　赴曲阜與孔燕亭上公送葬

霜林凋盡，煙嵐睡足，緣途烽火新收。海岱暮雲，青徐迥野，何人臨眺登樓。寂寞古瑕邱。自浣花題句，勝蹟千秋。魯殿秦碑，往來詩客尚句留。　朔風晚入貂裘。正寒光霽色，積雪盈眸。林雀凍拳，橋虹冷鎖，殘陽未下城頭。生死等浮漚。歎素車白馬，兩游度來游。邈矣鍾期，高山一曲不勝愁。己酉九月，余曾赴曲赴公太夫人葬。燕亭上公精音律學，因廟中琴瑟，樂工失傳已久，曾與東武琴師王燕卿先生及余在泲商同訂正。

以上《蒙拾堂詞稿·杏雨詞》（庚申）

壺中天慢　元旦贈婢，用《漱玉詞》韻

漏殘燈燼，悄無聲複室，重簾深閉。簷鵲難呼香夢覺，辜負好春天氣。稺柳年華，嬌花情性，漸識愁滋味。昨宵無寐，遥遥心事誰寄。　輕嚀念憔悴潘郎，添香撥火，一夜熏籠倚。啓繡幃千萬喚，半晌偎人坐起。餳眼倦開，酥胸羞露，弄盡嬌憨意。低聲先問，盆花今日開未。

憶秦娥　秦淮元夜，用太白韻

笙歌咽。傷心一片秦淮月。秦淮月。幾番曾照，玉人離別。　人間歲歲燒燈節。青天夜夜清幽絶。清幽絶。嫦娥愁鎖，舊時宫闕。結略寓榛苓意。

人月圓　賦水仙

幽香不惹盆梅妒，也占一枝春。朝朝妝罷，流香漲膩，洗出仙根。水仙根最喜洗滌，用婦女盥面水尤佳。每日有雛婢專司其事。　柔情欲訴，玉人去後，誰與温存。燈邊孤另，琴中哀怨，幾度黄昏。

蝶戀花　有贈

睡起朝朝梳洗懶。雛髮蓬鬆，故使檀郎見。一見一回腸一斷。斷腸偏在司空慣。　别後風光春未半。楊柳青青，目送行人遠。家住秦淮臨水面。夢魂夜夜江南岸。

浪淘沙　再贈

几榻暗生塵。寶鴨誰温。碧窗愁見唾絨痕。落盡梅花簾不捲，細雨黄昏。　桃葉渡頭春。何日通津。殷勤寄語畫樓人。記取王郎臨渡曲，説與桃根。

桂枝香　春寒

中和節近。甚特地春寒，勒回花信。冷暖陰晴變幻，總成愁悶。東君懶作羣芳主，但些須、生機猶靳。霎兒吹雨，霎兒吹雪，風也無準。　倩誰向、天涯問訊。正門掩黄昏，穗燈摇暈。素被空篝，一夜怎生安枕。尋春只説江南好，竟饒添、幾番新恨。惜花人去，料知今夜，玉梅飄盡。

浪淘沙　春陰

岸柳曉煙顰。花信氤氲。望春望遠盡消魂。莫説江南風景好，終日黄昏。南京近日戒嚴。　芳草憶王孫。慘緑纔匀。登樓愁煞倚欄人。

瓊島迢遥何處是，西北浮雲。瓊島春陰，燕京八景之一。

水龍吟 清明節後作，卻寄楊薈生同年

子規啼過清明，飛花撩亂知多少。思歸庾信，傷春杜牧，者般懷抱。槐火鬪茶，杏帘沽酒，幾多憑弔。試去倚危欄，斷腸煙柳，誰爲我、留殘照。　時序那堪追憶，好風光、頓成煩惱。鳳樓迢遞，鞦韆紅索，舊時曾到。輦草萋迷，宫花寂寞，莫談天寶。自霓裳曲罷，衆仙零落，共青娥老。玉溪生詩『鳳樓迢遞憶秋千』，程午橋箋云：『繫心君國之語。』前闋結用幼安詞。

柳梢青 奔牛鎮弔陳圓圓

浣花鄰里。貯金姓氏，驚閨家世。天與傾城，一朝興廢，實關斯雉。《常州志》：『圓圓，陳姓。父業驚閨，俗呼爲陳貨郎。』木君士憤言云：『圓圓生時，羣雉集屋，因呼爲野雞。』又云：『一朝興廢，實係斯雉。』　英雄無奈多情，竟博得、娥眉效死。池上花開，衡陽雁斷，並頭誰寄。《頤道堂詩》注：『雲南城破之日，圓圓自沈於商山寺之蓮花池，即葬池旁。是年蓮花皆並頭。』三桂兵敗，死衡州。

離亭燕 道中詠菜花，卻寄劉子鶴同年

幾日金篦挑就。十里方畦如繡。日色晴明風力輭，嫩碧嬌黄微皺。浪蹙錦雲翻，錯認麥秋時候。　漸覺緑肥紅瘦。莫向春光僝僽。千樹園桃花浄盡，百畝庭苔依舊。紫陌又斜暉，前度劉郎來否。

沁園春 杏花

春雨江南，溼盡嫣紅，總是斷魂。憶瓊林賜

燕，映杯色淺，玉街走馬，壓帽枝新。碎錦坊前，含章殿裏，曾侍宮車過往頻。流年迅，悵夜闌人静，歎息常聞。《揚州事迹》：「太平園中有杏數株，每至爛開，夜闌宴罷，或聞花有歎息之聲。」　愁人。舊夢成塵。算幾度、花時負卻春。歎欲簪鬢髮，還羞鏡照，偶撩衫袖，子山賦「杏子衫輕」。猶帶香薰。杜宇聲殘，緑楊影瘦，深巷那堪又夕曛。無聊甚，問酒家何處，且醉前村。

人月圓　對鏡有懷

筠疏不障韶華住，瘦煞捲簾人。薔薇謝後，蜂媒蜨使，也解傷春。周美成薔薇謝後作《六醜》詞云：「但蜂媒蜨使，時叩窗槅。」　樓空人去，黄昏守著，獨自消魂。白留粉指，紅沾香唾，總是愁痕。《漱玉詞》：「守着窗兒，獨自怎生得黑。」「粉指」見美成詞。楊孟載詩：「笑嚼紅絨唾碧窗。」

沁園春　王君蟫齋因事過甯，同泛舟秦淮，賦此

舟上招雛妓金靈芝侑觴，未至。聽歌船角，妓小金鈴唱數曲，匆匆買船赴鄂。別後寄來七絶四章。余自國變後不復作詩，慚無以和，因隱括其詩中語，成《沁園春》一闋云

聞説王郎，夢想秦淮，垂二十年。喜銀箏緑酒，今朝萍聚，珠簾畫舫，到處花妍。憑弔興亡，感懷今昔，付與吴娘一曲傳。旁枝豔，縱金鈴繫處，仍憶商山。堪憐。滄海桑田。把老去、心情託管絃。奈風流三影，狂如子野，霜華兩鬢，悴比潘安。紅豆窗寒，余舊號紅豆館主。紫筠館悄，蟫齋別號。幾度別離魂黯然。帆風便，趁江潮有信，早買歸船。

念奴嬌　中秋夜雨無月

秋霖無賴，攪團圓佳節，一番虛度。聞説瓊樓

高處好，欲學坡仙歸去。有興乘風，無情阻雨，宮闕知何許。今宵望斷，世間多少兒女。　莫是竊藥姮娥，自悲孤另，淚灑清虛府。更苦開元遺曲，難覓霓裳舊譜。斫卻層雲，放開金鏡，擬借吳剛斧。酒殘燈燼，令人盼殺天曙。東坡「玉宇瓊樓」之句，忠愛纏綿，上邀神宗睿賞。遭際明時，令人豔羨。余每讀甯戚「長夜漫漫何時旦」之歌，輒俛仰身世，感喟靡已也。

漁家傲 有贈

小字蓮香人姓楚。唐妓楚蓮香每出，則蜂蝶隨之。依人小鳥常來去。家在秦淮南岸住。連日雨。凌波溼透珊珊步。　近日禪心泥上絮。半生苦被空花誤。鏡裏霜華秋色暮。刪綺語。挑燈又草閑情賦。

念奴嬌 辛酉仲冬，余權同里榷政期滿，回甯。本鎮紳商餞余於米業公所，即席賦此

名流勝地，恨瓜期只許，一年而已。祠拜三高金鑄像，豔説鴟夷三徙。敝屣尊榮，成名貨殖，一棹煙波裏。流風餘韻，至今猶播閭里。　對話滄桑多少淚，杯酒相逢知己。明日登舟，湖雲湖樹，黯淡天無際。如聞嗚咽，垂虹橋下流水。

以上《蒙拾堂詞稿·杏雨詞》（辛酉）

菩薩蠻 感懷二首，效陳子高

春風十里朱絲鞚。長安走馬歡成夢。結客少年場。杏花沾鬢香。　鴛鴦三十六。醉向花叢宿。覺後瑣窗明。六街殘燈聲。

其二

江南春色連朝雨。呼晴布穀嘑聲苦。雲樹黯天西。登樓望轉迷。　落花誰是主。燕子呢喃語。街鼓報黃昏。夜寒深閉門。

浣溪沙　寒食

幾樹垂楊拂畫橋。一篙春水蕩蘭橈。殊鄉寒食又今朝。　桃葉渡頭沽酒旆，杏花村口賣餳簫。江南風景轉無聊。

望海潮　姑蘇道中

雨揩隄柳，風梳畦稻，新晴暑氣全收。層塔半天，古城一角，望中指點蘇州。何處洗粧樓。自采香人去，梧葉飄流。剩有煙巒，雙眉顰黛似儂愁。　殊鄉幾度淹流。甚倦郵荒館，越

曲吳謳。冷淡宦情，婆娑老意，鏡中霜雪應羞。歸夢鵲華秋。想橋邊貰酒，湖上維舟。風鶴頻年，料應零落舊時游。

浣溪沙　曉起

一穗殘燈懶更挑。香衾虛度可憐宵。曉窗開處覺秋高。　波底羣魚爭撥刺，水邊小鳥遞啾嘈。夜來風雨長新潮。

慶春澤　徐州

落日鎔金，餘霞散綺，亂峯迴合徐州。幾輩龍興，野花零落山邱。人生萬事浮雲寄，憶蒓鱸、何似歸休。怕登樓。齊魯青青，鄉思難收。　十年宦海飄蓬苦，又城烏噪晚，塞雁驚秋。如此風霜，孤眠諳盡荒郵。酒殘燈燼無聊賴，聽吳娃、隔壁歌謳。似鄰舟。商婦琵

琶，撥盡閑愁。

采桑子　汴故宮

六街行盡疑無路，迎面宮坊。夾道溪塘。蘆葦叢中出野航。　樓高不見陳橋驛，佛殿荒涼。王氣埋藏。鎮塔鈴聲送夕陽。

揚州慢　秋日過洛陽，以不得見牡丹爲恨比也

京洛名區，魏姚仙品，折腰欲拜花王。奈秋風凜厲，正氣肅嚴霜。算今日、看花没分，欄迷百寶，亭隔沈香。笑人間、富貴何曾，炊熟黄粱。　感今弔古，向河山、閑話興亡。任主人豪俊，平原水涸，金谷園荒。一歲幾多春色，金飆只在殿西涼。看北邙山下，荒煙衰草斜陽。

浣溪沙　商邱道中書所見

四面樓台柳影中。流水飄瞥閃驚鴻。輪蹄無賴太匆匆。　卻恨門前花隱約，生憎簾底月朦朧。相思只在一衫紅。稼軒詞：『行人曾見，簾底纖纖月。』《詞苑》：『纖纖月，喻足也。』

西江月　有贈

雨洗汀花紅瀅，風梳岸草青鋪。小家碧玉對窗居。纔可容顏十五。　兩頰夭桃初綻，雙眉媚柳新舒。分明一幅浣紗圖。隔水盈盈不語。

雙調望江南　本意　四首

江南好，最好是秦淮。舞榭家家留客住，歌船處處逼人來。乘興且徘徊。　黄昏後，風月更無涯。耳畔喧闐羣籟集，眼中飛舞萬花開。

無處著愁懷。

其二

江南好，最好莫愁湖。紅綻池蓮風定後，緑揩隄柳雨晴初。山色故鄉無。　華嚴寺，覽古意踟躕。一代元勳留勝蹟，六朝名妓搨新圖。回首劫灰餘。

其三

江南好，最好雨花台。俯瞰城中全景出，遥看天際大江來。對此暢吟懷。　暝煙動，緩步下層崖。文石玲瓏巖水滴，荒營岑寂野花開。村路儘徘徊。

其四

江南好，最好是鍾山。遠岫侵分城一角，晴雲幻出景千般。殘照下林巒。　興亡迹，憑弔意悠然。廢殿蓬蒿無燕入，荒陵松柏有龍盤。王氣久闌珊。

人月圓　臘梅、水仙

葭灰吹盡東風懶，猶未放春還。舊游夢裏，冰凝洛浦，雪壓孤山。　仙肌勝玉，柔情似水，月下燈前。如斯風味，老夫消受，莫誚清寒。

以上《蒙拾堂詞稿·杏雨詞》（壬戌）

滿江紅　濟南元夜

冶葉倡條，渾不是、舊時春色。憶帝里、金吾放夜，已成陳迹。徧地煙塵歸故土，滿城簫鼓喧今夕。倩東風、一向雪中探，梅消息。　萍梗泛，天南北。春夢醒，懷京國。換一番時序，一番悽惻。風月有情誰是主，湖山無恙曾相識。問嫦娥、照見幾人愁，滄桑客。

前調 叠前韻，贈李雲林同年

歲歲秦淮，看足了、白門柳色。剗地夢、河陽花縣，故人萍迹。江樹嵩雲相望久，何期蓮幕同晨夕。但霓裳、舊隊盡飄零，笙歌息。　紅羊劫，連南北。銅駝淚，愁家國。問童年游釣，雨悽風惻。廡下新傭聊復爾，夜游故將誰能識。拚殘年、碌碌且因人，平原客。

前調 再叠前韻，贈歌妓紅拂

枯館無聊，忽餉我、一枝春色。最堪憶、雙鴛冰透，雪中香迹。小住難忘攜酒處，相逢況在燒燈夕。記清歌、妙舞幾何時，音塵息。　聞家在，長橋北。尋已徧，青蕪國。似重來崔護，望門悽惻。萬紫千紅開別院，無心再向東風識。賸芳名、曾共古人傳，虬髯客。温飛卿《春江花月夜》詞：『花庭忽作青蕪國。』

菩薩蠻 春閨

庭花過雨胭脂溼。香階辛苦雙鴛迹。海燕貼簾飛。畫堂人未歸。　黃昏心緒惡。月轉闌干角。兀坐穗燈殘。紅窗枕手眠。

滿江紅 三叠前韻，重游燕京有感

小別春明，又換了、幾番景色。誰更憶、龍興虎視，四朝遺迹。一片陰雲瓊島黯，半規殘照金台夕。問當時、屠狗尚存乎，悲歌息。　金鼓震，關山北。衣冠假，槐安國。算興亡離合，盡成酸惻。燕子堂前春已去，桃花觀裏人誰識。賸題詩、今日又重來，劉賓客。

憶王孫　感舊

芳齡卻憶簸錢時。説與相思總未知。悔煞揚州杜牧之。再來遲。落盡深紅子滿枝。

浣溪沙　書所見

浴罷豐肌雪比妍。生成笑靨月常圓。雲英未嫁破瓜年。　莫是昨宵情思苦，晝長人静困孤眠。鬢花鬆壓睡容鮮。

漁家傲　中央公園遇雨

古柏拏雲青夾路。清涼院子深深處。四座品茶喧士女。天將暮。黄梅時節黄昏雨。　溼透凌波知窘辱。兜鞵小向迴廊住。嬌喘絲絲羞不語。香汗注。荷花出水含朝露。

滿江紅　四疊前韻，京師癸亥五月

咄咄炎威，陡逼换、一天風色。最苦是、高樓人去，玉階苔迹。羣卉闌珊春已過，亂鴉聒噪天將夕。拚金盤、玉筯一嘗新，無消息。　塵匝起，淆南北。夢未醒，華胥國。任黍離麥秀，旅人心惻。前度漁郎津莫問，重來鶴化城猶識。聽枝頭、杜宇一聲聲，催歸客。

漁家傲　夜雨

種得青桐纔數尺。芭蕉出色涵新碧。昨夜那堪風雨急。閑愁積。枝枝葉葉聞殘滴。　曉起扶欄成小立。玉人一去無消息。花徑凭肩纔幾日。蒼苔溼。埋香不見雙鴛迹。

浣溪沙 即景

雨洗殘陽一縷霞。小橋流水帶棲鴉。詩心清到白蘋花。　別路已隨秋草遠，遥空猶綴雁行斜。玉人芳訊隔天涯。

前調 徐州道中

林角蒼煙入翠微。晚風曳得早秋回。水田漠漠一鷗飛。　滿池緑蕪含宿雨，半天紅黯没斜暉。亂山叢裏牧人歸。

念奴嬌 白門感舊

舊時庭院，正妝樓初下，曉窗人起。雛髮長成雲入鬢，瞥眼驚鴻欲避。闊別三年，容顔纔可，一見呼名字。阿姑微笑，道余真箇强記。

苦憶女伴當時，衣香扇影，別有深情寄。聞説雲英今已嫁，竟演長門故事。欲倩飛紅，爲通尺素，恐益人憔悴。哀蟬聲裏，臨風偷揾雙淚。

浪淘沙 秦淮泛舟遇雨，招歌妓玉珍不至

罨畫水邊樓。煙藹芳洲。絲絲楊柳織成愁。雲水光中人不見，辛苦雙眸。　急雨打船頭。歌管全收。香羅疊雪不禁秋。賺盡相思無處寄，分付東流。

漁家傲 有贈

碧玉小家年十四。量珠買作康成婢。温酒添香蓮步細。嬌無倚。梨花瘦盡東風裏。　一縷柔情應暗繫。近來漸識温存意。斗看眉梢添喜氣。心腹事。含羞故向人前避。

蝶戀花　癸亥九月初三日自壽

弧矢壯懷寥落久。卅載歸來，又醉平陵酒。山色鵲華眉樣鬪。滿城風雨重陽候。　紙閣蘆簾開永晝。鴻案高風，廡下還依舊。雙鬢蕭蕭湖上柳。鏡中照影黃花瘦。

菩薩蠻

金貎寶鼎噴香霧。重簾不捲沈沈午。自在不知寒。抛書一晌眠。　菊殘猶弄色。玉手親攀摘。花顫鬢雙鴉。鳳團新煑茶。

浣溪沙　題于濬園先生松竹高隱圖

萬壑松風生晝寒。幽篁流籟入迴湍。有人高枕石頭眠。　閲盡滄桑思避世，不知何處有仙山。擬從畫裏問桃源。

生查子　題丁叔言五蓮游蹤圖

絶頂一題詩，余愛餐霞叟。叔言令祖端敏先生有《游五蓮山》詩，詩集名《餐霞》。步武起文孫，妙試丹青手。　紙上老龍鱗，疑作風濤吼。夜宿此山中，曾夢生松否。

浣溪沙　題丁叔言《夢如吟草》

玉樹慘分連理枝。牀頭錦瑟憶當時。人生最苦是相思。　我亦潘郎顚穎甚，廿年三賦悼亡詞。那堪風雪讀君詩。

滿江紅　星甫邀余游十笏園後圃，距伊令弟仲甫之殁已九年矣。詞以弔之

暮歲蘭成，最蕭瑟、小園重賦。況當此、霜林如醉，寒蛩如訴。今日看花秋已晚，當時種菊人何處。歎人生、清福最難消，天應妬。　死

生淚，紛無數。興亡恨，同誰語。任十年琴劍，斷蓬飛絮。碁局猶留安石墅，酒杯不到劉伶墓。聽黃昏、天末唳孤鴻，聲聲苦。仲甫嗜酒與碁，手談既終，拇戰又起，恒終日無倦容。

眼兒媚 十笏園感舊

雪珠微濺小窗明。簷鵲噪新晴。昨宵無寐，爲誰兀坐，剔盡寒檠。　十年不見雙鴛迹，惆悵舊園亭。露蓉霜桂，兩般秋色，一樣牽情。

浣溪沙 寒夜即事，呈鶴儕

冷伴梅花夢不成。重攜詩思到前庭。夜深苦向畫欄憑。　風起晴飛三徑雪，月來寒沁一池冰。隔窗遥睇讀書燈。

沁園春 贈陳祠部鶴儕

唯別鎖魂，況復亂離，垂十二年。歎新亭老淚，荆駝黯淡，春明舊夢，蕉鹿闌珊。兩鬢全凋，殘魂猶悸，縱飽蓴鱸亦索然。聊游醼，借名園十笏，暫作桃源。　窗前。一穗燈殘。正淒厲、風吹欲雪天。看元龍意氣，樓中人老，伯鸞流落，廡下誰憐。妄說詞宗，空標詩史，便得千秋值甚錢。君不見，彼淒涼文塚，蔓草荒煙。

前調 湯婆　一名脚婆，暖足瓶也

有物如瓶，其性温和，媲小星賢。奈心腸熱處，雖堪置腹，身軀短甚，莫獲齊肩。爐火撥殘，熏籠倚罷，賴爾登牀抱脚眠。重衾戀，喜千金貴體，春夢同圓。黄山谷詩：『千金買脚婆，夜夜睡天明。』　纏緜。送暖驅寒。擔夜度、虛名不索錢。儻有時翻手，真成覆水，無方濯足，也號温泉。迨伴春冰，如捐秋扇，可歎曾無一歲緣。炎涼換，向空房棄置，冷落誰憐。

以上《蒙拾堂詞稿·積翠詞》（癸亥）

慶春澤　元旦立春雨

竹爆聲中，桃符影裏，土牛輸入新春。細雨無端，絲絲溼到黄昏。圍爐閑煞癡兒女，步庭階、惹盡泥痕。黯消魂。天氣如斯，忒費温存。　回頭舊歲匆匆去，自龍舟鬧罷，覩晴曛。端陽節前，元首出走。荏苒仲秋，瓊樓尚隔浮雲。中秋雲遮月，元首尚未舉出。今朝臘盡春回也，者風光、兀自愁人。要從新。一歲陰晴，細問東君。

金縷曲　甲子上元夜無月

萬古團圓月。喜相逢、上元甲子，上元佳節。如此風光天亦妒，漠漠輕陰釀雪。倩誰把、層雲掃卻。擁出素娥宮闕裏，濯圓靈、不使金甌缺。人盡望，闌干角。　帝京十里笙歌歇。憶當時、良辰好景，盡成虛設。五載秦淮空照影，重認故鄉樓閣。拚再續、黄昏舊約。冶葉倡條渾不識，料鵝黄、嫩柳難攀折。羞白了，鏡中髮。

滿江紅　重游丁氏十笏園

遲日園林，又做出、一番春意。舊游處、苔深雪盡，草薰風細。新水融成魚世界，輕陰織就花天氣。傍池塘、楊柳可藏鴉，摇金翠。　僦館舍，桃源似。攜子女，斑衣戲。正中和節後，薄縣初試。竹馬行來春有迹，紙鳶飛入雲無際。驀回頭、四十九年前，兒時味。此次回灘，攜次子章垚、四女章茝。章垚年七歲，余年已五十有六矣。

采桑子　憶秦淮十二首，效六一

晴光瀲灩秦淮好，緑水平隄。緑樹鶯啼。樓角微風漾酒旂。歌聲細引船頭轉，晚景沈暉。返棹如飛。攜手橋邊踏月歸。

其二

雨絲風片秦淮好，雲水溶溶。煙霧濛濛。楊柳樓台罨畫中。吴娘一曲黄昏後，話舊喁喁。惜別匆匆。溼透淩波一捻紅。

其三

花枝近午秦淮好，睡眼朦朧。雛髮蓬鬆。斜倚妝台露抹胸。當窗梳洗遲遲慣，蘭麝膏濃。脂粉香融。僥倖何人立下風。

其四

半竿斜日秦淮好，處處傳歌。曲曲絃和。的是春聲萬户多。聯翩蛺使催花去，畫舫星羅。倩影穿梭。佐酒歸來月已趖。

其五

清明上巳秦淮好，門倚蘭舟。簾敞銀鉤。雙燕歸來認畫樓。新茶品向臨河舫，半晌勾留。一笑迴眸。薺菜花多插滿頭。寧俗以三月初三爲薺菜花生日，婦女均戴頭上以爲吉祥。

其六

端陽競渡秦淮好，臨水人家。照影嬌娃。頭上金釵五毒花。香風十里龍舟過，酒進丹砂。手撥琵琶。綵縷新添繫臂紗。

其七

荷花天氣秦淮好，熏透衣香。爇盡心香。歌舞明朝祀老郎。　五陵公子翩翩甚，占得歡場。壓倒情場。一擲千金未是狂。六月十一日爲老郎會，少年子弟争擺酒邀客，爲所歡捧場。愷、崇門富不是過也。

其八

中元法會秦淮好，夜夜盂蘭。處處樓船。一月笙歌不放閑。　船頭兒女如花貌，忘卻衣單。坐到更闌。手放紅燈萬朵蓮。七月、一月内日日有會，閏月則六十日。

其九

中秋玩月秦淮好，水榭雲連。歌吹喧天。瓜果家家列綺筵。　歸舟笑指星河曙，幾隊嬋娟。一夜無眠。金粟開殘兩鬢邊。

其十

寒天畫舫秦淮好，低壓氈廬。暖倚貂襜。雪濺瑶窗萬斛珠。　擁裘人比梅花瘦，緑酒紅爐。喝雉呼盧。一幅冬閨集豔圖。

其十一

四時佳興秦淮好，花滿春朝。月滿秋宵。賸水殘山夢六朝。　南都一載風流甚，船上笙簫。樓上嬌嬈。閱盡繁華舊板橋。

其十二

五年游宦秦淮好，鏡裏煙波。畫裏笙歌。一舸朝朝載酒過。　半生潦倒閑情賦，白日蹉跎。白髮婆娑。霧裏看花奈老何。

倦尋芳　春日薇署西園

緒風布暖，已緑池塘，殘雪消盡。廿四番中，吹過幾番芳隄信。柳欲花，金翠老，海棠初蕊胭脂嫩。半陰晴，恰釀愁天氣，暖寒無準。怕薄暮、高樓徙倚，過盡征鴻，消息誰問。岸草低迷，猶記那時離恨。雙燕定巢春社晚，一鳩啼樹清明近。鎮無聊，悶厭厭，晝長人困。

齊天樂 旅館書懷，卻寄女伶玉蓮

林鴉聒到黄昏後，纔聞數聲衙鼓。樹密拗風，牆低漏月，簾影參差當户。清和院宇。任收盡落花，化殘飛絮。懊惱天公，甚時偷换好春去。　傷春那更傷别，自舞休歌罷，嬌小何處。羅襪勾情，錦抝兜恨，猶記玉階蓮步。荒郵倦旅。正穗暈燈花，餤銷香炷。且倚孤衾，聽鄰娃笑語。『玉階』句用少游贈妓婁東玉嵌字格。

朝中措 館陶觀女伶玉蓮演劇

薰風拂暖入絲簧。遲日詠霓裳。嬌小依人慣態，輕盈入世時妝。　舊情衰謝，看花妬霧，對鏡愁霜。贏得翻詩白傅，輸他顧曲周郎。同座有吴君華東，年最少。

菩薩蠻 效《花間》，用温助教韻

曉風吹送銀蟾滅。海棠夜落胭脂雪。商略畫雙眉。嗔郎下榻遲。　前窗斜對鏡。旭日參差映。强起整裙襦。隔花聞鷓鴣。

人月圓 月夜明湖泛舟

小娃不解船行速，笑指緑萍開。風吹蘆葦，横枝蕭槭，拂過窗來。　中流容與，鄰舟相傍，簫鼓如雷。釵光鬟影，花明月暗，舊夢秦淮。

減字木蘭花　甲子秋暮

白雲歸去。明月清風留不住。南雁雙飛。秋日郊原禾稻肥。菊殘猶傲。老圃荒寒君莫笑。臭味差池。除卻春蘭那得知。

滿江紅　甲子秋日感憤，用宋王昭儀清惠《北行題壁》原韻

一朵宮花，到棼尾、無多春色。應悔殺、素娥靈藥，碧天金闕。淚雨紅熒山枕畔，鬟雲緑暗妝台側。歎日邊、天上總虚名，芳香歇。玄鳥瑞，從今滅。銅駝恨，憑誰説。誓宮門死守，捋襟題血。臥轍空依長信草，後車不載昭陽月。袖深籠、隱痛怕君知，荑苗缺。

人月圓　甲子秋日感憤，用吴彦高『南朝千古傷心事』歌之

漢宮搖落成秋色，木葉尚餘殷。霜冰一至，炎涼頃刻，天上人間。十年殘夢，兩行老淚，千里關山。塞雲南渡，夕陽西下，愁滿長安。

蜨戀花　甲子寒夜

老去悲秋情已倦。雪虐風饕，又是殘冬半。欲寄梅花消息斷。樓高不見南來雁。枕上孤韇冰淚滿。夢到江南，驀被風吹轉。一穗燄釭挑復黯。漫漫長夜何時旦。

其二

北地霜風淒又緊。塞管吹來，消息從誰問。雨雪霎時天亦靳。陰晴變化無憑準。日暮天寒無賴甚。蹀躞争枝，聒耳鴉成陣。節鼓聲中殘臘盡。春歸盼煞江南信。

其三

占得牡丹花下住。勝日尋春，春在繁華處。聞説驀地重陽風和雨。美人歲晚嗟遲暮。已乘黄鶴去。日暮樓頭，目斷晴川樹。江上煙波愁不渡。天涯風雪無歸路。

其四

長夜澆愁唯對酒。酒入愁腸，磊塊還依舊。青女素娥寒共鬭。亭亭霜月如清晝。塞上幽花魂影瘦。江北江南，環珮歸來否。北斗闌干相望久。凍笳吹裂黄昏後。

減字木蘭花　題郭鏡虚詩卷後

風流小阮。分得浣花香一瓣。曾否移情。我亦攜琴海上行。退甘三舍。秋柳詩如經乍寫。無佛稱尊。賫笛吹成再傲君。鏡虚爲蓉汀師令姪，家學淵源，瓣香老杜。《漁洋詩話》：『秋柳原唱如初寫《黄庭》，恰到好處。』吾鄉周草窗詞一名《賫洲漁笛譜》。

以上《蒙拾堂詞稿·檟翠詞》（甲子）

蜨戀花　濰陽十二月鼓子詞　并序

三十年來故鄉重蒞，兵燹之餘，談虎色變，太平景象零落盡矣。因仿宋六一子作《濰陽十二月鼓子詞》。但時勢不同，感觸亦異，故略於花月閑情，而詳於鄉土故事，尤不欲涉及閨情，落詞家窠臼。雖聲希味淡，撫今追昔，不啻一字一淚也。詞中鄉音俗語，非注不明，諒之

正月陽和新布濩。綵杖繽紛，百戲衙前聚。一路鑼聲敲不住。迎春飛向東郊去。轉眼上元燈節遇。度巷穿街，徹夜魚龍舞。踏月歸來天欲曙。枕邊隱隱聞簫鼓。立春前一日，百戲雜遝，齊集縣署，一鑼開路。其行如飛，隨後同城官俱到東郊迎春。纏五色紙縷於葦杆上，謂之『春杖』。官役軍民人等

均執之，以迓春庥。自元夜起至二月二日止，各處玩龍燈，徧游街巷。金鼓之聲，徹夜不絕。

其二

二月嫩寒新雨後。白袷初成，社日停針繡。閑把兒童歡喜逗。家家報捷烘糖豆。　庭院團圓灰印就。囤樣層層，預祝豐年有。布穀枝頭啼永晝。花朝接着春耕後。二月二日以糖麵煼豆，謂之『報捷』。以灰畫地作圈，層層叠叠，謂之『安囤』。

其三

三月清明槐火換。茶肆星羅，席地沙灘畔。風送蘆弓聲一片。紙鳶賽滿南河岸。　碧玉小家呼女伴。四面秋千，篩得團圓轉。幾朶紅雲衣按茜。鴉雛金碧松釵顫。清明日，游人齊集白浪河南沙灘露地，鋪席啜茶。以葦作弓，縛紙鳶背上，迎風響徹雲霄。坎地豎一木柱，上綴横梁，四面繩繫畫板，謂之『轉去聲秋千』。小家女子著紅襖褲，圍坐畫板上。柱下圍以木柵，內有人推柱使轉。節之以鑼，當鑼聲急時，推走如飛。畫板篩出丈餘，危險已極，小女子得意自若也。以金翠紙粘松枝插鬢上，謂之『松釵』。

其四

四月薰風吹乍暖。浴佛良辰，齊了香花願。新熟櫻桃時食薦。筠籠饋送忙新串。　濱海魚蝦登市賤。加級呈鮮，兩字嘉祥占。路上腥風楊柳貫。兒童先貢先生饌。

其五

五月夏中天漸暑。朔日迎神，儀仗紛無數。枷鎖赭衣排滿路。銀鉤掛臂盤香炷。　葦葉層層纏角黍。五毒驅除，酒和雄黃煑。繫腕綵絲長命縷。侵晨插艾當門户。五月一日爲城隍出巡之期，儀仗鮮明，銜接數里。爲父母病或自己病許願，謂之『代罪』。枷鎖鏗然，赬衣滿路。或用銀鉤掛臂，綴以盤香，以木拐自兩腋撐之，謂之『掛盤香』。有掛至十餘盤者，云誠心許願，毫無痛苦。以葦葉包黍米，謂之『端午糉』。飲雄黄酒以除五毒。以五色絲繫小兒臂。門上插艾五日，或簪鬢上。

其六

六月鄉村新麥賤。煼麵迎時，城内遺親串。開篋曬書防蠹患。乘鮮夾入荷花瓣。　大雨時行溪水漫。半畝蓮塘，消夏城東畔。葉底紅魚長尺半。放生池對觀音院。六月六日用新麥炒熟，磨細，謂之『炒麵』。晒書，以荷花瓣夾之，不生蠹。荷花灣在城東北隅，上有觀音堂，本梁氏香火。隣灣即放生池，池内金魚長數尺。

其七

七月河銀雲澹宕。乞巧樓中，猶自羅蛛網。秋祭豐年馨秬鬯。送神麻穀拋簷上。　勝會盂蘭甘露降。萬朵紅蓮，手向河中放。高築法壇懸佛像。經文梵語通宵唱。七月七日，用蛛絲乞巧。十四日，祭先於寢，供麻穀。祭畢，將麻穀拋向臨街屋上。十五日盂蘭會，以打醮誦經，以城裏荷花灣爲最盛。

其八

八月中分秋一半。棗餅層層，面鏤千花瓣。棗上插香香不斷。小兒對月聲聲念。　亭亭火樹蒿燈轉。燈燼歸來，忙底分神饌。雪藕冰梨堆滿案。一家男女團圓宴。中秋日，蒸月糕，用麵餅兩層，中夾以棗，面上四圍鏤花，中貫以棗。月上，小兒女置之矮橙上，棗上插香一炷，齊輕呼喚，謂之『念月』。其詞曰：『念月了，一斗麥子一箇了。』鄰近接聲，洋洋盈耳。用蒿杆枝，上遍粘香炷，兒童特向街頭轉去聲之，名蒿子燈。一家拜月畢，小兒女爭分供養。調甜藕、甜梨，一家圍坐，飲團圓酒。

其九

九月深秋風景異。節近重陽，醞釀登高意。分類別名牌上記。南門鬻菊花成市。　遠上程符山十里。戰壘書堂，弔古情靡已。醉著歸鞭吟興起。麓台片月黄昏裏。南城門外有菊花市，名類繁多，均於花上懸木牌記之。程符山一名浮煙山，距城十餘里，有古戰壘、南燕太子讀書堂。邑人登高多集於此。麓台在程符山巔。『麓台秋月』爲邑八景之一。

其十

十月孟冬寒氣至。禾稼登場，野外清於洗。風捲紙灰飛滿地。家家提榼墦間祭。夜静書聲清入耳。晝短宵長，初試青燈味。油盡燈昏人欲睡。半窗斜月涼如水。十月一日，家家掃墓。鄉城各塾均於十月朔添讀書燈。

其十一

十一月陽生長至屆。一錢添來，冬日真堪愛。大雪先日祭先先例在。黎明齊向師門拜。九九裝成銀世界。堆作獅兒，雄距蓬門外。九九圖成沿户賣。消寒雅會年年賽。冬至前一日，各祭其先。黎明，各拜其師，不賀節。文人詩客作消寒會。

其十二

十二月嚴寒風怒吼。七寶調和，臘粥濃於酒。下界是非嫌洩漏。朝天司命餳粘口。兒女分錢歡笑逗。獸炭生温，一夜團圓守。爆竹喧天如爓豆。麻稭布地香添斗。臘八日，以黄米、紅棗煮粥，互相饋送。二十三日，醉司命，俗名辭竈。謂竈君上天報是家一年善惡，故供必用膠餳，借粘其口，省説是非，迷信可笑。除夕以錢分給子孫，謂之『守歲』。一夜爆竹喧天，達旦不絶。庭中焚斗香，以芝麻稭布地，夜起蹴踏作響，以爲吉祥。

吾邑郭子嘉先生曾作《濰陽竹枝詞》若干首，化俗爲雅，古趣盎然，他年採入縣志，足爲吾邑騷壇生色。但善言鄉土，詩固尚矣，詞亦宜之。考《花間》所載歐陽舍人炯、李秀才珣《南鄉子》諸作，新豔無匹，即詞中竹枝體也。北宋一變爲鼓子詞。六一集内獨擅勝場，視舍人真不愧家學矣。金、元以來，詞曲淆亂，作者遂寥若晨星。余以兵燹餘生，由後溯前，因衰思盛，遂自忘莽陋，聊爲效顰。儻異日纂修縣志，不棄瓦缶，得附子嘉先生驥尾，則幸甚。因寫付及門丁君稼民存之，以備輶軒之採擇焉。時在乙丑仲春花朝前一日，濰陽梁文燦質生氏再跋於金陵旅次。

水龍吟 彭城懷古

春來笳鼓聲中，列營細柳舒金縷。脈連淮泗，氣蒸芒碭雲龍虎。百戰雄威，重瞳霸業，將軍西楚。甚阿房一爐，三秦敝屣，圖衣錦、歸鄉土。　至今雙瞻廟貌，想君王、癡情兒女。野鷄名穢，婁猪歌閧，英雄羞數。一劍清芬，當時只有，虞兮千古。問香墳草長，爲誰腰折，作迴風舞。

揚州慢 正月十九日過京口，用白石韻

解凍風光，收燈天氣，舟車遞換郵程。待過江十里，認夾道山青。甚重疊、戰雲過後，哀鴻如織，唳鶴疑兵。但春潮、寂寞宵深，猶打空城。　綸巾羽扇，料將軍、談笑無驚。問前度周郎，未應拋卻，顧曲閑情。今夕不知何夕，風流歇、絕豔歌聲。賸營前細柳，劫灰飛盡還生。

高陽台 白門旅邸書懷

抱玉三朝，懷書十上，東風吹老年華。候館春寒，吟魂瘦盡梅花。斷鴻唳徹天邊月，倚孤檠、山枕攲斜。更禁他。樓上哀絃，城角悲笳。　雲英未嫁重相遇，憶鶯喉百囀，鴉鬟雙丫。憔悴三年，新愁也到琵琶。桃根桃葉無消息，倩青禽、傳語誰家。漫興嗟。紅袖青衫，都是天涯。

點絳脣　春日偶成

春到江南，一天煙雨供愁悶。嫩寒未盡。勒住羣芳信。　姹紫嫣紅，載酒今無分。撩新恨。亂鴉成陣。又是黄昏近。

浣溪沙　即事有感

惻惻餘寒未肯降。江南風景轉茫茫。争春梅雪費評章。　得水魚兒殊自樂，營巢燕子爲誰忙。危欄煙柳正斜陽。

其二

徑僻苔深轍迹稀。朝來雲罅露晴曦。舃尼噪上最高枝。　傍户緑楊春跌宕，隔溪芳草晚凄迷。王孫幽怨有誰知。喜鵲名舃尼，出《藏經》。

水龍吟　春日秦淮閑步

東風吹漲秦淮，一汀煙草平如翦。釀愁天氣，霎晴霎雨，宜寒宜暖。最苦無聊，看花信渺，鬬茶期遠。甚柳橋停泊，蘭舟延佇，閑風月、無人管。　依依渡頭桃葉，問當時、情緣深淺。舊顔衰謝，而今誰復，商量絃管。緑窗花好，不如歸去，欲歸還嬾。任天涯倦客，年來幽恨，共春潮滿。韋莊詞：「勸我早歸家，緑窗人似花。」

瑞龍吟　白門新柳，用周清真韻

台城路。恰好半緑纔黄，露條煙樹。紫以上代平騮認得游蹤，長亭十里，那回别處。　聊延佇。猶記倡樓蘇小，春藏庭户。泥郎巧畫宫眉，章臺歸後，臨窗細語。　三載重來小住，似曾相識，眼波飛舞。最苦永豐無人，門巷非故。蠻腰蹀躞，誰問香山句。從今更、聽鶯倦耳，尋花慵步。錦瑟年華去。風流誰識，當時張緒。舊曲銷金縷。怕又到，送春連朝風雨。亂紅飛盡，一池萍絮。

人月圓 有贈

畫船省識東風面，烟雨織情絲。合歡紈扇，同心跳脱，盡寄想思。曲中勾引酒邊歡，笑舊夢依稀。不堪重過，百花巷北，萬竹園西。

生查子 有贈

經得離別多，始識情滋味。久別喜重逢，喜極翻成淚。體憊罷追歡，語碎難尋寐。終夜倚鴛衾，共翦殘燈穗。

減字木蘭花 即墨道中書所見

花光閃爍。驚看纖纖簾低月。值得魂消。削出紅菱別樣嬌。在絲爲履。陶令閑情聊一寄。薄采葑菲。願化游蜂相趁歸。

眼兒媚 青島寒食

風風雨雨幾時休。狼籍起閑愁。那堪歲歲，清明時節，異地勾留。萍蹤五載飄零甚，逆踏青游。田横島裏，杜康泉上，孫楚樓頭。

浣溪沙 青島樓居即事

嵐氣陰陰接夕煙。海風吹上畫樓偏。清明三月尚微寒。別淚濺花紅著雨，離愁縈草碧粘天。滿腔心緒倚闌干。

減字木蘭花　讀《情史》八首　并序

夫去國忠臣，寄興香草；立朝賢相，寓意梅花。例以彭澤令之閑情則是，擬諸登徒子之好色則非也。伊古以來，史乘所載，或爲名臣，或爲醇儒，或忠孝格天，或文章蓋世，未免有情，誰能遣此？人而無情，非木石，鮮不爲奸慝矣。偶讀《情史》，得數人焉，因其事實，譜爲聲歌，得《減字木蘭花》八闋。至於風流自賞，不受名教束縛，如東坡、六一輩，概不與焉。篇中隸事概從《情史》，並節録原文。凡詞中未涉及者，不備録

其一　太史公

娉婷弱質。福地洞天留豔迹。椽燭青青。喜傍文星作小星。龍門不腐。鶼鰈相隨泉下路。挽住雲軿。千古同州長短亭。《情史》：隨清娛，平原人，司馬遷侍妾也。年十七歸遷，凡遷游名山必以隨。至華陰之同州，清娛留而遷入京師，遂陷腐刑。未幾，病卒。清娛聞之悲憤而死，州人葬之某亭子下。長卿氏曰：『清娛至今如生也，龍門於是不腐矣。』

其二　蘇子卿

吞毡嚙雪。十九年中心似鐵。胡婦綢繆。百鍊剛爲繞指柔。情緣天啓。麟閣功高能不祀。藐藐遺孤。海上歸來有蚌珠。《情史》：蘇武居匈奴十九年，曾與胡婦生子。後武男元從燕王謀反，伏誅，上命求胡婦子爲武後。又云不有胡婦子，武嗣絶矣。天或啓其情，以延忠臣之世乎？

其三　韓文公

殘年渴病。火庫有靈難續命。潭水深情。值得鴻毛一擲輕。流鶯飛去。擺亂春風留不住。静待歸期。攀得桃枝勝柳枝。《情史》：韓退之有二妾，曰絳桃、柳枝。退之出使還，柳枝已踰垣遁去，惟絳桃在。乃作詩云：『別來楊柳街頭樹，擺亂春風只欲飛。惟有小桃園裏在，留花不發待春歸。』自是專寵之。又云：昌黎晚年頗親脂粉。故事，服食用硫黄末攪粥飯，啖雄雞，不使交

千日，烹庖，名火靈庫，健陽。間日一進，終致隕命。柳枝踰墻，反是愛公以德。

其四　范文正

垂螺覆額。飛上瓊筵初趁拍。慶朔堂前。管領東風桃李年。　孤眠滋味。一夢江南雙枕淚。尺素遥盼。猶買胭脂贈好顏。《情史》：范文正守鄱陽，喜樂籍一小鬟，未幾，召還。作詩寄後云：『慶朔堂前花自栽，便移官去未曾開。年年憶着成連理，爲托東風管領回。』到京後以胭脂寄其人，題詩云：『江南有美人，別後長相憶。何以慰相思，贈汝好顏色。』又公詞云：『酒未到，先成淚。殘燈明滅枕頭欹，諳盡孤眠滋味。』

其五　司馬温公

游僊一枕。春入僧房香夢穩。捫虱人來。牆外流鶯喚不回。　西江月好。飛絮游絲深院裊。老去風情。轉世梅花宋廣平。　荆公詩『青山捫虱坐』。《情史》：司馬温公以妓會飲僧房，荆公往迫之，妓踰垣去。荆公集句所謂『鶯回一枕游仙夢，又逐流鶯過短牆』也。温公《西江月》詞：『飛絮游絲無定，又深院月明人静。』楊元素學士見之云：『此老風情亦不薄。』

其六　胡忠簡

十年浮海。身得生還心未改。一醉君恩。湘水淺深雙淚痕。　英雄兒女。至性一般流肺腑。畢竟情多。面上梨花頰上渦。《情史》：胡澹菴貶海外，北歸之日，飲湘潭胡氏園，愛妓黎倩留題壁間詩云：『君恩許歸此一醉，傍有梨頰生微渦。』朱元晦有詩『十年浮海一身輕』云云。

其七　趙清獻

梅媒杏幸。眼底色塵仍未浄。幾度花催。忙殺聲聲羯鼓撾。　轉頭頃刻。自喚姓名行不得。坐鎮無驚。幕後終虧一老兵。《情史》：趙清獻帥蜀，有妓戴杏花，戲詠云：『髻上杏花真有幸。』妓應聲云：『枝頭梅子豈無媒。』逼晚直宿，兵呼之不至，復令人速之。

趙周行室中，忽自呼曰：『趙忭不得無禮。』遂令止之。老兵忽自帳後出曰：『雖承命，實未嘗往也。』

其八　張忠定

浣紗人豔。春色錦江流不斷。清夜鐘聲。兩字高呼不可行。　三年完璧。柳下一時翻易易。綠酒銀箏。更有閑情賦小英。

《情史》：張忠定帥蜀日，選一小女浣滌縫紉。張中夜心動，厲聲自呼曰：『張詠小人，不可不可。』又云：公在蜀娶，三年後歸其父母，猶然完璧。又於席上贈官妓小英歌，結云：『爲我高歌送一杯，我今贈汝新翻曲。』

滿江紅　暮雨感懷

別夢依依，驀回首、江南春好。曾幾日、蕭郎陌路，侯門深窗。設誓已成烏鯽墨，傳言不過迦陵鳥。趁瀟瀟、暮雨且歸來，愁多少。　年華迅，春光老。炎涼換，秋風早。憶妝台問字，阿侯嬌小。新捲湘簾惟燕入，舊行花徑無人掃。剩篋中、一紙定情書，塵昏了。

《河中之水歌》：『十五嫁爲盧家婦，十六生兒字阿侯。』

高陽台　夜行口占

雲濬於煙，露涼如水，無邊夜色沈沈。生怯尖風，時來吹敞羅襟。此情欲訴天邊月，恨天公、無賴常陰。更誰禁。青草池塘，處處蛙吟。　年來多病清狂慣，任沈腰柳嚲，潘鬢霜侵。好夢依稀，前歡未墜江潯。幾枝紅了窗前豆，最相思、南國春深。盼青禽。陌上花開，直到如今。

滿庭芳　明湖泣舟遇雨

塘外輕雷，艇邊疎雨，珠光碎濺圓荷。浮萍一道，分綠入迴波。掩映鷺洲鷗嶼，橫斜互、曲徑偏多。涼風過，蕭蕭蘆葦，驀地起漁歌。奈驚心桑海，怵目荊駝。誰識王孫哀怨，趁芳草、未歇清和。愁雲鎖，佇看晴色，返景射林阿。

望海潮 乙丑閏四月，析津旅邸

飛橋空際，層樓天半，十年重認津門。仲呂再調，幽芳未歇，楝風徐轉南薰。郵館幾黃昏。正熟梅時節，霖雨經旬。屋小如舟，怎堪終日泛潮痕。　古稱燕趙佳人。任柔聲漫視，淺笑輕顰。兒女舊情，英雄暮氣，酒闌燈炧傷神。桑海劫餘身。甚雲情雨意，絮果蘭因。看殺梨渦，越非真箇越消魂。

好事近 新邸夜雨有感

斗帳困孤眠，好夢不來羈旅。生怯燕嗔鶯妒。聽東鄰嬌語。　穗燈搖暈篆香寒，心事奈何許。數罷漏聲迢遞，入五更疎雨。

多麗 津門有事，曹家花園冒雨歸，感而賦此闋

古津門。名園風景無垠。任看花、主人屢易，雪梅依舊争春。鬧笙歌、仙家窟宅，森矛戟、天上將軍。虎賁雙行，鴻階九仞，此間低首幾何人。歎去來、英雄無數，成敗且休論。空留得、河山未改，風月常新。　問當時、梁園賓客，年來散落如雲。鎖長門、春花濺淚，幽別院、秋月傷神。洛水銅駝，湘江斑竹，杜鵑萬里更消魂。賸極目、平蕪草碧，猶解憶王孫。歸來也、一天暗雨，愁煞黃昏。

水調歌頭 津門重午

異地逢重午，况復在車中。不知故鄉風景，可

與去年同。歲歲夏中多事，往往戰雲難閦，平地湧奇峯。安得元規扇，逈首障薰風。　觀競渡，懷湘水，感遺跡，生死不投異國，屈子是英雄。遥望楚江萬里，朗誦楚騷萬遍，一飲醉千鍾。未死歸來也，何必怨蘭叢。此爲懷曲逆而作。玉溪詩：『楚歌重疊怨蘭叢。』

清平樂　雨後泛舟明湖

輕篙醮影，點得浮萍碎。山色撲人眉樣翠。新霽湖天如繪。　怪他兒女喧譁。停船暫倚蒹葭。笑指小娃小艇，聲聲唤賣蓮花。

以上《蒙拾堂詞稿·劫餘詞》（乙丑）

以上《蒙拾堂詞稿》

梁啓超

水調歌頭

拍碎雙玉斗，慷慨一何多。滿腔都是血淚，無處著悲歌。三百年來王氣，滿目山河依舊，人事竟如何。百户尚牛酒，四塞已干戈。　千金劍，萬言策，兩蹉跎。醉中呵壁自語，醒後一滂沱。不恨年華去也，只恐少年心事，强半爲銷磨。願替衆生病，稽首禮維摩。

滿江紅　贈魏二

如此江山，送多少、英雄去了。又爾我、蹋塵獨漉，睨天長嘯。烱烱一空餘子目，便便不合時宜肚。向人間、一笑醉相逢，兩年少。　使不盡，灌夫酒。屠不了，要離狗。有酒邊狂哭，花前狂笑。劍外惟餘肝膽在，鏡中應詫頭顱好。問匏黃、閣外一畦蔬，能同否。

六醜

傷春，學清真體，柬剛父。庭院碧桃開三日，落盡矣，藉寓所傷。後之讀者可以哀其志也

聽徹宵殘雨，正簾外、曉寒衣薄。莫道春歸，便濃春池閣。已自蕭索。問歲華深淺，愔愔桃葉，在舊時欄角。繁紅鬬盡無人覺。待解尋芳，東風已惡。歡期未分零落。尚曲牆扶繞，頻動春酌。情懷如昨。祇休休莫莫。似水流年底，成飄泊。故枝猶綴殘萼。又蜂銜燕蹴，乍欺怯弱。愁對汝、自扃深閤。卻不奈、一陣輕飆無賴，送敲垂幕。感啼鳥、未拋前約。向花間、道不如歸去，怕人瘦削。

采桑子

沈沈一枕扶頭睡，直到黃昏。猶掩重門。門外梨花有涇痕。薰篝蕭瑟爐煙少，不道衣單。卻道春寒。絲雨濛濛獨倚欄。

謝秋孃

休輕別，別易見時難。燕子不歸春寂寂，恨煙鬘雨杏花寒。小立已黃昏。

蝶戀花 二闋

曾是年時行樂處。典盡貂裘，日日如泥醉。一霎醉別西樓醒不記。馬頭猶作香奩語。人天成影事。劍魄琴魂，添得淒涼意。知否雙文挑錦字。當時月照人無寐。

其二

我亦蘭成顛頓久。淚泫長條，孤負章臺柳。

十萬護鈴金字呪。東風無力春消瘦。　門巷枇杷還似舊。錦瑟年華，得似當時否。　贏得一池春水縐。淚痕狼藉青衫袖。

浪淘沙

燕子舊人家。棖觸年華。錦城春盡又飛花。不是潯陽江上客，休聽琵琶。　輕夢怕愁遮。雲影窗紗。一天濃絮太虧他。鎮日飄零何處也，依舊天涯。

隔溪梅令　次韻孝通

淒涼花事一春遲。苦尋思。袖口香寒摘得、最繁枝。江南持與誰。　溶溶微月浸愁漪。夜寒時。一迥夢煙愁雨、我憐伊。　春闌花未知。

揚州慢　送江逢辰歸山

戰鼓摧心，征衫涴淚，乾坤無限秋聲。望青山一髮，又商略歸程。問搖落、天涯倦客，十年塵夢，可也蘇醒。念故山、蘭蕙背人，一樣淒零。　羅浮西去，有年時、游屐曾經。算醉眼看雲，冷腸漱石，彀遣今生。便擬誅茅天外，任人間、憔悴蘭成。怕劫灰無賴，等閒驚起山靈。

蝶戀花　三闋。春盡感事，送歸者

刻意留春春不住。杜宇聲聲，抵死催人去。絮影迷漫芳草渡。天涯那是春歸路。　一縷閑情無著處。落盡荼蘼，幾點清明雨。莫唱方回腸斷句。世間祇有情難訴。

其二

畢竟和卿干甚事。未到中年，哀樂先如許。一霎寂寂庭蕪春滿地。海棠那識人蕉萃。斜陽攙暮雨。絮絮陰晴，天亦無憑據。花自不言鶯自語。可憐心比秋蓮苦。

其三

折取繁香無處寄。不分殘紅，卻被東皇誤。斷送流年知幾許。一天狼藉風和雨。金縷低迷濃作絮。擱了簾櫳，颭了春庭宇。春若有情應少住。重來門巷難如故。

菩薩蠻

棗花簾底熏香坐。新年添箇閑功課。鎮日苦呷呷。背郎奩體詩。不知緣底事。怕讀相思字。驀地問歸程。背人雙淚瑩。

如夢令

昨夜東風還又。春水一池吹縐。飛絮滿天涯，可是燕歸時候。消受。消受。六曲藥欄攜手。

金縷曲

一例西風裏。誰信汝、此番行色，淒涼如此。徹骨寒生孤枕夢，驀地鵲橋波起。也太覺、一年容易。昨日洗車明日淚，周君七夕詞句。問人生、哀樂誰能主。木葉落，君行矣。

諗君無限傷心事。料難忘、密縫珍重，寒衣曾寄。薄命兒郎更消得，多少春魂秋氣。只添我、天涯滋味。日日長亭折楊柳，送行人、卻恨歸無計。歌金縷，忘變徵。此一首乃己巳五月四日，陳簡墀之子景素録自其家藏伯兄所書之橫幅。詞後附一短跋曰：

『簡庵有安仁之戚，匆匆南下，悽愴萬端。欲爲達語解之，無益也。索爲淒曼之聲以送其行，俾竭其哀，待自解也。』此詞之本事，吾能道之。甲乙之間，伯兄與陳簡墀同客京國，均未攜眷。乙未秋，陳得其夫人自家鄉寄來新衣一襲，正歡喜，遍告其儔。乃不數日，續得一緘，則報其夫人已病故矣，即詞中所寫『密縫珍重』者是也。啓勳識。

減字木蘭花　爲孺博題秦郎畫扇

秋心如許。紅襌多少銷魂句。著意温存。中有經年舊酒痕。　年年依舊。尊前顧影人銷瘦。一例嬋娟。寄語涼風莫棄捐。

卜算子

衣袂滿京塵，荏冉歸無計。王粲登樓已百憂，那更連天雨。　仙俠兩蹉跎，有恨和誰理。紅燭歡場宿酒醒，切切琵琶語。

念奴嬌　壽何梅夏

吾鄉奇士，數道咸以後，幾人健者。雨打風吹餘子盡，似汝此才今寡。鐵骨酣霜，繡腸織月，簾劍雙無價。酒闌對我，二豪情態如畫。　只恨犖犖頭顱，顢頇髀肉，不了山靈詫。趁著湖山殘照在，儘汝秋魂姚冶。叢社鬼謀，原祠天問，莫管興亡話。一尊壽汝，先生扶醉歸也。庚午九月四日，同鄉黄君孝可出其家藏一卷相示，乃伯兄爲其先人所寫之横幅也。有詞八首，卷末伯兄自跋曰：『持綺語戒三年矣。梅叟以長牋索所爲詞，無以應，乃竊搜乙未、丙申間舊作，得如干首。狂奴故態，念之汗顔。戊戌六月，啓超倚裝。』戊戌六月，距政變不過四十餘日。跋云倚裝，蓋當時已受命辦譯局，日日欲出京，卒以事未果行時也。此三首爲集中所未及收。乙未、丙申，兄年方二十一二，乃彼平生最浪漫之時期。又值甲午戰後，故慷慨激昂之氣，隨處流露。壬申十一月三日，啓勳識。

蘭陵王 至日寄蕙仙，計時當在道中

暝煙直。織就一天愁色。闌干外，無限庭蕪，付與斜陽儘狼籍。良期渺難得。遮莫。年華虛擲。迢迢夜，夢去愁來，還似年時倦游客。

天涯數行跡。念衾冷舟篷，燈暗亭壁。籃輿扶下正無力。又月店雞聲，霜橋馬影，催人晨起趁晚驛。夜涼怎將息。

淒寂。共今夕。共目斷行雲，江樹南北。芳痕觸處情無極。有織錦留墨，唾絨凝碧。思量無寐，又淡月，照簾隙。

洞仙歌 中秋寄内

薄醒殘睡。又四更天氣。明月新來太無賴。記去年、今夕雙影晶簾，曾見汝，一點窺人微醉。瑤臺天外路，依約年華，甚到圓時越憔悴。料脂香嘑曙、鏡粉敲寒，算未滅、花底天涯滋味。待互倩、素娥慇殷勤，萬一夢魂兒、斷鴻能寄。

臺城路 浦江送蕙仙歸寧之黔，余亦南還矣

平生未信離愁苦。放他片帆西去。三疊陽關，一杯濁酒，做就此番情緒。勸君莫醉。怕今夜醒來，我儂行矣。風曉月殘，江潯負手向何處。

天涯知是歸路。奈東勞西燕，遼絶如許。滿地干戈，滿天風雪，耐否客途滋味。幾多心事。算只有淒涼，背人無語。待取見時，一聲聲訴汝。

清平樂 十一月十八夜，宿酒剛醒，猛憶前月今夕乃黄婆送别時也，惘然得句

别來幾日。又如今時節。一陣曉風鈴語咽。

夢醒衾寒似鐵。夢中細語商量。醒來殘月横窗。待倩嫦娥瞧去，兩人那箇淒涼。傷心人不見，訪明夷、别有英雄淚。雞聲亂，劍光起。

蝶戀花

法界光明毛孔吐。樓閣潭潭，帝網無重數。渺渺化身何所住。百千萬劫尋來路。蹴踏金輪披垢膩。除卻泥犁，那有莊嚴土。熱血一腔誰可語。哀哀赤子吾同與。

賀新郎

昨夜東風裏。忍回首、月明故國，淒涼到此。鶉首賜秦尋常夢，莫是鈞天沈醉。也不管、人間憔悴。落日長煙關塞黑，望陰山、鐵騎縱横地。漢幟拔，鼓聲死。物華依舊山河異。是誰家、莊嚴臥榻，儘伊鼾睡。不信千年神明胄，一箇更無男子。問春水、干卿何事。我自

前調　丁未五月歸國，旋復東渡，卻寄滬上諸子

瀚海飄流燕。乍歸來、依依難認，舊家庭院。唯有年時芳儔在，一例差池雙剪。相對向、斜陽淒怨。欲訴奇愁無可訴，算興亡、已慣司空。忍拋得，淚如綫。故巢似與人留戀。最多情、欲黏還墜，落泥片片。我自殷勤銜來補，珍重斷紅猶軟。又生恐、重簾不卷。十二曲闌春寂寂，隔蓬山、何處窺人面。休更問，恨深淺。

憶江南　寶雲樓夏日即興　寶雲樓乃須磨之一樓

吾廬好，氣象絶清高。生意古今惟種樹，雄心

朝暮慣聽潮。何處著塵勞。

其二

開卷罷，隨意一憑闌。浴海朝霞明萬木，當窗斜日照千帆。此際幾人閑。

其三

長日静，不放畫簾垂。入座飛花争燕子，上階蝴蝶戲貓兒。忙殺爲阿誰。

其四

將進酒，市遠味難兼。牛湩朝朝調麥飯，魚羹頓頓供椒鹽。不管老饕嫌。

其五

重門掩，恰稱野人家。籬落烏龍眠妥帖，井闌玉虎語咿啞。風味故園賒。

其六

周旋久，鷗鷺不相驚。忽報沙灘新雨過，起看松罅斷虹明。暝色正輕盈。

其七

新浴後，細葛著輕絲。一樹露蟬聲不斷，半牀松子落無時。午夢更相宜。

其八

忘機慣，隨處見天遊。稚子繞牀馴竹馬，學僮嬉水狎輕鷗。人我兩悠悠。

其九

閑功課，日日没争差。嬌女自鈔花外集，老妻學踏自由車。卒業兩些些。

其十

芳草外，極目似迷漫。漁唱有時喧遠浦，海雲無意失前山。一鳥正飛還。

其十一

萬松裏，庭院自深深。賓客縱横争短榻，兒童錯落弄鳴琴。老子正高吟。

其十二

須磨浦，落日放船宜。鴉鬟小娃充櫂手，思順。皋比長者作舟師。湯荷庵。破浪自逶迤。

其十三

涼亭畔，團坐到三更。萬壑魚龍醒不夜，疏星河漢度無聲。雙扇撲流螢。

其十四

明月夜，遊屐尚徘徊。夜汐往還循岸見，秋花紅白戴星開。清興亦悠哉。

其十五

春睡足，西顧淚闌干。霖雨蟄龍勞想望，瓊樓玉宇自高寒。忍向此中蟠。

此十五首乃在美洲時，伯兄寫以寄余者。啓勳識。

三姝媚　送陳大歸國，用草窗《送碧山還越》均

愁苗和淚綻。況客裏還逢，故鄉回鴈。苦憶俊游，歎春隨人老，相看依黯。數徧花風，誰信道、便成秋苑。贏得年時，偷卜佳期，帶圍銷減。　悵望銀河清淺。正指冷笙寒，夢長天遠。今夜河橋，怕曉風楊柳，做成淒婉。儻遇冥鴻，爲説我、高歌青眼。更問魚龍醒未，滄江畹晚。

鵲橋仙　陽曆七月七日，東邦士女相將乞巧，忘與漢臘錯牾也。戲賦此解

墜懽依約，佳期迢遞，今古別離無數。自從銀水淺蓬萊，卻贏得、年年兩度。鵲橋低亞，鸞軿徐動，指點鬟風髩霧。只愁羲馭太無憑，便有約、也將人誤。

此二詞皆頗有寄託，想一讀能解之。

長亭怨慢

文卿遠遊，失職牢落而歸。倚此送之，不勝河梁日暮之感

禁不起、輕陰薄暮。的的蔫紅，如今何處。賸有叢蘭，楚纍愁對黯無語。天寒袖薄，更何苦、留人住。卻只不勝情，怪夢後、樓臺如許。

辛苦。正海雲東指，又逐海潮西去。幾番俊賞，都付與、閑風閑雨。縱行徧、芳草天涯，那便是、王郎歸路。待春水生時，試倩斷鴻回顧。近作一章，録呈仲弟。頃復爲此否？承寄前作，固稍進，但率露二字之病，尚宜力戒。多蹟夢窗、碧山，當有所入。

八聲甘州

鄭延平王祠堂，用夢窗《游靈巖》韻

甚九州盡處起悲風，漢軍落前星。賸百年花鳥，種愁荒砌，嚦血空城。夜半靈來靈去，海氣挾蛟腥。似訴興亡恨，鈴語聲聲。今日紅羊又換，算學仙遼鶴，有夢都醒。對斜陽無語，彈淚滿冬青。漸東流、夜潮去急，蕩舊時、明月下寒汀。憑誰問、闔重重恨，樹靡東平。

暗香

延平王祠古梅，相傳王時物也

東風正惡。算幾回吹老，南枝殘萼。水淺月黃，長是先春自開落。二百年前舊夢，早冷卻、棲香羅幙。但賸得、片片倩魂，和雪渡溪彴。依約。共瘦削。便撩亂鄉愁，驛使難託。鸞牋罷寫，閑殺何郎舊池閣。休摘苔枝碎玉，怕中有、歸來遼鶴。萬一向、寒夜裏，伴

人寂寞。

高陽臺　題臺灣逸民某畫蘭

紫甲[illegible]煙，素心泫露，等閑消得黄昏。幽谷年年，孤芳誰共温存。多情應解思公子，渺予懷、可奈無言。最淒涼，月冷空庭，香返騷魂。　秋人別有秋懷抱，將靈均遺佩，寫入冰紈。雨葉風枝，古今無限荒寒。憑君莫問移根地，怕著來、總是愁痕。更銷凝，象管拋餘，淚滿湘沅。

西河　基隆懷古　用美成韻

沈恨地。百年戰伐能記。層層刼燼閟重淵，潛虯不起。但看東海長紅桑，蓬萊極目無際。　耿長劍，誰更倚。虞泉墜日難繫。鼓聲斷處月沈沈，浪淘故壘。返魂槎客若重來，酬君清淚鉛水。　夕陽一霎見蜃市。又罡風、吹墮千里。欲問人間何世。看寒流湧出漢家明月，消瘦姮娥山河裏。『看寒流』句，『月』字應是韻。美成原作：『向尋常巷陌，人家相對。』

念奴嬌　基隆留別　用玉田韻

司勳傷別，況天涯春盡，番番風雨。行也安歸留不得，斷渡似聞鈴語。西北雲深，東南地坼，萬恨憑誰補。扁舟去後，殘蟾應戀江樹。　爲問枝上啼紅，千山鶗老，顏色能如故。草草東流村壁字，平地幾回今古。碧漲景愁，玉瑲緘淚，影事君看取。落潮今夜，酒醒夢墜何處。

蝶戀花　感春　游臺灣作

倚徧黄昏人瘦削。愁對陰陰，舊日閑池閣。

記得燕來風動幕。是誰偷覷秋千索。一雨做成新夢惡。夢裏羅衾，恰似郎情薄。早識護鈴成漫約。餘英悔不春前落。案此詞見遊臺灣書牘。『夢裏』二句太憤激矣，故以末二句救之，所謂『怨而不怒』也。

其二

別路屏山天樣遠。苦怨斑騅，不放人留戀。波底題紅流片片。憑君量取愁深淺。恨雨[illegible]煙朝暮捲。便到春回，憔悴羞重見。何況夢中時鳥變。東風已共游絲倦。案此詞見游臺灣書牘。下半闋以作文之法行之，施諸小令尤難。□□識。

其三

江上琵琶聲最苦。不分娉婷，錯嫁浮梁賈。昨夜夢雲迷遠浦。推篷又是愁風雨。休問飛紅誰是主。纔墮天涯，半晌成今古。一角池萍風約住。前身誰信枝頭絮。

其四

歲月堂堂人草草。數盡花風，冰盡春懷抱。鎮日西園鶯不到。斷紅零粉誰知道。多事庭蕪青未了。和月和煙，牽惹閑煩惱。誰遣南雲音信杳。一年又見吴蠶老。案此詞見遊臺灣書牘。

其五

依約年時攜手處。謝卻梨花，添卻廉纖雨。雨底蜀魂啼不住。無聊祇勸人歸去。刬地漫天花作絮。饒得歸來，狼藉春誰主。誓待相思能幾度。輕身願化相思樹。案此詞見游臺灣書牘。

其六

莫怨江潭搖落久。似說年時，此恨人人有。

欲駐朱顏宜倩酒。鏡中争與花俱瘦。雨横風狂今夕又。前夜啼痕，還耐思量否。愁絶流紅潮斷後。情懷無計同禁受。案此詞見游臺灣書牘。

浣溪沙 臺灣歸舟晚望

老地荒天閟古哀。海門落日浪崔嵬。憑絃切莫首重回。費淚山河和夢遠，彫年風雨挾愁來。不成抛卻又徘徊。案此詞見游臺灣書牘。此調難填極矣，用賦體尤難，此詞可謂聲哀厲而彌長。□□識。

三年不填詞，游臺灣，棖觸舊恨，輒復曼吟，手寫數闋寄仲策，自謂不在古人下。儻亦勞者之歌，發於性情，故爾入人耶？辛亥四月朔，飲冰。

前調 乙丑端午夕，俄公園夜坐

飽聽官蛙鬧曲池。那更鳴砌露蟲悲。錯撩人是月如眉。坐久漏籤催倦夜，歸來長簟夢佳期。不緣無益廢相思。義山詩：『直道相思了無益。』

鵲橋仙 成容若卒於康熙乙丑五月十六日，今年今日其二百四十年周忌也。深夜坐月，諷納蘭詞，棖觸成詠

冷瓢飲水，蹇驢側帽，《飲水》《側帽》，皆容若詞集名。絶調更無人和。爲誰夜夜夢紅樓，『只休隔夢裏紅樓，有箇人兒見。』集中《雨霖鈴》句。『此夜紅樓，天上人間一樣愁』，集中《減蘭》句。容若詞屢説『紅樓』，好事者附會爲《紅樓夢》中人物。卻不道、當時真錯。『而今才道當時錯』，集中《采桑子》句。寄愁天上，和天也瘦，廿紀年光迅過。十二年歲星一周，謂之一紀。斷腸聲裏憶平生，集中《浣溪沙》原句。寄不去、的愁有麽。

虞美人 自題小影，寄思順

一年愁裏頻來去。淚共滄波注。懸知一步一回眸。篏著阿爺小影、在心頭。 天涯諸弟相逢道。哭罷應還笑。海雲不礙雁傳書。可有夜牀俊語、寄翁無。

鵲橋仙 自題小影，寄思成

也還美睡，也還善飯，忙處此心常暇。朝來點檢鏡中顏，好像比、去年胖些。 天涯游子，一年惡夢，多少痛愁驚怕。開緘還汝百温存，爹爹裏、好尋媽媽。末句用來信語意。

好事近 代思禮題小影，寄思順 滑稽作品

昨日好稀奇，迸出門牙四箇。剛把來函撕吃，事實。卻正襟危坐。 一雙小眼碧澄澄，望著阿圖和。肚裏打何主意，問親家知麼。

其二

謝你好衣裳，穿著合身真巧。那肯赤條條地，教瞻兒取笑。 爹爹替我掉斯文，我莫名其妙。我的話兒多著，兩親家心照。

鷓鴣天 丁卯中秋，李夫人三週忌日

露氣淒微稍見侵。自攜瘦影步花陰。屋梁正照無情月，庭樹猶棲不定禽。 河影没，漏聲沈。銷磨佳節得孤吟。雲鬟玉臂三年夢，碧海青天一夜心。

沁園春 己巳送湯佩松

可憐阿松，萬恨千憂，無父兒郎。記而翁當日，一身殉國，血横海嶠，魂戀宗邦。今忽七

年，又何世界，滿眼依然鬼魅場。泉臺下，想朝朝夜夜，紅淚淋浪。　松兮軀已昂藏。學問算、爬過一道墻。念目前怎樣，脚跟立定，將來怎樣，熱血輪將。從古最難，做名父子，松汝篏心謹勿忘。汝行矣，望海雲生處，老淚千行。蘄水湯濟武之子佩松，己巳夏畢業於清華學校，轉學美洲。時伯兄主清華講座，作此送之。稿本存余處。啓勳識。

以上《飲冰室詞》

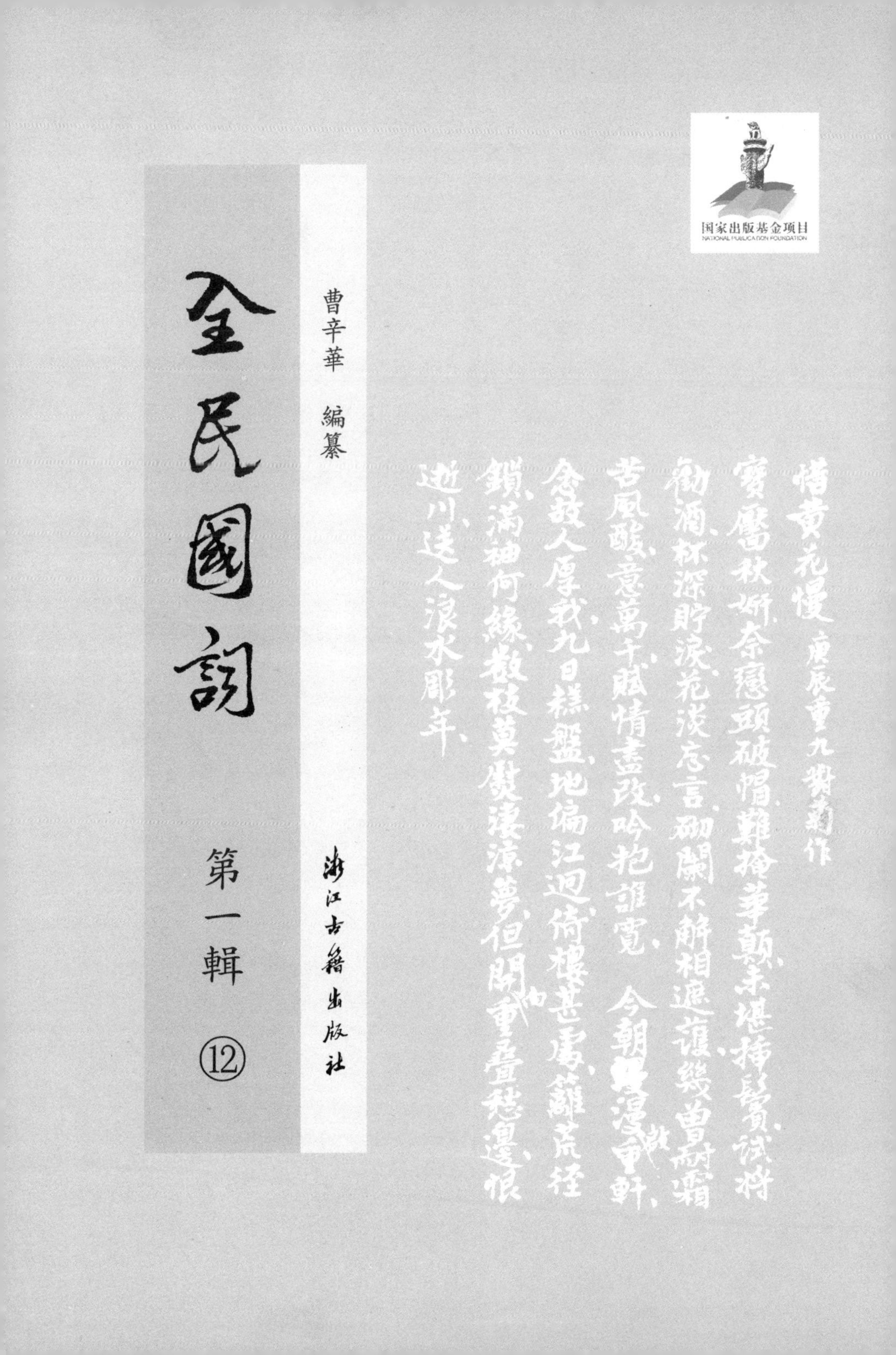

全民國詞

曹辛華 編纂

第一輯 ⑫

浙江古籍出版社

国家出版基金项目
NATIONAL PUBLICATION FOUNDATION

目録

張丙廉 二百二首

張仲炘　二百五十八首

張汝釗　五十九首

張克家　一百六十一首

張茂炯　二百首

張愼儀 一百四首

張爾田 一百五十八首

張榮培　一百八十四首

張錫麟　一百二十四首

張　錦　六首

張鴻藻　十二首

彭慰曾　三十六首

彭駿聲　三十一首

董受祺　一百十三首

董康　七十八首

董巽觀 一百二十七首

張丙廉

浣溪紗

和悶和愁過一春。飛花滿院斷無人。緑陰如水漲苔痕。　閒把綵絲翻卍字，暗輪纖指數螺紋。泥他雙燕伴黄昏。

掃花游

春夢無影，羈愁逼人，舊雨不來，古歡寥闃。散步荒園，悽然成調

嫩苔繡碧，步晚霽園林，徑通深窈。暮寒尚峭。看桃英綴樹，破紅猶早。小立池亭，細數歸飛倦鳥。有誰到。引天際素蟾，來伴吟悄。　張緒今漸老。歎象管花枯，畫眉難巧。玉臺信杳。又番風念四，等閒過了。静掩書帷，恨縷長縈帶草。恁懷抱。待書空、訴天知道。

八聲甘州

送前河西令楊具卿先生志體歸里

拂京塵重葺舊荷衣。閒雲又西飛。祇觚稜回首，摩挲金狄，老淚空揮。依舊清風兩袖，孤棹載愁歸。一路看山去，正好吟詩。　松菊故園無恙，更添栽陶柳，補種逋梅。想讀書臺上，高躅昔賢追。獨憐余、京華蕉悴，算十年、辜負白鷗期。知何日、聽巴山雨，同醉芳醅。

醉太平

邑有唐陳伯玉先生讀書臺遺址。

清風一簫。行雲一瓢。閒來澤畔逍遥。蕩吟魂欲銷。　蟾窺樹梢。松喧暮濤。前村紅友招邀。趁飛花過橋。

金縷曲

題家桂舲孝廉汝楫珠江花選册子

喝起珠江月。載春人、闌紅一舸，白鵝潭側。

一色羊鐙低映水，倒影琉璃金碧。更一陣、鶯聲喚客。十里珠簾齊捲處，囀嬌喉、檀板輕輕拍。消豔福，占瑤席。　天生我輩鍾情癖。任流連、琹邊月下，花天酒國。醉擁雙鬟狂起舞，隨意徵歌選色。料唫遍、風流藪澤。還與紅樓添韻事，譜新詞、細寫烏絲格。重點染，畫眉筆。

前調

展卷排瓊樹。數芳姿、一般都是，可憐兒女。可奈東風無賴甚，吹落亂紅如雨。誤入了、琵琶菊部。絕代姿容誰顧惜，只年年、飄泊隨飛絮。嗟命薄，委塵土。　香匳合讓才人賦。喜生成、護花心性，惜花情趣。管領仙城春世盼，要與嬌鶯作主。巧製出、十眉新譜。從此珠孃聲價重，笑狂蜂、浪蝶休相妒。螺黛染，筆花吐。

水龍吟　過端州峽

一峰天外飛來峙，空俯瞰端江口。輕烟畫水，絮雲黏樹，縠紋微縐。指點鷗邊，攔溪藤老，撐巖石瘦。趁西風習習，蒲帆穩挂，看兩岸、青山走。　笑我藍衫依舊。問閒雲、何心出岫。飄蓬蹤跡，浮萍身世，風光辜負。澹月初升，晚鐘催動，暮潮生候。有嘉魚味俊，且和新筍，酌程鄉酒。峽中出嘉魚，味極鮮美。

菩薩蠻　高涼道中

四圍碧巘排空峭。中間一徑羊腸繞。村樹遠浮烟。滿山紅杜鵑。　巖腰青欲滴。巖下溪流急。溪畔有人家。野風香菜花。

念奴嬌　蒼梧夜泊感賦

澄江似鏡，看蘭舟艤處，水天清絶。一帶紅船排六柱，簾底嬌波偷擲。飛燕身輕，香桃骨瘦，仿佛曾相識。琵琶低撥，韻和流水嗚咽。

猶記前度經過，催來雙槳，宛轉迎桃葉。忽忽光陰彈指過，舊事那堪重説。我未成名，卿還待嫁，一樣傷飄泊。鷄聲催起，掛帆無奈輕別。

齊天樂

茶盤宋曰茶托子，今俗呼爲茶船。范銅、錫作蕉葉或圓荷式，亦有以紙爲之者。厥名綦雅，然於古無攷。按《六書故》：『今人謂銅錫盤曰鏇，誼取旋轉。』鏇、盤、船音俱相近，疑此二字之譌。又《續演繁露》，蜀人謂衣領曰船，誼或通此。和風扇暖，小窗多明，静品清泉，洒然足樂，倚此賦之

是誰香鼎琴牀外，玲瓏更翻新製。翦紙裁紅，磨銅沁碧，一葉擎來甌底。招邀竹裏。好穩載春風，伴儂微醉。玉腕移時，乳波飛灑一簾翠。

屏山曾否小泊，颺烟絲縷縷，花外遥繫。荷露圓浮，石泉泛出，諳盡江湖滋味。瓶笙韻細。似伊軋聲傳，悄添涼吹。半榻松風，午窗人睡起。

念奴嬌　風箏美人

長空縱目，恰相逢一笑，嫣然有美。莫是仙緣天上結，月老紅繩親繫。鬟髻烟猜，衣裳雲想，不盡相思意。情絲一縷，斷魂還又吹起。

偏趁雪霽風和，姍姍來也，望裏非耶是。雲雨荒唐無著處，消受人天歡喜。飛燕身輕，驚鴻影倩，疑學秋千戲。廣寒孤另，夜深留伴

僊姊。

臺城路　柳

蘼蕪緑遍長隄路，東風可憐吹懶。瘦怯纖腰，顰添淚眼。幾許傷春春遠。情長夢短。便織盡千絲，別魂難綰。陌上年年，送人禁得斷腸慣。　靈和休憶舊事，悵風流減盡，眉黛慵展。舞罷斜陽，低隨逝水，容易年光催換。花飛又滿。任墜溷霑泥，也無人管。悽絶啼鵑，數聲林外晚。

憶舊遊　爲陶敬夫貳尹懋敏題梅郎肖芬遺像

記青尊款月，紫曲迷香，人約梅邊。嬌小曾相識，續春明舊夢，重話前緣。朔風頓隕瓊葉，容易玉成烟。祇幻影三生，芳魂一紙，相對悽然。　堪憐。殢人處，有媚眼波橫，淺笑渦圓。更癖躭風雅，數舊家標格，俗豔都捐。斷腸怕展圖畫，清淚落如鉛。但賦就閒情，宵深面壁愁不眠。

滿江紅

蕉萃京華，空目送、縱橫冠蓋。問誰是、釣鼇仙客，氣吞湖海。擊筑已無燕市俠，吹簫且學吴門匄。祇棱棱、傲骨尚依然，狂奴態。　打不破，窮愁塊。還不了，鶯花債。向酒酣拔劍，慵當以慨。使氣每攖黄祖怒，低頭祇向紅兒拜。讓羣公、衮衮著先鞭，吾其憊。

清平樂　題王昌言茂才蕃善竹石卷子

此君高絶。本是淇園植。君原名菉。獨抱古歡標勁節。傲盡燕山冰雪。　風枝露葉縱横。翛然瘦骨孤撑。算祇石兄堪友，謂石蓀同年。烟霞同結幽盟。

摸魚子

題天全楊冠峰貳尹甲秀《徙陽竹枝詞》

小紅亭、箬蘭開也，支笻閒覓唫句。瓦鐺茶泛旗槍緑，清沁詩魂一縷。新月吐。好喚烏提壺，唱入花間去。蒼茫四顧。有玉女峰高，仙人塔矗，俯仰弔今古。　閒中趣。桑柘人家處處。夕陽影裏簫鼓。桃源尚在人間世，清淨天留片土。揮玉麈。看吐屬風流，秀得江山助。唱誰和汝。合付與紅兒，婆娑趁拍，月底洞簫度。篇中所用故實，皆原卷本地風光。

菩薩蠻

金釭煮夢香雲熱。酣春朗抱懷中月。輭語蕩花魂。微微聞麝熏。　唾絨紅笑吐。繡出雙鴛譜。錦幄護春深。緑窗調玉琴。

鷓鴣天

閨思

倦繡慵拈綵線雙。唾花紅膩睡鬟幫。盤蛇髻挽家常樣，引鳳簫吹自度腔。　驚瘦損，怯空房。金鈴低吠隔花尨。近來怕被東風惱，自掩文紗六扇窗。

臺城路

題王蒼稊孝廉葆善《苦肉計》院本

兩行血淚鵑絃灑，啼鵑一聲聲苦。鼎鑄神姦，棚搬傀儡，花面官場描取。商音激楚。問如此江山，鬱伊誰語。墨雨橫飛，一篇蜀作平碧待君補。　紅燈餘焰未息，況連年魃虐，彌望焦土。集澤鴻哀，排衙虎猛，誰叩天閽泣作平訴。酸心縷縷。更零落東風，女貞一樹。夢斷輶軒，采風何處所。川省近鬧紅燈教，白蓮餘孽也。

二郎神　又題《金剛禪》院本

毒龍噴沫。海水立、撼翻天闕。陡月孛星流，蚩尤旗起，飛下九作平嬰作孽。號召天魔波旬等，更説甚、場開千佛。嗟運厄水精，光沈奎宿，慘哉東壁。　咄咄。新來怪事，書空難説。算載筆搜神，掀髯談鬼，深夜心花怒發。變相圖摹，諾皋志續，一笑夢游羅刹。問甚日、杵響韋馱，惡魅一齊烟滅。顧况詩：『天魔波旬等，降伏金剛堅。』

菩薩蠻　庚子夏作

九街塵沸紅燈燦。緑章夜奏通明殿。借句。禁咒念喃喃。天魔舞正酣。　隆隆驚震地。白日雷聲起。黄霧四漫天。野風開白蓮。

搗練子

妖霧塞，陣雲漫。誰奏青詞禮玉壇。唱到董逃新樂府，可憐涕淚滿江山。

南鄉子　春日西安郊外口占

風日麗晴川。小草幽花態自妍。一路柳條青踠地，今年。好箇清明二月天。　側帽曲江邊。吟興飄飄意欲仙。滿目芳菲隨處賞，流連。買盡春光不用錢。

摸魚兒　辛丑七月，朝邑霍竹汀觀察勷燀以賑務告竣，將之官隴右。秋曹同人餞於城南韋曲之杜公祠，唐詩人子美故里也。祠枕荒巖，亭榭半圮，秋聲在樹，凉風襲裾。霍子首唱四絶，余倚聲和之，音多變徵，不知何以涓涓而悲也

莽天涯、旅懷寥落，西風催换芳序。無端又作

長安客，風約水萍還聚。凝望處。祇滿地江湖，不見秋來路。蒼茫弔古。歎阜子陂湮，杜陵祠冷，誰與酹清醑。滄桑感，野老江頭更苦。飄零身世愁賦。蓬萊宮闕今何在，賸有南山如故。誰共語。但一片斜陽，黯澹連平楚。留君小住。且痛飲醇醪，醉須十日，莫唱渭城句。

賀新郎 陸彝亭軍佐續娶

沸路喧簫鼓。趁東風、彩鸞重跨，文鴛得侶。天與才人添豔福，老作去温柔鄉主。莫浪說、將縑比素。況復絳仙才調好，女相如、韻合機雲步。賡秀句，玉臺補。西江月唱翻新譜。暖溶溶、春生甲帳，琴絲對撫。儒將風流今陸遜，俊煞封侯夫婿。暢好是、軍書息羽。遙指西山橫一抹，染香毫、細意描眉嫵。花照眼，燭光吐。夫人吳氏，江西人。

蘇幕遮

夢如烟，愁似絮。暮暮朝朝，和悶將閒度。酒債未償花債補。十載京塵，空賣文園賦。悔怕聞歌，羞學舞。楚竹簾垂，獨自修簫譜。種門前桃李樹。待得成陰，又嫁東風去。

醉太平

夭桃始華。新蒲淺芽。日長閒捲窗紗。看蜂兒坐衙。瓶笙韻佳。罏烟篆斜。輕寒半臂須加。道新來瘦些。

金縷曲 蒼梯年已六十矣，謁選得蒲圻令，將之官，詞以送之

未被儒冠誤。算今朝、鳳銜詔下，花封作主。不羨仙翁飛舃去，卻羨回仍孔鑄。鄂督張孝達君，癸酉座師。定不怕、咻來衆楚。料得絳帷應莞爾，試牛刀、下邑弦歌布。循吏傳，定須補。

而今製錦翻新譜。莫重題、周秦古尺，將縑比素。一掬狂泉能飲否，事鬼還師季路。遍地是、盲風怪雨。但使買山錢足辦，趁春潮、快打迴帆鼓。讕語耳，請君恕。

南鄉子

天上杳鸞音。羅帳春閒冷繡衾。立盡櫻桃花下月，沈吟。好夢如烟没處尋。　鏡匣暗塵侵。遺念空留半段簪。想起些些零碎事，傷心。淚比清江一樣深。

采桑子

春花過盡無人問，酸到梅心。苦似蓮心。難倩征鴻寄遠音。　可憐誰念東陽瘦，衣薄風侵。鬢短霜侵。紅漬羅衫淚雨深。

如此江山　謝仙莊農部樹璧負劍橫琹室題辭

長吟獨抱隆中膝，先生是真名世。壯志陵雲，深情竚月，此意有誰能會。風塵倦矣。歎贈與無人，捶來欲碎。環堵蕭然，静中常養浩然氣。　滄桑經幾浩劫，望西臺落日，空隕清淚。長鋏彈餘，么絃譜出，眼底都無餘子。知音有幾。算未死雄心，可憐焦尾。擊筑何人，醉歌燕市裏。

八聲甘州　謝樊子常同年學圃畫蘆雁

算年年辛苦稻粱謀，江湖幾秋風。正楚天雲澹，燕山月冷，渺渺愁儂。一自青冥鎩羽，歲月老蘆中。滿幅相思字，欲寫都慵。君自戊戌春闈報罷後，幕鄂多年。今春始以就揀選入都。　不羨鸞臺鳳閣，祇渚鳧汀鷺，逐隊雝雝。想寒枝揀盡，寂寞耐秋容。怕南飛、山空葉落，畫雪泥、爪印戲留蹤。還相約、向西湖去，烟水空濛。君引見以鹾尹用，欲之浙江，畫幅題墨有『夢想西湖風景』句。

踏莎行　七夕姬人乞巧，戲填此詞

銀漢長橫，錦機催織。青天萬古情無極。年年辛苦聘錢償，算來祇有天孫拙。　鵲駕橋成，蛛牽網密。一年一度都陳迹。而今花樣巧翻新，不須更向星娥乞。

南鄉子　過廢園有感

一陣西風。杏花零落古壇空。樹樹繁紅都墜地。頹垣裏。格磔鴉音鳴不已。

賣花聲　許顥初丈屬校《桃花扇》院本感賦

落日板橋斜。山抹殘霞。銜箋燕子入誰家。一片春燈零落盡，賸有桃花。　井水洗繁華。宫樹棲鴉。河山半壁暮雲遮。名士美人同浩劫，一例蟲沙。

生查子

燕子一雙飛，飛入湘簾裏。伴箇畫眉人，春睡剛纔起。　夜夢不多些，彊半都忘矣。含笑理衣襟，故意零星記。

以上《聞妙香室詞鈔》卷一《炊黍詞》

摸魚兒　題王蒼梯大令驢背吟秋圖

響秋空、四山黃葉，新涼句起游興。一鞭得得馱詩去，吟徧蘚巖莎徑。搔短鬢。想哨遍歌來，夢早春婆醒。西風正緊。悵羊刧餘紅，螺痕慘碧，感喟發高詠。　浮生寄，大陸烟塵滚滚。黃楊偏阸逢閏。山川滿目羈人淚，灑向畫圖悽冷。誰管領。看衰草頹陽，又是黃昏近。行唫弔影。算野老江頭，名王湖上，千載素心訂。

木蘭花慢　寄王潤蒼學博世芬

故人無恙否，問光景、近何如。想看竹風流，吹笙月夜，逸韻蕭疎。窗虛。自研麝墨，更從容好著活民書。準備山雲布潤，蒼生延望飛凫。君由孝廉截取知縣，將到班。　愁余。薄宦滯燕，都十載、濫齊竽。祇門堪題鳳，櫪慙伏驥，劵寫租驢。蘧蘧。夜涼夢醒，讀南華一卷悟真吾。蝴蝶渾忘我化，馬牛笑聽人呼。

百字令　題宋子山同年廷模庚子京師紀事日記，用東坡《赤壁》韻

董逃曲唱，問當時、孰是中朝人物。滿地腥羶胡騎走，狼藉西園東壁。淚灑銅駝，魂銷金虎，國恥何年雪。多君忠膽，卓然無愧人傑。　堪恨志沮迎鑾，遥瞻行在所，藎忱空發。時留守諸臣募能冒險懷摺請安迎鑾者，君慨然請行。卒以有尼之者，不果往。風雪巡行安萬户，耿耿此心難滅。君時辦城防，徹夜不辭勞瘁。有風雪巡行圖。橫槊吟詩，引杯看劍，義憤冠衝髮。寸丹誰鑒，仰天惟有明月。

花非花 巫山

朝爲雲，暮爲雨。變態工，心機苦。翻來覆去幾時休，夢裏高唐何處所。

謁金門

新病弱。攬鏡頓驚消削。欲乞素娥親搗藥。桂宮今冷落。可恨東風太惡。盡把花容變卻。一段愁懷無處著。閒庭看鬭雀。

浣溪紗

多病空尋海上方。西風獵獵換新涼。起來顛倒著衣裳。鎮日閒堂聞鬭蟀，何年大澤夢驅羊。落花無語送斜陽。

前調 觀演村劇

讕語無稽譫語狂。譚瀛説鬼總荒唐。三絃拉雜唱巫腔。胡帝胡天呈怪狀，不今不古炫奇裝。笑看傀儡競登場。

虞美人 丙午立春

聲聲臘鼓催花信。又布東皇令。依然還是去年春。多事熏梅染柳、一番新。隔墻聽唱春光好。偷學難成調。可憐翦綵戲兒童。也要争描花樣、鬭春工。

如此江山

潼川郡館在宣武城南北半截胡同，船山先生故宅也。小園畝許，樹石分半，清風徐來，時聞鳥聲，頗足幽趣。余曩嘗游息其中，爲塵事所羈，不到者四閲寒暑矣。今友人王子潤蒼居焉。追憶舊遊，惘然如夢，感成此解，即柬王君

重城不鎖相思夢，唫魂暗飛孤館。澹月疎窗，幽花老屋，中有詩愁騷怨。華年易換。悵香

燼灰心，帶寬移眼。瘦損蘭成，小園秋老賦情懶。　鴻泥空憶舊蹟，昔曾題字處，頹壁塵滿。樹閣凝雲，巖依壞石，賸有斜陽連苑。秋心一點。對短案枯螢，古懷難遣。有約寒梅，故山盟歲晚。

長亭怨慢　棄婦吟

漸吹老、西風芳樹。冷落園亭，寂寥朱户。篋鎖秋紈，玉臺塵積黯金縷。鏡鸞羞舞，誰與買、文園賦。獨自掩閒門，聽敗葉、敲窗如雨。　愁苦。念秋花命薄，敢借錦旛深護。飛蓬亂髮，也休望、比縑論平素。第一是、怕見新人，恐粧就、翻招憎妒。只翠袖天寒，修竹蕭蕭日作平暮。

解珮令　自題詞集

唐衢善哭，嵇康病懶，笑疎狂、不入時人眼。滿地江湖，但一片、風潮瀰漫。聽聲聲、鷓鴣啼遍。　樊川惆悵，秦川落拓，甚心情、酒旗歌板。譜出商聲，悄自倚、朱絃三歎。要知音、翠尊同款。

鷓鴣天　滬上

鯨舶朝來散曉烟。議開海禁始何年。光騰寶穴駮人集，雲擁迷樓蜃市連。　風月窟，綺羅緣。香車寶馬競喧闐。金銀氣雜腥羶氣，別闢中原海外天。

渡江雲　漢上寄呂祖貽蔭蓀副貢粵東

西風吹鬢短，青琴調澀，江上客星孤。禰懷餘半刺，繡鋏羞彈，日暮渺愁余。仙羊贈別，歎故人、高誼誰如。應共惜、頻年載酒，蹤跡遍江湖。 欷歔。香心爇燼，帶眼移寬，再休題張緒。空記得、花樓賈醉，月院呼盧。楚天秋老湘雲冷，寄相思、雜采蘅蕪。牽恨縷、長隄柳色蕭疎。

南鄉子

院靜留篁韻，簾疎漏月波。卸粧隨意掃雙蛾。偏是嬌癡愛坐、晚涼多。 袖窄紅鑲錦，衫輕碧浣羅。笑扶雛婢踏庭莎。卻在花深深處、教鸚哥。

清平樂

一春消瘦。又過清明後。自摘枝頭梅子嗅。正是酸心時候。 更更更漏悽清。拋書欹枕愁生。算祇姮娥解事，陪儂坐到天明。

高陽臺

歲云暮矣，閉門掃雪，冬心不溫。適宋子山同年自閩貽我新詩數冊，琳琅珠玉，蓬蓽生輝，故人情重，勝於錫我百朋矣。填此却寄

六管吹葭，千門響竹，年華轉眼闌珊。破帽茸裘，雲亭依舊清寒。梅開忽報南枝信，喜故人、遠訊加餐。展吟箋。瓌寶森羅，似入瑯環。 才人例得江山助，況鬧紅詞筆，早噪騷壇。官閣聯唫，微辭綺語都删。獨憐張緒風流減，賦四愁、古調空彈。望南天。珍重心期，同契芳蘭。閩中素心蘭最佳。

誤佳期

没個心情戲耍。獨自簾兒垂下。紗窗日出嬾梳頭，一任鶯兒罵。 小疊浣花箋，和淚親題

寫。倩他衔與薄情夫，莫把鶯兒打。

浣溪紗

半畝藤陰翠壓檐。荷風送馥入湘簾。瑣窗睡起意懨懨。　魚子蘭香簪緑鬟，鳳仙花豔染紅尖。對人强自學矜嚴。

生查子

五見碧桃花，望斷東方騎。今日是何風，吹得郎來矣。　携手上池亭，細説相思意。心苦要郎知，爲郎剥蓮子。

金縷曲　彭雲伯部郎聚星以朱筆繪竹石圖索題

點罷晴窗易。展吟箋、縱横萬個，散成霞綺。寸寸丹痕標勁節，守定雲根冷翠。早賤卻、人間朱紫。愁煞暝烟林外起，戀殘紅、一掬斜陽淚。鵑血染，蜀江水。　此君清絕應無比。對空山、蕭然瘦碧，静尋幽契。一自紅塵經小劫，移向臙脂北地。儘閲盡、繁華滋味。賸有舊時明月在，伴天寒、袖薄黄昏倚。吟嘯處，曠懷寄。宋詩：「滴露研朱點周易。」

洞仙歌　前題

風篁徑裏，驟飛來紅雨。粉本新翻笛家譜。笑此君風雅、合領湖山，難道便，無分緋袍賜與。　疎林延晚照，幾片雲根，古意蒼茫冷苔護。餌了紫霞丹、俗骨能醫，閒商略、緑窗烟語。更唤取、天邊小銀蟾，照獨坐彈琴、海山深處。君與山海小班小銀校書有嚙臂盟，故末韻調之。

醉太平

松抽碧針。蘭開素心。飛花庭院深深。坐春

風晝陰。囊中古琴。林間翠禽。相和山水清音。伴先生醉吟。

八聲甘州 沈孝耕禮部宗畸

記年時紗壁認題詞，甘溪瘦腰生。羡生花管豔，餐霞骨秀，鏤雪思清。擬託微波通訊，江冷渺芳蘅。流水空山寂，誰和琴聲。　一覺揚州夢醒，歎詩人老去，羞燕愁鶯。數舊家門第，一樣感飄零。算贏來、二分月色，照練裘、葛帔夜吹笙。何時再、聽雙鬟唱，同上旗亭。

百字令 送子澄年丈學士延清奉旨口外賜奠

亂沙迷磧，乍陰山日落，哀笳催拍。帝德如天荒服屈，塞草都霑春澤。酒酹東風，陽回朔漠，銷盡龍堆雪。征軺遄發，使星原是詞客。　沿路柳拂春旗，花迎漢節，小隊排戈壁。風静玉關塵不起，鐵笛横吹霜月。戍問黄花，源尋黑水，緩轡搜奇蹟。此游真壯，錦囊盛滿新什。

臨江仙

一枕瞢騰春睡足，閒來欒聖銜杯。竹風深院日遲遲。珠巢安燕幕，金縷换鶯衣。　數到荼蘼花事了，園林緑漸添肥。惱人最是晚春時。絮花吹暝色，烟柳織離思。

滿庭芳 楊花，和周紫庭比部鳳翔原韻

盡日顛狂，因風輕薄，暗裏催送芳春。慣鑽簾隙，黏上綺筵茵。休笑浮花浪蕋，青雲裏、容易飛身。蕭疏鬢，何須點綴，愁鬢已如銀。　慵巡隄畔路，風流舊事，都已成塵。算飄泊無根，難免沈淪。任爾晴空擾亂，頻拂去、莫上

羅巾。驚心處，恩恩變夏，啼鴂惱東隣。

水龍吟

東王潤蒼

數間老屋吟秋，舊情頓憶巴山雨。杯長看劍，燈昏説鬼，排愁羈旅。故國平居，江關蕭瑟，華年飛羽。想春盤薦蓿，露園翦韭，都回首、成悽楚。　莫問高陽醉侶。算黄罏、已無尋處。野狐説偈，亂蛩催暝，驚烏匝樹。滿眼西風，相逢有淚，黯然無語。但江頭澤畔，行歌寥落，寫傷心句。

菩薩蠻

鑾韡窄袖新裝束。嬉春嬌女顏如玉。聯袂踏歌行。香風吹出城。　青青芳草地。笑吸天空氣。繡帨散芬芳。撩他蝴蜨忙。

前調

亂烟濃壓斜陽薄。杜鵑聲裏東風惡。無計奈何天。花飛春可憐。　綵繩空委地。難把青春繫。不忍唱新詞。惹人雙淚垂。

茶瓶兒

催粧詞，爲朱心泉濬華比部納寵賦

錦帳香濃春透。背金釭、寶釵斜溜。笑看烏鵲橋成後。有一點、小星光漏。　正新試探花手。出淤泥、一枝蓮秀。多君豔福能消受。恰一握、鳳鞵嬌瘦。姬名金寶，裹下雙鈎纖絶。

滿江紅

潤蒼以孝廉截取，遵新章赴銓部試，非所願也。悶坐舘齋，爲牧豬奴狎侮，頗形憤懣。詞以慰之，并勉其降志出應有司云

寄語王郎，休拔劍、哀歌悽激。聽下走、陳詞前席，希惟鑑納。月夜莫辜騎鶴興，雪晴好試

籠鵝帖。笑呼牛、呼馬且由他，裝癡拙。須濡染，凌雲筆。須抖擻，摶風翮。但隨緣也算，金門射策。了我半生文字債，辭他一室妻孥讁。便逍遙、一任鳥飛翔，青天闊。

齊天樂

余遷居宣武門内迓子廟溝沿，古槐夾道，垂柳當門，城市中有山林景象，心頗樂之。城南諸子有以僻遠爲嫌者，倚此寄意

白雲亭冷西風老，天空鳥飛知倦。就竹安門，編花作去壁，小築習家池館。琴尊自欵。有燕客鴻賓，去來相伴。野服翛然，緑陰深處宦情淺。十作平雙陽羡未買，卻憐詩酒瘦，才氣都短。面鏡驚秋，手書遺日，漸覺身間添懶。柴扉鎮掩。只寂抱蟫編，厭書驢券。風雨吾廬，地偏心自遠。

木蘭花慢

連日大雪，中夜起望，沈沈黑地，頓放光明。寒風砭肌，噤不能語，時症狂熱，庶可消矣

看雲車駕出，碾玉作平屑、洗羶腥。早凍合千山，寒蟲蟄穴，乾雀瘖聲。冬心。夜深自款，好添來薪火續殘更。高臥梅花紙帳，微吟宿酒初醒。飛瓊。持節下瑶京。滿地散祥霙。是碧翁有意，掃開霧黑，重見天青。空明。玉田萬頃，映冰心一片永懷清。狂熱全消痼疾，豐年合詠由庚。

漁家傲

一陣驚飈吹燕幕。舞風狂絮紛相撲。轉眼時光都變卻。心緒惡。庭前日日聲喧雀。肺疾被香熏更弱。乍涼便怯羅衣薄。睡到黃昏

猶未覺。煙漠漠。斜陽滿地開鶯粟。

玉樓春

新來卜宅城西道。緑樹陰濃三徑悄。門深隔斷市囂聲，不放紅塵些子到。　檐前修行堦前草。活潑生機隨處好。焚香掃地又澆花，一個閒人忙不了。

鷓鴣天　書感，用《漱玉》韻

愁對菱花向綺牕。可憐潘鬢漸添霜。偷題錦字緘新怨，暗把羅巾嗅舊香。　人已遠，恨偏長。黄昏微雨更悽涼。想伊也爲郎顦悴，瘦損龐兒蠟樣黄。

前調

影事分明記瑣牕。雲英曾許搗元霜。芳尊乍捧春纖秀，茜帕親揩粉汗香。　新恨別，舊情長。最難消受晚風凉。青驄及早催金勒，莫遺章臺柳色黄。

法駕導引　小游仙詞

清虚府，清虚府，桂影自婆娑。法曲霓裳新舞羽，登科錦字罷鳴梭。機杼静姮娥。

其二

裝七寶，裝七寶，天上玉樓成。下士無師能盜道，鬼才應詔亦修文。談笑摘星辰。

其三

飛昇去，飛昇去，拔宅上天街。丹釜竊嘗雲臍瀝，藥籠長養孕靈胎。雞犬盡僊才。

其四

朝北斗，朝北斗，運動有元功。雜種龜蛇都役使，先天蝙蝠亦神通。仙界大包容。

其五

香案側，香案側，狡獪逞僊才。慣會逡巡將醖造，笑看傾刻報花開。出賣雨風雷。

其六

仙珮解，仙珮解，雨夢太迷離。玉笛聲催黄鶴去，文簫偷跨彩鸞飛。難把玉清追。

其七

張廣樂，張廣樂，霓羽舞衣裁。天夢乍醒鷩趙簡，仙緣無分降楊回。環珮下瑶台。西王母姓楊名回，見《酉陽雜俎》。

以上《聞妙香室詞鈔》卷二《爨桐詞》

琴調相思引

滿院苔痕静不譁。桐陰碎緑點窗紗。宿醒初醒，徐品雨前茶。　細撥鑪灰添麝腦，篆烟微颺一絲斜。楝花開也，今日較寒些。

四和香

嬌怯春魂扶不起。安穩紅窗睡。恰稱去莫愁呼小字。全未省、愁時事。　學得西顰添嫵媚。儘著人調戲。偷眼東墻偏自喜。渾不解、分瓜意。

一翦梅

笑謝塵勞悟静緣。鶴夢泠然。蝶夢蘧然。醉餘風月足流連。詩寄梅邊。心寄鷗邊。　春去春來又一年。鳥自能言。花自無言。白雲深處且高眠。難得投閒。樂得偷閒。

高陽臺

鄭佑平農部福臻三秋臥病，四壁蕭然，而安貧樂道，嘯歌不輟，古君子也。余忝附貧

交，深憐同病。適領得俸錢，因慨以貽之，并賸以詞

山鬼吟孤，浪仙詩瘦，天涯有幾知音。落日西臺，悲歌捶碎瑶琴。饑來已自憐臣朔，更那堪、二豎愁侵。最傷心。瘦骨支離，捱過秋陰。　壺公仙去韓康渺，歎飛龍藥店，方值千金。羞澀囊空，三年艾蓄誰尋。分將薄俸甦無補，只貧交、同病憐深。愧朋簪。錦上花添，謬契苔岑。

洞仙歌

余與沈太侔聞聲相思，未及見也。聞雪夜看花，醉中滑跌傷劇，詞以慰之

江雲望極，正平安思竹。舊夢宣南待重續。怎看花、興雅偏賦泥中，難道是，忘了夜遊籠燭。　雪消雙屐滑，行路真難，天與騷人鍊詩骨。好試按摩功、纖手嬌柔，閒消受、暖香温玉。算偶墮、紅塵亦仙緣，對藥竈茶爐、儘饒清福。君著有《宣南夢憶》一卷，風流側豔，足與《板橋雜記》並傳。

金縷曲　又

消息驚傳噩。怪無端、深夜看花，穽中幾落。馬滑霜濃行人少，底事探芳有約。卻不道、履來冰薄。絶似風流狂賀監，醉吟詩、井底還行樂。仙骨換，乞靈藥。　才高竟在泥塗辱。歎斯文、忍令墜地，彼蒼真酷。行路悠悠誰援手，星運六張五角。笑也算、折腰初學。好鍊金剛身不壞，御天風、更濯扶桑足。須盡興，對春醉。

滿江紅　送王潤蒼歸里

抖擻征衫，纔幾日、淚痕都滿。難禁受、燕山

風雪，馬卿游倦。末世功名厮養貴，一官落拓文章賤。看沐猴、冠帶競排場，新搬演。　拚焚卻，君苗硯。間揮著，儒衡扇。但仰天一笑，是非休管。更有何心雞肋戀，儘堪大嚼羊頭爛。待相將、同泛五湖船，烟波遠。

換巢鸞鳳

深掩粧樓。甚花陰轉午，尚懶梳頭。腰酸長是睡，肺弱不宜秋。新來眉鎖翠蛾愁。料應悔教蕭郎遠遊。歸期渺，怎忍見、倚風楊柳。　別後。凝望久。羅帕粉痕，和淚都淹透。記得當初，鈿盟釵約，鶼鰈長相厮守。一自天涯驟驕驄，玉容銷減君知否。裁春衫，待歸時、與較誰瘦。

酹江月　題袁小偁同年祖光銓部《東瀛玩月》詩册

袖來東海，縮蓬壺方寸，詩情奇絶。仰首青空搔短髮，心事姮娥能識。天浄瑩秋，波澄洗鏡，認得秦時月。神仙何處，綵舟飛去無迹。　我欲斧借吴剛，倐成七寶，重補金甌缺。刊盡浮雲呈皓彩，照見山河圓澈。玉笛天津，宫袍采石，嘯傲容狂客。瓊樓高處，萬年清景留得。

滿江紅　以下五闋均著涒吟社課作　杏花

雙燕來時，又粧點、春色作平二分。開罨畫、新烟嬌溼，秀靨初勻。午擔晴挑深巷裏，芳鈿笑拾曲江濱。看一枝、旖旎出墻來，如笑春。　棲蝶穩，圍錦雲。嘶騎驟，沸香塵。又翦燈聽雨，客枕銷魂。簪帽記陪瓊苑宴，倚闌妬煞玉樓人。問遠林、缺處颭青帘，何處村。

紅情　紅豆

紺珠燦若。正採來雨後，嬌紅盈握。綴上玉釵，豔照蠻粧襯纓珞。須信相思到底，輕捻向、鞵尖嵌著。又一笑、小露春渦，微暈粉痕薄。離索。信怎託。記摘取贈歡，忍便忘却。一作『想記曲罷拈，笛譜慵學』。翠鸚漫啄。留向晨窗逗靈鵲。珍重收藏鈿盒，休負了、花時箋約。待付與、雙燕寄，賺伊淚落。歐陽炯詞：『兩岸人家微雨後。收紅豆。』蔣捷詞：『春渦暈，紅豆小。』黃機詞：『雙燕乍歸，寄與綠箋紅豆。』

綠意　綠楊

紅樓一角。看綵旛翦處，烟縷青嫋。拂水絲絲，搖曳東風，波光淺照梳掠。傷心莫問隋家事，已瘦了、纖腰如削。只一方、澹月中庭，慘照舊時池閣。還記沙隄曲岸，那回繫馬處，芳景猶昨。罨畫橋邊，夕照微茫，認得揚州城郭。柔條不繫陽春駐，又悄把、夢痕黏著。但願他、長護宮溝，滿布翠陰如幄。韋莊詩：『綵旛新翦綠楊絲。』又詞：『綠楊滿院中庭月。』白居易詩：『綠楊陰裡白沙隄。』孫光憲詞：『金絡玉銜嘶馬，繫在綠楊陰下。』溫庭筠詩：『莫黏香夢綠楊絲。』

天香　黃牡丹

碎翦鶯衣，濃熏麝腦，天然富貴穠麗。土王去蟠根，金精練色，頫視萬千紅紫。宮痕暈額。疑乍出、披香殿裏。北勝徽稱合上，東皇御袍曾賜。　蕋宮宅中正位。叶坤爻、吉裳垂綺。想見玉環新浴，水沈初試。珍重清華貴種，好認取、黄姚舊家世。管領羣芳，東風病起。

水龍吟　詠秦良玉

怒濤狂吼夔門，異軍特起稱娘子。英雄肝膽，健兒身手，長官家世。奮請長纓，星精騰婺，妖氛除彗。看金刀斫陣，錦袍裹血，休猜作去、臙脂膩。慷慨勤王萬里。洗大人、英聲堪繼。武陵庸豎，鬚眉忝有，合當羞死。白桿衝鋒，青萍嘯劍，桃花飛騎。耿忠魂千古，四川營裏，鬱風雲氣。長官司，黔、蜀土司官名。今宣武門外虎坊橋四川營，即良玉當年屯兵處。

鳳棲梧　題紫岫封翁毓寅抱孫圖

日月壺中天不漏。一笑含飴，和氣融春晝。性静自符仁者壽。仙機一枕都參透。紅杏在林花似繡。樹種長生，更挺孫枝秀。萊綵筵開斟菊酒。捧觴合進詩千首。君隱於醫，性愛菊，詩亦學陶，自號知夢老人。

菩薩蠻　柳

新眉學展纔描黛。折腰便向東風拜。綰不住離思。空抽千萬絲。斜陽眠正穩。不放春魂醒。乍醒又顛狂。漫天飛絮颺。

玉樓春

園林日日番風動。吹出野花開異種。驚紅駭緑一時新，造化小兒真好弄。金籠倒挂憐么鳳。爛錦年華空斷送。柳眠纔起又蠶眠，偏是一春長作去夢。

摸魚兒　題沈太侔松雲讀書圖

卜幽居、白雲深處，書城百作平雉環擁。金聲獨振千秋響，樂處自尋顔孔。風月弄。儘嘯詠吾廬，曳杖歌商頌。遥嵐翠湧。瀉三徑寒濤，一壺涼碧，息景謝塵宂。　閒門静，睡足晴窗旦夢。一編山海吟諷。此中即是瑯環境，何事遠勞鑿空。帷下董。怕攔入西風，吹斷芸香種。遺經手捧。對草帶紆青，苔文篆緑，昕夕素心共。

湘月　除夕訪鄭佑苹，閒話守歲

踏殘臘雪，與梅花有約，同話詩瘦。静款冬心，恰好趁、茗熟香温時候。鶴背天風，簫聲夜月，往事重回首。曲終人散，按歌誰記紅豆。　休説張緒當年，而今鬅鬙，羞見靈和柳。歲晚山空但滿眼，一片斜陽荒甃。半甕黄齏，三餐畠飯，還我儒酸舊。送窮文就。一尊聊酌椒酒。

金縷曲　題袁小偁同年雜劇五種

吾道傷沈陸。借句。怪無端、是丹非素，瘦紅肥緑。嘑煞蜀鵑天不管，恣意雲翻雨覆。更逼處、潛滋他族。一枕藤陰眠未穩，驀心頭、湧起彈棋局。千萬恨，楚騷續。　西風滿地狂塵撲。更那堪、藏春塢裏，花飛鶯粟。熱血如潮和淚滚，灑向哀絲豪竹。莫認作、鬱輪袍曲。元氣淋漓真宰訴，響空山、定有精靈哭。誰和者，漸離筑。

調笑令

飛燕。飛燕。笑向花間瞥見。茶烟半榻句留。佯醉籠燈去休。休去。休去。門外細風吹雨。

清平樂

没情没緒。閒共鶯兒語。吹盡緑楊風裏絮。化作滿天愁雨。　錦箋紅字親題。心盟早印香閨。畢竟翠陰猶淺，未須惆悵芳時。

祝英臺近　春暮寄沈太侔

紅雨零春，青陽彫景。風狂似虎，塵起污人。千萬榆錢，苔砌都滿。偶憶玉田詞『淡風暗收，榆莢吹下沈郎錢』句，知阿堵物應屬之君家。持此買春，不憂貧矣。未識許分潤我否，一笑。

徑飛花，簾撲絮，午倦倚書枕。見説城南，有箇瘦腰沈。儘教選豔評春，噙香寫韻，阿堵物、管他則甚。　玉泉品。隨意判緑批紅，花下俊能忍。滿地榆錢，放膽買春飲。更添重疊苔紋，小圓荷葉，千萬貫、標題須審。

百字令

閉門深隱，許多時不聽，朝班鐘鼓。是病是狂還是懶，一笑看天無語。問字亭空，絶交書廣，閒煞譚玄麈。風流銷盡，鬢絲驚换秋縷。　暗那更象譯西來，流傳謬種，沸耳騰簧鼓。暗裏焚坑何太酷，禍比嬴秦尤鉅。寂寂西山，蕭蕭易水，未是埋憂處。不如轟飲，醉騎黄鶴飛去。

臨江仙

滴盡銅仙多少淚，西風浩劫蟲沙。江山如夢送繁華。可憐鶯啄粟，不管鹿銜花。　瞬息浮雲蒼狗，幻殘棋著著都差。城頭嗚咽起悲笳。亂鴉新月上，啼鳥夕陽斜。

滿江紅

改官縣令，行將出都，愁對杏花，再賦前調

醉玉樓前，染一色、輕臙乍勻。曾記得、探來上苑，馬踏香塵。帶露簪時嬌壓帽，倚雲栽處秀盤根。甚也隨、桃李嫁東風，紅鬧春。　瓊宴罷，花信番。誰載酒，曲江園。怕問伊消息，微雨黄昏。笑撚一枝慚及第，待栽滿縣伴吟身。便凭闌、吹笛到天明，移翠尊。陳與義詞：『杏花疎影裡，吹笛到天明。』

換巢鸞鳳

斜倚瓊簫。正蘭熏娟寢，對鏡鸞羞。粉痕釵盒印，雨夢枕函留。檀奴輕拍度吴謳。更爲我開清尊洗愁。風懷好，倚醉筆、百篇吟就。娟秀。携素手。春露淺渦，微暈雙紅豆。唾玉櫻甘，步香蓮窄，一搦腰肢纖瘦。天遣朝雲伴坡仙，侍書調藥真生受。柔鄉深，兩同心、百歲長久。

菩薩鬘

蘇閶書所見

筍輿過處香塵擁。珮環聲響風微送。依約動珠簾。鳳鞵剛露尖。　玻璃窻四扇。不隔如花面。微笑撚烟枝。颺來情一絲。

柳梢青

贈雪根，并呈徐博泉比部宗溥索和

瀟灑風姿。如梅標格，似柳腰肢。非想天中，維摩室裏，不信逢伊。　衣裳雅素偏宜。淡掃就、文殊淺眉。儘彀銷魂，鬢鴉嚲處，寶鴨温時。

踏莎行

題寶山施琹南茂才贊唐《聊復軒詩集》，用中仙題清真詞韻玉局風流，錦囊才調。江湖落拓知音少。豪情都付醉吟中，落花無語啼鶯悄。 哀樂中年，詠歌懷抱。塵汙怕踏東華道。一簾秋雨夢吳淞，借句。銷磨詩酒英雄老。

西江月

斫鱠蓬池手鈍，騎鯨海上風高。抽身且向竹林逃。無辱無榮無惱。 幻夢已空蕉鹿，閒時戲教花獒。一編唐韻一枝簫。自唱新詞到老。

繞佛閣　秋日登清涼山寺掃葉樓

霽嵐翠點。雲樹弄色，天氣清朗。琳殿深敞。梵音乍靜、樵風送幽唱。 寺樓秀爽。苔徑步滑，躡屐徐上。亂葉聲響。一作『暫息塵鞅』。品泉小坐，微吟寄孤賞。 舊蹟歎湮滅，廢址隨園無處訪。蝸篆斷碑、才魂沈宿莽。又院寂僧空，煙鎖方丈。寺僧游滬未歸，祇一小童應客。倚闌凝望。但一線秦淮，悽碧愁漾。賦情深、暗縈霞想。

齊天樂　贈湘潭陳伯朓

誰能赤手探驪穴，湘江挺生奇士。筆健拏雲，詩狂捉月，一劍青天孤倚。靈扃妙啓。更鬼藏陰經，洞元搜秘。躍冶金良，匠心獨運擅神技。君在漢陽鐵廠肄業，學成能製機器。 才名驚座已久，少年銷未盡，湖海豪氣。蘅杜芳搴，蘭茎秀擷，解珮漢皋曾記。詞源噴起。溯紫峴風流，上追仙李。維楚多材，眼明今見子。君詩、古文辭並皆佳妙，年才二十有二。乾嘉時湘潭張度西先生，年九歲，登江樓放歌，人呼李白後身。紫峴，先生別字。

闌干萬里心　題畫菊

半窗斜日晚晴天。斜倚東籬思悄然。一枝畫筆仿南田。黯吟箋。人瘦如花秋可憐。

菩薩蠻　又

詩人老去荒三徑。西風吹澹斜陽影。没箇白衣來。重陽閒酒杯。　卷簾人瘦了。寫出秋心稿。彈淚向吳箋。月明霜滿天。

以上《聞妙香室詞鈔》卷三《轉蓬詞》

阮郎歸

柝聲乍息市聲喧。隣雞催唱頻。老來夢已斷行雲。布衾寒不春。　推枕起，自開門。杖藜迎曉暾。白頭怕被少年嗔。行吟還避人。

蝶戀花

霧慘雲昏天懵懂。獨抱濃愁，酒病懨懨重。便睡也知無好夢。流鶯何苦新簧弄。　錦瑟華年空斷送。但是詞人，便是傷心種上聲。一卷離騷和淚捧。孤吟山鬼悲風動。

清平樂

春隨人遠。睡起心情嬾。一寸迴腸千萬轉。窣地湘簾慵捲。　空庭獨立徘徊。愁來没計安排。手把一枝楊柳，微吟閒劃蒼苔。

湶蘭香　賦浴，和周癸叔同年岸登原韻

裙腰卸鳳，帶眼寬鸞，幕掩獸香暗襲。泉温噴玉，水滑凝脂，粉汗乍融紅溼。似江妃、初解明璫，姍姍凌波步出。看洗浄、鉛華更顯，瓊

膚瑩澤。　一自塵昏午鏡，繡幄鴛分，楚蘭愁摘。銀瓶廢井，畫篋秋箱，飲恨垢蒙誰滌。歎湯池、綺藻猶馨，天水愁凝斷碧。問舊事、憶否華清，芳鈿塵藉。吴文英詞「午鏡澡蘭，簾幕天水」句，借用南宋時語讖。前段第九句遵《欽定詞譜》添一字。

摸魚兒　自題小照

者形容、恁般清怪，非儒非釋非道。先天蝙蝠精靈在，把卷據梧而笑。頭禿了。怎不著袈裟，不戴毘盧帽。銅華漫照。歎慰藉無人，揶揄有鬼，冷月伴吟悄。　單寒相，不是封侯玉貌。詩窮合配郊島。東陵縱有瓜堪種，奈被霜風吹槁。嗟已老。賸瘦影伶丁，守著焚餘稿。吴簫未渺。但破笠圓瓢，沿門乞食，唱個道情好。

憶舊游　丙辰重九，同沈太侔、周癸叔登陶然亭感賦

又支笻訪菊，側帽簪萸，來款禪關。不是吟秋客，是悲秋宋玉，懶賦衰蘭。雁程漸促霜信，涼吹起蘆灣。算此日登臨，便無風雨，儘彀清寒。　悽然。黯凝睇，悵荒塚香銷，壞壁詩殘。落木蕭蕭下，問亭皋日暮，何處棲鸞。餘生幾歷桑海，魂斷舊江山。祇獨立蒼茫，烟塵障目愁倚闌。

唐多令　過前法部署感賦

落日黯西城。蒼然暮靄横。眩風花、照眼偏明。陡覺玲瓏樓閣起，平白地、幻蓬瀛。　曹部歎飄零。天涯賸客星。老郎官、舊地重經。梁燕祠鴉都不見，何處是、白雲亭。

秋霽　題沈太倅楸陰感舊圖

遼鶴歸時，甚換了斜陽，舊日城闕。樹冷驚烏，幕危巢燕，賦情頓添悲悒。夢痕漫憶。少年觴詠今銷歇。古寺寂。零落棗花，苔院暈涼碧。　當此慨嘆，紫色鼃聲，但如飄風，過眼無迹。悵荒寒、塵龕蘚砌，西風愁老茂陵客。嘑斷蜀鵑空淚滴。最怕聽是，月下隔院誰家，夜深催起，一聲悽笛。

綺寮怨

醉倚危闌風峭，酒痕吹上襟。念老鶴、別久重來，誰人憫、抱恨寃禽。空階微聞墜葉，涼颸起、斷續催暮砧。歎倦遊、又逼殘年，朱顏改、怨抑摧寸心。　夜坐漏聲漸沈。寒蛩暗訴，淒清似助孤吟。鏡約難尋。望天際、渺鸞音。舊香尚留羅袂，怎誤我、到而今。慵調素琴。霜林斷雁叫、愁更深。

憶舊游　再登陶然亭題壁，前作意有未盡，用夢窗韻，即倣其體賦此

雁風秋漸老，黯賦情、蒼茫望雲涯。翠銷蘋波冷，皀鷺不見，祇見昏鴉。瘞香斷碣猶在，誰爲拂塵沙。歎豔魄梟魂，傷心一例，露草曇花。　悽涼甚時節，看髦柳凋殘，敗葦橫斜。歸燕無棲處，伴白頭詞客，閒話僧家。那堪更閱時變，內外鬭妖蛇。但念到家山，歸歟未得羈思賖。

白苧　丙辰長至大雪，和癸叔韻，倣千里和清真體

作去寒威，峭風緊，層陰積墨。漫天素縞，頓

問天無語，寒更數盡空斷魂。是日舊歷臘月八日。

綺寮怨

鏡裏酣春如醉，凭窗人未醒。奏廣樂、曲譜鈞天，龍蛇起、大地縱横。傷心隍中瘦鹿，思分辛、夢覺還共争。問阿誰、痛哭佯狂，撾漁鼓、憤激師正平。丧亂近來慣經。丁何運數，排閶要叩青冥。見説蓬瀛。降雲馭、萃仙靈。深愁會真無路，枉幻想、證前盟。津橋怕聽。鵑聲正唤處、偷淚零。

疏影 白杜鵑花

瓊瑰暗泣。灑淚痕點點，飛入香國。躑躅空堦，幽影伶俜，無言自賞孤潔。傷心望帝魂難返，但苦憶、夔巫城闕。想六宫、盡洗紅粧，幻作此花悽絶。知否三更露冷，有人月下立，

令繁華易色。是誰教、玉龍酣戰破空碧。圓璧。歎摧殘，問甚日重完如式。冬心不温，銜恨宛禽莫白。知有誰、冒寒來訪幽人宅。疇昔。争誇瑞臘，預卜豐年，染毫呵凍，霏玉梁園賦筆。嗟此際清寒，紙簾塵壁。窮檐困守，待天閽上訴，積冰横隔。眩眼生花，祇見寒光，難辨南北。夢冷瑶華，慨想青蕪國。

飛雪滿羣山 和癸叔《陽歷元日燈會步雪天街》作

旗燦虹霓，坊排松柏，太平粧點三門。雪晴初掃，冰堅猶積，凝去寒未散愁雲。老來歡意少，漫重理、朝衫淚痕。夢遥年暮，愁春未醒，衣袖换殘熏。還記得、年時逢歲臘，鬧比隣兒女，笑語黄昏。稻香浮鼎，梅粧迓鼓，大家粥盎争分。古風今漸改，但提起、眉峰恨颦。

霜鬢蕭瑟。莫認梨雲，短夢淒迷，粉褪枝頭涼蜨。春心擬向東皇託，怕轉眼、芳華銷歇。等夜深、重整啼粧，悄共素娥低説。

八犯玉交枝　和癸叔《江亭踏雪》原韻

寒匿潭皋，凍拳檐雀，暮色漸催鈴語。誰翦瑤華千萬朵，點染寒林烟樹。雲英仙杵。碎落千斛瓊漿，彌漫一片迷平楚。愁礙俊游吟屐，冰澌橫路。　却嫌玉質委塵，錦袍裹絮。天街向晚愁步。自珍護、雲霄毛羽。但高臥、蕭閒庭户。任飛白、浮空亂舞。欲尋梅鶴孤山去。問唾玉詞工，尖叉韻疊還能否。

前調　再疊前韻，和癸叔

擔瓦冰膠，寺鐘寒澀，院寂倦尋僧語。直瀉銀河三萬里，滓没低蘆高樹。月宮仙杵。露脚飛落寒瓊，嫠蟾孤另添悽楚。偏又玉龍酣鬬，橫攔雲路。　却愁霰集未消，狂花亂絮。艱難猶窘天步。歎飄散、鈞天霓羽。尚誇説、白宮珠户。聽殘笛、落梅旋去舞。蹇驢得得馱詩去。問賦筆梁園，風流尚憶當年否。

鶯啼序　和沈太侔贈女伶小慧芬詞，用原韻

蓬門自憐倩影，翦秋檠淚語。翠眉鎖、低撥冰絃，似説身世愁苦。玉龍怨、霜天夜月，紅闌瘦損啼痕沍。泛清商吟和，哀蟬恨傳齊女。　驚覺啼烏，逗曉喚起，試秦腔按譜。乍嬌囀、嚦作平嚦鶯聲，巧簧如弄芳樹。燕飛輕、蠻腰俏削，鳳簫咽、珠喉激楚。最堪悲，生小雛鬟，恰纔三五。　春明倦客，鬢雪飄蕭，選歌最賞汝。空悵歎、玉樓人去，夢冷吴苑，恨别

傷春，斷腸知否。另有本事。何堪又見，滄桑三換，凋殘霓羽無人惜，怕紅芳、隕落愁風雨。瓊葩秀茁，憐他趁拍婆娑，興頹爲卿重鼓。　江山滿目，淚溼霑衣，問寄懷甚處。算只有、倚歌傳恨，借酒澆愁，訪翠題紅，醉吟狂舞。吹香素縞，酣春青鏡，玉作平梅花底清夢穩，漫驚心、衰柳斜陽暮。垂青幸有周郎，綵筆新詞，賦情寄與。湘人周君大荒有贈小慧芬《玉梅花》詞。

臺城路　和仲堅

女牀雲鎖鸞音杳，殘鴉尚棲宮樹。鳩鵲巢空，鴟鴞室毁，回首鄉關何處。宫聲變羽。悵碧海紅桑，瞬經三度。望切澄清，仰天搔首枉翹竚。　春明懺餘夢影，舊人零落盡，那忍重數。虎豹當關，龍蛇起陸，難覓桃源安住。江山自古。甚煮豆分瓜，遽令如許。夜樂誰家，夥頤深院宇。

齊天樂　壽蕭龍友

海桑三度詩人老，吟身鵲壺深隱。咳唾珠璣，鞭笞草木，仙躅華陽宏景。春婆夢醒。便嬾種潘花，添栽董杏。玉宇瓊樓，最高寒處鶴留影。　江山幾番涕淚，引杯頻看劍，風骨逾峻。鼃紫餘分，羊紅浩刦，付與畫圖詩本。晴窗睡穩。任簾外春風，黄鸝三請。瑶草烟深，駐顔丹鍊鼎。

風流子　和仲堅《送方孝穆航行哈爾濱》詞，用原韻

樓船横海去，江天闊、遠勝五湖游。想高浪駕鰲，氣吞龍塞，尖風衝鷁，寒壓貂裘。關河迴、

星霜凋兩鬢，雲水洗雙眸。擊楫浩歌，醉橫曹槊，扣舷長嘯，時看吳鉤。　功名儒冠誤，飄零久、身世梗泛萍浮。便訪成連海上，狎鷺盟鷗。好補注水經，更添新解，精量沙線，穩渡中流。還看仙槎貫月，博望封侯。

蝶戀花　題盧亮夫小照

一卷黃庭初寫就。竹裏吟詩，瀟灑宜清晝。白眼看天搔禿首。醉來燕市尋屠狗。　烟語綠窗人靜後。越是疎狂，越更添消瘦。時節薄寒人中酒。日長閒却臨池手。君工書法。

賀新郎　賀東粵某大令續娶

嶺上梅開早。趁東風、傳來吉語，珠江春好。得寶新翻房中曲，眉樣描來更巧。看燭影、千枝紅照。喜氣充閭車百作平兩，沸笙歌、簇擁呼鸞道。宜象服，慶偕老。　郎君驄馬年方少。擅才華、製成鴛錦，牽絲手妙。堂上鳴琴絃重理，晝永簾垂人悄。想隨唱、定添吟稿。桃李春風河陽滿，夢徵蘭、更茁宜男草。伸賀悃，倚長調。

真珠簾　本意

玲瓏不礙看花眼。正西山、雨過瀟瀟秋晚。波影盪寒星，耿素光如練。縷縷情絲憑繫著，莫散作去、淚痕千點。高捲。認瓊枝玉樹，蕊宮曾見。　庭院。鎮日低垂，歎昭陽夢冷，珮珩聲斷。一桁儘招涼，但露零秋苑。深坐含顰愁黛斂，問底事、殘粧啼泫。誰伴。又十里春風，揚州路遠。《西京雜記》：昭陽殿織珠爲簾，風至則鳴，如珩珮之聲。

木蘭花慢 壽嚴範孫

海桑三度换，莽塵世、是何年。只狐嘯叢祠，鹿遊廢苑，如此江山。壺天。静中自永，算卿雲何似野雲閒。嚴瀨臺高幾許，嗣音肯讓宗賢。　飄然。域外馳觀。滄海上、客星懸。朝班。未有西清秘笈，南宫珍賞，書畫裝船。容注籍，要桃花流水訪仙源。君新從海外歸，聞又將有遠遊。詩卷長留天地，義熙甲子重編。

八聲甘州 壽張伯嗇

看劫餘飛過幾番灰，天涯老唫身。記朔邊籌筆，東瀛放櫂，意氣拏雲。嘯詠庾樓烟月，欹羽岸烏巾。一笛天風裏，醉曉吟昏。　日月閒中自永，領山光水色，儘足怡神。想鶯鶯燕燕，應識舊詩人。渺巫峰、荒唐雨夢，算何如、蘇小認鄉親。還招鶴、訪逋仙去，醉倒梅根。

齊天樂 壽曾介白

陽生禹甸祥和滿，吹春琯葭飛早。玉壘浮雲，金臺霽雪，長護恒春花好。巡檐索笑。對萬樹官梅，吟昏醉曉。閬苑高寒，矯然一作平鶴出塵表。　湘江前度泛櫂。記曾陪楚客，同賦香草。益地披圖，鈞天製譜，醉舞鸞枝欹帽。仙音縹渺。看四座聯翩，齊賡羽調。鳳錦新恩，鵲音庭樹繞。

前調 壽錢幹臣同年

太平鼓打春聲振，調元歲功成候。崧嶽生申，天河洗甲，藻耀東山衣繡。黄扉運斗。看海静恬波，風清澄宙。備致嘉祥，鳳麟翔集在郊藪。　千秋金鑒照朗，錫蕃占易象，三接榮晝。霖雨商巖，風雷舜麓，解阜薰琴徐奏。烽銷鷺堠。有晴雪梅花，新詩唫就。玉燭時和，飲醇杯在手。

木蘭花慢　壽劉仲魯

薦櫻芳序近，敞瓊席、趁清和。正璇極凝辰，銀潢洗甲，風静琱戈。滄波。漢槎泛遠，想歸裝載得寶書多。料理名山事業，芸籤手自編摩。　嗚珂。舊夢醒春婆。逸興未銷磨。看黛色霜皮，世家喬木，尚挺虬柯。山河。自古，但壺中天永醉顔酡。藜杖閒扶緑野，儘容老子婆娑。

南歌子　蜀葵

直幹標風節，圓花捧日光。天留正色在中央。知是移來蜀國、種留黄。　房綴金星燦，盤承玉露瀼。不隨時世鬭新粧。獨抱丹心一點、戀殘陽。

南鄉子　春暮偶成

吟思寄誰邊。春夢無痕欲化烟。花片盡隨流水去，堪憐。錦繡文章不值錢。　緑索斷秋千。愁拾殘紅到廢園。飛絮游絲隨處颺，狂顛。句引東風便上天。

清平樂

詩愁酒病。醖釀傷春症。門外東風吹又緊。鋪地落英紅冷。　芳心一寸都灰。好春去也難回。舊日看花庭院，而今緑遍蒼苔。

水龍吟　揚州瓊花，不知何時移種江西。今鎮署内好事者，折取一枝，用西法攝影鏡中。周克羣索題，爲賦此解

天風吹下飛瓊，鏡中花貌參差是。雲裳霧縠，亭亭玉立，土花祠裡。化易成烟，倩空留影，珮零環碎。自華鬘小劫，紅塵墮落，愁難浣、西江水。　休憶唐昌舊事。問東風、人間何世。揚州夢醒，舊家明月，相思千里。鵑正啼時，蝶無尋處，冷清清地。看一枝、帶露嬌啼，點點是瑤妃淚。

蝶戀花

索題　蕭龍友弆有宋髯蘇、顛米二硯，繪圖

羊石精英鍾峽洞。一片雲腴，綠補天無縫。有個朝雲纖手捧。綵毫濡處思泉湧。　書畫船來羅骨董。顛米搜奇，更鑿山根空。雙璧珍同彝鼎重。選樓玉案陪清供。

齊天樂

壽秦年伯母

翠瀛三度看清淺，仙鄉駐年偏永。氣得春先，祥呈臘首，恰好玉關風靜。堂開燦錦。簇萊綵衣翩，花釵光映。少廣端居，彩雲深護月華烱。　當年冰蘗茹飲。鬱幽單萬感，蕭颯蓬鬢。福自天申，齡由帝錫，蔗味甘償晚景。坤裳耀褧。更榮沐璇題，國恩家慶。滿酌瓊漿，雪梅香泛鼎。

渡江雲

錫山解組，九過重陽，亂離瘼矣，奚其適歸？浩如宗子以所畫菊花卷子屬題。秋風淒厲，聲來被辭，音哀以思，棖觸無已，率成二解

西風簾半捲，殘陽影裏，人意澹如花。兩開添客恨，愁倚籬東，鴻訊杳天涯。秋心一點，伴瘦蝶、冷月窗紗。應念我、歸來彭澤，陶令已

無家。堪嗟。落英誰采，禿鬢羞簪，有王孫風雅。把絶代、騷情賦筆，點染霜華。孤芳逸韻傳縑素，愛晚香、託興幽遐。延暮景、餘暉散綺烘霞。

前調

吟騷詞客老，苔荒徑悄，籬畔澹斜陽。捲簾人影瘦，花落無言，蕉萃理秋粧。晚香自好，問有誰、憐賞孤芳。空立盡、閒堦冷月，斷雁叫淒涼。商量。寒泉薦後，秀色餐餘，把幽人情況。迸一片、秋心和淚，寫入縑緗。宮槐殿柳都凋盡，點數叢、傲骨陵霜。珍畫苑、清高品壓徐黃。

滿江紅　壽王劭農年丈八十，并重宴鹿鳴誌喜

光燭東垣，挈壺報、老人星見。先一月、蒲觴豫祝，嘉賓式燕。地近宸居依日月，天留奎宿章雲漢。看華笙、吹處間華笙，斑衣絢。拖竹杖，隨朝嬾。冠席帽，看山便。紀義熙甲子，手編詩卷。炯矚青瞳桑海閱，笑簪白髮花枝顫。瞬駒光、星紀又重周，瓊林宴。

桂殿秋

更柝亂，塔鈴和。荒雞喔喔殺聲多。如何風雨悽涼夜，偏唱丁孃十索歌。

以上《聞妙香室詞鈔》卷四《拗蓮詞》

應天長　己未人日過廠淀

窨花放靨，園樹迎去暉，晴風暖動吟褶。沸路麝塵香溢，春寬地嫌窄。文園老，身尚客。但滿目、惱人春色。轉深巷，負手微吟，翠鈿去慵拾。時節正人日。怪底無詩，愁損夢淹

筆。欲問草堂消息，山雲萬重隔。年時事，猶記得。記雪餅、玉纖親擘。歲朝改，老去心情，梁燕能識。

六醜 燕京元夕，步夢窗韻，仿千里和清真體

又華燈絢采，夜轉午、星河光掣。鳳城俊游，流風沿未滅。客舍逢節。向舊曾經處，鈿車偷眼，看錦簾輕揭。星波遞媚春情熱。鬢貼雲偏，衣翻采纈。如游貝宮珠闕。聽鈞天樂奏，笙韻吹徹。更闌興歇，亂春愁似髮。漸老心情，幾回恨別。何堪更聽啼鴂。怕狂塵沸路，撲污巾襪。時光改、賦情悽絕。憶前夢、覓已無痕，但有舊時明月。梅風過、吹散香雪。坐漏深、細說貞元事，回腸寸結。

蝶戀花 梅郎蘭芳祖母壽詞

開遍碧桃春似海。梅苑風和，戲舞花間綵。觀世春夢已醒婆尚在。年年盛會瑤池賽。妙音超色界。五十三參，合受仙班拜。霓羽新聲齊喝采。慈雲一片華堂靄。

前調 前題

梅苑清芬家世舊。玉照堂深，和氣融春晝。河漢花好月圓人更壽。蟠桃宮裡仙韶奏。玉顏看鍊就。瓊樹風前，更挺孫枝秀。弟子梨園今白首。都來歡捧霞觴侑。京俗以三月三日爲王母壽誕，於蟠桃宮開會五日，游人最盛。按：蟠桃宮在東便門內。

蘭陵王 春暮遊公園，次美成韻，和仲堅

午烟直。檐瓦參差絢碧。東風過，花信幾番，

緑草如茵弄晴色。青蕪慨故國。愁識。鴻賓燕客。回廊外，金奏競喧，促作平拍悽音變工尺。國内時奏軍樂。宫牆半苔跡。但鵲作上臒空巢，鶯占去文席。游女多曲院中人。玉作平音無準盟言食。嗟劫火猶熾，横去流狂湧，軍書徵調徧堠驛。更疆畫南北。心惻。暗愁積。悵鹿走園荒，人散壇寂。妖星焰閃陵辰極。又夕照收影，四吹笳笛。沈吟懷舊，竚望久，夜露滴。

洞仙歌

壽某母

雲開玉壘，正月輪光滿。樂舞巴渝綵衣絢。想飛蓬鬢亂、刺棘心夭，冰蘖味，辛苦幾經嘗徧。福疇天錫與，美意延年，寶婺騰芒煒彤管。有子振英聲、我武維揚，標麟閣、干城上選。趁酒熟、郫筒兕觥稱，看海屋添來、鶴籌無算。

漢宫春

壽劉尊五方岳

吏部文章，記紫藤花裏，曾識劉郎。春明夢痕尚在，幾變滄桑。風塵澒洞，卸朝簪、换了荷裳。無大過、何須學易，年來早悟歸藏。有個宜家德耀，更梁春同賃，萊畚相將。烟霞儘堪，供養山水徜徉。浮雲玉壘，一由他、龍戰元黄。千日酒、花前對飲，逍遥穩住仙鄉。

氐州第一

和仲堅《秋日携眷遊湯山行宫》詞，仍步清真韻，并依四聲

秋色荒原，苔徑步晚，孤花瘦倚紅小。樹宿寒雲，山籠凍霧，空憶鸞音縹緲。池蕩晴波，似尚戀、風霞殘照。病蝶粘柯，涼蛩絮閣，黛蛾

愁老。曠野蕭閒塵事少。共相向、翠闌吟繞。浪穩眠鴛，風輕語燕，合暢開幽抱。好江山、供勝賞，生消受、如皋一笑。不盡餘情，話更深、霜鐘警曉。

沁園春 輓周克羣先登

嗟乎周生，竟夭天年，能無痛哉。記東瀛負笈，曾通蠻語，西川籌筆，卓著鴻材。變夏因時，要湯以道，書記翩翩應阮儕。今已矣，共澤蒲陂柳，一例霜摧。年來。甚矣吾衰。是腐敗、官僚死也該。怎鶴歸遼海，尚餘病翼，駿求燕市，空賸枯骸。進步無期，合羣未克，齎志重泉劇可哀。歌當哭，賦一篇楚些，魂儻歸來。

憶蘿月 題李佑軒太守遺像并花鳥畫卷

醉磨盾墨。喝起龍沙月。劍采方騰鋒頓缺。暫息摶秋鵬翼。錦袍太白飛仙。畫圓長在人間。猶是開元全盛，春風遲日江山。

水調歌頭 《鍾祥李節母事略》題辭

江漢有賢母，允矣女中師。素娥深夜孤冷，抱月泣霜閨。堂上煢煢白髮，膝下牙牙黄口，事畜兩無資。忍死撫弱息，嗚咽寸心摧。潔蘭養，茹荼苦，畫荻灰。卅年蓬首蕉萃，鑑影祇燈知。雛鳳新聲纔起，仙鶴彩雲遽駕，恨未報春暉。我亦鮮民痛，一讀一漣洏。

祝英臺近 湘陰譚君家藏有古簫，精音律，工度曲。友人曾劭先大令屬爲詞賦之

和緱笙，編嶰竹，舊是鳳臺侶。酒釅茶甘，月

底正修譜。夜涼露冷空江，雲梢一鶴，戛孤響、玉龍驚舞。子淵賦。消他香口嬌吟，韻事漢宮步。昨夢揚州，曾醉那人處。怎如白石詞仙，垂虹橋上，小紅唱、新腔閒度。

百字令

庚申十二月十九日東坡生日，同太侔賦

雪堂何處，自髯仙去後，風流寥寂。今日朋簪吟社盍，一瓣心香遙爇。玉宇高寒，銅琶豪壯，喝起峨眉月。花豬甘美，一尊同醉苔席。　嗟我生不逢辰，文偏憎命，等是臨磨蝎。空有新詞歌哨遍，未必春婆能識。江水盟寒，家山夢遠，老作天涯客。何如燒筍，共參玉作平版禪悅。

真珠簾

壽曾旭初丈

素絃彈出仙翁字。坐松風、自領靜中滋味。錦里賦歸來，淡宦情如水。守過庚申元氣足，早悟澈、丹經玄秘。扶醉。儘逍遙曳杖，青羊花市。　春枕夢醒邯鄲，問幾劫滄桑，人間何世。山水足徜徉，任浮雲玉壘。野服翛然心貌古，雅稱去號、華陽仙吏。誰似。有商芝陶柳，同茲高致。

壽樓春

社稷壇今爲中央公園。辛酉夏日，獨游感賦，用仲堅韻

嗟商音陵宮。對熏絃倦撫，彈淚當風。一代江山如夢，水流匆匆。空竚立、斜陽中。愴廢壇、愁雲重重。况井市都墟，欃槍未掃，彌望盡哀鴻。　王風變，經亡忠。恨流傳謬種，新

室歆雄。最是狂泉争飲，衆咻雷同。妖焰煽，傳邊烽。笑奉春、猶誇和戎。怕辭闕銅仙，黄塵又蒙。榛莽叢。

摸魚兒　步李巽夫《生日遊江亭有感》原均

對西山、挹來朝爽，新詞吟酹生日。江亭莫灑新亭淚，風月且談今夕。依水國。看野曠天空，清氣便平呼吸。蕭閒自得。儘倚遍闌干，盟鷗狎鷺，都是舊相識。　中年感，哀樂由來蝟集。靈均何事呵壁。郎潛權向京華住，小印雪泥鴻迹。君漫憶。怕憶到家山，天地皆荆棘。塵機暫息。但試問浮生，百年有幾，一笑醉春碧。

前調　又

嘆餘生、草間偷活，艱難應念來日。江湖滿地嗽鴻苦，風鶴更驚朝夕。誰秉國。忍坐視、鯨鯢盡把民膏吸。埋憂未得。便孤憤書成，罪言草就，此意有誰識。　今何世，未雪已先霰集。新詞愁畫亭壁。劇憐危幕還巢燕，全換玳梁前迹。休更憶。最痛是、當年梧鳳都棲棘。沈吟太息。祇立盡黄昏，空堦月暗，風颭野螢碧。

夜半樂　和仲堅《三度中秋無月》詞原均

倦吟苦爲秋瘦，何堪日夕，偏又風兼雨。悵夢隔嬋娟，欲通無路。素娥暗泣，明蟾晦彩，漫教停撫冰絲，夜凉凝竚。念兔魄、幽單静霜杵。　怨蛾掩鏡悄悄，寂寞梁園，謝莊愁賦。空目斷、天涯雲鬟香霧。桂華零落，山河影翳，問誰手挽銀潢，洗清天宇。但簷滴、聲聲助悽楚。　對此應歎，鏡約無憑，恨天難補。算令節、三番竟虛度。斬妖蟇、須要借取吴剛斧。看浄掃、黯黯烟霾去。桂輪香滿清輝吐。

摸魚兒　壽寶瑞臣熙太夫人

問蓬瀛、幾番清淺，人間今是何世。自從笑擲丹砂後，小住紅塵遊戲。河漢水。早鍊就玉顔，籙受靈威祕。蟠桃熟未。看打疊斑衣，閉門偕隱，有箇老萊子。　觚稜戀，家近東華尺咫。坤甯遺事猶記。辯言怕説臧三耳，返聽不聞龙吠。彤管煒。永慈竹春暉，寵沐璇題字。才全福備。衍玉牒三朝，花釵一品，徐母詎能比。

前調　林筱莊侍郎暨德配龔雲環夫人三十年婚期紀念詞

者仙緣、幾生修到，人天皆大歡喜。卅年飽喫胡麻飯，一笑海桑彈指。卿月麗。看頌上鴛梁，揬藻光鸞字。雙修福慧。更繞砌芝榮，森庭桂茂，奕世濟其美。　同心好，早訂湖山約契。功名都付兒輩。蓬瀛幾度看清淺，前事夢華猶記。烟水裏。泛一舸悠然，去訪鴟夷子。神僊伉儷。有簫玉風流，劉樊豔福，不數漢梅尉。

菩薩蠻　辛酉十二月初四夜作

書麟筆絶華風變。纔交二九開春宴。滿路照紅燈。童謡儻有徵。己亥、庚子歲，民間有『滿街紅燈照』之謡。　漫空飛臘雪。正是嘉平月。一片白皚皚。春從何處來。

如此江山

壽林貽書方伯開謩同年

辛盤合作平供先生饌，西薇翠根堪擷。户帖新桃，堂銘壽柏，花甲祥開龍歷。滄桑换劫。看喬木春榮，歲寒標節。趣永壺天，静消長晝橘中弈。録作平賢恭際盛世，乙未閩中詩題『褒德録賢』，漢元朔詔中語。紫霓同日詠，春殿簪筆。晚福輪君，窮愁老我，一作平樣天涯爲客。胡同半截，近賣酒人家，芳隣曾接。余時厲潼川會館，距廣和居纔數武。更覓黄罏，試譚堯歲雪。

祝英台近

題仲堅《柳溪詞》

柳當門，溪繞屋，緑淨謝塵擾。十載郎曹，英氣漸銷了。幾番聽水聽風，傷春傷別，總添入、薌林吟草。宋向子諲自號薌林居士，有《酒邊詞》一卷。夢牕稿。絢空七寶樓臺，辛苦麝塵搗。

滿庭芳

辛酉除夕口占

户换新桃，街喧響竹，迎年臘鼓敲忙。告存今夕，頑健道勝平常。休笑無錢壓歲，詞珠玉、尚滿巾箱。三杯酒，詩窮送了，還酹賈長江。思量。人世事，除開文字，是債都償。算兩字，頭銜贏得清狂。準備宜春帖子，拈禿筆、塗畫鴉行。出作平門去，有梅花處，便是喜神方。

調笑令

即事感賦

燕燕。燕燕。公子來時相見。閣中私語呢喃。驀地東風捲簾。簾捲。簾捲。泥落梁空不管。

金碧檀欒，填實意難巧。怎如花外題箋，碧山。梅邊吹笛，白石。儘消受、燕昏鶯曉。

瑤華

徐輔洲廳長爲故母郝太夫人請旌，得『璇閨令範』四字，擇吉懸額廳事，并延僧諷經追薦，倚此以紀哀榮

苕華鏤玉。天上星娥，扇椒風馨馥。璇閨令範，宸翰寵、題額光潛旌淑。華鬘香雨，合長亭、瑤京仙福。有漢時、徐母名高，嗣武千秋芳躅。　輝庭美粲三英，廕一片慈雲，祥靄朱屋。真靈位業，表懿行、早繪新圖成幅。煒彤榮衮，鸞字煥、金函瓊軸。照汗青、中壘揚徽，列傳燃藜重續。

臨江仙

和仲堅

深坐含愁黛蹙，調絃歛怨音低。燕梁落盡去年泥。拋殘金絡索，嬾勸玉東西。　轉眼清明近也，春人又換新題。醉雲醒雨枕函迷。癡心温蜨夢，多事惱鶯啼。

前調

貧老殘年，綺語債殆將償盡。前作勉强奉和，未能工也。偶有所觸，泚筆成此，竊取盍各之意云爾，仍次原均

困處市中胯屈，矮居檐下頭低。潔身幸未染汙泥。推枰佯敗北，溉釜漫懷西。　舊事那堪回憶，新吟多半無題。仙源錯認路都迷。甯甘文豹隱，愁聽秃鶖啼。

鷓鴣天

壽羅田王翁

經濟才優擅九能。還從塵海息勞生。田園養晦潛龍德，冠蓋辭榮却鶴徵。　朝市事，不關情。在山泉水自然清。笛聲吹出南飛曲，遥

祝先生晉一觥。

臨江仙 壽銅梁謝樹青

大隱無妨近市，少微長是居垣。由來美意自延年。上符徵六十，陰德滿三千。何用昇天成佛，居然行地能仙。鋪棻吉語謝賓筵。笑扶靈壽杖，妙粲法華蓮。

鷓鴣天 又

利濟才宏妙蓋籌。上符六十證靈修。慈祥人共依仁宇，富壽天先錫福疇。觥酌兒，杖扶鳩。林泉偕隱足優游。花開三月春如海，彩服翩翻舞未休。

前調 嘉善錢銘伯觀察雙壽

世變澄觀早見幾。豸衣一笑換荷衣。青門瓜美新分種上聲，白社蓮開好賦詩。鴻桉舉，鹿車隨。同心偕隱有萊妻。耆英會續龍華會，雙鶴南天自在飛。

前調 山西梁某雙壽，戲用近時所謂新名辭聯綴成章

進步宏規政黨傳。自由花發正春妍。文明改造新中國，穩健端推老少年。倡學社，重民權。大同主義合羣先。愛神更有羅蘭在，對撫風琴樂盎然。

陂塘柳 題傅志丹太史年同維森《缺齋遺稿》

湧思泉、騁妍抽祕，鴻篇文筆雙絕。古以駢儷韻語爲文，散行爲筆。說見《揅經室集》。經生訓詁才人賦，銜佩春華秋實。聲謦藉。早望重南琛，詞苑揚芳烈。別裁箸集。看學海尋源，選樓摘

豔，阮氏瓣香接。羊城學海堂，阮文達元督粵時剏建。春明憶。尚憶看花紫陌。韓門曾共張籍。乙未，余與君同出房師黃巖楊定甫先生門。江亭一別成千古，是歲夏五，同門公宴楊師於陶然亭。感逝山陽悽笛。遺稿輯。炳一卷琳琅，光照端溪石。稿用西法石印。滄桑幾劫。賸殘菊荒坡，菊坡精舍在學海堂側。斷芸零帙，歎息望梁月。

木蘭花慢　壽施鶴笙年丈

數窮知亥際，潔身去、燭幾先。是天上文星，海濱大老，蜀國耆賢。山川。自今自古，但有桃花處即仙源。鴻桉白頭對舉，緑窗閒說堯年。悠然。趣永壺天。躭妙理、謝塵緣。看貝葉書經，藜枝照字，融貫儒禪。連翩。鳳毛濟美，舞綵衣含笑戲尊前。合奏壽人一曲，新聲譜入熏絃。

八聲甘州　前題

看元黄遍野戰羣龍，江山劫灰餘。有羊裘老子，滄桑靜閱，水竹幽居。記種甘棠漢上，緑蔭尚扶疏。一臥滄江晚，長謝徵車。偕隱同心嘉偶，倚緑窗話雪，重憶堯墟。問丁沽月色，還似舊時無。茹西薇、別饒真味，已十年、不食武昌魚。閒中好、永壺天趣，樂也仙乎。

壺中天　壽錢年伯母

綺窗開處，正青禽報道，蟠桃剛熟。聖姥朝元丹九轉，銀漢鍊顏如玉。佛國耆婆，閟宫壽母，林下清風穆。妙音觀世，大慈宏濟孤獨。長夏緑野堂前，起居八座，日報平安竹。慧照自然空五蘊，何用金篦刮目。般若行深，真如悟澈，無垢超凡俗。法身常住，百年長受遐福。

燭影揺紅 魏吟舫年丈奉祀鄉賢人祠，禮成恭紀

香裊猊烟，寶旛風定神絃語。頭銜清比一條冰，衮闕忠能補。清望花驄綉斧。笏傳家、直作平聲繩祖。真靈位業，品重烏台，圖登紫府。

絳帳傳經，表章絶學宗鄒魯。光潛旌淑沐璇題，觀感興氓庶。鳴鹿賓筵又賦。奏苹笙、苾作平芬薦俎。今歲壬戌，適届鄉舉周甲重逢。維桑起敬，捧栗銘虔，尊榮千古。

前調 壽袁蔭樵年丈八十

一鶴南飛，笛聲替寫神仙照。少微星是老人星，高躅商山皓。種樹書新脱稿。坐緑作平陰、悠然長嘯。大椿歲月，喬木人家，壺天不老。

春到梅枝，小僮報道花開了。皖公山色浸杯中，稱意芳尊倒。十畝桑閑自好。狎漁樵、渾忘封誥。龍鬅夢冷，老子婆娑，溪璜閒釣。

齊天樂 前題

非熊不入新朝夢，貪看皖公山色。八百株桑，一千畝竹，大好幽居卜宅。柴關晝寂。祇静翫山經，慵簽朝籍。世享長年，内丹修養有真訣。

清聲雛鳳振響，更孫枝蔚起，光紹前烈。老子婆娑，是翁矍鑠，清福此生消得。青瞳電曄。看龍戰元黄，滄桑一瞥。還憶堯年，夜窗閒話雪。

鶯啼序　和仲堅《閨怨》詞，次夢窗韻

微風趁晴作去暖，引游絲罥户。漸過平了、寒食清明，便覺芳訊催暮。謾重唱、江南舊曲。鶯飛草長花辭樹。恁新來、唐韻愁拈，倦吟香絮。　長日懨懨，殢酒未醒，嚲鬟雲鬢霧。畫檐畔、占鵲音沈，帶寬消盡肌素。掩牕紗、停歌駐拍，任抛擲、紅牙金縷。甚心情，文錦裁鴛，羽冠翹鷺。　芳期細數，瞬值梅黄，雁程尚滯旅。獨坐到、黄昏時候，悶損人也，繡閣間春，楚臺收雨。桃花浪漲，楊花雪作平墜，石作平尤風緊波濤惡，怕春潮、晚急難尋渡。傷心鈿去盒，輕分暗憶前歡，淚滴半淹塵土。　園苔翠疊，徑竹青濃，又縞衣换苎。歎冉冉、流光駒逝，易老容華，壘燕單棲，鏡鸞慵舞。銀屏夢悄，金爐香燼，回文欲作平寫腸寸斷，飲殘啼、斜倚秦筝柱。從前私語深宵，誓月盟星，尚能記否。

卜算子　詠菊

清絶自宜秋，晚節香纔吐。獨倚籬邊看夕陽，澹到無言處。　踈影映簾櫳，瘦與詞人侶。便到飄殘也傲霜，不逐西風舞。

清平樂

詩愁酒病。醖釀傷春症。門外東風吹又緊。鋪地落英紅冷。　芳心一寸都灰。好春去也難回。舊日看花庭院，而今緑遍蒼苔。

鳳棲梧　壽趙次山年丈

瞬眼滄桑看幾度。自採西薇，不屑商芝茹。身際末流心太古。超然不受狂塵污。　紫色

鼃聲紛僭據。史筆千秋，褒貶嚴華斧。一代靈光名重魯。冬青樹是恒春樹。

洞仙歌　題向仲堅虎口餘生圖

萬山深處，正風高月黑。狹路相逢綠林客。歎旅占喪斧、睽象張弧，投陷阱，受盡千磨百折。是誰倡亂首，豺虎縱橫，坐令康莊變荊棘。蜀道信真難、平地風波，險更比、蠶叢尤劇。幸生載、吾頭出渝關，但偶一披圖、夢魂猶怯。

菩薩蠻　題陳季明雙憶圖

雙鸞鏡匣塵封厚。癡心枉轉金輪咒。微雨畫簾垂。阿灰腸斷時。　呼之渾欲出。栩栩芳魂活。一幅幻中身。真真喚儻膺。

喝火令　虎坊橋北，五道廟東，舊曾遊處，景物全非，二十年來，蓋陵谷不知幾變遷矣。驅車重過，愴然賦此

廟古苔侵壁，橋平柳臥沙。祇今潭尚屬韓家。可惜梨雲夢散，不見壁人車。　影事愁重省，遊踪認未差。記得鈎簾，記得款烟茶。記得畫廊東畔，一樹馬纓花。

菩薩蠻

生來慣得無拘束。毬場餐舘嬉遊熟。似有暗香來。風吹裙帶開。　情絲容易繫。奪得瑤光婿。錯種自由花。聰明誤了他。

清平樂

花圍酒坐。一個佯狂我。乞食教歌無不可。面上長留乾唾。　倡條冶葉爭榮。耐寒惟有

蒼松。不見桃花輕薄，年年命短東風。

以上《聞妙香室詞鈔》卷五《濯纓詞》

以上《聞妙香室詞鈔》

张仲炘

東風第一枝 春雪，用梅溪韻

社火烘寒，簷花鬪麗，東風無意噓暖。鳳簫沈水添微，翠尊凍醪注淺。和愁都化，正夢入、紅樓香輭。似去年、吹絮光陰，只少惱人鶯燕。　銀海眩、綺花照眼。珠箔静、繡塵隔面。探梅還憶西湖，試茶待烹北苑。新詩誰織，料費盡、弓衣茸綫。散滿城、謌管聲聲，莫是郢中曾見。

高陽臺 己丑殘夏，欝欝京居。燕去鴻來，蹇修閒阻，倚鐙拈韻，以寫懷思

偎影簾疏，攤愁簟薄，先秋早覺涼侵。玉宇寒多，剛晴又雨還陰。銀河隱約流蘇掩，閆曉更、蓮漏沈沈。算經過，昨夜淒涼，又到而今。　荼蘼花底相逢處，問秋波微注，若箇情深。未了相思，攏鐙細寫瑶琴。蓬萊咫尺天風引，待與誰、緑酒同斟。是何時，飛上仙槎，訴與秋心。

水調歌頭 秋夜，宴陶然亭，聽琵琶音調，致爲悽惋，歌以亂之

良會不常有，拚醉倒金卮。數行紅淚哀迸，彈出斷腸詞。不是江州司馬，不是潯陽商婦，幽怨幾人知。對鏡黯無語，雙鬢影絲絲。漏

如年，泫似雨，意迷離。最難禁受，紅燭摇畔酒醒時。也欲推將愁去，卻是一天明月，無處著相思。殘葦萬花舞，蟲語有餘悲。

翠樓吟

春光又垂垂暮矣，一點清愁，了無著處。游絲絆我，飛燕笑人，恨不一酹東皇而問之也

夕照殘時，春分過卻，悽涼綺窗情緒。東風欺鬢短，又吹上落紅無數。垂楊翩舞。尚記得當初，嬌人眉嫵。芳期誤。那堪愁裏，把春輕負。　幾度。憑損闌干，看燕飛朱幕，翦煙來去。天涯芳草碧，盼不到王孫歸路。愁拋何處。待擘作、紛紛梨雲千縷。還長苦。草黏花惹，被伊留住。

鷓鴣天

七月將半，伏暑猶酷，舊雨不來，一枕槐陰。正苦岑寂，得朱漚尹詞牋，有『數盡新鴻卻閉門』之句，爰廣其意

拭透香羅汗不勝。玉人何處畫樓憑。入懷皎皎將秋扇，照眼瑩瑩向曙鐙。　窗緑綺，帳青綾。水精盤裏貯圓冰。浸將手指涼無那，捫到心頭冷可能。

好事近

張子野有《和韻梅花》詞，不知何人原作也。歲除秉燭，復和其韻

老榦欝寒香，禁受晚來風力。不是者番清冷，有何人知得。　可堪攀折比垂楊，江南耿相憶。羌笛數聲悽緊，唤翠禽將息。

蝶戀花

秋憶

記得清秋消息到。卷起簾鉤，雙蝶驚飛了。翠黛粧成人窈窕。舊時眉嫵猶留稿。　緑樹紅樓煙裊裊。無數啼鴉，中有蟬聲老。金勒

王孫歸尚早。斜陽著意憐幽草。

疏影

階前雁來紅一枝，秋色楚楚，不殊青娥紅粉妝也。霜風漸緊，離披可慮

青春夢歇。聽塞鴻隱隱，天外淒絶。弱影伶俜，籬落霜寒，愁多一日千疊。瑶臺深閉珊瑚冷，淚滴盡、衹餘清血。且倚闌、莫又黄昏，當作好花輕折。　南國佳人信老，綺叢試暗數，誰最高潔。卻是無香，曾幾西風，也有紛飛胡蝶。無緣能解秋孃妒，况中酒、酣眠時節。那更尋、羅襪芳塵，付與冷蟲嗚咽。

更漏子

次《小山詞》韻

蕙帷深，椒閣小。蝴蝶一雙飛到。風正午，雨初晴。簾鉤微有聲。　柳棉多，梨雪少。春色十分剛好。金篆細，錦緘遲。春愁無已時。

祝英臺近

夜深愁坐，欲製小詞，正吟哦間，四壁秋聲，一時都起，殆東坡所謂『如怨如慕，如泣如訴』者，亦不自知所云伊何也

雁行稀，蛩語悄，消息了無準。羅幕深深，金鼎爇殘燼。那堪三疊陽關，笛聲悽斷，尚孤倚、雲屏撩鬢。　且休問。幾日閒了青螺，眉峰爲誰損。行也無聊，眠又夢難穩。記當桃李花時，拍隄春水，恰得了、一回音信。

慶清朝

夢游仙

春滿壺天，波融鏡沼，閬蓬近接人寰。金銀湧現，彩軿飛駐紅鸞。不少雲裾霞袂，窺窗小吏亦仙班。天風動，更無凡響，璆珮珊珊。　東望轉眸一笑，變桑田滄海，不變朱顔。塵中指數，夕陽無數青山。快擘麒麟膾脯，千秋莫放

酒杯閒。瞢騰醉，任誰拋弄，日月雙丸。

菩薩蠻

傅衡堂同年闢地張掖門側，蒔花種菜，名曰宜園。車馬無喧，翛然獨樂。暇偕吴梅卿、陳雲仲、管士修往游。菊多至百數十種，花大如盤。主人命園丁摘黄韭，擔入市，易魚脯沽酒，留客飲草堂中。陶然盡醉，不知身在輭紅塵裏也。賦此以酬

虓鵶聲裏秋光老。紅英亂落芙蓉沼。籬菊尚縱橫。霜風昨夜晴。　主人情不淺。酌我芳醪滿。莫惜夕陽斜。一春無此花。

雙雙燕

王幼霞侍御招集四印齋，依夢窗韻賦本意

一雙玉翦，想依傍誰家，畫簷朱户。東風閒倚，又掠夕陽斜度。簾幕深知幾許。是當日、曾窺人處。不應忘了天涯，卻盼香巢同住。

翩舉。參差弄羽。頻織就新愁，一梭絲雨。拚隨春散，且學楚腰狂舞。零亂花閒意緒。只愁是、虓鵑偷訴。明朝又是清明，滿徑落紅無語。

洞仙歌

病起，偕胡公度步斜街花市，傲菊已無，冷楓競舞，不圖秋色凋殘至此。還飲酒樓，客有語以近事者。酒懷棖觸，懊憹之狀，乃更甚于頽卧時矣

霜風幾日，早朱顔消凝。落葉紛敲畫屏冷。問天公、底事如此匆匆，歡未已，催送斜陽到暝。　千金空買夜，沈醉難扶，辜負長宵好光景。紙帳戀餘温，燼落香消，冰魂轉、淚珠應迸。況咫尺、天涯便分攜，要守定闌干、暫時閒凭。

宴清都　閨思，用周草窗《登霅山圖》韻

夢逐嬌雲嬾。扶殘醉，寸心無那撩亂。流鶯乍歇，嘑鵑更急，月圓剛半。娉婷一捻纖腰，試著上、羅衫又換。最苦是、緑了垂楊，春歸總没人管。　思量那日分攜，腸隨路曲，情共天遠。如今越覺，眉峰黛損，頰潮紅減。花開自來愁對，況萬點、飛花過眼。儘來回、掐徧闌干，何時到晚。

鷓鴣天　詠燭

金谷豪華爨未終。銅荷分影到珠櫳。酒杯空照今宵緑，妝鏡都消昨日紅。　愁掩月，恨回風。數行殘淚夢惺忪。春城寒食花飛盡，莫漫傷心泣漢宮。

浪淘沙　飲後夢登一高樓，簾波四垂，下臨江岸，漚鳥翔没以百數，垂楊萬縷中，隱隱見天際片帆摇漾而至。樓角有新題小詞五六闋，詞意麗密，諷誦者久之。醒時但記得三句，亦不審爲何調何題。因以《浪淘沙》拍填成之，其第一、三、九句即夢中所見也

無奈一登樓。薄霧初收。青山青到碧溪頭。天外幾絲憔悴柳，撩上簾鉤。　昨夜夢歸舟。帆影江流。好風吹送櫓聲柔。望斷斜陽還不見，夢也應休。

祝英臺近　漚尹出示新詞，妍秀有致。半唐喜而和之，余亦載賡

鏡鸞抛，釵鳳墜。綃幕夜深記。顛倒撩人，書尾斷腸字。可堪鶗鴂聲中，東風偏嬾，漾晴碧、吹愁不起。　甚心事。恰纔陌上花開，春

水又波矣。桃葉不來，蘭棹阻歸計。羨他玉蝶嬉春，緑陰如海，任酣睡、真珠簾底。喚醒，問花底何人猶睡。春寒纔退。任碎簇霞綃，輕摇風佩。闌干外。客歸薇省，且拚愁對。好是。高倚秋千，有茜裙飛蹴，粉香微膩。紉蘭幽思歇，鎮長想荷囊同繫。留春無計。試點入清茶，團成芳餌。杯婪尾。好將紅藥，泥他閒醉。

綺寮怨

咫村夜集，用《片玉詞》韻賦酬夢湘。以夢湘有去志，故下闋及之

夢影拋隨流水，酒澆愁未醒。話冷約、燕子風前，吟笻短、醉倚孤亭。尊前依然皓月，人何似、舊日衫鬢。青映綺疏，眼纈迷離，同悽對、絳蠟珠淚盈。悵念客中去程。陽關甚處，何妨鏤玉雕瓊。一曲歌清。紫雲唱、且傾聽。金衣勸君休惜，況已減、少年情。綢繆鳳城。良宵易盡也、幽露零。

木蘭花慢

九日，天甯寺登高漫賦

對西山日暮，弔陳迹、一淒然。數拓跋光林，隋家宏業，塵刦千年。孤懸。塔珠射影，盪鐘聲一杵佛光圓。三萬鐸鈴語寂，亂鴉飛上層顛。憑闌。萬景當前。頻把酒、問青天。幾待付與阿誰，無邊草木，如此湖山。滄田。幾經變改，羨松關竹榻轉蕭閒。荊棘不堪滿眼，可容丈室安禪。

翠樓吟

王夢湘邀同人集咫村，蓋萬氏別墅也。庭中紫藤一株，蔭可半畝。萬蕚齊㩛，濃芬襲裾，最饒清賞。分韻得『對』字

翠舞蟠虬，香迷輭蝶，離離紺英低綴。芳魂初

邁陂塘　庭中池荷，白露始花，何遲遲也

倚新妝、玉奩秋冷，芳姿濃到如許。詞人老去金尊在，落寞未知誰主。空自誤。甚不繫湘裙，百疊淩波舉。含情欲語。奈緑艇不來，紅箋莫寄，一日幾風雨。　繁華夢，付與湖邊鷗鷺。年光抛棄無數。暗傾鉛水何人覺，香粉定消何處。羞起舞。還只怕西風，捲入行雲去。斜陽又暮。算苑柳悽霜，江蘋颭浪，争似此心苦。

惜餘春慢　賦新緑

一碧無情，千紅如掃，繡陌雕鞍誰驟。香浮竹簟，色膩蕉衫，團扇影邊人瘦。簾外流鶯尚嚦，偷送年芳，問花知否。忍風前重憶，鬖鬖雙鬢，少年時候。　空换却、愁裏光陰，江蘺吟罷，亂撲離人襟袖。春波已渺，夏雨還生，只有夕陽依舊。知道春歸甚時，依約嬋娟，黛痕長皺。但沈沈如夢，莓苔深處，畫闌憑久。

沁園春　詞社分題，拈得『醉』字

萬古愁消，酩酊放歌，頽然玉山。正長安市上，金龜换去，河陽城裏，玉燕嘶殘。錦瑟堪依，羅襦乍解，容我消停一晌眠。閒看鏡，笑侵尋白髮，又改朱顔。　沈香亭北闌干。問誰草、清平芍藥箋。便紅塵厭伴，未堪回首，麴車相遇，也自流涎。百罰何辭，幾回能得，不負行沽斗十千。瞢騰裏，有籠窗海素，解説餘歡。

真珠簾　詠簾，用草窗均

桐花影疊纖雲翳。紅窗迴、暮雨西山初霽。

齊天樂

桂林，吾少時釣游之所也。王幼霞將歸隱于半塘，繪湖樓歸意圖屬題。追維舊蹟，心嚮往之

烏衣第宅煳湖路，依稀舊蹤曾到。入檻蒓香，迎門柳色，層叠山光青繞。危樓樹杪。早天恰安排，醉吟詩料。一鼎抛荒，主人應被杜鵑惱。　江邊黃鶴別久，故鄉縈望處，椽寄猶少。老我京塵，同君宦轍，歸意如何偏早。榕城夢杳。待一葉尋君，認來鴻爪。照影湖頭，莫憎青鬢老。

解連環

秋千

夢痕無著。有鈎枝架玉，綵繩雙絡。綠偏了、千縷垂楊，正牆外馬嘶，恨扃重鑰。嫩日微陰，挂春影、鉤闌斜角。記紅箋翠帖，蘚徑繡閒損玉雙鉤，鞞錦紋齊地。眼底清波人不見，似夢隔、空江煙翠。堪比。又新痕重漬，瀟湘殘淚。　長記。乳燕飛時，幾來回轉徧，闌干十二。春沁小桃枝，透半庭花氣。惱恨平陽謌舞歇，蕩漾得、清愁如水。微醉。問何人、吹絮東風院裏。

高陽臺

和漚尹《殘雪》詞均

禁日長烘，隨風碎攪，飄零竹粉松文。一點清愁，不堪訴與紅塵。梅花莫又吹橫笛，夢縞衣倩影空存。忍思量，前夜圍鑪，昨日芳尊。　銅瓶多謝還收取，悵梁園人去，紙帳誰溫。静掩朱門，能消幾度黃昏。飛瓊也有重來約，早玉階、冷透詩魂。但微餘，冰屑星星，薄潤花根。

鴛，那日曾約。　芳心未堪久縛。只柔絲裊碧，愁重難閣。便送得、身近天邊，又香霧迷濛，望眼遮卻。院落沈沈，可奈是、衫輕裙薄。儘無言、背花自忖，萬紅亂落。

前調　前題

杏煙黏蝶。鎖庭陰暈碧，粉牆花接。似倒挂、么鳳翩翾，看飛上九天，彩虹雙掣。瘦不勝風，更顛倒、柔腸如結。怕留仙不得，待把柳絲，綰住裙褶。　身輕自能聳越。笑雙文藉力，潛送桃葉。用元稹詩意。恁忘卻、霄漢高懸，任釵彈鬢欹，鬬巧無歇。檻曲何人，轉冷眼、尋思愁絕。倩梁間、倦飛燕子，向伊細說。

水龍吟　梨花，和幼霞韻

縞仙猶在人間，靚粧不數瓊花麗。空濛粉霧，明璫羞解，香羅輕試。釀不成春，吹都作淚，淒涼無比。又東闌過卻，清明一度，幾惆悵、經行地。　只有姮娥新寡，冷溶溶、鏡臺同倚。玉顏不管，落紅偏惜，東風何意。別具酸心，可憐嬌面，杳無人際。便拚教、雨打綠箋漫訴，怕瑤宮閉。

玉蝴蝶　春蝶，和韻珊

醉裏西家飛去，縝雲如夢，魂黯重簾。野菜花多，桃李知爲誰甜。玉腰輕、比春更瘦，金粉薄、無淚都淹。最難忺。紫堆紅壓，微雨簾纖。　懨懨。舞衣頻試，可憐飄蕩，柳絮相兼。冷落黃昏，楚蓮香去忍窺匳。豔游空、扇羅漫撲，塵影斷、詩筆誰拈。恨長緘。好將幽怨，描上春衫。

燭影摇紅

正月三日，裴韻珊、王夢湘、黄伯香、華再雲集余齋夜譚，偶拈是解

杯沁鵞黄，落梅亂颭猩屏淺。香篝無計熨餘寒，簾額春重轉。只是傷春久慣。倩何人、横波一盼。曲中情緒，酒畔思量，銀燈曾見。欲話纏綿，柳絮未碧柔情短。天涯猶有未歸人，心共闌干遠。休悵歌塵易散。黯銷凝、愁鬆帶眼。且須斟唱，翠袖高樓，瓊簫深院。

南浦

春水，用王聖與韻

薄漲膩如脂，正斷冰乍融，鴨緑新染。南浦不勝情，東風起、江郎黯懷吹徧。鏡鸞誰拭，黛痕分與眉顰淺。畫票橈夜泊，知甚處、愁盪雲帆千片。　湖堤昨歲芳游，記扇底鷺鴛，檣邊掠燕。濃碧又盈盈，臨流處、添了幾星霜點。微波欲託，鯉魚難寄滄江怨。碧桃零落，今何許、空逐浮漚天遠。

鷓鴣天

九日飲龍樹院

城上層陰掃不開。黄金何處有高臺。茫茫難話平生感，吹帽風前一舉杯。　秋正好，客都來。勸君莫惜玉山頹。只愁醉裏黄花老，急管繁絃日夜催。

好事近

春夜乘紫騮巡行陌巷，閒過城東夕照寺側。梅花一樹，香溢春衢，適見似人，不覺狂喜。偶憶韓滮《探梅》詞，即用其韻

粉瓣細團香，寒玉是誰鐫刻。人在小橋紅處，浸一身明月。　孤山應是夜寒多，縞袂忍重憶。天外數聲歸鶴，伴片雲棲息。

鳳皇臺上憶吹簫　詠簫

阮宅鈴深，吴亭酒熟，可憐明月今宵。乍口脂噓暖，蠟底紅消。莫道呼龍不起，煙冪處、瑤草應苗。休重憶，相思樹下，一曲春嬌。　魂銷。小名錯喚，濯碎錦江頭，淚黯韋皋。廿四郎歸去，茸袖難招。誰借緑雲一片，鸞馭遠、不度朱橋。空相伴，餳香竹擔，咽斷花朝。

綺寮怨　爲鶩翁題春明感舊圖，即用其韻

亂長愁如芳草，刬除還又生。檢舊跡、象管鸞箋，蛛塵黯、恁自銷凝。旗亭憺悰冷落，空襟上，點滴珠淚盈。更照人、夜月無憀，春城郭、化鶴應暗驚。　悵望翠尊再傾。何戡縱在，天邊雁信無憑。倦客伶俜。薊門柳、幾回青。東風尚留殘影，展素繭、不勝情。謌闌夢醒，吴霜坐對處、羞鏡明。

眉嫵　新月，用碧山韻

似輕描眉黛，半綰鬟梳，花柳淡搖暝。欸向風前拜，金波淺，裙香吹散芳徑。凭闌意穩。又玉鉤、鉤起幽恨。露零久，但覺經行處，浸羅襪微冷。　一線山河休問。想嫠蟾孤宿，愁對圓鏡。舊日吹簫地，人何處，紅橋空負煙景。夢遥漏永。問羽衣、仙譜誰正。只青玦纖纖，歌扇底、伴清影。

垂楊　擬陳君衡賦本意，並用原均

春酲半覺。甚弱絲罥徧，絳綃窗小。隱約纖娥，怨顰低斂銷魂悄。愁教密約鶯知道。掩濃碧、千重雲窈。幾樓頭、遮斷斜陽，恨去年攀少。　南陌遨頭誤了。況紅雨亂飛，緑煙

橫嫋。院宇深沈，杜鵑啼徹大難曉。春陰待倩長條掃。又無奈、柔棉縹緲。莫還將、青眼窺人，人漸老。

拜星月慢

余家藏雙星渡鵲硯，林歐齋外舅所畀也。硯長盈尺，厚寸許，質細而潤，色微赭。石堅發墨，上端鸜鵒眼大小以數十計。其最大而形如半珪者爲月，彩雲承之。圓如豆者爲雙星。餘皆小如黍粒，鏤作鵲形，目睛燦燦，相對飛翔，姿態生動。刻極精緻而紋不深，一若恐傷研材也者。雖未知較玉兔朝元何如，而厰肆骨董家皆無其比，享之千金矣。爰賦其意，並詳紀之。

露筆垂秋，煙屏籠夕，一片寒晶光爛。墨海波橫，比銀潢清淺。任顛倒，鏤出、鶼盟鰈誓雙影，豔福人間應羨。錦翅參差，抵迴紋千遍。撫雲根、瘦骨縈斑蘚。知何日、墮向河源畔。料爲織女支機，想乘槎曾見。伴年年、粉席揮銀管。刪塗盡、夜曲離鸞怨。巧砌成、重叠相思，直風吹不散。

鎖窗寒

春寒，次《花外集》韻

冷幕偎煙，愁絲殢雨，午酲消盡。年華似水，暈斂茸窗蘭燼。孕緗桃、凍痕未舒，蝶魂忘卻花朝近。想錦韉停處，蘼蕪青淺，客懷同凝。韶景。不堪省。但粉蹬紅羞，夢雲堆枕。歸鴻更怯，誤了天邊芳信。盼東風、半隔翠樓，柳梢瘦碧空弄影。算香車、甚日纔來，併作啼鵑恨。

瑤華

詠水仙花

仙肌潤玉。步入波心，認襪羅新束。銀蜍弄冷，斂素影、縹暈羞窺紅燭。豔消鉛膩，但點點、春冰盈掬。是甚時、偷解明璫，譜入夜琴悽曲。綢繆石上幽盟，感殘夢湘江，荒翠煙簇。東風喚醒，芳意展、薄試嬌黃綃縠。未忺梳裹，鎮莫想、人間金屋。怕有人、相對寒澌，静鎖屏山蛾緑。

花心動　花朝

香夢沈酣，好韶光、匆匆早抛一半。燕子乍來，偎倚東風，絮語泥人金盞。豔妝不共華年改，渾忘了、鵑嚦清怨。忍孤負，南園俊賞，翠深紅淺。　信是良緣美滿。陪玳席羣芳，一家仙眷。塵掩髻雲，香歇羅衣，只有壽陽難遣。鏡中雙蝶晴闌倚，都贏得、春衫團扇。正凝睇、斜陽小樓又晚。

木蘭花慢　拈花禪寺即馮益都相國之萬柳堂也。康熙朝開博學鴻詞科，待詔者嘗雅集於此。

蓮塘花峪，地擅幽勝百餘年，後漸就傾圮。余巡東城時，乘暇往游。煙莽荒凉，葦塘彌望，僅毛侍郎所建之大悲閣暨後殿尚存。寺僧乞官幣修葺，無以應也。慨然者久之，歸賦是解

漾疏鐘暮靄，玉鞭指、斷雲遮。看蘚蝕殘幢，蘿牽敗壁，春老嚦鴉。交加。萬絲細柳，但垂垂一樹夕陽斜。空把黄鸝喚醒，道旁紛走鈿車。　嗟呀。往事東華。曾幾度、賞鶯花。想勝集名流，春風螺琖，秋水魚艖。蒼葭。半迷望眼，賸孤僧炊火自煎茶。誰記平泉草木，莫辭沈醉流霞。

夜飛鵲　七夕，和清真均

天街淡無暑，風露悽其。紅燭冷斂瓊輝。芳尊酌滿悄然醉，流螢飛上羅衣。清愁共誰話，又雲催鈿轂，霧卷珠旗。相逢恁早，笑人間、

何事淹遲。曾聽水聲簾底，銀浦漸波平，華帳迎歸。翻悔年時中酒，花飄玉燕，春夢輕迷。迴腸萬疊，恨迢迢、十二闌齊。更一回攜手、涼蟾似水，長伴樓西。

鳳池吟 春水

綺夢重迴，曲屏風外，縹緲半是芳塵。漸銅瓶暖坼，圓浮璧月，薄研綃雲。忍記前宵帊羅，紅凝舊嘑痕。香幬冷沁，柔肌微膩，悔說溫存。　年時勝賞争羨，曳笭牀錦索，太液新恩。甚敲來粉節，卻隨流水，碧動粼粼。莫便銷魂。舊銜還愧玉堂人。芳期近，待明朝、濺上湘裙。

鷓鴣天 爲夢湘題柳泉還夢圖

柳絮泉邊幾夕暉。春風豆蔻感花時。鏡中誰鑄相思字，扇底曾窺絕世姿。　人是玉，水如脂。黛螺空對舊瓊卮。問君何似鴟夷子，畫裏煙波一舸攜。

月華清 乙未中秋，曾譜是調柬半唐，今忽忽兩年矣，浮雲萬變，悲從中來。半唐復倚之索和，誠如來札所云『圓缺頻驚，悲歡無據，正不獨歲月如流之足感也』。愴然賦此

將水消愁，偎花作影，素娥岑寂無侶。一夕嬋娟，不抵十年塵土。巧幻就、羽客銀橋，閒認取、仙人玉斧。悲苦。趁碧天無滓，不如歸去。　況是蛾眉多妒。算一歲光陰，能幾三五。纔得圓時，未識明宵何許。試徧數、昨夜星辰，莫更問、昔年風雨。無主。又紛紛催徹，五更譙鼓。

滿江紅

半塘翁作生壙，以詞徵和，曰：『他年刊之山中，不高出螭背豐碑萬萬耶？』未知翁以此詞爲何如也

石火悤悤，幾人見、百年城郭。靈脩阻、巫咸不下，故居誰託。賈傅枉嗟官舍鵩，司空難買山亭鶴。問乾坤、滅後爾何人，應狂噱。　何處有，神仙藥。無罣礙，君真卓。對白楊長嘯，海天寥廓。荷鍤暫隨塵世住，解弢先與山靈約。只春婆、一夢未能醒，長生著。

憶秦娥

對月

眠時節。輕顰淺笑情難説。情難説。羅襦遮與，箇儂親叠。　銀鐙幾日成抛撇。芳心記取窗前月。窗前月。不應長照，那回離別。

漢宮春

戊戌立春，用稼軒韻

朝日樓臺，漸麴塵微漲，摇漾青旛。東風著力，惻惻猶恁清寒。扶頭乍起，待雙壺重載南園。争忍負、青絲白玉，夜來飣餖春盤。　長念歲時荆楚，幾簪來羅勝，如許消閒。星霜廿年，轉眼凋盡華顔。新詞倦譜，怕雲翹、舞墜瑶環。偏又是、梅花催我，隔年詩債須還。

曲游春

閏重三感賦

緑徧王孫草，又祓蘭催我，芳思如織。柳拂花迎，滿郊原都是，舊時春色。陌上停游勒。漲十里、麴塵紅隔。料鬢脣、翠葉重窺，應費杜陵詩筆。　忍憶。浮觴京國。感莖髮年年，沈醉添白。樹底流鶯，尚殷勤苦勸，酒杯休擲。無奈尋陳蹟。只曲水、和煙愁冪。訪故

破暝月飛來，花影半簾，香篆初滅。詩客如仙，問長鯨誰掣。裁麗錦、垂垂筆露，話疏燈、蕭蕭鬢雪。正傷春處，采到將離，舊夢淒涼絕。　黄金臺下道，恁天意、久困英傑。冷撲車塵，幾銷磨輪鐵。甚時更、玉缸重倒，向花前、狂吟醉纈。共君蕉萃，倩幽咽、紅簫細説。

十二時

五月一日宴香草亭即事，用柳屯田韻

雨瀟瀟，晚風驚幙，花架酴醿香洗。漸散盡、空庭芳思。滿目都成秋氣。草色黏天，槐蔭疊霧，又亂鴉聲起。翻舊曲、按斷吴絃，唱到懊儂，簾底何人傾耳。　還眷懷，烏衣去燕，海角離情猶繫。寶扇迎歸，華牋寄與，欵約鴛鴦地。莫夢魂喚轉，相逢又是醉裏。　想素蟾，瓊樓別久，忍負尊前深意。强起扶頭，重人、岸側桃花，落紅寸積。

木蘭花慢

極樂寺看海棠

國西門外路，踏青去、錦屏張。綻萬葉千葩，諸天色界，騷客詞場。無香。自饒俊賞，笑塵中鞭影幾人忙。花雨亭邊小立，唤春來共瑶觴。　商量。酒債詩狂。行樂耳、暫何妨。正綵仗雲飛，仙壺水緑，官道埃黄。紅妝。未須燭照，强扶持殘醉趁斜陽。催下嚴城鳳鑰，一回重又端相。

尾犯

新月初上，花陰滿庭，呼童掃逕，徘徊適有所思。門外車聲忽停，文叔問及幼霞、夢湘翩然偕來。煮茗連句，每盡一闋，輒復縱談狂笑。時叔問南行有日矣，幼霞約各賦犯調一章以録別。用竹山均

南歌子　仿《花間集》豔體十六闋

口點瓊脂碎，眉含翠鈿深。沈醉在花陰。自從春禊後，到如今。

其二

琥珀芳尊薦，刀圭錦帳探。香夢有餘酣。日高呼不起，尚喃喃。

其三

窄袖青狨褐，柔條紫革韡。車走快如梭。玉釵驚墜也，儘由他。

其四

妾本平康籍，君真冶蕩郎。相遇又他鄉。夜深偷襆被，作鴛鴦。

其五

繡礎藏嬌屋，紅簫選舞場。桃李豔春芳。那來隔面，冷透黃紬被。惜鳳翹未卸，如何鏡銅先棄。

塞翁吟　贈綠杉

萬綠嘑殘雨，林際暝色雲封。幾曾見，綺簾櫳。漸㞞靜廊空。氍毹換舞龜茲伎，驚弄曼衍魚龍。燕語寂，恨難通。甚花底喁喁。朦朧。還鄉去、青春伴著，剛轉眼、神仙翠蓬。算杯酒、陽關唱遍，省雙淚、灑泣君前，染血衣紅。琴歌未已，一片清商，何處薰風。

謁金門

人不見。生恨錦屏遮面。敲碎琉璃三五片。畫樓深處淺。　剛是湘簾微卷。楊柳更添千綫。夢到行雲遮又斷。綠陰天際滿。

知孫壽媚，只嘑妝。

其六

萬貫纏頭錦，雙絲約臂金。芳意託幽吟。恨他鸚鵡舌，不知心。

其七

玉虎辭秋井，金蟲泣曉檠。無計惜卿卿。不如揮手去，淚休傾。

其八

鳳子隨風去，蜂兒逐雨來。花下好徘徊。不知南向蘂，爲誰開。

其九

御水年年緑，春花日日紅。承寵在東宮。詎期今嫁與，北村農。

其十

夜雨階泉冷，朝雲峽夢長。鴛牒費商量。爲郎歌一曲，荔枝香。

其十一

照水金鴛躍，黏衣翠雀飛。恩愛説屏幃。六宮顔色盡，可憐伊。

其十二

水調檀槽急，春官蘂榜新。風致足銷魂。眼中誰最姣，舊王孫。

其十三

簡尾窺緗碧，箋頭寫研紅。心事許常通。妒津風雨惡，可相容。

其十四

覆水君恩絶，停箏妾淚乾。好事速成難。驀

然將別調，又偷彈。

其十五

壓鬢花鈿重，同心錦帶長。金線爲誰忙。底緣秦晉會，轉參商。

其十六

採藥歸仙島，看花傍御樓。私語幾綢繆。問君前夜笛，向誰偷。

解連環

秋夜苦長，鬱懷莫達，讀古微詞，如子野聞謳，輒喚奈何不已。和韻既竟，真不自覺淚滿霑臆也

怨懷何極。井梧飄亂點，玉階霜色。念遠道、愁寄相思，早斷腸鳳箋，恨凝螺墨。海素秋瑩，料難照、紅樓心跡。盼微波阻絶，静掩畫屏，淚滿霑臆。長宵幾回挫抑。又蟲聲絮答，幽夢難入。想此日、天際歸舟，正催槳潮生，蘸損清碧。未寄寒衣，怎耐得、蓬窗風力。但淒淒、對燈細數，漏壺碎滴。

掃地花

依清真韻，再和古微

午陰盪碧，甚鳳侶悲秋，些聲酸楚。細煙散縷。記平康巷陌，緑楊齊舞。夢醒金迷，灑徧天南淚雨。玉人去。賸落葉滿階，空伴愁處。芳約難再許。恨漲斷桃花，武陵仙路。亂山似俎。倚春風笑靨，忍思平素。怨笛輕吹，不道娥眉恁苦。蹔停伫。暗傷神、戍旗津鼓。

月華清

中秋雨竟日，三更向盡，雲破月來。高歌曾純甫進御《壺中天》詞，不啻置身水精宫闕也。效顰爲此

波練澄天，雲羅叠晚，破空飛出清鏡。一片琉

瑞龍吟　十月初三日，光禄寺直廬，和美成均

朝天路。還又碧水涵波，絳煙依樹。雲中閶闔排空，翠蓬尺咫，春生處處。待延伫。無限畫橈雕舸，瑣窗瑶户。隨花轉入深叢，鳳幃遠近，思量自語。　曾見昭陽新燕，倚風來往，宫腰齊舞。偏是背日寒鴉，憔悴非故。題紅寄緑，吟偏蠻牋句。誰還念、閒階杵韻，荒闌屧步。忍上危樓去。眼前盡是，飄零墜緒。華髮添新縷。秋又晚，吹殘重陽風雨。廿年夢跡，一天雲絮。

鷓鴣天

眼纈春雲撲帳飛。可憐花底化生兒。溝中紅葉題新墨，浦裏青荷換舊衣。　千步錦，九張機。玉珂金絡小郎歸。狐裘自是無雙品，差璃，幻作素秋千頃。幾浴向、滄海横流，又攝取、山河全影。人静。甚南鳥驚繞，依棲無定。　往事何堪回省。記飛雨敲窗，酲重難醒。不道姮娥，更比舊時妝靚。忍忘卻、玉宇高寒，要守住、朱闌長凭。端正。把金甌無缺，新詞重詠。

遶佛閣　薄莫訪文仲恭日望樓不值，用清真韻寄意，即以贈別

霽煙半斂。斜照送夕，涼透秋館。征雁程短。數行瘦影、天空啟虛幔。户塵漸滿。濃翠静遶，山近人遠。離思悽婉。況當把酒、盧溝舊河岸。　憩足傍雲壑，倦旅孤蹤悲斷線。顑頷倚闌，西風驚掃面。又暮景悤悤，清漏催箭。甚時還見。料鏡裏華顛，霜意迷亂。小樓深、寸眉愁展。

喜秦宮少幸姬。

水龍吟　小除日立春，和半唐韻

紙衾偎戀餘温，豔陽偏又歸來早。抛人恁久，撩人何事，問春應笑。已帶愁來，未將窮送，寸心顛倒。且消停淑景，商量餞臘，斟緑蟻、休教少。　曾記殘年花事，醉千紅、游蜂狂鬧。風馳雨驟，恰無多日，杜鵑啼老。莫又連朝，玉梅吹盡，小桃開了。看青旗一角，淩高颭影，共浮雲裊。

東風齊著力　戊戌除夕

四序經過，一年結束，歲轉新韶。甕頭春釀，殘醉尚能消。褦襶難除舊態，伴朱紫、偃卧逍遥。閒拈取，一枝詞筆，未算無僇。　短髮漸飄蕭。回首憶、鏡中勳業虛抛。已然今日，慚愧又明朝。翦勝簪花處處，有多少、舞進雲翹。朝天去，銅街寶馬，玉座金貂。

洞仙歌　用柳耆卿體均

抛撇年時慣。更芳意暗惱，停杯春淺。記偎人絮聒，海棠西院。封還錦字愁題面。泥醉裏、横波重一盼。柔絲綰。甚柳外陰陰，風笛先催晚。　繾綣。蓬山杳杳，碧海盈盈，舊跡如煙，自悔帶結同心，忍把素機輕翦。門前欸欸雙飛燕。又杜宇青山啼欲徧。空悵戀。問當初、江北江南甚時限。蝶夢散。莫負卻、滄洲願。賸闌干一角，鎮長厮守終須見。

氏州第一

銀燭光圓，笙鳳勸酒，濃姿寶鏡重展。舊約簾邊，新粧扇底，淒絕年來望眼。春鎖桃紅，幾伴取、天台仙眷。小袖調鸚，横茵睡蝶，豔懷非淺。客路車塵催夢短。素襟涴、淚香愁浣。倚笛羌城，磨刀隴水，咽枕屏清怨。又争知、今夜裏，花狂舞、霓裳叠遍。莫問他生，寸情絲、西風早翦。

醉落魄　用薛叔載韻

裌羅初著。輕煙閣雨寒微作。游絲半罥秋千索。閒放簾鉤，頭上玉釵落。　歸期尚記紅窗約。瘦螺凋盡雙眉萼。楊花莫怨長飄泊。愁重難銜，梁燕已先覺。

疏影　用白石韻詠梅影

涼蟾浸玉。正夢酣紙帳，閒伴春宿。壓損飛瓊，羌笛初吹，薄寒嫩咽湘竹。離魂愁逐驚鴻散，苦戀著、孤山亭北。等夜深、癯鶴歸來，說與縞衣羈獨。　瑶席幽香未已，屧痕淺印處，皺破苔緑。碎亞冰紋，宜共清愁，叠向竹窗松屋。迴鐙側面春痕認，忍重聽、江城悽曲。付與誰、銀管雙鉤，寫作錦屏千幅。

浪淘沙慢　次美成均

卷簾望，煙横繡島，翠鎖芳堞。風舶乘潮正發。冰絃進酒未闋。漾不斷情絲腸轉結。悔前度、玉蕋輕折。對鏡久薰香坐無語，西樓凭高絕。　悲切。亂愁散滿空闊。漸夢影東風都吹盡，縹緲殘恨咽。偏萬樹嘑鶯，新舊無别。淚泉易竭。長照人，空有前宵明月。　閒步瑶臺陰重叠。穠桃李、乍開旋歇。豔游冷、闌干紅半缺。又還怕、曲水重來，弄暮色。紛紛舞徧楊花雪。

鷓鴣天

纔信嫏嬛有異書。吴差山下聚成都。自矜擲地興公賦，妙繪生天道子圖。　瑶圃啟，水衡輸。沁園春望勸提壺。萋萋草色青如許，爲問蘭荃採得無。

浣溪沙

僊蝶

衣袂濃牽五色雲。朝朝扶醉上花裀。可憐風絮眼前人。　天上狐烏皆列宿，山中鷄犬盡朝真。翩翩今日又逢君。

前調

上巳日禊游青龍橋，感懷往事

天上璇源水一涯。青山如笑擁朱霞。清秋回首不勝嗟。　露夜傳籌開禁鑰，霜林夾仗走宮車。可堪孤負是黄花。

霜葉飛

用清真詞韻，爲成子蕃題明湖問柳圖

暗愁如草。東風外，紅橈深艤亭表。畫簾波卷亂飛鶯，正漢宮眠悄。對一角、殘山怨曉。金刀裁翦眉痕小。泫露葉清嚦，似倦客悲秋，鏡裏緑鬟慵照。　悽念絮作春衣，哦詩北渚，短策流憩曾到。白門人去，燕箋稀動，酒邊吟抱。況昨日、蘭襟判了。青青誰倚章臺調。便未入、他人手，一點相思，只今應少。

渡江雲

用清真詞韻和漚尹，並示幼霞諸子

涼雲催雁度，倚樓望極，朔吹起龍沙。醉馳驕馬去，鳳藻悽迷，水驛暫浮家。紅塵近隔，鎮可惜、清鏡年華。應悔將、夾門春牓，草草亂塗鴉。　曾嗟。拍歌汾水，打槳珠江，又人歸白下。知畫橈、今停何處，帷隱宮紗。鶯鶯漫打池中鴨，怕夜月、愁伴汀莄。休更問、劉郎前日桃花。

三姝媚

白敏中《息夫人不言賦》有云：『外結舌而内結腸，先箝心而後箝口。』歎爲知言，爰廣其意

濃雲堆楚甸。采蘼蕪山頭，故夫難見。暗泣年年，强向人猶是，露桃嬌臉。感極君王，憑認取、眉間恩怨。解語何時，分付花鈴，墜紅長伴。　金縷東風悽斷。記氣馥幽蘭，舊宫春暝。夢入章華，甚子規多事，萬山啼徧。淚落誰邊，應惱恨、一聲河滿。使有香箋能寫，愁懷恁展。

倒犯

五月廿一日遣興

睡起、乍炎曦弄晴，蔭高槐午。雕闌過雨。殘妝換、紺珠紅吐。前宵料向、花底憑肩深深語。任醉倚當筵，玉管翻金縷。戀餘春、最淒苦。　銀浦舊盟，記泛天槎，青鸞争唤舞。夢轉又異國，恨雙翼，層霄阻。甚忘卻、仙舟侣。倩西風、簾邊吹影去。待露液新篘，一甕留君住。短長情細數。

前調

雨窗無事，再疊前均

醉裏、看林鴉亂翻，嫩涼過午。紅蕖鬭雨。春游倦、豔花新吐。何人正對、窗影青銅書空語。鎮長悔連環，錯綰鴛鴦縷。舊同心、異歡苦。　回首那時，路斷銀潢，魚龍難競舞。夢醒挂片席，笑桃葉，江頭阻。互贈答、騎鯨侣。向蓬瀛、天風吹此去。便萬蝶如仙，没計留伊住。雁飛程暗數。

臨江仙　伏夏待漏瀛秀園側，與清秋圃諸君徘徊水次。時晨露未晞，微颸徐動，荷珠亂瀉，萬點晶瑩，與初日相耀射。詠東坡『水殿風來暗香滿』句，恨無寫生妙筆，狀此佳景也

殿閣層層臨水側，清涼未許人知。紅橋白塔影參差。微風船不繫，薄日桁初垂。　愛看游魚閒吐沫，暗香消受多時。短韝宫監走如飛。御厨傳進粥，折取緑荷歸。

角招　左笏卿招同人消夏於文仲恭寓樓。酒酣對月，更唱迭和，涼露侵衣，聞寺鐘鏗然，逡巡始散。昔與仲恭一鐙相對時，無此豪邁也

畫闌凭。涼蟾爲底無聊，換了清景。故人歡未竟。記得許時，攜手花影。情濃似茗。問舊事、銀鐙應省。粉壁新題尚認。看簾隙一星星，度流螢光冷。　何幸。紅塵夢裏，金尊酒畔，良夜清游並。露華垂斗柄。散髮吟商，一天雲浄。鷗盟管領。任占取、陂塘千頃。可惜歸鴻路迴。料今夕、客中懷，長消凝。

一落索　雨夜

屏底玉簫聲苦。雙眉愁嫵。冷偎清簟薄如冰，況一夜、風兼雨。　空有離懷千縷。相逢難訴。不如休上武陵舟，省又被、漁人誤。

長亭怨慢　題章价人銅官感舊圖

問誰記、湘江鼙鼓。舊事煙荒，逐流東去。倚樹論功，肘懸金印幾茅土。只今何處，空一片、楓林舞。戰血有餘腥，不奈是、涼風吹雨。　恩遽。嘆鳶飛欲墮，宇宙大名幾誤。哀湍冷籟，尚如説、昔年辛苦。甚不畫、閣上麒麟，總忘卻、沙邊鷗鷺。賸碧嶺丹崖，長伴燕然

千古。

卜算子　擬後村

花下見伊時，恰是初弦月。昨夜瓊樓玉鏡圓，偏照人離別。　待向夢尋伊，夢也難平帖。縱使相逢在夢中，伊又争知得。

謁金門　擬蒲江

秋已半。閒數天邊歸雁。芳信無憑愁似繭。畫簾重又卷。　瓊甃小臺深院。細雨冷霞遮斷。衰柳數行天漸晚。夢魂無處綰。

醉思凡　擬花翁

流蘇半垂。闌干半欹。露桃一夜紅稀。醉眠人未知。　盤鴉蒨絲。顰蛾細眉。畫檐立勾多時。聽黃鶯喚誰。

糖多令　擬龍洲

楓葉暮蕭蕭。飛艎泝淺潮。漸西風、吹轉津橋。明月莫愁帆不穩，添幾幅、海南綃。　鴛錦不須挑。偎燈雙黛描。料芳衾、明夜魂銷。稅得花田珠萬斛，重熨取、小紅簫。

朝中措　擬純甫

清霜濃點御街寒。仙袂六銖單。花底傳宣玉敕，翠裘雙裹吴紈。　鳳文龜錦，千行綷縩，迎拜金鑾。冷菊一叢獨俊，朝朝披得黃棉。

菩薩蠻　擬友古

西風一夜吹羅幕。新槽無力臙脂薄。帳裏不勝寒。如何長倚闌。　冰衾愁入夢。手撚釵頭鳳。可惜好丰姿。年年塵鏡窺。

生查子　擬少隱

雲銜寶髻斜，風裊湘裙瘦。心事怕人知，悄褪屏山後。　嬌歌一轉眸，欵舞雙垂手。粉面暈微紅，薄帶三分酒。

杏花天　擬竹屋

珠喉一曲臺城路。聽嬌韻、郎心先妒。湘屏不遣紋紗護。忍放行雲飛去。　東風外、芳蹤暗數。漸步入、莓苔深處。醉游那管春韶誤。春也不留人住。

好事近　擬東澤

林外月飛來，寒浸半窗霜色。亂墜玉階紅葉，怕素秋無迹。　一江煙水夢孤舲，雲淡數峯碧。不是鄉心頻動，奈塞鴻聲急。

清平樂　擬正伯

柳邊來去。飛絮章臺路。筠管輕拈佯不語。顛倒錯書鴛譜。　老來越覺騷狂。春風蹀躞千場。眼底留情一餉，今朝僥倖王郎。

以上《樂府十擬》原有小序：『弁陽老人仿時賢口吻，製《效顰十解》，神韻逼肖。鷟翁約更效顰，爲《樂府十擬》。眼前情事，信手拈來，明知遠不逮古人，亦自適所適而已。』

三姝媚　唐花，和閏枝

鑪篝噓霧暖。熨流蘇盈盈，豔顰嬌展。占得芳籌向帽簷，高插翠飄紅顫。競擲金錢，空冷淡、江梅誰管。絳蠟須燒，莫等他年，霧中纔看。　惆悵人間仙眷。怕舞徹山香，夢緣終短。醉不知愁，問此情何似，好春無限。幾日銅街，渾未省、東風一面。寄語西園佳麗，休行千萬歲。

蝶戀花　和清真《秋思》均

落葉斜飛風不定。幾點疏星，銀漢連瑶井。清漏沈沈蟾鏡炯。素娥不管人間冷。　翠幌摇鐙花弄影。絡緯長哦，愁倚殘妝聽。銀柱琵琶金縷柄。四絃彈徹無人應。

丹鳳吟　許竹篔招同袁爽秋、樊雲門飲楊梅竹斜街酒肆，還游廠甸

夢轉殘年驚换，暖破紅椒，香凝碧酪。春盤問飣，花底不妨清酌。銅衢絢綺，舞嬌詞媚，隱隱鈿車，沈沈鐙閣。閙裏魚龍曼衍，畫鼓頻撾，游騎嘶徧芳郭。　只是能消幾醉，座中半覺情緒惡。已自逢迎孏，又東風吹冷，雙鬢如削。黄塵紛起，簌簌帽檐飄落。麗景長安人嗟歲晚。

鎖窗寒　殘雪，和闓枝

秀骨團冰，澄輝伴月，皎然如許。柔情未減，付與白頭吟侣。印雙鴛、舊痕半銷，畫闌黯泣愁如縷。是幾時添得，三分流水，二分塵土。　淒楚。思前度。記酒暖鑪温，玉堂曾妒。依稀幻影，忍被東風將去。儘無聊、幽抱自清，晚風峭急寒更苦。料何人、解惜瓊瑶，悔作婆娑舞。

天仙子　謁黑龍潭

海水掀騰噓蜃氣。腥沫黏天聲沸地。西山高處有璇源，塵不滓。深無際。知道驪龍何處睡。　瑶草初芽煙半紫。萬里頽雲呼不起。何當一雨快，崇朝兵甲洗。農田慰。鳳輦巡

似海，問誰曾醒著。五湖杳望，愁話歸去約。

薄倖

題元人南曲院本，用賀方回韻

内家嬌態。恨切切、簾邊眄睞。但怪得、香鬟輕翦，錯綰同心鴛帶。記玉階、踏月花陰，深顰淺笑誰能奈。任翠管湔愁，金荷送暖，如藹情纏難解。　甚過眼、朝酲醒，偏惹怨、春盤生菜。幾將人抛躲，疑雲疑雨，夢魂翻恐屏山礙。還思量再。待分明説與，楊花滿徑春無賴。年華似水，須有相思時在。

曲玉管

外國小説《茶花女》一册，敘巴黎名倡馬克格尼爾事。譯筆幽邃峭折，雖時常昵昵兒女子語，使人之意也消，馬克與之千古矣。詞以詠之

細慧煎春，濃愁沁月，悽涼片幅傷心稿。可惜人如花麗，曾幾良宵。最魂銷。　紫鳳調絃，碧螺斟酒，一窗瘦影銀鐙悄。冷刺無端，兩頰飛上紅潮。淚珠抛。　乍得雙棲，又匏子坪邊秋晚，强支病枕懨懨，癡情苦戀湘皋。恨迢遥。把芳衷輕負，忍見玉魚金椀，襪羅空賸，細數歡期，腸斷山椒。

以上《瞻園詞》卷一

浪淘沙慢

余游龍樹院，始於丙子春闈放榜之夕。少長十人，流連霑醉。通籍以後，足跡罕經。戊戌之秋，文仲恭侍御僦居寺之東樓，又數數過從者兩月餘。仲恭去，或與諸生講蓺，或偕同志聯吟，月輒三四至，遂長結香火緣矣。今年正月，余偕高理臣少京兆同日被放，將出國門，知好諸公復觴餞於此。繪日望樓餞别圖，各以詩詞見贈。回憶廿五年來，忽忽若夢。丙子同游，歿者七八，仲恭又之官洛陽。今日同座諸君子，雖皆

齊名日下，亦各將乘彼閶風，馳驅皇道，以宣力於四方。而余則頂禮慈悲，行且浪跡江湖。與寺長別，勝游難再，良覿何時？思昔感今，潸然淚下。輒拈清真商調促拍，依韻抒懷，張之壁間，留作異日胡僧刦灰之話可耳。時光緒庚子二月十二日，同座者高理臣，繪圖者裴韻珊，填詞者王幼霞、左笏卿、朱古微，賦詩者徐仲文、胡公度、管士修、黄伯香

黯凝望，冰澌敗葦，樹擁荒堞。濃緑鬘春未發。疏鐘盪晚澌闋。步曲徑、迴腸重綰結。采香去、屐齒曾折。念載酒陳游半今古，吞聲暗愁絶。悽切。畫闌醉倚高闊。正霧冷風昏，無言際、隱隱寒籟咽。偏淚沁紅螺，魂斷將別。漏壺易竭。輕負人，無奈瓊霄皛月。銀字緘雲空重疊。鶯簧巧、曙雞唱歇。更誰管、明宵圓共缺。但分袖、莫攬楊絲，怕鬢色。紛堆粉絮都成雪。

解蹀躞 宦京師廿餘年矣，西山尺咫，迄未一游，俗惡可知。行且南歸，不可負此佳景。古微、實甫欣然偕行，途中倚此索和

翠筍紅幐經處，岫面迎眸轉。霧含朝旭、疑寒更疑暖。還是高處風多，寸懷無限，思量頓時吹斷。正春半。夾路荆桃微綻。山禽苦相喚。向人如説、飄蕭鬢華滿。花底中酒年年，可堪孤負清游，恨今來晚。

黄鸝繞碧樹 潭柘寺早發往戒壇，用清真均

朝色催行騎，巘空欲雨，萬松疑暮。謝別山靈，有琳篇麗什，袖中箋素。好春放眼，抵多少、相思悽緒。偏幾日、霧細風尖，負了青陽芳煦。柳色黄金半吐。黯游蹤、絮飄休慮。

甚鶯燕、向花期慣説，歸去鄉土。割取野雲半岫，待小結茅龕住。爭如怨采江蘺，恨傷枯樹。

夢芙蓉

西山游次，易實甫出山塘聽雨、祝融觀日圖册索題。用君特《趙昌芙蓉圖》韻

冰花凋夢綺。乍相逢暫住，水鄉雲里。鏡霜羞看，沈恨杳天外。酒醒人自醉。山樓寒透吟被。厭説飄零，祇游情未冷，春緒漾塵起。幾許煙霞眼底。羈寄年年，怨結芳蘭佩。邊魂吴楚，沾袖淚初洗。畫蛾長染翠。濃顰似會幽意。更莫憑高，愁天風四響，腸斷洞庭水。

掃花游

與林渭如訂西湖之游

柳棉半溼，正雨外鶯聲，唤歸雙槳。鳳城倦賞。話湖光萬碧，夢縈孤想。岸幘輕抛，忍負蓴絲畫舫。鏡波漾。怕山緑笑人，秋鬢慵向。青瑣迴睇望。但蜃氣如煙，恨凝天上。繡屏畫敞。弄春雲醉纈，扇塵難障。近得鷗邊，只恐新愁又長。藕花放。倒芳筒、酒懷須暢。

木蘭花慢

清明薄游西郊

早清明過了，幾惆悵、鬢蓬飛。又波浸壺香，花迎犂笑，青舫人歸。虹垂。鏡心半淺，甚楊枝腰比舊還肥。閒對清漪十頃，肯辭芳醥千卮。年時。空數花期。衣麝冷、鈿雲攲。奈雨孱風僽，平蕪緑盡，零亂春絲。相思。鳳箋未省，勸黄鶯今後莫輕啼。重熨東風夢影，

一角，幾浮雲蔽。

浣溪沙

行次丁字沽，距天津只數里耳。爲兵所阻，烽火連天，浮屍蔽河而下。傍偟五日，莫可復之，返棹北行，打槳寄興

曲曲芳隄淺淺河。微風吹起萬層波。櫓柔無力奈伊何。　申浦潮黃鷗夢斷，丁沽月黑鶴聲多。明朝愁是雨滂沱。

鷓鴣天

六月十二日再作歸計，取道襄樊，行經欒城，車馬輻輳，至覓宿處不得。漫賦此解

炙手誰云熱絕倫。秋風未起早思蒓。眼中綠鬢愁如水，頭上華簪夢不春。　泥轍亂，榜旗新。紛紛蠟炬點歸輪。河山自昔多清晏，林澗應慙少隱淪。

直須立盡斜暉。

天仙子

出都日感賦

滿目蓬蒿行路斷。白日出精呼作伴。畫堂處處九微紅，春社散。人聲亂。蛺蜨紛飛都不管。　錦字親題龍尾硯。寄與相思空萬遍。不應長是醉中過，平樂苑。重回看。碧血何人衣待浣。

水龍吟

通州水次

十年不對清波，鬢霜入鏡成憔悴。鷗鄉片席，葦溪單舸，送人千里。一鷺橫空，萬魚吹浪，斜陽無際。看移家畫裏，風簑雨笠，問何似、元真子。　曾見煙奇雲詭。儘遲留、衣塵纔洗。還愁此去，蒓絲正脆，西風又起。大好光陰，除非白酒，消伊何計。但回頭卻望，殘山

瑞鶴仙　柏鄉遇雨，用竹山《鄉城見月》韻

塞雲迷夢跡。漸冉冉浮陰，催人休息。風簾漾油壁。逗酸心千縷，涼穿紗隙。沾襟暗泣。悔篝燈、秋機夜織。賸飄零、一片隨風，誰省舊時端的。　　思極。瓜棚冰椀，蕭館霜絃，暫歡今夕。長安似奕。清涼境，料難覓。趁西風未動，車塵新洗，還向江樓聽笛。怕回頭、曲譜張徽，此愁未識。

鷓鴣天　石固驛中題壁

一紙丹書出鳳闈。傳車南下迅如飛。死逃虎口懸金葆，生賺蛾眉伴錦衣。　　名將種，少年時。貔貅十萬待君歸。桃花源裏如相訪，爲問秦人冷笑誰。

惜秋華　襄陽吴文鹿召飲，即席賦贈

夢冷車塵，聽涼柯、晚咽枯蟬悽斷。斜照亂煙，傷心鳳城人遠。江亭淚迹纔銷，更無奈離巾重浣。依戀。對危闌萬山，寸眉誰展。　　深夜縱談慣。漸霜蕪織鬢，楚騷流怨。燈影綽、酒懷惡，未須深勸。西風路隔紅樓，怕凭闌、舊人都换。休念。暫綢繆、片時清讌。

定風波　天門道中阻風雨

晴便開船雨便停。行行不計許多程。休怪打頭風不止。能幾。推篷閒對晚山青。　　碧海千重沈舊憤，黄流一半帶秋聲。不道癡龍真箇睡。從醉。只愁無酒未須醒。

鶯嗁序　七月京師報陷，郵遞不通。聞有附夷舶北行者，偶填此解，以倭楮細書，柬鶩翁、漚

尹，俾知天涯逐客猶在人間也

東華夢塵漸冷，黯愁生亂葦。雁飛遠、墮影秋江，忍説霜塞憔悴。萬葉戰、西風半落，斜陽樹杪紅難繫。剩驚魂、飄蕩因風，尚留人世。　猶憶初時，候火報警，訪昆陽漢壘。彗旗動、碧血横濺，怖人屠伯愁對。算歸來，除了詩囊，舊曲，又梅笛、樓中吹起。乍銅鞮、歡聞但餘清淚。　悲吟楚澤，老客諸侯，勝覽寄淮水。空認取、殘金零粉，遠盼仙侣，懶鶩閒漚，只今何似。高臺蜃幻，奔濤龍蜕，春星翩作驚鴻隱，對機絲、苦嚼相思味。江頭怨極，誰憐細屑青燐，麝螺料盈千紙。　三都妙筆，百粤循聲，想斷蓬尚滯。最悄念、槐宫鐘罷，舊雨淒涼，杖漸錢空，甑將塵洗。長箋待寫，含情難訴，何時重展莢佩宴，弔宫花、閒説開元事。無聊休上危梯，漏滴更長，夜寒未已。

丁香結　石公以薛烈婦殉夫事徵題，爲賦此闋

林鳥瘖嘨，渚波寒咽，一夜寸腸真斷。照鏡鸞天上。抗繡翼、未覺人間緣短。錦機茸線在，殘紅亂、茜霞翠琖。悽涼甘寡，永夜露冷鰲蟾應羨。　難遣。最蚌老珠沈，對泣香綳怕看。慘比磨笄，堅當化石，淚花紅泫。除畫雙黛舊筆，萬事都無戀。知同心方遂，忍更梅魂再返。

八聲甘州　依韻奉畲鶩翁

裊裊河橋細柳展新顰，金釵綴成行。奈珠簾摇夢，銀鐙停恨，紅淚偷傷。忍聽甘州笛譜，縹緲隔皐鄉。彈指人間事，羞數紅桑。　桃葉桃根何在，對江南瘦碧，長費評量。怕殘妝

人惱，鸞鏡掩宫黄。看尋常、人家飛燕，更幾回、争壘蹴斜陽。還愁是、小屏風畔，花信悤忙。

前調

再會漚尹

泛桃花浪卷鯉魚風，尺箋恨盈行。歎金鼇人去，銅駝塵積，花柳凋傷。皓魄長圓不改，美滿忽他鄉。鐘鼓迢迢永，空盼扶桑。　卻喜鵷鸞高舉，更錦衾睡足，芳思難量。對千門春鎖，胡騎走昏黄。儘綢繆、燕臺花事，漫苑中、霑淚憶昭陽。河清頌、待安排好，毫素揮忙。

定風波

雨夜宿焦山，叠《天門道中阻風雨》均

細雨嗁鳩不暫停。煙花三月數游程。每到名山行且止。餘幾。鬢絲能似舊時青。　江月何年圓夢影，山樓昨夜聽潮聲。不忍伴他紅燭睡。愁醉。鳳城婪尾是誰醒。

金明池

白門流寓，自秋徂春，花落江南，無愁可解，帝京景物，回首悽然。漚尹寄示燕臺花事六詠，恰如意所欲言。聊步芳塵，或亦可賡同調否。賦扇子湖荷花第一

愁裏朱顔，嗁餘粉靨，照澈清漪寶鏡。淩波路、青鸞去渺，空煙雨秋横孤艇。甚吴孃、釧玉聲消，記傍岸、攜酒菱謌曾聽。怕蒳老牽絲，房空擎淚，負了追涼清景。　往日樓臺誰爲整。只一片湖山，名花權領。芳筵散、碧筩空折，香車斷、紅塵都静。更何人、比得鴛鴦，任露密雲稀，酣眠無醒。算小暑纔過，餘香須護，恐是西風還勁。

帝臺春 豐臺芍藥

芳景一擲。逡巡又寒食。金帶暈消，亂點猩紅，不成春色。憶得飛車停鞚處，豔名滿、太平京國。甚而今，繭栗梢頭，蕭條吟筆。斜照匿。香霧密。醉態格。尚如昔。待坐倚璚筵，怕尋思，起到手、酒杯嫌窄。鶗鴂無聲恨都了，蝴蝶有緣夢猶覓。更持贈伊誰，問離人天北。

夢橫塘 野鳧潭蘆花

淡痕吹雨，瘦影摇秋，暮天無際空闊。水國霜多，渾不管、愁心重疊。孤雁關山，冷漚亭館，晚涼時節。正寒衣未絜，細管頻吹，人何處、空淒絕。　清詞繞澤微吟，曾褰裳步影，眼亂成纈。野閣疏鐙，閑伴我、滿巾華髮。笑漂蕩、而今略似，一舸江南泛秋月。倦背東風，柳花何事，舞春雲偏熱。

大聖樂 法源寺牡丹

紅玉生香，紺珠迷曉，豔陽初綻。算幾番風雨經過，燕語未闌，消得蜀絃金錢。任說有情終傾國，況殘醉、難扶春更孄。羞回首，聽零杵斷鐘，華年偷換。　荒碑尚縈翠蘚。弔千古、征魂空淚滿。又彗旗光耀，鶯愁蝶恨，花宮誰管。浩劫待尋胡僧話，甚羅薦無人香自暖。應難解，漾沈恨、春風無限。

夜飛鵲 花之寺海棠

東風帶愁去，還帶愁歸。銀燭短懺情絲。清尊曾共美人醉，華鬘劫換殘灰。春陰是誰借，又蜂衙喧午，燕壘添泥。無香自麗，勸斜陽、莫墜樓西。　長記故年風雨，簾卷怨山香，輕涴塵緇。何意雙鴛重到，人如佛笑，花比春肥。依然秀靨，料紅妝、不解相思。待扶頭醒醒、清明過了，争又憐伊。

八犯玉交枝

寄園朱藤

春罥虬枝，露垂蜂蘂，又是嫩晴庭户。一架濃陰團睡蝶，亂拂紅芳千縷。苔痕閒步。試數花落花開，百年風月誰賓主。撩盡冶春游思，鈫雲空舞。　卻憐楚楚有情，緑交紫互。凝香都傍高處。料歸燕、重來應誤。錯疑是、桃嬌棠嫵。畫簾外、東風又苦。莫教吹作天涯絮。要痛引杯醪，當時褭屐知何許。

聲聲慢

六月初三夜，周試笙以《秦淮夜雨》詞見示，依調奉和。回念去年由通返京，亦適值六月三日。雨聲、槍聲相應，血肉狼藉，情景猶歷歷在目也

銀河傾汞，玉樹停歌，良宵眉月難窺。滴碎秋心，飄零萬點殘脂。沈吟酒邊心事，算鷗眠、未有人知。洗春膩，對冰檠燭淚，空夢清漪。　鬢忍憶昨年今日，正紅悽、碧慘魂散千絲。點吴霜，西風又换羅衣。明朝板橋新漲，料扁舟、不借涼颸。聽鈴語，殢秦雲、人尚未歸。

浣溪沙

汪篤甫約游玄武湖，時雨後河溢，由珍珠橋泛瓜皮艇至太平門，步行數武便登湖船，浩浩乎大觀也

樹頂平船淺似莎。數峰青點鏡中螺。白門衰柳尚婆娑。　江草江花愁裏夢，桃根桃葉酒邊謌。秋心無計託微波。

綠蓋舞風輕

湖水盛漲，倚花殘謝，萎葉敗梗，零亂水次。愴然有蒲柳先秋之感，用草窗均

翾碧鏡生波，蕩盡香塵，湖山換春綺。秋入蕢洲，危樓誰弄笛，冷調孤倚。小雨初停，藕絲短、斜陽難繫。恨因循，十日來遲，空怨冰蘂。長恨中酒年年，夢醒幾憑闌，短袂塵洗。一葉江南，玉盤空、賸覔金仙鉛淚。嫋嫋西風，阻秋水、魚書愁寄。暗銷凝，濃沁滿身雲氣。

水調歌頭

秦淮夜泛，和鷟翁

落日古城暮，淮水自西流。晚風何事，蕭瑟哀鬢不禁秋。城上一丸白月，城下千絲垂柳，曾伴幾人游。悄念共誰語，隔岸起漁謳。古今人，家國事，總浮漚。且聽小曲，殘鼓零亂打甘州。莫管明朝風雨，但有尊中醽醁，一醉了無愁。矯首青冥外，狂笑謝塵鞲。

角招

重晤鷟翁白下，喜極益悲，回首京塵，恍如隔世。翁行且游鄂，不識此後更能一握手否。賦此索和

醉吟慣。蘆邊又幾西風，絮影重展。舊衫寬更翦。瘦骨倚冰，斑淚猶染。金波照眼。罥一縷、濃愁如繭。可惜輕抛畫扇。聽桃葉曲中情，似當年河滿。悽惋。永和褉散。貞元局改，僥倖江南見。翠笻人尚健。寸燭嘅紅，霜蕪哦徧。江樓漫戀。怕笛裏、長安愁遠。省識銀屏夢短。暫佳夕、一憑闌，休辭倦。

浣溪沙

十五夜讌客于傅氏水榭，華月半吐，薄暈如金，奇景也。倚此索鷟翁、遺齋和

前調　偕文鹿、試生夜泛青谿，再疊前韻

露垂珠髓。夜窺人、桂鏡半函初啟。壁月歌停，歎興亡流水。冰絃自倚。又城上、夜烏驚墜。冷落青衫，秋來灑徧，登臨殘淚。齊梁故宮盡圮。更眉樓冶葉，春黛痕洗。好夢如煙，忍良宵辜此。青谿棹徙。黯回憶、海沽丁字。一角山橫，傷心似對，西湖圖裏。

秋思耗　依夢窗韻，題《庚子秋詞》

衰帽當風側。甚臥簫、吹動塞雲寒色。秋興易悲，倦游多感，愁束腰窄。況頭白烏啼、避胡無計自挫抑。盼去鴻、天四碧。料萬葉敲牕，月華低墜，詠到最高樓句，背鐙長憶。幽夕。沾襟淚滴。寄醉謌、彩扇新飾。更堪漂泊。空江孤嘯，數莖髮白。賸一掬相思未細縷涼雲一線秋。淡金濃碧寫雙鉤。嫦娥愛好不知愁。流水有情花照檻，舊歡如夢酒盈甌。好風多在閣西頭。

轆轤金井

余所居之尊經閣內有井泉一，水極清冽，距黌宮門內纔數十武耳。志載秦檜宿學時，見白兔入地，掘之得泉，因篆『玉兔泉』三字於井闌。今歲久剝蝕，僅存『玉兔』二字而已。試生搨以見贈，與文鹿同賦

桂華凝髓。記當年、金鎖玉關偷啟。破碎山河，痛南朝天水。平章誤倚。寄危幕、燕泥飄墜。禍水難消，盈盈盡是，興亡愁淚。臨安舊都半圮。歎荒城五國，遺恨難洗。綆斷瓶空，共淒清如此。滄桑屢徙。甚頑石、尚留殘字。手草求和，教人卻憶，蠟丸書裏。

灰，西望嗟病翼。蕙帶客、愁慣識。聽怨笛張徽，開元前事記得。夢逐車塵路北。

解連環 用《片玉》韻詠水仙花，和陳伯弢

寸波難託。散湘雲萬疊，盪愁天邈。耐夜久、燈影羞偎，漸寒沁斷簪，弄妝鉛薄。鳳譜飄零，任輸與、玉奴絃索。漾春容片玉，比似素娥，只欠靈藥。　孤芳歲寒自若。閉重門夢醒，香褪闌角。便換得、明日東風，忍一縷冰魂，爲伊銷卻。顧影清漪，淡蹙損、雙彎眉萼。悔多情、佩環誤解，淚花碎落。

八聲甘州 題顧石公松花江踏雪尋詩圖

掩黃沙萬里雪皚皚，高歌酒中星。問腥風障海，鼇弧千騎，誰掣長鯨。盾鼻磨餘墨瀋，一噀陣雲橫。鞭起蛟鼉舞，狂笑蒼冥。　紅杏青松詞卷，是前人淚血，濺滿溪藤。又南朝新本，一角寫山青。想黃河、孤城悲調，尚短笳、吹作玉龍聲。東華夢、舊經行處，詩膽須驚。

滿庭芳 去冬，新於尊經閣西偏建屋五楹，今春工竣。余以東坡生日生，取李委壽坡公曲意，額曰『鶴南飛館』，並集周美成、秦少游詞句『燕子不知何世，黃鸝又啼數聲』爲聯，詞以落成

荒徑思陶，小園吟庾，斷蓬吹墮江南。美非吾土，煙水味新諳。天上巢痕盡掃，觚棱遠、春夢常酣。開軒望，檐花細雨，客塵喜清譚。　何堪。悲蟻磨，風輪暗轉，遲滯歸驂。算江湖蹋偏，何似蘇髯。重按紫巾舊譜，笛聲弄、孤鶴髿髿。閒相對，烏衣燕壘，花底聽呢喃。

塞翁吟 壬寅春季，晤叔問同年于滬瀆，蓋別又五年矣。頹然各老，握手無可言者，臨別屬題詞

卷。漫拈清真澀調以應命，正如來教所云，聊充相思券耳

夢跡凋春綺，衰鬢海國重逢。念往事，雨聲中。歎客寄孤鴻。無言自有傷心處，沈恨半掩青銅。對酒濁，怨春濃。況金縷歌慵。悤悤。銅駝路、清秋素袷，纔幾日、嗁妝換紅。聽曲裏、伊涼變調，杳何處、楚澤行吟，佩結蘭叢。閒愁萬頃，且倚吳歌，休畫眉峰。

西河　題徐積餘定陵訪碑圖

興廢地。名流萬輩誰記。六朝金粉變蒼涼，酒懷勃起。殘山一片秣陵秋，荒霾疑雨無際。斷崖字，天半倚。詩人姓氏猶繫。爭如王謝舊堂前，迹空燕壘。新圖舊墨各千秋，傷心南渡天水。　我來築館寄近市。訪荒碑、游

偏村里。襬襶劇嗟身世。但天涯、杖笠青山長對。頭白西風蕭蕭裏。

惜秋華　題王半唐琴臺秋眺圖

倦脱朝簪，看飄然琴榼，湖山題徧。游興未孤，新詞又盈麋苑。層臺步接秋高，渺回首、觚棱天遠。眉展。有青山向人，翠尊頻勸。　梅星鬢共君短。算天涯屐齒，此生消慣。吳舠路隔清霜，倩訊早、屧韻杳，夢緣偏淺。去鴻、一聲重喚。春轉。步吟蹤、瘦笻猶健。

長亭怨慢　送半唐之揚州講席

暫休恨、安愁無處。一水相望，白頭吟侶。掃盡巢痕，鳳樓迴睇半煙霧。緑楊城裏，君莫被、嗁鵑誤。紫曲咽紅簫，已不是、當年金縷。　卻顧。記星辰昨夜，暖泛桂堂椒醑。無情

畫舸，忍拋卻、玉闌無主。但一片、隱隱青山，怕難學、蕭孃眉嫵。算幾日江南，贏得離愁如雨。

花犯 用清真韻，謝京友惠茗

乳花圓，依然未減，蓬山舊滋味。露芽珠綴。曾細品玉泉，濃沁芳麗。晚風半綫闌干倚。詩清還自喜。共掃卻、愁魔長夜，酣吟拋繡被。而今落拓又江南，奇芬散也與，幽蘭同悴。春夢醒，車塵畔、舊歡零墜。多應念、故人渴久，來問訊、樵青叢翠裏。待報爾、一瓢持與，盈盈江上水。

瑞鶴仙 用清真均，和胡研孫

繚幽居傍郭。庭院敞，簾卷輕陰濛漠。江南又花落。避東風，人在鉤闌斜角。伶俜燕弱。輭紅深、愁問後約。有斜陽未老，金粉半殘，且引芳酌。可惜清霜兩鬢，醉醒年年，總成耽閣。沈沈晝幙。愁過病，療無藥。勸桃根，桃葉紅橈深艤，風波江上正惡。但高歌一曲，眉展更尋舊樂。

前調 仍用清真韻，寄調半塘揚州

繞垂楊畫郭。新雁杳，一去音塵漠漠。江頭暮潮落。蕩羈愁，直到離人天角。青藤杖弱。負清游、長媿厚約。想黃花細譜，分付鳳簫，把酒孤酌。昨夜星辰記否，桂魄盈盈，久成拋閣。煙籠霧幕。嫦娥瘦，少靈藥。莫因循，等到黃花時候，西風簾外更惡。倩殷勤青鳥，說與半塘快樂。

蘭陵王

陰雨霉淫，庭户若秋，無處不是六朝煙水氣。懷人感事，鬱悒成引，以示研孫

雨絲直。林莽無煙自碧。看山倦，攜杖短亭，霉損蕉衫暗無色。停雲滯瘴國。誰酌。紅螺醉客。苔斑潤，涼透半簾，應憶深閨舊鈿尺。

西風換陳跡。但舞綴華裾，花豔芳席。相思空解加餐食。愁洛苑春去，塞垣秋早，長箋誰與寄鳳驛。悵天柱南北。　傷惻。悶懷積。便濁酒能消，金縷聲寂。青山幾點情何極。況一片悽楚，亂絲叢笛。昏鴉啼遍，日又暝，漏碎滴。

滿江紅

賦得『春江花月夜』，禁用題字

如此良宵，簇一片、溶溶繡堆。蒼茫際、水晶宮啟，雲母屏開。錦浪亂翻香作海，冰奩寒浸玉爲臺。看岸頭、楊柳笛邊風，吹細埃。　波濤靜，星斗迴。青雀舫，碧螺杯。勝昔年嘉賞，高處蓬萊。秉燭客邀金谷去，吹簫人過畫橋來。莫便教、紅雨逐芳潮，晨漏催。

澡蘭香

閏重午，用夢窗均

鑪香霧薄，扇影風圓，一枕鎖窗夢覺。靈符颭翠，畫檝嬉龍，水閣鳳箋重約。暗消凝、榴火紅稀，過卻千花萬萼。潦草光陰，付與庭莎汀蒻。　莫問三閭往事，楚些誰謌，可憐湘魄。愁縈綵縷，怨掩香羅，乳燕又飛塵幕。暫遲留、幾日西風，長引蒲醪細酌。最怕是、玉笛還吹，江城樓角。

聲聲慢

連日偕李薌垣登眺諸名勝，即送之浙

亭分殘翠，井洗芳脂，江山半帶斜陽。高柳陰

中，蟬聲幾閲興亡。雲窗霧閣，何許肯、眼前孤負清觴。倚闌處，且高歌一曲，莫再思量。

留得江南追念，有新詩盈袖，攜上吴艘。秋到西湖，鷗邊夢也清涼。重來舊游應記，料桃根、雙槳須忙。暫揮手，怕煙波、不是故鄉。

霜花腴

長卷　研孫屬題茂份夫人所摹泠女士秋花

豔陽易歇，戀晚芳，庭階最喜清幽。蕉卷秋心，菊舍殘醉，銅華不染春愁。雁聲叫秋。散綺懷、人在紅幬。劇憐伊、幻影曇華，翠鉤簾卷曉霜稠。

貧谷錦綳佳話，比珊枝一幅，絹素重鉤。靈畹蘭香，寒山化豔，還輪玉管雕鎪。鏡臺唱酬。況鳳簫、雙度清謳。儘商量、緑賦紅吟，夜闌應未休。

掃花游

曩在京師賦《掃花游》，與渭如訂游西湖，爽約者再。今渭如以衰病劾去官，計其年纔三十有四耳。聞之頗詫，急買棹赴浙，途中仍用舊調柬寄

遠山暈碧，正小艇衝煙，峭帆吹雨。倦紅罷舞。蘸潮痕半濕，黯銷幽素。一點閒愁，化作梨雲萬縷。醉吟苦。又輕寒殢人，春夢無據。

芳會成閒阻。奈燕子年年，幾回躭誤。故人健否。料春衫漬得，酒痕無數。豔極湖山，著我衰容可許。待相遇。帶斜陽、斷橋紅處。

二郎神

抵浙日渭如方據案臨坡帖，並無所謂病也。相見握手大笑，不及多言，同步出錢塘門，具杯酒枰餐湖舫中，邀余作十日游，以踐前約。夜出吟稿相示，喜極賦贈

庾塵淨撲，又把袂、一番消凝。正柳緑蘇隄，

柔棉吹雨，鶯喚清愁乍醒。不喜天涯重相見，但怪得、相如無病。偏瘦骨苦吟，酡顔耽醉，幾回臨鏡。　還更。雲煙滿紙，墨花光瑩。甚内翰當年，星宫磨蝎，留作詞人舊影。玉筍閒參，紫蓴堪飽，長對越江潮冷。恰伴我，短笠輕蓑，笑看萬山昏暝。

風流子　西湖即景

晴篙黏翠溼，西泠路、宛轉六橋通。正緑隄草長，武林春老，水裾牽碧，霞鏡揩紅。柳絲外、酒香鶯喚急，花落燕飛慵。吹絮閣邊，影摇歌扇，采蓴船裏，芳浸漁筒。　孤山停橈處，剛回首、飛雨陡卷長虹。迢遞兩峯南北，春黛顰濃。待唤起東坡，空濛重詠，笑他西子，梳掠難工。還又半林殘照，飛上吟筇。

探春慢　湖上有感

移棹尋詩，繞隄選夢，盈盈無奈春水。數柳彎腰，千花撲面，百五芳韶餘幾。纔得朝酲醒，又薰透、和風還醉。可憐橋上啼鵑，一生長在愁裏。　知道行雲住否，看曲檻何人，斜凭仙袂。掠鬢驚魚，迴身就蝶，别有傷春心事。無怪行吟客，淚灑徧、湖山羅綺。且聽漁謳，桃源休問何世。

齊天樂　訪南宋故宫遺址

緑蕪遮斷春城影，傷心小朝南渡。月冷梁園，花殘建業，纔得湖山閒住。樓臺萬礎。歎金碧參差，等閒黄土。處士荒廬，數椽無恙尚千古。　曾聞鍾美宴啟，牡丹争燦錦，雕檻春聚。白馬無靈，紅羊换劫，愁絶年年風雨。停歌罷舞。甚荆棘銅駝，也無尋處。但有垂楊，暮鴉嘑最苦。

漁家傲 湖上棹歌

水碧如油山似畫。平湖倒影虹隄跨。隄畔游船隄上馬。真瀟灑。緑楊樹底春無價。　笙鼓喧闐祠賽罷。香蓴煮得成羹乍。細草如茵青可藉。清尊把。夕陽有意遲遲下。

前調 南屏山下晚歸

泛得鴟夷輕畫舸。朝朝買醉成春課。哀鬢不堪風漸大。歸去些。巾邊笑插薔薇朵。　行近南屏山寺左。樓臺處處催鐙火。細柳藏鴉煙淡鎖。斜日墮。疏鐘幾杵剛敲過。

望海潮 題韜光庵山頂石樓

雲影盪胸，嵐光洗眼，天風響振羅衣。人在翠微梯。幽篁通徑，鳴泉穿磴，扶摇直上崔巍。雲影盪胸，嵐光洗眼，天風響振羅衣。人在翠微梯。悔卅年塵壒，青鬢長低。待叩重閽，醉吟狂草數行詞。　傷高往恨休提。看金輪日隱，鐵弩潮催。山擁繡屏，江横錦帶，迢迢浙水東西。今古最堪悲。歎舊家錢趙，彈指興衰。妙絶煙霞勝境，留與老僧棲。

蕙蘭芳引 研孫招飲適園，分調賦盆蘭

濃露浣秋，楚天霽、衆芳銷歇。閉緑豔幽窗，香縷淡浮翠纈。枕邊佩冷，但夢繞、清湘愁結。肯畫簾輕啟，怕有尋常蜂蝶。　只許詞仙，黄磁清供，比並高潔。漫説與瑶琴，悽損舊時鳳闋。春亭觴罷，鈿車響絶。凝素心、消

受綺寮風月。

法曲獻仙音

用夢窗韻，題納蘭容若小照

詞客仙姿，瘦生吟骨，静寂天香秋院。畫戟交門，寶箏調曲，紅牙舊拍親點。興寄與、閒鶯燕。眉閒尚清怨。　旅游遠。助豪情、萬笳齊和，吟望久、襟底塞塵半染。草色碧如袍，比平原、絲繡重翦。蠹籍空存，恨傳經、心事中斷。賸翩翩側帽，似是隔花曾見。

慶春宮

題徐叔鴻婕仙三影圖。叔鴻廬墓湘中，太常仙蝶忽至，倩人圖影，自以詩紀其事。相傳蝶爲元時太湖守官殉張士誠之難，今爲瓊霄仙吏云

天闕雲摧，湖壖波冷，蜕形苦戀塵寰。珠㬥芳鬢，黄銷殘翅，五銖不怕春寒。倚風輕舉，酒杯數、誰家最寬。可憐前事，血淚濺裾，幽憤年年。　湘湄弄影翩然。一笑逢君，斜日空山。宮本摹滕，橋詩吟謝，夢痕描取應難。洞霄天遠，笑遼鶴、仙緣尚慳。太常齋罷，沈醉玉缸，何似花閒。

月下笛

半塘殁半月矣，每念東華夢塵之迹，江南瘴癘之吟，日夕悽然，不能自已。今年三月，半塘書來，趣刻拙集，以序文自任。四月又函約重遊西湖。不數旬而蘇臺訃音至，載披遺墨，益用悵惘。半塘負余耶？余負半塘耶？長歌當哭，聊以抒哀云爾

弔月螿嘶，悲秋雁哽，暗傷幽獨。鱸鄉路熟。渺難尋舊煙躅。竹窗重展魚緘墨，慘對雨、殘鐙一粟。悔愆期湖上，天慳游晤，淚珠成掬。　愁觸。不堪讀。有樂府鏘金，諫書盈簏。

浮生太促。知君空盡塵俗。卅年不恨相交短，更誰識、琴心怨曲。悄無語，酒鑪邊，千里吴山自緑。

石州慢

易實甫、陳伯言招集吴園

玉管催涼，樓瞰鳳城，詩思空闊。山光半落清尊，眼底緑波重疊。微香隱逗，望斷柳陌陰陰，白蓮開徧花如雪。何處蹋歌聲，送愁來無歇。　癡絶。畫船衣霧，芳郭車塵，替人煩熱。脱帽風前，無奈飄蕭髯髮。天涯已慣，且須把酒高吟，鷺邊殘夢休重説。衰柳有餘青，又明朝秋别。

西平樂

胡季樵、林渭如遠道過訪，偕登雞鳴寺，憑弔荒涼，愀然有身世之感

廢閣棲烏，斷垣通馬，誰記建業繁華。山色當眉，醉巾重漉，飄零倦旅天涯。看舊陌荒蕪翦翠，幽渚殘荷，颭水微風，蕩晚秋光，暗落塵沙。聽到一聲畫角，愁動處、隱隱戍旗斜。　那堪憑弔，南朝淚冷，璧月停歌，瓊樹無花。休更訪、芳林履迹，辱井脂痕，滿地江湖盡改，城郭都非，何況當年帝子家。春夢易醒，劫灰半黑，斜照猶紅，怪得東山，脃竹豪絲，浮生愛逐煙霞。

徵招

今春西湖之游，悤悤遽返，意殊未慊。秋仲送渭如還浙，兼約篤甫同游。至日憩於馬塍村，舍步由昭慶寺蕩小舟，遍尋湖上舊蹟，復循六橋，登寶石山。天潤秋空，光景奇絶，獨惜負半塘消夏之約，未能于藕花風裏一握故人耳。思之惘然

寒潮一夜催舷尾，西泠片颿重到。試數馬塍

花，比春時多少。劉郎今未老。隔煙水、萬山迎笑。誤踏雲坳，一聲鶴唳，冷風吹帽。　短柳六橋邊，恩恩裏、知經幾番殘照。可惜此行遲，悵騎鯨人杳。碧紗塵細掃。怕猶有、茂陵遺稿。墜秋影、落葉飄蕭，共夢雲縈繞。

新雁過妝樓　飲西湖酒樓

采盡芙蓉。葑隄晚、湖光萬頃天空。豔消春膩，斜照不放微紅。怨蝶愁黏詩界雨，亂蟬苦咽酒旗風。暮潮回，斗查望杳，秋訊誰通。　飄然閒身似葉，共冷楓倦落，夢阻方蓬。不堪重聽，天際數點歸鴻。何時自專一壑，任日向、煙波垂釣筒。閒沽醉，把一襟幽思，都付璚鍾。

應天長　余瀕行，往別研孫。研孫指庭中桂樹，謂曰：『予官此三年，以兩入秋闈，不及見其花，君其以花時歸。今年當置酒其下，邀君爲我多賦數解也。』逮歸自浙，而研孫乃歿於蘇，殆亦有數存耶。余既哀半塘，復悼研孫，八十日中連喪兩詞人，而皆卒於吴門，豈非怪事？徘徊顧影，邈焉寡儔，援筆成歌，悲來不絶

驚雅颭水，孤雁唳空，歸帆乍轉煙驛。楚些大招誰續，悲涼聽鄰笛。滄浪路，夢雲積。又細雨、夜窗淒滴。漸叢桂、落盡秋花，井榦空碧。　閒過冷香亭，苦念詞仙，塵黯舊吟筆。故燕似憎輕別，喃喃怨行客。傷高句，誰共覓。强對酒、亂愁如織。歎蒿里、一再頻歌，天意難識。

山亭宴

繞隄半是新楊柳。畫樓空、冷蟾微漏。河畔又西風，問打槳、桃根去否。玉簫須共美人游，蕩千頃、濃情如酒。何事苦縈懷，是一顆、相思豆。　夜寒正好消金斗。只攧笛、玉纖冰透。莫便説歸舟，怕明日、裊腰更瘦。座中何遜最魂銷，要管領、江南春秀。愁聽落梅花，細把殘英齅。

憶舊游

聞客言黄伯蘅於去年六月間歿于浙江西湖之退省菴，遺蜕尚未歸也。悽惋累日，倚越調以哭之

甚卷葹未老，杜若猶香，春萎芳茗。記識蘭臺面，羨淩雲氣壓，萬頃秋濤。盛年半白雙鬢，憂感雪蕭騷。奈鳳翼塵羈，蛾眉妒損，掩淚蘅臯。　驚飇。起天外，想怒馬東來，遺恨難拋。印月潭邊望，自沈湘人去，九辯誰招。玉簪賸覓殘蜕，杯酒酹叢蒿。怕陡絶黔山，宵來化鶴歸路遥。

六醜

春去秋來，忽忽成憶。適漚尹寄詞，依調賦此

又莓苔浄掃，閉曲檻、重門人寂。盼春乍來，悤悤成過客。昨事重憶。記判劉郎袂，洞中桃雨，墜冷紅盈尺。姚黄魏紫紛狼籍。玉李歌新，銅荷影窄。屏山夢痕誰覓。但煙迎月送，吹淚瑶席。　繁華江國。變蒙茸亂碧。徑艸吴宫滿，空鳳舄。争飛燕子猶昔。綴芳塵畫棟，幕天無隙。游絲裊、小樓陰積。卻愁是、一縷東風漾起，溼雲如墨。烏篷短、侵夜潮急。甚放懷、對酒秦淮畔，垂簾聽笛。

調笑轉踏

蓋聞屈平《九歌》，攄芳興于窈窕；梁鴻《五噫》，託欝懷于崔嵬。當此良辰，況多嘉客。聊表諷陳之隱，請觀調笑之傳。彩伴偕來，相將入隊

横塘

美人性格何聰明，家近横塘楊柳青。强把銀綃揾殘淚，自拈玉管譜新聲。蓬萊閣上教謌舞，迴腸寸寸飄金縷。驕惰慵將錦字看，簾邊細語調鸚鵡。

鸚鵡。春情苦。薄黛殘朱愁更嫵。河間姹女錢工數。門外落花飛絮。荒唐雲雨巫山路。長得君王憐取。

西陵

妾住西陵西復西，西陵春柳亂如絲。生小不知紈綺貴，浪抛金彈打黄鸝。故鄉夜月沈沈黑，菱花照臉春羞澀。比似青娥誰少年，椒房阿監曾相識。

相識。暗相憶。横嶺雲深歸不得。珠光燦燦垂腰衱。半倚玉闌斜立。迴波一盼花無色。不愧傾城傾國。

吴宫

豔陽纔過牡丹時，萬紫千紅辭故枝。空有風流成薄倖，斷無消息是歸期。鳳皇臺上吹簫好，此度相逢真草草。曾是吴宫隊裏人，花邊英氣消何早。

何早。吞聲悄。一夜西風吹鳊䑏。歌筵猶覺餘音嫋。苦了尊前年少。吴宫幽徑多香艸。記否鄉親蘇小。

石城

掌上輕盈一捻腰，淺嚬微笑耐人消。傳歌鶯借三分舌，解語花輸百種嬌。畫眉著意憐張敞，偷得弓彎新月樣。石城江上少風波，短檝乘潮自來往。新潮長。喚取桃根同打槳。此身已是難安放。那更楊花漂蕩。緑波碧草春無恙。又是一回惆悵。

高樓

浪擲黄金爲買春，春風春雨日愁人。黄金散盡春誰見，獨坐高樓長愴神。芙蓉帳裏香雲熱，愁思懨懨腸寸結。相如多病復多才，消得文君思徹骨。徹骨。相思切。夢裏吴天波浪濶。今年又過花時節。心共寒潮千疊。江頭昨夜團圞月。浣得紗光如雪。

漢殿

漢殿昭陽春復秋，但知歡喜未知愁。舞裊豔似瀟湘水，誰道留仙仙不留。歌聲飛入青霄裏，玲瓏樓閣空中起。百寶生憎時世妝，欲把雲霞换羅綺。羅綺。輕無比。耳後明珠倭墮髻。西鬟争似東鬟美。重幕不須深避。春絲零亂誰爲理。日夜勞伊纖指。

空谷

空谷誰知翠袖寒，藁碪長望隔鄉關。縱横織就機中字，恰稱芳名蘇若蘭。一笑驂鸞天漢迴，江濱攜手真僥倖。今朝繡被有餘香，昨夜銀鐙照孤影。

孤影。珮環整。翠羽明璫光四暎。玉階翻恨襪羅冷。要把鴛盟重證。天邊莫又雲催暝。留伴紅樓應肯。

天台

五陵意氣自豪奢，贅入天台仙子家。夢裏不知塵世事，相將洞口飯胡麻。紅粧紺鬢垂貂珥，細酌瓊漿膾金鯉。幾回傾倒拜東風，天上名花開玉李。

玉李。花容麗。多謝東風成就意。金鞭玉勒誰家子。柳色章臺休比。沈沈春夢非關睡。花底不教不醉。

放隊

描摹佳俠入歌絃。鏡裏花枝各自妍。排遍已終紅燭灺。半黃殘月照珠筵。

西子妝慢　爲人題莫愁湖圖

愁翦緑波，豔消紅綺，鏡裏春情如霧。玳梁西畔夕陽多，是秋來、舊聽砧處。湖山尚據。笑金粉、六朝塵土。燕重來，怕畫圖難似，當年眉嫵。石城路。幾許風波，幻影終留住。垂楊自舞。儘消得、東山吟賦。聽箜篌，憶否遼陽戍鼓。

畫錦堂　春夏多陰，學爲老圃蓺菊千餘本，雨傷蟲嚙，僅十存五六耳。葉大花肥，爛若雲錦，布置庭户間皆滿。把盞孤酌，悠然有會，落英楚澤，送酒陶家，不遑多讓矣

小雨敲詩，清霜倚夢，寂寂人在東籬。老我羈塵盈袖，又值花期。登樓悲傾孤淚冷，灌園歸悔十年遲。沈吟處，幽素暗消，重將傲骨憐

伊。凝睇。簾半卷，庭户悄，黄金如鑄相思。待把寒香簪鬢，短髪愁稀。醉呼殘蝶休辭舞，笑持新蟹不嫌肥。苔階浄，留取幾分秋色，算抵春歸。

玉京謡

吴君特以陳仲文取坡詩中『萬人如海一身藏』語，自號藏一，爲度夷則商犯无射宫腔，製《玉京謡》爲贈。余因仲文自號之意，有念于笏卿，亦依吴調奉寄

落盡吴楓冷，帽影秋山，偏灑傷高淚。萬里陰霾，長安煙樹如薺。念鳳侣、人海身藏，夢隔斷、鳧潭蒹水。情誰寄。歸鴻響絶，書空無字。　吟懷似否當年，夜半春簫，教小紅親倚。牢落京塵，天涯今甚情味。聽禁籥、顛倒裳衣，料鏡裏、霜髯悽對。應不抵。江上故人顑頷。

秋霽

秋興

鐵馬瑽琤，乍雨織疏林，暮景揺落。楓葉紅多，菊花黄褪，隔籬酒杯空索。晚風度幕。枕屏愁聽肩如削。怪近日。音信道來，情事太無著。　誰想暗裏，叫徹霜鴻，唤歸扁舟，催赴芳郭。遍秋灣、殘蘆似雪。悤悤攜手向雲壑。前事細思心緒惡。最可憐是，玉人夜月簫聲，又成孤負，此愁難卻。

醜奴兒慢

宴集愚園，分賦筵中食品，拈得橋尾

金罍正把，歡覩堆盤斑斕。散濃馥、辛調椒桂，美比烹鮮。滿口肥脂，齒當決處輭如綿。饞涎齊動，纔抛兔醢，還厭豬肝。　莫道爛腸，熬捶風味，終勝儒酸。料應與、當年濁氏，

冑脯同羶。爲語何曾，箸須頻下漫論錢。芼羹香配，不煩五鼎，聊慰加餐。

尉遲杯　和胡季樵

黄塵静。瑞日熌、碧海澄冰鏡。危樓遠出重霄，朱閣連雲齊凭。燭龍夜舞，摇十里、金波隔煙影。想孀娥、笑擁霞裾，墜歡天上重證。

當年法曲飄零，還依舊、絲清筦脆聲競。錦瑟依人眠不得，消醉裏、寒宵漏永。悽迴念、風餐水宿，要長伴、紅羸莫再醒。怕簾邊、又起驚飇，夢魂和酒吹冷。

蘇幕遮

翠鞭長，烏帽暖。蜀水燕山，花底鳴鑣倦。繡陌青蕪霜欲徧。款段行來，咫尺鄉關遠。

改朱顔，成白眼。醉裏狂吟，玉琖當筵勸。海上酸風吹酒面。莫又春寒，負了香羅薦。

楚宫春　八弟子蔚自江西寄橘筍至，卻寄

筠籃翠束。看金彈漿凝，錦綳泥溼。歲景半闌，香滿江南梅驛。愁裏詩饞乍解，更醉倚、熏鑪親擘。細嚼冰霜，念夢痕、日久漂零，謝池春草空碧。

思汝煙波天隔。官味冷、塵俗酸鹹難適。寄旅瘴鄉，慚我豬肝猶覓。何似園蔬自翦，共對酒、樓邊聽笛。故國蒼茫、倩去鴻，休道無聊，但説加餐長憶。

三部樂　辛丑之春，偕吴仲寬、楊襟山游焦山，寓自然菴。觀六瀞上人所臨麓台司農山水畫卷，略似眼前景物，未及題詠，悤遽攜入行篋。今數年矣，久負此諾。蘧廬以外，四顧囂塵，風雨忽來，頗涉孤想。展卷重視，尚如坐玉簪花下，餐新竹筍，同看北固山色時也

天闊江空，蕩練影素潮，瀉愁千斛。樹盤幽磴，皺破重重蒼玉。賦情寄、斜日春山，對水窗意遠，妙景紛觸。倩誰拾取，檻外蒼茫寒緑。　煙霞羡君久住，聚萬峯袖底，畫空塵俗。三年技慚刻楮，雕鐫難速。指林巒、卧游路熟。長似賺、蘭亭褾軸。知更甚日，攜筇去、龕夢重續。

喜遷鶯　漫興

花開吴苑。又今日省識，東風顔面。釣柮親操，詩囊閒背，天上錦程無限。斗柄曙星寒落，誰記平陽宵讌。畫堂冷，燕歸來，還認烏衣庭院。　難遣。回望處，重整玉冠，酒醒愁如霰。紫陌停騶，朱門題鳳，春到繡簾不卷。舊跡已空絲履，猶自提箱悽戀。暗彈淚，恨王孫，芳草拋人天遠。

河傳　用温飛卿體

河畔。閒翫。掩朱扉。蝶繞花枝夜飛。恨多問春春不知。偷窺。月明更漏稀。　倒去顛來書寸紙。歸路滯。門外天涯似。妾心煎。郎放顛。一宵無好眠。

白苎

蔣竹山賦此調，情韻極佳，聲律尤細，無一字不與《樂章集》相叶，不應于換頭處獨少四字。且細審詞意，『引蝶花邊』句亦嫌單薄。其爲傳寫誤脱無疑，非另有一體也。今依柳詞，多填四字

鳳笙吹，翠屏展，春生一瞥。瑶華細朵，掩映交枝玉葉。鬬芳妍、燭光臨鏡照膚雪。明月。共人圓，把舊曲霓裳重疊。紅牙偷按，牆外誰

將笛擫。宵漸深、暗風愁向蘭叢獵。歡愜。珠襦紺舄，寶玦青珊，正留連處，情密春雲帳熱。偏耐冷緗梅，被伊輕洩。浮名誤了，記樓西昨夜，玉壺敲缺。暢好風流，爲底干卿，驚散鴛牒。檢點花鈿，莫又游人拾。

惜分飛　感事

割斷同心雙綵縷。魂黯清淮暮雨。昨夢江東去。醉中還當家鄉路。　窄袖迴旋難起舞。冷落筵前白紵。莫道悽惶苦。只愁兩地成躭誤。

解語花　紅水仙

雕疏障月，繡閣烘春，芳訊催殘歲。淡鉛痕洗。緗梅瘦、借與數分嬌麗。柔情似水。搖倩影、銀鐙一穗。淩暮寒、羅步塵空，冷豔堆脂膩。　應是難消淺醉。帶紅潮酥瑩，妝鏡斜倚。蒨霞橫綺。停杯處、怕有玉奴羞避。年華旖旎。休只向、東風吹淚。宜伴他、釵燕雙飛，欹鬢雲低綴。

江南春　乙巳人日，石公邀集盋山草堂，談讌酣洽。主人暨筱山、伯言、伯純皆有詩，並繪挑菜會圖屬題

流水湔塵，青山枕夢，幽居人在空谷。消愁是酒，趁隔年、柑釀初熟。門對春城曲。香泥輭、鳳韡細蹴。喜見此、堆盤翠甲，拂檻蒼髯，壺觴雅淡非俗。　年來事，花錦簇。幾醉倒東風，眼迷新緑。蕭齋靜賞，算勝集、西園重續。詩句鏗琴筑。應空盡、世間狗曲。天遣好春，來佐清吟，沿溪野花如菽。

南柯子 爲陳雨生題荒山流泉圖册

水作迴流勢，山含太古情。硐空崖冷石縱横。省得一叢芳草、礙人青。　　壑静龍藏，蜕天高鶴有聲。碧泓寒浸玉泠泠。曾向昨宵雲雨、夢中行。

一寸金

余自癸巳入臺諫，旋給事科垣，兩晉卿秩。七八年中，時方多事，所上章奏都爲八卷。庚子被放後，未及出京，而拳匪亂作，踉蹌南走，衣物、書畫、文詩、雜著抛棄一空，僅將疏稿、詞稿攜以自隨，然亦斷爛不堪矣。今既選刻詞集，兒子善都甫學楷，乃將疏稿之完全者重録之，其已磨滅者，强自記憶，略爲補綴。與世多迕，未敢出以示人也。戲題簡尾，聊以自娱

殘墨縱横，寸楮堪供蠹魚嚼。念亥灰零拾，驚嘶鐵馬，塵裝輕擁，攜歸黃鶴。韉靮欣無縛，華簪謝、罪言未削。休教便、覆瓿銷磨，敝帚藏家自娱樂。　　忍記當年，承明趨漏，危冠聽宵鑰。歎錦囊緘淚，立甎心苦，青蒲造膝，書屏恩渥。靈瑣空衣影，春婆寤、頓驚夢惡。渾何似、賦草長門，尚猶金可博。

以上《瞻園詞》卷二

玉樓春

庭陰漠漠春無縫。香絮撲簾銀蒜重。酒懷愁聽杜鵑啼，詞句喜教鸚鵡誦。　　芳游九陌青絲鞚。何似玉闌花月供。鳳闉回首一思量，幾樹斜陽紅入夢。

金縷曲 陳伯平前輩布政江蘇，道經金陵，爲題日望樓餞别圖，依韻賦謝

酒畔秋雲疊。蘸清霜、黄花漸老，晚香纔發。

春燕巢痕廻睇認，夢逐銀霄絳闕。怕不是、尋常風月。一曲梁州剛放隊，又紅牙、換譜龜茲闋。愁未已，況傷別。　無緣久待鴛鸞列。只頻年、離多聚少，積思縈骨。我自浮鷗飄泊慣，不羨昌黎見蝎。但別有、癡懷奇絕。泛渚輕艭如許共，待從君、鄧尉餐香雪。長嘯處，石應裂。

邁陂塘　和伯平《留別》原韻

又悤悤、片颿南浦，涼雲來勸秋去。元龍氣自吞湖海，落筆也多悽緒。愁四顧。抵漆室哀吟，掩泣情如訴。臨歧袂舉。願一日雙鴻，風傳雨送，賡和共吴楚。　江關夢，庾信愁深待語。天涯能幾親故。斜陽萬頃秋潮急，波影蕩無重數。孤絮舞。怕招隱無山，空念淮南賦。田園路阻。歎去國情懷，憂時涕淚，同是倦游侶。

鷓鴣天　題湖棹圖

斜照孤舲傍遠天。藕花十丈想紅娟。也知流水仍今日，可惜風光是去年。　秋似客，鷺如拳。數行髡柳半湖煙。龍山高處重西望，落帽風來一惘然。

木蘭花慢　贈錢伊臣

看婆娑一老，記憂樂、幾曾經。算六十平頭，秋煙一騎，春酒千甖。忪惺。海桑夢轉，甚朱顔還殢少年酲。歸去田園自好，舊游空感塵纓。　怡情。坐擁書城。花圃事、早經營。偏眼前生意，霜蔬翦翠，風竹敲璚。環楹。古香聚處，更斕斑無數篆花青。消得東坡笠屐，箇中色相休評。

惜紅衣　和白石韻，同古微

倚夢鐙孤，籠香袖薄，醉銷寒力。鬢影長低，羞窺鏡蔆碧。燕歌調苦，猶未抵、皋橋羇客。牢寂。翻羡庾郎，得安巢棲息。　紅塵紫陌。珂佩音沈，和煙亂愁藉。江頭桂櫂去國。幾南北。風宿水餐滋味，沙上冷鷗曾歷。勸釣竿休放，須有夕陽山色。

前調　古微四疊姜韻，書箑見貽，賦此報之

細蘂鐫冰，長錐畫日。賦心詩力。絢寶樓臺，霜縑暈金碧。愁魔頓解，驚喚起、寒衾孤客。宵寂。須付紫簫，酌芳尊休息。　嬉春九陌。觴詠前游，頻年暗塵藉。相逢乍又瘴國。水雲北。忍説別來情事，何況海桑重歷。要共君攜手，題徧吴楓秋色。

霓裳中序第一　寒山寺晚眺，用草窗韻

江村翠嶂疊。寺寂庭深空亂葉。天際朔鴻陣結。正孤櫂翦波，疏鐘催月。蘆花噴雪。帶冷煙吹恨吟篋。寒山去，塵昏素壁，把筆共誰説。　幽絶。醉歌還咽。樹影颭、斜陽黯滅。舊歡人仨缺。忍再舞山香怨闋。銷凝久，一星漁火，倦對引莊蝶。

淒涼犯　虎邱，用白石韻

疏林破屐西風裏，殘邱越更蕭索。冷霞照眼，寒鴉競噪，故鄉天角。客懷太惡。柰新釀澆愁味薄。傍頹垣、秋花自碧，弄影弔幽漠。　絶磴淩虚處，緑管鐫題，幾人游樂。繡苔雨

洗，早磨崖、姓名刊落。劍水湛湛，可還有癡龍睡着。但問雲、逐我宛轉，盼再約。

荔支香近　市樓小飲，別吳門諸友，和古微

伴影空江來去。橫波艬。盪愁越覺愁多，煙冷虹橋路。聽楓月底人歸，萬葉紛敲户。惆悵、翦燭瓶寮夜深語。　頻喚酒，更索和、紅衣句。醉罰何辭，難得白頭重侶。殘臘江南，綺檻梅花近開否。夢繞寒香千縷。

霜花腴　聽楓園禊飲，用夢窗韻

佩纕怨結，賦遠游，飄零倦撫塵冠。花館聽簫，客窗題卷，家山望裏歸難。帶圍漸寬。但鬢霜、多似春前。又芳華、過卻清明，楝風吹雨小樓寒。　京邑故交重聚，悵城南白袷，屢換秋蟬。如此時光，無聊吟詠，愁痕漬滿吳箋。快浮酒船。對暮煙、叢篠便娟。算平生、更幾歡逢，寫圖留細看。

紅林檎近　枇杷

梅子纔過雨，棗林猶未霜。密葉障青葆，繁枝綴金璫。詞客饞涎待解，淡着酒色鵝黄。記曾萬里橋旁。花時對紅妝。　似蜜甜更好，勝雪冷微香。蜀都賦了，相如消渴應忘。正東溪游徧，南軒靜敞，玉人莫惜纖指涼。

隔浦蓮近　病中遣懷，用夢窗韻

殘酲猶殢睡眼。揮扇涼生腕。夢久忘清漏，風蟬一聲催晚。簾底誰念遠。斜陽畔。舊緒縈抽繭。　旅懷嬾。青驄繫處，花香衣影都換。曲闌小坐，賸有冰泉盈琖。池水蟾光漾靜練。蕭散。歸心飛度江岸。

小重山　歌席，和古微韻

酒做奇温夜不寒。夢中渾未覺、客衣單。睡餘呼茗麝煤殘。惺忪際、驚倚玉琅玕。　去路指江關。唾痕襟袖在、别離難。繡圍金帶戀餘歡。釵頭鳳、鐙下幾回看。

前調　再和古微

細雨輕颸着意寒。水窗秋訊早、雁行單。竹林空念舊游殘。曹騰久、閒損翠琅玕。　何事意相關。眼中佳麗在、暫抛難。後堂絲竹待追歡。扶風帳、朝暮耐君看。

水龍吟　伯平中丞出巡太湖，賦此寄懷，兼示子異、伯琴、秉三、子休

翠壺高處秋多，紫萸香裏登臨早。霜横漢節，風生羽扇，眼空塵表。擊楫傷懷，憂時墮淚，幾人知道。問元龍老矣，從頭整頓，乾坤事、何時了。　應有流連詞賦，儘酬他、雨輕風小。尊罍陪從，雄才況有，渡江安導。笑我蹣跚，只今空賸，戀頭衰帽。盼歸來攜取，清泉一勺，潤枯腸燥。

前調　疊韻，酬陳子休

繞湖無數青山，浪游悔不移家早。美非吾土，與君同是，寄身江表。屐齒登臨，傷高往恨，未堪重道。聽日湖佳唱，清商一片，秋蟲語、都瘖了。　還擬靈巖尋句，弄輕波、吴艭飄小。無緣邂逅，武陵漁父，仙源誰導。我羨秦人，不知魏晉，飄然巾帽。任觀河面皺，煙塵净處，喜秋陽燥。

龍山會　游惠山，盪舟河流，用夢窗韻

屧步穿林罅。路轉幽深，翠影千巖亞。石牀和夢冷，攜手處、飛鳥窺人遲下。叢桂着新花，勝紅紫、春容淡冶。暢清吟，流泉互答，珠璣碎灑。　空惜載酒名園，樹老苔荒，蔓徑纔通馬。夕陽容易過，蘭枻動、簫管重温秋夜。休問玉山頹，趁佳興、金尊共瀉。況明朝、茱萸香裹，征帆又挂。

山亭宴　展重陽日，子異約陪伯平中丞游虎邱，宴於李文忠祠，夜乘鐙舫歸

麴塵不到山塘路。遠峰青黛眉爭嫵。萸宴幾西風，笑百歲、光陰逆旅。中興丞相有新祠，問殘霸、幽宮何處。劍水咽寒澌，謾説是、騰金虎。　謝公屐齒鏗然舉。任句留、倚闌吟賦。天爲展清游，正酒畔、風停雨住。絳煙籠夜畫橈飛，蕩澄碧、燭龍齊舞。只惜少黄花，待記取、明年補。

水龍吟　次韻，和古微《虎邱》

倚空晴塔孤淩，萬山環秀舒蓮掌。年年載酒，翠微高處，瘦笻無恙。樓閣排雲，繁華卻羨，昔人佳賞。正簫沈鼓寂，新霜落葉，依然作、琤瑽響。　纔悟色空真相。對黄花、夢縈秋想。興猶不淺，龍吟一曲，臨風高唱。聯襼京塵，舊歡餘幾，與君同悵。便萍飄也，好隔籬呼取，盡杯中釀。

聲聲慢　和叔問

紅桑花落，黄竹歌停，驚飈飛度天閽。病裏愁多，宵長夢也無閒。人閒未知何世，阻滄波、

綺，細寫入、何郎詩筆。芳徑遨游轍。春容鬭、縞衣麗潔。有幾許、銀屏展夢，翠袖圍春，笛邊醉翫新月。

巡檐笑，剛令節。看緑倚長松，紫縈纖葛。茸脂薄暈，更豔奪、瑶臺肌雪。簾底新妝歇。猶微帶、宿酲酒熱。莫是昨宵，萼緑華來，偷遺玉奴璚玦。

滿庭芳 初春即事，和雲門

青鏡窺春，絳鐙籠夜，曼吟纔掩詩奩。鳳箏微暖，沈水又新添。斟取霜篘舊釀，金波釃、痕滿衣衫。東風轉，梅先綻蘂，香已透重簾。當年。行樂事，宵深擘荔，春淺傳柑。有綺窗兒女，閒坐能談。十載飄零久慣，休重話、丹鳳城南。遨頭去，佳山勝水，合署散人銜。

空對叢菅。最悽念，是城邊北斗，湖上西山。

衣影十年銷盡，幾深杯夕引，長鋏朝彈。往事沈吟傷心，餅菜春盤。孤桐料無人賞，但哀時、不賦猗蘭。背殘照，漸江頭、吹送暮寒。

江南春 宣統紀元，新春試筆，用夢窗韻

緑醑湔愁，青袍換歲，十年拋頓鞭笏。椒杯醉醒，幾費卻、春風詞筆。門巷通深轍。庭階冷、薜蘿自潔。且伴取、桃根短楫，杏葉輕鞍，秦淮飽看風月。

田園計，輸靖節。況未見羲皇，那論懷葛。江關暮齒，夢翠微、猶帶殘雪。黃竹歌聲歇。笙竽靜、舞衣尚熱。雲掩九閽，春望迢迢，淒涼舊時環玦。

前調 紅梅，和雲門，再用夢窗韻

流水凝酥，晴霞弄曉，微香吹上衫笏。濃情似

綺寮怨　早春有憶，用美成韻

料峭東風吹面，酒和春共醒。尚記得、墮珥瑶階，塵香淺、小步芳亭。梅花依然笑靨，雲陰翳、舊日鸞鏡青。更背人、鳳篋重窺，空千紙、麝墨紅淚盈。　偏數浪游倦程。蓬山萬里，何緣再見飛瓊。夜笛歌清。枕屏畔、幾回聽。珠簾細温陳夢，總未省、曲中情。迢遥絳城。鴛機錦字斷、殘漏零。

花發狀元紅慢　紅梅花下，同雲門兼約鄧尉之游，用劉几韻

蘭心待展，柳眼猶迷，看芳蘂先坼。天生麗質。弄猩黶，點染繁華江國。酒醒人未眠，一夜繡衾成孤特。趁良宵，共素娥攜手，把琖浮白。　欲向西施香徑，鄧尉仙巖，醉題紗壁。爲問詞仙興健否，肯同我、旖旎春夕。美人歌打槳，幽鳥喚提壺迎客。綺懷空，但舊癖未消，吟賞耽溺。

早梅芳近　元夕集瞻園，用美成韻

園林深，樓臺好。地闊春先到。輕煙籠瓦，寶月窺簾弄清照。麝熏麟帶重，酒沁螺杯小。正千金買夜，蓮漏謾催曉。　陌塵稀，社會了。舊夢長安道。冰綃織句，翠管調歌又江表。醉吟迷柳纈，雅語舒蘭抱。待花時，更探山徑杳。

清平樂　夢中得句云：『鎮夜思量較可，只是露涼如水，莫到中庭。』不省其爲何調也，因廣其意賦此

懨懨酒病。心事没人省。風動流蘇殘困醒。

落盡釭花紅冷。荒苔臥月庭陰。繞闌信步沈吟。不道露華如水，斑斑滏徧愁襟。

鷓鴣天　重過閶門感舊

濁酒無聊又一傾。夜深白月冷生棱。墜歡翠雀樓邊水，殘唾紅鴛被底冰。　春半去，淚孤横。凄凄鄰笛不堪聽。莫言鳳泊鸞飄苦，薄命如今未是卿。

瑞鶴仙　閏花朝作

黯千林霧織。依舊是，不雨不晴天色。殘紅寸茵積。盪層陰，争柰東風無力。春城繡陌。任五陵、年少浪迹。自西園散後，釵影釧聲，望斷油壁。　還又催人節序，萬户沈沈，禁煙寒食。榆錢亂擲。渾難計，買春值。徧重門，盡是萋迷芳草，天涯何處舊識。但荒鴉嚥暝，悽損柳絲嫩碧。

菩薩蠻

無花便覺春無色。花開無柰多攀摘。況是雨風吹。枝頭紅更稀。　開時人不惜。落去無人拾。僥倖賸殘枝。花開還有時。

浣溪沙

紅紫叢叢鬭寶妝。鷓鴣聲裏漸斜陽。倚闌獨立看蜂忙。　薄酒易醒遲還夢，好春無計早還鄉。已拋前事又思量。

三部樂

風日清嘉，甚倦倚畫屏，望空愁絶。燕隨春去，應更無人能説。早難道、芳約終虚，盼素鱗又杳，瑞腦重爇。露桃落盡，直到黄梅時節。　遲回攬衣對鏡，問帶圍瘦減，爲誰磨折。年年斷魂驛柳，緘情宮葉。乍闌干、伴人一霎。煙雨又、紛飛似屑。長念舊日，無端地、花下輕别。

一落索

清露霑衣香潤。花飛春盡。早知明月尚多情，悔未傍、雕闌近。　過卻東風芳訊。錦書難問。十年一夢便能醒，已不是、青青鬢。

六幺令

夜來微雨，庭草回新緑。流鶯爲誰嘛老，勸秉西窗燭。無處堪容小隱，翠篠森如玉。行窩權築。窮途休管，肯學當年步兵哭。　長安聞道似弈，冷劫留殘局。槐國幾換春秋，夢影飈輪速。何似金尊酒滿，一醉陶然足。高歌林谷。斜陽今古，曾照伊誰舊華屋。

九張機

一張機。女桑葉老乳鶯飛。春絲更比柔荑白。簇新機杼，無邊光景，不似舊年時。

兩張機。織花先選好花枝。尋常卉葉難相稱。蘭花嫌俊，梅花嫌瘦，宜配耍花兒。

三張機。千端萬緒苦顰眉。纖纖細把金釵擘。機頭纔理，心頭一點，越覺亂如絲。

四張機。嘔嘔軋軋響參差。篝鐙彩伴深宵聚。一般花色，千般情緒，各自費禁持。

五張機。寥天雁斷錦書稀。中閒待織回文字。愁伊不識，無人能會，筆畫省些兒。

六張機。鴛鴦織就悄尋思。年來只是分飛慣。如何偏恁，雙雙棲宿，獨立淚痕滋。

七張機。七襄異樣彩紛披。無端改製天孫錦。盤花結朵，翻雲覆雨，驀地觸相思。

八張機。金刀在手故遲遲。深情比似誰長短。憑教裁翦，莫將錯斷，長是兩分離。

九張機。相將寄與作春衣。一梭一縷絲縈繫。迴腸九曲，隨伊千轉，誰爲告君知。

一萼紅　花步餞春，同古微、劍丞

小樓深鎖，璚窗綺户，春色尚沈沈。箏柱絃温，棋枰玉冷，紅袖來勸芳斟。亂花過、庭蕪自碧，耐絮語、枝底和雙禽。十里煙波，萬家鐙火，都付閒吟。　歡事覺來如夢，對金杯滿引，白髮愁侵。燕市春場，秦淮月榭，飄蕩還又而今。倦飛繞、南枝幾帀，浩歌裏、空負故山心。未識明年過逢，底處開襟。

四園竹　對雨，用美成韻

檐聲碎滴，漸潤灑雙扉。筍敲翠玉，蕉颭繡旗，沈寂虛幃。殘醉消，疑夢入、秋聲館裏。晚涼衰鬢偏知。　問誰其。窗前細翦鐙花，連宵謾數歸期。柰更雲容翳盡，含睇長哦，杜若騷辭。愁滿紙。素浪闊、空江去棹稀。

金縷曲

漸覺秋宵永。悄無人、霜紈在手，短檠孤映。一點涼蟾分素照，可柰更殘漏緊。況明夜、陰晴難定。記得朱闌春樹底，看飛鴉、亂啄浮雲影。沈恨杳，夢猶省。　浪游未減江湖興。共輕鷗、隨潮去住，雨蓑煙艇。雙鬢逢人低不慣，謾趁杯醪醉醒。笑皮骨、如今空賸。黃鵠磯邊山亦好，只無緣、長向江樓凭。松菊在，羨陶令。

探芳信 曉行鄧尉山中看梅

嫩寒媵。正寶月匳收，妝佩新整。傍錦韉迎笑，酣春鬬芳靚。縞衣不藉東風煗，薜路珠塵靜。似當年、夢裏羅浮，翠禽曾聽。　誰喚倩魂醒。盡幻作璚瑤，玉香千頃。怨草幽花，舊吴苑、翠華冷。館娃人面今何許，顰黛應羞競。醉春游，莫放斜陽到暝。

高山流水 琴臺漫興，用夢窗韻

練霄戛戛響天風。卷蒼巖、千樹蘢葱。不見撫絃人，孤雲暗逐蜚鴻。春顒憶、小白長紅。斜陽淡，曾照翩翾步屧，篆玉香櫳。媵山肩擁黛，學得翠顰濃。　愁中。游塵渺回首，依約是、幻影槐宮。無柰此登臨，破屐踏徧煙茸。賦山阿、楚些能工。難消醉，翻羨吴王老去，宴樂芳鍾。怕連宵夢雨，花落又春慵。

换巢鸞鳳 題葉拜庚三生幻蹟圖

鵑魄長愁。幾驚濤泝夕，夢雨飄秋。舊香囊麝散，蜕迹盌魚留。三山依約有青邱。但叢幹環花宮翠浮。江南好，似月下、佩環歸又。　回首。真負負。山枕藥鑪，合教郎消受。寄臆微波，導蹤靈嶠，終算玉人情厚。癡念重泉卜他生，寸絲難斷冰心藕。霜宵寒，步楸陰、襪鳳知否。

鷓鴣天 夜宿玄墓山聖恩寺

鏗杖花中暫一停。向無生處寄勞生。雲隨客路衣猶潤，月入僧寮户不扃。　魚唄寂，鳳團清。山樓一榻面湖横。不知换劫今何世，臥聽松濤作雨聲。

雪梅香

野笳急，千山疊雪暮寒多。甚衰紅飄盡，霜風競獵庭柯。鴉點千羣舞斜日，雁行三兩點清波。錦屏曲，獸炭貂裘，猶道春和。　無那。且拚借，一枕濃酲，夢裏婆娑。柰此芳尊，可堪幾日顏酡。肯效梁園老詞客，卻尋江上冷漁蓑。明朝便，風風雨雨，一任由他。

戚氏　和樊山韻

黯吟秋。浮沈身世渺如鷗。嫩菊争妍，冷楓狂醉了無愁。迎眸。指江郵。迢迢白鷺水中洲。當年此地飄泊，畫船簫鼓聽歌頭。燕子何處，白雲孤往，海桑百感悠悠。又横空蜃氣，波譎雲詭，無地埋憂。　花檻對月觴流。賢主愛客，樂趣話林邱。羞空腹、曲遲和柳，字怕題劉。更尋求。翠柏澗底，停騶別館，小築瓜牛。背松寫影，倚竹談詩，渾欲一引千甌。　漫道還鄉好，西風扇底，障面塵浮。試聽梅花玉笛，訪江城不是古時樓。況當澒洞連天，瘴霾蔽野，煙鎖齊州九。算眼前、朝士誰耆舊。鐘鼎事、合且稽留。便小山、桂樹深幽。問相招、肯到使君不。向煙波裏，祗應讓我，獨理綸鉤。

浪淘沙慢　和古微韻

嫩寒沁，簾喧燕子，棹阻桃葉。濃碧黏天半活，斜陽到檻漸滅。早禁慣淒涼秋被疊。水沈爐、心縷長結。甚載酒尋春又棼尾，芳尊竟空撇。　悲切。醉眠夢也無輟。傍翠柳朝驄，鳴珂路、宛轉笳吹咽。傷斷袂前塵，花下輕別。鳳釵易折。臨鏡銅還憶，西樓圓月。更紅蟻分疆餘千垤。槐陰戰、鼓酣未竭。微雨、殘梨霏似雪。鎮長對、緑苑沈沈，蕙訊寂。雕櫳倚偏低徊絶。

浪淘沙　壬子九月暫歸武昌，賦寄内子上海

鐙掩畫樓深。秋意沈沈。雨聲和溜夜鳴琴。却盼庭花開更好，滿地黄金。　抛卷且閒吟。念遠難任。寒多無夢到重衾。不道回家還似客，長自思尋。

西河　十年前曾賦此調，題徐積餘定林訪碑圖。今重見海上，積餘以圖失補寫，索書前詞，載賡此解

游宴地。十年短夢愁記。荒巖片石掩幽扃，亂雲四起。只今乾道幾人知，茫茫沈恨天際。　看山厭，笻倦倚。玉驄柳底誰繫。春城一角戍旗空，但餘廢壘。似聞朝士半貞元，歡情東付流水。　遯棲老我海上市。撫危闌、何處鄉里。顧影却羞人世。賸長歌當哭，窮途悽對。空弔殘灰溪藤裹。

六幺令　劉蕙石得唐内庫大小忽雷，因名其閣，繪枕雷圖索題

韻停鐘虡，絲管紛喧逐。檀槽尚留奇寶，樂府徵唐録。甘露宫塵縹緲，玉李凋何速。千秋完璞。興亡閲盡，來與才人共棲宿。　延津雙劍妙合，壓倒東塘曲。何用繞殿雷鳴，自撥冰蠶緑。贏得標名閣牓，長伴書連屋。參差紘軸。然藜人至，認否當年舊天禄。

水龍吟 乙卯七月，重至京師，和裴韻珊

浪游別久方蓬，酒邊小坐渾疑夢。河山舉目，蒼茫今古，紫金杯重。秋氣多悲，老懷都嬾，無聊吟弄。最難忘勝賞，㲼潭社散，空蕭寺、槐龍動。　林下追陪還共。亂雲飛、碧天微空。崑崙睡裏，丁歌甲舞，鶯花千種。棋局聲喧，客窗燭短，埋憂無冢。又西風、競沸紅塵十丈，似潮頭湧。

解蹀躞 題錢仲宣西湖訪舊圖

鬢影衣香飄盡，暗送春多少。背人山淥、湖光弄殘照。還又煙雨迷濛，段橋舞徧楊絲，亂紅誰掃。　故人老。悽念南屏歸晚，呼鐙醉清醥。畫中依約、簪花舊吟帽。莫更驚換西風，玉闌無處閒憑，夢緣都了。

鷓鴣天 絡緯

風露中庭飽一生。九秋霜氣忽高橫。猶爲病鶴氃氋舞，絕似哀猿斷續聲。　歛啟鏡，柱移箏。徐娘老去尚傾城。淒清舊曲從頭理，喔喔鄰雞又五更。

以上《瞻園詞續》

疏影 崇效寺牡丹

芬芳撲鼻。正姚黃魏紫，開滿蕭寺。白紙坊西，駿馬鈿車，風流雅集名地。華筵豈待清和候，早準備、殿春花事。看院中、國色天香，供養梵王游戲。　紅杏青松卷子。有多少韻士，題詠詩字。閣闢西來，閣名。認取丁香，並見棗林三四。漁洋名此寺曰棗花。漁洋好句覃谿筆，早泐石、粉牆安置。喜今日、九老同來，同

以上《瞻園詞》

人聯九老會。梦尾把杯酣醉。

見《佛學月刊》一九四二年一卷十二期

絳都春　題袁太夫人詩集

雲霞新組。是舊日浣花，雕龍機杼。一片古香，百斛清愁穿珠語。疏林落月懷鄉句。便江筆、如花應妬。抵他多少，芳情藻思，悴春工賦。　還慕。璇閨豔福，洞簫按、鏡裏鳴鸞對舞。漱玉曼聲，徐淑書名争前古。諸郎詞苑森旗鼓。但餘技、阿孃分與。灑然林下高風，鳳毛幸覯。

狀元紅慢　將往吴門，和韻賦酬雲門花發

白手無持，紅牙細按，燦心蕊都坼。金相玉質。麗才擅，不數文章燕國。下筆風雨驚，日試萬言何雄特。苦耽吟，怕夜深臨鏡，鬢點霜白。　可奈梅花催我，躡履靈巖，檥舟石壁。明日天涯獨對酒，問何似、繾綣今夕。暮雲思渭水，寒雨送吴江行客。更回頭，看整頓濟時，垂手飢溺。

鎖窗寒　題周養荞篝燈紡讀圖

穗影凋春，機聲送夕，素帷兒女。柔絲萬轉，未抵心中愁緒。忍無眠、漏殘未休，父書檢疊親傳與。對短檠、慘碧年年，禁慣敝廬風雨。　回顧。浮名誤。記手線縫衣，淚揮臨去。京塵半染，負了當年烏哺。想官齋、樺煙夜燒，往懷暗觸悲誰語。待瀧岡、墓表新題，大筆同千古。

以上見《忍古樓詞話》

張汝釗

踏莎行　題《晚紅軒詩集》

晚翠當軒，落紅如雨。斜陽芳草春無主。詩人底事太多情，湘箋十幅吟愁句。　細數風番，閒抄琴譜。醉來倦臥花陰處。清才百斛總難量，高吟且把華年度。

其二

三徑青松，一籬黄菊。半生領略幽居樂。蛾眉羞畫入時妝，煙霞深處長棲託。　名利無心，襟懷淡泊。逸情高致如雲鶴。著詩肯負好春光，墨花零亂皆珠玉。

臨江仙　清明憶家

一夜芭蕉窗外雨，聲聲滴碎愁腸。曉來無計慰淒涼。欄杆斜倚處，風度落花香。　杜宇聲聲啼不住，清明時節懷鄉。離愁縈繞柳絲長。銀塘春水漫，何日泛歸航。

憶王孫　滬江大學月夜遠眺

黄昏無事數明星。倒影樓臺宿雁驚。竹葉都成个字形。水如晶月點，波心碧海晴。

搗練子

紅杏雨，緑楊煙。寒食東風杜宇天。偏是賣花聲太早，聲聲吹到畫樓前。

金縷曲　弔先師姚松巖，用汪劍潭韻

乙丑元月望日，同表妹菊影謁先師姚松巖崇勳墓，見孤坟三尺，屹立田閒，四圍蔓草，已堪没膝。問其子孫，皆棄儒服賈，斯文不復傳矣。回憶先生在時，能詩文，工書法，爲清季名儒。晚年悸恎落拓，館予家數載，鬱鬱不得志而卒。其平生著述，除吾弟咀英爲刊《商家訓蒙淺説》外，是書于師没五六年後，得之于其子之商店中。無幸存者。蓋師至予家時，吾儕方髫齡，不知文章爲何物，宜保守之。言念及此，悲憤填膺，聊識數語，以代痛哭。

瞻墓悲歌放。弔先生、荒煙蔓草，死生遥望。百結柔腸千點淚，此恨悠悠難量。都付與、風雲惆悵。三尺孤碑殘照裏，和高文、妙墨同埋葬。餘鬼火，夜飄蕩。　凄涼念子塵寰上。傲，贏得年年清恙。先生病咳數年。况託足、烏衣門巷。百斛龍文今難繼，枉當年、受業馬融帳。吟斷簡，發悲響。

浣溪紗　擬四時閨情

壓髻嬌花覆額齊。文楸賭罷小樓西。泥金匣子手親攜。　一院飛花愁燕語，半簾斜日聽鶯啼。年來心事總凄迷。

其二

輕啟紗窗喜晚涼。羅衣薰透藕花香。歸鴉細數立斜陽。　掬水驚看新月小，聽蟬聲過別枝長。些些往事費思量。

其三

一曲清歌唱懊儂。愁來羞對玉芙蓉。已涼天氣別情濃。　沿砌新苔牽恨碧，墮階殘葉舞愁紅。小樓昨夜又秋風。

其四

小閣輕寒强自支。薰籠斜倚獨相思。箇中心事没人知。　我爲無聊纔譜韻，卿如懺恨定裁詩。休言暫別不多時。

浪淘沙 和姊氏韻

一曲艷陽春。慰我吟身。故鄉雖好更誰親。

時予適年假回家小住，頗感寂寞。

倚遍銀屏時細數，別後芳辰。　蠖屈志難伸。聊學癡人。此心久已倦風塵。只有離愁拋不得，姊妹情真。

點絳唇 曉起聞啼鳥，同錦桃戲作

一院鶯聲，驚回好夢無尋處。夜來風雨。花落深如許。　屈指春初，又是春將去。天涯路。王孫芳草，休更歸期誤。

其二

曉日臨窗，起來慵把香衾疊。鶯歌清絕。似笑人離別。　莫作雙飛，此恨同誰說。柔腸結。關山難越，儂不如鶼鰈。

醉太平 七夕

爐香乍燒。煙橫綺寮。柳梢眉月新描。把穿鍼伴邀。　銀河寂寥。鴛鴦嬾描。感他靈鵲填橋。訴離情碧霄。

多麗 西湖景

過虹橋。蘋花香滲輕橈。漾波光、鴛鴦驚起，雙雙飛過蘭苕。畫中遊、天涵雲氣，鏡中渡、涼挹晴飆。綰水楊枝，繫情柳線，似當年、張緒嬌嬈。比處士、乘風歸去，梅鶴兩無聊。空留下、危亭孤嶼，閒話漁樵。　迨湖堤、人聲靜後，正蟾魄印銀潮。碧盈盈、清宜沐兔，白浩浩、冷透眠蛟。宿鷺空驚，游鱗倏没，誰家玉笛弄清宵。見數點、明星倒映，清影逐波搖。放懷處、扣舷高唱，俗慮都消。

滿江紅　落花

幾陣東風，吹醒了、三生舊夢。飄墮到、牆陰簾角，朱門畫棟。墜粉殘紅生足惜，鶯啼燕語休嘲哢。最無聊、疏雨曲闌邊，春寒重。　芳事過，年華送。空悵惘，閒吟詠。比朱顔憔悴，更堪深痛。狼藉臙脂春太狠，淒涼風雨情偏動。擬曉來、爲作瘞花銘，埋香塚。

憶江南　半淞園

名園好，十里軟紅中。數點雲山迷歇浦，半江煙水剪吴淞。艷曲醉春風。

其二

垂楊外，兩兩訴衷情。芳草綠消名士氣，飛花紅膩美人魂。燕宛訂新盟。

其三

秋容艷，碧水膩蘭橈。蒲葦引風長颯颯，芭蕉不雨自瀟瀟。送我過虹橋。

其四

梅香艷，紙閣畫簾陰。雪滿齒痕誰蠟屐，暖添爐火自彈琴。淺酌復低吟。

水調歌頭　初夏即景

時序清和候，鶯燕語無聊。正值花開紫楝，細細逐風飄。最恨鳴鳩多事，暫喜新晴初放，呼雨又連朝。水漫野田上，新綠見秧苗。　垂楊岸，漁舟繫，傍紅橋。晚來罷釣歸去，一片弄清簫。人羨黄花石首，我愛桃花肥鱖，風味自超超。轉瞬黄梅熟，沽酒樂逍遥。

蝶戀花　送姊至北京

燕語聲中年事度。點點楊花，飛盡江頭樹。落日旗亭荒草路。何堪更作離愁賦。　昔日清明拈草處。南浦春風，攜手踏青步。今日詩題紅葉句。西流愁送君歸去。

其二

少小歡娛何日再。纖手搴衣，捉蝶花間戲。閒放風箏芳草地。弓鞋濕透桃花水。　屋角芭蕉橫翠黛。費盡商量，汲水清晨溉。君去天涯儂孰愛。淒風苦雨何能耐。予號曙蕉，故有此喻。

其三

憶昔新春時節近。同過石城，瞻謁明陵寢。閒泛秦淮河裏艇。凭欄月照雙雙影。　眼底風光渾似錦。燕語鶯啼，一樣浮華境。人去江南花落盡。笛聲淒咽雲橫嶺。

其四

徐淑秦嘉詩酒侶。兒女成行，眷屬神仙伍。一棹江南桃葉渡。東風吹送春申浦。　轉眼韶光容易度。菡萏香時，好把離愁訴。準備輕車江上路。同遊十里煙花埠。

高陽臺　代某友寄其愛妾吟紅

棠韻飄紅，梨痕墮碧，薄寒簾幙新晴。燕子重來，依稀猶認銀屏。欄前難護春長住，有佳人、親繫金鈴。最難禁。銀燭深宵，幽意閑情。　香盟鏡約今何在，任秋波盼斷，消息無憑。曾記當年，畫樓曲譜雙聲。陌頭柳色今依舊，碧毿毿、深處藏鶯。最堪聽。軟語嬌啼，似喚卿卿。

長相思

路迢迢。夢迢迢。夢斷揚州廿四橋。月明誰弄簫。　醒無聊。醉無聊。銷盡離魂是此宵。淚珠盈絳綃。

水調歌頭　書願

擊碎唾壺缺，慷慨發高歌。長纓有路堪請，生欲縛摩訶。且把東南形勢，以及中西成敗，一一腹中羅。吴越等閒耳，平地起風波。　平生志，天付與，莫蹉跎。幾時雲雨會合，鼓浪渡銀河。焚棄詩書萬卷，攜取金槍一柄，入水斬靈鼉。明月來相照，肝膽壯如何。

南柯子　同浣青及姊氏遊後樂園

緑竹圈荒徑，名園夏日涼。騷人結伴共徜徉。愛然風來，陣陣藕花香。　高樹蟬還噪，疏鐘帶夕陽。誰家吹送笛悠揚。勾起征人，低首憶家鄉。

賀新涼　代友人寄外子

夜色涼如許。恨聲聲、蟲吟四壁，被伊驚寤。憶昔西窗同話舊，坐對秋燈夜雨。還怕讀、江郎別賦。廿載名塲仍落拓，暫相離、江上斜陽路。從此後，鱗鴻阻。　深秋月色良宵午。倚銀屏、香飄桂子，終成虛度。一瞬功名成何用，誤了青春遲暮。只添得、鬢絲無數。天壤王郎消息遠，傍妝臺、重展烏絲譜。將往事，與君訴。

醉花陰　蝶

霧重低迷花外路。閒傍妝臺舞。影入鏡中央，少女添妝，拈去方知誤。　尋芳偶過緑陰處。風動芭蕉樹。錯認扇兒摇，負得濃香，急轉牆東去。

風入松　紅葉

霜林落葉晚蕭蕭。野寺渡溪橋。胭脂紅染秋容豔，斜陽外、添個歸樵。却把輕鷗驚起，忽聞隔岸吹簫。　御溝流水自迢迢。情重又心遥。風光怎似村居好，長亭上、沽酒一瓢。妝點秋山顏色，却疑二月花嬌。

天仙子　白蓮花

漫比西施晨對鏡。濯透冰壺脂粉净。凌波微步襪生塵，雲珮静。風裳韻。怕聽湘絃愁夢醒。　應是素娥憐顧影。翠羽明璫妝束靚。亭亭玉立向銀塘，香遠近。渾難省。斜月三更秋意冷。

憶江南

無限恨，身世類飄蓬。命不如人人莫笑，年年涕淚灑西風。雨雪又殘冬。

鵲橋仙　七夕

銀河影淡，珮環聲遠，一度相思又了。天公既許締良緣，忍使我、離多會少。　愁懷萬種，佳期一霎，轉眼鵲飛天曉。良宵苦短不成歡，那得有、工夫送巧。

大江東去　五卅之役，同學多死節。予雖免於難，歸家後茫茫若有所失。痛國亡之無日，同胞

仍未覺悟，自恨回天無力，雖苟全生命而莫補艱危，翻覺慚對故人。因率成此解，聊以寄慨

半生心緒，嘆茫茫塵海，更誰知己。遯跡深山閒歲月，銷盡英雄豪氣。和月鋤梅，裁雲補硯，豈是平生意。放歌高唱，莫嫌狂態如此。今日血洗神州，故人仗義，爲國從容死。霧慘雲愁孤月白，慟哭傾城名士。死難者多有志好學之士。朝鮮喪邦，波蘭亡國，千古傷心事。銅駝荆棘，同胞應也醒矣。

蝶戀花　惜别

無計留君君欲去。紅襯斜陽，一院春無主。欲倩柳絲遮去路。畫船早繫門前樹。　惆悵年來離别苦。怕被君知，偷寫傷心句。忍淚問花花不語。暗香飄盡無尋處。

攤破浣溪紗　清晨游法華洞

踏徧松雲曉色蒼。一天清露濕衣裳。吹送好風過山寺，野花香。　白鶴和雲眠翠柏，青禽帶霧立疏篁。梵語鐘聲喧一片，笑僧忙。

一剪梅　擬古别情

一點銀燈掩畫屏。香夢初醒。幽恨難禁。有誰能解此時情。君太飄零。妾太伶仃。　屈指花前計去程。今日長亭。明日短亭。算來不覺過清明。春已深深。柳已青青。

其二

昨夜魂飛繞漢關。霜滿征鞍。雪滿刀環。西風吹冷客衣單。君在天山。妾在吴山。　自製寒衣欲寄難。紅燭燒殘。紅淚汍瀾。封將心事與君看。不説平安。也説平安。

其三

新樣羅衣着體輕。枕簟涼生。團扇風清。莫憑秋雁寄離情。誤了歸程。負了香盟。憶昔新涼趁月明。舟泛前汀。曲譜新聲。而今一水自盈盈。迴溯伊人。却是勞人。

其四

一片離愁訴與君。紙上墨痕。枕上啼痕。最難挨過是宵分。漏點沈沈。燈影昏昏。月冷梧桐静掩門。落葉繽紛。蟲語淒清。年來心事不堪論。抛了吟罇。瘦了詩魂。

其五

春病懨懨强自持。愁損腰支。瘦比花枝。紅顔不似別君時。君豈知之。妾自憐之。月過紗窗夜漏遲。欲避相思。怎繞相思。別來幾欲鬢成絲。不爲情癡。却爲誰癡。

其六

別後韶華最易過。病裏消磨。醉裏消磨。眼前花月任蹉跎。不是愁魔。便是詩魔。細雨黄昏欲奈何。夢也無多。信也無多。燈昏漏盡淚横波。睡也思他。醒也思他。

浪淘沙 雪夜感亂，憶姊

殘雪戀梅梢。冷透金貂。最無聊賴是今宵。盼斷音書千里外，烽火連朝。旗旐滿荒郊。怒馬蕭蕭。鎗林彈雨客魂消。戰鼓聲聲催臘盡，愁逐江潮。

如此江山 甲子除夕

祭詩殘臘愁如故。年華又成虚度。身世飄

零，河山變幻，空説天涯歸路。功名已誤。嘆禿筆無靈，從戎難賦。冷雨霏微，夜深幽恨憑誰愬。　凄凄角聲暗渡。爲誰頻激烈，含悲飛怒。毳幕凝冰，柳營積雪，戎馬蕭蕭何處。勞人歲暮。正塵夢未安，酒闌人去。鶴唳一聲，又驚人更苦。江浙戰起後，至除夕尚多虛驚。予家夜宴散後，忽聞槍砲聲。

荆州亭　傷懷

窗外雨聲如泣。枕上淚痕霑濕。落拓客途中，身類殘花病蝶。　數點晚鴉落日。幾處沙鷗争食。救國待何時，欲渡中流無楫。

滿江紅　離情

無限離情，魂夢裏、聲聲低訴。恨只恨、曉來鶯語，被伊驚寤。此後有愁何處説，夜來望月空迴愬。最難堪、陌上柳青青，歸期誤。　思往事，春臺霧。懷舊恨，天涯路。嘆海棠風信，與誰同數。燕子不來疏雨晚，梨花落盡斜陽暮。鎮無聊、拈墨弄香箋，填新譜。

昭君怨　明妃

匹馬西風殘雪。永别漢家宫闕。幽怨訴琵琶。度黄沙。　一去紫臺音絶。飛夢關山難越。莫愛妾顔紅。幸和戎。

蘇幕遮　代陸博士憶病妻

露珠圓，蟲語静。月照紗窗，光透枕邊冷。葉落梧桐聲淅淅，一夜秋風，勾起愁心緊。　擁孤衾，撫角枕。細念伊人，不見伊人影。却把從來臨别語，萬縷情絲，結箇相思境。

一斛珠　梅妃

不堪惆悵。從今羞畫雙眉樣。梅花消息應無恙。舊夢如煙，空憶九華帳。　淚濕紅綃攲枕上。鏡臺塵滿慵依傍。長門敢拜君王貺。一斛明珠，怎慰淒涼狀。

闌干萬里心　寒食

年年此日最消魂。寒食東風深掩門。隔院鶯聲不忍聞。自温存。萬斛離愁和淚吞。

其二

闌珊心事共誰論。閒對梨花愁思昏。往事淒涼餘夢痕。祭詩魂。淚滴銀缸香不温。

醉落魄　用李周隱韻

薄寒驚怯。落花風起珠簾揭。濃香薰透衣重疊。綠暗紅稀，忍把櫻桃折。　百結愁腸何處說。梨花滿地堆香雪。傷春況復兼傷別。一角紅牆，飛過雙雙蝶。

金縷曲　寄北京姊氏

吾姊平安未。憶從前、天懷澹泊，癡憨同味。紙閣蘆簾燈影下，共話西窗娓娓。卻難道、清貧如洗。衣食無端驅我去，歎黃花、分向東籬寄。諳世事，我和你。　近來我亦愁無已。恨頻年、飄零蓬梗，思家千里。老母龍鍾兒子幼，欲去行裝又止。最怕是、門閭遙倚。遊子天涯消息遠，慰相思、秋雨秋風裏。頻寄訊，莫濡滯。

虞美人　暮春憶姊

新愁舊恨知多少。花事將殘了。春光九十已

匆匆。却被雨絲風片、盡消融。　夢回不覺紗窗曉。宛轉聞啼鳥。桃花憔悴墮殘紅。一片淒涼都在、不言中。

其二

天涯海角相思地。消息憑誰寄。清明寒食自年年。最是斷腸時節、落花天。　傷春怨別年來慣。難把春愁懺。前情回首總如煙。況復離懷消盡、夕陽前。

醉太平　贈蔣英姊，畢業于滬江大學，將歸湖南

香盟鏡盟。歌聲笑聲。思量舊日深情。唤卿卿蔣英。　才清氣清。心靈筆靈。羨君如許聰明。作中華曉星。

其二

他鄉故鄉。銷魂斷腸。離愁十斛難量。寫相思一張。　洞庭岳陽。山遥水長。一帆歸去瀟湘。願他年莫忘。

以上《緑天簃詞集》

張克家

春宵曲

笑口如樊素，纖腰似小喬。暗裏眼相招。欲留留不得，馬嘶驕。

摘得新

風一林。誰家小婦碪。凍檐冰箸坼，夜沈沈。輪蹏旅客驚殘夢，起鄉心。

碧窗夢

岸轉風帆穩，檐低酒旆平。子規煙裏一舟横。不飲流光，嗤我莫杯停。

瀟湘神

沽水流。沽水流。之元水匯大隄頭。三里直河開不盡，可憐妃子夢中愁。

桂殿秋

磨一劍，挂中庭。頭顱幾許飲寒星。未諳黄雀螳螂喻，只有鵷鶵腐鼠驚。

擣練子

情密密，意雙雙。小鹿心頭不住撞。欲解羅襟清睡穩，狸奴瓦上使人慺。

江南春

衣窄窄，髻鬆鬆。雙輪馳若騖，四盞燭猶龍。如何覯面匆忙去，催場上今交十一鐘。

法駕導引

佳期誤，佳期誤，好事盼和諧。花影一簾人不至，杏樓妝罷卸鈿釵。鬼卦鳳頭鞋。

一夜落

夜雨驟。檐前溜。薄寒衾枕風吹透。挑鐙那復眠，坐聽眉頻皺。眉頻皺。正是愁時候。

憶王孫

十三樓畔捉迷藏。默記闌干第五行。雪白羅衫是粉郎。笑郎當。郎喫新茶送夕陽。

如夢令

嫋嫋上山僧磬。曲曲下山松徑。迢遞數歸程，幾日儂家千乘。蹭蹬。蹭蹬。消受滿林清聽。

天仙子

熠燿容光生鬒髮。玉膚輝映船頭月。估帆昨夜去浮梁，輕言別。情斷絶。荻葉荻花秋鴈咽。

思帝鄉

一紙書。秋風鴻雁扶。儂到江洲沙畔，甚工夫。記得昨宵夢見，渺愁予。將欲從頭説，總模黏。

連理枝

磔磔鬅如彙。閃閃睛含碧。短服勁裝，鉤輈格磔，鯨呿鼇擲。那有温柔意，倚闌纔見，紅帬匿迹。

水晶簾

碧天如幕月初三。也纖纖。也彎彎。畫屏深處，女伴鬬眉尖。屈指到、團圞十五，重見一鏡開匳。

望江怨

清江水。跨上金鱗赤色鯉。一霎行千里。小樓深處雕闌裏。嗔和喜。好夢不歸來，甘爲多情死。

長相思

花白頭。鳥白頭。花鳥争妍未是秋。如何看鏡羞。今一邱。古一邱。緑鬢蒼顔總似漚。到時休便休。

一痕沙

錦簇花團輕幰。雙馬如飛莎阪。墜珥不須停。玉瓏玲。　前日學堂見慣。今日教堂覿面。金戒半消磨。奈卿何。

減字木蘭花

遠山如畫。送眼一泓秋水賣。十四年華。妒煞昭陽姊妹花。　背人彈淚。墮落紅塵無意思。暗解羅帬。縛作風帆上白雲。

好事近

好事隔紅繩，流水一灣清淺。西風不知儂意，送檀郎帆轉。　從教芳訊阻三年，情思難消遣。欲寄一封書去，又瞢騰心嬾。

秦樓月

腰肢弹。懨懨一病新來可。新來可。樓頭柳色，遠煙橫鎖。　皈依浄土跏趺坐。欲除煩惱須無我。須無我。慈航寶筏，臨流回柁。

阮郎歸

窗前海棠謝，填此慰之

昨宵風雨戰牆西。海棠花亂飛。曉窗慵起柳煙迷。玉容春化泥。　憐寂寞，悵分離。封姨佯不知。返魂更上最高枝。青青結子時。

三字令

新月白，晚霞朱。上鐙初。湘簾下，桃笙鋪。紅印臉，粉凝膚。爐煙霏，香細細，透窗疏。　夢魂蘇。軀蝨拂，枕函隅。眼微惺，眉欲語，有情無。

人月圓

兒書不用交流電，無綫亦虛玄。離魂倩女，尋尋覓覓，飛落郎邊。　多應有夢，夢中見了，人月同圓。老鴉偏噪，腸迴九轉，夢裏雲山。

攤破浣溪沙

蒻葉陰陰緑滿篊。晚涼風細送通街。丫髻雛鬟先失笑，賣花來。　緑襯牡丹憐玉影，黄攙蒼葡落香埃。一半瓶中一半蒻，上金釵。

賀聖朝

豆棚缺處團焦獨。緑茸茸眠鹿。石橋横路，二分楊柳，三分修竹。　春來春去無榮辱。點對麻姑籙。芒鞵棕笠，楚風吴雨，纔歸天目。

朝中措

斧聲燭影鎮摇紅。藝祖禪文宗。看取蝪雄末路，能消幾个春冬。　鶯鶯燕燕，朝朝暮暮，劇散場空。贏得齊桓内孌，須防出户尸蟲。

其二

那堪拍絜歎蹉跎。粲粲鬢毛皤。大長蠻夷趙尉，饒他歲月如梭。　鋸人夾板，請君入甕，老子婆娑。充户常流碧血，何知柱國閻羅。

陽臺夢　魚囊牡丹

釣鼇人去竿兒在。雨淋日炙經千載。餘鯹化盡發幽香，又高低蓓蕾。　漢皋排一一，將解羅襦有待。遊蜂閒蜨總相知，怕恨天情海。

前調　磬口蠟梅

傅聞梅尉神仙去。藥鐺茶鼎迷煙霧。卻留金磬在枝頭，放教凡眼覷。無聲圓箇箇，爲厭人閒聒絮。有時風送好香來，是木犀禪歟。

惜分飛

布帳紙屏清夜冷。居士枯禪入定。莫夢安槐境。更無福分鴛鴦竝。歎此日根因未浄。尚有詩愁酒病。婢作夫人請。且姑待、他年高興。

望江東

不著青衣著青履。更著箇、鸜哥觜。銜泥踏月謝橋幾。再不似、金蓮矣。香風一陣諸姑姊。相調笑、黄塵裏。新裁鞋韈薄於紙。乙乙驕羅綺。

南柯子

寂寂槐花徑，喃喃貝葉經。連朝不見許飛瓊。恰好小樓、明月正吹笙。雁陣横銀漢，鸞驂下玉京。一聲嘹亮一聲情。飛出禪關、綿邈動心旌。

其二

李嶠真才子，新翻水調歌。諸郎扈蹕入煙蘿。懊惱催花、羯鼓變鳴鼉。斷棧愁雲隔，蠶叢淚雨多。雪衣明惠念彌陀。吉了不知、南内是南柯。

醉紅妝

秋江漠漠影横飛。飽菰蒲，早雁歸。相呼休

近釣魚磯。人心險，敢忘機。　橫塘舊迹認春泥。衡陽路，數行期。更有燕山書欲寄，勸護惜，莫乖違。

浪淘沙　唐花牡丹

舊是洛陽花。移種官衙。先開畢竟讓京華。應記沈香亭畔路，豔羨宮娃。　春事尚遲些。火裏生涯。青蓮一樣長萌芽。好過嫩寒時候也，還要籠紗。

虞美人

邊風吹入龜茲樂。散序入閒落。卻勞法善破天荒。幻出彩雲舒卷、到遐方。　甘涼未醒遊仙夢。只是新聲重。李暮牆外記分明。可似蒼黃蜀道、雨淋鈴。

一剪梅

勺藥花開尺許圍。到眼芳菲。謝客柴扉。抽簪細數蕊紛披。生小蜂兒。飛上人衣。　折取和煙帶雨歸。煙也霏霏。雨也絲絲。多嬌瀲灩淚猶垂。纔說楊妃。又似梅妃。

蝶戀花　玉簪

玉女洗頭盆既倒。賸粉零脂，覓去聲香杳。老樹啼鴉人起早。遺簪卻在牆根掉。　看去羣誇顏色好。入手芳芬，欲寄無青鳥。留伴五更清夢穩，屏風不羨梅花繞。

醉春風

開罷荼蘼候。無計消永晝。雙雙條脫不從前，瘦。瘦。瘦。壓骨成勞，低回玉腕，那能將就。閒卻搊箏手。嬾解連環扣。熏鑪揭起試添香，透。透。透。一縷青煙，隨風蕩漾，繞人衫袖。

青玉案 紀事

不知春向何方去。只把祁寒留住。熟食清明都過了。輕裘料峭，欲晴還雨。翻覆天無主。　客來說過楊邨路。滕六施威布雷鼓。又霰顆前驅負弩。柔荑新籜，頓逢伊怒。那管農夫苦。

離亭燕 桂

向住廣寒宮殿。春藥不聞聲亂。照影落閣浮世界，被一夕風吹斷。金粟證前因，暢飲過流霞餞。　最是夜深寒淺。恰好月明香遠。客去酒闌容款步，薄醉微醒參半。莫忘小山叢，招隱何曾心嬾。

內家嬌

殘霞收拾了，倡家笛、吹出按牙檀。記晴放夕嚏，楸枰含潤，水滑新浴，枕簟無塵。朦朧是、暮鴉烏帽影，香麝璧人魂。素手攜來，才過響屧，雙肩偎竝，小立前軒。　下階羅襪剗，衣如葉、最好淺淡無痕。說甚舞深衫重，歌罷聲吞。任枇杷別巷，秋千閒院，我儂厮守，得意忘言。翻笑隔河牛女，都欠温存。

滿江紅 壽卞九丈七十

玉露金風，恁颯颯、秋光潛遞。看罨畫、樓臺深處，月華如水。檀板紅牙新子弟，香車寶馬争遊戲。又咿啞、似箭走摩拖，嗚珂里。　戔笄設，酒旨旨。蘭桂秀，花竝美。傲西川程卓，商山公季。玳瑁筵輝鐙雁足，珍珠簾上鈎鸚觜。問年來、孰與捧霞觴，鍾離氏。

其二

一水衣襟，看莽莽、分疆蠻觸。問孰是、與人無競，自求多福。眼底紅羊經浩劫，天邊白鶴難拘束。到而今、七十兩齊眉，浮生足。　畫閣敞，瓊筵簇。華燭燒，芳塵蹴。正菊前蓮後，快彈絲竹。繞膝兒孫森玉樹，登堂戚里傾醽醁。倩丹青、寫出小香山，銀屏幅。

玉漏遲　題《吴梅村集》

詞人高北宋。開篇想見，科名巍重。年少多才，給予翰林清俸。除卻閒愁中酒，便譜出、風流情種。誰與共。花街十二，青驄飛鞚。　洶洶轉燭南朝，被胡騎縱横，漸醒春夢。選調徵歌，强半是江山慟。莫怪伊涼絶響，但一片、寒潮聲送。風雅頌。變體不能欺哄。

滿庭芳

西下斜陽，晚來風弱，霞采散盡紅綃。青樓夾路，飛燕逗纖腰。兩扇蜃窗開了，經行處、擲果相招。箇儂是，徐公城北，先儘鄧通邀。　金貂。呼换酒，珠圍翠繞，玉鳳金翹。任涼州按笛，邗上吹簫。感起十年舊恨，興亡事、濁酒頻澆。江南道，龜年太白，一樣歎無憀。

水調歌頭　白髮

白髮幾時有，擘鏡得新霜。問平生甚勳業，堪與爾相當。我欲盡情燒薙，偏又争先恐後，種種比心長。護惜因無奈，猶較不毛臧。　改朱顔，彫緑鬢，總尋常。不應老醜，忽見頂上放毫光。人有看朱成碧，理有疑玄爲白，此事古難詳。但共鬢眉在，何用辨青蒼。

聲聲慢　蒻秋羅

夫容開罷，無力秋風，又蒻葉渠羅衣。寄語天孫，費將幾日鴛機。移來時值三月，快并刀、曾傍春暉。春去也，一年兩度，緑瘦紅肥。不較五銖輕重，拚七襄組織，帶鎖金圍。淺色宮妝旖旎，堪補帬幃。隣家乞巧女伴，共遊蜂、聯袂紛飛。抽一隻、玉簪兒，輭款竹扉。

新鴈過南樓

對酒當歌。壯夫志、何妨託與春婆。昨非今是，争似不二維摩。樹外王郎酬謝傅，市頭列子遇韓娥。歎尊前，人皆老大，一笑顔酡。起來曩時潞河買棹，看錦鱗潑剌，釣叟篷矬。吟月，東北白練横波。涼宵露珠的歷，漫量去、鮫宮淚多。青衫在，有香痕塵漬，都無奈何。

解語花　題羅兩峰鬼趣圖

傾盆雨倒，蕭瑟飆寒，正客窗人兀。一檠明滅。纔開卷、忽現神荼鬱壘。冠裳安貼。亦似解、秋墳嘯月。歸去來、紙醉金迷，早賦無家別。　幾見防風步闊。便屈伸千丈，隨意飄瞥。長頭巨眼。相逢處、亦作狂花驚葉。更髑髏、歌舞山林，禹鼎饒饕餮。怎辨鼻顴凹凸。

其二

披蘿帶荔，若有人兮，早被三閭辨。兩峰怪眼。窮神相、又作冥游漫汗。迷離怳恍，夢囈把、僬僥壓扁。偌大頭、行步蹣跚，蒲伏因吁喘。　也愛小童婉孌。仗一竿修竹，據地牽犬。短奴撐傘。高官罷、尚怕雨淋風剗。無言洪浘。惜末並、啾啾譯轉。鬼董狐、深夜鉤皴，壁上山魈看。

意難忘　題水西莊圖

銷夏扁舟。愛水西駐泊，選勝探幽。炊煙低不見，鈎月淡初浮。談往事、數帆樓。身外認輕漚。摩頂悟、三生石上，曾作句留。　何人吮筆冥搜。似導江界畫，石谷綢繆。看楓空有恨，拾芥總添愁。歎措大、願難酬。更買箇林邱。莫謾使、南陽佳話，獨擅千秋。查蓮坡居士水西莊圖，舊爲王石谷畫，久已不傳矣。朱導江更爲查茶垞繪一圖，今在華壁臣處。嚴範孫見而好之，更倩良工摹寫，徧徵題詠，余爲填此。

百字令

故人招飲，趁斜陽、恰到童時書屋。滿院槐陰搖細碎，但少寒鵶飛逐。雪夜評詩，風檐賭句，夢覺黃粱熟。同羣何在，最難尋舊蕉鹿。　僂指四十年來，英華頓歇，祇爲將軍腹。寫韻傭書成甚事，羌值龍蛇行陸。舌底吞刀，腦中藏劍，俠氣誰能復。一杯沈醉，擊殘高漸離筑。

永遇樂　過太平湖醇邸

一帶紅牆，數聲啼鳥，樓閣迴互。記得賢王，金封玉誾，往日經宸御。門開車騄，紫衣赤棒，不是大官家數。好時光、瞞人幾易，雪鴻已無尋處。　榆錢滿地，楊花糝徑，我至逢春暮。無藥階翻，有池泉竭，都爲公民住。呼童汎掃，支牀設几，衹見舊時庭樹。想佛法、飆輪剎那，那堪話絮。

踏莎行

載餅高陽，炙肝章武。遊春早被春皇怒。豪華幾日已堪憐，杜鵑嘑血風兼雨。　萬點青燐，一抔黃土。纔拚得霸才無主。悲歌慷慨屬幽燕，莫教後艫催前艫。

燕歸梁

紀月編年甲子編。運會貞元。卻愁鷄肋飽尊拳。浪花滚、過驚湍。　冰山一旦和雲倒，羣鴉涣散如煙。錢神不駐大羅天。潛水底、賈胡船。

清平樂

打開青甕。五石瓢來送。不讀劉伶酒德頌。爲洗心頭沈痛。　蒼紅芋大專車。嬌黃棗大如瓜。醉飽西窗酣睡，雙成向我空髽。

減蘭

翠華戾止。白羽珍禽充内史。命坐薇垣。霞帔雲冠侍至尊。　春回寒盡。開口常逢含笑𦡞。紉佩無憂。況復宜男夙願酬。

鷓鴣天　海棠

淺碧樓闌茜影窗。窅深院落女兒棠。沈沈宿醉呈嬌靨，脈脈含羞膩粉光。　雲淡白，月昏黃。陰晴天氣最難量。頻添安息通芳訊，心字香浮亞字牆。

玉樓春

綠陰如幕垂楊覆。破葛頭巾新漉酒。裴回終日不聞香，空使承蜩腰折柳。　主人大笑吾何有。伸出拏雲擎日手。藤蘿一架羃臺池，水上花開金玉鏤。

生查子

彼美清且揚，眉語來相就。今夜好風光，涼在三更後。　橄欖圓不圓，兩處尖兒瘦。隔水望香蓮，何日能成蕅。

醜奴兒

恩恩記得燒鐙了，纔過元宵。又值花朝。寂寞山城一蜨遥。　今年如此春寒重，帕首圍貂。袖手裘羔。抵住風威有酒瓢。

鳳皇臺上憶吹簫

倒挂收香，綠毛么鳳，爲他个个安巢。謝海紅生小，少婦梁僑。粉壁半天月上，聽別院、絃管敖曹。潯陽調，陡來心上，又逐眉梢。　呶呶。今番誤也，奈冷落鴛衾，孤負春宵。趁文君新寡，司馬琴挑。回首梳翎刷羽，千萬里、一瞥雲霄。鴻泥印，翻新花樣，也則魂銷。

金縷曲　挽香年嫂劉淑人

稽首慈雲下。去來今、生都了徹，者番瀟灑。勞頓文殊常視疾，方信皮囊是假。儘聽得、盲詞閒話。一點靈臺瑩十界，見陽烏、西下如馳馬。姑放穩，畫帬衩。　魂兮切勿尋廬舍。有空中、天龍八部，繡軿迎迓。四相胥捐無箇事，付與羚羊角挂。更莫論、兒孫婚嫁。回憶蒲團修浄業，怕泉明、醉死蓮花社。香火願，淚盈把。

賀聖朝

烏飛兔走更芳序。放韶光輕去。蓬萊閬苑衲衣便，初不知寒暑。花開花謝，曾經細注。合堯階蓂數。重重疊疊十三回，閏月今年過。

醉花陰 枸杞

薄采蘅蕪香滿袖。夢憶甘州舊。病可下層樓，佳節重陽，人與風俱瘦。角鐙初上光疏透。閒點金箋讀。玉樹後庭花，抛撇商家，記曲拈紅豆。

鵲橋仙 指甲花

鉛黃點額，珠鈿傳靨，見慣司空一笑。塗塗指甲未乾時，莫謾使、何郎知道。橫雲卻月，洗妝臺畔，眉樣新翻維肖。曉來狼藉在階除，應俏罵、無情風暴。

卜算子 紫薇

聯步探花郎，衮衮登臺省。散直優游左掖中，偎月痕落影。勅旨賜緋衣，拜舞天王聖。獨少山呼萬歲聲，鳥語偏相慶。

訴衷情 江西蠟

山村過夏靚新妝。蘭佩雜蓉裳。寸心別有幽恨，落拓不見春光。興廢事，幾滄桑。意難降。劇憐楚舞，消瘦虞兮，影颭西江。

憶江南 翦秋羅

黃葉下，有客試輕紈。映月三更疑濯錦，裁雲一段好裝綿。不費水衡錢。　簾半卷，嬾婦起驚看。熨帖已無針綫迹，參差猶見翦刀便。還較嫁衣鮮。

減字木蘭花　青荷蓮

岐王長見。竹裏納涼離水殿。廿八絲牽。海外乘來太乙船。　慵妝微醉。粉頸低垂貪午睡。錯認蔆花。占斷秋光處士家。

南歌子　秋海棠

绿蠟衣裳冷，紅絲夢想勞。女牆陰下女桑交。經慣淒風苦雨、畏陽驕。　歸雁亭亭影，驚鴻嫋嫋腰。美人香草倩誰描。濁酒不辭痛飲、讀離騷。

桃源憶故人　繡毬

須彌芥子難分剖。大好江山如繡。多少周陸方罫，誰識全毬紐。　胸前卍字先編就。知把玄關參透。南北冰洋跬步，卅六天開又。

水調歌頭

綺語不能除去，懺悔亦云癡。多愁多病心緒，寫照向烏絲。豈必銅琶鐵板，豈必色飛魂絶，妙處貴知希。風趣扶雲上，一卷衍波詞。　奈何天，振觸地，殢人時。干卿底事，月圓月缺總情移。十二時中生活，驅使龍賓鼠僕，件件鎮相隨。夙好誰能恝，今古較修眉。

過秦樓　苦蠱

嗹血憐卿，露筋憐我，徹夜夢魂顛倒。聞聲已近，嘘氣偏遥，待覓去么麼狡。羅扇下漸曚朧，抵隙投瑕，百般滋擾。起來空鼓掌，怎能批殺，雪余薅嫋。一任是、屈戌鎔金，流蘇綴玉，莫綰游行斑豹。臣飢欲死，割肉從廉，似可讓侏儒飽。叵耐貪殘爲伊，不住爬搔，麻姑鳥爪。盼明河案户，陣陣霜風迅埽。

河傳

花彈。人惰。睡烏龙。不耐花街日長。連朝盼雨如玉漿。剛剛。遠峯明夕陽。與我共兹蕉萃思。渾難説，樹亦凝青睇。記書牆。插新秧。浪浪。解衣揮汗忙。

其二

宵静。人定。步中庭。傾耳銀河有聲。沉寥萬里凄且清。泠泠。裌羅衣袂輕。除卻姮娥誰共語。天難曙。露腳迷寒兔。野雞鳴。鼓六更。棱棱。啟明遥一星。

沁園春

大海汪洋，後顧茫茫，四面颶風。正天昏月黑，遭逢魚母，濤飛雨急，迫促螭宫。焦急篙師，呼號舟子，著甚支吾此日窮。相看罷，念載胥及溺，涕淚沾胷。關弓。射殺虬龍。氣象於今應不同。怎眠桅失燕，斷篷飄𧎥，長年交鬨，握稍稱雄。蛾焰釵分，鼃絲手擘，便道人閒千切空。君休矣，想殷周鑒遠，何去何從。

金人捧玉盤 抹麗

既宜晴，亦宜雨，更宜風。最相宜、初月溶溶。柔枝卧晚，送香和冷入簾櫳。卻疑花底暗窺醉，淺笑春容。　檢詩牌，疊棋子，閒中事，樂無窮。但愔愔、不響喉嚨。歌衫舞扇，似嫌塵世盡齆工。問卿家、料在天上，可否攜從。

望江南　客有詢南市者，填此畣之

南市好，瓦屋若雲屯。小築香巢招乳燕，深藏窟室駐孤鸞。翠柏竹林邨。

其二

南市好，高館泛茶柯。似水輸他絃索妙，懸河柰彼鼓簧何。慚媿敬新磨。

其三

南市好，電影最堪娛。漆室何妨句繡舄，女牆不礙解羅襦。顏赭撤闈初。

其四

南市好，露水正淒迷。道是鴛鴦能野宿，放將鶺鴒共幽棲。明日各東西。

其五

南市好，婉孌本疑年。韓掾偷香工內媚，彌瑕斷袖使人憐。太息數圓錢。

其六

南市好，六博有同袍。韋后點籌人倚玉，昌黎爭道客橫刀。一擲萬錢豪。

其七

南市好，番菜不知名。揉紙一團摳肉醬，磨飩半盌瀹魚生。鯹臭馬頭争。

其八

南市好，游戲看雙髽。折葦一莖黏蛺蝶，削籤三寸射蝦蟆。留意水行蛇。

其九

南市好，劇場上且裴回。不翼青蚨飛且去，于囊白袷探將來。轉眼念成灰。

其十

南市好，新戲切模新。都説梅妝顔色姣，亦誇譚派調門真。還是老鄉親。梅蘭芳、譚叫天、孫菊仙，皆一時名伶。孫天津産，自號「老鄉親」。

攤破浣溪紗

浴

滑膩微聞濯水聲。屏山冪䍥欲無鐙。六幅湘帬㰖上影，印池青。　愛好痕眉月鑑，畏人四照眼波横。削掠髩雲慵不起，拭吴綾。

偷聲木蘭花

黄姑翦斷零濛雨，碾破羅雲新月吐。屈律迴廊。難得今宵是乍涼。　隔牆花影人如玉。落盡鐙毬紅躑躅。一覺更譙。幾處相思幾處簫。

多麗

問前身。業緣曾造何因。恁胡塗、隨風墜落，輕嘗弱草棲塵。悵前途、銅駝泣漢，追故主、禾黍思邠。賦就牢騷，生來婞直，感時傷遇不由人。便强作、脂韋滑笏，嘑笑總非真。終留得、幾番侘傺，兩字嶙峋。　更難堪、連朝止酒，清秋一病經旬。藥鑪温、疏煙避鶴，蒲扇静、涼籟驅蝨。擊節高歌，解衣起舞，狂花敗葉莫須嗔。惜少卻、嵇康咸籍，把臂入山林。無聊賴、舊愁新恨，繞夢紛紜。

如夢令 和《漱玉詞》

逐逐歸鴉將暮。攜手蘇隄一路。桃葉不將迎，行到晚煙疏處。呼渡。呼渡。振起半林棲鷺。

其二

牆外鈿車聲驟。儂若歸時被酒。六扇茜紗窗，窺見容顏依舊。知否。知否。坐到一鐙寒瘦。

木蘭花慢 朱魚

杖藜花下步，聽市匼、水中聲。正溽暑初收，新涼乍到，流火三庚。凭闌一泓洗眼，見朱魚唯唯出茭薐。大有濠梁意興，點頭莊叟持平。 研脂塗抹爛銀瑩。十二墨痕黥。憶繭紙朝陽，飛潛變化，小試鯤鵬。衣被已無宏願，但風流文采耀人晴。豔羨臨淵徙倚，不同魴婢思烹。

霜天曉角

鵲橋喚渡。淚灑纖雲縷。一桁絲瓜扁豆，飄幾點、落花雨。 飯顆輭如芋。菜根清帶露。留我水香山緑。且話到、月明去。

平韻滿江紅 題《李貞女事略》

弱質盈盈，正十五、年華始孩。甚前約、守貞不字，息壤關懷。風木每增人子痛，盂蘭羌助女郎哀。儘瞻依、郄下詠南陔，學叶平老萊。 賭詩謎，姑姊來。校文藝，弟姪偕。暢一家歡聚，吾生有涯。天外孤鴻何弋篡，林閒媒鴆漫疑猜。費躊躇、小照要安排，黃土埋。女年十五，母病，慨然以事母爲己任，遂誓不嫁。母歿，有知其賢而求之者。家人勸駕曰：『事母之事畢矣，不嫁云何也？』女曰：『否，息壤在彼。』母葬之日，適病，命以小照瘞母壙中。年二十五而卒。

摸魚兒

恁修來、一團歡喜，了緣朝暮朝暮。閒關車去南塘下，碾碎旅懷羈緒。宵暗度。疇信道、禪心已作沾泥絮。野田草露。鎮坌息奔馳，馬蹏人迹，那若共春駐。　重門閉，玉臂交加鏁住。秋衾猶覺寒妒。驚迴短夢檀郎訴。户外履聲何故。君莫怒。君亦是、東眠西宿精紈袴。深閨最苦。待守到更闌，扶將不定，早向醉鄉赴。

祝英臺近

夏苦蚤，又苦蝨。友言日本臭蟲藥、驅蝨香均好。疾市之，試驗有效。賦此二闋

爇檀沈，熏艾納。那管歕香鴨。指撮璚蘇，頓使老蚤嗒。鴦緣才到牀邊，屠門一過，便聽取、春蔥來掐。　久相狎。滿擬大腹盤跚，歸時血猶喋。醉倒山公，皮骨告消乏。願爲廣此奇方，脂膏民命，普天下、貪饕無法。

其二

鶴筋長，魚骨細。臭味雜蘭桂。三兩枝頭，豹腳解迴避。容余一夢華胥，都成昨日，應比似、鷓鴣班矣。　鏁窗閟。獨自忙下簾衣，深防半絲紲。鼻觀商量，先怯不平氣。夜涼飽飫香厨，氤氳使者，領略得、阿難禪癖。

水龍吟　留聲機

一盤圓走烏珠，便摹出、可人情韵。箜篌鉦鼓，箏琶色拍，歌聲遠近。江上峯青，湘靈不

見，爲傳幽恨。正洋洋盈耳，鵝駕忽叫，忙扶起、斜行璺。磨蝎命宮休問。向筵前、每央紅粉。揚州小調，邯鄲小曲，轉喉猶吝。手握樞機，眼明鑪錘，傲他香吻。繞梁能幾日，真聽徧、廿四番花信。

臺城路　電燈

頻邀月入華堂裏，不分晴暝弦望。夕照籠煙，暮霞餘綺，一顆掌珠擎上。是光明藏。任雨箭風梭，更教神王。透徹中邊，金絲捲蕈早荷樣。　長繩繫來碡碌，推移勞翠袖，莫愁偏向。落蕊敲棋，爆花卜信，疇昔事成虛誑。助余惆悵。似嬾婦膏油，撐蒲彌亮。少遜空王，十方無色相。

柳色黃　風扇

火繖高張，少女潛蹤，小閣人悶。乍添一縷秋颸，疑是晚涼來趁。輕羅疊雪，珊珊玉骨冰肌，已無汗液融香粉。移坐向檀欒，情話容相近。　休靭。雷車激盪，蟻磨盤旋，不差分寸。大轉輪王，恰好解吾民愠。今番快也，莫管竹悴荷憔，甕頭春且開佳醞。只苦醉鄉中，老眼生花暈。

笛家　喜晤金十丈向辰，歸自漢口

花發西樓，月寒東井，白蓮鐙底，解鞍人在中秋又。墨淋匀染，漢上題襟，夢塵乍落，津門呼酒。北地燕支，南朝金粉，是處隨緣有。歎勞生，撫華髮，擾攘一番別久。　憶否。睽離百二，桐陰鏤翠，午睡方長，麥浪翻黃，宵征無偶。未稔永日，凝妝妝罷，閎裏只知挑繡。雁燕前頭，衍波淺到，休去窺楊柳。恁長夜，忍空抛，繾被熏成豆蔻。

洞仙歌

折枝晚香玉，得重臺者。未開時，骨突作淺紅色。芳烈妖冶，秋花尤勝，賦之

研南甌北，倩幽花相伴。素襪淩波玉人面。訝前宵醉月、未解春酲，嬌臉上，微暈紅潮色泫。又重臺宛抱，雙結雌雄，不信秋風感團扇。纖手摘來時、一抹斜陽，渾疑似、指痕輕按。只醃臢、差同薛芸娘，仜鏁骨玲瓏、暗中偷換。

其二

夜闌人静，有妖姬同夢。分隔形骸只香送。口脂輕褪後、吹氣如蘭，曾告我，儂喜贏牀空洞。憶蒲桃苜蓿，舊日芳鄰，寶馬馱來幾家種。秋雨下秋風、秋士含毫，省識幽情爲花頌。待和了、新詞寄還君，恨紙帳低迷、膽瓶冰凍。

其三

秋容黯淡，盼湘蘅沅芷。欲注騷經隔江水。屈平輪後死、未識燕雲，高寒況，伴取霜娥月姊。短屏兜不住，曲檻長廊，蛺蜨尋來悵疏綺。兩翅自低昂，口角噙香，終難到、卷鬢花蕊。但比似、羊城素馨毬，問北勝南强、孰爭衡是。

其四

閒階鬬草，彙羣芳無數。姹紫嫣紅淺深處。拈來開笑口、若个稱强，難覓對，衹把枯腸輪

數。籬根兒女散，螿咽蟬嘶，多少秋懷向秋訴。拭點點嘅痕、欲寄還疑，天涯有、美人遲暮。奈一夜、殘荷雨瀟瀟，真聽到消魂、不如歸去。

東風第一枝

壽韓芰舟同年

老去佯狂，秋來强飰，旗亭一夕游冶。花枝遍插延年，好寫入耆英社。鸕鷀杓大，滿斟緑螘香浮乍。是舊遊、屈宋衙官，祝紫薇郎純嘏。

我亦蹇驢隨駿馬。共四度、春闈矮舍。桊鞲鞠躧奚辭，且料理、壽筵杯斝。休言怕醉，想世事、只醒時怕。倩行廚、疊指書符，攝取西池妖奼。

雨中花慢

讀朱詞咏河豚洎蟹，似皆在天津之作。因憶《天津竹枝詞》『三月河豚八月蟹，兩般亦合住津門』之句，不覺朵頤，遂分賦之

插柳栽松，祭埽歸來，河豚初上舲舷。俗謂河豚魚墳在通州。清明祭祖，故魚大至，歸時於潞河取之。爲藏珠剖腹，个个匀圓。咋得西施膩乳，疑人在、五湖船。想東坡不死，我輩欣逢，莫嗾空涎。

蔞蒿帶苦，橄欖含酸，鼎烹翻助芳鮮。難解說、屏山背後，悄立心寒。無毒曾聞海客，探詢蜑雨蠻煙。莼鱸風味，筍櫻時節，失喜登盤。李調元《粵東筆記》：『粵中終歲食河豚，不聞遇毒。』

其二

狂客無腸，公子無腸，相逢鐙出紅樓。正山藴罷擣，邨酒新篘。盥露纖纖玉手，剥將夾舌蝤蛑。有畦邊晚韭，籬下霜菘，味足高秋。

筠籃約半，縛就青蒲，横行難望潮頭。畢吏部、槽邊一醉，飽我冬羞。雅贈含黃伯號，崇封那

管監州。蔡君謨誤，長卿前世，終是清流。

菩薩蠻

銅鉦挂樹春陽午。緑毛綬帶隨風舞。觸索起驚疑。鳥飛花亦飛。　天絲颺不斷。理去心還亂。咿喔下鄰鷄。燕雙人獨棲。

臨江仙　落葉

落葉當階人未埽，秋園一片商音。蕭蕭摵摵總難尋。明河何處雨，白月幾家碪。　點水便爲槎上客，渦旋籬角牆陰。薄寒侵袖且橫琴。不知風乍定，惟有候蟲吟。

其二

摇落不禁悲宋玉，高槐我是東鄰。垂髫猶記北牕深。一鐙腸欲斷，聽到夢中雲。　苦恨

金天胡自喜，教他墮溷飄茵。緐華消盡幻耶真。鍊形須換骨，留作隔年春。

大酺　丙辰十月初三，夢書楹聯，亡妻爲按紙。醒而苦雨終日，兀坐寡儔，感而賦此

甚得千愁萬愁絶，便把青天愁破。廉纖還淅瀝，打窗閅、一例葉零枝墮。擁被思量，夢魂昨夜，半晌惺忪枯坐。寒衣憑誰寄，想長楸短草，妖狐野火。縱翦碎秋聲，催開暮靄，紙灰風裹。　浮雲容易過。百年事、究竟先歸妥。看鏡裏、頭童齒豁，老入花叢，衹教他、小娃眉鎖。領取孤眠意，自檢點、袁安高卧。須不用、卿憐我。空庭簾幙，冷雨階前斷續，似微聞道可可。

行香子

酒令以黑白瓜子三之、二之共五枚，任藏一、二、三、四枚於掌中，一人猜之，先奇偶，次數目，次花色，以兩合者爲勝，名曰握子，蓋藏鉤之遺意也

素手脂凝。纖甲葱青。泥金禿袖腕微綳。眉梢眼角，山輭波盈。有一分嗔，二分醉，十分情。　黑白縱横。三五零丁。擲杯誰作不平鳴。先迷後得，欲拒還迎。是者般奇，者般拗，者般精。

臨江仙

佛手

是否兜羅棉手，頻將豎指相招。非心非佛總蹊蹺。喜聞香世界，懺悔握荑苗。　只恐駢枝多處，低回不耐吹簫。有時合十卻難調。淡黄争月影，虚白舞雲翹。

賀新郎

亦香納姬，賦此賀之

南市鐙如晝。四輪開、鬢香衣影，馬馳車驟。難得繽紛飄瑞雪，全爲紅妝白叟。掩映著、玻璨窗透。輭踏氍毹花下拜，恁娉婷、盈尺腰楊柳。今日事，莫須有。　觀心何若觀情竇。想者回、程表朱裏，細心研究。酣暢淋漓京兆筆，還是髯蘇結構。作不到、雙彎眉皺。把一天愁都埽卻，盼來年、白瓠兒綳繡。屏六曲，翠衾覆。

海東春令

欲言鸚鵡前頭事。惜没箇、珠兒能記。袖底舊嗁痕，反覆看來是。　一尊清酒湘妃祀。問斑竹、何人善淚。歸鴈下斜陽，不寫相思字。

其二

被池香褪儂和彼。戀殘夢、鶯聲喚起。莫謾怨流鶯，日上三竿矣。無端卸了雙鴛履。忍輕笑、隣垣有耳。梅雨憶淜滂，鞵印雙丫婢。

點絳脣

西北風尖，送涼偷向紗幮度。隔窗聲是，階下高梧乳。蹙損雙蛾，背著菱花去。珠光沍。燕欺鶯妬。共竹夫人語。

八節長歡

天上春多。最難邀取，老福婆娑。風來人白紵，雨過地青莎。池亭無處著塵坱，看數頭、金鯉拋梭。試問烏衣巷燕，此樂云何。　茶煙裊裊雲波。清睡足、攤書且遣詩魔。一頷有餘歡，佳子弟、贏他洛下行窩。含飴樂，盼異日、昆玉同科。如如爾、真機流露，丹青枉費呵磨。

傳言玉女

報載日本天皇以十五萬金聘梅蘭芳演劇，亦風流之佳話也。小梅海外遊蹤發軔矣，賦之

最好相思，不見若人如雪。六郎丰貌，較蓮花莫別。瀛海淼淼，想像饞涎空咽。倭船滿載，寧馨尤物。　響遏行雲，曼聲遲凝去又絕。舞衫初試，帶長幂不揭。非耶是耶，一个常儀奔月。算來徐市，未生時節。

其二

海外扶餘，傲彼藥師紅拂。舞臺扮演，問何人

巨擘。三俠邈矣，企慕太原羁屐。鐙熒酒釅，醉鄉頭白。滿地戈鋋，戰蘆塘、冷瑟瑟。后妃皇帝，亦名場一劇。花枝笑儂，骯髒鬢髯如戟。英雄兒女，淚痕凝赤。

一叢花　詠女伶劉喜奎

春三桃李帶煙濃。無意嫁東風。柔腸但解葳蕤抱，最煩惱、説與梳櫳。京華夢遥，津沽望斷，兩地記遊蹤。　弓腰帖地一何慵。新病酒杯空。芳容只合公同好，又誰許、閉置樊籠。傖父思維，縱黄金萬，那有惜花悰。

河滿子　輓楊英甫

生小性兒榾柮，何堪滿塞牢愁。七尺昂藏腰腳直，亦須檐下低頭。空想蛇珠美報，换來蟻夢都休。　萬斛紅潮歕灑，一腔熱血奔流。百歲光陰今已矣，讓他謡諑啁啾。短梏溪邊新鬼，清明淡月如鉤。

洞仙歌　題楊柏忱《石園詩集》

風瀟雨晦，對書鐙無伴。十紙瑶章覺春滿。問平生蓄有、多少涕洟，襟袖涴，説盡情長氣短。　相州鴻爪迹，清沁清漳，難得參苓病魔轉。到此日團圓、一室兒孫，消受者、菜根香飯。待覓我、詩來便揮毫，是不老仙方、又將誰怨。

换巢鸞鳳　題楊小坪海天放鶴圖遺照

弱水三千。被横風引至，小結仙緣。荷樵人不在，倚操悟成連。斜暉鶴背任蹁躚。夢回坡老江皋幾年。淮南隘，僅帶去、一家鷄犬。　春晚。行緩緩。身外佐卿，飛過蓬山遠。

花底科頭，竹間箕踞，莫放玻瓈杯淺。華表歸來舊令威，怎忘東海揚塵感。涼飆催葉，雙眸對此珠泫。

永遇樂 消防隊

九陌雷轟，三街塵碾，人去如騖。咫尺驚疑，霞城十二，火箭妖蛇吐。井泉清洌，桔槔活潑，縮住祝融慓怒。履周行、煙炱土氣，灑來一天涼霧。　旌旗照眼，兒童嬉戲，空打幾聲鑼鼓。杯水車薪，風號電激，那有纖微補。同心協力，當年豔説，到此盡成迂腐。判機事、機心得失，灌園不語。

瑣窗寒

理學欺人，清談誤世，想來悲憤。名高厚利，縹緲一樓噓蜃。好頭顱、阿麽自知，血黏鬢鬟

從容認。到疑冢七二，分香賣履，老瞞徼幸。無佞。天教定。彼末造君臣，不聞猛省。更紛呶、羣小枋權，夢酣臥榻涵劍影。上方刀、縮項潛逃，忽改金源姓。

江月晃重山 廊外蓄百靈，能學呼『大姐姐』，聽之宛肖，賦之

偃仰便便腹笥，硯花香沁心脾。一聲聲姐姐呼之。楊家妹，知是號姨來。　作片雲遮檻影，團沙燕落梁泥。鶯捎蜨拍正淒迷。十叶平旬暇，調舌尚酣嬉。

杏花天

溼雲低樹東風嬾。柳綫拂、瓜皮船板。蜻蜓跕跕烟波遠。落紅更無人管。　篷背後、吟

髭細撚。放不下、黄鶯兒囀。待余寫出歌長短。祇恐流光暗轉。

河傳　訒庵讀余詞，謂櫻口不如檀口。作此調之

櫻口。檀口。總芬芳。謾説傾城短長。桃腮捧過剛忖量。丁香。任教人斷腸。　嚼碎檳榔消宿膩。儂無睡。鼻息喧笳吹。要評章。太荒唐。新孃。阮郎狂不狂。

春風嫋娜　誄華貞烈女

歎芸生冤苦，是女兒身。剛强煞，亦依人。埋頭去做，五紋針繡，鏡台温嶠，潮上紅雲。嫁外黄奴，從汾陽堉，卻扇才知眉一矉。膽小空房淚珠滴，孤鐙偎影不成春。　打破迷團幾陣，雙飛雙宿，讓時俊、自覓良姻。儂無分，總前因。菩提波若，鐘磬微聞。季子要余，敢煩荆蹇，陀羅爲祟，竟翦芳林。玉魚金椀，賸如弓新月，年年冷照，三尺荒墳。

天仙子　俳體

鶴髮雞皮休咄咄。老頭光面如圓月。一經鑄像受歡迎，男兒血。冤家孽。見了阿兄都滅絶。

其二

廣坐稠人辭喋喋。熱心公益雙眥裂。竭來我亦有商量，交通摺。中國帖。不受恐君情意竭。

其三

不受恐君情意竭。甚麼銀子輕於葉。只因愛好有交情，風聲劣。人心别。秘密些兒休要揭。

高陽臺 摩拖車

我馬虺隤，僕夫況瘁，春郊怎豁遠眸。大陸仙人，偏能駕屋遨遊。排空馭氣追飛燕，窄路逢、哮喘如牛。歎權衡，在手何須，出入鳴騶。

琉璃四面雕樓。儗螻蛄叶平腹蟹，帶殼沈浮。列子馮虛，天風不住颼颼。何期地藏王開眼，驀爾閒、兩盞鐙毬。莫倉皇，反捩機關，蠻粉方休。

百字令

徐定超御史溺死虹口，招魂後降乩於其家，約期攝影，竟得之。余見其攝片宛然，但黯淡耳，此亦新學之可愕者也

一匳黴黯，吸收將縷縷，縠魂強魄。勝國衣冠還宛在，雨折林宗巾角。萬里滄瀛，澄波印月，是否騎鯨捉。先生仙也，幾番來去如昨。

世亂事雜言庬，江干諸子，方競靈魂學。撮影竟傳真色相，描對虧他冥索。變幻黎邱，狰獰罔象，妙手空中摸。良霄爲鬼，可知餘氣猶惡。

西江月 滄酒

釃絕賢人微中，甜多大户猶嫌。鬱金浮出更堆尖。喚取盧仝茶椀。

衛水河中雙檝，滄州城外三灣。麻姑美酒久相傳。雪壓蘆花帘捲。

明月逐人來

沮洳卑溼，圩田交錯，長沙小、不容馳馬。板廬漆室，拳曲轅駒者。舉目莓落滿瓦。

遊客京津，占籍魚魚雅雅。閒談到、歸家轉怕。白沙白草，高燥如臺榭。勝似他鄉梧檟。

驀山溪　題姚品侯玉照

聽風聽雨，數載同林鳥。判牘役形神，試相看、何人不老。岱雲淮月，踏寸寸征塵，鸕鷀笑。鴟鴞叫。失卻當年少。　臨池日課，早契坡公妙。幸健筆如椽，雨香亭、堪容舒嘯。書生結習，已自誤功名，過嶺轎。遊山虆。一任時賢好。

綺羅香　題姚品侯天涯行脚圖

桑下浮屠，棲遲信宿，狂笑重逢無恙。八十行童，忙煞趙州和尚。驚笠重、泰岱霜寒，訝衣冷、舒廬風颺。息肩時、越水吴山，高挑又向竹篷放。　琴棋書畫累贅，還藉横磨劍，盪開纏障。具大神通，拏住化龍禪杖。填海恨、精衛勤劬，補天術、女媧惆悵。更面壁、消歇音塵，草鞵閒五兩。

卜算子　菊有徐家紫一種，即姚黄、魏紫之例。相傳吾鄉前輩徐菊圃先生以藥變之，遂成斯名。今可稱爲『總統花』矣

脱卻老僧鞵，爲踏三津水。卓錫徐園不計年，新著袈裟紫。　勺藥相公身，榴實科名記。待到陶潛發迹時，前事無倫比。

十六字令

花。約我樓頭品細茶。閒談罷，還與撥琵琶。

其二

吟。萬籟無聲月照琴。飛鴻遠，絃外有知音。

其三

歌。手拍新翻曳落河。低聲好，識曲愛哥哥。

其四

寒。早起無心畫遠山。風濤惡，躭閣藁碪還。

其五

風。一斗桃花撲面紅。消停些，不要大王雄。

春夏雨相期

記年年、三春遲誤，經秋百卉叢燦。半畝荒畦，尤愛菊華爭豔。千枝繚繞亞疏籬，五色繽紛橫孤館。剥啄鄰家，看花無阻，一行香伴。

陰森土潤塵輭。認板橋陳迹，曉霜人遠。吸露餐英，招得屈原魂返。薄綿衫子趁輕身，聚頭摺扇敲閒腕。緩步縈紆，指點猶疑，老奴談健。

賣花聲　題陳恭甫畫菊

花事上眉頭。冷豔全收。一枝一葉盡夷猶。沆瀣心傳張洽去，取法園邱。調弄粉膠投。

靉靆凝眸。爲他拚得九秋愁。墨客臥遊聲嘖嘖，品是高流。

瑞鶴仙　館中杜鵑盆景盛開，沈孟起曰『杜鵑紅似火』，問其下句，不屬。王子芳覓得『乾蜨置花間』，一笑而去，遂成此闋

杜鵑紅似火。位置雞窗前，琴右卷左。泥香瓦盆妥。有重欞隔絶，小蜂巡邏。王喬入座。符檄來、太常仙跛。太常仙蜨左翅不完，有『跛仙』之號。見徐士鑾《宋豔》。黑章與白質，相參舊友，李唐張果。

姑坐芸編蠹簡，蜀帝殘魂，血痕沾涴。年湮莧攷，空述說，拾餘唾。待尋思、惟

有秋山楓葉，比賽渠儂得過。但傳神、只在多多，楚人曰夥。

金明池

朱氏家規，黎明即起，較闟宮門尚晏。三百日、煙霞供養，把丁夜乙夜數遍。隱星光、換出朝雲，窗内外、蟲飛鴉散。始倚枕追隨，金枝公主，半面殘妝偷看。　反側雞號催午飯。縱啟瞼吹毛，濫開雙眼。待經過、月上鐙斜，有容我睡、黑天休管。儂今病、精神未返。淚流腮，連珠呵欠。已四體蘇甦，新機徐引，一度輪迴剛轉。

東風第一枝

楊氏廢園中多喬木，夏秋之交，輒有多人擎鳥籠，於其牆外木立，良久不去，若有所伺者。詢之，乃知鳥皆紅脖、馬蘭花二種，以能呼『胡蜨秋涼』爲上品。『胡蜨秋涼』者，蟬嘶音也。故於叢林下，使其耳熟能詳，但得一二聲，即奇貨矣。噫，蓺之不可已也如是夫

大樹蒙陰，頽垣蔓草，高林愛煞公冶。雙紅馬藺花雛，翹足把筠籠挂。百金聲價，回眸笑、傲呼哥姐。是逼真、技擅雕蟲，一串珠喉傾瀉。　指顧東西留意者。莫向灌夫學罵。盤空怕有蒼鷹，更風大、敗牆飄瓦。驚魂一轉，再弄舌、亦嫌音啞。兩三行、雀躍人歡，到晚聽他鐙灺。

拜星月慢

水浄楊枝，茶烹白鶴，蒼狗雲開月整。眼倦抛書，對半庭花影。絹鐙下，信手拈來一炷，是淡巴菰香梗。餘味回甘，助鳳團龍餅。記朱明、呂宋風行甚。逌清室、偏後宮妃嬪。敵

住瘴氣寒淫，勝阿芙蓉隱。醉人時、亦似醇醪酪。終須戒、嗜好誰能屏。看灑灑、出户青雯，吸長勞祝哽。

浣溪紗

小院無人秋氣深。好風吹過隔牆碪。匡牀璧月照孤衾。雁北雁南催歲暮，欲歸未去費沈吟。蟲聲如雨亂庭陰。

河滿子

簇簇猩紅衲襖，尖尖鳳觜絲韉。驢背斜風真解事，颺他障面紗開。回首低詢阿姥，可將白速香來。片席堪容雙卻，虔誠敢避塵埃。清磬一敲扶欲起，于思廟祝生財。偷眼隔花人遠，小姑心事誰猜。

眉嫵

京津之俗有玩草蟲者，如蟈蟈、油壺盧之屬，畝其翼以藥傅之，清雄特異，亦嗜音者流也。余非同好，而聽其樂道津津不倦，頗有人巧奪天之妙，造物者謝不敏矣。因爲賦之

噫嚶嚶蟲耳，取煖偎寒，人力奪天巧。日月壺中大，長房術，爲移春入秋杪。曉窗客到。一二三、探出懷抱。好都魯，玉戛金敲裏，又流水音遶。神妙開關通竅。是炙簧清脆，吹瑄要眇。同好逡巡至，樓梯下、傾聽偷寫心稿。倚囊藉問，徧九城、京國還少。更强似泥盆，籠蟋蟀、鬬錢鈔。

解珮令

楚傖燕客，胡盧掩口，笑何爲、擅此搬蘊技。山抹微雲，亦只愛、太虛佳壻。幾曾憐、禿翁流輩。南唐二主，納蘭公子，隔千年、倚聲

誰寄。老淚闌珊，有優孟、箇中真意。便偎紅、豈能寬譬。

其二

賭棋呼酒，花朝月夕，暢盤桓、有二三知己。畫壁旂亭，暫指正、當筵雛伎。願支離、一生身世。　黃鐘改律，清商音絶，待吹邠、屬於民事。隔八相生，亦天地、自然終始。要更張、豈非兒戲。

以上《如法受持館詩餘》

張茂炯

玉京謡　題《樂府補題》後

白鴈西風早，夜雨冬青，暗灑詞人淚。大好湖山，衣冠南渡餘幾。剩舊譜、箋寫新愁，殿一代、騷壇風氣。還同理。蕢洲管色，山村琴旨。　承平俊侶難招，按盡瓊簫，喚紫霞不起。華髮飄蕭，傷心重展吟事。眷故宮、荃宰靈修，寄怨語、國香蘭芷。須識是。絃外變聲哀徵。

高山流水　題吴瞿安霜厓填詞圖

少年結客五陵行。滿長安、傳徧才名。春去杜鵑嘑，歸來夢憶觚稜。殘棊盡、此局難平。茫茫恨，空向蕢洲弄笛，訴説飄零。任琅玕迸破，落木四山驚。　平生。江湖久羈旅，言不盡、怨梗愁萍。幽思幾迴腸，繡筆寫付娉婷。倩紅牙、譜按新聲。昔遊處，還怕歌鬟省記，舊曲旗亭。殢青衫老淚，華髮漸疏星。

壽樓春　觀演《湘真閣》劇本，霜厓所製曲也，用梅溪韻

尋南都餘芳。記朱樓翠館，深護文窗。此地魂銷桃渡，夢迷巫陽。偎倩影、縈纖腸。甚妒花、春風顛狂。算繫馬情癡，鶯鴛計巧，都爲醉來妝。　青溪逝，紅橋長。儘云亭製曲，圓海裁腔。但剩湖山淒豔，管絃悲傷。佳麗國，温柔鄉。教玉人、重聞周郎。借腥色氍毹，濃歡未忘。羅綺香。

六醜　舟中望靈巖山

瞰層巒秀聳，偏宿莽、夫差宮闕。舊時麗娃，芳塵依步屧。一夢銷歇。但卬顰蛾黛，鏡中娟影，似采香人涉。雲鬢見慣興亡轍。越去網絲腥，吳帆錦䮙。湖波至今澄澈。算城春國破，兹恨難雪。東風嘑血。又年年怨鴂。奈開記擁宸遊輦，馳道列。羣峰屧展朝謁。奈開天盛事，白頭重說。滄桑感、已成悽咽。看劫後、不少瘢苔繡蘚，斷碑殘碣。煙蕪映、夕照明滅。想翠華去久，山靈望、無言凝去絕。

大酺　拙政園納涼

乍碧陰濃，朱曦澹，疏雨微收炎溽。荒涼池閣在，省烏衣門巷，世家喬木。戍角愁邊，歌塵黯樹，蒲柳依然搖綠。而今銷魂處，自紅羊劫換，勝遊賡續。話開國從龍，故人豐沛，舊時湯沐。　繁華如轉燭。世間事、終是滄桑局。偶邂逅、梅村吟嘯，別墅名花，撫前塵、尚饒振觸。況向遼天末，重喚得、鶴魂歸獨。化鵑血、年年哭。多少哀豔，都在遊人心目。徧巡畫闌幾曲。

凄涼犯　重遊獅子林作

曲闌竚立。斜陽裏、樓臺一望金碧。品花鬬草，攜歌伴醉，勝遊裙屐。何人記憶。話前此、積垣敗城。更休論、修篁浄刹，幽窈護禪錫。

重按倪迂畫，老圃尋梅，小軒瞻柏。舊時燕子，偶歸來、倦飛如客。徧遶雕梁，可還認、烏衣故宅。問滄桑、欲與共語，但片石。

遶佛閣　讀《白石樵唱》夢中詩有感

翠華駕晚。龍窀地脈，中閟旒冕。泉隧深遠，萬年願永、驪山錮梟鴈。茂陵漢麥。磨劒故壟，重問金盌。樵禁誰管。任教真本、蘭亭散零亂。

浩劫到舟壑，待檢寒瓊披野蔓。猶賴布衣、孤忠私展奠。算自古滄桑，天地奇變。幾多哀怨。聽杜宇聲聲，花外魂斷。灑冬青、又嘑痕滿。

蘭陵王　懷友人故都

軟紅溼。花底鵑魂暗泣。催霜鬢，歸櫂五湖，鶴口琴材助行色。觚棱剩夢憶。荆棘。銅駝故陌。銷凝處，春樹萬家，依約當年鳳城碧。

征鴻斷消息。念枳借危巢，芻戀殘櫪。長安今雨還相集。偏日暮人散，月去明簾掩，烏衣門巷舊燕識。恁庭院凄寂。

愁極。望京國。料擷稆濳郎，炊桂羈客。秋期也省蓴風急。奈驛路多梗，堠程迢隔。鷗波盟在，辦釣艇，恨未得。

秋宵吟　七夕，用白石韻

網絲勻，鏡盝皎。夜倚鍼樓清悄。歡期短、又帶水盈盈，絳河澄曉。嚲身雲，亂鬢葆。恨托微波難表。應無暇、問鈿盒前盟，故宮秋草。 萬古情天，歎歲月、人間易老。望斜銀漢，悵隔紅牆，幾度夢痕繞。淪劫昆池早。片石支機，槎去路杳。剩年年、怨杼愁梭，寒蛼催織債未了。

六醜 虎阜秋眺，和霜厓

問長洲茂苑，又日晚、簫聲沈寂。劍池半泓，雄圖懷故國。薄酹呵壁。剩向薶鴛處，斷魂青冢，聽草蛩悽惻。人心近更頑於石。亂蘚侵臺，孤蓮委錫。尋常廢興誰惜。但蒼涼一望，愁瘁詞客。 荒城如墨。偏朦朧暝色。紺縷炊煙起，殘照夕。參差萬瓦凝碧。漸華燈照耀，六街明瑟。重回首、已成陳迹。君不見、十里香車駿馬，玉去珂鳴陌。他時再、結伴攜屐。恐釣磯、自此通名利，閒鷗未識。

花犯 牆下秋海棠爲風雨所敗，感賦

嫵蛾眉，施朱傅粉，窺牆送柔媚。爲誰憔悴。霑萬點愁痕，都化鉛淚。翠綃袖冷傷孤倚，飄零知分耳。 更忍說、緑章前度，華年成逝水。無言自憐斷腸花，東風未許嫁，伶俜身世。還付與，淋鈴夜、恁般淒厲。嬌無那、娉顔瘦損，扶病態、懨懨初睡起。便喚取、燭奴低照，殘妝慵再理。

西平樂 花步小泊，用夢窗體

鷺識荒津，鴈催柔艣，遊櫂漸入煙波。城郭垂楊，市橋楓葉，中流聽徹漁歌。正路逐蒼葭溯遠，人比黃花瘦損，蘭橈暫倚，愁顔醉不成酡。追話鴻泥往蹟，惜老去、夢影霎時過。 靚妝團座。迴塘繫舸。觸撥閒情，前度銀河。猶記省、停鞭綺陌，立馬斜陽，看取花光鬢影，雪舞珠謳，争道承平韻事多。今日去再來，朱門靜悄，紫曲淒迷，酹酒西風，喚起秋魂，萋萋一去片晴莎。

秋霽　中秋

天宇高寒，正霧捲雲開，萬里澄碧。滅去燭延清，舉杯邀醉，瘦蟾下窺簾隙。鬢絲漸白。四愁役損哀時客。問桂魄。何似少年，明鏡照顔色。　閒竚望遠，漢闕西風，露盤銅仙，鉛淚凝滴。報商聲、淒聞驚鶴。人間知己是何夕。含睇素娥猶似識。記九霄上，曾見紫府清虛，舞迴霓羽，譜翻牆笛。

浣溪紗慢　憶春明故居

古月照魏闕，今雨來車馬。兔葵燕麥，摇颺平蕪野。尋問故客，雪爪留痕寡。林際藏鴛瓦。門巷悄無人，省空梁、烏衣去也。　且休訝。恁夢影京華，便春風舊識，崔護去年，幾度花開謝。已是斷腸，慵與曉鶯話。隔樹宫牆赭。何况别來時，一番番、新愁暗惹。

氏州第一　重九日集飲汪鼎丞二楞室

楓落疏磧，汀鴈唳曉，龍山又早重九。顧曲餘情，題餻韻事，相約清尊美酒。風雨年年，算但見、黄花依舊。晚節寒香，秋容正色，傲霜猶有。　自恨長安羈滯久。念前事、未堪回首。敗興何多，登高嬾賦，浥淚痕襟袖。遺閒愁、拚痛飲，愁無奈、腰圍越瘦。説似茱萸，到明年、知能醉否。

玉簟涼

長夜無寐，枕上倚此

人在愁中。慣酒力暗消，好夢難逢。秋魂尋栩蝶，奈欲去化還慵。寒威今夜較烈，伴凍月、影對疏櫳。殘醉醒，看鳳珠垂淚，花蕊搖紅。　歡悰。金尊殢飲，綃帳度薰，衹道一瞬悤悤。衾縣堅似鐵，倚獨枕惺忪。偏感玉漏箭永，被冷訊、閣住晨鐘。心緒嬾，又惱人、撩亂芳衷。

翠樓吟

霜厓自秣陵歸，見示近詞，旋又別去。時同社方有消寒之約，因倚是解和之

六琯飛葭，重裘擁褐，江南歲寒天氣。彤雲初釀雪，又商略圍爐吟事。瓊壺敲起。漸淚溢觴波，心搖燈穗。頹然醉。可堪消受，釅愁滋味。　省記。桑海年來，有故人華髮，等傷憔悴。別離情緒苦，暫攜手悤悤行矣。霜威多厲。怕錦翼無憑，瑙緘難寄。歸時計。綺窗疏影，玉梅開未。

西河

予生長西湖，久習遊釣，中更宦轍，別逾十年。比歲乙卯，重訪舊遊，園林祠宇，都非昔觀。今忽忽又十餘稔矣。消寒初集，陳舲詩見示《重遊西湖》絶句，振觸予懷，因倚夢窗是解

名勝地。樓臺照眼淒麗。尊前暗拭舊襟痕，畫闌倦倚。記曾雙槳蕩春波，承平年少時事。　念衰鬢，嗟逝水。別來自感憔悴。山靈見客也慵妝，亂鬟未理。翠微立盡古斜陽，人間知換何世。　柳隄繫馬共貰醉。認題名、苔繡凝紫。應有摩厓殘字。怕重來、化作逋亭鶴唳。城郭陰迷湖光裏。

醜奴兒慢　小窗對雪，枯坐無憀，賦此遣懷

龍公試手，遊戲彤雲天際。恣鱗甲、飛空酣戰，似許寒威。歲晚田家，翠疇先告有秋期。竹籬茅舍，梅花凍損，應忍些時。　底事謝庭，撒鹽堆絮，偏解催詩。最淒苦、山肩吟瘦，芒屩愁稀。美酒肥羔，夜深金幄幾曾知。荒園何處，啁啾訴與，雀語朝飢。

浪淘沙慢　除夕守歲作

歲華盡，寒沈漏點，瞑掩簾纈。紋蠟摇花乍結。薰爐炷火正爇。罄宿釀屠蘇清酒冽。耿長夜、百感淒切。又倦眼瞢騰夢何許，承平舊時節。　愁絶。鳳城事影重説。記走馬鳴珂朝天去，曉靄籠絳闕。看萬户桃符，春徧譙堞。故都一去別。驚逝波催老，江湖長鋏。雙鬢而今添霜雪。銷磨了、醉鄉歲月。曙鐘早、鄰雞初唱徹。問人世、甲子何年，度漢臘。依然綵勝宜春帖。

解語花　怡園春讌，用草窗體

梅疏綻萼，柳密含稊，園林曉風獵獵。有約探芳莫逡巡，閒了買燈時節。清歡未竭。應不惜、杯深酒冽。暗省一年春易去，搔首多霜雪。　輕陰微雨弄暝，人散宴闌，纔見又成別。小立蒼苔，獨遲回、誰與細談風月。秋詞滿篋。眉緑樓空吟事輟。酹取玉觴重問訊，招手花天蝫。園主顧艮庵先生有花天跨蝫圖，見《眉緑樓詞》。

倒犯　虎邱冷香閣探梅

翠巘、步丹梯上躋，漸穿林窈。危闌四遶。東

風度、暗香微嫋。依稀望見、青冢鴛鴦芳魂渺。化倩影娉婷，獨舞衣纖縞。破清幽、恐花惱。　禽語數聲，爲喚山靈，蛾眉慵未埽。笑起迓醉客，道笻屐，來何早。正凍萼、初開了。近人家、春光先已到。怕霽雪吾山，吾家山多梅花，即宋牧仲題『香雪海』處。一片餘寒峭。勸君遲去好。

瑤華

庭梅二株爲先大大手植。老榦槎枒，著花不多，哀其生意將盡，泫然賦此

先人手澤。明月去攜鋤，省當年親植。孤兒華髮，同一去樣、看飽滄桑今昔。婆娑如此，奈霜雪、摧殘逾力。憑縞衣、歸鶴招魂，可有玉梅消息。　江南豈是無春，正蜨亂蜂狂，傾動香國。東風縱好，應未肯、吹入山居荒僻。故園圮久，儘爛漫、花開何益。算歲寒、不負初心，尚作凍蛟危立。

白苎

與友人約鄧尉探梅，期而未至，詞以速之

望青芝，又銅井，層巖絶崿。梅花萬本，掩映横谿略彴。悵吳儂、十年塵夢負雲壑。初覺。理孤櫂，問倦客、誰同杯酌。尋春幽具，須辦煙簑雪屩。期故人、素書珍重紅鱗託。　寂寞。苔封古磴，莽没平蕪，暗香深處，笻屐猶遲踐諾。算幾度東風，漸開寒萼。芳韶易老，怕江城訴怨，玉龍吹落。待到來時，對草堂靈，貽笑猿鶴。寄語丁寧，莫忘去山中約。

彩雲歸

社日

叢祠畫鼓引春光。賽村巫、酒冽花香。邀比鄰共作雞豚社，桑柘外、咫尺苔牆。神鴉散、晚霞收雨，已扶歸醉鄉。也算是、勸農方始，

預慶豐穰。　荒涼。寒梣臥後，甚心情、爲舉清觴。得聾更好，尋問消息，但惱人腸。怕説著平、枌榆故里，換了葵麥斜陽。無多淚，哀感年年獨自思量。

揚州慢

寒食

煙火藏榆，粥餳分杏，雨絲已近清明。算韶光百五，漸暖入簫聲。怕回首、長安舊夢，漢宮殘蠟，紅淚飄零。正飛花時節，東風重到春城。　路旁墓草，看陳荄、經歲還生。仗麥去飯招魂，錢灰酹酒，蕲護山靈。故國玉去魚何地，牛羊下、晚日荒陵。剩愁鵑嚇血，年年哀動冬青。

多麗

上巳，用晁无咎體

流觴地，半泓曲水回環。有佳人、湔裳祓禊，翠漪蹙起微瀾。照蛾眉、靚妝袨服，鏡中娥影寫嬋娟。芳草侵裙，波塵承韈，輭紅防涴繡文鴛。恣遊冶、蹋平歌聯臂，邂逅兩情歡。知多少、風流士女，相約去搴蘭。　怪年來、柔腸斷盡，鬢絲憔悴無端。漫譏訶、蹇驢倦客，杜陵窮老眼常寒。記得當時，紅巾青鳥，春風目送鏤金鞍。燦豔錦、銀麟孔翠，花外許人看。驚多麗、椒房繡幕，曾見長安。

憶舊遊

霜厓約遊鄧尉，登還元閣，望太湖諸峰，風景絶佳，歸舟倚此

記蕪痕兩屐，瞑影孤筇，人上山樓。樹隙通遥翠，看嵐光黛色，數點沈浮。太湖瀰碧無際，雲水豁吟眸。任醉拍闌干，鴟夷喚起，與話清遊。　回頭。問歸路，又畫舸蘭橈，催送吴謳。怎忍恩恩去，似山靈含笑，還勸淹留。萬

峰自古名勝，招隱欲盟鷗。待崦雪梅花，煙波泛宅重放舟。

長亭怨慢

春盡日作

乍吹散、彌天風絮。斷送春光，麴塵如霧。草長鶯飛，舊家池榭更無主。緑波南浦。和別淚、流花去。去即渺天涯，卻又落、人間何許。獨竚。望長亭不恨，只恨亂雲岐路。仙津待訪，已迷卻、碧桃前度。便歷盡、淺海蓬萊，問誰識、東皇安否。剩點點離痕，惟有嚦鵑心苦。

翦牡丹

故都崇效寺多牡丹，緑者尤矜貴，花時遊讌極盛。近高鮮隱見示初夏獨遊之作，感念今昔，因倚是解

酒釅微酣，衣薰潛染，萬萼齊鬭妝靚。中有珍叢，挂么鳳嬌影。長安十日看花，春風陌上，一鞭側帽承興。爭唱清平，及天寶全盛。幾時孤客萍梗。憶舊遊、畫闌重凭。紅淚洗鉛霜，頭白宮女閒話還省。緑珠罷舞倦臨鏡。黯粉愁黛，憔悴易成病。人靜。怕墜樓一霎，煙昏日暝。

漾蘭香

重午

香蒲劒佩，綵艾釵符，物景又供潤色。纏筒薦黍，翦葉沈菰，擬弔未歸騷魄。念荃蘭、終古芳馨，依依靈修故國。楚些神絃待遣，巫陽招得。　讀盡哀詞九辯，剩覺年時，酒悲悽惻。朱旗盪影，畫鼓騰聲，幾度彩舟迎鷁。恨茫茫、遠浦沅湘，流水無情自碧。向甚處、蹋舞傳芭，持觴呵壁。

雨霖鈴　梅雨

林鳩喚急。正炎蒸起，繡礎苔積。朝雲暮雨無定，纔開霽後，輕陰重羃。不管橫塘路遠，但煙草淒碧。算一去様、風景江南，燕子歸來已如客。　霏霏暝靄通簾隙。漸梅黦、淺䵟羅衣色。香篝幾許沈麝，爐火炷、寶薰微裛。可奈霑襟，多半年時，釃酒痕迹。更舊感、添了新愁，淚滿青衫溼。

江南好　己巳消夏第一集，喜潘芯廬南旋，兼懷紓隱

銀管分題，玉去觴行酒，漏聲徐出花中。小闌無暑，荷氣沁簾櫳。獨平客長安旅久，重攜手、人海萍蹤。尊前認，河陽兩鬢，依舊醉顏紅。　飄零懷故國，荊荒蔽陌，麥秀搖風。問天涯音信，愁數歸鴻。苦憶溪堂吟伴，說多少、別平緒離悰。丁寧語，江南古驛，時爲寄詩筒。

隔浦蓮近拍　消夏灣懷古，用清真韻

佳人愁瘁鬢葆。屧步離宮窈。故錦吴帆去，煙波闊，迷鷗鳥。幽恨蘊徑草。蓮謳鬧。廢苑瀦成沼。　斂眉小。承恩報怨，當年悲喜翻倒。明湖水鏡，照見妾心分曉。撈取香魂夜半到。眠覺。孤顰終向誰表。

前調　吴湖帆見予《消夏灣懷古》詞，因出明陸包山消夏灣圖索題，復倚是解

羣峰屏障翠繞。獨受湖光飽。一去舸鴟夷去，吴宮屧，迷芳草。螺黛依舊好。明蟾照。鏡裏顰眉小。灣東有大小明月灣。　錦帆杳。煙

波浩蕩，何時重理孤櫂。靈威古洞，夢在莫釐縹平渺。閒展包山畫意妙。知道。撩人遊興多少。

西子妝慢　西湖感舊

煙水六橋，芰荷十里，畫舫穿花來去。繡簾人影夕陽樓，沸笙歌、蒨雲深駐。濃妝鬭嫵。總不似、蛾眉澹竚。鏡波明，照浣紗西子，長顰終古。　空回溯。別後湖山，細認歸鶴路。流鶯赴不知何事溼青衫，換客襟、酒痕前度。又隨處、銷魂凝竚。被垂楊，織就新愁萬縷。

古香慢　柏因社紀遊

暗香布海，濃黛參天，蒼翠交舞。玉去立虬枝，也作臥龍鬣怒。佳氣鬱蔥蔥，問誰種、前朝樹古。想巖霏、岫靄暝窈，夜深起戰雷雨。　尚記省、青筇芒屨。斜照憑闌，曾酹清醑。鳳宿鸞棲，要託鬼神呵護。老榦閱人多，道猶見、當年輦路。待探梅，更休悵、虎山橋阻。

國香慢　盆蘭

室淨無塵。記植移九畹，綺石初分。重簾晝陰深護，麝冷爐薰。几簟屏山清供，沁寒茗、甆斗沙痕。微風爲披拂，靜極方知，香遠偏聞。　託居空谷慣，怕芝殘蕙歇，鋤刈當門。眼前榛莽，無地堪藝孤根。此土猶餘徑尺，儘國香、留取湘魂。幽芳與誰賞，細讀離騷，獨伴靈均。

徵招　荷蕩小集

城南撥櫂吴篷小，荷鄉嫩涼天氣。問客遠何

之，只尋詩而已。一篙穿灩綺。旋撐入、緑香深際。鷺熟鷗馴，不消驚避，兩無猜忌。猗狔舞紅衣，迎人笑、娟娟麗娃風致。似勸碧筩杯，儘微吟薄醉。隔舟蓮唱起。早撩動、扣舷幽思。錦帆斂、一角斜陽，向萬花深酹。

惜紅衣　荷花，用白石韻

絢綺蒸霞，纖羅障日。未勝風力。翠葆交扶，花光映澄碧。明妝豔冶，應勝似、尋常溪客。人寂。猶擊綵舟，約蓉鷗棲息。　何年紫陌。初帶香塵，微波步淩藉。紅侯戲拜賜國。啟蓮北。只惜水精宮殿，一片錦屏曾歷。剩暮天殘照，愁説玉顔鴉色。

采緑吟　荷葉，用草窗韻

罨碧天無暑，繫艇小泊蓮西。清香拂櫂，水釀如酒，花瘦於詩。寶鈿輕貼偏，波光裏、鏡匳捧出玻璃。有鮫姝，迎風舞，依依持淚贈誰。　搖颺晚涼天，愁縈斷、霜絲冰藕柔脆。冷落泣空江，又瘦怯秋衣。爲鴛鴦、留取殘陰，漂流遠、休逐怨紅題。還重省，銀闕夜寒，盤滴露微。

夜飛鵲　七夕

銀潢界霄半，風定無漪。神鵲喜報秋期。黄姑隔岸久延竚，遲遲初下鴛機。相逢話離恨，怕聲催譙鼓，淚滿銖衣。頳蟾易曙，又今宵、一度分攜。　垂意世間兒女，持巧送鍼樓，還費些時。祇道汾陽佳讖，靈犀欲叩，天上先知。翠軿絳節，甚無言、影渺羅池。笑年年瓜果、家家院宇，一様情癡。

拜星月慢 螢

乍闔還開，將飛猶墮，草末花梢一見。碧澹秋痕，落疏星河漢。任風送，誤入、垂鈎押蒜簾牖，翦燭飄燈庭院。巧坐人衣，委練囊羅扇。　歎陳荄、敗葉浮生幻。偏多事、解道興亡怨。散亂野外寒光，引微行宵半。傍宮斜、夜壑荒燐滿。銷凝處、暗拂垂楊岸。早又是、一點殘釭，出長生夕殿。

霓裳中序第一 殘暑漸退，社事將闌，撫序言情，即送芯盧北上，用白石韻

炎天正困極。萬斛清愁消未得。人倦宿酲愈力。笑冰簟乍敷，銀瓶還索。招涼樹隙。算醉鄉容住狂客。流光迅，夕梧暗落，隱約送秋色。　孤寂。候亭題壁。怕此去離情似織。分飛勞燕異迹。挹爽西山，訪舊南陌。故人應歎息。爲勸取篘杯泛碧。重攜酒，明年仍健，醉帽短簷側。

綺寮怨 中元

翦彩盂蘭盆會，水嬉張萬燈。化慘碧、衆影幢幢，犀光裏、照見幽冥。山阿羅衣被髮，巫陽下、怨魄呼未膺。仗梵天、現出華鬘，楊枝灑、露滴甘更馨。　歎自盜潢弄兵。陰凝戾氣，潛增地下狰獰。戰血餘腥。委枯胔、詡功成。英雄到今安在，宰樹拱、望西陵。荒燐夜青。精靈未盡沫、應夢醒。

秋思 中秋無月

搔首中庭立。酹翠觴、邀下桂宮寒色。銀漢曖空，玉去繩低宇，淒絕今夕。甚涼粟侵肌，

夜深衣露漸欲去溼。凭畫闌、眠未得。問鏡闔嫠蟾，藥搗孤兔，到底素娥何事，避人羞澀。誰識。深居靜寂。抱一去襟、古意悽惻。漫論京國。霓裳驚破，傍牆擫笛。便落葉清碪萬家，秋思多怨抑。料皓魄、應恨極。怕照徹人間，方諸無淚更滴。暗織雲羅自冪。

露華　桂

素蟾照徹。正夜露無聲，碧樹初裛。細擣麝塵，熏染霏霏金屑。甚時上界天香，卻被一枝偷洩。争道是，飛來鷲峰，落去子明月。　靈根自古蟠結。怪舊日吴剛，何事摧折。費盡萬斤千户，怎補虧缺。異馥散滿人間，寂寂廣寒宮闕。鉛淚冷，孀娥至今凝去絶。

垂楊　秋柳

荒鴉亂噪。正罨隄暝色，碧煙如埽。淚眼經時，灞橋看盡行人老。知應消受風霜飽。渭城遠、別離多少。問當初、深雨龍池，怕夢痕都渺。　猶記長亭翠窈。慣驕馬繫春，翠鶯嚦曉。絮迹萍蹤，此時偏又尋泥爪。青青已欠攀條早。剩白下、西風杳裊。任無言、立盡斜陽，愁未了。

六醜　爲湖帆題隋《常醜奴墓誌》拓本

羨延陵嗜古，富拓本、琳琅裒集。故家舊藏，芳馨流麝墨。插架生色。試認銘幽字，翠珉朱管，誌宰官滎澤。椎氈定向伽藍壁。石舊在興平縣崇寧寺壁間，今佚。瘦比銀鈎，遒逾鐵上畫。人間僅存孤蹟。恨滄桑劫換，難問殘石。

摩挲珍刻。妙行行緻密。細審當時體，論氣息。歐虞意境初闢。漸毫端蜕化，六朝南北。知惟有、美人傾國。從一地、搨取開皇片楮，瘞花銘勒。君又藏隋《董美人墓誌》。董石舊亦在興平，後徙上海，燬於兵。鈐藏印、合署雙璧。君有一印曰『既醜且美』。喜玉去池、共展晴窗下，曾窺秘笈。

秋霽

追題鄭叔問先生冷紅簃填詞圖。時先生歸道山逾十稔，所居亦已易主。撫圖抒感，爲之愀然

楊柳吴閶，記夜雨秋窗，慣旅詞客。灌木連陰，古濠流恨，賦情又依泉石。玉去龍怨抑。斷腸忽起山陽笛。問故宅。祇剩、舊巢歸燕似相識。還向畫裏，寄託吟魂，暮年江關，無限蕭瑟。最堪憐、雙鬢理曲，添香猶與夜深立。行處畫闌曾偏拍。奈短籬外，門巷野草斜陽，縞衣重返，錦帆無迹。所居孝義坊近錦帆涇，今堰塞。

桂枝香

月餅，和鮮隱

團欒鏡月。乍散作小匳，紛墮瑶闕。裝點中秋桂市，飣盤時節。清虚萬户修輪斧，怕明宵、影殘蟾齧。粉泥揉細，金規印巧，替彌虧缺。漫豔述、瓊酥字裂。記天上胡麻，風味全别。曾許紅綾餤飽，醉袍香裛。不知舊樣蓮花蕊，甚年時、無此芳潔。問還思否，空餘顑頷，淚痕雙頰。

惜黄花慢

重九不出，感賦，用夢窗體

望極霜霄。又鴈程到了，佳節題餻。翠微色霽，故人興舉，相攜野飲，換取村醪。素秋難得無風雨，算萸酒、能幾逍遥。甚挂瓢。筍鞵

布韈，慵賦登高。　愁人鬢髮飄蕭。便凭虛眺遠，也是魂銷。舊遊何處，軟紅古陌，當年破帽，從捲驚飆。瘦花一樣傷遲暮，閉門伴、獨客無聊。勸玉去腰。抱香漫怨明朝。

霜葉飛　秋聲，寄紓隱

夜深窗窈。縈文練，燈脣微語人悄。翠梧無雨戰西風，偏舊家亭沼。歎葉落、空階未埽。年時慵困驚秋早。正瘦骨欹牀，更聽得、商音四起，觸迸愁抱。　何處怨角悲笳，朱樓歌舞，未必能解淒調。算來孤簟靜無眠，但此情知道。刴一夕霜碪碎擣。天涯寒比衣先到。又似聞、昆池上，殘水荒鯨，怒號侵曉。

霜花腴　蟹

灩觴泛菊，向酒邊，霜臍認取尖團。芽紫薑辛，液黃橙醋，相將料理杯盤。二螯可餐。歎背紅、逃劫終難。未堪憑、稻熟秋肥，暮潮風起水天寬。　還窟斷汀荒潊，恣爬沙郭索，到處無安。戈甲森鋩，波濤噓沫去，橫行怒目依然。夜深霧漫。有緯蕭、攔住江湍。傍孤燈、坐穩苔磯，老漁含笑看。

粉蝶兒慢　太常仙蝶

薄蜕銖衣，高樓畫省，記得天風初颭。甚時隨燕去，悄銅鋪深掩。拂殺當年金粉痕，散入尋常闌檻。怕回頭，已不堪、上苑花飛紅糝。　瀲灩。杯寬酒釅。將餘薰、試與香鬟輕染。只愁殘夢覺，早春心多感。小扇桃花重理曲，謂《桃花扇》傳奇中太常寺老贊禮。儘卻把白頭人賺。魂銷、說盡興亡，又成淒黯。

華胥引

爲張叔鵬題黄蕘圃夢詩圖。圖爲蕘翁訪書琴川時，夢見石琢堂、潘芝軒兩公談詩而作，當時有謂其未能忘情於狀元者。由今思之，玉堂天上，往事俄空，百宋一廛舊藏早佚。談詩，夢也，訪書，亦夢也。予題是解，亦作爲夢中寱語可耳

神仙高會，謂士禮居所刻《狀元會倡和詩》。風月閒身，故人慣識。化蝶歸來，盟鷗欵語分片席。不省花落花開，要幾時忘得。猶説當年，玉去堂金馬詞客。諸相皆空，石詩有『世間諸相總空華』句。笑科名、漫勞追憶。擁書南面，平生猶餘痼癖。儻起蕘翁清話，問宋廛殘帙。回首虞山，絳雲灰燼誰拾。

暗香

宋槧《梅花喜神譜》，爲湖帆題

化人萼緑。向馬塍認取，春姿冰玉。倩影欲仙，百種輕盈巧妝束。應自南枝破蕾，憑看徹、陰成黄熟。甚臥雪、不問和羹，招隱入巖谷。幽獨。信絶俗。剩料檢畫圖，暗襲清馥。蠹塵細撲。香雪輕霏手堪掬。猶記初開梓處，雙桂發、秋風金粟。笑佞宋、今换主，幾生慧福。譜爲宋景定中金華雙桂堂刻本，百宋一廛舊藏，後歸潘氏，湖帆夫人匳中物也。

滿江紅

寒鴉，用白石體

衰柳西風，驀去一陣、飛起暮煙。依稀帶、故宫殘照，蕭瑟山川。斷渡舟空餘落葉，荒祠人散輟神絃。向舊巢、歸哺已嫌遲，愁思牽。蕪城上，枯樹巔。漸催暝，總無喧。且入林棲定，墨影如拳。卻被銀蟾驚醒了，一枝重遶幾回旋。又怎禁、山寺曉鐘時，霜滿天。

醉翁操　圍爐話舊

尊前。詞仙。聯翩。敞瓊筵。飛箋。今宵爲君傾觥船。不知何事潸然。雙淚漣。借鏡照酡顏。覺我衰已非曩年。　半生倦宦，歸去華顛。最腸斷處，回首觚棱日去邊。州渺茫兮齊煙。海淺清兮桑田。於今多變遷。嗟予猶人間。此恨鎮緜緜。故人而外誰與言。

瑣窗寒　寒山寺

剩水殘山，吴楓盡落，已無紅樹。荒涼梵宇，换幾夕陽今古。儘僧樓、怒鯨夜號，峭寒陡入霜鐘杵。問可曾喚覺，梧宫沈静，夢痕何許。　回溯。題詩處。記夜半孤舟，麗譙月午。停雲認取。更把殘碑摩撫。想江村、漁火對眠，旅人自説愁緒苦。又無端、播滿雞林，替織弓衣語。張繼《楓橋夜泊》詩，日本傳誦已久。宣統初，日人有請修寒山寺者，經我自行興修而止。

雪獅兒　冷香閣眺遠

市聲簫遠，池光劍近，淩虚雙屧。記取清遊，曾與玉梅花約。衝寒踐諾。問底事、遲遲開著。花無語、只聞空際，塔檐風鐸。　回首山塘負郭。漸荒煙殘照，晚天蕭索。瓦碧鱗鱗，省是誰家樓閣。千時冷落。認幾處、飄燈珠箔。歸路邈。指點畫闌干角。

早梅芳近　西崦釣雪

香雪深，林巒窈。一去色都成皓。石梁横偃，磵壑縈迴度孤櫂。岸荒翹鷺瘦，徑僻行人少。問梅花信息，寒重肯開早。　傍危磯，下細篠。偶作閒資料。千峰積素，萬頃鋪銀太湖渺。斷澌迎艫轉，晚冷侵衣峭。勸收綸，趁時歸去好。

石湖仙　石湖春泛

湖山終古。看沙鳥風帆，雲表飛度。剛唱越溪春，甚西施、扁舟已去。浮巒依舊，有翠黛、學顰眉嫵。村墅。更畫將、幾樹煙雨。吴艭正堪載酒，過行春、橋邊舊路。酹入波心，小拍紅舷呼取。石帚重來，石湖重主。與修簫譜。應我許。梅花笑解人語。

滿江紅　題葉小鸞畫象，用白石體

之子寒簧，信宿世、名本玉去仙。天風送、佩環聲下，權謫人間。倩倩從來憐弱質，紈紈相對亦愁言。歎斷魂、難借返生香，俄化煙。閨中秀，今豔傳。思清麗，語芊緜。有一彎眉硯，月子初弦。只道疏香居已渺，獨留人影此娟娟。又豈知、身在蕊珠宮，非想天。

春風裊娜　新柳

自龍池春去，瘦盡長條。拚冷落去，儘飄蕭。怎今年又早，櫛晴梳雨，幾絲低挂，煙水紅橋。翠淺螺勻，黄輕鵝染，細縷誰裁并剪刀。蹙岫愁眉未全展，横波嬌眼故先撩。偷把春光占取，東風逞巧，但憑仗、著力扶搖。章臺路，小蠻腰。將眠又起，無限嬌饒。坐久金衣，學歌鶯翣，繫深珠勒，得意驄驕。青青知否，怕離亭攀折，天涯遠望，依舊魂銷。

蘭陵王　前詞意有未盡，復倚是解

曉寒徹。誰把春光漏洩。清明近，風片雨絲，織出上毿毿細如氈。長隄嫩翠浹。遥接。高樓望睫。含情處，初唱渭城，那識陽關怨三疊。回思舊時節。記側上帽曾過，長帶親結。鞭絲斜鞸花如雪。驚弱態猶似，豔懷都改，靈和前事但一去瞥。向年少人説。　纔説。便愁絶。願拂馬舒條，縈岸垂葉。依依早綰行人楫。漫白下重旅，灞橋頻折。東風吹盡，待贈與，又恨别。

綺寮怨　湖帆屬題《七姬權厝志》拓本

劫上火齊雲樓燼，土花苔繡腥。問往蹟、沁水園林，蹲獅老、憤怒難平。能教蛾眉殉國，知夫婿、擐甲能將兵。困逝騅、淚咽虞歌，英雄死、賤妾何用生。　認徧翠珉舊銘。秋螢露蔓，飄零似訴淒清。照徹泉扃。儻蘭䪨、許分燈。吴俗，七月晦夜，徧地然燈，私祭張士誠妻劉氏。王養初《題七姬志》詞有云：『只恨年年，滿城蘭䪨，不照翠鵑冷魄。』今反其意。荒涼玉去鉤斜外，有片土、瘞傾城。張吴叢葬宫人處曰鈎玉灣。鵑魂諦聽。冬青更莫去羨、依茂陵。

湘春夜月　追題秦佩鶴丈湘絃秋夢圖。圖爲光緒癸巳丈典湖南秋試時悼亡而作

使星明。桂軺催赴王程。楚竹一路啼斑，都替寫淒清。獨向九嶷凝睇，任水迴帆曲，不似深情。正所思渺邈，中洲褋佩，呼起湘靈。　泠泠怨瑟，鸞絃欲語，依約堪聽。夜月魂歸，應記省、一襟蘭茝，無限温馨。明璫翠羽，奈步虚、風露伶俜。悵望處，又飛煙、隔斷空濛，不上見江上峰青。

花發沁園春　春雨

曙警桑鳩，暝愁芹燕，溼雲一片如水。階苔潤

春雲怨　柳絮

春雲觸熱。早弄緜搓粉，霏成晴雪。已分子規嗁盡，亂舞作團猶不絕。捲入蛛絲，吹來魚浪，力薄何曾慣飄瞥。搖落年時，纏緜心事，惜取舊風月。　離亭送客頻攀折。恨長條、不上繫蘭舟雙楫。争似飛花解傷別。千里隨人，未到沾泥，斷無休歇。但恐東風，一去池吹皺，點綴碎萍數葉。

惜餘春慢　餞春，寄酬紓隱故都

故國春風，斜街花事，見説荼蘼都了。殘陽巷口，舊燕堂前，何況倦遊人老。多謝嗁鵑寄聲，如此天涯，不上如歸好。算歸來猶是，江南天氣，亂鶯芳草。　還暗惜、官柳初垂，韶光堪綰，未及長條攀早。奴腰褪粉，使翼去黏髮，瓦蘚生衣，點滴上畫檐聲裏。蘭閨深閉。應聽倦、雙蛾顰翠。怕鬬草妨了幽期，踏青重誤歡計。　一霎韶華易逝。漸荼蘼開殘，茬苒芳事。肥添穲綠去，瘦減蔫紅，已覺粉顛脂頽。東風著意。拚埽盪、鵑天鶯地。又向晚、底用潸潸，洗花還瀉鉛淚。

花心動　落花，用梅溪體

三月江南，點晴蕪、霏霏滿天紅雨。燕觜倦銜，蛛網慵兜，空費一去番辛苦。妒花休恨東風厲，恨春事、蜀鵑催去。儘扶上，枝頭萬萼，綵旛誰主。　已見濛濛墜絮。都一例、飄零溷茵無據。曠世美人，小劫情天，知墮倩魂何處。願隨流水歸清浄，算猶勝、瘞愁黄土。又只怕、仙津有人問取。

香，空向恁時縈繞。争奈驪歌在門，春即肯留，荒鐘催曉。但臨風遥酹，離腸和淚，酒尊同倒。

向湖邊　萍

泛沚波柔，迴漪風暖，鏡裏碎痕如黛。乍即上仍離，省浮蹤何在。料總緣、楊柳前身，長亭飛絮，點點殢人無賴。特地今生，替償還綺債。　自悔頻年，浪迹風塵外。羞更逐斷梗，猶飄零人海。見説江頭，有桃根雙載。想蘭橈振觸誰還采。休長共、流水落花歸一上派。小聚池東，儘碧枯黏塊。

珍珠簾　詠簾，用夢窗韻

屧廊駐響游絲嫋。偷窺眼、報客籠鸚知道。銀蒜押低垂，度寶薰煙渺。暗裏靈犀通一去點，奈似隔、蓬山難到。風峭。把微波颺起，曲玉鈎小。　還恨瞥影驚鴻，又桃花人面，雲屏深遶。淚雨浥湘筠，但替縈愁抱。記否春歸雙燕子，正那時、盈盈含笑。歡杳。怕尺咫明河，霜蟾將老。

月華清　團扇

仙斧修輪，宮匳開鏡，幾時圓魄常滿。誰借霜紈，巧作一去規清玩。步月地、飄舉綃衣，坐水檻、動摇金釧。迴盻。料孀娥欲去妒，銀蟾翳半。　但恨離長會短。怕露井風梧，早疏恩眷。出入去君懷，總是餘情悽戀。願留待、簟枕重親，還細訴、網絲幽怨。相見。算回心終有，六宮春暖。

玉簟涼 涼枕

涼沁紗窗。正展拓簟漪，小倦欹牀。紅蕤珍比玉，稱睡態慵妝。鬢傾釵鳳半脫，印素靨、粉汗生香。綃帳裏，逗一去函花氣，纖縷微颺。流光。桃笙乍暑，羅薦漸寒，差較篋扇恩長。溫柔原未足，可別有甜鄉。神女一夢易醒，但影事、託賦陳王。裁豔錦，問幾時、重繡鴛鴦。

四園竹 叢竹

琅玕四碧，照座影離披。雨篵片玉，風動碎金，涼襲人衣。清氣饒，將萬斛俗平塵浣洗。此君真是能醫。晝陰移。疏簾坐久推枰，虛廊步緩哦詩。但欠吾宗韻事，著平箇樵青，替瀹槍旗。相料理。枕半榻、茶煙颺鬢絲。

八六子 白蓮，用秦淮海體

渺銀塘。望中仙子，翩翩水佩霓裳。正剗韈去波塵不涴，整釵風露猶橫，乍勻澹妝。凝思重與端相。賜浴玉膚脂膩，朝天雪臉眉長。可記憶去瑤臺，舊時歌舞，素娥迴面，絳仙低首，而今但剩飄零怨粉，拚教消損愁香。恨茫茫。無言自搖暮涼。

玲瓏玉 藕

心地空明，可稱得、玉琢冰鎪。泥中薄謫，寄生早悟浮漚。尚記靈根玉去井，向蓮花峰頂，曾賦仙遊。休休。知年時、言始欲愁。最惜佳人細雪，任鸞刀纖縷，迴斷腸柔。幾度牽情，奈瓊絲、已割還抽。堪憐冰蠶身世，吐幽怨、緜緜不絕，枉費綢繆。怎縈住，芰荷天風露未秋。

曲玉管　蟬

小雨嘶晨，驕晴咽晚，林塘倚策閒聽久。一片商音淒切，催起金顙。暑先收。　寡女琴絲，遺臣冠珥，潔身羽蜕離塵垢。翳樹哀吟，幾許餘恨悠悠。故宮秋。　自省生涯，只消領、三霄清露，可憐墮淚移盤，銅仙此去難留。悄回頭。已高寒沈響，老了西風身世，別枝雖好，肯續殘聲，薄鬢添愁。

鶯啼序　庚午立秋後十日，重祝荷花生日，用夢窗詠荷體韻，同吴九珠作

南塘記曾載酒，有天妝照水。訝靈藕、寸節平添，鬧紅還鬭嬌蕊。又一度、筩杯汎碧，珠房膩粉時飄墜。正風柔香細，涼襟乍引秋思。

誰識蓮儂，盡斂味苦，孕心中薏子。但通語、低託微波，一去時觴詠畢至。溯前番、浮瓜近局，數佳節、重掄荑指。道今年，多謝天公，替延歡意。　金尊按曲，畫舫飄燈，趁彩鴛未寐。歸櫂緩、玉蜍浴乍，露灑仙掌，暗裛紅衣，似凝鉛淚。多應悵望，星橋隔處，天孫愁織迴文錦，誤秋期、自惜朱顏悴。停機竚立，知他妒煞雙蓮，斷腸絳河宮裏。　吴謳唱徹，四壁周遮，擁葆幢萬翠。更小駐、蘭橈遊憩。酹取芳醪，水佩風裳，氾人呼起。黄楊病損，干卿何事，祇蘄花好人壽永，儘年年、常把紅舷倚。憑招倩影淩波，訴説相思，醉題鳳紙。

六州歌頭 過張吴故宮遺址，用張于湖體

齊雲一去炬，殘照冷宫城。傷心處，留遺恨，錦帆涇。想軍興。淮海英雄氣，聚年少，同遊俠，財賦地，魚鹽利，白駒亭。崛起東南，逐鹿爭天下，王亦能兵。奈西風黃葉，讖語不堪聽。銀鎧橫行。總無成。　歎年光逝，劫灰燼，興亡事，付棋枰。蠻共觸，劉和項，甚輸贏。感英靈。兒女持香火，徧城市，滿張燈。還替做，盂蘭會，燭幽冥。回望鍾山陵寢，如今剩，杜宇冬青。恐烏衣燕子，飛到舊門庭。也話淒清。

前調 浙江潮，用賀東山體

快哉一望，窮矚海門東。龕赭控。磐石聳。屹雙峰。水聲中。軸折神鼇動。崩雲涌。衝

訴衷情近 七夕

粉河會短，剩得年年一去度。那堪僂指今年，偏值素娥巧妒。捱了月去圓十平二，耿耿紅牆，尚把歡期阻。黃楊苦。匝月光陰細數。彩橋虹臥，算準今宵渡。知何故。畫樓送巧，瓜筵早散，世間兒女。又說雙星誤。

雨霖鈴 芭蕉

涼陰稠疊。正紗窗裏，簟枕初設。窗前鳳尾低護，當搖颺處，微風生篋。一點犀心自斂，問緣底愁結。料寸寸、舒展新茸，耐守天寒輞川雪。　金飆驀去起聲騷屑。更檐花、雨滴無時歇。秋心本已摧碎，偏永夜、倚燈聽徹。早向空庭，知道商音，爾許淒切。對綠去影、應悔禪天，種取蕭蕭葉。

飆舡。波浩洶。人喧哄。走艨艟。三島九瀛，秋色長天共。吸起飛虹。似銀河陡挽，白捲雪山重。頃刻乘風。掣遥空。　念梧宮夢。靈胥恫。亡國痛。鎮填胸。羣景從。前後擁。挾魚龍。壯軍容。十萬橫行衆。紛交鬨。各争功。鐃鼓縱。朱旗送。歸鮫宮。抉目去城闉，看取西山家。一去體藏弓。讓三千强弩，虎踞越吴封。玉帶稱雄。

戚氏　石湖吊月，用屯田體韻

水涵天。碧落初洗晚霞軒。皓魄冰蟾。彩毫霜兔起淩煙。幡然。下仙關。傾身冷墮溼雲間。何人載得西子，畫舸來訪好湖山。嶼傍茶磑，村迷梅隝，但聞遠浦潺湲。正長橋浪拍，柔艫風嫋，塵籟無喧。　知否閶闔何年。銀漢盪漾，斗轉又星闌。驪龍睡、怒波驚醒，唾碧娟娟。鎮聯緜。戲舞弄影，明珠攫取，掉尾争前。夜光一去絡，捧出鮫宮，舉酒人共招延。　對此良宵景，偏撩動著，萬緒悲歡。記省宫袍醉錦，望瑶臺上與絳霄連。只今翠屧嘘空，玉去虹倒映，低首愁無限。悵舊遊、魂夢猶羈絆。重擘鏡、蒼了韶顔。怕素娥、清極知寒。桂輪没、露粟易飄殘。奈嵩巖下，家家月去斧，枕手酣眠。

玲瓏四犯　嚴伯玉屬題尊甫幾道丈江亭餞別圖。圖爲光緒甲辰丈出都時所作。王碧棲先題白石是調，因亦繼聲

薄靄墜鐘，孤煙摇葦，荒亭危瞰今古。舊遊朝士幾，草草攜尊俎。征軺乍來又去。話離悰、倍添悽楚。萬里修門，一鞭殘照，多少感時

語。　重回首、銷魂處。省當年送遠，猶未遲暮。倚風葵麥動，枕陌麒麟仆。蕭疏毿柳繁霜後，待追憶、春明行旅。空惜取。西山黛、依然翠嫵。

鳳簫吟　衰草

莽無垠，平蕪野燒，萋萋望斷王孫。馬蹏隨處蹴，亂愁迷路，總廢驛荒村。踏青人去久，更何緣、重認羅裙。自緑偏天涯，那時已是銷魂。　悲辛。玉鉤香土，子規啼後，輕換春痕。一去抔留漢冢，可憐霜塞遠，四掩黃塵。卷葹心未絶，儻東風、蘇到陳根。漫付與、秋螢萬斛，都化愁燐。

滿江紅

鎮安晏海澄都轉川鹺有惠政，歿而川人建祠牛華溪祀之。其嗣仲燕以書來告，因倚白石是調屬寄川中，以爲迎送神曲

星野捫參，信蜀道、難上似天。争迎拜、使君來暮，騎竹聯翩。坐運帷籌勞白髮，環觀溪舍簇青煙。老杜《鹽井》詩：『鹵中草木白，青者官鹽煙。』羡故人、遺愛滿棠陰，輿誦傳。　峨眉翠，排案前。大江練，繞闌邊。有一龕清供，酌取寒泉。獨駕雲車風馬起，鶴歸應省此山川。配武侯、祠廟錦官城，神凜然。

瑤華　冰花

初陽眼纈。光射瓊窗，倚餘寒凝結。爐熏簾隔，知夜半、亂點霜華如雪。風尖并剪，替裁出、玲瓏枝葉。呵手纖、金屋妝慵，可有玉人攀折。　人間滿地荒涼，算獨占春工，花樣奇絶。琱鎪恁巧，應自詡、珠玉都輪晶潔。凍痕

解了，粉碎處、愁成飄瞥。但看他、色相虛空，瞬息霧消煙滅。

霜花腴　歲寒堂

故家世澤，護老松，雙龍翠舞檐端。居掌中樞，出臨邊郡，何時晝錦盤桓。萬間廣寬。慶廈成、宗族同歡。又誰知、塊粥虀鹽，梵宮齋鼓忍寒酸。　今日拜公祠下，似風來謖謖，對揖去蒼官。崇刹褒功，名園旌義，還思萬笏林巒。異時試觀。儻臥雲、虬蓋猶蟠。更鄱陽、配取貞柯，古香棲鳳鸞。臥雲書院在天平山南三里，有怪松盤於地。又饒州有范公柏，均見文正公遺蹟。

折紅梅　訪紅梅閣故址，即用吴應之原韻

想釵鸞箏鴈，當筵顧曲，風懷撩亂。託紅情、換譜暗香，芳梅數樹初綻。闌干影畔。脂粉鬭、新妝深淺。那人睡起、蛾綠添嬌，算金屋安排，正與花間。　誰家美眷。待臨水隔花，後時重看。驚摇落、謝池古月，江城玉去龍吹徧。平橋波暖。歡事杳、閣中人遠。對此信否，惜取年華，有秋孃妍唱，折上花頻勸。

一萼紅　紅豆

儘沈吟。有相思幾許，悽絶望夫心。《古今詩話》：相思子，圓而紅。昔有人歿於邊，其妻思之，哭樹下卒，因名。綃淚珠凝，鉛妝血染，誰種幽恨深深。待安就、玲瓏玉去合，奈素手、拈取易愁侵。擬遺鸚銜，又彈鶯去，還費重尋。　應念牧翁佳話，自前朝結上子，寂寞而今。忉利天來，胎仙閣畔，高宴曾伴清斟。便能記、當筵一上曲，恐江南、風景太銷沈。聽説龜年斷腸，已是霑襟。

八歸 詠宋宮人送汪水雲南歸事

河梁帳飲，天涯行色，相對淚眼凝去咽。臨分話起前朝事，空恨瘂琴椎碎，冷絃彈折。痛哭孤臣辭供奉，更忍聽驪歌淒切。便羽服、入道匡廬，總望遠愁絶。　南渡今無寸土，麻鞵歸去，但問冬青陵闕。晚潮寒社，廢習哀史，好與遺民同説。只燕山尚有，慘惻羇魂怨啼鴂。傷心最、故宮金粉，換了黃絁，離人翻送別。

月下笛 本意

藻影横庭，苔痕破屐，晚蛩都歇。無端怨咽。到耳商音淒絶。聽分明、鄰笛送哀，有人按曲初弄徹。想陽關勸酒，何戡重唱，做成三疊。　愁人偏易感，正獨倚危闌，淚痕承睫。霓裳舊闋，記否宮牆偷擫。甚今宵、數聲斷腸，鴈程萬里空恨別。指長安，但識關山，路隔同片月。

玉女摇仙佩 水仙

亭亭倩影，咫尺蓬瀛，妙有佳人遺世。雨鬢風鬟，鮫綃龍縞，掩抑許多愁意。儻與騷蘭比。恐嬋媛衆女，蛾眉爭忌。楚人謂屈原爲水仙，見《拾遺記》。最堪笑、妖姬赴海，猶假芳名冶魄呼起。孫恩赴海自沈，妓妾謂之水仙，從死者百數，見《晉書》本傳。相將布苔茵，聘得歸來，傾城獨對。東海公使青衣敷茵水上，迎郝女君爲水仙，見《述異記》。　聞道玉去宸殿角，褪額宮梅，已苦藏春無地。那管國香，人間淪謫上，只託微波而已。小注瑤池水。怕凝作、多少金莖鉛淚。但問取、孤山舊伴，影疏香暗，綺窗开未。知同氣。寒泉一去勺差堪配。

尉遲杯　詠宮僚雅集銀杯。杯凡十，各鐫康熙朝宮僚姓氏，以酒户大小爲次：最大者爲睢州湯文正；次沈繹堂荃，華亭人；三郭快圃棻，清苑人；四王昊廬澤弘，黄岡人；五耿逸庵介，登封人；六田子湄喜霱，代州人；七張敦復英，桐城人；八李山公録予，大興人；九朱即山阜，山陰人；最小則新城王阮亭也。惜文正一杯已失，僅存其九。今藏吾邑潘氏葉葉榴蟬居。

龍樓路。羨玉筍、尺咫聯雲步。翩翩退食餘閒，翔集清班鵷鷺。承平事往，猶覺有、風流溢尊俎。想當年、醉飲留名，座中觴政分户。　何人鑄錯洪爐，疑真箇、銀杯羽化仙去。可惜才難今虛一，誰更爲、潛庵替補。迴腸地、詩寬酒窄，笑排到、漁洋作後伍。比朱槎、鍛冶成鏍，尚懷虞揭上酬旅。竹垞《朱碧山銀槎歌》云『當時虞揭相獻酢』，又云『可憐雙觶今成鏍』。

芳草渡　和葉遐庵《滬上冬深聞燕》作，用清真體韻

夕照裏，問巷陌烏衣，舊時儔侶。訝客中過社，飄零又幾風雨。知有羈思苦。空呢喃相訴。看四海，恁地荒寒，欲避何去。　回顧。遠飛頷紫，萬里封侯關塞路。奈風景、而今頓改，尋常傍簾户。故巢戀戀，更惹起、銜泥心緒。便似識，寄謝東風倦舞。

霜葉飛　自題艮廬填詞圖。圖爲顧彦平所作。繁霜著樹，萬葉丹黄，凜乎其秋之深也

瘦吟常苦。多愁病，谿來秋士悽楚。鴈霜催冷到吴楓，況鬢絲如許。剩擫笛、宮牆舊譜。尊前含淚歌離黍。算倦客歸來，尚記憶、觚棱

夢影，獨自低訴。　還念浩劫華鬘，仙家雞犬，墮落塵世終誤。判將沈醉送餘年，奈酒醒情緒。翦不絕纏緜恨縷。冰蠶垂死絲猶吐。暗自傷、西風外，多少酸辛，斷腸人語。

飛雪滿羣山

又題艮廬填詞圖。圖爲湖帆作。四山皆雪，古木蕭森，視前圖風景，尤淒絕矣。依蔡友古體賦此

殘劫山川，窮陰時節，就中留著吟魂。冻雲如墨去，寒林偏縞，斷知大地無春。小園僵臥久，又添了、牛衣病呻。寓聲羌管，箋愁梵譜，憔悴倦遊身。　憑悟徹、浮生同夢覺，看眼前桑海，何苦霑巾。藕腸迴幾，葹心斷未，可憐自種愁根。擬呼真宰訴，恐閶闔、終難上聞。唾壺椎碎，青衫點檢餘淚痕。

以上《艮廬詞》

清商怨

閨怨，用晏元獻體韻

殘妝嗁痕翠袖滿。判繡幃坐晚。夢到天涯，依然穿望眼。　相思鸞箋嬾展。待寄與、水遥山遠。瘦盡腰支，離愁誰更管。

河傳

柳，用温飛卿體

隄面。頻見。踠長條。終古魂銷。灞橋。玉去驄送行嘶不驕。飄蕭。向人低舞腰。　駐馬臨歧勞寄語。情縷縷。難綰行人住。月朧明。風冷清。酒醒。一鞭長短亭。

倚風嬌近

偶憶豐臺芍藥，感賦

燕玉香温，靚妝脂粉争嫵。殿春婪尾翻階舞。嬌束帶金釘。寵溢淺紅鞓。國色朝酲。雨露。花王分與。　花市年年，人別豐宜門路。

還怯東風驕妒。亂捲香塵送春去。花無主。問誰更作青旛護。

淒涼犯

盧溝曉月爲燕山八景之一，感念舊遊，愴然賦此

一規半玦明三五，頑蟾歷盡圓缺。者番最苦，荒雞店舍，照人離別。桑乾凍結。訴寒語、駝鈴亂掣。戀觚棱、微黃曙色，回首望宮闕。　還念天街静，隱隱朱樓，影沈簾纈。夢魂正好，黯朦朧、玉去缸明滅。岸柳風淒，酒醒處、行人淚咽。待他時、汲取露井，更唱徹。

霜花腴

霜

鴈來信息，報早寒，西風怒吼豐鯨。楓錦紅翻，菊珠黃綻，鴛鴦萬瓦迷青。露華已凝。羡渡頭、閒殺漁罾。最難堪、店月郵雞，一去鞭羸馬板橋行。　愁絶亂烏啼處，望吴天一色，夜半先驚。刀尺深閨，征衣催絮，疏林斷續碪聲。凍蟾又盈。只素娥、相伴淒清。定憐儂、鏡裏飄蕭，曉來添鬢星。

瑞龍吟

霰

彤雲暮。驚看凍雀上喧林，暝鴉拳樹。紛紛鱗甲飛空，玉去龍睡起，前驅按部。朔上風怒。還聽亂敲窗紙，碎摐檐箸。誰篩九斛珠塵，夜來醖釀，天花偏舞。　寒霧溟濛初下，瓦溝飄灑，纖纖如雨。生恐故鄉梅花，芳訊遲誤。瓊蕤暗結，催就梁園賦。依稀見、松梢檜頂，將融猶沍。又早階墀素。明朝準向，尋詩去處。囊錦重攜取。天漸晚，安排紅泥爐火。凍醅細酌，一庭飛絮。

角招 同人僦屋碧鳳坊，爲觴詠之所，顏曰適社。一夕社集，觀吳湖帆壁上畫梅

伴吟瘦。勞君更，寫成歲暮三友。君曾於壁間畫松竹。暗香隨處透。素壁蜃泥，光映軒牖。生春妙手。儘埽禿、霜毫如帚。不識逋仙省否。應招獨鶴孤山，遺寒天相守。　空有。䕒去材絹舊。兼金紙貴，誰見輕揮就。故人情特厚。味薄新醅，聊云酬侑。淋浪涴袖。嘆一戔、東風芳酒。染得煙雲沁透。怕潛躍、墨池龍，還飛走。

前調 和州鮑執之勘帖圖

晉唐舊。傳摹處，古香照見深黝。溯從渲化後。祕閣庋藏，潭絳重鏤。昇元更久。　想翠墨、人間希有。一一摩挲繭紙，分明鐵畫銀鈎，盡龍鸞飛走。　知否。研光蠟去厚。私家本贗，依樣雙鈎就。硬黃椎搨透。細別源流，蘭亭肥瘦。臨池玩又。信玉枕、遺珍堪守。擬乞山窗靜晝。更開篋、析疑文，擕尊酒。

花犯 城南觀日本櫻花

女牆限，長隄繡錦，妖葩弄韶媚。靚妝臨禊，紛鬢影衣香，相映多麗。甚時半淺蓬萊水。波塵隨步起。記海國、碧雲飛度，扶桑天萬里。　商量護花借春陰，東風太惱亂，相干何事。偏趁取，紅情鬧、豔陽如醉。通明奏、綠去章未省，憑占盡、晴暄熏露蕊。李羣玉詩：『晴氣熏櫻蕊。』最悵惘、玉窗人見，哀箏和淚理。『玉窗五見櫻桃花』，太白詩也。又玉溪生詩：『何處哀箏隨急管，櫻花永巷垂楊岸。』

綺寮怨

淮張廢基，新闢園亭，有茗寮曰『東齋』。齋後一池泓然，白蓮盛開，娟淨可愛，詞以賞之

領取銀塘花氣，晚風涼漸生。訝咫尺、倩影淩波，晶簾底、照見傾城。依稀凝脂罷浴，嬌慵甚、霧縠初試輕。稱玉去人、曼睩修蛾，天然有、麗質生自成。　悵念漢宮斷莖。亭亭翠蓋，青冥露重難勝。自惜伶俜。恐穠豔、損幽馨。新妝萬人空巷，總未肯、鬬輕盈。蓬萊又經。分明凝去恨處、無限情。

夢橫塘

橫塘載酒

夢迷菰葦，愁老江湖，可憐憔悴歸客。繞郭煙村，指一路、溪光明瑟。初踐鷗盟，尚辜鸝吹，水窗虛寂。試停舟問取，甚處旗亭，依稀在、紅橋側。　蕭然長物都無，笑輕裝似我，怎借廉石。卸卻金貂，纔換得、小槽春色。便分付、孤篷短櫂，十里柔波盪晴碧。悵望松楸，一上尊遥酹，想山靈應識。先塋在胥門外紅鯉浜、河帶里，皆橫塘支港也。《集韻·十二庚》：溝納舟者曰浜。

醉蓬萊

越釀有名『竹葉青』者，消寒社集，侯官林肖蜦拈此屬賦

記玉醅新釀，鑑曲上人家，沽春名好。風味如何，問酒壚傭保。還借帘痕，者般深淺，認嫩篁叢篠。緑螘缸邊，黄鵝琖外，與斟清醥。　何意逢君，翠尊傾滿，判得疏狂，更開襟抱。千畝胸中，盡渭川詩料。上揖林賢，下招溪逸去，正醉鄉同到。漸露槎枒，徐澆壘瑰，別腸多少。

山亭宴

亢宙民以挹秀樓圖屬題。樓在山塘斟酌橋，近指海涌峰，遠攬天平、支硎諸勝。圖凡二，一程小眉爲其尊甫心山丈作，一顧若波爲其世父侗卿丈作。顧圖失而復得，故詞末及之。

鏡波淺映山眉嫵。繞銀塘、畫船歸路。一道小紅橋，俯樓檻、淩虚尺五。四圍嵐彩望中收，識詞客、憑闌高處。攜酒唤登臨，更潑黛、圖縑素。　碧岑向背都如故。喜無恙、舊家祠宇。殘霸盡銷沈，又幾費、憑今弔古。何年名畫自通靈，總賴是、鬼神訶護。譬似合延津，看劍氣、猶騰虎。

八寶妝

甫里保聖寺羅漢象，相傳爲唐楊惠之塑

浮海西來，應真飛錫，相好共瞻禪宇。神采僧繇兼道子，可省何人摹取。依稀螺髻，亂峰堆出楞伽，靈山遺製流傳古。還似化身金粟上，維摩天柱。楊塑河南廣愛寺寶山、鳳翔天柱寺維摩象，見蘇詩。　聞道歲久伽藍，劫塵縱换，百神常自訶護。甚兹地、梵宫瑞象，竟殘損、人間埃蠹。一龕多寶完如故。願四果熏修，重聞妙法霏花雨。

紫萸香慢

茱萸

看紅珠、離離垂蕊，物華早作重陽。算今年仍健，又簪插，一枝芳。笑倩攲冠重整，訝登高兄弟，鬢髮都霜。勸攜尊、伴酌濁酒菊花黄。儘痛醉、可能幾場。　堂堂。水逝年光。求藥裹、少神方。怕丸封欓子，幃充椴醜，紉佩難將。已知辟邪無計，任飄墮、徧銀牀。只傳聞、漢宫遺事，玉去人籠臂，曾奪恩寵椒房。

親綴絳囊。

笛家　東坡生日，用屯田韻

烏幘攜笻，紫裘腰笛，江山争秀，自題嘉紙黄州後。寶蓮金炬，篆縷銀盤，蒼髯貌古，新圖絲繡。願借雲腴，小供寒薦，只少連珠手。遺丹青，更摹取，獨鶴孤松，畫家本舊。　歷久。緬公風烈，霜臺翠栢，薄譴因詩，驛去閣青山，宿疴緣酒。縱許、唱徧江東琶板，壓去倒樂章楊柳。可堪生年，蝎宫臨命，遭際終難偶。邀天鑒，歎奇才，獨感恩知，淚盈朝袖。

穆護砂　燭淚，用宋燕石原韻

豈爲相思苦。向風前、蔌落去紅雨。悄回燈別席，宴闌賓主。座中嚬妝休妒。便觸撥、歡叢情幾許。奈總是、無言凝注。料閲盡、齊奴鬢蠟，早擊碎、交柯珊樹。天寶街中，五侯門外，猶留餘燼未全枯。抵一聲箏雁，雙行河滿，哀感更何如。　算替白頭張緒。説年時、者般淒楚。想故都春夜，蘭堂殘跋，投瓊罷歡六箸。待翦了、銀花重與補。終削損、寶蓮非故。嬌盼轉、閃波傳恨，妝靨褪、殰粉消腴。勸移縱把珠璣，杷羅承得，欲緘鳳紙已無書。盤、辭闕銅仙，寒莖晞曉露。

愁春未醒　唐花

羣芳换譜，花訊年時無準。訝金屋、安排偏早，護取嬌顰。借煖猊爐，擁寒鴛帳與温存。燭奴低照，紅妝睡起，絶世風神。　轉瞬歲闌，銀旛綵勝，宫樣翻新。探消息、春風洩漏，虚賺東君。只恐樓高，緑珠初見已銷魂。人問天上，落花遺恨，舊事重論。

絳都春 上元

初春已半。又院宇試燈，東風吹暖。暗想鳳城，遥列鼇山銀花滿。天涯存問傳柑伴。道宮燭、輕煙都散。更誰同話，承平夢影，粉蛾釵燕。愁看。天街静寂，弄孤照、剩有蟾光如練。未省舊歡，猶及今宵重聞見。旌門高敞笙歌宴。縱濃醉、珠喉玉管。甚時飛取崑崙，漏壺夜短。

惜寒梅 過春草閒房，爲金孝章先生故居，今歸吴氏

問訊詞仙，指南橋、隔水一椽幽築。時同人有消寒之約，集飲吴霜厓百嘉室，即在春草閒房之南。滿架圖書，正與高人比屋。耿庵孤寄謝塵俗。看生意、庭前偏綠。蓬門深閉，便抵芳蘭，自媚空谷。柴桑秀句又續。認吴綃舊題，墨痕尺幅。方丈維摩，可有天花亂蔌。先生嘗寫陶詩及畫梅寄王漁洋，故漁洋贈詩云：『維摩丈室幾黄昏，春草閒房日閉門。』隃麋潴瀋硯池足。爲灑作去、玉梅凍馥。合教長伴，天寒袖薄，日暮修竹。房後有方竹，今尚存。

孤鸞 花步省亡婦徐夫人殯宫

殘鵑荒苑。喚一縷幽魂，別來重返。綺户深扃，四壁網絲塵滿。空廊似聞碎屧，悄無人、竹梧飆館。獨對繐帷遺挂，怎不教腸斷。漸馬蹏、催動麗譙晚。尚窈窕蘿衣，凝咽愁眼。月下佩環，想像畫圖人面。曲房最憐怯膽，步伶俜、夜深無伴。還是歸來夢裏，儻有時相見。

宣清　記夢

丸月如銀，悄照孤眠，宵涼文窗掩䰳。訝褰帷、鬟影乍低，宛淩波、步韈微沁。枉費招魂，人天底處，尋來不審。甚驚鴻，暗迷藏，紅蕤重疊山枕。　算碧海今宵，玉簫再世，瓊漿重對飲。任體態端相，情懷細訴，趁夜深時，與共綢繆鴛寢。詠牽牛、休悲語讖，願留仙、替持裙錦。一聲斷腸，驀去唱破荒雞，剩積蟾、笑人癡甚。此調詞律缺二十四字，又衍一字，今據《花草粹編》及朱刻《樂章集》補正。

三姝媚　社前四日，上亡婦冢作

梨花春帶雨。又佳城薶香，深深黃土。喚起芳魂，酹玉去觴低問，夜臺安否。倩影依稀，終怨抑、含顰無語。只聽愁鵑，嗁向東風，百般淒苦。　玆恨緜緜終古。況凍折鵾絃，斷腸三度。暗想泉宮，聚舊蓮新薏，淺深眉嫵。元配蔡、繼室彭皆葬河帶里先塋穆穴。去冬，又以再繼室徐祔焉。萬感幽單，都迸作、人間鰥緒。剩有繩牀經案，年時伴侶。

惜寒梅　婦亡之歲，庭中綠萼梅一株忽萎去，詞以悼之

暗呪東風，怎芳韶、不上一枝寒萼。縞袂翩躚，記省慵妝濃抹。那時相贈玉去條脫。奈歡事、而今斷卻。重來無定，韈去底黃雲，頓負前諾。　生來意態瘦削。稱天風佩環，雪肌綽約。禁受年時，幾許冰霜助虐。香魂重返縱無藥。萬一上向、玉京夢託。東坡《遊羅浮山詩》：『人間有此白玉京。』獨從雙翠，昏參夜月，兀自商略。

情久長　自徐夫人歿，歲星周矣，詰朝將營齋奠，夜不成寐，賦此志悼

小樓夜雨，恩恩又一殘春過。但記憶、茜紗妝影，深掩窗瑣。瑠緘難寄達，儘此去、相隔人天路左。未應忘去、釵盟鏡約，枕語琴心，連別夢、都無箇。　轉想當初，自作紅蠶裹。算總爲、錦幬鴛寢，割愛無那。長齋繡佛，後時儻、修得蓮花妙果。要多謝、親麼慧劍，强斫情絲，端正好、蒲團坐。

前調　七夕有感，再賦前調，焚寄徐夫人

有情最苦，銀河化作相思淚。便鈿盒、締盟堅久，天許連理。生生諧眷屬，也恐怕、離合悲歡未已。到時候、分鶼剖鰈，隕粉消香，還觸還、傷心事。　草草塵緣，悟徹終虛耳。暫抵那、兩星牛女，一度相會。天青瀣碧，問緣底、偷藥孀娥夜悔。待重倩、鴻都寄語，小玉西廂，休念取、人間世。

曲江秋　七夕立秋

秋期踐諾。又仙杼停鴛，飛梁髡鵲。銀漏漸移，紅牆久阻，此時諧歡樂。涼意悄地著。水雲起，明河角。頓怯曙天，恩同扇捐，瘦和裙削。　相約。朱樓翠箔。禮星媛、鍼穿線弱。枕簟感瓜筵兒女伴，多應未省，今夜羅衣薄。被露井，西風暗催，幽單，梧桐可比儂先覺。槁葉去半珪纔落。

夢芙蓉　殘荷，用夢窗韻

花天熏露綺。記青墩舊路，遠香卅里。鬧紅歌斷，人去五湖外。錦凋霜漸醉。孤鴛猶戀

寒被。護惜餘馨，愁亭亭蓋小，風偃又扶起。　想見伊人枕底。慵病懨懨，亂玉拋雕佩。褪脂零粉，鉛淚恨如洗。碎鈿留晚翠。憑教點綴秋意。一去片荒涼，剩汀蘆溆蓼，搖影共煙水。

眉嫵　鏡

看盤龍銜組，鏤鵲棲匳，纔展又還掩。記省文窗下，晨妝靚，春人初對菱鑑。黛蛾翠斂。映鬢雲、纖腕親攬。甚移影，獨照迴鸞舞，便無限淒黯。　應念。前情哀艷。儘靜臨香几，輕薦琴簟。離合吾多矣，羞重見，鼇蟾三五圓漸。自憐瘦減。怕淚痕、鉛水潛染。任深閟秦臺，誰拭取、袖華紺。

一萼紅　燈花

悄更深。閃蘭釭一上點，淒寂伴微吟。金燼凝香，紅珠結蕊，何事偏照孤衾。玉去蟲綴、釵頭漫剔，聽夜語、兒女太癡心。午鵲上喧檐，晝蛸緣户，同報佳音。　爭奈白頭人瘁，對殘檠影黯，觸撥愁襟。環佩歸魂，蘅蕪入夢，難道真箇來臨。便長望、迴文錦札，也青鸞、紅鯉盡消沈。賺得通宵未眠，枉費推尋。

倚闌人　闌干

東風吹曉，南花韻午，深沈小院延永晝。細折上弓蛇，曲循珠螘，宛轉寶階瓊甃。蕙氣遮未斷，行盡屧廊還又。差比相思，綺懷重疊，藕腸纖縷縈迴九。　渺渺沈香去後。但暗猜刀尺，慢呼低叩。窈窕慵妝，當初記得，幾度悄憑紅袖。虛幌雙照處，窗網銀蟾冷透。花梢移影，可人天遠，捱去著黃昏守。此調爲曹松隱自度曲。原詞後段『洞户花』九字，朱刻《松隱樂府》作『向夜闌凝月，素芳依舊』，今從之。

意難忘 橄欖

珍果蠻江。正紅鹽亂蔌，翠龍深藏。顰眉曾省未，纖手與拈將。醒乍析、渴先忘。教舌本親嘗。更待他、瓶笙沸雪，點綴旗槍。初時但覺尋常。算梅酸薏苦，一去例禁當。冰脾涼已沁，檀口液猶香。重玩味、耐思量。信別有甘芳。最可憐、回心院落，意永恩長。

西湖月 亡婦彭夫人歿廿年矣，偶檢篋衍，得遺墨數紙，所録皆予少作，感而賦此

西湖別後依依，又一路香紅，暗隨羅韈。忍從前地，重尋夢影，鏡鸞孤緞。綠窗人早去，爲替埽、塵徽開故匣。訝錦字、都作簪花，猶是手緘瑺札。回思少小雕蟲，向月底燈前，等閒塗抹。費伊情思，親書鳳紙，玉去蔥銀甲。迴腸今斷盡，待點檢、香匳熏睡鴨。更禁得、流水華年，鬢絲禪榻。

秋宵吟 題吳九珠苦吟入定圖

隱浮屠，署甲子。歲晚初成詩史。孤懷賞、在瘦島推敲，箇中微旨。掩幽關，對淨几。借一蒲團而已。焚香坐、算丈室天花，正堪隨喜。念我年時，奉繡佛、摛詞戒綺。數莖絲鬢，半榻茶煙，古調倦重理。零落交遊幾。怕說名場，曾附驥尾。願同持、一去點禪心，黏作泥雪絮未起。

陽春　題鄧孝先《漚夢詞》

恨緜緜，懷渺渺，閒倚暮寒修竹。心事笛中論，蕢洲譜、訴出三弄斷還續。拜鵑人獨。鉛淚洗、銅仙堪掬。須信故國茎蘭，怨靈均、寓情芬馥。　念年少承平、躋金馬，猶記得、春明夢録。西風邊笳晚吹，甚悲涼、徵變燕筑。吴霜换了鬢緑。但寫與、新詞珠玉。早傳唱、貰酒旗亭地，雙鬟賭曲。

白雪　題潘省安《瘦葉詞》

香塵九陌，談讌處、新詞徧寫歡叢。仙掖禁廬，雄邊幕去府，承平影事朦朧。忒恩恩。换吟鬢、掠削霜蓬。儘分付、笛家三弄，忍説舊遊蹤。　何況石馬臥煙，銅仙泣雨，亂離中。盪氣九迴腸斷，清淚滿瓊鍾。差比似、美人懷服，託興到蘭芎。茂陵秋病，年時瘦怯西風。

内家嬌　癸酉暮春，胥門郭外展謁先祠，見後院榛蕪中牡丹含蕊三，猶未放也。有感而作

蔓草空庭，斜陽廢圃，蟾鑠鎮長門閉。伶俜翠袖，姚冶紅妝，下謫人間何世。未信一窠瑞錦，依然亂翻雕佩。問夢痕、記否春風殿檻，多少佳麗。　話起。沈香天寶事，正擁内家愁髻。怎花王憔悴。又滿眼荒榛，暗塵四翳。想見荆駝含恨，多應露盤承淚。更生怯、十日輕寒，釀成縠雨天氣。此調《花草粹編》衍一字，今從《樂章集》正。

惜餘歡　夕陽

蔚藍幾點，正鵶背晚晴，飛繞三匝。金粉絢樓臺，閃窗網簾押。垂暮文章，故鄉富貴，羨霜

金明池　自題池蓮自在圖

繒綵天衣，旃檀海窟，丈室香雲普護。著平一箇、蒲團坐領，憑觀想九品證取。轉微風、妙法音中，漫認道、猶有鴛鴦眠處。鴛鴦説法，見《觀無量壽佛經》。看寶網周遮，金臺齊現，散徧繽紛花雨。　省識浮生歸甚許。早入定禪心，色空都悟。寧熏破、天香馥郁，重惹起、澤靈訶怒。奈人間、垢濁淤泥，任拗折修根，神終無語。願藕孔殘兵，荷莖薄譴，一體慈航西度。

有比邱聞蓮華香，鼻受心著，爲池神所訶，見《雜阿含經》。阿修羅與諸天戰，軍敗，退入藕孔，見《大智度論》。又《阿毘曇毘婆娑論》，帝釋以蓮華莖打舍芝夫人，《止觀輔行》引作荷莖，今本此。

以上《艮廬詞續集》

錦、醉老楓紅殺。四山如畫，落霞半明，斷煙微抹。　烏踆願延片霎。算晝永闌干，猶見花壓。庭宇近黄昏，便成了蕭颯。還能消幾，留連光景，怕容易、又五侯傳蠟。勸君珍重，人間寸陰，暝鐘催刹。

金浮圖　自題泥絮禪心圖

銷英鋭。青雲意氣。剩溯承平，少年情事。覺靈和、殿柳依依似。著力扶摇，莫道一無才思。可惜晚萍身世。龍池舊夢，都化離人淚。　而今是。飄淪大地。十丈輭紅，亂愁深瘞。任東風鼓舞終難起。千樹黄金，不作人間兒戲。以楊樹黄葉爲金止兒啼，見《涅槃經》。收攝瓣香法味。楊枝露淨，一句西來意。

十六字令

歸。杜宇殷勤重寄辭。能歸去，寧待盡情嘛。

其二

歸。南國蒓鱸繫夢思。今歸也，争及未秋時。

荷葉杯　本意

象鼻一彎篇碧。徐吸。竅玲瓏。此心微苦耐回味。君醉。記蓮儂。

天仙子　冬日漫興

葭管纔吹歲已除。幾家門户换桃符。争先餞臘醉屠蘇。村學究，老糊塗。苦問仙人知也無。

長相思　西園放生池上作

碧池涼。碧窗涼。曲曲迴闌通石梁。四圍紅藕香。　蓮葉東，蓮葉西。時有驚魚逐水嬉。夕陽人影低。

點絳脣　和高鲟隱《十刹海觀荷》韻

水殿風來，暗香吹徹清無暑。夢遊何處。車馬長安雨。　銀漢紅牆，舊是天孫住。凌波路。弄珠人去。冷墜蓮房露。

浣溪紗　題顧彦平焚香讀畫圖

獨坐松根寄所思。過雲樓外過雲遲。閒來領略畫中詩。　几净玉池平展處，爐寒紅袖替添時。一生清福此修持。

前調　庶卉圖爲潘省安題

爛漫花開陌上薰。踏青時節最銷魂。天涯歸路憶王孫。杜若已搴芳意在，卷葹雖拔宿根存。寸心終欲報三春。

減字木蘭花

朱樓静鎖。繡倦欹牀閒獨坐。嬾照菱匳。新樣梳妝總未忺。芳韶暗老。一段春愁誰解道。自惜腰支。鈿尺重量舊嫁衣。

其二

無端語笑。年少歡叢重夢到。一覺惺忪。依舊虚幃燭淚紅。懨懨强起。繡被香篝猶半倚。鳳彈雲偏。擁髻燈前更不言。

其三

銀蟾三五。缺月重圓知幾度。淚眼將枯。山下蘼蕪路有無。紅牆咫尺。終古明河成永隔。欲寄璫緘。青鳥無情不與銜。

其四

飄燈珠箔。惻惻輕寒羅袖薄。剗地殘紅。一夕樓陰雨又風。銅壺虯箭。徹夜漏聲和淚濺。心篆全灰。底用金猊爇麝煤。

菩薩蠻　春水

東風吹皺粼粼縠。天涯一片無情緑。何處鱅聲低。畫船歸未歸。紅橋新漲膩。半是傷春淚。去去送蘭橈。落花和淚潮。

浪淘沙　燕

紅雨杏花憨。花外呢喃。芹泥辛苦記雙銜。營得玳梁新壘就，過了春三。春去恨何堪。

門巷猶諳。隔年簾幕待重探。一片斜陽芳草地，依舊江南。

前調　月夜偶成，用宋子京體

畫屏燭冷。秋光如鏡。素娥依舊明妝靚。隔重簾、認取月影花影人影。　雲鬟玉臂何時並。闌干慵凭。單衣孤坐懨懨病。背殘釭、又酒醒眠醒愁醒。

鷓鴣天　村居即事

一舸何年下五湖。吴楓終古夜啼烏。不知城郭人猶是，但覺山河景已殊。　溪積葑，野平蕪。水鄉隨處長萑蒲。磯頭剩有閒鷗鷺，識我煙波舊釣徒。

虞美人　白桃花

蛾眉自惜汙脂粉。亡國春風恨。盈盈無語最銷魂。有箇澹妝縞素、息夫人。　從今始識仙源路。卻在雲深處。向來誤認武陵家。只道年年春色、爛紅霞。

臨江仙　春草

陌頭雨沁煙蕪活，踏青隨步生春。東風先醉玉奴魂。翩躚作態，飛近綠羅裙。　偏是別離南浦地，芊緜一碧無垠。等閒愁殺馬蹏痕。玉鈎芳冢，何況斷腸人。

蛱戀花　玉簪花

記得玉人妝乍妥。微步香階，鬢溜搔頭墮。開作斷腸花一朵。冰姿依舊嬌無那。　山麝水沈熏百和。纔展芳心，猶自葳蕤鎖。生怕夜來風雨挫。遺鈿墜珥隨泥涴。

瑞雲濃 瑞雲峰爲花石綱遺物，在故尚衣署

靈峰秀聳，湖山佳處曾選。迢遞綱船去淮汴。潛虯怒攫，未肯讓、黃標封徧。泗鼎詎長淪，會神光出現。　重向人間，供點綴、承平錦院。可奈蓬萊瞬三變。西風殘照，問舊時、帷宮行殿。石儻能言，尚留一片。

洞仙歌 檃括花蕊夫人宮詞，賦摩訶池納涼事，用東坡韻

羅衣溼透，困紅妝香汗。舞罷龍池管絃滿。嫩荷風、曲沼雙浴鴛鴦，花底寢。交枕。蘋翻荇亂。　綺疏涼殿啟，天上仙橋，迢遞宮牆倚銀漢。夜靜漏籤遲、按譜霓裳，鈿箏語、玉簫嬌轉。怕月湧、金盆上樓西，又甲帳香銷、繡筵催換。按：東坡詞『寢』『字』『枕』字疑自爲韻，雖他作多不叶，然如小山『江南臘盡』一首云『仍更是、骨體清英雅秀』，用『是』字、『體』字，稼軒『松關桂嶺』一首云『須著我、醉臥石樓風雨』，用『我』字、『臥』字，又何其巧合也。識之以質海內詞宗。

水調歌頭 滄浪亭

吴會擅名勝，水石足清幽。一泓明鏡空碧，曾照昔人遊。此地荒池喬木。掩映蒼煙翠麓。俯仰易成愁。今古論興廢，都付與閒鷗。　散梅馥，移桂影，幾春秋。夢窗有滄浪看梅、看桂二詞。主持風月長史，名共醉翁留。說甚元豐權相。更甚炎興名將。零落總山邱。始信古詩伯，真可傲王侯。

前調　北固山懷古

人物浪淘盡，終古大江流。江山風景如畫，殘照正當樓。看取東南天塹。剩有金焦兩點。蒼翠入雲浮。故壘半蘆荻，蕭瑟作去清秋。　憑形勝，問殘霸，笑孫劉。一時豪傑公瑾，年少號能謀。欲把柔情兒女。換卻雄心割據。失計縱鷹韝。成敗幾棋局，爭戰甚時休。

江城梅花引　蔡鴈村觴客五百梅花草堂，既賦長歌紀事，媵之以詞

舊家池館太荒涼。剩孤芳。占幽芳。還是九英，花氣借文章。月自高寒花自瘦，乍浮動，未黃昏，已暗香。　暗香。暗香。襲人裳。酒滿觴。詩滿囊。賦也賦也，賦不盡、冰雪心腸。更倚石湖，仙吕譜新腔。歌罷爲花重起舞，儂醉也，趁花時，醉幾場。

齊天樂　蔣季和闢圃城東，種桃甚盛。花時同吴丈雲龕、曹丈蒓廎往觀，惜已半謝

麴塵吹罷玄都樹，東風又窺籬槿。露泫嚬妝，霞含笑靨，微怯春寒消損。濃脂膩粉。映冰雪綃衣，更饒幽韻。每桃數列，間之以李，紅白相映。信有仙源，避秦人在洞天隱。　鸞臺詞翰妙手，舊栽移露井，重話芳訊。暗雨飄紅，迴溪漾碧，流出人間可肯。輕輿命筍。是日季和扶病筍將而來。導蠟屐清遊，蘚泥深印。坐領韶光，四圍花萬本。

華胥引　遊彭氏藕園

原蘇殘燒，隄蝨荒波，斷雲枕堞。徑曲春泥，籬根曉雨通步屧。緑野當日開堂，占幾多風

月。喬木蕭森，故家池館清絶。　嗟我來遲，數韶光、逝波飄瞥。女牆迤邐，芳塍彌望平繡纈。指點桃花紅盡，又菜花時節。別平有傷心，舊巢雙燕愁説。時距亡婦彭夫人殁垂二十年。

垂楊

寄懷鯍隱津門

霜空鴈到。帶海天信息，一繩横曉。醉錦吴楓，故鄉風味蒓鱸老。新醅初釃紅爐小。對尊酒、別腸縈攪。算今年、重把茱萸，奈舊遊人少。　同是滄桑看飽。剩鉛洗露痕，雪融泥爪。望極丁沽，蜃樓嘘氣連雲表。寒威應比江南早。倩誰寄、梅花遠道。託津鵑、説似羈人，歸去好。

滿江紅

西湖法相寺前古樟，曾荷純廟御題。宣統辛亥遜位詔下，樟先一夕枯死。鯍隱弔之以詞，爰亦繼聲

安否樟公，重問訊、湖山殘劫。話遺植、北高峰隖，鳳鸞香葉。匠石敢輕梁棟用，船官留待波濤涉。記錦衣、曾迓翠華來，邀宸悦。　鄱陽瑞，今消歇。永嘉事，空傳説。歎貞柯終古，自甘摧折。池殿劫灰將變色，樟即豫章木。漢武帝於昆明池中作豫章殿，見《述異記》。山林神物先流血。吴陸敬叔爲建安太守，使人伐大樟樹，下數斧，忽有血出，見《搜神記》。算等將、一死報東風，瓊妃烈。《山房隨筆》：揚州瓊花，德祐乙亥北師至，遂不榮。趙棠國炎有絶句弔曰：『名擅無雙氣色雄，忍將一死報東風。他年我若修花史，合傳瓊妃烈女中。』

念奴嬌

明長陵松

萬峰深處，認蜿蜒龍脈，先朝陵闕。夾道蒼官森扈從，飛舞寒空鱗鬣。石馬昏趨，玉衣晨

舉，風雨哀濤咽。亭亭華蓋，百靈朝笏齊列。一猶記匹馬雄關，西風殘照，晚翠居庸疊。路五雲封樹古，訶禁樵蘇俱絶。地下銀凫，人間金盌，恨事何消説。喬柯無恙，杜鵑休更嘑血。

憶舊遊 山塘感舊

記塍花醉蜨，冢草藏鴛，翠輭紅稠。載取桃根楫，盪衣香鬢影，摇漾中流。幾回畫船簫鼓，風曳觽聲柔。賺七里人家，朱闌倚處，齊上簾鉤。　重遊。怕回首，問劍水吴魂，終古荒邱。省識銀塘路，甚年來春事，閒卻蘭舟。一帘杏花微雨，依舊酒家樓。剩過盡漁舠，蒼茫暝色聞櫂謳。

滿江紅 龍壽山房觀元僧善繼血書《華嚴經》

彈指聲中，現樓閣、半塘殘刹。潛溪去、勝因猶在，竺經盈匣。香火前生曾結願，靈山再世仍聞法。看行行、化碧舊濡痕，毫端抹。俗傳是經爲明宋文憲三世所書。錢牧齋辨之，謂文憲爲永明大師再來親見繼公者，語詳《初學集》。　十萬偈，繙梵夾。五百載，龢僧臘。仗諸天龍象，護持周匝。獅子重瞻華藏去座，雉兒還訪香嚴塔。雉兒塔，見《吴郡志》。據明陳繼《半塘壽聖寺記》，謂有雉日聽生公誦《法華經》，獲報爲某家兒，後葬此。又晚來、鐘磬下雲巖，遥相答。

風入松 虎邱重建致爽閣，詞以落之

攜笻獨上翠微巔。傑閣巍然。下觀雲海鋪千頃，此身疑是飛仙。談麈怕驚頑石，茗甌教試憨泉。平疇一望草黏天。遠岫雲連。巖霏紫翠侵衣袂，分明都在闌前。安得朝朝拄笏，飽看雨黛晴煙。

驀山溪 劒池，用石次仲體

巉巖峻削。下有千尋壑。天遣巨靈開，渾不見、神丁斧鑿。斗牛光射，寶氣識吴鈎，怒蛟斫。潛龍攫。終古蘀霜鍔。金精騰躍。鬅英靈託。怪石裂星紋，更莫話、秦皇東略。鐵華苔繡，題字認摩崖，玉霏酌。雲腴瀹。記取登高約。

高陽臺 靈巖山麓韓蘄王碑

花雨琴臺，香雲塔院，靈巖寺即宋韓蘄王功德院。名山兒女英雄。殘霸銷沈，館娃空話吴宫。苑邊高冢麒麟臥，問元勳、蘄國遺封。紀豐功。十丈貞珉，永鎮孤峰。摩挲翠墨思氈蠟，記湻熙題字，天語褒崇。晚隱騎驢，兩朝恩遇全終。臨江一戰驚桴鼓，想夜深、猶助靈風。祔葬夫人四，其一即楊國梁氏，見碑文。弔精忠。遥指西湖，古柏蔥蘢。

瑞鶴仙 玄墓真假山

錦屏圍列岫。看翠巘丹厓，四山争秀。招提試回首，又稜稜石平骨，自成奇瘦。玲瓏剔透。想月斧、風斤斲就。問何年天外，飛來峭立，一峰靈鷲。知有。山根劖巧，泉脈通幽，滴殘巖溜。雲窩雪竇。重淘洗，土花繡。任禪林名勝，森森羣玉，幻作狻猊怒吼。笑人間總費，經營匠心畫手。

湘月　還元閣望太湖

水天一碧，渺具區、三萬六千餘頃。招手山靈，依約見、七十二峰倒映。螺髻參差，蛾眉深淺，翠撲闌干冷。尊前飛度，半空時落帆影。　遥指圖畫天開，莫釐縹緲，占全湖風景。明月灣頭，猶髣髴、西子晚妝臨鏡。極目滄波，滿身香雪，人在梅花頂。鴟夷有約，甚時同泛煙艇。

東風第一枝　香雪海

峭壁臨湖，危梁度崦，尋春踏徧梅隖。暗聞十里旃檀，散作四山縞素。彌天匝地，認一片、空濛雲絮。又不道、花底藏身，卻在萬峰深處。　遥指點、翠微去路。猶髣髴、玉去龍亂舞。算攜廬阜朝霏，載入剡溪夜艤。吟魂無恙，儻喚起、白平頭開府。但飽看、清淺蓬萊，莫說種桑三度。

水龍吟　天平山酌白雲泉

故山萬笏排空，薜深輦路人重問。翠華去後，白雲高處，筆峰孤峻。石罅窺天，厓陰藏磴，鴻泥尋認。向精藍小憩，臨流照影，鬟眉碧、澄潭印。　琴筑階前徐引。細潺潺、露珠跳噴。山僧款客，軍持分取，玉霏龍吻。好約茶仙，品題桑苧，旗槍春嫩。任閒中領略，瓶笙細響，和松風韻。

滿江紅　同吴九珠遊虞山，觀劍門、石城諸勝

廉鍔森森，陡千仞、削成危壁。砉然見、雲崩石平破，巨靈初擘。上瞰天關蹲虎怒，下臨地窟潛蛟泣。是何年、斧鑿運神工，留奇迹。

霏濕翠壓輕舠。望裏嗁妝恨黛，鏡中淺畫深描。　雲消。舞鶴起神皋。錢牧齋以湖田舞鶴爲新阡八景之一。似勸客登高。又一笻兩屐，沿緣磴曲，憑弔山椒。　蕭條。墓廬咫尺，是日登鵝鴿峰，訪翁松禪相國瓶隱廬。怕晚來哀籟泣松濤。不信歸舟櫂唱，夕陽黃上林梢。

前調　懷故都萬壽山、昆明湖諸勝，用屯田體

出巖闉西笑，挹遥黛、落晴空。記風動鳴珂，花開迎輦，雲樹重重。潛龍。挾山勢起，噴玉泉迤邐作長虹。指點艑棱旭照，翠華曾駐仙蓬。　溶溶。帶水流通。環禁苑、蠣牆紅。訝漢家池籞，樓船肄武，偏在離宮。塵蒙。舊臨幸地，剩虛機夜月石鯨風。欲問殘灰小劫，御溝不語流東。

排樓堞，參差立。疊屏障，逶迤闢。襯楓林殘照，暮鴉顏色。潮薄海亹山盡赭，霞開洞府城都赤。更煙蕪、相映畫圖中，湖田碧。

八聲甘州　拂水巖

傍危崖跨澗架虹梁，懸流下巉巖。訝長天晴霽，迴風激盪，微雨廉纖。甚處跳珠噴雪，喚起玉龍潛。噓作冥濛氣，雲水相兼。　道是山靈遊戲，向谷中倒卷，千尺晶簾。算諸天花雨，衣裓一齊霑。問詩人、山莊何在，但梵宮、蓮刹尚莊嚴。思留箇、結茅庵處，寫取吳縑。

此調凡八韻，屯田以陰陽聲間押，今倣之。

木蘭花慢　尚湖雨泛，用竹山體

趁湖光澮沱，好攜酒、喚蘭橈。看野燒蘇青，水田蘸碧，細灑天瓢。　瀟瀟。打篷碎響，載巖

高陽臺　壽葉遐庵五十

酈菊餐餘，庾梅綻未，小春風物暄妍。緑野堂深，此中宜著詞仙。蓬萊幾度經清淺，看紅桑、隨處皆田。夢依稀，巢燕銜泥，猶話當年。黑頭不羡公卿早，羡歸來晝錦，早臥平泉。餘事耽吟，袖中珠玉成編。多情訪我衡茅底，更商量、舊譜金荃。聽吴歈，翻作新聲，邀鶴南天。

齊天樂　予方蒐輯先高叔祖研樵公遺詩，適沈挹芝以公書畫合卷索題，畫臨沈石田贈吴匏庵長卷，書則自録《山居雜詠》詩也。鈔録既竟，敬題是闋歸之

一樓如畫胥江上，仙人舊時遊衍。吾家舊居胥門外萬年橋，有如畫樓，爲公吟眺之所。待詔書名，停雲繪品，猶覺風流非遠。吴牋静展。訝神似石田，又開生面。暗想追涼，暮蟬高樹蔭池館。圖爲道光丁酉七月作，公自識云『弄筆於蟬聲樹影間』。詩囊多少碎錦，燼餘思綴緝，塵蠹紛散。剩水殘山，零縑斷墨，愁説家珍已罕。虹光照眼。喜趙璧仍完，浦珠重見。借寫霜毫，夢回青鏤管。

六么令　改玉壺重臨趙文淑自寫小影，舊藏吴興徐氏，亡婦匳中物也。惜已蠹損，亟付重裝。吾家居停雲橋畔，即文待詔故里，因戲爲畫中人賦歸寧云

澹妝眉嫵，天水衣輕碧。停雲舊時詞館，秀美鍾巾幗。臨鏡丹青寫取，綽約傾城質。深閨誰識。鷗波照影，端合菱花讓顔色。仙家方祕换骨，畫訣偷傳得。縑素羽化雲煙，蜕出通靈蹟。門巷斜陽野草，燕子誰家宅。三橋

猶昔。魂歸環佩，更倚紅闌夜深立。

風流子　秋感，用清真『楓林凋晚葉』體

悲哉秋氣也，商飆動、景物盡含淒。正一繩鴈字，玳雲初見，半珪桐葉，銀井先知。最難遣、扇羅捐素月，琴簟斂文漪。秋雨茂陵，自來多病，暮年開府，長此哀時。　宵闌人無寐，舊歡杳、偏又展轉尋伊。可奈夢中緣影，醒後都非。想玉宇高寒，凝愁成靄，絳河清淺，滴淚添澌。天上五雲樓閣，一樣相思。

鳳凰臺上憶吹簫　梁妙嚴公主墓

荒冢迷鴛，斷簫辭鳳，翠鵑猶喚歸魂。歎瓊枝瘞久，抔土空存。但記黄絁帝子，亡國恨、寂寞孤顰。傷心甚，戒香度夕，繡偈消春。　休論。沁園湯沐，剩廢刹瑶光，草没蕪痕。問東風寒食，誰酹芳尊。便話玉山金粟，觴詠地、也早成塵。從何處，重尋舊題，一片貞珉。墓在禪興寺後，其地後爲顧氏依園，復改息園。今俗稱薛家園，則又息園之譌也。

漢宫春　《隋董美人墓誌》拓本，爲吴湖帆題

龍首荒阡，莽平蕪一片，青冢何存。摩挲數行翠墨，猶恁温馨。瑶池小謫，料雙成、應是前身。環佩杳、傾城不再，蜀鵑嘑破殘香。　回首梁臺魯殿，記安車來覲，曾奉清塵。無端舜顔萎早，淒斷香魂。風流帝子，費才華、親製貞珉。差勝似、垂楊腐草，玉鈎渴葬宫人。

法曲獻仙音　西跨塘明徐季鳴侍郎墓

殘碣捫螭，古桓招鶴，省識前朝封樹。扇策邊籌，酒行郊餞，孤臣氣節如覩。但感激酬君

友，寧知大璫怒。　檻車去。　儻當時、釁延緹騎，株蔓慘、奚止墓中人五。浩劫賴潛消，護維桑、功勝烏府。世傳巡按徐吉揭帖，治五人獄，多所保全。　劒壐祠荒，笑茄花、落盡旦暮。剩蓮涇相望，周忠介墓在白蓮涇。共作松楸風雨。

雪梅香　蠟梅

恁清絕，亭亭玉立峭寒中。問孤山芳事，誰家信息先通。熏就旃檀可招鶴，燒降真香，感引鶴至，見李珣《海藥本草》。釀成崖蜜已無蜂。儘和雪，細嚼鵝酥，別平有香濃。　深宮。記前度，額上新妝，睡起嬌慵。怎換黃絁，道裝小謫悤悤。冷艷何曾借春色，獨開原不屬東風。憑誰解，一點檀心，低訴芳悰。

洞庭春色　橘

千樹攢金，一林綴纈，洞庭已霜。正持螯時節，乍過橙緑，聽鸝天氣，未老柑黃。珍重緘題三百顆，道風味初堪馳寄將。須記取，是當年苞貢，曾奉君王。　人間屢經棋劫，斂殘局就裏深藏。念侯封無分，早辭京國，園官有稅，莫問江鄉。自笑童心今未改，喜出入、猶聞懷袖香。歸去好，願瑤池珍果，親獻瓊漿。

祝英臺近　除夕立春，用夢窗韻

簇金旛，森寶帖，春在翠蓬股。可惜年時，都逐夢痕去。卻來撥悶紅爐，燭花彈淚，鏡邊聽、鶯鄰歡語。　薦芳俎。漢家殘臘依然，芹盤愧寒素。閒話農祥，東郊舊時路。已無芝蓋青旗，彩鞭行仗，更誰問、一犁晴雨。

滿庭芳 拙政園文衡山手植藤，用清真韻

紫萼迴風，緑陰鋪席，酒闌荼夢初圓。舊時臺榭，彈指已成煙。莫道交柯絳樹，梅村去、花淚濺濺。還堪問，停雲妙蹟，虹月米家船。當年。遊讌地，曾攜繡筆，揮灑如椽。衡山有《拙政園記》。更自鋤明月，來醉花前。回首紅闌故里，遲去騷魄、喚起神絃。憑摩撫，蒼苔古榦，重與畫龍眠。衡山畫師龍眠，見《無聲詩史》。

望海潮 弔戚南塘

桑田塵起，蓬山波沸，神州砥柱誰支。東浙佩符，南閩布檄，風雷迅赴戎機。專閫耀神威。看天驕讋服，齊拜旌麾。獨上臺端，勒功平遠紀豐碑。　當年坐鎮雄圻。恨無端薏謗，輕代瓜期。遼薊用兵，江陵罷相，中樞策畫都非。懷古漫歔欷。望榆關萬里，邊報紛馳。飛將龍城，又聞鼙鼓動遐思。

滿江紅 壽徐姜盦六十，即依述懷體韻

千里吟筒，妙欬唾、纍似貫珠。分明道、故人無恙，霜警邊榆。醉駐韶顏先酌酒，君長予一歲。愁侵絲鬢不勝梳。向海天、留眼看紅桑，風景殊。　別平離久，懷思紆。又秋信，感風梧。但一繩征鴈，極望寒蕪。借取紫裘腰下笛，譜將新曲寄髯蘇。趁翠微、高會菊花天，淩太虛。

摸魚兒 重過寒碧山莊

占名園、幾多春色，樓臺蔥蒨如畫。金蟾齧鏁重門閉，冷落冶遊車馬。蛛網罥，早又是、花時閒了荼蘼架。簾鈎反挂。怕鳥啄風箏，蛇

盤藻栱，髣髴故宫榭。　君休訝。自古平泉緑野，閒情絲竹陶寫。錦衣富貴娱長晝，安得百年清暇。真傳舍。請聽取、春風燕子興亡話。斜陽又下。問門巷烏衣，誰家院落，猶道舊王謝。

前調　西浦圖，爲竇應劉翰臣題

漾天光、碧湖如鏡，西浦爲劉氏故居，有湖上草堂、天鏡樓諸勝。遥峰齊獻眉嫵。村鴉幾點斜陽外，隱隱估帆飛度。家久住。占一角朱樓，不礙霜林樹。蘋汀蓼渚。想晚艇歸漁，至今猶話，先代釣遊處。　滄桑遽。剩了荒涼片土。劫餘多半離黍。故家池館知何在，衹有畫圖縑素。君認取。是妙墨通靈，神物潛訶護。圖作於康熙癸酉，中間失而復得。溪山寄語。願他日重來，烏衣燕子，省識舊庭户。

金縷曲　題顧梁汾遺墨，所書即寄吴漢槎《金縷曲》也。墨蹟藏無錫胡氏

絶塞生還矣。算當年、憐才愛客，相門公子。畢竟故人真肝膽，援手冰天萬里。幸許我、刀環料理。莫道生無三蕉量，便一觥、引滿何辭醉。拚荷鍤，報知己。　言中不盡酸辛意。儘商量、烏頭馬角，替營歸計。自古才人多情重，何況清詞飲水。那得不、聞之流涕。蘇李傷心河梁别，總輸君、一諾關生死。重展讀，感風義。

前調　送南城黄曉浦之官黄岡

筆下如虹氣。恣飛揚、狂歌促拍，詞場青兕。鐵板銅琶江東曲，才調如今有幾。算赤壁、清

遊可繼。只惜金昌亭前柳，更何人、共伴鶯花醉。都釀就，别離味。　焚香料理騷人事。想逍遥、華陽鶴氅，竹樓孤倚。藻荇中庭空明影，依舊雲階月地。君宦吾吴，所居與承天寺近。黄岡亦有承天寺，東坡夜訪張懷民，步月中庭，即其地也。總不似、香塵吴市。『東風無力埽香塵』，夢窗《觀吴人歲旦遊承天》詞句。風雪迷茫平川樹，怕遥天、一鶴書難寄。君去也，自珍衛。

前調　述懷，用吴梅村《病中有感》韻

何地堪晞髮。恨銷沈，故宫鐘虡，銅駝蕪没。一片斜陽葵麥影，聽徧荒鵑嘑血。偏又戀、觚棱殘月。誰遣蒓鱸歸不早，悔平生、自綰愁腸結。思往事，但嗚咽。　丈夫自古矜名節。豈區區、殘編斷簡，蠹魚生活。蘭畹金荃尤瑣事，黄絹違云妙絶。徒寫出、悲歌三疊。老去長齋依繡佛，願懺除、綺障離言説。休更語，唾壺缺。

以上《艮廬詞外集》

張慎儀

摸魚兒　晚春詞

經幾番、雨絲風片。東皇無意留戀。惜春灑盡青鵑淚，誰道黄鶯能勸。勞繾綣。畢竟是、夭桃穠李難重現。春情太短。只賺得、零星溼紅墜粉，鎮日寫幽怨。　春夢亂。夢繞畫闌千遍。只愁春去無伴。遲回將酒花前餞。那不使人悽斷。東風嬾。歛不散游絲，反被游絲罥。儇軺且緩。待絶代才人，鉤心鬭角，撰出春歸卷。

水龍吟　游薛濤井，尋桃花林墓不得

可憐最是嬋娟，遭時淪落如蓬梗。過庭續句，竟成讖語，何堪追省。十色蠻箋，七絃雁柱，閒情自領。算愛才不少，騷人墨客，終莫慰、青樓恨。　去錦城東差近。是太和、薛濤古井。五雲深處，昌蒲一碧，蕭蕭摇暝。訪古人來，登高憑弔，傷心薄倖。問桃林何在，年年杜宇，祇餘悲哽。

臺城路　感秋詞

待涼小立秋千外。争如舊年秋態。怕説秋來，還愁秋去，可是秋心無賴。賞秋至再。費忙裏秋吟，枉嬰秋痗。好疊秋箋，和他秋露寫餘嘅。　問秋今尚餘幾。又重番秋雨，把秋揉碎。花詫秋魔，月嗟秋蝕，醞釀秋情如醉。秋蟲苦吠。似對我悲秋，悽然秋籟。秋夢支離，恨秋宵無睡。

薄倖　女士賀雙卿，才頴清絶，詩詞娟秀，誤嫁農人，備嘗艱苦。史悟岡《西青散記》述其崖略，讀之悽黯

綃山閨媛，有如此、錦心繡口。造物忌、才成慣例，怎得雀屏嘉偶。任憑伊、餉黍澣衣，遂令人比梅花瘦。把炯炯癡情，鰥鰥私恨，和淚寫詞多首。　自唱了、隨鴉曲，應合與鴉相厮守。信畫樓金屋，謫僊無分，欲銷魔𩊱誰能彀。事喧皖右。付西青妙筆，便傳芳澤千秋後。魂兮知否。莫悔青春虚負。

賀新涼　壬申季夏，客居邛廨，蕉窗送雨，煩襟灑然。張紫帆枉存，同賦此解

身世如漂寄。被炎風、歙來此住，飽參涼意。一桁蝦鬚鉤上未，人坐午陰疎際。細點檢、蘭煤檀粹。借取金猊熏最好，裊烟痕、篆作迴文字。驀一陣，妙香遞。　瀟瀟夜雨聲悽戾。倚胡牀、睡魔未穩，客心先碎。海樣深愁都攪起，贏得汍瀾清淚。只羨煞、買山引退。築箇團瓢書可讀，卻此生、長在清涼地。勝今日，惜顛顇。

滿江紅　題胡雪漁山水畫

畫裏卜居，消不盡、尋常風月。還暇日、呼鄰聚話，茶凹酒凸。殘雨過林雲不定，霽虹落澗日將沒。有前頭、觀瀑野人來，飛雙舄。　古剎外，榕陰闊。短亭外，杉陰窄。又渡旁村店，酒旗盈幅。淼淼江流迴幾曲，嶄嶄石磴盤千折。似莽蒼、三百里嘉陵，雪漁筆。

解連環　並序

去滎州城東南里許，有大佛山，爲邑之勝蹟。癸酉歲，吴齊之大令來宰是邦。敷政多暇，爰召同人，期於孟陬下澣謀登臨之樂焉。是日也，晴旭弄暉，嵐氣入古。豆莢暈碧，杏英綻白。扶藤糾葛，騶從不喧；挈榼提壺，吟嘯互畣。步不踰晷，遂達崇棟。磴促妨止，盤枯落而不黏；篁低傍簷，迎清颸而作響。幽鳥拾果，時來親人；老僧披衲，亦解接客。迺禮峯巔之佛子，復觀壁上之達摩。一廛崛起，俯瞰溪流；八窗洞開，遠吞暝色。崖隙之字，蝕於蘚痕；山寺之餐，雜以松實。已而孤磬一聲，疏鐘幾杵，野雲亂罨，村煙遠嘘。爰返歸輿，訂以後約，略識數語，竝綴以詞。

春晴駘宕。愛雜花生樹，香隨路轉。爲探幽、來訪茆庵，正藜杖泥鬆，芒鞵塵輭。百級巖根，幸腰脚、自來清健。拜一十六丈，古佛金容，達摩羅漢。愔愔禪房晝掩。在薜蘿深處，有碑漫漶。取幾多、拴帚稷毛，且揩蘚披嵐，搜尋殘篆。迻坐梵樓，面山展宴嘗齋饌。欲歸也、蒲牢乍吼，暮烟撩亂。

金縷衣　別友

同是東川客。又誰知、臨滄祖餞，轉勞惜別。買得短艭沙岸艤，恰好波添數尺。最無那、風前鐵篴。歙徹碧空雲寸裂，看垂楊、也帶愁顏色。龍鍾淚，我先滴。　如今旅況真蕭瑟。憶相逢、鬬茶説餅，荷晨菊夕。僂指西遲才幾日，又屈落紅春寂。慨攜手、河梁贈策。一紙家書修未得，報平安、幸代傳荓蹟。歸期在，橘涂月。

大酺　留別王子楚

那斷鴻聲，寒蟲語，惱煞蕭齋孤客。雲山重疊處，悵年年羈旅，梗蓬踪跡。潘鬢稀疎，沈腰清減，消受橋霜店月。今番歸期卜，正梅花夾路，一鞭得得。歎羞澀空囊，蒼涼短劍，萬般悽惻。　征輪前暫歇。便與君、解構同朝夕。還記取、篝鐙説鬼，煮茗論花，託新知、常如舊識。無奈又輕別，別後侶、情傷今昔。計此後、鷦枝借。未知南北驛使，天涯如遇，尺藤幸通積臆。

滿庭霜　題雪竹畫幀，爲崔劭方作

薄日棲寒，朔焱攪夢，滿階枯翠冥冥。暮鴉盤未，空際了無聲。霏過一回晴雪，瘦筠蕭槭也愁醒。憶琴外，玉梅同調，寄語細丁寧。倚闌人去後，枝摇瓊屑，冷透疏檽。問平安誰報，依舊亭亭。横抹蒼寒不斷，儘幽絶、好繪丹青。增惆悵，春風鸞尾，知更愴吟情。

憶江南　建南雜詠

建南好，乘興蹋青行。蟲果儈權村有市，蠟花開遍廟無靈。春會記分明。

其二

建南好，北望海冥濛。蜃氣曉團雲百色，蛟雷晝激雹千峯。光怪一重重。

其三

建南好，危閣緑陰中。淺水稻田尋蛤菜，夕陽杉路采雞墣。載酒醉秋風。

其四

建南好，別有一乾坤。涼霰不妨花奄藹，嚴飈翻助草精神。冬意略如春。

南浦　送姚曉林入都，用《山中白雲》譜

客意太闌珊，驀飛來，天棘枝頭啼鳥。啼醒夢歸人，依稀似、報到不如歸好。旅緣未了。而今送客邛崍道。爲問天涯芳草處，多管是愁根繞。何須商酌前程，者謝草江花，綺年才妙。九萬里鵬，摶扶摇上，眼底瀛州還小。相看莫笑。不才擬向烟波老。一葉青蛤簑一領，分付蛩宵漚曉。

月下笛　聞葉汝諧談西湖訪友事，悵然賦此，用張玉田《贈仇山村》均

君自蠶叢，揚舲去訪，西泠詞友。竟慳聚首。懷人真令人瘦。東風歙醒參差夢，可歙得、春愁散否。任孤山一點，寒梅棲鶴，隔林招手。

雪後。湖光舊。看蘇白隄邊，猶餘烟柳。畫船儘有。豔塵還問篙叟。靈襟莫謾傷枯寂，正可借、花天住久。算衹我，太無緣，未到六橋載酒。

浣谿沙　送余詮卿歸雅郡

瑣尾流離廿四霜。年年送客在他鄉。峩崍山色兩茫茫。　驛柳依依如怨別，垂絲十丈繫斜陽。離情更比柳絲長。

百字令　登淩雲絕頂

衣江江上，正層層蒼靄，翠嵐欲瀉。佛寺深藏蒼翠裏，別有留人小榭。泉急漱蘿，風回擺竹，清籟發巖罅。羣漚驚起，遠隨帆影東下。　漁鄉櫂當驪場，相逢舊好，屢枉看山駕。山已租蝯樓寓鶴，也許吾軌暫假。稗䬃穌羹，紺茄佐酒，薄醉消長夏。離枝紅處，一聲都了吟罷。

慶清朝慢　秋初崔劭方約同高澂蘭、余詮卿醼集高嘌峯

蠓外穿雲，蜆邊躡露，此身忽到高峯。憑臨萬景微茫，秋意浮空。知是昨宵雨過，添新涼如咽荷筒。怪道人，不知留客，打起疏鐘。　前度清盟訂後，已星分落袂，歇了游蹤。喧萋幾換，餘興翻又惺忪。遍訪石湖遺事，把吟情付與西風。久凝竚，溼燐飛散，雨又濛濛。

秋宵吟　蟋蟀

早涼天，天欲暝。藻井桐陰青冷。積廧外、正機杼繅繅，做番悽景。　一聲尖，一聲緊。衹有離人怕聽。易添恨、恨渺渺予懷，天涯路

另，怕揜秋色，那知羈苦，偏在霜邊。悠悠夢冷瀟湘水，省往事、更許誰憐。問宂央，幾生修到，良好因緣。　離羣弔影悽然。賸襬裷碎羽，飛并何年。摩空警獵，趁風曳艣，蕭寥最是，遠塞荒烟。漫漫不見南歸路，縱歸去、恨也綿綿。倦欲眠。撇雲飄下菰田。

摸魚兒　凌雲話別，和胡玉津均

理征鞭、又將去也，驪歌唱得聲破。別懷悵觸渾無俚，況又自傷轗軻。生憾著。問此去、青衫更有誰知我。欲留未可。且落葉扁舟，聯唫拌醉，悵玉津漁火。　記傾蓋，正是那時雪墮。歲華還慮虛過。嵐邊行榼花閒屧，準莆嬉遊最妥。君戀麽。便風絮浪萍、悽悄荒郵左。明年春娜。有殘月曉風，蘆溝楊柳，尋夢梗。　還問王孫，何自苦、悲秋成病。替螿絮雨，對蛬嘶烟，有幾許情韻。都在夢初醒。傾耳驚心，更深人靜。最難忘、鴉髻兒時，籬落呼鐙弄霜影。

湘春夜月　瞿印山席上觀繩伎

忒殷勤，簷際一抹秋痕。引上金粟月娥，真箇也銷魂。重整螺鬟波襪，向雁繩斜處，步碎羅雲。還疑是渡鳥，舞衣顛倒，如夢如塵。　飛瓊伎與，迴丸承溜，騁巧翻新。嘅此生涯，儘去來、飄同輕絮，點綴芳春。蹋謌和罷，了歡場、已過黃昏。驀又惹起，紅愁碧怨，有誰憐汝，衹自溫存。

惜黃花慢　孤雁

淡淡湖天。只荻花千里，不似春鮮。自從孤

正無那。

臺城路　哀張紫帆

芙洲與共停吟屐，落拓客懷難遣。選勝評棊，買春敲韻，消去旅愁何限。浪游已倦。又敗笠衝寒，殘陽策蹇。萬里蠻荒，鄉心怎禁悲蘆管。　儁才信多命舛。甚繞枝軋軋，昏鴉破卵。腸斷鬟雲，心驚瘴雨，都入牛腰行卷。鬢絲搔短。悔病誤相如，茂陵秋晚。悽絕天西，賸方諸淚滿。紫帆次兒子正官蓬溪令，虧累籍没，故及。

東風第一枝　次孫伯勃《秋思》均

爛影摇魂，琴心寫怨，幽悰歷亂無緒。夢回月下清碪，書斷霜前碧樹。素心人遠，知更在、何時懽聚。且權把、寸寸相思，先付與雲歸處。　簾冪冪、殘花香膩，簷撲撲、碎玲風細。可憐爛錦華年，猶戀倉皇襆被。炎涼閱盡，有種種、新愁來去。問誰家、龍竹蛩聲，歛起那人秋思。

念奴嬌　雷仲宣庚子感懷次坡均見示，依均奉畣

青羊一變，又鬖鬖、尼到中原文物。八道狼氛連海角，破壞幽燕半壁。矗矗瓊樓，翁翁玉宇，高處寒如雪。躊躇四顧，可有迴天英桀。　瑤也曾搔首問天，問天無語，孤憤憑何發。三尺吴鉤，幾草琪花亂成陣，怎不豪情都滅。編樂府，俛仰悲霜髮。宵分人悄，忍看劍外殘月。

摸魚兒　乙巳春，選兒偕玉潤田赴都，輪船至南通州失火，兒没於水。予適卧病，驚聞噩耗，既傷逝者，亦行自念也

誤浮榮、乘槎東去，風來與火相引。百年奇刦今一遇，可是數由前定。怕重省。怪五百舟人，也者般同命。水天瞑瞑。何處去招魂，魂兮歸否，試向巫陽問。支病枕。我已懨懨愁損。那堪更耐哀哽。回思臨别丁寧再，總説歸期早訂。心耿耿。盼不到錦還，盼到騎鯨信。聰明不幸。私懺汝他生，貞貞徯福，補今生遺恨。

喜遷鶯　重九小飲丞相祠堂

重陽無雨，向别徑偵秋，靈祠載酒。滿地紫落，半庭黄葉，掩映夕曛如繡。不似少游風景，對此那堪回首。低回久。嘆惠陵古木，寒鴉依舊。　偕友。登高去，恅惸心情，問有人知否。落帽且謿，采萸聊祓，已在酒闌時候。思量一年一會，今日之游已彀。人散後。欲拈毫題壁，西風正驟。

水龍吟　游城北蕭寺

攜尊欲上層樓，曲廊深掩疑無路。那知姑射，詞人三四，居然占據。我自消閒，隨緣最好，何勞相妒。只荒涼池館，衰菱壞芰，也算得、賞心處。　經過重重殿宇。好一似、夢中曾住。幾絲垂柳，幾竿修竹，扶蘇如故。五十三參，逢僧一笑，拈花頓悟。羨蒲團坐破，壺天小隱，暫游僊去。

醉花陰　秋雨書悶

秋雨淒淒天欲暮。一滴一聲苦。捱坐到鐙昏，人已無憀，況近芭蕉住。　慘白夫容開幾樹。不是遺愁處。愁是先秋來，秋老將歸，怎不先秋去。

湘月　早梅

雪天如醉，有明明滅滅，半林殘照。引得游邊煞薔亂，似訝東風太早。瘦影扶春，嫈香破凍，遣盡閒煩惱。萬緣俱靜，願我與花長好。

絕憶錦里廢園，蠣牆低處，魂斷無昏曉。隔住鷺涇飛不去，清夢幾時纔了。竹意相憐，松情自慰，遥索巡檐笑。綺窗客到，吮毫再續吟藁。

青玉案　讀《陳沅傳》

香輿粲粲迎簫鼓。薄命例成風絮。錯嫁將軍如腐鼠。蓮花池裏，曇花庵側，都是堪傷處。

文人好事撏滇故。曾訪五華爲沅敘。稗史已殘無可補。前圓圓曲，後圓圓曲，夃付銀箏度。

百字令　除夕守歲

寒消三九，甚江城爆竹，歲華草草。客邸光陰容易過，一過一番人老。燒燭檢書，呵冰滌硯，自遣閒懷抱。鄰家兒女，懽聲終夜翻倒。

明日怎又新年，料知淑氣，處處催黃鳥。應有暖風如我意，歛得官梅開早。寒具留賓，春椒逐頌，强作團欒笑。對花訴與，冰鬚添了多少。

玉樓春　春盡日

一春寂寂春人惱。燕子來遲春已老。環庭芳草碧無痕，糝地落花紅莫埽。

別離況味都嘗飽。怎奈又編離別稿。春蠶絲亦有窮時，獨怪情絲抽不了。

高陽臺 悼亡 室人李蕙，字潄芬，歿於光緒丁未十二月二十四日

枯柿翻風，殘梅濺雨，黄昏不住啼鴉。問卜瓊茅，酸辛知是今朝。卅年歡戚皆成幻，細思量、怎不魂銷。甚潘郎，皤然老矣，有涕如潮。

逢逢臘鼓催年亟，正鸞離珠鏡，鳳慘玉簫。杳杳泉臺，酒從何處來澆。癡情欲把哀絃訴，箏哀絃、訴也無聊。儘鐙前，四卷楞伽，誦到深宵。

一叢花 梨花將謝，漫賦

小園花事太怱怱。渾不見春紅。沈沈院落溶溶月，隔珠簾、一樣玲瓏。雅素不妝，穠華汰盡，悄倚粉牆東。

冰魂飄泊尚留蹤。蝶意也都慵。重門雲護無人到，只詩情、息息相通。冷雪幾枝，餘春一綫，無語呪斜風。

青玉案

無端春去閒花落。驀飛過、鞦韆角。人倚鞦韆渾不覺。覺來無著，鄰鶯曾約。還去將春捉。

驟寒嚮晚顛風作。處處芳林同一虐。韶景輕抛真是錯。自傷遲暮，青衫如昨。有淚痕斑駁。

瑣窗寒 花户油窗

茜牖紗輕，碧櫺紙脆，不宜冬晚。爲翻新樣，添換琉璃片片。任信風、歛過重番，總疑遮著一層絹。只書牆暖日，玲瓏透影，硯冰能泮。

爛漫。供清玩。似雲母畫屏，花濃目眩。燕寢凝香，最便消寒瓊宴。縱周遭、掩映如雲，仍朗朗隔窗易辨。到春時、窗外桃開，好

覿春人面。

聲聲慢　紅葉

柏含烟重，楓舞林嬌，郵程點綴荒寒。艤艇停車，西風歙老酡顔。餘霞孤鶩明際，有茅茨、隱現其間。詩意好，好琢成錦句，題上綺紈。　纔見濃陰千樹，甚童童如蓋，黛色參天。一雁叫霜，因何變作春妍。天若嫌秋寞落，爲秋人、少助清歡。又何必，嘆飄零、鵑淚輕彈。錢起詩『茅茨隱紅葉』，金涓詩『一雁叫霜紅入葉』。

徵招　雪意

迷濛天色和雲凍，凍破遥林松影。幾隊鳥拚飛，尚繞枝未定。晴光了無信。纔一抹、殘曛又暝。送到角聲，怎吹不散，霓寒成陣。　甚市遠愁沽，晚來也、欲飲一杯瓶罄。擘簡去徵詩，當凴花良醖。社盟原未冷。應不少、爪郎嘲詠。風正緊、獨自踄趺，在槑邊閒等。李長吉有嘲雪詩。

邁陂塘　題趙松雪煎茶圖

悄芳園、松陰欲墜。疎疎頗適人意。旗槍摘向松陰裏，霑上一襟涼翠。閒無事。喚便了、來尋安銚支鑪地。行行且止。任敲火石眉，調泉井底，趁著晚天霽。　偶觸撥，幸草勞薪身世。因而於此憀慗。輕甌相對祛煩慮，想到槐南應悔。休也未。莫再戀、芬華久被囂塵累。披圖自咥。姑濯筆鈔經，焚香頌佛，更與鶴隨喜。

憶江南　漁家樂

漁家樂，生小便浮家。野岸曉風迎鷁艇，紫潭春漲試魚叉。處處有桃花。

其二

漁家樂，遠住碧雲村。千頃荷香薰午夢，一繩棕網挂當門。菰飯聚兒孫。

其三

漁家樂，織罟自營生。霜市賣鱸新論價，烟篷擘蟹漫調羹。依夕起歌聲。

其四

漁家樂，風水好相逢。罫略斷流分荇界，蓑衣冒雪釣蘆中。謀飲憶郫筒。

齊天樂　葺蔆園粗完，題壁

避囂小隱林深處，近在少城城畔。廔浼蟻營，屋煩蝸戴，題作慰蹉跎館。迴廊涉遍。上樹杪茆茨，一指倦眼。燕燕鶯鶯，自來自去誰拘管。浮生莫慨蓬轉。者閒適風景，讓我先占。新緑冣陰，頹紅閟馥，都與好懷相綰。塵緣隔斷。有兩版蕟書，足供消遣。高臥北窗，覺羲皇未遠。

金縷曲　七十生日自述

七十平頭矣。記少年、零丁孤露，不勝况瘁。食指夥頤難一飽，笑殺昌黎五鬼。處處是、歁𢡟滋味。自愧鼠蠹生計拙，誤窮涂、莫下萬雙淚。恐挫了，元龍氣。　關河浪迹尋知己。但憑著、隨身竿木，逢場游戲。幕府棲遲緜歲月，老我瑪琳書記。瞬息滄桑如鼎沸。那更有、桃源可避。道不如、長作平原會。消塊壘，瞢騰醉。

探芳信　丙辰人日集蔆園，懷工部草堂

春來路。在杏蕚梅梢，東風一度。有多情燕子，探春對花舞。招來舊雨兼今雨，莫便分賓主。快安排、茶臼詩筒，花間久住。　游券渺難據。嘅人日草堂，五年未赴。今日嫩晴，又阻浣溪步。麗春更有花無數。再去尋工部。自丁寧未可，芳期又誤。

百字令

鬬花無主，看百般紅紫，怎生愁苦。蜂蜨紛紛凋瘵盡，莫怪春無情緒。憶否當年，杜鵑橋上，懺語曾重訴。危闌休倚，夕陽紅盡將暮。　謾道金粉樓臺，衣香人影，多少閒歌舞。樂極悲來，曾一瞥又變，祆氛處處。狼顧鷹瞵，波譎雲詭，魂遶蠶叢路。周遑鬼運，此愁那便銷去。

齊天樂　胡玉津邀同宋芸子、趙堯生、鄧華溪、鄧雨人、路金坡、江子愚讌集天倪閣，賞白秋海棠

當年曾訪凌雲去，小住海棠香國。轆轤井邊，鞦韆亭畔，簇簇疎花如雪。蕭晨蕙夕。賸清怨幾分，閒情一霎。春睡醒來，夢華破碎秋心仄。　光陰回首都幻，又古驩重締，飽看秋色。冷豔弄晴，素馨吹息，銷盡紅塵炎熱。無言脈脈。有籬豆吟蛩，伴伊幽寂。畫箔低垂，玉階涼露白。

解語花　黛黛花，吴淞茗名，與趙堯生同賦

風描碧髓，露染璃酥，應是天工巧。二分春早。争炫出、楚楚緗花清峭。疎香歛到。正竹裏、鑪烟裊裊。比他代、醉緑昌明，沁詩脾

更好。　也學千雙淡埽。對清人宫樹，倍增窈窕。雲魂月貌。單只是、不夜鶴心知道。裊裊絶倒。吴淞荆錫嘉名妙。可能低唱鬥茶謌，賺周郎不曉。陶穀《清異録》：『僞閩甘露堂前兩株茶，宫人呼爲清人樹。』温庭筠詩：『踈香皓齒有餘味，更覺鶴心通杳冥。』

惜紅衣　殘荷，和江子愚

瑟瑟西風，無端吹墜。半池紅膩。慘絶舞衣，猶向曲闌倚。零香賸粉，渾不似、舊時嫵媚。知否。花底雙鴛，也爲花蕉萃。　清盟易替。芳夢難回，寥寥甚無俚。愁絲幾縷，梏入秋心裏。賸有荒黄缺月，衹炤枯槃鉛涕。且摘將紫葯，權當作相思子。

念奴嬌　水亭觀白蓮

棠舟蘭槳，向銀塘盪入，水雲深處。四面花光同一色，慣與鷺鷗爲伍。纖珮欲烟，淡粧潄露，欲效霓裳舞。鬧紅不到，晚隨涼月同住。　髣髴仙子凌波，亭亭小立，含意憨無語。一陣野風歈欲墮，香溲水邊琳宇。藕雪輕絲，筩薰冷酌，款客成佳趣。素鬟互唱，幾回消盡殘暑。

琵琶仙　拜月

碧落融融，帖寒玉、倒浸二分月色。正罷璇閤晚粧，下階步虛白。焚真降下同遥拜，有入骨、相思莫釋。穿榭蟲聲，倚廊花影，愁老蟾魄。　黯然訴、不盡幽情，訴一番、更一番悽絶。細語自憐自問，問今夕何夕。冷露溼、衣嬌欲顫，倩烟絲、扶入珠箔。卻把心事重重，吹入橫笛。

催雪　珍珠蘭

露點苔紋，雨跳荷蓋，開到新秋蘭雪。想婕褪粉輕，鮫彈淚熱。尚醞幾絲幽怨，逗眉月、纖纖更清絕。玲瓏透處，噀花風過，散來十斛。低綴。乍明滅。愛嫩蕊靜娟，妙香膩滑。在薜荔牆陰，葡萄架隙。取瀹碧甆花乳，伴涼夜、螢窗人岑寂。正簾垂銀蒜，琴停玉柱，一聲啼鴂。

疎影　芭蕉

蟲秋閒晝。正小亭漠漠，輕陰猶逗。未到黃昏，人凭闌干，青翠冷黏吟袖。秋心慣向斜陽捲，怎不與、斜陽同瘦。隔疎簾、誤認嬋娟，漫約茗窗話舊。正是愁來時候。悵屏風遮斷，問愁知否。寫韻題箋，墨點參差，難寄相思一斗。夫容未放梧桐老，只鳳尾、霜前雁後。夜涼不雨也颼颼，孤夢甚時纔就。

宴清都　秋陰

慘澹秋容苦。有狼籍野雲，飛散還聚。菊荒松暝，清清冷冷，寂無人語。深深槅掩紅鑾，悠然掩不住、過牆碪杵。更遥空、陣黑歸鴉，怎禁拚没烟樹。自憐中酒情懷，不勝騷屑，秋暮。泬寥天氣，冥濛山色，夕陽何處。者回盼斷霜晴，獨自聽、暗蟲叨絮。說題糕節近，要釀滿城風雨。

百字令　重陽

朽月苦雨，空負登高，展期十九，補作

黤霴騎月悶㦐㦐，使我亂愁無際。佳節重陽愁裏過，消領枯禪滋味。棲雀驚寒，旅鴻送響，終夜不曾寐。禱晴應準，卜期再補秋禊。

補禊雖已嫌遲，笑歌隨意，也當西原會。簪菊佩萸仍故事，重整者番游屐。厨進壺飧，友聯園綺，一醉情應慰。憑高念遠，文通恨賦休寄。

無悶　眷西近有東野之戚，詞以慰之

冷雨淒其，悲風蕭條，幾日釀成奇疢。君忽賦杏殤，事難逆審。應是曇花一現，可再世、羊環來重證。化機幽渺，無非氣運，試憑天問。

自省。六旬近。也蟬蛻輕拋，鳩巢拙損。頻棖觸老懷，曩時餘恨。今日爲君傷逝，傺黃歇、江天淚還拉。無可奈、强致温詞，千萬破愁無悶。

淒涼犯　秋夜紀夢

雁聲斷續殘更後，一檠相對枯坐。思量往事，淒淒切切，又聽葉墮。蟲喧風大，祇播弄、愁人一箇。聊倒罇、遣懷自酌，引夢孤衾臥。

夢逐浣溪去，去去來來，被人驚破。相思何益，問相思、可能銷麽。想到團欒，最酸辛、如何是可。向雙飛蛺蝶，説他生因果。

夢横塘　別趙堯生

九峯醉月，萬景呼雲，記曾共留鴻爪。一旦分襟，念舊雨、時聞嘉耗。信是飛黃，騰驤遠去，才華絶妙。看蕉彈霜肅，衮補風清，功名事、讓年少。

何期變起倉唐，道蓴鱸鄉味，儘堪終老。擺脱朝簪，不屑共、蝨羣争飽。還載筆、來游錦里，評竹撩花恣吟歗。無奈離多，横吹又起，促乘風歸棹。

水龍吟　殘菊

夕陽紅褪秋痕，枝枝低壓閒階重。芳心幾度，暗中偷減，愁來補空。徑曲漸蕪，籬欹欲斷，不堪調弄。悵晚香幽獨，白衣人杳，陶情酒、誰爲送。　叢額新寒早中。到小春、猶含餘凍。捲簾花瘦，尖風吹過，似聞淒諷。寄語枯螢，倦蜂癡蝀，謾尋香夢。待落英留與，歲寒三友，一充清供。

燭影摇紅　黄葉，和趙堯生

幾日沈陰，疎林殘葉寒成陣。蟬鳴鴉點不勝秋，秋色和烟暝。片片斜斜整整。借西下、頹陽繪影。風摇不定，漸起商聲。凭闌試聽。凋盡蒼顔，江南舊夢今初醒。小園寂歷飽新霜，又蓼疎葵冷。襯出十分幽景。好料量、檀鑪莽鼎。更攜筆硯，小坐林間，箸書養性。內閣典籍廳有黄蓼花，亦名典籍黄。蕭山糠金山亦有黄蓼，見近人詞注。又近人詩：『黄葉林間自箸書。』

水龍吟　漁蓑

夫須碎織成蓑，鳴榔去釣西巖下。添將葛屨，配將蒻笠，短竿自把。轉過灘頭，又尋沙觜，蕭然整暇。趁滿天荻絮，滿身烟霧，邀幾箇、鸕鷀話。　欸乃一聲歸也。穿浪花、引船入汊。解衣槃薄，裁青補翠，亂堆篷罅。曬月眠雲，消閒誰共，但憑老瓦。奈賣魚市散，無錢沽酒，藉伊償價。許棐詩：『雨衣新織檻前莎。』莎，夫須也。陸游詩：『雨餘篷舵亂堆蓑。』

石湖仙　月夜花影

月明如水，漾滿地花魂，横斜輕妙。知入幻浮蹤，乍窺人、欲嗔還笑。幾番惆悵，似畫裏、相看尤好。清悄。任丁丁、蓮漏催曉。　依稀醉紅不遠，上闌干、芳心自抱。犬吠鄰家，驚亂塵緣草草。彳亍屧廊，娉娉嫋嫋。茆亭宿了。驀一覺。夢隨色相俱杳。温庭筠《晚歸曲》：『丁丁暖漏滴花影。』高啟《宫女圖詩》：『小犬隔花空吠影。』

滿江紅　燐火

鬼馬風旋，驀然見、燐光萬斛。似點點、星星螢火，風中起伏。狐拜斷碑殘月冷，鴟巢古木積烟緑。忽翻空、攪起斫營聲，髑髏逐。　有幾隊，在楓隩。有幾隊，在藤谷。有幾隊來去，速如轉轂。游戲不勞韓愈送，迴鶻怕被鍾馗捉。聽啾啾、羣唱鮑家詩，歌代哭。

前調　題讀書秋樹根圖

渲染新圖，猶略有、孟家風味。弈局久、荒琴不御，蟫籤重理。静對盆蘭花氣襲，倦依籬豆茶香遞。正風吹、落葉似翻書，可人意。　朝讀向，秋陰底。暮讀向，秋聲裏。分剛日柔日，讀經讀史。疑義偶通開口笑，譌文隨訂從頭記。指天邊、雁字一行行，誰編次。

天香　初冬尋梅，和胡玉津

未到小寒，暗催芳信，又經幾許昏曉。料得南枝，應先開早。穿竹傍籬來找。隔林翠羽，似夢裏、一聲聲報。且過野橋探看，逋仙同我孤悄。　追思去年花好。怎今年、者般花少。不見玉人信息，共誰索笑。莫怪舊盟易杳。

只怪得、破馨風力小。人爲花勞，花遲人老。

月華清 水仙

漢月暈黃，沅雲吹白，花與仙子同姣。環佩姍姍，顧影嫣然含笑。證前身、曾住蕊宮，又何事、人間輕到。誰料。是謫完香債，業緣未了。　不怨美人遲暮，怨疊石摶沙，託根潦草。槑後蘭前，留得芳魂嫋嫋。有許多、緑意紅情，都化作、冰心雪貌。庸峭。怕韈塵漂盡，春華又鬧。箕仙謝氏詩『補清香債幾千重』，見《西青散記》。

眉嫵 蠟梅

甚茅簷竹塢，磬口孤芳，樹樹酣晴雪。乍見翻疑是，藐姑射，仙人道妝殊別。弄寒愁絶。賸檀心、半點猶熱。閒經歷，破臘幾風信，正吹律時節。　年例。風光先占，知隔牆凍豔，早傳消息。帶些些秋怨，又帶得、些些酴醾春色。垂垂自發。慣句引、探奇吟客。偏夢裏相逢，索句佇、殘黃月。晁補之詩『恐是酴醾染得黃』，蘇軾詩『夢裏花仙索奇句』，皆詠蠟梅也。

永遇樂 餞竈

裂竹聲中，又逢漢臘，喧傳竈祭。樺燭兩行，椒漿一斝，淺醉神應喜。憑虛馳騾，雲車風馬，説上九天言事。奏送迎、短長絃曲，餘音繞梁飛起。　此風溯自，黄羊託始，俗尚沿今猶爾。荔捻粉團，脯融豆乳，表敬隨人意。吉蠲致禱，也都不是，浪學王孫私媚。但只願、乞來利市，普分餘惠。

一枝春 歲除感懷

壯不如人，算輪囷、肝膽都成孤負。今垂耄矣，過去韶光難又。迎春餞臘，只賺得、青氈依舊。但將一縷縷心情，寄與斷霞髡柳。　我同浪仙比瘦。甚千山萬水，客游已彀。幡然歸隱，吟守一鐙紅豆。年年詩祭，倘竊取詩名不朽。還是怕、莫遇昌黎，願能償否。

埽花游 篆園觀梅

今朝雪霽，者籬角牆頭，暗香漸泄。天寒未已。有千竿修竹，容花自倚。無語相看，領略盈盈丰致。心獨喜。喜樂日不來，風光如此。　迢遞孤山裏。念老去林逋，離思難理。一枝欲寄。經幾回攀折，莫逢驛使。試倩春風，吹夢委隨到彼。夢圓未。又被他、翠禽驚起。

謂故人邵伯棠歸隱西湖，久無音訊。

洞仙歌 詠湯婆子，和鄧華溪

布衾如鐵，倩牀婆營幹。清夢初回人自煖。笑枕函香溢、夜夜行雲，也算在，那箇温柔鄉畔。　熱中寒不到，轉轉旋旋。卻比薰籠倚尤便。醞藉自風流、何異鶼鶼，憑兩兩、相偎成伴。恐到了、千金好春宵，就棄等閒花、愛情中斷。

玲瓏玉 雪聲，用劉芙初均

飛絮漫天，掩紙閣、坐到宵深。獰飈漸緊，蕭蕭竹也難任。半晌擦簷搔瓦，與丁東鐵馬，併作清音。寒侵。怪玉麈、凍合不禁。　多少空江征棹，料征人衣碎，煮酒孤斟。萬玉騰糅，正四垂、陰霰沈沈。聽取灑篷聲脆，定觸句，引起臺萊祝。習成風尚，祇今猶在人口。翁畢觴詠而還，我來麋介，亦步人塵後。玉版筍肥雞粥美，更以水仙爲侑。心爇瓣香，圖懸笠屐，聆蠻能通否。待春强半，還爲同叔稱壽。臘月十九，東坡生日。昔人偶有題詠，其風未暢。自畢弇山、翁覃谿、梁茝鄰、吴荷屋諸君子相繼開會壽蘇，後之仿效者比比矣。又欒城一字同叔，二月二十日生，見東坡詩注。

探春　丁巳人日，集浣花草堂

殘凍初銷，輕陰欲暝，又見蓂開七葉。惆悵草堂，當年杜老，猶賸梅邊吟魄。曳杖來重訪，祢行樂、無如今日。一般選石安碁，一般倚竹吹笛。　欲問舊游蹤蹟。奈林鳥池魚，已都不識。十里柳風，幾條莎路，惟有軟塵猶昔。往事不堪憶。知此後、韶華易擲。俛仰興懷，沽春浮一大白。

撥、千端離緒，感慨遥吟。吟未已，還理絃、彈付蜀琴。鮑昭詩：『蜀琴抽白雪。』

金縷曲　贈宋芸子

白恨逢君晚。卅年前、聞風傾倒，曾披行卷。鎔鑄古今珠一串，才分今無其選。早博取、湘潭青盼。竝世知交星散盡，只寥寥、殘客稱同伴。結吟社，通情款。　明年此會知誰健。但相期、花前月下，清尊頻勸。麥秀黍離休再賦，留著一枝斑管。待占領、彬彬文苑。我對淵雲甘俯首，幸駢鄰、好共諮疑難。道珍重，加餐飯。

大江東去　壽坡詞

眉山秀拔，想公靈、應與山同不朽。山外梅花梅外雪，正是春催三九。重辯瑤情，斜川瑰

翠樓吟　梅魂

雪裏暗香，水邊疎影，霏霏化爲煙霧。靈根拋未盡，料猶在、畫簷低處。墜紅無數。悵蜕後游蹤，悄然誰顧。家何所。羅浮縹緲，是伊歸路。　日暮。栩栩夢中，儘情絲牽絆，了無頭緒。相思從此始，向紙帳如聞悽訴。清修自苦。信明月前身，麴塵難住。春無主。且邀僊蜨，過牆尋去。

乳燕飛　二月十五日游花市

花市花如堵。況花朝、春光當午，又無風雨。千萬春魂齊喚醒，婉娩呢人欲語。問誰與、羣芳爲主。酹醑徵歌還起舞，正毋庸、金璧酬初度。只要把，春留住。　紫騮嘶斷城西路。正沿隄、杏蕾弄旭，桃鬟浥露。茗舍酒帘仍幾處，但換了幾今古。總覺是、繇華非故。算百五青陽未暮，趁鞭絲、帽影尋詩去。搜不盡，奚囊句。

壺中天　蛺蝶花

南園夢醒，看翩翩鳳子，欹斜蘭砌。應是東皇曾屬意。長就輕盈靈卉。百和草薰，一痕蘚亞，幾簇嫩如水。金鈴護惜，怕被曉鶯捎毀。　薄暝鬬罷芳菲，粉腰嬌困，扶著煖烟起。欲與殘春商久住。春也恐難輕許。宛約柔情，旖旎靚影，不覺迎風醉。是花是蜨，滕王彩筆難繪。

六幺令　清明

棠梨開了，香雪飄池閣。白楊向西自舞，颯颯東風惡。寒食清明到也，謝豹應先覺。啼聲嗚唈。苦催春瘦，惹起愁腸幾周匝。如此良辰美景，度若隙駒霎。况又時事變遷，種種無從説。自去荒郊祭埽，焚紙灰飛蜨。望空躑躅。悽魂不定，依約猶留冷松角。

曲游春　春寒

過春分天氣，怪奢雲乍護，酥雨難霽。寒噤花遲，尚曲園晝寂，重門深閉。燕子忙無比。尋故壘、棲香穩睡。睡醒來、梳羽窺簾，簾波滉漾如水。

斜凭廔檽吟望，望野色林光，一齊都閟。冷逼春衫，喚小童賖酒，飲教微醉。一笑陶然起。漸樹樹、橦花凍矣。何日暖送新晴，餘暉滿地。陸游詩：『賖酒敵春寒。』

燕山亭　春陰

不是雨天，不是晴天，只是天低如晦。謝了杏花，又謝櫻花，花事尚餘有幾。鶯燕無聲，惟有箇、鵓鳩聲碎。引企。見修塔茂林，蒼烟濃起。

鎮日料峭東風，使游屐游驄，都無興致。抛毬約爽，鬬草會閒，怎耐此時情味。一酒一琴，聊伴我、海棠樹底。感喟。近薄暮、又將雨矣。

祝英臺近　蹋青

正雨餘，風翦翦。霽色濃於染。古道平蕪，時有落花糁。重三蘭伴相邀，尋幽緩步，各自把、繡鞵點檢。

騁游覽。目送一片悽迷，牽動情天感。已怨斜陽，况是斜陽晻。歸來帶得春駒，醉撩春豔。又飛上、釵頭輕颭。

邁陂塘　閏花朝，宋芸子柬約醵游花市

甚閏餘、平分春色，花期分外明媚。暖風拂面

香塵膩。寶馬鈿車成市。信多麗。與耆舊仝來，疑入江南地。韶光彈指計。祝罷靈芬，月剛一市，樂事又重舉。　花叢裏。開遍深紅淺紫。此間最好諧戲。年年游蹟都如夢，夢也無頭無尾。吾衰矣。賸老眼看花，不少傷春意。好春難再。今題竹哦松，更須盡興，莫負此良會。

八聲甘州　次宋芸子《閏花朝醼游》詞均

知天公也是愛芳菲，未遽令春深。展唐唐如月，繡林錦野，閣住光陰。潭外百花遙午，蠟屐走相尋。正小寒食節，幽思難禁。　一歲兩逢花壽，記前吟栲栳，蘭襲歡襟。人花鬬健豔，説到如今。時徙倚、孝祠祠畔，撫花旛、無限惜花心。待紅藥、濃開有日，買醉量金。

酹江月　春愁

春愁何似。似離離春草，蔓延無已。心上眉尖堆不盡，没箇銷除良計。病鳥顫聲，枯花齎恨，衹助人歔欷。烽烟不熄，中宵夢寐猶悸。　今古變故難知，錦江綺麗，極目皆萑葦。最苦是創痍垂絶，付與青燐弔慰。縱有賢豪，空拳莫捄，日掬西臺淚。淚也無益，挽回還視天意。

浣谿沙　和胡玉津均

泣露荼蘼滿架香。香緣風綫入虛堂。引來醉蝶一雙雙。　門外新霆驚蝶散，劇憐春色黯無光。愁城無處可相羊。

其二

同室紛争似戰場。不堪淚眼閲興亡。何如從

此遯魚鄉。坐雨披星常落落，烹鮮煨酒自陽陽。釣竿閒搭在榑桑。

梅子黄時雨　亂後懷友，同江子愚作

看盡飛花，正梅子漸黄，乍煖還雨。春去不多時，已無覓處。猶是清和天氣，箇儂休向閒中誤。林亭住。燒筍焙茶，也饒風趣。　望裏層層雲樹。念故人千里，一別難聚。矧燹後江山，又傷慘沮。欲待追尋除是夢，夢中不辨西南路。情莫訴。拍一闋離騷譜。

酹江月　成都再亂

黑風底事。忽更番歛滿，江城戾氣。嘅自米梟讐蜀後，今又離披至此。赤鼻刦灰，咸陽焦土，併作傷心淚。鳩鶉載道，天胡夢夢如睡。　應是。龍漢數奇，無端鄒魯，鬩視同兒戲。故鬼煩寃新鬼哭，遥趁茅鴟聲起。月黯烟荒，崩榛塞路，慘不成都會。遺山老矣，欲修野史猶未。

百字令　消寒第三集，醼閑園

柴門養痒，伴藥鑪儘有，閒愁千疊。深感漁洋情誼重，亂後苦勞相憶。擁篲埽園，刈茆茜酒，賡續消寒集。欲題短柱，仌花沍硯如鐵。　慘詘計十五年前，曾觴此地，履印都磨滅。古柏傲霜，修緑羣英餘幾輩，放悲一回碁刦。篁耐雪，猶識重來客。春光眴轉，相偕再話風月。

瑣窗寒　消寒弟四集

凍坼瓦淞，香温鑪篆，最宜朋酒。歲涂當丑。小聚槃科如斗。莫再譚、而今何世，而今猶是唐虞否。且相沿舊例，琹詞棋局，聯驩還又。雅有。仝岑友。霥數點梅花，按圖數九。尖叉開鬪。差與聚星爲偶。有許多、麗語清詞，歐蘇合鑄爲一手。付與佗、畫壁旗亭，可流傳久久。一，古讀平聲。《參同契》：『白者金精，黑者水基。水者道樞，其數名一。』『一』與『基』韵。

綺羅香　臘八日，消寒弟五集

急景凋年，積飈歕雪，料檢野游酒榼。爲怯嚴寒，驢券書成未押。不如假、塵海幽栖，重占到、易爻簪盍。祢來只、十數知心，塵談娓娓情殊洽。　今朝正逢臘八。想招提浴佛，猶循故轍。寶粥香花，供養忙煞僧衲。願偏布、萬朵慈雲，緊護定、百層危塔。再翻倒、澡德新槊，洗大千兵甲。

水調歌頭　和鄧華溪《除夕》詞

困蹐南城闕，愁欲問青天。病魔何事相嬲，老景逼殘年。北向壞雲蔽日，東向腥風滚雪，井絡不勝寒。獨羨息機叟，長醉在花間。　知今夕，是除夕，不成眠。斑衣衆穉來舞，未解賀團圓。自綴一編春頌，自待一廚春飣，我與我舟旋。乍見瓶梅放，對笑兩翛然。昔人有我與我舟旋圖。

齊天樂　壽呂子彬

翩翩濁世佳公子，無怪得名能早。撥亂多才，愛人以德，自是天人通曉。知音太少。惜海上成連，悋彈古調。冷落魚龍，黽鼉閣閣鬧津要。　葭吹春風到了。聽雙雙乾鵲，繞庭喧噪。逝入中龢，驚紅駴緑，恰好歲星臨照。居然蓬島。定飯熟胡麻，果薦安棗。迭晉匏宣，祝使君壽考。

前調

戊午九月，同王詠齋、張子高仿行宋文潞公丙午同甲會

人生知己從來少，笑我交游更寡。况是衰齡，適丁危季，同甲問誰屬馬。天緣幸假。有丙午三人，又嫺騷雅。寄興閑園，望雲依戀潞公駕。　石湖亦馳名者。詩注熙朝事，播爲佳話。自後銷沈，豈知今日，再見唫逑聯社。暮秋清暇。正酒綠鐙紅，連宵未罷。醉墨淋漓，補當年圖畫。

摸魚兒

和鄧華溪、方鶴叟自壽詞

兩詞僊、後先初度，餞秋纔過幾日。秋花秋柳今猶健，想像泉明丰格。曾親見，錦繡好江山，忽變猻榛俗。愁添白髮。每星晚霜晨，把年時事，向索郎重說。　休太息。輕負林棲歲月。清閑終是難得。好精箸述名山業，殊與塵勞有別。强自懌。聚洛社耆英，自壽詞先拍。各謌一闋。盡白雪易春，興高采烈，欲擊唾壺缺。

憶江南

田家樂

田家樂，櫟社話鄉情。筊卜豐年魚入夢，春融綺甸鳥催耕。天氣半陰晴。

其二

田家樂，日日飽三餐。繅繭車翻收麥後，薅秧鼓打落梅天。無事不平安。

其三

田家樂，自擬葛懷民。菊釀瓦瓶釃白酒，稻香

秋壟曝黃雲。婚嫁洽鷗鄰。

其四

田家樂，歲晚務閒居。戲習大儺驅疫鬼，多藏舊曆當農書。饋歲有寒菹。

以上《今悔庵詞》

安公子

君聽秋聲處。是君弄月嘲風墅。聞到金荃成集後，又華鬘樂府。信濯魄冰壺，不著人間語。祇纏綿、滿紙情天趣。想青燈紅豆，煞費推敲心苦。　別有離騷意，儘銷磨幾番今古。吟伴半如花落去。正悵焉悽楚。幸劫後耆卿，解遘同歡聚。手新編、示我琳瑯句。便靜對朵雲，一讀一回軒舞。

以上見《聽秋詞》卷首題辭

張爾田

虞美人

天津橋上鵑啼苦。遮斷天涯路。東風竟日怕憑闌。何處青山一髮、是中原。　酒醒夢繞屏山冷。獨自懨懨病。故園今夜月朧明。滿眼干戈休照、國西營。

楊柳枝

雨膩煙疏望欲迷。龍池二月點春衣。梅花笛裏渾無賴，吹作章臺雪絮飛。

其二

石黛彎環鏡裏顰。羅窗閒踏繞街塵。生憎灞岸無離恨，飛趁雕鞍更著人。

其三

春風吹滿錦障泥。多少行人唱大堤。無情清渭東流盡，送到咸陽卻向西。

其四

宮溝翠浪帶棲鴉。壓枕迴鬟夢落花。玉輦不來弓袖冷，啼煙青鎖五侯家。

其五

老去風流强入時。毵毵猶及見腰肢。天津北望腸應斷，無復當筵衮柘枝。

其六

洛水微波拂苑牆。晝屏殘蠟照宮黄。東風傾國宜通體，誰賞徐妃半面妝。

其七

麴塵暗逐馬蹄遥。漠漠輕陰惹嫩條。勸君移向靈和殿，不爲傷春損細腰。

其八

鈿暈羅衫爾許長。絲絲金線拂河梁。愁來未要并刀翦，如此相思斷得腸。

大酺　一年芳事，惟春暮最樂。閒步後圃，雜花生樹，百鳥變聲，各有生意。自傷羈泊，空負春韶，爰製此詞，付雪兒歌之，桓伊所謂『輒喚奈何』者也

正杜鵑啼，薔薇謝，過了清明寒食。薰風圓午夢，趁單綃纔換，宿酲初析。紫燕將雛，黄蜂抱蕊，蛛網斜捎簾隙。餘香吹不斷，早湔裙人遠，玉騮嘶夕。歎沈約帶圍，看花殘淚，又成拋擲。　章臺車馬寂。舊游處、都似曾相識。漫省念、宮眉印柳，秀靨妝桃，少年場、半成陳迹。細雨朱旛護，問誰遮、傷春消息。鏡霜

一場啼鳥相呼。

新雁過妝樓

鄭丈叔問《比竹餘音》用夢窗韻詠芙蓉，淒豔殆絕。偶同婦蘭儀話看花舊事，依調和之

秋老香濃。淩波恨、翩然乍見驚鴻。浣紗人遠，零落露粉啼叢。別浦流雲牽夢斷，佩聲暗約小簾櫳。錦屏空。怨蛾鐙畔，翠鎖眉峰。半江皋鉛華浄洗，似玉奴病酒，微帶惺忪。半池秋被，金屋稱貯嬌容。機絲夜來罷織，莫輕皺、仙衣揉碎紅。含情處，有露房娟淚，淒伴霜蛩。

風流子

和美成

亭皋催萬葉，殘陽挂、嘹亮雁初歸。正楚江暝宿，夜烽明滅，薊門秋獵，煙樹參差。看陌上、

薄、愁如織。殘照一縷，凭偏闌干無力。此情斷鴻寄得。

清平樂

唾絨殘線。界破紅妝面。濃睡醒來鶯語嬾。又是斜陽小院。　麝薰微度羅衣。雨餘梔子添肥。貪畫遠山一角，不知蹙損雙眉。

木蘭花慢

虎丘山頂瘦墖盤空，人迹罕到。賽日攜榼登眺，悵然成詠

倚青天半壁，看煙外、畫成圖。自臥虎池荒，墜巖花雨，驚落飛鼯。殘歃。越來遠引，洗蠻腥山影夕陽扶。留得千年劍化，紫蘭香徑全蕪。　愁余。落葉啼烏。漁唱杳、客懷孤。碎訪廊屧秋聲，琴臺片石，麋鹿都無。寒蘆。波似沼，問沙鷗可識范家湖。付與殘簫倦鼓，

落花蜂網蜜，微雨燕巢泥。南國再逢，渚蘭飄恨，北山休賦，籬菊牽悲。　西風雙蓬鬢，京塵染、還認舊日緇衣。愁似御溝流水，流去難期。歎酒冷朱門，簫聲空咽，夢回青瑣，蠟淚先垂。多少別來情緒，生怕人知。

金縷曲　聞軍中觱栗聲感賦

何處霜笳徹。望高秋、氈廬四野，繡旗明滅。搖動星河三峽影，壞壘烏頭如雪。聽一陣、嗚嗚咽咽。馬上誰攜葡萄酒，伴將軍、醉臥沙場月。冰墮指，淚流血。　男兒到此肝腸裂。擁殘鐙、吴鉤笑看，夢魂飛越。日暮金微移營去，白羽千軍催發。更幾點、遥天鴻没。駐馬蓬萊傳烽小，正咸陽、橋上人初別。清夜起，唾壺缺。

祝英臺近

絳綃單，鉛淚溼，銀鴨爇香腦。可奈春寒，懷抱被花惱。斷腸一院流鶯，落紅簾幕，拚殘笛、將花千繞。　庾郎老。醉墨題偏羅裙，花枝鬢邊嫋。翠被棲香，容易玉繩曉。纖纖澹月籠紗，酒濃花豔，夢不到、謝家池沼。

青玉案　和方回韻

垂楊緑偏來時路。更幾日、雕鞍去。夜夜隨君殘夢度。鈿釵金雀，畫籠朱䴉。都是思量處。　彩雲一別朝還暮。愁誦燕臺舊題句。蠟炬成灰天未許。帕羅沾惹，那時紅淚，空化西樓雨。

殿。石鱗沈瓣。總被荒螢見。

青衫溼徧

余初娶於舅氏婦陳，結褵甫五月，曇花遽萎，遺櫬尚旅殯吳淞。十五年斷夢，夜長追憶，黯然銷魂矣。納蘭容若往製此調，寫黃門之哀，龍壁山人、金粱外史、半塘老人俱和之。悼往傷今，輒復繼聲，詞成覆讀，不知是字是淚也

潘郎老也，河陽鏡裏，換盡愁絲。盼斷鹿車何處，奠椒漿、淚染鵑枝。漫今生、好夢綈將離。問當初、誰共淒涼月，恁無端、如此分攜。應是封侯無骨，人間難著情癡。　惆悵離鸞歌罷，斜陽片碣，彤管留題。祇恐雙魚信杳，夜臺深、難寄相思。待何年、同息漢陰機。縱輸君、環佩歸來早，算飄零、一樣天涯。碎雨淋鈴聽慣，聲聲遞入秋幃。

清平樂

瑣窗朱户。寂寞閒庭宇。斜倚繡簾吹柳絮。香透滿身紅雨。　小園竟日誰來。傷春病酒情懷。解道方回腸斷，江南梅子黃纔。

祝英臺近

燭煙涼，筝雨歇，簾影熨秋水。一寸橫波，人倚畫屏背。玉笙吹起春魂，翻階紅藥，儘消受、看花情味。　和殘醉。經年袖粉零啼，香冷合歡被。鈿縷雙蟬，潘鬢竟憔悴。此情欲說還休，彩雲歸夢，衹明月、照人無睡。

點絳脣　宮詞

暗約宮黃，秋衾閒夢承恩徧。畫羅裁扇。淚涴鸞綃汗。　翠輦忘還，夜夜西風怨。披香

月下笛

太液澄波，愁紅換了，敗荷零露。涼蟬起舞。自窺人耿無語。看花長記經游地，但哀淚、風前幾縷。悵哀鴻唳角，天涯殘夢，曠望何許。　沙路。空延佇。甚落盡江楓，便成羈旅。殘春社燕，爲誰花底來去。砧聲一夕催離別，奈凭到、危闌最苦。酒醒後，又亂山遮斷，不見愁處。

浣溪沙　乙巳元日立春

櫪馬林烏鬧歲華。宜春小帖墨攲斜。臥聽吉語祝鄰娃。　初雪白驚垂老鬢，殘鐙紅入隔年花。東風如夢燕還家。

花犯　西池探梅，和夢窗韻

影橫窗，苔鬟翠羽，聲聲喚春曉。倦蜂頻到。憐片蠟紅簪，還弄疏照。碎鈿滿地虯枝古，羅浮仙夢老。惹暮雪、沾香茸袖，黃昏飄凍草。　東風嶺頭恨開遲，孤篷路，老鶴天寒霜縞。簾底月，依然見、翠眉痕小。年時訪、野橋細雨，空悵望、天涯春去了。怕起舞、一聲飛玉，憑闌人又杳。

更漏子

木蘭舟，桃葉浪。來往撇波江上。空載恨，不攔愁。夕陽紅盡頭。　斷腸花，隨意草。芳計一年須早。休掩淚，且銜杯。相逢能幾回。

滿路花　吴中寒食日，春賽極盛。客居，闔户不出。適叔問、古微丈以和清真近詞見示，切情惆

帳，輒復繼聲

香霏綺陌塵，粉壓荒闌雪。暮寒吴館悄、簫聲絶。東風浪蕊，玉手憐親折。一春歌酒闊。翠燭分煙，那堪斷送芳節。　離尊紅淚，點點啼成血。斜橋歌扇雨、花迎接。穉楊舊眼，一夜心先切。争怕流鶯説。此情爲誰，暗中長恁傷别。

蝶戀花

飄粉簾櫳朱户静。紅雨闌時，一簇牆頭杏。禁瘆光陰寒食近。家家陌上青驄影。　芳草連天成繡徑。門外桃花，門裏紅相映。欲説去年今日恨。吴江未有潮來信。

夜飛鵲　西風起矣，殘燕如客，追懷昔游，不知涕之沾襟也。和清真韻

霜林戰寒色，涼水淒其。城角尚戀斜輝。西窗蜜炬共誰翦，啼紅漬盡羅衣。依前斷魂路，看花迎帆席，柳拂星旗。蠻牋寫怨，寄驚鴻、欲下還遲。　迴憶醉眠蕙蒨，相見過黄昏，猶道休歸。誰信狂蹤舊迹，鈿筐蠟淚，殘夢都迷。十三絃語，訴華年、錦瑟應齊。但尊前沈恨，行雲暗隔，斜照樓西。

謁金門

波影直。艣背畫秋無力。惆悵素書成決絶。斷鴻將夢覓。　何處暮笳聲咽。一楞透簾殘月。枕畔漬紅猶未滅。雙鸞偎鏡泣。

鶯啼序　琴臺秋感，用夢窗《豐樂樓》韻

滄波鏡空似沼，燦樓臺倒綺。聽笙鶴、夜過穹窿，彩虹飛跨天際。黛蛾掃、雙鬟淺畫，塵潭

碧翦鐙啼，紅揩鏡笑，秋光煖護釵蟬。冷蟻浮杯，醉蜂簪帽，露華點點香殘。素心金鑄，淚綃裹、斜陽半闌。晚妝簾捲，小結盤虯，弄影嬋娟。　猶疑老圃尊前。濃麝沈薰，背理羞鸞。點屐霜腴，扶紗煙瘦，東籬載夢輕還。一壺涼訊，雁聲逗、西風鬢斑。澹然凝對，真色羅屏，野服黃冠。

解連環

彩鸞簾箔。蕩清愁似水，繡簾香薄。早暗雨、滴碎空階，動羅箑素商，井梧先覺。醉臥西園，鬢絲惹、墮紅殘萼。翦鐙花自酌。一紙舊書，怨鴻難託。　情懷晚來更惡。歎南飛倦羽，空恁飄泊。向亂蛩、與說相思，問扇底柔荑，幾時重握。寶粟沈薰，碎夢繞、闌干西角。

蘸影秋容霽。背冰絃歌罷，殘陽一縷飄墜。　無數鴛鴦，亂引畫舸，趁新妝倦倚。露汀外、香褪紅衣，石鱗沈恨荒翠。賦游仙、山靈勸客，碎琴撫、霜鴻流水。夢憮憮，酒醒天涯，頓忘身世。　瑤源咫尺，野眺年年，只有看山暗孤歡事。叢丘鹿走，滄桑經眼，碧鯨翻海掀天色，渺驚蓬、送老知何地。傷心到此，登臨美。誰信道、香鑪伏枕，老去吟望，鬢影低垂，坐石分苔，淚拋苑花紅緯。　娥池怨粉，響屧虛廊，報漏聲正遲。看落盡、淩風珠唾，舊霸青山，占斷人閒，畫闌十二。煙收越網，雲開秦鏡，吳王宮裏沈醉處，惹漂花、碧染悲秋袂。峰頭冷雁聲聲，一曲猗蘭，寄愁萬里。

慶春宮

西園賞菊，鐙畔一叢，冷豔動人。醉折花枝，感吟成調只簷聲、夜深點點，伴人淚落。

應天長

此客歲涵碧莊尋夢，和清真舊製也。叔問丈見之，爲繙譜數字，音節頓異。弁陽翁云：『詞不難作，而難於改；語不難工，而難於協。』附録於此，以諗聲家

飛霞點鏡，酥雨障塵，空簾洗盡愁色。那更半池殘月，漂花戲魚食。嗟秋燕，鎮如客。漫說與、茂園岑寂。茜紗暗，倦倚焦雲，翠簟頻藉。　尚記那回籠燭，嬉遊小喬宅。不見眼中人，罥袖蛛塵，芳墨黯題壁。驕驄過，嘶巷陌。忍問訊、舊狂蹤迹。柳鴻近，夢裏歸來，扶醉還識。

水龍吟

立春日偶賦

岫眉澹鎖愁顰，小簾夢斷東風路。簫聲暮巷，塵馳寶勒，花籠蜜炬。凍柳舒荑，瘦梅藏韻，九街春昫。看紅旛影轉，釵頭綵勝，還寫偏、宜男句。　腸斷淩波洛浦。醉圍香、秦箏繡柱。歌前酒畔，千桃妝靨，盤花紅縷。閬苑遷鶯，謝巢歸燕，吟懷何許。祗南枝絳蠟，橫窗送喜，入新年語。

浣溪沙

余自客金閶，五見歲華矣，每以小詞記之。丙午歲不盡夕，聞簫鼓聲，不寐。明旦感占此解

一片吴坊疊鼓音。椒盤無味酒慵斟。玉梅紅婀鬢邊簪。　別袖漫沾滄海淚，扁舟不繫故園心。風簾殘燭獨沈吟。

燭影搖紅

晚春連雨，感懷

輕煖輕寒，謝巢愁損雙棲燕。東風只解絆楊

花，往事和天遠。半鏡流紅涴徧。蕩愁心、傷春倦眼。數峰窺户，約略殘顰，一眉新怨。寥落空尊，少年曾預西園宴。流光銷盡雨聲中，此恨憑誰遣。容易林禽又變。緑塵飛、薔薇弄晚。慵慵睡起，澹日花梢，無人庭院。

生查子

含羞傍鏡臺，露久侵羅韈。繡被刺鴛鴦，夜夜紅雙疊。　殘蝶竊香歸，滿地棠梨雪。依舊去年人，夢與東風別。

水龍吟　賦白海棠

素娥顛嫁東風，靚妝獨占無人地。籠寒翠袖，嬌春白衿，青絲絡騎。海國狂塵，漢宮鉛淚，濃薰沈水。料西園宴罷，高燒絳蠟，芳醒被、驚呼起。　多少燕支勻洗。恣嬉游、萬紅羞避。妝成擁鏡，輕陰低護，千重步綺。小檻圍香，曲簾通月，墜歡曾記。問何時夢醒，梨雲倚玉，向花前醉。

琵琶仙　有寄，用白石韻

流水飄香，曲溝畔、怨人題情紅葉。簾翠空約横波，盈盈鎮愁絶。春又晚、蘅蕪夢邈，漸催老、故宫鶗鴂。翳鏡殘顰，籠釵墜粉，知向誰説。　更休唱、團扇多情，總不解、飄零恨芳節。賸有淚珠和露，染相思紅莢。沈瘦損、薰篝篆縷，歎鬢絲、幾度輕雪。縱使容易重逢，舊歡應別。

惜紅衣　余去歲襄校務，黌舍對滄浪亭。夏日池荷盛開，香雲彌望，載酒吟眺，每徘徊不忍去。今歲重過，數花向殘，敧徙叢薄閒，感而賦之，用白石無射宫自度曲韻

竹塢遮塵，菱波蕩日。尚支秋力。夢繞回闌，依依看成碧。游蓬路渺，誰解勸、紅香留客。吟寂。梁燕倦歸，識經年棲息。　青蕪斷陌。荒翠愁漪，冰綃淚堪藉。殘陽似畫故國。望城北。三十六鷗盟冷，輸與浣紗重歷。料再來何處，應老韆羅顏色。

三姝媚　中秋夜，感遇成歌

西堂殘燭灺。蕩簾波沈沈，鏡天無罅。細浪芳尊，繞桂叢猶記，賞秋闌夜。露腳飛遲，雙鬟妥、花飄涼麝。望裏瓊空，依約年時，半鐙蛩話。　春老蘭情衰謝。歎舊篋題香，怨紅銷帕。扇底圓姿，問故山眉意，澹蛾誰畫。倦眼霄程，還自覷、仙軿來下。那更蒼龍侵曉，瑤臺夢惹。

六幺令　落梅

凍椒殘粉，愁褪封枝雪。亭亭漢宮妝罷，斜倚緗屏立。喚起南雲翠羽，此恨誰知得。吹香凭熱。黃昏疏影，沈臥氍毹滿堂月。　玉尊江上聚別。酒醒空陳迹。還對半額嬌花，鬟影和愁織。一自羅浮夢渺，寂寞驂鸞客。啼紅無力。誰家羌管，點點蒼苔怨羅韈。

瑞龍吟　古微丈以《餞春》詞示，率和一解，用清真韻

橫塘路。還是戲蝶穿花，亂鶯辭樹。年年香陌東城，斷腸總在，天涯盡處。　黯吟佇。惆悵謝堂棲燕，舊窺簾户。衣篝尚惜殘薰，乍寒乍煖，春禽弄語。　容易韶光輕老，海棠如繡，楊花飄舞。年少墜歡題牋，紅淚應故。傷

高縱目，愁誦蘭成句。憑誰問、淩波縹緲，雙鴛嬌步。夢逐行雲去。恨春掇送，無聊意緒。霜髮緣千縷。沈醉醒，瀟瀟黃昏疏雨。小園竟日，一池萍絮。

國香慢

趙子固水仙長卷，曹君直藏

露浥煙融。是玉盤迸淚，染出春工。亭亭佩環無語，太液西東。閱盡蒼涼天水，殢人想、顰緑羞紅。王孫舊身世，亂翦冰綃，彈滿鮫宮。　白頭簪未許，甚遺芳卷裏，傾國偏逢。翠銷塵淺，微步難認仙蓬。夜夜思君北渚，伴月明、還繞湘叢。江南斷腸後，夢落空洲，一笛蘋風。

念奴嬌

春晚泛舟楓橋寒山寺，寺爲某中丞重建。古微丈爲言辛亥八月宴集於此。歸舟譜此詞，蓋不勝黍離之悲也

載香游纜，傍雲廊重檥，幽單春客。一舸招提花外水，誰共鬧鷗分席。塔影書空，溪流鐃舌，舊賞都陳迹。點霞波鏡，醉顔猶認楓色。　還記飛蓋西園，秋垧小隊，岸風前吟幘。下界鐘聲催世換，塵夢何曾留得。故苑驚灰，諸天淒梵，付與殘僧識。雪香橋塊，亂櫻紅送帆隙。

蝶戀花

明月空牀堆半繡。紅錦交枝，淚染春冰透。愁到天翻天亦瘦。夢回著枕黃昏候。　故紙馨香猶在手。何事鴛盟，一霎分新舊。但使相逢如此酒。燒船破棧牢相守。

其二

水盼蘭情拚訣絶。不道柔腸，抵死還成結。暗雨帷鐙香篆滅。去年正是愁時節。　皎潔願爲明鏡月。待得圓期，已早菱花闕。費盡錦書千萬疊。相思更與何人説。

花犯　六三園賦櫻花

倚雲栽，瓊蕤墜粉，明霞豔成綺。錦嬌天醉。偏煖靄輝遲，嫣破凝睇。炫空浴日交珠佩。傾城人第幾。正隔箔、惱春如火，香臺沈夢裏。　玉娥爲誰鬬新妝，狂蜂眼錯認，胡天胡帝。窗外見，渾不似、舊紅千子。輕陰乞、紫絲步障，顛倒任、東風桃竝李。但衹恐、韶光歸海，蠻愁縈絳蕊。

木蘭花慢　堯化門車中賦

倚軨天似醉，問何地、著羈才。看亂雪荒壕，春鵑淚點，殘夢樓臺。低徊。笛中怨語，有梅花休傍故園開。燕外寒欺酒力，鶯邊煖閣吟懷。　驚猜。鬢縷霜埃。杯暗引、劍空埋。舊甚蕭瑟蘭成，江關投老，一賦誰哀。秦淮。舊時月色，帶棲烏還過女牆來。莫向危帆北睇，山青如髮無涯。

前調　春來又將北游，賦别海上二三知友

素絃塵挂壁，又彈指、作離聲。歎海燕春來，江南代北，兩地逢迎。興亡事、天不管，便銅人無淚也堪傾。黯黯衰蘭古道，離離芳草長汀。　神京。回首暮雲平。慷慨重行行。問結客幽并，高生鞍馬，可抵浮名。陽關句、休

更唱，只吳山西笑眼還青。竹葉於人落寞，楊花似我飄零。

采桑子　病榻夢後作

年來消盡文園渴，燕館清都。伏枕香鑪。一臥滄波似五湖。　江南行盡知何處，天遠平蕪。暮雨鐙初。面面屏山畫鷓鴣。

前調　史館秋蓼

舊家池館栽無地，一角牆東。畫出霜容。澹到秋心不許紅。　夕陽著意相憐藉，媚盡西風。蝶夢煙空。明日登樓送塞鴻。

虞美人

高臺百尺淩歊起。輕命危闌倚。不辭日日望長安。多少龍樓鳳闕、五雲端。　烏頭馬角君休問。天與安排定。擬將身世付漁竿。已是北湖南埭、水漫漫。

南鄉子

世亂復何依。一枕清泉晝掩扉。南去北來頭總白，堪悲。祇有空王少是非。　薄雨不成霏。獨自攜壺上翠微。指點十三陵下路，縈迴。白道青松挂落暉。

以上《遯盦樂府》卷上

一萼紅　和古微丈花步里聯吟紀遊之作，仍依姜韻

古簾陰。颭船脣碎雨，華燭吐紅簪。扶月鉤闌，低花竹桁，歡夢如醉消沈。漫惆悵、城東步屧，聽喚客、園柳變鳴禽。故榭煙蕪，曲坊鶯老，那處重臨。　迴首凭春池畹，念芳時俊

侶，寂寞關心。波載花嬌，巖皴玉瘦，苔屐翻阻幽尋。甚時更、蘭襟泛雪，遡溪纜、妍唱換兼金。怕約輕鷗未來，蜨徑香深。

帝臺春

春日薄游，酒邊感遇，賦示霜厓

梅市雪落。風光遍京洛。還念舊狂，倚玉芳樽，眠香朱閣。閒卻調箏柔素手，鳳幃畔、嫩紅誰握。歎春來、倦旅花時，天涯飄泊。　秦簫樂。歡似昨。楚枕約。夢偏各。向豔景嬉游，病懨懨，也恨鎖、兩眉愁萼。前日因誰暫拋了，今夕等閒又思著。待説與教知，怕籠鸚輕覺。

浣溪沙

吴唐英『紅杏花時』句，余最愛之。別京都八年矣，棖觸舊遊，寄慨於言

一別春明又八年。歸來商畧買山錢。石田茅舍阿誰邊。　紅杏花時辭漢苑，緑楊雨裏上淮船。雨迎花送故依然。

滿路花

春感，和清真

梨霙粉未勻，桃靨紅初破。清明寒食後、添新火。屏風鳥度，四面山重裹。獨自凝香坐。沈思年少，買醉坐久渾忘，嗒然一枕高臥。　尊前一笑，墜胡姬左。而今雙鬢改、愁深鎖。尊前一笑，夢風簫過。恁時教見我。説甚無情，有情還念人呵。

采桑子

爲顧起潛題宋寶慶復泉井欄，余舊居吴郡杉瀆橋，有咸淳亭井欄。曾見之於金石著録，故末章及之。『麗娃鄉』亦井欄中語

娃鄉人去苔空緑，功德莊嚴。翠墨循環。知是南朝第幾泉。　小桃風綽雙扉冷，杉瀆橋

邊。曾照朱顔。一別金閶十五年。

金縷曲　題舊搨咸淳亭井欄，井在吴郡杉瀆橋

遺構臨江是。帶滄波、脂痕碧沁，露桃紅地。細雨黄昏飄斷綆，滴盡冰蜍清泚。剔蒼蘚、南朝零字。一片高梧銀瓶凍，問龍鸞、沈恨今何世。秋鏡老，素瀾起。　一泓誰浸愁滋味。遺鬘天、珠旛密護，織綃泉底。井有『開山林』字，蓋僧坊故物。凝白雕闌沈香换，那問鴛鴦錦砌。算常傍、游春鐙市。冷濯塵緇淩波影，照娉婷、翻怕花容悴。殘月唱，付溝水。

木蘭花慢　爲友人題盆柏圖

壁間髯翠滴，花浪起、皺鱗生。看霧盎盤虬，月尊酬鶴，慘澹經營。龍孫古來神物，問九朝幾見泰階平。玉立蒼然不改，歲寒與汝同盟。　荒荆。三徑似淵明。風露冷中庭。要著意栽培，筠霜苦節，菊水頹齡。淩霄錦官城外，把蓬萊移在素雲屏。莫笑燕榆晚葉，須知江桂冬榮。

更漏子

翠鸞篦，鈿雀扇。巧笑星前誰見。檀注薄，桂膏濃。鐙花不斷紅。　意先投，腸已斷。寫得山盟一半。樓上月，五更鐘。行雲似夢空。

小重山令

纔説歸期未是期。車輪生四角、又天涯。春風青鬢染成絲。長安道、誰榜北山移。　人共鳥争飛。樹頭紅日影、赫如旗。問君何事獨栖栖。江湖手、輸與白鷗知。

泠、海上心期。愁更遠，撫霜鴻、彈斷素徽。

鷓鴣天

前閣風簾自在垂。後庭芳樹見應稀。行雲駐處終無定，明月圓時別有期。　花盡態，柳多癡。王昌消息至今疑。金堂一宿誰曾慣，何似鴛鴦只獨棲。

其二

十樣宮螺試手勻。鏡中嚘笑兩難分。生憎蔓草欺羅帶，恨殺楊花落錦茵。　秦氏女，宋家鄰。相逢還恐不如真。含情欲問殘鐙事，鸚鵡前頭豈得論。

其三

搢醉檀槽不肯休。當初相送木蘭舟。人間玉鏡何年合，天上金波此夜流。　银鑿落，鈿箜

玉漏遲

古微丈逝世海上，讀弁陽翁弔夢窗『錦鯨仙去』句，愴懷萬端，即用其調，以當哀些

亂離詞客少。錦鯨仙去，鶴歸華表。把酒生平，都是舊時言笑。零落霜腴潤墨，流怨入、江南哀調。春恨渺。十年心事，殘鵑能道。　白頭飽閱興亡，又淺到紅桑，海塵揚了。萬里吞聲，淒絶杜陵愁抱。歸唱水雲夜壑，料應比、人間春好。鷗夢覺。沈沈下峯寒照。

聲聲慢

閒步郊原，追念彊邨翁，淒然成詠

碧將山斷，紅帶霞分，登臨何限霑衣。醉後羊曇，西園處處花飛。芳洲已無杜若，便涉江、欲采貽誰。還解佩，甚楚蘭盈把，都化相思。　怕聽黄壚碎語，幾夜窗秉燭，驚夢猶疑。舊隱鷗邊，如今應悵人非。飄零墜梅怨曲，尚泠

篌。新恩曾拜閤門頭。雪梅未是無情思，應爲熙春更少留。

其四

金井梧桐轉轆轤。閒庭月上欲棲烏。拂牆長裀憐柯半，抱扇斜鬟映比疏。　歡夢後，酒悲餘。人情誰道不如初。吴綾賸有香腮淚，蜀紙猶存玉手書。

其五

小閣迴廊認謝家。東風著力鬬鉛華。塞垣處處生芳草，宮苑年年閉落花。　人易老，事長嗟。水流雲散又天涯。若教得保紅顏在，靜待王孫金犢車。

其六

莫謾彈棋近玉枰。離多終是水無情。機中錦字論私素，琴上紅絃替恨聲。　金鈿約，翠牋盟。憑將皎日寫丹誠。相思不少閒衾枕，怊悵清宵夢自成。

唐多令

蘿幌掩孤嚬。雙眉鬬畫新。好花時、不醒愁春。曾是湔裙芳草路，渾怕問、舊京人。　蓮燭刻迴文。香消繡被温。叫南樓、哀雁聲頻。夢裏榆關秦塞月，空一片、白紛紛。

謁金門

情意重。漸愧淚珠相送。被錦著花紅尾鳳。愁來無半縫。　早是玉顏矜寵。悔不萬般將奉。昨夜分明曾入夢。瑶觴纖手捧。

其二

青鶾翼。爲我試探消息。咫尺關山成絶國。

行人歸未得。記得帶鸞親結。和淚出門時節。但使連環無斷絕。相逢終有日。

鷓鴣天　六十自述

六十明朝過眼新。鏡中吟鬢老於真。寄生槐國原無夢，避世桃源豈有津。蒼狗幻，白鷗馴。安排歌泣了閒身。百年垂死今何日，曾是開天樂世人。

卜算子　庭前月季花，多日本種，向曉盛開，詞以賞之

洗出兩般紅，雙結同心苣。一隖穠姿獨看來，綽約東鄰女。已是此生休，莫被他生誤。待得丹成跨綵鸞，送汝三山去。

前調　紀夢

曲苑斷逢迎，小閤深迴互。昨夜羅衾特地寒，夢到雙棲處。別語苦難留，淚眼何曾曙。蕃馬千羣獵炬紅，屏上蕭關路。

燭影搖紅　握蘭簃裁曲圖，爲釋戡題

十載梅邊，綺懷消與東風淺。閒拈紅豆背人拋，不怕周郎倦。月底鸞笙炙遍。漏聲移、花階影轉。鈿塵飄處，春在誰家，繁鶯庭院。摺罷檀槽，當筵刻燭雙心短。問誰親付紫雲迴，的的珠吭囀。明鏡新霜未滿。絳都春、疏狂占斷。憑教重省，白髮青娥，承平絃管。

天香　央盦海上賦詞見懷，依調奉酬

林櫓辭紅，庭莎換緑，歸雲縹緲千里。露下葵

齋，水邊菰飯，已忍十年心事。素髭白盡，拚一臥、漳濱都廢。秋塞頻看斷雁，晴波暗通雙鯉。　蠶眠上元細字。夜披衣、爲君驚起。賺得有涯哀樂，此才空費。刻意傷春倦矣。儘商略、兒時舊鐙味。翦韭山窗，清琴自理。

鷓鴣天

癸酉秋，罷講燕庠，退居西苑僦園。其地舊爲扇子湖，荷花最盛。半塘老人曾有詞，率成一解

占得溪堂一事無。老夫作計未全疏。數株翠柳仍連苑，十畝紅香恰稱湖。　花徑掃，酒船租。載來家具少於書。銜杯更落西山影，白鷺明霞畫不如。

石州慢

上彊邨授硯圖，爲榆生題

蜕後哀蟬，珍重瓣香，詞老親敕。高情無著庵中，夢冷閒鷗成憶。藥鑪禪榻，幾人夜半傳衣，踏天直割蟾蜍月。彩筆素心違，想吟邊頭白。　休説。薰香紅袖，諫草青蒲，舊家遺直。繙譜新聲，流怨雲腴能識。勸君攜取，蕭條異代吾師，晴窗長伴研朱滴。潑墨霅川圖，滿空江煙闊。

水龍吟

輓黃晦聞

竟拚與陸俱沈，蒼茫不曉天何意。哀時雙淚，蟠胸萬卷，一棺長閉。如此奇才，忍甘終老，詩人而已。憶當年對策，墨含醇酏，親坐閲、虞淵墜。　黯淡神州雲氣。喚沈冥、睡獅不起。艱難戎馬，崎嶇關塞，亭林身世。來日荆榛，庸知非福，先驅螻蟻。更傷心絮酒，荒郊野哭，望魂徠未。

其二

翠袖紅闌倚處同。一渠春水浸芙蓉。隔牆嘶過玉花驄。　曾是昔年盤馬地，晴泥滑滑草茸茸。碧雲天遠畫樓空。

浪淘沙

渌水漾輕鷗。紅板橋頭。鞦韆斜颺柳花毬。年少鳳城游。捲上珠簾風半面，無限春愁。　老歎淹留。金閶門外檥蘭舟。昨日浮萍前日絮，明日東流。

蝶戀花　送學佛友人南歸

蹋殺馬駒無覓處。指點當前，的的西來路。已自萬水千津君薦取。些兒閒話如何舉。　明日無家誰絆汝。攬鏡看雲，不是功名誤。

沁園春　再輓晦聞

疇昔相知，自許千秋，惟曹與君。憶甘陵結客，曾經名見，洛陽作賦，如此才橫。酹起陶潛，重邀李白，何日尊前細論文。春秋筆，歎詩亡不作，泣鳳傷麟。　紛紛。豎子成名。祇我輩、棲遲行路塵。問壞空成住，到頭誰幻，黃農虞夏，過眼皆陳。語可當薪，玄真覆醬，猶有侯芭後死人。謂君門人吴雨生。歸休了，算交親有淚，天地無情。

浣溪沙

鏡面繁紅寫倒枝。淡妝新樣日般宜。好風香過蝶先知。　蘭燭已銷前夜淚，麝薰猶煖去時衣。無因説與錦屏期。

淮山聽夜雨。扁舟滿載春愁去。

水龍吟　丙子元日，客燕山賦

輭紅一片瓊簫，流塵如夢迴風過。傷心怕問，歲寒宫袖，玉蟬花朵。送老年涯，背時顔色，舊情偏左。任朦朧睡眼，偎衾自戀，三兩點、殘鐙火。　望斷朝班青瑣。換淒涼、金門頽臥。誰家兒女，銅街笑語，迎新妝裹。惹鬢繁枝，霑脣美酒，澆愁無那。祇細書綵勝，宜春消息，待梅梢破。

虞美人　奉答瞿禪之江

庾郎詞賦供憔悴。猶有哀時淚。故人千里寄梅枝。爲報江南春好、雁來遲。　金門一臥垂垂老。作計消愁抱。明年擬采五湖蓴，相送扁舟載雨、到西興。

滿江紅　丁丑重九感賦

淚眼黄花，渾怕問、今朝佳節。還記取、西風吹帽，蕭蕭余髮。隴水助人添哽咽，燕山向我無顔色。更驚心、四遠雹聲焦，千家泣。　浮世夢，都休憶。明日事，從何説。歎臣之壯也，而今頭白。已自摧殘人下寄，那堪憔悴兵間活。把茱萸、插了再三看，南冠客。

木蘭花慢

遍昆池灰劫，曲江上、幾聲吞。問著甚來田，龍拏虎攫，如此乾坤。黄昏但聞鬼哭，掩衡門胡騎滿城塵。未要秋風華髮，等閒滄海吾身。　霑巾。今古一酸辛。往事恨難論。算更誰憐取，封中蝸土，地上蟣臣。蚩尤五兵枉鑄，浪滔滔直欲盡生民。俯仰空悲去客，興亡休怨陳人。

木蘭花令

繁華催送。人世恍然真一夢。何處笙歌。水殿風來散敗荷。　饑烏啄肉。迴首都亭三日哭。國破城空。殘照千山淚點紅。

滿庭芳

丁丑九月，客燕京書感

照野江烽，連天海氣，物華捲地休休。殘陽一霎，怎不爲人留。幾點昏鴉噪晚，荒郵外、鬼火星稠。傷高眼，還同王粲，多難强登樓。　驚弓如塞雁，林間失侶，落影沙洲。便青山縱好，何處吾丘。夜夜還鄉夢裏，分飛阻、重到無由。空城上，戍旗紅閃，白日淡幽州。

相見歡

惜花常怕花殘。曉妝寒。翠被餘香紅雨、淚闌干。　高閣上。凝情望。雁初還。天際晴沙秋色、小屏山。

其二

長河漸落雲屏。曉星沈。一枕落花殘月、酒初醒。　情何限。人不見。恨難任。雙佩合歡羅帶、濕羅巾。

浣溪沙

枝上紅稀緑漸成。閒隨流水繞花行。粉牆低處一舟横。　早是宿妝匀面了，誰家聞打築毬聲。治游天氣近清明。

其二

著意人前暈翠娥。嬌多貪耍不成歌。長裙出

水碾新荷。　斗帳罷熏添古刺，香輪催發響摩托。月明歸路余君何。

渡江雲

　　僦園雜蒔花木，頗有終焉之志。賦示榆生、瞿禪

溪堂何處好，雜花手植，背郭俯晴郊。十年雲海臥，自斷音書，泛宅到漁樵。舟横野彴，漸夢落、江雨春潮。蘭徑深、隔隣疏援，紫蔓上藤梢。　無聊。牆東遺世，塞北爲家，任旁人一笑。休更驚、羌邨烽火，投老安巢。緑陰滿地初宜夏，步水曲、山鳥相招。沈醉語、生涯換得枯瓢。

臨江仙

一自中原鼙鼓後，繁華轉眼都收。石城艇子爲誰留。烏衣尋廢巷，白鷺認空洲。　萬事驚心悲故國，青山落日潮頭。此身行逐水東流。除非春夢裏，重見舊皇州。

鷓鴣天

苦恨佳期説斷腸。未應怊悵抵清狂。蓮舒玉豔勻新彩，梅壓鬈雲惱薄妝。　歡夜短，怨年長。半衾閒畫兩鴛鴦。羅衣歸後從教著，多恐經時減舊香。

浣溪沙

蘭破嫣輕語未通。障泥寶馬錦嘶風。長陵小市舊相逢。　犀液越甌金齒輭，麝煤蜀紙玉纖紅。幾時攜手畫屏中。

其二

卻下晶簾護水沈。簷牙時聽響鳴禽。碧桃花

發綠成陰。屐子高高輕襯玉，帕兒疊疊細挑金。紅箋誰與説春心。

前調

十里珠塵暖欲飛。黄昏催散燭龍歸。天街踏馬惜芳菲。早是聞歌憐夢雨，那堪持酒勸春暉。不成沈醉衹成悲。

采桑子

當初曾記臨歧語，蜀紙親封。説與相逢。衹是今番已不同。琴中傳盡殷勤意，誰適爲容。鬢葆秋蓬。恨入檀心一寸紅。

其二

雁來不帶天涯信，幾陣清霜。紅粉雕牆。日日高樓盼夕陽。錦衾特地今宵冷，嬾卸梅妝。萬種思量。揉損羅衣金鳳皇。

沁園春

鶴雲有燕亡之悼，屬爲詞，以寫其哀

老矣坡仙，一霎朝雲，秋牀竟空。歎哀蟬促柱，芳韶苒苒，離鸞迴枕，好夢悤悤。怨結燕蘭，恨摧湘蕊，受盡纏緜藥裏中。相思淚，有裙蕪蜨紫，蠟桂鵑紅。傷心誰貌驚鴻。算衹少、沈檀小象供。憶病蠶絲褪，寬消腕玉，愁蛾黛蹙，瘦怯眉峯。來日大難，他生未卜，除是依稀海上逢。徘徊久，悵銜香一炷，塵苑千重。

東坡引

湖帆取静淑夫人『綠遍池塘草』詞意，繪圖以志悼亡之痛。敬題一解

芳塘看逾好。綠遍依前草。而今夢斷雲窗渺。新詞誰解道。新詞誰解道。圖中彩

筝，琴閒淒調。願來世、長相保。朱紘錦段渾閒了。傷心人已老。傷心人已老。

好事近

珍簟接煙波，涼浸藕絲秋雪。珊枕夜來紅淚，總相思陳跡。　芙蓉泣露怨西風，容易舊情別。夢醒半池鴛被，畫雙雙鸂鶒。

水調歌頭　招文如飲

勸子一杯酒，聽我短歌行。長江滾滾東走，疏鑿費神丁。天地龍拏虎擲，今古猿啼鶴怨，慷慨若爲平。碧瓦何王殿，廢壠有人耕。　劍横腰，書掛角，竟何成。長安萬人如海，龜息養閒齡。不學淵明種秫，且共劉伶荷鍤，春雪劚黃精。宇宙久寥泬，吾道一茅亭。

卜算子慢　别意

雲浮畫鷁，風漾素巾，暮景海秋初霽。莫上瑤梯，脈脈此情誰寄。想千山、萬水重重意。但望裏、紅樓隱隱，歸帆遠峭天際。　獨自成憔悴。是悔殺臨分，頓孤鴛被。待不思量，憶否有人凝睇。看悤悤、陌上雕輪駛。便綵縷、同心綰徧，問離舟那繫。西俗送别，以各色綵條拋岸上，雙雙曳之，舟行漸遠漸斷。

丹鳳吟　余與眉孫聞服有素，屢荷賜章，兼示近影。小春梅發，感憶題寄

倚斷驚塵樓望，舊雨沈蓬，蘭襟疏隔。鐙牀殘響，淒切亂蛩如織。傷心此際，暗嗟羈侶，彩筆哀時，秋葉爲客。自結紅情贈遠，隴驛梅開，相思誰在江國。　最是索居況味，閉門更

惜音問寂。濺淚繁華去，便凋年能遣，須寄歡適。流波還鼓，乍覺海天無極。慰我南枝遲暮想，要花前同憶。對歌對酒，看取雙鬢白。

拜星月慢

夢地重來，墜歡棖觸，和友人怊悵詞

露漬蓁苔，煙籠屏蕊，小覓閒坊竹靜。別夢曾經，隔飄鐙闌影。笑攜手，暗憶、明霞秀靨初見，暖日同牆相凭。月下梯橫，指黃昏教認。繡驄嘶、省識城南近。東風地、似覺千紅迎叶。幾度燕幕還巢，奈樓空花暝。倚清歌、顧曲何人聽。尋芳步、淺立雙鴛徑。便縱有、葉寄堪題，怕流波不定。

永遇樂

落葉蟲吟，疏花鳥度，人病孤館。拄杖看雲，翦鐙話雨，心事遙山遠。蕭辰野吹，嚴更戍鼓，獨自怎生聽慣。念當前、茫茫百感，揭來盡成淒斷。傷心十載，倉皇北顧，到此谷遷陵變。瘦柳荒宮，衰蘭故岸，坐見蓬三淺。白頭如許，青山何在，不信歲寒猶戀。夜深但、梁間燕子，暗聞細歎。

以上《遯盦樂府》

瑤臺聚八仙

壽蟄雲

天上蟾園。金波迴、芳節慣會朋箋。未秋吟鬢，涼意不到鷗邊。路隔仙源通紫禁，浮家勝泛五湖船。擁青編。十年朝馬，還夢鈞天。依然承平俊賞，換花陰覓句，竹徑安禪。誰捐楚珮，心事暗託啼鵑。蘭成小園自賦，看香發巖扃晚桂妍。無多酒，願鏡中春駐，常鬬尊前。

以上《遯盦樂府》卷下

沁園春　甲戌歲除讀遺山詞，戲效其體

六十三年，彈指之間，頹然已翁。看清晨種種，髮搔逾短，朱顏浩浩，心在還童。北冑談經，東華紬史，頭白區區無寸功。縱今後，且安排卒歲，休問窮通。　誰家爆竹牆東。莫驚攪、先生春睡濃。似吟詩去也，山中木客，閱人多矣，澗底蒼松。五鬼揶揄，三尸坐守，養得丹砂如許紅。盲詞好，任攔街拍手，醉倒春風。

以上見《遯盦樂府續集》

虞美人　纕蘅諸君招同人禊飲，分均徵題，率成一解，得『海』字

單衫試酒朱顏改。白日愁如海。更誰曲水泛流杯。不道酴醾開後、燕來歸。　百年裙屐風流罷。猶有鶯花社。傷心怕問舊京春。贏得五陵驕馬、送閑人。

以上見《采風録》

浣溪紗

過眼紅韶屬蝶蜂。誰收露粉護芳叢。替人拋淚費東風。　惆悵高樓煙百尺，隔牆嘶過玉花驄。此時相望抵相逢。

其二

涼館迴燈雨似莎。酒邊枝夢怕聞歌。狂隨繁鬢也銷磨。　入夜斷魂牽楚峽，經年閑淚瀰吳波。拚教寸費奈情何。

以上見一九一四年《民權素》一集

金縷曲　送東蓀弟之日本

莽西風、雁聲四塞，暮煙凝紫。迴首銷魂地。亂後湖山秋笳賤，攙了三分變徵。問何日、黄龍東指。滿目車塵憑闌望，黦征衫、都是啼鵑淚。清夜舞，爲君起。　臨歧斗酒須重醉。算連江、沈沈夜雨，故人有幾。煮海孤燈神州夢，兩地寸心而已。是男子、休教情死。一紙滄浪殘盡稿，待他年、收拾扁舟裏。三尺劍，向天際。

阮郎歸　雨後快晴，郊外閑步，悵然成詠

一些兒雨一些雲。今朝真個晴。去帆遠水緑鱗鱗。白蘋愁殺人。　花壓鬢，酒沾唇。人生無那情。杖藜扶我過橋行。翠禽三兩聲。

壽樓春　皋橋酒座，招小鬟度曲。時盆花盛開，欣然沾醉，感音而作，不知司馬青衫視此何如也

陪深杯流霞。有雙鬟顧曲，宮鬢堆鴉。却稱裝成金屋，載來名葩。雙燕子、今無家。甚賞音、偏逢天涯。歎柳眼還穉，桃根漸老，春色二分差。　清臥擅，風流誇。對飄蓬身世，如錦年華。抵得江關詞賦，白頭同嗟。尊易盡，愁難賒。看泥人、芳思交加。趁一幌屏山，移來好花紅上紗。

以上見《民權素》一九一五年五集

鷓鴣天

何用浮名絆此生。黄塵鞍馬笑峥嶸。花開不放吟髭白，山好都隨倦眼青。　歌宛宛，思盈盈。誰家玉笛乍飛聲。東欄惆悵一株雪，看

得清明有幾人。

浣溪紗

碧乳調氷雪藕絲。熟梅微雨漲平池。隔花來往蜜蜂兒。　珠箔籠燈啼脈脈，繡檀迴枕夢遲遲。薄遊當記少年時。

臨江仙

留得青山歌舞地，秋來呼酒登臨。籬邊叢菊綻黃金。天風吹落帽，明月照彈琴。　一笑蘧廬真似寄，感時無限沈吟。蕭蕭短髮不勝簪。微官餘客夢，多病自侵尋。

以上見《民權素》一九一五年六集

望海潮　送人出使日本

珠宮鮫窟，銀濤蜃市，扶桑曉日初懸。唐館客來，秦源犬吠，神風直引三山。瓊樹海爲田。看碧波千頃，櫻火紅然。咫尺滄溟，似開圖畫在人間。　飈輪一丈飛遠。正雲垂鯨背，浪舞蛟涎。遲武請纓，輸君袖石，吟毫拂破蠻牋。慷慨賦遊僊。陋漢家橫海，博望籌邊。好趁雞林舶到，歸奏鳳墀前。

南歌子

短褐登樓賦，長欃行路難。風塵迴首誤儒冠。拚得松醪送老、白雲邊。　勳業詩篇換，生涯藥裏傳。老夫隨分也欣然。起看今宵花影、繪闌干。

見《民權素》一九一五年七集

絳都春　春夜爲清河畫舫賦

花奴罷宴。正天半畫閣，流蘇齊捲。醉擘鈿

釵，虬箭丁東敲瓊管。碧棠華下雙雙燕。照絳蠟、鞦韆斜罥。睡妝初就，香圍密座，舞葱歌蒨。別苑。秦簫按徹，瑣窗隔、月底行雲吹散。背解繡襠，蕤帳藏嬌春無限。夢騰休恨良宵短。任一枕、鴛鴦柄煖。判教紅日扶頭，曉鶯漫喚。

上行杯

庚子秋聞半唐老人與古微、伯崇諸君圍城中，余亦同經亂離，曼聲低唱，不能無南斗京華之感矣

延秋門上烏頭白。野老吞聲江岸哭。滿地驚塵。北斗遥應接鳳城。萬方多難干戈裏。壯不如人今老矣。蠟淚成堆。夢到昆明話黑灰。

以上見《民權素》一九一五年八集

燭影揺紅

孟冬十二夜寒月大佳，一白如霜霰，花影在地，皆作紺碧色。與婦潘蘭儀欹徙中庭，相對淒然，頓起旅思。憶昔年曾約婦淞泖偕隱，人事匆匆，此願未知何日償矣。婦善愁，余亦善怨，爰製此詞，扣欄歌之，以宣幽滯，感音清異，不減龔定庵《寒月吟》也

雙照樓頭，捲簾夜色明如水。素娥青女鬥嬋娟，携手休辭醉。惻惻清輝玉臂，倚螺屏、相偎暖翠。盡眉閑了，枕畔移燈，殘香薰被。月地雲階，五湖偕隱何時遂。花茸唾碧總相思，應費鮫綃淚。翦取西窗密蕊。笑巡檐、斜河欲墜。小腰寬盡，酒醒無端，爲誰不睡。

八聲甘州

記西風吹篴玉關行，匹馬黑貂裘。眺殘陽亂堞，平沙落木，老夢驚秋。我爲蒼生彈淚，莽

莽古神州。王粲傷春眼，休更登樓。　一臥滄江無恙，換蒓絲鱸雪，張翰扁舟。嘆飄零身世，幾個舊盟鷗。算縱有、黄花招客，笑簪來、容易白人頭。相思意、不堪迴首，醉覓封侯。

以上見《民權素》一九一五年九集

阮郎歸

桃花結子柳垂絲。年年春盡時。日高蝴蝶作團飛。黄鸝不住啼。　緘舊淚，繡新題。一雙紅折枝。酒闌翻污鏤金衣。緑窗教睡遲。

御街行

東風直恁無情緒。簾半捲、黄昏雨。杏梁雙燕不還家，落盡碧桃千樹。斷腸又聽，幾聲啼鴂，催送春歸去。　凭高試縱天涯目。忍淚留春駐。倚闌何限好斜陽，可奈亂山無數。

年年芳草，玉驄嘶斷，不見蘅皋路。

以上見《民權素》一九一五年十集

雙雙燕

余既讀馬克事，噩夢如潮。因念女子用情摯於男，夜苦不睡，輒以春怨寄意，譜此詞，發乎情，止乎禮義，亦風人之極致也

雪醾落了，過春社燒燈，釀寒欺暖。香泥粉潤，忙殺玳梁棲燕。南陌雕輪去後，漸嬾向、紅窻匀染。翩翾睡蝶花梢，翠柳看摇金線。　簾捲。天涯望斷。悵嫩約匆匆，夢雲吹散。綵毫誰畫，恨入鏡鸞雙黛，欲織盤絲寄遠。怕多病、裙腰都減。何時喜卜歸期，天教有情相見。

以上見《民權素》一九一五年十一集

蝶戀花

日日高樓凝望眼。過了清明，重理殘針線。燕子不來春不管。亂紅又落桃花片。　梅子生仁蠶吐繭。幾日薰風，换却輕羅扇。愁似朱絲難剪斷。問愁深淺情深淺。

見《民權素》一九一五年十二集

好事近　紀夢

檀枕夢迴時，半楞透窗殘月。記得絳霄風背，駕綵鸞雙翼。　鳳樓笙吹已隨煙，天上怕追憶。賸有一襟紅淚，染想思花骨。

踏莎行　讀冷紅生譯小仲馬巴黎馬克格尼爾遺事，感其情文纏綿悱惻，涕爲之隨，輒題小詞，以誌稗官家

束錦纖腰，籠紗玉貌。香車油壁章臺道。山茶化作斷腸花，相思羞珮宜男草。　鳳軫迴絃，蠻箋疊稿。淚珠紅染郎懷抱。此情却似水東流，青天碧海何時老。

以上見《民權素》一九一五年十三集

點絳唇

彈罷湘絃，一簾碎月鋪花影。蝶魂驚醒。蹙踏梅梢粉。　待得歡來，翠被和香等。偏無準。怕人追問。暗結丁香恨。

其二

花外危闌，那堪愁向黄昏倚。困人天氣。一桁簾垂地。　數盡歸鴻，問我歸來未。題紅淚。故鄉千里。還渡桑乾水。

見《民權素》一九一六年十四集

鷓鴣天　故人招飲西北高樓，即席賦贈

不敢呼燈近帳看。惱人花氣暖于棉。春灰一寸難消受，化作相思又化煙。　歌淚窄，酒悲寬。老來風味憶從前。春光不信真如海，笑折花枝欲放顛。

見《民權素》一九一六年十五集

霜花腴　用覺翁自度腔韻題《霜腴詞卷》，爲漚尹壽

五湖舊舸，緝楚裳，歸來早換臣冠。苗語蘋煙，鏡絲蘆雪，殘山欲買應難。醉吟自覺，咽素商、凉墮杯前。住閒身、占取塘蒲，翠衾秋輦夢荒寒。　雲臥故溪無恙，祇江南哀斷，冷落驚蟬。折檻風高，題襟墨黯，秋詞半篋誰箋。聽歌駐船。指桂叢、蘿月娟娟。算沙鷗、省識霜紅，花扶醉看。

見《音樂雜誌》一九二〇年一卷二期

浣溪紗

細雨春城白袷天。東園桃李鬥芳妍。斷腸分手莫淒然。　留取醉痕淹彩袖，憑將錦意訴紅絃。不知相會更何年。

見《學衡》一九二四年第三十三期

前調

煙鎖紅窗細柳垂。日高閑看蝶交飛。鏡中春思入顰眉。　南浦絲波無限好，西樓圓月有情低。碧桃花發憶前期。

見《學衡》一九二五年第四十三期

前調

折盡長條更短條。尊前空門小蠻腰。雨絲風片太無聊。　一水揉藍將夢涴，亂山橫黛學愁描。去年今夕又今朝。

見《政治家》一九二六年一卷九期

前調

荇蔓牽風翠帶長。晚荷出水靚紅妝。玉笙閒按小池塘。　素簟邀涼頻憶臥，繡檀融粉暗生香。斷烟沉晝費思量。

見《政治家》一九二六年一卷十期

前調

蓮臉冰眸一彎光。分犀掠月問鵝黃。水晶山枕宿檀香。　飛去定無雙鳳翼，斷來能有幾鸞腸。紅樓隔雨兩相望。

減字木蘭花

金梁相送。人世恍然真一夢。何處笙歌。水殿風來散晚荷。　饑烏啄肉。迴首都亭三日哭。淚灑晴空。國破家山返照紅。

卜算子

曲院斷逢迎，小閣深迴互。昨夜羅衾特地寒，夢到雙棲處。　高下夢沈煙，長短秦箏柱。細看人情不似初，一霎黃梅雨。

見《小雅》一九三〇年二期

玉漏遲

畫江潭苑裏，登臨怕問，當年朝市。萬户千門，傳得青紅兒女。空外遥山帶晚，算一髮、斜陽誰繫。今古際。茫茫不解，天公何意。短棹歸弄滄洲，歎已認伶俜，十年心事。未了夷歌，舉目山河全異。賸有荒宮柳瘦，伴銅狄、摩挲還是。愁亂起。黃昏落梅花地。

見《小雅》一九三一年四期

鷓鴣天　關東寫秋

衰病逢辰一舉觴。憑欄高處怯流光。曾無瘦菊酬佳節，看盡昏鴉掠夕陽。　罇未喫，意先涼。此心安處是何鄉。應憐倦影隨鴉雁，猶戀巫閭絶塞霜。

見《民國雜誌》一九四一年十一期

金縷曲　熊述陶自作生壙記，屬爲題詞

此是歸歟路。指前期、璚林花鳥，多生完聚。九月嚴霜誰相送，元亮高風如許。待手種、石楠成樹。留與海巢傳佳話，篆豐碑、也抵征西墓。雖作達，足千古。　何須死傍要離住。且徜徉、一邱一壑，勝他羈旅。祇片石、韓陵堪語。我亦有家今安問，滿眼淒然焦土。放歌人間世，羨歸雲、早辨青山主。還盟取，舊鷗鷺。

鷓鴣天　戲詠跳舞

塘外輕雷轉不停。堂前紅燭夜相迎。綺羅叢裏三分月，燈火光中二等星。　香嫋嫋，霧冥冥。西方彩畫有迦陵。若教得共花房宿，應願將身作錦屏。

以上見《同聲月刊》一九四一年一卷十期

定風波

大鶴山人畫水仙便面，款書擬紅女史，亦泠紅一逸掌也。榆生得之吴市，屬爲詞以紀之

寫出淩波一段奇。團欒猶得想芳姿。莫怨秋風摇落早。須要。露花煙葉繫人思。　欲向西樓尋舊燕。誰見。無情流水對斜暉。今日徘徊月下。歌罷。爲君重唱比紅兒。

見《同聲月刊》一九四一年一卷十二期

賀新郎

邕安世兄手摹高遯山竹譜成，屬題。病起不能握管，春蚓秋蛇，可笑人也

劇跡雲烟供。問當時、畫師幾輩，人間留種。不是王郎傳神手，誰把此君題奉。鐵如意、閑來拈弄。絕勝永和留響搨，比蘭亭、醉本無輕重。參玉版，倒春甕。　高生墨妙嗟誰共。算除非、僧繇翻劫，追他天縱。想見解衣盤礴後，下筆龍蛇飛動。波與磔、從今安用。貌得李家鉤勒法，千百年、伴食山齋俸。寒具汙，任充棟。

見《同聲月刊》一九四三年二卷十二期

望江南

題彊邨丈詞集。丈有《望江南》詞，題清代名家詞集略備。而丈詞實爲清代詞家一大殿，不可以無述，爰倣其體，補題二解

霜腴好，曾憶鶩翁評。天外鳳皇誰得髓，人間韶濩有中聲。七寶自然成。

其二

衡門意，投老若爲家。半篋傷心餘諫草，一春垂淚對江花。應有匪風嗟。

見《同聲月刊》一九四三年三卷四期

憶舊游

榆生北來見訪，不相見者十四年矣，喜而賦之

記紅簫按曲，白袷當花，同泛吴艘。笑語蘭情上，把吟牋象管，收付詩囊。飄零十年彈指，鬢彩各蒼蒼。甚翦韭燈前，驚蓬對燭，偏是殊鄉。　疏狂。久爲客，便登樓賦好，怕近斜陽。寒雨連江夜，指珊瑚海樹，都挂離腸。何時五湖一舸，散髮濯滄浪。正落月金盆，丁丁細瑟侵漏長。

見《同聲月刊》一九四三年三卷六期

金縷曲

題王欣夫抱蜀廬校書圖

好共吾廬占。似黄家、當初佞宋，一燈懷槧。紅豆風流憑接席，錢顧石矅同伴。把蠹粉、芸籤親散。掃盡楓窗多少葉，策書勛、也抵參微管。文字福，幾人擅。　承平樸學誰知羨。望南天、卿雲下覆，輪囷萬卷。冢壁而今皆殘毁，賴有青箱堪戀。歎我老、目昏頭眩。唤起少年狂結習，夜無眠、燒燭書堆案。藏山稿，待君勘。

見《同聲月刊》一九四四年四卷一期

念奴嬌

歸安錢君仲聯，依其大母占籍虞山。繪夢苕盦圖索題，效吴蔡體賦此

破山一角，喜蓴鱸依舊，季鷹家世。曾説樊南兄弟好，君祖楞仙司成，與弟笹仙同注《樊南文補》，曾以玉溪兄弟自況，見示《樸齋集》。今見孫枝蔚起。甥館糕環，外家棗栗，清遠吴興水。夜來歸夢，結廬人境還是。　我亦兩世論交，南冠憔悴，擊筑燕臺市。故國扁舟聯一繫，迴首雲山千里。

碧浪三潭，蒼烟五畝，此願何時遂。對君圖畫，幼輿空想高致。

見《同聲月刊》一九四四年四卷三期

以上《遯盦樂府》

張榮培

醉春風 瓶中紅梅盛開，拈此寄興

驗取東風信。燕脂團作暈。銅瓶低插一枝春，緊。緊。緊。疏影横肩，凍香涵膽，託根方寸。　一片紅成陣。花落銀釭燼。夜深伴我綺窗前，近。近。近。依約羅浮，月明風静，夢魂勾引。

浪淘沙 遂園晤舒問梅、工文伯

佳節過清明。春老園亭。蒼苔泥滑屐重停。花底吟朋來不速，風絮雲萍。　結契兩忘形。細品茶經。芭蕉分緑上銀屏。且借魚蝦供薄醉，竹葉杯傾。

東風齊著力 春柳

摇曳生姿，風流如許，恰近韶年。青青可愛，況值嫩晴天。到處山村水郭，送行客、無限纏綿。分明是，隋堤試舞，漢苑初眠。　畫意儘流連。還襯著、一般細雨輕煙。酒旗掩映，絮影撲樽前。想到蠻姬未嫁，腰肢輭、穩送秋千。休重問，西風古渡，冷落堪憐。

聲聲慢 游汪氏耕蔭義莊

曲折峯巒，玲瓏池館，閒來勝地招涼。記否當年，申家相國華堂。莊爲前明申文定公舊宅。應憐滄桑刼換，笑銜泥、燕子空忙。幸留付、花潭後裔，重葺山莊。中有涵雲閣、補秋舫、問泉亭諸勝，其主屋名環秀山莊。最是紅塵不到，攬奇峯百疊，幽勝滄浪。一掬清泉，正堪洗滌吟腸。亭旁有石刻『醒心泉』三字。更入補秋畫舫，把留題、詩稿商量。儘聽著，綠楊枝、蟬噪夕陽。

滿江紅　題惠風著書圖

漏静宵深，訝何處、書聲流出。是萬木、森森陰裹，有人抱膝。一點紅挑燈燄細，四圍綠浸簾鈎濕。笑年來、秋雨讀陰符，無人識。　蘸透了，襄陽墨。寫入了，雲林筆。怪幽居塵外，者般清逸。老杜猶存茅屋歎，相如總有文園渴。祇名山、事業付千秋，差堪述。

鵲橋仙

金風送暑，羅雲捲夕。暢好清秋時節。君王

妃子證新盟，渾不管、雙星愁絶。　瑶臺十丈，銀河千尺。笑指鵲橋横列。縱然歡會説神仙，也不免、傷離怨别。

鷓鴣天

一角遥山倚晚妝。蓼花汀外半斜陽。殘鴉幾點歸何處，黄葉村前是故鄉。　新月白，暮煙蒼。落霞孤鶩兩微茫。吟懷付却南來雁，添寫青天字一行。

浪淘沙

涼雨滴梧桐。秋滿簾櫳。海棠愁褪幾分紅。一樣玉容消瘦甚，嬾對青銅。　甚處訴離衷。心託征鴻。相思一點路千重。又是黄昏燈上也，門掩西風。

滿江紅 題王星泉顧影白憐圖

莽莽乾坤，更何處、覓來净土。幸留得、鬚眉一幅，熱腸傾吐。蜉晷百年奚足戀，龍泉三尺差堪伍。笑人生、何苦競浮名，空淒楚。　收拾起，煙花部。檢點著，琴書譜。但影形相弔，側身蓬户。攬鏡空傷鄒忌貌，枕戈罷作劉琨舞。歎年來、滄海正橫流，生無補。

醉紅妝 海上遇方佛生、鍾冕甫

銀燈風閃酒旗飄。解千愁，聽六么。兩般沈醉一般消。添蝦菜，舊歡招。　休尋鸜鵒説無聊。誦佳句，競傳鈔。勝比雙鬟歌一曲，黄河上，白雲高。

小重山 吴江泛棹

橋隔垂虹煙靄生。荒江流不盡、晚潮平。扁舟如葉鏡中行。蒲帆卸、半角夕陽明。　雙槳逐鷗輕。螺鬟涵倒影、遠山青。一堤楓葉戰秋聲。鱸鄉近、歸路指松陵。

臨江仙 旱烟管

尺八湘筠裁作管，噴來香霧徐徐。銀槍半段折哥舒。三杯紅暈後，一枕黑甜餘。　最是增人文思處，頻加呼吸工夫。嫩黄細葉爇巴菰。茶甌分供養，藥裹助消除。

浪淘沙 題餻節届，送酒人來，爰拈是調，以遣幽寂

深巷屐聲遥。風雨纔消。愁懷須把酒杯澆。借得園林幽僻處，權作登高。　三徑正蕭條。

松菊猶饒。放翁詩思湧秋潮。謂陸君瑞伯。且共麻茶揩醉眼，題上芭蕉。

拜星月慢　題高太癡《千金諾》説部

欲合旋離，無真非幻，生受許多魔障。十五年來，幸山盟無恙。也曾記，悄向、秋蘭小榭攜手，訴盡孤寒情況。薏汝蓮儂，願鴛鍼長傍。　怪無端、舊約成虚誑。原來是、暗地遭讒謗。衹恨兩字清貧，把卿卿拋颺。賸輕鴻、嬌影留天壤。空多了、一筆風流帳。寫不盡、萬種傷心，做相思榜樣。

夜行船　柬同社宋嘯鶴

隔歲飛箋曾介壽。春先到、故鄉梅柳。書屋留賓，家廚款客，香泛屠蘇酒。　賦就廣平推作手。記桐江、一官匏守。棹返吳門，襟題海上，低唱拈紅豆。

南鄉子　爲陸在田内弟編《春暉草堂遺稿》，即書於後

少小識歡容。尚在花橋古巷中。轉瞬滬江來問字，匆匆。别後雙魚幾度逢。　長吉嘔心同。一卷春暉稿未終。賸得叢殘遺墨在，空空。願與編排惜爪鴻。

漁家傲　讀黄夢畹《鶴窠村人詩稿》

穠豔獨宗温李後。寫生偏擅生花手。久占申江風月藪。歡場走。淞南夢影重回首。著有《淞南夢影録》。　湖海襟懷消八九。鶴窠村裏推耆叟。一卷新詩傳不朽。香生口。末附《賓紅閣豔體詩》。編排自保千金帚。

南柯子　挽程萬里鵬

早織登科記，遥乘破浪舟。玉峯曾共昔年游。尚記衙齋夜雨、錯觥籌。　政績江山著，文名翰墨留。春初一别竟千秋。料得雙鳧化鶴、到吴頭。

卜算子　乙戴適廬山水横幅

一棹放山陰，春漲凝寒碧。縮取峯巒掌握中，飽灑淋漓墨。　吟就付雙魚，淞水深千尺。願乞江南一角青，補我荒齋壁。

醉花陰　春陰，用李清照韻

一樹棠梨門掩晝。響絶銅環獸。佳節又清明，煙柳沈沈，簾外輕寒透。　韶光百五春深後。花霧侵衣袖。芳草暗天涯，閣仕晴光，蝶亦如人瘦。

點絳唇　春晚過南園

草長鶯飛，翠苔滿徑無人到。野桃含笑。紅避斜陽照。　一水滄浪，竹石紛迴抱。春光老。醉鄉人杳。空自閒憑眺。

金縷曲　落花

一夜風和雨。怪天公、者般情薄，催將春去。大好園林曾幾日，又送韶光百五。費多少、畫船簫鼓。轉眼飄零渾是夢，亂紛紛、只管埋香土。填不盡，相思路。　繁華草草真無據。聽枝頭、添人懊惱，聲聲杜宇。萬點落紅團作陣，更挾漫天柳絮。都併入、傷春愁緒。幾曲闌干成獨倚，恨垂楊、莫綰斜陽住。休問那，春歸處。

憶餘杭　送蘇烈侯歲暮歸海甯

臘鼓聲聲催客起。料理行裝歸故里。依然笠屐仿東坡。風雪渡關河。　離筵聊進三杯酒。重返家園訪梅柳。一年一度唱憐儂。老態話龍鍾。

醉太平　滬上元夕

千門夜開。三橋月來。滬俗元夜有走三橋之舉。滿街簫鼓如雷。鬥春燈雅才。　銀花火催。銅荷蠟堆。幻成海上樓臺。擲黄金冷灰。

蝶戀花　花朝

小雨輕風春一半。姹紫嫣紅，莫問誰家院。十里佳節且教掄指算。出門試約聽鶯伴。　煙光空目斷。到處園林，一片繁華絢。説與蝶蜂渾不管。枝頭好把花旛换。

柳梢青　枕上得『惆悵樊川』三句，因拈是調足成之

柳緑煙新。輕寒一片，飛上吟身。鶯舌調簧，蝶衣弄粉，鬧徧芳辰。　年年花事如塵。説不盡、萍因絮因。惆悵樊川，飄零開府，慣惜餘春。

百字令　偕姚子梁雙清修禊

惠風和暢，又分明到了，重三時序。更續蘭亭開勝會，且覓園林深處。路曲聞鶯，堤長走馬，笑指雙清墅。堂留鴻印，儘多屐裙歡聚。　何況惜抱流風，文壇牛耳，著作高千古。幾疊紅箋相號召，中外齊揮談麈。上巳方新，永和非舊，觴詠聯佳趣。一番東道，莫忘今日

絲、泛入晴波，儘化作、浮萍千疊。乍相離、又喜相逢，情天緣互結。

漁家傲 寄海上鄒翰飛

滿插黃花開笑口。離奇不讓談天叟。我勸先生休匄酒。先生別號酒匄。杯在手。狂吟醉草詩千首。 海上原來風月藪。蒲西小隱門垂柳。問字紅妝環左右。曾記否。佩蘭集附隨園後。

兩同心 寄海上程棣花

扉扣茅齋，屐穿花徑。探高躅、詩卷爭投，聯夜話、酒家同問。儘安排，大肉肥魚，倍添豪興。 可奈更闌人靜。燈昏衾冷。倚歸棹、別緒重牽，寄芳訊、會期遙訂。望迢迢，浦樹淞雲，漫勞相等。

豪舉。

滿庭芳 滬上歸有感

一擔琴書，半肩襆被，偶來海上移情。素心三四，風雨訂茶經。猶記舉杯喝月，紅樓外、聽弄銀箏。消磨盡，皋比十載，雙髩點蘭成。 奈郵書敦促，默計歸程。豔說紅妝桃李，有幾輩、雅意同傾。空回首，淞波千尺，別淚滿衫青。

綺羅香 飛絮

帶雨凝愁，因風惹恨，吹落半天晴雪。欲住還飛，真箇一波三折。罥林梢、鬢抱黃蜂，襯花瓣、翅迷粉蝶。最銷魂、零落天涯，綠楊不管路人別。 春愁飄蕩欲絕。應笑顛狂成性，墮將塵刼。一片濛濛，黏上柳橋芳屧。趁游

江月晃重山　題桐陰琴趣圖

潤積一庭蕉雨，涼生幾樹桐陰。興來無事獨橫琴。爐香爇，妙理愜幽尋。　棋局苦消白晝，花叢虛擲黄金。何如静裏覓知音。忘懷處，散髮更斜簪。

月上海棠　寄海上朱藜青

茶樓酒閣尋常見。歎而今、遠隔那時面。一翦淞波，却難乘、鯉魚風便。愁腸曲、儘把江流繞徧。　知君清恙還留戀。更無聊、嬾啟蟾蜍硯。欲訴相思，輸與他、畫梁雙燕。登樓望，怕覩風雲萬變。

江城子　寄舒問梅

鮮谿一水繞淪漣。有詞仙。感華顛。猶記春江、開社赴璚筵。風絮雲萍初識面，重屈指，七年前。　年來喜把小詞填。拂濤箋。播湘絃。幸共寒梅、知己訂忘年。且話窮愁多少恨，詩卷裏，酒樽邊。

茶瓶兒　問梅以佳茗見惠，寄此代柬

久冷茶甌清供。喜今朝、故人情重。應憐詩思如泉湧，偏贈我、雨前佳種。儘消受吟肩聳。　聽颼颼、松風催動。旗槍緑嫩梅花凍。只道是、雲英手捧。

金縷曲　圓通寺訪棲谷上人

久斷尋詩興。快今朝、二三吟侶，同來浄境。得遇高僧偏好客，烹出碧螺春茗。更香味、俱臻絶頂。洗我胸中塵俗氣，悔此生、未得安禪定。空仰企，幽棲景。　正憐人影蕉窗静。

恰泠泠、瑶琴奏動，游魚竊聽。一曲分明留怨恨，誰惜佳人薄命。所彈琴曲名《昭君怨》。却付與、鐘疏月泠。上人珍蓄之琴名『泠月疏鐘』。坐久渾忘歸計作，看斜陽、紅上浮圖頂。争話別，出幽徑。

虞美人　桃花

東風昨夜催芳信。抹盡脂和粉。倩妝誰與門繁華。賸有一溪紅雨、一林霞。　清明已過春殘了。説甚朱顔好。生憎薄命最愁人。況復一般飄墮、逐香塵。

婆羅門引　封門天甯寺月禪上人招飲丈室，即席賦贈

大師情重，小園蔬筍及時供。開軒涼對青桐。試味伊蒲妙饌，清潔勝肥膿。況傾來佳釀，百末香濃。　環瞻座中。有琴衲、指棲谷上人。與詩翁。謂問梅、綬青諸君。正好開懷暢飲，莫放杯空。談棋説劍，酒闌時、已打夕陽鐘。題壁句、可許紗籠。

西江月　題朱惟公黄花白羽圖小影

玉樹臨風皎皎，紅蓮出水亭亭。凌煙何必更圖形。惟有儒冠相稱。　人與秋花比瘦，心如仙羽通靈。焚香聊復誦黄庭。消受清閒福分。

謝池春　偕君博至龍興寺訪佛生

草緑裙腰，重踏城西游屐。扣禪扉、先參島佛。頻年離索，喜蒼顔猶昔。更茶餘、飽供香積。　論詩讀畫，雅有高徒圓澤。謂虚生上人。挽行裝、句留幾日。乘風歸去，問仙居蹤跡。

佛生寓揚州醉仙居巷。願他時、更通消息。

埽花游　埽晴娘

旅懷草草，又樹老江南，釀成梅雨。濕雲幾許。笑閨中好事，手堪天補。一角紅牋，翦就衣裙濟楚。髩雲俯。似閒埽落花，香染袍袴。秋扇嗟共賦。祇徙倚雕檐，飽餐風露。襪羅半汙。願癡雲迅埽，碧天重覩。薄譴今生，合歎泥中命苦。莫躭誤。一程程、玉郎歸路。

柳長春　題問梅山人梅芬撫劍圖

粉臉凝霜，唇脂點血。滿腔幽恨誰堪説。拚將慧劍斬情根，思量難解心頭熱。　媚眼流波，輕軀斂骨。崔徽一幅神雙絶。算來知己有梅花，寒窗相對頭盈雪。

滿江紅　題無錫高老愚家傳後

孝友家風，問斯世、有誰能及。最堪惜、一坏黄土，九龍山側。親在雞豚全孝養，時艱齏粥完清白。願百年、世德紹箕裘，留矜式。　擅書畫，南宮癖。究方藥，倉公術。儘性情涵泳，軫懷蒼赤。華祝方攜湖上酒，薤歌忽奏山陽笛。任後人、指點拜松楸，標清逸。

西江月　新秋晚坐

檻外依依落日，樓頭渺渺行雲。新茶試向碧螺分。一味已來秋信。　放出半規明月，流光照徹如銀。無燈翻覺静宜人。涼透一簾花韻。

青玉案　題高郵卞少卿獨立圖

昂藏七尺甘匏棄。只寫向、丹青裏。長劍分明天外倚。滿腔孤憤，半生豪氣。誰是容身地。況多一掬滄桑淚。正滿目河山異。四顧蒼茫還自喜。身無長物，眼空餘子。何處尋知己。

金縷曲　和卞少卿《述懷》原韻

獨坐枯吟緒。忽雙魚、傳來尺素，猜詳何處。剖讀新詩知姓字，別署玉香泉主。更一片、深情如訴。媿我風塵多落拓，竊浮名、敢向騷壇據。聊屈指，添新雨。　先生家住知何許。喜今番、圖成獨立，遥徵題句。細嚼公詩如橄欖，儘把餘甘領取。直抵得、肺腸傾吐。我且詞填青玉案，料知音、許訂絲桐譜。休更待，周郎顧。

臨江仙　懷青浦項涵公，并柬瘦東、署芸

一瞥吴門鴻爪印，記曾共醉樓頭。陸郎梅老盡名流。謂瑞伯、問梅。夕陽紅半角，人影上簾鈎。　墜夢重尋天樣遠，青溪碧草悠悠。東陽城北兩吟儔。詩筒留唱和，恨未識荆州。

百字令　題胡讓之《百壽印譜》

裁雲修月，是媧皇當日，補天神手。我羨楚陽安定裔，真箇胸羅星斗。七寶雕鎪，千秋印證，奇字摹蝌蚪。繁徵佳語，問誰清福消受。　争看押角香凝，迴文句織，古製蟠螭鈕。領取延年多美意，顆顆玲瓏剔透。漢魏周秦，奚黄丁蔣，一手工雕鏤。印成圖譜，願人同享長壽。

憶蘿月　牽牛花

瘦藤蟠屈。開向娟娟月。歡會難長偏易別。最怕曉烏啼徹。分明飲渚牛郎。無端謫下銀潢。化作花魂楚楚，終宵癡倚迴廊。

浪淘沙　題楊秋心《天平游草》

出郭路迴旋。山翠凝煙。支硎纔過數峯連。如覯風雷鞭策起，萬笏朝天。一勺鉢盂泉。活火茶煎。攀蘿共上白雲巔。遥矚太湖三萬頃，勝挾飛仙。

望江南　題孝豐西溪塢殿主村十景

西溪好，水口匯三叉。兩岸風來牽荇藻，一村雨足長桑麻。潭底蟄龍蛇。諸龍潭。

其二

西溪好，文筆自天成。三疊峯巒雲外削，一般蒼翠水中横。光射斗牛精。秀峯尖。

其三

西溪好，墓樹極芊緜。選勝縱無金勒繫，埋香應與玉鈎連。衹少四條絃。琵琶形。

其四

西溪好，水脈溯來龍。瓔珞裝嚴涵寶相，香花供奉現金容。幢影倒重重。幢旛灣。

其五

西溪好，高閣峙文昌。村首青龍標勝概，筆端白鳳吐光芒。名合署姚莊。文昌閣。

其六

西溪好，亭子起空靈。畫棟高凌雙翼展，康莊下闢萬人經。瑞氣接文星。雲飛亭。

其七

西溪好，村勢面山高。暫困騰驤疑伏櫪，得安棲息訝同槽。顧盼想英豪。馬鞍山。

其八

西溪好，老樹影婆娑。歲久輪囷多合抱，天然珊玉比交柯。點綴有藤蘿。樹上樹。

其九

西溪好，門外對晴巒。漫誤渡瀘函首祭，且同積土象形看。雲氣裹團團。饅頭尖。

其十

西溪好，古柏蔭祠邊。密影童童桑作蓋，濃陰漠漠柳含煙。黛色獨參天。傘字柏。

漁家傲 題虞山龐示威蕉窗讀畫圖，用王荆公韻

數尺緑陰牆角抱。參差色映窗前草。中有玉昆皆窈窕。才遠到。搜寄且把煙雲掃。　簾底半開金了鳥。閒庭最怕秋來早。莫笑畫中人易老。收拾好。天然清趣誰知道。

齊天樂 題侯葆三《五十反省草》後

先生本是人中驥，自號江南病驥。昂昂自高期許。一卷狂吟，半生反省，勝讀昌黎年譜。前塵細數。記況味清寒，粥齏朝暮。東渡扶桑，憤時肝膽向誰吐。　年來寰宇訪古。儘橋霜店月，嘗徧辛苦。足蹰荒山，身羈絶域，奇險何曾驚怖。黄金慨與。幸四海賢豪，共憐儒素。五獄歸來，夢痕重記取。

傾杯令 題虞山朱軼塵《超然堂筆記》

三尺吟鞭，一雙蠟屐，雅有玉溪才調。争羨河

陽風貌。尤擅君房言妙。　天留著述光陰好。閲風花、不愁年老。蒐羅上下今古，且倚南窗寄傲。

河滿子　哭陸瑞伯玉書

久抱煙霞結習，遥分香草風流。一卷新詩編未就，錦囊佳句誰收。君遺稿零落，生前擬刊未果。此後虹橋重訪，壬戌夏，移寓倉街虹橋。不殊腸斷西州。　夜月頻聯茗話，春風互醉糟邱。飛絮那禁離復合，卅年塵夢悠悠。怕過百花生日，君殁於花朝前一日。斷魂何處勾留。

臨江仙　閏端陽賞雨

兩度龍舟看競渡，算來佳節難逢。滿天細雨溼濛濛。玉壺春買，休放酒杯空。　蒲劍艾旗欣再换，辟邪猶挂簾櫳。榴花依舊吐深紅。滴殘銀蠟，清響勝孤篷。

倦尋芳慢　題上海顧景炎晴窗讀畫圖

檻篩竹影，爐裊茶香，蛛網添後。四敞軒窗，繞徧隔牆花柳。池面紅翻菡萏浄，峯腰青點莓苔瘦。鎮無聊，把煙雲滿幅，静消長晝。　羡問誰似、將軍小李，渲染丹青，成此佳搆。煞長康，清福箇中消受。别墅同參摩詰稿，小園空賦蘭成手。好流傳，大江南，豔題紅豆。

武陵春　題楊秋心人面桃花圖

曾記桃花開笑靨，相近復相親。轉眼繁華散刼塵。何處覓朱脣。　恨煞東風催結子，飄落黯傷神。一幅崔徽替寫真。腸斷意中人。

明月棹孤舟

極目長天秋一色。烟巒盡、大江南北。妙絕倪迂，輕輕點染，紅樹白雲遥隔。　淺淡疏林橫斷壁。還引著、亂鴉飛入。幾杵僧鐘，一肩樵唱，衝破晚烟凝碧。

水調歌頭　中秋偕秋心醉後踏月

招手問明月，歷徧幾中秋。試聽霓羽仙曲，誰作廣寒游。便趁今宵清興，剥取紅菱白藕，飛羽醉高樓。笑向老蟾語，能飲一杯不。　撤銀蠟，拋酒盞，下樓頭。六街迤邐，遥看風露洗晶球。拍徧歌筵絲竹，啖盡朱門魚肉，此福半庸流。願共雲龍逐，雙袖挹浮邱。

金縷曲　寄鹽溪朱粥叟

世局風雲擾。讓吾曹、酒龍詩虎，放懷吟嘯。我愛鹽溪朱逸老，吹出塤篪同調。更築就、兩廉亭好。先生舉孝廉方正，與弟昂若孝廉築有兩廉亭。屈指明春剛七秩，喜新詩、青鳥銜來早。開口讀，倍傾倒。　十年同社垂垂老。笑鯫生、數逾大衍，秀才康了。差幸苔岑多唱和，也算微名遠噪。恨未得、袪除煩惱。豈若君家門第顯，有兒孫、頭角非常峭。春酒獻，萊衣繞。

憶漢月　衰草

綠徧女牆官道。幾日新霜寒峭。一叢荒碧裙腰，那有踏青人到。　遥憐盤馬處，幾許夕陽紅照。不堪衰柳共凄迷，愁向晚煙凝眺。

月華清　趙學南以《先德清芬録》見貽，爲題此闋

時局蜩螗，人情狐鼠，有誰尊重先德。天水名門，秀占玉峯山側。試披尋、孝友傳家，憑記取、乙科華國。勤輯。賴清芬一卷，永留遺墨。　信是家風清白。况萬卷書藏，峭帆樓闢。一炬灰飛，偏被六丁收拾。幸生涯、牛棟重儲，承祖德、鶴琴細述。難得。喜分貽佳槧，寶逾荆璧。

千秋歲　重九日有懷汪鳳生海拉爾

龍沙雁磧。九月霜飛白。魂夢繞，關山隔。哀猿啼月苦，征鳥穿雲疾。遥空望，故人萬里羈萍跡。　料得重陽日。好避孤身厄。桑落醉，萸囊飾。巾欹烏角影，幕老紅蓮色。吟興健，探懷應有新詩積。

一翦梅　寒夜期友不至

風緊寒宵玉漏殘。香撥金爐，細裊沈檀。良朋誰復話平安。燈也闌珊。棋也闌珊。　閒卻瑶琴不忍彈。斷夢三更，别恨千般。酒樽空自寄盤桓。重約吟壇。更召文壇。

迎春樂　立春得雪，用秦淮海韻

春牛踏破休嫌少。真散作、天花妙。水邊籬落齊鋪了。壓數點、梅英小。　莫錯認、打花雨暴。更休誤、花飛春老。留與青郊妝點，冷入詩人抱。

望湘人　滄浪亭懷古

指孤亭面水，修竹壓檐，勝區常占千古。甃石

成池，因峯作榭，煞費當年辛苦。稻蟹蓴鱸，渚茶村釀，殊多佳趣。縱價高、明月清風，猶惜歐陽詩句。　休問孫家節度。奈滄桑刼換，水雲無主。幸長史南來，買作釣游深處。煙簑雨笠，酒龍詩虎。一霎風流何許。試更訪、五百名賢，尚有千秋祠宇。

洛陽春　唐花

豈是春回庭户。嬌紅齊吐。但教爐火釀餘温，竟逗出、花無數。　漠漠重簾深護。暖香偷度。不須羯鼓始催開，也莫借、東風助。

高陽臺　冷香閣探梅

淘冷成烟，團香作海，中藏傑閣岧嶢。夜春風，亂紅飛上梅梢。我來重踏游山屐，且安排、吟侣招邀。最相宜，冰雪叢中，幾樹含苞。　竭來試把雕欄倚，眺真娘墓古，短簿祠遥。一角獅峯，青青對面堪招。憨泉更瀹螺春茗，滌吟腸、狂渴能消。正依稀，半壁孤山，放鶴圖描。

更漏子　雪夜圍爐

手搓緜，肌綴粟。凄絶響敲庭竹。茗烟碧，酒爐紅。夜缸挑玉蟲。　緗梅底。花開未。醉入羅浮夢裏。一片片，一團團。詩肩更聳寒。

東風第一枝　嘉魚坊孫氏祠堂有玉蘭一株，春時花開，皎如玉樹。偶經是處，輒爲流連，遂成此解

團雪成葩，鏤冰作瓣，亭亭高出檐際。迎陽輕裾瑶肌，帶雨潤含珠淚。春禽三兩，更妝點、絶塵風致。合種來、羣玉山頭，開向蕊珠宫

裏。餐黜雪、素顔似洗。呼冷月、凍魂欲起。隔牆誤逗蟾光，繞欄訝迴蝶翅。嘉魚坊畔，試記取、一叢香膩。笑幾番、摇落東風，不信樹猶如此。

洞仙歌　題程得時小影

丰標雲鶴，是華陽貞逸。六十平頭鬢絲白。儘銜杯花底、棋局消磨，休問那，塵世鷄蟲得失。　一團和藹氣，如仰春風，桃李陰濃廣栽植。餘事作、詩人詩債頻還，吟箋擘、浪揮煙墨。試更訪、安期學長生，趁飽啖蟠桃、抱將仙骨。

瀟湘夜雨　蕉扇

白遜鵝毛，翠輸鳳尾，摇來陡覺風生。窗紗緑上認分明。儘握到、春葱細細，還障著、秋水盈盈。應惱煞，隔花瘦蜨，繞帳飢蝱。　青羅幅幅翦裁，不費熨貼全平。似雨聲聽徧，暢助秋情。况一縷、冰絃繞徧，更四面、玉骨攢成。試留較，團團素月，涼意逗三更。

祝英臺近　竹枕

錦衾單，冰簟冷，煙織翠雲膩。入夢生涼，最好並頭倚。試尋一角瀟湘，千竿渭水。笑依約、前身應似。　鬢絲細。可奈禪榻光陰，多半付愁裏。梧葉驚秋，早喚睡魔起。憐他生就虛心，抱來直節，也衹共、扇紈捐棄。

蘇幕遮　蚊幮

畫屏前，銀燭底。四角垂垂，一碧清如水。六幅煙綃天作蓋。入耳嚶嚶，只在煙綃外。　稱孤眠，消薄醉。八尺龍鬚，夜静涼於洗。休把珊鈎輕挂起。恐逐流螢，飛入羅幃裏。

破陣子　蠅拂

一尺松枝削就，千條椶鬣編成。鑽紙打開魚網細，繞帳驅同豹脚輕。營營聲亂鳴。　瓜果筵前遽集，腥羶席上交争。夏日蟲蟲揮不去，秋暑炎炎撲又生。豔傳紅拂情。

大江東去　題周寄鴻孤寒思痛圖

一城烽火，亂紛紛誰拄，川沙危局。最是周郎能殺賊，仗義偏遭荼毒。少婦紅顔，孤兒黄口，避難傷窮蹙。漫天風雪，那禁抱懷痛哭。　回思五十年前，者般孤露，猶覺酸心目。幸得陰靈呵護力，巢覆重行恢復。滿地鵝毛，餘生虎口，賸此丹青幅。艱貞奇節，合教銘共苕玉。

東風第一枝　題《問梅山館詞鈔》

雪壓荒籬，雲橫古驛，遥遥誰遞芳訊。南枝已見花開，東閣尚嫌寒緊。山人高致，定留得、幾番鴻印。認東風、一樹瓊裝，香雪半天紅暈。　供點染、凍毫一管，窮刻劃、雪絲雙鬢。漫誇黨尉銷金，且從彩鸞寫韻。孤山一角，試領取、半生高隱。料新詞、吟徧梅魂，古豔剔殘蘭燼。

醉鄉春　題顧艾生僧裝小影

學佛不愁無酒。米汁參同禪友。盤馬路，鬬鷄場，舊夢那堪回首。　豔福半生消受。悟徹白雲蒼狗。萬梅裏，一蒲團，香花静養如山壽。

瑣窗寒　題繡篋寫詞圖

繡擱金鍼，香拈翠管，一燈紅瘦。簪花入妙，檢點墨磨濃否。記深宵、妝卸髻雲，並肩笑問河東柳。更豔詞手録，琤瑽玉戛，替温雙袖。香口。低吟久。想月落烏啼，擘箋如舊。蚌珠未破，遽向瑤臺分手。賸妝樓、煙墨一編，蘭膏燄燼何太驟。倩休文、點染生綃，圖爲沈雪廬作。算斷腸吟就。

高陽臺　錦帆涇弔古

流水荒涼，孤城突兀，當年游舸曾經。絶代繁華，已看錦樣飄零。扁舟載得西施去，且休提、雪藕調冰。問何時，畫舫斜陽，簫鼓重聽。

而今冷落盤門路，甚金花彩漆，綺夢都醒。衰柳千行，空餘鴉點零星。梧宮葉落蘇臺圮，更何人、弔古含情。賸今朝，一幅西風，飽曳寒汀。

梅弄影　題霜天弄月圖

紙窗人起。素月寒於水。拚共梅花不睡。仰望寥天，有孤鴻映帶。蠟垂紅淚。照破吟魂醉。怎及寒蟾静對。一鏡磨空，詫光明百倍。

洞仙歌　除夕寫懷

鼕鼕臘鼓。又催將年去。攬鏡新霜訝如許。趁今宵坐對、紅蠟雙枝，拚聽盡，遠寺鯨鏗幾杵。

半天轟爆竹，一陣東風，微覺盆梅暗香吐。壓歲數青錢、笑繫紅襟，猶記得、小時風趣。且莫問、春來一年年，願酒酌屠蘇、合家歡聚。

其二

喁喁兒女，趁飄燈風裏。慣作紅閨小游戲。且商量、幾度梳髻簪花，同喚取，小小仙姑名字。　怕提金屋夢，豚柵牛欄，猶是飄零舊身世。　替插髩邊釵、膜拜深深，試細叩、阿儂年紀。合想見、生前貌如花。料一點芳魂、未甘情死。元夜有迎紫姑神者，戲拈前調賦之。

祝英臺　燈花

鏡臺傍，妝閣裏。孤影黯斜倚。小小銀釭，紅綴一星細。笑他開落無端，不關春信，祇憑著、蘭膏煎沸。　欲眠未。且拔釵玉琤瑽，旋挑更旋起。煙撲飛蛾，依約蝶蜂似。却憐春老花殘，幽窗孤寂，好伴我、閒敲棋子。

解連環　題吳瞿安藕舲憶曲圖

半篙新碧。借荷花世界，徧招裙屐。可記得、前度徐娘，已歌扇飄零，粉消紅滴。影事淒涼，怕鈎起、四條絃急。況瀟瀟暮雨，坐倚短篷，靜按牙拍。　匆匆十年遽隔。賸生綃半展，重譜簫笛。便更續、花月閒評，奈芳事如塵，一舸誰覓。滿耳清歌，怎變了、鳴秋蘆荻。笑今朝、畫船夢醒，墜歡怕拾。

柳梢青　人日喜晴

凍雲翻墨。雪肥梅瘦，釀成寒色。坐擁貂裘，慵拈翠管，詩題人日。　傳來檐鵲聲聲，似喜報、陽和信息。鳥亦能言，花還帶笑，圖開金碧。

臨江仙

迎春凍踏青郊路，陰陰做盡春寒。墜鞭公子跨雕鞍。紅樓相望，花事動長安。　而今回首滄桑換，上元燈火誰看。夜深斜月倚欄干。凄涼翠袖，空照淚痕乾。

蘭陵王

同學汪君籥六，吾吴書家也。甲子新正五日，遽歸道山，倚此弔之

小樓直。新覓河房漾碧。君新卜築於烏盆橋畔，自署書室曰『凹碧河房』。殘年裏，經卷藥爐，臥病相如帶愁色。回頭弔故國。同識。梁園舊客。　重尋河山異，風景不殊，潭水深情想千尺。憶兩載同舟，時共經席。雪泥迹。書生聊博豬肝食。幸古鼎摹拓，斷碑搜剔，梅花書寄憑使驛。早名滿南北。　風惻。紙灰積。奈幾日形銷，長夜魂寂。黃壚人去悲無極。賸月冷湘管，露凄鄰笛。愁聽春雨，盡付與，痛淚滴。

解佩令

題吴江凌夢庚小影

掩關尋夢，涉園成趣，恰垂虹、接幽居處。金石圖書，儘永日、摩挲今古。更招邀、酒龍詩虎。　滿庭蘭桂，後堂絲竹，認芝顔、五旬風度。瀟瀟襟懷，且商略、横琴松隝。伴清談、麈揮夷甫。

雙頭蓮令

弔虎阜古鴛鴦壙

一坏黃土瘞鴛鴦。義烈滿吴閶。身膏白刃永心傷。豔迹過真娘。　蘚碑三尺弔斜陽。骨冷土猶香。叢祠短簿共荒涼。酹茗當椒漿。

西子妝　題鄒緯辰《晚虹軒詩草》

雲夢胸呑，星河手挽，不媿談天苗裔。縱橫詩酒寄生涯，儘高吟、晚虹軒裏。風流自喜。更饒有、坡仙興味。訪幽居，指九龍山側，靈鍾奇氣。　招佳士。讀畫晴窗，好古痂同嗜。晚年生子未嫌遲，且商量、一編兒示。金荃妙製。趁今日、從頭詮次。付麻沙，價重雞陂鶴市。

惜秋華　蕲門天甯寺訪問梅山人、月禪長老

水冷鮮谿，趁尋秋雙屐，招提遠訪。踏葉叩門，吟朋別來無恙。當年疥壁新詩，幸未改籠紗模様。風颺。借茶煙半榻，静參方丈。　禪定破塵障。似東坡老去，經談龍象。玉帶鎮山，笑我未堪依傍。偷來半日浮生，到此問、蒲團皈向。鐘響。奈斜陽、佛樓紅上。

綺羅香　題顧倚雲女士臨文枕烟山水畫册

滴淚調脂，和愁點黛，描出丹青多幅。看取生綃，真祕全窺文俶。文椒爲枕煙之女。鋪粉本、藺紙摹殘，灑煙墨、兔毫臨秃。儘消磨、冰蘖餘生，晴窗寫作臥游録。　西堂遥溯舊族。傳得長康衣鉢，神追石谷。滿紙煙雲，多化碎紅凋緑。記頻年、怨寫青鸞，抵五夜、歌成黄鵠。願高齋、展對移時，俗塵銷萬斛。

傾杯令　夏息塵招飲酒樓，即用吕聖求韻

醉眼青垂，酡顔紅暈，恰好酒樓先到。招我閒愁同埽。休問壺天昏曉。　鬢眉半逐風塵老。怕當筵、華燈高照。盤飧且喜市近，一數杖頭穀了。

鬲溪梅令　懷問梅滬上

歲闌風鶴輒心驚。阻歸程。又幸迢迢雙鯉、一通情。戰雲何日平。　夢魂飛渡滬江城。水盈盈。似見仙山樓閣、插天成。四聞難火聲。

青玉案　懷粥叟鹽溪

一灣清絕鹽溪水。儘想見、詩人致。白髮蕭蕭兄與弟。集留喬梓，刻有《喬梓詩存》。香餐弓米。深得齏鹽味。　況今老共姜家被。牀照明燈同不寐。好續乾淳分歲記。半年魔刼，一天兵氣。應灑傷時淚。

踏莎行　懷稻樓毘陵

老屋蘿牽，空階竹埽。幽居恰傍司徒廟。寓茅司徒巷。閉門新著示兒編，暮年猶自遺經抱。　紅蠟燒筵，黃羊獻竈。書生但乞無煩惱。可堪鋒鏑逼危城，料難索共梅花笑。

醉花陰　懷酒匄梁谿

一角危樓拚死守。先生舊有小樓曰『守死』。坐困城如斗。歲序又迎新，小飲紅爐，定有屠蘇酒。　九龍山色青如舊。醉倒鄒陽叟。一點寄相思，重振騷壇，狂肆談天口。

蝶戀花　懷署芸青浦

天末書沈鴻雁絕。極目清溪，又到迎年節。料得精神重打疊。誰共賦梁園雪。　風鶴謠成情激越。先生避兵海上，時閱五旬，成《風鶴謠》四篇及《避難雜詠》諸作。海上勾留，兩度蟾圓缺。舊典祭詩追島佛。一杯聊補心頭血。

臨江仙　懷鷗侶虞山

吴越無端烽火起，半年音斷鱗鴻。性情合與野鷗同。劍門琴水，瀟灑占虞東。　殘臘匆匆更漏盡，地爐活火初紅。著書雅繼曲園風。揭來餘興，可復寄花叢。

望江東　懷東園泰縣

雲樹迢迢望江北。悵滿目、風煙色。矛頭淅米盾磨墨。更醉草、枚皋檄。　才華素仰參軍逸。奈老去、頭顱白。紫衣慚未奏腰笛。先生七十壽，以兵事罷祝。苦恨遭鋒鏑。

柳長春　懷佛生金陵

淮水西流，大江東注。琴書合有高人駐。不繙經卷不談禪，在家僧且頭銜署。先生自號在家僧。　滿地兵戈，連天風雨。流光莫挽殘年住。却如何遜在揚州，高吟定作梅花主。

明月棹孤舟　懷静菴古田

鼙鼓聲中音問杳。華年想、玉溪懷抱。君有悼亡之感。屈指今宵，窗前古里，所居在古田窗前里。應喜臘梅開了。　一紙何嫌詩界小。還選取、阿蒙吟草。刊有《小詩界》，曾將拙作選入。萬里神交，十年社友，争惜髩絲俱老。

望海潮　題寒燈課子圖，爲李博亭作

凄清篝火，荒凉茅屋，中宵尚有書聲。霜冷素帷，波澄古井，愁看弱質零丁。母子即師生。賴機聲夜助，釭燄冬凝。一片吾伊，相依常共聽雞鳴。　回頭廿載懷清。似斷機立教，畫荻垂型。心血暗枯，形神遽逝，空摹一幅丹青。芳範仰延陵。試較量辛苦，韋幔傳經。造就賢郎，始知巾幗勝簪纓。

金縷曲　東虞山陸醉樵

旗鼓新張又。快今番、放翁繼起，大家低首。慣向花天拚一醉，吞到雲夢八九。更笑指、虞山依舊。白石難逢淮海杳，問詞壇、誰出先生右。辛與柳，悉僵走。　生涯放浪惟詩酒。且休論、滄桑變幻，白雲蒼狗。秋月春花饒勝賞，應彀一身消受。幸絕唱、流傳香口。願乞新詞霏玉屑，惜餘春、自笑千金帚。先準備，拂紅袖。

水龍吟　題河南蕭雪蕉小影

年來詩酒疏狂，閉門消盡英雄氣。東坡散影，放翁入畫，化身游戲。回首前塵，滿胸兵甲，一門桃李。記梁園作客，席前借箸，桑海變、今何世。　白到頭顱如此。早抽身、澹忘名利。澆花種竹，檢書看劍，一般興寄。陶令柴桑，李生盤谷，昨非今是。對廬山真面，掀髯大笑，向春風裏。

沁園春　題秣陵黃雲門巖棲谷飲圖

泉石清幽，小小安排，鷦鷯一枝。似參禪摩詰，輞川入詠，歸田元亮，栗里成詩。屋繞青山，門依緑水，繪贈多情黃大癡。紅塵遠，有桑麻雞犬，梅鶴棲遲。　相宜。淡濃爭奇。略點染、煙巒不即離。趁開門踏雪，蔬挑鴉嘴，沿溪釣月，酒釀鴟夷。麋鹿同羣，魚鰕作侶，領取生涯冷淡時。留佳處，願結廬十笏，共隱茅茨。

子夜歌 陳君午欽喪其愛女師韞，拈此慰之

弔春風、玉關人杳，滿紙淚痕都溼。徽題之稿名《關外淚痕》。最堪羨、劉樊佳偶，萬里龍沙遥適。眉接孟光，蹤隨簫史，勝比鶼鶼翼。正元宵、飛渡飈輪，知否雪泥，憔悴病根深積。分袂無多，蓋棺已定，才調争憐惜。況情鍾老父，黄怪無端、驚傳噩耗，恍遇疾雷轟擊。分袂無泉從此相隔。書到葑谿，真歸兜率，痛甚西河泣。願來生、重返香魂，綵衣縈膝。

一叢花 皖山别墅賞牡丹

名園花事過匆匆。猶賸牡丹叢。春光九十原無價，又開到、淺紫深紅。錦帳低圍，繡旛高護，瓔珞綴重重。迴廊曲折倚春風。嬌趁嫩晴烘。黄蜂紫蝶情偏嬾，更誰見、飛過牆東。亭比沈香，花宜醒酒，鴻印此留蹤。

愁春未醒 春光已老，好景難留，緑慘紅愁，彌增棖觸。爰填是解，以歌代哭

東風幾陣，偏向簾櫳吹緊。怎禁得、飛花浪藉，積與階平。睡起紗窗，恨斜陽莫挽西傾。江南春盡，天涯萬里，愁煞蘭成。惜也不留，别猶不忍，空惹柔情。更休問、沈腰瘦損，潘鬢凋零。轉眼風花，感荒唐夢醒莊生。緑楊枝上，聲聲杜宇，叫破天明。

踏莎行 海蛳

燕麥登初，鶯桃薦早。一般風味當筵好。蓴鱸筍蛤不同時，螺旋九曲藏身小。蝸舍嵌空，蠣房疊巧。迴腸真似江流繞。衹憐入口有餘腥，吴酸更下糖霜攪。

惜秋華　贈毘陵諸秉彝

細數苔岑，算吟懷跌宕，如君無幾。鴻爪半生，消磨壯游身世。分明緑水紅蓮，共傾倒元瑜風致。相契。有連牀卷軸，盈門桃李。萍水偶然寄。自訂交吴下，逢場游戲。望斷暮雲，來品碧螺茶味。新詞幾度聯吟，儘譜入、落花風裏。同意。對青衫、感時濺淚。

前調　答秉彝和韻

滿眼兵戈，痛河山破碎，完全無幾。龍戰玄黄，何如閉門逃世。放寬酒膽詩腸，且陶寫淵明深致。遥契。託悲懷老杜，狂吟仙李。人海一鷗寄。儘是非顛倒，客嘲賓戲。後侶忽逢，同話青燈情味。應憐白髮蕭疏，更醉到、玉壺春裏。留意。怕西窗、燭彈别淚。

離亭燕　薄日烘晴，溼雲作雨，熟梅天氣，寒燠屢更。喜填是解，以暢幽懷

天色沈沈中酒。正是熟梅時候。一片薄雲方漏日，又見雨絲飄逗。簾外緑陰稠，静對高梧深柳。窗曉絮袍添又。亭午葛衣更驟。如此炎涼渾不定，大好人情參透。杯酒仗澆愁，舊雨還來招手。

南歌子　蛙鼓

響逐春雷急，聲隨白雨收。稻芽刺水緑新抽。絶似五更更鼓、動人愁。打破槐庭夢，敲殘麥隴秋。一般餘韻答譙樓。聽到夜深皓月、上牆頭。

滿江紅　挽高郵卞少卿

真賞難逢，每慨想、卞和身世。况留得、苔岑

風誼，胸襟相似。一事輸君難免俗，十年長我稱知己。記前番、致祝到菰蘆，新詩寄。　桑海刼，愁何已。蒿里曲，悲無既。弔青山江北，滿襟清淚。獨立圖成瞻小影，先生有獨立圖。長眠人去埋何地。問誰將、遺稿訂叢殘，同酸鼻。

前調　題陳午欽《南游草》

插脚天南，且遑問、鬢眉蒼老。儘擔著、一囊書劍，名山看飽。抱得元龍湖海氣，積成司馬梁園稿。笑平生、好譜荔支香，留吟草。　風土記，羊城考。花月夢，珠江繞。但情禪參破，不生煩惱。陸賈縱誇游歷遠，陶潛終覺歸休好。有吾廬、把卷付長吟，開懷抱。

高陽臺　偕鳳生、賓秋游獅子林感賦

古柏杈枒，奇峯突兀，池臺半委荆榛。六百年來，試看舊跡重新。滄桑幸換園林主，便裝成、金碧嶙峋。煥精神。木石依然，面目非真。　我來正值清明後，喜緗桃似火，碧草如茵。登降偏勞，何妨小住吟身。引人勝入山陰道，近招提、足避囂塵。話前因。獅座西來，翠輦南巡。

風入松　拙政園避暑

高梧修竹曉涼生。清景愛園亭。虹梁幾曲通荷沼，一痕露、一點秋情。花底驚回蝶夢，枝頭曳徧蟬聲。　薰風入座曲欄憑。水味品茶經。談詩更有汪倫伴，謂鳳生。細推敲、書上雲屏。惆悵梅村不見，茶花一樣凋零。

揚州慢　遂園題壁

柳掩書堂，蓮開佛座，劉郎前度曾經。指湖山幾疊，宛圖畫天成。趁雙屐、苔痕淺踏，滿懷塵俗，到此都清。試碧螺、閒品儘堪，盪滌吟情。　芭蕉分緑，笑迎風、如展羅屏。況榭敞延秋，亭高瀁月，彀遣浮生。可許留人叢桂，一年年、伴我書聲。便蠹魚身世，那爭蝸角虛名。

摸魚兒　題陶春年墨蟹

戰西風、半江蘆荻，夕陽疏柳斜挂。揮毫細寫松陵路，風味別饒蝦菜。漁網曬。看蒻水雙螯，甲趁迎朝解。扁舟款乃。任公子無腸，老饕有舌，一笑數錢買。　雲箋上，雅似滄江渤海。橫行豪氣如在。橙黃橘緑光陰好，真覺一時千載。煙水外。生長慣、枯萍黏斷爭縈帶。淋漓墨彩。訝九十團尖，如斯飽滿，賞菊更何待。

踏莎行　冬郊晚眺

隻雁盤雲，荒鴉叫雨。詩懷併入閒愁緒。夕陽明滅亂山青，紅牆壞塔知何處。　角動嚴城，帆收古渡。炊煙漸暝來時路。不堪回首向西風，消寒且醉黃壚去。

百字令　汕頭蔡竹銘惠寄《小瀛壺仙館》，拈此答謝

涼風初起，正懷人天末，愁心山積。一紙郵書來遠道，遞到瀛壺叢刻。青眼憐才，黃花入詠，妙擅中郎筆。琴焦桐爨，賞音吴下能識。　橫覽四海知交，輪囷肝膽，誰抉真情出。李

白東坡同灑落，從此傾心無極。老去汾陽，香溪水冷，惆悵人天隔。木瀆郭退耕爲介，不及一月而退耕已歸道山，因連及之。與君參透，箇中文字消息。

沁園春 寄月禪上人

閒叩禪關，遠出葑谿，踏穿筍鞋。記飯供香積，茶斟苦荈，松寮徙倚，韻鬥詩牌。鑿沼栽荷，編籬插菊，留我傾觴伸雅懷。輕彈指，笑爐頭芋熟，鉢底蓮開。安排。繡佛長齋。已不覺、絲添霜鬢鬖。幸竹筇短曳，菜根飽啖，十方供養，五嶽歸來。坐老蒲團，繙殘貝葉，日伴鐘魚扉掩柴。陶然處，更禪參米汁，法説蓮臺。

大江東去 題四明張汝釗女士《緑天簃詩詞集》後

一腔幽恨，莽天涯、誰念可憐身世。寫出柔情千萬疊，多少啼鵑清淚。紅葉無詩，香桃賸骨，飽受酸辛味。不須煩惱，尚餘巾幗豪氣。怎奈溝水東西，匏瓜獨處，冷落秋風裏。眼底滄桑人事變，留得傷心文字。崇嘏才名，易安風調，今古何曾異。使人争道，談天鄒衍高弟。

滿江紅 諸秉彝重游秣陵，次韻和之

一局滄桑，賸鍾阜、煙巒高峙。更漫灑、新亭危涕，江山如此。邀笛步空尋約略，勝棋樓古悲荒圮。豁雙瞳、佳氣望猶龍，東來紫。三尺膩，秦淮水。千古恨，臺城淚。況萍飄蓬

轉，埋愁何地。且寄登樓王粲感，休抛歸隱陶
潛計。問年來、賣賦倘千金，長門裏。

前調 再答秉彝，用原韻

千疊愁心，似江上、連山遥峙。況半壁、滄桑
刼换，誰能堪此。回首南朝花月夢，故宫寥落
荒臺圮。賸騷人、弔古屐重經，苔花紫。　流
不斷，青溪水。傾不盡，銅仙淚。更江南春
老，飛花滿地。飄泊終留萍水恨，歸休好作茅
堂計。最難堪、重唱念家山，孤燈裏。

減蘭 春暮

鶯聲漸老。落盡楊花添懊惱。滿架薔薇。猶
見牆頭蝶亂飛。　天涯草碧。春到將離留不
得。烟斷爐香。欄角依依送夕陽。

菩薩蠻 次李白韻

闌干曲曲迴文織。東風一翦垂楊碧。絮影上
紅樓。平添眉黛愁。　捲簾人獨立。繞樹鶯
啼急。花外算行程。河橋兼驛亭。

如夢令 小暑喜時

閣閣草蛙鳴久。嘒嘒柳蜩吟又。一角放晴
光，窗外夕陽紅瘦。回首。回首。已過熟梅
時候。

醉太平 蟬琴

絃調翅張。風多韻長。分明一曲清商。奏園
林夕陽。　槐庭曉涼。荷池晚香。吟殘幾樹
垂楊。抵餘音繞梁。

前調 螢火

風涼露涼。煙荒草荒。疏星幾點飄揚。過鄰家短牆。銀屏逗光。華燈斂芒。半庭月色昏黃。故飛飛繞廊。

解珮令 題黃頌堯《靜觀軒詩稿》

胸羅列宿，目空餘子，把煙雲、萬古齊收拾。硬語蟠空，定傳得、涪翁衣缽。更何來、粉塗脂抹。不爭眉樣，不誇牙慧，吐肝腸、十分奇崛。眼底滄桑，儘吟到、唾壺敲缺。嚼梅花、爽逾冰雪。

鳳凰臺上憶吹簫 哭汪鳳生，用易安韻

宦海蹤浮，愁城身困，六旬猶欠平頭。賸酒痕襟滿，醉拂吳鉤。閱盡悲歡離合，千萬里、還是歸休。空回首，連番病渴，幾度傷秋。都休。不堪此別，算一病經旬，欲挽難留。悵人琴俱杳，塵滿書樓。忍話桃潭千尺，終日裏、淚溼吟眸。從今後，梁空月沈，總覺含愁。

鷓鴣天 題楊秋心《悲秋館憶語》

天賦清才妙絕倫。斷腸詞賦斷腸人。鏡匳掩月消殘粉，羅襪成煙委刼塵。 悲絮果，話蘭因。淒涼猶認夢中身。零星影事分明在，虧煞郎君記得真。

雨霖鈴 寒蟬，用屯田韻

西風悲切。慘梧桐外，衆芳銷歇。疎林一抹無際，聽殘照裏，餘音徐發。似訴牢騷欲語，不成轉淒咽。可記得、炎夏高吟，一樹槐陰占空闊。 無多好景終須別。況匆匆、已近重

陽節。消磨幾許豪氣，驢背上、一鞭殘月。老大無依，應歎炎涼，底事多設。祇落得、抱葉哀吟，黯把愁懷説。

過秦樓　静覘世變，輒付達觀，爲填是解

駒隙光陰，燕巢身世，能容多少牢愁。祇放懷今古，任雨覆雲翻，老我田疇。塵外一巢由。趁煙波、狎鷺盟鷗。有村居雞黍，江鄉鰕菜，足臥糟邱。　正河山半壁，風雲驟，且結茅峯頂，把釣江頭。好健扶鳩杖，更幽探蠟屐，雅寄清游。俯仰一身閒，再休提、滄海横流。願花晨月夕，詩卷消磨，肝肺雕鎪。

青玉案　寒山寺訪碑，用方回韻

夕陽秋老楓橋路。正蠟屐、尋詩去。霜葉飄紅和雁度。晚鐘鳴寺，暗塵封户。知是碑横處。　荒鴉作陣吴天暮。斷碣曾留騷客句。我對衡山心默許。石稜磨蘚，墨椎敲絮。筆勢含風雨。

風入松　陸羽泉試茗

虎邱山下踏春陽。風度茶香。鐵華巖畔靈瀾側，寒泉尚帶餘芳。古井重牽玉虎，刼灰浄洗紅羊。　一甌料理滌詩腸。習習生涼。青山無恙高人去，還留我輩平章。且聽疏鐘起處，塔鈴如話興亡。

永遇樂　答秉彝，即用《寄懷》原韻

高臥隆中，慣吟梁父，誰似諸葛。仰企風標，久縈夢轂，萬斛留塵渴。幾回棖觸，蓬飄梗泛，一樣水天寥闊。笑鯫生、依人落落，處囊正如誰末。　迢迢雙鯉，殷勤貽我，足慰别情

千尺。黍律回春，葭灰送暖，霜髩催人白。埽愁無帚，點金無術，坐老梁園詞客。願冰雪、同貞晚節，健撐詩骨。

過秦樓

題寒閨嘯雪圖

百日因緣，千秋節烈，足並錫山高峙。杯傳合巹，詩賦催妝，記得秋涼天氣。爭羨健婦糟糠，楓冷吴江，豔稱家世。奈門閭乍返，膏肓深入，藥爐親侍。　何忍使、翼折鴛鴦，魂飛蛺蝶，消盡玉顔珠淚。蒙衾倒睡，絶粒捐生，拚繼所天身死。堪歎滄桑，幾更風雪寒閨，空留圖繪。圖爲吴觀岱繪。仰冰心萬古，想見當年苦志。

滿庭芳

題竹洲淚點圖

一片貞心，千竿勁節，繪成滿幅瀟湘。淚痕依舊，點點灑娥皇。想見餘生冰檗，風和雪、消損年光。猶留得，竹洲世澤，終古扇餘芳。蒼蒼。何太酷，一雙幼稚，兩代嫠孀。更關心教養，機杼虀湯。誓勵松筠苦志，森森裏、轉盡迴腸。忍重憶，商山老屋，寒雨泣幽篁。

疏簾淡月

簾影

湘波幾尺。認薄暝簾櫳，縠紋如織。黯淡斜陽，尚弄玉鈎顔色。多情最是檐前燕，趁微風、一雙飛入。鵲爐烟裊，猩屏浪蹙，欲尋無迹。　記深坐、顰眉淚溼。恨咫尺蓬山，依稀遥隔。怕捲西風，瘦對畫欄蕭瑟。鴛鴦繡罷燈窗，嚼紅絨、香唾凝碧。夜來人静，蝦鬚輕漾，細篩蟾魄。

剔銀燈　燈影

又是黄昏到了。簾隙裏、一星紅小。燄燦銀釭，煙浮鐵鋏，掩映緑窗人悄。淚痕雙照。願憑著、花常喜報。　静對屏山縹渺。冷伴書帷深窈。珠箔徐挑，玉釵斜拔，慣救娥兒飛繞。幢幢到曉。儘背後、形容絶倒。

髩雲鬆　髩影

玉臺邊，銀燭底。掠削輕蟬，斜壓雲鬟膩。翠貼花鈿眉樣細。黯鬪釵光，重理呼嬌婢。　蕩春魂，勾綺思。偷照菱花，故向檀郎避。雙頰紅潮含醉意。背倚晶屏，略按葱尖指。

鵲踏花翻　花影

風揭屏開，月移檻亞，數重披拂紅欄底。分明滿院芳菲，密密疏疏，平遮當户垂簾似。微陰播弄覺多姿，夕陽收拾愁無計。　滿地。幻作花天游戲。茅亭宿處扶難起。還看淡月疏燈，陰篩瑣碎。虚積庭心裏。夜深依舊上闌干，惱人春色眠猶未。

月下笛　挽鹽溪朱粥叟徵君，用玉田體

希社題襟，神交十載，紫陽耆叟。清芬世守。古稀曾介眉壽。新詞甲乙争傳誦，願繞膝、壎篪並奏。展蒿哀一集，先生著有《蒿哀集》《樂琴詩稿》並《半甲乙詞》。情深姜被，孝還兼友。　五柳。風如舊。奈臘鼓催寒，曉壺沈漏。人天撒手。可憐蟬蜕塵垢。愴懷更觸苔岑侶，算九老、圖中弱又。先生爲苔社九老之一。感鄰笛，譜哀詞，聊代生芻絮酒。

慶清朝慢　題清聖祖惠妃册印總鑰匙牌，今爲吴中屈氏所藏

銅雀春深，金蟾夜冷，鸞書飛下昭陽。親頒玉册，九天寵錫花王。鐫就上清祕字，分明管領壓羣芳。須珍惜，葳蕤雙鎖，啓閉時光。　可奈黍離刼换，歎故宫飛燕，莫辨雕梁。侵階落葉，何人檢點瓊箱。勝覩昭陵玉椀，一規猶染御爐香。應回想，牙籤並列，金鑰同藏。

無俗念　『老去填詞，一半是空中傳恨』，朱竹垞句也。今反其意，戲填是解

數莖華髮，已蕭蕭五十，平頭過半。攬鏡鬚髯添幾許，真面廬山全换。婚嫁粗完，功名早謝，五嶽能如願。叢殘詞稿，及身猶付鈔纂。　除却酒債詩逋，此生難了，深負糟糠勸。且向花前謀一醉，檀板清歌低按。更約吟朋，連牀同話，剪燭還嫌短。但求行樂，莫愁囊罄炊斷。

梅花引　贈孫伯南同學

書城擁。硯田種。籀篆九千隨口誦。顔延年。邊孝先。高文碩學，伊誰堪比肩。　杖頭有錢樽有酒。風雨客來皆好友。庾公樓。李膺舟。昔爲海鶴，今爲沙上鷗。

琵琶仙　題蔣宜安潯陽琵琶圖

楓荻蕭蕭，正溢浦、做冷清秋時節。何處垂老徐娘，冰絃寄愁絶。憑曲裏、生平細訴，更驚起、斷鴻淒咽。冷落青衫，飄零翠袖，猶墮情刼。　却原是、空際煙雲，恰描寫、江心浸秋月。聊把一腔幽恨，付離亭紅葉。恍聽到、銅

琶鐵板，唱淘盡、幾許人物。但看西舫東船，數燈明滅。

壺中天　贈鄒文珉老友

論交半世。算天涯多少，苔岑知己。惟有我公心亢直，迥異尋常投契。肘後方奇，壺中藥妙，名滿金昌市。最憐貧病，得生如遇天士。　但争道畫擅清湘，書摹顛旭，跌宕嫻文史。但願生涯留草草，不與江湖同氣。茗社消閒，杏村扶醉，功利原非計。偶談風月，尚餘年少情味。

轆轤金井　寒蛩

幾番涼雨，做深秋、已過豆花開了。唧唧籬根，觸愁懷多少。寒砧夜搗。慣併作、斷腸聲調。月黑燈昏，聽殘獨枕，堂虛人悄。　蕭蕭葉、玉階未埽。怪秋聲一片，滿縈衰草。啼近寒機，正西風餐飽。桐陰翠槁。又殘月、半輪斜照。伴我書窗，凄然夜讀，鬖絲催老。

高陽臺　弔齊雲樓故址

春蝶偎烟，秋蛩絮月，故宫無限凄涼。錦樣江山，當年尚説淮張。金椎築盡三興土，起層樓、芳惠桐香。儘銷魂，月下徵歌，花下飛觴。　西風一陣催黄葉，悵花殘金谷，火燼阿房。夢冷繁華，空餘瓦碎鴛鴦。彎環玉帶河邊水，笑錦帆、久斷斜陽。賸秋墳，鬼唱年年，劫話滄桑。

瀟瀟雨　題陶春年萬竿烟雨圖

杈枒多少恨付霜毫，寫出碧天秋。況亭亭玉立，深篁雨打，新擇烟抽。争似渭川千畝，真趣領湖州。看取蕭森裏，浧翠空流。　洗盡浮煙漲墨，訝湘妃淚點，隱約斑留。任縱橫萬個，勁氣筆端收。愛非秋、清風先到，便招涼、好擬竹林游。閒庭外、一般瀟灑，響作颼颼。

青玉案 贈潘著先同學

童年散學芳郊地。同受業於潘師夢九。更竹馬、同游戲。攬鏡鬢眉皆老矣。海桑頻換，歲時空記。書久沈雙鯉。　壯游木屐蓬桑計。拂袖歸來遂初意。積累居然侔范蠡。及時婚嫁，適時眠起。閒散誰堪比。

惜秋華 挽張敬甫廣文

杖履春風，記商量舊學，玄亭載酒。捉麈笑談，前塵不堪回首。旁參卜筮方書，更金石文稽蝌蚪。消受。占秦淮片席，一官匏守。　時局幻蒼狗。且投簪歸老，風高吟袖。樂泮早賡，恰近杖朝重奏。衹憐腰腳就衰，但坐忘、飯餘茶後。參透。便離塵、上騎箕宿。

天仙子 美人風箏。步張子野韻

嘹喨箏絃花外聽。一握纖腰剛夢醒。十分擡舉仗東風，辭曉鏡。追斜景。細雨輕彈先猛省。　銀甲罷調薄催暝。舞扇歌衫迴倩影。紅燈三兩導歸程，嬌喘定。餘音靜。翻落須防泥滑徑。

臨江仙 春晴

堤畔夭桃湖畔柳，鬬成爛漫春光。一雙胡蝶過東牆。隨風飛度處，猶帶落花香。　忙煞嬉春年少伴，畫船簫鼓橫塘。青山倒浸緑波涼。酒旗招客醉，歸路踏斜陽。

蝶戀花　題舒問梅西溪探梅圖

一櫂流連香雪裏。迎面東風，皂帽防吹起。略作天爲詩翁留勝地。十分寒峭花開未。　湖山妝點計。驢背狂吟，肯把閒身寄。清夢羅浮重記取。冷香飛入烏篷底。

探春慢　探梅

風雪路漫漫，一陣峭寒，幽香徐度。夢入羅浮，隱約如聞翠羽。蒼苔冷，雙屐印，幾回山村散步。趁東風，吟鞭笑指，是春來處。　曾記孤山舊路。有放鶴小亭，橫斜千樹。往事成塵，尚説逋仙風趣。疏林曲芳磴轉，傍籬落，閒覓句。問何時，晴開雪霽，看花齊吐。

木蘭花慢　迎春

笑東君久别，向何處、獨勾留。怪駒隙西馳，雁羣北鄉，歲月如流。油油。凍雲釀雪，認梅萼春意上枝頭。指點青郊路近，竭來舊地重游。　鳴騶。綵杖曉煙，浮金鼓、導春牛。是太平景象，傾城士女，戲作拖鈎。西疇。蕙風乍轉，願從今有事老農謀。且試辛盤讌啓，戴春勝約吟儔。

解語花　元夕

塵飛九陌，鑰啓千門，燈影明於晝。萬花如繡。東風轉、海上六鰲駕就。魚龍競鬥。聽一片、笙璈遠奏。裙屐塲、油壁青驄，倩影金釵溜。　爭奈海桑刼後。悵南朝歌舞，香冷紅袖。俊游非舊。春宵樂、那忍夢華回首。

臺荒鹿走。誰復話、帝城花柳。惟夜來、明月團欒，照試燈時候。

國香慢 水仙

玉潤珠圓。恰凌波寫照，瘦態娟娟。江關正多蕭瑟，悄換芳年。幸託瓷盆供養，解湘佩、摇曳風前。孤燈黯相倚，影閃銀屏，夢破冰絃。　一團煙水氣，對春頭蠟尾，身世堪憐。梗飄蓬泛，滄海誰遇成連。忍把瑶琴獨奏，最銷魂、楚雨吴天。東風鎮愁絶，緊抱芳心，净注寒泉。

曲游春 横塘春泛

一棹胥江路，趁緑翻萍緺，紅漲桃膩。朱塔依然，指垂楊笑領，俊游情味。簫鼓喧春霽。招裙屐、幾多佳麗。且莫教、曲唱吴孃，生怕睡鷗驚起。　望裏。青山如髻。記絮脱時光，梅熟天氣。老去詞仙，數零星影事，釣游曾寄。覓醉烏篷底。儘一舸、鬧紅斜倚。却勝他、雙槳西湖，畫船泊妓。

多麗 南園踏青

鳥呼晴。半村煙草青青。望滄浪、淪漣積水，依然一鏡空明。畫春光、斜陽塔影，醒塵夢、古寺鐘聲。屐齒泥鬆，裙腰路窄，且擕柑酒試聽鶯。忍回首、蘇梅酬唱，影事話零星。留多少、峯環竹嶼，池抱荷亭。　喜今朝、紅羅繡好，却來南陌游行。蘚花斑、弓鞋露涴，苔錢滑、羅襪塵生。金勒嘶風，鈿車碾月，嬉春多傍緑楊城。但只怕、隔江鼙鼓，驚破野人耕。還辜負、紅閨樂事，鬭草閒情。

以上《惜餘春館詞鈔》

玉蝴蝶　見《瘦葉詞》卷首題辭

一夢醒來莊叟，料知身世，早厭繁華。嚼徵含商，撥殘鐵板銅琶。粉飄衣、弱依纖草，腰折玉、寒抱秋花。寄生涯。碧梧庭院，黄菊籬笆。名家。鐫肝琢腎，韻攙戍笛，響答悲笳。舞罷西風，亂飛黄葉逐歸鴉。仿圖樣、滕王入選，稱賦手、麟士争誇。付馬沙。儘多哀艷，霜妒春葩。

高陽臺　題鄒緯辰《晚虹軒詩稿》

江上詩情，溪邊畫稿，搜羅寫入吟牋。閲盡滄桑，分明陸地神仙。龍峯九叠青如故，認煙鬟、遥落樽前。儘安排，小結衡茅，跡寄焦先。

滄江歲晚仍高卧，指晴霞檻外，夕照欄邊。眼底風花，還堪點綴殘年。雞林價貴争傳誦，更麻沙、萬本雕鐫。願他時，手浣薔薇，麗奪金荃。

月下笛　題王野鶴《柯亭殘笛譜》

眼底滄桑，愁卻抑塞，一齊傾吐。焦桐漫撫。訪柯亭渺何處。虞山舊是絃歌地，且閒寫、蕢洲笛譜。更樽前小酌，花間低按，碧山遥步。

遲暮。盟鷗鷺。對一曲滄浪，濯纓空賦。新聲翻作江南風花易誤。衹餘椽竹音苦。弄，算老去、生平細訴。似羌笛，玉關情，休怨春風不度。

以上見《虞社》一九二八年一百四十六期

法曲獻仙音　題王嚴士百年偕老圖

陶翟高風，劉樊仙眷，此樂人間無匹。早歲飢驅，暮年高寄，元生有杏林高寄圖，乃顧西津繪贈。游蹤歷歷堪憶。訪故里、山橫玉。先生岷山籍。生涯擅方術。　試回首，卌年中、幾經遷室。桑海變、吴市且安容膝。舉案慶齊眉，過稀齡、娛意泉石。老福雙修，撫蒼松、倍露喜色。付添毫妙手，細寫鴻光高迹。

見《虞社》一九三〇年一百六十九期

探春慢 翁圃吟梅，用玉田韻

淺凍含春，峭寒做暝，畫出天容慘淡。打點琴尊，招邀裙屐，恨積野橋飛霰。問一林香雪，却報道、開纔未半。幾時便找探春，春風吹得寒散。　且訪金昌亭苑。更舊雨重逢，新雨初見。苔徑塵清，松扉雲敞，清盡囊時幽怨。四座吟牋擘，萬梅裏、酒香花煖。刻意推敲，斜陽紅到深院。

見《虞社》一九三六年二百二十二期

大江東去 懷爽樓弔袁爽秋，樓由柯德發集資重建

手排閶闔。瀝丹心、斷送浙西人傑。痛數有清三百載，拳禍搆成流血。氣壯山河，光争星斗，誰把沉冤雪。危樓高聳，英名安忍磨滅。　可奈劫换銅駝，歌殘玉樹，傑構淪荒葛。幸有喬柯能繼軌，小築重彰芳烈。排闥青來，捲簾翠滴，如見精靈接。一樽遥酹，梅花同此心骨。

見《虞社》一九三六年二百二十三期

買陂塘 申江消夏詞

漲炎歊、火雲如織。晚涼何處池館。春申江

上停游屐，不羡玉簫金管。塵乍澣。偏十里洋場，多半珠簾卷。冰甌雪盌。有浮井甘瓜，沈波朱李，寒激齒牙輭。涼風扇。高敞雲窗霧幔。南柯魂夢都倦。仙山樓閣依稀似，更有半淞亭苑。花月滿。君且看、魚龍曼衍重重换。臨時繾綣。儘粉汗脂香，融成一片，心醉畫欄畔。

見《虞社》一九三六年二百二十四期

洞仙歌

孤山一角，問幽芳誰賞。蟄。月色依然舊時樣。瞿。渺相思何許、籬落横斜，香雪裹，未許一絲塵障。蟄。消磨湖海氣，老子婆娑，猶有纏綿少年想。瞿。清夢託師雄、翠羽啁啾，有多少、勝游情況。蟄。算留得、江南幾枝春，待分付吟牋，小紅低唱。瞿。

見《問棣山館詞鈔》卷首題詞

張錫麟

蕙蘭芳引　重臺蘭

根寄楚宫，點澄鏡、瓣排雲密。記曲譜猗猗，雙管畫圖蘸色。夏池歡侣，照媚影、静涵連璧。正佩芳入夢，有月圓如燕姞。露葉摇皋，風枝依渚，共待香澤。想仙子高居，珠蕋綴匀四壁。紉秋人在，弄簫早識。吹氣清、心素好教同室。

玉燭新　和清真《早梅》韻

籬東餐菊後。正縞袂仙姬，素粧初就。隔年乍見，廵簷共、笑把春情低漏。黄昏淡月，路未向孤山迎候。驢背上、風味依然，清香滿凝衣袖。　横斜水竹荒寒，問驛使相逢，好花知否。衆芳豔鬬。終讓與、鐵骨枝南銷瘦。臨溪照秀。早冷入新詩千首。從此聽、江笛人家，聲聲漸奏。

調笑令

芳草。芳草。易把王孫催老。青青行遍天涯。何處相逢日斜。斜日。斜日。繡倦斷腸南陌。

其二

簾影。簾影。摇蕩花魂不醒。閒情訴與東風。散作枝頭粉紅。紅粉。紅粉。相對無言有恨。

其三

明鏡。明鏡。照見年時嬌影。春風依舊羅幃。暗裏思量淚垂。垂淚。垂淚。諳到蠟心滋味。

其四

微雨。微雨。迸作啼痕紅注。玉容寂寞蘭房。展轉羅衾夜涼。涼夜。涼夜。別院笙歌燈下。

其五

江水。江水。蕩漾不將愁去。別時花落成文。別後空餘暮雲。雲暮。雲暮。認取蒲帆來路。

其六

紅豆。紅豆。又是花開人瘦。緘情題寄江

南。迴憶歡時卷簾。簾卷。簾卷。萬一歸程先轉。

其七

羅襪。羅襪。涼浸滿身花月。清光隨屧循廊。胡蝶夢愁夜長。長夜。長夜。佩響微聞散麝。

其八

蘭櫂。蘭櫂。香影鏡天雙照。涉江采采紅蓮。悵望微波意傳。傳意。傳意。翠詎中藏緑刺。

其九

花露。花露。啼眼向風如訴。凄清誰惜蘭叢。畫裏心香乍逢。逢乍。逢乍。燈背膏煎獨夜。

其十

孤雁。孤雁。風緊音書怕斷。愁人慣見秋闌。照入横塘影寒。寒影。寒影。换得蘆花夢醒。

高陽臺　和夢牕《落梅》韻

風碾晶鹽，雲飄玉屑，何人吹笛銀灣。衣縞姿清，粉鉛淚墮瑶環。梨花夢裏霏香霧，唤瓊英、留畫屏山。甚宫中，月額粧妍，輕點闌干。

春觴籬角真浮白，訝冰封石綯，霜裂苔瘢。翠羽晴摇，澹煙好護餘寒。飛瓊仙去芳魂在，化千身、迴雪橋邊。賸年年，蝶栩羅浮，冷綴珠圓。

洞仙歌　依韻和東坡

人間飲水，賸雲英微汗。盡日靈旗風未滿。暗香來、水面連蒂雙搖，搖動處，葉底鴛波紋亂。　無聲涼到夜，隔浦雲流，怎學飛星過銀漢。夢想月娥顰、海碧天青，無人見、桂輪東轉。更怕是、新霜點愁眉，漸照影瑤池、向秋重換。

暗香　和白石韻

漫空雪色。怕玉人誤我，江城橫笛。別記舊年，忍向新霜手親摘。湖畔逋翁冷慣，有仙授、吟花詩筆。漸月暈、香沁昏黃，尊懶對芳席。　山國。未風寂。便夜裏度關，樹石寒積。九嶷歛泣。誰賦貞姿改心憶。多少春愁隴路，難寄贈、天南雲碧。怎動興、簷下去，共

風入松　珠江夜飲，用俞醒盦韻

一江平浸繡苔錢。畫舫柳陰邊。夕陽孔翠高篷底，春波蕩、雙笑尊前。涼月圓同臺鏡，好風香上秋千。　夜城熏暖百花天。微醉臉霞偏。舞筵破曙分携散，珠孃喚、蘭槳搖烟。南浦重尋鶯語，中宵要索鸞鈿。

解連環　和玉田《孤鴈》韻

趁程秋晚。甚長天暮雨，被風吹散。記幾日、翅接箏絃，向湘浦陣橫，塞垣行遠。有字書空，怎灑得、墨痕千點。怕寒塘夜照，依然孑影，誤迷心眼。　低依斷雲荏苒。奈飛鳴莫應，只添清怨。念舊侶、同怯驚弦，更誰惜追尋，歎儔迴轉。月冷關河，好近在、海南重見。却還愁、獨下蘆田，稻紅浪捲。

渠笑得。

疏影

依韻再和白石

芳魂瑩玉。伴破寒紙帳，高士初宿。路接孤山，天遠長安，那得霓裳絲竹。唐宮瘦幻梅妃影，且步向、沈香亭北。看淚珠、一斛平量，共證抱冰心獨。　休願樓東雨夜，嫩枝綴子滿，紅綻肥緑。月近黄昏，雲霽羅浮，只合相依吟屋。横斜照水分清淺，總未怯、笛家新曲。試淡描、吹墨成花，認作美人雙幅。

小重山

和韋端己韻

歌舞平陽前歲春。金爐寒暖换、想承恩。幾回悲喜惱芳魂。秋風起、紈扇滿涼痕。　香夢繞天閽。翠華花外見、幸長門。覺來心事更難論。雲和抱、宫樹月黄昏。

戚氏

和柳屯田韻

早春天。晴雲開雨坐窗軒。鳳浦潮迴，虎門川迴接長烟。茫然。認鄉關。初陽照射二禺間。憐儂寂處無緒，爲選幽勝上層山。簇樹依石，攢峯藏澗，有聲漱玉潺湲。趁呼鸞道外，朝漢臺下，時鳥交喧。　啼鴂漫妒華年。珍惜淑景，歛袖且憑闌。徐孃恨、黛眉顰蹙，抱媚態聯娟。意纏綿。悶想老去，何堪顧影，抱恨依前。翠樓繡倦，繫日牽風，柳線空與招延。　蕙茝傷遲暮，懷人路隔，久墜前歡。憶昔珠江讌賞，載笙歌畫舫幾流連。自從梗斷蓬飄，水雲縹緲，南北天分限。賸醉吟、宵夢愁絲絆。窺皎鏡、消瘦芳顔。寄素書、雁陣驚寒。甚東風、力盡百花殘。怕清明近，嬉春寡伴，又自孤眠。

江南好　七夕

星娥恨，銀浦去還來。風急涼生羅韈薄，星明影見玉槎迴。橋鵲費疑猜。

齊天樂　蟋蟀，和白石韻

冷牀吟到豳詩句，燈昏悄傳愁語。柳塞風酸，蘭房月澹，征客魂迷歸處。淒清互訴。更恨積塵凝，斷機殘杼。驀地驚人，懊儂近日懶無緒。　花開對垂淚雨。任閨中力盡，空外衣杵。玉漏宮遲，銀瓶井寂，咽碎霜天更數。涼痕付與。嘆秋老王孫，影孤紅女。響度橫塘，似蓮心又苦。

三字令

春易暮，雪初晴。音信斷，酒風醒。花外燕，柳邊鶯。經戊社，寒食也，又清明。　山隔岸，水侵城。人自遠，夢難成。欹冷枕，對昏燈。應記得，同此夜，雨心驚。

二郎神　和徐幹臣韻

屧廊步轉，又悄覷、柳藏花影。想舊折芳英，同携纖手，雙豔熏香伴冷。鳥囀春殘佳人去，只慣是、將愁撩病。驚送媚眼波，傳情眉語，久虛鸞鏡。　還省。翩鴻照罷，池冰都凝。缺月算百計思量，醉中聲喚，争奈尊空易醒。缺月重圓，故枝花發，腸斷晚來風景。誰念我、對燭無眠到曉，夜涼窗靜。

虞美人　虞美人草

秦臺昨夜鸞簫咽。月浸湘波濶。香心飛渡過江東。要與千竿斑竹、訴春風。　驕嘶騅去啼難喚。無語腸先斷。花開莫近楚宮樓。怕有歌聲吹下、又添愁。

霓裳中序第一　茉莉，和尹梅津韻

銀雲展笑靨。綽約仙肌冰不熱。承露涼餐玉屑。更雨霽天南，翠跗連葉。招邀璧月。訝桂華、光借金闕。高寒處，素娥孤伴，冷豔惜分攜。　清絕。海邦休別。賸暗麝、凄馨衣篋。餘薰重入綺席。愛髻鬟珠圍，未惹蜂蝶。夜長香沁骨。向萬頃花田夢雪。醒時又，烹茶風味，悄想玉川説。

水龍吟　楊花，和章質夫韻

舊時送客津亭，折同梅贈曾低墜。花開幾日，留春無力，縈迴芳思。腰細愁欹，眉纖倦展，眼啼慵閉。望漢宮人遠，行排字密，飄零恨、眠還起。　萬片晴空雪散，罥梢頭、瓊英輕綴。盈盈意態，颺依風轉，擘隨雲碎。豈待他生，浮蹤萍寄，相逢盟水。好堤邊掇拾，征袍暖護，點行人淚。

一剪梅

長夜依前酒欲醒。歡憶肩憑。恨憶眉凝。嬌容千態畫難成。別也心驚。見也魂清。　無計驅愁暗又生。聽到春鶯。撲到秋螢。空花隨夢訴芳情。涼是桃笙。暖是銀檠。

千秋歲　和淮海韻

燕邊鶯外。風暖微酲退。唾緑凈，驚紅碎。早花殘木筆，芳草虛書帶。聊自慰，玉容畫裏連朝對。　舊日羣仙會。遠去飛雲蓋。天未老，人今在。澆愁尊易泣，寄恨詩重改。相見也，天涯處處成春海。

瑞鶴仙 梨花，伯尹約賦

花朝寒尚嫩。乍香雪披林，玉容愁損。回眸寫春怨。自霜颸漸緊，蓬萊水淺。柔腸慣斷。纔待得、瑶池春暖。又天風、吹夢成雲，庭院溶溶月滿。　誰管。仙山縞袂，酒國青旂，霧迷聲喚。芳心一片。閒桃李，曾相伴。記年時春謝，小園秋早，屋角青黄略半。祝瓊漿、甘露同滋，大千灑徧。

浣溪紗 和晏同叔韻

歌短愁深酒滿杯。舊時雲水認池臺。柔腸暗轉萬千回。　無賴閒花開復落，有情明月去還來。思量何事又徘徊。

青玉案 和東山韻

驕驄也愛紅樓路。帶淺醉、衝塵去。舞袖香飄仙態度。碧梧庭宇，緑楊街户。花護笙歌處。　帝城二月春光暮。賭畫黄河壁間句。隱約琴心誰我許。月籠烟樹，水流雲絮。衣淚啼蘭雨。

春風嫋娜 六月二十七日，黄孝覺郎中花燭詞

漸新涼作意，暮雨瀟瀟。停寶馹，駐蘭橈。話儂家、舊住西湖，地近郎來時路，南海天遥。綵筆花翻，綺情霞織，好語鳩媒寄二姚。縱有奇懷常磊落，終疑香影各嬌嬈。　預計仙家樓閣，津門遥望，遲十日、牛女招邀。霓作旆，鵲填橋。人間天上，魄蕩魂銷。香細颸輕，羅幃初展，花繁夜暖，銀燭高燒。多情笑我，試

閒評淺著，秋風未到，猶是春宵。

薄倖　和賀方回韻

淑姿奇態。那自禁、魂銷豔睞。雯時見、春風吹鬢，飄動香腰雙帶。儘妮人、心惜良緣，含情欲語終誰奈。試鬬草同嬉，調鸚獨笑，只倩嬌鬟妙解。　重猛省、關山路，都緑徧、合歡春菜。嫩英舒細蕋，鶯迷蝶覺，逢人又怕眉峯礙。舊遊難再。更堪憐別久，愁多冷暖天欺賴。芳蹤未遠，先有池臺近在。

浪淘沙　長椿寺九蓮菩薩象詩卷，梁埅長明屬題

休去訪招提。宣武門西。蓮雲塵黦賸留題。墨暈灑將亡國淚，字帶珠霏。　往事夢驚非。椿葉霜飛。飢烏朝暮盡情啼。遊客未知風信換，花買還歸。

菩薩蠻　和李青蓮韻

芳心萬縷迴文織。天孫雲錦澄空碧。銀漢轉瓊樓。花香無限愁。　倚欄人獨立。風駃征帆急。水驛與山程。傷心長短亭。

燭影摇紅　除夕守歲，和正闇韻

鏡聽聲聲，重關漏静晨雞歛。別離滋味酒同濃，怕對深杯釅。笑我新來瘦減。好心懷、纔添又欠。書題待寄，驛路雲横，却愁梅賺。　留證殘年，墨痕重向池冰蘸。寒宵病怯倚銀牀，那得風流膽。移燭詩囊細檢。賸鬢絲、霜華鬭豔。此情深淺，明日春歸，休教春厭。

菩薩蠻 辛亥元旦作

春山欲伴江風醒。春冰却愛江流凝。相對兩悠揚。春歸先斷腸。　昨宵人未睡。尋夢誰同醉。遮莫夢還家。開門買桂花。

疏影 人日立春

梨雲破曉。似故園人倚，綺窗春笑。天北天南，一翼風輕，尚記松江寒峭。霜蹄慣踏關東雪，花照眼、分明嶺表。甚夢迴、畫角吹殘，驚起喚晴雙鳥。　窺鏡衰同杜二，草堂天未遠，誰寄詩到。漫憶梅粧，聊共吟朋，菜甲青謀一飽。北山還約騎驢去，掃敗蘚、留題春早。話明年、何處相逢，依舊半規蟾照。

蝶戀花 和馮正中韻三首

苦勸花留春耐久。爭到花開，無復芳菲舊。花本玉暖樓香人醉酒。東風枝外鶯聲瘦。　修竹無情還問柳。輭美風流，媚眼生來有。修竹春寒垂翠袖。踏青惆悵清明後。

其二

目送春光雲裏去。飛盡歸鴻，雙燕來何暮。香入蘭蘅湘水路。欲晴還雨瓊枝樹。　鼓瑟仙靈愁寄語。解佩江皋，還采明珠否。芳淚飄零隨柳絮。紅綃海國尋無處。

其三

欲倚雕闌春未許。雨陣風斜，朝暮盈千數。酒散舊日東君池館處。花啼香淚紅成路。　鶗鴂輕寒天易暮。簾護窗櫺，聊把香留住。

年芳傳怨語。宵深秉燭憐春去。

解語花　元宵，和清真韻

銀蟾月滿，絳蠟花新，塵輭紅光射。雪留鴛瓦。清歌換、風細粉香吹下。悠揚調雅。依稀見、五雲手把。看衆仙、燈火樓臺，徹曉燒蘭麝。　尚記前時此夜。展嬉春蛾翠，香影姚冶。墜鈿遺帊。天橋路、誰數八姨車馬。仙人去也。怕夢逐、水流花謝。殘醉醒、圓鏡窺人，共素娥吟罷。

水調歌頭　辛亥元宵，和南雅韻

新月共春說，今夕又團圓。經年關外，風雪還冷到鷗邊。城上棲烏聲急，牕外明蟾光轉，徹曉怎生眠。鳳蠟暖絃管，別院遠如天。　愁腸淚，香魂醉，事如烟。踏青期近，尋花且惜買花錢。家傍珠江波住，衣逐京華塵換，悶損幾流年。半月重閒過，消受好春憐。

其二

試問冷天月，素彩爲誰圓。萬家燈火，遥夜羌笛怨窮邊。聒耳雞聲到枕，照膽龍泉掛壁，起舞不成眠。乘醉摘星顆，引袖拂青天。　傾翠榼，添銀燭，撥鑪烟。江山千古，聽風看月也論錢。燕抱紅芳春住，鳩叫蒼雲春暮，想象怯新年。容易芳情減，瘦影鏡中憐。

其三

破鏡隔年憶，正好入懷圓。還驚春色，乘夜委曲到三邊。嬌小素娥未慣，管領山河大地，高處莫酣眠。玉宇近銀浦，清冷住冰天。　霓裳客，羽衣舞，暖吹烟。壺中天路，仙子買醉數春錢。我怕雲遮不住，笛譜滿城傳徧，偷曲似唐年。賸得蛾眉影，消瘦待秋憐。

鷓鴣天　和淮海韻

幾處笙歌鄰院聞。心隨花瘦減香痕。夜長被冷尋歡夢，人遠書來驚別魂。　朝也醉，厭深尊。愁闌倚到日黄昏。年年一事禁消受，乾葉風吹聲打門。

綺羅香　和玉田《紅葉》韻

荔子銷丹，榴枝罷火，秋葉滿山霜妒。石徑停車，寒艷伴人題句。縱煙櫂、帆轉三湘，映夕照、霞明千樹。甚朱顔、瘦舞江楓，金飇吹入半牀去。　深宫溝水漸冷，難得良媒寄與，微波心許。爐畔燒雲，醉貌共翻茶譜。想舊日、涼護青陰，賸今朝、血凝紅縷。怨聲聲、九月砧催，霎時風又雨。

花犯　和草窗《水仙》韻

瀉金盤，冰綃静點，淒涼滿鉛淚。露華凝意。更翠羽黄冠，仙態重記。芝田汎轉東風際。凌波塵未起。看步緩、韈羅紋縐，江南璫佩底。　經霜楚國鏡天澄，芳心怎訴與，湘蘅沅芷。勾面粉，臨牕對、早春風味。梅蘭竝、弟兄瘦侶，宵夢冷、香雲同翠被。把素影、譜將琴操，光浮烟浪裏。

探春慢　對雪憶南中花香，仍用正闇韻

艷借霞綃，晴融雪絮，光風蘭蕙應轉。綺思詩醒，冰腸淚貯，待喚花間鴛盞。枝折屏山近，悄凝碧、凍雲懶管。好憑羯鼓聲催，誤人敲碎茶版。　心共緑蕉輕展。悵望斷南雲，眼迷

花霞。燕問紅愁，鶯傳翠謔，年事水流春換。畫裏芳心在，且莫放、東君簾卷。鑪鴨煙浮，算誰香夢還亂。

東風第一枝

春雪，和梅溪韻

曉額粧明，晴緜粉膩，江南梅柳初暖。幾回闌角春遲，今夕酒邊寒淺。輕衫試舞，認隔歲、涼痕香輭。怕泥融、還瘦芹芽，歸路又迷飛燕。　冰澌泮、冷回硯眼。雲乍撥、愁銷甕面。舊歡憶賦梁園，新曲聲高楚苑。花摇銀海，賸殘照、青山一綫。是詩仙、珠玉隨風，暖趁九閶重見。

應天長

和清真《寒食》韻

桃鬟傍户，梨夢喚雲，亭臺似舊晴色。此日踏青重問，風烟閟寒食。移舟侣，挑菜客。那計我、鴈沉魚寂。對妍景，酒醉酴醾，草輭堪藉。　前度念初逢，柳外花飛，題句御城壁。迅送歲華如羽，雲迷小喬宅。秋千影，連繡陌。有蘸水、翠萍芳迹。算人去，更比春遥，鶯燕難識。

蘭陵王

柳，和清真韻

曉堤直。萬綫千絲漾碧。驪歌罷，慣見送行，有恨無情點春色。途長去舊國。應識。塵迷過客。同消瘦，顰雨嘯煙，近日腰圍減盈尺。　誰人念芳跡。漫縷綰征鞍，枝掃離席。神鴉相趁尋涼食。嗟翠眼波瘦，黛眉峯老，傳愁遞怨到短驛。寄書待江北。　心惻。絮飛積。祇燕舞蟬嘶，來伴清寂。纔眠又起情何極。況紫陌樽酒，夕陽羌笛。尋聲回望，滿古道，露淚滴。

浪淘沙慢

和清真韻

絮雲散，更殘繡院，漏永霜堞。行客年時正發。驪歌宴飲未闋。驟淚滴同心難解結。表微意、緑柳輕折。嘆翠被熏香靜誰與，相思寸腸絕。　悲切。去程萬里春澗。料怨管哀笳，遼陽路、黯慘清夜咽。應恨透心昏，燈替傷別。鳳膏暗竭。愁照人還有，多情明月。
　飛夢關山千重疊。紅芳晚、粉痕漸歇。見多少、冰輪圓又缺。甚天氣、薄暖還寒，任短笛，吹風損瘦梅花雪。

鶯啼序

用夢窗韻，題沈南雅《塞上雪痕集》，並送其還京

揚州夢回乍曉，買芳鄰燕户。倚風雪、翠袖伶俜，竹邊初怯遲暮。松江月、流情不去，凌空偏種相思樹。惹詩腸、霏淚珠勻，點入晴絮。
　客枕無聊，醉後綵筆，寫梨雲喚霧。聽歌慣、還濕青衫，葉溝傳寄心素。怕癡來、愁濃酒薄，覷菱彩、霜添千縷。趁歸程，緑水波生，笑人鷗鷺。　舟移川迴，鏡踏天澄，怨春似逆旅。拾翠問、關東鞮換，燕外花暝，蝶底紅殘，澹雲成雨。宣南憶罷，燕支山遠，郎君腰瘦吟梅雪，話桃根、影照秋孃渡。歌唇暗冷，芳悰自惜流年，水面幾分塵土。　江城日日，畫壁旗亭，認酒襟白苧。寸剪斷、情絲涼綺，艷化霞綃，蠟鳳驚飛，玉龍翔舞。香山樂府，當時傳唱，窮邊霜雁沉信息，放悲歌、齊響鳴箏柱。傷心江上琵琶，急絃重撥，箇人記否。

浪淘沙　和李後主韻二首

溝葉逐流潺。霜點紅珊。春時緑玉奈秋寒。梁苑倚危闌。
愁似繭絲縈故國，剪斷清歡。望見吴山。身無綵翼鳳飛難。千古長江天塹路，鎖在眉間。

其二

詞賦庾郎哀。愁日匀排。凄涼玉樹舊庭階。咫只鍾山天外遠，魂夢歸來。
戰骨雨風埋。孤館蓬萊。雲車織女引誰開。桃葉春江雙檝便，腸斷秦淮。

誤佳期　鐵仙有家不歸，調之

孤館滿池春月。一夜衾香乍歇。寒更和雨作簷聲，要共聽晴雪。
路隔小屏山，手冷脩眉帖。露華凝硯點犧爻，先報燈花結。

憶少年　北山暮秋讌集

相攜遊屐，相歡尊酒，相迎秋色。南山在當面，正星明天北。
木葉丹黄巖紺碧。鵲高飛、度關風急。霜清晚煙豁，又何人忘得。

江城子　和淮海韻

青郊芳草鬬荑柔。兩忘憂。笛聲收。楊柳橋邊、送客上行舟。極目孤帆天際遠，雲浸影，水東流。
離筵殘滴酒尊留。思悠悠。恨難休。月夜風朝、清冷舊時樓。獨有閒花堪作伴，分次第，訴深愁。

減字木蘭花　題談小蓮詩夢圖

願留春住。花片蘸波隨柳絮。如此年芳。怎借圖中夢一場。
仙愁難了。風月芙蓉橋外

老。尋得秋詞。夢也無聊醒又悲。

霜花腴 菊花，和夢牕韻

淡容映玉，訝謫仙，氷姿擁側黃冠。裁雪花圓，雕霜枝勁，天生傲骨真難。瘦腰帶寬。倩白衣、人伴尊前。記年時、酒渴淵明，破籬重九雨風寒。　春卉笑他遲暮，證禁秋晚節，忍委鳴蟬。香插頭歸，英餐騷夕，清光寫徧吟箋。背摇櫓船。指抱芳、寒蝶聯娟。願宵來、早放山梅，月中雙影看。

清平樂 題夷盦北山立馬小照

登高何處。紅葉秋山暮。明日霜濃今夕露。月照幾人歸去。　徘徊暗數佳期。雪晴鵲喜聲啼。報道春來不信，梅花嶺外先知。

西河 壬子元宵爲陽歷三月三日，白溪聽歌歸，拈此屬和

新月底。舊時眉樣曾記。玉輪對客濕青衫，燭寒露泚。驚他棲燕定沈吟，明朝簷雪難霽。　喚孤客，思往事。芳唇對雨情味。有花解語寫妍詞，夢紅怨翠。醉來錦瑟倚東風，春纖還惜香細。　折梅路遠甚處寄。更重闌、吹落愁碎。玉笛那知人世。有新翻曲譜，津橋酒市。都是連昌宮辭意。

雙雙燕 和梅溪韻

舊時巷口，甚尋定新巢，暖來忘冷。雙棲雪老，翠羽杏梁誰立。纔傍深宮綺井。舞掌上、斜風廻定。翩翻又掠波飛，鏡裏魚驚紅影。　香徑。穿花雨潤。話社日逢人，弄晴姿俊。

呢喃難了，換得柳陰春暝。休道泥銜壘穩。好還記、秋歸涼信。窠空萬顆珠探，有客晝筵日凭。

調笑令　壬子傷春四解

壬子。壬子。今度春歸何處。枝南枝北黃昏。寒沁梅花小春。春小。春小。烟外時聞啼鳥。

其二

歸雁。歸雁。影趁南雲偏遠。江城風雪愁人。却憶鄉園早春。春早。春早。又怨王孫芳草。

其三

消息。消息。薄暖輕寒禁得。迷濛還是梨雲。夢入仙源半春。春半。春半。畢竟年芳怎算。

其四

遐想。遐想。心逐風旛輕蕩。蘭皋悵望佳人。鶗鴂何堪晚春。春晚。春晚。賸有嬌鶯睍睆。

洞仙歌　代人題碧桃、柳絮畫扇

渲桃染柳，歎閒情著物。輕負年時舊芳節。塞榆青、幾度人面春風，相映罷，門外英飛絳雪。　鬟齊空漫憶，傍路抛家，賸得垂楊點酒頰。縱化水中萍、夢到前身，波又遠、瀉春潭急。但緑暗紅稀過遥村，更膽怯花嗔、路迷煙驛。

繞佛閣　題簡盦先生百花深處一僧歸圖，用清真韻

碎紅醉舞，空翠悄滴，春到山館。衫襯笻短。更欣路轉、疏鐘度禪幔。如聽梵響，香妙心遠。僁意閒婉。要教指點，前頭見津岸。　相色是空得，記取江蓴牽紫綫。何似舊時、羅浮風灑面。甚雪霽榆關，驚夜鳴箭。有人還見。怕五嶺花明，雲容零亂。那愁來、又誰眉展。

浪淘沙　玉突戲

膽怯慣登場。紅袖誰障。最憐玉貌敢熊當。淪落天涯隨處好，怕逐塵揚。　喚起捉迷藏。休倚東墻。憑空尋覓也何妨。萬一有緣雙笑巧，狹路逢剛。

南歌子　前題

漫許離人立，同欣話别回。爲誰相遇不相偎。怕向天台洞住、又分飛。　望遠程須穩，孤行意自迷。前頭珠網罥蘭閨。歌到香囊叩叩、要雙棲。

似孃兒　前題

紅白艷雙花。從見後、一别天涯。伊誰能擅專房寵，殷勤相就，霎時相遠，心事相差。　遥妒儘由他。纔得隴、應望三巴。望中依約香塵近，撩愁難盡，含情無語，空過儂家。

十六字令　前題，用上、下平韻得三十首

紅。對面繁花颺暖風。驚枝定，雙鳥下晴空。

其二

慵。睡起珠簾映玉容。前歡憶，好夢渺無蹤。

其三

雙。紅袖伊家又倚窗。偷覷也，花底未驚厖。

其四

癡。怎好良緣却誤期。昏黄月，柳下立多時。

其五

飛。似燕身輕鬬落暉。須防着，跳脱見金圍。

其六

虛。百計思量不奈渠。温存去，到手又生疏。

其七

孤。翠鳥雙雙見得無。愁難了，齊倚樹三珠。

其八

迷。脩短纖穠任品題。空描寫，東望已偏西。

其九

諧。到底情多願易乖。分離錯，休笑月英輾。

其十

廻。香頸釵頭鳳轉纔。争憐惜，半就半相推。

其十一

匀。恩怨難分號與秦。遲來也，心醉欲生嗔。

其十二

分。燕尾高張直入雲。尋巢去，緑褥且風薰。

其十三

屯。五色花雲近接門。鶯喉膩，細語倍銷魂。

其十四

難。人在天涯道路寒。相逢得，猶似夢中看。

其十五

頑。鎮日尋芳誤隔山。行空曲，春夜總羈鰥。

其十六

妍。並馬東郊二月天。雙雙燕，飛傍鷺孤眠。

其十七

嬌。携手蘭房顫步摇。無人處，霞臉暈微潮。

其十八

泡。香影重尋舊日巢。劉郎老，笑客有花梢。

其十九

勞。門立高鬟艷照桃。迷人易，笑裏可藏刀。

其二十

酡。背立東風恨意多。偓佤睡，却走向誰何。

其二十一

斜。醉裏尋春路易差。行行近，香霧簇朝霞。

其二十二

忙。角逐羣雌上舞塲。迷離眼，錯認野鴛鴦。

其二十三

驚。又是檀奴撲面迎。難禁受，任汝狹邪行。

其二十四

醒。臺後花光隔畫屏。廻廊轉，評泊更瓏玲。

其二十五

凝。望裏香肩恰並憑。翻身笑，一箭落雙鷹。

其二十六

愁。扶入流蘇共畫樓。誰驚散，羞澀乍回頭。

其二十七

深。迷入花叢露滿襟。三更了，那得指南針。

其二十八

憨。到處莊諧雜笑談。旁敲擊，傾盡好兒男。

其二十九

兼。側視平看莫避嫌。心心印，眉語兩頭尖。

其三十

饞。東食西眠贕故衫。情何限，口密怎堪緘。

沁園春

慕秦邀飲京寓，填詞相贈。鷄林舊遊，同有微感，即席依韻酬之

南霧悽魂，朔風砭肌，那不華顛。甚瀛洲草綠，東風欺客，蓬萊水淺，西海愁仙。邀月歌詩，團花選夢，圍鐵何曾繞大千。呼誰語，有移情琴操，且問成連。　松花共數江前。記日讀、明星惆悵篇。歎今宵銀燭，風摇燕市，年時牙管，霜冷雞田。牛劍賢聲，膏蘭慧業，宅住龔家湖路邊。名山在，看渭陽春樹，學步躚躚。

秋宵吟

雁陣

冷雲凝，漢月小。萬里龍城風峭。驚弦響、漸嘯侶銜寒，趁程昏曉。　起關門，度戍堡。太守還思卿好。同箏柱、祇自北賓南，叫煙依草。　倦眼江湖，漫暖逐、蘆花又老。征客愁多少。傲霜汾水，戰雨湘皋，遠浪浸紅稻。繫帛難憑，宮信更杳。任横空、占取天街，時出時没去路渺。

渡江雲 雁字

稻粱關塞冷，衡湘一路，字寫幾行斜。緑章天作紙，碧落詩成，那處倩籠紗。南雲墨醮，有爪痕、曾畫圓沙。誰認得、向風抛淚，古篆化龍蛇。　堪嗟。溝紅寄葉，潋翠題橋，却漂流心怕。更怕到、行分夜月，聲咽蘆笳。愁心早擱凌雲筆，且傳信、相慰無家。人正遠、書空都是昏鴉。

眉嫵 和碧山《新月》韻

乍籠花痕淡，罥柳波彎，霞彩淨西暝。暗裏山河在，瑶階下，嬋娟偷拜芳徑。咒風帶穩。惹影娥、池照新恨。似驚到，碧落弓弦響，早秋塞鴻冷。　誰肯團圓重問。訝霜擣兔杵，冰掩蟾鏡。桂樹瓊樓路，風烟隔、繁花散亂仙景。縐眉夜永。對淺深、圖様斜正。奈簾外雲羅，同玉瘦、掛鈎影。

滿江紅 擬石帚

自北海抵欽州，遇順風，朝發夕至，戲

瓊海雲飄，開萬頃、琉璃翠濤。重喚渡、越邊珊樹，廉浦珠潮。鵬翼垂天迷瘴雨，鯨鬐吹浪卷廻飆。儘吟肩、寒聳對前山，連暮朝。　鷗波靜，霞建標。鮫國暖，霧披綃。忽龍門北轉，玉井香飄。風順馬當千里櫂，湖平神姥數聲簫。好填詞、花外付歌喉，紅袖招。

攤破浣溪沙 有以芍藥、芙蓉合畫者，吴若霖囑題

嫩蕋春隨粉淚殘。妍粧風映緑波閒。花國化工雲葉接，夢中看。　影動鈴低朝護暖，聲繁

鼓歇暮生寒。酒醒尋芳多少恨，且憑闌。

天香　和夢窗《蠟梅》韻

鳳綵勻珠，蟾肪輭玉，橫斜薄印寒峭。馥吐檀心，聲銜磬口，低護鉛黄嬌小。隋宫點粉，眉笑展、宫粧暈早。清淺溪邊照影，金光露盤輕巧。　移燭夜遊到曉。黯銷凝、淚愁春少。嫩蕋嚼生香味，嬾隨蜂鬧。還想梔鞭暗裹。更莫伴、齊奴爨枝老。冷節烟輕，飛花散杳。

祝英臺近　秋懷

海天南，江石畔，塵自客衣浣。舊日題襟，點漬淚痕滿。陡驚桂遠中秋，萸新重九，甚圓缺、蟾輪還半。　夢無伴。小枕紉菊經年，清香塞西换。挑倦燈花，把盞續腸斷。那堪涼度宵長，愁牽絲短，那人又、梗飄風遠。

六醜　和清真《落花》韻

踏輕枝弄態，勸柳外、鶯梭休擲。爲春愛花，花憑風作翼。有影無迹。不盡尋芳恨，薄寒微暖，又雪團香國。芙蓉往事思蘭澤。走馬瑶京，停車繡陌。清歡老來心惜。怕嫣紅晚嫁，媒到天隔。　金鈴聲寂。但雲光護碧。悄盼啼鳩緩，沈信息。東君似學歸客。更文成水面，寫情難極。桃鬟卸、暫拋塵幘。應感念、粉瓣愁看賸蕋，舞依闌側。翻迴轉、共想潮汐。倘再開、怯對春風笑，芹泥記得。

唱火令　欽江有釣石、吟石、醉石，爲知州陶商翁舊遊地。偶泛舟成此

洲迴瀾廻曲，沙平石對磐。釣還吟罷醉江干。堪羡風流當日，陶令作閑官。　莫恨家山遠，

同遊海國寬。一川清勝古今歡。更與尋詩，更與把漁竿。更與舊鷗盟續，載酒上蘆灘。

聲聲慢 和李易安韻

來來去去，暮暮朝朝，沈沈悶悶戚戚。春月秋風，珍重盼他消息。千山萬山夢徧，總難吹、征帆歸急。要瘦損，這芳容鏡裏，近來心識。雨淚花間對灑，更何意、緩步下階攀摘。望斷黃昏，鴉陣做將天黑。愁人，莫聽玉漏，一更更、都是滴滴。算夜夜，此聲聲、相伴也得。

滿江紅 西湖，用夢窗《澱山湖》韻

峯黛眉開，算西浙、飛來閬蓬。重點綴、六橋桃柳，九里筠松。魚鳥有情親過客，樓臺無翼起層空。甚孤山、四面水灣環，游騎通。蘇堤路，宜曉風。吴山堞，指蓮東。撥湖心煙霧，月印潭中。西子詩人千載夢，南屏僧舍一聲鐘。洗花香、歸向湧金門，低翠篷。

瑞鶴仙 和陸子逸韻

綵鴛欹繡枕。喚起來，臉兒難畫端整。霞光印紅冷。襯鬟雲，撥翠玉容團粉。花熏日永。畫堂東、文窗藻井。對啼鶯、淚灑枝梢，風信幾番春盡。還省。當歌流盼，捧酒通辭，箇中情景。微波路迴。寄溝葉，莫憑準。到愁時，怎得燈花送喜，且卜金錢暗問。歎羈鰥、膏火心煎，倩誰夢穩。

大酺 和清真《春雨》韻

歎綠陰肥，紅光瘦，春老薔薇詩屋。餘寒簷鐸送，透簾幃無數，夢遥聲觸。馬濕來蹄，鴻沈去影，芳徑輕辜花竹。年時同遊處，記樓臺冷

暖，路長心熟。更燈火船廻，笙歌筵罷，未愁人獨。　歲華去何速。到今日、雲散香車轂。只贏得、眉峯黛鎖，鏡水烟封，倍淒迷、上樓心目。自別江南去，恨聽慣、吳孃新曲。瀟瀟落、巴人國。舊山期遠，空喜燈花如菽。玉溪正悲剪燭。

滿庭芳　和秦少游韻

穲柳舒黃，殘梅散白，客隨春到關門。渭城朝雨，和淚灑清尊。計日行行又遠，長亭路、芳草烟紛。風雪裏，山環水曲，無酒醉前村。　淒魂。從別後，孤鸞鏡舞，雙燕釵分。只留取臨行，贈珮心存。入眼飛蓬意味，輪蹄外、都是愁痕。連宵也，關山夢斷，相對月黃昏。

花犯　梅花，和清真韻

抱詩心，羅浮歲晚，廵檐想清味。淡粧珠綴。看笑靨人間，誰比姝麗。舊時帳冷同深倚。冰心還自喜。甚夜悄、月明林下，空山餘翠被。　眠香有時夢迷離，仙姬向我嘆，年來蕉萃。彈淚粉，雕闌外、迎風飄墜。江南路、借春贈遠，愁望眼、千重烟霧裏。那更管、玉容銷瘦，橫斜低照水。

拜星月慢　和清真韻

露葉辭蟬，霜花淒蝶，客舍秋清夜暗。夢舊尋歡，憶伊家庭院。試初步，漸入、香街綺閣深處，暖燭明眸星爛。玉貌珠喉，算人間難見。　住仙都、慣會姮娥面。應常是、月滿瓊樓畔。願作浴水雙鴛，畫屏山無散。那知人、自別叢臺館。闗河隔、雨寂雲沈嘆。縱借得、鳳翼身飛，奈天台路斷。

望湘人 依韻和賀方回

記情絲罥柳，心蕋綻花，夜看朝對分半。蝶惜英紅，鳩催葉翠，不信尋春歡晚。慧眼波澄，黛眉峯秀，瀟湘風暖。趁踏青、江上蘭衡，雅稱仙舟芳伴。　誰道南雲暮斷。悵陽臺路近，妙人天遠。算佳夢難憑，淚沁燭痕深淺。珠簾卷，雨畫闌干畔。酒醒更殘樓觀。但細訴、到曉清愁，莫向雙棲梁燕。

雨霖鈴 屢欲和柳屯田此調韻，俱不成。偶醉中縱筆寫之得此，不自知其癡拙也

長亭悲切。折揺風柳，笛響新歌。征途極目何限，愁分手地，驪歌旋發。苦勸交杯共醉，奈心醒難咽。點滴滴、清淚波間，化作雲帆暮江濶。　誰家自古初傷別。話英娥、血染湘筠節。春花慣看秋落，千里隔、美人明月。夜冷樓空，休憶香衾，暖枕同設。衹好待、詩織廻文，記取歸時説。

瑞龍吟 和清真韻

廻車路。還恨繡錯亭臺，綺交花樹。追尋前度香風，碧桃洞口，雲迷甚處。　悵延佇。相見定憐重到，笑開珠户。纖纖筍玉迎携，紅偎翠倚，蘭嘘妙語。　誰識佳人芳訊，蝶闌花晚，飛仙翔舞。空賸舊時枇杷，門巷如故。觥船一櫂，淒沁樊川句。休回憶、揚州月夜，青樓聯步。事與簫聲去。傷春豈獨，當年張緒。楊柳絲千縷。翻織就，流鶯枝頭風雨。散愁

漫作，滿天輕絮。

以上《榘園詞鈔》

張錦

一翦梅　春感

芳草萋萋糝緑苔。怕染塵埃。猶帶塵埃。一雙新燕故飛迴。來也徘徊。去也徘徊。　雲鬟蓬鬆墜玉釵。纔理妝臺。又倚妝臺。年年風景爲誰催。故我疑猜。今我疑猜。

鷓鴣天　春愁

遠客離愁怕倚闌。雨中無計避春寒。故園今日休回首，柳墜柔絲不忍看。　拋歲月，感雲山。可曾芳草緑湖南。金尊空向花前醉，風景催人又一番。

畫堂春　春燕

東風吹醉滿園芳。緑窗簾卷斜陽。一雙新燕去來忙。細語暄涼。　尋伴渾身杏雨，安巢一嘴芹香。似曾相識到華堂。棲穩雕梁。

鷓鴣天　憶莊妹

冷落天涯信渺聞。最愁人處近黄昏。一簾花月侵春夢，萬里關山斷客魂。　情切切，病沈沈。清宵蓮漏不堪聽。憐佗好夢成吴越，忍見羅衫溼淚痕。

浣溪紗　戊午谿橋春日

春日遲遲影欲斜。芳陰移過碧嶠紗。東風吹上野蘭花。　胡蝶一雙忙點綴，燕兒終日語諠譁。小窗新試雨前茶。

生查子 庚申海上中秋

去年明月光，寫出中秋景。海上氣清高，尊酒團欒慶。　今年明月光，偏爲中秋隱。無復舊時情，滿目瘡痍憾。

以上《閑與軒遺稾》附録

張鴻藻

離亭燕 贈内

金縷衣邊心苦。玉鏡臺前眉嫵。錯把浪遊夫婿嫁，十載五番羇旅。好事没分毫，只有牽腸掛肚。　伴着一窗愁雨。望着半江寒霧。珍重何須爲我囑，止要卿卿自顧。體弱不禁秋，切莫登樓延跓。

好事近 春畫

幔捲日初長，開得荼蘼滿架。蝴蝶追飛草上，一團團相打。　枝頭黄鳥渾無事，守著桃花罵。愛看懶貓睡足，戲撲簾旌耍。

鵲橋仙 沅湖

帆如葉小，檣同針細，舟在鏡中來去。盈盈一望水平鋪，大盡處、遠山微露。　波紋明浄，秋空遼闊，俯仰澄清如許。安閒正在羡漁家，忽浮過、一群鷗鷺。

訴衷情 題畫

不將綵筆畫眉梢。鋪紙漫拈毫。衷情欲寫還止，欹小案、不輕描。　心裏事，爲魂銷。費推敲。秦時蘇蕙，胡地文姬，漢苑班昭。

減字木蘭花　送春

飄殘柳絮。無可奈何春欲去。簷馬搖風。生怕錚錚是曉鐘。　一樽梨蕊。奠向玉堦頻祝語。明歲相逢。莫帶愁來贈阿儂。

前調　春閨

懶瞧花事。片片落紅飛滿地。不繡鴛鴦。驀地催人惱斷腸。　柔情幾許。徙倚玉欄羞不語。又是黄昏。庭苑沈沈深閉門。

點絳脣　道情五首

可嘆人生，電光泡影誰知曉。紛紛擾擾。歲月催人老。　一分情緣，多一分煩惱。回頭早。勞生草草。把浮生誤了。

其二

富貴功名，墳前轉瞬生秋草。只争遲早。何必施機巧。　韓信功高，石尉榮華少。身難保。看來太好。反把災殃召。

其三

父子夫妻，一朝氣盡都難保。况乃貨寶。不入黄泉道。　何苦經營，偏百般争鬧。無常到。一生顛倒。一筆都勾了。

其四

花謝花開，春風秋月不長好。韶光易老。同是邯鄲道。　生亦何歡，死莫空悲悼。甚榮槁。八元四皓。一齊都没了。

其五

萬古賢愚，生生死死無分曉。身埋芳草。不把天真葆。　慾海情波，將此身繚繞。如何好。塵緣一掃。向空山問道。

一剪梅 閒情

不將名利掛心邊。有甚憂煎。有甚牽連。日來吃飯夜來眠。妻也安然。子也安然。四時總覺是春天。生意綿綿。樂意綿綿。游山玩水了餘年。不是神仙。誰是神仙。

以上《大孤詩集》附詞草十二首

彭慰曾

望江南 消寒

重簾下，燈火讀書窗。閒把梅圖描九九，怕敲棋子落雙雙。雪意酒能降。

踏莎行 題耦園讀書圖

石倚長松，橋横曲沼。耦園風景堪游釣。芸窗半掩讀書堂，花香也轂蟫魚飽。杏雨紅霏，茶烟碧裊。林泉寫入丹青妙。迴廊繞徧獨沈吟，緑陰深處聞啼鳥。

燭影摇紅 守歲

臘鼓聲殘，笑迎司命華堂裏。爐頭親自煖新醅，醉領屠蘇味。一歲今將盡矣。且安排、宜春帖子。鸞箋起草，蠟炬生花，如來報喜。爆竹喧天，夜深獨向雲屏倚。無聊幾度數殘更，隔屋雞聲起。暗裏思量不已。只躊躇、徒增馬齒。青衫老我，白髮催人，送窮無計。

浪淘沙 虎皁懷古

一棹倚春風。柳緑桃紅。閒來虎皁寄游蹤。賸有點頭頑石在，却少生公。古寺起疏鐘。山色朦朧。闔廬霸業已成空。三尺依然騰劒氣，虎踞稱雄。

荊州亭　春曉

連日春寒料峭。辜負芳辰多少。夢醒戀重衾，不覺雞聲報曉。　滿地殘梅未掃。怕問海棠開了。清露滴枝頭，驚破花間睡鳥。

青玉案　小樓聽雨

一宵細雨沽春賞。似玉漏、丁丁響。疑是滄江潮暗漲。静篩簾隙，碎敲枕上。願祝春無恙。　五更夢醒空惆悵。曉色依微破幽幌。花霧溟濛花半放。滿園鶯囀，隔鄰雞唱。賣杏聽深巷。

蝶戀花　玉蘭

萬朵奇葩開玉樹。綽約新妝，易被東風妬。占盡春光能幾許。珊珊雪貌誇幽素。　蜂蝶徘徊飛不去。一片深情，似恐花無主。只怕來朝寒食雨。瓊蕤零落空瑶圃。

驀山溪　題曲水流觴圖

暮春天氣。韻事追脩禊。勝地占蘭亭，記當時、羣賢畢至。茂林修竹，細草碧如絲，攜芳醴。排鱗次。照澈清流底。　林泉迤邐。好把幽情寄。雅集畫圖中，問何人、毫揮繭紙。羽觴流處，蕩漾逐飛花，高吟裏。泉聲沸。驚得魚龍起。

點絳脣　櫻桃

滿樹匀圓，滴階爛熟如紅豆。采來盈手。輕點佳人口。　萬顆玲瓏，疑是盤珠走。重回首。寢園頒後。此味誰消受。

桃源憶故人

緑陰似幄，長日如年，幽鳥一聲，足破岑寂。戲拈此解賦之

竹窗晝静書聲住。起向迴廊閒步。一碧琅玕深護。架上聽鸚鵡。　夢回不覺松風度。側耳翠禽如訴。飄墮半牀花雨。日正亭陰午。

風入松

耦園初夏書懷

抛書人倦讀書牀。日比小年長。虚廊繚曲槐陰緑，正清和、初夏時光。嫩碧池萍貼水，濃青野蔓縈牆。　紅欄已折宛虹杠。園中橋名。景物感滄桑。舊時嘉耦今何在，壁間有聯曰：『耦園住嘉耦，城曲築詩城。』賸雙鵝、浮作鴛鴦。最好斜陽未下，輕風吹透羅裳。

水龍吟

龍舟競渡

年年風物端陽，江頭争看龍舟渡。金鱗閃爍，銀濤砰湃，亂飛白雨。蘭槳齊迴，錦標高奪，俗沿荆楚。悵汨羅江上，靈均來去，消不盡、千秋怒。　嗚咽靈潮如訴。弔湘纍、魂歸何處。旗飄五色，浪翻千疊，魚龍起舞。忙煞江干，聯翩裙屐，喧闐簫鼓。待斜陽西下，蒼茫煙水，聽疏鐘度。

高陽臺

梅雨

梅雨添黄，蕉心展緑，溼雲濃壓千層。細雨溟濛，但看衆緑齊生。依微蛙鼓池塘外，笑天光、屢换陰晴。最無情。沾透琴牀，漬透簾旌。　農夫正是分秧候，趁村泥滑滑，溝水盈盈。萬頃平疇，何來麥浪摇青。黄鸝時向槐陰囀，聽檐頭、殘滴聲聲。對枯枰。一局閒消，寒暖頻更。

如夢令　蕉扇

樣仿緑葵雲綗。涼比碧蒲風透。一副展青羅，籠向美人紅袖。攜手。攜手。懷素字痕非舊。

漁家傲　消夏灣懷古

消夏灣頭消夏好。五湖煙水離宫繞。霸氣銷沈遺跡少。空回眺。無多亂石埋荒草。　依舊蟬聲高樹噪。滄桑一片如相弔。響屧廊空人去杳。吴已沼。鴟夷竟把西施釣。

臨江仙　暑夜納涼

柳外蟬聲纔唱罷，月光初上苔牆。銀河清淺正昏黄。晚風剛起候，微透薄羅裳。　幾點流螢幽閃碧，穿花時度迴廊。槐庭深處好乘涼。棋敲消永夜，瓜李潤詩腸。

玉簟涼　寄興

溽暑不收，露坐中庭，夜不成寐，拈此

聲亂蟬鳴。惱溽暑逼人，入夜如蒸。乘涼何處好，趁小坐閒庭。銀河牛女未渡，但望見、閃爍繁星。殘漏滴，奈曉更將斷，清夢難成。　遥聽。蟲飛别院，雞唱隔牆，猶對一粟殘燈。無聊還起坐，且小扇兜螢。紗幮空自掩碧，卧玉簟、未覺涼生。重轉側，眼倦開、挨到天明。

風入松　題松陰待月圖

偶來松下寄閒情。雙鶴争迎。紗窗日落黄昏候，盼蟾光、猶未東升。風送濤聲三徑，羅衣微覺涼生。　果然心跡入雙清。花底琴停。

玉輪遲起圓陰暗，倚虬枝、但見疏星。幾度撥開釵股，清輝初上銀屏。

玉漏遲　迎秋

盼將三伏盡，涼生一味，蓐收迴駕。認取階前，桐葉可曾飄下。酷吏行將去矣，只留得、今宵殘夏。休更怕。炎炎火繖，半空高挂。小何須遠出西郊，把瓜果安排，中庭相迓。小扇輕羅，恰趁畫屏清夜。屈指雙星未渡，望天際、銀河横瀉。秋至也。一雁蓼汀飛乍。

離亭燕　秋雁

一片江涵秋水。指點幾行斜字。恰趁長風來遠道，獨有高樓人倚。嘹亮送哀音，如話漢宮興廢。飛破夕陽天際。歸向暮煙村裏。露宿沙眠初作客，帶得清秋同至。水國蓼花紅，

先盼南來書寄。

秋宵吟　睡魔

夜涼似水，蟲聲如雨，倚燈譜此，藉遣

赤欄憑，翠幔卷。一片秋聲孤館。風蕭瑟、恍細雨敲窗，夜長更短。剔銀燈，試玉剪。幾處疏砧聽斷。誰家笛、更響答寒蛩，感生銅輦。桂子黄時，盼海上、冰輪漸滿。露凝冰簟，月浸銀牀，好夢苦難遣。花影涼於洗，倦倚蘭釭，閒對茗盌。把幽懷、寫向吟箋，蟲語猶自亂砌蘚。

桂枝香　八月間秋暑復盛，俗謂之『木樨蒸』。意有所感，遂填是解

炎氛早滌。算大好風光，未全蕭瑟。一片羅雲淡畫，碧天無極。園林金粟飄香候，更無

端、暑威重逼。怕燒銀燭，聊舒冰簟，臥聽階蟀。問底事、秋陽作劇。怪一味新涼，晚來消失。重曳蕉衫，又被汗珠流溼。飢蚊入夜還成市，奈齊紈、未能抛得。郤憐寒信，西風催換，正無多日。

西江月

何處砧敲斷續，誰家笛弄淒涼。砌蛩如雨惱愁腸。兀自孤燈相向。　鸞鏡消殘眉樣，鴨爐燒斷心香。更深月色滿迴廊。玉臂寒生虛幌。

水調歌頭　丙寅中秋有感

把酒賞明月，佳節正中秋。且邀吟侶三五，同作廣寒游。試看聯翩裙屐，好趁椒蘭香氣，踏月向街頭。捲幔望蟾窟，皎潔似晶球。　對華宴，聯錦句，觸新愁。可憐無定河畔，枯骨積山邱。到處風聲鶴唳，徧地鳩形鵠面，難作稻粱謀。安得中山酒，一醉解貂裘。

瀟湘夜雨　滿城風雨，節近重陽，翦燈獨坐，淒然有作

苔溼銅鋪，梧飄金井，三更風雨瀟瀟。孤燈獨夜太無聊。聽不斷、銅龍碎滴，吹不息、檐馬齊敲。淒絕處，寒生竹徑，響撼松濤。　重陽節近，龍山雅集，舊夢非遙。且悄依書幌，痛讀離騷。挑欲盡、光搖半壁，牽待補、寒逗重茅。願來日，晴光早放，握管更題餻。

踏莎行　秋柳

煙暝江頭，寒催渡口。柔條猶向西風鬭。愁看寥落白門前，祇餘一握纖腰瘦。　隋岸螢

飛，章臺馬走。斜陽影裏重回首。翠樓人杳黯魂銷，凄迷尚拂垂鞭袖。

醉花陰　新霜未降，黄菊半開，拈此賞之

九月籬邊霜未降。已見寒英放。秋色捲簾看，三徑西風，正合持螯賞。　故人有約來相訪。試甕頭佳釀。一醉袚清愁，薄采黄花，添得新詩唱。

更漏子　圍爐

朔風嚴，寒意劇。沽酒且邀佳客。華燭翦，繡簾垂。小爐歡共圍。　猩屏展。蠡窗掩。門外雪花如糝。添獸炭，卸貂裘。更闌互唱酬。

點絳唇　炙硯

昨夜嚴寒，硯池吹縐波紋冱。北風如虎。飛雪檐前舞。　一片澄泥，凍墨凹爭聚。爐圍處。滿腔冰釋，便得揮毫助。

瑣窗寒　朔風催寒，凍雲漏日，雪意將成，拈此寄興

悄倚闌干，蕭蕭落葉，玉階堆遍。風威料峭，釀作半天飛霰。擁貂裘、嚴寒尚侵，玉龍準備來酣戰。指暮鴉啼處，朧朦斜日，忽陰還現。　遥看。疎林晚。又淡月迷離，曲廊小院。新醅泛蕢，且待一杯相勸。趁宵來、留客賦詩，卷簾四望銀海眩。似春風、吹到枝頭，萬樹梨花綻。

曲游春　虎阜訪真孃墓

斟酌橋邊過，正畫船簫鼓，來往如織。七里山塘，繞垂楊盡是，香車油壁。一笑紅塵隔。便

相約、聯翩拾級。趁斜陽、墓訪真孃，芳草自成春色。　嚦嚦。鶯啼林隙。歎片土埋香，誰弔幽魄。綺夢成塵，似明妃青塚，琵琶悲泣。閱盡滄桑迹。慨一樣、銅駝荊棘。賸眼前、三尺穹碑，尚停玉勒。

雙雙燕　題風簾雙燕圖

看簾影外，有輕燕雙飛，暗窺朱户。雕梁睡醒，常共蹴花迎絮。來向臨窗軟語。慣惹起、紅閨幽緒。憐他玉翦齊張，故戀檐前不去。　斜拂花梢杏雨。怪翠幙低垂，欲歸無路。銜泥力弱，猶把舊巢重補。怎得微風起處。更同向、珠簾飛度。依稀照寫滕王，蛺蝶曾留風趣。

芳草渡　柳塘春泛

罨畫裏，有細雨垂楊，緑煙低裊。趁半篙新漲，芳塘且泛春棹。風景蘇堤曉。牽離愁多少。試放眼，郭外晴山，淡冶如笑。　憑眺。畫船放處，一鏡摇空花四照。正雙槳、潮迎踠地，長條襯芳草。滿天柳絮，儘一舸、斜陽紅鬧。莫負却，九十風光易老。

滿江紅　金山弔古

縱覽江天，是何處、浮圖高出。試登望、焦山一點，半程遥隔。三楚風濤猶作勢，六朝香火空陳迹。煮新茶、泉味品中泠，塵襟滌。　看絶頂，雲飛白。追往事，波翻碧。賸風帆沙鳥，寺鐘漁笛。玉帶流連藏畫棟，銅駝寥落埋荒棘。訪老僧、同上妙高臺，談坡佛。

惜餘春慢 绿陰

葉展芭蕉，絲添楊柳，一碧迴廊深翳。籠煙欲暗，著雨偏濃，篩向夕陽影裏。還看月上銀蟾，留映窗紗，別饒風致。更簾波漾處，爐香消後，半庭如水。　何況有、修竹千竿，高梧幾樹，布作蔚藍無地。冥冥蔽日，靄靄生雲，滴盡一林空翠。驚醒幽窗夢回，青鳥書沈，黄鸝聲碎。待乘涼時到，松疎月漏，蝭醅同醉。

長亭怨慢 重過沈氏耦園

趁長日、園林再訪。一片蟬聲，绿陰高唱。翠竹蕭疏，弄晴猶作舊時樣。水環三面，風過處、波微漾。放眼女牆邊，更細數、漁船來往。　惆悵。歎蜍香館裏，半是燕泥蛛網。明蟾皎潔，記金粟、細飄書幌。庭前有金粟坡，多植桂樹。却不道、別後匆匆，又重換、青楊門巷。怕異日來游，泉石徒留悽愴。

以上《耦園課存》

彭駿聲

一剪梅 《醒報》發刊祝詞

禹甸昫昫遍赤氛。南望愁雲。北眺斜曛。誰騰雷電立同春。喚醒人民。旋轉乾坤。　報界誕生啓牖文。膽壯輪囷。心本睢麟。從茲大地洗泯芬。黨國常新。草野交欣。

滿江紅 祝《醒報》

莽莽神州，嘆到處、人多夢睡。況今日、鯨吞虎噬，亂氛難繪。燕雀處堂猶逸樂，乾坤將毀仍沉醉。問誰能、霹靂一聲雷，呼流輩。操健筆，名言萃。書法語，羣倫誨。喜春秋褒貶，激揚愚昧。抖擻精神山岳撼，宣傳政教干城蔚。祝誕生、大報即風行，霜縑貴。

百字令

祝《贛南民國報》

中原多故，嘆紅羊浩劫，是何行運。倭寇大侵東北地，更有黃巾蹂躪。鎮定鯨波，驅除蝥賊，籌畫先根本。廣開文報，喚醒多少愚蠢。況一片救國雄心，形諸言論，恍似雷霆震。復新聞儲智略，陶冶一般英俊。亂世干城，狂瀾砥柱，國難消除盡。吾尤期望，羣倫同日興奮。

浪淘沙

題王母渡詞

津柳暗船邊。朝暮籠烟。飛花飛絮總纏綿。却喜渡頭連佛界，雨洒芝田。　王母記當年。

恨煞聞鵑。誰尋古蹟溯流傳。只有江山依舊是，帆影彌天。

滿江紅

王母渡詞

滚滚桃江，經立瀨、橫溪而下。至王母、古開義渡，使船如馬。幾片夕陽蘭槳軋，一篙春水漁蓑掛。到黄昏、人歇待船歸，高聲話。　思寶筏，楊枝洒。望牛斗，仙槎迓。喜大江利涉，波濤無訝。風静晚沾蘆岸絮，月明夜照津亭畫。那行人、過此記芳名，天仙亞。

前調

抗日救國

塞草茫茫，嘆滿北、豺狼窟宅。憑遠望、烽烟遍野，傷心動魄。倭寇大張東海幟，義軍奮起南蒙戟。苦者番、火熱水深民，誰安輯。　悲壯士，頭顱擲。恨疆土，遼寧失。好整軍經武，暢行威德。外鎮鯨波平海島，内消蛾賊寧家室。快從今、恢復舊山河，新中國。

一剪梅 重九登高

重九登臨上石臺。鳥道雲埋。雁字雲排。滿山野菊趁秋開。幾個朋儕。三徑徘徊。愁看江山眼欲揩。楓落江涯。梓落山厓。今雖佳節氣悲哉。踏破棕鞋。難覓蓬萊。

前調 秋江漁艇

鐵笛聲凄水國秋。鷗集沙洲。雁集蘆洲。垂竿漁父釣江頭。風裏孤舟。雨裏孤舟。半百韶華逝水流。帆去誰收。舵轉誰收。磻溪嚴瀨果優游。窮也名留。達也名留。

滿江紅 送春詞

九十春光，到今日、真同過客。空悵望、滿山桃李，繁華消寂。飛燕銜開梅雨細，殘鶯叫破楊烟碧。想漁翁、再往覓桃源，今非昔。尋芳侶，停桐屐。踏青女，停梭織。但者番愁怨，傷春消息。金縷歌殘應變律，玉樓人墜難描色。坐西窻、斗酒餞東皇，分陰惜。

前調 李裕概之妻哭夫詞

偕老因緣，經三載、遽成斷絶。空悵望、章門烟冷，贛江水闊。善士偏多夭叶平壽命，書生徒具封侯骨。坐夜深、聽得杜鵑鳴，聲和血。藥未奉，愁如結。櫬未返，心如刮。想招魂旌旆，周遭眉睫。思子臺高時感觸，韓氏舉一子，週歲而亡。望夫石遠猶明滅。我今宵、萬斛數悲腸，終難說。

其二

麥隴黄時，痛夫婿、遠遊遽死。空留得、閨房月冷，夜深愁只。追憶去時真似夢，回思往事如流水。奈江山、遥隔幾千重，飛難抵。存壯志，徒虚擬。訂歸期，今若此。但峰山繚繞，嗁猿蒼兕。琴軫尚懸東壁柱，書樓猶聽中宵履。我悲深、洒淚向庭除，擎觴跽。

踏莎行　輓岳父母詞

雨細銷魂，風寒刮面。傷心二老歸金殿。門前丹旐忽飄揚，音容已杳何時見。泰水滄涼，泰山崩變。當年矩誨尤堪羨。而今長令壻鄉愁，登堂聊把清蔬奠。

前調　輓夫婦同逝詞

既折萱花，又摇椿樹。算來都是愁中住。容顔永别到而今，哀情誰向天邊訴。小嶺迷雲，崆峒鎖霧。者番難覓蒼茫路。登堂何以表微情，生芻一束三清酤。

憶秦娥　輓夫婦同逝詞

心悲切。靈椿萱草同摧折。同摧折。蒼茫憑弔，滿天飛雪。高歌薤露迴腸裂。門前丹旐風摇纈。風摇纈。五更吹徹，杜鵑啼血。

金縷曲　輓賴兆豐

逝者真長逝。嘆人生、者番永訣，悲何能止。最憶當年勤貿易，叔等偕遊廛市。况又締、姻連庚誼。從此往來情並篤，比桃花、千尺深潭水。何忍説，騎箕尾。邯鄲夢舊如彈指。想如真、令威化鶴，桂蘭相蔚。辛苦一生成富有，此願而今償矣。只不料、匪盤鄉里。齋奠好營章貢地，且招魂、望下寒灘裏。今弔奠，獻三醴。

滿江紅

廿載周旋，重緬想、家鄉聚首。偶一見、話談離亂，心傷陽九。道路驚傳騰虎豹，閭閻不得寧雞狗。到而今、避難到雙江，支離叟。　時與命，惟天授。情與分，因交厚。第人亡琴在，孰能忘舊。斗酒隻雞聊致敬，素車白馬頻來就。趁今宵、相對祭靈前，生芻韭。

踏莎行

晚岳丈

花甲初登，駒光似電。傷心泰岳歸金殿。門前丹旐忽飛揚，音容已杳何時見。　家訓常周，世情嘗遍。當年矩矱猶堪羨。而今長令婿鄉愁，登堂把酒三尊奠。

其二

近折蘭芽，先摧桂樹。近來都在愁中住。誰知此老又騎箕，哀情誰向天邊訴。　章貢迷雲，崆峒銷霧。者番難覓家鄉路。暫停仙櫬到東郊，傷心聊奠三清酤。

壺中天

贈徐軍醫梵香詞　駿因小孫食指被災，得謁旌幢，蒙醫治痊愈。又且聯吟社，伴世貴唱和，亦一時之樂。天緣之巧，爲此詞以贈

虎頭城裏，會天緣萍聚，得親談塵。錦繡才高公務畢，閒把詩詞探取。朗咏風前，高吟月下，弄筆花生楮。書生懷抱，發抒多少奇語。

更羨術擅岐黄，心存惻隱，久宦軍師處。我有桐枝遭損折，妙手頻施甘雨。絲繡平原，尸祝畏壘，留作兹仁譜。感懷交誼，桃花潭水深許。

玉漏遲　感懷，次梵香先生韻

劫深塵夢杳。蓬山路遠，誰尋青鳥。數載流離，萬斛愁腸牽繞。不返枌榆故里，那得與、漁樵同調。常竊笑。儒冠誤我，苦吟清嘯。　碌碌老朽庸材，歎百事無成，空過年少。伏櫪悲鳴，怕聽風蕭蕭了。逆旅高樓獨坐，更窻罅、斜陽微照。忘昏曉。閲得殘編多少。

水調歌頭　送梵香歸粤

重過蒲葵節，折柳贈君行。榴紅槐緑已滿，高樹一蟬鳴。南望梅關嶺外，千里青葱山色，都是別離情。明日摇鞭去，屈指計征程。　雙江尾，三江口，五羊城。福星一路驪唱，更喜馬蹄輕。伴侣昕宵共樂，鄉里童稚相迎，喜氣更飛騰。還冀榮旋客，遥念貢江萍。

南鄉子　重陽感懷，次梵香韵

今日負重陽。未赴龍山坐小窗。斗室關懷天下事，堪傷。虎噬鯨吞禍患長。　望治願難償。覆雨翻雲世態涼。看破紅塵如夢覺，思量。好對黄花入醉鄉。

其二

風雨近重陽。獨坐無聊臥北窻。覽史縱觀今古事，心傷。南宋偏安國禍長。　投筆願難償。愁對黄花暮雨凉。三徑已荒門巷寂，思量。何日驅車覓故鄉。

賀新郎　八月初八日，送張君荇舟遊粵

此去償君願。廿年來、屢遊申滬，庾關思踐。詎料匪氛南贛遍，暫住虔州避免。算歲月、三年如箭。我幸重逢知己久，唱驪歌、未祖東門餞。憑寄語，加餐勸。　南遊百粵征途遠。祝今番、珠江南海，半帆風健。撼得山龍歸掌握，大地菁英一線。任法眼、靈光收電。多藝多才非鄙事，即他邦、賢俊應争薦。聲譽廣，早操券。

其二

章貢分襟驟。憶青年、素心良友，重逢白首。多難反成緣會巧，佛理精深待剖。今一旦、西津折柳。桂子天香明月裏，盼秋高、幾縷雲生岫。梅嶺外，曲江口。　羊城古蹟多仍舊。有誰知、靈洲望氣，浮邱挹秀。踏破芒鞋，一遇遊仙搜覽遍，狹小山川宇宙。更好作、詩囊錦繡。莽莽堪輿今古事，此一遊、略展回天手。歸故郡，談天叉。

前調　報載宋哲元率大刀隊寒夜斬倭萬級，賦《金縷曲》以紀之。

時事真堪吒。數千年、神明華胄，威稜遠跨。錦繡山河金甌固，孰料倭奴侵夏。喜峯口、倉皇戎馬。彈雨槍林天地變，更飛機、直向天邊下。争戰烈，何時罷。　我今大將精籌畫。驅士卒、衝鋒踏壘，每勞寒夜。奮勇提携三尺劍，血色刀光相射。殲劇寇、頭顱枕藉。萬馬直前聽號令，這犧牲、的似珍無價。聲譽播，震歐亞。

御街行　贊陳凌雲

少年早擅多才藝。王母市、營生計。應時通變幾多般，屢中陶朱贏利。湖海交遊，賢豪晋接，慷慨徵高誼。　精神矍鑠慈和氣。然諸重、鄉鄰濟。魯連排難觸蠻銷，玉屑清談皆喜。離家千里，經商四會，德業真堪紀。

解珮令　李官連像贊

廿年農圃，廿年商賈。把精神、抖擻恢門户。成家業、開基善卜芳鄰，喜到處、鷺親鷗附。　風高懷葛，質真樸素。這般人、求之太古。積德留貽，啓孫子、鵬程遠度。看斯圖、定生欽慕。

玉漏遲　又

丹青真入妙。生綃一幅，形容皆肖。皓首龐眉，冀缺夫妻偕老。不入紛華隊裏，喜把此、農桑爲寶。常帶笑。謙恭和謁，里人稱道。　葆懷葛落落高風，至叔季時期，難求同調。葆素全真，積德自留光耀。卜世人文薈蔚，定付與、雲程遠到。圖繪好。千載更欽顔貌。

金縷曲　一師徐軍醫梵香移防安遠，爰綴《金縷曲》一闋以贈之。

驪唱分襟驟。去年來、萍蹤偶合，遂成良友。文字緣深時會拙，匪警贛南時有。今一旦、移師剿寇。戎馬銜枚車既篤，奈怱怱、未得伸杯酒。徒折贈，灞橋柳。　知君此去功施懋。到岩疆、瘡痍盡復，妙回春手。才子從軍仁術厚，展聲譽傳入口。想此際、移星轉斗。歷遍江山行色壯，任揮毫、煅就詩千首。他日寄，天南叟。

滿江紅

輓家瑞榜

箭筈光陰，六十載，也稱中壽。況事業、克恢先緒，無慚守舊。花甲年華猶進一，桂枝丹萼真相偶。盼瑶階、森秀簇蘭芽，欣昌後。　思近事，漫天寇。傷故里，噬人獸。念離家一去，暑寒三叉。心緒亂來同繭縛，病軀骨立如柴瘦。嘆今番、駕鶴赴仙源，何時溝。

以上《浣花詞集》

董受祺

疏影

殘月當空，對之偶觸愁思，拈筆譜此。時乙未年四月中東平成日也

香蟠桂窟。經吴郎玉斧，幾番摧折。寶鏡鉎銷，疑是姮娥，愁對天青海碧。空餘大地山河影，偏不管、山河分裂。待恁時、重與光明，依舊珠宫貝闕。　漫道盈虧有數，古今共一慨，終覺難説。玉露無聲，寂寂花陰，破碎將何收拾。補天縱鍊媧皇石，恐此恨、常留陷缺。問夜深、何處吹簫，又到五更寒澈。

祝英臺近

寄陶郢聲

怕開簾，慵對鏡。雙鬢漫重整。醉裏笙歌，醒後不堪省。杜門已是經年，故人如問，説未

改、稽康嬾病。　埽花徑。剛把花散閒愁，花翻惹愁併。没個人來，明月上花影。盼將秋雁歸時，鱸肥蓴美，還算是、此生邀倖。

玲瓏四犯　寄宫千里

秋老鱸肥，天空雁杳，人生何以堪此。滄桑今屢易，俛仰悲身世。但得有錢買醉。不歸時、有如江水。況是他鄉，已無花事，更有甚情味。　揚州月、今何似。記尋芳逐勝，曾共遊戲。蕭蕭雙鬢影，漸覺銷英氣。時來宰相尋常事，歎人世、渾如寄耳。何處覓。東山是、鄉吾老矣。

南鄉子

紅樹白雲秋。雨橫風狂滿目愁。荆棘銅駝千古恨，休休。强遣心懷上小樓。　天外望神州。玉珮金刀若個留。遊戲人間人不識，堪羞。怕說頭銜萬里侯。

祝英臺近　翻惜春

黛痕描，紅袖挽。歌罷翠簾捲。廿四番風，能得幾番暖。漫愁開到酴醾，韶光如此，便開後、也須消遣。　按檀板。應念春到愁來，消愁更愁滿。不如早送春歸，春歸雖早，卻猶可、帶將愁轉。

浪淘沙

紅紫滿園稠。雨躪風蹂。看花人到不勝愁。無計消愁惟有醉，醉更添愁。　獨自上高樓。好景都休。杜鵑啼血灑枝頭。人在江南春去也，問憶儂不。

七孃子

明湖衹合羈人住。傷心半在桃花渡。畫舫笙簫，綠楊煙雨。年年怕聽消魂句。　衷腸欲訴無由訴。狂風吹落紅無數。暮暮朝朝，是誰相誤。箇人獨立樓高處。

高陽臺　明湖秋賦

柳舊煙新，波平天遠，夕陽影裏歸船。畫舫笙歌，而今不復當年。應憐碧玉方初嫁，悔輕離、燕子樓前。最淒然。浴水銀蟾，偏照珠簾。　阮亭舊日題詩處，歎風流頓杳，寂寞騷壇。如此湖山，能消幾輩綺筵。謾嗤狗尾貂能續，是名流、酒吝花慳。意闌珊。忍俊難禁，翻道無緣。

釵頭鳳　擬梅溪體

春愁滿。春恨遠。春雨江南歸未晚。相離別。相悲切。夕照山痕，晚來潮汐。碧。碧。碧。　鞭絲挽。情絲亂。柳絲不把行人綰。心頭憶。眉頭結。樓上吹簫，竹間橫笛。合。合。合。

臺城路　秋深北渚，荷蓋半殘。物猶如此，人何以堪

西風吹得秋心碎，怎禁幾番收拾。時漏濃陰，空餘冷碧，閱盡人間炎熱。愁懷似織。歎往日繁華，漸都消歇。一片斜陽，衹留清影任摧折。　蕭蕭疑是落葉。聽西窗暗雨，聲最淒絕。不覺銷魂，何堪望遠，日暮涼添水國。雕闌小立。悵渺渺伊人，淮南江北。莫翦殘莖，

出。荀郎漸老，麝味依然暗相襲。猶憶深閨夜静，尋不著、迴文痕跡。待燒將、心字者，重繙貝葉。

賀新涼

余聽鼓應官，爲俗塵所繞，魂夢亦覺不清。偶聽雛姬撫琴，譜《歸去來》一曲，頓起倦鳥知還之感。賦以寓意，不自覺其語之騷也

余亦悲秋者。更何堪、重彈古調，先生休也。歸去來兮歸未得，應悔西施早嫁。謾迴首、苎蘿山下。說甚春婆催夢覺，到而今、好夢翻疑假。呼進酒，爲君寫。　清音自可消清夜。記風流、燈紅眉翠，人何消灑。洗浄人間箏琶耳，令我閒愁重惹。更一縷、柔情無那。不怕買山資未就，怕山靈、舊約成虚話。蓴正好，忍拋捨。

待飛來皓月。

前調

秋蟬

哀音日向垂楊訴，誰解此時襟抱。夕照殘時，緑陰深處，斷續聲中秋老。荒郵古道。早腸斷羈人，驚魂猶繞。恨煞西風，一林繁葉儘情埽。　瀼瀼清露儘飽。又冷落吟情，高潔誰表。月冷三更，樹空一碧，清夢不堪重擾。余懷渺渺。隔萬里關山，倦游難了。漫撫瑶琴，小庭人悄悄。

暗香

壽字香

寶猊香爇。看縷烟裊裊，梵書篆結。鬬角鉤心，每到頭時又波折。恰似腸迴九轉，儘一點、柔魂蟠鬱。可記得、誓共長生，佳讖爲君說。　工絶。誰悟澈。歎恁地玲瓏，曲曲傳

百字令 蟋蟀

豆花籬下，又聲聲催動，西風秋老。誰把哀音重譜入，觸起余懷渺渺。砌畔苔涼，牆腰露溼，聽處人偏悄。五更涼月，惻然砧韻相攪。獨見説秋壑當年，半閒堂裏，枉費平章好。獨有羈人悲故國，淚灑荒郵古道。滿目山河，驚心歲月，清夢空紛擾。笑他兒女，篝燈尋遍芳草。

念奴嬌

千佛山頭，未融積雪，春回帀月，寒猶逼人，豈物候有今昔之殊歟，何山亦含愁如此耶

嵐煙層繞，露眉峯隱約，將舒還結。喚醒春寒寒未醒，欲脱貂裘猶怯。春幾何時，山猶如此，目斷雲千疊。最消魂處，月明分照淒惻。此是山左名都，我儕留戀，題詠情偏切。恨似雪泥消不盡，不是愁人莫説。獨有羈遊，驚心物候，雙鬢增華髮。近來休問，大江南北消息。

蝶戀花 風

封姨肆虐花驚顫。花事如斯，枉自柔腸斷。掠影翩鴻飛復轉。任教杜宇聲聲怨。元規塵起污人面。獨立雕闌，徐展泥金扇。最無情是晚來風。落紅滿地無人管。

臺城路

甲午臚唱日登千佛山，得諸君捷報。笑余投筆以來，久不作玉堂夢矣，較聞江上鑼聲怦然動念者何如也

適來選佛登場處。翩翩幾多豪侶。小坐談經，山僧饒舌，若個誰堪分芋。他年領取。記去果來因，恍然覺悟。覽遍題名，大夫休自詡

能賦。燕然銘石在否。問書生壯志，何判今古。三五年時，縱横揮灑，往事何堪重數。茫茫世宇。笑射虎心情，依然似昔。不盡消磨，奈班生老去。

前調

白石道人感桓大司馬『樹猶如此，人何以堪』二語，譜《長亭怨》一闋。余薄遊歷下，忽憶此詞，不覺淒然

名亭自昔招名士。垂楊臨水摇翠。誰家買醉，此處停橈，可記納涼攜妓。豪吟未已。又秋到三分，十分憔悴。縱有遊人，此時難著甚情意。　風流張緒老矣。便翩翩未改，難説前事。殷子攀條，蘭成著賦，須認伊人猶是。雕闌十二。怕後日重來，誰能遣此。此亦銷魂，緑陰陰滿地。

憶舊游

寄孫輔臣大令

記紅牋寄韻，緑茗傾譚，儘有閒情。自使君行後，又重門静掩，孤負芳春。笑我豪懷非舊，髮短不宜簪。聽幾度啼鵑，幾聲過雁，愈覺銷魂。　休云種花好，歎花開花落，都是愁根。若問梁園客，自茂陵秋老，同賦飄零。人道身輕於燕，比燕子還輕。料月下彈琴，也應苦憶湖上雲。

應天長

兩行紅燭丁香穗。終夜替人流別淚。無聊賴。渾如醉。孤負鴛衾長不寐。　爲花擔病債。花卻向人作態。待約與花同睡。花偏情不耐。

臺城路 和《雁邱》詞

拍空秋影涵江碧，雙雙死生相許。矰羽飛來，柔腸遽折，望斷瀟湘煙雨。斜陽遠渡。祇隴上西風，尚留咽語。汾水驚瀧，至今猶自帶淒楚。　誰翻河滿舊譜。爲君雙淚落，憑弔千古。蓼影分紅，殘碑暈緑，別有傷心無數。返魂香炷。願化作鴛鴦，依然飛去。彈入哀絃，一聲聲更苦。

前調

汪幼堂倩人繪行樂圖，因其容之過少也，自添以鬚，作添鬚小影

當年衰屐翩翩態，鬑鬑遽驚如許。桐蔭沈青，茶煙裊碧，猶憶拈髭得句。丹青莫誤。早頰上添毫，朱顔換去。合號髯仙，儻教坡老見應妒。　那堪重説往事，記衣香扇影，年少情緒。黄絹留題，紅牙按拍，重續詞壇舊譜。慇懃寄語。有潭水桃花，豪游俊侶。舊日風流，相逢猶記否。

疏影

宫子行司馬得漁洋老人題《虹橋遺事》原稿，倩湯東笙、王午橋繪圖二册，囑余譜此

流虹橋塊。是酒家少女，曾斷腸處。柳悴花憔，翠僝紅僽，恨鎖畫樓朱户。春蠶到死絲方盡，猶切盼、羊車暫駐。最可憐、倩女離魂，欲化鴛鴦飛去。　猶是重來崔護。已桃花冷落，遺恨難訴。明月揚州，回首當年，話到相思更苦。黄泉不盡情天憾，喜傳得、尚書佳句。有多情、司馬風流，寫入傷心詞譜。

揚州慢 袁瀛仙隨園圖

如此江山，幾多風月，天教供養詩人。自神仙

小劫，已轉瞬煙塵。問當日、園林何在，一庭香雪，空自成春。祇莫愁湖上，依然花木繽紛。　臨春結綺，到而今、遺址無存。縱過客流連，詞人憑弔，總付浮雲。數遍南朝名刹，半飄零、鈴鐸黄昏。祇此園千古，尚留粉本評論。

蝶戀花

燕子不歸歸又暮。新月纖纖，一半鉤痕露。惟有閒愁鉤不去。反將愁悶來鉤住。　夜夜紅樓兼翠户。好夢驚殘，總是無尋處。落葉聲聲聲似訴。無端猜作風和雨。

滿江紅　過古清流關，仿白石道人，用平韻

高枕重巖，有天梯、石棧鉤連。南唐迹、於今何在，天險徒然。見説金陵王氣盡，淒涼衰草暮煙寒。有豐碑、高矗白雲端，重記看。　嵚崟處，君試探。奠淮右，峙雄關。看塵飛沙捲，虎踞龍蟠。此是石頭城下路，而今遷客幾人還。問伊誰、回首望江南，無數山。

菩薩蠻

鴛鴦繡被金翡翠。起來無力勝殘醉。閒立卻無情。杏黄衫子輕。　梨花窗外白。亂落還如雪。相約餞餘春。女郎三兩人。

其二

紅樓畫閣遥相望。行行祇覺增惆悵。春透海棠枝。問君知未知。　留仙裙自舞。疊得愁如許。争道落花妍。落花三月天。

其三

釵頭碧玉雙飛燕。野塘花影隨人亂。攜手過

長亭。昔年離別情。天涯泥尚溼。小步雲翹側。芳草自萋萋。不聞郎馬嘶。

揚州慢 粵南乞兵

鯨海曾探，雉裳遙貢，佳哉氣鬱蓬萊。忽驚傳羽檄，有鳥使飛來。道班馬、蕭蕭西渡，秋深戰壘，畫角風悲。盼將軍天上，彩雲飛過江限。　蠻夷大長，到而今、祇有高臺。縱淚下秦庭，書傳粵嶠，但覺情哀。試問伏波安在，當年事、總付空杯。笑乘槎仙客，枉攜織女星回。

蝶戀花

不料韶華今又換。花事悤悤，慣惹深閨怨。誰道昨宵風力輭。落紅狼藉無人管。　怕聽聲聲啼鴂喚。黯黯春愁，隔斷深深院。風裊游絲吹不斷。儂心更比游絲亂。

臺城路 自題立馬關山小影

十年踏遍幽燕路，蕭蕭一鞭斜照。墨盾空磨，兜牟曾戴，攬轡飛傳檄藁。關河夢繞。歎伏櫪長嘶，白雲秋老。願借明駝，此生度過玉門道。　紅旗傳到捷報。書生歸去也，金埒芳草。白袷拋殘，青衫脱卻，依舊冶游春好。金門待詔。憶走馬章臺，翩翩京兆。漫説風流，歲華驚換了。

疏影

忽爲訪戴子猷，竟遇閉門。泄柳紛紛，紅蛺飛去飛還。我本無緣，干卿甚事。縱使二分明月，相約重來，恐亦徒勞人意也

歌徵別院。記深深曲徑，梨花晝掩。燕子飛來，綠暗紅稀，便道清光少減。慇懃祇有鸚哥

問，生怕説、春風到晚。算隔來、疏影簾櫳，總使羈人魂斷。拚得水流雲散。憶相逢那日，楊柳池館。畫舫重游，月冷揚州，又恐伊人不見。愁情慣惹黄鶯妒，更難耐、萬呼千喚。休猜他、金屋莊嚴，怪我此生緣淺。

桂殿秋　晚眺

帆影去，緑潺湲。鸕鷀飛破白蘆煙。閒雲來去渾無定，山勢依稀日半銜。

臺城路　犬

功名今半論功狗，休歎續貂計誤。名崇開府，冠戴進賢，也自驕容堪怖。吠空任汝。豈食肉無緣，摇頭轉怒。牽過東門，此情應許李斯悟。　曾誇尋得捷徑，任竇口深深，隨意來去。相識似曾，銜衣作態，忽爾狺狺頓阻。今無狡兔。也難共秋鷹，飛沙走土。猛烈休矜，逞威空似虎。

漢宫春　庚辰客譙國，陳石齋約郊外散步。時白衣菴牡丹盛開，嘯詠極樂。未幾，石齋南下，予踽踽獨游，則荒寺秋深，無邊葉落矣。歸思頗動，賦以寫羈愁

緑瘦紅癯。祇光陰幾許，今昔頓殊。當年五湖舊約，思亦愁余。塵揮玉麈，記清談、健客豪呼。回首處、尋芳金埒，人生行樂何如。　此時此情此景，指白雲深處，可許提壺。年年落花送客，汝亦勞乎。江南倦侣，更誰堪、蕭寺停車。歎不住、鳥聲頻唤，笑儂未賦歸歟。

揚州慢　姜白石小像

一代詞宗，半生落拓，布衣空老江湖。論先生

品格，合伴林逋。記吹得、玉簫聲澈，小紅低唱，此亦仙乎。祇馬藤、花下不堪，淚灑啼鴣。
暗香疏影，問梅花、消息何如。縱烏帽風流，龍眠圖畫，但寫鬚眉。三十六陂煙雨，更誰憐、一棹菰蒲。獨巢湖一曲，至今猶自追摹。

念奴嬌　白荷花

天然愛好，卻輕妝澹冶，盈盈堪掬。記得玉環新浴罷，早與安排金屋。水珮玲瓏，冰肌綽約，可許消塵俗。浣紗人到，一湖香浸都馥。
不見春雨梨花，迷離疏影外，嬌容似沐。祇恐西風容易起，寫入相思一曲。爭似淩波，雲鬟霧鬢，映得人如玉。小舟秋悄，相看應妒波緑。

踏莎行

別緒離愁，千千萬萬。翦之不斷挼還亂。從今不許逗閒情，情絲無奈隨心轉。紫紫紅紅，鶯鶯燕燕。遲遲春日深深院。隔來水水與山山，風風雨雨重相見。

夢江南　滬上紀遊

年少侶，春服豔前汀。半臂濃分葵葉緑，單衫淡染竹根青。繡履踏塵輕。
風日好，攜手靜安東。扇影衣香人似玉，雕鞍繡幰馬如龍。歸路夕陽紅。

羅敷豔歌　石齋有《從軍行》，賦以相勗

書生夙有封侯志，高唱江東。氣吐如虹。好向花間試紫驄。
攜將琴劍飄然去，秋爽西

風。目送飛鴻。此別休教唱惱公。

其二

申江風月今何似，楊柳樓邊。離絮綿綿。莫任垂絲暗惹牽。　重來恐似晨星落，荳蔻花妍。載酒當年。舞袖歌衫舊有緣。

長亭怨慢　殘荷

又塘外、幾番秋雨。猶記鴛鴦，向曾棲處。收拾冰裳，祇緣花蕊曾仙去。玉環多病，歎紅蕊、誰爲主。恨渺渺西風，孰慣爾、無情如此。　涼亭最苦。是閒吹玉笛，吹落亂紅無數。更不見、載酒蘭舟，水榭，誰採取、蘋花寄與。空悵望伊人，應在煙波漫尋得、乘鸞仙女。遠浦。

浣溪紗　臘梅

柳岸風光尚待時。風光先到小横枝。且燒高燭話相思。　新恨不堪尋燕子，幽香祇合釀蜂兒。嚼來無味卻如斯。

臨江仙　螢火

翠幙深深花悄悄，那堪静掩重門。月明庭院更無人。星星疏影，點點碧雲翻。　風雨無端尋舊夢，隔簾燈火黄昏。休教秋色過西鄰。猩屏夜静，何處寄愁魂。

高陽臺　懷人

箭促銀虬，炬殘金鳳，銅街柝起聲聲。有約遲來，半天月影疏横。傳牋可許催青鳥，且安排、鳳管鸞笙。更疑驚。翠袖單寒，玉珮瓏

眉嫵

余罷官，羈齊州十載矣，頗自閑適。序值晚秋，河干偶眺，歸思忽動，賦寄江南諸友

漸畫船影杳，柳岸枝疏，波小漲痕淺。本有淒涼意，又添上，佳人珠淚千點。翠眉漫染。怕此番、描寫難遍。更堪恨，魂繞蘋花夢，夢醒覺香遠。　何日蓴鄉重見。拚舊盟孤負，寸腸折斷。想季鷹空起，西風興、者回已是秋晚。雁飛未返。料也應、重賦幽怨。道霜冷吴江，中有落紅片片。

摸魚兒

秋宵風雨，愁緒交縈，苦不成寐，挑燈譜之

又秋來、幾番風雨。沈沈千萬情緒。羈人本易增惆悵，況聽冷蛩淒楚。朝又暮。算日日、長門和淚將愁度。拈毫又住。莫去苦沈吟，窗前最怕珊瑚冷，況吟閒紅豆，花簇紅玲。　丁。倚遍雕闌，驚心又是三更。含毫不寫相思字，憶當年、夜雨聯盟。怎今生。一點靈犀，兩下惺惺。

渡江雲

送李慶書南下

碧天秋意渺，白雲來去，孤櫂向江南。夕陽流水外，楊柳輕塵，任自唱陽關。何堪贈遠，望江鄉、別淚潸然。歎祇有、歸鴻穩便，夢裏過長干。　相看。十年心事，兩地羈愁，又豪游興懶。都付與、晨星寥落，明月闌珊。寒流慣會催行客，借西風、送得征帆。帆影去、但餘天際孤煙。

以上《鑄鐵詞》

苦吟詩就，更有傷心處。　甘岑寂，無意争歌獻舞。那知偏有人妒。誤儂自是傾城貌，翻道貌爲人誤。君莫苦。君可悟、人生世上如朝露。休呼負負。漫費卻千金，茂陵才子，倩賦斷腸句。

賀新涼

昔賦水仙，改抹再四，意終未愜。近爲人繪著色小幅，既成題此

屈子工詞賦。卻爲何、未經描寫，此花風度。想是懷沙留遺恨，從此名花無主。空誤擬、青蔥玉樹。香草美人同怨憤，抱孤懷、衹向湘靈訴。寒瑟瑟，望空渡。　何人重按瑶琴譜。聽絃中、泠泠曲罷，爲誰情苦。漫道仙人無儔伴，曾記珮貽交甫。羅襪冷、淩波仙去。君自殷勤金盞捧，論風姿、合受瓊盤露。看著色，留痕處。

臺城路

邵香聽，余同官時詞友也。琢語孤峭，似王中仙。今響絶矣，譜此以誌哀感

西窗先自吟山鬼。沈沈一簾花碎。銀字譜翻，錦袍塵染，欲翦冰牋誰寄。闌干徙倚。剩一縷幽魂，更縈秋意。花外香留，近來儂亦苦憔悴。　哀鵑啼徹夜月，可憐歌舞地，今付流水。短篴罷吹，遺箋塵篋，空説角巾還第。青山老矣。又贏得故人，白雲灑涕。雨冷燈昏，幾番疑醒醉。

永遇樂

歷下亭題壁

千古風流，少陵北海，風月酬酢。試問而今，幾多名士，誰敢題黃鶴。江湖落魄，揚州小杜，夢醒青樓蕭索。縱流連、紫簫吹斷，更誰贈我金錯。　神州沈陸，笑王夷甫，猶道宦情

冷落。潦倒新亭，楚囚對泣，未許懷邱壑。青山懶對，近來心事，怕被青山猜著。更誰料、青山也自，怕人識卻。

鳳棲梧　爲倩痕賦

心上秋來眉上意。今夜除非，覓醉閒思睡。花自不道醉時愁又至。送愁何處將愁寄。輕盈人自悴。人爲花羞，花替人垂淚。將淚澆花花更媚。拚將人與花成對。

一萼紅　乙巳七夕

問牽牛。這金錢十萬，終久得償否。網結蛛絲，橋填鵲影，贏得今夕綢繆。料應恨、花籤頻促，千金價、一刻話難休。此會年年，離情渺渺，兩意悠悠。何似廣寒宮裏，有姮娥獨對，永夜清秋。果設芳紅，釀陳冷緑，誰又乞巧鍼樓。縱説巧隨人意，恁匆迫、能得幾多留。枉費玉環私語，不盡温柔。

高陽臺　月夜泛舟，滿湖絲竹，爲濟南第一樂事，惟覊人益增惆悵耳

樹鵲驚烟，沙禽宿露，舟横月正三更。夜悄無言，有人彈起哀箏。珠簾放下還重卷，怕鄰船、隔斷箏聲。恁悽清。幾柄殘荷，幾點流螢。覊人本自增惆悵，況閒觴易醉，舊緒偏縈。也似潯陽，琵琶江上泠泠。而今已醒笙歌夢，更何堪、酒後旁聽。溯生平。翠袖青衫，兩恨無情。

前調　纕絲

浴佛時光，煮蘭節序，深閨意緒無那。手軋纕車，葱尖不厭頻抄。沈郎可解纏綿意，冷冰

綃、枉笑仙娥。卻緣何。一縷情絲，漾作烟波。恁如早化蛾兒去，已愁湔鳳鼎，淚織龍梭。小劫曾經，生生願祝伽陀。簷蛛猶結同心網，裊風前、鎮日痕拖。更消他。幾度垂楊，幾處晴莎。

瑣窗寒

當杜司勳卧看之宵，觸潘騎省悼亡之恨。涼風送月，淒然其爲秋也，悲可知矣

秋寂銀屏，悲生錦瑟，素絃淒斷。酸風一夜，頓起潘郎幽怨。想嬴臺、鳳簫罷吹，神仙也恨塵緣淺。對瑣窗梅影，幾番疑是，與君同看。欲見。何時見。縱覓得洪都，已嫌遲晚。新詩數首，尚寫舊時團扇。問留遺、詩筆幾多，恨來賸綺拚碎剪。更何堪、淚灑花陰，冷月棠梨院。

蝶戀花

聽歌

手撥銀箏調曲譜。爲顧周郎，翻惹周郎顧。歌到中間重又誤。爲郎顛倒郎知否。今宵酒醒人何處。盼得書來，因甚不歸去。歸去不將愁帶去。愁時自舞伊州舞。

祝英臺近

歷下亭題壁

水心亭，亭畔樹。都是手攀處。剪碎晴波，攪碎一天絮。那堪載酒人來，幾回腸斷，又添上、幾聲杜宇。舊遊路。可憐門掩梨雲，獨自送春去。壁上題詩，重認少年句。殷勤説與垂楊，替儂傳語。道不是、舊時張緒。

瑣窗寒

衰柳

翠曳殘條，枝消冷綠，漢宮魂斷。西窗驟雨，

過後依然零亂。怯情寒、愴然自傷，夕陽又送江天雁。恐再來京兆，也應多病，黛痕難展。堪歎。曾陪輦。顧玉虎銅駝，幾多留戀。愁絲千縷，裊盡斜楊荒岸。總關情、鞚雕鞍，胡塵遮斷人更遠。更無聊、滿目淒涼，冷月明重暗。

水龍吟　碧桃

應從天上移來，記曾消受瑤池露。深深淺淺，似紅還白，未容春妒。莫是桃源，另尋蹊徑，怕來漁父。甚人間別有，幽芳冷豔，盈盈態、粧宜素。　謾溯唐宮花譜。冷霓裳、太真仙去。争如再到，元都觀裏，頻看那樹。生怕劉郎，前番誤了，此番重誤。向淒涼月下，衹應都把，舊愁交付。

前調　楊花，用東坡韻

揉殘三月鶯花，緑珠拚向樓頭墜。年來怨侶，如何更繞，紅愁翠思。爲問長門，怎生開了，又還重閉。願生生不作，多情之物，牽纏恨、方收起。　柔腸寸許，不教迴折，也應挼碎。重逐歌羣舞隊，試新妝、翠勻珠綴。不恨春深，恨春歸處，一池煙水。冷空庭細雨，濛濛點點，化相思淚。

前調　疊前韻

一天雲影漫漫，無端又自和煙墜。河山萬里，何堪贏得，一襟去思。是處園亭，更無人到，任他深閉。衹憐伊、慣惹離懷別恨，深閨静、人慵起。　偏覺沾泥容易，縱因風、卻難勻綴。謝娘身世，杜娘心緒，都歸萍碎。拚卻閒愁，半消春雨，半消春水。怕閒愁易了，生生又惹起，相思淚。

長亭怨慢　白髮

漸飄盡、蕭蕭雙鬢。鏡裏朱顏，已非輕俊。雪暈青山，料應憐我不堪認。短吟長恨。茂陵消息且休問。月影黃昏，經幾許、西風過訊。又頓。落龍山烏帽，逼近三秋霜信。短不勝簪，怕羞見、宮花厮趁。待相逢、天寶宮人，說遺事、還添沈悶。任搔首花前，竟被詩情深困。

瑣窗寒

雁到遼天，人來海國，問春歸否。津樓臥雪，那管春歸何處。甚無端、等閒浪拋，恨春無計留春住。祇碧山含態，賞春無伴，四圍烟樹。日暮。空延佇。又滿目蒼茫，亂枝交路。荒榭頹垣，欲駐更愁難駐。剩無多、零落河山，前番誤了休再誤。等來年、鳥使歸來，說與春心苦。

鷓鴣天　攜妓游明湖

約酒徵詩意緒新。畫船明月罷官人。琵琶彈到傷心曲，紅粉青衫兩斷魂。　花隱隱，綠粼粼。風情減卻老來身。菱歌驚醒鴛鴦夢，分掠南湖一片雲。

其二

綠蓋紅荷縱賞時。風光難與少年期。而今猶說揚州夢，知是重來杜牧之。　春待老，鬢先絲。更隨簫笛過前溪。數聲欸乃催雙槳，獨自歸來月已西。

疏影　白丁香

垂香暗葉。早被春綴盡，枝上殘雪。一縷清魂，縈作妝樓，片片黄昏澹月。謾愁開到酴醾了，卻更比、酴醾嬌絶。倩東風、説與盈盈，不許落紅輕涅。　觸起幽閨怨緒，玉簪才試插，還悵離别。洗卻臙脂，十斛珍珠，虚照疏簾疑活。何時再入梨花夢，等夢醒、與誰重説。歎豔游、不似當年，羅帶那容同結。

鳳凰臺上憶吹簫　繡毬花

隔水花攢，采芳人到，占來圓滿春光。正麗人初起，乍試新妝。偷把玉連環解，結同心、兩意難忘。妝臺上，玲瓏髻子，影射西窗。　三郎。這回醉也，笑指此花身，且倩扶將。又多番錯認，月影郎當。凝想明璫素韈，珠箔外、步亦生香。香生處，浮萍點點，吹聚池塘。

臺城路　花露水

夜涼醖得秋滋味。銅仙洗將鉛淚。玳匣開餘，珠簾卷後，蕩漾一番閒意。新妝謾擬。早剪碎荷衣，暈銷羅袂。幾度生疑，早朝人起向花底。　偏宜匀粉濕翠。浸相思點點，攙入難寄。誰採芳濃，不嫌淺澹，韋曲人來應醉。幽情倦矣。待描上春痕，暗縈心際。滿貯瓊盤，尚愁香未似。

綺羅香　緑陰

葉密藏鴉，簾疏隔燕，寂静濃陰庭宇。落盡殘紅，暗裏换將春去。盼杜牧、此日重來，怕殷羡、又吟愁賦。道難消、人静閒眠，晝長清夢了無緒。　金尊誰爲小飲，何事疏風漸落，翠痕無數。誤了芳盟，行入曲闌深處。看舊樹、結子猶遲，添新恨、故山凝暮。又移來、秋院淒涼，冷枝還自舞。

無悶　月暈

光滿冰輪，輪外碧雲，縹緲弄陰不定。悵永夜眠遲，憑闌怯冷。還怕明宵風惡，又攪亂、茫茫河山影。水晶殿裏，嫦娥獨住，也傷流景。

誰省。淚如綆。便送得淒涼，未應昏瞑。誤十二瓊樓，一天清興。頻把封姨暗呪，且莫放、狂飈來仙境。借翠管、吹散新愁，獨自懶依金井。

珍珠令　看雁

雲凝水國烟凝樹。齊州路。說與汝、愁人處。因甚帶愁來，卻不將愁帶去。　縱有千思和萬緒。到此不煩重語。等後日歸來，將愁細訴。

浪淘沙　中秋

二十五聲長。玉漏秋涼。料無幽夢到鴛鴦。還怕西風不解事，吹斷人腸。　花下自思量。休憶遼陽。空庭惆悵影昏黃。一似姮娥知我意，不放清光。

臺城路　賦杜宇

一聲驚覺遼東夢，匆匆又催春去。淚灑殘紅，枝移冷碧，消盡樓臺鐘鼓。韶華幾許。惜滿目江山，都無著處。縱有春思，已非當日冶游侶。　棲香猶指舊樹。杜郎重到了，腸斷愁賦。寶鏡生塵，冰絃改柱，此後餘情誰訴。哀音最苦。悵望帝幽魂，無端寄與。見說銅駝，尚眠芳草路。

浣溪沙 秋海棠

爲看紅妝燭影移。少陵早自不留詩。西風況是最淒其。　冷到斜陽銷粉黛，痕經薄雨洗臙脂。斷腸花落斷腸時。

前調 眉

正是初三月到樓。麗人心上幾番秋。秋波此際轉悠悠。　淡染雙峯偏易緲，中横一字祇擔愁。不堪更與説從頭。

永遇樂 送月

寄語姮娥，因何解却，離別情緒。怎向人間，含愁似訴，碧海青天苦。一輪鏡鑄，纔經送到，又被罡風吹去。最淒涼、蓬萊宮闕，有人悄悄閒步。　蛾眉小劫，明珠擲棄，一任蛟龍吞吐。客渺騎鯨，空勞摸捉，此際休輕誤。江山隱隱，消磨不盡，付與吳郎玉斧。試重問、瓊樓桂殿，尚無恙否。

百字令 丙午中元，爲亡婦韻眉營奠。空花一夢，不知涕之何從也

野鵑啼月，悵孤墳松柏，幾經寒暑。今古清才歸一盡，枉説謝庭詠絮。佳節中元，人生泡幻，曾歷相思苦。白雲鄉裏，爲君今且留住。　縱使幽夢重尋，鬢毛全改，相對翻無語。已是傷心泉路隔，何況連宵風雨。錦瑟罷調，銀屏自冷，紅萼誰爲主。便勞營奠，一杯空酹黄土。

摸魚兒　隔院聽歌

怯秋涼、畫屏斜掩。何人閒拍檀板。香風漸送歌聲近，遥想當筵歌扇。眉翠展。料得是、行雲遏住還重轉。眠遲醉淺。待顧曲人來，看花興好，此意未容懶。　霓裳斷。祇許人間繾綣。莫教香燼簾卷。儂今老矣風情減，猶向夜深消遣。還自忖。又恐怕、東鄰宋玉秋懷倦。金尊謾款。看月落橫江，峰青未了，嫋裊半天遠。

前調　有感

是當年、紫薇宫省，何人重賦幽恨。楝花落盡藤花老，又做一番風信。閒欹枕。覺往事悠悠，已是難重省。芳心自冷。便耐得長門，碧梧金井，明月一簾影。　今休問。舊約佳期行逕。金鑪香篆消盡。東風拚放相思夢，夢境偏難安穩。人獨醒。恨曲曲屏山，更與人厮立。漏遲夜永。莫去苦傷春，春來寄語，愁緒也交併。

其二

又傳來、更番花信，年年孤負芳景。相逢休怨佳期誤，何况本無憑準。須記省。算往日情懷，一半消萍梗。梧桐院静。拚道不思量，鸚哥傳語，猶自偏教等。　羞臨鏡。洗面淚珠如綆。尋消尋息無定。琴絲譜出相思調，雁去一天雲影。情耿耿。怕近日新愁，更與前愁併。芳流自穩。且莫惜殘紅，殘紅飄處，腸斷已春盡。

冷斷池塘暗葦。悵難寄。倩靈均、爲吟山鬼。

徵招

西風又過平陵路，危樓翼然高峙。暮雨黯垂楊，更蕭蕭如此。種瓜人老矣。漫空灑、一襟清淚。雁去遼陽，帶將多少，賸山殘水。千里隔燕雲，驚清夢、黄昏角聲到耳。冷月自空明，照名泉七二。老夫聊爾爾。借花事、暗消英氣。但長恨、未了前愁，又惹新愁起。

滿江紅 賦呈林右丞前輩

落拓江湖，空自負、鬚髯如戟。君可記、青梅煮酒，長傾肝膈。每恨英雄多屈抑。何須更獻平戎策。任聽他、鄧禹笑人來，誰相逼。天可問，靈均泣。千古憾，愁如織。歎山陽笛冷，不堪蕭瑟。自古蛾眉謡諑入。傾城傾國

燕山亭 小清河送友

送客烟波，波上去舟，日暮連烟都翠。霞共雁飛，浪逐鷗輕，乍試别離滋味。借酒澆愁，怕愁酒、併成清淚。須記。是異日歸來，載將新薏。流水征驛哀吟，似人醉新亭，便悲時事。千里路遥，此去江南，爲問百憂消未。落落生平，都拚化、海山雲氣。天外。看渺渺風帆，夢中心際。

掃花遊 珍珠泉感舊

珠泉勝地。又緑到垂楊，畫船初艤。倦飛燕子。尚依依認是，謝王門第。謾覓紗籠，已付紅僝翠圯。灑清淚。看流水夕陽，都是愁意。珊瑚今碎矣。且試問歸魂，可曾來此。夢餘醉裏。却依稀記得，舊時桃李。有客悲歌，

無顏色。縱長門、買賦費千金，空憐惜。

高陽臺　榴花

緑葉成陰，朱旛護影，頻頻回顧花叢。消夏西窗，那堪過眼飛紅。杜娘記取深宵夢，染羅帬、酒色偏濃。太朦朧。點點相思，欲覓無蹤。

誰家寶鼎丹顏駐，奈芳華易謝，絶世難逢。隋苑名葩，應知寂寞春容。縱教剪取金絨綵，也難禁、秋雨秋風。恨千重。枉擷珊瑚，枉採芙蓉。

鳳棲梧

東溟飛到相思鳥。繁碎聲中，慣把眠魂攪。如今直過殘春方倦了。幽人空自傷懷抱。

處處生芳草。人縱憑高，不見長安道。濁酒新亭時一嘯。猿啼冷月江山曉。

法曲獻仙音　月涼如水，小舟夜泛，頗足暢懷，賦寄郢生

一舸鬧紅，半窗虛白，波影摇翻金鏡。如此湖山，最宜簫管，此時有客高詠。又夜鵲、忽驚去，天風自清冷。

澹秋景。碧菰蒲、一望千頃。人老矣、猶戀玉尊清飲。喚起謫仙人，問而今、風月誰領。桃葉桃根，漫尋將、緑柳指證。甚團欒扇底，偏與伊人相並。

齊天樂　遊藝東瀛，例須髡髮，回國便貢玉堂。嗟夫！髦真施首，我思園吏之言；花不勝簪，人笑于湖之顛。亦時會然歟

當年曾笑盧蒲嫳，風流自多儔侶。似此髯鬙，偏饒嫵媚，最好宮花容與。殊鄉路阻。早羞對春風，翠披紅舞。算有并刀，愁絲剪斷萬千縷。

翩然年少態度。似驚鴻去鶴，頻惜毛

裏到皇州。釵橫一枕柔。待醒時、半晌勾留。花落水流都不管，窗外月、且休休。

疏影

風泉詞詠不倒翁，余愛其寓意之深，仿而譜此

岸然道貌。卻任人播弄，終日顛倒。技等冠猴，偏作癡頑，世事幾曾知曉。人生起伏原無定，説此漢、何妨自了。祇恨他、腹内空虚，枉詡先生好好。　試問於意云何，者般窮骨肉，到老。折腰漫道生來慣，更何羨、知飛倦鳥。相揞拄煩惱。矍鑠哉翁，同此精神，崛强可能笑世間、不少鬚眉，誰是庸中佼佼。

沁園春

塞北有馬肥碩，劣駟也。一登天廄，便成名産，直待僨轅而斥，晚矣。何汗血之駿尚困鹽車耶

羽。送客留髡，熏香試沐，到此還疑輕誤。瓊梳謾妒。縱鏡掩芙蓉，有誰相顧。人在瓊林，首搔吟自苦。

翠樓吟

寄馬景山少保

獵校邊庭，名垂宇宙，金巵九大新賜。時揮憂國淚，似充國堅持深計。神州陰曀。歎但妙清譚，安知時事。君須記。黃龍同飲，更宣軍誓。　大幟。高與雲齊，莫薏珠騰謗，伏波身世。腥羶行共洗，只元老長城堪倚。江山如此。仗捧日心勞，長留英氣。聞雞起。有誰憐我，漸消豪意。

南樓令

雁影過妝樓。有人樓上愁。問蕭郎、底事遨遊。憑雁好將書寄去，頻囑付、與清秋。　夢

皎皎白駒，碩大無朋，亦足以豪。自天閑貢入，名躋上駟，銜金障錦，直冠羣曹。鑄式宫門，聯鑣御仗，却笑孫陽枉自驕。今何料，忽挂驂而止，脱轡而逃。　堪憐伏櫪無聊。感身世、風塵遑憚勞。便泥塗久辱，鹽車困頓，鞭箠莫免，牧豎頻嘲。落日程遥，秋風野曠，舉世誰知骨相高。吾將老，羡明駝千里，彩映旌旄。

定風波

詠『開到酴醾花事了』句有感

未到酴醾已惜春。爲春不惜看花頻。畢竟春能知我意。雨細。雲微故意做温存。　每聽猿啼增舊恨。痛飲。花前益覺了無因。滿眼湖山遷客淚。揉碎。游絲漫繫杜鵑魂。

驀山溪

僕本恨人，與汝偕隱，爲姬人倩痕賦

二分明月，照澈荼蘼院。斜立玉闌干，減風情、錦牋題怨。桃根自好，心事付東風，思脈脈，轉無言，惆悵珠簾卷。　黯然傷者，頻拂龍泉劍。偕隱更何妨，碎珊瑚、祇留俠膽。鵲華山下，日影尚依稀，時屈指，暗消魂，不覺雙眉斂。

花犯

茉莉

碧紗幮，那人睡裏，濃芳透雲鬟。隔窗重認。覺分外晶瑩，點綴嬌韻。并刀擬剪層冰盡。無情還有恨。道怎似、一枝留取，人間幽夢穩。　冰肌玉骨自清涼，暗香縈水殿，又傳秋信。秋自近。玉容偏易柔腸損。歎花蘂、而今仙去，深院静、何人重倚枕。待化作、釵頭么鳳，餘香消淚粉。

浪淘沙

羈寓長沙，倏將秋盡，湘隨月轉，岱促雲移，不無客感

夢裏怯衾單。簾外秋殘。菊花天氣雨潺潺。儂自憐花花惜別，一樣相看。　倦對冷江山。獨倚危闌。一天雁影過長干。欲寫銀牋煩雁寄，雁轉偏難。

其二

獨自翠衾攤。客夢無端。愁來容易去時難。試問新愁添幾許，疊盡雲山。　湘竹淚痕斑。滴到花間。一鉤明月兩邊看。同樣相思分樹去，怎奈鉤殘。

如此江山

三湘昔稱繁盛，劫餘蕭瑟，舉目淒然

瀟湘帝子歸何處。靈均爲吟悲賦。深院驚秋，空庭弔月，引起傷心無數。羈懷最苦。怕獨自憑闌，偏又延佇。清角聲中，吹寒都在繞城路。　西風慣催暗雨。問黃花已坼，明日開否。拚把新愁，併歸舊恨，儘付湘波漾去。宮門遠樹。待補送雲煙，頓成塵土。如此河山，忍吟腸斷句。

浣溪沙

客夢無端到翠帷。醒思夢境轉遲疑。擁衾不寐枕頭欹。　最不耐煩殘月影，了無可奈落花時。箇中情味自家知。

摸魚兒

久居京師，伊鬱寡歡。丁衡山將軍招飲，夜歸，適見案頭《鸚鵡賦》，感成此闋，貽劉子才，不知子才能喻余意否。歌以當哭，正平魂魄有知，當引爲知己也

任魂消、遠洲鸚鵡，淒淒芳草縈路。生平淚慣酬名士，況讀正平哀賦。徒自苦。論愛才阿瞞，畢竟輸黄祖。爲君起舞。快對酒揮毫，才人碧血，一劍亦千古。　嗟身世，拚付秋螢同腐。幾逢北海樽俎。漁陽撾後無聲響，引得步兵悲楚。憑弔處。是故國斜陽，一片迷禾黍。江山塵土。應笑卻遼東，小樓白帽，空自泣烟雨。

揚州慢

寒雪光中，大庾嶺頭，萬樹梅花開矣。借戰雲送過湘陰道上，大可爲十萬健兒助興。而丁奮威手揮橫影，一若不知世上有戰爭事者。雅人高致，自爾不凡。下走稍諳繪事，苦腕弱不敢並轡中原。心有所觸，譜此緘寄

林渺南烏，峯迴朔雁，風光已是淒清。況湘雲一片，送冷月無聲。想第一層樓，人在危闌獨倚，幾度疑驚。祇樓中、玉篴吹寒，飛過江城。　適來官閣，怕王郎、難著吟情。縱近水留陰，遥岑露影，轉不分明。三十六宫春色，一枝任、窗外疏横。正瑶華仙子，花剗馬足冰稜。

虞美人

故都明月依然好。愁淚彈多少。問君淚得甚時消。祇恐晚來汐信、早來潮。　無情柳慣迎斜照。裊繞宫門道。不堪往事再重提。魂斷緑楊枝上、杜鵑啼。

菩薩蠻

春雨連朝花價賤。鞭絲綺陌遊人倦。要稅賣花錢。買花人若顛。　韶光輕過眼。抛去春無限。漫看作尋常。春難過後償。

揚州慢

玉溪生句云：『料應不怕牽牛妒，故把支機石贈人。』《子虛賦》豈真事實耶。丁巳夏，小住京師，估客持片石，謂是天孫支機故物。贋否姑不論，余感河鼓十萬聘錢之説，棖觸頓生，因賦此闋

鈿合唐宮，珮留漢水，幻成一段因緣。問乘槎人至，經幾度流連。算十萬、聘錢償得，更能消受，幾許纏綿。祇奈何、天裏憐卿，我亦卿憐。　瑩瑩片石，説當年、恨海曾填。記梭影分紅，愁絲漾碧，此意誰傳。天壤王郎舊憾，覓倉庚、寶鼎重湔。但留遺、不盡相思，好證他年。

念奴嬌

喜錢六皆南來，旋又送別

遠來江上，道江南尚賸，三分春色。一枕銀屏秋自冷，舊夢從今疑怯。有酒持觴，爲君起舞，乍上纖纖月。黄花瘦盡，那堪儂又傷別。　爲問初漲新波，可能添醮，一點游鱗碧。最恨西風容易到，慣會催將行客。故里肥鱸，此間無蟹，不覺歸思切。斜陽天際，暗移腸斷消息。

蝶戀花

秋柳

瘦卻纖腰還自舞。待到秋深，猶裊黄金縷。少箇鷓鴣相對語。不聞喚得離人住。　惹起王孫千萬緒。漫捲西風，須認愁來處。人去不將愁帶去。從今休過陽關路。

金縷曲

丹楓

染盡江楓翠。經幾番、霜華點綴，晚秋嬌媚。添上連宵風兼雨，已覺工夫煞費。方做得、流光如此。一色赤城霞綺散，想沈吟、改換河山

意。長虹晚，亘天際。　漫拋海外孤臣淚。聽聲聲、枝頭杜宇，魂消恁地。戰士沙場揮殘血，猶是深閨夢裏。道盼汝、封侯歸矣。消受征袍紅錦黷，笑呼觴、任覓丹林醉。夢初醒，心都碎。

醉花陰

空庭看月隨心步。又到花陰處。遮莫減風情，寄語嫦娥，休過清溪路。　鴨爐爇盡沈香炷。閒處拋人住。秋影上闌干，一點流螢，暗情來催汝。

滿江紅

聞風琴聲，頓觸舊感

何處琴彈，恰正是、窗暗上燈。情無限、曲中細論，怨語分明。國破家亡同一感，殘山剩水歎重經。莽乾坤、鎮日蕩烟雲，猶未停。　箜篌韻，君且聽。和瑤瑟，泣湘靈。況羈人謫宦，異地愁生。頓把冰絃重改調，金戈鐵馬突縱橫。最堪憐、人在小紅樓，珠淚零。

臺城路

湘中寓齋，梧陰濃蔭，遽傷摇落。物猶如此，人何以堪

緑陰陰地深情賦，飄零有如斯樹。小閣風寒，空庭月冷，做不成秋秋去。梧桐院宇。聽黄葉摇枝，紅樓疑雨。倦客重來，此時難著甚情緒。　杜郎已消綺語。看垂垂結子，新恨無數。儻續前遊，爲提往事，添得愁懷幾許。相逢怨侶。漫雪上纖條，霜凝烟縷。遡盡流光，欲留留莫住。

長亭怨慢

爲鄔尚之題山雨欲來圖

看煙捲、蒼龍亂舞。萬木無聲，做將陰沍。遠

浦潆洄，孤舟簑笠未歸去。暮雲疑觸，沈寂煞、遙岑樹。樹驟帶風來，記人在、層樓高處。無數。颭紅蜻點點，逼近燈昏欲黕。江山霧裏，須飽蘸、霜毫休誤。漫錯認、潑墨淋漓，向書畫、船中覓住。算不是襄陽，誰識此圖中趣。

以上《碧雲詞》

董康

小重山　紀夢

消受湖波萬頃涼。雙鬟曾共載、儘徜徉。無端巫峽阻河梁。猜心字、屈曲篆雲長。　夢境耐思量。依然花解語、玉生香。擘牋試寫十三行。凌波杳、徙倚愴陳王。

醉春風　題閨人散花小影

霧冪仙山迴。銖衣剛體稱。腰纖可慣耐高寒，問。問。問。瞥影驚鴻，迴風舞鶴，定誰輕俊。　撒手飛花迅。變作機中錦。才人幾輩丐餘芬，認。認。認。鄭氏葩經，江郎彩筆，憑伊調整。

南樓令　題箇儂影

寒峭護簾櫳。香猊篆幾重。記妝成、促坐喁喁。翻檢芸編徵故事，郎蜀郡、妾臨邛。　芳草逐青驄。蓬山悵望中。校離愁、兩地相同。認取經春蕉萃影，花比瘦、柳方慵。

菩薩蠻　題福禄鴛鴦册子

玉臺注定今生史。玉簫猶記前生事。香夢託

蘅蕪。相貽一斛珠。問年瓜未剖。可解拋紅豆。琴趣叶偷聲。消磨骯髒情。（聘珠。）

其二

慧心學織蘇孃錦。芳情羞授陳王枕。扇底送微波。生疎没奈何。春宵憐惜儘。難寫梨渦暈。明日玉盆中。防他臂褪紅。（却扇。）

其三

沉沉宫餅花間炷。絲絲幽緒星前吐。金石兩情融。黄姑鑒此衷。寒盟儂負責。井定胭脂入。懽若儆微之。生生晉惠癡。（星夜。）

其四

香綿吹散簾鉤雨。枝頭互答雛鶯語。打叠一春忙。看花出洞房。人花同眷屬。消受温柔福。邢尹品無偏。花妍人更妍。（花時。）

其五

鬟雲雙亸循時尚。鏡中纖影摹周昉。漸漸枕痕消。生拚憶昨宵。浣花驅婢子。額髮煩郎理。金剪試從容。工夫眉樣同。（妝臺。）

其六

明眸秀鬋銀缸燁。緑窗俊侶分胡越。蘭譜有薪傳。（《馬弔譜》，明妓馬湘蘭著。近時盛行麻雀，乃馬弔之轉音，皆昔人葉子戲所蜕化。）休辭玉指寒。錢籌羅將馬。（古泉有大觀將馬、崇寧將馬，本唐人打馬錢之遺製。）孤注今番也。郎負若何償。纏金索一雙。（博局。）

其七

横塘生小垂楊共。心期結託芳蘭重。前世蕊宫僊。卿卿本裊煙。（裊煙，雲翹夫人侍妾。見《太平廣記》五十引《裴鉶傳奇》。儂身非醋醋。分織機中素。積癖莫郎嗤。縹緗好護持。課婢。

其八

玳梁争羡雙棲穩。絪緼吉象占來準。招展數花枝。緑陰子結時。阿侯誰肖得。業守清芬克。性格比耶强。同孃玉琢龐。弄兒。

滿江紅 高野歸檢舊曆，知前日爲余生日，書此寄慨

罷飲流觴，驚歲序、又逢丁卯。屈指數、蒼茫身世，悲多懽少。劍技偶師磨鏡叟，鞭絲曾逐章臺道。賸而今、獨棹泛滄溟，隣鷗鳥。　歌幾疊，湘靈調。撾幾陣，漁陽操。且一尊自祝，長空吟嘯。野史亭幽諏國故，花間人麗箋愁稿。祇平生、積癖與柔情，難除掃。曾刻《中州》《花間》等集，故詞中及之。

水調歌頭 書瓢亭壁

宇宙一何窄，濯足此間游。東山長日坐對，黛寫鏡中秋。此是長安都市，京都襲唐時舊名，亦稱平安府。可有唐時人物，與我互賡酬。不盡蒼茫感，都付洛川流。　春去也，江南憶，總休休。料想箇儂此際，妝竟怯登樓。篋貯名山著述，筆挾玉臺詩思，落拓孰爲儔。且買瓢亭醉，一浣古今愁。

金縷曲 將發京都，題旅舍壁

僝僽經年也。又廉纖、幾番風雨，餞春迎夏。一棹圖書愁共載，可奈鄉關戎馬。尋舊巷、恐非王謝。秦鹿楚猴翻故事，嚴筆誅、誰繼麟經者。新亭淚，空揮灑。　摩天壯志銷沉罷。

未忘情、五湖深處，煙波陶寫。夢裏簾櫳經歷慣，記得相逢昨夜。蓦褪卻、裙腰一把。虔卜刀鐶今始準，佇雲帆、定在江干迓。相慰問，銀釭下。

木蘭花慢　代閨人送別

奏驪歌一曲，情檝檝、韻悠悠。問潮候江頭，不因重利，可爲封侯。凝眸。遥思此後，託雲鬟玉臂儘温柔。離緒未銷眉際，前塵蓦上心頭。　知不。燕市骨誰酬。鴻雪跡曾留。奈棋刼頻更，風淒太液，烏集延秋。工愁。低徊翠袖，伴金僊一樣淚横流。鄭重一聲將息，海天佇盼歸舟。

水調歌頭　玄海放歌

上下玻瓈碧，著我一扁舟。容與周髀之内，幾點辨沙鷗。人道滄溟灝淼，余曰滄浪清淺，濯足任長謳。東望蓬壺接，西指是神州。　環柱七，當筵鼓，足千秋。昨宵欹枕，髣髴大集古人謀。既向中流擊檝，更上燕然勒石，夙負略爲酬。炊熟黄粱未，依舊付浮漚。

菩薩蠻　田中夫人晴靄女史繪雲山一角便面，无恙題此闋於上，余亦倚聲

鐸鈴上界更番續。蓬瀛方寸羅心目。何處覓樊劉。山山雲氣稠。　玉臺躭雅課。難辨伊同我。載夢渡吾妻。而今識仲姬。女史工繪事

虞美人　篋中存弟子謝景山、閨人毛孟琰繪彈琴美人，檢出，題此闋寄還。孟琰受業於吾鄉馮超然，氣韻閑雅，有青勝於藍之概

已廿年，韶秀如錢叔美，與子祥伉儷尤篤。

鬟雲堆緑脂凝玉。静坐屏山曲。侍兒悄爇博山爐。等閒妨卻半日、繡工夫。新聲學得求凰譜。試味絃中語。爲防花外有人聽。但奏落霞孤鶩、寄高情。

鳳凰臺上憶吹簫 題紫式部小像。所著《源氏物語》爲和學最高深課本

宫漏移磚，衣香題句，衣衿遍書和歌。個儂翰墨翩翩。奈羅敷花艷，青女霜堅。本是迦陵俊侶，蔓天恨、語入哀絃。妾心似，盈盈古井，不被風牽。堪憐。仗湘管一枝，揮灑年年。比絳芸選夢，滕薛誰先。相傳情節類《石頭記》。此是三朝實録，重雞林、争解囊錢。《物語》泰西俱有譯本。且博得，然脂人麗，爲作長箋。某女士解以現代體。

邁陂塘 過長崎，購玳瑁懷中鏡，因賦此闋，用代銘詞

解鮫綃、細加拂拭，一輪明月清朗。西征前度留鴻雪，佳製同裁心匠。玳瑁製物品，長崎外以意大利爲最。堪珍賞。宜博得、鬱金堂裏人相傍。與耳後翠紅春盎。『當眉寫翠，對臉傳紅』，唐鏡銘。温别況。猶珠瓃，星前鈿盒，盡録珊瑚網。記去年江上。淚與秋潮俱漲。欲題紅葉流波渺，辜負樓頭凝望。休惆悵。驀地裏、妝臺蟢子風輕颺。歸期不爽。看擘出春葱，評量肥瘦，可是前時樣。

江城子

裙腰寬褪病新瘥。試輕羅。倚庭柯。廿載軟紅、影事記曾麽。蠟燼香温花欲暝，垂偏髻，

頰雙渦。而今羈旅悵蹉跎。鎖修蛾。奈愁何。且展龍鬚、消受晚涼多。等是風塵誰省得，卿一妹，我三哥。

水調歌頭　即事書示玉姫

深邃山之麓，縹緲駕層樓。樓上瓶花娟楚，樓下綠莎柔。消受華清膩漲，廣内温泉爲此間冠。想像摩訶初夜，依樣擅風流。且祓漂零感，狂態賸吾儔。　潮聲激，風聲咽，鎮無休。久醒春明，殘夢何樂更何憂。起視天空皓魄，恰好時逢八月，是日適爲舊曆七月之望。一例酹中秋。共此蒼茫景，聊作五湖游。

念奴嬌　旅邸

海天縱目，又斜陽隱隱，簷牙紅矬。一樣淩波傳軼事，相模灣，爲日本童男寵姬橘媛蹈海處，古稱吾妻國。應有驚鴻影墮。舸逐鴟夷，藥尋徐市，浪跡今番我。楸枰歷劫，勝負評他遮麽。　自笑四壁長年，生涯蟫蠹，難療文園渴叶上。倚偏闌干頻絮語，知否鸚哥暗邏。韈剗塵微，釵低霧濕，消受心兒可。新涼乍到，篝燈重理清課。

滿庭芳　題玉姫和裝小影

碧玉家門，秋娘年紀，依然霧鬢煙鬟。入時妝束，休認步邯鄲。臨鏡試評邢尹，驀消得、腰褪裙寬。須防者，有人忍俊，屏角恣偷看。　長安。何處是，霓裳遺製，尚在人間。更春花秋葉，點染多般。寫出竛竮瘦影，心頭事、常露眉彎。雙袖薄，修篁倚處，向晚可禁寒。

摸魚兒

己卯三月，寓齋牡丹盛開，張飲花下，爰填此闋，呈同座諸公

又匆匆、廿番風信，蝶癡鶯嬾如許。堂題玉照留香夢，旖旎向人欲語。頻凝佇。那堪問、清平曲破驚鼙鼓。韶光難駐。伴玉樹陳宮，瓊花隋苑，一樣惹悽楚。　金臺畔，莫放鞭絲催暮。相逢且罄芳醑。樓臺欲起慚無地，卅載僧寮賃廡。徵掌故。預卜得、宣南軼事從今數。芳春誰主。任人影窗中，花枝檻外，厮守莫相妒。

前調

越旬日，花事闌姍，重賡前韻，用遣幽懷

恁連朝、廉纖風雨，問春還賸幾許。畫闌重到凝眸處，惆悵無端誰語。空延佇。可知道、催花已罷唐宮鼓。芳華難駐。看鳳去秦樓，鴻翻洛浦，脈脈益幽楚。　歌金縷。一曲休驚遲暮。餞春聊薦瓊醑。綺才久謝牆東賦，屧影應留廊廡。新翻故。也抵做、春明殘夢更翻數。名園長主。願明歲今時，傾城傾國，依舊尹邢妒。

前調

蔚如録示黃芍藥詞，僑居亦有此品，仍賡前韻奉和

又更番、鼠姑開謝，闌姍花事如許。當階分得豐台艷，弱態亭亭解語。漫延佇。儼幼婦、題辭争把芳情鼓。東皇暫駐。趁鸝館聲清，鶩溪波輭，聊以慰幽楚。　尋夢蹟，倚遍重欄向暮。惜花爲勸清醑。緑章權領平章職，休任苔痕侵廡。春如故。也彷彿、西風瘦影簾前數。温柔常主。儘嬌額臨妝，仙裳試舞，好與個儂妒。

望江南　劉慕雲爲姬人繪望江南圖五幀，分填本詞，用誌前塵

雲谿宅，勝侶半齊年。杯裏藏鬮箋夏五，繡餘賭勝試秋千。人影綠楊前。蘭陵。

其二

山塘棹，欸乃碧波中。虎阜一坏埋骨豔，麋臺千古賸花紅。故事話吴儂。姑蘇。

其三

虞山峻，攬勝幾經過。萬卷留題孤本富，十干編集列朝多。文獻備觀摩。琴川。

其四

瓜皮小，穩載採蓮人。柳色雙隄分罨畫，鐘聲三竺送逡巡。幽夢戀西泠。西湖。

其五

白門柳，一例管興亡。故苑梁朝迷舊蹟，後庭商女度新腔。提起總淒涼。金陵。

踏莎行　花朝

繡陌青浮，御溝翠膩。更番芳訊還餘幾。二分恰好到今朝，一分仍共愁同理。　袖底寒輕，釵邊風細。房櫳依舊愔愔地。茸窗商略暫停鍼，課花事業從兹起。

高陽臺　題蘅蕪小影

格比花王，詞填柳絮，紅樓俊侶誰如。曾叩香閨，殷勤親叙崔盧。羅巾不掩梨渦暈，感深情、綺障消除。驀無端，豔福前修，恰作檀奴。　偶窺玉臂生瓊想，算玉釵締合，恩沛椒塗。

竟體芳妍，虎頭妙筆難摹。茜窗可許人雙對，説相思、怎倩雙魚。最淒然，賦就瀟湘，夢冷蘼蕪。

菩薩蠻　題閨人繡洛神鏡匳

傳神應與龍眠競。唾絨幻出驚鴻影。賦筆豔當時。凌波繫所思。　罘罳紅日麗。匳揭妝慵理。瞥見鏡中人。評量孰尹邢。

滿江紅　題《天上人間》卷子

花落春歸，驀觸起、銀屏舊感。記當日、簸錢年紀，偏饒嬌憨。鈿合早知承母諾，玉臺無待將姑賺。訂五湖、深處訪鴟夷，舟同泛。　螺寫黛，山容淡。廊響屧，苔痕揜。賸相逢夢裏，離愁互勘。藥竊姮娥應悔悟，血啼蜀帝長淒黯。叩慈雲、慧福補來生，蒙垂鑒。

高陽臺　陶然亭感舊

雨霽西山，雲淒故苑，又來蕭寺尋幽。樹杪江亭，登臨暫豁雙眸。往還疑泛蓉湖棹，莽寒蘆、只欠沙鷗。悵而今，滿袖緇塵，難浣羈愁。　宣南盛事君知否，記當年此地，裙屐賡酬。夢録東京，也同宣政風流。鞭絲疊送金臺暮，付萋蕪、國故誰諏。却輸他，斷碣埋香，豔蹟長留。鄰近有香塚，故末語及之。

金縷曲　題酒醒何處册子，寫屯田《雨霖鈴》詞意，蓋與閨人惜别者。爲續是闋，以暢其旨

又把行縢理。記昨宵、秋窗昵飲，紅酣翠膩。賦稿江郎增惆悵，欲遣愁腸何計。斷夢與、觵聲搖曳。月淡風微鴉啼曙，問津亭、霜柝銷沈未。對清景，滌殘醉。　柳隄自昔傷心地。

嘶玉驄、常時攀折，鞭絲曾繫。樹杪空江渺天末，恍隔吴頭楚尾。此際更、低徊無際。驀憶深門冷瑶枕，悴芳魂、日逐征飆逝。勞鏡卜，從兹起。

醜奴兒令　題漢程愁人穿帶印冪程君姁

緑窗何計將愁遣，篆結心頭。鏡寫眉頭。不信盧家有莫愁。　小名合補宫閨録，印偶傳留。愁恰長留。鈐向蟫編作俊儔。

風入松　七夕

碧霄涼露濕雲鬟。鵲渡又今番。相逢互訴經年恨，本無分、天上人間。持比蟾宫孤另，休任鮫帕汍瀾。　穿鍼俊侶集姍姍。巧拙共争看。雙星職守饑寒繫，忍長教、悵望河干。縱使娉錢逋負，也應耕織相安。

望江南　約梁元帝《蕩婦秋思賦》，課雙、慈二女

登樓望，樹遠碧於煙。陌上尋芳𡚒舊侶，尊前絮别憶當年。恨逐草芊芊。『蕩子之别』一韻。

其二

空濛接，心事託微波。共命原期師翠羽，分飛爲底阻銀河。自忖可如他。『天與水兮』一韻。

其三

人千里，彼此共蟾光。砧急蘭閨衣待寄，扇捐椒殿露初涼。相對總情傷。『秋何月而不清』一韻。

其四

雙魚杳，昕夕盼徒勞。解珮誰憐神澥影，踏歌日瘦楚宫腰。簪鐵助蕭騷。『坐視帶長』二句。

其五

秋來也，雲淡水波寒。妾處紅樓工錦織，君留

紫塞夢刀環。鏡聽莫辭煩。『秋水文波』一韻。

其六

妝慵理，兀坐怎枝持。螺黛難緘愁脉脉，霞渦時浣淚絲絲。都付玉臺知。『鬘飄蓬』一韻。

其七

催時叙，花落更花開。苔砌已驚蛩疊訴，玳梁仍候燕重來。擁髻倍低徊。『秋風起兮』一韻。

高陽臺

題陶北溟藏大周囡寶璽

製出金輪，文留玉篩，居然統紹媧皇。録檢南村，亦見《輟耕録》。雲礽典守攸長。陳琳檄縱療風疾，準春秋、諱例宜詳。就而今，斷碣殘編，閒予平章。　石淙睿藻昇仙筆，數同時褚薛，孰媲搴翔。儀鳳争抄，詞林猶閟榑桑。昭容綸閣矜才麗，憶宣麻、玉手擎將。並嬴家，和璧連城，載籍生光。

綺羅香

拓曹新婦六面印成，繫以小詞。是印或傳爲漢曹大家物，而文字制作與舊藏三國時劉躭印相似。考《魏志·甄后傳》注引《魏略》云：『文帝入紹舍，見紹妻及后。后怖，以頭伏姑膝上。文帝令新婦舉頭。』又引《魏書》云：『武宣皇后體小不安，后憂怖泣涕。武宣皇后曰：「新婦謂吾病，如昔時困耶。」』今印之一方有『官』字。蓋文帝未踐祚前所緘用者，屬之甄后爲宜。

名列椒塗，篆垂薤葉，淑望扶風遥騁。幾許滄桑往事，不堪重省。貯金屋、何處春深，弔銅雀、也隨煙暝。怪史官、崇飾無端，長秋恩怨賸萋冷。后居長秋宮。　陳王一賦千古，試問芳情牽繫，伊誰折證。尺素相遺，驗取印泥閒整。歌子夜、厭聽烏啼，想凌波、瞥留鴻影。倩良工、氈蠟頻番，付縹緗祕永。

菩薩蠻　約《木蘭詞》，課雙、慈二女

當機忽地機聲輟。阿耶名氏罹軍帖。骨肉慨重生。門衰孰代行。　不分釵與弁。合備干城選。且斂翠蛾顰。雕鞍試手身。述志。『唧唧復唧唧』十六句。

其二

黄河黑水更番渡。耶孃聲喚睽雲樹。幾度雁南翔。平安囑寄將。　宵深笳遠和。驀憶紅閨課。曾共斬樓蘭。征袍血尚殷。代征。『東市買駿馬』十四句。

其三

葳蕤耐慣從軍苦。高涼並世稱伊吕。胡婦褪嬌姿。焉支奏凱時。焉支，閼氏也，即今之燕脂。《通典》：甘州刪丹縣有焉支山。匈奴失之，乃歌曰：『失我焉支山，使我婦女無顔色。』　明堂天子坐。娩嫿酬庸可。麟閣待圖形。燕然更勒銘。策勛。『歸來見天子』四句。

其四

黄昏記弔青青塚。方春不感封侯夢。惓念倚閭人。須防歲敘淪。　郎潛慚竊禄。願借明駝足。一疏達彤廷。難申宛委情。辭職。『可汗問所欲』四句。

其五

故鄉遥指榮衣錦。弓衣猶帶關山影。喜氣溢門闌。親隣競集看。　耶孃同妹弟。各具殷勤意。燈燼話家常。酸辛淚數行。懽聚。『耶孃聞女來』六句。

其六

臨妝取次更初服。渦添霞暈鬟垂緑。嘿嘿辨伊儂。菱花即畫工。　英雄兒女競。未許庸

奴省。記曲補氏州。芳儀古道留。放翁詩：『斜陽古道趙家莊。』今劇場鬼門亦稱古道，本此。復妝。『開我東閣門』至末。

木蘭花慢　四憶詞

按梁沈約《六憶》詞爲來、坐、食、眠四首，而佚其二。隋煬帝有《夜飲朝眠曲》，僅睡、起二首詞與沈同，是知『起』亦六憶之一也。茲酌採其四，悉據原詞，協以今體，閨人之幽情妍態約略盡之矣

問文園渴疾，分綺影、照齋中。儷小字宫闈，玉初嫁碧，拂許題紅。青驄。門前小別，採蘼蕪無地訴幽悰。碧落仙程日杳，藍橋舊侶忻逢。　嬌慵。羅綺難勝，款硯北、慰牆東。話故事秋燈，並簫引鳳，解珮驚鴻。惺忪。藥闌留夢，印蒼苔羅襪剗弓弓。待看春回柳陌，須防愁鎖眉峰。憶來時。沈約詞云：『憶來時，灼灼上階墀。勤勤叙離別，慊慊道相思。相看常不足，相見乃忘飢。』

其二

素工囉嗊曲，江上望、動經年。今羅幕相親，花仍灼灼，月正娟娟。纏綿。燒槽撥勸，儼潯陽幽恨咽秋絃。幾度胡麻炊熟，任教啼笑皆妍。　鐙邊。絮絮家常，垂翠帶、並香肩。記罷繡茸窗，一編殘蠹，疑義同箋。相憐。星盟共守，走章臺莫慢繫絲鞭。郎意抽蕉善卷，妾心比石常堅。憶坐時。沈約詞云：『憶坐時，黯黯羅帳垂。或歌四五曲，或弄兩三絃。笑時應莫比，嗔時更可憐。』

其三

蛾低初却扇，紅燭燼、玉籤殘。正旖旎房櫳，叙除翠鳳，盆澡芳蘭。偷看。慢拈紅豆，本崔盧忽地締劉樊。瓜字書成細認，守宫知褪今番。　迴環。如許柔情，押銀蒜、護春寒。念嘉木合懽，靈鶼比翼，羞上眉彎。姗姗。窺人

皓魄，逗數竿竹影射屏山。小語丁寧枕畔，生拚休恣花間。《花間集》牛嶠《菩薩蠻》云：『須作一生拚，盡君今日懽。』　憶眠時。沈約詞云：『憶眠時，人眠强未眠。解羅不待勸，就枕更須牽。復恐傍人見，嬌羞在燭前。』煬帝曲云：『憶睡時，待來剛不來。卸妝仍牽伴，解珮更相催。博山思結夢，沈水未成灰。』

其四

又雞人報曉，移蓮漏、爇蘭薰。乍好夢驚回，枕痕印赤，齒囓留春。温存。香衾久戀，怕華堂女伴議紛紛。謹守扶風女誡，擥衣莫再逡巡。　輕顰。分付花奴，整妝具、競時新。任偷覷蕭郎，眉題遠黛，鬟髻濃雲。真真。傾城體段，掩菱花未許屬他人。驀憶幽輝半榻，昨宵羞作雙文。憶起時。煬帝曲云：『憶起時，投籤初報曉。被惹香黛殘，枕隱金釵裊。笑動月中烏，除却司晨鳥。』

前調

前詞意有未盡，復據沈詞以補此闋

玳梁棲正穩，香霧靄、鬱金堂。羡戟執郎官，名嬌戚里，門閥同芳。羹湯。初調食性，奉慈闈先遣小姑嘗。爲學眉端舉案，暫來花下稱觴。　凝妝。難寫羞容，襌羅袖、耐新涼。儘吳語尊前，楚腰掌上，消受懽場。端相。春酲深淺，暈檀霞昳艷更無雙。扶醉石牀斜倚，紅茵魂夢皆香。憶食時。沈約詞云：『憶食時，臨盤動容色。欲坐復羞坐，欲食復羞食。含哺似無飢，擎甌似無力。』沈詞俱見《玉臺新詠》。升庵《詞品》僅存前三。

綺羅香

辛巳上巳，傅沅叔同年招赴畫舫齋修禊

秉蕳人妍，踏青期近，令節休教辜負。水殿風柔，昔日翠華曾駐。徵故事、杯泛清漪，問金僊、劒歸何處。賸而今、燕語鶯啼，芳林盡日訴淒楚。　一鞭殘照難挽，問數春明夢影，徒增愁緒。衾屐翩翩，尚識南朝徐庾。飛逸興、敘繼蘭亭，祝東皇、春留綺户。更年年、斯地斯辰，集尊前舊侶。三月三日，金人捧水心劍貽秦昭王，遂霸有西夏。見《續齊諧記》。

滿江紅

書遼道宗皇后蕭氏《迴心院詞》後。后工詩，善彈箏及琵琶。姿容端麗，人以觀音目之，因小字觀音。上寵以專房，嗣因進諫厭遠，乃製此詞。伶人趙惟一能協之入曲。時趙王乙辛威權震灼，以后家不爲之下，設計搆后。屬他人作《十香》淫詞，由宫婢單登乞后手書。后并題懷古一絶云：『宫中只數趙家妝，敗雨殘雲誤漢王。惟有知情一片月，曾窺飛鳥謂赤鳳入昭陽。』乙辛密奏惟一私侍皇后，上怒，召后對詰。后哭辯，上以鐵骨朵擊后，幾殞。樞密副使蕭惟信馳救，謂此詩皇后罵飛燕也。乙辛以詩中含『趙惟一』三字實之，上即日族誅惟一，并勅后自盡。春秋三十有六，聞者寃之。初后冊立升坐，有白練吹至，上有『三十六』三字，適符其年歲，蓋預兆云

管領宫闈，悵逝水、華年卅六。與前代、隋唐鼎峙，椒蘭同馥。侍夢未容矜玉體，貯嬌自合營金屋。問三千、寵愛屬何人，昭陽獨。　詞藻麗，珠盈斛。絃管奏，蛾顰緑。詎十香誣搆，煙消紫玉。争鳳素知妝薄趙，驚鴻長此妃稱虙。寫瑤箋、次第協宫商，鵑啼促。本詞『憑夢借高唐』，又『只願身當白玉體』，曹植《洛神賦》：『河洛之神，名曰虙妃。』李商隱詩：『虙妃愁坐芝田館，用盡陳王八斗才。』即指甄后被魏文帝賜死。

高陽臺

題秦氏鏡。銘云：『秦家寶鏡，恒照紅顔。』或以《玉臺新詠》秦嘉贈婦徐淑詩有『寶釵好耀首，明鏡可鑒形』句，益以知眷戀之情寄之於此鏡也。然製出菱花，書規褚體，蓋隋、唐間物。爲譜是闋，以釋其疑

贈婦留詩，慵妝鑒影，玉臺曾輯名篇。世胄遥承，露盤屢泣金仙。鍊銅已蜕西京制，粲菱花、認取明媊。賸而今，青翠交縈，鴛鳳同搴。
個儂別抱平生願，願花争旖旎，月共嬋娟。更願紅閨，殢霞永駐芳年。偷聲默記釵頻墮，驀開奩、春上眉邊。試分姣，日代檀奴，爲仿龍眠。

前調

題漢明帝永平七年尚方鏡。年款下綴一『真』字，蓋造鏡者之名。以年月及制度考之，必爲明德馬后御用物也

翽鳳騰文，吉羊鑄銘，清輝瑩澈雙眸。制出東京，尚方供備長秋。荆駝頹卧今何世，鎮蕭齋、價敵琳球。試更番，氈蠟摹挲，軼事旁搜。
門庭錡戟悲陵替，幸伏波有女，椒殿恩稠。細數年華，方春荳蔻梢頭。眉山補黛傳東觀，縎鬟雲、鬟鬌誰儔。憶當年，静睇妝臺，鴻影曾留。《後書》本紀：『永平三年春，有司奏立長秋宮。』注：『皇后，不敢指言，故以宮稱之。』又后從兄儼求進女掖庭，上書曰：『叔父援三女，小者十三，儀狀髮膚，上中以上。』《東觀記》曰：『馬皇后美髮，爲四起大髻，但以髮成，尚有餘，繞髻三匝。眉不施黛，獨左眉角小缺，補之如粟。』

水龍吟

約香山《琵琶行》，課雙、慈二女

船窗月照離尊，蕭蕭楓荻秋江冷。經年遷謫，者回情緒，怎酬此景。掃黛人遥，謂遣小蠻、樊素。記紅和寡，墮懽難省。忽傳來仙樂，移舟相傍，任呼唤、羞慵應。
認取當年倩影。撥冰絃、更番調整。善才推服，阿姨依倚，芳儀誰競。花謝花開，潯陽潮咽，蝦蟇春醒。感青衫、一樣飄零，也贏得、淚珠迸。

椒蘭誰貌娉婷影，頰暈霞明。眉掃螺青。擎出春纖細品評。蟾輝依舊團圓好，巫峽雲肩。洛渚鴻驚。難向宮闈叩小名。

雙調望江南　歲闌偶感

頻追憶，生小締劉樊。樓築聯芳春永護，門臨曲水竹交環。曾此守縈寒。　人初避，耳後嚲雙鬟。問字常教來硯北，倚聲慣喜和花間。嬌穉異前番。

其二

霓裳詠，帖子報泥金。窺鏡暗忻酬夙願，卜箕明已示佳音。繡事暫停鍼。　長安道，走馬柳之陰。積想羞將紅豆寄，封侯漸感翠樓心。都與付沉吟。

滿江紅　壽傅沅叔同年七十，時辛巳重九前一日也

故苑秋深，早又是、黃花開徧。溯當日、長庚墮地，胸羅丹篆。天祿藜光承制近，錦江鼎族蜚聲遠。構幽亭、一例記壬辰，滄桑變。　縑與素，供消遣。蟫與蠹，長爲伴。羨百城坐擁，河山同券。絲竹東山方雅度，尊罍北海聯羣彥。趁明朝、杖策賦登高，年年健。（《金史·元德明傳》：『好問以國亡史作，己所當任，乃構亭於家，著述其上，因名曰「野史」。凡金源君臣遺言往行，采摭所聞，有所得，輒以寸紙細字爲記録，至百餘萬言。所傳者有《中州集》及《壬辰雜編》若干卷。』

羅敷媚　新獲漢永平元年鏡銘詞，色澤精美罕儔。以時考之，陰后方淚斑湘竹，伏波小女尚未正位長秋，蓋後宮貴人奩中物也。爰填此闋，用寄遐思

其三

巢泥墮，倦羽欲何投。襟上未乾銅狄淚，門前又艤木蘭舟。誰識種桃劉。　房櫳悄，夢裏慣經由。神滸久知深結託，婿鄉端合號温柔。到此證雙修。

其四

波柔膩，共泛六橋春。一世生涯憑一舸，雙成舊侶是雙文。蛾黛莫輕顰。　船窗下，祕笈任紛陳。麗句無題留妾寫，絮譚露蹟避人聞。提起總銷魂。

齊天樂

寓齋鼠姑競放，招宣南舊友，觴飲花下，步枝巢韻

東風吹醒銀屏夢，璚英數畦誰主。豔競雙喬，堂題四照，芳事更番細數。花枝三五。伴窗裏吴儂，晨妝常住。詩卷安排，玳梁應認舊棲處。　春明尚餘勝侶。任蒲團小劫，繽紛花雨。油碧曾停，塵紅不到，記否劉郎前度。昔年偕綺卿來此，始訂賃廡之約。且酬尊俎。正鸝吹喧晴，貍睛亭午。願祝年年，佳遊終不負。

高陽臺

題姬人畫闌雙影卷子，爲宣南劉慕雲筆。展圖諦視，與掃黛當年神情宛肖也

寒褪簾旌，香融鼎篆，晨妝取次剛停。廿四番風，等閒過了清明。茜窗暫輟靈芬課，姬侍余誦芬室中，添香佐讀，維勤曾鐫一『香南侍讀』印畀之。步庭除、鴛屧無聲。彈偏鬟，倚遍重闌，聊遣幽情。　年年鶯燕催時敘，算胡麻飯熟，影事頻更。紅燭高燒，拚教芳夢長醒。花枝也解分邢尹，比春人、應更娉婷。倦歸來，挽住檀郎，細與批評。圖中院宇爲法源寺東偏，於唐爲憫忠觀。闌外鼠姑

百餘本，舊與棗花寺齊名。昔年偕室人綺卿遊此，與住持道公申賃廡之約。尋賦悼亡，乃梓《華嚴懺儀》四十卷，乞爲讚佛之場。比迎姬北來，藉栖禪之勝地，作貯夢之幽房。綿歷歲時，違論魏晉，偶拾前塵，傳諸縑素。爰題斯闋，儲付經寮，不僅爲蕭寺名花長留掌故，抑亦續靈均之楚些云爾。

喝火令 紀夢

箏局悽餘韻，銖衣耐薄寒。偶瞭蛾綠注塵寰。爲問金僊漢苑，盤露幾時乾。舊是雙成伴，新參七笈籤。生來妝束愛偏鬟。憶著重逢，憶著締劉樊。憶著燈前平視，麗句協生拌。生拌，見《花間集》牛給事《菩薩蠻》詞。

倦尋芳 秋閨

砌蛩吟晚，簷馬嘶秋，亭榭幽靜。好夢驚回，慵對菱花厮凭。六疊圍屏雲路隔，數家斷杵霜華警。怪江郎、底年年別恨，賦才交騁。又籬落黃花開遍，捲起珠簾，人與花並。消瘦風前，人影可如花影。欲奏銀箏情緒劣，悄題紅葉新愁迸。慢低徊，索仍向，夢兒折證。

金縷曲 癸未首夏枝巢七旬初度，命小女珏卿繪麻姑獻壽圖爲祝，媵以斯闋

縹緲璚姿麗。閱人寰、蓬萊清淺，者回知幾。朝士貞元尊俎集，入座爭看園綺。是此日、長庚墮地。抱牘雲司憶前事，昔年同官比部。滯郎潛、共乞長安米。鞭影裊，輭紅裏。東華夢蹟從頭理。問金僊、盤中滴滴，露珠乾未。試築幽亭儲野史，事業名山預計。算只有、遺山堪擬。自度新腔譜誰正，付閨中、細聽紅紅記。唱金縷，倩同倚。

高陽臺

括梁劉三妹《答外》詩意，示香南。三妹名令嫺，孝綽妹，適徐勉子悱。悱卒，令嫺祭文云『雹碎春紅，霜彫夏緑』，哀豔絶倫。次疊末語，微與反之，亦媧石補天意也　原詩二首，念遠次締懽，見《玉臺新咏》

葉密鶯姣，香殘鴨冷，朝來恁地惺忪。倚遍闌干，門前屢誤青驄。欲憑琴語傳幽愫，玉關遥、魚雁稀逢。耐春寒，且傍妝臺，薄埽眉峯。

綺年夫婿矜蘭錡，憶華筵卻扇，勝覯牆東。斂豔徵聞，高唐洛浦應同。唱隨競詡人雙璧，韻分拈、詞筆誰工。願從今，花月精神，長眷顔紅。

醉春風

近獲唐鏡，銘詞云：『公看巾帽整，妾映點妝成。』命雙兒爲廣其意，作朝回點黛圖，戲題其上

待漏居朝請。封事天人應。昭儀雙引肅班聯，正。正。正。寶扇風微，御鑪香靄，緑章祇領。

歸去沙堤静。池館垂楊映。紅綃人尚夢花酣，醒。醒。醒。同倚妝臺，爲卿描出，翠蛾顰影。

以上《課花盦詞》

董巽觀

浣溪沙

丙子鴛鴦湖初集

笛散尊前向二更。主人扶醉下香舲。輕拋繡帕數流星。

銀漢佳期虚七夕，黄塵好合託三生。水牕無奈坐天明。

鷓鴣天

十五年前夢也夭。相隨錦馬出東郊。層樓月

滿笙謌起，水榭鐙明翠袖招。　荷影亂，野菱漂。而今薄醉畫船艄。晴空萬里風輕夜，一片銀河是鵲橋。

前調　重九過殿基灣

廢殿晴光映翠翹。重來無事不魂銷。春明静巷花飛日，鬢鬧燈棚細雨宵。　輕烏笠，小風轎，朱門黯澹舊時標。荷花渡口踈踈柳，送盡行人送暮潮。

浣溪沙　江陰適園水流雲在軒題壁

漸碧池塘暈淺痕。餳簫巷陌響朱輪。虛闌一雨又黄昏。　燭淚紅麼縱似夢，鶯啼緑柳證殘春。陳園小榭送斜曛。

蝶戀花

緑遍城東花萬樹。陌上流鶯，底事催春去。商畧鶯啼啼小住。黄昏又下瀟瀟雨。　燭暗西窗嬾刻羽。笛裡新聲，半是閑思緒。好夢由來如斷絮。黏人還在闌珊處。

清平樂　目瀾州題壁，並寄松岑先生

江亭水驛。風起帆如織。落盡楳花堤草碧。點點春深形迹。　晴煙隔了垂楊。柔枝遮着橋廊。到處鶯啼不住，凴欄没箇商量。

浣溪沙

喬木蕭疎掩敝廡。百年人事慢躊躇。緑楊橋下賣銀魚。　碧水漁舟點石岸，迎風野草弄荷珠。夕陽紅似畫闌無。

楊柳枝

寂寞鄰園事已非。驚鴻舊影没斜暉。楊花吹盡棚前路，倒插春光入草圍。

其二

百戲雜陳祝社公。當年處處有燈虹。春殘淺岸青青柳，細葉柔條舞碧空。

以上《春雨齋詞甲稿》

菩薩蠻　丁丑初冬，舟泊嚴州東關

驚心變起東湖畔。水鄉騷動艫聲亂。倉卒獨移家。此情如採蔴。　北風聲惱怒。扁舟錢塘渡。今日泊山城。兩涇紅葉盈。

浣溪沙　祁門油坊別内

竹筏深溪一箭馳。花枝似錦鬥晴暉。寒煙分樹亂鴉歸。　流水不將離恨去，晚風吹落露珠肥。油坊市下勸加衣。

桂殿秋　戊寅五月九日寄内常德，時余客武昌

離未久，覺多時。別來無刻不沉思。去年今日閶門路，油碧車前月上遲。

鷓鴣天

入蜀舟前水自東。巫山景色一望中。藍空霧薄輕紗翳，峽谷濤聲鉄馬雄。　千片緑，幾欄江。忠州月夜思無窮。天涯縱有城如錦，故院烽煙半已空。

其二

再入夔門夜泊舟。江城晚景獨清幽。茶棚月色柔如畫，翠黛盈輕斷線浮。　沉遠留，賦青

路。眼底青山如畫，況瀟瀟微雨。

柳枝　戊寅長安歲除

委地楊花踐作泥。三年涕淚有封題。春風吹緑湖邊柳，道似羅裙不肯歸。

其二

柳緑江亭碧水灣。春風吹雨上紅闌。行人去後垂條盡，剩有啼鶯過北關。

其三

撥雨飛雲共歲辭。殘花斷絮憶芳菲。情懷老去霜濃夜，院宇風燈寫柳枝。

如夢令

小巷垂楊如畫。春在誰家庭樹。點點又飛花，誤入深閨簾下。遲嫁。遲嫁。瘋了那回

牛。萍踪有愧水東流。猿聲未起人聲静，獨依舷闌思未休。

歸自謡　忠州夜泊

明月夜。水激舷前浪四射。寂寞山城更初罷。思情漸逐波流瀉。殷勤話。離人泪眼忠州下。

夢江南　戊寅仲冬，予由蜀之陝，宿綿陽城外逆旅，夜不成寐，寄六弟巴縣

更鼓罷，月色紙牕窺。幾處夢魂遊故里，人間不獨別離悲。家國正艱危。

好事近　劍閣道中

削壁抱雄關，亂石遠圍雲樹。沉思當年行脚，想詩翁艱苦。將軍報國足千秋，有題碑在

燈夜。

其二

閤外春光一線。簾下斜飛雙燕。莫倚小闌干，滿地殘紅花片。悽惋。悽惋。人去緑楊枝亂。

柳枝

桃花峯下柳輕青。萬葉千條遮驛亭。短夢三年春去也，孤燈別綰舊風鈴。

其二

二月渭城柳已絲。輕盈勝似十年時。而今鼓角斜陽外，又在長安送別離。

其三

細雨迎春入寶鷄。鬢絲柳色憶深閨。嶺雲乍展休惆悵，尚有流鶯隔岸啼。

其四

不見垂楊又一春。雕梁燕語訴艱辛。長安草色遠離甚，二月清明淚滿巾。

其五

旋老楊枝地母宮。新盤舊額兩春風。莓苔小院燈昏夜，一雨瀟瀟客夢中。

其六

陌上春光染柳枝。西廊隱隱雨成絲。樓臺十里煙花路，念遠思人淚暗垂。

踏莎行　己卯中秋，長安甜水井寄内

草際蟲吟，牆高月冷。街燈明滅聲初靜。遥知此夜憶長安，可堪往事重回省。萬里烽煙，千家菓餅。年來醉後都如醒。深深院宇獨遲眠，臨窗亂葉摇清影。

浣溪沙

塵隔東岡綠柳畦。落花庭院半鶯啼。无多思淚拌紅泥。　疊砌匆閑流水去，斜風細雨濕煙飛。輪坊草色入簾肥。

蝶戀花

困柳欺煙桃葉路。一抹殘茵，已覺斜陽暮。聞道流鶯還自誤。頻啼舊日梳粧處。　鄰園落紅情已負。捲盡垂簾，又見漂零絮。點點盈盈風約住。吹來又被蛛陣妬。

其二

酒侶遊驄辭別浦。冉冉斜陽，猶伴殘紅舞。醉眼相逢寒食路。落花時節春無處。　花落花開千百度。墜葉雕闌，還被東風誤。萬一流鶯啼又住。遊魂管教怨飛絮。

解連環　庚辰二月，客居貴陽三橋

碧山絲雨。襯殷紅粉白，淺深如霧。數點點、黏濕莓苔，趁溪間百疊，荇萍圍住。四顧蒼茫，但悵望、雲迷萬樹。記陵前一霎，籬落乍逢，算來都誤。　而今魂夢舊渡。問車塵馬迹，遺痕何處。縱剩得、幾簇枝梢，恐些許春光，也難相護。陌上樓頭，漸飛起、半天風絮。重門閉、酒薄燈昏，泫然不語。

楊柳枝

輕風梳雨柳千條。閑拂清波鎖石橋。流水不知人意澹，泠泠斷斷伴深宵。

其二

王曲山崖柳萬枝。含煙弄雨故低垂。春風不解塵間事，又逐楊花貼水飛。

臨江仙　寄周棄子

細雨釀寒春去也，此身尚客天涯。落茵難綴水雲飛。女兒橋上路，昨夜夢中歸。　一別山城閑記取，江邊柳已絲絲。燈前薄醉憶君時。當年紅豆在，猶得慰相思。

木蘭花慢　三橋厲齋外海棠，絶似禾中故物，花發賦此

半含還暗吐，緑葉底、怯鮮紅。依淺水平橋，濕煙欲起，也羨纖濃。亭皋又吹絲雨，任垂楊獨舞小樓東。嬌嫩應惆芳草，幽香未許熏風。　忽忽。只故院塵空。曲徑殘泥封。念一縷痴魂，脂洗繡砌，已無簾櫳。年時燕歸甚緒，有片雲好事説主人。泪眼江湖不語，夜闌猶聽疎鐘。

蘭陵王　題花月填詞舘長卷。圖爲翁小海爲張薇人作

杏華砌。月墜波心紋細。闌干外，裊裊春光，芳草嗢噉雨初霽。思量甚處倚。歸去小園門閉。聽更鼓，斗室黄昏，想見當年苦唫味。　无計相違避。任水樣韶華，撩亂空際。鐙前重理圖中意。念未共塵土，不和殘照，銀尊小榭尚流滯。慚愧燭流淚。　迢遞。向誰説，有山陽晚笛，哀曲難試。芳菲半屬回腸事。况清明過了，羞問圓未。天涯今日，又簾影，紅繡地。

浣溪沙

一雨初晴緑漸肥。海棠花下見萋萋。玉樓人去印雙蹄。　不説王孫無訊息，卻思羈客卜

歸期。落英似雪護香泥。

賀新涼 自題春雨齋圖卷

轉瞬韶華既。正山城、斜枝紅透，緑肥平時。春色人間明似繡，未向牕前閑倚。況夜雨、瀟瀟寒細。一曲清溪含又斷，趁泠泠、寫盡悲涼意。漏初罷，燭陣淚。　青蕪澹遠成迢遞。儘年光、飄蕩隨絮，剪裁難記。最是東岡花飛日，萬樹垂楊亂曳。念庭院、殘香滿地。斂手尊前遲料理，恐素箋、不勝回腸字。收拾也，更何計。

臨江仙 庚辰七月，自香港返贛，龍川舟中渡七夕。是年東江大水

翠黛縱横成一線，細沙流水泠泠。義墟郛外已三更。晴雲烘淡月，遠漏度黄昏。　去歲陳倉瓜菓夜，前年漢口行程。今朝萬里故園情。憑舷無可語，起坐看漁燈。

鷓鴣天 庚辰初秋，歙縣展漸江上人塔

亂葉酡黄綴碧崖。西干秋色雨中肥。空林未許胡塵染，慚愧人間稱畫師。　松兀立，佛低眉。輕雲自傍塔前飛。晨鐘已歇沙蟲盡，剩有灘聲隔釣溪。

青玉案 庚辰中秋，浮梁旅舘

風揺静壁銀花架。正月滿、臨橋榭。細菓醇香簾影下。小樓情倦，大江波湧，隔岸人如畫。　不堪枕上回思也。一曲初殘淚傾灑。幾許秋蟲吟客舍。中年意緒，異鄉滋味，付與灘聲寫。

水調謌頭　庚辰十一月，由東陽赴曹娥，轉道紹興，訪李生翁，鏡湖舟中口占

流水幾時盡，寒野起晴空。長橋斷續如劃，魚躍此湖東。刦後青峯無恙，萬點霜林飄葉，亂舞血猩紅。渺渺篷窗底，静憶越王雄。　浣紗地，莫惆悵，未相逢。水楊蕭瑟堤岸，世事轉匆匆。絶壁千仞亭榭，舊額依稀仍在，曾見畫圖中。高帆海雲外，萬里破長風。

浣溪沙　辛巳二月，寄弟妹巴縣

枕上沉思舊日痕。輕煙淡月抱山邨。窗前草色碧成茵。　曲岸晴光含宿雨，連阡鳩語送黄昏。病中陡覺易殘春。

其二

依枕頻封第四書。殷殷遠寄入新都。關情豈獨故園蕪。　小閣黄昏人倦後，山邨夜静雨聲殊。近來無事不躊躇。

其三

薄霧山光見碧峯。菜花香過小橋東。溪流盡日去匆匆。　柳眼含柔抽細葉，桃尖帶粉夾鮮紅。一春半在雨聲中。

其四

野陌花黄滿露痕。餘寒未盡覺紛紜。輕幡舊夢兩無因。　細解連環泥苦語，空傳玉玦説新恩。人間轉瞬是深春。

望江怨

周王渡。漸緊霜風吹絲雨。江山雄如許。寂寂流水閑砥柱。遠堤樹。緑輋共雲飛，篷牕醉眼處。

天仙子 敬題柳陰消夏圖

參落蟬聲滿柳枝。舖岸清蔭取次移。晴空漫寫水雲姿。風帆影，隔疏籬。涇上幽齋静掩扉。

其二

裊裊輕煙鎖嫩篁。細細和風拂畫廊。當日人云處士莊。梧影外，梨花牆。此是我家舊草堂。

東風第一枝 敬題先君玻缶棵花

淺沁潤蕾，眉窗織影，當年畫桌玻缶。漫疑涇上春風，獨許㤼容新久。江東故院，正滿地、殘茵蒙垢。問燕繞、紫苑平闌，甚處可堪回首。　早换了、争春桃李，也澹没、斷橋廢堠。黄雲未遮胡沙，花好何如人壽。感懷濺淚，嘆歲歲、春光依舊。奈清芬、已謝人寰，淒黯將歸時候。

清平樂 西天目蓮花峯僧堂，眎陪遊諸人

層苔没砌。紅竹深谷閉。亂石名峯容自味。此日遊程可記。　流泉那處清澄。叢篁遮卻衫青。偶坐亭前仰望，時聞好鳥數聲。

菩薩蠻 中秋後一日，寄費鴻年桂林

門虔影叠人初静。眉庭細濕海棠冷。笙謌閙村邊。所思明月間。　水灘三二樹。今夜同望處。相念在相知。此情如此時。

蝶戀花 甲申人日，桐廬舟中

湖上柔條眠野渡。曾照當年，鬢影閑回顧。院宇花蕾歸緑土。淒凉豈獨春遲暮。　殿角

紗燈留斷絮。點粉殘脂，還在人間舞。不管流鶯啼未住。東風吹老人意緒。

其二

夜半閑思殘柳浦。聊落當年，嬾記風燈廡。世事飄零如斷絮。飛花卻被春光誤。　凸院初晴明繡户。捲了簾鈎，未見凌波步。寂寂輕寒西郭路。至今夢也無尋處。

鷓鴣天　甲申重九，栗園初集

寂寂山崖已斷魂。秋來陡憶水西門。閑堤雨霽千絲影，曲岸風輕萬縷痕。　荷葉渡，半斜曛。鐘聲渺遠谷前邨。鴛鴦湖上二三樹，笛咽樓空不可論。

其二

月滿雙橋跡上霜。清華水木説横塘。八年離乱艱辛味，萬里行程破舊箱。　垂柳影，拂泥牆。疎疎還遜大杉王。國仇家恨瘡夷甚，那有閑情綰北坊。

其三

畫閣春風舞繡衣。青峯无恙悵陳非。朱樓夜雨鶯啼盡，杏榭晴風鬢影稀。　新鼓角，舊旌旗。楊花貼水故輕飛。平蕪淡遠關河净，七尺烏絲願已違。

其四

野社春歸碧草憐。蕭條素影付輕煙。蟲吟石砌沉紅葉，月薄空庭寫白綿。　鴉静夜，聽啼鵑。湖墩夢覺已三年。淒迷曲苑城東路，鄉夢迢遥濮水邊。

留春令 敬題先君楳花横幅

溼迷疎影，院留香在，斷橋春了。翠萼無言又横枝，想當日、事難料。　馬足關河人將老。念巴山斜杪。舊夢婆娑付幽姿，不盡恨、向誰表。

謁金門 爲其暉次女題先君梅花横軸

溪邊囿。檢點欄落陶缶。老幹青青新枝秀。花蕾仍似舊。　歲月多情人少壽。畫閣燈明如晝。此日煦風飄幔袖。春光滿宇宙。

喜遷鶯 乙酉立春，寄履中、志農屯溪

別離時，離別意，別後月將圓。紙窗客舘不成眠。相憶竹燈前。　蕉已成，秋雨静。栗園尚留詩境。故鄉歲歲盼歸程。此日計東行。

憶少年

多情歲月，深情燕語，閑情柳色，綿飛細雨外，倚銀屏春院。　卅載尊前情太狷。况中年、飽經憂亂。而今鬢如此，再關山遊宦。

木蘭花慢 龍岡寄内

紙牕深院夜，聽簷角、雪聲寒。想歲暮行程，思懷萬縷，不勝怩顔。江南又飄春信，念瀟瀟不解惜紅欄。樽酒醺人微醉，苦茶薦客清歡。　將眠。但遠憶燈前。卜算已年年。看宇滿東風，花枝供眼，鬢色堪憐。宦遊已成覊旅，悵今宵委轉託詩箋。珍重別時慰語，天涯此日身安。

浣溪沙

雨後斜陽映碧柔。客船静泊舊磯頭。清歡似水付東流。　落葉閑梳雲裡郭，散風懶唤渡邊舟。砧聲遠去月如鈎。

其二

隔筧清香挹酒尊。窗間水影濬紅纓。憑舷自賞碧流聲。　石步風飄喧野渡，疎楊月滿憶啼鶯。南塘郭外幾漁燈。

其三

石級千層鳥道封。虬枝萬樹擊蒼龍。漫天風雪聽疏鐘。　故浣紗燈舖淺緑，斜廊粉壁憮猩紅。年華雖老又春風。

其四

淡去音塵數月殘。華燈影裡倚笙眠。可堪此夜憶長安。　扇角龍吟餘醉眼，故人多當女兒看。紅樓終日想春寒。

其五

落燼無聲到畫欄。年年思緒付清灘。高樓悵望水雲閒。　尺許新圖聊寫意，低徊往事感茵殘。此情未得寄春蘭。

其六

攬緒青絲一剪初。欲將煩惱付新梳。當時趁酒感癡愚。　撲蝶歡情沉夜月，荒鷄斷夢到山舖。落花流水問鷓鴣。

其七

玉管冰弦未敢猜。笙謌已共舊園臺。春光自去碧泥埃。　萬縷青絲牛角影，千回雪曲鳳頭釵。而今人也半天涯。

柳枝 乙酉春夜，昌化撑天樓聽雨，示上菴

倦旅天涯數舊枰。花簾錦帕醉簫笙。秋千院落春臺夜，自抱孤衾聽雨聲。

其二

鼓角驚心夢境殘。山城夜泊說春寒。臥聽篷背瀟瀟雨，八載艱辛第一灘。

其三

畫壁春風醉眼舒。陳倉道上送歸竽。勸君且在廟臺宿，爲愛山樓一雨餘。

其四

薄暮輕車入貴陽。殘茵滿目挹清觴。街樓亦下三更雨，未若今宵易斷腸。

前調 釣臺口占

野哭深沉覆素縑。西臺草没弔青帘。春風自染平蕪柳，濁世清灘尚姓嚴。

其二

盤峯抗志足千秋。此日江邊竹滿樓。轉眼春光彈指後，柳枝猶緑到磯頭。

鷓鴣天 惠賓樓送上菴

指點欄前是越州。飛雲散落入江樓。一春花木梳靈雨，萬里滄桑鑑碧流。　漁火亂，市聲柔。千帆過盡未曾留。從容且斟壺中酒，明日水天莫展眸。

踏莎行 乙酉暮春，題桐廬寓齋壁

户倚雙喬，門臨碧渡。東樓静攬風帆舞。朱

顏未改壯圖空，十年又到桐廬住。馬迹西秦，鷄聲北潞。巫峯已是天涯路。而今怕對遠山青，窗前却疊山無數。

浣溪沙

造物多情亦覺非。江樓偶倚感新衣。清笙遠處念無歸。葉落庭廊驚歲月，花飛院宇惜癡肥。臨闌未得護紅扉。

其二

薄暮飛螢渡竹樓。二三疏雨滴初秋。梧桐院宇自徊留。碧玉尊前空憶望，青山畫裡見歸舟。凄其夜月鎖青愁。

鷓鴣天

夏夜風輕螢火紅。一聲長笛木欄封。江城五月梅花起，水榭三更曲未終。鷄塞遠，竹樓空。倚闌人去碧桃叢。清弦久絶金焦迅，剩有思量斷續中。

其二

末世何曾重國仇。河山寥落一荒邱。篁搖宿草思謌哭，石禿江心没釣舟。雲影淡，水紋柔。從來未解事深謀。瀧前日夜潮音裡，黯黯漁燈下渡頭。

其三

苦戰驚心思國殤。華燈比屋事堪傷。横江石碼都流血，僻壞木弓還射香。謌哭晚，渡頭涼。梳風短髮兩鬢霜。凶年雖盡天涯路，羈旅猶難話故鄉。

其四

一抹青岩萬葉紅。飛帆鎮日各忽忽。香稻漸引蕪原雨，碧篨輕摇淡柳風。　王業盡，霸圖空。江山自古屬詩翁。寒沙淘盡興亡迹，水月無邊宇宙中。

望江南

弦上語，未暇試宫商。流水高山懷故侣，霓虹寫影嚼檎香。極目已蒼茫。

其二

沙際渡，細碧嘆無魚。殘水剩山誰料理，月浸花市濕欄虚。宛轉數行書。

天僊子

龍岡圖詠

迤碧高嶒一望中。森森黛色雪消融。蒼茫幾叠插雲峯。斜照夕，又春風。綽約晴光凝碧空。百丈插雲。

其二

元夜碧空滿目寒。輕雲掩映出虚欄。八年人世正艱難。燈似豆，衆星繁。多少流民揮淚看。撑天攬月。

其三

碎碧相傳不載愁。春風吹皺亦悠悠。問君可感此時舟。人唤渡，我清遊。夕照亭前水自流。桃谿唤渡。

其四

雨後珠簾薄似紗。武夷景色幾回誇。浮生如水又天涯。留翳影，嚼寒霞。静觀飛梁亂若花。石梁觀瀑。

柳枝

岡上松濤十二詞。青山似舊悵雲移。春風自到梧桐院，雨夜聲清未有詩。

其二

新林舊竹苦沉悲。況復青楊拂地垂。絶世韻成廊外事，空庭柳上月如眉。

其三

絶域春光念柳姿。當年稚氣在雙眉。天涯幾許懷塵意，畫角商弦兩不知。

其四

青山一卷自徐移。雨打篷窗入夢遲。二月春風三月柳，富春江上送君時。

清平樂　乙酉八月十二，吴宅口占

當年烟雨。此日秋山樹。舉世歡聲融笑語。回念中流砥柱。　富春江上旌旗。中原父老揚眉。兩岸潮音似舊，湖邊老了楊枝。

天仙子　自丁丑中秋，移家避倭賊之亂，輾轉蘇、皖、贛、鄂、湘、川、黔、桂、粤、閩間，至乙酉中秋後一日，方得奉母携眷，自淳安登舟返里。舟發富春江上，感念流亡八載，艱苦萬狀。先公見背於巴山，未及見河域重光之盛，尤爲終天之恨也

辭別隣翁下客艭。一肩已了舊行裝。阿爹未得見還鄉。篙點岸，淚盈眶。不敢人前説斷腸。

其二

夜泊富春釣渡頭。水窗聞語感同仇。風帆似

雪下杭州。鄉漸近，怯情稠。始悔當年未預籌。

其三

黄竹悲謌壓草莖。高旗落日掩山城。雙臺薄暮賣漁聲。秋水遞，客心憕。淡月烏篷萬里情。

其四

萬緒沉徊亂寸衷。街坊猶唱大江東。窗闌一望雨濛濛。旗下路，半霓虹。孤山似在有無中。

鷓鴣天 重九逷返嘉興濮院，寄勇、暉二兒永嘉、建陽

八載流亡萬事艱。今朝何幸得生還。難尋故舊凋零後，敢問簾櫳卷冊間。思已竭，淚猶潸。郊原何處不傷殘。天涯尚有未歸客，夢裡家園仔細看。

其二

草色疎迷故里門。年來亂緒咽悲辛。愧無吹雨飛雲意，賴有依山傍郭村。當日事，此時身。旌旗重見上東閫。湖光若識歸人意，一縷輕烟已斷魂。

前調 丙午元宵，寄履中、志農

栗里園門雨底荒。無多淡語已徨徨。新簾夕照横蕉葉，舊舘莓苔冷海棠。尊外意，各悲涼。一年容易似飛驦。蟲綱未浄春烟裡，淺醉屏前月滿牕。

踏莎行　玄武湖上口占，寄久之、賓令

玄武櫻桃，臺城柳絮。問誰留得春光住。天涯不解惜餘春，飛塵逐水花無語。　淡茗醺人，晴紋透羽。啼鶯尚在春來處。湖神廟畔立多時，盈盈翠色隨風舞。

點絳脣

寺角消遥，飛雲吹過津前渡。斜陽不語。換了清遊侶。　歲月無情，半被流鶯誤。難相訴。小橋閑竚。極目天涯路。

滿庭芳

蟬鬧枝梢，波沉塔影，夏雲幻作奇峯。小休游侶，無奈見惺鬆。且問徘徊此際，如當日、湖榭臨風。弓橋底，盈盈緑水，曾照月朦朧。

踈鐘。名教寺，聲聲遠送，思與君同。念人世，朝朝暮暮匆匆。昔日轅門甚處，芳草地、一片新葱。泥牆院，微煙渺渺，飃蕩夕陽中。

浣溪沙

鏡裡朱顔似舊姿。今宵底事獨吟咨。畫圖應惜淡胭脂。　緑酒傾尊陳所願，紅蓮帶雨瀉千瓷。秋風滿院憶人時。

其二

偶聽風蟬寺角間。凉臺簾捲夕陽還。十年人事太艱難。　似水年華浸淡夢，迷離月色老雕闌。夜深陡覺睡衣單。

其三

巷陌瀟瀟緒已恇。猶留兩脚濕花牆。客中遠憶只回腸。　撩亂尊盤如昨歲，臨風落葉夢

西廊。問君那得不思量。

其四

院宇苔深落葉輕。二三叢菊照疎櫺。樓中客又覺微酲。倦眼相逢都是夢，離思綣滿半閑情。闌前冷月盪無聲。

以上《春雨齋詞乙稿》（含一九四九年後詞）

以上《春雨齋詞甲乙稿》

如夢令

登煙雨樓，眎三弟伉儷

一葉輕舟容與。幾圈菱塘如圃。喬木擁樓臺，不是當年廊廡。無語。無語。閣外半湖煙雨。

其二

水榭珠燈何處。竹笛臨風音苦。莫説舊湖舫，茭草板橋漁渚。回艫。回艫。隔岸柳絲千縷。

浣溪沙

南呂宮。譜後曾倩笛師陳彬彬擫之

木架花圍箭葉稠。捲簾人上舊粧廔。知他底事不回眸。淡去當年青綾束，算來今日粉羅兜。春臺鏡掩鳳釵頭。

卜算子慢

『憶來唯把舊書看』，此端己語也

狂游漸淡，浮夢已醒，廿載歲華一瞬。刬後簾櫳，篋底箋留餘燼。任千行、宛轉温柔韻。算贏得、回腸盪氣，纖塵亂了方寸。　墨退字難認。想遍地烽煙，雁梁過訊。塞北江南，鏡裡可堪青鬢。憶來時、重看徒哀奮。只片羽、珍儲自惜，寄思量無盡。

木蘭花慢　將去合肥，登名教寺

夜合亭亭下，有臺級、擁梵宫。看殿宇深沉，井亭寂寞，念慮都空。回廊儘留淡迹，剩寒鴉幾點上孤桐。别院經聲斷續，斜陽照壁微紅。匆匆。往事若飛鴻。倦眼數陳供。任法雨千絲，慈雲萬片，嬾度癡懵。苔痕滿庭静緑，正浮煙吹起小邨東。省識如來百世，晨昏一二疏鐘。

臨江僊

淺醉深吟堤上去，浄生半日餘閑。白門又是柳初殘。千林飛暗葉，一雨瘦秋山。　欲記舊游尋小閣，臨流剩有疏闌。廿年塵事不相關。野鷗三二起，似逐水雲還。

其二

記得當年湖上住，櫻桃院外花壇。板橋流水緑陰間。清謌荷葉影，笛滯野蘆灘。　十載年華如轉瞬，不堪重話辛煩。白門又見柳初殘。半城抛濕鏡，一雨瘦秋山。

柳枝

人間淡夢出歡塲。半院柳條挂夕陽。垂老不知身在苦，扶闌猶復問秋螿。

其二

衍文指事託鈍根。短柳長楊記白門。四大誰空都不管，燭扶殘醉送黄昏。

生查子　題酒家壁

惜取少年時，珍重青羅袖。春光不肯留，此意君知否。　花架隔回闌，鈿影搖金釦。淮水最多情，還繞渡東柳。

木蘭花慢

夢覺龍岡路，正砌雪、映園門。看此夜南閩，人盈廟市，笑賦桃津。京華八年塵世，念當時寂寞微呻。月滿今宵晴宇，燈朧隔岸黃昏。　初春。正料峭猶醇。景色未成雯。況水榭簫清，平橋鼓急，獨歛思嚬。遠笙那堪重吹，送飛鴻自珍客中身。一襲羊裘似故，千層畫閣仍閬。

漢宮春　濮院香海寺濮鳳手植銀杏，示二弟

祇林雲沉，剩板橋流水，石井書齋。斜陽猶挂鳳杏，漸齒蒼苔。疎枝似鐵，已飄蕭、千度黃埃。休忘卻、雕闌綺閣，而今努力新栽。　喬木閱遍塵世，問烽煙散了，誰管興衰。自從胡馬後，可見蝸鞋。晨鐘暮鼓，渾不知、喚箇癡騃。看此際、寒鴉瑟瑟，人間寂寞良材。

琵琶仙　壽二弟五十初度

初夏風光，小庭院、淺碧繁紅明牖。漫説豪竹中年，宮商正深鏤。春尚浥、南橫圃裡，便添了、嬌桃寵柳。五十韶華，半生慧業，無慮無垢。　看富貴、過眼浮烟，只無語、臨流撫陶缶。卅載世情紛紜，付千鍾邨酒。凭記省、閑雲野鶴，早推枰、寧歛吾手。煩惱還似游絲，諒君能守。

以上見稿本《春雨齋詞》

長亭怨慢　沈三將去江南，以此贈別

廿載事、飄零似絮。殿基疏楊，荷廊薄暮。酒

醒燈昏，萬千幽鬱向君語。戍樓更鼓，却又似、催人去。細雨滴眉庭，小院外、落紅無數。遲誤。恐江南雖好，未必能相留住。城狐社鼠。何况是、東風如故。看壯歲、慷慨從戎，望越水、旌旗迴處。正遍地哀鴻，骨肉流離更苦。

甘州　雨中登黄鶴樓

獨登臨過眼又年時，樓閣認依稀。只江流不盡，風帆如故，一線長堤。細雨晴川楊柳，草色入簾肥。仰望雲天外，此意誰知。　記取虚闌吹笛，問人間日月，幾换旌旗。况臨窗鼓角，奮臂動征思。對尊前、葡萄醇酒，念疆場、國士正寒飢。斜陽外、又青青也，幾箇鶯飛。

以上見《民族詩壇》一九三八年一卷五期

石門引

臺城荒煙，沙岸夕陽，雲水遼闊。春光幾樹嫩黄，轉眼西風催折。思緣别後，恰見萬馬東馳，無端洶起心頭血。獨記去年秋，正雙圓時節。　臨發。一舸西上，雨急篷飛，黯然相别。猶念橋邊，洞洞青青凄絶。多知有、幾寸愁腸，尊前又怕燈花結。如今已天涯，任曉風殘月。

以上見《民族詩壇》一九三九年二卷三期

全民國詞

曹辛華 編纂

第一輯 ⑬

浙江古籍出版社

国家出版基金项目
NATIONAL PUBLICATION FOUNDATION

惜黄花慢 庚辰重九獨酌作

寶靨秋妍，奈戀頭破帽，難撿華顛。未堪持鬢，賞試將
勸酒，杯深貯淚，花淡忘言。珊闌不耐相邀，蘋幾曾耐霜
苦，風酸意萬千。賦情盡改，吟抱誰寬。今朝[illegible]漫重軒、
念故人厚我，九日糕盤。地偏江迴，倚樓甚處，籬荒徑
鎖，滿袖何緣。數枝莫覷淒涼夢，但開也重疊愁邊。恨
逝川、送人淚水彫年。

目録

董憲 五十二首

程文楷 八十四首

程先甲　六十二首

程松生　一百七首

程宗岱　七十一首

程學鑾　一百四十五首

喬大壯　一百三十四首

傅友琴　八首

傅熊湘　二百一首

舒昌森　四百四十一首

魯　元 十二首

鄒　弢 七十八首

曾習經　六十九首

曾福謙 七首

曾覺之 一百五十四首

湯執盤 一百一首

温倩華　二十六首

靳志　三百五十三首

董憲

菩薩蠻 春曉

流鶯滿院飄晴絮。驚回曉夢無尋處。蝴蝶一雙飛。隨風入繡幃。　徘徊曈倦轉。慢把珠簾捲。初日上春山。煙迷兩翠鬟。

水調歌頭

四壁煙絕塵，幽獨與誰同。無聊姑取書卷，諷咏自從容。轉瞬興亡成敗，説甚彭殤修短，都付落花風。渺渺起愁思，仰首望長空。　古今事，最可慘，在兵戎。漢上風雲，變色白骨化沙蟲。誰道江皋雨歇，又見天邊雲起，蒼海霧冥濛。掩卷且長嘯，世事類飛蓬。

滿庭芳 春晚即事，寄懷熊祥、重賢、叔豪、礪穎

雨潤夭桃，風摇瘦竹，遥空一片殘霞。夕陽明滅，紅上小窗紗。蛺蝶深深來往，雕牆暗、樹影交加。鶯聲亂，落花成陣，一半過隣家。　堪嗟。千里外，也應對景，共惜年華。念春光有盡，别恨無涯。安得身如輕燕，歸來早、醉話桑麻。憑欄處，伊人不見，雲斷遠山遮。

鳳凰臺上憶吹簫 祭外舅盛子雲墓感作

多士化成，一世慷慨，春風接物殷勤。念伊人早去，枉賦凌雲。八載重來祭掃，空隨衆、酒泛香焚。徘徊處，荒煙古渡，落日孤墳。　宵分。追陪座側，共傾心擊節，舉目空羣。記柳陰送别，緑滿溪濆。不道高秋鴈斷，桐葉隕、竟喪斯文。尋前夢，石頭城杳，獨對斜曛。

滿江紅　觀劇戲作

舉目紛紜，那識是、登場傀儡。更襯着、吹簫擊鼓，懸圖剪綵。舞蹈漫將真假辨，逢迎慣把音容改。最可訝、顛倒是兼非，都無罪。　名欲盛，恃能給。財欲富，恃毋怠。笑旁觀耳食，齊聲喝彩。附會新聞羅萬里，描摹舊典追千載。莫道是、轉眼歇歌喉，人何在。

沁園春　五月五日感懷

極目登樓，榴火吐紅，麥壟搖黃。念魂埋澤國，誰憐孝感，雷鳴瓦釜，世失忠良。屈子傷君，曹娥哭父，滾滾江流萬古香。蒼茫立，舉盈樽艾酒，獨弔斜陽。　高歌痛飲如狂。奈舊恨、新愁總莫忘。試長安北顧，浮雲變色，蓬萊東指，旭日生光。運甓空齋，揚鞭大道，愧我難將夙願償。醉眠也，賸半輪明月，夢渡瀟湘。

意難忘　夢謝守謙感舊寄懷

樽酒誰同。記四年膠漆，別更情濃。吳淞雲返岫，震澤月臨空。人遠隔、鴈頻通。問疾訴深衷。擊唾壺、相憐最切，墨淚交融。　無端忽喜重逢。共釣鰲滄海，絲借長虹。三分歸赤帝，一騎入黃龍。能立志、竟成功。氣吐笑談中。晨鐘動、知音何處，燭影搖紅。

浪淘沙　風雨遣懷

何處報瓊瑤。獨坐魂銷。多情風雨把窗敲。驚起回頭誰弄影，緑上芭蕉。　徐步望重霄。天也無聊。愁容脈脈筆難描。邀月不來歸臥罷，且待明宵。

一剪梅 懷許夢因

暗楊含雨送疎蟬。座少談天。夢斷遥天。一庭涼意逗琴絃。月也堪憐。露也堪憐。勞勞人海幾英賢。昨日凌煙。今日成煙。閒吟佳句好參禪。纔把毫拈。更把花拈。夢因近學詩兼好佛。

踏莎行 秋夜觀月

聽斷寒蟬，佩殘芳芷。天河有底愁無底。誰家玉笛暗飛聲，鴻來絕塞人千里。　三徑殘霜，一庭涼水。秋空雲浄微風止。姮娥若是解相思，清光那得常如此。

訴衷情 客中曉感

香風和雪上庭梅。緑酒曉窗開。何處鴈聲隱約，歲暮帶書來。　低翠竹，冷蒼苔。首重回。家鄉夢裏，爐煙成燼，蠟炬成灰。

少年游

催人歲月菊花殘矣，香又到梅花。客裏衣單，病中書懶，倚枕當還家。　無端倚枕難成夢，夢外即天涯。風撲一簾，雪飛三徑，雲際響歸鴉。

憶秦娥

捲窗紗。一庭明月絕喧譁。絕喧譁。玉人來也，還是梅花。　是誰參透乾坤意，亭亭孤立儘由他。儘由他。潮般身世，海樣年華。

滿庭芳 賀吴鍾偉新婚

豔奪紅梅，色分翠柳，紫綃勻襯香膚。繡簾乍捲，玉樹倩人扶。銀漢相逢咫尺，驚鴻影、體態全殊。笙歌起，芙蓉帳暖，相勸飲瓊酥。料人温檀奴。誰識得，桂宫修月，舊姓原吴。翠被氤氳霧起，問魂兒、真似玉，語妙如珠。湘裙動，春風淡蕩，遐想洛神圖。

滿江紅　寄奚昇初

個銷無。疑屐響、朔風送盡歸鴻，誰相訪、香孤幽谷。破夢不知腸轉九，横空忽報吹折，壓籬修竹。試遠望、帆影入寒雲，行何速。思花飛六。思高舉，隨黄鵠。莽乾坤萬野處，伴鳴鹿。明月乍從梅閣上，奇書攜向松里，風雲相逐。問幾日、擊馬傍垂楊，娱心目。巖讀。

菩薩蠻　春日即事

煙籠睡鴨迴廊寂。垂楊眠起嬌無力。簾外又東風。桃花依舊紅。横琴窗下坐。竹影摇千個。鸚鵡不相思。能言知唤誰。

其二

海棠曉醉迷香霧。雙飛蝴蝶知何處。夢好不思家。流鶯聲亂譁。輕寒侵綺閣。日暮春衫薄。緑酒滿金杯。坐看明月來。

念奴嬌　書感

英雄幾輩，千秋後留與，兒曹稽考。轉盼年華尋蠹簡，名姓銷沉多少。翠袖生寒，貂裘藏暖，一例無人曉。流光偏急，又催幾輩人老。攜開閣怕見青山，山青仍舊，已把人埋了。漫説逃秦，不酒行吟何處醉，且喜小園春好。桃花開遍，落紅遲我知有漢，探訝漁郎早。來掃。

醉花陰 春風

一別一年今乍遇。爲問居何處。底事太無情，剛使花開，又把花吹去。　垂楊葉暗飛晴絮。隔斷行人路。底事太多情，剛送鶯來，又把鶯留住。

高陽臺 春日懷遊

雨過春塘，夢回深苑，風箏一片聲譁。翠入高樓，溪前柳被煙遮。斜陽紅映櫻桃樹，乍捲簾、誤認飛霞。燕雙歸，一半銜泥，一半銜花。　欄杆倚遍思無盡，看煙痕不斷，草色頻加。爲問王孫，可曾綠到天涯。囊中錦瑟隨人慣，好殷勤、與記年華。怕聽他，隔院流鶯，隔院香車。

揚州慢 楊花

小婢推窗，低聲報道，誰家花撲簾旌。襯斜陽似醉，漫徙倚閒庭。看點點、吹來晴絮，春痕欲化，虛負花名。賸游絲、千尺伴他，一樣飄零。　無端聚散，入池塘、還結浮萍。想陌上鶯啼，牆陰燕過，幾許輕盈。但願行人無恙，花飛盡、早計歸程。莫隨流無定，相思空憶蕪城。

八聲甘州 懷夢因金陵

聽風吹短笛送行車。溪畔白雲孤。想金陵客到，暮煙輕展，楊柳藏烏。多少南朝舊恨，盡付莫愁湖。堪歎秦淮水，風景懸殊。　應有歸飛雙燕，尋謝家梁棟，簾影模糊。笑我儕蹤蹟，橐筆走長途。問何年、桐陰消晝，話興亡、談笑繼投壺。最難得、鍾山高處，静聽蟬呼。

風流子　送别孫學成

片帆雲際杳，砧聲起、落日映溪頭。看窗畔香殘，斜欹麝鼎，簾前鳥下，閒挂瓊鉤。最難得、梧桐新月上，楊柳晚風柔。此别何長，無人題壁，重來莫問，有客登樓。　水天同一色，歎桑田、屢變滄海横流。悵望人歸北地，鴈渡南州。况玉露初零，孤蟬罷響，金風乍至，一葉驚秋。果是銀瓶雙浸，未易銷愁。

如夢令

十二欄杆晝静。清境何人管領。珠箔上銀鉤，夢醒雙鬟初整。好景。好景。飛過蜻蜓紅影。

其二

坐聽池前鼓吹。美酒何妨長醉。微雨滴芭蕉，釀就一窗新翠。客避。客避。好讓鸚哥安睡。

其三

落日參差烟樹。隔斷行人歸路。欲聽馬蹄聲，今夜月明何處。且住。且住。正是玉階涼露。

其四

芳草年年無主。閒煞夕陽花塢。楊柳不禁寒，蟬翼抱枝難舉。微語。微語。簾外海棠秋雨。

高陽臺　秋夜旅懷

寶鼎香殘，銀瓶酒罄，清宵客夢難成。涼月當門，照人心事分明。征鴻夜半西南度，過虚堂、音倍凄清。訴何人，時已三秋，夜已三更。人間最是離愁苦，況蕭蕭落葉，敲滿窗櫺。回憶當初，天公未免無情。捲簾試待明河曙，倚欄杆、玉露無聲。望長空，幾疊浮雲，幾點疎星。

滿江紅 與許夢因

緑暗高樓，相逢好、梧桐蔭下。同坐處、荷花經雨，清香宜夏。眼底江山誰是主，尊前風月真無價。且緩去、户外玉驄催，殷勤謝。　三神島，瀛洲榭。千秋筆，珊瑚架。儘夢中作夢，逍遥多暇。鶴米巧從鄰舍乞，鴛衾笑看他人嫁。莫妄問、蝴蝶幾時飛，宵來化。

前調 寄奚昇初

擬訪煙霞，邀同醉、故人情厚。翻自誤、青山相近，馬行偏後。桑海變遷頻過眼，風塵辛苦空爲口。問幾日、雲雨起重霄，蛟龍吼。　迎明月，開東牖。逢甘露，耕南畝。想堂前開卷，風吹深柳。黄石赤松天下少，十洲三島胸中有。試細叩、閉户艸玄經，輸君久。

青衫溼 十六夜月

空欄乍倚生幽恨，花影上窗遲。清光如許，佳人二八，没箇人知。　而今缺矣，容輝日減，客夢何之。盈虧無定，寄聲珍重，待再圓時。

好女兒

不道相逢。憔悴音容。病困佳人誰得似，是

雪裏芭蕉，風中楊柳，霜後梧桐。　爲問干卿底事，歸去也、下簾櫳。莫朗讀、離騷離恨起，且沽酒城南，寄身窗北，待月樓東。

浪淘沙

楊柳帶煙痕。月上黄昏。落紅隨水過柴門。報道一聲春欲去，斷盡花魂。　昨夜記開尊。寶篆徐焚。和風吹雨溼苔紋。爲問人同春去了，若個温存。

渡江雲

庭空香不斷，風吹桂樹，明月小窗寒。夢游前日路，宛似江南，初覺別離難。知音不見，剖雙魚、盡勸加餐。辭萬里、滄溟煙景，來上小金山。　君看。秋來日短，玉樹歌殘，聽潮鳴蘆岸。空自覺、腸迴九轉，恨集千端。多情最是嫦娥好，待宵來、露冷銀盤。時尚永、徘徊莫下欄杆。

水調歌頭

推枕起開户，春花落花多。者番鶯唤殘夢，流恨滿庭柯。欲駕扁舟南渡，無奈天風蕭瑟，江水動狂波。腰下撫長劍，何處斬蛟鼉。　八行字，千日酒，百年歌。寸心未達，蓬島消息近如何。問道滄桑誰主，竟把河山更改，豪氣幾消磨。夕照無邊好，試望魯陽戈。

其二

萬里溯巴蜀，急浪捲江東。我持杯酒懷古，京口幾英雄。無限青山埋骨，遥指白雲遮樹，極目盡寒空。獨有野鷗立，三五亂流中。　客重到，書未寄，夢初通。緑楊眠起，斜日飛絮滿城紅。且採澤邊芳艸，更約尊前明月，吟興自從容。努力加餐飯，此意與誰同。

滿江紅　寄錢厚齋杭州

綠滿蓬瀛，曾經處、雲迷游屐。空幾度、春鬟幽夢，雷峯將夕。瀟灑欲尋飛鶴至，清涼不數騎驢客。羨久住、如此好湖山，煙波宅。　韜光頂，凝遥碧。煙霞洞，劖頑石。訪君家神弩，千秋陳迹。嫋嫋風吹西子柳，蒼蒼雪盡南枝柏。莫忘却、皺玉夜來寒，梅花白。

念奴嬌　送徐叔謨之京師

關山直北，看浮雲試過，黃金臺下。極目秋霄飛隼擊，摇落平原驅馬。擎露盤空，分香臺圮，敲碎鴛鴦瓦。風塵方急，定逢能識君者。　易却笑彈鋏思魚，何如屠狗，一醉瑶尊把。易水年年嗚咽慣，孤木誰支危廈。快憶并刀，悲傳燕筑，莫歎知音寡。登場絃管，憐他袍笏俱假。

金縷曲　寄厲志雲

作客同飄梗。共輕鷗、布帆來往，石尤風靜。最憶夕陽閒試馬，踏碎綠楊疎影。驀分手、動人深省。書劍十年成底事，向北窗、高枕蟬聲永。荷香到，清涼境。　伊誰真把塵緣屏。問茫茫、知音何處，笑他歌郢。尚有愛才心未死，獨繭抽絲難盡。記舊約、平山相等。祇怕重尋時已改，聽潮鳴、月滿秋江冷。君去也，鶴宵警。

念奴嬌　檢與亡婦札

珠沉玉碎，試開箱、尚有雙魚殘字。莫道烏龍曾染紙，侵眼都成紅淚。五夜詩催，八行書就，誰向瑶京寄。人生行樂，壯時偏不如意。堪愧我連歲辭鄉，春來攜酒，尚踏平山翠。歎林禽稱共命，留得風前孤翅。美景空存，離情難補，此恨銀箋記。挑燈重展，年年添作秋思。

沁園春

感懷寄懷奚昇初

舉目雲端，倦翮猶鳴，夕照頻催。看輕妝薄粉，誰家妖麗，珠簾玉篋，轉瞬飛灰。紫塞風高，滄江浪急，碌碌袁劉實可哀。英雄老，笑名流健者，一例庸才。漫言掉臂歸來。似空谷、幽蘭絶點埃。且登山臨水，寄身泉石，左圖右史，環堵蒿萊。壯不如人，世誰知我，獨立蒼茫倒緑醅。相逢好，待清尊重約，同醉寒梅。

如夢令

樓上瓊簫罷弄。蕭瑟金風相送。朗月照空階，露冷桐間孤鳳。誰共。誰共。偏是愁來無夢。

其二

幾陣簾前秋雨。滴碎蕉心難補。琴倚夜窗虚，猶記蘭房小語。空佇。空佇。輪與河邊牛女。

其三

作客頻嫌書懶。握手遽驚魂斷。江水碧無情，咫尺天涯歸緩。不算。不算。艸艸夢中春短。

其四

獨對茫茫蒼昊。何處瑶池蓬島。行客總須歸，那問華年正好。去早。去早。歲月慣催人老。

其五

徙倚空閨神倦。庭艸萋萋緑徧。玉匣網絲生，人赴碧樓金殿。不見。不見。寂寞殯宮秋薦。

其六

堂畔似聞織素。落葉階前無數。踏碎一庭秋，爲掃夜中歸路。且住。且住。檻外飛鴻暗度。

其七

翳翳林端煙靄。睡起怪禽聲碎。誰料碧天

遥，環珮更歸天外。重會。重會。知是人間何代。

其八

彈指流光十載。石上三生相待。碧落寸心通，精衛何勞填海。未改。未改。髣髴雲鬟常在。

其九

偶檢篋中殘繡。枕上淚痕沾透。翠帶幾回量，不信秋來腰瘦。聽漏。聽漏。又是黄昏時候。

其十

千古神原不死。默禱鑪香篆紫。清酒未曾乾，畫像空留形似。如是。如是。焚寄家書連紙。

何滿子　寄淮上友人

叢桂香飄小院，孤桐影上幽階。風裏雁聲吹不斷，碧空遥帶書來。惆悵二分明月，清光移照長淮。　幾度共尋勝蹟，者番難遣離懷。片石峥嶸同坐處，低徊露冷蒼苔。且喜客中無恙，好將吟卷頻開。

以上《含碧堂詞》

程文楷

八聲甘州　長城　己酉

起臨洮延袤到遼東，蜿蜒走蛟龍。數極天關塞，紫荆白馬，山海居庸。一片高秋雉堞，凛冽撼西風。殘壘銷烽火，野燒猶紅。　飲馬我來憑弔，歎千年戰骨，多少英雄。問春閨夢裏，幾度訴離衷。又蒼莽、平沙日落，算秦時、明月古今同。清笳斷、帶邊聲去，數點征鴻。

桂枝香　會師江甯，克天堡城喜誌　辛亥

風生大纛。看戰士鐵衣，月棱斜照。咤叱蒼頭突起，驚飛棲鳥。千山烽火連天赤，短兵交、殺人如草。舊時形勝，龍蟠虎踞，枉誇江表。　聽激越、嗚笳破曉。正躍馬横刀，齊登天堡。指點孤城斗大，虜營低小。金陵王氣銷沉盡，牘降旛、一片飛繞。晚來洗甲，漢家坏土，幾回憑弔。

念奴嬌　秦淮　壬子

夕陽芳草，正鶯花三月，輭風吹暖。王謝舊時雙燕子，飛入誰家深院。曲曲簾櫳，依依楊柳，髣髴靈和殿。渡頭桃葉，離情終古無限。　何處澹粉輕煙，青溪九曲，明月無人管。畫

舫張燈長夜飲，鬢影釵光撩亂。百囀歌喉，兩行舞袖，猶唱桃花扇。南朝遺事，尊前今日腸斷。

如此江山　滬江客感　丙辰

將傾大廈誰支柱。神州陸沈無主。骨暴沙場，臭遺史册，都爲權奸貽誤。黃袍乍御。笑亂世勳名，濫竽充數。如此江山，任他兒戲擲孤注。　驚起聲聲鼙鼓。恨天胡此醉，國基將仆。蠻觸争時，餘生刼後，無限傷心誰訴。盲風怪雨。且被髮佯狂，海濱權住。惱殺杜鵑，尚催人歸去。

水龍吟　觀潮　丙辰

錢塘八月潮來，萬人空巷争先睹。銀浪排空，勢凌龕赭，氣吞吳楚。石破天驚，半江飛雪，千山籠霧。看輕舟一葉，隨波上下，飛潛處、蛟龍舞。　淘盡英雄千古。挽狂瀾、誰爲砥柱。射將鐵弩，軍聲撼地，錢王赫怒。倏忽雲開，胥旗招展，乘風西去。慨中原莽莽，波濤洶湧，問天無語。

滿江紅　雙十節國慶紀念

大好河山，欣再造、金甌無缺。流光速、纔過重九，又逢新節。蓮炬千行欺皓月，霓裳一曲歌今夕。看旗舒、五色燦晴空，臨安陌。　思疇昔，妖氛逼。慶今日，干戈戢。弔國殤千古，江潮嗚咽。有幸青山埋俠骨，無端碧血成陳迹。慨中原、逐鹿幾經過，空悲切。

多麗　月夜泛湖

晚風柔。藕花香送輕舟。指明河、熒熒星影，碧天晝出新秋。小亭荒、仙禽不返，香車渺、垂柳添愁。南渡江山，追懷陳蹟，拂襟一笑酒痕留。對空際、舉杯邀處，明月映中流。清歌裏，幾行征雁，數點眠鷗。　問何輪、坡仙赤壁，六橋乘興重游。遠岫雲收，平林煙散，依稀人動、塔影沈浮。亂峯遮、鐘聲斷續，澄波語水邊樓。望漁火、微明疏斷，孤棹白蘋洲。新涼味，吟成詩瘦，萬象清幽。

卜算子　九日登吴山

螺黛萬重山，蠣粉千家屋。樽酒相攜第一峯，放眼空江國。　人語紫陽巔，雁字青霞麓。細雨斜風自滿城，着意催黄菊。

千秋歲　冬夜

千山雪霽。濁酒三杯醉。月滿地，天如水。鐙孤人影瘦，霜重雞聲起。愁不寐。男兒羞灑窮途淚。　旅思憑誰寄。别恨渾無似。鄉夢斷，征鴻滯。蟲沙留舊迹，湖海消豪氣。歸何計。心縈寸草春暉裏。

卜算子　雪夜

皎潔近山明，料峭尖風厲。冷絮漫天白戰酣，一鶴空庭睡。　虚牖擁裘寒，活火煎茶沸。明日孤山去問梅，枝北花開未。

金縷曲　馮小青墓　戊午

金屋何緣貯。悵無端、河東禍起，蛾眉善妒。離合匆匆都似夢，腸斷緑波南浦。又寫遍、傷心詩句。自古才人多薄命，最憐他、巾幗因才誤。引起我，閑愁緒。　依稀煙水西泠路。認冰魂、和梅乍返，唤春同住。一曲湖光幽入畫，分占林家孤嶼。合小伴、鞠香坏土。欲折芳馨來弔古，問當時、環珮歸何處。斜照裏，花無語。

阮郎歸　花朝

一犁新雨足青郊。輕煙籠畫橋。年年客裏過花朝。綵旛枝上飄。　荑弱柳，發穠桃。天涯春色嬌。二分明月玉人簫。故園芳訊遥。

西江月　清明

紫燕争營故壘，黄鸝嬌囀新聲。半晴半雨作清明。弱柳將棉風定。　寒食纔過冷節，輕煙又散春城。十千沽酒醉旗亭。目送鞭絲帽影。

滿庭芳　芳草

夢醒池塘，江南春暮，陌上一片蒙茸。細叢疏影，低襯落花紅。芳遠前侵古道，新雨後、屐齒痕鬆。雙隄上，香濃碧淺，風暖試青驄。　縱橫無賴甚，窗前露濕，簾外晴烘。但離離自長，不籍人功。無限王孫舊恨，都分付、花外東風。好生向，蓬萊峰頂，千載色葱蘢。

減蘭　曉起

春郊雨霽。不爲惜花偏早起。棲鳥初飛。日出中庭露未晞。　層巒疊嶂。捲上湘廉頻眺望。清思悠悠。隔岸山光入畫樓。

南鄉子　春燕

舞態競蹁躚。掠水輕盈弄影纖。帶雨歸來簾

未捲，偷覘。飛傍雕簷去復旋。紫喙錦泥黏。小築香巢自整嚴。不住呢喃低語意，纏綿。畫棟雙棲一夢甜。

錦纏道 春游

狡獪東風，作盡晚晴朝雨。看湖隄、裙腰斜處。草侵蘇小墳前路。鬢影衣香，競指西泠去。向三潭放船，六橋留句。歎浮名、從前都誤。甚青山、有價無錢買，幾生修得，結個茅廬住。

燭影搖紅 燭

綺閣春濃，百枝鳳炬雲屏暖。飄香輕匝紫茸茵，休把珠簾捲。恐被東風吹散。最消魂、宮眉畫淺。海棠開遍，人影花光，迷離莫作平辨。急管繁弦，小鬟擎酒殷勤勸。凝空金粟欲成堆，厭取并刀剪。燒到刻痕過半。儘催詩、良宵苦短。夜闌客去，共話巴山，西窗凭遍。

慶春澤 細雨

樓閣溟濛，鞦韆冷落，緑蕪小潤如酥。輕壓楊花，幾回亂點琴書。淡煙一抹東風濕，閉閒門、草滿前除。最憐渠。粉翅金衣，鳳子鶯雛。　蓉塘隱隱輕雷近，想漁舟乍繫，酒旆還舒。怎得丹青，倩他替畫春湖。劍門雲冷詩人過，問何如、灞上騎驢。慢傾壺。且喚奚童，剪取新蔬。

疏影 簾

低垂罘罳。正晝堂晝靜，午睡初足。小雨新晴，燕子頻瞋，錦額幾番微蹴。桃花影趁斜陽入，怕卷起、影兒羞縮。最惱人、柳絮顛狂，儘向翠鈎輕撲。長記紅妝倚處，那回丁字下，雙臉如玉。欲見廻腸，留住爐香，煙縷篆殘還續。揚州杜牧當年去，悵十里、春風誰屬。想繡屏、深坐顰眉，蟬鬢美人幽獨。

金縷曲 落花

流水悠悠去。正瀟湘、片雲化後，數聲啼宇。墜粉闌珊何忍掃，休向中庭更數。最無賴、宵來風雨。紫恨紅愁春不管，繫金鈴、十萬終難護。開復謝，若爲主。當時梓澤消魂處。逐香塵、繁華事散，夕陽無語。十二玉闌悲晼晚，贏得鶯悽蝶苦。祇廊月、和人凝佇。等是東皇新點染，讓楊花、飛上青雲路。論際會，卻輸與。

臨江仙

金勒雕鞍芳草地，風帘幾處旗亭。綠肥紅瘦雨初晴。絮飛春有影，花落鳥無聲。燕羽參差來又去，者般繚亂心情。斜陽冉冉暮雲平。柳邊人獨立，隔岸小舟横。

鷓鴣天 暮春

客裏光陰過眼賒。滿堤柳絮滿城花。踏青頻策青驄馬，拾翠誰乘繡幰車。甘作嫁，久離家。恰輪場圃話桑麻。聲聲杜宇催人老，書劍飄零感戍笳。

水調歌頭 送春

南浦餞春去，惱煞杜鵑啼。多少離愁別緒，祇有曉鶯知。芳樹紛紛紅瘦，芳草萋萋碧淺，今增後惹相思。尚有清和景，莫負此年時。　惆悵，春再至，隔年期。繁華過眼，如夢往事怕重題。一桁珠簾不卷，鎮日雙眉頻皺，無語怨斜暉。身世升沈感，柳絮舞高低。

青玉案　觀棋

臨窗解籜新篁秀。又花氣、侵簾透。清簟夢回疎雨後。好風過處，午陰濃候。坐隱消長晝。　兩奩黑白龍蛇走。闔闢從横儼攻守。席上藏機誇妙手。一枰方罫，問誰贏負。笑我旁觀久。

好事近　初夏

棐几絶纖塵，窗外幽蘭芬馥。小院晝長風静，恰涼生修竹。　鳩鳴屋角競呼晴，梅雨四郊足。麥隴香沾衣袂，更櫻桃初熟。

如夢令　夏夜

山色湖光如畫。小艇採蓮月夜。花裏度流螢，一曲横塘歌罷。消夏。消夏。妝卸水晶簾下。

朝中措　乞假歸揚州，晚宿京口

吴山越水十年游。别恨幾時休。又是江南春盡，一千里路悠悠。　昨宵黄浦，今宵京口，明日揚州。獨自凭闌望處，兩三星火瓜洲。

西江月　重遊平山堂

十載天涯覊旅，一年一度揚州。别來湖水不勝愁。比似西湖消瘦。揚州保障湖，一名瘦西湖。　買得扁舟雙槳，平山堂下重遊。尋花載酒少勾留。贪與閒鷗話舊。

長相思

風瀟瀟。雨瀟瀟。幾葉芭蕉伴寂寥。秋窗讀楚騷。　山迢迢。水迢迢。何處簫聲廿四橋。家山千里遥。

蘭陵王　秋柳

大隄路。秋色淒涼如許。西風裏，摇落千絲，弄影蕭疎夕陽渡。斑騅繫不住。消息當時早誤。漫凝佇。幾點棲鴉，流水孤村斷腸處。　依依甚情緒。看瘦損腰肢，顰損眉嫵。者般憔悴霜還妒。只古戍黄葉，淺汀紅蓼，清愁合付晚蟬訴。惆悵庾郎賦。　羈旅。越吟苦。記絮撲湘簾，煙鎖江浦。攜樽幾度聽鶯語。又怨傳玉笛，歌歇金縷。長條休折，待春到，任起舞。

浪淘沙　秋月

雲浄數稀星。幾點流螢。疎砧斷續倚樓聽。棲鳥不曾驚。月自嬋娟人自瘦，花自精神。　漏轉三更。中庭冷露濕無聲。貪看冰輪眠未穩，玉指調笙。

聲聲慢　秋聲，仿竹山體

天涯羈旅，别緒關心，秋窗自倚新聲。井畔飄梧，西風吹斷蟬聲。流雲乍吐桂魄，甚殷勤、久弄箏聲。愁不寐，問何人夜讀，燈下書聲。　應是征衣待寄，聽鄰家、軋軋一片機聲。冷冷清清，和他鐵馬商聲。有時振衣起舞，賴警人、中夜雞聲。玉漏歇，漸嗚咽、吹徹角聲。

蝶戀花 秋懷二首

獨倚危欄斜日暮。剗地西風，瘦盡梧桐樹。誰弄洞簫如泣訴。長空征雁南飛去。　滿目黃花凝白露。客裏愁聽，一霎重陽雨。酒醒香銷蛩亂語。欲尋舊夢無尋處。

其二

莫道春愁拋撇久。又是深秋，景物全非舊。日日東籬常病酒。對花人比黃花瘦。　底事風孱還雨僽。作去弄微寒，暗地欺羅袖。孤雁一聲砧杵逗。平林如畫雲歸岫。

浪淘沙 詠刀

三尺冷光搖。寶鈿橫腰。斷蒙斫石氣尤豪。戰勝沙場曾斬將，月黑風號。　六載脱征袍。無限牢騷。吴鈎光熖黯然消。塞上風雲平地起，秋水磨刀。

奪錦標 夜戰

暝色沈沈，驚沙陣陣，木落西風蕭瑟。斷續千營刁斗，孤雁音淒，亂烏飛急。看星稀月黑，正輕騎、軍門馳檄。偃旌旗、急走銜枚，妙算神機難測。　萬衆同心破敵。晝角無聲，夜薄休屠堅壁。白刃相交血濺，光黯銀戈，冷傳金戟。問深宵奏凱，可遥比、崑崙奇襲。待平明、秣馬龍堆，露浥征袍猶濕。

一剪梅 中秋

天末微雲淡欲流。日落滄州。雁過汀洲。一年容易又中秋。月滿瓊樓。人在西樓。　一樣清輝兩地愁。心也悠悠。漏也悠悠。江湖落拓尚依劉。酒醉杭州。夢繞揚州。

金菊對芙蓉　菊

風雨重陽，黄花照眼，依然舊日丰姿。看孤芳蝶戀，晚豔蜂偎。去年俊賞曾來就，記陶然、共醉深杯。多情破帽，何輸小杜，滿插花歸。低徊此度花期。怎匆匆開了，辜負年時。似相逢有恨，恨被霜欺。花憐我瘦花還瘦，帶疎煙、澹月迷離。何堪重憶，枯藤手縛，爲補東籬。

戚氏

九月同楊耀卿先生士明、徐階三上尉思晉渡湖，經石屋洞，將登南高峯巔。中道小倦，憩於撫門洞僧舍。遂折而下，訪煙霞洞、虎跑泉，循小天竺至江干而歸

暮秋天。曉來風景倍清妍。鷺掠銀波，雁飛瓊宇泛湖船。飄然。六橋邊。沙平水淺碧潺潺。滿懷旅思誰訴，拍手高唱我非顛。柳渚楓岸，人家何處，但餘樹杪炊煙。正羊羔作脯，桑落盈琖，牢九登盤。　攜手更上南山。游屐幾兩，共入白雲間。神仙宅、浮螺虛谷，皆石屋洞中題壁語。總是奇觀。陟層顛。鳥道百丈，迴環倦枕，蘚石間眠。老僧不俗，掃葉烹茶，欵邀小憩蒲團。　洞口煙霞古，天教領署，定有前緣。玉局仙風宛在，過蘇龕題字識先賢。煙霞洞口有石龕，鑿東坡象，題曰『蘇龕』。嶺頭未放寒梅，清光緒中，閩僧學信結廬洞中，種梅數千本。且留後約，風雪他時踐。算菊花、插帽司勳慣。階三折菊一枝插帽。尋勝蹟、遥訪禪關。問虎跑、佳話猶傳。任攜綆、汲井掬清泉。向江干去，斜陽又晚，月上歸韉。

暗香　梅

一天晴月。正石枰半啟，輕煙纔歇。素服淡妝，雪作精神冰爲骨。可念天寒竹外，伴幽獨、一枝初發。欲唤取、紙帳春生，香度枕屏疊。　孤潔。共誰説。算一樣心腸，玉壺清澈。有人悽絶。當日何郎悔輕別。贏得羅浮山下，相見處、酒潮雙頰。夢斷也、又鐵篴，數聲吹徹。

瑞鶴仙　梨花

玉釵輕裹裹，看淡掃蛾眉，東欄斜凭。中天月如鏡。正重門深閉，香銷金鼎。懨懨對影。別離恨、非關酒病。最憐他、帶雨啼痕，淚界粉腮還凝。　幽靜。不饒梅色，雅薄桃花，靚妝都屏。夜深漏永。輕寒透，雪肌冷。怕春光將老，難禁風妒，空怨東皇薄倖。又枝頭、無賴鶯催，曉雲夢醒。

摸魚兒　嚴子陵釣臺

瞰桐江、兼天波浪，英雄淘盡多少。蒼煙漠漠山如削，沙上兩三鷗鳥。君莫笑。縱畫向雲臺，争抵漁家傲。羊裘獨釣。任天子旁求，三徵不屈，歸向富春老。　東巖近，異代元英矯矯。比鄰新結同調。磻溪白首收綸去，豈是故人懷抱。流不到。看七里灘前，潮也回頭早。錢塘江潮不過釣臺。空餘廟貌。問大好嚴州，更誰管領，萬古客星杳。

離亭燕　白帝城

古木蕭疏如許。淒急暮砧敲處。魚腹江流何限恨，落月杜鵑無數。屈指説興亡，惟有蜀山如故。一炬連營焦土。應悔吞吴真誤。六尺藐孤三足鼎，忍見傳車終去。千古永安宫，蔓草荒煙誰主。

聲聲慢　東風　己未

輕颺酒旆，暗逐香車，粘天緑草芊芊。楊柳千條，無端盡向西偏。年華暗中偷换，引閒愁、先上眉彎。無賴甚，恁頻欺羅袖，故弄清寒。　不管遊人懊惱，作去廉纖細雨，慣破花慳。便了周郎，銅雀不鎖嬋娟。恖恖幾番風信，甚春來、又送春旋。腸斷處，聽聲聲、啼老杜鵑。

前調　西風

微波蘋末，落葉亭皋，雲羅萬里征鴻。蘆絮輕輕，依稀柳絮因風。天涯十年歸夢，待朝來、吹過吴淞。渾無據，怕關山難度，離恨重重。

人比黄花還瘦，試倩伊心事，刀翦聲中。涼透窗紗，孤燈一點摇紅。潘郎鬢絲暗换，正疎砧、傳到簾櫳。愁不寐，聽秋聲、都入井桐。

賣花聲　本意

春色滿江城。宿雨新晴。曉來深巷賣花聲。一一花魂都唤返，數遍芳名。　睡蝶也驚醒。隨著伊行。嬌喉清脆隔牆聽。偏是籠鸚閒學舌，吴語分明。

應天長　鷹

玉玲綵綬騰拏處。漠漠煙沙千里暮。拳金距，振霜羽。眼疾草枯平地去。　下韝隨指顧。用成句。飽後還相依否。雨血風毛無數。蒼茫斜日路。

滿江紅　翁仲

相對斜陽，消受盡、年年岑寂。看竟日、排衙荒埏，蘚痕侵膝。石獸經時成伴侶，青蠅終古爲賓客。笑盈頭、飛上紙錢灰，逢寒食。　前朝事，誰追憶。千載後，人猶識。任樵歌漁唱，無言佇立。華表巖巖仙鶴去，佳城鬱鬱啼鵑泣。問酹觴、分爾一杯無，空悽惻。

眉嫵　新月

正長空如洗，淡靄全消，初暝著纖印。一桁珠簾捲，屏人拜，殷勤探取歸信。玉容瘦損。料嬾窺、菱鏡三寸。恰依約，半額宮黃淺，斂眉帶新恨。　天上團圓期近。恁等閒世事，離恨無準。破碎山河在，三郎去、霓裳何日重聽。獨眠未穩。算鑑帷、遥夜無分。待傳語清虛，還怕素娥不問。

大江東去　長江

折蘆而渡，看天塹終古，界分南北。萬里淼茫波浪濶，下有鮫人淵客。吸引沮漳，兼吞沅澧，潮湧鴻濛濕。英雄淘盡，陽侯堪傲河伯。　蜿蜒源導岷山，流趨巴峽，東下驚濤急。澒洞煙沙奔日夜，出没蒲帆千幅。魏帝縫囊，苻堅投箠，壯志真無匹。樓船相屬，橫江鐵作平鎖何益。

臨江仙　題徐階三水仙畫扇

羅韈凌波塵不染，風前幽影參差。輕盈初試六銖衣。冰肌原耐冷，端合伴梅妃。　記得漢皋曾解珮，別來無限相思。重逢疑是又疑非。湘靈長脈脈，一曲水雲隈。

菩薩蠻 迴文

粉融香汗流檀枕。枕檀流汗香融粉。衾鳳宿寒輕。輕寒宿鳳衾。篆香銷夜半。半夜銷香篆。驚夢曉啼鶯。鶯啼曉夢驚。

其二

水沈添罷梳雲髻。髻雲梳罷添沈水。香暖度紗窗。窗紗度暖香。遠山眉翠淺。淺翠眉山遠。霞臉妒嬌花。花嬌妒臉霞。

其三

捲簾風暖春飛燕。燕飛春暖風簾捲。春晚怨離人。人離怨晚春。摘花閒久立。立久閒花摘。苔染鳳頭鞋。鞋頭鳳染苔。

其四

赤欄橋映清波碧。碧波清映橋欄赤。鞭墜正情牽。牽情正墜鞭。柳眠春影瘦。瘦影春眠柳。離別恨依依。依依恨別離。

翠樓吟 屏風

有意遮風，無心障月，芙蓉爲誰輕掩。春歸人寂寞，畫簾外落紅千片。香留寶篆。恁六曲連環，牽情無限。尋思遍。背燈閒倚，彩牋重展。淚眼。坐對無言，任翠翹斜嚲，嬾擡妝面。紛綸蛛網細，似離緒絲絲不作平斷。天涯晼晚。但暗憶王孫，何時相見。江南遠。小山重疊，夢魂難遣。

江城子 聞笛

水精簾捲十三樓。碧雲流。月如鉤。一夜笛聲，吹起玉關愁。何限受降城外意，蘆管裏，按涼州。

清平樂 工部《兵車行》，讀之氣短。爰反其意，作此一解

少年夫壻。躍馬從軍去。誓掃匈奴身不顧。妾語君須記取。　玉關音信毋稀。瀕行重熨征衣。忍住兩行紅淚，怕郎臨別依依。

憶江南

清晝永，一桁水精簾。閒撮沈檀成卍字，更穿抹麗作去聲花籃。香惹玉纖纖。

御街行 夏夜

月明影疊松篁細。擫玉笛、樓頭倚。青蘋風起舊池塘，雲净碧天如水。鳴蟬沈柳，歸鴉棲樹，玉露涼琴几。　流螢閃入花叢裏。曲檻外、荷香遞。晚來卻較午陰清，翠暈新苔鋪地。煎茶滌暑，何須濁酒，一笑風掀袂。

生查子 采蓮曲二首

緑水采紅蓮，舟過西興渡。葉是五銖衣，花是重臺履。　妾貌豔如花，心比蓮心苦。擷取贈檀郎，寄向江南去。

其二

一曲采蓮歌，葉底鴛鴦住。我自不如伊，雙宿花深處。　壁月送蘭橈，載得花深去。十里水風涼，認取來時路。

二郎神 雷

密雲潑墨，光倏忽、驀飛銀線。正百里郊原，千山風雨，連鼓聲聲不斷。道是咸陽兵車過，又記喚、阿香親挽。看律令疾馳，豐隆狂舞，揭來天半。　堪羨。書生柱破，鸞箋還展。

甚屈指英雄，使君失箸，翻向尊前色變。八陣圖荒，三分鼎覆，誰把卧龍驚轉。算只有、碑碎宣和殿外，快心無限。

好事近　四時漁家樂

春水鱖魚肥，已過禁煙時節。繫艇緑楊陰下，正楊花如雪。　風前醉卧脱蓑衣，淡淡一鈎月。塔影隨波摇漾，又行雲明滅。

其二

湖上久浮家，鷗鷺竟成相識。四面藕花爲壁，更無些塵迹。　晚來沽酒段家橋，傾樽永今夕。明日煙波深處，問何人尋得。

其三

一棹任東西，儘取五湖爲宅。楓葉蘆花留我，向船頭横笛。　賣鱸沽酒放歌歸，卧槳傍沙蹟。夢醒招邀新雁，説秋風消息。

其四

蓑笠釣寒江，漠漠暮煙凝碧。風雪漫天飛舞，替千山添色。　百杯不醉酒頻斟，豪飲問誰敵。望裏迷離難辨，有孤鴻留迹。

離亭燕　晚煙

落日鴉邊初墮。漠漠平林深鎖。暮色蒼然横古渡，卻被鷺鷥衝破。墟里有人行，依約歸鋤斜荷。　江上客舟摇過。柳暝絲絲婀娜。一片淡黄新月上，枕石和雲閒卧。隱隱聽漁歌，不見孤篷燈火。

鵲橋仙　八夕　己未

雙蓮節過，五雲車返，又隔迢迢銀浦。一番淚雨灑牽牛，算佳約、何堪回顧。錦衣曝後，金針穿罷，癡絕世間兒女。今年秋閏會重來，待烏鵲、填河兩度。

減蘭

濕雲閣雨。徹夜笙歌蛙兩部。綃帳如煙。金鼎香消人未眠。　屏山迤邐。隔住夢魂飛不起。花外疏鐘。度過湘簾笫幾重。

浣溪紗

天淡雲輕月一弓。半簾花影寫秋容。西風消息到梧桐。　有意寒砧催落葉，無端別夢逐征鴻。金猊香冷畫屏中。

前調

羅韈伶仃怯夜涼。玉階清露濕秋棠。含愁慵整薄羅裳。　蠟淚有心常惜別，龍涎成篆幾迴腸。銀箏弄久未歸房。

前調

簾隙西風促夢回。新涼一味透冰肌。窺人明月入羅幃。　疏影半奩愁裏鬢，淡痕幾筆怨中眉。玉關依舊雁書稀。

桂枝香　鱸魚

扁舟乍繫。正玉尺銀梭，價高魚市。極目菰蒲幾處，荻花無際。八叉吟客驚秋夢，最難忘、東門煙水。一天霜皎，半江楓冷，作去成歸思。　笑堪數、平生適意。只一箸尊前，雪鬆酥膩。贏得并刀細切，漫煩纖指。算來未必功名勝，又何須、覊游千里。者般風味，年年相憶，紫蓴香裏。

眼兒媚 秋水

蒹葭霜冷水痕收。淺碧接天浮。清涵雁影，微明蟹火，月映中流。　蓴羹鱸膾江南好，客裏最宜秋。一奩開鏡，四山如畫，簾捲西樓。

金縷曲

動地來鞞鼓。漏深沉、者番策畫，席前借箸。眼望旌旆能報捷，掃得邊氛氣吐。又豈料、歸來鎩羽。四面楚歌連角起，莽男兒、忽地戎機誤。　曳兵走，恨無主。　泥封函谷今非古。縱當時、風雲變色，丈夫何懼。白戰無須持寸鐵，任爾硝烟彈雨。拚一擲、今宵孤注。虜騎不來烽火暗，笑棋輸、一著全枰負。　九州鐵，錯誰鑄。

前調 留別慶元父老

到此經年矣。趁春來、還隨春去，韶光似水。愧我輇才無卓識，堪笑素餐如此。又風雨、偏災迭至。忽訝狼煙平地起，看松源、父老驚何似。撫心問，如芒刺。　白雲長灑思親淚。念家山、迢遥千里，魚鴻阻滯。朝夕思歸歸未得，都爲蝸名匏繫。盼飛到、官書一紙。好息仔肩還海上，衹未完、素願心難恝。從今别，聊留字。

滿江紅 四十初度感賦　乙五

輕負韶華，忍更説、功名塵土。數歷歷、雨飄風滿，可堪天妒。飲馬空餘瓜步水，搴旗莫認臺城路。問横江、鐵鎖爲誰沈，憑飛渡。　南走越，家何處。湖山好，拋難去。算伶俜十載，井梧延佇。未許折腰耽五斗，漁陽一夕來鼙鼓。趁春歸、撿點舊征衣，和春住。

望江南

丙寅冬，湯溪戰役，敵軍紛竄，追擊至金華，奉命出宰麗水。棄戎馬生涯，現宰官色相，傀儡登場，非素願也。丁卯春，道經五雲，承縣長陳子亭同志雅意殷拳，留駐數日耳。仙都溪山之美，乘興而來，探奇竟日，率成小詞四闋，非敢媲美題壁諸前賢，亦聊誌鴻爪已耳

仙都好，幽秀絶塵寰。山色四圍堆翠黛，泉聲幾處和琅玕。到此且停驂。

其二

仙都好，蓮石駕長虹。暘谷玲瓏疑鬼斧，旭山奇突訝神工。避世與誰同。

其三

仙都好，眼福幾生修。姑婦奇峯開異景，樊倪遺蹟慕名流。不負五雲游。

其四

仙都好，勝境繫人思。烽火連天歸未得，荊榛遍地去何之。孤憤祇天知。

水調歌頭

連朝春雪，乘興遊萬象山，感而賦此

丁卯

春雪擁三尺，何處訪袁安。漫天瓊屑飛舞，攜酒獨登山。古寺鐘聲冷閣，老樹棲鴉寒噤，松外一僧還。四望白無際，聊作畫圖看。　征袍脱，良馬逝，作去麤官。空懷壯志，兩行清淚濕青衫。追憶石作平湖淮海，空有樓頭煙雨，誰與結詞壇。按劍發長嘯，帆影有無間。

以上《蘭錡詞》

程先甲

瑶華　題休寧程氏六烈婦紀事册子　六烈婦者，崧辰妻戴、崧辰子舒標妻汪、元標聘妻黄、崧辰弟崧祝妾江、崧祝子得標妻孫、崧辰子龍標妻李

織愁作錦，疊恨成珠，自寒闈堪惜。無端紅劫，彈指頃、劍氣刀光相逼。南山背粉，問酹酒、誰招貞魄。更曲江、嗚咽流芳，鴛血千秋長碧。　淒涼歲籥纔周，竟姑婦齊萎，先後俱厄。鸞歸華表，天賦與、皎潔一門珍璧。吾宗尤痛，寫彤管、淚痕俱溼。待墓前、遍種梅花，環珮珊珊歸夕。先後者，娣姒。見《釋名》。

三姝媚　甘肅蘭州雷壇牡丹

芳郊幽不唾。正松蘿盈山，蘸壇深鎖。錦瓣成林，訝最高枝上，百千僊朵。似樹疑峰，難采擷，霞嫣瓊裹。花下開筵，飛琖馳觥，萬人猶可。　還有薇垣婀娜。似粉靨凌雲，玉樓嬌坐。聞道河州，更瑙盂如斗，九華圓軃。蘭州藩署白牡丹甚高，導河尤大。莫憶家園，想故國、無斯嬈婠。眼炫燕支香海，斜陽慿墮。

緑意　夏日綏遠營次野宿

蓬萊小謫。忽單衣匹馬，掀騰沙漠。雲莽陰山，風嘯黄河，塞外夕陽將落。旌旗凍捲宵圍帳，且環立、健兒矛戟。一霎時、野宿貔貅，萬竈吐煙齊白。　侵曉聲聲角語，笑炎夏坐擁，羊裘猶薄。冰纈黏茵，霜縞侵囊，草出檄書盈尺。飄零琴劍休長歎，已慣聽、胡笳羌笛。看踏殘、葱嶺瓊霙，醉飲一駝酥酪。

錦纏道　題通之畫牡丹巨幅

首夏纔花，恰是玉闌春麗。躡芳田、燦堆硃蕾。斜斜整整千峨媚。蘭州節園有牡丹花田。　漫詡蘭叢，九畹湘波膩。　念銀河返槎，一枝誰寄。夢痕中、尚縈琮翠。問阿誰、揮灑冰綃上，儘教餐豔，鳳尾翔天際。

瑶華　浮北海

峰移鑌艦，電激颷輪，趁銀流宵發。靈鼉三五，馱澥瀅、六萬年華更迭。黑洋飛渡，簸墨浪、舟纖于葉。任幾回、風蕩鞦韆，舊夢凍蛟能説。　偶然怒息陽侯，看無岸無邊，黏遍濤雪。神山聳矗，遥認是、幾疊鯤鯨鬐鬣。囪鳴纜擊，想聲震、水晶宫闕。喜島波、碧染煙臺，曉吐珊盤奇絶。

小闌干

緑琉璃閣淡紅橋。臨水度瓊簫。燕子歸慵，鸚哥睡美，瀹茗看桃夭。　宵來虬咽歌臺寂，倚倦楚宫腰。萍漾波香，花流漲膩，獨自弄蘭橈。

長相思　舟行

柳葉青。榆葉青。青到江南長短亭。金焦似畫屏。　雨冥冥。霧冥冥。夢入澄江午未醒。煙波一棹停。

雙調望江南

人去也，寶扇望中迷。紅杏牆頭留淺笑，黃鶯枝上學嬌嗁。煙裊緑楊堤。　鐙舫寂，明月祇含淒。白紵歌殘金鳳去，锦韉塵暖玉驄嘶。

芳草自萋萋。

雙調南鄉子

冰柱挂雕檐。獸炭頻温下繡簾。絮語宵長人意倦，懨懨。笑掠檀梳對粉奩。　出户眺銀蟾。狐帔貂冠次第添。戲製雪鐙舒玉筍，尖尖。繡葉描花總不忺。

秋波媚

嫩涼天氣藕花妍。雨後戛吟蟬。半灣流水，兩行疏柳，一架鞦韆。　疏簾清簟棋纔了，甜雪剖瓜圓。碧紗橱裏，紅珊枕畔，白玉簪邊。

阮郎歸　游皖道中

丹楓如醉暮山秋。林深樵唱幽。夕陽紅上白蘋洲。有人凭畫樓。　思渺渺，恨悠悠。風塵何日休。征車翠麓小勾留。寒鴉生客愁。

法曲獻仙音　咏無線電

纖玉投壺，俊香將札，紫線休愁風攪。既發還收，未牽何挂，傳書果然奇巧。睇弱水三千路，殷勤勝青鳥。　緑衣杳。歎鴻鱗、絶無消息，飛艇寄、生怕又遲分秒。錦字倩紅綃，寫相思、休問多少。暗逗靈犀，刹那間、萬里明瞭。喜元辰牋賀，綵鳳雙翔雲表。

百宜嬌　有聲電影院

霧掣丹梯，月移銀幕，琴鳳振吭宵暖。電葯扃輝，翠筒低耀，髣髴樓臺歌管。留聲攝影，合兩美、驚看奇片。任璇機、波沸瀾翻，五洲情景何限。　前度劇、寒蟬浪演。列缺再揚鞭，乍聞鶯囀。髮綰晶冠，腕鑲時計，隔坐梨渦微展。鶼鶼鰈鰈，滅畫燭、留髿薌滿。聽歸時、汽笛車鈴，鬧波羅館。漢皋有一極瑰麗之西餐室，名波羅館。

以上《百僊詞》卷一

醉蓬萊 登華山 華山一名寶華山，在句容，昆連上元東北鄉，自湯山往可十八里

正湯泉浴罷，捫葛攀籐，飽餐寒碧。夾道松濤，恁天風吹襲。插漢晴峰，巧安蘭若，瞰絳寮如織。更倚修篁，緑陰千匝，青鶯俱羃。奇絕安南，舁來新佛，丈六瑶軀，透明無隔。供養峰巔，勝觀音絲刻。茗露含甘，泉琴鏗響，把煩襟湔滌。待上冰蜍，尋幽選窅，何曾歸得。

臨江仙 題萬勛丞所藏清張畹九自書《賜如意齋詞稿》 畹九侍慈寧宮宴，賞玉如意，因以名齋

日暖金鼇宣敕，雲嬌玉蝀題箋。太平歲月似飛仙。烏絲閒自寫，鴻印尚留妍。　昔日璇宮扃否，而今衰草淒然。水流花落恨年年。皇孫空啄燕，帝子已啼鵑。

十六字令

愁。笛韻悠揚隔畫樓。人何去，雪透紫雲裘。

鶯啼序 蟹蝶 吾邑恒析已熟之蟹螯肖蝶，黏于壁

銀屏乍醒綺夢，忽新繙蜨譜。睇椒壁、結對成雙，尚含霜沚情緒。酒壚側、長卿爛醉，游仙化作羅浮侶。問前身鷗國，怎來菊花深處。遥想蘭閨，素手浥箋，正雙螯咀茹。　剔瓊縷、頻搦簪枝，細芬還賸如許。趁閒情、聯成鳳子，恰華翅、香鬚微吐。看鐙前，脂重腰纖，

黛輕眉嫵。瑛盤玉膾，雋味堪思，又料量剖取。乍付與、俊鬟憨婢，細撚鸞釵，卻笑橫行，碧箱高舉。而今解甲，蔥尖裝點，依稀宮粉何郎傅，儘風流、竹徑花叢度。鸚紅嘴豔，何須綵繡絨描，倩魂喚起韓女。　鸞鄰姊妹，竹馬兒童，總眼花墮霧。暗怪詫、春駒飄逸，寶扇爭擎，欲撲還疑，似飛仍住。芳園冪翠，珠簾圍暖，南華春夢今始熟，漸膏金、膚玉三生悟。何時公子翩翩，錦繡心腸，穿去聲花舞去。

菩薩鬘　題孫太狷紅橋春泛圖

鳳皇臺上棲雙鳳。紫霞千縷流蘇夢。乘興弄蘭橈。春迷廿四橋。　煙波明似鏡。兩岸珠簾靜。新月柳梢生。玉簫初囀鶯。

如夢令

芝殿春寒籠霧。蓮漏宵深零露。靈藥覓多時，長袖飄飄霞舉。歸去。歸去。雲擁廣寒香御。

一翦梅　五色芙蓉

誰向秋江種豔苗。曉似梨嬌。晚似桃夭。金風颭午嫋蠻腰。褪卻葵袍。披上荷綃。　魏紫來時月滿霄。醉到今宵。醉到明朝。新妝勻靨更妖嬈。半面霜描。半面霞飄。

前調　歎逝

綠柳紅橋傍晚煙。境也如儇。人也如儇。可憐時節柰何天。記得當年。難得當年。　一別淞濱訊杳然。夢裏題箋。病裏參禪。羈魂扶上廣陵船。淚自漣漣。恨自緜緜。

風入松 題鄭雨三亡室伍孺人事略

素娥簪柰度中秋。弱魄墜瓊瘦。篋中賸墨淒涼在，一行字、一縷新愁。蝶夢驚殘孤枕，鵑痕和淚雙流。昔年咏絮擅詩喉。经史伴珊鉤。鸞笙天際驚相詔，恨香侍、恩趁瑶輈。杳窱銀河長隔，霜蕤飛上鴛裯。

千秋歲 壽錢姻母施太夫人

小春和煦。瀲灩紅梔吐。西母粲，顔長駐。玉蓮池内馥，金烏牕前語。祥雯起，碧城十二争凝竚。文梓天衢舉。蜚譽鵷班侶。瀛海返，孫枝聚。璇闈多曼苐，微醉看萊舞。歡未極，銀屏更繡長生譜。

三台令

飛燕。飛燕。舞若迴風掣電。雺時縹渺天涯。皓腕雲中雨花。花雨。花雨。塵世落霞千縷。

惜分釵 吴瘦渠之子婦邵，工繡，以分娩後卒

青霞帔。明瑲佩。一生愛好天然慧。繡中神。畫中春。葉葉如生，朵朵猶新。真。真。狂飈起。凋瓊蕊。倦蠶絲盡蛾孵子。翅飛飛。夢依依。缺月奩扃，雙淚珠唬。淒。淒。

念奴嬌 丁卯與太狷水閣談藝甚歡，即題其《秋影庵詞卷》

瑶臺天咫，恰臨淮畫槳，琤瑽鳴玦。隔岸芙蓉篩冷豔，迴出羣芳高潔。鞞髻嬋娟，捲將翠袖，涉水頻搴擷。迴看羣嫭，曼情都付啼鴂。歸去珀枕慵欹，龍涎添篆，相對如冰雪。窈

窕鍾山飛晚翠，湔盡塵氛清絶。箋怨緗顰，煙欷露泣，展卷瑩瓊屑。料應人世，碧城迢遞難越。

探芳信 訪勁秋不值，戲題

繡初倦。正問杏妝樓，探梅舞院。奈那人云杳，春愁但盈眼。鸚哥空向雕籠立，依舊煎茶喚。悄相看、唾碧黏衫，麝芬凝鈿。　還記昔時見。有嬌滴桃花，暎將人面。飛去雙鴛，何處膩歌戀。粉牆遍覓前題句，淒黯蛛絲罥。最堪憐、幙外新歸紫燕。

以上《百僊詞》卷二

念奴嬌 月夜懷正闇，即次其癸卯見贈原韻

銀河千疊，乍乘槎歸夢，惺忪嘶醒。雲散天高庭苑静。皎潔冰輪窺徑。綠萼飄香，紫籐弄態，別緒牽難定。故人天末，數來虬箭將盡。　猶憶細草微風，龍江餞別，歌扇相依映。凝睇春波，祇賸有、白鷺雙雙飛併。襟上愁痕，袖中吟柬，淚眼空尋省。何時釃酒，綠楊樓閣同凭。

蝶戀花 題勳帛節帥所藏斜倚熏籠圖

避跡銷聲偏惹忌。長信閒門，暗地空彈淚。鴛枕擻開寒不睡。支頤蹙損雙蛾翠。　衣上香痕爐畔膩。偎至宵深，盼曉無明意。又送歌聲前殿細。風姨不管人顦顇。

唐多令 甘肅蘭州蘭岩洞天春品茗，其地爲明肅藩凝熙園故址

洞府聳丹霄。銀笙鸞背調。歎而今、帝子早煙銷。石繡蘚封誰是主，一鉤月、覰虹橋。

歌女鬬妖嬈。新聲迴柳腰。霎時凝立整冠貂。勾起箇儂心上恨，悄無語、倚瓊寮。

綺羅香　送別鷗公返江南

惜別悲秋，嬋娟去也，又送芝君驄馭。記得初逢，傾琖菊花深處。展錦帙、馥馥飄香，户外有、翠禽嬌語。不隄防、霞擁歸驂，柳絲難綰夕陽樹。　當時詞苑儷侶。還燦秦亭繡服，攀轅雲附。況我飄零，吟遍斷腸詩句。珠柱掩、纔遇知音，一霎時、紫騮難駐。望樺山、紅葉斑斕，盡成鮫淚雨。

菩薩鬘　友人索咏

珠簾似霧垂楊緑。紅樓屈戍流鶯宿。新月一鉤斜。麗人呼進茶。　玉脂凝皓腕。卻下流蘇幔。露滑馬蹄稀。今宵歸不歸。

前調　蘭州皖江會館公讌

柘枝舞罷燒銀燭。宫妝未卸雙蛾緑。纖手捧瓊巵。酒香郎莫辭。　芙紅迷玉沼。雲滯儇鄉好。鴛夢乍驚回。枕痕香印腮。

前調　觀劇

翩躚彩風雲中戲。相思錦字憑卿寄。霞暈起嬌羞。何時答蹇脩。　欲言遮繡扇。嬾索黄金釧。蜜語呢檀肩。畫簾鸚可眠。

江南春　二闋　賀張鑄南新昏

春灩灩，月溶溶。畫堂丹鳳翽，官閣玉梅穠。三千珠履催妝詠，譜入瑶笙銀管中。

其二

熏襲襲，佩鏘鏘。粉磚巢翡翠，鏡檻舞鴛鴦。

傳家彩筆新來試，又見雙蛾花底忙。

浪淘沙 喜疑龕至即贈

何限別時情。對雨淒清。無言獨自上茆亭。詠了新詩誰解聽，夢裏尋君。　今夕弄銀笙。可是飛瓊。無端春意透三分。花好月圓君到也，有酒如雲。

鳳凰臺上憶吹簫 民國十一年夏正正月九日，夜夢製詠雪詞，醒僅憶『遍地瓊瑤』一句。時正皋蘭樓居，大雪新止，遂即景補成斯闋

獸炭煙沈，鴛衾冰浸，奇寒猛逗今宵。怪曉來凝睇，遍地瓊瑤。多少琪花玉樹，依暎著、星閣霜橋。球林外，晶瑩塔影，璀璨山椒。　遥遥。凭闌遠眺，千萬座樓臺，粉畫銀描。更驛亭鋪絮，雉堞拖綃。笑這污塗沙漠，粧點就、潔皙妖嬈。天公巧，何須素娥，青女添嬌。

江城子 訪樾門數次不值，戲題，即和其原調

相思不見使人悲。杏帘低。緑楊迷。畫檻雕闌、銀水傍春堤。惱煞金蟾偏齧鎖，沈麝爇，裊絲絲。　珠簾羃䍥燕鶯稀。紫芬欹。碧痕萋。百尺游絲、斜罥鏡匳西。立冷璚輾霞影暮，歸去倦，揾鮫啼。

風入松 前題

昨宵攜手上蘭橈。密意似投膠。蜂期蝶約丁寧語，纔分付、烏鵲填橋。翡翠屏邊雲溜，芙蓉帳裏春嬌。　纖腰馱去馬蹄驕。花影寂無聊。枇杷門巷分明在，狸奴睡、清晝空拋。留戀誰家池館，疑團一片難銷。

菩薩鬘　檝門家海棠盛開，置酒邀觀，遂成三闋

臉霞飛上胭脂暈。避人窺鏡雛鶯嫩。妝罷任君看。畫堂春晝閒。　含香還不語。癡絶嬌如許。一笑忽嫣然。秋波逗酒邊。

其二

紅羅帳暖天孫繡。唾絨千點春痕透。亂颭赤珠纓。彤雲步步生。　看花休愛吐。吐後無情緒。的皪紫苞垂。芳心脈脈時。

其三

涼房煥館紗窗翠。篆香題遍芳名字。法曲忽飄零。珠喉何處聽。　昔年花下見。人與花爭豔。人去幾時來。今朝花又開。

應天長　莫愁湖消夏　十九歲作

荷花湖上齊紅了。隔葉嬌娃行娜嫋。杏衫稀，蘭篙皎。一笑迴眸過玉沼。　鬱金堂，雕檻繞。密坐茶煙初裊。脈脈遞情波峭。游蜂應未曉。

錦帳春　都門訪圓頓居士，不值

玉塞花軃，金尊梨酎。記笛韻、吟情依舊。泛銀河，唬曉雁，衹鮫珠濺透。染將詩袖。　幾樹垂楊，三層僊構。碧扃裏、幽人在否。鶴雛眠，桐乳悄，悵雲封洞口。窈冥蒼岫。

青玉案　壽碧瀓分轉

蘭昌啟宴嬉晴晝。恰到處、芳茵皺。裊裊彤霞搴碧柳。瑤房瓊室，綺櫳雕牖。隱約鵝笙奏。　冰桃滿貯瑛盤溜。灑落羣僊拂雲袖。簇擁中閒黃石叟。銀鬚晶瑑，渥顏韶秀。齊

闋末乃三字句二句。時又霏雪，爰足成之

夢裏鸚洲遠。擁熏籠、凝思到曉，糝珠盈苑。凋盡寒林無春意，惟有奇葩自絢。趁玉戲、新妝紅浣。綽約三姝偏耐冷，歎前人、祇畫芭蕉面。描凍豔，粉毫撚。西風巧送雙魚簡。悄江天、相如蜜咏，寸愁難翦。楚尾吴頭迢遞隔，誰料琪霙羃徧。還省記、蘭垣詞卷。燭叟詩亟稱余蘭州咏雪『遍地瓊瑶』詞句。一片征帆何日挂，醉新醅、訪戴重傾琖。空悵望，淚痕泫。

臨江仙 燕都弔香妃浴室蠟像遺蹟，因憶游隴時聞妃軼事與俗傳迥異，感咏六闋

蕪苑凋餘香草，玉關秀茁靈芝。春風欲度尚猶夷。閒將瑶卉種，豔發最高枝。 生小溫馨縈體，奇芬長襲凝脂。何須寶帳灑鵝梨。獻梨雲酎。

菩薩鬘 盋山修禊，和誦臧

琳瑯插架明于雪。嵐光四射當牕列。竟日少人來。將書坐碧苔。 湔裙溪水曲。争向紅塵逐。勝踐獨清幽。靈巖幾世修。

錦帳春 題劍隱《寄愁小草》

豔墜無端，絲飛何處。翦不斷、愁思千縷。倚銀屏，欹繡枕，賸嗁痕幾許。化爲紅雨。 宫圮花妍，海枯桑嫵。嘗人物、江山非故。燕猶驕，鶯自奼，悄凝眸遠浦。夕陽無語。

以上《百僊詞》卷三

金縷曲 戊辰冬，庭中有花名雨後者，冒雪獨開。適燭叟雪中見懷詩至，撫景軫舊，棖觸曷已。開歲正月二十二夜，夢作酬燭叟詞。驚寤，仍吟哦，

薔薇餐露早，荳蔻結胎宜。

其二

皎潔和闐良玉，宵來光暎溪濱。無端零落在荆榛。窺桃常帶怨，望杏衹含顰。　莫道鵶隨丹鳳，居然梯接青雲。休愁延壽誤昭君。藁砧親自繪，吹送碧霄雯。

其三

漢殿正尋飛燕，唐宮遍覓真妃。畫圖一幅獻龍墀。天山馳萬里，八駿捷於飛。　咫尺銀河凝佇，盈盈脈脈相違。羊勾蝶引枉牽思。波瀾渾不起，古井總無漪。

其四

風暖水晶宮闕，煙籠白玉池塘。華清新鑿賜蘭湯。妾羞何處避，窺浴怯三郎。　荇密難遮鸂鶒，蓮深未掩鴛鴦。波光滉漾夢巫陽。三千花貌女，合德寵專房。

其五

巧製龜茲衢市，難銷離緒鄉情。秋風秋月淡銀屏。嫦娥雖不寡，碧海恨伶仃。　紫掖乍辭鸞輦，窮邊遽駛霞軿。黄沙漠漠塞雲平。馬嵬同一瞑，慘絶雨淋鈴。

其六

自昔翠華望幸，雀釵獺髓爭憐。拜城烈媛謝塵緣。污泥原不染，淚血濺嬋娟。　馥郁冰肌云杳，晶瑩蠟像猶妍。戎裝出獵想當年。淒涼禾黍碧，腸斷故宮煙。

露華　贈新一

春愁幾許。驀久别重逢，玉塞吟侶。極目苑

中，開徧桃嬌梅嫵。巧喉迭囀清歌，緑鬢競翻妍舞。韶景麗，殷勤勸君，共盡芳醑。回思昔日幽敘。似鳳嬾瓊簫，鸞倦金縷。隴上釀痕盈袖，怎忍重撫。幾多缺陷情天，待與女媧修補。温舊恨，天涯緑蕪斷處。

東風第一枝　庭中並蒂蘭

緗袖煙欹，緋襦露裛，淩波獨試僊步。怎來姊妹娉婷，又學旦嬙靜竚。雙珠含蚌，似搴得、奇胎合浦。看繡窗、聯袂觀書，晝裏二喬驚遇。宵悄悄、信風暗度。簾漠漠、麝塵細濾。妝成照影湘濱，天然四美競嫵。前年獻瑞，記卸砌、孫枝先吐。料今歲、重覿瑤葩，雛鳳定吟新句。

念奴嬌　酬岐素贈詞

桃源何處，在溪邊杏寮，西堂佳築。玉躞牙籤題識徧，插架星羅僊軸。滴露研朱，詞煙碾翠，寶鼎飄檀馥。月明宵靜，灑然如媚幽獨。憶昔五柳堂前，琴尊塵黯，桑海愁千斛。金碧河山拚擊碎，嘑鳥雲扃空谷。吹皺春池，可憐蜂蜨，還向東風逐。殘紅三徑，漫天惟見淒緑。五柳堂，石公師所居。

菩薩蠻　九日觀菊

嵰州鶴羽愁高絶。化爲瓊瓣偏芬潔。點染夕陽天。秋懷澹似煙。　題糕筠管在。領袖羣芳隊。僊骨自珊珊。晚香盈碧山。

江南春　雨中觀芍藥

春昫昫，晝遲遲。無端微雨過，婀娜涇仙姿。香凝翠袖歸來倦，愁煞翩翩蝴蝶兒。

後庭宴 鸚鵡

白雪衣涼，紅桃袖暖。聰明絶頂真良伴。錦心繡口惹人憐，金籠分付朝雲管。　璇宫更有閒情，綽約嬪妃歌倦。欲言還怯，慵把櫻脣展。妝罷課心經，吟聲何宛轉。

歸去來 南郊踏青

處處黏桃撩杏。争説春蕤靚。儂恰憐幽繁華醒。王孫渺、睠芳徑。　俊侶羅鞋競。文茵上、柳垂榆映。長干輭翠摇溪艇。歸途暝、月窺影。

以上自《菩薩鬘》以下四首爲『坿録』，原有小注：『以下皆示同學諸子作。』

以上《百僊詞》卷四

以上《百僊詞》

程松生

憶秦娥

鶯聲巧。隔花啼處春將老。春將老。東風一夜，酴醾開了。　往時争説多情好。此時翻被無情惱。無情惱。眉頭心上，又添多少。

蝶戀花 柳

短驛長亭三月暮。一帶斜陽，總是銷魂處。縱有柔絲千萬縷。奈他難繫班騅駐。　如此韶光如此樹。傷别傷春，惹得閒愁緒。倦倚紅樓無一語。流鶯啼過江南路。

念奴嬌

晝長人困，恁沈沈院落，緑苔鋪地。鎮日珠簾慵不捲，無限惜花深意。心字香燒，牙牌課卜，遺得閑懷未。涼添半臂，晚來時候風起。　莫把往事思量，金尊檀板，觴詠年年記。膹有情絲千萬縷，理了又還重理。老我青袍，誤人紅粉，多少愁滋味。空房膽怯，一鐙照徹心事。

滿庭芳

夏日初長，俊游久歇，撫時感事，黯然神傷。爰賦此詞，倍增花落春歸之慨

風片飄愁，晴絲織恨，一年春事成煙。綠窗黯淡，晝靜鎖重簾。且喜雙雙燕子，飛過了、六曲闌邊。銷魂也，落英滿徑，無語怨啼鵑。　淒然。何處是，衣香鬢影，酒地花天。恁韶光瞥眼，境過情遷。我亦風流秦七，那堪聽、急管繁絃。棠梨外，三更明月，依舊向人圓。

清平樂

珠圍翠繞。中有愁痕裊。爲甚春來偏起早。笑指枝頭嚬鳥。　莫言瘦損腰肢。但看羅帶低垂。無計能消長晝，綠窗自寫新詞。

臨江仙

泊舟京口

指點佛貍城外路，暮烟遮斷層樓。長風吹浪去悠悠。英雄何處，把酒問沙鷗。　喜我此行無俗累，果然不負清游。寄奴山下艤扁舟。多情明月，猶照大江流。

賀新涼

弔柳耆卿墓

又過城南路。趁餘閒、携尊重到，土山深處。回首江南塵夢斷，薄宦無家倍苦。更莫問、生前羈旅。古寺荒涼誰祭掃，賴王郎、築得詞人

寄心素。浮名隨逝水，爲招魂、獨立斜陽暮。灑清淚，旐，浪説屯田樂府。只賸得、一坏荒土。往日歎蒼茫、寒烟滿目，亂鴉啼樹。殘月曉風傳旖墓。撫碑碣，觸愁緒。　千秋過客頻洄溯。

西江月

登金山絶頂

坐石掃殘碧蘚，烹泉試罷新茶。僧寮晝永寂無譁。到此塵緣都謝。　帆影遠連津樹，鐘聲敲落巖花。登臨又見夕陽斜。滚滚長江東下。

南樓令

庭院日遲遲。春閨夢醒時。怪東風、吹緑上楊枝。近日形容憔悴甚，除鏡子、没人知。　花發隔年期。天涯音信稀。再休提、鵠别鸞離。翠被香消紅豆冷，佯説道、莫相思。

沁園春

宋劉改之先生有《沁園春》二闋，以咏美人之指甲與足者，尤纖麗可愛。華亭邵清溪、錢塘吴穀人亦有咏眉、目、額、鼻等作。藕香吟社同人擬於諸題之外，再搜珠遺，用成貂續，依體分咏，余分得『臍』字

生小團團，噬也何知，相思慣牽。這斷腸頭緒，情根難翦，滿懷幽怨，心鏡高懸。寶帶輕分，湘裙暗解，露出微凹一點圓。新來病，恐倚闌時候，涼入丹田。　懽然。艾灸痌痓。更抹下、絲兜緊着棉。笑檀郎熏麝，分明眼底，侍兒劈蟹，指點胸前。珠顆成渦，玉胎有孕，瘦損腰支劇可憐。初沾汗，看脂凝淺處，浴向温泉。

點絳脣

百種閒愁，枉教腸斷巫山雨。舊情如許。密寫纏綿句。不是離人，不解相思苦。天台賦。泥儂心緒。春水桃源路。

長相思 題徐荔亭廣文燮《別鶴吟》

恨綿綿。淚漣漣。淚灑桃花恨疊牋。空房月又圓。境也遷。夢也遷。枉説辛勤十二年。思量魂黯然。

其二

君情深。君意深。情意深深託苦吟。相思直到今。信沈沈。漏沈沈。讀罷新詩惜不禁。孤鐙傷客心。

蝶戀花 爲吴東園茂才承烜題河橋送別圖

新柳絲絲隄畔樹。欲折柔條，生怕東風妬。一幅畫圖君記取。相思此後無尋處。輕舸無情留不住。載得離愁，又向天涯去。風笛聲中天欲暮。昏鴉幾點長亭路。

鷓鴣天

一樹當門碧可憐。晚涼庭院靜聞蟬。羅衣沾汗香痕濕，紈扇題詩夢影圓。雲黯黯，雨纖纖。上鐙時候下珠簾。離情別緒無人管，菡萏花開又一年。

一蕚紅 月當頭夕，賦呈也園主人

正凝眸。看冰輪皎潔，回首思悠悠。上巳蘭亭，重陽菊圃，銷魂悵觸前游。甚光陰、忽驚彈指，到而今、又是月當頭。翠袖添寒，青衫漬淚，空説風流。　解得尋歡有幾，笑詩人老去，拋卻窮愁。竹徑初開，筍廚新闢，年來慣把閑偷。趁寒夜、圍爐煑酒，指頭銜、合署醉鄉侯。醉後勞他鄉夢，飛到揚州。

南柯子　夜集也園，分韻得『春』字

竹葉千杯釀，梅花四座春。欣聯舊雨款芳辰。明月揚州路，西風白下門。莫將往事細重論。海角江頭、聚散總銷魂。

賀新郎　題藕香吟社同人《上巳聯吟集》

重晤梁園叟。話前番、張燈上巳，廿年之久。此後儘多離索感，獨有林亭依舊。喜又到、暮春時候。檢韻分題朝復暮，向花前、共倒金尊酒。良會續，樂乎否。　唱酬各自幽懷剖。聚吟朋、人兼少長，詞兼蘇柳。吐月吞風隨所好，塗抹何妨信手。更不管、雌黄人口。卻是吾曹餘事耳，算三生、翰墨因緣湊。春共老，幾回首。

醉太平

長絃短絃。愁邊恨邊。無言獨坐牕前。把爐香細添。　鐙圓月圓。情牽意牽。玉容不是當年。對菱花自憐。

臨江仙　春日懷東園

陌上楊花歷亂，隄邊芳草萋迷。夕陽影裏子規啼。關山千里隔，雁斷信音稀。　零落藕香舊社，故人各自東西。十年往事莫重提。春花依舊好，游子幾時歸。

菩薩蠻

瓊簫譜罷嬌無力。背人斜倚疎窗北。窗外雨

蕭蕭。荷珠萬顆跳。　閒庭涼似水。鎮日簾垂地。薄醉不成鄉。困人長日長。

八聲甘州　記別

恨玉郎此去太匆匆，陡起別離愁。有萬千言語，銷魂時候，欲說無由。今夜酒醒何處，明月白蘋洲。流水無情甚，慣送行舟。　終日蓬飛滿鬢，盼書回千里，正是新秋。料江南江北，夢轂兩相投。消受盡、淒涼況味，頻望遠、私倚最高樓。休留戀、尋常鷗鳥，莫認鸞儔。

桂殿秋　秦淮即事

停畫舫，上朱樓。相逢一笑話前游。秦淮烟水渾如昨，淡淡簾波淡淡愁。

桂枝香　秦淮秋感，依譚仲修師韻

樓臺映碧。有隔岸垂楊，籠就秋色。莫問南朝興廢，笙歌都歇。簾前已是銷魂處，又何人、倚風吹笛。遠山眉際，淺波眼底，空留消息。　念此日、心情誰識。歎獨艤蘭舟，閒對孤月。欲遣愁媒分付，玉壺金瑟。冶游盡逐朝雲散，記年時、三度爲客。倩他鴻雁，將人離思，細傳江北。

采桑子

夜深人在闌干曲，卷起珠簾。放入銀蟾。一縷愁痕冷化煙。　新霜壓遍鴛鴦瓦，寒意無邊。刀尺依然。裝罷秋衣淚濕棉。

菩薩蠻

家書欲寄無青鳥。書成況是明年到。夜半寂寥時。寒鐙簫一枝。　西風如許惡。争奈孤衾薄。索性不思歸。杜鵑空自啼。

揚州慢　邗上題襟館，賦落葉

波影流紅，霜痕壓翠，蕭疎幾處園林。正淒清時節，聽斷續寒砧。記前度、花飛片片，脂零粉賸，又到而今。莫憑欄、欄邊堆積，如許愁深。　懷人正苦，漸黄昏、官閣沈沈。看帶雨敲窗，和煙墜地，都是傷心。我亦悲秋宋玉，情難遣、付與閒吟。試登高南望，隔江露出遥岑。

滿江紅　宋王昭儀題壁一闋，文文山、鄧中齋均有和作。余與退園共次原韻。可知感人哀艷，色相俱空，當與古之傷心人同聲一哭也

古驛新詞，算題徧、幾多愁色。記當日、釵盟鈿誓，恩承雙闕。宮漏細聞疎雨外，雕欄同倚東風側。又誰知、一夢鳥聲中，芳辰歇。　銅駝恨，金甌滅。傷心事，從頭説。賸斜陽衰草，杜鵑啼血。埋斷塵緣清淨土，照來離恨淒涼月。枉教人、太息玉飄零，花殘缺。

南樓令　題沈仲衡同年長華秋夜讀書圖

蟲語助秋聲。幽人夢未成。起攤書、坐破三更。露滴桐陰涼瀉韵，池館外、碧雲横。　心跡是雙清。遥空月正明。傍虚牕、有鶴來聽。記得青鐙曾伴讀，渾不似、少時情。

水調歌頭　黄金臺懷古

霸業渺何許，指點白雲隈。我聞當日市駿，築得此高臺。漫謂齊讎難復，致士先從隗始，賢傑一時來。不惜千金耳，顧盻亦雄哉。　今安在，看賸土，滿蒿萊。登臨無限感慨，薊館

野花開。回首燕昭邈矣，多少英雄過此，人世孰憐才。易水滔滔去，雪浪打成堆。

前調

春闈放後，友人約游陶然亭，撫景增愁，墜歡如夢。座中與仲衡同年論及此調，因集《蘭亭敍》字，各賦一解

遊覽寄陳迹，相與集羣賢。静觀大化自得，俯仰極欣然。終日既同敍晤，少長不形放浪，悲慨一時間。樂地在山水，觴詠託絲絃。坐虛室，映修竹，契幽蘭。每嗟世事無盡，盛會述當年。亭外春風已老，況又懷人興感，今昔亦情遷。萬類隨所遇，取舍聽諸天。

疏影

四月十六日出都通州，道上見楊花成陣，亂撲車塵，棖觸予懷，感而賦此

香塵散霧。指長亭短驛，飛遍晴絮。怪爾東風，不管人愁，吹起半天離緒。分明遮斷來時道，便亂向、征軺低舞。想高樓、有客傷心，極目更添淒楚。　怕聽無情玉笛，數聲哀怨裏，斜日官渡。對此茫茫，説甚飄零，只賸輕狂如故。江南回首三千里，正歷亂、夢痕無據。記眼前、纔送春歸，又送行人歸去。

滿庭芳

題鮑小安畫梅册子

鎔雪圈花，碾冰綴蕊，寫成百幅偏工。欹斜疏密，五色墨華濃。每到興酣落筆，揮玉斗、笑煞春風。雲藍上，枝枝欲活，描向月明中。　卅年聯雅誼，與君同是，海上飄蓬。賸稜稜傲骨，落落疏胸。都付一枝筠管，圖畫裏、標格誰同。册中有乞詩圖小像。天欲暮，挑鐙細讀，疏影逗簾櫳。

虞美人

東風不肯飄愁去。簾外飛飛絮。羅衾香冷忒無聊。況是黄昏時候、雨瀟瀟。　欲尋好夢銀屏隔。離緒燈前織。明朝花落莫登樓。只恐有人樓上、盼歸舟。

卜算子

妾夢去三更，君夢來千里。夢裏相逢喜欲狂，醒則空垂淚。　密密寫音書，分付征鴻寄。中有離人一段愁，遮莫隨流水。

眼兒媚　夜泊鄒莊

青溪渡口小舟横。人語雜潮聲。半村衰柳，一鉤新月，百里征程。　匆匆又向天涯去，寒意客邊生。昨宵歡夢，今宵歸夢，同此三更。

浣溪沙　久客都門，盼家書不至

過盡征鴻不肯留。望雲心逐亂雲浮。忍教人倚小樓頭。　簇簇月蘿牽短夢，絲絲煙柳挂閑愁。蟲聲吟碎一庭秋。

高陽臺　風

帶雨飄愁，和煙裊恨，那禁陣陣輕寒。玉笛初調，有人正倚朱欄。隔江遞到蘆花信，賸荒涼、瘦柳漁灣。更難堪，落葉聲中，憶徧長安。　而今望遠頻懷想，指布帆無恙，飽挂江干。

何事悲秋，怪他摇落鄉關。幾行雁影天邊送，把離情、吹上眉彎。待明朝，順遇鴻毛，飛入雲端。

前調 雲

夢冷梨花，香飄桂子，一庭爽氣秋高。非霧非煙，教人目斷魂銷。登樓指點鄉關路，不分明、江樹迢遥。計前程，萬里飛鵬，直上青霄。　仙源縹緲知何處，歎低迷洞口，瘦損山腰。想像衣裳，美人空逐煙消。此生聚散渾無定，話浮蹤、暮暮朝朝。又何憑，厚似人情，薄似冰綃。

前調 月

琢玉成盤，鏤冰作鏡，一輪低映波光。碧海青天，照來離恨偏長。舉頭惟見傷心色，倚高樓、相對淒涼。最關心，前日眉痕，後日殘妝。　三秋好景今宵記，記廣寒宫裏，曾詠霓裳。玉笙吹徹新涼夜，花影亭亭，多情移上紗窗。盼清輝、不隔紅牆。渺相思，千里關山，一白如霜。

前調 露

暗濕紅蘭，輕霑碧草，中庭地白棲雅。今夜初濃，月明人憶天涯。三更風急披衣覺，玉階前、羅襪難遮。忒無聊，立徧蒼苔，溯徧蒼葭。　銀塘一路秋光早，看白蘋香裏，漁火人家。細挹銅盤，飲來笑指仙葩。天高有影驚鳴鶴，正清宵、冷逼霜華。最低回，掌上珠圓，幕上烟斜。

如夢令

窗外花枝摇動。多謝月明相送。孤館正三更，對着一燈思夢。誰共。誰共。閒煞枕鴛衾鳳。

風入松

高樓日日畫欄凴。望遠不勝情。悶來更把金錢擲，問歸期、卜也無靈。過了楝花風信，依然人滯燕京。　别時幾點淚珠傾。羅袖驗分明。今宵心事誰能解，有銀缸、伴到三更。忽聽鄰家雞唱，一天好夢難成。

滿江紅　甲午五月，在都聞警耗，感賦此解

慷慨談兵，悵滿目、沙黄雲碧。見説到、烽煙東起，昂頭太息。百萬軍聲騰海上，十年約法通隣國。瘦書生、燈下發悲歌，空懷策。　堅壁壘，如山立。渺醜類，如蠅集。但麈揮籌運，笑談却敵。戰艦夜飛瀛島浪，牙旂曉展滄溟日。算功名、本是爛羊頭，何須覓。

菩薩蠻　蟋蟀，和竇瑞臣太史熙原韻

豆花棚外團清露。聲聲只在閒庭户。幽怨與誰論。夜涼空斷魂。　至今魂斷處。賸有西泠路。怪爾可憐蟲。年年泣相公。

臨江仙　萬柳堂題壁

楊柳參差隨意舞，引人游興偏濃。登樓縱目賞心同。鷗眠池水緑，蟬噪夕陽紅。　多少興亡天不管，繁華過眼匆匆。貪看幽色繞珍叢。不辭歸騎晚，山寺遠聞鐘。

金貂換酒　丙申五月十四日，王舜卿招遊高廟。時芰荷初花，野水泛碧，宛似江南莫愁湖上風景。適繼梅主人招伎侑觴，邀余入座。席間賦此，以誌遊踪

踏遍城西路。上高樓、憑欄凝望，淡烟籠樹。葦岸荷塘流水滿，正在女牆低處。有緑酒、慣留人住。結客王孫多豪氣，擲千金、買得花枝舞。歌一曲，幾回顧。　珠簾掩映斜陽暮。不分明、釵光鬢影，一時眉嫵。手把金尊聊自飲，醉後疏狂如故。喜萍梗、因風吹聚。我亦座中江南客，撥檀槽、莫唱銷魂句。恨明月，催歸去。

點絳脣　題梅花帳額

一夜東風，枕邊吹散愁千種。笛聲遥弄。驚醒羅浮夢。　如此清高，人與梅花共。寒烟重。暗香摇動。對月孤衾擁。

蝶戀花

鏡裏形容人道瘦。眼底年光，大半愁時候。一榻鎮日懨懨如病酒。倚闌況是黄昏後。　一榻秋燈涼意逗。好夢驚殘，只管喃喃呪。明月前宵君記否。玉階東畔携雙袖。

前調　題帕

蘭麝香餘羅袖底。萬縷千絲，心緒渾難理。手把燈前看子細。舊痕猶帶相思淚。　拭唾題成無限思。結箇同心，寫箇廻文字。裹就閑愁勞遠寄。輕綃一幅人千里。

長相思

恨難論。意難論。一紙家書半淚痕。相思寄

不真。怕黄昏。又黄昏。準備孤衾夢遠人。香銷空斷魂。

臺城路

重九梅叔招飲，醉後登高，感填此調

雁聲低喚流光去，匆匆又逢重九。倚檻吟秋，横箏理恨，記取故人樽酒。沈腰似舊。指三徑黄花，比儂更瘦。相約登高，臨風幾度黯回首。　懷人淚痕盈袖。正茱萸插遍，離緒拖逗。弔古心情，題糕韻事，説與斜陽知否。高謌醉後。恁眼底游蹤，莫教孤負。向晚歸來，暮烟摇細柳。

臨江仙

無那西風欺病柳，寒蟬獨抱愁吟。桂堂東畔路曾經。此時重到，步步總關情。　明月不知人意嬾，夜深猶照疏櫺。莫將幽恨寄瑶琴。

恠他砧杵，搗碎別離心。

金縷曲

惜花詞，爲蔣舍人題

夢醒揚州路。記當年、鐙紅酒緑，夜深私語。一縷情絲牢束縛，從此卿心付與。堅後約、秋期細數。折得桂枝年正少，喜雙雙、穩作鴛鴦侶。誰又想，竟中阻。　天涯薄倖音書誤。更那堪、鶯嗔蝶怨，病懷如許。待到重逢嗟已晚，自分人隨春去。奈花落、東風無主。莫向平山西畔望，瘞相思、只有青青土。餘此恨，酒邊訴。

錦堂春

別久音書更杳，人閒晝景偏長。不知春去歸何處，無語立斜陽。　小院緑苔鋪地，高樓紅燭當窗。年來薄倖天涯慣，索性不思量。

臨江仙 題許豫生方伯倚馬圖

寶騎騰驤超遠道，書生壯志能酬。平戎有策例封侯。萬言可待，下筆掃貔貅。　欲振精神還尚武，儒冠換却兜鍪。文章經濟足千秋。豪情如許，一笑看吴鈎。

相見歡 冬日，東園見過出示新詞，賦此爲贈

小園鎮日尋梅。漫徘徊。報道有人刻燭、把詩催。　春未到。風正峭。笑顔開。卻是消寒時候、故人來。

其二

凍雲低壓林梢。劇無聊。工好一樽相對、話今宵。　應不改。狂奴態。醉芳醪。真箇閒愁萬斛、此中消。

阮郎歸

入時眉樣向人嬌。螺痕着意描。尋春結伴醉花朝。看花過板橋。　人散後，劇無聊。簾前學弄簫。晚來宿酒不曾消。紅餘臉際潮。

摸魚兒

正花開、春深似海，玳梁雙燕棲穩。緑到蘼蕪青到柳，滿目都成離恨。搔首問。問碧海青天，甚處程途近。歸期未定。但軟語商量，怎生禁得，簾外有人聽。　傷心處，鏡裏眉山一寸。雲鬟終日不整。年年慣飽愁滋味，況又文園多病。深院静。看明月當空，也有團圞影。蘭堂漏永。奈翠被香殘，玉簫聲寂，盼斷紫鸞信。

菩薩蠻 題蔣德華大令登岱觀雲圖

秦碑漢樹天門路。瘦筇慣伴游蹤住。一覽衆山低。松風吹滿衣。　天然圖畫裏。蒼翠浮空起。真箇盪心胸。回頭海日紅。

浪淘沙 辛亥九月，避亂安宜，偶作小令，寄荔亭、東園諸子

東望水雲鄉。地闊天長。雁聲叫破五更霜。夢又不成鐙又暗，倚枕思量。　離亂最堪傷。心緒茫茫。菊花開得可憐黄。疎雨一簾人臥病，閒煞秋光。

唐多令 余官南河九年矣，歸田有願，買山無錢。九月十六日，清江兵潰，孑身挈眷東下，寄跡海濱。回首前塵，悲吟此闋

宦海任沈浮。真成不繫舟。笑年來、空説歸休。三徑苦無陶令菊，五斗米、折腰求。　陡起亂離愁。豪情付水流。最難堪、垂老依劉。故國蒼茫回首望，秋暮矣、一登樓。

滿江紅 和陶益滋《三十述懷》原韻

燈月同圓，喜今夜、照人歡樂。正月十五爲君生日。正好是、樽開緑醑，花簪紅萼。世事如棋空打結，光陰似水難留昨。恁胸中、磈壘抑何多，誰消卻。　才藻富，休言弱。園林好，何須拓。聽哀絲豪竹，悲歌且莫。濁世不分涇與渭，敝裘遑論毛和鞹。莽天涯、何處覓知音，琴心託。

其二

塵海滔滔，君莫問、幾人齷齪。姑且向、池邊放鴨，亭邊放鶴。遯世猶垂門外柳，濟人常貯

事已誤，方知錯。時未失，休抛卻。但良辰美景，忍教寂寞。天暖天寒人莫測，花開花落春偏覺。憶兒時、書味近何如，燈前嚼。

浣溪沙

白紵新裁試裌衣。惱人天氣柳花飛。鄰家昨夜客初歸。　對月頻呼金鑿落，背燈閒弄玉參差。一春又到牡丹時。

鬲溪梅令

春來莫放酒杯空。去匆匆。忍見闌干一角、聚殘紅。埋花懊煞儂。　倚樓日日盼歸鴻。信難通。夢遍天涯何處、是游蹤。雲山千萬重。

西河　金陵懷古，用周清真韻

繁華地。六朝舊夢猶記。幾株衰柳板橋西，暮煙又起。降旛高出石頭城，江流惟見天際。　曲欄外，曾共倚。載愁慣把船繫。金迷紙醉化沙塵，樓臺變壘。傷心一片是平蕪，秦淮空賸煙水。　碧燐夜夜照遠市。破家山、難覓田里。話舊幾同前世。歎西風、過客蒼茫，憑眺無限斜陽，干戈裏。

意難忘　秋感

老子婆娑。喜興猶不淺，對酒高歌。壺天懸日月，心地少風波。詩是癖、睡成魔。任墨笑人磨。且好尋、鄰翁夜話，月上藤蘿。　西風落日關河。有哀時庾信，涕淚滂沱。江聲沈鐵鎖，秋色冷銅駝。人事改、客愁多。把匣劍摩挲。縱覓場、封侯好夢，醒又如何。

三部樂

何事撩人，只隔着窗兒，一天疎雨。舊盟難恃，粉約脂期都誤。怎禁得、幾度春風，便花開並蒂，也嗟遲暮。閑愁萬縷。繫到心頭纔住。　記否月下調笙，酒邊擫笛，把陽關偷譜。一自江南信杳，夢痕無據。怕聽他、聲聲杜宇。似訴盡、飄零情緒。樓深失曙。掩羅帳、和衣睡去。

蝶戀花

幾陣風吹池水縐。泠泠清清，挨過花朝後。除却羊裘誰戀舊。春寒共道今年久。　最是無情隄畔柳。不拂征塵，但拂行人首。燕子不來紅杏瘦。珠簾捲處斜陽又。

柳梢青

玉環嶼洋面出帶魚絶佳，味鮮肉美，瑩白如練，邦人美其名曰『楊妃帶』。茘亭游草中有詩咏之，余亦戲賦此解

練卷濤飛。馬嵬塵夢，又醒魚磯。誓結同心，願爲比目，此恨誰知。　勝他舌吐西施。螺名西施舌，亦出海中。猶想見、華清浴時。海上生涯，樽前風味，爭説環肥。

清平樂

困人天氣。欲睡難成寐。兜上心來多少事。畢竟從何説起。　妝樓日日徘徊。正逢陌上花開。已過幾回腸斷，今宵萬一歸來。

水調歌頭

秋日過茘亭齋中，見黄菊一叢，瘦如人立。主人以對菊感賦一闋見示，讀竟令人有西風蕭瑟之慨。即用其調答之，觸景興懷，藉鳴悽眷

長相思

夢中得『有田都種花』之句，醒後追憶夢境，以小詞寫之

山一涯。水一涯。豚柵雞棲四五家。有田都種花。　風也斜。日也斜。幾個漁舟傍淺沙。炊煙襯晚霞。

百字令

題荔亭雪中送炭圖

蕭條庭院，正滿天風雪，禦寒無計。獨有故人還念舊，獸炭一筐將意。虛室重温，冷灰再熱，炙手勞君賜。黃粱熟否，莫嫌添火多事。　卻喜煨芋功夫，從今參透，門掩空山裏。人世炎涼都見慣，解贈綈袍有幾。暖到梅花，燒餘榾柮，老去逢知己。圍爐煑酒，一尊邀月同醉。

何處覓秋色，踏破一庭煙。記否金罍開宴，選勝説從前。人事幾番代謝，花事幾番開落，暗送好流年。簾向西風捲，瘦影不勝寒。　今也寄，疏籬下，短牆邊。獨抱秋心一點，不受俗人憐。管甚風風雨雨，耐得清清冷冷，詩酒共留連。賸有殘枝在，一樣傲霜妍。

湘春夜月

鎮無聊，倚闌又近黃昏。一任碎雨零煙，都化作啼痕。休怨淮南木落，指東籬殘菊，猶傲霜晨。算新來只有，離愁斷續，夢影温存。　天邊雁語，燈邊蟲語，一例銷魂。容易秋風，訴往事、莫吹玉笛，日倒金尊。閒庭似水，把閒情、判與閒人。第一是，怕蛾眉暗妬、新妝理罷，對鏡含顰。

喜遷鶯

乙巳歲，算緡瓢城後，調粂興而去。今春又至，海關榷稅，舊地重游，不勝物換星移之感。陳君蝶仙以詞來賀，仍用竹山體答之，東施效顰，不自知其醜也

片颿東駛。又路近瓢城，日斜風細。芳草青時，牡丹紅了，諳盡客中情味。且攜酒瓢詩卷，共覓冷吟閒醉。話前事。笑劉郎重到，桃花開未。彈指。駒光速，馬足雞聲，把離愁鉤起。一夢模糊，十年飄泊，舊恨玉簫猶記。我亦青衫司馬，禁得幾回垂淚。新詞寄。羨元龍湖海，者般豪氣。

蝶戀花

歐陽文忠公《蝶戀花》詞，李易安酷愛其語，遂作『庭院深深』數闋。余雨窗無俚，亦仿其體，以寫秋懷

庭院深深深幾許。一抹雕欄，隔斷桃源路。陣陣西風愁裏度。吹來陣陣梧桐雨。歎短吁長誰共語。半是情牽，半是佳期誤。無計還將紅豆數。笑儂只解相思苦。

踏莎行

對月徘徊，臨風惆悵。舊愁次第翻新樣。寒衣知否到君邊，看看節又交霜降。戲擘吟箋，淺斟村釀。眼前秋色和誰賞。一簾冷雨濕黃花，捲簾猶喜花無恙。

卜算子

繡幙障新寒，人静更初定。月滿中庭不忍眠，倚遍闌干影。消息渺天涯，欲向征鴻問。還是征鴻一箇無，還是天涯梗。

以上《香雪盦詞賸》

鳳凰臺上憶吹簫 贈劍門

芍藥傷離，薜蘿牽恨，墜歡殘夢都休。記樓傳十二，枉説風流。賸有一枝彩筆，奚囊裏、好句頻收。遨遊倦，杜陵老去，不諱窮愁。凝眸。雲山何處，涼夜正懷人，憶徧朋儔。君有懷人詩五十首。更苔岑結社，桃李相投。最是侯芭情重，謀壽世、一卷長留。疎簾畔，焚香讀時，我亦低頭。

蘇幕遮

雨初晴，雲易散。没個因由，只覺人長倦。香滅燈昏簾不捲。夢繞天涯，芳草和愁遠。錦衾寒，銀漏短。屈指而今，又是春將半。粉約脂期都未踐。燕子來時，零落桃花片。

浣溪沙

曲曲欄杆繡幙遮。半牕燈影透紅紗。閒愁和夢壓梨花。　錦上鴛鴦慵刺線，簾前鸚鵡報煎茶。酒醒時候月初斜。

小重山

蝶散鶼分劇可憐。閒情無著處、落花天。一江春水碧于烟。潮來候、擬放木蘭船。　清興寄吟牋。三更風又雨、破愁眠。紅燈影裏卜金錢。思量徧、好事誤當年。

思佳客 吴劍門以其外舅傅渭磯同年手札屬題，賦此誌感

賸楮零縑世共珍。摩挲手澤尚如新。感恩空洒羊曇淚，垂誡猶傳馬援文。　珠記事，墨留痕。月中金粟證前身。貞元朝士無多在，一

讀遺書一愴神。

菩薩蠻

雁奴忽報重陽近。燈前盼斷遼陽信。一唱寒風波。江湖秋夢多。　恩情團扇薄。佯說相思莫。偷得繡工夫。當歸帶雨鋤。

虞美人　感舊

西風搖落江潭柳。人到秋來瘦。闌干不是昔時紅。獨有籬邊黃菊、帶霜濃。　一叢荊棘銅駝臥。淚向新亭墮。不堪回首玉京遥。只見蕭蕭蘆荻、打寒潮。

點絳脣

滴碎離愁，黃昏簾幙芭蕉雨。玉郎何處。夢逐班騅去。　鈿誓釵盟，莫道無憑據。心頭苦。替儂傳語。有個鬧鷓鴣。

南柯子　將之金陵，留別同社諸子

小別誰驅我，將離恐惱君。且攜短笛緊隨身。待到江心吹散、楚天雲。　曲曲青溪路，蕭蕭白下門。卅年前事已成塵。只怕板橋秋柳、斷人魂。

滿江紅　金陵試院自科舉罷後，荒廢久矣。近來改闢市場，獨西瞭樓巍然尚存，留爲士人遊憩之所。汪叔芾道尹有詞題壁，邀余同作。爰填此闋，以誌感爾

獨上層樓，看半壁、江山如故。記當日、桂花香裏，霓裳同譜。一代文章餘刧火，六朝金粉成塵土。賸危欄、惆悵倚多時，空懷古。　萍梗跡，江頭聚。滄桑恨，心頭訴。有斜陽一

角，閒愁幾許。對酒銷沈湖海氣，憑高指點臺城路。歎重來、人已鬢如絲，傷春暮。

前調

門巷愔愔，指一帶、竹籬低護。空悵望、桃花紅到，夕陽深處。孤影尚留鴛枕伴，佳期總被魚書誤。問年來、瘦盡沈郎腰，緣何故。　辨不得，江中樹。繫不定，隄邊絮。讓雨絲煙縷，做些愁緒。細畫眉痕張敞筆，曲傳恨事江淹賦。歎垂楊、猶是畫樓非，鶯啼苦。

前調　題謝玉岑同社青山艸堂䰟書圖

潦倒生涯，算我輩、書生末路。儘賸得、數椽茅屋，聊遮風雨。一笑且傾彭澤酒，千金誰買相如賦。料換鵝、乞米計全非，貧如故。　也不學，農和圃。也不羡，巢和許。仗煙驅墨染，管城高據。姓字早隨文字賤，才名恐被虛名誤。有青山、一角伴詩人，圖中趣。

一籮金

落盡梅花飄盡雪。如此天寒，不減心頭熱。鎮日有恨欲尋鸚鵡說。怕他又向人饒舌。　懨懨無氣力。滿鏡春愁，蹙損雙蛾碧。斜倚屏山閒弄笛。笛聲吹淡昏黃月。

惜紅衣　題謝玉岑同社白菡萏香室填詞圖

竹徑招涼，茅亭坐雨，書長人静。拍碎紅牙，蓮謳助清韻。珠簾捲處，空惹得、冷香侵鬢。重省。歌袖舞衫，妬鴛鴦交頸。　雕欄倦凭。翠蓋低垂，斜陽又催暝。閒眠一枕，不許白鷗醒。記取滿庭明月，慣照並頭花影。展畫圖疑對，三十六陂烟景。

憶舊游

記瓊筵賭酒，珠箔飄鐙，側帽曾游。門掩東風裏，有多情燕子，替解春愁。悶來倚欄吹笛，低按小梁州。奈鳳去臺空，鳥啼花落，何處句留。　悠悠。幾回首，歎好夢驚殘，孤負衾裯。無恙天邊月，料清輝一片，不隔紅樓。正逢熟櫻時候，飛絮遶簾鈎。恐舊事模糊，偷閒戲問沙上鷗。

喝火令

寶鼎留香久，鐙屏寫影遲。燕羞鶯妒費猜疑。記取赤欄橋畔，惆悵立多時。　柳岸春歸早，蓬門客到稀。一年花信蝶偏知。正是無聊，正是子規啼。正是瘦人天氣，簾外雨如絲。

以上見《苔岑叢書·紉秋軒詞鈔》

水調歌頭　奉題鈍根、劍秋兩君所編《禮拜六》

正氣塞天地，言論闢機關。感人如此，文字砭訂到愚頑。翻譯幾邦禮義，鋪敍幾家節孝，直道在人間。野史一支筆，莫當等閒看。　善和惡，既懲勸，復彰癉。可知宣父詩教，鄭衛不曾刪。多少泮芹淇竹，多少澧蘭沅芷，靈秀毓塵寰。鳴鳳朝陽處，一笑指丹山。

見《禮拜六》一九一五年四十三期

江南好　賀陸聖夷新婚八闋

新樂府，把酒話而翁。粉壁紗籠螺黛碧，綺窗漏轉蠟燈紅。孔雀畫屏風。謂其尊人設有新樂府詩社。

其二

新樂府，詩寄草堂先。八日適當人日後，三星遠照客星邊。一曲大羅天。謂諏吉丙辰年正月八日。

其三

新樂府，日麗物華新。東閣花開東閣樹，北堂萱並北堂椿。帖字展宜春。謂堂上年尚富。

其四

新樂府，有曲是催妝。香國神仙迷蛺蝶，蘂宫福禄詠鴛鴦。地久又天長。

其五

新樂府，鐵網滿珊瑚。海上詩瓢魚在藻，房中曲譜鳳棲梧。淑氣逗桃符。謂賀新婚詩文達二百家。

其六

新樂府，琴瑟韻調和。霞蔚銀花皆並蒂，雲明玉樹總交柯。數問夜如何。

其七

新樂府，采杏二南詩。燕翼貽謀原比翼，蛾眉學畫自齊眉。荇菜詠參差。

其八

新樂府，吹煖玉人簫。蘭麝噴香焚柏子，桂蟾流影上梅梢。節近上元宵。

見《小説新報》一九一六年二卷八期

風蝶令

題君博《鸜哥詩集》

畫意王摩詰，詩情杜牧之。茶煙如縷鬢如絲。浣罷薔薇香露、讀新辭。夜雨挑燈候，春泉試茗時。爲誰撚斷數莖髭。不種江南紅豆、也相思。

見《游戲新報》一九二〇年一期

程宗岱

如夢令　折梅

春到梅花樹頂。開得斜斜整整。捲袖自攀來，搖動滿身花影。花影。花影。一片凍雲香冷。

望江南　春暮

深院裏，細雨溼黄昏。棲燕還如羈旅客，落花渾似别離人。誰爲惜餘春。

前調　題秋棠絡緯圖

幽砌畔，珠淚化芳叢。一點秋心誰獨抱，可憐花上可憐蟲。悽咽對西風。

誤佳期

簾外數聲嘜鳥。引起離愁多少。春來春去總無情，同是催人老。　悄悄落花飛，冉冉餘香裊。紅顔耐得幾多時，只願歸期早。

減蘭

深深庭院。架上荼蘼開已遍。冷落鞦韆。風捲楊花入繡簾。　春歸何處。不解鶯啼和燕語。别恨難消。夢裏遼西路亦遥。

鷓鴣天

月底閒吹紫玉簫。重脩簫譜曲初調。頻依珍簟涼猶嫩，但著輕羅暑自消。　憎蘚滑，妒花嬌。畫眉新樣倩郎描。天邊笑指雙星會，羞臉微紅一綫潮。

浣溪紗

十里芳洲長荻芽。一溪新浪漲桃花。潮痕初濕岸邊沙。　天半晴霞堪曬網，柳陰深處是漁家。東風吹得酒旗斜。

菩薩蠻

鶯啼枝上驚離夢。新愁壓損眉尖重。楊柳又依依。天涯歸未歸。　亭亭人似玉。徙倚欄杆曲。怕睹落花飛。傷春淚滿衣。

卜算子　水邨

茅屋自成邨，都在重楊裏。兩扇柴扉隨意開，恰對東流水。　一葉釣舟輕，閒把竿絲理。雨細風斜猶未歸，隔浦漁歌起。

綺羅香　旅況

琴劍飄零，關河修阻，秋老江南倦旅。暝色蒼茫，滿目昏鴉枯樹。倚荒邨、幾疊亂山，卧危橋、一灣古渡。對西風、策騎前行，連天衰草斜陽路。　人生何事自苦。已歷盡、征途況味，艱辛如許。撚斷吟髭，未解半分愁緒。乍鷄鳴、野店霜晨，又鴉噪、孤城日暮。問誰堪、影隻形單，獨向天涯去。

天僊子　十影詞，擬前明施子野作

簾縫劈開明月影。一盞銀燈紅背影。玉簫吹罷悄無聲，臺榭影。鞦韆影。中有亭亭清倩影。　零亂打門風葉影。隱約當窗雲漢影。夜闌清露濕羅襟，披竹影。穿花影。宿鳥撲空驚樹影。

雙調南歌子　春游

隴麥連畦碧，山花映澗紅。前溪有個畫橋通。幾曲朱欄低亞、柳絲中。　緩步紆徐徑，輕吹淡蕩風。誰家庭院笑聲濃。瞥見鞦韆微露、粉墻東。

前調　遊静安寺申園　乙酉

古寺煙霞裏，名園錦繡中。到來疑入萬花叢。聞説一年無日、不春風。　電掣飛油壁，風馳走玉驄。有時陌上笑相逢。可惜驚鴻一瞥、去悤悤。

齊天樂　廢園

誰家歌舞樓臺地，縱横斷垣零礎。瘦石菭皴，荒池草偃，礙足荆榛處處。纔行又住。正暝色黄昏，那禁悽楚。寂寞空亭，恍聞啾唧有人語。　塵封蛛網如許。聽敲窗敗葉，歷亂難數。山鬼悲秋，冢狐拜月，夜永更深來去。花廊月廡。試回想當年，添人愁緒。何限消魂，疎風吹細雨。

清平樂

西風吹遍。寂寞閒庭院。八尺龍鬚涼意戀。夢繞西江路遠。　窗前落葉紛紛。簷前鐵馬琤琤。無奈芭蕉細雨，又添一段秋聲。

前調　過傍花邨

小橋横處。一曲谿南路。欲信芒鞋隨意去。又被秋光留住。　天邊紅日初斜。樹頭幾點歸鴉。且向西風買醉，莫教辜負黄花。

憶江南 郇居

郇居好，春日最堪憐。籬畔夭桃濃帶露，溪邊新柳澹籠煙。乍雨乍晴天。

其二

郇居好，夏日晝偏長。小院雨過青蘚滑，野塘風定白蓮香。一枕北窗涼。

其三

郇居好，秋日景淒清。歸鳥亂隨殘葉下，遠山低襯晚霞明。畫意仿雲林。

其四

郇居好，冬日峭寒加。目極遠天沉雁影，夢回孤月照梅花。掃雪試煎茶。

滿江紅 自述

非惠非夷，論情性、也偏頗此。算從來、僅守吾真，與時相左。買醉徵歌狂意態，填詞讀書閒功課。想般般、世味有酸鹹，都嘗過。　門閉了，花枝鎖。曲唱了，鶯兒和。笑浮雲富貴，幾人看破。池滿清泉堪自照，窗明紅日猶高臥。任牙琴、撫罷少鍾期，誰知我。

前調 梅花嶺史閣部墓

路出城闉，訪嶺下、殘碑斷碣。指崔嵬、馬鬣崇封，當年袍笏。故國滄桑終古恨，畢生事業孤臣節。問斑斑、是淚是梅花，應無別。　鐵戟折，金甌缺。公不死，能堅壁。奈南朝如夢，枉啼鵑血。一代興亡歸氣數，千秋憑弔空悲切。賸江流、寂寞繞荒祠，聲嗚咽。

蝶戀花　春郊

佳節清明容易度。幾日光陰，緑遍隋隄樹。寶馬香車湖上路。紛紛同到花深處。　風捲落花花亂舞。纔是春來，又是春將去。枝上聲聲何太苦。嬌鶯似解啼紅雨。

阮郎歸

曉來風雨妒芳菲。含情淚暗揮。晚晴樓角帶斜暉。呢喃雙燕飛。　紅乍瘦，緑初肥。枝頭花漸稀。帶羅寬褪減腰圍。春歸人未歸。

瑶華　茉莉

繁英幾簇。滴粉搓酥，襯稍頭叢緑。南天嘉卉，倩伊伴、閨裏嬋娟幽獨。瓊葩初綻，勝瑞雪、争凝六出。趁晚涼、笑語中庭，纖指摘來盈掬。　晶盆移傍雕欄，試穿就銀絲，簪先金粟。冰肌綽約，新浴罷、小助雲鬟芬馥。中宵夢醒，聞枕上、濃香熏骨。記端相、月映羅幃，人並花枝似玉。

清平樂　秋夜

涼生何處。秋在梧桐樹。銀漢無聲澄玉宇。雲外月華初吐。　空庭閒倚雕欄。宵深忘卻衣單。貪看冰輪皎潔，耐他風露清寒。

柳梢青　倣南樵先生詞體

春色如潮。春愁似水，儘够魂消。何處簾櫳，誰家庭院，花底吹簫。　朱門鎖住春嬌。隔緑水、紅闌小橋。幾簇薔薇，幾株楊柳，幾葉芭蕉。

減蘭

娉娉嬝嬝。嬌比初三新月小。輕按梁州。烟柳風花舞未休。　眼波眉語。一種聰明天付與。宫様梳粧。香霧空濛罩海棠。

以上《夢薌詞》卷上

憶王孫

慵拈鍼綫繡鴛鴦。深院沈沈清晝長。簾捲東風罷晩妝。步迴廊。春在梨花月也香。

雙調南鄉子　薄游西湖　丁未

湖上寄游蹤。小艇瓜皮也足容。盪入荷花香，界裏叢叢。消受南薰十里風。　破塔指雷峯。古寺斜陽漸晩鐘。金碧雲山看，不盡溶溶。倒影清波緑水中。

謁金門　吴山觀濤，擬草窗

秋水碧。遠浸秋雲一色。海上玉龍初起蟄。銀山天外立。　翠洗遥峯如滴。紅浴斜陽猶濕。人倚孤筇筇影直。微聞江上篴。

轉應曲　庚戌

深院。深院。拾得飛花一片。背人偷揾啼痕。又是鶯逢暮春。春暮。春暮。芳草天涯腸斷。

浣溪紗　辛亥

玉樣温柔水樣清。有時淺笑又深顰。澹然相對越多情。　五夜餘香留蕙帳，一春幽思寄蘭襟。别來消瘦到如今。

前調

淒絶鶯啼燕語聲。舞衫歌扇委香塵。碧萿多處葬傾城。歷劫情田終不死，幾時靈石證他生。落紅輕閃一絲魂。

前調　女劇

舞袖蹁躚響佩環。六銖衣薄步姍姍。瑶臺飛下列僊班。眼角乍迴波灧灧，眉痕常帶月彎彎。曲終偷倚小屏山。

前調　紅橋懷古，追和阮亭

水近紅橋澹不流。一聲風笛滿城秋。竹西亭外見揚州。千載瓊花留艷蹟，二分璧月助清愁。亂螢飛過舊迷樓。

長相思

秋雲横。秋水平。人向秋山缺處行。秋風不耐聽。秋霜清。秋露零。萬里秋天共月明。秋空一鴈聲。

金縷曲　客感　辛亥五月

兩鬢飄蕭矣。恨年年、離家作客，鄉園千里。落魄江湖長載酒，消受淒涼滋味。拚痛飲、狂歌爛醉。賭唱旗亭私畫壁，向蛾眉、隊裏求知己。有一掬，酸辛淚。　從今不爲浮名計。且歸棲、寒梅花下，垂楊陰裏。雲白山青招我隱，脱屣紅塵俗累。准覓個、桃源避世。明月清風容管領，笑凡人、沉夢醒猶未。争得失，鷄蟲類。

鳳凰臺上憶吹簫 落

幾日停雲，一宵細雨，淒涼庭院幽深。認拖青鋪翠，篆遍苔紋。猶記前番尋夢，弓鞵小、隱約留痕。傷心處，濃聯草色，淺覆花魂。繽紛。春來羣卉，脂輕粉澹，競賞清芬。縱連錢疊繡，顧盼何曾。冷傍墻陰砌隙，無人地、知爲誰生。重門掩，伶俜倩影，立盡黃昏。

蝴蝶兒 綠蝴蝶

蝴蝶兒漫追尋。比他么鳳更身輕。潛穿碧樹陰。 顫學波痕縐，嬌疑黛色侵。棲香錯認一花新。幽蘭開滿庭。

前調 黃蝴蝶

蝴蝶兒是韓憑。滕王舊本幾番臨。輕塗漢殿金。用樊南句。 高拂槐花影，低噙菊蕊心。迷藏柳蔭似流鶯。斜陽一徑深。

前調 白蝴蝶

蝴蝶兒戀春林。風吹粉翅那曾驚。僊衣曬午晴。 撲擬冰紈扇，兜將雪紵裙。梨花枝上不分明。香霏月有陰。

前調 黑蝴蝶

蝴蝶兒返香魂。翩然來去舞芳塵。煙中辨未真。 澹墨圖成譜，玄絲繡入神。甜鄉栩栩夢中身。烏衣巷裏春。

蝶戀花 金陵懷古 壬子

把酒登臨杯獨舉。風景依然，淒絕新亭語。十里煙籠隄上路。垂楊猶是前朝樹。 多少英雄争戰苦。六代繁華，倏忽今非古。滚滚江流淘不去。鍾山山色青如許。

天香　牽牛花

蔓弱絲纏，英疎葉綴，小庭掩映空翠。水碧幽姿，雲藍冷豔，别具黄姑風致。年年七夕，衹一度、雙星歡會。枝上盈盈曉露，也似相思清淚。　池外微風吹起。帶銀河、幾分涼意。瑶草耕餘曾種，支機石底。隔岸秋芙紅遍。恍遥對、天孫錦新製。奈此孤芳，娟娟獨倚。

憶江南　癸丑

江南好，長憶住揚州。四季花枝籠月色，一湖簫管蕩春愁。雙槳木蘭舟。

其二

江南好，白下憶清游。歌舫頻過桃葉渡，名場虚盼桂輪秋。終念勝棋樓。

其三

江南好，避地憶昭陽。境闢桃源天下少，邨名荻渚水中央。此即是仙鄉。余數歲時避亂，居興化縣之荻渚邨。

其四

江南好，憶客海陵東。菴有奇松稽六代，六朝松在古松林菴。園依怪石號三峯。高氏别業名三峯園。疑入畫圖中。

其五

江南好，揚子憶曾經。水色横拖千里白，山光常照一城青。峯石訪湘靈。明代汪氏榮園在儀徵西溪，遺有湖石，阮文達公題曰『湘靈峯』。

其六

江南好，最是憶西湖。淺碧波光搖畫舫，濃青山色間浮圖。人在鏡中居。

其七

江南好，其次憶嘉興。煙雨樓高窺澹遠，鴛鴦湖小採芳馨。有女善揚舲。

其八

江南好，花月憶春江。深巷玫瑰斟美酒，內園蘭蕙品奇香。每年三月邑廟內園必有蘭會。此景耐思量。

其九

江南好，應憶寓南徐。泉汲中泠思調水，山登浮玉賽淩虛。何異到蓬壺。

導引曲　閨情集錦

花、欄、他、銀、晴、亭、風、晝、波、樓、燕、困、入、櫳、深、未、嬾、心、覺、情、鶯、屏、扶、碧、掩、雲、日、睡、柳、春、來、催、淺、夢、綺、畫、窗、如、開、似、金、護、簾、枕、裊、語、影、思、癡、絲　癸丑正月，上海某社徵詩，限此五十字，任取二十八字，集成閨情七絕一首。余戲集七絕二十首，又集此詞。

春波淺，春波淺，花影碧如雲。鶯燕催來思綺夢，簾櫳開未掩深情。癡語入他心。

更漏子　京江春望

絳桃芳，絲柳碧。陌上游人如織。乘繡幰，走花驄。江南春色濃。　天涯客。愁顏色。有淚沾衣欲濕。躡芒屩，倚孤筇。山川滿目中。

水龍吟　楊花，和東坡韻

宛如天女散花，繽紛亂向空中墜。似密還疎，輕飄緩蕩，牽人愁思。清淺池塘，微波蘸影，閒門深閉。看虛縈檐際，低侵簾隙，因風忽、又吹起。　半晌消磨狂態。絆游絲、枝頭斜綴。飛來晴雪，兒童戲捉，莫教揉碎。那必泥沾，相期蘋化，三生流水。待圓成絮果，重參離聚，止清歌淚。

滿江紅　客感　甲寅

搔首問天，天生我、樗材奚補。數十載、風塵潦倒，駒光虛度。萬事看穿真即假，一身歷盡辛和苦。到老來、猶是客他鄉，歸何處。　陋室裏，權留住。荒圃側，聊容與。但偶然寄迹，便如安土。性命苟求全亂世，文章不要傳千古。且花間、覓醉飲匏尊，消愁慮。

浣溪紗　擬陳小魯贈董九九詞　乙卯

散似楊花聚似萍。化萍知否再逢卿。只愁還作絮飄零。　說夢何須重入夢，今生如是況來生。天教吾輩悔鍾情。

前調

花想丰神月想嬌。比將花月更難描。綠陰門巷赤欄橋。　湘管題殘懷舊事，洞簫吹徹可憐宵。碧天無際夢迢迢。

齊天樂　和宣愚公題詞原韻

一編悽咽哀蛩語。霜侵鬢絲非故。曲裏偷聲，空中傳恨，不盡平生荼苦。鵑啼處處。憶國破城春，心驚鼙鼓。老去填詞，秋孃猶自畫眉嫵。人間本同逆旅。況滄桑劫換，飄泊何據。綺夢荒唐，閒情寄託，幾疊吟牋虛負。商音協譜。有同郡名流，贈將題句。古調工彈，解幽人愁緒。

前調　題吳篠湘先生詩稿

騷人老去遺編在，哀音似聞嗚咽。客路風塵，故鄉烽火，痛極鸞絃中折。先生德配仇淑人殉難圍城。心聲悽切。更鴈序驚分，鳳雛傷別。先生之弟及長子亦被擄。當哭長歌，行間猶帶淚痕血。循環理應悟徹。法輪剛一轉，韓灰重熱。開府巖疆，科名上第，謂先生姪孫福荻、竹樓。爭羨延陵門閥。宗支幸接。看子舍歡承，孫枝英發。謂先生次子子湘曁蕙圃、青崖兩令孫。泮水重游，大年登耄耋。先生八旬外重游泮水。

阮郎歸　擬唐　丙辰

夢回鴛帳半惺忪。春愁似酒醲。杏花消息問東風。畫樓深幾重。　眉岫蹙，鬢雲鬆。妝臺臨鏡慵。一川煙水碧溶溶。憑欄惆悵中。

水調歌頭　丙辰五月十二日六十初度，用張翥《己丑初度自壽》韵

忝列杖鄉序，高興撚吟髭。弟兄幾輩中表，齊頌九如詩。今届年周花甲，歲紀丙辰五月，將近月圓時。歌嘯足娛樂，何礙鬢成絲。　嗜看書，耽習畫，愛填詞。陰符熟讀，眼中祇見鬥鷄兒。老我英雄不遇，任彼庸愚冷誚，甘受莫推辭。自壽一樽酒，花滿海榴枝。

滿江紅　贈袁季子丈

湖上草堂，是我輩、舊曾相識。更點綴、風亭

月觀，招邀賓客。兄弟才名齊軾轍，斜川同作文章伯。好溪山、還要著神仙，迎游屐。名場夢，都陳迹。兒童事，空追憶。念僑居珂里，感懷疇昔。回溯當時年最小，相看今日頭俱白。問人間、何物可消愁，金樽溢。

水調歌頭

名士是何物，能值幾何錢。明季妓嘲士人語。從來貴耳賤目，福慧本難兼。既未奥探黄卷，又有瑕傷白璧，不免衆情捐。畫餅那堪食，余亦不云然。酒一斗，書萬卷，詩百篇。胸羅列宿，揮毫落紙輒千言。未見聘徵禮記，怎識武侯韜略，笑語阮公傳。阮文達公謂揚州人不知名士爲何等，所談爲何事。見《揅經室四集》。飲酒讀騷去，且自適其天。

滿庭芳　游于氏園，觀隋宮女古棺　丁巳

蜀嶺東隅，平山西麓，于家園子林深。亭臺清寂，竹石尚縱横。遶遥蹋殘莎草，湖峯上、細數苔痕。追想到，三千殿脚，應似駐長春。掖庭。花落後，迷樓粉黛，都已成塵。問玉魚金盌，怎出幽扃。對此香楠椑木，惆悵久、憑弔芳魂。賸依舊，玉鈎斜畔，冷月照黄昏。

賀新涼　題劉挹芬《點紅軒詞》

等是傷心者。料平生、滿懷孤憤，從何説也。麥秀黍離無限淚，聊借烏絲揮灑。趁鐵板、銅琶歌罷。一卷青囊權遯隱，霜紅龕、别擅詩書畫。傅青主有《霜紅龕詩》。點紅叟，兹流亞。名場春夢醒來乍。且逍遥、書城坐擁，醉鄉稱霸。我亦相憐同病客，把酒花辰月夜。閲世

態、真堪笑罵。歌伎詞人遺迹近，明伎李亞仙墓、清詞家王鶴汀宅皆在流水橋。弔秋魂、合向頹垣下。塵俗事，都辭謝。

臺城路 西湖雜感　庚申

西湖風月還依舊，衰年更尋鴻爪。鷲嶺皴烟，龍泓溜雨，不盡閒情縈繞。詞人已老。似一塔頹唐，雷峯西照。水剩山殘，細摹金碧畫圖稿。　扁舟幾回繫纜，數崇祠俎豆，興廢多少。指上樓臺，吟邊花柳，都趁滄桑換了。蜃雲縹緲。怪西子夷妝，暗移襟抱。轉憶當年，澹妝濃抹好。

齊天樂 蘇小墓　甲子春

六朝遺蹟西泠路，芳名到今不朽。燕子飛來，桃花開處，正是東風時候。同心結否。賸松柏成叢，烟皴雲皺。香塚長留，夕陽影裏春魂瘦。　衣香人影馳驟。睇紛紛士女，脂粉妍秀。油壁堤邊，香車陌上，莫是蘇家身後。湖山如繡。有眉黛常彎，眼波頻溜。柳色深深，認風流依舊。

以上《夢蘼詞》

擣練子 水仙王廟

邀月地，賞花時。緑到蘇隄楊柳枝。四面湖光千嶂碧，採蘭來薦水仙祠。

以上《夢蘼詞》卷下

程學鑾

相見歡

紅蓼岸、白蘋洲。漸深秋。瑟瑟西風、又到海西頭。人依舊。月如晝。數更籌。撩起一腔心緒、没根由。

傳言玉女

重陽日，訪高野侯於梅王閣，不遇。黯然歸來，感而賦此

澹冶秋容，門外幾株疏柳。重陽佳節，細雨黄花瘦。煙景休負，且訪箇丹青手。雲封寶閣，暗香盈袖。　倦意朦朧，甚情懷、能抖擻。輸他彭澤，有東籬載酒。攤書又掩，消黯一燈如豆。燈火管制綦嚴，家家在黑暗中。那堪料有，者般時候。

鳳皇臺上憶吹簫

十月初二，存道來留飯，啞談頗懽，知前寄詞稿未至。存道去後，北風淒緊，推窗瞭望，煙樹迷濛，感而倚此

望眼將穿，吟懷無據，樓頭數盡飛鴻。喜足音空谷，苔印鞵紅。回首初秋欵語，那堪又、月冷江楓。難忘是，青禽誤我，咄咄書空。　匆匆。盤飧市遠，幾經説，湖膢鰕菜難逢。痛浪翻滄海，煙水迷濛。話到愁情深處，餘言付、淡日簾櫳。憑闌久，同雲鎖晴，陣陣寒風。今年寒早，初冬已有雪意。

踏莎行

立冬感懷時事，意緒惡劣

細雨廉纖，朔風料峭。今年天氣寒來早。鴨鑪獸炭漸銷沈，簾鉤不見餘香裊。　挾纊情浮，搗衣聲杳。愁雲簇簇長安道。篋中裘敝錦衾單，禦冬幸有黄緜襖。

前調

反前意

秋水寒蛩，疏林啼鳥。庭階落葉呼僮埽。東籬猶有傲霜枝，願人長壽花長好。　古木亭

臺，夕陽池沼。天然圖畫供吟眺。閒將詩句鬥尖叉，消愁且剥安期棗。

雙雙燕　竹林之遊

猶賢博奕，記先哲遺言，儘饒深意。閑閑春晝，甚處靈臺堪寄。呼來燕侶鶯儔，分取嫣紅姹紫。又攬鏡、慵拈羅綺。竹圍百雉。任比翼羣飛，各誇新技。堞齒。搔頭搦耳，細認熟桃生李。怎奈長情短紙。書不盡、回文錦字。宵鼓驟報黄昏，絳蠟各尋歸騎。宵禁綦嚴，夜深即有『歸不得也哥哥』之歎。

風入松　輓武劼齋杭州

黯然别緒畫堂東。歲序太悤悤。寥天漸見晴霞動，鎮凝望、久别重逢。故國清風庭院，小橋流水簾櫳。劼齋住杭州横河橋。　東皋苔印記前蹤。談笑氣如虹。劼齋爲東皋社友，每會集，豪談傾座。銅駝滴盡傷心淚，斜陽外、一杵殘鐘。幾幅零縑賸墨，畫圖省識春風。

萬年春　元旦

曉日曈曈，今年元旦風光好。一聲簷雀，紫氣浮林表。　欲雨還晴，晴雨由天造。馨香禱。願天垂弔。早把欃槍掃。

五福降中天　壽唐企林兄七十

碧幢建節流嘉澍。修翎早摶雲路。梁苑觀風，蘆溝蹋月，無限軟紅情緒。長天倦羽。縱巫峽春深，條然歸艫。鶴鬢飄飄，聞鷄猶共兒郎舞。　風塵依舊澒洞，勸君休俛仰，感懷今古。玉椀調脂，蕉窗潑墨，此福自由天賦。盟鷗狎鷺。總勝卻勞勞，後身簪組。只恐閒雲，要爲天下雨。

萬年歡　壽沈蔚文親家七十

迤邐行紫陌長安，記花間玉驄，馳騁年少。豪氣猶吞八表。都道是、窩，幾換露庭芳草。佳人難老。渾不管、檻外風雲，舉杯邀月頻倒。平泉可容嘯傲。寫春風國色，清豔幽窅。蔚文善寫牡丹，小印有『沈牡丹』，刻以自豪。舉案婆娑，歲歲月圓花好。兒女婚媾自了。問此福、幾生修到。還只恐、老興猶童，此情誰又知曉。

綺羅香　清明日，野侯饋艾葉一籃。作成餅餌，啖之味美，因成此解

宿雨霏紅，寒煙浸碧，又至清明時序。餅餌香來，回想少年情趣。參荀火、蹀躞禪宮，擷葵露、徘徊沙嶼。引清遊、湖上春風，玉山頹倒斷橋路。　沈沈塵壒滿眼，更困人天氣，鎮無情緒。嫩緑茸茸，何處採來南畝。調玉露、羞荐辛盤，搗瓊液、屑霏雕俎。還留付、重五兒童，艾人和艾虎。

滿庭芳　書齋獨坐，感而賦此

驟雨還晴，輕寒乍暖，榴花照眼初明。新茶團碧，欄角澹煙橫。檢點圖書數架，小於舟、斗室伶俜。偶隨意，行歌按曲，惆悵不勝情。佳人。期未至，紫姑頻卜，靈鵲無憑。漸望空遥集，百感叢生。是處花香鳥語，縱登眺、不解愁縈。問何日，流觴曲水，池面縠紋平。

玉樓春

小園零落芳菲莫。我欲留春春不住。一壺新

試雨前茶，余嗜茶成癖，故屢及之。萬朵可憐風後絮。槐陰密密消清午。乳燕鳴鳩芳草路。尋消問息總成空，一枕瞢騰魂栩栩。

水調歌頭　端午後二日雨中作

梅子黃時雨，眉黛鎖清愁。劇憐駒隙如電，一刻不曾留。欲與鴟夷爲伍，叵奈深山大澤，蛇蝎起殷憂。動止了無據，滋味在心頭。捲簾幕，舒清歗，倚危樓。沈沈暮靄江上，帆影幾時收。百歲光陰瞬息，十載風波消受，無賴是羣漚。底事飛無定，撲朔水中流。

憶帝京　題唐企林兄藏胡冷庵先生設色山水畫冊

桐陰百尺房櫳小。常有高人來到。花影夕陽遲，金鴨爐煙裊。夜雨話巴山，往事知多少。自別後、水流雲遶。過去事、都付殘照。範水模山，故人無恙，猶幸雁足書頻報。舊學費商量，展卷舒幽抱。

滿庭芳　題吹簫仕女圖

少不如人，老當藏拙，倚聲枉費推排。宋詞元曲，奧蘊浩無涯。幾卷金荃賸墨，拋殘夢、豁我幽懷。無聊處，邯鄲學步，蹩躠似童騃。低回。思往事，金尊檀板，雨誤雲乖。況秦樓縹渺，緱嶺沉薶。廿四橋頭夜月，天風盪、吹落塵埃。還疑是，紅兒淺唱，爲我捧簫來。

念奴嬌　即事有感

出門一笑，笑今朝還是，舊時風物。太息南朝金粉地，多少頹垣殘壁。洛浦荒煙，吳宮蔓草，此恨憑誰雪。游雲無定，眼前誰是人傑。

争道苦盡甜來，那知良願，依舊成虛設。古木亭臺消黯甚，腐草流螢層叠。渺渺予懷，茫茫良夜，剩有愁千結。早知今日，當初空與人説。

浣谿紗

薄暮臨風倚緑楊。紛紛蝴蝶過東牆。羡他閒趣趁斜陽。　繞屋槐陰流積翠，滿簾花氣逗餘芳。誰家庭院晚來涼。

前調

弱柳摇風翠眼微。穿梭乳燕故飛飛。一年春事又依稀。　隔水雲霞迷五色，滿簾花絮裊千絲。教人那不動幽思。

瑣窗寒　撫時生感，時有騎省之戚

落寞生涯，闌珊意緒，墜歡難拾。竭來海宇，斗室不堪容膝。引清遊、彌望棘荆，倦途弱鳥慵飛翼。聽曝簷邨叟，閒譚天寶，感懷今昔。　消極。愁如織。枉屋角行吟，唾壺頻擊。鸞絃遽輟，又是一番悽悒。念從兹、孤雁失儔，問暖煦寒空太息。算浮生、歡意幾何，役役徒勞力。

齊天樂　秋思

井梧飄墜闌干曲。淒淒故家喬木。水冷吴江，雲連漢時，又是一番蕭索。登臨縱目。更紅蓼風欺，白蘋霜肅。借酒澆愁，倚笻來就未開菊。　秋聲吹上畫閣，有人憑短檻，黛眉頻簇。冠劍丁年，樓臺甲帳，滿望漸新裝束。年豐歲熟。又依舊勞勞，看他奔鹿。鶴唳清宵，玉肩寒起粟。

綺羅香

高野侯屬題柳如是與汪然明尺牘及《湖上草》合一册。版爲錢牧翁所毁，留傳甚尠，洵可珍貴

翰簡裁雲，吟箋鏤月，幾闋霓裳仙譜。秘笈災梨，那得不招春妒。況小橋、流水無情，更空谷、落花誰主。縱惺惺、一片温柔，頓成羅刹薄心素。　騷人懷古意緒，總是齊聲太息，絳雲一炬。絮果蘭因，對此恍然驚悟。不教染、拂水纖塵，寧化作、斷霞千縷。到今朝、遺燼猶存，鳳毛珍片羽。

酹江月

秋感

畫梁歸燕，喜烏衣庭館，定巢猶昔。紅杏枝頭春意鬧，多少歡情交織。折柳隋堤，探花吴苑，對景成淒切。秋風秋雨，斷鴻空外啼悒。　舊夢華胥徒自笑，剩有愁絲千結。往事如煙，前塵似漆，簇聚眉峯窄。嗔他鄰女，猶來風裏橫笛。

浣谿紗

壽高野侯七十

明德家風莫與儔。少年文采薄羣流。剛經柔史勵儒脩。　角勝文場開道路，孕精藝海紹箕裘。六橋煙水騁驊騮。

其二

幾載春明玉筍班。薇垣揮翰侍金鑾。聲名藉藉鳳池邊。　楓陛飛花宮漏静，蓂階啼鳥禁鐘殘。觚棱回首不堪攀。

其三

居傍明湖接水濱。烏衣坊陌説雙陳。千年喬木故鄉春。　別館三支通舊里，迴廊千步欵幽人。清高不染九衢塵。

其四

擊楫移家近海沙。一庭芳草緑窗紗。雨鋤閑種邵平瓜。　五月江城吹玉笛，三更燈火譜棣華。喜神新曲按紅牙。

其五

翠管裁雲鏤錦紋。秦分漢隸妙傳神。玉蟾邨裏寄閑身。君住滬西月村，庭園甚大。階前種有北瓜，五色斑斕。　檢點樊籠調翡翠，君齋中有緑鳥兩籠，睍睆可愛。搜羅彝鼎聚周秦。君藏古器甚富。春風我是坐中人。

其六

五百名家楮葉香。君齋名爲五百本梅花室，所藏梅花卷子甚夥。屏山六曲富收藏。頭銜署閣紀梅王。君藏有宋王元章梅花卷子，故以此自署其閣。聞者往往誤會，以爲君自誇，則誣甚矣。　齒晉古稀腰脚健，人如玉立鬢鬚長。祝君難老壽無量。

水龍吟　和陳定山

憑闌騁目層霄，情懷無限蟠胸起。摶沙腐草，流螢爝火，彌空無際。大地沈薶，長天遼闊，寒風淒厲。問遣愁何許，置身高處，舒清歗、觀流水。　自有清涼滋味。試披襟、芰荷叢裏。一枝秀挺，淩波瀟灑，風裳水佩。隔岸遥呼，未親薌澤，已通文綺。怕陽春白雪，詞高難和，續金貂尾。

五福降中天 壽金丈籛孫八十

當湖佳氣通南極。喬松翠陰相襲。蝸壁傳經，鳳城養史，餘韻流風未息。茶廊接席。看飄拂銀髯，共誇顏色。藥夢金荃，小樓明月韋三絕。　西風又吹巷陌。正桂馥遥岑，黛螺凝碧。鶯脰湖邊，馬岡渡口，爽氣開人胸臆。華堂慶集。想寫出新詞，擫來仙笛。錦簇花團，舞萊衣繞膝。

陂塘柳 和顧一樵丁亥秋暮，仍用稼軒韻

莽天涯、角聲悽雨。年光又背人去。新醅浮白霜螯紫，屈指舊歡重數。君且住。莫怨共、枯蟬冷咽芳洲路。豪情俊語。縱九月寒衣，望風悽斷，猶未剪蘆絮。　亭皐晚，一誤何堪再誤。春工慣惹讒妒。井梧墜地飄還起，幽意有誰堪訴。君莫舞。君不見、江山洵美非吾土。羈懷最苦。且上最高峯，讀書秋樹，雲外不知處。

高陽臺 題存道、越園、野侯合畫歲寒三友册子

松下停車，梅邊掃石，立殘曲嶺風篁。如此江山，無端煙水迷茫。曉風一棹衝波去，捲吴鉤、散髮滄江。甚流光。過翼匆匆，幾換星霜。　淞溪十里蘅塘路，喜故人無恙，翦燭西窗。檢點行幐，衍波幾幅瀟湘。歲寒共抱孤貞性，悵天涯、衰草斜陽。最難忘。小病支離，瘦損梅王。

滿庭芳 曙岑允送方竹以製杖，詞以促之

蠹簡慵翻，螢窗枯坐，暮景無限蒼涼。江楓飛舞，天氣入高寒。料想名園菉竹，平泉上、翠

積修篁。東風裏，松梅掩映，三友自成行。又向情傷。無盡處，崎嶇道路，滿目蒼茫。因念千金一諾，不教與、來，惟愛安步相當。應容我，良辰美景，安穩到街坊。畫餅同餐。

齊天樂　林子有世叔重遊泮水

鹿蕉未醒紅桑夢，瓜棚又譚天寶。柳線分黃，芹泥暈碧，剩有幾人來到。湖山換了。更惹起沈沈，鮮民懷抱。先父於壬申年重遊泮水。寂寂宮牆，翳誰留與作坊表。　鴻濛難補舊恨，恨啼烏不返，水流雲繞。古壁蒼煙，圜橋茂草，付與秋陽殘照。巍巍一老。是海内宗師，豈徒閩嶠。白髮詞仙，浩歌懷少小。

春光好　元旦口占

春光好，畫屏開。豔陽來。爆竹令人無寐，要兒孩。　捧出金盤綵勝，蘭閨兩小無猜。抛卻心頭無限恨，望天涯。

小重山　偶讀柳柳州『重來百粵文身地』詩，不禁有感，因賦此解，即括用柳州詩句

薜荔牆高舞落花。珠江橋上立、走龍蛇。强移棲息白門鴉。漁唱起、鴉背夕陽斜。　嶺樹目難遮。海天侵密雨、幾人家。芙蓉春水颭蜂衙。桃溪路、井底聽鳴蛙。

浣谿沙　門前購得畹蘭四盆，供養窗前，香氣襲人，口占誌感

聽雨樓頭枉斷腸。無聊心緒付行腔。蘭生空谷自然芳。　滿地春泥呼滑滑，漫天風絮視茫茫。獨清獨醒畹華香。

八聲甘州 春感

悵十分春色已三分，匆匆又花朝。問春工何許，愁霧如織，風雨瀟瀟。偶向市街閒眺，平地起高潮。聽唱徹伊涼曲，無限蕭騷。　已是踏青挑菜，甚畫船簫鼓，猶是寥寥。儘江山如畫，舊夢已全抛。縱約來、湔裙俊侶，翻怪人、何事强招邀。總由得、聽啼鵑苦，魂斷津橋。

好事近 春雨連朝，意興蕭索，拈此誌感

遮莫愛春光，人在春光中老。細雨斜風連日，春慣將人惱。　桃紅柳緑一年春，未據雛鬟報。春色尚留何處，怨流鶯啼曉。

以上《他山詞存》卷一

意難忘 徐懌青先生出示《淮雲憶語》，記其前在某地時一段風流史也

錦帙生香。是影梅舊夢，前度劉郎。臨流開北里，待月記西廂。桃葉渡、柘枝粧。多少事難忘。最可憐、拔釵沽酒，搜篋縫裳。　別離情緒恓惶。似雲收楚峽，雨散巫陽。鶯簧啼別院，颿影没横塘。千種恨、九迴腸。歲月去茫茫。到而今、青衫司馬，淚灑壺觴。

唐多令

簾外雨和風。行人在道中。過灞橋、折柳匆匆。猶憶昨宵低語問，郎此去、可憐儂。　螓首似飛蓬。蛾眉簇遠峯。欲舉杯、待與誰同。日日樓頭凝遠望，南嶺外、月朦朧。

金縷曲　自題荷沼停舟小象

菡萏銷殘雨。趁晴光、一聲欸乃，暫停雙櫓。書劍飄蕭嗟老大，一領青衫塵土。早消受、半生酸楚。路鬼揶揄渾不計，歎吾徒、總爲儒冠誤。家國事，了無補。　柳陰蔽日西湖路。向中流、徜徉容與，好消煩暑。我與荷花生竝月，莫唱乾荷葉譜。看水佩、風裳飛舞。獨坐科頭凝遠望，且偷尋、半日閒中趣。誰伴我，有鷗鷺。

鳳皇臺上憶吹簫　題孫廑才同年鄉會試硃卷

合册

街蹋黄槐，簾梳紅杏，那堪重話前朝。念禁林春去，古木蕭蕭。鎖院鵑啼淒苦，騁遥望、一片蓬蒿。何心問，蕉陰舊夢，矮屋抽毫。　騷騷。風簷寸晷，寫幾葉烏絲，寒雨連宵。憶當年情事，不耐重描。惟有堂前燕子，猶能説、燭炧三條。還將此，古木寒泉，留付兒曹。

多麗　將有歸里之行，倚此寫懷

落紅多。今年遊事蹉跎。戀薫篝、慣慵梳裹，不教夢醒南柯。畫簾垂、妨他歸燕，銀燭短、忘了飛蛾。長吉工愁，方回已老，惟將清淚弔文魔。放春色、霧昏煙曉，冉冉客中過。空贏得，爐熏靉靆，樽酒婆娑。　向西泠、蒲帆穩掛，明朝已到崑阿。倚吟鞭、扇摇凉羽，尋佳約、衣試新羅。曲院微風，蘇隄曉日，珠盤清露點新荷。試招到、湔裙舊侶，攜手蹋青莎。還留看，藕花濯錦，棹入煙蘿。

浪淘沙

煙雨畫樓深。花壓簾旌。喚人春夢聽流鶯。一架薔薇開欲滿，慰我伶俜。　蜂蜨叩窗櫺。墜粉霏英。隔籬青子漸成陰。開到酴醾花事了，無限幽情。

齊天樂　項蘭生先生重遊泮水

十年前事渾難記，黌宮又侵泥淖。民國二十七年，杭城修葺府學，曾主其事。十餘年來，聞又頹圮。古木參差，豐碑錯落，杭城府學碑碣甚多，但已有仆于地者。深恐年久剝蝕漫漶，故曾僱工，每碑均拓一分，高可逾尺。現與岳忠武廟碑均交上海合衆圖書館保存。付與曉風殘照。圜橋璧沼。更引起、沈沈鮮民懷裒。道喪斯文，青衿酸味茹荼蓼。　流光去如過翼，問幾換滄桑，霧昏煙曉。樹集鴞音，芹穿蟻穴，剩

慶春澤　曙岑過訪，不值，以方竹杖見貽，倚此代柬

大地狂飆，危檣駭浪，少年已苦跰躚。況我何人，龍鍾已達稀年。扶持全賴銘鳩杖，有扶持、猶恐顛連。更何堪，荊棘叢中，信步當前。　今朝底事歸來晚，報高軒戾止，無限縈牽。碧玉琅玕，一枝忽現吟邊。從今不怕崎嶇路，買壺春、好挂榆錢。倚青藜，嘉拜瓊瑶，永結心弦。

清平樂　己丑立夏

落花飛絮。春已匆匆去。小院青蕪雙燕語。静對一庭煙雨。　門前幾樹垂楊。慣教蜨醉蜂狂。聽到鐘聲報曉，年年此日神傷。

有幾人來到。天留一老。喜挈杖重遊，倚闌幽眺。白髮蕭疏，有懷長悄悄。先君於民國廿一年壬申重遊泮水。

龍吟曲 撫時感事，倚此寫懷

鷓鴣啼上城磯，曉風吹動雲羅皺。小舟夜月，瓜州古渡，銜枚疾走。一世之雄，而今安在，那堪迴首。歎江流不轉，沉沙折戟，吴苑恨、今還又。　見説驚傳伯有。是何嘗、被人輕負。茆檐小户，蘅塘芳草，不忘話舊。波遠潛魚，沙平歸雁，教人僝僽。怕秋江暮景，蘼花怨柳，捲西風驟。

憶舊遊 爲凌勵深兄題余越園畫行看子，時距越園之歿，甫兩月餘也

記皋亭結騎，水屋題襟，緑樹春濃。越園在杭曾組有東皋雅集，余與勵深均爲社中人。一頁傷心史，恨悲笳四起，鼙鼓逢逢。舊巢那堪重處，接淅掛征篷。憶握手臨歧，備言將母，短棹西風。日事未起之前，越園每爲余言：『一旦地方有事，我與子皆有老親，將何以策萬全耶？』余聞是言，爲之悚然。日事既起，余亟奉親避居鄉間。而越園則匆促言旋，以慰倚閭之望。行之前一日，余猶與握手話别，相對欷歔。今余已爲無父無母之人矣，而越園尚有老母，不謂其竟棄老母而去也，噫！　忩忩。恨何極，遡隔歲鄉江，幾度迎逢。一别成千古，對輞川遺畫，懷想無窮。淡雲微抹千里，灝氣挾巃嵸。料舊日盟鷗，幽情慘别江上峯。

鳳皇臺上憶吹簫 蔚文來函索詞，倚此寄之

過眼浮雲，藏身滄海，年來兀自無聊。算慰情聊勝，劇飲酕醄。翦燭西窗話雨，思舊友、已

是寥寥。何堪又，陽關一曲，千里迢迢。逍遙。板輿就養，恰正值、一輪明月秋高。想畫堂幽爽，竟日吟描。安頓筆床茶竈，扶殘醉、舉案持螯。還須問，雛孫近仍接武嗔嬌。

如此江山

廿年前事春明夢，栖栖一襟塵土。北苑看花，西山蹋月，猶記那時歌舞。江郎別賦。悵離緒牽縈，幾更寒暑。秋水兼葭，燕雲迢遞試洄溯。江山依舊濟楚。勸君休俯仰，感懷今古。地協雄圖，天開景運，又聽玉階韶頀。龍蟠虎踞。笑金粉南朝，早消眉嫵。竹史編年，殺青欣快睹。

風流子

朔風料峭，寒意已深，抱膝孤吟，不勝清怨

微霜初度日，年華晚、落葉雨瀟瀟。悵驀爾盤飧，食無兼味，零丁玉佩，帶減圍腰。凝眸處、一繩低雁字，四壁聽蟲號。疏柳斜陽，馬嘶何處，冷風殘月，人在平皋。　暮雲垂平野，憑闌久、無奈觸緒蕭騷。最是碧壺清漏，良夜迢迢。縱換羽移宮，自行吾素，咀文嚼字，空惹人嘲。何若一尊浮白，其樂陶陶。

浣溪沙　秋思

寒雨連宵未展晴。泥塗滑滑苦難行。百無聊賴此時情。　煙月已隨人事改，菰蒲猶向澗邊生。澆愁有酒玉壺清。

其二

流水潺潺斷岸頭。西風黃葉擣衣秋。年華暗換不勝愁。　老樹栖鴉眠不穩，長亭放鶴望中收。山重水複一孤舟。

高陽臺　己丑小春，歸里有感

菊徑寒畦，楓林古渡，那堪一夜繁霜。簾捲西風，颼颼吹老斜陽。尊前莫唱伊涼曲，唱伊涼、蕩氣迴腸。望天涯，總是閑愁，不盡思量。西湖舊夢參商。憶蘇堤翠幰，葛嶺紅牆。曾幾何時，已非昔日風光。斷橋斜日歸船路，扣短舷、水調淒涼。問從前，幾處停驂，幾處流觴。

齊天樂　和寒竽《消寒》詞

三分春色猶餘幾，東風柳暝催醒。燕未歸梁，花還殢雨，贏得多愁多病。停盃對影。想太白當年，浩歌長詠。硯涸冰澌，近來常覺此心冷。韶華依舊豔麗，甚倚遍闌干，總孤清景。拍按紅牙，詞傳白雪，求益端須重請。游踪若定。向漚外尋盟，笱鞵微濘。寫出金荃，夢窗將筆秉。

散天花　春宵無寐，倚枕口占

春到人間滿地紅。丹霞流異采，組芳叢。梨花謝後李花穠。蜂媒忙底事、嫁東風。煙水迷茫鳥道東。闌干斜畔立，送飛鴻。良宵無寐聽疏鐘。絲絲寒雨裏、織愁濃。

齊天樂　題錢氏先德遺札七通，爲錢沖甫世丈賦

繡州煙柳疏疏雨，斷魂那堪回首。塔峙鴛湖，潮迴鶴渚，道是人文淵藪。彭籛世胄。更多少耆賢，嬗同山斗。故國烏啼，迄今剩有漆園叟。遺芬緜亘四代，但朗月清風，照人依舊。葉葉烏絲，行行翠墨，留付雲礽相守。良

宵静牖。想展卷摩挲，一燈如豆。撫古傷今，淚痕悽濺袖。

高陽臺 題高存道畫絡園圖册

巷認雙陳，屏開六曲，紫荆花下春深。舊侶鵷行，年時曾記題襟。無端烽火連天起，聽笳聲、響徹江潯。劇堪憐，爨下焦桐，夢裏遺簪。
堂前燕子歸來後，喜雕梁藻井，故壘重尋。棣鄂情懷，吹壎寫出金箴。輞川池榭龍眠畫，吐雲煙、行木森森。最難忘，鏡對團圓，硯等璆琳。

五福降中天 壽劉仲彝七十

亭皐屐齒黏苔隙，流光迅如飛羽。水國題襟，嵒阿攊篷，往事非煙非霧。離悰最苦。聽笳鼓聲聲，遽催人去。瘦馬嘶風，一鞭斜照野塘路。
良朋寥似碩果，拍牙謳水調，幾人同賦。器皿精純，幮窗浄雅，誰比匋簃香古。春衫楚楚。縱齒到希齡，不更眉嫵。夏木陰濃，捧觴歌且舞。

踏莎行 春末感懷，並送沈仲寅表弟入粵

窄徑紅稀，空郊綠瘦。半灣荒水粼粼皺。離魂消黯馬嘶風，柳條不繫行人首。
樹少鶯啼，山惟雉雊。春來總是愔愔晝。小園花事已闌珊，試看開到荼蘼後。

浣溪沙 懷林鋕尊

回首蓬瀛四十年。春明風雨對床眠。猶存幾幅衍波箋。余遊日本，君已先在。及後回北京，則君亦到部，與余同賃居于什方院。風雨一廛，傾譚甚樂，存君

之詞稿不少。此日欲將詞就正，當年悔不墨同研。當時余尚未研究詞學，悔不與君切磋也。半櫻門外草芊芊。

前調 懷張子瑜

少小相知到白頭。幾年郎署共沉浮。西湖湖畔快同遊。海上疾風摧勁草，山間明月照青楸。韶華冉冉去如流。君歿于上海，葬於里，墓木已高拱矣。

前調 懷余越園

養望名山結勝流。東皋尊俎幾經秋。門前疏柳水雲浮。洛社耆英君最少，輞川圖畫我猶留。不堪回首憶前遊。

前調 懷唐企林

對客揮毫自在忙。偶商題句到疏狂。君凡題詞，必屬余捉刀。小樓明月照流黃。舊雨飄蕭如碩果，春風蕩漾換年光。追懷前事黯然傷。君歿于去臘歲不盡十有二日。歲華忽忽，已由春而趄夏矣。

惜秋華 從《詞律》夢窗第一體　題繆谷瑛畫菊長卷

細雨斜風，寫生綃十幅，年年重九。癡蜨醉蜂，時時誤鑽窗牖。天然露蕊霜葩，展卷後香盈羅袖。悠悠叶平。問南山可是，花肥人瘦。

漫憶柴桑叟。道昔時文物，而今還又。卉木易凋，何若畫圖能久。秋毫點綴如神，髣髴傍、東籬鴛甃。知否。惜秋華、與華竝壽。

國香 題牡丹畫册

穠李夭桃。數幾番風信，縠雨芳郊。花信風縠雨第一期爲牡丹。回思麴塵京洛，舊恨難消。記得豐臺路畔，擁油碧、人比華嬌。愀然動離緒，國色天香，舞袖誰招。　而今行樂處，是題詩掃石，讀畫懸瓢。舊家姚魏，一幅粉本生綃。比似沉香殿側，薦玉醴、淺醉閒描。莊生夢蝴蝶，栩栩花魂，猶指晴梢。

慶春澤 題高野侯七十一造像，時爲庚寅中秋日

銀河月滿，水國潮回，翦燈重話巴山。細數流光，兩情無限悲歡。舊愁未了新愁起，聽朝朝、急管繁絃。莫開簾。秋水池塘，都是寒煙。　畫圖省識春風面，縱塵侵白袷，不損朱顏。寫到梅花，依然張緒當年。幾時同返西泠櫂，奈六橋、未穩晴天。且留連。老圃重陽，欸語籬邊。

木蘭花慢 庚寅重九，和慶叟《八月十四看月》之韵

正黄花濺露，搓玉潤、滴珠圓。甚風雨蕭蕭，遠山流翠，落木無邊。堪憐。故園此日，有白衣送酒滿舩船。吟賞一湖秋色，夜深猶不知還。　倏然。誰是九嶷仙。劍氣薄高寒。聽遠塞鵑啼，妝樓雁過，急景回旋。遙看。漢河月色，總淒其光淡半規蟾。羡煞柴桑逸叟，儘教賞菊年年。

高陽臺 有懷袁潛修杭州，并謝其題卷

闇淡遥岑，飄藞落木，斜陽紅膩浮圖。莽莽黄塵，難尋芳草平蕪。皋亭舊日笙歌地，付雙

鬟、閒話當初。悄天涯，欝霧沈煙，看碧成朱。詞人合自詩人出，喜瓊花一朵，飛下蓬廬。按拍重謳，令人擊缺冰壺。倚紅橋外吹蕭處，問曾攜、有小紅無。待明年，春水雲平，修禊西湖。

虞美人　庚寅冬至

灰飛葭管年將換。心似枯蕉捲。閒憑闌檻望斜陽。怕聽誰家淒哽、唱伊涼。　朔風惻惻紋紗破。滿地啼鴻苦。天涯多少瘦腰身。折得蘆花欲贈、又酸辛。

瑞龍吟　用《片玉》韵，曙岑約同作

淞溪路。頻見斷壁飛花，冷煙生樹。離離芳草王孫，黯然賦別，消魂甚處。　漫延竚。驚看半江搖落，燕簾鶯户。淒涼葉底鳴禽，定巢未穩，如聞訴語。　空有春風詞曲，銕簫吹裂，倦譋慵舞。偷望笑桃門前，人面非故。池塘夢草，誰解傷心句。都休問、提壺買醉，揞笻徐步。過隙駒陰去。那堪復有，當年妙緒。腸結愁千縷。還怕聽，宵來檐聲酸雨。歲華暗換，鬢絲添絮。

江城梅花引　題姚羲民尊翁梅盦先生畫梅遺墨

畫堂清陗月昏黄。漏聲長。麝煤香。寫出横斜，疏影近蘅塘。雪作精神冰作骨，歲朝夜，翦紅燈、泛碧觴。　碧觴。碧觴。樂未央。墨半缸。紙半牀。寫也寫也，寫不盡、幾幅孤芳。想見當時，髯鬢亦凝霜。付與子孫勤守護，先世澤，後人藏、閟括囊。

瑞龍吟 懷北京，用《片玉》韵，曙岑約與同作

邯鄲路。曾見十丈紅塵，萬家春樹。楊枝低拂旌旗，箭壺報曉，流鶯處處。　漫延竚。誰識舊遊麋鹿，小簾朱户。飄藟等是天涯，鸜鵒典盡，停杯自語。　新换一番桃李，斷襟零袂，孤懽慵舞。猶記灞橋分攜，遊譙非故。魂消别賦，彈濕騷人句。渾忘卻、天街夜色，園林幽步。策馬章臺去。試招俊侣，重尋墜緒。霜鬢飄絲縷。還怕是，宵來聽風聽雨。夢中總見，落花飛絮。

木蘭花慢 題存道準園壽蘇第二圖卷

展生綃一幅，思往事、十年前。記淺步苔裀，小橋流水，鷗鷺翩翩。髯顔。影摇素壁，伴疏花一盞薦寒泉。玉宇瓊樓望極，銅琵鐵板吟邊。　眉山。小謫到人間。磨蠍寓詼言。問準園園主，命宫文采，可似坡仙。啼鵑。幾回唤起，翦淞波行篋理殘箋。池藻生香不斷，韋縑竚讀三編。

水龍吟 庚寅東坡壽日，擬題存道壽蘇卷

西湖寂寞蕪祠，西湖舊有蘇文公祠，今不知若何矣。落花流水無人埽。瓊樓玉宇，廣寒宫闕，誰訶水調。赤壁遺文，黄岡勝蹟，徒供憑弔。把闌干拍遍，問今猶有，薦寒泉、陳清醥。　漫説風流雲渺。亘千年、鶴歸華表。疏桐院宇，讀書懷古，有人孤歗。四壁高張，髯仙道貌，一庭清峭。憶年年此日，羹調玉糝，酹金樽倒。

風入松 題李無庸手鈔《定盦詞選》

雄文風挾漸江潮。北斗七星高。丹鉛餘緒修

簫譜，付紅兒、拍按檀槽。幾卷蕡洲剩譜，歌聲響遏雲璈。六橋煙水接湘皋。無庸，湘人也，久居杭州。寒意透冰綃。伏生垂老猶勤學，掩紋疏、淺醉閑鈔。陶寫一襟秋怨，清階月上花梢。

湘月　再題無庸《定盦詞選》，即用無庸自題和詞選中《湘月》韻

歌塵起處，正杏帘高揭，新醅初熟。不管紅桑浮遠景，消領片時閑福。短篴蕡洲，孤村柳岸，試唱旗亭曲。夕陽催暮，畫屏排列銀燭。　我見說詞派分流，毗陵浙水，各有新池閣。閬苑閑情，莫在吴山山下住，惟識鄉邦耆宿。鼇仙夢，想見人幽獨。一編在手，寒梅吹滿林屋。

以上《他山詞存》卷二

木蘭花慢　春日坐雨有感

擁寒氈獨坐，人脉脉、雨蕭蕭。算逝水流年，能消幾日，又到花朝。清宵。欲眠又起，覺一襟愁思溼鮫綃。柳外鵑啼未歇，花陰蝶夢難招。　無聊。倚遍赤闌橋。草色淡虹腰。想故園桃李，湖壖春早，已長柔條。憑高。碧雲暮合，望天涯何處是歸橈。翦取半江淞水，斷魂分付回潮。

翠樓吟　厘才同年招往廣居豐林橋中國科學院，看櫻花。因小病不赴，詞以謝之

積雨烘晴，條風布暖，亭臯景物妍麗。欄杆斜倚處，忽聽得、流鶯催起。穠春天氣。説雁齒橋邊，烏衣坊裏。花如綺。碧桃紅杏，遜此嬌異。　想是。來自蓬瀛，擁艷雲千片，任人凝

睇。征軺回望久，記當日曾馳郊騎。今朝情味。奈小病侵尋，清遊淹滯。行還止。望風遙集，頓辜君意。

菩薩鬘　題淩砅生兄曾王母禮佛圖

淳熙畫苑推翹楚。鮫綃一幅傳千古。黄葉寺蕭蕭。參禪拾級高。　彭城閨裏月。太母奩中物。呵護有慈雲。重孫白髮新。

甘州　今日立夏，風雨淒其，枯坐齋中，殊覺負此佳節。今年雨水之多，天氣之寒，爲從來所未有，春色已盡，猶御重棉。讀寒松閣《倦尋芳》詞，謂春光欲去，而夜寒特甚，殆古今有同慨與。因拈是調以寫之

又東風吹動曉鐘聲，春歸已天涯。被無情酸雨，濛濛竟日，斷送殘花。到此峭寒猶厲，寂寂掩紋紗。促膝窗前坐，溜滴簷牙。　欲遣悠悠歲月，賸殘編掃蠹，禿管塗鴉。撚騷騷短髮，愁緒總如麻。幾回思、掛颿還里，奈心期、鶻突手徒叉。無聊甚、汲淞溪水，活火烹茶。

金縷曲　壽陳文無六十歲二闋

鸚鵡花間語。報今朝、流觴祝嘏，綠楊深處。舉案齊眉春瀲灩，更對庭前玉樹。又掌上、明珠交舞。一曲鵾絃彈古調，替皋翁、月底修簫譜。華甲壽，慶初度。　逍遥慣拾閑中趣。抱清才、搓酥滴粉，點珠研露。寫到蔚藍天一色，喚起南飛鶴翥。有酒侶、詩朋無數。白苧輕衫摇小扇，狎沙鷗、蹋曲銀塘路。浮綠螘，唱金縷。

其二

今日休辭醉。莽天涯、雲窗霧閣，惱人情味。吾輩蘧然嗟老大，看盡魚龍嫚戲。早自分、浮生如寄。猶許滄州容一粟，且夷猶、今古歡重理。支短杖，笑而起。　識君人海憧憧裏。恨萍梗、相逢不早，屢違交臂。君後荷花生二日，我亦差池無幾。看水佩、風裳妍麗。擊柮藕塘清淺處，譜蘋洲、跌蕩紅衣底。傾翠斝，飲甘醴。

摸魚兒　題吴諫齋皋亭桃花圖卷子

望鄉雲、麴塵波外，寸心緜邈千里。皋亭山下桃蹊路，舊日慣將船艤。遊釣地。搔首問、何時把古歡重理。鶯愁蝶悴。任杜老思歸，江郎賦别，花落板橋裏。　披圖視。遺澤猶存奕世。巍然鄉國文史。魚肥流水詩還在，引起憶蒓情味。君試記。記昔日繁華，柳岸笙歌沸。而今已矣。幸一卷鮫綃，千行翠墨，收拾刼灰底。

金縷曲　題梅王閣圖

傑閣淩虚敞。拓暈飛、雕梁藻井，麴塵如洗。彝鼎圖書工位置，我亦天渠小吏。慣領畧、高人清致。畫到梅花知不讓，拜頻年、幾幅鮫綃賜。懸素壁，暗香起。　雲煙過眼從頭計。數芸籤、盈盈五百，緑蕉窗裏。大叫梅王詩句在，嘉話琅琊可記。看一幢、滎陽山水。疏影横斜孤嶼夢，向黄昏、寫盡苔紋紙。庭宇邃，鶴來未。

鬢影衣香

辛卯初度，客散後，倚枕不能成寐，輾轉思維，頗動蓴鱸之念。率成白度曲一闋，以釋煩憂

自別江鄉後，兔葵燕麥，朝朝細數流光。覊旅情懷無限恶，更遥空、雲水蒼涼。欲向前溪買渡，問東風、吹送幾帆檣。省識人生如夢，西湖魚鳥都忘。　疏狂。慣擫孤鸞曲，謾凝想、腰纏十萬，粉黛千行。老去填詞原自遣，幾曾圍、鬢影衣香。今日又逢初度，撫頭顱、薄髮漸成霜。猶是少年心性，向人呼盡餘觴。

金縷曲

用寒竽均　王孟禄、蘇本岩夫婦重諧花燭

嘉話今朝又。六十年、重諧燕喜，白頭夫婦。惹得途人擡望眼，青似河橋眉柳。問幾首、催粧詩就。話到當年初合卺，握柔荑、脉脉遮羅袖。開綺宴，頌佳耦。　識君猶未爲君壽。更傳聞、蘭芬桂馥，一門争秀。比似倉山桃李盛，多少嬌鬟斟酒。揭繡帳、流蘇如舊。細響丁東喧永夜，入甜鄉、日已三竿後。天錫福，世稀有。

五福降中天

夏弟三世叔與邵夫人重諧花燭

淞西十里蘅塘路，幽人自饒清祉。玉宇沈煙，銀潢瀉露，漸入高秋天氣。雙星竝峙。看鳩杖輕扶，鵲橋争起。舉案眉齊，珠聯羅袂挽瑶佩。　年華迤邐暗换，憶庭闈昔日，懽緒堪記。綵結朱繩，光調絳蠟，又見白頭嘉禮。重諧燕喜。想一樹垂陽，兩家春麗。載誦瓊章，感懷猶未已。

慶清朝　題吕廬老人著書圖

柳浦潮寒，梅塍月落，西湖一片蒼涼。黌宫半掩，舊學誰與商量。最是匠師老去，絳帷桃李不成行。休催醒，荒亭鶴夢，與話興亡。　重念故鄉舊事，記紫陽山下，晉謁趋蹌。龢風化雨，至今如見羹牆。我是再傳弟子，欲窺遺著枉軿章。空相對，瀟湘畫稿，詞筆都荒。

埽花遊　題吕廬老人紫陽山居圖

聖湖萬壑，問甚處山居，最爲幽峭。茂林翠葆。聽莘莘學子，讀書聲好。燕語鶯啼，十二螺鬟倩繞。柳陰悄。記桃李著花，鐘鐸迎曉。　庭宇多複道。有曲徑迴廊，石梁池沼。尋詩夢草。更南宫汎雨，北磯垂釣。鸎峽螺泉，幾載蒼雲未埽。擁孤抱。怕年來、止存殘照。

摸魚兒　題張公威仿王石谷臨安山色長卷

遡吾鄉、湖山雖好，流鶯何故啼怨。東風淺薄梳殘柳，一路冷烟淒惋。遊興倦。喜驀地、良朋出示新圖卷。峯巒宛轉。看磴古松斜，崖深槲老，歸思猝如箭。　苕溪岸。烏目薪傳未遠。聲華流播文苑。山容水態都妍麗，户外履綦常滿。人健羨。羨爲我、圖形手執桃花扇。年光晼晚。待明歲春深，請求無饜，一幅衍波展。

高陽臺　自題七十二歲小像

錫市吹簫，酒鑪擫笛，一生慷慨悲歌。流水飛花，令人意氣消磨。瀛槎空泛龜兹月，迨回槎、滄海生波。最淒然，落拓塵襟，眼底山河。　生平最愛藏縑帙，記雪北香南，恣意搜羅。

亘奈而今，只供魚螽摩挲。幾年未放西泠棹，望松楸、目極煙蘿。愧蕭騷，抱卷長吟，兩鬢霜多。

西子妝　西湖十景詞

其一　蘇堤春曉

短袂寒欺，喬柯濕潤，起向畫欄垂手。六橋煙水醞穠春，最忺人、曉晴時候。濃陰覆首。是誰種、連雲官柳。爇心香，欲荐椒陳荔，平原絲繡。　年光驟。玉局吟魂，千載猶厮守。淡裝濃抹總相宜，誦瑶章、曙霞籠袖。題詩未就。傷流景、愁凝蛾岫。怕重來，已是酴醾謝後。

其二　柳浪聞鶯

翠幄摇晴，金衣報暖，卅里春容催醒。數聲晛睆出柔柯，把千條、柳絲重整。花驄漫騁。有一路、衣香鬟影。燕歸來，向畫梁偷説，黄鸝三請。　青莎徑。草長鶯飛，曲管絲簧冷。三眠三起織芳愁，寫春來、六橋煙景。羈懷静省。問何日、湖樓閑凭。算年來，歸思都成畫餅。

其三　花港觀魚

花雨銜紅，萍波唼緑，誰識濠梁歡意。知魚之樂在從容，問莊生、蝶魂來未。銀鱗紫尾。儘消領、芹香藻膩。最無端，是緑簑青篛，投竿斜睨。　明湖裏。一片生機，造化供游戲。那堪衰鬢在天涯，引西風、憶鱸情味。絲綸漫理。早望盡、煙波千里。正消凝，杜宇啼聲又起。

其四　曲院風荷

犀椀調冰，螭盤荐薦，小住幽香亭院。田田翠蓋露如珠，濺紅衣、舞裾藷亂。炎敲乍遠。看玉臂、揮停羅扇。點疏籬，伴一叢丹蓼，蜻蜓涼倦。　瑶池畔。粉膩香稠，瓊佩凌波淺。年光暗換。漸吹起、蘋颸悽惋。更能消，幾日蓮歌唱斷。

其五　雙峯插雲

銀漢中分，黛鬟夾峙，一幅天然圖畫。山中猿鳥笑相呼，互争誇、廣寒仙厦。蒼崖俊雅。有多少、遊人繫馬。咽流泉，坐竹根危石，襟期瀟灑。　涼風夜。暮色雲平，漠漠煙無罅。南峯高與北峯齊，聽林間、老樵閒話。岧嶤對亞。算惟有、飛瓊能跨。最多情，時見鶯嬌燕姹。

其六　雷峯西照

斷雨鈴聲，分山塔影，日莫歸雅成陣。題詩埽石坐莓苔，鬢絲吹、晚風悽緊。憑高涕隕。依稀認、南朝煙粉。有流鶯，似泥人低訴，殘紅休問。　浮圖峻。猶記年時，水上孤篷引。仰觀斜照在峯巔，識積容、一襟幽恨。觚稜瘦損。早知被、風霜蝕盡。到今惟，畫裏猶存賸本。

其七　三潭印月

鼎足平分，塔輪聳峙，四遠寒波清皎。冰籢倒影接層霄，誤眠漚、暗驚春曉。仙查翠沼。總疑是、蓬壺瑶島。怕新來，繚露蕪煙荻，過湖寺報黄昏，滿西湖、玉容悽曖。僧歸自在。聽一路、殘蜩嘶懈。夜烏啼，問此情何似，姑蘇城外。無聊賴。水上遊人，苦把歸程戒。忽聞青嶂吼蒲牢，賦將離、翠眉凝黛。芳情倦態。步幽徑、蒼煙暝靄。約明朝，再把蘭橈纜待。

其十 斷橋殘雪

野岸敲冰，疏窗裂紙，幾日皜霙飄蕩。蘆衣荻絮浸玻璃，最分明、段家橋上。晨曦乍降。怕不似、前宵模樣。促吟鞍，寄一襟詩思，扶笻遐望。滋惆悵。敷粉樓臺，蔌蔌消瓊氅。一篙新水蘸清漪，攬鷗暝、非風非浪。高崗隮吭。道積雪、漸銷層嶂。趁今朝，舉袂臨流盪槳。

人少。秋光好。桂魄輕盈，冷沁愁絲裊。畫船空向水西流，拾游魚、碧城深窈。玄霜漫擣。聽幾曲、伊涼水調。記前遊，叵奈梨雲夢杳。

其八 平湖秋月

蘇小門前，段家橋畔，歲歲良宵三五。畫船簫鼓向中流，扣歌舷、鬟雲香霧。游魚漫數。還疑有、潛虯起舞。擊冰壺，看碧天秋水，一輪蟾素。蘋風路。小扇輕衫，年少攜尊俎。舉杯對影便三人，記青蓮、醉中曾賦。清游間阻。悄難寫、年來幽愫。問姮娥，可憶天涯倦旅。

其九 南屏晚鐘

野渡收颿，譙樓鼓角，一片暮雲如蓋。鐘聲蕭

孤鸞　寶石塔

淡妝西子。自吳越春秋，造成佳麗。可奈蠻腥，幾度暗熏羅綺。雙鬟翠眉賭秀，隔長堤、水流雲委。驀地雷妃斷袂，聽鶯聲悽厲。又雪壓風欺，髻螺將圮。錦繡湖山，誰解古歡重理。天教女媧素手，試纖蔥、把花扶起。爭取寶書圖繪，鑠石渠牢繫。

虞美人　題張繆子祖父試卷合册

白頭宮女情懷悄。侈口談天寶。已停歌板洗紅妝。猶說當時作戲、亦逢場。　蝨殘叢裏尋荒紙。都是良家子。江南猶有幾龜年。解得落花風裏、拾遺鈿。

探芳信　一名玉人歌　立夏後一日作

寒風細。又夢裏春歸，鵑聲啼起。慨歲華如羽，往事渺難記。蘼蕪最恨東風惡，不把愁蘊地。望前村、花影朦朧，玉人來未。　勞燕沮歸計。縱行槖蕭然，那容料理。怨蝶痴蜂，慣會撩人意。無端飛過紋疏外，領畧閒滋味。算流光、已是紅消綠膩。

惜紅衣　昨宵一夜風雨，架上酴醿盡爲摧抑，倚此悼之

巷陌愔愔，庭除落落，悶懷孤悄。蝶怨蜂愁，幽階没蕪草。牆陰的皪，猶幸有、酴醿花好。登眺。天氣晚晴，鎖一竿殘照。　宵來驟雨，不斷檐聲，無眠達清曉。重簾未捲，處處聽啼鳥。欲約故人權聚，不是舊時懷衮。問眼前

風景，何事這般煩惱。

金縷曲 冒鶴亭丈八十

曉色桃蹊路。有啼鶯、聲聲喚起，野鷗沙鷺。文采清門流澤遠，水繪園林樹古。見說是、春深三五。八十高齡腰脚健，拍紅牙、猶唱莊椿譜。銀燭底，綵衣舞。　詞仙合傍松蘿住。翦淞濱、水天一角，白雲爲侶。楊柳河橋橫玉箋，引起南飛鶴翥。記幾度、曾親眉宇。捧到衍波箋一角，向雷門、莍莍鳴鼉鼓。揚兕爵，賦金縷。

滿庭芳 詠太平花北京　咫社

禁籞題名，靈瓊接葉，化工降此奇葩。一枝臨水，白雨洗塵沙。試與曇花比較，怕蜂蝭、冷晾曇花。羲皇世，翠華臨幸，油壁駐輕車。幽遐。回首處，瞿塘三峽，萬里仙查。笑吴娃不識，燕語鶯譁。問爾幾生修到，祈豐穰、歌管家家。從今後，昇平有兆，聲斷柳營笳。

梅子黃時雨 咫社限九十四字　自別燕京，忽忽越二十寒暑矣。每憶舊遊，輒用棖觸，因借是調以寫之

迢遞雲山，記風雪灞橋，無限離緒。翦一掬江蘺，渭城朝雨。潭柘征衫存柳線，夢中草色萋萋路。修途阻。薊甸影蟾，猶照眉嫵。　延佇。盟温鷗鷺。太液池邊，詞仙何許。横竹閒歌青玉案，熟梅天氣修簫譜。消魂處。望中一川風絮。

前調 本意

流水潺湲，甚梅柳渡春，還送春去。看夏木陰

陰，落紅無主。朝起曚曈方見日，轉頭忽聽瀟瀟雨。芳遊阻。攬勝討幽，知爲去誰誤。延佇。晴和時序。奈檐聲絮耳，淒黯庭户。望隔岸遥峯，沈沈吹霧，楊柳河橋泥滑滑，玉人何處教簫譜。攜尊俎。且聽斷歌零舞。

八聲甘州 和張繆子韻

悄風襟長嘯隱衡門，休休欲無聞。向莎隄灑淚，花樓弔古，闇澹前津。賴有春風詞筆，促拍酒常温。暮雨瀟瀟裏，寫到黄昏。　涉古不師黄九，擬玉田差近，妙語成春。想揚州杜牧，意重自情敦。問吹簫、玉人何處，誤珠簾、捲出越羅新。空懷感、倚秦樓月，密坐涵芬。

雨中花慢 槐花　北京咫社，限秦淮海仄韻體

淺步新秋庭院，染衣宫黄，水榭明瑟。聽蟬鳴深樹，託枝高逸。細雨斜風時候，璚蕊滿林寒碧。記午陰消夏，黯數流光，等閒拋擲。　南柯夢醒，涼沁桃笙，幾見黍離駝陌。休更説、天街蹋月，誤人頭白。匝地霏金屑玉，小園猶有春色。正蜂聲滿院，金□□□詩『蜂聲滿院采槐花』。采香盈匎，擘袂横箋。

齊天樂 題關吉符《思痛軒詩詞稿》後

海桑幾換人間世，沙鷗幸皆無恙。珥海觀雲，巴山聽雨，汗漫輪君遊壯。瑶階策杖。縱小病維摩，詎妨頤養。雅集稊園，暮年清福自無量。　蒹葭秋水望極，忽芝雲一朶，來自天上。氣壓青蓮，神傳白石，最羨壎篪聯唱。憑高嚮往。算别後光陰，頓成惆悵。舊侣重逢，甚時相見儻。

虞美人　

咫社課題，限和李後主韻　李後主生日感懷，不限調

刺桐枝上聞知了。獨坐歡情少。一年容易又秋風。春意闌珊都在、雨聲中。　秦樓明月何曾在。簫局經時改。銀潢歲歲有離愁。空泛斷雲落葉、捲中流。

其二

越羅不及吴綾緑。夢裏春寒續。小庭長日悄無言。落花流水風月、憶當年。　叢殘幾闋詩詞在。俊語誰能解。南朝天子最情深。雖對宮娥含淚、亦難禁。

清平樂　鴿　北京咫社第二十六集

紅繩繫帛。萬里無行迹。馬邑龍堆窮遠驛。爲報陽和消息。　晨光矯首稀微。鈴聲高與

瑶臺第一層　

窑臺秋望，北京咫社課題，限用趙與鄦體　窑臺爲前明治窑之地，清初淪廢。坡陀甚高，遂爲時人登眺讌集之所。清初王漁洋、徐健庵、龔芝麓、朱竹垞、姜西溟、陳其年諸詩人均有吟咏。高處與陶然亭相望。清秋游騁，茭蘆如雪，野趣尤爲可喜，或且改爲瑶臺焉

欵步平臯。擡望眼、皇都景物饒。落霞孤鶩，長天一平色，秋到層霄。已涼未寒節序，聽軟語、燕欲辭巢。倚闌檻，對陶然亭畔，淺醉閒描。　蕭騷。前朝賸水，幾株官柳傍河橋。桂花香裏，輕衫短帽，人在山椒。翠樽猶未竭，奈滿城、風雨飄飖。縱詩豪。宋子京：『劉郎不敢題餻字，空負詩名一世豪。』有吟箋詞筆，不敢題餻。

雲齊。吹落九天雯錦，歸程應過遼西。

齊天樂 壽俞康侯同年八十

青衿往事猶堪記，呦呦杜賡同調。北海浮查，西湖攬轡，相與岸巾談笑。勞人草草。慨賦別消魂，夢懷縈繞。馬足車塵，少年都向此中老。　芹香重拾泮水，想青蕪滿目，惟剩殘照。虎阜名都，籃輿就養，消得詩人懷抱。東山寄傲。儘八十高齡，滿床吟稾。一樹梅花，幾生修得到。

鎖窗寒 寒流　北京思社十月課題

傲菊猶存，早梅未蕊，小陽時候。狂飆猝至，來自雪山山右。試新醅、紅爐不温，玉樓起粟吟肩瘦。望隔江霰集，同雲低壓，目迷遥岫。　搔首。消凝久。奈瑟縮團蕉，怎生禁受。高陽俊侶，孰與旗亭呼酒。聽深宵、新雁過樓，惹教思婦眉黛皺。信葩經、設教温柔，九月寒衣授。

以上《他山詞存》卷三

高陽臺 題高存道宋搨《多寶塔》

昏漉澄心，碑高嶽麓，隃麋鴝眼争青。翰墨因緣，不關價值連城。千年氊蠟今猶在，賦長謌、妒煞延陵。對寒檠。六曲屏山，寶閣香凝。寶香閣，存道齋名。　旁皇只怕鄉思起，記吴鈎捲月，幾載飄蓬。逆旅生涯，依然舊日心情。拈毫直入平原室，拭烏絲、瘦硬通靈。聽流鶯。催换鵷羣，王褚相承。

陌上花 九十九字，从萬紅友《詞律》體　懷舊

思社

駒陰過隙，齠齡游釣，那堪重記。打槳湖壖，最愛艷陽天氣。六橋柳色濃于染，歲歲三眠三起。聽鄰舟、擫笛小鬟低唱，是何情味。

悵浮生誤我，馬足車塵，總是一肩行李。咫尺鄉雲，叵奈欲歸無計。客愁早斷江郎夢，那解晼蘭汀芷。幸年來、賴有舊遊鷗鷺，素絃重理。

前調 九十八字，從《詞譜》體，句讀亦如之

春游

悤悤上巳花朝，將到暮春時候。有限韶華，都付雨聲檐溜。潤酥草澤天街滑，欲去幾回搔首。鎮無聊、忽見杏帘高揭，玉壺賒酒。

燕歸來、向畫梁絮語，綠意紅情猶瘦。次第花開，自有好春良晝。跨驢且約尋芳侶，金谷園前招手。傍長堤、一片梨雲如雪，飛黏紅袖。

金縷曲 今年存道年社長兄重遊泮水

淡泊行吾志。亘生平、清襟素抱，不沾塵滓。翠墨淋浪鈎玉勒，摹盡秦碑漢隸。更領略、雲烟滋味。卅里明湖供觴傲，比孤山、處士差無貳。心不競，視流水。

黌門早見銅鋪閉。望宮牆、頹垣卧礎，冷風凄厲。此日重賡思樂曲，髣髴荆駝夢裏。但我輩、情懷猶繫。勉拾蕪詞供莞笑，待他年、里乘資搜記。興舊感，笛聲起。

前調 題巢章甫海天樓讀書圖

索寞無聊賴。忽飛來、芝雲一朵，洞天香海。萬里馳書承獎飾，逾分謙光下逮。更想見、丰神瀟灑。雅筆輕盈持在握，御仁風、陡覺炎歊解。勤拂拭，倍愉快。

瓊樓百尺消塵壒。

對華燈、書城坐擁，摘硃研黛。愧我窮年修篴譜，最愛姜張一派。奈老大、還如稊稗。勉副高懷歌一曲，怕雷門、布鼓招人駴。相見晚，待傾蓋。

月華清　秋分良夜，遲月有懷　秋分係中秋後一日也

燕語含酸，蛩聲咽暮，歲華容易偷換。竇鏡無虧，但少昨宵絲管。算曆序、秋色平分，望河漢、玉繩低轉。流盼。見香飄桂子，雲羅天半。　又聽江樓過雁。憶故國蒓鱸，夢魂猶戀。一片琉璃，冷射羈人心眼。未多時、挹露涼生，更幾日、履霜寒濺。休怨。趁今朝良夜，舉杯吟倦。

百字令　存道屬題賜乳堂課孫圖

蒙求養正，憶先賢閫範，漸成墜緒。垂老不忘齠齔日，想見滿懷幽愫。賜乳堂前，含飴膝下，懿訓重幃撫。燈影機聲，譙樓常報三鼓。　粵自縞紵聯歡，異君學行，多有過人處。今日始知非偶事，水脉泉源堪泝。庾子文章，米家書畫，玉律金鍼度。瘦硬通神，率更薪火傳付。

憶舊遊　題高存道南塘漁舍圖

記韶年攬勝，打槳湖壖，短艇横斜。忽見朱門裏，有迴廊曲榭，蟹舍魚叉。茂林更兼脩竹，遮住市聲譁。奈幾易星霜，荒烟茂草，雁落平沙。　休嗟。展圖視，覺有限光陰，無限年華。試想玄真子，唱緑蓑青蒻，猶護籠紗。漫

想舊情衰謝，剗復定無差。念處士孤山，千年古木猶有花。

浪淘沙

稊園社課　題金纖纖小像硯拓

花落水流紅。錦繡叢中。吹殘二十四番風。猶有蠶絲抽未盡，付與吴儂。　琱琢費青蔥。盛鬋豐容。稊園供奉麝沈濃。不讓小鸞眉子硯，獨擅瓏瓏。

漢宮春

爲吴樸堂題漢池陽宫燈并味燈室圖

碧暈菭華，與銅荷雁足，同擅千秋。摩挲古香古色，幾費雕鏤。滄桑代謝，閲人間、歲月如流。炎漢遠、鼇峯鳳闕，舊時曾照高樓。　暮夜追懷往事，記承平年少，志篤清修。讀書不求甚解，美味長留。藺膏閃壁，聽窗前、蟲語啁啾。休太息、湖山夢杳，柳絲綰住羈愁。

探芳信

雨季積陰，郊原森緑，眺望有懷　稊園甲午夏季社課

聽殘溜。向緑楊溪頭，小立垂手。看燕嬌鶯姹，風物尚如舊。夜來不恨廉纖雨，朝來恨紅瘦。算春工、去已多時，緑章空奏。　斜照挂疏柳。縱碧宇雲開，靉靆還又。草閣寒深，赤欄畔、縠紋皺。隔林啼宇聲聲唤，歸計何時就。且銷凝，買醉烏衣巷口。

長亭怨慢

有懷北平諸繼遲先生，並謝其題西湖十景圖詠册

自消歇、春明簫管。薄海揚塵，迨羣羣散。霧曉烟昏，卅年彈指去如電。故人何處，芳草路、天涯遠。那料到今朝，復獲誦、春風詞翰。詞翰。喜瓊瑶惠我，不厭百回重展。抛磚

引玉，對菱鏡，自傷顔汗。問甚日、舊雨重逢，話身世、蓬飄萍轉。睇北國山川，赢得離愁無算。

早梅芳近　甲午稊園社課　十二月

庭院深，年華暮。敗葉敲窗户。落霞孤鶩，碧水長天入平楚。漏沈燈穗結，夢杳眉峯聚。荻花洲，桃葉渡。怕冶遊人妒。黄昏疏影，信步羅浮見幽愫。珮環香暗襲，薄靄籠寒雨。且消凝，討春尋舊侣。

華胥引　稊園社課，不限題　今春雨水甚多，杜門不出，興味索然，不言愁而愁自往來於胷中也

芹泥芳徑，莎石迴廊，有人撫篴。響遏行雲，瓊樓玉宇聞太息。短夢催醒南柯，奈睡餘無力。香冷金猊，蜨蜂猶叩窗槅。門掩梨花，最無端、撩人春色。踏青挑菜，幾時河橋攜屐。柳線眉痕垂露，怕峭風吹折。多少愁懷，總由絲雨淒滴。

菩薩鬘　稊園社課分韵，得「彭」字，不限調

臯亭漫步尋芳草。重逢禊飲春光好。蜂蝶叩窗紗。酴醿尚未花。白頭搔更短。午夢抛書倦。述作不分明。何堪比老彭。

醉蓬萊　稊園丙申六月課　蓮溪消夏

過曉風池榭，曲院探芳，情懷無限。葉底交頸，笑鴛鴦涼倦。柔櫓輕移，風裳水佩，指段家橋畔。紅蓼參差，緑莎掩映，幾聲鶯燕。我與荷花，引爲同調，並月相生，夢魂依綰。作者生于六月。四壁琳琅，盡高人圖卷。思樂重

賡，採芹何處，愧歲華遲晚。更奈而今，詞悰蹇澀，病懷渾懶。

花犯 稊園丙申仲秋社課

瞰東籬，含苞吐蘂，繽紛滿氍毹。暗香盈袖。正露冷楓江，佳節重九。隔溪杜宇啼疏柳。勸人歸去久。漫自信、旅懷依黯，白作平衣頻送酒。　蟲聲斷續透窗紗，荷衣尚未葺，蘋颸吹又。時似羽，流光换、那堪回首。柴桑夢、故園路遠，孤鶩起、長天螺黛皺。且賺取、玉階幽豔，閒吟攜素手。

憶舊遊 稊社丙申孟冬課　題爲北京某郊區曾爲禁地，今又開放

紀三椽草閣，一樹桐陰，小住京華。芳草斜陽路，向西山古道，躍馬平沙。鞠塵淡捲流水，油壁駐輕車。甚曉聽陽關，昏違薊甸，離思交加。　吁嗟。舊遊處，道古寺雲封，路斷三叉。正望空遥集，忽書傳雁足，夢轉窗紗。畫堂又集蟬鬓，媚眼看名花。想葉底青禽，垂楊未絕棲暮鴉。

浣溪紗 歡迎蘇聯伏羅希洛夫主席莅華

唇齒相依我與蘇。巍巍兩國著輿圖。邦交伊古不牴牾。　元首紆尊來莅止，萬民額首笑相呼。環球從此入康衢。

其二

風雨而今入晦茫。天涯消息總參商。惟憑大力掃欃槍。　紅藥花開端有自，白衣播種豈能忘。同心携手進華堂。

八六子　稊社仲夏課題

怨秦簫。坐風吹裂，騷人意緒難描。矧小院酴醾已謝，滿園花事都殘，夢魂欲消。　俄然天墜雲璈。依約月窺亭榭，丁東響送藍橋。到此時歡情，驟奔雙頰，綉衾羞展，羅襦偷解，漫誇苒苒香霏翠幄，盈盈麝透蘭膏。且逍遥。門前又停畫橈。

漢宮春　稊社孟夏課題　北京崇效寺牡丹現已移植中山公園，故今年遊園者特盛

攜手園林，問今年奚事，燕語鶯譁。畫廊幾多媚眼，注視名葩。春風拂檻，露華濃、艷若流霞。消息遠、珠鈿翠蓋，異賓來自瀛槎。　追念梵王宮裏，縱徑通幽曲，地僅袈裟。參差放歌自得，鬢亂釵斜。何如此地，聚稠人、樂意彌賒。休更道、沈香亭北，枉供後世評嗟。

玉女度千秋　稊園丁酉孟秋社課，即爲穎人同年嫂夫人壽，蓋中秋之後二日即爲嫂夫人花甲初度。此爲陳迦陵之創調，即用迦陵韵

曲水流觴，花底鴛鴦雙宿。詩名早著，想拈毫碌碌。鶯簧啼綺院，鶴舞喧林木。秋漸老，憑闌翹首聽鴻鵠。　攜手盤桓，幾卷青緗同讀。萊綵承歡，喜南陔森木。珠鈿圍彩宴，金椀傾甘醁。千百歲，鬢雲長染娥眉緑。

以上《他山詞存》卷四

以上《他山詞存》（含一九四九年後詞）

喬大壯

河滿子

盡日紅羅斗帳，香囊四角低垂。樓上闌干樓

下水，不知何處相思。卻愛宮黄山額，羨他長映脩眉。

其二

帳裏屏間山枕，瓏玲裏就瑶函。曲曲闌干雲水外，朝來過盡征帆。卻愛相思紅淚，羨他長浸單衫。

花犯　城西見桃花作

此門中，亭亭弄影，無言二三樹。帽簷欹處。酬鳳女顛狂，呼酒無數。信風未暖鲦英吐。苔蹊晴又雨。夢遠別、一春嘸倦，闌枝雙翠羽。　熏香坐來喚更衣，妝成許幾輩，斜簪遥妬。殘照裏，垂鞭過、看忘前度。明年怕、送春更早，紅淚灑、橋邊閒院宇。到洞口、若逢劉阮，胡麻能勸否。

定風波

試望平原百草腓。見無餘語但思歸。酒入深杯容易醉。蕉萃。半衾秋冷淚雙揮。　昨過楊村橋上路。橋柱。鍊來寒鐵也生衣。縱是朱顏無恙在。其柰。鏡中情事自然非。

惜秋華　爲沈太倅題晚聞室填詞圖

萬里清商，喚吴霜塞雪，都來明鏡。紅豆記成，鮫人淚珠雙迸。經時帶孔頻移，試桂酒、扶頭剛醒。丹青。又分明、畫出東陽愁病。　回首帝鄉迥。對姮娥絳闕，梧桐金井。選舊夢、銀燭畔，夜花香靚。人閒未識孤蹤，伴去來、野雲過嶺。重省。步虚中、洞天鬘影。

絳都春

樵柯又爛。任天際太一，東皇行遠。醉旅茂陵，驚到人間黃金盌。初明凝立荒臺畔。念昔歲、相如西返。舊承簪筆，新來奏表，鷺飛鴉散。　誰管。黃粱未熟，繚牆外橤柳，宮蟬悽斷。莫角罷吹，斜嶺初銜冰輪滿。風鐙明暗沿谿岸。劍璽失、神光難見。夢回蓮漏交催，露零曠館。

解連環

辛酉十月將之海上，用覺翁留別石帚韵，奮贈柳谿

淚和冰結。甚簷端瘁葉，怒飄天極。向畫省、時雯無言，黯屏上亂山，鏡中離色。過眼長安，暗塵蔽、夕陽西北。恁風栖露宿，短後製成，幾番尋憶。　年華未消手擲。恐驪歌乍闋，人鬢都白。遣對花、對酒閒愁，到月墮漏殘，雁過雲碧。燄蠟成灰，換一枕、温潮寒汐。噤荒雞、歲闌路遠，夢來便得。

浪淘沙

眉萼帶愁描。人過紅橋。花絲衫子木蘭橈。玉鏡不知春色改，緑上裙腰。　郵外酒旗招。醉也無憀。斜陽一抹葬寒潮。料理花前雙鬢雪，休待明朝。

其二

江海遠相從。雲外冥鴻。弟兄佳節最難逢。須爲高堂開笑口，金盞教空。　往事問天工。斷梗飄蓬。中年不與少年同。明日挂帆天際路，愁水愁風。

大酺

到雜花飛，群鷺嬾，新柳勝雅無力。江南江北路，總煙昏塵曉，誤伊行跡。畫閣張鐙，旗亭賭唱，過盡蕃街油壁。沈吟如年夜，自危闌獨倚，鬢絲堪摘。聽哀角四喧，暗雞三喚，夢鄉難覓。　征衫千萬襞。送春宴、翻酒行行碧。倚醉賦、陽臺神去，下蔡人歸，惹相思、自來無益。雁背初弦月，天外落、玉牕消息。對紅藥、明朝客。落滿芳徑，飛絮游絲狼籍。翠陰又移幾尺。

眼兒媚

開罷紅桃試春寒。花事未相干。玉杯喚酒，瑣牕緘鏡，好夢飄殘。　東皇應笑風情減，孤枕破宵閒。分明又見，挑回鐙穗，掩偏屏山。

臨江仙

少日山眉深淺，去年雲髻高低。夜來微雨濕春泥。五更鴛枕上，千里鳳城西。　引鏡斜紅舊褪，緘書澹墨新題。江南自好自淒迷。柳花隨處起，鵓鴣盡情嗁。

傷情怨

天風吹繡袂舉。和四絃腰鼓。淚滿羅巾，後期禁幾誤。　傳杯時怨夢雨。向醉中、難免迴顧。翠欅鸞篦，蘭昌人弟五。

浪淘沙慢

楚宮外，朝雲萬里，莫雨三峽。寒日層陰漸合。嚴更戲鼓互畣。背客舍、明鐙欹短榻。理商調、玉管慵壓。甚倦旅頻年向江海，隨人餞殘臘。妝閤。淚痕料伴紅蠟。念寄隴梅花，殷勤意、草草收艾納。當素練初裁，金縷重壓。暝牕四闔。臨繡牀閒了，彈箏銀甲。心字穿簾摇犀押。天涯遠、夢回片霎。暗塵起、銅街誰與踏。對銀漢、織女黄姑，會未得，雲屏掩處愁千匝。

浣谿沙

快翦催裁廣袖衣。睡挼鸞帶淚相依。隱鉤約珥縠朱絲。　仙李盤根銀漢上，孤桐泛響玉樓西。萍生不定柳緜飛。

其二　傖柳谿

入饌雙鱘細細鱗。東君扶醉詔花神。回身恰並弄珠人。　笑電總欺明月影，歌梁乍感上京塵。涉江幽佩雜芳辛。

其三　張大千仕女

木筆闌枝掩畫樓。聞呼小玉上簾鉤。入時半臂足風流。　夢裏雲屏天樣闊，眼前花事雨中休。爲誰刻意貌春愁。

其四　大千巫峽清秋圖

鄉夢縈紆十二峯。鏡屏迴暎細腰宫。冷蝯嘑處卸征篷。　灩豫堆邊秋水遠，黄陵廟口莫雲重。酒醒依舊客江東。

南浦　春帆，和韵

五兩約歸艎，正石尤，莫生煙浪朝滿。白帝彩雲間，收還挂、連江薄寒如翦。鬟明衣飽，夢中飛度蓬萊淺。畫樓竟日顒望處，過卻斜蒲幾片。　東來細雨如塵，對接食神雅，隨檣乳燕。宮錦記催裁，障泥卸、津鼓戒嚴撾徧。韶光客裏，鏡屏黏就楊花怨。小牋無恙何人寄，回首青陽天遠。

菩薩蠻

謝橋一帶楊花轉。夢回深鏁梨花院。病樹幾成圍。畫屏鸎亂飛。　北風吹細語。淚滴吴蠶縷。明月照流黄。玉籤宵短長。

其二

千絲萬縷連環結。朝來一片青蕪歇。胡蜨肯低飛。越羅金綫衣。　風流何處見。不似靈和殿。飛將玉關情。江南秋病成。

其三

彩雲歸後中天月。海山夜夜金銀闕。人世藥珠郎。暗塵辭杏梁。　候霜茸帽凍。細炙銀笙鳳。頻頰勸杯霞。漢年仙尉家。

荔枝香近　題畫荔子

畫裏虬珠摇曳，風過處。冷入玉骨冰肌，誰翦紅羅護。當時一飲瓊漿，醉醒聞餘語。花外、手草王孃舊家譜。　千里道，問僰郡、知何許。帶挺辭柯，游客乍攜尊俎。笑指華清，馬後紅塵異今古。望斷斜陽極浦。

祝英臺近

水邊林，風裏路，碪杵喚商籟。盡目辭枝，掃罷又還在。故山松桂留人，人今不見，背寒照、驛樓都改。　墮樵外。過眼青子光陰，黄金就誰買。一片題紅，咫尺御溝界。陣雲缺處盤雅，燒殘枯樹，憶衰草、際天窮塞。

六么令

語兒東畔，臨水紗如雪。晚涼暗生宮沼，數語花前別。一綫飄飄去影，錯認來時節。鈿梁珠鑷。新眉緑换，最不勝梳衛孃髮。　初夏蠶眠未䋣，到死絲方絶。經爨桐尾全焦，變徵絃重撥。風定紅鱗又起，除是芳尊竭。西樓弦月。依前如夢，夢醒閒雲絮千疊。

宴清都

趙味滄橅元押

帶土苔花繡。西臺客，故京塵夢誰覆。零縑敗簡，分明俊押，武都泥舊。桑陰再幂中原，問過海、仙鬟見否。自部落、飲馬長河，黄金鑄來新紐。　芳辰露滴研朱，寒增硯匣，煙避香獸。蠻牋字小，雙雙淚落，射雕衫袖。甘泉衛霍何處，笑鳳觜、空銜紅綬。戰海王、邨畔東風，髣餘萬柳。

鷓鴣天

陣破東風羯鼓停。柳街黄轉去年青。醉中三徧陽關疊，酒醒雲山不記程。　新客墅，舊碁經。天河黯澹嘒張星。空堂小婦流黄畔，六曲屏風翠織成。

其二

花窯冰融夕駕催。美人頭上唤春回。紅裙阿醋渾年小，不怕塘風送雨來。　山杏謝，海棠開。九門晝夜走輕雷。踏青挑菜誰家子，笑道東君罷壽杯。

其三

薄霧如潮撲地衣。番風無力叩帷犀。青陽一

片花朝雪，莫誤梨雲遠夢歸。　銀作海，玉成圍。謝郎賦罷倚闌時。采香徑裏春誰主，臺沼從伊學絮飛。

其四

柳未成金雪又闌。朝來一雨洗江山。圖參老去三椏紫，那得工夫救牡丹。　三月莫，百花殘。胡沙飛處北中寒。夢雲昨夜過揚子，畧抵春人繡帶寬。

其五　爲易均室題滄浪詞境圖

水珮風裳世外盟。十年刻意忍伶俜。　畫橈回指彎環路，銀笛橫飛縹緲聲。　今古事，往來情。不須扶病酒爲名。夢中何限雲山好，萬一荆關寫不成。

千秋歲引

席上金尊，門前鈿轂。別淚千行滴銀燭。飄搖素波鯉信滯，丁東露夜虬籤促。水精簾，紫羅冪，掩空局。　愁外故山眉黛綠。雙燕到時巢君屋。鼓瑟彈箏手如玉。春來夢爲飄瓦雨，秋來看取橫波目。舊家人，小年事，風流足。

其二

玉管飛聲，朱樓送客。獨卧清秋袷衣白。當時放嬌紫鳳珮，經年悵望青驄陌。水東流，斗西沒，宛行跡。　明鏡照人朝又夕。無計柰他關山隔。粉落嘑多減容色。尊前內家何滿子，歸來漢女胡笳拍。燕梁空，彩雲散，長相憶。

隔浦蓮近

銀屏風過半掩。別夢誰拘檢。睡起單衣皺，餘香滅，紅銷黯。遥夜闞鏡檻。眉長斂。鬢也青青減。數更點。沈吟舊事，春來秋往愁賺。闌干盡處，露重月斜星瀶。人影伶俜淚瀲灩。鐙暗。回身才照妝臉。

安公子

滿院黄花冷。冷香暗入當牎鏡。漉罷牀頭桑落酒，折茱萸誰贈。歎抵死、西風卷去南鴻影。衣帶寬、早晚厭厭病。向畫闌扶醉，懷古傷高無定。　沈恨誰人省。眼前惟有寥天迴，望斷山長兼水遠，儘浮雲催暝。話幕府、前游落帽羞重整。歸去來、咫尺柴桑境。奈五柳蕭疏，就荒別時三徑。

滿庭芳　題穀庵填詞第三圖

同里東山，當年窮塞，夢華草草書成。十三金雁，取次泊鈿箏。過眼英流俊侶，憑誰主、四海詩盟。閒身手，商量畫裏，此意未能平。　銷凝。人老去，樊樓醉後，一笑關情。到重飲瓊漿，萬感雲英。珍重相從歲晚，最堪隱、惟有王城。銀荷畔，煩君爲我，淥酒淺深傾。

以上《波外樂章》卷一

木蘭花

少年往往江南醉。商略歌聲酬酒意。鏡中不信去來潮，樓下君看深淺水。　相思説與長干里。有限芳尊無限事。東歸燕羽北歸鴻，妾食猩脣郎食鯉。

其二

倚樓人倦游絲起。手把去年書一紙。酒痕全透鏡邊衣，花露半垂巾上縌。　擁衾重試殘春睡。檢點舊歡除夢裏。斜陽不是不多情，移過玉牕三十二。

其三

天涯寄與銀鉤帖。封就郵籤含意貼。隔宵垂淚燭雙花，侵曉犯潮舟一葉。　水痕深淺山周匝。年去歲來離又合。馬前無語爲憐君，雁後有書憑報妾。

其四

露華庭院清秋節。桂子飄殘紅鞢韄。舊人今日喚何戡，多媿貞元朝士末。　輕煙散處傳宮蠟。急衮休催金鋝撥。世間誰共賞音來，萬頃昆明湖上月。

望海潮　九江

蠡湖珠月，鄱陽風信，連天九派東流。前浦射蛟，孤亭送客，高城自古江州。揮手四絃秋。怕夜深商婦，移近空舟。萬里之官，千山遮斷望京樓。　依然楚尾吴頭。惹尋常倦旅，滿目閒愁。殘照亂雅，一春夢雨，何人舉酒相酬。煙水助清游。向戍笳聲裏，隨分夷猶。從此機心盡矣，人事問沙鷗。

離別難

雲散雨收一霎，催花外分張。倚闌干、倦客神傷。水西樓、高處閱斜陽。記初見、繡陌前頭，盈盈無語，攀折垂楊。莫春初、治蜨游蜂來去，時世巧梳妝。　歌宛轉，賦荒唐。夢羅巾、錦帶成雙。待千紅萬緑都盡，畫屏風天遠水流長。命小飲、倒盞垂蓮，微波心事，迅羽年光。柰此際、寶馬鈿車不見，鐙火舊平康。

虞美人

三年好在江心水。舊淚和新淚。吴山過盡楚山來。來日布帆休去、鬱孤臺。　白頭料被匡君怪。多少風波債。流光如此不還家。人世更憑何物、换年華。

采桑子

晚來雨過雲開處，涼月如鉤。羅袂清秋。定子當筵薦酒籌。　三更唱罷登車去，燭淚難收。從此西樓。十二迴闌四面愁。

其二

天教人伴衡陽雁，歲歲南征。病羽孤程。冷宿沙洲夜五更。　眼前若遇琵琶手，寫入新聲。雁過人行。彈與天涯掩淚聽。

其三　白門遇燕雛都講避兵南來，卻贈

青谿十里開明鏡，小妹祠邊。霧鬢風鬟。詞女經過感易安。　郵亭直北人來路，金鼓關山。客裏哀彈。濩索聲聲日未殘。

玉樓春　集《小山詞》二首

昭華鳳琯知名久。嬌妙如花輕似柳。儘將紅淚濕湘裙，幾處睡痕留醉袖。　花時惱得瓊枝瘦。惟有花間人別後。至今猶作斷腸仙，悵恨不逢如意酒。

其二

珠簾不禁春風度。欲減羅衣寒未去。初將明月比佳期，試等夜闌尋別緒。　輕春織就機中素。遠水來從樓下路。可憐人似水東西，縱得相逢留不住。

新雁過妝樓 題春華倚醉圖，用彊邨韵

柳市塵黄。深杯畔、匆匆過客流光。試鐙風起，飄散艾納都梁。玉女來時三里霧，絳仙去後五更霜。偏春𥧌。兔葵燕麥，誰念閒郎。　山庭吟蝯怨鶴，爲倦游賦筆，老大迷陽。醉歸甚處，依舊石徑荒涼。音書乍通又絶，任天末飛鴻千萬行。扶頭醒，對故家圖畫，難割柔腸。

相見歡

高樓幾曲闌干。雁飛還。日莫碧雲無際、錦書殘。　天涯路。休回顧。萬重山。自古畫屏風上、有征鞍。

小梅花

邊庭血。關山月。長城連緜古無缺。候烽明。控弦驚。一朝漢家，東北煙塵生。牙旗慘澹收歌舞。胡騎憑陵雜風雨。五將軍。士如雲。三歲甘泉，不見捷書聞。　七國散。南交遠。地下終成亞夫反。右銀刀。左珠弢。八屯衛尉，歷詆五都豪。連營十郡良家子。嗚咽聲中隴頭水。弄仙簫。獻金甌。桂觀飛廉，萬歲復千秋。

拜星月慢　秦淮秋夕，和清真

桂檝弃潮，羅衣凝露，咫尺波明燭暗。笛裏飛聲，落銀屏深院。醉醒未，可惜、庭花入破初譜，水葉題詩紅爛。往事前朝，有何人親見。鏡奩中、畫出新妝面。蘋風起、又過青谿畔。漫戀左界斜河，把雙星驚散。被清商、占卻閒亭館。迴舟去、竟夕聞長歎。似夢遇、玉手箜篌，撥朱絃欲斷。

滿江紅　九日集清涼山，得『必』字

秋褉攜壺，周遭處、山圍故國。開笑口、重陽簪佩，六朝裙屐。闌外黃花香有信，眼中白雁飛無跡。歎髯參、短簿共桓公，風流寂。　人來去，今又昔。佳麗地，清涼域。念明年誰健，此歡難得。快翦須裁東逝水，長繩好繫西趖日。對千山、風景淚霑衣，君何必。

摸魚兒

徧江南、冷煙衰草，碧雲千里遲莫。餞春筵畔商飇起，搖落今年芳樹。經過處。明月送、無情淮水西流去。亂山誰主。算雁蹟枯蓬，龍沙堆雪，此恨忍終古。　東山客，豪竹哀絲如故。新亭回首南渡。流人費盡神州淚，贏得麗譙笳鼓。驚倦旅。行館外、荒雞膈膊催天曙。昏鐙夢語。道破鏡飛天，旄頭落地，春滿柳城戍。

念奴嬌

半天飛絮，記來時楊柳，藏鴉無隟。滿地落花遮去路，燕子尋巢不識。畫角譙樓，青門祖帳，藍尾催寒食。秋千閒挂，那人何處行跡。

從古事逐星移，春隨夢散，頭爲多情白。酒醒江南聞謝豹，望斷音書河北。屏上雲山，簾前煙水，鏡裏風塵色。吴蠶暗老，後期惆悵相失。

傾杯

玉笛吹花，翠樓藏柳，春寒二月猶惡。病旅建鄴，久別故國，怯晚來杯酌。流鶯不管興亡事，道六朝如昨。千門萬户，斜照裏、隔葉閒關相約。醉託。繇絃急管，等閒陶寫，翻被東風覺。數舊曲經過，風流何處，有丹青圖貌。錦瑟塵生，銅壺更斷，一霎思量著。畫闌角。看月上、女牆旋落。

其二 半櫻、霜厓、倦鶴三君飲席

淮水通潮，蔣山藏霧，春城付與裙屐。畫堂漏永，銀蠟淚盡，觸薄寒簾隙。酒酣細説舊京事，見銅駝荊棘。吟風弄月，重記省、南部煙花猶昔。勸君莫彈金縷，定場聲裏，年少今頭白。惹病旅閒愁，颺空無力，似晴絲千尺。早雁來時，晚鷺飛處，回首關河隔。到寒食。聽怨宇、催歸又急。

瑞龍吟 乙亥白下送春，喜柳谿至，又言別，和清真

金陵路。依舊細草侵隄，亂雅争樹。匆匆寒食清明，晝長夜短，春歸甚處。晚延佇。雙燕舊巢新掃，畫簾朱户。垂楊廣陌三條，玳梁暗换，銜泥對語。千度旗亭相唤，夢中游冶，花前飛舞。殘酒四更醒來，人異今故。誰家畫壁，能唱黄河句。煙塵滿、圍碁謝隱，胡牀桓步。淚與東流去。爲君點檢，危腸病緒。

玄鬢成絲縷。吟望裏，沈沈旲天風雨。後期漫託，一江萍絮。

步蟾宮　聞鶯，和閑齋

玉腮驚破夢中事。慣織錦、縷金爲戲。這孜煎、分付石城人，覩草長、花生迸淚。高樓一帶隔柳是。況微雨、半晴天氣。巧相隨、瑶軫手停時，寫睍睆、獨絃怎理。

還京樂

謝堂裏，昨夜銀屏畫燭春應淺。放繡簾垂地，誤伊隔晚。歸飛雙燕。任候風吹偏。蓬飄絮泊游絲轉。曠望久，除是莫雨，朝雲曾見。甚流波遠。送輕帆、過盡江東，病客驚心，投老世換。尋常巷陌重來，近高樓、乍聽歌管。幾陰晴、催麗日都長，良宵又短。頃刻花如雪，林鶯休恁悽怨。

換巢鸞鳳　送曹纕蘅丈之貴陽

三月蘅皋。試連錢怒馬，賨錦征袍。祖筵慵命酒，後約罷登高。都亭楊柳鎮勞勞。柰何許聞天風海濤。移情久，向此際、故園飛到。青草。思遠道。如夢我旁，依舊朱顏好。太白人豪。夜郎淪轉，千萬匡山歸早。書信來時月中看，半輪心素交相保。花前人，被江南、別賦催老。

綺寮怨

走馬蘭臺遲莫，庾郎新賦工。徧九陌、絮委花飛，嘑鵑老、暗換薰風。朝來闌干凭熱，搊箏地、咫尺無路通。記去年、醉別西樓，銀鐙灺、淚裛雙袖紅。半鏡笑人鬢容。蟠龍舊樣，蠟苣灰。中天月照陣雲開。荒埭晴雞聲裏、鈿車迴。

玉胡蝶

四面采菱歌起，鏡中倒影，七二鴛鴦。遠渚青荷，看取竟日凝妝。水沈銷、羅衣褪粉，石黛淺、宫額添黄。野風涼。露濃煙重，誰倚沙棠。　花房。無言有恨，五更斜月，萬柄新霜。楚客驚心，去年秋信滿銀塘。亂蟬噪、重經古岸，晚雁歸、憑涉空江。杜蘭香。駕還西浦，不待仙郎。

惜紅衣　和白石

羽葆新秋，窪尊暇日。散愁無力。夜起憑闌，層雲四天碧。河臨太史，窮塞外、何年歸客。沈寂。馳道柳條，絶西烏棲息。　紅塵紫陌。相逢倦問春叢。挂壁絲桐。楚妃歎、幾時重。新愁況如江水，翦未斷、鎮長東。驚塵蔽空。孤蓬帶影轉、斜照中。

歸朝歡

錦帕圓兜雲鬢髮。石黛開眉黄點頰。玉纖解了五銖衣，襧襠遮徧凝脂滑。楚腰剛一搦。影娥池内撈明月。弄潮兒，踏摇聲起，争逐銀山没。　佳節湔裙春浪發。萬頃桃花漾紅雪。閒雲絆惹渚宫疑，酒狂禁忍糟丘渴。金溝題怨葉。藁碪去後音書絶。白狼河，十年征戍，誰問死生別。

南歌子

野水丁沽路，平沙八里臺。材官戰馬避春雷。幕府清秋零露、上衣來。　獨宿江城冷，臨風前度金風，霜華恁凌籍。魂來尚戀異國。海東北。老惜楚衣吳製，別路等閒經歷。向夢闌誰見，斜月屋梁顏色。

泛清波摘徧

金盤綵小。玉瑄灰殘，荊楚歲時依舊好。曙煙晴雪，幾點青回謝塘草。屏山道。孤帆遠水，征馬長風，歸計未成身頓老。四疊陽關，太息尊前故人少。　瑣牕窈。芳信數番晝遲，錦字半行天杳。回首東京夢華，醉忘昏曉。俊游早。蕭寺屢卓畫輪，秦樓每題花貌。此際停絃罷酌，斷腸江表。

倚風嬌近　和草牕

春雪霑衣，舊愁飄起千縷。鬧蛾聲裏迴風舞。山色伴江城。小玉啟雲屏。卻立婷婷。縞素。無言嬌嫵。　游倦如今，依約梁園開處。賓席那堪重據。駟馬歸程蔽雲霧。翻琴譜。夜寒淚滴金莖露。

繞佛閣　海南七夕，和清真

桂旗稍斂，橋外喜䧿，飛報珠館。良夜何短。夢回對影、聞聲倚虛幔。　絳河漲滿。回望大庾，人共天遠。星會幽婉。世間海水，如山渡無岸。　故國上弦月，照盡金鍼穿綵綫。料理翠尊、紅鱗生酒面。任逝水年光，催下更箭。此情誰見。正露悄煙收，潮退風亂。錦書緘、背鐙重展。

法曲獻仙音

明燭樓臺，暗塵簾幕，寸刻千金難換。露脚斜飛，桂輪高揭，江風度來絲管。認起舞伊州變，羅裙溝絲淺。　彩雲散。鎮分明、大羅天上，殘酒在、回首衆仙去遠。打鼓疊漁陽，改宫商、料理并翦。四尺屏風，畫圖前、紅豆拈偏。感黄粱一枕，夢裏踏歌新怨。

碧牡丹

翠蓋迎風舞。水陌遠，春歸路。欸乃聲中，夢落湖雲祠樹。暈色塗妝，擁髻看人處。鴛鴦殘，瓦飛去。　歲華莫。無計留教住，垂楊繫船如故。黛蹙遥山，凭闌後約輕誤。　脆笛波心，引洞庭龍女。晚來煙，曉來雨。

秋宵吟　九月望夕不寐，聞笛作

錦屏虚，絳蠟皎，鳳管聲來雲表。　誰人手，恁換羽移宫，畫梁飛繞。　倚高樓，俯大道。　望極千門人悄。徘徊處，儘漏滴頻催，睡香孤裊。　露冷衣單，聽弟一、霓裳變了。夢闌湘水，淚落山陽，晚歲恨多少。吹徹梅花小。樹色難分，雞唱又早。度長風、萬里天山，明月如雪雁陣杳。

以上《波外樂章》卷二

霜葉飛　和清真

莫煙秋草。沙場外，征鞍催去江表。就人燐火自然青，向夜闌更悄。漸落落、參辰耿曉。清淮東注彭城小。伴雁繩飛過，又路入、衡陽舊戍，一帶斜照。　蕉萃故宅江山，荒臺雲雨，宋玉何意重到。繡餘雄劍尚龍鳴，對遠游孤抱。寫蜀魄新聲未了。琵琶無比傷心調。縱永夕、瞢騰醉，驚起荒雞，瞢來時少。

八六子　和樊川

夜屏深。麗譙笳斷，消息銀箭浮沈。障繡户翦燭梳妝，訶子斜飛寶鏡，檀香换熏翠衾。遼西遠驚殘夢，鳳帶真珠，宫樣羅衣，剗地塵侵。畫簾前、曈曨漸懸雞樹，露桃開後，戰篦風冷，時見、寄信孤鴻去遠，銜泥乳燕來臨。正思量，重城又連莫陰。

尉遲杯　湘水舟中，和清真

天涯路。暝色悄、目盡煙中樹。銀屏殘疊瀟湘，依約斜帆明處。秋風四起，吹不斷、邊聲落前浦。待歸鴻、萬里傳書，近船還又飛去。怊悵薊北荆南，人間世、萍浮梗轉離聚。野竹叢斑緪靈瑟，祈賽罷、神巫醉舞。西巖下、無眠秉燭，箭壺共、殘蛩徹夜語。九迴腸、正似江流，舊盟寒矣鷗侶。

安平樂慢　和龍雲

燕語危梁，馬嘶古巷，荏苒時序如煙。香衾未整，玉鏡初圓。垂楊四挂秋千。樓角飛花，幾熏鑪雨外，水調風前。扶醉借留仙。枕函知、邈若山川。　大江流、當歸甚處，對畫障，苦凝盼雲邊。暗記不堪重尋，荷囊細字蠶眠。一舸何緣。訪鰕菜、人入吳天。新愁似、蒼茫海水，精衛恐也難填。

破陣子　和《雲謠》二首

堂下簸錢歸後，微風送彩雲。柳陌凝妝荷鏡暗，鈿合當胷鳳紙新。水邊怨麗人。　月魄催裁歌扇，壺冰孄比鍼神。行雨荒臺驚短夢，出塞哀絃疑舊恩。鬻花非去春。

其二

笛裏單于聲動，先驚粉淚人。萬里玉關開曉鏡，絡角銀河轉莫津。羅裳生網塵。落葉狂隨蓮步，飛花豔鬬櫻脣。芳徑垂鞭嘶馬歇，微雨卷簾歸燕頻。相思忍重陳。

戚氏 夏口作

楚江邊。獨客無語艤歸船。水驛鐙明，市橋人散。雨連天。流連。念鄉關。西來迤邐隔平川。風流太白何苦，過此猶指彩雲閒。苣火南郡，胡牀軍府，漫論五渚身閒。付辭條敗葉，無主芳草，長占湖山。何滿。淚落君前。人世暗換。野老話當年。憑誰問、數聲羌管。幾尺漁竿。射堂寬。夜舞到曉，香車接軫，駿馬争先。翠簾畫閣，錦陌銅街，縹緲平地游仙。鏡檻塵昏久，嗟雙鬢白，自正危冠。四野夷歌暗起，最高樓、未忍望長安。一時會上題襟，夢中解珮，惟恐金尊淺。薜荔牆、依舊通銀漢。回首認、朱户應難。去路遲、布襪青纏。待明發、挂席聽嚦鶊。恨東風亂。行魚逝水，道里三千。

燭影揺紅 和王都尉

煙柳工愁，露桃忍笑寒深淺。鈿車行處抵天涯，輪共危腸轉。網户塵筝冷慣。畫樓中、當年盼盼。井邊石畔，燕後鶯前，分明瞥見。隔水風來，背鐙雨住黄昏短。鴛鴦衾整異香焦，屏上關山遠。春夢人閒早散。夜如年、長開病眼。叵羅呼酒，麗錦酬歌，誰家深院。

曲玉管　宜昌

楚雨連天，秦灰入市，夷陵草木荒涼久。昨夜何人橫笛，吹動龍愁。倚江樓。　錦鯉東征，青禽西上，謫居過此空搔首。晻靄層雲，早晚遮斷神州。淚難收。　萬頃煙波，指三五、斜帆明處，羽書兩岸飛來，教人慊槩中流。幾時休。近黃昏鐙火，杜宇深山啼罷，白蘋風冷，水墨屏前，一片滄洲。

八聲甘州　和東坡

好江山笑我亂離來，依然未成歸。對巫雲千尺，吴船萬里，終古殘暉。二十年前鄉夢，人老事全非。除是寥天一，誰悟先機。　客問魚鼉何處，付鷓鴣喚雨，朝莫霏霏。自東坡仙去，回首賦才稀。不堪看、新亭風景，信轉蓬、蹤跡與心違。蒼茫裏、忍神州淚，莫灑征衣。

鳳樓春　和歐陽舍人

鳳吹出芳叢。絲雨簾櫳。篆煙通。畫中泥墜燕飛慵。妝罷黛淺脂融。敲損玉釵雙翡翠，泛綠綺難同。　楚雲中。凝望何窮。小樓春夢，片時千里，忍寒蕃錦屏風。斜月四更，人遠瓶墮井闌空。杏花開落，溝水流紅。

春晴　和閑齋

逝水漂花，微風過柳，連朝乍晴還雨。巷陌都迷，芳草萋萋春莫。舊扶殘醉，行偏蜀鵑啼處。望裏雙流自遠，四山誰語。　年時有約長負。嗟衫袖游絲，帽簷輕絮。夢繞雲屏悽絶，醒來心緒。畫簾高卷，燕子一時飛去。未解傳音，彩牋漫與。

芳草渡

客舍悄，漸暝失回帆，亂撾津鼓。看蜀江重送，龍驤萬里樓櫓。無限玄豹侶。藏南山深霧。世事改，望斷孤城，八陣何處。　終古。鯉程在水，雁影迷空來又去。鏡屏裏、林幽澗冷，蝯啼怨人苦。酒醒此夜，怕惹起、少年離緒。翦畫燭，聽盡西牕細雨。

金浮圖　和尹參卿

芳菲地。當壚價貴。謝豹聲催，故鄉春事。隔煙波、倦斂鴛鴦翅。促拍梁州，月夜玉樓笙吹。髩鬑眼波眉翠。花時步障，蘭麝攙雲氣。　離筵醉。鸎憨燕媚。濯錦冶游，夢牽歸意。熏香小史教排比。屏上巴山，日日陽烏墜。誰說去程不易。斑騅過處，玉鐙青絲轡。

踏莎行

馬足關河，鸎啼院宇。舊經行地無尋處。無情惟有紙鳶飛，年年吹緑臺城樹。　三月桃花，一汀芳杜。柳緜如雪飛還住。夕陽西下水東流，蘭舟好載春愁去。

吴音子　和東山

月子初弦，小舟似箭穿銀浦。千頃白浪來時，飄搖聽邪許。駟馬題橋，雒陽行賈。意氣錢刀，風卷細語。　錦江路。花發處。叢祠遠，木末沈簫鼓。羣山連岸，子規聲裏片時雨。酒澹更深，翦鐙裁句。水墨羅巾，何計贈與。

鬭百草　和《晁氏琴趣》

月魄陰晴，露華多少鼉更曉。鏡檻霜稠，畫簾波定，花裏乳鶯漸老。似牽衣、看四月薔薇，酬春欲笑。問杏子單衫，桃根短槳，甚時歸耗。回首吳閶，調馬燕市呼盧，隨處俊游忘未了。一水東流，萬山西去，怕重酌、離觴淚攪。危樓外，日夜鵑聲風吹到。五絃悄。雨如煙、瑣牕夢杳。

蜨戀花

頭上玉繩西北轉。一葉隨波，衝破煙如練。海水自加前度淺。月華終讓今宵滿。　舶趠風輕吹酒面。闌外魚龍，待與然犀看。孤劍十年游已倦。人間不了閒恩怨。

其二

臨水數峯天外落。峯際斜陽，轉過闌干角。暈粉塗脂梳又掠。不辭新試羅裳薄。　深淺宮眉隨意學。庭院東風，偏近黃昏惡。胡蜨飛來人未覺。楊花黏滿秋千索。

其三

舊解雕鞍芳草渡。渡口紅橋，千萬垂楊樹。不定東風吹雪絮。流鶯宛轉啼難住。　遠岸高樓相識否。六曲闌干，過盡斜帆莫。人在青衣江上路。青山回首無重數。

侍香金童　和東山

短袖生衣，嫩染江南水。共永夜、浮瓜沈李。吹罷鳳笙嬌莫比。玉女明星，鏡中誰美。　露華濃，斜凭雕闌含笑指。繞樹南飛烏鵲起。殘酒醒來何處是。月落天西，霧迷三里。

梅香慢　戊寅秋，巴縣遇寒梧下裁眉，復有貴筑之役。和東山門泊吴船，正翠影浮空，浪花融雪。萬里風煙永，夜角聲驚換，客衣時節。蓼溆蘋洲，零露白、相看愁絶。向夜郎西，登山渡水，又成輕別。　回首舊京人，但神山長閉，歎息王烈。不信風流歇。問短亭衰柳，幾堪攀折。轉緑迴黄，似帳飲、東城初闋。賸液池邊，當年對影，四更殘月。

征部樂　和耆卿

柳枝桃樹，黄金肯惜當筵擲。數年少、天涯浪跡。人影對、妝鏡連夕。秦樓事，難重覓。瘦削寶釵蓮的。伴莫雨、水閣銀簫，昨夢江南醒成憶。　吴山乍隱，吴波不動，仙去舞裙留得。雁過也、書來無準，幾行雲裏，離緒誰能識。澹卧屏秋色。畫舸渺、鯉魚風息。　想甚時、與采夫容，趁月明新拆。

卜算子慢　和子野

衰蟬咽暝，孤鷺破煙，一葉酒船來晚。欲采蘋花，醉比去年人面。留盼。入秋來枉費登臨眼。　背繡箔珠鐙，可惜荷囊半臂香散。縹緲西風館。送幾陣歸鴻，玉簫聲遠。拍駐梁州，此恨未同河滿。誰遣夢層城，路隔相思斷。更天末、青山萬疊，向扶頭醒見。

石州引　和東山　依星鳳閣傳鈔本

尺五層霄，襟帶二江，星澹波闊。長隄冷落垂楊，譜入笛中難折。金風起處，夜夜擣盡寒碪，征衣休洗胡天雪。頻歲玉關前，屬誰家芳節。　臨發。畫堂回首，雙燕丁寧，恁悲生別。翦紙相招，楚只聲聲垂絶。不知何處，妙手可解連環，眉間一點心頭結。照我拍闌干，有秦時明月。

傾杯　和子野

夫容照水，紅深淺，菰蔣畔。網落漁梁，帆明沙觜，樵青就路，蓮娃泊岸。纖雲、淨拂冰輪滿。錦字迴腸，驛亭窮目，趁北渚秋風，掃中碧樹，霜前白雁。　對酒莫思身外，天高地遠。吴縣欲換。澹妝成、柰阻星河，問蘋末何人、吹玉管。清商漸散。殷勤賞、舊序霓裳，月裏孀娥伴。金波浩渺魚更晚。

過秦樓　和清真

錦陌秋生，玉京涼至，向夕水沈飄斷。鳴蛩暗井，墜葉重扃，此際賦成紈扇。回首醉裏畫樓，愁疊金衣，滴殘銀箭。問山川不語，來時期左，去時天遠。　閒夢落、塞北風沙，江南煙樹，酒醒鬢霜濃染。天河未没，鐙火猶明，隔舍紫簫悽變。經歲無書，到來雲想孤顰，花猜雙倩。仗東流滚滚，將寄羅巾淚點。

緑頭鴨　和閑齋

滿江風，鏡奩緑皺頗黎。桂華邊、山河倒影，彩筆從寫清輝。畫闌長、教收步障，艇子遠、聞奏參差。燭暎千家，阻晴萬里，別來何苦少圓時。看斗轉、參横無定，靈鵲背巢飛。瓊樓裏，金尊玉熉，玉漏偏遲。　謝郎情、而今不斷，賦後重有尋思。應新占、彗旂四掃，換舊躔、銀浦南移。後夕清商，來年俊賞，霜娥凝涕未曾知。任襟袖、涼侵白露，投老失前期。人間世，南冠亂葆，行處愁隨。

黃鸝繞碧樹 寄懷旭生，和清真

天末涼風到，違山十里，蟪蛄朝莫。短夢驚廻，又凝霜鬢緑，涴塵衣素。倚樓望久，近書渺、時牽羈緒。琴調改、妙手師涓，爲我重招春煦。　檻角秋英稍吐。酒盈尊、勸收危慮。九州大、看河崩自塞，金賤如土。鏡裏歲華再少，共小築牆東住。消摇舊隱谿雲，畫屏煙樹。

促拍滿路花 和淮海

鳳管催離色。玉女闕雲隟。浮世歌長短、賺心力。鏡屏幾尺。留照雙飛翼。仙路無行跡。扶醉呼鐙，畫闌干外愁覓。　桃紅柰白。露座遺薌澤。蠟淚成堆處、收鈿飾。夢聞金縷，曲罷天風息。說與長相憶。莫待無花，故

鳳皇臺上憶吹簫 和晁學士

秋水生波，莫雲離岫，駒光逝矣無還。笑此去、娵隅俊語，枉帶諸蠻。逆旅貂裘也敝，襟袖染、燭淚斕斑。松楸畔，上冢路阻，滿眼家山。　如何燕巢無定，卻過海經江，苦託粱閒。舊游恁、風吹夢醒，月照花殘。畢竟柴門閉好，人世事、輸與長閒。中宵起，空籟萬壑天寒。

一叢花令 和六一

當門流水遠無窮。殘緑比愁濃。銀箏怕理江南調，畫橋側、煙樹冥濛。斜陽墜鞭，昏黃索酒，如夢舊游蹤。　金波千里冷溶溶。消息可曾通。嬋娟二八年年見，柰塵掩、今夕房櫳。天際片帆，欲舒還卷，閒了半江風。

枝空恁折得。

以上《波外樂章》卷三

内家嬌

雁早辭南，魚遲到海，書短恨長誰寄。隨風絮轉，因雨萍生，誤卻年年花事。到處玉觴斷酒，經時鈿箏移字。任畫屏、蝨損香桃更瘦，重寫無自。病裏。春寒妨午睡。夢醒也忘歸計。沮孤帆天際。鬧古社神雅，亂山望帝。悄撫通中仙枕，還凝莫雲遥睇。鬢成雪、入蜀桓郎，故衣浴罷新試。

水龍吟　題適園憶舊圖

百年喬木書堂，蝨魚愛食神仙字。清風朖月，白蘋洲畔，駱駝橋底。禹穴東崩，秦灰西煽，人生到此。待狂塵靚掃，玉籤重整，呼梧酒、落枝外。我憶君家刺史。老人星、好飼誰繼。芳筵折柳，危灘逢雁，江山故事。暗惹相思，荷花一路，蓴羹千里。付南宗妙手，丹青彷佛，寫嫏環地。

生查子

舵樓東逝波，鷁首西沈月。何似一心人，自此無期別。犯霧翦江來，打鼓淩晨發。君去骨成塵，我住頭如雪。

千秋歲引　贈尹默

蓮蒲微涼，紅巾半蹙。隔座螺梧酌仙醁。新聲偏傳井水處，高名自暵吴興録。九天風，五湖月，遠窮目。明鏡照人雙鬢緑。歸夢未闌更籌速。甚日經帷理絲竹。牀頭練帬斜艸滿，班中柬簡霜臺肅。和香方，養生論，花前續。

三部樂 和清真

巫峽秋來，偏近渚遠灘，去檣過絶。霜濃煙澹，圓暈偏隨眉月。聽寒女、刀尺催人，甚鏡塵未掃，笴鏁慵發。暗蟲不語，乍墜還飛梧葉。天邊自歸晚雁，有素書到否，此時難説。臨風幾聲急管，千莖華髮。可憐宵、露珠泫睫。流水樣、年光怨切。昨夢鈿閣，紅蠟照、香篆初結。

解語花 上元翌夕，和清真

江梅暗落，爆竹餘喧，星火攢空射。露凝鴛瓦。儸娥瘦、卷起繡簾不下。新妝素雅。看小影、霞梠入把。絲管闌、人墮他州，枕障昏煤麝。街漏漸催禁夜。縱銀花千樹，長照妖冶。墜鞭遺帕。相思地、過盡少年車馬。燒鐙近也。禁幾度、鬧蛾飛謝。風信邊、鴻去鶻啼，剛紫姑占罷。

木蘭花

東風起處啼鵑急。新樹亂雲隨意碧。漫天飛絮有風流，到地殘花無氣力。雕闌繞徧秋千拆。照影池波頭更白。而今秖怕醉無鄉，自古相傳春是客。

勝勝慢

龍宮馬鬣，驃國蓬科，夢魂飛度天山。酒半誰抽，長劍擊破連環。腸斷名姬道没，三萬里、八駿追還。綺牕外，黯重圍月子，北斗闌干。雞聲此夜漫漫。人起舞、檐花落處鐙前。明鏡無愁，新來換卻朱顏。羊帬繫伊雁足，怕匆匆、易墮空弦。畫角響，犯戟門、成陣曙寒。龍香撥，無聲滚。眉樣新畫本。啼妝印。鏡裏韶顔損。　晚風緊。明蟾挂處，蘆花楓樹煙暈。佳人此去，舊調不堪重引。前浦停舟暫借問。鄉信。橫塘家遠天近。

倦尋芳　乙酉清明前夕雨，和王元澤

少年繫馬，寒食人家，買醉芳晝。絮亂花狂，隨步地衣誰繡。冷淘殘，餳簫斷，五侯宅許輕煙透。卸吴艅，又鳴鳩誤了，陰晴風候。　夢中向、天涯海角，淺水深山，雲際招手。步障垂垂，是處瓦飄鴛鬬。百六韶華催去後。綠陰亭沼無交舊。上鐙初，罷清尊，擁衾春瘦。

蕙清風　和東山

流水暎青山，雲開寒照。回首石磯頭，冷鷗相笑。簫鼓幾番過，語與東風道。夢闌也、太平佳少。　鴻翼海冥冥，遥碕近島。醉下五花驄，槳遲帆少。珠柱紫檀糟，變徵隨心好。怎柰向、定場人老。

清平樂

畫簾鉤重。驚起孤衾夢。二月初頭桐花凍。人似綠毛么鳳。　日日苦霧巴江。歲歲江波路長。樓上熏衣對鏡，樓外芳艸斜陽。

隔浦蓮近　題畫士女

秋來征雁過盡。妾住誰期準。素手雙紅衷，

滿庭芳　次韻公庶合川見贈

蒲雨招涼，梅風催熌，峭帆過處煙收。櫂歌聲裏，三峽漾東流。世事沙隨浪卷，舊盟冷、孤負閒鷗。垂楊岸，髣條縱長，難繫往來舟。江樓。呼酒慣，餘酲未解，歡計長休。有數行塵土，敗壁空留。此夜移宮換羽，幾人共、百里觥籌。峩眉月，清輝霽彩，相伴下渝州。

菩薩蠻

夕陽紅過街南樹。夢飛不到春歸處。翠羽共明璫。爲君申禮防。　東風寒食節。闌外花如雪。百褶縷金帬。去年沈水熏。

江城子

江干黄竹女兒箱。鬱金香。嫁時裝。酒後花前、於此變滄桑。烏爪仙人君不見，天似海，月如霜。　孤墳夜夜短松岡。夢還鄉。醒迴腸。自古釵盟、鈿約好相忘。向曉鐙花紅乍謝，衾百疊，字千行。

鷓鴣天　四首

小別朱闌夢一場。相逢舊識禮東皇。桃花紅雨梨花雪，各媚番風各自香。　春又半，夜偏長。白頭何計賺年芳。十年幽誓無人省，忍訪名園聘海棠。

其二

百畮芳園火作蘩。元宵燭樹水無蹤。紅英落向燕支井，粉絮飛隨舶趠風。　長命女，白頭翁。人間何苦與人同。樓臺後日曾霄際，枕障前生細雨中。

其三

玉宇銀河自古今。鈿分釵擘早沈吟。巫山西去無多路，滄海東來幾嗣音。連理樹，覆巢禽。當時閒事换傷心。鬱金堂上鐙明滅，嬰武栖中酒淺深。

其四

楚製新成借女工。唐溝故事委流紅。杏花飄後天無雨，燕子歸時地有風。春黯黯，語匆匆。長眠人與不眠同。迎神已辦千塲醉，破夢誰能一笑逢。

臨江仙

昔昔長吟身外，年年極望天西。背鐙閒夢幾成歸。有情粱上鷰，無賴汝南雞。花好番風又换，樓空缺月還低。平生不合愛單棲。匣鳴雄劍𦄂，書借練帬題。

調笑

南陌。南陌。何處鳳鞾行跡。鈿車碾盡香塵。試望平原莫春。春莫。春莫。細雨濛濛如霧。

小重山

江樹成陰岸艸齊。楝花開未半、杜鵑啼。伯勞東去燕西飛。相逢夢、更遠更依依。楊柳笛中吹。小紅亭子外、雨如絲。一天寒色冶春歸。黄昏後、人影度簾衣。

齊天樂　四首

野棠開後楊花亂，街頭賣花聲裏。乍暝辰光，無人院落，斜日秋千慵倚。番風尚幾。筭榆筴青錢，送春婪尾。片雲陽晴，漢南誰種樹如此。東來西去漸遠，漸聞行路歎，當面千里。半枕香存，曾城霧没，消息銀瓶井底。抽刀斷水。柰玉押輕簾，玳梁殘壘。過社飛回，舊年新燕子。

其二

碧雲如水愔愔地，枝頭護花鈴簸。夜雨菭錢，朝陽菜甲，寒食清明新火。葳蕤暗鏁。任階藥香翻，禁櫻紅墮。夢斷吴天，亂鶯啼處翠衾裹。妝成廻照鏡裹，笑人顛頷甚，頭上釵朵。病酒今年，傷離去日，油壁驚逢道左。通詞未可。對录曲闌干，綺疏青瑣。送了春歸，渡江招畫舸。

其三 寄懷柳谿成都

蜀江千里芳菲路，斜陽下時春盡。廢井喧鼃，閒庭戲蝀，佳節金盤櫻筍。離觴快引。念游跡青蓱，歲華朱槿。燕寢香銷，繡屏風上布帆穩。長空煙霧自掃，故山無賴處，螺黛凝損。駟馬新橋，飛鸞舊閣，頭白方允小隱。啼妝泪粉。换一曲琴絲，兩三詩本。樹杪鵑聲，勸人歸計準。

其四 重到秣陵，次韵畣倦鶴

緑楊千尺臺城路，新翻洞簫淒異。畫省香鑪，沙場箭鏃，西北高樓同倚。胡塵乍洗。看初日曾陰，莫椵遲霽。賦後江南，暈蛾依舊數峯翠。都亭前度唤酒，故人誰健在，沈恨天地。暗井雙桐，輕舟片石，今日竛竮身世。來風去水。送仙鶴餘音，冷蝯清泪。鬢點匆匆，賺將明鏡裏。

驀山谿

玉樓天半，袖手重來倚。臨鏡擁煙鬟，六朝山、依然畫裏。井桐不見，前日總持家，金粉地。斜陽外。陣陣秋風起。　青袍到處，染就尋常泪。回首定新巢，説興亡、穿簾鷰子。吴姬壓酒，勸客早嘗看，離别意。三千里。樓下東流水。

鷓鴣天

過雨塵清汗血驕。舊聞歌處近南譙。春來杜宇還鄉夢，水際吴王送女潮。　花有信，燕無巢。薄寒濃暝夜連朝。危絃欲斷攀鞍去，祖帳經年酒未銷。

以上《波外樂章》

定風波

一葉飄然萬里來。夢中不鏁望僊臺。楊柳新聲飛玉琯。筵畔。蒲桃初醱暎金杯。　白雁隨陽成陣去。秋莫。紅鵑帶血亞枝開。日落西川何處認。休問。江投東海幾時廻。

蘇幕遮　和《谷音》

暖風吹，寒雨滴。白髮花前，前路從頭覔。昨夜銅龍鳴太急。牕外魚天，一派鯨濤碧。　牀酒鱗生，簾影隔。明日陰晴，未敢尋消息。上四弦曾裂帛。撥也無聲，斷也無人惜。

以上《波外樂章》卷四

傅友琴

西溪子

曉日文窗初啟。臨鏡幾回梳洗。掃春山，螺點點。深與淺。多分入時。尚欠箇人兒。定應知。

憶江南

深閨夜，心怯夢難成。嬾寫新詩和恨坐，殘釭如豆照愁明。樓外月三更。

如夢令

夢境迷離何許。脉脉支頤無語。屏後一燈紅，悄自向伊相訴。無據。無據。都是蘭煙風絮。

感恩多

搴幃愁不語。怕向郎邊去。隔窗先試瞧。欲魂銷。爲底文園更顒頏，皺眉梢。皺眉梢。一把腰肢，瘦還過沈腰。

訴衷情

乞來妙藥勝仙漿。安頓傍茶鐺。傾玉盞，驗温涼。檀口且先嘗。無語自商量。暗猜詳。情多應比藕絲長。結愁腸。

愁倚闌令

銀蒜啟，繡屏開。倚紅闌。燕子一雙飛過，語間關。多少別離情緒，重重壓春山。只恐眉尖擔不起，怎遮攔。

上行盃

指點樓頭鞍馬，看此日、驀地分襟。極目天涯芳草路。爲儂暫住。問歸期，聲已咽。佇立。相泣。珠淚涔涔。

長相思

恨悠悠。思悠悠。紅豆拈來信手投。拈來點點愁。　下眉頭。上心頭。不到歸時不肯休。晝長人倚樓。

以上八首原題作：『十二樓圖題詞，爲外子作。』

以上《蘋香室詩詞草》

傅熊湘

水龍吟　辛亥海上作

西風驀地驚秋，天涯乍覺羈愁起。高樓一角，疏簾半捲，闌干倦倚。月墮江空，雲垂海立，夜涼如水。算登樓王粲，悲秋宋玉，都未省、心中意。　極目長空萬里。望鄉關、白雲無際。頭顱大好，江山如此，人間何世。肯信元龍，飄零湖海，未除豪氣。祇情懷、萬種年來，盡迸作、征衫淚。

憶江南　懷吴江柳亞廬棄疾

歌殘月，閒憶柳屯田。磨劍十年成底事，匣中夜夜吼龍泉。相念轉淒然。

憶仙姿　懷同縣甯仙霞調元

楚水燕雲長隔。相望不知南北。落月滿屋梁，疑是照君顔色。將息。將息。歲暮天寒風急。

醉太平 懷湘鄉龔醉盦爾位

孝標絶交。揚雄解嘲。不堪人事蕭條。祇愁來酒澆。 沈雄比曹。幽閒似陶。三湘一派風騷。數龔生最豪。

南浦月 懷績谿胡適之洪騂

相見何時，片言共保能終始。斷鴻沈鯉。尺素書難寄。 劍氣簫心，一例銷磨矣。雕蟲技。壯懷無俚。未改當年耳。

水調歌頭 游虎丘

莽蒼一帆去，游興愜奇懷。生公石上高踞，説法講臺開。休問當年覇業。劍氣而今銷歇。遺恨滿蒿萊。頑石作人語，吾亦待君來。 平生願，供布韈，與青鞋。林泉千古風月，終竟屬吾儕。多少英雄兒女。一例山丘塵土。短碣共長埋。欲絆飛仙住，江月酹餘杯。

虞美人

春花秋月尋常度。一例愁無數。朔風吹雪又漫天。可奈流光屈指、便殘年。 近來心事無人問。祇是懨懨病。相逢知更在何時。可奈靈修迢遞、負佳期。

羅敷媚 洞庭歸舟

浮生欲付湘靈管，幾度征鞭。幾度歸船。湖上重來又幾年。 曾經澤畔聞瑶瑟，湖水湖煙。空碧摇天。回首當初更可憐。

踏莎行 壬子新中秋

好月難圓，佳期易誤。相逢祇在堪悲處。學

人眉樣不成裝，窺奩笑煞東鄰女。　斫斷桂輪，推翻日馭。星球重造非前度。　放開明月照河山，人間舊曆從新注。感倭事作。

水調歌頭　癡萍邀飲賦贈

且莫悲秋去，嘗試踏歌來。　眼前屈指餘子，壇坫幾騷才。　都付大江東去，賸有青山無語，刦換六朝灰。　楚澤尚今古，誰上問天臺。　烹肥羜，沽美酒，酌金罍。　浮雲人世富貴，春夢一場回。　未若登山臨水，還與唱予和汝，笑口向人開。　我語惟卿解，歡飲快浮杯。

蝶戀花

强欲悲秋秋已半。　纔過中秋，又約登高伴。　病後此身愁易絆。　年時佳節尋常換。　不分吟詩心意懶。　待寫閒情，怕是迴腸斷。　晴雨近旬千百變。　可憐天色人難管。

浣溪紗　次介甫韻

往事淒涼欲斷魂。　愁痕漸與草痕勻。　可堪消遣奈何春。　飛燕雙雙能語客，落花點點正撩人。　香車惆悵是前塵。

前調　癸丑辟地作

欲寫離愁一萬重。　可堪流水自西東。　三更疏雨五更風。　未辦白頭終有約，即抛紅豆更何從。　浮生蹤跡似飄蓬。

摸魚兒　用稼軒韻賦别

對瀟瀟、一天秋雨，西風吹送人去。　征鴻漸怯天涯遠，滿目亂山無數。　留不住。　早一騎、忽忽踏過長亭路。　有誰共語。　拚萬縷情絲，爲伊起滅，無奈化飛絮。　相思意，忍被浮名盡誤。多情應悔輕妒。春花秋月年年恨，付與暗鐙凄訴。霜葉舞。還便恐、玉顏委棄隨塵土。離懷正苦。休更惜清尊，月明又照，前度倚闌處。

踏莎行

江上聽騷，籬邊載酒。西風又值銷魂候。園蕪徑冷不歸來，黃花幾度閒重九。　佳色盈頭，暗香滿袖。年時節物尋常有。却愁持向畫中看，近來人比花還瘦。

菩薩蠻　途中偶興

濛濛一雨黃畦足。村前碧樹經霜綠。門掩小橋西。飢烏秋亂啼。　山如刀戟起。劈面驚還喜。幽徑少人行。曉來聞虎聲。

其二

幽花小蝶東牆下。寒蛩時應婆娑舞。天意可憐秋。飄香生亂愁。　西風吹葉墜。便作重陽會。明日與登高。新霜初試螯。

其三

毿毿一樹河橋柳。記曾攀折勞纖手。秋意漸闌珊。應憐江上寒。　中田瓜麗瓞。一帶蕪青綠。紅豆長蛾眉。深閨秋所思。扁豆俗呼蛾眉豆。

卜算子　次雪耘韻

寒月轉三更，漸覺蛩聲靜。砌竹搖風三兩枝，描上紗窗影。　本自不成眠，夢斷翻疑醒。一夜西風滿地霜，作去就離人冷。

點絳脣

翠歇紅銷，高樓盡日傷凝睇。雲山無際。天遠迷煙水。　屠狗無悰，誰識英雄意。成何計。寶刀空厲。擲向西風裏。

燭影摇紅　淚

今古同流，鮫宮此日應千串。未宜兒女獨傷心，此恨憑誰見。宣室當年一面。便拚與、青衫漬滿。窮途日暮，祖帳風寒，悲歡莫辨。　攜手河梁，歸心望斷風沙眼。斑騅遺恨老英雄，但惜深杯淺。莫上新亭望遠。怕負却、綸巾羽扇。天涯何處，一身遥寄，怎禁淒怨。

臨江仙　與雪耘聯句

莽蕩人間何處好，淚痕曾滿征衣。酒闌燈灺倍依依。盪胸豪氣盡，回首故人稀。雪。　哀樂從知容易感，傷離歎逝都非。共君歡笑不須悲。星河看石賁，瀛海見桑肥。鈍。

水龍吟　乙未海上作

一番冷雨重陽，黄花憔悴秋容淡。纔敲欲碎，將零似斷，作去成淒怨。雷碾飆輪，霜噴機笛，夜寒相間。又海風吹夢，滄波阻信，天涯近、屏山遠。　病骨經秋愁顫。甚心情、更縈歡戀。思量怎遣，今生縱隔，他生也願。況有多情，釵盟深約，錦書長篆。待何時、蘭渚移舟，紉佩結、同心伴。

浣溪沙　半淞園即事

新柳齊抽欲蔽人。華年逝水不勝情。舊遊回首總成塵。　濃緑淒迷如有恨，落紅飄泊太無因。最難消遣是殘春。

蝶戀花

纔有梅花春未極。九十韶光，莫道無多日。費盡東君閒氣力。芳心待與殷勤覓。　玉骨纖纖應自惜。休倚風前，聽徹樓頭笛。遥夜孤山寒惻惻。斷腸有個人相憶。

其二

紙帳低籠香乍透。占得春先，却恨開還後。但祝年年花似舊。不辭人與花同瘦。　金屋安排隨處有。放盡南枝，羞伴東風柳。夢到小橋香滿袖。暗香月下親攜手。

浣溪沙　題約真蕉窗憶昔圖

欲展卷心不自持。一回棖觸一相思。夜來風雨爾應知。　再世重逢空有願，此恩待報更無期。小窗獨坐憶年時。

徵招　録別

曉霜城郭籠輕霧，臨歧黯然相送。剛道不相思，又離愁萬種。玉驄難與控。便博得、浮名何用。縱耐重逢，忍教輕擲，舊歡如夢。　腸斷碧雲深，玉人遠、今宵峭寒誰共。杜宇忒忽忽，負相依情重。孤懷空自縱。怕回憶、換巢鸞鳳。待商可、料理空山，與梅花同供。

點絳脣　途中所見

繞屋夭桃，此中好個田家住。亂紅生樹。一夜春如雨。　叱犢聲初，農事忙如許。攜筐去。夕陽西路。十五盈盈女。

菩薩蠻

憔悴可憐今夜月。明宵便照人離別。月也不教圓。應知人可憐。　相逢無一語。欲訴從何許。孤負好花時。鵑啼春未知。

前調

海棠落盡春無主。東風早向江南去。緑葉漸成陰。黄鸝百囀深。　早知春欲暮。爲倩東風去。且莫戀東風。芳菲不再逢。

賀新涼　越游次韻，和揮孫

相見緣何後。最難忘、廿年書問，彀相思否。自昔會稽佳山水，不負羣賢詩酒。暢好是、霜林如繡。莽莽神州思禹蹟，定洪濤、驅得蛟龍走。空展拜，羞回首。　枉誇江左夷吾有。算幾年、拋殘血肉，陸沈如舊。呵壁問天天不語，拔劍撞翻玉斗。判猨鶴、山中爲友。徑欲題詩東西浙，便滄桑、見慣良非偶。剛破戒，一杯酎。

掃花游　丁卯上巳，抱冰堂看桃花，次紀宣韻

綺園換刦，對樹遠連天，草萋迷渚。浪淘自古。賸年時禊事，暗隨流去。舊日桃花，付與誰家作去主。漫凝佇。儘緑葉替枝，低黯無語。　人世如逝羽。歎一例滄桑，霎時歌舞。斷腸信否。便玄都重到，怕迷門户。種就清愁，燕麥無情漫與。篆香炷。鎮相思、獨眠孤戍。

水龍吟　長江舟望感事，寄紀宣夏口

楚江萬里潮生，挾山倒海來無際。驚湍未定，

橫流不斷，大波軒起。烏鵲宵飛，魚龍夜泣，舳艫千里。歎狂飆已矣，神犀安在，空短盡、英雄氣。　休問人間何世。倦芳菲、一時蘭芷。江城梅落，湘山樹赭，舊情誰是。孤負春光，也無人惜，飄零滿地。祇天涯流浪，殘紅片片，漬傷心淚。

以上《鈍安詞》

憶江南

己酉二月，卓林兩周年亡忌，自長沙遙酹金陵，賦示太一

春去了，芳艸遍天涯。新恨不隨花落去，舊愁還逐燕歸來。脈脈此情懷。

其二

春去了，綠艸漸侵階。塵網不兜飛絮住，紅泥便把落花埋。淚眼向誰揩。

摸魚兒

和太一《獄中贈別》，用稼軒韻

黯消魂、滿天風雨。攬亂愁腸臨去。平交百輩今餘幾，落落晨星堪數。爲君住。又綠樹高牆，阻斷重闈路。幾回欲語。偏對面輕忘，別來苦憶，飛夢成狂絮。　閒思忖，艸履黃冠未誤。只恐青山猶妒。縱教便棄人間事，畢竟有愁難訴。休起舞。賸碧血千年，拚與埋黃土。暫離已苦。念重見還離，淒涼來日，聚散更何處。

高陽臺

荒郵獨卧，愁思黯然，微雨飄桐，頓成秋意。因取太一寄詞次韻和之，落葉哀蟬，不自知其淒切也

消暑荷殘，驚秋梧老，園林蕭瑟慵看。又是西風，悤悤吹滿雕闌。高樓會見鴻歸去，甚相

思、不度關山。便消佗，遠道傳書，却又推難。年時舊事休重省，悵隊歡零落，天上人間。清怨閒愁，新來並上眉端。玉人倘解多情苦，料今宵、有夢無眠。怕來時，路黑烏嚥，不到尊前。

長相思

雨一檐。風一簾。時聽晨雞鳴兩三。醒來愁正酣。　憶江南。夢江南。一曲琵琶淚滿衫。愁看白髮添。

其二

夜已闌。星欲殘。霑潤羅衣生薄寒。淚珠和露彈。　愁無端。思無端。歷夏經秋衣帶寬。天涯人未還。

其三

意漫漫。路漫漫。魚嬾傳書雁去難。相思山復山。　月彎彎。月團團。月自重圓人自單。庭花開落閒。

其四

倚佳期。盼佳期。衆裏深深拜起遲。高樓乞巧時。　銀漢低。愁與齊。天上猶憐有鵲飛。人間鵲也稀。

轉應曲　戊申，秋夜聽雨

秋雨。秋雨。打得愁魂驚怖。孤燈獨坐宵深。誰復知儂苦心。心苦。心苦。漫把瑤琴自撫。

定風波 中秋

放過中秋客裏過。無花無月奈愁何。高樓幾陣風和雨。休住。此時此地別情多。　回首去年今夕事。還記。商量金鏡要重磨。早識霧晴無定準。誰信。浮雲一例滿天羅。

卜算子

昨夜夢回時，記得臨歧語。約我來宵早早歸。拚與伊同住。　今夜夢中時，厤徧關山路。才始逢伊却又醒，一陣窗前雨。

山花子 邀蛻公游麓弟二詞

一夜西風渡橘洲。霜紅初染麓山秋。更有黄花閒點綴，助清游。　待展重陽時尚早。爲尋佳約興偏幽。且訊元龍朝起未，取高樓。詞既發，余復它往，及至蛻，援筆題紙尾，云：『元龍已下高樓久，介子還爲絶塞行。』相與拊掌大笑。又曰：『他日必爲我記之。』

滿江紅 游麓日賦示蛻盦、夢蘧、芥彌、旭芝、今希

過盡重陽，還自約、登高儔侶。渾不記、山川滿目，清愁如許。三月綠陰經慣地，而今紅葉隨風舞。問誰堪、艸木本無情，猶如此。　青山在，長賓主。西風變，驚寒暑。歎流光如箭，暗中偷度。青鬢漸供霜點染，黄花已共人遲莫。甚千年、白鶴與霜鐘，飛來去。

高陽臺 麓山之游，蛻盦用余登長沙城韵見寄，疊和一首

人海塵喧，江城地湫，麓雲遥指神游。相約元龍，好凭百尺高樓。悤悤誤了黄花約，攬芳

菲、蘭佩紉秋。共登臨，且仗青山，説與羈愁。凄涼故國休回首，望美人不見，惆悵高邱。禹迹空存，斷碑莫奠横流。鶴歸已换新城郭，祗風泉、依舊颼颼。待何時，芳艸萋萋，緑滿汀洲。

水調歌頭　酬曹翊才詞序

爲感故人意，拍手一高歌。君家魏武安在，今古去如梭。已矣英雄割據，文采風流未泯，才思讓君多。八斗供傾瀉，七步快吟哦。手擎天，胷貯甲，口縣河。浮雲人世富貴，一任等閒過。爲問狗屠幾輩，只有君能擊筑，還與和荆軻。夢覺莊周蝶，知是我和佗。

憶故人　寄高鈍劍

安穩高生，近來佳句添多少。梅花不解寄相思，恨滿江南道。秋盡飛鴻信杳。甚傳書、經時未到。幾番延佇，百遍思量，易令人老。

早梅芳近　夢蘧自麓山折早梅爲贈，用清真韻

芳意新，芳華好。嶺上春先到。憐人獨處，故把花枝近相照。坿苞紅萼嫩，破蘂黄須小。又參横月落，催夢綺窗曉。　話家山，情未了。語盡還重道。玉人天遠，縱有深情向誰表。新粧迷淺畫，冷豔成孤褭。柰天涯，歲寒歸信杳。

賀新郎　庚戌十一月，送方旭芝自麓山歸湘潭

又送君歸去。悄冬宵、孤燈寒對，黯然無語。衰世獲麟人盡怪，我亦當年尼父。爲揜袂、涕零如雨。离彪那堪鐫禹鼎，但高名、悔被山靈妒。波正惡，公無渡。　親恩十載難輕負。

便趨庭、依然歡愛，未易投杼。萬里長風欣破浪，更向蓬萊小住。笑兒輩、衹如廁作平鼠。料得新人憐遠別，好商量、徐淑秦嘉句。須念我，寄魚素。時旭芝新婚于徐。

以上見抄本《鈍庵詞》卷一

清平樂

流光暗換。早又東風滿。芳艸無情連兩岸。觸目新愁一片。　玉梅夜卸嚴妝，凌晨瘦損瓊芳。誰與遞傳花信，細將春事商量。

踏莎行

楚岫迷雲，巫山夢雨。人天影事無憑據。衹除小妹住青溪，年來更沒關情處。　料理酒懷，評量歌譜。回腸枉賸傷心句。楊花飄蕩落誰家，丁寧燕子啣將去。

定風波

鎮日愁腸不自由。千無可說萬難休。拚與移家愁外去。何處。莫愁湖上有扁舟。　半世飄零文字海。須改。懺除綺語悟清修。別有傷心除不盡。難忍。一番風雨又逢秋。

浣溪紗　聯句

睡鴨香消客夢孤。夢蘧。殘星三五墜庭隅。惕生。碧闌干外影模糊。鈍根。　一種相思揮不去，夢蘧。十年舊恨翦難除。惕生。却憐心事負當初。鈍根。

菩薩蠻

闌干百帀屏風曲。個儂嬌小顏如玉。花底記曾看。春歸重見難。　玲瓏題小字。鐫向心頭死。如夢復如煙。風吹落花天。

喝火令

乍見翻疑夢，驚看却是仙。何人滋味蜜兒甜。漸露酥胸，駝背兩峯尖。私語憑郎訴，新歌滯客憐。軟裹温到雪花天。只恐春魂，飛不上香韉。只恐夜深孤館，歸去不成眠。

以上見抄本《鈍庵詞》

浣溪沙　壬子冬盡，賦示癡萍、醉庵

銷盡春魂欲化煙。深深拜向美人前。今生重見是何年。　休道萍根難合水，還防柳絮易成緜。相思相望柰何天。

以上見抄本《鈍庵詞》卷二

桃源憶故人　懷慧子

中年枉寫牢愁賦。没個知音誰語。望斷江南烟樹。縹緲人何處。　天涯獨自傷情緒。滿目亂山無數。紅葉莫隨風舞。倩寄新詩去。

西江月　放言

《放言》十章，無悶己酉冬所作也。衰鳳何待，寒蟬不鳴。婆娑木石之間，放浪形骸以外。絶聖棄智，仁義爲老子所羞稱；餔糟啜醨，醒醉混衆人而莫返。莊周曼衍，宋玉悲涼，歌以詠懷，言非傷物。嗟嗟！步兵可作，空山應寄同聲；叔夜能歌，一壑自忘憂患。輒復著録，聊用自娱云爾。

把筆寫愁無限，及時行樂常稀。浮生祇合醉如泥。時事不消説起。　海上仙山縹緲，眼中夢境離奇。白衣蒼狗總堪疑。何物能令公喜。

其二

座上東坡説鬼，佛前蘇晉逃禪。有時興到喜談天。又作荒唐騶衍。　彭澤何須高隱，旌陽未必神仙。可人最是李青蓮。終日酒杯愁淺。

其三

一曲曉風殘月，數聲鐵板銅琶。興酣落筆走龍蛇。誰信曲高和寡。　世事水中撈月，人情霧裏看花。浮生一半寄紅牙。笑罵由他笑罵。

其四

千古大江東去，遼天孤鶴歸來。英雄竪子總蒿萊。算有青山猶在。　衹合銜杯樂聖，不然繡佛長齋。此心入世已成灰。那管桑田滄海。

其五

雁以失鳴見殺，木緣擁腫而天。周將才與不才間。而後而今知免。　老子猶龍遠矣，仲尼若狗纍然。潛龍無悶狗堪憐。當得蒸豚一臠。

其六

萬樹梅花繞屋，千頭橘婢當山。一邱一壑任吾閒。休較誰長誰短。　蒲扇風堪却暑，穅皮火好消寒。柴門無事日當關。那識人間冷煖。

其七

西子扁舟范蠡，赤松兩屐張良。神龍潛尾利於藏。人世獨來獨往。　蹈海仲連無取，踰垣干木難量。羞他豎子説侯王。何似此公倜儻。

其八

披髮酒邊高叫，昂頭天外閒遊。奇情一縱意難留。自笑吾狂依舊。　眼底東南雲氣，掌中西北神州。新亭泣涕請君收。消箇夷吾終有。

其九

儵忽早知地啞，靈均枉恨天聾。竅難開鑿問難通。偏又會將人弄。　占讖告余以臆，豈惟大塊夢夢。人間亦有物相同。釋策謝之曰懂。

其十

有酒莫辭頻醉，白駒過隙匆匆。少年轉瞬便成翁。真箇浮生若夢。　開口笑時能幾，勞吾形者無窮。盜丘璮舜可憐蟲。不值達人一哄。

滿江紅　生日感賦

醉夢浮生，又過了、春秋廿六。從此去、茫茫來日，後期難足。晦朔易隨朝菌改，羲和苦把征鞭促。祇由他、年去更年來，相追逐。　夢化蝶，醒忘鹿。野獲麟，隅止鵩。算何真非幻，何榮非辱。呼我任名牛與馬，共誰争食雞和鶩。覺當時、阮籍太猖狂，窮途哭。

其二

黄菊花開，秋容淡、還添紅葉。歡會少、故人難見，金罍易竭。莫使尊前人負酒，怕看鏡裏頭成雪。更停杯、不飲待如何，空愁絶。　今生事，憑誰說。今生願，無時歇。歎未甘速老，豈應偷活。碧化漸生身後感，錯成料費人間鐵。拚一襟、幽恨自悽涼，高歌闋。

江城子 己酉五月日，與牧豨、薰生、約真攜酒飲太一獄中，太一賦詞見示，次韻酬之

南幽沈怨夏飛霜。夢荒唐。最堪傷。偏是愁時、歲月逐人忙。細柳新蒲饒節物，聽疊鼓，鬧端陽。　且圖歡聚慰相望。意茫茫。酒行行。漫寫填胸、萬恨唱伊涼。此會此時今世少，人五個，願無忘。

鵲踏枝

老我年華驅我苦。世事如棋，著著都成誤。兩字窮愁天付與。不堪持向人間訴。　誰是誰非難計取。春去花殘，一例隨塵土。料理扁舟湖上去。釣竿斜日簑衣雨。

如夢令

見也匆匆如夢。別也匆匆如夢。來是夢中來，去是夢魂相送。如夢。如夢。腸斷魂銷心痛。

羅敷媚

靈均天問無消息，縱有難憑。況是無靈。叫盡重閽未必膺。　朔風苦助寒威虐，已過霜零。早又堅冰。只合長眠睡莫醒。

天仙子 送別

春欲歸時春不語。零亂春愁何處訴。願春莫聽子規啼，春且住。春休去。腸斷天涯芳草路。

羅敷媚 題鈍劍聽秋圖

秋心夜上梧桐月，冷露淒然。蟲語聯緜。擱破西窗一枕眠。　詞人老去心情嬾，孤雁遥天。落葉哀蟬。一例悲秋衹自憐。

其二

一天秋色難描畫，況是秋聲。道是秋聲。縱有歐陽賦不成。　西風碎撼芭蕉雨，此夜曾聽。那忍重聽。多恐宵深劍欲鳴。

前調

夜深燈爐花猶落，月暈微陰。默坐沈沈。時聽空階蟋蟀吟。　閒愁閒恨都無著，漫撫瑶琴。没個知音。負却悲秋一片心。

點絳脣

小院冬殘，映窗衰柳摇疏影。舊愁難定。新恨還相迸。　倦旅懨懨，霜色催寒暝。孤衾冷。夜長人病。未睡先防醒。

浪淘沙

孤館夜燈昏。静掩重門。殘冬作客倍消魂。便説今宵寒透骨，誰與温存。　舊事不堪論。枉負新恩。年年芳草送王孫。别也尋常離也慣，夢也無痕。

憶王孫 懷朱少屏

魯戈揮盡淚如麻。切切哀弦空自嗟。又近黄昏日易斜。憶朱家。惆悵江南天一涯。時新悼亡。

長相思　懷高鈍劍

卿也癡。儂也癡。不是尋常惜別離。相思入骨時。　夢何之。意何之。四載逢君未有期。匆匆歲又移。

相見歡　懷陳蜕庵

壯懷欲問天公。恨無窮。蕭瑟暮年詞賦、爲愁工。秋來聚。今何去。信難通。可是脚跟無綫、轉如蓬。

宴西園　懷黄巽卿

曾記西園夜雨。曲曲心期閒絮。匹馬走黄河。淚痕多。　儂亦風塵倦矣。鬱鬱安能居此。相約買青山。白雲閒。

百尺樓　懷陳可毅

海上識元龍，一見情如故。賞我新詩愛我書，慰我天涯苦。　木落洞庭秋，門外風如虎。勞燕東西各自飛，無復知音遇。

羅敷媚　懷張丹斧

新知觸眼春雲過，苦念蘭成。蕭瑟平生。落魄江湖載酒行。　詩人老去鶯鶯在，譜盡閒情。恩怨都輕。贏得青樓薄倖名。

謁金門　懷黄夢遽

留不得。滿目淒涼行色。黑水白山何處極。爲君心惻惻。　相望一村猶隔。忍説天南地北。門外垂楊春自碧。明朝愁與折。時將有滿洲之行。

好事近　懷方旭芝

白眼看青天，消得古今愁否。富貴浮雲閒過，任白衣蒼狗。　不須就我課詩功，歸去更謀婦。聞説秦嘉徐淑，是人閒佳耦。時新與徐女士結婚。

桂枝香　中秋感懷，賦示覺子

曲闌微步。看皓魄淒涼，欲歸還佇。望斷遥空，玉宇瓊樓何處。嫦娥肯任圓時誤，衹浮雲、無端遮住。晚風吹亂，南飛烏鵲，紛紛繞樹。　把酒問天天不語。更秋夢模糊，風淒月苦。三五良宵，不似舊時眉嫵。雲鬟解識相憐意，渺悠悠、滿天香霧。閒愁莫遣，舉杯同醉，若歌儂舞。

喜遷鶯　和鈍劍《移居留溪》

飛來一紙。道移住留溪，遣懷賦此。秋雨瀟瀟，秋風淅淅，拚把愁腸驚喜。又作稚川移宅，漫説晏嬰近市。心空浄，境清閒，不怕阿儂羨死。　否否。任憑他、抱膝高吟，未必安便耳。紅豆拋殘，青山買得，翻怨今非昨是。肯使鸞强壓駿，付與黄冠草履。都休了，待歸來，且自飲醇擁美。

掃花游　登閣

晚秋興索，正鶩浦盟寒，鷺汀風起。俊游未已。奈登高極目，易傷人意。舊日闌干，獨自何心更倚。望無際。又鶩逐霞落，天映秋水。　前事。如夢裏。費幾度思量，幾番憔悴。亂愁怎理。但珠簾畫棟，暗消清淚。細數流年，後約空憑準擬。這情味。算歸來、一時難記。

水調歌頭 九月十一日邀蜕盦登麓山

朝起望天際，晴色盪微波。黄花應未開遍，九日昨纔過。愛晚亭邊楓葉，知有山靈爲我，早放醉顔酡。轉眼便秋老，不往待如何。人間事，供一笑，總由他。一生當著幾兩，游屐過山坡。屈指舊交餘幾，衹有青山長在，向我好情多。湖海元龍倦，試聽楚狂歌。

高陽臺 登長沙城作

瓜苦秋華，蓮紅夜落，能消幾度清游。孤雁歸遲，斷雲飛過南樓。當年詞客傷懷地，到今時、一例悲秋。更淒涼，眺盡平蕪，惹盡閒愁。登臨不忍重回首，但苔封古堞，草没荒邱。蟻鬭蠹争，等閒付與東流。西風漸覺芳菲盡，衹荻花、楓葉颼颼。倚斜陽，一片孤城，一片汀洲。

點絳脣

去雁來鴻，書憑錦字無端的。後期難覓。新恨成堆積。雨阻重陽，獨坐添愁寂。何人笛。數聲悽惻。和著寒鳴蟀。

清商怨

新來情意漸嬾。悵玉人天遠。已覺更長，如何偏夢短。衾頭誰信淚滿。怪不似、舊時先暖。儘著寒侵，孤眠誰更管。

憶江南

閒情緒，默自思無端。心事萬千都不是，別無人處淚闌干。鳳屧透春寒。

相見懽　次韻，和鈍劍

幽愁訴與誰同。小園中。耐得花開愁、雨又愁風。　春雖去。教鵙語。莫匆匆。多少殘英猶戀、夕陽紅。

浪淘沙　七十二鴛鴦詞

七十二鴛鴦。對舞成行。金籠長鎖困翺翔。雙死雙飛原有願，不怨風狂。　舊夢總難忘。地老天荒。悲秋更比送春忙。惆悵黃花開爛漫，何處山岡。

羅敷媚　集定庵句

才人病後風情死，唳鶴吟鸞。試語還難。鳳脛燈青香篆寒。　魂消心死都無法，如夢如烟。回首依然。空損秋閨一夜眠。

浣溪紗　山莊曉眺

遠樹微茫一剪平。夕陽斜襯斷霞明。晚來天色界紅青。　溪漲一痕澆菜雨，村喧十里打禾聲。歇涼人愛坐瓜棚。

一痕沙

買得良田二頃。便合此間長隱。分半種桑麻。半栽花。　前面青山如畫。時有白雲來下。高處兩三峯。是章龍。

賣花聲　柳

煙外柳絲絲。雨困雲癡。長亭秋老又多時。別後飄零誰更管，人隔相思。　風已不禁吹。腰弱難支。章臺青裊一枝枝。曾是舊游攀折憂難訴。

水龍吟 觀愛儷園籌振游覽會

故鄉無此湖山，登臨信美非吾土。馬龍車水，花嬌柳嚲，燕嗔鶯妒。逐隊尋香，呼朋選勝，風流如許。更魚龍曼衍，箏琵錯雜，天不夜、燈無數。芳約尋常屢誤。况相逢、秋風倦旅。大江南北，長鯨跋浪，哀鴻滿路。援溺無功，療飢乏術，解囊莫助。算治游、還肯揮金，祇此事、推紈袴。

人月圓 戲用坡句和譚介夫

舊時明月還相照，月也不勝寒。不知天上，瓊樓玉宇，今夕何年。乘風便好，翩然歸去，同看嬋娟。祇愁人有，悲歡離合，自古難全。

處，應惜芳菲。

前調

窗外又晨雞。曙色熹微。斷腸人去隔天涯。瘦盡腰圍銷到骨，不彀相思。無計斬情絲。有恨誰知。淚痕灑上海棠枝。一寸春心紅未死，化作臙脂。

金縷曲 海上贈少屏

一笑雲萍遇。劇相憐、風塵滿地，頭顱如許。彈遍哀絃三百曲，流水落花春去。問天上、人間何處。結客朱家游俠子，肯平生、拚爲相思誤。忍割斷，閒情緒。　江山黯黯迷烟霧。怎禁他、浪淘潮捲，風凄雨苦。誰與揮戈廻落日，祇共夕陽遲暮。者殘局、仗君撐柱。我亦湖湘漂泊久，算年來、剩有閒詞賦。才易盡，

蝶戀花　感事，次利貞韻

好夢依稀留不住。午枕醒回，一晌愁無語。獨自思量情更苦。爲伊悔把年華誤。　拋盡離腸千萬緒。莫更相尋，重認分攜處。清淚兩行難寄與。化爲一夜瀟湘雨。

虞美人　次夢蘧韻

柔荑斜倚櫻桃露。蘭氣微微吐。怨人還帶淚痕啼。不道蕭郎背地、立多時。　前番薄倖應難究。今後郎知否。教郎去作白楊花。一任東西南北、没人遮。

憶江南　歎逝

閒夢遠，便去作清遊。燕市悲歌人已遠，斜陽西墜水東流。此意竟悠悠。

其二

閒夢遠，細雨落江天。鵑泣冬青空有恨，風飄榆莢不成錢。春盡草芊芊。

生查子　題秋夜聽雨圖

香泥小印紅，舊識中郎號。讀畫又宵深，時見秋燈笑。　細雨落檐花，消得高歌浩。此意託聲桐，未免知音少。

賀新涼

笑指天邊月。曾照人、幾回歡聚，幾番離別。依舊清輝池亭滿，望處涼生毛髮。怎奈向、閒愁未歇。憶得去年相伴久，愛窺簾、一點長孤潔。滿地碎，鋪香雪。　今年對月情懷切。怕匆匆、風狂雨横，易傷圓缺。誰解南飛烏鵲意，繞樹悲鳴淒咽。早攬斷、愁腸千結。行見盈盈三五夜，又桃華、兩地成虛設。儘此際，歎清絶。

浣溪紗

小步空庭夜色涼。迢迢銀漢掛天長。兒童愛唱月光光。《月光光》，童歌也。　幾點流螢飛野草，數聲啼蟋出東牆。西風消息費思量。

蝶戀花

不道秋來人正苦。一夜西風，攪得愁如絮。寒蟀數聲啼不住。更添幾陣梧桐雨。　心事祇今誰與訴。幾度思量，没個安排處。爇罷水沈香一炷。篆烟斜裊相思字。

相見歡

幽閨月度東窗。掩蘭釭。時聽猩猩何事、吠村尨。　愁難臥，相呼起，步迴廊。可奈月華猶照、影雙雙。

如夢令

清景閒庭深夜。耿耿素娥欲下。移影漸窺簾，度了藤陰一架。堪詫。堪詫。才放海棠又謝。

踏莎行

小閣當風，高樓聽雨。秋來一夜愁無數。燈前辜負可憐宵，思量舊夢悲如許。　小有賓朋，略饒歌舞。百般影事從伊訴。等閒收拾少年心，明朝江上聽鼙鼓。

采桑子　秋風，和痴萍韻

秋風無力吹儂起，病怯登樓。况是多愁。一夜相思天盡頭。　歡悰别後那堪説，淚似泉流。心自人留。争道今生死便休。

望江南　自妙高峯望麓山卓林墓

吟楚些，江畔與招魂。埋血衹今應化碧，懷人依舊獨停雲。荒草上孤墳。

采桑子

秋風一夜摇霜碧，人在平林。目極高岑。遠樹重重萬里心。　遥天雁字知何意，飛過遺音。欲問還沈。閒事閒愁恁不禁。

金縷曲　與痴萍飲後，强余填詞，盪氣迴腸，聊以爲笑

愛我無如酒。一月中、如斯歡笑，幾曾開口。心上縱横多少事，不如意常十九。問人世、解憂可有。贏得杜康能一顧，拚千秋、萬歲從君壽。與君誓，長相守。　傷心莫漫眉頭皺。且商量、淳于一石，汝陽三斗。不是劉伶徒頌德，還幸吾家有婦。便沈醉、歸來時候。甕裏新醅堪共酌，算喃喃、今夜憑他咒。撐白眼，看蒼狗。

一剪梅　前詞既成，復填此解

舉杯莫道便消愁。酒湧心頭。愁上眉頭。人生能得幾良儔。漫自悲秋。快把杯浮。　雪夜聯吟記去秋。前度蘇州。今度潭州。倚天還看小吴鈎。修我戈矛，與子同仇。

水調歌頭 小除夕僧寺寫憂

百歲爲吾待，三十等閒過。一年一度除夕，值甚悔蹉跎。衹恐茫茫來日。長是有愁如織。白髮誤人多。努力鞭烏兔，寄語促羲和。食無魚，醉無酒，和無歌。無端忽被僧戒，皈命禮彌陀。空説吾家有婦。何自爲謀斗酒。饞煞老東坡。休矣公無怒，且唱定風波。

西江月

醒後還爲蝴蝶，夢中化爲鴛鴦。行雲縹緲雨荒唐。何處楚王臺上。水自抽刀不斷，情於隔面偏長。强忘終竟未能忘。安得相思可短。

其二

妾似楊枝拂水，郎如柳絮隨塵。枝枝青過奈何春。絮自飄飛無定。死向郎心縫裏，而今更不輕分。要郎肝膈爲鐫銘。粤把微生葬送。

菩薩蠻

春來不到高樓上。傷春人倚高樓望。春若肯相偎。高樓儘日開。春來無意緒。春去增遲暮。等是不逢春。逢春更惱人。

十六字令 題石子粲君浮梅檻檢詩圖

浮。十里平湖漾碧流。呼鴛侶，同上木蘭舟。

其二

梅。今夜孤山多好懷。偎郎語，香雪爲誰開。

其三

詩。卷裏西湖夢見之。憑君畫，濃淡總相宜。

滿江紅　八月五日聯句

把酒持螯，問今夕、不知何夕。鈍根。陡增起、豪情萬丈，縣天無壁。蘿庵。會鑄九州成大錯，醉庵。茫茫禹域稀人跡。鈍根。看吳宮、一霎又成墟，青燐泣。癡萍。　共和國，方成立。滿蒙事，還增亟。問天公擾擾，幾時方畢。蘿庵。轉綠迴黃時自有，弩張劍拔終奚益。鈍根。笑青梅、煮酒論英雄，誰堪匹。栩園。

其二

如此江山，天均。問今夜、作何消遣。鈍根。賸幾輩、美人名士，風流繾綣。蘿庵。祇道浮生原似夢，及時行樂天休管。痴萍。倚高樓、無語眄長空，情何限。栩園。　晴雲影，遙空斂。青玉案，深杯淺。蘿庵。負詩腸酒膽，舞衫歌扇。雨雨風風秋易老，翻翻覆覆愁難翦。鈍根。儘慷慨、搔首各踟躕，吟懷遠。醉庵。

余體羸性孏，又不能飲，每遇朋輩使酒叫跳，輒趨避之。自識鈍根，驚羨其才，而時懾其狂態。文酒唱和，蓋鮮追隨。然年來所爲詩文詞，被渠迫勒而成者，十居六七，亦文字中之異聞也。今夜三鼓，秋涼月明，痴萍具酒獨酌，余與鈍根適至其室。鈍根見酒則大喜，隔室呼醉庵至，閉門約爲聯句。余避不及，窘甚。鈍根則急掣《滿江紅》詞牌首倡二句，余與痴萍、醉庵遂亦更相唱和。有頃，栩園、天均繼至，益相與喧呶叫呼，不自知其不可。詞中之稍可異者，則栩園得『笑青梅、煮酒論英雄』句後，方持筆作思，鈍根則急至室西隅，寫『誰堪匹』三字，謂痴萍曰：『渠接句，必此三字。』已而果然。乃共拍手大笑，以當一時佳話。噫！天方荐亂，我輩歌酣，人或疑爲晉初惡習，實則無聊之餘，作此以自解也。詞無可閱，聊記一時梗概，兼以誌余之與朋輩聯句，此爲始焉。元年八月五日三鼓，蘿庵附識。

浣溪紗

萬感峥嶸到眼前。思量終夜不成眠。温柔鄉是奈何天。神女願爲三峽雨，鴟夷遲泛五湖船。一腔心事負當筵。

其二

已是春光三月三。枝頭正鬬萬紅酣。困人天氣滯微寒。好夢但從醒後憶，奇花不稱折來看。清愁惆悵是闌珊。

其三

清慧還期庸福修。狂名至竟負温柔。愁城誰與度春秋。已過陳思期洛水，還如杜牧在揚州。多情豈合此生休。

蝶戀花

偏是花開風又雨。一霎相逢，霎霎相思苦。覆去翻來千萬緒。銷魂那得魂如許。花外漏聲花底語。花底迷樓，花外來時路。路到盡頭難覓處。多情悔被無情誤。

浣溪紗　集唐

昨夜星辰昨夜風。月斜樓上五更鐘。麝薰微度繡芙容。嶺樹重遮千里目，辭根散作九秋蓬。斷無消息石榴紅。

水龍吟　題畫『雨中春樹萬人家』，十二年前吴石明筆也

雨中春樹人家，畫圖省識荆關意。黄塵淨洗，青山淡寫，緑烟如冪。殘凍猶凝，嫩晴乍間，養花天氣。祗高樓怕與，憑闌遠望，人何在、

情千里。記省年時舊事。黯銷魂、渭城春思。斷橋疏柳，隔江殘笛，儘儂蕉萃。行雨蹤迷，爲霖願渺，望霓情系。待何年、重倩東風，吹汝遍、芳菲地。

滿江紅　題畫『半江紅樹賣鱸魚』

十載江湖，已負却、垂綸初意。怎便得、浮家泛宅，葦蘆叢裏。雨笠煙蓑看浩渺，青山紅樹忘醒醉。漫隨他、滄海閱風波，銷豪氣。　釣鰲願，成虛擬。斬蛟志，空長誓。共茲泉出澤，一齊收起。但使得魚能易酒，不愁畢網嗟無地。好從今、一葉駕扁舟，恣雲水。

水調歌頭　題畫『楊柳依依人訪船』

天末渺何許，江海思悠哉。垂楊又見春碧，歸夢入奇懷。爲問渡頭老子，可借一帆風利，舟楫待君才。我是忘機侶，鷗鷺不須猜。　臨河歎，乘桴意，逝川哀。栖栖丘爲何事，沮溺儘吾儕。莫便中流擊楫，且與賦詩橫槊，慷慨盡餘杯。相慰蘆中客，寶劍未沈霾。

百字令　題畫『偶逢樵者問山名』

嵯峨壁立，是洪荒何世，撮塵造汝。名號不躋衡華列，混絶虛囂盤古。拔地千尋，距天一尺，高納羣峯俯。披裘狂客，應能七二同數。　勉遙憐安石東山，風流裙屐，哀樂中年路。把新亭閒涕抑，莫辦蒼生霖雨。鑿空遲通，觸周稽伐，誰省愚公苦。黄冠歸去，可憐丘壑無主。

浣溪紗　集定盦句

好夢如雲不自由。是仙是幻是温柔。碧桃花

底醉春游。世事滄桑心事定，他生縹緲此生休。人間無地署無愁。

其二

曇誓人天度有情。風花未免態縱横。羽琌安穩貯雲英。今生。美人規勸聽分明。別有狂言謝時望，更何方法遣

其三

塵劫成塵感不銷。神魂十丈爲飄飖。珠簾揭處珮環摇。一寸春心紅到死，四廂花影怒於潮。萬千哀樂集今朝。

其四

冉冉修名獨愴神。少年哀樂過于人。誰疑臣朔是星辰。客氣漸多真氣少，詞人零落酒人貧。空山徙倚倦游身。

其五

負盡狂名十五年。夢回清淚一潸然。金缸花燼月如煙。烈士暮年宜學道，才人老去例逃禪。著書何似觀心賢。

滿江紅 采崖出獄，賦贈

天外飛來，莫須有、千秋恨事。却不道、臣門如市，臣心如水。貝錦譖人傷已甚，蛾眉衆女翻成妬。劇無情、鐵鎖自鋃鐺，囹圄苦。三光在，同昭顧。人心在，非全死。有杜根義俠，李膺馳赴。李若淮爲乞求于漢口鎮守使杜鴻賓，卒以其力得解。終使覆盆能照日，不教寃獄嗟無雨。歎世衰、猶及見斯人，爲君舞。

其二

斯世何心，但息息、塵埃野馬。更莫辨、功名

事業，誰真誰假。豈若潔身同避世，丘何爲是栖栖者。似長沮、桀溺耦而耕，吾師也。　商出處，紅裙詫。論成敗，青衿駡。儘閉門息影，百般都罷。只合浮生拚一醉，任他白眼相高下。笑嫁衣、終日爲人忙，君休惹。

浣溪紗

又近西風瑟瑟秋。青桐一葉墜當樓。冷清清地使人愁。　孤館夢醒寒蟀轉，空階閒佇溼螢流。何方消遣悵清游。

蝶戀花　七夕

銀漢迢迢横不渡。盼到佳期，却被罡風誤。第一難禁天上苦。人間那得愁如許。　便彀相逢時已遽。未了新歡，又聽天街鼓。修到神仙原獨處。不如小謫携家住。

其二

樓上玉人樓下路。淡月迷離，記得相逢處。訴盡衷腸千萬緒。此情更比鍼難度。　女北牛南嗟間阻。一水盈盈，脉脉都無語。解道填橋烏鵲苦。多情忍便成輕妒。

其三

鎮日相望儂與汝。一度相遲，一歲相思苦。離恨幾多憑記取。倩他萬歲千秋補。　舊恨飄零隨玉露。新恨漫天，黯黯迷煙霧。今夕何年君細數。盡頭數到從頭去。

前調　集詞

二月江南山水路。呂巖。整整韶華，辛棄疾。雅稱嬉游去。柳永。終是疏狂留不住。孫光憲。啼紅止恨清明雨。趙令畤。淚眼問花花不語。

歐陽脩。獨折殘枝，馮延巳。問解相思否。張先。春夢覺來無覓處。毛滂。杜鵑聲裏斜陽暮。秦觀。

念奴嬌 送夢蘧北游

輕陰催暝，悵滿天清露，故人臨别。明月照人如有恨，况近中秋時節。幾度徘徊，幾番延佇，忽忽參辰没。朋游星散，文園詩酒消歇。　回念鬱鬱勞生，客中强半，銷盡輪蹄鐵。又覓狗屠燕市去，苦戀關山風雪。遼海波寒，塞塵春暖，應念歸鞍發。倘逢相問，道儂依舊猶活。

疏影 題高天梅紅樓夢影圖

醉春未醒。記朱樓幾夜，月高人静。熨玉初温，半展眉峯，依約輕顰不定。角珠豔照芙蓉暖，細認取、晚妝凝靚。費深深、貼意温存，剛透相思一寸。　春夢如今怕省。綺情都懺後，歡意留影。十二闌干，三五佳期，消煞短吟孤哽。疏簾莫放紅燈過，又髣髴、茜紗重認。只江郎、老去填詞，畫裏舊顔愁損。

浣溪紗

夜起空階見月明。星稀河淡浄無雲。天香桂子落紛紛。　因念潭州如雪夜，西風一霎暗塵驚，舊游回首不勝情。

其二

乍透新涼枕簟秋。淡煙籠月上高樓。水晶低擱玉搔頭。　六曲闌干風細細，兩年前事夢悠悠。姮娥還照昔人愁。

減字木蘭花

舊游俊處。長記玉梅花下住。曲曲青山。相對門前水一彎。　而今不似。青斷山頭流斷水。稍覺秋佳。開遍籬邊木槿花。

水龍吟

嶗山四景詞，章壁撐晴　雲山佳麗，風日清和，琳宫貝闕，見神仙之居焉。《明統志》引第四十四福地章龍山即此

曉暾初上青蒼，故山蔥鬱多佳氣。雄區坐鎮，攬吴吞楚，下臨無際。乍斂煙霏，豁呈神秀，一輪高寄。向真仙住處，舊游會到，天不漏、春如薺。　名勝居然福地。莽龍蛇、聯娟千里。山南山北，吾廬宛在，夕陽明媚。古寺穿雲，疏鐘間月，別饒清思。問魯戈在否，倩誰更與，緩羲和轡。

高陽臺

嶗岡帶雨　石氣朝隮，近山宜雨，淺紅深翠，固妙在有無明滅中也。嶗音崩，字見《玉篇》，蓋名山者取其旁溥

草脚泥肥，梢頭緑嫩，淡妝宜抹輕煙。屏障天開，一岡迤近門前。年時笠屐尋常過，乍幾番、新沐堪憐。洗春酲，萬樹飛花，一晌啼鵑。　蒼松翠竹渾無恙，便溪山歸去，不礙龍眠。霖雨蒼生，輸他哀樂中年。行雲莫向高唐駐，已飛埃、霧徧長天。漫消凝，故宇春深，漸長芳荃。

瑞鶴仙

岱松横翠　長松數十，大逾十圍，掩映平疇間。彌望老蒼，如挂素壁，故山喬木也。其地曰岱子山，先人丘墓所在

四山沈紺碧。賸一帶郊原，水田縈白。斜陽弄寒色。映髯龍蔥蒨，翠屏凝立。凌霜舊質。

水龍吟　題張揮孫悶尋鸚館填詞圖

憑誰説與閒愁，悶來唯有尋鸚鵡。天涯幾度，鸞飄鳳泊，無人解語。賸汝多情，爲儂寫照，一般毛羽。問今朝誦過，心經幾遍，好教就、新詞譜。休向洲邊作賦。便聰明、一生都誤。風亭月樹，回廊曲檻，儘消佳句。我亦闌珊，似人不見，曼聲歌苦。待何時卻把，相思細寫，付金籠訴。

踏莎行　題幻盦日本雙照

似水流年，如花美眷。玳梁擬得雙栖燕。百無聊賴是西風，吹儂吹汝輕分面。萬里間關，千重繾綣。海天攜手成佳願。留將此意付圖中，鴛鴦今後休飛散。

更新長、青條幾尺。記曾聽、萬馬歸來，吹徹一枝風笛。堪憶。徂徠移種，岱畝萮榮，幾成今昔。枝柯自惜。蒼煙淡，杲晴日。料千年相待，雲深鶴老，已是多時化珀。儘人間、萬木凋零，歲寒未識。

大江東去　藤塔摇青

塔砌石爲之。蔓藤緣壁，天衣無縫，風動若萬鱗涌波，窮極幽詭。在嶗岡之陽，與岱松相望，蓋數百年物

撑空何物，竦蒼蒼翠翠，淩波欲渡。過客低佪迷望眼，解道非花非樹。疑是孤山，不然筍嶠，或者將軍虎。天寒風急，牽蘿翠袖誰補。相逢飄絮春殘，落楓秋晚，歲晏還愁予。驀地生天鱗甲動，走壁龍蛇飛舞。閒御青鸞，笑招黃鶴，我欲乘風去。莊嚴一片，可憐閱盡今古。

點絳脣　爲王祝明題畫

浄植亭亭，素心不受污泥染。薰風池館。時放清香遠。　寫入圖中，留得真真面。花如願。金飈一翦。莫使朱顔變。

百尺樓　題畫

懶上望夫山，羞作將軍虎。見説東南有缺天，留待媧皇補。　香草自多情，空谷相延佇。汝已無方可着根，伴我雲根住。

沁園春

水冷蘆枯，山空木落，秋氣悲哉。況文園凋散，相如卧病，江關蕭瑟，庾信生哀。歲在蟬焉，日斜庚子，異物何來鵩可猜。君休矣，便不祥似我，肯絓人懷。　平生百計都乖。算料理、愁腸賸酒杯。但幕天席地，醉憑卿去，藉糟枕麴，死便吾埋。石火飛空，白駒過隙，幾度能逢笑口開。人間事，任虚舟飄瓦，一日千回。

蝶戀花

浮生萬恨無堪遣。尋個花枝，且作芳菲餞。一度見伊心一展。思量能幾回相見。　便到分離情更遠。芳草天涯，疊就相思片。今夜月明何處院。東風吹斷飛鳶綫。

點絳脣

笑指黄花，兩年前事君應記。天涯此意。留對花垂淚。　似水流年，流去真容易。相思味。囑君休試。怕短英雄氣。

臨江仙

記得當年明月夜，送君歸去花陰。深街悄悄漏沈沈。多情攜手處，説盡兩知心。　此後逢君何處所，不期相遇而今。斷笳殘角又疏砧。思量今後事，別夢更難禁。

念奴嬌　爲蔡哲夫題魏李映超等造像殘拓

煙霞洞口，正摩挲殘石，又逢焦尾。一隊紅泥香印小，細辨嬋娟名字。幾度滄桑，幾經刧火，英氣留碑史。蔫然一笑，似渠粲者誰是。　蘚苔西子湖邊，太真嬌絶，慧悟令公喜。金粉六朝餘古豔，分付美人名士。波礫凝煙，鬟眉映月，照眼清如水。廝煤漬處，他年重認題記。哲夫自記云：是拓爲會稽李是庵因、海鹽俞滋蘭光蕙、南海吴小荷尚熹三名媛舊藏。乙卯七月，與儁李陸四娘貴真等煙霞洞訪碑歸，過碑肆，貴真爲之搜得。又云：李爲海甯葛無奇徵奇室，號龕山女史。俞爲金壇于敏中慎室，吴爲南海吴荷屋榮光女，皆工繪事。按此石刻李映超等四十人像，間以題名，于北書中頗爲遒勁，缺處有是庵、滋蘭、小荷印章。哲夫自廣州寄示，屬爲題記，並賦此解歸之。貴真，杭伎也。

南鄉子

風雨近重陽。未到登高已斷腸。過盡重陽還不住，淋浪。一夜簷聲徹枕旁。　燈影砑微光。香冷金猊秋漏長。覆去翻來千萬緒，難忘。夢太惺忪醒太狂。

浣溪紗　以下和雪《耘鞭影樓詞》十四闋，次元韻

冷雨淒風静掩門。天涯何處問伊人。等閒辜負可憐春。　煙柳綠縈游子夢，落花紅碾別輪痕。尋思無計又黄昏。

采桑子

西風吹斷相思淚，天末孤蓬。塞上歸鴻。極望傷心處處同。　和他夢也無由見，衾透寒風。夜永霜鐘。併入愁腸百感中。

轉應曲

朝暮。朝暮。苦把佳期虚度。知他解憶儂無。書去難緘淚珠。珠淚。珠淚。腸斷別來情事。

其二

人瘦。人瘦。不道消愁有酒。耽愁盡日昏昏。爲怯西風閉門。門閉。門閉。難遣此時情淚。

點絳脣

一葉飛紅，憑他寫就相思句。天涯幾樹。摇落隨風雨。　倚盡高樓，不見人歸處。斜陽暮。安排箋楮。分付征鴻去。

虞美人

良緣倘覬天排定。醫可心頭病。一春無信又深秋。纔去心頭依舊、鎖眉頭。　銀河斜掛秋星小。雲帶輕風裊。晚寒還與警宵眠。往事思量有淚、瀉如泉。

醉花陰

過盡斜陽天欲暮。風緊摇山樹。黄菊可憐秋，獨抱幽芳，未省霜枝苦。　重來莫問消魂處。早被前番誤。苦恨夜來風，吹雨吹寒，不解吹愁去。

雙紅豆

情一絲。恨一絲。和夢和煙化柳枝。春魂消盡時。人聲嘶。馬聲嘶。此別孤身那得支。分愁寄與誰。

憶蘿月

月圓能幾。蝕與蝦蟆矣。空説聚灰能止水。又被黑龍掀起。繁霜白盡蘆花。朔風吹徹胡笳。除是天荒地老，不然此恨無涯。雪詞云：『年光臜幾。又是初冬矣。已分妾心同井水。争奈風波頻起。』其言甚痛，餘不録。

菩薩鬘

不分吾行成踽踽。秋風獨向空山語。山鬼目橫波。山中蘿薜多。溼雲飛不斷。細雨延秋半。三尺枉橫腰。恩仇銷未銷。

臨江仙 雪詞謂其婦勸勿作詩，會吾婦亦勸余止酒，因並及之以爲笑

以酒爲名原不惡，不然生我奚爲。任他題徧緑窗詩。辛詞：『起向緑窗高處看。題徧。劉伶原自有賢妻。』頹然五斗，醉去但佯癡。君自吟詩吾飲酒，婦言切莫聞知。更防白髮上青絲。苦吟痛飲，今後不須辭。乙卯十月約真以其猶子雪耘所寄詞見示，雨窗展誦，覺其言之哀切，殊足引我傷心者。既喜雪耘之孟晉，復悼我生之不辰，挑燈倚醉，走筆和之。歷二小時而卷畢，更捷于夢蘧之一夕十闋，賭我萬錢也。附題雪耘詞後二絶句云：『常覺中年有哀樂，如今哀樂未中年。顧君少抑傷心淚，且箸消摇莫問天。』『徹悟本來無我相，人間何物是吾身。十方儘有莊嚴土，著個東西南北人。』雖然能者不言，言者不能，吾固言之矣。雪耘其有以語我來。鈍根自記。

攤破浣溪紗 用李中主韻和雪耘

露似珍珠月似鈎。有人徙倚最高樓。望斷天涯何處是，路悠悠。　曉雨催寒輕破夢，朔風吹霰苦添愁。萬種心懷抛擲盡，付東流。

其二

落葉西風夕照殘。金商颯颯起林間。多恐明朝便摧折，不堪看。　蕭瑟平蕪千里共，淒涼秋影一天寒。誰看此情無奈處，淚闌干。

誤佳期 閒情，用舊韻和雪耘

記得臨歧款語。珍重長途風雨。洲邊草緑好歸來，莫更題鶗鴂。　和淚檢征衣，纖手殷勤補。夜來鴛瓦上新霜，指冷瓊簫譜。

其二

閒共檀郎笑語。倘沐蓮邦花雨。便當修到再生緣，不作籠中鵡。　願化燕雙飛，舊屋銜泥補。春來秋去總隨君，休唱離鸞譜。

其三

悄倚金閨無語。簾外落花如雨。三春過盡緑陰濃，開到紅鶗鴂。刺桐花名。　長是誤佳期，誤却如何補。相思待寄與君知，寫入新詞譜。

采桑子 次韻和雪耘

生來只慣傷離別，東鰈西鶼。相望相憐。悔向人天種業緣。　幾時盼得天邊月，共我都圓。長照鴛眠。便勝同生兜率天。

虞美人

目成怎得狂如許。風蝶隨花舞。萬人叢裏一迴眸。消受人間此福、勝封侯。　銷魂到此渾無計。孤館春寒閉。盈盈一水隔當門。望斷春山春樹、又黄昏。

相見歡　次韻和紹禹

夭桃褪盡春紅。去匆匆。底事吹開吹落、任東風。　空垂淚。無由醉。恨重重。長是飄零南北、與西東。

其二

月明十二層樓。捲簾鈎。淒絶寥天歸雁、一聲秋。　惱不斷。思逾亂。滯人愁。知待何時重唱、大刀頭。

浣溪紗　和尊農五月八日作

往事傷懷不忍提。斯愁又壓小眉低。年年此日倍悽迷。　妾意乍防風皺水，郎心其柰絮沾泥。窺牆别有夢親攜。

其二

半面新粧映玉臺。舊時温嶠不須媒。東風穩約踏青來。　傾國傾城原自好，胡天胡帝鎮相猜。等閑鶯語費低徊。

前調　栩園於臨武得趙明誠《金石考》，貽書來告，并道李易安跋語。會余從祭哲夫得趙、李夫婦歸來堂校碑硯拓，因以遂贈，并題一詞

人比黄花瘦幾多。西風簾幕柰愁何。歸來重與畫雙蛾。　古硯千年留瑑刻，斷碑幾度共摩挲。因緣流轉可憐它。

滿江紅　海上同癡萍、阿琴作

又是春歸，渾不管、江南羈客。更一夜、東風掃逕，落紅無迹。斜日簾櫳天欲莫，小樓燈火

人初息。悵旅愁、鄉夢兩茫茫，難拋擲。　劉伶鍤，阮咸屐。禰衡鼓，王猛蝨。嘆年來湖海，壯懷都寂。世事無常黄轉緑，流光易老朱成碧。黯銷凝、拔劍倚長空，情何極。

菩薩蠻

東風吹絮無尋處。等閑又掛江南樹。飛絮自年年。高樓人未還。　欲呼飛絮語。莫倩風吹去。吹去可憐伊。飄零無盡期。

長相思

花一叢。竹一叢。柳外斜陽映翠紅。人家圖畫中。　綺樓東。曲檻通。一笑無言意自濃。風吹雲鬢鬆。

清平樂

懨懨病起。又近燈初矣。遥夜月明天似水。咫尺銀河千里。　明湖重話前游。藕花香裏扁舟。一樣山温水輭，幾時却向蘇州。

以上見《南社詞集》

摸魚兒　和韻

數詞場、平交百輩，聲華刊落非易。紅燈緑酒成虚負，鬱鬱此情誰寄。渾未已。看白浪西來，捲入滄波裏。靈均故里。問澤畔行吟，江潭哀怨，寂寂幾人似。　春如繡，有客相逢倦邸。靚然一平聲卷幽對。千山孕緑鵑啼苦，正是落花時際。休掩涕。好製就新聲，玉笛重吹起。小紅漫倚。祇一角西園，舊時明月，知我斷腸意。

見湯執盤《粹玉詞》卷首

舒昌森

滿江紅 謁黃忠節公祠

祠宇荒涼，存正氣、浩然充溢。臣力盡，援窮分組，報君恩澤。取義成仁昆弟節，撑天拄地宏儒筆。練民團、誓死守孤城，民無食。 洪吴輩，身甘失。圖富貴，貪顔色。痛鼎湖龍馭，殉軀邦國。日月韜光移社稷，衣冠敗類墟宫室。弔鴒原、疎柳杜鵑啼，傷心碧。

更漏子 鹿城舟夜聞笛

漏沉沉，春寂寂。隔岸誰家擫笛。聲宛轉，韻悠揚。離人欲斷腸。 曉風清，殘月冷。垂柳水牕弄影。愁不覺，恨無端。一宵空失眠。

一點春 楓橋夜泊

墟烟籠樹白，漁火映江紅。篷牕夢斷鄉關遠，怕聽寒山夜半鐘。

一痕沙 癸卯秋莫，偕姚君小坡及瘦鶴游天平，口占

翠嶂丹楓似畫。秋色不輸春夏。難得此幽尋。共朋簪。 可笑山居反俗。拋卻者般清福。門外好峯巒。讓人看。

醉花間

思佳節。憶佳節。曾到天香窟。可愛那人兒，素豔如冰雪。 秋芳宵更冽。紈扇歌圓潔。攜酒飲花間，醉玩花間月。

人月圓　丙午春，重往武林

武林絶妙湖山勝，去路莫愁長。舊游重訪，新交初訂，謂閑閑居士。雅伴尋芳。　挈棋攜鶴，囊琴匣劍，一擔輕裝。班生仙去，輪匡活水，船尾斜陽。

前調　問花詩舫與緑梅仙史聽雨

雲屏燈冷閒無那，況聽雨瀟瀟。琅玕聲細，芭蕉聲猛，悽絶春宵。　游蹤頻阻，消愁無計，懶問詩瓢。素心幽致，焚香煑茗，共遣無聊。

滿江紅　西泠懷古

水碧山青，任夜月、團團皎皎。空照徹、梵王宮殿，神仙臺沼。高士愛招梅鶴隱，美人夢對鶯花老。歎英雄、霸業久消沉，萋芳草。　流不盡，西湖淼。拔不倒，南屏峭。賸斷橋殘雪，雷峯夕照。杜宇冬青亡國樹，樓臺金碧褒忠廟。聽畫船、簫鼓按清商，翻新調。

蝶戀花　赤山埠待渡

一角空亭臨古渡。芳草萋萋，鬧徧蝦蟆鼓。漠漠湖光將作雨。亂雅飛過南屏去。　徙倚危闌誰共語。欲渡無舟，記取徘徊處。幾杵鐘聲禪寺暮。斜陽淡入雲栖塢。

桂殿秋　孫圃

紅蓼渚，白蘋汀。樓臺罨畫小瓏玲。游人指説孫家圃，門對孤山放鶴亭。

夜行船　西泠暮泛

小艇瓜皮閒放棹。凝眸看、雷峯夕照。楊柳

溪莊，杏花村店，春色添多少。 瀲灩湖光晴更好。記前度、五更曾到。殘月烏啼，峭風漁唱，正是蘇堤曉。

漁歌子

繞座花如錦繡堆。吴孃歌罷泥猜枚。香品酒，水精杯。人生能醉幾多回。

唐多令 戊申春孟，梁溪旅夜聞笛

鐙燼夜三更。天寒酒易醒。墮牀前、月似霜明。隔岸誰家吹短笛，音宛轉、韻淒清。 羈客夢難成。含愁怕再聽。忒撩人、鉤動離情。換羽移宮重過拍，端的是、斷腸聲。

楳花引 西湖雨望

峯嵐暗。湖雲亂。蒲牢吼處南屏晚。風微微。雨霏霏。裙腰草長，緑徧白沙堤。 杏花零落閒庭院。罨畫樓臺簾不卷。柳烟迷。水痕齊。不知新漲，但覺六橋低。

添字昭君怨 山塘感舊

尚記舊游時節。柳絮沾衣似雪。桃花春水木蘭橈。半塘橋。 一曲瀟瀟暮雨。抵得琴心傳語。吴孃願早載郎歸。肯徘徊。

霓裳中序第一 癸丑穀雨後一日游玉峯，遇滬上鳳舞臺諸女伶，拈此紀之

癡雲又亂織。不定陰晴難揣測。天意誰能問及。但乘興驅車，尋幽攜屐。春光且惜。 喜玉峯偏好風日。相逢處，霓裳小隊，約略似曾識。 回憶。滬江城北。愛妙舞清歌擅得。當場争弄粉墨。恁邂逅名山，流連丈室。恰

花看本色。更語嬌、燕鶯嚦嚦。分攜晚，寺鐘催動，惆悵已將夕。

鷓鴣天

海湧峯頭探勝游。黄昏歸棹泛中流。金釵影落山塘月，玉笛歌翻水調秋。　斟越釀，拭吴鉤。綺懷多恨不如休。狂言恐惹如花笑，悄倚銀鐙歎白頭。

一斛珠　丙辰秋仲，重登烟雨樓

澹烟疎雨。者番又得天然趣。樓臺兀峙南湖渚。十載鴻泥，未没前題句。　游屐重來能幾度。瀰漫一片迷村樹。棹歌斷續聲何許。罨畫秋光，身若圖中住。

離亭燕　西泠萬松嶺弔鴛侶墳　俗名雙弔墳

伉儷操持廉潔。異地罷官囊竭。縱有文章貧不濟，恥向沿門求乞。逆旅苦飢寒，况更殘年風雪。　爲重綱常名節。投繯命甘同絶。三尺碑鐫鴛侣史，讀竟心香誠爇。落日下松林，鶴唳猨啼悽咽。

踏莎行　樓外樓題壁

依舊湖山，嶄新祠廟。眼中興廢經多少。千秋祇有岳王墳，不關興廢人稱道。　小駐吟杯，重評畫稿。看來西子尤佳妙。欲知濃淡孰相宜，秋光卻比春光好。

賀新涼　雨夜宿西泠香山洞，不寐有作

早是空山暮。最難禁、木樨香褪，釀秋風雨。

禪榻鬢絲看漸短，鐙影光摇不住。恰被酒、客中情緒。我自耽游來此境，聽丁當、鈴鐸檐前語。尋旅夢，渺何許。　瞿曇謂生華長老入定誰堪侶。更撩人、夜深殘溜，似將愁訴。準擬觀潮償夙願，骯髒尋思一吐。恁卻遇、天公偏妒。偷得浮生閒幾日，願明朝、霽色開烟樹。攜兩屐，持潮去。

攤破浣溪沙　夜歸過覓渡橋

獨自攜筇度野橋。高城暮色望中遥。雉堞倒垂河面闊，影摇摇。　涼月菰蒲迷宿鷺，晚風楊柳寂鳴蜩。烟際忽聞柔櫓響，有漁舠。

天香　丁巳仲秋，偕同社金松岑重弔唐六如墓

約伴登舟，尋幽出郭，横塘復認抔土。夕照牛羊，秋風葵麥，亂坐牧童樵父。清狂可羨，尚記得、桃花滿塢。絮酒隻雞到此，捫碑相共懷古。　荒寒更誰封樹。況張靈、舊聞傳誤。贏得豔名身後，怎知無據。恰似中郎棄婦。有一樣、甘心受誣處。說與沿村，誰還信否。

減字木蘭花　與松岑横塘茶肆題壁

横塘古渡。嵐影波光相映處。山裏人家。鑿石丁丁逐日斜。　茶香瀹雪。記取游蹤同此歇。飽看丹楓。消遣吟情小榭中。

前調　陽月十有八日自蘇返滬，車中口占

飆輪東向。沽酒澆愁愁更長。水凍雲寒。天也躊躇欲雪難。　遠村如畫。烏桕經霜明似赭。趁此閒時。且返江鄉探故知。

婆羅門令　戊午春日，重過鄧尉聖恩寺，貽松樵長老

囊來此、萬梅如雪。今來此、也萬梅如雪。爪影空留，嗟多半、泥痕没。依舊是，香沁詩人骨。　韶光駛，惆悵絶。遇僧伽、且共談禪悦。牕前忽弄横枝影，吟興動、正山吐斜月。一尊易盡，醉看華髮。待與臞仙低説，城市他年別。許我茅廬結。

減字木蘭花

司徒廟觀古柏口占，並贈常悟上人

參天黛色。古怪清奇巖下柏。百屈千盤。攢葉交柯生晝寒。　鍾靈毓秀。僧住此間多老壽。衹爲根深。偃蹇空山劫不侵。

采桑子

萬峯精舍觀郗㙻鐘並搨本，題一小令示松樵

樂鐘造自郗㙻氏，款識非訛。題詠尤多。古物珍藏永不磨。　詩文同享名山壽，幾費摩抄。幾費吟哦。眼福先教飽一過。

多麗

游石公山諸勝

愛名山。悠然境隔塵寰。趁今番、探梅鄧尉，芒鞵竹杖忙還。鶴來亭、青風未邈，龍蟠洞、古跡堪攀。依檻孤吟，振衣四眺，斜陽掩映碧螺鬟。最高處、莫釐縹緲，似在畫圖間。　驚奇特，浮屠倒挂，畫斷層巒。　羡臨流、石公石姥，千秋竝足齊肩。歎人生、幾多匹耦，問誰箇、同此貞堅。蓬島身經，桃源目覩，欲留争奈尚緣慳。更惆悵、周游洞府，偏不遇神仙。金丹術，何從乞取，駐我衰顔。

金浮圖

栖真處。窮巖僻嶼。竹裏茅庵，別饒幽趣。

最宜人、小小栽花圃。杏豔桃嬌，不惹蜨争蜂妬。密室幾盆楳素。春風淡蕩，微覺蘭香度。　空門苦。紅顔末路。惜甚年芳，暑來寒去。儘晨昏遺悶惟鐘鼓。泉水清泠，款客新茶親煮。待把此心説與。名山占得，休使焚修誤。

浪淘沙　別法華寺，渡太湖還坎上

一夜雨紛紛。悽絶吟魂。寺鐘催曉即抽身。可奈欲行行不得，檐溜猶聞。　特地掃癡雲。風伯殷勤。扁舟況又繫湖濱。滿拄蒲帆歸去也，重過山村。

貧也樂　木瀆羨園題壁

靈巖畔。香溪岸。園林如畫真堪羨。主人誰。我何知。偶然小坐，春光恰半時。　去城道遠嗟無計。若得長房行縮地。好亭臺。好花開。一錢不費，消閒日日來。

清平樂　金閶旅夜

鐙殘漏静。客館孤衾冷。月浸窗紗花弄影。自覺禪心已定。　無端一縷幽香。飄然沁入詩腸。敧枕欲眠不穩，寒山寺裏鐘摐。

慶春澤　戊午穀雨，偕錢君企裴觀支硎香市，並訪明趙凡夫鑿石處

山映花紅，波摇柳翠，春光徧染郊原。禮佛支硎，況逢風日暄妍。笑他稽首蓮臺下，鬧紛紛、繡幰雕鞍。問何人，一瓣拈來，特地心虔。　尋幽且向磐陀谷，慕寒山鑿石，曲澗流泉。絶壑飛橋，於今草翳藤纏。法螺指點庵猶在，賸吾儕、憑弔留連。聽斜陽，幾杵疎鐘，又落人閒。

點絳脣　胭脂河

傾盡胭脂，沼吴人去芳華畢。膩紅無迹。河水依然碧。　何處離宫，落日聞漁笛。東風急。絳桃狼籍。猶似嬌顔色。

洞仙歌　偕葉甥謹甫過舊游處，有感

園林依舊，悵東風容易。過眼悤悤去如駛。溯從前、占盡金谷繁華，曾管領，多少脂香粉膩。　説來渾是夢，今日重經，緑野平泉等閒耳。憑弔有吾儕、池館流連，看秋色、斕斑似繪。更小鳥、啁啾語斜陽，好互遣幽情、一甌相對。

水調歌頭　梁溪友人招飲於菊舫，感作

今夕是何夕，畫舫集嘉賓。最宜重九初過，照眼菊花新。況有明鐙千琖，掩映衫痕釵影，四座暖於春。佇望慧山色，烟靄正黄昏。　綺筵敞，歌板動，酒微醺。更看涼月徐上，摇蕩緑波紋。此樂諸君須念，知否明年何處，再共倒芳尊。俛仰慨吾老，短髮漸如銀。

歸自謡

貪酒誤。道是早歸天已暮。打頭風雪盤門路。　貂裘已敝寒難禦。摇鞭去。跨驢猶誦襄陽句。

太平時　婁江道中

村店斜陽半掩扉。酒帘低。孤飛燕子懶銜泥。妒雙栖。　萬緑叢深春又去，徑淒迷。野花多刺是薔薇。怕鉤衣。

碧雲深

西泠、南屏之東有長橋者，宋淳熙初，行都角伎陶師兒與王生有白頭約，所謀不遂，竟同投橋下死。時人有『長橋月，短橋月』詞詠之。丁巳秋，予宵泛是地，占此以弔

長橋月。舊時料也圓還缺。圓還缺。照人歡聚，照人離別。藕花紅染鴛鴦血。鴛鴦夙世同心結。同心結。死猶不解，怎教生絶。

謁金門

石湖即事

看串月。西舫東船排列。月過中秋光已缺。吴儂爲令節。雲被歌聲響遏。酒被花香薰竭。月到平明無判別。問人無實説。

秋波媚

吴門酒樓題壁

嫩涼如水逗旂亭。暑退雨初晴。花梢月上，柳陰烟鎖，隱隱雷鳴。誰憐潦倒吴趨客，且自慰飄零。清幽翠樹，甘芳緑醑，足遣閒情。

洞天春

西施洞

山閒古洞幽悄。疇昔西施慣到。若箇描摹影難肖。問香溪曾照。春鶯百囀聲巧。喚起今人憑弔。霸業圖空，沼吴人去，靈巖如笑。

暗香

己未元旦後一日，偕柯森上人及梅孫游瑞蓮庵，拈此題壁，并酬仰慈長老

小園幽僻。趁履端有暇，來游城北。一笑款扉，禪侶欣然便迎客。招入清齋憩坐，看庭畔、松篁交碧。更數樹、半吐梅花，香氣沁簾額。珍惜。古名跡。羡世外祕藏，幾人曾識。涷雲正密。寒逼池中景寥寂。待到蓮臺獻瑞，料勝地、景應生色。定許我、攜酒榼，倚闌弄笛。

添字漁家傲

妝飾周身都特別。額畔堆雲，髾髮垂芳頰。護耳嬌紅絨折疊。珠作婕。青絲辮綰流蘇結。　綺歲容光如玉潔。最是撩人，笑露雙桃靨。狐襖駝巾烏革屧。攜小篋。街頭選購時新物。

踏春游　垂虹橋

村店旆高，迎風亂翻紅杏。細認取、松陵畫景。訝郊原，春好處，非同塵境。更一道，長橋負亭臨水，絶似臥虹垂影。　瀲灩湖光，依稀翠鬟窺鏡。溯白石、詞仙逸興。玉簫聲，吹不斷，烟波歸艇。最可羨，當時美人名士，千載互相輝映。

清平樂　鱸鄉亭

山明水秀。仰止高名久。鄉土千秋猶似舊。亭影夕陽紅瘦。　瓣香憑弔心傾。曠懷誰及先生。我亦遭逢亂世，空思鱸膾蒓羹。

醉花陰　吴江酒家題壁

綠楊城郭吴江道。更被春光惱。沽酒向旆亭，索句欣然，春色資吟料。　絳桃一樹憐嬌小。灼灼花含笑。把琖問芳鄰，花葉雖妍，可比桃根好。

沁園春　己未穀雨前三日，偕陸菊裳、沈瘦東、徐伯匡諸君等重過怡園，倚聲述感

回首當時，每值公餘，來游此閒。愛芙蕖朵朵，香浮沼上，篔簹个个，陰護軒前。裙屐招邀，琴尊跌宕，賓可怡情主亦賢。空懷想，是

菟裘營就，飛去詞仙。主人爲顧芷衫觀察，工詞，園成未久，遽歸道山。 祇今世局推遷。況我亦、婆娑當暮年。幸故家別業，尚新丹堊，芳辰勝侶，重訪林泉。柳眼花鬚，詩囊酒榼，好趁名園風景妍。還堪笑，笑鼠姑初放，紅映衰顏。

少年游

垂楊畫閣赤闌橋。長憶箇人嬌。秋水含情，春山解語，體態怎生描。 花梢月上金尊滿，真是可憐宵。銀甲輕彈，珠喉宛轉，還唱玉京謠。

百媚孃

同社王惠生旅次金閶，招同蘇稼秋、黃僧雛諸君夜集陸仙珠校書妝閣，即席戲贈

約得酒儔詩侶。共聽竹枝新譜。道是泰孃饒娬媚，未必綺禪深悟。更笑王郎傾倒處。還誦高唐賦。 吾輩水萍風絮。有恨數杯消去。縱使百年終日醉，肯把好春虛度。草可忘憂花解語。分甚誰賓主。

壺中天

己未立夏後五日，晨偕廣智、月禪二上人重登錫山，訪普慶長老於龍光寺，留齋賦謝

錫山無恙，望依然危塔，高撐雲表。陟磴還欣腰脚健，磴盡寺門初到。梵唄宣餘，衲衣整就，迎問來何早。 慧泉新汲，品茶相共談笑。更喜蠶豆羹鮮，松花飯美，香積廚餐飽。回想輭紅曾插足，贏得夢魂顛倒。花木幽深，煙嵐環拱，爭似禪棲好。蒲團閒坐，昨宵應悔勞擾。謂新世界之游。

高陽臺

偕廣智、普慶、月禪三上人游榮氏梅園題壁

夢欲留春，景先催夏，梁溪勝跡重尋。遠上東山，慢游新築園林。主人也有耽梅癖，數千株、培護深深。惜來遲，青子盈枝，綠葉成陰。望湖亭上銜杯望，羨煙波把釣，雲岫飛禽。百衲移情，廣師曾撫琴。悠然山水清音。子規聲裏斜陽晚，伴緇流、覓句行吟。更相期，來歲探梅，還共登臨。

念奴嬌

蘇城王廢基，相傳即元末張吳齊雲樓故址，詞以弔之

高樓何許，訪齊雲舊址，空餘沙磧。割據張吳今已矣，九四名猶如昔。玉爨珠焚，星移物換，回首都陳跡。夕陽疎柳，角聲吹動寒色。可歎草澤英雄，一朝事去，慷慨談天日。恥作乞降搖尾態，不願侯封歸德。更羨宮姬，能從國主，一死尤堪惜。祇今憑弔，惹人無限悽惻。

減字木蘭花

書所見

綠窗幽悄。一點紅塵飛不到。幾摺屏風。有箇人兒似畫中。　篆煙風靜。芳樹陰陰斜日暝。郎不歸家。閒煞堦前芍藥花。

欸乃曲

海湧峯頭揜夕暉。冶坊浜上雨沾衣。吳孃莫唱瀟瀟曲，穩載郎君一舸歸。

疎影

庚申元宵後二日偕君博、月禪探梅虎阜，適蟄公、逸雲繼至，遂與冷香閣茗話。歸途遇雨，相約同舟，率拈此解記之

空山寂寂。況冷香閣下，花信寒勒。可笑臞仙，冰雪聰明，渾忘節過驚蟄。梅苞弱小如紅

太平時

辛酉新正五日，偕同社范君博豫園點春堂小憩

把袂尋幽歇浦邊。共歡然。小園春逗玉梅先。半芳妍。　水榭雲廊如畫裏，勝斜川。隔牆鼓吹甚喧闐。鬧新年。

躡莎行

觀雛伶緑牡丹演劇

綺歲棲塵，梨園溷迹。天生尤物才超特。妖嬈絶似女兒花，紅氍步上嬌無力。　月扇雲衫，冰絃玉笛。珠喉歌按霓裳拍。登場一曲萬人聽，纏頭錦博盈千匹。

浪淘沙

寶帶橋

湖水雜湖田。遠碧雲連。一橋橫跨水中間。形似臥虹名寶帶，五十三環。　橋下起炊煙。曬網舟閒。漁家入畫也天然。此是江南名勝豆，好莫問、南枝消息。怪碧翁、不許東風，點綴一些春色。　巒靄空濛似畫，引人共駐目，清興彌適。邂逅詩朋，也爲探梅，商略聯吟題壁。癡雲忽把羣峯揜，正覓句、雨師催客。待越旬、載酒還來，定有冷香侵席。

菩薩蠻

虎阜雲閒大師墓

阿師操縵聞尤妙。賞音薄海知多少。絶響可無言。譜遺枯木禪。師有《枯木禪琴譜》問世。　青山埋骨處。片碣同千古。詞客弔從容。佇聽風入松。

憶王孫

長袍厚舄鬢雙鴉。洗盡胡塵消臉霞。一樣飄零帝女花。苦生涯。回首燕雲何處家。

地，洵不虛傳。

念奴嬌　靈巖懷古

沼吳功績，仗天生麗質，苧蘿西子。教就千般歌舞技，進向館娃宮裏。縱酒迷花，臥薪嘗膽，同是忘酣睡。疑團誰剖，捧心常覺如醉。
贏得鹿走蘇臺，屬鏤遺恨，未盡鴟夷智。穩載蛾眉偕隱去，緣續分紗私誓。香水盈盈，靈巖寂寂，霸業原如此。美人何許，夕陽鐘動荒寺。

華胥引　謁于忠肅公祠

誰推天子，離卻雲端，寺閹不職。土木居奇，新君遂告宗廟立。事繫天下安危，遲上皇歸國。復辟邀功，鷺鷥謠應交劾。謀召襄藩，覆盆寃、史通昭白。建祠湖上，爲神聰明正直。敬酹忠靈杯酒，念偶經游屐。榮禄無須，此生塵夢將畢。

赤棗子　醉僧石　在靈巖東岡

情落寞，狀隤然。阿師一醉幾何年。西子舞時曾見否，任人問訊總無言。

醉花陰　觀荷

凌晨趨向荷花蕩。不待朝暾上。荷葉碧無窮，擎露如珠，滾滾禁風颺。紅紅白白花爭放。各有天然相。暗地送香來，聞妙難言，但覺塵襟爽。

竹枝詞

畫船載客竹枝備行廚女兒。朝泛山塘竹枝暮石湖女兒。綺怨璚愁竹枝消易盡女兒，半生不枉竹枝住姑蘇女兒。

水龍吟　謁漢破虜將軍孫堅父子墓

半生破虜功名，誓師盡命緣輕騎。伯符討逆，仲謀圖霸，將門種子。跨父超兄，親賢禮士，雪雠争地。仗破曹赤壁，三分漢鼎，開基業、稱吴帝。　遺墓江東故里。建豐碑、重新鐫識。民國辛酉孟春，經吴中保墓會立碑標記。阿瞞尚羡，令公無憾，生兒如是。幾樹垂楊，數盤驛路，一灣流水。有白頭詞客，心香崇拜，慕英雄志。

如夢令　葑溪天甯寺臥佛

我佛慈悲爲本。太息衆生勞頓。故學醉菩提，高臥胡牀禪穩。安分。安分。香火有無不問。

生查子　癸亥春日，題石壁

石壁賦重游，鴻爪泥痕又。攬勝復登臨，梅柳春依舊。　依檻望羣峯，幾處雲生岫。巒翠驀飛來，暗染吟衫袖。

探春慢　偕方外友松樵、月禪、曉峯探梅鄧尉，倚聲藉記勝游

乘興探梅來，强半好春，欣逢僧侶。一兩三株，隔澗悠然目注。蟠螭谷，香雪海，恣游曾經幾度。憶頻年，鴻泥夢影，小詩時賦。　贏得癯仙默許。向鄧尉萬峯，梅花深處。結箇茅廬，拳一仙禽同住。彈山下，天井裏，也頗有清逸趣。最關情，薰心似醉，在珍珠塢。

祝英臺　弔明孝廉徐俟齋墓

隱空山，憑曲澗，小築草堂住。城市無蹤，慨

清平樂　偕松師等游五雲洞

米堆峯下。五色雲瀟灑。小洞清幽隱蘭若，樓閣玲瓏如畫。　我師作伴看山。履穿笻瘁忘還。留戀上方勝地，悠然境隔塵寰。

念奴嬌　謁韓蘄王墓

中興功績，每躬擐甲胄，夫人桴鼓。克敵身親經百戰，遺恨江心脱兔。檣櫓連雲，旌旆蔽日，誓搗黄龍府。回鑾堪望，忽行和議誰主。　深羨棄馬乘驢，六橋三竺，遺興尋佳句。遺墓穹碑猶屹峙，馬鬣高封如故。南渡江山，西泠花柳，何處冬青樹。瓣香崇拜，見機名將千古。

可見風度。静觀蒼狗浮雲，白鷺栖棘，食薇蕨、不忘君父。　素傾慕。芳醪敬酹先賢，折梅當謁墓。三百年來，朝野事多故。争禁兵革更番，滄桑數變，復乾浄、一抔黄土。

菩薩蠻　珍珠塢道中，拈此以謝松樵

香林雪海珍珠塢。此游爲弔徐公墓。姑射悟前緣。今番許飽看。　幸逢開士領。似入羅浮境。那顧日西沉。流連尚苦吟。

碧雲深　度黄泥嶺口占

緣探勝。崎嶇不顧甘勞脛。甘勞脛。芒鞵踏破，尚饒游興。　冷香叢裏尋幽徑。夕陽催度黄泥嶺。黄泥嶺。回頭悵望，萬梅花影。

祝英臺 偕月禪重過木瀆羨園

柳垂絲，桃破蕚，春日半過矣。如畫亭臺，恰是好天氣。多情徑草含芳，池蒲聳翠，助吟興、清芬茶味。沁詩思。石上誰掃莓苔，僧伽會人意。鴻爪重留，甯獨盡於此。莫忘吾輩流連，主人慷慨，不輕把、園扉深閉。

如夢令 獅林

疊石徑多曲處。足底有人私語。因甚便回頭，深入恐迷來路。真趣。真趣。解我倚聲情緒。

憶秦娥 真孃墓

青樓婦。青山埋玉傳千古。傳千古。一灣緑水，一抔黄土。才人潦倒雲程阻。滿懷騷屑無由吐。無由吐。作詩憑弔，自傷遲暮。

洞仙歌 偕月禪上人、孫琴軒外孫及梅孫劍池遣暑，拈此藉紀勝游

藤纏蘿附，翳虹梁巉壁。秋水一泓劍華碧。石深鐫四字、風壑雲泉，千百載，留著顏公真蹟。　揭來幽寂處，且避驕陽，涼氣侵肌爽胸臆。有酒賴瞿曇、席地銜杯，填嬌韻、新詞湊拍。更縱飲、酣歌兩青年，共倚我歌聲、鳳簫鸞笛。

碧雲深 無量殿

無量殿。疊磚成廈工非淺。工非淺。棟梁輕棄，大材應賤。　巋然屼峙西城畔。前朝勅爲藏經建。藏經建。紅羊一劫，一經不見。

念奴嬌　五人墓

有明東廠，肆淫威，羅織東林君子。緹騎轟轟來茂苑，吏部挺身投繫。委鬼當頭，茄花滿地，白日愁雲翳。不平紳士，宛求毛撫申理。
争奈尸位乾兒，激成衆怒，一擊羣狐斃。市井何知民犯上，獄定五人同死。誌墓豐碑，稱人特筆，殉義從周氏。尋詩憑弔，夕陽鐘動山寺。

七娘子　七姬廟

潘郎洵是奇男子。令千秋名著殘元史。菜葉將黄，騅駒不逝。痛心泰岱難依恃。
拌生殉國完家事。使七姬投繯同時死。玉殞香消，芝摧蘭萎。未嘗短卻英雄氣。

采桑子　西子琴臺

夫差甘受西施蠱，恩已分明。怨亦分明。尤愛眉顰百媚生。
屬鏤遺恨鴟夷笑，霸業簫聲。亡國琴聲。一是無情一有情。

思越人　吴王井

梵王宫。鄰木石，館娃久没遺蹤。偏與吴王留此井，一泓水尚溶溶。
銀牀玉甃空陳跡。僧家恰便行汲。曾照當年傾國色。何如苔蘚凝碧。

定風波　虎丘試劍石

一劍兜心兩半劖。大王神勇卻非凡。霸業雄風遺片石。陳跡。沉淪墓下草毿毿。
墓上曾經神虎踞。天意。當年似警祖龍貪。夜若雲昏星漢没。聞説。精芒時燭斗杓南。

如夢令 靈巖和合石

頑石天然奇異。彷佛同胞兄弟。形似萬回哥，摟作一團和氣。歡喜。歡喜。終日歡天喜地。

婆羅門引 鴛湖三塔寺血影坊弔妙諦大師

有明末造，狡倭時寇海疆西。漢姦共刮民脂。秀水遭殃尤酷，婦女苦流離。被拘囚蕭寺，貨欲居奇。　寺僧護持。醉守者、縱逃歸。倭寇射僧爲的，餘怒焚屍。石凝血影，仰坊柱、千古佛光輝。心默誦、菩薩慈悲。

山花子 偕雲門老友及芩軒、劍齋兩外孫游半淞園

小築園林淞水邊。半村半郭似天然。花木四時春不老，競芳妍。　儘許騷人詩選料，可圖風景畫參禪。境隔紅塵纔咫尺，有桃源。

望海潮 癸亥九月之朔，偕琴軒吴淞觀潮感賦

秋光纔老，秋風漸緊，欣然海上觀潮。排浪類山，飛波若練，奔騰萬馬喧囂。帆舶任飄飖。儘水星濺面，沙雨黏袍。輸與羣鷗，結盟相狎競迎濤。　高吟且酌芳醪。悵朱顔易老，白首空搔。攜鶴載梅，囊琴匣劍，吴中卅載吹簫。身世歎蕭條。念孫枝桐秀，瀛島萍飄。梅孫謀菽水于日本神户。故我還鄉，大觀深幸外孫招。

霜花腴 天平觀紅葉

醉霜似畫，貫白雲，胭脂偏染楓林。垂老秋

光，翻新風景，天公煞費婆心。葉繁蔭深。到此時、還覆栖禽。況名山、萬笏參天，故多裙屐喜登臨。裝點十分濃豔，化殘霞萬縷，映媚遥岑。草閣兼山，盂泉分茗，怡然一洗塵襟。撚髭苦吟。聽上方、鐘磬音沉。逮歸途、更念垂虹，有無秋色遲幽尋。

踏青游　靈巖浣花池

疊疊靈巖，悠然碧雲籠罩。有幾曲、松林磴道。訪離宮，尋響屧，但聞啼鳥。似指點，溶溶一泓春水，卻是浣花池沼。霸業消沉，空山也無香草。料曩日、朱園翠繞。浣花時，諸女伴，芳情多少。恁幾許嬋娟，柳腰纖細，悄向水邊偷照。

鳳凰臺上憶吹簫　靈巖山館

溪水流香，戀雲罨畫，怎悲華屋山邱。溯令公純孝，開府荆州。道遠難修子職，心誠願、萱草忘憂。營池館，栽蓮植桂，賦月吟秋。綢繆。一門唱和，争樹幟騷壇，蕙侣蘭儔。忽貴家星散，宦海潮流。頓使園林易主，開三逕、招致羊求。而今賸，烟籠蔓草，日冷松楸。

踏莎行　采蓮涇

溽暑清游，閒雲孤抱。漁歌聲裏斜陽老。烟波咽恨采蓮涇，采蓮人去芳蹤杳。瓜蔓棚敧，柳陰逕悄。蓮花自在香猶妙。青山霸業久消沉，白頭詞客還憑弔。

雙頭蓮令 虎阜古鴛鴦冢

一抔黃土瘞鴛鴦。婦烈更夫剛。身膏白刃永心傷。髑迹過真孃。蘇碑三尺弔斜陽。骨冷冢猶香。名山點綴也增光。酹茗當椒漿。

菩薩蠻 可中亭

禪門素有清規則。日中方可供堂食。天子既言中。可中臣順從。生公如再世。任説天花墜。石爛不知愁。争教復點頭。

送入我門來 葑關周奎坊

狐鼠憑城，豺狼當道，中原困苦兵災。李短張長，流寇本同儕。鳳凰尚避雲霞色，奈螻蟻偏摧梁棟材。歎椒房貴戚，但知賄賂，入我門來。 坊額還鐫媚語，不知死期已近，儘剗賢才。寺宦求榮，擅把九門開。鼎湖棄世風尤烈，爲宗廟捐軀情更哀。問權奸命盡，可將財帛，運到泉臺。

西子妝 西子妝臺

香水綠波，靈巖青嶂，茂苑溪山名勝。館娃歸後賸荒臺，傍雲屏、蘚黏苔凝。霞烘翠映。惜難覓、當時鸞鏡。念曾經，與玉容臨照，螺鬟妝靚。 蛾眉影。笑媚顰嬌，若箇先消領。君王只是解娛歡，曉烏啼、舞裀塵定。歌筵月冷。恨天不宵長漏永。臥薪人，忍迫繁華夢醒。

一萼紅 百花洲

百花洲。溯滄桑歷劫，村郭景清幽。菜圃蔬畦，豆棚瓜架，休問綺閣璚樓。茅蓋屋、人家多少，還點綴、煙外幾沙鷗。芳草萋萋，緑楊嫋嫋，碧水悠悠。　疇昔花閒歌舞，料行雲頻過，明月時留。伯嚭工讒，子胥抱恨，君王鄉戀温柔。捧心人、明知恩怨，逐鴟夷、同泛五湖舟。霸業若論吴越，試讀春秋。

鷓鴣天　西泠悲秋亭

巾幗鬚眉堪竝論。滿腔熱血染胡塵。緣關種族銜仇切，志在家庭革命新。　寃獄定，壯懷伸。史通他日證遺文。一亭終古留孤憤，秋雨秋風愁煞人。

壺中天　乙丑立秋後二日，偕酒匄、月禪及楳孫等觀荷于葑門南蕩，拈此解以紀勝游

荷花深處，駐吴艭、剛值早秋天氣。蓮葉青浮斜照外，萬點芙蓉摇曳。花氣清芬，水雲窈渺，風景描非易。新涼鼓興，藕絲牽動詩思。　贏得壇坫争持，形骸放浪，眼底空天地。長願不干塵世累，斷送華年如是。紅友盈尊，碧筒分注，賭飲僧先醉。黄昏歸櫂，盡人香襲襟袂。

秋千索　京口酒樓題壁

旂亭買醉雙鬟勸。春已到、棗花簾畔。一串珠喉唱晚風，似夢聽、鶯兒唤。　閒情只合閒消遣。花氣與、酒香莫辨。自省逢場作戲來，更不問、緣深淺。

念奴嬌　乙丑九日，偕月禪登高于虎阜，感賦

闔閭遺冢，係吴中名勝，傳流千古。經劫浮圖梯檻毁，野鴿栖遲無怖。風壑雲泉，鐵華劍影，深得幽尋趣。護池巉壁，疊刊游客題句。

兵擾去歲江南，今年江北，佳節愁中度。浪説登高災可免，逸興邀僧爲侶。頑石仙亭，冷香擁翠，記取留連處。夕陽西下，帽簷簪菊無數。

暗香

丙寅春孟，偕月禪探梅于虎阜，有感，拈此解題冷香閣壁

絳英緑蕚。證探春幾度，癯仙如約。花也多情，迎客還登冷香閣。雲漏斜陽弄影，東風引、香侵簾箔。念草木、雪侮霜欺，多半感摇落。　忘卻。偏京洛。正奮鬭虎狼，喪心争攫。紈干凍雀。鶴唳聲聲夢驚覺。方外人催把盞，供解渴、梅邊斟酌。恁適意、誰更味，酒清酒濁。

滿江紅

岳忠武王石刻書題後，敬次忠武詞韻

此忠武報李忠定公書。書云：『軍事旁午，未得時候台安。遠蒙翰教，忠懷義氣，直薄雲漢而貫金石。凡在含靈，能無奮感，况飛素切同仇者耶。比已鼓厲軍士，直抵淮陰，滅此而朝食。上報國恩而答知己，飛之願也。即不然，亦將惟力是視，生死以之，决不鼠走狼顧，偷存視息於人間也。使還申謝，不宣。岳飛頓首觀文相公閣下。』墨跡舊藏吴中顧氏，今刻石於滬城岳祠左壁

休致林泉，憂國念、未嘗消歇。誦回翰、瀝陳肝膽，重飛英烈。立志復還乾浄土，抗懷直薄雲霄月。抵諸仙、鼓厲渡河軍，心尤切。　青衣恥，誅鯨雪。黄龍飲，屠狼滅。把兩宫迎返，憾方無缺。鐵甲三千禁敵撼，金牌十二哀流血。恨小人、朋比密專權，盈廷闕。

江南春　西泠晚游

吴下客，越中吟。仙蹤探葛嶺，泉響聽雲林。紛紛油壁隨香散，隱隱漁鐙隔樹深。

買陂塘　弔孫花翁墓

小朝廷、至今安在，輪它巖麓抔土。詞仙遺蜕深埋後，片碣志銘千古。高士墓。名勝地、若教半席分孤嶼，林逋定許。羡交有良朋，身無長物，自顧影爲侶。　拋微宦，消受清閒逸趣。湖山風月佳處。幽尋餘事何嘗問，杭汴一般歌舞。知不語。惟竊歎、君臣耽樂忘南渡。心香敬炷。正葛嶺斜陽，斷橋殘雪，特地酹芳醑。

金縷曲　弔鄒容墓

真箇奇男子。恁青年、一身是膽，慨然從事。振筆倡言排滿族，羅烈八旗醜史。更痛斥、淫威專制。章氏株連緣作序，著書人、坐罪循西例。囹圄虐，折磨死。　揚州十日遭屠記。最難堪、疁城一縣，慘屠三次。足使漢民心憤激，革命軍旋起義。造中國、共和時世。烈士大名垂宇宙，弔英靈、遺墓華涇里。哀宿草，酹芳醴。

以上《問梅山館詞鈔・紀游集》

小秦王　白秋海棠

璚閨思婦浄無華。妝罷誰憐臉褪霞。還向玉階尋淚漬，那知化作斷腸花。

如夢令

一架薔薇如雪。院外玉簫聲咽。小立未多時，鶗鴂曉來饒舌。誰説。誰説。誰去隔花窺月。

行香子

立徧屏山。倚徧雕闌。鎖春心、愁恨雙關。名香再熱，古瑟重彈。奈絃聲清，曲喜怨，漏聲殘。花事闌珊。好事艱難。警芳魂、夢墮前歡。怎生消受，春夜漫漫。恁一番風，一番雨，一番寒。

其二

展了衾裯。放了簾鉤。恨難藏、偏上眉頭。春風畫閣，夜月妝樓。怪夢無痕，心無主，意無休。何限嬌羞。何限綢繆。忒撩人、幾度温柔。歌徵白紵，句詠紅兜。記一回歡，一回喜，一回愁。

一斛珠

雨膍夜坐。教郎低語些兒箇。迴廊屧響知人過。宜祕歡蹤，著意防窺破。豆子抛殘紅顆顆。兩情如水餹霜和。芳心總覺愁無那。叩叩深盟，爲恐遭摧挫。

昭君怨

十載吹簫乞食。吴市無人相識。覽鏡鬢星星。歎飄零。揮霍黄金買笑。贏得歡場潦倒。追惜少年時。太情癡。

一斛珠 詠所見

那人瀟洒。喬妝等是徒流亞。腰裙白練身衣

緒。粉頸蘆架，罪犯名標寫。　臉抹胭脂眉黛畫。兩肩被髮容妖冶。病危壽限求神假。賄賂幽冥，竟得從輕赦。

臨江仙　辛亥生日

一瞬歲華周甲，鏡中幾換容顏。心情依舊是童年。寄居名勝地，風月且隨緣。　壁挂無絃綠綺，杖懸有數青錢。逢場作戲且陶然。疎狂成結習，醉便臥花間。

調笑令

芳艸。芳艸。人去天涯信杳。小樓簾卷朝暉。紅杏花間燕飛。飛燕。飛燕。傍晚歸來又見。

滿江紅　乙卯人日，與天甯寺慧園長老對酒

愧煞男兒，把六十、餘年浪擲。空自顧、頭顱恁好，霜華點白。擊劍曾爲游俠子，吹簫竟作羈栖客。問滿天、風雪獨衝寒，將何適。　敂方外，談禪寂。來寺裏，飫香積。正早春時候，梅花已坼。杜老艸堂留妙詠，坡公玉帶懷陳跡。向酒邊、放眼看塵寰，由他窄。

前調　上巳後二日，重與慧圓長老對酒

蘭若重經，又修禊、良辰度早。悔似我、紅塵插脚，參禪日少。馬失塞邊還顧惜，鹿尋隍下徒煩擾。感大師、徹頂灌醍醐，談玄妙。　磚引玉，計誠巧。瓜得豆，因誰造。儘癡迷不悟，釋迦應笑。一點靈機憑解脱，三生綺業須除埽。且潑將、殘酒祭桃花，餘情了。

采桑子

幾曾輕把韶光擲，風月歡場。文酒詞場。贏得浮名總是狂。　頭銜合署無憂子，廿載申江。廿載吴江。長物惟存詩一囊。

生查子

恰恰曉鶯啼，耽眠猶未醒。雨後柳條新，嫩緑紗牕映。　淡日散輕烟，摇曳庭花影。偶坐撫湘絃，香篆隨風定。

聲聲慢　秋莫聞蟬

槐階褪緑，梧井飄黄，秋光到此堪惜。驀聽寒蟬嘶處，動人悽惻。前身定應齊女，曳殘聲、問誰能識。時序改，儘苦吟憔悴，如憂故國。
　可奈曲高難和，秖斷續餘音，尚憑風力。爲念枝頭露冷，怎生重吸。由他亂蟲衰艸，鎮無聊、啾啾唧唧。笑仗馬，縱相提、終未比得。

歸國謡

長夜冷。月上小牕梅弄影。恰自微醒思静。静來閒煑茗。　何處笛聲堪聽。不甯教酒醒。撩撥動人吟興。暗香凝兔穎。

歸自謡

花下酒。更得吴姬歌勸侑。澆愁頓覺愁烏有。　傾杯誤潑紅羅袖。眉兒皺。嬌嗔秖把秋波溜。

桂殿秋

今夜月，影如規。多情偏秖照深閨。願逢三五團欒候，更照儂家夫壻歸。

一絡索　己未元旦

九九寒消一半。歲華新換。問春卻要幾時來，須五日寅杓轉。　不與窮神作餞。竟然驅遣。老年兀是爲人忙，只落得軀猶健。

鷓鴣天

夢醒鶯猶恰恰啼。海沉薰透篆痕稀。游蜂繞樹方團聚，乳燕離巢争學飛。　烟漠漠，雨霏霏。桐花滿地裹香泥。惱人梅子黄時節，知了催晴日又西。

醉花陰

璇閨綺伴尋煩惱。事急紛喧擾。大錯鑄由誰，失卻時機，佛脚空争抱。　瑶函疊疊勞青鳥。教妾言深要。鴛牒莫留名，盟既摧殘，此後如何了。

搗練子　閨詞

縈夢想，類情癡。綺怨璚愁不自知。滿地桐花梅正熟，困人天氣病人時。

其二

縈夢想，致纏綿。饒舌鸚哥在檻前。午睡醒來情脈脈，凝思夢影敢輕言。

其三

縈夢想，意彷徨。胡蝶矜紅恥不香。豔羨牡丹傾國色，願爲芍藥伴花王。

其四

縈夢想，戲鞦韆。强送玉容人上天。求著西方甘露水，争教飲得腹便便。

其五

縈夢想，洗離愁。寄語蕭郎罷遠游。眉黛淺深新授樣，妝成望月上西樓。

其六

縈夢想，減精神。商略支持病後身。情緒愁絲誰翦卻，種情人是種愁人。

其七

縈夢想，態幽深。位置羣芳試衆心。小小齊紈摇動處，能教蜂蝶顫寒禁。

其八

縈夢想，釋憂懷。預向鵶鬟分付來。小院落花勤埽卻，春痕休使滯莓苔。

其九

縈夢想，意闌珊。燕怨鶯愁春事殘。贏得蛾眉謠諑起，更教左右做人難。

其十

縈夢想，影模糊。恃寵專房第一姝。三載遠游鄉思切，歸甯信不待兒夫。

減字木蘭花 蟈蟈

蟲兒催織。到處遭人輕狎暱。從事秋聲。朝暮依然鼓翼鳴。　經秋身世。飢尚仰人隨意食。若不籠囚。宿露餐花任自由。

踏莎行 自題詞稿

風致闌珊，容光憔悴。敢誇城北徐公美。若教真面認廬山，羞他脂粉徒争媚。　玉怨香愁，珠塵花淚。牢騷一半空中寄。心機織盡鬢千絲，問誰解得春蠶意。

琴調相思引

桐葉蕭蕭雁信稀。斷腸花謝斷腸時。前塵回首，忒煞爲情癡。　韵琢瑶華工繪影，句裁霞綺好成詩。無憑香夢，偏是費尋思。

瑶華　楳

疎疎籬畔，淺淺谿邊，念舊曾相識。江鄉春早，時正思、約伴殷勤尋覓。東風情重，竟吹偏、枝南枝北。任託根、雪地霜天，不減藐姑顔色。　生涯我亦荒寒，試訴與幽懷，三弄長笛。含章人去，已不是、故苑當年人日。烟村茅屋，祇明月、猶知蹤跡。待夜深、瘦影横牕，定有冷香凝席。

柳梢青　春柳

春又今年。雜栖池畔，馬繫樓前。曳月摇風，盪烟梳雨，姿態堪憐。　曾聞漢苑三眠。歎今日、依依岸邊。絮果萍因，自由聚散，隨處流連。

一籮金　菜花

無邊野景圍茅屋。可羡田家，滿地堆金粟。幾疑籬下叢開菊。有色無香渾不俗。　老圃年年看未足。春去玄都，更動劉郎目。自是此花甘屈辱。羣芳譜上名休續。

望江怨

楳開早。雨雨風風釀寒峭。花時晴日少。看花人卻空煩惱。秪堪笑。笑煞埽晴孃，溼雲何不埽。

步蟾宫 與同社陸瑞伯話某蕩子事

鳳兒生長煙霞洞。製芬馥、蘭膏供衆。雲愁雨恨儘堪銷，使蕩子、傾家争寵。　前塵回首渾如夢。顧栖處、碧梧陰重。碧梧陰重况高枝，聽不到、乞兒歌鳳。

南柯子 述懷

入世逢迎拙，依人去住難。不如匃漢儘隨緣。攜著一瓢一杖、閒散神仙。　白髮逃塵外，青山疊眼前。向平願况了多年。擬築茅廬栖息、囊不名錢。

一點春 楳

夢回香暗逗，簾卷月黄昏。枝頭翠羽無尋處，數點天然應小春。

調笑令

寒食。寒食。羈客欲歸不得。眼前春色芳菲。桃李枝頭鳥啼。啼鳥。啼鳥。不解儂心懊惱。

憶秦娥 《桃花扇》傳奇題後

薰風殿。朝朝暮暮金尊滿。金尊滿。春鐙燕子。舞涼歌暖。　無愁天子誰爲傳。仗家一柄桃花扇。桃花扇。興亡大局，借題搬演。

瑞鶴仙影 讀泰興文匃《傭餘隨筆》記柳敬亭事，題後

柳麻挾術。論聲價、江湖久矣無敵。借今證古，詼諧敖弄，却能引得。通候賞識。况更

有、梅村著述。歎奇男、鄉閭傑出，周處正堪匹。　曾與椎埋任，按律原情，制軍寬釋。不忘少主，更重來、計謀賙恤。俠氣豪情，問當世、有誰堪及。偏揚州、譽滿衆口，尚嘖嘖。

剔銀鐙　書懷

怎免飢寒好處。還仗參軍蠻語。風月閒情，湖山浪迹，容我隨緣來去。樂天真趣。任綺、賞音不遇。　贏得鬢絲如許。莫問亡羊歧路。工部長鑱，建威短鍤，借作狂生豪具。小樓聽雨。倩江友、伴消愁緒。

凭闌人　本意

紅杏枝頭春薄情。鬧得高樓午夢醒。雕闌凭晚晴。望天涯，芳草青。

蝶戀花　春莫感懷

九十韶光真草草。姹紫嫣紅，一瞬都空了。聽著緑陰鶯燕鬧。愁魔更向心頭擾。　痛惜伽陵同命鳥。廿載孤飛，白首還悲悼。人爲多情人易老。春如無恨春長好。

水龍吟

楚人祇識荆珉，海濱也産非常寶。列之市肆，客嘗輕玩，留纏嬌小。石不能言，花偏解語，璞應悲抱。幸時來晦盡，賈胡珍什，連城價、伊誰料。　垂璧懸黎不少。歎沉淪、塵埋泥窖。一經賞鑒，晶廚檀座，翠環珠繞。精衛曾銜，媧皇未煉，者般輝耀。等處身金谷，瑕宜洗卻，避翾風笑。

如夢令

曠野薔薇多刺。別是一般香味。帶露盡根移，供向綠牕烏几。真意。真意。花比往時妍麗。

阿那曲

連理花枝傷拗折。鶼鶼失侶啼嗚咽。阿那曲未縱聲歌，誰識阿那腸寸裂。

臨江仙

自去自來梁上燕，喃喃誇占深閨。破巢自詡不憂危。縱多修補力，泥圻易傾頹。　籌盡百般安穩計，杏花風信來催。鶯嘲蝀刺尚徘徊。半天流電影，驚避怕轟雷。

菩薩蠻

東風無賴吹花落。無情還弄金鈴索。更速麝焚殘，夢回禁曉寒。　離人腸欲斷。簾幕和愁卷。剛倚小紅樓。春山又送愁。

憶少年

風懷落落，風光艸艸，風塵僕僕。偷閒逛山水，更陶情絲竹。　白首蕭然囊不足。酒逋增、酒腸頻縮。狂猶少年態，怎無端歌哭。

囉嗊曲

罷畫薔薇架，生香翡翠屏。夜來風雨惡，愁煞護花鈴。

菩薩蠻　瓶花

生香活色天然好。折殘忍使天年夭。供向膽

瓶間。經時便不鮮。養非仙露水。花易容憔悴。只愛眼前紅。人情處處同。

添字漁家傲

黠鼠堪投緣器忌。小試牛刀，虓虎原無意。狡兔枉謀三窟計。乖龍睡。畫蛇添足形相似。　愛馬捨姬豪傑志。歧路忘羊，踞樹猴能指。幾輩聞雞空早起。饞犬嚏。昨宵嘗飽花豬味。

浪淘沙

秋色怎無多。故問鸜哥。争禁幾陣雨滂沱。山桂海棠零落盡，還打殘荷。　甚地著愁魔。試聽漁歌。無情并翦况新磨。郎去吴淞消息杳，翦斷烟波。

念奴嬌

甲子中秋，時事艱虞，賦此寄慨

艇飛霄漢，響轟轟、震耳吟魂驚瘦。强學塞翁神鎮静，佳節怎教辜負。玉宇平分，瓊樓深隱，幸未罇空酒。銜杯覓句，木樨香襲襟袖。　垂連夕星斗韜輝，風雲變色，蠻觸紛争鬥。老何堪還歷劫，猨鶴沙蟲誰剖。烈火崑岡，斷流淞水，載道如碑口。桃源樂境，世間焉得真有。

減字木蘭花

秋燕

斜陽樹杪。因甚家家門閉早。事避嫌疑。怎敢喃喃説是非。　試尋歸路。鶴唳風聲愁間阻。便欲離巢。爲恐雛飛不耐勞。

祝英臺 美人風箏

仗丹青，工絢染，妝飾恁多麗。無賴王孫，緊把赤繩繫。縱教擡舉東風，悠揚南陌，儘消受、一般兒戲。　感身世。自傷一搦腰肢，歡情薄於紙。雲雨荒唐，春盡便捐棄。正如臨別楊枝，將離桃葉，更彈卻、幾多紅淚。

玉樓春 紀夢

薔薇院落花攢簇。花氣向人襟袂撲。櫻桃顆顆可憐紅，楊柳絲絲無賴綠。　誰家教唱新聲曲。隔著牆兒聽不足。午鐘報響夢驚回，香未燒殘茶未熟。

遠朝歸 乙丑仲夏，楳孫由日本返舍，作此以示

鵲噪侵晨，料稚孫遥歸，扶桑逆旅。天災島震，風激海潮狂怒。營求菽水，已忽忽、兩更寒暑。魚書語。道行期早定，乘船西渡。　方念人恰歸來，又笑語承歡，闔家團聚。喪明舊夢，衰祖反爲嚴父。含辛教養，爾應分、支持門户。吾年暮。恁休再遠離鄉土。

西江月 仿趙與仁體

桃葉幸逢迎載，楊枝愁付飄零。試從茵溷證前生。妾運乖違、身願早分明。　量淺難辭浮白，情深更荷垂青。祖筵未半僕催行。雨雪風霜，珍重一程程。

如夢令

茂苑山温水膩。垂老逗遛緣此。遮莫子規啼，樂趁春光明媚。鄉里。鄉里。歸不歸隨我意。

卜筭子

畫舫載佳人，摇入蓮花蕩。玉立亭亭紅粉姿，花與人相彷。　子綻未花先，味苦儂心賞。意欲抛將郎座前，玉釧生防響。

減字木蘭花　閨詞

一聲知了。梅雨柳烟晴若埽。萬緑陰深。引動天涯憶遠心。　濤牋新硏。小令填成隨意寫。記送餘春，惹得流鶯黯笑人。

其二

一聲知了。病臥朦朧聞便覺。藥熟鑪頭。小婢殷勤問要不。　夢曾得句。擬稿欲將離恨訴。禪悟吟邊。不落言詮妙自然。

其三

一聲知了。垂柳當樓絲裊裊。弄笛誰家。曲譜山陽悼落花。　鋪平摺箑。絢染丹青師古法。野卉無名。風韵摹成也有情。

其四

一聲知了。自度腰圍還自笑。天氣温和。衫試新裁鳳尾羅。　蜘偏乖覺。殘網添絲循屋角。飢燕喃喃。似訴歸遲謾下簾。

思佳客　續賦新居題壁

小築三椽蒔水濱。略供花草挹清芬。閒憑菊釀能尋夢，不問榆錢堪買春。　交友誼，率天真。衰年猶惜苦吟身。平生所憾無餘事，未得詩人爲比鄰。

蓢湘雲　歸雁

日黯雲閒，潮迴月浦。聽雁語同羣，類似分

付。跋涉長途緣覓食，矰繳危機堪慮。縱江南，儘好是他鄉，念不如歸去。　邇更鶴唳風聲，市闤扃户。　恁偏地烽烟，阻礙羈旅。　感佩菰蘆情意厚，霜雪頻承遮護。　耐春寒、未盡且飛還，逮秋來重聚。

眼兒媚　丁卯寒食

松楸入夢陡然驚。　攲枕數殘更。　昨朝上巳，今朝寒食，明日清明。　憑高東望家山遠，聞道未銷兵。連天荆棘，塞途羅網，有路難行。

浪淘沙　病中自挽

悔過莫能追。　空負鬚眉。　一些功德未嘗爲。是是非非多少事，定論憑誰。　潦倒病垂危。軀殼先摧。　涅槃似夢不醒回。　般若波羅觀自在，我佛慈悲。

以上《問梅山館詞鈔・寄慨集》

思佳客　寄沈吉三譜兄槎溪

慈訓關懷含忍堅，豐干饒舌儘顛顛。　修文錯誄汪倫死，飽德深叨漂母賢。　詩興逸，酒腸寬。　恣情泉石每偷閒。　向平婚嫁期堪指，願畢同耕槎上田。

琴調相思引　乙未春莫，寄管敏之茂才弁山

子夜清歌憶賞音。　賞音人遠錦鱗沉。　眠琴芳榭，檻外緑成陰。　楊柳含愁摇夢影，芭蕉卷恨鎖春心。　碧桃花謝，抱病到而今。

高陽臺　丙午春日，得福山總鎮顔梓琴書，代柬

疊嶂如屏，澄江似練，戟轅細柳栖雅。　整勵戎行，四郊雞犬無譁。　萬家生佛碑騰口，况風

流、儒雅堪誇。更傳聞，蕭寺留題，珍重籠紗。誰憐潦倒吴趨容，恁藥壚茗椀，寒食梨花。枉越瓜期，去年故復攜家。斷絃况味勞相慰，趁還鴻、苦訴生涯。又争知，帶水相思，吟興偏賒。

滿江紅　丁未新春與孫雲江内兄江樓小飲，有懷瘦鶴

海上繁華，舊游地、景勝疇昔。凭闌處、鶯花綺麗，樓臺金碧。杯酒縱談當世事，江山誰計籌安策。任才人、憔悴臥牛衣，傷幽寂。　休更弔，餘春蹟。休更愴，山陽笛。歎飄零一劍，誰還相識。十二金釵風月夢，三千珠履君侯客。問滄江、幾度閲興亡，寒潮急。

前調　題鴛湖周君亮才《劍魄花魂集》

寄語周郎，休問訊、章臺消息。想舊夢、花前顧曲，劍邊艸檄。兒女心腸精衛海，英雄志氣媧皇石。逞風懷、贏得滿腔愁，情緣迫。　宜檢點，凌雲策。宜珍重，連城璧。惜才華，莫把青春虚擲。兩越好交游俠士，三吴權作傭春客。願他年、隻手挽狂瀾，驚奇特。

憶王孫雙調　寄瘦鶴滬上

開到楝花風信了。天不管、離人煩惱。舊游綺侣各天涯，怨寂寞韶光老。　相思灞柳陽關道。縈夢想、酒邊歡笑。年年此際惜餘春，每對景傷懷抱。

解佩令 賀宋選之世講新婚

舊家才品。少年情景。看今朝、畫堂歡慶。羨一對、璧人相映。占風流、子京紅杏。　大椿方盛。早梅初靚。賦催妝、小春時令。醉倒賓筵，且莫笑、老饕狂興。待明年、再嘗湯餅。

探春令 題同社汝望溪退廬尋詩圖

山花簇簇繞幽居，正芳菲無數。聽鶯啼、有意句人住。似指點尋詩處。　閒中識得尋詩趣。向柳堤南去。慣卐字闌邊，幾回徙倚，覓得清新句。

五福降中天 祝同社汪鳳生太夫人七秩壽誕

平陽門第中衰日，振興實資賢母。淚墮穗鐙，心灰荻石，正值熒餘時候。田園異舊。况姑邁兒雛，壓肩擔負。茹蘗含冰，一家生計賴鍼繡。　卅年艱苦耐守。喜熊丸善教，昆季名就。萊綵歡凝，蘭階秀茁，共慶古稀高壽。慈雲庇覆。願直到期頤，永邀天佑。忝在賓僚，幸躋堂酌斗。

一斛珠 贈同社宋嘯鶴，即題其玉照

丰神奕奕。清高恍似巖前柏。鳴琴早著花封績。曾知桐廬縣事。歸去來兮，媲美陶彭澤。　閒課兒孫勤典籍。林泉逸致猶如昔。先世堅齋少司馬有林泉逸致圖，今尚存。結交門下無多客。我賴鷗盟，詩酒同朝夕。

壽星明 和吳東園先生自壽韻

江北江南，新締知交，臨風溯君。羨青氈設

教，生徒濟濟，彩毫入夢，文質彬彬。窮亦何妨，老當益壯，定卜遐齡比大椿。誰能及，是梅蓮品格，鹿鶴精神。　愧予孤陋無聞。早歲月、空過六十春。縱栖遲已久，尚爲羈旅，生涯不改，仍在關津。戀戀豬肝，悠悠馬齒，方悔當年學少親。知何日，許尊前晤對，一接音塵。

玉樓春　題贈望溪小像

退廬築處鄰泉石。爲避塵囂人罕識。閉門種菜作生涯，琴酒陶然情自得。　閒來戲潑金壺墨。字挾龍蛇誰可及。思君日復對圖看，眉宇相親同咫尺。

調笑令　題酒勾勾酒圖

酒勾。酒勾。勾酒言猶無賴。愁多一飲便消。施與但須滿瓢。瓢滿。瓢滿。狂吸瓢空無算。

西牕燭　乙卯冬夜與黄雲門老友話舊

茶烟篆夢，蠟燄凝寒，往事重提悽惋。挈家吴下艱辛處，曾痛抱西河，神傷奉倩。幸廿年、教養孫枝，聊可隨心趁願。　任磨鍊。白髮零星，青袍殘闇，世味酸鹹嘗偏。不堪更話滄桑事，縱得免兵戈，仍拈嫁綫。卻自憐、長物無多，裒衹新詩一卷。

雙雙燕　丙辰人日後一日，賀同社陸野衲仲嗣聖夷世講新婚之喜

早楳萼綻，正暖入屠酥，洞房花燭。琴鳴瑟應，試看鐙紅酒綠。中有麝蘭噴馥。況新壻、名高二陸。羨他詩賦催妝，更喜新人如玉。

玉樓春　鄉友黄花奴所著《紅葉夢》題後

神游幻境和誰共。佳偶良媒詩借重。人間天上兩茫然，江管文生情種種。　紅摇燭影交杯頌，仙眷吹笙應跨鳳。生憎一杵曉鐘催，驚破惺忪紅葉夢。

高陽臺　丁巳暮春，同社王惠生招飲，即席賦呈周芑豐詠著及酒勾

北里繁華，南城僻静，幾忘舊日兵氛。故我重來，一枝笻杖隨身。王郎避世牆東隱，拂茅檐、花影繽紛。更相宜，四壁藏書，一席清尊。　主賓歡飲微酣後，儘形骸放浪，意摯情真。自笑萍蹤，廿年留滯吴門。無端忝列耆英會，喜招邀、勝友如雲。又今宵，醉把荼蘼，同惜餘春。

好奏關雎一曲。喜眉樣纖纖，描來不俗。郎君善畫，親爲螺研十斛。料得海棠睡足。問博議、可能重續。儘教鶼鰈相依，消受綺年豔福。

金縷曲　丙辰七月之望，與同社張植甫、陸瑞伯小飲遂園，有作

漫道園林小。喜今番、萍蹤偶聚，柳亭花沼。還喜因緣聯翰墨，相對一傾懷抱。恰天末、涼風生早。誼重何分今舊雨，證鷗盟、添取新詩料。同酌酒，把愁埽。　烟塵徧地多紛擾。看神州、陸沉將及，更誰再造。幹濟非關吾輩事，落得琴尊嘯傲。况似我、蹉跎已老。世局已如棊局亂，更那堪、驀地猧兒攪。終付與，互談笑。

金縷曲　高太癡《百盆花齋詞賸》題後

薄海知名早。卅年前、新詞時讀，襟塵如掃。香豔才華豪邁氣，秦柳蘇辛合造。每到處、令人傾倒。刼换滄桑重覿面，向高齋、酌酒聯同調。叨指示，箇中妙。　祇愁兩地相逢少。便相逢、一年幾度，滬江能到。君復故鄉歸不穩，甘食首陽山艸。怕一見、一回衰老。艱苦餘生堪慰藉，羡今番、首輯詩餘稿。期迅速，付梨棗。

百字令　滬上愛儷園主人雙壽祝詞

乘時而起，早王侯不敵，稱雄歐亞。更有閨中賢内助，伉儷傾風慕雅。會集耆英，學宗倉聖，廣結詩文社。名園争仰，林泉臺榭如畫。　豈但八百孤寒，授餐適館，託庇仁帡下。雙慶况逢牛女會，滬海又傳佳話。母降西池，翁瞻南極，門外闐車馬。九如興頌，躋堂同晉瑶斝。

西江月　太癡道裝小像

早歲風流名士，晚年道學先生。萬言起艸日縱横。政治熱心革命。　兩淚酸辛漫洒，一腔悔恨誰明。滄桑閱後志彌貞。看取黄冠小影。

其二

著作飄零過半，生涯蕭瑟逾初。小齋花蒔百盆餘。聊以慰情課女。　幾社直追臥子，文園久病相如。可憐結習未能除。兀是談今説古。

高山流水　丁巳中秋訪琴契上人，聽琴賦贈

月光秋半最明時。趁良宵、來訪琴師。丈室正鳴琴，未容和月敲扉。泠泠響、一片禪機。襟懷爽，况有樨香暗襲，那不情移。任花陰露冷，悄立久凝思。　遲遲。停絃笑迎客，欣握手、共話心期。回首溯神交，何竟咫尺天涯。已蹉跎、廿載相違。真堪喜，爲我焚香煑茗，重理冰絲。聽平沙落雁，彈罷恰星稀。

風光好　東嘯鶴

早涼天。晚涼天。早起看花晚醉眠。樂陶然。　驕陽卓午蒸秋暑。思霖雨。争奈閒雲不出山。歎時艱。

前調　讀太癡《感舊詞》偶題

雨初收。暑初收。紅藕花叢泛小舟。興偏幽。　臨風細把新詞誦。情何重。幾許歡蹤幾許愁。費冥搜。

壺中天　贈善慶禪院柯森長老

精嚴戒行，早蒲團坐破，匪伊朝夕。功果况隨年事長，甲子重周踰一。白脚神仙，紅塵游戲，豈著些兒蹟。老人來訪，不須衣帽迎客。　籬畔握手欣逢，黃花含笑，也似曾相識。可羡三家村裏景，世外桃源比得。水榭風廊，松亭竹院，此境真幽寂。縱談禪理，借將杯酒同適。

遶佛閣　丁巳良月十有九日，彌山上人主獅林寺講座。隔夕承招，得觀成禮，賦此記盛

上方界静。鐘鼓忽震，傳集徒衆。驚破幽夢。得觀盛典、晨雞趁初動。　裹裘冒凍。霜凝砌滑，肩更山聳。登殿陪從。舉頭佛火、光華照梁棟。　一派梵音響，法雨慈雲齊讚頌。參拜禮成，禪堂還供奉。正寶相莊嚴，旛護幢擁。篆烟香送。聽主座高僧，持偈宣誦。闡宗風、合當欽重。

漁家傲　喜晤鄧尉聖恩寺松樵長老

慧業文人甘隱遯。禪牀且喜栖身穩。好酒耽吟都莫問。情懇懇。折花獻佛聊隨分。　媿我生平多悔吝。白頭尚被塵緣困。稍有夙根堪自信。煩指引。萬梅香裏頻通訊。

東坡引　丁巳陽月既望，松樵長老偕過祇園寺，承靈航上人留飲

逢僧聊作伴。更把寺門款。上方清寂堪留戀。紅塵知隔遠。紅塵知隔遠。　瞿曇好客，殷勤相勸。米汁外、伊蒲饌。半酣月上歸難緩。譙門更已轉。譙門更已轉。

瑞鶴仙　戊午正月五日，嘯鶴五十初度，賦此爲祝

隔年春早至。擬約伴斜川，尋幽新歲。風光正暄美。恰羣仙競赴，畫堂高會。良辰攬揆，更堦前、萊衣舞起。勝閒時、索笑巡檐，歡動早梅香裏。　堪貴。行藏落落，蓬矢桑弧，艸衣芒履。隱栖栗里。渾嬾作，出山計。羡華齡大衍，親知争集，不尚繁文縟禮。奉蟠桃、兼泛屠蘇，好伸祝意。

南鄉一翦梅 寄松樵長老

風信勒無端。省識梅花不怕寒。廿載相思香雪海，魂也來看。夢也來看。　趁此可盤桓。幸得山僧也締歡。爲恐梅花零落後，詩便闌珊。酒更闌珊。

長相思 寄酒勾

早潮渾。晚潮渾。潮退猶留岸漲痕。泥還水底存。　日思君。夜思君。争奈回書阻一春。悠悠悵暮雲。

瀟湘夜雨 留宿法華寺聽雨，有懷太癡

春雨聲中，花枝含笑，笑儂底事凝愁。禪房燈炧，脈脈數更籌。裝已束、難安客枕，行未得、惟盼歸舟。心空戀，名區勝域，那許久淹留。

思君曾有約，樹桑種秫，他復何求。願將來招隱，樵斧漁鉤。消俗慮、琴尊跌宕，娱晚景、山水優游。桃源裏，誰還認取，千古兩巢由。

醉花陰 戊午立夏前一日，遇徐伯匡社兄、楊秋心吟友，同飲

歡然把臂金閶道。却被酴醾笑。錯過看花時，咫尺天涯，何不相逢早。　尊前且共傾懷抱。有酒愁堪埽。相約更今宵，愛惜餘春，莫待鐘催曉。

壺中天 題范君博《鵝哥集》後

高平公子，恁英年績學，襟懷瀟洒。文正家風猶不替，花月遺情林下。宋豔班香，倪迂米癖，技擅詩書畫。才稱三絶，筆端生意神化。　更君我誼重忘年，定交方外，把臂同蓮社。

羨大雷登岸客，有妹工吟嫻雅。鍼黹籌金，篇章輯梓，繡閣傳佳話。藝林名播，洛陽應貴聲價。

攤破浣溪沙　贈尤君半狂

八斗才多不易量。家風振起舊西堂。年少喜交游俠士，志非常。　縱酒放歌俱好好，惜花成癖半狂狂。時共論詩還説劍，醉壚旁。

柳長春　石公精舍題壁，竝酬琴夫上人

屐齒磨殘，筇根支短。名山總恨看難徧。偶逢方外且隨緣，飽嘗香積胡麻飯。　塵事輕拋，幽情暫遣。者般洞府真堪羨。閒雲飛去便飛還，明年卻得重相見。

菩薩蠻　重晤棣花，以太癡百盆花齋

故人邂逅重相見。歡然把臂情非淺。苦恨是牢愁。知交半白頭。　酒酣愁可埽。且共攄懷抱。世局任翻新。吾儕但率真。

金浮圖　對月寄懷松樵長老

還元閣。禪栖最樂。況更中秋，月穿簾幕。照羣峯、素影清於濯。定有天香，暗向檻前飄落。好景我難領略。何時擺脱，者繭絲纏縛。　塵緣薄。年來漸覺。憶昨探梅，翦蔬宵酌。爲他年瘗骨曾相託。但願吟魂，得傍翠微雲壑。此事感承欣諾。新詞寄與，聊再堅前約。

壺中天　天平秋眺，寄懷慧峯長老

白雲深處，望洞庭秋色，霜楓如絢。嵐影波光

收眼底，心與夕陽俱遠。卓錫深山，傳書古驛，對此情無限。伊人堪慕，静中猨鶴爲伴。最憶話雨聯牀，山牕春曉，隔樹喧鶯燕。祗爲卬須猶待賦，卻把吟情共遣。洗缽池頭，藏經閣外，詩料都尋徧。别來珍重，探梅期再相見。

桃源憶古人　有懷包山實濟寺監院寬林

石公香積荒無貯。爲我供張肴醑。高誼豈容孤負。惆悵烟波阻。　碧雲紅葉秋將暮。人在湖山深處。隨分齋魚粥鼓。莫爲吟詩苦。

如夢令　案頭供有達摩祖師銅像，以爲玩物。一日松樵長老見之，深以有褻佛像爲誡，因請攜歸聖恩寺。莊嚴頂禮，並拈此解，以誌因緣

法相不知尊重。溷迹塵埃何用。位置到叢林，補過心誠惶恐。僧衆。僧衆。爲我香花供奉。

清平樂　與松樵茗話

萬峯擷秀。佳茗欣消受。正是禪房新雨後。梅影一簾紅瘦。　無端觸動塵根。偏將豔體詩存。甘被法師訶我，酒香花氣氤氳。

西江月　寄懷同社王惠生滬上

月下彈絲品竹，花間嚼徵含商。偶同樂府譜堯章。也有小紅低唱。　鷗鷺尋盟寥落，蒹葭託興微茫。幾時相遇再傳觴。一洗襟懷骯髒。

菩薩蠻　寄李君楚石

别來一瞬年光暮。相思咫尺重城阻。臘鼓一

聲聲。撩人感舊情。　新春香雪海。風景尤堪愛。倘許共探梅。何辭載酒陪。

金縷曲　己未春寒，梅信特遲，賦此寄松樵鄧尉山中

節候將驚蟄。訝東風、滯留何處，峭寒猶逼。悵悵羅浮清夢遠，早是雲山間隔。問誰爲、試傳消息。昨夜雨聲今雪片，奈枝南、一樣和枝北。渾不見，弄春色。　我生况具耽梅癖。記年時、上元初過，飄然獨適。香海蒼茫容小住，攜徧尋幽蠟屐。已滿地、繁英堪惜。屈指今番花信到，料山中、芳意同沉寂。辜負了，探梅客。

一枝春　吴門喜晤胡石予老友，即題所贈畫梅小幀後

性愛梅花，羡和靖、退隱孤山高致。妻孥敝屣，更把前程輕視。年來自省，便歸也、買山非易。空負卻、卅載圖成，并負題圖深意。囊承惠題問梅圖。　翩翩玉峯名士。溯淞南話別，伊人秋水。滄桑變後重聚，睠懷前事。殷勤愛我，繪一幅、古梅相擬。珍重看、老幹横斜，暗香凝紙。

蘇幕遮　寄王君佩錚

壓檐雲，籠檻霧。倒了黄梅，依舊連朝雨。悶極試將香茗煮。可奈芭蕉，淅瀝聲如故。　恰新晴，剛近午。一笑搴簾，自向階前步。緑暗紅稀叢雜處。密葉微刪，瞥見疎花吐。

婆羅門令　喜野衲、酒闪枉過

舊相識、早稱知己。新相識、也互稱知己。翰

墨論交，心情合、原容易。來不速，尤覺教人喜。村醪薄，傾不已。況槃飧、市遠無兼味。石榴漫笑貧家況，當細認、賓主投契。有時撫劍，勃發豪氣。世事原難稱意。分付東流水。且共花間醉。

偷聲木蘭花 與野衲、酒勾及梅孫等過圓通寺，聽栖谷上人鼓琴

尋幽結伴來山寺。共訪瞿曇留小憩。瀹茗禪寮。半是神交半故交。　臨風漫把湘絃撫。四座無言如有悟。三弄悠揚。似有梅花繞指香。

長壽樂 祝康太翁滋圃九十七歲誕辰

松喬柏秀。盛世時、罕見南山凋朽。白馬奔濤，紅羊換刦，物與人稀永久。仰先生道德，尊親孝養心無苟。尋愛弟，海角天涯遠走。生同返，恥古燃萁煮豆。經濟術，漸博得、實業商家魁首。素善憐憫親朋，扶持宗族，仁慈天授。喜盈庭翠蔭，大椿枝葉添繁茂。歲閏餘分，祝期頤上壽。稱慶共應額手。

金縷曲 祝酒勾七十壽

尚記投交始。問年齡、君生庚戌，我生壬子。裙屐翩翩皆自詡，文酒場中互廁。更風月、歡場游戲。揮霍無端金易盡，歎蹉跎、老馬徒增齒。搔兩鬢，短如此。　誰憐宿學多才藝。苦爭名、龍門絶望，鯉魚燒尾。似我不材原朽木，沉滯關津末吏。夢不到、林泉幽致。書劍飄零嗟潦倒，作兒孫、牛馬真無謂。空眷念，好山水。

其二

閲歷深難比。算中年、早經嘗徧，酸鹹滋味。值得晚年稱酒匃，不自傾囊覓醉。卻裝點、乞兒神氣。遮莫人譏徒餔啜，卻逢迎、到處皆歡喜。修口福，定前世。　空言守死何曾死。向蒲西、小樓栖息，綺塵聊避。大慶古稀應受祝，偏厭繁文縟禮。采杞菊、釀成芳醴。大白狂浮詩共賦，更高歌、當哭爲生祭。身後挽，渺茫矣。

一斛珠　以補天圖乞劉雅賓先生賜題，代柬

木天清望。林泉風月供頤養。由他世局翻新樣。理亂無聞，厚福耆齡享。　泰斗名高人共仰。畫圖珍重求題賞。天猶可補原奇想。定有雲霞，五色毫端放。

百字令　祝同社朱筱韻七秩壽

多君曠達，溯名場傾跌，視等浮雲。回首潯陽楓荻冷，四絃遺韻猶聞。腕底雲烟，胸中丘壑，揮灑見天真。槐黄頻蹋，肯教時樣翻新。　屈可羨婚嫁都完，稀齡初度，風月伴閒身。屈指滄桑經幾劫，忘機鷗鷺相親。處士幽情，耆英高會，詩酒樂長春。北山歸隱，不須先勒移文。

祝英臺　己未借春日，因雨未出，寄太癡滬上

凍雲催，零雨釀，好雪未多得。葭又灰飛，陽律轉能測。背人芳歲如流，自違鄉井，滯臯廡、前塵悽惻。　苦吟客。故交落落晨星，幾人共頭白。會短離長，淞水遠相隔。爲君多病多愁，相思爾許，趁鴻便、投書盈尺。

前調 寄曹尹孚

歲將闌，春漸逗，屈指暗輪算。九九圖中，梅瓣染過半。争禁凍雪堆銀，隮雲潑墨，不輕許、晴光回暖。　念良伴。賞音先訂神交，襟期互相見。爲阻嚴城，心共暮天遠。昨宵寒壓重衾，尖叉賦就，料幽興、多應不淺。

清平樂 己未除夕，返滬與太癡守歲

夢魂遠戀。把臂欣相見。笑問病魔怎生遣。更喜精神尤健。　水仙時逗清芬。興來貰酒論文。今夕恰當除夕，閒人便是高人。

酒泉子 庚申歲朝與太癡對酒

難得相逢。尤喜相逢元旦。酒花香，梅蘂綻。醉春風。　尊前猶是白頭翁。一夜流光差別。舊襟懷，新歲月。話從容。

迎春樂 喜君博偕鄭逸梅枉過

攜家久傍鮮豁住。樂蝸舍、容安處。喜今朝、舊雨聯新雨。來不速、如鷗鷺。　青年侶、翩翩風度。暖春供、村蔬鄉醑。助興論文説劍，更把新詩賦。

思佳客 寄張丹斧滬上

無意留春春懶歸。東風吹雨不成絲。梨花隔院紅摇落，楊柳當樓緑倒垂。　拈小令，製新詞。含情寄慨費尋思。困人天氣懷人苦，贏得鵁哥説是非。

西地錦 君博玉照

文正家風不没。况者般高潔。丰神瀟灑，襟

懷磊落，好琴尊緣結。向學誰能超越。又少年俊傑。書詩秀雅，丹青活潑，恁才稱三絕。

摸魚兒 答雲門滬上，即次見貽元韻

喜頻年、幾回攜手，歡然忘卻羈緒。今番況是逢佳節，又宿浦江逆旅。應小住。偏負了、良宵月桂香深處。騷懷未吐。任詩夢霞飛，酒人星散，行後想風度。　西征路。客子勞勞漫賦。春來期再相聚。寒梅試逗春消息，更共小樓聽雨。容細訴。從別後、淞波剪斷離懷苦。還鴻付與。正籬菊秋芳，江楓晚豔，寫我斷腸句。

秋波媚 寄酒勾滬上

博山香燼裊餘氛。明月破黃昏。一簾桂影，滿堦蟲語，觸撥思君。　無情最是吳淞水，剪斷半江雲。何時重聚，花間說劍，酒畔論文。

驀山溪 題石予近游圖

枕流漱石，甘作逃名士。何處最相宜，多半在、名山勝水。自憐身世，局促等轅駒，兒女累，窮愁況，怎敵烟霞味。　吟身偶寄，遠不逾千里。示我近游圖，試歷歷、萍蹤笑指。待君婚嫁，得遂向平懷，朝五嶽，策孤笻，早晚相從耳。

江城梅花引 寄石予

當牕楊柳綠垂垂。是情絲。是愁絲。恰似吳姬，病損小腰肢。擬整晚妝臨鏡嬾，記曾約，近黃昏，望月兒。　月兒。月兒。掛高枝。風靜時。煙盡時。綰也綰也，綰不住、咫尺相

思。秖隔重城，欲見苦難期。誰共商量調翠黛，試深淺，畫雙蛾、怎樣宜。

疎簾淡月 聽栖谷上人講琴學

秋高氣爽。聽一曲落霞，襟塵清曠。香爐琴停，更聽我師宣講。撫絃争得輕邀賞。習句挑指無卑亢。審音心注，凝思意會，戛然餘響。物静時、天機自鬯。便流水高山，情移神往。默契真如，操縵不容疎放。悠然濠濮存遐想。領清音、勝游蓬閬。細參三昧，一彈再鼓，上乘無上。

碧牕夢 寄蟄公

圃菊花初綻，池荷葉盡枯。年光拋擲等飛烏。屈指别纔未幾、怪情疎。　我昨思君夢，君曾夢我無。分明一櫂訪菰蒲。怎奈朝來追憶、反模糊。

湘月 庚申長至節，與石予語舊

風塵莽莽，念家山回首，白雲天末。霜雪盈頭，溯往事、忍淚聊憑君説。豢鶴培梅，耽詩縱酒，富貴知何物。愁鄉堪遣，一錢不費風月。　誰料緑綺絃殘，青鐙屋漏，苦命宫磨蝎。潦倒中年，尚夢想、穩載碧谿桃葉。玉鏡緣慳，金鈿誓冷，情淡參禪悦。借春槃暖，飲酣一吐騷屑。

長生樂 酬松樵見貺白花百合

異種天然秖獨囊。花發夜深香。白衣仙子，幻影夢魂鄉。卻是摩羅春果，産自崇岡。名珍服餌，聞道都波國爲糧。　從風偃仰，凝露低昂。瞿曇采養砂筐。情重處、授與老人嘗。

頓教軀體康健，高誼怎能忘。

玉樹後庭花

辛酉元旦後一日，與酒勾飲於雲門寓廬，別後元夕寄懷

紅梅早漏春消息。暗香凝席。薦春槃暖醻醪碧。論詩同癖。　者般歡會難多得。望雲遥隔。空教吳苑逢元夕。玩燈岑寂。

青玉案

旅滬寄瘦東青浦

故人邂逅金閶路。恰東返、車同赴。聯席歡然傾積愫。飆輪臨頓，驛旂揚處。揮手悤悤去。　柳風梅雨春申浦。樓外桐花委塵土。倚檻望君知也否。玉峯珠閣，醉虹癡霧。愁絶吟懷苦。

貂裘換酒

與李氏伯鴻仲端䛳讓産事，倚聲誌解

頭白還鄉里。感深情、百般慰藉，故人元季。溯自早年生計拙，充作關津小吏。經卌載、囊猶如洗。肯忘家山營窟苦，逮今番、慨讓全交誼。憐我者，是知己。　身閒怎不謀歸計。念鰥夫、鹿車久敝，倩誰料理。尚幸孫枝能挺秀，吾卻垂垂老矣。况戀著、吳中山水。春樹暮雲縈夢想，恁今宵、暢敍良非易。尊有酒，共當醉。

清平樂

瘦東自蘇置一雛鬟，適攜歸時途次曾得一見，故拈此小令以調之

尋常妝束。秀氣流眉目。豆蔻年華美如玉。羨煞沈郎豔福。　瑤情綺思滔滔。製詞選韻宜嬌。教與小紅香口，歌時親按璚簫。

憶舊游 題弇山唐忍庵《惠山游記》後

憶連番探勝，數日偷閒，放著吟身。惠麓句留處，試流泉湧冽，滯酒氤氳。一回更攜嬌伴，桃李恰争春。儘月底吹簫，花間説劍，不負芳辰。因循。恨終日，衹壓綫勞勞，跡溷風塵。幸誦君游記，記親搜古勝，重攷遺聞。一般引人游興，欣賞到奇文。好蠟屐安排，還尋鴻雪添爪痕。

八寶妝 顧明道以大著《啼鵑録》見示，載有梅芬閣本事一篇。拈此以謝，並題卷末

籤署啼鵑，墨悲冰繭，慘絶一編哀史。多半傷心難卒讀，幾輩殉情甘死。空令鵜鴂斷腸，惟有吴姬，頗饒兒女英雄氣。末路上清修道，差强人意。　陳跡過眼煙雲，懺情一切，見聞不可思議。記芳閣、鳳簫象管，共消遣、花間月底。恁幽影、依稀夢裏。者篇頻讀愁堪洗。竟逐去愁魔，蕪詞寄慨酬高誼。

五綵結同心 賀趙眠雲花燭之喜

菊黄楓紫。梅綻蘭芬，時近小春天氣。恰兩行紅燭，光輝耀、争看洞房嘉禮。有情眷屬多才壻，况都是、清高門第。引吟客、毫揮珠玉，共賀百年伉儷。　椿萱一堂交庇。洵綺年玉貌，福修非易。如者般、佳耦天成就，漫羨漢皋仙子。賦梅詠杏尚書裔。也合配、風流承旨。且休效、畫眉新樣，好續東萊博議。

相思引 感舊，寄生華上人

强半春光二月天。香山小住興幽閒。耽游早起，衾敝不禁寒。　流水落梅孫圃外，曉風殘

雪段橋邊。此情此景，一瞬幾經年。

浪淘沙　戲書酒勾之近況，寄方駿乎、陸甸孫滬上

鶴算不知年。瘦態翩翩。摩空霄漢慣盤旋。誤觸石崖顛。翮損堪憐。向人不復舞僊僊。此日襹褷無可奈，栖息梅邊。

月底修簫譜　題君博《啼鴂别史》

試驚鴻，思引蜨，疑似彩雲現。何事窺臣，驀憶宋牆見。挾書朝暮相逢，靈犀消息，每流盼、笑容如絢。　夢痕淺。流言惡少無良，綺緣竟中變。阿母訶儂，故使藕絲斷。花前曲譜啼鴂，懺情寄恨，算消卻、一重公案。

慶春澤　贈殷鋏君，並題大著《鐵華盦吟艸》

葑水涵青，鋏華凝紫，結盦溪畔幽栖。豢鶴培梅，脩然鷗鷺忘機。每從白板門前過，羨懸壺、濟世神醫。遠塵氛，羊仲無聞，求仲無知。　吹簫我久羈吴市，歎屐殘還蠟，髮短猶晞。毛刺通名，歡然互道相思。三生疑似曾相識，更縱談、憤世傷時。遣生涯，一箇青囊，一卷新詩。

踏莎行　壬戌新正四日，寄雨峯上人龍池精舍

酒醒寒輕，烟微香爐。梅苞似欲傳芳信。一牕殘日嫩晴初，探春且喜期相近。　塵海逃名，禪門栖隱。藜牀怎及蒲團穩。比年方悟綺緣空，清幽福占無多分。

洞仙歌 上海嚴氏三世耄耋圖

成都市隱，又桐廬漁叟。血統宗風貫遺胄。累千年、振發儀表高華，洵可見，大德必能多壽。　恁天然繼美，代産神奇，軼舜凌籛挺靈秀。可羡滬江濱、耄耋蟬聯，偏三見、劉樊佳耦。幸後起、賢孫倩圖形，更乞詠徵吟、頌如松茂。

摸魚兒 題黄雲門《踈篁待月處詞稿》

憩方壺、偶嫌岑寂，無端游戲塵世。酸辛苦味都嘗遍，運蹇性偏明慧。磨不死。逢舊識、横琴待月踈篁裏。移宫换徵。慕叔度家風，涪翁才調，高蹈隱居士。　銜杯樂，抛卻浮名俗累。休論萍梗遭際。新聲同倚欣同調，誼重半生知己。愁莫洗。君不見、愁多别有埋愁地。韶華逝水。恁老去填詞，空中傳恨，醉墨滿襟袂。

月華清 壬戌春夜，重與松樵還元閣對酒，有懷同社劉翰怡滬上，卻寄

香靄清心，松濤捲夢，聳霄禪閣幽絶。前度鴻泥，不問爪痕存没。最難忘、曩日同游，曾賭詠、水天明月。輕别。喜今番共賞，萬梅晴雪。　米汁盈尊芳冽。且縱飲開懷，盪除騷屑。驀憶詩豪，寄與一枝親折。到君前、插向銅瓶，伴雅興、朗吟三疊。情愜。恁癯仙風致，定堪緣結。

思佳客 坐雨，寄顧茂實、珍儒昆仲婁江

細雨斜風深閉門。空齋酒醒已黄昏。屏山罨畫鐙初上，沉水餘芬鑪尚温。　尋夢影，試芳

痕。紅心艸滯緑梅魂。傷春倍覺無聊賴，小令拈來與玉昆。

菩薩蠻　承天寺題壁，竝貽笠耕長老

上方見佛何嘗拜。僧伽不俗都親愛。親愛率天真。緣深結静因。　人無名利累。功德修過倍。有佛在心頭。心平可自求。

前調　結艸庵贈體山上人

心香久爇無由見。浄根慧業人尤羡。松下偶相逢。三生一笑中。　不拖靈濟棒。不著維摩相。立地索新詩。聊爲説偈詞。

洞仙歌　潡浦畢綏之賜和七十壽詩，倚聲奉答，藉祝四旬弧旦，竝題坐禪玉照

悤悤駒隙，歎年時衰朽。一例浮雲幻蒼狗。幸風流、畢卓紘外知音，從海上，遥寄成連雅奏。　神交欣契合，雙鯉多情，祝我虛生古稀壽。君算恰中年、好飲耽吟，偏占斷、山明水秀。覩小影、跏趺學僧裝，報一曲南飛、藉斟春酒。

百字令　祝甸孫伉儷五十聯壽

江東豪士，乃鬱林太守，清廉華胄。幾踢槐黄餘夢影，悟等浮雲蒼狗。願作良醫，不爲良相，濟世知名久。結盟蓮社，十年文字交厚。　今歲大衍華齡，懸弧設帨，稱慶齊眉壽。更羨萱堂春日永，瑶砌蘭芬芝秀。一曲巴詞，九如嵩頌，隨客躋堂奏。酒香桃熟，合家歡樂消受。

滿江紅　夢游奉賢兩廉亭，倚聲作記，即寄粥叟、遯庸昆仲

昨夜神游，松竹徑、茅亭枕水。聞鷗顧、壎箎吹徹，一雙高士。塵海論交通翰墨，春風化雨培桃李。等羲皇、以上古遺風，無懷氏。　生涯好，農桑利。清興好，琴尊契。任委心傾向，欲留無計。閉目凝思幽夢影，怡情擬著仙源記。恁紫陽、昆玉兩廉亭，原如是。

思佳客　有懷同社沈醉愚滬上

可奈傷春春去時。郎腰瘦損更誰知。高樓望斷青鸞信，小令思填黄絹詞。　鶗舌倦，蜨魂癡。殘紅零落任風吹。東皇畢竟還無賴，故使春痕黏柳枝。

菖蒲緑　午日寄朱謙甫都城

細雨飛梅寒意重。兒輩欣然分菊種。把杯誰與共。菖蒲酒緑朮羹香，破愁小飲奚須縱。微醺聊展離騷誦。晚腮晴，榴花如火，鶯燕尚喧鬨。　處世渾同菰縛糉。空慕莊周身外夢。陶潛傾倒捕魚人，有緣深入桃源洞。苦吟肩自聳。蠻牋遠藉雙魚送。宦游人，羈懷棖觸，幽興定應動。

洞仙歌　寄王桂馨婣臺寶山

葭莩誼重，溯童時相處。嬉戲曾經共朝暮。羨君尤、好學自顧懷慚，兵燹後，無奈飢驅習賈。　喜聞游泮水，遥阻音塵，何限傷心向誰訴。尚憶遺吾兒、負篋從游，曩於乙未、丙申著故男文釗乞君廩赴歲科兩試。嗟不幸、早歸黄土。更莫

問、西風送流年，便老去重逢、鬢盈霜縷。

百字令　祝松樵五旬壽

聖恩禪寺，是南朝，四百叢林之一。占得湖山幽絕處，不盡樓臺金碧。代有栖真，時多面壁，象教流遺澤。我師高行，十年常主經席。　退生計種竹栽桑，樵薪采藥，餘粟盈香積。院華齡纔大衍，解悟匪伊朝夕。鐙燄長明，鏡塵不染，清没些兒蹟。願期他日，上乘無上功德。

一斛珠　乙東園惠題《梅芬閣本事詩詞輯》，拈此預申謝悃

簫吹吴市。悤悤霜雪盈顛矣。一錢不賸空囊恥。騷屑𡾊天，老去猶如是。　薄海欽遲吴季子。神交十載縈秋水。懺情夢影梨雲墜。

借重文豪，不吝珠璣賜。

踏莎行　寄綬青

與世無争，與人無忤。生涯日向林深處。松枝蔓艸帶花挑，江干换酒邀漁父。　急理茅繩，遺忘樵斧。半途凝想抛何許。年時幽徑罕逢人，來朝趁早堪尋取。

減蘭　壬戌冬月，李秋石自閩南戎幕投詩，械附桃花一枝。感賦代柬

一陽剛轉。棫寄絳桃花一翦。詩思清新。道是南天暖若春。　低徊忍覩。開傍戰場流血處。顔色尤妍。花氣含腥更可憐。

壽星明　癸亥仲冬，祝程得時社兄周甲之壽

觸鬥蠻争，蟻聚蜂屯，攫權盜名。恁如真如

幻，如狂如病，如癡如醉，如夢如醒。物换星移，烏飛兔走，傀儡甘心過一生。誰修德，試觀雲養性，看瀑怡情。　多君會結耆英。羡花甲、期周身隱耕。任寒遲寒早，寒深寒淺，寒風寒雪，寒雨寒晴。矢服弧懸，桂芬蘭馥，萊彩繽紛光滿庭。瑶緘索，索詞填長令，歌頌長庚。

慶春澤　馮秋農《白雪雜誌》題後

香水溪邊，靈巖峯下，高才獨冠人羣。十卷雲仙，分明聲價同珍。年來閉户饒風月，廣搜羅、珊屑珠塵。仿元家，野史傳名，誌異翻新。　觀雲看瀑怡情外，效東坡説鬼，干寶搜神。警世洪鐘，令人夢覺清晨。大文小品徵韓柳，組成時、五色繽紛。輯瑶編，意曲心聲，白雪陽春。

滿庭芳　題蟄公《惜餘春館詞鈔》

三影風流，千秋水調，羡君家學淵源。綺思瑶想，神妙託毫端。半是空中寄恨，迴腸處、悱惻纏綿。春堪惜，春偏易老，那得買春錢。　陶然。行樂處，清歌月下，小拍花間。恁如霞晚景，似水華年。且共啼鶯語燕，聲聲慢、譜入哀絃。容留住，西飛白日，伴此有情天。

謁金門　寶積寺與德林上人茗話

桐陰瘦。瀹茗且消清晝。煩惱怎堪方外有。破瓶還守口。　不浄争教不垢。鋭利機鋒休鬥。没底籃兒難補漏。但宣迦葉咒。

壺中天　同社鄒緯辰《晚虹軒詩存》題後

桐陰深處，有茅軒凝碧，晚虹輝映。訪戴神游期把臂，夢被蟬聲催醒。調岕烹泉，試香讀畫，兀自耽幽静。輪君瀟灑，酒城詩社仙境。　聞道靈業如珠，澄懷若水，佳日探名勝。歸去奚囊徐檢點，多少月痕花影。小可吟情，尋常飲量，辜負溪山景。相期相見，見時當鼓豪興。

如此江山　寄同社沈閒儂黑龍江

秋蟲聲裏秋光老，西風夜來凄緊。煑夢燈殘，戕愁紙短，静憶玉峯高隱。前塵暗忖。記人日分題，艸堂鬮韵。一去遼陽，遺懷時讀舊詩本。　思君梅鶴避地，正烽煙滿目，誰任安頓。觸鬬蠻争，春廡猶難穩。兵氛漸近。爲萬里縈情，尺書投問。若念家山，沈郎腰瘦損。

壺中天　秦君適園以《病室雜述詩》見示，倚聲報謝，竝柬雲門

心香頻爇，任胥江歇浦，水雲遥隔。餉我新詩薇浣讀，珍若隨珠和璧。奇語驚人，率真切己，頓使襟塵滌。夙師黄九，晚年添箇秦七。　魂夢聯袂同儕，探梅鄧尉，花下鋪茵席。不問誰賓誰是主，射覆分曹浮白。凍雪亭臺，寒香世界，得句争揮筆。翠禽催醒，醒猶攲枕尋覓。

朝中措　梁溪訪酒丐

瓜皮小艇泛斜陽。兩岸野花香。村落家家閉户，生涯都爲蠶忙。　故人游釣梁溪畔，棲處

讓王鄉。傍晚定應相見，論文翦燭傳觴。

八寶妝 蔡君竹銘郵贈《小瀛壺仙館叢刊》三種，倚聲柬謝

韓柳文章，史姜詞曲，鐵網徧搜珍異。無限精神磨鍊出，竝没些兒塵滓。一家機杼織成，深羨青燈，十年雛鳳飛鳴起。珠玉佩承遥貺，神交千里。　誰念卌載生涯，抱關擊柝，趁閒時弄焦尾。感遲暮、賞音尚罕，獨心領、中郎高誼。怠思索、因緣兩地。勝地苔石三生契。奈老去詞場，寒蛩但覺吟聲細。

謁金門 題鄒民樂小影

欣相聚。剛值浴蠶微雨。說劍論文斟緑醑。夜深猶笑語。　風度令人傾慕。别後頓增離緒。覩影依稀重把晤。喜題長短句。

玉女摇仙佩 題張汝釗女士《緑天簃詩文稿》

若非弄玉，定是雙成，解脱蓬萊宫例。謫向人間，盤根錯節，絶不損其明麗。智慧猶如是。恨好耦、翻成怨耦，恁朱顔任運，青春彈指。含情問、媧皇既補隤空，采蘼蕪，願爲精衛。　君乃謝家秀拔，嚼蕊餐英，天應填缺地。欬吐幽懷如寄。省識塵寰，良緣難得，幾見秦徐雙美。左右乖離貳。幸藕絲、剗斷寶光珠氣。但慰藉、蘭心蕙性，萬千珍重，自須留意。聊爲點綴瑶編尾。巴詞鄙。

翠樓吟 題龐樂園詩草

酒祓瓊愁，花醺綺思，新來況添詩侣。四時風月好，鎮相伴推敲佳句。繁華如許。看闤繞青山，簾飄紅雨。憑誰語。幾回相喚，畫檐鸚

鵡。遠溯。貽我瑶篇，恁樂園清興，錦囊探取。三峯遥悵望，夢尋訪嵐雲遮住。心香頻炷。羡妙到秋毫，芳馨齊吐。休辜負。一緘題贈，少酬辛苦。

早棋芳　丙寅元旦試筆，竝寄同社曹恂卿

塵市遠，房櫳静。早起還扶病。蘭缸餘穗，兀自摇摇弄殘影。一家歡笑語，幾輩分趨省。正宜春寫就，宿火禦晨冷。　遣閒情，鼓逸興。汲水烹芳茗。流雲東向，忽念詩人苦吟咏。久栖黄歇浦，定憶陶潛徑。折枝棋，寄將君受領。

醉太平　雨夜不寐，有懷同社王均卿滬上

鑪香嬾翻。囊琴嬾彈。妬花風雨聲繁。使尋君夢難。　銀缸已殘。銅壺已闌。倦時攲枕纔安。被晨鐘唤還。

鷓鴣天　丙寅立夏後三日，滬上與棣華、甸孫小飲，有感，題酒家壁

買醉同傾騷屑懷。如碁世局冀高裁。驅龍北海誇豪傑，逐鹿中原湜將才。　論貨殖，擁登臺。下臺猶未靖兵災。法螺聲裏求賢渴，幾見徵書達草萊。

秋波媚　書感，寄閔魯西滬上

可憐花事一番新。可惜昧天真。燕兒語媚，鶯兒語巧，哄老青春。　眠琴小榭簾垂處，簾底證蘭因。多情伉儷，多愁夫壻，多病佳人。

南浦　丙寅仲夏，雨夜不寐，有懷徐仲可滬上，卻寄

風雨釀黃梅，逮夜來，聲聲不絕簷溜。攲枕對殘釭，誰堪語、岑寂甚難消受。静挨到曉，曉來簾外晴光透。淡烟鎖柳。空愁損榴花，絳囊依舊。神交兩地相思，念城北徐公，江東通叟。正蔗味回甘，閒情緒、都付燕儔鶯偢。悲歡若夢，願君休爲吟詩瘦。緑陰蔽牖。宜讀畫聽香，消磨清晝。

菩薩蠻　寓齋題壁，竝柬鄉友李逸齋、嚴潔卿及沈明齋

溪山夙慕長洲好。半生萍寄長洲老。初到也傭春。瓣香梁孟風。　青鐙悲屋漏。絃絶琴停奏。頭白怕還鄉。還鄉恐斷腸。

山亭宴　送黃僧雛之任雲南思茅關税務司

畫堂綺席羣花擁。羨山谷、款賓供奉。我況是鄉親，又十載、同袍誼重。座中談笑半相知，助清興、芳醪盈甕。酒政約嚴行，賭勝負、誰超勇。　主人善飲尤豪縱。性聰明、讀書真種。遭際破天荒，信廉潔、量材擢用。榷輸平準赴滇池，海關，中國之辦公人員派執重權者，係近從海牙和平會争得之新權利。唱三疊、陽關相送。祖帳罷傾觴，忍握别、驪駒鞚。

解蹀躞　丙寅冬孟有事赴申，喜與中恕上人邂逅，同車諸承照顧，賦此奉謝

蹀躞姑蘇城下，車遲來還未。不期方外、人來伴行李。車到扶我同登，更欣聯座胡牀，共談禪理。　念開士。方便心誠如是。臨時也非易。在途供食、般多粉餻餌。抵申分袂依依，夜閒謾倚新聲，柬酬高誼。

長亭怨　綬青期將返里，枉過話别，倚聲以當驪歌

念垂老、相知情重。緩酌深談，酒遲空甕。碧水臨平，翠嵐硤石思縈夢。早還山去，應把著、漁舟弄。漸與鷺鷗親，遂戲狎、煙波閒共。　屈宋。第文章媲美，大匠不量材用。崇川作倅，尚瓜代、口碑傳頌。更博得、祖餞長亭，又遮道、民如雲擁。恁兩袖清風，家有田桑供奉。

歸田樂　中秋送簡松亭還粵東

解組歸心切。過金閶、竭誠延接。銜杯慶佳節。待月旋醉月。玩月邀月。閨秀論文忘筵闋。　盤桓正歡悦。念怎便、遠隨游百粵。探春入夢，夢到羅浮窟。遇雪共賞雪。詠雪烹雪。驚覺催詩和留别。

石湖仙　丁卯春分後一日，聞吴江兵戈已靖，賦柬金松岑、柳亞子及范烟橋

垂虹橋畔。溯白石詞仙，歸途留戀。贏得小紅歌，倚瓊簫、珠喉一串。流風餘韵，一絶詠、宛然佳傳。堪羨。懷葛民、有此蕭散。　蘭橈也曾小駐，看丹楓、嘗攜綺伴。正憶前塵，驀地吟魂驚斷。咫尺松陵，越來兵踐。沼吴重演。兹幸免。吾儕未被兵燹。

相見歡　喜重晤吴瞿安

餘春光景暄妍。訪青年。一曲霓裳隊裏、會詞仙。　偶語及。舊相識。擘鸞牋。寫出大家相愛、互相憐。

琵琶仙 聽彈詞家張少雲琵琶，倚聲賦贈

三弄梅花，暗香引、翠羽枝頭啼雪。旋變鼙鼓雷鳴，刀槍亂衝突。君本有、家傳妙技，謂乃先尊步雲。更精鍊、指輪圓活。馬上琵琶，明妃訴怨，情旨悲切。　又還奏、垓下虞姬，狀兒女、英雄慘離別。消卻滿襟塵壒，報蕪詞一闋。聽再鼓、秋宮夜雨，似雨聲、打碎蕉葉。曲罷江上峯青，四絃齊歇。

洞仙歌 丁卯秋莫，以《梅芬閣本事詩詞輯》乞楊魯石題詞

華年似水，歎翩翩裙屐。荏苒相憐鬢毛白。莽風塵、可奈婚嫁勞人，餘骯髒，還自吹簫乞食。　羨君多逸趣，栖息東山，早晚觀雲玩泉石。念豔福消殘、劍膽琴心，憑懺悔、舊時綺習。願藻采、繽紛慨留題，認寶氣珠光、燦然生色。

菩薩蠻 贈圓通禪寺監院朝山

袈裟著上無牽挂。耽吟縱飲尤瀟灑。山水最關情。釀來詩思清。　何無香火氣。酬世推誠意。何處好談禪。花邊更酒邊。

以上《問楳山館詞鈔·題襟集》

玉連環影 壬寅

沉醉。兀自和衣睡。漏盡微醒，惟有殘鐙對。　渴思茶。喚伊家。争奈悄無人應、枉含嗟。

天仙子 七夕

天上雙星應暗笑。香霧雲鬟今已杳。朱闌獨倚淚潸然。腰瘦損，卻誰憐。教人那不羨

神仙。

一點春　癸卯

遣愁扶病起，春色逗南枝。種梅人已歸何處，梅尚花時似舊時。

一翦梅

惱煞多愁多病身。强度殘春。忍送殘春。絮黏花片攪春痕。絮也消魂。花也消温。　簾卷東風黯夕曛。怕近黄昏。又近黄昏。博山香燼裊餘芬。不自温存。誰復温存。

秋宵吟　戊申沈吉三譜兄挽詞

桂含芬，菊吐蘂。引起深秋愁思。金蘭好、恁荏苒韶光，卅年交誼。　鶴槎山，笠澤涘。翦斷烟波淞水。篝鐙畔、忽噩耗傳來，故人長逝。　痛絶離腸，況雁序、年來盡矣。浪游萍梗，夢想家山，苦又傷知己。君有甯馨子。克守遺經，名可不死。儘孫枝、慰我悲懷，禁得餘慟灑老淚。

長相思

鏡中人。意中人。翦紙空招渺渺魂。何如早閉門。　怕黄昏。又黄昏。誰問多愁多病身。衾寒夢不温。

酷相思

寂寂空房聞亂語。惹煩惱、顛鸎鵡。恁長晝、從朝捱至暮。人瘦也、誰相顧。人病也、誰相顧。　緑綺殘絃愁莫訴。況簾外、瀟瀟雨。痛長别、禁持腸斷處。夢見也、離情苦。夢醒也、離情苦。

鳳栖梧 讀吴興趙竹君玉德《鶴川醉尉遺艸》，倚聲題後

塵世功名談豈易。生不逢辰，做箇窮官耳。老向百戰歸來成底事。狂吟縱飲從兹始。鶴溪稱醉尉。寫出新詩，字字英雄淚。遺稿刊存憑友誼。吉光片羽堪相擬。

風入松 題黄瘦竹《蒼筤詞館遺稿》

竹摇瘦影小牕深。香爐畫愔愔。清詞一卷重翻讀，證交情、蘭雪題襟。不負韶華如綺，離懷悽絶而今。棋邊幽夢渺難尋。癡想託靈禽。白頭潦倒天涯客，溯前塵、宿艸人琴。幾度臨風擊節，恍聞山水遺音。

薄倖 戊午省先室孫孺人墓

芳原如繡。早又是、清明節候。看此日、白頭夫壻，還向墳前澆酒。奈一抔、黄土無情，離離宿草青依舊。歎泣罷牛衣，破將鸞鏡，空擬百年廝守。但一事、堪相慰，自痛抱、西河之後。孫枝欣漸長，婚姻學業，而今已算都成就。祇憐衰朽。更遭逢、世局翻新，艱苦重消受。蘭膏爇處，悔煞良言誤負。

散天花 祭印心盦主墓

幺鳳憎雅卻喜鷗。恣情情不淺，性温柔。茶香酒味小紅樓。春秋花月好、儘句留。碧海風驅水逆流。兩心心互印，願難酬。一盂麥飯祭墳頭。他生緣未卜、此生休。

南鄉子 陸在田《春暉艸堂遺稿》題後

百感忽交并。剛把遺編展又停。太息無風花也落，分明。氣運由天早誌成。懷橘舊知

名。病尚耽吟養性靈。篇什儘多難卒讀，淒清。棖觸西河抱痛情。

金縷曲　庚申春仲祭太癡

雅結苔岑契。廿餘年、論詩説劍，幾人知己。塵海茫茫同一夢，大夢君先醒矣。真箇是、才多天忌。我亦當時蓮社客，願騷魂、來享虚堂祭。流數點，痛心淚。　嗟乎一死今生已。問牀頭、有誰收拾，蠹殘文字。太息鍾期人世少，那忍冰絃再理。恁應把、焦桐拋棄。一事尚堪投所好，倚新聲、金縷歌高誼。知此曲，稱君意。

念奴嬌　庚申髮逆之亂，瞬及一周。今吴郡紳耆議就獅林講寺設壇超薦，並開會追悼，以慰殉難英靈。爰拈此誌慨

庚申前度，溯紅羊浩劫，感傷懷抱。賊起金田難撲滅，到處殺人如艸。民不知兵，師無勁旅，鞏固金湯少。姑蘇城破，慘然流血成沼。　毅忍覩無告窮黎，災離虎口，苦勝焚巢鳥。廟中興烽火靖，何限滄桑憑弔。殉難幽魂，沉淪周甲，宜設香花召。獅林今日，士紳開會追悼。

海棠春　弔海棠

花憔葉悴傷春病。問可是、東皇司命。既恨不同時，怎受癯仙聘。　標梅嫁杏期中梗。竟擁著、睡魔不醒。蠟矩儘燒殘，照澈空枝影。

撼庭竹　予與菊裳緣纔一面，交未兩秋。憶自去年春莫偕伯匡、瘦東等游顧氏怡園，得介紹而識。

別後是冬曾往訪，不值，惟時有詩筒往還而已。嗚乎，比聞已歸道山，故拈此解以悼之

文字相投比膠漆。偏知已難得。去年流覽芳園日。吟儕引與陸郎識。花底共論詩，探可憐春色。 別後相思曾訪戴，嗟緣阻良覿。時憑唱和通消息。俄聞凶耗淚沾臆。重檢案頭書，留數行遺墨。

生查子

楊秋心郵示殤兒詩，感拈此解以答

舊夢溯中年，也有頑兒弄。也苦病磨殤，慘撫桐棺慟。 槁木漸心灰，垂老忘餘痛。此日讀君詩，淚又如泉湧。

天仙子

水仙萎後，拈此以悼

仙子凌波憑洛水。影若驚鴻春共逝。明年芳訊可重來，花萎矣。根枯矣。一縷香魂招不起。 梅最心酸時洒淚。腸斷歲寒傷友誼。怎教作賦倩王孫，愁欲洗。愁難洗。描取春風圖畫裏。

金縷曲

辛酉仲春四日，偕蟄公、瑞伯赴婁門之南匠門橋北祭太癡墓

追憶離懷苦。廿年前、滬江一別，暮雲春樹。那料滄桑經劫後，盟結閒鷗野鷺。幸頻歲、琴尊歡聚。怎奈時艱生計拙，惜韶光、病裏愁中度。磨折死，爲貧故。 青山此日堆黃土。趁春晴、隻雞斗酒，更邀吟侶。佳傳深鐫三尺碣，堪歎緣窮際遇。共流淚、沾襟如雨。一滴九泉澆不到，念徵君、素好歌金縷。填此闋，當諛墓。

生查子 為故鄉讓産事感懷先室孫孺人

當年卜築時，跋涉同辛苦。期挽鹿車歸，聊庇風霜雨。于今讓與人，君早埋黄土。喚起九泉魂，事有難言處。

清平樂 題南潯丁愈齋遺著

令威仙去。留得驚人句。篇什流傳亦千古。珍重吉光片羽。　等身著作紛披。何來豪客搜奇。比是珠沉合浦，一般終有還期。

千秋歲 悼緑梅仙史

銀箏時撫。曲也非新譜。調錯亂，聲凄楚。没神徒自運，多誤憑誰顧。宵深候，争禁簾外瀟瀟雨。　若不殷勤鼓。離緒無由吐。芳跡杳，仙途阻。招魂爲影伴，扶夢將愁訴。晨曦上，撩人雙燕喃喃語。

摸魚兒 哭瑞伯

溯前塵、滬江希社，翩翩裙屐争附。多情最是天隨子，相處似親鷗鷺。掄指數。不十載、同盟幾輩歸黄土。吾儕舊侶。尚嘯月吟風，敲碁賭酒，相與遣朝暮。　休回顧。艾壽恰逢初度。戕天騷屑傾吐。君遺有《五十自壽》七律詩兩首。懸弧祝待櫻桃熟，那料大招先賦。悲薤露。空夢想、精靈永隔幽冥路。憑誰寄語。把一片傷心，兩行老淚，和墨凝詞句。

薄倖 故帶

香羅描就。記鐙畔、拈鍼刺繡。正繡到、鴛鴦交頸，凝睇含情低首。願芳盟、終好無乖，同心結子絲絲扣。更四角回文，兩頭如意，金綫添蟠雙壽。費幾度、裁量準，經鳳渴、魚鰥消瘦。腰圍鬆著繫，還多垂地，傷情怕覩珍藏久。淺紋深皺。把熱升細熨，猶憐摺處分新舊。差堪慰藉，尚没些兒汙垢。

菩薩蠻

胡君孟雲以貧寓都，屈爲部掾。偶乘小車，道逢豪貴之車，猛掠向過，蹴之數丈外，馬踹其頭顱而死。倚聲當哭

京華駟馬峨冠客。目無餘子雙睛白。塵壒滿燕臺。奔馳爲甚來。故人遭掠墮。馬蹋頭顱破。生命等鴻毛。誰還賦大招。

金縷曲 癸亥送春

迅又韶光暮。送春歸、殘紅狼藉，阻春歸路。畢竟東風無氣力，一任簾籠凝絮。還强使、落花如雨。不顧翠樓人抱怨，怨陌頭、柳色春無故。愁亂積，向誰訴。東皇怎得長爲主。使人間、朱顏緑鬢，永教留駐。唱徧陽關三疊曲，難挽片時小住。聽風笛、聲聲淒楚。此去雖然經歲别，奈浮生、馬齒徒增數。空著出，斷腸句。

風光好 記夢

夢中人。意中人。相見歡然握手親。語温存。瑶琴操縵相思曲。風敲竹。醒念芳魂幻似真。了無痕。

玉京秋 癸亥哭吴頌平

蟲唧唧。秋鐙對愁聽，更增悲切。秀笛悠揚，叔琴絶響，哀君高節。書劍飄零十載，滯江南，雙鬢堆雪。苦難説。偶談身世，淚珠凝睫。最苦燕京兵劫。洗家財、妻孥陷没。

賣賦相如，工愁平子，聊傾騷屑。噩耗傳聞，仗友誼、還得北邙埋骨。了磨蝎。從此人天永別。

徵招　楊柳樓臺舊址弔袁翔甫大令

倉山舊主如陶令，儒林盡人傾倒。滬上築樓臺，又緑楊圍繞。琴尊供嘯傲。感高誼、忘年交好。省識心情，一如鷗鷺，一般懷抱。　絶妙白雲詞，風流處、旂亭賭翻新調。韻事卻難多，況曲終人杳。故吾悲已老。慨今昔、滄桑憑弔。念他日、化鶴歸來，恐更無華表。

子夜歌　甲子冬莫，哭同社黄式權，竝題其《賓鴻閣豔體詩存》後

溯淞南、舊時夢影，羨小築題紅館。賞佳節、淺斟低唱，恰好柳邊花畔。蝶板韵柔，鶯簧聲胣，宛屬杯雙勸。斷人腸、風笛離亭，從此水雲遠隔，蟄居吴苑。　歷滄桑、鷗盟滬上，幸復一回相見。深痛元之，謂太癡。還悲魯直，蓮社嗟星散。念泉臺此去，堪逢多少吟伴。翦紙招魂，遥向寒江奠。鎮無聊、風雪茅廬，誦君詩卷。

貂裘换酒　乙丑秋仲，哭郭退畊，竝題其《秋柳吟》遺稿

君屬汾陽裔。莽風塵、槐花夢斷，幕游顦顇。求得一官嗟蠖屈，投筆期申壯志。逢使節、乘槎隨侍。經歷歐西球越半，迨歸時、碁局更朝市。冠遂挂，逛山水。　田園自足爲生計。溯神交、悲秋詠柳，唱和緣起。藝薄才微勞説項，偏動中郎雅意。謂承介紹蔡竹銘，貽我《小瀛壺仙館叢刊》四種。添翰墨、因緣知己。訪戴恰遭清

世，沈沈夢境，侯封無分，吏隱安貧。白髮蕭疎，青琴落寞，絃外知音方外人。忘年契，喜如鷗相近，似鷺相親。 空門。野鶴閒雲。卻不料、拈花先返真。記談經揮塵，論鐘讀畫，還元閣藏有周代所鑄之邾牼鐘，及諸瞿上人所遺之『一蒲團外萬梅花』圖。禪參鑪芋，味飽湖蓴。十載交游，平生知己，常念衰年多病身。塵天隔，奈痛猶忍淚，感倍傷神。

角招 丙寅孟秋哭鳳生

歲壬子。興蓮社，許多隱逸高士。淡然名與利。一月一回，文酒良會。汪倫古誼。遂莫逆、交成知己。尚記兵戈匝地。君猶浪跡天涯，奉慈幃甘旨。 萱萎。閉門讀禮。年將六秩，時共論玄理。豈期先棄世。噩耗傳來，恙卻，見無期，委蛻魂西逝。歌薤露，淚沾袂。

十二時 哭鐵珊愛壻

雪初晴，月明如水，偏浸淒涼甥館。溯夢影、言歡無間。側帽俊游相伴。念我華顛，多愁多病，著意教排遣。彈指頃、二十餘年，錦樣好春，同此烟雲過眼。 幸膝前，雛生三鳳，創業十分圓滿。舊屋重新，層樓高閣，美奐人爭羨。爲伯符合巹，張燈款賓華宴。 二豎侵，心神交頳，了卻向平初願。撒手歸真，妻孥歔屣，再見無由見。迨撫棺一慟，迴腸早經寸斷。

沁園春 丙寅立秋前三日，鄧尉聖恩寺退院松樵大師涅槃，訃至泫然，拈此以當挽歌

香雪探梅，還元賞桂，時接笑嚬。歎紛紛濁

腸如鍼刺。衣襟淚漬。念令子、箕裘能繼。但願精靈不昧。夢相見，影相親，魂相慰。

醉太平　夜雨度峙嶮嶺至聖恩寺，途中口占

風聲雨聲。林聲葉聲。黯然打動吟聲。和輿夫歎聲。深情淺情。交情感情。故人與我多情。謂松上人。怨天公不情。

遶佛閣　還元閣對月，又感悼松樵大師

月光潔皎。良夜氣爽，高閣幽悄。巖桂香妙。望中水鏡、雲屏景深窈。爤檠炫耀。佳茗旨酒，新栗鮮棗。詩夢驚覺。幾回斟酌，聯吟共歡笑。感觸舊游地，淚漬衣襟仍不少。爭奈我師、歸真何太早。念嗣法門人，謂慧峯、智谷及中恕等。持法修道。剗除煩惱。爲攬勝句留，供養俱到。更垂憐、故人衰老。

淒涼犯　丁卯竹醉前一日，哭綬青

庭梧蔭碧。孤吟懶、聲聞一片蕭瑟。石湖玩月，金閶載酒，勝游空憶。相憐鬢白。況同是、風塵溷跡。語分擕、君還故國。詎料情緣畢。梅雨綿綿苦，境判人天，訃來悽惻。昨宵夢影，覩依稀、舊時顏色。翦紙招魂，敬澆奠、魂應饗食。過黃罏、忍聽鄰家變徵笛。

祝英臺近　挽瑞蓮庵如蓮大師

藕花開，蓮子綻，裹茗窨香味。折簡相邀，足見重交誼。栖寮避暑看花，侵晨挹露，煑茶飲、清人詩思。病魔厲。歸真師尚青年，聞耗感難已。昨夢精靈，一指示禪理。良宵供果焚檀，招魂設奠，更拈筆、作文銘誄。

南鄉子 甲午寄憶秋仙館主

攜手甬江湄。瞬又橙黄橘緑時。錦樣年華應自惜，休遲。莫待門前車馬稀。 我已鬢如絲。壯志消殘劍亦知。水碧山青隨處好，幽栖。草閣蘆簾願早期。

山花子

爲惜殘紅抹樹頭。揭來扶病强登樓。縱飲半貪芳醑美，輒句留。 嫩語如鸎催夢醒，柔情似水盪春愁。剩有綺懷消未盡，怎生休。

少年游

憐才婕翠爲情癡。密誓共堅持。 繾綣花間，綢繆月底，肯負少年時。 春來春去春如舊，人去渺天涯。生可重逢，死當夢見，頭白此

尾犯 丁卯冬莫，爲緑楳仙史窀遺柩感賦

西風瑟瑟。正鑪頭烹茗，舊歡追憶。 廿年情景，如魚似水，芳華輕擲。緑楳蕚綻，每静對、希苞坼。逮花時、貰酒消寒，未春共賞春色。 此日都成陳跡。雪霜摧，料不及。遺朽枝零落，老幹枯顛，教人悽惻。擇地葑溪側。埋净土、築墳鐫石。猶默念、艸艸因緣，淚流襟袂俱濕。

以上《問梅山館詞鈔·感逝集》

憶秦娥

嬌絃管。妍唱誰家院。歌婉轉。似有珠喉聽若慣。 捨蕭郎、臨去淚尚如霰。 空約重相見。蓬島遠。弱水無魚消息斷。

心期。

釵頭鳳

芳情膩。韶光麗。鶯鶯燕燕争春意。花柔嫩。人輕俊。心兒空印，眼兒空認。恨。恨。恨。

相思淚。遥難寄。釀成一種愁滋味。衣裳褪。眠餐損。日長如歲，更疑加閏。悶。悶。悶。

浪淘沙

殘暑逗秋天。花露温泉。教郎洗澡莫遲延。垢浄汗清衣便著，小坐風前。　涼爽早應眠。體貼周旋。恐郎不耐五更寒。端整薄羅衾一幅，微貯香綿。

金縷曲　寄印心盦主

襆被寒侵透。夢難尋、璚闈綺侣，凝情思舊。獸炭壚紅言笑處，長夜銜杯賭酒。算豔福、曾經消受。庭院不知堆卻雪，儘温存、那更聞殘漏。從别去，寡歡耦。　鸞飄鳳泊傷離久。悔風塵、名韁利鎖，鰈盟辜負。遥想妝臺菱鏡裏，應是眉峯暗皺。又只恐、花容消瘦。漫怨鱗鴻消息杳，恁金錢、背地占休咎。歸有意，甚時候。

浣溪沙

十索歌殘背地行。自尋煩惱太憨生。歡場游戲沾清名。　一意妄爲非分事，兩心相證便知情。是誰薄倖負芳盟。

其二

嬌影如花貯鏡屏。芳蹤似絮任飄零。無由寄恨與娉婷。　楳到香殘寒漸褪，婕忘魂弱夢難醒。者般鑄錯誤聰明。

如夢令

寒浸玉缸膏凍。傲雪緑梅情重。索笑别尋春，贏得雉媒欺哄。如夢。如夢。鑄錯懊儂狂縱。

虞美人

春歸料又添愁悶。人遠天涯近。靈芸淚已化紅冰。可奈楊花落地、總無聲。　去時甯藉金鈴力。翻爲東風惜。經年消息斷鴻郵。未識近來清瘦、似前不。

品令　緑楳仙史病臥旬餘，拈此以慰

病未起。休煩惱、總算年災月晦。心頭悶、寒熱兼痰滯。藥沾脣、又苦膩。　汗欲乾時須耐，早晚應自留意。宜常把、薄粥些些喂。米氣息、養脾胃。

婆羅門令　重遇萃英伶史

古裝束、恁般芳豔。時裝束、又者般芳豔。步上氍毹，嬌喉發、修眉斂。歌煞尾，偏向人叢瞰。　曾相識，頭略點。約同歸、小院挑鐙談。喁喁細訴從前事，常自歎、奈珠誤投闇。綺年枉度，怎可消憾。静把金經展念。先把情緣懺。再把情魔斬。

虞美人　箇儂

柔情不斷春江水。眉眼都流慧。新聲度處韵尤嬌。恰似小紅低唱、我吹簫。　香顋著酒紅如絢。忍把深杯勸。偏逢拇戰賭三觥。故意贊他拳妙、讓他贏。

浣溪沙　歌樓逢舊識

隔座無端拇戰喧。分曹賭飲促杯乾。衆中偏把故吾看。　折柳歌聲牽別恨，落花時節續餘歡。舊曾相識滬江干。

其二

鏡裏人嗤白髮新。回頭綺夢散如塵。花開花謝幾芳春。　顧我青衫餘酒漬，借他紅袖拭啼痕。相逢卻又在吴門。

三姝媚

芳園梅圃外。爲東風催花，金英無賴。僭客争春，妒水中仙子，淡妝多態。更有佳人，空谷品、清無纖壒。香祖樓深，著意流連，克忱相待。　都好天然丰采。凭紙帳春寒，酒酣能耐。夢影温存，念争堪沉滯，愛河情海。便早回頭，還暗把、金鈴先解。就畹移栽，花時依舊，含芬自在。

木蘭花慢　印心盦

論男兒志節，怎甘拜、石榴裙。爲病鶻腸飢，飛龍骨瘦，誰顧栖塵。殷勤。備周供養，感憐才隱世且安貧。從此怡情繾綣，看花賞月攜尊。　青春。鳳寡脱雅羣。願永事情人。任仙杼梭霞，神鍼繡綵，能耐艱辛。因循。計難善處，累平生辜負萬分恩。麥飯澆墳歲歲，心頭深印真真。

此詞以前原有《憶舊詞》小引：『釵光鈿彩，舊日因緣；禪榻鬢絲，此時意緒。悵癡情之杜牧，葉易成陰；嗟老病之維摩，花難證果。況乎金鈴空繫，苕玉誰鐫。回首情場，渺如隔世；追思夢影，歡若平生。爰得十人，各題一闋。嗚呼，樂天老去，猶鍾情於樊素妍姿；白石重來，試聽唱於小紅香口。』此闋及以下九闋均爲《憶舊詞》。

鳳歸雲　桂蘂軒

乍逢時，小山桂蘂吐秋芳。睹曲玳筵，排衆唱崑腔。圓溜珠喉，卑亢中節，宛轉斷人腸。不信氣何豪俠，情殊巾幗，身曾袍笏登場。　茫茫塵世，苒苒年華，知音有幾，歸隱無攔，早茹辛銖積、置田莊。兒自螟蛉，偏愛樹蓺，抱甕灌花忙。別後二分明月，一江橫練，夢魂飛不到維揚。

惜餘春慢　惜餘春館

芍藥穠姿，薔薇芳豔，也是十分春絢。鐙飄翠閣，月墮金尊，初與那人相見。嬌態娉婷可憐，時許求漿，不教貽鈿。被葳蕤深鎖，相思滋味，算曾嘗徧。　纔幾度、簫語琴心，韶華流水，瞬息桃花人面。香熏小影，恨記新詩，酒醒玉蟲親翦。拋卻離愁懺情，情似藕絲，絲連難斷。問芳蹤何處，淒涼攲枕，夢遥宵短。

琵琶仙　琴舫室

堪羨蛾眉，每私語、愧没傾城顏色。深慕名士難逢，真才互憐惜。通尺素、餘春去後，逮相聚、喜曾相識。玉版填詞，冰絃和曲，幽興彌適。　訴身世、淪落風塵，爲貧累、文郎遲良匹。拚寫十年唐韻，把千金償畢。斯美事、朋儔慨助，使早諧、合巹雙璧。更共詩賦催妝，遂調琴瑟。

鳳簫吟　芳影樓

月朦朧。穠香淡影，翩然逗入簾櫳。怎教愁不著，錦屏羅幕，障咫尺巫峯。等閒吟豆蔻，審瑶械、應笑芙蓉。任燕誚鷺譏，惜花肯負初衷。　偏逢。問津漁父，絳桃深處，幽境先窮。懊儂參妙諦，悟儂非薄倖，綺恨禪空。海棠嬌有志，背酴醾、偷嫁東風。更可喜、青枝子滿，緑葉陰濃。

八寶妝　憶秋仙館

蕭瑟紅蕉，也知撩怨，也省美人遲暮。彈指華年辜負易，此日雲鬟何處。江天霞共鶩飛，蟾魄空圓，争禁迢遞關山阻。幽夢恨難相續，西風砧杵。　猶憶賭飲藏鉤，曼聲擫笛，綺筵眉語心許。溯良會、漏殘月落，尚同載、香車歸去。更鐙畔、重傾緑醑。染痕襟上還堪數。歎薄倖樊川，名傳恰爲鍾情誤。

綺羅香　碧梧秋榭

水漾冰華，香團雪彩，等是秋孃幽雅。門對横塘，卍砌亞牆如畫。茉莉風、芳潤蝦簾，梧桐雨、暑清鷗榭。酒酣時、檀板璚簫，新詞低唱共銷夏。　堪憐鴛夢未杳，曾草湘蕤麗句，留題綃帕。有客量珠，十斛慨償身價。頓拋棄、月扇雲衫，更分惠、奩蘭匳麝。苦難期、重握柔荑，茜牕深夜語。

憶舊游 棋芬閣

記童攜酒榼，婢挈詩囊，選勝湖山。最是流連處，有冰棋雪藕，秋菊春蘭。每思遠離愁苦，尋樂及時歡。更翦燭敲碁，銜杯説劍，清課銷閒。三年。一彈指，忽噩耗傳聞，萱艸摧殘。那顧川途險，竟飄然西去，瞬息東還。見時道聲珍重，從此了塵緣。歎覺岸先登，真如悟澈風月禪。

燭影搖紅 浣花廬

絳蠟花寒，夜深歌罷歸來後。竹壚烹茗訴幽衷，愁蹙春山皺。追悔錯成怨耦。負中郎、乖違誓守。絮萍身世，塊肉提攜，那堪回首。溷跡梨園，淚珠聊趁悲時溜。焦桐悽咽更誰知，磨折憂還又。別去難忘誼厚。悵離懷、吳江贛岫。昨貽芳影，抱病風塵，玉容銷瘦。

解連環 鬟雲閣

未秋先怕。怕秋心引起，亂愁沾惹。溯舊時、媚紫嬌紅，判過眼烟雲，印心圖畫。盪氣迴腸，没情淚、幾曾輕灑。怎而今悄地，輭語相句，藕斷絲挂。空餘夢痕可寫。記圍壚餞歲，調冰消夏。恐海棠、不稱梨花，幸金谷量珠，早傳佳話。足跡無端，又困頓、風塵之下。願從今、萬千珍重，片言慰藉。

洛陽春 癸亥秋仲，滬北大世界聽方寶寶詞史度《劈破絨》曲

燕調秦腔聽不慣。況繁絃急管。寶兒小拍獨翻新，譜豔曲、情含怨。琵琶半掩芙蓉面。羨珠喉一串。繡絨劈破曼聲歌，似嚦嚦、春

鸎囀。

眉嫵

記怡紅軒外，浥翠闌邊，花落怨風妒。人也如花意，春愁困，憑誰堪與分付。雁書間阻。念墜歡、紛擾離緒。最惆悵，夢逐梨雲散，夢痕更無據。　歸去。家山何處。恁詠殘絮雪，聽倦梅雨。恰又懨懨病，開鸞鏡，容光憔悴羞覩。素心自許。怎怪他、芳艸南浦。望垂柳長亭，猶霧鎖、萬千縷。

一翦梅

屈指春歸纔幾朝。紅透櫻桃。緑展芭蕉。春痕春影逐春潮。烟柳魂銷。水絮萍飄。　晚對菱花整翠翹。恨在心苗。愁在眉梢。新聲譜就惜奴嬌。拈著銀毫。題向冰綃。

小重山　重過拙政園有懷，借芝麓韵

時正花香鳥語柔。恰逢寒食節、賞春游。新茶聊當釣詩鉤。尋佳句、攜手板橋頭。　重到幾經秋。箇儂芳跡杳、賸離愁。依然碧水繞亭流。蓬瀛遠、空倚見山樓。

浪淘沙

小閣鎮清寥。銀燭光摇。簾波時惹玉鉤敲。簾底去年曾待月，也是今宵。　烟裊博山高。心字香燒。依然眉月上花梢。猶記花前攜手處，花近人遥。

烏夜啼　寄鬘雲

離恨尚縈岸柳，吟魂猶繞庭梅。逗遛兩月期非促，相見幾多回。　原自抛人怎奈，問誰向我曾催。前塵好事如春夢，夢影溯低徊。

綺羅香　誌友人所述燕京香車事

綺夢神凝，香車影杳，身著誰家池館。景物迷離，時尚北堂萱綻。審聲勢、貴埒王侯，覘奢華、宅居樓殿。那人兒、嬌豔如花，惜無幽雅事消遣。　芙蕖風辟溽暑，當得招涼延爽，園亭游衍。偏愛牙牌，盡日泥人龍戰。恁尤喜、品雨評雲，詢如是、怎堪留戀。病推辭、徽倖生還，敢嫌緣分淺。

三姝媚

桃源還有洞。爲漁郎緣深，主人情重。媚紫怡紅，怎來聞簾外，燕譏鶯諷。款客殷殷，飢便得、胡麻供奉。酒進長春，妍唱嬌吹，藻詞稱頌。　如醉如醒如夢。恁旖旎風光，梅憐蘭寵。性靜神恬，任弄珠捫玉，詠鸞歌鳳。幻想羣芳，期秀茁、徵求佳種。甚地當時，圓融無礙，疑雲亂涌。

以上《問梅山館詞鈔·懺情集》

上林春　羅浮夢影圖

清寂羅浮仙洞。記月上、暗香句動。橫枝瘦影禁寒，秖牕外、倚風悄弄。　花神也是多情種。但囑付、芳盟珍重。怨他翠羽啁啾，輕破、者般幽夢。

浣溪沙　同社宋嘯鶴見示先世堅齋少司馬林泉逸致圖，係楊野寫真，王石谷補景，名流題詠極多

此是人間小洞天。松篁影裏聽流泉。秋芳采采向籬邊。　屈子餐英甘冷淡，陶公解組喜翛然。畫圖欣得識先賢。

贊成功　丁巳春日自題補天圖

天何傾陷，大造悠悠。人多缺憾在心頭。一般世界，幾許春秋。不平如此，誰爲擔憂。媧皇煉石，煞費綢繆。居然五色化雲浮。秖憐鰲極，震動無休。傷心今日，偏地潮流。

菩薩蠻　道濟禪師像

阿師抹卻慈悲相。嬉皮笑臉顛模樣。四大既知空。猶搖一篷風。不談禪悦理。三昧憑游戲。酒肉慣充飢。天生智慧奇。

攤破醜奴兒　折梅美人

春山娟秀秋波媚，額覆烏絲。脣露匏犀。杏靨微呈欲笑時。也，囉，誰畫這、可人兒。峭寒難把狐裘卸，玉手偏持。一翦梅枝。人恰如花絕世姿。也，囉，我愛這、可人兒。

楳弄影　諸瞿禪師『一蒲團外萬梅花』遺圖題後

大師丰采。如是真和藹。一箇蒲團以外。萬樹寒梅，現花天雪海。鏡無塵壒。早脱閻浮界。畫裏莊嚴不壞。幾度滄桑，我來猶膜拜。

人月圓　月下停簫圖

月明雲淡芳園冷，露溼桂花陰。玉簫剛弄，輕風度出，裊裊餘音。小鬟忽報，檀郎歸也，醉臥沉沉。忙回繡閣，百般推喚，怕被涼侵。

清平樂　仇十洲美人埽雪圖

朝來雪霽。裹著重裘起。有意衝寒來徑裏。爲探園梅開未。先須埽淨香階。免教溼了弓韔。怕被檀郎勸阻，早將箕帚安排。

武陵春 桃源圖

偶避暴秦期小住，豈料竟安居。一事尤爲世不如。藏有未燒書。　漢魏茫然焉識晉，花木幾榮枯。仙境甯同俗徑趨。休笑武陵漁。

鳳栖梧 風塵三俠圖

最是楊家紅拂妓。壓倒鬚眉，勃勃饒英氣。慧眼能知天下士。至今圖畫傳遺事。　俠客儘多何足齒。卻幸虬髯，一席居然廁。倘欲成名須附驥。衛公人物原無幾。

相見歡 雙星渡河圖

悤悤小別經年。鎮相憐。情比世間兒女、更纏綿。　歎嘉耦。不長久。羨神仙。守定佳期永在、早秋天。

洞仙歌 楳妻鶴子圖

當年處士，占孤山一角。楚楚胸中具丘壑。道移家、小住明聖湖邊，論眷屬，秖有寒梅瘦鶴。　況無塵俗累，洒落襟懷，索笑攜雛得真樂。月上暗香浮、倦羽歸來，鋪瑤席、共陪清酌。愛花鳥、多情足相親，任餘子喧呶、糞擔碁著。

探春慢 自題問梅圖

孤嶼巢居，羅浮林隱，洵是名流高蹈。眷屬深情，神仙佳話，千古令人傾倒。念者般清福，問端的、幾生修到。自憐琴劍飄零，伊誰知我襟抱。　癡想甚時堪了。願水郭山村，幽栖終老。索笑巡簷，尋詩策蹇，好遣閒愁多少。

慣識梅風韻，更休問、花遲花早。繪影留香，披圖聊對吟嘯。

西地錦　靈航上人屬題菊泉大師遺照

菊影清泉窺處。漸禪心澈悟。小乘越也，大乘止也，恁歸真西土。　妙相圖中如故。況筆花争吐。名人讚賞，名山位置，定俱傳千古。

浣溪沙　韓蘄王湖上跨驢圖

陣馬風檣百戰功。湖山誰使老英雄。翠微亭上證泥鴻。　鐵甲三千期克敵，金牌十二主和戎。被天强派作詩翁。

浪淘沙　梁夫人桴鼓圖

勇氣奮紅妝。力贊戎行。錦袍繡鎧倚危檣。桴鼓中流聲不斷，千載名揚。　不盡水湯湯。遺韻悲涼。空聞險要扼長江。老鸛掘通驕虜遁，天意難詳。

浣溪沙　西泠烟雨圖

山色空濛近午天。游船争攏白堤邊。也曾著我畫圖閒。　雲氣釀成三竺雨，湖光化作六橋烟。果然濃抹態尤妍。

減蘭　題鄉丈戴寅谷遺蹟

畫工活潑。雨後山如争出没。江上風横。來往帆檣交錯行。　溪橋村樹。風景依稀游過處。茅屋泥牆。恍惚曾聞麥飯香。

清平樂　題譜兄沈吉三遺蹟

紅牆蕭寺。林壑真幽緻。更羨奇峯畫非易。

况又雲含雨意。青旗飄颺斜暉。畫中人是伊誰。扶醉臨流問渡，恰逢罷釣船歸。

如夢令 梨花、白燕畫幀

春色一株如雪。比擬梅多緑葉。玉翦戲東風，來往花間不歇。清絶。清絶。畫屏胭脂高潔。

桂殿秋 清課圖

成妙句，誦低徊。鏡中人也不攢眉。無知小婢殷勤報，昨夜鄰家夫壻歸。

虞美人影 印心盦主遺挂

畫中留得真真影。模樣没些差等。妝飾諸般齊整。宛若存芳性。　靈犀底事還含愠。薄倖罷儂甘領。喚煞怎生不應。淚盡空悽哽。

竹香子 朱竹

巧奪珊瑚神彩。寫出一枝古怪。臨風嬌若赤龍騰，訝在青天外。　伊誰故弄狡獪。把此君別狀豔態。若教種向祝融峯，抹煞丹霞赭靄。

荔枝香近 周天球驪宫進荔圖

一騎紅塵飛動，欽鳳詔。恰當浴罷華清，妃子臨軒笑。金槃顆顆珠排，貢自蠻方嶠。甘美、齒頰流芬沁愁抱。　鼙鼓震，兵禍迫、芳魂杳。夜雨鈴聲，猶引上皇悲悼。傾國姿容，繪入生綃影惟肖。宛在蓬萊仙島。

陽臺夢 美人折梅畫幀

院中芳訊來何早。曉寒夢怯東風峭。玉纖呵

折一枝春，愛香微朵小。　癡情誰可訴，頭白塵紅潦倒。問梅清福幾生修，伴畫中人好。

雲仙引　邯鄲授枕圖

赤日當空，黃粱乍煮，紛催可奈遲遲。書生倦，道人知。飢腸苦熬欲睡，授枕神游纔片時。名喜易成，倏然將相，冠玉袍緋。　平戎歌凱班師。正歡聚、妻孥情頓違。旨下雲陽，罪論西市，憤極悲啼。聞喚方醒，飯猶未熟，省識神仙玄妙機。此圖誰畫，警紅塵夢，是是非非。

惜秋華　小青題曲圖

慘淡湖山，鎮黃昏寂寂，瀟瀟涼雨。顧影自憐，銀鐙共人幽處。因緣錯註前生，算了却、今生蘭絮。傷心，向誰言，淚灑西泠香土。　香爇無計遣愁去。想古來稀有，懷春嬌女。香返魂，成就意中鴛侶。芭蕉最惹淒涼，更觸撥、閒愁千縷。題句。苦凝思、低鬟不語。

清平樂　銕橋上人繪贈赤松黃石圖，拈此題於空處

赤松黃石。讀畫欣纔識。稟性貞堅罕儔匹。開士妙思運筆。　神仙幻誕存疑。可休論是評非。試看行雲流水，悠然一片天機。

菩薩蠻　歲朝清供

臘楳天竹尋常有。花稱富貴花偏瘦。百合貯瑶缸。缸鐫大吉羊。　銀臺金琖麗。盆炭團歡喜。好語自多同。還添不倒翁。

念奴嬌　驪山密誓圖，武林海雲居士汪德初畫

銀河清淺，正七夕、天上神仙團聚。贏得君王妃子羨，夜半驪宮私語。花發連枝，鳥飛比翼，誓願釵鈿固。倘生來世，復爲相愛夫婦。　別風月太液池頭，昭陽殿裏，朝暮相親處。有胡兒誇赤膽，野種由來無父。塞上酥腥，漁陽鼓震，驚破霓裳舞。江山情重，馬嵬埋玉終古。

清平樂　瑞蓮庵避暑，題居庸積雪圖

胡兒活潑。生慣禁寒冽。一白崇墉新積雪。馬歇料防蹶滑。　關門一綫蜿蜒。關頭雕影盤旋。陡覺涼生圖畫，幾忘赤日行天。

前調　端節清供

天中供品圖稀見。艾青蒲碧榴紅綻。翠盎貯枇杷。符簪五毒花。　粲堆菰裏糉。對客如嘲諷。客歎雪盈頭。羈懷不自由。

前調　居庸寒獵

雄關形勢圖猶險。邊人生性能寒儉。林麓結茅廬。塞翁中有無。　艸枯鷹隼疾。風緊飛殘雪。日暮尚鳴骲。爭馳力耐勞。

前調　山水

雲中略彴曾誰躅。紅牆蕭寺依岩麓。似有晚鐘催。荷薪樵子歸。　好山看不盡。流水無時定。如許境清幽。閒來任臥游。

過龍門　隱广周湘繪贈除夕醉眠圖

又見酒中仙。游戲人間。風神入畫也陶然。牕破補黏賒酒券，當作春聯。　爆竹報除年。囊没青錢。醉鄉深處且酣眠。索債人來都不管，妙法逃禪。

惜紅衣　崑崙奴盜紅綃圖

上客千牛，主人一品，愛才輕色。故令家姬，含桃進甘汁。癡情謎語，猜著也、相思無益。奇特。廝養隱淪，遇崑崙磨勒。　崇垣縱陟。椎去黄奴，璚闈盜傾國。藏嬌别院不密。漏消息。打鴨不驚鴛侣，嫉惡爪牙神術。審古來豪士，游俠各循天職。

臨江仙　紅綫盜盒圖

幕府森候笳鼓壯，玉盤皎潔雨霜濃。紅妝飛度萬軍中。盜將金盒出，往返劍藏鋒。　魏博驚寒吞併膽，潞州解卻隱憂胸。綫孃妙技靖兵戎。于今傷世亂，怎得女英雄。

鶯啼序　并引

曩與白門黄氏昆仲文酒交游，情皆莫逆。伯曰幼亭，别字語松；仲曰瘦竹，别字揖竹；叔曰雲門，别字聽蕉。曾倩徐小倉分繪畫屏，與予之問梅共成四幀，伯、仲均有題詞。不意瞬經卅載，已先後物化。聽蕉圖前歲始得雲門題就。癸亥試燈節，偶爲展讀，追憶前塵，不禁感慨係之。然予亦垂垂老矣，焉可無詞？勉賦長調一闋，聊序舊情。工拙不計，質之雲門老友，以爲何如

黄公節宣志學，等胎禽養羽。長成後、荆棘叢

深，幾回難以摩舉。遂栖息、空山流水，翩翩恥與雞爲伍。語松間、聊遣吟情，百篇千古。遇知己、招隱淇園，此君幽貞風度。報平安、卑躬揖謝，證懷抱、同心相許。恨無端，蹤跡人天，斷腸吟苦。蕉聲喜聽，可奈飢驅，挈梅載鶴去。二十載、寄春消息，阻著邗水，海上重逢，話殘蘭炬。相看白髮，前塵回首，蘆花搖落鴻無影，賸孤梅、老尚含香吐。情深棣蕚，頻頻夢返家山，淚澆宿艸黄土。雲停茂苑，水翦吴淞，展畫圖默覩。漫檢點、離愁離恨，翠竹青松，雅伴寒香，綠天深處。凝神入夢，披風抹月，歡然棄却相思念，把相思、填付新詞句。醒來真幻茫然，俗許癡情，問梅不語。

如夢令　蟹形蘭畫册

幻筆畫家長技。拳石團臍摹擬。葉足與花螯，香艸無腸公子。形似。形似。生面別開幽緻。

洞仙歌　破鏡重圓圖

平分鸞鏡，乃樂昌公主。預計流離播遷苦。國將危、取此各半珍藏，嘗密約，他日相尋證據。長安燈市夜，試賣街頭，價貴當然罕人顧。萬幸恰如期、駙馬心堅，知吻合、情緣天助。但伉儷、重諧返江南，更厚贈匳資、越公豪舉。

減字木蘭花　山水

羣山變色。一抹癡雲如潑墨。暮雨紛紛。村

落人家早閉門。　板橋行處。破繖風斜身不護。讀畫凝思。夙昔曾經有此時。

青玉案　慧圓大師遺像

攜梅挈鶴栖吴苑。每閒日、過僧院。杯茗爐香談不倦。詩文詞曲，喜爲論辯。清興同消遣。　廿年交誼緣非淺。境隔人天不相見。此日鬢絲禪榻畔。欣然題句，畫圖重展。如晤吾師面。

憶秦娥　曼陀繪之花非花

如花貌。花間悄立拈花笑。拈花笑。含情凝睇，與花相較。　花開花謝催春老。箇人暗地虔心禱。虔心禱。願人身壽，願花長好。

慶春澤　虢國夫人騎馬入宫圖

香夢催殘，春酲未醒，侍兒扶上雕鞍。淡埽雙蛾，果然素面朝天。星稀月墮平明候，怯輕寒、懶執珊鞭。近宫門，方挽絲繮，略整花冠。　生綃倩影蹁躚態，問承恩行樂，可浴温泉。歌舞娱情，可曾看打球還。漁陽鼓震霓裳破，怨三郎、只擁肥環。急追隨，誰辨鵷輿，誰備魚軒。

醉花陰　陳守愚藝蘭圖

翩翩名士饒英氣。戎幕嗟匏繫。袖手視孫曹，觸鬥蠻争，誰爲蒼生計。　期君一試蘇張技。玉帛重相契。從此息干戈，解組還山，好覓幽蘭藝。

水龍吟 龍女牧羊圖

柳生行次涇陽，牧羊有婦顔如玉。惻然問訊，舅姑見罪，家庭不睦。尺素煩傳，慨然擔任，敢辭湖瀆。踐虚靈入覲，款留未幾，人重見、宮妝服。　嬪從花團錦簇。碧雲臺、燈紅酒緑。嬌歌豔舞，報君援妾，蒙塵遭辱。別後維揚，締姻盧氏，絮談衷曲。省芳魂借蜕，同心偕隱，享長生福。

解語花 時妝梅邊倩影圖

姿容婉孌，體態苗條，真真似曾省識。折取紅梅，供瑤瓶、相對互矜顔色。幽情脈脈，花恁好、冷香暗溢。怎比箇，儂多嫵媚，一笑能傾國。　狐裘輕裹玉臂，搔首驟然，嬌恃耐寒力。綺麗韶光，莫蹉跎、芳歲自應珍惜。春風

蝶戀花 馬江香女士花籃畫軸

花事每因風信誤。春夏蟬嫣，纔見花争吐。萬紫千紅難細數。幾疑半占羣芳譜。　女史丹青才思富。著意描摹，名種盈筐貯。活色生香如帶露。竟教蜂蝶狂飛舞。

鷓鴣天 韓侯千金報德圖

衣錦驚疑非舊人。千金報謝笑相親。餘生不念滕公德，每飯常思漂母恩。　狂惡少，辱王孫。丈夫有屈始能伸。貧時乞食圖頻見，此畫翻新天壤分。

羅嗊曲 采蓮圖

采罷蓮花後，歸舟夕照中。阿儂輕盪槳，淺水亦生風。

天然。元亮腹非，東坡應笑，畫理可參禪。

南歌子 時妝美人畫幀

高屧跟矜瘦，長裙襇愛稀。留仙飛起怨風姨。並蒂藕花繡帶、被人窺。　秋水含春意，香雲罩翠眉。綠陰悄立對斜暉。爲約檀郎作伴、渡江歸。

探春慢 自題老友周琴候繪貺之西溪探某圖

孤艇入西溪，一意探春，春回偏早。蟒幹虯枝，映日花容似笑。風微動，香暗溢，託根巉崖石竅。恁奇觀，悠然若夢，著身瑤島。　回首烟波窈渺。且把酒漫吟，新添詩料。得句低徊，略誌癯仙丰貌。求周昉、摹倩影，畫成如予腹稿。展圖看，鴻泥舊印，證西溪道。

夢窄。居處無郎宜早覓。縱有繫懷愁萬縷，休把情絲織。

驀山溪 黃雲門巖谷駐顏圖

水清溪曲。蕩漾如羅縠。山列畫屏風，趁斜陽、雲籠霞覆。松杉深處，隱士此爲家，茅蓋屋。庭栽竹。布置超塵俗。　琴牀碁局。梅鶴同栖宿。鷗鷺日相親，笑癡人、採蕉掩鹿。多君好客，引我夢魂來，香正馥。茶初熟。分享幽閒福。

一叢花 秋色鬥妍畫幀

籬邊。菊性愛幽閒。有婢好容顏。環妃醉態渾相似，嫩如水、趙女猶憐。并翦細裁，香羅片片，競鬥晚霞妍。　丹鉛。絢染仗毫端。繪出影便娟。花花葉葉霜難犯，最神妙、宛是

漁歌子

扶病瑶牕强撫琴。博山添炷海南沈。纖指弱，怯愁侵。幽情操縵白頭吟。

虞美人 虞美人畫册，朱寄萍遺筆

楚歌楚舞沙場夜。太息空争霸。思鄉緣聽洞簫吹。可奈八千子弟、盡逃歸。　大王此際休憐妾。命合酬恩絶。花容血濺化紅妝。不信人間真有、返魂香。

水龍吟 鍾進士觀競渡圖，應黄雲門屬

汨羅屈子懷沙，忠君死諫名千古。離騷遺興，幽蘭寄慨，自傷遲暮。楚國黎民，歲時祭饗，招魂作賦。構龍舟憑弔，牙檣錦纜，揚旗幟、喧鐃鼓。　到處繽紛競渡。奠椒漿、艾蒲懸户。終南進士，恰臨塵世，飽觀欣慕。此畫應求，道元複繪，初摹風度。歎才人厄運，古來多少，被蛾眉妒。

深院月

瓶緊口，玦垂肩。朝來滿貯慧山泉。老夫聞處無塵事，插著梅花待過年。

蹋莎行 時妝美人圖

兩靨微舒，雙鬟低彈。長眉偃月春愁鎖。嫣然一笑足傾城，玉顔故屏丹鉛涴。　水鑽纍纍，山茶朵朵。香襟光閃星星火。怪伊頭腦忒清涼，嬌軀偏把狐裘裹。

買陂塘 酒勾瀟湘館侍者圖

幻猶真、大荒山下，神瑛芝草緣起。前生淚債

應償卻，頑石更誰鐫記。磨折死。魂悟不怡紅，原屬癡公子。蘅蕪敝屣。縱謊誕難憑，芙蓉早萎，尚著儷文誄。談天客，也入紅樓夢裏。傾心充作奴隸。超塵如畫瀟湘館，鵑雁互呼爲弟。愁莫洗。君不見、愁多可共殘花瘞。圖形任使。恁索我題詞，空中樓閣，三昧儘游戲。

以上《問梅山館詞賸·讀畫集》

菩薩蠻　龍興寺喜晤虛生、淡吾二上人

百花洲畔看雲水。尋幽更入龍興寺。寺有兩高僧。參禪到上乘。　吟哦同所好。恨不相逢早。香火氣全消。足稱方外交。

以上《問梅山館詞鈔》

一斛珠　重訪虛生、淡吾二上人

支公許老。名山卓錫同修道。梵門我羨無煩惱。心香時爇今重到。殘菊經霜，猶似迎人笑。　不速客來能逆料。茶鐺酒榼安排早。談詩卻比談禪妙。得意忘情，相對傾懷抱。

以上《希社叢編》第七册《珊瑚網》

魯　元

長相思　首都寄月梅　民國二十一年冬

聚忽忽。離忽忽。一樣思想兩地同。夢裏訴懷衷。　山重重。水重重。忍將别緒付飛蓬。幾時親玉容。

喜春來　遊青泉寺　民國二十一年冬

相迎四圍青山秀，三五遍舟浮渡頭。東郊犬

吠應西疇。村居樂，水友復山儔。　禪關遙對閑鷗鷺，山外漁樵時唱和。梅花無主落東坡。西溪路，只見白雲過。

醉落魄　月夜舞劍　民國二十二年夏于浠水四十七師司令部

凌霄浩志。玄穹阨我幾時遂。無端皓月搗吾寐。昂首高歌，欲正乾坤氣。　四宇黯然愁薦被。倒杯拂袖揮天地。大地陸沉誰匡濟。解劍起舞，且待風雲會。

南浦月　秋曉

淅瀝西風，階前落葉知多少。兩三驚鳥。繞樹啼初曉。　郭外青郊，雁陣聲聲老。南關道。露濕枯草。細月添秋好。

憶仙姿　洛陽雪夜寄月梅　民國二十三年冬

蜜雪毶毶寒透。窗外玉梅消瘦。指冷折芳箋，剔破殘燈如豆。難受。難受。最是漏深時候。

憶王孫　重九登北邙　民國二十四年

北邙千古總蒼蒼。送盡無涯興孰亡。人世幾遭見菊黃。君傾觴。山外悠悠又夕陽。

搗練子　秋夜寄月梅　民國二十五年

風颯颯，雨蕭蕭。冷被寒燈伴寂寥。相憶相思難入夢，一番更漏一番憔。

解佩令　三十歲生辰感懷

十年仗劍，九州結客，嘆沈腰、幾度損年歲。三十功名，幾曾見、文匡武濟。替天公、作點膀臂。　半生蹉跎，怎不惶愧，幸還有、滿腔浩氣。一點真誠，起擔當、人間大義。莫因循、浮生似寄。

浪淘沙　秋夜

金鐵上林梢。花影如潮。披衣起視月輪高。宇浄天清人寂寂，鳥夢摇巢。　仔細沈郎腰。昨日今宵。老天那管人悴憔。有限韶華無限恨，總是輕拋。

前調　殲寇　民國三十年

報國總心豪。虎略龍韜。寧將都護讓班超。大漢聲威久不振，捋酒重招。　檢點舊征袍。怒馬騰號。三千白髮上沖霄。寄問倭奴多少命，來試寶刀。

長相思　月梅逝世一週年，填《長相思》詞紀痛

音渺然。顔渺然。死别而今又一年。怕看明月圓。　思緜緜。恨綿綿。此恨此生何日填。傷心欲問天。

憶仙姿　親朋每話賢良，輒舉月梅爲範，且咸以不可再得爲余慨惋。追思無涯，填《憶仙姿》詞述感

滿腹悲愁誰訴。怕與親儔相晤。愛道君賢能，妻範母儀獨步。獨步。獨步。盡是斷肝腸處。

以上《大地永春閣詞草》

鄒弢

江亭怨　有憶

秋在蘆花深處。瑟瑟涼波微度。明月可憐生，還照離人小住。　欲把心期細訴。隔着

遥天雲樹。便説夢中尋夢，也何曾來去。

踏莎行

小蝶馱香，新鶯試語。南郊山點青無數。隔溪煙冷雨初收，濃痕緑到銷魂路。　彩管箋春，憨情捉句。碧桃花下香車駐。東風做了主兒家，把人抵死勾留住。

大江東去　海昌杜晉卿扁舟攬勝圖

封侯未遂，任騰驤騏驥，孫陽難覓。喚起痴龍休再伏，且訪天涯陳跡。極浦烟霞，大江形勝，付與中流楫。琴清鶴韻，勝遊聊壯行色。　縱目一葉扁舟，乘風去也，劃破琉璃碧。山色湖光摇不定，化作秋魂蕭瑟。殘夢迴潮，孤篷轉雨，都到詞人筆。記遊新句，奚囊子細收拾。

望海潮　田在田軍門巴江弔古圖

大江西去，殘碑遺壘，行人指點壇場。鐵甕開藩，銅駝没棘，那禁幾箇滄桑。叢樹鬱平岡。記連營旌旆，戎馬倉皇。畫角秋寒，雕弓夜凍塞烟荒。　正濃壓陳雲黄。聽峽猿咽淚，玉管吹霜。九曲迴腸，五更殘夢，天涯羈恨難降。弔古感蒼茫。慨雄圖王氣，付與斜陽。剩有無情衰草，還繞橘官堂。

菩薩蠻

梧桐庭院秋篩影。水紋簟滑冰花冷。團扇又思量。晚風吹夢涼。　玉人新浴後。小倚紅欄瘦。滿地月華明。相思深更深。

齊天樂　題陽湖馬相如《茶山草堂詞》，刊入《斷腸碑》

銀毫蘸艷修香史，寫將美人眉嫵。春影描癡，秋情搦怨，替慰詞仙辛苦。閒愁爾許。把身世中年，淚痕偷數。彈盡相思，玉簫聲裏紫雲度。　青衫依舊故我，把壯心抹煞，偷寫凄楚。月魄摇涼，烟魂眷夢，都入傷心詞句。飛瓊未遇。悔琴劍天涯，登樓空賦。掩卷沈吟，曼聲還浪譜。

長亭怨　題同鄉余成之《春感》詞

埋長恨、英年輕誤。劍氣韜虹，光華難露。容易銷磨，天涯芳草夕陽暮。還忍把、心期訴。慣替落花愁，紅豆和、淚珠偷數。　凄楚。把烟情水籟，重訂玉簫詞譜。宫移羽换，但彈出、别離辛苦。驀牽起、客夢纏綿，被吹向、亂紅深處。傳花外餘音，一曲求凰，新聲暗度。

臨江仙

庭院深深人悄悄，輕風斜日珠簾。金爐香燼裊餘烟。一雙蝴蝶影，飛過畫闌前。　别後閒情添幾許，鏡中不似當年。東風懊惱斷腸天。拋書人正倦，無計慰春眠。

醉花陰　寄内

韶華轉眼匆匆去。遊子家何處。時節又清明，芳草天涯，腸斷鄉關路。　别來猶記憑欄語。相約花時聚。此日不還家，料得深閨，算我歸期誤。

雙雙燕　新燕

去年送别，正玉塞秋空，長亭風緊。呢喃款語，後約商量未定。屈指歸期尚近。已金粉江南消盡。無端陌上春回，帶到幾分芳訊。花圃新紅欲暈。又翠翦雙雙，拋來難穩。烏衣巷裏，記否舊時風景。重把巢痕細認。問地主、今更誰姓。可憐夢冷蘼蕪，賸得斜陽片影。

卜算子

守著窗兒悄。懶去眉兒掃。別後人兒總不歸，望斷書兒到。　妒煞龎兒好。卻被花兒笑。鎮日心兒擾不休，反把鶯兒惱。

醉花陰

年年好景成孤負。瞥眼春光驟。時節過清明，又是梨花瘦了、桃花瘦。　滿園冷翠渾如舊。燕子銷魂否。春水恁多情，也學愁人把著、眉兒縐。

醜奴兒

瑶窗風雨秋宵永，涼煞銀鐙。閒煞銀屏。月轉西樓一片砧。　調笙舊事休提起，夢也無憑。卜也無靈。守著紗幮坐到明。

桃源憶故人

幽貞寫韻情孤負。折盡河橋楊柳。儂意鸚哥知否。近日濃於酒。　疏燈綺閣黄昏後。往事幾番回首。夢冷屏空清守。一樣難消受。

浣紗溪

一桁疏簾捲恨開。梨雲夢醒竚閒堦。挂簾好放燕歸來。　楊柳陰中偷顧影，櫻桃花下笑兜鞋。斜陽無語下樓臺。

其二

柳曳柔絲綠正勻。東風疏掠又重新。剛纔病

起怕傷春。　芳草天涯烟外路，桃花春水夢中人。愁痕暈上鬢邊雲。

醉太平　訴别

尋秋感秋。窗幽境幽。疏燈人語紅樓。訴新愁舊愁。　鸞儔鳳儔。情稠意稠。歡情水樣難留。怕天涯遠遊。

卜算子

飛燕語呢喃，未解人離恨。知道紅閨望遠心，還弄雙雙影。　打破畫梁巢，看爾能厮並。若是郎君喚不回，不許和儂近。

行香子

臥冷瑶笙。彈罷銀箏。涼邊秋雨咽凄清。瀟瀟滴滴，聽得分明。更夜迢迢，燈慘慘，柝聲聲。　無賴蛩鳴。催起離情。屏山曲折影娉婷。斷腸滋味付寒檠。奈意難忘，愁難遣，夢難成。

蘇幕遮

乍薰香，還對鏡。提起相思，好夢偏無準。門外垂楊風力嫩。吹上眉端，化作懨懨病。　緑盈堦，紅滿徑。敢怨飄零，儂與花同命。芳草天涯烟路認。一半春愁，一半離人恨。

漁家傲　題塞外從軍圖

暝色催寒千嶂合。沙場六月猶霏雪。日黯雲低飛鳥絶。西風冽。霜痕滿地笳聲咽。　慷慨長征家遠别。金戈匹馬胡天闊。萬里長城山疊疊。持寸鐵。將軍熱吮刀頭血。

雙紅豆

暮雲深。暮烟深。一去秋風直到今。白頭空自吟。　信沈沈。思沈沈。門外天涯萬里心。教儂何處尋。

如夢令

郎住采蓮塘裏。妾住采菱灣底。相見不相親，隔一重簾千里。迢遞。迢遞。一水盈盈難濟。

鬢雲鬆令

小窗幽，深院曙。簾外輕寒，寂寞花無語。隔院繁華初著處。蜂蝶尋香，飛過鄰家去。　葬桃花，吟柳絮。底事推敲，只有傷春句。杜宇聲聲啼不住。若是憐儂，莫引儂愁緒。

昭君怨

記得花時離別。又是花開時節。花事太匆匆。不相逢。　夢裡郎君歸去。夢醒怯寒慵起。春夢最撩人。況無憑。

點絳脣

月鎖黄昏，天涯太近紅樓杳。含愁如擣。没箇人知道。　脉脉關心，衹怕蘭香老。空幃悄。支頤待曉。月在西廂了。

臨江仙

『猶記』詞三十首之八，戊子秋作於般陽

猶記尋秋來古刹，廣場同載雕輪。茗香領略鬬詩情。泥君遥走送，駕鶴問歸程。　山水萬重人萬里，旅魂遥逐江濱。一方烟水夢伊人。醒來花外立，風露正泠泠。寄萍盦主朱筱唐。

其二

猶記旌旄來海上，愛才相引爲曹。綺筵笑語鬬清宵。小紅低唱出，涼併一枝簫。　巴樹蜀雲遥望處，自搔兩鬢蕭蕭。嫁衣裁就尚藏嬌。聘錢誰貰得，中夜淚如潮。青蓮居士李仲仙。

其三

猶記金娥墩畔約，草堂畫燭深深。尚交論世愛才心。文章甘苦味，我輩是知音。　轉瞬簪綦飄墜雨，雲鴻何事分岑。依人辛苦作寃禽。故園千萬里，愁絶倦停鍼。吹徹玉笙樓主王毓仙。

其四

猶記驅車冒寒訪，王郎客裏相逢。畫樓珠箔善偎儂。檀雲堆枕亂，懶彈玉釵鬆。　暗唱驪歌君去也，天涯難覓飛鴻。星期過了尚飄蓬。旅窗催惡感，疏雨滴梧桐。雲栖居士王薇閣。

其五

猶記龍華接芳躅，嬉春破霽驅車。短笻香徑看桃花。村中新釀熟，醉到小姑家。　伯樂難逢王謐死，離人容易天涯。申江回望暮雲遮。故人雞黍局，何日話桑麻。秋蘭幽夢生喬定侯、杏林仙陸耀庭。

其六

猶記前秋滬江畔，蘭臺走馬匆匆。萬花圍住畫燈紅。琵琶聲調急，一曲有情儂。　轉轂江山今昔異，梧烟金井秋空。珠啼粉怨憶春風。孫陽何處是，仙夢白雲封。鐵簫仙史孫藻卿、醉石生孫蔚卿。

其七

猶記燈宵醉歌舞，霓裳小會羣仙。眼眉融洽可人憐。論交真不惡，大雅亦纏綿。　畫卷留題詩未就，泥鴻又印遥天。歡悰如笑夢如煙。暗拋金鈿盒，香誓負當年。蘭臺生顧松泉、樵雲山人程堯丞、知白子舒芷厚。

其八

猶記晨窗看梳掠，妝樓來訪娉婷。曼聲新學泥人聽。含情眉解語，豔玉忒瓏玲。　贈我三箱紅豆子，教人刻刻思卿。慣從夢裏見傾城。並肩無一語，簾外拜雙星。讙芳樓主及惜餘春館主。

浣紗溪　有憶

記得題詩扇底逢。紫泥小印玉玲瓏。蘭貞小字有情儂。　曲院閒情憐綺緑，畫樓韻事鬥新紅。那時風景太悤悤。

其二

記得秋風瘦碧陰。海棠花下共題襟。光陰一刻值千金。　自製雙弓憐樣小，早裝半臂怕寒侵。爲誰常有惜花心。

其三

記得樓頭月正圓。新詩共賦小遊仙。無端舊夢已成烟。　幽恨但隨芳草長，柔情屢被落花牽。斜風細雨又今年。

其四

記得晨妝粉未搓。玻璨窗下替研螺。鴛鴦不畫畫雙蛾。　流水年華曾愛惜，好花心事易蹉跎。瘦紅姊妹斷腸多。姊妹所居曰瘦紅館。

賀新郎　本意

春去江南陌。晝沉沉、紫櫻已熟，綠陰如滴。南國相思紅豆子，一樹珊瑚初實。羨仙偶、彭郎比翼。同調求凰已如願，會真真、屏啓芙蓉碧。雙照處，諧琴瑟。　粧成却怪脂痕溼。對菱花、朝霞淺映，輸卿顔色。天上蘭香本情種，暗遞芳情脉脉。證舊約、前生應識。玉珮瑶簪今都在，畫雙蛾、好借凌雲筆。年少樂，君須惜。

前調　金陵鄉試第九回，感賦寄幽貞館　甲午年

老大功名冷。莽天涯、此生賸有，蕭蕭雙鬢。廿載詞場空角逐，狂氣消除殆盡。況正是、藩邦告警。日本用兵高麗。投筆請纓何處是，臥蓬茅、血淚和愁迸。鍾子杳，相如病。　文章底事同爭競。漫登場、蹇驢出郭，扁舟坐穩。萬頃荷花後湖萬七百畝荷花，得三分之一，祗許賣藕，蓋官禁也香世界，一片匳開明鏡。看烟外、斜陽欲暝。回憶深閨臨別語，逐秋風、忍負雙肩並。應自笑，江南俊。

百字令　題江建霞初日芙蓉圖

春温回首，莽天涯、牽起絲絲離恨。記取臨歧珍重語，脉脉眼波微暈。儂意膠心，卿情鑠骨，顛倒鴛鴦命。蕭孃將嫁，來生鈿盒重訂。　天卻喜海外瓊仙，江郎寫出，幽媚傳真韻。女瀛臺妝窈窕，印出瑶宫花影。夢斷旁妻，詩題本事，抵得銀河聘。三神山遠，玉簫再世難證。

柳長春 題建霞《紅蕉詞》

幽恨絲絲，離愁罥罥。東風祇許江郎管。卻從何處證靈修，春花骨格秋花怨。　密約初抛，墜歡重眷。天涯幾許人腸斷。新詞讀罷意闌珊，儂心好比蕉心卷。

高陽臺 補幽貞館圖題詞

院閟苔香，簾篩月細，瓊窗閒煞銀鉤。冰洗禪心，琅玕戛戛搖秋。三生題遍相思子，蕩柔懷、倦倚薰篝。怨靈修。薄命如儂，孤負情幽。　鸞牋擘玉親題字，奈搜腸刻骨，總是離愁。小刧華鬘，春風冷落紅樓。湘蘭老去癡魂在，寄天涯、寫盡綢繆。恨悠悠。仙侶文簫，縹緲瀛洲。

賣花聲

客裏滯孤身。負了香盟。夢中歡笑意中人。當日珠樓臨別語，記得分明。　小影對真真。盥手香焚。嫣然相對卻多情。欲喚紅兒通一語，紙上微嗔。

如夢令 過山東澤莊作

落落天涯孤夢。又被荒鷄催送。破曉過羊流，滿地霜華寒重。誰共。誰共。小驛梅花香凍。

解珮令 寄王薇閣京中

俊游踪杳。苦吟魂悄。更何堪、再提年少。怨粉愁脂，任骯髒、鄒陽才藻。已無心、月圓花好。　鏡中妍笑。酒邊商調。最相思、離人香草。有限歡娛，也莫抵、平生潦倒。况思家、又縈懷抱。

虞美人

湘簾慵卷餘香裊。書展紗窗曉。茶烟經颺落花風。定有傷心人倚、畫樓中。　悤悤春去真無那。賸了淒涼我。眉山閣住淚溶溶。頰上梨渦嬌褪、一分紅。

臺城路　題楊誠之曉風殘月圖

世間盡作春婆夢，亂吹俗塵如障。險處回頭，忙中轉手，放下乾坤蒼莽。清溪無恙。且料理吟筒，別尋幽賞。此境無人，四圍涼碧露蟬唱。　浮波浸空滉漾。正天風破曙，斜月猶朗。撅笛尋鷗，移家伴鷺，儘許孤情結想。寒雲欲盪。賸耿耿銀河，疏星三兩。遠聽瓊闉，擣衣砧杵響。

金縷曲　三十自嘲

往事休回首。想當年、茅檐弧矢，所期良厚。空盼崢嶸頭角好，不作若敖鬼後。竟容易、半生辜負。三十光陰如夢幻，慣勞勞、橐筆天涯走。銷意氣，付尊酒。　山林廊廟皆難就。君莫笑、荒唐落拓，無聊誇口。狂到世人皆欲殺，憤俗依然如舊。説甚麽、懷才無偶。惟有深情忘不得，猛西風、吹得心兒透。黄菊豔，沈腰瘦。

前調　甲申陽月下浣，合肥李仲仙經義同黄仕林君門枉顧寓齋，倚聲以贈

落落誰同調。莽風塵、花天萍海，儘容潦倒。放眼大千皆傀儡，中散牙琴已渺。幸君子、素

心相照。寶馬雕輪招俊侶，訪山陰、烟水尋安道。欣把袂，拾歡笑。　名儒名將稱雙妙。更纏綿、風流何遜，何蒔圃茂才。神仙黄劭。黄仙芝司馬。金石交情松竹契，此會幾生修到。奈斜日、催人太早。甫證良緣容易別，竟匆匆、歸去如征鳥。知己感，耿懷抱。

買陂塘　甲申冬十八、十九大雪，在鳩江蔓船同宋南生作

盪长空、冷雲吹暝，江聲新擱潮涌。旗亭風緊天無色，蒼莽古原荒壠。銀漢擁。看片片鵝毛，堆没琉璃縫。瓊樓合凍。任數點梅花，滿庭飛絮，白戰賈餘勇。　銷金帳，美酒初開碧甕。不如吾輩閒冗。團茶自取冰泉煮，禁體吟成肩聳。寒正重。怕此際、深山臥瘦高人夢。紅腔漫弄。且唤起詩魂，拈毫寫瑞，抵作賀年頌。

東風第一枝　留别同鄉吹徹玉笙樓主人王毓仙

夢駐神飛，春風藴結。雙鬢故園曾合。酒邊翦燭論心，暗瀠情波幾折。梅窗月静，聽玉漏、敲寒清澈。奈銷魂、短棹長鞭，抵死催人離别。　分雁軫、白雲恨絶。還賸有、水流嗚咽。亂山青冷無言，對著灞橋殘雪。塵裝載怨，又引起、鄉愁萬疊。且訂約、琴劍歸來，記取落花時節。

齊天樂　客感

青年水逝催殘臘，天涯不堪回首。香夢留痕，單情憶遠，竟把相思拖透。黄昏時候。奈孤影支寒，寫懷未就。百折千回，旅窗冷對一燈

瘦。西風不吹恨去，但吹將恨至，强人消受。怨裏飛魂，愁邊閣淚，兩鬢蕭然非舊。梅花解否。倘愛惜春華，也須眉皺。粉碎珠嘘，違心常八九。

浣紗溪　為懶雲作

香國沈迷酒國醒。天涯都是海中萍。郤憐名字重旗亭。　窺宋風流成惋惜，感甄心事易飄零。懶雲為述蕋珠仙館事，中有一聯，云『顧曲泥翻紅蕋調，護香擬奏緑卿章』，蓋老匊手筆也。　那堪抵死眼垂青。

滿江紅　乙酉寒食日，花氣薰晴，萬花呈媚。孤齋兀坐，良友不來，觸景撩情，不能無感

一翦東風，難瞞住、緑楊消息。竟任那、漫天鋪地，煙痕狼藉。三日微陰纔醞釀，夭桃苦苦催春色。更何堪、芳草憶王孫，含淒碧。　良友遠，空相憶。吟伴少，空相覓。把韶華如許，漸成拋擲。花氣薰愁將化淚，柳枝綰恨慵無力。且自澆、杯酒祭詩魂，酬寒食。

湘月　題海鹽徐古春圓成貽硯圖

重闈萱悴，守零丁孤鶴，期延華脈。撒手人天千萬里，衣德書香誰述。藥圃將雛，糠燈翼卵，一髮千鈞責。鵑啼霜冷，幾多心事難白。　郤喜秀挺孫枝，留貽片石，交付知珍惜。記取傳家承賜硯，莫負先靈憑式。海玉銷金，溪雲割玉，銘蝕苔花碧。范喬遺典，令人回首蕭瑟。

高陽臺　海昌杜拙齋先生漢隸遺墨

古豔霏青，奇光黝紫，毫端勁氣盤旋。幾歷滄

光，盡把好春催去。難駐。難駐。苦勸東風留住。

其二

烟引柳芽青逗。風扇小桃紅溜。愁更比春長，已把清明孤負。思舊。思舊。燕子憐儂消瘦。

金縷曲 寄桐城何蒔圃、吴縣曹醉菴，時赴京師

塵世知音少。喜秋深、申江把袂，相逢同調。獻賦無端京國去，此別教人難料。望消息、魚沉雁杳。遠樹空波千萬里，夢魂兒、攔住何曾到。離恨積，黯懷抱。　客中可有平安報。想津門、西風殘柳，楓林斜照。燕趙縱稱多傑俊，誰共吟邊歡笑。恐還是、故鄉居好。白首紅顏思正切，勸君身、打點歸來早。珍重意，

桑，龍文小蝕鑾𢧵。烏絲格半銷兵燹，護精靈、滿紙雲烟。拾殘烽，洗刷泥塵，碎補瓊編。　寶書天上原珍重，換蠶眠舊製，一字雙縑。斷墨零香，從教手澤長延。辛勤幾次搜羅遍，幸留將、翰墨因緣。善相承，飯顆山頭，風雨年年。

鳳棲梧 題徐古香幽篁讀書圖

一卷商量消永晝。秋晚春初，歲月休輕負。選勝棲床書在手。咿哦竹裹清聲透。　萬个琅玕圍左右。滴碎濃陰，暗暗涼生袖。剛是煎茶湯沸候。綠雲深處湘煙瘦。

如夢令 銷魂　樂事難逢，好春將老，自憐身世，黯然

門内愁人深處。門外韶華無據。數日漾晴

寸心禱。

臺城路　葛隱耕招飲

年來蹤跡渾無定，浪逐浮萍同住。人遠波空，秋涼夢闊，目斷故鄉雲樹。亂鴉日暮。任點點相思，淒迷歸路。海上攜琴，尋烟問月與誰訴。　神交欣遇舊雨。約西風買醉，黄菊深處。茶話圓宵，酒懷盪夕，閒殺江頭鷗鷺。箴言心鑄。感知己天涯，殷殷青顧。憐我憐卿，愁邊吟俊句。

前調　題王杏堂松菊猶存圖

故園夢斷家何在，登場縱情奔競。竹子篔簹，松枝偃蹇，最好鄉關風景。而翁尚幸。任雪虐霜欺，長留節勁。不入春明，遲鴻晚鶴苦相警。　迷途阿誰醒悟，把清秋抛却，强學優孟。翠袖娟娟，蒼顔苒苒，彈指豪懷孤冷。男兒猛省。倘不上凌烟，且歸三徑。密籟虚煙，太虚寒弄瞑。

賀新涼　愚園聽南海勞泮撰彈琴，兼示田東生

眼界知音少。望茫茫、大千塵海，難賡絶調。兩美琴緣湖上合，東生訪琴友於西湖，因遇泮撰。共印愚園鴻爪。是南海、東山伶佼。東生，鉅野縣人。更有傳神阿堵手，泮撰善畫，尤工人物。萃萍踪、共種王孫草。消夏館，契懷抱。二人在園中避暑。　江鄉非比神仙島。慕成連、請彈一曲，金徽秋擾。因天熱心亂，音調不和。雁落平沙三弄後，空際天風浩浩。知君等、清流人表。鼓吹休明同奏雅，廣陵絃、可抵中西寶。求一幅，寫生藁。

念奴嬌 慰悼亡

氈爐春小，正霜華蒸透，疎林紅葉。海角驚傳消息，慘南國夭桃吹折。璧月樓空，天風珮冷，富貴都抛歇。夢回孤枕，鏡中潘鬢如雪。
恰遇甲子平頭，兒孫舞綵，擬把霞觴潔。斷送機聲仙袂迴，分却東西鶼鰈。碧玉簫寒，朱絃軫老，終古聽嗚咽。營齋營奠，黔婁無限淒切。

浪淘沙

悵絶可憐宵。夜雨瀟瀟。晴時又是晚風驕。竹子颼颼梧瑟瑟，亂助商飆。骯髒海棠嬌。
身世無聊。夢魂回首故鄉遥。多少傷秋離別恨，齊上眉梢。

其二

涼意下虛空。夜正當中。隔牕月色又朦朧。半壁殘燈三轉柝，一片秋蛩。心事等飄蓬。
幽怨重重。可憐情味可憐儂。碧玉年華容易誤，只怪罡風。

其三

秋景十分清。玉漏三更。吹簫故作斷腸聲。促織不嫌人寂寞，替訴離情。宛轉睡難成，
淚眼盈盈。玉顔底事要飄零。南國相思紅豆子，記得分明。

其四

雨洗嫩涼天。秋思誰邊。月華如水夜如年。幾度銷魂人不寐，坐起還眠。顧影自家憐。
容貌空妍。濃歡淺笑總成烟。安得淩霄騎鶴

去，重赴遊仙。

金縷曲 贈陸野衲

漫把蒼翁叩。看茫茫、狼奔豕突，尸居肉走。五百年來文字刧，遍地薰將銅臭。笑衮衮、諸公誇口。經濟才華争自詡，任狺狺、狂吠司空狗。吾輩事，休回首。　窮途何處論交友。最相憐、使君與我，多情佳偶。共結青衫千載恨，絮語淚珠盈斗。趁村市、花光如畫。願貰春醪三百斝，向東風、痛飲眠苔繡。憑蠻觸，紛紛鬬。

前調 題杭縣汝望溪小照

意態雄而傑。戰英姿、龍眉豹頸，仙風道骨。世界大千任遊戲，小小神通鶻突。隨便爾、自由快活。一擔雲烟一犁雨，化天妝、罣碍都超脱。伸指比，秋中月。　紅塵萬丈君休跌。問交遊、幾人青眼，幾人熱血。重奠玄黄逞光復，幻出花花葉葉。已悟澈、死生寂滅。杯酒獨澆趙州土，謝空王、誓守湖山節。且痛灑，金壺墨。君善書。

前調 青浦徐伯匡公輔甲寅五十壽徵言，倚此却寄

君是和光佛。記靈修、散花浄土，蓮臺重謫。北海論交東方辯，更有西清妙筆。高清流、濁世人格。欸吐隨風霏珠玉，比才華、鄒忌何能匹。疎俊處，待鞭策。　杖家歲月初基積。漸通神、啓期三樂，彭籛八百。了却堂前子平願，好向名山寄迹。且携取、雙雙遊屐。莫問中原争蠻觸，訪長生、不受輪迴厄。敬吹奏，李委篴。

以上《三借廬詞賸》

壺中天

盛年詞賦，又匆匆到了，華顛盈雪。生不逢辰嗟擊柝，痛嘔長庚心血。玉局粗豪，屯田淡遠，掉爛黄鶯舌。平蕪淺草，可憐將葬吟骨。　猶記北里搜春，東風剗夢，争占埋愁窟。瞥眼風流消歇盡，説甚詞仙文傑。秋浦招魂，山陽感舊，總是聲嗚咽。題來新句，苦情如許難説。

見《問楳山館詞鈔》卷首題詞

踏莎行　題小薌外史抱膝長吟圖，即請哂政。瘦鶴詞人鄒弢稿

威戢雲龍，光埋霧豹。男兒却被蝦蟆笑。珠華劍氣鬱蒼然，文章滿腹饑難療。　抗手何人，同心絶少。斗齋容膝耽唫嘯。幽窻悄夢澹紅情，亂愁撥去尋詩料。

見《益聞報》一八八二年二百四期

賀新郎　賀徐植夫新婚，二闋之一

麟角蜚聲早。抗英華、前朝人物，雙丁兩到。曾讀君家玉臺序，艷絶齊梁名稿。除庾信、誰能同調。偌大官場進豪傑，笑淵明、尚寄南窗傲。却又泛，桃源棹。　催妝我乏新詩料。也不管、鸞皇𡁷舞，鴛鴦顛倒。但願陳蕃愛徐孺，醉飲中山多少。世上事、何須傷弔。壘塊蟠胸快澆酒，任悲歡、離合催人老。我所許，使君操。

前調　乙卯元旦後一日，同門徐君馥蓀四十九初度，招飲醉歌

湖海多良友。莽平生、性情道德，誰能消受。

君是空羣城北選，擅得才華八斗。更占領、岐黄國手。公量流行天下達，算程門、幾箇交長久。還濯濯，靈和柳。　男兒墮地居年首。把尋常、一齊壓倒，王前盧後。但願名山留片席，抵了松椿永壽。非我輩、狂言肆口。萬歲千秋皆幻想，算何如、野外荒樓守。三影對，花間酒。

以上見《希社叢編》第四册《珊瑚網》

高陽臺　敬題瘦愚先生種蘭圖

撫萬攻持，馨園蹂躪，江南香草無存。彼黍離離，誰呼澤畔招魂。空山冷寂何人到，怕天風、吹撼狼藉春痕。感王孫。九畹荒烟，莫叩重閽。　元龍本是多情種，撫迴欄十二，倚遍黄昏。手把鴉鋤，從容整理靈根。來生未負同心約，入栽培、疎枝細葉，總是深恩。願東君。速長新芽，芳播山村。

見《虞社》一九二九年一百四十七期

前調　題張次溪江堂侍學圖

春鳥嬉晴，秋蛩絮怨，良時閒煞江堂。門掩梨花，蟾輝覷定迴廊。圖書萬卷人千古，映芭蕉、緑滿前窗。絳帷旁。挾策横經，伴到昏黄。　先生杖履從容甚，仰瑤華一曲，帶草雙行。接葉傳薪，全憑鄴架曹倉。青年怕負駒光速，願追隨、拜硯焚香。寄清狂。風浴歸來，天地相羊。

見《虞社》一九三〇年一百六十七期

曾習經

菩薩蠻

微明月色初長夜。銅槃蠟淚潸潸下。魂斷畫樓西。棲鴉軋軋啼。　枕屏山一角。借得蘿陰薄。斗帳意闌珊。秋寒夢更寒。

南鄉子

無計可留春。落盡梨花冷玉塵。燕子不歸鶯漸老，黃昏。又是金魚鎖便門。　莫道不消魂。春困懨懨只欠伸。似有恨情和夢在，逡巡。沈水香殘夜未温。

菩薩蠻

輕陰幾陣櫻桃雨。餘寒悄倩簾衣護。燕子不歸來。倚窗敲玉釵。　微茫花底立。似怨紅襟溼。憐極轉生瞋。籠鸚欲駡人。

浣溪沙

淡月籠花照淺妝。晚寒添得夾羅裳。玉真今夜罷燒香。　自是年來心性嬾，不因些事惱愁腸。紗窗和夢暗形相。

清平樂

桐花幺鳳。小結棲香夢。第一情天誰補空。零月斷風心重。　瑶臺吹墜繁香。卻教去後思量。贏得傷春傷別，金堂夜夜王昌。

玉連環影

燕影。來去渾無定。小柬輕襟，幾處紅樓暝。正愁人。近黃昏。誰向他家門巷、覓絲魂。

浣溪沙

送媚流情小屈卮。王孫酒渴起更衣。未成沈醉已如泥。　一種水紅宜淺畫，二分愁緑罥繁絲。回頭春又去多時。

憶王孫

暗憐璧月照瓊枝。清潤潘郎擬未宜。欲琢茗華贈所私。弄參差。莫爲閒愁强自持。

浣溪沙

忽忽鞦韆小夢殘。東風慵起枕屏閒。柳緜吹盡卻春寒。　杏子單衫愁帶緩，鵶雛雙鬢借花安。新愁不放翠眉閒。

菩薩蠻

鳳槽品罷龍香撥。峭風吹落芙蓉月。斜倚夜明簾。衣條故故拈。　秋星心暗數。忘卻當時語。惱恨是明河。低徊脈脈波。

臨江仙

比鄰垂楊一株，病起，主人移去，悵然賦此

幾日金堂消息斷，窺牆損盡腰支。瀟瀟暮雨畫樓西。舞衫零落，惆悵赴遥幃。　別夢覺來秋已晚，但看煙靄淒迷。情根一點未應移。闌干閒倚，餘恨尚依依。

蘭陵王

恨絲織。微雨輕陰乍夕。闌干外，煙柳弄寒，淺笑深顰鎮相憶。西風似過客，誰念去年今日。悄攜手，低語泥人，臨別殷勤幾將息。　青蕪夢中國。想翠管無言，紅萼輕溼。經時鏡檻聞香澤。悵歡處多阻，愁裏閒度，繁華迢遞望去驛。有人在天北。　悽惻。正岑寂。漸燈火新涼，風露狼藉。西窗一夜愁明白。黯別後衣帶，舊時顏色。沈思無柰，怨淚落，和漏滴。

鷓鴣天

別夢依微娟斷絲。晚風輕漾海棠枝。春寒羅薦深深護，院静珠簾欵欵垂。　更漏迥，枕函攲。暈燈瑩淚夜何其。相思自惜雙紅豆，肯種人閒濁水泥。

前調

鈿轂香車彼一時。黄昏璧月下瓊枝。可憐寂寞春寒夜，抱影凝情卻爲誰。　如此恨，柰何伊。露桃花底弄哀絲。試將海水量深淺，卻那東流無盡期。

浣溪沙

畫燭幢幢夜未央。暗抛珠佩委明璫。沈沈春睡殢殘妝。　幸是未添他日恨，不成終少隔生香。今宵親切試思量。

蝶戀花

百草千花寒食路。春未辭人，人自愁春去。鎮覺春來無意緒。不知春去情何據。　獨立小樓聞杜宇。風絮天涯，望望吹還聚。添得淒涼今夜雨。十三金鴈移箏柱。

其二

似水闌干誰共倚。吹徹瓊簫，淒絶人人意。根觸歡期如夢寐。黄昏星月清清地。　咫尺屏山愁恨裏。幾日陰晴，莫亦和天醉。醉又不成那得睡。夜闌索取燈花媚。

前調

此闋《漁洋詩話》載粵西謡歌，語特妍媚，爲演

胡蝶思花不思草。落盡殘紅，冷盡春懷抱。幾日西園人不到。飄零金粉誰知道。　任是無情還懊惱。過眼繁華，一夢輕如掃。絲雨濛濛天亦老。石榴陰下黄鸝叫。

浣溪沙

殘醉微消漏水低。未能虚負牡丹期。籠燈回馬夜深歸。　欺枕東風沈瑣夢，媚人春月動簾絲。銀鉤羅幕一聲遲。

醜奴兒令

無端又把愁苗種，虚負香塵。有愛無明。滿眼東風淚滿巾。　情知不是爲歡處，强喚真真。輕夢如雲。記比香桃瘦幾分。

浣溪沙

著意温存恣意憐。小樓熏被月如煙。春心春望自年年。　但是有情應對憶，近因無夢更相關。夜寒猶弄玉箏絃。

六醜

桃花謝後作

正吹笙散髻，道簾外、夜來風惡。似花怨春，纔開容易落。一夢過卻。爲問人何在，悄垂珠淚，傍玉奴屏箔。零香墜粉欺春弱。暗緑廊深，蔫紅衷薄。愔愔殢寒池閣。只多情燕子，來護殘萼。　漫漫漠漠。把纖腰暗削。强説歡期近，孤舊諾。空枝有影酬酢。便幽禽小語，也愁謡諑。曾爲爾、手栽紅藥。怎柰向、一枕濃春未醒，頓成蕭索。吟望久、誰更輕覺。漸樓西、淡淡昏黄月，半梢映著。

南歌子 丁香花下作

漢水瑶珠佩，王家紫玉釵。舊時春恨鎖池臺。不道葳蕤百結、夜深開。　殢酒偎人顫，披香小坐纔。强扶殘醉繞千回。幾見年年花下、勸深杯。

鷓鴣天

沈恨東風强自支。海棠開後薄寒時。夾羅天氣憐新瘦，爛錦年華惜舊枝。　春睡重，晚妝遲。暗傷紅淚只花知。離巢幾日將雛燕，細雨濛濛各自歸。

醜奴兒令

便無風雨都蕭索，酒病微酲。有甚心情。落盡梨花聽晚鶯。　春寒春暖尋常事，怎遣今生。紅淚私零。一枕雲屏背曉燈。

南歌子

説睡何曾睡，言愁始欲愁。不成殘夢在簾鉤。起看疏星無伴、月明樓。　錦段香仍漬，瑶緘淚暗流。幾回相見數從頭。又是荼蘼落盡、夜如秋。

倦尋芳 蠟梅

香篝熨被，小閣垂燈，池邐春淺。不語依前，應是未申嬌怨。釵燕暗憐矜貴色，靈犀似悔玲瓏見。記相逢，甚蘭昌舊夢，醒悲書遠。　一漸愁起、扶頭清怯，鉛粉單衣，酥瑩雲嬾。掩深顰，誰信額黄無限。十夜銅槃傾膩滴，百環珠髻宜妝面。莫歸遲，待零落，鈿蟬金鴈。

減字木蘭花

春寒惻惻。何處吟龍吹夜笛。卻恨彎環。人在屏山斷續閒。　前因往事。拋卻東風千點淚。自分輕塵。拚作溝泥不憶雲。

高陽臺

積雨妨車，愁陰禁馬，愔愔芳陌傷春。無賴朝寒，吹花都作輕塵。垂楊已是深深處，更東風、斜掩孤顰。甚年年，病酒情懷，容易黃昏。　蘭堂舞罷無消息，賸苕華玉冷，誰與温存。最苦羈魂，今宵夢亦無因。屏山約略眉峰翠，便相思、都化春雲。近清明，瘦盡香桃，啼鳥空園。

南歌子

鴛襖彈胡錦，花巾繡越羅。脣朱微褪罷清歌。手把玉篦雙鬢，墮峨峨。

其二

轉側花臨鏡，温柔玉著脂。雕冠卸處印微微。時見粉痕宛宛，上羅衣。

其三

簾幕葳蕤鎖，樓臺十二闌。感郎珍重出來難。故弄繡鸞垂綬，恣郎看。

其四

瑤札緘瑫玉，紅襦結佩珠。采桑陌上見羅敷。卻恨日斜臨去，又躊躇。

其五

碧海郎行遠，交河妾去遲。葡萄宮錦織鴛絲。

裁得合歡雙帶，是歸期。

其六

樓底縫羅帕，燈前落紫釵。下階零露倩提鞋。照見月中雙影，費人猜。

其七

側鏡看斜領，聽歌摺後裾。年年腸斷日南珠。采得石榴雙葉，寄君無。

其八

漠漠吹花去，盈盈逐水流。故時門巷井梧秋。長是轆轤千轉，在心頭。

其九

殢酒懨懨病，教歌略略成。曲廊攜手乍逢迎。愁損碧雲和月，墮郎身。

其十

晚渡遲桃葉，春機惱若蘭。小樓尊酒暫留歡。不道別時容易，見時難。

金縷曲

莫問王孫意。怪年來、一回相見，一回憔悴。別語呢喃都忘卻，未必薄情如此。悔拚得、當初沈醉。悵望津亭消息斷，念離巢、雛燕誰家裏。看點點，絮花淚。　西樓歌舞東流水。暗消凝、夜香羅帕，曉寒衣袂。去日鈿車章臺路，只是香塵迢遞。便千萬、垂楊難繫。後夜相思春睡重，展屏山、暗喚茗華字。持此恨，寄千里。

好事近

風雨送春歸，消受斷魂時節。自是休文多病，況關河新別。　樓頭燭淚半成灰，好處最生憶。多少墜歡零夢，待夜闌將息。

浣溪沙

酒散花寒夜已低。暗鐘明月惜分攜。一聲將息損瓊肌。　便有恨情誰説與，除將清淚莫酬伊。些見閒病又經時。

踏莎行

酒夢闌珊，風燈零亂。夜庭吹落花深淺。一春羅帶不禁持，幽姿暗與韶光換。　晚枕傷懷，曉簾怨斷。絲絲微雨鸜哥喚。去年春恨在眉梢，病容扶起深深院。

摸魚子

記年時、小江風月，夜深遺徧珠翠。桃根桃葉相逢處，宛宛秦淮煙水。秋正霽。望脈脈情波，幾點詞人淚。殘鐘暗曳。漸燈舫無言，露旗多態，人在夜明地。　別離事。況是淒馨旖旎。天涯游倦滋味。城陰已墮星河影，不鑑人閒憔悴。重屈指。算一度沈吟，一度秋容易。琵琶清脆。賸潮落潮生，客來客去，消受可憐醉。

浣溪沙

漠漠吹花盪曉陰。是誰拋彈落空林。樓高不見殢春心。　幾日垂楊分翠綬，一雙客燕怨紅襟。芳時幽恨若相尋。

解連環

車塵漠漠。嗟羈情游蕩，怨懷無託。念海水、流到天涯，正津鼓曉沈，參旗秋邈。燕子孤飛，傍煙柳、畫闌如昨。想風風雨雨，盡是客途，亂絮黏著。　花時微聞酒惡。甚春歸迆邐，塵夢消鑠。記駐馬、曾宿河橋，漸葵麥青青，候館蕭索。京國歡游，料後日、相思紅藥。漫徘徊、翠尊易別，夕暉沈閣。

憶王孫

暗憐桃葉復桃根。不定秦淮怯怯魂。熱揾珍珠夜未温。憶王孫。猶是西樓別後雲。

念奴嬌

中年哀樂，甚愁腸得酒，酒都成淚。耿耿秋堂明月色，誰信淒涼如此。敗葉吟風，枯蟬蛻影，別有傷心事。瓊樓今夜，素娥應是無睡。　回況復鐵笛關山，銅絃湖海，不盡飄鉛水。回首春燈零亂處，一換一番人世。四坐無言，孤尊易泣，但有相憐意。先生扶醉。明朝無柰憔悴。

洞仙歌

醉頭寒怯，望月華如水。縹緲孤鴻照憔悴。甚年來、夢遠無柰窺人，深深處，人在瑤臺未睡。　天涯今夕見，依約聞香，花底團圝暗垂淚。料素娥無恨、秦鏡年年，怎便識、錦瑟人間滋味。待訴與、相思卻高寒，又不道西風、夢中迢遞。

蝶戀花

昨夜香階初試步。月暗花明，不道春將暮。滿院楊花留不住。天涯誰放春歸去。　蝶倦鶯慵空一度。燕子來時，待訴呢喃語。撩亂春愁無意緒。斜陽又在闌珊處。

應天長

簾波微動開妝鏡。墮馬愁鬟慵未整。重樓靜。迴闌迴。零落海棠香不定。　斷腸紅糝徑。誰動轆轤金井。一枕屏山夢醒。殢人還酒病。

一斛珠

殘雲香過。春陰卻惱人些箇。清歌微綻櫻桃顆。玉樹新聲，又奏家山破。　長記年時人意可。簾深不放芳塵涴。懨懨春困真無那。慵掃宮花，拾得殘茸唾。

蝶戀花

芍藥梢頭風欲落。夢雨愁煙，都把春耽閣。海燕雙棲珠絡索。昨宵酒醒羅衣薄。　憶共橫樓閒笑謔。小衷輕襟，有箇人人約。腸斷春叢春未覺。年年虛負東君諾。

清平樂

舞衣歌扇。除向津亭見。春色深深人近遠。夢裏微聞低喚。　珠簾雙燕還家。銀屏昨夜天涯。説與一春幽恨，東風飄泊楊花。

望江南

悽惋事，無柰是桃根。雙槳來時風不定，去年春水渡江人。腸斷更無因。

其二

悽惋事，無柰是迴波。玉篴香殘縈小夢，水紅花減似秋河。魂斷更無多。

桂枝香 庚子閏中秋

晚雲紺碧。悵不語依前，蟬嫣何極。幾度凝妝愁鎖，暗塵羅額。重來恰喜逢秋慣，問瓊宮、幾時將息。良宵暗展，鉛華淨洗，鏡矲相憶。　賸幾處、笙歌瑶席。似今夜寒些，桂陰狼藉。小影山河，應也徘徊陳迹。墜歡零夢輕輕記，儘憐伊、撫愁鈿笛。情懷積疊，平分不盡，半樓斜白。

尉遲杯 題半塘老人春明感舊圖

長安路。漸歲晚、哀樂傷如許。深深徑草人稀，愁送流光輕羽。凝塵畫壁，誰記省、清時共歡聚。黯情懷、淚墨空淹，小窗還展緗素。　因念九陌生塵，幾題葉吹花，勝事如故。最苦山陽聞夜笛，仍慣見、河梁客去。如今向、天涯海角，迴遥夜、商歌獨自語。便相思、斷袂零襟，夢魂空恁凝佇。

天香 鹿港香

麝粉成塵，龍荒墜夢，餘熏夜爇孤館。荀衷分温，賈簾窺俊，記得暗聞清遠。人間别久，空冷落、秋痕一線。只恐游絲不定，還愁夜風吹斷。　幾回故人寄遠。撥殘灰、寸心先亂。更恨鬱金消盡，舊家池苑。芳思年來頓減。

便羅薦、宵寒有誰管。寂寞南沈，春燈獨翦。

水龍吟 唐花

是他生長温柔，年年三九忺梳洗。繡幃不卷，熏篝餘潤，騰騰春思。宮燭催妝，麝煤索暖，逡巡濃睡。悵嫣然欲語，故山歲晚，更誰把、江梅寄。　別有南唐嬌稚。漏春光、豔情初試。羅屏真色，銅槃膩蠟，餘花怎比。舊事商量，歲朝畫本，冬郎詞意。恨年華暗換，東風夢遠，有盈盈淚。

摸魚子 冬筍

怪霜林、夜來遺蛻，雛龍潛蟄幽户。寒鋤斸玉殷勤寄，又見歲華尊俎。君記否。甚歸夢年年，卻把秋蓴負。蔬香暗數。正玉版參禪，泥鑪索火，鄉思向誰語。　情何許。爲問嬌雷未度。春纖曾是相誤。何年竹上斑斑淚，欲補白華詩譜。休更妒。看臘酒新嘗，饞守胸千畝。明年杜宇。記一半櫻桃，新詞句好，猛憶飣槃處。

齊天樂 鴉

緑楊凋盡隋隄路，思量舊棲荒苑。野水彎環，斜陽身世，誰信曾題宮怨。孤煙弄晚。正林葉低飛，陣雲空斷。畫角城頭，數聲催向客愁滿。　當時無限舊事，記荆江暝宿，羈旅看慣。古木移柯，叢祠接翅，消得吟魂悽惋。星星鬢換。念金雀雙鬟，玉顔私願。過羽西風，歲華愁一箭。

桂枝香 銀魚

津沽雪悄。正暗水流澌，銀燭驚照。清絶霜

槃燕喜，玉纖烹早。戚家繡服垂垂佩，翦春燈、夜深歡笑。舊情錦水，秋風甓社，客懷悽懊。更腸斷、鱸鄉歸棹。念盈盈河漢，素書難到。眼底尊前，隱約冰肌清峭。乘潮或有明璫隊，問年年、遺簪多少。莫教抛棄，絲絲餘膾，又隨波渺。

高陽臺

虛閣蛩淒，重雲鴈渺，秋霖一片潺潺。茂苑人歸，誰憐酒病闌珊。豆花紅落愁燈燼，待不眠、特地清寒。甚心情，明日黄花，殘雨闌干。

謝孃别後閒瓊瑟，只丁東細漏，夢也都難。地老天荒，知他何處關山。故家歌舞沈沈去，點羅衣、清淚斕斑。最無聊，扶醉今年，瘦盡愁顔。

眼兒媚

西風吹葉下庭心。人去戍雲深。金微殘夢，玉關新恨，昨夜霜砧。愁煙夢雨飄零盡，斜照見孤臨。傷秋苦語，感時清淚，簌簌空林。

倦尋芳

露房凝曉，煙臉酣春，芳意深淺。幾度凝妝，猶有未申嬌怨。彈鵲池臺初破悶，舞鸞鏡匣重勻面。正消凝，甚扶頭酒怯，畫眉春遠。

心似地邐、愁年堪綏，滴粉搓酥，雲潤香暖。心字羅衣，依約小蘋初見。坊巷絲楊勝綰結，斜橋籠馬游應倦。緩歸休，莫因循，夢闌鶯囀。

掃花游　崇效寺牡丹

暗黄著柳，漸巷陌嬉游，馬聲初斷。冶春近

遠。似纔過穀雨，枕屏鶯喚。信步郊坰，隱約嬌雷乍轉。豔鶯見。問幾日怨顰，眉黛忺展。芳緒愁未遣。賸賦筆燕臺，絮繁絲亂。夜香驟暖。倩雲衣緊護，露光猶泫。搽老温柔，一朵釵頭欲顫。醉歸嬾。索餘熏、舊時羅薦。

南歌子

蘭露如啼眼，楊風似舞腰。淩晨相送赤闌橋。又是一番桃李，雨中消。

浣溪沙

風皺吴綾雪水光。綺窗深静緩年芳。閒挑花朵繡笙囊。　斗帳垂珠初宛約，苔枝綴玉費端相。騨肩特放翠條長。

以上《蟄庵詞》

曾福謙

錦纏道　客中七夕

淡月微雲，銀燭畫屏秋冷。對良宵、兩情耿耿。神仙也算相逢幸。不道人間，誤著佳期肯。　憶家園今夕，昔年風景。夢迢迢、幾時愁醒。料有人、悄向空階立，偷覷銀河，妬煞雙星影。

滿江紅　馬仲倫以絳珠女校書畫幀屬題

彈碎銀箏，一回見、一回傷别。嘗盡了、相思滋味，不堪重説。共抱天涯淪落感，何時雙綰同心結。問章台、昔日柳青青，誰攀折。　花濺淚，紅如血。草織恨，青如髮。更春駒成對，寫生毫活。珍重佳人親手澤，新詞一闋愁千叠。夢舊遊、怕見武林山，申江月。校書系《蝶戀花》一闋。

蘭陵王　秋夜懷人

紙窗側。唧唧蟲聲四壁。西風緊，病臥瘦人，砧杵千家月輪白。離愁正似織。岑寂。中庭小立。那堪此，紅葉墜階，滿地霜痕冷無迹。天涯歎孤客。憶曩日琴尊，相聚裙屐。而今轉瞬成陳迹。對一穗鐙影，不眠支枕，關山萬里怨遠隔。問歸計何日。脈脈。恁蕭瑟。每望折疏麻，仍渺消息。除非夢裏能相覓。奈夜永尋夢，又愁難必。涼風天末，意悵惘，如有失。

如此江山　夕陽

一鞭遙指空山路，嵐光撲人如燒。老樹歸鴉，寥天斷雁，茅舍炊煙旋繞。疏林葉掃。正倦旅郵亭，酒醒愁惱。衰柳西風，別來情詞問多少。何處長江渺渺。有漁舟唱晚，布帆風飽。荻渚霞頹，蘋汀霧散，倒影晴波殘照。漫漫遠道。幾消受黃昏，鏡中人老。待月東升，放光明更好。

憶江南　十剎海觀荷

消夏好，沈李又浮瓜。四面樓臺三面水，二分禾黍一分花。遠近幾人家。

其二

消夏好，煙水淨無邊。淺草綠於隄外路，夕陽紅到寺門前。此地足流連。

其三

消夏好，髣髴畫圖中。午夢乍醒茶籟雨，晚涼小立藕花風。更啜米雙弓。

以上《梅月龕詞》

曾覺之

浣沙溪　十二首

縠霧灰連夜塞空。沈沈橋畔遠聲中。春寒拂面記秋風。　衝破波紋燈影亂，鱗鱗生滅渺無蹤。心情更耐問天公。

其二

暮靄空横素練拋。軟風漾漾展輕綃。春情莫訴向無聊。　指點山雲霞色變，詩魂終古伴離潮。淒涼獨夜暗相招。

其三

獨立風前願不奢。煙雲飄散泊天涯。絶無人處種心花。　可是當年孤影夢，更何舊事作蟲沙。人間惆悵説些些。

其四

黛色煙籠十里迷。遥天極目望中疑。閒雲飄忽笑人癡。　斷續聲隨心斷續，參差影逐意參差。徘徊何處足相思。

其五

風惡春來鎮日吹。問誰能數落花枝。倚欄不覺淚偷垂。　暗想爲花原命薄，生非花命薄多時。幾人稱屈幾人知。

其六

雨滴階前淚滴襟。孤燈獨對影森森。渾如夢覺十年心。　舊跡看隨新跡幻，模糊更識怨悲深。浮生無柰苦沈吟。

其七

慘戚風寒聽雨情。淒淒似訴泣平生。燈清夜靜恨分明。　夢裏年華偷過了，几將身世失浮名。神飛處處不平鳴。

其八

碧水縈迴緑草原。小山屏障樹如煙。色濃於酒好春天。　架上佳人喧笑舞，嬌鶯宛轉蝶蹁躚。問君何事損華年。

其九

覿面相逢萬里遥。當年心緒亂如潮。只今人去尚吹簫。　一片紅雲疑舊識，晚風吹去恨迢迢。斜陽有意照魂銷。

其十

夢裏生涯倍覺真。雖然哀樂總情親。兩間賴有此存身。　憔悴非關心事杳，恨留記憶影常新。那堪更作醒中人。

其十一

藉草爲茵不動塵。涼陰相對挹清芬。他年猶自説迷魂。　一霎風光餘韻好，兩行紅淚織心紋。三生有夢未平分。

其十二

別樣襟懷別樣悲。難言身世故遲疑。盈盈秋水耐尋思。　薄醉輕紅飛臉後，閒愁有意攢眉時。銷魂更覺是矜持。

調笑令 十六首

春曉。春曉。柳堤絲絲風裊。天邊燦出紅霞。草緑烟籠水涯。涯水。涯水。微露圓渦逞美。

其二

春意。春意。總是離人多事。枝枝綠映斜暉。暮靄空橫黛眉。眉黛。眉黛。悵望山容水態。

其三

春色。春色。不道今來相別。豪華無柰東風。誰惜人間落紅。紅落。紅落。贏得一場寂寞。

其四

春日。春日。好是水藍山碧。天空綺結紅雲。駘蕩風光醉人。人醉。人醉。草縟花繁影碎。

其五

春柳。春柳。亂飛萬條金縷。湖邊日麗風

前。舞態爭憐少年。年少。年少。莫待魂銷及老。

其六

春水。春水。鑑澈愁人清淚。凝眸不訴衷情。相對無言照明。明照。明照。可是當年玉貌。

其七

春草。春草。照舊青青來到。風吹淺笑低頭。那管當年客留。留客。留客。中有傷心一脈。

其八

春睡。春睡。一枕貪眠滋味。移來日影花枝。粉蝶翻飛鳥啼。啼鳥。啼鳥。簾外風輕人悄。

其九

春夜。春夜。盡興遊人燈下。喧聲靜入花香。水氣斐斐怨長。長怨。長怨。對景空留深願。

其十

春夢。春夢。露浥花枝珍重。簫聲月夜樓西。惆悵相思路迷。迷路。迷路。好景仙源一度。

其十一

春怨。春怨。脈脈幽情誰見。花飛不惜風狂。草色青憐斷腸。腸斷。腸斷。最是多愁不管。

其十二

春燕。春燕。謝你深情相念。年年喜信他方。不是今來亂忙。忙亂。忙亂。惹得閒愁一段。

其十三

春酒。春酒。最難得逢開口。吹簫日落江城。三月烟花解醒。醒解。醒解。莫怨韶華不賣。

其十四

春困。春困。有何心頭增悶。香風醉盪胸懷。紅紫撩人蝶來。來蝶。來蝶。愁緒當前重疊。

其十五

春病。春病。道是深情深恨。花開觸悵朱顏。花落無言淚彈。彈淚。彈淚。昨夜東風不寐。

其十六

春暮。春暮。蝶怨鶯啼芳樹。闌珊花事淒迷。緑暗紅稀草堤。堤草。堤草。没入荒烟古道。

菩薩蠻　十首

傷心獨對湖邊月。光寒陡覺君情絶。含淚向長空。清輝何處同。蟲聲頻斷續。樹影參差促。歸去莫遲遲。相憐此際誰。

其二

淒風冷雨簾前泣。燈殘影暗愁奔襲。舊事愛思量。思量苦味長。華年甘暴棄。私願情何已。莫説再生緣。今生淚已乾。

其三

陰寒聚斂人魂魄。悄然四壁燈光白。愁恨病相纏。浮生欲棄捐。撫今無追昔。其柰傷痕積。何處不蕭條。人間魂自招。

其四

階前樹影風前瘦。蕭蕭葉下辭枝驟。一例不能留。人生且便休。幾多貞夢想。淡滅輕煙樣。莫爲此歔欷。到頭終别離。

其五

西風一樹蟬聲苦。長空颯颯迷黄土。激響獨哀時。何年及汝歸。流光如夢渺。寂寞人間道。秋色滿天長。幽情寄夕陽。

其六

空庭愧對清圓月。愁心獨願長如缺。幾結苦肝腸。前塵暗自傷。相思空影伴。寂寞吾生半。瑟瑟夜風寒。天涯何處歡。

其七

衰黄草歇斜陽道。悲秋人怨秋來早。水映碧天長。幽情亂寄將。　雲霞空彩掛。暮靄沈沈下。對影莫增愁。人間一例秋。

其八

秋林葉老輕黄染。長天一碧鴉兩點。弔影及幾時。蒼茫暮色歸。　爲誰身影瘦。長是花黄候。淚眼向黄花。相憐莫怨嗟。

其九

沈思抑鬱嚴和静。清秋彷彿中年景。好日既無多。衷情奈若何。　山頭紅葉醉。野色驚黄悴。哀樂異當年。潛心大化遷。

其十

秋心寂寞黄昏後。秋容暗淡黄花瘦。抑鬱奈秋何。悲秋人最多。　時光秋老漸。瑟瑟秋光歛。莫説去年秋。今年秋莫愁。

望海潮　兩首

遠何能望，深更難測，茫茫碧緑生愁。堆起似花，飄來若雪，風濤日夜無休。從不爲人留。問年年逝水，可有回頭。興歎汪洋，萬千心事寄蜃樓。　中潛怪異靈幽。又無窮秘密，莫識因由。幻比愛情，紛擬世態，心波海浪同流。哀怨向誰輸，聽隆隆作響，相應相求。是面人間寶鏡，對照影悠悠。

其二

爲誰流轉，因何漲落，循環呼吸天然。隨處聚藏，多方入注，珍奇異寶田田。造化得機先。看沫花屑屑，生命根原。剖判鴻濛，盡從君出刧灰延。争來就浴灘前。指茫茫一片，自有深緣。昔去美神，今來健者，潮頭戲弄翩翩。凝望久情牽。莫予懷渺渺，抑鬱年年。解道人心似海，愛極恨生憐。

鷓鴣天 十首

萬卷書空悵杳然。托身今在奈何天。憑君妙粲蓮花舌，一例東風過耳邊。　人寂寞，夢誰憐。飄零有路萬千千。羞將落魄餘生載，我到人間不計年。

其二

記得相逢上古城。沉憂何恨壓春青。懨懨體態衣全黑，陡起多愁似我情。　剛一面，憶終生。相思無路又無名。但憑一點真誠意，倩影縈心不外卿。

其三

弔影閒來向夕陽。古城頭上倍神傷。遺懷勉共雲山語，似鏡平湖静對長。　甘抑鬱，願淒涼。此生分定在愁鄉。如何一瞥驚鴻影，古井無波又復揚。

其四

海外曾歌抑鬱神。秋風月夜警詩魂。荒涼故蹟徘徊慣，特弔當年井裹人。　驚舊事，盡成塵。蒼茫獨立恨如焚。人生是夢何消説，有夢今來便是真。

其五

最是多愁説莫愁。人間哀怨聚心頭。孤零舉世誰堪説，儘有河山足淚流。　天外景，眼中收。情懷誰似我悠悠。城頭停立驚如夢，此後心頭不自由。

其六

絮泊天涯路久迷。而今更不計東西。吹來即使風全惡，但得凌空便脱泥。　雲黯黯，草淒淒。春心不耐杜鵑啼。年年紅豆空虛擲，珍重相思莫再提。

其七

六代繁華亂草過。春風陡起怨情多。雖然斗室堪容恨，愛到空山喚奈何。　塵影事，久消磨。相憐同病我蹉跎。原知身世浮萍轉，百感無由伺眼波。

其八

豈是烟雲過眼空。真形幻影忽相逢。無緣只向心頭憶，一瞥原來最化工。　留電笑，閃長虹。容光隱秘可誰同。相思自判今無分，且覓情緣在夢中。

其九

影落心波永刼持。長留玉立傲仙姿。明知此後人難見，要見何難一念伊。　嗟落絮，感游絲。何能有願不相違。全憑自解平生恨，所信今來尚是癡。

其十

萬里春光此日圓。湖山證我入情天。臨風弱柳寧無意，蝶舞鶯啼盡解憐。　堤上草，古城垣。同來印記百花前。滄桑本是人間事，莫怨消磨記念全。

虞美人　六首

庭前落葉紛如雨。簌簌離情緒。去年此景又

重來。寂寞不留痕跡、讓心灰。　模糊影没黄昏後。莫怨今來瘦。自知私願定相違。可有片雲殘夢、慰情癡。

其二

爲誰憔悴堂前草。昨夜秋來早。不驚似水换流年。可惜舊情如夢、杳無邊。　蟬聲漸老凄然訴。欲寄愁無處。悶來枯坐正思量。忽覺滿懷幽怨、在斜陽。

其三

凄涼心事誰關切。剩有窗前月。影來獨夜未眠時。似是十分幽怨、可憐伊。　憂思展轉今無寐。感激深情意。若能相共缺和圓。不惜一生憔悴、奈何天。

其四

浮雲天外空相憶。此恨情何極。十年虚幻幾生愁。惆悵日斜風定、水悠悠。　閒來獨自吟如醉。莫問身何寄。不愁飛夢走千山。怕是亂紛紛去、路漫漫。

其五

風飄葉下離情苦。墜地悄無語。自知薄命世間來。無可奈何愁恨、早成灰。　勸君不必空悲切。過眼煙雲滅。水流花謝不分明。聚散一隨緣去、悟人生。

其六

凄風吹雨聲聲苦。切切心頭語。一年有恨又經秋。淚眼不曾乾似、水長流。　沉思往事今何在。但願情無改。隔簾猶自影模糊。况復夢中啼笑、那能圖。

浪淘沙 六首

月下倍淒涼。對影神傷。糢糊一片恨來長。愛道人生原是夢，偏要思量。　心事在何方。水樣匆忙。思深不覺是荒唐。好景莫隨情寂去，點染秋光。

其二

風定日斜時。景物淒迷。森森樹下影游移。寂寞滿空愁不住，悵望何之。　幾度費猜疑。想入非非。此情流水最相宜。暝色忽驚天外見，空負心期。

其三

獨立小橋東。此恨誰同。夕陽依舊水邊紅。天外落霞勞望眼，蕭瑟寒風。　飄泊憶孤鴻。一去無蹤。萬千愁緒不言中。試數心期今又誤，摇落秋蓬。

其四

湖上暮煙昏。湖水粼粼。斜陽一抹照來春。最是小橋癡立處，可恨誰人。　心事付冰輪。誰指迷津。多情自古不翻身。但得夢中多好夢，長願沈淪。

其五

夜雨泣空庭。悶對殘燈。思深四壁黯無聲。寂寞不關春夢杳，早已無情。　一事恨無成。此去飄零。世間苦樂最難明。想遍十年塵影事，淚又縱横。

其六

一水映明霞。有夢如花。多情偏苦有情加。

心願化隨烟氣散，彌遍天涯。抑鬱寄誰家。日又西斜。浮生空對影形嗟。舊事不堪暝色亂，恨逐寒鴉。

長相思　五首

風蕭蕭。雨瀟瀟。風雨聲聲留寂寥。舊歡如夢遥。睡無聊。醒無聊。念念無聊翻似潮。難將斯念拋。

其二

愛飄零。怨飄零。愛怨飄零憐此生。多情何處情。詛浮萍。祝浮萍。詛祝浮萍隨夢行。可能長不醒。

其三

不相思。也相思。刻骨相思無盡時。人間君是癡。怨心詞。唱心詞。血淚心詞知有誰。年年悲願違。

其四

水天長。映斜陽。草色淒淒看漸黄。西風今最忙。苦思量。暗神傷。身世飄萍心事忙。問愁何處藏。

其五

哭蘆花。慰蘆花。隨處飄零隨處家。西風吹夢賒。怨天涯。走天涯。舊恨何堪新恨加。浮生空自嗟。

薄倖　一首

戀情何許。撥還亂、游絲縷縷。拚忘却、當年盟誓，有恨化爲塵土。又誰知、深入愁懷，微茫隱約常淒楚。像月映昏黄，煙迷樹黑，全在虛空延佇。剩寂寞、相思事，尋好夢、世間徒苦。若相憐、等是人生同病，雖然缺憾勉能補。願多成阻。歎癡心未解，飄零怨尚今猶古。沉吟獨自，薄倖新翻舊譜。

采桑子 十二首

雲山歷歷何曾古，自是人非。自是情非。偏是當年淚暗滋。　無端舊事重來苦，只有天知。只有心知。可有人間願不違。

其二

衷情恨不長如昨，似水常流。似夢全休。說到人生總是愁。　誰能不悔當時錯，月影高樓。事影心頭。太息前塵淚暗收。

其三

情天缺憾從無補，煉石空拋。煉石空拋。漏罅無邊落一毛。　流光駛去成永訣，返日徒勞。返日徒勞。海上何能復舊潮。

其四

留將淚眼看花落，愛惜殘枝。影事心期。記否當年耳語詞。　吞聲辜負從前約，夢裏芳時。錯誤情知。莫怨東風不解癡。

其五

時光不顧人年少，正好花容。瞬息殘紅。鏡裏朱顏刻不同。　今來事事思量到，影落泡空。電急沙蟲。舊夢何堪聽曉鐘。

其六

驚寒夜雨簾前泣，點滴傳情。似訴聲聲。對此愁潮不得名。　蕭然忽覺燈光薄，照影心明。透入風輕。寂寞無由百感生。

其七

黄昏影落空庭院，樹曳蟬聲。暗入淒清。寂寞誰憐草自生。　闌珊此際年來夢，掩抑深情。隱約霞明。暮靄沈沈恨未平。

其八

彩雲四散更誰戀，頋不思量。轉惹神傷。事事心頭苦味長。　閒愁暗逐風塵去，説到淒涼。更覺荒唐。獨立人間怨渺茫。

其九

田田荷葉嬌人面，柳弄情條。水弄情潮。淚濕當年百幅綃。　西樓落照渾如昨，獨望魂招。遠念魂銷。夢遶天涯夜夜遥。

其十

柰何此事成追憶，不怨人天。不怨人天。苦在心頭只自憐。　明知一誤爲終古，莫話悲歡。莫話悲歡。缺憾留將夢裏圓。

其十一

浮雲蔽日愁何望，舊事差池。舊願依違。僥倖猶留一點癡。　多情不管蜃樓幻，好景熹微。好夢淒迷。愛惜人生尚有詩。

其十二

飛來百尺游絲夢，遶遍天涯。漾入誰家。可柰催人老歲華。　徘徊頓覺情多變，影没烟霞。恨逐泥沙。剩有浮生弔落花。

抛球樂　四首

風雪關山萬里遥。雖然是夢也魂銷。情知舊事如流水，念念心頭轉似潮。寂寞年來慣，獨對殘燈話一宵。

其二

冷雨淒風苦閉門。孤燈獨夜黯招魂。年年噩夢今猶夢，處處留情不見情。莫問人間世，且静心波了此生。

其三

一縷烟飛入太空。人間何處不鴻濛。幾多願逐浮雲去，可有情銷逝水中。舊恨何從恨，慘緑無邊一捻紅。

其四

不管風沙撲玉顔。晚來猶自獨憑欄。雲涯落落心何戀，世路沈沈夢未安。極目翻回首，一例河山不足看。

滿庭芳　兩首

可奈愁懷，偏翻舊夢，半生寂寞誰憐。東風吹過，何處問華年。漫説心期今負，人間恨、自昔緜緜。空留得，癡情眼淚，歌哭要回天。　歎繁華鏡裏，朱顏不駐，景物非前。看水流終古，花謝無邊。薄命原來一例，把杯酒、獨醉神仙。思量遍，滄桑幻化，哀樂總難全。

其二

草樹煙迷，鳥歸棲急，望殘水國斜陽。別離情緒，留待到昏黄。獨立橋邊影瘦，低徊意、細味淒涼。頻揮淚，糢糊景色，牽不斷人腸。　閒愁何處了，心頭歷落，野外徬徨。逐雲浮天際，風漾池塘。好夢連年都誤，敢誰怨、暗自神傷。凝思苦，横來暮靄，遮盡恨茫茫。

憶秦娥　二十首

蘆花出。天高氣歛秋容一。秋容一。嚴和穆

靜，怨思伊鬱。亂離心事縱橫織。繁華此後無多日。無多日。中情不改，有何陳跡。

其二

蘆花結。愁人偏愛清秋節。清秋節。離離草樹，亂飛黄葉。十年心事何由説。暫將好夢留明月。留明月。癡情誰似，願永無缺。

其三

蘆花發。荒荒四野飄飄雪。飄飄雪。何來鏡裏，便驚華髮。短長亭外誰堪折。樓高不礙風悲切。風悲切。游絲天外，繞千千匝。

其四

蘆花白。西風滿面驚秋色。驚秋色。多情多恨，至今猶昔。夕陽西下何蕭索。風雲黯淡飄零客。飄零客。天涯莽莽，噬人魂魄。

其五

蘆花願。三秋好景長相見。長相見。雲天澄碧，葉黄紅艷。山光水色明如練。蕭疏雅淡風神遠。風神遠。永言相對，奈何中變。

其六

蘆花歎。荒郊此日飛零亂。飛零亂。天涯遶遍，水流雲散。有情無意人間幻。悶愁抑鬱深相眷。深相眷。年來迷夢，問今誰喚。

其七

蘆花怨。秋風瑟瑟誰相勸。誰相勸。人間寂寞，又何留戀。銷魂獨我情千萬。平林漠漠空臚歎。空臚歎。神飛處處，都留心願。

其八

蘆花恨。秋容老去憐委頓。憐委頓。韶華不

再，獨愁明鏡。才高不易天公命。多情自古更多困。更多困。難將心事，向人理論。

其九

蘆花寂。湖邊月下風前泣。風前泣。霏霏玉露，涙泫泫浥。苦思心内多争執。低頭又見愁相襲。愁相襲。摇摇無定，待誰收拾。

其十

蘆花獨。淒風月夜詩魂哭。詩魂哭。無邊哀怨，涙何能贖。幾生修得浮生福。情深偏覺情難續。情難續。茫茫一片，渺無歸宿。

其十一

蘆花咽。秋虫待老聲悲切。聲悲切。今來恨恨，不生無滅。影迷神亂荒郊闊。西風有意離愁撥。離愁撥。如斯逝者，愛何能割。

其十二

蘆花泣。頭今白盡更誰憶。更誰憶。秋光老去，亂離難識。人間空自悲憂鬱。浮生半是傷痕積。傷痕積。蕭蕭風下，此情何極。

其十三

蘆花哭。秋風一夜多翻覆。多翻覆。誰將此恨，入人心曲。望殘烟水傷離促。飄零獨弔人如玉。人如玉。更流雙涙，祝卿多福。

其十四

蘆花刼。蕭條曠野秋容殺。秋容殺。悲歌遍地，五中情裂。莫將心事重重壓。辛酸可是因人設。因人設。魂銷雲樹，涙流天末。

其十五

蘆花落。年年此際傷飄泊。傷飄泊。寒林獨

望，暮烟如幕。　夕陽飛照今如昨。人間聚散成哀樂。成哀樂。多情聽者，福因才薄。

其十六

蘆花訣。悠悠水遠天長接。天長接。關山不管，夢魂飛越。　陌頭多是風蕭颯。昏黄又見鴉寒怯。鴉寒怯。遥憐目斷，四邊雲合。

其十七

蘆花别。飄零去後風流歇。風流歇。斜陽影瘦，雁聲淒絶。　霜楓樹樹紅疑血。蕭蕭四野離愁結。離愁結。衰黄草亂，盡情嗚咽。

其十八

蘆花隔。翻同柳絮驚風黑。驚風黑。雲山翹首，水迢迢白。　滿空煙霧斜陽赤。誰憐弔影行吟客。行吟客。詩情何寄，聽寒蛩泣。

其十九

蘆花惜。癡情俯仰懷今昔。懷今昔。年華似水，可能留得。　徘徊影亂心悲切。模糊舊事何堪憶。何堪憶。西風吹斷，夢垂垂畢。

其二十

蘆花憶。南來北雁留消息。留消息。當年憾事，未曾忘得。　月明風定天凝碧。秋心此夜情無極。情無極。神馳千里，悵何能及。

踏莎行 兩首

絮泊天邊，萍浮水際。東風吹亂渾無計。落花心緒感年年，人間莫問今何世。　滿是離愁，都爲憾事。讓他各自相忘記。明知一去杳如雲，深情仍要憑君寄。

其二

月鏡簾稀，風梳葉散。空階佇立情千萬。悄然四壁遠聲來，如聞處處皆長歎。　目極神迷，愁多夢亂。水雲流去年華換。夜深人靜感無端，緬懷今負平生願。

多麗　一首

景全非。湖山映掩淒迷。看糢糊、長空瀰遍，浮雲也解依依。草煙昏、難留芳躅，花風亂、不穩幽棲。幾度縈懷，重來話舊，燕鶯同怨事差池。莫惆悵，藕絲情緒，自昔便支離。真無奈，綠飛春黯，心恨誰知。　望何方、飄萍暫駐，還當蕩漾隨伊。水流年、高歌寄慨，人間味、好夢維癡。蝶鬧蜂狂，桃牽柳繫，羞將杯酒慰愁思。可獨立、斷魂橋上，弔影最悲悽。

争回首，前塵記取，寂寞題詩。

憶江南　二十八首

江南好，最好是春天。水色晴藍柔在骨，山光眉黛媚如煙。風景惜流年。

其二

江南好，似網織流支。兩岸草青間水綠，四邊樹影逐帆飛。能不望中迷。

其三

江南好，時節值清明。綠底黄花金碧繡，桃紅嬌艷托天青。圖畫失題名。

其四

江南好，不盡水山光。柔媚自然欺弱柳，嬌癡直欲亂風狂。隨處惱人腸。

其五

江南好，碧水映紅霞。對影不勝君惜惜，臨風誰得怨嗟嗟。春在萬人家。

其六

江南好，細雨漾微濛。好景迷茫留夢裏，詩思飄渺寄雲中。何處可相逢。

其七

江南好，聽雨夜深時。點滴静爲心上曲，糢糊影是夢中伊。此景最難期。

其八

江南好，一片好湖光。似鏡頻繁卿弄影，如晴錯落客傍徨。相對便相忘。

其九

春正好，山點黛眉痕。淡掃風神微怨額，輕籠薄霧笑疑顰。遠望最銷魂。

其十

春正好，吹出氣如蘭。醉骨香風纖手按，偎傍不耐久生寒。情願怯衣單。

其十一

春正好，楊柳舞腰身。體態萬般惟解戀，温柔何限只相親。莫問是誰因。

其十二

春正好，碧水眼波横。憨媚悵從君解識，留連一顧傾三生。誰與比柔情。

其十三

春正好，桃杏臉顋紅。艷絶人寰寧薄命，色身長在眼心中。何事怨東風。

其十四

春正好，照映鏡天藍。人面看誰如玉潔，自能顧影舞三三。隨處見江南。

其十五

春正好，鬈髪鬟烏雲。蓬亂自然隨理媚，天風吹漾作波紋。綺麗茂情文。

其十六

春正好，氣暖臉偎傍。似酒莫辭魂盪漾，微温刺刺自生香。能不醉如狂。

其十七

春正好，明媚掩容光。煥發郊原隨意緑，瑩瑩萬點走金黄。匹練亘天長。

其十八

春正好，意懶愛兼羞。微愠今來關不住，些些欲吐在心頭。緑慘與紅愁。

其十九

春正好，鶯燕語軟和。滴滴嬌從櫻口吐，呢喃細訴耳邊多。且樂聽情歌。

其二十

春正好，蜂蝶鬧花枝。不惜千金年少客，可能攀折及良時。轉瞬即人非。

其二十一

春正好，草緑漾飛烟。鮮嫩無心驚撲面，迎來錦步障誰憐。相對恨田田。

其二十二

春正好，大地盡衣青。燦爛誰同迷歲歲，温柔莫比覆生生。處處讚歌聲。

其二十三

春正好，日麗艷容嬌。美色看隨光影變，癡情迸射亂如潮。笑靨向今朝。

其二十四

春正好，氣暖夜溶溶。笑語喧騰燈影亂，爲留此刻祝天公。莫讓酒杯空。

其二十五

春正好，美貌説如花。可有東風沉醉夢，行來十里慘年華。惆悵滿天涯。

其二十六

春正好，細雨潤如膏。乍洗平蕪光可鑑，絲絲亂颭拂塵勞。天外首頻搔。

其二十七

春正好，景物浪閒遊。草漾天光浮四面，垂楊笑語出蘭舟。此去動真愁。

其二十八

春正好，有夢感華年。美幻隨心桃色染，游絲蕩漾媚無邊。身逐亂飛烟。

金縷曲　一首

飛絮天涯遍。儘團團、飄來忽去，可無留願。漾入東風誰得住，蹤跡家家惱亂。愛牽引、愁絲情片。惹起如潮春意緒，總游移、杳杳烟雲散。空目送，枉悲歎。　人間最苦爲重見。剩年年、辛酸一度，柰何腸斷。不怕相逢君處處，惟怕相逢是幻。早知道、心心多變。正自徘徊驚夢醒，悵悠悠、落落吾生慣。休對景，莫懷念。

點絳唇　兩首

一片閒雲，去來原是無尋處。愛情如瞽。問有誰能主。好夢而今，半既成塵土。空悲苦。命宫多阻。可怨天公否。

其二

幾樹斜陽，滿庭光影隨風變。四邊霞見。寂寞黄昏怨。宿鳥徘徊，此際情留戀。平生願。晚來遮斷。悵望煙雲幻。

蝶戀花　四首

堤上行人春色醉。萬緑飛紅，蛺蝶貪花睡。芳草連天更接水。東風吹亂情何已。攜手年年遊樂地。可有幽懷，微漾心頭起。事後思量能不悔。人間翻在憂鬱裏。

其二

惹起閒情春又到。惆悵朱顔，鏡裏年年老。魂斷天涯行客少。誰能不向天涯杳。湖上柳枝青嫩了。摇曳多姿，一霎風光好。夢裏人生真草草。心頭何事堪縈繞。

其三

微醉桃花風拂面。草緑池塘，掠過雙飛燕。誰道含羞春不見。絲絲牽惹人人戀。心逐行雲飛片片。一餉關情，便覺情難斷。怕聽鳥啼聲變亂。繁華落盡成秋苑。

其四

湖上春風春雨後。一度微寒，頓覺春情透。四面撲來濃似酒。醉人自是春長久。青掠窗前窺見否。早展雙眉，燕子空回首。天際紅雲描不就。更勞眼望頻招手。

玉樓春 兩首

濛濛細雨田疇幻。草嫩花嬌驚突變。長空幾處亂投雲，隱約河山姿態萬。陰晴暗示悲歡願。掩抑深情誰可見。糢糊莫問恨何邊，指點風光時刻換。

其二

烟雲不盡人情幻。大海差擬飄忽變。心波日夜未曾閒，問有誰能形影見。虛空夢想浮生伴。自是滄桑更愛念。飛娥撲火敢相憐，歷刼依然愁苦戀。

南鄉子 一首

落日變雲霞。靜寂山光望眼賒。近樹梢頭飛點點，棲鴉。是處停蹤便是家。草樹影參差。噪晚哀蟬徹耳呀。舊事驚隨聲亂起，如麻。最苦頻年數落花。

西江月 一首

面影霜鋒削就，容光寶石磨成。皇華美健日霞明。姿媚自然端正。活潑方方興趣，圓融面面才情。温柔果敢水平心。憂喜總歸嚴静。

南歌子 兩首

盪槳平湖急，騎車大道忙。溜冰泅水逞技强。惹得閒人目亂、意徬徨。信步行。加非跳舞鬬新裝。此樂何須伴侶、話更長。

其二

鬢髮推雲鬐，鮮唇漬血紅。行來鹿鹿撞酥胸。玉立高跟履，香飄露出雙雙手臂、雪肌豐。目光電掃氣如虹。有意無情笑語、夜出谷風。杳難通。

鳳凰臺上憶吹簫 一首

柳蕩春心，桃妖笑靨，柔波瀲灩年華。正青青飛迸，摇漾天涯。漫道園林似繡，輸美景、燦爛朝霞。香風暖，天迷淡碧，地眷紅紗。花花。一年一度，趁着艷陽天，蝶鬧蜂譁。聽燕鶯聲軟，心事如麻。滿目芳塵飄起，留不住、悵望空嗟。春猶夢，遺些影痕，又是參差。

漁家傲 一首

寂寞行空鴉不起。斜陽慘淡宫黄死。玉樹凋殘深院裏。今昔異。一滴當年憑弔淚。黑影憧憧氣沉沉天地閉。人間此際多神祕。紛鼎沸。争感喟。時輪轉去興亡事。

鶯啼序 一首

侵簾暗驚夜静，逞銀飛雪度。悄然下、潛立牀前，待人慢自回顧。夢中覺、懂懂事影，心頭蕩漾抛輕絮。想月明、長照人寰，動憐今古。寄恨湖山，瘦影獨對，問癡情何處。杳空際、飛擲心花，盡迷飄忽烟霧。最難忘、容光瞥現，又留戀、雲霞微露。幻疑真，金碧年華，看成塵土。徘徊增念，髣髴添思，總瞬間是誤。過後憶、悔可能及，境改情移，火盡灰寒，莫談心苦。春愁倒抱，愁悲翻擁，難眠長夜銷魂月，鬱伊涼、缺憾天無補。襟懷落寞，星星美想隨風，好夢落葉蠅腐。　柔波灩斷，大地青忙，早落紅可數。極目望、絲垂萍滿，有感春陽，蝶趁芳時，鳥棲佳樹。流連好景，朱顏偷換，花當時折遲多變，嘆人生、事理終相迕。因緣深悟今宵，歷歷前塵，月明記住。

十六字令　一首

愁。中夜當窗望月流。思前後，夢也水悠悠。

以上《幻》

湯執盤

沁園春　蝶意

春日暄妍，鳳子輕盈，暗逗窗紗。正粉腰欲褪，翩翩鬥巧，鮮鬚乍舞，款款飛斜。紅本怡桃，緑偏愛柳，薄翅修眉人歎嗟。渾難認、甚芳情如許，過竹穿花。　有心拌逐香車。羡朱户、濃陰庭樹嘉。問枇杷花裏，春風幾日，鞦韆亭畔，深院誰家。夢入南華，魂迷香國，簾捲佳人望眼賒。宫園静，儘玉容低近，紈扇平遮。

琵琶仙　望月有憶

寂作平寞庭陰，識去聲深院、夜静霜天澄澈。欹枕寒壓芳衾，殘燈黯無色。孤夢冷、擁衣便起，寫愁緒、一簾明月。竊藥何年，胎珠甚日，曾笑蟾魄。　幾回數、天外歸鴻，聽鶯語、叮嚀又啼鴂。都把舊遊芳事，付浮雲千疊。看一點、清光易滿，恨嫦娥、故作作上圓缺。畢竟限，釀出一天秋。雨後山容乍卷，嵐陰静、梧葉颸飂。斜陽裏，雕欄獨凭，吟賞費綢繆。登樓。凝望處，天低絶塞，沙浄汀洲。正清湘澄碧，帆影夷猶。欲訊無邊好景，空目斷、雁字如鈎。流光易，秋深夢冷，從此又添愁。

柳梢青 病中寄内

西風摇柳。關心又是，銷魂時候。人比黄花，病懷如許，客愁依舊。非同宋玉悲秋，更不似、相如中去聲酒。但覺新來，越羅寬展，沈腰消瘦。

踏莎行 歸思

敗葉颸颸，疎窗策策。秋風暗自悲孤客。寒蛩西壁作愁吟，離人無寐心千折。待整歸鞭，重遊舊陌。滿城風雨堪悽惻。曲欄人静丹桂婆娑，待誰高折。

十六字令 題圓墨盒

圓。結得文園翰墨緣。看千縷，著筆吐雲煙。

前調 題枕

圓。消受佳人倦後眠。蝴蝶作平夢，幾度藉君傳。

相見歡 題枕賦得『浮生若夢』

無言獨擁衾裯。憶羅浮。一枕梅花今夜、月明不。人間世。渾如寄。且消愁。笑問百年身世、幾春秋。

滿庭芳 秋思

玉露迎涼，金風送爽，鎖窗袢暑新收。碧雲無夜深時，夢魂何處尋鄉國。

沁園春 次韻和張劍吟《感懷》

風月佳時，遥憶香鬟，静鎖重簾。似蘭芬幽谷，非關清絶，菊華寒圃，獨抱孤妍。壓鬢春濃，凭欄意遠，幾度行吟藻思鮮。情何限，儘鶯來燕去，花事年年。　無端。愁緒縈牽。綜今古、歡場一愴然。任歌傳紈扇，心傷秋後，詞工荳蔻，恨結春前。千種風情，百般冤債，清夜尋思誰解憐。休懷感，怕香消蜀綺，淚漬吳綿。

奪錦標 惜别

霞佩垂璜，雲鬟墮馬，髣髴相逢時節。一種閒情綽態，比似江皋，獨饒清絶。恨相如病久，負多少、良宵風月。黯銷魂、露醑津亭，又唱陽關三疊。　真箇東風薄劣。困柳欺花，不管人間離别。漫説重圓有日，紅萼瓊枝，易成消歇。縱鱗鴻可倩，奈千里、河山遥隔。更無聊、夜閣春濃，夢醒殘燈明滅。

風入松 悼亡妻陳氏素銘

東風料峭動芳林。楊柳碧垂金。謝娘庭院春多少，舊鶯儔、何處招尋。脈脈此情誰訴，用辛稼軒語。摇摇幽恨難禁。用孫巨源語。　記玉簫吟。羅帶結同心。十年底事渾如夢，空回首、雲散煙沈。贏得一襟離思，淒涼又是春深。

少年遊 即事有感

花開花謝幾時休。往事去悠悠。還記當年，又成今日，回首不勝愁。朱顏争比蒼松勁，

沁園春 家居，懷陳恕生衡州

渭北江東，雲樹微茫，翹首魂銷。記風雨聯牀，挑燈話舊，園林載酒，傾盞論交。好景頻同，此情如昨，人隔瀟湘千里遥。春光老，悵冥鴻天末，誰慰無憀。尋思弄兔揮毫。更幾度、中宵夢想勞。算七尺昂藏，君如鴻鵠，一枝靡寄，我愧鷦鷯。塞北遊驄，陳曾任事吉林。衡陽聽雁，輸與元龍興獨豪。情何已，恨清芬莫挹，明月難招。

玉蝴蝶 前題

目斷楚天千里，魚沈湘浦，雁杳衡皋。靄靄停雲何處，誰贈瓊瑶。歎依劉、江樓共賦，慚附驥、馬帳同勞。算無聊。評花選月，餘興猶豪。誰教。無情歲序，有心風鶴，似水如禁得幾春秋。漫説芳華，試看絲鬢，詩酒趁風流。

憶江南 小祥登亡妻陳氏墓 民國四年夏正正月十一日

思往事，愁緒斷還連。梁案塵封鸞鏡冷，秦樓夢渺鳳簫閒。彈指又經年。春至也，芳景爲誰研。千疊青山明月夜，一抔黄土暮雲天。相對亦潸然。

少年遊 前題

年華滾滾逐時新。春色易飄零。幾度飛紅，燕來雁去，換盡眼前人。庾郎舊感猶無際，墓草已青青。故鬼云亡，浮生雖在，都是夢中身。

濤。滚滚飄來，催將雙槳賦歸橈。問春風、舊遊堪憶，驚夜雨、新夢難邀。弄銀毫。幾回搔首，欲説還抛。

一叢花　憶亡妻陳氏

縱横。離思苦相縈。回首淚如傾。蘭房暗記當時語，笑行樂、何似浮名。十作平載倡去聲隨，雞鳴風雨，幾度唤卿卿。　凄清。吹斷玉簫聲。鳳去月孤明。釵鸞鈿去聲雁雖重整，時已續娶易氏。總難忘去聲、故劍多情。鴛枕夢中，精魂石上，空自憶三生。

多麗　家居，寄陳恕生

望林皋。行雲何處堪招。别離情、長亭古道，斜陽煙樹迢迢。憶年時、鴻軒並舉，輸歲月、駒隙同抛。綺陌尋芳，瓊樓醉玉，幾回傾語説無憀。自天外、風雲猝起，琴劍總蕭條。平原客、廣陵燕市，鳳泊鸞飄。　賸文園、工愁善病，壯懷洽想都消。任憑他、奮身霄漢，應由我、浪迹漁樵。踏月西溪，訪梅東閣，得逢佳處便情豪。驚回首、故人天末，雁杳錦書遥。殷勤問，幾時攜手，爛醉村醪。

賀新郎　中秋月夜

玉露消殘暑。怪西風、悤悤暗换，吹來凄楚。銀雁數聲秋又半，皎皎冰蟾盡吐。歎容易、韶華輕度。纔記天孫輪巧景，忽霓裳、一曲傳歌舞。追往事，總虚負。　危欄獨倚尋思苦。問姮娥、幾曾爛照，滄桑今古。皓魄多情應不滿，漫把清暉自許。偏又是、今宵三五。多少離人同賞翫，惹愁絲、萬縷渾無緒。遥夜怨，共誰語。

臨江仙 憶舊

落拓青衫飄泊處，春風柳市銅街。舊遊當日好樓臺。記曾明月下，私語話衷懷。　一自箇儂輕去後，任他燕往鶯來。天涯消息總多乖。幾回勞夢想，中夜起徘徊。

望湘人 寄陳恕生，家居有感

記金風弄暝，銀雁唳晴，暮天明淨如澈。戍鼓旋催，市聲欲歇。卻早銅街臨別。握手恩恩，綺懷難訴，清愁於結。甚等閒、烏兔偎人，又是春寒時節。　前事休教再説。有風聲鶴唳，塞笳悲咽。縱博作平得金甌，萬里宛然無缺。繁華過去聲眼，鬢絲催雪。怎抵林泉風月。問竹外、柳綫低垂，尚似當年顔色。此陳平日最留心處，故問及之。

念奴嬌 寄李樹藩

愔愔芸館，記玉梅開早，絳幃留別。翠袖盈盈紛入座，贈語更番情切。李君前在周南女學校任教務職。去校時，各同人及全體學生開會歡送。　幾度鶯催，幾番風陗，春暗垂楊陌。伊人何處，望中關塞遥隔。　回念庸社周南學會名羣英，蟫編多少，立盡程門雪。桃李而今誇爛漫，都是春風餘澤。驥附方殷，鴻冥已遠，此恨何時絶。梗飄蓬轉，儻逢還怕重説。

前調 戊午夏，與陳雲峯孝廉相遇於章宅之荷亭。偶以所作詞示之，陳即以詩見贈，並索和。後數日賦此以酬，用東坡《赤壁懷古》韻

青衫遊倦，算相逢誰是，詞林人物。萍合雲連

堪憶處，惟有荷亭東壁。器宇初瞻，瓊瑶暗誦，清潤如冰雪。九嶷三楚，漫誇今古詩傑。千遥想當日元龍，超然湖海，幾度豪情發。千載高風今宛在，遺澤何曾湮滅。世事滄桑，光陰石火，容易驚華髮。一樽別作平後，甚時重醉明月。

前調　次韻，和陳雲峯《感懷》

湖山今古，歎升沈多少，奇才英物。司馬文君成底事，漫説香車油壁。蓋世勳名，擎天偉業，消沃如霜雪。風流佳話，獨留千載詩傑。

空自耿耿棲棲，中宵淒感，清淚悲明發。瞥眼當年行樂處，燈火樓臺都滅。萬事難窮，一杯隨分，慰此颼颼髮。孤吟長嘯，有時還酹星月。

眉嫵　題培松里陳恕生住宅

看羣巒攢翠，曲澗穿花，千里渺天迴。到此疑無路，蒼松古，紆廻誰闢三徑。燕巢正穩。料雅人、不作平減清興。更堪愛，竹外寒梅早，月明透疎影。

斯景。人間誰省。歎畫欄芳砌，歡讌相競。轉眼繁華歇，東風悄，閒情吹上塵鬢。故山晝永。早結廬、深在人境。任浮世愁牽，聽石瀨、有餘韻。

木蘭花慢　送友人之蘄水

問瀟湘底事，送不盡、古今船。又雁度西風，人臨落日，握手情牽。纖纖。數枝岸柳，待攀來難與繫纏綿。惟有青山萬疊，伴君遠過前川。

悠然。此去幾經年。蓮幕正思賢。想案牘勞餘，閒尋勝迹，春曉亭前。東坡夜行蘄水中，過酒家飲，醉作《西江月》詞，有『杜宇數聲春曉』之句。楊菊廬比部因此詞，於玉臺山畔作春曉亭子，一時名士多爲賦之。今亭尚在。事見《詞苑叢談》。留連。片時俊賞，把幽情好與故人傳。記否吾廬舊約，休教徐榻空懸。

孤鸞 詠柳

游絲一作平縷。似醉眼嬌舒，畫眉酣妒。拂馬棲鴉，卻道緑陰如許。東風幾回送暖，便漫漫、落花飛絮。驀地教人暗惜，惹一番凝竚。記舊遊、當日分攜處。屢擬折高枝，贈他南浦。怎奈柔條不解，繫人離緒。依依爲誰弄影，但淒涼、恨煙顰雨。待得秋深漢苑，怕緑腰難駐。

齊天樂 湘城秋夜聞孤雁有感

楚天秋浄風號夜，淒然一聲孤雁。旅夢方酣，離魂乍合，恍惚重平聲添幽怨。長吟又斷上聲。想蘋渚煙空，蓼汀沙遠。月底驚呼，有人摧散舊遊伴。衡陽今度最苦，帛書憑寄去，凝望何限。塞北冰消，江南草長，應念歸程初轉。蘆碕正淺。便獨宿荒寒，愧他雙燕。也勝嗷嗷，暮空横數點。

前調 弔學生柳鹿苹、黄中瓚

江城別後行雲杳，離悰未遑傾訴。擲筆班超，柳投筆從戎。囊詩李賀，倏忽皆成塵土。尋思最苦。記芸館孤燈，幾番風雨。問字殷勤，夜窗深静獨來去。遺書猶在蓋篋，墨痕香凝去聲處，都是愁緒。楚甸霜嚴，畸田瘴塞，黄死湘中，柳死嶺南。縹渺英魂何許。懷才似汝。竟玉折蘭摧，恨齎終古。矯首歔欷，問天天不語。

前調 對梅花作

春風未著江南岸，盈盈一枝開早。倚竹横斜，巡簷淡竚，獨占年芳多少。清香暗繞。更艷雪精神，雅人襟抱。寂寞空山，正堪高士伴昏曉。瓊樓何限俊賞，靚妝明月裏，疎影低裊。歲暮天寒，江空鶴去，誰念冰姿嬌小。幽芳未了。甚相對無言，又愁風悄。咫尺羅浮，路迷飛夢渺。

臨江仙 紀夢 集詞句

小雨纖纖風細細，朱服《漁家傲》。畫堂一枕春醒。柳永《木蘭花慢》。背人驀地下階行。吳偉業《浣溪沙》。梅花村墅裏，黄永《風流子》。依約見傾城。嚴繩孫《風流子》。宫様眉兒新月偃，《西廂記·勝葫蘆》。含羞彈袂輕盈。毛熙震《河滿子》。此時堪恨昧平生。孫光憲《浣溪沙》。緑窗攜手乍，蔡伸《洞仙歌》。啼鳥兩三聲。林少瞻《少年遊》。

洞仙歌 寄攻瑕三弟肄業武昌

季方去後，春事怱怱過。吹徹瑶壎更誰和。歎園林、已是濃緑成叢，雲夢側，南雁還羈天末作去。男兒當景盛，萬里拋家，挾筴亡羊計非左。試看取古今來、才子詞人，消多少、雪燈螢火。恨不讀、攸之十年書，便福地瑯嬛、一從窺破。

踏莎行 柳絮 『最堪憐、無根無蒂，總被東風弄汝』，宋犖詠柳絮詞語也。讀之有觸於懷，因成此調

落去偏輕，飛來難認。隨風舞態渾無定。東君縱解惜飄零，也應無奈顛狂甚。畢竟沾泥，那堪墮溷。春光斷送空餘恨。綠腰青眼漸驚秋，章臺路曲何人問。

長相思 臥病蜕園，春意欲闌，角聲如咽，寂寞燈窗，歌以自遣

夜如年。晝如年。畫角聲聲斷復連。離人不耐眠。　病纏綿。恨纏綿。眼澀心煩百慮煎。春歸何處邊。

水龍吟 送春　集詞句

林花謝了春紅，李後主《相見歡》。病春人臥銷魂處。王策《踏莎行》。春纔幾日，李良年《暗香》。喚春鶯燕，韓琪《青玉案》。送春風雨。薛夢桂《三姝媚》。尚怯春寒，厲鶚《聲聲慢》。恍如春夢，余桂英《小桃紅》。春歸何遽。杜陵生《踏莎行》。歎故園春事，王沂孫《三姝媚》。總隨春老，王沂孫《掃花遊》。酌盡玉能著作平意、留春住。侯寘《四犯令》。　餞春殘、王嵎《一萼紅》。平壺春酒，陳淳《如夢令》。怨春不作平語。辛棄疾《摸魚兒》。漫思春好，趙文哲《臺城路》。探春盡是，周邦彥《瑞龍吟》。傷春情緒。陳允平《永遇樂》。最是春來，程珌《錦堂春》。春衫瘦減，過春山《月下笛》。春還知否。周密《大聖樂》。悵尋春舊約，朱澤生《長亭怨》。水流春遠，周密《水龍吟》。不堪春暮。陳以莊《水龍吟》。

南歌子 殘春已盡，舊夢猶縈，忽喜故人飄然而至。劇談往事，悲歡交集，詞以紀之

客旅流光駛，家山入夢濃。殘春過盡恨難窮。恰喜故人千里、復相逢。　勝事追當日，高談竟曲衷。卻憐分手太悤悤。又是一番離索、

倦尋芳　書感

歲華夢裏，春去秋來，容易遲暮。過去聲隙光陰，還被倦途羈苦。萬感都因根觸起，一生總爲驅馳誤。漫忘形，歎無懷世遠，遣情何許。便秉燭、嬉遊狂飲，選玉徵歌，遺憾難補。素影燈前，猶記茜窗私語。十載心期成刻鵠，百年身世輕飛羽。怕無端，又霜侵，鬢絲千縷。

齊天樂　劉雅卿係出易氏，於内人爲姊妹，且往來甚數。年三十没於己未歲夏秋之交。内人哀甚，屬余以詞弔之，爲歌是闋

微涼庭院驚秋早，珠軿遽來仙苑。弄玉樓空，飛瓊佩悄，一霎風流雲遠。桐棺半掩。又庭樹蕭蕭，亂蟬嘶唤。譜入悲歌，一聲聲是助悽感飄蓬。

瑞龍吟　憶梅　故里看梅，曾吟白雪；客衣換苧，又度朱明。覩緑陰之莫莫，想青子已纍纍矣。用清真韻

孤村路。還記試粉駢枝，綴花高樹。綃衣無限輕寒，暗香自繞，紅樓近處。　儘延竚。依約壽陽妝小，傍簷窺户。含章淺額塗黄，纔驚半面，嬌羞未語。　從與東風輕別，幾番憔悴，黄昏慵舞。貪結舊時珠仁，芳意非故。愁紅怨緑，都付尋春句。知多少、香弓翠襪，牆陰偷步。摘取纍纍去。嗛來定是，含酸闇緒。回首愁千縷。歸屐晚，家家園林飄雨。趙師俠詩『黄梅時節家家雨』。拂衣趁蝶，尚疑輕絮。

惋。　浮生原是夢裏，甚死作平生契濶，離思去聲難遣。月滿還虧，花開自謝，天意豈作平違人願。無常陳裕詩：『一朝若也無常至，劍樹刀山不放伊。』未免。但留得芳聲，此生何憾。祇惜深宵，大喬魂暗斷上聲。

人月圓　讀史

勤王創霸尋常事，未要論窮通。用元好問語。千年興廢，一時榮辱，轉眼皆空。鴟夷當日，何須深計，高鳥良弓。名成身退，功成身死，都是英雄。

花犯　秋雁，用碧山《苔梅》韻

楚天秋，蒼寒素影，横斜度江水。塞門千里。歎暮靄沈沈，都是愁思。網羅徧野身何寄。長空聊自倚。任夜午、月明霜重，驚棲蘆絮裏。　羈人倦途漫相逢，無窮意，簡就私書難委。征路遠，關河冷、也應憔悴。人人字、爲誰細寫，風乍緊、尋休還又起。早望損、玉人嬌眼，凝珠沾繡被上聲。

憶舊遊　秋蝶　西園蝴蝶甚多，經秋不絶。蹁躚舞去，欲迷香國之魂；蹀躞看來，恍入南華之夢。秋將深矣，能無悵然。倚曲吟商，抑亦遲暮之感也。或謂别有所託，然乎否乎

正楓迴露井，桂馥瑶階，綺思交加。滿目成秋苑，甚翩翩鳳子，還傍簷牙。瘦腰漸倚芳樹，纖影逗窗紗。問幻入遊仙，神迷望眼，何處人家。　堪嗟。是容易，又一度西風，明日黄花。東坡詞『明日黄花蝶也愁』。縱有棲香意，也飄零幽徑，難覓生涯。翠眉尚鎖輕黛，雙翅委塵沙。更漫想春前，尋芳暗逐金犢車。

瑞鶴仙　晚菊

嚴霜屢降，衆卉俱零，菊花數株，猶欣欣有生意。移植窗前，冬深未謝，清賞不已，美之以詞

裂風催敗葉。早鶗鴂聲中，羣芳都歇。東籬漸蕭瑟。喜一枝獨瘦，能留佳色。輕黄淡白。似天仙、鉛華卸絶。問春前、百卉千葩，誰比此花高潔。　休折。移來窗畔，傲骨奇芬，阿入聲儂消得。金樽未竭。沈吟久，更清切。念生來情性，餐風茹平聲露，何憚嚴霜似雪。看相將、嶺上梅開，尚持勁節。

蘭陵王

前題，用清真韻，書寄陳恕生鄂中

朔風直。風裏愁紅墮碧。東籬畔，清瘦幾株，猶是當時舊顏色。繁華自故國。曾識。柴桑醉客。開來晚，扶上素瓷，傲骨亭亭恰盈尺。流光去無迹。記縝散瑛盤，香逗瑶席。周南及楚怡等處菊花各數百種，盛時曾開菊花大會。金英芳酯家家食。恨不似江國，早梅初蕊，一作平枝難寄市外驛。故人歎天北。　寒惻。夜霜積。倩玉手移來，聊伴岑寂。纖塵不染清無極。想不憚零露，那愁羌笛。時逢微雨，似媚臉，更淚滴。

掃花遊　夜坐　有懷

十年迅轂，歎夢冷香消，暗增悽惋。恨絲未斷。卻因風絮合，頓成疎散。一點蕉心，幾度春深待展。舊情淺。怕重認翠綃，芳意難遣。　明月還入眼。算艷魄知人，照來仍滿。素幃夜暖。正銀虬箭裏，漏聲催换。又隔屏山，自把湘簾静掩。楚峯遠。賸離魂、付他并翦。

鶯啼序 冬夜聞歌管聲感懷，用夢窗韻

嚴霜正侵翠瓦，驟淒風度户。漏壺永、悲咽螻蛄，早將時序催暮。倚欄檻、枝頭墜葉，蕭蕭幾片辭空樹。念輕寒、遊子衣單，向誰添絮。

十載羈棲，素影夢裏，對青燈似霧。指梁月、遥想朋儕，雁稀難寄尺作平素。掩紋窗、長吟舊曲，篆煙裊、閒愁千縷。算何如，孤櫂歸休，共盟鷗鷺。

虚廊夜久，曲院人疎，記曩時倦旅。更幾度、北堂歡罷，定省輕委，促上征途，曉寒凝雨。鞭絲帽影，悤悤行色，荒村煙暝斜陽没，傍津亭、水濶舟還渡。江干細柳，柔條閱盡榮枯，此身尚類塵土。

河山再警，日月争馳，又换裘褪苧。訝滿地、哀鴻啼怨，斷角吹愁，翠館朱樓，尚沈歌舞。樓蘭未斬，燕然虚勒，滄江瀛海騰鯨浪，是男兒、拌作中流柱。傷心蒼莽神州，誓掃妖氛，祖生在否。

調笑令 飛雪

飛雪。飛雪。纖巧如飄玉屑。紛紛舞向虚簷。深院何人捲簾。簾捲。簾捲。青鬢休教暗點。

卜算子 前題，次辛稼軒《用莊語》韻

亂撒水精鹽，不響風簷馬。萬壑千峯一瞬間，都是皚皚者。　枯樹玉聯珠，華屋塵封瓦。多少寒梅傍短籬，開徧南枝也。

西江月 鄉人有以事謗我者，賦此解嘲

市上幾曾有虎，杯中也擬藏蛇。何來鬼蜮更含沙。浪説瓜田李下。　真率還歸故我，安

言且自由他。人間萬事本堪嗟。一笑置之九野。

定風波　曰歸將發，忽爲風雨所阻

夜漏沈沈急枕戈。輕裝點檢更無多。咫尺故園歸路近。誰信。朝來依舊阻風波。　細雨簾纖猶未已。還擬。明朝試問肯晴麽。縱使一程歸得去。回顧。又將何物補蹉跎。

抛毬樂　本意，和攻瑕三弟韻

晴日風柔掠鬢涼。拂衣相對欲顛狂。罨横秋蒴窺場速，頻剔春蒽捉拍忙。幾度跳平聲丸落，勾引纖腰笑沈郎。

滿宮花　和攻瑕三弟韻

柳枝新，桃葉艶。暮暮朝朝相見。司空自是不關心，那管蝶飛鶯囀。　堪笑東風情恁淺。吹老幾番人面。等閒催得暮暮歸，又把落紅輕卷。

點絳脣　傅君劍《感懷》詩有『惟有南來北雁肥』之句，用其意作此詞，以送北歸者　事在民國九年舊曆四月二十五夜

一夜薰風，楚天歸盡隨陽雁。數聲哀怨。空把餘糧羨。　此去肌膚，豈似來時遠。深深勸。大江南岸。莫再重相見。

玉燭新　榴花，用清真《早梅》韻

酴醾飄雪後。又數點安榴，蠟珠攢就。避春待夏，芳心晚、不學梅梢輕漏。紅巾半吐，漸照眼鮮明時候。瞻望久。還喜薰風，翻來絳英沾袖。　佳人漫道如花，試密傅臙脂，便如

君否。茜裙任鬬。應平聲不似，燭影籠紗清瘦。元稹詩：『疏牖燭籠紗。』論平聲香品秀。也合與花王稱首。誰更把、玉局新聲，泠泠細奏。東坡有詠榴花詞，即『乳燕飛華屋』一闋，膾炙人口。因坡曾爲玉局觀提舉，故稱玉局。碧山詠榴花亦用其事，有『玉局歌殘』『金陵句絶』等語。

洞仙歌 自題畫相　民國三年照片，時年二十有八。民國九年，學生陳華摹贈於周南女學校

斯人消瘦，髣髴眉重鎖。百結愁腸更無那。是奇男、應效九萬鵬摶，卻不似，湖海元龍高卧。凌雲空有志，匣劍囊書，卅載光陰轉頭過。總拄腹少經綸、一事無成，憑誰識、征衫塵涴。算妙手、丹青寫來真，賸兩腋清風、宛然如我。

賀新郎 有諍

身世圖中畫。更能消、幾番行樂，好天良夜。我輩鍾情原歡適，休使鶯驚燕詫。悲往事、緑珠樓下。一墜千秋何須論，便當時、金谷無遺瓦。知得喪，塞翁馬。　人間誰是多情者。甚交逾、死生骨肉，都成虛假。不信看平聲他黄金盡，行路悠悠是也。肯拌上聲著、韓郎聲價。伴彼章臺秋風柳，儘纏綿、抵死難分捨。真夢覺，淚空灑。

蝶戀花 再詠榴花

緑葉陰陰枝滿樹。過盡羣葩，紫蕚還輕露。客裏相看今幾度。花開未覺春先去。　休道東君情淡注。一點芳心，自被薰風誤。火樣精神須愛護。韶光容易催秋暮。

前調

疊前韻，再詠榴花

瘦盡西風黃葉樹。還見紅巾，點點枝頭露。拌落拌開知幾度。芳心誰道輕飛去。　曉露涓涓和雨注。收拾殘英，遮莫清霜誤。煩囑高枝深保護。來年春到休遲暮。

沁園春

致攻瑕三弟　庚申九月

費盡艱辛，負笈他鄉，讀書萬篇。想經綸滿腹，元方定讓，功名反手，季子猶賢。致富多方，投機有術，弟本商科畢業生，商學中有所謂『投機論』。奚用區區卜式田。誰知道，卻還依白屋，戹守青氈。　更兼滿地烽煙。歎城郭、須臾都變遷。算蠅頭蝸角，徒勞患得，鶉居鷇食，何必求全。雁翼雖分，鴒原應念，花萼難逢再世緣。從今後，願池塘有夢，春草年年。

蘭陵王

塵刼茫茫，人事靡定，草木無情，抑亦然乎。去歲校中指周南女校菊花最盛，至冬深猶有未謝者。曾用清真韻填此調，以詠其事。今夏忽爲水所淹，其根盡死，僅餘數種，移植他所。雖開來如斗，不無舊日之儀容，而一盛一衰，實足增今昔之感也。再用前韻

畫廊直。不見繁紅嫩碧。西風裏，鶗鴂幾聲，老圃秋容淡無色。情懷似去國。難識。黃冠舊客。相逢晚，還記去年，短幹高跗正盈尺。　疎籬認前迹。悄不似當時，花簇茵席。餘英曾釀香醪食。知一墮塵刼，託根何處，恰作平如羇客寄傳去聲驛。水南又山北。　悽惻。更愁積。漸天氣新霜，誰慰寥寂。尋思花命情何極。想陶令懷舊，也悲鄰笛。依稀窗外，尚數朵，夜露滴。

千秋歲 代李樹藩祝吴劍鎣母大人六十壽辰

菊濃霜後。正是梅開候。誕期十月。春未偏，花争秀。簪雲酥暈面，設帨香盈手。重平聲碧酒。萱堂永日斟金斗。　願上南山壽。難賦詩千首。三鳳美，劍鎣兄弟三人，女弟五人。君家有。廿年婚嫁畢，原壽文詩中有『廿年婚嫁費經綸』之語。九轉華流就。惟暗祝作上。史番甲子從今又。

賀新郎 冬夜無事，偶檢閲友人詩箋，中有《紀事》《歡情》各兩章，事實、詞情足資吟玩。其《紀事》云：『翠竹樓臺對夕陰，詩緣酒興鎮相尋。藍橋香雪玲瓏句，畫幌朝霞醉舞心。曲徑松風驚好夢，綺窗梅月訴知音。獨憐雨溼煙花放，猶是空枝寂寞林。』『惜花未忍一無言，别夢依依繞翠軒。半響佩環風弄竹，數聲雞犬雨敲門。雲迷獨悵秦關險，腸斷應銷楚客魂。舞鶴歸來重有意，相邀明月伴芳樽。』檃括詩中語作此調，以存其事，點金之恨，知所不免矣

翠竹樓臺古。對夕作平陰、詩緣酒興，鎮尋鴛侶。香雪藍橋玲瓏句，畫幌朝霞醉舞。曲徑裏、松風微度。好夢驚回渾難續，綺窗幽、梅月知音訴。花寂寞，問誰主。　惜花未忍無言語。别離情、依依暗繞，翠軒朱户。半響佩環疑弄竹，雞犬聲喧帶雨。獨悵惘、秦關深阻。腸斷魂銷悲楚客，歎歸來、舞鶴還相顧。邀皓月，伴樽俎。

木蘭花慢 前題。其《歡情》云：『尋春何事馬蹄忙，風透簾櫳萬縷香。日麗山櫺摇艷影，波澄水閣漾容光。鶯嬌柳絮朱門舞，蝶戀花心翠幄張。莫道歌成無伴侣，瑶琴一曲鳳求凰。』『紅情緑意逐相添，爲蝶尋花且捲簾。雨後草痕留屐

齒，曉來星影落茅檐。篆煙香襲龍鬚卷，霏雪茶甘雀舌纖。好傍樓頭歌綺曲，頻開妝閣笑窺奩。』

算尋春鎮日，竟何事、馬蹄忙。正日麗山槁，波澄水閣，摇漾容光。朱門柳嬌絮舞，任鶯吟翠幄且高張。莫道歌成無伴，瑶琴一曲求凰。紅情緑意難量。還爲蝶、敞簾房。記草痕雨後，常留屐齒，星影微茫。龍鬚篆煙暗襲，品甘泉雀舌更芬芳。歌罷樓頭綺曲，頻窺奩閣匀妝。

解蹀躞　催雪

月皎晴窗寒峭，漸覺花期近。夜閒東閣、何郎動吟興。因念庾嶺先春，早梅初試幽香，一枝空映。雁風緊。還恁沈沈雲影。陰晴更無定。問誰留住、飛瓊伴清泠。應是天妒奇葩，不教六出飛來，助他妝靚。

臨江仙　壽家嚴八十初度　庚申夏曆丑月既望

撫就諸雛心已瘁，邇來毛羽都豐。相期沖舉競天風。鳩居慚舊壘，是歲遵命析産，余得磚田老屋。烏哺効私衷。休歎銅駝荆棘滿，千秋興廢難逢。芒鞋竹杖且從容。年年丁此日，歲歲祝阿翁。

鷓鴣天　春日感言

春事悤悤又到今。乍暄天氣半晴陰。一番雨過花魂醒，幾度風催鳥語吟。梅斂玉，柳篩金。相看平聲百卉滿瓊林。時人但覺韶光好，那識陽和德澤深。

齊天樂　題李淑儀繪贈輕舟泛月圖

亂山深處疑無路，彎環又開蹊徑。斷麓沈礁，迴汀壘石，横截琉璃千頃。波明浪迴。費妙筆縱横，幾番煙潤。展軸頻看，宛然身在碧虛境。　孤村深樹隱隱。想幽人夢覺，無限清興。月淡天空，雲疏露薄，趁取一颿風順。扁舟漫引。任世路羊腸，陂去聲平難定。穩伴漁燈，舵樓消夜永。

生查子　新燕

庭院消無人，蘭室紗窗掩。新燕舞聯翩，卻喜無拘管。　王謝舊時堂，都隔東風面。舉目有雕梁，何用多尋徧。

卜算子　新月

新月入簾帷，弄影成孤絶。相望終嫌隔碧霄，素手無由掇。　私語問姮娥，此意還知得。若使清光解做圓，莫任當軒缺。

前調　明月

明月漾中天，入户添奇絶。桂魄盈盈二八餘，恰稱吴剛掇。　回首笑仙郎，玉斧曾修得。底事羲娥恨獨多，總向階前缺。

祝英臺近　題瞻樓　黄炳勳孝廉，友人周西郊之業師也。世居長沙臨湘鎮之翰霞山莊。庚申冬，於莊之東偏構樓，背山面水，風景頗佳。其父母及伯兄塋域皆在此山中。顔曰『瞻樓』，取瞻望之意也。樓成，徵詩文詞以爲紀念。承西郊之屬，爲填此闋

聳高峯，橫曲澗，側闢翠微路。結構臨流，早識尚廬趣。危樓百尺嵯峨，四山奇觀去聲，又相對、松楸深處。　漫凝竚。還勝遊子多情，咨嗟獨登岵。月淡雲高，瞻望儘容與。有時自度書聲，閒揮麈尾，卻不怕、夜窗風雨。

浣溪沙　未得恕生來信已近兩年，風雨燈窗，不無離索之感，調此責之

鄂渚湘皋水各方。兩年魚雁也成行。都無一字慰東陽。　祇道心交冠蓋足，豈云廳事簿書忙。洛中紙價近來昂。

生查子　壽唐笥貽五十

歲歲近花朝，霞盞開新宴。誕期在花朝前二日。人少比花枝，花好如人面。　佳節又稱觴，百歲初過平聲半。願祝壽花人，唐有自作《壽花》七古一首。長與花爲伴。

鷓鴣天　得家書，言有盜穿穴而入，攫物以去，語甚驚駭。噫，戈甲縱橫，何地非盜。彼探囊發匱者，特盜之小耳，奚足怪焉。用莊子《胠篋》篇語，賦此答之

扃鐍緘縢不早謀。祇緣廬舍似蝸牛。聖人此日猶興起，大盜從來沒罷休。　方竊國，莫論平聲鈎。田齊十世揭諸侯。權衡仁義皆能攫，奚訝穿窬一小偷。

前調　春暮客感

歲歲東風送落花。年年鉛槧老生涯。不逢伏臈常爲客，偶駐琴書即是家。　心欲碎，鬢將華。可堪新恨更交加。田園滿地都休羨，贏得身閒願已賒。

卜算子 入春以來，倏寒倏暖，且無日不在狂風驟雨之中。彼蒼者天，胡若是之變幻耶

一陣北風涼，一霎南風暖。不是天公作劇忙，世態人情險。　幾夜雨聲沈，幾口晴光炫。待得清和草木深，春去如天遠。

臨江仙 恕生由鄂中函託購筆，即以數枝奉贈，並以此詞媵之

十載金蘭居裏近，頻年未見丰神。重湖浪阻夢無因。倦途都拓落，何日復逢迎。　覓得中書能解事，涉江遥贈伊人。憑他宛轉寫離情。敢云千里意，聊當一枝春。

蝶戀花 悼陳佐衡

湘上棲遲居獨近。嘗爲文園，肘後奇方進。孫楚樓中曾痛飲，何堪一別人天迥。陳幼習岐黄術，近經營酒業，與余居處最近。嘗晨夕過從，且病即就醫。此次余於暑假時入鄉，其前一夕尚至該處飲酒閒談。比來始知已物化矣，不禁愕然。　妙手回春天不肯。桃葉桃根，怪道風吹損。青子飄殘都莫恨。從來世事曇花影。陳先後娶同里劉姓二姊妹，早死，遺一子，未十稔而殤。嘗對人言：『余二妻一子，皆爲余所誤。』因棄此業，自是不輕與人舉方。

倒犯 辛酉中秋，微雨無月，館西園周南女校作

望裏、見蟾蜍乍生，又逢三五。秋懷正苦。簾櫳外、亂雲微雨。山河大地、多少人家攜樽俎。慶詠賞纖阿，獨把佳期誤。駕冰輪、渺何處。　因想素娥，故故隨人，經年窺倦旅。弄影向四壁，夜蕭索，猶凝竚。對怨魄、渾無語。歎光陰、颼風吹急羽。問透幕清輝，越歲還相許。寸心千萬緒。

鷓鴣天　書所憶

素面原無脂粉痕。淡妝粗服越精神。何來京洛多情種，絶異風塵薄福人。　如有意，卻無因。曲房相遇署温存。裴郎再訪神仙窟，路杳藍橋夢不成。

臨江仙　漫言

百歲光陰能幾許，兒時情味茫然。暮成憔翠更誰憐。中間些子日，煩惱復相牽。　千古秋娘知此意，縷金宛轉能傳。勸君行樂及華年。好緣休錯過，佳會莫遷延。

鷓鴣天　秋花

不趁春妍鬬艷妝。開來遲暮亦生香。輸他粉蝶紛飛早，洽彼金風點染忙。　江荻白，井梧黃。蟲階昨夜隕微霜。可堪秋士憐芳苦，難折寒枝伴客窗。

前調　校中指周南女校園藝久疏，荒蕪已極。今冬民國十年添植各種草木，且重加修理，方亭曲砌，煥然一新。春風早臨，奇花粲發，名人幽賞其間，必有一番佳話也。承朱校長之屬，爲賦此詞

園藝誰將造化窮。也因人力奪天工。十年樹就新桃李，三徑培成舊菊松。　增夏景，换秋容。酴醾雪後拒霜紅。寒花已足供幽賞，更看春風點染功。

摸魚兒　新秋有寄　癸亥七月

正湘天、雁來時候，涼雲催釀新雨。商飇初顫梧桐葉，收盡三庚煩暑。秋到處。却勝似、春寒困頓無憑據。桐荷院宇。任一枕眠鷗，半

簾約月，相對話今古。　秋風好，秋味潛生肺腑。澆他多少愁緒。　當年宋玉緣何事，對此獨添淒楚。君不悟。　君試望、蒹葭迤邐迷洲渚。伊人道阻。想洄溯難從，三秋一日，頓覺此情苦。

浣溪沙　紀事，丙寅二月十日

燭影搖紅漏欲收。天風吹月下瓊樓。　夢回薌澤透衾裯。　自分鰥生多薄福，卻從別墅貯温柔。深閨畢竟有奇謀。

其二

家住申江籍苧蘿。洞庭千里阻關河。　天寒袖薄意云何。　客裏青陽悲逝水，愁餘紅淚溢橫波。個儂好處是情多。

其三

同是蹉跎恨此生。個中幽憤倩誰平。　前塵舊影付浮雲。　但願徽音傳太姒，莫教愁悴損蘭成。月圓花好證深盟。

臨江仙　憶柳

瘦影披離湖上柳，移來茂院牆東。　三年學舞倚春風。藏鶯金縷細，拂幕綠陰濃。　一自柔情消歇盡，撲簾飛絮冥濛。長條無力絹遊驄。灞橋攀折地，翹首碧雲空。

菩薩蠻　詠柳　己巳春暮

倡條冶葉芳菲節。温柔合被王郎折。　移向楚宮來。宮腰瘦損哉。　江潭春欲暮。　幾度狂飛絮。張緒昔風流。　而今歎白頭。

繞佛閣　雪夜有寄

雁程漸緊，憑檻乍立，聲墮雲表。簾際風裊。暗驚刺耳、寒鋩透茸帽。絮花弄巧。危岸四野，都散纖縞。迷縵淩曉。似教永夜，霜娥送殘照。　浪迹倦遊客，漫擬山陰橫短棹。應念個儂、分馳徂遠道。歎素影燈窗，誰伴孤悄。嶺梅開早。便寄取南枝，難慰天渺。問何時、共傾名醥。

菩薩蠻　己巳除夕，獨居荷池長沙中校有寄

沈沈漏盡閒庭寂。四時好景今宵畢。獨看燭花紅。情懷兩處同。　明年無此夜。國府令，從十九年起，廢除舊曆，實行新曆。厮守休辭罷。餞舊復迎新。誰家爆竹聲。

生查子　紀恨　集《東山樂府》詞句　癸酉秋暮

眉宇有餘妍，《南鄉子》。物色宜新曉。《蝶戀花》。何處最難忘，《風流子》。閉月花房小。《生查子》。　茂苑想依然，《小重山》。歲晚從吾好。《蕙清風》。憔悴幾秋風，《小重山》。枉負狂年少。《六么令》。

卜算子　前題　集《東山樂府》詞句

人住玉溪邊，《小重山》。身寄吳雲杳。《兀令》。誰復挑燈夜補衣，《鷓鴣天》。繡幌閑眠曉。《連理枝》。　楚夢冷沈蹤，《小重山》。往事今何道。《連理枝》。玉指金徽一再彈，《小重山》。翻作傷心調。《御街行》。

攤破浣溪沙　前題　集《東山樂府》詞句

誰道行雲肯駐留。《南鄉子》。江城水路漫悠

悠。《太平時》。最是不堪風月下，《木蘭花》。認歸舟。《太平時》。挑菜蹋青都過却，《蝶戀花》。河陽新鬢儘禁秋。《南歌子》。爲問宛溪橋畔柳，《蝶戀花》。寫清愁。《更漏子》。

前調 前題 集《東山樂府》詞句

天與多情不自由。《太平時》。更逢何物可忘憂。《御街行》。惆悵竊香人不見，《浣溪沙》。謄衾裀。《更漏子》。間闊時多書問少，《兀令》。歌塵蕭散夢雲收。《浪淘沙》。十二曲欄閒倚徧，《蝶戀花》。恨風流。《銅人捧露盤引》。

浣溪沙 賀友人新婚

樺燭輝煌映畫屏。天風吹下佩環聲。洞房消息總傾城。同夢定應嫌漏短，掃眉知否着螺輕。風帷今夜見真情。

沁園春 題劉木屏記

拔劍鋤奸，鬬舫全身，大節無乖。慨乾綱失馭，萑苻竊起，坤維再奠，國是陰霾。木屏父鐸，爲刑部郎中。以題僧扇有『陰霾國是非』之語，爲訕謗時政，致遭大辟。涕泣陳師，張先壁奉檄赴岳州擊清兵，木屏爲流涕，指陳大義，軍士胥感動。激昂殺賊，一片孤忠凜壯懷。平生憤，恨身非男子，恩報廷階。金陵王氣沈埋。算畢竟、中興事未諧。羨黄龍痛飲，燕然高勒，漫期國士，遑論裙釵。良玉邊功，雲英戰績，鼎立而今三異才。凌煙閣，便封侯圖像，豈足多哉。附録《木屏事畧》：木屏名淑，號个山。明末女子，江西人。七歲喪父，稍長能文，旁研兵法、劍術。方笄，適安福王藹，年二十一即喪所天。後李自成陷京師，懷宗殉難，木屏聞而慟哭，恨不爲男子以殺賊報國。翌年唐王立，福州各處義師紛起，木屏亦散家財，鬻釵鈿，募士卒一旅，東出禾川，期與楚師會。時有何騰蛟部將張先壁，窺木屏美，困而欲納之。木屏拔劍怒目，卒不能屈。因散部曲，歸鄉里，闢小菴曰蓮舫，迎母奉佛，以終餘年。

生查子

紀夢　集二晏詞句，即晏氏父子晏殊《珠玉詞》、晏幾道《小山詞》　乙亥春暮

朝華已遣，短景虛邅。曉夢迷離，惱亂柔腸刺史；清歌婉轉，依稀舊曲桃根。愁方春藹，心似秋蓮。詞以紀之，恨何如也。

盛年能幾時，《珠玉詞·更漏子》。往事知何處。《珠玉詞·清平樂》。曉枕夢高唐，《小山詞·浪淘沙》。又逐飛花去。《小山詞·生查子》。　清歌莫斷腸，《小山詞·阮郎歸》。流水難歸浦。《小山詞·生查子》。長記舊嬉遊，《小山詞·武陵春》。心抵秋蓮苦。《小山詞·生查子》。

鷓鴣天

五十初度，感事　民國二十四年乙亥夏厤十月八日

卅載顛連苦折磨。又驚瀛海動鯨波。年齊伯玉知非少，劫歷紅羊感事多。　嗟荏苒，悔蹉跎。魯陽何計可麾戈。請纓投筆都輸著，贏得斑斑髮欲皤。

以上《粹玉詞》

摸魚兒

莽塵寰、遣愁何處，年華過盡容易。功名三十成遲暮，何況一枝難寄。心未已。待拔劍、雞鳴風雨瀟瀟裏。倚作平天萬里。問絕域班超，當年投筆，壯志竟何似。　征衫敝。還是羈遲客邸。琴書蕭瑟相對。滄江又悵狼煙亘，萬事海天無際。空灑涕。休再把、沈沈舊夢重提起。新聲漫倚。任碎墨欹斜，淋漓陶寫，香草美人意。

高陽臺

半疊重箋，幾行疎寫，依依句短情長。哀怨淒清，難追當日伊涼。繁絃急管聲聲思，奈狂歌、一曲低昂。漫方他，舞馬回波，緑意紅腔。　知音已是沈淪久，更誰調律吕，諳解宫商。細把才情，凌風遡想蘇黄。紅牙鐵板依稀處，認遺珠、餘韻鏗鏘。但尋聲，依樣葫蘆，暗轉柔腸。

以上《粹玉詞》卷首題詞

温倩華

醉太平　閨情

桃花短簷。菱花鏡奩。月鉤斜上眉尖。在愁邊夢邊。　金針嬾拈。爐香嬾添。侍兒偷放重簾。正將眠未眠。

浣溪紗　夜雨

蕭瑟聲中静閉門。惱人風雨做黄昏。眉尖愁緒壓三分。　小顆蘭釭花欲顫，半函薤枕夢難温。一天秋思攪吟魂。

前調　夏夜

荇藻中庭月似潮。簾波瀉影自滔滔。湘妃榻化木蘭橈。　壓鬢香濃開茉莉，嬾腰人倦落芭蕉。隔重秋夢聽吹簫。

無俗念　題桐蔭讀書圖

瑯環仙境，愛芸窗四面，桐花香簇。坐久渾忘秋影重，兜滿一襟幽緑。爽翠生雲，峭涼疑雨，浣却塵三斛。暫抛書卷，儘君消受清福。　恰好楊柳深深，簾波如水，浸到欄干曲。領略清涼滋味久，紅袖添香嫌俗。擊節鶯螿，長吟和鳳，不厭千回讀。雅人深致，輞川無此圖幅。

點櫻桃　詠雪

壓斷梅梢，粉蛾吹墮知多少。玉樓寒峭。曙色先催到。　試向瑶窗，呵凍閒凭眺。山河皎。月明風小。一片糢糊了。

夢江南

層樓外，一片鏡湖低。虐柳風來鶯語亂，傷春人倚畫闌西。閒聽子規啼。

其二

晶簾卷，樓閣夕陽中。羅幕乍開摇翡翠，綃衣新試繡芙蓉。來挹藕花風。

其三

紅情懶，無柰翦刀風。一夜春寒花骨瘦，半階香雨蝶愁濃。人影隔簾櫳。

清平樂　雪窗偶作

陣雲未懈。風緊生虚籟。十萬天花如絮下。狐裘稱體新加。　盡日重簾不卷，小庭閒煞梅花。人在瓊瑶世界。峭寒偷入窗紗。

前調　冬夜

遲遲玉漏。又是黄昏候。料峭尖風簾幕逗。小朵燈花凍瘦。　寒宵偏是深深。支頤獨自沈吟。幾度欲眠還怯，那堪如鐵冰衾。

減字木蘭花　冬曉

爐殘獸炭。寶帳夢回香已散。睡態惺忪。欲

起還眠意轉慵。鸞衾半擁。心怯曉來寒氣重。怪煞鸚哥。謊報三竿日影過。

羽仙歌 春寒

清明近了，怪鶯花還睡。楊柳含顰儘憔悴。正踏青時節、鬥草年光，禁得個，二月東風沈醉。鞦韆庭院悄，人倚欄干，一縷輕寒襲羅袂。消息鎖桃花、燕子來遲，渾不管、春閒如水。又社雨、聲中鵓鴣啼，賸草色和烟、撲簾爭翠。

鵲橋仙 爲從兄企殷題並蒂蓮花圖

玲瓏心性，纏綿情緒，在地本爲連埋。緑波相照太分明，看花頰、也含羞意。蓮儂薏汝，形偎影倚，不怕蜂猜蝶忌。臨風雙笑傲鴛鴦，似説道、癡情勝你。

虞美人 爲從兄企殷題烘雲託月圖

廣寒寂寞誰人省。如此清宵永。曝衣樓上看流雲。底事眉山故故、學長顰。怪他塵世癡兒女。偏有閒情緒。瓣香儘自祝團欒。不管嫦娥惆悵、太無端。

瑶花 題紅梅花館讀書圖，應王璞山先生屬

冰心鏤月。琅抱凌雲，伴芸窗幽寂。羅浮小築，攤卷久、芳意冷凝瑶席。無窮清福，問君是、幾生修得。看碎瓊、飛落林梢，點上添香人額。　絳雲萬軸牙籤，更嚼雪餐花，斯樂何極。倦抛湘帙，長嘯處、鶴夢驚回香國。逋仙老去，算只有、先生同癖。恐舊盟、誤了春風，收入畫圖三尺。

臨江仙　重九雅集圖題詞

插遍茱萸歸去也，名園共寄幽情。敲棋人在小紅亭。畫闌誰獨倚，心與菊花清。　玉笛瓊簫雙譜曲，却將秋夢吹醒。湖山指點太瓏玲。俊游須記取，珍重此模型。

浪淘沙　秋日惠山晚歸

黃葉滿空山。秋意闌珊。幽泉漱石自潺潺。林壑不知人世事，一味清閒。　烟翠鎖重巒。雲樹漫漫。夕陽蕭寺暮鐘寒。蠟屐行吟歸去晚，不盡餘歡。

清平樂　春曉

曉鶯啼暖。睡起肢腰軟。天氣困人春不管。一味做成春嬾。　緑雲雙綰垂鴉。鏡中自惜容華。昨夜東風猶勁，開簾飛進桃花。

賣花聲　春去

春已去天涯。緑上窗紗。晝長閒煞玉丫叉。捲起蝦鬚簾半幅，細數飛花。　庭院亂紅賒。燕蹴鶯拏。春愁一片没攔遮。盡日顰眉緣底事，惆悵年華。

江城梅花引　春夜聽雨

春燈疏雨夜迢迢。潤花梢。落紅飄。隔着銀簾，擁髻聽瀟瀟。如水嫩寒禁不起，添香篆，下羅帷，掩畫寮。　畫寮。畫寮。畫寮。鎖岑寥。酒初消。書倦抛。聽也聽也，聽不盡、窗外春潮。一枕惺忪，消受可憐宵。料得園畦新韭長，待晴了，倩雙鬟、試翦刀。

虞美人

芳情欲訴無從訴。人遠天涯路。魚書欲寄更遲停。生怕亂伊心曲、阻雲程。　閒愁一點眉間惹。又是黄昏也。淒馨繡被鈿床寒。可奈窺簾明月、又團欒。

前調

歸期誤了還重誤。魚雁無憑據。昨宵盼過又今宵。如此無聊況味、㲉魂銷。　薄寒透幕燈花謝。無奈深深夜。離愁別恨兩如潮。一寸芳心捲得、似芭蕉。

高陽臺

爐篆堆雲，瓶花扶夢，翠樓人愛清眠。嬾整明妝，輕塵惹滿瓊匳。茶經藥譜商量遍，儘無聊、過了秋天。怯寒尖。深掩珠櫳，密下湘簾。　魚書雁帛浮沉久，怕天涯有客，魂夢相牽。兩字平安，殷勤付與鸞箋。相思不去拈紅豆，怪相思、併在愁邊。鎮懨懨。減盡腰圍，未盡纏綿。

壺中天

胡園觀荷作

曉雲籠樹，笑看花來早，花還慵起。一角紅亭三面水，消受四圍香氣。露咽蟬聲，風驚鴛夢，寫出涼無際。采蓮兒女，雅懷倜儻如此。　十遠聽泉水淙淙，炎氛不到，羅袂侵秋思。十萬田田花世界，留得幽人芳趾。拗藕抽絲，跳珠掬水，無限嬌憨意。夕陽明處，小鬟催作歸計。

高陽臺　佚題

虎帳功名，鳳池畫策，那堪往事重論。十載江湖，依然憔悴風塵。英雄事業供屠狗，夜寒時、空嘯龍紋。且韜真。風月文章，任寄閒身。　漫愁琴劍飄零盡，有清才勝雪，豪氣淩雲。刻翠裁紅，頭銜還署詞人。十年一覺荒唐夢，料從頭、説也酸辛。夢無痕。寫入丹青，證取前因。

以上《黛吟樓詞稿》

浣溪沙

人比梅花瘦幾分。綵裀壓損小腰身。眉山都作可憐顰。　蠟照暗擎雙翦穗，藥煙香化一簾雲。羅衾坐擁耐黄昏。

見《半月》一九二三年二卷十四期

靳志

鵲橋仙　爲紉蘭女士七夕催妝

薰風罷扇，秋期初近，清淺銀河無浪。年年今夕最情濃，早準備、仙橋雲帳。　瓊枝生就，玳梁棲穩，兩兩珍禽相向。傳聞天上勝人間，今始信、人間天上。

洞仙歌　用稼軒韻　駐暹羅中華總商會落成

怒江湍急，萬里西南路。世外桃源有佳處。看辛勤胼胝、成邑成都，擎天手，收拾蠻風蜑雨。　起樓炎海上，父老諸昆，伏蠟相歡未能去。秦人瘠、越人肥，族異心殊，錐刀利、還怕予求予取。有雞犬、歸來識新豐，待漢使浮槎、與君同住。

水調歌頭

己巳秋，羅溪朱氏崇本堂爲八世祖清旌孝子羽吉公舉行三百歲冥誕，爲題《戴天恨》《陰陽判》傳奇二書後

父仇未能報，徒步叩天閽。天閽悠遠難到，疏網漏舟吞。有道聖人御宇。化日南回眷顧。不照覆盆寃。已矣謝斯世，遁迹入空門。
淚欲枯，眦盡裂，髮先髠。人間功罪，誰記東嶽地靈尊。不信幽明異路。果報形影相附。彰癉可重論。莫作傳奇看，以孝詔來昆。

長相思

六闋 爲宗子立同年題《丁卯除夕唱和詩卷》

人煩寃。鬼煩寃。江北江南有斷魂。風雷大陸昏。出山渾。在山渾。不是當年清浄源。芥舟鶴踏翻。

其二

迎新年。怯新年。昨過蓬萊海變田。杞人憂墜天。無因緣。有因緣。北雁南飛思悄然。秦淮月滿船。

其三

守殘更。怨殘更。斗轉參横睡不成。邯鄲早夢醒。舊京城。新京城。但見新人笑臉生。舊人雙淚盈。

其四

共歲寒。耐歲寒。青鏡應羞鬢似潘。鮎魚還上竿。大郎官。小郎官。盧橘楊梅猶帶酸。相逢冷眼看。

其五

望江南。憶江南。九曲青溪何處庵。鍾山生

紫嵐。宧味諳。世味諳。臘酒椒盤霜破柑。到頭苦亦甘。

其六

恨吴兒。憐吴兒。失勢冰山不可爲。横行能幾時。莫吟詩。且吟詩。工到窮愁信有之。旁人笑汝癡。

翠樓吟　用白石韻　題黄苐怡《詞盦詞稿》

春色撩人，秋心易感，驚才本由天賜。青溪腸九轉，夢中問秦淮歌吹。牛頭雙峙。數十四樓名，梅妍柳翠。江山麗。過江人物，恅他苛細。　擲地。金石千聲，賦暮年蕭瑟，歲星遊戲。潯陽江幾派，與黄九曾同鄉里。蓴鱸無味。奈側帽西風，季鷹才氣。江天外。棟雲簾雨，又西山霽。

慶春宫　用草窗韻　再題《詞盦詞稿》

銀字調笙，烏絲寫韻，不知鬢染吴雪。花淚分紅，山眉蘸翠，硏牋題遍聲咽。玉京千里，每回首、浮雲暮合。江梅落盡，笛裏關山，一聲吹裂。　客船夜泊秦淮，歌冷鶯簾，使人愁絶。閏集編詩，春鐙迷燕，多少江南花月。六朝如夢，綵雲散、銷魂惟别。蘋洲笛譜，舊曲重翻，我心先折。

八聲甘州　用耆卿韻　立秋後，東原桂十置酒，

約青溪鐘社同人泛舟秦淮。夜雨添波，晚風送棹，披襟颯然，始有秋意。陳仲恂毓華、游允白洪範、苻九銘鼎升、林衆難學衡，攢眉元亮，屢煩折簡，千呼不出者，今皆惠然來矣。雨有新舊，坐無主賓，霜鐘再鳴，燭花欲燼，誠東林遠公始願所不及，亦南都雅集兩年未有之盛事也。復成橋下，

澄波如練，陽烏既匿，素蟾不來。鐙火出林，笙歌在水，肴核既陳，詩情益健。掠過鄰舟，近接笑語，衣香鬟影，抵死撩人，猶想見承平景象。傷今念往，棖觸於懷

却還將舊歷惱新人，昨宵雨催秋。漸涼侵遠夢，江涵初影，雁過妝樓。快把清砧拂拭，征戍不曾休。多少哀時淚，都付東流。聞道長安似奕，久推枰袖手，殘局誰收。有瓊筵急管，片刻爲君留。怕塵生、越娥妝鏡，喚玉奴、伴我五湖舟。莫辭醉、酒杯深淺，好與量愁。

龍山會

用夢窗韻　青溪社集，秦淮河上贈闕穎人

落照篷窗罅。面水園亭，草樹花枝亞。烏衣迷巷曲。桃葉渡、轉過復成橋下。玉樹後庭花，怎消得、當時艷冶。雨催詩，秋懷欲訴，隔宵涼灑。重集社燕江鴻，有客來遲，是茂陵司馬。座中青眼在，京華夢、鐙火西窗深夜。才費竟何爲，早應悔、詞源倒瀉。世我捨。莫更問，玉釵冠近挂。

長亭怨慢

用彊村韻　再贈穎人

算還有、風流張緒。一別靈和，眼前歧路。喚酒旗亭，扇羅香透帶殘暑。斷腸烟柳，君試聽、新聲譜。此地駐詞仙，好占斷、江南春雨。日暮。望舊京不見，喜見舊時吟侶。東華一夢，有時怕、夢仍無據。昨夜雨、秋帶愁來，向秋問、愁來何處。落落素心人，空把空名相許。

唐多令

用夢窗韻　劉冰如有左與言之遇，部派駐日副領事，徘徊不去。集玉溪詩句爲兩絶見

示，爲填三闋

一别總成愁。重逢天又秋。入君懷、不冷已蕭颼。猶記小憐初見日，秦淮上、酒家樓。心事逐年休。桃花隨水流。問行雲、肯爲停留。道是如今花有主，武陵客、莫回舟。

祝英臺近　用夢窗韻

酒杯深，歌調苦。鄭重在歧路。青鳥西飛，香雪印蓮步。等閒緑樹成陰，滿枝青子，但驚問、春歸何處。　記前度。劉郎初到天台，小桃綻酥雨。來去匆匆，芳事委泥絮。厭厭恨上眉山，愁横秋水，更無語、泥人凝竚。

惜奴嬌　用梅溪韻

贏得癡名，十年夢、何曾醒。蓬萊路、雲横翠嶺。欲去偏遲，準備誤、春潮信。夜静。倩嫦娥、三人對影。　消减容光，未醫得、相思病。閒風月、要人管領。怎地無情，萍水迹、楊花性。試聽。雙燕語、巢梁與並。

長亭怨慢　黄季剛答書，邀遊吴皋，泛湖看晚荷，盛誇蘇菜之美，欲煩汪旭初作主人，並示近作。倚聲和韻，附送遊蘇詩稿求題

舊行處、新詩題遍。香徑梅崦，妓樓僧院。鐵繡生池，湛盧飛去意何限。俊遊嫌晚。約黄九、尋吴苑。鄭重歲寒盟，且莫放、沙鷗驚散。　寄遠。借寰區秀句，水遠天遠人遠。秋長漏短。有汪藻、鐙牀愁伴。流水外、老屋閶門，儘歌嘯、流年偷换。莫唱惜紅衣，一例飄零增惋。

前調 再和季剛

不曾惜、枯腸搜遍。松掩閒門，竹迷深院。隔日飛牋，分題刻燭有程限。一蟬吟晚。西風入、青蕪苑。綺語悔當年，又早是、江天霞散。哀歌憶遠。悵中仙一去，室邇碧山人遠。苦短，此中味、青鐙秋伴。借片羽、夢落吴皋，看山興、輕裝催换。愁織越溪絲，唱斷蘇臺悽惋。

前調 三和季剛

記當日、雙崦遊遍。是處青山，誰家墳院。有酒能澆，無天可問恨何限。越來溪晚。茫茫是、長洲苑。一雁落寒沙，又恰趁、山城人散。曹劉馬遠。把殘山賸水，寫入畫圖平遠。目短，問餘子、清遊能伴。袖底有、吴郡詩篇，盃中物、金蟬新換。夜月照孤吟，并入秋笳哀惋。

前調 四和季剛

未應待、江楓紅遍。露井苔堦，早秋庭院。意也無涯，百年身世有常限。况吾生晚。猶及見、蓬萊苑。三賦奏明光，誰識得、鄭虔樗散。家山夢遠。奈玉笙吹徹，却是夢回人遠。路短，便歸去、覓青春伴。怕定有、遼鶴銅仙，歎塵世、天風吹换。問淚濕紅桑，怎洗前朝餘惋。

前調 五和季剛

記衣惹、御鑪香遍。燭撤金蓮，夜深歸院。江管無花，謝池荒草夢魂限。玉京秋晚。何處是、梁王苑。只嶽色河聲，終不逐、繁華塵散。

天遠。問天天不語，方丈蓬萊同遠。蕭騷髮短，賸長物、青氈相伴。數落落、南渡人豪，平戎策、槖駝書換。一部稼軒詞，中有無窮悲惋。

雨霖鈴　和黃君坦『秋盡亂平，明湖賞殘荷』之作

蘭成蕭瑟。問平生意，奈是愁織。當年賦得秋柳，蠻腰舞遍，明湖澄碧。海右此亭似舊，占秋水無極。數盡了、名士風流，折贈何時到梅驛。　鵲華兩點添秋色。有王孫、作賦傷棲息。文章信美何用，都付與、酒旗風笛。楚尾吴頭，千里江南，一客相憶。便共我、擊楫中流，淚慢新亭濕。

賀新郎　用稼軒韻　壽桂十東原暨配詹夫人六十，即送別赴雪梨

吾道俱南矣。算當時、桑弧蓬矢，壯懷餘幾。莫説思君令人老，蘇李河梁舊事。相思意、能令人喜。廿載蠻荒消受得，問淵明、豈昨非今是。今與昨，本相似。　重陽漸近霜風裏。繫行舟、垂楊苦短，濁膠無味。清廟之音今何許，我欲朱絃重理。看幾輩、名流鵲起。江北江南題詩處，只低頭、片石韓陵耳。歌一闋，送吾子。

無悶　用碧山韻　再贈桂十

蒙豁蠻煙，絲斷蠶雨，長劍南天獨倚。歎大好湖山，故鄉無此。鏡裏朱顔似舊，欲挽住、滔滔東流水。恠畫梁雙燕，曾相識得，蹙飛花

前調 再疊夢窗韻 遷居皷樓二條巷，書感

任屋如舟，書連屋，門外葉丹苔碧。江蘺搖落意，甚千秋文藻，有臨江宅。北渚鷗盟，南柯蟻夢，野老何年争席。蒼茫天可問，怕高才爲累，罪因懷璧。更秋水娟娟，苧蘿村近，浣紗人識。　文章枚馬客。怨長夜、絡緯無停織。便欲向、峯頭露飲，鶴背吹笙，月光踏碎看秋液。乾坤一壺裏，好身手、從他安著。儘婀娜、風流極。梅妍柳翠，不信六朝春窄。東來蔣陵曙色。二十年辛未清明前，邵伯褧章、邵次公瑞彭自舊京寄我十二題，徵填春詞，中有《桂枝香》《惜黄花慢》兩調，如皋冒鶴亭廣生謂非春詞所宜。余新歸自吴皋，花事在眼，即事多欣，借題攄念，日課一題至三題。句讀略有訂正，四聲未遑注意，恐不無落腔，賞音家幸正之。

墜。高致。迴難似。問一去五噫，伯鸞何意。笑聽白頭吟，案眉含睇。也學鴟夷共載，五湖水、浮沈人間世。還待與、賭茗翻書，莫説破愁無地。

大酺 用夢窗韻 青溪鐘社公餞桂十，用王石丞《送李判官赴江東》詩，分韻得『璧』字

正客衣單，重陽近，無限怨紅愁碧。巒江三萬里，載米家書畫，送君泛宅。心事傳經，功名抗疏，夜半誰虚前席。陽冰留篆法，看銀鈎蔓尾，價高秦璧。任池墨模糊，霜縑零亂，元精能識。　天涯幽素客。錦機字、底事成虚織。記此夕、花前白酒，户外青驄，玉京仙子傾金液。愁心山千疊，倩霜鐘、聲聲敲著。雲縹緲、無終極。碧城十二，直北滄溟天窄。中有故園月色。

卜算子　用張子野韻　閶門酒樓有贈

芙蓉臉際，眉學遠山，既見未應嫌晚。柳受風多，底事獨偏東面。流盼。四肢嬌、總入茸茸眼。料昨夜、薰籠依久，飄衫屑屑香散。　夢雨朝雲館。乍吴苑青回，楚峯天遠。過了燒鐙，笑指兩崦花滿。誰遣。太匆匆、一曲玉龍吹斷。有夜月、昏黄照影，似蘭昌曾見。

望南雲慢　用沈公述韻　鄧尉探梅

路入蒼煙，乍轉過溪橋，初見湖光。村居四五，笑玉堂何似，永留住年芳。人説前山好，步屧近、微聞暗香。夜來寒重，凍損瓊肌，怕倚晨妝。　情傷。大好青山，堪埋俊骨，松柏是處成行。春風不管，任玉笛飛聲，舞遍伊涼。明鏡年時影，細認取、江南斷腸。賦才多少，老矣何郎，玉尺能量。

應天長　用康伯可韻　風雨舟中望靈巖

空廊響屧，細徑采香，分明越來溪路。好是五湖春闊，輕舠占漁户。南陽宰，文種語。四策在、奈何相負。半黄緑，岸柳垂絲，織將愁緒。　終古鹿游處。胆苦飴甘，吴越遞爲主。惆悵苧蘿，人遠悲歌寄毫素。尊中酒，篷上雨。苦憶我、四年三度。且沈醉，莼滑魚肥，膾翻紅縷。

惜黄花慢　用田不伐韻　木瀆舟中風雨寒甚，有贈

遠山分碧，一葉小載得，穹窿雲氣。臥聽煙外，打篷細雨瀟瀟，暗長半篙春水。東風幾日上垂楊，早透出、佳人眉意。落酒底。一點悭

松，紅映顔際。重簾半下玲瓏，睡鴨煖、不放餘香風遞。夢覺揚州，記曾觀訪瓊花，折得玉京仙蘂。醉鬢幽怨付琵琶，爲道是、清談無味。艷歌裏。最解慰人愁頷。

緑頭鴨 用晁次膺韻 滄浪亭

郡城南，一亭未付荒煙。濯滄浪、巖泉列坐，森森竹樹交筵。入破窗、青盤野蕢，穿疏户、響帶秋蟬。四萬買山。天憐顛頷，主人正直似朱絃。郡侯過、趁趯林外，十騎擁高軒。還驚見、洞房叫寮，旋室便娟。自綿津、重新亭榭，故家喬木蒼然。倚步碕、廻廊嵌石，跨舫齋、曲水通船。五老聯吟，百賢贊像，古今多少好詩傳。問塵劫、南禪寺近，紺宇出青蓮。定還有、素雲黃鵠，來駐詞仙。

青門飲 用曹元寵韻 楓橋寒山寺

七里山塘，古閶門外，長虹臥水，孤舟橫渡。浮圖基空，蒲牢聲寂，悽斷滿天霜露。鐃汝豐干舌，問天台、當時仙侶。竹上花間，翠墨淋漓，零落何處。記得漁洋年少，向蠹壁題詩，夜驚徒旅。遍讀苔碑，舊聞重理，自有老來歡緒。破寺殘僧少，更誰聽、粥魚齋鼓。曉來小雨，添泥愁絶，片帆江路。

春從天上來 用吳彦高韻 哭樊樊山

不望秋零。是福慧雙脩，業擅藏螢。鯉庭鸞掖，元白詩屏。仙翰盡入高冥。痛騎鯨人去，賦楚些、九辯無靈。付枯桐，任鵾絃凍折，寒夜泠泠。回首四朝一夢，數並世文章，落落晨星。鼉尾尚書，金風亭長，摛藻合掞天庭。

奈緇塵京國，相逢處、倦眼難青。醉魂醒。訝老人星墜，孤白熒熒。

風流子 用張文潛韻　哭袁二抱存

移根翦葉恨，王孫去、易水白雲飛。有玉潤金明，不緣雕琢，驚才綺麗，皷吹清時。記西苑、楊花千尺雪，並立聽春鸝。愁人選樓，湖填燕雀，大河北望，洹上星低。　翩翩佳公子，行吟苦、狂瘦不作癡肥。同是國香流落，天妬娥眉。問寸心得失，文章真賞，生離死別，寧易前期。江上落花時節，早晚魂歸。

安平樂慢 用万俟雅言韻　清涼寺晚眺

虎踞關空，暑風亭杳，閒花點綴紅香。白分二水，青落三山，川原鬱鬱相望。竹樹攢愁，恠蒼官偃蓋，不解梳妝。駐馬古坡旁。金輿舊

迓龍光。問保大井闌，瓦官畫壁，風物無奈江鄉。射鴨調弓矢，紫騮白鼻看争塲。柳翠梅妍，怎禁得、閒人也忙。是男兒、當能作健，百年都似風狂。

桂枝香 用王介甫韻　皷樓二條巷寓廬即事

縑緗溢目。乍曉日上檐，户闥清肅。誰把官梅剪送，插瓶紅簇。松煤蘸翠晴窗底，玉蟾蜍、硯山雲矗。起樓無地，堆書盈榻，儘堪容足。　最怕是、功名迫逐。但鶴頸雖長，臯脛難續。人道多男多懼，壽還多辱。東華又作南朝夢，舊頭銜、羞賜緋緑。桃根雙槳，桓伊三弄，且翻新曲。

過秦樓 用李景元韻　春感

楊柳風多，朝酲吹散，春旗容裔颸悠。早是春

歸也，聽好鳥枝頭。細説來由。信有地埋憂。況新芻、酒可澆愁。乍梅飄香雪，杏含笑靨，緑遍芳洲。有燕趙、慷慨悲歌士，把新詞草就，不似歈謳。悵玉堂天上，憶東華紅輭，無限英游。要及浣花前，儘清狂、與作遨頭。但崔郎莫問，人面桃花，依舊當樓。

八聲甘州　用元裕之韻　自嘲，即答伯褧、次公

有平生憂憤付新詩，浪教洛陽傳。鎮身藏人海，戒明秋月，口吐青蓮。瘦損鍾山眉翠，著意惜聯娟。税駕銀河渚，冠劍當年。　試與評量今古，數南能北秀，鄭婉秦妍。看靈蛇在握，抱玉煖生煙。羞爲官、不如宏景，聽松風、析理夢談玄。當時體、願居王後，猶愧盧前。

喜遷鶯　用夢窗韻　清明前七日，季剛、小石邀旭初、無量飲於後湖傭廬。夜闌醉歸，爲主人題齋壁

明霞催暮。茜窗外乍見，一雙歸艣。小住爲佳，好春無賴，同是過江愁旅。高下竹籬遮徑，歷亂青山當户。掣鈴索，問城南詩客，今朝來否。　空處。人散盡，花外漏聲，銀箭初傳午。有約懸車，從嘲真隱，暫作淺林棲羽。我醉墮歸淼莽，負了春江佳句。月漸下，挂疏林，還訝寒煙千縷。

瑞鶴仙　用夢窗韻　再爲後湖傭廬作

到門春思亂。乍飛紅迎客，林深花遠。芳塵漲蘭苑。正風輕蝶喜，雲晴鶯煖。明眸倩盼。春止在、高人宅畔。隔疏煙雙槳，飛來一片，

鑑湖青翦。　嘶斷。錦韉珠勒，自鞚花驄，去如驚燕。京塵障扇。散薌澤，墜金鈿。有蝸廬天窄，先生高臥，鎮日重簾不捲。莫驚猜、水淺蓬萊，記曾眼見。

浣溪紗 和李釋戡韻　爲琴雪芳、馬回回作嵌字體

琴韻因風夜度墻。梨花似雪月侵廊。燭房塵暗妬年芳。　墮馬妝成邀醉舞，離鸞曲按意難忘。九回腸後有回腸。

前調 上巳後五日，飲於大石橋。季剛示小令屬和，小石先成，亦作此解

日煖風輕見柳花。惱人天氣是京華。江南春盡不還家。　如煙往事鴻泥印，似水流年馬齒加。有涯爭奈意無涯。

水龍吟 用鄭叔問《題夢窗四部稿》韻　漢壽游洪範允白，自其高祖丹亭大令治《周易》一經，教子奕世勿替。父菊丞以『三禮』名家，著作等身，雅不願子弟以詞章顯。當時同邑易順鼎實甫、順豫由甫詩名滿天下，而允白韜光晦采，退有以自處，蓋庭訓使然也。頃者橐筆白下，鬻文爲活，始裒其所爲駢體文若干篇付梨棗，欲以問世。顧上念門風，近維身世，若有慚德焉。爲填此闋以解之

壯夫恥道雕蟲，鯉庭尚記當時語。古文魯壁，竹書汲冢，嶧雲皋雨。漢魏風規，齊梁綺麗，換他墳素。看洞庭西畔，鳳毛殊有，文章在、東園樹。　重弔西州東府。過江來、宦游良苦。傳經心事，向人肝膽，哀時詞賦。目短曹劉，筆凌鮑謝，九天珠唾。任沈冥酣醉，江蘺幽怨，入離騷譜。

春從天上來 用王秋澗韻　壽郭蟄雲暨德配俞琬君五十。『披香』『結霞』『寒碧』，蟄雲《龍顧山房詩》别集名。披香榭，蟄雲視學浙東時創建，結霞爲燕京蟄園之閣，寒碧爲津沽栩樓之簃，皆結社賦詩之所

校士雍宫。紀小榭披香，玉尺昭容。蘊華騰采，表裏明融。酒缸買得纏紅。把津梁付與，曲園叟、句法能同。賜緋衣，聽徐鑾警節，音暢明鐘。　經營城東花石，喜天説嘉勳，尚榜雕櫳。九老香山，匏廬居右，十年珥筆承蹤。奈結霞寒碧，各自念、社燕江鴻。莫書空。有斟，何用浮名，消得酒邊鑾舞。采鸞唐韻瓊臺近，文簫駕、好風吹去。問燕子，來時陌上，舊相逢否。　皋廡今棲隱處。看百子、春池一枝瓊樹。初夕定情，賭句催妝，密意亂麻頭緒。捲簾人立西風外，李居士、有驚人語。錦機字、織成翠縷。

清平樂

辛未嘉平，東吴大學以驅逐校長停課，兒子文翰返寓過舊年。余適改官家居，以二晏小令及六一詞爲課。文翰發願遍和之，日有所作，輒爲竄易其不諧者，得若干調，亦古人『三冬文史足用』之意云爾。

垂楊縷縷。春在長亭路。金勒馬嘶留不住。孤負那時言語。　功名萬里天涯。相看錦瑟年華。便隨君飄泊，可憐不似楊花。

花心動

用史梅溪韻　爲池則文迎黛樓題壁，即爲劉淑英女士催妝

月圓花好，林下高風。

京洛緇塵，無端换、江南杏花春雨。低唱淺

前調

閒愁如許。無計留春住。捲上珠簾雙燕去。去向斜陽紅處。　遠山學畫雙眉。柳絲懶鬬腰支。偶向花間小立，落花紅惹人衣。

長相思

深畫眉。淺畫眉。顰損雙尖怨阿誰。春愁在翠微。　花飛飛。絮飛飛。花絮憐他春盡時。王孫歸不歸。

南鄉子　和辛稼軒《登京口北固亭有懷》

鐵甕舊金甌。王氣東南眼底收。烽火倉皇勞北顧，揚州。草草元嘉逐水流。　遠勢撼危樓。第一江山斷送秋。好景當前誰道得，休休。崔顥題詩在上頭。

憶秦娥　平韻

吟清商。銀箏彈怨秋宵長。秋宵長。明蟾轉午，心怯空房。　楚臺夢雨多荒唐。朝朝暮暮空思量。空思量。流年暗換，瘦損容光。

前調　仄韻

長相憶。越來溪上年時月。年時月。鴟夷一舸，五湖天闊。　雙崦一夜梅花發。梅邊有個人吹笛。人吹笛。霜寒春淺，碧烟如織。

訴衷情

遠山翠色曉來多。脈脈斂雙蛾。羅巾搵，淚紅濕，春恨入橫波。　解玉佩，振鳴珂。舊經過。章臺路近，年少抛人，可奈愁何。

調笑令

雙燕。雙燕。猶識舊家庭院。烏衣巷口香塵。寂寞江南晚春。春晚。春晚。室邇奈何人遠。

如夢令

京洛風塵緇素。遊子不如歸去。草色亂青袍，况是杜鵑聲苦。春暮。春暮。千里片帆江路。

相見歡

好風催送笙歌。入雲窩。驚起幾行鷗鷺、點晴波。藕絲斷。情絲亂。奈愁何。明月碧湖雙槳、此經過。

霜天曉角

青門遊倦，素衣塵緇，將欲挂冠，返我初服，買沃洲之山，稅遼東之田。滄海横流，樂土何處？張壬秋以所畫秋山圖屬題。陰崖古木，瘦石急湍，匹練挂空，雷雨在下，仙源不遠，褰裳可就也。命文翰填此，聊以寄意

亂山雲起。中有銀潢水。借得并州刀快，翦半幅、青天外。潑雲煙滿紙。瀉胸中磊塊。好趁在山清處，漱吾齒、洗吾耳。

桂殿秋

花可可，柳依依。步屧尋春不許歸。蜂黄小濕粘飛絮，蝶粉新晴試舞衣。

十六字令

愁。第一江山北固樓。投鞭渡，劍斷石公頭。

點絳唇　題瀑布圖

本性空明，泉清合在山中住。紅塵相誤。流向人間去。　逝者如斯，日夜東南注。高寒處。轉雷飛雨。細認來時路。

以上《居易齋詩餘》

綺羅香　用王碧山韻　揚州妓月樓，一名九歲紅。善歌，能自理絃索，尤豪於酒。居洛下，破屋半間，苦無賞音。填此張之。『我未成名卿未嫁。一般俱是不如人』，感慨係之矣

后土祠前，朱欄涴雪，珍重當年瓊樹。舊夢猶温，魂斷楚臺朝暮。眉痕是、愁黛新添，臉際若、醉紅微注。便應教、金屋安排，入宫一笑阿嬌妬。　江南花落欲盡，京洛風塵惱徹，飄零如許。誤入仙源，記否武陵溪路。倩樽前、爲撥湘絃，便當作、夜深私語。最憐他、入破新聲，小周邀醉舞。

如夢令　四闋　贈揚州歌妓如意

暖麝酥懷相倚。微覺透肌蘭泚。唱徹玉玲瓏，那惜琵琶聲碎。如意。如意。鐙灺夜深人醉。

其二

朝暮楚臺雲氣。總屬斷魂心字。一把小腰圍，道是爲郎顦顇。如意。如意。半拖曉鬟梳洗。

其三

記得竹西歌吹。十里小橋流水。惆悵玉京春，觀裏瓊花初試。如意。如意。風拂練帬雲委。

其四

此曲玉圓珠綴，應有梁塵飛起。莫作斷腸聲，東去一江春水。如意。如意。争奈么絃纖指。

天香　用王碧山韻　贈揚州妓天香

荳蔻梢頭，丁香枝上，娟娟似隔秋水。天與風流，十分嬌態，巧借牡丹名字。輕盈浥露，紅一捻、痕留粉指。玉體清涼無汗，蘭池夜浮花氣。　濃春惱人易醉。弄梅腮、透渦紅碎。最愛困酣嬌眼，欲開仍閉。怪底心迷意頳，似昨夜、朝雲舊風味。夢化梨雲，春寒擁被。

滿庭芳　用戴石屏韻　癸酉上巳，莫愁湖勝棊樓修禊，分得『陽』字

柳眼飄青，山眉分黛，湖樓初上晴陽。年芳斯在，故事續流觴。竝世文章有幾，應還見、陸海潘江。高軒過，分題刻燭，小會鬱金堂。　王融詩序好，詞宗紫鳳，武庫青霜。問大功甲第，祗益悲涼。河水東流不返，盧家婦、合在郎旁。青春夢，長城哭斷，遺恨失河湟。

八聲甘州　用稼軒韻　和廖懺盦《勝棊樓春禊》

禊洛濱喜共竹林賢。春風度銀鞍。問昨游何語，張華史漢，裴頠前言。直北盧龍路斷，鶴塞未投絃。空有擎天手，鯨頟文園。　無限六朝舊夢，儘花迎桃葉，寺隱鍾山。風流文采，健筆屬延年。醉紅裙、豪情未減，廢衙參、有味是官閒。歸來晚、香篝衣潤，無奈春寒。

渡江雲

用朱彊村韻　再和懺盦《勝棊樓春禊》。時歸自夷門，李印泉探梅鄧尉之約愆期矣

繁臺游宴處，還鄉夢短，南去數江程。玉梅花落盡，春到湖樓，拂檻柳條青。梁園賦筆，擁鼻吟、解作吴聲。問石城、莫愁好在，應似舊風情。　煙凝。光風浮草，春漲平橋，緑差池不定。多少恨、河山帶礪，富貴風鐙。人豪小坐江天濶，應念他、憂患餘生。空碨礧，鵾鵬争奈伶俜。

水龍吟

用夢窗韻　舊京重三北海畫舫齋禊集，李釋戡代拈『苑』字，倚聲却報

玉泉流入宫牆，九天春色歸西苑。瓊華秀起，金鰲斜引，玉虹跨斷。上巳清明，鶯簾燕户，雨絲風片玉堂金馬客，東華削迹，市朝改、年芳變。　東北龍沙血濺。建高牙、西南風轉。灑將墨雨，煙塵横掃，山川磨滓。健筆摧堅，深杯飲恨，剛腸貯怨。想湔裙舊侣，日邊折贈，説長安遠。

法曲獻仙音

用夢窗韻　爲李釋戡題握蘭簃裁曲圖

倦蝶棲花，寒蟬抱葉，秋在碧梧庭院。百結柔腸，兩難歌哭，蝦蟇又催更點。最繾綣年芳歇，夢華訴幽怨。　玉京遠。落花時、錦茵紅縐，歌扇小、墜粉指痕膩染。唱徹紫雲回，乍横波、秋影青剪。尚有何戡，重殷勤、拌得魂斷。但夢蘭心事，莫問小蘋初見。

傾盃樂

江仲虎年兄示《趣園雨集》詞，言舊京詞社復活，顧介入社。次韻

夢斷青門，苔荒紫曲，天都不管。正城北、風風雨雨，醉楓紅濕，寒蕪青滿。登高杯斝殷勤勸。蘋洲唱，雋語飈發霞散。清商吟徹，無限秋痕冷片。　算一例、愁深秋淺。儘佩帶萸囊，傳菊瓱。幾曾見、七寶樓臺，澒洞天風吹换。運神力、夸娥帝遣。圖筆陣、雲濤秋捲。喜素約陪杖履，銀牋共展。

綺羅香

仲虎答贈新詞，言及德配吴恭人《潄紅舘遺集》。次韻

蠹簡猶温，螢囊自照，争比珠光連乘。林下風姿，况是潄紅清警。雙栖影、綺思朝華，千古事、慧鐙宵映。最憐君、騎省風流，愁予北渚數新贈。　依劉當日上客，游宴西園未罷，書窗芸冷。翠袖紅牙，苦憶楚江篷艇。好重集、社燕秋鴻，共欣賞、夜寒霜净。奈家書、不報秦嘉，斷腸萱草詠。

月華清

仲虎鈔示月當頭社集詞，用洪空同韻答和

明月當頭，浮生能幾，且放珠簾晴卷。素景流天，消得夜長秋半。聽斷鴻、西子湖邊，招玄鶴、上皇山畔。回盼。流年青鏡，廣寒宫殿。　不似春風妍煖。正碧瓦霜凝，玉壺冰綻。大地山河，清影西南横斷。尚堪問、玉斧金甌，也曾照、鳳幄鸞扇。凝玩。又江南梅早，天涯蓬轉。

解連環

用張東澤韻　陳迦陵七世孫實銘，字葆生，爲余丁酉拔貢同年，今爲河南商邱人。癸酉冬月，六十初度，以素幅抵我索詞，久不報。津沽重見，償此夙諾

問春深淺。正羅浮夢醒，小梅飛片。償不盡、詩債尋常，任好景，撩人暗塵侵硯。江北江南，幾兩屐、舊人尋遍。怪風塵邂逅，冒實南金，陳乃東箭。　仙都玉堂北苑。悵迦陵一去，長安天遠。數八代、文采風流，儘贏得狂名，賦筆歌扇。陽羨商丘，自换葉、移根重見。尚饒他、謝家玉樹，畫堂賀燕。

虞美人　回文，次樊山韻

鑲金紫眼猫兒墜。繫扇雙魚佩。雪雕冰鏤玉簪花。穩插緑雲鬟上、一枝斜。　斜枝一上鬟雲緑。插穩花簪玉。鏤冰雕雪佩魚雙。扇繫墜兒猫眼、紫金鑲。

前調　回文再叠，贈妓美茵

鑲黄蝶粉紅茵墜。憶解雙成佩。舞慵歌嬾玉枝花。醉倚緑江秋霽、夕陽斜。　斜陽夕霽秋江緑。倚醉花枝玉。嬾歌慵舞佩成雙。解憶墜茵紅粉、蝶黄鑲。

前調　回文三叠，贈妓倩影　倩影秀擢燕山，根移汳水。體似環肥，人稱小胖。雙臂截肪，遜其白皙；十指綴玉，但覺柔纖。玉葱云云，定非溢美

鑲槽小顆蟲絲墜。捍撥雙鳴佩。雪膚酥手玉葱花。的的緑鈿箏柱、雁行斜。　斜行雁柱箏鈿緑。的的花葱玉。手酥膚雪佩鳴雙。撥捍墜絲蟲顆、小槽鑲。

前調　回文四叠

鑲螺翠瓦鴛紅墜。漬淚雙鸞佩。柳蠻櫻素玉欺花。簇簇緑槐宫仗、御街斜。　斜街御仗宫槐緑。簇簇花欺玉。素櫻蠻柳佩鸞雙。淚

漬墜紅鴛瓦、翠螺鬟。

品令

獨游北海，杏花將殘，落紅滿地，徘徊久之。用清真詠梅花韻

蠟融香静。最嬌怯、身難勝影。羞與宋玉牆東近。半乾粉淚，紅雪團成陣。　輕疊數重工貯恨。抱芳心誰問。酒潮上臉春痕印。日斜風定。惆悵人歸盡。

浣溪沙

用清真韻　北海杏花

風落殘紅似雪飛。燕山亭子帶斜暉。故宫何處未言歸。　紫陌遥連藍水潤，玉欄低映柳絲微。小桃開後燕來時。

前調

甲戌重三小桃落盡，杏尚含苞。翌日坐社壇水榭，見對岸烘霞，極爛熳大觀。再越日，過北海，殘紅委地，闌珊矣。雨醉晴薰，變在俄頃。用清真韻，得此解

婀娜嬌嬈與目成。輕盈粉淚爲君傾。風流占盡水邊亭。　見説芳菲連夜發，花開花落使人驚。暮春天氣不須晴。

前調

兩闋，用清真韻　三月梅，和周七立之

燕市重三見小梅。鶴林頃刻報花開。番風早晚費疑猜。　冷豔争春空妒雪，奇胎破蕾待驚雷。無言桃李是良媒。

其二

五月江城玉笛腔。紅羅亭子四邊張。巡檐索笑日初長。　雨潤微温皴玉佩，煙籠薄散水沈香。羅浮夢裏變炎涼。

國香慢

甲戌展重三，萃錦園看海棠，拈得『雲』字，用草窗《賦趙子固淩波圖》韻，贈溥二心畬。明年乙亥五月初七日，爲太福晉六秩正慶，酌改下半闋，用爲壽言

大雅承明。有瑤源積慶，仙李蟠根。蓬萊玉蟾圓影，照見娉婷。幾度東風吹夢，翠華遠、芳意留春。槎枒亂雲木，曲徑苔青，燕寢香凝。　聚芳園好在，喜丁香解結，紅葉抽簪。玉温金潤，僅見難弟難兄。當日長虹入夢，文星朗、兼麗卿雲。瓊筵二十四，銅華翠渚，少海波清。

曲玉管

依朱彊村三疊體，爲新城陳灨一題睇響齋授經圖

月漈澄秋，黎川潑黛，新城地迥英靈爽。落落人豪儘有，氣節文章。十賢堂。　正雅編詩，監司起第，風流晚見蘭臺長。父子傳經，贏得姓氏皆香。鄭公鄉。　吾愛吾廬，感蕭瑟、江山文藻，絳雲萬卷楹書，天教一炬堪傷。兩茫茫，賸鶴歸華表，不改人民城郭，雙流章貢，小邑中田，禁受滄桑。

浪淘沙令

柳耆卿體　嘉慶辛酉七夕，天真閣外史孫子瀟游虞山小雲栖、小石洞、露珠泉，遇某女郎，聯句刻石，有『他日紫雲紅雨夢，容我來尋』之句。邀關穎人、張織雲伉儷同和之

洞口煙迷。石髓冰淒。露珠泉在小雲栖。紅雨紫雲春夢遠，好句同題。　心醉情癡。歌苦聲低。天真外史説相思。唱徹瓊臺霜雪冷，一點靈犀。

春光好 爲陳蔗青題松石畫象

麒麟閣，似曾逢。氣如虹。五十勞生强半，未成翁。　泉石素期蕭灑，敦槃雅望春容。小坐便饒濠濮意，聽松風。

何滿子 用和凝韻　和文翰，時同在金陵，却寄舊京

尺素欲傳幽怨，兩鄉詎接馳暉。大地山河倏碎，江南雲水相依。　永夜懷人不寐，螢窗影亂秋幃。

前調 再叠

一夜愁聽秋雨，朝來喜見晴暉。玉檻瓊軒何處，東風夢裏曾依。　好在西園桃李，爲誰笑倚書幃。

高陽臺 次李澂波丁丑除夕韻，哭邵次公

艮岳埋雲，金梁夢月，鵾絃解怨華年。竝代才名，士龍本是雲間。當門有意栽桃李，嫁東風、待得春還。儘綢繆，巧解連環，占盡芳妍。　羅浮好夢天應妬，任猿啼夜雨，鳥噪晨煙。歸去乘風，陡驚玉宇高寒。淑真寸寸柔腸斷，有清詞、惱燕愁鵑。重丁寧，青鳥西飛，與説前緣。

解語花 用夢窗韻　題圓明園遺石。此石許溯伊植之後海汶園，名之曰『三老五更』，以形似也

分題甲乙，半割空青，移自昆明岸。玉華秋剪。蓬萊水、昨過又驚三淺。芳菲恨晚。金仙去、帝鄉天遠。臨辟雍、西序東膠，盛世誰曾見。　今不突黔席煖。悵宮亭星落，圓嶠

華婉。露蕪連苑。清都夢、艮岳草思花怨。緇塵翳面。雲根瘦、西風蓬捲。彈指間、鶴駐鸞鳴，空玉岡仙舘。

浣溪沙

題邵次公遺墨『深心託豪素，汀洲采白蘋』集句短聯。此殆爲馬素蘋作計時，當在未與李澂波定情前也

蘋末清風拂客衣。金粱好月夢依稀。鷗波素約已全非。　典午微聞牛易馬，楊花早换李花飛。錦箋緘淚不曾晞。馬氏下堂前曾爲次公生一子，然人言非其所出，不能明也。

國香慢

戊寅穀雨後一日展社集，王智君寓廬賞蘭，分得『園』字

綺石磁盆。正紫莖擢玉，縹帶懷芬。沅湘水空天遠，顦顇靈均。記得燕姬入夢，見君子、服媚生春。光風共流轉，九畹華滋，不藝當門。　中原荒禹跡，悵東風一半，只畫無根。國香流落，消渴誰憶文園。昨夜江臯解佩，露華穠、冷透潸痕。相逢素心侶，百感幽香，欲辨忘言。

齊天樂

展社第三集，分得『水』字，賦得婪尾春

廣陵數遍無雙品，匆匆夢痕如水。有意淹留，無傷畹晚，不學争春桃李。仙姿送喜。憶供佛南禪，贈人溱洧。説到將離，深杯猶可醉婪尾。　衙齋今迓貴客，怪金圍帶好，祥兆青紫。步障扶春，華鐙照夜，儘許劉楨平視。芳情未已。正煖豔霞燒，細香風遞。近侍嬌嬈，牡丹渾不似。

霜葉飛

和李澂波戊寅重九菩提寺登高之作，蘷緯變徵，悽清可誦。澂波身世最苦，次公投分甚深。感音屬和，情不能已，自誦數過，淚奪眶出，聲音感人深切如此

玉衡回指。西風峭，清霜初染萸紫。不堪佳節又重陽，惹一腔愁思。甚往事、真成覆水。驚巢翡翠無依倚。問夢月金粱，咫尺易、銷沈極目，天迴雲細。　憐此漱玉清新，斷腸悽婉，鳳紙題徧誰寄。小紅啼損馬塍花，悵紫雲呼起。恨玉樹長埋地底。湖煙負了鴟夷計。白石仙、松陵路，未碎牙琴，倦徵重理。

尉遲盃

次韻李澂波閒步鎮平東郊之作

瓊臺路。記寫韻曾共文簫去。珍禽喚醒羅浮，人在梅花香處。翻書賭茗，却不道、西園杜蘅暮。最無端、紫曲雲荒，墓田悽絶平楚。　烏栖曲怨箜篌，任調徧、鵾絃還惜歌苦。半篋秋詞，親教寫重，檢點殘雲斷雨。當年意、巡檐索笑，甚今日、花愁石不語。莽天涯、白水繁霜，獨行西背京許。

念奴嬌

劍西東園置酒，遲澂波不至，分得「滿」字

桔橰聲歇，對霜蔬悴綠，孤村荒舘。半榻秋雲鄉夢好，長是衙參朝懶。薜荔連牆，蓬蒿翳徑，多竹門誰欵。年來頹放，鄭虔何礙樗散。　今日寒具新添，盤飧遠市，有鱸肥蓴短。咫尺天台原不隔，争奈幨車來緩。雪意催詩，雲峯入畫，香獸紅灰煖。相逢須醉，小槽浮螘春滿。

木蘭花慢　戊寅冬至前，風雪連夕，寒甚

又天涯歲暮，北風緊、雪飛飛。乍彌望平原，長林一白，冷淡山眉。南枝。嶺頭驛使，甚衝寒負了早梅時。消盡香篝細火，不眠却費尋思。　霏微。髣髴來遲。仙鶴氅、五銖衣。水問清澈玉壺，高寒玉宇，幾度幽期。橫吹。水龍入破，便乘風攜手與同歸。長夜虛窗不掩，怪他無月生輝。

前調　冬至雪霽

上荒臺望遠，日南至、白雲飛。《易通卦驗》：『冬至見白雲送迎者主兵。』甚風袂留仙，涼生玉步，黛掩修眉。冰澌。逝川不住，似離人嗚咽隴頭時。消息江梅暗逗，北來難寄相思。　陽微。斗柄回遲。添繡線、授寒衣。數朱邸祥雲，青宮麗藻，夢裏昌期。楊萬里《冬至賀皇太子及平陽郡主》詩：『青宮朱邸環天極，五色祥雲覆帝城。』齊吹。濫叨魯服，怪塵顏南郭未言歸。何遜《賀舉秀才牋》：『便當妄忝魯服，濫同齊吹。』失喜生花倦眼，書窗明上晴暉。

石州慢　冬至後三日，次澂波韻

一碧長空，溪漱斷冰綴晴雪。朝暾暗逗輕紅，尚賸宿煙平抹。南雲望盡，雁陣遠過瀟湘，瑤琴不御芳音滅。步屧久沈吟，忘苔衣霜滑。　寒徹。素心人至，深坐圍鑪，是宜佳設。老矣中書，贏得鍾張精絕。升沈倦卜，詩句秀滿寰區，文章自信波瀾濶。近草步虛詞，下銀河霓節。

洞仙歌

胡改菴前在燕見趙撝叔書集宋詞長聯曰：「滿目風塵，任密護簾寒，暗迷窗曉；十年心事，在鐙前欹枕，雨外薰鑪。」標價二百元。屬用章草重書，甚被嗟賞。調寄《洞仙歌》謝我，推挹過當，答以此解

晉人風味，是規橅羲獻。解散贏書晚遒變。自克搜、急就侗著來禽，三百載，不絕流風如綫。花間吟秀句，巧綴天衣，滿目秋塵寫黄絹。慢謂北無人、片石韓陵，字字□、抵金精選。便倒薤、新奇換周顒，甚嗜好、酸鹹獨珍昌歜。

前調

戊寅大寒前五日，得湘西沅陵杏澥沖家書，却報

繁臺春去，渾不成歸計。西走蠻荒上沅水。怪仙源、太淺歧路輕分，驚竄裏，八日伶俜無寄。亂離今更甚，消息難真，經月南來數行字。上有勸加餐，說到相思，料蹙損、雙蛾愁翠。又早是、椒盤頌新年，問驛路、衝寒嶺梅開未。

前調

劍西東園雪夜聯句，別題限體，分得「酒」字

歲寒清供，問東園何有。瑞雪飛花暴風後。迓游梁、上客俱是鄒枚，誰後至，還讓相如居右。蘙難蔪世味，菜把辛盤，差喜宜城上尊酒。白戰聚星堂、細鏤冰霜，不堪贈、透肌盈手。看奇險、彌明出偏師，便五字、長城幾番攻守。「上尊酒」見《後漢書·劉隆傳》。賒旗鎮仿造汾酒清醇，在宛澆愁，賴有此耳。

前調

東園雅集，限體得「飲」字，爲邵女士倚虹潤色

晚來欲雪，問新醅能飲。破屋東園似焦寢。有紅泥、夜火青韭春盤，延客至，鳳采羣驚張沈。《文心雕龍》：『顏、謝重葉以鳳采，何、范、張、沈之徒亦不可數也。』　聯吟誇白戰，雪浄聰明，險韻尖叉必精審。最喜主人賢、北海風流，寄情在、墨池琴枕。數更皷、嚴城獨歸來，訝落盡、鐙花宿禽寒噤。

前調　東園雅集限體得『晚』字，爲李澂波潤色

誰邀滕六，散天花都遍。好把黄塵盡情换。怪因風、柳絮回舞淒涼，渾不似，當日謝家庭院。　溪橋東畔路，訝入仙源，瓊樹瑶林畫中見。卧起問袁安、未熟黄粱，紅泥火、束薪炊晚。喜異地、相逢且銜杯，更那管、明朝釀寒深淺。

念奴嬌　戊寅十一月十一日，大雪朝晴。濃霧四塞，彌望一白，咫尺無見，而雪與霧影明昏參互，競爲雄長，光景迷離，不可摹寫。東郊小立，聞有輪轂聲。混茫之中，玄黄突破，則雙牛駕車，楊幼雲科長自小馬營來赴省府國曆元旦午宴也。只是石崇快牛借作屈原白鹿，風后指南之制，樂廣水鏡之喻，豈偶然哉？劍西作圖，並題《洞仙歌》一闋紀異，屬和。聞之《西京雜記》：『太平之代，霧不塞望。』京房《易占》：『雲霧四起，則時多隱士。』王隱《晉書》：『大寧元年，黄霧四塞，王敦之應』。今歲朝雪霧，是何嘉祥，因有燭龍騰上，氛翳吹裂云云，特於篇終三致意焉

當前何覩，白茫茫霧淞，漫天寒結。誰把三韓空步障，籠住千山晴雪。銀海生花，蜃樓罨畫，光景真奇絶。霏微一氣，不知昏旦明滅。　應是七聖俱迷，南針未指，失襄城車轍。獨有犀牛通白理，《抱朴子》：『通天犀角有白理如綫自本

徹末者，大霧重雲之夜，置庭中，終不沾濡。』薄笨雙輪風掣。披見青天，隱餘玄豹，異事樂巴説。燭龍騰上，頓教氛翳吹裂。

擣練子雙調

菩提寺辛夷

山路轉，眼前寬。高花吐向碧雲端。白茫茫，雪作團。琪樹下，久盤桓。明霞催暮惜餘歡。屢回顧，去時看。

擣練子

得李瀓波南陽病中書，悽苦已甚，填小令四闋爲答。適將西入關。金谷花殷，市橋柳細，坊巷全非，舊人欲盡。居者怛咤，行客不返，擊節曼歌，不自知絃急柱促也

開復落，小桃紅。長日懨懨損玉容。三百蠻箋都寫遍，可堪幽怨付東風。

其二

新藥裹，舊茶鐺。拌得他鄉似故鄉。奈是高張歌調苦，十三箏雁不成行。

其三

羅帊淚，鏡奩塵。草色裙腰空自春。花裏去來雙燕子，似曾相識舊時人。

其四

嗚咽水，短長亭。怕聽陽關腸斷聲。三月倒吹風色惡，便應折盡柳條青。

錦帳春

醴陵謝漢軍與左大怡文定，經歲未娶，欲使妾身分明，遂教嘉會成禮。然王事靡盬，男兒志强，始合鏡奩，仍分離袂。不惜鞍馬戒途，乃令錦機傳恨。事堪歌泣，意殊壯温。贈以篇章，識其時地。別撰聯曰：『骨相封侯，柳色河橋，送君萬里；勳名逐虜，刀頭關月，照爾雙環。』

天上雙星，會稀緣淺。喜今夕河橋初見。結同心，傳積素，乍回波青剪。帳羅春展。走

馬蘭臺，詰朝郊餞。迺西去雲程風便。鏡中鸞，釵上鳳，又分飛笑遣。意親人遠。

鵲橋仙　贈謝漢軍、左大怡聯，誤書其姓，賦此致歉

烏衣小謝。左芬初嫁。瓊樹一雙無價。名門譜牒本分明，偶錯認、鸞爲鳳亞。　鈿車昨迓。戒驂晨駕。勤役未遑恩假。瓜期好與報秋風，看桂子、天香飄下。

浣溪沙　劍西東園餞別，分得『人』字。黄任軒即席贈我《點絳脣》，賦答

古寺辛夷雪色新。名山素約已前塵。臨分折贈一枝春。　農圃暫留天下士，關山惜取眼前人。深杯應是不辭頻。

前調　贈劍西

西過新豐憶酒人。交情谷口最相親。華山雲好待平分。　瓶盎牀頭春淅瀝，丹青筆下畫清新。東園有夢去來頻。

前調　贈胡改菴

苦向新緣覓舊因。怪君草聖得天真。丹江花柳不成春。　合假書滛皇甫號，早迷簡蠹彦和塵。尊前珍重歲寒人。

前調　贈許溯伊

舊館禮闈有舊人。遺文綴輯最辛勤。芰荷衣浣上京塵。　榮譽講經三老貴，素風飲水二泉新。九龍夢斷故山春。

前調 贈熊伯履

名氏光黄問舊新。王風衰後待敷陳。温文猶喜見斯人。　叢桂小山容大隱，甘棠花縣憶深仁。長淮水緑欲留春。

前調 贈鄭世兄修平

老鳳生雛毛羽新。清聲洗盡眼中塵。里名勝母慢迴輪。　世事弈碁真急刼，家風弓冶喻荷薪。尊前認取少年人。

滿江紅 郘陽党晴帆以所著《待廬叢刊》《華雲雜記》《論書絶句》、『五十五自壽』《滿江紅》及醴泉縣廳事訓子伯弢石刻相贈

花滿琴堂，幾曾見、訟稀刑措。還驚問、鯉庭詩禮，謝家瓊樹。瀛國高勛誇胙十，党娥子。翰林豪氣悲南渡。党懷英。樂遊原上望昭陵，天西顧。　精藻鑑，親豪素。墨池潤，窮沿泝。怪藝舟雙楫，獨標神悟。一卷明誠金石録，十年平子京都賦。喜龍塘、分我華山雲，留春住。葉龍塘夢熊宰郘陽，築華雲臺講學。

多麗 己卯七夕，菊花園雅集，以謝惠連《牛女》詩分韻，得『河』字

未蹉跎。秋期先到鸞坡。正鍼樓、珠簾四卷，晴空細展雲羅。碧苔滋、蛩吟露井，清商入、葉下庭柯。織女牽牛，西壖東堮，盈盈清淺隔銀河。洗車雨、七襄涼透，贏得淚滂沱。星橋迴，赤螭駕渚，采鳳停梭。　掩霞裳、煙霏電激，御風龍駕傀俄。玉繩低、意長宵短，錦機怨、會少離多。竇瑟驚蟬，瑶琴别鶴，人間天上奈愁何。但空憶、解衿捐佩，含睇歛修蛾。沅江遠，多情留照，穆穆金波。眷口留滯沅江，是日

正午再遭轟炸，吉凶莫卜。

臨江仙　七闋

長沙龍伯堅示以慧園七夕雙影，爲填此催妝，且堅中秋之約，博京口鍾惟敏女士一粲

芳信蘭薰熨貼，長身玉立輕盈。北音清脆囀春鸎。嫣然回一笑，爲我破新橙。　郎意不嫌繾綣，妾身愁未分明。玉京人誤許飛瓊。獨留卿莫去，可送客先行。

其二

桂楫笑迎渡口，蘋花初見灣頭。最牽情處是温柔。與郎先有約，對客尚含羞。　雙照慧園七夕，十分圓月中秋。楚臺只在小紅樓。憑將朝暮意，一洗古今愁。

其三

雉堞平分月榭，鷗没淺漲花灣。風軒鎮日鎖秋閒。所思非在遠，當户見南山。　酒暈紅添眼纈，愁痕青到眉彎。香篝煙淡夕陽殷。珠簾高卷處，巢燕暮知還。

其四

酒美兵尤可用，此邦風物難當。吴頭楚尾暮天長。磨笄山色好，青遍寄奴鄉。　象管仙家寫韻，博山心字燒香。午窗人倦繡鴛鴦。好風吹夢遠，著意落清湘。

其五

喜事偏遭燕妬，良媒争奈蜂忙。中秋近也又重陽。芳情紉楚佩，歸夢繞吴檣。　粉薄纔知理膩，黛濃故畫眉長。教郎對坐細端相。不嫌雲鬟亂，留得睡時妝。

其六

殘暑乍辭畫扇，新涼未換羅衣。風前誰與鬬腰肢。莫嫌飛燕瘦，不羨玉環肥。　秀句爭傳芍藥，佳期笑指薔薇。憐才留枕夢江妃。鐙花知夜永，階露惜朝晞。

其七

第二闋有『桃葉』字，或謂嫌謾。因再答一解，而易『桃葉』爲『桂檝』，『小蘋』爲『蘋花』。然此可爲知道，難爲鈍根人一二言也

小謫仙家惜别，離魂倩女傳情。塵緣重處泰山輕。筓珈皆外物，生死有深盟。　畫裏真真小小，花前燕燕鶯鶯。出山留得在山清。古來彤史筆，多録侍兒名。

前調

二闋　中秋後一日，殘漏未盡，空警先傳。自中秋前初九、十二、十三、十四，沅陵逐日被炸，獰惡慘重，而長沙淪陷，傳説又囂，則是湘西後防變爲前線矣。沅陵當入川黔之通路，雖上水湍急，叠嶂崎嶇，未易遽攻，而潰兵、難民西退麕集，勢將不可安居。作三解識之

不是鶯啼夢破，其如鶴警秋先。雷車驚下碧雲天。鳳頭釵易折，鸞影鏡難圓。　生死不知旦暮，去留俱是因緣。金甌玉斧問能全。嬋娟清苦意，江上照無眠。

其二

浩劫烝黎太酷，無辜童稚堪憐。蘭膏生就自熬煎。武陵仙洞府，直是鬼門關。　履尾心知最險，覆巢卵豈能完。衰齡怕更作惸鰥。嗽帷吾不棄，埋處只隨緣。

其三

共觸舊聞柱折，杞憂今見天傾。屋無全瓦武

安兵。全教人道絶，直是鬼神驚。　最愛春蘭早秀，相期丹桂冬榮。鴻毛誠重泰山輕。自燒無樹抱，仰哭欲崩城。

齊天樂

用清真韻　胡改菴以壽内詩徵和。胡嫂趙氏，祖亮，字寅臣。咸豐庚申進士，由工部出守處州。父增琦，字紹平，光緒乙未進士，授編修。趙夫人以七夕後五日生於祖父郡齋，今年庚辰四十。其三世皆工詞翰

郡齋祥迓長虹夢，銀河未嫌秋晚。水部矜嚴，詞曹雅淡，兩代蘭苕青翦。洞房晝掩。看玉臂雲環，象牀筠簟。穆穆清風，錦機青字乍香卷。　風流誰賞格調，怪韋皐疏曠，無復齊限。詩有津梁，經藏腹笥，贏得飛蓬流轉。瑶牋寄遠。正桂魄圓時，蓴鱸秋薦。喜報鐙花，慢教愁黛斂。

鷓鴣天

辛巳孟春，王棣華暨蔣思仁合巹

睡鴨濃薰心字香。青溪小妹好容光。玻瓈滿泛鵝兒酒，玳瑁新巢燕子梁。　金鏤枕，翠鈿妝。最憐天壤有王郎。三年宋玉牆東意，準備今宵十倍償。

玉樓春

再爲蔣思仁催妝

新春漸引佳期近。早是相思愁瘦損。舞腰活處柳飄金，宮額黄時梅褪粉。一雙蝴蝶栖香穩。恣意憐卿卿可忍。未能免俗尚含羞，真箇銷魂猶恨晚。

一叢花

用張子野韻　辛巳孟春，在渝州作

三生修得到詩窮。老去興偏濃。梅花憶著江南岸，奈朝暮、煙雨空濛。黄桷椏邊，海棠溪

上，何處不仙蹤。老君洞有仙人對奕處。　梨雲滿地月溶溶。天遠夢魂通。瑶牋寫遍相思字，倩誰寄、翡翠房櫳。吹徹玉簫，訴將幽怨，一陣夜來風。

玉樓春　四闋

江南岸清水溪汪家花園，朱星門別墅，攬江山之勝。梅時一訪信宿，言笑長縈夢轂。近乃轉讓於人。清明日主人置酒留別，余因雨不赴

鵾絃唱徹公無渡。春雨如塵三月暮。石泉榆火一番新，卻望江南春去路。　幾回夢繞庭前樹。可惜佳期還一誤。小山叢桂怨淮南，風袂留仙仙不住。

其二

清明幾陣朝來雨。不見横江飛兩艣。落花有意逐東流，江上煙鬟青無數。　尊前年少歌金縷。難得良時君惜取。主人將去客來遲，月轉空廊銀箭午。

其三

山茶謝後輕紅褪。柳絮飛殘新緑嫩。空濛長日雨連江，透骨春寒風力健。　閉門可奈登臨願。苦茗何能排酒困。無端負却好花時，花若知情花亦恨。

其四

鴨鑪心字銷蘭炷。清水溪頭曾一顧。燕簾鷺户作清明，腸斷江南連夜雨。　珊珊不見淩波步。夢裏青春催客去。武陵畢竟負漁郎，洞口紅迷無覓處。

虞美人　二闋

次韻鄭岱青，時傳聞湘北再捷

雁行風斷秋雲曉。海内朋知少。寒山一夢聽

霜鐘。問爾飛揚跋扈、爲誰雄。　菊黃萸紫年年醉。又灑登高淚。湖山佳處便爲家。不學葛洪勾漏、覓丹砂。

其二

湘絃撥遍江天曉。不惜知音少。萬鈞猛虡扣洪鐘。且向玄亭酹酒、弔揚雄。　次公狂甚非因醉。滿把憂時淚。湘鄉好在故侯家。莫問汨羅江上、幾蟲沙。

風蝶令

心字香初爇，眉山翠欲低。惺忪一點透靈犀。十二碧城天上、有丹梯。　珠箔垂銀押，琁題闕紫泥。鬱金堂在畫樓西。好是杏梁深處、燕雙栖。

踏莎行

寶鏡鸞開，玳梁燕宿。修眉微蘸春山綠。三年心事寄瑤琴，一朝迎貯黃金屋。　錦字慵挑，琅函暗讀。海棠春睡紅酣足。鳳笙昨夜下遥天，彩雲雙引蘭房燭。

霜葉飛

用清真韻　庚辰秋晚，將去西安，王志剛用清真贈別，依韻答之，即題所著《曉春閣詞卷》。上半闋謂李澂波，下半闋謂周澹淵師。師每自稱不能詞，然曾爲志剛題此卷，調寄《高山流水》，盖僅見者也

夢池春草。心香爇，風流誰繼江表。冷紅瘦碧譜新聲，可奈吟情峭。彈指頃、羅浮夢曉。鴟夷誤信湖天小。總是斷人腸，正瘦倚、西風漱玉，獨數清照。　行遍十四虹橋，瓊簫吹徹，福慧恁得修到。馬塍花事自年年，惱別離

懷抱。過紫曲、閒吟未了。鴟絃撥斷清商調。漸筑哀、牙琴碎，雨怨雲愁，恨知音少。

臺城路 用李周隱韻

彩雲長護猗蘭殿，心香潤含花雨。桂魄初弦，梅魂待醒，好事頻傳毫素。芳期暗許。儘繡遍弓衣，怨絲千縷。硯匣琴牀，夜深藜火照瓊户。　高風林下最遠，念鷗波載夢，歡緒難數。泥水融酥，平分你我，且慢傷春遲暮。嵩陽倦旅。甚東鰈西鶼，白頭吟苦。細卜花鬚，鵲檐聞好語。

胡嫂趙夫人以七夕後五日生，今年辛巳四秩晉一。粵自軍興，留滯燕京。其丈夫改菴，吾老友也。久客洛陽，歲庚辰曾致書西安，言夫人名門淑德，酷嗜詞翰，必欲得一言爲光寵。已調《齊天樂》，用清真韻爲壽矣。頃再函徵詩，竝自言今年五十有九，以十月生，合以夫人之年，恰得百歲。因并詞祝之，而有『桂魄初弦，梅魂待醒』之句。

一萼紅 用白石《人日登定王臺》韻　翊雲汪山徐莊看梅之約，同遊者頌雲、行嚴、纕蘅、叔章、仲恂、履川諸君。午飯後諸君先去，獨留山中，與翊雲登丁家寨。至王園，碧瓦朱甍，秀出羣山，老梅繞砌，高過屋檐。有次韻東坡《松風閣》古風二首，再得此解

畫堂陰。喜聲名日下，坐客盡華簪。鄧尉雲荒，蔣山雪瘦，消息今又沈沈。蜀江吟、苔枝照水，鬧紅裏、兩兩見珍禽。隔澗吹香，欹籬破凍，碧嶠春臨。　慢灑憂時危涕，任新歡過眼，往事縈心。故壘寒蕪，名園淥水，與君高下追尋。縱還賸、煙霞可惜，歲云暮、誰送買山金。待得重來放醉，只怕春深。

浪淘沙 用宋子京體　壬午元宵微雨，有懷沅陵眷口

蕙風百畝。好春辜負。江樓一角凭欄久。過元宵、奈是無鐙無月無酒。　懷人獨夜卿知否。怨詞千首。舊巢新燕春歸後。莽天涯、怎得相嗔相愛相守。

高陽臺

壬午正月十六，夜閱《清詞綜》，次吴縣吴翊鳳《餞别瞟城王介翁》韻，却寄沅陵眷口

火樹飛花，星橋放夜，元宵苦憶嬉春。寓直人稀，笳聲晚落譙門。回文細織春閨恨，涴花箋、尚認潸痕。坐黄昏。硯匣慵開，玉軫凝塵。　新亭慢灑登高淚，甚江山半壁，日蹙愁人。斷雁虚弦，傷弓未穩驚魂。蠻溪卉服雲山遠，共湘君、怨入南雲。歲華新。最惜圓蟾，偏照離樽。

唐多令

江草緑裙腰。園花紅見招。借東風、吹送秦簫。清水溪頭聞笑語，好時節、過元宵。　金屋百宜嬌。丹梯淩紫霄。帶遠山、眉黛新描。雅樂房中調玉軫，鏡鸞舞、好仙標。

憶秦娥

爲人潤色

江南弄。春風先到桐花鳳。桐花鳳。佳期辜負，做成幽夢。　滔滔江水東南縱。等閒却把興亡送。新亭名士，陸沈猶痛。

解連環

周叔夏韻　哭林鐵尊。君曾隨使東瀛，有《櫻宧詞稿》，力追夢窗，下逌彊村。丁丑金陵危城，枉駕鼓樓寓齋，出示《櫻宧詩草》，屬爲點定。曾題二小詩於卷尾，頗失君本意，至今爲歉

山圍城郭。悵春風詞筆，去如遼鶴。甚京朝、

卅載飛沈，步日影花甎，聽殘金鑰。獨撥鵾絃，吟怨碧、同傷淪落。有山泉赴節，冢樹向西，能訴離索。　蓬萊俊游忘却。歎櫻宦咫尺，好景非昨。怪綺年、多少才情，任崑玉隋珠，閟來彈雀。浄濯冰泉，從未許、鮫綃塵著。那堪問、尺波電謝，舟遷夜壑。

柳梢青　二闋　黄君璧畫沙坪壩柏溪小册，爲張毓昆題

大好巖栖。含珠川媚，藴玉山輝。百道飛泉，寒生雪竇，翠濕雲衣。　山中杜若芳菲。問游子、歸猶未歸。賸欲留春，落紅無數，流過前溪。

其二

不著青紅。輕匀水墨，畫出春容。白練橫飛，風吹不斷，終古冥濛。　宮商盡入絲桐。海天濶、心靈暗通。四顧無人，水流花放，夜静山空。

祝英臺近　爲錢榦臣同年孫家騄暨相葳菁催妝，壬午七月初九

動金風，零玉露，桂魄未秋滿。咫尺星橋，銀漢望清淺。珠宮表裏空明，天香飛下，怪今夕、珮瓊聲緩。　接英盼。翩翩公子公孫，蘭苕帶霜剪。鳳管新調，迎得玉簫伴。錢塘陌上花開，相將歸去，定還見、蕙風香轉。

蝶戀花　二闋　朱次功戊己之間居宛西，有所盼，中更乖異。洛浦驚鴻，空留夢影，韓憑怨蝶，飛上別枝。歲壬午與黄綺霞定情長沙。七月望卻扇前夕，飛柬索詩

朝暮楚臺歌玉樹。百囀春鸎，曾惹行雲住。好夢醒來無覓處。仙源應被桃花誤。　別撥湘絃調雁柱。不怨來遲，羅襪塵生步。心字蘭薰銷半炷。前生繫定紅絲縷。

其二

人説天孫當下嫁。清淺銀潢，七月初涼夜。鏡樣園蟾誰與借。秋雲薄似香羅帊。　步障深深迎鳳駕。障袖臨風，一笑花枝亞。懶撫秦箏銀甲卸。下帷滅燭聞蘭麝。

昭君怨　題李宇龕悼亡室唐夫人《無雙吟》

消息經春涉夏。環珮步虛飛下。苦語話平生。不勝情。　五載舊京天遠。可奈宵長夢短。明月照羅帷。是耶非。

生查子　再題《無雙吟》

生別已吞聲，死別初無語。生死隔年情，一夜魂飛去。　宿草滿西山，愁翠銷眉嫵。絃斷不成歌，移破秦箏柱。

蝶戀花　三題《無雙吟》

夢裏關山無近遠。環珮歸來，步月深深見。未語低佪先淚滿。柔腸寸斷鵾絃怨。　一去蓬萊無再面。天上人間，怪得塵緣短。生死悠悠秋欲晚。坐憐青鏡流年换。

木蘭花慢　清寂翁林山腴蜀都耆舊，詞場冠冕。

慕藺雖切，識荆無自。壬午秋，翁介江翊雲示所著《珮聲集序》及贈黄郎廿韻。翊雲言：『翁方分致當代詩人徵題，執事即翁指定之一人也。』《集序》頓挫跌宕，往復深至，俊逸清新，並世無兩，歌行亦駸駸入梅村之室，不圖永嘉猶聞正始。

步小，微聞鳳吹。卜佳期好是、近中秋，落天香桂子。本是干將器。來自金張里。却扇凝妝，青鸞對鏡，文鴛展被。料今宵有夢、到江南，數金釵十二。

殢人嬌 再賀重華新婚

饗屧迴廊，髣髴長洲舊苑。風日好、未嫌秋晚。華鐙對影，覷梅妝紅印。雙燕子、今夕玳梁棲穩。蝶粉輕勻，蜂黄乍褪。新睡起、尚含嬌困。榴裙熨貼，惹鴨鑪香潤。攜手去、早晚吴江潮信。

行香子

燭影摇紅。休怨匆匆。結同心、珠綴玲瓏。彩雲傳信，乍見霜鴻。喜桂花香，萸葉紫，好秋風。琉璃硯匣，珊瑚簾押，笑盈盈、春滿

顧志何人，許厠於作者之林，必使操觚點汙其間乎？然翁意殊厚，題目且佳。題此解煩翊雲轉致，即以爲贊，預爲他日晉謁之地。倘翁以爲可教，更思郵寄近作《巴歈》《作夏》兩集請正，求一言弁諸簡端，以爲光寵。此雖希冀非分，然亦見志對翁文章傾倒之至也

向江皐解佩，今第一、擅歌場。喜金雁橋邊，霜柑閣外，小巷幽坊。神仙紫雲度曲，醉紅樓逸響繞塵梁。一夜新聲傳遍，何人擫笛宫牆。貞元朝士老能狂。心醉紫蘭香。甚崔九堂前，江南花落，調换伊涼。家山念他入破，恨來遲唱徹憶君王。燕子春鐙題就，花牋惱亂人腸。

連理枝 常州瞿重華與汪潔催妝詞

香沁心花穗。濃蘸眉峯翠。羅襪塵輕，淩波

房櫳。無窮心事，都付絲桐。向瓊臺路，鳴玉佩，月明中。

滿庭芳

頌橘廬壬午秋稧，余以赴歌樂山賈韜園登高之會未與。履川代拈『山』字，補作

籬菊飄金，江楓著酒，霜風畫出秋顔。登高望遠，幾輩會龍山。庾信平生蕭瑟，哀時淚、漬袖紅殷。誇文藻，清新絶代，歲晚憶江關。千年。雲頂寺，城連白帝，塞控烏蠻。趁霜霄霽景，窈窕躋攀。那惜酒杯深淺，作豪語、一破寒慳。歸來也，西園上客，重問鳳池班。

祝英臺近

癸未元旦立春，大雪連宵，吕著青置酒歌樂山，張伯駒暨夫人潘慧素與主人合作梅蘭石徵題

歲朝新，佳客至，簾户薄寒陣。呵凍含毫，鵠眼碧生暈。年年京洛緇塵，國香流落，都未減、道昇風韻。兩心印。不信晚雪催詩，三絶便無分。馬遠殘山，水墨幻清峻。但看露畹香霏，苔枝玉綴，早透出、十分春信。

鷓鴣天

長沙朱壬叟暨配張八秩重諧花燭

華胄湖湘第一流。楹書錦軸襲香樓。鹿車久與春風伴，鳩杖閒扶勝日遊。多後福，邁前修。黄金園子占芳洲。瓊筵長列含飴笑，雙照年年桂月秋。

高陽臺

湘園甲申春稧，得『春』字

甘雨流膏，仁風導氣，江城十里香塵。至止鑾鑣，年年載客行春。顔王兩序風流絶，溯鴻名、夏豫唐巡。坐東堂，羽爵隨波，華俎芳新。嘉賓數盡東南美，是鳳鳴朝日，龍躍雲津。

危涕幽憂，淹流何事梁岷。中興待刻浯溪頌，起吾衰、大雅扶輪。好相將，挹玉萊嵎，掇秀瀛濱。

浣溪沙 題龔野薇畫梅蕉

展盡芭蕉意未傳。舊時月色問梅邊。此生底事爲嬋娟。紙帳凝香春乍透，綺窗分綠雨餘天。一般清冷伴愁眠。

百字令 甲申暮春，與陳仲陶茗話江天一覽軒

江天依舊，儘重簾卷雨，平臺延月。安置茶鐺烹活火，新瀹一甌香雪。寒食清明，匆匆都過，花事鸎能説。綠酣紅慘，惜春人正愁絕。巴相對百尺樓頭，元龍豪氣，莫便悲華髮。巴水巴山青未了，同是西來羈客。望帝寃魂，草堂危涕，往事無蹤跡。夕陽明處，萬絲煙柳愁織。

水調歌頭 甲申孟夏壽長沙龍萸溪暨配黃七十，爲嗣伯堅作

湖南清絕地，宜著玉堂仙。黃麻紫綬，赫奕七葉氣蟬聯。當日承明金馬，晚歲春風鳩杖，福履得天全。結想在霄漢，竝世幾人賢。憩甘棠，迎竹馬，憶西川。拂衣歸去，九畹紉佩賦蘭荃。不用籯金遺後，自有琴樽娛老，花好月長圓。大雅更誰屬，疏越奏朱絃。

南鄉子 邢仲采築後思適齋，藏書萬卷。王獻唐爲畫鰈研居校書圖，仲采集陶三十韻，夫人曼蘇女士書於紙尾

珂里賦歸來，乙夜青藜照讀纔。誤處思量成一適，驚猜。疑是河間邢子才。硯匣爲郎

開。寫韻仙人蘸麝煤。賭茗繙書真得意，淹該。清照明誠何有哉。

臨江仙

爲大鶴山人鄭叔問外孫女、戴亮吉第二女乾符催妝

識得仙經骨相，秀姿寧借春工。琁源遠是外家風。雙渦驚頰似，一點有犀通。　江上摽梅迨吉，缸頭買酒纏紅。叔元兩女竝乘龍。鳴珂歸錦里，解珮發春容。

前調

甲申閏四月十四日，顧季高置酒化龍橋紅巖村，徧邀陪都詩人。即席書直幅，爲主人補壁

最愛嘉陵江上，村居秀出紅巖。德星百里聚羣賢。神仙新洞府，高處敞華筵。　偃蓋松涼夏健，倚天蕉緑陰圓。砑光雪白浣花牋。興來詩漫與，落筆起雲煙。

買陂塘

乙酉上巳後三日，桐青社集，爲華陽劉冰硯洗塵。分得『水』字，即題冰硯《可社同人集》後

又匆匆、清明上巳。年光迅過流水。二三師友平生意，頫首只今能幾。人老矣。銷不盡、元龍豪氣真男子。清詞滿紙。但紫曲雲荒，青門月瘦，點點墮清淚。《可社集》有哭楊雲史詩。　論都計。當日參卿軍事。瞢瞢可奈天醉。匡山頭白歸來也，夢斷洛陽荒壘。曾勸吴子玉先定蜀，然後傳檄遼東，不能用也。青眼底。賸爲寫、春愁萬斛成詩史。旗亭喚起。看綽板花前，金樽竹外，可似舊風味。

行香子

爲卯君潤色

碧嶂晴薫。嵐氣氤氲。澹無邊、天水平分。

自然瀟灑，不染紅塵。似霜中菊，雲中羽，水中鱗。慧業三生。冰雪精神。算人間、富貴浮雲。只文章事，歷劫長新。賦水邊梅，隄邊柳，鬢邊人。

賀新郎　用蒲江《三高堂釣雪亭》韻

綠遍江邊柳。送行人、飄盡香縣，問春知否。夢裏中原青一髮，留滯周南既久。儘銷凝、傷今懷舊。金馬承明當年事，算王盧、究竟誰前後。雲路迥，自驤首。　相如消渴東陽瘦。瑣窗閒、墨池香溢，坐銷清晝。得喪悠悠無足數，一例愚公智叟。愁不似、江南風候。鶗鴂聲中春歸早，苦相留、安得回天手。長日醉，一瓢酒。

酹江月　己酉二月十四日，桐青社集，宴冰硯兼祝楊驤公四十四初度。驤公所居街曰『醋房』，顏其廬曰『甕天』。夫人某甚明慧。分韻得『四』字

桐陰移午，滿庭階飛落，南山晴翠。不惜匆匆花事了，惜此芳筵不易。大膽明霜，龎眉染雪，坐有商山四。雲松落落，使人無酒心醉。　秀發早數盈川，盧前王後，待展摩天翅。殢酒吟香花外夢，髣髴山名玉笥。張叔夏題王碧山《花外集》『酒殢香留』。唐韻留仙，榴裙涴酒，妙識春風意。甕天廣大，能銷多少才氣。

高陽臺　題柯堯放二府衙借一樓。地爲舊金碧山，渝州八景之一

二府朝衙，龍門晚渡，舊聞金碧流香。澒洞天風，何年換却滄桑。蜃樓涌出荒寒外，敞軒

窗、秀跨連岡。面屏山，襟帶江流，百里青蒼。

風篁蓀壁分明認，有鷦枝借一，人海身藏。蠹化螢乾，芸香冷沁縑緗。杜詩韓筆稱雙絶，更鴻都、刻畫中郎。謝交游，晝掩巖扉，寄傲何妨。

怨王孫　爲卯君潤色

莓砌蛛塵行跡少。庭院静、無人掃。悠然西北見浮雲，白日近、長安道。　夢裏詩情池上草。共説是、今年春早。小園垂柳變鳴禽，怕一夜、紅香老。

憶江南　爲卯君潤色

桑陰下，幽徑帶疏籬。滅燭無妨迎月上，對花那惜放杯遲。露坐得新詩。

清平樂　真原堂寓廬，爲卯君潤色

深深庭院。露井來雙燕。雨後斜陽天色淺。紅到雲羅風片。　長江日夜東流。行人何事淹留。又是疏鐘催暮，隔牆鐙火明樓。

摸魚兒　丙戌孟夏，中航怠工，飛京愆期。天衢高遠，玄鶴不來。得冰硯詩牋話别，媵《摸魚兒》一闋，次韻酬答，不自知絃急柱促也

雨餘天、歸雲猶懶，楚山畫出清曉。芳時不共江流住，奈是春深寒峭。花事了。暗銷凝、惜花人似花間鳥。玉山頻倒。只怪得清狂，秋詞盈篋，千首劍南藁。　清都夢，著作承明跡掃。朱顔青鬢霜早。何郎縱有春風筆，滿紙紅愁緑惱。空自好。但眼見、銅駝陌上生秋草。歸期漫道。甚漂泊西南，碧雞金馬，無處

問陳寶。

臺城路 丙戌重九，重游靈谷寺，見癸酉年《題誌公三絶碑》五古屏幅猶挂壁無恙。歸宴大集成酒家。梅華、玄成、重周、君武、韻篁皆西社舊侶；范雪筠、陳瑞珍兩女士，詞人也；龔野薇、程研士，畫家也

六朝形勝分明是，登臨好逢秋晏。輦道塵清，蒼官警蹕，萬壑霜楓紅遍。浮圖璀璨。甚小劫人天，市朝輕换。碧落留碑，好辭千古識黄絹。　而今何遜老矣，未除文字障，詞筆能擅。飯後齋鐘，紗籠塵面。消得回頭重看。尊前乍見。有海客盟鷗，謝家巢燕。慢話滄桑，聽山禽自囀。

浪淘沙 三闋 丁亥元旦大雪，是爲勝利第二年。志行年七十有一。年前長男文翰自美歸，司法行政部任爲松江省濱海地方法院檢察官，暫不就職，借以登記律師，在滬執業，兼授課東吴大學法學院。長女易生畢業輔仁，入河北地方法院爲書記官。次男子安，翻譯官蔵事，回中大土木系。三男卯君，國立福建音專。文戟、子真兩幼男，萓、麗華、鍾英三女，蘭茁其芽，足慰目前。已矣哉。老戀棧豆，雖困能亨，時逢休沐，盡室守歲，夜分歡呼，日高未起。詩友陳次三自江北來，欵門賀歲。此何異剡溪之棹，便陡生焦寢之春。仿周晉仙明日新年體，得此解。術者謂我七十後老運轉佳，豈其朕兆耶？姑竢之

無害是神全。不改芳堅。小兒英發大兒賢。老境轉佳真可信，準在花前。　孔席舊青氈。墨突生煙。巷無車轍雪漫天。遠客到門聞吉語，今日新年。

其二

鬆輭薄於綿。坑塹平填。九天仙子種瓊田。不夜月臨天。虛白窗前。興來便棹剡溪船。綴玉真堪盈手贈，春到梅邊。

其三

縞帶逐銀轔。絮舞風前。尖叉韻險出新妍。記取聚星堂上令，白戰當先。霜月鬭嬋娟。往事成煙。灞橋重見也欣然。驢背不知寒徹骨，頻聳冷肩。

清平樂

上半闋施梅川韻，下半闋趙學舟韻　爲談月色題寒月白紵避災圖卷

靈夢林鶯催醒。雪顛江暝。斷簡芸香冷。怖鴿噤寒依佛影。有涯斷送無涯。驚風吹滿胡沙。獨有舊時明月，清寒猶照梅花。施梅川墓在西湖虎頭巖下，楊守齋爲樹梅作亭。蔡寒瓊墓在中山門外墳頭村永安公墓一區第一四九號，月色書碑。

憶舊游

丁亥閏二月寒食前三日，周愷甫副院長、賈韜園部長置酒玄武湖菱洲。坐客廿餘，年逾七十者五人，鶴亭最長，藻亭、禺生、愷甫與志各差一歲，而志最幼。夜雨初收，歸雲猶嬾，曉風灑面，春寒中人。只以游人絕跡，畫船全停，而百里山圍，千頃湖波，乃爲詩人所獨占，正如草窗所稱『閒却半湖春色』者，可謂奇矣。來客汽車破例駛過虹橋。遠公送客，乃過虎溪，此更奇也。分韻得『吹』字

賞春春未晚，雨雨風風，細數花期。百五催寒食，三年一閏，獨勝常時。淡煙織愁無緒，禁得柳絲絲。鎮畫舫全停，游人不見，風滿平漪。　相知。幾名士，怪四海彌天，鶴髮霜

姿。秀句寰區滿，似高秋獨眺，霽曉孤吹。不辭玉山頻倒，人在習家池。莫忘却重來，流杯更讀春禊詩。

曲游春 用草窗韻　丁亥清明，與包墨莊泛湖

十里平湖沼，是仲春天氣，花絮如織。翠倩朱嬌，有蜂鑽窗眼，鶯窺簾隙。咫尺虹梁隔。嘖霜竹、何人橫笛。散餘霞、落日銜山，催送半湖晴色。　紫陌。長空煙碧。甚夜雨添寒，花事猶勒。繞過前溪，喜芳洲雲樹，蒙蘢緜羃。鰕菜同朝食。無心問、人間喧寂。拄杖頭、尚有青銅，玉壺買得。

驀山溪 用石次仲韻　閏二月清明游湖上

嬌鶯姹燕。笑我尋春懶。十里沸香塵，新雨後、輕寒輕暖。櫻花落盡，庭院鎖梨雲，裙腰染。眼波剪。二月光風半。　凭高流盼。春好無人管。莫道不銷魂，也虧得、司空見慣。衣香鬢影，笑語澹忘歸，山翠斂。湖風輭。又是游人散。

南浦 用程書舟韻　和陳嘯湖《玄武湖上》

老大一官閒，步渚沙，朝晴乍豁吟緒。啼鴂報春深，湖波遠、無限水蒲風絮。青山一髮，過江人作江南語。杜蘅惜暮。甚明月清風，早稱玄度。　豪情不減當□，幾吹笛蘋洲，調弓荷浦。滿紙寫春愁，東風緊、飄落絲煙紅雨。青溪九曲，斷腸都付登臨處。是何韻宇。容我醉思眠，催教卿去。

高陽臺 用僧皎如韻　題成愓軒藏山閣讀書圖

鎖鑰金城，稱量玉尺，華勛讓汝平分。草緑江

南，宦游未老王孫。彌天四海從驚吒，數風流、藉甚曾聞。滿寰區，咳唾珠璣，如見鮫人。天教蠹粉成塵。看圖書寶晉，大雅扶輪。乙夜丹鉛，豈隨過眼煙雲。孔璋書記翩翩甚，怕覇才、掩却詩名。且流連，似舊江山，結綺臨春。

前調

用李賀房韻　丁亥莫春，還都之明年，陳伯謹自滬來京，重見話舊，出紙索書。爲填此解，憂樂無端，相對悽黯

故國重逢，山圍似舊，鬢邊各驗霜痕。金狄銅仙，何堪細問燕雲。鸎飛草長江南好，撥鵾絃、寒夜泠泠。怨十年，笛裏關山，衣上緇塵。扶傾誰整乾坤了，豈便無郎顗，徵固還瓊。魏闕江湖，飛潛不厭高深。池潢昨照歸鴻影，響虛弦、未穩驚魂。最無端，危涕憂時，還上新亭。

木蘭花

用葉石林體　題月色畫後湖餞春圖

癡情誤信留春住。春若有情春不去。隨春便欲向天涯，天涯都是春去路。驚心夜來風又雨。殢雨薰晴飄柳絮。一春心事訴東風，濃睡醒時鸎亂語。

滿庭芳

丁亥端午詩人節，于三原、賈沁水置酒考試院，分得『心』字

角黍包金，香蒲泛碧，暗驚節序駸駸。沈詩任筆，大雅屬華簪。慢説王風蔓草，傳哀怨、別有騷心。懷沙恨，蘭薰玉縝，澤畔獨行吟。題襟。留漢上，抽關啟鑰，摧古揚今。歎徙宅西河，不變東音。咫尺蓬萊殿閣，人倫鑑、燭照洪深。薰兮詠，應能解慍，一再拂虞琴。

瑣窗寒　用清真體　戊子上元前二日，青溪、白門聯合社集，分得『碧』字。先是嘯湖以《瑣窗寒》自題鄰袁野屋圖，徵和。久無以報，填此解償宿負

刼後重來，江山似舊，舊人非昔。尋春一舸，苦憶江南游屐。任狂塵、遍緇素衣，與君共此東樓夕。漸嶺梅破凍，春寒猶勁，野風欹幘。詞客。臨江宅。認兩字蕭齋，自書檐額。朝來拄笏，剪取小倉山碧。甚春歸、王孫未歸，好花落盡從愛惜。定還須、酒祓清愁，共按紅牙拍。清真『正店舍無煙，禁城百五』，千里和作『歎聚散悲歡，歲常十五』，而《夢窗甲稿》『又笑伴鴟夷，共歸吳苑』，『吳』字用平，與『百』字、『十』字皆仄異。王半塘謂『百』『十』皆以入爲平。此作原爲『自書榜額』，嘯湖謂『榜』字宜用平，因改作『檐額』。

風入松　次放翁韻　十月十一日放翁生日，青溪、白門假愉苑供畫像雅集

鴟夷歸計越江濱。緇遍京塵。錦茵紅綴干卿甚，記南園、猶惜餘春。一念未能忘蜀，琴臺風煖花新。齊紈畫扇岸綸巾。髣髴前身。先生不是封侯相，老煙霞、晚共交親。艷説官家賜與，鑑湖本屬閒人。

思佳客　冀野置酒秦淮停艇聽笛水榭，紅袖侑酒，醉墨滿紙，出黄賓虹畫飲虹簃校曲圖徵題

塞上春風笛裏吹。胡牀三弄似桓依。鬚眉人識真名士，水墨天留老畫師。花解語，酒盈卮。研光箋子索題詩。看他鐵板銅琶手，來伴小紅低唱時。

越溪春

用六一韻　和楊季平女士《停艇聽笛花朝》之作

停艇昔人聽笛處，詩酒好生涯。一篇警策花同艷，是仙才、鋪繡裁霞。紫玉吹殘，闌干拍遍，明月誰家。　蓬萊久佇雲車。魂斷越溪紗。匆匆寒食清明過了，簾鈎半卷陰斜。題罷研箋無可寄，香漬硯池花。

踏莎行

用夢窗韻　和謝鹿坰。自注：夜雨打窗，愁人無寐，披衣起坐，拈筆賦此

心字燒香，秋懷題扇。深深庭院桐陰淺。夜窗静奈雨聲繁，客愁多似風花亂。　滴遍銅鋪，聽殘銀箭。麝煤涴紙舒珠腕。小詞唱徹玉玲瓏，聲聲都是平生恨。

雨中花

用稼軒體　爲謝鹿坰題訪琴圖

言訪焦桐，如訪名山，記曾千里相尋。甚心期若接，歲月遥深。已是天荒地老，忍教響絶光沈。料無人會意，霜冷江空，明月來臨。　鈞天入夢，聲希味淡，獨彈古調誰任。應也似、剡溪雪夜，爾有遐心。流水高山落落，天風海水愔愔。前身認取，環中得趣，空外流音。

雨霖鈴

用耆卿韻　藻亭年兄屬黄君璧畫寒鐙聽雨圖，高潛子弁以駢文，爲兄雲亭作也。雲亭節槩高峻，爲我癸卯同年

承明清切。棣華輝映，未是衰歇。金蓮撤送歸院，綵綸對掌，文章清發。隴水分流四下，竟何事嗚咽。念卅載、削跡東華，夢斷江湖夜潮闊。　當時意氣曾輕别。賦采薇、落落西

山節。家山萬劫無恙，重問訊、嶺梅江月。髣髴兒時，照讀青鐙，午夜還設。但冷雨、滴碎秋心，苦味從頭說。

八聲甘州　孝陵前梅岡，青溪、白門聯合夏集

對蒼崖雲樹欝龍葱，朝曦麗朱甍。是龍蟠形勝，山圍潮打，似舊宮城。尚記景陽鐘動，北埭聽雞鳴。百里栽松峴，屐齒曾經。　明祖宏規何在，但無言翁仲，夾道縱橫。怪湛盧虎氣，終古閟松扃。算興亡、六朝一夢，任爭墩、割取半山青。二三子、歸來頭白，重話飄零。

前調　鹿坰屬和，再得此解

自祖龍望氣鑿秦淮，堪輿侈牛眠。甚修陵無地，孝陵寂寞，靈谷三遷。多少朝天宮女，長夜閉重泉。見說當王貴，猶艷龍蟠。　別有箜篌霜幕，對當門白水，石又磐磐。問漏因何在，小果話久天。奈長江、滔滔東去，恨不能、三市繞鐘山。强歡笑、是新亭淚，忍俊樽前。

紅友謂夢窗『上琴臺去』『暗消磨盡』中二字相連，雖耆卿、玉田、琴趣皆如此，然亦不少例外。上解『歸來頭白』，本可改爲『奈歸來晚』，然總氣索，失去雄快之味，故終不易之也。

玉京秋　用草窗韻

天宇澗。南雲雁飛盡，客愁清切。一雨成秋，衆山浄緑，飄階梧葉。單舸名湖去亂，落荷衣、驚舞紅雪。怨新別。萬般心事，待同誰說。　欲奏清商猶怯。問霜鴻、音書又缺。巷陌斜陽，烏衣重認，繁華都歇。道是恩情，薄篋棄、班扇非關秋節。衣蛩咽。奈向荒園弔月。

一萼紅　用草窗韻　己丑外部南遷，留守官舍。寒梅破臘，助其悽黯。鹿坰詞客偕兼到、孟鄰兩詩人枉顧。越日各投以觀梅佳句，鹿坰《一萼紅》一闋尤清脆可誦

古城幽。甚好春無主，莫莫更休休。東閣煙寒，苔枝玉瘦，六朝夢裏悠悠。綺窗前、寒梅開未，鄉信斷、天際問歸舟。翠羽驚魂，玉龍咽怨，無限春愁。　還記鬧紅一舸，指雙崦深處，春在蘇州。萬頃湖波，連村香雪，醉墨題徧僧樓。奈而今、何郎老矣，空銷凝、無句寫清游。借爾春風詞筆，喚醒沈憂。

摸魚子　用張蛻巖韻　己丑，青溪、白門聯合春禊玄武湖上。天水霍松林來訪，不值。越數日清明，偕馮仲翔弟國璘再來投詞一闋。松林，西北健者。賦此答謝，並簡鶴亭滬上、稊園北平、藻亭廣州、鶴逸衡陽，離索之苦，情見乎詞

又清明、石泉槐火，東風吹緑波輭。無端喚起鴛鴦夢，十里柳塘沙暖。晴絮卷。宿雨潤、桃花迎笑催歌扇。紅嫣翠婉。甚庾信多愁，好春無主，慣見海三淺。　江南岸。舊識荷亭竹館。而今情惡詩懶。彌天四海聲名大，可奈雨拋星散。愁不見。消瘦損、相如去後空梁苑。相逢恨晚。便三弄臨風，□壺敲缺，坐對寸心遠。

攤破浣溪沙　爲陳嘯湖題蔡哲夫、談月色合作梅清石瘦圖

吹笛梅邊好夢闌。可堪水賸更山殘。契濶死生何限意，畫中看。　紅萼無言如有恨，瓊樓高處不勝寒。唱遍江南腸斷句，淚珠彈。

霓裳中序第一 　咫社第三課，梯園賞桂，時園已易主。次白石韻

成愁卻韻極。百和濃薰曾識得。酣醉豈關酒力。乍秋到廣寒，天香重索。牆根石隙。秀一枝偏惱詩客。當年事，西風一夢，院宇徧秋色。人寂。夜寒東壁。泫玉露珠塵碎織。高軒應没轍迹。半畝園林，卅載京陌。小山留偃息。甚落蘂苔階浸碧。休驚問，平泉風致，瘦損晚叢側。

一斛珠 　用草窗韻，和伯履《喜晴展秋禊》

井桐飄葉。浹旬風雨秋騷屑。霜晴乍喜臨官帖。地迥天青，曠覽破愁絶。龍山早是經年别。登高今展重陽節。蟹螯菊盞從頭説。何處寒碪，催上下弦月。

天仙子 　丁丑冬金陵陷落，旭日旗高揭鼓樓上。迨梁鴻志來，則以五色旗與日旗竝懸。汪兆銘代梁，仍用青天白日，而加以黄帶。及勝利還都，除去黄帶，而帽徽之青天白日則加以紅緣，適與僞組織相合，當局不之覺也。己丑夏，南京解放，始見赤幟。十二年間漢幟五易，諶子裁寓鼓樓下，一切皆所目覩。庚寅移家慧圓街慧圓里廿九號，有詩，信史也

赤伏靈符今定霸。天步一清無再駕。十年五换漢官儀，春復夏。人代謝。不是金仙皆淚下。老境回甘如噉蔗。皋廡城南猶可假。離根何處不飄蓬，争席罷。形骸化。容膝暫安真傳舍。

瑞鶴仙 　庚寅預約春禊湖上，阻雨，簡同社

重三佳節近。甚苦雨淒風，陰晴無準。蘭亭

滿庭芳　和子裁《庚寅後湖春禊阻雨》之作

淒雨欺花，陗寒困柳，莫春稀見晴陽。洛濱岑寂，佳節廢流觴。廿載君平避世，成都市、賣卜身藏。傷頭白，風情未減，高詠惜年芳。甚天風澒洞，調換伊涼。壓架藤花半，驚春瘦、費個思量。從君問，湖山定分，歸夢繞林塘。

惜紅衣　庚寅展上巳，集頌洛寓廬，以沈佺期詩，分得『碧』字

上巳云徂，佳期可展，適來詩客。芳意留春，鶯花未全歇。金龜解換，拌一醉、瓊漿雲液。狼藉。龍性慢馴，忘吟壺天窄。　初三月魄。纖影西樓，團團喜今夕。華馬埒最惜。土花碧。猶是六朝煙水，香阮家游屐。怕杜鵑哀

緬高韻。有城南詩客，竝時才儁。雖窮且忍。肯放過、韶華一瞬。好相將、湖上湔褉，細數晚春花信。　無分。鶯期鷗約，雨打風吹，寸心灰盡。虹橋隱隱。水雲裏，共天遠。想瞢瞢真醉，堅芳多妬，不把春愁喚醒。問何時、重續斜川，濁醪潤吻。

前調　春禊阻雨，頌洛代拈『虎』字，再得此解

春風狂似虎。過寒食清明，禁城百五。東堂命儔侶。喜河曲流觴，俊游重數。非天所予。最無端、佳期又阻。灑空階、鎮日瀟瀟，愁鎖一湖煙雨。　凝佇。酒船不至，漲綠平橋，濕紅侵户。流光迅羽。風雅事，便無主。甚詩人忘了，東風輕薄，卻道情天可補。更飛箋、要把湖山，偏題秀句。

怨，啼損蔣山春色。

紫萸香慢 咫社第四課，庚寅展重陽，瓊島登高，用姚江村韻

展重陽、登高杯斝，劫灰喚起昆明。有瓊華無恙，面前是，舊宮城。坐客俱傷頭白，但銷磨難盡，綺歲風情。倚西風、一笑好在卷簾人，我醉也、不煩酒兵。 霜清。倦眼能醒。秋氣肅、恨難平。儘湖山管領，商量任筆，標榜鍾評。樂游古原憑眺，斷雲外、見昭陵。最無端、玉山清瘦，暮天澄霽，衰柳遥帶華星。沾袖露零。

倦尋芳 庚寅七月十八日，伯履六十初度，索詞，用彊村韻

吹臺瘦月，白水繁霜，相識何晚。社燕江鴻，橫被亂烽驚散。萋緑蕪城詞客淚，迷紅仙洞桃花怨。最無端，家山入破，楚天秋遠。 十年事、伶俜能忍，歲晏重逢，朝夕歡展。撲面西風，長是庾塵盈扇。鰲極波翻風色惡，兔園人老文章賤。但高歌，訴鵾絃，唾壺敲斷。

虞美人 咫社第五課，詠虞姬

暗嗚叱咤千人廢。著意憐眉黛。家山入破爲卿歌。垓下重圍夜合、楚聲多。 美人名馬雙憔悴。陡下英雄淚。尊前今夕盡君歡。回雪驚風一吷、劍花寒。

前調

漢兵漸逼中宵起。歌斷重瞳子。美人一死泰山輕。抔土長留垓下、楚山青。 人間天上無重見。意氣江山賤。羅衣血涴馬嵬春。委

地花鈿狼藉、彼何人。

前調

東歸父老羞相見。况是紅顔賤。石家一例可憐春。金谷滿園花落、墜樓人。　八千子弟軍前死。無愧真男子。君思誠重妾身輕。不作琵琶胡語、家長青。

前調

返魂香沁相思淚。幻出花名字。天涯萋緑不成蹊。靡盡東平冢樹、也能西。　漢宫妬殺三眠柳。婀娜腰肢瘦。血痕新作杜鵑紅。心是卷葹不死、舞春風。

永遇樂

次稼軒《北固樓》詞韻，題熊伯履八歲時在祖父再青太守紹興郡齋侍父漢農大令攝影

犀角垂髫，小同玉立，頰毫添處。藉甚秋曹，一麾出守，早厭承明去。股肱名郡，越王臺畔，暫被江山留住。似老泉、貽謀三世，小名愛他阿虎。　沼吴霸越，鴟夷不返，傾國何勞再顧。一髮山青，重湖煙澹，目斷神京路。傷心風木，轉蓬身世，赢得蘭臺聽鼓。那堪問、蓬萊水淺，召棠在否。再青名起磻，丙子舉人，丁丑聯捷，簽分刑部，積資廿年，外簡紹興府，卒於任。漢農八踏槐黄不第，入民國，歷宰新野、東光、陽原。

石湖仙

毖社第六課，詠雪，用白石韻

同雲迷浦。問蓑笠孤舟，垂釣何處。霜鶴下遥空，駕長風、龍山北去。霓裳歌斷，鎮闃寂、羽衣猶舞。誰與。懷朕情、忍此終古。　梁園昔曾授簡，騁妍詞、多參活句。凍損江梅，怕見飄零如雨。剪水成花，剪瑛成縷。且吟

冰柱。能險語。娵隅卻笑蠻府。

蝶戀花

卷。兩詩人謂稊園主人暨配彭城張織雲，今年庚寅結昏三十五周紀念

毖社第七課，題『梅花香裏兩詩人』圖

驛騎嶺頭春色送。尚記題紅，得意江南弄。稊園有本事。天壤王郎休借諷。水泥你我詩名共。　梅譜喜神分皕宋。也似潘吴，媵入妝匳供。宋槧《梅花喜神譜》，百宋一廛故物，後歸潘文勤公。其從女静淑歸吴氏湖帆時，以此書陪嫁。當代詞人多有題詠。綴玉苔枝春雪涷。翠禽穩竝羅浮夢。

踏莎行

『梅花香裏兩詩人』圖卷再得一解

睹茗繙書，廵檐索笑。幾生問汝修能到。孤山處士未云孤，寒香獨占東風早。　林下風高，含章夢好。那人詞筆如清照。二分明月在揚州，何郎不放青春老。此卷藏揚州張夫人母家複壁中二十年，歲己丑稊園始携之北歸。

減字木蘭花

毖社第八課，題葉遐庵自畫竹石長卷

英多磊砢。憶否前身文與可。肝肺槎牙。濺淚斑斑墨作花。　華亭奇峭。拜石開軒容坐嘯。物我平分。月白風清識此君。

清平樂

題于安瀾畫金陵六朝松

蒼官贔屓。不辱秦封字。墨瀋横飛疑滴翠。一吐蟠胸奇氣。　烏衣坊巷全非。淒涼潮打山圍。未改南朝柯葉，江天幾度斜暉。

琴調相思引

次趙介庵韻，再題金陵六朝松

馬鬣蕭疏拂劫塵。虬枝磊砢自拏雲。青山無

語，送盡六朝春。霜老未忘棲鳳日，歲寒惜取過江人。後庭花落，沈恨鳥銜巾。

以上稿本《居易齋詩餘》卷二第一册（始壬申迄辛卯，含一九四九年後詞）

紫玉簫　用晁無咎韻　咫社第九課，詠頤和園樂壽堂後紫玉蘭

瑶萼高擎，檀心輕卷，晚春初見盈盈。新妝弄粉，有濃香真態，酒暈潮生。蘂珠宫裏，憑記取、早歲知名。參差玉，延袂障風，不語含情。

年年鳳輦游處，空月冷銅鋪，好夢無憑。霓裳罷舞，任襪羅、塵涴霞佩無聲。漢槃仙去，鉛淚滿、濕透紅瓊。嬋娟意，宫女白頭，重見須驚。

惜餘春慢　咫社第十課，送春，用魯逸仲韻

送卻春歸，春歸何處，目斷天涯芳草。屏山半掩，一夜風聲，有客不眠侵曉。愁見陰陰緑深，行遍林亭，杏青梅小。甚雕闌重倚，珠簾低卷，近來歡少。

憑認取、開到將離，筵張棼尾，去住都生閒惱。殘紅萬點，盡是啼痕，滿地落花誰掃。知否江南斷腸，唱徹方回，樽前人老。念當時初見，嫣然迎笑，夢魂千繞。

定風波　咫社第十一期，摩訶池，用歐陽炯韻

『小』字韻在咫社第一集，爲傖父竄易，至今爲耿。

怨句吟殘越女紗。孟家水殿鎖煙霞。四十萬人男子盡。胡忍。涼風日夜減芳華。　池上笙歌風日亂。魂斷。杜鵑啼損錦城花。天上人間春怕問。誰信。小周入汲惱官家。

其二

野鶩家雞孰短長。不嫌醉素狎顛張。墨池天闊好迴翔。　炊黍光陰聊小駐，麯生風味最難忘。醉鄉畢竟是仙鄉。

其三

詞客珠巢最擅場。十分圓月夢金粱。烏衣門巷幾斜陽。　有井皆歌楊柳岸，吟詩也帶小山香。開元舊曲變伊涼。居停周氏爲稚圭先生後裔。

鳳凰臺上憶吹簫　用李清照韻　題天津孫正剛歲寒詞隱圖

竹外瓊簫，花前金縷，可堪重見灣頭。是五陵年少，錦帶吴鉤。百里青墩平度，煙波夢、何計歸休。閒庭院，霜梧露井，悴葉吟秋。　西

綺寮怨　咫社第十二期，題夏閏枝刻燭零牋册子，用彊村《題半塘翁春明感舊圖》韵

漢殿銅仙大去，露槃寒未凝。數斷雁、江北江南，西風緊、秋信難憑。淒涼西山眉嫵，滄桑影、不改天外青。最傷心、紫曲雲荒，人間世、無地尋舊盟。　記得曉登霸陵。長安尺五，回頭倦眼醒醒。可奈凋零。咽鄰笛、不成聲。重搜恨牋愁墨，忍再賦、舊蕪城。藏舟夜驚。名册待付與、華髮生。

浣溪沙　辛卯五月初三日初度，小極謝客，有七言廿二韵紀事。伯履以此調見和，繼聲得三解

怪道年來一眼方。若非酒聖定詩狂。榴花菖葉亂人腸。　名世多文真富貴，杖鄉必敬好行藏。待齊榮悴與彭殤。

山翠眉減未，朝暮紫霞深，客怨淹留。正斜陽紅處，怕上層樓。洲渚蘆花似雪，柔腸斷、翦翦秋眸。樵風遠，漁舟唱晚，又惹新愁。

賀新涼

用彊村韻　戺社第十三期，殘暑

快送千峯雨。甚秋陽、滛威一霎，共雷聲去。芳草侵階分窗緑，消得桐陰晚步。夏實脆、冰盤如許。半脱紅衣湖波膩，問西風、有約來何暮。應解憶，舊鷗鷺。　夜來水殿聞私語。雪肌膚、清涼不汗，好秋誰主。賦得班姬齊紈扇，似説君恩塵土。漸冷到、西風眉嫵。淒絶風前哀蟬曲，換清商、驚落宮溝樹。看葉葉，又紅舞。

邁陂塘

用彊村韵　戺社第十四期，題馬湘蘭山水畫蘭小册

鬧春鐙、雨狂風横，南都官事誰了。眉樓一顧河東柳，舊院競誇才調。春色惱。甚妬眼、鶯花巷口諸年少。含毫一笑。寫賸水殘山，無根蘭畹，髣髴所南藁。　衷腸事，服媚心期自好。春山眉翠慵掃。琴河錦樹無消息，沈恨玉京能道。春去早。毫素在、丹青不共佳人老。瓊瑰滿抱。有伯穀香緘，漁洋新詠，相與最傾倒。

紫萸香慢

同王直青、魏若虛、王景周吹臺登高，若虛携所釣魚數十尾，就市肆飲噉

趁晴暄、無風無雨，重陽莫放悤悤。緬龍山嘉會，遠游興，與人同。秀擁層臺雲木，數風流文采，李杜高蹤。攬黄河、遠勢九曲日朝宗。百代下、解歌禹功。　霜風。又到籬東。丹桂樹、小山叢。有鷗盟似舊，温存墜夢，一笑

重逢。不辭玉山俱倒，學年少、暈顏紅。問明年、插萸誰健，鱠肥蓴滑，饕餮記取詩翁。窮後自工。

浣溪沙 辛卯北京稊園詩社、咫社聯合秋禊，稷園水榭限用韓魏公《九日水閣》詩韻

萬里澄清齊把荒。司馬懿詩：『肅清萬里，総齊八荒。』故知天意重重陽。菊花不減去年香。　仙館舊聞飛絳雪，雲英新見搗玄霜。明朝風雨莫教狂。

玉京秋 用草窗韵　咫社第十五期，暮秋郊望

天宇澗。長河没鴻陣，晚風騷切。雨敗池蓮，霜欺岸柳，驚飛秋葉。歸興江東漫憶，美蓴羹、鱸膾炊雪。歎新別。老來心事，季鷹羞說。　訪古情懷長怯。讀苔碑、龍文半缺。甲帳樓臺，丁年冠劍，悲來歡歇。醉把茱萸，又一霎、過了登高佳節。砌蛩咽。催上西園冷月。

大聖樂 用玉田韵　咫社第十六期，夷門晚秋

土暈苔階，甃寒梧井，涉園成趣。那管他、一夢華胥，換盡舊人，長占東京佳處。棐几茜窗風日美，坐永晝、沈吟黃絹語。閒亭宇。聽簾外喚人，金籠鸚鵡。　心期共誰暗數。奈海上盲風飛怪雨。又塞鴻寒陣，關榆悴葉，相競歸來笳鼓。老矣謝郎豪情在，岸巾幘、猶堪鸛鵒舞。游梁侶。惜彫零、怨蛩啼露。

玉蝴蝶 用屯田第一闋韵　咫社第十七期，題如皋冒鶴亭羅浮仙蝶圖詠

記得影梅庵外，羅浮翠羽，啼破春光。文采風

流末沫，回首淒涼。賦游仙、舞衫褪粉，迷影事、宮額題黄。最堪傷。江南江北，煙月微茫。休忘。東華塵輭，太常天遠，幾度繁霜。月魄花魂，楚人空與弔沈湘。歲華晚、荒江羈旅，歸期阻、遠渚春航。鎮相望。一生花裏，夢斷河陽。

念奴嬌　思社第十八期，題稊園箕陵弔古圖

三韓濊貊，隔一江鴨緑，連山北走。茅土分封東表海，人道三仁有後。陳範興周，作賓祚宋，至德神明胄。甘棠無剪，箕陵高竝岣嶁。誰放封豕長蛇，丸泥不閉，天塹論攻守。唇齒相依袍澤意，莽蒼關山烽候。三户亡秦，一成復夏，看此擎天手。殷虚無恙，忍教麥秀歌又。

前調　壬辰上巳登龍亭

湖波漲緑，正良辰元巳，初褪春寒。好月金梁誰記夢，五門斜對三山。飄瓦荒臺，崩空壞塔，愁倚玉句闌。天風吹喚，市朝歌笑無端。襟帶九曲黄流，驚沙自起，遠勢壯龍蟠。金碧銷沈苔磴滑，幾回扶病躋攀。出地菰蒲，兼天鹽鹵，刺眼土花斑。歸鴉成陣，夕陽西下紅殷。

踏青游　用王晉卿韵　思社第十九期，繁臺討春

驟減春寒，東郊嫩晴迎曉。肯放過、花時草草。小桃開，紅杏謝，漸催黄鳥。步屧緩，清游晝長人倦，看到晚霞留照。春滿繁臺，何如十洲蓬島。錦步障、紅香千繞。乍飛花，隨水去，將愁多少。待檢點，年來錦𥳑盈篋，細

向薄情人道。

荆州亭 贈碧君女士

芳意海棠暗逗。大好暮春時候。倦眼研箋明，漱玉新詞題就。　昨夜風狂雨驟。定是西園紅瘦。還念鳳樓人，夢裏鴛衾寒透。

前調

雨打落紅滿地。零亂不成春意。輕薄罵東風，盡日花隨流水。　花事三分過二。芍藥獨稱婪尾。麗句詠紅翻，錯道詩人顛頷。

絳都春 用陳西麓平韻　玘社第二十期，稷園觀芍藥

輕霞暈臉，乍霜醒半醒，怯不禁寒。二十四橋，年年花月未教閒。湔裙漸覺春游嬾。涉溱疑認弓彎。國香流落，空傳入夢，服媚羞蘭。　最是東風嫁晚。恁晴熏雨殢，忍拭潸痕。漢苑紫雲，揚州金帶幾朝昏。傷春意共天涯遠。斷紅低訴愁鵑。奈淹留久，西園夜色未闌。

西江月 季愷，壬辰五月十四日四十六初度，出示鄭劍西畫無量壽佛屬題。季愷祥符舊家子，今乃貧無立錐，而嗜書畫不倦。《南史》王訓小字文殊，父暕曰：『不墜基業，其在文殊。』用此意填小令勗之

金粟前身乍認，客兒慧業猶疑。華鬘換劫但低眉。又見澡蘭天氣。　爲有謝家瓊樹，重尋襄野玄珠。墜基不墜是文殊。合向清涼山住。

滿庭芳　程書舟體　咫社第二十一期集，太平花

堯莢生階，虞絃解愠，萬方人樂升平。高花迎笑，琪樹發鮮榮。解道哀時濺淚，孤零意、持謝梅兄。靈根在，千山浄緑，誰敢唾青城。卿雲高處認，光華復旦，玉潤金明。任紫芝三秀，方頌河清。天上人間一本，當時錯、后土移瓊。平生恨，須臾可緩，佳氣滿瑶京。

木蘭花

南宋江湖詞人兼以詩傳者，惟姜堯章最著。周草窗詩，風格少遜而舉體修潔，亦庶幾近之。又東坡題張子野《安陸集》曰『子野詩筆老妙，歌詞乃其餘事耳。和余詩云：「愁似鰥魚知夜永，嬾同蝴蝶爲花忙。」若此類可以追配古人，而世人但稱其歌詞』爲可惜。冒鶴亭詩詞雙絶，今年壬辰八十初度，紙來索詩。余方讀張子野詞，因調寄《木蘭花》答祝。又鶴亭註陳后山詩，廿年前面求一册，而宿諾未償，故有頗右江西云云

如皋公子長年者。責我吟詩天降嘏。我詩靡麗溢虚辭，何異曲終方奏雅。后山體潔君心寫。頗右江西輕洛社。不嫌歌曲掩詩名，我愛苕溪張子野。

小重山　再壽鶴亭，用張子野贈徐鐸狀元韻

水繪芸香洛誦孫。家風騰鳳藻、美絲綸。紅桑花滿小平津。人間世，三不朽、一微塵。八十保形神。男兒弧矢意、惜青春。滄江一卧爛柯人。香山老，詩萬首、作商賓。

梅子黄時雨　用玉田韻　咫社第二十二集，自嘲

祠禄仍叨，指叢桂小山，應笑真隱。記便面章臺，墜歡無影。金馬承明天樣遠，茂陵一卧相

如病。桑榆景。舊約五湖，孤負魚艇。空引。蓴鱸高興。算陽阿激楚，歌遍誰聽。甚地溽苔滋，陰晴俄頃。吾愛吾廬人境絶，義熙便與黄農近。風花緊。柳外細禽啼暝。

踏莎行

孫正剛《菩薩蠻》集杜三十闋，謂唐詞濫觴温、李，而惜杜無詞，爲補遺憾。其意甚新奇

苦學陰何，濃薰班馬。瘦生堪笑大夫也。拌教長句擅山東，更看誰奏曲終雅。　翦緑裁紅，霞鋪雲惹。天衣織錦琁機下。清真麗句鑄唐詩，不嫌温李遭撏撦。

雨中花慢

用秦淮海韵　咫社第二十三集，槐花

尚記趨庭學禮，老槐當階，長蔭無極。甚匡山歸後，早傷頭白。多少婆娑生意，遐想昔超中域。歎幾番摇落，巷换烏衣，土花凝碧。　秋黄慣踏，蟻夢先醒，百轉我心非石。都莫問、明朝風雨，廢興誰測。宫怨高蟬唱晚，冷淘聊慰栖息。但淒涼學市，落花休掃，一碧秋色。

湘月

用玉田韵　爲張次溪題《燕京訪古録》

闕榆悴葉，最無端、飛入蓬萊宫裏。易水風蕭白日暗，誰識悲歌深意。退食金鰲，紀聞天咫，换百年朝市。西山無語，覷人愁斂眉翠。　知否殘月蘆溝，楸花古寺，泛瑟啼湘鬼。露濕金莖都是淚，禾黍離離如此。影事傳奇，冷攤搜祕，蠹損黄塵外。似聞嗚咽，石鱗鎮日荒水。

清平樂

東風失半。乍夢回魂斷。殿是猗蘭花月亂。尚記神光旋滿。　畫堂南見誰憑。恣憐喜報雙成。拌得此生憔悴，貪歡慢卜他生。

浣溪沙

或謂係中主之作，然《尊前集》屬之後主，相沿已久，似不妨兩存其説

昨夜東風玉漏殘。月明衹在小樓間。故國櫻桃花落盡，莫回看。　薄命抱雞天上坐，舊巢新燕曉來寒。説著江南先掩面，淚闌干。

蝶戀花

一自江南移玉步。殢雨羣煙，又見蘅皐暮。苦意留春春且住。背人燕子還飛去。　花月東京誰與度。枕膩衾寒，都是傷心語。休怪官家多意緒。看他學士風流處。

更漏子

《尊前集》屬之後主，但入《金奩集》，疑屬温飛卿。惟温詞多羼入他人之作，不足依据

麝薰濃，煙篆細。簾密不教香遞。三帀樹，後栖烏。遍山啼鷓鴣。　風日薄。怨羅幕。夢在翠微涼閣。人獨睡，淚雙垂。此情明月知。

虞美人

沈檀輕注晨妝了。花豔年時少。江南搖落易秋風。回首六朝如夢、夕陽中。　鍾山雲氣今安在。青瑣朝班改。紅羅亭子鎖春愁。幾見無情江水、解西流。

喜遷鶯

屏山曲，漏聲微。殘月下簾敧。半牀鐙影澹相依。少睡夢來稀。　笙歌散。鶯花亂。淮上誰家庭院。早知潘佑是皐伊。攜手好同歸。

採桑子

雁飛不到吴天遠，舊夢徘徊。川靄巖霏。九曲青溪圖畫開。　而今風雪長河凍，驗律吹灰。静夜多懷。不見梅花驛使來。坊本「霏」韻作「微」，此從《尊前集》。

一斛珠

日長花過。鍾山居士今真箇。枉抛珠淚殷紅顆。風月南朝，從此平分破。　莫道北來風景可。幅巾不障元規涴。朱顔改後誰能那。檢點餘花，尚有碧衫唾。

浪淘沙

別去淚潺潺。霞尾盤珊。花明月暗怯春寒。一晌偎人真夢也，休説前歡。　好在惜雕欄。苦念家山。風流學士和應難。檢點當時供奉曲，半付花間。

烏夜啼

愛説江南好，君王妙解新聲。四絃裂帛當心畫，別恨不能平。　墨妙一朝煙滅，澄心玉座塵生。最憐辭廟蒼黄裏，揮淚酒三行。

相見歡

有情月照南樓。上簾鈎。透出山河殘影、逼高秋。　蟬聲斷。蛩語亂。客先愁。多少西風消息、夢吴頭。

搗練子

此据徐電發《詞苑叢談》。或謂係《鷓鴣天》下半闋，杜筱舫不甚置信

歌舞散，彩雲空。玉女窗虚夜夜風。金屑檀槽多少事，神傷無語倚朱櫳。有人謂檀槽已殉昭

惠，小周之立在昭惠薨後四年，於史事不合，因修改。

以上十二闋總題曰『毖社第二十四集，李重光生日，即用李韻十二闋』

滿庭芳　壬辰十月壽胡改庵七十，用黃知稼翁韻

漱玉清新，明誠淵雅，索居抱密懷幽。吉金貞石，鉛槧此淹留。越塊心慙老驥，蟠泥迹擬靈虬。名山業，壺天日永，皮裏有春秋。　羈游。玄髮槁，天寒歲晚，河漢西流。夢家山，似聞鼓角黃州。有道前修澹定，無方右拍幽悠。千金子，芳年可買，顧笑聽齊謳。

瑶臺第一層　用趙昆嵛體　毖社第二十五集，窨臺秋望

望斷京華。依北斗、人間歲月賒。未忘情處，荒陂蘆雪，古寺楸花。一臺秋瑟瑟，隔市囂、半落雲涯。杖藜去，過霜空鴻陣，枉渚迴斜。　紫微塵窪。國風玄化，在鈞埏埴換泥沙。紫雙闕，黃圖三輔，滌垢磨瑕。改觀韋杜舊，尺五天、倒景澄霞。駐香車。又西山眉翠，近落簷牙。

淡黃柳　壬辰重陽前夕，仿白石詠柳自度曲詠菊

霜晴未穩，連夜西風驟。翠被單棲寒乍透。久孤負。粲粲黃花媚晚，開徧東籬似人瘦。明朝又重九。吹臺迴、且携酒。看游梁、李杜風流後。一片秋心，百年鄉夢，憐此寒香半畝。

清平樂　毖社第二十六集，鴿

富沙霜縞。蜀産春花好。書付飛奴懷遠道。記取九齡年少。　雪衣兩兩檐栖。鈴聲清脆

朝飛。鷹擊都無恐怖，佛光千劫相依。

其二

玉身銀羽。愛向藍田住。誰放金籠雪衣女。掠過半天鈴語。　鳳凰山下官家。羣飛慣逐晨鴉。愧殺雲邊候雁，帛書不到龍沙。

其三

種傳崐閬。翮短憐神王。作隊朝昏收與放。一縱何曾孤往。　庭階飲啄柔馴。主人情重知恩。羞共春鳩呼雨，笑他繡鴨能言。

定風波　用況蕙風韵　爲朱別有題趙叔孺畫二風《浪淘沙》連句詞意圖

蠹損秋詞祇悄然。芳情花國認蟲天。殢酒憐香真浪跡。消得。晚春風柳日飄緜。　斷句尊前餘繾綣，曲瓊夢裏説因緣。用回風堂《浣溪沙·紀夢》詞本事。花葉朝雲催急景。心領。愁痕新舊怨流年。用回風堂《蝶戀花·感事》詞『襟上愁痕，點檢新兼舊』。

鎖窗寒　咫社第二十七集，寒流

急景彫年，窮陰殺節，夜來寒驟。玄英閉塞，未許一陽輕透。度龍山、朔風怒號土囊口。迸如奔溜。正日行北陸，司冬乘坎，執權時候。　眉緺。鋪茵繡。鎮密下重帷，聽殘宮漏。孀娥耐冷，祇怕嬋娟同鬬。倚薰鑪、水沈半温，玉樓凍合鴛鴦甃。待明朝、雪裏尋梅，玉綴苔枝瘦。

沁園春　咫社第二十八集，秦淮海體《沁園春》見故家藏書論斤捆賣，述感

可惜斯文，六丁天遣，直下取將。溯游河呈

瑞，星精五老，挾書頒律，火厄秦皇。百代遥遥空墜緒，似淵海川流難盡詳。誰作俑，使緗緗剖作，帷蓋縢囊。　蘭臺石渠高矣，更私家著録，鄴架曹倉。念秘文青檢，丹經緑帙，百家肴饌，六籍笙簧。長物高門無五世，鑿楹意真慙弓冶良。從易米，便玄文覆瓿，淚濕鉛黄。

玉燭新　用白石韵　咫社第二十九集，春節

殘寒消盡後。見綵勝金花，燕翎裁就。禁城百五，春消息、乍向枝頭紅漏。寒蕪緑遍，紫陌遠花迎芳候。回舞扇、歌席飄香，拌教酒痕盈袖。　桃花笑满玄都，問舊日劉郎，近曾來否。翠眉怨鬬。腰圍減、苦道休文清瘦。燕臺句秀。暗蠹壁何堪回首。空夢裏、閶闔酣春，鈞天迭奏。

望江南　癸巳驚蟄，知北上計左，寄行嚴、遐庵兩館長

燕京好，青瑣點朝班。便欲乘風歸去也，瓊樓玉宇最高寒。平地上天難。　聲名大，人説避三端。儘有清詩傳日下，空隨春信夢長安。井水不生瀾。

定風波　用夢窗韵　有意北上，伯駒承澤園郊居允懸一榻，而亡室張氏墓近在八寶山，元宵前冀能臨穴一酹。不謂此計遂左，寫寄伯駒

邂逅風塵倦眼青。老來心事寄雲屏。隔水梅花空對影。愁省。騣騣時序過燒鐙。　一廡從臯應有命，半山分詠豈無情。睡去海棠呼不醒。灰冷。燕簾鶯户又清明。

陌上花　咫社第三十期　賦得落花，用張蜕巖韻。依周稚圭《心日齋詞録》，後起於『酒』字斷句而留『香』字

桃溪柳陌青青，河上又驚春晚。舊夢東京，閲盡綺羅池館。落紅萬點隨流水，那不意消魂斷。怪茶煙颺處，鬢絲霜白，鄭虔樽散。　滿園蜂蝶亂。韶光百五，早失東風一半。瘦損瓊肌，禁得峭寒輕煖。玉璫待寄相思字，目極南雲征雁。但深杯飲恨，瘞花銘就，頓成疏嬾。

緑意　用玉田韻　稊園吟集癸巳季夏，賦菖蒲

外妍内潔。甚紫茸緑帶，離離愁絶。石上仙緣，農户耕期，春感百陰先熱。端陽酒泛鶿兒緑，黍夢醒、籠鸚能説。護錦鴛、睡穩南塘，映日水紋雙叠。　誰念唐宫往事，彩霞染拂拂，嬌生褻褶。擷貯青囊，坐卧温柔，不放絮花飄雪。晴波朝漲參差碧，記杜若、溪邊親折。更挂將、滿幅風帆，好泛鑑湖涼月。

風入松

雍門漂泊遇韓娥。爲我拂雲和。夜闌鐙灺胡琴語，問尊前、淚下誰多。妾命輕於花絮，郎情薄似雲羅。　陽關唱徹怨蹉跎。調苦不成歌。明朝北走邯鄲道，怕菱枝、小怯風波。卻説佳期秋近，婺星只隔銀河。

念奴嬌　天津巢章甫贈畫扇，索題海天樓讀書圖，言詞客留題者逾八十人，階青、伯絅、葆生多辞世

紅桑生處，有吟壺天小，藜照疏綺。七二丁沽

憑占斷，簾卷翠蓬雲氣。市隱芸居，山藏蓀壁，吒古今誰似。紗籠塵面，舊題紅袖能記。頭

修竹畫上齊紈，仁風揚遠，披拂生秋意。白匡山歸去晚，詞客彫零餘幾。紫曲重尋，一瓻堪借，夢裏歡娛地。摩挲昏眼，也應從問奇字。

祝英臺近

問桃蹊，尋柳陌，長晝聽鶯語。每到林曛，坐對愜幽素。烏絲細字簪花，比紅歌遍，儘敲缺、玉壺分付。　惜春去。朝來換卻鳴禽，新緑暗簾户。秋水娟娟，隔斷夢中路。生憎聒耳箏琶，敗將人意，怎留得、霎時雲住。

月華清

用彊村和西耘韵　稊園吟集，題癸巳秋分後於秋節一日待月

門掩孤蛩，涼風動竹，故人誰款蘿徑。纔過中秋，慣趂寺樓鐘定。匹練横、斜漢流雲，官燭暗、落霞催暝。重省。問清光減未，玉蟾新影。　紫府仙遊夢醒。甚隔夜西風，露槃珠迸。一碧高寒，贏得離懷秋哽。卜陰晴、桂子飄香，數圓缺、舞鸞愁鏡。清聽。但霓裳歌斷，午陰還正。

應天長

用清真韻　稊園吟集癸巳孟冬詞課，不限題，而稊園書言甲午重宴鹿鳴者潘、冒、曾、汪及二商兄弟，共六人。志今年癸巳重游泮水，再二年丁酉將届鄉舉，越年戊戌宴瓊林。因用爲題，爲諸君賀，遂預自賀也

芹池斷碧，槐市悴黄，雍宮漸增寒色。儘有蝌

肥鱸美，秋英伴朝食。飄零久，梁苑客。歎老我、夜吟幽寂。少年事，夢裏金門，記曾通籍。祠禄晚仍叨，史館清銜，藜火耿東壁。不道燕梁巢換，淒涼謝安宅。先人敝廬易主。鴻臚唱，喧紫陌。待細覓、杏園陳跡。算天上，共詠霓裳，羣仙應識。

瑞鶴仙

用史梅溪韻　稊園吟集癸巳季冬，爲蘇子瞻、陳迦陵、納蘭容若合作生日

末光承鶴鬢。有詞賦笙簧，典墳芳潤。端明紫霄近。使乘風歸去，高寒沈恨。堯年可隱。更二豪、詞場步穩。薦寒泉、待配三高，遍數早梅春信。　還問。迦陵綿麗，飲水清淒，與坡同俊。光陰寸寸。懸弧矢，歲垂盡。算蕭條異代，風流文采，一例愁春未醒。賦招魂、霜雪寒宵，月明冷損。

疏影

甲午元宵龍亭晚會，爲舒慎武潤色

雲空玉宇。正鰲山對起，銀蟾初吐。倒映澄瀾，浄濯冰壺，人在廣寒高處。金吾遍弛星關鎖，恣永夜、閙蛾盈路。翠袖單、小坐憑肩，笑共素娥低語。　十載關山笛裏，鎮雲鬢緑減，人怨遲暮。釵燕春新，鑪鴨香温，那復當年情緒。鐙花半燼銅鋪掩，斷送了、良宵如許。漏滴殘、漸起林鴉，斜月背人西去。

祝英臺近

用夢窗《悼得趣贈宏菴》韻　稊園吟集甲午仲春，題爲女園主人張織雲題隨園弟子長洲金纖纖小像硯拓

數華年，調錦瑟，髣髴見朱户。天上瓊花，匆遽背人去。長留一片琳腴，小詩題遍，斷鴻影、愁連洛浦。　盡情訴。簾花隔東風，傷春

舊曾賦。瘦骨欺寒，良宵倚欄處。分明鴝眼窺人，盈盈波暈，也應恨、淚紅凝雨。

菩薩鬘　插瓶杏花零落

枝頭春意朝來鬧。無端偏把詩人惱。春雨偏江南。離懷百不堪。　無風花自落。命也紅顏薄。夢裏見朝雲。瓊肌瘦幾分。

前調　梨花

鉛華未覺晨粧重。行雲乍醒巫山夢。仙袂最輕盈。風來暗自驚。　相思無處説。一院溶溶月。粉淚濕春痕。雨中深閉門。

前調　李花

粉妝嬌小春風面。蕭疏不作梨花片。記訪玉川家。半窗籠月華。　無言寧自誤。定有蛾眉妬。顛頷倚妝臺。可人來不來。

黄鸝繞碧樹　用海綃翁韵　稊園甲午孟夏題

驚覺玄都夢，何人解憶，種桃前度。動地聲名，甚英華斧藻，梁園詞賦。杏花落盡，寸腸斷、江南春雨。彈指頃、十二華鬘換劫，飄零如許。　草色天涯日暮。數歸期、玉樓人誤。舊坊巷、賸空梁去燕，悽入鄉土。一自爲時所惑，又豈獨平生故。春波綠遍天池，序空鵷鷺。自庚寅還鄉已四送春歸，玉如方挈幼子阿真北來，而眷口留金陵、上海者尚十餘輩。此間先人敝廬易主，賃廡以居。撫時感事，因成此解，知非無病之呻矣。

探芳信　用夢窗麓翁小園早飲客韵　稊園甲午季夏詞課，雨季積陰

舊三徑。墜燕梁泥香，半迷塵影。鎮美人遲

暮，流年改青鏡。可堪滴遍空階雨，帀月愁霖詠。坐黄昏、潤到琴絲，晚晴難定。　哀曲寫幽静。甚碎響淋鈴，驛深宵永。夢裏關山，解相憶、隔江聽。梅風地溽衣篝外，早麝銷煙冷。最無聊，道是愁春未醒。

拜星月慢　七夕，用《片玉》韵　梯園吟集甲午仲秋題

雨洗銅鋪，凉生金井，月上回廊花暗。罷繡添慵，鎖梧桐深院。儘惆悵，漸覺、纖雲四卷河淡，露脚斜飛星爛。咫尺虹梁，擘金釵誰見。　隔年期、夢裏新妝面。停機杼、竚立明河畔。一例天上人間，數歡娱離散。鵲南飛、想像朝雲館。霑衣露、可奈臨風歎。莫等閒、月墮杯殘，拌今宵腸斷。

探芳信　劉挈園北京菊展宴客，寄詞相招，並言去年癸巳所寄和詩與菊同展，膾炙輦下。病未能赴，且爲後約，依體次韻。女主人醉蓮夫人亦能詩，故前半闋及之

菊爲友。莫恨他開遲，落秋風後。有傲霜枝在，風姿恁明秀。碧紗護緊題詩處，拂拭回紅袖。女相如、倦繡添慵，捲簾人瘦。　秦七與黄九。鎮誤了秋期，負此尊酒。好在柴桑，也應似、去年舊。明年重九知誰健，花好還相就。種花人，笑與松喬比壽。

早梅芳近　用清真韵　梯園吟集甲午孟冬詞題，本意

凍雲低，晴雪好。鄧尉年時到。一龕香雪，佛火青熒爲留照。苦吟詩句秀，露生薄團小。向湖天澗處，霽景報春曉。　翠禽啼，夢醒

了。此意誰知道。天寒相守，有鶴歸來怨華表。水邊憐瘦影，月下澄孤抱。隴頭人，近來書又杳。

燕山亭　稊園吟集甲午季冬題，瓊島山洞，艮嶽石所成

頑石留青，巉絕瘦皺，禁得蓬瀛三淺。短短夢華，草草元明，長白市朝驚换。窣堵崩空，長作鎮、廣寒宫殿。方便。何曾與船兒，孟婆吹轉。　巖洞深邃玲瓏，訝窔窱天成，蜃樓迷燕。龍吻夏寒，畝鑑春寛，紅泉玉霏珠濺。月夜金仙，應有淚、清鉛凝徧。親見。天水碧、絳霄横漢。艮嶽樓名。

鷓鴣天　春感，寄懷叢碧暨潘素夫人

歌樂山前一段奇。寫蘭共賦冶春詞。風蕭易水歌能壯，草長江南夢有思。　晴雪後，早梅時。春風詞筆好花枝。十年不見張公子，三素雲深緊護持。

聲聲慢　聽雪，用高竹屋韻

薰鑪半燼，翠被如冰，誰憐唾花凝碧。夜雪打窗，寒峭不關風力。蕭騷廣庭積素，料門前、都無行跡。萬籟寂，有孤吟頭白，可堪今夕。　軋軋瓊瑶踏碎，驢背上、惱他灞橋詩客。春信南枝，夢斷嶺頭晴色。瀟湘雁聲去遠，漏沈沈、殊方栖息。怕萬里，度龍山、吹裂怨笛。

以上二闋原題曰『庚寅詞集甲午課二題』

華胥引　稊園吟集乙未仲春題　吹臺見梅，有憶鄧尉討春

珍禽啼徹，沈夢羅浮，逗春消息。昨夜前邨，

荒荒野水新月白。破凍猶噤餘寒，見一枝清絶。持贈多情，隴頭人去休説。僧壁留題，是何年、醉吟香雪。一蒲團外，湖天空明翠疊。最憶雙崦單舸，覓冷雲南北。寥落關河，曉風横度聞笛。

玉漏遲 平湖屈伯剛乙未重游泮水，填《玉漏遲》徵題

記芳年二八，清嬴衛玠，聲華標舉。寸晷風檐，驚墨花飛舞。髣髴鈞天雅奏，喜初聽、雍宫鐘鼓。期穩步。天津發軔，少年情緒。星暗兩楹釋奠銷聲，甚璧水圜橋，遍生禾黍。文昌，閒卻半樓煙雨。賸得青衫一領，早緇遍、前朝塵土。誰共語。鴛湖晚來凝佇。嘉興煙雨樓舊祀文昌魁星。

朝玉階 櫻桃

小摘時新薦寢園。平臺無限樹，綴金丸。行廚櫻筍屬天官。賜沾門下省、赤瑛盤。青衣尋夢淚珠溥。霍家呼小玉，蔗漿寒。而今丹禁鳥銜殘。春酲愁送遠、隔簾看。

破陣子 閏重三

祓禊今年涉閏，曲江重到兼旬。幾處青樓臨大道，無數楊花覆白蘋。石泉榆火新。昔別休傷畹晚，後來何事逡巡。乳燕鳴鳩驚物換，流水桃花解笑人。暮春猶是春。

其二

首夏遲垂桐乳，晚春又换階蓂。新月畫眉彎正穩，白日飈輪去暫停。可憐梅子青。彼美何曾遲暮，芳時慣得沈冥。繭紙高名池盡

墨，青鏡流年絮化萍。晝長門自扃。

其三

曲水重尋洛下，羲輪緩度南躔。一寸黃楊原有厄，三五樞機不偶愆。永和猶晉年。　塹外形骸寄興，所欣俯仰情遷。鶯户燕簾都似昨，緑暗紅稀劇可憐。風姨休放顛。

其四

一月留春小駐，兩回好事差同。幾點落花流水急，倦舞垂楊盡日風。繡鴛尋舊蹤。　墨妙曾傳内史，高文幾見王融。劍捧水心春作健，馬射華林日再中。故知京邑雄。

以上五闋原題曰『庚寅詞集仲春二題』

鷓鴣天　舒慎武和我春詞，將以吹臺之柳代作江南之梅，所謂妙於解嘲也。不能無言

單舸雙崦發興奇。年年風信到南枝。四山香雪晴無際，一隖凝酥雨也宜。　吟秀句，惜芳期。風情豈便減當時。江南江北春無賴，賸有隋隄萬柳絲。

其二　附舒慎武和，略加潤色

跌宕湖山唱竹枝。空留滿篋冶春詞。羅浮斷夢從啼破，愁絶前村月墮時。　傷晼晚，怨淹遲。半黃青子早離離。吹臺楊柳多情思，舞向風前不自持。

金人捧露盤　答和溥叔明《有懷阿兄心畬》

海棠時，霏紅雪，殢朝烟。喜盍簪、萃錦張筵。江南江北，蛾眉善妬誤嬋娟。蓬萊又淺，枉教人、腸斷花前。　畫中詩，詩中畫，塵外賞，酒中緣。算國香、流落堪憐。僧彌法護，一難濁

世自翩翩。戒臺松在，賸殘僧、與話堯年。

小重山

梅盦主人園有芍藥二本，閏月望後各放一花。邀飲花下，得五解

綻露雙花金作窠。小園風日美、許相過。籬笆青瑣護紅羅。春晼晚、婪尾奈愁何。　琬琰舊宮娥。向人嬌不語、醉顏酡。粉妝紫玉占鸞坡。孤栖意、花好那須多。

其二

貴品揚州金帶圍。丰茸烟羃紫、是仙姿。當時解道脱宮衣。虹橋畔、一笑醉紅欹。　嬌小字將離。含芳如有意、怨春遲。翻階紅浥露華肥。金仙淚、愁絶謝玄暉。

其三

未盡餘春風日殊。九天仙子下、紫羅襦。密圍留客倒雙壺。人欲醉、花醉倩人扶。　姣好掩名姝。梢頭初繭栗、玉盤盂。避風臺淺欲仙乎。留春住、去也更踟躕。

其四

細葉千層誰翦裁。紅雲攢一朵、報花開。含情微笑倚妝臺。深深意、波灩紫金杯。　近侍慢疑猜。東門相謔罷、費仙才。露痕紅淺暈潮腮。生怕遣、清淚化瓊瑰。

其五

惜別傷春春亦慵。城隅方一見、畫欄東。玉奴最晚嫁東風。如有恨、意密摺千重。　何物似情濃。無言能解語、惱司空。日長相對靜簾櫳。微雨過、粉淚濕瓊鍾。

前調　芍藥謝後，梅盦主人依調有作，次其韻

閏月晴薰春色闌。愁深杯自淺、肯留殘。流光容易損紅顏。香階下、瑟瑟有遺鈿。飄瞥似飛烟。好花開復落、雜悲歡。朝雲楚夢不曾閒。書花葉、心事一年年。

前調　芍藥謝，再得四解

委地紅香膚不温。繞枝蜂蝶亂、也應嗔。莓階寂靜掃珠塵。盈掬淚、持贈有情人。一昨與湔裙。憐他溱洧水、早迷津。屏山十二隔重雲。仙佩杳、愁絶喚真真。

其二

愁見花枝朝露晞。杜鵑啼不住、怨芳菲。殘紅零亂覆苔衣。春去也、臨去轉依依。去路是耶非。天涯芳草碧、帶斜暉。愁春空訴十三徽。絃柱急、目斷雁南飛。

其三

惆悵花飛回斷腸。相思無益也、是清狂。巫峯只在楚宮旁。雲和雨、斷夢不分明。百感惜幽香。階前芳草滿、有斜陽。憑闌人換最淒涼。鈿釵恨、別後細思量。

其四

紅葉翻階欺牡丹。國香搖落恨、兩相憐。沈香亭北罷憑闌。清平調、春去不堪彈。薄倖惜年年。青春真一夢、覺花前。揚州十里卷簾看。伶俜影、腸斷杜樊川。

露華　稊園吟集乙未孟夏題，春盡日園游

閏餘紀歲，甚好春晼晚，天展芳時。禁城百五，寒多花較開遲。遠夢杜鵑啼破，數番風、

剛到荼蘼。人意懶，陰晴準未，一片花飛。藥鐺吹臺下臨平野，帶九曲黃流，隄柳舒眉。絮雪鬢絲飄斷，甚信病枕，湔裙屢誤佳期。閒坐久，花磚日影又移。

惜秋華

稊園吟集乙未季夏題，瓊島永安剎外夏月菊展，花匠技進，遂奪造化。用夢窗詠木芙蓉韻

粉靨金裳，怪晨妝理就，消他愁悴。殷七七來，天工巧奪秋綺。潮頳暈洗春紅，但借染、霜腴增麗。餐英，返騷魂、羯鼓催教人醉。應記。晚霞外。慣西風倦倚，卷簾含睇。是多少遲暮，感玉眉顰翠。如今一點秋心，早透入、藕花風裏。驚起。散幽香、層城十二。

月邊嬌

稊園吟集乙未仲秋題，秋夜露天劇場

天幕澄秋，是大會無遮，金波流瓦。夜蛾爭鬧，衣香鬢影，多少暗塵隨馬。笙簫沸地，尚認得、韓娥聲價。行雲不動，髣髴聽、霓裳歌乍。姤花未許天公，阿香眠重，雨師休駕。偃師多幻，魚龍曼衍，贏得墜鈿盈把。花陰轉午，恍坐在、雲屏風榭。歸來醉卧，訝曉鐘敲罷。

一落索

餞秋

秋老真同游客倦。正臨流祖讌。屏山咫尺即天涯，況更比、天涯遠。眼前霜樹斜陽戀。惜秋痕一寸。翠微高處約明年，可得似、今年健。

鬲溪梅令　探梅

短篷雙槳水雲遥。虎山橋。昨夜前村風雪、肯相饒。玉人明月邀。　一蒲團外萬梅嬌。物華撩。賸有傷春殘稾、淚痕消。斷夢何處招。

以上二闋原題曰『稊園吟集乙未孟冬二題』

法曲獻仙音　稊園吟集乙未季冬題，詠填詞，用白石韵

小令南唐，慢詞南宋，要眇平分佳處。兩大周姜，夢窗深秀，英英遞新尊俎。變樂府、親騷雅，靈芬自來去。　慢驚顧。數功臣、順卿紅友，談韻律、重整舊家歌舞。浙水遜毘陵，好風標、芳潔誰許。有井能歌，甚江南、腸斷無句。信方回遠矣，解道梅黄時雨。

浪淘沙　稊園吟集丙申仲春題，用夢窗韵　丙申上元前，鶴亭寓廬置酒。坐客謝稚柳、陳佩秋、吴湖帆、周鍊霞、吴青霞伉儷皆名畫師。鍊霞尤能飲，對盡數觥賦，使我心醉，賦此爲贈

宴佳客，茶香酒滿，鱠美蓴滑。春餅瓊肌乍裂。鯨魚碧海待掣。鎮十丈紅塵人海濶。只吾輩、文字能説。莽楚尾吴頭經行地，江南好風月。　心折。永朝永夕情熱。數竝世、堂堂丹青手，畫絶癡亦絶。嗟一笑相逢，驪唱還闋。暈生酒纈。堅後期來歲，燒燈時節。多少淩波生塵襪。談鋒雋、翠瀾不竭。好留照、斜河猶惜别。且容我、唱徹迴波，羞醉面，衰顔更靧桃花雪。

東風齊著力　庚寅社題，詠桃花雪

文杏枝頭，殘紅飄盡，桃靨初匀。天公善妬，

晚雪惱陽春。十日東風惡甚，嚴寒裏、暗鎖同雲。還生怕，瓊肌瘦損，顦顇真真。　畫閣冷珠塵。簾不捲、乍來燕子應嗔。傷春有淚，點點是離痕。待與嬌兒頮面，胭脂透、微濕朱脣。成蹊意，泥融凍解，默對無言。

雙調南鄉子　六一體，擬豔

被冷鴛鴦。沈水衣篝斷舊香。百五光陰愁裏過，清明。春色三分到海棠。　寸斷迴腸。嬾展圓冰理曉妝。儘有相思無著處，垂楊。故把雙眉鬭畫長。

踏莎行　用夢窗韻，新緑

夜雨添波，縠紋披扇。小舟撑出沙痕淺。新荷貼水碧錢圓，淡煙織柳金絲亂。　玉佩湔裠，錦壺催箭。終朝采菉舒纖腕。萋萋芳草又天涯，江南夢裏分明怨。

以上二闋原題曰『稊園吟集丙申孟夏二題』

醉蓬萊　稊園吟集丙申季夏題，藕鄉銷夏

望江南天遠，玄武湖邊，十年曾住。微步淩波，奈風裳無數。打槳人來，題紅詩好，問鴛鴦栖處。藻思秋清，仙溪路近，暗傳幽素。　盈篋秋詞，斷紈慵理，緑慘紅愁，燕嗔鶯妬。多少前塵，付雨朝煙暮。粉淚難封，嫣香易落，抱苦心誰訴。恩怨青墩，幽憂白社，斷魂分付。

聲聲慢　酬李白鳳贈詞

樊樓月瘦，雪苑雲荒，游梁大名誰繼。傲岸飛揚，驚見稼軒才氣。英華早騰鳳采，最恢奇、麴生風味。更篆刻，搜周秦金石，殷墟文字。

暇日高軒過我，促膝久、未覺午陰移砌。四海彌天，冷眼竝時流輩。泠泠且彈古調，泛清商、暗傷時背。笑碌碌，異酸鹹、昌歜獨嗜。

花犯　稊園吟集丙申仲秋題，用清真韻，詠秋海棠

甚嬌羞，秋娘未老，嫣然舊情味。粉痕勻綴。怪淺薄朱脣，猶自鮮麗。夜深尚想紅妝倚。生花椽燭喜。也記我、緑章偷奏，春陰温翠被。　行雲夢中憶環兒，仙山遠睡起，誰憐顦顇。鈿盒約，人天恨、玉釵輕墜。黄花晚、比人瘦損，還怕似、西風簾浪裏。更慢道、華清池館，凝脂流膩水。

憶舊游　稊園吟集丙申孟冬題，游香山静宜園

記三山疊翠，玉笏朝天，秀倚晴空。夢裏京西路，有輕盈障袖，竝馬西風。百年暗銷塵影，顦顇損眉峯。賸半闋秋詞，一龕佛火，淡碧紗籠。　離宫。數三六，問玄鶴何年，曾過崆峒。信宿眠雲穩，聽枕邊風水，天外霜鐘。泥人四更殘月，低度隔溪松。甚唤醒山靈，東方海日天半紅。

壬戌避暑静宜園，丁卯再至，有懷舊游。《丙丁集》有截句曰：『秋心近挂隔溪松，眉黛猶能似舊濃。争奈來青軒外路，夜深斜月過中峯。』今題此闋，三十年前情景故在目前，真不可爲懷。

鷓鴣天　稊園吟集丙申季冬題，歲闌遐望書感

向戍誰言錯弭兵。縱横辯舌敗齊盟。亡秦昔有楚三户，逃漢今無魯兩生。　填海願，補天情。可能雙手與扶傾。御風仙寇泠然善，花雨諸天掉臂行。

其二

聞樂親風季札賢。大夫專對九能全。也同稷

下談天衍，不數西南鑿空騫。投縞紵，絀戈鋋。敦槃珠玉妙周旋。探懷認取支機石，一昨槎星到日邊。

水龍吟

元合慶百齡，社友皆填《水龍吟》爲祝，命我同作　伯駒五十九，配潘慧素四十一，丁酉上

翩翩側帽才情，彌天人識張公子。英年華胄，多材賦予，蒼茫何意。烽火關河，雁南燕北，破愁無地。怪讀書舊處，歸來頭白，烏衣巷、芳陰改。　賸有秋詞花外。賭旗亭、幾番沈醉。鷗波竝影，鸚籠解語，消他眉翠。花月圓時，長虹入夢，雙星流彩。願綺窗春早，年年今夕，問梅開未。

滿江紅

庚寅社題，萬里長征

後勁前茅，戰守策、攻虛避堅。退爲進、赤松黃石，別有韜鈐。自昔亡秦三户楚，于今思漢五溪蠻。歷滇黔、萬里破天荒，南海南。　卬筰外，百二關。秦築塞，漢開邊。任六丁雷電，不削孱顏。飛渡金沙衣帶水，横穿玉壘劍鋋山。看延安、豐鎬啟弘圖，赤幟殷。

木蘭花

丁酉清明登吹臺，用北海聯合春禊代拈『所』字韵

清明上巳猶荆楚。點綴紅香紛幾許。夢華空欲續東京，流水落花無處所。　高文也是韶光與。勝跡長爲人企佇。鄒枚高李襲風流，老我平生多意緒。

漢宮春

稊園丁酉孟夏題，中山公園觀崇效寺新移牡丹

翦葉移根，向瑶階十二，羞倚新妝。金莖露槃

未徙，淚濕蜂黄。生成富貴，問花王、何似空王。無住意、華鬘塵劫，知他歷盡千場。舊色舊香猶在，鎮禪天涼月，無限思量。緇塵素衣縱涴，倍見矜莊。朝酣夜染，酒痕深、記譜歐陽。來處認、衆香國裏，暫教小謫何妨。

八六子

稊園丁酉仲夏題，依秦淮海體。時方爲中國書法在河南省政協大會上呼籲重視

久迷津。倦游京洛，素衣涴盡緇塵。甚滄海紅桑又滿，流年青鏡無情，夢醒欠伸。如今真個閒人。恩怨到頭何事，浮名不似身親。怕重問梁園，舊時詞客，墨池天窄，縑囊書遍，空言射策金門直上，題詩風月俱新。岸紗巾。屏山爲舒翠顰。

采緑吟

同草窗韻　稊園吟集丁酉季夏題

徙倚芭蕉下，晚日檻外天西。交枝徑小，落花紅淺，涼意催詩。喜圓荷倒景，明湖裏、泛天鏡碧琉璃。託微波，田田意，湘皐芳訊遥寄。誰鞚紫騮韁，長隄畔、垂楊絲輭風脃。曉露濕紅粧，半笑脱宫衣。悵青墩、鄉夢迢迢，金仙淚、辭漢補新題。秋消息，高樹晚蟬，涼柯韻微。

玉女度千秋

用迦陵體　稊園吟集丁酉孟秋題，借祝張織雲女士六十

玉潤金明，宜作詩人之室。長虹映渚，記歲星居戊。題紅傳韻事，采緑成馨逸。泥水喻，鷗波誰寫芳菲質。周甲怱怱，大雅衰孰與恤。

光緒戊戌乃八比文會試最後一科，余計偕獲雋，同届周甲。

水調歌頭　用東坡熙寧丁巳和子由韵　稊園吟集閏八月課題

秋好一年最，難得兩中秋。可憐千里明月，五處照離愁。無限天香桂子，依舊金甌玉斧，顛頷老中州。忽憶少年事，躡屩遍瀛洲。　笑中書，今禿矣，敝貂裘。臨池重滌塵硯，桂隱且淹留。玉宇高寒休問，祠禄優游既久，心泰百無憂。漸覺重陽近，假日賦登樓。

六醜　用清真韻　秋盡日山行見紅葉凋後作，稊園吟集孟冬題

怪黃塵烏帽，四十載、青春輕擲。五噫調高，南飛隨雁翼。墜絮蹤跡。慣見霜風緊，變衰搖落，莽暮天江國。楓宸憶否承恩澤。日麗金門，花迎紫陌。緇塵素衣誰惜。但香鑪畫雙笑梅邊，美春風詞筆。菟裘娛晚計，安樂諧元吉。從此後，賡歌昭代雍熙日。稊園伉儷近卜居西城集雅士胡同，有《卜居唱和詩》。

側犯　採蓮，用白石韵

鬧紅一舸，莫愁家近青墩住。秋雨。正灩灩明妝，鬬詩句。蓮心本自苦，密意誰知處。眉語。恁一笑傾城、謝三顧。　宮衣半脫，作態風前舞。傾蓋意、乍相逢，冰椀薦尊俎。襪步淩波，墜鈿無數。菱唱江南，更翻新譜。

秋蕊香　詠桂

記聽霓裳三奏。雲外天香初逗。小山叢桂也依舊。楚客淹留既久。　昨宵簾外西風驟。愁時候。昭陽人怨曉寒透。粉粟生肌憐瘦。

以上二闋原題曰『稊園丁酉仲秋二題』

省，魂夢遥隔。　西山幽寂。愛餘霞凝碧。日落楓林晚，風乍息。停車幾輩詩客。悵吴江路遠，楚天何極。沈吟久、峭寒欺幘。悲秋意、一任衰顔借酒，玉山傾側。音書杳、海上潮汐。問御溝、舊日題紅句，何人拾得。

蝶戀花　冬閨艷詞，擬迦陵題九九消寒圖　稊園吟集丁酉仲冬題

廿四番風排日數。點燕黏雞，花信上釵股。衣桁鑪薰添麝炷。舊香怕逐殘年去。　有腳陽春來有據。拾翠湔裠，莫放佳期誤。緑水半篙生雁渚。屏山夢裏江南路。

八聲甘州　開羅亞非會議，和行嚴

限堂坳紅海一蹄涔，東西畫鴻溝。鎮尼羅河上，方尖塔畔，文物千秋。細引漕渠如帶，掌蹠巨靈愁。宣洩嚴關鎖，萬斛行舟。　憤洗百年沈陸，是夏民夏政，故物重收。快長蛇剪盡，無缺舊金甌。正開羅、衣冠玉帛，聚一堂、非亞兩瀛洲。弭兵會、繼萬隆後，高唱同仇。

以上稿本《居易齋詩餘》卷二

以上附稿本《居易齋詩餘》卷二第二册（始辛卯迄丁酉歲除）

水調歌頭　承德怀古

滿清起沙漠，弓馬獵高秋。高控建瓴形勝，奔突萬貔貅。南下統一中夏，不忘發祥根本，承德故宫留。避暑山莊麗，勢壓黑山頭。　豹尾内，珥筆者，幾名流。後王輕棄祖訓，塞外絶宸遊。日月而今復旦，光宅幽燕大啓，東北固金甌。内外同車軌，胡俗變旃裘。

見《稊園癸卯吟集未定稿》春季課題（附）

国家出版基金项目
NATIONAL PUBLICATION FOUNDATION

全民國詞

第一輯 ⑭

曹辛華 編纂

浙江古籍出版社

惜黄花慢 庚辰重九對菊作

寶靨秋妍、奈戀頭破帽、難掩華顛、未堪持鬢、試將勸酒、杯深貯淚、花淡忘言、砌闌不解相遮護、幾曾耐霜苦風酸、意萬千、賦情盡改、吟抱誰寬、 今朝散漫重軒、念故人厚我、九日糕盤、地偏江迴、倚樓甚處、籬荒徑鎖、滿袖何緣、數枝莫嘆淒涼、夢但開也重叠愁邊、恨逝川、送人浪水彫年、

目録

楊述章　二百九十二首

楊　俊　六十五首

楊莊 十四首

楊壽枏　六十二首

楊鍾虞　二十七首

蔡晉鏞　六十四首

蔡瑩 七十四首

楊无恙

千秋歲 將歸虞鄉，別李拔可先生海格路病院

壬午九日

幾年秋九。蓬梗飄流久。甘谷菊，東籬酒。登臺天海濶，結社滄桑後。星聚處，光風霽月人文藪。念昔龍山會，病枕今消受。盧鵲砭，華陀剖。明年同健在，此日先分手。人散也，天涯地角青雲友。

風入松 題顧公雄怡園種松圖。松爲予遊黃山携歸。劫後，園中竹樹都盡，老鶴亦遇兵煮食矣

兩年吴苑作驕民。好景良辰。晚來茗榻涼池側，無非説芥蘇薪。刻竹時留蟲響，栽松待起龍鱗。名園沿例染胡塵。恍隔千春。喬柯老鶴黄粱熟，矮蒼官、三尺先掄。幾輩暗傷臺榭，追思眉緑詞人。

攤破浣溪沙 題畫荷花，懷西勝新築，録戊寅舊作

海市沉沉憶芰荷。紅情何處問煙波。斜日亭亭芳草遠，又蹉跎。猶記銀塘風露裏，翠茵花鴨夢婆娑。暑閣無人秋思在，已南柯。

江南好 訪河東君墓，和訒盦

虞山好，短艇繫菰蒲。蕉鹿夢陳尋馬孎，胎禽歸盍弔蘼蕪。煙柳黯西湖。東㵎墓門舊有枯柿，見《瓶廬詩稿》，今不復存。其西拂水岩即瞿忠宣墓。

羅敷媚 舊作

楊絲蕩動風垂定，采得蘼蕪。綱起珊瑚。不

信羅敷自有夫。波斯石黛頻頻致，且俟斯須。莫漫分殊。明日燈前挂喜蛛。

西江月 登岱舊作

太華之峰萬仞，何況岱嶽齊天。松風閣道響秋泉。履險懸厓鐵練。大笑祖龍癡夢，摩挲没字碑前。一兜郭索海雲邊。只許青童看見。

滿江紅 丁卯避兵拂水岩作

書擔琴裝，來覓箇、雲山畧約。最心印、豁厓泉落，欲行還却。金竈鳳麟仙火食，鐵圍經卷僧糟粕。問葛洪、何事欲移家，尋丹葯。鍋上蟻，難安脚。江上雁，防飛繳。看浮雲玉壘，海邊城郭。大野龍吟風助勢，負嵎虎鬥溝難畫。喜今朝、偕隱託煙蘿，盟泉石。

八聲甘州 題黄妃塔圖，和蒼虯翁韻。塔圮于甲子八月廿七日

悵回峰鐘杵了無憑，同聲和伊梁。任蛇妖魚祟，童然湓化，塵漲錢塘。幾憶風絲帽影，煙艇黯遊裝。徙倚南屏樹，鴉鵲炎涼。未是湖乾成讖，賸美人隔水，瘦倚秋光。儘宫娥宫監，無力護獅王。數豪雄、霜寒雨驟，只丹青、圖寫到微茫。爲傳語、南湖遺老，收拾斜陽。

齊天樂 癸未歲朝春獨坐虚霩水榭，傷今念昔，憮然於懷，用草窗韻寄意

雁傳喜信來沙漠，昨宵水天人到。子夜春回，歲朝臘盡，先報野梅知道。履端兆好。奈翦勝金銷，投瓊星照。寂寞年芳，一篝幽燄吐花小。池臺摇影欲墜，正城崩鶴嘯，留語華

表。縱策山台，賞燈廟市，舊事夢粱誰曉。花期欠早。枉旛洗鯨腥，淚遺鮫少。但醉屠蘇，碧天情未老。此調夢窗、草窗互有出入，但『子』『歲』二字均平，惟玉田『夕陽』『巷陌』作仄。『野』字，玉田、草窗均用仄聲。夏劍老承朱古老餘緒，專守夢窗，正予不協，未免過拘，然亦草窗之霞翁也。『子』『歲』二字，《蟻術詞選》間亦作仄，如『立馬東風』『送人南浦』，惟用平聲爲多耳。結句原爲『天情應未老』，劍老謂『天』字當從仄。《詞選》亦有平用者，如『目斷南湖，平蕪千萬頃』。『旛洗』二語，言僞府初除國徽上黄帶，强寇空言親善也。

宴清都 壽拂雲居士七十，用夢窗韻

雪意梅梢重。東風裏，杏花消息分送。長虹酒量，淩雲筆氣，鑪温硯凍。鶴齡未昧星紀，笑余髮、行將種種。算海屋、幾度籌添獻壽，腊麟烹鳳。 回思茂苑呼燈，清尊細雨，十年塵夢。塍花養眼，園莎散脚，拂雲居近環龍花市，去霞飛公園僅百步。健能飛鞚。乾坤蕩摇河嶽，莫稍把、韶華放縱。待瓊筵、八秩重開，南山未動。

金縷歌 和胡汀鷺人日見懷，兼謝贈畫，并簡公雄

苦憶南村伴。惜分飛、交馳詩劄，月泉吟散。肯把仙源衣服换，海角茶清酒滿。恨別路、楊絲難綰。怊悵窮冬紛弄墨，算祭書、餞歲年年慣。山幾叠，花千瓣。 買鄰讀畫情何限。待商量、闌干倚徧，燈明人罕。藝苑三分争片席，雁字箋大未斷。功夫細、鼠鬚蠶繭。篋衍平添人日，筆報璚瑶、還比倪迂嬾。紅蠟燭，西窗翦。

玉漏遲 得日本簫，追憶墨隄往事

早櫻開萬樹。似癡似醉，疑雲疑霧。屈紒宮妝，漲膩粉香春浦。十指宮商譜嬾，倩仙爪、癢爬休怒。蓬山遠，劉郎幽恨，芳隄煙暮。

鯨背帶得鸞簫，記板屋鑪灰，紙窗茶具。一樣揚州，明月橋頭曾住。湘管鳳臺暗憶，問何處、櫻桃樊素。花外路。鮫珠滿盤偷付。

鷓鴣天 園居拂曉，鵓鴣競啼，因譜此解

山客方眠繡頸伸。女童模寫畫衣新。杏花春雨雙雙喚，青草池塘對對親。

鶯受打，燕遭瞋。鵓鴣催夢鬧園鄰。瞢騰一枕黃陵廟，懊惱紅欄作舞茵。

杏花天 鄰園紅萼漸舒，春雨連夕，翦燈有作

粉牆一萼春陰積。春意鬧、引蜂勾蝶。翦燈聽雨江南北。燕子早知消息。

芳草地、游韉蹀躞。人醉也、玉樓橫笛。清朝叫賣花籃濕。隔巷餳簫咽抑。此依草窗，與夢窗譜大不同。草窗《莫愁》《昭君》兩闋，亦有出入。《莫愁》上半闋結句『寫出郢中春色』，下半闋結句『日暮石城風急』，《齊天樂》兩闋，一云『葉疏猶抱』，一云『吟香夜冷』，正如拗律可平仄互易。詞律最講究者，莫若吴瞿安、蔡雁村、吴九珠諸君，一字不苟，近乎膠柱。苟束縛過甚，反爲詞累。按之宋人，同調異聲，班班皆是。豈夢窗、清真諸家外，俱不得爲正宗耶。倘逢雙白，果何適從耶？愚謂標明學夢窗者，則從夢窗；標明學清真者，則從清真；不標明者，只要有根據，通融可也。

千秋歲 壽今嗇翁八十

曠懷幽抱。煙客西田老。心地廣，乾坤小。

壺天寬酒盞，雲物驅塵表。嫌寂寞，鷺朋燕友都知好。不噎青精飯，細嚼安期棗。蒲欲潤，鵾宜燥。從容生事淡，理亂煩愁掃。胷浩浩，釣磻無意絲綸攬。

酹江月 中秋坐月池上，用草窗《中秋對月》韻，寄慰汀鷺悼亡

樓臺玉甃，凭闌干顧盼，池冰凝色。未許纖雲輕滓穢，桂露涼蟾香濕。今夕何年，伊人何所，霜雪争清白。幾家歡樂，流光休照床席。　猶念喚酒聯吟，吹燈閒步，掃盡姮娥迹。潘鬢愁新，環珮冷、寒鶴松間知得。公雄函告。望眼無邊，當頭無價，蟲説團圞昔。神傷梁月，素箋停染金碧。

浣溪紗 悼汀鷺，去其悼亡廿餘日耳

貧賤夫妻託古槐。蠶絲未盡蠟先灰。神傷腸斷爲低佪。　皓月鴻書方送恨，涼波鯉信又傳哀。清風無復故人來。

木蘭花慢 雲史宗丈石花林，去虚霩寓居三四十步。劫後山樓灰燼，花木薪摧，僅門前雙柳略存生意而已。回念辛未、壬申間，雲翁閒居面城，恒造夜談。一夕招醉霓仙彈唱《三笑》，琵琶方奏，蟲嚙雲翁姬人狄美男，喧譁罷唱。轉瞬夢粱，恍成隔世。今雲翁旅櫬未歸，感深華屋，低徊思舊，寫聲鄰笛云爾

記良宵月上，放紗幕、影疏花。正倦對吟床，涼生翠袖，同聽琵琶。風華。錦墩坐軟，撥冰絃逗響綠窗紗。無賴驚開柳眼，滿堂蝶亂蜂譁。　咨嗟。旅殯天涯，珠有淚、燕無家。似

鏡花呈相，蜃樓收彩，蕉夢婆娑。蒹葭。蒼茫逝水，浸枯楊兩樹浴昏鴉。愁路空遮壞堞，鶴歸應弔蟲沙。

柳梢青　九萬圩，繞城傍山，洋洋泌水，柳隄風月，烟艇漁蓑，頗具荒率之趣。率填此解，用識棲遲

爽氣西來，城頭疊翠，一水彎環。荇帶蘋香，漁舟柳岸，茅舍三間。　衡門況味清閑。愛雨後、煙蓑往還。鶺鴒呼羣，鐘魚答響，合住殷頑。草窗《木蘭花慢·西湖十景》，經紫霞翁爲之正律。《蘇隄春晚》一闋，『怕誤却佳期』，『期』字獨用平聲，與諸詞異，『却』字反仄，平仄互換，似爲霞翁心許，不在不協之例矣。先詞後譜是自度，先譜後詞是倚聲，所謂填也。宋人家養謳姬，有詞無不可上口者。此本文人適意事，十七八好女兒，豈必在紅氍上拂主人意邪？今世詞翁，死奉一家爲圭臬，規行矩步，作繭自縛，每矜其嚴律如周亞夫將兵，終恐爲宋人作奴僕耳。夢窗詞似詩中之有玉溪，所謂七寶樓臺，炫人雙眼；雙白天馬行空，極似太白；稼軒豪縱如陳子昂《登幽州臺》，不可一世。予頗愛草窗，謂如陳簡亝詩，猶未離唐人風韻者也。我頗思豪宕學稼軒，絢爛學夢窗，但境界不同，二者不可得兼，只好如東坡所云『無酒學佛，有酒學仙』耳。白石可謂精諳雅樂者，然入京議樂，不合而歸。文人、樂工，自難水乳，只有小紅低唱不違己意耳。今世詞壇，真知雅樂否？有小紅試唱否？自謂一字不放過，便是成家，我恐未然。

點絳脣　題鍾進士畫象，新看徐園主人演《鍾馗嫁妹》

夤夜求榮，觸階虛上承明殿。鞾拖袍卷。優孟閑裝扮。　嫁妹添妝，薄具遮羞扇。鬑鬑面。祇憑鬼串。捷徑終南便。

桃源憶故人　畫荷花，寄祝映庵詩老七十

靜村映庵所居巷名想見高軒滿。隱約慢亭仙管。

賓座劇談侃侃。海屋添壽算。一枝菡萏方新辮。時君子長生室荷花新開。將意遠通情欵。連露帶香拗斷。來自長生館。『侃』不作强直解,《玉篇》:『樂也。』

西江月 題顧公碩《怡園感舊》

念昔藕風池館,茶香分就清陰。藤床揮麈坐題襟。消幾夏長春静。兵過爨桐薪桂,兵來煮鶴焚琴。洛陽傷亂記園林。還狀朋游光景。

千秋歲 題顧野梅消寒感舊圖册子

年年草草。禿筆將愁掃。人硯北,兵江表。罏温匀凍色,甑墜癡重道。僝僽也,梅邊日課傷懷抱。雁帶呻吟語,竹喜平安報。題舊事,增新稿。精神逾病鶴,霧濮滋文豹。人兩地,閑情煞費冬烘腦。

以上《虛霩詞》

楊文俊

畫堂春 負暄

閒情無那聳吟肩。迎曦愛坐南簷。一般時事貴趨炎。冷落誰憐。且把脊梁豎起,本來心境安恬。暖於挾纊感蒼天。襖賜黄綿。

滿江紅 清明

百五良辰,纔過了、禁烟時候。早晝出、千般紅紫,園林如繡。楊柳碧垂金線軟,夭桃紅染胭脂透。惜芳菲、細數廿番風,誰先後。思往事,人消瘦。看淑景,春依舊。且踏青南陌,聽鸝携酒。麥飯家争祭掃,一尊空自澆培塿。歎光陰、抛去莫追尋，君知否。

眼兒媚　閨怨

怕拈針線繡鴛鴦。誰可訴衷腸。鏡鸞塵罨，金猊香燼，翠袖生涼。　懨懨消瘦減容光。腰細帶圍長。簾前鸚鵡，梁間燕子，誰與商量。

人月圓　元宵

梅花洩漏春消息，風景又經年。良宵三五，月明如畫，人慶團圓。　天街十里，金吾弛禁，笑語聲喧。綺羅隊裡，誰家艷質，遺落花鈿。

清平樂　春雪

峭寒侵骨。小苑羣芳勒。簌簌紛飛花六出。點上梅梢同色。　呼童輕掃階墀。薰斜倚多時。誤了踏青芳約，且商詠絮新詩。

瑞鶴仙　送春

繁華誰作主。纔幾日流連，又將抛去。園林舊遊處。有蒼苔鋪徑，楊花争路。遥天欲暮。問長亭、道長幾許。最堪憐、翠泣紅愁，怎禁殢風尤雨。　猶憶芳郊迎汝。柳上歸來，鶯嬌燕妒。韶光暗度。相思債，自今數。唱陽關三疊，驪歌一曲。都是離情別緒。顧東皇、未到鐘鳴，且和儂住。

高陽台　春去

春去庭空，緑肥紅瘦，繁華無計追尋。徒倚雕欄，垂垂簾幙苔侵。桃花結子深紅褪，看枝頭、葉已成陰。警芳心。曾幾何時，又到而今。　金猊香燼黄昏後，悵暮雲碧樹，遠水遥岑。一夢春婆，醒來愁思難禁。鞦韆院落人何處，惜餘芬、枉費沉吟。理瑶琴。待譜南薫，恨少知音。

滿江紅 題吴雲三道裝雲遊圖

皓首仙顔，看此老、鬚眉入畫。欲訪道、安期黄石，遨遊天下。椶笠長鑱肩上荷，葫蘆妙藥腰間掛。檢行裝、一領水田，衣無冬夏。　也不羡，輕裘馬。也不羡，連雲厦。只萍踪來去，自然瀟灑。緑水青山隨處賞，清風明月休論價。問先生、五岳幾時回，重聯語。

踏莎行 閏上巳，步郭仁卿《踏莎行》原韻

天朗氣清，又逢修禊，春過九十春還在。千紅萬紫競繁華，今番似與前番賽。　士女如雲，採蘭贈芍，良辰美景難逢再。麗人何事不重來，無端鈎起相思債。

滿江紅 朱慶蕃以所著《庸言》數十則見示，捧讀之下，覺斯世斯人不可多得。偶有感觸，率成《滿江紅》一闋

苦口婆心，寫不盡、一腔懷抱。最難得、論事都關至道。太上立功兼立德，立言不朽而今少。尚繁華、幾輩逞高談，君應笑。　揮玉麈，清詞妙。舒彩筆，浮文掃。把斯編三復，休教草草。日用尋常皆學問，終身佩誦如師保。願世人、莫作等閒看，傳家寶。

以上《退菴詩餘》

楊圻

菩薩蠻 紀別

香衾重疊春雲熱。梨花澹澹團香雪。燒燭不

成眠。吹笳風月天。　玉屏燈影薄。雲髻頽香膊。簾外起東風。殘鶯啼落紅。

其二

鳳凰絃上聞愁語。酴醾風裏酴醾雨。含淚出離筵。蓬鬆雲兩肩。　夜寒深閉閣。沁透鴛衾薄。南浦五更潮。錦帆風正高。

其三

玉簫吹碎梨花夢。曉風殘月郎珍重。相送過欄杆。小山花雨寒。　黄鸝枝上語。語語關情緒。樓上正相思。江風吹柳絲。

其四

狐裘馬上春寒重。胡笳幾處吹烟隴。斜月轉荒溪。子規山上啼。　征鴻千里去。遊子傷行路。寒雨下衡陽。瑶琴春夜長。

其五

鴛鴦瓦上霜華瀉。夢魂悄近西廊下。紅燭水晶簾。玉人對雨眠。　相逢驚又問。直爲啼紅損。疑是夢中逢。夢中知夢中。

其六

碧蕪狼藉春烟薄。蜻蜓輕蹴鞦韆索。人影柳絲扶。畫橋紅雨疎。　别來春已半。消息江帆斷。獨自倚雕欄。夕陽千萬山。

其七

小廊曲曲屏山摺。薔薇月亂黄鸝咽。醉酒出重門。黄昏天起雲。　烏絲鸞鳳曲。深院鳴蝙蝠。明鏡暗星天。瀟湘春浪寒。

其八

洞房睡覺調鸚鵡。畫廊花暝聞人語。日晚上

紅橋。紅橋春水高。柳絲新月蕩。無限愁心想。虛閣閉春寒。薰籠細細燃。

其九

羅巾蹙疊愁紅溼。江帆過盡無消息。無限夕陽山。桃花春水寒。　黄昏紅撲簌。翠羽香階啄。斜月挂山頭。小樓人自愁。

其十

海堂結束紅星小。博山烟澀香燈悄。風起暗花飛。開門寶馬嘶。　夢長春夜短。翠被熏香煖。門外草連空。亂山殘月中。

清平樂　春別

最無憑據。相憶銷魂處。青瑣裁衣深夜語。一樹梨花疎雨。　天涯芳草初酣。客中送客何堪。簾外一天春水，杜鵑聲裏江南。

更漏子

漏無聲，人初定。月裏楊花無影。風欲起，掌燈歸。彩雲深院飛。　西樓下。春寒夜。碧玉參差吹罷。銀燭照，捲簾時。一欄紅雪堆。

搗練子

無限怨，倚簾櫳。屏外鶯聲細雨中。故國桃花開落盡，閑隨流水出吴宫。

浣溪沙

烟外江樓漏點殘。黄昏風裏倚欄干。一庭春雪小窗寒。　愁夢欲歸金谷去，胡笳低繞玉門還。梅花流水月中看。

前調　即景，和内子道清

春月團圓小院空。一更人定二更風。楊花亂

舞暗塵中。酒欲清時如夢醒，愁來深處覺寒重。海棠疎影小簾櫳。

長相思　閨思

月又彎。人未還。無限離情强自瞞。自瞞終是難。太無端。不堪看。金鎖門兒一半關。落花風正寒。

江城子

玉簫聲歇粉牆東。畫堂空。小屏紅。一天花絮、狼藉月明中。直是不來來又醉，黄昏後，起東風。

相見歡

落花如夢悠悠。逐春流。無限斜陽淡淡、下紅樓。江南地。長安事。莫回頭。又是去年時節、去年愁。

浣溪紗　乙未，偕道清避暑竹西

池上雲涼午夢消。起來疎雨打花稍。緑陰深處赤欄橋。水榭香流紅藕亂，長廊風約畫簾高。玉人清晝坐吹簫。

臨江仙　丁酉秋，僦居秦淮郭氏水閣。歌舞闌珊時，烟月方可觀也

最愛笙歌都散了，雲房風榭涼生。小窗秋水月華清。悠悠流影，瓊户啓無聲。王氣銷沉烟月好，等閒未解傷情。石頭城下已三更。獨眠人起，閒坐到天明。

江南好　青溪秋思

蕭蕭也，風起更潮生。獨宿江城聞雁過，數星

鐙火暗金陵。秋笛雨中聽。

臨江仙 憶金陵，示慵菴

山外春江潮欲漲，可堪酒後心懷。落紅悽惻下庭階。五更流水，和夢繞天涯。 春去偏從人去後，離情愁對蒼苔。桃花細雨暗秦淮。閒人不管，鐙火上樓臺。

浣溪紗 京邸南院春夜即事

醉後春寒玉骨侵。鳳笙聲在畫樓陰。紅梅庭院徑深深。 數片雪花飄又住，水雲來去月昏沉。無言有恨小庭心。

桂殿秋 春晝

春晝静，困無聊。鞓紅雨暖日輪高。 輕擡皓腕撩雲鬢，微潤朱唇就玉簫。

浣溪紗

春色零星夜雨收。彩雲清露兩悠悠。下簾聲在柳梢頭。 鸚鵡夢閑花自落，黄鶯聲住水東流。香車歷碌過西樓。

前調

燕子歸來香雨中。二更天氣燭摇紅。 玉奴扶醉下花驄。 月鎖亭臺人散後，花留環佩覺春濃。瓊樓玉宇正東風。

琴調相思引

畫燭烟明照露叢。金鈴斷續起東風。 落花滿地，閒坐月明中。 一爲多情留後約，未曾成恨已前踪。笙歌散了，直是五更鐘。

眼兒媚 感春

欄干六曲閉閒門。沈水鴨鑪温。梨花細雨，桃花斜月，又是黃昏。　江南舊事休重問，舊事不堪論。青山向背，黃鶯斷續，銷盡春魂。

浪淘沙 春雨徹夜，思在廣陵之新城

酒後意如雲。斜掩重門。落花和雨踏黃昏。二十五絃彈夜怨，深院無人。　天末憶王孫。獨酌清樽。半牀愁夢自温存。一夜春江流不住，萬里銷魂。

虞美人 將渡江南，別揚州諸友

江山冷落今猶在。往事千秋改。鷄臺春去最關情。殘月落花時候、聽流鶯。　小樓寒擁銀釭坐。獨院愁深鎖。安排柔艪送王孫。明日桃花流水、滿江城。

菩薩蠻 春思

鴨鑪烟溼衣香潤。畫樓無路天涯近。故國夢闌珊。春江枕上寒。　夢殘還復夢。蠟冷蘭膏凍。風暗曉花稀。流鶯帶月飛。

前調

春流滚滚催帆去。鷓鴣聲裏長亭路。春恨在花枝。玉簫背雨吹。　東風愁渺渺。吹上長安道。酒後怯春寒。江南無限山。

前調 殘荷

涼波不動蓮歌静。蕭蕭驚覺鴛鴦醒。相對泣香紅。野塘風露中。　興亡多少話。水月閒臺榭。妃子不知愁。華清宮裏秋。

相見歡

月鈎挂上江樓。捉簾鈎。六曲屏風扇扇、畫滄洲。　來時候。三更後。水悠悠。吹盡芙蓉零亂、一身秋。

鷓鴣天　己亥三月，别曾舍人

纔退春寒已暮春。滿川烟草送王孫。别時還是相逢處，玉笛吹殘酒尚温。　吹玉笛，不堪聞。桃花流水繞孤村。何堪斜日青山晚，杜宇聲中人閉門。

昭君怨

雲母空窗六扇。吹笛誰家庭院。人醉玉樓前。倚青天。　金屋深深簾静。夜色亂花流影。斜月照三更。子規聲。

搗練子

偎緑醉，倚紅眠。别院亭臺聞管絃。蝙蝠飛來春月暗，落花無影過鞦韆。

臨江仙　怨意

飛絮游絲無定意，芳菲欲問無由。吹簫人在小紅樓。珠簾玉砌，滿眼是春愁。　雨後風前憐别夜，一床閒夢悠悠。桃花春水下揚州。江南江北，還在海西頭。

虞美人　乙未八月，偕道清泛游西湖曲院間。波清露冷，紅藕已稀，畫船蕩月，殘荷三兩，責小雲團賞之

玉人睡起愁何在。只覺流光改。江蓮開盡野塘中。冷露無聲暗裏、泣秋紅。　捲簾燒燭船來去。香滿西湖雨。月明如水浸雲房。何

處冰肌玉骨、自清涼。

憶王孫

滿階花雨濕重門。沈水香兒細細焚。錦帳春濃酒氣薰。坐黄昏。雲鎖瀟湘人不聞。

臨江仙　己亥，自江南歸京邸

波閭管絃猶急，山寒簾幕輕垂。去年江岸醉扶歸。燒鐙紅蕚裏，雨雪滿幽枝。　人去春歸花滿，人歸春去花稀。更番惆悵有誰知。月明銀燭暗，酒力欲消時。

浣溪沙　夜起納涼，已有秋意，與道清各填一闋

水閣風飄江漏殘。夢回人起展屏山。夜涼細語氣如蘭。　曲院船來紅藕裏，月明水静露華寒。暗香飛上玉欄干。

蝶戀花

露冷珠簾雲暗樹。破曉吹來，幾點花梢雨。妝鏡清寒添眉嫵。緑楊風滿樓高處。　樓外千帆留意數。雲母窗中，極目渾無語。一帶傷心淮上路。春山遠入春江去。

胡擣練子　仙吕宫引　秋夜

天淡淡，意悠悠。夜花清影露花流。滿院月明空悵望，玉簫聲在近江樓。

眼兒媚　以下十闋悼亡　庚子清明，李夫人道清亡三十六日矣，爲招魂於西郊。山明草媚，游人如雲，對景思人，愴然涕下

日暖風和春草生。何處不傷情。前朝上巳，昨宵寒食，今日清明。　斷腸往事何堪説，回首百無憑。斜陽無影，落花無力，飛絮無聲。

蝶戀花

病臥風篁館，半月起來，綠肥紅瘦矣。時道清亡四十二日

睡起聽鶯啼不定。換了單衣，驀地芳心警。幾日不來紅滿徑。落花天氣人扶病。 舊日雕欄誰共凭。自去開簾，又怯烟花暝。一夜風狂兼雨橫。朝來更比黃昏冷。

青玉案

五月十五夜遣悲

玉階露響芭蕉葉。聽點點、聲淒切。地下多情愁共絕。早應知我，小紅橋畔，獨歎黃昏月。 銷魂真箇魂銷歇。夢裏相逢更相說。不怨長離悲獨活。傷心只有，新愁舊恨，零落難收拾。

醉太平

歡成恨成。鍾情薄情。算來都是飄零。真不分不明。 酒醒夢醒。風聲雨聲。一更聽到三更。又四更五更。

清平樂

酒濃寒薄。百計難推託。小院黃昏人寂寞。風起月明花落。 開奩細把花鈿。夜長直怎如年。零亂一床閒夢，吹來飄去如烟。

畫堂春

算來一語最心驚。今生同死同生。八年說了萬千聲。一一應承。 一一都成辜負，教儂若可爲情。人間天上未分明。幽恨難平。

醉落魄

庚子七月重遊西泠，曲院荷風，長夜幽絕。回憶乙未偕道清畫船穿藕之樂，不覺愴然

夢回涼澈。早眠情味誰關切。藕風香冷吹秋

骨。怕捲珠簾，不忍見秋月。　西泠舊夢彈瑶瑟。幽情欲向寒花説。鴛鴦容易啼秋别。烟水瀟瀟，幽恨幾時歇。

青衫溼　是秋七夕，星月瑩然，陳瓜果祭而哭之

尋常爲著天涯事，兩箇一堆癡。而今思想，傷離怨别，總是歡時。　早知如此，還甯拚著，兩地相思。輸他牛女，年年離恨，歲歲佳期。

浣溪紗

默憶神情事事真。一時歡笑一時嗔。而今如見又如聞。　就臥胸前消怒意，强拉手背拭啼痕。分明記得那黄昏。

山花子　寒食

日暖重門閉不開。百花無力杜鵑哀。腸斷豔陽天氣盡，下樓臺。　芳草緑深關小院，梨花紅薄蓋閒階。終日笙歌流水外，没人來。

荆州亭　九月六日遣悲

腸斷無人無酒。人共殘秋消瘦。秋雨有時晴，淚眼有時晴否。　樓外笙歌依舊。薄暮空房獨守。小婢拭銀釭，又是點燈時候。

虞美人　庚子中秋遣悲

碧梧明燭秋如畫。風露瀟瀟下。小山金粟落閒階。清月不知人恨、又飛來。　海南一握愁難盡。但願來生準。博山鑪冷夜如年。香死成灰灰死、不成烟。

前調　江亭筵上書贈孟茹。時鳥啼花落，青春欲晚

柳烟深處凝絲竹。簾外春波緑。此心如水只長流。如許瀟湘能放、幾多愁。眉頭惆悵還依舊。往事人前後。畫樓燈火月明中。酒後春寒玉樹、夜來風。

菩薩蠻 庚子感秋

胡笳微動西風起。鳳城渺渺人千里。回首望長安。月明馬上看。秦關尋夜驛。往事還堪憶。涼雁下幽州。故宮花正秋。

青玉案 庚子重陽，羈留海上

題餻又是重陽節。正雨過、西風歇。木葉飛飛江水闊。危樓獨上，秋高人去，雁外斜陽没。龍山愁對金樽熱。浩蕩烽烟憶宮闕。看到黃花離恨切。餐花蒸酒，蕭條心事，欲向殘秋説。

憶江南 宮門口

金鋪静，露濕彩雲寒。幾點旌旂天際出，夜來明月滿驪山。一雁過潼關。

其二

宮門口，流水雜松風。樓殿無人丹桂落，五更風裏景陽鐘。秋月滿離宮。

破陣子 題霞客醉芍圖照

芍藥和人都醉，日長偏惹情思。窗裏玉人春睡美，窗外鶯啼驚夢時。起來花滿枝。約住彩雲三尺，圍來絳雪參差。紅粉不隨春色老，簾捲風前花亂飛。銷魂花不知。

醉花陰 石泉縣宿十二嶺

客舍桃花開似雪。一樹東風急。疎雨過峯

來，馬上黄昏，山上鶯啼月。　思鄉無奈歸心切。況是經年別。何處最銷魂，白露横空，夢冷春衾熱。

以上《江山萬里樓詞鈔》卷一《回首詞》

賀新郎　馬

共爾人間世。莽蕭蕭、眼前空闊，悠悠天地。所向無人清愁滿，未必相逢容易。算多少、英雄老死。彈到琵琶邊月暗，有孤鴻、閒傍雕鞍起。浩蕩事，凄涼思。　河山一寸千行淚。猛回頭、玉關秋勁，金門春麗。躑躅生雲幽燕遠，誰把離愁遠寄。嘆此恨、古今一例。黄竹歌殘雙成老，賸空窗、風冷生瑶水。休怨抑，但牢記。

前調　藍橋圖追悼

百事成今昔。竟沉沉、黄泉碧落，斷無踪跡。不忍思量今昔事，縱是思量何益。待真不思量怎得。莫道長河流不盡，便長河、流盡愁難息。在天上，羨靈匹。　畫圖省識難尋覓。虚飄飄、藍橋水散，彩雲澹夕。人鬼零丁攜手處，相顧都無人色。説不盡、從前今日。但願他生真可必，便今生、死別休悽惻。誓滄海，無相失。

疎影　茉莉

悄無人地。是小欄風静，夕容添媚。點點繁英，采入冰盤，綺魂零亂無寐。空床輾轉重尋覓，怎忍見、隔年殘蕾。起來驚露流光，猶似替人垂淚。　還記房櫳私語，瑶簪初卸了，冰簟涼膩。夜已三更，一點銀蟾，窺見那人酣睡。水精枕角涼雲散，有幾片、幽香拋墜。更憐他、玉臂清寒，秋夢做來如水。

醉落魄 許昌曉發，寄新婦霞客廣陵。時甲辰三月

者番真別。心頭醮上愁如結。畫樑燕子和儂説。來日窗前，含淚坐紅雪。江南拾翠芳菲節。小屏花睡香雲熱。五更風裏流鶯咽。馬上關山，和夢擁殘月。

臨江仙 庚子西狩，頤和園爲聯軍居住游宴之所。辛丑秋，議和成，寇退。余入排雲殿，見龍床不整，酒具狼藉，悲從中來，其何能已。咸豐庚申，聯軍焚圓明園，四十年中再見浩刼矣

一夜西風吹不住，彫殘太液芙蓉。雲房水殿浸寒空。夷歌數處，零落怨秋紅。凝碧池頭人散後，寂寥水際簾櫳。青娥相向月明中。夜闌深坐，含淚説文宗。

相見歡 病後寄内子霞客，時客汴城林氏園林

愁來只是貪眠。日如年。問甚遊絲飛絮、落花天。閒臺榭。揚州夜。鎖紅樓。腸斷暮春時候、似新秋。

前調 聽李芝儀吹笛

桃花細雨紛紛。打黃昏。幾點西樓燈火、未眠人。聲如斷。愁如亂。更無聞。踏碎一階花影、不開門。

采桑子 梁園臥病，愁困已深。時甲辰三月也

綠窗朱户無人見，春日炎炎。午睡淹淹。滿

樹花開不捲簾。醒來一晌慵開眼，蜂自喃喃。蝶自纖纖。滿樹花飛不捲簾。

蝶戀花

閒數飛花消永晝。人替花愁，花替人愁否。十里鶯啼江岸柳。誰家院落春如酒。　雨橫風狂燈火後。獨向深宵，含倦抛殘繡。打箇睡呵舒翠袖。輕擡玉腕交肩瘦。

相見歡　梁園踏青，尋玉津園故址，忽憶廣陵春遊之樂。霞客書寄此詞，誦之黯然

滿庭芍藥堆霞。起遲些。來日香車寶馬、看瓊花。　珠簾捲。春如亂。奈何他。如此烟花三月、不還家。

菩薩蠻　暮春登汴城望京樓

滿庭芍藥紅霞潑。水精山枕春眠足。昨夜夢揚州。花明人倚樓。　相思烟草裏。遲睡還遲起。落日萬千山。可憐西北天。

前調　七月二日歸廣陵

綠楊暗了閑庭院。圓荷香入輕羅扇。出浴傍花枝。平林新月時。　那時攜素手。夜半無人久。冰簟溜釵聲。天邊河鼓明。

柳梢青　乞巧後三日，渡江入吳

扁舟淮甸。季膺身世，幾多閒散。提起相思，白蘋紅蓼，和秋零亂。　夕陽盡處孤帆遠。客裏銷魂誰見。數點青山，一江秋水，兩行新雁。

謁金門 曾氏池夜起

香篝滅。睡起一天秋月。荷氣暗飄清夢徹。隔江人怨别。　獨望長河愁絶。玉露金風吹骨。欲採芙蓉烟水闊。相思相見説。

長相思

帶也鬆。鬢也鬆。雙燕飛來陣陣風。相思山萬重。　酒也濃。香也濃。小院人歸燈火紅。馬嘶春月中。

蝶戀花 别意

驀聽黄鶯鳴翠柳。知道歸期，誤也今年又。開到酴醿春似酒。豔陽天氣閒長晝。　過了清明花似繡。花已開成，人已妝成否。妝罷憑欄飄翠袖。花兒怎及人消瘦。

西江月 春夜

醉裏笙歌猶在，夢殘江漏淒清。緑楊疎影子規聲。酒醒更闌人静。　樓下一庭斜月，照來珠箔飄燈。梨花院落不分明。風定落紅未定。

浣溪紗 廣陵初秋，偕霞客泛舟虹橋，載月而歸，聯句

點點飛螢照水幽。悠悠涼夜更無愁。下簾聲在四更頭。　玉笛吹開雲外月，銀河低挂水西樓。思量無計奈何秋。

臨江仙

酒欲消時人欲散，新涼怕近雕欄。一天風皺碎雲開，滿身簾影，秋月小廊寒。　記得前年秋後别，今年又是秋殘。别時容易見時難。

如今思想，還是別時難。

三字令 乙巳春，居曾氏池閣，即景示霞客

風片片，雨絲絲。燕飛飛。人未起，侍兒催。去年情，今歲事，費沈思。　妝欲罷，倚廊歸，望春漪。眉黛淺，試春衣。草如茵，花如繡，豔陽時。

一剪梅 趙州

何事年年往復還。一過邯鄲。再過邯鄲。馬頭萬點太行山。日落柴關。月落柴關。　煙草荒荒流水殘。昨夜雕欄。今夜雕鞍。桃花如雪月中看。金屋春寒。茅屋春寒。

疎影 月鈎

可憐新月。只一箇團圓，如許磨折。漸上西樓，來伴幽人，清絶還更愁絶。一年十二憐光滿，有廿四、更番殘缺。暗斷腸、香徑悠悠，九月初三風色。　遥想那時深拜，是穿鍼處所，瓜果時節。金鴨香濃，細語花間，素手捲簾幾摺。瓊鉤微動窺人睡，似舊日、蛾眉消息。留一片、破鏡清寒，照見也潘郎華髮。

念奴嬌 萬生園安南象化去，傷而誄之。時余將遊南溟

家山何在，看紫雲紅樹，炎方天隔。絡繹明駝同飲恨，俯仰胡沙邊色。榕島春荒，椰洲水暖，遠夢迷南國。千花百草，雕欄愁臥岑寂。　花裏鸚鵡淒涼，天涯相伴，躑躅猶相識。能說飄零身世事，同向空王臺側。上苑笙歌，長楊車騎，一晌人間別。南溟帆影，載回天上消息。

浣溪紗

寶鼎飄烟沉水温。南園舊事總銷魂。艱難過得幾黃昏。　一樹梅花明月地，玉樓人醉不開門。馬蹄踏雪過前村。

霓裳中序　唐宮鏡

凄涼唐宮物。照見那人玉爲骨。想睡起曉寒微怯。正漏斷鐘稀，疎星殘月。搓香揾雪。羨團圓相對親切。又幾處，翠華恩幸，獨伴晚妝側。　今昔。苔痕磨滅。見多番傾城傾國。興亡有誰能說。只檐角涼蟾，似曾相識。猶來照顏色。欲借問嬋娟消息。小樓暝，海天塵浄，清影拭秋碧。

臨江仙　乙巳偕新婦里居一春。回憶乙未偕亡婦回里，忽忽十年，風景不殊，人事有異矣

幾樹桃花飛盡，園林暗暗陰清。小窗風日快新晴。淺山濃緑水，萬柳一聲鶯。　自有春來愁到，何曾春去愁輕。十年前事暗傷情。青梅如豆小，無處覓殘英。

八聲甘州　金陵

聽何人吹笛向秋天，酒酣上高樓。見霜林落葉，危城殘照，江水寒流。檻外千帆過盡，名利幾時休。百戰江山在，往事悠悠。　此地何來王氣，算古今亡國，幾度樵謳。枉十年金鼓，猿鳥動清愁。數湘淮、中興人物，話興亡、一二尚生留。青山外、滿溪風雨，一箇歸舟。

齊天樂　秋雁

晚來塞雁横空去，天邊幾聲悽惻。水亂蘋洲，沙翻蓼漵，都是異鄉風色。無邊蕭瑟。聽帶

起秋聲，淮南江北。殘月空林，行人一宿愁暗絶。　年年此時浪跡，慣連營戍鼓，長城秋笛。一樣天涯，何堪送爾，滿地江湖風急。高樓寂寂。正酒醒殘更，夢回江國。露冷燈昏，聽胡笳怨拍。

暗香疎影

史閣部墓在揚州梅花嶺下。殘臘初春，老梅百株，紅白相間開拆，香雪成海，清絶愁絶，不能遽去。甲辰春遊賦此

斜陽淡絶。照寒梅開到，墓門深没。冷影横苔，老幹年年自花發。幾點譙樓畫角，怨一夜、空枝吹徹。賸滿徑、片片幽香，飛上杜鵑血。　寂寞鼎湖春去，亂山野水裏，葬詩舞骨。何處傷心，暗了黄昏，直是五更風雪。江頭魂返關山黑，不見也、故宫殘月。抱孤城、流水無言，還解替人嗚咽。

唐多令

京口

楊柳暗江樓。年華如水流。十年前、五月下揚州。還向江深吹玉笛，弄明月、不知愁。　閒坐暗低頭。今遊思昔遊。舊江山、新恨悠悠。雁外一絲殘照歇，更風雨、打歸舟。

沁園春

螔磯靈澤夫人廟題壁

一片江山，斜陽萬里，眼底都收。看沙上潮平，扁舟來去，洲邊樹冷，廟貌常留。處處峯青，驚魂零亂，道是荆州是益州。長江終古，不肯西流。　花冠玉佩悠悠。是珠簾外，恨望帝、春心杜宇愁。嘆思蜀銜悲，吞吴遺恨，英雄何在，戰伐都休。峽裏帆來，劉郎消息，白帝城邊古木秋。誰憑弔，賸漁翁一箇，坐釣磯頭。

暗香　蜀崗古梅成林。癸卯秋，余既續娶徐氏婦於廣陵，居二載，暇輒出城作清遊。著花時獨往，雖風雪弗止。花外數武即雷塘，爲賦《暗香》

水聲嗚咽。蕩亂紅流去，冷清清絶。年少何郎，數載揚州凍詩骨。前度扁舟都在，看風底、酒壺猶熱。林盡處、半畝雷塘，魂斷故宫闕。　今夕。是何夕。料昭陵一例，幽枝花發。雞臺春色。夢裏相逢共亡國。惟有孤城殘雪，暗了也、空江殘月。滿徑裏、開落盡，何人收拾。

蝶戀花

過了清明春欲暮。日暖風寒，天也無情緒。濃睡覺來鶯亂語。杏花深院人歸去。　一陣蕭蕭吹細雨。點滴聲中，金鴨香濃炷。屏上春江多少路。銷魂都在樓高處。

鷓鴣天　禪智寺本煬帝故宫，在江都北五里。幽花荒草，基址略存。癸卯重遊廣陵，感賦

三月江南浪拍天。一灘疎雨打溪船。無言閒看楊花起，亂舞低飛過小川。　斜日裏，晚風前。薄寒中酒似當年。桃花春水無尋處，門外青山啼杜鵑。

浣溪紗　亂後入京見孟茹

静對西簾抱月看。落花風裏舞衣寒。惜紅心事太爲難。　寶劍淒涼人落寞，年年載酒向長安。德功坊裏又春殘。

前調　題仇十洲摩訶避暑圖，爲瑶青作

冷露飄香墜粉紅。清涼無汗小簾櫳。蜀王臺

殿起秋風。玉笛一聲烟月外，漁歌數處水雲中。畫圖省識舊離宮。

其二

夜渚悠悠開白蓮。洞房推枕不成眠。摩訶池上已涼天。如水流光驚暗換，金風玉露又今年。趙家宮裏祭張仙。

以上《江山萬里樓詞鈔》卷二《樓下詞》

相見歡

井梧瑟瑟微寒。入簾間。如此江城秋色、不堪看。思舊夢。有誰共。倚雕欄。惟有五更殘月、照江山。

如夢令

戊申季冬，冒風雪浮家南渡。星洲氣候溫和，花木如春夏，家居山中，遂疑世外。雜興二闋，記家室清暇之樂

簾外一階花静。簾裏一鑪香燼。午睡覺來時，烈日烘烘深徑。蘇醒。蘇醒。玉腕雙抬撩鬢。

其二

一片清涼池館。更把湘簾低捲。新浴嫩晴時，紅藕緑楊涼滿。天晚。天晚。月上小橋人散。

好事近

海島樓居，曉妝詞和内

煙海盪春空，幾點疎星殘月。正是玉人夢醒，催起來時節。安排妝鏡綉簾間，簾捲散雲髮。樓外海山深處，飛一輪紅日。

南柯子

重陽　時客星洲，遊商人佘卓凡山園

地向天邊盡，人尋客裏歡。山溪新菊未知寒。

開到十分時節、不堪看。　雁外飄零久，樽前醒醉難。百蠻烟火夕雲間。十度重陽風雨、念家山。

青玉案　寄意

垂楊夾道飛塵妥。但寶馬、香車夥。　幽徑無人暗花鎖。上山星月，下山燈火。挨得黄昏過。　臨歧躑躅真無那。真箇銷魂遮莫可。荳蔻花開紅瑣瑣。捲簾獨立，關窗閑坐。　若箇愁城大。

祝英臺近

燭花明，錦幃煖，薄醉罷瑶席。　説道春寒，今夜早將息。待儂喚了紅兒，掌燈送去，怕門外、黄昏天黑。　流雲碧。幾點疎雨飄來，月斜落花濕。翠被香濃，禁得曉風急。　如今流盡春江，載回愁夢，也都在、斷紅南國。

蝶戀花　春别

燭影摇紅憐昨夜。　美景良辰，真箇黄金價。腸斷薔薇開滿架。　緑鸚自響迴廊下。　報道一聲人去也。樓上紅妝，樓下青驄馬。　腸斷薔薇風底謝。豔陽烘暖閑臺榭。

浣溪紗　望月追憶

疎柳淒清舊苑前。西風秋水總無邊。夜來流影照涓涓。　容易清光容易暗，十分殘缺十分圓。枉教江閣望年年。

八聲甘州　己酉正月二十九，夢得句『閑殺流鶯外，雨榭風樓』。是日爲亡婦道清忌日，日月如流，忽忽十年矣。倚《甘州》一闋

一回頭往事總悠悠。閑來費追求。算眼穿腸斷，花開花落，十度春休。故國春寒萬里，昨夜五更頭。閑殺流鶯外，雨榭風樓。　舊日潘郎蹤跡，問人間消息，依舊飄流。只年年寒食，海上寄遥愁。正傷心、單衣試酒，看銅街、歌舞不知愁。家何在、怕聽歸去，又怕淹留。

賀新郎　題馮熙東隣巧笑圖。時同客南溟

紅豆枝枝發。種相思、年年南國，王孫採擷。月照西樓紅袖冷，誰倚雕欄如雪。看樓外、行雲千疊。一曲箜篌公無渡，正畫屏、銀燭憐輕別。曲終盡，怨難歇。　才人生就相思骨。也明知、花難解語，對花還説。絶域春歸人又去，一例芳菲怨澈。算滿眼、風塵愁絶。　紅粉青衫知己感，爲他人、我亦能嗚咽。墜歡事，誰收拾。

前調　二月十八，醉夢得句『樓外江山風月裏。小欄干、消盡英雄淚』。有觸斯感，爲倚《金縷曲》

富貴非吾意。且由他、飄飄身世，悠悠天地。自古清狂能飲酒，問甚人間閑事。拚十日、登高大醉。樓外江山風月裏，小欄干、消盡英雄淚。烟柳恨，何時已。　偶然掩卷閑凝睇。忽驚心、鶯花三月，風雲萬里。不合時宜休挂齒，微笑拂衣而起。都道是、少年意氣。別具清愁人不解，夢魂中、醒也何曾睡。還咄咄，書空字。

好事近　梅花

月照水涓涓，枝上幾堆殘雪。如此溪山來去，無幽人踪跡。　清宵愁伴鶴無眠，步盡翠苔

濕。又恐那人知道，怨江南江北。

前調 黄鶯

寂寂對黄昏，一樹海棠如雪。十二雕窗都閉，道玉人眠熱。　五更驚起却移枝，花影亂殘月。馬上春寒萬里，正關山風急。

高陽臺 見燕，時客南溟

日日愁風，朝朝看雨，畫樓閑殺烏衣。同是天涯，相逢總是依依。春潮夜打山根月，送帆檣、海上人歸。更凄迷。夢到深宫，露滴罘罳。　隔年踪迹曾相識，況烟迷平陸，草入荒溪。欲待商量，如今是柳暗長堤。緑窗人語春眠覺，道江南、處處花飛。莫搴幃。不見長安，一片斜暉。

聲聲慢 星洲白薔薇盛開，感賦

玉環風色。斜倚欄干，珊珊有恨無力。深徑誰聽，風雨夜來狼藉。上階三兩蝴蝶，悄無聲、飛過牆北。春去也，緑連天、牆外尋春無迹。　萬里深閨消息。任月底、黄昏碎陰欹側。流水吴宫，閑夢暗傷南國。珠簾更垂繡户，付何人、深尋細覓。算只有，社燕去、相寄怨憶。

長亭怨慢 秋柳

最清楚、長亭官道。十里西風，一鞭殘照。容易天涯，來時南浦暗芳草。如今攀折，更一半、霜摧掉。黄到不成絲，能挂得、斜陽多少。　潦倒。記聽鶯築館，烟雨暗堤春老。妝樓夢斷，正新雁、一聲過了。千萬點、馬上關山，帶殘月、開門行早。空寫盡江潭，獨自相思人杳。

南浦　梅花

梅花開了，倚雕欄、相對酒初醒。幾點小山寒翠，寂寂鎖閑庭。翠被安排睡也，聽玉龍、吹澈怨江城。但如今不管，暗香陣陣，疎影更輕輕。　斜月半明半暗，到窗前、夜已過三更。故國空江殘雪，歸夢不勝情。爲問水邊風底，立黄昏、幾度冷清清。料一番消瘦，畫樓如水點銀鐙。

清平樂　海島酒樓題壁

水隨山轉。山外青天澹。落日烘雲千萬片。愁比青天更遠。　無言獨下高樓。風生石冷潮流。暗裏忽生明月，照人飛出滄洲。

六醜　己酉春感

總年年寒食，怎便是、今年恨切。一聲兩聲，無情是錦鴂。夢裏啼徹。西北長安遠，有時回首，但滄波空闊。殘陽還向離宮没。水冷昆明，石鯨愁絶。如今辜負芳節。空花陂柳浪，遥恨天末。　繁華都歇。有青娥細説。紅杏還依舊，誰省識。夜來暗裏花發。看枝枝弄影，五更風刮。明明是、玉階殘月。終不似、湖上春寒舞罷，捲簾紅雪。芳菲事、都付摧折。怕斷紅、流向人間去，更成嗚咽。

憶江南　己酉秋，夜起坐萬緑軒

憑欄久，滅燭露華清。月上蕉涼移暗緑，語來無寐已三更。處處下簾聲。

前調　月夜歸東陵山居

歸來晚，露濕一山花。海上醉歸三十里，滿身明月下飛車。纖手瀹新茶。

水調歌頭　庚戌之春，回國兩月，默察天下將有事，乃於六月攜圖書載妻子再遊南溟，所居曰海山房櫳

大好佳山水，天外有人間。惜哉如此烟景，都付與誰看。自古詩人未到，一任峯青江碧，寂寞幾千年。搔首向天問，我亦是詩仙。　載妻孥，攜書劍，到南天。故宫何處，人道范蠡五湖船。欲向海天長嘯，又恐魚龍都起，呼月出秋天。碧海涼風至，我醉欲清眠。

南鄉子　五代李珣有《南鄉子》數闋，紀炎方風景，其詞甚美。余居南溟久，樂之，爲填二十三闋，以繼其聲

花滿路，是嘉東。沙登宫殿浪花中。海上豔陽三月裏。車如水。十萬緑椰青草地。

其二

殘照下，倚樓看。珍珠簾子玉欄干。寂寂水榕花落盡。香成陣。紅雪晚來深一寸。

其三

巖壑畔，有樓臺。家家笑語翠微間。萬緑陰中紅閣子。秋如水。夜半卸妝山月裏。

其四

秋夜好，踞胡床。客來坐處緑蕉涼。島裏畫樓燈似雪。誰吹笛。繡幕外邊烟海月。

其五

開繡户，豔陽遲。美人晴晝出門時。寂寂香

車花下立。花如雪。落滿錦茵廐吏拂。

其六

連户竹，上階苔。穿簾緑幹拂妝臺。風定日移春晝静。午眠醒。人共玫瑰都在鏡。

其七

何處宿，向山家。亂峯茅屋白雲遮。十萬松杉春澗裏。月輪起。人馬夜聞争渡水。

其八

烈日下，晚晴闌。花光鳥韻令人歡。平緑芊綿開繡户。相逢處。花塢夕陽人坐語。

其九

芳甸晚，蹴球天。萬人齊坐緑陰邊。蹙口一聲人盡散。衣香亂。海面夕陽潮上岸。

其十

跳舞夜，盡狂歡。吹笳擊鼓萬人看。衆裏乍逢無計隱。裟籠冷。月上長橋人散盡。

其十一

相見處，水榕花。巖頭木屋是儂家。濃碧燈明山澗裏。郎須記。花亂夜橋流暗水。

其十二

芳草岸，送涼風。飛濤線線捲秋空。碧海樓高明月蕩。人來上。雪藕冰瓜堆玉盎。

其十三

幽徑細，繞岩阿。雨晴月出水雲拖。若有人兮如月美。重來此。落盡玫瑰春澗水。

其十四

男擊鼓，女彈琴。張屏跪飲緑莎陰。澗樹懸

燈明夜色。歌聲歇。花覆小亭人散月。

其十五

茅屋小，遠人烟。閉門燃燭不成眠。月照白猿啼樹裏。南風起。山果夜聞抛澗水。

其十六

垂釣女，醉如泥。觀潮看月坐長隄。草際暗聞釵鈿響。人三兩。月午潮來魚滿網。

其十七

冰雪液，碧筒杯。翠峯深處納涼回。峽緑深濃難見月。行相失。暗裏相尋升木末。

其十八

風雨過，滿山涼。海雲來去過長郎。暗水流花春澗急。山堂夕。捲幔玫瑰燃夜月。

其十九

羅扇小，縠衣輕。六街烟火隔峯明。水際紅蓮風露瀉。元宵夜。公子調冰明月下。

其二十

印度會，比龍華。金鐃銅鼓雜鳴笳。草際千燈花亂影。暗相引。一逕深深鋪滿錦。

其二十一

膚似漆，鬢如雲。山間躑躅意紛紜。雨横風狂花滿徑。衣香迸。雲破月來羞見影。

其二十二

峯過雨，樹含煙。小山樓閣上燈天。緑髮美人花裏隔。停車立。皓素一身和月白。

其二十三

涼宵好，望長河。碧峯樓閣起夷歌。峽裏彈

琴秋月出。聽琴客。暗捲山簾花雨溼。

浣溪紗　庚戌重遊星洲

百草千花送馬蹄。重來門巷綠陰肥。夕陽依舊小簾西。　莫是繁華生客感，果然寂寞動鄉思。夜深風露自添衣。

前調　上元寄家書

閑夢江南小院幽。綠梅紅萼滿枝頭。試燈風裏有人愁。　醉後愁聽花外笛，客邊怕上月中樓。春寒料峭似深秋。

相見歡　月夜過東陵舊居，時家室返國，獨客南溟

雨殘花暝西樓。怨清秋。絃索聲中煙月、滿滄洲。　相思事，家山遠，暗低頭。多少尋常遊子、不知愁。

好事近　江行舟中寄婦霞客

客裏不知愁，過了元宵時節。料得綠梅如豆，傍晚妝燈側。　昨宵雪後看江山，天地滿明月。太白樓前經過，似有人吹笛。

金縷曲　送孟龍從弟北行

不盡淒涼意。更那堪、數峯荒翠，霜林如醉。送我歸京曾幾日，今又送君去矣。算人世、別離而已。客去樓空千里目，正一江、秋水斜陽底。搖落恨，空相對。　年來我亦風雲氣。寄閑情、金樽低酌，危欄孤倚。都道新絲容易買，脫手何從繡起。誰識得、馬周心事。自古英雄無長策，縱因人、成事終非計。天下事，銷魂耳。

前調 題內子霞客晴雪樓臺小照。是照爲乙未春間事，行十年矣。辛亥長夏，題於南溟之萬木山房

舊事堪彈指。看依然、貂裘鶴氅，亭亭雲水。白雪紅梅春如海，雪色花光相媚。更人坐、花邊雪裏。琪樹瑶林黄昏月，照樓臺、白玉堆成地。似圖畫，畫圖似。　而今彩筆儂須記。破清寒、玉人睡覺，妝成扶起。青瑣薰香開繡幕，銀海數峯寒翠。人稱是、江南仙子。新嫁揚州何水部，算題詩、索笑餘無事。臥遊樂，動芳思。

暗香

十年風雪。歎鏡中換了，朱顔消息。事事休提，約略當時舊春色。帶醉扶人歸去，閑庭院、深深燈黑。正雨打、滿地梨花，雲吐一階月。　分别。怨深絶。算萬里關山，閑夢飛越。瘴江寂寂。南海明珠寄休説。飛燕來時去候，又却似、蕭郎蹤跡。還怕是、烟浪裏，春船催發。

浣溪紗

曉起梳妝清潤天。一分風露二分烟。鏡中眉嫵見春山。　獨向朝陽開繡户，更依春水捲珠簾。曉池新放幾枝蓮。

長相思

星不明。月不明。暗裏人來一點鐙。蒼苔深處行。　來得成。去不成。城上譙樓打五更。花間春雨聲。

前調 元宵感書星洲旅壁

打四更。打五更。萬户千門月裏鐙。高樓催酒聲。醉不成。睡不成。天上人間憶玉京。沈香燒到明。

水調歌頭 辛亥中秋夕，游海上望月，他島山樓有吹笛者，清光滿秋，哀音動空際，愀然生故國之思。後十日，束裝歸國

明月飛天水，蒼莽海雲間。長風吹送秋思，絶域夜如年。一片山河舊影，清簟疎簾深照，病骨覺新寒。故國七千里，腸斷畫樓前。　嘆清狂，吹玉笛，總堪憐。海天深處，今夕何夕念家山。舊日清光猶在，多少雲房水殿，驚起不成眠。一夜人隨月，扶夢上長安。

滿江紅 壬子二月，初覺和暖，韶華已過半矣。緑肥紅瘦，春光奈何

乍暖輕寒，原來是、清明時節。但一例、繁華過了，便成消歇。蓋地梨花幽巷晚，漫天新柳紅樓月。最苦是、恨極憶前歡，難收拾。　年來事，心頭切。人間恨，無時絶。道春殘一半，花還堪折。莫惜芳菲留不住，明年暗祝空枝發。恐怕是、未敢向人啼，背人説。

好事近 漁父四首，擬朱希真

一做釣魚翁，不似紅塵時節。隨意一篙撑去，斷人間事業。　晚來江岸醉歸時，風冷酒壺熱。雪壓蘆花深處，却滿船明月。

其二

一片好斜陽，都是黄昏風色。眼底山川無恙，

却暗傷亡國。雲横北固亂潮平，獨坐釣江碧。斟盡半壺殘酒，有魚兒聲息。

其三

曉起坐江頭，水際烟銷日出。昨夜似聞風雨，無桃花蹤跡。一聲款乃緑波間，驚起鷺鷥白。明日無錢沽酒，但今朝醉得。

其四

賁酒敵江寒，水上梅花清寂。一个漁翁爲主，衆漁翁爲客。夜深雪後過江來，天地月光白。采石磯頭舊事，問飛流絶壁。

好事近 樵夫二首

落日一肩明，處處山寒水寂。若問江頭宫殿，是尋常巷陌。晚來紅葉打柴門，人語青山隔。歸去江村燒火，有孝陵松柏。

其二

踏破舊芒鞋，都是寒烟落日。行過雨花臺畔，看前朝山色。晚來烟火點江村，門外大風雪。尋箇漁翁閑話，把興亡細説。

破陣子 辛亥回國，避亂淞北，人事變遷，除夕憶星洲風景，頗念異鄉之樂

冰簟銀床除夕，家家醉後歌聲。池上新荷三兩點，十二珠簾千盞鐙。燒香坐到明。水殿雲房都在，閑愁萬里堪驚。畫舸載詩烟浪裹，爲夢梅花故國清。過江風雪横。

浣溪紗 星洲暑夕，偕霞客海上看潮，夜至歐羅巴酒樓飲冰望月

春水悠悠白鷺閑。香車寶馬夕陽間。萬家煙火上樓臺。昨夜月明滄海上，玉人相並看

潮來。水晶簾子夜光杯。

以上《江山萬里樓詞鈔》卷三《海山詞》

好事近　江雪

江暗月光明，林表數峯高雪。且去村中沽酒，賞今宵風色。　黄昏扶醉上歸船，摇動一江月。幾片灘前蘆葉，做蕭蕭聲息。

長相思

爆竹聲。笑語聲。水殿燒香風露清。荷花天欲明。　去歲情。今歲情。雪裏紅梅風裏燈。翠雲裘子輕。

念奴嬌　壬子春感

江岸飛滿流鶯，甚催春歸去，些兒容易。都是尋常閑院落，日暖昏沉沉地。春已無蹤，玉人不管，一枕春眠膩。空階蝴蝶，兩三飛過深翠。　正是故國歸來，男兒也有，幾點傷心淚。曾與寒梅期後約，辜負月中霜裏。記得深閨，那時簾底，悄影扶輕醉。小欄紅燭，照人愁坐無寐。

夢江南　金陵

僧樓外，寂寂水天閑。樵子也知亡國恨，夕陽猶上雨花臺。含淚看江山。

其二

三更後，觱篥起連營。玉露橫江人不見，青山幾處打刀聲。秋月滿空城。

長相思　南溟山居池興

柳暗堤。水拍籬。小小房櫳淺淺池。荷花三

兩枝。簾捲遲燭照時。一片斜風細雨吹。茶烟高下移。

菩薩蠻 新加坡暑夜山園即事

蓮房露冷開殘半。星河淡點銀屏亂。燈影水西樓。冰肌玉骨秋。秋情人不見。花影和簾捲。中有捲簾人。梳頭月滿身。

湘春夜月 昆明湖殘荷

冷清清，雲房水殿人稀。細語波心驚還，鷗夢皺依希。月下千門鎖了，儘黃昏清曉藕香飛。仙侶指點暗傷亡國，風光太液，舊事都非。移舟，離宮製曲，往事多時。西風吹到，祇銅仙、暗承鉛淚，清露如絲。玉妃何在，水天落盡紅衣。有誰見也，秋星不曙，夜夜相思。

虞美人 月下過北海

雕牆曲院涼風裏。水上歌聲起。尋常野老不知愁。蕩入月明深處、採雞頭。朝元閣上承平事。恍惚猶堪記。一番亡國恨悠悠。紅藕花殘夕殿、閉清秋。

憶江南 過萬壽山

雕牆裏，樓殿倚寒空。立馬回頭人不見，千門萬户月明中。掩面過離宮。

其二

繁華歇，白鷺下青天。太液波涼紅藕老，秋光如水夜如年。淚墜故宮前。

浣溪紗 上香曲，爲勞山上清宮作

鶴背風輕掃碧苔。香烟飄渺見蓬萊。仙山春

色上幽臺。松影千階雲破後，洞天金鎖月中開。落花滿地不歸來。

其二

春露悠悠濕玉盤。篆烟輕上彩雲端。一聲清磬海天寬。金鴨香濃山氣夕，鳳笙吹破月華寒。桃花流水滿人間。

其三

松下抽簪叩玉扉。翠微宮殿碧雲西。滿身花雨濕仙衣。擊鼓敲鐘香欲散，月明風静步虚歸。海山深處鶴聲稀。

清平樂

良宵如水。燒燭留人睡。雙髻催歸扶不起。醉擁紅衾花底。緑窗金鴨香殘。小庭月黑更闌。暗裏飛花落絮，小樓一夜春寒。

浣溪紗　洞庭聞雁圖　辛亥爲友人題

酌酒君山怨玉龍。何人吹笛倚征篷。故園兵馬大江東。涼雁一聲人盡起，洞庭千舫水連空。一時回首月明中。

前調　金陵感舊

太白樓中笛一聲。桃花流水送王孫。少年踪跡最銷魂。絶代江山人半老，十年往事不堪論。烟花萬里暗江城。

其二

一片青山孫楚樓。夕陽無盡送孤舟。桃花春水下揚州。風景不殊消酒力，江山無改覺詩愁。雞臺烟月後人遊。

好事近 北山

雨溼一山雲，洞裏亂松煙落。不辨仙源何處，但飛花千壑。 閑禽三兩隔峯嗁，來去自知樂。行到碧苔深處，有幽人驚覺。

浣溪紗 登彭城霸王樓

莽莽風雲眼底收。秋光萬里霸王樓。楚歌聲裏盡封侯。 立馬千山横落日，黄河一曲問寒流。古來用武是徐州。

前調 甲寅十月，謁張定武將軍徐州軍次。暇日登燕子樓作。將軍將以明年重建斯樓

城上飄飄燕子樓。美人名將儘風流。當時歌舞不知愁。 十萬貔貅開重鎮，無邊烟月鎖簾鈎。緑珠紅玉共千秋。

其二

燕子樓空燕子留。可憐樓外水悠悠。南徐萬點亂山愁。 畫棟凄凉烟月好，玉人清節比高秋。我來豈獨惜風流。

前調 江南秋詞十首 乙卯九月金陵題壁

兵馬悠悠霸業空。千門燈火月明中。孤城歌舞大江東。 一片興亡尋不得，夜深簫鼓度江風。十年人事問漁翁。

其二

露冷蓮房水國幽。一聲檀板海西頭。幾家歌舞萬家愁。 玉檻珠簾都寂寞，夜來烟月照寒流。獨無人處暗驚秋。

其三

淮水清清江水深。秦時明月在樓陰。幾回來

去到如今。　樓下馬嘶銀燭暗，那堪玉骨夢秋衾。烟花如此太傷心。

其四

秋雨瀟瀟紅板橋。暗傷亡國可憐宵。不知何處管絃高。　太白樓中横玉笛，前年踪跡是前朝。一番回首一魂銷。

其五

數盡殘更夢未成。小樓鐙火雨中明。玉人吹笛怨江城。　門巷依稀人事改，重來何處不淒清。當時衹道是歡情。

其六

曲院吹笙玉樹開。月明深處小樓臺。太平時節少年才。　聽盡清歌漁唱起，孤舟一客水天來。昔歡那道是今哀。

其七

紅藕香殘桂蕊清。今時池閣舊時情。五更風裏暗潮生。　王氣化爲花月夜，教人哀樂不分明。卧聽江雨打空城。

其八

月照秦淮賣酒家。烟籠寒水聽琵琶。秋來容易怨天涯。　波上清歌樓上舞，何人夜半倚窗紗。隔江暗裏看繁華。

其九

亂後清遊百時非。秦宫雲鬢漢宫衣。歌場一例舊人稀。　珠箔飄鐙烟水寂，雨中人語畫船歸。繁華事散酒醒時。

其十

獨酌空樓思渺然。寒潮呑吐晚風前。江頭宫

殿問漁船。 山到臺城秋更緑，夕陽如此斷腸天。朱顔白髮自流年。

謁金門 宿泰安客舍

山寂寂。馬上黄昏行色。犬吠春雲迎遠客。孤村流水急。 幾度南歸踪跡。一雁飛來今夕。石上青青松影直。太山風月白。

臨江仙 徐州

如此江城烟草緑，山庭燕子飛飛。 英雄也怯暮春時。落花風底，含淚對空枝。 一自臺城春去後，年年幽恨誰知。無由相見但相思。覺來窗暗，惆悵緑陰肥。

前調 客彭城，張定武留宿池閣十日

腸斷繁華留不得，笙歌夢裏依稀。一庭春月夜鶯嗁。東風無氣力，猶是打花飛。 最是高唐成賦後，畫樓雲雨堪疑。人前未敢説相思。月明人散後，燈暗酒醒時。

眼兒媚 江上

石頭城畔酒家寒。不忍倚雕欄。僧樓殘照，女墻新月，如此江山。 向人話到蒼茫事，心事與秋殘。幾家歌舞，萬家烟火，猶是人間。

浣溪紗 七夕遊什刹海

瑟瑟星河露未收。畫屏無睡看牽牛。南城歌舞北城愁。 水殿雲房人寂寂，冰肌玉骨夜悠悠。暗傷亡國暗驚秋。

前調 太白樓望江雪

山外江流江外山。天寒貰酒上瑤臺。數行獵

騎雪中來。水上孤城如斗大，黄昏鼓角怒潮間。千營醉舞共銜杯。

虞美人　春夜

黄鶯聲在閑臺榭。月暖薔薇夜。捲簾風起落花飛。無奈催歸雙髻、點鐙時。　良宵一刻千金價。燒燭西樓下。銷魂時節是單衣。便到春深人瘦、緑陰肥。

相見歡　丁巳三月三日什刹海修禊，樊山老人主席，得『思』字

畫樓煙柳絲絲。動芳思。玉勒金隄猶似、去年時。　飛花亂。春將半。總銷魂。日落千山把酒、話中原。

蝶戀花　丁巳三月展上巳，春雨徹夜。同社招飲，集陶然亭，以事未赴，拈簡『近』字

百計留春春已困。如此烟花，消息無人問。舊日亭臺今日恨。故人大半非玄鬢。　燕子歸期還未准。怕上層樓，怕見春光盡。中酒風前花絮緊。可憐人遠天涯近。

前調　游頤和園

水殿聽鶯風日滿。百草千花，玉砌雕欄畔。日暮春陰飛絮亂。尋常巷陌閑庭院。　無奈遊人都不管。怕捲珠簾，早晚天寒暖。十里香輪新月岸。紅牆深鎖驪山晚。

清平樂　春夜憶竹西泛月

别時臺榭。燈火揚州夜。波上畫船堤上馬。暗裏落花飛下。　十年身世悠悠。溪山依舊無愁。前度旗亭深處，緑楊暗了春流。

蝶戀花 武昌感懷

自有雄愁營九塞。滿地江湖，幾箇漁樵在。鴻雁一聲沈暮靄。襄樊水亂山橫翠。殘照當樓拚一醉。酒力消時，怎敵西風脆。搖落萬方都一槩。捲簾人在江山外。

其二

樓上天風吹滿袖。頭上青天，欲問頻搔首。贏得江湖來載酒。山寒水冷詩魂瘦。一片煙波都似舊。醉也扶歸，風雪黃昏後。月上江潭人醒否。秋聲都在張公柳。

其三

水碧沙明飛白鷺。最愛登樓，最怕登樓去。極目中原紅盡處。斜陽直上長安路。看盡斜陽新月吐。西塞山前，前度扁舟住。獨樹臨江秋自語。西風黃葉如相訴。

蘇幕遮 風雪中過黃州

爲天涯，空愁損。没計安排，獨酌深深引。千古英雄淘浪盡。耳熱詩寒，一箇扁舟穩。白鷗飢，殘照隱。亂後江村，酒價無平準。斷岸江流風雪緊。潮打山圍，燈火黃州近。

蝶戀花 舟行狼山江中，望南岸虞山，夕陽殘雪，林巒可辨。其東小峰有亭，渺如蟣虱，即辛亭也。是亭在城中，極目力可見。余家峯下里許。中途忽見里門山色，能不消魂

乍見烟鬟橫晚翠。一半斜陽，一半寒江水。總是天憐遊子意。故教江路紆千里。妝點山容眉色喜。千遍回頭，萬遍憑欄倚。莫道銷魂銷不易。今宵酒醒看人醉。

蘇幕遮　夏口江岸夕望

楚天高，襄路迴。水碧沙明，萬點寒鴉浸。西北川原烟樹暝。放下珠簾，莫使魂銷盡。　買村醪，還獨飲。莫問英雄，且向漁樵問。一陣西風吹酒醒。牛背江山，無限斜陽冷。

翠樓吟　武昌見秋燕

一樣飄流，兩般身世，商量至今未穩。寄誰家華屋，算輪爾雕樑身分。關山休問。道江上黃昏，風波無盡。何人省。修椽萬里，天涯夢冷。　記否那日來時，伴綠窗繡户，柳長花靜。玉人扶起也，怕簾捲東風猶勁。亂紅堆徑。正烘暖臙脂，海棠初醒。還窺見，輭語深深，枝頭棲立。

疎影　漢陽門江岸老柳數株，爲張文襄公開府武昌時所植，人呼張公柳。辛酉十月，余重遊黃鶴樓，低徊樹下，不能遽去。憶桓大司馬『依依漢南』之語，不圖目覩其事，余亦非張緒當年矣

斜陽萬井。又楚天燈火，黃昏時近。如此山川，如此年華，合付謫仙酩酊。長空萬里橫秋雁，帶倦眼、撑開一逞。看何人、雲水圖成，洞庭瀟湘都盡。　幾樹漢南衰柳，正江潭人散，月上烟暝。閲盡繁華，老大徒傷，張緒而今霜鬢。三杯兩盞澆殘酒，被江岸、西風吹醒。聽秋聲、都在空枝，寂寞沙洲寒影。

菩薩蠻　得家書，知梅花如豆矣

故園報道梅開早。今年人健花俱好。紅萼翠雲裘。山寒人倚樓。　酒樓人語定。江岸疎燈靜。一雁下雲間。吴頭千萬山。

八歸 辛酉冬至夕，漢皋客樓感懷

加餐健飯，自家調護，荆楚歲晚乍警。短籬照眼南枝放，却憶紅窗雪夜，妝殘花靚。老去蘭成猶萬里，算兩字功名畫餅。千萬看、枕上關山，燈下早霜鬢。　塞雁一聲過也，雲昏水亂，驚起獨眠清影。玉人應念，今宵何處，那慣翠樽孤引。最消魂時候，岸上黄昏水樓静。繁華歇、曲終人散，月小山高，江風吹酒醒。

疏影 題友人詞

小廊幽寂。認謝家庭院，舊時月色。立盡黄昏，上了酴醾，深深照人尋覓。曲欄風定調鸚鵡，看約住、彩雲三尺。到而今、一一銷魂，花影都無聲息。　起把桂枝斫盡，畫樓天樣遠，清影猶隔。料是嫦娥，夜夜窺人，不管嵩陽仙客。早知靈藥無憑據，却悔搗、元霜狼藉。問廣寒、直恁清虚，可也風明月白。

好事近 偕憲卿飲蛇山奥略樓，晚眺

燈火上江樓，樓外亂山殘雪。數盡帆檣千點，無巴陵消息。　强扶殘醉倚長空，風定雁行直。纔得夕陽過了，便江寒月白。

踏莎行 醉白樓晚眺

亂水明鴉，斜風捲雁。鄉心更比青天遠。疏燈先上隔江樓，可憐夏口斜陽晚。　城上山寒，樓中酒煖。可堪杯淺愁深滿。勸君休去倚危欄，江流不管迴腸斷。

以上《江山萬里樓詞》

以上《江山萬里樓詞鈔》卷四《望帝詞》

浣溪沙　四闋　春色已深，人事異昔，有感漢上舊遊

百草千花送馬蹄。去年今日踏銅鞮。薄寒輕暖試春衣。　一爲多情歌躑躅，斷無秀句惜芳菲。桃花流水不思歸。

其二

金屋深深花氣濃。香衾重疊暖霞烘。玉釵清響畫簾中。　一棹移來香水緑，千山啼遍杜鵑紅。不堪重過楚王宮。

其三

爲惜春光憐夜光。温泉水滑想衣裳。鰣魚無骨海棠香。　一覺繁華成薄倖，十分殘缺悔清狂。歌場一例有滄桑。

其四

打起流鶯梳洗遲。明眸點蕩艷陽枝。煙花三月捲簾時。　西塞山前紅浪急，大隄風滿緑楊絲。傷心不獨爲相思。

前調　三闋　暮春逢長門君自漢南歸，正江南落花時也

豈有相逢却怨嗟。沙場烽火雜鶯花。不堪亂後説繁華。　陌路重逢崔護面，可憐芳草暗天涯。如今王粲已無家。

其二

西塞山前花滿林。魏王隄上柳成陰。中原兵馬又春深。　檀板一聲河滿子，春江花月氣銷沉。賞心樂事最傷心。

其三

花裏逢君把玉巵。江南風物異前時。落花深處訴相思。　遮莫憐深翻避面，轉因語重未通辭。更無人地更無詞。

前調　十四闋　春遊哀

一年之樂在於春，一生之樂在於少年。昔少年夫婦春遊爲多，今歸江南，春光如昨，而霞客已亡。烟花日暮，傷如之何，知宇宙間一恨藪耳。爰追懷舊遊，紀其踪跡，長吟悼春，短歌傷逝，繁華當前，能不一慟，青衫盡濕，莫罄我哀已

柳媚花明淚眼看。蘭成蕭瑟思無歡。枉教詞賦滿江關。　病後落花無氣力，愁來春雨共闌珊。思量長恨欲忘難。

其一

十里珠簾盡上鈎。良辰美春掃花遊。玉人祇合住揚州。　細語一窗來畫舫，衣香兩岸落春流。遊人争道幾生修。

其三　余昔就婚揚州，居二年，春日多作清遊，烟波畫船常在蜀崗、瘦湖之間。時少年夫婦新婚好春

上苑花飛帶笑看。清狂夫壻足爲歡。春城傳譽滿長安。　王謝衣冠金谷宴，平陽歌舞玉津園。當時風景似開元。

其四　甲辰後携眷居京，人誇佳耦，裘馬清狂，極游宴之盛

海上東風吹綠鬟。香車寶馬艷陽間。來時蘭麝滿春山。　誰共五溪行樂處，鄴侯瑣骨自珊珊。海天翠被擁春寒。

其五　丁未年隨軺南洋，挈眷島居。春遊海畔，舉國若狂。與霞客同車出遊，歸必以夜，殆無虛日

仙吏移家車馬稀。洞天絶壁掩朱扉。日長自繡五銖衣。　天半紗窗聞笑語，衣裳雲卧斗牛西。玻璃枕上近天雞。

其六　余與霞客居南溟六載，三遷其居，皆有海山之勝。孤島絶壁，幽居樂甚

細柳新蒲曲水濱。千門萬户囀春鶯。沉香亭畔踏花行。　日晚衣香春水上，輕衫小扇蕩昆明。共傷亡國説承平。

其七　辛亥遜國後歸國，居京師，嘗於牡丹開時共遊頤和園

雲暖蓬瀛穿畫船。簾開水殿浸春天。宫鶯如剪浪如烟。　薄鬢黏紅花撲簌，長裙惹緑草芊緜。今番淚墮故宫前。

其八　霞客居京師，黎夫人數邀飲，遊北海、西苑中往往竟日

偕隱江鄉避世清。春來幽事滿柴荆。一湖烟水一城鶯。　風約茶香消酒力，鳥啼新緑答詩聲。山光眉嫵兩分明。

其九　丁巳之後與霞客居虞山，地饒魚米，家多花木，荆布蕭然，伴我晨夕。江鄉幽居，春色殊勝，時泛舟湖山之間。夫婦年過四十，絢爛心情漸入平淡矣

花滿河陽一縣開。天津橋上杜鵑哀。烟消寒日古樓臺。　洛水潺湲斜日裏，鞭絲釧影踏青來。香輪歷碌碾花回。

其十 余入洛陽四年，始迎霞客賞遊洛水津橋之勝，以暢其懷，蓋已病矣

金谷園中山淺深。香塵飛蓋蔽春陰。頹垣荒井廢沉吟。 幾日豪華風景改，洛陽荊棘忍追尋。西宮烟草暗沉沉。

其十一 與霞客遊金谷園，復爲指點上陽宮故址。霞客黯然以思，不勝美人黄土之感

草滿湘江去踏青。採茶燒筍過清明。前年踪跡已前生。 共弔紅顏同濺淚，今番清淚爲君傾。可憐黄土太無情。

其十二 乙丑三月迎霞客至岳陽。嘗共乘小車，踏青小喬墳，遠望君山湘妃之墓，洞庭之勝，流連慨歎，日暮始歸，有詩記之。詎霞客即以是秋卒於岳陽，向者於此共弔古人者，我即於此獨弔霞客。此生春遊之樂，從此絕跡，傷哉

歲歲清明酒滿衣。今年佳節悵人非。緑楊風亂紙灰飛。 日晚青山人影散，誰家行樂醉扶歸。踏歌花插滿頭肥。

其十三 今春自鄭州軍次歸里，風景不殊，人事異昔。清明時節，花草黏天，萬人空巷。余即閉門營齋，度此佳節，春光駘蕩，使我神傷

怕見春光獨閉門。看人載酒樂遊原。馬龍車水過江村。 病後衣香多藥氣，醉歸燈影殢花魂。可憐時節是黄昏。

其十四 烽煙滿地，門户多憂，於暮春獨居滬西。時戲馬看花，春遊方盛，余黯然閉户而已

花裏雙飛二十年。悠悠生死恨緜緜。潘郎清淚滿人間。 寒食清明都過了，爲君惆悵爲春憐。獨眠人起落花天。

鷓鴣天　春暮憶岳陽清明偕霞客踏青小喬墓遣哀

日暮煙花天際濃。踏青門巷悵前蹤。當時花落更衣處，爲放珠簾敵晚風。　弔粉黛，惜英雄。魏宮何在問吳宮。鷓鴣啼滿巴陵岸，腸斷青山似洛中。

浣溪沙　曝衣

侍女開箱趁艷陽。小庭花桁曝衣香。傷心猶有嫁時裳。　肥瘦入懷驚體態，短長在抱覰身量。爲拚腸斷細端詳。

鷓鴣天　追憶岳陽春遊

三月桃花水滿湖。洞庭樓櫓長新蒲。岳陽寒食東風裏，日日江村買玉壺。　思往事，惜雄圖。旌旗此地失吞吴。而今草没湘江岸，樓外春流飛鷓鴣。

蝶戀花　丁卯暮春家居

樓外千山啼杜宇。我已無家，更勸歸何處。回首中原春色暮。天涯近淚無乾土。　幾日不來紅滿路。心怯空房，没箇誰來去。一點燈明花院雨。人間只有黄昏苦。

吴山青　春夜

風也明。月也清。兩兩香輪隊隊燈。落紅深處停。　天又陰。夜又沉。行不得時休要行。畫樓聞釧聲。

浣溪沙

爲愛風情得酒狂。葡萄細細强斟郎。那時顛倒想衣裳。　夢被喚回香尚暖，魂因醉後語多忘。春憐明媚夜憐長。

前調

不愛清醒愛薄醺。花光人意兩氤氳。三分是雨七分雲。雞舌香消扶不起，尚餘酒氣鬢邊薰。亂堆繡被壓湘裠。

臨江仙 小迷樓秋夕

直是三更時候，畫樓散了笙歌。水雲深處夕涼多。柳梢聞細語，擁膝看天河。　夢醒雲鬟微亂，可憐此際顰蛾。輕軀細骨滑新羅。夜長還睡否，無可奈秋何。

蘇幕遮 旅夜

向天涯，多恨思。幾葉梧桐，敲向西風脆。如此黄昏心欲碎。有酒無人，淺醉和衣睡。　莫憑欄，千萬里。樓上秋山，樓下秋波翠。流到人間都是淚。幾許相思，如許瀟湘水。

前調 家僮歸江南料理花事，書報内院秋花方盛，未忍删除，惘然感作

念家山，傷北地。小院無情，深鎖秋紅媚。不敢還家惟有淚。爲怕花兒，相見翻憔悴。　冷清清，涼似水。兩盞三杯，獨自扶殘醉。誰念霜寒添繡被。莫捲珠簾，人在簾間睡。

臨江仙

舊日繁華都已歇，蘭成心事多違。傾城一顧入簾時。風肩嫌絮重，花鬢怯雲肥。　樓上笙歌樓外月，玉人含笑催詩。天涯何處拾芳菲。舞衣香欲散，皓齒向人辭。

菩薩蠻　軍中清明

沉沉戰鼓從軍曲。太行鶯囀千山綠。馬色趁桃花。清明人憶家。　清明家萬里。淚墜沙場裏。立馬上漳河。中原春恨多。

南柯子　井陘關軍次寒食夜贈葉秘書

醉笑醲於酒，酣眠嬾似雲。五更上馬去從軍。月落長城吹畫角、不堪聞。　柳色臨漳水，春陰渡雁門。太行流水繞孤村。樓上黄昏燈火冷、兩銷魂。

摸魚兒　和吕碧城女士重游瑞士暮春櫻花之作

駐雕輪、踏莎裙屐，今番芳逕重印。海天吹墜衣光處，祇省鶯花能認。仙源静。正簾捲紅雲，夢暖詩猶冷。溪山烟暝。算開到將離，啼殘歸去，去住兩無準。　東風外，又見韶華明靚。芳菲都付金粉。遥知拾翠樓臺遍，況是欄杆無盡。應回省。正破碎山河，綠縐紅初褪。迷津未忍。問花裏秦人，水邊漁父，知否再來恨。

長相思

紅滿枝。綠滿枝。風響春旗高柳絲。津橋歸馬嘶。　回首遲。恨可思。銷盡春魂鶯不知。洛城花亂時。

蝶戀花　和吕碧城女士在瑞士日内瓦見寄之作

眼底旌旗猶霸氣。莽莽幽州，風雪來天地。日落長城横一騎。海山都在躊躇裏。　可堪髀肉雄愁起。閒去呼鷹，冷落山和水。如此人間容我醉。手扶紅粉勘寒翠。

其二

簾捲西樓風雨外。萬馬中原，人物今猶在。破碎山河來馬背。過江風度朱顏改。　清狂人道嵇中散。銅輦秋衾，馱夢回雞塞。大好男兒時不再。舉杯吞盡千山黛。

其三

話到飄零都未忍。燈火樓臺，夢裏天涯近。訴與清秋秋不信。江湖滿地難招隱。　念家山破魂銷盡。收拾閒愁，總是詞人分。北去蘭成君莫問。哀江南後非元鬢。

其四

紅葉來時秋水滿。前度迷津，洞裏流年換。道是仙源雞犬暖。秦人合住桃花岸。　吟成一例腸堪斷。小獵荒寒，匹馬關山遠。歸騎數行燈火亂。雪花如掌盧龍晚。

眼兒媚　自題畫紅梅

綠苔紅萼鎖閒門。那得不銷魂。繁樓燈火，灞橋風雪，都是黃昏。　可憐紙醉泥金帖，化作凍雲痕。水村山郭，今宵酒醒，昨夜香温。

前調　自題畫梅

由來心事水雲閒。清月閉柴關。山橋野店，金貂換酒，人比花寒。　今番馬背馱詩去，扶夢上雕鞍。十分風雪，數聲笳鼓，一片關山。

浣溪沙　戊辰遼東初秋

月下飛花鋪地衣。弓鞋蹴踏點香泥。天街如水覺人稀。　綷縩有聲聞銷骨，清涼無汗滑冰肌。江南雖好不思歸。

前調　遼東寒食

客舍聽鶯暗斷魂。幽州寒食上東門。一川烟草獨傷春。　蜀道難歌三峽路，哀江南賦六朝人。小紅低唱勸清樽。

前調　春游詞

十里鈿車飛暗塵。五花驄馬七香輪。黄金有力買青春。　盡日鶯啼花亂放，小樓閒殺晝眠人。今年依舊負良辰。

臨江仙　遼東旅居，春雨夜即事

客舍青青楊柳，黄昏上了銀燈。今年塞上過清明。桃花深院雨，紅袖下簾聲。　道是今宵被酒，淺斟低唱三更。春衣初試五銖輕。天明山海緑，梳洗看長城。

鷓鴣天　題吴湖帆所藏《董美人墓銘》拓本。是銘爲隋蜀王哀其美人董氏製，美人殁於開皇十七年，年十九，文情極綺靡之致。拓本極希，國人視同瓌寶，湖帆得其一，請海内詞人題詞百闋其上。來書索詞

臺殿螢飛照獨眠。離宫花草賦哀蟬。可憐帝子思傾國，淚墜開皇十七年。　千里草，泐寒烟。花臺歡恨兩綿綿。而今片石無尋處，玉骨横陳在那邊。

浣溪沙

燕子飛飛香雨稀。碧桃枝下撓寒微。筠籠薰火試春衣。　幽鳥自啼情急了，好花開到不如歸。今年又見緑陰肥。

前調 春恨

紅杏花稀烟草深。洞房清雨暗沉沉。朝來梳洗怯春陰。　山上蘼蕪尋不得，樓中楊柳怨難禁。春光無恙一驚心。

前調 秋怨

細細河源銀漢斜。年年仙客去浮槎。嫦娥應悔已無家。　昨夜玉人相並處，一池清月上荷花。水精双枕夜涼些。

前調 故都豐臺産芍藥甲天下。余妾狄娍，豐臺產也。去歲携金帶圍及黄芍藥歸江南，種之石花林，皆活，喜賦

花裏蓬門潑暖霞。門前萬里走鈿車。兒家生小住京華。　一自移根辭上苑，江南春好不思家。落花時節獨開花。

以上稿本《江山萬里樓詞》

踏莎行 暮春餞友入蜀

蜀水無情，蜀山無語。片帆千里江陵去。　驀看江上起愁雲，落梅聲裏銷魂處。　別恨東風，離情飛絮。年年送客長亭路。　那堪杜宇兩三聲，落花流水春將暮。

酒泉子

數點飛花。寶瑟沈沈人倦。捲簾看，春水淺。柳絲斜。　小屏風上春山小。錦幃煙自裊。又黄昏，花影悄。上窗紗。

山花子

月下重樓漏點殘。黄昏風裏倚欄干。春雪一庭閑不掃，小窗寒。　愁夢欲歸天上去，胡笳

低繞玉門還。數片落梅流水遠，月中看。秋清。

風流子 春怨

曲院小池花湧。樓外垂楊舞動。人獨立，小橋西，較量春愁輕重。鶯燕低弄。流水斜陽如夢。

菩薩蠻

狂愁閑逐江流去。東風閑逐江頭絮。春酒月明中。杜陵花又紅。　高樓情脈脈。瓊怨和誰説。宛轉七香車。落英風裏斜。

少年游

桂花香外嫩涼生。池上碧烟横。玉露零零。彩雲澹澹，曲院夜吹笙。　玉階無語珠簾捲，水際月華明。無奈三更。可堪萬里，寂寞共秋清。

山花子

日暖朱門閉不開。百花無力杜鵑哀。腸斷豔陽天氣盡，下樓臺。　芳草緑深關小院，梨花紅薄蓋閑階。終日笙歌流水外，没人來。

滿宮花

柳絲長，征馬歇。重把歸期先説。細雲疏雨過長亭，暗暗吴山千疊。　水東流，人小別。別後歸來愁絶。碧蕪煙濕露珠明，數片梧桐秋葉。

點絳唇

屈指無端，歲華暗換宜春帖。鴨鑪煙結。夢暖春寒烈。　風竹淒清，敲向黃昏澈。半庭殘雪。更半庭殘月。

生查子 別怨

樓外碧山長，極目遥愁起。紅雨下平蕪，斜日明江水。　渺渺雁三行，杳杳人千里。零亂過征帆，偏又東風利。

蝶戀花 金閶小别寄婦道清

小别無多多幾許。烟柳斜陽，迷却來時處。回首青山山不語。淚珠拋下西江去。　蘆荻蕭蕭飄寒絮。做出秋聲，單舸穿風雨。只恨西風吹不住。將人吹偏天涯路。

一剪梅 丁酉七月，客居秣陵。玉露初下，絳河在空，耿耿秋情，悠悠涼夢，醒而自思，能不黯然

羅帳燈昏玉漏殘。人遠長安。夢近長安。梧桐池館露華寒。月上欄干。月下欄干。　携手分明共細看。半晌疑團。半晌貪歡。紅樓依舊隔層巒。扶上雕⿱穴韋。扶下雕⿱穴韋。

醉思凡

吴關楚關。風寒露寒。今宵酒醒雲間。草橋邊月彎。　雲灣水灣。孤村亂山。黄昏馬上更闌。過金陵水灘。

浪淘沙

煙樹罩重重。樓影朦朧。數聲殘點出花中。萬里江山人中酒，一夜東風。　舊恨已無踪。新恨無窮。春潮南浦月明中。夢醒五更啼蜀魄，露滿寒叢。

清平調

春深金谷。花落高枝禿。絳蠟無聲烟如纛。燕子窺人雙宿。　銅龍别院遲遲。明珠露冷玫瑰。有箇人兒獨坐，背窻閑撥香灰。

菩薩蠻　秋思

天涯觸目傷心處。孤帆寥落揚州路。回首夢鄉關。江南秋月殘。　秋江何所有。惟有芙蓉秀。欲去採芙蓉。芙蓉零亂紅。

蝶戀花　紀别

臨别殷勤千萬語。語語無情，語語多情處。烟柳斜陽休弔古。登山臨水防風雨。　月照秋江歌與舞。燈火樓臺，可似長安路。一縷幽情隨夢去。西風秋月都無主。

清平樂　下第寄友

燕關霜重。斜月房櫳攀。提起秣陵愁萬種。月露煙花懞懂。　龍門萬里天邊。南華彈入鯤絃。同作西風秋士，憐君我亦堪憐。

南柯子　夜坐風篁館，聞秋聲徐來，萬籟鏘然，四無人聲，聲在樹間

斜月高梧暗，疎星夜館闌。銀缸挑到五更殘。特地秋聲如虎、小庭寒。　燈影涼如水，蟲聲急若湍。竹窗風弄萬千竿。一陣蕭蕭瑟瑟、打欄干。

虞美人　西湖蘇小小墓石隱約有『佳人例讓人才弔』之句，不知何人所題，蓋亦傷心人語耳

斜陽淡淡波紋皺。短短蘇隄柳。柳邊誰説是蘇家。一點秋墳擊滿地、落秋花。　西湖歲

歲芙蓉老。多少人才人弔。不知誰更弔才人。惟有寒蟲細細、咒黃昏。

菩薩蠻　江潭芙蓉，西風搖落，秋水淒清，秋煙冷冷，韻絶愁絶，不自知也

江南秋夢鷗邊冷。淡煙斜月籠秋影。深夜聽風搖。露珠江面抛。　愁臨水裏鏡。鏡裏臨愁影。鴻雁正來時。思君知不知。

祝英臺近

燭花明，錦幃暖，薄醉罷瑤席。説道春寒，今夜早將息。待儂喚了紅兒，掌燈送去，恐門外、黃昏天黑。　苔痕碧。一片疎雨微雲，月斜畫廊濕。閑立瑤階，細嚼可花濇。思量酒意如雲，春歡如夢，已殘漏、五更輕滴。

蝶戀花　戊戌感懷寄友

向不工愁愁若許。底事春愁，愁得人無主。蝴蜨亂飛芳草塢。枇杷花下蕭蕭雨。　欲伴蛾眉樓上去。又被黃昏，暗了蘼蕪路。待喚蛾眉留少住。廣寒宮殿知何處。

菩薩蠻

罘罳不幛飛花影。碧雲無力春空冷。月白霧迷迷。五更蝴蜨飛。　此時愁不語。萬里人何處。北斗掛樓梢。吴江生暗潮。

前調　提燈

畫樓西畔紅梨院。風中明滅行行遠。花落鷓鴣啼。黃昏香徑迷。　過橋波裏影。路入花中螟。雙髻方階前。催歸微雨天。

前調

黄昏塵冷車聲盡。天街醉語無人問。花影出牆揺。重門披月敲。　朱絃金粟柱。流水孤亭處。畫燭滿欄干。落紅人坐寒。

眼兒媚　哀江南

六朝如夢總悠悠。遥思起千秋。臺城花月，廣陵江水，處處都愁。　隋皇後主今何在，往事想風流。鬱孤山下，酒邊風雨，清淚孤舟。

臨江仙　春夜園宴

絳滔溶溶揺燭影，畫屏夜宴花中。露花寒碎布春空。後庭玉樹，明月小房櫳。　玉笛一聲吹去也，翩翩滿座香紅。流鶯低弄五更風。散關夢遠，錦帳篆煙濃。

蝶戀花　春初微雨

薄薄春寒簾外度。壓住黄昏，淡淡雲低護。一陣蕭蕭吹細雨。杏花沈院人歸去。　柳影朦朧啼杜宇。點滴聲中，金鴨香濃炷。屏外春江多少路。消魂都在憑欄處。

西江月　春夜和内

數片梨花著雨，半簾斜月微明。淒清樓上正吹笙。酒醒更闌人定。　香爇紅幃淡淡，燈明碧徑星星。鞦韆深院閉無聲。滿地闌珊花影。

更漏子　曉雨

露零星，香斷續。惆悵河陽金谷。春又去，近歸期。問花花不知。　小閣畔。花雨亂。濕遍曉陰池館。窗暗暗，鳥聲聲。落紅春恨平。屏。亂山天外青。

山花子 春怨

煨麝成煙薰繡衣。柳絲無力比人低。惆悵赤欄干外路，小橋西。　簾外江南芳草長，枕頭風雨百花歸。欲問人間天上事，有誰知。

昭君怨 春怨

風滚楊花芳徑。獨倚欄干自警。柳線罩重門。近黃昏。　金屋深深簾静。夜色亂花流影。斜月照三更。杜鵑聲。

長相思 春雨潺潺，夢中得『落花和夢輕』之句，曉起雨已歇，因足成之

枕上聽。到平明。雨滿池塘流水聲。落花和夢輕。　小閣清。聞早鶯。鏡裏曉雲開畫屏。亂山天外青。

相見歡 春夜

梨花春雨瓓珊。小窗關。一晌試吹玉笛、覺唇寒。　漸相近。休絮問。卸雲鬟。香暖雲屏幃底、氣如蘭。

臨江仙 爲人書箋

紅樓春盡相逢處，紫籐花下風低。那時筵上小徘徊。背人腸斷，默默種相思。　欲問蓬山多少路，匆匆醉了還辭。閑愁癡恨幾多時。没人理會，只有影兒知。

虞美人 又

前生種下相思種。轉眼都如夢。此心如水只長流。如許瀟湘能放、幾多愁。　樓臺惆悵

還猶昨。往事思量著。應知青鳥有時通。同去桃源深洞、路重重。

眼兒媚　柳絮

東風無力未嫌輕。隨意入青冥。蓬蓬流水，悠悠啼鳥，如此春情。那堪一點親愁重，池館坐聽鶯。落花似雨，斜陽如夢，小院無聲。

鷓鴣天

三月離人愁萬千。一灘疏雨打春船。無言閑看楊花起，亂舞低飛過小川。斜日裏，晚風前。薄寒中酒似當年。桃花春水無尋處，門外青山啼杜鵑。

臨江仙　寄梁三

薔薇開徧鶯聲盡，斜陽花腳徘徊。香車過處

碧塵飛。舊時風景，回首總依稀。莫問海山多少路，相思想望誰知。夢中猶記畫堂西。滿簾花絮，明月醉歸時。

以上見《玉龍詞》

疎影　見梅悼懷

關山吹笛。有紅萼相憐，伴人在客。如此家山，環珮空歸，林下猶能相識。人間風雪銷魂盡，更誰問、羅含踪跡。破功夫、幾箇黃昏，付與詩人尋覓。舊日緑窗猶在，那時推枕起，春滿江國。幽恨來時，斜月三更，花裏微聞歎息。年年馬上傷春苦，又江上、今年寒食。聽不盡、雨打幽枝，可是愁人禁得。

浣溪沙　小園牡丹有白緑絳紫四種，皆移自洛陽，爲霞客夫人所手植。今春還家，值穀雨花盛。方欲爲種花人作十日哭，又以避禍，倉皇徙

海上，對花惜別，腸寸寸斷矣

雨暖紅窗閉不開。牡丹時候獨成哀。小欄風定一徘徊。　含淚繞花千百遍，春深日暮舊亭臺。蒼苔深處没人來。

其二

元鬢紅妝兩惘然。重來門巷草芊緜。詞人老去若爲憐。　亭北繁華亡國恨，江南時節送春天。獨無人處怨流年。

其三

人被花圍睡起遲。流鶯對對雨絲絲。陽春煙景少年時。　弔盡香魂黄土濕，訴來幽恨落花知。獨成惆悵不成辭。

其四

萬紫千紅深閉門。誰家絃管賞良辰。自憐遲暮最傷神。　入骨相思回首事，銷魂天氣斷腸人。一生哀樂不禁春。

臨江仙

『今朝窗更紅』，此昔年海棠開時，霞客催余早起語也。窗下海棠兩株，其一於去年憔悴死。對花思人，愴然淚下

此恨年年無盡，今年没計支持。雨前風後費沉思。傷春無氣力，含淚看花時。　有意流鶯宛轉，無情乳燕參差。獨眠人起下樓遲。捲簾紅瘦盡，惆悵惜空枝。

浣溪沙　又

雲母窗明小語幽。妝成催起掃花遊。亂紅深護緑雲裘。　依舊風光三月半，不堪人事兩年頭。此生無可奈何愁。

其二

響屧廊空香雨清。三更酒醒夜聞鶯。自移銀燭踏花行。　一樹垂垂空有恨，月明風静最傷情。數聲幽歎落紅驚。

以上見《雲史悼亡五種》

八聲甘州　南溟秋望

冷斜陽深照海山樓。搖落一身秋。看百蠻烟火，三江關塞，風物都收。胡馬何時蕩盡，清淚灑滄州。舉目無人處，如此神州。　佗也蠻夷大長，正韓彭醢後，猛士難求。讓書生掉舌，三寸抵貔貅。算興亡、非關形勝，換誰家、天下在人謀。依然是、雲横古壘，山枕寒流。

風入松　十月登香江山頂

一簾捲起古今愁。清歎動高秋。早知酒熱波心冷，趁斜暉、一晌登樓。杯底千巖萬壑，江山半壁交州。　蕭蕭古壘枕寒流。依舊水悠悠。閒來不管魚龍氣，破工夫、去釣滄洲。如此滿天風雨，怎無一個歸舟。曾登香港《大公報》。

臺城路　寄小男江南

送將歸燕匆匆去。深垂綉簾如故。水宿眠雲，岩棲擁月，兩様一般情緒。天涯最苦。算對影聞聲，消閒難訴。幾箇黄昏，紅樓寂寞閉秋雨。　想思何况羈旅。江南煙水裏，今夜更鼓。海日迎濤，風林拜石，都是留衣香處。金爐自炷。在寒緑蕭疎，烟蘿庭户。已入離人，夢中來去路。曾登香港《大公報》。

虞美人 家書江南大雪憶梅

沉香火底吹笙暖。錦幄籠烟滿。緑窗朱户暮寒生。直是落花飛絮、總無聲。　春宵猶自黄金價。玉樹江南夜。一天烽火念家山。國破不知幽夢、向花間。曾登香港《大公報》。

以上見《楊雲史僑港詩文鈔》

瑞鶴仙 題美人晝睡圖

起來香滿枕。隔薔薇，蝶兒褪了胡粉。緑天覷人静。是昏沉沉地，暖紅成陣。風光怎永。破工夫、今番怎準。儘鬢邊、軟語紛紜，替把雲鬟徐整。　傒倖。畫樓雲雨，襄王未老，楚宫人近。從新根問。黄昏後，莫須穩。怪沈郎腰瘦，舊時衣帶，幾日不來寬盡。任艷陽、移過蘼蕪，未蘇春困。

見《上海畫報》一九二七年二百三十六期

浣溪沙 暮春入故都游西苑、故宫，書此紀之

昨夜春寒薰繡衣。雨絲風片曉來微。牡丹如斗紫藤肥。　細柳新蒲相向緑，雕欄玉砌覺人稀。朱顔無改悵春非。

其二

萬户風鶯閒建章。千門煙柳隱昭陽。遊人指點説先皇。　春水不知亡國恨，落英猶傍内家妝。簾開正殿想垂裳。

其三

瓊島陰陰拾翠幽。水邊釧影落春流。一川花絮撲雲裘。　借得繁華成過眼，暫貪歡笑莫回頭。一年幾日得忘憂。

其四

飛蓋成陰似昔年。乍驚幽勝儘流連。衣光風定豔陽天。新緑暗催應更惜，落紅重到獨成憐。玉壺買酒故宮前。

其五

簾捲湖天聞酒香。三山清照倚紅妝。青春未解怨流光。花片獨尋開水殿，殘鶯隨聽踏宮牆。滿身清露夜茫茫。

其六

太液風光一槳收。楊花雪落蓋春流。尋常紅粉滿珠樓。水院雲深山殿晚，羊車何處想宸遊。千門煙鎖海西頭。

其七

酒後燈紅水木清。隔花人散夜聞鶯。天知人意也心驚。緑滿家山歸不得，煙花三月未休兵。江南哀倒庾蘭成。

其八

悵臥朝朝擁藥香。怕擾病眼看春光。原來紅紫近收場。半百年華春似酒，幾番沈醉幾神傷。後人休道是清狂。

見《虞社》一九三三年一百七十四期

菩薩蠻　雪夜得嘉有書，報江南大雪，并告石花林老梅蓓蕾待發。姬人爲檢去歲林下踏雪圖照多幅展玩。追憶江鄉之樂，悵然賦此

水村山郭今愁絕。去年笠屐酬風雪。素手進貂裘。江山平小樓。雕欄催煑酒。玉樹圍紅袖。不必問東坡。朝雲歡更多。

其二

水雲暗了閒臺榭。緑鬢呵手江梅下。花外小

重山。詩寒人不寒。九微飛火瑣。雪夜薰香坐。數點鬢邊紅。瑶林琪樹中。

其三

蘭成北去哀堪賦。小園風物烽煙誤。夜夜夢江關。雕欄香滿山。飄燈雪花亂。甲煎紅衾暖。幽睡覺來時。花憐人起遲。

見《虞社》一九三三年一百九十三期

虞美人 憶石花林梅發

長橋水亂山横黛。花問家何在。獨攀紅樹望江春。天末樓臺愁煞、未歸人。苔枝綴雪胭脂凍。只覺繡簾重。一窗燈火小紅樓。夢裏也知亡國、恨悠悠。

見《虞社》一九三三年一百九十四期

青玉案 二月二十日閏枝丈、青璪兄招飲詞集

雙柑斗酒人依舊。緑遍了、宫牆柳。水面茶煙風片皺。看花院落，聽鶯時候。笠屐攜紅袖。夾城車馬今年又。垂老尋歡開苑囿。故國樓臺花似繡。昭陽翠晚，上陽紅晝。付與誰消受。

前調 春雨如膏，清明日入西苑看杏花，飲於春雨林塘水殿，再倚前調

洞天窈窕連青瑣。楊柳岸、春陰破。繡殿花明紅朵朵。夜來雨打，朝來烟鎖。涇了清明火。隔山聽遍鶯酬和。翠浪呼船天上坐。日晚乘流移一舸。酒香波盪，衣香風嚲。載箇詩翁過。

以上見《虞社》一九三三年一百九十六期

好事近　雨夜看海棠

點滴濕黄昏，暗裏小池吹皺。雨打一庭花氣，正燒燈時候。夜深猶自照雕欄，碎影倚紅袖。自笑惜花人老，但花兒依舊。

菩薩蠻

海棠紅了丁香雪。年年開過無消息。燕舞故宫前。長城春草煙。此時相憶苦。美睡春窗曙。攜酒向花間。聽鶯江上山。

好事近　春雨鳴巷，飲罷夜歸石花林。時雜花滿院，着雨更幽

深巷醉扶歸，林上濕雲如幄。踏過小山春雨，到杏花院落。隔花炙火熨紅窗，翠袖耐寒薄。今夜江城詩思，在薫香池閣。

以上《虞社》一九三六年二百二十二期

念奴嬌　偶遂亭高臺雪後望夜色

人來深雪。到黄昏、鎖了房櫳清月。凍合瑶臺人似鶴，酒後珊珊仙骨。綉帳燈明，雲屏火暖，舊事何時節。長安萬户，袁安高臥踪跡。　長搔首百尺樓高，纖雲四捲，碧落今何夕。長憶甯王吹笛處，隔坐玉山千疊。華髮堪驚，青山休笑，山也今頭白。夜來詩冷，梅花知道消息。

以上見《虞社》一九三六年二百二十三期

菩薩蠻　携姬人小男看菊

十月初九日，天然博物院柬邀看菊。小春和暖，携姬人小男同遊，繁英繽紛，異種千百。步入院西畦壠，霜濃木落，西山盡出。小男爲呼酒，席地而坐，薄飲於籬落紅葉之間，盡吸荒寒莽蒼之氣。同遊者小男、畫師羅蘊之女史也。歸途欣然題小

詞二首，寄謝主人。

秋光更比春光好。芳菲莫訝詩人老。人瘦菊花肥。入門秋滿衣。　難逢開口笑。霜鬢簪花俏。笑口爲君開。催詩拏酒來。

其二

城西車馬秋原滿。千紅萬紫霜天暖。十里捲簾看。問花寒不寒。　吟成香在口。人中風前酒。紅袖笑相扶。醉翁歸去無。

見《天津商報畫刊》一九三四年十二卷五十期

白話西江月　六首　奉題《大道半月刊》

過了輪廻一度，自家面目都忘。道高一尺路茫茫。還怕魔高千丈。　世界由魔造孽，全因五欲猖狂。人間迅速是無常。趕快當頭一棒。

其二

四十九年説法，何嘗一落言詮。掃除文字是真禪。只賸婆心一片。　莫道虛空無着，貪嗔一著堪憐。心無住處即金仙。功到菩提自現。

其三

無量劫中人物，恒河沙數堪哀。天堂不見一人來。地獄鬼車滿載。　我佛現身説法，明心便脱輪廻。滿身風露白蓮開。多少清涼自在。

其四

錦繡光陰多少，只將名利消磨。如來不見見閻羅。纔悔平時錯過。　三教本同一理，禍淫福善無訛。閻羅不見見彌陀。只要蒲團

幾個。海内幾回聞逐鹿，人間何處問

里使人愁。

牽牛。男兒誰不志封侯。

其五

多少英雄豪傑，人人心緒如蔴。大千世界你

無家。在此鬧些什麼。　可惜人身難得，莫

教虚度年華。歸依不必着袈裟。只要把刀

放下。

其六

休怨半生貧賤，他誇一路榮華。本來兩位不

相差。都是一絲不挂。　今世本非真我，他

生不是人家。前因後果不虚花。且看下文

講話。

見《大道半月刊》一九三四年二十一期

浣溪紗

寄迹南荒病骨秋。昨宵風雨怕登樓。烟波萬

菩薩蠻

年來苦别誰相憶。晚風吹損新詞客。時節近

中秋。姮嫦笑獨愁。　别多歸夢少。露重心

情悄。思淚爲君多。不思可奈何。

采桑子

更深且向瑶階立，滿院清霜。砌下寒蛩。未

遂烏私恨總長。　莫將舊事從頭説，欲不思

量。已是憂傷。幾度低徊斷客腸。

以上見《教育生活》一九三五年二卷八期

羅敷媚

漫將幽怨琵琶訴，情薄由他。緣薄由他。新

月朦朧映絳紗。如今夜夜空相憶，數盡燈花。落盡燈花。悔絶當年一念差。

前調

秋高夕照桐陰薄，移過女牆。移過女牆。爲愛斜暉醉一觴。　情知又向西山去，且莫歸房。且莫歸房。明月來時十倍償。

以上見《教育生活》一九三五年二卷九期

卜算子

朝雨晚來晴，一枕邯鄲熟。又是金風報早秋，吹入新涼屋。　多恨不關貧，多病唯求福。釀就新醅飲舊醅，有酒平生足。

憶江南　寒食

毛毛雨，時節又清明。萬户千門新插柳，踏青聊慰客中情。夢裡怕聞鶯。

玉連環影　送春

無語。寂寂春歸去。悄立花陰，風動花飛舞。此時情。嬾調箏。莫怨東風無力、滯春行。

以上見《教育生活》一九三五年二卷十一期

高陽台　賀甘簃續膠之喜

錦帳燈明，銀屏香暖，如今不用相思。彎牋重疊，分明煞費支持。桃花紅了還重數，到菊花、黄了枝枝。莫嫌遲。覓覓尋尋，我早先知。　那時早證紅絲。記得花開逢閏，三月佳期。舉案人來，這回上下牀時。縱教豪氣難除盡，笑元龍、蘸上些兒。寄新詞。可許劉楨，平視芳姿。

見《青鶴》一九三六年五卷一期

滿江紅　題贈《大公報》『七七特刊』

百戰功高，八千里、旌旗飛蕩。滿眼裏、指揮若定，雲臺諸將。千日馳驅胡虜滅，三年薪膽男兒壯。看奪還、半壁舊山河，如翻掌。　國家事，明尊攘。沙場事，知消長。有毛錐三寸，披靡所向。六合朝朝飛露布，筆尖橫掃千軍上。寫英雄、到底不和戎，神俱王。

見《特教通訊》一九四〇年二卷七期

金縷曲　弔張自忠將軍

拚卻全軍墨。渡長河、追奔逐北，胡兒褫魄。十萬豺狼齊瓦解，漢幟平民明皆赤。鬥困獸、一身陷敵。衆寡懸殊都不計，猛無前、誓掃荆襄賊。南瓜店，堪歌泣。　喜峯急難英名立。歎蘆溝、求全毀譽，看赤成碧。三載沙場千日戰，血洗英雄心迹。好頭顱、今番非惜。雪涕良心安慰語，知將軍、決死非今日。真勇將，謚忠烈。

見《教戰月刊》一九四一年三四合期

楊述章

風入松

一宵風雪草堂春。愁思逼江城。垂楊不礙天涯路，問楊花、多少長亭。湖水平時人去，樓雲深處苔生。　鈿車紗薄不生塵。林外有啼鶯。遊人不識春深淺，更商量、酒榼簪纓。莫唱祝英臺近，寶釵桃葉清明。

一叢花　吴門顧二娘善製硯，宜興黄莘田贈詩云：『一寸干將切紫泥，專諸門外日初西。如何軋軋鳴機手，割徧端州十里溪。』傳爲韻事。風

樹亭主新得製硯，屬題此詞

雲根親拾落花紅。纖手試吳儂。專諸門巷秋風早，檢春愁、巧印雙弓。墨影籠烟，機聲覘月，詩唱小玲瓏。　日斜庚子客怱怱。空賦紫夫容。興亡莫證三生骨，有詞人、頭白重逢。井水浮天，甓城擁雪，望氣起虬龍。

鷓鴣天

玉雪吹香裊上京。鈿車風急太盈盈。鑾輚短袖青綾薄，親折秋花作小名。　閑理繡，坐調箏。月明如汞話傾城。温柔有地堪埋我，甘隸粧臺了一生。

點絳唇

小小桃花，繡帘風動吹殘處。燕兒莫去。去便盧家住。　看汝新妝，看汝西樓步。看汝彎彎眉嫵。一夜菰蒲雨。

鳳歸來 自度曲

玉宇涵秋月。一星鏡邊埋趙瑟。樓底鎖秦箏，欲將消息尋他説。難得親見，能傾城與國。囚鳳筊鸞總不明，兩心聞折柳，雙鬟憶停雲，一憕淚、香消帕色嗚咽。眉上花魂心上血。

菊花新

渺渺斷沙天欲暮。人在蝦蟆陵下住。白袷少年行，依舊是、月明來去。　重來蕭寺無秋樹。憶那日、攤經何處。檻外一螢孤，賸剗地、蘆花深雨。

一絡索

湘水洗空秦赭。祖龍雄武。難存幾點打魚燈，留萬古、君山罅。雲笛不知春夏。月明錦瑟歸來。九疑南望極蒼梧，斑竹遠、靈旗下。

風入松

琉璃不脆彩雲寒。門外即秋山。湘裙九疊湖心草，記思君、粉蝶同還。剛落泥金舊扇，重添珠翠新環。馬櫻芳屋兩三間。長自住紅顏。神仙若有鴛鴦枕，更何妨、一宿邯鄲。聞道玉虛宮畔，銖夜猶動姗姗。

木蘭花

木蘭花發征車歇。問訊明駝當日別。羽書昨夜絕天山，鐵甲未消寒柳雪。平林立馬林風滅。遼鶴無愁城上月。不思腰印早封侯，寶刀雙鎖連環結。

賀新郎

雨色萬山起。悵依然、寶玦長鑱，左徒詩史。太液甘泉無尺土，誰見眷紅眠紫。任蔓草、五侯門第。第從古、福才難共命，況關山、滿目風雲裏。劉伶與阮籍，清狂似。何須招隱懷園綺。弔平原、野巢狐兔，韶華疾駛。身後身前供一笑，莫問桃花甲子。待空惜、南天花蘂。春又飄零秋又老，祇年年、破帽歌吳市。公等在，亦如此。

定風波

真誥雙成授宛姈。五雲樓閣紫芝生。聞道玉

皇香案側。親説。仙人好好定傾城。手把冰壺騎白鳳。風重。銖衣飄帶海中行。桂殿月來誰與共。夜送。傳書天外夢瑶笙。

前調

早早西風上翠樓。洞房初静冷温柔。剗地籬花無恙白。霜色。秋風先上美人頭。妾願苧蘿村裏住。休去。吴王歌舞越王愁。莫笑英雄甘一擲。誰識。虎邱門外一孤邱。

江城子 秋海棠

女牆三尺夜重重。兩三叢。斷腸紅。魂是秋雲、骨便是秋風。已分傷情休怨别，寄不去，舊時容。　芳心一寸暗相通。晚涼中。太怱怱。多謝相思、憔悴瘦於儂。此夕月明雙翠袂，淚莫上，故園東。

醜奴兒令

一年一度愁楊柳，四壁春聲。四座春情。笑折春花插鳳笙。　墨珠吹落人天怨，秋雨詞名。秋霧詩名。團扇書愁乞食行。

生查子

斜月雁流天，可惜紅衣迴。禪榻最淒涼，亂上銀簫影。　明鏡少年心，半臂憐儂冷。高閣好梳頭，四面青山頂。

清平樂

緑簾一面。侍汝儂應願。不是華嚴燈下見。認作海棠花片。　别來人去香幃。湘天鶯子雲飛。好拾明璫翠羽，枕邊明日春歸。

珍珠令

千山暮雨千山鳥。春去了。人禁老。蘼蕪道。緣甚笑飛花，緣甚花飛太早。　莫到臨邛琴已杳。不見月高窗小。畢竟鶗鴂忙，啼春林表。

虞美人

鸞梳巧擲連環玉。鏡子層層曲。笑他高髻接雲寒。料理春愁三月、比花殘。　佯羞不厭千回語。裙衩風飄處。碧桃開後又清明。爲問西山眉黛、幾時晴。

醜奴兒令

鸞鯨換刼心中事，酒是詩魂。詩是愁根。莫惜風華莫惜名。　鳥啼不管西山曉，花落江陵。月落黃陵。更問千秋幾美人。

臺城路　題冒巢民像硯拓本

風塵故國遺民淚。悽悽影梅生死。想像當年，畫船簫鼓，老去傷心而已。銀釵墨氣。况半壁河山，狼烟亂起。莽莽新亭，萬年水繪故紈綺。　回頭舊園浩刼，問江南幾見，無愁天子。千古奇才，文心草草，也付紅粧青史。苔花漬紫。弔珠月禪心，僧衣名士。讚佛清涼，夜螢連石水。

卜算子

郎是小桃花，妾是桃花雨。昨夜春聲繞畫屏，春是桃花主。　寶馬不歸來，立損梧桐樹。一片寒雲一片愁，愁聽東家杼。

前調

青玉案遺君，曾照同心影。莫向風前詠四愁，人臥江南冷。　生悔畫夫容，勸汝秋魂醒。一桁羅幃各自涼，絡緯啼金井。

風馬兒

秋心如蝶下盈盈。看雲也行行。雨也行行。錦枕無眠，相約數、冥冥明明。　雁聲吹夢一城城。又山也生生。水也生生。飄到玉鉤，來贈與、卿卿輕輕。

攤破浣溪沙　題會春園磚拓本

湖水消香弔紫微。馬王宮殿佛燈圍。片甃總傳亡國恨，九龍飛。　鳳子不來山寂寂，石光愁凍淺苔稀。願祝小東人再世，月中歸。

江城梅花引

一秋幽怨楚天遥。卸銀翹。寄銀簫。悔向女牆，牆下種芭蕉。燕子北飛人又去，比前夜，看雙星、過鵲橋。　鵲橋。鵲橋。隔層霄。雨又瀟。風又飄。過也過也，過不了、思汝今宵。數到五更，三點百宜嬌。若許臨邛同賃酒，仙與福，有才情、能够消。

點絳唇

驀地簾聲，枕邊敲斷梅花夢。錯疑他弄。鳥觸銀鈎動。　妾抱冬心，郎是春心重。釵頭鳳。前年偷送。珠被新承寵。

唐多令

山外下牛羊。斜陽帶水荒。弔金蟾、齧鎖繞

香。一徑長堤千里草，吹不盡、去年黃。今古一杯長。何須賦斷腸。看乾坤、哀樂茫茫。昔日種花人不見，花笑也、爲誰忙。

減蘭

竹枝個個。戳透紗窗和月破。月上無眠。我是三生跨鳳仙。三更月落。黄葉夜深飛草閣。明日生涯。重向秋郊就菊花。

滿庭芳

鬟篥鳴愁，迻邐語别，寫來月月煙煙。莫將零淚，彈向桂花邊。萬一嫦娥見了，怕重話、金粟生前。秋帘外，吟髭撚斷，推枕夜無眠。纏綿。渾不是，花間乞活，酒畔流連。只茹愁，黄蘗説偈紅蓮。聞造樊川瘦損，江湖遠、鳳舄鸞牋。三更也，闌干疊疊，銀雁蹴箏絃。

賀新涼　贈陳伯弢

仰笑冠纓絶。寄飄蕭、短檠詞筆，酒霜衣雪。涉世高歌今未老，負了金門華髮。空感悵、鶯離燕别。欲訪漁郎重繫艇，任桃花、萬古春愁徹。誰側帽，蹇垂策。　紅樓莫記簫聲歇。莽天高、桂旗風轉，鷗鷺雲滅。絶代高華秋水緑，枉教弄珠人説。君不見、嶺梅花發。何日三間祠下去，怕倦聽、孤雁長聽鴂。詩思落，魚梁月。

減字木蘭花　題鳳英像

鳳音鸞影。冰鏡入匳瑶珮冷。英氣平生。昨夜寒星合是君。　小橋橋畔。秋色西湖分一半。照汝飄零。筆上無花寫洛神。

點絳唇

金谷箏空，玉樓人語憐春曉。十年歌杳。不上桃花道。　筆上無花，知否江郎老。千山鳥。一行春草。先到江南好。

以上《雲想山莊詞集》卷二《款春曲》

南鄉子　題程穆庵靈岩垂柳圖

愁夢兩扶摇。一片春情慘不消。割取雲腴誰贈汝，迢迢。濁酒清歌憶板橋。　去國夕陽遥。黄鶴飛空萬里招。寫出芳菲時節影，嬈嬈。寒食東風送六朝。

前調

風笛故園情。浩蕩春魂比葉輕。緑水紅燈愁不了，盈盈。殘月新詞似倚成。　綺思定前生。萬劫枰枯眨眼驚。一自官河歸去老，明明。浪涴春衫咽早鶯。

臨江仙

燈角細窺花靦靦，粉香遮斷蓬萊。早冬幽雨泣莓苔。願持雙雪淚，留待海東回。　人世百年如中酒，强將顔向花開。燕兒西去雁南來。自憐鴛枕誤，不敢説心哀。

前調

寶鏡看人多聚散，不如枯木殘枝。一年春早換芳時。鬘天成恨海，火宅即瑶池。　舊約蘭蓀空作賦，此才除是花知。斷無香夢到胭脂。碧湘魂蕩漾，金屋夜參差。

前調

竹色暗飄涼到屋，誰憑羅帳温存。鳳思鴛想

半無痕。一天梅訊雨，寥落獨關門。　條脱也同金鑄錯，餘生偷種愁根。合歡眉影漫重論。定知終有別，何必説消魂。

河傳

天上。雲放。日遲遲。橋外花明馬嘶。一山女蘿歌竹枝。誰知。擷芳遺所思。　蘭麝罷薰衣壓蝶。心上血。空染連環玦。望瀟湘。春水長。茫茫。落花魚過塘。

鷓鴣天

犀歛鴛梳想舊緣。無多芳草意緜芊。桐孫發後靴紋水，燕子來時卵色天。　歌滑滑，語娟娟。菜花風起客歸船。斜陽自是齊梁影，不照流黃錦字邊。

前調

小小江南有莫愁。籠燈誰見石城遊。不堪春水桃花夢，黃竹朱桐隔一樓。　帘子密，月兒幽。十行銀甲撥空矦。瀟瀟一夜菰蒲雨，未必江郎尚黑頭。

減字木蘭花

碧城十二。有個仙姨名小翠。香綰朱蕤。刻骨相思世不知。　鏡邊珠靚。采采夫容曾一面。燕語新年。偷傍鐙前只嫩烟。

前調

玉烟春早。香屧來時音悄悄。若説無緣。共倚銀牀聽雪眠。　紫羅衣背。神女第三君更媚。來是空言。夢斷蓬山被不温。

謁金門

雲散地。空認錦勻香膩。驚喚玉鸚紅杏裏。心情誰料理。　莫惜繡襦抛墜。莫惜翠環敲碎。只惜看花無好計。背人偷覓意。

天仙子

報到歸期君不省。乳燕一雙花色暝。畫眉深淺入時難，春滿徑。無回信。芳草也同儂薄命。　長笛亂山騎馬聽。夕照倒生河上影。雲不定。愁相應。休向杏簾來錯問。

桃源憶故人

泥金扇子泥金鳳。昨夜月邊香重。不識押簾愁重。只覺眉心動。　天階一葉梧桐送。何處憶秋人共。玉瑟十三低弄。秋思黄雲隴。

虞美人

蝶邊迤邐春無息。筆掃風雷力。棲鸞休認女墻低。領取江南眉月、不如歸。　星稀夜欸繩床坐。何處安排我。切雲冠子故依然。故國花飛誰管、一樓前。

臺城路

懷曾重伯上海

一花天外離魂斷，詩人去國帆暮。月剪淞黄，雲消楚碧，都付哀蟬淒訴。青陵古樹。怪責夢樓臺，暑深鶯曙。海上鬟嬌，側帽擫笛幾豪緒。　香南雪北何處。弔仙山鶯影，飛倦霜羽。酒色圍愁，箏音寫怨，早被鳴珂輕誤。玉蓮烘霧。算才氣江關，綺羅塵土。我亦飄零，一絲絲淚雨。

阮郎歸 和誦帚

橫琴輕薄坐花間。春長窺燕還。待他眉嫵怯幽歡。馬嘶遲酒旛。　牽柳綫，擲榆錢。彈肩方繡閑。春雲三疊入湘天。君歸紅豆殘。

鷓鴣天 和白石

昨夜天街錦絡垂。月來人隔柳僛僛。玉臺不受夫容偈，眉語春痕一問之。　愁宛若，夜淒其。碧漪池上落花枝。夢中那認江山換，居處無郎兩不知。

玉樓春

湘皋月墜香猊睡。梅小柳慳雙響碎。水邊窗鏡得春先，休爲傷春遲解珮。　板橋六曲空沉水。夢裏紅兒思笛吹。石湖風景異當年，枝沁綠筠天亦醉。

虞美人 和寶權

軟香破户籠衣罅。白鳳凌風下。草枯寒雁任遨嬉。折得一枝梅蕊、背鐙思。　凌波魚藻無聲息。窗黑尋尋覓。此身應侍女貞花。消盡東西南北、四魂些。

鷓鴣天

悔向輪迴着此身。九天功德不生塵。維摩法喜俱無障，欲問金鈴解繫人。　看水月，萬般新。法華東漸夢非真。雲扶海澨無邊恨，香散花飛各自春。

前調

金粟何年幻此身。通靈犀不辟寒塵。清涼即

判眉邊界，待覓仙山慧業人。空默記，寫愁新。枕屏叢菊見天真。密嚴本是多情語，法苑能回大地春。

淡黃柳

風前試馬，城北梨花陌。醉後詩成歌不得。放眼千山雨竹，多少長亭管離別。又淒惻。鷗昏傍水國。碧湖杳、故王宅。正春寒、卷入花心色。起看闌干，向人低轉，還認梧桐洗碧。

朝中措

春寒坐雨閉門居。新夢十三餘。謝汝殘紅落入，枇杷樹下窗虛。采香珠遠，鳴箏玉腕，解珮鐙孤。惆悵絮飛東閣，娉婷畫總難如。

憶秦娥

清明節。一杯勸了雲和月。雲和月。離離黍稷，白登宮闕。晚梅紅泫枝邊血。江南昨夕長亭別。長亭別。嬋娟千里，傷心一色。

鷓鴣天 和誦帚感事

亞字闌干卍字櫨。十年蓋篋委香塵。紅盟翠誓天難問，莫借秋心餞菊魂。哀窈窕，歎紛紜。香衾和夢不生温。鉄衣畫個連環影，多恐蕭娘未忍薰。

虞美人

鸞衫鳳舄憐香息。瘦損春人力。井梧霜葉入樓低。奈是玉鈎風急、雁將歸。雲天月地攤經坐。心境雙清我。歌衫詞筆兩飄然。惆悵東南酒意、落鐙船。

前調

水仙花畔帘紋息。波卷回眸力。一天蕉雪比人低。聞道小鬟階下、抱瓶歸。　江城客散撚梅坐。瑶瑟仙遲我。優曇禪鬢暗蕭然。依舊雨籠青岫、月籠船。

秋霽

此曲度自胡浩然，賦春晴名『春霽』，賦秋晴名『秋霽』。本闋賦春感，因次梅溪韵，仍書『秋霽』

江燕歸來，道俊侶飄零，卧寒春色。雨噴嵐疏，月淘翠歛，廢園更添愁力。獨持將息。酒香不上春袍碧。感舊國。唯有、厭歌辭舞倦遊新客。　應念影瘦，玉井紅深，問花何愁，無奈淒寂。碎芳心、春魂宇泣，樓高先上朔雲白。梅葉可憐青綻得。且慢來問，收拾古恨今悲，聽泉東澗，洗桐西驛。

七娘子

雲屏夜冷山明滅。香心熨、損胭脂雪。莫上蘿亭，霜吹微月。青天一寸夫容闕。　咸陽古道風沙烈。秦台鳳去生離别。萬里清秋，百年塵刦。銀鈎敲破珊瑚玦。

鳳銜杯

冷螢沾露照衣秋。却不勞、叢桂淹留。少個影兒、偷傍月中樓。花下笛、柳邊舟。　思往事，水長流。到如今、零淚空侯。空把故朝清怨、上心頭。獨立白蘋洲。

好女兒

緑盡鳥聲殘。秋老送輕寒。又到平蕪新雨，錦瑟不堪彈。勸莫倚闌干。一向覺、天妒朱顏。東窗今夜，堆成蠟淚，即是關山。

小鎮西犯

題東莞鄧爾雅藏明鄺湛若唐武德二年製緑綺台琴拓本

龍池過雨看，冷冷摩透。傷心聽、獻陵春漏。流風久。歎霜寒、化碧水涸，吟紅飄愁。記否天隨，賸七絃偶。思前後。桑田真萬境，癡爭獸鬥。料當日、緑衣人瘦。定翹首。況堂空海雪，臺綻絲冰，桐焦如舊。興亡幻今還又。

木蘭花慢

次賓權泛舟韻

正望衡九轉，過極浦、下秋瀾。似若有人兮，靈修被荔，獨嘯湘天。荒山。已無浄土，問瓊樓何處泣蟾圓。老我旗亭去日，輸君彩筆華年。愁端。霜蕙隕孤妍。誰忍鼓冰絃。又忘歸澹遠，風舲桂冷，水檻苔濺。虞淵。且休痛哭，怕洞簫吹夜鶴飛閑。莫向湖烟訴恨，山腰榴火紅然。

浣溪沙

誰道嬋娟不可憐。淡羅衫子豔陽天。眉尖小小背花前。着甚來由窺玉樹，斷無消息蹴金蓮。聞聲惝怳況纏綿。

朝中措

梨花牽夢玉奴歸。倚閣濕香飛。共道翠尊無主，半帆山月天圍。傷春顧汝，願將花片，堆作樓臺。寄語鴛湖新燕，莫銜瑤怨飛來。

風蝶令

露研銀箋薄，雲攤玉几斜。綠茫河影落衣紗。不是合歡人折、合歡花。芍藥空翻譜，梧桐或見家。鑪香沉水泛天涯。化作赤誠千刦、一重霞。

八聲甘州

正密帘風倩悄無人，推幙暗看鐙。又蒙蒙鄰笛，玉梅飄落，思與天清。莫怨津梁新柳，幽碧夜峥嶸。晥晚知春過，涼企蘭馨。待把雲箋寫恨，奈動定芳期，燕寂鶯冥。漫依檠覓夢，清夢更無憑。渾不是、曇華誤我，却生來、無福禮傾城。試問寒池過雨，可識詩情。

梅花引

檐雲静。衣雲冷。魂兮歸些清湘影。風瀟瀟。馬蕭蕭。懷佳人兮，千里路迢遥。虹邊待寄蘭苕月。翠管銀沙聲斷絶。想温存。悔温存。早是斜陽，啼鳥閉朱門。　秋亭角。秋籬脚。小樓往事情如昨。心明明。意明明。已無花徑，何處看苔生。香羅鳳尾鱗爲帶。玉宇瓊天安可待。菊花枝。桂花枝。獨立秋菲，清妙惜芳姿。

虞美人　和誦帚《病中》韵

秋盡詞人愁小極。蟬蝶無聲息。藻邊魚影上涼橋。聞道秋懷如霰、隔燈消。　高歌青眼君休誤。枉盼寒星度。菊花垂老漸成塵。同是江關摇落、過來人。

采桑子

一天雨過新蟾吐，人是秋魂。秋是人魂。各抱清寒上玉琴。　雲絃總訴湘娥怨，眉外烟深。烟外眉深。薄命何曾判古今。

菩薩蠻

緑綾窗子冰梅格。冬心又共横江白。風定燭遲遲。淚深花不知。　花天鬟影濕。夜夜眠文石。負了少年情。莫教儂再生。

惜芳菲

桃花未見，梨花半面，何事别雲西。不信天涯帶將愁去，偏是補蘿時。　傷春説與，木蘭舟上，獨立落花遲。京洛亭亭清宵，千里殘月有誰知。

一絡索

憶汝裙邊雲緑。寒香夜濕。蒼茫好夢不重來，却記向、芳心曲。　惆悵瑶華不續。淒涼玉雪。仍悲舊歡空，負月如銀，見菊影、銀牀宿。

鷓鴣天

握手西風玉一牀。夫容塘外又輕霜。江樓粉蝶如相問，爲過雲荒與海荒。　知命薄，悔情長。夜深偷濕枕頭裳。鶯坊雀桁都如昨，莫向梁家説斷腸。

賀新郎

夢醒瑶天蹇。問嬋娟、萬古千今，幾多涼怨。鏡海心潮俱恍惚，不是翠消紅斂。剛破取、梅花珠面。眉角玲瓏香抱骨，有疏星、三五枝頭見。何事坐，早寒淺。垂燈弄鼓俱空衍。憶來時、錦幄春温，枕霞生臉。人道傾城難再得，真見玉樓塵掩。休絮話、雲長月短。銀雁流天乾葉赤，對東風、不解支頤倦。階下白，此心遠。

點絳唇　次瀛石韵

玉簡傳秋，花簪黄亞連芳宴。畫中晴甸。鶴上知仙觀。酒謝杯荒，病感前春半。君吟健。葉吹紅亂。唱盡平沙雁。

南鄉子

芳意待秋收。一夜秋吟上橘洲。柳盡花稀秋那處，悠悠。秋水依然緑鴨頭。問酒倩詩酬。無雨深堂亦感秋。之字江流人字塔，搜搜。我與沙鷗一半愁。

風入松　冕衣招飲賦酬

山曦斷雨楚天長。花暖悵遲香。詩巢説與行秋禊，看分明、雁白雲黄。忽現金函寶月，同斟玉水珠霜。十年消我作清狂。愁更過冬郎。多君吞吐朱露久，寄遥思、畫幌琴牀。待話鳳池丹掖，難忘海緑生桑。

相見歡

相逢欲説相思。又遲遲。可奈燈前無那、立多時。酒和淚。咽還醉。正迷離。已是夜闌人去、馬長嘶。

歸國遥

新緑。玉色曉天涵嫩竹。粉香多散金屋。繡

簾風逐逐。嗚玉野樓溪曲。水生橫秀目。折花飄墮紅簇。問年剛十六。

臨江仙　修梅室聽曲

膍角玉花風不定，亂愁雲子依稀。石杯如海搏寒飛。料量芳艸外，春極酒人歸。　莫道雨絲能織恨，殘春歌入清幃。醉魂遙赴北山微。笛聲珠作屑，吹醒渴龍圍。

朝中措　題紹周畫柳蟬

破空蟬語畫天涼。魂斷柳絲長。忽憶平生石帚，西風消息商量。　傷秋似汝，已經飄泊，莫怨清霜。早損十年英氣，夕陽何處齊梁。

鷓鴣天

的的殘枝見小梅。又安筆硯動風雷。聽心不敢芬陁刦，春木巢多燕子回。　東澗竹，北山萊。略持冥想入沉哀。河頭照面知余老，眼角輕雲白又開。

前調

玉浄珠明證六天。畫禪相燭此心邊。遥知詠絮清才發，拾起湘流屋角烟。　參鏡月，左芬傳。北堂春滿繡燈前。他時願借生花筆，更與貞林寫一篇。

蝶戀花

翠蓋招涼紅一角。石態亭亭，酒雨香纓絡。樓外斷虹樓下壑。竹欄面面風荷落。　殘醉欲尋深夜昨。水浄花空，烟際飛孤鵲。寒月穿燈遲綺閣。靈嗟鬼哭花知錯。

鷓鴣天

枝上流鶯馬上身。一般清麗兩般春。雪陰悄悄紅無地，但解低回不作嚬。山色密，水紋皺。漫勞星月寫清塵。落花總上離人目，半是江南雨後痕。

前調　題畫二闋

斷續春光又一時。此情可待畫中知。石寒芝老秋薰染，幾日東風怨與期。班竹冷，翠尊遲。好雲生處水仙祠。何當隱几看山老，更折微醒看好嬉。

其二

不記江南雪一枝。十年幽恨落紅知。道將碎玉分明意，來寫靈妃去後姿。風乍起，日初遲。夢回海嶽自沉思。多情應是春邊竹，可待焚膏補楚辭。

前調

晚菊枝枝上玉盆。粧台吾老隸何存。可堪欹枕銀燈側，冰雪聰明露一痕。簪半落，酒初温。綺羅生小出蓬門。竹爐火歇金猊冷，不識梅身與月魂。

桂枝香　題向復庵藏清德宗内廷如意舘畫扇

殘紈浣淚。拾青羽金門，天回心碎。粉刦脂愁逝矣，宣和沉水。九華醉後驚秋變，別瑶京、比人憔悴。晚宫螢影，甚時重撲，月邊紅墜。又何惜、天風瑣珮。婕好初賦，玉懷曾寄。太液烟飛，歎汝飄零千里。瓊枝叠叠金衣膩，轉元明、往日清閟。繆家遺韵，秋滋細蕾，換來何世。

蝶戀花　偶與賓權、秋涵合作山水，附題此闋

古木白緘天一寸。萬恨千愁，未必鴉銜盡。秋到小溪人影并。晚風亭籟時相問。　竹氣翠涵眉色潤。水面冠裳，知否多詩訊。　畫外小山連袖近。何年説與秋來應。

臺城路　送劉白雲之雲南

孤帆又掇滇池雨，驪歌正逢花晚。錦箏量愁，金壺判影，湘碧勸君當翦。山冥幌掩。料九珮龍鸞，不辭清簟。揮手燈湄，夜涼鶴舉待雲卷。　潙靈故里久眺，霧絲方織恨，玉屏無限。鴿眼添煤，鳳頭滴炬，綺結文章宛轉。寸心何遠。盼年少江郎，橫簪茗薦。待説鴻歸，妙香情未歛。

臨江仙　立春

春到隔年梅早放，小爐寒壓晨飈。緑鬢空盼踏歌歸。鳳飛還舞燭，龍蟄已驚雷。　薦果勸君如意子，有誰同向春期。長安賜酺太平時。不堪宮裏雪，鶯叫上林枝。

蝶戀花

負盡鸞牀抛象筆。腸斷西風，不改黃花色。莫上層城勞目極。寒杯深院紆霜日。　淺月籠愁無氣力。憶否雲鬟，憶否聽歌迹。歲歲題糕秋夢寂。殘鴻夜夜秋消息。

壽樓春　集芋園壽董香光

尋花陰平泉。有人遥壽古，傷比春先。況見清光濡墨，伐珉鈞鐫。風壓帽、雲穿帘。看鬢

絲、禪榻依然。料盞涸欺鶯，窗低洗鴿，不是庾郎年。停藜杖，擘波箋。憶山飛畫雨，月冷波烟。試數華亭幽夢，侍兒娟娟。欹枯竹，拍香肩。定江南、重鳴神絃。奈喬木參天，千秋不還。惟墨緣。

烏夜啼

昨夜燒燈人散，今宵洗酒雲過。橫階驚月遲遲下，叢桂小山多。　瑤怨莫隨春黯，綺思深共花磨。踏歌不似長安盛，天寶舊宮娥。

鷓鴣天

山閣添光感淑融。嬉春人意蕩於蜂。湖邊尚記遺鈿夢，燈下如窺解珮容。　斟酒蟻，笑書虫。香緣花偈兩離悰。楊花未落春猶早，人在蓬萊一萬重。

青玉案　辛酉人日，和納蘭容若《辛酉人日》韵

頹城日麗楊枝軟。看意倩、春難翦。心共梅花殘歲遠。放燈清夜，買餳花市，没箇銀翹顫。　江山總不知魂斷。依舊波寒和黛暖。人事又隨青鬢換。水樓風暗，草堂烟暮，莫問烏衣燕。

賀新涼

夢入湘筠杪。坐今年、銅龍泣漏，玉虯催曉。柳月依然人萬里，愁比元宵還早。更莫歎、朱絃絲繞。春上心頭成畫影，莽南天、不盡纖雲巧。算打疊，彈詞料。　書生休計毛錐笑。感機中、長論錦字，水仙雙照。凍合玉樓寒舞雪，頭白洞庭山老。領一夕、紅環粉抱。歲歲葭灰吹黍谷，盼梅花、早寄江南好。幻茶趣，

寫詩稿。

菩薩鬘 舟中書所見

江推峭石穿蓬牖。落紅點點如燈走。醉聽竹枝歌。山中生薜蘿。　移帆流古月。夜冷冰泉咽。轉入洞庭烟。酒香魚傍船。

臨江仙

帘外月涼清沁骨，算他秋共魂清。小樓西去雁南行。願隨花再世，來結石三生。　偷向女鸞牀上看，霎時顰笑光明。雪肌真似海中晶。銀鈎抛繡幕，旁有鳳鞵橫。

高陽臺

宵影梁塵，寒魂屋月，雪香芳信華年。絶代仙才，輸他眼角眉邊。聞聲已是相思地，怎相思、不似秋烟。撫哀絃。淚落尊前。故國山川。　羅浮總比瑤臺近，問何時騎蝶，來下瓊天。那處埋愁，鷗波暗寫詞箋。傾城若寄菱花照，苦修羅、長證秋禪。總纏綿。君是春鶯，我是春鵑。

南鄉子

十刹會元燈。花現優曇有刦生。拾翠似問窺海月，聲清。羽珮招鸞下赤城。　我亦絮沾塵。曾坐香天擁麓層。早識鳳飛桐半死，神驚。辜負銀河乞巧星。

虞美人

遥空雲子和天凍。花事輕輕送。等閑蜂蝶莫相猜。猶有小桃籬外、不曾開。　雕闌没計看傳燭。曲曲春樓曲。昨宵風起着紅溪。又見烟籠寒月、十分西。

風入松

湖烟相待早梅天。腸斷萬嬋娟。階邊緑暗無多草，温馨夢、春在人先。凍蝶不驚初雪，閑禽猶認重泉。　屏迴山枕故依然。説與鬟雲前。明朝怎禁花餘幾，依然是、柳瘦桃慵。人事莫須傷往，世間那見飛仙。

臨江仙

憶昔銀牀連玉臂，夜來親問衣單。碧窗回照一枝珊。梅開天窄窄，銀椀嚼冰寒。　又是一年催臘鼓，鐵瓶黄菊方殘。月心深印到紅顔。早知儂命薄，長把玉笙閑。

以上《雲想山莊詞集》卷二《懷蘭清弄》

前調 辛酉除夕

夢斷層城漢苑，心傷明月胡天。略持椒酒泛爐烟。風情無分老，花信不如前。　鴛甃偶餘殘雪，螭瓶猶拾寒泉。晚雲吹冷白梅天。呼兒燃爆竹，階下落金錢。

浣溪沙 清光緒三十年升官圖博具

盧雉珠璣任轉旋。鳴珂聲在五雲邊。級山綜錯近諸天。　春草詩歌悲大歷，秋烟袍笏感貞元。可堪象齒亦焚煎。

鷓鴣天 壬戌上元

寳馬無緣夢見之。市鐙初散夜葳蕤。銀花不是相思木，莫遣春魂背月飛。　纓絡現，錦紋垂。獅猯虎吼不同歸。開天盛事君知否，燭臥荒城柳十圍。

虞美人

文闌春淺琉璃雨。短鬢悲清俎。入衾佳思本沉冥。況更芳情寥落、比晨星。　人天一刹風輪轉。清淚知誰泫。嬾隨寒蝶覓香痕。不道花間猶有、未歸魂。

鷓鴣天

蘭菊無端未了香。料量春恨比秋長。此生隔世何須問，一任空花影事忙。　知我老，替人傷。玉憐珠惜太微茫。風雲才略琴簫意，同對粧成哭海荒。

前調

樓角驅燈仗酒圍。略持春刀懀忘歸。香蘭自照生前偈，多事風華落九微。　觀約約，想非非。杯邊新雨挾塵飛。海天兜率無多地，不遇麻姑水不回。

前調

香雨飄蕭玉一枝。我無才思綰冰絲。不關空色三千界，刦外恒河騎省知。　珠作粉，露爲脂。細愁如月故遲遲。天涯自有桃花路，且擘新橙試鼓詞。

前調

琢意牽裾話未休。銀箏玉瑟兩悠悠。絕憐乞活花間客，驚起寒星過枕頭。　長太息，久温柔。醉中聽雨不聞鷗。菱枝桂葉真如夢，頑福何曾遍九州。

臨江仙

海水沾心真不定，羌無佳想温存。香南雪北有詞魂。國香原未盡，萬一落愁痕。　小別不堪成薄倖，久知輕負蘭蓀。鏡邊眉語漫重論。此身如作絮，隨雨入蓬門。

前調

紺翠縷紅都晥晚，只他容我癡獃。春深城角費仙才。魂清真比霧，心死漸成灰。　親許酒回粧閣坐，不緣花孕奇胎。玉遥無影與徘徊。綿衾如水潑，環淚阻燈台。

鷓鴣天 紫籐

有個盈盈託紫雲。石塢風起不生塵。閑香冷麝東南盡，説與天音總莫聞。　思掩却，見平分。繁英安共落珠裙。平生不識流蘇誤，鑄恨依然夢想君。

臨江仙 席詞茶席

歛水小塘新上翠，起看魚負萍行。曲窗虛障傍花明。夢消三楚月，魂冷六朝燈。　海燕有緣應識我，不知何世柔情。几旁雲墮錯疑晴。放歌天地窄，瓊語厭平生。

踏莎行

夕照紅乾，新苔翠潤。楊花剗地知春近。香消羅被未成眠，懸知海月窺無悶。　扇珮分珠，屏紗貼螢。雲羅萬里眉三寸。夢兒搓碎不重來，赤闌橋上紅鵑聽。

滿庭芳

唼水魚肥，添泥燕小，雨餘山石黃圓。酒寒冠側，飛絮漸生烟。佳麗西河意遠，緣何恨、翠泣紅濺。知春倦，分燈草草，凝想五湖船。芳年。無續處，柯亭刦影，又歎秦椽。況麝塵香古，螺鏡詩前。慚媿紅粧青史，輕彈淚、雁柱龍絃。高歌去，犀帷不見，知否對花眠。

點絳唇

春氣蘭芳，等閑費却珠蘿事。枕屏春起。花脚消鉛淚。薄福書生，不受相憐計。明湖地。這般衣翠。難把眉雲寄。

琴調相思引

海雪華嚴鏡裏身。一分春印一分顰。挼香珍重，曾壓玉蕆塵。花瓣只應儂閣淚，酒邊新意照如晶。許儂親拜，長作羽瑤人。

點絳唇

叢桂堂空，聽荒山雨來呼酒。蠟槃珠走。汝漫歌垂手。小別瑤階，一夜春歸柳。君知否。俊遊我又。不怕鶯兒咒。

鷓鴣天

晚薄紅雲不上寮。一分秋寫十重嬌。難忘握手東橋日，冷露揉香落翠翹。仍自別，許相招。夢回清海入燈潮。胡塵不壓嫦娥笑，桂闕高寒去獨遙。

浣溪紗

幽户無端送酒雲。畫中相對一星痕。晚來天

暑不宜裙。髮外暮山濃似墨，心邊微浪澹於金。欲拈香草寄湘君。

清平樂 夢中得句

枕橫釵鳳。潑地霜如汞。瓊島青芝隨海種。忽憶夏天清夢。夢中山月微黃。羅帷那識雲長。起看寒星浴水，一龍飛過東牆。

鷓鴣天

獨上層城淚不乾。東來風雨鶴先還。紅心細草人千里，燈盡長安刦亦殘。情曼曼，憶姍姍。亂鴉銜恨二陵間。忽覘蘆雪知余老，黃葉蕭蕭自掩關。

前調 聽雨不寐

小閣招秋坐夜塵。山愁清雨水愁雲。枕邊亦有陳人感，綺桁朱絲一夢真。花作枕，葉爲茵。嫣香流碎凈無垠。空階淺淺霜何處，玉袂新冬總不溫。

菩薩鬘

霧絲直顫花光隔。紋漪風碧流清色。綺箔斷遙思。長干書到時。茜羅雙貼鳳。背影紅蕤動。梅冷石圓天。人間愁幾年。

采桑子

紫烟池上夫容冷，雲色趖西。月色流西。不道韋郎夢也稀。應憐錦緤餘香借，眉比山齊。山比眉低。明日黃花一蝶飛。

喜遷鶯

夜杯清，花面倩，秋蕾抱餘黃。娟娟新語響珠房。容我挹輕涼。 風轉高，雲不滅。莫把舊歡重説。流天寒雁暝湘天。蘋起一行烟。

赤棗子

秋去也，憶姗姗。一匊寒泉一寸山。想見玉樓珊佩響，斷無消息白雲間。

前調

秋去也，月行南。麓翠横吹曉作嵐。想見九天清瑟迴，散花身手恰行三。

更漏子

早梅天，人不見。迢遰玉天珠面。飛海雁，轉江風。亂流千葉紅。 鸞被薄。燼燈落。殘夢水仙花角。吹暗淚，一絲絲。緑消冰上枝。

鷓鴣天

緑雪清詞瀝耳真。落紅原是再來人。流天銀雁沉杯底，嫣笑仍回渡海春。 三昧月，六根塵。枉將風骨媚苔茵。明明瑣骨梅天窄，翠羽雙飛隔一津。

卜算子

紅是鏡邊雲，翠是匳中黛。翠貯紅藏不肯消，約約飄裙帶。 身在玉臺東，心在金杯外。起看寒光亂上眉，花雪天人界。

點絳唇

竹澗涼生，晚螢一點成秋意。玉簾輕啓。缺月孤星綴。 昨夜簫清，有約雲吹袂。嬋娟淚。暗飄蓮翠。冷入鴛鴦睡。

鷓鴣天　題弘度書《離騷經》

萬古幽芬萬刦身。高邱獨立上心真。一行烟液游天去，山鬼來時雨欲昏。　君蹇蹇，女申申。蓉裳蘭珮亦清塵。如何屈賈英靈似，一是仇秦一過秦。

卜算子

醉醒石邊苔，睡倒梅旁樹。片雨絲風我不知，夢采夫容去。　去也莫須愁，來也渾無據。海月糢糊沁我魂，白雁思君處。

高陽台

玉曲虹天，珠流雁水，窺人缺月三更。莫惜光明，芳心怎似波平。沉思傾國原多事，只秋颸、解識余情。　鬢縱橫。昨夜銀堂，冷冷釵聲。　他年鉛淚知誰着，料清狂不再，粉蝶無驚。海色紅簾，謝他花色如晶。聰明似我終何用，伴粧臺、贏得詞名。一螢行。西北雲嬌，願乞長生。

鷓鴣天

夢裏清虛寫不真。故園消與去年春。鬘天總惜通明影，此是旗亭刦後身。　元髮減，玉簪新。高樓春早淨無因。平生自有崚嶒骨，祇對梅花一拜塵。

前調

硯角春生畫意温。玉天風裊一絲魂。石湖詩思孤山月，熙出江南雪外痕。　窺絢影，識靈根。香南花展玉崐崙。年來漸減苔枝句，莫怨分鐙自掩門。

前調 和誦帚《雜感》二首

淚盡天人費解因。紅爲身與緑爲塵。近船雨氣侵眉潤，小小湖波款款魂。　山淺淺，不生雲。玉絲金縷一重親。夷陵夜月甘泉燭，幾見宮花照怨顰。

其二

珠箔纖雲帶鬢分。春歸雛燕失温存。定香莫忘貽蘭佩，雨太聰明月太昏。　思倩影，別經旬。緑天箏雁蹴芳塵。江皋鳳羽勞珍重，未必蛾眉便感恩。

點絳脣 和瀛石韵二闋

烟液籠花，長安日近宮車遠。玉鶯淚眼。莫計昭陽伴。　夕殿人空，誰報銅龍轉。蕉心捲。上林鐙院。去國同孤燕。

其二

寶瑟塵封，柳新花舊人傾倒。酒悲歌惱。記我青門道。　折損春愁，拚入梅心小。孤星曉。染香冰抱。翠桁珠寒了。

鷓鴣天

緑鬢嬌春析夜遲。軟屏金勝照參差。小梅慣重窺紅絢，莫惜東風淺雪知。　銀水凍，玉山移。細看甲子及佳期。十年漫盡朱絃感，空向春山想瘦眉。

前調

寶瑟埋烟上小樓。纖雲一點舊簾鉤。可憐橋斷烏飛日，長任天南織女愁。　人已別，月難留。去年曾倚玉搔頭。無邊秋色無邊怨，淚落杯心未肯流。

前調

玉襲珠撩小作春。低歌微笑宛疑真。不緣麋骨風情減，雪色晶瑩綽約身。　蓮井碧，藥欄新。胡天明月夢何因。試聽疊鼓疏梅淺，親見龍獅亦拜塵。

攤破浣溪紗

林下清塵燕子家。粉温脂軟一重紗。生與桃花相共命，玉叉鴉。　立馬大堤新雨歇，聽鶯深苑晚風斜。不是傷春還鄭重，試香車。

長亭怨慢

十夔丈自漢歸湘，耘桂翁招集城南市飲。時樓中芍藥盛開。和石帚韵，歌以佐飲

正紅洗、春雲千疊。煐佩分香，散烟時節。一寸樓心，庾郎江國黯淒切。鹿川依舊，還怨取、星星髮。揮手鶴樓燈，應盼斷、青芝仙闕。　愁絕。歎蕪菁繾綣，多恐亂鶯飄没。金消帶減，寫遥意、上林明滅。趁今朝、雨外衣蘿，莫草草、玉盃銜熱。便極目觚棱，嫩緑酒悲難説。

徵招

戊辰中秋

扶愁閣望纖雲合，溶溶又過涼夕。獨影問嫦娥，是何年癡立。入風摇桂碧。恁老汝、人天清泣。銀雁銜星，石螢馱露，此情無極。　荒寂看年年，荷衣上、花沁酒沾猶濕。陡起着清光，渺鸞消鳳息。好秋能得幾，半付與、湘南湘北。甚去思、萬里嬋娟，待乘風何日。

百字令 懷誦帚北平

故鄉春早，問梅烟蘆雪，幾時同落。漢苑層城人萬里，多少別情離索。白袷飄鐙，青萍草檄，定有唱懷作。遠烽天北，江亭一望雲漠。獨感昔日清游，東風海甸，花事真如昨。硯玉劍金空悵望，長夜念奴能撥。春老鶯閑，宵來蝶倦，捲起蕭齋幙。故人如問，橋邊依舊紅藥。

鷓鴣天 丁丑上元

不是梅嬌不是春。坐看冰萼玉爲身。愁梳短鬢驚霜早，寂寞疎心上雨温。芳意淺，醉情殷。上元燈火促歸人。一天寶月團圓在，雪到湖堤萬柳新。

前調 紀夢

撲席冰花又一時。忽驚車鈿出清姿。憐他久抱靈芬骨，城角春歸燕語遲。心外見，眼邊思。芳年燈訊不相期。憑君老我冥飛怨，刦後江山玉珮知。

浣溪紗

玉管流聲帶霧飛。梅花如海一魂歸。落紅身世太輕微。明鏡有心誰是主，錦箋無意不相違。縞衣人夫草根肥。

以上《雲想山莊詞集》卷三《瑶天曼語》

鷓鴣天

第一花枝第一波。月雲和雁向南過。白沙黃草遲歸馬，山石嵯峨想玉珂。曾握手，識秋多。更聽啼鳥喚哥哥。剪刀聲裏關津道，木葉蕭蕭無定河。

臺城路

淚天花地逢寒食，河梁去年南浦。白雨甘泉，緑華高冢，還憶五陵今古。是何芳樹。待覓取靈槎，那時才訴。只恐春深，仙山也化塵土。　紅嬌一絲没路。正金杯銀押，落燈陰暮。結客龍沙，散金鶯谷，五百年前曾誤。天橋河鼓。早報道眉寒，海風吹遇。起看空山，感人啼杜宇。

攤破浣溪沙

報道蛾眉畫不成。柳邊殘月一聲鶯。吹破玉簫涼楚竹，二三更。　天若有情無別感，相知何必定同心。莫上玉鉤斜畔路，已無人。

前調

掃盡春愁比月平。紅鴛顔色緑鶯名。問道瓊枝行第二，鏡中人。　一曲會真緣再世，眼中偏合見傾城。留得舊時雙約指，指張星。

浣溪沙

四月湖南大麥黄。横塘魚小喋花香。我家深柳讀書堂。　草地盈盈人下馬，問年十五芰荷裳。緑楊堤上採桑娘。

滿江紅

爲問浮雲，西北去、幾多程里。好吹我、海邊歸夢，翩其仙氣。今古逝如風捲浪，天人例誓簫中淚。到中年、生悔白頭顱，悲歌起。　洗不盡，眉邊字。拔不盡，心中刺。看龍泉雙劍，有誰人倚。對枕月明千載鶴，搴裳雨泣三秋桂。苦淒清、空與閱興亡，真無謂。

太平時

曉日曈曈上茜紗。一分花。兩行春影入眉斜。玉鴉叉。一騎傳箋無覓處，錦屏遮。朱櫻千里隔黄沙。小青家。

憶王孫

春明絃管鳳城東。小字分明第一紅。玉女靈心託燭通。忒玲瓏。萬里眉梢萬里風。

前調

燕臺伐鼓去如烟。宛宛能行是白蓮。偷問當年五色箋。故宮天。付與三春蜀國鵑。

前調

太行西去俛岧嶢。生把相思誓洞簫。天上何曾冷細腰。憶雲翹。一桁瑶池偃月橋。

前調

秦娥聲咽别咸陽。露浣單衣第一黄。一夕西風濁酒坊。大河長。空與愁人照鬢霜。

清平樂

殘春去國。雨壓帆飛側。夢醒清歌聽不得。想燕城山色。今宵孤枕潮聲。滿地江湖月明。莫把漁簑抛却，南來一鶴同行。

玉樓春

天行地駛龍游慣。湘樹嵩雲歸隘眼。朱絃長待緑車迴，白首莫悲黄海淺。錦枕欲尋啼笑遠。打叠相思春鏡轉。閉門不放落花尋，天上猶容儂一面。

清平樂

萬千眉語。道我愁無主。回首羽琌山下雨。歌盡高邱無女。夢中一綫雲飛。臨風結襪情非。莫道傳箋未晚，捫蘿南國人歸。

臨江仙

野草青青不了，門墻萬點霜鴉。六朝山色入衣紗。英雄如落日，消與浪淘沙。等是東陵未歸客，何曾學種秋瓜。浴波辟弟眼偷斜。眉兒如可畫，應憶洛城花。

唐多令

叫醒洞庭龍。聽詩下海東。有冰絃、相送孤鴻。可惜舊時眉黛色，吹不到、萬層峯。叱起海帘紅。殘粧與燭同。問人生、誰感西風。莫上月明嘶馬地，人不見、忒怱怱。

南鄉子

風雨下西樓。枕簟生涼夏似秋。一任嵯峨生海色，悠悠。故國青山認薊州。昨歲過江游。千古何人號莫愁。我與燕兒同薄命，休休。隔個帘兒各自愁。

臨江仙

錦被温存花叠叠，東南揮手雲來。斷無消息泣莓苔。斜陽黄歇浦，微雨白登臺。見説鏡檻雙誓在，訴天無地春回。靈媧初煉石成灰。錯應知我錯，哀莫向人哀。

前調

星氣落襟疑墮淚，半環帘格琉璃。水生帆落漢川西。昔邀江寺月，今聽竹橋雞。　花意惺惺人未省，悲殘黄竹歌低。詩心新近署無題。門腰吹翠箔，亭子泣紅泥。

前調

檢點春心休放酒，柳枝横截天東。雲山千嶂有眉通。書來鵑叫暮，花盡馬蹄中。　分手荆門人去久，銀簫九節玲瓏。三更梨雨五更風。壓鬟通海緑，鎖襪踏樓紅。

清平樂

花枝小住。勸汝啼愁去。江水江風春亂樹。華屋乳鶯無主。　舊時新月簾通。芊芊芳草離宫。若問鶴飛腰笛，五雲樓閣城東。

浣溪沙

一雨吹秋秋不流。雁聲今夜下黄州。詞人頭白莫登樓。　刧後板絃花惜惜，夢中顔色水悠悠。料量尊酒百年愁。

前調

江上黄沙夜夜通。美人心地忒玲瓏。空侯消息玉堂東。　芳草馬嘶無恙緑，露蓮鷗笑不多紅。幽期相約兩蒙龍。

前調

約略春心帶雨殘。萬重山色萬重寒。羅衣消息鳳城間。　黄竹女兒池上屋，緑楊漁父石邊灣。落紅猶勸馬蹄還。

憶餘杭

把酒留春春不住。癡燕猷鶯催我去。鬱金堂下水蕭蕭。誰夢六朝簫。　江山送雨瓜皮艇。剗地春情愁不瞑。濕雲依舊感紅橋。人去白門潮。

前調

立馬荆門千里道。關河滿地征車曉。朱樓大道唱銅鞮。陵樹朔風淒。　英雄埋骨消枯月。怎比美人今夜色。君如不信問桃花。幾度看蟲沙。

蝶戀花

人到中年多病酒。檢束風華，大小雙垂手。玉枕粉香新熨透。一魂一樹消楊柳。　倦飲不辭春盡後。若道無愁，怎似東陽瘦。衣凍翠瓶花壓袖。雙星今夜佳期又。

浣溪沙

眷汝心靈比玉珂。宣南風雪費消磨。不愁翻恐負人多。　界地白雲千里軸，極天黃海萬重波。歌南燈北我如何。

唐多令

繡嶺別金門。無風不動雲。到花時、總易黃昏。記得單衣人小立，籠素手、鞸肩温。　乞活九天春。詩心比海深。爲卿卿、重唱迴文。願汝一杯歌一曲，要喚起、落花魂。

鷓鴣天

馬上横鞭握手看。惜春春在別離間。龍堆多

少風沙刼，黄日啼烏塞柳寒。詞寫遍，萬千山。更尋箏館唱刀環。人生若化南來雁，好帶詩心入漢關。

浣溪沙

夜半簾黄星正流。寳鐺茶熟一杯秋。天邊鴻影落潭州。拍板却將歌入破，繫驄難遣樹憐幽。玉門雙燕欲登樓。

前調

乞與長生殿裏行。香肩雙倚萬春横。一燈雙穗對傾城。石照蘭臺釵戛玉，鈎懸蓮帳絡垂金。如今甲子記坤靈。

前調

倚枕迴看又十年。縉雲千里萬重天。烏衣門巷散春烟。燕雨杏泥空有迹，螺山萍水各無緣。五更燈火四更鵑。

鷓鴣天

蘭雪飄魂裊上京。搴幃秋色苦傾城。驛門池館吹清淚，冷到黄河落日聲。眉外語，一輕輕。天南揮手雁千程。無多箏笛無多柳，長送前朝寇白門。

清平樂

緑毛么鳳。風逼香篝重。笛裏梅花和月夢。雪氣壓窗如汞。當筵老子婆娑。况聽紅燭清歌。此夕懷人千里，一杯酒不成波。

昭君怨

一夜北風雲盡。倚枕芳期清信。不是舊闌

干。萬重山。山色玉屏風下。𡢃汝小梅低亞。負了上林春。故宮人。

卜算子

剪取去年花，割下今宵月。不到江南不算春，位汝釵裙列。見也萬重愁，别也千嗚咽。大地風沙戰骨枯，一樹雲和雪。

南鄉子　戊辰九日次東坡

秋暖薄霜收。一蝶馱香下荻洲。小閣登高徧謝酒，颼颼。去歲西風占雨頭。　花瘦許相酬。老我雄奇不怨秋。霜鍔玉釵都不見，休休。苦爲南鴻北燕愁。

鷓鴣天　題皃衣手寫龔芝麓《定山堂集》

一刲宮蟬引一枝。探芳留與十囊詩。秦淮水落尚書老，不見清修顧善持。　眉外柳，柳邊詞。過來南苑月明時。誰憐我亦同君感，故國青山燕子知。

臨江仙　周鏡芙園看魏紫

晴到新郊花面郭，玉容嬌靧春風。清平流詠萬年同。曉雲烘紫綬，仙露濕朱櫳。　歲歲看花花不覺，忽驚香在虚空。天教明豔着西東。也緣丹頂麓，應傍蕊珠宮。

減字木蘭花　題畫

平林烟織。瘦石清奇溪上宅。分野生雲。知是朝晴是晚曛。　鐙低畫影。詩到無聲誰得省。一角山痕。中有河陽萬古魂。

一痕沙

人在萬梅花裏。翠羽一齊飛起。溪水太分明。瀉春聲。　漫説江南江北。也是恨鄉愁國。梅我兩同心。月知深。

南鄉子　次誦帚

酒力撼風鐙。盃底柔情帶月生。況對夜塘歌折柳，波清。一角秋聲上北城。　鳳去隔音塵。空盼寒雲疊百層。莫道黄河梳流罷，時驚。永傍桃花坐曉星。

昭君怨

秋到玉窗紗薄。昨夜酒眠鐙閣。搔首彩雲飛。謝娘歸。　消息眼邊眉外。珍重解裙撚帶。贈汝一枝斜。白梅花。

點絳脣　九日登天心閣

怕負晴秋，推蓬閣望同清宴。鳥啼芳甸。雲起成清觀。　酒後花前，愁笑分相半。芳華遠。玉烟絲亂。空待粧臺雁。

摸魚子　季純北歸賦贈

乍歸來、雨梅黄潤，鞠塵風外私語。江鶯漸老愁如海，依舊絮雲平楚。春已去。料劍氣、金臺不上南天樹。豪情幾許。任側帽分花，引裳貯月，莫放北山暮。　驚重顧。按遍江亭簫鼓。還多凝碧愁緒。蜆旌鳳節長招恨，林木燕巢何處。君不見，當日地、白沙苦竹俱塵土。夐陰淚羽。正雁別人歸，曲江烟起，未減怨吟汝。

西江月　題性一《三游洞詩册》

快絶唐人漢月，忙哉水蝶山鶯。依然洞口白雲横。猶待詩魂長慶。　墨落盾頭餘瀋，風來林下雙清。多君戎馬此書生。同聽石淙琴韵。

昭君怨

蕉印乳花匳緑。松響幽籬人宿。把酒證孤思。知不知。　知向畫中尋夢。夢裏月明青鳳。悔我覓愁來。墨粧台。

臨江仙　題寶權畫扇，爲陳茀綏作

瀉盡冷濤流翠去，俄聽響接虛空。古愁消徹亂雲中。萬千天小小，三九月重重。　訇破石胎寒水髓，照來江北湖東。畫成苔草亦鴻濛。分光龍抱霧，起影鶴當風。

以上《雲想山莊詞集》卷四《緱笙引》

鷓鴣天

翠減紅消老不知。夢來雙照有花枝。一彎春水分流處，半是啼痕半是脂。　心淡淡，語遲遲。屋邊山黛幾番思。醒來香月蒙龍在，玉珮清深隔一池。

三姝媚　題《漚社詞》，寄滄江、寶權長沙

寒淞飄碧霧。寫呼樽清思，芰衣詞侣。海月如河，又照人無恙，品量梅譜。萬里羈愁，偏太息、故園烽炬。柳彈花疏，依舊分題，庾郎心緒。　遲我飄零何處。好待鶴江寒，賦鸚洲曙。一卷瑶音，是夢啼春老，琢情清句。祇惜芝凋，長拚與、一漚千古。十髮、古微先後逝世。

怨倩流湘雁到，江南社雨。

鷓鴣天 題畫

春到江南萬里香。一枝寒玉照紅粧。西窗掛起君何見，引柏招松對雪堂。 思款款，意茫茫。寫來水珮與風裳。玉芝初發雲如洗，寸寸胸中海嶽長。

前調

背柳遮花未放游。袷衣涼怯又驚秋。蒼茫旅夢雲邊雁，搖落生涯水上鷗。 將寫恨，那禁愁。中年王粲感登樓。江城乞食頭垂白，空唱新詞訪十洲。

前調

山色湖光落硯前。憶來詞意隔東天。荷衣未盡靈均感，又爲湘君寫一篇。 空盼望，各纏綿。繞枝烏匝我淒然。昨宵夢寄銀河曲，一點秋星似月圓。

清平樂 送芙珊之白門

夜涼風惻。話別清鐙白。一棹鶴飛招不得。又看江南秋色。 憐君昌谷英年。風華日照雲騫。明夜雁聲何處，應添錦字詩篇。

醜奴兒令

齊梁夕照何人載，高閣東西。低閣東西。黄蝶飛來上下迷。 詞名消受秦淮海姜白石外，花壓橫堤。草没長堤。春意秋情一樣悽。

鷓鴣天 甲戌除夕

紅遍羅幃四面花。放來風人莫輕遮。宜春帖

子冰梅酒，漠漠鑪烟更煑茶。　居漢水，憶長沙。少年景物已天涯。辛勤果脯傷阿母，那識孤兒鬢已華。

減字木蘭花

柳新春早。昨日元辰鳴小鳥。暖入衣輕。三十年來一見晴。　畫欄金勝。春在眉心人一問。寶馬香詞。寂寞開元賜酺時。

鷓鴣天　太平花

點雪新光照眼明。一株花色玉兼晶。任他萬刦都無礙，細蕚春光在鳳城。　多少恨，往來鶯。悔持新詠不成聲。宜陽壓鬢人何在，空立花陰想太平。

虞美人

晴郊暖日烟花麗。一角深深地。去來雛燕不依人。飛向緑楊林外、覓新春。　紅樓向晚驕驄過。寶帶金紋彈。凭欄寒月十分圓。迴望淡雲東北、一絲烟。

小重山

萬葉寒喧落日收。一天雲不到、水東流。繡簾休上小銀鉤。留待那、新雁過粧樓。　淚點灑空侯。昨宵殘月影、夢悠悠。鬱金堂下玉階秋。眉心淡、難畫少年愁。

點絳唇

天比雲低，秦時月照長安小。玉簫聲渺。十載紅心草。　江岸江沙，江雨江邊櫂。來時道。一彎波曉。萬點風前鳥。

南鄉子 十桂堂

新露勒初涼。一角城東十桂堂。金粟前身何處是，茫茫。散落花光下四方。 點點入杯香。寥廓秋心滿故鄉。招隱小山曾作賦，難忘。冠劍丁年句已荒。

惜秋華

岸樹維舟，寄滄波九曲，鴉天鷗地。秋意寂寥，猶望嘯歌簫市。三宵瘦月溶溶，算料得、嫦娥無寐。清淚。縱吹飄不到，瓊樓空費。 斜照昔年壘。賸青青野草，酒殘釵墜。故國斷魂，難遣柳嬌花媚。思量渺渺浮生，已聽慣、鵑啼鶴唳。愁碎。冷鐘鳴、繞迴沙尾。

定風波 過舊園

初度春風上李花。捲簾偷照閣邊霞。最是夜闌燈炧後。消受。一重山抱月兒斜。 剪得國香爲小字。前事。成烟紫玉九天遐。 莫檢故釵珍重看。長歎。彩雲殘夢落誰家。

蝶戀花 丙子上巳，看鏡樓褉集，分韻得『瀉』字

明鏡徘徊清晝下。褉約芳齋，買得春無價。詠事蘭亭今古話。萬花前日枝紅姹。 刻燭傳盃消永夜。燕子飛來，門巷仍王謝。 莫記貞元題水榭。芳辰繡甸雲垂瀉。

鷓鴣天

十五盈盈比洛陽。剪波眸影照秋光。門前九曲蓮花水，香浄微風到晚妝。 情脈脈，憶長

長。浣紗越女亦興亡。清狂一往秋無換，好月圓時一桂涼。

前調

衣薄輕籠酒不醒。非關花放也娉婷。眉尖倦掃西山月，還自開簾數曉星。　霜着白，雨吹青。試拈秋意問鴻冥。何時紅袖成偕隱，黄葉村中一草亭。

前調

江燕汀鷗共一塘。露荷留葉尚遲香。温存待語無人省，夕照紅如酒後妝。　蘭作檝，桂爲檣。試拈秋色與平章。芙蓉細柳三間屋，歸理爐烟九曲腸。

念奴嬌　丙子中秋

月忙今夜，向人間飄落，萬重秋色。玉佩錦裾情不了，分得湖青山碧。太白心知，東坡影弄，今古空詞筆。素娥宫闕，清寒遥想愁絶。　我亦似水年華，乘風路渺，難把前身説。折桂一枝杯在手，老去孤懷香歇。瘦雁流天，枯螢轉岸，遠眼江雲滅。淺燈兒女，歌聲夜涼消得。

滿庭芳　和沈懷珍女史詠梅，同夢海作

雪意催春，烟情透晚，省識幽夢芳塵。孤山清韵，雙照冷餘痕。消盡詞心綴玉，新來瘦、那感行雲。東風早，寒香寄與，不醉亦消魂。　湖濱。波正起，樓陰寫恨，藏月釵巾。隔綺窗，芳訊春在前村。記得瑶天小别，姗姗影、

明鏡長存。愁深淺，江南望斷，猶有未歸人。

高陽臺 和誦帚《宜山紀夢》詞韵

瘦月溶花，寒波礙棹，那堪殘夢明湖。四望鑾山，春枝萬點啼烏。風裳不捲靈均苦，問何方、俊侶同呼。總心傷，笛語雲邊，畫本空摹。　漪光記得菱歌晚，對花明照檻，簾曲題書。怎料而今，聽來冷雨飄珠。何須紉佩風塵裏，已看將、萬刦枰枯。整清吟，濺淚茫茫，緑到新蒲。

臨江仙 寄夢海

老去靈和休悵語，清清盾墨才思。酒邊新月掛南枝。各同開府感，懷卷及兵時。　畫雨夜涼秋漸近，硯心臥鴿交螭。河南揮管可分姿。不緣烏匝詠，流涕渭城詩。

鷓鴣天 題萬楓日記

周朔初新唱雅詞。春遲臘晚歲寒思。看將畫舘成清課，不減亭林寫日知。　金鵲炬，玉梅枝。也同甓運寸陰時。題成一事勞君記，一日須吟一首詩。

昭君怨 題畫菊

昨夜秋光猶惜。一桁晚涼香襲。依舊寫風流。捲簾愁。　點點野畦霜色。尚憶酒黃衣白。千歲又東坡。賦詩多。

鷓鴣天 題月農畫蝶

滕筆分明涴墨寒。故人埋骨比花殘。淒涼白石簫聲斷，空歎松陵碧水間。　香渺渺，影漫漫。惜才君我袷衣單。人間那有無愁地，等作蒙莊一夢看。

點絳脣　和誦帚《移居燕山村舍》詞二闋

春到村桃，訪源難覓秦人處。綺窗南楚。愁絶雲中雨。祓酒消花，且自隨春住。心相許。謫仙同伍。笛裏關山苦。

其二

滿地胡塵，折梅何日江南住。餞春晴絮。鶯囀知君苦。瘴雨茫茫，誰識江淹賦。相思否。汀洲人去。芳草迷南浦。

蝶戀花　和誦帚二闋

眼底徘徊春暗度。不似流鶯，得共流雲去。對酒漫傷書劍苦。草堂幾日來聽雨。百計待春春總誤。老去休明，空把他鄉賦。絮減花飛鶯處處。誰堪藕孔將身住。

其二

怖鴿靈山瞻佛後。乞食何緣，消盡閑情久。望裏閑雲空仰首。花期負盡千方走。蒼白瞬來翻覆手。有酒皆波，有淚皆成酒。天柱問誰能换斗。南朝玉樹仍依舊。

菩薩蠻　次柔兒韵，即寄恩施

邊城細柳招春色。天邊一雁分南北。夢轉莫生悲。關山遠更歧。花時休濺淚。珍重無憔悴。安處即鄉關。波平争影看。

西江月　次柔兒《己卯中秋恩施旅次感吟》韵

桂子雲邊香落，斟來杯酒吹涼。荒城客夢繞紗窗。一夜秋期霜降。雁陣遥飛天末，故園烽燧清湘。月光圓處幾思量。只有影兒相向。

秋千索 遊珞珈山

飛輪碾日春塵亞。看未了、絮高花下。鶯小偷閑燕子忙，山半起雲如馬。　東湖浪影眉梢掛。只道是、郭熙圖畫。晚來多少白鷗天，聽不盡漁樵話。

赤棗子 次柔兒韵三闋

前夜裏，雨絲飛。金炬燒殘客未回。檻外棠梨千片濕，一庭香霧照葳蕤。

其二

今夜裏，月波涼。光入銀牀似早霜。莫歎盧家雙燕子，鬱金堂上待新粧。

其三

明夜裏，水邊闌。夢到千絲碧柳間。誰向曉風殘月外，一杯春酒對花看。

南鄉子 辛巳中秋後五日遊花溪

拂面水粼粼。秋入花溪似晚春。一片夕陽如客燕，人人。歌哭分明各有因。　驚槳破寒濱。瘦葦霜多白點銀。不是悲秋無酒力，頻頻。叢桂麟山縹渺身。

高陽臺

衣涴花塵，杯消茗雨，無緣怎遣偕來。黛盡山空，尋秋共上層台。流雲遮日何勞訊，記當時、燈角低偎。待徘徊，逝海盟言，牀落庭槐。

紅樓深夜人回。正窗分岸木，鞋印階苔。

玉碎珊沉，風高萬疊心哀。霜來料得無芳息，問長堤、柳爲誰栽。展鸞牋，十字連珠，一寸寒灰。

鷓鴣天

水月如情迹是空。要將慧劍指西東。横階蘭艾何須問，英氣消磨寶鏡中。　雲與雨，白兼紅。任他舒轉落花同。人間那有無愁地，悵望蓬山一萬重。

臨江仙　次誦帚韵

江畔沉吟無日夕，風沙今日臨安。垂楊依舊綰春烟。樓臺鶯囀外，書劍馬蹄間。　誰向東南歌玉樹，夔門杜老思還。那驚袖舞此彈丸。月仍秦代月，天隔漢時天。

鷓鴣天

鳳尾羅香冷着春。十眉選譜見真真。月中清意梅先覺，只有寒山遠笑人。　窺倩影，不成顰。幾番清夢幾逡巡。柳枝瘦盡無多緑，玉笛絲風唱采蘋。

臨江仙

雲着柳稍花拂水，草堂寒食春風。未須消息隔簾櫳。玉杯寒淺淺，金屋夢匆匆。　只道有緣容再見，誰知燕子西東。黄昏微雨滴階空。折花人未到，花比去年紅。

鷓鴣天

鶯太聰明燕太癡。各分春色在高枝。紅樓雨望人千里，記得燈疏夢淺時。　雲掩月，一絲絲。莫將往事叩瑶墀。春寒宵枕君知否，酒斷江湖老牧之。

前調

寶髻無心理晚粧。春衫淺淺着鵝黄。朱闌九曲琴三叠，分得青山對夕陽。　愁繾綣，夢荒唐。便無海水不栽桑。光明殿角相逢否，説與瑶天賦七襄。

攤破浣溪沙

黄柳斜陽燕子樓。西風先上玉人頭。説與斷雲無覓處，隔揚州。　江冷楓林方下葉，橋空蘋水又西流。一片秋心如雨冷，合成愁。

臨江仙

何處落花何處酒，東風先入窗紗。連環蘿帶綰絲斜。那堪千里别，闌外即天涯。　欲説鳳城當日事，只將心問楊花。背人輕手撥琵琶。烏衣門巷改，燕子早無家。

昭君怨

十五盈盈河漢。盼斷玉蟾天半。昨夜有天風。紫車空。　萬古瑶華歌折。一夕蕊珠宫闕。清淺又千年。海成田。

醉太平

花魂曲廂。月魂曲廊。吴姬酒店春長。送東風柳黄。　斜陽過牆。新霜墮塘。歌聲宛轉西房。定夜涼鬢涼。

賣花聲

消息託眉峯。人在簾中。月斜星落有西風。

恍惚玉京仙樂徹，手把芙蓉。欄影自重重。何處霜鐘。燭花吹淚泫殘紅。聞道天台秋最好，又怕雲封。

以上《雲想山莊詞集》卷五《定香聲》

玉樓春

芳菲盡在東風裏。殘月曉風人未起。有情新燕語簾間，先報春來無限意。　花飛點點空隨水。不省傷春人濺淚。一尊濁酒一清歌，閑却玉樓人未睡。

憶江南　題植樵畫横琴仕女

心悵悵，無語託瑶琴。玉軫晶瑩霜色凈，朱絃起伏水流音。窗樹漸秋深。

倦尋芳　少城公園探梅

軟風春轉，淡日人來，芳意何處。詔我尋梅，只有浣花愁緒。萬古詩情閑玉壘，一生墨妙無銅柱。且淒然，看嫣紅到眼，亂枝香雨。　水正白首、霜絲千縷，少日琴書，辭影誰主。水北山南，風過滿衣清霧。付與斜陽沉野寺，何堪蠻語連村鼓。獨低吟，比西湖，逋仙相顧。

如夢令　題畫

買得墨脂幾許。試畫藕花秋渚。水珮自飄然，淺淺紅衣來去。誰主。誰主。瘦了姜家詞句。

鷓鴣天　游薛濤井

水氣遥吟過竹凉。枇杷門巷浣箋堂。美人一

井留千古，宋殿唐宫衹夕陽。　花遺卷，日昏黄。攜愁親訪掃眉娘。春風管領人何在，萬籟蕭然坐茗香。

鳳凰臺上憶吹簫　秋夜懷嗣曾、夢海

寒月巡蓮，涼風玩竹，懷人獨對孤檠。奈階蛩霜咽，更盡還聽。歷遍蘭荃楚澤，年來恨、枯到詞名。知何處，天池詠遠，渺隔層城。　遺情。朱欄遍倚，向枕曲冰絲，試譜秋聲。感賦愁平子，火宅心驚。縱許歎歸非晚，怎禁得、落葉辭青。流天外，蘆沙雁起，又坐天明。

玉樓春　和弘度《即事》詞韵四闋

紅銷落日銀濤换。歡盡屏山人影遠。憶來幔底燕無踪，悵望楸中猧竟亂。　年年壓恨東風轉。坐惜殘紅飛隔院。芳心訴與曉春知，怎奈江南春不見。

其二

六宫粉黛恩無似。一曲珍珠題小字。荒蕪淺竹盼羊車，那識君王行幸地。　玉階立露緣何事。七夕釵盟須共記。居然太液又重來，親見滄波都化淚。

其三

雪寒酒力慵無勁。漢苑層城殘照賸。背燈幽怨説誰憑，園角春秋花自佞。　冰心遺卷三宵證。空盼支機尋石贈。紅痕點點涴粧台，那有菱花懷袖鏡。

其四

亂沙雁起西風遠。芳訊遲遲江上岸。爐山相

對坐香銷，撚帶添衣秋更倦。　流年似水風情換。甲子靈飛君試看。明珠難報美人心，展盡山光雲不斷。

清平樂　乙酉八月十八日夜即景，示綺薌

月明帶雨。此夕秋無主。獨坐小窗聽葉舞。誰識九迴腸苦。　非干萬水千山。思量隔半城闕。小別也教無夢。長天怎奈秋寒。

醉落魄　和弘度《補詠壬午日蝕》詞韵

金環破色。疎林影散千烏出。天空雲蕩層層碧。百歲方逢，輪轉到今日。　身藏藕孔原同蝨。休勞羿射神弓覓。東溟薄霽西洲黑。寂寂花帘，殘白見清逸。

瑞鶴仙　乙酉中秋

玉樓明鏡滿。照萬户千門，散光璀璨。重簾送秋暖。正甘泉書捷，節佳風遠。珠燈璧琖，料碧海、姮娥寢緩。步虚中、古桂參差，試把袷衣微展。　低轉。清游窺到，倚袖殘星，落林偷颭。懷人意淺。相思賸，此宵短。况天涯川水，無波摇恨，負了詩腸酒眼。望東村、流散疏雲，一絲瘦卷。

浣溪沙

乞得靈心硯外收。野雲含笑月含愁。幾時春到海東頭。　花事偶閑搜舊譜，酒懷無意把孤甌。人間何福問沙鷗。

前調

淡淡眉峯一捻腰。薰香容我坐良宵。松陵何事詠吹簫。銀漢有星隨北渡，青城無雨待西招。未容相見夢長橋。

浣溪沙 和弘度《感舊》詞韵六首

春盡晴風想舊湖。紫陽樓閣水禽呼。翻思詠事不如初。柳下試車花插帽，藕中摇舫酒沽書。舊巢還有燕來無。

其二

花韵琴心却兩宜。忽驚風雨倩誰知。尋芳真悔再來遲。午睡枕邊蘭蕊謝，晚行鋤下菜根肥。我行剛是餞春時。

其三

前笛晴湖水倒流。幾家紅粉幾荒丘。梅花容我一低頭。將錯酒深空濺淚，有心花滿不知愁。夕陽何事勸登樓。

其四

四面琉璃照畫窗。蘅蕪長掩舊時墻。坐宜邀月待新凉。玉盞浮冰時切藕，金爐沉水偶添香。相思終古是尋常。

其五

春社新詞偶倚成。乃園花事趁初晴。雨中春老鷓鴣鳴。擁筆山居燈寂寂，横刀邊警霧騰騰。莫愁堂上兩關情。

其六

落日何年照大旗。杜鵑忙煞一春飛。海桑雙換各低回。春到野花知再發，愁來殘蠟不成灰。手招黃鶴幾時歸。

過秦樓　乙酉深冬長晴，舘梅花下懷蘭君，不見二十年矣

水暖鱗歸，日閑禽去，臘盡未春寒斷。梅憨款款，試認疎林，不是小孤曾見。愁詠故澗銀莎，垂老西東，負將清讌。歎瀟湘萬里，樓台何處，舊時人遠。　空記得、幌翠香餘，燈紅曉換，侍汝入時眉染。惺忪絮夢，采擷蘭名，一夜管停歌變。芳約無緣更尋，長逝翩鴻，潛期歸燕。衹年年今日，怎不思量寒戀。

陌上花　題曼華像

春思鏡外玉容，千里殢人嬌晚。錦袖羅鞖，消受小梅詞舘。珠燈試寫華年影，幾度縱歌腸斷。悵蓬山疊疊，長波音渺，鬘天花散。　寄芳菲是柳，愁邀何處，江水江風分半。刻意温存，只訴玉壺心暖。傷春拚教人無夢，珍重亂鶯寒雁。奈庾郎漸老，詞情難寫，曉峯雲嬾。

八聲甘州　次弘度見示詞韵

乍傷春小病息詞心，流湘客思家。記臺荒題漢，祠高銘楚，同付塵沙。白日烟霾那浄，篝火照殘笳。屈指君歸矣，休悵天涯。　試説中原杯酒，真蛟藏蜃幻，誰見繁華。歎棋成錯着，空有少陵嗟。坐長宵、燈寒相訊，黯穿簾、風雨濕殘花。東南淚、盡悽清地，疏樹啼鴉。

三姝媚　次弘度《詠烟中峨眉三峯》詞韻

烟容難寫就。是天仙來塵，珮明蛾秀。好景回風，襯蜀江青漲，織羅衣繡。梵殿浮光，休更念、尋春人候。展盡鬟鬆，帶顫釵横，怎禁僝僽。　相隔江陵夢久。待寶鏡澄寒，引翔文鷲。道訊瑶天，有淡雲明滅，散花身手。似幻疑真，長記却、春前秋後。想共期君遥睇，西樓試酒。

鷓鴣天　次弘度《感事》詞韵

霜盡林空葉不飛。徘徊明鏡幾番悲。待商深淺眉難畫，凋到朱顔似昔非。　河上涘，嶽邊隈。十年英氣已成灰。層層禾黍君知否，撰杖空吟月一圍。

前調

誰見邊城折柳人。旦尋粧閣舊脂痕。回鸞莫便驕新舞，小試娉婷馬上身。　今日酒，古時雲。一番棋换一乾坤。年年詠到新蒲緑，獨有疏花帶晚塵。

風入松　舊燕

柳烟杏雨舊芳洲。人去幾番秋。呢喃記得丁甯訴，驀西風、吹到新愁。叠叠山河殘夢，茫茫燈月羅裯。　十年春社涉紅樓。又見蜀江頭。分花舊依翩翩在，奈棲香、別有綢繆。一夜天南春去，畫簾又冷銀鉤。

踏莎行　燕又北飛，感賦

極塞雲寒，重簾雨老。南枝北葉無多少。争

如相見不多時，迴顰引笑誰知道。　社日沉沉，番風草草。秋來春去芳心悄。莫須路遠怨長安，龍城萬里偏飛渺。

鷓鴣天　觀季筠女史畫　女史爲鳳威愍全室人。威愍殉難後三年，葬祭事畢，懷石沉池殞

九衛綏戎血涴冰。旄摧戟折起閨鷩。三年抱石沉破去，雙照忠貞合一星。　心久碎，淚交横。荒祠異代亦榛荊。南樓苦節清如筆，活色生香殿曉鶯。

翠樓吟　丁亥中秋前夕賦

露草招蛩，風鈴怖鴿，傷秋悄然心際。烟塵迷遠域，又江水吹張兵氣。篝狐驚起。悵乳燕無家，籬花封淚。憑誰寄。初明淒感，苦吟人悴。　忍記。殘刦江南，也沸雲冽日，踏城胡騎。甘泉方報捷，便春恨、無緣料理。繁霜身世。且拜杜祠西，溪花生意。簫聲碎。小橋圓月，掩愁清寐。

玉樓春

靈修苦作詩歌好。披荔長爲山鬼笑。落紅點點暗隨波，野岸參差生舊草。　千山花事和春了。寂寞玉樓人怨曉。起來還是怯梳頭，低説昨宵清夢少。

臨江仙　和弘度韻三首

都道不如歸去好，波長那繫扁舟。欲持杯酒問江鷗。亂飄今古淚，長寫眼心愁。　誰拾紅蘆和翠竹，野人相共勾留。難憑定向與身謀。品棋皆錯着，欹枕任神遊。

其二

都道不如爲客好，鷦枝即是蓬廬。漫題甲子義熙初。廢吟東閣史，忘賦左徒嬃。 照眼關河横百怪，眩人紅日魑狐。有雲無路叩天衢。竹荒辭逸叟，花盡笑狂夫。

其三

去住商量都不是，坐看雨過雲虛。未妨漁晚一竿扶。水寬魚意動，花發蝶情殊。 秋盡湘蘅懷楚客，誤將白首寒儒。故山猿鶴久相呼。書愁心已嬾，揮手碧天除。

以上《雲想山莊詞集》卷六《月下修簫譜》

以上《雲想山莊詞集》

楊俊

滿江紅 寒鴉

林杪風號，正薄暮、霜羽倦飛。郊坰外、四山如睡，晴雪紛霏。陣勢盤旋濃墨潑，巢痕零亂夕煙迷。最怕聽、腸斷一（去）聲聲，枝上啼。 飢鷹竄，征鴈歸。半天外，暝雲低。問玉顏無恙，不管斜暉。却歎垂楊終古在，白門風景已全非。更忍看、宮樹近黄昏，愁後棲。

遶佛閣 題沈石田竹堂寺探梅圖

梵宮靜掩。叢翠秀茁，香搵斑管。簾外春煖。又看嫩蕊横枝、偏庭院。畫圖乍展。猶記妙手，毫素親吮。花韻清遠。似逢斗酒同攜、雋遊伴。正覺舊禪刹，剩有殘鐘淒已斷。

何處更尋、名葩兼美箭。但一片寒煙，搖曳窗畔，寫生縑絹。試認取丹青，吟興閒遣。且留題、袖中詩卷。

醉翁操　圍爐話舊

寒窗。昏黃。相將。剪銀釭。連牀。傾杯助君澆枯腸。昔時年少歡場。今鬢霜。世變屢滄桑。欲舉頭上呼彼蒼。悶懷謾遣，風月（去）平章。舊愁細訴，遙指關山路長。燈幾挑兮思量。塵幾揮兮旁皇。君歸兮故鄉。從君兮徜徉。且共盡壺觴。夜深蓮漏聲遠颺。

雪梅香　蠟梅

曉煙密，空山寂寞逗疎香。探羅浮仙夢，鴻泥印屐苔荒。居士分脾飽崖蜜，美人妝額點宮黃。有寒萼，背地先開，偷取蜂房。臨窗。寫詩思，一片晶明，費我平章。冷落名花，任教友雪媒霜。寶炬還持照顏色，麴塵堪染作衣裳。終須讓，磬口檀心，獨（平）殿羣芳。

早梅芳近　用清真原韵　西崦釣雪

崖谷深，巖泉好。徑僻人誰到。獨撐漁艇，漸入寒溪鏡波照。半篙新漲膩，六（去）出飛花小。正披簑戴笠，篷背水天曉。斷澌流，凍泮了。咫尺黿山道。船輕不擊，絮舞因風下雲表。鳳鳴岡遠峙，虎隱橋圍抱。任投竿，太湖煙霧杳。

望海潮　弔戚南塘

鯨橫滄海，鼇掀蓬島，中流砥柱誰扶。帷幄運籌，疆場控敵，當年坐綰軍符。閩嶠歷崎嶇。記大旗壁壘，威震邊隅。掃盡欃槍，練兵神策邁孫吳。　而今緬想雄圖。早仙居道隔，平遠臺蕪。烽火未消，星芒遽隕，天驕牧馬長驅。奇效紀新書。看薊門寂寞，憑弔欷歔。橫覽中原，又聞鼙鼓震天衢。

眉嫵　虢國夫人早朝圖

看香車如水，寶馬猶龍，魚鑰禁門曉。扈擁天人去，鳴珂路，籠紗雙炬前導。趁朝恁早。袖玉去鞭、争讓花貌。定應怕，國色汙脂粉，兩蛾淡眉掃。　春好。門楣光耀。奈亂離忽起，恩眷難報。認識芙蓉面，嬌模樣，丹青猶剩殘稿。畫中看飽。勝那時、驢背茸帽。但平視椒房，終恐被、麗人惱。

愁春未醒　唐花

園扉晝掩，分付雲屏環擁。峭寒勒枝頭，春早借取爐紅。萬種清芬，幾番幽信趲東風。緑章馳奏，通明殿裏，乞護珍叢。　且共醉吟，紅嫣紫姹，休笑冬烘。看今夕、凝妝燭下，花睡矇矓。錦帳重圍，直將人事補天工。移春闌檻，別饒芳意，恁地嬌慵。

笛家　東坡生日

梅著窗前，柳舒溪側，吟肩寒瘦。奉觴同上南山壽。喜瞻詩聖，更仰詞仙，毗陵迓爽，眉山延秀。玉去芋名羹，碧上香良醞，好與蘇春酒。遺青巾，弄瑶管，一曲南飛，細賡雅奏。　識否。大蘇當日，朝端夜直，撤炬分蓮，嶠角朝飢，鬬畦嘗韭。公《和陶詩》『早韭欲争春』，在海南時作也。最苦、遺重烏臺蒙省，命蹇蝎宮難偶。只餘文章，出人頭地，光氣騰牛斗。披圖畫，至今看，鶴老松貞，歲寒時候。公有《生日劉景文以古畫松鶴爲壽》詩。

滿庭芳 用清真韵　文衡山手植二藤

柯老虬蟠，影交龍舞，紫雲華蓋勻圓。畫闌低護，猶帶故園煙。知是騷人舊植，撫修幹、濃緑濺濺。閒凝佇，芬芳可酌，滿泛小觥船。　年年。春易去，名園換主，無恙疎椽。想澤留棠蔭，應記從前。曾共山茶鬬色，緑陰下、曲譜歌絃。還重認，停雲伴侶，於此抱琴眠。

荷葉杯 本意

對飲坐中浮白，篛碧藕花香。小欄斜倚看魚戲，微醉更飛觴。

解紅 荔支

旭照麗午風薰。嶺南絶域風味新。一上騎塵飛走千里，滿盤馥郁後宮春。

月華清 團扇

炎暑方張，冰紈初製，擬他蟾魄清朗。還問誰家，寫出放翁真相。借尺素、疑翦天衣，映羽翠、未輸宮樣。搖颺。正香肌汗透，紗籠碧帳。　處處天高氣爽。奈轉眼秋捐，綺懷惆悵。篋笥珍藏，總算君恩無量。待重看、妙舞風迴，依舊是、宛羅塵障。無恙。願團圞終古，合歡同賞。

八寶妝 甫里保聖寺羅漢塑像

禪宇塵封，斷碑苔蝕，驟覩化工雲詭。睛點神龍稱妙品，儘有傳心微旨。當年曾證勝因，瓔珞莊嚴，摶沙休借嵇康擬。呵護一去龕香火，長留天地。　高寺試數蕭梁，刦灰處處，刹旛輕換塵世。待瞻拜、應真瑞相，又多少、人天興廢。弔遺跡、來遊用去里。一編重補伽藍記。問塑手通靈，丹青像設今餘幾。

醉蓬萊　竹葉青

正玉缸春釃，醉影篩雲，豪情蔛斗。曾記前遊，認酒痕襟袖。吟伴重逢，幾番沽飲，問杏花開否。緑螘初嘗，黄鵝已换，肯輸紅友。　清話蕉窗，一去樽頻倒，療俗須君，未嫌消瘦。如水情深，算古人誰又。泛菊延秋，釀荷消夏，羨淡交依舊。興到銜杯，閒來把臂，七賢堪偶。

玲瓏玉　藕

家住銀塘，本生得、玉骨冰肌。并刀薄切，頓教暑氣潛移。道是晶盤味美，共浮瓜沈李，涼沁詩脾。凝脂。思華清、初出上浴時。　豔説佳人細雪，料深情千縷，難斷霜絲。孔竅玲瓏，素心通、宛曲靈犀。當筵初舒纖腕，最堪愛、輕盈一握，比似柔荑。與荷芰，話前身、曾未涴泥。

雨霖鈴　芭蕉

窗紗籠碧。愛參差影，静掩朝日。珠簾半捲丁字，看欄檻外，紅塵遥隔。緑綺焦桐試撫，正人語岑寂。任閉户、閒擁圖書，借取濃陰滿庭冪。　迷離夢影渾難覓。更重重、卷得愁心密。何人遶牖栽種，留與聽、雨聲淅平瀝。

永夜無聊，應遣煩襟，百上感都滌。料對此、雲錦香箋，定有題詩客。

訴衷情近　七夕

早秋夜永，皓月明星四照。紅蛛織上網初成，髡鵲駕橋已到。瓜果繡筵扶拜，點點靈犀，暗乞上天孫巧。　雙星苦，一夕綢繆未了。比肩私誓，那管人年少。愁難療。絳河淚滿，匆匆短夢，又驚天曉。瞬息雞聲報。

曲玉管　蟬

野柳煙疏，庭槐日黯，高歌一上曲驚孤枕。客夢南柯初覺，晴午花陰。儘長吟。　蚓轉新腔，蛙鳴田鼓，颯然爽籟增淒凜。嘒嘒聲低，迤邐飛下叢林。暮雲沈。　自感浮生，早煙火、人間無分，記從蛻化登仙，惟餐冷露宵深。撫瑤琴。有高山流水，渺渺鍾期何處，白頭人老，飽閱塵寰，孰訂知音。

六州歌頭　題張吳故宮遺址

平江舊治，憑弔古英雄。荒壕斷，殘阡在，柳陰中。莽西風。回首長淮上，義旗豎，人豪出，成敗論，興亡事，忒匆匆。劫火連天，碧血齊雲燼，樓閣都空。慨將軍星落，倦舞十條龍。禾黍蒙茸。此吳宮。　又滄桑換，谷陵變，披榛蔓，路旁通。三徑闢，園林勝，憩遊蹤。繚周墉。高館淩虛起，伴蟫蠹，老書傭。休沐去暇，乘清興，植吟笻。誰信當年遺址，西亭外、廢草叢叢。且烏江淚灑，悲憤話重瞳。晚照留紅。

雪獅兒　冷香閣遠眺

劍池旁湧，浮圖上豇，山居幽絶。照影憨泉，猶有一泓澄澈。苔封磴滑。看虎踞、層巖森列。清遊好、玉蘭房外，跡留鴻雪。　閒遶迴廊步屧。向欄杆憑徧，眼前塵豁。仰矚長空，黯淡荒煙如抹。浮嵐幾叠。更掩映、斜陽明滅。蒼翠接。隱隱暮雲城闕。

蘭陵王　新柳

小橋側。朝雨輕塵乍浥。晴暄嫩摇漾短隄，弱縷垂垂盡無力。東風漏信息。春色。重尋繡陌。樓臺映，濃抹去淡妝，低壓溪烟蘸柔碧。　光陰逝駒隙。記飲餞津亭，攀贈江驛。天涯芳草嘶金勒。欣隔歲人到，故園春早，長條依舊迓過客。道猶似相識。　緜密。罥千尺。任玉剪勻裁，螺黛輕飾。眉痕點染知誰筆。有蟄燕初起，亂鶯如織。天然圖畫，對麗景，漫浪擲。

夢横塘　横塘載酒

岸欹垂柳，波點浮萍，小舟摇漾溪碧。有約聽鸝，喜覔個、尋春詞客。紅杏花時，玉去缸香際，酒家誰識。看村童笑指，那處青帘，新醅釃、堪沽得。　長橋路出芳塘，正花明繡野，草暗薰陌。一去葉輕艭，中坐着、幾人浮白。半酣後、長歌倚櫂，真把湖光盡呼吸。日去暮歸橈，短笻扶醉，已頹然無力。

石湖仙　石湖春汎

魚天千頃。是西子曾遊，湖水如鏡。争羨越溪春，度長橋、拏舟覽勝。楞伽峯峻，遠眺處、碧雲無影。風景。似畫圖、一上憕堪省。中流盪搖畫槳，正晴湖、盈盈練浄。櫂發吴謳，引得眠鷗都醒。緑酒擕尊，緑波浮艇。後遊還等。秋耿耿。波心串月去光冷。

壽星明　祝許母沈太夫人壽

循彼南陔，言采其蘭，歸以壽親。正名園稊柳，俊遊挑菜，朱旛綵勝，萬象皆新。歌囀鶯簧，舞迴蝶板，堂北風和萲草薰。韶光好，算花朝初過，人更長春。　夫人。系出休文。有令子、清才邁等倫。想銀鉤字體，簪花舊格，金刀畫筆，寫竹餘芬。桃實充盤，橘香盈袖，戲綵翩躚笑語頻。期頤頌，願年年祝嘏，同醉芳尊。

江南春　本意

芳草長隄，穠桃古渡，鶯花都在南國。殘金賸粉，問六去朝、多少遺迹。王謝當年宅。呢喃燕、可還認識。待更與、流觴水曲，着屐峯巔，尋春且讓詞客。　繁華事，應記憶。恁柳暗花明，萬千春色。江山信美，付翰墨、雲煙收拾。天水王孫筆。知曾費、絢朱染碧。人倚小樓，聽雨孤燈，愁紅杏兮明日。

月下笛　用清真韵　本意

廣宇雲收，明河練闊，遠連天碧。愁懷自抑。聽取誰家長笛。算年年、漂泊絮萍，爪鴻印迹都舊識。　怎清商到耳，陽關哀怨，動人襟臆。開軒閒眺遠，一縷微風，替傳歌拍。明窗浄室。最苦銷魂詞客。漏沈沈、夜闌未眠，嫩涼似水珠露滴。翦銀缸，又覺蟲聲，四壁增太息。

紫萸香慢 紫萸

慣幽居、山中風景，恰逢晚節重陽。看登高時候，亂紅蔌，拆珠房。正共黃花爲侶，向涼秋天氣，占得幽芳。笑飄蕭、髩雪插取一枝香，倚醉態、儘澆酒腸。　年光。老大堪傷。渾不省、有紗囊。問胡灰劫上土，仙家樂餌，趨避何方。且尋時佳會，細看罷、更思量。想明年、翠微高處，故人相見，還約重舉清觴。依舊健康。

東風第一枝 香雪海

西崦春回，南枝氣暖，探芳直上銅井。玉龍交舞前山，水麝度薰斷徑。東風拂面，有翠巘、丹崖輝映。望一片、清淺横斜，盡是暗香疏影。　誰寫出、輞川畫幀。還引起、灞橋詩興。詎知千里寒芳，照在萬峯靈景。清遊如許，好曳杖、吾家山頂。更笑問、驛使江南，折得一去枝誰贈。

一萼紅 紅豆

渺相思。想佳人采采，南國恨春遲。離緒千端，芳心一顆，愁聽枝上鵑啼。試抛去、玲瓏玉去粒，又換取、鸜鵒替銜回。手檢明瓊，淚封羅帊，憑寄誰知。　飛燕伯勞多事，悵東西擾擾，作客羈棲。香篆燒殘，燈花卜未，遥夜頻問歸期。料應記、吴趨往跡，有書莊惠元龍先生周惕詞館陶鳧薌先生樑留題。　願祝東風到來，補種雙枝。

祝英臺近 除夕立春

佐椒盤，聽鏡語，争道歲華轉。難得今宵，寒盡氣先散。正逢青帝來時，鞭香牛土，問何處、春旗招展。　悶愁遣。鴨爐閒撥寒灰，瞢騰坐宵半。孤負東風，韶顔詎能换。但持新釀屠蘇，漢家殘臘，尚循例、一尊相餞。

穆護砂 用宋燕石原韻　燭淚

已是迴腸苦。對西窗、獨坐聽雨。矧釭花蔌落，亂紅無主。玉去容闌干如妬。看滴滴、殘脂零幾許。問底事、鉛痕凝注。料日暮、輕煙散入，杳不見、星橋銀樹。猩色上屏前，水晶簾下，秋波愁向望中枯。擬洛神含涕，湘妃嘑血上，淒黯竟何如。訴盡一腔心緒。溼青衫、儘多悲楚。鳳膏明處，離筵愁絕，圍爐夜寒撥飣。歎小隙上、情天誰可補。頻剔翦、黯然如故。華炬閃、寶蓮摇燄，殘跋燼、豹髓消腴。借取餘光，更移紋蠟，莫教錯寫郢人書。待緘對、鮫室冰綃，珠凝千點露。

霜花腴 歲寒堂

義田瞻族，薦藻馨，千秋共仰高風。堂繞煙雲，閣淩霄漢，孤標賸有雙松。耐寒忍冬。看故家、喬木蔥蘢。最關懷、後樂先憂，抗心期與古人同。　回憶誦書蕭寺，齏鹽晝粥，破竈塵封。天禄邀恩，廉泉分潤，宏開夏屋崇隆。翠陰蔽空。想見他、千丈虬龍。對天平、萬笏上封阡，錦楓霜醉紅。

江南好 喜芯廬至，並懷鮃隱

音譜江梅，夢縈隄柳，暮雲長憶征鴻。小樓人倚，朋舊正相逢。擕得金尊美酒，消炎暑、涼洗荷箭。題襟處，蕉窗雨碎，燈映畫屏紅。天涯歸倦客，重尋燕約，一聚萍蹤。趁浮瓜清宴，傾寫離悰。省識河陽花好，別來久、依舊春風。慵看鏡，霜催皓髮，年事太匆匆。

醜奴兒慢 小窗嫩寒，立齋預訂探梅之約，賦此示意

春光破曉，雙燕初鳴林際。奈寒勒、江南春信，剩有餘威。載酒聽鶯，故人先訂賞花期。玉梅將放，擕笻庾嶺，遥想何時。　底事嫩寒，竹窗無賴，閒詠新詩。試風剪裁紅，香滯倚翠人稀。　點檢郵籤，鴈書層疊兩情知。　晴和天氣，芳郊試馬，樂也忘飢。

氐州第一 旅寧有感，和艮師《重九》原韵

涼浥桐枝，香逗桂子，題糕又詠重九。路曲鶯藏，堂空燕去，留得詩篇斗酒。滄海桑田，共悵望、山川依舊。且插茱萸，頻餐秀菊，步人塵後。　慣向鍾山憑眺久。訂遊侶、曩言休負。更望棲霞，登高有興，約醉紅詞友。過東籬、閒對飲，窺花貌、憐儂益瘦。恰借霜螯，換東坡、新詩數首。

采緑吟 荷葉

洗碧天無滓，向晚雨歇方塘。風摇玉柄，水浮鈿靨，香破銀囊。悄昏黄獨掉，沙棠槳、翠陰掩著鴛鴦。想金莖，承盤小，瀼瀼珠露自芳。　魚戲繞西東，柔颸動、煙光雲影摇漾。小立玉娉婷，看豔奪紅裳。趁筵開、沈李浮瓜，聯

吟侶、箏碧共流觴。迎涼早，濃緑蘸波，芬馥四颺。

隔浦蓮　銷夏灣懷古

薰風吹動細草。葉綻池蓮小。笑指靈威路，湖光緑連雲表。涼氣森四繞。凝眸眺。萬頃煙波淼。　嫵眉掃。西施去後，青山終古顰效。香溪淺漲，試認雪泥鴻爪。衰柳斜陽處處照。遊釣。行人猶話吴沼。

洞庭春色　橘

小住江南，遠離淮北，記取舊遊。笑繁華人世，幽居隔絶，寧甘爲圃，奚羨封侯。正是濃霜天氣後，看一樹圓丹清氣稠。嚴寒耐、更雲霞焕彩，紅徧千頭。　商山儻逢皓叟，且游戲、一曲枰楸。喜洞庭緘札，陸郎懷袖，金華玉几，珍果初收。想見幽姿，湘水畔訂，吟伴尋詩同泛舟。關心事，自靈均頌罷，終古芳流。

雪獅兒　題壽客迎猫圖

冷香含雨，疏枝泫露，盈庭秋色。笑裏紅鹽，剛是雪奴迎得。金鈴繫索。看小臥、花陰欹側。芳茵輭、一般珍護，碧紗籠隔。　伴取延齡壽客。正雙睛如綫，午晴時刻。粉搦酥搓，豈讓寒英丰格。淋漓彩墨。更點染、宣和仙筆。祈耄耋。把酒請從彭澤。

飛雪滿羣山　喜雪

林寂歸鴉，庭閒棲鶴，望中樓閣鋪銀。暗窗鳴葉，龍公試手，四山徧布彤雲。此時來舊雨，正爐火、紅泥半温。破寒梅小，因風絮舞，冰玉去盪吟魂。　還共約、旗亭重顧曲，認酒旗低颭，沽取金樽。錦囊應滿，詩成漫興，晚歸尚帶餘醺。板橋回首處，有人迹、泥留印痕。瑞年同慶，豳風景寫圖畫真。

瑞雲濃　瑞雲峯

雲根秀偉，疑從天上星隕。中使曾傳詔書問。綱船遠載，奈寶藏、鮫宮偏靳。劍影化龍津，訝鯨濤雪滚。　犀照波心，衝駭浪、神工廣運。點綴園林見奇品。翠華何處，看至今、白雲千仞。石也無言，鷲峯永鎮。

垂楊　秋柳

金飆應序。正古隄望極，泬寥天宇。樹老江潭，瘦腰猶向西風舞。何時重見舒眉嫵。鎮長鎖、白門煙雨。問當年、多少風流，甚斷腸如許。　曾記章臺舊侶。共絲綰玉去驄，曲歌金縷。瞬息流光，板橋茅店成孤旅。陽關此去愁無語。賸別恨、依依遠浦。背斜陽、一陣寒鴉，啼更苦。

減字木蘭花　無題

秋來小病。茶鼎藥鑪惟愛静。病起無聊。試寫黄庭遣寂寥。　自傷命薄。壓綫年年如繭縛。學畫蛾眉。愁黛終憐未入時。

其二

驪歌唱處。珍重一聲無別語。鴈帛傳來。兩字平安喜稱懷。　天涯久客。屢問歸期歸未得。待到重逢。細訴離懷一醆中。

憶舊遊 秣陵懷舊，倒叠艮師《遊鄧尉》韻

記門前柳暗，渡口桃穠，人上蘭舟。認識秦淮路，聽誰家弄笛，夢攪閒鷗。鏡波照澈空際，風景足句留。正醉月飛觴，紅欄徧倚，婉曼歈謳。從頭。溯前事，又畫舫青溪，重試春遊。荏苒韶華去，望烏衣門巷，斜照凝眸。故山對擁愁髻，荒靄接天浮。問短陌銅駝，東南舊蹟佳麗樓。

拜星月慢 用清真韻　螢

露溼庭階，涼侵簾幌，短燭孤檠欲暗。昨夜西風，入梧桐秋院。訝何處，一去瞥、金樞掣電微閃，紫極流星初爛。巧被佳人，已牆東窺見。扇羅輕、佇立猶遮面。初相遇、正在闌干畔。戀戀久坐，人衣肯隨風飛散。借紗囊、照澈吴娃館。長門靜、竟夕聞微歎。且更伴、一點愁燈，滴銅壺不斷。

洞仙歌 用東坡韻　擬坡仙賦蜀主孟昶與花蕊夫人摩訶池納涼事

仙姿綽約，透綃衣微汗。小步凌波襪去塵滿。翠華臨、曲沼清浥花香，風乍颭，紅粉蓮房墜亂。倚欄凝睇久，高挂晶簾，天外晴雲漾銀漢。玉去殿暗生涼、侍女添香，停琴竚、月光斜轉。但只恐、宮梧早知秋，又一瞬、西風扇羅輕換。

惜寒梅 過春草閒房

四座圖書，喜幽居、一點不留塵俗。小巷雙林，記取高人舊築。此君孤操稱方竹。歲寒勁、貞柯愈綠。編年詩就，自擬泉明，願繼芳

躅。滄桑變幻世局。看空梁燕泥，夕陽屋角。三徑蘼蕪，想倚虛窗坐獨。幽蘭終古悶空谷。正好配、玉梅畫幅。憶翁無恙，愁箋淚墨，一樣芬馥。

古香慢 柏因社紀游

櫂謳下崦，笻步通橋，春在梅嶼。路入青芝，隱約翠雲密布。雲氣毓喬柯，奮千丈、虬龍怒舞。有霜苔露蘚萬點，歲寒挺秀終古。　試縱覽、林巒幽處。枝幹扶疏，還鬭風雨。氣挾精忠，料得鬼神呵護。翦拜勿輕施，似丞相、祠前老樹。向空山，憩濃蔭、幾回摩撫。

徵招 荷蕩小集

梁園夙訂吟風侶，鄒枚盡饒高致。近局理清歡，好浮瓜沈李。一舟緣葑水。乍招得、襲衣花氣。路入銀塘，緑雲無際，颭涼荷芰。　徙倚小吴艭，中流漾、東西静看魚戲。味沁碧筩杯，儘酡顔一醉。笛聲何處起。且聽唱、櫂歌清脆。騁幽賞、月白昏黄，滯畫船歸未。

西子妝 西湖

孤嶼雪痕，鏡潭月影，第五橋頭曾駐。半湖煙水一篙輕，話前游、芰荷深處。垂楊媚嫵。寫不盡、千愁萬緒。步淩波，看晚妝西子，宜晴宜雨。　重凝竚。夾岸鶯花，尚記蘇白路。玉驄飛轡逐香車，趁夕陽、遶隄來去。歸舟喚渡。四山暮、中流洄溯。聽南屏，一片殘鐘亂杵。

國香慢 盆蘭

絶世仙姿。正國香領取，手植分滋。靈根秀

鍾庭砌，換土重移。汝定柴哥精製，未輸與、磁斗珍奇。蕭齋稱高潔，燕几屏山，秋水文漪。一簾風不動，任微馨暗拂，閒對芳蕤。膽瓶清賞，何用添供花枝。九畹騷情寄託，楚客來、應許心知。幽懷寫香草，浄室明窗，獨坐多時。

惜紅衣　荷花

翠沼風清，銀塘露溼。四圍花壁。笑舞紅衣，新妝鬭顏色。淩波照影，如對鏡、胭脂初拭。疏密。摇曳晚涼，惜嬌柔無力。凭闌小立。芳氣侵裾，疑來衆香國。三更籟静泛鷁。藕花隙。好覓采蓮人去，莫怨浣紗溪隔。拚夜闌沈醉，同酌玉醅篙碧。

夜飛鵲　七夕

誰家動秋思，長夏纔消。鳷鵲喜報雲霄。天孫織盡錦機字，迢迢銀漢填橋。經年暫相見，恨雙星歡短，一水程遥。環壺向曙，又臨歧、溼透鮫綃。商略去畫樓鍼縷，祈巧遍人間，隨處笙簫。争向庭前羅拜，銅盤燭燼，銀篆香燒。繡牀二八，趁瓜筵、酒果相邀。算嬌憨兒女、殷勤笑語，不負今宵。

鷓鴣天　村居即事

山鳥翻飛弄曉煙。幽居岑寂不知年。嫩芽試摘明前茗，短鍤頻耕雨後田。　溪水遶，樹雲連。輕陰薄霧杏花天。得錢沽酒前村去，沈醉歸來抱月眠。

其二

茅屋家家繚土牆。門前竹樹兩三行。擣衣女去臨秋水，叱犢人歸背夕陽。　風颯颯，露瀼瀼。柴扉開處稻畦黃。豆棚閒坐渾無事，好約鄰翁話晚涼。

水調歌頭　滄浪亭

風詠適真趣，濯足問滄浪。小山低傍池館，依約水雲鄉。記得湖州長史，曾與廬陵居士。風月費平章。此境擅幽勝，收拾付詩囊。　罨花木，通曲徑，近禪房。倚闌小憩，亭榭風送芰荷香。對此蒼煙林沼，追話青綸漁釣。今古幾滄桑。憑弔意無盡，閒步且徜徉。

霓裳中序第一　殘暑漸退，雅韻將闌，撫事抒懷，不能無作

因緣締翰墨。愧乏生花江令筆。時序白駒過隙。乍荷氣泛簫，藤陰鋪席。長謡送日。試曼聲低按牙拍。聯吟伴，一樽細酌，翦燭話清夕。　蕭瑟。嫩涼初裛。又早見庭梧墜碧。蘋洲何處怨笛。逸響驚鴻，苦調吟蟀。助人增太息。待寄語、天涯去客。流光轉，消寒高會，更訂訪梅集。

露華　桂

數叢秀發。正氣浄天高，緑樹蔥鬱。細蕊散金，妝點中秋時節。夜深玉去露無聲，忽送木樨香烈。都道是，如來化身，付與禪偈。　天香布滿雲窟。任墮落寒山，靈鷲奇絶。記憶去舊栽何處，縹渺宮闕。待得問取嫦娥，竊藥幾時奔月。芳事好，年年一去枝笑折。

疏影 用白石韻　賀友人結昏

匳開映玉。有鏡波淼，鴛鳥雙宿。月上雕闌，吹出新腔，聲聲鳳引篁竹。妝成莫被梅花妬，正偏著、枝南枝北。想茜窗、鰈誓鶼盟，豔福只應君獨。　争羡張郎韻事，畫眉稱樣否，螺黛分緑。燭燦金蓮，合巹銜杯，美滿春生金屋。當筵疊賦催妝句，試合奏、碧雲詞曲。與衆仙、韻協霓裳，且襞舞衣全幅。

燭影摇紅 雪夜圍爐

瓊玉樓臺，怕寒閒把薰籠倚。客來宵半款柴扉，頻唤高人起。家釀新斟緑去酒，煑園蔬、鄉村況味。翦燈清話，爐火圍紅，梅花窗底。　風動寒松，老龍玉舞天公戲。鴨爐香燼且重添，鐵馬鳴簷際。人盡幾分倦醉。聽鼉更、傳杯更洗。酒闌客散，蟾影横空，一天晴霽。

絳都春 元夕

春風永巷。記萬點碎星，良宵欣賞。散粉鬧蛾，佳節傳柑華筵敞。天街曾許金吾放。溯今昔、應增惆悵。舊遊何處，千門静掩，晚煙低障。　空向。團欒夜月，按宫調、訴與人間天上。記省夜來，銀燭星橋圍千丈。崑崙春啓貔貅帳。願霄半、欃槍滌蕩。那教重譜霓裳，玉去蟾更朗。

鎖窗寒 寒山寺

樹老啼烏，橋長卧月，水天同暝。風高路迥。渡口忽來漁艇。向滄江、暫收釣絲，一去竿攬得閒鷗醒。傍晚煙浄刹，疏林如畫，醉霜楓冷。　人静。參禪定。正梵唄聲圓，寺樓絶頂。寒威漸警。替寫吴天芳景。有孤舟、羈旅未眠，短窗倚碧相對影。聽宵闌、殘鐘數杵，更發愁懷省。

以上《夢花館詞鈔》

西子妝 瘦西湖泛舟

紅藕看花，緑去楊拂影，笑指遥天雲樹。瘦西湖上一篙輕，愛尋詩、暮煙深處。鄰娃媚嫵。仛廿四、橋頭喚渡。步淩波，看晚妝西子，宜晴宜雨。　春無主。月觀軒開，爛漫花欲妬。昔年垂釣石臺空，趁夕陽、繞隄來去。歸舟暫駐。共流憩、波心迴溯。向平山集飲，書堂弔古。

見《秋霞詩社月刊》一九四二年三期

楊莊

玉漏遲 六姊自摘蠶豆寄城，大人爲作一詞見示，命和。恭次原韻，寄懷六姊

湘城花事早。杜宇聲聲，又春歸了。一水迢遥，還憶淩波纖小。畦畔盈盈細覓，想當日、尋梅風調。翠袖弄，芳菲旖旎，春園興好。　依依湘綺樓邊，似五府元都，俗塵難到。豆蔻新詞，卻被曹家妹惱。對月嫦娥應笑。空佇望、碧天如掃。情未曉。天若有情將老。

前調 代懿和作

春城花事早。摘豆條桑，筠籃編了。對使傾筐，翡翠瓊珠圓小。詠絮才高七步，更譜出、清新詞調。堂上旨，甘餘佐我，盤飧尤好。

當年豔説逢仙，歎蘭蕙彫零，仙山難到。護惜同根，泣釜然萁休惱。投筆書生可笑。悵滿地、塵氛難掃。春露曉。莫道倚欄人老。

祝英臺近　題畫

畫簾開，春旭暮。亭館隔花樹。還記當年，幽人自來去。貪看碧水縈洄，雲峰幽靄，應不惹、別離情緒。　隱淪處。料得羽客高懷，渾不逐風絮。綺閣閒庭，領略釣游趣。看他縑翰傳神，煙霞如活，憑指點、結茅曾住。

一斛珠　寄兄度京師

槐陰覆坐。蓮房藕葉饒清課。離餞欲趁雲鴻過。惟有庭前，乳燕飛花墮。　狂瀾滿地愁無那。中流擊楫憑誰作。棲遑記否隆中臥。好護靈犀，莫恁緇塵涴。

黃鐘喜遷鶯

歲華如逝。悵玉人千里，鱗鴻難寄。腕雪珠寬，腰支素緩，盡日相思誰記。東君空有意。裝點得、江山如繪。年年見，總楊花榆莢，惹人憔悴。　凝思。念時世。輕薄朱顏，共嘆狂花麗。金屋香銷，羅幃夢短，衹是春愁無計。柳條初弄色，也自學、輕顰眉翠。縱裊娜，怎禁他、秋風涼吹。

月底修簫譜

嘆人生，占否泰。千歲露垂薤。解脱塵紛，悠然悟三諦。從他玉蕊無徵，朝霞難挹，幸免了、六根煩累。　冶遊事。任是司馬才華，河陽美風致。自守幽元，珍重素來意。年年簫裏尋思，珮中邀勒，衹知道、維摩高貴。

醉落魄

連天衰草。蒼茫寂寞憑誰道。長空萬里歸鴻渺。斜日疏煙，幾點投林鳥。　人生衹説多情好。無情轉是無縈繞。宵長意遠仍驚曉。萬磧千山，魂夢應難到。

二郎神　詠垂楊

春華滿眼，卻早是、一襟秋思。看陌上垂垂，臨風婀娜，送盡珠纓玉轡。歲歲年年離別苦，衹贏得、一番顰頞。嗟陶令不來，芳名長在，渭城橫吹。　輕靄柔條緑潤，瓊花勻細。想謝女幽吟，怎千萬點，惟解漫天作勢。悽愴白門，蕭條隋岸，前事廢興誰記。休揾淚、引望殘陽，正照斷腸煙翠。

點絳唇

池館清涼，紗幮玉簟無些暑。風花解舞。荷葉偏宜雨。　粉蜨迎人，素手飛輕羽。漫成趣。飄翩何處。笑指樓頭樹。

好事近

欲泣更高歌，願託風飄天末。惟有春來秋去，最先關華髮。　寒蟲何事學幽吟，總傍繡簾咽。本是無情解思，奈玉人淒切。

御街行　壬子七夕

露盤花水饒秋意。看新月、娟娟媚。雲軿不動夜悠悠，咫尺銀河萬里。年年乞巧，時時弄拙，自笑屠龍技。　愁來內熱渾如醉。望靈兔、空揮淚。休將瓜果當寒冰，諳盡酸甜滋味。雙星也自，連綿傷別，何況人間世。

摸魚兒　戲代人作

愛天然、懶調朱粉，拈書惟喜清句。嬌癡慣是輕詞舞。未解迎新送故。鸞與素。當日事、東風合與花爲主。年芳幾許。繫柳葉柔情，千絲萬縷，忍放玉驄去。　念身世，莫道司勛易與。多情又似無據。浮萍逐浪終何寄，別感繁愁并苦。曲有誤。君不顧、初葩細蕊誰將護。離絃待譜。想曉檻煎茶，鐙窗問字，別後怎生處。

疏影　秋蝀

看朱又碧。歎四時荏苒，佳景非昔。纖影裴回，似喜還愁，無言也自堪惜。嬌嬈意態宜妍暖，争忍聽、寒風蕭瑟。暗銷魂、粉褪金殘，恨入修眉誰識。　淒寂青陵舊見，絲絲嫩柔柳，時又飛雪。本是無情，自解翩翾，忘卻去來蹤跡。當年幸入莊生夢，自不管、露紅霜白。且漫誇、冷菊夭桃，一任春華秋色。

百字令　和伯兄虎禪師答天畸居士《江亭懷舊》之作，兼呈畸公

江亭迢遞，祗前巒葱翠，青青未了。嫩緑鵝黄看不盡，忽憶舊游情調。憩迹湖山，騁懷江海，時日經多少。蒼顔猶在，此心曾否俱老。　自笑。漆室衿期，班昭意志，妄擾虚明照。頓覺妙圓清净性，即是六根煩惱。無色無空，即空即色，冷暖憑誰道。人間游戲，榮枯哀樂都好。

以上《湘潭楊叔姬詩文詞》

楊壽枬

百字令 十刹海觀荷，萬紅過雨，一緑流雲，徙倚湖亭，因成此調，邀剛父同作

銀塘雨過，對明漪瑟瑟，漸生秋意。羡煞紅蜻蜓一點，來往藕絲風裏。綃薄裁霞，盤低瀉露，舞罷鮫珠碎。液池深鎖，銅溝流盡鉛水。長憶消夏灣頭，滿湖花氣，薰得煙波醉。雙槳鬧紅摇夢去，一片暖香冷翠。鏡檻衫痕，箏船珮影，舊約鴛鴦記。汀洲日暮，碧雲冉冉千里。

前調 自題五十歲小像

平生不慣，學青油幕下，謝宣明面。蟬腹龜腸成底用，空受庸奴白眼。腐鼠功名，枯蟫文字，誤被虚聲賺。蹉跎末路，鏡中華髮偷換。當日錦帶黄驄，承平年少，看得春光賤。莽莽乾坤龍漢刦，身逐風輪旋轉。桐樹心孤，梅花骨冷，世味都嘗遍。蓬萊海水，更經幾度清淺。

摸魚兒 丁卯三月十三日，譽虎社長約北海公園畫舫齋展上巳禊飲。余因病未到，代拈『雅』字，倚聲却寄

傍湖亭、箏船酒幔，紅闌十叶平二低亞。蕡香緑遍湔裙水，勾引玉驄游冶。觴咏罷。又十日東風，吹得梨花謝。柳絲一把。倩繫住韶光，重聯吟侶，共結白鷗社。應記取，管領騷壇風雅。蘭臺舊日聲價。譽虎爲葉蘭臺先生之孫。銀燈官舫裁詩句，合仿虹橋圖畫。春去也。笑辜負芳辰，暗被鸚哥罵。閒情怎寫。

待藍尾筵開，猩屏錦幄，醉倒牡丹下。

前調 題漁洋山人戴笠圖　上題『漁洋山人三十九歲小影』。貌清癯，微有髭，籐笠蕉衫，手握靈芝一本，獨立懸崖古樹之下。旁綴飛泉曲徑，錦石秋花。禹之鼎寫真，華亭李藩補景

好蕭閒、幽溪曲塢，蒼煙遮斷蘿徑。銀箏聲杳桐花鳳，留得襟痕屧印。秋色浄。襯一笠亭亭，紅上斜陽影。蕉衫穩稱。向金閣披雲，玉泉浣月，嵐翠滿吟髩。是年春，公與宋荔裳諸人同游西山。　當年事，記卸淮南簿領。簪毫重直蘭省。雙旌西指褒斜道，蹋徧鶩溪鳳嶺。是年秋，公以户部郎典蜀試。　霄路敻。想手把瓊芝，鶴背銖衣冷。摩挲畫本。有瘦碧詞人，留題像贊，香潤墨華暈。有文叔問題贊。

金縷曲 樊山丈由燕京來津，偕桐淵、闇公、寒雲飲於酒樓。即席賦呈樊丈，並邀諸子同作

柳外東風峭。近清明、梨花釀熟，采芝翁到。重認旗亭青帘影，袖角京塵未掃。看海上、紅桑已老。法曲飄零宫羽换，聽玉琴、彈出清商調。渾不似，舊懷抱。　寥寥故國空文藻。賸當年、蘿溪畫卷，茗樓詞稿。璧月銅街行樂地，换了冷煙殘照。更愁絶、江花江草。無限蘭成蕭瑟感，莽風塵、頭白知音少。歸夢遠，楚山曉。

滿庭芳 春半獨游澄園，蘿幌陰濃，杏衫寒峭，景物蒼莽可憐。追憶春明舊游，彌不勝元都葵麥之感。適鶴亭、沅叔書來，訂日下看花之約，倚聲代柬

芳樹籠煙，輕陰閣雨，峭寒勒住春光。玉闌干

外，風颭柳絲黃。一片林塘幽靚，愔愔地、鶴守丹房。無人處，簾陰瘦碧，松影度迴廊。鳳城空悵望，旗亭酒盡，輦路苔荒。祇兔葵燕麥，緑遍斜陽。難得薇壺舊侶，還料理、簫局箏囊。瑶壇畔，緗桃似繡，猶帶茗花香。用去春咏桃花茶故事。

暗香 簾鈎

曲瓊如舞。映碧波瑟瑟，湘雲低護。曉夢初回，簾底紅鸚隔花語。生怕春魂蕩漾，教銀蒜、重重鈎住。却驀被、一陣東風，吹入海棠雨。 人去。楚江暮。剩缺月一痕，半挂煙霧。倒窺繡户。來近妝台鬥眉嫵。剛聽玲瓏戛玉，又放下、蝦鬚千縷。問燕子、歸也未，累儂久竚。

水龍吟 楊花，用東坡韻 黄塵匝地，春色可憐，遲日亭臺，柳花如織，傷時感事，托諸倚聲

是伊惹出春愁，和雲飄蕩和煙墜。一年一度，鶯忙蝶亂，惱人情思。自丙辰以來，每至春夏間輒有兵事。誰與纏綿，儘教抛擲，緑窗深閉。乍瑶階雨過，沾泥無力，又簾外、東風起。 最怕曝衣樓畔，紫貂褕、被他輕綴。芳菲世界，霎時攬得，珠零玉碎。萍梗無情，桃花有恨，共隨流水。望天涯、片濛濛，多化作、傷春淚。

憶舊游 豐臺芍藥

近城南杜曲，鈿轂珊鞭，争繞珍叢。萬柳堂前路，廉野雲萬柳堂即在豐臺。有家家池館，開遍鞓紅。陌頭擔來清曉，色映露華濃。記前度相逢，五雲樓畔，韓南澗芍藥詞『五雲樓映玉成盤』。百

寶闌中。楊國忠植芍藥於家，以百寶飾欄楯，見《開元遺事》。　悤悤。髩絲換，把瑶京舊夢，付與花傭。霧捲珠塵散，賸幾枝婪尾，猶殿春風。謾夸玉盤金帶，東坡呼芍藥爲『玉盤盂』，韓魏公賞金帶圍，皆揚州故事。　麗品擅江東。歎宮錦飄香，絳都宴罷青瑣空。明成化時，内閣芍藥盛開，李賢等設宴賞之，名白者曰『玉帶』，紅者曰『宮錦紅』。下闋第二句參用玉田別一體。

探春令　絮影，小山體

柳絲冉冉蕩春雲，化愁心千點。張憲詩『萬點愁心飛絮影』。恰落花、風颺珠塵軟。　蝶扶起、鶯捎亂。碧痕印入紅窗淺。逐爐香低轉。乍空濛一片，飄煙墜雨，斜照深深院。

春草碧　本意

東風吹盡荼蘼雪。但一片平蕪、傷心碧。極目古道長亭，煙雨霏霏弄春色。何處最銷魂、銅駝陌。　還記裙翠飄鸞，扇香撲蝶。玉鞭冶游人、今頭白。空賸滿地紅心，年年繡遍啼鵑血。愁煞舊王孫、歸未得。

菩薩蠻　秋院題紅圖

翠鬟斜嚲鸞釵重。畫裙蹙損泥金鳳。小立背簾陰。霜花院宇深。　銀牀涼葉墜。化作燕支淚。腸斷泣西風。機中錦字紅。

瑣窗寒　蟄雲新愈，小集栩廔，適逢快雨，喜填此解

潤逼香篝，涼分畫箑，藥爐煙静。林亭乍掃，滿院苔痕蕉影。望前溪、夕陽驟沈，一簾梅雨

黃昏近。愛風荷水面，紅搖碧颭，萬珠圓迸。問訊。東陽沈。甚殢酒躭吟，帶圍瘦損。清宵翦燭，重譜蘋洲笛韻。料單衣、猶怯晚涼，玉琴絃澀冰簟冷。步空庭、溼翠濛濛，澹月穿花徑。

浪淘沙

小雨過荷亭。紈扇涼生。一簾花霧夜冥冥。新月澹黃雲淺碧，幾點疏星。　悄悄酒微醒。勸倚桃笙。藕絲衫薄鬢蟬輕。十二紅窗多掩上，怕聽秋聲。

鵲橋仙　早秋

桐陰池館，碧愔愔地。簟卷冰紋如水。蘋花雨後藕花風，便釀出、三分秋意。　平蕪殘照，關河千里。都入南鴻聲裏。涼波搖動五湖雲，空自憶、蓴羹菰米。

邁陂塘　秋水

渺鷗天、蔚藍千頃，林巒倒映清峭。綠波南浦銷魂後，又是五湖秋早。重倚櫂。愛藻影蘋香，翻比花時好。蓮衣褪了。賸幾點青荷，漁娘眉翠，還向鏡中掃。　橫塘路，前度湔裙曾到。如今楓荻都老。江天一色涵空碧，襯着落霞殘照。歸夢杳。問蟹舍魚村，何日容垂釣。愁心縹緲。更遙指紅牆，盈盈一水，銀漢挂清曉。

龍山會　己巳九日雲在山房小集

雙十聯重九。先一日爲雙十節。看罷華燈，又對紅萸酒。西風吹皂帽，纔幾日、凋盡渚蓮汀柳。雁訊玉關來，正聽徹、連營刁斗。謾登高，寒蕪落照，斷魂時候。　天涯倦旅悲秋，琴閣箏廊，簾幙青霜透。尊前開笑口。題糕客、多是茶仙橘叟。雲海鶴初歸，尚攜得、煙霞滿袖。丁闇公由青島歸。　更相邀、暘台蠟屐，晚楓如繡。與遜園、忉盦、闇公有入暘台看紅葉之約。

木蘭花慢　題陳圓圓入道小像

數收京破敵，青史上、美人功。陳沅之名見於《明史》。記簫鼓迎來，戰場爛炬，艶照驚鴻。從容。碧鷄祀罷，把黃絁換了紫霞封。紫霞帔，宋時妃號。　誰解功成早退，蛾眉却勝英雄。　梧宮。一夕起秋風。春去綺羅空。任軍府抄名，銀屏金屋，難覓芳蹤。雲中。彩鸞影逝，賸蓮塘露冷泣香紅。遥指曇華舊觀，下方花雨溟濛。圓圓於城破日自沉於蓮花池，葬曇華庵後。乾隆初降乩於商山寺，集其詩曰《商山鸞影》。

永遇樂　詞社五十集，查灣席上賦呈同社

南月愁烏，西風驚雁，哀角如雨。蠟淚爐香，畫堂清夜，人似春星聚。詞場跌宕，鴛箋麝墨，爭寫四紅宮譜。一聲聲、冰絃彈偏，最憐錦瑟音苦。　蘭成老矣，平生搖落，賸得江關詩賦。千古淒涼，唐愁漢恨，借玉箏低訴。那堪重憶，黃驄陌上，一片殘簫倦鼓。尋燕市、荊高酒伴，狗屠在否。

八聲甘州　子有南歸，歌此送之

正登山臨水送將歸，愁心滿河梁。莽江關千里，荒雞曉月，冷雁清霜。回首暮笳聲裏，日落海雲黃。廿載江湖夢，客鬢都蒼。　好訪煙霞舊侶，向楓亭梅塢，共話滄桑。只金尊把處，誤了荔支香。等閒抛、銅琶鐵笛，祗蕭蕭、

鶴背一詩囊。還相約、鸂鶒花下，重拂筝牀。

踏莎行 寒菜

翠玉根香，黄金蕊嫩。芳郊緑上春衫影。如今煙水板橋西，荒畦十畝斜陽冷。　苜蓿朝厨，蓬蒿晚徑。豬肝風味輸君俊。黄虀百甕足生涯，閉門自署園官印。

其二

短笠生涯，長鑱身世。英雄末路都如此。荒村斜日故侯家，空園秋雨前朝寺。　緑潤霜天，紅肥雪地。年年諳盡酸鹹味。先生一笑在冰壺，不愁黄葉西風起。『黄菜葉，西風起，乾癟淮張時』，童謡也。

慶春宫 丁闇公藏豹房銅牌，橢圓式，長約三寸有奇。一面横刻『豹字七百七十五號』，下鐫豹形，一面刻『隨駕養豹官軍勇士懸帶此牌』，蓋明正德時豹房扈蹕之士所佩　闇公又藏牙牌，是司禮監所佩

樓起簪花，場開躪柳，六軍豹尾環值。絳帕傳籌，緑韝佩綬，御前親賜牌敕。尚方朱火，儼圖就、銀眸鐵額。當年想見，氊殿沈沈，羽林交戟。　十三陵畔荒涼，石馬無聲，魚燈夜出。鹿角鐫銀，象牙鏤玉，都是前朝故物。虎城兔苑，問舊蹟、銅仙能識。只今流落，冷市閒攤，土花鏽碧。孝陵畜鹿懸銀牌，見《蚓庵瑣語》。

應天長慢 清真體 費宫人巷在天津學宫前，明末費宫人之故居也。宫人，天津人，以良家子選入宫。甲申四月闖賊陷京師，魏宫人等二百餘人皆投玉河，費宫人亦投井。賊出之，乃詭稱長公主見闖。闖令宫監驗之，非是，以賜賊將一隻虎。是夕醉虎以酒，刺殺之，亦自刎，年甫十

六也。同人僑寓津沽，感慕芳烈，約拈此調以紀之

玉河瘞碧，金井盥脂，滄桑屢換塵刦。舊日緑楊門巷，紅鵑尚啼血。宮鴉小，能殺賊。勝石砫、錦袍忠烈。想羅袖、噴灑桃花，劍影如雪。　回首弔乾西，一炬青霞，蘭麝散芬鬱。思陵選宮人入青霞室祗應，賊至，奔入乾西，闔户自焚。更有美人虹起，英英貫星月。津橋畔，尋翠碣。莫認作、苧蘿香屧。料應伴、帝女乘鸞，同叩瑶闕。

探芳信　集林子有飛翠軒看杏花，時子有將赴申江

過春仲。乍梅雪消寒，梨雲破凍。又鬧紅庭院，香浮日華動。白頭已没簪花分，醒了瓊壺夢。更休談、碎錦春風，鈿蟬箏鳳。　南國峭颿送。恐遠寄銀箋，燕翎愁重。十里紅樓，簾捲萬花擁。縱饒院體描金粉，争似瑶臺種。訪詞人、可有蓬山小宋。

以上《鶱摩館詞鈔》

百字令　絡緯

尋尋覓覓，一聲聲、只在豆花深處。金井銀牀涼月下，繅出愁絲千縷。燈火昏黃，星河夜碧，聽徹清商譜。纏綿斷續，不知幽恨幾許。　誰伴思婦閨中，迴文織錦，軋軋鳴鴛杼。生怕玉關寒信早，催入西風砧杵。瘦蜨偎煙，暗蛩咽露，多是悲秋侶。寄人籬下，候蟲身世最苦。偶於友人扇頭見此詞，乃少年客并門時所作，因録存之。

臨江仙　良谷莊夜投僧寺

獨下雲峯尋古寺，楓林路轉層層。夕陽衰草帶寒陵。時監修陵工。葉聲幽似鬼，樹影瘦於

僧。塔院無人鈴自語，夜窗松月初生。經幢禪榻黯生塵。蒼鼯饑出穴，白蝠冷窺燈。

東風第一枝　唐花

棠夢驚回，梨魂喚起，春風忽到瑶圃。那知釀雪時光，卻動探花興趣。鸞臺餞臘，訝翠翠、紅紅無數。且趁他、青帝無權，顛倒蕋宮花譜。　看密密、匽窗障護。憑緩緩、鵲鑪薰炷。煖融萬朵緋霞，香滃一重絳霧。黄金争買，只幾日、粉蕩脂污。怎及我、紙帳梅花，獨對冷香覓句。

清平樂　上元燈詞

香塵如霧。月轉華燈午。額繡宫梅聞笑語。猶鬥翠蛾妝譜。《乾涫歲時記》：『元夕，内人及小黄門皆巾裹翠蛾。』　曾游絳闕瑶壇。海霞紅照鰲山。銀燭樹前似畫，不知簾外春寒。

其二

雪晴池館。珠樹銀燈煖。誰識霓裳宫譜换。依舊六街絃管。　當年蹋月東華。貂裘夜醉琵琶。今夕燒殘鳳爉，玉蟾冷照梅花。

驀山溪　津沽寒食

花朝過了，又是清明近。春色已三分，尚恁地、留寒做暝。江鄉此日，酒熟杏餳香，槐火煖，柳煙輕，門巷東風静。　天涯勌旅，減卻看花興。懶檢踏青鞵，怕明日、陰晴不定。漢宫傳熖，舊事總淒迷，城南路，鈿車稀，一碧蘼蕪冷。

壺中天　芝南丈以畫篦見貽，賦此報謝

冰紈幾摺，借丹青皴染，香光畫譜。仿思翁筆意。卅載東華塵土裏，夢在丹厓碧渚。煙柳平橋，霜楓古寺，似我曾游處。松窗渲筆，墨痕黵滴薇露。　當日官府神仙，花驄菰蓋，蹋遍西湖路。詩句還鐫天柱石，看足楚江煙雨。鴻雪前塵，鷗波妙蹟，寫出滄洲趣。巾箱珍弆，莫教蠹粉輕污。

滿江紅　葆生屬題陳季馴先生詩集

季馴先生爲其年檢討之從曾孫，子萬户部之曾孫，以孝廉宰山左。户部爲侯朝宗贅壻，子孫遂占籍商邱。葆生則户部之六世孫，季馴先生之從曾孫也。集分八卷，爲先生手定本。序跋皆同時名士。蕭紹庭得之，以贈葆生。己巳初夏，同人讌集於詞伯齋中。葆生出以徵題，爲填此闋。

錦笈璚籤，合收入、君家箧衍。想當日、名流裙屐，争飛篇翰。雲海歸時桐尾爨，雪泥踏處蓬根轉。賸一卷、翠潤鵲華煙，摩挲遍。《歸雲》《雪鴻》《卷石》《轉蓬》《爨餘》《雙梧桐館》皆詩集名。　題舊曲，桃花扇。和新咏，梅花卷。只樽前少箇，紫雲捧硯。孝綽清文珠唾粲，盈川妙蹟銀毫蒨。吾鄉劉芙初先生作序，吾家蓉裳公題字。歎蕭齋、圖籍半飄零，書空换。見葆生跋語。

浪淘沙　題劉梁壑詞稿

君爲四川人，奉母僑居吴門。母没，以毁死。遺詞稿一卷，言君仲遠爲印行。

南國長蘭蓀。化作愁根。東風嚦斷子規魂。蜀道蠶叢歸未得，死傍吴門。　詞苑幾才人。玉笥蘊雲。笛牀簫局已成塵。留得曉風殘月譜，唱徧秋墳。

如夢令　葆生屬題舉案圖，寓悼亡意

日日垂簾賭茗。坐對燕釵蟬鬢。飯罷午香清，又向緑窗寫韻。春盡。春盡。門外落花風緊。

琵琶仙　詷伯歸自濱江，旋復別去。餞於棲白廎，賦呈同坐

孤館殘鵑，問經過、幾度花開花落。依舊關塞黃塵，雲萍共飄泊。臨去日、玉叶平梅似雪，再來是、緑陰池閣。麝帊香黦，犀屏墨褪，重理芳酌。　試回憶、茸帽衝寒，正千里、狼氛照松漠。難得畫堂今夜，對明燈珠箔。還拂拭、吴鉤錦帶，向海天、重訪遼鶴。怎奈箏雁抛殘，又聽譙角。

玲瓏四犯　聽雨，用清真體寫竹山詞意

涼雨如潮，記十二紅樓，珠箔慵捲。一夜瀟瀟，人在杏花深院。去去獨上吴船，但滿目、冷雲哀雁。更打篷、瀉玉聲亂。煙水楚江淒黯。　只今衰鬢星星換。伴閒房、藥爐經卷。娑羅樹底流雲溼，禪榻孤燈暗。勾起萬斛舊愁，待譜入、玉簫魂斷。雨中聞隔院簫聲，想斷魂都在，楊柳外，芭蕉畔。結句兼用于湖詞意。

鼓笛令　蛙

秧田緑遍黃梅雨。乍添了、新聲兩部。月黑煙青吴苑路。更攙入、淒涼更鼓。　占得稻花鄉住。儘消受、柳風蘋露。皤腹張頤偏跋扈。總難出、井闌一步。

浪淘沙

仲遠邀賞千葉蓮花，席間首拈此調，繼聲答謝

珮影照銀塘。水月多香。亭亭翠蓋擁紅妝。似惜蓮儂心最苦，不採瑶房。千葉蓮，葉盛花肥而不結實。猶記液池旁。舞罷霓裳。錦鴦夢醒玉波凉。分得露盤珠一斛，醉我璚漿。《天寶遺事》：「太液池開千葉白蓮，明皇邀妃子同賞。」

無悶

題蒼虬爲愔仲寫五峯草堂圖

煙月西泠，回首舊游，留得巢痕爪印。記款竹開扉，掃花尋徑。檻外鷗波一曲，慣照見、滄桑詞人影。卷簾恰對，芙蓉五朵，翠幽紅靚。清景。漫重省。怕鹿砦苔荒，鶴瓢泉冷。怎塵海飄蕭，鳳栖難定。憑把生綃寫寄，更附到、山中青猿信。問甚日、歸訪谿堂，重補藥闌蘿磴。

渡江雲

詠桂

檀霞嬌似綺，畫闌西畔，一樹鎖涼煙。萬花攢瑣碎，散雪團雲，綴就蕊珠圓。馚馧五夜，向定中、參到犀禪。還認取、前身金粟，寶月寫娟娟。堪憐。蟾寒影瘦，螽老香殘，望銀河秋淺。料上界、清虛紫府，也種桑田。吴剛玉斧渾拋卻，問幾時、謫下瑶天。尋舊夢、露華冷濕銅僊。

剔銀燈

聞雁

清夜誰調箏柱。彈入霜鴻哀譜。孤館燈殘，空堂酒醒，勾起淒涼百緒。天涯倦羽。比聽到、嗁鵑更苦。歲歲銜蘆覓侶。且爲稻粱留住。陣斷衡寒，聲高警月，常此流年暗度。

北來南去。試問爾、定居何處。

雙調憶王孫 秋草

遠近關河殘照裏。空滿目、冷煙荒翠。裙腰黯澹玉鉤蕪，漸瘦到、紅心死。青袍一例傷憔悴。似老去、庾郎身世。衰螢化碧照秋墳，是千古、傷心地。下闋傷闇公之逝也。

蘇幕遮 冬柳

水雲荒，沙月凍。十里紅橋，冷了笙歌夢。去馬一鞭殘雪擁。羌笛聲聲，譜入梅花弄。恨絲絲，愁種種。短日昏鴉，暗把流年送。盼到龍池春氣動。帶雨拕煙，萬縷黃金重。

山亭宴 初冬，集李又塵水香榭

一棱霜月窺簾瘦。逼茸衫、夜寒初透。芳序怎匆匆，又數到、梅前菊後。銅荷燭淚照深杯，有幾輩、題箏籠袖。呵墨校詞箋，漸鳳硯、冰絲縐。溪山罨畫空回首。料一樣、冷雲踈柳。塵海幾閒鷗，笑我亦、漫郎聱叟。相逢南雁話鄉愁，問湖上、芙蓉開否。故鄉城西有芙蓉湖。歲晏孰華子，且共泛、紅螺酒。又塵，宜興人。藏有萬紅友鳳硯。

疏影 咏影

紅窗寂寂。唐人曲名有《紅窗影》。任映花掩柳，行處無跡。乍度迴廊，旋入疏簾，慣似驚鴻飄瞥。空階立盡梧桐月，又驀被、輕雲遮隔。最憐伊、生小相親，步步鎮隨鴛屧。金粟前身悟徹。是人是我相，真幻難識。長記華年，慘綠衣裳，照得春波一色。如今人比梅花瘦，尚伴我、醉笻吟幘。更那堪、破碎山河，還共玉蟾圓缺。丁闇公曰：戈氏《詞林正韻》第十七、十八、十九三部入聲韻，在宋人本可通叶。此詞清華流美，不減玉田。讀者但取其詞意之佳，勿繩其聲韻之舛也。此詞韻律太雜，因有闇公遺墨，故既删而復存之。

以上《蕎摩館詞補鈔》

玲瓏玉　夏日賦水

槐夏風薰，驀然覺、玉簟涼輕。綠作平窗午夢，催回銅琖聲聲。正苦櫻桃内熱，愛梅酸一點，肝肺俱清。簾旌。揺湘波、微印水晶。　還記文園病渴，有宫盤荷露，分賜金莖。飲罷瓊漿，到如今、百感都生。堪嗟蟲天身世，笑無數、青蠅俎畔，欲集還驚。趁殘醉，誤琉璃、呼作老兵。

還京樂　喜蒼虬至自海上，讌集同賦，用清真韻

楚江晚，且把蓉裳蕙帶重料理。歎碧梧枝老，鳳栖未定，鸞腸空費。更刼塵無際。沈沈萬甲沙場委。伴倦旅，惟有絳蠟，灰心垂淚。　酒痕襟底。甚年年秋燕，春鴻關塞，星霜諳盡世味。飃流暫寄脩椽，祇琴書、半床行李。話前游、憶細雨梅天，吴篷煙水。廿載滄桑夢，相看青髩憔悴。

以上見《煙沽漁唱》卷四

聲聲慢　題清微道人空山聽雨圖，用草窗體

冷紅庭院，瘦碧簾櫳，曇雲深護瑶天。細雨櫻桃，愔愔潤到琴絃。空隨萬花彈淚，向蒲團、自懺塵緣。傷薄命，但黄絁學道，翠帔游仙。　遥想蕎摩誦罷，便瀟瀟禪閣，静對罏煙。棕

拂葵衫，替他寫上吴箋。微憐曼陀轉劫，負三生、慧業青蓮。人去也，問蘭亭真蹟，今落誰邊。奚鐵生所繪原圖爲人賺去，今圖爲許玉年等所補。

水龍吟 冰絲盦感舊

名園今付誰家，一椽留此埋憂地。京華迴轡，西風堅臥，憐君憔悴。畫桁殘山，歌絃急雨，暮年心事。歎滄波逝景，伶俜忍慣，輕解脱、知何意。　兜率龕成有例。愴晨星、悲歡彈指。青門舊隱，黄壚新話，依依蒿里。寄語滄茫，凌雲一笑，應收衰涕。衹風流頓盡，白頭誰侶，念人間世。

鷓鴣天

一碧湘魂欲化煙。春愁翦翦落毫端。黛痕乍染葵花帔，檀息猶沾薤葉箋。　情脈脈，態娟娟。青溪舊夢印空禪。櫻桃雨過瑶窗潤，倚竹還憐翠袖寒。道人又工畫竹。

憶舊游 過水西莊遺蹟，追懷查灣

羨承平耆舊，風月園□，占盡聲華。留得滄桑影，但荒陂泛鴨，淺水撈蝦。猶有後來詞客，製譜掐紅牙。話家世風流，行人指點，一曲鷗沙。　堪嗟。舊游逝，算冷醉閑吟，送了生涯。重過西洲路，有懷人清淚，彈上蘆花。空賸百年喬木，秋色老煙霞。聽鬼唱淒涼，楓林月黑尋鮑家。

以上見《煙沽漁唱》卷五

蘇幕遮 栩樓主人惠藤花餅賦謝

絳霞肥，紺雪膩。付與厨孃，食譜夸新製。圓玉雙環珠絡碎。顆顆紅酥，猶帶煙華紫。

配桃餳，調桂餌。更愛山齋，色映松花翠。山居製餅，糝以松花，味尤香美。莫令癡兒知此味。畫破藤牋，任爾流饞水。東坡詩：『畫地爲餅未必似，要令癡兒出饞水。』

點絳脣 南塘觀荷，和仞盦

柳外風薰，火雲如織蒸梅暑。斷霞明處。遠岸收殘雨。畫舸亭亭，慣向花間住。橫塘路。鬧紅人去。傾盡盤心露。

以上見《煙沽漁唱》卷七

清平樂 丁卯上巳津門詩社褉飲分均賦詩，拈得『奉』字，又瀅園褉集，拈得『郊』字，乃以兩韵合填一闋

俊游陪奉。花下簪裾擁。燕麥兔葵青被隴。雨後緑楊烟重。江南春色輕拋。玉驄重蹋蕪郊。一路蕢絲風暖，湔裙人聚塘坳。

以上見《采風録》

陌上花 十四寒韻，泊園擊鉢

紫陌香塵拂繡鞍。錦城歸去佩珊珊。遊人爭禮金塗塔，拾得花鈿帶醉看。六宮環佩去珊珊。重把銀箏陌上彈。怪道後身仍浙臉，荷花桂子戀臨安。

見《鐵路協會會報》一九二五年一百五十八—一百五十九期

八聲甘州 題訒厂填詞圖

記五陵裘馬少年場，倚醉看吴鈎。歎而今憔悴，題蕉緑怨，拈豆紅愁。空憶烟沽舊侶，漁唱海天秋。老去青衫客，夢覺揚州。畫出淞波一曲，算江湖滿地，着箇閒鷗。有花間小榭，花外小紅樓。底須教、蓮鴻按拍，度新腔、

自擘鈿箜篌。憑闌聽、聲聲鐵笛，譜入蘋洲。

詞社稿印成，題曰《烟沽漁唱》。

見《國聞週報》一九三四年十一卷一期

金縷曲 送春

開過荼蘼了。怎朝朝、風風雨雨，雲屏寒峭。只有杜鵑啼最苦，啼徹紅樓春曉。恨底事、春歸太早。又聽鶗鴂聲聲喚，道黃塵、遮斷關山道。行不得，此間好。　年年廢苑生芳草。更堪他、珠鈿零落，玉顏易老。青子緑陰惆悵日，銷減鬢絲多少。況天末、錦鯨人杳。試問銅溝漂花片，共滄波、趨海何時到。誰知我，甚懷抱。

以上見《青鶴》一九三六年四卷五期

高陽臺 趣園詞社兩集

竹塢籠陰，蕉廊鎖暝。隔簾花霧溟濛。一片秋聲，聲聲滴碎梧桐。愁心欲仗清歌祓，奈年來、笛倦簫慵。且勾留，涼夜西窗，燭盡香濃。　尊前重拾金荃稿，歎襟痕退碧，扇影銷紅。天海寥寥，還留幾個賓鴻。黃塵吹黯榆關道，但聽殘、畫角西風。問何時，一曲瀟瀟，歸臥吴篷。

喝火令 題漱江女士手書詞稿

龍骨亭亭瘦，鸞腸脉脉愁。珮環聲杳碧城秋。空剩幾絲紅淚，涴銀鈎。　墨暈裙邊退，脂痕扇底留。簪花書格最風流。猶記新詞，譜入鈿箜篌。猶記焚香寫韻，人在小紅樓。

以上見《雅言》庚辰卷十二

滿庭芳

張君頌平精於鑒古，出示銅變香爐，上刻宋高宗御筆書畫，款爲『悳基』二字，蓋南宋德壽宮中物。精光寶氣，弈弈照人，洵奇品也。自詑眼福，倚聲記之

鳳篆蟠烟，鷓斑炙火，吹香簾幙陰陰。虹光璀璨，緑鏽土花侵。不數張評薛款，揮宸翰、妙仿雲林。高宗題云『仿雲林畫意』。還勝似，莊嚴寶相，窰變現觀音。　傷心。南渡事，西泠花月，但解銷金。賸瓊簫素被，詞客哀吟。可是銅仙鉛淚，薰染出、碧淺紅深。冬青畔，珠鞍玉磬，一例歎消沈。

以上見《雅言》丁巳卷六

摸魚兒

最玲瓏、錦匡如繡，來朝合伴龍女。鮫宮鑴出靈娥影，恍覩鬟雲鬟霧。湖上路。笑郭索銀沙，也學凌波步。蜒娘細數。看青沫噴珠，素肌擘玉，一一翠篸貯。　霜團美，桃葉西風古渡。問誰打槳迎汝。入廚諳得羹湯性，酷愛碧醯紅醋。潮落處。被越網攜來，恰配西施乳。鮦陽識否。待左手持螯，好教周昉，寫作蓼塘譜。

見《忍古樓詞話》

楊鍾虞

垂楊碧　初春

春意轉。幾點寒梅新綻。燕子未來鶯未囀。初舒楊柳眼。　簾幙陰陰深院。獨倚碧闌干畔。何日踏青招女伴。思量天氣暖。

朝中措 春寒

丁東玉漏夜迢迢。閒坐鎮無聊。小院東風未到，嫩寒勒住花梢。 添人恨處，淡烟漠漠，細雨飄飄。何事晴光深鎖，一春好景蕭條。

滿庭芳 賀同學歸左宜于歸之喜

枝上鶯啼，梁間燕語，千金一刻春宵。畫堂歡宴，簫管奏嗷嘈。料是天成佳偶，藍橋渡、咫尺非遥。還爭羨，謝家道韞，吟絮更才高。 想蘭閨韻事，奇文共賞，佳句同敲。正緑窗人静，心字香燒。况值艷陽時節，休辜負、柳媚花嬌。臨風祝，百年偕老，美酒醉葡萄。

宴桃源 殘春

九十春光將去。惹得新愁幾許。拋躲手中書，繞遍闌干無語。無語。無語。花徑落紅如雨。

調笑令 惜春

春去。春去。小樓又聽風雨。行看庭院花飛。一種牢騷寄誰。誰寄。誰寄。打算終宵無計。

憶仙姿 夜坐

悄對綺窗閒坐。一點燈花輕墮。夜静覺衣寒，滿院春光深鎖。無那。無那。把個影兒拋躲。

憶蘿月 春暮

陰陰天氣。幽恨憑誰語。小院重門深掩閉。春去還留也未。 教人怎不魂消。滿庭花絮飄飄。賸有梁間燕子，呢喃猶戀香巢。

一翦梅 聽雨

豈爲催詩幾點飄。聽也魂消。睡也魂消。疏疏密密打花梢。醒也無聊。夢也無聊。小坐黄昏掩綺寮。書也輕抛。鍼也輕抛。凄凄滴滴到深宵。晴也明朝。雨也明朝。

醉花陰 春盡

眼底韶光抛幾許。迅速如風馭。呼婢捲重簾，撲進深閨，又是花和絮。繁華閲盡無憑據。添得愁千縷。我欲問東君，歲歲年年，春去歸何處。

離亭燕 春睡

又是暮春時了。鎮日懨懨增惱。滿院棠梨零落盡，一縷吟魂相繞。掩卻碧窗紗，枝上鶯兒聲杳。簾外夕陽斜照。簾底爐烟輕裊。但覺晝長人似醉，欲醒夢猶頻擾。忽被白鸚哥，驀地把儂驚覺。

生查子 送春

心緒亂如麻，莫怪腰支瘦。作計挽韶光，幾度眉兒皺。背地對斜陽，怕近黄昏候。癡欲問東君，到底春歸否。

春去也 本意

春去也，人倚畫樓中。滿徑殘紅花片片，空階新緑草茸茸。無語對東風。

賣花聲 立夏前一日

莫把曉鐘敲。心愈煎熬。看他明月上簾腰。

個裏斷腸人不識，識也魂消。枯坐更無聊。嬾把燈挑。韶光欲去忍輕抛。只爲惜花拚不寐，愁到明朝。

點絳唇 夏初

酒榼誰攜，匆匆又送春歸去。落花飛絮。好景難留住。獨倚雕闌，長晝閒庭宇。添離緒。緑陰深處。兩兩黄鸝語。

南鄉子 雨夜

一夜響瀟瀟。倦倚熏籠覺漏遥。凄切攪人腸欲斷，無聊。燈暈紅星不耐挑。點滴打芭蕉。一縷愁思暗自撩。讀遍離騷悽絶句，魂消。纔到三更雨又飄。

浣溪沙 初夏

暖入輕衫乍卸棉。焚香坐對小窗前。南華愛讀養生篇。睡起矇矓如中酒，日長髣髴似經年。飛飛蝴蝶落花天。

攤破浣溪沙 其二

開遍薔薇一院香。遲遲偏覺日初長。況又滿庭飛絮攪，趁斜陽。誰向鞦韆閒弄影，微聞笑語隔鄰牆。最是流鶯啼未歇，惱人腸。

明月生南浦 其三

繡幙沈沈天近暮。飄落榆錢，花徑堆無數。樓外長楊風亂舞。惹人添得愁千縷。窗畔蝶兒來復去。鴨鼎香薰，默誦離騷句。拍遍闌干慵不語。瀟瀟又下黄梅雨。

雙調南鄉子　夏日

曉起整書奩。怕見陽光逼綺檐。天氣困人人意倦，懨懨。一炷爐香手自添。　閒坐看楞嚴。抛卻吟情筆懶拈。小院春花都落盡，纖纖。草色青青入畫簾。

朝中措　題漁翁得鯉圖

綠波細蹙水生紋。楊柳映柴門。一抹斜陽如畫，溪邊有個漁人。　釣竿輕拂，低頭兀坐，斂手含嚬。卻喜今朝換酒，得來幾尾銀鱗。

醉花陰　白秋海棠

月明庭院蟲吟候。一點芳心逗。不慣鬥濃妝，冷落西風，只共黃花瘦。　含情脉脉頻垂首。燒燭還相守。怎奈玉容嬌，獨傍瑤階，涼露愁消受。

桂殿秋　秋夜

秋黯淡，景蕭條。疏星斜月碧天高。寒蟲砌下聲如訴，伴我書燈冷焰挑。

南浦　代挽歸介亭表姨丈

丹桂正飄香，又恰交，中秋圓月時節。驀地起罡風，偏添恨、人世忽逢長別。才華夙具，泮宮猶記芹芬擷。五旬遽折。何造化無情，摧殘英哲。　當年掌教辛勤，看講舍宏開，心腸尤熱。純孝稟天生，娛親外、未許詩文抛撇。瓊樓赴召，罷春里巷增嗚咽。遺書滿笈，欣室有佳兒，也稱人傑。

比梅　秋雨

窗外芭蕉聲弄。颯颯瀟瀟相送。欹枕不成眠，悔却當初移種。驚夢。驚夢。聽到半宵衾擁。

眼兒媚　吾亭秋眺

吾亭遥望碧天長。面面置明窗。南聽鐘韻，東看塔影，西眺山光。　虞城風景添吟料，收拾我詩囊。幾行暮雁，半鈎新月，一片斜陽。

柳長春　環翠小築徵詞

點綴成林，商量拓地。亭臺小築公園裏。四圍花木一房山，茶香酒熟勾人醉。　雨灑空青，風摇活翠。白雲掩映清溪水。夕暉朝日兩般時，天然圖畫真難繪。

江亭怨　尋梅

昨夜朔風不住。吹下雪花如絮。著屐試尋春，轉向板橋西去。　撲鼻冷香暗度。瞥見紅梅如許。折得一枝歸，不負此回清趣。

以上《課餘吟詞草》

楊鐵夫

掃花游　丁卯孟春海上坐雨作

買春紫陌，擁萬馬濤來，弄潮人喜。問津那處。怪支機贈石，漢槎楫艤。浪沓雲沈，爲恁鱗鴻又誤。放燈裏。怕蜃霧幻樓，昏到庭户。　天醉誰與語。任蝶浪蜂狂，恣情飛舞。待風唤去。柰園林徧緑，亂鶯無主。剗地殘紅，恐惹啼鵑更苦。正延佇。碎羈魂、暮鐘零杵。

驀山谿 寄題聽楓園，和彊師酬叔問韻

詞仙卜築，例遠塵囂市。吟罷古藤陰，下滄州、琴攜綠綺。白漚波暖，吟侶集江鷗，樵風徑，蕙風天，空谷跫然喜。　霜虹鐘訊，慣泊楓檣地。唱到折紅梅，滿吟壺、楚聲能繼。聽風聽水，卸却素馨帆，五柳側，四橋邊，又辦聽秋計。《語業集·霜葉飛》『商量聽水聽風去』『自結春帆，素馨開處』，皆使粵時語。

眼兒媚 和彊師韻

舞衣收篋罷薰篝。歡事分都休。最無聊賴，瞞伊心緒，輒上眉頭。　嫦娥不管人憔悴，今夕又當樓。人間何世，除非無月，我始無愁。

倦尋芳 和彊師韻

簷陰閣雨，簾隙梳煙，庭户催晚。繞樹歸鴉，戢戢欲棲還散。西崦斜陽鶗鴂苦，東風殘信蘼蕪怨。問天涯，王孫何處，春隨人遠。　卜心事、燈花無語，百感孤單，鴛被羞展。陡憶前歡，已等棄餘秋扇。客路歧多關塞黑，長門事去文章殘。夢方圓，又叢鐘，聲聲驚斷。

無悶 西湖聞蟬

一棹西泠，蒼翠四合，中有幽人獨語。怯御道官槐，咽寒高處。日暮秋山驛路。莫認是、臨歧陽關譜。抱故宮紅葉，尋消問息，幾經風露。　誰訴。甚悽楚。豈懊惱西風，盡情傾吐。算曾蛻初衣，也綏冠素。自怨齊宮鬢薄，奈還有、歌聲招人妒。算絕調、絃譜中郎，畢竟知音遲暮。

慶春宮　夏日西湖旅寓，讀海綃《人日謁虞仲翔先生祠》作，感而繼聲

堂迴人遥，幢虚雲補，古今代謝堪驚。戰壘憑花，游裙憐草，菜羹誰薦芳馨。南鴻歸夢，空捫歷、危樓上層。金尊愁對，遷客騷人，一例飄零。　逋仙祠宇西泠。幾樹梅花，同此凄清。淺水吟香，禪關讀易，有緣猿鶴同聽。世途安處，湖波穩、扁舟葉輕。餘生都付，老我蒼山，弔客青蠅。

國變時，龍軍築礮壘臨其上，游客裹足。先生註易宅今爲光孝寺，寺有石經幢。

雙雙燕　除夕，和夢窗韻

避囂守歲，有簷竹臨風，夜深敲户。沈檀自爇，翠縷拂簾千度。東壁讙呼博簺，好春在、紅樓深處。蕭然斗室琴書，獨被牢愁羈住。慵舉。依梁倦羽。芳訊報初番，釀寒花雨。九衢燈火，一任燕鶯歌舞。多少癡獃意緒。待持向、東君分訴。薄酒不温，空負囀年鶯語。

三株媚　和海綃《閏清明》韻

飛花縈步綺。問東風春城，幾人歸思。萬里關山，盼南天歸雁，高樓重倚。縹緲鵑聲，莫誤認、瑶池鳥使。奈曲水裙遥，省識無人，商量花事。　更感韶光逝水。看宿雨桃花，送春懸淚。舊約鞦韆，拚曉夢消磨，被鶯呼起。病怯扶闌，消受慣、薄棉天氣。門外傳來消息，青梅有子。

滿江紅　草原上無主翁仲

捐棄誰憐，斜陽下、無言獨立。人疑是、長安

古道，臥駝荆陌。高塚夷爲鳴屐路，豐碑借作支牀石。怎翟公、羅雀已無門，猶留客。　鐘鼓室，他人入。松楸地，靈狐宅。問邱山華屋，忍談今昔。野火更防身後刼，鬼雄難護耕餘域。正摩挲、欲與話桑滄，山風急。

卜算子　和《水雲》

淚眼不曾晴，化作宵來雨。六曲屏山萬里程，有夢無尋處。　羞學倚牆花，分等沾泥絮。願屑香塵逐馬蹏，長傍郎邊去。

柳梢青　和《水雲》

燈蕊摇青，扉苔鎖緑，闃寂音塵。月落尊空，人遥瑟怨，捱過黄昏。　天涯芳草斜曛。數客路、從頭細温。欲理新愁，餘酲猶殢，鬢彈頽雲。

惜紅衣　寄懷朱聘三太史薊門，用白石韻

鬢怯經霜，戈窮返日。無多心力。瀛海罡風，吹朱倏成碧。扶摇路阻，渾一夢、天河槎客。枯寂。人海閒鷗，老蒼波棲息。　尋常巷陌。聯袂看花，游韉落紅藉。南雲鎩羽去國。阻溟北。咫尺九天星斗，望絶驂鸞搾歷。渺長安萬里，猶見月梁顔色。

殢人嬌　風雨滿湖，淒然獨酌

潑墨糊糢，把箇明湖渲染。且莫道、西施妝澹。苧蘿金粉，付雲霾煙掩。遊船散、情絲漫牽湖纜。　故國沈沈，旅懷黯黯。鶯啼處、算無拘檢。聲聲警我，勿戀姬壚清簟。待晴去、又怕夕陽紅斂。

高陽臺 小青墓，和彊師《朝雲墓》韻

桃葉波荒，柳枝春去，愁雲影裏西湖。青塚誰銘，鴛鴦瓦在人徂。分明寶馬香車路，奈煙寒、不緑平蕪。訂鶯隣，蘇小歸環，相望城隅。 曇花不入修羅刼，看朝雲夕散，天窘髯蘇。電泡須臾，參來一串牟珠。擔愁病骨經霜怯，守殘鐙、人似山孤。更無多，殭後蠶絲，紬罷淒如。

訴衷情 爲人題秋鐙課子圖卷

丸熊畫荻課寧馨。春暖尚萱庭。展卷如對環佩，妒煞失巢鶯。 思我母，伴兒鐙。月三更。于今麥飯，阻隔天涯，廿載清明。

八聲甘州 滄浪亭廢久待脩，游屐闃如。余獨躑躅其間，覺古翠沈沈，幽冷之氣，沁人肌理，不禁望古而遥集也

倩千葉捧出界莊嚴，樓臺亂蒼煙。溯當年花竹，中興鼙鼓，謫宦流連。滿地夕陽紅處，碧草又芊芊。我濯宜清否，問水無言。 萬事廢興何定，縱蒼涼如許，不礙名園。勝烏衣門第，瓦礫對斜曛。好湖山、從誰管領，耐幽閒、泉石自清妍。頽蘭外、抹倪迂畫，一角荒寒。

疏影 議瞻園《雁來紅》詞，悽然動念，依聲和之

湘江墜月。有塞鴻唳秋，雲外淒咽。倩女離魂，靈幻霜根，啼鵑淚點殷血。珊瑚絳樹交柯影，舞亂了、霓裳三疊。誤隴頭、春到緗梅，寄遠玉蔥親折。 不恨胭脂見妒，御溝正葉落，紅根波纈。木筆過廊，錦字斜書，怨寫西風一瞥。東家漫學芙蓉醉，潮暈影、黯痕生頰。喜

近依、黄菊東籬，點綴晚香時節。

少年游　游興減盡，清明閉門，是又一境也

去年心事願春知。消息問桃枝。十里龍華，遊人多處，故勒玉驄遲。而今怕見春光老，心事付支頤。鶗鴂聲中，消魂更在，百草歇芳菲。

蘭陵王　寄懷許少白薊門，依清真四聲

斗杓直。斜倚長空盪碧。燕臺樹，春信幾番，隔嶺梅花暗無色。貂裘敝去國。忘識。東華舊客。桑滄恨，追話舊遊，珍託雲鴻去書尺。鑾江記萍跡。正烏寄回檣，鷗笑争席。時少白新罷税差北返，相見港中。飢驅何補泉明食。賸壓袖詩重，伴裝琴古，歸帆風利破數驛。悵人阻南北。悽惻。怨懷積。奈燭影秋寒，花事春寂。煙波渺渺蒼無極。況觸恨杯酒，闊音亭笛。西崦層翠，翦贈我，暈硯滴。并索畫幅。

念奴嬌　題《董美人墓誌》拓本。美人爲隋蜀王秀妃，隨王朝京，薨於仁壽宫。誌爲蜀王筆

楊花遺恨，悵芳叢魄冷，素馨薰月。黄土佳人今古恨，天護埋香荒碣。白馬朝來，彩雲暮散，蜀道啼鵑血。當時宫女，料應幽恨能説。　錦江流水年年，飛紅一片，付與辭春鴂。洛浦翩鴻神女賦，寫出陳思嗚咽。薄命凋花，柔情黏絮，黄絹人稱絶。清涼瓌壁，近傳佛讚苕霅。用吴梅村詩意。

三株媚　辛未清明

鴂聲煙雨裏。又春城花飛，亂撩心事。渠愛南翔，問此時何苦，阻人歸計。閉户微吟，情

悄悄、簾陰委地。桃訊龍華，都付游鞭，隨車拾翠。邱隴松楸捐棄。悵憔悴天涯，十年游子。繡地鵑紅，問幾番寒食，佳城空閉。屈指春歸，憑慰問、家山薜荔。影入關河歸路，殘燈墜穗。

前調 登舟山謁成仁祠

漁樵閒話裏。道攖城援，桴鼓聲先死。水國山圍，算沈沈層壑，藏舟無地。一域同歸，碧血繡、苔花濃紫。舟山破後，收萬八千骸骨火之，聚灰成塔，題曰『同歸域』，在祠後。宮井淒涼，落葉誰題，涎蝸成字。祠有井，魯王陳妃殉節處。猶識臣心如水。賸滿地梨花，閉門亭倚。張肯堂爲大學士，築雪交亭，種梨萬樹環之。力謝回天，看淺清瀛海，頓時塵起。日落雲頽，堪指點、旌旗殘壘。今問江山何似，英魂識未。

漢宮春 爲人題薊門秋柳圖

春去多時，換金隄舊影，風媚煙姝。低徊閲人倦眼，殘夢糢糊。靈和咫尺，問前塵、天路今殊。空賸取、長條管領，盤雕躍馬平蕪。沈醉軟紅夢醒，鬭舞腰歌扇，解妒歡娛。西風玉關夜度，塵暗銅鋪。宮鴉背冷，比臺城、殘照何如。眠起事、東君覷慣，等閒芳檻休扶。

慶春宮 奉化雪竇寺千丈巖瀑布最奇，余初至，值雨後洪流奔放，如黃河之下龍門。次晨晴霽，又如珠絲之罥蒼玉。其墜之潭而上激者，又罔不漱珠璣而化煙霧也

陡壁奔雷，長波逝電，墜潭烟霧冥濛。跳白珠塵，界青練影，蜿蜒穿破蒙茸。聞根何事，頓

疑是、昆陽雨風。生綃百丈，離合神光，殘墨雲龍。是何變幻天公。神女晨妝，黛遠煙濃。破碎袈裟，莊嚴瓔珞，絲絲掩映玲瓏。歸源千派，專一壑、休休有容。在山小住，免助人間，波浪重重。

渡江雲　爲陳柱翁題黄賓虹桂林山水長卷

飛仙蒼玉佩，御風散落，疏密點瀰江。劍從天外倚，剖璧分圭，千里近相望。滄波殘畫，仗秋陽、點綴丹黄。懷舊游、吸光餐渌，詩思亂蓬窗。　誰降。年華晼晚，心迹依違，算湘纍天放。空坐閲、雲涯芳杜，刦海紅桑。羈愁翦斷淞江水，夢故山、林桂叢荒。圖展對、依然一葉徜徉。

風入松　赴普陀，舟過舟山，望舊居作

仙風著意引舟遲。遼鶴偶然歸。巢痕指點雲深處，又何堪、煙霧迷離。勞燕東西靡定，鷄蟲得失誰知。　征衫贏得客塵緇。難染鬢霜絲。海天空闊人間世，羨山梁、飲啄知時。江上蒼煙不管，白鷗何事相疑。

虞美人　爲了了禪師題古木寒鴉圖

山空木古宜禪定。幽夢娱清磬。莫嫌身世隔紅塵。從此鳴聲無事、惹人嗔。　天憐予尾翛翛苦。許與枝棲處。免教飛傍上林煙。見説瓊樓風露、有新寒。

安公子　題許奏雲雲亭垂釣圖。亭在孤山麓小青墓側，並營生壙於瑪瑙坡

眼底江湖暮。那邊宜著漁竿處。一角孤山香

海雪，算梅花堪語。地僻左、狂瀾不到鳴榔浦。鶯比隣、近接青青樹。擁夕陽邱壑，亭長頭銜新署。　此意憑誰訴。拍闌生怕驚鷗鷺。似卿西臺游眺客，幾曾逢皋羽。事到此、菟裘息壤臣歸路。莫浪吟、惹起魚龍舞。謝西子多情，倩雲又留人住。

被花惱　客春于役四明圖書館者數月，嘗撰楹聯云：『占園之勝，遷地爲良，萬淥護圖書，范閣座容平視客；拾墜於殘，積漸以富，一爐冶今古，薛樓人話中興年。』此館上承薛觀察福成之遺，經予遷於公園中央。寢室前高梧蔭簷，凝塵亦綠，映丹鉛作異色，意亦樂之。今又一年矣，回首前塵，恍然如夢。倩黃賓鴻翁作桐陰勘書圖，用家紫霞翁自製腔成一解，題其上

春慵燕懶戶庭閒，把卷自娛昏曉。湖海歸來壯懷少。鑽書蠹癖，抱香蝶夢，一枕蘧蘧覺。

摩老眼，讀從頭，餘明猶戀桑榆照。　簾外古寒多，誰管飛紅落縈草。紗窗綠澀，鐵硯丹枯，問字人稀到。算年來百感湧如潮，怕書客、龐眉被霜惱。井葉落，似報鐙前人又老。

踏莎行　題謝榆孫溪山讀書圖

大好溪山，紛來窗戶。書聲時逐溪聲去。江南黃葉是何村，行雲偏識壺公處。　遊屐耕煙，吟燈暈雨。漁歌曾入蘋洲譜。麻衣草履建陽裝，翠微指點吾歸路。

安公子　爲吳湖帆題文待詔長門望幸圖

幸草青如許。長門春去誰爲主。獸齧金環推月出，冷閉梨花雨。　望昭陽、笙歌鐙火宵連曙。山海誓、輸與長生語。惜阿嬌金屋，終隔回心院宇。十載承恩處。垂楊慣惹羊車

駐。脨附荆枝摧折甚，算倚簾人妒。后妒衛子夫得幸，使人捕其弟青辱之。曾幾日、銅鋪玉戺空朝暮。故劍求、傳説終無據。史明言廢后薨，知《長門賦序》所云復得親幸者，文人飾詞耳。王先謙《漢書補注》亦云然。歎城南桐柏，何異郎官坏土。衛后以太子事自殺，葬城南桐柏鄉。陳后葬郎官亭東。

向湖邊 題林畏廬先生西漢圖卷，卷藏秋雪菴

翠擁千屏，紅拖雙槳，依約晚荷深處。寄跡西湖，慣扁舟容與。甚年年、聽磬虛壇，觀潮荒岸，未逐流花尋渡。指顧雲巒，忽峥嶸絹素。十里蘆霜，白覆詞仙宇。知柳眼看盡，幾風流張緒。語燕歌鶯，譜當年金縷。況逋仙仙去從朝暮。丹青筆、留鎮寺門清客署。喚起吟魂，聽齋廚鐘鼓。

洞仙歌 用夢窗體

雨瓢傾了，蟻垤摧秋潦。泛芥堂坳舞舟櫂。任竊香蜂蝶，越迤邐東牆，狂恣縱，邃慢深幃穿到。癡烟方困柳，夢驚回，擬倩闌扶望終渺。燕參差、鶯懵懂，量煖評寒，回屐路、人報飛紅千繞。護花計、關心問西園，自整金鈴、繫繩須早。

前調 憶梅，辛未十二月十四日夜坐作，用屯田體

五月狂飆捲。江城地夢破，笙歌庭院。況郵亭門閉，蹇驢人倦。溪流漲村橋中斷。禁苑樹、珍巢從鶴戀。春欲半。奈緑萼臞仙，信渺羅浮鴈。一旦。衝寒恰恰，破臘匆匆，借得東風，蕩開寂寞蠻春，驀地翠禽喧煖。巡檐不入高人眼。縱牧豎初花摧折遍。思寄遠。問

籤程、水驛山郵路千萬。漸散亂。又忍事、催瓊璫。恐殘英飛盡，詰朝尊俎嗟來晚。

安公子 燭淚，和蟄雲

翠冷煙凝紫。華堂送客添愁思。玉指金環勤拂拭，瀉調脂鉛水。說舊事、淒涼背擁樊通髻。膏自煎、總爲凡心綴。問傷秋傷別，到底汍瀾誰替。　別有繁華地。讙呼博簺花叢裏。粉膩香薰纓半絕，臣髡微醉。甚依舊、鮫人珠顆繽紛墜。怕到頭、興盡還垂涕。況紅溼鴛衾，對泣欲憐無計。

瑞鶴仙 輓彊村師

蘋洲沈短日。望素雲黃鶴，遼天無極。思悲頓寥寂。賸錦箋淒調，《語業》句。玉棺銘筆。吟邊易簀。老臣心、詞人一席。痛百年、垂死中興，病枕幾番尋覓。　曩昔。雲瑤校曲，桐蔭題圖，倏成陳迹。翠微峭壁。傍船指，空沈碧。撫遺編依黯，高歌不忍，淚落江南怨笛。又傷心、汐社春蕪，盟漚無色。老缶以『思悲閣』三字顏其齋。

減字木蘭花 客歲於邑廟冷攤得手抄詞卷，僅署『澤存』二字，讀而愛之。訪之經年，而澤老始自北南旋，因彊師介紹，一見如故，並承以《木蘭花》調跋卷尾歸余，依聲和之。澤老洪姓，名汝闓

江南駿骨。埋没金臺塵土窟。側耳桐絲。疑是成連海上時。　尋消問息。一旦相逢如故識。文字因緣。猶賴登場傀儡牽。

前調 題關穎人司長焦山枕雨圖

姮娥夙約。今宵底事遲梳掠。豈爲傷離。淚

雨紛紛泣路歧。催詩有分。禪榻推敲愁未穩。止可隨緣。莫笑催妝負客篇。

芳草渡 依清真四聲，和伯樾還鄉之作

息故里，悵倦鶴歸來，暮天無侶。乍覓巢痕夢，飄摇又委風雨。爲旅情味苦。思園鶯能訴。謝送我，夜半潮生，一棹歸去。　回顧。嶺雲望遠，草緑清明墦祭路。漫虚擬、支茅傍塚，墟煙凝窗户。松楸撫遍，亂撩起、絮泥閒緒。但注目，似蝶錢灰倦舞。

錦帳春 吴淞和約成後作，用稼軒體

動地驚雷，欺花驟雨。正春困、鷓鴣庭户。霎時晴，殘醉醒，又燕鶯歌舞。有誰知苦。　送客尊罍，割鮮刀俎。敲夢斷、隣家砧杵。楚江皋，神女佩，抵陽關舊譜。有人堪語。

大酺 香江登高

正島帆寒，窗檠短，憔悴天涯羈客。亭皋凋木葉，怕東籬秋瘦，照人無色。泛緑萸尊，蹴紅繩屐，芳草還堪眠藉。迷離西崦路，算斜陽雖好，亂雲重羃。況催近黄昏，霎時風雨，滿城沈寂。　中原勞目極。星星火、一望平原赤。況又是、齊烏爭幕，時山東劃防未定。遼鶴迷歸，翅低垂、空留殘翮。那怪高飛雁，煙水闊、遠懷沙磧。奈圓月、非今夕。蒼靄環合，山下歸途如漆。遲明問誰耐得。

石州慢 新雁

萬籟齊喑，寒碧一燈，人醒高閣。雲端縹緲邊聲，偶被朔風吹落。傳來信息，惹起種種新愁，人民休問遼東鶴。赢得入關情，受征夫珍

託。遥度。連臺烽火，裂地冰霜，爪痕難纖。幽寂。生涯何似，畫筆丹香，書聲金石。眉閣晨昏相對，裁紅鎚碧。霜歌縹緲，飛來千里關山，陽春入弄梅花笛。梁月正徘徊，有羈人相憶。

著。遑計榆邊萬里，漢家城郭。重衾夢戀，任汝叫遍南樓，回書情誼閨人薄。唱入破家山，正柳邊風惡。

後庭宴 題崔白月高齋行鉢圖

老我氈青，磨人墨黑。映來衰鬢無情白。打包行脚倚朱門，飢驅聊乞泉明食。主人有意聽歌，愛汝歌聲金石。先生酒食，算異殘羹炙。莫道硯田安，來年非暖席。

石州慢 夏吷老以詞集見貽，并索題其填詞圖，依韻代柬

如此江山，人世幾逢，風月清白。況教天賦多材，杯裏光陰能惜。紅桑看老，釣竿歸拂珊瑚，鴻冥煙水迷蹤跡。劍吷起龍吟，動寒芒星

天香 自題抱香室填詞圖

毛謝飆扶，腸憑酒滌，蹉跎身世如此。汐社隨漚，吳雲泊鴈，結習未忘語綺。西窗嚼韻，驚夢裏、睡龍夜起。孤悄吟燈隻影，寂寞添香纖指。詞仙御風萬里。謂彊師。馬塍花、落殘紅紫。指點翠微高處，自今休矣。抱得寒香足未。圖不出、危絃變聲徵。漫道丹青，痕痕是淚。

一萼紅 和白石

古藤陰。夢黃農上古，短髮謝華簪。雲鴈書

愁，霜蛩咽冷，燈燼還覺煙沈。纔唱得、秋詞入拍，又磅礴、羲帖仿來禽。榆景催人，花樓傷客，時怯登臨。　電泡吾生如寄，況鷄蟲得失，何足關心。無味鹹酸，垂殘筵席，莫非憂患相尋。向平願、楹書枉託，更何取、遺子滿籯金。借問蓬萊幾程，幾許雲深。

臨江仙　題谷雛吳楚越紀遊畫冊

波眼山眉煙媚，吳頭楚尾春濃。霜花楓葉客程中。歸來雙袖重，粉本半殘叢。　嶺北經描半壁，遼東尚有諸峯。白山黑水阻游筇。他年修贉稿，莫忘舊螺容。

滿江紅　題屈翁山先生壽詩墨蹟，爲李子雲省長作

粵嶠山川，試屈指、古今豪傑。數不到、南園十子，後先蛩蹷。嶺表三家成對峙，江南一調資提挈。彊師《望江南》論國朝詞家以屈爲首擘。　賸蒲泉、古月照殘碑，棲靈穴。屈墓久失，故有不知所終之傳疑。今經好事者尋出，在白雲山附近。　吟龍劍，霜威折。屠狗輩，風流滅。望西臺雲暗，涕痕空雪。公憤永沈精衛石，私恩一報岡陵帖。詩爲石制軍作，款署『琅翁』，蓋獄急時石曾左右之者。　到而今、正氣鬱行間，神虯結。

塞垣春　某君不得志於時，有遠引意。詞以堅之，用夢窗體

如夢花風蕩。寂寂送、春門巷。鷗閒水戲，龍眠秋靜，天地夷曠。看潮痕、日暮分消長。代謝事、盈虛狀。魯陽戈、媧皇石，古今人事無兩。　休笑漆園狂，也知羡淵魚，臨濮濠上。人海浪如山，勿輕弄雙槳。笑無知鷸蚌。夢窗

詞轉字是韻，《詞律》失註。方向東君，乞陰晴、已投網。黄犬上東路，輸與青山往。

百尺樓 題彭立本先生竹石圖。彭爲嶺南明末節士

石爛海先枯，竹勁風能折。何物生來性最堅，心史層函鐵。不轉任江流，有點皆湘血。寫出殷薇漢臘心，磊落遺民節。

上林春 山行宿樵家

雲海蒼茫前路。煙語隔、薜蘿雙户。主人鷄黍多情，似勸我、息勞小住。尋春枉事蠟屐去。芳草徑、是春來處。塵心流水同閒，準備聽、疏鐘零杵。

菩薩蠻 讀温飛卿詞，恍惚有悟入處，急走筆效之

送君方夢巫山峽。荒村殘柝驚魂怯。門外月如霜。轆轤泉水香。　偎人猶絮絮。執手翻無語。寒意破鷄聲。長亭還短亭。

其二

沈郎腰爲耽吟瘦。况當惜别殷勤後。珍重勸加餐。關山行路難。　筍將程十里。熨貼心如許。霜滑馬蹄遲。隨郎郎不知。

其三

十年薄倖漂流慣。荼薇望斷樓頭眼。牽繫到郎心。征塵思浣襟。　夢歸楓葉黑。咫尺屏山隔。鷓鴣傍前檽。呼人人不膺。

其四

蝶蜂有意尋芳去。好花無奈經風雨。春色怨來遲。落紅今更稀。　問花花不語。誰識芳

心苦。零落惜餘香。行人空斷腸。

其五

新篁移得篔簹種。亭亭碧玉階前聳。吟就付琅玕。枝柔不任鐫。舞風兼浴露。原恃春陰護。自有鳳凰棲。野煙時復迷。

其六

枝頭春色非常在。醉人花氣空如海。金井起秋風。夢醒驚落紅。落紅還不掃。知惜韶光好。胡蝶過牆來。玉階生綠苔。

其七

園林日日風和雨。採花釀蜜蜂兒苦。蛛網漫天橫。尤防新放晴。無多香可竊。難補巢痕裂。辛苦爲誰嘗。堪人評短長。

其八

蒼黃躑躅無人徑。垂垂況迫崦嵫景。林外一聲鐘。澗花迷路紅。翠微還在望。努力拏雲上。語語碧棲遥。有人飄袖招。

其九

鐵衾寒入愁時節。老來心事憑誰説。不惡是雞聲。憑他酣夢驚。非因看劍起。燒卻蕭娘子。簾外老東風。隣家無數紅。

其十

黃河日夜東流去。除非到海流方住。住亦未曾休。魚龍掀浪愁。何如潭水碧。潭上無人迹。珍重在山清。消磨出世情。

其十一

牛腰學弄無腔笛。被人呼作吹簫客。天上渺

霓裳。衆仙歌舞忙。碎琴中散忍。斫柱湘東憤。何事又沈吟。曉風殘月心。

其十二

從前曾嫁金龜婿。齒痕恩愛紅留臂。呼婢買胭脂。旋歌棄婦詞。繁華非我福。生性貪幽獨。彌勒許同龕。春風休捲簾。

其十三

緑華一謫人間世。時妝學得拋家髻。廚下作羹呼。回頭顧小姑。鞦韆辭夙約。恩怨防隣覺。青鳥莫窺人。梨花深閉門。

其十四

氍毹舞罷思休歇。偶拈裙帶翻成結。莫唱想夫憐。偷將眉恨傳。百思無好計。枉費天涯淚。相約語餐霞。癡心思報他。

鶯啼序 和夢窗

春老洞深寒在，倩癡雲守户。喜檐鵲、取次呼晴，又報鼉鼓催暮。卸檣燕、尋巢倦睇，青青總是他鄉樹。算紅情銷盡，終輸雨餘泥絮。　年少燈檠，傍壁夜泣，没墟烟嶂霧。溯紅漸、溪入清佳，廣雅書院有清佳堂。放歌初寫紈素。計中秋、千山桂落，聽宫鶯、緣慳金縷。被天風，吹墜江湖，課閒拳鷺。　東華車馬，古署林鴉，十年半逆旅。灘水闊、誤他湘雁，楚佩輕委，瘁羽孤單，怎禁蠻雨。虞姬妒恨，莫愁癡視，漁燈不煖韓江夢，艤扁舟、蘆岸呼人渡。櫻花問訊，葡萄買醉歸來，卜居那是吾土。　頭顱尚在，偃蹇山林，欠漆園栗芓。擬料理、襟痕袖稿，百感蒼茫，鬢怯霜欺，燭危風舞。迴峯自警，餘糧休戀，脱籠飛作蓬島客，漫思歸、危立遼東柱。關心俗狀塵容，浪迹雲山，鶴猿訝否。

前調　詠史，和夢窗《賦荷》韻

東溝舊愁未洗，又桑乾咽水。北鴻到、問訊寒梅，著枝多少新蕊。見説半、空飛霹靂，兒童笑指天花墜。任胡塵貂錦，歸魂不入閨思。　初訊東風，撼户動幕，苦抛家浪子。勞遠望、籖盼歸程，雁來人總不至。棄珠崖、畫分玉斧，連環解、方勞葱指。奈天驕，沙漠跳梁，又生他意。　愔愔巷陌，醉舞酣歌，惱春人夢寐。驅虎豹、昆陽夜吼，震盪風雨，鼓死憑壕，防分劃地。枕戈飲淚，量沙夜唱，涸魚空望西江潤，賦流離、瑣尾悲逋瘁。　腥潮怒吼，重重摧折藩籬，漲到武陵源裏。　興亡有責，魯國孤嫠，也抛紅怨翠。今又報、燕雲肩背。俯瞰秦城，飲馬泉乾，宿烏宵起。漁陽鼙鼓，霓裳驚破，吴山高處人立馬，恐長江、天塹終難恃。傷心木客秋吟，當哭長歌，淚盈繭紙。

八聲甘州

喜青山尚許客重來，禽猿話前塵。悔天涯書劍，約抛釵誓，淚凝襟痕。初試鹹酸況味，魯酒凍膠脣。收拾殘燈事，商略黄昏。　蠻海漂流孤燕，逐估檣南北，逴覓芳隣。有相憐華髮，煙岫蹙螺顰。算東風、園林妝點，問落花、流水幾何春。　還棲影、爇心香處，先斷知聞。

繞佛閣

凍禽戢影，闌雪澹糝，花落人悄。　偎影屏小。去途曲折、相煩短檠照。　雁來信杳。江上問訊，明日潮早。緘恨多少。曉來起拾，殘英粲盈抱。　密意付釵卜，帶解蟢飛羞向道。還記燕梁、雙棲親語笑。歎兩地相思，花與春老。路長波渺。正出没關山，空想烏帽。　夢歸遲、寺鐘撞曉。

浣溪沙　普陀化雨學校前觀海，得『海水忘機潮撼岸』七字。歸後足成此調，即以題校長寬融師題名册

佛狗生來性本同。緇衣無那染塵紅。驚人賴有一聲鐘。　海水忘機潮撼岸，虛空無滓夜生風。沈吟義易警悾憧。

西江月

流水落花天地，鳶飛魚躍襟懷。　此身死處便堪埋。我是樂天一派。　轉劫生防地獄，皈宗願向天台。歸途大抵即來途，絶妙連環都解。

陌上花　讀《彊村三集》，和張翥韻

藤陰滿地，東風剛報，馬塍春晚。痛絶西州，何處昔年門館。蛻蟬賸有辭秋語，一讀一回腸斷。鷓鴣聲，病室維摩，淚隨花散。　署詞人誓墓，臣心暗苦，冷似枯桐空半。雨晦泉寒，誰信暮煙能煖。劇憐海角紅光現，不照夜臺落雁。正微吟，草長江南，猶是燕慵鶯懶。

踏青游

恨裊晴絲，商量試寒深淺。鵯鵊喚、韶華又晚。數番風信，倦我探芳心眼。問客路，長亭短亭煙柳，自古送人何限。　故國清明，餳簫幾回喧煖。算等是、錢灰酒琖。認松楸，非舊

樹，夢痕疑幻。凝望處，傷心幾人知我，莫問南天歸鴈。

揚州慢　癸酉清明後一日作，依白石韻

殘暝煎愁，嫩寒閣夢，繞屏靜數歸程。問天涯那處，是柳眼長青。望紅滿、甘泉獵火，送春梅雨，難洗蚩兵。痛孤飛、南雁驚弓，魂墮秦城。　古原野燒，正傷心、宿草難青。況鞭石神遥，搴芳客早，那不關情。幾許落花消息，東風緊、燕雀無聲。縱羅衾重戀，秋來依舊愁生。

梁州令　得竹杖一，兩節有極密處，其間不能以寸。節紋上下不平行，中闊而左右窄，側看似眉，正看又似眼。土人名曰觀音竹，余改名佛眼竹。出舟山西鄉某寺

老籜何年解。認汝風霜能耐。那須滌面洗心時，自饒佛眼慈眉態。　年來腰力登樓憊。汝責無旁貸。從今行脚萬千山，叮嚀步步垂青待。

好事近　春暮種桐於普陀古塔側，喜有生意

數盡落花風，緑意沈沈寒勒。移得乳桐雙樹，露生機端的。　知稀何貴養琴材，彈開海天碧。要把年年秋信，報山僧知得。

疏影　和李孟符《柳》

搓黄揉碧。爲惜春伴侶，牽挽春色。老去金城，暮合隋堤，幾樹歸烏梭織。風流張緒當年事，頓暗老、江南羈客。拜緒風、彭澤柴桑，健試近來腰力。　眠起顰眉暗裏，對人輒起舞，防露心迹。金縷翻衣，絲絲簪鬢，作意尊前款

側。知他悟到沾泥絮，應不許、翠樓相憶。況陌頭、攀折游鞭，久絶章臺消息。

浪淘沙慢 四月二十夜，雨中

峭寒裏、魂蘇露篠，甲勒煙蒴。燈檠餘燼乍落。餳簫滯響又閣。似見説東風來勢惡。算新燕、乖巧先覺。任墜紅西園厚成寸，閒牆碎苔啄。依約。箇人熨眉萼。看破碎江南，殘春稿、粉黛都黯却。更絮舞回飆，網墜纖絡。蜂欺蝶虐。到晴明空賸，淒清鈴索。宵警須寬韓盧縛。闌干拍、禁喧鬭雀。衆香國、蒿萊參杜若。再收拾、冷落林亭，護幔幙。何堪再悔今番錯。

訴衷情 觀海

靈胥白馬擁濤來。盪决地天開。蛟龍何事餘怒，入壑吼春雷。花四濺，白皚皚。撼前崖。射潮弓弱，泝漢槎遥，人隔蓬萊。

隔浦蓮近

天涯遊子去久。簾底腰肢瘦。多少紅樓道，青驄繫，誰家柳。添得懷僝僽。歸鴻遠，枉把迴文繡。抱愁候。郎歸兩字，門前忽報鸚鵡。餞春薇約，今日思量相守。陌路蕭娘輕去就。依舊。墜歡重拾人後。

摸魚子

一痕痕、積沙吞岸，潮來猶是添漲。魯戈難返西崦景，空負戀紅簾桁。山月上。撫對影、頭顱依舊風塵狀。乾坤浩蕩。擬棋局光陰，蘋花心事，併入五湖槳。從來錯，塞海排山冥想。鄧林中道捐杖。焦頭爛額終何補，贏得狂名强項。君莫忘。斫地王郎、幾箇留天壤。魅魑魍魎。算禹鼎圖形，山經寫貌，千古耿塵坱。

念奴嬌　落葉，追和馮君木

洞庭波闊，問悲秋宋玉，賦情何許。見説紅衣南岸客，坐受西風老去。殘畫滄洲，餘程水驛，頭尾連吳楚。林疏露出，瘦山江上無數。

時節煙景江南，陰陰濃緑，指點春歸路。一碧無情千樹冷，今賸昏鴉爾汝。客夢燈殘，蛩聲笛冷，又咽重陽雨。宮溝何處，題紅枉費情語。

瑞龍吟　山中餞春，和清真韻

天涯路。年年墜劫風花，罥愁煙樹。行人趕上江南，荒村綺陌，尋他甚處。枉延佇。陡憶上林春滿，建章門户。五陵驕馬嘶風，招展花枝，枝枝解語。轉瞬東風老大，江南草長，羣鶯歌舞。無那令人銷魂，痕燒非故。斷腸梦尾，都是方回句。空相憶、藤陰買醉，蘅皋延步。魂逐潮來去。絲楊不續，塵緣斷緒。理罷愁千縷。衣不著，紛紛諸天紅雨。山深鶯老，舊情休絮。

醉桃源

當窗鑽紙笑蠅癡。旁觀明是非。眼前紅緑總迷離。彷徨悲路歧。風燭短，局棋危。隣鷄破夢啼。桑榆尚有幾斜暉。水流今向西。

齊天樂　偕夏臞翁登市樓下瞰

黄沙白骨秦城路，誰驅五丁移此。斷壁蓬支，空椽薜繡，王謝依稀鄰里。斜陽半紫。猶淒戀當年，漢旌遺壘。歌舞繁華，漂花春去付流水。何堪重問往事。裹創猶肉薄，拳刃東指。捧土填川，揮戈返日，空使英雄垂涕。笙簫殘市。有倦客憑闌，壺觴無味。逃酒逃禪，問誰知我意。

桃源憶故人 非園小睡

天涯那得真閒處。花外竹籬茅户。消得江南殘暑。夢繞青青樹。何須鄰笛將愁訴。惹得舊愁千縷。危石留雲和月住。應有秋魂語。謂甓生。

滿江紅 平調，題吕女士碧城集

謫下雙成，儘游戲、鴻濛八荒。鉛華洗、簪笄生色，劍佩行裝。荆樹風霜經寂寞，木蘭紅紫詎尋常。著先鞭、素手指山川，懷渺茫。『莫把木蘭花，錯認尋常紅紫』，又『素手先鞭何處著，如此山川』，皆集中語。鸞語會，襆冠裳。漱玉集，調笙簧。樊山老人以李清照許之。掇十洲花草，都入奚囊。豪侈氣饒蔬笱味，聰明魄濯雪冰涼。願釵裙、翹首碧城霞，心瓣香。

惜秋華 和夢窗韻

蕭颯寒聲，撼窗櫺、似叩羈棲愁抱。門掩燈孤，相憐尚垂青照。塵勞不許心閒，猿馬走、憧憧塵擾。綺語，問誰呵、顧影自欷吟帽。籬菊報秋老。算斜陽木末，餘明猶好。蓬路遠、殘翮短，任教遲到。須知宇宙原寬，泛滄溟、江湖杯小。知了。軟紅塵、誤人多少。

金縷曲 贈梁海濱先生

天坼飛仙死。問何人、羽衣腰劍，憑高凝睇。

國史儒林文苑傳，竟是蓬瀛譜記。莫疑是、長安裘敝。照座鬚眉真蒼古，目稜稜、巖電光騰紫。跨燕越，猶尺咫。　塵寰有意閒游戲。戰場花、摘從北口，又來南市。海水天風相鼓盪，相見雄心萬里。奈宇宙、滿空渣滓。安得如公千萬輩，使蛟虬、認識干將利。公是我，赤松子。

謁金門

休認錯。蜃氣空濛樓閣。十九耕耘無一穫。有情仍紙薄。　無力絮花漂泊。管甚墜茵黏幕。偶傍鞦韆紅錦索。也須防燕覺。

其二

金粉地。暖日好風羅綺。裝出城中高尺髻。路厖驚遠避。　草妒游裙搖翠。燭替愁人垂淚。縱有相思無限字。茫茫何處寄。

鳳棲梧

讀《中州樂府》李扶風『別有溪山容杖履，等閒不許人知處』之語，因廣其意

大隱市朝終我誤。除却山林，難覓安心處。隨意經行隨意住。漁樵非是閒儔侶。　擬買沃洲充隱去。縱許人知，知也誰尋汝。夜裏波濤風裏樹。跫然空谷山靈語。

阮郎歸

紅白桃花

鉛妝初罷點脣脂。蓬門人面窺。劉郎重到眼迷離。烟霞交路霏。　玫瑰笑，雪霜姿。東風生是非。武陵漁父縱相思。知他心向誰。

虞美人

普陀慧濟寺銅水瓢柄上現大士像

楊枝甘露隨瓢注。鏡不煩銅鑄。圓通寶相看

分明。猶恨烟雲霎靆、掩冠纓。現身説法楞嚴記。蛤蜊莊嚴示。此中見佛此中尋。莫謂眼緣觀外、未聆音。

散天花 天台山某庵有栴檀觀音像，去年九月間，右掌中産芝一本，旋又於兩腕上各産一本，花數十朵，白如玉，大如椀，厚而頗硬。至今夏間經七八月，而花逾茂，真靈跡也

栴檀香老忽春生。維摩花雨散，著身輕。無根芝草戀珠纓。芙蓉親手把、去朝京。斗印何須掛肘肱。搴芳三秀挹，玉亭亭。神仙洞府暮雲青。天台千古月、伴瓊英。

虞美人

生怪無風還作浪。海闊龍吟壯。花漂春去未干休。試問古今淘盡、幾多愁。胥濤傾入羈人枕。擁被新寒噤。潮聲朝夕幾曾停。聽自塵心浄處、吏分明。

西河 長城懷古，和清真

形勢地。秦關百二雄峙。燕頭晉腹尾皋蘭，龍蛇陸起。窺邊獵火燎平原，黄沙紅入無際。飲馬窟，羆塚是。安危鈞髮懸係。旌旆影靡鼓聲沈，壞雲崩壘。障亭落葉掃秋風，夜潮嗚咽渝水。馬茶見説久互市。甚渝盟、一蹴千里。鎖鑰丸泥何世。悵關門、牝鐵宵飛，空説鞭石移山，漁歌裏。

秋思 聊社集非園，詩來索和。憶數年前，曾一度集此，園主令弟甓生預焉。今已矣，酬以此解，不勝今昔之感

湖海傷客春。正沃洲、深處閉門岑寂。孤影

蕩愁，舊歡尋夢，花雨簷滴。記觴興詩情、嘔肝戰拇誓破敵。少壯懷、今頓息。念絶句旂亭，俊游金谷，怎奈奮飛無分，身慳雙翼。　悲極。黄壚久寂。况隔牆、哽咽哀笛。酒殘沾地。西堂驚起，醉魂此夕。料洛豔遲遲正開，風日悽斷甓。汐社事、悴憔色。試檢點尊前，高陽多少髮白。許把闌干暗拍。

江神子 落伽山

鮫宮波暖頷珠浮。戲潛虯。玉壺秋。一碧蓮花、洋裏水如油。時有蒲帆環檻過，斜照裏，過漁舟。　山靈何必賦高邱。短姑頭。隔龍湫。有客翠微、聽磬事尋幽。頃刻仙風雙槳送，杯渡也，穩於漚。

法曲獻仙音 樊樊山先生詞集附示家塾書，云：『文章之無用莫過詩詞，世皆待余以有用之才，而專爲無益之事，知余之悲者尠矣。』爰成此解

身世雕龍，命宫磨蝎，蕭瑟江關詞賦。没字腔哦，有涯生遣，旁人怎知心苦。果唱到、陽春曲，誰與和金縷。　酒徒墓。署詞人、一坏埋碧，心史稿、休認等閒綺語。哀樂縱無端，付琵琶、幽怨能訴。法曲霓裳，大羅仙、天上簫譜。異花間側豔，止拾十洲零羽。

祝英臺近 題姚景翁天醉樓填詞圖

海桑紅，宫黍秀，年冷鶴能語。滿地江湖，寒暖變晴雨。有人抱膝長吟，茶煙禪榻，老不管、鶯花朝暮。　潮分付。往來送盡興亡，湘纍爲誰苦。醉醒無端，寫盡問天句。似聞人

海浮沈，江關蕭瑟，稱爲我、駏蛩儔侣。

溧蘭香　癸酉閏重午

鍾馗守户，羅刹跳梁，説甚錦袍絳幘。殘痕臂縷，餘滴蒲觴，續命蕩愁無力。算龍艭、千槳齊飛，難招沈沈楚魄。浩渺瀟湘潭水，空摇烟碧。　况復横汾一曲，戲水嬉停，分波界畫。舟移劍徙，鼓死旆收，兩岸陣雲先墨。羡紅榴、巧襯茜裙，長袖終嫌地窄。恐攪亂、鏡影波心，晴川風色。

宴清都　題高潛翁寒燈課讀圖

我亦單寒子。蓬門夜，母兒形影相倚。秋機織淚，春燈熨夢，煙殘墜穗。瓻書借向東隣，便繞膝、殷勤問字。誦琅琅、建水高瓴，寒宵過午忘寐。　生前無分鷄豚，墓門寒食，望風懸淚。珍圖手展，丸熊畫荻，儼然前事。簾前霧重成滴，摇壁影、葳蕤細蕊。陟屺吟、能否招魂，涕零繭紙。

西子妝慢　端午夕對月，和蕙石

孤影伴愁，短歌送節，舉目天涯愁滿。秦關塵漲楚江昏，弔湘纍、芷蘭哀怨。歸帆似箭。更誰管、潮痕暗换。　[illegible]鄉關，問曉風殘月，憑誰能勸。　連村晚。浴鷺春波，一水匀寒暖。時新眉樣費商量，話西窗、青燈黄卷。記借宿高齋時，君論制義，盛推許景澄稿。風塵閲遍。享家帚、千金同玩。合我成三，月照琴樓酒琖。

慶春宫　芭蕉，和蕙石

秋味淒清，春心舒卷，夜來急雨闌東。期雁擎書，調鶯欹扇，旅情鄉夢都慵。緑天深處，浄碧唾、飛塵謝紅。有時題句，紙貴何妨，喜對珍叢。彈章竹拜臨風。小草晞陽，見蔽陰濃。憑藉園林，招搖風露，一場迷鹿終空。雪圖摩詰，識身脆、金剛漫同。積愁成結，鄰圃丁香，代惜渠儂。

惜紅衣

和蕙石，并題其小照

壁倚琴囊，杯嚴酒限，伴人樓月。得句微哦，閒情自怡悦。簷花紺滴，驚野火宵紅，胡騎冬獵。秦曲鷓鴣，望南雲愁絶。　袁門掃雪。歸燕檣連，滄溟穩舟葉。劉郎又到白髮。更堪鑷。贏得故廬無恙，相顧頭顱曾説。問返耕何日，隣壤繡塍鱗接。

朝中措

叮嚀被襆出門時。日影黯崦嵫。樹古鴉昏吏老，搖紅燭映垣薇。　翻階芍藥未成詩。宮漏出花遲。年少東華舊夢，空山回首依稀。

其二

闢門屏蔽峒迴環。匹馬客衣單。樹海秋風作浪，無端飛入琴絃。　丹鉛顔色闇橐鞬。舞袖礙迴旋。臥榻眈眈虎伺，鵰聲啼破蒼煙。

《歸順州志》：州南界十萬大山，大樹蔽天，曰樹海。

其三

荒山甌北費詩才。夜静虎巡街。趙甌北守鎮安時句。月底歌聲嘹喨，前山並蒂花開。苗人無嫁娶，每月夜男女羣聚，分朋唱歌，互相酬答，合則攜手入深林去。　南天飛雪白皚皚。冷氣迫衙齋。催我聲聲歸去，杜鵑還被鶯猜。時余坐不肯附和長官邊鹽專賣議去職。

其四

昌黎謫宦嶺東陲。昌黎謫潮，初到揭陽任。滿縣裊花枝。揭陽爲煙苗產地。九月秋風垓下，淒涼劍底紅飛。鶯粟一名虞美人，時禁種期滿，嚴札鏟烟苗。余在路上宿三月，始報肅清。羽書軍檄火星馳。冠虎噬人肥。孺子滄浪濯足，中流一舸逶迤。潮汕獨立，浙軍助防省軍入揭陽，時局一變。

一斛珠

海珠一役，王廣齡廳長、湯覺頓代表死之，徐君勉跳而免。起事者意在徐，而徐反免，有幸不幸存焉

驚雷蟄起。孽龍腥噴波成紫。封姨過處花粉墜。血不登盤，狼藉殷冠履。魚服閒遊忘上餌。庭槐風倒魔王喜。蝦蟆膽落爭趨避。今日園林，中有傷心史。弔海珠。

其二

天然清絕。斷橋殘雪平湖月。淡妝濃抹波光瞥。加減俱非，色豈人工設。曲折赤闌連岸接。鑿開混沌胸成穴。莊嚴金碧梅花刦。西子魂歸，痛灑春鵑血。弔西湖。

其三

黃沙漠漠。穹窿方壘金棺託。神巫鍊骨珍靈藥。地久天長，何事南山槨。疑塚漳濱終覓著。茂陵玉椀人間落。形骸留得終纏縛。擣麝成塵，何似歸寥廓。弔埃及金字塔。

早梅芳近

紀夢

生事拋，偷閒好。身已蓬萊到。金銀宮闕，燦爛寒花燭龍照。袖輕雲霧重，眼大乾坤小。忽天鷄試唱，煙裂一聲曉。夢將回，驚未

了。又墜荒山道。晨鐘幾杵，客枕孤身在江表。蠹飢書未化，蝶稿香仍抱。柰關心，日斜仙路杳。

上林春慢　癸酉公臘未盡半月作

樹老號寒，天黯壓簷，欲雪鑪空無酒。賈島祭詩，梁園授簡，工夫料量初就。臘符待換，怎情緒、亂絲依舊。不堪聞、是隔苑雨風，釀愁時候。　乍陰晴、幾番飣餖。春消息、待漏陌頭楊柳。夙約比鄰，新歡故國，嬌心耐人重叩。踏青伊邇，還等個、尋芳珍偶。隴雲深，數梅驛、一枝來否。

鷓鴣天

莫遣閒愁一旦消。憑伊伴度夜迢迢。是誰扣户風敲竹，莫是迴帆岸撼潮。　鴉樹梢，鴨香焦。那得珍珠慰寂寥。教簫往事渾如夢，惆悵揚州廿四橋。

江神子　題潘蘭老香海填詞圖

探芳海外倦游鞭。畫中禪。酒中仙。問字乞詩、門限鐵爲穿。陶寫閒情搔短髮，同雁泊，結漚緣。　風流張緒憶當年。響商絃。滿南天。夢醒吟壺、舞袖足迴旋。珍囑茶花遺事曲，詞史藁，莫輕刪。蘭老少年隨某公使柏林，四大金剛之賽金花，固赫然公使夫人也，固習見之。迨其再落平康，一日見之席上，蘭老問之曰：『儂尚認得我否？』賽熟視良久，手撫蘭肩，曰：『不堪回首。』余謂此四字可以喚醒人間幾多癡夢，不圖出諸彼婦之口。

丁香結　除夕，和夢窗

辭臘鼉寒，供朝盤暖，棼尾婆娑曾醉。憶剪釵紅膩。茸爛嚼、唾碧沾人衣袂。緑窗梅盞呪，團圓會、故園夢裏。宜男羞舞，尚會好語年鶯深意。今似。守歲拚孤單，路數屏山未睡。祭餒詩魂，占遲鏡聽，擁燈人背。山靜猶是太古，悄立無春地。文君曾見否，留問南來燕子。

玉樓春 甲戌清明

閒愁鑽入詩心縫。壓得雙肩寒未聳。清明終是異鄉春，風雨莫温遊子夢。羈魂不到先人冢。闕處松楸誰補種。潮音有意助新吟，泉路無人知隱痛。

浣溪沙慢 登靈巖，依清真四聲

土石湧紺碧，煙靄延湖沼。洞深徑仄，争路交飛鳥。殘霸故國，一紙斜陽藁。鈴語浮屠悄。憑弔數興亡，野花零、江楓又老。古春渺。賸露井波澄，悵廊聽落葉，徑問舊香，事往吳山曉。冷翠化雲，飛上琴臺秒。勿妒天平貌。妝淡抹濃時，學西湖、螺鬟更好。

杏花天影 和姚景之

緑雲膏沐無心理。向誰訴、分飛恨事。蘸香鴛被半床閒，醉裏。曉鶯啼、惰未起。傷春地。花縈步綺。又輪指、番風第幾。夢遼何處漢家營，失計。縱封侯、也後悔。

丹鳳吟 甲戌端午

招得薰風驅暑，插艾門庭，下帷深寂。菖蒲酒盞，漫掬流花自滌。長添線影，閒情消盡，纏臂絲紅，沈波菰黑。擬起湘纍問訊，近日湘江，秋夜龍嘯消息。堪笑鍾馗倚壁，脚靴手板鬢半赤。面目嶙峋甚，算么麽羣醜，望風辟易。吟壺清晏，闔室嘯梁無迹。門外黎邱千百變，攬一天風色。天龍豎指，忘却魔眼擘。

齊天樂 陪臞禪遊西溪，約和夢窗《會江湖諸友泛湖》韻

一溪依舊傷心碧，年年輒驚人換。樹合青連，橋橫白斷，曲曲柔波流怨。山簾雨捲。問窟宅何人，蜃樓紅見。代有詞仙，素雲沈後緒風扇。　蘆花飛雪十里，舊秋新粉本，留付圖卷。名下低徊，兩浙詞人，合土著、宦游、流寓、閨秀、方外近千人。尊前檢點，近有爲朱彊村師鑄銅像入祀議，周夢坡爲發起建祠之人，今亦作古。都是營巢慵燕。涓流似翦。怕小影滄桑，海東三變。引去蓬舟，暮煙凝棹遠。水淺舟膠，遥望交蘆，廢然而返。

水龍吟 惠山酌泉

酒痕黯淡塵襟，茂陵渴抱看山病。鶯聲招我，螺鬟笑容，溪迴路近。腰怯登臨，眼饞蒼翠，一池煙暝。問山靈舊約，蹉跎十載，憑闌處、迷前徑。　清絕吟魂待醒。傲盧仝、香生甌茗。濠梁興味，滄波身世，浮沈同證。芒秃詩腸，芡磨菱角，小販多以青菱、生栗供客。老來心性。向斜陽徙倚，峯顛瘦塔，伴臞仙影。

以上《抱香詞》

最高樓 鐵尊招飲鷄鳴寺景陽樓，讀壁上題詞，譜此繼聲

樓一角，山色六朝收。都是古今愁。江流難洗胭脂辱，東風不識綺羅羞。後庭花，新樂府，付漁謳。　喚不醒、繁華酒肉醉。嗚不

散、乾坤風雨晦。人世事、海中漚。繻襦輦路銅駝淚，烏衣門巷野花秋。煖霜威，憑酒力，一詩囚。

解語花 游宜興善卷洞

千年古嶠，問訊西風，幾度停鸞鞚。髻螺青聳。幽棲處、曾許塵中人共。鴻濛鑿空。通沆瀣、茅峯三洞。雲變幻、龍戲空高，尾墜垂天蝀。　大壑秋槎一縱。怪銀河無月，珠暗驪擁。詩心洗、石氣荒荒搖動。蓬山待夢。試先採、芝苗歸種。最堪憐、春壓樵肩，半杜鵑紅重。

鬲溪梅令 題林嶽威梅邊續易圖

天機三十六宮春。幻梨雲。香浸一尊波綠、欲生鱗。微吟醒醉魂。　玉梅骨幹雪精神。箇中人。恍惚翠禽聲裏、喚真真。天花黏著身。

水調歌頭 遊焦山，效方回平仄通叶體

形勝任爭戰。京口鎖雙丸。蓬瀛清淺。紅塵今已漲金山。北固江山天限。南服衣冠人換。六代百年間。一匹澄江練。盡處著煙鬟。　隱君廬，枯木館。草芊芊。華陽詞翰。鶴銘瘞石半鑽刓。帶玉芝含鹿獻。墨卷草疑蛇綰。真跡寶叢殘。水調中冷遠。茶夢繞闌干。

念奴嬌 丙子鄧尉討春，玄墓寺僧出示詩册，見鄭叔問、張子復兩先生聯句，愛而抄之，內衣袖間。閱三月檢出，因而和之，以誌鴻爪

芝荒鶴老，絕空山人迹，臞仙誰侶。流水小橋

天欲晚，可惜落英無數。寒食單衣，江城哀笛，悽咽欺花雨。問誰索笑，冷香薰透詩句。宵來夢入羅浮，翠鳥殷勤，促我摇鞭去。算到江南春趕上，又唱送君南浦。三嗅芳馨，一番惆悵，恨不香中住。殘陽雖煖，溼雲尚擁歸路。

紅林檎近

枕絮偎逾溼，燭花寒更青。月落烏聲悄，霜濃旅魂驚。拚與分歧决絶，轉費惜别叮嚀。淚波執手盈盈。臨語又吞聲。　始上吴楚道，先見短長亭。初陽木杪，摇摇鞭影分明。怪江郎情黯，紅樓回望，引愁一路雲海平。

遶佛閣

别情，依清真四聲，與唐圭璋同作

黛眉翠斂。人去語寂，春黯甥館。亭堠長短。

夜來夢醒、孤身在羅幔。袖華淚滿。邊塞萬里，還勝天遠。金縷纖婉。倩伊引惹，歸舟繫前岸。　舊識燕如客，砌影偷量長比綫。慵懶弄妝、殘脂猶涴面。變鏡裏華容，年逝如箭。那堪人見。奈狀我相思，雲鬢蓬亂。抱鴛衾、半開偷展。

菩薩蠻引

丙子季夏，與揭陽姚秋園、長洲黄鏡軒暨作甫姪作羅浮之遊，阻雨冲虚觀。臨行日始得經白鶴上黄龍，抵華首臺，遍攬滌塵橋、蝦公巖、朱明洞、抱珠橋諸勝，恍置身天台、雁蕩間，蓋已極羅浮之壯觀矣。因成此解

股從蓬剖。泛南溟旁附，大羅星斗。怕夢醒、梅雪清寒，趁揮汗遠攜，聽鸝柑酒。再入華胥，落老子、青牛西後。奈虚庭眠雨，幾把芒鞵，竹杖輕負。　村禽唤晴谷口。道溪流壑

瀑，蝦躍雷吼。試相與身入，煙雨圖中，盡溼翠痕痕，冷透襟袖。龍抱珠迴，笑夢戀、橋塵依舊。問山靈、仙家蝶使，知儂到否。

點絳脣 宿竹林寺，有懷錢仲聯，酬其贈別詞也

蟲咽僧窗，前番離緒今宵絮。蠡園黿渚。都是尋詩處。梧柳樓頭，商略黃昏雨。今何許。嵩雲秦樹。一例相思句。

訴衷情 用温飛卿體

水遠。山遠。斜照晚。畫橋西。簾篆悄。黃鳥。背人啼。去路夢中迷。徘徊。陡聞隣馬嘶。訝郎歸。

女冠子 用牛嶠體

竹鑪茶竈。落葉供薪風掃。晝眠遲。雲冷封吟屐，霜寒覓破衣。鬢絲禪榻畔，齋鼓梵鐘時。簷角蛛絲颺，客支頤。

水龍吟 中秋夕陪秋園、柳亭步月登粵秀山

故鄉原有千秋，從今不信西湖好。樓臺倒影，街衢潑水，時忘昏曉。夾路歌聲，萬簷燈火，市喧爭鬧。更鶯簧麝馥，相扶笑語，雙飛燕、珍叢繞。驚心故候舊事，撫青萍、倚闌人少。飄零大樹，沈埋遺鏃，西風秋草。魚貫隨流，雁行踞石，呼鑾古道。愧同遊赤壁，兼饒酒客，讓東坡老。

高陽臺 陪鄔碧泉、劉一佛、李作屏茶話北郊，弔紹武君臣塚

橋咽花流，碣憑蘚篆，蒼蠅弔客仍稀。去矣王孫，萋萋芳草霜欺。烽煙嶺外驚人訊，馬首

塵、偏向江西。小朝廷，幾日君臣，共穴孤狸。江山又覺今非。甚彈丸黄土，尚占天涯，風雨靈旂，幾多猿鶴飛馳。杜鵑紅到荒墳角，學粤謳、北客題碑。祝山靈，大壑藏舟，莫任宵移。塚近馬路，嘗有毀塚益路之議，墳山公所争之乃免。

踏莎行 題《陳文忠公遺集》

宣室危言，本傳：公出典浙江鄉試，還京陛見，歷陳漢十常侍、唐甘露之禍。神京慘變。江湖魏闕臣心戀。南園後抗古人風，公南還，偕南園舊社，集黎遂球等十二人，時稱爲南園後勁。西門歸死慈親面。公初仕福王，南京破後，回覲朱太夫人，太夫人曰：『聞南京已破，吾以汝爲死矣。行矣，國破家亡，盡忠即以盡孝。毋以我在藉口。』公泣受教去。公守高明城，城破，太夫人在三洲，聞訊縊死。公聞之，衝出西門，歸家殮母，被執。　圜户琴歌，公以逆魏閹下詔獄，日與總河劉榮嗣彈琴飲酒爲樂。雲淙詞卷。公出獄南歸，闢雲淙别墅於白雲山麓。書香幾爲耕鋤斷。公臨難遺囑，子孫不得讀書仕宦，故遺稿多失散。珠江老蚌吐光芒，歷年三百今重見。阮《志》有《經濟遺書》《南宫集》《禮部堂稿》諸書，今無復見矣。

風入松 丁丑正月十八日，離梓舍赴山作

歸遼老鶴怯長鳴。孤影零丁。緱山惆悵中秋月，逢人漫説離情。始信天涯飲啄，餘波擬託蓬瀛。　園林圖稿費經營。塵夢今醒。尋巢倦羽幡然去，何堪再問歸程。尚有枝頭小鳥，兩三惜别啼聲。

解連環 和清真聲韻

信音難託。思遼西泠月，雁天雲邈。算夜永、長擣衣砧，乍寒到九邊，怕郎衾薄。迤邐屏山，怕遥遠、夢中難索。想天青海碧，悔恨素

娥，枉盜靈藥。封侯漫誇綬若。奈催人皓髮，胡地笳角。謾盼極、山北燕雲，把閒草閒花，總待拋卻。故園荼薇，忍教看、棲枝殘萼。對蒼茫、去帆路轉，暮潮漲落。

引駕行 窮新界深阻處覓可居地，得之，用屯田韻

溪痕添雨。山妝罨翠層巒暮。鵾孤飛，鸝三請，田田葉荷晴舉。遥覩。盡獸石嶙峋，蛇流宛轉赴前浦。漸天黯、蒼茫一片，没人家、止煙樹。爾許。流鶯引路，野鶴幽巢相遇。定十笏芟荒，團瓢結箇，孰云孤負。環視如此雲山，不堪棲隱又何處。總勝似、殘蓬寸梗，逐風波去。

夜行船 宿鼎湖弔慕經和尚，和夢窗《宿化度寺》韻

香積炊煙棲碧樹。峯迴轉、草深春暮。捨宅人遥，宿有德堂，原爲李姓捨宅。憑闌意遠，報道雲來封户。寺觀客房入黑即下鎖。老衲經行何處路。又仙鶴、怎時化去。幾樹梅花，一龕燈火，腸斷人生晞露。

長亭怨慢 丁丑生日作

且謾怨、斷煙離緒。蓬梗生涯，陌頭東路。瞢緑癡紅，舊痕襟染剡溪暑。蠡湖風月，曾助我、新調譜。猛憶故園春，促歸思、桃花飛雨。遲暮。過東隣墟畔，怕問舊游儔侣。燈花鵲喜，好消息、總歸無據。試巡遍、芷嶼蘭汀，好揀箇、沙鷗眠處。諒淺薄陰晴，易乞東君

容許。

曲遊春　曉坐鳳凰山華嚴閣天街，和周密

煖翠浮嵐裏，罥千竿寒玉，來往鶯織。過院偷閒，惜流光偏在，忙中駒隙。萬緑塵紅隔。聞根淨、人間箏笛。看曉鴉、掠過西峯，點破錦屏山色。　短陌。檀欒鐫碧。鑿姓字燕然，無此銘勒。歌舞氍毹，夢花搖粉墮，麝飄香羃。無分鳴鐘食。水雲窟、自甘岑寂。猶算片刻流連，閒愁遣得。

向湖邊　新築近泉源，策杖往聽，坐臥巨石上，衣袂爲溼，拂拂寒生毛髮間。擬作艸亭覆之，一邱不可專，一壑居然我有矣

腹稿林巒，首邱雲水，彈指須臾即現。泉脈蜿蜒，費芒藤尋遍。喜雯逢、龍吻飛珠，蛇鱗赴壑，音韻琤縱千變。倦客臨流，比依松多健。　濯足風前，快慰扶桑願。休再惱，聽孺子滄浪歌怨。狀譜清泠，灑肝腸寒戰。問出山忙碌憑誰勸。暫留我、清滌可憐塵土面。涼沁苔扃，勝淞圖分剪。

花心動　環居植竹、蕉、梧桐

空谷紅稀，層巒合、中有團瓢陰影。聽雨朱樓，扇暑無庭，怎許眠琴三徑。袖寒天緑棲鸞渺，奈恨上、蒪眉悽損。仗翠管，書愁學得，挹泉金井。　豔羨瀟湘一境。奈鹿夢都虛，鳳巢難穩。喝息茂林，脆悟空身，燕蹴冰絃人醒。待環萬緑蒲團外，報風雨、兼秋做冷。算春到、繁華錦城懶問。

齊天樂 三洗潭，洗耳、洗心、洗夢也

問誰倒挽天河水，朝朝傍簷飛舞。乍咽笙簧，旋鏘珠玉，忽有東來山雨。涼柯倚處。似飄袖風欄，湔裳烟渚。息影臨流，塵襟抖擻儘無暑。　澗阿有人漱石，奈嘯歌寤寐，常綰塵緒。蒲韐臨門，鶴書度隴，消得黃粱炊許。南柯院宇。戀瞬息繁華，知誰賓主。洗夢都清，邯鄲醒後苦。

鳳銜盃 茅後有樹，圓如張繖，粗幹横出，可偃坐遠望

文園消渴蔭涼柯。蓋亭亭、舞影婆娑。却喜風來篩影、碎金多。防暑到、密張羅。　隨白鷺，睇蒼波。島浮沈、出没鼋鼍。兩兩漁舟出水、若穿梭。織罷日西矬。

臨江仙

天光照夜生蒼白，小樓倦客孤燈。風聲泉韻未分明。鏗鏘環佩，疑降許飛瓊。　白髮欲憑山色染，倚屏坐破濃青。擬將心事訴流螢。招招羅扇，迆邐没深箐。

青玉案

天河傾向牀頭注。夢驚斷、江南路。報到前溪新漲雨。黃鶯留客，碧山攔户。且勸須臾住。　初陽黯澹窺松圃。膏沐透、宵來露。莫向漁人頻問渡。千重雲海，萬重烟樹。猶見波濤怒。

金菊對芙蓉

絮帽團峯，波簾織洞，横溪彴略孤危。正僧歸

路斷，樵語烟迷。憑闌不見紅樓影，望故人、風雨淒淒。端陽節近，觴蒲角黍，鄉味都非。　獨客況復天涯。問東勞西燕，悵悵何之。話江南麥熟，往事依稀。已知别後相思苦，更何堪、白髮頻催。殘英仍在，待攜尊俎，尚及芳時。

風入松　宿昌平農場望樓，用趙彦端體

槎枒胸次鬱峯巒。塊壘誰删。平蕪換目皆空闊，莽蒼橫眺無邊。隱隱斜坡撲地，雙雙華表撑天。　糖多小令擬裁箋。列蔗成田。濃甘佳境今方釀，側生旁挺盈阡。時蔗方繁殖，高僅二三尺。最羨斜陽芳草，讓他老犢閒眠。

前調　息矮嶺冚松林，用夢窗體

疑聽蠻海駭濤聲。風静也長鳴。萬龍夭矯拏雲動，露爪鱗、薄暝初晴。頭上緑天漏處，碎篩點點繁星。　停鞭倚杖影零丁。衣袂峭寒生。塵緣願爲從游棄，奈留人、總是青青。移入畫圖猶欠，溪流併箇茅亭。

蘇武慢　丁丑端節

續縷閒情，書裙故事，轉瞬年華又到。絲菖酒面，角黍潭心，老去無多懷抱。還是閉門，曼引詩聲，暗温詞藁。任遺鈿拾翠，金鞭公子，歌呼沿道。　空見説、紅荔灣頭，流花橋畔，雷鼓雲旂喧擾。闌干波影，粉麝風香，十里暄陽芳草。空巷近傳，夜禁門遲，春臺酺早。講水嬉深意，莫負湘江一櫂。

醉花陰　寄題夏臞禪謝池新居

鄴苑圖書歸插架。棠棣陰連舍。省得買山

錢，一片新陰，濃覆鴛鴦瓦。我亦誅茅堪歇夏。鄰傍談禪社。容膝即云寬，況有天然，花竹饒而野。

月中行 題爪哇陳寒光《天上人間集》

披襟岸幘老疎狂。秋葉爲詩黄。滄波嗚咽斷人腸。漚没不成行。海上漚社自彊師歸道山後星散。餘情分付憑烟水，況又有、燕語回檣。泠泠湘瑟海風長。無字也悲涼。

望江南 題北流陳柱尊蘿村讀書圖

天地窄，無處著吟身。鼙鼓聲中人頓老，棋枰換後刼逾新。海上又揚塵。回首望，蘿月澹村脣。寂寞空山今亦古，短長寒檠暖於春。招隱有南雲。

陽春 戊寅元旦作，用家无咎體

黯山居，偏尋到，賴有好春知我。日曆久删除，餘寒凝、簷鵲何事尚庭賀。桃符椒顆。權換却、爐香經課。樓外怕見滄波惡，屏開又倩雲鎖。奈風雨陰霾、天爲墮。撩夢亂、山人穩臥。繞籬花幡力薄，付回潮、捲地紅涴。重關未算計左。聊料理、齋盤蔬銼。祇辛苦、幾箇漁樵輩，蒼茫點破。謂抗戰諸將。

長相思 一月廿三日，山中始見桃花

憶桃枝。見桃枝。人面春風笑語非。天寒翠袖時。怕人知。没人知。待我知時花已稀。武陵尋夢遲。

鷓鴣天　病疝，入醫院割治，愈後出院作

眼隔青山未四旬。緣何猿鳥便生嗔。饑鼯鬩夜翻殘檠，黏蠃題門篆古塵。　垂大覺，再逡巡。天教留我作詞人。一朝跳出修羅網，蠃得狂佯又幾春。

祝英臺近　生日後補作

澗霞紅，巖雨翠，消息又春暮。多病文園，餞春已無句。劇憐短鬢蕭疏，今朝寒食，獨搔首、雲山深處。　爲誰訴。安仁正賦閒居，猶恐燕鶯妒。綺語妨禪，哀時究何補。遥遥華胄玄亭，恨終少、高陽儔侶。近著《二徐說文聲義勘補》未成。

婆羅門引　山居補植花木

廬非人境，山深四月未聞鶯。飛花空憶春城。最惱無情野燒，收拾到陳青。盡黄雲紅葉，一望蕪平。　荒畦幾稜。豆拆甲、怯寒輕。賸有劫餘幸草，識我經行。餖飣陰晴。試種竹、移蕉環護庭。鋤未了、霧冥冥。

摸魚兒　戊寅五月五日，哭惠文女

黯江城、落梅哀笛，吹殘甥館瓊樹。臂絲續命欺人耳，乍面忽成千古。雞報午。莫便認、視陰靈照機先赴。曇花兩度。恁一墜銀瓶，永辭珠掌，先後委塵土。五女惠明先殁。　人間世，生女生男何補。漫云光采門户。母兮撫汝終如始，藐爾諸孤誰撫。女卒時，其母適在其家。天欲暮。偏教我、臨流躑躅横舟渡。蒲觴忍舉。對渺渺蠻波，年時角黍，怕聽大招賦。

浣溪沙

煙雨霾天霧隱山。蒼波無語對愁顏。孤燈促我掩重關。　蔬果蟲餘分脆潤，縹緗蠹後理叢殘。牟尼一串算消閒。

過秦樓

彩蝶大逾掌，夜入天如書齋，撲而乾之，製爲標本詑客，正香江人滿時也

花國春慳，蟲天刼換，末路淒涼如此。香非迷客，望輒投門，一誤遂成九死。幕燕池魚正愁，游戲忘懷，人間何世。算山空月墜，塵緣蟬蛻，蒙莊醒未。　似見説、獵火燒原，隨螢逐燕，省識蠻江風味。容臺銖袂，羅洞蕉裳，蛋雨狼煙奪綺。恨不蓬萊嶠壺，埋迹棲幽，避囂辭市。奈身文賈禍，碧血斑斕繭紙。

虞美人

雙樹居賞月

故鄉明月團圓面。終隔緱山遠。安排詩酒待清光。無奈滿城風雨、似重陽。　平安園竹僧無信。難向天涯問。嫦娥不肯下雲來。爲怕青天碧海、漲黃埃。

東風第一枝

李鳳坡以杜鵑折枝畫册索題，時鼓盆之戚未泯也，感而賦此

暖玉埋香，嫣紅墮粉，返魂漫借風力。早知閬苑前身，莫信仙山咫尺。藍橋久斷，又何事、銀河重隔。覘生綃、搖蕩秋魂，恍聽佩環今夕。　歸正緩、花開繡陌。人宛在、春生彩筆。癡心欲喚真真，妙手偏開七七。摩挲老眼，疑錯認、羅浮仙客。怕無端、邂逅相逢，又結他生緣迹。

輪臺子　己卯生日

客路輪蹄倦矣，計息轍、林泉尚未。燎原野火通紅，繞屋雲山黯紫。連年棖觸鵑聲，爲排愁、强調宮徵。奈今番弔影，別具一般淒涼味。　掌珠眉筆塵封，曇花謝、奩花又萎。嘆人間、衹生離死別，銷磨年事。況暮景陰疏，新愁叢積。縱折得芳馨，歲寒爲誰寄。　伴伶俜、汀蘭澧芷。問此後、視蔭餘生，消幾番吟思。

水龍吟　和瞿禪《落葉》韻

微霜夜渡黃河，江南頓覺青山少。　荒村古驛，波初木末，飄零如掃。　散怯天風，聚防野火，勞生草草。逐御溝秋汎，蒼黃輾轉，淒涼影、憑形弔。　贏得移枝別調。曳殘蟬、空梁聲繞。東家院落，南山徑路，舞餘斜照。滿擬乘風，蓬壺瞬息，幾生修到。奈粱炊未熟，添薪拾取，算收場好。

以上《雙樹居詞》卷上

漁家傲　和六禾《夏夕偶成》之作

無味蒲觴脣怯涴。惠文女以去年端午日亡。雨餘淚閣榴花朵。風顫燈檠如豆火。思量過。古懽隨夢醒前墮。　睡既不成行復坐。教經懶事調鸚課。明月中庭今算可。朱櫻顆。牀前又渉紅絨唾。悼亡亦將一年。

其二

寫罷春懷餘墨涴。長吟顫動金釵朵。燭外煎愁榴似火。薆蟾過。隔牆林影穿簾墮。　獨自薰香還獨坐。重溫舊夢成功課。排遣千端無一可。山飯顆。杜陵詩裏尋殘唾。

其三

賸得征衫梅雨涴。青燈賺我花垂朵。桃柳風煙榆棗火。隙駒過。故鄉歸夢屏山墮。南面書城圍促坐。宵分未了丹鉛課。琴素經金聊自可。丁香顆。呪郎移燭思芳唾。

其四

修不成書箋欲涴。押花漫詡雲成朵。閒語閒言都付火。餘酲過。燕泥驚夢琤然墮。擁髻背燈愁默坐。金錢枉卜重逢課。不識相思猶自可。珠跳顆。字沾紅淚封黏唾。

其五

細認杭襟痕舊涴。記曾側帽簪花朵。悟徹浮生蛾赴火。都嘗過。鹹酸味海教人墮。春去園林筵罷坐。閉門領略閒功課。燈影娟娟花可可。千萬顆。簷珠的皪茅龍唾。

其六

泉水在山泥未涴。出山時恐污蓮朵。羅刹罡風塵刦火。等閒過。昭昭身世冥冥墮。借得蒲團初學坐。牟尼櫂作晨昏課。翠竹黃花期印可。明珠顆。晶宮嚴護驪龍唾。《法華經》曰：『精進持浄戒，猶如護明珠。』

其七

紅粉未教山色涴。陸游詩『青山紅詩涴』。仙人或有花三朵。邈矣懶殘煨芋火。天風過。林間數杵疎鐘墮。種得幽篁供獨坐。歸來莫補空囊課。陸游詩『歸來笑補空囊課』。寒菜一畦秋病可。餐玉顆。療飢桂子嫦娥唾。皮日休《八月十五夜天竺桂子》詩『玉顆珊珊下月輪』。

八聲甘州 讀半塘翁詞，覺氣象蒼莽，具潮海之觀。懷其人而悲其遇，因效其體以弔之

料蒼天付託要詞人，搜尋軟紅間。見鼎鐘肉鄙，版靴塵俗，清氣都難。唯有能言鸚鵡，喉舌慣翻瀾。教譜清平調，勿唱家山。　說樹禁言温室，又諫書夜寫，賸稿灰殘。算塞戈廷杖，賜不逮華顛。蕩蠡舟、五湖烟水，儘逍遥、消嘯滿南天。攤定藁、幸燈花落，半字僧完。號半僧。

卜算子 爲鄭霽林太守題先德輔堂先生淞江泛艇圖

抛却簿書來，暫理絲綸事。鯉魚風起露蒓香，漁唱裏、詩成未。　一棹遠紅塵，即是桃源地。世許烟波有釣徒，我欲剪、松江水。

唐多令 山中茅居，近悟瓦爲不漏之理。物料畢集，阻雨待晴

緣覺耳根知。溪聲搖夢思。奈癡雲、總是迷離。未到上燈先閉户，齋静課、槿葵稀。　破屋杜陵詩。秋風防我欺。燕巢泥、扶上梁遲。疑是茅龍衾戀舊，猶未肯、換春衣。

賀新郎 鄭師許自北流蘿村來書，并題《雙樹居詞》，依韻奉答。書云近熟讀辛、蘇詞，已和《賀新郎》全部，故及之

何處容吾釣。况年來、蟲天塵刼，隻鴻孤矯。沽酒典衣聊作達，我大乾坤自小。呼牛馬、從人嘲笑。嘗慣風波蓬梗味，細思量、畢竟無家好。游傍海，狎鷗鳥。　别來霜鬢知多少。喜見説、豪情勝概，辛蘇同調。唱遍賀新郎百曲，依樣胡盧畫了。擁突騎、渡江横掃。破碎

山河憑收拾，盼英雄、唾手黃龍到。咬文字，令人老。

鳳凰臺上憶吹簫

中秋夕，山居無侶，月色又復黯然，酒興詩情，消歇殆盡。和霞公韻，補成此解

雲葉叢陰，煙絲織暝，嗚秋聲噤霜鐘。碧海青天何恨，弔影愁儂。莫是不堪回首，故園月、偏倩塵封。空延佇，山深夜響，桂子零風。回溯旂亭旅況，算爭傳水調，誰與紗籠。今纔算、巢營垤蟻，衣換茅龍。遥望隔江煙火，歸夢絶、倦眼惺忪。嫦娥笑，霜髭留伴晨翁。

浣溪沙

妙高臺登高

罥雁絲雲凝不流。碧天如水縐紋柔。風憐白髮帽棲頭。世變須彌彈指現，彼云須彌，此云妙高。戰場秦漢及身游。黃花憔悴紫萸愁。

蝶戀花

酬崔伯樾和韻

盡攬秋聲歸笛裏。費買山錢，託迹壺中地。蘿月肩寒雲面起。衣襟滿挹空林翠。叢桂小山招隱意。猿鶴前盟，燖冷都多事。燖，温也。與『寒盟』對用，『尋』乃假借。離亂親朋疏雁字。東坡誰問渠生死。

醉蓬萊

九日預祝六禾生日，和霞公韻

傍戰場菊老，酒國萸香，飢腸迴九。鬢短簪花，笑婆娑盈首。萍梗風波，桑榆晷刻，算歲寒相守。贏得而今，風塵面目，廬山依舊。異域重陽，陶籬無恙，晚節孤香，堪供三齅。摇落天涯，似靈和移柳。有客悲秋，非公不樂，笑胡盧開口。六穗嘉禾，黃花明日，伴人

清酎。

一剪梅

欺枕西風怯夜寒。顫豆燈危，吟紙窗乾。蕭蕭落葉滿長安。馬影鷄聲，幾箇人閒。夢裏鄉關屏上山。咫尺天涯，杜宇聲殘。夕陽無語下闌干。雁字雲箋，盡寫愁難。

八聲甘州　秋夜懷人，上夏師北平

自西山王氣一消沈，幽人下重關。管園林春繡，燕鶯晨鬧，自鑄詞仙。萬里麻鞵猶在，韓石枉磨刊。謂《清史》。嶺海聽潮夢，帆影鷗邊。緑野淒涼門館，謂裴師。賸靈光屹立，魯殿年年。算長安落葉，殘月媚吟箋。聽津沽、漁村煙語，師在津結詞社，集名《津沽漁唱集》。到黍離、草蔓總悽然。山深處、望金臺樹，北斗依難。

晝錦堂　六禾出贈冼玉清女教授詞相示，適求其作雙樹居圖未成，和以促之

瘦句黃花，清辭風絮，仙骨珊朗瀛蓬。想是坤輿靈毓，通理黃中。高涼門楣雙節虎，顧張閨閣一聲鴻。濟尼曰：『顧氏婦清心玉映，自是閨房之秀。』婦張立妹。皋比座，續史大家，繞牆桃李花紅。女士主嶺南大學史席。　鳴鳳。蠻海曲，枳棘寄，差池遠避狼烽。見説依劉冼詞語，壘燕，爲葉圖龍。葉遐菴杜鵑花卷爲女士作。丹青雙管春生角，杜鵑圖止寫一角。珠璣百琲譜調宮。相如壁，突屹生堂楓樹，待種郵筒。

聲聲慢　木芙蓉，同六禾作

蜀垣圍錦，孟帳渲羅，香薰氣煖逾春。採涉江遲，芳搴木末湘魂。《楚辭》搴芳木末，自是木芙蓉。

宿妝脂殘粉賸，倚闌干、總是嬌顰。衣裳想，擬唐宮吴苑，醺醉晨昏。 何事顔客百變，學鵝黄裝好，戴石屏詩：『就中一種芙蓉别，只染鵝黄學道裝。』又换蛾蓁。性本宜霜，拒霜錯唤詞人。《本草》：一名拒霜。專城衆仙有約，主羣芳、何地移根。 寒訊急，冷枝頭、結子夢痕。花不落，亦不結子。

霜花腴 詠雁來紅

霜花糝白，醉晚楓，憑誰共鬭酡顔。秋雁峯迴，春鵑魂返，千林染淚斑斕。半青半丹。 騙霧中、老眼偷看。訝金風、嫁杏妻梅，天孫聘錦奠西園。 裊裊枝頭霞舉，認含蘆吮筆，豔寫雲箋。望斷衡陽，書傳塞北，紅情幾葉纏緜。月明在天。 警霜心、何讓韶年。一名老少年。奈南樓、破夢聲聲，誤人花抱眠。

瑶華 垂絲海棠

何來蜀客。隊逐羣芳，踏淺紅南陌。 垂垂老去，鬢縱嫩、漫説拳絲非白。春風西府，照妝燭、光分鄰壁。正酣歌、千縷金衣，奚待天孫機織。 詩人吴蜀分明，裊一線臨風，腰舞無力。歸從海外，草木記、平泉能識。穿鶯綴蝶，籠不住、杜陵題墨。莫浪評、有色無香，毛舉纖微頭責。

孤雁兒 和范仲淹韻

覊孤人影依庭砌。寒到耳、邊聲碎。漢關秦塞路漫漫，問汝離羣何地。哀鳴誰訴，寒棲誰管，明月潮千里。高啓詞句。 江皋木脱楓林醉。折翼處、都沾淚。西池鴛夢讓渠温，獨飽江湖風味。鯉魚波惡，鷹鸇塵漲，又怎生逃避。

玉胡蝶　己卯冬至

候氣靈臺何在，魯郊雲物，彌覺蒼黃。賦罷悲秋，動人廣漠風涼。生機兆、菖蒲空卜，鑽火改、榆棗延望。楚魂傷。梁園授簡，難寫愁腸。　蠻江。棲遲何事，孤禽怯月，旅雁驚霜。無賴持杯，辛盤徒爲借春忙。蛩更絮、殘灰知冷，駒隙馳、一線添長。水雲鄉。寒衣夜索，憑弔鴻光。

江南好　翠林寺園小集

蜜冷蜂枯，籐纏虯老，滿園暖翠棲煙。玉鳴蘭佩，搖落夕陽邊。刻畫金圍成帶，腰瘦損、復倩誰憐。花匠刀剜玉蘭樹皮成圈，云是古法。閒庭院，詩情畫意，難得是荒寒。　祇林金布地，麻姑長爪，擘起諸天。又金剛神杵，龍制安禪。偶集江鴻海燕，來同聽、雲鶴山猿。還又見，題詩掃石，咳唾落珠圓。

霜葉飛　山居門前雙烏柏樹，飽霜遞零，葉葉作胭脂色，繽紛籬落間。依夢窗四聲

理愁無緒。酡顏對，吴霜酣飽雙樹。半生枯槁慣悲秋，膏澤違春雨。算落葉、翔空萬羽。江村圖畫疑晞古。訝澹泊人家，買到北燕支，蓋盡石闌寒素。　聞道徑石停車，楓林坐晚，冷色薰透吟賦。炫天霞彩照東籬，更絮寒鴉語。久隔絶鱸蒓膾縷。烹湘休遺殘紅去。望待償、明朝願，厚積階茵，醉供眠處。

意難忘　春情，效東坡體

春滿金閶。記流花波暖，夢草魂香。杯深忘

約淺，燭短負宵長。朝送客、耐思量。是月貌雲裳。似身經、瑶池祕殿，瓊島西廂。漫云萍水他鄉。勝江皋佩約，堂宴釵行。餘歡容細嚼，後會費相商。今日事、斷人腸。竟山海微茫。縱天公、量珠未許，再見何妨。

花犯 和六禾《鬟梅》作

小橫斜，金釵墜鳳，雙拖破燈暈。寶雲盤鬟。憶雪月迷離，故遺郎認。厚簾密護寒猶緊。涵春瓶案穩。支庭訓《花瓶傳》『襲封涵春侯』。穩瓶見語録。更九九、傍匳圖展，消寒期取準。撩鴉簪拔卜行人，江南路，莫奈寄枝留恨。梳先嬾，飄零怕、玉龍流韻。宫妝卸、嬾黄未褪，移點額、工夫陪倦鬟。兆結子、眉痕歸畫，思君頻領引。

賀新郎 惠僑自蘿村寄示王玉章先生《和題雙樹居》之作，疊韻酬之

海角寒江釣。計有時、打包行脚，杖藜輕矯。坐破青氈金粱夢，猶是雕蟲技小。近另惹、壑嘲隴笑。買得沃洲充小隱，枕巒雲、忘唱江南好。勞遠客，門題鳥。塵中自是知音少。更難逢、周郎一顧，許賡同調。婚宦從來都是誤，又被雲山誤了。願開徑、落花春掃。丁囑鳥猿迎門者，候碧鷄、祠使軒車到。毋任我，煙霞老。王君現任雲南大學教授。

瑶華 和《山居瓊花》作

舞衣拖縠。珠珮披離，鬬嫦娥腰束。風來瑶圃，仙夢裏、恍見瀛洲雨玉。飛瓊何事，降洛浦、淩波仙躅。只翩然、雪氅霓裳，妒煞瘦紅

肥緑。年時一夢楊州，憶鼇觀巡檐，也曾三宿。依稀酒醒，瑶釵墜、月影横斜茵褥。緑珠無分，梨雲擁、石崇金谷。到而今、曝褐巖扃，粉揑紀游鐫竹。

江南好　弔鐘花

流水琴時，空山磬後，憶少時某學使觀風題有《弔鐘花賦》，余有『空山磬後，流水琴時』語見録，刊諸試牘。忽忽五十年，不忍割愛，重録於此。霜鳴洛浦沈銅。陰陽炭鑄，復倩獸爐烘。瓶换清泉暖釁，殘霏洗、月影玲瓏。偏排處，枝懸箇箇，小叩待飛蟲。池塘蛙鼓吹，鶯簧蚓笛，同啞西風。喜伶倫涑色，嶰谷霞紅。鼎食南柯夢境，任遲度、午飯簾櫳。春深了，花鈴自護，新葉緑雲重。

齊天樂　冬夜發篋，得社友録舊作見遺，其詞曰：『百年垂死當何世，因依更成輕别。費淚園亭，譜愁酒盞，歷歷前痕難滅。荒雲萬疊。緘夢淒迷，雁程天闊。撥盡寒灰，墜歡零落向誰説。蓬萊舊事漫憶，更罡風激盪，摇撼銀闕。本願香寒，孤光月隱，堪笑寃禽癡絶。秋枰坐閲。拚一往悲涼，爛柯殘刧。自懺三生，佛前心字結。』歌哭無端，纏綿欲絶，不知所指云何，亦不記何人作也。適悼亡已週年，根觸舊愁，倚韻和之

古今圓月終須缺。死離悔輕生别。數米秤鹽，偎寒讓煖，耿耿此情難滅。行裝打疊。憶催起荒雞，出門波闊。細語丁甯，依稀心事尚能説。蓬萊方士漫覓，十秋經間隔，鑄憾成闕。爪去留痕，魂來除夢，怎夢近時都絶。年涯再閲。願永懺情天，昆灰消刧。舊債纔清，後緣休再結。

聲聲慢 己卯除夕

鐘聲催句，笠像題圖，消磨殘賸光陰。臘鼓催年，山人庭户愔愔。戎家約慳守歲，酒賒來、婪尾孤斟。寒不寐，想花街裙屐，闐溢江潯。　渡海東風舊織，著籬桃紅笑，尚趁冬深。露布崑崙，先期有客關心。故園綺窗梅竹，訊平安、鏡聽煙沈。書城夜，又鸞春、空老蠹蟫。

水龍吟 鳳皇山居旁營生壙漫賦

詞仙宜占名山，一坏浄土還吾待。燈殘酒罄，鐘鳴漏歇，川終歸海。生豈無涯，死如有約，例難逃外。况老夫耄矣，鹹酸飽飫，紖將絶、驂加駭。　荷鍤劉伶留誡。遇青山、何須價買。無分歸元，生防痤骨，臨時狼狽。掘爲狐埋，窟營兔近，身焉是賴。付阿唯廝守，馬塍

花事，有鸞春在。

浣溪沙 庚辰元旦

到底春風不世情。偏來碉户扇嬌晴。喚醒塵塵借溪聲。　夜雨味温黄卷似，陳根芽競白髭生。書癡依舊戀燈檠。

其二

地異桃源亦自仙。權爲藕孔避兵人。洞猿野鶴許忘年。　鬢色莫憑林色染，泉聲何似殺聲寒。又防流去作寒瀾。

探芳信 元夕，和梅溪

箭催曉。正燈綻宫花，裙拖煙草。憶洛城三五，香塵軟風掃。沸天簫鼓紅霞鬧，暖入鶯聲早。水雲鄉、漫掩重關，九邊春到。　報道鴈

來了。帶露布懽聲，慰人愁抱。故事崑崙，重搬演、排場好。遺簪墮珥香狼藉，錯認鰲山小。廣陵游，一夢鑾江坐老。

遶池游 唐圭璋自蜀寄題《雙樹居詞》，依韻酬之

渺繁華夢，回首蠻荒投老。春漸暮，傷心花事了。雲鄉水國，只有相依魚鳥。吟壺天小。到門峯繞。水仙琴操。聊學孫登長嘯。黃龍事，惆悵魚鴻杳。題門煙曉。飛到陽春高調。千里明月，屋梁落照。

選冠子 爲洗玉清女教授題手搨酈湛若先生瑪瑙冠圖

入地沈沈，切雲岌岌，明福潛光重燦。冠有『明福洞』三篆字。岸幘吟風，投簪遯世，有約羅浮虛願。海雪堂空，三雅音微，一琴血濺。算南冠不死，紅羊刼後，流花波嚥。曾見說、名士天涯，蠻娘雲韠，犵鳥獐花昏旦。攖鋒免胄，結帶殉纓，惹起琅玕恐鐫。女士以琅玕館自號。晞髮楚魂，櫛沐高涼，借用。芳薰釵鈿。況弁髦非敝，膏澤留遺手篆。

尉遲杯 江樓春集，用無名氏體

燈輪豔。怎蠻鄉麗景今夕欠。鼓鼙隔岸聲酸，桃李渡江春淡。無情闌檻，攔歸夢、莫越同天塹。借消磨、剪碎珠城，登樓休說多感。

有時狼藉杯盤，真孤負、雄談慷慨說劍。織錦機絲，飄花燭淚，似滴臨歧鮫點。排愁去、依前銷黯。酒顏半、愁多紅爲歛。恨斜陽、暮角催歸，一路涼颸迎靨。

掃花遊　早春喜雨，和夢窗《春雪》韻

乾封天意，忽斗柄陽回，新寒料峭。柳絲暗嫋。似冥濛弄色，龍池春老。浄洗詩腸，酒榼登亭賞曉。理吟棹。擬沿溪耐春，花訊剛到。野色青縹渺。更岫溼釵鬟，波翳菱照。約虚門草。尚重衾夢戀，小樓深窈。破塊鳴條，繁露昇平舊調。潤酥早。囑簷娘、遲晴休掃。

丹鳳吟　社題，和清真

春懶花慵時候，聽雨紅樓，眠雲山閣。銜簾歸客，泥滑燕銜巢幕。煙先漾曉，游絲横路，潤迫琴喑，寒欺衾薄。故國紅南舊夢，海外東坡，醒後還在天角。不斷怪風掀浪，惱人但覺桃汎惡。一曲公無渡，聽箜篌彈罷，情意消鑠。飛花飛絮，等是去家流落。枉説忘憂歌采采，任芳護盈握。愁思百遍，拋却爲上著。

燭影摇紅　花朝

今問花神，生何偏誕春之半。風暄日暖燕鶯晨，忙煞閒庭院。料理探芳心眼。錦城遊、歸歌緩緩。時光正好，百舌無端，浪評長短。客思天涯，踏青望裏鈿車遠。青袍白袷試春衣，鄰户聞裁剪。挑菜人來步懶。悵泥深、啼鴂語怨。三分有二，春色無多，斜陽催晚。

水龍吟　寄題岑學呂師尚室雙牛圖

長林豐草生涯，落花香著高眠地。讀書掛角，觸牆成字，詩鳴宫徵。文繡何榮，泥塗何辱，生防燒尾。記五羊舊夢，服箱負軛，供鞭策、從穿鼻。犁雨耕雲非計。望吴蟾、驚心喘氣。騎來背穩，清泉白石，犢孫游戲。飯飽菰

蒲，醍醐酣足，雪山開士。喜銀河寫照，機邊識女，正牽牛會。釋典：雪山上有草名不忍辱，牛食之醍醐足。

西江月 壽崔伯樾

小病延年藥妙，養花天氣陰輕。論詩評畫一燈青。鶴立風憐癯影。繡口才如軸錦，寸金心似壺冰。天留漳硯伴行縢。梓舍春濃珠瑩。

燭影摇紅 壽陳柱尊，時柱尊在滬

滿地江湖，閒情尚寄吴淞棹。詩清還浥惠山泉，蠟屐梁溪到。風月秋高岸曉。抱花眠、瞢騰藉草。羲皇入夢，酒國無愁，愁懷知少。山水因緣，茂陵吟席嬋娟照。故園松菊未歸看，暫戀江南好。兒女燈前喜笑。樂團圞、鳳笙縣邈。登高期近，萸盞長春，纖葱整帽。

鷓鴣天 清明日爲生壙播樹橦

又是清明第一天。落花時節緑陰村。農經種樹須寒食，莫笑州官報萬千。翻黑壤，點蒼煙。未經移石與疏泉。東門樹櫝非吾望，拱木藏魂有賦傳。

八聲甘州 余與半櫻老人同入朱門學詞，亂前入都，始識面。承招飲鷄鳴寺景陽樓，隨和其題壁句，即集中《最高樓》是也。今聞去冬已蜕去，不禁黯然。因成一解，寄題其遺集，以誌輒合旋離之感云爾

豈詞人例選玉樓材，相隨作飛仙。料江湖滿地，河山夕照，倦眼慵看。流水落花春去，天上勝人間。死遂依劉願，劉龍洲墓在崑山，公有弔墓

詞。何羨生還。風月每思元度，讀景陽題壁，賡和都難。喜殷勤杯酒，相對鬢毛斑。忽驚傳、馬塍芳訊，梅謝後、春老半櫻殘。焚餘稿、飲者卿井，沁齒清寒。

宴清都 客枕羈愁，枯燈煑夢，鬱伊善感，何以爲懷？和草窗《登雪川》韻，不自知所言之何似也

牆倚秋千倦。斜陽下，無端心事凌亂。鶯癡緑老，鵑哀紅謝，韶華逾半。生憎欺鬢東風，青蔓染、霜絲各換。問連朝、餖飣陰晴，珍勸加衣誰管。　算來春色無多，三分有二，歸期非遠。繫春不住，柳梢眉蹙，芍圍腰減。縱教趕上江南，已孤負、探芳手眼。更何堪、引逗情絲，飛霙弄晚。

永遇樂 寒食

去後之推，今年斷火，番數逢幾。數十人生，二分春色，豈等閒紅紫。裁衣刀尺，賣餳簫管，天气薄緜消未。認橋西、青蕪一片，踏處鳳鞾挑薺。　酒鑪茶竈，煙沈帘捲，疑是臣門如水。踘蹴鶯鶯，鞦韆過鳥，人影桐陰地。贈蘭鬥草，熸盟溫語，怕冷傷春餘淚。百五日、饒賸花風，漫愁棼尾。

泛青苕 題洗玉清女士水仙圖

翠帶珠纓。向遊仙隊裏，恍遇雲英。鏤冰質，淩波步，家何在，渺矣蓬瀛。擎盤獨出衣裳冷，彈葱指、顿現娉婷。商周壘洗，種白玉，瑩然心迹雙清。　嬌顰烟媚書檠。似冰壺濯魄，一片虛明。空擎盞，忘沽酒，出門笑，依舊

江横。嶺梅兄姊山礬婢，人獨立、蒨影亭亭。歸魂洛浦，扶醉夢依稀，月可中庭。

二郎神　和徐伸

月階閒立，又惹得、滿身花影。奈孤枕遥更，薰爐殘燼，淒絶關山夢冷。望末紅樓天邊遠，外諱説、相思成病。况狂絮封簾，飛花上鬢，也羞窺鏡。　誰省。鮫珠淚重，鴛衾冰凝。最苦是宵來，癡成悲極，還待黄鸝唤醒。油壁輪埋，鞦韆架折，空負陽春煙景。要領略、鎮日空山太古，長林風静。

南浦　庚辰生朝

晴意裊游絲，過清明，年光寄在楊柳。欺鬢惱東風，工薰染、惟許緑波痕透。無言撫鏡，惜花豈爲相思瘦。爇香永晝。空閒却游鞭，黄鶯知否。　消磨投老情懷，似信水漂花，倦雲出岫。無病即閒身，渾忘了、飣餖雨晴時候。零篇斷闋，低吟多在遲眠後。從今屈指，消幾曲春詞，幾杯春酒。

望湘人　題張㬢丹女弟自繪芍藥圖，和賀方回

際擎盤捧出，照燭燒餘，美人醒醉剛半。盛露渲顔，殿春婪尾，尚覺尋芳非晚。舞罷西施，延來嬌客，連天晴暖。記移從上苑，説到將離，苦憶荼蘼良伴。　勿謂愁腸欲斷。擬採蘭同贈，傷高懷遠。儘一幅生綃，繪出紅情深淺。衣裳想，倚沈香亭畔。易誤玄都仙觀。今學得、道服黄裝，免被沾泥銜燕。

南柯子　贈簡琴齋

鐵筆能扛鼎，銀鉤善畫沙。崖崩石墜木槎枒。

驀入青田珉玉，是專家。繞帳釵光耀，臨池墨氣華。隸芝章草簇雲霞。說到索鍾真髓、粲天花。琴齋論書詩見《華僑報》。

水龍吟 香江送春

春歸等是無家，緣何驀背蠻荒去。杜鵑字字，酴醾草草，都成別意，淚浥殘紅，贈攀嫩綠，蝶蜂知苦。更水波南浦，開帆頃刻，催幾度、黃昏鼓。　漫說留春有句。儘吟詩、落花誰主。天涯游子，銷魂依黯，臨歧飛絮。客路非遙，明年預約，江南同住。奈沈沈海氣，樓頭杯酒，對斜陽樹。

滿庭芳 青山尋杯渡遺跡

我佛塵空，神仙羽化，何曾留迹人間。空教尋覓，杖履費躋攀。爲愛青青山色，況入勝、古木禪關。杯盤後，斜陽待渡，蒼翠點吟鞭。　前賢。西歸事，蓮花藉足，草屨承肩。竟攜蠡測海，步亂波煙。杖錫蓬圖何處，憑誰問、洞口呼猿。神魚蛻，石因望化，杯影待東還。青山社壇有巨魚骨數節，云數百年物。

夏初臨 本意，和洪咨夔

林囀山鶯，秧分木馬，錦城又浣溪花。白袷歸來，商量換取鮫紗。奇峯雲景谽谺。似箋紅、綺散餘霞。迎人衆綠，澗蒲劍短，隴麥旂斜。　登廚櫻筍，出籃蒲葵，霜皮剥果，雪乳烹茶。瑶琴一曲，薰風知己鍾牙。送客琵琶。竹蘆生、重感年華。怨無端，餞春迎夏，忙到山家。

翦牡丹 題江霞公海天飛絮圖

懵懂疑雲，冥濛勝雪，擾亂一天晴色。勿笑東風，弄春光無力。蒼茫獨立哦詩，江城五月，落梅不假吹笛。海上成連，有鷺鷗相識。打頭天地都窄。禦寇風、九垓鵬翮。蹤跡怕沾泥，謝絶浪飛關山南北。與人競路悔疇昔。縱化池萍，空作可憐碧。鴉墨。任萬千結陣，相忘皂白。

少年游　宮詞，擬小山

霓裳腰舞簇雲羅。絲柳織鶯梭。一片氍毹，釵摇鈿墜，落比花多。有時太液恩波共，春宴侍鑾坡。昭陽天外，廣寒宵半，縹緲聞歌。

四字令　擬花間

衣鶯染黄。丸螺譜妝。垂紗癡欲留香。指尖兒印窗。狂花滿牀。蒼葭一方。悔教獻賦長楊。掠抛家髻忙。

西江月　延祥觀拒霜，和稼軒

豪客周遭繡幕，詩仙坐擁花城。異鄉偏有故鄉春。織出九張機錦。蜀帳濃渲霞彩，濤箋豔篆煙青。西施半醉倚銀屏。臨水殘脂點鏡。

醉落魄　擬二隱

虚房膽怯。流蘇薰透還慵揭。風階拜月吹裙褶。寄去荼蘼，知否儂親折。遼西夢境鶯能説。迷離柳絮漫天雪。歸來燕子人離別。形影相隨，羞對過墻蝶。

以上四首原題作『擬周草窗效顰十解四闋』

菩薩蠻　詠南洋菓品十闋

纍纍大樹將軍印。懸腰傳到征南信。捧出鈿螺盤。滿堂賓主歡。蛟腥兼鮑臭。鼻掩西施走。聞得木樨香。回帆人倚裝。留連。余在叻三年，初到時，見食留連者必遠避，迨不覺其臭時，歸期已定矣。

其二

遥從琛賫梯航至。腰模掌樣香流齒。游子病風流。生防黄熟愁。貪饞難嚼核。搗碎還成蜜。甜裹着鹹酸。醬園丹返魂。杧果。昔酸果店有『鹹酸甜』一種，以杧果核爲主要品，污穢極矣。

其三

林間踘蹴蠻兵戲。球抛木末從高墜。猴子慣偷桃。無梯緣樹梢。頭顱堅似鐵。髓露肌膚雪。珍重海南杯。還須象箸陪。椰子。椰樹高峭無枝，番人摘椰時，每教猴子高援樹杪摘之。椰壳杯出瓊州。

其四

巖冰鑿雪中藏腹。琅玕箇箇森如束。素手擘蓮房。雲英擘玉漿。相如消渴病。泉水新調茗。肺腑挹清明。何須山筍羹。山竹子。頗似石榴，皮頗堅，肉作房形，汁多而甘。

其五

沾唇點點胭脂影。紅潮上頰朝酲醒。顆顆是相思。羞拈連理枝。戲郎絨唾面。汁濺桃花扇。嘔出盡丹心。思君同海深。紅毛丹。狀似楊梅，味酸而汁紅，身生毛。

其六

新年遺禮衣盛襶。一根一葉相樛結。爛額謝鄰家。阿香行雨車。薰人還似醉。壺唾餐霞漬。張口血盤開。蠻酋進寶來。檳榔。粵城每數街設一水車會，一聞火警，相率赴救，不分區域，次日失火家必謝以檳榔。又小説中説番王口如血盆者，今知爲食檳榔故。

其七

玉龍戰敗鱗遺地。避兵藕孔人仁連理。西子

束纖腰。面瘢無獺消。　歸心望萬里。落土生根似。枉事説相思。逢人羞道伊。萬里望。即落花生。南洋初無，此地華僑廣彼者思之，由內地移植，故名。

其八

天孫繡罷抛餘鐵。生成佛手招山月。上鬟玉纖扶。青黃雲一梳。　人生雖夢鹿。穿鼻工須熟。指巧乞針靈。粗防如汝形。

其九

風波莫謂人心險。當前披揭同肝膽。捧出使君知。銀刀中剖時。　枝頭新結果。甘苦猜由我。無計識君心。思儂何許深。人心果。似桃梨。

其十

揮椎博浪當筵舞。鹽調冰浴初登俎。蛇毒試先探。鑲銀宜髻簪。　扶胥江口廟。望斷西歸櫂。到岸誦心經。如嘗禪味清。波羅。粵諺『番鬼望波羅』。

以上《雙樹居詞》卷下

以上《雙樹居詞》

劍器近　和六禾《夏日龍灣寓齋雅集》，用原韵

乍苔潤。便客屐、雙雙痕印。膀門樹陰添暈。河蠣牆粉。　箄游俊。總勝卻、青郊結軫。河流外環籬槿。際天盡。　隨分。一生分仕隱。江村舒嘯，句短長，野味饒蔬筍。雄談不惜語驚人，任臨觴當歌，老饕狂鼓饞吻。菊花蓬鬢。杜甫高吟，共感年華別韵。不辭白雪招秋蚓。

壽樓春 曇花

思千年靈椿。比乾坤不老，猶是晨昏。說甚秋蛄昏菌，壽殤云云。修短數、天人分。卅六宮、生機長春。縱一例華鬘，人間夢斷，天上算無垠。須彌頂，誰移根。自長辭佛土，偶謫凡塵。滌蕩楊枝瓶水，沐湯蘭芬。開頃刻，娱心魂。鼻觀禪、木樨香聞。似薝蔔林中，蒲團定身。衣上雲。

夏日燕黌堂 拙園觀荷，余以入山未赴

晚霞明。看霓裳影豔，虹檻波清。伊人宛在，似流盼含情。污泥不染珊瑚骨，步凌波、玉佩無聲。怕紅衣太薄，風寒水榭，月落池亭。不語儘銷凝。似湯薰蕙液，人在蓉城。西池共被，感沈寂鼉更。爭傳並蒂仍孤立，蓋高擎、成就鴛盟。羨幾生修到，憐香有分，餐秀曾經。

夏初臨 酬詹祝南題集之作，和原韻

試錦鋒摧，生花毫禿，憑闌把劍空看。一角蝸廬，壺中自覺天寬。況教峯抱沙盤。敞巖扉、凹隱螺鬟。資何娱老，陽春白雪，流水高山。酒徒星散，綺語漚盟，蠻春歲換，瘴海潮還。無聊生遣，洪爐獨鑄疎頑。青鳥銜牋。俾調和、砌蚓巖猿。洗儒酸。詹尹非遥，佇乞箴言。

浪淘沙 拜李後主生日

生死兩同辰。故國歸魂。珠闌玉砌可憐春。欲向詞仙私乞巧，瓜果筵陳。天地一吟身。慚對宮嬪。圍城半闋淚留痕。七夕笙歌歡頃

刻，終筭君恩。

角招

讀時賢天成寺禾雀花諸作，恨勝游之不可驟致也。譜此以當臥游

雪綃薄。天孫巧，碎裁千萬冰蕚。上林無分託。識向暖飛，紇干凍雀。花訊昨。憑點破、公坑天成寺在公坑中寥邈。飲啄天然遼廓。争糧鷄鶩休猜，願老依林壑。　搜索。衆芳譜略。牟尼一串，白蝠聯腰脚。溼雲春漠漠。守定寒香，棲枝梅鶴。移根計錯。聞易地則種變。傍凈宇、招提蘭若。遠想哀鴻京洛。稻粱計、望禾花，饑腸涸。

花犯

初秋，山中始見紅葉，和碧山

影娟娟，斜陽古道，紅塵逐流水。故鄉百里。自病葉辭柯，同入秋思。塞鴻未到情難寄。天涯亭獨倚。記豔迹、御溝題句，醒來原夢裏。　何須妝點買胭脂，斑斕似鄭佩，江皋同委。妃子靨，初中酒、不關憔悴。催詩料、簷花伴落，飄幾片、敲門人欲起。偶曉醉、籬邊臥處，假身疑錦被。

虞美人

庚辰中秋

青天碧海連年恨。無暈仍風信。嬌癡兒女説團圓。試問團圓骨肉、幾尊前。　嫦娥妝罷輕雲蔽。欲出躊躇費。緱山仙客愛光清。又怕瓊樓玉宇、太分明。

十月桃

本意，和張元幹

江綃湘纈，有佳人障袖，初試新寒。醉倚霜籬，粉漬誤認霞丹。莫是天台話別，顥淚洗、冷雨潸潸。仙源避世，怎賀秦正，猶拜風鬟。

問陶潛去後林園。菊徑尋芳，幾許闌珊。路入元都，春風人面依然。誰教螣梅根葉，江渡早、潮溼衣斑。天鷄一唱，夢醒劉郎，煖酒鑪殘。《京華録》：十月一日，民間皆置酒，作煖鑪會。

沁園春

和霞盦赴會夜歸聞警之作，時山居，畏寒未赴

局促吟壺，屏卻聲聞，別是一天。念離巢鷗鷺，逢場杯酒，飛空欠舄，問渡無船。慘澹風雲，搶攘歲月，警訊猶驚嗚咽傳。桑鄉事，嘆窗梅園菊，萎落荒煙。　鞭先。歸思鴻邊。計琴劍、誰家能瓦全。算戲鉤藏座新歡枕，飛觴唱月，郵牋筒遞，險韻珠穿。梅鶴淒清，桐鼉哽咽，醒我騷魂梢月纖。吟肩聳，忘去閒身滯在，異域山川。

烏夜啼

秋風吹雁横天。寫雲牋。總有無窮心事、對江山。　關塞黑。程難息。羽毛單。多少愁人爲汝、倚闌干。

其二

高樓響沸笙歌。舞婆娑。莫問當頭星斗、夜如何。　鐘漏盡。薰鑪燼。露珠多。無奈追隨殘燭、簇飛蛾。

其三

瑤池王母筵開。竹歌哀。見説人間八駿、復西來。　仙路轡。堯階羽。早安排。贏得漫天蜃氣、幻樓臺。

其四

宵寒湘瑟泠泠。倩誰聽。偏有魚龍秋醒、眼

垂青。山月潔。天風瞥。大江橫。丫髻仙童游戲、正騎鯨。

過秦樓 和慈博

露重簾僵，炭熸灰死，盼極南天鴻斷。桃根渡楫，花絮年梭，倦理當年歌扇。空悔陌柳樓頭，賺我封侯，定山三箭。自驪歌唱後，長安春近，玉關人遠。　今擬寄、無限相思，機中錦字，血淚相和紅染。夫山石化妄，井波沈生，怕君心中變。空有青菱照愁，張譜雖傳，誰摹眉倩。筭闌干倚遍，猶賸西譙漏點。

迷仙引

霜天霽。凍閣茶烟，縈簾絲細。粉賸脂殘人乍起。增嬌媚。剪尺摩挲，怕宿酲還醉。　思遠道，闌干倚。魚渺雁絕，懶對青銅照，從鬢委。冷清清地。烏東上，蟾西下，年華且漫誇穠李。　北塞枉凝睇。屏山隔，燈花底。來去無蹤，夜夜思潮洞庭水。書寫罷、誰爲寄。費懷人、幾點登高淚。山如洗。幸寒林、早落秋聲裡。教儂心、平地馳千里。

萬年歡 十一月十六日，祝黃梅伯先生生朝，和六禾。六禾用晁无咎體，少一韻，今從《詞律》補之

如鯽名流，數諸賢過江，誰最梟采。耐冷頭陀，自號冷頭陀。曾飾出場冠佩。修到羅浮玉骨，忍更效、閻浮時態。衙鼓暇、滕閣吟秋筆，花常蘸烟靄。　一瓣心香下拜。想聰明冰雪，胸襟湖海。裙屐風流，梅棟詩名長在。與陳棟池詩合刻名曰《梅棟詩集》。千頃清陂沾溉。記握管、曾窺天外。今縱說、香火因緣，種根萍

梗何礙。

醜奴兒慢 和慈博詠雪和夢窗之作

燈搖眼纈，珠綴簷花圓影。圍爐覓、禪心詩思，冰玉雙清。瑟縮吟肩，寂寥短髮一梳明。翠禽招我，羅浮夢境，鶴氅身輕。　準備玉壺，沽春灞岸，休俟霜晴。似懸擬、故人心素，塵洗紅情。　摩詰林巒，粉痕彈隙露鬟青。吟壺薰鴨，室生虛白，鏡澈層層。

楚宮春慢 六禾步草窗韻詠霜，改首韻爲『日』字，疑必有據，從之

西崦暮日。扇蔌蔌威稜，萬花蔫谷。凍瓦篆鴛，衾抱餘寒眠足。塞雁初來冷訊，報蒹葭江國。　變亂陰晴，詎蠻荒、燕獄同寃，坐看朱夏凋綠。　鷹隼風塵遍地，明月夜、嗚咽嘶烏遺曲。葛屨沾春，賞雨輸他茅屋。玉杵雲英爛搗，藍橋路、何緣借宿。錯訝東君，孕冷中，胎結梅花，縷縷梢頭懸玉。李白詩『霜結梅梢玉』。

永遇樂 社題賦梅，拈體得夢窗。念生平與梅少緣，鄧尉誠壯游，蘿岡次之，羅浮則檜下矣。今遍地荆棘，寸步不可行，蟄居山中，欲自種又不得苗，而探梅賞梅之舉，都付夢想。因以『憶梅』和夢窗《探梅》韻，亦過屠門而大嚼也歟

蝸蟄廬寒，禽啁山曉，霜迎菊序。宋之問詩『秋霜迎菊序』。　鄧尉前塵，羅浮冷夢，似堯年鶴語。征裘凋敝，奚囊掇拾，賸得髩霜幾縷。　騷心續、吟逋賦璟，硯蘸玉泉金露。　香中誓住，教花長惱，枉責約期輕誤。鄧尉探梅詞有『長願香中住』句。　月白昏黃，風梭雨綫，心在孤山路。　疏泉傍竹，携鋤親種，擬補巡簷千度。君休問、

故鄉信息，綺窗着處。

合歡帶

山居中有饋合掌瓜者，頗類佛手柑，而指屈掌中，如兩拳對捧然。云是舶來種，市中尚絶迹也。種之一年，得瓜十餘顆，大可盈斤，色淡緑，食之甘脆。鄰居争索之。欲以此徵詠，或曰其名不經，不如佛手柑之典雅。余意謂詞題宜新，此物未入士大夫吟詠，終覺可惜。且一年來，抱甕灌溉之功，僅僅有此成績，敝帚亦足自珍，不忍没也。仍賦之，力求與佛手櫞别異其旨也

兜羅緜手摩空。橘千樹、佛香濃。詎比東陵消夏品，玉葱分、渴潤詩嚨。夢窗詞『分瓜深意』。何煩指月，祇憑抱甕，得豆功同。谷回温、蓮花雙合，禪機嫌露天龍。田家棚底話秋風。散天花、遠蹠高蹤。《詞律》收杜安世詞，此作三字兩句。《歷代詩餘》則作七字一句，今依之。見説宣和徵故實，道山筵、屈數雍容。《宣和遺事》：蔡君安夏日會館職於道山，令坐客徵瓜，一事食瓜一片。胡盧漫誚，智珠在握，偈示其中。抵談深、阿豐饒舌，颰緜傳法種無窮。瓜熟時不作黄色，止從掌罅中吐一薄片如舌，然横植土中，根苗都從此出矣。

穆護砂

和霞盦《香江除夕》

歲暮峥嶸矣。臥南陬、試話南事。響洋場爆竹，轟雷飛電，落花薦紅殷地。幻海市、珠光連十里。闕百貨、闐衢充肆。朵論價、牡丹金换，笑任索、桃花門倚。筵敞藏鈎，山薰沈水，寓公巨賈鬧朱扉。又連場博塞，歡呼竟夕，依舊洛陽似。懸隔壤宵尺咫。怨鑾春、渡江無翅。酌一杯婪尾，壺沽無路，雨漬茅龍猶是。幸尚有、爐灰書問字。算更演、祭詩餘技。書槧仄短、照遺虛耗，銅幣絀、港中每逢臘底，銅幣必短。買賸獃癡。顧影孤單，阿奢無分，《唐

書》：歲除，中宗宴近臣，謂竇懷貞曰：『聞卿喪妻，今欲繼室可乎？』懷貞唯唯。俄而禁中寶扇障衛，有衣翟衣出者，乃韋后乳媪所謂莒國夫人者，故蠻婢也。世謂壻爲阿奢。後懷貞奏事，自署皇后阿奢。辛盤料理玉纖非。計空山、舊雨誰來，東風明日至。

天仙子 和六禾《臘月望夜微雨》韻

答答羞人嬌面躲。妝促嫦娥吟燭墮。團圓話別盡今年，脂粉涴。藍橋鎖。罅透巫雲神女唾。 碎滲麴塵花絮過。城遠山深無倡和。縱教春意上梅梢，居僻左。寒無那。半破蒲團朝壁坐。

臨江仙 元旦，用馮延巳體

曉鐘催送鑾春到，桃符椒頌都新。東風欺負白頭人。賀無庭雀，排闥盡癡雲。 休疑爆竹驅山鬼，宵來紅葉堆門。肩寒吻渴甕生塵。茶煙爐篆，斗室白氤氳。

一剪梅 拈題得壁苔，用清真體

削立危崖似怯寒。文繡層層，包裹嬋娟。洞天開處舞飛鸞。橫掠蘿屏，韡印弓彎。 愁鎖春宮十二闌。別矣王孫，黯色年年。題情欲倚惜葱芊。呵問天心，綠暈成圓。

蕊珠間 印泥，爲陸醫生作

朵雲心，戧霞尾，露泫芝英紅蒨。想前身在珠宮，擣霜同煉。辰砂層碾，甲葱尖濺。唾絨口脂分豔。 定磁伴。考槃餘事待選。油沁冰紋鬖眼。水銀金璽，恍惚元封曾見。口瑠緘膩，肌絲茸軟。教看寸丹深淺。

燕歸梁 題作甫息茶菴圖卷

蟬噪庭槐緑已濃。歸燕簾櫳。蝸廬息影四山中。茶烟漾、藕花風。　縑緗插架籤標帙，城環擁、擬侯封。別饒心事問殘紅。寒衾夢、一聲鐘。

錦纏道 題冼玉清教授海天躑躅圖，圖繪杜鵑

照水明霞，薰染暮山初透。杜鵑啼、血流丹味。誰栽南國調鸚豆。誤認紅桑，淺到滄瀛後。　向郊原討春，春醲如酒。淚盈盈、紫殷離袖。正路歧、躑躅斜陽候。甘泉火通去，見説蕃胡狩。

摸魚兒 題陳炳權校長萬里封侯圖

好男兒、峥嶸頭角，何甘窗下枯槁。橫腰三尺

青蛇劍，風雨欲來狂嘯。吟未了。起健者班生，商略從戎好。長門官道。是萬里初程，一鞭先路，忍戀棧邊草。　西陲事，天末狼烽正照。將軍度幕征勦。燕然麟閣真機會，休負錦旃牙纛。君莫笑。王尊馭、徘徊隴坂供憑眺。沿邊蕩掃。須脚踢黃龍，腰懸金印，尚及人年少。

探春慢 百花生日

草甲蘇烟，花辰醉露，中和夾鐘律轉。薺傍牆挑，蘋生水活，觸處探芳心眼。春過三分幾，試數遍、曲江游宴。送來百舌繁聲，一片舭堂歌管。　賀客園林鶯燕。正錦綴竿高，門懸弧徧。藤褉交盛苔錢工，數天姥、洗兒年慣。計筵開彌月，喜春餞、歸期尚緩。珍囑封姨，

護犀幃、漫輕捲。

水龍吟

港地避難室四郊棋布，誠危急中一保障安全壁壘也。宜有以落之

魔王棄甲天衢，藕絲孔是容身地。舟藏壑邃，户封泥固，究緣何事。報到天花散，沾衣怕、塵心消未。計阿香宵駕，冰天雪雹，連環解、防游戲。　矮屋風簷滋味。箔蠶眠、曉鐘催起。文場戰罷，兵間刼始，驚魂餘幾。廣厦千間在，何曾見、顔歡寒士。笑相逢、隧道融融洩洩，筭平安字。後日兵入港，避難室全無用處，而費已千萬。可知理想與事實絶不相謀也。

翠樓吟

弔崔伯樾

雨泣林容，寒淒柳骨，騎鯨故人長往。丹霞吟草在，有《丹霞游草》。侍筆硯、珠光生掌。逸情雲上。盡謝屐幽窮，戴舟興訪。皀飛雨，山靈遺恨，待題延項。　撰杖。山易青黄，忽詞仙騎鶴，遼天長望。聯牀風雨夜，商量密、今成絶響。《説文》稿有經君訂正處。鑾鄉經帳。記接席晨昏，前盟息壤。余與君合館於香島者三年。空惆悵。溪藤如故，挽歌悲唱。寫此詞，仍用君饋特製箋。

鳳簫吟

和霞菴《閒行寶雲道中遇雨作》。春雨連旬，人方閉户高眠，我獨衝寒賣技，不獨翹首寶雲如在天上已也

墜簷花，含寒瓦響，幽人正好偷閒。三杯酣卯酒，茶烟詞卷，洪篆碧研丹。街頭人躑躅，落鐘後、一飯都難。謂趕功課鐘點。方躡席摳衣，滿身清露斕斑。　緜蠻。鶯喉乾涸，天教腔潤，簫市歌殘。聳吟肩瑟縮，還怯衣單。唱蓮花

落罷，天漿洗、乞鉢涎饞。堪自慰、明朝他顧，詩社播間。

一寸金　花影，和六禾

春色分明，爲怎糊模遽如許。透簾櫳宵月，晴波搖盪，闌干朝旭，嬌容摹取。睡起婆娑舞。繡茵臥、鈿釵襯步。似離魂、倩女迷蹤，惆悵無情暴風雨。　幸傍燈檠，歸來環佩，鴻都帳中遇。似水仙留襪，春泉賜浴，宮妃理鏡，晨妝回顧。鉛墨渲縑素，疑籠罩、恨烟怨霧。終須見、剷迹人間，蝶蜂無覓處。

卜算子慢　下山不二旬，偶一回視，則隣居皆人去樓空，蓋已兩遭暴客也。天壤間真無一片乾淨土矣。感賦，和耆卿

巖藤罥户，牆荔曳風，別是一番疏翠。閒話僧寮，冷落竈煙天氣。仗金剛、護夢悽惶裏。雇二僧巡夜。寫不盡、舊愁新恨，朝潮夕汐相繼。　海嘯淹閭里。況旅鶴驚霜，倦鱗喁水。笙路東風日暖，幸他月二。李商隱詩：『二月二日江上行，東風日暖聞吹笙。』困山梁、飲啄無歡意。祇繞樹、旁皇三匝，問枝棲焉寄。

絳都春　爲吴亮儕題木棉圖

天花四散。似火簇驪珠，燒空璀燦。沸耳鶗鴂，三月風光蠻春晚。交龍銜燭冲霄半。更旁綴、鰲燈千萬。越王臺下，餐霞吸露，送寒迎暖。木棉花開，寒序已過。　又見。波羅古廟，臨巨瀨、撩起蟄虬宵戰。標奪赤城，甲褚雲綿烟絲亂。庭燎高舉諸仙宴。酌手盞、瓊漿酬勸。侑觴絳樹雙聲，鶯簧調轉。

永遇樂 上巳，和慈博

未到春歸，且從春樂，樂游原名游宴。修禊人來，流觴水曲，更沸天絃管。桃花汛後，華林園外，那有等閒鶯燕。落蠻荒、綺羅裙屐，年少昇平俱遠。江湖滿地，清明作客，身共時光流轉。琴譜南風，筵開東洛，盛會無緣見。衰顔白髮，排愁無力，空負采蘭心眼。稽故事、金人捧劍，霸圖待展。

陌上花 霞盦對於去燕，大有聞樂撫心、臨觴太息之狀，真仁人之用心哉。古人云『詩人老去鶯鶯在，公子歸來燕燕忙』，尚足爲霞盦誦之。爰填此，以示慰意

鴛鴦譜牒，前生誰注，水萍同幻。月老欺人，枉說赤繩雙絆。談恩講愛癡兒女，夫婿黄金心羡。筭鶼鶼鰈鰈，到頭緣盡，漆膠終斷。舊時王謝宅燕。移壘去，本是司空見慣。試看黄臺，瓜實纍纍珠串。饞夫一摘供消渴，抱蔓謳歌歸緩。怕春深、檻外鸚籠無鎖，雉媒偷眼。

珍珠簾 辛巳生朝

飛鴻瞥影回頭渺。堪惆悵、兩事昇平年少。春色半闌珊，生在三月下旬。況影形相弔。面目鬚眉無一是，更賸得、無聊懷抱。壺小。對茶烟禪榻，契結昏曉。偶爾裙屐追隨，借詞牌栖酒，塗雕枯槁。問字半亭虛，守太元殘草。海澨紅桑經怕看，敢醉心、安期仙棗。休笑。任老去文園，人求遺稿。

西江月 詠霞

萬丈赤城標建，九張文錦機連。天何此醉且

醺然。瘴海紅潮上面。散綺空花四照，飛丹江草逾鮮。李白詩：『殘霞飛丹映江草。』黄昏好景寫雲箋。人在夕陽庭院。

新荷葉　本意，和慈博

抛種横塘，休愁消息都無。南岸紅衣，宵來夢境糊糢。玉人纖指，擘春潮、戲動行魚。東風纔放，數疑姹女青蚨。哥緑盤盂，雨來初試跳珠。鴛宿龜游，漫教翠蓋週扶。田田模樣，擬崔徽、嬌面何如。小家碧玉，凌波學步紆徐。

夏雲峯　和六禾《寶雲道日光浴》之作

爇蘭湯。薫沐賦、湘纍繡口騷腸。又似水嬉拭垢，鳧没魚翔。濯從江漢，都輸與、曝向秋陽。曠莽界、眠紅藉緑，顛倒衣裳。登高不羨招凉。詎猶戀、夏雲惡木陰長。正好背偎棉纊，腹曬書囊。精華嘘吸，通沆瀣、氣辨青黄。忍忘却、鋤禾日午，珠汗淋浪。

虞美人　題陳炳權校長十分春色圖，圖作折枝花，十色

瑶臺羣玉諸仙子。異地同時至。樓羅新歷廣題名。不論燕肥環瘦、總娉婷。荒齋難得花消遣。聊寫崔徽面。低頭合十祝東君。許我衆香國裏、結芳鄰。

玲瓏玉　新笋，和慈博

鸞翥龍吟，甚時聽、暮雨瀟瀟。驚雷出地，一旬便已干霄。《埤雅》：筍字，从旬，旬内爲筍，旬外爲竹。似此峥嶸氣象，□文章才露，頭角齡髫。今朝。綳嬰孫、猶繫錦絲。料得櫻筵待伴，櫻

筍宴。證禪心玉版，風味江瑤。數舊添新，又何望、掃葉煨燒。休論薛滕誰長，且留證、山香竹訊，佛影蔬苗。《清異録》：『新羅論迦邏有筍曰佛影蔬。』又唐詩『好竹連山覺筍香』。笑饞守，渭川胸、千畝未消。

留客住 港中開發大嶼山，亦島國中一拓地法也

國蝸角。計一朝、舞人旋袖，楚南天窄，鑿空騫槎西域。山移泰岱平處，海塞蓬瀛淺後，終計錯、輪臺故事，議屯田、漢代尚留邊略。移民約。脱劍牽牛，操弓徙鰐。井里桑麻，警枕無虞聞柝。傳説桃源避世，葛老移家，毆叢羅衆雀。僧歸寄語，沃洲山、莫認護舟深壑。

荔枝香近 荔支，用七十三字體

嶺南紅雲故事，漢宮宴。海島蛟窟，筵席虬珠，瓊娘解卸羅襦，玉體横陳温暖。途遠。塵騎何勞盼斷。我生饞魔，病渴徒豔羨。遇汝他鄉，唇潤處、色香變。東坡百顆，選樹論園總虛願。小年何況今見。荔支必年衰年旺，歉收之歲曰小年。

齊天樂 帆影

五湖烟水蒼茫裏，飛來楚雲一片。澹處還濃，斜邊陡正，幾幅蒲葵餘半。春波素練。值日落收蓬，墨痕描懶。訊息糊糢，布帆無恙載來遠。重水重山萬里，儘儂情郎檝，形影相伴。南浦君歸，東風潮漲，盡入懷人心眼。蘆汀蓼岸。正次第經過，分陰都遍。雨黯漁村，尋蹤驚夢幻。

湘江静　競渡

白浪飛花雷疊鼓。怎匆匆、冒烟衝去。拏舟獨出，齊橈着力，睹錦標争取。青眼到紅妝，東西岸、憑欄延佇。樓船下瀨，鴛鴦弄潮，讙聲裏、忘昏暮。　奈汨羅，人正苦。況重淵、老魔盤互。褰裳赴救，此處少四字。賴後先邪許。入水斬蛟龍，江心劍、待清波路。沈沈楚魄，萬方多難，大招誰賦。

一寸金　和六禾《書感》，用夢窗韻

哨騎無才，敵人偏傳趙王獵。忽毒鯨波撼，關淪碣石，洪蛟潦發，竈沈都邑。徵調紛符牒。狼烟裏、鶴猿泣泣。長江域、天塹填平，似水銀、傾孔皆入。　踞地開場，嘍囉吶喊，陳書發蘇篋。幸上攀星斗，雲生秋駕，湛沾雨露，門標春帖。風阻瀛洲檝。西江水、倒流建業。君知否、傍樹狐狸，落防霜後葉。

百字令　自題七十五歲小像

頭顱如此，幸本來面目，差能依舊。故我今吾形問影，媚骨幾時消透。客路棲皇，僧鄰揀買，猿鶴窺空臼。江湖滿地，水鄉仍傍雲岫。　有涯生遺何憑，莊嚴七寶，傾倒修樓手。舉似蘇辛姜柳派，魚掌兩難兼有。夢境迷離，神山縹緲，風受來舟否。碧窓凌亂，夕陽紅戀衰艸。王國維《人間詞話》云夢窗詞，『映夢窗，凌亂碧』，殆自道其詞境語，蓋譏其凌亂無序也。觀其所評，知其於夢窗之所得深淺矣。

錦堂春　東涌道中，得『牛與人争路，田將水作衣』句，演之爲詞

行脚試將筋力，臨流愧此眉鬢。驊騮争道非吾事，自分老泥塗。一路烟雲染袖，千山蒼翠盈裾。從來誤我儒冠在，莫作水田呼。袈裟一名水田衣，途人有稱之爲師者，故云然。

河傳

無主。飛絮。垂楊裊裊，亂撩離緒。斑騅行後枉回頭。悠悠。門前溝水流。今年秋草明年緑。河曲。緑到王孫足。到伊時。料伊知歸期。忍何心再遲。

少年遊 薑花，和慈博

葛蒲花老，薰風慣見，暖禦熟梅天。紫未根蟠，白先拳綻，葱指擘絲烟。虛傳桂性同辛辣，面目缺一字春妍。攢玉蠶叢，剪紈蝶板，霜影蹙鱗圓。

桃源憶故人 茉莉串，和霞盦

素馨十畝花田雨。消賸漢宮濃暑。小小南强銜署。香滿樓羅薄。一團温馥薰釵股。次第芳心環吐。帳護殘妝縠霧。悦魂魂没主。

采緑吟 和六禾《水閣追涼觀江中漁火》作

釣罷紅衣岸，正人在、廨亭東。盤冰雪藕，笛風淒柳，霜月當楓。魚榔韻響波微動，白鷗四散無蹤。引遥眸，星星火，迷離掩映孤篷。帆落艤蒹葭，村沽醉、漁翁罷釣篝火，夜色起潛鱗，在水緑燈紅。歎趨炎、投暗爲明，華堂燭、焚身等飛蟲。憑欄意，俯仰息機，觀雲太空。《詞律補調》下闋第二句五字用韻，彊師作三五句，不用韻。今兩從之。

惜紅衣

楊雲史在贛督陳光遠幕中，被讒思去，上一憶梅思妻詩，即被襆行，大有張翰鱸蒓雅趣。今雲史死矣，聊即其軼事，張之以詞，以示紀念云爾

點額妝新，偎燈索笑，古懽如昨。自唱驪歌，悵山河緜邈。南枝寄我，慰客路、陽春行脚。無著。來日綺窗，負守枝寒鶴。　潯江府幕。獨宿淒清，這番筭計錯。羅浮舊事，酒俎夢依約。何況討春溪棹，少箇美人棲泊。縱妻梅人去，待我詎無殘萼。　憶梅、思妻，原是兩事。然準以梅妻故事，因憶梅而思妻，事又相因。今打合一片說去，亦一化平爲側法也。記此解嘲。

燭影搖紅

狗蝨戲。港大許地山教授，每笑文人文字之會爲狗蝨戲，蓋輕薄之詞也。然迹其考試課題，又以『明月幾時有，把酒問青天』是何人詩句爲問。夫大學生何尊，試題何淺，是亦以狗蝨戲戲諸生也。許氏死而有知，當亦有以解嘲乎

竿木隨身，逢場吾輩原應爾。有涯生遣靠無聊，焚硯君苗未。勿笑雕蟲小技。計衣冠、何非游戲。功名屠狗，捫蝨經綸，古人有參差對法。遭逢交臂。　傀儡牽絲，幕中嘑笑欺人事。扶輪負軛仗長材，引重同螻蟻。凡演狗蝨戲者，必教其拉車。百步賢無彼此。取題材、依然故帋。儒冠同誤，既蝨人間，又垂狐尾。

玉蝴蝶

慈博以仙蝶集寓齋製詞索和。余因憶前十年，歇夏普陀山洪筏房時，爲其遠祖慧賢師作傳。是夜即有異蝶，棲樓窗槅間，彩色爛然，文成而後去，亦足異也。追賦此解，以當和章

人去塔鈴無語，禪關草翳，久閟幽光。倦羽投林，徵歌調不成商。陽幽明、鷙靈降嶺，報消

息、烏使窺窗。思微茫。追摹杖履，如見羹墻。師嘗爲育王寺主持，事蹟可觀，具本傳。 回翔。羅浮仙種，縱非佛國，亦筭仙鄉。管秃腸枯，文章借彼衣裳。漆園夢、深慚變幻，滕閣畫、借染丹黄。墨淋浪。高僧傳在，千古栴香。

雙頭蓮 和六禾《閏荷花生日》之作

人面張郎，歎粉墜脂零，與時流轉。紅衣隔岸。占闌暑、彌月薰風無限。今年賜橘重逢，觀蓮人健。鶯與燕。試舞徵歌觴，稱碧筒庭院。聞道仙子凌波，尚徘徊太液，人間留戀。横塘錦段。比舊樣、簇簇雲霞炫豔。相與重護盟鴛，怕菱謳驚散。知玉華，玉井秋寒，褰裳意懶。第四韻，《詞律》作五四兩句，《詞譜》作三逗五句，今依《詞譜》。

拜星月慢 和霞盦《七夕阻閏延期》之作

計日關心，隔河同恨，夙駕先期慵整。故事藍橋，遲雲英來迎。爲人誤，見説、觀蓮舊約尋覓，賜橘層恩榮幸。累爾雙星，站河邊隻影。繡鍼樓，待月勞先凭。支機石、織錦憑誰贈。竊笑乞巧欺人，拙工夫長等。筭牛郎、留得錢行聘。怕橋鵲、怯冷工難竟。況遞誤、酒熟萸香，登高逸興。

花發沁園春 六禾山行遇雨，填平聲《花發沁園春》詞，意態欣然。余年來往來大嶼山，山雨輒至，無寸篷託庇。若六禾處此，不知手足舞蹈之何若矣。今依韻和之。因心境之不同，而東施效顰，適增其醜而已

無意催詩，有塵清路，昏鴉何處投林。南山殷雷，北谷漏天，十里一色濃陰。猿飢鶴怨，正

撩亂、負米歸心。暝色合、加緊催人，出雲殘梟鐘音。若問吾廬何在，指前路莫辨，霧岫煙岑。癡雲壅徑，怒溪没石，人疑妝點山深。侵肌袖溼，似客途、老淚沾襟。歎好景有限，斜陽尚慳，別我西沈。

長亭怨慢

慈博以『愉園感舊』賦此調，索和。憶拙荊病歿寶血醫院，今僦居西頭，朝夕經院墻，不無惻然動中之感。借譜，用白石韻

遥愁路、海天飛絮。縹緲蓬萊，西廂扃户。望裏三山，五雲深處在何許。元都欄檻，曾借枕、將枯樹。樹葉已辭枝，況落泊、江關逢此。朝暮。過紅牆外道，蹈遍落花無數。蘼蕪沈訊，約偕隱、青鸞空付。曾見否、世外團瓢，與猿鶴、相爲賓主。儻夢裏逢卿，應訴年時愁縷。此字歷來和者多易之，不如依舊，以存其真。

前調

讀慈博詞，因憶查顛山初掘鑿時，主人欲以風雅爲商業倡，余亦狗蝨戲中演員之一。地既幽曠，酒肴亦豐腆。及聲氣既開，主人意倦，局以屢變，而竟至於散。今偶到凴眺，古榕雖存，而諸人多物故者，因借題抒感爾

野風聚、落花飛絮。好箇吟壺，幽深庭户。七步催成，半閒偷得幸天許。緑陰十畝，涼健我、榕門樹。爪甲若非龍，那得見、蜿蜒如此。日暮。瞰洋場燈火，浮出市聲無數。風籤月劵，喜先荷、東皇支付。莫誤認、蠻海春多，畢竟是、燕鶯無主。試檢點高陽，鶴髮幾餘霜縷。

新雁過妝樓

和六禾韻，答霞盦《山樓聽雨》作

簷淚汍瀾。添新緑、簾前露立煙鬟。滕薛争先，不知多少琅玕。洗夢溪聲千尺落，偎人襟

暖半床寬。水雲寒。紅魚白磬，斷續更闌。歸山吟壺縱小，計催詩剪燭，難得偷閒。對影成雙，燈前未感孤單。明朝隨分俯仰好，棄置鞭梢兼扇紈。青蓑笠，趁澗痕添漲，準備投竿。

燕歸來 爲胡伯孝題黃穆父古鼎山茶圖

雲在紙，露凝枝。花盎又蟠螭。描摹何必買胭脂。西子古粧時。　印人筆。穆父善治印。天仙魄。朱德潤山茶詩：『飛仙自天來，化作白茶蕊。』妝就吉金香色。茶餘讀畫漫題詞。穠淡要相宜。

阮郎歸 十月十日，海風大作，沈船拔木，農產摧折蓋殆盡。急歸山察視，吾廬尚存，填此誌幸

狂飆驅雨倏東西。波濤山與齊。花幡無力任花飛。山人歸夢疑。　蔬圃亂，豆棚欹。披離雙樹枝。所謂雙樹者，其一已去半幹。秋風茅屋杜陵詩。抱茅童未欺。

好女兒 紫羅蘭

秋色無端。渲染衣斑。漫相疑、剪碎紅霞片，作綾紈裹束，倩風扶起，半醉頹鬟。　應是春心猶在，閒不了、閉雕闌。似佳人、薄袖新寒怯，挹霓裳舊譜，鳳城緣滿，又落人間。謂歌者紫羅蘭。

訴衷情 和夢窗

人情何事淡於鷗。零夢醒滄洲。斜陽點綴殘畫，總是海天秋。　多少路，隔紅樓。月如鈎。團圓何日，別後相思，訴說從頭。

探芳新 和慈博《風後新緑沃若秋氣變春》之作

洞庭波。正釀寒作霜，萬青摇落。又鬭羣龍，鱗甲漫天冰雹。風姨舞，娱海若，袖垂雲，鈿棄陌。歎生機，摧夷盡，況迫嚴冬窮剥。何幸天工點綴。忽病葉蘇魂，稚黄茁角。去矣重歸，誰謂陽春無脚。風塵秋娘暮齒，著春衫，姿綽約。感山河，嫌破碎，緑天重幂。

轆轤金井 蘆花

鯉魚風起。仍用蒲江句起韻。剪梨雲徧地。遠彌天際。彈粉林巒，得王維圖意。瀾翻湖底。愁魚嚼、與紅同碎。夢窗詞：『飛紅若到西湖底，攪翠瀾、都是愁魚。』攪透秋心，催來暮境，誰能堪此。　諸天塵劫待洗。蘆灰可浣物。綴枝頭朝露，如炫珠淚。髩白蕭疎，對江關顏悴。伊人在水。訪生處、蒹葭鄉里。吹絮簾櫳，裝棉屏障，教人尋味。

雪獅兒 蓼花

西風老我，嘆長此、霞浦烟村，浮根飄泊。水國花疏，早被哀鴻知覺。西樓被薄。黯白石、雲沈紅蕚。姜白石《一蕚紅》詞『雲意還又沈沈』，又有『西樓雅集』句。蘆荻外、楓霜漁火，陽斜潮落。　簇紅原非寂寞。稻粱謀處穩，信音空託。莖葉無多，噉盡朝飢猶昨。重陽待作。菰米釀、聊供杯杓。枯叢鵲。悔與汀鷗爲約。

回山息影，閉户理愁。讀六禾、蓼蘆二詞，泠然秋色動摇几案間，愈難爲懷，爰依韻和之。

酒泉子 和六禾詞已，餘興未盡，賸以二小詞

一磬空山摇古翠。門掩燈殘烟墜穗。林深猿

鶴正眠秋。絡緯織羈愁。　側身天地蒼茫裏。似粟如漚總浮寄。　金荃片玉半成塵。　枉費作詞人。

戀繡衾

今朝無酒筭遣愁。酒多時、防化淚流。感身世、浮沈事，問前程、波没白鷗。　幽棲莫笑蝸廬小，杜安世句。似蒼茫、烟海繫舟。　待認定、蓬萊路，借仙人、黄鶴漫遊。

惜紅衣　送中央在港考選海軍新生飛渝入學，和白石

牢補亡餘，牖營暇日。綢繆心力。樹木十年，桐材挺新碧。　横汾下瀨，期有待、昆明池客。風寂。蠻海晝眠，讓癡龍蘇息。　東溝舊陌，折戟沈沙，猿蟲亘屍藉。　樓船一霎水國。殉溟北。屈指拜登君賜，詎等斗星捫歷。　要弄潮兒健，優狎近蓬風色。

前調　和六禾《辭鄭大登高約》韻。鄭園高不可攀，余亦憚行。登高而怯高，老可知矣

孟帽辭風，陶園涉日。　漫誇筋力。看菊緣慳，裁箭羨杯碧。　山鴻海燕，同逆旅、光陰爲客。甘寂。蝸屈一廬，作權時將息。　相逢柳陌，張緒當年，芳馨競聲藉。　遊鞭指路去國。各南北。孰惜插萸人老，猶嘆劫塵親歷。　□翠微凝望，吟興比濃茶色。

惜黄花　和霞盦《孩兒菊展》，重陽作

英餐秋飽。髩簪人老。記青年，韻蹁躚、唱紅孩調。　七五度重陽，萸酒長歡笑。　花笑我、汝頭童少。　窺籬鬟好。綴瓶錢小。面團團，

骨繇繇、錦衾綳倒。休説老來嬌，忍忘兒時釣。奈白首、怕風欺帽。

醉桃源　剪秋羅

剪秋不斷臏煙絲。絲絲皆上機。羅裳織就裏虞姬。涼風吹舞衣。　南越種，漢宮姿。生來休怨遲。嬉春姊妹謂剪春羅縱分離。海棠還伴伊。謂秋海棠。

殢人嬌　秋海棠

譜序春人，悲生秋士。背時怨、露零懸淚。斷腸人在，南牆冷地。燒燭照、何曾有相憐計。
　性本辛酸，容逾顑頷。淒風裏、羅衣初試。石家金屋，西川戚里。誰與供、春陰始終護你。

三部樂　和霞盦《風後木葉枯脱》之作

林禿山髡，掃木葉一空，似頭新沐。蠣牆薜荔，淩亂詩人吟屋。未歲寒、松柏先凋，豈梅花五月，笛聲飛玉。橫汾帆亂，又唱大風一曲。　更傷揀枝旅雁，當月昏水澗，冷餐寒宿。許教壘完簷幕，饑支窗燭。問塵襟、滌除幾斛。身世淚、真盈一掬。梁月照色，荒三徑、多少餘緑。彊村師校夢窗詞，換頭處作『越裝片篷障雨，瘦半竿渭水，鷺汀幽宿』。今從之。

泛清波摘遍　中秋前一日，集黎墅，繼霞盦作，和小山

桐疏燕社，蒓老鱸鄉，天慰旅愁秋信好。霓裳仙曲，恨不鐃歌共傳早。橫門道。風塵隼出，烽火狼清，都市駱駝東去了。試問秋霜，甲棄

肌寒透多少。故鄉渺。杯酒借澆燭花，囊錦別添詩草。聞捷衣裳淚盈，用杜詩意。此情難曉。碧天杳。明夕管笛喚來，今宵廣寒須到。預唱瓊樓水調，任腔顛倒。

二郎神 飲李氏康樂園展重陽作，用湯恢韻

翠微徑仄，怯鬢白、被風飄影。念橘柚新陰，枌榆舊社，門掩裙裾客冷。比似侯爪將軍樹，勿誤認、文園秋病。喜百果綴星，千花扶路，如臨天鏡。重省。銜杯笑語，雲濃液凝。識棨戟門庭，邯鄲客枕，先被流鶯喚醒。松菊三休，茱萸再醉，猶是龍山風景。人解道、檀鎖雕籠鵰放，一簾塵静。

玲瓏四犯 和瞿禪

不分閒愁，便聞雁當筵，飄淚盈斝。膠漆初情，未許教人尋罅。謠諑見妒無端，枉掃盡、遠山眉畫。又爭妍、翻新花樣，重剪入時裙衩。藏嬌空有閒庭院，浪蜂蝶、瑩瑩朝夜。薔蘼變幻春消息，聞道徒驚詫。不惜買賦費金，難復保、長門聲價。望藁砧、山上高寒，何處問天杯把。

臨江仙 和瞿禪

淪落異鄉爲異客，茫茫流水長空。愁聞初雁夢聞鐘。雲山權小隱，桑海怕重逢。此處故鄉仍第二，緣何求去匆匆。憑闌高唱滿江紅。青蚊鋒斫地，黃鶴翼乘風。

瀟湘逢故人 和六禾《夜聞孤雁》作

南樓睡起，憐吟魂未穩，步繞行窩。詎關避張羅。悵烟雨歧路，木葉微波。西風半老，爲寒

棲、揀遍枝柯。生憐惜、弋人心眼，彎弓換卻披簑。迴峯路，遥夜影，伴孀娥、楚山吴水經過。費短髩摩挲。感星飯謀稻，水宿依荷。唾壺擊碎，惹騷客、横塞高歌。驚人外、漢皋眠柳，京塵夢醒靈和。

玉漏遲　陳君招宴南唐，余以出山渡海遲到。同人方以謔浪示罰，幸携有合掌瓜分贈，聊足解嘲。和元好問韻

渡江煙樹，杳斜陽紅罅，歸飛飢烏。楚雁謀粱，三匝覓枝孤遶。突見青帘招展處，皆醉侶、吟儕同調。堪一笑。主人遲客，停杯舒嘯。　市樓酒緑燈紅，想裙屐風流，止宜羣少。塊壘澆除，詎是一杯能了。老子分瓜深意，讓纖手、惹人犀照。銀燭曉。壓酒吴姬來少。

月下笛　冼玉清教授以蠔豉酥、皮旦酥、豆蓉餅、杏仁餅、雞旦糕雜裝一盒見貽，譜此代謝柬

撐腹書虚，薰腸醪薄，怎支吟力。高歌墮幘。聽瓶笙、動茶癖。胸中塊壘蠔山結，換米帖、都成鷄肋。惜花村沽遠，調鶯爇鴨，閉户秋寂。　門啄。郵筒入。覩巧月玲瓏，膩雲堆積。酥醐味蜜。胡麻京樣新出。居然動我題糕興，青鳥護、紅巾密冪。用《麗人行》語。讀餅説、笑吴均，玉屑金泥僅識。白居易《胡餅詩》：「胡麻餅樣學京都，麪脆油香新出爐。」

霓裳中序第一　詠雩招飲寰樂園，用白石譜製詞寫懷，余亦繼聲

離憂不可極。欲滌愁腸思怎得。吟損兩肩聳力。更枯葉瘦黄，寒風蕭索。閒偷一隙。忘去鴻離塞爲客。杯中月，山河寸影，總是可憐

色。秋寂。燭光搖壁。裊緒思霓裳暗織。狂評棊局往迹。我欲乘風，卿緩歸陌。管絃蟲韻息。漫錯認池臨凝碧。南雲望，中原如髮，不覺弁峨側。

眼兒媚 爲唐孝堅題山水立軸

逢著青山足勾留。何必買山謀。秋林半翠，夕陽餘紫，身在橋頭。知還倦鳥歸飛急，前路任悠悠。有人告我，亭空無客，我欲三休。

虞美人 六禾稱病謝客，不忘填詞，依調慰之

茂陵秋雨文園老。偶爾慵修稿。偎衾搔背倩麻姑。爲問維摩丈室、散花無。人言酒是長生藥。休浪辭杯杓。客嘲賓戲釣詩鈎。擬仿陳琳馳檄、愈瞞頭。

前調 許直臣縣長示我感時長歌，讀畢，書後却寄

虹霓壯吐胸中氣。血淚斑斕字。哀絃變徵不成聲。莫認轉移別調、學風箏。鷄唱風雨天如晦。魑魅逢人侮。世間醒醉儘由他。奈我肝腸得酒、露槎枒。

秋思耗 港中戰事發生，飛機習習翔頭上，苦無避處。社中諸子分散兩岸，消息且不知，況乎唱和。譜夢窗韻寄諸子

吟帽當簷側。輒南山、雷起破轟晨色。雲路散花，玉壺投矢，天地都窄。看眉蹙青山屾，替人垂淚寫怨抑。漲蠻荒、滄海碧。想曩昔燕雲，九重圍裏，傳有大羅仙唱，令人思憶。孤夕。聽殘漏滴。寫羈愁、何取詞飾。涼飈蕭瑟。飄搖茅屋，曉空未白。望隔岸神山

阻風，飛去無鳳翼。古戰場、今始識。最惱煞啼鵑，聲聲行也不得。獨守窗南硯北。

以上《五厄詞集稿》

憶江南　月夜

風料峭，碎影盪簾鈎。久立閒階羅襪溼，撩人心事是牽牛。寒顫玉搔頭。

搗練子　春雨

燈暈溼，笛聲喑。停了鞦韆放了針。明日殘紅知幾許，那能天肯借輕陰。

慶宮春　棉絮，和崔伯樾均

落盡楊花，惱人天氣，半空又舞晴雪。偶爾沾泥，無端飄席，菀枯從此頓別。連年飄泊，最惆悵、又逢佳節。游蹤指點，昔日高枝，繁華

休說。前生西域靈根，流落炎荒，依然清澈。燕壘坭鬆，蛛絲網隙，費爾工夫補綴。日莫途長，向何事、棲遑未歇。天寒袖薄，依舊東風，詎因人熱。

渡江雲　題高氏玉笥山房壁，和伯樾均

人間留福地，瑯環寶笈，是否屈潭來。疑神仙識字，萬刦滄桑，憂患亦煎催。蓬瀛隔岸，悵臨風、入耳笳哀。堪自慰、書城坐擁，烽火靖雲涯。低徊。芭蕉軸剥，荳蔻心寒，尚棲遲蠻海。況又被、風摧雨打，燕惱鶯猜。買鄰千萬原無價，時校地與高宅隣。笑語屢追陪。書借我、還瓻省却三杯。

壽千秋　祝鄭君烈母壽

王母瑤池，有蟠桃千實，紅映仙裾。萊衣戲

來，庭綵荆樹三株。人間五福，况含飴、愛日長舒。卅年事，茹冰畫荻，艱辛彤管堪書。若問藁砧遊侣，昔與其父祝三同學。昔君苗筆硯，數載歡娛。從古龍媒無弱種，實産名駒。歸來遼鶴，文酒宴、重過君廬。今豔羨，躋堂觥侣，醉歸多倩人扶。

水龍吟 和貫公《遊西山》作

滌殘人海浮囂，秋來涼洗西山雨。燕圖傳説，柘鐘晚杵，楓橋烟樹。境隔紅塵，天圍緑幄，碧雲深處。恨長安日近，梅花勾引，雕梁燕、飄然住。我爲山靈見許。一宵緣、尚非違忤。懶殘無芋，邯鄲無枕，空勞雙屨。如此名山，擬取圖經，從頭箋注。便他年行脚，翠微指點，認來時路。

芙蓉月 中秋月夜集北山亭分賦

簫管萬家沸，比中元、問訊何似今夕。團圓更好，何礙情天長碧。畫出赤城庭宇，一幅墨花榕石。牛渚舫，兔園車，隱隱縵亭裙屐。酒兵更嬌敵。喜裁題粉膩，分朋鬮執。銅琶鐵板，洗净人間箏笛。眼底枌榆佳話，士書笈，農烟笠。花影下，最宜人，吟哦閒立。時開映莫主人鶴鳴在花下讀書圖。

賀新涼 北山亭登高，和后村均

裘馬非年少。始關懷、龍山盛會，文峰長嘯。風雨滿城重陽近，檢點題糕語妙。最惱我、江天殘照。况是黄花簪霜鬢，儘無聊、有酒愁消了。人影瘦，任花笑。平生怕讀陳情表。更無奈、髮鶴愁多，目鰥眠少。菊盞萸囊誠多事，殤壽終同祖夭。君聽取、古來曾道。千百漢家貂蟬冕，却不換、半破山人帽。酒至矣，且深醻。

三姝媚　荅管盦，并和原均

釣鼇滄海客。十年前，曾宿蘇彝士河濱者半月，後刊一小章曰『蘇彝士釣鼇客』，示人地不宜之意。老飄零天涯，窮愁盈臆。凋盡才華，賸江淹殘管，羞逢元白。點檢題糕，多少句、枯腸搜得。悔君留，筆硯猶存，從今焚擲。　天上霓裳風隔。恨京管仙盦，茫茫難覓。舊侶高陽，問徵歌何處，粵南燕北。淪落相逢，鷄黍在、堪消淒寂。怎惜廬山真面，韓康被識。

霜花腴　北山堂賞菊，用夢窗均

遶同皓月，射泠光，爲人洗滌塵冠。南浦行帆，北山逋屐，飄零聚首應難。酒腸儘寬。況晚花、黄到尊前。拚今宵、判白批紅，詩肩絲鬢兩禁寒。　漫詡傲霜枝在，只辭香病蝶，黏葉枯蟬。芳圃烟腴，踈簾風瘦，會須分付蠻牋。酈溪放船。伴幽人、此豸娟娟。折歸來、水半秋壺，留將醒後看。

水龍吟　燾兒美洲書索小照，題此寄之，并寄熊兒檀山

釣鰲騎鶴蓬瀛，雄心陡覺如今少。幾回攬鏡，幾回搔首，垂垂欲老。瘦似因風，病非關酒，別饒懷抱。嘆廬山面目，塵紅眼白，形弔影、空昏曉。　曾客邯鄲古道。夢驚回、殘春啼鳥。海槎歸後，故吾還我，冬烘頭腦。櫪驥聲沈，西風依舊，横門事了。遠寄語、萬里雙駒，休輕顧、家園艸。

清平樂　擬納蘭成德

秋光易老。撫鬢增煩惱。辜負重陽風景好。渺矣龍山落帽。　傷心往事如烟。愁多徹夜難眠。從此舞休歌罷，依稀猶記當年。

其二

殘蛩斷語。如報秋將去。欲摘黄花簪不住。短髪蕭踈如許。　芭蕉做出秋聲。聲聲冷冷清清。依舊滿城風雨，憑欄無限沈吟。

前調　擬張玉田詠所南畫蘭

古香誰賞。閣筆空惆悵。漫道孤根無土壤。罣礙不留色相。　緗桃紅杏芳菲。從他争媚丹墀。空谷幽香自韻，天涯明月應知。

點絳唇　澳門釣魚台後圃木棉着花作火齊色，爛如也，倚此賦之

絳燭燒空，羣仙夜赴瑶池宴。玉漿杯滿。四照珊瑚煖。　西域移根，夢醒繁華短。開纔半。瘴菴人遠。惆悵春庭院。

訴衷情近　擬呈况夔笙前輩

彌犁綺語，梵戒何須長守。大成未夢周旲，近俚又防黄柳。遥望萬山烟靄，指點何人，長吉心空嘔。　新鶯奏。喜對蕙風玉漱。向誰肝胆，欲買絲先繡。新吟就。北雲在望，玉梅舘下，新華籍後。容厠鬟眉否。

垂楊　書堆

縑緗屬委。怪霽雲朶白，晚山堆紫。插架琳琅，漢家旍幟淮陰壘。何時轍亂兼旍靡。百城擁、横縱千雉。悵山河、一角徒存，賸秦灰如燬。　想是醉餘隱几。惱債被詩催，戒開

語綺。底册抽薪，幾回半睆還中置。落花狼藉瑯環地。甚淩亂、蠹塵獺祭。漫誇隻手整乾坤，今已矣。

望梅 弔高天梅

龍蛇騰陸。問相争蝸角，幾多蠻觸。廿一史、相斫成書，盡得失鷄蟲，雌雄魚肉。南海波濤，算都是、自殘種族。笑腥羶蟻附，敝屣王公，誰爲顔斶。　獨有獅眸炯緑。公初辦報，名醒獅社。看絲棼世事，明如蓍燭。當此際、風雨飄摇，慨變起同舟，止堪痛哭。拂袖歸來，圖史在、村醪又熟。曾幾時、梅天月落，寒蘿滿屋。

金縷曲 此□□室題也。題云『題擷秋圖』，圖寫美人手拈紅豆微睇，若有所思。因和之

秋訊何匆遽。記當時、春波南浦，送君歸去。携手依依離別處，茜艸殷紅染淚。今贏得、閒愁爲許。抛去依然情未死，欲調鸚、怕被重提起。誰解識，此心苦。　殢程總是江南誤。倚雕欄，空持鈿合，背人重數。水驛山郵芳草遠，惆悵臨風凝睇。怕終是、歸期無據。待寄離愁千萬斛，落天涯、遍發相思樹。禪在指，請看取。

憶江南 浮屠不三宿桑下，恐其生戀心也，况遇星乎？追思舊遊，爰成八解，用誌前塵爾

濠鏡憶，賓主舊朋儕。馬帳無經酬館穀，嚴灘有月照書齋。猶是釣魚臺。

其二

濠鏡憶，游戲遇香洲。蜃氣幻樓空際現，魚蝦

早市到時收。酒後一詩留。

其三

濠鏡憶，僧院晚尋詩。磬聽莫非菩薩號，籤抽猶是女兒詩。魚市趁歸時。

其四

濠鏡憶，孤辜菊花尊。竹爲偷看忘主客，山疑高叠窟神仙。劉姥大觀園。

其五

濠鏡憶，重九作郊遊。蹤擬分途尋石馬，力窮□叠挽泥牛。幸有酒家樓。

其六

濠鏡憶，歷聘馬車煩。海舶兩潮隨上下，經壇三日教迴環。忙裡算偷閒。

其七

濠鏡憶，柳陌日西斜。金谷花殘鶯有舌，烏衣草冷燕無家。忍淚説京華。柳西者，某巨宦棄妾也，尚善歌。

其八

濠鏡憶，身世付瞢騰。竹葉杯深來佛笑，蓮莖車渡怕人偵。夢破海潮聲。時與友到佛笑樓竹戰。時港澳與内地斷交通，偵緝隊駐蓮花莖。

木蘭花慢 和周草窗

聽丁東漏盡，離巢燕、乍穿簾。正十里菰蒲，六橋楊柳，歇霧收烟。窺園。董帷破例，擁書城夜讀罷芸籤。一鶴孤山報曉，雙鷗東浦驚眠。東浦，橋名。眉匳。更有螺鮮。憎夢戀、惜春妍。早預約隣娃，踏青繡屧，謝却雲軿。

隨緣。曉風殘月，會心人未許讓來船。拾翠歸歌緩緩，宿酲病解慨慨。右蘇堤春曉。

其二

乍琴鳴焦石，定香度、韻愔愔。看歡喜巖幽，浄慈刹古，圍障開屏。行雲。翠微響遏，倩鐘聲促醒未歸人。半塔纔收夕照，三潭已印初星。巖城。欲報鼉更。鷗夢峭、馬蹄輕。雜山光水色，扉烟掩紫，橋浪翻銀。催燈。泊船萬計，擬寒山得句幾詩存。有客吟成飯後，逢人侈説山陰。右南屏晚鐘。

其三

煮羔羊美酒，銷金帳、不知寒。忽曉眺開簾，瓊樓玉宇，如此江山。情閒。梅花消息，指西泠香在有無間。重訪段家故事，醉魂扶上雕鞍。明玕。綴玉前灣。移櫂去、袖鞭還。看冰澌澌解，湖烟鏤萬，峽水流三。憑欄。雙肩暗聳，怪吟髭猶是點斕斑。新漲通波錦帶，客途回暖藍橋。右斷橋殘雪。

其四

蕩全湖暮色，莽空濶、湧寒光。更吹老秋風，山客減黛，橋迹疑霜。茫茫。白波無際，指天河濯魄自銀潢。孤雁驚寒掠影，幾人擊汰招涼。鳴璫。環佩宮裝。浮一葉、倚東廂。訝水宮幻出，驪珠火齊，龍氣干將。鴛鴦。祝隨鵲隊，駕長橋度我湧金塘。莫似琵琶浦口，浮梁來往參商。右平湖秋月。

其五

落雷峰夕照，乍明月、在中湫。看橋板横弓，塔輪峙鼎，逐浪沈浮。蓮舟。採香紅袖，送秋波素魄湛迎眸。淵静暈投璧玉，瀾圓影蕩簾鈎。中流。雙槳横秋。尊淚泣、笛聲悠。自東坡去後，瓊樓不隔，赤壁同遊。帆收。藤蘿罥櫂，蕩迴光蘆荻映前洲。蒓老風香鱸膾，珠争潮舞龍虬。右三潭印月。

其六

四圍蒼翠合，錦屏障、敞連岑。忽馬耳雙騫，離天尺五，拔地千尋。晴陰。彼開此闔，鎖連環中有暮朝雲。往返諸仙鶴馭，不勞風伯清塵。深臨。澗映虹明。烟泛紫、黛描青。聽兩壑松濤，牙連海上，相對鳴琴。三楹。有亭記里，傍行春界壁路分平。絮白高裝岳帽，月黄互答緱笙。右雙峰插雲。

其七

一篙春水活，魚戲浪、蕨芽肥。正在藻依蒲，鱗翻雪縞，鬐罥烟絲。紅稀。絮花引路，導遊船齊入若邪溪。東浦潮痕半減，南湖暮色相催。沿堤。人戀餘暉。車緩緩、鷺飛飛。有濠梁逸叟，門藏花塢，琴枕苔磯。禪機。夜寒不餌，笑鸕鷀空白忍飢歸。江水莊周漫借，蒓羹張翰空思。右花港觀魚。

其八

倒揮天外筆，巨靈手、寫春晴。看返照藤蘿，塔輪轉暈，簷鐸流聲。招旌。酒家葛嶺，翠微中樵徑準郵程。鴉背斜拖碎錦，螺鬟横插華簪。林坰。逗我詩情。烟紫合、嶂青凝。正游人欲散，錢唐覇業，誰管流鶯。城闉。數聲畫角，水流車馳入湧金門。終愧閒鷗泛泛，不須忙煞黃昏。右雷峰落照。

壽樓春　和惠僑《方飯亭》之作

覊霜蹄檀溪。正凭鞍蓐食，鼙鼓聲悽。我效雙忠詞句，沁園留題。皋木下、厓潮低。惱西風、吹落天涯。歎環堵羹分，蕺林簣荷，空脱楚歌圍。南冠客，有鍾儀。縱馬牛一皂，詎事低眉。燕市黃粱夢醒，蜀山鵑啼。陂嶺路，秋花迷。渺空山、危亭神棲。鎮歸峝雲深，偏禆孑遺。知是非。廣西歸順州家奉峝主張姓神位，云是相國部將，兵敗後欲往越南，道歸順，留居之。

踏莎行　題伍國開先生《鐵山詩文存》，用夢窗《賦草窗絶妙詞》均

鳩艾花深，先生自號鳩艾二山遺民。風雷琴潤。琴名

風雷吼。落梅泉裡山河影。胭脂自製有《胭脂紀事》不須沽，底事牡丹皆墨本。先生牡丹止墨一種。樗社新詩，樗櫟，先生所居地，集名『雩樂』，取半字。蓮峯舊井。亭留雲印辭題郢。蓬峯山下有亭曰藕心亭，舊在栖霞寺後。寺改師範學校，余爲校長，時新之。此泉亦先生舊蹟。醉毫能令貴豪驚，先生會試入都，醉珠娘家，吐枕茵皆滿。珠娘懼，盖某王將以夜至也。伍知其情，以濃墨點染爲牡丹并寫詩，王驚服。遺文終抱悲涼恨。集中有《感士不遇賦》。

浪淘沙　陽厤元旦，步周晉仙均

舊事卜金錢。守歲無眠。摘釵重卜鬢欹蟬。飲罷三杯婪尾酒，燭映銀船。今也醉尊邊。

暫結春緣。竹喧椒煩已紛然。羲馭寄聲嫦月姊，明日新年。

離亭怨

風雨敲窗凄冷。愁見落紅霾徑。可是閉門長不管，便許耳塵清净。敗葉怕侵床未晚，掩帷深警。　久客郎嗔薄倖。貪睡婢呼難醒。應錦被半空猶自擁，胆怯房虚人静。健婦借東隣，支拄沈沈夜永。

望江怨

無家樂。莫爲别離嘆鸞鶴。昨宵風雨惡。星星獵火燎原著。夢驚雀。栖穩借來枝，無門堪剥啄。

燕山亭　和彊師《寄題鄭尗問薊門秋柳圖》之作

憔悴形容，零落金臺，屈指長亭無數。太液池邊，妃子凌波，未許邯鄲學步。一樹歸鴉，凌亂甚、着黄昏寒雨。辛苦。爲行客言情，折殘千縷。　生來宜傍柴桑，忽移植新豐，跡同羇旅。風欺力弱，展盡柔條，莫綰征輪小住。顰笑無心，有時恐、路旁人妒。眠去。莫惹沾泥飛絮。

燭影摇紅　和彊師《上巳與半唐南禪游江亭》作

十丈塵紅，洗塵自有清涼處。莽蒼平楚湧樓台，青簇招提路。多少明珠翠羽。促湔裙、疎鐘幾杵。摩挲香碣，悟到三生，銷魂何許。　賣藥神州，蘭亭禊事曾同賦。車如流水馬如龍，行脚僧偏苦。追逐鵷鸞漫與。燕南翔、雪程竟誤。金剛語我，鑄錯如公，恒河沙數。

水龍吟　題七星岩，和彊師

南天帝會諸仙，客星醉後尋眠處。蒼黄墮地，嵯峨化石，離然七數。圖畫描金，樓臺炫日，玉人問瑶圃。信觴神之所，西江爲酒，魚龍夜、排尊俎。　中有藏真洞壑，徑蜿蜒、桃源疑誤。巖滴冰凝，胡僧壁面，天魔欲舞。欲問玄津，神龍蜕骨，無言化去。趁有餘明爝火，猛省回頭，認來時路。

霜花腴　滬上風鶴未已，居停避地西湖。夜坐讀《語業集》，悽然有懷，和均呈彊師

漲塵客浦，算春來，緇痕漸涴游冠。啼露愁鵑，退風飛鷁，驚心去住都難。客懷儘寬。學語鸚、調舌人前。奈烏衣、第宅簷深，薄晴莫暖燕巢寒。　前度蠻江烟雨，恨垂楊蔭淺，未翳殘蟬。纔過新枝，旋驚敗葉，吟來蜀道盈箋。六橋刺船。愛淡濃、西子娟娟。恐這回、學得時妝，不容依舊看。

虞美人　和侃甓

百年終落桑榆日。何必丹還乞。維摩天女不相妨。謝君勸我斟酌、斗珠量。　漫云頭白原無據。船待乘潮去。馬牛縱肯任人呼。千古西施幾箇、老江湖。

生查子　和侃甓

浮屠三宿桑，不忍飄然去。可惜好逋仙，錯共梅花住。　世界愛團成，愛解分歧路。方藥有倉庚，不信能療妒。

高陽臺　虎邱

虎去邱空，鴛留壙古，春風花艸年年。剥落浮圖，山靈倒畫晴天。劍池長照生公石，古英雄、磨作枯禪。問吴宫，殘霸名娃，都付荒烟。

重來十載尋鴻爪，有導游舊述，得句新鐫。誤我聰明，飲泉欲傍憨憨。貞操那怕汙泥染，幸埋香、得近池蓮。最無聊，如此情懷，如此山川。

喜遷鶯 久不得秋園消息，傳聞異辭。其子百鵬來，詢悉近狀安善，喜可知也。詞代書以問之

文園秋訊。獲平安兩字，古愁銷盡。南雁浮沈，東坡消息，海外傳來無準。故山猿鶴老，識此夕、雲深夢穩。須信我，對屋梁落月，搓眸重認。　還問。西風近。蹴起層波，蛟鱷腥涎噴。舊社枌榆，家園艸木，未逐狂飆驚隕。閉門春不管，安穩過、蠻春花信。韓陵石，料苔花、碧籠深寸。《秋園記》爲予所書。

三株媚 寄鼎卿公使，媵以小照，時辭官歸里

漫遊今倦矣。算閱盡繁華，一簑歸里。遼鶴東回，又盼斷賓階，舞衣慵試。南嶠雲深，正辦得、脩翎有地。待問潛虬，天外簫聲，爲誰呼起。　惆悵故山花事。嘆風雪相欺，一春無霽。芳訊披離，任西園蜂蝶，衣寒粉膩。廿載瓊瑤，憑面目、報君珍意。祝整氊毹，長袖容看，掃空羅綺。

水龍吟 中秋

年年依樣中秋，幾人曾聽緱山笛。婆娑起舞，登臨舒嘯，偏宜今夕。越海濤聲，淮河烽火，天青地白。想遥遥千里，團圓共看，原無界、微雲畫。　故國庾樓何處，蕩蒼波、夢魂難覓。玉京縹緲，霓裳斷續，天高寒迫。一雁橫

空，亂蛩沸砌，旅懷絮得。尋高陽共醉，開門黃葉，徑迷人迹。

三姝媚　湖蓮未胎，作此問之，和述尗《催柳》均

凌波湖上道。近芙蓉仙城，路塵清埽。雨盖跳珠，擬聘來碧玉，宵量籌報。豈爲西施，羞避此、羅裙芳艸。問慘緑何人，遲嫁東風，自憐年少。　愁到秋風殘了。趁葉底脩簫，漫饒風調。梅子都黃，詎苦心結菂，偏誇遲巧。盼老鴛鴦，思並蒂、白波共照。吩咐浮萍開處，須客艇小。

前調　和海綃《閏清明》均

飛花縈步綺。又今朝宜靄，頓增愁思。釀幾分晴，和餳簫淒調，高樓誰倚。縹緲鵑聲，怕再誤、傳書驛使。奈素識東風，飄絮城根，無多芳事。　更感韶光逝水。看宿雨桃枝，送春愁淚。舊約鞦韆，惱謝後醒慵，被鶯呼起。挑菜墻邊，消受慣、惱人花氣。誰把薔薇消息，報將浪子。

無悶　五月二日始聞蟬

清絶湖山，塵隔軟紅，中有幽人獨語。厭沈響多風，占槐高處。翳柳低低乍訴。便學得、淒涼齊宮譜。破人黍夢，黃金縷曲，艾蒲門户。　行路。鬓誰妒。抱葉惜殘聲，別枝慵度。縱蜕却、初衣珥冠休顧。誰勸螳螂猛醒，好便與、忘機盟鷗鷺。犯朔吹，吟盡寒桐，看足雪花無數。

臨江仙

因何衾枕今知冷，對人欲語還羞。怕聞初雁

下簾鈎。三分酒病，近更怯登樓。　爲探相思先遺夢，無心料理香篝。自家領略自温柔。郎邊寒未，桐葉幾聲秋。

桃源憶故人

畫梁雙燕棲巢穩。不管誤人邊信。山雨摇燈成暈。莫作金蟲認。　和衣擁坐驚新冷。舊事商量重省。更鼓尚妨遲醒。猛向心頭警。

六州歌頭　端午薄晴，湖隄小步

桃符門户，風裊緑楊絲。鶯喚起。蘇堤尾。白隄西。試單衣。欲覓高陽偶。西子袖。東坡手。途邂逅。香山叟。雁行隨。弄暖追涼，直造逋仙宅。商略吟詩。認苔枝梅雨，熟子綴離離。客叩幽扉。鶴驚疑。　逋仙謂我。孤山左。宜高臥。吸湖漪。風月有。何須購。少人知。請君思。蘇小馮青墓，骷髏上，一荒碑。武穆塚，功名夢，付黄鸝。看老菖蒲，轉瞬秋花冷，莫來遲。正沈吟返駕，猿鳥已馳移。責我徘徊。

相見歡　放鶴亭冬望

商量湖水湖烟。幻春妍。照出西施眉目、是華年。　天不管。魂欲斷。倩誰憐。借鶴銜寒去也、乞逋仙。

滿江紅　用柳屯田體

飣餖陰晴，做弄出、落花天氣。籬一角、海風闌入，滿堦紅紫。去幕燕、學人談恨事。訴金鈴、莫護香魂墜。詎識得、舊稿换園林，東君意。　家何在，南雲是。魚浪渺，空千里。尋思故鄉梅，幾許憔悴。又守鶴、驚魂今定未。

爲斷橋、留我忘歸計。更有人、心眼望雲中，天涯倚。指點，冷烟橫素。眼底蜃氣凌虛，鷹原占斷，戲馬臺句誰賦。松杉引步玉驄驕，緣路寒螿語。咽不盡愁根恨縷。教人休負秋光去。我且醉眠芳草，莫問茱萸，明年何處。

新雁過妝樓

巢燕樓空。邊庭信、憑誰傳與吳儂。那人心事，依約寫向雲中。繡被半空羞燭爇，金釵罷卜守簾櫳。唾殘茸。迴文織就，惆悵西風。稻想是燕山路上，值霜寒訊，早凋遍江楓。稻粱謀拙，歸計如此匆匆。信知江湖滿地，料難認平沙前日蹤。南來也，又輒添幾個，失侶哀鴻。

霜葉飛

重九遊江灣華氏園

亂絲情緒。拚拋却，無端還掛疎樹。斜陽窺堞意闌珊，愁釀西風雨。夢半醒、飄零倦羽。雲山空隔蕪城古。怕更倚危欄，菊訊探、江皋

絳都春

狄美南者，雲史新寵也。原爲豐臺產，善歌，以喉敗落籍爲妓。雲史遊遼遇之，一見如故，有齧臂盟矣。忽某賈投鉅金啖其母，强挾之去。狄行後，致意雲史，曰：『必有以相報。』至彼則日夜哭泣詬誶，而大婦又悍，狄不食求去。賈召其母贖之歸。一日雲史方飲市樓，而狄已飄然至，泣訴前情，且曰：『今而後得終身侍君矣。』雲史遂納之。書來索言，寄此調之，仍用夢窗《賀李質房量珠》均

紅拕斷綫。悵燕去，問程天涯何遠。方報春回，瞥爾投人蓬萊苑。金釵鈿合中離怨。淚紅凝、華燈撩亂。惜花心事，香泥搆壘，緑芸

庭院。曾見。豐臺景色，玉人倚、芍藥輸他嬌蒨。再世曼殊，疑是離魂仙胎換。桃花重映東風面。省郎又、迴腸九轉。遼霜不冷鴛盟，芙蓉帳暖。

雙雙燕 戊辰除夕，和夢窗均

市喧破冷，獨歸抖衣塵，悄然扃户。沈檀自爇，翠縷拂簾千度。還喜瓶梅未睡，媚影落、微聲吟處。依然守歲家家，幾見年華曾住。慵舉。依梁倦羽。憐汙染弓鞵，怕逢朝雨。迎春燈火，一任九衢歌舞。贏得如絲亂緒。待歸燕、從頭分訴。塵翳鏡昏，懶聽街頭人語。

瑞鶴仙 依清真四聲

斂春波附郭。雙鷺起，拍破昏烟漠漠。山花老紅落。有荒鴉，先認人家籬角。驕驄步弱。似柳梢、迎笑背約。幸停琴待我，芳俎侑樽，細與斟酌。欲問人間那世，杳藹桃源，半空樓閣。長棲燕幕。嫦娥後，少靈藥。歎蓬山，已被浮雲遮路，風波多事助惡。暫心頭拋却。且向睡鄉課樂。

渡江雲

溪雲酣雨意，曉痕淡白，帶潤遶堤沙。爲尋春去也，步趁飛紅，水曲露人家。池萍綯碧，繡綺錯、中茁朱華。丨作平一闌、額黄人倚，尚認影盤鴉。今嗟。辭君清渭，去馬章臺，怎相逢白下。思去時、情深促酒，膚豔籠紗。無端再覩春風靨，甚咫尺、秋水蒼葭。疑夢是、依稀霧隔墻花。

二郎神　少白原作有『才人有飄茵之感』語，依韻和之

雨風信惡，尚解惜、落花無影。柰抱蝶香枯，盟鴛魂悄，逗出一作平簾月冷。惹得江州青衫濕，況又是、多愁多病。嗟骨瘦眈慵，眉顰蹙翠，怕臨妝鏡。

凝。算好夢曾圓，繁華有限，窗外鶯鶯又醒。墜絮泥深，題紅溝暗，愁對惱人烟景。閒數盡、幾杵零鐘斷鼓，夜寒人静。

浪淘沙慢　和清真四聲

指城外，平沙萬里，浩渺荒堞。停策征人未發。陽關勸酒數闋。甚昨夜燈檠紅蕊結。瞬朝便、驛柳攀折。自頓把前情付流水，驚心世緣絶。

悽切。夢鄉瘴海深濶。況萬遶千

迴，關山路、雨裡鈴夜咽。教再世恩情，消與生別。淚珠拚竭。長伴人，惟有牀前明月。

新舊音書從頭疊。蛛塵鎖、唾薌未歇。見何許、冰匳圓又缺。萬一作平坐、白老青春，倩黛墨，難淄點鏡盈頭雪。

大酺　和《片玉》四聲，補記去歲遊湖事

記石苔深，巖花墜，烟雨三椽僧屋。林深遲出磬，與溪雲争路，□□相觸。扇挹香飄，釵驚鳥起，衣影中藏蔌竹。鵑聲留人處，又青帘逗我，甕頭春熟。奈亭壁都非，繡鞍誰勸，醉眠人獨。

崦嵫催去速。有蕭寺、容與停歸轂。念怕見、齋厨烟静，磬杵聲沈，忍銷磨、世塵心目。見説中秋夕，丹桂落、琳宮闌曲。正磅礴、天香閣。宵起開户，燈檠去花生紅菽。桂

華照人似燭。

意難忘 和清真四聲

誰伴昏黃。際方疏臼藥，漸引壺觴。簾烘燈有餤，灰冷字無香。丹桂落、碧梧涼。聽玉漏浪浪。向夜深、窺人眉月，左右端相。 今宵漫説成雙。坐聞歌心苦，生誤冬郎。先償浮海約，遲效入時妝。搜秀句、儘枯腸。縱刻鏤何妨。又轉愁、妃紅儷白，賺老年光。

劍氣近 和百檝見懷均

離羣久。怎耐想、山亭詩酒。在港結北冶山亭詩社。春光又撩人候。獨搔首。 望寒岫。賸有鶴、梅花各守。青氊戀人依舊。影誰瘦。今又。轉蓬人事陡。涯生待遺，縱綺語，有獄拌身就。連情禽願兩糊糢，况鶯花笑人，夢遊近阻廬阜。雨雲翻手。醉醒無端，世事鴟夷問否。低昂漫舞南山袖。

以上見《抱香室詞存》

無愁可解 姨表劉貢珍，母家孩童時戲侶也。自外祖母黎謝世後，相見已疎，兩母繼逝，見面之緣遂絶。惟聞其渡美經商，亦回國兩次，止曾一度相逢，然彼時歸裝尚未落寞也。今在港相見，則老而且貧，至淪爲某織廠守閽之役，少年玉貌又變爲雞鶴形骸。相對闇然，語及内外親故情況，益爲欷歔不置。兩母在地下聞之，不知若何悽喟也。爰以東坡自度曲譜之，因以寄慨焉

愚弄世人，造物何意。悲歡離合生死。乾坤一網羅，被籠罩孰可避。白髮朱顏彈指事。往矣流光流水。不遇著、卻相忘，遇着始見，老到我你。 憶昔總角嬉游，生如寄、蜉蝣外

家簷裏。蔦蘿隨樹到，兩母相隨又逝。覓食飢驅況萬里。冷暖相知纔半，雨窗話剪燭，真如夢醒，縱無酒、許心醉。

卜算子慢

奔駒隙短，殘蠟淚乾，始事閉門愁晚。絕妙桃花，不比去年人面。青盼。憶絲楊對我曾垂眼。又粉碎恩仇，久被閒風閒雨吹散。　寂寞眠孤館。試弔古傷今，山遥水遠。百感蒼茫，上界謫期疑滿。思遣。種愁根、慧劍臨風斷。獨行傳、往幽巖鏟迹，伊人不見。

踏莎行　題譚篆卿填詞圖

閥閱蓬瀛，才華泰岱。五陵年少馳車蓋。歸來折節作詞人，清辭白石分流派。　廣雅門墻，清佳堂廨。當年未審周吴在。南園春結賞花盟，東風青荷垂楊睞。

阮郎歸　賦鼎湖飛水巖，和彊師縱舟楞伽峽韻

珠璣顆顆出層坳。和烟和霧消。散花仙壁插雲高。花光皆白豪。　源滚滚，氣飄飄。巖根濤怒號。塵寰謫墜爲誰招。玉人吹洞簫。

霓裳中序第一　小第落成，和姜個翁韻

蛛巢愛網織。賣樹懸風露珠滴。欲問經行蹤跡。徑峭雲深，耐人尋覓。簷花夜溼。任狼藉蝶憐蜂惜。誰念我，山深深處，鬼火照鄰寂。　纍石。鱗排一一。山多卵石，累累爲牆。仍可負墻東暄日。山家終欠春色。銘室新題，秃殘江筆。蝸廬真算得。青山對、空尊任泣。柴門倚，暮鴉歸數，引我杖藜出。

看花回 記少年事

草草庖厨着意瑩。盤盎寒生。攜鋤種菜荒田，認桂枝、量記窗棱。少年無賴事，回首分明。　老覺巖阿有舊盟。鶴友猿朋。移泉烹莽收黄葉，好商量、畫意詩情。往來新認識，有箇黄鶯。

玉漏遲 和元好問韻

深山深窈。飄零到處，尋巢檣鳥。王謝無家，月樹南枝三繞。不是神仙眷屬，又不是、巢由同調。君莫笑。半椽抱膝，儘堪舒嘯。　有人擾擾塵勞，驟裹金鞭，讓他年少。賭墅争湖，一局久經輸了。抱朴移家畫稿，除點綴、胭脂殘照。山雨曉。溪痕又增多少。

睿恩新 夜有繞廬而呼者

少晴多雨天將墜。這莫是、離羣淚。問阿誰、繞室高呼，似我思歸還未。七十流光逝水。曾未夢、紙迷金醉。卸雙肩、兩脚都輕，尚遲了、多時歸計。

風入松 往來寮步道中

古循州道此分程。車轍指東城。疇人堆垛煩推筭，合薰蕕、一氣氤蒸。車載客數無標準，人成堆垛形。未領女兒香味，先儀將相雷名。謂袁督師、張家玉。　回途天氣欠分明。飣餖半陰晴。此行非赴山靈約，試商量、圃學農經。送客一輪月暈，愁予十里雞聲。

一落索　郴縣道中

終古郴江東去。郴山長住。住豈無情去有情，同隔瀟湘浦。　況值黄昏夢雨。玉京人苦。峯能回雁不迴郎，郎今夕、知何處。

高陽臺　寄題掃葉樓

葉積庭深，樓空一渺，於今幾度秋風。芳草斜陽，難尋擁篲高蹤。芒鞋竹帚晨昏課，想低徊、頻繞珍叢。似閒愁，掃去還來，未許雍容。　淒凉東海紅桑老，算未秋摇落，已倒梧桐。詩恐驚人，丹青寄慨情濃。謝家春草池塘夢，園半畝、分付奚童。□□□，客徑遲開，一任雲封。

減字木蘭花　爲人題十年浪迹圖

十年瞬耳。滄桑笑裂麻姑齒。晏子狐裘。抵債尋常入酒樓。　鵾鵬斥鷃。大小乾坤皆過眼。柳雪葭霜。到處吾家第二鄉。

西江月　題談月色畫梅

根自羅浮移植，居然綠萼仙蹤。纖纖十指透香風。顛倒師雄一夢。　畫石未須十日，消寒恰值初冬。三分春色滿瓊鐘。虧得月明自種。

八聲甘州　題李雲仙抱琴獨立圖

問天風海水自成連，于今幾人聽。奈箏琵聒耳，村謳巴曲，波沸雷鳴。遺事貞元賸譜，誰復問指瓊。巖石琴臺路，霜月淒冥。　獨有仙人綠綺，伴雲涯倦客，身世伶俜。剪高山流水，凌亂入丹青。立蒼茫、吟髭孤撚，寧韜絃、斂袖待晴清。人間世、覺知音侶，惟有流鶯。

泛清波摘遍　鄧尉探梅，和小山

茅誅徑小。杏傍墻高，鶯報柳桃薰染好。暖催寒勒，商略探芳計遲早。行人道。鵑聲淚苦，驢足塵空，無意送春去了。倦侶高陽，重拾杯盤墜歡少。　雁來渺。短札欲憑晚潮，何處始無芳草。空悵秦淮渡昏，吳山雲曉。董笙渺。立墓得句付誰，羅浮夢仙難到。料想桂梢綠鳳，爲伊顛倒。

倚風嬌近

巢鶴惺忪，探芳寒透心眼。韡橋臨水嬌無限。山驛暖風遲。亂蝶繞鞭絲。懊惱空枝。玉管。休教吹散。無奈啼鵑，頻報時將春晚。陌作平上還歌歸緩。醉倩香薰理花譜，情懷嬾。冷雲溼翠襟分半。

菩薩蠻　爲章松齡題家藏百鳥圖

空濛雲水飛鳴地。蘆筍蒲芽春意思。況少網羅人。相呼雲外羣。高依喬木宿。下向橫塘浴。算有鳳皇來。追隨君漫猜。

喜遷鶯　題太倉唐尚書萬言疏手稿

元氣護，涕洟垂。洛下又峨嵋。廈傾猶有萬言支。廩不太倉糜。　士寒蟬，朝仗馬，松柏挺風姿。歲寒知我已遲遲。何況沒人知。

傾杯樂　陳松英女生畢業紀慶

山川盤鬱，林巒勝處毓英雄。有時閒氣偏鍾。

博白頭銜不櫛，鹽白撒寒空。陋井源雙角，脂粉香濃。惠泉九龍。洗清思、更玲瓏。況濟南、經舍家風。南樓在望，想老人英俊，少年同生。女好何羨羆熊。

憶少年　題施肇曾松陰共證圖

宦遊倦矣，逃禪逃酒，家園春色。楊花最堪笑，老天涯爲客。　繼佛印，繼佛印，東坡非赤壁。有衡陽、道元侍側。一襟軟紅外，賸松陰漾碧。

酒泉子　題《民族詞選》

憔悴國魂，淚盡新亭人悄悄。英雄未死胆肝粗。拚頭顱。　古今唯一，湘纍沈沈呵壁叫。是何多也醉鄉徒。樂華胥。

碧牡丹　用晏小山體。時近中秋

司馬非游倦。身等嵇康懶。飛絮飛游絲，罥樹沾泥春晚。偷得閒來，脚力欺人輭。好山好水緣淺。　春心眼。濟勝勞夙辦。空想游仙汗漫。竿木登場，棧豆就戀嗟來飯。故事緱山，鶴馭鸞笙天半。翹首月明庭院。

秋宵吟　丙子守歲

竈符更，歲籥轉。臘鼓中分宵半。籤聲寂、漸住換東風，鐵衾初暖。　迓春盤歲盞。白髮羞簪人倦。總堪嘆。似箭流光，年來偏短。　世事翻新，誰料得、風雲夕變。渭水西風，長安落葉，攪得酒腸亂。江潤無歸雁。兩字平安，寒纈望眼。更何堪、無味尊前，遊釣徒侶費檢點。

賀新郎 沈訒、陳松英結婚誌慶

佳話登科小。羨少年、洞房花燭，帳前微笑。草草良緣多成惡，郎性儂心未曉。最難得、相當才調。葉底雙蟲喁喁語，吐春絲、譜繡鴛鴦料。紅線繫，三年了。　西溪模範從來好。椀齊眉、相莊授受，伯鸞德曜。仁學訒言惟山樂，壽與喬松共老。旁莫妒、雙棲文鳥。兩處相思今朝訴，囑東明、漫許鷄人報。恩共愛，兩心照。

沁園春 題唐天如所藏聽帆樓扁額，黄賓虹圖

憑弔昌華，紅荔灣頭，層閣屹然。念乩仙題館，雲來白鶴，留賓轄井，庭集青鸞。東壁圖書，西園杯杓，氣象峥嵘勢萬千。麻姑笑，洗榮華試看，滄海桑田。　雲烟。蠹簡蟫篇。只鐵畫、銀鉤二字傳。伴仲宣萬感，元龍百尺，豪情拔地，健筆撐椽。坐擁書城，門盈駟馬，猶傍淮南大小山。藏丹地，祝蹔神呵護，毋憾霄遷。

鷓鴣天 疝氣發，入瑪麗醫院割治

製錦操刀未勒勳。伐毛洗髓又紛紜。火燒木佛求靈骨，腸斷巫猿悟脆身。　生死事，過來人。五年巡狩記環循。醫云，五年當再發。彈丸蕞爾江東窄，三割終須一擲淪。

前調 病中清明，不能省墓，爲之悵然

新種松孫未化龍。尋常馬鬣去年封。年時客思清明後，今日魔纏病榻中。　生事慤，祭儀封。終天猶恨海深同。鷓鴣聲裡牛羊壟，況欠錢灰颺絮風。

玉樓春　題何沃泉《偶然集》

書香門第今南阮。哭筍光陰春夢短。珍珠百琲續收羅，餘勇吟壇真可賈。　鬋蘇八疊專家擅。君竟兼人論百算。竿頭進尺步雍容，韓信將兵多益善。

浣溪紗　題王少梅得馮魚山憒畫齋題額

馮唐原是老丹青。猶說雲山畫未成。戲將積憒榜齋名。　公子太原裘欲敝，騷人鄧尉笛尤清。前賢手蹟襲芳馨。

鷓鴣天

筋力登樓詎未知。山高何況入雲微。虬龍許有隨緣坐，猿鶴寧無入夢思。　層嶂合，一節支。人方逸老我飢驅。打包行脚前生定，拄杖歸來夢亦蘧。

以上見《抱香室詞集外稿》

高陽臺　訪媚香樓遺址

柳媚春殘，塵香水冷，秦淮何處遺蹤。淪落當年，五陵公子憐儂。金釵鈿合他生事，鎮誓盟、秋夜雍容。恨西風，無力癡雲，吹散匆匆。　江山到底興亡慣，詎從來兒女，例付英雄。何物蝦蟆，屠門等視天宮。杜鵑血濺桃花影，歌扇底、脂淚争紅。付珠喉，一齣傳奇，十里簾櫳。

見《如社詞鈔》七集

安公子　燭淚

冷翠烟凝膩。芰盤餤裏人無睡。玉指金鐶勤拂拭，奈偷傾鉛水。說舊事、淒涼背擁樊通髻。膏自煎、哽咽憐空費。又代人離恨，譙鼓聲闌猶墜。　難解歡娛地。雉盧呼喝花叢倚。粉澤薌薰纓絶處，正臣髡微醉。更點滴、紅斜白亂芙蕖萎。知世間、興盡悲來矣。不剪斷蘭心，短檠泣殘秋外。

見《漚社詞鈔》

河滿子　題子毅市長近像，時將赴模範縣長任

一別四明山色，行蹤欲問湖煙。卸寧波市任後，兩無消息。　塵染鬚眉仍認識，生綃風度翩翩。豈惜美人遲暮，爲描張緒當年。像肖其二十年前時影。　鍾阜偶逢話雨，會稽又促行鞭。時粵政府電催赴任。　飽挹京華花草樣，歸圖豐沛山川。誰謂書生面目，尚輸畫錦因緣。

見《學術世界》一九三五年一卷一期

夢揚州　蘿岡洞探梅

薄寒凝。正嶺雲、濃釀嬌晴。板白印霜，的的驢蹄孤征。問蘿村月騷人去，尚有誰、相伴凄清。風塵警，煙霞約，廿年空負芳卿。桂系入粵，余挈家避兵洞中者月餘。　回首江南路程。記雪海孤山，幾處香盟。鄧尉山中有亭曰香雪海。　老矣倦游，贏得羅浮夢醒。故鄉畢竟春光早，儘够消、酒興詩情。重怕聽，苔枝鶴話，堯歲嚴冰。

見《南社湘集》一九三七年八期

漁家傲

人静烏鳶相對語。重簾不捲肥梅雨。新渌濺愁濃幾許。憑闌處。分明無想山中住。　便爾唱予誰和汝。平生總被名韁誤。何日田園攜橡芋。清尊注。陶潛那不思歸去。

金縷曲　九日風雨

何日無風雨。到重陽、瀟瀟淅淅，便成愁譜。簾角吴山青數點，總被浮雲遮住。更何地、登高能賦。偶話東籬歸路杳，料黄花、瘦到無人處。簪不得，爲誰舞。　沉沉此恨成今古。黯東南、星飛海沸，漏天難補。岸上維舟眠較穩，我亦尋常鷗鷺。奈佳節、淹留如許。消受深秋垂老别，但扶頭、茗艼杯無數。檐花落，盼將曙。

雪梅香　夜造聽楓園，叔問、昌碩先在坐

晚寒切，高城脱葉旋西風。望天涯無伴，行吟漸覺愁工。過市燈稀雨霑屐，敂門人熟酒盈鐘。此何夕，邂逅平生，還似初逢。　朦朧。倚窗問，燭外梅梢，剩幾新紅。老客吴趨，對花忍憶遊蹤。歲暮音書歎寥寂，五湖煙水各西東。明朝事，待買霜鯿，分付烏篷。

前調

雨連夕，高樓獨客故傷心。攬征篷千里，霜天暮角寒侵。魚市煙荒午收楫，鳥邨風急暝呼林。點還滴，檻外窗前，多少愁音。　沉沉。數年事，蠟淚珠啼，坐冷鴛衾。儘説還期，瀟湘水闊雲深。楓樹青凋半江葉，梅花紅減十分陰。寒灰意，已是當年，何況而今。

以上見《忍古樓詞話》

賈景德

滿庭芳　半耕園聽鶯，同寶華林

芳草千花，暮春三月，池陽大好園亭。緑楊高

處，更自在嬌鶯。豈有遼西別夢，恐飛去、步屧輕輕。真堪喜，囀枝隔葉，端不怕人驚。有綠窗詞客，寫生妙筆，活潑天成。趁良辰美景，貪看分明。吹縐一池春水，微風起、柳拂花迎。且攜取，雙柑斗酒，明日再來聽。

滿江紅

富貴功名，爾許大、吾知足矣。好不過、附庸衛霍，幾行青史。經濟文章誰比數，詩人麟閣騷壇是。看道旁、兒贊馬如飛，曾如此。　花縣宰，方州使。走黑瀋，馳青濟。更郗生入幕，卅年終始。天塹長江飛未渡，中原北定河清俟。儻遂教、毛血灑平蕪，適然耳。

前調　聞郭允叔陷敵中感賦

學問文章，首屈指、晉陽名宿。爲走避、青絲白馬，草間偷伏。歎息胡爲妻子累，蝮蛇東起來同谷。怎恁教、羽翼網羅中，吞聲哭。　天上者，難經目。人間世，書盡讀。況韓潮蘇海，撐腸拄腹。凝碧池頭絃管奏，知君不受階前辱。待相逢、辛苦敵中來，西窗燭。

念奴嬌

天涯淪落，遺閒愁、來聽樓臺絲管。廣幕低垂觀衆寂，一齣清歌檀板。皓齒明眸，對人偷看，相見緣何晚。似羞還笑，曲終惘惘人散。　誰是天壤王郎，風流俊少，肯爲情絲綰。萬斛傷心貧女淚，滴入珠喉宛轉。公瑾當年，牧之十載，春夢揚州懶。繡簾咫尺，蓬山千里遮斷。

醉花陰

燕外黃昏鶯外曙。鎮日春無主。羞語暗牽衣，總似無情，做弄得人苦。　滿腔心事何從訴。況又紗窗暮。道是不留郎，門外馬嘶，無計留郎住。

醉春風

楊柳朝飛雪。杜宇宵啼血。癡心何故苦留春，別。別。別。流水無情，落花有恨，一場嗚咽。　人世多離合。月影常圓缺。相思轉眼是相逢，決。決。決。布穀聲中，鷓鴣天外，黃梅時節。

滿庭芳

殘照銜山，小橋流水，垂楊一帶低垣。海棠院宇，眉黛鎖嬋娟。多少鶯鶯燕燕，柳枝上、喚起三眠。只催得，香閨夢斷，花老不飛綿。　聽鷓鴣聲裏，落紅如雨，障綠成煙。怨東風無語，鸚鵡簾前。放走春光大半，登樓望、芳草連天。凭遍了，欄干十二，闌不住愁牽。

六么令

溼雲千疊，濃罩垂楊樹。窗外有聲淅瀝，梅子黃時雨。小院蒼苔滑滑，步屧須輕舉。畫樓早閉，支頤獨坐，欲拾墜歡往何許。　落紅狼藉滿地，腸斷花無主。含粉淚向東皇，泣訴年年苦。細馬輕車不到，有約今朝侶。韶華易逝，佳期難再，雙屐銜泥自來去。

雨淋鈴　送華林入蜀

數聲鶗鴂。對驪駒唱，停車待發。亂來避地東里，過從詩酒，剛剛三月。無計留君久住，竟離筵早設。念此去、鳥道蠶叢，一線金牛蜀山隔。　忍心不送長亭別。但關心、劍閣長途熱。魂銷征塵細雨，秦棧外、荔枝時節。算到錦城，應有畫本，鸞牋千疊。儻聽命、減卻吟哦，心事同誰說。來詞有『吟詠勞思慮，聊贈臨歧語』句。

人月圓　舊歷六月十五夜寄蜀

車如流水褒斜路，直指錦官城。連雲棧閣，青紅兒女，冒暑遄征。　飛行阿母，秦山蜀道，一瞬千程。團圝今夜，草堂天上，人月雙清。

揚州慢　七夕寄麗青、華林蜀中

銀漢斜流，玉繩低轉，碧天如水雲輕。喜佳期又屆，會牛女雙星。正虜騎、窺邊時候，萬家瓜果，誰供中庭。想錦江、夜市依然，燈火蓉城。　年年此夕，算黃姑、重負卿卿。縱天上一宵，人間五日，難盡離情。我欲乘槎前去，怕河畔、鵲起鴛驚。況成都卜肆，有人往問君平。

念奴嬌　閏七夕

一年一度，盼佳期、此恨綿綿無絕。報到鵲橋填就了，又促牛車齊發。好夢重温，墜歡再拾，今夕兮何夕。銷魂前度，算來剛屆彌月。
　應是推步疇人，憐儂薄命，添渡河時節。儻更遵行皇漢臘，三怕明朝初八。萬事荒唐，千秋惆悵，神話從頭説。天階臥看，新涼如水夜色。

以上《韜園詩餘》

趙子立

十六字令　閨情

砧。敲斷愁腸睡未沉。空相憶，有夢也難尋。

其二

心。無限淒涼感慨深。分離後，想念到如今。

如夢令　雪景

舞絮因風難掩。玉樹棲鴉幾點。佇立目遥天，萬里河山無玷。誰染。誰染。人面雪花俱艷。

相見歡　秋夜

黄昏卸了殘妝。懶登床。颯颯西風吹過、茜紗窗。滴滴雨。聲聲苦。倍淒涼。夢裏檀郎會短、別離長。

醉花間　春閨

休相念。怕相念。相念肝腸斷。楊柳陌頭青，不敢登樓看。昨夜雨瀟瀟，今朝風剪剪。不見所歡來，空負桃花面。

前調　春情

想相見。怕相見。相見何曾慣。月掛小樓西，人約梨花院。含赧斂蛾眉，無言垂粉面。後會是何時，仍把佳期盼。

阮郎歸 別情

月圓花好古難全。驪歌新雨天。癡情甘願化輕煙。飛籠雲鬢邊。　歸棹裏，曉窗前。離愁無計拌。一般滋味兩堪憐。不知何日旋。

人月圓 夢

興闌酒盡人歸後，乘醉去踉蹌。山清水净，花香鳥語，何處風光。　驀然又見，楚娃腰細，趙女眉長。情濃時促，高唐夢覺，月透紗窗。

釵頭鳳 夏夜

薰風菈。荷香細。月明人静涼生袂。銀河寂。林塘密。樹藏鶯老，浪平魚息。覓。覓。覓。　桐蔭裏。瓜棚底。花籠葉罩成連理。櫻桃赤。瓠犀白。星眸微露，媚波斜射。的。的。的。

蘇幕遮 閨怨

雨敲窗，燈射地。點點淒淒，點點淒淒淚。相見無由還是睡。入夢偏難，入夢偏難會。　始含情，終未恝。能不傷心，能不傷心碎。廢寢忘餐容日悴。都爲相思，都爲相思累。

酷相思 春遊

日暖風柔春燦爛。碧草緑波情遠。看蛺蝶穿花、何揀選。園内也、枝枝滿。園外也、枝枝滿。　雙燕呢喃來復返。鶯語柳陰無斷。有一個盈盈、情繾綣。樓上也、頻頻盼。馬上也、頻頻盼。

前調　別情

昨日歡娛知幾許。今日寸陰難度。垂楊岸、馬嘶郎欲去。千言也、難留住。萬言也、難留住。　從此菱花無意顧。要把芳辰輕負。不堪看、鴦鴦交頸舞。上樓也、相思苦。下樓也、相思苦。

天仙子　佳人

淡白梨花初著露。錦瑟新摧鸞鳳柱。鉛華不御掃蛾眉，羅襪素。蓮步舉。婀娜多姿渾不語。　咫尺天涯難得晤。欲訴相思何處訴。不如陣陣巷頭風，窺朱户。穿簾幙。吹面拂衣隨意去。

風入松　揚州懷古

揚州風物古今同。瓜步月當空。隨堤楊柳年年碧，瘦西湖、雨打孤篷。北斗七峰錯落，水調九曲從容。　景華依舊草葱蘢。胥浦水溶溶。平山堂裏風流客，望江南、意遠情濃。對酒當花應醉，十年一夢難逢。

驀山溪　金陵懷古

六朝金粉。無限風流盡。商女後庭花，隔江聞、離離隱隱。烏衣巷口，仍舊夕陽斜，千古恨。不須論。空對秦淮悶。　江流滾滾，三國周郎奮。大纛下荆州，銅雀台、藏春無信。小喬愠解，含笑話夫君，東風趁。火攻緊。怎讓阿瞞遁。

念奴嬌 洛陽懷古

黍離麥秀，盡前朝、千仞紫禁宮闕。纍纍北邙山上骨，都是當時豪傑。物換星移，新陳代謝，往事何堪説。淒風殘雨，不聞西苑歌發。　輦路衰草含煙，更闌人静，時見螢明滅。投筆班生何慷慨，不敢空懷前哲。廿載談兵，十年磨劍，赢得征袍血。誰來相照，天津橋上明月。

望海潮 長沙懷古

汨羅雲澈，瀟湘流淼，名山高矗江干。雁過晴空，煙迷古寺，鐘聲夜到孤船。楚客意蕭然。看萬家燈照，千頃波翻。風冷江城，洞庭秋月未團圞。　更深人静難眠。起來舷頭立，遥想前賢。李芾效忠，江門殉難，丹心共耀青篇。英烈古今傳。又賈生謫宦，屈子沉淵。底事同遭擯棄，仰首問蒼天。

憶江南 悼亡

多少恨，輾轉未成眠。冷雨淒風悲命苦，青燈隱隱舊情酸。相憶到更闌。

搗練子 前題

思往事，易成傷。夜夜孤鐙欲斷腸。翠損紅銷憐命薄，音容一别兩茫茫。

其二

悲似織，痛如狂。愁滿春城恨滿江。無奈花飛留不住，人間天上兩難忘。

點絳脣 前題

湘秀衡青，草媚花香春正妙。恨難常好。前夜東風暴。　草斷花悄，遮絶人間道。空悲悼。水流年杳。淚落知多少。

減字木蘭花 前題

思量往事。餘痛滿懷心已碎。緬想前情。殘淚盈眶意不平。　愁腸易斷。枕冷衾寒情緒亂。恨海難填。挑盡孤燈未得眠。

更漏子 前題

漏聲殘，燈影亂。夢遶雨花台畔。見前《遺悲懷》詩注。　情繾綣，意纏綿。相思各一天。　眉絶案。合分鈿。岳麓山頭魂斷。見前《遺悲懷》詩注。　風雨泣，杜鵑啼。哭君君不知。

一剪梅 前題

香斷紅銷命不長。無限愁腸。無限思量。風流雲散實堪傷。花不長芳。人不成雙。　海枯石爛不忍忘。十載糟糠。兩載流亡。　天愁地慘水滄滄。雁斷衡陽。夢斷瀟湘。

踏莎行 萬家嶺大捷

江水泱泱，廬山岌岌。風吹鼉鼓聲聲急。南昌城北羽書傳，萬家嶺上倭奴泣。　蔽日旌旗，倚天劍戟。摧枯拉朽前無敵。漢家威德燕然勒，完顏空想吳山立。

其二

氣壯河山，志吞逆虜。同仇敵愾身何顧。修江岸上戰壘新，鄱陽湖畔金湯固。　轟轟征麈，莘莘勁旅。揮戈躍馬彊埸赴。鏖兵一戰敵心寒，狂圖終挫南潯路。

闌干萬里心 上高大捷

贛江北去浪滔滔。淘盡妖氛恨未銷。横掃十千試寶刀。看今朝。衮衮倭顱血湧潮。

念奴嬌 長沙大捷

洞庭湖畔，楚天高、東望藐然何物。胆敢弄兵侵上國，正是自尋消滅。秣馬揮戈，聞鷄起舞，大漢軍英發。縱兵鏖戰，地摧山摇雲掣。轉瞬狂虜灰飛，星流電擊，風掃三秋葉。六路捷書傳細柳，湘水嶽雲增色。萬户歡騰，千軍振旅，爆竹鳴無歇。凱歌聲裏，喜逢雙十佳節。

滿江紅 長沙再捷

十月潭州，依然是、水平湖闊。報國志、激昂慷慨，髮衝眦裂。幕阜峰西三舍避，瀏陽河北千軍列。誘寇兵、衮衮入重圍，何能脱。貔貅奮，雌雄决。劍光起，仇讎滅。看尸拋盈野，骨寒斜月。赫赫軍威天外振，層層壁壘雲中結。告倭奴、休想犯長沙，空流血。

漁家傲 長沙三捷

醜虜長沙三敗北。殘軍欲去歸途塞。四面楚歌悲慼慼。千鋒鏑。心寒魄落拋戈泣。汨水洶洶雲冪冪。蝦夷到此頭顱擲。白骨纍纍腥血赤。烽火熄。洞庭無恙湘江碧。

以上《一峯集·詞》

趙紫宸

滿江紅　亞拉伯海上作

海雨初來，危檣下、疎疎幾滴。纔轉瞬、鐵雲綿亘，銀濤山立。數縷光摇天洩漏，千層浪合鷗飛滅。倚船欄、嘯傲淩滄洲，舒胸臆。　雷門鼓，誰撾擊。蛟鼉舞，紛悲鬱。正醻和汽笛，嗚嗚吹徹。萬里鯤圖煙溟漠，半生驥策人蕭瑟。看人寰、處處是風波，淘英傑。

憶江南

江南憶，舊夢繞芳年。冷院苔泥留碧玉，春堤榆葉舞青錢。花雨散如煙。

一剪梅　星嘉坡夜遊

倜促人生况遠遊。纔别歐洲。又到星洲。夜闌休欲計更籌。可以優游。樂得優游。　深林有語暗颼飀。風在枝頭。事在心頭。海天雲浪怎生休。天也悠悠。海也悠悠。

浪淘沙　山西晉寺晉陽第一泉

山寺湧飛泉。晴雪溪煙。春心即在水中間。但看碧薾生澗底，一種芊綿。　澹蕩幾何年。幻想龍眠。一灣流玉洞門前。雲老雨荒天自在，夢是真詮。

長相思　娘子關

一面山。四面山。嶃壁中間夾古關。當關最是閒。　詩囊慳。酒樽寒。雪劍霜刀客路難。天陰鬼野蠻。

滿江紅　十七年十二月二日清晨，弟子田貴鑾從余驅車至汾陽城外賞雪

大雪彌天，停輪看、紛紛漠漠。應昨夜、老天尋趣，有心創作。淡墨幾重描遠靄，疎林一帶依寒郭。做靈修、誰共此良辰，藍田玉。　如新纘，攢平陸。如綺霧，翳寥廓。又真如爾我，與神和睦。煙遏三家墟里静，春燒萬樹梨花熟。更遥巒、奄化凍雲中，難窮索。

江城子　寒梅

一年容易歲將窮。把西風。作東風。總覺餘香、迴蕩在梅胸。雪意氷心雙寂寞，明月下，影重重。　膽瓶暖插養隆冬。酒罇空。墨池濃。不讓霜華、佔斷五更鐘。借得洪爐青紫火，争一個，熱情衷。

以上民國十七年作

踏莎行　滬上旅宿書所見

紫曲迴雲，墨龍嘯雨，青梅酒與黄梅敵。惱公醉後獨敲詩，一敲幾個瓊壺缺。　歇浦銷魂，灞陵傷別。緑雲紅淚膚如雪。心柔心硬此時難，莫嫌江水弄幽咽。

憶江南　蘇州

江南好，佳樹鬱葱蘢。半抹山魂梅雨白，一灣鴛夢藕花紅。人在小樓中。

滿江紅　珠江雨

岳隱巒收，問朝日、埋藏何處。江水涌、徙鯨初立，潛蛟欲舞。活活泥潮金織浪，花花鮫淚

珠彈雨。笑天心、變幻也如人，何曾住。　風塵礙，經典誤。胸中事，愁無數。算平生容易，駒光虛度。日出迴峯雙鬢改，月生暗海孤舟渡。拚於今、檣底再高眠，隨煙霧。

青玉案 乘龍山船，由香港到廣州

龍山噴雪江成路。不過是、魂來去。　細聽波濤和我語。松琴連奏，蕉窗共坐，似與君逢處。　雲還月上青天暮。浪織風裁千錦句。我夢吴山山幾許。潮音將我，喚醒時節，水外凝烟雨。

以上民國十八年作

踏莎行 蘇州葑門外

雲浪摇天，煙波蕩暝。吴江雨後春光勝。　環橋洞外出孤帆，落花流水鶯啼冷。　拉縴人弱，撐篙女俊。金猊犬子奔船頂。　舊地重遊一思量，却如歸夢朝來醒。

江城子 十九年十一月十五日下午由定縣坐驢車赴城南之小王耨。邨距城四十餘里，車行五小時始得達。予偃息車上，戲作《江城子》兩闋

征輪轆轆路迢迢。慢摇摇。莫勞勞。得得驢蹄、墟落漸寥寥。車上人歌歌叠叠，看箇箇，樂陶陶。　平林漠漠木蕭蕭。乍調調。乍刁刁。陣陣微風、澹澹日高高。兩眼巴巴塵僕僕，情岌岌，腹嗷嗷。

其二

家家户户出邨郊。髪飄飄。骨磽磽。情意殷殷、接客路遥遥。喜喜歡歡忙碌碌，蒸餑餑，鬧嘈嘈。　先生宣教説滔滔。亦嚣嚣。亦昭

昭。盈耳洋洋、解釋一條條。息息通靈玄默默，須暮暮，復朝朝。

水龍吟

樂哉重作靈修，快刀堪斬絲麻亂。空名俗慮，荒行詭念，完全了斷。撥去浮雲，頓圓孤月，爲時未晚。把經書細繹，宗風追仰，休笑我、爲虛誕。再把清光邀入，愜中懷、幽思香滿。瀰漫真意，激昂天性，不須收管。澹泊明心，自由適志，截長補短。撫青氈足矣，高風亮節，有前修伴。

前調 遊西山

鄙人何敢孤高，不過識得山和水。山猶仁者，水猶智者，自然觀止。淡對春雲，靜邀秋月，我情何已。縱半天忻賞，一身勞苦，也堪慰、幽懷矣。願把荒霞赤意。灌心中、開誠赴事。愛花如友，愛人如己，永忘榮利。上凌寥廓，下同塵土，此心焉耳。自由哉、君問自由安在，在雙眸子。

以上民國十九年作

菩薩蠻

雲山幾處渾如昨。楚魂尋夢杳難覺。相對話秋風。秋花墜碎紅。林煙和月掃。過後青楓老。拾葉寫離懷。天明寄海涯。

蝶戀花 西山書所見

山上人家門閉了。門外藤蘿，躍上楊枝繞。不肯低垂花自少。日光濃處飄零好。溪水潺湲聲細小。亂石縱橫，夾住波痕裊。落瓣臨流春已杳。青青坡上皆芳草。

踏莎行　寄孫恩三

志欲凌雲，狂思攬月。胸中幾點文章墨。丈夫慷慨熱心腸，言言總帶歌和泣。　北客渾豪，南人藴藉。風塵傾蓋真難得。蒼黄歧路與誰歸，憑他寄託一腔血。

沁園春　題蘿蕤師友册

爲汝題箋，有兩三言，記取在心。看雲寰寥濶，人生奧秘，無窮美醜，盡是經綸。飽挹朝霞，閒餐沆瀣，宇宙莊嚴持此身。青年志，要思超萬象，筆掃千人。　能真。稟度貞醇。處濁世、孤高不染塵。念益友堪尋，良師易得，絃歌繼永，緗帖横陳。史續班門，經傳伏女，女子而今不效顰。論詩句，更吾家雛鳳，迴響清新。

賀新凉　用辛稼軒韻

長鋏歸來矣。問平生、氷霜懷抱，尚能餘幾。填海常憐精衛苦，撼樹蚍蜉多事。掉頭看、紛紛悲喜。蠻觸微塵終日鬭，被諸天、笑殺還如是。須彼我，亦相似。　休閒偃卧花堆裏。夢華胥、西風一枕，新凉滋味。酒譜茶經馴野性，種藥蒔花有理。渾不管、煙囂氛起。見慣浮雲蒼狗幻，利與名、大抵浮雲耳。且飲水，學夫子。

前調　管梅瑢至

久候荆扉矣。這纔來、雪桃亦盡，冰瓜無幾。此地清幽休息好，不許偷閒作事。我要汝、心中歡喜。汝已多方優待我，我今朝、待汝應如是。惟恐怕，未能似。　恰當新月明輝裏。

坐團團、青蔬白飯，江南風味。讓我先來浮一白，再與談經説理。隨便罷、遲眠晏起。莫説人生須奮鬬，不鬬時、行樂爲佳耳。吹鐵笛，彈棋子。

前調 詠月

今夕何年矣。計人間、巫咸彭祖，死生凡幾。削玉裁冰難得好，桂殿蟾宫無事。更無有、幽悲潛喜。見説仙家無變幻，做仙家、永遠須如是。此痛苦，乍能似。　我則春風秋月裏。或躊躇、輕嘗强試，酸辛滋味。俛仰雖難皆自得，却也未違情理。深夜眠、雞鳴而起。漫道勞勞平易甚，較仙家、尚覺差佳耳。要不信，問仙子。

夢江南 送人回廣東

南歸也，百粵滿春風。玉盌蓮羹消暑碧，金盤荔子帶香紅。生意最滋豐。

浣谿紗

碎月殘雲玉一鈎。闌干星斗枕邊頭。銀河爲我滯清流。　最是癡深多幻夢，不妨愚極惹閒愁。醒來不再合雙眸。

其二

昨日蟬聲老樹幽。今宵月影小園秋。其間相去幾年頭。　我意俱遲雲自在，此心不競水長流。如何離別也生愁。

西江月

花上幾多宿雨，柳邊一片殘陽。從來好夢不

能長。生怕醒來惆悵。　昨夜青衫酒意，今朝紫陌愁腸。鷺鷥獨立水中央。不識有何遐想。

眼兒媚　白薔薇

春風過處雨絲斜。點點顫珠釵。翠衿如水，幽馨如夢，膩紛輕搽。　教人拋卷躊躇想，此是阿誰家。柳棉方懕，榆錢還誘，一片飛花。

玉瓏璁

茶煙裊。檀煙繞。談天客子言歸早。新愁結。舊愁積。抽箋欲訴，無從着筆。歇。歇。歇。　閒情好。深情惱。誰將詩句拋荒了。應休息。難休息。括風天氣，落花時節。憶。憶。憶。

臨江仙

碧水青山皆舊識，游蹤乍感闌珊。夜來漁火遠團團。正逢梅雨候，當作晚星看。　記得風濤秋海上，琴尊詩卷流連。輕槎萬里夢中天。清蟾懸玉照，處處浪花圓。

南鄉子　待吴獻書北來不至

月下坐花堆。滿架葡萄手自栽。且教兒童休採摘，休催。要待吴中舊友來。　何日列尊罍。綺席高蔭底下開。抵掌閒談多少事，銜盃。勝似胡僧話刧灰。

沁園春

千里遊人，帶雨披星，今日歸回。快先消焦渴，芽茶兩盞，更澆塊壘，米酒三盃。妻女兒童，團團言笑，已摘蟠桃放作堆。來相勸，要嘗新這箇，再試青梅。　涼宵洗盡塵埃。坐月下、清風細細來。籐蘿棚外，紅蕉拂影，野花蹊上，緑竹侵苔。我倦欲眠，繩牀最好，設在前軒小露臺。能休養，便浮生若夢，也不心灰。

以上民國二十年作

一萼紅

苦同胞。向灰堆揀食，填塞腹中枵。蓬頭垢面，鶉衣百結，爭羨壁厚牆高。眼紅處、朱門酒肉，似大海、風怒激春潮。紫鳳嬌獰，黃鵝跌舞，暮暮朝朝。　永夜寒星孤月，寄繩樞甕牖，破寺荒郊。征雁銜雲，明駝踏雪，跋踄寧敢辭勞。第惟恐、長天閒曠，要竊鈎，竊國亂囂囂。莫道身家性命，早是鴻毛。

水龍吟　友人有兩湖之行，以此寄之

昨聞揚子江頭，心隨活活金泥繞。春林浮碧，水田籠翠，淡山雲表。垂柳含陰，繫舟拍岸，漁家煙裊。蓋舊曾經過，今朝憶起，思清遠、情多少。　若到洞庭湖上，望虛涵、應當憑弔。衡陽征雁，瀟湘夜月，綺文盈抱。既理騷經，復聽靈瑟，一番傾倒。到那時定會，恍然解悟，美人香草。

以上民國二十一年作

浣溪紗　答贈

獵獵西風雪已晴。寒林衰草兩無青。單禽飛去正悲鳴。　曲澗傳聲冰底活，橫山寫意夢中情。乾坤亦自惜惺惺。

其二

草閣荒山生紫煙。夕陽無語送殘年。玉泉水荇帶風牽。　又缺又盈應是月，至親至遠厥惟天。揆情度意合相憐。

前調

一片清光冷曉晴。長天萬里幾多青。朱樓恰有玉琴鳴。　世外乾坤應是夢，客中詩酒自關情。何須鶯語太惺惺。

其二

官道殘陽接野煙。寒泉鳴玉獨流年。垂楊葉盡尚相牽。　無子傾壺難得地，有人坐井亦觀天。蘆花對月欲生憐。

前調

北國風光賴有晴。蒼松古柏兩交青。濤聲天上不時鳴。　黄紫相兼荒草色，高低晻映野雲情。玉人騎馬正惺惺。

其二

一片蘆花映澹煙。兩行柳帶繫殘年。羨他還被好風牽。　鴻爪留痕多少地，鶴聲迴響幾何天。數莖白髮未應憐。

前調

月暗星沉不改晴。葡萄酒赤玉盤青。朔風今夜不曾鳴。　語不驚人真没志，心難感物是無情。平生生怕强惺惺。

其二

夕照西山聚赤煙。玉泉流轉盡華年。疎星去水暗中牽。征雁時聞彈夜月，明駝正合走寒天。乾坤髣髴不知憐。

前調

薄霧開來放曉晴。老天對我忽垂青。寒林時學老松鳴。突兀山頭真有趣，嶙峋石骨轉多情。天然没箇假惺惺。

其二

土屋荒村出曉煙。生涯宛若惜流年。店家幌子紙條牽。破巷閒閒鷄滿地，晨曦澹澹月留天。心無罣礙欲誰憐。

前調　碧雲寺塔上看九龍柏

五塔高臺託勢晴。九龍拏攫老天青。風來吹作不平鳴。豈有禪心搜象教，惟將詩意寫真情。昭昭清漢對惺惺。

其二

坡上綿羊齕紫煙。牧童管領自年年。殘籐挂樹不連牽。漠漠黄風衰草地，荒荒赤日落霞天。澗冰夾水活堪憐。

前調

一夜繁星料是晴。明朝遠岫定青青。心清但聽寺鐘鳴。筇竹攜來真寫意，蓮花揮去自含情。山家愛找醉惺惺。

其二

寶殿朱門鎖夕煙。門前翠柏老千年。枝頭冷

澀薜蘿牽。得息塵心真佛地，能消災障是情天。低眉菩薩欲誰憐。

前調

一夜寒風到曉晴。窗前文竹嫩芽青。枝頭喜鵲又雙鳴。忙裏常來閒意緒，苦中獨有好詩情。江南江北兩惺惺。

其二

缺月疎林隔遠煙。寒梅江橘到新年。七星貫斷又連牽。可假可真心外事，宜寬宜窄意中天。相知能不更相憐。

東風第一枝　《耶穌傳》題詞

諦聽雄雞，東方漸白，不圖清夢如許。醒來探取梅花，笑採蘂邊凍雨。溶心滌性，供壇上、幽香千縷。再開簡、預寫春風，獨自愛茲遐舉。憑細繹、遍搜事序。隨意象、解闡情緒。拼將一片天聲，散入無窮世宇。高山仰止，計祇有、飛超塵土。用此篇、大略傳神，當作素衷分與。

滿江紅　《耶穌傳》跋詞

萬里高雲，衝飛處、心生羽翼。隨聖典、仰觀神子，敢排閶闔。三兩年中凌絶頂，二千載後留消息。問從來、那個帝王頭，纏荆棘。惟仁至，愛讎敵。惟義盡，超忠烈。設新盟酹彼，金罍之血。衛國纔遭釘與架，憂時始踹蛇和蠍。料今朝、他若到人間，應悲切。

以上民國二十三年作

木蘭花慢

嘆朱顏轉瞬，既凋謝、亦飄零。便擊楫無由，銜盃有益，兩眼空青。愁聽。玉琴送響，到書帷渾似惜惺惺。不道文人况味，越孤越忌伶俜。飛星。銀箭射寒雲，夜久未留停。這滿腔熱血，豈容幻化，託與虚冥。湘醽。一罇自酎，願鬚眉無愧此心靈。漫説毛錐細弱，中儲百萬雷霆。

前調 管梅瑢歸國贈此句

埽蛾眉學子，負書笈、別粧樓。竟浪濕雲帆，煙迷海市，穩駕文虬。梳頭。霧鬟拼剪，更無須去買翠罌油。最是梅瑢女史，豪情遠勝同儔。歸休。過美復歐洲。踏遍緑星球。又往還探訪，牛津典籍，丹麥田疇。凝眸。計應便道，得逍遥漫作赤俄遊。我在燈前細聽，幾將擊碎金甌。

醉花陰 小象自題

形容只是稍微瘦。心俯詩雕鏤。眉上帶悲痕，如憫微塵，内裏英雄鬭。先生道學闌將透。風韻還依舊。陶杜最關情，舉酒焚香，常在閒時候。

青玉案

江山放眼來煙樹。古寺外、冬天暮。小澗磨冰生暗雨。欲風如鯉，欲雲如雁，送我相思去。多年忘却峯無數。更忘却、迴峯路。但覺梅花同我住。梅花清意，似君詩態，都在空靈處。

洞仙歌

呆山鈍野，尚着斑斑雪。草閣風寒轉愁絶。

看蒼黃萬里、遠道人歸，休汗馬，堅冰在鬣。苦吟真落寞，無法傾壺，恰又擡頭見明月。好語問松雲、此是何時，還含帶、隔春消息。欲過盡、隆冬只須君，再一陣、埋頭嘔君心血。

早梅芳

春意深，音書少。落瓣何曾埽。風沙如雨，鬧得長天亂昏曉。樹尖雲裏斷，溪縷煙中照。奈紙窗未閉，花架又吹倒。　夢終虛，心自拗。酒盞孤吟好。桃紅欲綻，却被陰寒擋攔了。芥舟盃水大，萍跡波瀾小。告君知，所思江海杳。

虞美人　詠寒梅

孤梅早惹微微雪。又照分明月。澄潭倒影却尋思。點點蕊中清意、有君知。　幽香未改真心在。分可甘顑頷。不應遂有落花風。故作陰寒天氣、換春紅。

探芳信　題蘇路德女士手册

玉琴響，聽露滴幽蘭，風唫細柳。正畫樓人靜，香意滿衣袖。蓬瀛仙譜聲聲寫，寫得春如酒。看紛紛、翠鳥飛來，花間側首。　知否弄將驟。有珠打金盤，雲滯煙岫。一代佳人，從學試彈奏。素情陶鑄新民族，只索揮纖手。撫徽音、不讓中華落後。

謁金門

誰相共。一個温甜的夢。渴望終歸成苦痛。嗚琴空撫弄。　春裏遊心難控。布襪青鞋濫用。看盡桃紅何處洞。落花流水送。

玉樓春 五月十二、三兩日風雨，書懷

凄凄苦雨留春宿。芍藥薔薇相向哭。未妨權借酒心腸，其實已無春面目。揶揄路鬼風頭惡。縹緲天仙雲脚獨。縱然幾日火飛紅，不抵今宵憐墮緑。

其二

摧春幾日風千陣。柳葉斜飛青竹嫩。紫塵如雨不霑衣，金月似盆終帶暈。翻鶯覆燕天難禁。支頰凝思癡入恨。蠹魚鑽卷白頭乾，渴蘗眠書紅意褪。

其三

澆愁買酒傾如海。赤蘗開花新簇彩。故人青眼夢偏長，天帝白頭心尚在。茫茫宇宙靈魂餒。浩浩鴻濛星宿改。即逢青鳥亦無妨，不騎蒼龍真是罪。

高陽臺 復活節

苦野風多，荒溪月暗，高城兀倚欃槍。弱女銷魂，提罌躅躑塋旁。青山不恨埋遺骨，恨至終、國與偕亡。最傷心，十二門徒，畏匿驚颺。深情肯信天能死，乍雙擡淚眼，瞻見昂藏。小字呼來，音容髣髴尋常。雲鬟散地狂歡拜，拉波尼、萬世靈光。未移時，曉意朦朧，歷歷平岡。

風入松 憶舊

薔薇教我劇思君。漫若停雲。梁間燕子雙雙語，道送春、正在斜曛。不意芳園寂寞，落紅飛墜孤樽。　凄風苦雨又新晴。恰好黃昏。披衣坐看花間月，憶詩書、舊日吳門。寶帶橋

邊玉笛，冷香閣外銀笙。

前調　邀人看芍藥，以親銀幕不果往

穠香正學牡丹紅。九曲欄中。遊人盡道芳華好，又曾經、幾度薰風。忙裏偷閒約定，夕陽同醉深叢。　春衫如水笑相逢。別有幽衷。看花未若親銀幕，看瀛州、兒女英雄。我則清醪獨撫，敢嫌辜負青瞳。

訴衷情

本無情理滿心愁。天暮倚高樓。碎柳最知風意，曳緑蘸芳洲。　春月嫩，水花柔。兩悠悠。寄語江南，逸懷還在，華髮新稠。

蝶戀花　中元節北海觀燈

北海中元修鬼事。大放蓮花，熱鬧人間世。更有癡人傳美意。野餐齊備須君至。　樂土居然無寸地。火塔飛燈，皓月銷魂死。夜半園門如瀉水。請君啜粥眠新被。

秋蕊香

松際餘空涵静。石上飛泉送影。其間默坐天親近。好似清虚光景。　流形嬗變思無盡。追馳緊。靈心一轉乾坤醒。髣髴純真獨領。

一剪梅　雜感

真假何從説與君。天上浮雲。水上浮雲。緑楊花絮最殷勤。東也紛紛。西也紛紛。　一席清罇幾碟葷。蘭亭韻事，盡屬斯文。羣居終日醉醺醺。到了斜曛。送了斜曛。

其二

吹盡南風日又斜。時節飛花。只管飛花。出

門覓地醉流霞。依郭人家。臨水人家。相對青山日夕佳。傾心非晚，霜髩初華。百年那是一蟲沙。天自無涯。人自無涯。

其三

天地悠悠是我家。千里風沙。萬里風沙。居然得酒與魚蝦。隔院琵琶。便聽琵琶。明月無須照落花。生涯是夢，夢是生涯。相青眼莫咨嗟。趁此年華。毋負年華。

其四

不是春風不是秋。只是閒愁。撇了閒愁。滿心周折上高樓。雲滿芳洲。花滿芳洲。人醉天狂不自由。黃泉碧落，渺此搜求。剎那遙見碧山頭。笙也悠悠。鶴也悠悠。

風入松　盧山夜雨

青天頃刻漫浮雲。卷盡餘曛。盧山面目終難識，道盧山、祇有靈魂。髣髴米家潑墨，淺深濃淡氤氳。雨工矯捷石成軍。歷亂千羣。奔騰齊入秋潭水，攪玄黃、龍戰紛紛。遂使老鴞成魅，笑聲澈夜堪聞。

玉漏遲　盧山松林中

碧松陰翳杳。吟心諷口，該來清嘯。滿路幽香，透些夕陽紅照。偃蓋橫張之下，是花曳、蒙茸芳草。蒼翠好。流泉倒挂，薄煙輕埽。舉頭欲見青空，正幾縷閒雲，被風吹了。獨坐斯須，時聽一聲歸鳥。有此和諧世宇，怎可說、知音稀少。天靜窈。渾如我生襟抱。

其二　廬山雲

白雲何處宿。煙峯雨嶂，蒼茫起伏。江海根源，大概不能尋索。忽也馳行千里，又忽也、縈迴喬木。時蕩目。悠然入牖，寂然盈壑。

碧天洗净塵埃，念昨夜慵眠，夢猶難覺。似我靈魂，一去便無依屬。莫向清虛詰問，總没箇、深巖回覆。山水緑。且將異書披讀。

梅子黄時雨

淫雨潺潺，看花帶醉容，柳曳煙影。正一陣霏微，一番凄緊。霄漢無妨低幾尺，江湖不免漫千頃。愁中聽。四野海濤，翻湧秋暝。

沉飲。何須清醒。酌金罍美酒，消此美景。更莫讓疎鐘，發人深省。欲寄閒情無處訴，書窗最苦黄昏静。空街濘。故人不來天永。

醉蓬萊　早蟬

問老蟬何事，聒耳聲聲，毁傷清曉。欲遣悲懷，放無窮煩惱。也得由人，幽吟高詠，任良辰過了。碧水波柔，紅花露潤，豈容驚擾。

誰説如今，感時恨别，不自沉思，而尋歡笑。置酒横書，正養斯襟抱。雨濡楊堤，煙迷苔岸，信天然文藻。豪俊情懷，誠非下士，所能知道。

賀聖朝

生涯一陣分和聚。苦辣甜酸難訴。騎魚猶自撇波瀾，向夕陽銜去。

渺渺塵寰，疎疎伴侶。益思量舊友。權將萬里雨和煙，作别離意緒。

其二

海天歷歷曾應許。收得魚書如數。幾番祇寫室翹翹，恨飄搖風雨。　瘦字堪臨，危樓且住。凭驚雷劈柱。不憂自己獨思君，計山程水路。

思遠人

石涑山寒沙草鈍，密樹俱無葉。高樓寄意，長天有雁，辛苦念行客。　梅花何處凝煙霧。香陣旋興滅。似昨夜夢邊，相逢攜手，心事未曾說。

桃源憶故人

高樓一感多風雨。望斷碧溪雲樹。孤雁數聲天外，如寄殷勤語。　錦書長短清新句。半訴伊人心緒。心在秋山深處。淡遠還如故。

其二

流光不共人同住。却共清秋飛去。只剩滿溪殘葉，零落荒村暮。　錢塘江上風煙故。有否高吟情愫。若到舊曾遊處。爲訪雲橋路。

散餘霞

伊人來否終難定。况又無音信。應當耐着心兒，享幽齋虛静。　窗外瘦梅怪性。竟詩清夢穩。如此風雪時候，放一枝鮮嫩。

菩薩蠻

紅天西壓疎林熱。深寒一陣風吹滅。竚立聽羣鴉。愁人正憶家。　家鄉何處是。歷歷山和水。大地滿荊榛。縱橫惹路人。

青門引

補縫嫌窗冷。明月滿園虚静。梅花自喜獨含芳，無人看處，寂寞散孤影。　前生未必精修定。得與梅花競。早曾探訪清蕊，那時初雪風情峻。

點絳唇

毛織圍巾，翠裾飄忽冰刀順。轉圓飛穩。池面瑠璆嫩。　溜個圈兒，同伴無妨更。陣容整。示威身分。不怕西風冷。

以上民國二十四年作

少年遊

數莖白髮到花前。静坐識流年。有燕飛來，有鶯捎去，裁剪一春天。　憑誰知我心中事，宛轉渌波間。天上停雲，這般玄默，幽意太難傳。

其二

不知不識石巖巖。生活亦香甜。流泉有韻，宿雲無跡，蜂蝶與花黏。　祇須知足乾坤静，欲動必先潛。我自參禪，早曾知道，凡事一心兼。

陽臺夢

早春時節池猶凍。薄冰横裂千條縫。想來冰底有温衷，養清愁曉夢。　何時楊柳韗，得聽嬌鶯囀弄。水痕天色兩青青，有個人人共。

山亭柳

花謝紛紛。密雨點殘春。如訴説，别愁新。翠翠紅紅照眼，總歸流水浮雲。看到香蘭泣露，倍覺傷神。幾番經過滄桑换，那堪老去更銷魂。心有力，氣難争。送盡紫荆紅藥，不辭沉醉清罇。玉鏡應來笑我，華髮叢生。

婆羅門引

夢回南浦，滿牀殘月小朦朧。猶疑静照驚鴻。不道當窗竹葉，簌簌掃虛空。怪春深時節，老是西風。　關河幾重。憶酒緑、與鐙紅。醉裏催花琢句，美意皆同。誰知轉瞬，聽數聲、長笛桂堂東。三叠恨、恨在心中。

浪淘沙

千里幾來還。重疊峯巒。天南地北不相干。細霧凝花花又落，總是春殘。　生事忒闌珊。兩鬢初斑。清宵静聽雨潺潺。好似湖心連底出，散在空間。

前調　嘲弄貓而又豢鴿者

弄著小波斯。煞費心思。和他玩到夜深時。攜去帶來離不得，像個孩兒。　紫鴿自驚疑。上下差池。一飛天外一歸遲。飛的如今飛走了，與爾長辭。

於中好　賀生修業期滿南歸

靈光一載開新悟。恰纔知、自由豐裕。良師益友從朝暮。宛如在、蓬萊住。　歸舟轉眼勞雲樹。到南天、悵然回顧。休教忘却曾經路。歷濤浪、隨煙霧。

角招

曉風惡。吹秋樹，竟吹一個稀薄。暗紅無繫屬。冷院斷魂，朝暾荒漠。生偏促。最恨是、情懷難託。夢繞仙山樓閣。如何騁望東皋，尚思親鴻鵠。　真確。好人寂寞。文章鏽澀，七竅均虛鑿。水雲橫霧廓。碧海溟濛，煙鸞霜鶴。依然離索。再不道、瑤華堪握。自喜幽蘭空谷。從今後、倚清流，將心濯。

傾盃令

散朗秋月，蕭條楓樹，又到傍寒時節。橋下翠流飛急。頭上青絲成雪。　丁茲國步迍邅日。倚危樓、情懷惡劣。西風有甚能爲，吹冷一腔沸血。

西江月　七月二日夜，赴梅園

雨後雲堆碎錦，晚來煙籠新綃。團光軋露月輪高。天被清風洗埽。　白屋林中夢澹，青山水上魂銷。微濛境裏趁詩潮。惟惜素心人杳。

秋夜雨　八月十七夜，朗潤園中

池中樹影團團墨。蘆塘歸鳥初歇。居然蟬亦靜，尚未見、雲天星月。　清荷漸散涼香到，逐流螢、垂楊拂拂。莫教歸去急。負了黃昏時節。

尋芳草

一地好山水。看空壑、雨橫雲起。不移時、眼下無塵滓。有清風、漱唇齒。　轉瞬已秋深，流泉在、老松根底。只心靈、識得蕭森意。嬗變中、含常理。

其二

隱約水聲送。問何處、落花巖洞。白雲根、岫裏誰人種。又金簫、誰人弄。　過影猝然真，看天際、滯鸞停鳳。更流光、萬里清如夢。招嘉客、恣遊縱。

青玉案

秋風疾埽城西路。雲黯澹、人歸去。好似流星天外度。百年身世，一生心緒，遠在魂飛處。　高槐翳翠横空暮。別語盤旋作詩句。六六文鱗能幾許。夜來無酒，送將清夢，直入瀟瀟雨。

惜分飛

郊外松陰清欲溜。草上斜陽綴繡。散步田塍後。林間慷慨論親舊。　塵事心情雙刺謬。結想都成幻構。別意眉峯縐。友于喜並蘭芝臭。

高山流水

素雲一片蕩寒空。共秋山、微帶霜容。憑檻好相思，悠然目送飛鴻。琴音亮、確寫幽衷。氤氳處，如譜新聲異製，曲意難終。　聽餘音裊裊，夕照染金風。　相通。關河幾千里，應可寄、落落心胸。紅葉滿清江，總堪邀得青瞳。説人生、友誼交融。猶還記，滄海明蟾浄照，酒淡詩濃。縱須臾也，算靈性、入玄中。

聲聲慢

魚書已遠，蟾玉初消，殘燈獨照題詩。十幅雲箋，終當寫了清思。如何寸心曲折，一迴環、德慧成癡。言不盡，故三分洩漏，泰半差池。

塵事落花流水，奈夢魂飛越，楓葉流丹，江山曾幾何時。然而逸情還在，向秋風、堪騁雄辭。今以後，計惟君、是我深知。

霜葉飛　伯大尼

傍巖墟里炊煙淡，殘陽猶在高樹。滯霞紅意漸消沉，鶯戢穿林羽。疲倦矣、孤行踽踽。人間安慰誰能與。但婉轉蛾眉，竟解得、狂瀾既倒，默然無語。　春夜暗落簷花，塵衫薄染，幾點紅淚如雨。翠鬟休爲一身愁，要識天心苦。決志耳、雲霄萬古。來朝終向郇山去。看小蟾、移清影，如汝圓瑩，照臨肝俯。

多麗

龐眉至，殷勤問我當年。念從容、温柔敦厚，平生秘訣堪言。憶靈光、潛移默化，教人髣髴得齊賢。暖閣傳經，虛堂學道，辭花別酒擁詩篇。更蓬島、挂帆開櫂，有志入瑶天。能遺世、孤鴻渺渺，獨鶴翩翩。　但風塵、參差入夢，幾番依聽鵑絃。倚池塘、闌干曲折，雨中荷葉緑田田。東壁論文，西園瑑句，玉山頹在綺筵前。算也是、流雲聚散，暫翳月孤圓。如今則、清心澈夜，還對真全。

霜葉飛　客西馬尼

夜氛侵月山城冷，欃槍熒惑堪覩。汲侖溪畔木蕭森，荒苑空無主。勢急矣、雲深戰苦。從來成敗由天父。願撇去凶杯，惡奮鬭、憂心激盪，血汗成雨。　迴看弟子愁眠，人情脆弱，萬事皆委塵上。九閽猶未閉神宮，帝使如傳語。計不是、馮河暴虎。須緣全愛臨寰宇。以鐵肩、承宏旨，志決身殲，憑彼高舉。

鶯啼序　抹大拉馬利亞

春鬌一肩散亂，醉金罇桂醑。繡襦袒、調笑紅塵，問誰堪作鴛侶。嗤文士、烏煙瘴氣，經酸律臭肝腸腐。竟滔滔、橫肆譏評，七鬼頻數。　恰遇知音，灼見隱密，更溫顔慰撫。拊膺拜，誠服威權，喜能交託胸腑。故從玆、常親履杖，且分擔、淒霜駭雨。遍巔涯，艱險隨行，盡捐私貯。　陰風慘澹，冷霧溟濛，連郊奮兕虎。二載事、曲高和寡，水往雲逝，迺向京畿，寄身刀俎。羣姦爲虐，神明蒙恥，蛾眉跟着銷魂魄，看山頭、十字凌空舉。當時痛絶，揮將血淚紛紛，獨滋架底泥土。　孤城突兀，夜色渾茫，嘆昏沉世宇。趁幾點、疎星還亮，薄露微凝，躑躅塋邊，忍悲無語。悠悠心契，綿綿珠綆，青罌雖小香膏滿，驀然間、擡眼驚何許。柔聲呼喚芳名，是拉波尼，復生之主。

註：第一、二疊事蹟見《路加福音》八章二節、三節。第三疊見《馬太福音》二十七章五十六節、六十一節，《馬可福音》十五章四十節、四十七節，《約翰福音》十九章二十五節。第四疊見《馬太福音》二十八章一至十節，《馬可福音》十六章一節、九節、十節，《路加福音》二十四章十節，《約翰福音》二十章一節、十一節至十八節。

蘭陵王　淫婦

喊聲急。暴衆喧譁怒叱。推嬌婦，提袂棄韈，滿臉驚惶少人色。垂頭不敢泣。屏息。心絃斷絶。誰能解，憐惜綺情，各自真淫假貞節。　讒邪總深譎。問殿墀之前，拉比何擇。摩西法度明明説。但古道新誡，互相違反，安從石片共亂擲。願夫子裁決。　生滅。最淒切。且寫字泥中，先示玄默。誰無罪惡誰先擊。竟一闋而散，未遑回詰。恩言惟謂，汝可去，忌再蹶。

五彩結同心　聖誕

王城月暗，敵國鷹揚，黎民忍受威凶。登記人丁冊，歸鄉里、蕭蕭逆旅悲風。馬槽踼蹙淒涼夜，慶雲碎、星彩横空。原野靜、誰知正值，昊天確降恩衷。　大千世界聽者，據三霄喜信，帝子虛躬。真道憑垂示，鈞絃動、榮耀滿布蒼穹。將來全地平安日，定依賴、神愛豐隆。看聖母、今宵蒙福，仰參造化奇功。

齊天樂　倦乏後作

不圖厲想常成夢，虛衷竟如元牝。衆妙綿綿，魂顛魄倒，來去全無繩準。真堪自哂。乍嘉客遥臨，縱談何許。爾汝相忘，檢書燒燭把杯引。　嗟乎塵世幻醉，嘆流年恍惚，容易消盡。黯澹情思，枯乾別緒，難免才華寒窘。甯非蠢蠢。甚明月清風，鳳輿鸞軫。取樂爲佳，舊淚空自隕。

一萼紅　初雪

世悠悠。正虛涵澹蕩，寒玉映朱樓。楓葉餘丹，松鬢露碧，朦朧倍覺深幽。更忽漫、風飄萬點，到湖中、泡影果難留。瑟瑟蘆花，蕭蕭楊柳，依黯芳洲。　謾説浮生如夢，自清愁還勝，未識清愁。縹緲山容，溟濛水面，幾曾如我心頭。嘆時節、荒涼冥漠，任昊霜、爭向鬢邊稠。若不與君同醉，醉也何由。

琴調相思引　同上

楓葉猶丹柳葉青。漫漫亂隕滿天星。蘆花無

故，藉夢入虛冥。　傳意何從留錦瑟，銷憂歸去索銀瓶。征鴻知否，魂魄太飄零。

巫山一段雲　回憶早雪

已掩楓林赤，猶餘柳葉青。西山幻醉夢難醒。漠漠淡雲扃。　疎遠還相接，勾留更未停。不飄零處恰飄零。路軟一車輕。

以上民國二十五年作

八歸　西湖

初春氣候，嚴冬時節，西湖膩滑如油。晴山倒影瑠璨内，舟師鼓枻猶疑，玉闕雲浮。怕擊空明成碎夢，聽蘭棹輕點歌謳。料隔舫、無此閒情，未疎嬾悠悠。　銷憂。三潭清映，雙峯高立，亂鴉飛墮芳洲。昔年曾與，伊人開槳，橋畔花外優游。也觀魚訪鶴，南屏夕照晚鐘幽。更歸路、風懷競角，新詩相唱酬。

解連環

壯懷何若。竟沉沉暮氣，黯籠清獨。嘆多情、益復無聊，放高意荒漫，大才寥寞。舊雨飄零，又今雨、鈍雲呆酷。恐勞人懶散，丟却精靈，未肯尋索。　經書更番罷讀。念先知曠邁，皆争遥矚。奈夢幻、繚繞虛空，總綿邈蒼茫，浩志難託。翠髮朱顔，再不似、當年眉目。要乘時、尚餘今日，快須振作。

夜飛鵲　玉泉山冬景

寒泉弄鳴玉，斜日遲遲。瑤草水底留輝。流萍顛頷蕩難盡，波瀾平後誰推。凝春散秋舊緒，共幽懷消歇，不惹相思。風塵俱寂，自然中、也息心機。　清野迥無人至，松樹獨凌空，煙滯雲依。惟覺今朝携手，前遊渺絶，古徑幽微。淡情如此，寄疎林、遠與天齊。更虛禪樂浄、茫茫世宇，苦樂都違。

春風嫋娜　前題

看殘陽閒照，一片寒流。風已急，水還柔。鏡波間、冷酷轉生新暖，暗滋瑶草，涵養春愁。未證禪心，猶譚道要，笑把詩腸隨意搜。已覺無憀更無賴，池塘惟見野煙浮。　路畔孤松矯健，横張秀拔，但微拂、淡淡雲頭。依然是，太清幽。虛靈可味，佳夢難留。乞巧篇章，不關經濟，送窮文字，亦礙精修。躊躇何益，且歸求公德，人生最忌，深壑藏舟。

永遇樂　記某生之言

死悶葫蘆，被天敲碎，心便開展。厲想非非，遊思了了，依舊生涯淺。莫如謙抑，虛懷承受，撇下自家經驗。任同情、安排調整，重定根本觀念。　先前頑固，而今疏達，等待深知高見。灑落文章，頽唐哲學，此後難留戀。牢騷擯棄，幽愁消釋，居簡不妨行簡。謝師傅、三分誘導，七分勸勉。

慶春時　燕京大學文學院院歌

燕京文物，流譽寰宇，學子來歸。刀礱石錯，新標異立，思想奮權威。　包容廣大，兼又闡發精微。奇才吐鳳，佳人詠絮，談笑羨龐眉。

其二

幾年經過，歐風美雨，盪滌心肝。更研國學，淵深浩瀚，煙海壯波瀾。　鳶飛魚躍，天際水闊雲寬。埋頭攻苦，擡頭遊息，佳日得交歡。

其三

一堂相聚，精誠團結，益友良師。芝蘭共臭，絃歌互答，真意在深知。民胞物與，忠藎皆有心期。同懷利器，及鋒而試，慷慨濟當時。

西河

心情惡，衝突緣何時起。悲歡離合又皆如，落花流水。展經細讀曉窗前，其惟賢聖堪倚。

寄性命，空虛裏。儘把難題忘記。高低隨意逐春風，一飛千里。星寒雲冷不回頭，焉知飄泊非計。

問此後、征路誰指。有神人、頭纏荆杞。面目十分顑頷。我歸依、順服尊嚴，萬象猝然新，於今是。

下水船　無錫鼋頭渚望太湖

渺邈蒼茫去。千叠飛雲無路。遠意滔滔，晴翠俱成風雨。接天處。七二峯巒泯滅，人與高鵬同舉。

鼋頭渚。景物寬如許。擡眼隨生仙羽。一片豪情，足超亂紅塵宇。願心腑。全讓煙波洗盪，能共空靈交語。

尉遲杯　浙贛道上

匆匆去。過龍游緑水青山路。陰雲度壑依巖，有意將人攔阻。溟濛天宇。看牕外、碧草連江浦。問閒情、可似前番，獨聽春簷花雨。

堪訝曉夢還縈，煙林外、風帆一一高露。事與心違，思量却又，長在愁叢凝聚。潺緩水、交流河處。謾紆轉、依依波千縷。是黄梅、總得飄摇，那有天晴應許。

滿路花

階前落瓣飛，天上浮雲過。新萍魚細齕、池心破。幾重月影，花氣將人裹。黃犬端正坐。似怪先生，未曾歸去清臥。　春星不遠，就在高樓左。披衣添惆悵、芳園鎖。回頭燃燭，短檠擎上火。星是非星，我難道是非我。

掃花遊

卓刀泉畔，看宿草荒亭，亂人情緒。洪山佛土。又紅魚青磬，法號凄楚。忽漫優遊，莫問降龍伏虎。自期許。且山遠水長，遐思同舉。　天鈍還未雨。但趁此閒時，抱冰堂去。擊心剖腑。奈風吹絮散，浪攢萍聚。更有凝煙，掩了垂楊千縷。早延佇。到相逢、轉無深語。

東風齊着力　題燕京大學宗教學院一九三七年紀念册

玄鬢窮經，青氈同學，思念無邪。自由奮力，探險得生涯。事事權情揆理，到深處、信德增加。清心在，虔誠對越，超絕塵沙。　契誼映高霞。師友好、此間早是天家。況能砥礪，十架共驚誇。舉起葡萄聖酒，承新約、寶血飛花。從今要，唇焦舌敝，喚醒中華。

破陣子

放學天時閒空，讀書節氣清涼。苦茗不妨留一盞，錦句居然集半囊。笑他無事忙。　借得黃梅雨水，且來細澣肝腸。莫謂平生無執著，即此心田是戰場。辛勞曾飽嘗。

贊成功 北平女青年會

垂楊倚石，廣厦無樓。朱欄一律刷新油。竹簾爲障，花徑通幽。琴音嫋嫋，斷續歌喉。晚宴佳勝，盃玉雕鏤。寒漿冰露瀉輕甌。座中譚笑，水逝風流。鐙前斟酌，志健心柔。

夢行雲

片雲倚巖宿。氤氳處、難睡熟。山花竊笑，説道雲情惡。一拳孤立風前後，未如閒白鶴。

捷湍響澗，柔柯弄影，論姿態，原不俗。惟因無夢，死生寄空谷。欲行還往含秋雨，變成煙漠漠。

看花回

鬢髮誰人不變來。漫責塵埃。看花應趁春光好，正須老眼睜開。若言情緒淡，纔是庸才。

驟雨狂風只索催。更有驚雷。薔薇芍藥連天盡，聽飛紅、零落亭臺。賞心休細問，佳日難回。

聲聲慢

垂楊埽浪，澹日烘雲，平波嫋嫋春風。性本孤閒，單遊最愜幽衷。攜樽未能免俗，倚籐牀、賞識山容。飄然去，放扁舟湖上，任意西東。

滋味百般難説，念杜鵑開後，更没飛紅。誰道堤邊，雨餘花態新濃。浮生若非幻醉，又因何、樓閣微濛。渾一片，好心情、如在夢中。

蝶戀花

過了輕雷來驟雨。先騁狂風，搖撼沿湖樹。真宰天胸方一唾。豈惟潤物清寰宇。

獨坐

書牕思正苦。陡然陰涼，爽氣舒心腑。如在波濤翻湧處。扁舟臥聽蛟螭舞。

以上民國二十六年七月前作

以上《玻瓈聲》卷二

浣溪沙

何物縈心四十年。家鄉男女與山川。江南是我出生天。　細雨採菱村女曲，斜陽沽酒鬻魚錢。環橋洞外歇航船。一九六九年六月十日。

憶秦娥

關山月。千秋長照銅牆壁。銅牆壁。無名大衆，英雄豪傑。　秦來漢往人民血。誰人認識崇團結。崇團結。風流獨擅，古今第一。一九六九年七月八日。

解語花　碧桃花

春容健美，花色新濃，池臺滿芳草。苔泥園壁相連處，一簇碧桃開早。風姿窈窕。如佳麗、嫣然倩笑。心上意、心領如何，何心言語表。　誰識幽情奧妙。在牆陰石畔，翠墜朱倒。散香多少。東風日、夜醉藥欄蘭沼。牡丹終老。群芳豔、相思縹緲。到憑時、埋怨青禽，怎得了。一九六九年七月二十五日。

山花子

户外青山銜日紅。雲消煙浄鳥行空。閑倚小闌天地遠，静思中。　信國精忠甘授命，武鄉感激苦從戎。莫笑頭顱生白髮，仰英雄。一九六九年七月三十一日。

海棠春 海棠

海棠花落芬芳歇。一片片、亂飄如雪。杜甫未曾吟，卻被東坡説。　蜀中萬紫千紅日。一簇簇、桃花最密。細讀少陵詩，所指惟顔色。一九六九年八月二十七日。

點絳唇

孫女重來，老家祖奶真歡喜。奶糖雞子。同賞新鮮味。　皮圈毛繩，跳踢多般戲。殊難擬。小兒心裏。深有親親意。一九七二年四月十九日。

南鄉子

原籍是杭州。昔在西湖放小舟。四面雲山花滿眼，無愁。未識天涯有遠遊。　風景確希儔。萬國佳賓看不休。靈陳蘇堤桃竹盛，凝眸。下船正上望湖樓。一九七二年四月二十日。

好事近

雨自北山來，風定雨無消息。階下好花繁放，久深深澆濕。　如饑如渴讀新書，求科學知識。思想政治清楚，矯然如松柏。一九七二年四月二十八日。

小重山

頌贊歐仁鮑逖埃。工人經血戰、歷傾隤。高歌國際奮詩才。潛英國、生死不心灰。　救主亂喧豗。帝王和鬼怪、並空雷。落花流水夜臺摧。憑勞動、雙手創昭回。一九七二年五月八日

木蘭花令

西湖久别違新貌。十五年前遊舫到。當春不去賞蘇堤，盛夏但能瞻岳廟。　南屏鐘晚明

斜照。花港魚驚荷際躍。三潭纖月逐人來，今日相思吾已老。一九七二年六月一日。

南鄉子

夏季獨閒居。坐展馬恩靜讀書。真理須從勞苦得，徐徐。細水縱橫灌石渠。　烙印漸消除。紊亂絲麻仔細梳。對照人間真歷史，嗟予。慚愧今朝食有魚。一九七二年六月三日。

泛金船

風雲雷電交相激。三百餘年疾。連摧封建王朝滅。勝資産階級。統一天下，越富越將窮逼。無數傭工驚語，創史規則。　巴黎公社如潮血。考驗真豪傑。年年國際歌聲咽。又經過俄國。直到中華，革命遂成奇蹟。紙虎泥人垂斃，還待轟擊。一九七二年六月十八日。

行香子

幽靜蘭薰。繚繞香氛。飯蔬食、確勝茹葷。看孫摺鳥，與客論文。任切青瓜，落紅雨，走銀雲。　哲學言群。娘子行軍。盡鑽研、播雨掂斤。馬恩高大，毛列精醇。試作新人，崇光烈，挹流芬。一九七二年六月二十日。

一斛珠　女電工

鐵姑娘隊。青年姊妹尊前輩。平時嬉笑多嬌態。鐵塔攀登，敢與男工賽。　高架走穿雲靉靆。軟梯上下思無礙。空中作業鳥能退。百煉千錘，鑄出新時代。一九七二年六月二十七日。

木蘭花令

青春不怕漫天雪。北大荒寒心不懾。良疇無限少人煙，萬里田園雙手闢。三年奮戰豐衣食。百棟磚房齊湧出。收成轉眼穀如山，大有可爲天地闊。一九七二年七月八日。

滿江紅

碧海銀雲，天欲暮、清風簌簌。廊子處、兒童嬉戲，乘涼取樂。蓮臉姑娘飛舞蝶，蓬頭孺子追奔犢。看此間、真是活生生，無拘束。　番茄赤，西瓜緑。塵滓掃，溝渠落。田疇盼膏雨，增收珠穀。那有英雄低趣味，厥惟豪傑高瞻矚。猛擡頭、北斗夜橫空，群山簇。一九七二年七月十六日。

以上附《趙紫宸文集》第四卷《趙紫宸晚年詞詩選》

長相思　詠陸志韋

不思家。亦思家。四個男兒一女娃。荆妻望欲賒。　夢參差。路參差。北斗闌干南斗斜。心乘犯斗槎。

攤破浣谿紗　詠洪煨蓮

願子持心保健康。全歸全受弗摧傷。耐得嚴冬開數點，老梅芳。　昨夜西風人更瘦，今朝春凍日偏長。生不逢辰迷狴獄，有擔當。

浣溪紗　詠蔡一諤

戇性從來惹禍端。真心自古動嫌猜。堅貞自是不凡材。　受苦何嘗情汲汲，窺天恒覺網恢恢。陰霾靜坐待雲開。

虞美人　詠張東蓀

論情之子真堪愛。談笑風流在。只愁孤坐不愁闕。攔住白衣胡亂、謅溫寒。　隔牆聽去渾如樂。讚美黃金粟。孰知常抱杞人憂。正似烏雲重疊、滿天浮。

菩薩蠻 詠林嘉通

讒誇壯碩旋歸瘦。生來玉骨精神彀。日給缺晨餐。殷勤索餅乾。　聞鐘呼籲切。掃地傳言急。鐵鍵困英雄。精神自不同。

生查子 詠趙承信

昨夜西風緊，肉凍皮膚紫。青砂黄穀實中腸，磨礪何曾止。　松柏向寒生，蒲柳經霜死。多君越苦越精神，不愧真君子。

憶江南 詠侯仁之

書生好，元氣貫當中。今日顛危經駭浪，當來浩蕩有高風。一路大江東。

浪淘沙 自詠

兩鬢素絲催。意緒衰頽。窮愁恰到難中來。往日何嘗多報國，今日追陪。　單室各分開。默坐塵埃。疑夷疑險費疑猜。惟有安心朝上帝，執信無回。

其二

生死夢千場。否泰無常。鐵窗滋味夜凄涼。玉骨瘦來横地榻，與物争剛。　往日讀書忙。語重心長。不圖囹圄佔風光。渾似老夫甘盡瘁，説也慚惶。

以上九詞前原有小序：『昔在虜獄，孤坐無憀，曾填詞數首，以詠同繫之素相往還者數人，亦苦中尋樂，閒裡思忙之法也。』

以上見《燕大雙週刊》一九四五年二期

蔡守

玲瓏四犯　用《竹屋癡語》元韻，題陳鴻璧女史己酉畫贈雙鶯圖

擬上屏風，司空圖詠鶯詩『應知擬上屏風畫』。好一對黃鶯，無盡情絮。杏雨雙棲，貫休詠鶯詩『藏雨并棲紅杏蜜』。愁溼舊時花樹。杜甫詩『黃鸝并坐交愁溼』。比翼貫識草緑江南，吴融詠鶯詩『慣識江南春草處』。作、緜蠻語語。爾儂廝守今生却。不要紛飛去。劇難料平取金閨意，劉孝孫詠鶯詩『料取金閨意』。畫圖中、怨恨如訴。乃知衆鳥非儔比，司空曙詠鶯句。誰是佗心許。易老九十韶光，屠隆詠鶯詩『九十韶華愁易老』。寸斷腸、用《玉堂閒話》事。楠丁寧句。杜甫詩『便教鶯語太丁甯』。寄所思、欲託藏機，用《六帖》元處士事。傳信七年仙侶。

鳳鸞雙舞　用汪水雲韻

騷香子，琉璃宅第，看瓊瑶紛墜。香雪海上，銀鶯比翼，浪花高湧，霰花高綴。人如玉、肌争雪痕，眉描月勢。試挩却白狐裘共浴，唐宫遺事，潑寒胡戲。水嬉妙意。雙舞竟、温泉騰沸。粉香脂膩，使魚睡龍酥。筑箇瑶池香湯，不羨豆蔻和蘭桂。迢遰。瞷浴猛思前歲。

馬家春慢　用賀方回韻

金鳳林，姑蘇人，京華名妓也。與小進有齧臂盟。金屋未成，玉人頓萎，小進爲葬于宣南。越兩月，余來都，弛擔小進寓齋。甫三日，小進歸香港。至半載，以事不果，來囑僕從收拾行裝。余將徙寓邑館，瀕行，忽在丁香花下，拾得紙摺書篝數枚，繡鞋花樣幾幅，雜以殘茸斷綫。知必鳳林遺物，小進所珍愛者也。因題封寄之，并系一詞。

芳塚才封，黰碑待刻，薄倖遄歸香島。賸馥殘脂，自珍重奚奴安曉。拋棄丁香樹底，幸儂瞥見爲收好。原韻『巧』字複，故易之。試看佗花樣玲瓏，可似心兒巧。　堪哀玉人年少。恨來遲未睹，傾國姿貌。伴讀憑肩，唾茸沾靨，幾番嗔笑。半載房櫳銷斷，衹留與、香魂吟遶。畫裏喚真真，苦絕情懷誰告。

淒涼犯　用夢窗韻，題游魂落月圖

幽原杳闃。啾啾泣、悲哀振谷飄葉。小湫照影，低紅掩翠，冷螢露溼。荒叢霧合。溱洧無聲暗涉閃，青燐迷、白骨蔓楚，幾重疊。　蘿斷墜殘月。動林枯聲，可憐魂怯。伝伝欲去，欲何之、乍迴冰靨。愁絕孤墳，野風起、裙兒亂摺。夜闌珊、隱去來隨，烟頓滅。

西江月　用龔山隱韻　荔支灣調冰室納涼，寄月娘

雪藕調冰節候，雙舟薜茝波間。匆匆誓海與盟山。衹怕芳心會變。　日日停橈竚望，幾時才得身閒。今宵儘賦定情篇。結箇鴛鴦詩伴。

溼羅衣

甲寅十二月二十七夕，仲瑛以余己酉客上海時寄贈之黃濱虹仿程穆倩枯筆壺天閣圖囑題。余去歲北游，正是日過扈瀆，與濱虹重逢，爲作泰岱游蹤卷子，亦有是圖，但非焦墨。因走筆填此一闋，聊欲紀實，固未求工也。

聊尋曩迹畫圖中。無端六載匆匆。重展花前，又臘燈紅。　去年今夜重逢。寫游蹤。還輸此幅，潤如春雨，乾裂秋風。

小樓連苑　用放翁韻

甲寅歲莫，偶翻斷腸詞，夾有殘茸數縷。憶是癸丑小除前一夕，王素靈綉睡鞋賸者。玩物懷人，遂成此闋

劇思江介漂藎，峥嶸客裏年將晚。臘燈紅處，秦箏偎傍，納懷手暖。四鄰絲管。睡鞋剛綉好，衾棱瞥見。春先到、仙娃館。　迅雨韶光又換。誤遥期、匝年雲散。揚州一覺，釵分翠鳳，箏孤銀雁。空賸殘茸，斷腸詞卷，鼻薰香觀。却難忘那日，雪中判袂，一聲河滿。

喜遷鶯　用夢窗《福山蕭寺歲除》韻，有序

甲寅歲除不寐，思去年今日，在扈瀆駈車訪劉三，過徐家匯故居。余以己酉春，挈眷賃廡于斯，至辛亥春始歸里。一旦重來，門庭猶昔。與鄰人話舊，低徊久之。旋至黄葉樓，一别四載，殘年再晤，喜可知也。劉三盡發所藏石墨，剪燈共讀。更以古甓拓本十數種題贈。是夕，并與靈素夫人裁句爲令，歡飲徹明。客中似此度歲，洵人生不可多得。今宵回憶，倏忽經年，勝事難忘，因填此闋，即寄劉三。

孤車投暮。記衝歲訪友，風推棼櫓。臘鼓連村，春旗飄雪，愁見舊時棲旅。故柳欲遮妝閣，寒燕還依吟户。遇鄰媪，問袁家中媍，妍如前否。　過平處都曩迹，蕭寺野橋，塔影欹斜午。黄葉樓中，良宵重會，休嘆韶光飛羽。傳燭讀碑題字，停琖擘牋裁句。奈今夜，擁瓶花細憶，經年情縷。

換巢鸞鳳　用史邦卿元韻。瓶中牡丹委瓣，寄騷香子

淒絶阿嬌。惜迷于金屋，錯了藍橋。仙姝工寫韵，端合嫁文簫。年年愁病損瓊腰。一年一年朱顏也銷。韶華去，請汝試、把菱花照。樓悄。思渺渺。花墜玉瓶，撩亂人懷抱。片片殘紅，封題偷寄，是斷腸消魂草。只要他真箇回心，换巢鸞鳳教偕老。借句。者癡情，有靈犀、早能深曉。

一落索　用陳後山韻　憶甲寅元旦次夕，劉三招友博寒。余與靈素對坐小房櫳燈下，索畫水仙花一幀，破曉才畢。今夜看花，頓成隔歲，甯不惘然

緗色裘兒纖軟。寒香梅亂。記曾相對白描來，粉額宫、黄新染。　顧影淩波輕倩。偎燈還見。蛾眉淡掃脱塵妝，可似得、天人面。

塞垣春　用吴夢窗《丙午歲旦》韻　乙卯上巳日，寒瓊水榭雨中書所見

聽隔河絲筦。便似覺、風光暖。靈花頌美，緑醽觴壽，新曲嬌囀。倚雨窗、又把屠蘇盞。櫛羽髻、年幡短。話前遊、駒光迅，舊時情事偷遠。　草溼石榴裙，繡鞋惜衝泥，延步橋岸。嫩柳傍檐牙，掠香密雙燕。看鄰娃諍歲，諠笑藏彄，炫穠妝、故教見。芋葉弄春燈，認燈痕紅淺。

甘州令　用柳屯田韻　寄藴瑜

斷雲飛，亂水急，心兒俱野。春去也、緑成紅謝。想人人，背銀燭，淚珠偷洒。欲郵椾，恐殷羨，却不筦、戀書無價。　目成鏡檻，魂銷吟榭。問游壻、怎輕抛捨。定情幃，合歡几，

可憐良夜。仗瓶花，伴孤寂，又愁殺、影欹香冶。

五福降中天 用江致和韻　乙卯重五，舟中書所見

剪菖蒲篘酒，薄醉泛海珠東。看競渡人歸，畫舫花容。輕浪珠翻翠袖，夕照紗明粉胸。汎汎朱橈，十指剥春葱。借白香山句。浮萍偶聚，奈語託、微波未通。淥水一摇人渺，髩影因風。渾疑洛浦，漂瞥見驚鴻夢中。復似常娥，驀然飛入廣寒宮。按此調與《齊天樂》別名《五福降中天》不同。見《詞律拾遺》弓三。

韻令 重午後一日殤弱子

昨朝臂縷，長命索絲。俄而樂變悲。梁簡文帝《哀子辭》『乃變樂而爲悲』。掌中珠碎，刴下龍摧。借庾信《傷心賦》兩句。頻年亂稿，今更添噫。金仁山所爲詩曰『亂稿』，世亂也；曰『噫稿』，喪子也。情鍾我輩，山簡那能知。誕同曼倩，朔字名兒。子以五月初一生日。啼聲識異姿。痛過潘岳，没一旬期。潘岳《西征賦》『子無七句之期』，注：子以三月壬寅生，五月甲辰夭，六十餘日也。東門達意，匪我能之。阮簃剪燭，交淚伴人垂。

十六字令

丙辰八月二十九日，練風甚雨，從旺角航海，訪鄧芰郎于赤柱山下，問琢子消息。琢子者，余十餘年辭賦勝侶也。嗣因細事，不相見已數載。顧南北睽鬲，未嘗片晌去懷。況同居一島，室邇人遐乎？今芰郎云琢子謂余太癡，不欲再接。噫，不可思議。經曰：『從癡有愛，則我病生。』余嘗爲它病，它謂余癡，宜也。癡豈余所能諱哉？第因癡，竟見絶于我，人人奈何。恨非除夕，未能遽賣

癡耳。口占此，令答之。

癡。喚我千聲了不辭。癡于死，還幸得卿知。

長相思　用袁正真韻　與子和、貴真泛舟湖上，笑指雙峯曰：『余當館吴于南峯，館陸于北峯，時乘飛槎往來兩峯之間。』

南高峯。北高峯。兩地歡情一樣濃。雙峯金屋中。采芙蓉。紅芙蓉。『寶帳香重重，一雙紅芙蓉』，謂飛鸞輕鳳也。見《杜陽雜編》。纔過西來又向東。薛蘭英、蕙英姐妹與鄭生定情詩：『風流好似魚遊水，纔過東來又向西。』飛槎天際通。

前調　用宋宫人章麗真韻

菱花秋。蓼花秋。開到秋花無限愁。年時水樣流。松飋飋。竹飋飋。李羣玉《移松竹》詩『龍髯鳳尾亂飋飋』。萬一西泠共白頭。孤山欒所

囚。陳造詩『局促似爲山所囚』。

鶯啼序　用汪水雲原韻，并依其體　重游西湖，感舊憐新，遂成此闋

尋尋谷陵曩迹，見高深更遞。賸雲水亘古常新，絓眼未損幽致。嘆馬足船唇，交趾幽燕，南北塵容悴。一無成、今又重來，昔懷空偉。十載西湖，亡人況味，野寺甘寒薺。有油壁瓊輈，邂逅垂楊影裏。鎮相憐、深燈密帳，接吻酒、秋宵春醉。一別難、報美人恩，金投湖水。　樽心泛緑，槳尾飄紅，衝柳浪烟市。甚今夜、斷橋斜月，亂荷深處雙簫，哀音亹亹。傷心人也，淚襟如洗。拚唐突撥花尋類，喜新歡、同舊愛鄉里。聯珠媲綺。漫如前度分擕，珍重折釵歌起。　誰雲誰雨，暮暮朝朝，並肩花底。專一壑，貯雙娥，結箇十椽山第。從今

莫問人間事。去馬來牛，千載都成此。世真毷氉無時已。拚今生長共雙鸞戲。任教地變天荒，松柏西陵，年年蒼翠。

訴衷情 用楊叔子原韻

千緡東市市胡琴。《獨異記》陳子昂事。竟有買知音。亂把文章投贈，做衒女招淫。山已入，恐非深。樂幽沈。丘樊素玩，雲水孤懷，斷絶名心。

金縷曲 九日同南社諸子謁孝陵

破碎山河舊。看雙峯、天然鳳闕，尚餘牛首。屈翁山《望鍾山》詩『天作雙峯爲鳳闕』。又《鍾山和杜子》詩『牛首尚餘雙闕在』。錯楚縱横迷御道，共撥荆榛趨走。摩挲徧、石人石獸。六獸八人雙柱石，與亭林、記載無差否。寒案：孝陵前，石人八，石柱二，石獸六種，爲數二十有四。亭林所載六獸，乃指六種言。明樓改，非前有。穹碑没字知誰咎。獨青青、寶城無恙，巋然不朽。未薦櫻桃梅已死，吴梅村《鍾山》詩『櫻桃莫薦寢園荒』。屈翁山《望鍾山》詩：『當時更有梅花樹，十里天香接御園。』嘆寢園荒廢久。何煩爾、内監頒守。顧亭林《孝陵圖》詩：『奄人宿其中，無乃致褻汙。』袁隨園《孝陵》詩『守園頒内監』。展拜神坰無限淚，空山同、哭聲摇星斗。奠幾盞，茱萸酒。

花心動 用劉叔安韻 湖曲暗記

湖曲花深，三籟絶、明月偷照羞媚。珍簟生涼，瓊肌不汗，恰恰未寒天氣。湖光十頃看横玉，飄枕處、星摇珠翠。迴折臉，横波入鬢，泥人歡思。蜆斗童開豔事。車巧笑、何稠要支渾醉。嬌喘疑沈，落紅偷認，初解銷魂情味。夜深雙槳嫞婦去，拚今宵、波間穩睡。鴛鴦夢、夢繞六橋烟水。

前調　用蟾英韻

水去雲迴，更勾留、却爲鑑湖春色。如夢如幻，葛天民妾名。非霧非花，未放游蹤孤寂。雙美仙舟情復濃，襟上酒痕乾又濕。月娥孀獨，鳳女顛狂，擣藥投壺急。　驩情似此，曠世應難覓。翠幙生波，紅衾翻浪，一對夫容露浥。此秀方妍梅魂菊影，溪奩夾、鏡妝窗碧。幃間笑、徹明釧聲釵息。

向湖邊　和江綫韻

雲水行亭，萍床鷗席，十文碧荷成蓋。午夢初迴，有風鬟相對。好放船、只赤南屏，斜陽如畫，一日千秋歡會。第五橋邊，頓疑人世外。渠擅蓴羹，汝復工鱸鱠。拚共我爛醉，任蓬萊枯海。如此湖山，況佳人難再。笑桑田留命麻姑買。卿休道、南北戰争天地碎。祗要西湖，得太平長在。

折丹桂　用王相山韻

明湖畫舸秋燈碧。校理碑南北。敗煤爛紙古香浮，淺脱本、渾蟬翼。　玉臺遺物餘芬息。還對璇閨客。風鬟能讀六朝文，審釋竟、論氈墨。

少年遊　用《孤山環珮集》韻　月夜艤舟小青墓側，與子和、貴真醉酒。湖水低徊憑吊，凭肩讀《小青傳》，吴、陸皆泣下，遂成此闋

鏡潮鏡汐損丰神。照水問仙真。花片隨風，飄如弱絮，塵世快抽身。　風鬟對泣孤山下，

月冷吊芳魂。蓮性雖胎，荷絲難殺，一樣可憐人。

前調 讀《孤山環珮集》

親從幙裏見真真。哀豔巧傳神。一樣香名，指吴與馮春航也。一般悲感，況是女兒身。孤山片石題名在，想妙絶時人。顧影清波，憐卿憐我，杯酒共招魂。

前調 集句，用竹屋體

秀眉歛黛，柳永。胭脂嫩臉，晏殊。容態盡天真。柳永。別母情懷，姜夔。裁詩寄遠，晏幾道。吟魄與離魂。歐陽修。靚妝叢裏，張先。偎花映燭，張耒。舉措好精神。柳永。此恨無窮，張先。一杯芳酒，晏幾道。誰是意中人。柳永。

瑞鶴仙 石屋洞，用方秋厓韻，并效其體

倚岩鐫割也。看層層、皆法象也。頭銜最奇也。有天龍軍者，史無之也。山羅漢也。伏爲保、安身位也。爲亡人，謹捨衣囊，當院僧願昭也。奇也。浮螺滄海，岩底何來，地脈穿也。石樓高也。佛髻蒼苔侵也。問誰云、一百一十六佛，笑曝書亭誤也。浄財蠲、郢手堅珉，非楊璉也。

平湖樂 花港月夜，和秋澗韻

定香橋抱水紅秋。魚躍冰輪皺。荷芰深迷覓溪口。擊菱舟。雙鬟争勸珍珠酒。湖山無恙，佳人難冉，怎捨别杭州。

憑闌人　四照閣與子穌、貴真臥看湖山

四面湖山擁一樓。山翠湖光絶媚秋。香肩借枕頭。雙仙共臥游。

慶宣和　孤山賞雨，和小山韻

雲走峯飛乍有無。水闊嵐疎。萬象空濛做通湖。奇雨。奇雨。

菩薩蠻　迴文，和李致美韻

斷橋籠柳秋隄半。歸櫂翠烟飛。小奩窺月曉。誰似遠山眉。

前調　迴文，和王子端韻

客愁寒月明湖隔。行夜入西城。故稽遲我苦。語彈嬌鶯□。

前調　迴文，和孟友之韻

睡酣嬌醉花邊砌。蒼珮玉如霜。影摇釵婕冷。長爪笑如狂。

望江南　用宋宮人登吳山贈子和金德淑韻

吳山好，勝侶亦吳山。吳山字巖子，《西湖志》閨秀詩載其《集不繫園》一首。唾月推烟延野步，暗憐腰細珮姗姗。李商隱詩「已聞佩響知腰細」。名豔漢時間。《流沙墜簡》簡牘遺文，「子和」之名屢見。

鶯啼序　用黃在軒韻　題傾城爲周芷畦畫水村第五圖

波心墅莊窈窕，細橋牽荇帶。地偏占、絶勝湖山，四罨烟水如畫。錢重鼎魏坤郭慶、風流代謝，知誰繼水村高會。小雲仄臺、今屬周郎，鷺友稱快。孟頫趙南溟李，祥伯電發，四圖

今安在。圖第五、畫平倩傾城，一幀蕩烟玉瀣。想十平年、釣竿換日，分湖便是神仙界。放船時，春水碧浮，著身天外。　雨搓飄絮，風迸落花，齊點短篷背。　衝曉去、鶯啼柳浪，魚躍草漵，遠與夷猶，淡描山黛。　低迷岸意，晚橈款乃，歸去正、紫莼嫩滑魚堪膾。　吟邊淺醉，移榻鏡檻閒眠，空濛絓眼千態。　它時雙槳，夫嫃同遊，寄語鷗漫猜。　把畫圖、先爲券，儘辦浮家，居處鴛鴦，身世萍芥。　安如舊隱，楚傖吊夢，也應招隱約我輩。　笑乘桴、浪羡滄溟大。　能迴天地扁舟，痛飲狂歌，年年共載。

木笪

安如寄詩鈐『分湖舊隱』一印，秀峭如悲盦。函問，知爲龍丁所治。因以貴真贈兩峯遺石寄乞篆刻『水窗詞客』，倚聲代柬

奪龍泓一席。　嗟冷君已杳，蟎扁虬盤成絶學。聞崌山寸鐵，屬龍丁得。　去秋之子，貽兩峯遺石。　艾葉青田凝古澤。　郵筒遥乞瑑，水窗詞客。

黃鶴洞仙

和馬鈺韻。調見元彭致中《鳴鶴餘音》詞

嬌夢驀驚迴，窗網荷風打。李商隱句『鼠翻窗網小驚猜』。　攬鏡羞花南檢嚙痕，梳墮馬。李頎詩『二八蛾眉梳墮馬』。　斜鬟深遮也。　鞢鳳絓承塵，怕惹它猜訝。　昨夜狂歡暗自羞，邀打馬。　瞞却阿真也。

阮郎歸

和山谷韻，福唐體

沈腰拚與戲爲鞍。　應憐非肉山。黃庭堅詩『六月火雲蒸肉山』。自注：『戲張文潛體肥也。』　郎君有用欲封難。見《焚椒録》。　安能力拔山。　巫峽事，盡

卿歡。胡床叠枕山。衾池無浪已更殘。星河絓屋山。

柳梢青 和稼軒韻，獨木橋體

忙煞阿難。《十香詞》『觸手心愈忙』。嫋躬遍撫，戒體持難。阿難遇摩登伽事。閑拂木難。《鄴中記》：『扇之奇巧者名木難。』風鬟左右，字問奇難。平生獲此洵難。靈運也、應稱四難。謝靈運詩序：『良辰、美景、賞心、樂事，四者難并。』嬌得二難。湖山人物，信別離難。

皂羅特髻 用東坡原韻

采菱拾翠，兩絕代佳人，再應難得。采菱拾翠，遇著風流客。孤山下、采菱拾翠，柳條兒、綰就同心結。采菱拾翠，姊妹誰先合。　明日采菱拾翠，把香肩雙拍。與游壻、采菱拾翠，剥雞頭、芡實也。襪褪相争滑。采菱拾翠，藕覆袴也心忙覓。

字字雙 用王麗真原韻

香津襪兒斑復斑。粉汗裙兒殷復殷。秋燈珠館閒復閒。枕屏筆架山復山。

醉妝詞 用蜀王衍原勻

者邊走。那邊走。兩箇腰如柳。那邊走。者邊走。雙腦濃于酒。

竹枝

清嬉玉湢竹枝美香波女兒。兩花窈窕竹枝影相磨女兒。楊廉夫詩『玉肌相照影相磨』。

踏歌辭 用崔潤甫勻

任意車搖動，推腰褥亂橫。癡雲嬌喘細，殘雨顫聲輕。素女投壺還未已，欲平明。

引駕行 九龍春游

山非今日，城猶故國斜陽裏。聽寒潮、咽危石，空留趙家遺址。偷指。有塔影峨峨，鐘聲隱隱出祆寺。是誰使、金銀海氣，擁巖楹、鏤雲雉。見《水經註》冰固堂事。左峙。王勃句『巖檻左峙』。詩人去國，倦客思鄉情味。歎患難頻年，江湖滿地，儘無龍戲。增欷。喜夫妻負戴，丹青娛老共縈恥。問活計、破銅爛鐵，在風塵際。

風入松 羅三以贈陳大詞見示，和原勻答之

君從島市數名流。盛説陳侯。儂今乞米知胡賈，金銀氣、幻作蜃樓。空見繁華頃刻，誰能姓氏千秋。著狂無處送瓊州。判載歸休。兵書一匧都焚了，逃秦臥、不起安劉。自有空山絕業，人間富貴雲浮。

聲聲慢 題坡仙事蹟圖

鉤鉤勒勒，染染渲渲，皴皴點點滴滴。畫史能衣磅礴，吮毫和墨。名臣造像重寫，是宋時、先賢蘇軾。庚領表、姓名傳婦孺，糢糊能識。足蹟西湖南國。人望見、神仙偶然小謫。願繼覃溪，嘉慶九年曾刻。當時一場春夢，聽雞聲、膊膊膈膈。待笠屐，奉杖履、知叵驟得。

減字木蘭花　用山谷韻　丙寅中秋夜新霽，飲赤雅樓

中秋多雨。山谷元句。欲問尚儀何處去。猛揭幃開。洒洒通身出浴來。北山堂外。重話年前文酒會。近水層樓。得月應先嶺上頭。

唐多令　四闋　辛未秋初，樂郊詩社擬賦『長生無極』瓦當，越華館填詞研

古瓦出咸陽。長安無極當。遍驪山、頹敗宮牆。李氏長安圖志在，才著录、肇收藏。文『長安元李好長生天極』，圖志始著录。文字貴吉平祥。長生又未央。比年來、發見他方。莫說關中多此瓦，便傅會、是阿房。前人謂『長生無極』當爲阿房宮瓦，比年各地發見吉語瓦當甚多。

其二

百十笵同時。無如長字奇。篆雷文、窈窕多姿。趙晉宋葆淳陳介祺高鴻裁多異品，那似此、筆欹垂。清絶竹三枝。娟娟半月池。千百年、古澤如脂。銅雀香姜都莫比，初入手、寵新詞。

其三

古月妙新裁。詞人得硯材。賦阿房、能說秦灰。位置精嚴欣共賞，墨西倖、抵璚瑰。拾瓦上朝臺。越華新館開。好磨治、恰與相陪。斜拂琅玕籠月影，填小令、有清才。

其四

之子忒多情。團欒好篆盟。願他生、厮守卿卿。非我佳人誰曉得，持吉語、祝長生。銅雀鎖娉婷。鴛鴦畫不成。長相思、減字偷聲。拚拓墨花千萬本，槃中字、署心瓊。

醉瑤瑟

辛未八月九日，樂郊詩社第三次社集，擬賦錦瑟辭並題古瑟拓本

珠淚句。玉烟喻。山谷沈吟偏不語。解人强作笑東坡，傅會無端翻更誤。見《緗素雜志》《酉陽雜俎》。悼亡語。青衣賦。謂英伯。人人想像都能據。一弦一柱夢痕迷，毾㲪墨花無覓處。

怨秋曲

用宋穆風道人韻。七月十八薄莫，陸貴真在高莊采菱，墮水，懷中大吉碑亦溼，戲占二十字嘲之

㐭驚舌諂新，襪恃凌波穩。咲敘趒山碑，頍戚駱水本。

瑞鶴仙

汨霞洞

禮千宮塔也。共雙娥、槃那寐也。玲瓏七層也。看題名琼柱，都指揮也。吴延爽也。爲錢王、夫人弟也。兩厓間，十八聲聞，知亦同時鐫也。奇也。塔旁右壁，十六行間，吴三娘也。陸四娘也。汝二人前身也。願生生、爲姊妹歸一聳，同享烟霞福也。樂岩栖、供養湖山，長婆稚也。

浣溪沙

和屯艮

會有重逢定有緣。休論今夕是何年。魂靈兒已各飄然。似海深情不可説，如花羞態自無言。爲歡妙絶餤摩天。

茶瓶兒

用趙彦端體，題唐畫像烹茶甎拓本

妙絶茶人春影。手纖纖、試親行省。錫鉼金餝烏銀耿。記煑夢、緑花明靚。候湯眼調龍餅。似吹笙、細疑蚯蚓。圖歸來睹茶堪并。信竟有、佳人佳茗。

瑞鶴仙　靈隱

此峯奇絶也。號飛來、僧慧理也。如千佛樓也。信禪岩幽邃，佛莊嚴也。山愈古也。笑天奇、何曾損也。今凡夫，來往觀瞻，能發皈依心也。　何也。流謬誕，誅擊三髡，真焚琴也。憶當年也。此地逢曼殊也。各飄蘁、蓬島幾時淺水，何處重相見也。黯銷魂、鬢影風飄，斜陽瘦也。

望槑花　題徐江庵《墨梅小录》

冷香幽豔入雲涯。獨負手、橋端延眺，梅雪相兼不見花。用石帚句。　疏影盡橫斜。斷岸溪迴望眼賒。孤抱寄寒葩。

憶江南雙調　題白丁畫蘭

三兩筆，香草寫孤衷。惹得板橋勞夢想，閉門噀水補天工。吹霧墨花溶。　無寸土，種入畫圖中。淒絶靈根何處託，憶翁心事一般同。哀怨寄無窮。

意難忘　用清真韻

山額蜂黄。記梅邊選韻，硯北交觴。刳肝收鳳紙，鐫骨著龍香。琴意亂、燭花涼。看粉淚汪浪。沒奈何、身心九百，枉打占相。　聞聲顧影無雙。嘆爲椽入爨，未遇中郎。如天難了願，絶世可憐妝。閔子裏、幾迴腸。暫落拓何妨。祇恐它、流年似水，漸損容光。

憶秦娥 和雪蕉《紀夢》原韻

情難滅。人天秖賸雪作平和月。雪和月。萬千曠劫。一般顔色。　巢傾比翼難分别。交游著作都能絶。鄭所南絶交游、絶著作。都能絶。相看雪月。何曾消滅。

西湖月 用黄蓬甕原韻

月明罨畫湖山，儼寫上舲窗，四窗紗葉。櫂驚鷺夢，衝波乍起，可人嬌怯。接筵猶怕遠，做燕子、投懷偎醉頰。尚忐忑、熨體苟郎，膩袒汗香濃浹。　千燈萬火湖塘，借張先句。宛粤海燈痕，水光三摺。故鄉無此，雙峯入望，六橋横睫。況低歌小唱，左右擁、如花雙媚靨。兩瞞卻、褪襪兜挼，解羅教捻。

以上《寒瓊遺稿·詞》

水調歌頭 戊申中秋，與室人張傾城登赤柱山玩月，用坡公原韻

滄海湧明月，萬里没雲天。昔遊黄鶴西泠，猶未媲今年。怎似峯腰石棧，千丈鐵闌危凭，泉立瀉光寒。放眼出天末，俯首瞰人間。　或歌管，或酒琖，總遲眠。幾人夫婦，今夜能與月俱圓。何況登山聯轡，何況憑肩林表，清艷福雙全。伉儷誰如我，一笑問嬋娟。

山居好 七月十七日與樵李陸四孃貴真登風篁嶺作，用宋山隱道士龔大明韻。山隱詞見《洞霄集》卷七

山居好。山居好。非我佳人莫能曉。運期易姓曜更名，裘褐孟光可偕老。

其二

山居好。山居好。一箇茅堂水雲繞。谷飲丘

栖卅餘年，怪石奇葩皆足寶。

其三

山居好。山居好。鑿險縋幽共探討。寒林戢影抱孤芳，雲竇憑肩聽奇鳥。

其四

山居好。山居好。空谷佳人藝香草。布衣椎髻脱塵妝，絶色天成眉不掃。

有何不可　與檇李陸四孃貴真、泉唐吴三孃子和宿巢居閣作，用宋月溪道士貝守一韻。詞見《洞氰集》

抱樓鴛浪層層，夾鏡螺峯朵朵。看雲看水看花，恁地有何不可。

其二

一簾風飽閒眠，高閣月明静坐。觀書觀畫觀

碑，恁地有何不可。

其三

築間砥室藏嬌，結箇草亭著我。有泉有石有林，恁地有何不可。

其四

古塔晚霞紅鎖。斷橋烟溼漁火。宜陰宜雨宜晴，恁地有何不可。

疎影　大通寺探梅，與張琅兒同石帚匀

還來就玉。宛新歡惜别，難支經宿。檢淚苔枝，蕭寺荒園，永締寒盟松竹。冥冥一見曾相識，移春檻、珠江南北。想昨宵、月峭風稜，問爾怎禁孤獨。留得酥鈿數點，待重來俊賞，峨峨雲緑。也稱吟邊，也稱香束，也稱妝窗琴屋。此中都有仙風味，爲製箇、裁冰詞曲。把

卿卿、絕世芳姿，繪上斬新屏幅。

蝶戀花 和琅兒《寄懷》勻

當日牆東才尺地。惱煞紅窗，變造天涯似。底事匆匆千里去。可憐歡夢成空憶。　知昨非時今要是。一點靈犀，好自先爲計。　未拔芝芙應尚易。戀書休怕難傳遞。

生查子 紀夢，用毛滂勻

湖上蘊香樓，鏡檻胡床小。夜夜夢魂中，並枕和歡笑。　明月上酥胸，褪却鴻頭罩。得意醉横陳，還與菱花照。

前調 和琅兒勻

瘦損好腰肢，憐殺嬌無那。只有夢成歡，珍簟羞雙鎖。白居易詩：『織成雙鏁簟，寄與獨眠人。』　圓頂夜偷縫，待並香肩坐。　世已絕高辛，還恐誰先我。

雨中花 和琅兒勻

脱使眉教儂畫。更覺花容佳冶。但願朝朝，看卿梳洗，常侍晶簾下。　歡夢斗驚才判夜。心似玉猨來乍。《淮南子》：『猨狖之捷來乍。』想兩地相思，孤衾暗溼，紅淚都盈把。

探春令 和琅兒勻

海紅幮底，海綃帳裏，連番歡夢。夢銷魂、夢也當珍重。　細思想、孤衾擁。　恨無雙翼身如鳳。熨冰肌春凍。　欲刳肝作紙，啼痕染赤，共戀書偷送。

滿宮花　和琅兒勻

柳因眠，花爲悄。虞集句『洗面看花花爲悄』。夢裏共卿盟了。陳與義句『共君盟了不應寒』。畫眉筆已製三年，何日倚歛深掃。　戀書多，真會少。只怕等閒人老。幔絲佳話屬君家，選壻闚窗休惱。

天仙子　紀夢，和琅兒勻

孋枕低幃湖水畔。玉人偎抱談詩伴。凭肩聯就會真篇，愁夜短。驚宵半。歡夢通情休説幻。

風入松　寄琅兒，用張二喬勻

呼秦吉了已多時。淚顆長垂。鏡潮鏡汐儂如見，見粉頤、慣溼胭脂。夜夜相尋歡夢，朝朝相盼佳期。　榕湖花樹正芳菲。好種連枝。如今選壻窗開了，願卿卿、休錯牽絲。拔得芝芙雙草，妝臺甘隸修眉。

醉翁操　和稼軒勻，寄琅兒

樓松。吟風。詩公。樂相從。閨中。儂心置卿心應同。一別千里灕江叶。居獨楓。孝子郭世通事。又復憶牆東。孝與情戰森幾重。　海綃贈淚，鑾鏡貽容。訂交數載，有戀書千百封。豈悦繁華之童。惱殺王孫而翁。妹思乘醉龍。桂林童謠『妹妹乘龍出廣州』，醉龍，蔡邕也。芳心何忡忡。只許夢中逢。固知爾我真情鍾。

壽樓春　琅兒用梅溪勻寄懷，即和之

懷幽蘭情芳。憶當年蘼苢，相瞷匳平窗。海素玲瓏傳意，季春陽陽。通體妙、夫容裳。隔

話私、癡心能狂。況鳳紙聯吟，鸞釵贈別，何日請催妝。　相思埭，南天長。枉詩偷俊約，詞換離腔。只恐高辛先我，屈原空傷。金石契，溫柔鄉。莫尾焦、才歸中郎。想花動棲神，榕湖小樓尋蘊香。

法曲獻仙音　曹溪南華寺七夕寄張蘭孃，用美成勻

夢月金梁，周之琦有《金梁夢月詞》。會星銀漢，暗記詞仙初度。周之琦七夕生。著體天花，鬢絲禪榻，今宵轉栖僧户。借卓錫、寺有六祖卓錫泉，即曹溪之源。湧作平香水，曹溪水香，智藥師語。飛來洗車雨。　聞鈴語。惜人間、粉河難渡。天只赤、偏有相思埭阻。下玉鏡非臺，六祖語。秪吟牋、遥寄嬌嫵。更妒天孫，月重閏、是年閏七月。還聚情素。儘吞鍼一鉢，解選夢鍼樓去。

滿江紅　南華七夕，和劍用尚書趙石禪藩勻

吉慶花飛，曹溪水、蒸成香雨。仿佛有、雲中簫管，因風何處。銀漢雙星連愛縷，瑞蓮兩朵含芳乳。可有人、待月立西廂，空延佇。　選佛地，羣仙府。歡喜偈，殑央譜。願憑仙佛力，恨天能補。搔背妄思求玉爪，造橋至竟闢神女。憶蘭孃、名字最高華，稱香祖。

南柯子　曹溪盪水石，和石禪勻

青玉成雙峽，銀河欲倒流。曹溪一滴作潮頭。驀看浪花高處、臥龍浮。峽口有臥龍石。　花雨飛晴午，松濤做早秋。香谿試浴憶鴛儔。姑蘇香水溪，西施試浴處。添箇蕙娘嬌影、畫中留。余畫盪水石圖，于泉石間著琅兒入浴小象。

换巢鸞鳳　得琅兒書，用梅溪元匀

儂有阿作平嬌。正鴛鴦待闕，鴂仄鵲營橋。三生知杜牧，四紀遇靈簫。頻年歡夢試推腰。褥名。問真箇時魂兒怎銷。常私禱，者薄命、要紅鸞照。　憂悄。神杳渺。青鳥忽來，棼亂人懷抱。不道高辛，驀然先我，偷拔芝芙雙草。深盼卿堅守心瓊，换巢鸞鳳教偕老。借元句。真憐才，舍文君、此意誰曉。

意難忘　答琅兒，仍用美成匀

蟾入流黄。欲消愁仗酒，又怯壺觴。千秋成錯鑄，九畹失幽香。鴛牒亂、蜨盟涼。看燭淚浪浪。恨琑窗、牽絲借箸，宛似私相。　蘭心蕙性無雙。歎言司安脱，『詞女』二字，廋辭，李漱玉事。誤嫁劉郎。鸞牋空俊約，菱鏡有啼妝。思舊事、斷柔腸。縱墮劫何妨。只要卿、靈犀一點，不昧靈光。

蝶戀花　和琅兒《寄懷》元匀

想像宵分人静後。重剔蘭釭，悄倚黄花牖。搦管痴迷渾著酒。西風冷切柔荑手。　萬萬相思都寫透。鳳紙刳肝，詞句偏明秀。争抵纏綿詩百首。千回熟讀還温舊。

以上見《南社詞集》

長相思　三闋，題《紅豆集》

長相思。長相思。此調香山早有之。狂臚紅豆詩。　極相思。吕渭老、蔡伸、陸游、吴文英皆有《極相思》詞。醋相思。程垓有《醋相思》調，見《書舟雅詞》。更有相思兒令詞。晏殊有《相思兒令》，見《花草粹編》。淺情人不知。借晏幾道句。

其二

好相思。惡相思。無放花開不許伊。白鴿禪師語。今年洪水悲。馮氏《蘇州府志》：『紅豆花開，其年多水。』莫相思。却相思。萬古相思無了期。毋忘得志時。周秦有『得志』『相思』印文，富貴毋相忘之意也。

其三

惠家高，錢家低。東澗香亭種亦宜。洞庭人未知。發幾枝。折幾枝。莫問東禪白鴿師。人人有所思。

見《國學論衡》一九三五年六期

蔡晉鏞

壽樓春

用梅溪韻　庭前海棠一株，絢爛如錦。一番風雨，紅褪香消，黯然欲絶

評閒庭羣芳。賸羅囊絳雪上，低伴芸窗。底事東風無賴，夢驚昭陽。酣睡起、逈愁腸。怨嫩枝、生成顛狂。待浄洗鉛華，斜欹鬟朶，多分爲紅粧。柔絲裊，垂條長。儘珠簾照燭，金縷裁腔。記向亭前沉醉，黯然神傷。飄墜迹，無何鄉。瘦十分、纖腰輸郎。便留得春歸，芳塵易忘。零粉香。

綺寮怨

己巳二月，過寒碧莊

繫艇閒尋花步，掃苔捫舊題。甚粉壁、静鎖金鋪，斜陽裏、望盡荼蘼。滄桑花間瞬息，鶯聲換、繡閣人未知。記去年、社日清明，韶光好、杖策來聽鸝。最是斷垣廢池。芳華代謝，平泉勝事依稀。巷陌東西。有飛絮、點春衣。空餘玳梁無恙，舊燕杳、任鵑啼。王孫未歸。

昌亭路畔樹，鴉自棲。

高山流水 題吳瞿安霜厓填詞圖

半牀落葉小庭前。對秋山、宜畫詞仙。南渡太蕭騷，興亡訴説蘭荃。空惆悵、冷月霜天。滄桑淚，都付銀箏細撥，迸入哀絃。奈樽前短鬢，忽忽已華顛。　吟邊。梅花草堂稿，尋昔夢、袖底詩篇。舊賦瞻園梅花，霜厓繼和，各五疊韻。後作《五百梅花草堂歌》，霜厓亦有和作。　芳杜寄天涯，記得古恨年年。又江鄉、幾處啼鵑。卜歸訊，留待新篘酒釅，醉擘紅箋。看絲闌譜就，和笛寫嬋娟。

淒涼犯 依白石體　題顧彦平焚香讀書圖

竹煙篆碧。槐蔭午，園林一半幽僻。此中静趣，雲山畫意，瓣香消息。文窗邃密。更蜺鼎、安排片席。細評量、唐縑宋衺，皴染審真蹟。　雲過樓常好，粉本丹青，蠹芸香襲。一去門競爽，米家船、阮家標格。醉憩松根，悄誰語、丰神自得。畫中人、樂與對酒，話竟夕。

揚州慢 題吳湖帆所藏《董美人墓志》舊拓本

碑蘚留香，墨花凝黛，倩魂許喚傾城。記梁臺密寵，勝史筆分明。便提起、開皇舊事，翠珉能説，瓊佩無憑。怕隋宫、秋月當年，曾照淒清。　妙鬟豔影，翫殘縑、如見帷燈。縱尉氏銘完，張男誌好，猶遜鋒稜。太息萩林星鳳，紅羊後、短碣飄零。仗清愁千斛，晴窗重弔娉婷。

江南好 己巳消夏第一集，喜芯廬南歸，兼懷鮃隱梅雨拖煙，麥去風催暑，薦櫻時節江南。近懷欺酒，消息殢吟緘。詞客年涯荏苒，重攜手、先繫歸驂。清樽畔，婆娑短鬢，同證舊詩龕。
春明如過客，鵑魂化碧，蝶夢還酣。問銅駝無恙，雙燕呢喃。苦憶西山佳處，鞠塵遠、猶涴春衫。成孤調，瑶情咫尺，何計話幽探。

隔浦蓮　消夏灣懷古

澄湖波面萬頃。碧嶂環幽景。一去棹追涼去，煙蘿隔，離塵境。仙佩清弄影。迷香徑。岸草千年冷。　水天夐。螺鬟照耀，新粧西子臨鏡。蓮歌粉隊，翠仗昔曾遊幸。吴苑苔荒霸氣剩。形勝。沙洲横卧鷗艇。

徵招　用白石韻　荷蕩小集

[illegible]溪一路長橋水。煙波倘尋高士。趁得早涼時，會琴尊於此。木蘭艭駕矣。載今日、一船吟思。翠戞紅喧，極天無際。酒顏猶是。
迤邐。五湖秋，鳴榔去、鱸鄉箇中滋味。望斷摘花人，偏闌干十二。白鷗應笑爾。與何處、釣徒盟志。晚風小、玉立亭亭，似慰情初計。

夜飛鵲　七夕

金風逗銀漢，秋到庭前。今夕可記何年。仙橋鵲駕幾回渡，空傳天上人間。清愁恁消遣，看排當瓜果，量檢釵鈿。盈盈夜半，拜雙星、一例纏綿。　相見箭壺催曉，私語證長生，幽夢成煙。偏是仙家多事，霜機織恨，雲練裁歡。定教賺得，畫樓中、七上孔鍼穿。正冰簾如水，輕羅箑小，撲過螢邊。

古香慢　柏因社紀遊

翳天茂蔭，垂地交柯，生意蒼古。記昨清遊，正隔歲寒一度。霜榦不知年，化鸞鳳、僛僛對舞。有梅魂桂魄上喚起，共聽此地風雨。問見海生桑何許。枯樹婆娑，僧話亭午。岸幘人來，舊作碧上紗低護。指顧六浮煙，坐濃翠、盤桓肯去。儼森森，衛丞相、錦城樽俎。

惜紅衣　用白石韻　荷花

扇影搖波，簾紋碎日。細微風力。照水娉婷，紅粧弄漪碧。飄香墜粉，應惱亂、青墩詞客。寥寂。秋露遠汀，只鴛鴦雙息。煙橋柳陌。移櫂穿花，夫容怕淩藉。溪南處處釣國。遶溪北。省識採蓮涇畔，昔侍輦游曾歷。便讓他佳麗，齊壓六宮顏色。

拜星月慢　螢

露咽蟬涼，風吟蛩細，翦燭秋光歷亂。拂檻穿籬，隔紗籠還見。照人處，記得、宮堤夕焰差朗，縹帙練囊猶暗。酒罷燈闌，上伊誰羅扇。走平津、舊逐車塵遠。當年事、誤作去青燐看。變幻瓦破榛荒，耿淒清行殿。奈飄零、似怯晶簾捲。霜威近、夜壁寒螿畔。怎便願、不點香裙，卻依依玉蒜。

采緑吟　荷葉

已歇菰蒲雨，畫槳打入青荷。看花客去，采菱人杳，驚扇魚過。酒顏酡一醉，筩杯可、怪伊捲得愁多。影田田，秋風早，煙波何處櫂歌。清露點珠圓，涼颸逗、微渦吹起蘋末去。灑墨索題詩，帶暈緑摩挲。被鳴榔、呼醒鴛鴦，新巢底、喧寂話漁簑。香殘矣，瓊瑟送寒，搖落岸莎。

國香慢 盆蘭

不下簾衣。逗隔花倩影，采擷芳菲。移來沅湘風韻，到此幽棲。悄向銀屏閒立，素心侶、惟有江蘺。葳蕤暗香襲，瘦石嶙峋，裝點仇池。　一腔騷客恨，向窗前訴説，無限情癡。美人香草，心事還叩靈犀。棐几沉檀罷爇，解玉纕、秋色上離披。官哥染煙靄，健碧斑紅，色映罍彝。

霓裳中序第一 暑氣將闌，社課屆滿，賦此述懷

炎飈似過客。數疊吟箋消受得。長夏一襟醉墨。又珠露潤桐，金風辭籜。秋來應節。浣酒痕詩夢無迹。相將見，粟香和月，冷影墮瑤席。　裙屐。做歡排日。儘幾輩當筵按拍。新詞吹綴夜笛。汐社行歌，杜曲上高集。座中頭未白。但笑指、看花帽側。情懷好，銀燈重照，細把衍波擘。

垂楊 秋柳

伊涼唱遍，度數聲夜笛，驀催寒曉。恨惹愁牽，斷砧和夢秋來攪。婆娑擎受霜華飽。便如此、別離懷抱。又今朝、流水棲鴉，悵故人天杪。　曾見絲垂翠裊。認分手灞橋，雪泥鴻爪。去日何多，永豐坊外春如掃。銷魂祇是西風早。信客裏、光陰草草。臢隋堤、一帶煙痕，青未了。

露華 用碧山韻　桂

碎英暗坼。做漢殿唐宮，一派秋色。露粉暈黃，雲外天香飄拂。絳霄步下姮娥，恰稱月中仙格。幽豔處，冰丸送涼，透沁霜骨。　聽殘雁柱愁惻。怕夜曲高寒，來盪詩魄。紉佩記儕蘭蕙，倩影誰摘。墜粟妙舞清虛，鋉笛可能翻出。招大隱，淮南定知賦得。

瑞雲濃 瑞雲峯

玲瓏嵌空，煙巒飛墮庭院。曾見滄桑幾遷變。何因偃卧，未輦致、宣和前殿。道是艮峯餘，伴閒階碧蘚。　題字摩挲，空想像、靈芝湧現。也傍章家舊池館。亂堆蒼玉，似慶雲、刼塵經換。城北五畝園，地鄰宋章質夫故園。舊傳有靈芝石、慶雲峯，皆宋時物。見《燼餘録》。疊嶂千年，霤痕數徧。

暗香 題宋器之《梅花喜神譜》，爲吴湖帆暨其夫人潘静淑女士作

替花設色。借廣平賦手，輕勻宫額。認取玉梅，百種丰神吐馨逸。看到春寒餞九，都收入、詞人縑墨。更面目、不是逃禪，千古雪巖筆。　名蹟。付什襲。問賸本對摹，夜月清寂。暗香乍坼。吹落江城幾番笛。還笑新粧可似，同翫索、東風消息。記韻事、知儷影，小窗邃密。

飛雪滿群山 依友古體　喜雪

翩瞥還疏，繽紛俄密，凍簷六出花飄。遠峯添畫，光生銀海，峭寒暗逗梅梢。幾家銷帳暖，抵多少、熏爐燼消。蘸鹽搓粉，龍公試手，呈瑞報崇朝。　還笑説、園燈今夜集，恁近年無

此，冰雪上良宵。吴中近年少雪。酒闌聽取，歐陽號令，儘教鬬韻兵鏖。小樓延賞處，料贏得、詩情灞橋。未容僵卧，扁舟剡曲上煙浪高。

雪梅香 蠟梅

訪江國，紅羅寂寞滯東風。讓黄昏嬌面，春前鬬雪酣濃。仙夢驚廻羽衣蝶，短亭暄煞晚衙蜂。水簾月，半樹輕盈，低伴房櫳。　疏慵。想花貌，一樣南枝，姓字應同。染額匀鵞，壽陽點筆偏工。雨涴冰痕自芳馥，鶴梳寒影獨㲯毿。幽奇甚，未洗鉛華，猶殿殘冬。

滿江紅 依白石體 寒鴉

菰米江鄉，望不盡、秋晚做寒。西風勁、斷霞殘照，黄葉空山。舊夢淒清添客驛，新愁繚亂別釵鬟。怪夜來、幽恨感昭陽，蓮漏殘。　傾斜態，敧睡看。畫樓畔，小闌干。恍碧天嘹唳，北渚鴻還。合讓迂倪工點染，一行髡柳枕荒灣。借暮雲、枯樹寫蕭寥，煙水間。

醉翁操 雪後，霜厓集同人齋頭夜飲。酒既闌，圍爐煮雪，清話娓娓。因憶八年前與霜厓同客秣陵，登多麗舫，泛棹清溪，酒酣撅笛狂歌。時夜方半，江月澄潭，魚龍潛聽，真不知人間何世也。撫今思昔，系以此解

酡顏。消寒。談玄。感桑田。當年。秦淮舊遊如雲煙。月明同泝清湍。多麗船。乘醉唱長干。恰倚歌與君水邊。　鬢絲帽絮，飄墮樽前。笑言既縱，猶恐玉平龍未眠。今幾人兮江關。古幾人兮山川。多情惟墜歡。霜燈廻吴天。此地稱詞仙。素絃三弄誰起彈。

鎖窗寒　寒山寺

破楚城西，江橋夜月，晚楓官渡。霜鐘墜杵，正艤客船前浦。指名藍、寒山道場，六去朝圮塔迷荒礎。但小詩一上絶，風流張繼，自然千古。　靈馭。飛鳧去。賸紺殿封苔，樺冠蝕土。何年蜕羽，笑問豐干徒侶。祇煙村、漁火半明，響榔斷續鳴遠渚。更伊誰、秉燭上留題，冒得孤篷雨。用漁洋雨夜攝衣登岸題詩寺門事。

雪獅兒　雪後，登冷香閣，望西南諸山

峭寒風裏，晴嵐樹杪，幽香籠閣。喚起梅魂，春展緑楊城郭。危欄半角。看雪上後、獅峯初濯。吴天小、銕花巖畔，一聲鈴鐸。　眼底雲巒似昨。問南枝、芳訊幾番開落。掃石題詩，正恐生公先覺。登臨有約。怕悵望、江湖波惡。歸思作。好倩畫船低泊。

遶佛閣　題沈石田竹堂寺探梅圖

翠筠未翦。蕭寺徑曲，花氣初暖。煙細塵軟。一去時帽影、鞭絲照芳甸。　廢興在眼。梧樹已老，秋思如洗。詩意幽遠。畫中依約上，當年舊禪院。　醉墨渲香雪，嫩蕊疏枝經雨看。猶記峭寒、東風吹酒面。對静鎖花龕，清淚曾濺。儘堪珍翫。恁碎瓦頹垣，留護名翰。溼上春光、怕和愁捲。

早梅芳　西崦釣雪

風雪嚴，湖山好。片刻船篷皓。一波寒影，萬壑雲光浸澄照。浪低煙樹静，岸闊蒲帆小。似滄江釣客，還似剡溪棹。　棹歸時，網罟了。咫尺銅坑道。安排箬笠去，料理羊裘計

非早。遠峯添粉本，近渚迷鷗鳥。借綸竿，是鄉深處老。

蘭陵王　新柳

楚腰窄。宮舞纖纖漸習。長亭外，風片雨絲，一握上柔荑蘸輕碧。駒光迅過隙。消息。清明送客。金堤路，愁帶恨牽，攀折青青鎮相憶。　年年翠樓側。怕馬趁鞭嘶，鶯逗梭擲。春來偏早江南北。纔雪意消被，病懷欺酒，垂垂重見繫畫鷁。望煙岸如織。　芳陌。試新摘。縱不綰離人，猶賦行色。它時裊娜臨荒驛。記別後眉嫵，舊題詩筆。藏鴉還未，看葉去小，帶露浥。

夢橫塘　橫塘載酒

市煙浮艇，店柳飄帘，水窗搖漾晴碧。杏靨舒妍，近百六去、清明佳日。巾墊欹寒，杖笻扶醉，斷橋芳陌。看鶴裘喚取，綠去蟻新醅，歸裝重、蒲帆疾。　荒津半角旗亭，誰鄰牆呼酒，好句題壁。正及花時，容一葉去、短篷吹笛。向前渡、攜樽艤棹，若箇高陽舊儔匹。岸鷺汀鷗，晚風春樹，有扁舟詞客。

石湖仙　石湖煙景如畫，泛棹尋春，極夷猶瀟宕之致。歸舟興發，不能無詞

橫塘西浦。望湖水湖煙，雲影低渡。舟過越來溪，聳浮圖、楞伽指顧。尋詩何計，只細聽、劃波柔櫓。蘭渚。漲半篙、宿鷺知否。　清秋夜闌盪槳，記橋頭、襟裾似霧。換卻時光，怎得涼蟾吞吐。吳俗，八月十八夜，石湖行春橋下看穿月，爲勝景之一。　一角上春山，一江春雨。未容孤負。看幾許。晴漪放棹遊侶。

江南春　本意，題石谷臨趙大年真蹟圖卷

宮草縈愁，江天倚醉，年年聽老啼鴂。梨雲榆火，又翠鶯、花底調舌。桃漲晴溪活。東流去、水鄉鱸鱖。是處有、千絲柳色，一髮青山，南朝隱恨重疊。　臺城路，歌未闋。看乳燕低飛，暮春三月。韶華在眼，正繡陌、湔裙時節。金粉從銷歇。傷心事、杜鵑怎說。圖上衍波，煙雨毶毶，紛芳蕙兮誰擷。

秋宵吟　題秦佩鶴外叔舅湘絃秋夢圖

羽爲裳，翠作葆。夢影瀟湘波渺。蒼茫感、待細寫哀絃，鬢絲秋老。　酒初醒，恨未了。記得相思蘋藻。銷魂處、付遠驛星軺，彌人香草。　謾展輕縑，恨錦瑟、靈脩信杳。怨蘭褰佩，淚竹縈題，底事認鴻爪。江國翻紅蓼。化蝶無痕，歸雁恁早。怕離愁、喚起騷心，涼月悽惻證舊稿。題此詞時，距先繼室蕊珠夫人之歿十有七年矣。棖觸悼懷，不能自已。

玉京謠　題吴湖帆藏舊拓《七姬志》

夕殿飛螢火，廢圃斜曛，亘古蛾眉誅。髑骨上香塵，應憐齊雲同燬。姓氏譜、鐫上貞珉，定不負、江山佳麗。潘儒里。華鬟小刼，吴宮荒址。　烽煙破楚，城頭並命，寃禽報，粉侯一死。裙幅鮫綃，千秋消受紅淚。歎霸圖、歌闋虞兮，問舊蹟上、碣痕餘幾。還獨瘞。春老杜鵑聲裏。

醉蓬萊　竹葉青

向隔鄰呼取，露粉初浮，芳卮纔倒。聽遍提壺，仗帚筠愁掃。從事青州，雨裳風佩，稱鑑

湖詩老。玉友沽春，金蕉品量，此君偏好。還記西園，清樽留客上，漏月梢雲，醉鄉曾到。香滿郫筒，看緑波流照。蓮葉杯寬，桂醑篘釃，怕遜伊丰貌。萬个涼生，一平林暑退，麴車來早。

曲玉管 蟬

午枕喧槐，晴柯咽柳，聲聲斷續誰家宇。一夢齊宫今昔，如此清虚。晚涼初。　軫淺調絲，綃輕裁翅，緑陰小院剛過雨。抱葉去棲煙，羽客疑化仙都。蜕痕無。　綴耳翩翾，忍回首、炎薰身世，者番瘦鬢容華，秋來顰鏡慵梳。感飄梧。只荷風延暑，許爾冰衣嬌褪，别枝摇影，惱煞南冠，夕照庭除。

玲瓏玉 藕

身是蓮根，幻花葉、一一生香。靈通骨節，露珠早沁心房。謾怨涼衣碎佩，絆柔絲千縷，先繡鴛鴦。沙棠。看盈盈、雲水摘將。　記得并刀試切，借佳人纖手，分佐離觴。淺醉篝杯，薦晶盤、雪上玉同嘗。還須安排菱芡，做庭院、良宵七夕，點染蓴鄉。小於臂，大如船，風味細量。

月華清 團扇

圓翦綃輕，涼摇風細，小屏湘簟初展。遥念班姬，寫出漢宫幽怨。向月夜、羞比寒娥，便舞宴、慣憎飛燕。人面。怕秋飈漸近，披香夕殿。　怪道星河暗轉。又照水魚驚，撲羅螢亂。浴罷蘭湯，幾見冰肌無汗。任微漾、半捲簾波，教瀊散、一上痕爐篆。珍翫。看家家畫取，陸游題欵。

玉簟涼　涼枕

槐夢邀涼。正粉箑乍抛，唾暈生香。斜支湘竹上滑，料倦繡鴛鴦。游仙佳句賦得，算咫尺、水殿雲廊。攜素手，記鬢釵欹亂，星斗微茫。甜鄉。冰紋縮暑，風竅送寒，新製織就簟篖。桃笙今夜月，倩蜀錦盛囊。囊中莫是將相，笑幾輩、熟未黃粱。欹睡好，載滿庭、秋思匡牀。

八六子　依淮海體　白蓮

舞涼衣。露承仙掌，明璫縞袂臨漪。念水殿曾經月夜，酒船依舊花時，淚鉛暗滋。爲誰消減容姿。素襪欲凌波去，冰匳獨與秋期。可記共青墩，二三吟侶，澹粧欹醉，嫩愁銷粉，還休碎佩銀塘照影，輕煙蘭渚尋詩。畫橋西。驚眠一去雙鷺鷥。

燭影揺紅　庚午長至

茸帽欹簪，峭寒壓酒霜燈見。小闌集霰恰霏微，詩意銷芳餞。誰道婆娑醉眼。動春葭、流年暗轉。一天瓊屑，飛上吟箋，鷫裘催換。曾記年時，獸爐香燼排清讌。玉梅三九賦東風，幾度金樽勸。應笑看花未倦。倚銀屏、新詞又展。漏籤傳永，莫放宵闌，量杯低淺。

瑶花　冰花

層陰始結。誰鏤寒漪，點瓊英生纈。盆池簷滴，疑昨夜、透沁三春枝葉。遲留樊姊，步幽谷、塵波輕貼。拚倩魂、和月凌虛，肯把玉壺敲缺。楊家綵帶金環，看一樣雕盤，姿態佳絕。繁華自好，争片晌、須怯東風煩鬱。玲瓏窈窕，儘漢殿、唐宮攀折。算更如、刧夢空曇，萬一替消腸熱。

折紅梅 宋吴應之紅梅閣在小市橋，遺蹟已久湮，而《折紅梅》一闋猶流傳人間。春日驅車過橋下，緬想芳塵，遂倚是解以寄慨

歎朱扉何處，春風巷陌，吹簫人去。蕎珠樓、燕子已空，簾前絮杳無據。紅閨好句。留隱恨、江南梅雨。市橋半偃、葵麥青油，賸詞客重來，蘸筆上題柱。歌檀小駐。向流水鞠塵，芳踪閒訴。曾贏得、暗香倚笛，花間夜闌低度。煙光平楚。清夢遠、落英誰主。夢也倦矣、不省當年，有南枝開謝，幾多情緒。

霜花腴 題范氏歲寒堂

故家第宅，記此中，雙松秀挺庭軒。花墅門荒，謂章質夫桃花塢別墅。節齋居廢，謂宋宗室趙節齋千株園。斯堂亘古巋然。歲華瞬遷。試話從、虀粥當年。共西山、萬笏霜楓，耐看桑海幾回乾。歌哭世於其地，庇高平一脈，杜厦千間。金谷園東，雍熙寺西樂圃舊址，在錢氏號金谷園。靈芝坊畔，靈芝坊在雍熙寺後，即今范祠所在。亭亭黛色含煙。佩環半天。捲翠濤、疑降鵷鸞。待攜笻、樹下婆娑，灑然懷宋賢。

以上《雁村詞》

賀新涼 次韻，寄和江遲鴻吴門。辛酉秋客宣南作，時聞遲鴻有北上訊

對酒傷離別。笑天涯、風塵泱漭，甚時休息。

梁苑鄒枚陳迹杳，空見銅人淚滴。只我獨、浮踪蘋末。又逐春明尋舊夢，數平生、儘把江南憶。腸斷句，問啼鴂。　頻年王粲樓頭客。喜今朝、城南小住，亭鄰接葉。剔蘚尋碑題句在，於此安排酒窟。好商略、琴尊小集。聞說江郎瀟灑甚，有新詩、待寫郵亭壁。花徑掃，佇明月。

減字木蘭花　己巳上巳禊集

春波縐笛。醉倚瓊筵歌昔昔。彈指芳華。幾度江南正落花。　氍毹貼地。小部霓裳宮律細。絲竹羣賢。絶勝蘭亭修禊年。

粉蝶兒　題崑山戴軼萬尊人遺像並所繪粉蝶紈扇合册

磐石清陰，松風乍飄襟袖。是當年、玉山耆舊。寄閒情，拈玉蝶，醉吟仙句。更流傳，丹青粉香消瘦。　齊紈小製，紛飛淺苔鋪繡。似蒙莊、悟禪參透。畫圖中，猶省識，使君眉壽。詠清芬，遺縑小詞題彀。

壽星明　壽吴九珠六十

閒裏吟身，如君瀟灑，望若神仙。儘平章風月，豪情蓋世，跌宕詩酒，美意延年。朝士貞元，詞人南渡，吴下邱園見此賢。秋光好，正金罍浮菊，瓊斝開筵。　蹁躚。舞綵庭前。看驥子、龍孫瓜瓞綿。更香山社集，新圖記取，竹林標格，佳話流傳。杯底滄桑，橘中棋局，都付無懷與葛天。疏狂甚，笑句裁點纈，頌晉增川。

減字木蘭花

金昌亭畔。舊日青青楊柳岸。鬭盡腰支。蝶亂花飛又一時。　消愁無地。絲竹中年非早計。烏帽紅裙。細撥湘絃訴與君。

其二

柘枝舊譜。時樣新翻渾脱舞。大道朱樓。結客千金龍頷侯。　銷魂一餉。馬上箜篌彈不響。春去遲遲。只有秦時明月知。

浣溪紗　題朱鑑波月波樓圖卷

一桁疏簾月似鈎。波光涵影盪清秋。依稀人在水明樓。　紋簟夢回涼景逗，鏡匳開處澹雲流。幾時照盡古今愁。

壺中天　壽王仁山六十

晚楓紅了，又庾梅乍逗，先春消息。紫蟹黄橙千日醉，況展千齡瑶席。酒陣清狂，詞壇雄覇，亂擘吟箋直。霜髯飄灑，座中輝映南極。　争道喜氣充間，烏衣眉嫵添，畫屏風筆。是日仁山嫁女。五嶽雲山尋夙約，安頓芒鞋桐笠。赤壁磯頭，當年坡老，雅與公儔匹。小詩成否，有人吹起腰笛。

江城梅花引　舊作《五百梅花草堂歌》有『春風吹出江梅引』之句，霜厓既屬和，復拈此調見贈。於是湖帆爲製圖，爰賦是解，再徵同人和

疏香澹月透窗紗。對梅花。寫梅花。笑指畫圖，影裏是吾家。身是草堂花下客，錯呼我，主人翁、且任他。　任他。任他。住爲佳。

泛酒槎。吟豔葩。夢也夢也，夢不盡、仙蝶生涯。好約烏巾，白袷賞芳華。世有方平吾願學，麟脯熟，訪麻姑、看海霞。霜厓詞先成，涉及仙壇故事，故云。

鷓鴣天　夏日村居雜興

雨後山光青到門。一灣流水自粼粼。洞涇橋畔收漁網，幻住庵西邀酒人。余家舊居洞涇之雁宕村，幻住庵亦其地古蹟。　閒把盞，對斜曛。秋來晴雨細評論。教蒸芋栗供香飯，更劚籬邊黃獨根。

其二

曉起開門聽鳩鶗。一天忙過夕陽西。牆頭醬瓿防侵雨，屋後糟牀新蓋泥。　經署彴，度前溪。村南村北稻花齊。老夫不解農桑譜，閒與鄰翁談義熙。

其三

艇子瓜皮繫短篷。桔槔聲裏小橋東。低田戽出分龍雨，隔岸吹來舶棹風。　山水綠，夕陽紅。門前磐石柳陰濃。黃花魚美村醪熟，自採青荷製碧筩。

洞仙歌　擬坡仙詠蜀王昶與花蕊夫人避暑摩訶池事

銀牀冰簟，隔秋千庭院。水面風荷半淩亂。問宵來、上苑月色誰多，依約見，人在摩訶池畔。　玉京何處是，吹徹瓊簫，漏閣沉沉倚簾幔。一曲小秦王、和夢含煙，渾難辨、新詞舊爨。解道是、歡情屬天家，也省識年時、畫欄凭倦。

壺中天

費韋齋惠贈江弢叔、沈四山人、劉梁壑三先生合集，因次其《歸實齋集》題詞原韻答謝

縱橫排奡，仗詞源三峽，一枝椽筆。此意蕭騷千古事，開卷照人顏色。流派江西，瓣香南渡，秀句憑誰憶。豐城芒吐，一時吳下詩客。　想見鷗夢尋盟，江湖載酒，吹裂桓伊笛。千載垂虹橋畔路，幾箇三高儔匹。斫地狂歌，倚天長嘯，都化鵑魂碧。清愁無那，片雲飛墮吟席。

水調歌頭

滄浪亭

不著阮公屐，最是近遊宜。此地水竹掩映，魚鳥靜忘機。長史當年遷謫，買取清風明月，留得壁間題。棋局問興廢，賸有石枰知。　半池荷，一溪柳，小亭欹。濯纓人去，空自倒影浸漣漪。詞客城南幾輩，勝事歐梅誰繼，請誦漫堂詩。大好岸巾角，坐憩夕陽西。

六州歌頭

過淮張故宮遺址

江淮萬派，吳會控東陲。人文藪，清嘉地，廢王基。子城西。終古餘殘照，一彈指，滄桑感，遺壘在，荒湮没，霸圖非。梧井槐街，咫尺昌亭路，空聽鵑啼。枉崇樓碧瓦，聳翠與雲齊。黄葉風吹。不勝悲。　念爭劉項，戰芒碭，中原事，正驅馳。南下策，偏安耳，負金兒。詫降旗。俄忽蕭牆變，七姬殉，十郎夷。猿鶴淚，蛾眉刼，亦雄奇。從古興亡多矣，論成敗、信史猶疑。任昏鴉暮柳，轉眼鞠塵飛。裙屐酣嬉。

以上《雁村詞外編》

西子妝 西湖

晴舸拍波，暮山宿靄，勝景西湖如畫。斷紗曾浣若耶溪，泛鴟夷、靚粧驚乍。偏宜淡雅。指夕照、南屏未下。更絲絲，襯綰人隄柳，琳宮紅瓦。　閒亭榭。一帶西泠，向負風月慣。六朝煙雨不關愁，唱竹枝、酒邊還訝。興亡代謝。算牽罣、臨安餘話。訂前期，待把襟痕細寫。

見《六一消夏詞》

紅林檎近 汪旭初寄示社作，遂亦繼聲，題其後湖看花圖卷，依清真聲韵

汀草青黏絮，澗花紅送香。載楂下蘭槳，劃波泛銀塘。半湖螺鬟浸影，岫翠亂撲船窗。黛色染就宮妝。金粉話鶯篁。　珥筆駐上國，

題壁滿江鄉。清狂賀老，輸它詞客游梁。待櫻花開過，櫻桃綻了，櫂歌一曲歌且觴。

見《同聲月刊》一九四一年一卷六期

風入松 乙亥九日，怡園樊少雲席上，聽莊劍丞彈琴

篆煙漾碧碎花陰。簾押晝沈沈。天風吹墮湘雲曲，倩清商、邀下仙禽。盡日罘罳庭院，高秋山水清音。　鞠通瘦損歲駸駸。人物幾華簪。銀牀飄斷梧桐影，怪游筇、也倦登臨。何事一襟幽抱，泠泠寫入琴心。

見《同聲月刊》一九四一年一卷九期

水龍吟 碧鳳坊適社，舊爲同人觴詠之所。十餘年來，詞流雲散。九珠、艮廬諸君，墓皆宿草，霜厓且客死滇南。王子欣夫感賦是解，郵書寄示，

觸我山陽鄰笛之悲。輒次來韻，泫然有作

幽花小巷斜陽，秋來燕子無人省。舊尋詩處，蒼苔緣砌，碧梧飄井。選勝曾來，而今何意，孤鴻弔影。自詞仙去後，梅邊笛韻，問誰有、心情領。　消受芳辰酩酊。酒初闌、夢魂催醒。幾番回首，琴尊高會，年時光景。蓮葉分題，瓊巵醉倒，清狂恣逞。甚黄壚猶在，花間一霎，換滄桑境。

前調 東齋感舊，用前韻

園林一角虛廊，分茶韻事堪追省。掃苔捫石，低徊多少，敗池廢井。散策遊蹤，題襟舊句，淒迷塵影。對殘荷衰柳，傷秋情味，儘拚向、風前領。　多病長辭酩酊。茗甌涼、詩魂未醒。騷壇筆陣，匆匆都付，桑田短景。說甚興亡，淮吳故壘，當年雄逞。步溪橋悵望，故人今日，謂東齋。隔紅塵境。園有王廢基，淮張故壘也，溪橋本事見《醉唱集》。

以上見一九四二《同聲月刊》二卷十期

蔡瑩

菩薩蠻

萋萋芳草天涯路。緑楊影裏斜陽暮。重試晚來妝。新添淚兩行。　畫樓人似玉。獨倚闌干曲。盡日繡簾垂。門前馬又嘶。

前調

緑窗舊夢依稀在。笙歌此夕知難再。明月最相憐。照人缺復圓。　畫船來似織。春水年年碧。載得薄情歸。桃花紅滿枝。

滿庭霜

潮落寒江，帆迴遠浦，西風吹動愁思。年華過眼，催取鬢成絲。衣袂緇塵怕染，正秋後、老圃菘肥。徘徊久，風輕月淡，還記出門時。　予懷今渺渺，棲雅萬點，揀盡寒枝。又暮笳哀怨，殘堞低迷。收起尋常涕淚，傾杯勸、沈醉休辭。無窮意，天涯極目，冉冉碧雲飛。

山花子

暝色沈沈宿鳥歸。晚涼微透薄羅衣。回首雲山千萬疊，夢魂飛。　江上有帆皆過客，樓頭無日不斜暉。暮暮朝朝朝復暮，獨徘徊。

菩薩蠻

娟娟新月如人瘦。宵深漸覺輕寒透。花影兩三枝。依依不忍離。　藥鑪煙自裊。殘夢催歸早。幽恨問誰知。淚花紅在衣。

高陽臺　與陳匪石世宜聯句

煙鎖遥山，雲横斷岸，望中一片低迷。瑩。慣駐花驄，啼痕尚涴征衣。石。長隄不障東流水，更休論、逝水重歸。瑩。算年年，飄盡香棉，依舊楊枝。石。　從今羞對桃花面，縱珠簾盡捲，紅豆誰貽瑩。曼舞清歌，石。忽忽都付斜暉。瑩。生花便有江郎筆，石。萬斛愁、怕被春知。但憑闌，目斷天涯，瑩。草長鶯飛。石。

調笑令

清絕。清絕。一片溶溶夜月。美人吟就新詩。訴盡經年別離。離別。離別。一寸芳心千折。

齊天樂 月夜

秋容萬里明如鏡，開尊自邀明月。玉宇天高，金槃夜冷，鈎起閒愁千疊。浮雲未没。甚留得清光，照人離別。待下銀鉤，孤燈相對更淒絶。　年光流水暗省，記團欒笑語，三五時節。夜靜更闌，香銷酒醒，一片情懷難説。纔圓又缺。問燈火誰家，玉簫吹徹。怕到明朝，雨檐鳴寸鐵。

浣溪紗

風漾微雲去復回。一丸明月笑相窺。有人花下獨徘徊。　漸覺初秋涼意透，不知何處玉笙吹。新愁應在夢成時。

菩薩蠻

小樓一夜東風暖。韶光九十輕輕换。春已到天涯。重開陌上花。　雲鬟慵未整。羞對菱花鏡。還望鯉魚來。江頭潮又迴。

前調

畫屏錦帳燒銀燭。殷勤重把歸期卜。何日更相逢。燈花昨夕紅。　夜寒春意淺。莫任珠簾卷。天上月初圓。高樓人未眠。

蝶戀花

莫問春光何處去。落絮飛花，不是無情侶。歲歲東風紅滿樹。連天荒草江南路。　垂柳千絲低繡户。盡日高樓，簾幙深深處。午夢醒來無意緒。梁問燕子雙雙語。

鷓鴣天　游九溪十八澗

九曲寒溪宛轉通。臨流閒聽玉琤瑽。片雲過處匆匆雨，斜日歸來樹樹紅。　峯遠近，路西東。晚風聲裏送疏鐘。游人去後山容寂，野草幽花綠幾叢。

採桑子

畫堂南畔尋常見，閒弄箏絃。暗數華年。長記窗紗月影圓。　當年應悔輕離別，紅淚偷彈。好夢驚殘。翠被熏香各自寒。

惜紅衣

野渡横舟，荒村向夕。舊游重歷。歲晚天寒，疏林戀斜日。歸來倦羽，休再問、頻年蹤跡。漂泊。流水斷橋，探鷗邊消息。　西風正急。

獨弔蒼茫，浮雲黯西北。長安路迥望極。亂山隔。駿骨總憐塵土，一帶草枯燐碧。歎避秦何處，閒閱一籬秋色。

憶舊游

正庭階葉滿，屋瓦霜封，曉起驚寒。一夜西風緊，賸枝頭三五，饑雀聲乾。凍雲半掩初日，雪意已漫漫。念好景無多，殘年易盡，獨倚闌干。　山川。鎮依舊，只野哭千家，處處烽煙。平地龍蛇起，甚淮南仙去，雞犬雲間。局終慢惜柯爛，回首望長安。歎冷落江南，嶺梅未拆春意慳。

南歌子

細雨梅花落，春風燕子來。對鏡理瑶釵。寶奩塵漸滿，爲誰開。

前調

巧笑陽城惑，回眸下蔡迷。宋玉託微詞。高唐雲雨夢，至今疑。

洞仙歌

吴江楓冷，對餘霞紅處。渺渺渌波載愁去。賸長堤冷落、衰草淒迷，憑認取，一片斜陽荒渡。　尋秋無限意，斷浦迴舟，只有寒潮自今古。贈遠折蘆花，幾度西風，也曾念、沙邊鷗鷺。聽日暮、漁歌勸歸來，又雙鬢新添、霜華千縷。

浣溪紗　花朝前一日作

萬紫千紅著意嬌。東風吹暝賣餳簫。百花生日是明朝。　錦樣年華原似夢，晚來心事又如潮。一春禁得幾魂銷。

前調　代人題畫

暮色蒼茫接翠微。山居盡日掩柴扉。偶然客至話依依。　苔徑緑留高士屐，霜林紅染野人衣。白雲深處鶴應歸。

臨江仙

細雨輕寒今夜，珠歌翠舞當年。東風三月豔陽天。茶香春夢後，鬢影落花前。　不語低頭思遠，宵深一樣衣單。清光不忍照人圓。小窗孤燭在，曾記照離筵。

浣溪紗　戲集《飲水詞》

滿地梨花似去年。烏衣巷口緑楊煙。難拋往事一般般。　若問生涯原是夢，相看好處卻無言。倩魂銷盡夕陽前。

其二

莫問千秋萬歲名。古今幽恨幾時平。空將酒暈一衫青。　已是深秋兼獨夜，那堪孤枕夢邊城。北風吹斷馬嘶聲。

其三

睡起惺忪强自支。怕聽啼鴂出簾遲。屏山幾曲篆煙微。　半世浮蘋隨逝水，一春幽夢逐游絲。斜風細雨正霏霏。

其四

淚浥紅箋第幾行。羅衣不耐水沈香。落梅横笛已三更。　便是有情當落月，似曾相識只孤檠。更從何處著思量。

蘇幕遮　莫干山道中

斷雲飛，游屐滑。驟雨初收，處處青山濕。翠竹千竿濃欲滴。蟬曳殘聲，度晚風斜日。　路迢迢，人寂寂。獨自歸來，魚鳥還相識。馬足車塵忙未歇。此夜微涼，看舊時明月。

以上《比玉詞》

玉樓春　丁卯除夕

銀旛綵勝玲瓏剪。蜜炬光騰紅照眼。强書吉語擘蠻箋，自酌流霞傾玉盞。　一年到此休愁短。坐待曉鐘更漏緩。東風消息在梅花，明日枝頭君試看。

浣溪紗

雲幕椒房近至尊。五侯上客逐時新。九衢塵暗盡朱輪。　門外緑楊朝繫馬，樓頭紅燭夜迎人。千金一刻鳳城春。

泛清波摘遍

風輕五兩，日暖層波，單舸渡江春正好。亂鶯三月，眼底韶光漫驚早。河陽道。緣堤冉冉，臨水萋萋，争信斷腸青未了。樹色山光，賺得行人淚多少。　彩雲渺。歡意半隨逝流，綺思尚縈香草。知否腰圍漸寬，漸無人曉。素書杳。淮上夜月依然，遼西夢魂難到。錦字回文自織，鳳鸞顛倒。

漁家傲

江上愁心誰賦怨。蘭舟催發心留戀。小語丁寧千萬遍。離懷亂。游絲拂面垂楊岸。　莫道別來情意換。夢回每苦良宵短。枕上淚痕紅未涴。天不管。簷牙月墮雞聲遠。

踏莎行　己巳元夜

帷帳淒迷，釵鈿零亂。愁羅恨綺無人管。相思猶識夢中程，單衾如水銀荷燦。　遥夜誰憐，流年暗換。六街燈火春光滿。鄰家兒女踏歌歸，多應未識人間怨。

荷葉盃

星月摇摇欲墮。語我。昨夜幾時回。開衾滅燭待君來。該摩該。該摩該。

江城子

催絃促桂説相思。齒編犀，黛眉飛。風清月皎、何事不雙棲。歌罷殷勤將進酒，回笑靨，使君迷。

菩薩蠻

回宵爲晝貪歡適。朱唇玉貌鐙前出。纖指十三金。要君知此心。　曉風將夢去。不爲行人駐。休怨汝南雞。明朝日又西。

鷓鴣天

殘月當門五報更。簾烘樓響怯將登。長疑好事皆虛事，道是無情卻有情。　增惆悵，惜娉婷。當時一晌悔牽縈。雲飛雨散知何處，萬户沈沈怨不平。

醉春風　和得全居士韵

停鐙蠟淚瑩。開簾花弄影。歡情纔接又輕分，恨。恨。恨。盡散行雲，頓消殘夢，月高風冷。　帶緩非干病。妝慵留宿粉。賺人莫再怨虛名，悶。悶。悶。千種思量，百般惱亂，那知心困。

浣溪紗

莫遣穠華委逝川。芙蓉塘外曲江邊。潮平汀漲待回船。　水鳥銜波來又去，荷珠拂櫂碎還圓。東西南北唱田田。

采蓮子

日暮維舟曲水濱。舉櫂。柳邊沙外見情人。年少。　藕花菱蔓牽難斷，舉櫂。眼尾眉叢笑帶顰。年少。

隔浦蓮近拍

吴波涼洗暮沼。緑水人家遶。雨霽游魚戲，荷錢密，蓮舟小。齊唱歸去好。移雙櫂。笑語聲猶裊。美人渺。垂楊舞處，還餘如縷殘照。羈情遣來，信步欲忘昏曉。孤影臨流但自笑。重到。年年塵土催老。

西江月

莫便教猱升木，直令畫地爲牢。也知佛出不能逃。何妨癡頑一老。　此日伶俜須忍，異時氛祲全銷。長纓只待繫天驕。黑夜漫漫復曉。

訴衷情

江尾千里潮又起，晚風柔。人定後。隨柳繫蘭舟。咫尺對汀洲。回眸。橫波相向流。恨悠悠。

訴衷情近

酒醒晝永，小閣餘寒自在。收春猛雨纔過，遮日片雲久滯。恰是倚闌時候，怎忍凝眸，對此閒愁起。　心千里。歷歷遥山遠水。馬蹄輕送，那解行人意。沈吟際。舊歡恐負，新知苦淺，萬般情味。併作相思淚。

菩薩蠻

寒蟾脈脈辭長夜。風窗蠟淚千行瀉。曙色上來遲。卷簾霜倒飛。　城烏啼不起。馬足仍千里。關塞一程程。催人殘角聲。

玉樓春

明波淺黛臨妝鏡。艷笑逢迎應有恨。妾懷如結不曾開，君面未秋何意冷。　高樓漸與黄昏近。月暈鐙淒風力緊。人心易變比浮雲，一霎陰晴渾未定。

留春令 補題欣夫學禮齋餞春圖

畫中依約，寫來猶記，隔年情味。但願長如柳青青，問今日、春歸未。　去住應憐無好計。戀江南千里。望裏難禁九回腸，又撲面、楊花起。

浣溪紗

吹落城頭斷續笳。淒然回顧暮雲遮。江流盡處即天涯。　經亂心情同止水，倦游意緒問棲雅。逢人羞説未還家。

蝶戀花

昨夜東風吹夢斷。歸計未成，使我心中亂。飛入舊巢梁上燕。輸他來去無拘管。　辛苦休憐衣帶緩。已忍伶俜，往事思量徧。回首長安天樣遠，孤城落日何人見。

南鄉子 發香港

飛鳥遠，落霞明。征帆出没逐雲行。向晚微風吹浪起。韡文細。海月流天光在水。

浪淘沙

浩浩平沙水接天。千淘萬漉不知年。休愁後浪高前浪，自有前船待後船。

鷓鴣天

鈿盒金釵兩地分。拗蓮爲寸麝成塵。恩情已付長流水，聚散還同不定雲。　深斂恨，淺含顰。關心最在酒初醺。如何滅燭休燈後，又作襄王夢裏人。

醉妝詞

者邊走。那邊走。合落他人後。那邊走。者邊走。没個長相守。

采桑子

停辛佇苦朝和夕，往事淒迷。坐想行思。上馬離家不自知。 非關艷曲聲難轉，不似當時。只怨歡遲。月落高堂燭已微。

楊柳枝

嫋嫋依依屬阿誰。有人歡笑有人悲。殷勤譜得新翻曲，可是前朝舊柳枝。

減字木蘭花

鏡鸞易老。妾有嬌蛾君待掃。未減鉛華。但願年年貌似花。 舊盟長記。白日在天光在地。不信來遲。便問旁人那得知。

長亭怨慢

壬午之春，欣夫、蒙安各爲《長亭怨》，曲詞並俊美。白石此作，借柳起興，雖託意何在，難以情測，而響逸調遠，音殊淒楚。予諷吟衆製，率意繼聲，家無小紅，不知音節有合否也

甚回首、連大飛絮。悄換東風，緑吹庭户。倒柳垂絲，爲誰摇曳尚如許。一春過了，都不管、花辭樹。 送别也尋常，憶故國、淒涼無此。人暮。對浮雲百變，只怨去程難數。相思最苦，算離合、一生輕付。便日後、好好重來，又零落、殘條無主。但老了秋娘，歌斷年年

金縷。

踏莎行

過眼鶯花，接天風絮。驕驄嘶向誰家去。斜陽煙柳不多時，有人還在高高處。　玉几金牀，瑣窗朱户。如何作事今番誤。烏頭馬角自年年，憐他人夢無歸路。

祝英台近　和欣夫

硯生塵，箋褪色，斷闋尚慵賦。幽怨無端，把管向誰訴。憶從南渡倉黃，西遷留滯，説不盡、傷心無數。　悄延竚。憑闌目送秋光，征鴻自來去。潮打空城，應迷舊時路。可憐歲月無情，江山似畫，總付與、滿城風雨。

拜星月慢　和欣夫

倦容情懷，黄昏時候，悄立風庭月院。不道高寒，隔浮雲難見。對良夜，但惜、鐙昏燭灺光冷，舞歇歌沈人散。悄掩重門，伴沈沈更箭。　夢初回、尚宿荒江畔。君知否、到處啼鵑亂。最是往事難追，數山川都换。縱憑高、倦入愁人眼。空城送、戍角增悽怨。者次第、欲寫閒愁，覺回腸百轉。

浣溪紗

宿雨初晴喧暮禽。餘霞明處散春陰。夕陽雖好怯登臨。　縱使江潮真有信，也應心事負而今。傷高懷遠費沈吟。

其二

十里横塘一葉舟。當年携手許同游。恩情莫

付水東流。已見荒條吹暖絮，那知明月上高樓。斷腸争忍不回頭。

其三

眉點春山髻綰雅。水光還映臉邊霞。盈盈香汗濕輕紗。遥望煙波分桂棹，旋聞笑語隔荷花。莫教紅日便西斜。

竹枝

江流自古竹枝向東來女兒。那有風波竹枝灔澦堆女兒。唱到竹枝竹枝心已亂女兒，問君西去竹枝幾時回女兒。

菩薩蠻

好天良夜家家見。當歌對酒情何限。羅幔笑春風。可憐誰與同。車輪長日轉。馬足何由絆。千里去無常。到頭還故鄉。

卜算子慢

江鄉別後，花信换時，日日待春來晚。獨倚危亭，便有絮塵遮面。回眄。覺牽情柳帶長懸眼。縱舊約能償，忍説人間容易分散。靜鎖閑庭館。奈好事而今，隔簾天遠。不盡思量，怎肯翠尊辭滿。愁遣。算魚書雁札、經年斷。又那得、相逢萬一，共伊行再見。

洞仙歌

開簾送月，總不成歡意。看到殘陽便多事。念經年病榻、盡日高樓，渾未省，换了一番塵世。人生無再少，怕説承平，華髮星星已如此。作計遣孤懷、萬里風埃，且莫問、安愁何地。但獨抱、大涯歲寒心，任淺醉閒眠、重門須閉。

蝶戀花

鼉鼓沈沈壺水咽。鐙火早收，漸入愁時節。擣麝餘香那得滅。可惜歸來，白首天山雪。夢裏恒啼悲未洩。恩情敢説中途絶。

浣溪紗

慷慨憂思對酒歌。沈吟但覺月明多。南飛烏鵲竟如何。世事長如雲過眼，廿年兩見海揚波。天心萬一厭干戈。

清平樂

胡騎馳突。塵土迷金闕。北望中原依落日。野老江頭嗚咽。長纓爲繫天驕。冥冥氛祲

全消。一夜捷書傳遍，將軍只數嫖姚。

浣溪紗

小出城西路轉賒。鐙花紅欲上窗紗。六街人静一停車。莫道黃金容易盡，還愁明月等閒斜。尊前更不負年華。

以上《睡禪詞》

以上《味逸遺稿》卷二

前調　題右帖齋臨《書譜》卷子

崔杜蕭羊久失傳。鍾張羲獻亦難言。得魚獲兔棄蹄筌。使轉縱横存骨氣，權宜變化泯方圓。隋珠和璧不同妍。

望江南　題雲窗校律圖

修清課，窗外白雲深。淡墨谿山存遠致，聲家

妙譬耐追尋。把卷一沉吟。

南鄉子 擬稼軒

惜取百年身。如此風光不再春。快意黃金須散盡，埃塵。結得相知好報恩。何用此頭巾。我亦辭家欲出門。大笑仰天卿莫問，蘇秦。富貴功名始作人。

以上見《睡禪詞》單行本

瑞龍吟

青溪路。長記樨柳抽條，雜花生樹。清游曾約花驄，繡鞍重解，春歸甚處。漫回竚。還識畫檐蛛網，舊時庭户。高樓咫尺天涯，勸人惟有，流鶯自語。風度。脂香吹下，晚妝初了，霓裳催舞。贏得滿衿啼痕，斑漬如故。輕憐細惜，誰寄想思句。銷魂地、旂亭喚酒，板橋聯步。過眼行雲去。好天良夜，翻牽恨緒。青鬢添霜縷。空自戀，無情江南煙雨。忍看鎮日，落花飛絮。

見《約翰聲》一九三五年四十五卷

蔡寶善

滿庭芳 秋海棠

簾鎖殘秋，階籠碎錦，嫩寒静掩重門。新抽鈿朵，憔悴晚煙痕。多少愁蛾蹙損，謾贏得、珠淚紛紛。闌干外，飛霞數點，沈醉默無言。銷魂。看此際，清含黛淺，嬌襯脂勻。悵秋心，玉砌一縷猶存。賴有霜娥護惜，新妝俏、隨處撩人。涼蟾照，銀屏倩影，幽絶伴黃昏。

解珮令

春盡無俚，適有騎省之戚，篝燈譜此，不自知其音之悲也

梁間燕語。門前柳絮。最無聊、春隨人去。聽遍嘑鵑，只贏得、落紅如許。一程愁、一程風雨。　玉人何處。淒涼情緒。枉惆悵、華年金縷。怨淺恩深，便夢也、荒唐無據。認曹騰、半簾香霧。

踏莎行

楊柳樓臺，梨花院落。春光蕩漾將愁作。海棠依舊病懨懨，一簾紅雨春陰薄。　心比桐枯，身如蕙弱。琴邊空負當時約。燕翎慣繫斷腸箋，惜花可奈東風惡。

菩薩鬘

杏花樓上春衫薄。茜裙香壓秋千索。裙衩繡芙蓉。泥人小院風。　盈盈堪掌上。鸞帶和煙颺。嬌喘細疑沈。靈犀一點心。

前調

碧梧吹墮涼蟾影。天階零露深宵冷。清霧不分明。玉人釵半橫。　素馨香滿院。錯把西風怨。低語喚雙鬟。花陰何處乾。

虞美人

嫩雲鎖夢因秋怨。寂寞閒庭院。芙蓉瘦怯晚涼天。消受露華如水、月如煙。　寒蛩冷蝶知多少。逗出秋光好。也知憔悴怕禁秋。爭奈風風雨雨、釀新愁。

滿江紅

玉宇無塵，秋正在、廣寒宮闕。薄寒峭、闌干

微倚,素肌先怯。塞雁歸遲空悵惘,寒蛩唬冷猶嗚咽。認朱簾、一抹小樓邊,千重隔。　香霧重,雲鬟溼。嬌欲語,愁無力。看玉繩低轉,碧天無極。似此心情原惝恍,爲誰風露中宵立。更花陰、深處月來遲,西風急。

百字令 亡室忌日作

荀幃香斷,想當年此日,珠沈玉碎。一別無端經兩載,此憾綿綿難已。冷月無聲,明河有浪,魂去應歸矣。零星前事,不堪今日重記。　爲問迢遞黃泉,深閨弱質,風雨誰相倚。成佛生天都縹緲,畢竟卿歸何地。銀燭灰殘,翠衾熏冷,淚雨空凝睇。金釵鈿合,此生癡願難慰。

南樓令

涼院碧雲天。秋光絕可憐。莽西風、吹損池蓮。寂寞梧桐疏雨過,深院閉、鎖秋千。　舊事總淒然。新愁特地牽。悵南樓、夜月空圓。夢裏不知人事改,情話處、尚纏綿。

菩薩鬘 舟次許灣,別吴蓮孫

垂楊陌上垂金線。扁舟怕遣離人見。春水碧於羅。奈他雙槳何。　孤篷同聽雨。暫得江頭聚。明日別君還。千山與萬山。

金縷曲 春莫薄病,感事懷人,悵然有作

又送春歸去。看連朝、紅愁翠慘,峭風零雨。手把詩篇思往事,悽斷文園情緒。尋舊夢、荒唐無據。不樂崔駰因底故,倚東風、悵惘和誰

語。腰瘦盡，竟如許。　行雲流水茫無主。惹吾儕、坐愁行悵，鬢絲千縷。我有長康癡絶病，浪費清狂舊句。　漫道是、英雄兒女。悟徹繁華多少事，證禪心、明鏡菩提樹。　一任爾，戀泥絮。

其二

清怨茫無極。掩疏櫺、悄然孤坐，蕭然四壁。黯淡銀河燈穗小，何處玉簫聲急。莫重問、華年錦瑟。二十五絃彈夜月，譜離鸞、一一聲凄切。悲往事，恨填臆。　此情可待成追憶。莽茫茫、青天碧海，魂歸何日。孫楚詩章潘岳賦，削草於今盈尺。都賦與、凄涼詞筆。夢贈蘅蕪香滿袖，最銷魂、繐帳人癡立。風露冷，佩環濕。

其三

雲想衣裳冷。卷湘簾、溟濛樓閣，迷離花影。清夜無塵天氣好，霧重露涼風緊。況又是、荼蘼開盡。滿院蟲聲春意暖，倚闌干、忽憶從前景。人不似，那時俊。　十年癡夢由他醒。怎纏綿、朝朝清淚，此中溢鏡。十丈軟紅千里別，一樣飄蓬斷梗。欲喚起、彩雲相問。舊約湖州終負汝，到如今、凡事從天定。憑汝去，污泥濘。

其四

把酒愁無際。忽思量、平生親愛，天涯知己。新染京塵吴璆與沈兆祉，一別可堪千里。最惆悵、緑波春水。東去大江淘日夜，望匡廬、仿佛寒雲裏。引領切，思去予季。桂念祖。　雞鳴風雨嗟如晦。最難忘、多愁季重，沈痾初起。錦樣年華才似海，爲底者般憔悴。算與我、窮愁相似。吴亮勳。讀史談經佳聚好，醉東湖、花月諸君子。狄祖年、李結、邵召、孫澄清、吴貞懿。孤寂甚，剩吾耳。

其五

莫問窮通理。但而今、世途冷眼，相逢人鬼。棘枳楩枏渾莫辨，薄俗從來似此。又况是、多才多忌。漫説青衫淪落甚，慰無聊、幾卷唯書史。枉食盡，蠹魚字。　悲歌慷慨非無謂。儘無端、呼牛喚馬，聽之而已。飽死侏儒臣朔餓，從古作成此例。問何物、容吾睥睨。一醉從他三十日，絶冠纓、大笑空餘子。知我者，復誰是。

其六

倚劍看星斗。步中庭、撫膺長嘯，仰天搔首。清夢如煙年似水，一任人呼負負。欲勸爾、長星杯酒。大廈崇臺俄頃耳，享榮華、莫問纍纍綬。齊物論，效莊叟。　太元奇字今何有。便無聊、著書立説，恐終覆瓿。韓柳文章班馬賦，也算吾曹不朽。祇落得、雌黄人口。東海魯連天下士，任黄金、百鎰懸諸肘。長揖謝，是吾偶。

如夢令

小院鶯嬌花困。風颺柳絲不定。又下雨廉纖，娥月半含清暈。沈悶。沈悶。煙瘦香銷人病。

虞美人

碧虛風靜金猊冷。蕉院舒清影。晚來獨自掩重門。無那一天涼雨、沁詩魂。　春風詞筆都非故。莫誦高唐賦。酒醒清淚滿征衫。記得落花如夢、怨江南。

浪淘沙　東坡詞有『墻裏佳人，墻外行人』之句，偶感於心，遂有此解

艾納冷梅魂。綠盡苔痕。銀魚風細玉杯春。一桁秋千垂綵縷，墻裏佳人。　幽怨付金尊。悽絶朝雲。小桃花下酒猶温。何處天涯不平惆悵，墻外行人。

玉蝴蝶　聽吳歌有『卅六鴛鴦繡並頭』句，因仿其意以成此詞

十里鴛湖清月，藕花香處，瓜艇初浮。好趁新涼，雙槳摇過蘋洲。襯雲鬟、素馨釵朵，倚清歌、白玉箜篌。惹新愁。南朝舊曲，夜夜清遊。　綢繆。芙蓉袞衩，鴛鴦卅六，豔絶雙鉤。密意深情，翠尊頻勸一停眸。最銷魂、纖袿微露，更惆悵、紈扇禁秋。漫夷猶。銀塘歸去，煙重波柔。

浪淘沙　秋眺

憑眺晚風前。雨漲江煙。蘆花吹雪白鷗閒。一種幽懷言不得，悶也天天。　流水下前川。送盡華年。舊游新約兩難圓。今夜嫩寒應有夢，知到誰邊。

采桑子

銀蟾玉砌鋪花影，才怕黃昏。又是黃昏。一樹梨雲冷閉門。　風簾蕩漾鈎聲細，香自温

存。衾自温存。瘦盡燈花欲斷魂。

露華 茉莉

冰姿皎潔。看翠襯瓊芳，素墜香雪。嬝娜淡妝，仙子初回瑶闕。玉釵試看微簪，點染鬢雲幽絶。撩人甚，扶頭醉醒，笑啓嬌靨。 荒唐舊事誰説。記碧玉芳魂，曾化冰纈。滿院露華如水，愁伴清月。祇恐不耐新涼，瘦損玉兒風骨。秋夢冷，西風又吹玉屑。

八聲甘州 適住岐展亡室墓，歸途賦此

繫扁舟古渡夜何其，清月瀉寒江。正停橈煙外，鷗眠沙白，雁唳葭蒼。水國蓼花都老，去迅惜年光。無限摧絃恨，一晌神傷。 疊嶂重巒深處，有淒涼坏土，瘞玉埋香。祇青山無恙，千古倚斜陽。渺天涯、清愁無際，又朔風、冷雨送歸航。銷魂甚、望來時路，一片昏黃。

高陽臺 題《瘞雲岩》傳奇

候館淒寒，銀櫳眷影，十年春恨如塵。淺拍低吟，含情爲弔香君。桃花人淚都成血，訴傷心、一一銷魂。倩誰將，絮果蘭因，喚醒癡雲。 獅江舊事空惆悵，恨接天烽火，淒斷分鴛。玉玦傷離，怱怱檀板金尊。飛仙已自歸環佩，瘞瓊枝、月冷燈昏。剩而今，法曲淒涼，哀怨誰論。

瑞鶴仙 題吴蓮孫亮勳《秋燈聽雨詞》

夜蟾窺露井。正鴛瓦涼凝、麝煤熏冷。秋聲聽淒緊。釀一點清愁，十年幽恨。銅荷燄燼。賦秋心、愁潘病沈。又蕭騷寒雨，重簾珠閣，夢回人醒。 重省衍波牋好，豆蔻詞工，斷腸

由恁。歸期未穩。早白了，庾郎鬢。悵天涯芳草，銷魂如許，當日歌筵莫問。擁金尊愁絶，雙鬟翠蛾淚迸。

齊天樂　寒夢

趾離曾記傳清吉，秋心倩誰低訴。密護熏櫳，愁欹鈿朵，半枕瞢騰何處。癡魂戀否。怕此別迷茫，被伊留住。十二巫雲，數重遮遍欲歸路。迢迢星漢萬里，似仙人紫玉，一平霎飛渡。最不分明，作去成惝恍，鬱鬱增人悽楚。含情最苦。鎮一去無痕，爈銷殘炬。未必重圓，翠衾烘淚雨。

前調　寒聲

釦階一夜啼寒蟀，梧桐又疏金井。瘦不關秋，歡原似水，高院清碪敲冷。吟情未穩。怪銀箭添悽，玉釵傳恨。待喚雙鬟，又愁花外玉簫緊。蕭蕭霜葉滿院，把簾鉤觸處，幽怨誰省。病鶴飛遲，哀鴻唳急，添得無窮淒韻。清宵況永。正思婦無眠，倦欹山枕。凍雪琮琤，峭寒空自忍。

前調　寒笛

十年癡願真無奈，荒唐舊情誰記。甚處清歌，今宵凍合，玉宇瓊樓何地。翠篝怨倚。悵紫玉聲聲，箇人天際。帳冷燈昏，爲誰消受此情味。悠揚三拍乍歇，有千愁萬恨，揮盡清淚。朗月傷離，金尊怨別，千古淒涼如此。餘音變徵。正夢冷闌干，可憐憔悴。聽和伊涼，玉關人萬里。

前調　寒柳

數重煙樹籠愁靄，斜陽又添淒黯。擊馬誰家，成村幾處，古渡寒鴉啼晚。離情未綰。悵搖落江潭，有人腸斷。漢苑荒涼，庾郎空自賦秋怨。　青青攀折已盡，歎章臺往事，腰瘦誰管。翠縷飄蕭，飛花糝碎，怕問歸飛燕燕。緇塵漫浣。更把酒銷凝，樓高望遠。界破情絲，落霞千萬點。

醉太平

山程水程。長亭短亭。半江煙樹空明。映遥天數星。　香銷淚盈。魚更雁更。打篷寒雨聲聲。正離人酒醒。

揚州慢　餞益之

茸帽欺寒，金鞭垂雪，玉簫誰唱當筵。向吟窗分袂，更淚灑離絃。記當日、停杯説劍，翦燈聽雨，彈指經年。數前歡、如夢清游，隨處淒然。　料君此去，賦離情、羈思堪憐。有十幅蒲帆，千重雲嶂，吟向愁邊。舊侶幾時重聚，銷魂甚、日斷江天。祇多情明月，他鄉應是同圓。

菩薩鬘　泊清谿

夕陽樓外烟初暝。林梢驀見蛾眉影。今夜泊清溪。板橋流水西。　醉謌憐獨客。歸夢江潮白。潮白曉星寒。愁人千萬山。

虞美人

落紅千點殘春盡。燕子窺儂病。無情風雨有情人。愁絶梨花和月、掩重門。　團圓好夢知誰共。愁壓眉尖重。多情楊柳薄情烟。争忍柔條攀盡、又搓緜。

高陽臺　重訪

水驛燈昏，山程月冷，望殘烟樹悽迷。繫纜垂楊，西風天際人歸。重來人似春前燕，盼雕梁、舊侶都非。枉孤他，深院尋芳，誰護香泥。　雲英何處蕭郎老，問蘭因絮果，鴛妒鶯欺。慧業玲瓏，十年嫩約堪悲。青衫不漬尋常淚，只模糊、影事休提。且安排，清夢宵宵，飛渡湖西。

金縷曲　題吴廣文璆秋林讀書圖

休矣吴夫子。問頻年、楚雲吴雨，竟成何事。十丈軟紅揮未得，衣袂京塵猶滓。空剩有、清愁似水。射策歸來遊興倦，卜幽棲、終日耽經史。長閉户，校奇字。　蕭騷木落秋深矣。望平林漠漠，蓼丹楓紫。密詠酣吟都不管，一片商聲變徵。渾忘卻、露殘霜始。我亦耽書有奇癖，倚疏狂、目早空當世。情貌冷，與君似。

菩薩蠻　宿湖上

十年清夢西湖去。今宵果到西湖住。月也似西施。秋生別樣姿。　溟濛湖上路。鐘梵沈煙樹。微雨湧金門。柳絲摇夢魂。

一萼紅　薄病經月，庭院海棠盛開，春事深矣。撫景惜時，以横竹寫之

倒芳尊。正嫩寒如水，薄病掩重門。小院花欹，曲欄柳嚲，是誰催醒真真。試新妝、曉鬟慵整，倚東風、嬌惰默無言。緑淺鶯欺，紅酣鵑妒，春瘦三分。　長記唐宫舊事，有鈴旛深護，月夕烟晨。銀蠟煎愁，翠牋封淚，思量無限銷魂。裊晴絲、流鶯低轉，𦢊漫天、花雨灑繽紛。莫聽玉簫新曲，淒怨難論。

菩薩鬘

嬌鶯絮絮留春住。鷓鴣苦苦催春去。去住總相思。深情人不知。　闌干遮夢遠。愁共春深淺。微雨濕清煙。香銷花可憐。

高陽臺　秋夜有寄

眉顰慵舒，胸春易碾，宵來淚滿羅襟。禁病禁愁，爲伊撩亂芳心。纏綿莫解丁香結，轉柔腸、寸寸難任。細思量，會少離多，怨淺恩深。　玲瓏紅豆憑誰寄，負春光如許，一息千金。路遠魂癡，夢回翠帳沈沈。檀奴已是腰肢減，添憔悴、何況而今。望歸來，錦幔時開，傳語青琴。

西江月　晚泊

昨夜明燈錦幄，今宵小艇荒村。淡煙疏雨畫愁痕。別是一般淒韻。　已分爲伊憔悴，何時與我温存。三分花事七分春。細數歸期將近。

前調

玲瓏心字香銷篆。春歸莫問梁間燕。燕子也長歎。憐伊將養難。　一燈煎短夢。夢裏愁偏重。長憶別離時。月圓花滿枝。

前調

朝來淚洗胭脂面。樽前不分猶相見。無語理殘妝。釵欹金鳳凰。　新歌憐昔昔。好景空尋覓。花外月如銀。柳絲飛到門。

曲游春　題楊課春女史繪春倦圖

茗椀消清晝，悵雨絲風片，愁緒如織。綰燕吟鶯，正輕寒微逗，杏花簾隙。眉黛縈春色。待分付、畫禪詩筆。只空贏、莫莫朝朝，鏡裏紅冰圓浥。　艷絶。闌干一平抹。漫卷上蝦

須，圓到蟾魄。似水春情，算鸚鵡聰明，替人曾説。點染吴綾尺。想釧重、舒衫無力。已是狼藉春歸，嫣紅慘碧。

國香慢　馬守真

孔雀庵邊。問繁華昔日，舞榭歌筵。同心試尋清友，竟體芳妍。冶葉倡條漫比，集裙屐、飛絮名園。笙歌醉瑶席，十萬名花，齊拜尊前。　豔情紅綫亞，任千金一擲，骨俠心仙。屧廊塵涴，湘浦人去堪憐。縹渺秦淮燈火，訴愁心、豪竹哀絃。忽忽佩環渺，一笑拈花，天上人間。

女冠子　卞玉京

曉鐘風定。忽忽香夢催醒。繁華如海，綺緣回首，莫問章臺，舊時風韻。冰絃聲正緊。話

到故宮遺事，淚珠圓迸。有當筵、詞客含涕，腸斷秣陵秋信。　殘棋一局消沈盡。正百劫歸來，好禮空王磬。慧心明鏡。寫法華千紙，血痕猶凝去。旃檀香已冷。只剩繡幢花雨，夕陽紅映。過蘼蕪山下，有人惆悵，錦林如錦。

三姝媚　李香君

空江桃葉渺。記徵歌秦淮，雲鬟嬌小。玉黯香溫，問酒邊燈下，綺情多少。鏡約釵盟，重記取、妝台雙笑。一曲春燈，十萬纏頭，衹令花惱。　惆悵秋江歸櫂。正唱徹琵琶，斷腸人杳。法曲淒涼，更故宮春夢，等閒過了。扇底燕支，留半幅、武陵殘稿。俊侶禪關同伴，煙昏露曉。

疏影　柳如是

柔條縮玉。鎖萬絲綺恨，眉黛同蹙。巾扇妝新，裙屐翩翻，珠光黯冶驚目。琉璃硯匣琳琅句，應不讓、玉臺徐淑。喜鬧紅、一舸迎來，黯絕五茸城北。　腸斷南冠對簿。上書誓代主，凋損蛾綠。歷刼心枯，禮佛燈青，懺盡閒情千斛。垂楊影裏東風改，看幾度、絮飛烟撲。弔怨魂、拂水莊荒，莫聽柳枝哀曲。

月下笛　董小宛

密語芙蕖，芳年豆蔻，淺歡如水。銀箏怨倚。指池畔彩鴛戲。黃山游倦歸來日，有篋衍、詩篇似綺。憶玉釵敲遍，闌干十二，影梅庵裏。　佳麗。長干里。看掩映斜陽，杏衫紅褪。金焦眼底，眉峯遥蹙深翠。吟聲斂黯消沈易，算留得、簪花錦字。問一曲，小游仙，誰把雙成喚起。

眉嫵　顧横波

認瓊鉤花外，粉黛琴邊，依約舊眉影。爲憶迷樓事，湘簾底，心香微透猊鼎。翠鬟倦整。擘玉牋、難畫春恨。只贏得，奩畔雙鸞舞，彩霞映明鏡。重省。西泠風景。記畫橈午夜，閒趣消領。惨淡蛾眉月，華年换，淩波猶照嬌靚。絳雲夢醒。證妙蓮、忉利天静。悵如許春華，都付斷金賸粉。

翠樓吟　寇白門

玉笛留雲，金尊喚月，歌鐘忽又驚散。繁華真似水，策歸騎行裝零亂。鶯巢全换。認草緑裙腰，香迷歌扇。泥空戀。落英飛絮，又隨風轉。夢斷。明月三分，唱不如歸去，玉韉笙軟。湘靈空有恨，賦愁在黄昏庭院。情絲難綰。看錦幄春深，銀缸宵燦。如花眷。藥爐烟裏，綺魂悽黯。

慶春宫　陳圓圓

豪氣淩雲，圓姿欺月，錦筵一夕相將。細馬馱來，靈犀證後，羽書驚破霓裳。鈿釵留約，歎烽火、燕臺夜望。横戈一慟，星馳千里，掃净欃搶。　元戎小隊千行。樺燭笙歌，争擁紅妝。鵑血全家，蛾眉當代，刼灰小换滄桑。玉樓春煖，問誰伴、枝頭鳳凰。銷魂憑弔，黄紽何處，青塚荒涼。

菩薩鬘

淒清殘雪千山凍。輕舠載得離情重。江外樹

溟濛。烟深何處鐘。　湔裙春水緑。　愁比春波曲。天遠夢回遲。　有人腸斷時。

解語花

瓊樓聽月，鈿轂流雲，羅綺江南豔。楝花風軟。春色二分，看遍閑情莫遣。有一寸、柔波如翦。清夢短、花綻銀釭，一夕歡深淺。　誰采蘼蕪贈遠。聽檀槽淒咽，如訴幽怨。絮飛煙罥。香銷後、狼藉落紅成片。韶華太賤。問底事、當筵腸斷。歡易闌、珠閣重來，輪畫梁雙燕。

琵琶仙

吴興春暮，小病初瘥，扶杖出游，淒然有感，偶拈此解，以寫清愁

煙鎖花枝，正寒在、昨夜東風簾隙。芳草天際人歸，清游正愁絶。春漸去、紅飛陌上，莫重問、墜釵遺跡。一角青山，滄桑幾變，前事能説。　更惆悵、煙雨湖心，打雙槳、誰來載桃葉。空把一襟幽怨，問閒鷗啼鴂。香夢冷、闌干一霎。喚玉龍、起弄明月。只恐春老楊花，絮飛如雪。

以上《聽潮音館詞集·緑蕪秋雨詞》

菩薩鬘

戊戌秋季，獨居寡歡。檢讀《花間集》中温、韋諸作，愛其詞旨悱惻，得騷辯遺意。眷彼幽情，感余身世，嗟美人之遲莫，悵謇脩兮誰使。觸緒紛來，不能自已，用寄篇什，以寫鬱伊

相思欲化文無草。碧雲天際輕烟繞。花落淚闌干。殘紅不忍看。　玉釵金鳳墜。明鏡妝重理。心事鏡偏知。朱顔非舊時。

其二

舊時清夢迷茫記。風鬟霧鬢嬌無比。袴褶繡

鴛鴦。泥人時世妝。近來風韻減。瘦似春前燕。燕燕羽差池。碧桃開滿枝。

其三

玉樓天半簫聲歇。珠簾羅幙重重隔。含淚倚紅蕤。夢回聞錦雞。天河星欲曙。又下廉纖雨。祇恐養花難。人歸春又殘。

其四

纏綿情緒朦朧景。柳絲空繫斜陽影。並命託靈鶼。雙飛亦可憐。碧雲期又誤。消息增城沮。擣麝已成灰。餘香散可哀。

其五

芳郊繡陌花如錦。尋春瞥見珊珊影。寶馬去如龍。玉人何處逢。啼鶯還自惜。好景難尋覓。往事最魂銷。清歌送六朝。

其六

棠梨花下鵑啼急。新歡舊恨長相憶。莫作等閒看。憐伊將息難。別時空絮絮。密誓茫無據。世世與生生。知他能不能。

其七

悶來祇是熏香坐。夜寒誰啓威蕤鎖。獨掩錦屏風。巫山沮萬重。此情誰共見。蠟淚煎成片。驀地費疑猜。啼烏驚夢回。

其八

疏簾一桁波千折。濛濛非霧非烟隔。月也怕禁秋。照人無限愁。玉堦鳴促織。清露侵衣濕。不耐五更風。朱霞天半紅。

百字令　贈吳農孫

塵襟乍浣，又天風一瞬，吹來新雨。眼底萍蓬原偶合，一樣天涯羈旅。健筆凌雲，清談屑玉，懷抱空今古。醇醪醉我，信陵豪氣如許。　應念京國頻年，滄桑多變，前事何堪數。當世誰爲醫國手，我自傷心遲暮。鷓鴣筵前，蘼蕪江上，贏得狂如故。蓬萊清淺，幾時相約飛渡。

臨江仙

庭院沈沈春似夢，惜春春又先歸。雨絲風片送斜暉。卻憐雙燕子，辛苦護香泥。　細憶別時風景好，小桃紅上春衣。不禁多病況相離。畫樓人似玉，金縷減腰圍。

眉嫵　新月

看斜陽初下，小院黄昏，容易又新暝。一桁珠簾捲，金波淡，西風吹過花徑。晚涼正永。料廣寒、今夜淒冷。只贏得，一抹眉峯淺，碧天展清影。　圓缺于今誰問。正倦欹翠袖，敲破冰鏡。十二重樓外，銷魂甚，蝦蟇猶蝕金餅。上弦未穩。倩素娥、爲畫離恨。歎如粟山河，還似舊時倒映。

齊天樂　蟬

數行疏柳籠愁靄，絲絲又添淒楚。葉底風高，枝頭露重，誰把深情低訴。流光細數。歎玄鬢依然，故宮何處。調古音高，爲誰彈折冰絃柱。　悠揚三疊乍歇，過西風幾日，消盡殘暑。待到深秋，驚回好夢，咽平斷秋華一樹。怨平魂化否。怕雀彈飛來，頓驚儔侶。別院餘音，聽時聲更苦。

高陽臺　梅花

玉笛吹殘，瓊枝凍折，傷心人在離宮。有限韶華，小園又報花紅。瑶台一夜春無影，逗寒香、冷月疏櫳。枉教人，夢斷羅浮，聽遍孤鴻。

春心慣是無拘檢，盼璚妃縞袂，花底重逢。似水繁華，應憐轉眼成空。何郎莫怨尋芳晚，譜新詞、付與東風。更銷魂，江北江南，雪壓煙封。

金縷曲

莫把檀槽擫。聽當筵、聲聲入破，四絃齊裂。無限英雄兒女感，棖觸柔腸千疊。有一種、悲涼難説。烈士莫年心不已，問美人、可也同愁絕。漂泊恨，爲烏咽。

蛾眉曼睩波澄澈。看尊前、清歌緩舞，墜歡重拾。金縷曲中春可惜，漫道花開堪摘。冰雪性、爲卿先熱。只恐萍蓬吹易散，又門前、溝水東西别。誰打槳，載桃葉。

前調　與公璞談近事感賦

相對茫無語。正填胸、百端交集，萬般淒楚。如此江山宜痛飲，只我傷今弔古。歎冷眼、幾人遲莫。萬馬齊瘖天又醉，更中原、棋局翻新譜。思往事，淚如雨。

雲昏日闇君知否。莽茫茫、十洲三島，是誰疆土。天柱地維容易折，缺陷媧皇難補。恐輕觸、共工之怒。便有六鼇扶宙合，奈扶桑、不繫金烏住。又蹴起，海中霧。

蝶戀花

幾日濃陰涼似水。不爲傷春，何事添顦顇。

楊柳三眠還未起。海棠依舊懨懨睡。芳草
粘天苔滿地。燕子歸來，誰把簾櫳閉。一霎
韶華如夢裏。思量往事真無謂。

前調

檢點征衫餘別淚。有限關河，無限傷心地。枝上
料理迴腸兼蕩氣。東風昨夜天沈醉。
流鶯啼不已。才説春來，又道春歸矣。祇恐
春魂呼不起。落花飛入斜陽裏。

前調

藕樣玲瓏花樣豔。錦瑟華年，憶否當初見。夙世
細馬春衫眸翦翦。屏風不隔春人面。
今生都不遠。月子圓時，天也如人願。私把
金樽低語勸。含情笑指雙雙燕。

清平樂 乙巳莫春，獨居無俚。偶見雙紅豆館新譜斯調，側豔動人，遂傚其體，得八闋，蓋不作綺語已七年矣

娉娉嫋嫋。人比花還好。紅杏枝頭春意鬧。
漫道尋芳須早。惺惺易惜惺惺。有情終勝
無情。幾度負伊吉語，當時猶未成名。

其二

石鐘山下。門巷花低亞。一樹垂楊來繫馬。
樓外湖山如畫。捲簾同看春山。峭風吹上
烟鬟。笑指隔江螺黛，爲伊畫入眉彎。

其三

紅閨嬉戲。錦字簪花細。愛向檀郎尋故事。
野史稗官能記。也知疊韻雙聲。輸他冰雪
聰明。片語便愁成讖，悲涼福是來生。《來生福》，小説名。

其四

初三上九。花底同攜手。閒向鎖窗看刺繡。長願鴛鴦廝守。　無憀暗祝心期。是誰草贈將離。三百六旬逝水，伯勞飛燕東西。

其五

東風夢醒。吹散游絲影。幾日不來春便盡。飛絮落花同命。　當時羅帶輕分。一彎約指鉤銀。淒斷臨行詩句，誤他桃葉桃根。

其六

風輪百轉。天際雲帆遠。六載滄桑猶未換。依舊桃花人面。　燈前絮絮相思。背郎別後新詞。舊恨新歡潦草，可憐瘦損腰肢。

其七

銀河垂練。比似情深淺。石爛海枯心不變。爲問此情誰見。　別來消息休論。幾番心上温馨。絶似當年風景，梨花明月黄昏。

其八

萬千哀怨。回首成悽戀。自懺閒情還自遣。著體天花休眷。　證他佛果禪心。荒庵一粟燈青。從此屏除綺語，熏香自寫蓮經。

摸魚兒　春莫，偕沈士遠、尹默、兼士看花城南，歸途譜示

甚怱怱、便催春去，落紅闌外成陣。去天尺五城南路，韋杜鶯花消損。君莫問。君不見、河山已換滄桑影。沈吟未穩。待打疊蠻箋，攜將紫玉，難遣這幽恨。　韶華好，欲倩游絲繫定。風懷輪與疏俊。烟波畫舫江南岸，憶否舊時觴詠。春夢醒。報消息、鶯兒燕子無憑

準。斜陽易暝。正芳草天涯，緑陰庭院，消受晚風緊。

念奴嬌 次沈尹默均

荼蘼開了，正風風雨雨，柔枝新沐。五萬春華如夢過，誰遣伴君幽獨。垂柳絲長，落花人病，烟靄淒迷緑。真珠簾卷，篆香飛上闌曲。

回憶白社琴樽，當時裊屐，歲月偏相促。舊雨不來新雨好，貽我清詞珠玉。劍氣拏雲，華年似綺，至性如泠淥。吟懷更比，水光山影重複。

菩薩蠻 贈吴瘦公姬人彭嫣

春中江上花如錦。尋春瞥見驚鴻影。有美説彭嫣。比花應更妍。清游誰與共。罷舞衫飛鳳。何處最關情。歌喉百囀鶯。

其二

延陵公子人中傑。清才豔福能消得。一笑便量珠。蛾眉聘得無。渡頭雙打槳。情共春波漲。同證有情禪。花開月正圓。

其三

三年塵海茫無定。維摩天女原同命。試問近何如。熏香伴著書。人天雙美滿。珍重如花眷。鶼鰈證前盟。雙飛過一生。

前調 題陳仲謇應忠同年先德竹香年丈玉堂補竹圖

玉堂舊事誰能説。坡仙去後風流歇。淒斷翠琅玕。西鳳吹袂寒。繁華驚變換。羌笛吹成怨。珍重歲寒盟。龍雛共此心。

聲聲慢　饒石頑觀察智元以其姬人胡蓉初所著《西泠雜詠》詩屬題，爲賦此闋

金尊喚月，畫燭尋秋，清游記到鷗邊。證取前盟，無端棖觸當年。柔波數千萬疊，蕩清愁、湖水湖烟。銷魂甚，又停橈幾度，目斷江天。　憑弔英雄兒女。問錢王蘇小，祇自悽然。有限興亡，一齊付與湘絃。江山六朝似夢，好吟懷、誰並嬋娟。興未已，倚新聲、餘韵渺綿。

金縷曲　張觀察、王方伯招宴冠山堂，即席應教

漫道雲泥判。算良宵、千金一刻，偶陪歡宴。過雨木樨香滿座，涼入西風庭院。把十二、重簾齊捲。不信廣寒宫闕迥，喚常娥、花底來相見。莫惆悵，碧天遠。　冠山堂外秋清淺。望盈盈、銀河高挂，玉繩低轉。今夕德星真聚井，應有天文占驗。况正是、月明花滿。玉宇瓊樓都入畫，繪秋容、消得鵝溪絹。肯孤負，金尊勸。

蝶戀花　爲張述先紹言同年内翰題畫扇

幾度西風吹壁月。出入君懷，掩映波千疊。珍重恩情藏綿篋。翠禽枝上喃喃説。　冷豔孤芳留晚節。花淡如人，人比花娟潔。寄語鳳凰池上客。棄捐莫便同秋葉。

金縷曲　送黄肇青之江南

灞岸秋高矣。悵無端、白雲黄葉，送君千里。朝雨渭城歌折柳，從古銷魂斯地。又策馬、關河百二。太華岧嶢揮手過，正蓮花、玉女迎征轡。看一片，風雲氣。　年年西笑真何謂。驀抽身、長安人海，吟鞭東指。此去江南秋景

好，更比春光明媚。有十萬、花枝穠麗。珍重六朝詞賦手，好江山、消得才清綺。恰羨汝，在天際。

水調歌頭

此日正堪惜，百事苦蹉跎。朝來何事悵望，英氣漸銷磨。不分斷風零雨，都付落花飛絮，茵溷殆同科。今古一搔首，慷慨亦何多。休癡絶，莫沈醉，且高歌。百年幾日易盡，駒影隙中過。誰把金甌擊碎，莫爲江山詞費，不樂復如何。大笑披華髮，老子且婆娑。

蝶戀花

一夜梨花吹玉屑。纔過花朝，又是清明節。百轉千回聲不絶。子規啼墮玲瓏月。誰把沈檀私自爇。香篆成灰，心字都磨滅。坐後餘馨猶未歇。不辭熨體荀郎熱。

金縷曲 壽内子

往事卿思否。七年來、悲歡離合，做成僝僽。四十風華猶未減，盛鬋豐容依舊。度今夕、能開笑口。堂上有花開命婦，喜瓊枝、玉樹皆葱秀。齊把酒，爲卿壽。浮雲富貴真何有。但輸伊、鹿門偕隱，鴻光佳偶。蛩蚷相依原並命，長願白頭厮守。謾惆悵、天寒翠袖。樺燭兩行春意暖，正玉梅、花下交三九。良夜好，莫孤負。

前調 次韻寄沈兼士日本

把酒歆長笛。莽天涯、西風殘照，斷紅零碧。樂府可憐傳秀句，怕聽尋尋覓覓。有多少、風瀟雨泣。如此江山休袖手，看神州、一片魚龍色。倚長劍，岸然立。　庾郎彩筆何蕭瑟。恁年來、江關詞賦，海天塵迹。三島十洲倘游遍，問訊朝潮暮汐。　賸盈把、星辰堪摘。舊日才情渾未減，賦歸來、憶汝還鄉國。君憶我，望西極。

南歌子　題牡丹畫幀

月麗瑶臺影，風披漢殿香。彩毫誰與乞東皇。分付嫣紅姹紫、殿羣芳。　翠袖垂金縷，宮袍染御黃。沈香亭北試新妝。笑看萬花低首、拜花王。

蝶戀花　題楊伊澂夫人劉韻鸞女史小影

小院新寒猶未峻。喚起東風，替寫梅花影。閨閣才華誇道藴。因風柳絮傳高詠。　聞道劉樊仙侶俊。玉樹璚枝，堦下交輝映。福慧雙修誰與並。圖成端合名家慶。

摸魚兒　重九有感

漸西風、又催秋老，蕭蕭木葉齊下。韶光荏苒茱萸節，明日菊花開也。瞻太華。有縹緲三峯，天外如圖畫。知誰健者。待躡屐凌雲，登高作賦，重憶舊游冶。　滄桑事，萬歲千秋一霎叶。銅仙鉛淚休灑。劉郎英氣都消盡，握齪但求田舍。君莫訝。剩哀樂中年，絲竹難陶寫。閒愁謾惹。聽塞外鴻歸，遼天鶴去，塵刼倩誰話。

前調　爲余方伯誠格題余秋室所繪洛神圖

問龍華、幾番刼換，滄桑彈指今古。披圖忽見驚鴻影，依約韈羅微步。應記取。記秣馬芝田，不是當時路。相思怨汝。又何事牽情，蠻箋小疊，重寫感甄賦。興亡事，付與飛花落絮。才名當代休誤。南朝別有銷魂史，忍憶宓妃金縷。憑弔處。待打槳青溪，桃葉猶名渡。漳濱洛浦。悵一例消沈，雀臺鴛甃，夢雨枉凝竚。

高陽臺 爲余方伯題馬湘蘭蘭竹

犀管傳真，鸞箋寫恨，爲誰染上湘烟。葉葉花花，禁他騷怨年年。靈均不解湘娥恨，訴相思、瑤瑟鵾絃。儘纏綿。燈火秦淮，孔雀菴邊。　晴窗記寫玲瓏影，想衫舒釧重，骨俠心仙。日莫天寒，依然翠袖翩翻。明珠翡翠渾無價，慰吟懷、絶代嬋娟。最堪憐。一幅名圖，萬里蠻天。

西江月 題吳少蘭僧服小象

脱卻名韁利鎖，拋離紗帽襴衫。偶留色相在人間。畢竟是真是幻。　說法修羅低首，談禪龍女同龕。天花著體拂應難。休認出塵羅漢。

采桑子

沈思十一年前事，恩也纏綿。怨也纏綿。楚雨秦雲各一天。　銷魂百事都非舊，夢也淒然。醒也淒然。花不重香月不圓。

以上《聽潮音館詞集·簫心劍氣詞》

轉應曲

春盡。春盡。經卷藥爐人病。聲聲杜宇枝頭。勸我不如去休。休去。休去。簾外落紅如雨。

前調

天上。天上。銀漢盈盈相望。不知何處吹笙。今夜緱山月明。明月。明月。禁幾陰晴圓缺。

前調

淒冷。淒冷。淡月替描花影。冰心鉄骨瓏玲。人與梅花夢清。清夢。清夢。玉宇璚樓寒重。

如夢令

昨夜粱清私語。今日彩鸞飛去。恩怨不分明，畢竟佳期誰誤。孤負。孤負。記否目成心許。

前調

密約靈犀相印。曇誓天人同證。難道改心腸，一去便無蹤影。休問。休問。儂似楊花情性。

蝶戀花

玉砌風回翻芍藥。不恨開遲，衹恨先搖落。百草千花都寂寞。緑陰深處聽鶗鴂。惆悵釵盟和鏡約。夢裏纏綿，醒後茫無著。怕聽朝來消息惡。杜鵑枝上空啼血。

前調

擣麝成灰灰不滅。散作輕烟，空際層層叠。煙外銀雲籠皓月。無情有恨空圓缺。無量塵沙無量刧。情海波瀾，終古長淒咽。願化蓮花千萬葉。他生儂汝都成佛。

金縷曲 許逸雲同年有量珠之喜，書來索詞，賦此爲賀

綺閣花如繡。憶江南、莫春時節，白門烟柳。一舸鴟夷誰打槳，載取桃根來否。好先把、珍珠量就。花滿月圓天如願，看小星、今夕真當牖。無量福，請消受。　弟三小妹青溪又。論名姝、宜婚名士，合稱佳偶。比似香山白居士，應有蠻腰素口。祝從此、天長地久。　明歲秋風丹桂裏，定錦綳、捧出兒嬌秀。遥把酒，爲君壽。

蝶戀花 爲嚴迪莊題藥奩秋影圖

淮海微禽經百變。地老天荒，祇有情難遣。合喚真真千萬遍。畫圖依舊春風面。　一縷輕烟長拂檻。藥盞脂奩，消盡人悽戀。　私祝媧皇彌缺陷。月明花滿人如願。

齊天樂 題金城畫册。時金有西安之行

頻年游遍江南北，峯巒可能重記。　北固看雲，南屏聽雨，如此江山有幾。沈吟未已。任百變陰晴，桑田海水。別有幽懷，爲誰收向畫圖裏。　輸伊金門大隱，犀豪頻點染，無限詩意。叠嶂尋秋，層樓瞰翠，重把新羅喚起。壯游正美。更天外三峯，暫停征轡。　一騎紅塵，嶽蓮開眼底。

高陽臺 春莫，和徐芷升同年

絲雨牽愁，重陰閣暝，嫩寒猶鎖花枝。　廿四番風，今番吹到荼蘼。　惜花人怕尋芳晚，奈人來、春已先歸。最淒迷。　負了韶華，誤了佳

期。　門庭已改非王謝，剩營巢燕子，辛苦啣泥。似水流年，能消幾局殘碁。朝來愁病禁多少，歎沈腰、潘鬢都非。漫低徊。一樹垂楊，猶戀斜暉。

浣溪沙

漠漠輕陰小院幽。峭寒猶擁鷫鸘裘。穠春烟景似殘秋。　一霎好風吹酒醒，半簾濃霧替花愁。緑楊深處有紅樓。

采桑子

春寒料峭春人病，柳輭花柔。垂下簾鈎。　一桁湘波淡欲流。　爐灰畫盡相思字，脈脈含愁。鸜鵒前頭。般若波羅誦未休。

蝶戀花

破曉流鶯啼不住。百囀千回，祇在花深處。狼籍殘紅知幾許。飄零應恨春無主。　佻巧鳴鳩偏絮絮。輕薄楊花，又逐東風去。香夢才回無一語。枕函淚灑胭脂雨。

菩薩蠻

門前一帶垂楊碧。花驄繫處誰家宅。何處最魂銷。江山憶六朝。　人家桃葉渡。打槳來還去。姊妹住青溪。小橋流水西。

虞美人　游莫愁湖

斜陽一角城西路。烟柳迷離處。六朝如夢去無痕。祇剩半湖春水、蕩春雲。　年年愁共春波漲。畫舫時來往。美人名將自風流。分占湖樓一席、各千秋。

蝶戀花 爲金左臨題其亡室小影

月不常圓花易隕。碧海青天，都是傷心境。無限悲歡留淺印。東風替寫嬋媛影。　十二碧城風露冷。懷抱嬌兒，玉雪相輝映。好夢忽忽吹易醒。人天終古埋長恨。

浪淘沙 題李薇莊遺照

秋色滿空庭。河漢分明。碧梧吹墮曉涼聲。小扇單衫人獨立，心迹雙清。　小謫憶前生。回首蓬瀛。簫龍哀怨不堪聽。玉宇璚樓歸去也，人在瑶京。

浣溪沙 題金拱北菊花立軸

門掩西風小院涼。捲簾人起試新妝。畫屏點染好秋光。　送酒未妨陶令醉，簪花不減少陵狂。茱萸開也又重陽。

摸魚兒 題王尊農蘊章十年説夢圖

問蓬瀛、幾時清淺。麻姑彈指三見。蘧然一枕華胥夢，夢裏魚龍曼衍。頻看劍。指劍外、山河破碎知何限。華年暗轉。待蕉鹿重尋，雪鴻細認，春韭夜深翦。　尊前事，幾度青山濕遍。悲歡離合難遣。槐柯依舊沈酣甚，禁得雨飄風卷。休眷戀。金粉地、六朝轉眼滄桑換。多情未免。剩班管一雙，虞初九百，愁共楚天遠。

蝶戀花

滿地落紅春又莫。才見花開，又被風吹去。一桁珠簾籠薄霧。輕烟化作濛濛雨。　畫棟雕梁誰是主。鶯燕歸來，苦説將伊誤。芳草天涯知幾許。門前一片傷心路。

前調

山上蘼蕪山下路。剛道相逢，偏又忽忽去。逝矣班騅誰繫住。夕陽紅入桃花塢。　多少樓臺都易主。輕薄楊花，猶作漫天舞。一霎漂零無限苦。禁愁禁病禁風雨。

浣溪沙

三月江南春事深。杏花結子柳成陰。紅樓一角夜沈沈。　賭酒漸除名士習，看花不減少年心。爲伊消得一沈吟。

前調

春色三分月二分。柳緜飛逐六街塵。莫因墮溷羨沾茵。　漠漠輕烟吹作雨，粼粼新水碧濺裙。無聊情緒可憐人。

前調

簾幙垂垂孅上鈎。曉寒吹夢冷衾裯。起扶殘醉看梳頭。　泊鳳飄鸞何日定，雨絲風片幾時休。一春鶯燕替花愁。

前調

煖日烘窗睡起遲。孤眠情味怕人知。海棠紅透一絲絲。　自爇薰爐温舊夢，偶裁蕉葉寫新詞。惜花中酒憶年時。

臨江仙

漠漠輕陰疑作雨，酒醒何處天涯。紫騮嘶處那人家。小桃紅破萼，新柳緑抽芽。　草色粘天青不斷，遥山一抹雲遮。鞭絲帽影夕陽斜。離愁清似水，春病瘦如花。

前調

萬種心情無處著，也如飛絮沾泥。游絲無力任風吹。晚涼看蝙蝠，新雨咒芻尼。一桁湘筠垂綵縷，幾時素手同攜。桂堂東畔畫樓西。含情緘豆蔻，分袂贈將離。

三姝媚 壽桐花君

流年真似水。又桐花秋澄，銀河垂地。打槳秦淮，聽冰絃悠咽，笛聲淒麗。樂府南朝，應省識、青溪三妹。淺暈深嚬，一霎泥人，酒邊琴底。笑問黃姑天際。隔帶水盈盈，鵲橋成未。屈指芳辰，看一痕眉月，照人嬌媚。絶代嬋娟，消受得、羣芳瞻禮。更祝安排金屋，鴛盟早締。

金縷曲 題陳述廬瞻麓圖

誰染湘筠淚。悵頻年、嶽雲江雨，釀愁無際。九面望衡青不斷，颿轉依然淺翠。問丙舍、松楸成未。戰血玄黃揮不盡，莽關山、一片傷心地。桑海恨，正難已。封侯事業憑青史。數中興、咸同名將，至今餘幾。未了功名兒曹事，鄭重花栽百里。渾未減、元龍豪氣。沅芷湘蘭都入詠，盼衡陽、雁到秋風裏。圖畫展，爲君起。

高陽臺 程伯臧同年悼其姬人潘儷青女士，書來徵題，爲賦此解

鵑淚煎愁，奩波寫影，夢回情緒愔愔。一片商聲，爲誰彈折瑶琴。剛風吹墮青鸞羽，折雙

飛、並命文禽。怨漂零，花採將離，草種紅心。　垂虹照影秦淮碧，迓仙軿當日，素旐而今。墮珥遺簪，十年忍付消沈。彩雲易散琉璃脆，把香山、詩句重吟。最淒清，地老天荒，埋玉深深。

前調　秦淮游舫，和廖鳳舒韵

絲雨延涼，餘霞送暝，怱怱催上吴船。打槳誰來，有人雛髮齊肩。銀潢不隔紅墻路，是華鬘、第幾情天。坐瓊筵。人自亭亭，月自娟娟。　南朝往事真如夢，賸斜陽燕子，都付吟邊。玉臂雲鬟，能禁幾許纏綿。柔波曾照驚鴻影，蕩餘情、湖水湖烟。更消他，一曲清歌，珠玉尊前。

早梅芳近　丙寅元旦，次鄧孝先韻

曙光寒，銀燭照。過雨濃如膏。玉梅花下，似有鶯聲破清曉。首春煙景麗，復旦星雲皎。祝年年歲歲，人壽月長好。　錦旛新，芳勝裊。怕遺韶光老。商量花事，可有心情似年少。鬧蛾燈賽近，款燕簾開早。約嬉游，莫教吟興杳。

清平樂　病中作　時客蚌埠

風淒雨驟。迸作愁時候。薄病也如人中酒。容易沈郎腰瘦。　垂楊緑遍前隄。小桃紅映樓西。不是江南風景，等閒那有鶯啼。

其二

清清冷冷。人與花同命。簾外落紅三兩陣。狼籍春光誰問。　可憐春已無多。銷魂病榻維摩。禁得幾番惆悵，尊前客淚成河。

其三

捲簾晴雪。一樹梨花白。才换吴棉寒惻惻。雲淡星疏將夕。　彎彎月子如銀。宵來長是眉顰。畢竟爲誰僝僽，非關病酒傷春。

高陽臺　莫楚生以武周『鳳閣之寶』徵題，爲賦此解

彫紐盤螭，猩文篆鳳，瑩然入握凝脂。端冕垂裳，平章一代朝儀。南牙妙選多英俊，更鸞臺、三品同題。漫低徊。武媚歌殘，燕啄龍漦。　媧皇一樣膺圖籙，想金輪受册，笑展重眉。《通鑑》:『聖曆二年，后生重眉，百官皆賀。』寶亦是年所作。　紙尾新鈐，依然薤倒芝垂。河山已换滄桑影，話昆明、刦火熹微。寶經火煅。　映斜暉。小閣疏鐘，翠墨淋漓。西安鐘樓額曰『聲聞于天』，爲后所書，辛亥以前尚存。

探春慢　落紅滿院，春事深矣。游倦歸來，悵然有作

清霧籠愁，嫩寒瑣夢，誰家庭院春晚。糝徑殘英，縈簾飛絮，還被香塵渲染。容易韶華逝，數風信、番番偷换。碧闌晴雪霏微，小桃相對淒黯。　應念天涯游倦。重認取粉痕，枝上猶泫。畫燭尋詩，停琴佇月，悵觸許多恩怨。惆悵香銷早，肯忘了、花時鶯燕。甚處魂銷，斜陽烟柳零亂。

齊天樂　月夜泛舟湖上

銀蟾照影湖天碧，盈盈倩誰飛渡。小艇來遲，明漪畫破，盪入藕花深處。清游漫與。有載

酒詞人，和歌仙侶。證取漚盟，扣舷呼我舊鵷鷺。冰壺涼浸素魄，箇儂天際隔，幽怨誰語。傑閣淩霄，重簾捲翠，別有高寒玉宇。吟魂記否叶。記清夢醒時，柳絲微雨。悵惘前游，湧金門外路。『微雨湧金門，柳絲摇夢魂』，余卅年前宿湖上句也。饒君石頑嘗愛誦之。今則饒歿十餘年，湧金門亦早折毀。人琴之痛，滄桑之感，寧有既耶。

金縷曲

朱臨侯以其先德桂卿學士散花圖屬題爲賦。是詞用卷中沈子培先生韻

誰把鴻泥印。莽人天、寂寥消息，去來塵影。五萬春華如夢裏，實相莊嚴端正。認一片、圓明心性。著體繽紛揮不得，歎羣生、佛我皆同病。應悟澈，幻中境。　諸天龍象都平等。更瞻禮、白蓮臺畔，四禪天静。回首玉堂天上遠，法曲霓裳堪證。有多少、本來香浄。懺取三生文字業，感前因、一笑拈花定。靈山會，待重騁。

石湖仙

費韋齋招同宗子戴、鄧孝先、莫楚生、汪甘卿、羅穀卿同游石湖，謁范文穆祠。孝先譜白石自度曲見示，倚聲和之，並柬同游諸君

湖山明媚。正清霧才收，朝雨新霽。重訪越來溪，棹扁舟、疑游畫裏。招邀仙侶，待更把、白鷗呼起。天際。聽櫓聲、蕩入空翠。　荒祠幾經浩刼，話興亡、斜陽滿地。拂拭殘碑，隱約宸題堪記。使節秋清，彩船春繫。倦游歸矣。吟未已。餘情付與烟水。

前調

壽鄧孝先六十

春回何處。正梅訊衝寒，香暗瑶圃。應羡謫仙人，展瀛籌、新添幾許。霓裳回首，莫更問、

玉堂前度。知否。看洛桑、已换今古。盧龍昔曾駐節，暢吟懷、三邊付與。借箸功成，想見從容綸羽。萬卷嫏嬛，十年吴會，偶辭簪組。憑記取。南飛一鶴軒翥。

清平樂 題王武繪菊，爲羅毅卿六十壽

東籬采未。瑟瑟金風細。天半朱霞吹采綺。老圃秋容妍媚。纔過幾日重陽。輸伊晚節寒芳。長共酈泉甘潔，祝延爲進千觴。

浪淘沙 題嚴俊叔張夫人折梅小影

香夢太零星。寒透銀屏。昨宵有鶴守空庭。報道巡檐消息好，梅雪同清。　曇誓話三生。一晌銷凝。折花何處覓娉婷。留得月明林下影，人隔蓬瀛。

浣溪沙 湖上紀遊

翦翦輕風淡淡煙。桃花飛雨柳飛綿。夕陽紅上渡頭船。　倒影四山青入畫，劃波雙槳破還圓。一春啼鳥怨流年。

其二

才過蘇隄又白隄。垂楊拂水女墻低。倚天樓閣與雲齊。　簾幙開時歸燕喜，箏弦響處紙鳶飛。全家羅襪踏青回。

其三

剗地風來陌草薰。五銖衣涴六橋塵。困人天氣倦於雲。　偶啜羹湯思宋嫂，細評茶味比佳人。近來詩境益清新。

其四

昨夜東風破海棠。嫩紅新緑間嬌黄。好裁新

樣舞衣裳。粉薄莫嫌顏色污，綃輕微怯素肌涼。禁佗蜂蝶太顛狂。

其五

陌上衣香滃若雲。門前鈿轂展芳塵。拍隄新水碧湔裠。盃酒好澆蘇小墓，瓣香先上岳王墳。湖山俎豆要平分。

其六

寒食家家説禁烟。柔桑才發柳初眠。薄寒輕暖浴蠶天。虎跑泉甘宜雨後，獅峯葉嫩採明前。萍漂絮泊自年年。

其七

颭水蜻蜓款款飛。尋芳蝴蝶錦成圍。畫船簫鼓載春歸。葛嶺雲開瞻保俶，南屏鐘動憶黄妃。隔湖烟雨正霏微。

其八

靈隱幽深路幾程。兩峰高處撥雲行。比他飛鳥更身輕。三竺香清聞梵唱，萬松風過盡濤聲。潮迴遥指海天平。

其九

蠟屐誰尋處士家。孤山風景自清嘉。一湖明月浸梅花。香夢醒時聞鶴語，煖風薰處鬧蜂衙。莫因清冷羨繁華。

其十

叠叠屏山旋旋廊。有人臨水試新妝。畫羅紺碧映湖光。偶掃畫梁迎燕子，戲抛紅豆打鴛鴦。阿儂生小住湖莊。

其十一

剗襪香階步轉遲。近來情性益嬌癡。自拈湘

管學填詞。昨夜星辰今夜月，花神祠與水仙祠。心香潛爇費尋思。

其十二

打槳南湖月上遲。棹歌聲裏夜何其。一雙鸂鶒背人飛。清霧乍籠山淺絳，疏星微蕩水明漪。詩情畫意總輸伊。

其十三

中酒傷春不自聊。湖壖微步過紅橋。峭風煖炙賣餳簫。幾許韶華隨逝水，無多春色閏花朝。鶯雛學語舌初調。

摸魚兒 蘇州公園晚步 園爲張士誠故宮遺址

數南朝、舊時宮苑，傷心今日餘幾。頹垣斷瓦漂零盡，禾黍離離無際。愁未已。悵大好河山，滿目興亡淚。韶光逝矣。歎一例消沈，青燐白骨，殘月曉風裏。繁華歇，幽徑吴宮漫比。侯王螻蟻醒未。亭臺幾處蕭寥甚，點綴馬龍車水。歌哭異。看拾翠人來，鬢影衣香膩。斜陽廢壘。聽負鼓盲翁，談瀛海客，茗話豆棚底。

解連環 梅花，和蓮士同年

凍雲凝墨。逗春心數點，暗香微襲。記夢醒、月下來遲，正姿態嫣然，笛聲烏邑。幾許春華，肯贈與、江南塞北。祇何郎老去，減卻春風，絶妙詞筆。銷魂忍問故國。自逋仙去後，誰解珍惜。看竹外、三兩疏花，正微雪孤山，斷橋游屐。剩有胎仙，更耐冷、伴伊清寂。最難描、半窗瘦影，那時月色。

清平樂 剪髮，和蓮士

巫山夢醒。掩映蝤蠐領。一握香雲分未忍。依舊齊齊整整。　休言墮馬垂鬟。撩人既美還鬈。宛轉泥郎懷抱，鬅鬙雙鬟教看。

鵲橋仙

海棠池館。夕陽庭院。消得幾多凄戀。湘簾窣地悄無人，盼一角、紅樓天遠。　酒痕襟上，淚痕衫上，點點斑斑誰浣。游絲無力繫楊枝，便一任、東風吹斷。

揚州慢 游平山堂

筠捲簾波，錦飄颿陣，卅年夢影伶俜。話滄桑小刼，祇再到堪驚。自觴詠、風流歇後，舊時鶯燕，誰問漂零。乘蕭寥、殘照池臺，三兩疏螢。　綠楊郭外，看淩波、微步盈盈。記畫舫徵歌，虹橋飲禊，禁幾消凝。認取隔江山色，憑闌望、一抹青青。御天風鶴背，泠然何處簫聲。

八聲甘州 題邵蓮士同年《空華館詞卷》

幻天花丈室擁維摩，華鬘幾情天。聽瀾翻舌本，溪流玉瀉，月湧珠圓。寶相本來清淨，平楚渺蒼烟。山水移情處，海上成連。　漫憶高寒瓊玉，剩斜陽衰柳，愁到吟邊。寫平生哀怨，絲竹送流年。悟香因、沾泥飛絮，問鷓鴣、何事落言詮。旗亭會、付雙鬟唱，來破枯禪。

徵招 荷蕩小集

西風吹醒鴛鴦夢，輕舠載將愁去。極浦水縈洄，聽咿呀柔艣。芰香飄甚處。渾忘卻、蓼汀蘭潋。樂府歌新，水田衣冷，隔花烟語。　容與泛中流，朋簪盍、招携舊時鷗鷺。　笑把碧筩盃，挹金莖仙露。　琴尊應記取，記蓮社、風流前度。俊游好、應有吟情，付落霞孤鶩。

惜紅衣　荷花

粉墜花房，霞明遠浦，曉風輕襲。　太液波翻，紅粧半狼籍。　污泥不染，休再問、傾城顔色。應識。千億化身，祝他生成佛。　香清水國。鴛夢初醒，新涼拂瑶席。　盈盈舞袖夜月。　映紺碧。錯認太真新浴，扶起侍兒無力。　怕爲秋顦顇，心苦倩誰珍惜。

夜飛鵲　七夕

金風送殘暑，秋在誰家。　新月乍上檐牙。　紅閨笑語設瓜果，涓涓清露零花。　相携捲簾望，正織雲初凈，玉宇無瑕。　雙星渡否，指填河、鵲影欹斜。　爲問聘錢償未，銀漢隔迢遥，誰泛仙槎。　多少癡兒騃女，連枝比翼，私願偏奢。　别情甚處，灑青衫、淚雨些些。　歎人間天上、無情有恨，暗换年華。

壺中天　蘇州公園步月，次均和蓮士

銀河垂地，捲流雲葉葉，秋清如許。　出海冰輪光乍湧，誰駕彩蟾飛去。　絡緯啼烟，殘蟬咽露。都是凄涼語。　清歌何處。　笛聲催换朝暮。　因念舊日池臺，風流俊賞，誰是司勳杜。　花草吴宫隨刦幻，零亂狂華飛絮。　斷甓苔荒，枯荷雨碎，摇落知難主。　河山憑弔，一尊相對酸楚。

沁園春　蓮士卜居吴門，賦此爲贈

賃廡皋橋，小住佳哉，與君正同。數平生蹤迹，東西勞燕，偶然追逐，上下雲龍。虎觀談經，梁園賦雪，當日文壇角兩雄。華年逝，歎題襟星散，點鏡霜濃。　飄蓬。换羽移宫。驀回首、名場百事空。幸餘生足辦，烟簑雨笠，千秋莫負，酒盞詩筒。纓濯滄浪，秋尋元墓，更訪寒山寺裏鐘。秋風起，聽瀟瀟夜雨，曲唱吴儂。

買陂塘　題翁志吾烟霞萬古圖　圖爲陸廉夫所繪，記其尊人在烟霞山購墓地事

渺西泠、一痕斜照，人間今日何世。滄桑百刦歸來晚，丙舍墓田堪記。風景麗。又幾處山花，紅染啼鵑淚。烟霞洞裏。有馬鬣封崇，烏栖月冷，魂妥數弓地。　松楸感，一樣悲興岵屺。葱蘢何限佳氣。春霜秋露無窮恨，三釜及親長已。休侘傺。看誓墓人來，白髮西風外。殘山剩水。對畫境蒼茫，詩情淡遠，合付剡溪紙。

疏影　明季葉小鸞女史，名瓊章，爲天寥先生第三女。清才麗質，年十七，將嫁之前五日亡。父母哀之，裒其詩文爲《返生香集》，又記降乩事爲《窈聞》《窈續》兩卷，均坿刊《午夢堂集》中。其族人爲繪遺象，裝潢成卷，題曰『疏香閣主圖』，遍徵題詠。葉君印濂以第二卷屬題，爲賦此解

瑶臺小謫。悟妙明慧果，因證禪寂。碧海青天，非想非空，緱山曾注仙籍。寒簧不慣人間住，但一現、曇華顏色。《窈聞》載小鸞爲月府侍書女，住緱山，名寒簧。便九天、環佩歸來，露冷彩鸞

雙翼。惆悵疏香閣外，賸文字綺語，師謂小鸞止一綺語罪。塵冷緗帙。小雨櫻桃，眉硯痕留，絶妙春風詩筆。『開匳數點櫻桃雨，潤到湘琴第幾絃』，小鸞《題眉子硯》詩句也。梅花替寫嬋媛影，莫更怨、返生無術。問甚時、打槳汾濱，細認錦林瑩石。墓在吴江汾湖濱，陸廉夫繪汾濱遺墓圖。

臺城路 留園，次蓮士韻

殘蟬咽後繁華歇，零秋柳絲偏早。舊苑人非，朱門客散，蟻夢沈沈醒了。重來謾笑。看石古苔深，林疏葉嘯。滿目蒼涼，有情天亦爲人老。　尋幽芳草被徑，杜蘅攜一握，難遺孤抱。刦後樓臺，尊前涕淚，忍把興亡頻弔。鶯嗔燕惱。怕吴市簫聲，又傳淒調。待到萸香，折花同插帽。

木蘭花慢 送蓮士之南昌

過西風幾日，又秋水、促征程。正打槳垂虹，登盤鱸鱠，人饌蒓羹。離情。忽然黯淡，聽新翻楚調雜吴聲。何事颷輪待鼓，溯江千里潮平。　分明。斷梗飄萍。從客邸、送君行。悵珠簾畫棟，刦灰飛盡，滕閣淒清。堪驚。舊游夢裏，只芳洲剩有百花名。記取寒梅吐蕊，重來殘霸宫城。

減字木蘭花 別館羈愁，日長如歲，偶拈綺語，以遺涯生。冬郎《香奩》，玉谿《錦瑟》，一涉迹象，便落言詮。世有解人，當能得絃外之音，寫空中之恨也

亭亭玉立。風致天然去雕飾。出水芙蓉。長記瑤池月下逢。　尋思往事。我未成名卿待字。十載蹉跎。鏡約釵盟負汝多。

其二

圓姿映月。豆蔻梢頭春意覺。嫩臉羞花。碧玉妝新屬内家。漂零憔悴。憐我憐卿同失意。長記臨歧。淚灑紅冰半漬衣。

其三

江湖回首。落拓青衫常載酒。難得驚鴻。剛健偏含婀娜中。芳蘭竟體。一笑花前偷解佩。非色非空。孤負燈花昨夜紅。

其四

五陵游冶。走馬尋春來日下。豔絶南枝。緑意紅情淡宕姿。月圓花好。樂府三郎歌得寶。絮肯沾泥。一任狂華病榻飛。

其五

前身金粟。天外風飄香馥郁。愁緒如絲。宛轉迴環不自知。幾番芳訊。容易東風傳嫁杏。多事飈輪。明日蕭郎便路人。

其六

謝娘眉嫵。容得愁痕知幾許。語澈中邊。食蜜真令舌本甜。舞衫歌扇。歲歲漂流憐社燕。滄海生塵。無復枇杷花下春。

其七

六朝烟水。淮舫徵歌花旖旎。蔣妹青谿。門巷垂楊緑未齊。三年夢醒。留得温馨心上影。鳳去樓空。斜月闌干黯淡紅。

其八

華年錦瑟。刻意傷春復傷別。結習平生。道是無情卻有情。因緣香火。經卷藥爐常伴我。老去填詞。別有風懷惱鬢絲。

前調 雜感

刦灰飛盡。百轉風輪何日定。蝸角功名。蠻觸頻年有戰爭。　侯王螻蟻。一霎榮枯同夢裏。夢逐東風。清夜愁聞百八鐘。

其二

乘車戴笠。密誓深盟才幾日。偶爾雲泥。鵾鵬升沈各自飛。　驚心桑海。羽換宮移人事改。美惡何嘗。鴆鳥今看變鳳凰。

其三

署門翟尉。一種交情分賤貴。覆雨翻雲。葛帔西華大有人。　同羣麇鹿。久擬山居隣石木。文字無憀。欲廣嵇生論絶交。

其四

芳心可可。何處安排卿與我。一寸波横。整頓全神注定卿。　人天歡喜。忉利華鬘知第幾。爾許沈吟。疑是迦陵並命禽。

鷓鴣天 村居即景

雅愛幽居避市塵。槿籬茅舍自成村。遠山有約青當户，流水無言緑到門。　鳩唤雨，鳥鳴春。提壺酤酒過芳晨。醉眠一枕忘昏曉，自署羲皇以上人。

其二

緑樹陰濃天氣清。熟梅時節雨初晴。風廻麥浪翻高壟，水活秧針滿繡塍。　聞叱犢，聽催耕。黄鸝枝上兩三聲。荷鋤帶月歸來晚，手檢西郊種樹經。

其三

絡緯啼烟金井闌。碧梧凋後芰荷殘。零秋潭

柳垂垂老，染淚江楓漸漸丹。　流水外，小橋灣。蘆花吹雪白鷗閒。朝來菰米愁無限，一鴈橫空報早寒。

其四

枯木蕭疏噪晚鴉。斷橋西堍有人家。飯牛牧豎歌呼急，打稻村姬笑語譁。　閒把酒，話桑麻。今年情味較清嘉。尋詩驢背逢風雪，竹外寒梅新著花。

木蘭花慢

李祖年以『隕星雜悼』徵題，蓋悼其亡姬胡雲娥之作。爲譜此解

碧城闌十二，更迢遞、隔銀潢。悵滄海星沈，烟生紫玉，簟冷銀床。流光。幾番逝矣，怕安仁愁鬢漸添霜。圖畫猶留倩影，佩環虛掩蘭房。　端相。半晌神傷。忍重薦、惠泉芳。只汾水西風，數聲歸鴈，訴與淒涼。姬爲無錫人，曾侍李宧太原，旋没。　柔腸。爲伊萬轉，述遺徽淚墨灑千行。片碣花魂瘞處，一坏長恨埋香。

拜星月慢

螢

拂檻秋清，穿花夕媚，一桁疏簾初捲。小扇輕羅，倚新涼庭院。笑相撲，漸覺、淒淒玉露飄蕩，點點寒星璀璨。夢草池邊，怕淩波驚散。　數西風、幾度流光換。更晶熒、碎影穿帷幔。太息微火難明，弔隋時宮苑。問低飛、可有垂楊綰。清游夜、好逐歌聲顫。繞井闌、白髮愁看，杜詩《詠螢》『滄江白髮愁看汝』。　惜餘輝零亂。

洞仙歌

擬坡公賦蜀主孟昶與花蕊夫人摩訶池納涼事，用原韵

冰綃霧縠，沁香肌微汗。手把齊紈月輪滿。笑凭肩細語、蘭息輕聞，風過處，花影通身零亂。捲簾凝睇久，玉宇無塵，遥指雙星隔銀漢。禁苑漏聲殘、鴛夢醒時，涼蟾傍、柳梢頻轉。但只恐、歡娛不多時，又絳幘雞人、曉籌催換。

西子妝 西湖

孤艇衝波，垂楊繫馬，夢裏看花如霧。西溪西去小橋灣，悵何時、浣紗人去。流鶯自語。渾不似、當時眉嫵。向坡仙，問淡妝濃抹，如今宜否。清游誤。幾處樓臺，幾處污塵土。六橋風景認依稀，載春歸、畫船簫鼓。珠歌翠舞。歎如此、湖山誰主。更銷魂，一抹零烟斷雨。

念奴嬌 題程籛萊先德所繪東坡仙蹟卷子，用坡公《赤壁懷古》韻

蜀江西泝，問峨岷、誰繼玉堂人物。鐵板銅琶高唱處，蒼莽濤驚石壁。夢醒春婆，禪參佛印，往事留泥雪。風流笠屐，一尊如對英傑。應念玉宇瓊樓，高寒無際，清興何飈發。衹有文章光燄在，蓬勃千秋難滅。繭紙神傳，龍眠筆妙，繪畫精毫髮。飛仙天上，朗然還共明月。

飛雪滿羣山 喜雪

凍雀翻檐，寒鴉棲樹，海天萬里同雲。金鞭茸帽，尋詩何處，斷橋野水荒村。倚闌看玉戲，正酣戰、羣龍舞紛。是花還認，非花一晌，飄墮了無痕。重問訊、孤山當日約，記縞衣林

下，仙袂翩翻。冰壺澄澈，玉樓凍合，塞鴻爪印圓勻。悵然凝望久，眩銀海、光搖夢魂。絮因風起，吟懷暢好誰共論。

雪梅香　蠟梅

是何處，虬枝弄影裊晴窗。認新妝檀的，嫣然一笑無雙。破臘橫斜豔西子，先春消息報東皇。玉英燦，蠟照籠金，色麗宮黃。　平章。問花事，磬小荷圓，幾費商量。憶否紅閨，有人點綴釵梁。月暈依稀映眉嫵，麝熏隱約沁肌香。羅浮夢，嬋娟入道，來證空王。

滿江紅　寒鴉

漠漠平林，認一片、青烟沍寒。蕭寥甚、夕陽紅處，影下前灘。三市似愁棲未穩，一枝何處借偏難。祇平明、奉帚望昭陽，悽玉顏。　恁瑟縮，譏紈干。聽舊曲，憶長安。悵柏臺霜冷，早罷朝班。潑墨數行書迹亂，壓城千點陣雲漫。更甚時、畫意倣倪迂，疏淡間。

早梅芳近　西崦釣雪

水波凝，山容浄。野渡無人問。蟻醅斟酌，肯把閑情定中領。玉壺冰乍結，銀海光難定。看飛花繚繞，簑笠前灘影。　鶴言寒，鴉噪暝。一片空明境。江湖滿地，可有濠梁舊時興。撒鹽風力弱，墜餌綸垂穩。漫投竿，怕驚鷗夢醒。

憶舊游

記挑燈喚酒，掩扇徵歌，往事如烟。打槳秦淮去，賸依依弱柳，顛頷風前。舊游可堪回首，三五月痕圓。歎浦裏青荷，江干黃竹，誤了嬋娟。淒然。感人切，似墜絮飛花，著體堪憐。一樣飄零淚，灑青衫紅袖，知向誰邊。惜春漸看春老，鶯燕枉纏綿。悵滿目風塵，芳菲易歇啼杜鵑。

念奴嬌 上巳後一日，同蓮士游獅子林，次韻奉和

獅王説法，是何處飛來，峯巒邱壑。畫史名僧留藁本，《蘇州府志》載元至正間，僧天如惟則延朱德潤、趙善良、倪元鎮、徐幼文共商叠成，而元鎮爲之圖，取佛書獅子座而名之。幾費神工堆鑿。幽谷盤紆，層岡重叠，雲日相輝薄。華嚴彈指，一時齊現樓閣。

應憶小劫滄桑，塵飛烟捲，今古渾忘却。褉飲良辰逢上巳，休問舊游伊洛。曲水觴流，吴宮草緑，鶯燕空留約。東山絲竹，可能陶寫哀樂。

江南好 偕蓮士游拙政園，次韻奉和

微雨蘇春，冷雲迷夢，酒醒同策吟筇。曲房臺沼，誰與話河東。徐健庵《拙政園記》，虞山錢宗伯謙益嘗構曲房其中，以娱所嬖河東君。吹皺一池淺碧，迴波影、曾照驚鴻。銷魂甚，垂垂弱柳，依舊翠烟籠。重來休更問，蘼蕪影緑，寶相花紅。祇蕭寥亭館，猶倚東風。怕説前朝遺事，有多少、游屐詩筒。江南好，鶯飛草長，歸興莫忽忽。蓮士將有南昌之行，故云。

以上《聽潮音館詞集·瓶笙花影詞》

以上《聽潮音館詞集》

緑意 蟬，次純飛韻

南枝寄隱。把如烟好夢，無故催醒。似水流年，幾樹濃陰，過雨緇塵銷凈。琴絲潤處商聲

起，更振觸、離人愁病。悵去時、猶曳殘音，一一助人悲哽。休道孤高自賞，吸風露葉底，寥寂荒徑。兩翅鬢雲，玉鏡妝新，絕憶簾寒波定。齊宮舊事休回首，忍看足、柳昏花暝。問甚時、譜入哀絃，落葉秋霜侵鬢。

漢宮春 蛙，次韻

急雨跳珠，正半池新漲，水面風遲。黃昏幾番聒耳，撩亂情思。華林記否，聽鳴聲、誰別公私。靈駕遠、仙娥竊藥，廣寒宮闕依微。漫笑公孫井底，習朝儀玉座，帝夢支離。睡醒六更隱約，人在天涯。承平鼓吹，更何堪、重憶清時。休悵惘、繁音促節，賦愁別有哀絲。

臺城路 絡緯，次韻

西風吹醒香閨夢，凉宵又聞鴛杼。響澈瓜棚，吟餘豆架，花底秋聲多許。愁予和汝。問恤緯伊誰，幾番酸楚。織不成縑，鳴機呀軋淚如雨。梧桐金井葉墮，恁冰心獨抱，相與終古。促冷將回，催秋漸老，咽露啼烟甚處。商音最苦。怕變徵移宮，又傷琴侶。萬緒千絲，夜闌空自語。

滿江紅 蟋蟀，次韻

秋是愁鄉，問何事、添人淒咽。聽四壁、吟聲入破，調高音澀。別院夢回簫管亂，瑤階露冷衣裳濕。剩金盆、有客感興亡，悲重疊。聞落葉，哀蟬急。啼壁月，銀蟾泣。歎蟲天茫漠，也經兵劫。同室戈矛酣午戰，中閨機杼催宵織。悵更闌、斷續雜寒砧，離魂怯。

憶瑤姬 三六橋都護悼其姬人玉并，以詩傳徵題，爲譜此解

情海迷漫。恁曇華一現，便隔人寰。九霄風露重，夢碧空掩映，丹旐翩翻。《玉姬小傳》：玉歿時，余于役瀋陽，夢天空垂黄紙朱書，有『珊珊今日即生天』句。珊珊，玉小字。香因悟否，謾證情禪。小謫緣太慳。只尚留、遺褂空房冷，潘鬢愁斑。

忍問訊、月缺花殘。把紅豇數遍，更話金山。悼亡詩注：昔賦《紅豆》詞，有『南國生無第四枝』句，姬笑曰：『固有四枝，何謂無？』檢金山姚蘇卿《絃誦詩集》以證之。斜陽應有恨，恨幾絲疏柳，猶搭雕欄。詩注：《玉闌干》詞有『搭柳幾絲横代捥』句。傷心肯賦，落葉哀蟬。瘗花銘早鐫。歷刦盡、人在華鬘第幾天。

高陽臺 偕純飛游植園

涼葉零秋，濃陰罨雨，小橋流水回環。策杖人來，柳絲斜拂朱闌。舊巢爪印分明在，園舊爲道署苗圃。只歸飛、倦羽知還。倚天風，百尺樓高，無奈荒寒。卅年忍話西泠夢，認酒痕隱約，襟袖斕斑。萬刦重逢，驚看白髮蒼顔。銷魂樂府纏綿甚，聽聲聲、猶念家山。更淒然，滿眼興亡，啼笑都難。

齊天樂 紅葉

疏林昨夜驚秋老，殘霞又飛餘綺。碎錦裁牋，冰綃剪綵，疑染胭肢北地。花顔净洗。悵六曲欄杆，半灣流水。可有詩情，斷紅題處字淒麗。侵堦狼籍未掃，正離人去後，空灑鵑淚。絳樹歌新，瓊枝豔冷，遥映斜陽鴉背。繁

華逝矣。怕錯認東風，爲伊沈醉。棹倚江楓，扣舷艫正美。

洞庭春色 橘

何處秋佳，錦林如錦，岸旁水隈。正籬邊芬馥，繁英星聚，枝頭璀璨，朱實霞堆。解醞煩伊纖指破，喜沁齒瓊漿甘乍四。吟情暢，有新辭頌楚，嘉種留淮。　當時夢沾雨露，共丹荔、移入蓬萊。恁剖分園吏，仙猶象戲，音傳林際，客送書來。霜後摘餘三百顆，看五色、雲箋親手裁。君須記，記一年好景，橙子黃纔。

東風第一枝 香雪海

快雪晴初，寒香暗度，探春春在何許。一鞭遥指朱華，山名。百里近携俊侶。紅情緑意，莫錯認、孤山烟樹。望四圍、一片迷茫，夢入萬花深處。　尋石碣、舊題記署。循輦路、翠華曾駐。郤憐眩眼銀瀾，蕩漾落去英似雨。繁華逝矣，怕化作、桑田茶圃。待倩伊、催起詞仙，擫笛爲譋新句。

愁春未醒 唐花

烘晴做煖，誰把東皇催醒。軟風蕩、融和佳氣，一夕陽生。紙帳魂甦，夢回清霧不分明。芳菲微襲，紅酣緑瘦，香滿雲屏。　爲問馬塍近時，花事禁幾消凝。有金屋、藏嬌深處，避燕瞞鶯。只恐寒多，錦旛無力護娉婷。良宵三五，千枝競豔，正試春燈。王漁洋詩：『今歲長安風雪少，試燈風裏看唐花。』

望海潮 弔戚南塘

靈旂風颭，哀笳寒咽，河山涕淚猶新。何處戰塵，彌天駭浪，沈沈蜃霧妖氛。長憶戚家軍。數八閩兩浙，颷舉雷屯。掃盡鯨鯢，血花紅映海潮痕。　巍然蓋代奇勛。賸臺荒平遠，碑沒荆榛。本傳載南塘勝倭，勒石福州平遠台，以紀功績。兵氣未銷，雄姿不去再，一平盃欲酹英魂。樓櫓黯邊雲。歎長城已壞，壁壘空存。尚想風標薊門，烟樹弔斜曛。

祝英臺近 除夕立春，和夢窗韻

綴金旛，簪綵勝，花豔鬢雙股。葭琯灰飛，臘鼓送年去。舊時仙仗青旂，燕盤雞户，已非復、承平人語。　荐芳俎。祭詩纔挹椒芬，清吟託豪素。青帝歸遲，淒迷再來路。待看緑轉黄廻，嬉春有約，又愁煞、妒花風雨。

絳都春 上元

蟾窺寶鏡。正鴛瓦帶霜，鸞笙催暝。疊鼓送寒，樺燭煎春銅壺靜。天街回首游驄騁。更十萬、花枝輝映。麝塵飄處，香車過也，有人嬌靚。　誰省。殘梅穉柳，悵今夕、共此寂寥風景。鈿約未圓，衫淚猶凝紅冰冷。南朝別有銷魂境。肯重話、春燈吟興。祇愁淒咽邊笳，畫屏夢醒。

紫萸香慢 紫萸

漸西風、先催秋老，小園喜挹寒馨。摘盈盈珊顆，綴釵朵，鬟雲輕。又是登高期近，看一枝斜插，帽影伶俜。怨充幃、楚客澧芷肯同升。祇上九、禦邪可能。　分明。粉賸脂零。流水外、暗香凝。記前游畫裏，花開淇側，摩詰詩清。幾人不知誰健，三十年前曾偕友人作輞川茱萸淇之游。最難遣、暮年情。便封題、寄將何處，菊甘椒馥，芳意惟祝延齡。新句載賡。

穆護砂　燭淚

掩袂聽宵雨。問芳心、一寸灰否叶。滴銅荷葉葉，萬花齊吐，晚風斜吹珠樹。看墮落、繁英知幾許。便欲倩、絳紗深護。莫錯認、青衫濕遍，待更把、銀槃傾注。紅燄微摇，翠烟輕散，盈盈承睫粉痕濡。比二妃傷逝，重光辭廟，悲哽定何如。　觸撥幾多愁緒。恁無端、替人酸楚。想未央宮裏，檮開十平丈，蚖膏暗消甚處。正妙舞、清歌天未曙。空照澈、瑣窗朱户。蘭夢醒、酒銷香炮，蓮漏盡、泣玉去啼珠。憶共金仙，黯然辭漢，一襟淚點灑平蕪。更銷魂、殘炬猶明，零脂籠曉霧。

眉嫵　題虢國夫人早朝圖

漸銅蠡宵啓，絳鶴晨嚴，鶯破上林暝。騎馬宮門外，珠塵動，天街零露清冷。翠蛾淡整。看遠山、一平抹相映。便飛鞚，月殿朝參去，聽環佩聲凝。　端正。雲容嬌靚。怕粉脂污潔，冰玉同瑩。咫尺天顔近，承恩渥，明璣還賜興慶。《明皇雜録》：賜虢國夫人照夜璣。替描倩影。試彩毫、圖畫重省。歎魂斷陳倉，留一樣、馬嵬恨。太真本傳：虢國夫人自縊陳倉。

惜寒梅　過春草閒房

甚處春回，草青青、似與歲寒留約。滿徑蒙茸，爾許生機共覺。結廬聊避庾塵惡。天懷淡、琴書自樂。門庭依舊，興嗟仰止，逸韻如昨。滄桑幾度换卻。繼幽棲有人，數椽近託。紉蕙滋蘭，贉把芳馨在握。任它蕭艾蔓籬落。正四壁、暗香吐蕚。年來應悟，鳶魚化工，静看飛躍。

笛家 東坡生日

奎宿光摇，玉堂人寂，千秋誰繼。横去流滄海今何世。刦餘風景，歲晚朋儔，圖懸笠屐，堂羅牲醴。擫笛伊誰，紫裘來否，一鶴南飛矣。展雄文，對詩卷，萬丈光芒，尚留灝氣。更憶。詠歌當日，瓊樓玉宇，奈此高寒，鐵板銅琶，一殊柔靡。試看、晁李同游壇坫，過邁共傳詩禮。漫言星宫，竟逢磨碣，神早騎箕尾。聆遺韻，景流風，設想真人，定游天際。

滿庭芳 文衡山手植籐

波捲簾痕，日趁花影，翠雲低覆庭陰。緑肥紅瘦，誰與伴愁吟。風過龍坨自動，壓珊架、凉意沈沈。移床近，繁英密葉，午夢破蟬琴。重尋。吴市北，停雲宅杳，拙政園深。籐在拙政園前庭。只畫留殘本，詩雜仙心。疑是潛虬待蟄，任磨折、雨打霜侵。晴簷掛，珠纓萬穗，鈿朵未宜簪。

金縷曲 送人之官黄州

漫灑新亭淚，莽天涯、一鞭斜照，送君千里。殘刦關河殘午景，風雪迷茫無際。聽一曲、驪駒門外。行矣江南休回首，向素雲、黄鶴摇征轡。横笛裂，玉梅墜。詞壇何幸聯吟袂。記年時、題襟覓句，舉盃邀醉。萬頃澄陂汪汪度，淵雅如君有幾。更棖觸、離愁似水。宧轍臨臯坡仙共，定清游、赤壁芳蹤繼。新詠好，盼相寄。

霜葉飛　題張仲清艮廬填詞第一圖

斷霞催暝。閒庭院，霜華侵樹淒冷。畫闌簾捲葉丹黃，悵泬寥風景。早棖觸、詩愁萬頃。悲秋人正憂心耿。聽一片商音，試擫笛、聲聲變徵，獨製新詠。憑弔百刼烽烟，殘山賸水，舊約鷗鷺堪證。野雲來往任孤飛，問雅音誰並。肯忘卻、春明夢影。高寒樓宇空明境。是甚時、乘風去，餘響泠泠，玉龍吹醒。

飛雪滿羣山　題張仲清艮廬填詞第二圖

消息探梅，閒情吟絮，結茅人境高寒。剡舟冰凍，柯笏韻冷，黯然又賦離鸞。倚琴含睇久，聽何處、天風佩環。拗蓮盈寸，柔絲未剪，悽調怯重彈。頻問訊、維摩方丈室，正滿床花雨，同掩禪關。一尊遥對，千林盡素，忍看刼後江山。俊游應記取，賭新唱、旗亭翠鬟。繞梁聲颺，陽春古郢知和難。

水調歌頭　爲陳堯甫題秦權拓本

帝夢幾時醒，桑海早推遷。鈞天沈醉不知，鶉首賜何年。律度車書同一。日月五星齊七。創制邁前賢。銖兩定輕重，均髮與均懸。瑯琊臺，會稽石，徧雕鐫。雄强茂密，文字刻畫尚嬋娟。上蔡相臣遺迹，寶華盦中珍物。翠墨久流傳。權舊藏端陶齋尚書寶華盦。博古太邱長，懷舊爲悽然。堯甫爲陶齋幕府。

菩薩蠻 題姜敬廬丹楓紅葉圖

銀潢澄澈銀蟾皎。秋光更比春光好。天半映朱霞。霜林豔似花。江楓疑濯錦。雙照鴛鴦影。韻事喜流傳。前身白石仙。

其二

簫聲琴韻誰能匹。詩情畫意今無敵。打槳過西泠。遥山入鬢青。雙修增福慧。月落教星替。同證有情天。花紅勝去年。

減蘭 題沈定九鴛社證盟圖

尋春虎阜。七里山塘花似繡。塔影如繩。曾記鴻光倩證盟。卅年容易。重過金閶風景地。雙笑含飴。看到桐孫第八枝。

其二

月明花好。只有情天長不老。悲智同修。仙侶劉樊共白頭。流傳佳話。湖上鴛鴦同結社。花燭重諧。甲子他時定再排。

甘州 題鄧孝先《漚夢詞》

問蓬瀛清淺幾何時，滄桑怕重經。又胡笳淒厲，邊簫悲咽，夢影伶俜。卻憶淩雲畫日，簪筆侍承明。星渚槎迴遠，萬里雲溟。卅載釣天共話，向三高祠畔，來證漚盟。剩哀時詞賦，身世感蘭成。倚冰絃、宫移羽换，把珊瑚、擊碎有誰聽。高寒甚、御天風去，鶴背泠泠。

摸魚兒 超山宋梅

颸晴瀾、漫天香絮，鞭絲遥指何地。軟紅卅里臨平路，惆悵樹猶如此。闌半倚。歎一臥荒山，無復嬌紈綺。遁仙去矣。剩鶴夢醒時，鵑魂化後，遺恨話天水。滄桑感，應被詩人唤起。東風何事沈醉。孤芳冷豔誰真賞，禁得雪顛霜悴。修竹外。看點點斑斑，都是遺民淚。脂痕淡洗。怕玉笛吹殘，冰輪浮動，飄墮晚烟裏。

滿江紅　壽徐芷升同年六十

秋景清嘉，暢吟興、心與境閒。登高望、析津波靜，玉宇光寒。晚節猶存陶徑菊，騷情宜佩楚江蘭。看弧垣、隱隱少微明，霄漢間。　宮羽換，桑瀣遷。雲已倦，鳥知還。聽鈞天沈醉，細話當年。上苑霓裳曾入詠，南臺獬豸共峨冠。笑仙山、柯爛已多時，棋未殘。

齊天樂　中秋坐雨，偕純飛作

柯南蟬曳商音去，平分素秋餘幾。桂底婆娑，桐陰嘯詠，璚玉高寒無際。流年似水。正涼入猩屏，滴殘鵑唳。時院中秋海棠花開甚盛。浪蹙銀河，是誰真箇甲兵洗。　今宵明月應滿，奈晶簾不捲，圓嶠都閉。説餅誰家，飛觴甚處，禁得風瀟雨晦。沈吟未已。恁獨抱秋心，做成顛頳。漫舞霓裳，舊游同夢裏。

江城梅花引

自拋紅豆寫新詞。種相思。折花枝。只恐花容，豔冶不多時。雨又廉纖風更峭，禪榻畔，藥烟中，惱鬢絲。　鬢絲。鬢絲。惜餘暉。緑正肥。紅漸稀。病也病也，病減了、盈尺腰圍。爲問春魂，何事入羅幃。惆悵夢中無覓處，雲已黯，月先沈、路易迷。

慶春澤　次韻和蓮士

鴛瓦霜凝，蟾輪影破，寂寥庭户無聲。尺五天低，星河歷歷分明。商音知在誰家院，倚闌干、秋與雲平。費沈吟，簾捲西風，泠泠清清。新來病減緣何事，只哀時庾信，蕭瑟平生。去燕來鴻，怱怱書被催成。天荒地老無窮恨，話滄桑、第一關情。怎禁他，鳩鳥爲媒，鷗鷺寒盟。

百字令 題徐貫恂澹廬品泉圖

貢金三品，記周官九府，尚傳遺制。地馬天龍行用溥，平準書成舉似。合範傳形，懸鍼倒薤，刻畫精文字。摩挲終日，吉金樂石同嗜。爲問山館餘閒，梅花香裹。君居梅花山館。璀璨堆盈几。莽布齊刀都著録，試與博徵圖史。黄雀銜來，青蚨飛返，佳瑞聯翩至。一編重訂，李竹朋，著有《古泉匯》劉燕庭，著有《古泉苑》精審無此。

浣溪沙 題徐貫恂《澹廬詩餘》

樓閣玲瓏駐好春。漫天花雨散繽紛。飛仙原不染紅塵。淮海風流誰嗣響，雪堂標格世無倫。心香一瓣羡濃薰。

千秋歲 壽鄧孝先室趙竹静夫人七十

瑶池歡宴。笑指蓬萊淺。鏗寶瑟，吹瓊管。綏桃天上熟，黄竹歌聲遠。珠斗轉。雙懸弧帨庭階焕。佳話傳文苑。美滿神仙眷。春不老，顔常鍊。齊眉鴻案舉，照影鷗波軟。天如願。蒼松翠柏人同健。

五福降中天 壽吴康伯同年七十

碧筩盃晉長生酒，弧南一星明麗。畫日簪毫，淩雲奏賦，細話玉堂前事。麻姑笑指。看清淺蓬瀛，種桑猶是。漫託華胥，夢中空想太平世。閑雲無意出岫，妙明今悟澈，同證禪理。白傅詩篇，蘇髯笠屐，當代風流舉似。齡延意美，羨規矩從心，吉祥歡喜。試比商耆，大年逾杜史。

瑞鶴仙 壽齊照巖總長七十

萬荷開水殿。正東海籌添，綏桃啓宴。清光滿銀漢。看星朗弧垣，璇樞輝煥。鸞笙象管。鶴南飛、新聲宛轉。問瀛壖幾度，桑生又見，羽移宫换。　爭羨。樹背蘐榮，緑野身閒，紫荆花燦。牙床笏滿。春不老，天常眷。待耆英會啓，流風依舊，重倣香山圖卷。祝長生吳楚，棠陰九疇曼衍。

燕山亭 爲費仲深題拓本宋徽宗禊帖、清銀幣三種，用徽宗《北行見杏花》韻

鏤玉裁瓊，精拓細摹，墨瀋瑩然凝注。新體瘦金，健勁端嚴，雅比散花天女。飛蓋西園，記觴詠、曾來今雨。辛苦。禁百遍摩挲，幾更朝暮。　應念滄海塵飛，聽刦後胡僧，淒涼同語。翠輦不回，歲幣猶輸，今情古懷隨處。萬里龍沙，憑北雁、帶將愁去。無據。雞塞夢、可容重做。

掃花游 西溪秋雪菴蘆花

小橋臥日，悵帶水盈盈，艤舟來否叶。俊游漫與。漾銀瀾萬頃，雪翻飈舉。笑指前汀，颯颯菰蒲過雨。暗凝竚。問今夜月明，秋在何處。　詩思知幾許。共白石中仙，起尋幽趣。更

招勝侶。倚高樓望遠，似花非霧。一片商聲，振觸吟懷最苦。甚情緒。載愁歸、夕陽簫鼓。

惜黄花慢 甲戌除夕

餞歲吴皐。正莫寒料峭，凍合溪橋。玉去梅花下，又交四九殘年，迅羽羈思如潮。歲華荆楚分明記，佩芳勝、香壓雲翹。聽翠韶。故家漢臘，休忘去今宵。　新詩祭罷無聊。更素牋載拂，頌柏銘椒。渡江春早，柳蒲漸緑，催花信急，鶯燕同招。舊聞細憶春明景，夢餘録、空話前朝。望麗譙。鳳城似隔重霄。

減字木蘭花 題陶冷月繪朱門柳色圖

萬方儀態。春上眉峰含淺黛。如夢如煙。拂面東風瘦可憐。　盈盈三五。月子圓時花解語。莫便魂銷。肯向靈和鬥舞腰。

其二

金荃詩意。寫入毫端添嫵媚。萬縷千絲。惆悵斑騅欲繫遲。　沈沈朱邸。門掩金鋪苔滿地。漏洩春情。枝上黄鸝三兩聲。

金縷曲

錦幄明燈地。坐璚筵、繁絃急管，珠光寶氣。別有嬋娟驚絶豔，婀娜輕盈無比。更一串、歌喉流利。解舞腰支嬌又軟，似漢宫、人柳眠還起。剛一轉，眼波媚。　鶯簧燕剪誰相擬。劇銷魂、繞梁三日，音塵欲墜。桃李東風開爛熳，春滿江南羅綺。莫錯認、浮花浪蕊。休避席前平視客，記微波、可許通詞未。應省識，箇中意。

前調 觀某女士演《紅鸞喜》京劇戲贈

生小蓬門裏。正盈盈、月圓三五，可人年紀。比似醴泉與芝草，休問源頭根柢。渾未識、人間羅綺。一笑相逢釁門客，解憐才、佳耦同心締。花並命，枝連理。　泥金捷報門楣喜。是誰家、上頭夫婿，東方千騎。截取鴟夷同一舸，忍令珠沈玉碎。又豈料、香魂重起。破鏡再圓花再豔，把薄情、郎主聲聲詈。鴛棒打，淚如水。

一萼紅 乍晴還雨，薄寒中人，小園碧桃盛開，春事深矣。惜此景光，寫以橫竹

漸春深。又漫天艷雪，爛熳到園林。喚醒梅魂，驚回梨夢，情緒無奈愔愔。算風信、番番暗換，折珊瑚、盈尺倩誰簪。紅萼無言，錦旛深護，伴我孤吟。　爲憶年時花事，向馬塍問訊，虎阜幽尋。洞口迷雲，渡頭迎汝，消息依舊沈沈。悵人面、于今何處，送殘英、流水本無心。一霎穠華易歇，慘綠成陰。

木蘭花慢 春莫微雨，獨居寡懽，偶游公園，書此寄慨

冷風吹夢雨，正花落、綺窗前。看糝徑紅飛，捲簾緑黯，催老華年。輕煙。暗籠翠柳，裊情絲萬縷忒纏綿。惆悵鶯兒燕子，尋春知到誰邊。　堪憐。如此山川。容嘯傲、儘流連。向故王臺榭，登臨極目，斷瓦零垣。園爲張士誠故宮遺址。危闌。有人試倚，話興亡夜月愴啼鵑。多少傷今弔古，一齊付與哀絃。

前調 湖舍坐雨

柳絲飄宿雨，看西子、捧心顰。似淚點還凝，頹鬟倦理，人瘦三分。愁痕。朝來未展，蕩淪漪千疊蹙潛鱗。鷗鷺歸飛甚處，臨流也解親人。　紛紜。霧重烟昏。從客舍、度蕭晨。問鷓鴣何事，苦催人去，又送殘春。吟魂。倩伊喚起，待尋詩打槳杏花邨。山色遙開晚霽，月娥窺鏡妝新。

探芳訊 西湖春感，和周草窗韻

度清晝。正待燕開簾，聽鶯攜酒。悵踏青人去，湖山尚如舊。華嚴彈指樓臺現，塔影隨波瘦。更遙看、草色粘天，蘚痕侵甃。　春夢醒何驟。又紅瘞花魂，翠凝烟岫。雙槳歸遲，人似越來否。衣香鬢影忽忽過，橋外空回首。戀餘芳，賸有殘陽繫柳。

傾盃 客有談西北近事者，棖觸前塵，爲之悵惘。用屯田散水調寫之，並同聲韻

缺月窺簾，淡烟梳柳，黃昏畫燭無色。漏點乍歇，永夕念別，溯水程雲驛。銷魂莫聽伊涼調，冷玉關蘆笛。前塵記取，尋夢影、歷歷愁痕如織。　更憶。龍華刦後，幾經桑海，芳訊遲飛翼。恁化鶴人歸，河山憑弔，感哀時詞客。采綠吟成，嫣紅開遍，倏忽皆陳迹。話香國。鶗鴂怨、滿林新碧。

換巢鸞鳳 重游金陵第一公園感賦

微步溪橋。正苔粘屐齒，草映裙腰。剪波雙燕瘦，出谷一鶯嬌。東風沈醉太無聊。舊游可尋，吟魂肯招。人來晚，尚賸有、半痕殘照。

春老。憂思悄。天際倦雲，歸岫知多少。六代山川，十年塵事，都付飛花啼鳥。宮羽頻聞有推移，古愁今恨縈懷抱。朱闌凭，看孤蟾、又上林表。

綺寮怨　拙政園在蘇州城北，崇臺峭石，曲廊洞房，風景絶佳。近以失修，漸次頹落，游踪所至，感慨系之

夢雨春歸何處，午晴庭院深。正滿目、斷瓦頹垣，廻廊隱、數處亭林。當年潭潭第宅，繁華逝、麝屑香篆沈。賸舊時、畫閣朱樓，簾垂久、敗壁蟲夜吟。　一徑屐痕漫尋。登臨。倦步苔陰。萬玉森森。觸撥詩心。聽花外、響鳴琴。山茶甚時摇落，每悵惘、思難任。沈吟至今。披襟。試對鏡、霜鬢侵。

玉蝴蝶　正儀顧園東亭池荷爲天竺種，並蒂重臺，有一榦多至六七蓓蕾者。暇日往游，風景幽絶，異卉奇葩，賞心悦目，賦此寵之

逭暑試尋幽境，晚風微逗，時送清涼。打槳人來，秋意漸入銀塘。曳輕裾、舞衣颺翠，飄墜粉、嬌靨含芳。倚新妝。婕好飛燕，攜手昭陽。　相望。盈盈水殿，拗絲寸寸，解佩雙雙。並命同心，漫猜三十六鴛鴦。化身好、根連玉井，塵夢醒、蒂共青房。費參詳。妙蓮華法，歸證空王。

惜紅衣　北雁不來，南雲望斷，懷人感事，悵然有作

夜雨瞞花，輕烟映日。夢回無力。浄洗脂痕，玉簪墮瑶席。垂鬟未整，因甚便、韶華輕擲。追憶。蓮漏數殘，隔銀屏消息。　山程水驛。

魚雁無憑，箋繒倩誰擘。傷離怨亂咫尺。沮南北。謾道好春長在，禁得幾番狼籍。更爲誰惆悵，吹皺一池寒碧。

以上《滄浪漁笛譜》

浪淘沙

簾外曉風寒。吹夢闌珊。下弦明月尚彎環。比似那人眉黛樣，瘦了春山。病起怯衣單。零落朝溥。誰家樓閣有闌干。落盡荼蘼渾不管，又是春殘。

瀟湘逢故人慢 題楊益之世謙《棠夢廔遺詞》

風淒鄰笛，聽聲聲寫怨，都在愁邊。向晚展吟牋。正凉雨欺花，宵漏催蓮。楓林月黑，弔吟魂、楚些淒然。試回首、舊游隨處，淚珠圓到尊前。　梨雲黯，棠夢冷，賦新詞、記伊彈折冰絃。似病鶴哀蟬。歎一平夕千秋，天上人間。詞仙去矣，好珍重、碎錦零紈。悲成讖、華去年催損，斷腸忍憶離筵。君之臨川，余賦詞爲餞，君和作有『華年催損』句，竟成讖矣。

以上見《一粟盦詞集·簫心劍氣詞》

高陽臺 舊遊如夢，杳不可尋，填此寄懷何濂舫觀察栻揚州

明月金尊，春風翠箔，去年今日揚州。曾幾何時，玉簫已訴離愁。竹西歌吹依然否，總輸他、何遜風流。記前遊。扇底香塵，一霎勾留。　煙花夢也無痕迹，甚而今落拓，春夢如秋。除擘吟牋，更誰與説綢繆。天涯處處生芳草，但斜陽、不見紅樓。驀回頭。綠葉陰成，萬事都休。

南鄉子

庭院又斜陽。茉莉開時早卸妝。一種情懷抛不得，新涼。薄鬢風前泥晚香。　花底月微黃。略見擡身皓腕攘。水樣簾旌冰樣簟，思量。背著燈兒睡未妨。

念奴嬌　秋荷

鬧紅纔過，恁怱怱催老，鴛鴦身世。雨後風絲零亂甚，愁到者番梳洗。佩玉重翻，衣香半褪，似眷微涼意。湖天笛悄，碧雲吹夢無際。　曾見倚柁殘妝，盈盈欲笑，未飲心先醉。卅六銀灣流不盡，千古柔情如水。斷梗誰憐，空房妾守，忍説花同悴。珠盤擎露，也應都化鉛淚。

月華清　葛衫

雲樣輕盈，冰絲柔脆，阿誰親試裁剪。稱體商量，恰趁暑天舒展。便香羅、較雪還輕，怎似此、細含風軟。愁浣。賸樓頭一桁，夕陽收晚。　坐久秋螢小院。覺扇底涼兜，漸回嬌汗。薄到難勝，羞露玉肌紅淺。囑西風、休向儂吹，怕領釦、乍寬金襻。簾捲。又花枝月影，等閒篩滿。

壺中天慢　蕉扇

分明煙翠，是誰工選葉，裁成圓相。一束芳心嬌展處，帶得露華承掌。酒困涼天，魂銷雨夜，夢影秋摇蕩。懷中袖底，此情依舊難忘。　猶記那日迴廊，相逢半面，碧團圝羞障。怕觸班姬顑頷恨，不許金飆薦爽。筠簟漪平，荷衣香老，風骨都無恙。緑天人遠，倚闌添倍惆悵。

桂枝香　戊寅中秋

蟾光滿目。又露溼晚秋，庭桂初馥。今夕團圞，宴賞酒香盈匊。西風不管淮南怨，任吹開、萬枝金粟。鏡臺人並，分明照影，一規圓足。　念幾處、鬟雲臂玉。也貪翫清輝，綃霧凝緑。偏我情懷薄劣，墜歡難續。十年舊夢如天遠，眷微凉、偷倚横竹。甚時重覓，小紅低唱，廣寒新曲。

減字木蘭花　花朝獨酌

花朝到了，賣杏人來，深巷早有酒重温。寒意猶消一兩尊。　尊前倚醉，悶損光陰，渾欲睡夢也難成。悵觸吴船一兩聲。

以上見《今詞綜》卷一

蔣梅笙

洞仙歌　中元感别

中元到了，又明蟾窺我。蕭寂房櫳擁愁坐。驀思量、舊事深院閒庭，花影裏，情話喁喁兩箇。　聰明天付與，即事聯吟，字字珠璣散香唾。願似月團欒、儂意郎心，同繾綣、永無分破。但此夜、淒涼向誰言，算衹有、嫦娥照人眉鎖。

昭君怨　前題

三伏炎歊似火。長日如何挨過。兩度月團欒。等閒看。　已誤針樓乞巧。又報中元到了。若道不思量。没心腸。

河傳

春城花滿。有亭亭玉蕊，是羣芳冠。秀外慧中，詠絮清才偏擅。語温存、情繾綣。有時陌上逢嬌面。欲託微波，又恐流鶯亂。荏苒半年，驀被秋風吹散。恁緣慳、何必見。

浪淘沙

秋夜思懨懨。雨又廉纖。小樓燈影漾重簾。一寸芳心愁萬緒，都上眉尖。雲路闊銀蟾。未許窺匳。擎珠拱璧兩魚緘。花自多情春已暮，紅豆空拈。

浣溪紗

天韻高風送峭寒。相攜俊侣小盤桓。菊花如錦耐人看。陶令閑情非越禮，絳仙秀色當加餐。平添樂意上眉端。

其二

比翼分飛夏復秋。沉沉青鳥苦凝眸。渾忘錦字織離愁。衛玠羊車人未老，裴航玉杵路非脩。莫教梅味齒牙留。

點絳脣　若英赴杭遊春，譜此送之

鼙鼓聲中，六橋花柳平安否。冷風疏雨。散盡漫天絮。欲展詩眸，油壁車重駐。尋春去。豔陽如許。緑徧裙腰路。

蝶戀花　題周鍊霞女士録寄新詞後

清氣乾坤含幾許。併作芳心，宛轉情無數。怨緑愁紅千萬語。新詞十闋分明訴。廿四番風春未暮。何事工愁，愛寫銷魂句。珍重一年如玉樹。菱花惜取雙眉嫵。

如夢令

幾日園林春暮。攜得素心仙侶。蓮步去姗姗，促坐緑陰深處。知否。知否。花外燕兒偷覷。

減字木蘭花

嘉殽美酒。勸客殷勤勞素手。拚醉花前。我本前身是謫仙。忘形爾汝。笑謔歌吟多妙緒。無賴斜陽。不爲懽悰特地長。

擣練子 題鍊霞仕女畫

花似錦，柳如煙。玉砌輕移步步蓮。春色醉人無氣力，倚闌凝望奈何天。

卜算子

鎮日望青鸞，來復無傳語。對面殷勤背面忘，直恁奇情緒。若是把人憎，早下投梭拒。免得花晨月夕中，苦苦縈腸肚。

浪淘沙

幽夢一簾垂。倩影重窺。者回拚減沈腰支。如此温柔如此慧，值得人思。獨自畫雙眉。憔悴空帷。春風省識恨遲遲。怎不青梅和竹馬，邂逅芳時。

浣溪紗

羨煞西鄰號樂家。一庭芳草間幽花。俗塵飛不到些些。檀匣留聲歌遏月，玉纖試曲按披霞。夜深孤枕怎禁他。

虞美人

蕭齋寂歷無人語。悶聽瀟瀟雨。黄梅時節似深秋。又少菊花楓葉、慰詩眸。　遥知婉孌金閨友。獨自窗兒守。恁般光景怎消磨。除是泥人木偶、等閒過。

畫堂春

雙魚珍重寄新詞。緣何瓊報遲遲。莫非風露偶侵肌。睡損花枝。　長日難挨似歲，篆煙易散成絲。此情若得可人知。憔悴安辭。

南歌子

纔怪希青鳥，旋欣奉錦鱗。寥寥數語慰離人。也似一番親接、笑和顰。　巧把深言避，還將瑣事陳。芳心忒煞善逡巡。且等棗花簾下、審真因。

臨江仙

雨過天如螺子黛，彩虹宛似衣裳。碧翁也愛鬬新粧。如花人不見，對此轉情傷。　死別生離多少恨，近來贏得淒涼。晚風庭院洗炎光。畫屏銀燭裏，誰與共更長。

點絳脣 和鍊霞韻

夢繞粧臺，羨它簾下乖鸚鵡。伴君温故。鎮日喁喁語。　玉笑蘭言，總是難忘處。將重訴。滿懷離緒。恨殺連朝雨。

清平樂

黄梅才過。紅日炎如火。攤卷拈毫無一可。只合胡床悶坐。　直須景斂崦嵫。九衢微動涼颸。選箇月明清夜，糜冰乳雪談詩。

菩薩鬘

驕陽已向西崦落。涼風微透香羅薄。繡陌駛輕車。銀燈開萬花。番骰徵夙嗜。酒倩冰漿替。餐罷月輪明。匆匆勞燕情。

其二

絳仙秀色餐應飽。如何饕餮忘冲衰。小疾致河魚。休嗟麥麴無。連朝成瘦損。羅帶寬盈寸。努力寫新詞。料君憐我癡。

鷓鴣天

蜜色吳綃重六銖。衫裙裁製稱嬌軀。本來生就如花貌，自合藏身百蝶圖。新樣髻，費描摹。雲盤雙帖扇中舒。慣將彩筆傳春色，如此風光畫也無。

鵲橋仙　七夕

終天偕老，定期歡會。如此姻緣足矣。試看塵世少年人，有多少、生離死棄。鵲橋望斷，蟾鉤淚瑩，滿目凄涼況味。甚時兵甲洗天河，使農女、人人大喜。

清平樂

倏晴倏雨。天也中無主。總算微風收却暑。細葛輕紗穩仕。明朝便入新秋。可能從此颼颼。乞借幾宵風月，助儂雅叙清游。

七孃子　和鍊霞韻

一番雨做新涼後。莽金烏、跋扈何嘗够。露未珠凝，波無縠皺。秋炎分外難禁受。離懷本惡非因酒。怕黃昏、容易黃昏又。月底愁新，燈邊感舊。腰肢拚爲伊人瘦。

浣谿紗

信有雲英掌上身。薄羅衵服裹輕勻。雪肌依約透蘭芬。　臺築避風方解事，田乖種玉怎聯姻。一番惆悵爲伊人。

前調

秋雨如繩夜未停。銅龍無賴響東丁。薄寒陣陣透銀屏。　娥月團圓期已近，巫雲黯黮夢無靈。鬢霜怎不點星星。

清平樂

蓬山本遠。難得窺嬌面。憑仗花牋通繾綣。減却離愁少選。　自從泛櫂西泠。旬餘消息沉沉。酣醉六橋風月，更無人在蘭襟。

臨江仙

尺素傳來驚又喜，猜君身返蘭閨。開緘細讀箇中辭。離情申款款，歸計道遲遲。　見說近來清興減，錦牋懶寫新詩。餘芳猶戀柳絲絲。湖山搖落易，莫待玉霜飛。

喜遷鶯

秋霖殢，宿雲癡。離緒亂如絲。多情湖柳尚依依。綰住縷金衣。　獸香殘，蛩語亂。寂寞西風庭院。黃花紫蟹正鮮肥。只待玉人歸。

南歌子

酒暈融頤雪，雲光膩鬌蟬。新粧愛着錦袍鮮。

羅襪彫鞋輕步，並郎肩。

西江月 寄懷若英

天韻樓頭賞菊，半淞園裏搴蓉。清游處處伴芳蹤。忘却霜風寒重。　又到高秋晚節，空餘別緒離悰。畫谿演漾接銅峯。獨嘯孤吟誰共。

浣谿紗

身逐晨風到畫樓。晶簾有幸看梳頭。膩雲盤作兩靈虬。　梨頰微霞和雪豔，柳眉淺黛帶煙秋。些些眼福幾生修。

羅敷媚

新衣忽倣玄端制，點點紅璣。穿上朱絲。纖手拈來畫折枝。　不須彩筆描圖樣，花葉離披。蝴蝶翻飛。巧奪天孫雲錦機。

蝶戀花

困雨淹雲消永晝。如此元宵，只是愁時候。昨夜火樹銀花何處有。更無璧月清光透。　春魂回玉漏。覓影尋蹤，未上梅和柳。暗祝韶華無量壽。纏緜直到清明後。

踏莎行

鬢厭飛蟬，髻辭墮馬。緑雲盤繞光如砑。全遮粉額半侵眉，捧心西子嬌難畫。　彩勝偏簪，梅粧儘謝。禦寒更不花冠假。劉楨平視福難消，神癡一霎晶簾下。

點絳脣

節近天中，綺窗幾陣黃梅雨。玉人歸去。寂

寞霞飛路。樂叙天倫，電影常觀否。凝眸處。暮雲芳樹。罥徧愁千縷。

南鄉子

梅雨做炎蒸。五日滂沱不肯停。苔繡銅鋪蝸篆壁，縈情。咫尺蓬山阻幾程。秋水想盈盈。悶掩羅帷夢未成。淅淅零零心滴碎，孤燈。訴與淒涼不解譍。

浣溪沙

春去天涯感逝波。柳絲荏弱晚煙拕。鬱湮梅雨惱人多。倩影如花宜病裏，柔情似蜜透心窩。只愁無計慰安他。

調笑令

雙燕。雙燕。小别經年不見。春愁乍上眉尖。特地呼人捲簾。簾捲。簾捲。做箇香巢穩便。

其二

明月。明月。不管離人愁絶。空帷孤枕無聊。故故窺人面嬌。嬌面。嬌面。除却嫦娥誰見。

卜算子　自來墨水筆

犀玉裹輕軀，檀口黄金注。緑醉紅酣錦繡腸，細向蠻箋吐。鯽墨淡無憂，鴝眼青休覷。長近佳人玉雪胸，宛轉知情素。

減字木蘭花　雪花膏

糜花碾玉。竟體芳蘭凝馥郁。傅上嬌容。不畏炎曦與烈風。朝融夕潤。甘向粧臺生命殉。枕上温馨。銷盡風流宋玉魂。

謁金門

黄梅雨。變盡陰晴寒暑。長日如年難得暮。暮時心更苦。　別後千思萬慮。見了凝情無語。終似盈盈牛與女。怎生河漢渡。

蝶戀花

夏夜風微增溽暑。悶對銀燈，似繭縈愁緒。何意蘭香憐獨處。仙蹤忽降輝蓬户。　玉骨冰肌籠霧縷。天賦清涼，不泛珍珠露。笑語緜緜忘漏度。驪駒無奈催人去。

浣溪沙　雨後黄浦公園夜坐

雨後冰綃爽雪膚。浦濱涼意似秋初。徘徊花徑避沮洳。　咫尺姮娥偏匿影，低昂玉女尚投壺。時有電閃。異方金奏促迴車。余素不喜歐西軍樂。

驀山溪

七星暗换。正憶春風面。今日喜重逢，驀驚奇、粧梳全變。斜分秀髮，雲破月來時，眉黛遠。容光焕。一笑雙渦倩。　畫羅衫短。綦紫光凌亂。寬窄稱腰肢，醉和風、花嬌柳輭。晶瑩雪藕，瓣墮白蓮雙，迴旋便。身如燕。絶世風流擅。

蘇幕遮　偕建奇、若英夜游黄浦公園，話舊談今，憮然有感

碧天澂，明月麗。黄浦潮生，習習飄涼吹。緑樹陰中幽静地。促坐清談，忘却銀河墜。　感流光，思往事。俊賞清游，歲月俄贏二。離

合悲歡成嬗遞。辦取秋來，別淚霑羅袂。

清平樂

嬌聲軟語。曲曲衷情訴。日影花顋容易度。解釋春愁幾許。　可堪風月良宵。綺窗珍簟無聊。怎得朝朝暮暮，泥他時綻櫻桃。

金縷曲

清初諸公賀汪蛟門納妾詞，韻險語工。戲次其韻，以寫幽懷

悒悒蕉心卷。繡幃空、巫雲夢杳，此情難遣。却憶鶯花三月暮，握手秋波微泫。實指望、同宮成繭。紙帳銅瓶能供養，勝寒塘、疏影橫清淺。紅燭麗，錦衾展。　花箋寄意幽還顯。到如今、眠愁藉恨，枕函壓扁。九轉金丹猶可就，便挈淮南雞犬。庶弱水、頑風都免。比翼連枝無險阻，實長生、盟誓如經典。情似水，有誰翦。

踏莎行

雨益燈孤，涼催扇棄。無端盛夏參秋意。常娥深鎖萬重雲，料應蹙損春山翠。　霧障青鸞，波沉錦鯉。音書也被他淹滯。今宵做箇掃晴孃，掃除陰翳開新霽。

虞美人

昨宵風雨收炎暑。肌理寒凝沍。曉來肢體軟於綿。翻喜陽光照灼、晝簾前。　年來已分孤眠慣。寒暖無人管。一番小病暗傷神。怎得香脣膩臉、與溫存。

點絳脣

見説新秋，昨宵已到梧桐院。雨慳雲倦。那

有商飆捲。一寸心窩，滋味酸辛變。難排遣。鏡波燈電。又向黃昏見。

菩薩鬘

新秋炎暑垂垂罷。緑華許我仙雲下。昨日到今朝。鈿車凝望勞。分分時計數。寂寂斜陽暮。既是没閒來。哄人該不該。

其二

嬌姿只合紅閨貯。如何破浪乘風去。接席盡侏離。有誰調護伊。傷心分手處。慘淡容無主。欲語不成聲。背人珠淚傾。

南樓令 七夕

今歲早逢秋。星期已再周。又家家、乞巧鍼樓。玉露金風初送爽，天似鏡、月如鉤。老倦長卿游。風懷付水流。倚銀屏、翻笑牽牛。短短一宵啼笑半，勘破了、不如休。

減字木蘭花

風流放誕。交際名花香滿院。入座怱怱。裙底頳虬卵墜紅。微詞隱喻。引得羣芳含笑顧。似愧如瞋。雙臉微霞更醉人。

菩薩蠻

延秋門上烏飛去。傷心桃葉當年渡。弱水亘三千。玉妃欹枕眠。黃雞催曉徹。壓扁金條脱。款款語聲低。懶披宮錦衣。

其二

隆隆鈿轂雷聲過。金鋪盡日和苔鎖。巫峽幾重雲。有誰知笑顰。楊絲春嫋嫋。芳訊鶯兒曉。浪説雀銜環。莫將珠暗彈。

其三

梅花落盡風中笛。柳梢煙月無情碧。秋館夜如年。夢中人未還。　商歌清響絶。鴛瓦凝霜雪。鸚鵡語雕檐。賺人輕卷簾。

其四

小園芳徑芊芊草。曾隨寶屧尋春到。煙景幾紛更。緑波空自横。　征鴻天末起。夜色涼如水。桂影不長圓。玉琴無韌絃。

調笑令

寒雨。寒雨。淅淅瀟瀟不住。離人與汝何仇。一味催他淚流。流淚。流淚。隔着窗兒相對。

浣溪沙

競詠霓裳久不聞。青鸞且喜錦書傳。賽珍嘉會約留連。　好事由來天總妬，佳期偏與雨爲緣。靜中愁緒裊鑪煙。

清平樂

深憐密愛。合結同心帶。偏是烏雅羈鳳彩。誤了青春少艾。　舊歡似夢無痕。新愁亂疊如雲。況復春殘花落，風風雨雨黄昏。

邁陂塘

又怱怱、端陽過了，榴花紅豔如許。芳園萬緑濃於畫，不見遠山眉嫵。尋舊處。記玉手親攜，花徑隨蓮步。芳蹤暫駐。喜促坐論心，綺懷如醉，忘却碧雲暮。　西泠路。油壁車停幾度。今來重感羈旅。魚龍曼衍珍奇會，塵污岳墳蘇墓。君樂否。好注意羊車，新訂知心侶。抛人歇浦。正梅子黄時，乍寒還暖，腸斷一天雨。

減字木蘭花

阿香起早。未蟄先驚霆雨兆。十日沉陰。白草回青色漸深。　北風偏冷。二十四番花信梗。可惜春工。埋没風風雨雨中。

浪淘沙　十九年新正二日，風雨困人，杜門讀《老》，偶譜此闋

十九紀民元。雨横風顛。眼前無物似新年。陶谷荒寒疑黍谷，鄒律難暄。　泥潦滿塗間。誰控吟韉。下帷且讀老聃言。去慾葆真靈府浄，恍覩青天。

蝶戀花　新柳

幾日鵝黄成翠縷。照影臨池，重試驚鴻舞。秀髮髫髾十平聲四五。朝陽熨就波無數。　新月彎彎眉樣嫵。纖弱腰肢，欲倩風扶住。莫聽流鶯圓滑語。春情繫在深深處。

臨江仙　送春

才喜芳園緑徧，生憎杜宇催歸。良辰美景本來希。況兼晴日少，長是雨霏霏。　柳弱花殘無力，倩誰挽住斜暉。明知來歲是佳期。怎生排遣得，九度月明時。

以上《屐影詞》

八聲甘州　藻庭兄招游其浦東別業，即事留題

訝塵中尚有此桃源，幽棲避囂争。喜精廬新築，花園錦幄，樹列青城。疊石玲瓏成阜，高

處一茅亭。下有流泉曲，荷芰交横。　最愛平臺寬廣，際良宵三五，雪豔霜清。更兩株絲柳，風裏舞娉婷。儘消磨、春朝秋夕，莫問他、微利與浮名。祇憐我，困風塵客，空負幽情。

生查子　夜月書感

風猶佳客希，月向離人皎。秋暑酷如焚，長夜何時曉。　誰拯萬民魚，我是孤棲鳥。清露溼羅衣，天末余懷渺。

臨江仙

轆轆飆輪三十里，滬淞道上頻來。披星戴月飽風埃。可無佳趣，温慰旅人懷。　馬帳春風元識面，同車怕被人猜。秋波暗轉首徐迴。嫣然微笑，此意勝瓊瑰。

菩薩蠻

江南十月希冰雪。一番雨霽寒威烈。木落溥晴光。風微波不揚。　談詩消永晝。蕙性覞天秀。不覺暝煙生。解攜無限情。

浣溪沙

有約臨江會玉真。藍橋咫尺障濃雲。恨煙愁雨掩重門。　信誓空云如皦日，斷腸更不待黄昏。羅巾遮莫見啼痕。

祝英臺近　暮春獨遊兆豐公園，感舊懷人，譜此自遣

絳桃酣，青柳舞。韶景麗如許。波暖銀塘，點點睡鴛聚。是中萬緑千紅，遊人陶醉，渾忘却、鼓鼙驚懼。　怨春暮。更堪枝上流鶯，聲聲勸伊去。春水盈盈，望斷浦東路。甚時握

手言歡，畫情詩意，細領略、綠陰深處。

醉花陰

炎景浮雲籠永晝。霧縠江風透。小別判年光，重省春風，韶秀仍如舊。　蘭心蕙性微詞叩。扇拂勞纖手。不覺樹陰移，絲雨無情，燕雁分飛又。

高陽臺

烏屋流炎，蟬琴弄響，畫簾長日愔愔。　薰度南樓，爲誰慍解芳心。　銀箋欲寄相思字，悵雲天、青鳥音沉。　費搜尋。　繡閣山村，何處聞吟。　芳園萬綠周遭處，記柔攜荑玉，靜挹蘭襟。　願化朱旛，爲花護惜深深。　如何小聚仍分散，闕佳音、似玉如金。　恨雙禽。　彩翼翩翩，飛過花陰。

滿庭芳

蓮褪紅衣，梧刪翠琰，楚客蒿目新秋。　冷風疏雨，醞釀一天愁。　屈指中秋近也，空幻想，玉字瓊樓。　霓裳曲，仙音縹渺，孤笛未容偷。前遊。　分手處，煙迷荻浦，水阻蘭舟。　賸蛩吟怨咽，雁訊沉浮。　何日花邊索笑，同覓句、李報桃投。　秋光好，楓嬌菊豔，處處醉詩眸。

點絳脣

秋雨秋風，等閒夠得人腸斷。　無端朔管。　吹起冰心暖。　去也悤悤，羅袖無從挽。　秋江畔。　盈盈望眼。　直送征鴻遠。

風入松

檢得丹兒所遺紅豆一枚，以贈白蕉。承譜此解誌悼，倚聲和之

玉樓召去嘔心郎。　何遽每情傷。　零箋賸墨緘

藏久，指才彈、兩度星霜。回憶當年病榻，猩紅點點霑裳。相思此物異尋常。琥珀比精光。　摩挲枉隕西河淚，贈知音、什襲珍藏。倘使丹砂可化，重生玉樹何妨。

菩薩蠻　次鍊霞韻

游絲罥得餘春在。無端緑鬢朱顔改。空有紫霞杯。少年難重迴。　六州防鑄錯。虚卻花前約。雙燕欲歸時。暮寒羅袖知。

蘇幕遮

想凝酥，憐輭玉。霧縠輕籠，雙阜團團矗。巒屐錚瑽蓮步促。襟上微風，顫動春波蹙。　解金訶，捐寶袜。健美豐腴，新染歐西俗。舞徹探戈香汗馥。暗惱仙郎，靈臆頻相觸。

浣溪沙　維也納舞場試舞

五色華燈爛似霞。仙娥列隊貌如花。霓裳法曲雜箏琶。　玉臂酥胸工熨貼，柳腰蓮步縱夭邪。柔魂沉醉不思家。

蜨戀花

柳外娟娟新月吐。似勸離人，不用愁眉聚。金作涼風珠作露。黄姑底事憂貧窶。　倚偏闌干無穩處。一尺纖腰，怎繫愁千縷。判卻殘宵清醒度。本來好夢渾無據。

風入松

畫屏繡榻晝沉沉。倦擁合歡衾。惺忪帶笑迎人處，一團嬌、引逗春心。玉貌豐如月滿，香顋豔似霞侵。　清言雅謔兩情深。斜照斂西林。起來重把新妝整，緑羅袍、恰稱腰襟。漫道司空見慣，柔魂撩亂難禁。

蜨戀花

秋去冬來殊未了。病與愁兼，盧扁醫難好。柳線全枯梅蕊小。陽春消息何曾到。　夢散梨雲將破曉。絶代仙姿，梁月餘暉照。已悟多情多苦惱。恨無巧計令情少。

金縷曲　除夕醉歌

急景飛如矢。到今朝、桃符又換，一番新氣。七九光陰真草草，建樹曾無一事。漫贏得、窮愁兩字。戎馬縱横斯文喪，揆天才、只合飢而死。誰遣汝，治經史。　胡塵東北昏天地。更閩江、鯨波洶湧，異軍遙起。蠻觸祇争蝸角末，那管民生國計。顧朝野、酣嬉未已。大好神州搖風雨，魯陽戈、空向踆烏指。無可奈，且霑醉。

一斛珠

殘年短晷。静中偏覺長如歲。淒風冷雨重門閉。一片沉陰，壓損眉峯翠。　舊恨新愁縈腦際。昏昏情緒惟思睡。待逢夜半銀釭背。夢與清眸，故故相迴避。

高陽臺　早春，和若英作

池訝輕冰，窗延暖日，幾曾春到吟邊。料峭寒風，中人軃欻難痊。多情祇有垂楊柳，淡鵝黄、新暈嬌妍。動人憐。學舞腰支，向我纏綿。　相如老去風情減，悵前歡似夢，影事如煙。賸有江毫，題紅染翠依然。休嗟花落春殘易，錦韶華、儘可流連。豔陽天。挈榼攜囊，泛櫂揮鞭。

浣溪沙

翦翦春風特地寒。晚霞一抹弄餘妍。錦書珍重盼鴻邊。　眉嫵風情原絶世，心期月旦似參禪。幾時桂魄向人圓。

齊天樂

九十韶光，半淪風雨，駝絨未褪，驪唱已聞，歌以送之，不勝淒怨也

誰言春色江南好。偏多雨啼風惱。噤瘁餘寒，冥濛宿霧，儘把芳辰摧暴。桃嬌杏小。正嬉不知愁，向人含笑。一夕淒其，亂紅滿地不堪掃。　年來易傷素抱。藉陽春煙景，相伴吟嘯。逝水流光，籠煙暝色，催得春歸何早。楊絲嫋嫋。縱拂翠拕藍，詎回征櫂。賸有鶯兒，也珠喉漸老。

清平樂

淒淒楚楚。秋夜廉纖雨。滴碎人心如亂絮。欲理渾無端緒。　昨宵玉笑珠歡。而今幌冷燈寒。除是雙棲鴛侶，不知此味辛酸。

踏莎行

次白蕉韻

豔頰消紅，豐肌減雪。有情圓月終須缺。游絲不繫少年春，鶯兒結舌無言説。　一諾非金，六州聚鐵。米鹽襁褓多纖屑。相逢易斷黯然魂，不如暫作陽關別。

浪淘沙

記舞

仙不待裙留。入抱腰柔。温馨熨貼兩心頭。燈影樂聲縈綺夢，微倦雙眸。　輭語意綢繆。香許韓偷。迴風轉雪儘優游。良夜未央情正

熱，莫問更籌。

臨江仙

幾日黃梅連夜雨，晶窗重疊波紋。將何巧計遣黃昏。燈憐心電熱，枕渺鬢雲温。　切切淒淒如訴恨，離人聽盡宵分。當年影事尚留痕。夜涼醒夢醒，消受口脂芬。

祝英臺近

白羅袍，銀緆笠。素淨見真色。雙臉芙蓉，眉帶柳煙碧。生來修短剛宜，停勻曲線，更妍笑、工顰無敵。　搴帷立。恍疑天上蘭香，翩然降張碩。問字傳聲，猶帶早鶯澀。一番秀色重餐，頓忘消渴，只無奈、杜鵑聲急。

浣溪沙

暑溼無端殢玉軀。懨懨七日杜門居。閒吟怨句病懷舒。　忍淚佯歡聊慰母，暝晴罯雨總愁予。破除岑寂只雷車。

前調

愛着玄衣穩稱身。蓬鬆秀髮滿肩雲。丹唇玉貌倍精神。　見説李郎成薄倖，誰憐謝女慣能文。幾番小語蕩人魂。

前調

一霎相偎亦宿緣。纖腰入抱舞翩翩。靜中流電震心弦。　投至幽期甘褦襶，生憎小病困嬋娟。臨歧虔祝早安痊。

前調

消夏何方最可人。羨他密月鬥精神。朝朝暮暮恣行雲。　飛燕輕身宜擁抱，鏡鸞豔影寫横陳。未妨漏洩到芳鄰。

以上《理齋近十年詩詞・欠死集》（民元十九冬至廿七之秋）

采桑子　戊寅除夕

無端淅瀝巴山雨，做盡淒涼。斷盡迴腸。今夜殘年特地長。　明朝春又依時到，花柳芳芬。烽火蒼黄。何日扁舟下故鄉。

前調　和聖奘韻

共君作客巴山下，王粲登樓。平子工愁。縱遇春光不異秋。　他年若返江南路，海上盟鷗。湖上同舟。載酒尋芳興轉幽。

菩薩蠻　白桃花遭雨厄，歌以悼之

窗前一樹桃花白。珠輝玉麗輪真色。雙眼爲君青。君能慰我情。　天公偏妒汝。忽作絲絲雨。粉墜與香零。淚珠陪汝傾。

蝶戀花　和聖奘韻

紅淚流殘春夜燭。身是鴛鴦，怎入孤帷宿。蟄蟄心絃頻起伏。陌頭柳又千條緑。　隔歲瓊書重細讀。字字珍珠，的皪非魚目。錦瑟華年常苦促。水中明月渾難掬。

沁春園　六十有九生日，聖奘譜此相祝，次韻答之

投老相如，結習難忘，摛詞喜新。溯趨庭初對，人誇繡口，皋比久據，字問櫻脣。卅載光陰，四時風月，美盡吴楓與越蒓。名山事，僅

理齋纂組，詩範羅珍。東鄰。蛟鱷無親。竟噴霧、騰波奮孽身。效尋詩杜老，花溪避世，傳經劉向，藜杖揮塵。子野才高，易安墨妙，機石銀河共問津。緣何壽，只嶙峋骨格，恬澹精神。

望海潮　渝州羈泊，又度嚴冬，積雨沈陰，旅懷頗惡，次淮海韻以遣之

愁霖澌冷，頑雲絮亂，山城不見霜華。東海塵揚，南朝粉墜，生靈幾許蟲沙。憶昔駛飛車。歷夜郎險盡，望帝憂加。信美渝都，歲寒人瘁怎忘家。　軍聲壯烈鳴笳。儘神機襲月，巨彈開花。勝券已操，償金未獲，東南鴻雁堪嗟。天步莫攲斜。早威增闞虎，陣破塗鴉。

春到江南，萬桃千柳景無涯。

以上《理齋近十年詩詞·西南游草》（廿七年秋至廿九年冬）

以上《理齋近十年詩詞》

国家出版基金项目
NATIONAL PUBLICATION FOUNDATION

全民國詞

第一輯 ⑮

曹辛華 編纂

浙江古籍出版社

惜黄花慢 庚辰重九對菊作

賓鬢秋嬌、奈憑頭破帽、難掩華顛、未堪插鬢、試將勸酒、杯深貯淚、花淡忘言、亂開不解相迎護、幾曾耐霜苦風酸、意萬千、賦情盡改、吟抱誰寬、 今朝[illegible]漫重軒、念故人厚我、九日糕盤、地偏江迥、倚樓甚處、籬荒徑鎖、滿袖何緣、數枝莫慰淒涼夢、但開重疊愁邊、恨逝川、送人浪水彫年、

目録

鄭元昭 九十五首

鄭騫　九十七首

鄧潛　一百七十八首

鄧鴻荃　二百十四首

奭　良　一百二十六首

樓巍　一百四十六首

廖仲愷

如此江山 題白雲遠眺圖

尺方礬紙丹青染，居然嶺東形勢。萬壑龍繇，千尋練鎖，誰遣江山如此。蒼茫眼底。有多少榮枯，滄桑人事。野緑畦黄，依稀猶是太平世。　滔滔濁流注海，浪花淘不盡，今古王氣。日暝雲寒，風飄葉亂，那更蕭蕭秋意。孫郎去矣。衹目斷魚珠，幾重烟水。天塹長存，恨陰霾未霽。

金縷曲 題八大山人松壑圖

未合丹青老。劇憐他、銅駝飲泣，畫才徒抱。丘壑移來抒胸臆，錯節盤根寫照。想握筆、愁腸縈繞。國破家亡餘墨淚，洒淋漓、欲奪天公巧。縑尺幅，碧紗罩。　繁華歇盡何須吊。且由他、嫣紅姹紫，一春收了。地老天荒渾不管，空谷蒼松獨嘯。經幾度、風狂霜峭。如此江山歸寂寞，漫題名、似哭還同笑。詩四句，古今悼。山人自題，有『齏醋食何堪，何堪人不食』。是義往復之，粗殆邁同列』句。

邁陂塘 題北郭秧針圖

傍城根、倩痕纖影，亭亭初擢清淥。鋒芒如許禁磨折，風雨晦明相屬。青簇簇。便燕蹴鶯翻，也襯松篁緑。春濃野沃。想寶漢茶寮，北園酒肆，有客泛醽醁。　田間路，到處疎籬斷續。依山隣結茅屋。斜陽芳草無聊賴，静悄覷人耕讀。堪避俗。衹燕子殷勤，歸伴檐前宿。生涯自足。趁茗竈烟銷，甕窓日暖，一枕晝眠熟。

漁家傲　題畫

狎得風波渾自苦。朝朝打槳乘潮去。媚水蒹葭還故故。烟和雨。蒼茫那是相思處。　散亂飛鴉悽告語。宵來霜露凋秋樹。者裡乾坤誰作主。君莫訴。蘆中有士儕鷗鷺。

賣花聲　題畫

烟雨罨涳濛。萬緑叢中。亭亭遥認木棉紅。怕是離人迷望眼，特地撐空。　鴛瓦冷欺儂。叠嶂雲封。車塵鞭影盼無踪。春夢家家誰喚醒，蕭寺疎鐘。

一翦梅　題五層樓圖

叠閣層欄倚晚風。山上烟籠。江上霞紅。興亡閲遍古今同。文祇雕蟲。技祇屠龍。　莫問當年舊主公。昔日名隆。今日樓空。跳梁小鼠穴其中。晝静潛蹤。夜静穿墉。

右詩詞若干首，爲予幽禁中窮極無聊之作，藉以排遣胸中傀儡，工拙不計也。

蜨戀花

冷雨敲窗風掃葉。未算凄凉，莫便凄凉説。待到風消和雨歇。菰蒲猶復争秋熱。　天上雙星今夜合。不道人間，我又傷離別。聽唱陽關頻擊節。暗中却自拚愁絶。

羅敷媚　有贈

燕釵蟬鬢重圍繞，便值銷魂。不敢銷魂。留取心情付與君。　殘紅褪盡春猶熾，一度生嗔。一度相親。一樣歡懷未許分。

相見歡 秋柳

無言瘦損眉痕。怨黃昏。博得寒蟬偎抱、死生親。莫繫馬。白門下。送行人。已自不禁憔悴、况銷魂。

菩薩鬘 吉林除夕

春回臘照驚孤鳳。年來年去愁迎送。邊冷雪如塵。隨風狂撲人。　擁衾尋夢睡。夢也無尋處。便許到家鄉。樓頭少靚妝。

虞美人 赴日本舟中

蘭舷百尺凴都遍。目送吴江遠。白鷗追逐口呢喃。欲問海波何處、漾深藍。　山形樹勢隨舵改。日上孤雲礙。畫舡付與載鴛鴦。不載秋風秋雨、惹神傷。

憶江南 壬戌雙十節，承荔姪女以小册索書，爲賦此令。

江南憶，十一載今朝。畫角吹殘珠海月，戰雲盪漾漢江潮。人盡識天驕。

千秋歲 壬戌十月二十四日，許君志澄偕承麓姪女在駐日本使署行結婚禮，賦此催粧，併祝偕老

節樓天際。挹盡風光麗。叢菊咲，山楓醉。秋色湛蓬萊，良夜諧人事。勞月老，不辭紅綫牽千里。　璧合成雙美。阿嬌歸學士。瑶瑟弄，華堂啓。翩翩鸞鳳集，息息心情契。齊按拍，高歌爲唱千秋歲。

黃金縷 壬戌重九，偕路君丹甫、許志澄姪婿暨荔、麓、芝諸姪女同登箱根山頂。路君陝中將領，故末句云云

萬古青山頭盡皓。鬢髮初斑，未許儕年老。簇簇楓林秋更好。紅深印入人懷抱。　幾隊登高驚窈窕。不插茱萸，念是鄉關渺。風助驅車雲作導。期君叱咤長安道。

前調

自蘆湖望富士山，積雪之下，紫石斑爛，蓋火山熔岩所纍成之絶色也。爲賦此詞，以紀佳勝

排去屏山開面影。十里湖光，供作臨粧鏡。膩粉凝脂宮樣整。亭亭玉立秋空迥。　世事推遷渾不定。昔日烘烘，今日清清冷。覆雨翻雲凴記省。海枯石爛惟君賸。

念奴嬌

東居有感

月華光處，認年時、絮泊萍飄曾慣。鷗便忘機應了了，弱水盈盈深淺。紅葉傳來，微波送去，依舊蓬山遠。危欄獨倚，滿空寒霧籠晚。

惆悵捲地西風，祇揚塵土，不把窮愁剗。夢覺滄江蕉鹿幻，惟向天南凝盼。蝶粉零殘，蜂黃褪盡，尚有金英粲。霜榮露瘁，等閑癡與評旦。

一斛珠

壬戌歲暮，張君星羽赴福州謁許総戎，爲陳炯明説合。值余於旅次，因出所購張子祥花鳥畫幅索題，賦此寄意

夜來風雨。一枝依舊繁華去。紅情緑意聊將與。剩水殘山，猶有雙棲處。　逐浪隨波朝復暮。夭桃也自含羞顧。借問情深深幾許。七七成行，夢裡還癡語。

南歌子

落花，爲某君賦

含笑東風側，飄零一夕傷。不防春燕與商量。好藉銜泥隨拾、上雕梁。　芳意辭華萼，空鈴

護子房。也知没分嗅餘香。任逐馬蹄塵過、別家牆。

青玉案 泉州道中紀見

西風畫角悲征戍。人意也、消何處。一臥滄江驚歲暮。歸帆數盡，曰歸還未，又上泉州路。河山夢覺成今古。騎鶴纏腰幾人去。除却冬青無別樹。頹垣斷井，荒烟蔓艸，悽切城烏籲。

黄金縷 抵安海，感賦

五里長橋橫斷浦。不度還鄉，祗度離鄉去。賸得山花憐少婦。上來椎髻圍如故。 冉冉斜陽原上暮。罌粟淒迷，道是黄金縷。綵旆紅旌招展處。幾人涕淚悲禾黍。

賀新郎 題大兄懺盦主人《粵謳解心》稿本

諷世依盲瞽。一聲聲、街談巷話，渾然成趣。香草美人知何託，歌哭憑君聽取。聞覆瓿、文章幾許。瓦缶繁絃齊競響，繞梁間、三日猶難去。聆粵調，勝金縷。 曲終奚必周郎顧。且傳來、蠻音鴃舌，癡兒騃女。廿四橋簫吹明月，那抵低吟清賦。怕莫解、天涯悽苦。手抱琵琶遮半面，觸傷心、豈獨商人婦。珠海夜，漫如故。

聲聲慢 題池上秀畝作月雁秋林圖

瀟湘不到，楓荻蕭颸，天涯誰共清悄。舊約重尋，幾點低徊雲表。西風別情易冷，恁團圞、夜闌猶照。平遠處，認林疎瀨淺，烟蒼波淼。 鎮日橫空絕叫。且莫訊、前踪雪泥多少。

去爲春殘，來更月寒秋老。相思寄將何所，早分付、水鄉蘆蓼。關塞恨，一行行、書也難了。

瑞鶴仙 題汪精衛先生太夫人課字圖

一園紛紫翠。正衣綠停拈，閑庭課字。弱齡問纔幾，便戲鴻妙筆，食牛英氣。淋漓滿紙。早博得、慈顏春霽。宇宙間、惟愛長存，萬物都隨流水。　徒爾。文章一代，勳業千秋，春暉難繫。畫圖寂對。抵多少、陟屺興思。祇粉牆一角，凌霄花發，卜得君家人事。撫蘭孫、玉立成行，恍聞鸞噦。

畫堂春 題同前

紅花綠樹粲堂西。故園風景依稀。學書曾記作鴻飛。解得慈頤。　好雨已遲萱艸，人間何處春暉。畫圖空省舊庭幃。夢也淒其。

臨江仙 題柳亞子江樓秋思圖

萬里長江排闥入，畫簾高捲秋陰。西風蘆膾耐人尋。天涯歷遍，依舊故園心。　笛聲頻唱江南好，却憐景物蕭森。烽煙寂處漫登臨。吳山楚水，霸氣易消沉。

以上《廖仲愷先生自書詞稿》

廖恩燾

琵琶仙 滬上候船，渡太平洋。挈家人游西湖歸，枚叔、詠霓設祖餞。枚叔有詩送行，舟次報以此解

西子西湖，我曾記、載鶴攜梅來別。花裏催發輕舟，殘年怕聞笛。春未老、東風柳綠，已纖盡、舞腰無力。雪點袍斑，霜絲鏡影，人況遷客。　又誰信、鐙閣杯光，映寒夜、歌衫好顏

色。知否詰朝相送，黯千山雲碧。憂患在、文章底事，誤畢生、幾緉吟屐。且向吹角龍沙，醉魂將息。

掃花游 舟次扶桑，櫻花落盡，惘然撫此

東風第一，記町路三叉，酒人初到。障寒側帽。聽歌聲相勸，接羅同倒。再約來遲，緑鬢當門已掃。惹煩惱。正著意賞花，花太開早。閒事甯意料。但造物於人，恁都欺了。負春尚小。怕箜篌麗玉，素絃彈老。燕婉鶯嬌，只索離離露草。共歸釣。擁溪雲、半竿殘照。

側犯 舟泊金門，已入夜。憶四十年前公度曾官是地，正美國禁華工例發軔伊始。今則變本加厲矣，竹屋所謂『倚闌一望情何極』者也。

浪輪緩鼓。指鐙墖外繁星聚。蟾吐。正海挾飛雲、啓雙户。樓臺二十萬，總是黃金鑄。愁竚。甚舊日詞仙、此間住。雞鳴禁人，天與秦關阻。誰使我。舵樓欹，橫劍待風雨。見説當年，裂天能補。叱石成羊，女媧休妒。

倦尋芳

醉眉壓恨，吟鬢黏愁，寒夜鐙炧。細數花風，二十四番都過。短袂曾親楊柳折，脆簫纔引櫻桃破。甚如今，又湖樓百尺，元龍高卧。便莊蝶、蘧蘧招我。未卜三生，因證香火。夢雨飛回，慵翅濕紅難馱。近市鮫人珠乍泣，隔鄰雛女錢還簸。這銷魂，没來由，儼成真箇。

瑣窗寒

斷絮飄鐙，飛梅礙笛，夜窗慵賦。觚稜夢影，寒入玉豚吹雨。數蠻春、鬧了幾番，架紅半落

鶯無語。只鏡鸞領署，十年滋味，鬢根霜苦。眉嫵。休輕妒。看簾月纖鈎，挂愁不去。鈿箏寶雁，點檢淚珠盈柱。滿天涯、巢燕未歸，故園忍説誰是主。鎮無聊、鬭鴨銀塘，聽徹喧蛙鼓。

高陽臺

閣龍公園晚步，瞻石像有感。閣龍者，西班牙譯音哥侖布也。公遺蜕厝古巴三百餘年，古巴獨立後，輿櫬歸西班牙，正首邱矣

煙拂花鬟，雨敲松子，山河一局棋枰。蜕劍凝塵，鶴歸華表瑶京。濃陰未放斜陽入，早蒼然、暮景侵亭。又飛鴉，亂影浮圖，射海紅鐙。

蕭條四百年人物，不帝秦島客，曾慕田横。喬木無端，廢池猶厭言兵。英雄事逐沙鷗去，賸敗殘、鱗甲秋鯨。惱東風，那有垂楊，竟有啼鶯。古巴襲美國故智，立例禁止華工入境。島中不種柳，故云。

蝶戀花

落盡酴醿如雨細。濕透斜陽，怕上寒鴉背。日日鴉兒盤上髻。玉顏早自拚憔悴。酒在花前休惜醉。只恨東風，不爲流鶯計。鶯夢欲圓風攪碎。金鈴錯向花枝繫。

其二

碧瓦紅牆誰院宇。千古垂楊，總是樓前樹。樓外纖腰今不舞。萋萋芳草天涯路。莫問王孫歸甚處。句句啼鴂，抵死留人住。蝴蝶穿花飛已去。可知夢也全無據。

其三

緑滿枝頭陰萬頃。庇得鴛鴦，兩兩憐同命。月轉迴廊風乍定。未防露重闌干冷。濃睡

海棠呼不醒。莫是和人，殢酒懨懨病。怕見銀缾沈斷綆。行裙又近黄金井。

其四

拆了鞦韆人自覺。不待游蜂，飛到尋紅索。隔院嗅得餘香徒亂撲。黏簾花片風吹落。琵琶聲又作。遮莫江頭，有客青衫著。海樣恩情猶説薄。涙痕十斛量珠博。

其五

徹夜歌筵鐙不燼。月到天心，正没人間分。絮絮陰晴都莫問。一般恩怨渾無準。妝罷彩蟬妨睡損。燕子呢喃，鎮日教儂困。百計留春春未允。落紅報道春歸訊。

其六

滴向涙盤多少蠟。暗問紅龍，含睇還羞答。衣换吴緜初試夾。槐煙散入梨雲霎。十二雕闌看鬭鴨。嬾步沙邊，笑共閒鷗狎。好雨年時新菜甲。郊原青滿無人踏。

蕙蘭芳引 寅夜歌院步歸

鐙顫九華，照人瘦、料輪明燭。濺滴點蘭襟，知是涙痕可掬。露行不怕，怕冷入、被鴛鴦宿。正夢魂無據，半晌貪歡難續。片霎歌雲，都疑蒼狗，那笑黄鵠。歎花總飄零，何況道旁柳秃。哀箏聊擘，此情誰屬。聞隔江、猶唱定風波曲。

渡江雲 殘夏風雨竟夕，兀坐無緒，倚作秋聲

祓愁無酒夜，暗簾閣雨，窗影亂飄鐙。夢身將化蝶，遠遠笳吹，乍醒又重溟。魚龍氣惡，牽一髮、無奈山青。何故還、問天賒月，照徹玉

關情。凄清。先秋紈扇，褪粉雕闌，想歌餘舞賸。消幾番、西風蟬鬢，魂斷飛鶯。彈棊不入興亡局，任鐵馬、簷際長鳴。來日事、簪巾商略殘英。

眉嫵 六月晦夕，纖雲在空，殘月挂樹，黯然成詞

便游鱗猜餌，宿羽疑弓，驚定倦魂悄。解得窺簾意，殷勤甚，都來殘夢催曉。素娥耐老。怎未教、長伴花好。但人背，碧漢紅牆見，正眉樣新巧。休惱。麻姑伸爪。向額雲一掐，重損天貌。自樂昌鸞鏡，分飛去，金杯又誰邀到。繡裙拜了。漫玉階、猶弄餘照。怕明日披圖，山河影、更愁小。

祝英臺近 江樓晚眺

鶩孤飛，天一色，秋淡戍樓景。人立斜陽，不辨鬟塵影。玉豚吹浪無聲，笛雲呼起，聳波底、鬌虯潛聽。　峭闌凭。十年消受黄昏，風高袖香凝。扶夢蟬枝，餘温足花暝。問伊摇落江潭，霜枯片葉，可還認、碧梧金井。

長亭怨慢 石帚引桓温語度此曲，因次其均。美洲各地皆有柳，古巴獨無，原因不可考

問蛛網、何曾牽絮。礙著花飛，緑椰庭户。妒舞西風，漢宫腰細定難許。老夫耄矣，猶念切、垂條樹。樹不見垂條，只客鬢、蕭蕭如此。　薄暮。笑藏鴉未穩，破驛冷楓慵數。城笳起也，漫還把、黛愁輕付。怕咽斷、故國江南，好春色、嬌鶯無主。勸記取樽前，休惜黄金歌縷。美工黨因嫉華工奪食，倡禁垂四十年。古巴不排斥華工，顧亦有禁，則美干政時作俑，流毒至今。碎璧秦庭，使者之責，争之不獲，已負疚深焉。然而嗷鴻謀稻粱海外，招鷹鸇逐，

誰實驅之而尸其咎，不忍言也。懺盦附注。

雙雙燕

陳蘭甫先生登華首臺，得『羅浮睡了』四字，潘老蘭爲足成《雙雙燕》曲。人境廬主人有和作，余酷嗜之。今三十餘年矣，詞已遺忘。偶爾棖觸，聊復繼聲，次梅谿均

羅浮睡了，夢千樹梅開，枕雲清冷。花陰伺蝶，看煞翠交紅竝。依約丹流橘井。正蠹榻、枯禪坐定。泠然白雨吹庢，化作空潭龍影。　仙徑。春衣霧潤。記鶴舞經壇，也如人俊。扶歸丫髻，五百洞天新暝。應是梨雲更穩。那還問、今番風信。呼起玉鏡秦娥，試與畫屏共凭。

其二

羅浮睡了，又還見飛來，一峯秋冷。雙成別後，約負彩鸞驂竝。泉涸仙翁舊井。甚樹拂、霞光不定。扶頭醉已千年，夢入斜陽無影。　窺徑。雲容玉潤。恐我佛低眉，妒伊嬌俊。濃妝初卸，早是月昏巖暝。應諗芳盟未穩。誤梅尉、重探春信。商畧踐草香蹄，且解繡鞍笑凭。

夜合花

玉簪花本西洋種，此地獨無。粵東移根到此十年，園林皆滿。士女投贈，非此不可。廳事供數枝，爲賦此解

淺暈描蛾，幽芳含麝，此花宜伴冬郎。蘭情蕙盼，窺來宋玉東牆。冰綺潔，粉肌涼。問白雲、何處仙鄉。歎胡沙遠，明妃久謫，垂淚成行。　不曾寂守空房。記當時，玳瑁鸞鏡留妝。簾前被酒，釵蟲夢暗無光。朋便盍，態休狂。度壺中、天地春長。最憐今夜，銀屏燭底，蕭鬟評量。

暗香 故園梅花

古香玉色。正夢痕縹緲，龍沙飛笛。冷臥白雲，不抵衣裳臥花側。驢背馱詩去後，空愁煞、紗窗人隔。甚寄得、驛使孤枝，書素絶魚尺。消息。水惻惻。悵雁到已遲，望極天北。淚綃暗滴。金屋誰還貯嬌識。殘賸南朝粉黛，先謝卻、鉛華重飾。漸冉冉、春至也，畫簷笑憶。

疏影 梅影，石帚均

寒漪映玉。惹啼煙翠羽，池上驚宿。竚立庭陰，鬟亂釵橫，銀蟾正揹窗竹。春風解寫真妃面，却不是、沈香亭北。有對湖、放鶴逋仙，認得縞衣人獨。依舊羅浮色相，鏡鸞那不記，鈿黛凝緑。雪裏孤標，脈脈無言，只怨殘鐙金屋。南樓昨夜曾吹笛，漫濕向、玉闌干曲。待一枝、重返芳魂，繡作畫綃裙幅。

以上《懺盦詞》卷一《初航集》（丙寅、丁卯）

燭影搖紅 人境廬主人，余四十年前海外忘年交也。戊戌約同赴歐洲，又約東渡扶桑。政變牽率，皆不果行。公歸梅州，閉門著述，成《日本國志》若干卷。貽余書，謂曹子桓云既成老翁，尚未白頭。未幾遽溘朝露，悲夫！讀彊邨老人《人境廬話舊》一曲，凄然和均。感人事今昔之異，不止黄壚之悲已

鯨沫黏天，潑雲如墨春空蔽。社鷗飛散不成盟，菱鏡霜絲墜。無故東風剗地。背啼鶯、輕簾揭起。青紅偷換，流夢韶華，新愁重繫。
當日詞仙，引杯閒話殘鐙事。劇憐撾策過西州，又灑羊曇淚。百尺湖樓舊倚。好江山、摩挲劍氣。扶桑刊槀，早定千秋，浮生聊寄。

氏州第一　夜不成寐

花氣篩簾，鐙香月黰，人間夜覺春悄。劍蠹身閒，鸞驂侶舊，塵外掀髯一笑。庭樹酣霜，葉葉漸、新陰成了。莫問東風，池臺醞造，綺愁多少。　繫馬長楸當日道。想鋪滿、王孫芳草。臥笛青山，箋詩白屋，缺髻羅嬌小。數銀壺、更箭轉，關心事、猿孤鶴峭。化蝶莊魂，莽天涯、飛還不到。

望海潮　古巴革命軍與西班牙戰，不支。美艦名緜延者巡洋至古巴海岸，爲人炸沈。美、班遂搆戰釁，古巴革命功成，美有力焉。古巴人不忘德，因爲艦中士兵殉難者二百餘人建紀功碑，歲時致祭。今年鐙節後十日爲三十年紀念，舉行慶祝。踵事增華，極一時之盛。顧美艦之沈也，有議美國自炸，以圖干涉古巴内亂者。蓋當日艦中員弁多已登岸，畱守衛兵耳。疑竇至今未破。是日觀禮畢，歸撫斯曲

沙都沈鐵，碑還留石，兵端忍問誰開。刼洗羊紅，濤翻馬白，飛灰恨島長埋。華表峙雲階。笑千秋疑案，幾點殘苔。是是非非，付他遥夜鶴歸來。　鶯花换盡樓臺。只孤峯舊在，喬木新栽。橫索斷江，摇旍蔽野，饒歌拍帶笳哀。吹夢玉簫猜。過鬧鐙十日，猶趁裙釵。冷眼鷗邊斜照，百感酹蒿萊。

賀聖朝　寒食夜憶，況舍人云車馬殷填，裙屐襍遝，中能有幾人知今夜是寒食耶？閲《天津報》，載某貴人近況一則，愴然拈此

瓦鴛不見炊煙碧。日日疑寒食。千門畫鴨，幾家調燕，一般沈寂。　飛花斜柳，依前費力。爲東君裝飾。黃昏時候，漢宮傳燭，都成

陳迹。

留客住　西班牙舊友有曠宅，莊嚴綺麗，埒王宮，營造費金幣二十餘萬，極園亭之勝。牆邊修竹成林，石臺臨大海，一望無際。願假余居之。重違其意，徙焉，并紀以詞，擬清真，見毛氏《宋六十家詞選》

飛鷗鷺。已濛濛、迴環闌檻，況對千竿修竹，鬧煙疑雨。驀記香留過蝶，冉冉殘影，試問山鬟雲擾，絶似秦宮，悤悤又誰偏賦。換新主。算點檢園林，春光良苦。鋪翠張紅，日就鶯笙填譜。漫道梅教鶴守，燕依人住。世上何者吾所有，便天地、可廬且任棲去。

花心動

休問茶煙，怎雕闌、黃昏殢人殘醉。紗逗語香，詩染簾痕，記聽隔花彈指。捲簾收了真珠串，垂一串、還如珠淚。噪鴉外，林聲又喚，怨蟾東起。莫道魚龍海氣。裝點好、樓臺勝他紅翠。雲影片帆，搶勢清江，過眼百年興廢。浪淘畫鷁笙歌去，淘不散、羌邨燈市。無那也、鉛仙暗流恨水。

宴清都　送春

午檻花枝亞。紅襟客，杏梁離緒留話。明年此會，知誰尚健，更番游冶。簾聲冷落雲東，歎鏡裏、朱顏易謝。忍遺得、舊藁園林，丹青又裝殘畫。疎陰雨後斜陽，輕輕送人，前度臺榭。榆錢買醉，驄鞍馱夢，好春難捨。鶯金蝶粉休問，恐散向、飛鴛翠瓦。記渭城、莫唱何戡，妨伊淚下。

解蹀躞

片紅點茵似繡，乍礙離人眼。午鐘敲幕、東風起來嬾。纔自撇過闌干，又謝病酒心情，雨巾誰岸。暗吹散。雲裏將殘春雁。滄波淚痕泫。寶釵鈿合、疎恩早成怨。往事千載悠悠，可憐桃李新陰，到門都晚。

以上《懺盦詞》卷二《夢彊集》（戊辰春）

摸魚子

寓齋修竹百竿，夏日益濃翠可喜

翠篔簹、小窗敲徧，隔花環珮疑近。逍遥倦枕閒牀在，爭柰西風催緊。眠怎穩。鬧一片、雨淋鈴曲淒清韻。啼禽也哂。道夢裏封侯，先生休矣，垂老更無分。　雲行處，沙雁平安莫問。籬根萌得新筍。天寒袖薄人誰倚，曾記淚彈銀粉。高不盡。何必向、竿頭百尺還前進。瀟湘畫本。待月轉迴廊，石苔爲紙，揮帚與君論。

一蕚紅

四月二十五夜，池蛙聒耳。因念京師西苑、十刹海一帶，荷花盛開，游賞已成陳迹。晉軍入駐，南遷之説甚囂塵上。海外消息沈滯，渺兮予懷也

故園思。正蛙堂鼓吹，鳴徹井欄西。涼漏寬宵，殘鐙續夢，荷袂猶掩華池。翠壺載、城根路入，記倚棹、曾唱鶴南飛。舞蓋亭前，顫蟬聲裏，千騎今馳。　兒戲棘門何在，料軍屯細柳，不似當時。收釣看花，呼鬟滌硯，江海人尚歸遲。繡苔薄、沙禽臥熱，此情問、流水也應知。但得金波蕩愁，漫又霑衣。

緑蓋舞風輕　白蓮花，草窗均

一笑水仙王，素韈凌波，飄然步層綺。天樣闌干，鸕鷀飛永日，斷笛猶倚。漫與催妝，髻雲亂、蕢絲難繫。乍湖光，月色開奩，都化霜蕊。
窗底。看浴真妃，翠羽辨分明，粉靨風洗。縞袂雙鬟，捧金盤、幾許露珠量淚。落照沙邊，寸心託、蘋歌偷寄。畫船回，人帶赤城霞氣。

天仙子　郫居即事

日聽采菱歌一曲。胡姬小住臨溪屋。城中姊妹往來頻，裙六幅。車金犢。踏莎行過鴛鴦浴。

其二

薄暮微涼生袖底。汗香乾透冰綃膩。蜻蜓欵欵尚依人，荷葉背。蒙鷗水。斜陽灌了青山醉。

其三

十二迴廊連曲苑。招招玉手新團扇。迎頭落葉打釵風，愁一綫。并州剪。簷前又墜雙飛燕。

其四

過了浣花天氣蕩。悠揚野蝶飛三兩。蘭橈桂棹不曾回，閨月上。眉兒樣。金蟲繡在流蘇帳。

其五

輭沁麴塵初過雨。羅裙濺得新泥土。年年懊惱看荷花，花欲語。人誰訴。無端結子心還苦。

其六

宿鳥池邊閒響屧。虚堂不見笙歌月。歸來悄自剔殘缸，消瘦骨。秦絃拂。明朝又送金鞍發。

大酺 哥侖布故居放歌，擬清真

帶橘煙幽，川帆迥，飛宇題名高矗。隨流青雀舫，正銀笙吹處，釧交釵觸。亂碧禽枝，殘喑蛋唱，叢莽灰黏廊燭。樓前無聊水，斷簾陰一綫，恨緜莎竹。歎留蝶痕輕，弄霙寒淺，故年心目。　才人今古哭。每驚問、誰又河山屬。怎奈向、鸞軿猶渺，鶴輇偏遥，等閒時、宴休金谷。只有滄浪客，腰短笛、幕天孤宿。弔芳躅、杯澆緑。澆罷應醉，沈醉消來棋局。盪眸凍雲似玉。

木蘭花慢 孤雁二首

記梁州乍别，渾飄泊、到江湖。甚和雨和風，又和月色，清影還孤。平生雪泥爪印，向玉關曾白幾頭顱。一點蕭然賸墨，争教寫得成書。　游居。與鹿豕何如。木石正相須。況衰柳斜橋，寒沙淺瀨，滿目煙蕪。愁看十年伴侶，帶暮雲排陣落荒都。却笑往來避繳，難辭辛苦銜蘆。

其二

鎮逍遥海上，輕拋却、稻粱謀。算野曠煙低，帆飛日落，無數滄洲。凄然笛聲又起，念那人猶倚舊妝樓。欲寄相思隻字，誰憐枉度殘秋。　江州。楓葉荻花稠。衫淚底難收。想身世微塵，蟲沙浩刼，此意悠悠。珍叢翠禽再見，料故巢還認漢時溝。一水蒹葭宛在，吾廬天地長留。

月下笛

寒夜笛聲起林木間，詢知吹者爲黑種人。細聽之，殆粵調也。爲詫歎久之

籟寂青林，霜天破煖，篆留殘炷。鐙唇似語。笛聲招喚鴻妒。還疑人在梨花院，舊時月、溶溶照處。正疎陰繞夢，涼痕如水，暗裏飛度。無據。愁還貯。問此曲誰曾，鷓鴣傳譜。零腔斷拍，狗兒吹已成句。年涯尋到銷魂地，鬧鄰飲、烏孫醉去。漫將恨，遠引行雲，起户又喧雨。

臨江仙

擬稼軒

莫問成連東海去，抱琴幾度蟾圓。我來島國又經年。白鷗同住久，玩月也無眠。不識金銀真有氣，長疑燭散青煙。喁喁私語蘸冰絃。夜潮愁一綫，訴上畫闌邊。

轉應曲

鸚鵡。鸚鵡。調舌簾前誰語。天寒商署温存。擁髻圍鑪麗人。人麗。人麗。一樣玉籠身世。

其二

明鏡。明鏡。雲鬢幾番留影。池冰結得清圓。玉勒青絲面前。前面。前面。風撲柳花如霰。

其三

清酒。清酒。不必樽中常有。杖頭日挂千錢。近市黄壚醉眠。眠醉。眠醉。星斗滿天飛墜。

以上《懺盦詞》卷三《柳雪集》(戊辰夏秋冬)

過秦樓 別情，和《片玉》

紫勒飛騮，玉釵分燕，久別素書都斷。支頤對鏡，蘸額憑梅，怕檢舞裙歌扇。無那又是晚來，銀鹿心頭，急弦催箭。正虛廊月上，愁絲千縷，鳳沈簫遠。 教象尺、帶結量腰，絨針穿孔，彩絹淚痕重染。虯籤度幕，螢穗昏鐙，密意未妨終變。渾恐因循，洞中人面依稀，桃花嬌倩。但劉郎再到，容易淒霜鬢點。

霜花腴 和夢窗

怨眉恨額，沁素霜，殘年換戴緇冠。羌調吹晴，鵯音啼雨，東風忍俊都難。帶圍舊寬。瘦沈腰、甯獨鐙前。但閒牀、伴得窗娥，熨肌偏歎薦猶寒。 莊蝶夢邊休舞，早千金不擲，扇底歌蟬。吟席鷗推，行厨詩膾，雁賓捧出雲牋。甚煩畫船。又載來、丫髻人娟。乍濃春、點就螺鬟，駐橈江上看。

一斛珠

脂侵粉掠。臉霞漸比夭桃薄。巫山除是雲遮却。花底逢人，一綫羞紅覺。 歌嚲那仗閒愁博。笑聲偷向燈帷落。沈腰子細思量著。回月虛廊，瘦影松陰鶴。

荷葉杯 擬韋莊

燭影捎簾釵落。人覺。花底又重來。月光如水浸鴛苔。薄暈上香腮。 歌罷那回行酒。雙袖。臨別淚千絲。緑窗殘夢漏聲稀。郎馬去猶遲。

蝴蝶兒 擬張泌

蝴蝶兒。草煙霏。莊生初入夢魂時。夢回花滿枝。　翻盡黃金縷，佳人妒舞衣。鞦韆牆上撲還飛。扇羅教放低。

減字木蘭花 過派克湖上

雁汀春暮。過客支筇頭似鷺。笑語西風。亭上開花不許紅。　赤欄橋倚。看煞黃昏鐙火市。帆影飛來。橫海將軍舊有臺。

唐多令 閨情

篆炷睡前添。鐙花夢後占。到晨來、喜鵲喧簷。只恨整妝明鏡裏，愁不掃、兩眉尖。　偏又引微嫌。鴛針總怕拈。侍兒也、小病懨懨。除是玉籠鸚鵡叫，渾懶去、捲珠簾。

前調

煙水正迢迢。春歸趁畫橈。好斜陽、擱向虹橋。知道倚樓人未老，和小住、聽吹簫。　燕子也魂銷。簾花帶雨澆。最桐陰、門巷無聊。載酒欲尋蟬唱去，渾輸與、晚鶯嬌。

定風波

自送春歸燕倍親。飛來簾底故依人。天際夕陽鴉上陣。休問。十年華髮嶺頭雲。　到枕邊聲猶料峭。填胸史事半酸辛。蝴蝶暗猜花未穩。香近。輕輕瞞過鬧蜂聞。

驀山溪

眉梢眼底，冉冉春歸恨。梁畫黯歌塵，早泥香、飄零燕吻。思量半晌，索性莫思量，風漸引。清和近。雨影添花暈。彈來瑤軫。解得瞋嬌慍。淡泊過朝昏，石榴裙、紅綃眠損。蟬聲一夢，柳下碧陰涼，廻雁陣。都休問。夫壻封侯訊。

八節長歡

蕭齋坐雨，檢歷書，知爲四月八日，記賦《繞佛閣》詞，忽忽一年矣

風午蟬鳴。灑黃梅雨，細響簾晶。雲容三寶相，湖翠兩眉稜。佳辰刪了便忘却，灌佛頭、湯又蘭馨。且把襟塵袖垢，淘洗清瑩。山荒未必無僧。牽世網、除歸墨怎逃名。垂老感飄零。拚白首、皈依暗問傳鐙。天花黦，渾恐被、一霎留情。酣來態、狂奴非故，西鄰軋上哀箏。

鶯嗁序

賀古巴總統在新建國會行蟬聯就任禮。是夕赴國宴，用夢窗《豐樂樓》均紀之

泱泱大風表海，從藍天曳綺。向螭棟、引起飛雲，瑞鰐狂舞波際。驟日午、銅笳放燄，吹開鏡裏瑤顏霽。擁六州元首，古巴分省爲六。香飄萬卉車墜。温玉崇階，軟幔廣坐，背笙屏乍倚。馬聲近、疊疊人山，雪毛遥颺冠翠。衒軍容、金毦畫纛，鬟蟬沁、釵光如水。俯層闌，染眼鶯花，紺塵何世。仙鳧履舄，上國賓僚，頌獻奐輪美。誰省記、初鬭鴻味，問鸞鯨手，仗劍何年，莫談前事。謂哥侖布。樓臺形勝，川原改換，沈戈銷戟通文軌。賴丹青、粉飾炎荒地。高瞻遠矚，雄圖聳立新基，繡旗顯分織緯。鐃歌鬧夕，警蹕清塵，正輦廻户遲。勸旨酒、琉璃杯盞，鼎俎錯珍，扇映氍毹，麗鬟十

二。奩鸞笑臉，檀蛾羞黛，玄宗休聽宮女道，淚痕雙、沾透羅衣袂。白頭早苦低垂，蠹墨題詩，謝娘舊里。古巴脱西班牙羈軛三十年，庫藏充實。邇者蔗糖爲美利堅箝制，菸業受歐戰掊繫，負債漸重，顧猶糜帑千四百萬金幣建築國會，識者以爲過也。古巴總統近又傾心以事西班牙，訂協定條約，豈未忘舊君歟？抑別有作用？弗可解已。懺盦附注。

三部樂　展堂題梁節厂詩集，有『落花飛絮尋詩處，明月清風送客時』句，隱栝其意爲詞

真箇詩仙，占罨畫水堂，對峯如滴。峭闌聊倚，得共閒鷗分席。雨簾外、聞木樨香，註梵經蠹卷，且休吹笛。絮飛欲寫，淚迸落花飄墨。　黄公故壚在否，酹酒杯試灑，暮山秋色。記掀美髯一笑，終成頭白。武昌魚、早都厭食。廊月暗、南園謝客。簫韻怕續。西州路、扉薜捫碧。

惜秋華

萬縷柔情，委新詞半篋，西風縈恨。冷照下樓，江鐙亂星摇蜃。青娥怕見殘秋，況鏡裏、凝塵頽鬢。當年，瘞花銘、草入雲鴻高陣。　歸計向誰問。歎招潛把菊，芳期難準。劍氣指、牛斗看，釃杯慵引。休憑闘鴨闌干，早壯懷、斷簫吹盡。無分。甚纍纍、佩黄金印。

齊天樂　杜鵑花，東洋最盛。此間寓園籬落皆滿，雖冬未著花，除代日別之，不可無詞

不聞催喚人歸去，籬花底名鵑也。暗裏銷紅，頽然膩緑，裝綴無聊殘畫。斜暉已掛。正橋月天津，相南占罷。翦雨窗鐙，夢痕孤劍十年話。　蓬瀛三島舊住，仙雲藏翠閣，猩暈鴛

瓦。兩地欣逢，經時愁別，一例歌陶琴寫。憑將恨卸。漫蘸入枝頭，淚珠盈把。見説蠶叢，頓教行路怕。

暗香 和石帚

滿庭雪色。對雁天冷淡，殘鐙飄笛。小損額黄，莫遺宮鈿鬢邊摘。前度懷春嫁了，新眉入、逋仙閒筆。最羨煞、十里鷗波，分占一湖席。傾國。正寂寂。甚破蕾故遲，蘚屐蒼積。暗螿自泣。寒蝶重回漫相憶。扶起羅浮夢舊，飛雨濕、千巖雲碧。有冉冉、姑射影，澗龍覷得。

喜遷鶯 夜聽阿根廷人弄樂器

金筝彈裂。問雁足那絃，增人淒切。乍按商聲，忽傳宮譜，似燕又和鶯説。趣在箇中誰會，恠底當前無物。只繞處，認梁塵飛落，廻波曾折。還怯。長記取，但與耳謀，聞奏鈞天迭。遲暮看花，閒眠消酒，聾宋恁教警聒。便憑唾壺繫碎，難覓行雲彌缺。迷倦眼，幾歌場歡笑，華鐙明滅。

以上《懺盦詞》卷四《嘯海集》（己巳）

塞垣春 歲旦小雨，和夢窗

曉幕喧城笎。驟雨破、銅衢煐。銘椒不頌，勝旛無綵，寅但杓轉。洗客襟、且酌葡萄琖。只莫問、鐙光短。聽新晴、簷鳩喚，一簾煙景春遠。何處繡鵁泥，記黏絮鋪花，紅濺苔岸。老覺鬢絲繁，歎身更如燕。算飄流瀚海，還是雕梁，舊巢痕、忽教見。雲濕又依岫，謝娘啼妝淺。

聲聲慢

困花增媚，偃草含嬌，簾雲弄日初晴。袖手杯旁開軒，笑揖山青。西郊罕逢柳眼，語黃鸝、長欠丁甯。算依舊，有陽春郢曲，和那成聲。　無那玉關殘笛，乍鄰人吹起，撩故園情。霜雁來遲，鏡天窺鬢零星。東風忍猶費力，綺羅塵、飛滿閒庭。蘸詩影，翠微煙、鴛蘚又生。

絳都春　玫瑰花大如盌，土人呼爲美洲之美人。因賦

風欺露井。染塵紺怨入，霓裳仙詠。繡閣麗姝，簪押秦鬟香雲凝。彤屏歡夕華鐙影。占海鶴、千年丹頂。綺羅叢裏，趨鳧乍過，笑鴛初迎。　端正。庭蟾漫又，半奩鬭、漢額宮彎新整。暈粉臉圓，薰麝肌豐當時省。猩林嘶騎重來徑。幾貰酒、雕闌親凭。可曾商畧嬌扶，醉歸酩酊。

玉京謠　梅郎航海演劇於美國紐約城，傾動一時。拈夢窗自製腔，賦寄

鷁彩霓仙擁，破浪如飛，縹緲歌雲起。袖裏蠻春，壺天閒步層綺。暈翠黛、橫掃腥巖，問一笑、褰簾誰解。釵光底。鶯簧數曲，羊裙書字。　銅琶漫語江東，早有虞姬，正帕羅拭淚。宮燭雙挑，華清恩宴初賜。上界迷、花雨繽紛，枉鏡海、玉娥偷睇。都不辨、妝改幾回時世。報載梅連日演《霸王別虞姬》《貴妃醉酒》《天女散花》諸劇。

珍珠簾　春分

薄寒乍向簾衣欸。瓊壺倒、費煞閒眠消嬾。

殘夢落紅天，已減春成半。柳染桃熏都過了，尚綺閣、吟梅人怨。還算。有嬌鶯更解，一曲相勸。　無故笛脆簫柔，惹東風來住，鞦韆庭院。賣杏隔明朝，問幾家留燕。兩點妝蛾臨寶鏡，便暈開、新痕猶淺。誰遣。又蝶外流光，悤悤催轉。

永遇樂 三月朔日譜，依竹山

黏蝶紅牆，殢驄青陌，雲正行處。媚水回眸，秀巒覿面，春已留人住。蒽盤齏甕，蝦罾魚艇，舊訂鷺盟猶誤。何須問、將歸燕子，妒花者番風雨。　韶華一瞬，輕彈僵指，錦瑟繁絃澀柱。絡緯鐙前，鞦韆索畔，芳恨添幾許。茫茫誰授，斑斕才管，寫盡黯然南浦。堪憔悴、江關庾信，暮年又賦。戊辰和稼軒此調云：『記得當時，洞簫吹過，花底鳴鑣路。幾回猶聽，隔船蠻女，學打青腰小鼓。從渠問、人間尚有，廣陵散否。』節録於此。

瑞龍吟 春感有懷吾鄉小西湖，次夢窗《送梅津》均

映歌袖。長是斷岸仍橋，畫堤未柳。黄昏吹角晴陰，女牆放了，南州豆蔻。　點茵繡。一片翠雲江上，半妝螺岫。晶簾咫尺鷗天，漲痕平占，菱菰萬畝。　遥念鷰湖家在，笱簗塹路，玉肩罌酒。紅出寺棉浮屠，高與枝驟。棲禪地僻，苔磴虯紋皺。玄經展、蟫蝂細看，花深鐙漏。澗底尋碑搨。想猊鼎裊，沈檀炷舊。佛偈消香口。空換與，琵琶胡塵緇後。亞闌按曲，西風彈瘦。

繞佛閣

豔春未了，紅翠滿郭，雲擁山勢。禽引池睇。

旅愁漫遣、筵開坐花醉。淚鉛酒洗。懷遠又阻，衣帶問水。俊游須記。閬風不管，成蹊自桃李。　秉燭夜呵壁，細審苔紋新蘸字。猶笑蠹魚、千年攢故紙。暗寶髻金蟲，遑問珠履。亂鶯呼起。驟雨過溪橋，梅老青子。鬧光陰、度簫如沸。

金縷歌　賦寄半櫻詞人林鐵僧

策蹇西湖上。挂詩瓢、兒童笑煞，嬾殘和尚。只道此僧真是鐵，那識孤山近況。又冷豔、梅花偎傍。荒島好春尋不到，倩玉簫、吹夢雲東向。聆午磬，動清響。　鷄林有賈曾欣賞。舞筵間、紅添醉葉，館娃低唱。半折町櫻移栽後，剗地風光瀏亮。料鶯燕、知人無恙。雪夜扁舟歸日事，認桐陰、門掩深深巷。談興發，抵吟掌。

如夢令

蝴蝶未穿花去。飛向繡簾高處。一嗅髻雲香，釵上玉蟲應妒。回顧。回顧。眉眼那人曾許。

其二

燕子畫梁間語。多少舊情難訴。前是月和花，今却是風和雨。何去。何去。從我水西涯住。

其三

鸞管鳳絃無數。不抵脆鶯啼樹。從此謝笙簫，携酒且聽鶯去。吾與。吾與。門外玉虬人語。

換巢鸞鳳　張隨員銘之量移智利國，歌以送之

殘客遲歸。甚雲鴻送遠，也自歸遲。半肩琴與劍，滿篋淚和詩。荊州王粲久相依。見鶯燕都樓前亂飛。宵還夢，畫就了、黛眉窗倚。

塵起。風靡靡。吹盡岸花，閒付魚龍戲。殢笛牙檣，濺潮茸帽，人在沙鷗天地。呼海同觀玉芝圖，泛槎遥叩星宮事。傾餘杯，又南溟、十萬山翠。

虞美人　三月十六夜對月，四鼓後小雨，漫成

舊時簾底纖纖月。惆悵銅華闕。倚闌今夜看嬋娟。三五盈盈依約、破瓜年。　枕函睡損紅妝薄。酒帶些兒惡。雨聲還又到芭蕉。明日落花門巷、太無聊。

鳳啣杯

心事將花都瞞了。恁還肯、向旁人道。便百計消愁，怕愁消更無懷抱。拚是剩、些愁好。

斷雲橫、孤煙裊。逐笙船、弄波鷗小。占風月一江，半江分作奚囊料。半分付、丹青藁。

以上《懺盦詞》卷五《拜夢盦集》（庚午春）

倒犯　解使篆半載，淹滯未歸。長夏借宅江鄉，極湖山歌舞之盛。夕雨乍歇，酒後登樓，和夢窗

醉眼、看江山畫圖，暝痕何許。高樓過雨。嬋娟素、影孤煙阻。簫聲裏，有人鬧飛觴、呼傳羽。我願就青門，學種瓜成圃。甚黃金，買歌縷。　林籟龍吟，冷上鐙唇，風來穿繡户。臥處沁亂碧，夢驚覺，雲一塢。想佩玉、乘鸞侶。藕花深，凌波輕展步。漫老却南湖，歸更依鷗

住。浪蘋霜鬢舞。

秋霽　張翰秋風起，思蓴羹、鱸膾之美。久滯海邦，不覺情之同也。次均梅谿

江雁蕭蕭，帶斷綺殘霞，淺畫秋色。恨入峯眉，困含波眼，鬧蟬正疲歌力。韻梧未息。近牆擘破苔牋碧。似去國。無那、賦情黏鬢老催客。曾是夢裏，咫尺雲山，鯉魚風吹，鄉訊猶寂。布帆輕、書裝待壓，掀天塵起鷺迷白。何處釣艎渾繫得。只蜃樓暝，還又莽莽人煙，大星垂野，迅郵飛驛。

醉蓬萊　客自美西來，爲言梅郎演劇畢，歸國瀕行，某大學贈以博士學位。欷歔久之

一聲河滿淚，灑夢鐙前，塞鴻能道。流落新亭，歎人才江表。彩筆書裙，勝花簪鬢，冷謝郎閒抱。嚇鼠文章，翻鴉事影，匏樽空倒。最念簫鄰，舞梅身世，障隔銀紗，珮拖瑶草。蟬翼峩冠，襯鏤金衣好。太息窮年，案螢曾守，幾蠹枯芸槁。院燭分蓮，詩催宮點，雙鬟誰報。

念奴嬌　秋心油然，讀稼軒詞觸所好，率擬一解

淵明歸未，問伊家三徑，猶存松菊。門外柳都腰恥折，管甚纖圍消玉。吊影山河，傷心風雨，且展離騷讀。人之佳者，乃能遺世而獨。堪笑捫蝨雄談，當年王猛，真箇收殘局。今已滿盤淆黑白，旁立虬髯瞪目。誰是車螳，誰爲蟬雀，誰又爲鴻鵠。滔滔天下，只知秦失其鹿。

法曲獻仙音

三十年前作《粵謳》，有人採入詩話。嗣在京師偶作，柳溪、瘦公、季裴、瑑青、公睦輒擊節，慫恿付剞劂。重違其意，既而悔之。顔園曰『懺綺』，良有以也。顧餘綺未懺，習爲倚聲，則冥冥中有若驅策之者。涼秋鐙夕，百感棖觸，吾欲無言，得乎

月押簾低，酒消衾薄，夜色催殘風檠。短髮疎簪，敗苔休屐，闌干自温花影。便已到招提境。還愁衆生病。　乍深省。記臨江、珮環初解，龍女去、塵事比秋更冷。洗恨玉壺冰，忍重看、漪皺蘋鏡。舊日彈詞，窅孃歌、銀淚簾迸。甚淒蛩咽雨，又惹隔窗人聽。

賀新郎

稼軒詞『起望衣冠神州路，白日銷殘戰骨。歎夷甫、諸人清絶，夜半狂歌悲風起。聽錚錚、陣馬簷間鐵。南共北，正分裂』。古今事如出一轍，黯然和均，即用原句作收。彊邨老人云『天涯別有憑闌意，除是杜鵑能道』，蹈襲云乎哉

忍對西風説。漸人間、笙歌夢裏，換裘抛葛。秋遠中原迷落雁，雲擁寒天欲雪。渺一綫、吳山如髮。負壑舟藏今不見，恐巨靈、擘破千江月。杯擲去，勸彈瑟。　漫教折柳輕傷別。看橫刀、橋頭斷水，漸還冰合。記否吹笳城邊路，沕穆腥塵沁骨。恨無故、當年裾絶。淚鑄黃金都知錯，又瞢瞢、錯鑄神州鐵。南共北，正分裂。

新雁過妝樓

夢窗賦中秋之作，集中凡五見。余島居四度中秋，每輒賦一詞。今夕讌客江樓，酒酣見月，益不自支，次均君特

島嶼荒寒。清輝共、秋宵賦就年年。度花一片，疑是桂殿鳴環。玉籟飛聲來雁後，璇樞倒影畫筵間。醉難眠。露蛩占得，冰腕闌干。

誰教涼鷗也覺，怕水樓噴笛，喚下嬋娟。望中劍氣，銀浪不洗蜆天。浮槎海宮看舞，記曲節驚波釵墜鬟。銅華滿，賸有愁根在，娥馭青鸞。

惜黃花慢 白菊花，夢窗均

霧縠輕裳。向畫闌省識，竚立真娘。未傳心素，已憐影瘦，夕樓雁過，書斷衡陽。怨秋那怨秋色淡，最堪稱、梳內家妝。宴水鄉。麗霞漾錦，休蘸流觴。　雲英杵玉多霜。搗露珠灑徧，嫣紫嬌黃。賀湖歸隱，散來鏡髮，陶籬送酌，貼近衣香。嫩枝不上衰年帽，滿頭怕、簪處生涼。盪寸腸。冷簫坐月吹狂。

送入我門來 曩居東京，每歲宮內省菊花會，數百種燦然陳列，歌舞盛一時。南竄荒陬，前塵如隔世矣。客有餽盆菊者，室人取苗植園中殆徧。忽忽重九，述得此解

池影金浮，籬痕翠掩，重陽蹀躞天涯。噪晚林鴉，去遠復飛來。先生邨裏沽尊酒，已費煞狀頭謀玉釵。乍歡夕，甚又籠鐙照得，雲鬢奩猜。　衰帽茱萸怕上，誰猶帶霜折贈，蕊正黃開。傍竹鋤畦，纖手試移栽。宅無五畝同桑種，問車鹿何年駕老萊。記東風舊逐，屧廊千笑，密數花牌。

朝中措

潮聲剛趁碧煙平。天老月生稜。過雨簷花寒落，涵霜雁陣秋橫。　消磨世態，十年長劍，千佛名經。斷夢歸樓殘點，稀星隔水初鐙。

以上《懺盦詞》卷六《讀山海經集》（庚午夏秋）

江城梅花引 十月朔夕，風雨達旦

宵來風雨送殘秋。徹江樓。滿香溝。蠟淚不收。玉結小盤虯。鐵馬簷聲和恨洩，澀鵶籌。珠簾曉、怕上鉤。淺杯醉覺尚扶頭。宦情休。簪乍抽。片帆遠影，去鴻渺、早落滄洲。壺裏天穿，歸夢水悠悠。翠笛圍歌今老矣，倦雲游。室如斗、隘九州。

點絳脣

一晌心情，思量半晌都無著。霜紅飄落。滿地燕支薄。鎮日啾啁，簷鬧争枝雀。新來覺。酒懷偏惡。消瘦渾如昨。

前調

九折廻腸，彎環一水東流似。并刀犀利。不翦愁邊水。水自東流，舟趁東流未。孤篷繫。十年身世。轉柁風波裏。

探芳信 和夢窗

漸吹瘦。問暮雲城邊，笳聲知否。正畫羅裙遠，無人勸杯酒。夢花寒落空潭底，獨客傷高後。又稜稜、野水舟橫，荒鶏潮候。 霜蘚淡鴛繡。早倦旅光陰，棋消閒晝。憶得瓊筵，箋曲記紅豆。淚綃不短英雄氣，只惜桓温柳。帶愁痕、幾縷煙鬟彈袖。

金錢子 譜依夢窗《吴城賞桂》詞

信宿雲鴻，滯去程催放，嶺梅寒萼。壘塊仗杯澆，須還我，生平此中邱壑。箭飛鷺外帆輕，恨歸心無着。剛褪了，林衣縞壺天地，舊情霜薄。猿鶴。故山約。豪竹減，哀絲漸冷落。

吟魂古愁喚起，孤檠對，風籤弄影索索。熨衾篆鼎香銷，早檀灰應覺。閒身好、無那水釣煙鋤，總費商畧。

霓裳中序第一

鄰家秋海棠，冬日初花，過牆一枝，嫣然似人

牆窺杏靨窄。宋玉東鄰先嫁畢。天外一花乍拆。正寒翅低飛，枝頭慵覓。纖眉淺額。襯翠鈿、頳粉凝白。相逢笑，不須避却，半面似曾識。　愁客。子雲無宅。但到處、闌干醉拍。珠塵吟袖漲得。故榭妝梅，遠阻攜屐。麝塵流夢入。畫炬照、年時麗質。松陵路，吹簫曲罷，坐我小紅側。

一寸金

吹篥荒城，幾樹鴉藏又寒落。甚鏡空奩玉，愁塵乍斂，書沈牋素，別情猶託。釵燕排雲約。羅扇疏、故恩漸薄。年年瘦，畧似東陽，見盡腰圍損犀角。　垂暮閒吟，樽前多事，臨風想珠箔。歎汎紅無語，一江鷗鷺，夕暉已接，千家樓閣。生計漁梁在，輸田賈、茂陵負郭。歸來認、舊日人民，慰藉丁令鶴。

玉蝴蝶

江樓夜感

墻遠風搖鐙小，夢痕斷角，依枕吹冰。瑟鼓鮫絲，今夜定有湘靈。九州後、鬢餘霜白，一雁外、煙帶峯青。漫行星。繞闌貪看，棋賸殘枰。　江陵。都將舊事，付潮載去，那問楊瓊。伴蝶裙邊，好花修得是前生。甚缺處、尚愁簾月，試醉來、閒數簷鈴。雨還晴。颶帆天氣，猜上蘋汀。

漁家傲

一桁小鈎簾放下。輕顰淺笑人如畫。記得玉梅妝故榭。花豔冶。丰姿那似人瀟灑。　直到更殘釵始卸。憑伊卜就歸期卦。夢穩兩歡重見也。來歲夜。簫聲弄月薔薇架。

其二

倦繡已妨茶破睡。汲泉撥火還呼婢。玉盌品來消宿醉。人不寐。勝教酒病懨懨地。　細爇熏鑪烘素指。冰絃澀盡須重理。莫恨雁書無一字。金鵲尾。瑞煙篆出相思意。

雙雙燕

友見余丁卯所作此曲，因鈔示公度舊詞，欣然如逢三十年前故人。詞爲和潘老蘭與夫人有偕隱羅浮之約而作。循誦數四，依均再賸一解

羅浮睡了，便擬叱金蚘，山靈鞭醒。潭花妝覷，半浸簪痕玉冷。曲唱屯田泉井。誰更覓、飛瓊舞鬢。待看合十開巖，都向衆生摩頂。　村徑。梅招未隱。任雙蝶騎來，盟香先穩。濃雲似雨，怕又林昏鴉暝。眉照古天秦鏡。莫畫得、霜娥瘦影。記人間世結廬，早闢千年詩境。

六醜

乍天寒念遠，綺閣正、千嬌妝額。帶寬舊圍，何郎羞賦筆。匳粉凋色。待寫無題寄，雁牋猶渺，殢暗塵飛陌。登臨自古傷詞客。草木山河，衣冠第宅。蘭成暮年蕭瑟。問歌雲一縷，誰和吹笛。　簷暉漸入。恨花枝影隔。袖染闌干淚，晞未得。羣鷗住久人暱。笑忘

機海上，雪仍頭白。妖鬟舞、鳳笙喧夕。不應判、薄絮心情，總付汎紅潮汐。良辰透、釵股消息。任醉了、又著殘鐙下，西風夢役。

浪淘沙漫

遠吹動，飛鴉樹杪，聚雁橋側。帆葉欹煙自碧。溪痕過雨乍白。漸落照頹城催暮色。酹壺酒、不慰孤寂。歎眼底微塵渺如許，天和地寬窄。　殘客。水濱漫問消息。點鏡檻風花，隨潮去、看看流正急。空只笑游魚，銀浪翻得。蓼邊趁席。　尋舊盟，聊對翁鳧長揖。填海今都無青翼。誰還記、女媧煉石。黍宮杳、人猶歌怨抑。怕鐙夢、又入銅駞，臥冷月，沙堤四望愁荆棘。

月當廳　鐙下檢《梅谿詞》，依譜填此

玉液滿注琉璃琖，當筵照影，塵鬢成絲。笑倩好花，還插莫厭衰遲。年少練裙污字，漸羊曇、冷淚付雲飛。倚樓問，書空斜雁，又爲誰題。　韶華去住渾無迹，甚區區、曲闌青換紅移。一晌雨晴，閒費嫩葉禁持。猶記綺鄰放梅早，鬧蜂喧過隔窗枝。争得似，今宵句，就没箇人知。

柳梢青　周竹城言『世固未有自作生日詞者，蓋自竹城老人始也』云云。陳同甫有《垂絲釣》一首，《劉後村集》稱自壽詞，凡三見稼軒。壬戌歲生日書懷有《臨江仙》一首，惟《八難辭》則作於生日前兩日，非生日詞也。小寒日爲余六十六初度，十六日依稼軒例，亦作『八難』以自況焉

說壽身難。喬松瑞鶴，斯又何難。非述作難。

一編壽世，揚子知難。 甂之覆也傳難。牛汗棟、充兮故難。山倒玉難。人猶是醉，我便醒難。

三姝媚 十二月十八日立辛未春，夜過派克湖感賦

麴塵波影外。記青驄教人，錦障泥解。故國千林，漸笑聲偷換，燕鶯無賴。皓首韋郎，空眷念、玉簫難再。歲近天寒，鐙夜誰招，好春同載。 臘鼓辛盤都改。只戍角西風，皂貂裘在。冷落池臺，問水流花放，幾番朝代。畫鷁飛來，却又道、將軍橫海。未見如雲旛勝，釵蟲鬌賽。

八歸 嚮吾國人居海外，殘臘輒沿街設肆售花。改朔後，此風未除。今年國內厲禁祝舊歷年節，花肆闃然，水仙不可得矣。偶過西友家，見几間一二枝含蕾半吐，香氣襲人。夷然感賦，譜依梅谿

笙吹鬌散，雲侵裳冷，塵影素韈曾滌。仙山幾度滄桑變，誰念蕊珠宮裏，又彩鸞謫。歲晚賣花門巷過，已不見嚬眉蛾窄。便賺得、簾底回春，說與燕還嫉。 偏是西鄰解事，培瓷盎、似遺芳辰孤寂。玉徽彈月，粉綃黏淚，漫擬當時傾國。怕風沙萬里，沁作王嬙畫圖色。爭如展、翠微江步，貼水蓮纖，鴛波凌寸碧。

玉漏遲 歲除前一夕偶成

暈鐙紅一點。檀煙繡箔，玉霜雕簟。漉酒烏巾，猶伴故年書劍。萬里江山勝處，問臺榭、幾回春占。憑省念。素梅圖好，又消寒染。 尚未小築團焦，笑范蠡魚經，怎收鉛槧。續

曲絲闌，過眼鶯花雲淡。門外碧陰似水，只嬌柳、藏鴉偏欠。妝弄豔。娥天半鈎銀閃。

鳳池吟 除夕約友爲消寒會，酒酣，歌院聽曲。三鼓歸，兒女輩猶歡呼作葉子戲，不能無羊去禮存之感

笑語圍罏，酌椒杯又，草草歲餞重溟。奏雲簫第一，聲休惹起，醉舞髯鯨。曲顧周郎，誤絃拂徧總傾城。宫移羽換，開元遺譜，忍問瑶京。　殘年乍轉深夜，正物華燦寶，玉漸低繩。看簸錢行樂，隔窗兒女，入影春鐙。那管東風，裏寒猶凝小池冰。朝來事，料翠禽、道著平生。

滿庭芳 前闋脱藁，對案頭瓶供紅繡球花，大逾吾國牡丹幾倍，奇麗天然，感香成均

笑擁彤雲，香團絳雪，環肥也自能嬌。山頭羣玉，浪費謫仙描。鐙影入春無鏬，鏡鸞見、依約魂銷。故園夢，千花凝豔，如海泛猩潮。潘凋。　吟鬢後，芳情綺緒，一例蕭條。問綵樓，歌袖今夕誰招。飛燕妝成可惜，舞將軍、掌上纖腰。休還認，金扉醉欵，人在謝孃橋。

以上《懺盦詞》卷七《知稼集》(庚午冬)

探春慢 人日，依石帚譜作

風信頭番，露枝手折，黏鷄門庭猶是。白髮新冠，青鹽殘甕，長守酸儒故味。游倦詩情減，賸寥落、山河雲綺。草堂應念當時，浣花題句曾寄。　誰分輶軒再訪，憐翦綵俗删，荆楚無記。畫荻灰寒，啼鶯簧巧，正惹緑窗人起。梅蕊遲催發，又放慢、東君心意。歲月都忘，桃開武陵溪未。

瑞鶴仙 春情

爲誰留畫本。已不少，池臺妝成金粉。春陰護花嫩。怕悤悤開落，蝶情輕引。繁紅尚靳。上梢遲、番風怎準。放繡簾燕子，歸來細數，故園芳信。　閒恨絕塵書幌，疎影闌干，鳳簫慵困。巢鶯乍穩。嬉游事，正無限。過燒鐙、漸是清明節也，拾翠佳人又問。問溪頭、一寸鞋尖，草生幾寸。

絳都春 社日飲郊市夜歸，室人以瓶花供案上

花分酒氣。似鐙影殢人，華妝羞倚。社鼓罷喧，聊賞芳辰謀春醉。玉壺沽向鑾坡裏。正繡閣、停鍼無寐。夜闌歸去，鈎簾暗度，膽瓶香細。　長是。文園病渴，賦情嬾、那更斟紅酌翠。取次相看，消得禁持流年駛。東風偷換閒桃李。便莫問、緇塵何世。曉來鄰又湔裙，徑駕到未。

丁香結 展堂養疴湯山，賦此却寄

嬌緑藏鴉，亂香迷蝶，簾影乍重晴綺。正寶釵垂髻。響繡鞁、動葉驚鴛廊底。鳳笙搖珮弄，清湍寫、院篁韻細。臨歌頻勸，釃酌酹午偎花須醉。　閒背。畫檻看新枝，省識雲行迤邐。沁入詩眉，三分黛色，二分流水。游騎原草漫踏，賸得芳菲幾。裁春紅落翦，還有烏衣小隊。

還京樂

畫簷底，鵲噪新晴又說風簾燕。正酒消人起，亞闌拍處，雲煙舒卷。放眼郵亭路，年年草色成秋苑。鶯都老，誰恣勝游，教嘶驄勸。想

歸舟畔。未寒盟鷗鷺，銀濤碎踏，應隨帆影去遠。平生蔺足無山，欠青鬟、寫付鵞絹。看斜陽、知繡陌寬春，紅妝弄晚。謝屐欣然蠟，詩囊聊爲伊辦。

燭影摇紅 暮春，派克湖上望摩羅臺有感

春色花深，翳袪塵表湖摇鏡。碧痕依樣畫闌干，鴛甃紅成暝。杯底詩魂半冷。被流鶯、嬌聲喚醒。水窗虚掩，雛燕低飛，纖肩猶竝。　歌吹都疑，沼吴雪恥層臺賸。青溪紗浣靚妝人，不見來幽徑。雲意做晴未定。只垂虹、聊堪繫艇。種魚十畝，誰羡榮名，勒殘彝鼎。

桃源憶故人 逆旅主人，余十五年前舊宅居停也。重見甚歡，爲言年七十有七，長女已適人，猶日在逆旅中部署諸務。豐容盛鬋，無復垂髫時嬌小玲瓏矣

緑陰窗户鐙摇舊。一笑雪髯呼酒。同看眼前蒼狗。和月循牆走。　雲英瓊液斟盈斗。依約纖蛾圖就。舞損玉環腰瘦。應記園東柳。

高陽臺 東坡守錢塘，無日不在西湖。余宦浙半載亦然。自轉内秩，入譯垣，于役海外三十餘年，中間只丙寅春一游。然吾鄉小西湖則幾如隔世矣。讀彊邨老人此曲，感往思來，悠然和均

雲海詞仙，鷗天畫藁，當時縮本西湖。點檢行塵，鵞峯有夢飛徂。東華卅載頻來去，更殢情、玉塞煙蕪。早清霜，侵髮杯前，瀏鏡堂隅。　一竿依舊錢塘著，料扁舟簑笠，應仿髯蘇。載得花枝，看殘鴛水飄珠。尋詩不爲裙書帶，爲小窗、寒夜鐙孤。伴蒼顔，丈室維摩，那箇人如。東坡贈朝雲詞結句云：『尋一首好詩，要書裙帶。』

八聲甘州 夜登逆旅樓上最高層，島國風光，奇瑰萬態，以夢窗《遊靈巖》均寫之

引天梯縹緲迥虹河，飛杯載行星。正纖雲連袂，華鐙低閣，寒蜃荒城。化杖驂風好唤，劍水洗鮫腥。鸞鶴煙中語，鈴埨千聲。　塵世漫漫長夜，問幾人繡幄，蝶夢初醒。笑温犀燃後，留得怪峰青。峭闌干、殘笳吹上，看雁猜、弦月落遥汀。誰收了、半痕濤綫，江又奩平。

解連環 花事闌珊，芳春去矣。依夢窗《賦秋情》譜，填此以抒鬱伊。因簡展堂，時適在報紙上見湯山所爲詩也

滿頭華髮。曾衝冠記得，唾壺還缺。漸泠落、韶景流年，看梅子已黄，怒芽羞發。訴與薰絃，語鶯杳、咽蟬聲切。沁嬌塵怨入，賀老定塲，舊沙檀撥。　悠悠眼前過蝶。采園林賸香，自度生活。甚慷慨、横槊稱雄，對殘酒當歌，醉呼星月。繞樹無枝，那輕問、秋來啼鴂。有蛟龍、夜深未睡，浪花噴雪。

西河 游馬丹薩鐘乳石巖，次夢窗『陪鶴林先生登袁園』均。巖在占巴，距都城二百里，平地下百三十餘尺。道光末葉，吾國人墾地海岸，得隧道叢莽中。告居人，相率持火入，蜿蜒行十餘里，峭壁四起，滴水凝結，纍纍如貫珠、如水晶、如玉，作山川、神佛、珍禽、異獸形狀，又肖笙、磬、琴、筑，叩之鏗然有聲。美利堅人沿徑曲折，環以鐵闌，澗谷則架橋通焉，電鐙照耀如白晝，洵奇觀矣。相傳巖由海底達美國邊界，迄未能窮其究竟也

煙景霽。鈎藤瘦杖融洩。閒尋禹穴下瑶梯，凍巖滲水。素妝仙女散花回，千鐙猿鳥娟麗。　繞危檻，看墮蕊。韤羅翦露層碎。晶虯細甲近娜嬛，洞天似咫。有人擊壤按商歌，鸞簫

吹又何世。　汞成鶴氅半委地。沁殘雲、雕粉屏綺。壺裏沽春無計。向冰泉、試約長房一醉。青玉簪宜寒光洗。

花犯　瓶中石榴花

浸斜枝，壺天清淺，紅塵乍吹到。絳妃仙貌。憐弄影猩裙，嬌妒多少。唾茸點染脂櫻小。詩吟人醉了。按錦瑟、無端一柱，看花愁眼老。　游情那堪更園林，番風次第裏，春榮秋槁。湖海事，霞珠舞、紺龍夭矯。澆懷漸、膽瓶注水，誰忍向、鐙窗樽又倒。但淚灑、碧闌猶熱，蜀禽應解道。

西子妝慢　泒克湖新荷未花，和夢窗孤調，爲催花詞

雲擁碧幢，露凝素蓋，記襯籠鬟紅霧。賞花翻恨著花遲，早魂銷、幾回香塢。霓裳未舞。萬一是、西風挽住。鏡開匳，怕鷺絲羞對，潮妝如許。　芳情誤。襪再凌波，定共携笛去。綠陰深裏宿鴛鴦，夢昨宵、綵旛千樹。桃根麗句。待雙槳、來時重賦。漫江隈，薄翠綃衣捲雨。

夢芙蓉　沿堤多種影樹，花時如懸火齊萬串。遠望彷彿紅棉，第不如紅棉高，且葉茂陰濃，作鳳尾形而長耳。次夢窗均寫似

飛朱霞染綺。向平林驟敞，錦圍十里。豔陽斜轉，樓影髻螺外。紺煙鴉殢醉。都來籠夢鴛被。異越王臺，飄搖風雨夜，冲漢紫虬起。　萬古凡塵眼底。憔悴幽蘭，怨結佳人珮。此情聊付，詩袂酒襟洗。火雲蒸輭翠。誰還會歲寒意。絳早成河，傾盤仙掌露，淘恨化

鉛水。

蘭陵王 于役古巴六年，未嘗見柳。舟泊金門，登山園，喜見千行翠縷，婀娜臨風。舟中次清真均

暝煙直。鵶外峯峯沁碧。郵亭曩，垂柳萬絲，不數當年漢南色。飄零久去國。猶識。攀條送客。縈懷處，誰把故情，商畧桃潭水千尺。　迷離絮花跡。正燕蹴多時，鶯占前席。斜風曾與裝寒食。聊藉草偎坐，取樽相酹，酣來甯問第幾驛。雁雲渺西北。　悽惻。鬢霜積。漸立影人移，歌韻蟬寂。樓臺炯炯鐙何極。驟掣電回輦，趁流鳴笛。鼊舟重鼓，巨浪起，夢翠滴。

江神子 七月四日，舟發扶桑，日已晡，富士山在層霧裏。俄而弦月初上，蓊然露頂，殆所謂可望而不可即者耶

天風不洗九微塵。境中人。軃鬟雲。十載經過、山舊客愁新。冉冉鈎蟾妝點上，蛾黛色，二三分。　閱殘徐市長兒孫。骨嶙峋。劫灰痕。氣作青銅、磨海起秋氛。咫尺蓬瀛清淺水，無限好，是黃昏。

夜飛鵲 七夕五鼓，舟抵吳淞，候天明，泊岸感賦

雙星度河夜，銀海回槎。纖月映帶鷗沙。天孫裁翦到能巧，人間江筆生花。穿鍼舊亭榭，問瓜筵誰乞，樣錦連誇。飄零有恨，眄南翼、飛落煙斜。休更露蘋千頃，生計羡浮家。　淞水之涯。遥指鐙光一片，疊樓紅霧，層綺仙霞。笙歌夢裏，料今宵、不是吹笳。只船闌憑偏、寒流照影，殘鬢霜華。

石州慢　不晤彊邨老人十易寒暑矣。比自海外歸滬上，亟思再挹丰采。聞已回閶門故居，風雨浹旬，未往訪也。用老人《聽成竹山談香雪海之游》均，以寫鬱陶

急雨敲窗，塵夢乍涼，秋又南國。螢光小閣鐙紅，雁跡極天雲白。詞仙十載，海上記狎鷗閒，堂深煙閉漪生碧。苔石剥詩痕，費今番重覓。　因憶。帶鴉黄柳，賓主當年，漫猜消息。喚酒皋橋，畫扇青山能識。幽扃待欵，正恐已老情懷，鴟夷慵載人吹笛。笑上古臺高，倩花扶無力。

采桑子慢　滬上呈彊邨先生

維摩病起，殘影孤鐙誰共。乍鶴夢、涼雲吹醒，又報疎鐘。丈室吟成。散花人笑畫屏空。聊伸一指，玄機正抵，頭白天龍。　迤邐黯塵

密圍，鶯燕隨分青紅。歎霓羽、而今都換，鼛鼓酸風。夜雨江南，酒杯消向笛聲中。無言閒對，韓陵片石，秋菊霜容。

以上《懺盦詞》

以上《懺盦詞》卷八《詠而集》（辛未春夏秋）

霜葉飛　重九，和夢窗

雁邊零緒。孤煙淡，閒愁還翳江樹。故園花事數籬東，依舊多風雨。正脈脈、金烏斂羽。開簾誰見天眉古。歎鬢雪無聊，帽未插、紅萸倦袖，惜抛紈素。　曾是彩筆塵淹，殘杯弔甫。怨曲今又重賦。短檠摇影亂星簷，漏斷秦絃語。夢不涇、河橋翠縷。飛鴉從帶秋聲去。便更休、登樓望，畫角臺城，淚痕知處。

浣谿沙

自入冬來意更消。霜天寒月隔藍橋。玉人樓上記吹簫。 書遠客猶煩素雁，尊空誰復惜金貂。凫髦飛後木蘭橈。

探芳新 九女承荔結褵三日，隨壻渡太平洋，送之登舟。時暮雪初霽，拈夢窗自製腔賦別

趁飛雲，正玳梁燕雙，艤舟容載。漫數郵程，心事虬籤甯耐。人生似，萍聚散，笑圍鐙，愁斂黛。甚依依，癡兒女，我也情懷褦襶。 磐又何申戒帶。便强飲自寬，閒眠卻廢。咫尺山河，煙樹迷濛鴉外。漚珠鴛波颭影，乍千花、齊競賽。按瓊簫，憑闌看、舵樓春在。

婆羅門引 題某君海外詩卷

征帆洗雨，萬山青裏一編詩。炎禽諱説相思。吹笛伊人曾共，雲海泛頗黎。問歸來菱鏡，幾許霜絲。 長安似棋。動遷客、廿年悲。殘畫滄洲轉景，觸處皆非。深杯潤眉。渾不管、清宵玉漏稀。牆礙月、入影花遲。

滿庭芳 有以西湖水竹居主人題詩便面索詞者，援筆賦此

頹柳撐波，峭梅欹雪，住湖仙客耽吟。麴塵輕輭，凝翠沁蘭襟。竹占二三分水，鄰鷗費、幾日盟尋。晴簾午，游絲罥蝶，摇曳過花陰。 難禁。鴛睡嬾，池萍雨濺，甃石苔侵。乍飛落空杯，雲影沈沈。不見淡妝西子，青紗浣、人隔谿深。宵來約，湘娥同載，緑綺弄清琴。

木蘭花慢 歲暮客金陵，戰雲陡起。眷口在滬，塗梗不得歸。酒後懷古，切聲不數仲宣登樓之賦已

冷篴吹戍壘，攪殘夢、秣陵潮。問贈别年年，隋堤幾樹，攀折纖腰。臺高。雨花散易，賸三峰、雲氣拂長橋。不見鐙船傍岸，隔江笛步誰邀。　蕭條。吟袖漫空招。湖上莫愁橈。算金鷄未報，銅駝有淚，怕説前朝。離巢。舊家燕子，到斜陽、巷口總魂銷。記否頭顱鏡裏，君王一笑無聊。

祝英臺近　除夕立春風雨

殢霜鐘，延臘鼓。催徹歲華去。繡箔朱樓，鶯燕幾時度。最憐春色今宵，一年偷換，又愁對、鐙牀風雨。　被誰誤。閒裏中酒光陰，病花竟成痼。殘調江南，流怨采芳杜。嫩條煙柳欹斜，藏鴉不穩，恁還是、石頭城住。

醜奴兒慢　雨甚，繼以大雪，再拈此解

宵深市遠，杯酒盤椒寒凝。那還問笙歌，塵世，變幾陰晴。語入新年，鬧花消息不聞鶯。風姨催喚，凌虚步綺，初下飛瓊。　前伴探芳，屐痕鴛蘚，都化春冰。料廊月、當時曾見，宫草飄螢。天滯書鴻，此心誰報玉壺清。蕉窗滴了，雪和殘雨，人夢吴舲。

江神子　元旦小飲江干客邸，夜分雪甚，僦宿。聲爲此詞

東風和雨送春回。麝飛煤。洗殘灰。詞筆何郎、綺閣正吟梅。裝就玉壺天地好，華鏡裏，又霜催。　昨宵餞歲强銜杯。水雲隈。浪花堆。醉眼登樓、鉤月暗相陪。不是荒鷄頻喚夢，蝴蝶約，選香魁。

古香慢 避亂南歸，元宵朋舊席間，憮然拈此

恨鉛染水，愁翠妝春，羈思零亂。故壘川塗，夢迹幾回轍換。雲氣鬱青葱，引連海、鼉腥被面。正新亭事影賸與，過江特地游宴。且漫把、良辰教看。鐙市秦淮，鼙鼓驚散。倚笛何人，對月也還吹怨。客燕說興亡，記依約、簾前語輭。漸鄰箏，又淒上、素徽錦雁。

紅林檎近 白雲麓訪鄭仙祠，日暮不及，登能仁寺，小憩山亭而返

分泉華煮茗，坐雲凹看山。午磬韻禽籟，晴嵐粉花顏。叢祠仙翁蛻久，澗險墜藥流丹。望極塵外諸峯，飄鬌幾時還。浴日翻海闊，纏石倒藤繁。涼颸扇檻，片紅飛落人間。驟初寮鐙火，遥亭暮靄，半空懸瀑收影殘。

綺寮怨 彊邨老人嘗語余云：『海綃翁詞逼真兩宋，近代獨一無二。』頃因秋涓之介，相見恨晚。出示所著《說詞》，發前人未闡之秘。秋涓約飲市壚，依翁詞律賦此

舊恨青衫彈淚，釃壺春又斟。念水曲、換紫移紅，閒鶯燕、恁費銷沈。琵琶嚶嚶自泣，沙洲上、雁落愁到今。問是誰、第一流人，清詞好、按笛曾恣吟。悵悵晝扃乍尋。蟲魚注罷，簷花細雨猶淋。鏡獨何心。遺殘絮、鬢沿侵。孤身亂峰扶起，有晚照、怕登臨。天聲在岑。成連怎海去、張素琴。

蝶戀花 予季仲愷殉難七年，墓木拱矣，揮涕展焉。比自金陵避兵南下，倉皇過滬。聞彊邨先生捐館，未克臨奠一哭，悵觸有餘哀也

屹屹豐碑花外峙。老眼摩挲，認得留名字。

收盡鴿原枝上淚。要離冢畔游人醉。六百年來詞絶系。哀罷江南，瘴海春憔悴。莫問珠厓真割事。魚龍寂寞寒無睡。

浣溪沙

曉起妝成麝染衣。廊深簾密放香遲。一雙蝴蝶已先知。拌把新愁消一曲，悔緘殘淚寄相思。海棠昨夜正開時。

其二

團扇依依轉似人。一回捐棄一回親。秋風彈指又前塵。未必笙歌全了夢，揭來雨露漸無恩。土花零落繡鵷痕。

其三

一抹峯眉太瘦生。張郎去後畫難成。效顰分付與雛鶯。羅帶瞞愁緣底事，蠟珠饒淚若爲情。孤衾遥夜冷於冰。

其四

鬬草年光冉冉過。風絲無柰鏡流何。畫橋哀柳閲人多。見的可憐花更苦，別時聊勸酒微酡。此情天也有平頗。

其五

六幅湘裙曳夕煙。銜泥巢燕自年年。相逢驀地兩神仙。覰裏桃花人去後，樓頭雲影雁來前。落紅千丈蔚藍天。

其六

荇佩牽風翠未殘。眼波橫翦水潺潺。蜻蜓牢立又飛還。已惜鉤纖泥汙鳳，莫嫌釵妥髻偏鸞。洛陽花譜近全删。

風入松 清明小北道上

春郊無雨過清明。人也斷魂行。年年桃李成蹊慣，何曾惹、瞋燕顰鶯。飛到逡巡蜂蝶，酒旗郵店縱横。　玉簫寒落暮雲平。隨分賣餳聲。悠然今古空山裏，一拳石、一片苔凝。多事瘞花銘草，馬塍誰薦芳馨。

水龍吟 鎮海樓雨中晚望

越王臺榭登臨，殢人天氣廉纖雨。危闌慣是，行雲經過，悠然今古。佛界鐘聲，霸圖山色，飛甍層度。問流花在否，垂虹杳矣，提壺鳥、焉知處。　看到珠江容與。記笙簫、月簾星户。東風舴艋，當時浩劫，消殘一炬。百尺榱題，紅棉挂上，斜陽愁舞。放高歌試落，空潭怕又，有仙鵰訴。

前調 送秋湄歸滬上

人生難得相逢，相逢漫惜金杯把。江南自古，杏花時節，先生歸也。春雨霏微，蘭舟催發，溪山如畫。料行囊滿貯，班香宋豔，還擬向、鷗天寫。　血濺狼煙青野。甚書生、忍言戎馬。頭顱健在，儒冠羞比，兜鍪聲價。牛耳騷壇，憑君旗鼓，從容定霸。看詩疆拓就，重來便好，結雞豚社。

隔浦蓮近 題前明張麗人二喬《蓮香集》

啼綃枯淚已久。痕在情依舊。故壘東風便，堪銅雀，春深又。眉嫵山夢秀。吴鸞杳，舞影憐身後。　斷腸驟。干卿甚事，吹池一例都皺。落花沈恨，何況章臺人瘦。遺集而今忍瓿覆。澆酒。愁鐙飄下紅豆。

琵琶仙 有贈

霜老芙蓉，也還是、鏡閣顔嬌如玉。遮面輕撥冰徽，閒愁翠眉蹙。催去棹、紗窗灩蠟，正飛過、舊磯黃鵠。掠鬢韶光，飄花浪迹，殘夢相逐。　便尋淚、教濕青衫，忍重聽、春風大堤曲。休問越娃煙艇，傍江天誰宿。空只歎、巢鶯有柳，但築金、貯已無屋。那更香澤猶分，趁時妝束。

玉樓春

紫臺一去無消息。誰把胡笳翻舊拍。小憐鬟濕杏花煙，恨破東風錢幾值。　青衫費淚都堪惜。枉爲江山留豔迹。等閒老盡有情天，海水淘沙終變石。

好事近

寶枕碧頗黎，栩栩蝶魂剛著。飛絮一簾輕引，上薰風池閣。　壺中相信足天寬，愁釃費斟酌。鶗鴂隔年心事，在闌干西角。

杏花天

商量欲便隨春去。簾幕底、呢喃燕語。揭來留得和花住。閒過黃梅好雨。　臨窗影、頻窺翠嫵。斜陽巷、淩波舊路。當時玉砌雕闌處。無那風光又暮。

以上《懺盦詞續稾》卷一《鳴蛩集》（辛未秋冬、壬申春）

荔枝香近 四月二日立夏

送了穠春清晝，無箇事。繞牆低撲飛螢，羅扇應猶記。薰風不管人愁，煥夢閒窗睡。蛛網、漸較鵷苔少新意。　澆恨地。畫船傍、荷休繫。好樹亭臺，依約水晶簾底。吹笛招涼，小袖輕衫峭闌倚。沁面遠峯雲翠。

澡蘭香 浴佛日，拈夢窗《淮安重午》均

明漪盪垢，早荔凝丹，佛擁倦盦畫覺。蘭紉佩靚，藕雪人佳，肯負綵船簫約。鬧芳辰、廊底繁蟬，驚心榴花半萼。梟鬟飛、絲亂似□，鷗汀菰蒻。勿論天池飲散，賸得如鉤，小冰壺魄。薰香露盎，蠹粉蟫幮，與世幾重塵幕。問憑何、洗者煩襟，休采江芙薦酌。怕暗送、入苑邊愁，斜陽吹角。

十二郎 白鶴洞望素馨斜，隔一衣帶水。懷古成詞，聲均依夢窗

素馨乍蕊，岸隔處、豔斜白凝。記好笛闌干，空江亭子，曾載吟壺繫艇。變起歌鬟如雲散，總世局、興亡隨定。嗟絳蝶馱來，青鸞招去，現曇人境。佳興。凌滄試看，越臺飛境。柰鬢雪依前，銷魂憑弔，愁共磯鷗賽影。罥袖香緜，沁眉藍水，還濺鶴苔清冷。扶醉步、澗石棲鴉，幾點紺林喧暝。

西江月 擬史梅谿

十里湖山放犢，一廬風雨聞雞。笙歌鐙火畫樓西。又是人間何世。躡足下臨無地，振衣高據層梯。雙瞳炯沿翦波齊。雲影煙光清泚。

前調

釧玉痕深臂雪，鬟鈿印上頤霞。語香濃未透窗紗。睡穩雙鴛廊下。燕子渾輸崔護，重來不見桃花。門前紅茁石榴芽。若箇人兒

裙衩。

菩薩蠻 古意十二首，集李長吉詩句

楊花撲帳春雲熱。江山迢遞無休絶。急語向檀槽。玉裝鞍上摇。　邀人裁半袖。呵臂懸金斗。何日刺蛟回。鏡中雙淚姿。

其二

中天夜久高明月。桂花幾度圓還缺。花入曝衣樓。凝雲頽不流。　繫書隨短羽。病骨傷幽素。不忍過瞿塘。闌珊懸佩璫。

其三

千山濃緑生雲外。梁王老去羅衣在。鏡上擲金蟬。稍知花簟寒。　憂來何所似。爲決天河水。無物結同心。洞房思不禁。

其四

鴉鴉向曉鳴森木。去年南陌歌離曲。半醉百花前。瑶琴重拂絃。　夢中相聚笑。夜起游天佬。沙遠席箕愁。明朝桐樹秋。

其五

日絲繁散曛羅洞。鸞裾鳳帶行煙重。夢載楚溪船。楞伽堆案前。　南塘蓮子熟。夜静吹横竹。意氣自生春。濃眉籠小脣。

其六

窗含曉色通書幌。歌臺小妓遥相望。門掩杏花叢。似悲團扇風。　曉匳妝秀靨。晚樹迷新蝶。暫得見何郎。誇嬌來洞房。

其七

春營騎將如紅玉。酒中倒卧南山緑。雪下桂

花稀。老鴞成木魅。今朝擎劍去。灞水樓船渡。垂翅附冥鴻。人間無阿童。

其八

無情有恨何人見。梨花落盡成秋苑。爛熳惱嬌慵。波間吟古龍。洛南今已遠。身與塘蒲晚。白馬不歸來。亦須生緑苔。

其九

芙蓉泣露香蘭笑。雨梁燕語悲身老。簾額著霜痕。逗煙生緑塵。羲和能走馬。海水杯中瀉。對月鬬彎環。千觴無赭顏。

其十

禿襟小袖調鸚鵡。樓頭曲宴仙人語。緑刺罥銀泥。傍簷蟲緝絲。犀株防膽怯。莫鎖茱萸篋。與作耳邊璫。光明如太陽。

其十一

舍南有竹看書字。思君清淚如鉛水。竹葉翦花裙。馬卿家業貧。深屏生色畫。石鏡秋涼夜。何處逐英雄。麒麟腰帶紅。

其十二

落花起作迴風舞。不須浪飲丁都護。青簡一編書。龍州無木奴。桃花連馬發。獨睡南牀月。燭樹蠋煙輕。買冰防夏蠅。

六么令　半痕煙景

半痕煙景，湘水裙拖緑。鏡空黛蛾慵整，雨霎林鬟沐。不信蜻蜓點小，玷卻荷衣玉。鳬髦飛速。霓裳怯冷，菱唱都非舊時曲。便教消夏種得，百畝淇園竹。風裏恁地敲廊，一鶴眠猶足。紅袖旗亭已往，誰見添窗燭。花落人獨。雕闌立徧，未解閒情尋簫局。

垂絲釣近　濱亭逭暑，夢窗均

殢風殢水，幽亭虛壁苔掩。盪槳越娥，閒采江豔。迴笑靨。正絮煙縈纜。飛鷗撼。亂蠟鐙影澹。瘴雲連海，無因天放瑶鑑。舊愁頓減。杯洗珠光灩。襟袖嫣香染。相對飲。喚岫螺兩點。

萬年歡　端午觀競渡，被聲梅谿并次均

戲鼓沿花，紺雲高、旆搖船迅衝雪。濺起波心飛鏡，靚光争發。臂縷猩痕褪了，賸寶軫、歌薰夐絶。千嬌媚、綵箑誰招，輭風涼沁纖骨。箋騷素懷頓歇。漫湘蘭佩好，還贈人別。海市冰綃，除淚那有佗物。多恐蛟腥易汙，第一是、江妃塵韈。何當倩、雨滌菰樽，興來篷鋪斟月。

戀繡衾

籠鐙初上屧響廊。逗煙紗、花氣自香。亂蟾送、荷風細，到流蘇、纔放夜涼。畫簾飛下金釵影，正觀星、臨水倚窗。做一段、池鴛夢，費銀壺、虯箭漏長。

賀新涼　端午後一日追憶昨游感賦

岸際鼕鼕鼓。走邨翁、汗流相告，又逢重午。翦得菖蒲紛薦餞，綵鬢游船似霧。佩辟惡、香囊無數。忠骨那憂蛟龍食，枉冰盤、玉糉頻投與。看畫鷁，正飛渡。　沈湘幽恨歸詞賦。歎才人、江湖落魄，古今何許。不怨蛾眉終見嫉，料怨華年易暮。便只合、君行吾素。萬倦陳編飢難煮，笑蟲魚、校訂都迂腐。多識字，

畢生誤。

芳草渡

振民約湘帆、勵剛、子勉、暨志、澄埍，以萬花、晚鮮二舫載眷屬游頂湖。途次風雨雷電交作，舟子旁皇急趨西南下椗。經宿再前行，夾岸煙巒，迎客欲笑。依《片玉》均喜賦

夕照裏，放畫檝悠揚，載吹簫侶。驟縠波飛片，敲篷亂響風雨。諳否游味苦。天冥濛鼉訴。霧障了，賴有阿香，叱馭鞭去。旋覩。靚鬟秀臉，共喜江晴重上路。漫縈想、新荷故苑，跳珠夜喧户。此心已醉，任宛轉、曙禽撩緒。但岸幘，笑看汀菰又舞。

透碧霄

頂湖山宿慶雲寺，依《樂章》均

白雲邊。數峯青抱滿湖煙。卍開舊字，蓮生今世，有界三千。經堂深邃，緇流導入，金粟諸天。問何人、能耐悲歡。漸兩甌齋粥，初更鐘磬，夢準游仙。覓冠纓濯處，寒潭飛水，濺起浪花妍。盪酒襟、涵詩鏡，飄影柳帶如鞭。石華冷沁，塵根悟徹，幽賞依然。待平林、妝上嬋娟。試細捫蝸迹，應省蟫蟵，佛典編年。

花上月令

雨中發羚羊峽，抵肇慶城下小泊。擬夢窗

慵雲翻峽雨飛聲。黛螺色，膩煙青。一舟斜遡虹河上，禦風行。鷗夢醒，雁愁生。城堞不收形勢盡，人面起，墖嶒崚。暮潮咽似秦絲急，勸瑶觥。醉休問，種魚經。

泛清波摘徧

西潦方漲，七星巖一片汪洋。正呼渡間，大雨滂沱，同游諸人衣冠盡溼。舟子取蓑笠至，共易之。回棹拈晏叔原聲均漫成

歌徵舫小。燭引杯長，争似釣綸湖上好。菜饒蝦足，近晚衡門閉須早。行驄道。鞭絲雨洗，衫影風欹，無限俊游都謝了。過客相逢，頓惜知音世間少。水天渺。空翠釀霖沛然，下注灌苔淹草。奔潦妨車徑迷，霧昏煙曉。趁船杳。沙鷺背郭競飛，山靈笑人遲到。刓更偎蓑枕笠，放篙眠倒。

齊天樂　七星巖

飛星無語蛾天墜，何年蛀成空洞。翠羽啼昏，幽雲迸裂，峭壁蒼龍猶夢。冰泉解凍。馭瑶鶴仙回，斷簫初弄。午磬聲中，繡殘蛛網鼎長供。　石函深扃未啟，馬蹄碑故在，甯問僧衆。撥蘚尋詩，緣梯看瀑，人物誰非錢鳳。當時見重。照官燭雙雙，爲伊矜寵。笑我今來，破橈舟子共。

過澗歇近　和柳耆卿聲均

午醒。噪簷鵲、煖幄花氣融愁，皺鏡池痕流影。絃索静。夜裏賓筵，夢綺衾凝。歌雲窗灑，雨蕉點點，疏篁阻繁聽。　壘塊胸杳，那惜醺醺渾酒病。世塵轉燭，歡盟竟何定。縹緲樓頭，雁起煙冷。驄行江遠，陡情動把游鞭整。

三姝媚　賦羅岡洞荔枝亞娘鞋，被聲夢窗《過都城舊居》之作

戎州慳置郡。甚郊坰，雲痕雨痕如粦。拄笏林端，見絳珠無數，醉虯狂噴。似雪圓膚，模樣好、邨鬟羞近。皓齒青娥，閒擬樓船，載来嬌俊。　仙步凌波須寸。幾紺韈飛塵，涴殘蟬鬢。殿曲長生，自海南休貢，太真添恨。舞

貼歌氍，弓未改、羅緣香褪。那有紅馳一騎，嚬蛾翠暈。

喜遷鶯 次南唐李後主均

午幕透，日絲微。眠損彩蟬欹。泥人窗柳故依依。風輭絮花稀。　游舠散。鈿車亂。曲折畫廊通院。去年羞道便留伊。殘醉夜扶歸。

清平樂 同上

笛樓天半。遏得行雲斷。夜久月摇銀燭亂。落淚一聲河滿。　露涼冰腕何憑。漏移詩句纔成。危檻不游鴛侶，再來再是苔生。

中興樂 擬李德潤四聲同原作，見《瓊瑶》《尊前》二集

世塵歷歷入蒼黃。愔愔月户雲窗。杖懸瓢大，谿汲泉芳。平生詩興能狂。笛聲長。廣寒直透，嫦娥乍聽，晚起梳妝。　侵天荷翠著輕艭。錦鳧弄影窗廊。等閒眠處，甃石爲牀。醒時苔濺衣香。試新涼。遠鴉旋覺，煙林初暝，催引清觴。

秋思 白雲晚眺。夢窗孤調

杯影孤亭側。墮半簪、煙翠髻螺真色。鴉背負暄，雁聲收雨，雲入眸窄。響泉玉瑽琤、籟天商過變掩抑。早凋空、蒲自碧。歎占卻青山，一坏香土，定有碎鈿零佩，泥人追憶。　宵酌虯籤任滴。敘素懷、語笑濃飾。恨添瑶瑟。鴛鴦沙上，那頭不白。念萼綠華來夢招，身欠雙健翼。叩洞鑰、渾未識。但皓月依前，花扶殘醉送得。照徹橋南路北。

更漏子

玉燕釵，金蟬髻。容易翠欹雲委。嬌殢醉，嬾尋眠。月高花影妍。　飄粉汗。染羅薦。争柰已抛紈扇。思往事，怎爲情。問天天未明。

暗香疏影　題高其佩指頭畫梅花，依夢窗聲均

素枝一一。是硯池放了，梅花欺雪。半縷春痕，流怨關山管吹裂。不數神蛟弄爪，卻幾曾、懸鍼爲筆。溯影斜、依舊谿南，雲已隔明月。　誰羨華光妙腕，粉瘢暗補處，還更清徹。頰上毫添，贏得濃妝，嬌竝玉環琳闕。争知窗底持螯罷，正鐙火、昏黄時節。染袖香、墨汁初晞，陡覺野煙寒闊。

望江南　題同前山水册，次均夢窗《賦畫靈照女》之作

天尺五，特地聳螺鬟。雪迹孤鴻留爪外，煙痕京兆畫眉間。留待後人看。　紅塵世，無此好山顔。磴逼霜枝穿萬險，潭迴雲麓起千寒。花雨又漫漫。

以上《懺盦詞續稾》卷二《枌榆集》（壬申夏秋冬）

宴山亭　題《海綃樓填詞圖》，用海綃翁《壬申重九風雨登高》均

千載鶯花，同結世緣，占得谿山佳處。斂淚染綃，雁翼欹樓，珠玉九天吹雨。巷陌飄零，燕都似、斜陽無主。延佇。吟款笛嬌龍，軟波休語。　誰畫高臥詞仙，想經歲滄江，素懷能苦。龜紋浪影，鳳錦霞光，憑闌翠樽遥度。怎説風流，除岸柳、楚腰非故。愁暮。渾未損、蘭成詞賦。

木蘭花慢 爲冒鶴亭題《水繪盦填詞圖》

水明樓在否，冷梅影、一鐙盦。正癯鶴慳眠，詞仙起看，銀宇光涵。閒簾。共誰鬭韻，灌花陰涼氣甃蟾諳。公子風流老去，鶯邊殘笛江南。嗔貪。癡與愛同參。悟徹到伽藍。鶴亭嘗刻小印文曰『從貪嗔癡愛入手學佛』。試摩挲舊石，碧痕蘚籀，古意重探。高瞻。眼縈萬感，好山川休化鉢池曇。繡佛人間買徧，新絲初上吴蠶。

八聲甘州 褉集莫愁湖，分均得『文』字

泝空明、半醉倚危闌，三峯見雲真。問永和何世，蘭亭何地，修褉何人。欬唾如珠落處，劍水起星文。花木煙光底，但沱妝春。 消受風鬟倭墮，想箇儂情態，不數桃根。費飛來鴻燕，閒弔韈羅塵。淚難乾、龍鍾雙袖，更廢樓、蝸壁醮苔新。憑誰與、六朝金粉，洗恨無痕。

渡江雲 前題

平湖歌詠地，水樓萝迹，句豔古愁分。背花笙語好，漫認吴儂，怨曲翠陰聞。相如病渴，縱解得、難祓塵根。沿畫廊、不言魚鳥，故故款情文。 銷魂。悲歡兒女，成敗英雄，總樽前莫問。春正憐、飛煙迷草，征雁隨雲。山河未到殘棋局，被遠角、吹下斜曛。浮艇去、年年判約湔裙。

澡蘭香 閏重午，漚社詞課

釵符正卸，酒艾重斟，鷁彩競波罷掣。無聊夢影，冷落城陰，怎地再酬佳節。料吹殘、天上雲璈，依稀梅花舊闋。□久滯、江鄉過眼，風

鐙明滅。欲爲湘纍寫怨，按拍離騷，古音全別。清簫故苑，畫舫秦淮，往事水禽能説。問羅裙、可似榴猩，消與歌鬟妒煞。但怕又、玉指冰絃，鳴蟬悽咽。

醉花陰

莫説鴛盟狼藉盡。巢占花枝穩。夜久月籠明，院落彈箏，濕淚桃顋粉。鬧眠把箇紅妝損。鸞鏡偎相近。鬟亂玉釵横，惱煞徐妃，半面依稀認。

桃源憶故人

玉簫吹皺鴛池水。月盪碧波生綺。樓上宴闌人醉。鈿壓鬟雲墜。羅衾猶滴多情淚。沾濕花紋連理。樹早緑成陰矣。羞見枝頭子。

滿江紅　漚社詞課，次夢窗《澱山湖》均

明鏡姮娥，應怯見、霜殘鬢蓬。花底有、鶴奴曾侍，偃石虬松。窗近雲光摇夢亂，晝長棋影落杯空。語參軍、可惜舌南蠻，禽未通。簾捲處，愁雨風。人别後、水西東。付小憐彈怨，錦撥聲中。鄉國漫乖青鳥信，客船纔動上方鐘。載玉簫、遠引問何年，斜曳篷。

前調　清涼山掃葉樓懷古

無數青山，遮不住、新愁舊愁。人頗似、逐風飛上，拱北高樓。千樹斜陽鴉背送，半龕香火佛前收。看秦淮、淺碧入冥濛，何處流。門嬾掃，僧已休。雲一去，古難留。賸題紅遥想，往迹宫溝。羌笛吹殘聲是淚，菊花簪徧鬢成秋。待百壺、酒盡倩嫠蟾，扶醉頭。

揚州慢

題認盦填詞圖，白石道人均，爲林子有作

寒水籠煙，緑莎黏岸，采香趕上鷗程。向荒盦息影，感華髮山青。計惟有、深杯在手，破愁無物，聊用奇兵。幸芸籤、堆玉封侯，新拜書城。　避秦故侶，算殘灰、重話休驚。看徑樹移陰，溪雲帶雨，何限關情。飼鶴灌梅餘暇，逋仙後、好續吟聲。笑牆根題石，苺苔知甚時生。

玉燭新

半櫻屬爲嗣君覺傚作新婚詞，次均清真

蔥屏飛雀後。正鏡影妝臺，靚雲梳就。麝鐙鳳蠟，高輝處、那管籤聲催漏。傳呼卻扇，早燕客、華堂迎候。鴛户啟、嘉耦旋成，神仙竝肩交袖。　趨庭記受新詞，問體效花間，詠情工否。黛蛾試鬬。應略似、畫裏一般山瘦。風姿挺秀。好襯得、銀紗蒙首。施步障、教解郎圍，鶯笙細奏。

臨江仙

啼鴂那知人世恨，恁般撩起秋心。簾紋篩影動宵吟。鐙前無限事，隨夢轉花陰。　又是平居思故國，魚龍寂寞江深。砰然爨下一聲琴。不曾焦到尾，誰與辨清音。

永遇樂

重陽，清涼山掃葉樓上，以龔半千《半畝園》詩分均，得『大』字

秋色籬開，午陰樓拂，重九堪愛。領取高曦，能消暗雨，放眼風光大。簷牙蛛網，城頭龍氣，盦佛見殘興廢。算清涼、還有此山，看人掃雲澆菜。　茱萸漫插，烏巾已改，便著一塵

都礙。曇鉢蓮生，瓶花座散，天女頤休解。石匳窺鳥，霜絲梳柳，倚妝與誰爭態。認詩僧、閒園半畝，舊題句在。

水龍吟　前題

重陽有約登高，層梯拾級僧樓外。賦萸詠菊，風流休溯，義熙年代。一笑憑闌，悠悠今古，乾坤偌大。問六朝舊事，佛無言答，聞花樹、喧禽籟。　畫本丹鉛未壞。震詩名、幾家羅拜。青山黃屋，白雲蒼狗，眼前纖芥。遠市笙簫，近城鐘鼓，禪心褦襶。校蟫蟵梵典，魯訛掃盡，如殘葉在。

聲聲慢　放翁生日，穎人招集青溪社分均賦詩，未赴，鶴亭爲拈得『師』字

家家團扇，樹樹梅花，放翁欣動吟眉。七百年

間，騷壇制勝偏師。生朝酹杯沾地，費殘苔、蛩砌根移。人已老，乍谿山驚眼，鷺裊秋絲。　誰念承平觴詠，但衣冠南渡，多宴臺池。鄰行無端，隔江三弄桓伊。銀屏畫紗淹夢，又寒雲、孤雁飛遲。霜角曉，動石頭、城外馬嘶。

雙荷葉　青溪社拜東坡生日，分均得『惜』字。記公湖州贈賈耘老小妓詞，改《憶秦娥》爲是名。因戲譜三首

公生日。拜公遺像髯如戟。髯如戟。朝雲素手，也曾拂拭。　當年鞍馬斜橋側。一溪風月教人惜。教人惜。同安漫記，放魚事實。

其二

公生日。羨公蓑笠攜雙屐。攜雙屐。吟牋早染，外湖淺碧。　後之視今今猶昔。酹殘江

月杯誰惜。杯誰惜。飛來一鶴，徑苔爪跡。

其三

公生日。祝公應獻詩成帙。詩成帙。維摩境界，散花丈室。　賦才千古周郎壁。江山賸與閒吹笛。閒吹笛。黄州謫宦，曷云可惜。

驀山谿　癸酉歲未盡十日立甲戌春，玄武湖上作

遊船多少，長是城根艤。飛夢著湖天，杳閒年、沿堤歌吹。渡江梅柳，早早約春回，鶯未巧，燕猶癡，怎會提壺意。　陰晴不定，猜徧雲行止。獨立弔蒼茫，灑煙蕪、詞人費淚。夕鴉啼後，還賸幾斜陽，桃李下，漸成蹊，莫問今何世。

秋思　十二年前，亡弟仲愷爲季公題《秋庭晨課圖》，圖失去而題詞獨存，季公倩人補圖，與題詞合裝成册。覽之泫然，因作此解

暾影甎花覺。正豔晨、閒課綃蛇兒學。萱帶露姿，桂饒風意，庭石如濯。早濡墨揮毫、案頭摇腕動五嶽。硯皺波、眉燦蕚。料象尺停裁，荻芽添畫，定有引雛簷燕，向人商略。　圖索。慈暉杳邈。檢笥塵、粉本無著。故山猿鶴。凋零空賸，舊題一角。問尺幅誰還寫生，情況長記昨。待對燭、聊喚酹。怕酹溼秋魂，城烏啼夢更惡。片雲愁縈恨縛。

高山流水　褉集玄武湖，一時應招蒞止者七十餘人。有吹笛者，西園舊主爲度崑曲。聽之黯然，感音而歎，分均得『羲』字

種湖一一柳初荑。賞佳辰、吟緒紛飛。英氣仗花銷，芳樽正祓愁宜。當歌地、有竹無絲。何戡在，猶恨翻殘渭曲，翠笛聲移。似開元座

上，白髮話軒羲。牆西。春來久陰雨，羣雀已、鬧盡争枝。閒賸采香人，笑蹋野岸青歸。算蘭亭、往事休提。逐雲去，看偏煙螺擁髻，背郭山姿。任林鴉晚噪，苔滑杖藜遲。

三部樂

彊翁下世二年有半矣，遺書以次畢鉛槧。春杪，榆生書來，言翁《語業》卷三將付影印，屬題詞。泫然拈此

鵯鵊聲沈，早淚眼問春，斷紅誰續。棟充牛汗，百輩詞流同哭。怎能比、歌雪争傳，記夢邊校槀，夜窗消燭。練裙不忍，點檢墨汙殘幅。　熱闌舊曾怕倚，對半髡岸柳，翠煙猶沐。更堪水樓筆杳，絲絃琴觸。好簾櫳、有鸜占得。憑閱盡、楸枰幾局。蘭佩自結，千秋下、人被芬馥。

最高樓

雞鳴寺僧石霞拓景陽舊址，添建一樓爲游人茗憩處，落成日，索詞題壁，書此應之

六朝恨，牽眼底淮流。峯翠幾曾收。胭脂井水渾空色，蝦蟆天子怎無愁。看臺城，雲氣又，作中秋。　甚放下、午簾妨蝶舞。更撞起、晚鐘攙燕語。藤蔓長、認前修。捨身頗記梁王寺，布金誰葺梵王樓。息栖栖，塵鬢影，一茶甌。

霜葉飛

重陽前三日飲雞鳴寺，即席贈二空和尚，并預爲登高之約

亂鴉啼起。秋陰換，臺城重九天氣。去年招手翠雲飛，人上清涼寺。笑白髮、如今到此。鳴雞真恐非塵世。甚帽落龍山，小醉怯、登樓早負，拂襟風意。　誰共話劫前朝，談玄故

院，向夕蟄韻吟費。景鐙留與伴維摩，慣是花開罷。墮一笛殘陽占地。鐘聲猶在三峯裏。更那堪、芳辰見，淺碧秦淮，半痕煙水。

水調歌頭 榆生輯《東坡樂府箋》成書來索題，步坡詞均賦寄

桐葉下如雨，轉首雁霜天。集箋坡老剛畢，須憶丙辰年。我亦浮鷗身世，還解瓊樓玉宇，高處必應寒。渺矣鳳雙起，雲裏帝城間。　翦宵燭，披縹簡，殢遲眠。一編手授，師去龍子説能圓。曾是蘇辛同轍，卻與周吳殊跡，領會早完全。洗硯池紋滉，花影較鬟娟。

水龍吟 秋暮泛舟玄武湖

夢中行徧江南，樓臺裝點仍煙雨。林端乍起，峯鬟一簇，向人無語。酷似春陰，颯然秋景，微雲吹絮。笑拏舟按笛，隨波去遠，渾商略、誰風度。　籬菊招邀欲住。怕白衣、攜壺先誤。遲歸寒雁，猶紅水葉，此情良苦。金粉飄零，六朝殘跡，儘多佳處。飲郫壚醉了，斜陽影轉，看飛鴉舞。

瑞鶴仙 重陽社集雞鳴寺，分均得『帽』字。憶夢窗《丙午重九》亦用此均，依聲漫成

翠筇飛午嶠。正梵樓重九，齋鐘約早。雲陰款瑤草。漸行經籬菊，素芳縈抱。鳴禽似眺。籟繁喧、詩天縹緲。算秋風、也解憐狂，忍落半斜烏帽。　誰道。湖山歌散，鼓角聲殘，柳衰蟬老。霜絲休裹。丹長駐，鏡顏少。但凝苔智井，胭脂何在，空鎖禪關夜窈。恁無聊、澗底寒泉，亂蟾倒照。

笛家弄　榆生屬題授硯圖卷，檢《樂章》譜填此

青墨頻磨，紫雲初割，當時曾記，硯材雙選端巖秀。巧工雕罷，故里攜歸，詞場染藻，珠塵凝袖。與共千秋，幾多吟稾，莽莽誰知守。是傳人，定應似，衣鉢瞿曇，案頭早授。　著手。舊田新筆，臨池那怯，百變陰晴，對燭空悲，十年師友。際此、乍寫成圖小眉，翠點玉痕煙瘦。可堪渾疑，一凹清淚，從濺龍華後。休沉醉，怕西州，哭倒依前，正花飛又。

鷓鴣天　雨夜述感

瑟瑟秋歸雨外鐙。占人清抱幾蟲鳴。胷餘塊壘堅於鐵，手觸衾裯冷似冰。　催漏箭，咽簷鈴。不眠陪客有籠鸚。重簾直恁埋愁地，遲放東方一隙明。

其二

夢裏胡雪捲作沙。怎生風色問琵琶。關河落落渾孤注，城郭恢恢又萬家。　鳩笑鵲，鳳隨鴉。秋階殘葉漸如麻。感時濺淚還些賸，付與人間海棠花。

其三

多事寒灰撥雀釵。修薰尋上篆鑪來。有情碧海何曾洇，無女高丘爲底哀。　津劍合，月奩開。蛛絲能結亦長才。年年市駿千金擲，誰賺燕昭浪築臺。

減蘭

君前雙淚。千古悲歌何滿子。試隔簾聽。還又惺忪笑語聲。　無端哀樂。絲竹中年吾也覺。夢繞花枝。蝶是揚州杜牧之。

愁倚闌令

離筵月，戍樓鐙。暗還明。長照悤悤行色幾，雁宵征。　垂柳紫陌紅亭。秋風裏褪了深青。何況簪愁雙鬢在，舊臺城。

小重山

隨分衣香試畫簾。衾羅渾不耐、五更愁。枕珊凝淚未忺收。蘭釭影、微損玉搔頭。　花氣篆煙浮。郎邊無夢到、故情休。籤聲迢遞水西樓。垂簾地、閒煞是銀鉤。

前調

漫把心情問去鴻。依前殘酒醒、錦屏空。柳橋吹笛那回同。從今起、紈扇畏秋風。　歌罷穩金蟲。闌干剛好月、上弦弓。斷無鸚鵡不房櫳。年時教、猶恨語能工。

東坡引　叔問遺筆鏤『小圃指揮』四字，半櫻慨然見貽，拈此報之

綵毫誰夢授。良工正刀奏。勒名那取樵風舊。一枝春在手。一枝春在手。　松煤未染，霜鋒仍透。半還似、町櫻瘦。折梅聊贈情同否。江南何所有。江南何所有。

隔溪梅令　移居新邨，戲示內子二首，因柬半櫻

年年賃廡似梁鴻。慣傭舂。椎髻飛霜婦有、孟光風。一瓢陪醉翁。　延津劍在意還慵。漫騰空。世上何人所好、是真龍。笑看奔葉公。

其二

才名夾袋縱然儲。白髭須。呂相平生大事、

不糊塗。怕遺滄海珠。園筍能作釣竿無。卜溪居。細雨桃花流水、膩於酥。天教肥鱖魚。

清平樂 玄武湖上作，擬晏小山

湖平水淺。羅薄眠鷗薦。不復無愁天子見。獨自琵琶彈怨。　畫隄絲柳煙搓。西風爲爾消磨。山色青青如此，浮雲空際偏多。

其二

禽鳴竹外。漸漸箏音改。粉靨嬌荷經雨壞。猶妒六朝眉黛。　陂池別樣迴環。斜陽絶好闌干。蝶去蜂來幾度，依前草草幽歡。

其三

臨流照影。藉便猜魚性。城月弄鉤波萬傾。依約發人深省。　雁來初放霜紅。殘杯酹向遥峯。長記越王祠下，玉纖輕捩烏篷。

其四

憑高弔古。冷翠侵裾暮。怕過賣餳前日路。上有飛鴉無數。　禦風列子泠然。足資鄒衍談天。遼鶴眼中人物，是非分付歌筵。

臨江仙 壽王劼孚六十初度，三首存一

西北浮雲倦眼，東南孔雀修翎。笙歌鐙火又逢迎。文章家國事，詩酒古今情。　我已皤皤耄叟，公猶好好先生。磻溪他日釣竿銘，後車隨斧鉞，殘局整棋枰。

浣溪沙 雨花臺口占二首

荒盡高僧說法臺。煙鬟十二劫餘埃。墮釵飛作劍池苔。冶山道院有吳王鑄劍池。　黃葉早和霜

雁見，白雲曾爲紙鳶開。江山如此費詩才。

其二

只有流塵涅石斑。了無法雨起花殘。木魚仙去隔人間。服藥未緣添健步，支藤甯復怯層巒。天風吹上看鴉翻。

安公子

惹夢鴛鴦枕。枕痕巧織香顋錦。白雁關河端的在，卻書沈雲襟。漸小蕊、盤虬抱影伶俜甚。窺半蟾、瀲灩簾漪浸。問繡裙寬盡，争似郎腰消沈。　渾未長謠禁。按笙花底音誰審。漫省年時簪寶髻，翦朱旛成雋。便拾取、蜂愁蝶恨歌眉沁。從那回、領略歡情恁。歎殢酒懨懨，病懷不曾勝飲。

臨江仙

繡屧響廊下，粉香簌簌，衫影飄飄。鳳釵溜、蜻蜓正撲雲翹。紅潮。透顋暈淺，鴛池上，翠翼輕招。凝眸處，是送郎蘭槳，回傍楓橋。　鐙宵。簾櫳坐悶，先便鸜鵒休調。卻重添檀炷，細攏瓊簫。無聊。念江淹賦，除南浦，怎不魂銷。真珠淚，自賣綃人泣，還有誰饒。

促拍滿路花

綃薄籠肌雪，鏡浄裹鬟雲。繡工夫漸困腰身。舊裁樣錦，鴛翠不成文。等閒拋鍼了，只恁扶著畫闌，一晌銷魂。　滿園煙草誰主，三兩蝶逡巡。西風容易起嬌瞋。嗔殘箏雁，淺淺入眉顰。最是如珠雨，彈上梧桐，頓教立盡黃昏。

殢人嬌 靈谷寺探梅未開，悵然歸賦

無雪巖扃，故怠東君行意。羅浮夢、粉奴高髻。覺來惟有，珍禽多麗。宿霧底、嬌隱紺塵何世。　款笛姜仙，尋幽鄧尉。閒年慣、自饒風味。山靈在也，喚冰魂應起。休賺得、似此泥人凝睇。

拜星月慢 依聲夢窗，爲劉北鄉題其尊人省齋先生舊藏乾隆時沈補蘿畫風雨歸舟圖卷。卷端有金冬心題詩

勁竹鳴條，弱楊飄綫，水國偏多風雨。客夢初回，解維舟官渡。歎歸計，鬧盡、閒雲一片行止，短笛無端朝暮。遠引飛帆，有涼鷗欲語。　氣蕭森、似石尤新妒。江山好、冷翠沈煙古。未寫倚袖谿橋，想羞蛾扃户。只當時、醮墨淋浪處。經百換、歲月痕如故。且漫認、軸首留題，隔花人覓句。

前調 莫愁湖勝棋樓上，次均清真

廢堞吹笳，高樓搔鬢，影入江山緑暗。一鏡清霜，隔前王鈴院。世間事，算得、伊家橋住仙老，幾局棋彈柯爛。賭墅閒情，想湖花應見。　畫船中、怕憶新妝面。何須又、細問銀塘畔。浩瀚柳浪蘋煙，早飛鴛分散。賸蕭條、舊日芙蓉館。憑欄聽、悴葉飄零歎。叵耐那、瀲膽寒光，鳩聲淒不斷。

望江南

紅燭底，遲散是笙歌。脈脈花陰低玉漏，微微曙色淡銀河。寒入被鴛多。　榴巾淚，心字兩重羅。麝氣融愁成枕霧，鶯聲啼夢上簾波。

殘醉斂修蛾。

采桑子

茜裙新繡花和蝶，花也交枝。蝶也交飛。裙底雙鉤得得移。　繞亭行過風吹帶，影落華池。鴛睡濃時。只有廊蟾省識伊。

霜天曉角

殘臘放晴，燠如三春，盆梅不得雪亦爛然開矣。索笑成均

鶴苔繡屐。籬落渾相識。玉盎依前還見，瓊釵小、雲容窄。　消息。寒未惻。翠簾銀蒜覓。吹徹關山殘夢，知何處、數聲笛。

竹馬兒

楊子毅以倚松漱石小影索題，依聲石林譜此

是誰畫、斯人丰姿俊爽，灑然塵表。問天寬地窄，芒屩何處，登臨曾到。四顧煙水濛濛，層霾乍斂，翠巒仍渺。雲壑起晴空，有吟龍高喚，千巖花曉。　況又松泉在，迴風澗冷，皺苔崖老。冰霜幾年懷抱。忍計抽簪遲早。卜築便擬孤山，擁梅偎鶴，爭似家園好。朱籠鸚鵡，想迎門先報。

千秋歲

東坡生日集青溪社，分均拈得『入』字，依聲公作漫成

早梅寒勒。臘盡江南坼。風格羡，誰能入。舞腰肢柳小，煞是金絲擘。春近也，新詞好按坡仙拍。　眼底湖山窄。人自千秋隔。相約望，空遥揖。年年溪上社，似燕鶯飛集。休便笑，酒酣冠落銀箏側。『江南臘盡，早梅花開後。分付新春與垂柳。細腰肢，自有入格風流』，又『盡日無人，誰見金絲弄晴晝』，皆東坡《洞仙歌·詠柳》句也。

少年游　除夕市況盛常年，因紀

閒門幾處斷桃符。裾屐又歡呼。徹夕珠鐙，閙雲瓊管，花市繞銅衢。衰年舊節渾忘得，難避是詩逋。華髮山川，故林鶯燕，亦會此情無。

以上《懺盦詞續稾》卷三《秣陵集》（癸酉、甲戌）

一翦梅　元旦有感

小萼疎梅聊强簪。花怎能甘，髮豈無慚。避兵燒鵲幾曾諳。殘夢鶯聲，人在江南。　曼衍魚龍何太憨。寂寞吟身，伴一鐙盦。遣愁尋醉已難堪。聞道屠蘇，鄰飲方酣。

虞美人　樹人畫楓林孤鳥長幅見貽，并綴以句云『萬里江關秋氣厲，故園無計避鴟鴞』，殆有所指而作也。爲題二闋

寒林昨夜霜痕釃。葉葉燕支染。啼鵑聲裏看山河。扇影桃花淒斷、不成歌。　一枝安穩珍禽占。付與無拘檢。故園風雨落紅多。叵耐秋棠開處、便蹉跎。

其二

丹楓自向亭皐舞。未嫁西風去。聘錢十萬費東皇。枉買漫天霞錦、爲添妝。　巢湖別有閒鷗鷺。欲託微波語。陸沈休問水雲鄉。覓得吴江一葉、此身藏。

醉翁操　黄晦聞挽詞

人生。浮萍。飛螢。等飄零。班荆。逢君廿年前燕京。玉樽和淚澆亭。詩大鳴。勁氣帶幽并。劫換河與山幾枰。病魔太酷，催去騎鯨。痛君地下，因底修文應徵。山有峯兮

雲凝。水有源兮泉清。君詩懸金繩。千秋留汗青。綺夢了花塍。拜鵑誰是今杜陵。

憶舊游　依均夢窗，寄懷海綃翁

紺雲明醉眼，海氣收、珠光漾無涯。半樓殘陽裏，正煙條曳緑，亂柳藏鴉。故羣散作飛絮，心事入蟲沙。念舊日吟情，王風蔓草，有淚沾花。　瑤華久珍重，算雁只安排，書字横斜。梅索巡簷笑，任游蜂喧過，門巷人家。夢痕帶雨多感，千壑鬭龍蛇。但燕子閒簾，呢喃似說春晝賒。

燕山亭　花朝風詠閣看杏花作，徽宗均

林點緋霞，虛閣弄妝，臉窄猩渦微注。羅綺上春，更值芳辰，嬌入浣紗谿女。嫁得東風，最妨是、江南多雨。良苦。飛粉蝶逡巡，幾番朝暮。　何況挑菜年年，正橋畔斜陽，鳳韡人語。青帘賣酒，繡幰停車，依稀過牆紅處。怎不銷魂，剛送了、小桃歸去。無據。閒夢與、梨花月做。

絳都春　陳小樹、吴霜厓、林半櫻招飲市壚，在座喬大壯、沈豫庵、唐圭璋、石弢素、仇述盦，合余爲九人，相約結社課詞，名曰『如社』。議既定，余有他約，不終席去，越翼日簡諸名勝

承平舊館。記前度過江，更番游宴。送日禁謡，依約高呼華鐙畔。年年懽夕同飛琖。正柳陌、初回青眼。故情無恙，林鶯占盡，翠溫紅軟。　閒散。何郎賦筆，漸而今、老覺東風都嬾。大地龍蛇，孤月湖山行題徧。旗亭歌袖誰曾見。付絮語、商量簾燕。畫紗籠燭天明，替人淚泫。

傾杯 如社詞課，以柳耆卿『散水調』命題，依均成此

鶴柵煙新，兔園霜老，依前迸作鐙色。舊雨夢入，咫尺正怯，隔冷楓荒驛。瓊筵夕敞羣仙在，也不堪吹笛。吟壺縱倒，和淚綺、軋軋愁腸同織。乍憶。封侯垤蟻，肘懸金印，頭上垂蟬翼。甚院落春回，鶯聲頻喚，醒湘簾眠客。柳北雲飛，花南淮濺，極目盤鵰迹。念傾國。空月影、滿江搖碧。

前調 上闋成，案頭水仙謝，久未忍棄也。適得阮伶玲玉香消之訊，根觸百憂，仍依《樂章》聲均感賦

沃雪香肌，畫蛾纖嫵，華鬘悟徹空色。漢水記得，解卻佩玉，立晚汀煙驛。泠然韈小淩波處，引鶴天笙笛。成連見也，琴定撫、曲曲虯紋濤織。悵憶。宮霓絶響，無慵歌嬾，誰跨翔鸞翼。只恨煞飛瓊，伊家名字，早喧傳塵客。淡薄霞綃，飄零雲鬢，萼緑迷仙迹。問花國。鵑血染、幾枝凝碧。

倦尋芳 太平門外桃花盛開，綿亘十餘里。正約攜屐，一夕風雪，游興索然，悽黯成均

暈霞笑影，凝露啼妝，春恨誰見。夢入山陰，憔悴去年人面。博得呼鬟廊下掃，幾曾廻棹谿根看。料飛瓊，弄金釵易落，玉醅空薦。便霧裏、猶青老眼。薄命憐伊，衰帽插徧。怕啟冰匳，千縷鷺絲愁綰。鶴與梅仙寒共守，我和花姊緣終淺。聽鈿簫，又番風，畫闌吹轉。

古香慢 余戚許公武築農隱園於麒麟門外，掘地得甘泉。村人來觀者言，相去十里，爲宋王安石故居。亂後子孫式微，貧無立錐地。因導至其

處，則土阜纍然，石祭台猶在，碑已無矣，墓門石柱二。父老出族譜，按址求之，不差累黍。按世説荆公葬半山寺，即今半山亭，《江寧縣志》因之，殆不然矣。爲記以此解

引泉刈霰，裁地犁雲，人正耕圃。乍識臨川，往日菟裘卜處。封疏乞歸骸，料蟬蜕、還依故樹。甚花塍浪道舊在，半山有箇亭古。　歎幾點、炊煙低户。兵後殘黎，雞犬三五。未蝕蟲魚，破篋久藏家譜。底事覓苔碑，認門外、雕螭繞柱。試斜陽，酹杯看、倦鴉飛舞。

念奴嬌　明孝陵見櫻花作

市朝幾換，賸麒麟青冢，花開如故。虎踞龍蟠成底事，黯説江山千古。王氣銷沈，降旛吹動，考考城頭鼓。地雄天險，只今猶保坯土。　何苦鐘簴輕遷，衣冠遺蛻，後嗣屢南顧。月夜不飛華表鶴，敢信神靈呵護。非種應鋤，似曇聊現，一片東風樹。草鶯啼外，銅駝疑作人語。

花犯　槁木一别十年，晤於舊京所居園。梨樹數株，蟠根老幹，殆百年物矣。花正盛開，登土山望之，如置身香雪海中，欣然爲賦此解

似雲飛，春明夢影，殘年怕重見。素妃真面。誰念蕊珠宫，玉輦初轉。縞裳便阻靈關遠。池臺猶故苑。那可惜、客中霜鬢，新痕渾未辨。　遥知夜鐙掩門深，鉛華洗雨後，歌眉空泫。和露點，箋天問、凍香凝硯。深深漸、銀蟾照處，粼漫又、笛吹前度院。但數盡、番風彈指，一樽澆醉淺。

天香　舊京之游，不及牡丹期，悤悤南下。贊堯書來，言崇效寺今年花開特盛，悵然撫此

京洛名花，禪房閒地，游情只任回首。一輊飛塵，十年吹帽，俊約鼠姑還又。黯春過卻，渾未極、池臺堆繡。惆悵沈香檻北，依稀畫羅屏後。無端去來太驟。聽流鶯、勸人厮守。判忍此行，不倩醉扶紅袖。空賸隋隄無柳。伴夜雨、窗鐙暈紅瘦。想像環兒，猩脣帶酒。

換巢鸞鳳

清明後天氣驟熱，自桃葉渡買舟至復成橋下，小泊納涼。華鐙甫上，笙歌盈耳矣。拈如社課題，依均梅谿漫賦

桃葉無嬌。賸殘流盪影，畫舟通橋。寵花酬甕酒，款蝶解囊簫。千絲纖柳鬬宮腰。漲鴛水春紅痕怎銷。波廻處，正兩岸、翠簾收照。雲悄。思眇眇。鐙火滿江，誰又琵琶抱。湛碧秦淮，舊皤潘鬢，猶認飛霜黏草。天界常寬足鷗眠，歲華容易空鶯老。推篷窗，對斜蟾、不辨昏曉。

綺寮怨

美酒甯同愁釅，淺杯宵又傾。漸斷續、漏轉籤虯，紋簾影、漾夢瞢騰。風前危闌記拍，新吹鬧、此曲誰願聽。念絮雲、聚合無聊，廻腸甚、夜色遲向明。湛湛盪懷故情。波層。乍降如繩。雁度橋平。髻昨飛星。點華鏡、有涯生。江頭弄潮兒在，好嫁與、慰飄零。桐今爨仍。休憎。縵已老、薰未成。

以上《懺盦詞續稾》卷四《教簫集》（乙亥春）

以上《懺盦詞續稾》

還京樂

元宵，四鄰爆竹之聲不絕於耳。因念不過秦淮酒家，荏苒一年，雨雪輒阻攜屐。東事已爆發，惘然賦此

夢飛到，隔户元宵鬧極聲未已。記賣鐙門巷，故年十里，光飄珠琲。歎徑霜猶滯。馳車怕入橋南市。暫避了，沽酒去處，笙歌囂世。覷銀蟾起。正開簾聊與，杯浮大白，蕭然三影共醉。諸軍破敵崑崙，怎兹辰、又付流水。灑吟牋、應淚墨縈絲，愁煙皺綺。但逐莊蝴蝶，花間依舊游戲。

四園竹 鶯

如簧弄舌，背檻語新鶯。巧曾翠織，羣又亂飛，傾國傾城。高唱時，雲可入、狂風轉景。柳陰吹斷千聲。爲誰青。江南樹盡垂絲，金衣到處逢迎。最怕工顰善妒，還惹東牆，浪蝶關情。殘照迥。睡正熟、懨懨醉未醒。

玲瓏四犯 牡丹，清真均

匀紫敷紅，是舊日昭陽，新試妝豔。第一霓裳，屏裏乍呈芳臉。誰道醉舞楊妃，髻鳳早、顫鈿教亂。歎霧鬢却未須換。垂老杜陵能見。釃杯因底花時薦。愛端凝、半含嬌倩。神仙笑擁朝暾出，塵世甯留眼。春正繪色繪香，肯便買、胭脂不點。布絳雲十陣，鴛有託，爭飛散。

渡江雲 病中問孝陵尉靈谷寺梅花開未，託意於詞

癯梅干底事，惱人病榻，寤寐兩無端。在山開過了，會向簾前，點額帶妝看。曾經鍊骨，便似鐵、銜得林寒。哀衆生、藥籠誰貯，顆顆返魂丹。非關。蕭齋相對，翠盎孤培，抵巖株

十萬。蟾鏡來、紗窗留影，苔砌添斑。荒奩縱自慳游屐，借酒力、應可躋攀。遲到處、巢禽未踢枝翻。

氐州第一 病起山中，看紅緑梅花，清真均

堆緑屯緋，山占萬畝，懸天粉本猶小。翠蝶交飛，喧蜂互鬩，穿入香叢縹緲。新倚宮妝，淡正帶、亭亭斜照。染雪孱顔，支寒瘦骨，故人俱老。　道是園林佳興少。恁還又、花陰行繞。冷蕊彈襟，疏枝點鬢，入浪吟閒抱。只風流、何遜減，巡簷怕、嫣然索笑。一醉瞢騰，夢羅浮、仙鄉未曉。

意難忘 況蕙風嘗和清真此調，四聲陰陽平一絲不苟，聊爲效顰

窗影昏黃。記筵開鏡閣，素手行觴。顒霞融酒淺，肌粉染鐙香。蓮漏滴、月廳涼。吹玉管淋浪。笑使君、明珠報曲，受授私相。文鴛未約成雙。甚尋春較晚，亦恨崔郎。閒談簫史事，羞倚雪兒妝。鸚課罷、惹愁腸。放飛去無妨。那忍伊、籠中過却，暢好韶光。

前調 臥病中央醫院時，髡柳未荑，原草尚枯。一日窺窗，見翠縷拂牆，緑茵遮路，碧桐君憮然曰：『今日三月三矣。』慨自纕蘅開藩貴陽，都下修禊，僅潁人以青溪社招集三四十人，視曩年掃葉樓、雞鳴寺之會，判若天淵。因憶五十年前鄉居讀書，每禊日約二三同輩，攜酒郊游，此景宛然在目。伏枕泚筆紀之，不啻服清涼劑也

郊柳篩黃。正繁鶯按曲，勸我流觴。谿迴人倒影，風煖草飄香。嵐翠濕、客衣涼。聽瀑瀉淋浪。徑漸深、尋碑峭壁，幾費端相。游車

未挈鬟雙。有叢花笑臉，恰迓荀郎。林晴蜂喜鬧，天晚蝶慵妝。囂世外、洗煩腸。恣夕飲何妨。喚遠空、雲開半隙，放下蟾光。

遐方怨　憶舊

花窈窕，柳嬌嬈。記得月明，那人樓頭吹玉簫。如今樓在已人遥。獨留團扇月，照斜橋。

浣溪沙　偶至玄武湖上三首

簇簇鴉羣散似煙。柳條疏處見歸船。不妨隄上稍流連。　無酒不成長日醉，有花聊放一春顛。擬隨漁父學攤錢。

其二

歌哭平生且勿論。兒時啼笑老還真。可堪浮世作詞人。　款款蝶情容易縛，昂昂龍性本難馴。揭來雲雁是知津。

其三

漸覺禪林報晚鐘。六朝山色去悤悤。夕陽消受好簾櫳。　水鳥飛時剛過雨，河豚起處欲吹風。一聲菱唱記吴儂。

玉樓春

低鬟一笑渾何似，絶似牡丹初破蕊。酒顏無那燭花紅，歌黛可堪山色翠。　籠鸚未解人顛頦。念得郎詩空惹淚。月痕猶戀海棠梢，簾下猧兒甯穩睡。

虞美人

江天尺幅丹青稿。添箇漁翁好。石磯西畔立多時。看煞落霞孤鶩、一齊飛。　紅蕖正自新妝了。對鏡盈盈笑。鴛鴦穿葉出偏遲，直得雙鬟打槳、又來催。

前調

春風著意嬌楊舞。那計花仙妒。沈郎休道不勝衣。換與妾身還算、好腰肢。　蘭衾夜煗金猊炷。麝氣氤氳吐。恩情容易化寒灰。切記添香須趁、未殘煤。

薄倖　旅懷

海棠開處。逗一尺、游絲絆住。記噴笛、高樓江上，都是行人心緒。甚亂山、嗁鴂芳菲，偏教迷斷還家路。歎雨跫蛩聲，宵明鐙火，棖觸呢呢兒女。　且漫怨、春容暮。渾不見、六橋烟縷。算年年依舊，風霜茸帽，染成客鬢如殘絮。不應淒苦。待花梢笑指，薔薇架下歡期數。雲涯望盡，消息來鴻穿户。

風流子　詠燕，依清真『新緑小池塘』體

珠箔捲紅樓。春無語、燕子解言愁。歎絲竹畫堂，舊時王謝，草烟殘壘，前代曹劉。趙婕妤、還嬌似汝，怎説頷封侯。掠蝶翅低，細風深院，蹴花身弱，微雨香溝。　人間千江水，飛雙翦、將恨翦却都休。奈有故巢孜孜，厥爲孫謀。看幾回覓伴，烏衣窄巷，帶歸泥絮，穿過簾鈎。徵夢宵來不圖，偏又懷投。

龍山會　戊寅重九前一日，榆生招飲訒盦齋中，諸名勝畢集。榆生出紙索詞，次夢窗均成此

落帽風何早，料到明朝，鬢短茱萸亞。幾人江又過，殘淚點、飄影新亭亭下。鄰户絶簫聲，那還記、歌衫蒨冶。暗銷凝，河山話劫，唾花

寒灑。誰漉甕酒烏巾，頓杳狂朋，向古臺飛馬。五星今縱聚，愁聽處、羌笛城陰吹夜。多難莫登高，怕詩趁、哀泉亂瀉。便怎捨。有匣劍久磨腰際挂。

前調 重九後三日，最高樓上晚眺書感，仍次夢窗均

忽放登樓眼，凭徧闌干，字總排成亞。冷雲和淚看，斜雁影、幾與殘陽齊下。秋水一痕飛，驟橫破、江煙翠冶。沁乾坤，詩愁萬斛，縱情揮灑。　攜笛到此休吹，怕引仙軿，馭紫鸞如馬。染霜髭鬢滿，還怎忍、浮白篁邊連夜。須勸惜分陰，歎華鏡、流塵迅瀉。意未捨。似百仞斷崖藤倒挂。

前調 亶素訪我於層樓，談次，因言夢窗此調和均之難。是夕獨酌，再賸一解

驀又過重九，試問殘英，賸幾霜枝亞。擬追陶令醉，誰送酒、教我酣眠花下。新雨朅來時，滯鄉訊、滄波宕冶。對鐙牀，摩挲故匣，劍塵飛灑。　知曲世罕文君，那忍求凰，效鼓琴司馬。仰觀星象後，歌再起、嬴得徬徨中夜。餘怒觸共工，怕天墜、銀河地瀉。計漫捨。待笛外雨蓑漁艇挂。

十二郎 次訒盦和人均

麗花燦管，正入夢、繡帷蝶影。羨藺足游躭，霜髭吟斷，閒恣長謡意迥。付與歌鬟旗亭上，早畫壁、安排曾定。堪碎擘錦絃，偷彈綃淚，唱餘猶哽。　因省。淞涯望盡，碧流千頃。

便按笛飛篷，天河尋到，還怕金仙問鼎。駐馬鐙橋，解貂帘市，殘酒著懷冰冷。宜絳袂、乍輟添香粉手，熨人宵静。

漢宫春

洗玉清女士畫故都春色爲二圖，曰『崇效寺牡丹』，曰『極樂寺海棠』。書索疢齋題，疢齋約余同賦。次君特均，題崇效寺牡丹

天上霓裳，趁東風拂檻，低舞羣姝。佛幢麝煙細透，七寶流蘇。池灰幻刼，恐華鬘、色相偏殊。争又見、含毫繪就，洛妃嬌捧霞盂。　十丈輭塵飛處，看鄰牆招展，閒引蜂娛。須妨現曇過眼，蝶弔金鋪。黄鸝舊約，記開時、曾共傾壺。空笑道、花無人勸，勸花若醉誰扶。

憶舊遊

次清真均，題極樂寺海棠

正苔凝古甃，露冷禪房，人静春宵。畫燭通明殿，照紅妝睡足，淚點瀟瀟。溜簪自落鬟畔，敲枕玉光摇。歎夢國清閒，花場豔冶，幾箇能消。　迢迢。探芳訊，甚梵鼓聲中，胡騎連鑣。且把無多酒，酹香叢聊效，騷辨魂招。杜陵那有詩詠，腸斷赤欄橋。待倚得熏籠，朝暾挂煞千樹桃。

丹鳳吟

爲亶素題填詞圖，次均君特

鏡底韶光流水，换幾詞場，百年消寂。江山刼後，休問蠹茁詩壁。花枝任揀，酒杯怯倒，事影悠悠，邊聲索索。尚有千層鳳錦，爛似嫣霞，飛向空際翻碧。　況是探芳嶺表，句新盡奪巖桂色。料理聲名早，歎長安塵汙，繡蹏應識。紅圍香繞，却憶畫簾人隔。　認取笛中三弄手，隸霓裳仙籍。鳥啼只漫，猶勸歸去客。

江城梅花引 游山園漫成

拕笻橋上趁飛鵶。竹新芽。翠交加。一片落花，颯颯繡鱗遮。石轉苔翻流水急，入谿斜。催人影、換鬢華。　亂蜂隊結又排衙。酒誰家。供醉賒。竟無纖手，向壚處、整得烏紗。閒傍箏邊，看煑雨前茶。半壑雲陰天正晚，淡殘霞。玉蟾弄、岸嘴沙。

還京樂 吾郡城在羅浮之東，有湖曰豐湖，亦曰西湖，彊邨老人所謂『裝成縮本西湖』者也。朝雲墓、六如亭在焉。余別四十餘年，聞迭經兵燹，迄未殃及。去春日軍陷落，不知如何矣。寒夜酒後，浩然有思，率拈此解

故山在，鶴悸猿驚、夢迹今記否。縱渡江胡騎，亂蹏蹋後。芳菲依舊。怕膩消湖瘦。寒吹畫角嚴城久。賸鏡裏，西子怨斷，妝春烟岫。問長亭柳。送關河人遠，纖條慣折，腰圍因底尚鬬。干戈萬刧心魂，試安排、自酹壺酒。了無端、空兔魄斜飛，虬籤暗吼。正欲歸期卜，鐙花飄墜紅豆。

解連環 聞半櫻病瘧，春分後五日，偕碧桐往訪，不遇。用愚世兄導游兆豐花園，歸而述此，寄半櫻

應門惟鶴。知林逋載屐，笑擕紅萼。念病久、苔滿閒庭，是騎馬貴遊，饋無康藥。泥我題扉，掃蛛網、卻妨花落。但萊車駕鹿，碾起麝塵，似惹蜂覺。　名園那曾有約。歎頹年怎禁，換盡哀樂。早到眼、春色分明，甚穠李夭桃，數枝剛著。未墮機心，任消與、鳶飛魚躍。漫低頭、鏡漪弄影，怕教露角。

高陽臺　蔡師愚《聽潮音館詞鈔》有和余此調，題爲《秦淮畫舫》，原詞不復記憶。夜不成寐，依均補作

文字緣深，鶯花夢淺，襟痕鐙影游船。釃酒憑闌，䩞釵曾貼吟肩。歌雲不逐飛瓊去，了無因、離恨漫天。任淘殘。六代豪華，依舊嬋娟。　泥鴻爪印休重問，問秦淮膩水，消向誰邊。棘卧銅駝，東風攬柳成緜。一池吹皺干卿甚，寫鴛鴦、和雨和烟。付傷心，朱雀橋南，白髮樽前。

八聲甘州　吴瞿安挽詞

渺昆明在眼漢旌旃，神州莽飛埃。向鷗天遥問，蟲沙殘刼，閶竟誰排。上界玉樓有記，修賴謫仙才。催客騎箕去，撒手雲階。　空賸文章壽世，要義熙風骨，委靡扶來。看成陰桃李，遷地又重栽。忍回頭、白門吟社，賦媚香、遺址託騷哀。挑鐙夜、怕翻詞録，猶是霜厓。

花心動　瓊花，和亶素

簇粉堆雲，是華鬘、妝成本來空色。舊夢蕊珠，新浴真妃，摇影紵裳消碧。料應披氅飛仙杳，飄玉佩、却遺蘭澤。只休誤，天香富麗，上林曾植。　巧鬭輕纖體質。羞還比、西施載歸吴國。未染瘴薰，聊滌冰魂，那損故家丰格。淡描不買燕支繪，東風厲、有根依石。甚吹散、一團素心共惜。

瑞鶴仙　徐南屏母五十生日，移壽覝所得振災，繪養志圖徵題，倚此應之

鳳笙吹繡甸。正婺星南極，璇圖初展。薰風

趁琴轉。護北堂慈竹，春暉長煐。百齡届半，帶清霜、芙蓉鏡面。認鐙幃、念五年來，晝荻課丸人健。欣見。萊斑嬉處，訓誡諄諄，綵觴休獻。嗽鴻澤畔。感時淚，向花濺。借蟠桃、滴取楊枝甘露，世界大千灑徧。自無煩、一勺仁漿，翠釵又典。

滿江紅 夏映盦新居落成

鄰架縑緗，有藏本、谿山書屋。安梅鶴、數椽還見，詩翁卜築。樓外半簾宜捲雨，堦前尺地堪栽竹。手騷經、天問漫裒裒，箋和續。松濤韻，收琴曲。花陰暑，消棋局。正璇閨商略，丹青成軸。幸免蟲魚秦火刧，笑看雞鶩胡麻逐。放金杯、裂笛又吹，雲窗蕉緑。

蝶戀花 訒盦示《落花》詩八首索和不能詩，拈六一翁句，率酬六闋

庭院深深幾許。緑未成陰，紅已先辭樹。燕子樹底啼蛄聲漸苦。聲聲似替殘紅訴。不分泥與絮。銜上雕梁，一例同擡舉。十萬金鈴空説護。無端只惹東風妒。

其二

庭院深深幾許。怕捲珠簾，簾外風和雨。但得雨晴風亦煦。倚樓看煞天魔舞。銀鹿馱歸何處所。堆向谿根，依舊黏泥土。羅韈絕塵人淡素。飄飄正試凌虛步。

其三

庭院深深幾許。舊日池臺，金碧都非故。莫遺半角園林新缺處。憑誰更把空枝補。

游蜂争攫取。一片花飛，減却春無數。茵溷何曾甘自汙。不堪零落依朱户。

其四

庭院深深深幾許。有美人兮，對景傷遲暮。輸與姮娥奔月府。年年搗藥教顏駐。散盡綺霞隨海鶩。不賸些兒，點綴斜陽渡。錯喚花奴撾羯鼓。悤悤開過成孤負。

其五

庭院深深深幾許。門外塵香，曾送郎車度。莫遣馬蹄痕掃去。歸來須認當時路。鎮日流鶯偏不語。脈脈含情，也似妨鸚鵡。不是工愁同杜甫。感時濺淚休哦句。

其六

庭院深深深幾許。蝶夢回時，匝地迷緋霧。夢裏渾忘春去住。都來夢也無憑據。滿目殘棋誰賭墅。爛錦山河，一擲同孤注。醉倒花前花漫忤。明年花又重歡聚。

歸國謡　温飛卿體

宵永。錦帳繡衾花蒂並。兩鴛眠熟交頸。可堪嬌獨醒。户對絳河斜耿。背鐙孤抱影。恁般人遠天迴。淚痕珊枕冷。

其二

呼酒。酒醉看花花更瘦。兕觥聊祝花壽。壽花詩百首。頗記畫闌憑久。牡丹開似斗。只今雲盡蒼狗。亂紅知也否。

荷葉杯　韋端己體

鏡閣髻螺剛妥。些箇。宫額未匀黄。悄回嬌

面向檀郎。濃淡細商量。臨砌幾枝紅萼。吹落。愁擬惜春詞。簾間鸚鵡夢醒遲。心事暫瞞伊。

其二

釀得艾成清酒。依舊。佳節醉如泥。雨沈山去帶雲回。應有妙詩隨。樓外水天摇碧。消息。渾似隔仙槎。誰教淞翦半歪斜。飛燕正無家。

卜算子 荷花五首

長記莫愁湖，鏡裏芙蓉面。一别無端雨又風，香褪嬌顔變。說甚勝棋樓，輸了江山半。簾燕空飛鐵翦雙，不翦愁根斷。

其二

出水曉妝妍，淡着燕支色。款款蜻蜓點破紅，怎道無瑕璧。素韤自凌波，不見汙泥迹。帶笑含顰欲語時，抱影亭亭立。

其三

葉葉現如來，花現大千界。玉井應輸咒鉢生，歷刧渾無礙。不嫁汝南王，底事蘭舟載。解佩年年贈與誰，一鷺煙汀外。

其四

粉靨暈潮紅，晨未消殘酒。驀地妖鬟打槳來，玩弄憑纖手。盡在不言中，直恁緘香口。澤國鷗盟似水寒，難得花蟲守。

其五

花漫對儂羞，儂也花羞對。恨煞將花比六郎，玷却花名字。說愛自濂溪，花合稱君子。淚化珍珠滿玉盤，傾盡酬知己。

綠蓋舞風輕

乞巧前一日，午社召集於李文忠公祠。擬弁陽老人作

約客醉深杯，故相祠堂，荷風透窗綺。昆刼吹灰，闌干殘染得，斷袂愁倚。莽莽中州，記烟草、紅心曾繫。燕歸遲，落徧江花，蔆鏡千蕊。　天底。又促佳期，浪影耿星河，幾見戈洗。點滴盈顒，泣銅仙、恁地似花飄淚。淡已忘言，紫霄迥、封章誰寄。雁飛回，書帶九關秋氣。

望湘人

吳湖帆夫人潘静淑挽詞，東山均

乍呼鳩戰雨，驚雁墮雲，最憐留滯淞半。紙閣殘鐙，畫箱賸稿，早是江鄉烟晚。漱玉詞工，仲圭山好，偎鴛池煗。問怎生、花刼優曇，頓拆吹簫鸞伴。　須信吟腸寸斷。對兒愁女慘，荻窗人遠。賴慈竹堂深，漫道庇雛陰淺。飛軿載，後碧桃谿畔。隱約神宮仙觀。只恐到、隔歲春歸，誤了虛簾窺燕。

玉京謠

題静淑夫人綠遍池塘草圖

覓句蘭窗底，夜起池窺，浪淺鴛紋皺。嫩草旋生，游仙魚夢回否。念到眼、如許芊緜，正造物、工描還又。春葱手。拈毫寫得，怡情稀有。　能傳自豈須多，語妙無雙，想苦吟獨久。吹綠千絲，渾應潘鬢相守。恨户庭、經者番風，總付與、落紅消受。嘶勒後。休勸玉樓人酒。

水龍吟

汪憬吾挽詞

砉然雲裂煙飛，峨松千尺懸崖倒。羅兵穗石，移家濠鏡，白頭遺老。人欲横流，耆賢長逝，

傷哉吾道。問蒼茫何意，百年泡影，馬塍事、今朝了。雨屋深鐙賸稿。記詞仙、聲名最早。玉田雕琢，夢窗凝鍊，樓臺七寶。子敬琴亡，廣陵散絶，誰彈古調。看殘棋收拾，屬公門第，九京含笑。

霜葉飛　湖帆、榆生重九日招五次社集，拈得此調，依均清真酬兩主人，並簡同社諸名勝

舊游詩草。飄零外，人才偏數江表。社盟重踐畫堂西，正雁天秋悄。歎絶壑、烟昏雨曉。何堪簪帽紅萸小。捲繡簾今宵，怕瘦却、黄花半臉，月鏡愁照。　籬畔漸覺霜高，盈樽清酒，徑滑鬉送難到。陸沈真箇賸青山，問甕泉誰抱。黯鐵笛、關河聽了。胡姬還譜伊州調。念往昔、冠裳盛，雲散星寒，夢華應少。

垂絲釣　次清真均

錦書滯羽。妝樓人皺嬌嫵。漫引亂蟾，又攪雲絮。寒幾許。亙繡箏淚柱。驚秋暮。念隋堤輦路。河冰凝後，浮沈鴛鷺稀遇。舊游俊侶。尋到前朝處。簾捲西峯雨。猶笑語。向畫闌鬧否。

雪梅香

健腰脚，蚪藤蠟屐訪奇峯。但侵尋愁病，平途步屧還慵。長惱驕猧倒棋局，每隨馴蝶繞花叢。小梅萼，向鬢嘲人，頭腦冬烘。　無風。也因便，密把書辭，付與賓鴻。已刼心魂，那關雨滴堦桐。海氣樓臺賸陳迹，洛城歌管入殘烽。晨來聽，喧簷凍羽，知報霜濃。

木蘭花慢　林鐵尊挽詞

崑山灰刼後，甚猶禍、及君身。溯三島航回，一官匏繫，王粲依人。狼氛。倉皇出走，有梅妻蠻語似參軍。語冰夫人通日語，避兵揚州時，得以秋毫無犯。庭鶴正豐，毛羽逋仙，脱屣紅塵。　淞濱。杯酒重温。窗雨舊、社盟新。歎霜髭撚斷，珠璣欬唾，忽化烟雲。君久患氣喘欬嗽，乃忽因氣逆，不治而逝。松筠。歲寒凋落，亘千年不滅是靈根。兩卷半櫻詞續，天之未喪斯文。

小梅花　貞白示新詞，次均奉答，聲律依東山

白墮酒。黄金斗。蟠桃如瓜上仙壽。簇螺峯。插花紅。七香寶案，鼎俎排璁瓏。雲和奏歇飛瓊語。菩薩小蠻吹笛女。玉爲堂。石爲梁。棲向天池，兩兩比翼鴦。　樂未半。星猶粲。禽駕雙橋耿銀漢。絳宫深。紫鸞音。蚪猊烟裊，一縷海檀心。真妃沈醉還謳曲。怎暇悲人成淚燭。臉痕妍。鏡光圓。長羡奔娥，入月作嬋娟。

齊天樂　吷盦爲題詞稾，倚此報謝，即書其填詞圖并詞集後

文章海内推宗匠，填詞晚年餘事。筆大如椽，懷虛若谷，人物過江誰似。雕蟲小技，但品題一經，聲價十倍。漉酒挑鐙，夜寒猶自擁吟鼻。　讀公雲錦幾卷，周吴且平揖，而況姜史。弩挽千鈞，劍飛五步，射馬擒王游戲。元音正始。早氣作蛟蟠，韻諧鸞翽。笑我頭陀，片花紛著體。

玉女摇仙佩

臘鼓正喧，風雪大作，呵凍成詞，聲律依柳耆卿

封姨陡下，引鶴翩翩，幻造瓊天瑶地。縞素軒窗，玲瓏樓瓦，但覺粉雕心細。改盡繁華市。甚妖霾障久，猶聞歌吹。那知有、横戈戰士，寒忍沙場鼓角聲裹。堪還擁貂裘，唤燭傳觴，金釵十二。　休問叩門夜寂，訪客高車，管取袁安僵未。最感落鴉，飄然簷底。灑墨淋漓如紙。且漫音書擬。怕西北、雲渺鴻沈難寄。便朵朵、梅花碎瓣，小園頻糝，也無新意。慰情易。陰山道滑阻飛騎。

撼庭竹

堦前稚竹爲雪壓倒，檢王晉卿作，依體漫成

六尺低牆正圍著。新種筍成籜。鐙窗夜静龍吟作。雨縣風絮闃然撲。誰與祝平安，傳箭召瑶鶴。　恰似海棠春睡去，梨花恣輕薄。翳寒那唤鄰蜂覺。相持鷸蚌未甘弱。行見拂雲霄，羞傍人籬落。

越谿春

歲未盡三日，立庚辰春，次六一翁聲均

春入隔年猶臘日，消息問淞涯。刼灰掩盡樓臺霧，望故林、空記嫣霞。愁滿江南，飄鶯蕩燕，何處爲家。　康衢閃電飛車。簾面障青紗。幾回歌者舞者散去，香殘粉褪釵斜。吾醉欲簪衰髮，無聊摘到瓶花。

東風齊著力

元旦喜晴，檢均得『知』字，亦善頌善禱之意也

瑶笛吹晴，珠簾篩煥，景换祥和。天光日彩，倒影弄金波。皎皎鴉林擁雪，乍消去、洗出青

多。依然是，花團錦簇，無恙山河。小隱有詩窩。休更説、兩軍築壘操戈。柏椒上頌，子墨正同磨。蘸水籠煙嫩柳，黄鸝唱、引動衢歌。郫壚近，吴鬟笑博，百琖紅螺。

沁園春 人日遣懷

天地生才，忍使投閒，鬢眉染霜。看蜂曾釀蜜，調和鼎俎，蠶還吐繭，制作衣裳。舟涉巨川，棟支華廈，物各因時展所長。甯摇筆，但夷然獨寫，大塊文章。杜陵落拓江鄉。正今日、題詩寄草堂。念黏鷄簇燕，徒工粉飾，艾人紙虎，故弄譸張。刼洗秦灰，光縣漢祚，重見陰符握子房。吾耄矣，且扶藜觀治，日獻千觴。

菩薩蠻 游花市，欲購盆梅，無愜意者，索然口占二首

年年一度梅花放。叵耐今年花改樣。玉骨病懨懨。横簪支亂蟬。美人憐袖薄。寒重冰綃覺。因甚苦禁持。鶴樓聞笛吹。

其二

傾人城又傾人國。還説驚鴻影翩若。誰使衆香魁。頹然眠翠苔。生機渾未絶。底降封枝雪。無數買花錢。抛殘成藥烟。

前調

濕花微雨黏雙翅。蝴蝶滿園飛不起。一曲念家山。銀箏和淚彈。畫闌愁獨凭。雁滯音書梗。燕也久淹留。珠簾空上鈎。

望江南

歌筵畔，詫燕與瞋鶯。漫忤灌夫撩罵座，願聞武帝賦傾城。難再得卿卿。　簫和笛，何止是關情。百轉秋波無賴甚，雙垂玉筯可憐生。殘蠟照分明。

減蘭

閒花閒草。長恨此身閒不了。偷得閒身。草色花香與蝶分。　蝶偏忙煞。花草亭臺飛活潑。岸幘烟巒。珍重吟身莫放閒。

如夢令　庭花破蕾矣，忽降大雪，愀然倚此

旖旎春光堪愛。叵耐雪花飛再。繁卉正含苞，一霎緑衰紅敗。休怪。休怪。到底東風無賴。

更漏子

鴨鑪添，鴛被擁。争那未成香夢。思往事，屈纖葱。漏聲花幾叢。　關山路。行雲度。怊悵滿天風絮。聞過雁，感流螢。無人知此情。

定西番　擬温飛卿

醉淺不勝寒力。推角枕，倚熏籠。墮金蟲。　鸚鵡忽猜天色。鐙明簾幕重。忘却緑窗殘月。恰如弓。

黄鸝繞碧樹

風拂繁陰翠，鸝笙百囀，暗傳春素。罨畫紅樓，記韋娘按曲，惹伊曾妒。捧心未忍，忍還效、西施顰嫵。拚盡把、靡靡新聲换了，冰絃重譜。　展翮雲鴻倦數。甚池鯤、向天飛去。

這人世、總蘧然夢蝶，花際酣舞。對酒夜應大醉，那管得殘蟾曙。歌餘笑指銀河，喚杯同渡。

山查子

閒課玉籠鸚，親飼金鈴犬。十五小姑年，居處無郎慣。蝶悠揚，鶯睍睆。不抵舞蔥歌蒨。行過浴鴛鴦，紅暈窺池面。

憶秦娥

余年七十有六，碧桐君七十有二，戲示此詞

風前燭。行年七十還加六。還加六。六州長調，醉時歌曲。　鴛鴦頭白同棲宿。夜寒强起尋簫局。尋簫局。局中猶是，其人如玉。

鷓鴣天

近得鄭板橋竹，自題云：『君子一身都是節，疎疎澹澹許多葉。問予作畫是何人，揚州興化老鄭燮。』并有『二十年前舊板橋』印章

嶰谷疎疎澹澹雲。移來圖畫屬詩人。板橋二十年前舊，竹葉兩三枝上新。　鳴鳳在，咽龍頻。甯同鄭俠繪流民。虛心古自成千个，直節今猶見此君。

江城子

蛾眉新畫月初三。上新蠶。試新衫。新梳雲髻、瑤鳳嚲新簪。只有杏花春雨舊，還認是，舊江南。　如海嫣紅且築盦。戒杯貪。飽詩饞。乾坤雙甕、留待鐵肩擔。白髮當筵人健在，天寶事，按簫談。

紅窗迥

檢元人《撫掌詞》有此調，愛其拗澀，依聲漫作

窗眼底。日影裏。逗一片煙篆，鵲鑪飛紫。

簾礙引雛燕子。總惱人恁地。天角幾行排雁字。甚玉郎、一別忘了書寄。欲把殘妝重理。弱腕僵嬾起。

黃鸝繞碧樹 社課甫脱稿，眉孫眎新作，棖觸綺懷，次均奉和

春色窗紗逗，殘寒勒盡，護花深院。午睡初回，正愁蛾翠蹙，畫簾慵捲。短牆過杏，鎮長念、天涯飄燕。何苦是、邂逅當時便把，香雲輕翦。已隔蓬山路遠。有情人、恁偏成眷。歎鴻雁、早傳書謝却，閒恨誰管。舊舞扇羅縱在，柰斷闋霓裳换。都來顧影伶俜，鏡光流轉。

清平樂 三首

鵲聲喧旦。猶見鐙花燦。喜未曾來愁滿眼。夢裏江山無限。畫簷殘溜初乾。繡窗人怯朝寒。昨夜落紅多少，没他巢燕相干。

其二

欲歌偏咽。愁重難言別。待向簾前收淚説。又怕籠鸚饒舌。渡頭楊柳絲輕。客舟煩爲牽縈。莫似斷橋流水，恁般一去無情。

其三

不留君住。拚任揚鞭去。解識青春容易暮。早勒飛驄回駐。無言桃李成蹊。到門鷗鷺休提。只問帶書鴻雁，夜來將恨何之。

祝英臺近 二月十三日春分

訪流鶯，商鬬草，俊約謝橋畔。殘雨收寒，添得韈羅綫。絶憐繡陌簫聲，賣餳天氣，漸猜到、緑陰庭院。韶光滿。不解誰爲園花，强

分好春半。消瘦東風，蝶飛恁生嬾。争教眉恨能平，妝蛾鏡底，記曾把、兩邊匀徧。

前調　餘意再賸一解，約吷盦、眉孫繼聲

問人間，春幾許，禁得剖爲二。爛錦山河，半壁賸如此。可堪乍煖還寒，密雲籠日，尚留滯、宜蠶天氣。殷勤意。經過裁柳暈花，燕教翦雙試。池面魚游，劃開緑波綺。無端烟雨江南，樓臺四百，總拚付、單杯婪尾。

點絳脣　擬稼軒二首

曉起開窗，浮雲西北闌干遠。雨飛如彈。不打鴛鴦散。詞筆何郎，老減風流半。殘梅換。舊時妝面。笑索巡簷嬾。

其二

對酒當歌，月明休賦無枝鵲。醉來橫槊。舞看天花落。今古江山，勝負英雄角。功名薄。鞦韆紅索。幾蝶殘香撲。

前調

牽引柔情，雨絲不數垂條柳。綫穿珠後。化作簷前溜。裝綴穠春，笑倩花枝繡。鶯笙奏。燕吹簫湊。耳聒元聱叟。

訴衷情

臉霞消暈髻雲鬆。人正隔簾櫳。漏聲驚起無寐，笑語不惺忪。花底蝶，可憐蟲。夢相逢。海棠開後，香老春深，猶髴闌東。

阮郎歸

恨深如海倩誰填。銜石鳥飛天。夢中說不盡纏綿。須憑箏雁傳。塵世上，幾桑田。秋

風紈扇捐。無書嬌眼望將穿。書來翻惘然。

前調

斷魂不向別時銷。分付秣陵潮。出牆紅杏似人嬌。當年依約招。　天下事，使君操。醉吟聊自豪。揚州廿四早無橋。月明誰教簫。

一落索

巧被春風裁翦。草齊如翦。莫教啼鴂怨芳菲，恐聲裏、成秋苑。　金井銀缾索斷。轆轤還轉。劉郎白髮乍添新，忍又使、桃花見。

少年游　題滿洲瑞亭仿郎世寧畫馬。按，瑞亭，鐵保子也

滹沱河上帶禽歸。遑惜錦障泥。伯樂難逢，燕昭安在，神駿有誰知。　重瞳皆裂虞兮泣，顛頷此斑騅。沙漠牽來，繪成圖畫，百點想龍媒。

前調

清歌宛轉卜鶯林。移酌坐簾陰。叱犢西郊，釣鼇東海，音訊兩般沈。　相思見説能銷骨，還戒采桑吟。紅燭華堂，送人依舊，不稱買山心。

醉花間　擬毛文錫二首

休相問。怕相問。相問還招悶。長恐藕絲風，吹白郎雙鬢。　客燕早飛飛，流年渾一瞬。孤宿畫樓寒，酒惡添慵困。

其二

深相憶。莫相憶。相憶愁如織。無那是吳

蠶，織到愁千尺。　銷魂分袂日。灑淚榴巾濕。當時別更悽，嗚咽離亭笛。

風入松

夏吷老爲畫山水直幅，懸之窗壁間。兀坐相對，輒然成吟

迴廊修竹動清吟。和籟寫幽襟。悠然古意溪風過，掃殘苔、客正張琴。少箇吹笙低髻，醉來扶坐花陰。　佛樓飛閣起遥岑。偕隱十年心。萊妻幾度同浮海，九州煙、踏破鴉林。那抵雲山渲染，夏珪傳到而今。

前調

甲戌清明，粵中賦此調。今於亂離之際，又逢佳節，新愁舊恨，何以爲懷

花朝纔過又清明。寰宇未銷兵。斜陽流水寒鴉外，惜燎原、刼火飛星。不見降旛招展，笙歌殘霸宮城。　郫帘出杏爲誰青。巢燕殢春程。家家竈冷愁時節，甚行人、還管陰晴。嘑到杜鵑無血，銅駞依舊荒荆。

春從天上來

此調宋以來作者多人，紅友獨收元人王秋澗作。文瀾論列吴彦高與王巽同之點，因作二闋

烟水吴淞。記老病扶來，笳角聲中。雨添花淚，雲改春容。恨惹不是殘烽。正韶華換了，縱鶴健、人漸龍鍾。怕開簾，見尋巢謝燕，低逐飛紅。　江南者回佳節，幾溪上羅裙，拾翠相逢。碧玉釵頭，朱旛天裊，一般莫爲東風。想舊盟鷗鷺，閒弄影、何處孤篷。好吾從。聽滿湖歌管，沈醉衰翁。

前調

次均彦高，四聲同原作

柳髮凋零。看過盡千帆，水際飄螢。浪撼山

動，飛雪摇屏。霾霧乍起穹冥。恨東風吹下，屢乞到、海目無靈。泣孀娥，早愁烟漠漠，淒雨泠泠。　梨雲向棠壓處，正酒醉春嬌，眸困殘星。且勸將軍，如强諸夏，何不繫頸犁庭。甚綸巾談笑，狼氛靖、月朗天青。舞虯醒。試促彈湘瑟，宵永鐙熒。

太常引　有攜王石谷山水册求售者，索千金。好之甚，未能購也，拈此志憾

先生不媿號耕烟。雲叠嶂、树分泉。早嚇倒南田。染色作、花枝去傳。　明清兩代，幾家能畫，神妙到毫顛。欲集四王全，只可惜、行囊乏錢。

昭君怨　三首

嬾盡酒情詩興。寒夜孤窗鐙影。匣劍在牀頭。吼潛虯。　香草美人遲暮。無分銷魂南浦。丹堊褪雕闌。况朱顔。

其二

漫道十回花事。八九不如人意。昨夜一枝開。暗香來。　翠笛銀筝檀板。叵耐歌鬟星散。何處繞梁音。草蟲吟。

其三

長是月圓花好。那管鏡中人老。顦顇損眉梢。太無聊。　顆顆相思紅豆。不種初開情竇。彈淚十三絃。向誰邊。

謁金門

聲滿樹。晴日和風鶯語。都似勸春教且住。待花開了去。　燕子斜穿朱户。訴説興亡千古。不是池蛙鳴羯鼓。渾忘天色暮。

齊天樂　春日江樓晚望

天涯飄燕春誰主。畫梁定巢前度。亂緑迷煙，斜紅照水，猶喜羌無風雨。行塵倦旅。忍還約游絲，帽簷輕駐。殘笛一聲，酒腸迴似柳搓絮。橫流滄海正久，有人鞭可截，惜未曾遇。半壁江山，千門鎖鑰，斷送清談揮麈。沙鷗欲語。倘喚起凌波，韈羅微步。笑逐鴟夷，五湖晞髮去。

永遇樂　上巳過矣，春意闌珊，兀坐晴窗，聊抒綺抱

山額勻黃，粉顋凝白，雲鞞低髻。緩步銀屏，窺妝玉鏡，流盼秋波媚。重簪釵朵，遥聞鸚鵡，叫徹侍兒名字。製冰綃、殘寒勒盡，燕飛翦雙誰爲。簾前小立，蝶翩翩舞，忍覓扇羅相試。風過迴廊，梨花又落，愁損眉峯翠。熏篝昨夜，海棠經雨，一枕扶頭濃睡。鶯還在、庭陰轉午，繡窗喚起。

掃花游　題奚鐵生爲郭頻伽畫西湖餞春圖手卷

訪梅探鶴，正酒載湖船，有人春餞。畫圖蠹卷。認詩痕夢迹，柳嬌花倩。取次留題，翰墨閒緣非淺。淡游宴。問嘉道至今，吟筆誰健。韻事天怕管。任冷盡鷗盟，水流雲散。障歌綵扇。乍狂雨東來，庾塵吹面。話刼千年，西子淚妝猶泫。暮笳怨。礙鶯飛、草長不剗。

淡黃柳

春殘幾日。花落還留葉。楚楚輕衫圖百蝶。漫繞垂虹岸曲，空惹鴉嘶暮煙闊。向誰說。芳菲又鳴鴂。記南浦、黯然別。歎黃金疊損

裙腰褶。夜夜西樓，按歌團扇，猶似秦淮舊月。

珍珠簾　爲貞白題碧雙樓圖

拂牆淡沱琅玕影。迴欄引、舞蝶悠揚交竝。樓住璧人雙，正裊煙虬鼎。脆管繁絲空厭耳，愛挂石、松蘿閒浄。吟興。檢詩中畫本，尺幅天迴。
逭計閱盡桑田，向烏巾華鬢，分簪桃杏。過眼白雲飛，那使心情冷。萬卷書城長坐擁，視布衣、封侯聊勝。春醒。又榼酒看花，鶯聲三請。

雙雙燕　次梅谿均，題夏映老爲青島友人畫雙棲小築圖

夏圭畫稿，又環閣江山，放眸雲冷。花前覓句，夜立繡簾肩竝。屏帳安排井井。任島上、飛濤不定。翻殘皓月波心，未攬鴛鴦眠影。
穿徑。吟眉酒潤。看浴浪磯鷗，鬬身輕俊。游船簫鼓，鬧徹柳邊鴉暝。輸與雙棲燕穩。問桃李、今年番信。榴口笑見開時，蛺蝶過欄約凭。

以上《半舫齋詩餘》

夏初臨　午社九集，此調作者洪瓶齋、劉巨濟、楊孟載，後有竹垞、迦陵。迦陵用孟載均，余效之

搔首堦桐，曲肱庭石，看殘千岫雲歸。宿雨收炎，綠窗人怯單衣。晚林景換斜暉。漸過牆、蝶影低飛。酒兵重點，詩壘徐平，教解愁圍。
百年睫轉，奔逐徒勞，精鋼竟屈，完璞終稀。曷如結綱，繫船罨畫橋西。山黛濃時。試簪巾、摘取巖薇。有誰知。暗管吹來，和雁爭嘶。

金縷曲　題屈沛霖居庸駐馬圖卷

殘雪鞭絲拂。出雄關、馬頭雲起，笛聲吹裂。振得弓衣岡千仞，萬樹梨花翳蝶。渺不見、中原一髮。粉飾如銀新天地，看蟄龍、舞作飛仙活。歌未竟，唾壺缺。　棄繻生早持旄鉞。問冠纓、筵前大笑，幾人曾絶。經過鐵嘶紛蹂躪，枯草猶藏兔窟。忍回首、西風陵闕。款段與誰還鄉去，踏越王、臺上今宵月。聰欲對，杜鵑説。

沁園春　爲陸虚舟題印鑑，擬稼軒

仿古誰知，解牛庖丁，奏刀砉然。笑南山虎射，將軍没羽，武城雞割，宣聖聞絃。百戰投閒，大才小用，似我虚舟治印年。錐三寸，問甚時換得，長劍横天。　焉知博奕猶賢。漫只作、雕蟲末技研。看獸文搨篆，商彝周鼎，蛛絲摹籀，魏瓦秦磚。剖析陰陽，權衡輕重，宰石還同宰肉般。夫何讓，漢陳孺子者，專美於前。

長亭怨慢　冬深寒重，緑慘紅愁，愀然有感

又飛滿、江南霜訊。冷上華鐙，不温眉暈。酒嬾茶慵，賦情孱僽正難忍。六橋煙柳，還白了、如雲鬢。鬢白果如雲，却怎縛、絲絲愁緊。　莫問。自書鴻一去，幾夜夢歡難穩。長淮浪淺，未淘得、劫成灰燼。畫燭底、點點飄紅，替誰作、嘶痕頻揾。好待與封家姨，洗殘奩金粉。

一寸金　唇上小髭薙三年矣。連宵風雨，端居閉户。晨起攬鏡自照，蓊然者頓復舊觀，不忍再芟

去之，詞以堅其留。是日適爲余七十有七初度，輾然進一巵焉

飛雪山巔，映帶巖前草斑白。正猬毛侵啄，半奩妒影，金刀揮手，數莖泯迹。參透無遮域。歌式飲、庶幾式食。惟花徑、徹夜行吟，撚處三年苦相覓。　眠雨經旬，窺池俄見，唇邊又堆得。笑幽人在户，葉何曾掃，邦君有樹，門爲之塞。呼吸東風入。固吾圉、藩籬漫撤。旋看汝、八卦圖成，義開天一畫。

水龍吟　社集，拜東坡生日，不限調。爰拈先生此闋起句發端，并次原均

古來雲海茫茫，老坡控鶴翛然處。眉山噴起，白虹千丈，迴旋鳳翥。文采風流，至今猶聽，玉堂人語。宋百家派別，揚鑣道上，先生早、羣材馭。　蓮炬送歸未久，怎荒陬、隻身飄絮。孤忠耿耿，瓊樓欲問，高寒何許。攬揆茲辰，拈花笑獻，佛前箕踞。倘關西漢在，銅琶定按，大江東去。

滿庭芳　爲孫秉之題《雪映廬畫鑑》

官帶拖金，野袍垂苧，祖風昭代彬然。畫開新派，灘水自成湍。無那峯谿舊蹟，早同付、昆劫淞煙。猶能認，承平珥筆，紀盛似貞元。　流傳。憑此卷，鴻泥印幾，鵝絹收全。喜結廬人境，隨地邱園。今歲江南未雪，却須映、月好花妍。看誰爲，午間廣廈，寒裏徧裝緜。

醉吟商小品

乍換了春衫，又是釀寒絲雨。繡鍼停處。邃閣花遮路。却似鶯笙飛度。簾前小語。

鐙影共。縹緲行雲載夢。酒向山泉思抱甕。白衣人那送。伴得梅花寒重。逋鶴千年飛玨。顆顆相思無地種。雁絃閒自弄。

卜算子慢

映老畫山水立軸見貽，倚子野體報謝

丹青得氣，神韻湛然，石激遠泉天瀉。筆底飛煙，萬點皴苔融乍。揮灑。覺騰蛟舞鳳還奔馬。溯畫法淵源，禹玉谿山夏圭字禹玉，有《谿山書屋圖》今又重寫。淡染微塗赭。羡古澗虯籐，劈空垂下。策拐松陰，有箇觀雲人雅。吾也。溷塵綹、臂莫仙翁肥，愛珍幅、長懸素壁，慰游情暫借。

玲瓏四犯

和史梅谿均

咫尺吴淞，悵望倚層樓，煙縠眸翦。掠水欹篷，不趁晚雲高捲。花底乍覺天寬，又只惹、翠禽嘌徧。笑茂弘、障甚塵也，腰瘦早羞懸扇。故家庭館徵歌處，記吹簫、小紅曾見。痕襟點滴收殘淚，心漸飛鴻遠。無那燕客放歸，猶絮絮、簾前恩怨。料倒擎、荷露千筒教飲，滌愁還淺。

紫萸香慢

入秋溽暑如盛夏，單衣汗猶浹背。重九前二日忽朔風料峭，九日寒氣更砭骨。是夕社集約拈姚江村此調。勞敬修擬翌日補登高，未赴。夕應潘梓彝家賞菊之招。歸寓二鼓，挑鐙泚筆成詞

鬧重陽、雖慳風雨，隔簾冷徹鐙唇。漫今宵猶報，捲殘劫，入炎氛。正待霜鴻飛下，向東籬

呼醒，夢蝶花魂。記茱萸、舊插玉損一簪雲。早添了、斷愁幾分。孤根。叵耐黃昏。渾不覺、是佳辰。念鱸鄉蟹港，朝煙夕火，難掩烽屯。酒無白衣誰送，任陶令、自關門。嬾登高、怕還吹去，孟嘉烏帽，頭禿何有參軍。青嶂笑人。

摸魚子 爲冼玉清女士題《海天躑躅圖》，圖作於香港。時届殘春，徧山皆杜鵑花也

莽狼氛、樓臺淒碧，憑誰添垩丹粉。城春草木深如許，安得亂紅成陣。天欲問。甚嚦蜀愁禽，血向花枝噴。斷腸畫本。漫更道從來，感時濺淚，没箇裙釵分。西風緊。吹碎萬星鐙暈。有人羅袂寒忍。殘陽勸得留些子，無那朱顔暗褪。移根穩。喜五嶺之南，桃李新陰認。女士爲嶺南大學教授幾二十年。鬘仙莫哂。

早羞煞山前，低頭臣甫，下拜且搔鬢。

金人捧露盤 歲寒執硯圖，爲子鼎作

歲寒姿，雲根性，畫圖傳。承祖蔭、有硯如田。紅羊幻劫，故家鴝鵒化飛鴛。名巖搜石好重雕，鏡缺還圓。舊青山，新白髮，浮蟻酒，看狼煙。甚偕隱、貫米家船。筆耕墨稼，也堪謀取杖頭錢。倩添香袖向瑶窗，捧箇齊肩。

惜黃花慢 金陵重九宴橋西草堂賞菊，同日清涼山蠟屐之約未赴。倚此調酬太疎并簡榆生

漫説登高，過草堂偏也，皃舄蹣跚。託根雖淺，破苞便老，菊憑素手，簪上欹冠。愛秋只愛秋色淡，滿城任、風雨催寒。護那般。野籬直抵，金谷闌干。橋西雅集多歡。正臥虹映水，飛鳥窺園。佳釀盈樽，醉猶能飲，繁英

半掬，秀可容餐。游蜂日爲尋芳到，有門笑陶令常關。伴影單。傲霜早坼盆蘭。主人廳事盆供草蘭正着花，異種也。

木蘭花慢 淫雨達旦，吷老書來，録示舊作，謂柳耆卿此調三首，平仄皆一律，於『數千里』及『向庭院静』二句，中間二字相連，步之不易云。原均勉和一闋

殢帷鐙過雨，夢摇影、籟窗空。乍書雁將回，故人高詠，曾著紗籠。千重。似霞樣錦，墜塵寰璀燦逐天風。珠串安排妙語，屯田歌譜旁通。孤悰。衆醉寧同。留眼看、世惺忪。自淋漓、潑得營邱，筆底百二雲峰。絲桐。縱絃外賞，但清音猶在素琴中。可有雙鬟滌硯，小名喚向鶯櫳。

菩薩蠻 玄武湖又曰後湖，不游經年矣。憶及，以迴文體寫之

後湖栽徧鬖鬖柳。柳鬖鬖徧栽湖後。先斷水投鞭。鞭投水斷先。劫荷殘賸葉。葉賸殘荷劫。流盡不教愁。愁教不盡流。

小重山 爲人題赤壁泛舟圖，依薛昭藴作

如畫江山收此圖。劫灰殘賸壁、插天孤。樓船燒後一舟無。誰泛月、豪氣似髯蘇。喬鎖事成虚。東風猶挾恨、失吞吴。美人名將總邱墟。興亡迹、留與話樵漁。

惜秋華 重九風雨浹旬，輒阻攜屐，看菊之約亦爽。片雯放晴，康甥邀往觀劇，乘輿駕矣，雨來而止。端憂扃户，兀坐挑鐙，滂沱益甚。檢夢窗均，愗然成詞

戰雨鳴簷，正鐙痕、染劫淒添寒抱。換盡鬢華，萸簪鏡羞鸞照。重陽占滿乾坤，似總有龍蛇來擾。羌無論，封姨妒煞，年年吹帽。 秋也笑人老。自登臨未約，山靈修好。酒怕對、籬卉飲，那呼鬟到。笙場鬧入愁笳，又幾人、歌嬌舞小。忘了。問行雲、怨鴻多少。

臨江仙

寂寞紗窗人未睡，殘蟾同耐寒更。無風鴛被不紋生。枕痕狼藉，猶記墮釵橫。 真箇雲時廝見了，夢魂夜夜娉婷。何如銀漢隔雙星。一年一度，天與注深盟。

定風波

檢李德潤《瓊瑤集》，有感於『莫道漁人只爲魚』句，憮然衍作三解

莫道漁人只爲魚。吴江楓落繫船初。當時釣雪翁何在。吾愛。谿山堆粉揑成圖。 天與寒林紅片葉。殘劫。血痕鬭雀未全枯。 贏得臨淵偏是羡。帆遠。風波泊處自然無。

其二

莫道漁人只爲魚。白雲鄉裏謝孃居。年年漲到桃花水。來會。湔裙因便采菰蒲。 一曲叩舷歌未了。誰料。浪頭吹雨濕衣裾。 羞共鄰舟舟子語。柔櫓。猝然驚散臥沙凫。

其三

莫道漁人只爲魚。忘筌心事與雲俱。 那知天下垂綸手。持有。千竿嵌得是珊瑚。 獨惜割崖成慣例。空費。停橈合浦待還珠。 盍把蓑衣聊脱去。眠處。銀箏依舊酒家胡。

花犯

映老有《玉樓春》詞，詠雪加煙極佳。眉孫和以此調，描寫亦工。余因效颦，續貂之誚知不免耳

口吹蘭，虬髯掀處，鑾薰垢襟洗。乃心方寸，聊效捲芭蕉，諳盡滋味。冰綃裹體爭如紙。環兒肌見理。漫買擬、量珠價貴，鏤金箱洵美。　行人那回訪鷗鄰，瓊筵畔裊裊，氤氳飛起。傳王命，盈廷拜、御橱恩賜。李文忠歷聘歐洲，某國王宴之宮中。國例御前不得吸煙，文忠不知也。酒數巡，探懷出雪加，燃而吸之，衆愕然。國王立下令羣臣各賜雪加一枝，吸於御前。一時傳爲佳話。堪嗟歎、這緣靳我，徒掉臂、鮫宮多寶市。記領受、一枝香絶，頹然沈醉矣。古巴世稱大吕宋，産雪加煙最佳。余齅之輒醉，以故于役彼都二十餘年，未敢嘗鼎一臠也。

一葉落

萬紅友云此調爲唐莊宗自製，平仄不宜亂填。余雖不盡韙其説，姑以其意，率成一解

擫一曲。聲飄玉。幾曾引得鳳相逐。唱霓雜鼓鼙，悲音漸離筑。漸離筑。冷砌秋蛩續。

點絳唇

極目狼氛，檢均得『火』字，爲填三解

休聽嘑鴉，映窗落照紅無那。雨絲飛過。淚濺花千朵。　欲拾江蘺，野徑殘苔鎖。愁歸臥。顫釵驚墮。夢入吴宮火。

其二

休嫁王昌，小姑獨自嬌無那。沼鴛經過。暈上桃顋朵。　寂寞深更，底又眉雙鎖。和衣臥。一星鐙墮。乍覺燎原火。

其三

休教籠鸚，楚騷讀罷愁無那。膽瓶淘過。且

供含霜朵。著力東風，禁柳還煙鎖。青蟲臥。鬌旛吹墮。爲乞鄰家火。

迎春樂

人家幾處疑寒食。歇炊火、黯鐙色。咽西風、樹杪殘蟬寂。誰説與、真消息。撾鼓當、筵催底急。滯梅訊、江南江北。召蝶約花神，傳凍羽、吹瑤笛。

虞美人　觀演某國劇有感

山河寸寸春蠶葉。此恨和誰説。翠籠嬌鳥獨能言。叵耐如弓月影、正横天。停杯替把干將拭。血認萇弘碧。酒澆不到黛眉愁。鐙火笙歌花淚、幾曾收。

秋蕊香　室人碧桐手植盆菊著花喜賦

省憶淵明解組。偕隱東籬眉嫵。後堂散盡艷姬舞。隨分釵荊裙布。滿城鬧煞風和雨。放遲暮。傲香不肯繡籠護。盆是寒梅借與。

去年購盆梅，今春移種院中，以盆栽菊。

少年游　重檢《半塘定稾》感作，次均清真

轟然一疏放還山。人懾面霜寒。不索簪花，展眉嬌笑，塡與好詞看。流分派别爭墩處，公獨穩吟鞍。去古云遥，審音誰是，遺稾校歸安。

喜遷鶯慢　洋水仙，紅、白、紫、藍四色，産法蘭西，滬上花店偶有陳列。頃見於酒肆几上，嫣然似人，以白石自度腔寫之

一聲羌管。正喚起海棠，殘酒消半。顋暈嬌

紅，眉添羞翠，新拜漢家寬典。西風夜來惡甚，爲恩被、薄情抛斷。只自伴。謝阿鑾鐙下，含顰偷泣。　相與愁暫遣。應記那回，早在瑶窗見。密綴檀心，小開櫻口，香國萬般裁翦。蝶飛過牆欺燕。恰趁窺簾人遠。未澆徧。似車薪杯水，還教伊怨。句法、字數、叶韻與諸家不同，故認爲自度腔云。

殢人嬌　鶴頂蘭

蕊破思飛，欠兩沖天健翅。休還問、玉堂仙吏。鸞簫一曲，付雪兒歌未。游閬苑、乘軒萬紅鶯避。　立偏雞羣，排先鵷隊。香國拜、王冠新賜。老陪松柏，遜争春桃李。追悔是、昂頭四圍亂翠。

一叢花　鷄冠花

天心應未厭雄争。花作恁般形。枝頭戴上猩冠麗，奈如火、禽怒難攖。叫近夢稀，流多血盡，沈痛故園情。　唐宮遺事且休驚。坊鬭賭輸赢。而今戰地唬鶻徧，淚痕重、猶濕朱纓。風雨夜來，翹然放得，只待曙窗明。

一落索

援得冬郎先例。補修眉史。休云吕相便憐才，一夾袋、儲才幾。　蝴蝶入簾應是。知春行止。落紅何必定東風，燕子也、能扶起。

夜半樂　家人談近日生計，謂無車無鐙，又復煤荒米貴，禦寒乏具，斷炊堪虞，慨乎言之。仿柳七此調賦慰，因自况也

豆鐙冷颭危夜，蕭然一室，歌豔忘環堵。記掃

壁秋蛇，驛亭題處。院箏乍輟，鄰笳又起。自憐荒遠文姬，漢家嬌女。竟抱得、琵琶按胡語。　夢邊影事隱隱，八十頭顱，少年回顧。彈鋏孟嘗門，歸來曾賦。迓無飛轂，烹無餉鮓，困窮怎似而今，火幾難舉。笑留客、茅容那鷄黍。　瘦了休問，帶削犀圍，耐寒如故。未盡落、旎旎慣風露。只妝梅、驚見墜奩搖釵股。同避也、兩兩尋鷗鷺。水荭煙晚揚舲去。

鷓鴣天

雪意今宵欲放梅。慵蟾邀下洗殘杯。箋書未忍研花露，入硯因妨甈麝煤。　蘭似茁，柳將荑。前修冉冉照溫犀。綢繆牖户剛無雨，不待牽蘿侍婢回。

瑞龍吟

泰西耶誕節，人家取松樹綴鐙爲魚龍曼衍狀，上縛兒童諸玩具。一人扮聖誕老人，雪髯古裝，背負大紗囊，貯玩物數十種，復以之實韈羅中，伺兒童熟睡，懸牀上。旦而啟視，謂爲老人夜來所賜。神話流傳，浸成習俗。自耶教盛行中土，吾南北官民之家多有效顰者。次清真均，爲賦此解

花盈路。還見燦蕊鼇鐙，弄珠虬樹。飄飄欺雪長髯，荷囊箇老，笙庭降處。　甚延竚。渾未賣獃嬌小，對眠鄰户。黎明剗韈爭尋，具供戲玩，喧簾笑語。　圍向華筵餐罷，棗糕梨餅，狂歌歡舞。俄頃寺鐘風來，聲送如故。琴邊念熟，祈禱天堂句。今誰想、嚴城告警，虛壇妨步。顫羽鶩嘑去。賸髡柳也，撩人亂緒。鶯杳梳金縷。淒望眼，羶腥雲西吹雨。引愁漸入，落梅飛絮。

玉樓春　新曆除夕

紅入戰塵鐙最覺。猶照千場呼縱博。令威遼鶴夜飛回，人是新民城舊郭。　唱偏家家河曳落。不見餼羊今告朔。沈沈醉裏夢鈞天，何處雲璈聞廣樂。

定風波　八十初度，家宴，次均夢窗

八十殘年鬢不青。强濡銀管艷題屏。無數笙歌扶夢影。纔省。酒眉紅勝畫筵鐙。　蜂蝶退藏何處所，江潭摇落此時情。紙帳玉梅呼似醒。宵冷。熏篝微火到天明。

早梅芳　甲申歲不盡八日，立乙酉春。次柳耆卿均

酒螺紅，歌鶯翠。繡郊驄馬行春地。鞭香漫拂，土牛廢了，吹笛村童孤倚。黛蛾展岫，旛鳥飛空，記承平景好，閒居偏慣，良辰抖擻，百念無端裏。　笑游人，醉來帽底簪梅，頓薄蟬貂貴。盤堆菜滿，杜陵覓紙，題詩浣花有里。吾今叵耐，歲晚鄉遥，問番風，第幾桃開，尋到仙源，便作移家計。

角招　不到石頭城三年矣，諸游覽地日往來心目中。春晴，棖觸前塵，分闋賦感玄武湖，白石均

爲詩瘦。那堪瘦影、如幾縷橋柳。暮煙青在岫。步入小舟，蚪杖扶手。霜侵鬢久。早怕踏、嬌荷阡畝。碧落雲低遠水，問當日浴湖鴛，惹船孃垂首。　還有。憑欄翠袖。維亭錦纜，遥對三峯秀。瘁紅鶯啄溜。聽徹歌簧，芳春濃候。茲游已舊。想不似、孤山攜酒。譜鶴南飛再奏。醉呼蝶、出花前，開梅後。

徵招 雞鳴寺，白石體

南朝迹賸浮屠古，鳴鷄可曾飛起。縱不井泉流，也燕支痕洗。粥魚聲到耳。問誰識、佛家真諦。悟徹華鬘，嗒然花墜，展眉而喜。　旖旎引林鶯，還窺笑、巍巍梵王宮地。下界隔塵紅，幾蕭梁軼事。昨非今覺是。有天子、捨身僧寺。甚愁上、一曲琵琶，記又彈清淚。

玉蝴蝶 掃葉樓，樂章均

暮靄遠空橫斷，寺樓縹緲，獨占煙光。是處風多，山早喚作清涼。上層梯、晴嵐帶紫，執敝帚、殘葉消黃。老懷傷。霧濃來看，花雨迷茫。　毋忘。摩仙訪道，影留石壁，境換林霜。巨幅襲圖，乍觀雲水暝三湘。縱滔世、憑杯可渡，恐洞天、呼筏難航。梵宮望。幾回逃了，劫火咸陽。

西平樂慢 莫愁湖，夢窗均

泛得蘭橈，趁將松雨，沿岩暮色依依。殘雪髠林，賸烽頹堞，乾坤帶甲何歸。但地接名王故苑，荷裊香風晼晚，當時豔影，紅桑片霎晴暉。　休記生涯冷落，一艇外、萬柳綠垂絲。壞橋通市。欹篷蘸水。極目煙蘋，人去舟移。還見有、樓凝瓦碧，閣掩扉朱，正擬憑高對景，酌酒消愁，無那喧簾燕鬧枝。釵杳劍沈，悠悠代古，幾局棋收，費恁低徊。袖手觀魚，機心付與鷗飛。

西河 明孝陵，美成均

爭戰地。鍾山王氣猶記。艱難大業剏偏經，布衣刱起。祚移鶻鶴守荒陵，青苔殘篆碑際。

偃虯樹，馳道倚。昔年仗馬曾繫。銅駞臥月泣酸風，旆搖戍壘。横去聲江鐵未鎖長准，可堪東去流水。　弛樵禁後野有市。聚村翁、談舊鄰里。換盡劫灰人世。卻來游、最惜無端空對。開落櫻花頹垣裏。

蝴蝶兒　擬張泌二首

蝴蝶兒。舞酣時。雙雙穿過畫闌枝。惹人蹙翠眉。　長恐金鈴犬，沿花正戲伊。翻殘宫錦費矜持。未應低處飛。

其二

蝴蝶兒。影迷離。園林佳處在斜暉。靚雲足四圍。　長恐花開早，花殘景漸非。尋芳偏是晚春宜。好花遲上枝。

水調歌頭　吾鄉羅浮飛雲頂，奇境也。余年十九往游，今别六十二年矣。憶及，紀以此解

四百卅峯外，雲氣忽飛來。羅浮有約難到，誰叩玉扃開。潭自五龍騰去，鱗爪了無痕迹，丹竈夜生苔。六十二年影，入夢不須猜。　蝙蝠巖，蝴蝶洞，總消才。記曾空桑三宿，詩倘換仙胎。擁得吹笙低髻，放出持螯左手，肩試拍洪厓。一覽衆山小，大地只纖埃。

渡江雲　春晴閒步園林，繞江岸歸。感懷舊事，集夢窗句成此

隨花追野步，《倒犯》。煖波印日，《掃花游》。日暮起東風。《西河》。轆轤春又轉，《瑞鶴仙》。燕子初來，《訴衷情》。簾外凍雲重。《江南好》。蘭詞沁壁，《漢宫春》。甚此夕、《玉漏遲》。唱入眉峯。

《塞翁吟》。生怕遣、《瑞龍吟》。玉簫吹斷，《水龍吟》。腰裊帶金蟲。《江神子》。從容。《塞翁吟》。鶯聲門徑，《祝英臺近》。粉黛湖山，《探芳信》。有青蛾傳夢。《漢宮春》。歡未闌、《解語花》。錦颿一箭，《水龍吟》。飛趁輕鴻。《聲聲慢》。當時明月娉婷伴，《絳都春》。稱十香、深蘸瓊鍾。《風入松》。殘醉醒、《花犯》。夜吟敲落霜紅。《荔支香近》。

滿江紅

戲擬稼軒，自題《捫蝨談室詞稾》

半篋秋詞，應自笑、描鸞無筆。只豪放、欲同王猛，夷然捫蝨。抵掌縱談當世務，披襟細認微蟲跡。料終輸、紅袖拂蟰塵，詩題壁。花底句，收吾集。天下事，非吾責。記莊周羊蟻，義猶難析。火鼠論寒寧足據，冰蠶語熱何曾得。誤英雄、三兩蝶飛來，頭空白。

八聲甘州

余喜集句填詞，既集覺翁句成《水龍吟》《渡江雲》二闋，春日無聊，復集美成句賦此。大抵集句詩易於詞，詞爲調束縛，稍能自圓其説，輒不恤。天孫雲錦，雨碎風裂，未免猨鶴笑人，顧剪裁得天衣無縫，亦煞費匠心。昔石帚《慶春宮》詞，過旬塗稾乃定，銛朴翁咎其無益，石帚謂意所耽不能自已也。余之爲此，殆又無益中之無益者，或亦猶石帚之不能自已耶

倚曲欄凝睇數歸鴻，《虞美人》。蝴蝶滿園飛。《滿江紅》。歎將愁度日，《掃花游》。飄風遞冷，《紅林檎近》。帶眼都移。《宴清都》。清潤玉簫閒久，《一落索》。樓閣淡春姿。《少年游》。爲問花何在，《六醜》。翠藻翻池。《丹鳳吟》。惆悵周郎已老，《六幺令》。想開元舊譜，集外《月下笛》。恨入金徽。《掃花游》。趁歌停舞罷，《迎春樂》。有酒遣誰持。《定風波》。縱相逢、《品令》。流鶯勸

我,《瑞鶴仙》。向殘陽、《夜飛鵲》。莫上最高梯。《浣溪沙三》。銅駝陌、集外《瑞鶴仙》。尋題壁字,《浣溪沙一》。不似當時。《少年游》。

玉漏遲 曩年拈《祝英臺》賦春分,吷老、眉翁有和作,今忽忽四見春分矣。戰塵彌漫宇宙,情隨事遷,觀感自異,爰依夢窗四聲賦此,白石所謂不自知其詞之怨抑也

賣花深巷早,春容鏡裏,欲窺猶淺。嫁了東風,浪説杏嬌桃倩。兩點煙痕試抹,怕還惹、妝蛾飛亂。簾正捲。爲誰面掩,徐妃一半。

喜園卉色平分,甚幾日紅裁,又須憑燕。碎錦離披,已苦窠蜂香斷。何况山河舊感,楚歌起、鴻溝聲滿。笳未遠。瓊樓競喧絃管。

念奴嬌 春分遲至三月八日,拈『八』字爲均,再賸一解

滿園春色,又被誰無故,十分其八。只道殘棋收半局,叵耐鶯花三月。雲裏嬋娟,世間兒女,一樣圓還缺。箇中消息,畫堂雙燕能説。

休説。天氣宜蠶,餳簫吹過,線早添羅韈。經雨海棠猶睡去,枉怨芳菲鳴鴂。取次陰晴,幾曾偏袒,造化知齊物。采香幽徑,作團吾羨飛蝶。

應天長 春暮賦感,示碧桐君

幔窺豔杏,簷映秀篁,鳴鳩破了春寂。似唤戍樓殘角,聲聲向人咽。詩腸隘,吟韻澀。甚淚睫、問天呵壁。舊題處,掐徧牆枝,影亂苔碧。

遲暮怕登陟。望斷行雲,飛羽正西北。下視萬鐙摇閣,歌嬌侈笙席。南朝恨,金粉迹。便痛飲、怎消今夕。算還是,海燕棲雙,梁玳堪憶。

聲聲慢 暮春寄懷籜公、茄盦白下，並簡呎老、鶴翁、拔翁滬西，訒翁滬東

淞煙摇夢，淮月淘愁，尋聲厭聽邊笳。旗鼓騷壇故人，天半朱霞。無言自芳桃李，被東風、吹作殘花。嗁布穀，説田園蕪穢，不見桑麻。　著我儒冠非誤，誤青門當日，種未成瓜。贏得閒身，莓苔掃幾秋蛇。飛昇入雲雞犬，總恒河、一例蟲沙。逃世約，武陵谿、垂釣艤查。

月下笛 許氏園牡丹盛開，主人約游賞，未赴。夜窗兀坐，二鼓，撤電炬，改油鐙。陡聞簾外雨聲淅瀝，不能成寐，和白石均感賦

有約芳園，看花負了，黯辰無雨。鐙唇夜語。惜飛蛾、燄投去。芭蕉喧斷簷蛛網，夢還引、愁絲萬縷。念屧廊蘚繡，明朝重到，墜鈿盈路。　延佇。憑欄處。問换幾枯榮，覷殘鸚鵡。留春話劫，泫紅飄淚如許。霓裳仙散瓊簫在，勸人共、歌鶯住否。但張緒，頓老靈和柳，那恁風度。

安公子 鄰女歌曲悽黯不忍聞，雨夜倚柳耆卿均感賦

幾陣喧簾雨。雨簾陡覺春將暮。昨夢鴟夷西子側，立霜絲孤鷺。歎小艤、吟舠老滯淞煙浦。聞過牆、娓娓簫能語。甚墜紅飛亂，還囀流鶯千樹。　萍浪愁漂旅。杖藜扶影河橋佇。蘸眼滄波渾是淚，灑江天無處。念曲撫、箏絃落雁沙洲聚。音繞梁、轉入嗁鵑苦。便怎比何戡，渭城昔曾唱去。

雨霖鈴 春未盡，二十日立夏。晨起雨止，户外紛傳德軍已降，歐局結束在即。次柳均賦此

簷鳩聲切。喚花梢雨，向曉須歇。殘紅亂攪愁緒，春餞處、餘香猶發。劫幾桑田問海，乍無語聞噎。任滾滾、風捲天翻，去盡英雄鳥飛瀾。　登樓對此情應别。更嬾將、景物酬芳節。笙歌斷送難了，簾底恨、眼波眉月。樹上聲偏降旛，城上瑚戈，綵仗虛設。見慣是、今古興亡，燕子何煩說。

醉花陰　和《潄玉》均

不放春愁門掩晝。鍵下雙鐶獸。招蝶又開簾，竹影窗横，半臂寒侵透。　新桐譜上歌蟬後。有淚珠彈袖。隔水一鶯唬，唬損花枝，花也如儂瘦。

添字采桑子　余年五十學爲倚聲，輒嗜柳七詞，自《黄鶯兒》以下二十餘闋，皆背誦極熟。探幽索微，確信周、吳導源所自。嘗謂讀吳而得周之髓，讀周而得柳之神，由柳追而上之，豁然悟南唐、五代如天仙化人，奇妙不可測。十二年前回粵，以語海綃翁，翁歎爲知言。顧武陵陳氏、鐵嶺鄭氏闡發柳詞文字，迄未獲見。近頃吷老以《抱碧齋集》見貽，閱詞話中載叔問舍人一書，於柳詞推崇備至，其奧義覃旨剖析無遺。且引夢華老人言：『耆卿爲北宋巨手。』伯弢又云：『屯田詞在院本如《琵琶記》，小説如《金瓶梅》，惜百年來無人能道隻字。』余竊自喜平生對柳詞見地不謬。拙著此稿將問世，殿此小令，亦飲水思源之意云爾

以上《捫蝨談室詞》（壬午）

沿花喚月闌干凭，月上闌干。花滿闌干。月鏡花容、無那帶霜看。　井泉飲處聞歌柳，甚百年間。索解人難。大鶴仙飛、誰與起詞孱。

醜奴兒慢 爲鮑亞白題《小桃花館填詞圖》

明霞寸綺，花下吟壺天小。正羅箑、香風初轉，豔引頳潮。半翦淞痕，雨吹紅暈上船簫。隔紗人面，嫣然帶笑，側墜雲翹。　可奈賦情，愁余老去，禁幾魂銷。問誰摩、桓伊一笛，呼酒谿橋。燕子簾前，綠窗時見舞纖腰。三千蛾黛，却憑江管，細細重描。

解連環

畫闌干角。飛悠颺野蝶，那知花落。乍素手、重檢巾箱，難羅扇怎勝，毿螢纖弱。又動閒愁，雁聲裏、不垂珠箔。倚鞦韆久立，望斷寄書，嬾攀紅索。　梁河去程杳邈。記蘭舟漸遙，岸柳難縛。覩絮影、狼藉西風，也還似東風，恁般輕薄。褪杏銷桃，幾曾管、匳娥妝閣。算年年、帶圍暗損，任伊自覺。

澡蘭香 滬濱重午，依聲夢窗

筵斟艾酒，户挂蒲鞭，黏鬼嘯梁未滅。饞蛟正餧，彩鷁如飛，遠弔楚江沈屈。自笳吹、簫鼓無聞，休提天南舊物。眼照榴明，賸灑鵑枝殘血。　卜向蓍龜忍問，起伏狂瀾，不隨鷗没。才人萬古，賦手千家，幾怨佩瓊紉玦。便湘娥、肯解連環，知錦標誰竟奪。但笑見、角兩生蟾，猶弓彎月。

瑞鶴仙 壽墨巢詩人李拔可七十

一星南極壽。照巋然碩果，吟亭光透。句哦浣花舊。羨人生七十，古來稀有。當年太守。正尚書、端陽獻後。喜而今、棋墅笙筵，勸醉漉巾蒲酒。　親友。白頭能記，治績桃源，琴清鶴瘦。墨巢詩就。昌黎健，后山厚。向騷壇揮麈，書城傳檄，添箇執桴紅袖。掃淞煙、歲歲鳩扶，看雲起岫。光緒末，葉君以知府需次江甯，曾權桃源縣篆，著有《碩果亭詩集》行世。

石州慢 讀《遐菴詞甲稿》，依公《中秋夜游虎丘次均方回》之作，感賦一闋，補題集後

亂翠河山，紛紅院榭，吟緒飛濶。卅年七寶樓成，一集幾家心折。危欄煙柳，腸斷轉到方回，歌筵敲徧鴛釵節。詞派越華分，接簫吹南雪。　英發。納民於軌，公長鐵道部。觀世如棋，賦情應別。記握絲綸，逐隊鷗盟還結。白頭歸佛，笑伴丈室維摩，拈花不見人佳絕。問此恨誰知，只天邊殘月。

鷓鴣天 八十初度，吷老以陳墨八笏見貽，拈此爲謝

半世揩磨硯早穿。臨池還認化龍煙。縱然近墨妨伊黑，轉要躬似爾堅。　憑作耜，去耘田。鄰翁休贈買秧錢。翁嘗分畫潤所得贈余。力貧不受無功禄，究是張馳一輩賢。借用吷老《題王石谷爲龔蘅圃所繪田居圖》句。

青玉案 丙戌滬上元宵，次東山均

殘烽不礙鈿車路。又逐隊、春游去。轉轂韶華愁裏度。十年花市，幾家鐙户。還是傷心處。　戟門渺渺嘑鴉暮。酒惡應無好題句。便聽歌衢聲爾許。雪空添鬢，柳慵裝絮。雲也嫌爲雨。江南去冬至今，無雪無雨。

琵琶仙 春感

春好江南，甚除柳、舊日風流都歇。飛絮黏得高枝，眠禽正疑雪。芳訊遠、孤窗句覔，賸鐙

影、冷銷吟骨。玉斝頻添，紗巾倒著，扶醉看月。漫提起、寒食家家，尚盈耳、笙歌鬧城闕。知否落花身世，早金仙難説。應未省、塵堦掃了，又忽堆、雨後殘葉。只問妝閣誰先，喚鬟收拾。

望海潮 夜窻雷雨交作，挑鐙坐悶，檢《映盦詞》見此調，題曰『庚子重來京師』云云。棖觸予懷，傷今弔昔，惻然步均

霜鴛翻瓦，更鼉敲枕，寒陰戰徧愁城。剛説沼吴，還傳望蜀，元戎扇羽麾兵。鄰鬩漫相驚。念杜陵白首，空賦收京。一髮中原，那堪予亦鬢星星。　何當攬轡澄清。數春明舊曲，邊塞新聲。巢鳥滯歸，局猧亂踐，哀箏訴與誰聽。休道飲留名。正恁般霹靂，天醉難醒。山賸羅浮，蹇驢馱雨話詩僧。

泛清波摘徧 比年春分，輒作一詞。今年二月十九日春分，世界雖止戈，益復瘡痍滿目，有不忍形諸詠歌者。淫雨匝月，滬上通衢，多成澤國。感念天時人事，爲之愴然。拈晏叔原體，率填此闋。東坡先生所謂『游於自然而託於不得已』歟

沈陰翳滿，宿酒消遲，偏是喚晴鳩尚杳。溜簷喧徹，拚忍無眠爲花惱。簾吹早。霜絲幾縷，鐙影孤檠，人向賣餳聲外老。賸劫山河，便莫春光問多少。　斷愁抱。簪鬟怕尋墜紅，返夢嬌小。腰鬭半握蠻纖，眉横兩彎蛾妙。只怪釵盟鏡約，怎生忘了。

燕歸梁 依《樂章》平調

日永花甎影未低。睡覺支頤。一春心事没人知。妨窺蝶、繡簾垂。簷前雨遇開紅杏，呢

喃燕、絮多時。不堪還認鬧争枝。早是約、去銜泥。

女冠子　雨夜感作二首

巫山雲遠。夜雨偏教腸斷。念家山。石壞仙蹤杳，城荒霸氣殘。　那尋修月斧，不見護花旛。細柳營空聽，唱刀鐶。

其二

數聲嗁鴂。又是落花時節。正愁儂。絮攪鶯簾浪，篁喧鳳枕風。　檢書妨濕翠，障扇避飛紅。忍畫雙蛾皺，上眉峰。

醉公子　和薛昭蘊均

半彈蝸髻髮。全剗鴉頭韈。鐙點小提籠。穿花妨墮紅。　仔細兜鞋處。莫著香泥汙。算得杏遲開。燕兒還到來。

望江怨　擬牛嶠四首

都休憶。却憶江南綺筵夕。歌樓誰擫笛。酒醒人遠嘶金勒。　五陵客。到老不歸來，也都蟬鬢白。

其二

都休憶。却憶江南柳條色。如今搖落碧。算除宣武誰憐惜。　錦衣裼。載酒約鶯鄰，點金和露織。

其三

都休憶。却憶江南有傾國。西施真絶色。浣紗谿女承恩畢。　五湖艗。弄影白鷗波，沼吳留淚迹。

其四

都休憶。却憶江南李王筆。樓寒笙玉徹借押十八部。那輪春水池吹一。紫霄册。萬古作詞皇，冕旒同拜得。

浣谿沙 四月二十六日，碧桐君七十八壽詞

正約編茆隱翠微。淞杯聊洗壽萊妻。留賓長記典釵時。　花燭重逢來歲事，孫蘭並結合歡枝。浮雲游子尚歸遲。

其二

吹笛春明共夜深。海棠扶醉到而今。舊京寓園，海棠數株，每宴坐其下，别二十年矣。薰來依舊半牀琴。君琴名。　菽水且憑雙髻奉，七女、九女隨侍在滬。菱花休問二毛侵。此情分付白頭吟。

漁家傲 依聲清真

消與殘山和賸水作去。妝樓聽兩人姝麗。折得桃花彈血淚。珠簾裏。閒牀自把秦箏理。　却恨埋愁無隙地。金杯百倒難成醉。一笛原教雲遏止。呼鬟起。玉籠放鳥迎新霽。

減字木蘭花 檢篋得六年前映老爲繪填詞圖，口占此解

詞仙瀟灑。爲我填詞圖早寫。樹石池亭。筆筆思翁亦右丞。　西江宗派。雲起軒遥公健在。白髮青樽。問字花前翠髻人。

杏花天 晏叔原謂先公生平不作婦人語，余竊嘗疑之。詞以哀豔爲體，不墮山谷惡道，作婦人語何傷？王荆公經術大家，其詞亦不例外。宿學如映老，雖洗盡脂香粉氣，讀其『斷魂騎絮過江南』句，不禁拍案叫絶，因仿白石體，賦贈此闋

咉翁羞作閨幨語。是同叔、當年雅度。半山人仰老經師，所賦。有紅牋、寄與句。翁雄據。書城萬户。也還算、鶯花舊主。斷魂騎甚過江南，曰絮。記飛龍、乍點處。

前調 半舫自四十年前集覺翁句題《水龍吟》後，未嘗一言及之。今仿白石調，援稼軒《八難辭》例，戲作此解

玉簫飛出紅欄半。半池月、珠簾捲半。半融花氣半鑪煙，影半。鐙摇半、鏡滉半。欹巾半。船窗凭半。酒傾半、歌猶未半。米家舫不半爲名，曷半。米非半、但我半。

風入松 鶴翁昔年修《廣東通志》，近日息影淞廬，箋宋元詞曲。不晤數月，今忽見過，欣然爲拈此解

門臨闤市絶谿流。剥啄不聞鷗。倏然一鶴松間下，霜髯拂、正比翎脩。約我漱珠橋畔，横簫吹月船頭。　年時曾記載歌游。句艷有鬟收。暫抛良史董狐筆，瓶花對、箋曲鐙樓。水繪園應無恙，當筵舞枯枝不。

好事近 南歸倚裝作

吟袖殢淞雲，鐙蘸十年華髮。過了重陽風雨，正雷舟催發。　從今唱到望江南，珠孃素紘撥。喚醉習家池上，又羽觴飛月。

虞美人 抵香港舟中感作

隔江喧徹夷歌舊。雨洗青螺岫。依然落日照旗紅。一墖摩空、靈卻幾曾鍾。香港陷落，日軍改摩天嶺上旗壘爲墖，命名『鍾靈』。英軍克復，以拆費過鉅，尚未毁去。　萬星鐙引鸞簫墜。吹破癡龍睡。未

應銜恨割珠厓。不割珠厓、無此好樓臺。國內兵刃相尋，萑苻徧地，留此一隅乾净土，爲吾民將息。臥榻旁遂不得不容他人鼾睡，抑亦可哀也夫。

西江月 春游二首

二十年前別去，三千里外歸來。太平山上杜鵑開。山在太平何在。散盡石塘是處昔爲妓院鶯豔，賣殘鐙市兒猷。爲文憑弔宋皇臺。那可勿論成敗。

其二

樓起仙山有閣，風收宧海無波。一灣淺水淺水灣浴場浴嫦娥。側竟裸裎於我。漸見游人雜遝，微妨老子婆娑。鯉魚門對小坡陀。得酒且圍花坐。

鷓鴣天 元宵口占

去歲元宵度好春。胡今鐙訊阻江豚。南飛倦鶴情依舊，北望哀鴻淚又新。樓近水，月窺人。瓶花問伴老吟身。魚龍曼衍渾無狀，片片昆池劫後鱗。

鬲谿梅令 詠瓶中弔鐘花

此花不是鬭春妍。貌娟娟。爲底渾如蕭寺、佛堂懸。發人深省般。一枝和我伴鐙眠。杳聲喧。夢到姑蘇城外、月橫天。暗香飄客船。

南歌子 純堅女甥偕婿盧榮孝自澳門來，邀飲於半島旅邸，樓垣四角多綴弔蘭。酒酣，望海感作，擬漲泌二首

倒屣長迎客，懸瓢正買春。蒼生猶是倒懸人。

我在倒懸花底，過黄昏。

其二

順水飛輕楫，横風撼巨波。世情如水共風銼。我在水風平處，看煙蘿。

祝英臺近　寓樓凌晨輒聞賣花聲聒耳，碧桐君厭之，余不爾也，戲取稼軒賦瓢泉詞序中意成此

賣花聲，深巷裏。充滿着詩意。堪笑山妻，轉欲打鶯起。平生不夢遼西，嘑鶯何惱，惱都爲、賣花人耳。　老居士。早便懺盡風情，閒參佛家理。心在静中，喧即静中旨。須知蟬噪於林，而林逾静，可收作、睡鄉游記。

定風波　與客談珠江舊事，用坡公贈王定國侍兒柔奴均，仍引侍兒語作結

怕唱江南李十郎。檀槽箋曲付珠孃。橋上印

尋金屐齒。煙起。載簫船去賸悲涼。　八十三翁渾覺少。應笑。蝶殘猶戀隔牆香。不見羅浮梅更好。休道。此心安處是吾鄉。

江神子　暮春遣懷，擬稼軒

春殘燕子尚無家。海雲遮。畫簾斜。簾外青山、開徧杜鵑花。道是蜀禽嘑底血，吾看似，萬枝霞。　不如歸去種園瓜。渡無槎。地成窪。也許池魚、飛去化龍蛇。忍問鵝湖鵝在否，渾賸此，未蟲沙。

前調　羊城故居鞠爲茂草久矣，客有問歸期者，倚此答之

佗城咫尺隔重天。白雲巔。鄭飛仙。分付雙成、月下莫乘鸞。怕對越臺殘鏡影，愁不肯，舞翩躚。　素馨斜畔水平田。絶游船。若而

年。公無渡河、聽徹幾歌蟬。只待賁來書畫舫，纔放得，米翁顛。

思越人 廣九路軌經惠陽，望豐湖在暮色蒼茫中。余離鄉六十餘年，浩然思歸之志，聊寄此詞，期異日以示故山猿鶴耳。鹿虔扆均

數峰青，叢竹翠，望迷花遞墩迢。花墩在湖心，正對六如亭、朝雲墓。碑認舊亭澆酒處，慧根今未應銷。將軍故里嘑鴉亂。馮煜康軍門南斌，同爲鴨子渡鄉人。光緒九年以陝甘提督入覲，銜命督修御河，寓東草廠七條胡同會館。余弱冠赴京兆試，比舍而居。屈指公即世五十餘年矣。鴨隨鞍馬塵散。植柳不髯蘇再見。湖鶯千百聲斷。梁節盦太史美髯鬚，年二十七罷官，掌教豐湖書院，於湖堤蘇祠旁建范孟博祠，種柳數十株，邑人每謂髯蘇後有髯梁云。

怨王孫 和《漱玉》均

簾捲心隨雲影渺。花嬾種、殘紅少。紫簫吹徹是涼州，却不是、江南好。垂柳減金春色老。嗟見幾、飛鶯庭草。簷鳩依舊寂無聲，者雨怕、收難早。

前調 用仄均再作

閒了尋春雙謝屐。鶯斷報、花消息。花名問我怎能知，說不盡、花顏色。惟有荻花如雪白。青鏡裏、頭顱曾識。欲從鷗鷺學忘機，只好辦、舟和笛。

歸朝歡 望九龍城在山花掩映間，驟雨忽來，飛紅礙目，愁然感賦

山在九龍城更古。生徧雜花雲外樹。油然雲已幻諸峰，悲哉花不生吾土。那年山易主。

沙飛石走龍狂怒。怒今消，雲猶隔海，吹到濺花雨。　信道飄零花也苦。獨未見花愁著處。料輸楊柳漢南栽，自從搖落絲羞舞。幾曾花解語。無言斷送西風去。問心肝，何如叔寶，休被錯猜汝。

浪淘沙　春暮閨情二首

江水帶春流。不管閒愁。落紅飛上繡簾鈎。鸚䳇喚人殘酒醒，嬾起梳頭。　打馬未圖收。寒怯登樓。湔裙記約百花洲。風急柳緜吹作滾，疑是氷毬。

其二

春去恁悤悤。嬌睡方濃。海棠猶在舊熏籠。夢裏釵鸞休錯認，已嫁東風。　人醉帶惺忪。花醉添紅。一般曾住蕊珠宫。爲底高燒銀燭夜，只照渠儂。

新雁過妝樓　江樓送春，依夢窻『夾鍾羽』作

幔捲濤來。樓陰蘸、殘霞帶夕煙佳。送春歸也，巵酒一潑愁懷。片霎捎花飛雨過，鏡奩又舞影欹釵。忍窗開。岫螺翠入，不潤詩牌。　雲涯依前倦客，對故園鎮日，蝶怨蜂猜。劍龍狂吼，天外臥笛危臺。餘寒畫簷正勒，問羣雀、争枝緣底哉。江山好，恨貯奚囊去，無長吉才。

前調　四月十五夜望月書感

酹琖無言。銀蟾近、憑簫問徹高天。浩如滄海，因底涸作桑田。豔絶歌姝鐙户在，瘞花繡塚委荒煙。且休論，鏡容褪玉，怯對嬋娟。　皤然吾身健鶴，但爲丁世厄，淚化啼鵑。醉魂

今夜，簾際喚月同眠。殘棋爛柯半局，記曾識、雲中鷄犬仙。邯鄲道，正幾人猶夢，黃扉十年。

看花回

端午近矣，百感如潮，和清真集外第二首寫懷

鷺飛煙渺山影，弄海瑩潔。氣熯漸教放盡，照眼又榴明，菰怨休結。夢窗『湘水離魂菰葉怨』。 薰風試無，撫那冰絃侵指滑。猶記否、聽瀑簾櫳，翠紗涼透總夐絕。 寧計是、江城舊月。賸冷笛、趁吹芳節。欄倚中原在望，太息似千鈞，一縷懸髮。人非故國，誰更蘭馨堪共折。只依稀、見旗鼓，乍覺喧聲別。

南歌子

大暑後移居山樓，連夕風雨，不寐，黯然成詞

暑宜山間屋，涼招樹底亭。千峰雲擁夜窗鐙。掀動四垂簷馬、不平鳴。 宿鳥驚。聽風聽雨未分明。殘夢鬧回鄒魯、鬨時聲。

虞美人

龍眼爲嶺南佳果，味遜荔支而獨饒清脆，余酷嗜之，因賦

點睛飛去龍無迹。眼賸千林碧。摘來顆顆剥晶瑩。依約佳人雪藕、共調冰。 荔支啖罷伊方熟。同是顏如玉。只憐笑未博環妃。當日紅塵一騎、貢偏遲。

更漏子

箔珠垂，瓶玉注。往事十年風雨。除徑蝶，和階螢。誰還知此情。 堤邊柳。湖上藕。總是不堪回首。天亦老，人無聊。將愁分付簫。

如夢令

粤有果狀如葡萄，色黄，故名黄皮，味次於龍眼。戲拈一解

皮相漫猜嬌賤。憶昔宣麻傳宴。宫樣額塗殘，衣露越臺雲徧。金殿。金殿。淡掃蛾眉人面。

浪淘沙

乞巧夕飲市壚，回山居頹然就枕熟睡，爲林鳥争鬭聲驚醒。仰視窻間，玉繩半落，雲送雨來，雙星渡河久矣，而格桀支啁音猶聒耳。百感填膺，不復成眠，喟然衍作三解

鳩鵲爲巢争。巧拙相形。巧偏甘任拙吞并。忍問中原紛逐鹿，誰敗誰成。　紙上厭談兵。世局殘枰。典貂聊博臥鋃箏。夷甫諸人應媿我，老擁狂名。

其二

巧者拙之奴。巧者何辜。鵲巢從古已鳩居。料是穹蒼齊物意，特地憐渠。　今夕漫愁余。笑語黄姑。年年壓線嫁衣無。遮莫天孫雲錦也，藴櫝藏諸。

其三

牛女絳河邊。淚雨潸然。濺教苔點着池鴛。莫誤東皇錢十萬，借與天孫。　隱約訴鬘仙。蠱籟宵喧。老來吾覺漸知言。除是笙歌尋夢入，睡最無端。

怨王孫

寓意

日日簷前占鵲喜。喜未降、愁先至。秋波臨去一銷魂，聆别語、空垂淚。　鏡約釵盟那復記。雲雨斷、巫峯十二。醉扶不見似花人，更誰唤、殘酲起。

杏花天 中秋夜山居望月

憶窺眉月江樓展。只雲額、纖鈎一線。山窗今夕覩團圞，底辨。是飛來、鏡與扇。仙軿濺。銀河浪淺。舞娥影、誰家院轉。似聞吹笛又呼鸞，玉殿。正霓裳、舊譜換。

風入松 重九

捲簾空羨越山奇。垂老倦攀躋。重陽例動登高興，矍然對、千軸雲迷。滯屐狂流旋瀉，提壺好鳥應知。菊花寧爲我開遲。霜訊到還稀。人生底事愁羈旅，逢佳節、拚醉如泥。雁陣驚寒聲裏，帽簷簪上虬枝。

買陂塘 影樹産南美、南非諸洲。余在古巴築懺綺園，於半舫前植數株，蒼翠參天，姿態奇絕。今賃廡香港，山園中觸目皆是，對之不無種柳漢南之感已

買山錢、卅年遲辦，芳盟負了園樹。誰從海外移根到，此地也非吾土。搖曳處。正天鏡新磨，照煞綵鸞舞。影兮喚取。著一字風流，銷魂惹我，依約又廊廡。長眉嫵。浪説柳嗔花妒。歲寒松柏羞伍。記曾歌舫鐙前見，鬬盡釵光無數。今再遇。問招得冥鴻，敢否池潢顧。傘般禦雨。却戀好斜陽，煙林未暝，鴉背怎分付。

好事近 去年南歸，倚裝拈此調。今在回滬海舶中再賦，仍依原均。乘興來，興盡返，泯棼世，甯獨余一人爲然？余不自悲，顧暇爲芸芸衆生悲哉

記唱鶴南飛，籬菊去年簪髮。今逐吴鴻歸去，看簷枝重發。行行休聽鷓鴣啼，颸輪亂愁

撥。笛帶過江淚殘，忍舵樓吹月。

慶春宮

戊子花朝，夜雨奇寒，重衾殢夢，晨起集覺翁句，聊遣綺懷

花影闌干，《祝英臺近》。雨聲樓閣，《探芳信》。碧窗宿霧濛濛。《聲聲慢》。夢隔銀屏，《珍珠簾》。漏侵瓊瑟，《秋思》。渾疑佩玉丁東。《新雁過妝樓》。芳卿憔悴，《惜秋華》。便緑減、《拜星月慢》。吴妝暈濃。《塞翁吟》。依然纖手，《花心動》。彩箑翻歌，《三姝媚》。頻繞殘鐘。《江南好》。人生未易相逢。《聲聲慢》。去水流萍，《瑞龍吟》。惜別行蹤。《新雁過妝樓》。香斗春寬，本調。吟壺天小，《丹鳳吟》。霜霄暗落驚鴻。《高山流水》。釵頭新約，《訴衷情》。欠携酒、《探芳信》。南屏翠峰。《塞翁吟》。一聲長笛，《醉桃源》。笑伴鴟夷，《瑣窗寒》。煙海沈篷。《八聲甘州》。

浣谿沙

碧桐君四月二十六日生辰。前年七十八，余賦《浣谿沙》二闋爲壽。今年八十，不可無詞。戲集稼軒、石帚句各一闋，以符前例。君猶健，腰脚似昔年，行十餘里，日登樓數十次，無倦容，故次章及之

喚取笙歌爛熳游。《武陵春》。此生於世百無憂。《鷓鴣天》。一春長是爲花愁。《一絡索》。見底道纔十八歲，《品令》。從今更數八千秋。《八聲甘州》。人間八十最風流。《鵲橋仙》。

其二

巷陌風光縱賞時。《鷓鴣天》。垂楊却又妬腰肢。《鶯聲繞紅樓》。年年强健得追隨。《阮郎歸》。落蕊半黏釵上燕，本調。與君閒看壁間題。《阮郎歸》。玉笙涼夜隔簾吹。《虞美人》。

清平樂　丙戌春戲作，自題集外詞後，補録於此

平生挾策。伐罪興周室。載到後車年八十。不負磻谿釣笠。　獨憐貂飾冠兒。頭和面目皆非。爭似袒衣相見，昂然捫蝨談詞。

其二

詞壇故老。評我殘年稿。僉謂必傳堪絶倒。遮莫阿私所好。　拼憑覆瓿籠紗。鐙燄兩鬢霜華。長記雨來催句，硯池飛落簷花。

其三

花簪亂鬟。村女塗脂粉。吾少也何嘗學問。腹笥書無幾本。　南唐五代笙竽。吴周姜柳辛蘇。額點朱衣而後，十五年前彊邨老人評《懺盦初稿》云：『胎息夢窻，潛氣内轉，專於順逆伸縮處求索消息，故非貌似七寶樓臺者所可同年而語。至其驚采奇豔，則又得於尋常聽覩之外，江山文藻助其縱横，幾爲倚聲家別開世界矣。』庇寒夏屋渠渠。客滬十年，與夏吷老晨夕觀摩，獲益不淺。在詞學浸衰之今日，吷老不獨爲余作詞導師，實亦爲詞界護法韋陀也。

以上《捫蝨談室集外詞》（乙酉）

霓裳中序第一　依均和六禾賦荷花生日

飛軿碎輾月。獻祝西池杯乍歇。飄下綺羅帶結。有蛙部鼓催，鳧塘簫節。歌雲易纈。趁十洲塵淨囂絶。花仙醉，霞裾掩靨，倩盼溜波撇。　沙獺。暗香爭發。笑剗去湘妃素韤。旃蒙依舊在乙。倏爾珠跳，儼若葭揭。獨憑僧咒鉢，怕著雨綃裳冷澈。天孫錦，因伊裁就，麗句羨高遏。

惜秋華　六禾以七夕連宵風雨，依夢窗『細響殘蛩』之作撰詞見示。余譜『露罥蛛絲』一首爲報，

盖夢窗此詞亦詠七夕也。并簡伯端

戰雨窗蕉，引階桐、幾葉輕敲吟鬢。前夜絳河，靈鵲借橋填恨。争知又隔雙星，渺江漢、離鴻倏瞬。行雲。太恖恖、素約明年甯準。　淞水久沈訊。記勸酒瓊筵，那人丰韻。巧歌斷、妙舞散，錦書誰問。閒牀夢裏崔徽，皺黛蛾、翠峯收潤。嬌儁。料裾腰、瘦應逾寸。

奪錦標

六禾依張埜夫調并均賦七夕，原均奉和，因眎伯端

潮落虹梁，煙横蜃市去，鏡海飛塵遲拭。好在鍼樓乞偏，魂返爐丹，石填瀾碧。趁霓歌羽舞，早催煞、鴛梭頻織。要天孫、豔錦堆雲，贈與黃姑歡夕。　何況羅池舊客。脆笛攜來，廛處不愁廊寂。只漫瓜筵空對，添燭詩尋，泣珠槃積。歎炊無婦巧，向誰邊、飢鴻將息。怕星蛾、見了籤蚪，認是鉛仙殘滴。

八歸

初秋，山樓晚眺，依聲高竹屋，索六禾、伯端和作

粉牆雲凝，瑶扉煙亘，窗見萬孔窠蜂。羊腸繞出林攢箭，羣山蟄伏形成，戰敗蒼龍。草樹斜陽淒送晚，滲川原、鵑血濺紅。歎對此、羲景恖恖。又泥爪留鴻。　蘢葱。花陰庭院，鶯聲門徑，蒿萊遮斷簾櫳。漫依坡老，豔詞傳寫，飛燕孤鎖樓空。只戈揮魯久，頓催崦日落荒叢。總愁是、劍烏淵墜，尺五篙天蛇幻弓。

側犯

和六禾《秋郊見蓮》聲均

豔容未老，語嬌著點唇丹膩。殘翠。猶自託微波、暗通意。量珠十斛後，比翼雙棲裏。

魚戲。誰會得，浮沈問身世。香港法官近正議立中國人側室待遇條例。　蜻蜓颭了，玉瓣涼鷗外。仍素被。淨無瑕，甯倩亂雲洗。縱祓清愁，忍銷英氣。妃子出浴，帶些顛頳。

高山流水　讀六禾《雨後山中觀瀑》佳製，和其韻，仍依聲覺翁，因約伯端同賦

霽虹颯颯彩雲間。響奔雷、喧鼓千山。天女散奇花，釵珠溜落仙鬟。掀番處、舞筵冰紈。秋江上，休記吴楓淚葉，點滴凝丹。總清能膽照，百尺認潭寒。　匳鸞。臨流嬾窺影，松鶴早、夢綺闌珊。穿石化明漪，恨不盡洗孱顏。勞生也、實恁無閒。蹙愁黛，寧問池吹水皺，卻又卿干。待驚湍稍定，鞭叱吼龍還。

前調　既和六禾作，又戲依覺翁聲均，寫雨後觀瀑別感，質六禾、伯端

綫濤隔不斷江風，若煙螺、痕滅青葱。山潦也盆傾，孤峰滯却廻鴻。懸厓下、杳鴂啼紅。空餘那，揉碎珠塵萬斛，洗出瑤櫳。似雲英妥髻，插玉襯妝濃。　寰中。橫流有誰止，河決了、瓠子無宫。銀箭雨般飛，地濕草漫抽茸。柱天崩、撼怨共工。滌愁處，惟臥松陰仰聽，勸酌千鍾。比喧簟枕畔，先發我秋慵。按：覺翁此調用均，與觀瀑渺不相涉，殊不易押。詞成，煞費力也。

塞翁吟　閏七月十六夜，約六禾、叔儔、伯端、武仲山樓小集，沮風雨不果來，按美成澀調賦寄

颭濕窗鐙，愁翳曉色瓏璁。倚檻對，海雲東。劍玉礪芙蓉。深山流潦妨車到，吟夢那止成空。悵水隔，翠樓重。杳螺綫浮紅。　忡忡。

休文瘦、圍犀褪卻，臣甫老、啼鵑拜中。矧局外、棋觀勝負，感蝸正、繞壁流涎，蘚迹難封。亭柯袖底，竚待繁吹，高振歌風。

三部樂 風雨爽山樓之約，晨起成《塞翁吟》一闋，旋得六禾寄示和清真此調，依聲均奉酬

寒卻山盟，正笑我倚聲，惹君纓絕。夜光珠照，聊慰虛廊無月。更知是、江筆生花，趁迅風驟雨，萬朵香發。閏餘莫管，時正閏七月。怕又窗梧飄葉。　閒愁問天底事，想甃闌賸暑，井螿能説。恁般有嘉折首，爲戎披髮。枉傷心、淚絲罥睫。應只對、晨雞恨切。不自將息，渾一叫、千夢緣結。

滿江紅 伯端賦秋聲，依均和之

急雨敲殘，送山青、何曾繞郭。余時居山中。歐陽子、秋聲賦就，夜窗蕭索。煙篆燼餘灰未冷，酒魂醒後懷猶惡。賸如紗、心眼稱平生，鐙依約。　簷忽鬧，枝爭雀。壁又見，蝸添角。漸闌干數盡，玉繩西落。哀世歌詞皆涕淚，老年樓榭空腰腳。灌硯田、香露掬花梢，渾無著。

南浦 六禾寫示依魯逸仲此調。瑞京寄渡臺留別同人《浪淘沙慢》一闋，有句云『年去年來清秋節』，不啻打疊度重九矣。和六禾即送瑞京行，因簡伯端

離亭噴笛，送行人，淒調作重陽。蕭瑟秋之爲氣，寒蝶杳尋芳。留得砌蛩宵語，替東籬、訴説幾炎涼。誦杜陵吟句，叢猶開兩，陶徑那曾荒。　只恨萬年補石，望媧天、無路覓仙鄉。羨煞飛帆珊海，風響玉琳琅。吾黨世憂如故，

指黄花、被酒問穹蒼。待再來絃改，取筝彈雨灑山窗。

齊天樂 媚秋堂尋詩圖，爲馬武仲題圖，吳湖帆作也

城陰墻影涵兵氣。尋詩正愁無地。海照旗紅，昌黎贈馬總句云：『紅旗照海壓南荒。』堂施帳絳，況更豔才名異。唐詩人馬異與盧仝齊名。微吳道子。爲煊染丹青，案堆圖史。鏡檻雲廊，那知仙境在人世。江山依舊畫裏。半生飄泊慣，鷗港萍寄。笛羽吹塵，鐙濇醮夢，側帽西風吟倚。橘霜老矣。問林屋如今，紫騮鞚未。歸去書檠，密簾收雨細。五句隱括夢窗『送馬林屋宴清都』詞。

憶江南 伯端仿四十年前伯崇殿撰用香港地名填此小令四首見示。余和以八章，戲録其二

裙帶路，休浪説魂銷。蠻女眉痕波影緑，蛋孃膚色日光焦。黛粉不慊調。

其二

裙帶路，風景畫能描。紅磡岸低人打槳，黄泥涌近客吹簫。伯端居黄泥涌道。香豔嗣南朝。

秋霽 六禾以節近中秋，炎威尚熾，作《秋暑吟》見示。余十五夜渡海，九龍小樓坐雨，三鼓月輪破雲而出，詞興勃然。甫屬稿，雷雨又大作，擲筆擁衾，睡夢入遊仙，晨起依均率成報六禾

收響芭蕉，乍甕牖飛雲，鏡捧匳闊。篆鴨初添，箭虯低轉，現身舞娥林末。冷篁按節。詠情笛早吹教熱。正入骨。無數、舊相思子怎拋撇。誰更浪道，畫閣梯横，總輸凌虚，雙曳羅韈。記天橱、鴛鴦譜閲，仙禽頭上也堆雪。殘賸桂蟬和露咽。只跨鸞女，花氣沁動

嬌笙，勸吟壺洗，蕊珠宮月。

以上附《影樹亭和詞摘存》

沁園春　吴覺生家聽瞽姬某度曲。姬徐娘半老，閲世頗深，歌罷攀談，輒能臧否當代人物，因戲拈此解

千古佳人，一顧偏能，傾國與城。奈冬山如睡，煙鬟半嚲，秋波不動，月黛空橫。解佩江皋，化身龍女，交甫應憐未點睛。琵琶弄，惹青衫濕透，卻可勝情。　魅魑世態潛形。幸嬌眼、無由見輒驚。但菱花摸索，影難自弔，淚痕掩抑，目竟誰成。靈臏犀心，巧饒鶯舌，忍問歌場變徵聲。聞褒貶，笑豈圖巾幗，有左丘明。

陌上花　和張蜕巖均

江天幻點嫣霞，寧爲岫螺妝晚。柳娜花嬌，教想舊游娃館。一聲笛唤收船去，莫道不曾魂斷。似當年、故里漱珠橋外，揀茶人散。　矧夷歌、海上喧如潮處，捲入愁腸詩半。冷惹胡沙，漫與鬧絃彈煩。劫殘又閲新棋局，雲起西樓驚雁。算凌晨、換了芳菲啼鴃，殢情尤嬾。

玲瓏四犯　六禾患痰喘甚劇，不廢吟詠，倚此規之

風約池萍，問底事干卿，渾又吹皺。鏡額堆雪，誰見展開眉岫。須信翠管呼尊，定夢擾、瘁禽眠甃。記對人特地愁諱，還掩小憐歌袖。　病非中酒寧花齅。漸綃裙、褪殘犀扣。尋詩細響香廊屧，寒沁冰肌透。應勸線壓暫收，

把黦錦、鴛鍼輟繡。待唾壺撤叫，鸜鵒粒，抛紅豆。

東風第一枝 己丑歲不盡十二日立庚寅春，和史梅溪均

早洩穠春，休猜稚柳，風光一例塵土。凍消菰鴨嬉池，燠入網蛛罥户。青旛插鬢，久絶小溪湔裙處。賸影轉、日轂花甎，繫得駟韶如縷。思自覓、送愁妙句。撩不起、偷香幽緒。雁筝膠柱鄰娃，燕幕換巢社侶。雲陰疑暝，怕薺誤、空教挑雨。待載酒、約結鶯盟，玉笛趁晴吹去。

浪淘沙 除夕口占

明日是新年。壓歲愁錢。老妻含笑獨嫣然。爲道潮流今尚樸，鬢卸釵鴛。漫信饞羊躅。不貼春聯。笙簫爆竹鬧鑾天。舊臘血般紅賀柬，化作飛鳶。

風流子 詠錢

依約點蜻蜓，飛蚨處、苔傍古榆生。笑籛向華堂，寧愁貫朽，癖來和嶠，叵耐星零。纏十萬、沈郎腰瘦甚，眼卻阮郎青。玉燕分釵，辛翁腸斷，銀蟾縮影，杜老詩成。無端憑蝶化，兒家樹、倒又誰爲扶傾。一況文章不值，臭逐仍蠅。歎銅山空帶，餘桃氣味，莢階難乞，阿堵神靈。何物癩仙呼出，猶孔方兄。

水龍吟 玉虀翁挽詞。翁去冬詠殘菊，有『佳色付雲煙過了』句，余閲之不懌。未幾翁病，元旦不能執筆，口授其子録示《春從天上來》。詞云：『關心花信，從商略、今後陰晴。』甫兼旬，遽歸道山。重展遺牋，益不禁哀高丘之無女已

春從天上來詞，悲哉絶筆真成讖。關心花信，陰晴今後，渾商略甚。老不憖遺，茫無由問，彼蒼聾噤。只問吟殘菊，云佳色付，雲煙過、胡爲恁。海捲綃收狂浸。謂述叔。妙高臺翁居、孤星又黯。人韁世網，佛言解脱，儒憂放任。吾道干城，末流鼓吹，和誰接衽。但聲蜚玉鱟，霄修樓鳳，召翁摛錦。

小重山 碧桐君以薄荷枝供緑琉璃瓶中，嬌艷似人，因賦

碧浸壺天漾曉霞。瑩然源裏見、舊仙娃。笑紅微減去年些。知換盡、塵世幾繁華。浴罷絳籠紗。凝妝窺寶鏡、鬌鬟斜。今宵夢擁泛虹艖。嘗櫻顆、香滑似胡麻。

點絳唇 久不晤伯端，前題戲成一解卻寄

不見劉郎，黛蛾顰損春風面。瓏璁一片。翠影横波翦。痕漲前溪，細浪摇歌扇。奩漪濺。燭光寒顫。約鬭紅深淺。

瑞鶴仙 錢浣香樹棻法學博士，任粵民政司司長，棄官爲律師垂四十年。近結廬長洲島，移家隱居。子乃文、乃信法學博士，乃仁建築工程師。今年二月，翁伉儷七十壽，撰此祝焉

蕙風熏繡陌。正伯鸞德曜，齊眉七十。蘭階三鳳集。兩箕裘克紹，刑明教弼。良工其一。廣儲材、更堪建國。羨翁爲、天下持衡，卻又家傳繩尺。因憶。鼇海槎回，光緒末葉翁隨伍使廷芳持節海外。功在枌鄉，民懷政績。縈心泉石。視冠帶，等羈勒。厭訟庭花落，鹿車同載，洲看鷺邊山色。喜從今、供養煙雲，享齡

二百。

夢江南

搊錦瑟，搊罷玉纖冰。冰膩柔腸渾寸熱，鑄金爲淚不妨成。只問向誰傾。

前調

吹翠笛，吹罷口脂香。香記年時新浴後，幾回吞吐語荀郎。熨體勝蘭湯。

菩薩蠻

山園桃花盛開，明霞返映，作深紫色。前輩句云『花近霞光不敢紅』，殆不盡然矣。感拈此令

天公惡紫將朱奪。肯教霞礙花光發。靧面記唐宮。桃花色特紅。　人憐花命薄。不見仙源落。扇底使翻歌。酡顏添笑渦。

惜奴嬌

陳蘭甫先生登華首臺賦詞，得『羅浮睡了』四字。潘老蘭爲依梅溪均，足成《雙雙燕》一闋，人境廬主人與余皆有和作。此五十年前事矣。近鄉人告以羅浮寺觀爲萑苻盤踞作巢穴，不禁喟然。拈梅溪此調聲均成吟，示伯端、粟秋

鞭叱飛雲，唤熟睡、山靈醒。騷魂跨、煙藤躡嶺。鵵得梅香，正怯問、梅開信。難靜。見髯龍、寒潭怒影。五龍潭在華首臺側。　鬟亂釵欹，似酒後、嬌扶病。懸崖上、空教引領。洞蝶慵迎，蝠蝋是、巖棲性。胡蝶洞、蝙蝠巖皆在羅浮。厭聽。雷鼓與、泉琴響並。

燭影摇紅

庚寅三月初三夜紀事寓意

隔斷横波，絳河一線紅牆迴。悄然飛櫂到嬌邊，眉月猜弓影。鐵馬簷聲寂静。過花陰、驚魂乍定。鼓郎偏記，奪小姑回，那時門徑。

直入犀帷，降如青島無人省。相思幾度倚幽欄，今也鴛同命。只是雲殘雨冷。又妨伊、墜鉼恨井。海棠春睡，亂叫鄰雞，争堪不醒。

三姝媚　送春

江山殘畫稿。换嘶驄年年，王孫荒草。故國春光，被等閒鶯燕，夢邊催老。過眼飛紅，血淚盡、啼鵑應杳。叵耐通波，眉柳臺池，送青難了。容易成陰休道。只景物當前，足傷懷抱。剗地東風，記海棠嬌態，爲伊顛倒。彩扇新蟬，桃李尚、無言争噪。浄洗塵霏，拚任封夷蒞早。瀕海春夏間颶風常發。

玉燭新　雨夜不寐，依聲美成漫賦

波簾收宿酒。帶雨影鐙摇，冷魂侵透。正思健筆，箋天問、熨體荀香拋舊。屏開六扇，斷夢隔眠鴛庭甃。驚乍見、蛛網縈簷，愁絲萬端抽又。風和漏轉花遲，奈枕畔聲聲，鬧禽先後。爲巢夜鬭。鳩不是、占了鵲飛偏驟。山窗伴守。只素魄殘更還有。槐蟻便、招我明堂，仙班那就。

滿江紅　和伯端《春暮懷人》均

莊蝶飛回，蘧然覺、簾猶窣地。夢不放、春魂消向，笙歌叢裏。糶柳綠添陶令宅，笑桃紅減樊姬里。甚劉琨、按劍舞殘年，聞雞起。多少事，憑珠記。愁更重，空謀醉。問恁般頭白，池鴛知未。風月銷磨天易老，冰霜挫折情難死。只落花、流水太怱怱，人間世。

夜合花　淺水灣消夏，聲均依夢窗

影轉蟬槐，光浮魚藻，梟閣沈水熏香。風亭霧箔，花魂戀蝶仙鄉。蒲帶窄，柳鞭長。有掠波、巢燕飛忙。歎新來瘦，奩窺正怯，行近迴塘。　習池昔記追涼。早呼鐙臺圮，攜杖橋荒。臨邛住久，釵猶貰酒瑶罌。罌應讀作缸。吹管急，臥箏狂。換而今、瞻顧蒼茫。醉荷篙了，湖禽想也，顛倒殘陽。

荔支香近　本意，依夢窗黃鍾商第一首

引破唇丹，嬌泥誰共語。自從根託天南，隨分灣頭住。冰肌脱下紅裳，在掌輕能舞。方恨、亢有驕陽未消暑。　盤上貯。宴雲片、紅堆處。貢使頻仍，香惜鞚飛塵去。空博嫣然，笑靨真妃早黃土。到底絳仙顏駐。

祝英臺近　讀劉伯端《心影詞正續稿》，題慢令各一題

染烏絲，融蝶粉，詩影夢聲裏。十樣蠻牋，痕殢斷愁幾。鬢霜催老劉郎，桃花應笑，杜陵濺、都非閒淚。　舊歡記。爲伊緣底傷春，春嬌上羅綺。流怨湘絃，芬芳楚騷意。似曾相識嗁鵑，銷魂垂柳，早掀盪、干卿池水。

鷓鴣天

劫避秦灰問水濱。帽簷猶擁故山雲。眼光換盡棋枰舊，心影彫殘篋稿新。　温李賄，晏周神。老難拋斷是愁根。郎潛鬢入梅谿句，崛起天南更有人。

壽樓春　碧桐君八十有二壽詞，聲律依史邦卿

輪纖蕙流光。又斟教壽酒，重滿萊觴。底事飛雛遥望，哺烏慵翔。大兒在穗，次兒、三兒皆在海外。憑戲綵、雙紅裳。九女、十女婿家皆在香港。趁

雨巾、風鬟喧堂。親友數十輩，歡宴適大風雨，衣履盡霑濕。我試擬東坡，金鱗放也，新詠費平章。東坡『同安君生日放魚』《蝶戀花》句：『放盡窮鱗看圉圉，天公爲下曼陀雨。』　笙呼醉，琴歌狂。碧桐君名琴。屧弓鞋記踏，鴛蘚淞江。漫笑棲遲巢燕，杏梁聊商。依海角，猶吾鄉。喜竹蓀、排塀成行。任啼鴃頻催，歸耕傍牆。蠶後桑。

鷓鴣天　伯端石塘晚眺，夕飲市樓，口占此令，依均和之

風不雄當負此襟。忍從瓜李問浮沈。病消艾蓄三年妙，君抱沉疴十三年，匆藥有占久矣。居卜荷香十里深。　低漫唱，淺須斟。笑桃人面夢邊尋。重來崔護春何在，腸斷殘枝拂碎陰。

花心動　送朱庸齋還羊城，依聲夢窗『入眼青紅』之作

聒耳新蟬，惹離愁、天涯戒行詞客。燕羽掩襟，鵑血收花，紅改火榴爭色。荔支香裏歌聲起，哀曲按、咽亭長笛。鏤金卻，翻衣爲勸，少年人惜。　此去江鄉綺夕。笙船洗、杯邀柳陰蟾入。髻幾串珠，簾一鉤銀，弄影霸城殘碧。雅題不上羊裙去，知風度、我輸安石。步煙雨、越臺喚君試屐。

探芳信　夏夜溽暑不成寐，移榻廊間，翠陰扇涼，扶頭一覺，晨光熹微矣。檢夢窗『煖風定』一首，依聲寫懷

滉鐙暈。帶氣侵帷犀，夢緣無分。旋自抱衾裯，雲廊睡魔引。藕花風舞莊胡蝶，芳影來偏準。憑相招、逭暑仙山，洞深留粉。　編綵翅爲糿。恐鞚得魂飛，化身難認。步月穿林，簫按向誰問。巖邊忽響溪湍細，踬曙禽聲紊。

但微聞、怨我霜痕兩鬢。

拜星月慢 粵俗七夕家家鍼樓，鐙席争奇鬥巧，他省所無。三十年來，此風漸戢，今年聞又有踵事增華者。干戈遍地，民不聊生，寧有此閒心遊賞耶？依均夢窗書感

駕鵲天河，叱牛雲漢，小别相攜前地。隔歲飛輧，欵笙歌囂世。話離緒，漫道、無端玉漏空數，有劫銀波難洗。祇枉紅樓，敞簾珠十里。

自嬌癡、履怯凝霜砌。金風也、引帶羅慵起。篆鼎久任苔侵，掩煙猊香膩。甚筵瓜、浪設留仙醉。機織了、料得蘭房閉。那竟又、乞巧今宵，卜鍼神閾外。

蕙蘭芳引 七月十一日處暑，前人未有詠者，漫成一解。此調夢窗於清真四聲十依八九，余則全依之

涼雨洗空，盪雲影、綺羅般薄。漫薄似恩情，嬌再扇捐淚落。暗螢甃底，暫放了、低飛休撲。只汗痕不點，粉額今無珠錯。

帝赤行權，天青懸鑑，所處應確。問金井梧飄，曾否倦蟬喚覺。新鴻傳訊，到樓我約。歌吹堤、呼櫂載花移酌。

醜奴兒近 騎秋一雨，繼以處暑，炎氛迄未盡退。詠楚十六妹駕車約小憩其近郊别墅中。廊逐峰迴，簾扶雲起，風景信美，惜爲羶腥氣所掩。憶稼軒此調注云『效李易安體』，查四印齋刻《漱玉集》不見其詞。余愛稼翁『無事過者一夏』句，夷然索得此解

香車遥輾，繡野一碧無價。但眼注林亭，翻想輞川圖畫。低牆堊粉，樓幾處、不管誰家。草都薰染西風，夷變用怎勿夏。乃更關情，禽

披宿雨，淚教花灑。酒轉添愁，醉那笛消閒暇。匝機地竹，陰曳夕、霞鶩正下。倦遊歸寢，山靈恰似，約剪燭話。

訴衷情　新秋漫成。按《金奩集》載温飛卿三首，《花間》載温作只一首，餘二首韋莊作。毛文錫、顧瓊各二首，魏承班五首，字數皆不同。余仿温、韋、魏各一首

宵冷。金井。梧弄影。半奩開。峨樣巧。人姣。步香苔。踐濕合歡鞋。猜猜。書鴻來未來。溜鴛釵。

其二

不斷鐙滴搖夢曉，夢無成。鸚急喚。衾戀。隔簾聽。疎雨透紗櫺。亭亭。沼荷千蓋傾。淚珠凝。

其三

高枝院樹不聞蟬。應拚彩扇捐。恩易斷，似箏絃。飛了雁橫天。　人事恁無端。換衣般。拋將歡舊締新歡。觸心酸。

攤破浣溪沙　伯端曩示《山花子令》即此調，述其數年前騎省之戚。頃再寄《鷓鴣天》一闋，蓋重過玉蕊翁觴詠地感而作者，讀之黯然。拈南唐李主均答其意，詞成擲筆，欷歔欲涕也

猶記欣髯賦菊殘。見前《水龍吟》挽翁詞。翁雪髯垂頷，故云。翁歌何處不花間。無那浮生竟曇泡，一般看。　燕社霧迷鐘後斷，翁在日，每有詩鐘之約。鯉門風急角聲寒。香港月來籌備軍事甚囂塵上。消長故知潮汛事，與誰干。

新雁過妝樓

詠題，四聲同君特『夾鐘羽』第一首

鏡影盤螭。添蛾皺、長緣畫角聲淒。繡簾重捲，驚陡落玉繩西。病葉初飄煙井樹，塞鴻正恁底書遲。翳愁空，字惟辨得，著箇人兒。　帳羅何曾周郎顧曲，未素絃誤拂，柱竟斜飛。今夜，嬌夢漫約幽期。舟妨蓼花岸泊，又棖觸離群和雨嘶。行雲遠，賸繞牆無那，彎彎月低。

夜遊宮

庚寅香港山居度中秋，依聲君特

山館敲窗雨止。聽窗外、鶴笙喧耳。環海煙光燦鴛綺。甚琱戈，絳河邊，不教洗。　擲杖成橋未。飛鞚倒、詠霓仙屐。桂伐年年尚飄子。料吳剛，力應疲，斧收矣。

滿江紅

重九和粟秋，步均夢窗《澱山湖》之作

烏帽紅萸，雖不稱、霜殘鬢蓬。樽有酒、約持螯醉，枕石眠松。秋在籬花金布地，霧移崖樹碧撐空。庶登高、再勿藉筇扶，吟徑通。　雲擁髻，林下風。顰蹙效，只施東。甚吮毫描影，畫角聲中。荒域故應思挾纊，劫城無那鬧歌鐘。笑粟般、海小怎容吾，狂捩篷。

三姝媚

秋燕，和伯端均

丁橋尋夢路。又清秋飛飛，燕偏來暮。喜得重逢，否蹴花能落，畫筵仍舞。十里簾珠，齊捲上、卻非吾土。說甚興亡，恩怨無端，付籬螿訴。　聊與賓鴻俱旅。漫化石排雲，幻千峰雨。影息鷗磯，轉細魂驚斷，擣衣城杵。覷客湖樓，局厭見、殘棋收去。伴我明朝晞髮，扁舟載處。

金盞子 温氏植廬賞菊，夢窗聲均

賞菊年時，曳短筇應記，晚秋籬落。吟帽漫簪斜，先澆取，腰瓢灑將眉萼。那堪瘦惹魂銷，捲西風簾幄。騷賦浪云餐，少陵杯酒，感同飄泊。　聞角。誤芳約。難得又，天公意未薄。雲涯故人院宇，千樹弄影漠漠。淡妝載到多嬌，舫疑飛青雀。池邊朶、無數斕似嫣霞，更引深酌。

思越人 詠菊，賀東山體

枝到花殘尚傲霜。寄籬何損性根强。秋深百卉誰存者，賴伴虬松守徑荒。　色有白，種偏黄。人如汝淡更宜妝。折腰學得陶公恥，態斥門前五柳狂。

採桑子 昨過伯端滄海樓，以有別約，望門未能投止。歸寓得君書，索録三十年前舊作《粵謳》，並示此調小令二首，和均答之

危樓聳翠臨滄海，歌嘯移時。睡足英姿。高臥元龍起每遲。　平居故國秋風裏，爾我相期。別有因依。冶蝶游蜂那得知。

其二

卅年前泛鵝潭水，槳乍停雙。鐙補殘陽。茉莉熏人鬢朶香。　越吟重爲箋莊舃，分付珠孃。唱徹船廂。緩得雲東放曙光。

玉樓春 伯端示此調，擬小山甚饒神韻。旋又示《朝中措》云：『人生有酒莫遲留，老去對花羞。』廣其意，步前作均答之

頭上秃殘霜幾縷。底又愁絲心絆住。我偏花

愛老來嬌，人卻美傷遲便暮。千金不賣長門賦。肯爲娥眉文字誤。多情只作壽徵看，記取青衫曾濕處。

朝中措 和伯端均

花枝搯處早名留。老未覺簪羞。前度劉郎應記，觀桃一笑迴眸。嬌嗔不在，歌筵勸酌，醉後方休。在怕三生狂杜，真成薄倖青樓。

六醜 伯端示此調，苦不得題，未即屬和。會余八十有七初度，讌在港戚串，酒闌客散，乘醉依均倚此

正笙吹勸飲，乍八七、稱觴驚覺。漫誇杖朝，朝於閻警柝。百揆零落。健賸今吾在，並頭花底，效兩鴛庭角。霜華換了顏非昨。步强扶鳩，姿空舞鶴。鐙牀夜排絃索。問飄殘碧海，梁燕焉託。杯宜泉濯。歎羅浮負約。早擬歸樵也，梅未萼。漁竿更手難著。太公先五歲，及時投卻。寒宵永、且呼添酌。爭不把、榼酒千瓢注滿，替長生藥。堪容處、室隘情廓。苟此情、到老偏徵壽，情還任縛。

念奴嬌 香港赤柱峰，余數過其下，未登其巔。伯端歲暮獨遊，賦詞見示，戲步其均

天南支柱，豈名符赤縣，神州稱九。正際殘冬風力勁，林木摧枯拉朽。燒怪留痕，觸疑崩角，石勢摩星斗。蠻夷雄長，人才雞口牛後。君自客裏登臨，惹我傷心，遥念臺城柳。閱盡降旛千片雪，青對紫金山舊。涅血乾坤，填骸邱壟，淚濺花成酒。傳呼臘鼓，和春聲罪戎首。

前調 伯端工綺語，因次均再示此解

紫雲歌罷，便司空見慣，也迴腸九。未忍香瘢殘玉臂，此意堪銘不朽。煖熨鴛衾，寒消犀帳，熾炭猶金斗。呼鬟低語，籠鸚移向屏後。　無賴劇恨西風，吹把眉愁，蹙損闌干柳。折去終妨沙咤利，寧復青青依舊。似海侯門，如年長夜，花病還中酒。猝然來夢，笑拈羅帶垂首。

眼兒媚 慷烈和伯端《念奴嬌》均，索余再賦。余以既成二闋，不欲更作，因示此令。前夕諸子集余寓樓，故借以發端

花枝折盡酒添籌。醉那漉巾休。詞人難得，連天烽火，還共登樓。　當筵不見珠釵顫，月早上簾鉤。紅兒歌杳，百篇吟徧，應是羅虬。唐李孝恭籍中有紅兒，色藝俱艷。羅虬請歌不答，羅拂衣去，賦詩百篇。

瑞龍吟 讀故友潘老蘭《説劍堂集・大潭篤遊記》有感。潭，香港供居民食水處。戰亂頻仍，國人避地來者日衆，居民遂由二十餘萬增至幾三百萬人，供食水添闢二處，猶鬧水荒。大潭篤爲最初闢處。篤，粵諺底也，終極意也。《水經注》『篤』可作地名，義頗相通。余不見斯潭六十五年矣，形狀宛然心目間。步夢窗聲均成此

近雲際。誰爲照膽寒潭，斧憑空起。鑿殘泉脈成霖，飲休向井，求還向市。　縱遥睇。惶駭對門跳鯉，礙壺斟蟻。俄疑柱瑟絃琴，並箏競弄，橫斜雁齒。　觀動須知應静，過教於纇，妨干清泚。飛雨濺麴揚塵，濁又何世。纓曾濯試，濯愁帶蠻腥味。狂流任、恢恢漏網，波鯢厭睡。瘴海猶吹淚。我操匪蚓，《孟子》：『充仲子之操，則蚓然後可者也。』寧相見隧。喧枕笳

聲裏。龍夢五，靈鞭高揮臨水。正呼未出，憶吾鄉地。五龍潭在羅浮華首臺側。

念奴嬌

粟秋、慷列、韶生、紉詩先後和伯端登赤柱峰均，並約月課一詞，勉成此章應之

筵開清夜，正花陰月上，撤華鐙九。入座嘉賓詞客半，漫笑雕蟲殘朽。健筆箋天，狂歌斫地，擊碎玉雙斗。眼中人物，騷壇占席先後。　我卻捫蝨空談，霜絲禿鬢，媿見新荑柳。盎卉雞冠風引舞，撩起雄心非舊。環堵蕭然，老夫耄矣，澆塊惟蒭酒。夢回得句，擁衾和醉蒙首。

八犯玉交枝

題冼玉清《琅玕館修史圖》，依元人仇山村四聲。女士任教嶺南大學有年

花下書年，蝶旁編月，曾早續成班史。晴日和風輕掃葉，皺得池波鱗起。華妝初洗。護館千百琅玕，應憑堅節完鄉誌。女史所修爲《廣東通志》。羅袖忍寒遥想，拈毫頻倚。　不知是雨是煙，不堪是淚。層層堆上雲翠。定還認、絃歌佳地。待重喚、雩龍降尾。影簾隔、言禽近咫。莫教饒舌先朝事。但笑指門前，新陰頓覺桃添李。

陽春曲

庚寅歲除前夕，立辛卯春，聲均依梅谿

柳堆金，梅堆玉，憑買繡春真色。詩祭恁匆匆，鐙窗稿、付火應免蠹魚食。故人書跡。雲雁隔、有樓西北。土牛斷拂鞭香，甚朱旙、顫鬢歌陌。　況粇自拋盆，紅愁縈結街鬧鼓，城羌又笛。銷凝年涯一線，教黛痕、纖晚鏡遲拭。林鶯定解歎息。聽語到、綿蠻誰識。乍

新雨、正峰改螺舊，煙霄透碧。

如魚水　題稊園舊主《梅花香裏兩詩人》圖卷。穎人社長與織雲夫人結褵三十四年，穎人取當時證婚人徐弢齋相國賀詩結句，繪圖徵題。葉遐翁題『綺窗雙笑』四字，余依屯田體譜此

生幾梅修，蒂兼朵並，里認粵嶠淮揚。底問何郎。媒寧招蝶過牆。詔群芳。含章賦、東閣催妝。這影事、回首蓴波，鏡絲添得沼鴛雙。歡繾綣，景綿長。眄答拜鴻光。案舉相莊。吟成曾恁般剛。廣平腸。收畫本、粉色霏香。念題自、借紅葉窗笑兩，染管灑淋浪。

浣谿沙　人日漫成

忍更題詩寄草堂。羅浮梅訊報年荒。甚時高臥話羲皇。　世事形同花勝看，人生味似菜羹嘗。黏雞庭户又殊鄉。

一萼紅　初春，白石均。二期社課

竚庭陰。早冠兒嬾整，頭禿謝華簪。人臥花間，魂銷笛裏，邉問人世浮沉。畫簷下、桃枝秀發，漸弄影、高下散見珍禽。好待提壺，爰陪句哦，光迓春臨。　重認蜜園層豔，有鶯情引動，蛱蝶關心。鐙市千家，珠簾一桁，新燕猶是追尋。怕迷路、昆池染劫，攬萍散、渾似溜釵金。繡閣窺妝凭闌，惹恨應深。

前調　集夢窗句，再賸一解

小闌干。《水調歌頭》《一剪梅》。斷江樓望睫，《解連環》。華髮奈青山。《八聲甘州》。塵陌飄香，《水龍吟》。煖袍挾錦，《三部樂》。雲氣不上涼天。《新雁過妝樓》。熏鑪畔、旋移傍枕，《花犯》。晚夢趁、

《惜秋華》。重載客槎還。《訴衷情》。往事依然。《三姝媚》。舊遊惟怕，《瑞鶴仙》。長帶秋寒。《醜奴兒慢》。

除酒消春何計，《西河》。翦殘枝點點，《喜遷鶯》。偷覓孤歡。《齊天樂》。冷濕蛟腥，《瑞龍吟》。絳籠蜜炬，《風流子》。花唾猶染微丹。《浪淘沙》。向春夜、閨情賦就，《塞翁吟》。雨簾捲、《點絳唇》。人在翠壺間。《水調歌頭》。燕子不歸，海棠一夜孤眠。《朝中措》。

歸朝歡 題遐菴罔極龕圖。咫社八期課

生出兩儀憑太極。此理推研從讀易。遐翁龕正繪成圖，繫辭函義甯堪析。昊天句分拆。斷章聊取詩三百。一聲鐘，發人深省，箭放非無的。頽世鴟鴞群展翼。舍恁幾難教禽格。濡毫題罷觸余悲，椎牛歎不雞豚及。惟翁身作則。長懷鯉也趨庭日。望南雲，先塋宿草，矧尚狼煙隔。

風入松 清明，集方回、梅谿句。三期社課

楊花芳草遍天涯，梅谿《西江月》。時節也思家。方回《剪征袍》。今年自是清明晚，梅谿《杏花天》。暗歸期、路指煙霞。方回《思越人》。綵筆倦題繡户，梅谿《東風第一枝》。春風消盡龍沙。方回《石州引》。

過雲時送雨些些。方回《浣溪沙》。誰駕七香車。梅谿《菩薩蠻》。江南有雁無書到，方回《鳳棲梧》。怕看山、眉黛憶他。梅谿《夜行船》。粉面不知何處，方回《定風波》。東窗一段月華。梅谿《一翦梅》。

前調 前題，和伯端均

平沙淺草緑鋪茵。不掩馬蹄痕。戰龍原野飛

來血，甚南天、花雨繽紛。空賸禁煙萬竈，未忘插柳千門。溪山魚鳥舊相親。夢影隔遊塵。殘年取次清明到，取次拚、酒暝詩昏。恐百醉一回醒，者回淒斷吟魂。

前調　再和前均

墮紅休管溷和茵。苔没瘞花痕。年年行近郵籤外，雨惱人、總是紛紛。繡屧況橋南路，雕鞍又國西門。浮雲世態孰交親。肝膽已成塵。千迴百轉思量費，更能消、幾箇黃昏。冷引泉華一掬，空山酹杜鵑魂。

前調　餘意爲賸一解

清明影事未全虚。烏又喚提壺。水村山郭依然在，買醉聽、閒話樵漁。借得圈花柳眼，撩將買草蜂鬚。笙樓鐙榭近何如。欲且遂夷居。風馳電逐雷聲走，樣翻新、油壁香車。到處銅駝陌有，當年金馬門無。

紫玉簫　漚社九期課。詠頤和園樂壽堂後紫玉蘭，依聲晁無咎作

連社詞心，椒宮藔影，抱琴思按猗蘭。紅輕粉淡，竚玉階，今不娥髻簪珊。衹雪般頩，非殢酒、頓赤花顔。霑仙露，長生那祈，佛老旃檀。　風殊第幾番信，香占國稱王，夢趁雲殘。靈根漫灌，怕瓶教、沈似墮井孤鴛。甚簾垂久，窺燕子、笑頷都瞞。黃昏雨，羅帶倒吹，著淚斕斑。

惜餘春慢　稊園書來，言四月朔立夏，古人云：『三月正當三十日……未到曉鐘猶是春。』惟今年可以當之。社課選得此調，題爲《送春》。引伸其意，和魯逸仲聲均

徑甓螢飛，庭漪鴛繡，送卻殘寒收草。春宵正短，夜夢初温，誰分漏壺驚曉。猶幸珠杓未南，同抱斜欄，柳梢蟾小。問酸含梅子，因伊消去，妬紅多少。　教緩得、花外鐘遲，疎陰留影，翠箔孤鐙人惱。纔安燕壘，便止鶯笙，對鏡黛蛾慵掃。除是琴彈爨餘，音不在絃，桐焦知老。趁薰來催令，新蟬流響，總塵梁繞。

解連環 送春後，伯端以風雨索居無俚，感樂笑翁『無心再續笙歌夢，掩重門、淺醉閒眠』句，賦此調索和，依均奉酬

怨紅愁碧。纔和春了卻，又從誰積。已醉淺、眠總宜閒，任長晝閉門，礙鳧飛舄。人海花場，定還許、蝶魂將息。只心旌怕逐，細馬繡蹄，碎香南陌。　劉郎記曾久客。向天台見鴛，未老頭白。叵耐也、梅熟仙鄰，想桃李蹊成，匪伊朝夕。換盡寒温，事多少、過時堪憶。悵山窗、近同聽雨，澗泉吼急。

前調 依聲夢窗，再和伯端均

傘雲垂碧。沿天收雨腳，亂紅還積。隱導我、除是池荷，歎逃世正難，曳凌空舄。細語新蟬，燕鶯斷、隔牆消息。且追尋夢約，試繞故園，看桑盈陌。　牀頭劍横有客。那塵塗怕遭，衆眼加白。拚醉倒、眠得箏旁，甚如此幽歡，轉慳今夕。寸縷成灰，到香冷、金猊人憶。最敲簾、漫驚顫羽，喚聲乍急。

琵琶仙 香港重午，依聲石帚。四期社課

掀動閒愁，海樓起、竟夕夷歌潮聒。鄉夢窗託飛鷗，懸蒲又逢節。簫鼓想、千舟競逐，弔孤墳、楚湘沈屈。欲采蘭馨，剛炊黍熟，無限淒

切。正憑酒、呵壁箋騷，誤原火、星星見榴發。冰腕合歡絲繫，掩金雙條脱。江鏡恁、如鉤鑄小，照宿妝、曉影簾撮。早分的犀辟塵消，面寧障箑。

定風波 摩訶池。㕵社二十期課

水殿風來漾月天。臨池笑靨鬬清妍。送妾自從歸燕燕。誰見。深宮圖影拜張仙。莫道蛾眉難一死。人是。出泥不染苦心蓮。蜀孟山河無寸土。何處。重尋蘚跡印雙鴛。《鐵圍山叢談》載：蜀亡，花蕊夫人隨孟昶歸宋，行至葭萌驛，題壁云：『初離蜀道心將碎，離恨綿綿。春日如年。馬上時時聞杜鵑。』書二十二字，軍騎促行。及見宋太祖時，則有『十四萬人齊解甲，更無一箇是男兒』句，非三千粉黛中皎皎錚錚者乎？昶不死社稷，何獨以死責一弱女子哉！顧所傳在宋宮中，畫送子張仙像，日夕供奉，謂即昶也。一説姑勿論焉。懺庵附注。

洞仙歌 小暑後淫雨連宵，涼籟侵睡。伯端示此調，題云：『讀坡公「但屈指西風幾時來，又不道流年暗中偷换」句，漸覺「悲哉秋之爲氣也」。』因戲譜坡詞音節，和此一解

窗聲淅瀝，逗鐙痕寒凝。底訝飄梧向金井。正簷花著雨、搖落驚魂，魂夢斷，中酒新來又病。簟紋涼沁處，曾惹瑤姬，紈扇恩疏怨同命。願嫁弄潮兒、弄盡鷗波，沙汀上、立殘雙影。試説與、飛鯤且圖南，問赤手、何時制吞舟性。按《水經注》云：『天帝季女名瑤姬。』梅溪有《憶瑤姬》詞，坡詞『庭户無聲』，『庭』字陰平，故借『瑤』字代『班』字。

千秋歲 海灣觀浴。五期社課。伯端依謝無逸作，余繼聲淮海戲成

水花飄黛。環浴宮池態。今我看，芳灣賽。

參無遮有美，懸一絲應礙。呈色相，欲泯鷺白天青界。日落煙蘋外。纖步凌波懈。忘了向，洲蓮采。覓衣驚麝散，就艇商魚買。鐙萬點，笛樓照影人仍海。

虞美人 六月二十一日大暑，入夜得雨放涼，翌晨火傘又復張天。天時變幻，豈亦猶人事之叵測耶？依花間體，口占四首

傾盆一雨霄無暑。紈扇拚收去。曉來褰箔見驕陽。趦趄重檢鏤金箱。嫁時裳。　沼荷遮斷波還熱。垂釣魚蹤絶。愔愔六曲畫闌邊。半絲風盪夢痕圓。穩棲鴛。

其二

籟和簷溜籤聲下。正躲愁無罅。襲人花氣醲如春。好教扶夢作梨雲。没須根。　隔簾鸚鵡猜涼訊。堂竹新成筍。添衣昨記侍兒呼。而今粉汗透羅襦。屑珍珠。

其三

世情暗裏千端變。掩映華鐙見。錦箏彈徹枉娛賓。綠鬢羞向白頭人。勸青樽。　東勞西燕分飛了。行止渾難料。喁喁窗語背煙紗。相思忽在海之涯。暮雲遮。

其四

化爲萍後同生活。絮本飄零物。前身只是太形單。故離偏易合偏難。箇儂般。　繡衾如鐵憑誰煖。湘簟猶堪戀。西風雁字未曾排。不知園菊幾時開。報秋來。

燭影摇紅 江陰夏慧遠社長，以尊德潤枝先生光緒中葉在京師集詞人王半塘、朱彊邨、劉伯

崇、宋芸子、左笏卿、張瞻園、王夢湘、易實甫兄弟於其家所爲詞，裝潢成帙，署曰《刻燭零牋册子》，丐稊園作咫社十二期課徵題。因追和彊翁《上巳同半塘南禪登江亭》均，賦此

花燦銀臺，照殘壁畫旗亭處。吹笙仙散鞚蚪飛，雲冷觚棱路。繞社差池燕羽。漫晨星、天猶幻杵。《前漢書·天文志》：『彗星曰天杵。』紅塵一笑，酹酒高呼，璣宮何許。　十稔長年，太沖纔就三都賦。倚聲寧復詆雕蟲，憂患詞心苦。魯殿靈光賸與。懍前修、青袍肯誤。劉長卿詩：『青袍今已誤儒生。』滄桑頭白，人物開元，煙鴻般數。

以上附《影樹亭詞》

過秦樓　石塘晚眺，清真聲均。堅社五期課

酒挾襟痕，曲覘鬟態，夢跡戍笳吹斷。樊姬故里，杜作去牧華筵，頗記舊題歌扇。人影趁海雲沈，夷舶千檣，疾猶飛箭。恨殘陽不駐，狂波掀起，送流花遠。　休羨煞、跨鶴纏腰，鳴鞭過肆，老了鬢毛銀染。園空誤蝶，巢改藏鶯，色相本鬘天變。誰意撩愁更深，鴻野聲哀，蛾峰尖損。任如環水抱，寒顫星鐙萬點。

石塘在本港之西環。

前調　前題，再依聲美成，簡伯端，博諸社侶一噱

幾日花愁，一春禽夢，夏末漸秋冬杪。排鴛翠瓦，戲蝶紅簾，冷賸半斜荒照。臨水試洗吟眸，贏得吹來，遏雲高調。念桓伊笛弄，誰教衫舞，箇人嬌小。　應自覺、雁足傳書，蠶絲牽恨，只苦寸腸頻攪。臺堪鬧屐，池可浮杯，索甚野梅嬌笑。前度劉郎換將，源裡知津，桃邊淹櫂。探奚囊準有，殘畫滄洲淚稿。

前調　前題，拈李景元聲均，復賸一解

過眼雲煙，行蹤萍絮，那來心事悠悠。只劫灰吹滿，向户掩枇杷，究厥緣由。未算杞人憂。有情天、也墮紅愁。帶陽烏飛去，樊籠鸚鵡，何處芳洲。　杳畫筵笑買，蟲蟲後聒，笙簫醉耳，殘賸夷謳。知斷香無數，又招蜂惹蝶，改態潛遊。誰見就銀鐙，拯沈蛾、玉卸搔頭。但空濛海氣，些幻明霞，澄映迷樓。

石州慢　月當頭夕，小集林碧城書齋。主人出紙索紉詩女士畫，余請作梅，女士蘸墨作牡丹，希穎爲補石。余依方回聲均賦此

北海開樽，南郭濫竽，吹向天闊。雲移眼不檽闌，雨歇角偏巾折。鐙樓倚醉，笑見粉手揮煙，知非圈點梅梢雪。甯撰曲羅浮，拔鸞釵聊節。　花發。枝旁皴染，緣證三生，畫圖差別。淡冶嵚奇，兩兩教人稱絕。卻拚囂世，詬盡小巧雕蟲，聲家白社今宵結。忍對影當頭，冷清清孤月。按賀作首句『寒』字陰平，用『筵』字爲合，惟『樽』字較響，削足就履，不得不然。特注。

酷相思　伯端泰西友人某倫敦書來，謂別久華文已荒，不能作華函，只寫程書舟詞《酷相思》首句『月掛霖林寒欲墜』七字。伯端以示社侶，衆議即據爲社課。余步原作均，和伯端各一首

百度杞憂天不墜。趁潮又、寒蟾起。漫圓缺、偏教翻樣是。圓樣也、伊爲計。缺樣也、爲儂計。　酒在愁腸真化淚。促繡帳、朱顏悴。南去繫足去、書鴻飛也未。北去也、書誰寄。南去也、誰書寄。

其二

驛路騮嘶人別後。歎妝鏡、塵封久。那還抹、顋霞如殢酒。燭對影、淚雙就。月照影、夢孤就。　抱甚秦箏鐙下奏。澀雁礙、柔葱手。試撥向、鶤絃音調舊。風乍起、簾波皺。愁更起、眉峰皺。

千秋歲　十女家翁陳松燊八十壽

向松稱叟。雪蘸蒼髯久。堂上獻，兕觥酒。百齡彈指到，八秩平頭壽。冬日也，巡簷笑索梅花鬭。　六十年前友。締結爲婚媾。鰲海記，歸航後。兒孫各繞膝，風露重回首。鐙笙裏，難忘夜雨翦春韭。

酷相思　碧城示社作均，戲成一首

落絮黏泥猶啄燕。甚榛莽、人間遍。竟無鵠、空勞頻放箭。鑷縱把、愁絲斷。截那把、狂流斷。　愈是即殷離愈遠。覺世局、奔輪轉。念功倍、何曾真事半。雲自可、吹憑管。天未可、窺憑管。

燭影摇紅　數學專家黃仲和，清光緒末葉以縣令需次皖城，主學堂講席。旋棄官遊古巴，垂五十年。辦報館，鐫印章曰『我早荷花十日生』。今年八十提前稱觴，書來索詞，賦此寄祝

江夏喬松，挺生十日荷花首。皖公山色講堂前，法記乘除授。不忍孤絃獨奏。鞚鼉飛、天風海吼。西洲巿岸，盈掬嫣霞，芳篘擎酒。　鶴兩添籌，年符車載蟠溪叟。千秋勳業一漁竿，那抵操觚手。珍重樓高憑袖。白雲看、蒼

然幻狗。評成月旦，鼙鼓喧中，歌霓稱壽。

憶舊遊 伯端五十年前侍太夫人課詩牡丹花下，忽一瓣飄墜，教拾而藏諸書頁間。今無意中檢出，色淡黄而未化。因賦此調，約社侶同作，余依聲清真漫成

記雲容竚望，線手縈懷，遊子悲傷。那若花前侍，正絃詩課讀，瓣墮天香。怕教燕喙銜去，温語囑收藏。自蠹帙蹤潛，駒詔瞬轉，幾换年光。　渾忘。乍驚風，只蜕已些枯，形未全僵。惹起平生感，縱雞豚難逮，丫艸成霜。賦情到老偏麗，摛藻壓詞場。羡影入新吟，春暉報答心更長。伯端著有《心影詞》。

玉蝴蝶 咫社十七集。依聲均屯田第四首，題吴湖帆爲冒鶴亭畫羅浮仙蝶降臨圖

話劫園抛水繪，翠樓淞峙，湘竹簾褰。疑假疑真，舞見洞蝶便娟。顫微鬚、鐙痕翳霧，拂豔翅、鑪燼生煙。俗緣牽。粉兒留影，差慰衰年。　拖延。棲羅浮穩，今來胥宇，甯約飛牋。謝逸詩情，定曾移向玉峰前。夢中身、山河宛在，隱處地、花草俱妍。彩雲連。畫開新景，染就吴天。

鷓鴣天 俱樂部在天台大廈，伯端日必一至。升降機女郎識之稔，一見即予送達。詠以此調，云：『劉郎已熟看花眼，不問天台第幾重。』余步均調侃之

莫訝飛鶯困繡籠。語紗妝鏡罩璁瓏。筍般隻手支迎送，犀點靈心待貫通。　機户啟，靨桃逢。劉郎老向笑聲中。天台更上層樓是，不隔巫山一萬重。

渡江雲　辛卯除夕花市

殘年杯酒送，忍談故革，見慣鼎旋新。萬花香是海，喚賣沿衢，引蝶趁蜂紛。人歸鏡閣，爲柳圻、添得眉顰。休問伊、帖憑何語，娓娓寫宜春。　應嗔。千金嬌盼，寸藕絲連，匪量珠斛吝。胡竟愁、仙招臨水，蛈化飛身。星燈燦映枝頭色，未鼓角、喧斷歡根。盆放朵、盈盈笑洩天真。今年花價特昂，水仙每頭索六七金。鄰家贈余一小盆，正著花，不欲解囊往購矣。

前調　次清真均，並依聲再填一解

林霞飛蜃幻，水流更活，記賦走黃沙。東坡《泗州除夕》詩：『春游活活走黃沙。』地堪鋪錦滿，未到凌晨，履蹋遍千家。鄰嬌縱學，弄巧舌、鶯説繁華。妝漫催、約遊宜晚，緩緩整盤鴉。　空嗟。簪羞衰鬢，會阻幽期，懶尋芳月下。情奈撩、燈光人影，裳布裾紗。多般舊事教回憶，問管卻、灰幾吹葭。時代改、年年樣別翻花。

前調　讀伯端作，綿麗貼切。余先成二闋，深媿弗如。然見獵心喜，因再依清真聲均，戲賸此解，社侶得勿笑其無聊貂續耶

如潮洶湧際，綺羅隊逐，麝氣散胡沙。衆香天禁臠，借聘錢來，買不到伊家。花價昂，遊人有空手回者。年光透隙，怕冷玉、教惜苕華。先共刪、墨痕塗滿，户户兩行鴉。　休嗟。貪歡心性，愛美根苗，種吟邊燭下。甯憚煩、因朱量紫，和霧窺紗。招春竟夜吹鈿笛，料只隔、交葦初葭。《風俗通》：『除夕飾桃人，垂葦交，畫虎於門。』殘歲去、堂堂導蝶穿花。

沁園春 壽冒鶴亭八十

健鶴鳴皋，巢民先生，十一世孫。羨祖芬留得，弧懸同日，詩聲嗣響，笛遏行雲。渭水竿投，商山芝采，出處年高認愈真。江南岸，遍鹿裘帶索，拾穗吟痕。鶯花三月開樽。試邀下、飛瓊勸醉頻。記箋殘元曲，影回仙蝶，攬餘淞翠，髯舞虯鱗。地戢狼戈，天圓蟾鏡，翁三月十五日生辰。八十籌添海屋春。燈光鬧，簇綵衣墀戲，笙屐歌裙。

喜遷鶯 春山杜鵑花

疑啼山鳥。向行客勸歸，血成花了。螺岫簪霞，蝶叢鈎蜃，影亂紺樓斜照。開處知非吾土，望裏認爲仙島。驀然見，怕紅心難辨，斷腸煙草。垂老。腰未折，翔步雲梯，腳力輪年少。溝葉留題，陌桑聞唱，綺緒占人頗抱。色配燕支濃豔，名襲蜀禽靈巧。臥游去，夢故園依舊，春風桃笑。

前調 賀古巴李崑玉新廈落成，依聲史梅谿

綠甍翹鵲。爲壁屏嵌畫，粉和雲琢。蔗海煙光，金波麴暈，扶起島天飛鱷。甃庭花繞遍，池又浴、錦鴛添鑿。避秦計，武陵溪料必，無此林壑。呼酌。恣笑謔。捧斝主人，語妙東方朔。戍壘笳吹，華街舄舞，霓彩霧香交錯。貴遊多故舊，渾慰藉、舟能同郭。正麗日，萃一堂塞鴻緱鶴。

前調 曩年拈石帚此調賦洋水仙，韻與句法略異昊、史諸家。今再檢讀，因爲『春山看杜鵑花』，效顰成詠，質堅社同人

歷番風幾。又換者嫩紅，纔算花第。分影珊瑚，銷魂裙釵，枝絆溜丹鶯觜。蠶叢路殊蜀棧，問誰爲、血痕妃洗。叵耐是。倒紫霧杯後，如棠嬌睡。春醉。遊漫廢。朱便駐顏，老了人間世。色相鬘空，本根摩浄，拈一笑天尊旨。莫教濺詩人淚。蝶悶蜂愁撩起。怎生避。有江山裝點，還慨慨地。

疎影　昔海綃翁云：『周止菴謂玉田《疏影》賦梅影逐韻湊成，全無脈絡。』余曰：『玉田句頗麗，但意不深耳。』翁韙其言。今依聲白石，按玉田題，試擬一解，伯端知音以爲如何

池冰鏡滌。縞袂人冉冉，呼似曾出。薄掩瘢痕，鈿壓蛾低，簾前記點宮額。剛猜雪地留飛爪，透薊北、荆南消息。甚素顏、玉樣妝成，幻入瞑鴉般色。　無那谿收亂照，鴟蟾又樹杪，教怨狼藉。折取煙空，卻也橫斜，酒醒鐙搖攪壁。凌波不辨塵生步，誤踏向、緑苔釵拾。引冷魂、鎖蝶窗紗，有客解吹長笛。白石《鶯花繞紅樓》詞云：『十畝梅花作雪飛。暗香下、攜手多時。兩年不到斷橋西。長笛爲予吹。』

南浦　止菴又痛詆玉田《南浦》賦春水。余謂以『絶似夢中芳草』喻春水，雖極無聊，惟『和雲流出空山，甚年年浄洗，花香不了』卻佳。然視玉笥山人作，則小巫見大巫矣。余不揣冒昧，依中仙聲均成此，再質伯端暨堅社同人

倒影入垂虹，見鴨頭、緺新緑恁濃染。天上坐船如，三篙漲、關心麴塵添徧。織漪柔膩，黛螺紋尚渦旋淺。引魚競逐桃浪底，輕唼流霞斷片。　迴潮暗蕩春魂，正習習飛鴛，僛僛舞燕。堤柳翠眉低，陰晴驟、消與釣簑煙點。拖

藍拂紫，可曾淘去沉珠怨。者番風信應分付，愁載沙棠橈遠。

暗香 前作梅影未水底鏡中描寫，今依白石此調聲均，再賸一解，不知能髣髴萬一否

控鸞雪色。是蕊珠舊伴，凌空飛笛。見水一泓，撇了吹雲枉花摘。塵世如京兆在，應難著、添妝眉筆。自瘦骨、入選魁春，鴛已怯陪席。　香國。任寂寂。漫耐守歲寒，又鶴怨積。露梢替泣。奩玉留痕準堪憶。林下人來有美，黏步屧、溪苔凝碧。認箇箇、圈恁底，那回畫得。

南浦 偶拈此調賦春水，適八期社集，伯端提議即據爲課。老懷多傷，寫音絃外，仍依聲玉笥山人

雨蕩縠紋平，恠碧痕半江，猝爾淞蒻。消未盡殘寒，荒陂戲、先教鴨兒知煖。曲波延縷，曳垂楊岸鶯魂倚。斷簾看煞池縐錦，低掠隨流幾燕。　微瀾尚攪愁魚，況活活新添，蚩蚩敢玩。橋影歎淪胥，摇漾久、偷眼對花應泫。還珠合浦，更誰圓認桃根面。點溪煙翠飛鷗鷺，忘了機來盟踐。

前調 伯端近以香港地名裙帶路入詞，觸余綺緒。前塵萬斛，揉作狂吟，博社燕鬨堂也，並依聲上闋

忍道石仍塘，歎覆巢墜鶯，決少完卵。吹浪豈無魚，千嬌去、風絲不摇歌扇。落花誰主，路遺裙帶牽愁遠。打來睡鴨縈恨在，鴛憶魂和雨戰。　劉郎到底多情，正獨客江干，孤燈枕畔。伯端自云詞每成於枕上。扶起夢遊身，天台賦、釵朵髻擔招展。剛腸鐵似，笑桃含淚瓊巵勸。也青衫透山公載，遑等敲殘檀板。

前調　伯端拈魯逸仲體應社課賦春水，余讀之擊節，貿然步均續貂，仍守故習，依聲魯作

鴛波皺碧，漫銀塘、窺鏡惜愁容。人蹋青谿歌去，吹笛浪花中。草已鬬贏應喜，怎江般、淚滴午腮東。聽艣聲咿啞，正魚書杳，疑又唳來鴻。　忍見岸痕咫尺，乍平添、微雨濕飛紅。鷺覆鳧翻鷗弄，閒了落鐙風。橋下畫艭流過，恁衣香、扇影太怱怱。吐夜明珠麗海，蟾臨世少曚曨。按海蟾姓劉。

玉女摇仙佩　觀舞，屯田聲均

銷魂舞也，舞柘枝顛，帶有唐宮遺意。動地聲淒，遼陽鼙鼓，散卻小腰身妓。那想銀鐙底。再迷離倩影，霓裳成隊。送春了、殘鶯賸燕，留待祛愁伴酌婪尾。休羅袖誇長，半脱曾窺，酥胸雪臂。　依樣畫圖謝蝶，夢入莊周，管甚笙邊醒醉。趙后一般，輕盈旋轉，板孅應平於砥。掌上將軍倚。正翻覆、常恐花隨風墜。看兩兩、池鴛戲罷，草裙獠女，儘鄰蜂媚。又遑計。湖山剗虁空煙水。

春風裊娜　前題，依聲馮雲月，再成

漸紅衰青盛，麗景偷移。春已去，好些時。雨黃梅、濺起蝶情蜂緒，繞園愁眄，花滿將離。燕唾殘餘，鶯形輸與，妙舞裙釵真可兒。獨怕蠻腰細堪抱，難爲鸞影强教支。　推想東皇正了，摇槐擺柳，又分付、裂笛重吹。螺屏背，指揮誰。泰西劇臺前置蚌殼形小屏，以掩蔽指導歌舞者。箏琵按處，長袖甯垂。竟體飄蘭，褐能銜接，衆肌飛玉，突取攻圍。宵歸來後，漫氍毹徒

憶，妖鬟宛在，翻偏羅衣。

以上附《影樹亭詞續稿》

賀新郎 嫖。連下三首爲『四門齊』分詠

咪咕算薑竹。刁那媽、黃瓜咁熟，還亞庚捉。撈飯餵貓都唔食，一味姣尸𧝞篤。點配叫、銷魂雪菊。好野唔慌肯平賣，兩蚊雞、重講明三搦。至生鬼，皮條玉。　滿牀飛柱震埋屋。到天光、死豬成隻，踢都唔郁。尿急起身知領野，倒弔成枝蠟燭。七仔𡃁、探齊二叔。快揾醫生買針打，打一針、髀罅先消毒。針藥係，六零六。

唐多令 賭

麻雀打通宵。字花鴿鋪票。輪盤攤、寶總啱橋。落雨收柴仍趕注，炮仗引、點禁燒。　不歇色虫搖。輪完押手錶。飯煲煲、爆飯成焦。戒指耳環都當晒，連爛褲、當埋條。

水調歌頭 飲。二十年前石塘回憶，用東坡先生韻

埋席等條鱔，等吓二更天。熱葷都變冰碟，真覺等成年。講乜紅燒包翅，唔似陳皮鴨靚，開胃夾驅寒。癮起要傾偈，樓下佢房間。　咪冤鴿，裝假馬，借牀眠。闊官手段，唔會慳箇百零圓。人已觀音菩薩，客冇星君財帛，點算兩完全。至弊肥婆九，啱扯賴貓娟。

念奴嬌 吹。用稼軒《登建康賞心亭》韻

打荷替手，肯臨時、無托除嚟釵斛。有箇床頭人咁靚，點估花徒醒目。每係煙迷，甚於瓜襯，箇處先麻木。二錢挑夠，一燈仍對吹竹。

特別高擘煙喉，渣清晒斗，唱出煙精曲。捱到身成煙柱後，何得唔開煙局。土運艱難，格查容易，巡警衣稱綠。監籠雞避，睺麻鷹去搬屋。

滿江紅

『四門齊』分詠後，忽憶『三鳥害人：鴉、鵲、鴞』語，衍成此解

鳩更害人，鳥何止、三爲人害。酒冇鳩、鳩加入去，飲多都壞。邊位醉貓唔好彩，全班靚雀嚟招待。算呢壺、係屎呷清光，唔慌賴。　扮黃鱔，條尾擺。劏白鶴，雙腳跴。怕坑渠跌落，變成糟蟹。結果天還有月在，拔蘭地就無錢買。問孖蒸、試過夠喉唔，終須戒。稼軒詞云：『好天良夜月團圓。杜陵真好事，留得一錢看。』

浪淘沙

香港祝英女王加冕會景特寫

會景未曾嚟。企滿成街。騎樓底下逼唔埋。雨照頭淋真夠慘，電燙冤哉。　褲腳放唔低。除襪除鞋。睇來似隻乜東西。大髀兩條肥夾白，帶水拖泥。

前調

嘲人懼内

正一大拋禾。單怕老婆。牀頭跪損膝頭哥。唔叫起身唔敢起，屎急難屙。　把戥配差鉈，點得收科。古時重有箇沙陀。耳仔脆茅花咁扭，痛過刀多。

漁家傲

麻子夫人

斑雀幾時搬過竇。麻姑塊面層皮厚。打滿密圈稱靚溜。真難受。梨花帶雨乾唔透。　好

在嫁啱朦眼壽。除低眼鏡埋牀枓。掉忌重提天乜九。偷雞手。雙手摩起眉頭皺。

祝英台近

袁子才譏珠孃爲『青脣吹火』，鄉恥不可不雪，因作此解

閙青脣，吹黑火，顛狗放冤屁。牙以還牙，怕乜啲煲屎。總因鹹濕詩翁，索油唔透，盌貓麪、拈嚟消氣。　廣東地。靚曾發過仙姑，何家好風水。蘇小錢塘，衰到認鄉里。舊鞋成雙西施，跟人趯路，揀啱箇、伯嗡乾蠡。袁嘗鐫私章曰『錢塘蘇小是鄉親』。特舉二美，反脣稽之。

應天長

加冕夜，香港海上放煙火，即景，依聲夢窗《吳門元夕》之作

地方靠索，天子拉泥，煙花又咁豬嘍。電線四周圍駁，燈船就成隻。人頭眾，場面窄。係碰跌、定然瓜直。被龍乸、請去宮中，舞趁蓬拆。　無爲重稱仂。放火嚟燒紅，但見星密。怕到要跛埋腳，皇冠始能出。暈車浪，還抵得，硬孖上、扯旗山脊。有乜睇、揾笨唔由，唔認山十。

望江南

鵪毛白，生性重唔曾。監佢龜婆捱木蝨，歎其雞仔扮麻鷹。裝定醋成埕。　嫖經熟，拿手係偷更。趁勢推莊收尾注，週時睇戲坐頭棚。唔怕有人爭。

玉樓春

詠楊貴妃

亞環重未曾生仔。點解帶孭盆又洗。咁肥定似蛋家婆，新剥雞頭唔會細。　黃袍綠帽威揸吔。明係抱貓人送嘅。狗公向住馬嵬坡，

射尿兩行專詐帝。

前調　詠趙飛燕

老粗手板唔搽蠟。燕姐舞嚟光爉爉。瘦成真係把乾柴，憑火點能禁一攋。　身材外國明星合。偏做漢宮籠裏鴿。養肥容易變埋豬，街市肉檯將戥搭。

隔浦蓮近　詠武則天。按：上官宛兒謂：『非六郎似蓮花，蓮花似六郎耳。』至『緜裏藏針』一語，真千古淫娃無恥之尤，故爲加倍形容，益彰其醜。依聲夢窗《泊長橋過重午》之作，陰陽平仄全依之。

蓮花雖係話靚。全靠蓮花芋。芋似金針利，針針拮，花真醒。緜軟針透頂。虔婆老，重搵人開井。　宛兒肯。親身試過，鉉然鐵咁堅硬。殺豬情景，唐女魔王留影。清末那拉后繼興。同命。同遮兼且同柄。二人皆由才人而妃、后，垂簾而奪帝位，故曰『同』。六郎之『柄』，與皮鞘之『柄』亦無不同。

謁金門　詠虢國夫人

騎住馬。入到金門室吓。萬一至尊偷撚化。幾時嚟野喫。淡掃蛾眉真怕。要用掘頭箇把。脂粉冇搽唔會話。鏡臺拈筆畫。

蝶戀花　詠西施

難道媽開療養院。靚女朝朝，紗布溪邊浣。老范索油啱撞面。美人局設幫勾踐。　大盌迷湯吴懵灌。一拍江山，跟住烏蠅散。遊埠蛋家妹要扮。桅桿火燭成長炭。泛五湖，遊埠也。蛋女，掛帆人也。『炭』『歎』同音，享樂之意。

雙雙燕 詠關盼盼，依聲梅谿

燕真醒水，見樓一開窗，就嚟尋覷。裝模作樣，要入繡帷煙牣。隨便癡埋鬼混。大抵總、生人勿近。登時四翼交加，怕會挑啱條癮。香噴。原來屁論。諦得太陰功，化灰應份。紅還稱粉。當隻靚貓禁撚。蘇大先生至笨。夢然後、撻詞追問。牛佬地下聽聞，踢裂醋埕腳震。『追問』，因坡詞有『佳人何在』句。牛一元大武，張建封文臣而有武略，故云。

虞美人 詠虞姬

牡丹插正堆牛屎。引得牛鬆鼻。靚成鬼火讓三分。就咪龍袍因佢、讓埋人。　鬍鬚特勒玄壇面。親嘴唔多便。牛精臨死重癡纏。好在牛刀搶去、割雞先。

巫山一段雲 詠王昭君三首

壞極毛延壽，難通手撞邪。畫成彩鳳變烏鴉。塊面糝芝麻。　恃靚錢唔出，催粧鏡要揸。居然奉旨嫁番茄。使到鬼推車。

其二

馬跑雖騎慣，雞啼又打尖。駱駝背脊運粧奩。豬咪笑番劏。　狐臭都能抵，羊臊點會嫌。後來仔做單于添。母后定垂簾。番劏『番』字，雙關解。

其三

門點群山赴，村偏靚野生。醉貓老杜幾神情。講古令人驚。　環珮魂歸夜，琵琶鬼出聲。紫臺留得塚青青。月又咁唔明。

齊天樂　花炮。粵俗，每年廟會，搶得花炮，供祖先堂上，翌歲送回廟中燒之，謂爲『酬神還炮』。

明明知佢週身㿭，唔知㿭邊條大。黐滿金花，裹同肉粽，肚係草包沙袋。貪高騖外。一爆蔑難箍，肚臍兜帶。響過行雷，亞聾唔震正奇怪。　牛犀吹脹世界。亂車聞到爉，還喝聲彩。頸硬添繩，頭低加帽，燒到檯真無賴。神温咁拜。怕火燭牽連，半天紅晒。炮屎分擔，暗中填血海。國聯韓戰有此情形。

清波引　友人告以香港新名辭『騎樓底』即乳房，余固未前知也，相與一笑。依白石腔拍戲填此解

蔓騎樓底。係囤貨、出倉靚米。四圍巡禮。粉團任人睇。若果碰親吓，又會墟巴嘈閉。尼龍絲罩嚟防，問胸襲、點能避。　新衫做起。只開領、難免翳肺。寸唔差幾。咪低到無比。茶樓鬪鹹豆，食件蒸籠飽仔。怕手通夜唔停，撚鱲爲止。『尼』，仄聲；『飽』，平聲。『空』、『胸』同音。

夢行雲　前題，依聲夢窗再作。原注即六幺花十八

下低做餐室。雪糕白。平賣出。招牌最怕，錯認雙妹嘜。度門通上知唔咋，座騎樓係乜。　自從爛仔，常嚟偷野，看更未曾夠仂。收燈時候，躲埋小魔賊。近街連鬧橋開晒，會防胸洞拆。咋，音『乍』，助語辭也，讀作『支亞』。

沁園春　讀清史書感

史讀亡清，上自康雍，下至乾嘉。歎蛇春長過，有排厭聽，鳩毛亂到，點得閒查。道弱同

微，光衰那那拉垂簾時代賤，敗水宜官兩仔爸。唔關事，義和拳匪，種落根芽。　外交幾位專家。入屎寀、條蟲虧佢爬。　笑身爲相國，權充走狗，租界沿海，片替銷鴉。　羊石趯人，馬關送禮，險就鴻章變炮渣。　商通乜，頂闆埋爛市，我地絲茶。

滿庭芳　依聲清真

專等箍煲，總難埋纜，咪慌單貨斟成。　弔高先賣，顛啤係神經。　蛇咬犀牛嘅角，咬唔痛、心亦驚驚。　何妨斬，流完頸血，鬼信把刀靈。

零檠。　唔估到，龜婆亞好，來勢縱橫。　豈獨攔貓尾，爬上天棚。　還叫開籠放鴿，著番晒、屐板嘐行。　喉油夠，真冤枉你，成晚扮油瓶。『你成晚』，諧聲。粵劇有《賣油郎獨佔花魁》戲目。隨母再醮，謂他人父曰『油瓶』。

鷓鴣天

世界難撈抵炒蝦。　人人想有二攤揸。　雖精捉鹿唔除角，咁笨劏蛇冇咯牙。　新書本，舊茶渣。　飲嘐飲去呢壺茶。　不如改食無憂米，托隻籮筐叫賣花。

其二

脂粉唔慌冇得勾。　叫完街尾到街頭。　眼眉日日雕通欛，口角時時掛住鉤。　貪索野，鬧奔洲。　對人未會撚油喉。　呢鋪世界撈唔住，魚釣唔成學駛牛。

風入松　客自舊京來，爲述陶然亭香妃塚事，紀之如次

陶然亭下係墳場。　碑石倒清光。　由三個字香妃塚，搬番起、成甕酸薑。　屙出詩同屁臭，熏

嚟草比花黃。　當年征服左西羌。得隻靚棉羊。乾隆人老心唔老，崩哥正、傳旨劏房。點估唔劏確險，幾乎反被渠劏。妃行刺純廟不成，被戮。

西江月　警告某舞孃三首

先就舞場依翕，再而餐室拍拖。飲完遊過晒車河。雖算交情唔錯。　顧住三文兩舊，提防百密一疏。癩蝦蟆想食天鵝。碟腳要查清楚。

其二

怕乜刀橋扭令，嚟親梗板斟盤。但求小姐肯衣寬。罷處叩頭都願。　票價仍然死抵，花名任得生安。馬蹄何解叫風乾。皮老佢心還嫩。

其三

敗水亞官壞蛋，收山老舉衰牌。大班幫手去痞雞。慌俾麻鷹爬晒。　拉線向針穿咁，揾糖同豆黐嚌。佢揩油你貼埋柴。躝滿成身都係蟻。

點絳脣

昇降機停，佬先開定房間等。素馨釐戥。隔夜香還稱。　贔屭傾完，刀斬都唔應。冞真病。橡皮碌頸。温咁將頭拎。

其二

前世唔修，橋頭今世嚟屙尿。蛤隨街跳。真會雞都笑。　你水流柴，我點魚能釣。抬番轎。再唔睺叫。監牡丹牛袑。

夜遊宮 花瓶，普通種

明係鮮花成朵。做乜叫、花瓶一箇。玫瑰紫兼綠蘋果。又康雍，乍天晴，雨初過。　經理私家貨。靚瓷質、怕人偷摸。藏欵下低認清楚。咪觀音，福州窰，睇差左。康熙瓷江豆紅玉帶圍，粵稱『玫瑰紫』、『蘋果綠』、『雨過天青』或曰『天晴』，康、雍皆有，亦瓶也。建瓷，粵稱『福窰製』，爲大士像，雖名貴，視景德鎮仿汝州窰粉定遜多矣。收藏家辨瓷質、底欵知之。

夜行船 前題，特別種

單睇美人肩靚樣。就啱晒、大班行檔。寫字樓開，辦公桌擺，一見依牙鬆頏。　唔問琉璃邊處廠。面常會、摩囉街撞。夏魯天橋，秋周夜市，惜未聞、嬌聲講。花瓶有名『美人肩』者，兩四字可英語譯音。

戀繡衾 前題，名貴種

當差將水日換清。上司嚟、搬到內廳。冒充做、洋裝貨，隔籬房、聽叫打鈴。　既唔供應柴同米，較其他、皮費減輕。重著數、煲穿晒，碰崩埋、官太醋埕。公家陳設品，吼獅莫奈伊何。

霜天曉角 新曆七月十一日報紙載某國事變，依聲夢窗成此

鋪牌啱夠食。還想清一色。纔發財門風打，紅中係、暗三隻。　亂拆。先去一。水蟛蜞變質。甩尾依然生動，塘邊路、硬爬出。

桃源憶故人

朝魚晚肉唔禁歎。捱吓食鹽撈飯。至怕壞雞生蛋。未攬黃先散。　揀千揀萬燈嚟揀。揀著爛泥燈呢盞。燈爛燈心唔爛。只咪斟

油嬾。

其二

過橋未必真抽板。跴著塊蕉皮躀。要揾荷包遮眼。同生螆貓玩。　何難碌落坑渠洴。面若兩家齊反。老虎捉都常慣。唔估豬嚟扮。

玩，音『挽』；　洴，音『辦』。

以上附《疏肝齋廣州俗語詞漫存》

金縷曲　題友人仗劍東歸圖

萍梗悲身世，滿天涯、酒襟塵帽，飄零如此。萬里還家猶帶劍，不減當年豪氣。算赤手、屠鯨閒事。一桁畫樓簾外卷。早有人，笑向兒童指。騎白馬，君歸矣。　淵明竟遂田園計。便而今、奚奴分付，琴書料理。三徑未荒秋已老，休負韶華似水。且拚對、黃花沉醉。從古蛾眉遭嫉妬，向尊前、莫拭英雄淚。聊起舞，珊瑚碎。

見《五百石洞天揮麈》卷七

玉樓春　和心畬

蓬萊仙島迷雲色。下界鐘聲天半隔。洪崖棲處是花多，花落花開空九陌。　無邊烟雨江南北。送盡征帆悲去國。暮鴉終古咽垂楊，頭白長安歸不得。

見《廣篋中詞》卷四

鷓鴣天

人在宣和郭氏圖。仙風特爲寫林逋。不須放鶴教飛舞，也早探梅問起居。　樊榭渺，竹垞無。勘詞亭外曝橱書。夜深鬟睡思温酒，滿袖丹黃自撥罏。

其二

七十髯翁老更强。蟄園權作水西莊。搜殘兩代焚餘藁，掐徧千竿雪裏篁。逃戰刼，恣吟狂。鶯巢燕幕幾滄桑。知人論世聲家責，豈但名山發祕藏。

見《詞綜補遺》題詞

水調歌頭 限賀東山體

樓月引簫起。燭漸向花移。歌筵人倚。鬱輪袍勸鶴南飛。多照秦簪丫髻。一撥湘絃么字。彈淚溉江蘺。吾本蒼生耳。哭罷峴山碑。　笑共工，頭觸處，裂天維。紺塵何世。英雄成敗付斑騅。香散堂前酒氣。光卸簾間珠翠。翠臺沼入愁漪。燈火今宵事。明旦訪鴟夷。

見《如社詞鈔》六集

高陽臺 限訪媚香樓遺址題

筵燭搖情，杯漪弄影，秦淮幾處迷樓。歌篋翻殘，行雲黯向芳洲。血猩染就桃花瓣，那更堪、綵管痕留。費銷凝，憑弔莓苔，鴛瓦凋秋。　風塵閱盡誰知己，對簾間飛燕，雨外言愁。心有靈犀，盆蘭早悟前修。人天今古蕭條甚，只淚珠、滿貯箜篌。付年時，彈與江南，聊譜清謳。

其二

烟蹙林容，風收花氣，遊人此地魂銷。華屋山邱，歡場忍向前朝。鵑紅濺上新羅扇，畫折枝、惱煞歌嬌。太無端，一點燕支，一寸鮫綃。

詞流百輩渾多事，又頹闌敲韻，淺岸停橈。何處珠簾，當時翠袖曾招。雲痕雨影昏鐙夜，正秣陵、與訴迴潮。不堪聞，城上吹笳，城畔吹簫。

其三

一曲鵾絃，三生鴛譜，淘愁有酒如淮。珠箔籠妝，玉顔羞比寒鴉。新詞解寫江南怨，怕錯翻、扇底桃花。管興亡，人隔秋煙，曾抱琵琶。

青桑東海尋常恨，醒笙歌閒夢，裙屐伊家。溝不流紅，情根斷向天涯。芳名孰與梅嬌重，任素娥、鏡裏猜他。歎山川，才思都無，猶共韶華。

其四

啼鴂山河，飄花身世，相逢未嫁羅敷。甚惡東風，愁痕吹上蘼蕪。娉婷慣是天憐惜，墜畫樓、不碎明珠。裊垂楊，便作千絲，分付鶯扶。

當時扇上斑斕點，看似桃葱蒨，比靨清臞。送客江頭，榴巾有淚沾濡。笙場散盡衣冠隊，悟刼灰、篆鼎消餘。但香巢，一抹荒烟，尋徧城隅。

倚風嬌近　懷倦鶴海上

見《如社詞鈔》七集

行篋新詞，麗情歌滿江左。萬花喧海樓中坐。笙壁語丹螭。柳陌囀黃鸝。憶得當時。雨臥。長淮燈舸。

應喚歌嬌，妝閣眉峯低鎖。吹徹銀簫遥和。夢綺霞光翠瀾涴。釵飛墮。鳳雲正掠紗窗過。

前調 半櫻讀若飛、央盦、秋岳、衆異觀舞詩有感，依草窗均成詞，示余，因復繼聲

迴屧生蓮，練裙看似冰縷。燕偎鶯抱聯翩舞。肌雪沁香城。臉玉轉雲屏。十足娉婷。淡素西顰添嫵。休放春心，勾煞蠻腰纖處。仙隔蓬山何據。過眼羣芳帶層霧。翻鴛譜。漫猶蘸筆花梢露。

以上見《如社詞鈔》九集

紅林檎近 閏三月立夏遣懷

谿草青彌遠，經桃紅尚鮮。步石度危巘，撥雲聽流泉。勝如珠偎翠擁，醉後臥笛鶯邊。只惜放耳歌天。風緊殢新蟬。　杜撃燕市筑，空著祖生鞭。腰間扇在，元規塵却依前。問夷吾江左，平原座上，暮年博得詩幾篇。

以上《如社詞鈔》十集

繞佛閣 哭展堂，聲依清真

故人紺海，層霧阻絕，書雁初斷。花信吹暖。乍聞病起、飛旌指江畔。望霓大旱。霖問降否，風怕呼轉。天道乖舛。隕星在野，城烏叫愁亂。　這局未收拾，怪似浮雲今古變。從此漫吟、蓮頭搖羽扇。記論世挑鐙，春韭同薦。可憐巢燕。自翠影迷離，芳事消散。忍銜泥、畫簾教卷。展堂游歐洲回，以畏寒留粵。入夏，病良已。苟無泥之者，則北來有期矣。乃方共協之對奕，猝患急疾，遽爾下世，悲夫。

以上見《如社詞鈔》十一集

訴衷情 限用温飛卿體

簾卷。天晚。人去遠。小闌干。和淚倚。臨水。翠衣單。影落玉簪寒。珊珊。凌波微波難。徑苔斑。

其二

花貌。娟好。春易老。只樓前。衣帶水。長翠。浪痕圓。湧出月團圞。年年。嫦娥還在天。弄華妍。

女冠子　限用牛松卿體

蝶尋花到。比較花枝嬌小。不禁風。幾度搖珊佩，多般動玉容。　過牆欺舞燕，翻檻怯喧蜂。一上鞦韆架，隔芳叢。

其二

密圍紅霧。此際銷魂無數。入蘭房。粉臂蟬紗透，冰肌鳳簟涼。　撕磨親耳鬢，移動觸衣香。莫遣佳人喚，薄情郎。

以上見《如社詞鈔》十二集

歸國謠　依溫庭筠體原作三首（其三）

欹枕。轉漏到花天尚暗。小規涼月窗浸。被鴛翻蜀錦。　忍聽念奴鄰飲。吼笙喧擾甚。粉頰紅雨飄衽。認梅嬌姓沈。『姓』作上聲。

荷葉盃　依皇甫松體原作三首（其一）

鳳鑰獸鐶雙綰。深院。簫寂畫樓寒。粉塗朱堊舊迴欄。曾染袖香繁。　凌亂踐猧殘局。休續。傳語折花人。尋花須只趁清晨。花怕見黃昏。

以上見《午社詞》

虞美人　詠虞美人草

天亡楚豈虞兮咎。魂化珊苞秀。不堪訛解謫仙詩。忍道名花傾國、是環兒。　迎風猶作儌儌舞。無復重瞳顧。千年劍血涅痕多。紅處分明長認、漢山河。

六州歌頭 題葉遐庵自畫竹石長卷，四聲陰陽平仄悉依稼軒而換其韻

含毫蘸墨，寫得雨和晴。濃澹染，上縑素，勢難平。貌棱棱。雨也山同瘦，競奇處，嵐添翠，雲補色，神融洽，迹分明。休道年隨筆老，閒心寄、冷落丹青。想風摇葉動，驚起聽禽鳴。填海銜來，倘功成。對瀟湘景，棋幾局，飛一子，響殘枰。仙約醉，那平聲便倒，汲泉瓶。話逢僧。掃緑苔詩就，方欲拜，换茶烹。圖妙在，渾繪盡，者時情。洗刷莓牆月鏡，呼鸞舞、叱鶴前行。引故園夢影，坐試笛柯亭。畫是通靈。

以上見《愳社詞鈔》卷一（附）

惜餘春慢 送春，和逸仲均

墜月沈鉤，行煙拖綫，亂入閒年詩草。光陰迅羽，去住清波，塵世正迷昏曉。惟有商春暫留，含雨梅黄，子青還小。向鐙床頻起，籤聲猜徧，夜眠拚少。知頃刻、偷取歡娱，偎花難捨，定賺多般煩惱。饒些鎮静，臢點芳菲，待夢黸鬢廊掃。寧道華韶弄人，癡蝶枉忙，流鶯空老。到翁凫邀醉，追涼荷渚，影亭亭繞。

賀新涼 殘暑，步東坡韻並四聲陰陽平

有樹因爲屋。小池成、巖湍引水，可凫鷖浴。叵耐先生熱腸慣，饌久食無鱠玉。夢醉倒、箏旁方熟。簷溜淋漓聲到枕，是秋娘、按譜吴娘曲。更協以，真絲竹。越娥破曉眉峰蹙。數來鴻、去燕雙也，只伊偏獨。宜趁夾衣未披

上，先捋綃裙檢束。衩損了、湘江拖緑。却早合征袍寄與，鐙前怕翦尺手觸。墜粉汗，尚蔌蔌。

玉京秋

暮秋郊望，依草窗聲韻

秋景闊。郊行信笻去，眼明心切。亂石生雲，急湍導籟，流殘溝葉。詩覓驢應跨上，指前溪、橋未封雪。叫音別。勃姑飛過，向人如說。　夕近啼鴉寒怯。庇歸巢、長條翠缺。路蔓煙昏，籬葩霜勁，杯螯休歇。牧笛村邊，醉記臥、橫瑟當壚時節。底歌咽。鬟動峯螺閃月。

以上見《咫社詞鈔》卷二（附）

梅子黃時雨

題《思痛軒詩集》　用玉田均，陰陽平仄節拍悉依原作

稊園郵贈乃兄吉符老同寅《思痛軒詩集》，並函述吉兄病後知覺未復，聞之惻然。咫社以此調徵詞，感喟成吟，爲稊園慰藉也。

如浩書空，負朋輩正商，同買山隱。歎對酒疑虵，是杯弓影。猥有鏗鏘詩卷在，性靈失也應非病。桑榆景。欲夢訪湖，逃世呼艇。　憑引。愁邊清興。試尋腔按譜，聊盼伊聽。想自別機雲，纔移鐙頃。難再黃壚謀一醉，怎云人遠長安近。聲聲緊。緑楊幾鴉催暝。

以上見《咫社詞鈔》卷三（附）

金縷曲

消夏詞，仍用季公《看桃花》韵，呈諸公索和

莊蝡蘧然醒。正南薰、沿花吹得，冷雲無暝。蘄竹疎簾安排好，閒脱綸巾露頂。對素石、清泉瀠映。一局彈棊初換着，早牆頭、飛上冰蜍鏡。看大地，山河影。　平生不辨炎涼境。

更何知、瓊樓寒重，鳳池波静。幾輩鼻端青蠅集，污與元規塵迸。喜腰扇、尚持殘柄。羨煞投鞭截流手，阻長鯨、東海偏狂飲。歌郢雪，教伊聽。

見《國聞週報》一九三四年十一卷三十七期

雪梅香

七十六自壽詞成，夢招袖示秦頌堯六十初度詩八章索和，即書以應之

甚頭白，行年七六未衰翁。只傷時清淚，黏來袖墨微濃。鉼水滋梅蕊垂蠟，琖漪摇月影疑弓。忍寒鶴，漫試霜翎，飛上峨松。神龍。首先見，壁點睛成，料總騰空。寶匣塵埋，怎還膏沐爲容。巨浪滔天鷺孤立，雜花連苑蝶相通。囊詩在，江上信美，分付奚童。

以上見《羣雅》一九四〇年一集卷二

霜花腴

重九潘園置酒，籬葩未放，僅瓶供者嫣然對客。拈夢窗韻，約大厂、秋齋、春草同賦

媚瓶瘦菊，笑早開紅萸，怕伴簪冠。秋老花遲，鶴飛琴碎，青山欲買應難。帶忘沈寬。喚釃杯、堆籍窗前。便園林、暮色蒼茫，噪鴉依柳幾曾寒。仙曲鳳簫休按，春草能度曲。自風騷不作，賸唱低蟬。吹角天昏，蟠籬根秀，題詩漫怯裁箋。那煩載船。理畫幮、椎髻人娟。待研珠、繪影陶潛，九華鐙下看。

定風波

眉孫、貞白招社集。是日適爲陸放翁生日，同人約以爲題，拈翁此作，并用原均率成

團扇歌殘帶月回。可曾圖影陸家梅。應諒南園翁作記。毋謂。千秋集矢一人來。今祝生辰聊酹酒。叉手。且教吟社逐樽開。强半

狂朋霜壓鬢。懽甚。詞成休聽鼓蛙催。

史載陸游爲韓侂胄作《南園記》，見譏清議。按：侂胄定策伐金，與秦檜主和議，皆出於當時事勢，不得不然，近世學者辨之詳矣。熙、豐、元祐間，士類門户之見深，雖程、蘇尚水火不相容，何論於荆公之行新法。狺狺狂吠，舉國盲從，古今一轍。平原在相位，無禍國誣民之迹。玉津園之禍，識者哀之，自不可與惇、京、確、卞輩同詆爲神姦巨蠹。觀於朱熹之歿，僞學禁方嚴，無一人敢往弔，獨辛稼軒毅然爲文哭之。辛殆亦正人也。而《沁園春》《西江月》二詞，極稱平原勳業。或疑詞非辛作，然玩其語氣，實辛作無疑。則《南園》一記，烏足爲放翁詬病乎！余是以有『千秋集矢一人』之歎耳。半舫齋附記。

長亭怨慢　詠餅中蠟梅

慣消受、千巖風露。點染殘冬，色香餅貯。庚嶺人回，暮雲橫岫最憐汝。屐痕黏了，誰掬上、斜陽樹。樹不比梅寒，結細萼、枝枝還古。　蝶妒。記蜂黃夕褪，粉墜又遭簾雨。檀奴在也，漫贏得、月欄偷覷。第一是、淺淺妝成，笑勻額、何曾留譜。算裊似金釵，難引鈿娥飛舞。

以上見《同聲月刊》一九四一年一卷四期

瑤華　收燈乍過，又近花朝，春陰殢愁，依聲夢窗譜此

春光早洩。柳綫千絲，向苑牆青拂。喧簾燕子，先放教、金井闌干飛越。鑪熏微燼，鈿頭上、釵鸞聊撥。倒翠尊、憑酒酬歌，夢影嬌鶯能説。　愔愔細雨斜陽，解花後催花，不任香歇。雕鞍繡轂，游隊裏、惜取泥黏羅襪。老夫耄矣，且漫怨、芳菲鳴鴂。恐鳳靴、挑菜人歸，未了蜂腰殘雪。

唐多令

高閣倚晴空。明霞幻海虹。閱滄桑、人世匆匆。二十四番花信過，又零落、幾香紅。　愁釀酒偏醲。澆殘塊壘胸。問草間、偷活昆蟲。孰與半間堂促織，鳴得意、玉盆中。

其二

華屋幾山邱。笙歌處處樓。舞當筵、漫錯伊州。除是周郎能顧曲，爲誰誤、拂箜篌。　燕子觸簾鉤。無聊豁醉眸。忍題紅、暗付宮溝。欲託魚書傳恨去，渾怕逐、水東流。

其三

窗月太多情。陪人到五更。隔簾櫳、萬籟無聲。只有猧兒嬌喘細，答蓮漏、聽分明。　山黛兩痕青。犀心一點靈。怎偏教、喚作傾城。酒入愁腸都化淚，窮塞主、可憐生。

彩雲歸

六月二十三日，德、義、芬、羅對蘇俄宣戰，歐局益趨惡化。淫雨匝旬，夜不成寐，檢柳耆卿此調，惘惘譜成。昔有人譏辛稼軒《永遇樂》詞用人名過多，余是作亦難自解嘲也

颼然戰雨悔西荷。舊京十刹海，荷花最盛。夢驚回、舞蝶婆娑。光透窗、半榻殘燈在，揮扇手、嬾撲飛蛾。無端費、女媧天補，有共工恁多。　稱戈。將軍此恨付、故年書眼，次第銷磨。功狗，笑功人、又只蕭何。玉蟾蘸盡，花淚翻作，萬頃愁波。恐不須、虞淵換景，地滿荊棘銅駝。休攜酒，猶忍憑高，目送山河。

以上見《同聲月刊》一九四一年一卷十期

玲瓏玉

梓彝園中看菊聽歌，主人新購得牡丹一盆，花大如盌，紅豔欲絕，座客咄咄稱奇。據云，滬

上有二盆，價逾百金，其一已屬沙吒利矣。秋齋索詞，因賦，亦社選姚調

花對笙筵，早叢菊、博得清謳。仙香忽洩，絳紗淺護燈篝。我也浮雲在眼，問東籬高士，誰肯低頭。嬌羞。非人間、紅粉一流。恨煞花神醉筆，向牌名輕點，教殿殘秋。倒鳳顛鸞，願情天、譜漫鴛修。争知孤芳寒瘦，再添箇、環妃國色，本可消憂。兩娥黛，怕難容、還鬬未休。座中某君將營金屋，故借以調之。

瑣窗寒

昔年放琴客，口占送之云：『到底游絲總情薄，砉然輕放落花飛。』夢窗詞涉及去姬事，數見不鮮，誠有如《海綃説詞》所印證者。渺兮予懷，黯然成均

絮影漫天，黏花惹蝶，此情今改。王孫恨草，野火刦殘猶在。算腰刀、對河便抽，亂流斷若春冰解。但酒香染得，青衫痕舊，浣除須待。無奈。傷懷倍。見夢翠盈窗，怨紅入海。雲裳幻想，頓渺徽圖容彩。只釵鸞、還抱故恩，幾曾爲惜歌舞買。記當時、范蠡湖邊，早約吳艘載。

紫萸香慢

夏吷老以社課選詞，酬余《瑣窗寒》追賦昔年放琴客之作，步均賸一解報呈，索同社諸君和章。因寄榆生金陵，海綃翁粵中

暮年抛、芬芳穠緒，壁蛛嬾作盤絲。誦君貽佳詠，囀鶯舌，隔牆枝。喚起幽窗閒睡，又春懷撩動，未覺吾衰。恨青山、無故玉瘞劇多時。姬琵琶別抱後，紫玉成煙八年矣。杳鏡裏、兩痕淡眉。尋思。感舊成詞。休歷歷、叩前期。記章臺走馬，垂鞭拾取，飄粉零脂。幾回笑桃人面，悔崔護、浪題詩。想嬌禽、繡籠愁閉，放教

飛去，林壑隨處生機。紅翠四圍。

以上見《同聲月刊》一九四二年二卷一期

水調歌頭 羅君任挽詞

君髪尚垂額，我挈渡鯨洋。學成重又邀約，遵陸辦歸裝。君年十一，尊甫命赴越南習法文。適余有星洲之行，因囑攜同航海。光緒丙戌，君畢業倫敦牛津大學，余賀英皇加冕畢，取道西比利亞回國，復約偕行。轉瞬雄飛虎嘯，迭掌法曹譯部，勛業杜黄裳。年甫過強仕，冠挂直須忙。　論人品，癡絶似，顧長康。勃然使酒罵座，誰諒灌夫狂。不死覆盆寃獄，不死覆巢戰禍，脱屣豈容傷。待看峴山麓，碑淚發秋棠。

八寶妝 訒盦以吳諺『螺殼道場』喻吾人今日處境。丐朱君繪圖便面，賦《玲瓏玉》一闋，吷盦和焉，詞均極工。午社因拈作課題，并限《八寶妝》調。余從李景元體，賸得此解

尋鎛逃嚚，鬬嫌蝸角，礙我嘯歌環堵。蛇影杯弓成底事，擾擾恒河沙數。諸尊色相便空，吹法螺來，迴旋猶引天魔舞。那管駕輪如齒，行蟲迷路。　憑扇畫稿工描，縮人變蟻，一方乾淨誰土。訴煩惱、梵王座下，衆生似、蠅頭瓜聚。歎齋粥、僧貧未煑。粒中無現金身處。甚信手兜羅，蠶餘半葉還爬取。

玲瓏玉 訒盦賦螺殼道場，譜此賡和

牆牖生涯，總都被、晝筴消磨。行沙弄文，一雙取自恒河。納納須彌芥子，問維摩方丈，多少么麼。蹉跎。嗟吾曹、身世坎坷。　漫道檀施溢路，歎螺難成飯，翻化爲螺。餓死臺城，縱梁王、也末如何。終是鷃游蟲入，算無

地、能留淨土，著我行窩。飲狂藥，醉中人、聊當叵羅。

以上見《同聲月刊》一九四二年二卷二期

木蘭花慢　海綃翁挽詞

對南風不競，弔詞客、越王臺。似鵜墜深潭，雲崩絶嶠，珠割飛厓。生涯。白頭橐筆，賦高邱無女爲誰哀。獨記織綃成海，登壇拜將江淮。　雄才。十五年來。彊老去，晦翁埋。霜數晨星幾點，天猶幻作，野馬塵埃。安排。霜花篋稿，問名園感舊甚時開。忍聽端陽簫鼓，送歸仙鶴蓬萊。

見《同聲月刊》一九四二年二卷七期

婆羅門引　太疎約過橋西草堂賞桂，酒後折贈一枝，歸供案頭，感香成韻

吴剛砍處，著花依舊緑婆娑。詩人笑覆杯螺。休憶木樨香裏，曾惹秀師訶。問西風吹過，醒未顔酡。　蟾宫綺羅。怎贈比、握蘭多。前日侵籬莠種，一一都鋤。憑持斧柯，共雲氣、當空頻盪摩。重潤色、咫尺山河。

見《同聲月刊》一九四二年二卷九期

春從天上來　癸未元旦立春，時方對英、美宣戰。用王秋澗聲韻，索得此解。按王作與吴彦高作，上段三字不叶韻，白朴、邵亨貞則叶韻，似較諧暢，從之

雲裏珠宫，正兩降佳辰，裝飾春容。雋旛釵試，牛土鞭融。漫道帖子裁紅。自羊隨禮去，賸革故、天意偏同。笑相逢。記迎年鬧徧，城闕笙鐘。　銅駝幾回荊棘，冷燈火秦淮，不見鶯櫳。一色旌旗，千門刁斗，鐵蹏敵騎潛蹤。喜謝堂新燕，巢更穩、傳語飛鴻。引杯空。醉

把花扶起，還倩東風。

見《同聲月刊》一九四三年二卷十二期

金縷曲 久不得榆生書，忽一紙飛來，知患牙痛，倚此寄懷，聊博莞爾

久歎書鴻杳。忽飛傳、故人病齒，竟同温嶠。我齒摇摇懸旌似，輸爾堅如城堡。算雞肋、食殘能保。痛定緣何還思痛，豈金針、度處遲收效。些箇患，患猶小。　吾儕大患憑誰療。只除非、伐毛洗髓，仙丹靈妙。幾夜詩吟渾難落，贏得菜根常咬。漫二豎、再容侵擾。列戟建牙他年事，願衆生、無疾無煩惱。持此語，向君報。

見《同聲月刊》一九四三年三卷八期

霓裳中序第一 癸未十月十七日，橋西草堂招集拜放翁生日，以翁《六十吟》分韻賦詩。余未赴，主人爲拈得『葉』字索詞，依聲白石

千秋漫再說。記作南園虧士節。公論翕然判決。說見余庚辰集午社拜放翁生日所作《定風波》詞附論。向懸像獻觥，催詩飛牒。將軍興烈。正草堂、西共橋接。豪吟罷，一痕淺碧，繞郭帶淮月。　聲咽。畫廊殘葉。冷酒夢笳鳴遠堞。乾坤無數戰骨，簇錦池亭，斂影蜂蝶。放翁名未滅。萬世後、芳馨尚擷。生辰也，移樽同看，樹樹野梅發。

見《同聲月刊》一九四三年三卷九期

燭影摇紅 贈錢仲聯

班馬文章，蔚然奇氣通詞賦。萬邦龍戰血玄黃，飛向毫端訴。呵壁捫天漫語。夜沈沈、霜虬起舞。舊家宗派，江上峯青，千年心素。

不換兜鍪，儒冠肯被蟬貂誤。男兒三十立功名，豈必爲房杜。吾道干城寄與。遏頽波、中流砥柱。河山淚點，甚采芳馨，紉囊同貯。

見《同聲月刊》一九四四年三卷十二期

高山流水　汪主席輓詞

夜風瑟瑟響霜竿。倒陶籬、花更闌珊。鸞翅九霄來，東皇詔敕遥頒。淒然覩、斷索鄰旛。安危事，籩蠆誰同掃滅，唱煞刀鐶。但形銷影在，颯颯燦雲端。黎元。甯惟口碑也，動業早、信史流丹。裘劍冷西州，老却灑淚羊曇。下邳游、掌故欣翻。擊秦暴，公較留侯膽勝，半壁扶殘。想生前，本當奇絶古人看。

見《同聲月刊》一九四四年四卷三期

瑤華

潘子頤藏書畫甚夥，以花朝後二日爲五十生辰，召粵劇團奏技宴客。客有嫻絲竹者，子頤如夫人引吭歌一曲，颯颯移人。大厂、秋齋、春草約爲詩，余不能也，拈此詞爲壽

簾篩煗日。幾樹嬌鶯，報好春消息。懸弧在户，開畫堂、歌管朋樽喧席。遽年彈指，正尼父、潛心周易。點鬢絲、遲了吳霜，袖果車中還擲。而今頓嬾嬉游，有天女拈花，獨伴摩室。哦松嘯竹，閒臥起、不運陶公城甓。小神仙也，覩世外、衣冠如奕。種紺桃、千畝成陰，笑倚圖書東壁。

見《小説月報》一九四二年十八期

醉春風

夕静偏無睡。蟲聲和籟碎。鴛欄扶影入丁簾，字。字。字。愁暈鐙前，夢痕衾上，怎生迴避。露點蜺空洗。霜訊還餘幾。攬衣推

牖酹殘杯，醉。醉。醉。鶉首依然，漫猶聞樂，瞢如天帝。

見《小説月報》一九四二年二十四期

鄭元昭

采桑子 曉醒

雞聲喔喔天將曉，曉色矇矓。不辨簾櫳。隔帳梅花一翦風。　清宵數盡沉沉漏，小夢纔濃。鸚鵡雕籠。幾度催妝睡起慵。

菩薩蠻

一絲暖逗東風影。這番可是梨花信。積雨莫成霖。柔枝恐不禁。　玉簫春晝永。屈指清明近。待燕小紅樓。湘簾半上鈎。

臨江仙

生怕新寒侵翠袖，黄昏早下簾兒。拚擋茶具伴尋詩。披箋重檢韵，短句慰相思。　楊子江頭秋月好，也應念及蘭閨。連宵燈下坐多時。小窗蛩語静，風細漏遲遲。

清平樂

深沉院宇。日日聞鳩語。又是一番風挾雨。净洗小庭殘暑。　飄來桐葉闌珊。兒童戲作瓢看。笑道山齋此際，也應堆徧闌干。

其二

連天風雨。瞥見秋來去。桐葉山齋飄幾許。吟紙應添新句。　通宵簾響虚廊。蓮籌滴露初長。料得幽人未睡，羅衫應也憎涼。

紅窗月　三更

墻陰寒翠露華滋。菊夢蛩思。正紅窗人静，銀燭更遲。誰見玉釵敲徧、覓新詞。　竹風吹送衫兒薄，涼月初西。想那人此際，貪弄琴絲。也是篆香清裊、未眠時。

山花子

一縷蟬風繞畫闌。黄昏悄坐緑陰間。落盡梧桐新月好，對誰看。　愛把瑶琴彈舊曲，初更冷露怕衣單。應念念伊人未睡，晚妝殘。

南鄉子　和心與《公車北上》

離思裊燈檠。欹枕春寒倍念卿。水遠山長何處路，伶仃。宿露零星破曉行。　檢韻步新聲。幾闋新詞慰别情。莫念深閨傷客緒，叮嚀。轉瞬團圓月又生。

采桑子　卧病

葯爐香裡相思苦，深掩紅屏。漏歇燈停。一枕惺忪曉夢醒。　別來滋味嘗都徧，花事無心。已負素馨。又負黄花到膽瓶。

赤棗子

風颯颯，雨瀟瀟。翠被新寒怨夕遥。小夢垂圓香篆悄，秋聲莫更下芭蕉。

鷓鴣天　題凝若小照

偶墜禪花入世間。西風吹瘦上眉灣。黄昏蘿石愔愔坐，瀹茗添香意思閒。　秋影淡，夕煙寒。披啚依約夢中看。思量携手同明月，恨阻千山與萬山。

喝火令 秋夜寄外

夢遠疑無準，愁多恐廢眠。菊花時節薄涼天。只恨花從愁裡發，月向別來圓。　轉瞬秋將老，含情夜似年。詩心一縷裊爐煙。記否凭肩，記否碧窗前。記否燈青人睡後，昔昔教調絃。

虞美人

西風吹雁歸何處。雲影遥天暮。一年重見菊花新。不道看花、猶有未歸人。　黃昏後。涼意羅衫透。繞廊蛩語晚來幽。似慰離人、愁寂伴吟秋。

醉太平 夜坐

風聲雨聲。三更四更。簾前鐵馬錚錚。攪人眠不成。　枕邊夢驚。燈前思清。芙蓉還恐飄零。隔秋池細聽。

玉連環 九月念三晚雨

向晚一霎蕭蕭雨。净洗苔階，堦畔蟲無語。掩紅屏。暮寒生。愛向黃花，簾底苦沉吟。

菩薩蠻 九月廿八日四更枕上念巧先作

新秋墜葉西風起。懷人慣坐寒更裡。各自歎天涯。奈何不一家。　莫彈知己淚。多病宜調衛。共此抱冬心。花枝照拂琴。

減字木蘭花 寄巧先二闋

人生斯世。真箇蜉蝣天地寄。案有琴書。秋月春花且自娱。　炎涼瞬息。珍重芳華須護惜。幾見多情。莫太分明過此生。

其二

茫茫烟水。空弦天涯知己淚。佇立閒堦。忍耐西風月不來。　繞廊蛩語。慣惹懷人情思苦。不管黄昏。唱瘦寒花欲斷魂。

行香子

霜迫簾衣。瓶菊傾攲。怯曉寒、人起遲遲。菱花斜倚，無限相思。照淚兒凝，眉兒瘦，影兒癡。　曾幾何時。鬢損烏絲。歎流光、馬驟車馳。頻年怨别，深負心期。苦客邊愁，愁邊夢，夢邊詩。

望江南　餞菊

西風裡，相聚幾多時。倦倚小闌憐悴影，自傾杯酒話分離。惆悵雁程遲。　秋吟苦，夜夜只君知。今日爲君歌一曲，重逢又是隔年期。那不繫人思。

南樓令　月夜

曉葉惜紅殘。新冬玉宇寬。望煙江、天際漫漫。今夜扁舟何處泊，霜月裡、不勝寒。　悵悵小闌干。遥憐瘦影單。幾晨宵、露宿風餐。好上蓮臺香一瓣，人静後、祝平安。

浪淘沙

慢倚小闌干。落葉聲乾。添衣猶自怯微寒。那怪宵來眠未穩，影瘦衾寬。　金獸噴沈檀。慵整雲鬟。看花心事上眉端。幾日秋陰如中酒，深掩屏山。

鷓鴣天 憶親三首

昔日華堂夢一埸。模糊往事忒凄涼。偶拈舊韵消吟事，蠹本猶聞手墨香。詩韵常用者。空淚泫，恁神傷。回思語笑斷兒腸。今生已了依依樂，明月來生恐杳茫。

其二

哽咽猶聞夢裡言。惺忪曉枕見啼痕。分明侍着慈顔好，片晌鳴鴉夢未温。秋影淡，夕燈寒。苦心一例到熊丸。身前鍾愛偏難割，兒女生成只負恩。

其三

閒寫慈恩和淚吟。一吟一字一酸心。思親自寫儂情苦，不爲工爲腸斷音。疑影在，感愁深。高堂羲御太駸駸。分梨爭栗真佳日，何只分陰值萬金。

望江南 寄巧先

新詞好，婉轉耐清吟。莫種情根貽別恨，還參静理養禪心。鐘磬合元音。秋氣足，天色怯簾陰。江遠川長魚信杳，花時盼望到如今。鎮日擱瑤琴。

陌上花 正月十五日

韶光又轉，梅花牕几，醒人詩眼。玉笛誰家，婉轉東風吹暖。幾回徙倚櫻桃下，春聚畫欄西畔。正山城不夜，彩燈籠翠，月華飛滿。奈新來意味，因愁閒詠，辜負輕晴池舘。早燕遲鶯，銷却年華强半。柔絲偏綰愁絲緊，那管離人腸斷。祇朝朝屈指，行期愁近，酒懷都嬾。

點絳唇

別館陰陰，燕鶯不到閒朱户。垂楊無語。鎮日紛飛絮。　絶好簾櫳，不放離愁去。休延佇。片帆何處。凝目天涯樹。

賣花聲　寄心與

簷雨滴宵寒。夢醒更闌。羅襟積淚未曾乾。怪是夭桃紅未減，瘦了欄杆。　燕語自櫟間。爲底喃喃。篝燈挂壁穗紅殘。遥數征帆江上葉，摇過何山。

南浦

春花纔了，又蕭蕭、木葉冷庭煙。屈指流光過半，異縣尚流連。記否春窗閒夜，剔燈兒、惜別玉梅前。問年年離況，都云難耐，耐却幾經年。　惆悵關河迢遞，望歸鴻、淚眼對遥天。待展桃笙尋夢，夢也苦難圓。尤念新來病後，苦沉吟、誰與擁詩肩。謝雙魚爲道，道新寒早晚宜棉。

清平樂　生辰，心與寄詞，奉答

朱箋秀筆。遠道觴佳日。未恨天涯人小隔。依樣雙星今夕。　兒曹歡舞咿啞。梳頭新結丫叉。爲道阿爺今日，也應醉擁荷花。

百字令

晚廊延佇，看林陰如沐，飛禽來去。不見歸鴻傳尺素。寂寂閒庭春暮。風約簷煙，花摇簾影，静對人無語。者番寒食，又添一段離緒。　試問鏡裡朱顔，年來瘦減，誰信春光誤。底事年年猶別恨，忍把韶華虚度。彩綫慵挑，新聲倦倚，鎮日憎飛絮。滿腔孱僽，不知宜託何處。

渡江雲　夜雨寄懷心與南昌

潺潺長夜雨，愁懷似舊，極目向遥天。錦衾薰不煖，更深睡淺，忘卸却花鈿。千山繞夢，這離愁、依舊牽纏。問鄰雞、底須催曉，我是不曾眠。　簾前。雲痕煙色，晴未還疑，向遥空猜遍。人遠也、微吟淺咏，衹賸悽然。深情欲寫怎生寫，捏柔毫、辜負瑶箋。閒坐久、參來可是真禪。

憶秦娥

青燈裡。冷風颯颯鳴窗紙。鳴窗紙。夜來慵睡，朝來慵起。　夢回依舊人千里。半牀斜月衾如水。衾如水。天涯別苦，一般滋味。

前調

雨瀟瀟。瑣窗默坐愁春宵。愁春宵。離人情緒，紅杏花梢。　魚書烟水愁迢迢。黛眉深淺無心描。無心描。容光易減，鏡裡昏朝。

疏影

黃昏時候。聽雨聲滴滴，添寫孱僽。記得花時，並坐燈前，愛此瀟瀟和漏。而今天氣令人惱，遥念及、天涯禁受。聞説道、彌月愁霖，想見詞人消瘦。　知否紅窗翠箔，晚來扶倦坐，涼迫羅袖。酒後吟餘，着意相思，怎讓星星紅豆。垂楊不綰東風住，恨只綰、鶼黃仍舊。把離情、訴與紅窗，一任香銷金獸。

玉漏遲

清陰勻小院。新蟲語裡，閒愁一片。莫倚欄杆，今夜明蟾如練。不怨清寒梁案，只難遣、年年離怨。江路遠。雙飛貼水，此情羞燕。
可奈減却芳菲，誤幾信花風，他鄉猶戀。試問羅衾，漫道別情禁慣。昔昔思眠還醒，展翠幙、春星寒轉。憑几倦。人靜更深誰見。

祝英臺近　秋晚寄凝若

夢紅牕，思翠水。相憶情何底。此恨誰知，祇有青燈耳。無端偶寄詩篇，殷勤傳雁，却怕損、秋人清淚。
天寒矣。遥想吟倦妝殘，新篘映窗倚。相識疑曾，愁立晚風裏。也應念我憐君，高樓盡日，長照眼、碧雲千里。

相見歡

秋來瘦損雙眉。怕君知。爲恐關心莫怪、把人欺。
相思苦。顔非故。漫相思。祇囑歸程莫共、雁來遲。

點絳唇　和韻芳見懷

燕語輕陰，海棠開落閒庭院。月華如鍊。人隔東風遠。
玉尺鄰墻，朝暮勞心眼。思千遍。怎如覿面。花底商春遣。

柳梢青　次韻芳《上巳日玉尺山亭》詞韻

東風搓縷，柳陰墻角，誰家深院。泛罼清遊，湔裙芳序，池塘青遍。
季季挈伴春嬉，愛雨後、山光蘸面。燕子來時，薺花緑暢，桃花紅倦。

疏影 八月十七夜，韵芳見過，共飲同作

晴空夜澈。洗片雲影净，千里如雪。幾度商量，招取幽人，開簾共佇明月。何期覿面黄昏後，竟一笑、花前相挈。引壺觴、勸與深斟，且倚嫩寒瑶闥。 偏是才情欸欸，素娥也解意，光滿忘缺。漏永香沉，唤起茶聲，爲和冰絃清絶。人生幾得閒吟侶，那小聚、曉窗還別。約與君、攜手霜晨，看菊東籬重説。

齊天樂 送繹言歸省母

新來觴詠添濃趣。魂銷一聲歸去。意寫芳馨，情同親屬，欲吐翻教無語。清吟自苦。記畫舫虹橋，香醪螺渚。佳絶游蹤，匆匆怎忍賦南浦。 滄波空濶如許。碧天凉照晚，行蹤何處。過雁高樓，悽蛩孤館，應念平生吟侶。離邊愛護。願莫對停雲，暗傷幽愫。更約梹窗，剪燈重話雨。

鷓鴣天

曾共山游復水嬉。舊同攜處耐人思。滄波一客愁空濶，不信秋來不費詞。 鷗夢渺，雁書遲。而今已是菊花期。却看素影聰明甚，可向西風憶別離。

浣溪沙

欲寫愁懷恨轉長。更無佳句祇心傷。酸辛滋味自家嘗。 佛火經聲堪慰藉，蘭因絮果罷思量。篆煙還似見迴腸。

百字令 寄雛蟬

吟邊覓侶，怯影遥意密，愁新歡舊。蹙損蛾眉

緣底恨，昔昔背燈叉手。病意憐華，秋聲入曲，抵得詩千首。教人愛戀，香清翠箔垂晝。　漫念燭綰雙心，琴操叠韵，人世如花偶。秋上銀河星影淡，忍耐西風羅袖。唱答新蟬，杯傳露鞠，異地同重九。相逢有日，客懷莫任閒僽。

菩薩蠻　丁巳仲冬廿三日，與心與聯句，寄雛蟬

去年此日江干別。寒潮送客聲嗚咽。梅。帆葉挂斜暉。人遥雲意遲。嵐。　別時紅淚點。臏向霜林染。梅。風物又今年。凝思祗惘然。嵐。

浣溪沙　春曉

鳥語枝頭碎曉風。驚回珊枕夢惺忪。春寒偏聚小樓中。　如水花香流几案，凝煙曙色透簾櫳。幾回欲起意還慵。

蝶戀花　送春

鎮日閒愁知幾許。庭際飛紅，猶濕前宵雨。道送春歸歸底處。天涯芳草迢迢路。　樽酒殷勤春解語。明歲重來，莫悵留難住。雙燕呢喃天欲暮。惜香也解啣花去。

清平樂

墻陰滴翠。花瓣和香墜。晴雨無憑人似醉。又到熟梅天氣。　閑來細酌瑶巵。酒醒閒弄琴絲。卷起湘簾待燕，西窗日已遲遲。

醉花陰　秋海棠

似水秋光驚艷絕。漫道芳華歇。信有可人花，數點胭脂，點著墻根葉。　啼螿露底聞幽

咽。人静來黃蝶。試倚舊欄杆，絳蠟涼紅，還染清秋節。

玉漏遲

晚花紅小勒。疏簾風懶，嫩香吹濕。愛甑餘芳，偏放閒愁侵夕。薄醉愔愔默坐，看細雨、裊寒牕隙。雲水隔。鵑聲底處，更添寥寂。
回首去歲離悰，記病裡沉吟，遲留芳跡。幾度縈心，蠶思絲絲抽積。準擬酬春有句，奈銷減、賦懷徐筆。燈影側。依稀舊痕留得。

瑣窗寒 曉色

幾點星黃，一彎月淡，曉寒庭宇。疏簾掩映，望裡迷濛輕霧。數梵鐘、百八聲殘，窗紗明滅蘭缸炷。看曚曨似暝，有誰解領，這般清趣。
江渚。艤舟處。記茗碗追涼，荷筩挹暑。東方微白，略辨眠鷗沙路。惜清游、那似伊人，啼襟更濕霑衣露。向長亭、爲我銷魂，目斷愁天苦。

望江南 燒燈節憶親

燒燈節，回首記兒時。梨栗争分歡夜聚，魚龍曼衍恣春嬉。快意恃親慈。
今半老，鬢已減烏絲。嬾看孩童貪戲弄，每逢節序總凝思。愁寫憶親詞。

點絳唇 雨裏見流螢

薝蔔香清，涼宵無月閒庭宇。一番疏雨。人傍簾櫳語。
暗裡流螢，自照花間路。低迴度。因風來去。身弱如輕絮。

浣溪沙 夜合花

驀地風香一縷來。幽尋徐步下庭堦。合棔花已兩枝開。　照眼芳苞如碧玉，中人滋味比新醅。黃昏微雨小徘徊。

前調

輕倩羅衫稱短長。幾番珍重度新涼。一朝飛去杳何方。　縱使依然新樣好，終憐不是舊時香。花前燈底耐思量。

青玉案 用賀方回韵，寄螺江大嫂二首

雙扉松底江干路。但夢裡、幽尋去。曾趁東風遊幾度。花光映檻，山光當户。欵語相携處。　也應念我來何暮。誤道躭吟好春句。知否病中愁若許。寥天潑墨，濃雲堆絮。卧聽瀟瀟雨。

其二

濃雲細靄迷江路。天不肯、人歸去。明月別來圓兩度。東風捲幔，飛花吹户。總憶清游處。　緑陰苒苒紗窗暮。預寫芳洲踏青句。病裡閒情餘幾許。獸爐撥火，麝香薰絮。清坐消寒雨。

憶秦娥 江上花朝

花生日。今年喜見團圞月。團圞月。烟波無際，潮平江濶。　山莊小聚還須別。風光又屆清明節。清明節。緑楊踠地，柔條堪折。

蝶戀花 春日西湖閒步，憶雛蟬

雲斂前山明遠樹。恰趁新晴，踏徧西湖路。

衝破層烟雙白鷺。依依掠過垂楊渡。憶得去年携手處。初月如鈎，天壓桐陰暮。別後詩情添幾許。怎無和我思伊句。

虞美人 午節連雨，和怡兒

晨宵不斷簷間雨。洗静堦蛩語。擁衾怯冷厭潺潺。那見荷花時候、夜加棉。江潮漲岸成飛澇。念及千疇稻。奚奴早起報溪流。已是庭前客水、可通舟。

燭影摇紅 橘燈，與怡兒同作

丹顆吹香，洞庭風味閒邊領。紗窗佳夕學兒嬉，剖出新燈瑩。添與蘭膏烱烱。愛絳珠、玲瓏摇影。玉荷吐燄，金粟含晶，一般齊整。曼衍魚龍，隣坊簫鼓酣游興。何如朱實結釭花，檀几春魂凝。消受年時好景。傍硯屏、暈紅低映。氷盤更喜，還剩瓊漿，酒餘替茗。

瑣窗寒 盆山，與怡兒同作

盈尺奇峯，如拳淺岫，甃成幽窈。新苔乍暈，隱約環青林杪。衹粼粼、一盂水影，春餘點綴閒庭好。更堪憐雨過，萍開唼喋，細鱗吹藻。清峭。天然巧。比遥山，數點黛輕鬟小。翩翩鳳子，鎮日啣花雙照。掩重門、人静晝長，涼漪薄皺爲芳沼。偶閒中、戲着雲烟，暗放香絲裊。

鵲橋仙 七夕

庭槐慳緑，墻蕉增瘦，鳩婦樓頭相語。旱天尤覺日如年，苦盼到、蟾明秋宇。瓶中佳卉，盤中佳果，今夕雙星歡聚。天孫畢竟有慈腸，下一陣、瀟瀟涼雨。

渡江雲

曉奩扶影倦，翠眉損黛，徙倚近簾櫳。小庭花影悄，蛺蝶飛來，祇自戀芳叢。相思幾度，看新緑、換了輕紅。恁別意、自家難曉，無那怨春風。　遥空。晴雲不隔，好月還圓，甚宵來無夢。漫爲君、高樓更上，無益情濃。滯人書信勞人眼，最堪憎、天末春鴻。相望苦、尤憐客裡愁中。

百字令　寄雛蟬

西風瑟瑟，恁中秋纔過，晚寒微逗。桂已吹香叢菊蕾，又近重陽時候。越渚蟬寒，吴天雁老，感序添懷舊。夜窗閒話，燭花彈落殘漏。　記否巷陌斜陽，柴門共倚，小立沉吟久。一去星霜成五換，獨自香殘人瘦。念熟金經，書諳玉箸，日課娱慈母。愁余含睇，夢中還想攜手。

八聲甘州　小樓看月

正纖塵不著碧天空，無際月波流。望秋中水灔，晴邊山色，盡入層樓。舊夢西風蘋末，湖渌蕩輕鷗。小集芳樽底，細話杭州。　夜永緑陰疏處，透氷綃露氣，酒醒吟幽。問金波渡雁，爲孰寄邊愁。待扶倦、同商瘦句，恨啼蛩、又換一年秋。欄杆曲、吟慵還凭，不覺遲留。

南浦　過懷德坊母家有感

回憶卌年前，喜隨娘、依戀外家風景。葱翠小盆山，群魚聚、水藻青青相映。梨甜栗脆，舅甥抓髻年光等。貪看層樓山色好，多少兒時佳興。　而今重履門庭，甚蕭然觸目，蕪簷苔井。絶少舊遊人，徘徊處、空覓夢中聲影。傷心怕説，有蛛絲滿欄慵凭。半晌遲留斜日下，墻角竹陰吹暝。

賣花聲

營得小園林。頗費君心。梅花幾樹已成陰。墻角海棠開徧也，正是春深。駒隙去駸駸，日度江潯。年來華髮不勝簪。許共函書杯茗樂，盼到如今。

雙瑞蓮　題某氏雙鴛室畫

虹梁香霧裡。愛緑净停橈，娟花初蕊。花底依依，看煞飄風香袂。底似文禽倚昵，明媚一水。綴脂成對。搖鏡影，碧雲罨畫，濺珠圓起。今歲百二韶光，恰宮數春多，湖憐天麗。和鳴戢翼，占取鴛期燕會。好割晴漪半畝，放畫舫、烟波消醉。明月底。夢也穩饒情思。

解語花　花朝

梅心乍綻，柳眼微舒，京國春猶早。園林緑少。度花朝、底似小樓情好。爐烟細裊。更絳蠟、華筵雙照。算者番、客子時光，忍放芳懷老。回首南州路渺。記去年今日，人被花惱。苔枝斜繞。綴輕紅、似解酬余一笑。春駒瘦小。戀庭際、東風嫋嫋。問故鄉、何異天涯，圓月清宵皎。

慶清朝　月夜對菊，憶心與海上

暝送清愁，天垂淺碧，疏簾怕捲宵晴。禁寒小坐，幾叢楚白娟紅。自理鏡邊青鬢，新花壓髻晚香生。湘簾外，月痕似水，人影分明。歲歲登高有約，愛舊游芳侶，樓外閒凭。烹鮮把酒，賦詩底用催成。漫笑吾儕半老，討秋還是舊游情。君歸未，樽前携手，還約吟朋。

掃花游　甲子春在里作

負墻雙樹，愛緑蕚吹香，深沉庭院。信風催暖。猛枝頭點點，艷光照眼。對此良辰，可奈天寒人遠。有誰見。每淚濺翠樽，欲酌還嬾。　曉起湘簾捲。怪微雨宵來，胭脂愁泫。自持并剪，取名花兩朵，付憑春雁。寄與知音，應把客愁消遣。遲眠慣。念詩肩、苦吟忘倦。

『并』字當作仄聲，『雙』字亦當仄，用兩字可否。

菩薩蠻　初到京城

紅塵軟踏長安道。牡丹天氣心情好。京國足春光。王驄拖紫韁。　朝曦紅木末。琉瓦金明滅。楊柳乍成絲。畫簾新燕飛。

月上海棠　海棠花下作

闌珊輕夢紗牕畔。子規聲、喚醒看花眼。幾許春陰，護湘屏、一枝紅婉。端相久、待嬾怎生得懶。　吟腸都爲東風輭。對明妝、不隔錦江遠。花也憐人，怨遲眠、燭容先倦。耐殘寒，消受芳斟夜半。

高陽臺　西園春覽，三月廿一日

曉看吹香，東風送暖，西園閒遣芳辰。京國看花，今年恰趁濃春。碧桃初放新楊嫩，步長隄、草色匀裙。甚多情。小蝶伶俜，偏好隨人。　日斜更上層樓望，歎前朝遺跡，畫棟生塵。何似青山，依然檻外長新。艷陽時節須行樂，約重游、莫厭來頻。漫逡巡。如此沉吟，可少清罇。

滿庭芳 乙丑重陽後一日，同心與柏園買菊

淡日暉暉，西風瑟瑟，京城再度重陽。欲携樽酒，何處賞秋光。尚喜名園在邇，同佳侣、游興偏長。疏籬畔，千叢萬朵，新菊送幽香。商量。經眼偏，絶憐淺白，斜間深黄。掬霜痕盈手，安向筠筐。歸去小樓客夜，青燈底、聽徹寒螿。微醺裡，持螯風味，鄉思總難忘。

八聲甘州 憶家園梅花

倚東風遥憶舊家園，雙樹粉墻低。儘深寒淺暖，將開還領，消息心知。侵曉凍禽輭語，銜夢上苔枝。初日曈曈，彈影簷西。堪歎頻年羈旅，算人孤花好，花盼人歸。慰春愁一半，盆盎古臙脂。恁天涯、離懷耿耿，望故鄉、芳信寄來遲。清宵夢、夢吟看處，香瀉閒階。

江南好 倚樓憶杭州舊游，寄褚迦陵

從別後，倏忽幾經秋。憶昔與君初覿面，雙峰隔水共扁舟。此意在心頭。湖山好，何日得重遊。碧海波長思黯黯，吴天雲夢遠悠悠。漫倚最高樓。

菩薩蠻 重陽前一日，樓望有感

瘦林簌簌飄殘葉。西風翠袖樓頭拂。有弟不能來。遥天雁唳哀。移家京國住。三度經寒暑。重九又明天。故山飛紙鳶。

望江南 和嘉齡惠影

珍重意，玉影繫新詞。自恨孱軀逢小極，爲題秋句報相知。雁字共遲遲。舊遊處，煙水

悵迷漫。昔歲過存親醉語，幾時重與對湖山。天遠夢飛難。

菩薩蠻 夏日

京城祇苦居無竹。纍纍棗子垂檐緑。侵曉露蟬鳴。故園同此聲。　墻頭遲日影。真比南方永。時有藕風涼。偏無荔子香。

其二

蟬聲莫更鳴高樹。鄉關南望知何處。翠竹舞修墻。風多長日涼。　書來良慰我。報道紅薇好。往歲惱無花。今年開最佳。

其三

家書來報園林好。金錢蒲並龍鬚草。不減去年青。流芬階與庭。　又云蘭暢茂。晨露花娟秀。憶我在家時。宵將豆水澆。

賣花聲

燕北信風遲。盼到花時。牡丹天氣俊游宜。曾許園林連日共，偏賦將離。　小別月爲期。總苦凝思。心情懶到冷琴絲。知隔簾櫳猶恨遠，況是天涯。

浣溪沙 辛未春日，柏園看牡丹，和心與

舊苑春來到處香。賞花尤喜傍池塘。風絲摇曳翠羅裳。　芍葯數畦含露氣，牡丹千朵羃煙光。小紅欄外碧籬旁。

洞仙歌 雨中樓望

東風吹雨，灑樓扉寒透。遥望前山憑欄久。問春光、幾許拂面飛花，是第一，番□催詩佳候。　兒曹歡繞膝，少小心情，愛聽伊啞勸觴

酒。舊里數凭欄、此樂依稀，便在客、依然消受。問羈棲、剩有好時光，算這種閒吟、有人同否。

鷓鴣天 春夜對月和蕙愔

花正開時月正中。樓窗一角傍芳叢。夜遲猶戀欄杆曲，羅袖輕颺愛淡紅。　春尚淺，趣偏濃。老年滋味少年同。湘簾幾次垂還捲，小婢無知却惱儂。

以上《天香室詞集》

赤棗子

詩句瘦，愧遊情。殘更理得小詞成。　故人曾有登高約，願乞天公一日晴。

江南好 雛蟬病，阻水不能望視，念之

梳洗未，紅日已西斜。衫袖紛飛黃蝶子，帷紗愛綴素馨花。咫尺若天涯。

其二

無藥否，病枕得詩不平聲。强起漫思佗日事，沉吟莫着客牕愁。呵鏡好梳頭。

菩薩蠻

幽窓雨過蟲聲濕。燈痕不肯羅幃隔。　夢淺已知秋。夜長衾枕柔。　玉鈎微響處。髣髴猜蘭炷。消取素馨風。翠鬟憐半鬆。

齊天樂

飄瀟一陣風和雨。灑净小庭芳樹。　婀娜紅鮮，龍葱緑潤，涼徹晚花庭户。　幽齋無暑。且

紈扇停搖，鑪香微炷。偷減凝思，乘涼試譜新詞句。　閒居自尋韵事，簷聲吹爽籟，何殊江渚。簾燕歸遲，瓶荷香澹，歡對躭詩佳侶。安排樽俎。正櫻釀初開，菱羹新煮。晝永深斟，更謀良夜趣。

前調 新荷

幾聲啼鴂沉煙樹。天涯又驚春去。拂岸蘭條，縈波荇帶，爭似田田依渚。晴和未暑。愛初展青盤，已容零露。小掬珠圓，弄憨卻笑浣紗女。　垂楊綰陰暗護。鏡波萍界瀾，漁艇無阻。一半抽簪，三分似蓋，便有鴛鴦低聚。早薰風幾度。盼攜手酒涼時，片雲催句。□□□，□□□□□。

以上見稿本《天香室詞鈔》

鄭騫

減蘭

當年三月。悔殺春光輕易別。縱使春歸。金縷華年事已非。　月圓花好。愁裏匆匆都過了。可惜芳時。真個無花空折枝。

虞美人

十年如夢雞林道。只剩當時帽。無端開篋忽重看。帽上沙痕雨點、恁斑斑。　那堪又是秋蕭索。明日還飄泊。孤燈滅了掩重門。我是生成有恨、愛黃昏。

清平樂

長空漠漠。滿地堪蕭索。緑柳兼黃蘆也白。

昨日情懷便惡。今朝淡日無光。丹楓更覺凄涼。再把新詞填上，無才未必無腸。

踏莎行

誰道詩書，還成自誤。天教留起真情緒。月華萬丈吐光芒，寒星也有光芒吐。　莫漫悲涼，徘徊歧路。人生也許由人作。自家若不去安排，身心更没安排處。

虞美人

曈曈旭日山光紫。風暖波紋細。臨風小立意踟躕。又是一年春色、滿平湖。　海棠花落深深院，静裏看雙燕。人間萬事總堪驚。生怕舊時天氣、舊心情。

浪淘沙

窗外老松聲。雨過寒生。近來天氣舊心情。半夜高歌神慘淡，山鬼來聽。　隻影上疏櫺。緑暗油燈。起來獨自繞閒庭。放下無邊無岸事，細認春星。

減字木蘭花

幕天席地。忘了生前身後事。踽踽涼涼。負手閒行是樂鄉。　從先大好。以後茫茫安可料。領取當前。水滿春池看遠山。

浣溪沙

一夜心絃不住鳴。起來獨繞海紅行。重門悄悄夜寒生。　棐几筠簾浮往事，繡屏羅帳襯飄零。此情如夢欠分明。

其二

春夢無根那解圓。飄零誰道不堪憐。沈沈花草月如烟。冷炙殘杯真慣矣，酸情孤憤總凄然。更禁昨日杏花殘。

其三

幾度文波起怒潮。十年湖海氣潛銷。沈檀從此佛前燒。幻夢有靈添悵惘，青燈無伴發牢騷。詞聲嗚咽顫春宵。

憶江南

滿地濃陰三兩蝶。又是當年，別離時節。東風終古有沈哀。丁香謝了海棠開。海棠嬌貴應難折。紅瘦燈痕，可惜花如雪。春花若發那年心。春人已老更難禁。

鷓鴣天

趁取輕陰看海棠。西園才歇雨絲長。輕摇弱柳風猶嬾，小落春花土亦香。光晼晚，覺微凉。已凉春夢費平章。夢中那有春如錦，鶗鴂先鳴草不芳。

小重山

越是愁多越愛聽。春池蛙陣鬧、一聲聲。落花天氣晚寒輕。春衫薄、小立月華生。何止念飄零。更無安穩地、著春情。可憐心事太分明。從今始、放眼入青冥。

臨江仙

春意難隨春事盡，爲誰獨倚危闌。茫茫殘照下遥山。春衫加意薄，有味是輕寒。那信真成無淚別，音書望斷江南。一生無分是清歡。夢回疎雨裏，心折晚風前。

減蘭

宵來風雨。便不傷春春已苦。新夏新晴。緑葉盈枝照眼明。風和日好。放下塵勞須一嘯。獨倚層欄。淡淡西山起暮寒。

浣溪沙

萬木陰陰向晚晴。夢回獨自放歌行。悲歡依舊欠分明。猶記秋紅隨手折，忽看春緑滿枝生。今年楓葉去年情。

漁歌子

海棠殘，丁香落。連天春草原虛設。閒負手，放歌行，只有無邊悽惻。暮雲平，天宇濶。水光山色應如昨。真作了，馬牛風，惆悵此情誰說。

浣溪沙

獨自歸來酒半醺。餘歡薄似早秋雲。人間何事有離分。風裏白楊羣惡鬼，夜來天地一孤墳。青燐閃灼照何人。

踏莎行

黑夜莊嚴，白天明爽。只愁没個閒人賞。夜中那解認孤墳，朝來依舊攖塵網。以後從前，憂勞鞅掌。當頭美景難虛放。高岡獨立夜沈沈，縱聲狂笑長天響。

朝中措

明霞成綺月初來。風色上高槐。酒落晚涼天

氣，銷凝倦客情懷。　少年狂狷，中年哀樂，費盡安排。依舊黄昏影裏，低吟小立塘隈。

浣溪沙

續命長絲漫再長。白雲蓬島是吾鄉。人間萬事太蒼茫。　憒裏高歌愁裏病，醉時沈默醒時狂。暫時消遣只凄涼。

蘇幕遮

故山遥，歸思薄。冷落窮途，暫作飄零客。驀地風雲都變色。小有家園，争奈前程窄。

賦新詞，斟大白。痛飲狂歌，也是當前樂。啼笑全非多束縛。啞酒傾乾，自惜當時錯。

瑞鷓鴣

英雄天下只曹劉。生子何人似仲謀。優孟衣冠憑演劇，泥犁語業勝封侯。　拙生何必營三窟，豪氣還應隘九州。客裏逢君無別事，相將沈醉酒家樓。

浣溪沙

畢竟人間事渺茫。城西猶記數垂楊。忽然如此寄他鄉。　乞食真成無賴賊，低頭豈止九迴腸。客中何地著疏狂。

前調

細細新涼薄薄晴。竹桃沾雨太盈盈。庭空客散憶平生。　妒裏修眉慵再碧，醉時雙眼爲誰青。春花秋月尚關情。

前調

碧水明霞落照紅。拍天白浪趁長風。看山人

在海當中。縱使海濤無限濶，依然目力有時窮。人間傴仄總相同。

柳長春

飛絮隨風，瞎驢轉磨。塵寰何處安排我。階前昨日石榴紅，明朝未必階前墮。客裏生辰，今年又過。高歌沈醉花間臥。莫將人事比浮雲，浮雲還許由人作。

思佳客

黄鵠凌霄未免飢。瞎驢轉磨竟何之。撲燈蛾子原無賴，作繭春蠶亦太痴。頻思索，幾然疑。三年贏得骨撑皮。茫茫慧海休重問，香茗看花最好時。

山花子

誰道今年勝去年。晚風微勁怕憑欄。藥碗詞箋無味甚，早秋天。蛾子撲燈蠶作繭，死生趨避總無端。提到此身堪恨處，又堪憐。

鵲橋仙

風風雨雨，悽悽惻惻。陣陣聲聲悲咽。朝來便覺夏衣單，莫又是、清秋時節。斜陽冉冉，長空漠漠。數點殘霞明滅。緑楊蕭瑟怕西風，更何況、春來病葉。

鷓鴣天

病裏迎秋自不禁。西風舊怨怯登臨。江濤落日浮天地，敗葉哀蟬送古今。雲淡淡，月陰陰。碧空寥闊夜沉沉。人間萬事堪腸斷，漫説平生跌宕心。

浣溪沙

哀樂無端不自由。留春春去又傷秋。凄涼怕上最高樓。　萬瓦寒霜清比雪，一天殘月淡於愁。丹楓黄葉一齊休。

人月圓

昨宵新月照人圓。前夜雨聲寒。無聊天氣，無聊愁病，客到遼邊。　天低野窄，風酸霧重，冷浸秋衫。到家偏是，千山落日，萬户炊煙。

虞美人

沙黄草碧茫茫路。歲歲來還去。別離不復説沈哀。覺得身心先自、隔天涯。　野風零露秋衣薄。曉月天邊白。長空淡淡抹晴雲。不是千山落照、兩行人。

減蘭

危舷獨倚。漸遠雲山千百里。到處情多。到處無情又奈何。　蒼波萬疊。心光不共波光滅。海濶無邊。收拾清愁更枉然。

采桑子

碧波低處天如線，漠漠秋晴。惻惻歸程。争不飄流過此生。　新來萬事收心也，髩枉青青。心已星星。風裏楊花水面萍。

思佳客

耿耿銀河漠漠煙。浪花飛動夜迷漫。微光閃灼星浮海，新恨凄清客倚闌。　身寂寞，意纏綿。千重水外幾重山。可堪真作無家別，獨聽濤聲耐夜寒。

瑞鷓鴣

北歸南去兩無憑。安得心如入定僧。但覓奇方醫病骨，更緣何物遣孤燈。歡娛未必當年夢，酸楚何堪此際情。誤盡旁人誰誤我，謾將萬事説來生。

浣溪沙

江海歸來夏已空。馬纓垂莢怨西風。昨宵凉起雨聲中。　舊事淒迷嫌夢短，秋情寂寞愛蕉紅。曉來獨立畫樓東。

前調

黄葉紅花倚晚晴。垂楊開處暮山明。依然拄杖浩歌行。　舊日詩詞歸少作，眼前温飽即人生。却緣何物遣孤燈。

玉樓春

葉乾風急聲蕭瑟。獨倚危闌星又月。此心争似月團圞，往事已隨星暗滅。　大江南北音塵絶。蝶忘百花花忘蝶。今年總算過中秋，誰盼相逢誰恨別。

浣溪沙

一任秋檠照影孤。清歡幽夢總糢糊。如今不寐爲貪書。　山色漸隨紅葉好，客愁還共緑陰疎。心閒天地入吾廬。

惜分釵

風蕭瑟。秋情薄。中元幽夢還如昨。小軒

窗。月如霜。不似温柔，不是淒涼。茫。茫。　晨光白。傷行色。生涯真逐楊花落。日昏黄。暮山蒼。又過中秋，又到他鄉。傷。傷。

采桑子

如今夢也無由作，辜負秋寒。小立風前。淡淡斜陽重叠山。　春花還逐春風落，緑暗紅殘。莫想清歡。那見人間比夢間。

梅花引

愁滋味。長如醉。無聊無賴成頹廢。任徬徨。任淒涼。獨立西風，莫負好秋光。　半紅遠樹兼黄緑。無邊落照青山曲。淡雲峯。幾千重。一陣秋禽，没在碧天東。

風入松

紅蕉漸瘦緑楊疎。白葦間黄蘆。孤雲落照青山外，試憑欄、淺畫成圖。便不春歸上苑，如何秋到平湖。　澄波照影奈清癯。此意正愁余。從前長怨塵勞縛，已身閒、却又空虛。可惜浮沈人海，依然夜永燈孤。

木蘭花

春楓換盡春顔色。落日西風秋瑟瑟。萬花開處緑如油，百草枯時紅似血。　當時爭信秋光薄。此際才知春日樂。殷勤收拾待春來，謾向窮秋傷寂寞。

菩薩蠻

如今真個飄零慣。不成還作飄零怨。何物是

飄零。西山無盡青。　一天飛霰雪。忽見青山白。可惜瘦形骸。寒衣未剪裁。

蝶戀花

小別安知非永訣。獨倚高樓，望斷長天闊。草盼草樹荒寒冬一色。茫茫路上深深轍。　重逢休恨別。花落方開，明月圓方缺。綠鬢青春都未歇。不難自慰朝和夕。

減蘭

請誰忘我。正恨平生無罪過。許我思誰。萬事銷磨萬念非。　人生有味。秋月春花相遞媚。可惜孤踪。長在花殘月暗中。

采桑子

如今嘗得真滋味，舌敝唇焦。舌敝唇焦。聞說忙時、愁恨俱能消。　舊山重疊濃雲外，夢又難拋。夢又難拋。也冒黄塵、獨自過紅橋。

臨江仙

說其新歡舊恨，心曲早已荒蕪。中年多病旅情孤。故人南北路，休盼數行書。　夢裏山光大好，醒來風勢何如。還人春色未全虛。可憐花萬樹，一一費躊躕。

清平樂

晨曦滿地。萬象含生意。柳長新芽楊吐穗。還是那般滋味。　此身早慣風沙。管他沾上京華。畢竟春天來也，居然開了桃花。

十拍子

乍暖猶寒天氣，悲愁非怨情懷。裊裊垂楊才

嫩緑，漠漠濃雲正慘灰。長空雁未來。　夢裏蒼茫煙水，醒時寂寞蕭齋。便好消磨惆悵意，也恨平生萬事乖。春花又亂開。

清平樂

長空漠漠。連日東風惡。點點塵沙心上落。詞也怎生填得。　年年如此生涯。管他春去春來。自把重簾放下，早知千葉桃開。

踏莎行

浮海能無，沈江可惜。安心且作他鄉客。偶開倦眼覷春光，籐花滿地樓南北。　天半塵黄，夢中山碧。燈前自照顔蒼白。從今不必費思量，一般總是人間色。

前調

密葉翻風，殘花布地。此身又把危闌倚。宵深曾插鬢邊斜，明朝鏡裏花憔悴。　倦矣征塵，凄然旅思。燈前瘦影驚如是。憐花自懺兩無憑，從今收拾傷春淚。

思佳客

落日明霞倦鳥還。白楊風急似秋寒。天涯終古多芳草，人世從來有墜歡。　頻悵望，轉凄然。此生衣帶爲誰寬。深宵明鏡昏燈裏，已覺朱顔太不堪。

臨江仙

卻駕輕舟遼海上，此身雖在堪驚。層波泛碧莫雲横。羣山原冷落，殘照太分明。　不恨故山非我有，愛他天外山青。鳥歸帆去兩淒清。便應從此逝，放眼入滄溟。

前調

作客還鄉都倦也，黃塵污盡征衫。心如秋樹耐清寒。西風吹敗葉，夕照滿空山。　澹蕩春光來眼底，鏡中非復朱顏。花開花落一般看。江河流萬古，哀樂入中年。

南歌子

哀樂新來慣，情腸徹底寒。一番涼雨又秋天。知道人生畢竟、幾多年。　白浪千重海，青林一帶山。者回休再望家園。還是他鄉長嘯、坐花間。

鷓鴣天

短帽輕衫出舊京。斜風疏雨柳絲輕。秋山淡碧長林醉，野草微黃落照明。　新景物，舊心情。無人知處冷清清。西風落盡長楊葉，皓月穿窗欲作聲。

浣溪沙

便覺平生有百端。深宵長歎淚汍瀾。打窗疏雨作輕寒。　靜裏獨看新醉葉，夢中時見舊青山。不堪重憶十年間。

以上《永陰集》

臨江仙

廿載夢雲吹屢斷，今朝欲醒還疑。情懷不似舊家時。倚樓無緒，何福到蛾眉。　樓外西山顏色好，晚霞托住殘暉。平林漠漠亂鴉歸。

霜風凄緊，獨誦定厂詩。

菩薩蠻

無端又是雙眉蹙。離懷只在秋山曲。明艷憶朝霞。黃衫映歲華。　曉風催夢去。去住全無緒。心事任闌珊。羅衾可奈寒。

南歌子

朔氣森亭障，寒聲壯馬蹄。北風撲面雪花飛。老樹彤雲黯黯、四天垂。　陵谷年年改，鄉園事事非。祗應飄泊莫思歸。獨自挑燈檢點、舊征衣。

鷓鴣天

回首當年淚數行。漢京久已是他鄉。金張鐘鼎皆新主，許史絃歌剩夕陽。　梅欲謝，日初長。每添一線越凄涼。勸君休賦黃昏句，賦得黃昏更渺茫。

定風波

遠樹長河掛甲屯。天邊一線是春痕。人道先生疏放甚。藤棍。凉凉踽踽逐行雲。　薄暮歸來逢小雨。旋住。輕寒院宇静無人。誰把如絲情緒寫。多謝。土香風軟月黃昏。

臨江仙

看着人家兄弟，忽然想起儂家。兩千里外路斜斜。一水驕新漲，千山炫野花。　底事尚貪塵土，年年强半京華。何當解脱這生涯。農桑陪老圃，花月試新茶。

踏莎行

走了姻兒，還來世丈。猷頭板臉酸模樣。談今說古絮叨叨，誰能耐性聽閒賬。　逃出重圍，高樓獨上。天連望眼心懷暢。工頭却是懂詩人，遲遲不放千燈亮。

醜奴兒

如何一夜凄涼夢，被雪消磨。被雪消磨。不是昨宵舊雪麼。　凄涼消盡心絃静，彈起歡歌。彈起歡歌。笑看旁人滑凍波。

風入松

遼東海北少年身。作了詞人。心頭更有酸辛處，説風懷、半吐聲呑。慚愧青燈故紙，原非翠袖羅衾。　池邊一帶樹欣欣。映著漣淪。曉來清旭春窗裏，寫新詞、獨自沈吟。筆底千秋事業，生前幾許晨昏。

相見歡

嬌陽上了窗紗。一些些。自把吴香焚起、試新茶。　朝霞面。别離宴。莫思他。窗外一枝將謝、海棠花。

南鄉子

草色入山青。聞説前溪漲已平。帶着年年今日事，閒行。高柳風和送進城。　不似舊門庭。燕語雕梁百感并。曲巷經過人影瘦，伶俜。斷碣孤槐向晚晴。

玉樓春

夢中一朵花如雪。贏得凄涼誰與説。曉寒吹

枕一絲絲，難道人生常是別。　樓前楊柳山前月。七八年來如電掣。平生無地着春情，只有新詞知哽咽。

采桑子

堪驚堪愛迎春雪，比雨星星。似雨濛濛。春在輕煙潤氣中。　愁邊細想今生夢，小半才醒。大半猶濃。身寄高樓第幾重。

鷓鴣天

小有亭臺倚翠微。萬花如夢一蜂歸。蜂心欲逐沾泥絮，花艷空追鏤錦衣。　情脈脈，恨依依。營巢釀蜜事全非。從今只合旋空舞，看取成陰結子時。

柳長春

覓句無聊，銜杯有恨。蒼蒼老瞶何須問。晚來雨過好清游，飄然獨往持籐棍。　山色微茫，槐陰清潤。籐花細細飄香韻。早拚愁緒作疏狂，如今真個疏狂甚。

人月圓

刺梅花落春光老，密葉緑陰陰。少年情事，堪驚歲月，獨自沈吟。　幾番幽夢，羅衣似水，涼月如金。醒來贏得，紅箋寫怨，白酒傷心。

蝶戀花

一樹亭亭花乍吐。誰説春神，已到將歸處。但使嫣然承一顧。人間萬事如塵土。　夜夜魂游雲海路。縹緲蒼茫，不與春神遇。夢破燈昏無意緒。青年只合教情誤。

思佳客

雨過秋園氣倍清。疏林落日亂蟬聲。詞料苦多詞句少，樹葉濃陰樹幹晴。 當日事，此時情。墜歡沈恨一時生。人間若有多情種，記否煙蕪信意行。

卜算子

鴛鴦不作雙，争奈秋波緑。嫋嫋西風起客愁，却在秋山曲。 西風不肯停，窗外山連續。秋過梅西憶昨宵，更怨年光促。

鳳棲梧

冰雪聰明冰雪性。冰雪肌膚，大好誰能近。夢裏若憐人瘦損。相逢肯惜牽衣問。 江海飄零雙緑鬢。除了單思，事事無憑準。 陌上車聲聽隱轔。朝霞明艷清波影。

木蘭花

野花開處無人到。一任垂楊風裏老。疏枝敗莢夏初闌，黄葉青山秋正好。 如今何事傷懷抱。舊夢新歡真漸少。良辰美景自由身，曳杖長歌天地小。

祝英台近

室如漆，風似虎。悄悄夜當午。只是無眠，不是人生苦。 自家慢理柔腸，深埋熱淚，决不向、孤衾偷注。 更無緒。說甚離合悲歡，一般怕重數。萬事銷磨，萬念俱塵土。可憐已厭紅塵，凌風將去，却又被、紅塵留住。

浣溪沙

人静廻廊夢未牢。寒空凝碧月輪高。當年此際最魂銷。　數載輕離無限恨，幾回思怨可憐宵。者番病裏又今朝。

蝶戀花

也識終圓休恨缺。也識離愁，只爲多情設。難道幾度空圓天上月。多情却是音書絶。　難道今生成永訣。難道生生，世世長離别。理盡柔腸無可説。新詞半卷情悽切。

卜算子

空想雨如絲，依舊風如虎。黄沙漠漠柳青青，借問無聊否。　早晚醉還醒，江海來還去。行遍人間也是愁，索向愁城住。

十拍子

却笑連朝詛呪，居然今日晴明。又見丁香開滿樹，依舊桃花綴一庭。數枝楊柳青。　自是風沙暫住，還應苦悶稍平。歲歲山前春更好，試問何如此際情。階前獨自行。

思佳客

錯道今生有故鄉。山河迢遞海青蒼。歸程枉走三千里，家報空看四五行。　思往事，立新涼。悲歡贏得兩茫茫。今宵待上西征道，心折秋風雨打窗。

前調

昨夜初聞絡緯鳴。風前小立覺衣輕。獨看一陣蕭蕭雨，誰識連朝脈脈情。　千萬事，總淒清。心花未放已凋零。回頭一笑東家女，又濯秋衣趁晚晴。

虞美人

如今真覺從前錯。萬事悲搖落。一天絲雨弄輕寒。獨自臨風忍作、一生拚。　明朝雨霽青天好。便上榆關道。飄零已慣不傷神。只祝秋風珍惜、浣衣人。

以上《永陰存稿》

歲晚鄉思信口爲長短句

又何必、綠楊陰裏聽杜宇。早心絃彈起，不如歸去。奈水遠山遠，寒風落月，枯草茫茫，平沙莽莽，問家山何許。但別裏匆匆，歲華又云暮。　常記十幾年前，初春暖雪，天街鑼鼓。憨嬉時捋阿爺鬚，當時明俊王文度。如此韶光，都換了、飄零亂羽。便辦得歸程，春燈臘酒，也不是、舊時情緒。

見《燕大月刊》一九二八年一卷四期

浣溪沙

悵惘心情嗟屢傷。敢憑何事着思量。殘陽冉冉海茫茫。　獨鳥銜波翻兩翅，片帆得日内孤光。東西南北總牽腸。

其二

才到江頭暮春天。秋風又上海東船。千帆盡裏見青山。　東去碧波三萬里，西沈紅日五千年。幾時相望得開顏。

其三

雜樹成陰草漸齊。柳花如雪滿階墀。綠深庭院夕陽遲。　別後傷春情寂寞，愁來臥病骨支離。爲誰憔悴在天涯。

其四

寂寞殘陽自閉關。晚花紅落碧莎間。傷離感舊暮春天。酒戒重開人臥病，槐陰漸合柳吹綿。可憐懷抱向誰開。

以上見《清華月刊》一九三一年三十四卷十期

鄧潛

瑞鶴仙　孫白谷遺硯，爲趙劍川觀察題

寒圭烟露泫。是補天賸塊，丹心如見。邊才數公健。奈秦雲似墨，催軍傳箭。潼關血戰。怕鸜暈、流枯淚眼。吐星虹、夜檄宵飛，大好雪聲堂伴。　流轉。偷生田海，賣卜橋亭，倚樓人怨。紅絲在案。磨不盡，赤眉傳。占蒼山一角，雁門秋色，魂去尚書未遠。配君家故物，東方紫雲一片。

鷓鴣天　燭

高照紅妝午夜春。月兒沈處醉花晨。一枝隱惜巴山雨，孤負西窻翦翦痕。　龍抱柱，蠟堆銀。暗中心事點時存。如何身作光明佛，不照逃亡屋裏人。

前調

不信流光偪歲除。紅箋題處墨痕枯。殘篇夏正煩箋注，變相鍾馗入畫圖。　詩閣筆，酒傾壺。衰年情味蓼兼茶。春心拌共梅花冷，轉恐梅花冷不如。

醉思凡 北來友人勸予出仕，戲書示之

歌筵舞筵。鶯喧燕喧。纏頭一擲金千。問誰家少年。衾寒枕寒。香殘漏殘。春風桃李嫣然。撇花枝獨眠。

滿江紅 贈陳石甫少尉

滴乳寒巖，共西麓、幾回消夏。重把袂、那堪提起，廿年前話。雪後騎驢詩苦瘦，水邊射鴨官無價。算何如、變姓隱吴門，梅仙亞。　療貧策，生難畫。夢華録，愁同寫。唱鷓鴣天曲，寄人檐下。歸信枉憑青鳥遞，好春忍聽黄鸝罵。只君來、剥啄許開門，餘都謝。

賣花聲 菜花

一壩焆黄明。夜雨雛晴。午風千甽雜蜂聲。妝點牧童春滿袂，香粉零星。花發漸催耕。野態山情。瑶簪無分上娉婷。配得農家金色界，麥隴青青。

百字令 秋雁

一繩秋信，又粧樓過也，半空嘹唳。歲歲西風吹客夢，偷寫數行斜字。花艷來紅，蘆銜淺白，夜耿人無寐。舊巢何處，幾聲羌笛風裡。　應念鳳泊鸞飄，書空咄咄，怪絶而今事。說甚瀟湘菰米味。水碧沙明何地。月黯南飛，雲迷北嚮，灑盡孤臣淚。春明踏雪，爪痕依約能記。

高陽臺 某學使按試鄘州，其夫人寄紅袜與之，即告歸。和休庵

雲幔兜香，星軺軠月，天涯多少離愁。雙照何

時，枕中便是鄜州。一箋燕子親銜到，道相思、盼斷庚郵。寄訶梨，人影衣香，貼近温柔。　沈郎定也腰圍瘦，比宋家半臂，别樣風流。染透胭脂，深深曾護雞頭。密將繡段傳私語，好歸來、眉史仍修。莫孤他，摺暈斑痕，重熨薰篝。

滿江紅　傀儡戲

鮑老郎當，又幻出、犁軒新戲。被暗裡、紅絲一縷，盡情牽繫。取影須防燈炷暗，傳聲翻借簾衣蔽。待看他、小步蹴金蓮，虚無地。　桃梗客，生同寄。橘枰叟，閒多事。算登場搬演，半生隨意。刻木誰留真面在，入幃高挂藏身計。歎眼前、多少出臺人，俳優技。

前調　汗巾

熱透芳心，揩不斷、情多於水。便生就、清涼無汗，淡紅將洗。密密暗將裙帶解，星星點上金訶膩。論相親、褪到小蠻腰，郎難睨。　螺黛濕，須重理。青鳥去，休銜起。問當年題帕，可知儂意。酒暈生防魚纈涴，淚痕莫誤鮫綃漬。贈檀郎、换貼滿身香，花前祕。

水龍吟　水車

人閒也學阿香，雷車轉轉秧塍午。劈流山澗，石梁騎處，先安雙礎。越浪生花，巫濤迴峽，滿槽飛雨。聽數聲鴉軋，村墟遠近，渾誤認、春江艣。　老去家鄉夢阻。記山坳、梘筩分注。大田龜坼，連番轤轆，緑含烟畝。似此奔波，輪迴不定，替人辛苦。問幾時生角，天寒水落，荷鋤歸去。

燭影搖紅　壬子九月，辟地至渝

杜子生涯，草堂薄計都難守。月明今趁鵲南飛，魂落空弦候。且當遊山載酒。唱巴歌、蓉江放溜。藥闌延客，花市嬉春，幾時能够。　叢菊吹香，算程剛過重陽後。轉頭妖鳥夜空啼，秋老人同瘦。賃得烟畦半畝。也偷閒、梅花種就。海天遥望，蜃市青紅，劍光龍吼。

聒龍謡　西洋留音機器

若有人兮，呼之欲出，宛轉聲情都肖。掐到音波，絶技西來巧。開銀鑰、融蠟盤圓，接玉管、旋螺鍼小。感江南、舊識龜年，也同向，曲中老。　閒庭裡，廣場邊，併絲與竹肉，分明兼到。休黏粉汗，怕紅腔變了。許遥聽、不許圍看，莫再憶、京華風調。待歌殘、啞樂同班，巾箱貯好。

滿江紅　六十初度，自題小影

甲子平頭，記人指、黃驄年少。忽滿鏡、新霜全换，恒河天曉。柯爛棊枰看打刦，圖傅笠屐誰臨稿。聽今朝、一曲鶴南飛，慚同調。　塵世味，嘗荼蓼。故山夢，尋壺嶠。喜夕陽無限，映紅萱草。像侍老親側。另眼天將癡福畀，前身月認圓光好。怕虎賁、貌似總非真，中郎老。

買陂塘　繩妓

架飛梁、舞組斜挂，花梢穿過長短。驚鴻掠影扶摇上，錯認躡空紅線。身屢顫。似戲踏秋千，絡索西墻畔。雙丸手轉。只鷺足翹時，蝶裙開處，生怕峭風扇。　唐梯技，記否前朝歡宴。教坊今已雲散。竿頭百尺虛無地，壓倒掌中飛燕。香骨軟。看靨暈紅潮，屏氣防嬌喘。癡情一粲。正何事干卿，漢陰相況，抱甕一溪灌。

臺城路　送楊次典太史旋播

計程夢已隨君遠，千山萬山黔路。贈縞新歡，大羅前夢，幾箇銅駝街聚。萍蓬舊侶。正團雪繙時，亂雲迷處。唳鶴聲聲，望鄉心挂夕陽樹。　情知離合不免，奈非時燕雁，相背飛去。北里傳杯，西窻翦燭，忍話巴山殘雨。留君不住。算歸及秋期，菊花爲主。感我無家，錦官愁杜宇。

賀新涼　迷藏

歇了秋千戲。步輕輕、迴廊轉過，暗藏花底。又恐花枝遮不住，低把湖山石倚。更結束、杏紅衫子。怪底茜裙偏逗露，砑金邊、時被風掀起。防女伴，躡來矣。　人間詭密多如此。到而今、尋聲避影，猜防無計。請看羣嬉描小様，有個雛鬟偷指。悄說到、那厢纔是。隔著晶簾偷瞥見，影姍姍、潛繞苔堦避。忙捉住，笑難止。

鳳凰臺上憶吹簫　憨

俊不成愁，靈偏帶傻，憨憨大士前生。妙雛鶯作態，乳燕調情。那得癡騃賣去，堆笑處、孩意天成。頑皮甚，含羞避影，不像寒傖。　卿卿。大方家數，卻逐様新妝，格外妖精。只賣兒出世，生性嬌獝。逗出通犀一點，相思味、紅豆星星。瓜兒樣，心中有心，絶世聰明。

前調 嬾

倚枕懨懨，偎衾戀戀，夢醒猶自惺忪。似梨花一樹，瘦盡東風。莫爲宵來病酒，驚起晚、雲鬟還鬆。腮渦俊，困人天氣，無語雙紅。 朦朧。鏡臺展畫，看倦影楊妃，也似阿儂。笑柳眠花彈，春比人慵。道是真成散漫，殷勤處、暗又情通。支頤久，羞郎爲郎，各會心中。

前調 昵

甜似餳黏，縫如鈿合，泥團捏作春人。幻爐烟雙裊，一氣難分。爾汝喁喁私語，勾郎問、欲吐還吞。窻兒下，纔梭媚眼，又貼輕身。 情親。不經意處，多半是佯羞，半是微嗔。更背燈偎傍，泥洒温存。贈答相憐形影，形影外、別有前因。將心換，羅衣怕寒，纖手雙捫。

沁園春 題胡玉津奇礓園圖

石笥傳家，一畝之宫，賦歸去來。自蜀山秦樹，勞生宦迹，桑田滄海，歷刦詩才。箇里依然，瓜廬宛在，五柳園堪慰老懷。宋胡仲連居五柳園。壺中隱，就藥闌花漵，次第安排。 雲胎。萬緑封苔。便磊砢、嵚嵜名小齋。更米顛同癖，百城書擁，到公留樣，幾樹梅栽。伯始餘生，輞川縮本，風景天然圖畫開。吾何事，共薲洲擫笛，菌閣銜杯。

瑣窻寒 紙窻

冷布紋斜，燒玻性脆，一般明亮。張張帖補，別喚雙丫勾當。儘尋香、遊蜂誤鑽，路迷時打疏櫺響。配蘆簾挂處，香山居士，苦吟模樣。珠幌。延秋爽。印一幅空明，月兒初上。誰關鳥了，便引絲絲蛛網。莫嫌他、薄似茜紗，夜寒猶把風力障。笑雛鬟、舔破輕輕，暗覰雙鴛帳。

掃地花　雞㙜菌

滿山氣濕，正節近梅天，雨晴蒸乍。肉芝羽化。看珍珠傘小，影圓苔罅。玉幹瓊根，蟻穴何妨在下。隔籬話。問香孕土膏，誰采盈把。風味真淡雅。稱履道新詩，八珍呼野。妄名署罷。笑餐來秀色，一般嬌姹。沁入雲漿，食譜黔鄉另寫。佐杯斝。配蘭花、金共論價。

蘭花菇，珍品也。

齊天樂　白秋海棠

粉墻西角娟娟影，無端惹人腸斷。幾簇涼雲，三分嫩月，零落秋心誰管。瑶臺路遠。早根把愁埋，葉將情翦。細露叢邊，一絲紅淚莫輕染。華清舊時伴侶，怎春酲睡覺，顔色都換。可有龍眠，攜來粉本，貌出烟枝風蔓。樓中住燕。認縞袂依稀，是他關盼。淡冶秋容，豆籬花又滿。

玉漏遲　黄葉

額黄山一角，憑誰襯出，疏林高樹。最好斜陽，點綴晚鴉無數。一片金迷紙醉，偏動了、蕪城愁賦。愁欲訴。蟬鳴向晚，漢宮秋暮。年來怕過亭皋，爲瘦盡詩心，夜寒吟苦。笠子堆邊，忍話緑陰前度。桴鼓連村未歇，問家在、江南何處。飛夢去。敲窗又驚風雨。

水龍吟 漁簑

怪他一領衰衰，披來便是元真子。誰家手織，結荷一樣，紆青拖翠。典後沽春，歸時曬晚，一竿烟水。笑船頭獨坐，描成小像，勝嚴瀨、羊裘製。感我羈栖錦里。浣征衫、半多鉛淚。借他冒雨，宛然笠屐，坡仙風致。絮擘雲痕，袍分草色，老來無此。讓白頭收網，醉眠明月，當蘆花被。

浪淘沙 題明人畫漁舟圖

烟雨一簑輕。飽飯魚羹。綸竿不釣世間名。學得元真新曲子，唱與鷗聽。題畫是前清。畫是前明。鱸鄉一例醉兼醒。倘爲煎茶來竹裏，消受樵青。

陽春路 湯婆子

滿瓶水。問是誰，贈與春婆名字。嫁壺公、熱到心頭，偎足一冬同睡。寒夜勝，熏籠火，伴有情，也拋閒地。温存意。當美人，華清池上同洗。笑我温柔無分，擁似鐵，多年布被懶思。燕玉便賴爾煖，將人替。香山叟，詩成枕上，老嫗可曾知味。東風起。又看看，青奴來世。

慶春宮

珠箔籠寒，銀屏遮夢，峭風又度窗罅。淚合冰凝，愁推月出，自憐腰瘦一把。煖融心字，記當日、香塵搗麝。如今灰冷，妒煞梅花，晚妝慵卸。藁砧爲底輕分，金雁箏殘，玉蟲燈灺。兩地相思，一襟密緒，付與秋雲羅帕。鏡痕潮滿，等閒事、都成話欛。幃犀觸響，還惹驚眠，雪衣人罵。

齊天樂　臘鼓

鼕鼕打得年光去，春從細腰撾到。社待祈蠶，盤將貼燕，響凑一羣嬌小。鄉心動了。怎記里名虛，迴帆信渺。白雨跳珠，歲華如夢自驚覺。　憂時今又日老。正平悲壯意，傳出多少。豆子山前，竈君祠畔，莫變漁陽淒調。番風預報。定逐節催花，萬紅春鬧。逗起簫聲，賣餳天氣好。

前調　香篆

一痕裊出相思否，寒烟瘦如人樣。鳥迹分明，麝薰濃郁，生愛銀荷偎傍。重簾早放。看圓暈螺紋，密穿蛛網。想正書空，落花風影又輕颺。　添來紅袖夜讀，玉郎從別後，閒却書幌。好夢曾縈，迴文奉寄，一縷情絲拴上。蘼蕪自貺。縱心字燒殘，熱灰還釀。檢點荀衣，貼身勞細想。

聲聲慢　飲海棠春，舊爲藩垣五百梅花館，許子蒓方伯觴詠地也。今子蒓下世久矣

紅薇館舊，碧草池荒，當年此地開藩。一寸滄桑，杯中照影愁看。誰題海棠香國，酒旂風、蝶去蜂還。閒行徧，賸梅花幾樹，淚濺銅仙。　展盡黄圖三輔，並頤和零落，還弔承宣。斷養才人，尋香一例朱闌。分曹舊時賭勝，忍重過、丁卯橋邊。聊同醉，問西川、誰拜杜鵑。

臺城路　行迹

踏青知赴誰家約，欹風步隨春遠。撇了香車，

扶來小玉，瘦影生憐飛燕。苔碕翠軟。看整整斜斜，印來還淺。知不多時，分明鴻爪雪痕現。　多情如解鑿地，鏡屏嵌作樣，應勝雲片。俊語凌波，酥泥帶雨，想濕金蓮雙瓣。仙歸路轉。怪分寸評量，心頭長見。莫埽芳蹤，落花封處滿。

洞仙歌 題問琴《遊青城山》詩後

信君仙骨，望層雲無路。一杖穿雲最高處。攬大千世界、第一江源，天師洞，銀杏千年奇古。　好峰三十六，大禹西行，更向千峰萬峰去。何地斸黃精、絕好仙山，指林下、唐宗曾駐。倘若遇、姚家故將軍，話滿地兵戈、也應淒楚。

三姝媚 荷葉，半塘韵

儂心蓮樣苦。看翩翩紅衣，被風掀舞。十里田田，有玉人傳唱，采菱詩句。浄不沾泥，還點上、輕輕飛絮。曉露盛來，圓走明珠，玉盤蒼古。　誰著紅裙閒步。戲裏鴨塘邊，亂萍迷路。密覆鴛鴦，怕攪他香夢，雨聲敲處。萬柄涼雲，須認取、非烟非霧。好約凌波仙子，新詞共譜。

湘江静 竹簟

八尺風漪纖手展。正炎歊、要將秋換。疏紋遻處，湘妃甚日，把湘波親翦。一枕壓涼雲，疏簾下、奕棊曾看。偎烟抱月，誰家夢寒，桃笙影、定瞧見。　草藉茵，荷作薦。笑鴛鴦、晝眠真嬾。紗幮襯碧，銀牀倚翠，自清涼無汗。滑膩貼冰肌，嫌他印、斑痕都滿。青奴埽罷，風來點上，殘紅幾片。

壺中天　移居約園，竹垞韵

在蝸之角，且託身於此，閒中評泊。王謝舊家新燕子，容我畫堂棲託。東野移居，南禪結衲，苦後聊尋樂。臨江宅子，依稀宋玉搖落。　蜀國久已飄零，文翁石室，就近煩斟酌。萬樹芙蓉誰作主，賸得寒烟如幕。康節同窩，休文借榜，老計專吾壑。一杯自勸，酒腸銷盡芒角。

前調　謝趙香宋題約園

止一分屋，得幾分水竹，便如舟泊。自分浣花谿畔老，薄命長鑱堪託。種石生雲，拓池邀月，暫就行窩樂。空梁回首，燕泥衣上輕落。　贏得刦火餘生，木樨香裡，對酒成孤酌。君有萬松心上畫，儘把綠天爲幕。夢斷棲霞，吟聯舊雨，方寸除谿壑。倚樓人遠，笛聲飛度籬角。

高陽臺　殘荷

破傘支風，團蕉仆水，青黃葉葉離披。月本難圓，今來缺影如珪。瓜皮艇子橫塘路，拂雙橈、碎響玻璃。雨敲時。清脆聲聲，索要留伊。　翠華三海今何地，記龍舟艤處，風颭黃旂。一刼枯香，無情吹老紅衣。何須作鏡遺中婦，算霜華、兩鬢先知。露盤攲。有淚成珠，莫寄相思。

驀山谿　和王半塘韵

哀絃一曲，誰唱家山破。淨土苦難尋，醉鄉

寬、儘堪容我。枯腸得酒，芒角轉消磨，除酒外，付禽言，得過權時過。 權時怎過。舊雨傾談可。莫上錦江樓，望嚴僰、烟迷雲鎖。如今蜀道，難比古時難，開府賦，杜陵詩，寫出春愁麽。

珍珠簾 寒夜

紅爐夜伴春長住。下重簾、怪底尖風偷度。驀地折絃膠，漫雁箏繙譜。莫是飛瓊傳信到，問上界、青鸞無語。誰語。有緑衣憐薄，唤人鸚鵡。 嬴得影事縈懷，是誰將海水，銅壺添注。翠被織冰蠶，誤月光成曙。萼緑前生緣未了，定索笑、梅花開處。何處。待尋香約夢，巫雲迷路。

前調 殘月

寥天暝色非關雨。羅雲外、撒出星光無數。虛白影微微，認玉鈎何處。不似初三昏後見，費夜半、停琴凝佇。風露。算眉痕涼透，美人遲暮。 圓缺究是何心，問清輝怎得，長留三五。近水小樓明，正四更山吐。人與纖阿同瘦損，盼不到、長安羈旅。歸路。有幾家茆店，雞聲催曙。

渡江雲 送謝小舲旋黔

鷓鴣啼未了，芙蓉亂落，游迹阻川黔。夕陽紅盡處，一片鄉心，割碎劍山尖。堂前舊燕，遠飛到、情話呢喃。催好趁、桃花波煖，春色帶歸帆。 何戡。渭城新柳，客舍青青，唱陽關淒怨。空賸我、晨占鯉信，夜約鷄談。玉虹橋畔衣塵浣，過敝廬、應見阿咸。煩寄語、西谿好護松杉。

十月桃　白桃花

春風吹早，乍搓酥滴粉，清瘦難支。檻外梨雲，分明縞夜同伊。天然雪兒標格，看一笑、壓倒紅兒。休憐薄命，妝罷朝天，淡埽蛾眉。記清明墳草離離。有縞袂嬋娟，淚濺花枝。色相全空，嫌他夕照烘時。誰遣素心人去，相送處、流水東西。玄都觀裡，前度劉郎，霜鬢成絲。

秋思耗　次香宋韵

捱過黃梅節。正雨聲、敲斷淚紅凝血。回憶舊歡，夢中絲管，心上冰雪。對菱鏡慵看、玉容花貌誤了妾。竹一枝、吹欲裂。怎院柳蟬嘶，井梧蟲語，又把早秋消息，背人偷説。題葉。相思迥別。怕似撈、水底明月。賺他爲客。千金裝橐，贈虛南粵。算不定無情有情，休便吟决絶。雁字影、明半滅。似畧寫歸期，明年芳草未歇。等得鴛衾久疊。

百字令　謁駱文忠公祠

宗臣遺像，向子龍塘畔，菊泉親酹。萬柄蓮花風過處，香滿芙蓉城郭。計妙攻心，爻占折首，談笑青油幕。飛來同識，馬頭真個生角。天下有幾雄才，中興運啟，各各雲閒鶴。怪事金田人俎豆，祠宇湘鄉零落。功亞麟圖，刲經龍漢，世論今非昨。蜀中遺事，合將年譜添作。

齊天樂　蟬

數株槐柳生涯怨，聲聲緑陰庭宇。瘦影依柯，繁音在翼，碧咽無情芳樹。琴宫斷譜。縱高潔誰知，滿身風露。羽化何年，那堪青鬢换成素。　山山鷓鴂未歇，别枝今曳過，依樣吟苦。夕照新亭，西風故國，叫斷離人心緒。悲秋共汝。問黄葉聲中，漢宫何處。和待啼蛄，豆花涼夜雨。

徵招　螢

熒熒幾點疏星影，隨風畫簾偷入。薄暝上燈初，閃秋光都活。雨餘明半滅。又飛傍、釵蟬衾蝶。羅捉迷藏，撲將羅扇，有人癡絶。　落月夜沈沈，書窻下、誰家練囊親挈。腐草記前生，帶殘香飄瞥。繁華隋苑歇。照山谷、俊遊休説。共憐餤、一樣青寒，儻鵑時啼血。

百字令　吴東生司馬秋山採藥圖

露苗烟蘂，孕一天秋氣，亂峰晴曉。不向桐君尋要録，白挽鴉鋤長嘯。鹿當童扶，猿將路引，步步尋瑶島。青山司馬，戲抄抱朴全稿。　展我亦曾著金貂，仙山小謫，浩刦忘真誥。展到天台圖一卷，隔世更無晨肇。松下尋師，洞中留月，唤起吴剛好。肉芝一朵，金萱乞奉難老。

摸魚子　生日感賦

到人間、歲星遊戲，偷桃仍戀天上。夢華久冷東京録，忍説勑褒强項。無我相。算生是蟫魚，死便書叢葬。紫裘漫唱。且拜了萱堂，闔將蓬楗，尊酒醉元亮。　思歸引，昔鑒蛛絲縈網。纏綿今尚依樣。漏舟家計年年補，禁得幾番風浪。休悵惘。還自詫、頭銜新換謻臺長。老懷天曠。待喚起胎仙，問春消息，同看嶺梅放。方鶴老生日後予數日。

前調　疊前均，答胡玉津

灑金仙、夢中鉛淚，醒來痕滿襟上。老年吉語常占鵲，怎説變生陳項。空色相。漫穿冢、他年擬傍要離葬。紅腔自唱。笑減字偷聲，邯鄲學步，欣賞到君亮。麟和鳳，那有皇家結網。相憐消瘦模樣。樵風朝暮分南北，切莫再吹驚浪。休惘惘。捱過了春頭，馬齒還加長。壺龕清曠。羨捋虎生還，冥鴻遠引，更比放翁放。

翠樓吟　懷花近樓主

柳線穿烟，榆錢撒地，春心欲向誰訴。高樓凝望久，念花近、孤吟臣甫。和愁凭處。怕壓損闌干，抛將愁去。愁如故。夕陽西落，大江東注。尺素。休怪生疏，有片時千里，夢雲飛度。絮談身世事，問燕姞、徵蘭曾否。無端驚寤。又望帝鵑啼，堯年鶴語。春申浦。隔朝明月，照人淒楚。

金縷曲　和壺龕《雪中鋤菜》

快雪時晴後。問壺公、壺中天地，菜畦荒否。白木長鑱堪託命，身是浣花溪叟。劚黄獨、新苗烏有。想爾禁寒如我樣，望官園、菜把知難够。生活計，靠三畝。應官隴邸歸來久。柰奇礓、無多隙地，石田先瘦。埽徑呼童閒抱甕，霜氣冷侵衫袖。歎面色、蒼生如舊。且擱種梅鋤月事，待商量、老圃蔬香候。應爲我，翦春韭。

埽花遊 柳花毬

繡毬捲繡，正蝶逐花飛，作團無數。柳邊倚處。忽打頭晴片，雪痕堆絮。試馬場開，似趁東風戲賭。踏青路。愛乍合乍離，圓轉如故。香徑吹軟語。記小樣釵絨，笑穿紅縷。一般俊舞。問誰家蹴踘，帶愁抛去。裏盡相思，漫惹巫山夢雨。寫閒趣。倩獅貓、捉將春住。

春風嫋娜 柳花

問珠塵誰碾，吹散禪天。香作屑，玉生烟。上妝樓、忍憶個人凝望，千條萬緒，依樣纏綿。一片春魂，三生情種，縷縷相思明鏡前。荏苒空憐歲華去，清妍留詠雪痕乾。從此靈和舊種，星星鬢影，者時節、染盡潘安。金縷曲，瑣窗寒。萍蹤待化，絮果難圓。繫命遊絲，那逢蟢子，沾泥惡夢，空咽啼鵑。何須羌笛，更年年埋怨，空花舊錯，山上重山。

金縷曲

薄暝雲翻墨。怪眉頭、慣將愁釀，與天同色。愁在闌干春盡處，滿院楊花如雪。帶一縷、鵑魂飛越。香篆雙烟原一氣，撥爐灰、怎没些兒熱。燈蘂並，爲誰結。姮娥自古圓還缺。况人生、百年厮守，例須長别。不分遊絲偏繫命，辟穀仙緣未絶。也挨到、黄梅時節。老説忘情情轉重，算鴛鴦、折散頭都白。心上淚，暗淒咽。

尾犯　送春，夢窻均，時方悼亡

會少別時多，春也似人，魂夢飛越。藥裏香中，枉花團宮纈。占雨候、黃梅正老，唱陽關、楊枝待折。更留何計，五夜漏聲，紅淚蟾蜍咽。　東風原是客。何況杜宇催別。悔不依禪，悟三生空潤。算天上、離愁難寄，感人間、同心暗結。萬般情緒，裊碎海棠絲上月。

三姝媚　枇杷

疏疏梅子雨。便催成深黃，蠟丸盈樹。犯雪花開，指美人門巷，買春何處。帖寫唐宮，遮莫與、來禽同譜。老矣香山，猶戀東溪，夢中歸路。　惆悵飛瓊仙去。聽隔院琵琶，一般酸楚。果熟分甘，記摘向堂陰，笑呼兒女。食性諳姑，傷此後、誰承盤露。忍淚時將新薦，黃金手鑄。家慈嗜枇杷露，皆內人手製。

金縷曲　闌干

亞字玲瓏接。繚花叢、春痕曲曲，壓金重疊。記向橫波穿過去，微掩羅裙半截。手扶處、影移明月。搭上綠陽絲幾縷，蒨紅邊、入夢春雲爇。苔礎下，印香屧。　疑城自古知誰設。没遮攔、一條去路，箇中長別。窄窄眼前三尺地，比我迴腸九折。還待把、暗塵輕拂。風露深宵全靠汝，憶消涼、半晌身親貼。誰共凭，緒愁結。

慶春澤　十姊妹

蕙作夫妻，棠名兄弟，紅閨雜組成春。一乳攢芳，女兒別現花身。五家合隊唐妝樣，怕仙根、還壓韓秦。嫁東風，十錦瓊枝，絕妙蘭因。

小名例取金翎借，似綠毛么鳳，對語殷勤。掐徧蔥纖，替他行輩排分。玉簪漫綰同心髻，展眉圖、點點啼痕。十香吟，那個偷翻，桃葉桃根。

蓢湘雲　蓮蓬

露粉沈紅，雲羅貼翠。儘摘艷銀塘，一掬秋意。鏡影輕摇湖目注，盼斷西泠烟水。孕明珠、粒粒蚌胎含，把玉盤盛起。　時見側挺枝頭，横牽柁尾。記賭勝雙雙，擘倩蔥指。脱却綠衣香色在，有個人兒相似。怎空房、獨自裊情絲，訴拗蓮心事。

疏影　白髮

蒼華换白。笑老如負債，雙鬢催客。客裡相逢，漫説還家，兒童那箇相識。青青鏡裡宫花顫，尚記註、春明仙籍。算幾年、便賦睢陵，一派亂絲愁織。　公道而今盡矣，貴人試照影，曾否饒得。短不勝簪，瘦不禁梳，强刷膠青何益。潘郎一笑翻相慰，盡剃作、山僧風格。況儘多、年少朱門，不見者般顔色。

漢宫春　閏七夕

别不多時，又飛來青鳥，喜報黄姑。重煩上秋好雨，塵洗香車。前番駕鵲，問銀灣、深淺何如。同一笑、從頭話舊，九天咳唾生珠。　獨自瓣香虔拜，願黄楊化作，連理星榆。妝樓玉娥暗妒，對影憐孤。人間做美，料仙家、一樣歡娛。還送巧、騃牛癡女，解儂此夜愁無。

高陽臺　蟹爪菊

分瓣如鉗，排枝作斷，重陽放出英標。一殼含黃，甚時仙液勤澆。禁寒身滿披金甲，戰西風、一色秋鏖。任横行，香界中間，小隊霜苞。詩人老去無腸斷，賸芳心對賞，晚節清高。葉底爬沙，聲尋蟋蟀籬坳。煎茶小待生魚眼，插螺瓶、細數花梢。快餐英，右手持杯，左手持螯。

買陂塘　菊羹

算餐英、近成通例，人人都哆饞口。尊前笑把西風喫，花種先分三畝。香在手。似仙竈燒丹，味入流霞候。誰將趣湊。有擘蟹鮰陽，烹魚宋嫂，分我一杯又。　淵明節，從此東籬自守。枯腸秋色填够。霜華腴點瓊漿膩，儘讓老饕消受。將進酒。問嚼雪寒香，可比梅花否。題糕節後。笑老可洋州，渭川千畝，辛苦一心呪。

徵招　休庵鬻裘刊《花行小集》

朝衣都爲躭書典，栟櫚更刊吟稿。斥賣到鷫裘，正西風寒峭。富文貧亦好。只惆悵、當歌人老。集腋編成，夜燈紅處，字還親校。　孤調自怡情，成連去、心上海潮悲嘯。六籍尚秦燔，況雕蟲些小。月泉芳躅渺。算留得、印泥鴻爪。換名酒、又解金貂，惹伯倫妻惱。

百字令　王石谷畫

天生烏目，集宋元佳處，鍊成邱壑。不肯人間居第二，有筆南田長閣。萬態雲烟，一匳虹月，別境荆關拓。太平占國，後來元氣都薄。　我意百石齋頭，定多贋鼎，此卷雞中鶴。張南海有百石齋。鈐到悅生堂小印，玉笈如今零落。碧樹籠秋，紅桑變景，畫裏身難著。石渠藏本，近聞市估摸索。

探芳訊

嫩寒榭。正碧柳搓綿，紅藤欹架。悵春光難買，千金漫論價。斜陽作弄花枝影，依約闌干亞。立多時、草軟裙拖，竹低釵絓。　臨鏡晚妝罷。看寶鴨香銷，玉蟲燈炧。那處聲來，風緊驟檐馬。蛾眉准例多謡諑，畢竟真和假。悄無言、心事江潮上下。

念奴嬌　櫻桃

賣花聲斷，正垂檐子結，繁星無算。定惹金衣公子笑，一樹來禽何晚。露積瑛盤，霞餐翠籠，買得春光賤。夢華繙録，上林猶記開宴。　休譜樂府新詞，鄭家風韻，依約枝頭見。禪味年時參玉版。未許緑珠同伴。素口徵歌，絳唇戲點，往事思量徧。裏將羅帕，有人紅淚痕滿。

前調　藕粉

瓊霜細膩，趁碧筒醉後，搗將仙杵。水沸勻調呼小玉，壓倒金莖甘露。綫泫雲腴，匙翻雪縷。莫點羅衫汙。天供食料，滿汀開記無數。　一自冷落空房，相思滋味，根節憑誰訴。不比木瓜空傅面，秀色餐防人妒。杏酪香分，蔗漿寒沁，口定青蓮吐。西家客到，一甌同泛花乳。

前調　茄花

野田草露，綻一叢花朵，天然佳麗。柯綴珊瑚枝簇錦，留住一分春意。榴火同明，荷風暗引，粉蝶尋香至。佛龕清供，稱他迦葉名字。好襯菜種烟畦，落蘇鮮擷，領略貧家味。畫上猩屏人不識，俏扮村姑簪髻。芳譜標名，葩經轉詁，垂老消閒計。飛紅地滿，路謡明代曾記。

聲聲慢　水烟

新裝繡袋，碎撚緜絲，呵來檀口香生。注水無多，相煎細火星星。琵琶誤誰揮手，迸寒濤、乍破銀瓶。如蘭氣，笑袖中金管，吹出無聲。數好是花筵醉後，要宿酲春解，含向朱櫻。點烟煤，地衣落上熒熒。蔥纖幾回斜抱，定瀾翻、詩思催成。將眠候，共銅壺、蓮漏暗聽。

滿庭芳　葉烟

種借菰名，秋遲麥熟，一繩晾徧檐端。淺黄深緑，柳葉揀頭番。風味濃於咂酒，將人醉、一樣垂涎。村翁俏，荷包古式，拴上玉琅玕。堪憐。鶯粟税，司農進款，難抵桑園。靠一畦風露，梱載蟬聯。漫笑蕉心細裹，全家當、飯顆山看。微嫌辣，雲鬟霧裡，香不到嬋娟。

壺中天　鼻烟

一壺天窄，愛牙籤小樣，輕輕挑起。不比石家乾棗塞，不比藥厨阿魏。搗麝塵凝，蘸螺紋印，酥入頭漿裡。蘭燻異種，鼻來嫌帶村氣。洛移自大小金花，藍紅雙套，八寶前朝製。下清吟閒擁候，酸要儒生同味。茜錦紉囊，荷錢貯碟，過飲還防嚏。非烟暗笑，甚時偷取名字。

疏影 冷布

裁雲翦雪。要軟紅界斷，書幌清絶。越綃千絲，暗罥秋痕，玲瓏影漏斜月。疏疏也學方空様，看織就、冰蠶全別。逗晚涼、篆縷尋香，幾陣落花風歇。休把玻璃上了，任簷際乳鴿，偷覰窻隙。雨過黄梅，了鳥呼關，又覺羅衣寒怯。唐宮水帛依稀認，漾檻外、簾波三折。待夜來、悄放紗幮，卻恐玉人偎熱。

念奴嬌 夜來香

晝長香斂，是宵情化出，一叢仙艷。絶代芳姿來海國，釵朵輕穿珠串。檀暈勻螺，麴塵霏麝，人倚妝樓晚。唾紅無淚，薛家名字偷喚。銷夏幾度憑闌，扇羅衫苧，消受清風慣。暗逗秋心涼月上，夜合應呼同伴。濃蘸鑾薰，酣迷蝶影，枕壓嬌雲扁。曉開鸞鏡，素馨還招新箭。

江城子

碧城十二夢遊仙。控雙鸞。戲雙鴛。別久蘭香、未改舊紅顏。記換兩心將物代，金鑿鎖，玉連環。花開花落送春殘。恨休言。淚休彈。畢竟姮娥、有福住情天。么鳳如長孤鶴伴，眉月瘦，鬢霜寒。

百字令 萬佛造像

漢時伊闕，有佛家摹様，鏤瓊鐫玉。一葉一花參妙相，萬億化身西蜀。瓔珞分明，氈椎細膩，塌碎苔斑緑。訪碑人到，惜無銘讚堪讀。回憶寺枕江濱，塔留鐵像，黔志曾編録。護法沙門緣底事，笑倒如來金粟。古錦盛囊，妙香凝紙，翠墨光盈目。王孫輦去，鬱林載石同不。碑爲王蓮生先生取去。

前調 桂未谷楊文憲公畫像

桂湖一曲，拜先生遺像，森森修竹。絹素如林瞻墨妙，又薦寒泉秋菊。桂如林，南宋人。月殿名高，天門力撼，隻手龍鱗觸。簪花擁妓，老顛聊寓歌哭。當日聚訟盈廷，誰翻濮案，青史平心讀。鑾徼弓衣争織句，奪盡點蒼山緑。金馬魂歸，金雞夢斷，臣罪金難贖。鷗波圖倣，黄夫人貌同幅。

疏簾淡月 園桂盛開，招社友同賞

天香曲譜。儘敞偏文窻，好風微度。涼逗桃笙，飛夢廣寒宫去。畫闌干外閒凭處。滿園秋、滿身珠露。趁時延賞，粟金敲落，怕逢宵雨。笑佳會、飛英屢誤。幸八公今在，一堂星聚。酒様情懷，醉到月明當午。小山方擬留人住。怎蘭成、又寫哀賦。問誰同斫，荆薪共束，快磨仙斧。時城内兵警。

長亭怨 蚊

問宵小、來從何處。水草香中，化生無數。影隔紗幮，藥奩烟重自將護。奈他芒刺，紅一點、爬難住。吮血也無多，向暗裡、釘人何苦。如訴。似無家怨女。枕畔欲來還去。捎檐蝙蝠，正糧盡、四邊尋汝。任閃閃、巧作雷顛，怎禁得、秋風秋雨。歎小刦蟲沙，無恙閒吟虞賦。

壺中天 茆臺酒

帝臺漿味，似一茆三脊，露華春著。故里名聞劉白墮，藥玉船中浮泊。窖是前朝，販來西蜀，真賞時參錯。買香羅甸，作坊高過桑落。　感我久別黔山，無因一醉，約叟園空約。有客餉予還餉客，埽盡鄉愁方覺。桂子張秋，蓉城賞雨，當集茆君酌。井華泉好，浪傳中沁靈藥。

長亭怨　雁來紅

是誰唱、紅衣淒調。葉當花看，比花還俏。自作霞痕，那知人世斷腸草。一行斜字，來有信、妝樓曉。夜月怨飛回，甚換色、秋娘顛倒。　臨稿。買燕支畫好。不分老年還少。春山染徧，記招得、杜鵑魂到。到今日、幾度書空，賸情淚、靈芸多少。只醉影當堦，消受西風殘照。

瀟湘夜雨　徐季同下世，倏兩月餘，賦此誌哀

鄰笛淒風，圍城聽雨，算來知己無多。遺園攜酒，幾度看花過。曾戲説、紛紛蟻戰，祈速死、夢醒南柯。真如願，家風羽化，一鶴去仙阿。　春前經病起，已憐此樹，生意婆娑。尚書窻孫課，墨點烟螺。招客柬、親將諸畫，驚一瞥、渺若山河。繙吟稿，秋魂在紙，猶念故人麽。

君晨猶課孫。予招飲，親書『到』字，頃刻即逝。

臺城路　城久閉，買米不得，日旰未食，感賦

錦城真演臺城劇，炊烟幾家青裊。堞雉圍雲，籠鵝斷粒，寖要蒼苔生竈。斜陽下了。算辟穀仙緣，者番修到。何物撐腸，五千文字理殘稿。　村春聽久絶響，怕山登飯顆，依樣人少。索到長安，乞如顏令，尚記承平年少。秋

懷耐老。儘米汁參禪，醉還同飽。唱罷糧沙，
戰雲天未埽。

月下笛　久不聞楊致存信。昨來書，訊近況，兼問同人。賦此代柬

筍里雲孤，樨屏月滿，故人何處。流光過羽。
種珠蘭漸成樹。黃樓鶴返無消息，縱有夢、難
尋去路。趁西風捎到，天邊雁字，寫人心緒。
心緒。憑君訴。甚世味苓連，老來嘗苦。
還驚戰鼓。築城愁裡同住。江潭露柳多搖
落，賸幾個、吟秋伴侶。盼再晤。紫霞仙，吹
笛蕡洲按譜。

滿庭芳　八月十七夜月

綾餅香過，樨屏露冷，今宵彩絢魚天。問誰開
鏡，光照錦城寒。爲底中秋敗興，簾衣隔、躲
向雲端。姮娥笑，新妝似舊，微減一分圓。
當年。天上曲，霓裳夢醒，不是開元。賸冰蜍
清淚，空灑銀盤。一樣干戈滿地，驚烏鵲、詞
譜虞山。山河影，棊枰戰苦，愁照血痕乾。錢虞山庚辰八月十七夜對月賦《永遇樂》，有『干戈滿地，烏驚鵲繞』之句。

甘州　酒帘

是誰家紅颭杏花稍，春風豔陽天。過板橋西
去，黃茆店子，大字高懸。誤認魚標弄影，柳
外路彎彎。記得秋來醉，插雪蘆灘。曾問
長安酒價，向宣南畫壁，搖曳門前。解金貂換
去，長傍一竿眠。自荆高、舊遊零落，百花潭、
聊引故人看。茆臺好、郫筒賭勝，應豎降旛。

江城梅花引　得都中書，記臆

天南地北久魂銷。綺琴調。錦書捎。説到歸期，如月水中撈。秋影不知人影瘦，偏故故，閃寒燈、像那宵。　那宵。那宵。睡無聊。篆香焦。漏聲遥。夢也夢也，夢定好、雨膩雲嬌。怎被巫山，遮隔暮還朝。暮悔黄金將錯鑄，拌擲汝，買郎心、轉定教。

木蘭花慢　悼劉沛生孝廉

西風吹老淚，可吹到、夜郎西。竟一夢浮生，名埋頌酒，債了然藜。依稀。屋梁落月，照生前顔色勝平時。隱語挑燈，説虎豪情，看劍聞雞。　參差。襟袂各分攜。寒煖寸心知。怎晚博枝官，萬山深處，不飽來其。旋思。錦江便聚，料吟魂都化戰雲飛。愁檢題糕斷句，黄花影瘦秋畦。　篋存與君戊子重九菊花山聯句一詩。

滿庭芳　畫叉

燕尾形分，鵝溪幅挂，焚香正裊窻紗。揀來湘竹，裝點玉鈎斜。一軸紅絲小絆，麻姑樣、鳥爪全抓。鷗波館，么鬟笑捧，名字混雙鴉。　看花。如霧裡，烟雲過眼，老作生涯。展清風四壁，高處尋他。坐我溪山杳靄，疑幽火、誤照魚叉。題詩好，温郎手捷，冰柱賽劉家。

埽花遊　謝敬之同年約今秋攬浣花草堂之勝，沮亂不來，寄此調之

兩邊夢別，似亂葉分飛，被風吹墮。繡裙試麽。怕檀郎影瘦，瘦還如我。忖煖量寒，那得心頭放過。儘攤破。聽紗唱浣谿，誰與相和。　歸信秋准可。怎軟語誆人，又占花朵。翠

樓久坐。望孤帆遠影，是他真箇。謝客吟秋，竟息山居未妥。壓衾卧。戰窗蕉、雨聲聲大。

疏影　帆

江天曳白。指斷鴻盡處，煙水空碧。葉葉風輕，遠浦分程，檣烏舊是相識。斜陽一片離愁挂，算不定、天涯蹤迹。入畫中、影帶寒鴉，捲破半江秋色。休問揚州錦纜，只鴉軋艫外，長伴行客。蓼嶼蘆汀，安穩收篷，慣聽漁家涼笛。思量轉脚風波裡，有幾箇、歸舟江驛。幸老來、無恙同他，爲報故人消息。

憶舊遊　鞭

記鈴聲曳馬，帽影籠烏，踏徧庚郵。廿載京華路，慣撾來繡陌，捎過蘆溝。斷腸幾多春色，青上柳梢頭。戲折向章臺，珊瑚換處，一樣絲柔。歸休。付驢背，笑得得吟鞍，詩瘦於秋。老策龍筇杖，憶春風紅杏，誰勒長楸。戰雲只今如夢，投不斷江流。且短笛橫吹，斜陽巷陌呼飯牛。

摸魚兒　重陽後四日，與同人泛舟花潭，香宋生日也

笑登高、破除成例，花潭今補重九。竹寒沙碧天然畫，讓與詩人消受。舟放溜。坐一鏡清瑶，載得秋光瘦。衣痕緑透。向白鷺烟中，青羊市外，茶話道宫久。　修羅界，是事如今都有。異形真現清晝。官租不欠催人急，自在沙鷗知否。江上柳。挂無限愁心，白社聯耆舊。將秋作壽。趁佳會秋晴，靜華初度，同醉菊花酒。

天香　殘菊

荒甃催蛩，寒英怨蝶，秋光也似人懶。抱節孤高，化妝憔悴，病酒乍憐香晚。夕陽瘦影，尚印入、陶家心眼。肯逐春紅亂落，疏枝傲霜仍健。　孤懷老來怎遣。過重陽、更無花看。一樣就枯詩思，借他同伴。寂寞東籬繞偏。問嶺上、梅花信猶遠。仙枕裝成，宵長夢短。

滿庭芳　九日，公讌唐宅

苔迹通鄰，萸香斷雨，草堂改會晴天。六如亭子，小樣借龍山。移得清尊就近，黄花笑、人盡寒酸。狂澆酒，推愁不去，秋色鬢絲斑。　年年。歸夢斷，萱堂耄矣，况阻烽烟。悔官居陽羨，誤了仇仙。不爲催租敗興，題糕處、便作桃源。花潭約，憂時杜老，一卷石壕篇。

三姝媚　僧鞋菊

花含禪意靜。向東籬閒尋，幾雙秋影。壞色垣衣，襯那方行脚，脱來三徑。影落苔畦，渾印入、蒲團清淨。占定西風，除却陶家，蹋歌誰稱。　重九還餘遊興。指挂屧楓邊，葉痕丹映。化到金錢，笑寺樓深處，買香留證。待拗霜枝，招赤足、仙人相贈。佛手攜將成伴，黄柑露冷。

滿庭芳　菊山

依畫搴芳，將雲取勢，東籬忽起巖闗。木樨屏外，高士聳吟肩。面面玲瓏透穴，斜陽影、一角遥穿。雲阿秀，全家徑擬，移住錦叢間。　晴巒。思粉本，松崦月瘦，梅嶺霜寒。算西風吹黜，無此人寰。占得秋光萬疊，重陽後、别啟桃源。花仙笑，陶潛去世，魂魄化香山。

百字令　紅蓼

燕支滴碎，甚西風巧畫，横塘秋色。密密疏疏紅穗穗，立上蜻蜓無迹。夕照留痕，涼波倒影，誤引桃源客。一枝蟹抱，老漁叢畔吹笛。　小半世猶客花潭，並無花看，一片蕭蕭荻。卷鴛鴦猩色筆。夢想江南江北。浪迹流萍，生涯集蓼，無計還鄉國。水葒相對，鷺鷥同樣頭白。

五福降中天　賀方鶴老、姚夫人雙壽

桐城天下文章最，方姚古今高調。異代清門，同心白首，佳話千秋鸞曜。秋崖定稿。乍唱出雙聲，香風吹到。嶺上梅花，年年紅瓣小春小。　重陽剛過一月，歲寒春到。臘長命相保。薄宦前生，古稀明歲，玉壘浮雲看飽。儂今歎老歎奔月，經年夢中雙照。聽鶴南飛，鳳簫吟更好。

月華清　眼鏡

秋月圓靈，春雲靉靆，老宜銀海光眩。一點晶窩，字字較量深淺。喜今後、耳鬢厮磨，自帶上、烟雲開散。明顯。笑生涯馬磨，眼前遮慣。　萬事霧中花看。任世界琉璃，刦塵都滿。絆到金絲，誰見本來真面。望虛堂、五色先迷，算薄海、雙清難現。休怨。且鏤冰翦水，細抄經卷。

綺羅香　畫眉

就柳安黄，將花點黛，婭姹天生嬌鳥。鏡幌新開，便逗緑窻啼曉。乍調舌、半晌窺簾，偶梳翎、十圖臨稿。露桃邊、占得紅欹，緑螺渾門玉人俏。西川聽徧杜宇，京兆風流歇後，怨娥多少。絆住金籠，一樣翠顰秋老。憐倒挂、么鳳相偎，諷多心、錦鸚誰教。待描成、兩字春山，富春歸去好。

虞美人

埽花帶得春愁去。攔住愁來路。愁來偏故把人瞞。生怕眉峰瘦損、鏡中鸞。天涯芳草知儂意。別語心牢記。一聲珍重莫相思。算抵迴文多少、斷腸詩。

滿江紅　鍾馗聽鬼吹簫圖

蘿帶山阿，來月底、閒調斑竹。笑進士、座中傾耳，宮袍披緑。按譜重修燈似漆，聆音半晌燐爲燭。和鸞吟、小妹嫁誰家，顏如玉。唐宮夢，妖仍伏。子淵賦，人誰讀。唱鮑家詩句，定諧新曲。舞襯天魔羣作鬧，題殘鬼趣添成幅。更秦樓、聲換戰場笳，啾啾哭。

琵琶仙　送香宋旋里

身是行雲，錦官住、夢繞滎山山色。歸櫂將鶴同攜，梅花伴仙客。前度記、東門帳飲，一番醉、一番頭白。事業蟲魚，兵聲草木，同慨今昔。最堪笑、垂老徵歌，曲多誤、周郎顧難得。何況倚樓人去，苦無腔吹笛。芳訊問、春風燕子，奈隔年、冷了詞筆。逗起無限鄉心，斷鴻蹤迹。

甘州　久未晤玉津，譜此代面

愛壺公真箇住壺天。關門即深山。料近來依舊，仙蟫事業，仙鶴容顏。守定梅花百一，香極不知寒。回首長安遠，春夢空圓。我亦褌中蝨處，望城南城北，便隔遥天。笑粤雲湘雨，散落似詩壇。偶相逢、五陵年少，問誰將、朝士記貞元。孤吟好、算栟櫚集，編到明年。

燭影摇紅　橘燈

一彀空明，夜光圓作蓮檠伴。小紅分取鬱金油，親注雲窠滿。星様花梢幾琖。想棊枰、仙人内看。嬌癡私語，命裡紅鸞，甚時生卵。　移就紗幮，綵毬依約禁風顫。洞庭秋色舊捎書，雙照今如願。一點丹心漫翦。綴釭花、檀奴笑唤。帶酸情味，又擘新橙，金杯同軟。

甘州　唐鏡背有『湖州石十五郎真鍊青銅照子』十二字

似相逢天寶舊宮人，幽光閟千年。剔斑花細字，鴛鴦湖上，曾照嬋娟。怎少冬郎豔句，鐫背襯龍盤。妙是郎如月，十五團圓。　我亦芙蓉城主，記芙蓉一第，人在長安。續曲江金鑑，春夢正開元。滴方諸、數行鉛淚，誤金輪、殿壁换河山。摩娑徧、吴興掌故，殘照依然。

洞仙歌　緑毛龜

小家碧玉，出何山何洞。緑毳茸茸一身擁。似翠雲裘様、青草湖邊，春水活，一色波痕微動。　千年曾否歷，兔角微言，一例如來醒塵夢。俏影混苔衣、刮不成氈，合留作、坡仙清供。笑夫壻、何須嫁金龜，配倒挂桐花、可人么鳳。

買陂塘　曝書

便藏書、也遭天妒，霉痕斑上多少。篇篇皺作殘花片，只待仙蟫餐飽。烘不了。且晾偏風檐，摩撫同嬌小。輕潮漸燥。看暖入籤縢，潤消芸案，一架夕陽好。 橫流世，誰把遺經獨抱。自家閒亦非笑。飢來空曬便便腹，也共案螢枯槁。書帶草。算只有、不其山下堪娱老。收成幾套。笑葉葉晴窗，蠶絲自縛，新詠又成稿。

月底修簫譜 題趙香宋木化石，和玉津均

古銅聲，蒼玉色，根斲朵雲瘦。米老前生，眉宇認疏秀。也同好事松陵，一遺吟就，宛形肖、環窻巖岫。 趁春晝。看他蜕骨蒼龍，殘鱗黯金繡。莫是康干，松化歷年候。甚時約到鷗波，奇礓戲睹，好共把、棊局新覆。玉津園名奇礓。

木蘭花慢 餞別韓楚生大令歸金陵

石城搖艇子，借秋色、送冬郎。且半晌花前，拈紅記曲，醉綠吹香。垂楊。綰君不住，載新詩一卷壓歸裝。沿路好山作伴，人心險過瞿塘。 思量。安土定何方。鬢影各侵霜。更幾日相逢，江南江北，總是滄桑。初黃。菊花時節，算烏衣巷口作重陽。我自芙蓉市隱，月明無計還鄉。

齊天樂 乾龍洞，和香宋

亂山無縫榮州北，砑然洞天深廣。乳滴雲漿，苔鋪地錦，幻作千龕佛像。枯藤自網。漏一線晴光，曙霞青絳。古定龍窠，石根處處有枯蚌。 崖扉終古寂寞，倩靈猿導客，乘興孤往。獠世形模，驪宮鼻息，時聽暗泉聲響。旁

行曲上。動故里牟珠，夢中佳想。待種桃花，避秦人共賞。

瑣窗寒　涼棚

架木紅疏，編箹翠薄，火雲遮住。周遭四面，壓過屋山高處。只妨他、清風自來，隔窗暗被修篁妒。笑約齋妙想，四松梯上，駕霄亭古。銷暑。閒庭宇。要放眼寥天，捲舒莫誤。一角斜陽，解向疏檐偷度。趁黃昏、攜到素琴，豁開好把涼月佇。記花時、放櫂春江，倚短篷聽雨。

壺中天　重九後，張芋圃兄招飲夒園

小園收芋，笑先生真箇，錦城秋士。斗大方塘開作鏡，烟水六朝之氣。橘顆催黃，萸香泛紫。特補登高會。合題玉海，張融垂老居止。我亦十畝鋤荒，夒而不見，欲榜潛夫字。玉照堂中今赴約，朱老南鄰詩意。逝水流光，小樓斜照，此醉人生幾。菊花知我，一杯應准前例。

綺羅香

借酒推愁，留香約夢，窗外雨蕉聲顫。漏了遙天，天氣可曾經慣。印碧蘚、雙屧痕輕，對黃花、一庭秋滿。鎮無聊、新句吟成，白髭撚得幾莖斷。從軍今世最樂，應悔詩書誤讀，癡頑人喚。除却寒燈，瘦盡影兒誰見。思往事、遊洛聞鵑，寄同心、過樓無雁。感河山、大好棊枰，任康猧攪亂。

五福降中天　正月十九，夒園補壽蘇公

化生奎宿千秋在，春長玉梅開候。臘鼓煙塵，

錦城燈火，草草靈辰孤負。傳柑節後。奏一曲神絃，鶴南飛又。笠屐圖開，髯仙風貌尚依舊。熙豐幸逢治世，有聯吟俊侶，秦七黄九。龍漢餘生，蝎宫同命，春夢何堪回首。心香炷久。問花散維摩，小星紅否。更拜朝雲，一杯長命酒。

尉遲杯

天公巧。作弄得、幾陣春寒峭。將花當酒同看，新釀紫紅多少。烟僝雨困，花也似、春人醉倒。勸番風、著力催晴，數聲窻外啼鳥。因念一角江城，芳菲地、雛鶯乳燕來早。喚起春痕都無迹，人面共、桃花一笑。癡心向、東君暗祝，莫開徧、荼䕷事便了。待偷閒、緑杖青鞋，看花忘却人老。

摸魚子　丁巳閏花朝，又小寒食也。問琴前輩招遊花市

數花風、幾番吹徧，花朝吹不回去。天公作美新晴展，春色濃於前度。花解語。道此日韶光，百六平分取。兩三舊雨。爲宋玉招攜，青羊轉過，沈醉浣花路。繁華夢，提起少年情緒。如今零落非故。玉堂舊事羣仙褉，春到燕山無主。春且住。算上冢麗公，各有鄉關賦。别尋樂處。待春水方生，小蠻花榼，澆上薛濤墓。

疏影　蛛網

牽絲屋角。是化身佛界，珠網依約。挂雨籠晴，圓張小樣，羅幕隨風罥得。春痕住爲落絮飛，花輕薄、甚蝶蜂誤。入方空、去路被他攔

著。　猶記妝樓倚處，有人鈿盒裡，鍼巧偷學。　嬉子多情，拂上釵絨，漫惹香塵輕落。秋蟲那解纏綿意，笑絡緯、安名都錯。要織成、錦字迴文，絆住玉郎飄泊。

八寶妝　月季花

萸莢生堦，驗他榮落，葉葉准隨芳序。爭似名花知應候，替把支干頻數。紅香開趁，四時鱗次蟬聯，墻陰遠似玫瑰補。還指水西亭外，薔薇當路。　依約倩女前身，蔓長刺短，罥人多少情緒。自花底、玉郎久別，甚潮信、都無憑據。照蟾影、淒涼院宇。曆頭新換番風誤。只獨對珍叢，遺篇夏正閒箋注。

買陂塘　感事

換芙蓉、幾番春色，餘生差幸無恙。護籬陰借鄰家竹，新筍薛滕爭長。潮暗漲。怎梅雨過時，紅沸桃花浪。江樓遠望。只緑黯平蕪，白迷飛絮，雙眼亂雲障。　庚申事，六十年前相仿。債臺今更催上。破蕉層剝秋心瘦，還警打窗聲響。誰共諒。怕著手調羹，依舊葫蘆樣。太平夢想。正別賦無家，蜀絃淒咽，滇海又聽唱。

洞仙歌　燭淚

珊瑚化了，似壺冰凝水。漸漸盈堦嫩紅膩。儘散烟宮裏、話雨窻前，天未曉，惜別苦將人替。　鏡臺斑點點，戲贈檀奴，記取啼痕上鴛被。手把碧紗籠、便到成灰，也留得、零星珠子。又簾外、西風半邊吹，怕一樣偏心、有人偷拭。

踏莎行 感事

盟締釵鸞，行排柱雁。妾心争得郎心换。黄金錯鑄惡因緣，攬情絲絆將刀斷。細柳青圍，杜鵑紅徧。風流陣上呼傳箭。到今勞燕各西東，繡房空也無人管。

其二

博注成孤，棊枰別換。暗中真被人偷算。誰將私語漏鄰娃，對菱花自家埋怨。弦尚驚烏，巢新砌燕。雙棲玳瑁欣如願。合歡漫説月同圓，怕秋風又捐紈扇。

綺寮怨 中秋無月

不信秋催人老，木樨香又殘。怕踏碎、滿路金星，紅樓去、別繞迴闌。催妝姮娥定笑，雙行曆、欲守新舊難。算世間、好事多磨，今宵過、一樣明鏡圓。冷落錦城管絃。烟塵盼埽，孤懷借酒權寛。醉問蒼天。忍敲破、爛銀盤。風傳笛聲淒咽，聽總是、念家山。含情悄然。冰蜍待訴與、先淚彈。

三姝媚 手爐

爐烟香裊篆。怪蕙纖微寒，小紅催唤。巧樣銅模，鏤花紋蓋子，藕穿心眼。著火星星，籠袖處、暗藏春滿。半晌温存，無意傳聲，偶敲金釧。炙得鵝笙方便。只銀甲先除，自然偎煖。妒煞冬郎，近柔荑宛轉，被他摩徧。探到圓螺，將活套、新籠茸線。一笑呵來仍凍，吟詩弄管。

木蘭花慢 題自藏八大山人畫幅

大明山一角，問誰解、畫中情。認款字親題，難分哭笑，墨界狂僧。飄零。北蘭寺裏，對青門書几話殘生。多少彈棊心事，不言寫上吳繒。前清。予亦望瑶京。白髮錦官城。是隔朝知己，夢中君國，門外公卿。丹青。畧求形似，只瘦瓢一脈配元曾。小系念家山破，哀蟬落葉秋聲。

滿江紅　飲百二梅花館，贈雪郎、月秋

雪月雙清，一齊化、玉兒魂魄。是誰取、風流名字，可人秋色。扇角香風春入畫，壺心紅淚卿休滴。雪郎姓薛。坐香中、百二樹海花，仙雲白。惠連賦，還吟得。廣寒曲，曾親歷。自開元一夢，又逢今夕。對鏡試翻雌蝶翅，開籠莫絆嬌鶯翼。小桃邊、容訪薛濤孫，枇杷宅。

泛清波摘徧　展上巳後一日，與山腴、休庵、慧修泛舟花潭，歸飲約園

晴沙鴨路，春水魚牀，一鏡清瑶平似掌。巳辰剛展，舊雨蜻蛉坐三兩。篷都敞。烟光白鷺，樹色青羊，人境頓生天際想。記共鷗波，背指黄花趁秋賞。久凝望。隄柳半籠夕陽，隴麥漸翻新浪。歸去蘭成小園，月兒初上。醉春釀。狂語未許，世知老懷，暫將愁忘。待到梅炎藻夏，再摇雙槳。

渡江雲　春盡日，獨遊錦江樓

啼鵑聲最苦，送春如客，南浦一登樓。小風城外路，一色蘼蕪，新緑繡芳洲。紅情似水，倩落花、攔住東流。還最愛、兩三行柳，拴箇打魚舟。句留。橋通萬里，郭上疏燈，又黄昏

時候。空盻斷、衫痕翦杏，裙褶開榴。江亭北望還芳草，問幾時、重見靈修。春去也、有人長伴春愁。

解連環 初夏苦雨，與客夜話

蜀天南郭。歎黃梅節候，比秋蕭索。又暮雨、殘滴聲聲，捲微月淡煙，避人珠箔。萬刦春紅，問今夜、香魂誰託。翦銀釭碧穗，暈入嫩涼，墮花檐角。　商量買春細酌。共西窻客話，風信吹惡。算四鄉、處處秧歌，唱綠笠陰中，望晴無著。自掩重門，省心緒、層蕉同剥。倚芙蓉、麝薰夢冷，淚珠暗落。

醜奴兒慢 埽晴娘

行雲夢冷，神女生涯還在。又身現、竿頭檐角，綠巧紅乖。一翦腰支，好風吹處盼陽臺。啼紅珠子，勞卿暗裏，纖手親揩。一笑紫姑，年年綵勝，花下邀來。是仙伴、誰家姊妹，箕帚當差。日出東邊，有情人影在君懷。　阿儂羞矣，披雲撥霧，都靠裙釵。

念奴嬌 園中海棠重開

天留花海，與榴花作伴，萬香如玉。睡起真妃妝再理，翻似華清初浴。錦帳通靈，瑤臺轉世，好夢和卿續。猩屏閒倚，小紅還唱新曲。　我是老去韋臯，玉簫無恙，絕艷慚清福。惠定院中磨蝎命，園小偏成金屋。浩刦仙蹤，返魂香氣，漢代文姬贖。願春長住，夜深重照銀燭。

齊天樂 題胡佛生太夫人線影書聲圖

心頭一綫穿功課，煢煢藐孤厮守。雛鳳聲酸，繡鸞淚濺，血色一燈紅瘦。長生命縷。是鍼孔親抽，紬成句讀。十指成家，白藤書笈祝慈壽。阿儂今幸有母，問行年七十，蕭愿同否。畫荻灰寒，編芸案破，辛苦一般嘗夠。春風進酒。笑老尚兒嬉，綵衣纫舊。小傳湖州，色絲縈卷首。

金縷曲　倚樓看晚霞

老景如斯也。亘魚天、紅綃萬匹，日光穿射。倒影園池成金碧，小李將軍圖畫。別鑄出、錦官臺榭。幾點雨聲吹散綺，又何人、擲杖虹橋挂。渾誤在，赤城下。　傷高心事當初夏。記前番、醉波微暈，離觴親把。人面端相朱顏改，定子當筵誰話。還寄贈、秋雲羅帕。江上烟波山外樹，甚詩情、只向黃昏寫。空盼到，月明夜。

夜合花　竹夫人

清節宜家，情根截玉，取涼端仗卿卿。將身倚翠，柔鄉地即柯亭。枕一角，石三生。背梅花、偷締鴛盟。幾番同夢，有人心許，林下風清。　一別上界飛瓊。悵玲瓏在眼，偎抱無情。香篘網徧，吟笻冷伴枯僧。流水疾，溽雲蒸。翦湘江、不見湘靈。小紅空妒，銀牀夜埽，常喚樵青。

陌上花　胡玉叔席上聞歌

當筵一曲，春心聊寫，百梅仙館。本自無情，紅豆暗穿心眼。棖棖邐迆花枝怨，簾外東風吹顫。任風情逗露，白頭無分，自澆金琖。　也知君有託，行雲遏處，抽得千愁如繭。譜定羣芳，評泊幾家鶯燕。君戲定花榜。舊人難遣何戡老，小影貞元重見。怕霓裳夢裏，廣寒宮冷，有人腸斷。

月下笛 寄題花近樓舊藏宋牧仲紅樹秋鴉圖，白石體

萬葉如花，憑誰占斷，亂鴉無數。西陂舊主。是承平位槐府。風流偶點營邱筆，便無限、秋光凝去住。想一門大雅，蘭揮重起，韻事如許。牧仲子蘭揮亦善畫。　今古。春申浦。配一卷滄浪，別情難訴。並藏牧仲滄浪送別圖。　昭陽日影，白頭延望何處。尊開逸社閒評泊，問海上、紅桑是否。更憐我，住錦官，明月夜繞無樹。

玉漏遲 夏夜

大城風柝靜。流螢睡了，雨餘無影。有約涼蟾，小扇倚闌閒等。香氣無風四入，漸草際、羅衣吹冷。池色淨。新荷露滴，又將秋孕。　此時萬念清虛，愛小玉催詩，井華煎茗。好夢來遲，多半路迷花徑。日日愁心似水，賴一晌、潮痕初定。眠未肯。疏星向人同醒。

泛清波摘徧 殘夏，偕友人遊桂湖

芳原似掌，積水通城，分得西湖西畔好。算程非遠，消夏剛宜趁清曉。前年到。烟扉蟋蟀，風葉玻璃，今度緑陰天變了。署惜紅衣，含意如人感秋早。　聽人道。城鑰舊扃戰雲，寺碣半埋荒草。寶光寺燬於兵火。誰分招攜素心，竹林同調。同遊七人。　老顛笑。身世醉夢一

塲，尚勞古今憑弔。説與閒僧不管，木樨香妙。

垂楊　驛柳

青絲絆老。報一聲去也，客城春曉。夢冷靈和，託根無命臨官道。勞勞亭畔風吹早。送征驂、數聲啼鳥。儘年年、飛絮飛花，問甚時纔了。　遥忖妝樓小小。看金勒馬嘶，碧連芳草。暗數郵籤，陌頭慵鬥雙眉巧。黄驄一曲人多少。只贏得、昏鴉樹繞。笑臺城、十里籠烟，依舊好。

甘州　遺園感舊

更何堪城北訪徐公，年年記尋春。坐萬紅深處，茶煎雪乳，酒漾風鱗。小部詩無粤派，畫品似蕭晨。好潔襄陽癖，几硯無塵。　一一都留眼底，甚西風過影，吹散秋雲。忍迴車巷陌，芳草緑如茵。望燕山、故宫成市，轉華嚴、争惜隔朝人。西州淚、暗彈棋局，小署將軍。

園爲某將軍所得。

惜秋華　豆棚

小樣瓜廬，浥纂纂清香，花開無數。短竹架成，秋光被他籠住。微飾萬點金痕，放一線斜陽偷度。涼陰，住全家、絡緯夜闌淒語。　長夏錦城路。搭齊奴步障，煙捎檐樹。緑網四圍，争識灌園風趣。誰家放鴨人歸，也對坐籬根兒女。和露。摘盈襜、莢香同煮。

大有　觀穫

磨月鈎鐮，響風枷版，稔年誰分今有。聽蟬鳴、閒過早稻時候。黄雲點綴素秋色，殘照裏、堆成金繡。暗雀混入雞羣，粒香不啄紅豆。 生原是，犁杷手。無用換毛錐，石田都瘦。辛苦農家，樂事暫傾巵酒。歎息補瘡剜肉。算差幸、官租填够。又還怕、打草人多，連村夜守。

疏簾淡月 秋柝

宵涼夢醒，乍一陣西風，隔城吹遠。可可頻敲，那識不眠人倦。衰年正苦銀壺箭。一番秋、一番幽怨。又傳哀響，抱關寒起，六街巡徧。 似窻外、雨絲風片。算幾家砧杵，絮衣還翦。戰鼓江干，打得市朝都換。殘燈十載愁何限。一更更、心上淒轉。寺鐘動了，催人頭白，汝南雞喚。

徵招 絡緯

一絇絲向誰家織，哀音井闌如縷。唧唧夜寒吟，似木蘭當户。鳴機遥和汝。絓無限、秋娘心緒。不盡纏綿，斷餘還續，豆花微雨。 遲暮感流光，青絲換、雙鬢買將愁住。淚點漬流黄，耿寒燈無語。辛勤憑爾訴。問新故、忍分縑素。聽鄰院、也自無眠，正一堂簫鼓。

五福降中天 和方鶴老《七十自壽》

勸君但醉長生酒，桐城錦城都好。閱世浮雲，相知舊雨，多被西風吹老。冬心湊巧。過一月重陽，嶺梅香早。大好雙仙，燭花紅綴夜雙照。 文翁官也不俗，定前身一鶴，飛下瑶島。海棣生桑井，華歌柳夢泠，承平年少。春華舊稿。算後甲先庚，比君差小。予與君生同月而日先年後。說古來稀，侑觴同笑倒。

甘州

盼黃昏孤夢枕殘秋，淒涼菊花天。算消磨何計，冷螢枯蠹，催老年年。半晌登樓望遠，楓樹換紅顏。誰潑江城墨，畫景荒寒。　多少楚蘭心事，指一池風起，吹縐波瀾。攬巫雲峽雨，袖手奕棋看。共素交、玉壺春買，喜戰塵、飛不到尊前。過重九、忍聽雙十，佳節人言。

宴清都　友人席間賞菊

料峭西風緊。重陽後，菊英生怕吹損。銀屏暗護，瓊筵乍敞，淡如人俊。籬邊送酒誰過，徑欲把、陶家錯認。看小窗、斜月節簾，幽香碎攬寒暈。　尊前一寸愁心，吟蛩解得，催老霜信。清歡待續，羣芳怎殿，要將花問。繁華避他春色，笑隱逸、呼名恰稱。拌醉歸、仙蝶勾來，秋還在枕。

百字令　枕上聞雞作

此聲非惡，悵漫漫無旦，幾人驚覺。只我燈窗風雨夜，耐盡秋衾寒薄。大夢遊仙，洪荒浩刼，久失劉琨約。羣中孤立，老來清瘦如鶴。　一自戢羽窗前，荒村樹影，處處鵂鶹樂。惜爾一聲天下白，難醒南朝妝閣。暗數更籌，遙催行李，茅店明蟾落。依稀驚枕，大城還咽哀角。

甘州　和休庵《冬日泛舟花潭》韻

怪烟波偏惹歲寒人，冬晴煖於秋。蕩明漪絕底，點金日碎，凍墨雲收。依舊春遊畫稿，一角小紅樓。各有漁師意，身世扁舟。　此是杜陵行徑，望草堂竹外，空賸沙鷗。感寓公今古，照影自臨流。十年來、深藏夜壑，怕峭風、吹水又生漚。歸同約、待梅花放，還醉溪頭。

埽花游 玉蝶梅

幾枝綻雪，又綵翅翩翩，帶將春到。蘂仙影俏。正羅浮夢醒，翠禽啼早。一隊遊蜂，未許寒香暗抱。水邊照。認腰瘦玉奴，惟妙惟肖。

煙景三月好。記小扇雙攜，撲來芳草。粉痕淡埽。任驚飛不去，伴人妝曉。蠹盡羅裙，尚想巡檐索笑。化身渺。問滕王、甚時臨稿。

前調 冬至

早梅破蕚，糝凍雨如塵，繡簾黏徧。雪香小院。漫葭灰布地，試他瓊管。競説春來，爲底尋春不見。景仍短。只愁緒引長，添上宮線。

寒夜閒怎遣。檢夏正殘篇，欲箋還嬾。酒澆玉琖，怕沁入冬心，淚珠紅變。舊夢書雲，醒又星移物換。曉風煖。萬花魂、暗中吹返。

金縷曲 删舊詞題後

此債填難澈。似春蠶、命中自縛，一絲縈結。也笑工渠將何用，欹枕自然心切。當秋信、寒蛩生活。若有人兮燈欲語，想大晟、種下前生孽。南北宋，寸心血。

吾鄉樂府風流歇。算影山、如滕作長，葑烟如薛。我自一官芙蓉市，老去山河分裂。捨河滿、哀歌何説。夜夜牟珠空夢到，料今生、長守花潭月。知我者，趙松雪。謂杳宋。

以上《牟珠詞》

如此江山 避兵東山坪僧寺

宛然杜子彭衙道，名山且隨僧占。叢竹編寮，團蒲代榻，容我打包時暫。全消萬感。任蝸角爭雄，蟻封行險。便唱樵歌，晚來紅葉一肩擔。秋清人外半夜，有良宵素月，來照肝膽。上壽金萱，緣階玉樹，幸脱驚風摇撼。移家嶺广。笑東食西眠，聽殘清梵。閒課兒書，佛龕燈燄閃。

石州慢 亡姬生日

身世哀蟬歌罷，一聲珠淚雙落。瘞琴愁草新銘，遺挂尚留香閣。生前此日，料應特换明妝，堂前下拜金萱樂。夢裏不歸來，怪將他抛却。　飄泊。人天一例，算有阿侯，命非全薄。錦里移家，卮酒泉臺親酌。卿須記取，便教接木移花，雙星忍負金釵盒。風捲紙錢飛，認芳魂依約。

臺城路 花市甚盛，迄未出遊

萬紅成國香成海，禪心被誰拘管。地接青羊，仙遊白鳳，多少花蜂撩亂。游絲宛轉。只賸箇春人，比春還嬾。忍憶承平，東風試馬白雲觀。　長安天遠地遠。杜鵑聲又起，飛絮庭院。暗卜金錢，低眠玉枕，身世幾經雲變。寒閨病慣。儘湯藥濃煎，代將餐飯。聽説鄰家，鈿車歸向晚。

倦尋芳 陽曆歲首，公園會事極盛。竟未出觀，可笑也

錦城舊例，花市先聲，遊事經慣。换色芙蓉，紛惹踏枝鶯燕。刼後池臺依樣好，愁邊花木

妝春蒨。諷金經，怕寃禽萬億，懺除難徧。儘多少、歡場人逐，爛錦年華，淒到心眼。一笑關門，除却種梅休管。集澤鴻哀歌舞樂，爬沙蟇貴功名賤。好風光，又看他，十年元旦。

百字令 送路金坡北遊

故鄉同夢，歎詩人寓蜀，例多飄泊。君似温舒才俊發，漢代文章攸託。一曲琴心，三生劍膽，壯志齊嚴樂。天南地北，大鵬九萬飛落。

相送叢菊籬邊，帶將秋去，酒也無多酌。斫取悲歌燕趙地，慎入河陽公幕。拾芥功名，浪萍身世，逝水須歸壑。把茅相望，黔山點點圭角。

探芳訊 來其

井華洌。看磨轉珠零，漿流玉潔。倩蒽纖親點，然萁火都活。一甌香泛同花乳，鹽豉還兼設。薦春盤、鍊液堆雲，截肪凝雪。畦菜佐新葉。算滑到肥甘，老饕能説。尚記前朝，風味冷官別。一家排日齋期是，口福應防折。强加餐、茅屋炊烟久絶。時方辨賬。

鳳凰臺上憶吹簫 怨

春塞琵琶，秋風紈扇，從來多少魂銷。甚弄人蟢子，偷上裙腰。贏得珍珠一斛，樓東賦、梳洗全抛。憑誰訴，箋天不管，問月無聊。煎熬。也知是命，争萬縷楊絲，總結眉梢。儘緑愁先織，紅淚添澆。影共燈兒一個，能揞得、幾個長宵。空題葉，無情水流，不替人捎。

木蘭花慢 紙烟

是情根一寸，雪茄味、吐清芬。揀鈿葉張張，輕揉細鉸，包裹均勻。筒分。小鬟擎出，玉搔頭一縷蕩輕雲。恰稱銀娘吸取，紅櫻半晌温存。西人。節節締前因。綵伴款殷勤。道拈上葱尖，穿防藕孔，味亞蘭薰。氤氳。偏於香國，似吹笙鵝管逆風聞。贈與芙蓉仙子，羞他枕上回春。

聲聲慢　紅葉

雁邊霜醉，鶩外霞烘，亭皋晚變荒寒。大海珊瑚枝柯，一幅晴瀾。臙脂是誰多買，付西風、吹上林端。絢秋色、比花開二月，加倍鮮妍。　猶記録陰濃處，有玉奴消瘦，閒倚闌干。點綴笆籬，老來紅亦嫣然。香溝怕他流斷，訴愁心、珍重題箋。歸路遠，望斜陽、山外有山。

天香　珠蘭

魚子吹香，蟬霏滌暑，宮黄顆顆新綴。摘透囊芬，樣嵌釵串，曉帶露華簪髻。細攢鈿粟，隔繡箔、微風偷遞。寫韻如穿菜子，搴芳自紉秋佩。　珠娘合鐫小字。盼團圓、素心如此。泛入茗花清到，蘂仙甌裏。雨過星星滿地。誤佳人、月下糝金桂。封寄樓東，鮫綃揾淚。

以上《牟珠詞補遺》

八聲甘州　和香宋

憶來時消息報芻尼，佳期約黄昏。有明虹送喜，圓冰照路，怎樣逡巡。燕子似曾相識，休便隔簾瞋。甚好風吹下，一朵鬟雲。　乍近鐙前絮語，看眉重貼翠，首半低螓。顫墻陰花影，小犬故狺狺。破工夫、來宵早到，月兒高、曾有素娥奔。何須向、趙家圖裡，喚出真真。

其二

憶去時一曲彩雲歸，翩翩渺驚鴻。度香泥徑滑，釵鸞防溜，鞋鳳兜鬆。轉過屏山一角，路便隔千重。勞燕棲初定，怎又西東。　枉著留仙裙子，并鮫綃枕畔，淚點淹紅。只蒼苔解意，痕尚印雙弓。記臨行、喁喁私語，道相離、爭似莫相逢。還應對、鏡中花影，省識春風。

其三

憶眠時取次卸殘妝，漏聲促雞籌。尚玉蟲燈剪，錦鴛鞋換，作態佯羞。莫似前宵愛月，松下儘淹留。悄把羅幃放，風颭銀鈎。　記否客中孤另，對影妻椅妾，瘦不關秋。怕數聲啼鳥，驚夢五更頭。正春寒、香衾嫌薄，有玉奴、身化作熏籌。長偎傍、黑甜鄉好，何況温柔。

其四

憶食時香稻熟紅蓮，分紅上脣脂。怕情郎久等，飽餐山色，猶自忘飢。休把荔支多啖，病齒肖楊妃。飯是家常好，纖手親炊。　不嗜人間烟火，嗜伊蒲精饌，算到齋期。話東方風趣，割肉笑歸遺。倚瓜筵、春蔥代擘，戲問他、裡許有人兒。嬌羞甚、味甘梅子，佯説嫌伊。

其五

憶坐時棐几淨無塵，女紅罷挑窻。好消閒耽靜，楸枰敲罷，蘭炷焚香。戲把蓮鈎蹦結，綺閣似禪房。埋怨春風過，觸響明璫。　膝上將身輕置，記昨宵風味，暗裡思量。有過談綵伴，酸楚覺腰忘。指閒堦、落花多處，待欠伸、日已過西墻。簾呼捲、更看雲起，學美人妝。風雨響簾鈎。除非是、寄從天上，没有春秋。

其六

憶立時玉樹映庭階，亭亭苦難分。共鄰娃絮語，居然鶴態，迴出鷄羣。多少難言心事，獨自望歸雲。背面東風峭，吹縐湘裙。　莫是姍姍仙骨，便熏籠上戲，也站輕身。怎蒼苔露濕，不透繡鞋跟。倚闌干、月斜移處，怪影兒、不像並肩人。空凝佇、雛鬟解意，移到香墩。

其七

憶愁時無緒復無情，情根種心頭。爲伊誰僝僽，煮同冰繭，乙乙絲抽。那得石城湖水，分向愛河流。慣惹蘭荃怨，身是靈修。　未解別離滋味，見青青陌柳，怯上妝樓。怎鵲橋空盼，渡不到牽牛。也思量、自家排遣，又墮花、

其八

憶笑時百媚態横生，依稀認阿環。正盈盈欲語，黛兼眉展，紅注渦圓。未必桃粗李俗，却讓海棠嫣。淡冶誰偷畫，活了春山。　記共學吟窻下，賭聰明記得，巧倩詩篇。怎瓠犀時露，多半在郎邊。感風情、白頭無分，費千金、終怕買心難。巡檐索、問梅花影，那箇嬋娟。

其九

憶起時檐角上朝暾，雙鴛夢初闌。被啼鶯唤醒，攬衣推枕，移坐牀邊。半嚲頽雲髻子，錦襪更親纏。興是花冠早，今讓儂先。　未到困人天氣，似受風弱柳，不耐三眠。對芙蓉妝罷，覓徧夜飛蟬。悄回身、幔紗輕揭，怪玉郎、

猶戀繡衾單。苔階步、惜花心重，忘却春寒。

其十

憶醉時小飲報花開，香紅滴真珠。問春醲似酒，仙鄉花滿，化蝶尋無。莫是玉巵娘子，貪醉謫蓬壺。試共瓊筵賭，拳定郎輸。　已過三蕉葉量，漸星眸注水，霞臉融酥。險玉山傾倒，諱説倩人扶。喚么鬟、箇烟裝取，解宿酲、先噏淡巴菰。酣眠去、餘醺枕上，吹氣蘭如。

其十一

憶行時貼地蹴金蓮，周遮鳳裙拖。怪身輕似燕，軟塵無迹，偷上香羅。偏數中庭花朵，蜓影暗隨他。勸鷓鴣聲好，休喚哥哥。　又屈踏青時候，愛柳陰路曲，常背人過。怕零星石子，不受小淩波。看雲荼、去來如織，只西家、屧響占春多。防嬌喘、代將纖步，細馬輕馱。

其十二

憶浴時出水白蓮開，深深掩蘭房。乍袒衣輕褪，羅巾輕浣，雪影波光。入月期剛過了，第一試溫湯。任侍兒窺見，只避檀郎。　祕展唐宮圖畫，妒文鴛鏡裡，游戲雙雙。倩訶梨遮護，一縷尚聞香。笑齊宮、三熏三沐，女夷吾、真個費形相。紅休洗、冰肌玉骨，本自清涼。

以上見《春禪詞社詞》

鄧鴻荃

虞美人　寄家書

杏花零落春歸了。春是歸期早。思量下筆又還休。寫到落花時節、盡春愁。　千言有盡愁無盡。乙乙蠶絲引。絲絲淚點字行行。多恐雁兒飛不、過瀟湘。

人月圓　閨人生日

長風吹落春申浦，綺陌倦尋花。漫將花比，人間天上，花不如他。　因循七夕，雙星應笑，客未還家。遥憐今夜，銀牀冰簟，夢繞天涯。

金縷曲　壬辰抵京，王幼霞侍御五兄重館予於中年聽雨廬，兼以近作見示。依韻奉答

問客何爲者。又春城、人家萬樹，置身圖畫。謡諑蛾眉遭妬久，尚自濃薰蘭麝。空見説、明珠無價。送別河梁曾幾日，嘆年光、過眼如奔馬。樽酒美，喜重把。　離懷萬縷憑傾瀉。笑依然、精廬聽雨，緣真天假。怕見飛飛穿簾燕，去住總無聊也。只故故、堂依王謝。剔盡孤檠愁不寐，數街前、幾點寒更打。窗外雨，又沾灑。

踏莎行

欄藥紅酣，庭槐碧聚。苔痕淺印凌波步。無端蟬鬢罥低枝，一雙蛺蝶驚飛去。　寂寞誰知，芳華空負。黄昏幾陣簾纖雨。春歸若解向郎邊，願隨春到郎邊住。

一萼紅　池魚

畫樓東。正條風送暖，高樹緑陰濃。曲沼漣漪，纖鱗潑刺，天光雲影溶溶。獨立久、相忘魚我，問濠梁、莊惠意誰同。月墮疑鉤，風香誤餌，遮莫潛蹤。　也自悠然得所，看斜穿荇帶，徐接蒲茸。島嶼縱横，雲瀾泱漭，那知別有蛟宮。算一例、揚鬐奮鬣，恁鯨魚、浴日海

波紅。記取他時雷雨，休怨池中。

菩薩蠻

流蘇簇簇香痕媚。花城十二紅鴛被。鐙炧畫樓扃。入窗斜月明。　日高棠睡足。枕畔雙鈿落。小雨溼征衣。問君歸不歸。

浣溪沙

笑試新衣問短長。紅兒取次撿巾箱。重帷深下莫愁堂。　櫻顆暗銜丹荔美，吴綾親裹玉梅香。個時情味殼思量。

思佳客　爲幼霞題玉奴詩畫便面，即采詩意成詞

解道羅胸富五車。憐才何事竟關渠。風塵别有知音在，蹋遍槐黄總不如。　花影顫，墨痕腴。幽蘭幾葉寫疏疏。憑君持取團欒意，珍重梅花帶月鋤。

前調

新漲盈盈上畫橋。御河浴象日輪高。承平故事繁華地，十里香風動翠翹。　璫玉佩，紫雲韶。萬花齊妬個儂嬌。垂楊忍放雙輪去，卻遺新蟬話寂寥。

高陽臺　憶内

翠幕飄煙，冰奩竚月，鑪香鎖日長留。春滿長安，垂楊遮斷妝樓。沉沉歌管誰家院，隔紅牆、數遍更籌。甚芳期，然了山櫻，綻了江榴。

中年長是分襟慣，問飄霝書劍，何計歸休。夢逐萍圓，憐伊不到湘流。蠻天那更魚書滯，外舅時爲靖州剌史。倚羅衾、一例供愁。却關情，雙燕歸來，不下簾鉤。

八聲甘州　七月十六夜，偕幼霞侍御、夔笙舍人城西蹋月

捲纖雲放出莫天晴，晴天浩無邊。望重城一角，太行新掃，眉翠秋妍。一幅雲林畫本，消得酒腸寬。舊事休重省，凋去朱顏。　試問姮娥無語，只清輝照徹，萬里河山。儘陰晴無準，長是向人圓。笑勞生、黃塵烏帽，賸宵來、一晌得安閒。前游記、三人對影，兩箇詞仙。

百字令

紅榴開徧，又等閒過了，天中佳節。載酒徵歌聊復爾，管甚花間啼鴂。且住爲佳，將歸無計，空笑謀生拙。怕持明鏡，曉來偷換華髮。　遙想卍字簾前，銀鉤慵挂，念遠長淒絕。華燭光沉天似水，剩有窺窗涼月。月伴人孤，人和月冷，兩地同心結。此時情味，素娥應共君說。

蹋莎行　秋夜，和王五侍御均

酒淡停斟，花殘慵睨。今宵人在愁城裏。青青鳳脛照無眠，坐聽鄰院笙歌起。　穿幔蟾員，敲窗葉墜。故關那有魚書至。吴鉤鬱作不平鳴，甚時纔吐如虹氣。

鷓鴣天

歌舞深宵敞綺筵。天風吹下月中仙。愔愔密意知誰屬，認取釵痕鈿影間。　眉暈淺，鬢雲偏。倦鐙紅照海棠眠。城頭畫鼓催歸去，消得司勳半夕憐。

醉花陰

城南綠樹輕陰覆。恰是相逢候。寶馬七香車，吹笛聲中，笑靨紅於酒。　西山一抹天然秀。宛似眉峰鬬。轉眼隔天涯，望斷長隄，但見毵毵柳。

卜算子

花影上中庭，瑟瑟秋如水。地角天涯示算遥，只在冰壺裏。　長夜儘無眠，對影情何似。月自團圞照向人，人是團圞未。

滿庭芳　秋燕

瘦影偎風，新雛掠水，清秋剪剪生涼。巢痕幾日，空説杏泥香。贏得相逢一笑，征鴻過、命裏參商。傳書否，殷勤似説，花裏見明妝。　飄靁緣底事，來從瀚海，長寄雕梁。便主人情重，也怨清霜。問訊歸期準未，重簾外、紅冷斜陽。西風緊，生涯似客，何處是家鄉。

齊天樂　哀鴻遍野，朔雪横飛，旅館愁來，率拈此解

遥天一幅雲如墨，漫天亂飛瓊絮。泥迹留鴻，沙光印馬，消得征人來去。憑高四顧。但一片寒光，亂鴉棲樹。薄怯鷫裘，憐他凍餒萬千户。　蓮畦化成玉圃。喜豐年預卜，多詠稌黍。禁體詩尖，銷寒酒釃，好憶知心儔侶。燈前聽取。聽空外寒聲，攪人情緒。莫更驚心，歲華成過羽。

采桑子　偕萬英生同年夜飲梧陰書舍

歌闌記得憑肩語，愛聽秋聲。怕聽秋聲。梧

葉西風總淚零。　才人落拓佳人老，卿自多情。我忍無情。惟覺尊前笑不成。

浣溪紗

香篆絲絲顫晚風。雲鬟依約傍簾櫳。片時歸夢畫樓中。　對影可堪窗月白，向人何苦夜燈紅。不眠同聽五更鐘。

滿江紅　送朱艾卿僚壻入都散館

被酒燕郊，記往事、光陰一瞥。讓祖逖、先鞭猛著，蘭臺清徹。萬里鵬摶今日始，宮袍檢點朝金闕。笑渡江、名士向來多，虛聲雪。　鸞鳳侶，同心結。名勝地，從頭說。正嶺梅初放，新霜時節。送子玉堂深處去，嗟予席帽何年脫。約春風、同看上林花，征車發。

賀新涼　聞雁

客思凝孤館。忽長空、和煙度雪，幾聲征雁。似訴年來傷顦顇，蹤迹燕雲淒斷。只獨立、寒沙汀畔。楊柳亭臺春似海，把風情、輸與閒鶯燕。幾行字，恨無限。　炎涼羈旅都經慣。問何時、長風萬里，羽毛豐滿。遮莫晚風垂肅肅，一笑憑伊斥鷃。算一畝、稻粱堪戀。可有花殘殷勤寄，數征途、準過瀟湘岸。愁更聽，弄蘆管。

摸魚子　盧溝道中，和王五侍御《寒食雨中》均

灑春郊、瀟瀟杏雨，情懷懶似中散。禁烟又送征程去，春老客游良倦。春莫怨。傍御柳東風，莫問桑乾淺。真珠簾捲。看旭日峰黃，小風漪碧，雙翦掠輕燕。　重回首，一角高城不

見。太行山色青遍。舊游説起鴒原痛，玉笛鶴樓腸斷。幼霞言與令兄别在湖北舟中。如夢遠。算帶水簪山，一樣舟無岸。春歸已晚。祝花外中仙，餐霞鍊液，莫遣鬢絲换。

前調 再和佑遐，約魏鐵三、劉伯崇同作

憶春城、燈前聽雨，灑然人意疏散。蹋青不到陽關路，今日冶游人倦。君莫怨。看勃勃生機，翠麥沿陂淺。纖塵不捲。對萬疊春山，一弓橋影，幾樹鬧鶯燕。　盧溝月，回首十年重見。燕南游屐都偏。思家又是清明節，偏遣旅魂淒斷。空望遠。問甚處斑騅，更繫垂楊岸。關河易晚。正茅店停驂，共謀一醉，裘向酒家换。

浣溪紗

縷縷垂楊颭晚煙。鶯聲花底輭於綿。别離人在奈何天。　無賴東風掀翠幕，傷心明月上朱闌。今宵三十七回圓。

調笑令

班馬。班馬。馱得征人去也。怎知樓上凝妝。楊柳東風恨長。長恨。長恨。簾外落紅成陣。

齊天樂 耿小莘同年寄示《并門元夕》詞，兼屬題瑞琴小影

客懷已是傷離索，何堪送君南浦。蘭畹香融，琴心綺合，忍便掉頭西去。娉婷倩女。料一縷芳魂，畫圖能住。舊夢淒迷，鳳城東望但煙樹。　相如多病愈否。歎瓊簫聲澀，莫忘前

度。仙觀依雲，春鐙簇錦，記與個儂相遇。殷勤寄語。漫百疊花牋，寫相思苦。杜牧揚州，有人還遲汝。

醉花陰　春莫，和林次煌

日上西樓風乍起。微皺溪邊水。燕子故依人，去去還來，未解相迴避。濃春容易添愁思。那更歸無計。禁得不銷魂，一院楊花，盡日鶯聲裏。

點絳脣

酒困人間，醒來好夢無憑據。一簾花雨。題偏傷春句。多謝啼鵑，會得心期苦。無尋處。聲聲淒楚。說不如歸去。

調笑令

煙樹。煙樹。遮斷幾條村路。小闌紅遍斜暉。空見寒岑鳥飛。飛鳥。飛鳥。恁地歸林得早。

點絳脣

一樹嬌花，託根却在傷心地。金鈴誰繫。莫等花顦顇。有客憐花，花亦留人醉。斜風起。惜花無計。未省東皇意。

祝英臺近　送春

綠楊村，煙外路。鎖日燕鶯語。迎面東風，幾陣帶疏雨。斷腸片片飛花，愁根一縷。待種向、天涯何處。渾無據。算和夢送些時，碧陰又黏住。解道難留，無那客心苦。記曾春伴人來，餞春兩度。怎只是、看春歸去。

臨江仙

滿地落花紅蔌蔌，春光又背人歸。他鄉寥落意多違。有情雙蛺蝶，只管傍人飛。　一片緑雲寒似水，平疇大麥初肥。雨餘微潤欲沾衣。淡煙樓閣外，鴉背閃斜暉。

鷓鴣天

一雨芳郊百卉滋。溪邊隨意立多時。銜花猶自忙如許，過盡穠春燕那知。　煙靄靄，日遲遲。暖風吹老緑楊枝。人家沽酒知何處，銷得羈愁醉不辭。

一翦梅

一桁珠簾窣地垂。小雨霏霏。小燕飛飛。誰憐春盡未成歸。換了青絲。減了腰圍。最無人處最淒迷。除却蘭閨。此恨誰知。雙魚一任寄書遲。便隔天涯。不隔相思。

鳳棲梧

小立朱扉花滿院。十五芳年，體態輕於燕。偏是生疏偏靦覥。澹妝倭鬌宜嬌面。　窄窄苔痕蓮印淺。扶著桃根，相映紅桃綻。瘦煞多情卿不管。回頭一霎驚鴻遠。

謁金門

風習習。飛度游絲無力。塔影撐空銜落日。秋郊沉暮色。　唼葉魚兒千百。溪水粼粼自碧。腸斷有人坡上立。西樓吹玉笛。

憶秦娥

聚還散。流螢幾點深深院。深深院。碧天如水，月華如練。愁深不厭金杯淺。鑪煙繚繞秋宵半。秋宵半。夢回鐙燼，瀟湘人遠。

蝶戀花　潞河舟中

一路潞河之字路。萬轉千回，盡日嗚榔去。遥見雲帆高出樹。那邊也是經行處。直疑南北東西誤。水上前程，不作杉湖主。隨意沙頭飛且住。此情輸與閒鷗鷺。

滿江紅　晚泊鎖江

二十年來，十一度、曾爲過客。試回首、酒人星散，此情何極。繞郭千艘檣艣亂，澄江一鏡魚龍寂。算金焦、兩點落樽前，猶如昔。恨未㓕，遊山屐。渾不見，沉沙戟。只英雄遺恨，暗潮聲急。瓜步洲邊新月上，妙高臺畔疏鐘歇。有江靈、冷齒笑勞人，頭空白。

水調歌頭　乙未秋中，次於潯陽，同舟吴姬，情似商婦。撫景棖觸，爲拈此解。坡仙白傳，同此情懷。録呈同人，倚聲和之。吴姬陸姓，字小香。同人則岑雲階冏卿、余壽平編修、趙竺園庶常、李體乾儀部、陽鹽臣孝廉也

江上一輪月，劃出十分秋。金波一瀉，千里直打水晶毬。莫問人間天上，難得姮娥相伴，同在小瓊樓。舉酒更豪飲，談笑盡英流。容婉娩，妝澹雅，態温柔。琵琶今夕湓浦，一様説離憂。我亦天涯淪落，莫遣尊前老大，楓荻記歸舟。萍水何年又，明日漢臯游。

金縷曲 寄懷王五侍御

臥對巴山月。驀思量、故人丰采，渺然天末。短榻明鐙相伴處，子史縱橫羅列。透字字、古來心血。人物眼中渾數徧，更時艱、萬狀同悲切。隔年事，太悤卒。　一官去國音書絶。問別來、匡時幾疏，補天之缺。餘事儘添花外集，風動牙籤亂葉。如我意、啼鵑愁説。親在何如歸去好，只歸時、負米謀真拙。君共隱，甚時節。

臨江仙 乙未端午，置酒梧陰，流連竟日。逮予將出都，而鳳君爲沙叱利竄去，未知合浦尚珠還否。光陰迅速，令序重逢，追懷墜歡，爲拈此解，即題鳳君小影

粉蠡脂籢人似玉，魂銷黃竹聲中。隔年歡事付東風。水晶雙枕畔，猶憶臉霞紅。　北望鳳城天樣遠，便教重到花叢。如塵如夢總成空。紫鸞無箇信，空對舊時容。

前調 己亥自題小影

顧影自憐還自笑，鬢毛漸改青青。卌三年事太零星。不堪重記省，歲月去無情。　躞蹀一官家萬里，莫將骨相閒評。封侯無分早歸耕。一經承舊學，他日更趨庭。

金縷曲 題《璚笙館詞卷》

竹影紗窗裏。乍飛來、瓊瑶十幅，天然佳句。雞塞笙寒風吹水，脱盡世間凡語。看腕底、泉源奔赴。我亦東山賀梅子，漸消磨、豪氣非吾故。同調者，最憐汝。　功名休悔儒冠誤。喜承家、庭前雛鳳，聲清如許。焦尾終逢知音客，且莫傷懷羈旅。況低唱、小紅堪付。日下

江河今如此，問時艱、誰作中流柱。彈妙曲，漫他顧。

浣溪紗 題芸臺校書小影

絶似梨花帶雨枝。小闌凝睇立多時。仙姿稱與鶴相隨。水驛萬程山萬疊，天台重到恐無期。墜歡如夢費尋思。

前調 旅中題壁

緑鬢窩雲彈玉肩。曉妝曾侍鏡臺前。長安誰敢鬭嬋娟。碌碌一官行萬里，遥遥歡事忽三年。箇人今日落誰邊。

水調歌頭 寒夜不寐

引睡莫如酒，不睡酒無功。重衾如繭，空戀寒與鐵衣同。萬事心頭泉涌，更念鳳毛誰屬，遠憶謝超宗。遮莫老將至，天使作衰翁。梅花下，鼾鼻臥，妬師雄。寒鴉啼亂，聲聲併入寺樓鐘。艷想大槐宫裏，便夢何曾做得，轉眼一宵終。聊爲惜陰起，旭日上窗紅。

摸魚兒 和棠蓀

悔風塵、陸離長劍，上書幾回偕計。江南記我曾游處，兩岸碧峯雲起。身萬里。儘惆悵秦淮，舊是銷魂地。寒潮瀉淚。剩好夢如煙，故人如雨，嚼蕊更回味。南朝寺。二十餘年別矣。新詞難繪吾意。君家兄弟人中傑，鵬路萬程何止。荆樹紫。空悲憤時艱，詩畫供諧戲。傳箋也未。問近日舒州，巨鯨潛否，聞雁正遥憶。

虞美人　己酉元夕

天涯容易逢三五。寂寞無情緒。浮生百事總淒然。惟有舊時明月、自團圓。　春回只覺風光好。暗裏催人老。填胸塊磊未曾澆。乍看隔隣燈火、做元宵。

高陽臺　同治間，某學使按試鄜州。其閨人手書促歸，縢以紅袜。學使遽以試事屬州刺史，移疾還閩，遂偕隱焉。越縵、樊山均有詞紀事。予亦效顰，用樊山原均，丁未春日作

脱屣官輕，如花眷美，多情百念俱休。一道紅牆，香痕長讀雞頭。餘温解下匈前影，裹春雲、有雁横秋。最憐伊，細點凝酥，曾餵阿侯。　風流慣了鄜州例，比回文錦字，更覺馨柔。玉尺量才，鑿天量到牽牛。大宗師换逍遥意，武夷山、九曲歸舟。待仙郎，腰襻親圍，才慰離愁。

清平樂　和棠孫《見人折小紅梅一枝》均

逋仙尋彀。嫩蕊纖於豆。香未氤氲紅未透。比似詩人還瘦。　龍綃襯著嫌單。雁霜時節猶寒。盼得南枝開遍，同游鄧尉孤山。

前調

夭桃命薄。不怨東風惡。往日誓盟都忘却。惆悵錦書難託。　檀郎抛棄無端。玉纖將淚偷彈。做了檻花籠鳥，崔徽可忍重看。

臨江仙　詠梅

往歲徜徉驢背上，湖西十里紅霞。而今春色在鄰家。自鋤明月種，開遍向陽花。　竹外水邊顛頷損，東風不度些些。癯仙低首感年

華。一寒拚徹骨，雲木伴槎枒。

金縷曲　己酉元日書感，兼懷舍弟雨蒼湘中

漸有條風發。雨初晴、曉寒猶峭，硯冰瑩徹。淒絕普天皆縞素，柏酒椒盤誰設。不是畏、金吾懲罰。人事儘多蒼狗幻，總灰心、早似僧留髮。身世感，不堪説。　家無長物謀生拙。度殘年、憑收舊債，出錢于薛。友人還三百金，聊以卒歲。憶弟看雲天樣遠，燈下平安書帖。問嶽麓、峰頭梅雪。春草池塘空入夢，料阿連、念我同悲咽。嗟改歲，白駒捷。

浣溪紗　和棠蓀《詠賽金花》韻

豔質羞同百卉芳。靈簫再世屬韋郎。樽前曾與話滄桑。　裙屐酒邊容放誕，河山花底繫興亡。美人拌得一生忙。

金縷曲　題岑桐階太守桐陰觴月圖

佇立桐陰久。涌冰輪、秋宵萬象，氣清無垢。會得此中佳妙處，明月何妨爲友。也不要、素娥行酒。醉舞狂吟花下飲，這奇情、肯落青蓮後。觴十舉，未孤負。　階前密蔭亭亭覆。比龍門、干霄百尺，挺生非偶。更倩丹青傳韻事，大好倪迂畫手。問風格、可如人否。玉宇高寒襟抱朗，儘浮雲、變幻成蒼狗。歌一闋，晚涼驟。

虞美人　己酉春正月十三日，見梅花一枝豔絶，用耐軒韻寫之

我儂生小西湖住。未遣尋春誤。春來何用惜年華。試問幾生修得、到梅花。　輕妝數點胭脂透。聽滴銅龍漏。凝羞一笑立燈前。最

是此時模樣、不禁憐。

前調 再和耐軒

天風吹得飛瓊住。相見休重誤。冰肌玉骨謝鉛華。應羨逋仙獨占、雪中花。 珠簾捲起清芬透。密意知誰漏。驚鴻一瞥畫堂前。只怕千生萬刦、彀人憐。

蝶戀花 和葛農

月上蘭閨燈燼小。香吐氛氳，爐獸金塗爪。詠絮才工人窈窕。抵郎三峽詞源倒。 帳底梅花春不老。鼎鼐家傳，雛鳳清聲好。聞道荆釵私誓早。天涯懶更尋芳草。

前調 贈棠蓀，用葛農均

除郤巫雲山盡小。遠迓香車，錦里尋鴻爪。象服稱身人窈窕。何郎勸客金樽倒。 樽底休嫌雙鬢老。樊素能歌，瓊樹三株好。藉甚才名驚世早。幕中文檄須留草。

浣溪紗

簾幙重重黯自驚。膽瓶風過落花輕。繡餘長日困難撐。 攬夢金衣啼不斷，織愁絲雨細無聲。回文爭寄此時情。

點絳唇 問致存疾

花月濛濛，憐他好夢春宵迴。曉風誰請。吹得相如病。 應是愁多，不是詩爲命。娉婷影。藥鑪茶鼎。計是紅兒定。

滿江紅 爲伍介康題江月撫琴圖

皓月當頭，又早是、金飈時節。誰艤棹、青楓江上，玉琴清發。秋景瀲鮮供點染，道心表裏俱瑩澈。只中宵、妨有老蛟聽，煙波闊。　思舊事，悲華髮。欲濟世，無舟楫。有萬千情緒，素娥應説。玉宇瓊樓空想像，仙音法曲都銷歇。鼓君家、半夜子胥濤，銅絃澀。

東風第一枝　憶梅

瘦影愁紅，仙英夢緑，天寒曾守孤鶴。隔年春意應回，一種靚妝待續。清高性格，肯甯耐、雪欺霜虐。祇姓林、人去山空，知己一生誰託。　行緩緩、巡簷笑索。歌婉婉、無風吹落。小闌幾日新香，夕照幾聲畫角。吟懷已老，休重問、揚州東閣。卻渾似、花下師雄，一夢曉來驚覺。

虞美人　秋江晚眺

西風愁對黄花酒。有客憑闌久。山川滿目漸蕭條。驀見歸鴉無數、過江皐。　輕舟來泊蘆灘下。總是勞人也。隔溪紅葉燦如雲。人在夕陽低處、暗銷魂。

南歌子　和棠蓀《飲致存齋中》韻

解語教花妬，聞香覺幔開。巫陽神女出山來。忍笑不禁、佯靦綺窗梅。　婉媚雲垂髻，輕盈鳳顫釵。殷勤重勸碧螺盃。不肯停杯、遲客負新醅。

蝶戀花　感懷，贈棠蓀，仍用耐軒均

燈下填詞蘭錟小。君得驪珠，我只龍鱗爪。見説軒前春窈窕。夢魂不到情顛倒。　惆悵相如今漸老。兩鬢添絲，萬事輸人好。梁燕似言歸及早。天涯處處仍芳草。

鷓鴣天 題趙子昂鷗波竹樹圖

閱盡興亡此索居。行藏未卜意何如。沙鷗占穩幽棲處，猶勝王孫泣路隅。 波渺渺，柳疏疏。悠然心會便成圖。風流應有樊通德，來伴伶元老著書。

其二

家在江南第一村。長松繞屋竹當門。淒涼萬事都如夢，看是羲皇以上人。 時代改，歲華新。花開無地問桃源。模糊一段滄桑影，留待千秋認墨痕。

金縷曲 題孝博畫册

吐盡奇礓氣。是高人、是詩是畫，盡情游戲。剪取東南林壑秀，移在輞川圖裏。看樓閣、玲瓏雲起。衹當草書匆匆作，問近來、好手誰相似。有幾筆，瘿瓢子。 滄桑變幻今如此。只其間、猶存浄土，山明川媚。知是秦關知蜀道，一一平生杖履。無須問、天都人世。我亦幼輿無著處，墨痕斑、定染傷心淚。誰會得，個中意。

沁園春 留音機器，和華溪

四座驚疑，烏有先生，幻作伶官。恁蠟筒纔動，雅音飈發，螺盤巧轉，妙曲能傳。最稱歡場，也宜文會，只許聞聽不許看。休輕視，是葫蘆依樣，妙出天然。 梨園。子弟如煙。

忽一派、笙歌几席前。儼蜺裳再譜，廣寒宮裏，鵾絃疊奏，凝碧池邊。中有人兮，呼之欲出，一片神行捉摸難。非非想，合電光爲戲，色藝都全。

長亭怨 重到薇園感賦

忍重聽、箏絃淒楚。爪迹依然，是留髡處。國瘁人亡，不堪回首涕如雨。欲尋前夢，三百本、梅花樹。樹不解多情，也換盡、當年眉嫵。日莫。儘座客飛揚，莫辨誰賓誰主。黃公已矣，曲闌外、酒壚非故。算只有、好鳥枝頭，識化鶴、令威啼苦。恨縷縷垂楊，不繫殘陽西去。

驀山溪 和華溪次半塘均，兼懷半塘

春來幾日，梅萼窗前破。花不解多情，伴清吟、相憐惟我。自經桑海，豪氣久銷除，空負了，好年光，夢裏瞢騰過。茫茫世事，畢竟如何可。小立怨東風，吹不轉、兩眉愁鎖。故人長往，庚子賸秋詞，誰料道，又今番，此恨平分麽。

點絳脣

一桁芹泥，營巢小燕雙飛俊。黛螺愁損。羨爾幽棲穩。試向紅襟，討個天涯信。無憑準。亂紅成陣。簾外東風緊。

滿江紅 壬子秋日餞穉岷、宗武、蔭庭三君

絃管淒涼，渾不似、當年錦里。看玉宇、瓊樓回首，冷清清地。南浦花飛頻送別，舊交雲散今餘幾。共去年、此日醉藤陰，前生事。粵城遠，漢江邇。最遠是，丁沽水。各前路分

頭，窮途揮淚。千歲共驚華表鶴，後堂無復東山妓。賸季鷹、無計味鱸蓴，秋風起。

浣溪紗 燕

王謝烏衣已式微。當時燕子傍誰飛。重簾高閣故依依。芳草可憐隨意綠，桃花無賴盡情緋。一春情事與心違。

清平樂 書舲有彩雲之戚，詞以慰之

似花還綺。六曲紅闌倚。道是未曾鴛帳裏。豆蔻梢頭年紀。青天碧海沈沈。仙蹤縹緲難尋。除了玉簫再世，夜窗誰伴孤吟。

祝英臺近 和華溪

鼎煙沈，衾翠黝。心事向誰剖。如海春愁，有淚溼襟袖。任他蜂蜨顛狂，都無人管，看看到、落花時候。怎消受。小樓昨夜東風，月明重回首。莫畫春山，總是兩眉皺。劇憐枝上鶯啼，驚回幽夢，只一味、自家僝僽。

晝夜樂 大雷雨，和華溪

催詩頭上雲翻墨。陰慘慘、天無色。推車忽奮阿香，拔木又過風伯。驟雨小庭花片落。更躲盡、林雅檐鵲。春夢正迷離，好教人驚覺。憂時那得英雄出。幸從容、箸休失。錯疑苦戰昆陽，虎豹城中都慴。茆屋杜陵還待補，有幾卷、殘書霑溼。俄放晚天晴，上窗前明月。

沁園春 眉

深坐顰蛾，有恨誰知，捲簾淚潸。憶入時低問，雙彎拂翠，承恩淡掃，幾度臨鸞。報喜纔

舒，緘愁又蹙，嫵媚還須子細看。妝成候，有些兒意思，似月初弦。唐宮十樣流傳。便京兆、多情欲畫難。愛偎人解語，無言脈脈，焚香怕炙，顧影娟娟。描黛痕濃，涵煙彩秀，春在遥峰隱約間。誰脩史，笑風流瑩姐，鬬向花前。

鳳凰臺上憶吹簫　懶

更不因愁，何曾是病，玉人模樣春慵。看寶奩蛛罥，瑶瑟塵封。總覺無情無緒，差比似、照水雲容。闌干外，梨花瘦盡，翻怨東風。　朦朧。日高未起，便草草臨妝，梳掠難工。恨雙鬟催繡，笑唾紅茸。算只蕭郎知道，殷勤意、積在匈中。書燈下，芳心又憐，失學兒童。

前調　憨

態不成狂，根還異鈍，只將犀點通靈。愛摘花高處，賭賽身輕。翻笑蒼頭懵懂，疏簾外、誤觸晶屏。撩人甚，困舒嬌眼，中酒微醒。　聰明。更生妙想，指雕籠嬰武，教誦心經。儘偎郎不語，放出風情。更在玉搔頭上，誇手段、故捉蜻蜓。將卿問，隋宮寶兒，可是前生。

前調　昵

似燕棲梁，如魚得水，一般相近相親。愛憑肩私語，氣息氤氳。妝罷遠山遥指，索綵筆、教畫眉痕。前生是，心兒一箇，分作雙身。　銷魂。於今真個，算萬千分付，須避旁人。更裁箋索句，萬種温馨。會得元機妙詠，實無價、嬌喚頻頻。争消受，蘭閨者番，密意殷勤。

浣溪紗 江樓夏宴

城上斜陽鼓角哀。柳陰三面罨樓臺。池荷微颺有魚來。　日食萬錢才下箸，塵昏六合且銜盃。座中俱是出羣才。

謁金門 送春

春去了。處處落花啼鳥。還似舊時風景好。夢也何曾覺。　已斷游絲尚裊。別院鐘聲催曉。若問幾時春又到。無言天一笑。

百字令 秋雁，和華溪

一繩低度，驀驚心時序，又成秋矣。雲水蒼茫鄉夢冷，輸爾歸鴻南指。羅網猶張，稻粱垂絕，飄泊今如此。上林安在，帛書窮海誰繫。　漫憶南北年年，驚寒聲斷，託足知何地。欲寫不平多少恨，幻作疎疎人字。萬里江天，隔年風月，空洒孤臣淚。荒洲殘葦，瀰漫前路休憶。

羅敷媚 秋蟬，和華溪

故宮曾吸槐枝露，蜣化今生。螳距餘生。恩重身輕報未能。　空懷高潔將安往，黃葉多情。碧樹無情。曳過殘聲帶淚聽。

臨江仙 秋蟲，和華溪

不似春前天氣好，青蕪老去堪嗟。幾回蟻陣又蜂衙。吟低梧井月，開徧豆籬花。　最苦啼螿啼到曉，聲聲飛透窗紗。西風涼似曉來些。愁人方淚落，相和起城笳。

浪淘沙　秋蝶，和華溪

蜕化出仙鄉。飛處成雙。可憐不是爲春忙。一樣蹁躚花裏活，一樣尋香。　綵燦舞衣颺。偷學宮妝。纔過梧院又荷塘。還憶太常仙跡否，夢也淒涼。

買陂塘　曝書，和華溪

聽秋霖、漏天如泣，茅齋渾似舟小。風吹雨打繁華盡，何物人間能保。時自笑。笑結習、難忘書味鐙前好。吾宗逸老。幸鄴架猶儲，秦燔未及，珍重等瑰寶。　辛勤甚，不惜遺經獨抱。連朝天氣晴了。黔中蠻觸相争久，一片亂鴉殘照。休便道。是福地、鄭公鄉里歸宜早。中情孰表。只秀水淹通，名亭取義，曠代與同調。

浣溪紗

庭草芊緜疊翠茵。桃花紅盡眼前春。憑闌不見去年人。　寶瑟罷揮塵點暗，羅衣重檢淚痕新。替儂多事柳眉顰。

其二

吹氣如蘭笑語温。酒翻污了研羅裙。横波一顧最銷魂。　小燕歸遲花有恨，流鶯驚覺夢無痕。奈何天裏度朝昏。

臨江仙

濁酒不澆胸塊磊，房櫳如水秋清。萬千心事一時併。啼螿依壞壁，饑鼠瞰孤檠。　長夜漫漫人一個，城頭數遍魚更。苦將淚眼盼天明。聞雞懷祖逖，夢蝶謝莊生。

浣溪紗 夏夜憶弟

幾點流螢度短牆。炎天獨夜得微涼。鐙前山雨聽浪浪。　書斷不堪聞過雁，兵譁或恐是居鄉。夢魂飛不到瀟湘。

八聲甘州 癸丑初冬，偕伍介康、胡詩舲、文海雲諸君，游成都公園，遂飲酒樓

怪西風吹聚少城隈，相逢盡遺民。正微霜時候，高柯墜葉，衰柳當門。夢裏同經板蕩，推枕尚留痕。舉白青山外，忍淚浮君。　何忍登高臨遠，看磚苔剥落，城闕荆榛。只秋容閒澹，籬菊幾枝存。約憑闌、錦江耆舊，倩啼烏、傳我歲寒身。黄昏近、雲峰缺處，湧起冰輪。

臨江仙

落拓江湖頻載酒，藍橋曾見雲英。豔名嘖嘖錦官城。畫圖重識面，煙月十年更。　紅蘂碧桃差比似，端相欲喚卿卿。劇憐風雨太無情。靈飛何甲子，相對話平生。

水調歌頭 題胡詩舲焦山題名圖

萬古孝然宅，蒼翠海門東。江心一點秋意，獨立在蛟宫。幾個小僧迎客，一壁懸崖寫字，勝事續坡公。只我命窮薄，偏阻石尤風。昔過潤州，擬游，阻風。　不須臾，時代改，舊人空。潮聲卷去，神州今古幾英雄。此卷未燔秦火，一老猶存魯殿，頭白畫詩翁。留示後游者，短卷緑苔封。

八聲甘州 偶於友人案頭見《棗花軒筆記》一則，載予旅中題壁《浣溪紗》詞。長言詠歎，若不勝情，不知爲何許人也。久之，訪爲江君子愚，作歌以奉報

録叢殘好事似君稀，思君水之湄。記長安毷氉，酒邊花下，曾醉温岐。二十三年反掌，春夢尚迷離。回首旅牆句，少個人知。　長恨姮娥斂影，只潘郎健在，雙髩成絲。記云『二人不知今尚存否』，並引『實父憔悴』『潘郎髩有絲』二語以致慨。又滄桑閲世，垂老客天涯。舊風懷、而今銷滅，笑瑶篇、一例是情癡。蕲相見、棗花軒裏，何日慰輖飢。

金縷曲　壽劉葉唐丈七十

澤惠周衡澧。到於今、謳思未息，患消洪水。先子應官同聽鼓，記得曾親杖履。試回首、卅年彈指。篋裏銀鉤書扇在，便家貧、詎肯千金易。論品格，石庵繼。　新亭舉目山河異。魯靈光、古稀逸老，世稱園綺。願奉瓦當長壽硯，莫寫年來秋氣。正萬本、梅花開矣。我共阿咸齊晉斝，祝期頤、一醉公應喜。金縷曲，薛箋寄。

齊天樂　龍洞，和堯生侍御

傍山一徑連幽澗，靈巖夢探深廣。石乳含禪，泉珠噴雪，妙到妙無言象。雲梯漸上。看鶩外霞光，變成綃絳。洞底寒湫，梵僧試汲幾尋丈。　高人記曾到處，有仙猿迓客，呼伴三兩。豁出空明，窮穿混沌，吟社攜來新釀。扶笻待往。盼喚起潛蛟，共尋丹嶂。細讀瑶華，和喬松自響。

瑣窗寒　紙窗，和堯生

竹色延秋，松風到枕，稱居亢亮。櫺開幾眼，玩月乍窺圓相。驀飛來、蜂兒蜨兒，向明撲得聲聲響。笑吟風待補，煩他玉女，破瘕如掌。

低幌。苔痕上。肯換作玻璃，入時新樣。連朝未啟，粘了些些蛛網。要空明、還愛緑陰，不删户外蕉葉障。聽晨雞、唤出晨光，併入流蘇帳。

百字令 和蔆園，補重九作

最高樓上，碧玻璃、四闢吟箋重理。暢好嫩晴人作健，未老菊花天氣。柳外旌旗，城頭鼓角，我自新愁起。宗風三影，主人詞句清麗。

門外咫尺方塘，官私休問，孰會蛙鳴意。未識明年何處醉，佳話今年錦里。裙屐樽前，煙嵐硯北，誰更題餻字。酒醒人散，夕陽紅墮波底。

側犯 登華陽山，和堯生原均

稻谿漾碧，雨餘似沐山容净。松徑。引歷徧三峰、上峰頂。盪胸石氣潤，覓句衣襟冷。端正。看妙筆瓏瓏、過三影。

撐空突兀，萬木無風定。巾穩戴。杖頻携，靈秘殆仙境。白鶴巢雲，青猨度嶺。如鏡人望，素娥妝靚。

石州慢 答堯生，用原均

持底銷愁，閉户一樽，賴有歡伯。兵戈未息誰人，解問子雲田宅。淒凉萬事，一般夢醒無憀，浮生都在槐安國。灰不了相思，聽倚樓長笛。

何極。蟲轟蝗聚，蔓草難除，么麼襌褶。天地無情，懷古還將身側。吟箋叠叠，總憐咫尺天涯，峰青如鼓湘靈瑟。空目斷榮州，指星躔東北。

解語花 和堯生，用半塘均

抒憤填詞，憂時抗疏，争食羞雞鶩。半塘仙

去。感山河、萬事盡隨風雨。新聲換譜。算青兕、前身是汝。知甚時、松下聯吟，共追陪盟主。人在菰蒲深處。任潮生潮落，雄桀螽午。悠悠世路，夕陽遲、著意好尋花隖。青驄按部。料諫草、定傳千古。繫祖龍、何待明年，死作驪山土。

秋宵吟　和堯生，用白石均

縠雲輕，璧月皎。窣地簾垂秋悄。吟情苦、攪人亂蛩聲，盼天難曉。動涼颸，颸翠葆。曙色青蒼林表。長亭道、怎不是歸時，又生芳草。一度西風，感一度、朱顏漸老。還家有夢，負郭無田，百慮自縈繞。霜信長安早。下望人寰，塵霧尚杳。想憑闌、盡日銷凝，榮德山翠看未了。

秋思耗　和堯生見寄原均

捱過清秋節。聽樹頭、啼鳥幾番啼血。荆棘界中，鼓鼙聲裏，衰鬢成雪。算知我心憂、尚餘紅線一個妾。玉唾壺、空碎裂。祇定後參禪，醉來磨劍，爛把舊痕新夢，對嬰哥說。紅葉。風光又別。滿瓦霜、滿地黃月。自憐殘客。鄉關千里，不歸楚粵。正酒醒、思君憶君，蘭若鐘未絕。看蠟矩、明復滅。和枕上低吟，寒蛩階底小歇。恨結憑誰打疊。

紫萸香慢　和堯生《重陽》原均

雨兼風、年年依樣，笠邊罨住秋光。插茱萸何處，更攜客，上層岡。獨有羇懷難遣，逐南衡歸雁，夢落湖湘。怪東籬、把酒不見菊花黃。祇鏡裏、鬢毛著霜。天狼。爲斂星芒。橫醉眼、小洪荒。想題餻不負，榮山静對，明浄如妝。莫歎朱門草没，試凝望、大功坊。幾重陽，到而今也，碧闌干外，腸斷烟柳斜陽。人在異鄉。

情長久 次韻和堯生《寄懷》之作

好春陌上，楊花薄命將萍化。又化作、我儂飄泊，猶寄籬下。因循成久客，笑生計、瓜膡東陵一架。空見説、媧皇鍊石，去病忘家，安石墅、陳平社。

節補登高，插帽花枝亞。待問菊、此生何日，杯酒重把。賢人隱了，兩天末、凝望魚鱗萬瓦。願長是、雲箋叠叠，玉瑄聲聲，書一紙、連城價。

疏影 和堯生《黄葉》

亭皋换色。正北風漸緊，霜降時節。彊半辭根，襯着斜陽，高低弄影明滅。歸鴉慣喜尋秋寺，也不管、愁人愁絶。衹著書、閉了重門，冷浸一眉新月。

簾外黄花比瘦，遠山額盡露，煙澹天濶。旅雁聲多，一抹寒林，醖釀天涯霜雪。嗚蟬已噤餘荒戍，更莫話、漢家宫闕。問幾時、春到江南，萬樹緑陰芳葉。

月下笛 次堯生原均

十日歸來，憑誰問訊，杜陵消瘦。祛愁仗帚。莫輕焚舊章奏。瓊簫吹、過松陵路，抵風起春池水縐。笑里人不忖，眉矉空效，竟忘其醜。

嬰胄。争留後。看代取紛紛，健兒身手。斜陽燕子，説王謝已非舊。長歌均是傷心極，總輸與、江東獨秀。問龍洞，咫尺間，游興近日佳否。

金縷曲 為堯生題唐人手寫《金光明經卷子》

夏鼎商彝似。記搜從、燉煌石室，釋家文字。寫入烏闌神采在，依約浣花箋紙。語語是、無生真諦。不恨唐人吾不見，恨世人、無佛稱尊耳。造劫者，大都是。　榮州御史奇男子。把昔年、丰稜嶽嶽，盡情收起。好飲耽詩還結客，守定堅牢宗旨。不信道、河清難俟。願放光明周八表，度衆生、苦厄兵戈裏。與我佛，共悲喜。

彩雲歸 丙辰殘臘，小雪初霽，偕伍介康、江子愚出郭訪薛濤墓。途遇沈端臣，願爲先導。薛墓乃其尊人所重修者。不後不先，若或使之。洪度有靈，爲拈此解

桃花閱歷幾滄桑。訪孤墳、曲折江鄉。剛雪晴、野館梅争放，還小憩、駐馬郵旁。怎知道、浪萍風梗，驀相逢沈郎。爲説廿年前事，碣補文昌。段文昌墓誌失傳。　堪傷。當時節度，孜遺蹤、彊半銷亡。一抔尚在，環佩依約，近土猶香。十色箋、吟詩弔古，錯認蘇小錢塘。銷凝處，烟外寒雅，巷口斜陽。

露華 黛黛花，吴淞茗也。約堯生賦之

倩魂欲活。聽小字含嬌，不礙重疊。蟹眼乍過，照影山泉清洌。個中若有人兮，意態淺深明滅。撩儂甚，甌邊伴吟，又對新月。　吴淞過社時節。記燕燕蟲蟲，香味能别。看取鼎煙颺處，蹙顰渾怯。最憐竹裏樵青，淡掃自成三絶。情致好，文園底須病渴。

桂枝香 丙辰中秋，堯生招同玉津、伯權、竺君諸君子，泛舟花潭。時堯生將歸榮

荒江一舸，正薄日小風，秋半時節。城郭人民依舊，幾經塵刦。行行只在蘆花裏，捲回波、去來聲咽。試窮遥眼，蘋汀鷺起，柳邊人歇。 更莫向、中流擊楫。笑慷慨澄清，儘多豪傑。丹桂枝香，容我放謌成闋。乾坤許大知音少，乍相逢、那忍輕别。載將離恨，過花潭畔，醉邀明月。

徵招 江樓小集，送堯生歸榮

櫂香蓼影過秋半，連羣雁飛江浦。入夢已多時，在萬松深處。憑闌吟緒苦。記沽酒、買魚前度。忍把離樽，用情誰似，雪王龕主。 東去。一程程，供詩槖、迎人好山無數。我爲聽驪歌，觸仲宣懷土。新聲空按譜。恨楊柳、繫舟難住。到家後、一紙安書，盻寄將天府。

意難忘

往事如烟。記狂蹤滬上，十四年前。芸芬呼小字，桂醑醉新歡。歌拍手、笑憑肩。模樣不禁憐。郤怨郎、别巢鶯燕，暗裏情牽。 匆匆忽唱陽關。算偎紅倚翠，璧月三圓。如花今在否，小影尚依然。鴛瓦冷、獸香殘。憑夢到伊邊。怪宵長、愁人不寐，一夢都難。

小重山

羣女分明作水嬉。采蓮歌唱罷、畫船移。鷺鷥驚散雪離披。荒江上、三市更無枝。 玉笛驀重吹。新聲都道好、個人兒。何因重覩豔陽時。同心侶、同釣錦江湄。

百字令 題孝博奇礓園圖

草廬佳處，似華林、移到一峰奇絶。古貌詩人同瘦緺，配得蘭成蕭瑟。就水栽蓮，因牆補柳，路趁紅闌折。捲簾清坐，遠山晴翠如滴。　不減水繪風流，樽前俱是，桑海曾經客。爲問茅亭香百本，可似梅妻風格。虎口餘生，鴻毛萬事，盡付胡僧劫。畫中著我，叩門來訪迦葉。

齊天樂 榮德山，和堯翁，用龍洞韻

宛然瓊島撐空出，其間定居容廣。萬仞遥環，孤峰卓立，應歎大哉坤象。丹崖在上。倘拓得唐碑，帖還收絳。自入鴻題，山光文欻萬千丈。　仙蹤幾人得到，想羊腸徑曲，游屐穿兩。照水珠瑩，無風樹静，石氣蒸如新釀。今來古往。有善睡希夷，夢尋煙嶂。一曲陽春，答山松併響。

惜紅衣 紅練，和堯翁，用原均

赤羽通明，蒼冠瘦削，愛棲叢竹。幽棲旋起，團團樹陰緑。胭脂曉溼，疑瀑布、硃砂新浴。鳴玉。清唳數聲，宛求鳳成曲。　宣和畫幅。鸚鵡留圖，爭遺此仙族。榴明照眼，妒煞更潛伏。合號茜衣公子，不讓小鶯名獨。愧衣緋多少，一路忍聽人哭。

蘭陵王 和堯生，用原韻

柳梢碧。飛上涓娟素月。兵塵洗，凉雨乍晴，車馬猶稀罕來客。詞仙又遠隔。枯寂。家徒立壁。相如病，顦顇自憐，獨立蒼茫錦江側。　消愁藉書册。笑減字偷聲，拋盡心力。世情洶湧如秋汐。更是非休管，廢興休問，新封自署合歡伯。勝尸位當國。　人百。懶重說。又飽看饑鷹，争奮雲翮。冥天更有誰彈射。聽野老相語，祇餘園宅。生存何恃，但衣草，食芋栗。

瑞鶴仙影 西洋美人小相，次堯生原均

海天一簇驚鴻影，藏嬌配得金屋。焉支未失，人歸甚處，細腰輕束。冰肌賤玉。抵真面、明妃畫讀。也銷魂、横波俊極，秋水蕩晴綠。

妝是簪花格，碧眼情郎，鏡臺看足。不勝沃雪，想金賺、侍兒窺浴。願降飛瓊，共樽酒、蒲萄釀熟。更箜篌、四座側耳，聽度曲。

燭影摇紅 重陽風雨夜，與子愚飲齋中，子愚成此調。依均和之，並懷堯生榮州

九日題餻，去年曾被催租誤。今年身健重悲秋，雲黯龍山路。何處閒愁最苦。對蒹葭、迷離古渡。那更懷人，南望榮州，萬重烟樹。

便阻登高，烏巾潦倒猶能賦。江淹休恨别離多，今夕還相晤。窗外西風挾雨。恁蕭騷、更闌不住。黄花無語，賸有空階，暗蛩低訴。

減字木蘭花 白秋海棠，和瓠廬

前身誰悟。認取佳人垂淚處。縞袂臨風。欲睡還羞畫燭紅。

娉婷倩影。學得玉兒妝飾靚。庭院沈沈。同抱悲秋一片心。

解連環 感春，和金坡

玉笙吹徹。甚時光又到，柳棉飛雪。看屋角、蛛網添絲，正檀板金尊，待酬佳節。緑樹陰中，驀聽得、一聲啼鴂。惹歡悰頓減，錦字織

書，萬斛愁疊。風回暗驚筍折。便薰桃染李，亂紅霏血。不管他、夢醒春闌，盻貂錦人還，淚珠猶熱。小語喁喁，衹嬰武、前頭難説。勸流鶯、舊盟負了，再休弄舌。

醉花間

人依舊。春依舊。人爲傷春瘦。春更不回頭。又催裁羅袖。欄花生妥否。風雨今番又。飄霝卻怨誰，枯坐燈如豆。

乳燕飛

玉叔招飲，座有白牡丹，即舊日井上曾識之春燕也。玉叔索詞，爲歌此曲

脈脈情何似。似歸來、烏衣燕子。翩翩簾底。嚦嚦小鶯工按拍，井上巢痕猶記。曾不減、當年姿媚。笑爾生涯如客樣，更牡丹、名豔蓉城裏。六七載，一彈指。錦城絲管紛如此。漫重提、霓裳舊譜，引新愁起。鴛侶已聞歌好合，肖否雲郎丰致。衹跌蕩、陳髯衰矣。顧曲主人清似鶴，守梅花、約與銷寒會。觴十舉，敢辭醉。

水龍吟

題匏廬仙山濯髮圖，用雪王龕均

夢中何處仙山，長歌晞髮西臺句。詩心幻極，半空煙磬，一壇花雨。無翼而飛，現身説法，西方王母。甚登臨不見，空題名字，丹崖陡、攢雲樹。莽莽河山非故。願相攜、止家爲府。桃花源記，龍威書格，誰今誰古。飽閲興亡，漫嗟榮辱，瀰漫前路。問摹容肖否，茆庵清絶，瓣香仙姆。

齊天樂

行迹，次香宋原均

延娟仙步渾無迹，如何翠苔留印。淺似淩波，

清如蹋雪，窄想鳳韈金襯。弓彎寸寸。定麝屑濃薰，暗香無盡。曲折行來，箇儂作意鬭輕俊，　宓妃重踐人世，軟塵飛不上，羅襪丰韻。濯錦江邊，遊春陌上，料得翔鴛沾潤。花間占穩。想浴向華清，嫩於新筍。覓覓尋尋，惹多情瘦損。

喜朝天 餞竈，次堯生均

歲時心。醉司命今宵，綠酎頻斟。絳蠟光豔，兒童簇擁，麾葆如臨。蓬髩憐他爨婢，折梅花、簪斜又重簪。香一瓣、通明上奏，人免災祲。　王孫獻媚何益，祗換年容易，駒隙駸駸。奚必求富，黃羊例薦，漢代傳陰。跨馬朝天自去，笑行客、無須贐多金。待除夜、迎神度曲，習俗沿今。

鷓鴣天 爲張芋圃題明人漁家樂畫册

雲水爲家長子孫。疎疎魚網晒當門。船頭爛醉誰拘管，濃睡覺來上曉暾。　情誼重，酒杯翻。更於何處覓桃園。前朝留得滄桑影，認取高人指爪痕。

瑞鶴仙 補壽蘇作，和堯生、金坡

鶴南飛一曲。歌聲裏換了，探春芳節。遙遙瓣香爇。料多情應笑，都生華髮。紅梅競發。想仙蹤、岷峨踏雪。認霓衣、風馬非耶，爪迹斷鴻明滅。　銷歇。覃谿去後，故事誰賡，況經塵劫。心持半偈。同宮命，歎磨蝎。過生朝市月，難陳古畫，卻喜佳篇重疊。坡生日，劉景文以古畫爲壽，且貺佳篇，見詩集。定化身、今屬何人，萬松突兀。

東風齊著力　和香宋《雨水節種花藥》

芳徑泥酥，晴郊春盎，節序無差。肥磽相土，穡事抵農家。曉起潛心默禱，東風暝、著意吹些。辛勤甚，匀沙點水，肯倩鄰娃。　羯鼓未須撾。權當作、閉門種菜生涯。別開隙地，分蓺召平瓜。盼到千紅萬紫，闌干外、次第看花。天垂愛，與閒與健，不負年華。

八聲甘州　和問琴《閏花朝遊花市》原均

展花朝天遣飽看花，不教便春深。喜春寒較減，牡丹開徧，萬緑成陰。是處酒旗歌板，往夢待追尋。胡蝶成團起，芳意難禁。　向晚游人漸少，有鶯翻舊曲，燕掠紅襟。到番風第幾，吟賞趁而今。醉花前、花休濺淚，怕感時、提動少陵心。還愁見、御河烟柳，嫩色摇金。

淒涼犯　成都亂後作

戰雲似墨。黄昏近、春城黯淡無色。彈珠雨下，崐岡火烈，死生呼吸。摩訶舊迹。燒痕慘空餘瓦礫。愴人民、逃生路窄，但以地爲席。　痛定還思痛，萬里因循，碧雞坊客。太平怎得，望鄉關、萬重山隔。未有歸期，算人與黄楊度厄。記丁年、閏月二十，又七日。

南浦　次聖傳《寄内》原均

仙才俊筆，寫相思、愁對夜釭明。認作回文錦字，字字不勝情。那得者般淒怨，一沈吟、一度數魚更。惱杜鵑啼苦，不如歸去，迸入斷腸聲。　豔福忖知當日，比鴛鴦、長共影和形。禁得天涯芳草，滿目又青青。爲識愛花心性，問花時、誰作護花鈴。想短箋遥達，倚樓吟誦燕同聽。

三姝媚 和堯生《荷葉》，用半塘均

炎大人未苦。愛游鱗東西，緑軒紅舞。悄影淩波，倩瘦鴛邀客，酒邊題句。蘸著浮萍，渾忘了、前塵飛絮。儘意招涼，千頃漪清，一灣香古。　江上娉婷微步。看萬柄風摇，引蓮舟路。玉露晨稀，認幾星珠點，翠盤渦處。夢醒觀荷，半塘有《韋灣觀荷》詞。愴舊侶、散如烟霧。説與盟鷗應訝，紅衣換譜。

前調 和堯生，用半塘均，詠日本美人相

撩人情緒苦。隔蓬萊三山，鏡中鸞舞。照眼鬘雲，料婿鄉瓊島，舊曾題句。樂浪名姝，休認作、露花風絮。慧性誰知，蕎麥工愁，日本諺云：『信州好蕎麥，情郎好顏色。不食麥猶可，遲郎愁煞我。』豔歌懷古。　不見盈盈嬌步。想屐上雙趺，日光山路。小影唐妝，伴玉閨人悄，畫屏幽處。掩映瓊軒，還道是、櫻花籠霧。入手詞仙微笑，紅簫旋譜。

虞美人 辟地新都，亂定回成都作

攜樽往歲流連處。老桂還如故。升菴知我辟兵無。不是好遊湖上、看芙蕖。時荷花盛開。　彈珠雨落連宵火。各各思量躲。燒痕新舊不分明。回念秋風茆屋、夢魂驚。

慶宮春 堯生惠酒，兼示《寄懷》詞，次均奉謝

蛙井天光，龜城風色，舉家苦海行舟。劫外重生，草間偷活，誰憐華髮盈頭。桂湖歸棹，兵戈裏、因循又秋。故人情重，樽酒遥傾，慰我漂流。　何方覓地理憂。從他翻覆，説甚恩

仇。石火光陰，棘門兒戲，難憑一醉銷愁。幽情如訴，似絮絮、蛩吟未休。萬方多難，携手何時，夢繞榮州。

雨霖鈴

辟地桂湖，亂後回成都，敝廬爲流彈所擊，連雨漏甚，終日持傘兀坐。憶東坡詩云『破屋常持傘』，古之人有行之者矣。因紀以詞，用耆卿均

林烏悲切，和星丸響，曉夜無歇。全家辟地何處，旌旗影裏，輕裝潛發。徙倚湖邊脱險，尚如醉如噎。似化鶴、千歲歸來，舊日蓉城燒痕濶。　蝸廬屈指經時别。聽雨聲、又是新秋節。天河入户如瀉，何但漏、昨宵明月。持傘終朝，休道坡仙，此景常設。慘野哭、無數人家，疾苦憑誰説。

齊天樂

持傘御雨詞，次聖傳均

芙蓉城闕兵荒後，蕭騷又聞秋樹。負郭人歸，空巢日漏，燕子依依如訴。茅龍過雨。儘溼透牀書，潤沾琴柱。破屋清吟，子瞻同調定心許。　依稀荷葉影底，打蓬珠點碎，幢蓋齊露。未辦牽蘿，無須戴笠，一笑今宵且度。哀鴻太苦。正淚眼難晴，百般淒楚。盼出晨曦，鬢絲生幾縷。

百字令

題約園，用竹垞均

是翁猶我，住百花潭畔，都忘漂泊。草草經營塵劫後，栖息一枝聊託。平築樓臺，新栽竹樹，環顧金萱樂。硯移長壽，報秋桐葉初落。　花還約幾個詞人，談心話舊，隨分香醪酌。花外中仙吟未已，時有好風吹幙。雨覆雲翻，濤

奔山詭，一任龍争壑。諸郎英妙，更歌麟趾麟角。

前調　和堯生，用竹垞均

錦江爲客，望故關何處，窮年羈泊。鐵鑄六州成大錯，棄婦無家誰託。老至無聞，兵餘不死，夢裏還鄉樂。一椽猶在，怕看荆杞邨落。

遥憶繞屋松陰，佳人絶世，雙琖花間酌。一任黄塵門外擾，不到清霜簾幙。玉笛頻吹，金剛不壞，佳處尋林壑。照君顔色，月光飛上檐角。

霜葉飛　重九，用夢牕均，寄懷香宋

了無情緒。逢佳節，商音還起庭樹。錦江雲澹雁淒涼，何況風兼雨。漫戲馬、臺尋項羽。興亡流轉成今古。念往日承平，菊徑裏、人人笑口，共披情素。

堪歎帽側烏紗，消磨重九，客樓多少詞賦。劫餘隨分彊登高，有恨和誰語。早雪鬢新添數縷。淵明偏又柴桑去。料此時、斟萸酒，不放杯乾，在山深處。

霜花腴　重九飲江樓，用夢牕均，寄懷堯生，並和哲生、聖傳

孟嘉去後，恨讌遊，都非晉代衣冠。人約登高，老猶羈旅，簪山萬里歸難。束腰帶寬。儘豔歌、狂舞樽前。總輸他、太華峰頭，酒香吹瀲碧霄寒。

天氣乍晴還雨，正聲酸過雁，蜕賸枯蟬。盈野干戈，漫江烟樹，魂銷壁上題箋。載愁一船。憶故溪、雲月娟娟。曩與堯生泛舟花潭，堯生題詞樓上。定明年、更作重陽，菊花何處看。

前調　秋日送瓠廬入都，兼遊大江南北，用夢牕均

一聲去也，過重陽，臨歧懶整斜冠。豪氣眉山，豔歌淮海，從今唱和應難。病懷彊寛，怎不禁、零淚君前。計遊踪、楚尾吴頭，玉梅迎客曉霜寒。　明夜酒醒何處，想連郵有雁，冷驛無蟬。戎馬倉皇，湖山姚冶，羈愁寫寄吟箋。順風引船。趁可人、花月娟娟。衹宫門、舊日銅駝，劫餘休更看。

慶宮春　讀彊邨《結草庵拜半唐翁殯宫作》，次均和之，感念存亡，不知泣涕之横集也

羈泊頻年，親情入夢，往還七度春明。寒雨聲孤，大雷書斷，闕宫長痛幽扃。味梨吟罷，儼花外、詞仙降靈。草庵趨拜，堪羡彊邨，猶奠椒馨。　天邊杜宇愁聽。休憶同朝，劍珮花迎。癸巳引見半唐，適有封事，同入朝房。我歎無歸，君今是福，海波正跋修鯨。舊人空在，只贏得、哀歌放聲。夜臺知否，魔劫重重，應念枯僧。

八聲甘州　奉和香宋《和苾芻館前後六憶詞》

憶來時有信似賓鴻，春愁掃眉山。過迴闌百折，勞他纖手，輕和連環。僥倖前番折柬，邀得可人憐。因甚心情懶，不整花冠。　兀自徘徊林下，問梅梢明月，今爲誰圓。怕蒼苔踏損，小歇又兜蓮。算無須、千呼萬唤，衹衣香、人影忒珊珊。還低問、是空言否，不是空言。

其二

憶去時判醉不教醒，離情注紅螺。算終須迴辟，便如奔月，過影姮娥。軟譜萬千珍重，抵

唱渭城歌。送客頻頻喚，鶯轉燕哥。　子夜平時慣詠，笑三更機底，摸著誰梭。聽今番杜宇，門外即天河。者相思、從頭又起，定重逢、緣會復如何。空凝望、隔花人遠，一轉秋波。

其三

憶眠時絡角影秋河，無言欠伸頻。漸薄緜寬褪，香衾窄裹，蘭息氤氳。道是更深困了，還起撥鑪薰。旁若無人態，恣意橫陳。　午倦瞢騰更好，似夫渠發色，釘下么蚊。做遼西夢否，約畧又回身。儘輪它、侍兒飽看，現唐宮、一幅海棠春。春深淺、驀聞啼鳥，慵整鬟雲。

其四

憶食時餐玉似仙人，仙筵極芳華。看朱櫻微啟，寒香嚼處，人黶於花。侍女金盤膾鯉，佳味洛陽誇。誰識天台飯，絕好胡麻。　進到猩紅荔子，教酸甜自領，休羨楊家。任錫簫吹過，生性怕膠牙。近來詩、一清如水，點珈琲、怎敵雨前茶。同甘苦、玉郎過也，先遣嘗些。

其五

憶坐時一榻似參禪，將身付團蒲。問墮來明月，昨宵懷裏，好夢醒無。花樣今朝試手，橫讓玉肱舒。慣了粧成例，香透方疏。　女伴來時暫起，又偎燈同話，主客成圖。忍寒宵繡久，霜柝聽徐徐。到天明、熏籠斜倚，儘催眠、翻笑有情夫。深深影、小眉顰處，簾捲千珠。

其六

憶立時楚楚石苔邊，纖纖印鴛鴦。愛紅闌四角，落花微雨，一鶴中央。漫躲梧桐影裏，望月入昏黃。出手高枝下，瘦似梅妝。 難得一分增減，恰短長評去，好到剛剛。看齊齊整整，雲樣想衣裳。算傳神、鷺鷥拳足，傍蘆花、共影照方塘。瓊軒併、説心中事，鸚鵡須防。

其七

憶愁時酸楚自家知，粧成倦登樓。甚描花不似，吹簫旋懶，蹙盡眉頭。總覺無情無緒，長日下簾鉤。禁得蕉牕雨，心上颼颼。 不解來從何處，怪鐙前月下，是甚根由。任舉盃消去，醉也醉難休。是西風、年年慣約，恁今年、人更瘦於秋。如斯世、唱無愁曲，端爲郎羞。

其八

憶笑時得意向春風，雙紅粲渦圓。定簸錢贏了，藏鉤猜著，軟上秋千。慣是千金嫌少，百媚出天然。展得春山活，珠箔微搴。 已分羅幃雙冷，喜桃花依舊，人是當年。試將花鏡裏，嬌態問誰妍。便傷心、破啼尤好，唾紅絨、剛落到郎邊。芙蓉泣、一般清露，襯出香蘭。

其九

憶起時隨手挽雲鬟，晴窗已天明。待矇朧還臥，重尋蝶夢，無奈鷄聲。悄悄兜鞋被底，安睡怕郎醒。一色巾盂浄，婢也惺惺。 梳洗番番過了，看調脂勻粉，偏有閒情。照一團秋水，神比影兒清。爲惜花、生來愛早，折櫻桃、獨自下階行。行還住、又思量著，要誦心經。

其十

憶醉時不覺玉顔酡，晴波泫芙蓉。問阿誰作劇，鐙移更注，樽小難空。酒是荔支同色，人比茘支紅。欲舞嬌無力，一齣吴宮。　決意破除萬事，泥蕭郎代飲，暗裏情鍾。采葛花當茗，小啜意還慵。笑舉杯、招呼明月，揭珠簾、渾不辨西東。更闌也、趣歸鴛帳，別醉心中。

其十一

憶行時風裊緑楊枝，亭亭度香階。似潘妃到了，等閒一步，鑿地蓮開。手撚花枝盈把，知是踏青回。不遠蓬山路，也費郎猜。　纔過芳叢又住，被酴醿抓著，溜下金釵。逐仙裙燕子，有意鬬身材。遍人閒、路難歌徧，軟紅香、不到縷金鞵。驚鴻去、一痕纖影，細認蒼苔。

其十二

憶浴時親手試蘭湯，梨花雨餘姿。乍鳳幃低放，獸環輕掩，鸞鏡先移。中有可人如玉，褪盡内重衣。猜是昭儀影，猜是楊妃。　不用祕辛摹本，衹微聞水濺，儘夠相思。願鴛鴦化去，厮守白蓮池。便不教、侍兒金賺，怕梁閒、燕子暗中窺。微涼也、月盆初出，珍重風吹。

以上刻本《秋雁詞》

蝶戀花

紅旭穿簾妝閣曙。淡掃脩蛾，清被梅花妬。更有怕人驚覺處。含情卻倩嬌波語。　我似浮萍卿弱絮。淪落天涯，同向樽前訴。唱到陽關聲欲住。青春莫遣匆匆去。

唐多令　寄内

落日黯生愁。吹雲江上舟。鎖無聊、長下簾鉤。任是陌頭春色好，有楊柳、莫登樓。　風定艣枝柔。沙平雲影收。趁征鴻、晚泊汀洲。

欲問離人多少恨，流不斷、水悠悠。

浣溪沙

話到飄零百感生。天涯我亦未成名。敢言終不負卿卿。　閒對落花猶有恨，戲拋紅豆若爲情。紫荆園外月黄昏。

浪淘沙

步幛斂輕綃。人似梅嬌。酒痕紅暈臉邊潮。記得柳梢眉月上，最是魂銷。　蹤迹感萍飄。雲水迢遥。幾時重按玉人簫。夜半雨聲催夢覺，夢也無憀。

河傳

晴曦照眼。愛園林似錦，萬峰撐亂。常記那回，斜倚畫闌西畔。絳綃梅痕淺。　夭桃著雨嬌無限。玉手親擕，此福何曾慣。歡笑幾時，驀地水流雲散。對秋江、空憶遠。

昭君怨

載酒重游北苑。依舊桃花人面。無計覓王昌。淚雙行。　忍見雙行珠淚。更有難忘嬌佩。鶯語最撩人。杏林春。

虞美人　中秋

饑來驅我天涯走。佳節輕相負。清輝縱是十分員。嫁得黔婁夫婿、等閒看。　素娥移向花陰久。那管人消瘦。宵深慵自憑雕闌。應共鐙前兒女、憶長安。

菩薩蠻　冬夜

緑蕪槏底春山鎖。金錢暗卜風鐙裏。坐久更

誰知。雙鬟濃睡時。　青霜人萬里。有夢應教至。惱恨是寒更。還教夢不成。

浣溪紗

消瘦容光鏡子知。春愁和夢攪成絲。水沈香定日遲遲。　餞别記邀湘浦月，看花猶憶牡丹時。不成還又誤歸期。

高陽臺　春夜不眠

蘭幙低垂，魚籤静掩，篆煙銷盡鑪香。澹寂珠釭，算伊相伴禪房。輕衾不暖寒尤峭，一聲聲、生怕更長。透檽紗，知是晨光，知是蟾光。　曚曨打叠還家夢，被春愁壓住，難越清湘。久客關河，怎禁如此淒涼。聞鷄特地披衣起，且高歌、得意何妨。料明朝，青鏡潛窺，鬢點新霜。

鷓鴣天　輪舟次黑水洋，爲孫問清太史廷翰題徐廉墅先生小影

松鶴丰姿畫不如。翛然塵年盡删除。先生那得清如許，爲有撑腸萬卷書。　人影瘦，墨痕腴。滄溟潮落拜觀初。平生未識荆州面，比似東坡笠屐圖。

行香子　詠梅，和華溪

寒峭花疏。客去山孤。怎風光、不似西湖。知音漫託，那有林逋。只月空明，人空臥，鶴空癯。　仙夢蘧蘧。畫角烏烏。到而今、寂寞城隅。巡檐也笑，顧影還吁。儘壽陽妝，廣平賦，會稽圖。

浪淘沙　春鶴納姬，華溪拈此調爲賀，依均奉答

韻事説閨房。妙選姬姜。夢熊從此定占祥。

曉日當關妨報客，擁著紅妝。　環燕要評量。宛轉相商。司勳不敢發言狂。　願得兩家金屋裏，子細形相。

霜天曉角　梅

玉骨瓊肌。任從霜雪欺。遮莫東風不管，先已占、百花魁。　磅礴古城隈。南枝隨意開。誰信孤芳自賞，除是鶴、没人知。

南鄉子　和華溪

春意已闌珊。往日繁華夢裏看。　揾着心頭多少恨，綿綿。　嬰武闌邊欲訴難。　滿眼百花殘。裀溷隨風亦可憐。　斜日放歸雙燕子，簾翻。簾底分明露繡鴛。

月底修簫譜　松化石，和趙堯生侍御

韻鏗鏗，痕疊疊，拳石未妨瘦。誰識前身，冬嶺鬱孤秀。絶憐結得同心，望夫危立，指江上、迷離煙岫。　供晴晝。稱他風骨嶙峋，主人舊衣繡。久閲冰霜，物理化成候。倘教木假山存，評量今昔，吟賞處、萬松陰覆。

望江南

連夜雨，淅淅復瀟瀟。狼藉落花團似錦，萬千心事涌如潮。人臥一樓高。

其二

連夜雨，曉起薄寒侵。櫻顆綴枝紅欲滴，夭桃結子緑成陰。好是夏初臨。

謁金門 春日有憶

鶯語巧。啼得愁多歡少。滿地落紅花不掃。憶人人漸老。　廿載相思夢繞。認取綠楊官道。不信錢塘蘇小小。無期相見了。

水調歌頭 答楊致存觀察贈詩，即飲其齋中

歲月枉然過，竊祿愧無功。成都萬里重到，磨蝎命宮同。藉子聯篇金玉，滌我幽懷塵俗，沽酒潑東風。静坐盥薇讀，如遇杜陵翁。　古襟期，真學問，亞遷雄。淵源上下，幾番棖觸到胸中。天地悠悠逆旅，世事茫茫棋局，莫問始和終。乘月且豪飲，聊博醉顏紅。

八聲甘州 和致存《述懷》

數貞觀朝士舊飄零，遺事話金坡。把烏絲寫貴，羲之妙墨，換得鵝多。名士中間如鯽，才藝總輸他。貽我新詞卷，竟日清哦。　自念飄零身世，是水窮東海，山極西嶓。恨毿毿雙鬢，餘痛抱西河。願相從、赤松游去，奈神仙、幾見跨青騾。時光好、悶懷難遣，試聽鼙婆。

金縷曲 題楊致存《困學庵詞卷》

把卷低徊久。淺人看、驚詩語妙，中情誰扣。費盡八年心力苦，吐出天葩奇秀。掃啞字、盲詞如帚。用卷中語。　刻徵含商同調少，唱黃雞、未信光陰驟。二十載，一回首。　韶年美景同孤負。問笙寒、小樓吹徹，於卿何有。富貴功名閒事耳，幾輩真堪不朽。且著意、歌筵紅袖。我已填詞情緒減，也拈毫、分韻從公後。難并世，遇蘇柳。

浣溪紗　題張蘭史《枯桐閣詞稿》

樂府新詞錦織成。含商刻徵一聲聲。綺筵齊爲按銀箏。　衰草微雲秦博士，曉風殘月柳耆卿。嗣音留待後人評。

水調歌頭　題楊仲山《貽清白齋詞卷》

走也識荆日，均客薊門東。十八年來如夢，蹭蹬一官同。同看濤奔山詭，大好夫容城郭，萬事轉頭空。結習未忘卻，詞筆老彌工。　亦幽秀，亦悱惻，亦沈雄。不師秦七黄九，遥接紫霞翁。分付小紅低唱，莫問春花秋月，茹恨幾時終。展卷百回誦，冰雪沁雙瞳。

齊天樂　和堯生《生日》原均

盛明不隸乾嘉代，才人建生何晚。薄海知名，來途若夢，百歲平分剛半。青精染飯。算坐擁書城，不殊南面。芳悱新詞，即論餘事過人遠。　黄花重看晚節，爲淵明獻壽，開遍秋館。白石微吟，小紅低唱，不許瓊簫幽怨。霞樽酒淺。想爛醉賓筵，侃難逾限。松下徜徉，看魚龍曼衍。

滿江紅　柬江子愚

瑲札飛來，情鄭重、詞人相悦。方準擬、論花説劍，慰余饑渴。嘉會轉辜名士召，傳言莫是司閽拙。誤鄰翁、呼取盡余杯，報書缺。　將雅意，通緘捷。宗老健，輕車發。喜隔年重到，草堂幽絶。修竹同看先問主，梅花欲謝還迎客。近黄昏、别了少陵回，從君説。

其二

同上危亭，莽一片、寒煙古木。池半繚、相忘魚我，宛臨濠濮。風鶴飽驚人迹少，藻蘋空薦遺客肅。共盧仝、小啜一甌茶，銷塵俗。　行復止，中田犢。吹不斷，重城角。有寺僧三兩，梵音聽熟。五載尚餘亡國恨，長歌用代延賓録。訂後期、酣醉倒金樽，清遊續。

南鄉子 寄懷江子愚并柬堯生

歲月去悠悠。佳句囊中幾許收。間氣峨岷分占取，榮州。藉甚聲名趙倚樓。　高潔更無儔。雲水蒼茫兩白鷗。惆悵草堂風景換，兜鍪。何日清尊與唱酬。

臨江仙 堯老返榮，適值五十誕辰，拈此爲壽

記得薛樓詩句好，十分情致纏綿。懸弧正是菊花天。羲經占大衍，朝士數開元。　生性愛山仁者壽，龍巖影落樽前。立身原在萬峰顛。一堂松蔭美，三日桂輪圓。

其二

日夕懷君書旋至，樂章開府清新。珍珠密字貫精神。毫端呈壽相，天意眷斯文。　一曲南飛隨鶴獻，充閭喜氣氤氳。醉來還念刦餘民。更持堂上酒，敬作十分春。

醉花陰 和華溪

夜雨簾纖朝忽霽。一院蒸花氣。燕子忒多情，對雨雕梁，似惜人顦顇。　垂楊已緑桃紅未。領取閒中味。春日競開樽，翻笑東皇，不

飲如何醉。

水調歌頭　爲堯翁題萬松深處卷子

避地更何處，天下總滔滔。萬松堂里詞客，把卷首重搔。莫憶霜臺故事，鼎峙湘閩二傑，謂趙芷岑、江杏村兩侍御。一霎付煙銷。拔劍向天舞，沈醉解金貂。世紛紜，人俶儻，樹蕭騷。觚稜萬里，回首有夢夢趨朝。不學瀨邊垂釣，祇在山中採藥，雲鶴併清高。好結歲寒侶，翦燭話秋宵。

以上見鉛印本《雙秋詞·秋雁詞》

百字令　己未春，堯老至成都，向般公與知好四十人仿丙辰中秋故事，招陪花潭春泛。雙張畫舫，瀛姥載焉，沙碧竹寒，宛然天上。艤岸，醉竹間樓，鬲牆花市將闌，游人清浄，忻故人之相逢而良會之不易遘。既聯句送復生道尹，倚醉更成此詞

亂餘猶在，正萬花成市，故人重見。奇是一春無雨至，一雨新妝如願。浄緑通橋，鬧紅連舸，小幀秦淮岸。竹梢樓閣，大城煙翠齊展。　座上當代人才，酒龍詩虎，更挈蓬瀛姥。此會故應連歲少，杜子論交裴冕。高會新亭，太平元祐，夢影譚秋半。馬塍故事，後來應補佳傳。

臨江仙　芸老約飲花市

曲水湔裙三月二，鬲年兵氣全消。馬塍風景不蕭條。酒旗風影，春鬧小紅簫。　修竹壓檐花漲市，重三又到明朝。勸將宋玉反離騷。請看栖底，眉樣月兒高。

春風嫋娜　柳花，和香宋元均

歎飄零如此，落向誰邊。旋作陣，亂飛綿。最銷凝、故故乍離還合，無情無緒，著地彌漫。天畔游絲，風前斷梗，一樣生涯難不難。酒店空餘暗香滿，征人吹笛憶關山。　飛上釵梁也好，茸茸碎朵，教鸚鵡、瞥見應憐。隋隄上，灞橋前。浮空萬點，作態多般。舞蝶捎時，重疑黏粉，小鶯啣到，買不論錢。相思灰否，但隨風流轉，尋郎去處，好夢須圓。

集賢賓　約堯老醉賦呈同社

憶從揮淚江樓別，緘札重重。所嗟雲山閒阻，勞燕西東。不惜金鍼暗度，何期錦里重逢。連朝拚卻花前醉，叨陪笑語從容。更續永和修禊，茆屋占東風。　頓驚衰鬢各成翁。夢斷景陽鐘。怵心蓉城舊歲，劫火宵紅。但得盈尊有酒，休言萬事皆空。抹時馮仗諸公在，衡門下、自縱天慵。譙罷中庭送客，新月已如弓。

蝶戀花　速客口占

舊樣花潭新握手。花向人開，人別花前久。萬事不言心上有。破除妙法無過酒。　風日永和修禊後。何計娛賓，無地栽春韭。一夜東坡謀一斗。破書堆裏休庵瘦。

齊天樂　芸老招飲艸堂寺，和季吾均

麥苗青過花潭路。鐘邊正思元度。古寺苔深，貧交艸率，即事便參禪趣。林鳩喚雨。似作意催詩，賺人佳句。梵唄無聲，隨緣一飯忘去賓主。　詩人別爲院宇。感時花濺淚，吟老工部。送米依僧，看雲憶弟，一樣無家誰語。從今及古。袮肝膽平生，向誰披露。不醉無歸，戍樓聞暮鼓。

滿庭芳　和香宋

潭水桃花，曉風楊柳，是誰新寄當歸。兩頭鴛夢，勞燕有東西。大好吟騷痛飲，管門外、閒是閒非。江樓下，驚心一棹，移到麥秋期。相知。今更少，留君不住，準備相思。任康猧性子，分攬殘棋。祇我因循久客，簪山遠、無雁南飛。人長健，聊爲壯語，相向莫沾衣。

玉漏遲　春夜答堯老

雁行新失伴。舍弟新亡。蕭然顧影，一鐙孤館。老度殘春，情似過秋紈扇。燕子生涯恁穩，甚夢醒、樓中長歎。寒更煗。飄零命苦，有如花瓣。作別知不多時，過幾度芳華，鬢絲全換。雨又瀟瀟，禁得翠蕉聲顫。君亦春愁似水，袮没箇、并刀揮斷。心萬轉。無眠麗譙更短。

尾犯　送春，和堯老，夢窗均

唱了惜春詞，天遠萬山，魂夢飛越。瞥眼江波，裊愁痕成纈。聽隱隱、鐘聲漸曉，賸遲遲、花枝未折。送春春去，忍又送君，齊聽驪歌咽。重逢知甚日，人世總是傷別。桂海湘山，指南天天闊。問青帝、驂鸞何處，劃鴻溝、中腸倍結。願君聊住，管甚子規啼夜月。

漢宮春　閏七夕，和丹隱

星又成雙，自黃姑約定，幾度相遭。翻憐有情烏鵲，辛苦填橋。重逢意外，料鴛機、躭閣天綃。真不枉、紅鸞湊巧，世間齊拜花梢。計別銀潢未久，憶常年此夜，秋色難鏖。渾疑聘錢盡繳，天帝招邀。芙蓉露冷，老人星、也代魂銷。仙子笑、今宵珍重，歡期來歲仍遥。

三姝媚 枇杷，和季吾

新丸金樣好。正纍纍櫻桃，亂紅如掃。記共山梅，逗歲寒飛雪，鬲年花早。四月芳園，看一樹、鶯黄初鬧。纂纂圓鈴，一帶牆西，荔枝猶小。　初熟防他林鳥。聽賣到江南，蠟兄曾叫。舊蹟宣和，憶畫中盧橘，宋家留稾。此日登盤，還暗觸、西京懷抱。漫訪橋邊門巷，佳人盡老。

百字令 清漪樓

桑田緑遍，占小樓一席，恰當南堞。傳是摩訶乾净土，水性前朝清潔。卵色霞天，雅聲祠樹，前后鄉光接。晚風吹袂，藕花紅遍香國。　一檄傳誦千秋，江河不廢，世守清門節。温飽平生非所志，天意教餐薇蕨。第一人居，大千世换，心上秦時月。破書重讀，四山多少啼鴂。

齊天樂 題林山腴繙書圖

四時真領書中樂，雙雙畫簾低放。半臂寒侵，百城坐擁，小宋風流新樣。奇文共賞。展一牒鴛鴦，眼邊心上。甲乙分籤，傳經人坐小紅帳。　梅妻妙全不管，兩株瓊樹影，真號交讓。掃葉評功，簪花校字，香透青蓮門巷。春深鏡幌。羨收得門生，玉臺都講。一笑抛書，臉霞紅更漲。

夜飛鵲 《花行小集》既成，鬻豺尖桂刻之，紀傳一笑

春山故人至，花市移舟。沽酒記換貂裘。風吹一夢半年過，旗亭吟到中秋。名從劍南借，費全家商略，定本彫鎪。狂來計出，就身邊、脱向街頭。　毛似碧蠔油色，長短半身齊，青緞杭州。依樣臨邛夫壻，鸕鷀一領，窮况風流。小紅簫譜，趁梅花、月底同修。笑簑衣猶在、衝寒自唱，漁笛蘋洲。

滿庭芳 葉煙

斑竹撑雲，紅蕉卷雪，忙中一管偏閑。蜀山仙草，佳製是何年。盡道功能勝溼，相思在、酒後茶前。初嘗候，防它性烈，泔水浸三天。　商船。頻捆載，行銷四遠，節節金錢。記酒家同税，光緒初元。自吸鄉風自捲，濃煙吐、滿口如綿。餘灰落，還分黑白，迦葉口頭禪。

聲聲慢 水煙

金莖觜曲，瑶草心香，商家閩産爲精。注向微凹，銀纖鑷取輕輕。雲煙鼻端并出，似行文、一氣呵成。琤琮響，誤茶翻蟹眼，餘火星星。花外紅閨倦繡，慣疎慵性子，裝喚樵青。秀更堪餐，明霞親出朱櫻。壺中一朝一換，要郎心、冰玉同清。剛吸罷，脆生生、蘆管一聲。

木蘭花慢 紙煙

海西鶯粟外，愛瑶草、色香并。翦碎碎瓊芳，素紗衫子，穿得風情。裝成。並頭一樣，入描金盒子手親擎。倦向花前拈起，春葱白不分明。　芳名。生性是雲英。先喚楮先生。捲

春雲一段，瘦於湘管，螢影星星。將卿。各含一寸，呢人是茶罷酒初醒。春在櫻桃紅處，唼波聲似魚輕。

壺中天 鼻煙

客來茶罷，把清芬一握，小壺親遞。蓋子珊瑚西玉碟，窄窄牙籤挑起。香細疑塵，潮回帶暈，洛下吟聲止。多聞漫詡，笑邊防到頻嚔。

鉼判大小金花，風流卻掃，煙火人間氣。失笑齊奴夸藥轉，紅棗一枰空費。盛自前清，真於阿魏，逗得鱔奴喜。夢華回首，酸酸今日情味。

以上見《花行小集》

金縷曲

愁似春江水。漬文通、生花妙筆，幾多清淚。廿載果州題壁客，小曲偶然游戲。還續入、虞初新志。七載相逢塵澒洞，訝謫仙、再謫開天世。一展卷，一心喜。

廬陵同抱悲秋意。算同氣、同聲同病，同心兄弟。當代論才今有幾，誰得似君清綺。正破賊、周郎年紀。莫但嘔心工著述，看中原、民物烽烟裏。多少恨，且休矣。

以上見《聽秋詞》卷首題辭

摸魚兒 和鶴叟《贈陳朝華碧秀》

更能消、幾番歌舞，瑤臺飛下儸侶。牡丹豔絶蘭枝秀，同是錦江翹楚。年十五。看婳婳宮腰，只怕能輕舉。蓮花似汝。愛一曲登場，同聲喝采，眉樣者般嫵。

闌干角，瞥眼驚鴻便去。延陵神女曾賦。千金買得阿儂笑，何止紅綃無數。流盼處。惹畫壁旗亭，多少新詩句。憑誰寄語。恐衛玠丰神，教人看煞，翠幕更深護。

見《學藝》一九二〇年四期

爽良

露華　史館榆葉梅，和閏庵，用碧山平韻

踏青人嬾，恰峭風吹得，困損春魂。不分明處，獨餘一縷芳痕。儘有浮花浪蕊，是幾番、嫁杏拖裙。渾未覺，東皇有意，潛與移根。

淒清低顰斂靨，似新入平陽，退處長門。溶溶淡月，能消幾度黄昏。坐對繁英薄媚，只莫忘、流水孤村。春去也，斜陽一抹斷雲。

前調　和閏庵，用碧山仄韻

亞枝蕊坼。怎一晌匀回，舊日顏色。翠葆細含，偏有夭紅縈拂。寂寥分擲牆陰，撩亂又穿窗格。珊珊意，嚴妝薄施，細認天骨。

憑欄無限心惻。儻奏乞通明，留住冰魄。簇擁嫩香蜂蝶，忍便輕摘。可愛有限韶光，欲倩畫工圖出。凝睇久，移尊餞春也得。

摸魚子　題四弟莘吾秋日山居圖

甚秋容、彫疏滿眼，山中宜適晨暝。蓬蓬如薺攢雲樹，野卉小紅低映。霜信冷。試信步、幽尋微渺寥天浄。閒居漫興。衹采藥林深，尋碑寺古，淡趣略相等。

秋聲緊。一片楓林槲影。西風吹入寒勁。空中描取仙人境。那有玉樓銀井。君記省。圖不盡、迴黄轉緑無

窮景。流光莫定。儘屋角攤書，牆頭漉酒，祝爾睡鄉静。

遶佛閣 四弟遊西山，回告余雨中看山有似畫者，有不似畫者。余愛其語，爲譜此解

意行徑至。層壁峭立，濃翠新洗。斷崖如咫。此身恍置、荆關畫圖裏。 倚天極視。平野繡錯，村舍煙起。西望如此。切休東顧，蒼蒼怎凝睇。 徙倚衆峯逼，比較丹青渾不似。潑墨點皴、猶嫌含筆細。儻霽後重遊，宜若明綺。阿連高致。便刺取麤文，刻畫顛米。乞山靈、近移窗几。

洞仙歌 念臺先生海天旭日硯，裔孫海門繪圖屬題

韓陵片石，去名賢未遠。且作人間鼎彝看。忒煞堅耐他、磨了還磨，誰比似，只玉帶遥遥作伴。 留傳都有意，付與雲礽，慷慨乘城伴危難。拂拭莫開奩、咫尺圖中，海波沸、日光幽黯。屬木石、吴兒莫輕題，怕青鐵穿時、素箋難浣。

前調 題肅忠親王旅順書册

荒寒野處，問如何遣日。手擘濤箋墨華碧。有山禽格磔、路草斑斕，憑眺處，都化作湘纍歎叱。 天乎胡此醉，閣筆沈思，往事怱怱不堪憶。舊恨怎消磨、澤畔行吟，猶延望、斷鴻天北。當莊牛、哀吟一般看，任蘇海韓潮、莫攄胷臆。

瑶華 趙尚書家曇花

日邊仙種，海上移來，剛到天中見。夜沈沈

候，有雙雙、雪蕊飆開徐歛。金尊罷晏，恰點綴、疏簾低檻。素心人、坐對怡然，鉤月初臨影淺。小盆豐葉敷腴，似青瑣輕摇，粉團微顫。頻催明鏡，差解意、留得新妝半面。幽香暗逗，分一縷、飄颺鼻觀。祝年年、應節同心，刻畫玉真圓滿。

滿庭芳　孟晉招飲淀園

雨浥輕塵，風吹淡馥，一灣流水田田。亭亭紅蕚，翠蓋滴珠圓。勝賞偏逢夏健，陪遊屐、蒲箑都捐。濠梁興，引車虚左，一似信陵賢。西園。初識路，東阡北陌，第五橋南。有幽篁，結靄老樹參天。散坐聽詩讀畫，蕭閒趣、雅稱林泉。飛濺急，碧筩勸酒，歸去冷雲偏。

歸田樂引　題吴太史《卷阿行卷》

山轉溪流曲。有數椽、縛茅老屋。繞屋扶疏緑。散步橋下立，修路幽拂。共識宫僚舊湯沐。俄焉易陵谷。愛惜鬚眉黄冠服。家山夢遠，歸興託縑軸。居處意不適，一編書，數竿竹。鎮日無言野廬伏。

祝英臺近　題硯爲伯絧

水晶簾，青玉案，纖玉揭紅袛。譜入瑶琴，香散墨花沁。誰將寫韻軒中，曝書亭上，分一段、碧谿珍品。彩雲暝。金椀散落人間，蕉葉墜花窨。懶有封胡，什襲綴題詠。描來鳳咮真形，龍賓餘瀋，好料理、畫眉春永。

探芳訊　上日立春，次閏庵韻

早春蒨。怎大地陽和，峭風吹換。更六花飛舞，向爐不知暖。瞢騰倚醉趁椒盤，連舉紅螺琖。說良辰、逝水年華，歲朝頻見。　無語暗心轉。記洗甲銀河，捷書曾盼。負了韶光，踏枝鵲處堂。燕開燈時節依稀，近柳眉花眼。問山中，曆日都忘早晚。

月下笛　和樊山次韻

老而放顛，相逢又得，北來孝穆。迴黄轉緑。春在城南杜曲。問瑶光、何時散花，聽檀槽、有人似玉。信天然麗質，瞥然得睹，慰此惸獨。　自憐陽五，尚遊戲人間，意行無觸。吴箋十幅，輸與伊人空谷。笑虞山、高哦絳雲，詩成只有如是讀。儘閒情，待續子夜曲，與君秉燭。

霓裳中序第一　和樊山韻

菩提子未結。瞥眼年華捱到百。棕拂蒲團静絶。便削了青螺，泠泠習習。冰肌欺雪。更圓姿能替新月。鴛鴦字，儻教如夢，不惜梵天隔。　聽澈。鶴聲一一。妙悟得女兒心迹。春閨原自隱切。問漢水穿珠，澧浦遺褋，至情誰箇闋。願他日雙飛雙宿。雙蛾細，佛前稽首，雙影菜花蝶。

絳都春　和樊山韻

無情有恨。空竦動漢廷，更無人問。七寶錦車，萬里青山催紅粉。苧蘿尚接吴宫近。怎送入、穹廬枕枕。生來綽約，奈何薄命，欲將誰愠。　能令異時佳麗，借歌舞傳出，天人神韻。一曲琵琶，劃斷哀絃雙珠迸。豐容靚飾眉峯暈。是孰教、昭陽無分。古來多少難言，付誰修整。

木蘭花慢　和樊山

慧心何婀娜，一向道、女兒身。怎乍市吴鉤，學登吉莫，異樣精神。行行。關山迢遞，更朔方身手不猶人。儘自高歌曼舞，都忘佇苦停辛。橫瞋。萬竈忽雲屯。一矢掃胡塵。問樓蘭絳未，鐃笳競奏，顧影含顰。逡巡。貂蟬卸了，覷英姿豔質總難分。颯爽錦衣花帽，嬌憨翠羽紅巾。

念奴嬌　荷花，和孟晉，用白石韻

亭亭絕豔，是玉真生日，適來俊侶。徙倚疏廊擎翠蓋，折取觥籌無數。白鷺低窺，紅蜻小立，碎滴芭蕉雨。冷香浮動，擘箋争拾新句。野曠依近連昌，衣雲鬢影，一任人來去。斜傍釣磯撐小艇，隱隱菱歌遥浦。碧水三弓，珠簾一桁，合作浮家住。凌波含睇，御風如導前路。

燭影摇紅　乙丑正月，和閏庵韻

怕説春朝，野風摇曳欺人老。鶯啾燕唧耳邊新，悔不埋頭早。覓取黑甜幽杳。又平林、羣鴉鬧曉。星橋燈遠，遷客天涯，家山夢繞。嬾去巡檐，隔籬花影知多少。紅稀緑暗不禁寒，秀茁牆隅草。欲覺何曾睡覺。舊巢痕、微茫盡掃。杜鵑安在，只有緜蠻，依人飛鳥。

水調歌頭　曇花第二詞

四座且無語，聽我説曇花。芭蕉梔子肥大，盆盎簇橫斜。移自祇陀林裏，安在亞闌干側，刬起光華。如熟五斗米，似駕七香車。更月珰，送風信，促流霞。依舊青苞玉蕊，覺性逗靈芽。聞道仙人七七，又有石家醋醋，狡獪弄丹砂。寶相乍圓滿，羯鼓不須撾。

醉太平 曇花第三詞，用宋人獨木橋體

凌波藕花。隔籬菜花。何如曼陀羅花。解逢時作花。垂瓔若花。仰盂吐花。十年重插宮花。共含飴賞花。

雨淋鈴 爲汪仲虎題曉風填詞圖

騷人餘韻。隔幾朝暮，仙掌猶近。浮名換了，何似淺斟低唱，小紅輕趁。緑岸垂楊，恍白石、碧山相襯。問昔年、秀句珠聯，隴客猶傳井華噴。念浮生、離合無憑準。指瓊樓、舊有仙人引。傾盃更調新曲，幽咽處、莫侵青鬢。潭水十尋，笑語桃花，誤了偕隱。怎殘月、向曉風吹，夢過巢痕穩。

祝英臺近

晚風涼，殘月淡。惆悵玉人遠。弱柳長條，垂處畫樓掩。那時喚渡菱塘，行歌蓼岸。曾載取、巫山一段。鏡臺畔。片玉橫著，金荃分牋翠眉展。牙拍輕擎，好句教郎占。從來豔福難消，閒情易惹，卻寫作、曼吟行卷。

高陽臺 殘雪，用叔夏韻

鴛瓦猶明，猊爐欲燼，野橋淒斷漁船。能幾時留，尖風勒過殘年。飄塵掩盡晶瑩質，傍牆陰、攢簇堪憐。卻依然。溝水流澌，禁樹籠煙。當初散漫天花舞，儘粉妝綺閣，玉甃銀

川。淡月而今，垂光不到樓邊。遥山晴望時明滅，噤餘寒、倚醉無眠。更開簾。尚印飛鴻，莫涷唬鶻。

前調　唐花，用中仙韻

矮樹烘雲，翹枝浥露，偏宜六琯吹葭。春意盈盈，從來不到田家。油窗安向南榮好，淺薰爐、錦幔低遮。襯銀旛，簾影參差，燭影横斜。　龍泉古盎中庭静，有旁嵌白石，細碾圓沙。競説長春，拼成一段芳華。繁英鬬豔幽香淺，問東君、可遍天涯。只連昌，無數雕欄，無數名花。

水調歌頭　閏庵自題醉鍾馗畫扇，屬題。余次其韻，得三闋，隨事寄慨，不專爲酒徒也。末闋倒用韻

腕底有奇鬼，得句不能仙。先生招我以酒，有酒便陶然。頗笑終南老魅，忘了當年毷氉，多事在人間。急取兕觥酌，隨入竹林眠。　夜漏沈，天步迴，月鉤連。三尺安在，譆譆出出偏人寰。長此摇頭閉目，一任生吞活剥，孤負玉杯圓。倩汝緑章奏，黄土試重摶。

其二

似踞竈觚聽，請説醉中仙。撫劍作色疾視，一笑豈其然。且問酒星何在，遮莫罡風吹散，瞻望斗牛閒。世事不知許，歸去抱頭眠。　卓家畔，陶家側，境相連。夢中大噱，夢聞釣旨下人寰。儘爾金迷紙醉，逐處瓊林祇樹，腰橐十分圓。罔兩各歡喜，叉手不須摶。

其三

倚醉叱羣魅，痛手直前摶。不隳五里昏霧，一

綫日光圓。掃盡隨風塵壒，頗露中天光景，朗朗徹瀛寰。有酒淡如水，一吸百川連。　南溟息，東郊寂，北窗眠。徐之勿遽，百千萬億在人間。凡此羣雌粥粥，况有閒鷗泛泛，各各使安然。鬼伯儻能爾，吾意勝頑仙。

鵲橋仙　壽次丈八十

不唱笙歌，不延綦履。只一幅、仁組義織。大椿歲月正靈長，剛到了、初桃福地。　棗大如瓜，芝圓似笠。問那及、公門桃李。蜀川周叟浙川王，恰有箇、前修比例。《記王周》：王世芳，字南亭，浙江臨海人。生順治己亥，少年從軍，四十九入邑庠，八十貢成均，九十六司訓遂昌，百一十歲引退。乾隆庚寅祝嘏，賜司業銜。釁序期頤，額耳微重，目不借鏡，不扶杖。子四，長八十八。孫十一，長六十九。曾孫五人，元七人，來八人，晜一人。辛卯入祝孝聖萬壽，晉祭酒，繪香山三班九老圖，世芳爲之殿。國初蜀涪州周叟九十猶樵，入山得藏金。妻生子，爲富翁四五十年。邑人名其居爲百四十村。孫煌，乾隆丁巳翰林，官兵部尚書，謚文恭。曾孫興岱，翰林、侍郎。

蝶戀花　題羅漢卷爲籛孫

梵相鑾㞬誰染就。不是休師，定出公麟手。極樂國人多隱秀。敷腴不似觀河皺。　寶綱交光雄力厚。杯渡東來，那計罡風陡。　昨夜雪山獅子吼。須臾變化成蒼狗。

其二

離卻雞園依鷲苑。多謝賓羅，屈作桃觴伴。銀合藥脂香雨泫。因緣許被坡仙羨。　十地圓觀須慧眼。净業難逢，鉢戲時時換。　寫影瀛洲差自健。低眉又見蓬萊淺。

壽樓春　奉祝新甫學士八旬雙壽，重諧花燭，倚聲

逢良辰清和。恰雙星挈手，重渡銀河。試望天南鴛浦，老人星過。思往事、揚長歌。是幾番、賓筵傞傞。正錦燭搖紅，金尊飲渌，頻問夜如何。　清芬扇，高門多。儘名如綺里，福勝頻羅。共道秦川名族，謝庭才娥。青鬢換，丹顏酡。喜白華、郎君鳴珂。更迴首妝樓，憑人戲呼春夢婆。

二郎神　題邵倬庵畫佛扇

飄然瓶拂，萬里流杯穩渡。孤樹擁身雲，莫是祇陀林不，精藍何處。解識衆生無量苦，儘指點、蒼烏白鵠。廣長舌，聲聞圓覺，四萬八千都悟。　常住。鹿苑含香，雞園卻步。怕罡風、向恒河吹，乞一滴、四天花雨。交光網裏琉璃影，聆名理、湛深支許。料少鈍根人，蓮社花開，輕參法侶。

以上《野棠軒詞集》卷一

西施　題仲恕蘆雁畫扇

西風拍拍響圓沙。汀雁晚排衙。濃雲矗起，暈月未全遮。大澤漂搖，也被人窺得，信筆點皴斜。　蕭蕭漸有秋來意，紅蓼岸、白蘋花。哀弦無恙，倦羽託蒹葭。儘有團瓢，試學營巢燕，安穩便爲家。

酷相思　題畫竹

垞北垞南煙似霧。直迷入、湘江路。渾不覺、連宵風戰雨。風過也、瀟瀟暮。雨過也、瀟瀟暮。　一片幽篁幽絕處。記聽得、幽人語。

指緑合、青斜春且住。根深也、前朝樹。根淺也、前朝樹。

醉太平　仲恕贈石章、印泥

秦章漢章。丹泥玉漿。盛之粉白瓷缸。令毛錐有光。烏衣小郎。旁書數行。文房曲曲相將。只塗鴉怎當。

望海潮　送慕韓菘滬

騎鶴揚州，驂鸞桂管，古來無此皇華。露冕行春，雲韶肆夏，争傳屈宋排衙。按部卻鳴笳。有鮫人卉服，蠻女香車。估客田更，齊瞻馬首頌騶牙。勛名早偏天涯。記支機石畔，兩度乘槎。旌節花開，絲綸簿領，前塵鴻爪參差。海湧赤城霞。看賧錢納秸，彩筆籠紗。輿誦連江，從今晝錦屬君家。

傳言玉女　爲籛孫題唐磚

古鏡交螭，宮院日高風細。內家妝束，滿珠鈿翠珥。玉立亭亭，合著繡裙搖曳。苦心識別，人司一事。　頭綱雪乳，鼓風爐、銀銚子。煎成蟹眼，是中泠活水。泠洴四美，難得明眸皓齒。主人珍重，爲存古製。

浣谿紗　題伯絅扇

竊國羞人普六堅。梵尼尚祝早生天。給孤說法甚因緣。　貓鬼已如山鬼厲，大蟲坐待小蟲噉。茫茫何地供旃檀。

醉太平　前題

人耶佛耶。隨耶墮耶。近朱赤者墨耶。抑混沌鑿耶。　須彌大耶。芥子弱耶。代之大匠斲耶。是筆力卓耶。

高陽臺　孟晉園居，和蘇詩十餘篇，又《遊花之寺》古風一首，迭以見示。賦此答之

避地郊坰，怡情篇籍，遥思玉局當年。晶宇瓊樓，怎知人在高寒。沙隄繡戟渾拋卻，只行吟、徙倚林泉。最纏緜。細柳新蒲，寫入濤箋。　西園曾與陪觴詠，愛一泓水碧，萬柄荷鮮。閒過招提，俊遊考古流連。文人例有爭墩習，妙亭平、綺語珠聯。重開緘。如和陶詩，如遇坡仙。

偷聲木蘭花　題石船畫蘭

生綃淡掃拖藍淺。蕊嫩花香初破綻。斗室清幽。五月輕陰水國秋。　光風乍轉新標置。密葉長條青欲滴。湘水西流。撥入琴操動客愁。

前調　前題

同心賴有仙芝九。紉佩銜珠猶在否。莫付黄磁。錯把菖蒲當作伊。　茅齋記試雲藍紙。屈指星躔三十易。依舊花枝。一霎春秋蟪蛄知。

滿江紅　送孟晉使俄

天外嬉遨，人間事、壯遊無比。持節處、人人爭道，中朝第一。倚漢初瞻旌旆異，過秦不覺河山坼。廿年中、三度采風來，周南北。　黄金轡，王尊叱。青油幕，宣明咭。只支機風景，有殊曩昔。突厥比鄰皆舊戚，呼韓分部觀新立。更遐方、風物紀輶軒，如椽筆。

前調 前題

萬里追鋒，似周道、平平如砥。經過處、惡溪銜渡，流沙同軌。斜日瀛洲曾擊楫，秋風大漠新開邸。望漢官、威重幾時來，跂而視。 襜帷駐，經營始。樽俎事，規模侈。只題橋司馬，别生感喟。遼鶴重來城郭是，天狼何日干戈洗。待閒中、望遠一吟哦，傳箋寄。

傳言玉女 題卿憐卷子

一朵行雲，無那斜風搖撥。霏煙團雪，總難逢熨貼。出水芙蓉，錯了暄春時節。聖湖樓畔，曾籠寒月。 華堂輕入，祝長年、如意帖。雕梁玉燕，又經秋長别。裁霞曳繡，禁得幾番拋撇。多情畫史，爲留香屑。

江南春 雷峯塔圮，有藏經焉。伯絅屬題

浮圖矗立臨湖水。此中真如百萬紙。寫經人正在摩訶，皓腕銀鉤洛神體。孱王恰與興王值，徼福空土託奇製。江東處士爲長吁，埏埴香姜徒爾爲。 罡風吹，拽到地。經過九百餘年矣。玉人當日脩虔禮。相禮宮娥繞珠翠。花蕊求仙託禖祀。等是傷心可憐子。湖山大去竟何時，衹園尊者知不知。塔建於乙亥，越三年，戊寅納土。

鳳凰閣 送周時中公子出使美洲

徑嬉游海外，東風吹處。片帆萬里等閒渡。羨爾搦毫芸館，著袴戎幕。總一一、眉峯飛舞。 佉盧學罷，便去雍容樽俎。向人侈口作蠻語。年少也、數瓜期，也只炊許。更示

我、簣洲漁譜。

滿路花　館中春集遇雪

椒花獻歲初，柳絮連朝灑。青陽乍、轉把天慳瀉。寒催獸炭，深欲平鴛瓦。行行逐寶馬。出門一望，瓊瑶無際高下。　簪裾遥集，芸館開春社。峭風吹、一晌吹晴者。陽春賦就，太史信風雅。人日添佳話。丹青流布，霜髯四皓須寫。

瑞雲濃慢　是日，伯絅出示新賦《瑞雪濃慢》詞，云此調唯陳同甫一詞，特依其四聲譜之，屬余次韻。後檢萬譜，乃作《瑞雲濃漫》。攷同甫此詞點狀頭作，作『雲』宜矣

嫩寒破曉，朔風連番，滕六惱人投刺。凍鴉覓粟，積素廣庭，引鶬漸起渴睡。梅香發未，待誦半樹園林舌祕。聳玉樓、借毛錐點墨，作潑胡戲。　暮煙沉，和靄滯。變遷信、有此人間世。几爐香燼，窗竹珮摇，斗室下簾深邃。號寒隔遠，幾曾聽、農夫説瑞。有時朝日曈曈，曝簷徙倚。

南浦　春草，用玉田韻

春色漾平蕪，緑芊芊、一晌暄風吹曉。遥望淺籠煙，盤鷹地、野火荒痕全掃。踏青人去，輭泥剛印弓鞋小。雨後蓬生窗外滿，卻憶畹蘭湘草。　幾時翠徧裙腰，想匆匆、寒食過了。含潤土花香，鋪茵嫩、低衬馬蹏休到。嫣紅尚渺。短橋流水遊蜂悄。庭户無人門寂寂，新展緑陰多少。

沁園春　病中作

荆棘餘生，憂來百端，病亦戲予。憶髫年羸弱，時親藥裹，名場毷氉，空逐公車。門蔭除官，牽絲黄綬，竊禄東都十載餘。因風便，便頻登啟事，漸即康衢。　乘邊競重儲胥。愧曲突、移薪計尚疏。笑鷗波浩蕩，幾同傳舍，蠹魚糾結，又校官書。少也多愁，老而善病，七十光陰過隙駒。酸甜味，儻逢人巧算，細與乘除。

永遇樂　坡公生日，題孫雪居笠屐圖

昔日黄樓，逢公生日，曾荐尊俎。十八年來，灰飛煙滅，最淒涼難訴。南飛鶴影，孤鴻縹渺，勞爾蝎磨朝暮。自覃谿、焚香授簡，競説雪堂椒醑。　倉山荒傖，三投解未，也學新安浪語。新法難言，新詩莫詠，海外聊容與。天才颯爽，儒林文苑，收縛一生不住。祗贏得、芒鞋簑笠，流傳畫譜。『三投』出公集賦中，而袁不知。見《隨園詩話》。

蘭陵王　柳

小園廓。新緑牆頭濯濯。光風轉，何處暗吹，直展輕陰到樓角。春寒氣已薄。翩若。雙鸝影掠。凭欄望，朝靄暮煙，誰倚吟笻去行樂。　柔荑正跗萼。待雨過千條，風颺重平絡。桃谿棠隝交相錯。看淺草鋪翠，煖波皴碧，韶光葱倩應素約。染衣又如昨。　東郭。試尋索。指隱約樓臺，三兩鳩鵲，晴緜漸欲沾籬落。趁一抹斜照，半空零泊。紅英偕墜，似燕舞，費撲捉。

天香　芍藥

葉罥清疏，花房掩覆，重重密密相值。粉白含嬌，緋紅吐豔，只少映階瑶碧。雕欄錯列，渾不減、朝酣春色。金帶圍開何處，烏紗人正難得。　别苑衣雲似織。雨簾纖、暗塵新浥。素手折來休伴，澤蘭輕擲。閒向豐臺訪覓。有當日、西施采芳迹。一路香風，吟邊鬢隙。

春風嫋娜　和閏庵詞，星樵

正瞢騰歲月，底處銷愁。金奏急，笛聲柔。看秦雲冉冉，和風裊裊，花團爨末，菊部班頭。中有一人，惠而好我，情在歌喉低處留。春事剛逢九旬過，秋波一轉大千收。　無奈彩雲易散，風流頓歇，陽關唱、只索休休。休倚柱，莫抛毬。非關繾綣，不是綢繆。知己難逢，千金難買，國香何在，百卉何稠。素心人偶，是三都妙手，行吟立望，新月如鉤。

隔浦蓮近拍　謝仲恕畫扇

方山居士畫扇。快似并州翦。左右修篁峙，其間有，峥嶸觀。苔皮滑點點。蒼龍癬。掉尾青鸞瑑。翠雯展。　連蜷虎伏，幾聽風雨酣戰。萬竿摇緑，彷彿到瀟湘岸。有客無言冷處看。轉眼。難君齊下雙管。

碧牡丹　題四弟畫扇

不覺山行曲。數椼樹，沿坡麓。遠望浮煙，近繞孤村濃緑。雲起看山，似翠鬟初沐。路横斜，石攢簇。　扣茅屋。試話田家趣。尋山果，摘園蔌。鳥雀喧晴，一卷楚辭閒讀。儘有閒田，種幾叢秋菊。耦而耕，一生足。

唱火令 題扇

研紙調鉛粉，凝妝卻翠鈿。不知雕飾本天然。祝取千紅，萬紫讓伊先。　華月三更影，行雲一朵鮮。春光已是十分妍。記否銀丸，晶燭在當年。記否當年百花，頭上意繇繇。

殢人嬌 題並蒂芙蓉卷子

仙種移來，近水自然修潔。曾幾日、合歡帶結。羅浮鳳繭，化蹁躚雙蝶。是作伴菱花，肯同桃葉。　曉日初籠，絳雲低裊。可禁得、露華搖拽。娟娟鬭豔，似牟珠銜接。快到了桂枝，向人香烈。

八聲甘州 題機影圖

撫嬰倪儋耳路八千，襁負怎歸來。只蒼頭黃犬，般散趯跳，水阻山挨。覓得浮家暫伏，蓬蓽隱城隈。夜績何時，歇燈燼頻催。　鄭重青氊故物，聽書聲乍續。杼影長陪。說劬勞往事，風木有餘哀。莫更提、萬鍾五鼎，念家山、鶴影一徘徊。瀧岡表、何時磨泐，照耀珠崖。

壽樓春 壽慕韓，時寓津門

長松天崇崚。歷膚雲泰岱，膏雨岐豐。自有夷吾江左，坐人春風。丹水上、青門東。是意行、羈棲遊驄。合雁户徯童。鷹師海客，翹首望歸鴻。　韶光豔，花香濃。看靈椿倚翠，文杏吹紅。最好清陰鳴鶴，俊游乘龍。門閥貴，金芝封。更一堂、芄蘭蔥蔥。十年黑頭公。生申具瞻維嶽嵩。

水龍吟　銅官感舊圖，曼仙徵詠，敬賦　跋見文集

當年羽扇風流，一場蕉鹿誰能記。蘆花深處，谿灣幾曲，水平如坻。緩帶風飄，懸旌日落，軒然波起。是何人行俠，中流轉手，三語掾、千鈞繫。　雲母山前重過，聽淙淙、石聲猶是。扁舟容與，長年問訊，官今餘幾。遥指江潭，散垂煙柳，樹猶如此。儘婆娑老子，呼兒進酒，語封侯事。

以上《野棠軒詞集》卷二

永遇樂　題熊襄愍獄中詩卷，有序

前明熊襄愍公督遼三稔，越甲不鳴。邵陽魏氏《聖武記》紀之頗詳，獨於其按遼時事略不之及，或有難言者。嚮從伯希祭酒處得見《按遼奏議》六大册，字大紙厚，南雍版式。其中言請復龍虎

將軍，請還六甸地，請增歲犒，又請十萬之餉，練五萬之兵，只可言防，不可言戰，皆人臣所不敢言者。當時神宗答詔，卻令户部、兵部看詳。明制，票看詳回話者，與該部知道不同。廟堂之上，同具遠識，曷可及也。巡按一年而代，公獨按遼三年，又力言鎮璫虐民，爲叢驅雀。公之發舒，無逾按遼時矣。陽湖趙氏深詆萬曆朝政，當分别觀之，如此類是也。楊鎬軍覆，公以聽勘御史在籍，超授遼督。部中初議加寺丞銜，帝少之，乃加侍郎，是以七品階直陟三品也。遼事少緩，科臣姚某等起與爲難，公遂乞歸。遼、瀋繼失，再起用公。盡謫言者，禮待愈隆，忌者愈衆。出國門時，面忤樞臣。光、熹非神宗比，從此孤立無能爲矣。《明史》本傳敘次功罪既不分明，末復羼言許賄未行，因是得禍。曰許賄，曰未行，外人那得知之？史當據事直書，最忌憑臆測隱。爲是言者是刁璫義兒之餘沫，而乃采及之也。蓋公性氣剛果，徑情直遂，視南學，牽于湯賓尹，頗不理於人口。又以生爲楚人，遠受太岳之

餘毒，近接大洪之巨怨，一死一走之勘即由此起。見黟俞氏《癸巳類稿》。或謂公不出關可不及罰，此不然。孜公之死，由坐賕，不由失律。當時之讞斥入關不及出關，出關尚微有功。廣甯猝陷，勝兵何以不進？以公在軍中，故護民徐行，悉燒糈草廬舍，大軍失食宿之所，故不進耳。見於天命朝實録，明人固不知，亦不欲知也。嗟夫，生死成敗不足爲公辯，並不足爲公惜。惟其先事遠識，危言大計，歷觀史册，謀國而如是者，幾於隻一無兩，豈不偉哉！後此袁崇焕五年平遼之對，何其率爾。而林侯官粤東之役亦少遜一籌矣。乾隆中特詔褒美，甄敘後裔，邦人士乃爲輯刊全集，間及按遼時疏牘，殊遺其重者。在荆聞金子東言曾見是書。猶憶丁酉、戊戌間與伯希返復討論，贊歎莫置。蒙舉以見贈，遜謝未受，倖免劫灰。近聞鬱華閣中書亦多零落，祝其尚在人間。好古君子求而得之，乃防邊一大故實也

一障乘邊，是何人者，目光如炬。盛詡天驕，尊忘天漢，良工心獨苦。請來繒絜，不期犁掃，於法宜徵對簿。聞當日、九重嗟異，劉季無此大度。奉春往事，料敵兵形勢，漢廷誰及齊虜。自古籌邊，厖言多敗，噲等難爲伍。十年冉冉，臣言可按，無那鼎湖龍去。公行矣、猶遺翠墨，曝光海宇。

拜星月慢 乙丑七夕，和閏庵

大地風停，初更人定，卻也神仙色喜。瓜果中庭，料人家無幾。隔河望，幾度、俄延錦旆鸞馭，莫辨銀橋鵲尾。手贈支機，更何人提起。笑唐宮、秘定長生誓。長生了、又有何滋味。昔日百萬天錢，早珠沈波底。祝雙星、安穩渾無計。癡兒女、乞巧緣何事。待脈脈、繡出霞雯，只相思成字。

水龍吟 无悔寫示庚子、辛丑所賦詞，激楚隱婉，寄託遥深。作楷又極工秀，裝爲長卷，綴以小詞，並徵大雅同詠。用東坡韻

曲中何限秋心，天花高下隨風墜。星槎路隔，銀川曲繞，動人旅思。萍絮浮踪，唱驪筵散，停驂門閉。試閒中静憶，蛩聲雁影，懷古意、悠然起。　乍見蓬瀛清淺，歎西京、歲華如綴。塵迷玉宇，夢回金炬，唾壺應碎。謾寫新愁，數行殘柳，一泓寒水。共蘭成此際，行吟悄悄，滴銅人淚。

惜黃花慢 展重陽，和无悔韻

記插茱萸。只幾朝黯淡，不似當初。寄懷籬蕚，嬾同醉令，探芳水蕊，冷到仙逋。對花十日那無酒，更簪否、莫漫愁沽。緩近壚。曝簷著絮，也抵衣租。　登臨莫向昆湖。任草蟲自語，暮雁相呼。碧天如沐，坐迷菜蝶，金風乍緊，誰覓蓴鱸。苦吟未覺浮鷗蹙，倚殘醉、歌罷烏烏。客笑扶。茅檐底處烘爐。

珍珠簾 丁卯上日閏庵函訊，詞以報之

錫簫不到閒庭陛。飲屠蘇、已是香山婪尾。晴旭半窗匀，聽鳥嚶聲碎。悵懷西臺臺下客，正散錦、動珠難記。須記。是第一郵籤，相思題字。　頗笑提槧揚雲，對銀旛彩勝，猶耽墨戲。暖雪甚知時，恰釀成春意。似水流年渾未覺，只覺得、天公微醉。宜醉。怎夢裏曹騰，卻尋生計。

絳都春 社題詠徐虹亭雙椿老屋

才人裙屐。只一榻草廬，都成名蹟。息影樹

陰，念往尚書殷勤植。桐花已占風流席。又寫入、楓江蓑笠。竹垞高唱，迦陵續詠，墨華猶漬。當日。大科盛事，笑漁父、也入玉堂簪筆。雅意釣遊，久厭承明遲歸櫂。西園東壁人誰識。莫更問、城南城北。只餘第四橋邊，一谿弄碧。

惜餘春慢 賦慈仁古松

蓮社臺空，琳宮塵黯，猶説虬枝夭矯。濃陰匝地，黛色參天，多少俊流臨眺。難得高賢結鄰，心比雙清，迹同三笑。想霜嚴雪潔，秦封不到，竦然雲表。曾幾日、灰刼相尋，化爲龍去，尚有蒼髯繚遶。交光易散，勝境重開，一抹影堂斜照。欲問因緣有無，輪與棗花，遊驄夾道。待青筠直送，濤聲無奈，著書人老。

百字令 裘文達詩卷

西江才子，是早遊京國，翩翩風度。薦入鴻科初報罷，直向瀛洲聯步。龍堆秉節，閩嶠乘軺，文學矜奇遇。量沙聚米，登高何止能賦。行役幾首新詩，舊京風景，到眼皆成句。大雅春容詩律細，高出隨園數武。刼火頻經，零縑猶在，付與袁臨汝。中天文物，穆然開卷重睹。

法曲獻仙音 仲恕倩其夫人吳畫金帶圍故事以壽階青，余豔而賦之

淡借眉黃，輕分靨紫，雅勝沉香亭畔。一縷中縈，五紋旁簇，平山那時曾見。想寫韻人多暇，凝妝搦湘管。對芳畹。朶雲開、絢紅層疊，心蕊細、香入色絲合綰。盛蹟久銷沉，卻

英英、飛上羅扇。謾説豐臺，便瑶臺、無此仙瓣。待天花法雨，指點玲瓏長伴。

酹江月　悼劉農伯

朔風如吼，偏傳來鵬信，淒然神索。猶記流丸筵上見，宛爾雕龍標格。便命巾車，來尋蓬户，舊學時商榷。高文冰雪，麗詞圓似珠絡。　餘事雅意蘭臺，邀爲中婦，齊和刀圭藥。社事城南中道怯，花事湖西虚約。念往難追，書空莫及，悔不偕行樂。人生朝露，竹林一鍤堪託。

前調　孫文慤公爲張太守畫固陋草堂卷

茂林修竹，有山堂隱隱，雜花初發。五馬行春胸次遠，此意豪端微揭。草長鶯飛，山空鵑泣，幾被罡風折。珠還故事，海壖招入瓊笈。

　曩昔退直餘閒，雲煙潑灑，蹊徑翛然別。下視朱門同白屋，紙閣蘆簾明滅。淡抹輕皴，鹿牀家法，屈曲都成鐵。九夷何陋，指來先路清切。

燕歸梁　館中東院海棠高倚宫牆，今春花盛，右衡舊所居也。墓草再青矣，閏公悵懷吟賦，籛孫和而見示。余遂繼作，適賃廡有兩株粉色稀種，著花尤繁，故併及焉

小小庭前兩樹花。丹的礫、粉交加。東風偏到野人家。祇不見、有宫鴉。　西園曾共題吟壁，十年事、二分差。故人渺渺隔天涯。應憐我、趁蜂衙。

鬬百花　閏花朝

屈指中和多日。拂面餘寒猶粟。卻睹小階蓂

莢，又遇香閨佳夕。結伴停鍼，倚欄細數花枝，芳信暗通消息。弱綫忙收拾。　桃靨杏纈，已是春光一刻。明媚幾時，風和雨輕寒食。散步花前，吹來燕語鶯歌，促入踏青遊笈。

解語花 用夢窗體

沉香亭畔，羣玉山前，料理開芳宴。新妝穠豔。有翠羽簇擁，紅雲嚲緩。池魚塞雁。爭窺覰、芙蓉豐靨。乍無言、輦路重回，卻獨持金盞。　倚醉宮袍頻換。看蘭津輕唾，柳腰低顫。銜盃宛轉。想當日漢殿，盈盈飛燕。春情暗展。應記得、偷吹玉琯。喜靈媧、妙試風鬟，似隔花鶯囀。

木蘭花慢 壽章式之

傭書人易老，渾不似、舊昏晨。憶村舍行吟。親庭負米，大好青春。心驚。絳帷都講，乍傳來花樣忒翻新。了得拜經心願，無妨昨暮兒瞋。　前塵。十上竟題名。三策對天人。客來諮往迹，歲華去矣，夢影都湮。冥冥。蘆簾得伴，守丹鉛白首隱青門。櫻筍恰宜進酒，笙簧付與迎賓。

歸田樂引 題前谿散牧圖，爲漁川先德賦

春水方生縠。看牧人、夕陽叱犢。散在岡巒伏。植杖危石憩，拋卷微詠，一帶垂楊遶谿綠。　悠揚笛聲續。點綴桃林新湯沐。坡平草長，摩痒尾相逐。閒澹意各適，暖風輕遠天暮，迴首草堂夢初熟。

浣谿紗 題畫

天抹微雲一徑斜。疏疏煙柳未藏鴉。刺桐花放半山遮。春水生時添略彴，緑陰深處築籬笆。讀書聲裏有人家。

小梅花 編敝集成，刊猶有待，譜此寄慨

君且住。張子布。昔日江東曾獨步。山有薇。桐有絲。焦琴半段，甘苦只自知。閉門覓句陳無己。豈有酖人羊叔子。一封書。雙鯉魚。天末征鴻，望盡影于于。衡門下。豆棚話。客道君休也。嚴君平，揚子雲。下簾自可，孰復薦雄文。君謀饘粥恒嗟若。求槧棗梨真妄作。迹陳陳。欲云云。可是西施，可是效東顰。

高陽臺

蝶影輕分，蛾痕重盡，逸情飄上雲端。對影檣烏，孤燈短夢誰看。清波誤認銀河渡，只桃花、流水依然。寫冰紈。絲履如新，玉鏡長寒。　年來我亦朝飛雉，已秋聽桐雨，歲隔椒盤。晚景蕭寥，都忘取冷時閒。多情尚接離魂夢，較風懷、荀令爲難。枉心牽。碧海茫茫，底處仙山。

菩薩蠻 漁川齋中遇鄭倓忱、梅斐漪

姑蘇城外寒山寺。桃花源畔秦淮水。飄泊各西東。重逢似夢中。　吴剛修月者。合結仙姻婭。爲問蹇修人。何如鄭子真。

其二

司農好客精車乘。都官學佛陳杯茗。閒煞五

羊君。倚欄看白雲。相看憐矍鑠。絮語情如昨。朋舊漸彫疏。簇新三笑圖。

高陽臺 題自青樹

曲樹浮嵐，層臺挹爽，遠山青到簾前。幾許雲林，扶筇步上梯田。連昌宮苑今何在，趁斜陽、野老能言。卻依然。樹影波縈，塔語鈴圓。萊衣供養宜笙鶴，便因山置墅，種竹分泉。回憶西湖，輕櫓蕩近鷗眠。徵來題詠咸名輩，最風華、謝傅金箋。早流傳。洛社園亭，汐社詩篇。

湘江静 戊辰七月，和閏庵紀夢詞

玉笛聲殘連隔浦。正悲秋、景光難駐。曹騰一晌，喧闐四作，作鐃歌雄句。曼衍不分明，朱霞起、黑風吹去。飄塵漸歛，荒煙欲迷，聞人語、不知處。説與君，情最苦。似飄搖、小園枯樹。帷燈燄短，窗紗霧隔，甚鼉更蛙鼓。夢境細沈思，怕真箇、報人風雨。狂花易盡，空枝易墜，蘭成怎賦。

六州歌頭 南澗體

沈思往昔，歷歷事堪驚。長卿病。嵇生性。忒甯馨。總無成。孤負青燈影。文字癭。連翻屏。叨一命。遷九鼎。選人行。作吏東京。薦禰隨朝覲，乘鄣邊亭。似浮萍蕉夢醒。一晌揚荆。陽六俄經。恨餘生。在京南頃。繫狗頸。蛾賊靖。左遷丞。拌斷梗。甘畫餅。又揚旌。惹臺評。料徹紅巾盛。從先事，不曾聽。柴門迴。芸館聘。然藜青。雅意書檠。依樣遭髡剄。令人瞠。只庾郎霜鬟，柔翰尚多情。此意難平。

沁園春 剪髮

髮則何辜，忽而半髡，忽而盡傾。想盤龍挽結，頻煩玉捥，堆雅梳掠，又費金莖。温鏡如雲，并刀似水，直截青絲二尺贏。而今後，學男兒拜跪，不用廷爭。　從來短從縱橫。便一握、相尋智者能。只飛蓬匪易，僅垂燕尾，步摇難插，乍寂鸞聲。偶遇華妝，仍裝義髻，真贋中參眼倍明。遷流慣，歎伊川野祭，猶是迂生。

前調 不穿耳

望若垂珠，粉滴玲瓏，粹白可嘉。是天然愛好，鴛鍼漫度，風流自賞，蟬鬢微遮。翠珥虛香，瓊膏罷揾，穿穴翻嫌璧有瑕。春閨静，指困人紅豆，擲出窗紗。　明璫點綴原佳。只刻畫、冰肌事較差。矧掩時指滑，光同半月，敧來臉近，枕印餘霞。本自中虛，何勞側擊，片玉裝成兩朶花。閒尋思，想伊人鑿空，悔讀南華。

前調 金齒

有美在中，瓠犀粲然，兩三點金。想敲時眉縐，移嗔鬟侍，嵌來吻合，媚視藁砧。堅卻能安，剛偏不吐，接近珠喉一往深。餐霞未，儘從容漱石，漫剔銀簪。　含香雞舌沉沉。儻狹路、相逢忍不禁。只楊枝作鬧，緘情脈脈，菱花對照，笑語吟吟。白粲何多，黃流貴少，餘慧何時到織紝。翻新樣，判削除百鎰，布滿陀林。

前調 袒胸

皓月盈懷，放大光明，坦然不疑。正羅襟乍解，微聞薌澤，綾衫半御，嫩見柔荑。盪到肩齊，拊來手滑，目送籠煙白玉脂。莊嚴甚，只乳峯高處，未許人窺。　華鬘法象如斯。便圖佛、長生若可爲。矧當心披豁，鶴真壁立，遊行綽約，燕豈環肥。潤質花濃，圓姿雪豔，信是春妝絕妙時。深深祝，祝門闌雀選，坦腹佳兒。

前調 禿指

纖筍森森，凛平剪刀，無惜齒牙。只煙鬟微散，欠申思綰，檀槽待按，義甲羞拏。九曲穿珠，三挑索綫，度與金鍼態尚差。雲藍窄，偶清吟畫壁，誤了尖叉。　深閨乍擯虛華。笑長爪、紆餘太不佳。似揮犀墨客，盡芟枝葉，除蠶田老，力剗萌芽。痒處難騷，掐時無迹，問郎意如何品騭加。秋來候，染猩紅一點，負卻仙花。

前調 大足

有美清揚，立而望之，玉樹竦然。看鳳鞵雙止，起時剡剡，蝶裙一搦，去影翩翩。作意跗平，生憎指約，角逐花陰慣比肩。堪憐處，只風廊易響，雪印難圓。　鴉頭羅襪新妍。躧利屣、休勞小妹牽。試尋芳野緑，地同績闠，垂趺霜白，天是華鬘。宛轉驚鴻，輕盈飛燕，論裊娜何如步步蓮。吾含笑，笑貧家黃九，輸與坡仙。

以上《野棠軒詞集》卷三

霜華腴 題彭剛直公墨菊

俊人逸興，掃筆鋒，琅然老圃清霜。描取秋容，隱撐天骨，懸知百卉無當。露稜作芒。染墨痕、神似丹黃。只閑閑、幾朵寒花，淺於疏柳勝柔桑。　當日石鐘盤礴，正枝翹鐵幹，葉鏤冰腸。負手行吟，揮毫草檄，移情宛在孤芳。坐觀大荒。共嶺梅、一樣蒼涼。是雲臺、緩帶風懷，日長聞妙香。

前調 晚菊，和閏公

菊殘葉謝，對雅吟，如逢老圃擎霜。花比人稀，影同雲薄，高秋經露難當。墜英斂芒。憶昨時、曾染嬌黃。趁斜曛、散步巡行，兩三餘梗似柔桑。　休恨此花開晚，只看花興嬾，易沁愁腸。寥落宜休，丰神都減，難同白帢尋芳。故園久荒。付暗蛩、竹瘦松涼。到籬邊、重與盤桓，尚餘清酒香。

齊天樂 壽張紀庭老友

至人心共陽春似，星回壽昌明照。猿嘯峯青，魚潛海碧，南北閒閒登眺。浮家更好。有橘裏棋新，鉢邊詩峭。紙閣蘆簾，潁濱偕隱不知老。　隨身書卷接軫，爲傾襟舊雨，揮斥多少。一勺廉泉，雙弓義粟，喜有延陵同調。仁風繚繞。許錯迹三高，儗名四皓。勝日筵開，聯蹁扶杖到。

南浦 張石船老友無意中得《定武蘭亭》，因亂失去三跋。忽於己巳四月來歸，正先生德配曲夫人七旬介壽時也。信爲嘉語，倚聲記之

奇福到書生，乍飛來、一段昭陵清供。文石美

中山，流傳少、五字須勘騎縫。名流點筆，品題殊似金人捧。驀地紅鵝，三寶失釭面，酒醒如夢。　多情頻遇良朋，許延津劍合，灕江珠貢。入手乍重看，論波磔、同是蓺林南董。臺萊作誦。剛剛五兩輕風送。比例來禽，騰棐几朗若，三星齊拱。

滿庭芳　題沈期仲老友小象

瞿鑠翁豪，峥嶸郎秀，第一昭德椒聊。傳神阿堵，授几錦堂坳。照徹鯉庭雍肅，龍綾紙、輕點冰膠。春風拂，銀花送喜，天籟和咸韶。　陶陶。珠樹繞，翛然竹箭，蔚若蘭苕。有童孫玉雪，想已垂髫。我是龍門倦客，畫圖裏、省識風標。韋平業，淩煙閣渺，顧視更清高。

鬬百花　老友槃公院中二月榴開，屬爲賦之

九十春光過半。廿四風光初暖。階下翠盆林立，葉底仙榴苞綻。一簇紅巾，翻嫌燕子遲來，遮莫海棠相伴。緩緩開瓊宴。　花若解語，愛趁青陽爛縵。芳意幾重，偏經雨絲風片。節是花朝，不須火繖當空，領出紫紅千萬。

酷相思　謝老友金仍珠

兩兩晨星尋舊雨。就短榻、參差語。奈貧病、撩人偏久住。便貧也、神相注。便病也、神相注。　手把黃金豪氣吐。同一笑、愁魔去。速置酒、分曹歌且舞。桃花也、香風度。桂花也、香風度。

翠樓吟 題曹靖陶看雲樓畫卷

雲影微茫，詩情隱約，危樓一角斜倚。奇峯三五朵，恍風雪尋梅清味。安排琴几，只彩景難描，錦辭須拾。神猶綴。會心何許，暮天明綺。得意。呼取擎來，看筆花橫舞，墨香輕泚。曲欄閒點拍，自怡悅情如流水。遠山浮翠。似目送鴻飛，吟同蛩唧。蘆簾外。試拈紅豆，更添芊麗。

燕歸梁 漁川爲我刻集，並任校勘。莘弟感之，爲繪校書圖，綴以小詞

數墨尋行意肯降。揮玉管、對銀釭。字青紙白倚南窗。龍文鼎、力能扛。雄心直許揚雲槧，憐才急、古無雙。校書更比著書忙。辛勤意、兩難忘。

前調 又槃廬野棠軒合圖

峯影嫣連樹影低。數閒屋、隔前谿。蘧廬隨處踏鴻泥。行吟罷、夢交馳。阿連曾走峩眉道，雄奇景、客能知。望衡一似北山移。無限意、輞川詩。

前調 題畫梨扇。梨乃英華宮中舊樹所結

寂寞宮庭盡日閒。梨花瘦、淡如煙。兩三仙果落人間。可憐似、小兒拳。畫師寫入秋風扇，紅褪彩、翠流鮮。望空那有月華圓。一株雪、尚東欄。

玲瓏四犯 有序

東安門北瑞文莊、榮文忠兩相國舊第，今日本文化館。客有道其事者，感而賦此

甲第連雲，是王謝門庭，舊日曾見。畫棟穹

樓，藻繢依然滿眼。蟬連幾道沙隄，漸忘了、火城近遠。自客星、照影紈縵。文曜直冲霄漢。　彩雲每逐流年換。看花堂、莫尋梁苑。珠簾不捲天香結，遮莫嫏嬛館。池上弱柳自青，夕照裏、波光清淺。試倚闌相望，相識否，梁間燕。

無悶　題友人小照

攬轡清遊，西度玉關，東涉松花飲馬。記洛邑監河，潁濱觀稼。引起胸中突兀，指萬里、龍堆堪陶寫。曰歸未得，摩娑兩鬢，鏡中如畫。　聊且。且休暇。賴買得箕山，結鄰欒社。甚五綰銀黃，頌聲盈野。一枕希夷夢穩，祇霽月、光風閒來者。但更祝、商皓相逢，共絮戴星情話。

菩薩蠻　吴漁川有女娥娟、和娟姊妹，繡餘吟詠，日親書史。名門姝秀，有此雅致，詞以志之

金閨蘭蕙花枝亞。東楹墁易香姜瓦。輕燕語雕梁。照人青玉光。　親闈剛退侍。偶解簪花字。繡起只微吟。不聞環珮音。

前調　前題

玉樓連理玻瓈枕。爐香薰被光明錦。彩月透疏窗。壁平雲水鄉。　裁詩隨阿姊。得意般文史。風動半牀書。步摇金鷓鴣。

絳都春　雪後寒甚

宵中風削。倐劈拍小窗，重衾先覺。硯背纈冰，鏡裏飛霜晴曦薄。園林點綴殊紛若。待下了、水沉簾幙。曉來霽色，半空綿絮，又沾檐角。　一昨。柳邊異景，雪花厚、三尺潔瑩

如濯。道是歲豐，寄語農田勤看著。玉峯突兀高高作。皓月上、流光交鑠。倚闌迴向薰籠，卻憎刺灼。

月華清　題冒太夫人稽山負土圖

萬壑千巖，中有佳城，鬱鬱葱葱隱秀。孤舟相地，來去吴淞綠縐。陟崎嶇、莫問牛眠，登高敞、徑登龍首。恰有。自娥江風遯，夐哉滂母。　生是名流清胄。合藏在石室，望如山斗。更有彌甥，宅相差爲不負。索茅衣、丙舍三間，積畫叉、圭田五畝。誰守。料仙輧歸去，墓門重叩。

傳言玉女　賀李、聶結婚

好語飛來，得意雙雙美眷。詩仙醉睞，睨隱娘皓捥。彩筆催妝，早是蓉屏中選。鏡臺梳了，劍囊琴案。　傳書前度，祝青禽、千百轉。疏櫺寫韻，料畫眉猶淺。鳳簫聲引，吹徹莫愁湖暖。低詢入月，應懷玉燕。

摸魚子　賀金籛孫老友詠梅見壽

大江東、稀逢驛使，一枝來日何暮。開雲每惜孤山淺，千頃吾思叔度。眉影嫵。是白髮連蜷，那有園林趣。儻聯支許。且近步谿橋，遠尋灞岸，休話薊門樹。　遥相語。空山無好情緒。鎮日淮風別雨。寒傖慣識酸虀味，忽憶綺窗芳俎。擎一羽。便舉似南金，絕倒揚雲不。煩君揀取。只索笑無憑，留香易散，偏少冷楓句。

八聲甘州

聽西風短柄馭追鋒，千里攬高秋。儘長城飲

馬，廣川射虎，底事扁舟。試訪朱虛虛館，今古兩閒鷗。矍鑠復如是，容與中流。　當日天山露冕，盛驂鸞撰著，笑傲滄洲。擁皋比東渡，博望莫能儔。有青箱、傳經素業，會鴻都、逢掖服先疇。何時譜、禮堂化雨，重付營邱。

虞美人　賀新婚

春風嬝娜春光好。處處聞嗁鳥。遥空何處響雲璈。莫是秦宮玉女、暖吹簫。　中和節過清明近。細草緣隄潤。輕茵一道輾香車。誰道碧桃花放、是天涯。

菩薩蠻　前題

春光明媚紅窗曉。春風裊娜催嗁鳥。靈鵲借填橋。一雙金步搖。　棗花簾子捲。雲想衣裳暖。菱鏡被人窺。翠螺深淺眉。

滿江紅　奉題岳忠武王畫象，用《滿江紅》原韻　四首

激越聲情，都不覺、風銷雨歇。瞻遺象、清高顧視，文謨武烈。直指琱戈初出日，明光鐵甲中宵月。只黄龍、未飲玉先沈，昆吾切。　身可灑，邊荒雪。心上事，匈奴滅。問中朝憶否，金甌完缺。北寺來歟一塊肉，東窗碧了三年血。歎古來、志士幾成功，多聞闕。

其二

正氣凌雲，遥下拜、歌聲未歇。想昔日、背嵬軍盛，如火烈烈。一旅儻揮天外劍，九州共奉王正月。奈生來、偏值小朝庭，空翹切。　許都郡，組練雪。洞庭寇，煙灰滅。正壯心未已，唾壺都缺。儒將自宜敦禮樂，純臣豈敢私毛血。看畫圖、玉貌甚雍容，疑朝闕。

其三

南渡奚存，只蕩里、燕嘗勿歇。經歷代、崇封峻祀，少酬英烈。一展丹青窺器宇，十分坦白光風月。拍哀絃、不忘舊山河，情縈切。　墨經義，衣如雪。精忠字，痕不滅。但厖言醜正，金陀微缺。長腳人人瞋切齒，紫陽喋喋盲塗血。指階前、鐵鑄數么麽，文猶闕。

其四

夐矣斯人，浩然氣、參天罔歇。更不論、何時何地，同悲遺烈。阿衮甘隨五里霧，女縈迫侍重泉月。甚富平、滿口說中興，偏譏切。　兩朝史，終昭雪。公道論，時明滅。比韓彭褒鄂，各殊圓缺。隱憾未空胡馬迹，表忠須瀝天狼血。倩畫師、一一補哀榮，旌雙闕。

小梅花

戊辰之冬，編排鄙集，未能刻也，賦《小梅花》志慨。今刻將及半，實賴諸公高誼。再賦志幸，仍用前韻，依迦陵體

心無住。何泉布。鰥生力弱羞停步。采周薇。織張絲。刻畫鹽嫫，轉愁人不知。葉公好客吾知己。洛陽吴公憐才子。袖中書。各熊魚。克致甌窶，盂酒謝湻于。　如臯下。同人話。代有奇人也。將召平。入青雲。龍門可企，識勝始爲文。雪堂義尊纍若若。鏤金斵木相參錯。鼓樂陳。客何云。行見全牛，爲子一伸顰。

以上《野棠軒詞集》卷四

五福降中天 代壽趙次丈八十

萬家生佛紅雲矗，嬴得家家歡躍。蒲酒剛斟，桂輪猶滿，嵩嶽喬松蔚茂。畫堂深靜，只鴻案雍和，鳳雛嬌小。那有賓筵，客履淡淡舊懷抱。　仿佛託根仙，李百三旬，壓倒香山老。潞國精神，汾陽富貴，漫數東都梁灝。天錫純嘏，一片婆心，吉星繚繞。百拜深深，嫛倪常惠保。

壽樓春 前題。代

堅牢是神仙。待鋪揚福履，費盡濤箋。且自尚書紅杏，侍中青田。豐鎬地、黔川巒。知一般、懷思纏綿。況三鄗涵濡，千家嗑啜，齊戴大羅天。　將進酒，便便言。怎年登大耋，曾不華顛。共詫方瞳朗朗，長髯巖巖。周召傅，商彭籛。又浮邱、洪崖隨肩。佳節正薰風，瑶琴細彈。三兩絃。

惜餘春慢 代壽張安帥八十　乙丑正月

東來風細，南極星臨，海屋仙籌頻下。試燈節過，挑菜時新，秩秩賓筵魚雅。住近松榆社邊，羣從躋蹌，親朋情話。看雙星偕老，盈顛鶴髮，齊斟玉斝。　更休題、大纛高牙，夢痕如掃，尚有郎君行馬。義熙甲子，天寶流離，火棗交梨聊且。去歲重歌，鹿鳴空外噌吰，伊人清暇。問海濱是否，香山一幀，耆英圖畫。

百字令 壽李新吾侍講

西平名閥，怎翩翩年少，聯蹁科第。不作尋常，裙屐態、鎮日摩抄圖史。篆是陽冰，畫傳海岳，妙絶烏衣致。十年邗上，朅來金馬避世。當日我謁賢良，低徊今昔變，法公先啐。一自尋盟回紇了，盈耳蜩螗如戲。杜叟閒居，遺山野史，聊作優游地。白頭相視，菊尊還許重醉。

齊天樂　壽俞階青探花

校書東觀多耆俊，何如月泉吟社。藜火吹青，葦航虛白，猶是玉堂瀟灑。儒生雍雅。向七伐書徵，三驅易假。艸長鶯飛，十年荏苒似湍瀉。茶香書著滿屋，有公孫能讀，聯步金馬。露幰嘉陵，星軺渭曲，飽看岧嶢太華。丹鉛清暇。聽遞續添籌，鳳池佳話。我欲躋堂，一尊窺鄴架。

百字令　壽寶侍郎

名門甲族，愛八磚花影，英英接武。奏賦明光，攖上第、意氣崢嶸如虎。鸚武洲前，雁門山外，露冕經行處。秋風一霎，寄身仍近瓊宇。聞道暇日臨池，豪端巧妙，雅意規鍾傅。一自傭書籐紙貴，多少韡金窺户。天際烏雲，日中青李，點筆消殘暑。吉金貞石，玉堂宜入仙譜。

齊天樂　壽川島

名賢那可區方域，東海喜逢吴札。歲月如流，鬢眉未老，一似金敲玉戛。靈襟豁達。挈騎鶴腰纏，散分手滑。每有良朋，閒情戲向虎牙拔。頗憐塵世磨軋。運廣長説法，大聲疾喝。四萬八千，聽者藐藐，只合裝聾賣啞。相逢天末。歎墜絮飄蓬，酒酣耳熱。聞道添籌，飛觚遥擊節。

月華清 壽鄧母

高密名門，陽陵仙裔，眉壽賓筵魚雅。禮法師師，穆若清風林下。會偕歷、夫子驂鸞，更看到、郎君行馬。聊且。向燕南趙北，作枌榆社。　髫年調護萱慈。效納肝故事，并刀直劃。彤管流傳，永作賢媛嘉話。到晚來、隨意含飴，了不用、封書還鲊。圖寫。謝庭帬屐，趨斟瓊斝。

以上《野棠軒獻酬集・詞》

樓巍

憶秦娥 金陵春遊

金陵陌。春風一片垂楊碧。垂楊碧。子規聲外，六朝山色。　豪華千載無消息。後庭玉樹空陳迹。空陳迹。胭脂井畔，亂紅狼藉。

菩薩鬘

綠楊風過游絲漣。晚攜紈扇吟肩聳。小立畫橋西。杜鵑橋外嘶。　判花連夜雨。斷送春歸去。題罷惜春詞。紅芳殘幾枝。

永遇樂

綠漲陂塘，春明翠陌，楊柳金淺。漠漠東風，簾鉤半卷，樓外輕陰展。玉梨容瘦，海棠妝褪，都做粉愁香怨。怕聽他、殷勤輭語，還有舊巢雙燕。　虹橋一舸，亂紅飄水，前度風情何限。過羽年華，暗彈清淚，幽夢天涯遠。映鐙疏雨，籠窗碧月，人在落花深院。向殘宵、吟題鳳燭，搜腸欲斷。

鶯啼序　春感，用夢窗韻

清寒傍花易晚，悄調鶯舊户。趁閒騎、詞客遊春，萬一芳訊遲莫。畫橋外、陂塘漲緑，輕煙裊娜長隄樹。甚東風吹亂，羈懷乍同飛絮。

蝶粉飄香，燕語勸酒，散垂楊漫霧。絳霞影、斜入明窗，錦縑慵寫情素。賸廻腸、闌干凭卻，儘愁織、遊絲千縷。好韶光，虚滿江南，待盟漚鷺。

嚦紅恨老，杜曲春歸，沈郎尚倦旅。覺荏苒、十年塵事，鬢換腰減，繡陌飄鐙，有風無雨。蓬山望斷，瓊簫吹起，當筵誰訴桃根檝，念吴頭、彩鷁蘼蕪渡。嬌鬟隱約相思，朧墨留題鳳筆，點染灰土。

旗亭送別，水驛銷魂，奈意紛寸苧。但溯想、朱樓遥夜，夢繞笙歌，淺醉癡吟，幾回酣舞。憑誰寄與，青衫汍淚，蠻天蒼莽沉去雁，聽聲聲、哀落秦箏柱。南雲何限郵程，竟夕徘徊，鯉魚到否。

臨江仙

卷絮樓臺春欲盡，幾番芳訊堪憐。緑楊無力傍秋千。臨風鶯語碎，照影蜨妝妍。

夢鬲秦淮煙水遠，錦鱗消息難傳。那回歌扇寄吟牋。酒深寒食夜，花落豔陽天。

惜紅衣

廢苑清笳，高樓亂篴。寫秋無迹。望裏南雲，尊罏斷消息。金貂换酒，誰眷念、吴根殘客。愁織。鐙外枕邊，恰羅衣霑溼。

西風幾日。濕哀柳哀蟬，淒涼舊吟筆。湘簾漫卷莫色。空碧。弟一長卿心事，説向璅窗岑寂。問故人何在，三十六鱗遥隔。

滿江紅 燕臺懷古

寂寞金臺，亂山外、莫雲千疊。空凝望、燕都形勢，幾經塵劫。紫陌西風蟬不語，鳳城落日笳初咽。到夜來、長劍向誰鳴，霜天月。　懷易水，豪歌歇。悲故國，剛腸折。上酒樓拚醉，唾壺敲缺。瓊島蒼茫秋樹繞，玉河蕭索寒煙結。看飛飛、黃鵠下深宮，愁難説。

水龍吟

層臺試望平原，西風搖落都無主。荒煙衰草，寒雅老樹，蒼茫古渡。獨客悲秋，哀蟬抱葉，亂愁難訴。憶南湖拍曲，綵雲飛散，到今日、空凝佇。　渺渺雲天修阻。問登高、有誰能賦。數行嘶雁，一鞭殘照，萬家砧杵。故國山川，繁霜心事，年光輕誤。向長安舊陌，閒騎欵段，踏紅塵路。

浣溪沙

秋冷銀屏翠燭殘。西風愁起酒闌珊。朱顏猶得鏡中看。　聽雨似憐黃葉少，倚樓惟覺碧雲寒。等閒怊悵總無端。

南鄉子

院落落梧楸。斷續蟲聲枕上收。一夜孤檠涼雨裏，颼颼。惹得詩人緑鬢秋。　江左舊風流。紅燭吹簫夢裏休。遥想青樓衾鳳冷，凝眸。天外鴻飛字字愁。

蘭陵王

晚蟬寂。樓外層陰似織。憑高望，雙鎖翠眉，十里垂楊裊絲碧。闌干又遍拍。誰識。文園病客。疏狂事，猶記去年，紅燭明妝醉瑶席。重城杳消息。料錦篆香殘，銅漏寒滴。菱花相對愁顏色。看月照雕榭，露霑湘瑟，江淹空有賦恨筆。斷腸在今夕。　休憶。舊踪跡。縱玉佩親緘，金縷誰惜。鈿車散後芳塵隔。但伏枕尋夢，倚屏無力。珠簾低卷，訴墜怨，淚暗溼。

踏莎行

嫩緑含煙，嗁紅滯雨。憑闌一霎愁無數。去年今日醉楊花，玉簫聲亂楊花渡。　認燕歸來，恨鵑催去。笑桃門巷人何處。春深日日鎖相思，畫屏閒展江南路。

蜨戀花

蛛網添絲晴晝永。過卻清明，猶是餘寒勁。一陣東風花散影。畫樓簾蒜低垂靜。　金縷歌殘銀字冷。柳外黄鸝，不喚閒愁醒。曲曲闌干還獨凭。傷春中酒年年病。

減字木蘭花　送春

天涯芳草。那管王孫愁欲老。緑到朱門。翦碎鶯聲不忍聞。　暖香成陣。今日樓臺春已盡。瞥見花飛。錯認當年舊舞衣。

前調

送春歸去。刻意傷春春不語。百囀黄鸝。似替東風賦別離。　曲闌紅瘦。水調一聲人把酒。卷上簾鉤。廻雪楊花亂入樓。

西江月

水榭涼侵竹影，露窗愁溼花鬟。銀河低轉玉

繩殘。秋冷畫羅團扇。蘭燭自凝冰淚，晶屏欲透清寒。漏長明月過闌干。隱隱蟲聲深院。

齊天樂

西風吹冷關河影，遥天乍横南雁。落日荒碪，高城畫角，又把流年催换。登樓望遠。正千里霜楓，隔江紅徧。莫道新愁，故山無數莫雲展。　長安誰念久客，尺波回不起，霜鬢零亂。買醉尋壚，當歌倚瑟，秋士悲懷難遣。柔腸自轉。有幾點疏螢，尚依紈扇。一夜涼思，怎禁離恨滿。

秋波媚

桑乾夕照野煙斜。酒醒客愁賒。關山影裏，西風南雁，淚落清笳。　倦郵鐙火黄昏後，一晌夢還家。雞聲月夜，板橋茅店，人在天涯。

八聲甘州　重九登高

屆重陽風物倩誰題，登臨豁清眸。正霜淒萬木，寒侵衣袖，雁帶邊愁。吴楚關河在望，鋒鏑未全休。一酌黄花酒，恨思悠悠。　檢點江籬搖落，有慵荷散蝶，尚戀殘秋。問斜陽無語，四遠莫煙浮。自銷凝、杜郎愁老，佩茱萸、不似舊時遊。青山外、着吟鞭去，新月當樓。

暗香　庚申冬余遊西山，見梅花盛開，頓興感觸，爲倚白石道人《暗香》《疏影》兩解

絳枝雪積。正淺妝弄影，香飛瑶席。夢斷驛橋，十里東風鎖岑寂。花外金尊伴酒，頻聞説、羅浮消息。又恠卻、玉樹么禽，嚦損落梅篴。　今夕。怕獨憶。念畫裏故園，舊月初

白。翠闌徧拍。東閣寒雲幾重隔。迢遞吴皋水畔，猶記識、當年逋客。漫看到、春晼晚，冷紅暗溼。

疏影

瓊肌褪緑。罨謝堂荏苒，微透清馥。雪裏逢君，淒絶殘寒，銀枝暗動横幅。東風驛路情難寄，念故國、江城南北。到夜來、月淡煙疏，鳳篴引吹仙曲。　休訊長門恨事，有人怨未了，嗁盡紅玉。莫倚新妝，惜起羅衣，幾許迴腸能續。蛾眉蹙遍春痕淺，恐不似、阿嬌金屋。數舊遊、官閣花稀，影入水西高燭。

燭影摇紅　元夕

今夕何年，天街試彩春光聚。笙簫一片散東風，花外吹香霧。　爛熳星橋火樹。燭良宵、千門曼舞。鈿車來去，倩笑盈盈，那家眉嫵。　老了劉郎，并刀難翦愁千縷。雲階月地冷吟魂，夢斷梅花句。還認飄鐙舊路。有當年、沈香繡户。酒痕鑪篆，短鬢吟髭，夜寒輕妒。

滿庭芳

素杏驕雲，夭桃鬬雪，畫樓輕做春寒。鬧紅深處，玉篴倚闌干。翠袖旗亭綺夢，空怊悵、舊日樊川。東風外，鶯聲譜曲，中酒寫蠻牋。　年年。游冶地，西泠橋畔，蘇小門前。奈王孫老去，猶憶垂鞭。二月花朝冷節，蹈青路、蛺蝶翩躚。漫飄盡，零香宿粉，彈淚到花邊。

菩薩鬘

緑楊巷陌鶯花笑。東風吹做離愁早。馬上别卿卿。遠山眉黛青。　送君猶記得。羅帕燕支溼。夢裏是長安。紅樓春夜寒。

楊柳枝十首

五陵春色入行宫。侍女三千舞曉風。玉篋一聲金殿鎖，柳花飛出御牆東。

其二

水國春歸未有涯。吴王宫殿柳絲斜。夕陽冄冄東風起，争鬬纖腰學内家。

其三

楊柳青青無限春。含煙裊翠拂江濱。灞橋自古多離别，攀折長條愁煞人。

其四

陌上春風綰緑楊。誰家少婦溼啼妝。相思遍看樓頭色，一寸柔條一寸腸。

其五

蘇小門前鶯語頻。蘇公隄畔柳條新。晚來更下絲絲雨，繡遍西湖二月春。

其六

歛灩波光映翠鬟。斷虹橋外舞腰閒。儻教移入新豐里，妒煞當時謝阿蠻。

其七

金粟妝成倚畫闌。惹煙無力怨春殘。東風十里吹狂雪，輕著羅衣不覺寒。

其八

黄鶯絃上勸離觴。别浦風光最斷腸。誰見晚來臨水驛，曼天飛絮舞斜陽。

其九

天津橋外鄴城西。萬點楊花撲馬飛。信是王

孫歸不得，鷓鴣聲裏一沾衣。

其十

羌篴無端塞上吹。邊城三月雪猶飛。若教青冢生楊柳，總爲明君淚暗垂。

鷓鴣天

柳外鶯啼春色穠。章臺走馬少年風。千金買笑青樓上，萬貫呼盧錦障中。歌舞地，畫橋東。簫聲鐙影出簾櫳。明妝夜勸新豐酒，夢遶巫山十二峯。

綺羅香　春感

鶯館聞歌，燕簾翻曲，夢裏吴臺何處。花霧氣淒冥，芳苑又將春莫。空記取、載酒西泠，更惆悵、送君南浦。看萋萋、草色天涯。江郎謾賦斷腸句。登樓凝極望眼，遥被層雲翳斷，江南歸路。陌上城邊，竟日亂紅飛絮。斜照歛、杜宇千聲，東風散、柳絲千縷。奈羈懷、攪盡春愁，夜闌啼暗雨。

踏莎行

瑞腦香殘，寶箏鈿冷。游絲掩映明窗静。睡餘無力酒初消，鷓鴣聲喚閒愁醒。纖月生涼，輕煙鎖暝。簾鉤倒卷疏篁影。一雙燕子晚歸來，落紅飛掠蒼苔徑。

鵲橋僊　閏七夕

鵲橋重構，鸞輿重駕，夜半銀河重渡。霎時悲喜淚成行，儘做了、尤雲殢雨。新盟乍締，舊歡還在，説甚别離情緒。針樓兩度拜雙星，正羨煞、世間兒女。

夜飛鵲 賦別，用清真韻

寒蟬舊山外，風露淒其。秋色點染殘輝。染園別宴飲無緒，汍瀾清淚霑衣。臨分幾回首，看嘶愁紅粉，照影朱旗。蘭舟繫處，解留人、月也遲遲。　應念灞橋楊柳，爲我掃長條，空斂魂歸。誰賦江郎新恨，西風日莫，征雁斜迷。亂煙廢驛，對荒涼、樹與雲齊。甚關河相望，平沙萬里，目斷東西。

高陽臺

纖月分環，明河蹙帶，輕寒欲透重幃。寂寞湘屏，夜闌銀燭依稀。多情不結行雲侶，到秋來、怕賦傷離。鎮相思。淚涴青衫，夢遠朱扉。　舊時鸞鳳曾翻曲，記風裹珠箔，花映金徽。忍拍驪歌，見伊紅粉霑衣。狂蹤一任成飄泊，數年華、愁上雙眉。寫新詞。曲曲迴腸，寄與誰知。

瑞鶴仙 殘荷

碧湖秋半晚。訝短檝，重來藕花香褪。徘徊綠楊岸。看閒鷗，沙上玉虹如翦。波明黛淺。采蓮聽、新歌一片。傍橋西幾笏，荒亭露點，畫羅紈扇。　愁伴。湘皋涼月，洛浦西風，舞紅都變。冰絃寫怨。芳魂冷，綵雲散。問淩波羅襪，江妃去後，賸有嘶珠弄恨。認殘妝、憑說相思，頓成瘦損。

好事近

一陣陣西風，掠過江離無迹。鐙外吟湘人老，奈重陽秋色。　白衣遺酒想當年，花外正岑寂。衹有霜天新月，挂東籬千尺。

桂枝香

長安亂葉。感幾度經秋，風雨如劫。郭外西山斜照，翠巒千疊。郊原寂寞荒煙冷，倚高樓、莫蟬嘶歇。廢園蕪滿，故宮落鎖，有愁難説。　念我是、飄零倦客。歎逝水年光，塵夢悠忽。徒看傷心，鏡裏暗生華髮。酒闌腸斷無由醉，聽六街、征馬誓鬣。夜寒吹起，霜天殘角，一聲嗚咽。

昭君怨

綠樹金風聲苦。似和擣衣砧杵。寒汐夜來生。撼江城。　遠客鄉心無限。恨寄一行南雁。寂寞倚高樓。莫雲秋。

摸魚兒

倚危闌、亂煙衰草，秋光冷落江墅。夕陽婉冄叢蘆外，寥亮雁聲初度。愁暗佇。慨一劍依人，羞作登樓賦。年華過羽。憶賈圃尋春，范巖探勝，風月更誰主。　徘徊處。但見蒼茫老樹。商歌聽寫羈旅。鄉關萬里停雲冷，縈恨鬢絲千縷。君信否。正張翰思蓴，睠念吴江路。西風訴與。趁江蓼花開，短篷雙檝，歸臥故山雨。

臺城路

青霞暝鎖孤山麓。鶯聲喚人幽獨。映幌花鬟，對窗雲髻，舊是詩逋書屋。金鑪麝馥。甚錦瑟調成，怨凝修竹。夢遶瀟湘，美人迢遞阻南北。　春波新漲翠縠。落花飛不起，香盪紅玉。畫裏湖山，鏡中絲鬢，釀得新愁千斛。西泠路熟。奈風月平章，俊遊難續。點檢吟牋，夜深還翦燭。

鷓鴣天

楊柳樓前玉簟殘。秋千院裏落花乾。層陰漠漠簾低卷，惆悵東風剗地寒。　春寂寞，夜闌珊。酒痕鑪篆鎖愁邊。燕臺賸有離鸞曲，彈徹相思五十絃。

采桑子　增彩亡已匝年，猶有餘哀，爲倚此解

優曇一現渾無影，惆悵經春。難剗愁根。點檢羅衫舊淚痕。　殯宮寒食棠梨晚，花落繽紛。風雨淒鷩。定怯空山小女魂。

柳梢青

十里湖山，兩隄燈火，遥帶重城。水曲闌干，玉容消酒，桂魄初生。　蘭舟夜渡西泠。認蘇小、埋香古亭。碧柳風前，紅蓮橋畔，銀燭吹笙。

臨江仙　臨江書屋

江上清風江外柳，一隄煙景冥冥。芰荷香裏畫船行。亂紅深處，處處小蓬瀛。　倒影樓臺臨水曲，有人彈落棊聲。晚蟬千樹操新琴。湘簾半桁，卷上月華明。

高陽臺　新秋西湖泛舟

微雨收塵，涼飇吹柳，六橋澄碧生秋。鏡裏雲鬟，澹妝西子嬌羞。蘭橈競向蘇隄去，凭瓊

闌、碧藕香浮。惹銷魂，紅粉清歌，皓齒明眸。　俊游虛悵當年事，記尋芳試馬，酌酒登樓。前度潘郎，而今減盡風流。多情尚有三潭月，照湖心、一葉扁舟。待歸來，渺渺煙波，漁唱遙酬。

念奴嬌　雪

彤雲四合，撒飛鹽、照眼溪山明滅。笑道天公陳玉戲，移下瑤臺琳闕。灞岸騎驢，石湖垂釣，胸宇澂冰雪。嘹空征雁數聲，寒透詩骨。　甚處春到園林，暗香千樹，影散朦朧月。一翦風侵貂帽擁，訪戴輕舟難發。獨對紅鑪，頻斟綠螘，清共逋僊說。黃昏片刻高城，畫角吹徹。

浣溪沙

漁檣山前白鷺飛。浣紗溪畔子規啼。蕭蕭莫雨溼春衣。　隔岸何人耕綠埜，臨江有客釣落磯。桃花流水放船歸。

柳梢青　餞別黃懿吾游美

浣紗江上，春寒料峭，蘭舟催發。幾度魂銷，江頭楊柳，江心明月。　尊前疊唱陽關，怎禁得、酒醒愁入。後夜相思，飛蓬萬里，海天遼闊。

鷓鴣天

春老江南客思濃。鷓鴣聲裏卷簾櫳。映階芳草萋萋碧，繡地殘花片片紅。　攜斗酒，策遊驄。一鞭遙指小橋東。新荷塘外蛙鳴雨，垂柳隄邊燕舞風。

前調

幾處園林着緑濃。荼蘼開盡衆芳空。黄梅院落絲絲雨，碧柳闌干翦翦風。　鶯已老，蜨纔慵。斜陽煙草畫樓東。尊前吹徹梅花篴，人在江城五月中。

浣溪沙

湖上西風卷畫簾。明妝理曲指纖纖。美人新唱望江南。　酒醒荷叢霑玉露，歌殘柳杪挂銀蟾。一隄秋影夜涼添。

前調

小坐新涼晚雨過。絲絲疏影映簾波。緑蕉窗裏得秋多。　幾日金風凋翠葉，一宵玉露溼涼柯。蟲聲院落奈愁何。

虞美人

琴尊不療文園病。鐙外簾櫳暝。沈吟幾度倚闌干。遥聽雲天過雁、唳新寒。　空階碧翠涼生影。月上梧桐頂。誰家秋思起三更。一任西風吹散、玉簫聲。

慶春澤　過黄濬水竹廬作

老樹穿雲，叢篁拂水，蕭條陋巷深居。吟鬢蒼華，浣江空老詩逋。悲秋爲續湘蘭句，割琅玕、細寫歐虞。儘平生，心力消磨，蠹簡殘書。　石亭賸有高風在，正鋤經樓畔，菊短荷疏。入畫溪山，開尊一話樵漁。襟懷不染紅塵影，甚翩翩、獨鶴淩虛。縱閒情，明月扁舟，散髮江湖。

摸魚兒　江鄉晚秋

繞長隄，亂雅踈柳，斜陽紅淡汀沚。蕭蕭茅屋寒煙外，幾樹丹楓臨水。風乍起。看雲際征鴻，一一書成字。漁鄉釣里。卻任我優游，片帆來去，秋色遠吟思。

江南岸，雨過青山似洗。落霞新展晴霽。長歌一曲平橋晚，滿川涼月菰米。鷗自睡。正露溼湘蓮，點染蒼江翠。閒情料理。對洲畔漁燈，蘆邊蟹舍，都作畫中意。

虞美人　秋晚即景，同愚溪作

蘆汀蓼岸秋光老。漠漠煙絲裊。一鞭殘照度平橋。最愛隔江紅葉、晚蕭蕭。

寒雅噪埜風初定。節候嚴霜勁。江關搖落漫沈吟。惟有蘭成珍重、故園心。

浣溪沙　代弔蘇雪梅校書

薄倖青樓舊恨長。秋風疏柳別金閶。那回曾覥返魂香。

碎玉經春猶似夢，瘞花無主更迴腸。墓門荒草又斜陽。

柳梢青　題《梅嶺詩集》

挂劍蘇臺，秋風客燕，倦羽差池。湖海游觀，滄桑變幻，幾卷新詩。

別離誰念方回，賸一寸、愁心未灰。夢裏縈思，梅溪流水，嗚咽空闈。

高陽臺　聿鑫先生誕辰宴集，譜此侑觴

綵館歌雲，晶簾映雪，幾枝疏影橫斜。珠履三千，綺筵聽拍紅牙。金尊滿飲春風裏，落庭心、數點梅花。費閒吟，一闋新詞，片玉清華。

卅年京國風塵夢，有名姬駿馬，銀燭銅琶。皓首歸來，俊游猶憶天涯。卜居新向孤山住，與林逋、梅鶴爲家。解清懷，淡月黄昏，疏柳嗁雅。

八聲甘州

章鏡塵先生遠游關東幾三十年，頃歸隱鑑湖，以《六十詠懷》見寄，譜此答之

正季鷹客夢撼秋風，浩然賦歸與。趁扁舟一葉，吴江舊岸，明月蓴鱸。回首風塵萬里，匹馬踏關榆。徧閱滄桑劫，白了頭顱。　誰識飄游倦客，向稽山鏡水，初結雲廬。問翰卿吟抱，還契輞川無。先生夙契王君子餘。總難忘、天涯舊雨，寄新聲、三十六鱗書。連呼酒、會羣仙飲，春在蓬壺。

賀新涼

湖上新秋

雨過蘇隄晚。望湖心、蘋波縹緲，緑楊天遠。露藻煙蘿新月下，吟出蟲聲一片。便先結、孤山秋怨。水曲闌干頻醉倚，待宵來、雲破清光滿。花影動，葉如翦。　玉簫吹罷銀河轉。問誰家、相思遥夜，翠幰高卷。白露涼風秋瑟瑟，愁入芙蓉小苑。恐鏡裏、朱顔先换。病損文園衾鳳冷，遺幽懷、題徧青羅扇。金縷夢，總依黯。

西江月

翠井纔消暑氣，碧天淡畫秋容。一輪明月上樓東。玉篴無端飛動。　柳宿銀河隱約，花涵涼霧冥濛。蟲聲風葉隔簾櫳。秋入詩人清夢。

南鄉子

古渡裊寒煙。紅蓼花開夕照邊。雲樹蒼茫圖畫裏，詩仙。自檥扁舟嘯晚天。　迴櫂過前川。一路蟬聲奏管絃。酒醒涼宵風露下，泠然。萬頃空江浸月圓。

八聲甘州　新昌梁蘋香孝廉亡後，其嗣君持遺書惠我，悽然賦此

翦江來絶筆一封書，交期盡平生。甚長卿游倦，庾郎愁老，難訴深情。縱有雕龍秀筆，歲歲賦飄零。散落詩千首，風過簫聲。先生詩不留藁。　怊悵秋光又莫，憶持螯湖上，幾度飛觥。奈山陽篴裏，車笠廢尋盟。最傷心、靈峯夜月，照西樓、特地做淒清。孤鐙畔、寫招魂句，不寄蓉城。

慶春澤　寄黃雅愚

照陣旌旗，連營鼓角，儒冠偏擁貔貅。四野平沙，朔風寒襲貂裘。泰山沂水經行地，想登臨、快賦英游。儘銷凝，羌鼓金尊，曲按涼州。　酒醒應念關山遠，正官河雪凍，曉驛煙浮。入夜相思，天南新月如鉤。故人憔悴風塵裏，望天涯、幾度登樓。恨東風，吹緑垂楊，不掃離愁。

風入松　春晚西湖散步，偶見酒家壁上書南宋故事，觸目興感，爲譜此闋

麴塵香雨舊湖山。芳信連番。纔過上巳韶光老，訝東風、飄落桃鬟。小立飛花叢裏，六橋鶯語綿蠻。　畫船吹篴柳陰間。猶覺春寒。青山歌舞前朝夢，上樓臺、幾度憑闌。望極西

湖煙水，銷殘南宋衣冠。

西河 西湖春游，用美成韻

名勝地。錢塘舊事還記。鈿車寶勒競豪華，輭塵暗起。筦絃日日鬧湖山，歌聲留遶雲際。

斷橋畔，人醉倚。玉驄那處堪繫。垂楊舞歇澀宮鶯，夢縈翠壘。載愁一櫂過西泠，斜陽紅上湖水。

遠來燕子認舊市。話六朝、蘇小芳里。笑我卅年塵世。賦春遊、繡陌名花相對。頻拍霓裳東風裏。

攤破浣溪沙

畫舫湖頭玉篴風。桃根打槳帶橋東。一度歌聲香一陣，柳陰中。　明月似奩窺曲榭，彩雲如錦織遥空。影落風裳和水佩，寫玲瓏。

滿江紅

京國繁華，都做了、夢中陳迹。猶記得、輕車寶馬，尋芳南陌。十載空馳詩酒社，五陵曾結英豪客。悵歸來、一病對菱花，頭新白。　交游侶，東西拆。鱗鴻影，關河隔。向高樓莫倚，恨凝空碧。柳外難尋彭澤里，風前忍聽山陽篴。付深盃、慷慨起悲歌，愁無極。

念奴嬌 錢塘觀潮

望江樓畔，縱遥眸、浪破東南雙闕。轉瞬潮頭高萬丈，隔岸青山低没。虎嘯龍吟，鵬騫鯤怒，戰慄歎奇絶。錢塘江上，驟然堆滿飛雪。　一想見忠謂靈胥，銀鞍白馬，來往清秋節。一劍屬鏤心不死，暴怒年年猶發。雲冷滄波，風淒埜樹，霸業銷吴越。放歌歸去，海門看上明月。

減字木蘭花 中秋

纖雲四卷。蹀躞花前清影滿。明鏡當空。玉宇秋澄縹緲中。　煙鬟繾綣。曲譜霓裳纔一半。徙倚闌干。欲覘仙槎上廣寒。

齊天樂

西風送雁重陽近，輕寒暗欺羅袖。策杖陂塘，聽秋曲港，早是衰荷疏柳。樓臺望久。正魂怯清吟，恨飛遥岫。照眼黄花，一秋風味儘如舊。　簾櫳昨夜聽雨，出游還不似，登臨時候。樹沙煙平，翠微雲冷，湖上山容新瘦。閒情浪有。對新月寒螿，隔籬吟透。甚日家園，會傾陶令酒。

八聲甘州 贈臺灣蔡北崙相士

對西風故國一番秋，一番亂愁生。想都城人物，山河形勢，多少菁英。賸有新亭淚眼，猶是相人明。海上英豪客，争識君平。　臺北音塵難問，早飄流笠屐，慷慨逃名。聽禾油歌裏，宗黨感凋零。甚無端、相逢旅夜，話滄桑、兩鬢已星星。寒檠外、數聲嘹雁，恨落空庭。

水調歌頭 殘柳，和陳子長先生

殘翠白門外，特地雨風驚。幾絲疏影斜照，碪韻拍孤清。獨上高樓莫倚，一片蒼涼廢苑，嘹歇亂蟬聲。秋色正摇落，秋思渺江城。　步煙隄，尋露驛，數游程。津橋風景，依舊不見畫船行。羌篴無端寫怨，賸有柔條千尺，繫得玉關情。應念舞姬老，愁向兩眉生。

南歌子 百泉軍次

緑埜芳塵暗，小橋流水香。清暉閣畔舊池塘。一角春山如黛、映波光。樹外鶯嚬嬾，風前蜨舞忙。桃花開滿柳營傍。也要軍中點綴、有紅妝。

浪淘沙

萬里佩吳鉤。醉拍梁州。幾番歸夢六橋遊。湖上買船重載酒，已是中秋。鋒鏑未全收。莫漫登樓。玉關西望陣雲浮。恠底江山明月夜，亂篴吹愁。

采桑子

莫寒欺酒羅衫薄，楓冷吳江。鬢點吳霜。暗灑西風淚數行。雁來不寄相思字，倚偏雕窗。迴偏鸞腸。裊斷金鑪小篆香。

浣溪沙 秋晚游天竺、靈隱諸山作

一座蓮花兩寺分，蓮花峯界天竺、靈隱兩寺。上方疏磬下方聞。短筇歸策白雲根。叢竹翠留高士徑，冷楓紅舞貴妃墳。秋風斜照澹吟魂。

念奴嬌 西溪蘆花

雁汀飄白。正蒼蒼明鏡，秋霜同色。小櫂扁舟縈野岸，看舞滿川殘雪。玉露光寒，銀濤影冷，吹徹滄浪篴。渡頭紅蓼，幾枝裝綴幽絕。畫圖誰寫西溪，涼花淺瀨，一片秋無極。鷗鷺斜飛殘照裏，指點詩人游歷。蟹舍籠沙，漁燈閃水，縹緲煙颸隔。浩歌歸去，月懸篷背千尺。

八聲甘州

趁西風萬里一鴻歸，一番壯游觀。正秋高漢壘，沙飛紫塞，月照秦關。和着酒痕客淚，點點染征衫。喬木故家在，笑閲人還。　轉眼蘇隄春曉，話六橋幽勝，走馬重看。對金尊檀板，依舊鬧湖山。悵岑參、歸來老矣，覷封侯、一夢醒邯鄲。空凝望、子規聲外，落日闌干。

浣溪沙

湖上何因亂篴吹。斷橋楊柳碧絲絲。十分春色上眉時。　寒食亭臺花放早，晚風簾幙燕歸遲。玉璫緘札費相思。

前調

淚涴青衫酒一巵。錦屏留寫惜香詞。楚天人遠已多時。　暖日烘春花欲發，雕梁巢燕語猶遲。東風吹瘦緑楊枝。

渡江雲

西湖春又曉，畫橋十里，風颭柳絲斜。酒徒重到也，細馬尋芳，依舊競豪華。臨流照影，漲半篙、春水桃花。城畔路、鶯聲留客，猶認四孃家。　驚嗟。十年塵夢，一領青衫，向歌樓舞榭。漫聽唱、江州恨曲，彈入琵琶。尊前盼斷鱗鴻信，寫錦牋、不寄天涯。蘭燭冷、吴山月濾窗紗。

摸魚兒

傍吴臺、幾回吟望，蠻天蒼莽飛絮。東風不解騷人恨，吹亂鬢絲無數。春又莫。怕緑上征衫，重聽旗亭雨。凝愁幾度。想百尺元龍，三生杜牧，瀟灑化塵土。平生事，到底虛名自誤。萍蹤飄泊吳楚。文章倚馬知何用，漫寫年年羈旅。君信否。慨王粲依劉，還賦登樓句。閒情太苦。對寂歷斜陽，扶疏煙柳，腸斷凭闌處。

浣溪沙 己巳五月九日風雨淒其，入夜月影朦朧。追憶四年前增祥殤日，不禁揮淚賦此

記得瓊樓損玉枝。碧紗窗畔淚雙垂。淒風冷雨似當時。 一瞥曇花尋舊夢，一簾月影做愁思。挑鐙重賦斷腸詞。

前調 江干望潮不至

龕赭潮生縹緲間。輕於匹練輭於煙。水鷗飛起夕陽天。 凭檻看帆風有色，臨江酹酒月無邊。素車不到自何年。

過龍門

湖海一貂裘。敝了還修。三年篴裏唱伊州。白髮西風偏有約，同赴清秋。 黃菊插盈頭。重到南樓。闌干吟望思悠悠。錦繡湖山依舊好，總觸新愁。

滿江紅 代題《國術館彙刊》

五十三家，舊兵法、流傳有幾。論餘事、蹶張蹋鞠，猶稱絕技。勇氣端須平日養，雄心自覺孱軀恥。莽神州、正待萬夫防，高歌起。 勝與負，非偶爾。强與弱，或由此。笑縛雞無力，斬鯨何以。此際擅場推赤幘，他年渡海呼蒼兕。願國人、皆是健兒身，國興矣。

八聲甘州 九日滬杭路上遇周子豪、陳子修、呂雨然諸親友，呼酒話舊，欣拈此解

又重陽風雨響瀟瀟，客思渺江城。正河橋冷落，煙迷斷墅，葉顫秋聲。天外幾行過雁，指點舊郵程。照眼明湖上，賸有峯青。　歲歲車塵馬跡，料故國叢菊，定惜飄零。算樊川歸路，七十五長亭。恠西風、吹逢舊侶，向尊前、一笑話蓴羹。還相約、泛青溪櫂，閒逐漚盟。

少年游

玉簫吹破柳花天。短帽試吟鞭。別墅尋芳，旗亭命酒，猶是春前。　亂紅飄水水如煙。花事太堪憐。傷春心緒，斷腸詞筆，都付嗁鵑。

鷓鴣天

紅粉嬌羞細馬馱。金蓮杯唱竹枝歌。東風臨夜銀屏冷，半卷簾鉤月似蛾。　蘭燭背，影婆娑。香殘酒醒奈愁何。明朝暗數春遊處，弟二橋邊綺夢多。

祝英臺近

翠煙輕，芳霧重，絮影亂飛燕。開損荼蘼，東風悄池館。樓頭夜卷珠簾，玉簫吹起，甚添做、數聲春怨。　夢思徧。舊日花月秦淮，櫂歌綠楊遠。老了劉郎，俊游綺羅散。幾回淺醉癡吟，雲屏半倚，奈香篆、裊愁不斷。

高陽臺　穆生詞人生朝賦贈

漱玉清聲，紉香秀句，風流舊拂吟牋。夢裏揚州，才情寄與歌筵。綺羅裘馬當時事，悵天涯、芳草如煙。乍歸來，賀監湖頭，萬朵紅蓮。　一尊未許韶光老，教吹簫柳下，賞月花前。俊侶良宵，徘徊第二橋邊。繁華鏡裏殘山影，話桃源、欲泛漁船。儘銷凝，綠鬢青衫，猶是中年。

百字令　自題畫像，用朱竹垞韻

江湖一舸，任秋風搖落，白頭寒士。舊雨長安詩酒社，賸寫迴腸難已。書劍塵生，功名夢冷，蕭索何堪此。風塵回首，空將歲月抛耳。
獨惜殘影山河，傷時濺淚，咽東流江水。眼底蒼涼身世恨，付與吹篪吴市。萬里遊秦，五陵結客，漫説當年事。知音何在，畫中相覷君是。

賀新涼

葉落西風戾。正蕭條、關河一片，悲哉秋氣。望極津亭雲樹晚，雁叫碧空千里。怕愁入、曲闌迴倚。仗劍悲歌明月夜，賦登樓、不盡蒼涼意。胥江上，怒濤起。
側身歲歲兵戈裏。最難堪、大江南北，哀鴻遍地。幾度滄桑經浩劫，欲話救時何以。問蠻觸、相爭休未。白髮青衫淪落客，悵前塵、一灑新亭淚。眼底事，心碎矣。

龍山會　重九登高感賦

有客登臨去。落帽憑高，四望低吴楚。秋風江上莫。樓臺外、斜挂雁行無數。痛飲倚危闌，正殘角、吹寒黄浦。更凝眸，莫愁湖上，亂峯攢聚。
不堪半壁東南，鐵艦千艘，敵火明樓櫓。中流誰砥柱。海潮嘯、一片島雲飛度。籬菊冷壺觴，歎重陽、滿城風雨。漫贏得、傷心詞客，感時吟苦。

減字木蘭花　題飲醴客小龍泓洞照象

輕衫短帽。偶伴髯仙開口笑。凝碧池邊。昨夜西風綻白蓮。閒吟秀句。照眼亭臺星影曙。洞翠幽深。聽和松風曲曲琴。

南歌子　壬申歲杪渡江訪張穆生詞人，長夜話舊，各深感慨，爲譜此闋

引夢關山遠，客愁更漏長。故人相對話河梁。又是一番歌哭、託文章。夜永消醽醑，寒深到鷫鸘。蕭然琴劍倚蓬牕。惆悵年年風雪、渡錢塘。

蜨戀花　人日孤山探梅，有麗人乘船先行。余上放鶴亭小憩，戲拈此解

湖上東風吹臘盡。玉蕊千株，報道春來信。巾幗也知梅鶴隱。放船先向孤山問。　老眼看花偏有分。絳雪明妝，一樣標丰韻。笑拂吟髭傾綠醽，曲闌干外清香潤。

浣溪紗　爲陳月娥作

蹙盡蛾眉減盡圍。不堪重着縷金衣。上陽宮井鎖梅妃。　紅燭還憐人獨坐，畫梁空羨燕雙棲。白楊花曲唱飛飛。

菩薩鬘　子舫姬人亡于七夕

綠窗驚散桐花鳳。高唐雲雨空成夢。天上是佳期。人間愁別離。　錦衾誰與共。鴛瓦霜華重。綽約藐姑仙。鬟雲縹緲間。

摸魚子　西湖秋興

訝重來、六橋煙柳，秋風摇落無主。斜陽晚冄樓臺外，賸有寒蟬驚語。愁暗貯。正裊裊蘋

波，萬笠裊荷舞。平湖日莫。趁一葉扁舟，數聲漁唱，持思入煙霧。　西陵渡。瞥見立沙漚鷺。似曾相結游侶。湖雲湖水蒼茫裏，隔岸鐘聲遥度。山四聚。看月上東南，一片光流宇。閒斟桂醑。甚白傅隄邊，誰家幽怨，玉篴寫秋句。

念奴嬌　西泠社看菊

飛霜一夜，降西泠社上，萬花驕秀。倩影亭亭新月下，比似蕭孃清瘦。豔色浮金，素容羞玉，三徑秋光透。冷香吹動，西風掠過羅袖。　悠然望見南山，輕煙鎖暝，恰是重陽候。老圃餐英寒蜨晚，一笑閒情依舊。陶令詩篇，楚臣騷賦，吟醉東籬酒。興闌歸去，摘花斜插蓬首。

高陽臺　秋盡日陪陳子長先生泛湖

短篴邀秋，扁舟載酒，今朝又泛明湖。木脱雲飛，四山裝綴成圖。西風緊送殘陽下，春天邊、雁影蕭疏。蕩波心，縹緲煙飃，一鏡空虚。　亭臺勝處陪公攬，止白蘋香老，黄菊花初。凭檻蒼涼，清霜點染吟鬚。六橋秋盡何人餞，賦新詩、醉墨斜書。悵歸來，莫碧沈沈，月上荒蘆。

前調　何振君續娶徐彩貞女士，風流韻事，傳爲佳話，譜此調之

紅袖添香，緑窗温夢，眉圖細寫臨川。臙筆箋詩，畫樓釵鏡重圓。移鐙一笑銀屏底，看玉人、額鬬花妍。稱何郎，傅粉風流，題葉因緣。　琴心挑撥文君後，便笑搴珠箔，起整花鈿。

一刻春宵，羅衾肯負芳年。換巢鸞鳳新翻曲，續當時、錦瑟鵾絃。有多情，舊月窺妝，還到梅邊。

八聲甘州　贈黃止信

記逢君年少擅風流，畫壁賭旗亭。乍連牀夢冷，秋風江上，佇看鵬程。到處絃歌雅化，治易小鮮烹。彭澤歸來未，曲奏雲停。　一病文園念舊，便折榆招我，重結詩盟。奈東南多事，鼙鼓夾吟聲。憑君識、悲歌狂客，向尊前、把劍慨平生。約攜手、看鴛湖月，寒落高城。

高陽臺　止信大令游胥山伍墓，有『蛻骨胥山沙復蟲，丹楓落葉弔英雄』句。按《史記》，子胥盛鴟夷革浮之江，不應墓落人間。余倚《高陽臺》一解，質之大令，以爲何如

萬古忠魂，一坏荒冢，我來憑弔欷歔。落葉蕭蕭，清秋天地含悲。廣陵千里濤聲怒，正靈胥、身逐鴟夷。道人間，骸骨還存，事太離奇。　吴中舊聞多無據，似五湖浮舸，一樣傳疑。土蝕苔封，闕文難認殘碑。江山依舊英雄往，慨當年、落魄吹篪。對斜暉，匊取椒漿，遥酹靈旗。

月上海棠　凵廬小春，海棠盛開，主人邀飲花下。微廬老人先倚此解，余依韻和之

一闌蜀彩明於繡。問何人、巧補天工手。忙煞鬢蘇，賞新妝、夜闌行酒。西風冷、紅燭燒殘詩瘦。　故園温夢花仍舊。借春陰、偏是秋光後。誰倩環兒，點胭脂、伴東籬秀。嫣無那、正是半開之候。

小重山 癸酉冬止信邀余往嘉署，住小蓬萊閣，賓朋觴咏，旬而後反。迄今雨雪霏霏，想閣中梅花盛放，踏雪探春，別饒佳興，倚此以寄當時吟侶

獨客歸來湖水濱。蕭條風雪夜、覛芳尊。樓臺一片白如銀。東風外、柏曲唱陽春。明月冷黃昏。瓊花千萬樹、繞蓬瀛。十洲高會盡仙人。簫聲遠、悵望隔紅塵。

好事近 湖上朔雪狂舞，命僮沽酒，醉後遣興

玉宇黯同雲，朔雪夜來深積。放鶴亭邊千樹，壓西湖寒碧。紅鑪綠螘對春風，花外鎖岑寂。舊月黃昏如畫，照水窗橫篴。

唐多令 歲莫還鄉

獨客櫂歸舟。寒潮嗚咽流。望家山、雲影悠悠。曉發錢塘人未起，一鉤月、挂江頭。歲莫到南樓。梅花嘲倦游。舊桃符、換寫新愁。思與故人常對酒，奈行役、幾時休。

菩薩鬘 人日過水竹廬

平林一帶寒煙重。山山瘦似吟肩聳。江上見春初。野梅花影疏。一尊人日酒。開徑逢三友。高詠草堂詩。東風杜曲遲。

春江聞篴 春晚同髯客、公盦、笠舫泛舟浣紗江上，聞隔岸篴聲，偶成數語，命之曰『春江聞篴』

臨江絕壁。春水流花急。隔岸樓臺展晴色。東風外、一聲篴。酒醒畫橋側。斜陽紅欲溼。停櫂西施浣紗石。輕帆卸、數峯碧。

前調 余既成《春江聞篴》之曲，復與同遊諸子聯吟次韻

旗亭畫壁。檀板歌聲急。一帶垂楊弄春色。臨江岸、聽吹篴。效顰玉人側。嬌羞紅粉溼。涙面凝珠點冰石。疎簾外、月痕碧。

菩薩鬘

燕梁鶯院春如織。霏霏細雨東風溼。無緒覷芳尊。花飛空斷魂。高樓傳玉篴。遠訊吴山碧。簾外幾絲煙。緑楊驕莫寒。

前調　錢塘曉發

錢塘曉發煙如織。一帆殘月添行色。雲樹海門東。長空寫斷鴻。扁舟輕似葉。浪卷江心雪。望裏是龕山。潮聲天際還。

慶春澤　甲戌春再作中州之行，朋僚餞别湖上，感賦此解

風雨嘑春，燕鶯傷别，莫愁湖上花朝。三疊陽關，離觴醉解金貂。臺城十里青青柳，繫柔情、偏掃長條。甚飄零，塵暗吴鉤，恨逐江潮。

酒醒明日知何處，正馬嘶函谷，人過津橋。老去相如，紅塵倦着征鑣。汴京明月當年夢，慨重游、誰已無巢。幾傷心，殘影山河，涙落青袍。

水龍吟　甲戌七夕，游龍王潭

碧霄擁起龍宫，遶巖一帶風雲護。老僧嘗説，臨潭兕水，通靈自古。卻怪今朝，東南赤地，不興霖雨。但深松影裏，日寒風凜，疾雷作、潛蛟怒。

翹首峯巒四聚。攬蒼茫、石門高據。黨仙長在，逋仙又到，名山共主。飛閣聯吟，還須料理，冰壺玉麈。看山中今夜，冷泉

懸瀉，接銀河渡。

浣溪沙 步月浣紗石作

一舸浮春去不還。浣紗片石緑落斑。雲鬟縹緲苧蘿山。　響屧步虚何處是，碧波如鏡月如環。夜深風露客衣寒。

八聲甘州 毛佛奴宧隴歸來，兩袖風清，酒闌話舊，爲譜此闋

憶旗亭檀板一聲聲，拍曲鬧花中。奈風流雲散，關河恨隔，雁影西東。爲覘封侯萬里，身世轉飛蓬。玉塞歸來，也飽歷秋風。　我亦飄游倦矣，聽吴城夜雨，盼斷詩筒。甚浣紗江上，卅載話重逢。咲岑郎、青衫依舊，對菱花、鬢點雪霜濃。頻回首、看涼州月，引酒千鍾。

燕山亭 客有自晉北歸者，慨談時事，感而賦此

横海樓船，驚地鼓鼙，撼動江山千里。燕趙健兒，秦晉雄師，竟夕枕戈垂淚。一髮中原，聽慷慨、悲歌聲起。愁倚。正西北高樓，暮雲無際。　刁斗寒落邊城，莽雁塞秋風，卷翻旌旆。塵土夢痕，草木軍聲，傷時客懷難已。百二秦關，漫憑説、漢家形勢。休矣。烽警夜、白頭拚醉。

西河 西湖感事，用清真韻

西陵道，蒼莽狼煙遙起。斜陽笳鼓動旗營，斷橋流水。渡江嘹喨鶴聲寒，層樓遥夜危倚。　遍水際。翻亂葦。冷落蘇孃香里。鈿車輕騎踏紅塵，俊游誰記。遶湖亭閣半飛灰，南屏愁鎖煙翠。　賸舊夢、腸斷縈思。渺蕪城、蟾

華如水。且買濁醪沈醉。奈湖山換盡，風光正是。閱去來今滄桑事。

滿江紅 丁丑冬金陵被陷，東南半壁，感慨蒼茫，拈此一闋

縱目金陵，渾不是、六朝山色。正江上、亂笳吹起，旆旌遮日。勢遏風雲龍虎散，險傾吳楚東南坼。甚驚濤、挾怒卷江來，掀天白。　樓船遠，沙沈戟。江豚舞，風翻荻。渺斜陽瓜步，翠蕪凝碧。照埜萬星燐火冷，繞枝三匝昏雅集。到宵深、舊月上秦淮，愁無極。

八聲甘州 越州望遠亭作

倚危亭滿眼舊河山，烽煙盪晴空。正横天鶴唳，軍聲草木，愁絶西東。客淚傷時多少，點點染猩紅。戎馬倉皇裹，故國秋風。　忍説

經年征戰，數大江南北，誰弔沙蟲。莽神州萬里，鼓角夕陽中。甚遭此、刀兵浩劫，遍天涯、到處泣哀鴻。頻搔首、向深宵醉，夢慨飛蓬。

龍山會 戊寅重九登龍巖，時武漢失守，感賦此闋

九日龍巖畔。面面風雲，愁損登高眼。鼓鼙江上遠。正荊楚、千里陣圖新展。碧血灑西風，罨郊壘、斜陽紅滿。賸空城，寒潮夜打，怒淘江漢。　一時多少英才，百鍊雄師，頓逐征塵散。瀟湘哀暮雁。慨今日、天外長河誰挽。菊傍戰場開，念遷客、故園秋晚。對新亭、河山異舊，劫灰飛徧。

滿庭芳 題斯道卿畫折葉蘭

虎僕新毫，雞林舊製，璅窗揮寫騷魂。澹煙清

露，依約蟬芳辰。入室幽香縹緲，懷高潔、休肯當門。教看取，臨風葉葉，折影入琴尊。紉香過九畹，美人遲莫，應念王孫。把楚辭吟罷，夢繞清芬。歲歲空山獨秀，任桃李、幾度争春。年華晚，孤標自惜，傳意與靈均。

瀟湘夜雨

秋蓮，題陳心佛畫

水佩沈香，風裳摇影，浣紗人倚橋東。秋生三十六陂中。雙槳蕩、波光瀲灩，明鏡罨、珠翠玲瓏。重看取，湘皋舊路，涼月如弓。虹梁水陌，幾回游歷，可奈怱怱。恠凌波羅襪，一去無蹤。殘醉醒、衣霑玉露，垂柳蟬、釵冷金蟲。誰家篴，清商譜怨，臨夜怯西風。

聲聲慢

乙亥歲偕徐平老拜陳子韶先生墓，時隔三秋，今復夢見，淒然賦此

荒郊落日，埜墅沈煙，西風漠漠平林。淒咽修蘿怎聽，山鬼愁吟。悲哉有靈詞客，解招魂、一曲知音。空嘆息、念高山流水，響絶牙琴。莫問湖山風月，悵西園雅集，把酒題襟。十載星霜，不堪人事消沉。寒宵背燈懷舊，酷相思、廢簡重尋。華表鶴，夢歸來、揮涕不禁。

鳳凰臺上憶吹簫

鳳儀樓弔花朵女士

翠袖香銷，明珠佩冷，沈園惆悵曾遊。甚蜨慵花萎，怨墮清秋。日莫紅妝千樹，猶惹客、醉裹凝眸。江州淚，青衫涴濕，欲説還休。空留。鳳儀舊址，憶夜月初三，眉譜新修。有畫闌碧水，照影臨流。一霎仙城路杳，簫聲咽、褪粉妝樓。教重檢，烏絲秀格，鵑血嘔愁。

漁家傲

蓼岸蒼茫舟獨檥。一行過雁斜陽裏。雲墜遥天天接水。江渚外。吴亭老樹西風起。　弦月夜窺垂釣地。四橋秋色涼菰米。隔浦漁燈鷗睡未。教料理。棹歌歸去煙波里。

減字木蘭花

玉簫吹鳳。夢想章臺當日夢。領取風華。走馬曾看上苑花。　年光易過。明鏡清霜新寫我。老病垂垂。一枕蕭齋對夕暉。

前調

餘情裊裊。碧玉枝頭紅杏老。綺恨年年。春色飄零總堪憐。　一尊勸我。銀燭燒殘中夜坐。淚浣輕妝。舊是瑶臺郭蜜香。

八聲甘州　兆達同硯話詞館舊夢，倚此戲贈

憶當年年少上京華，垂鞭共君游。幾尋春上苑，探花北里，遥夜朱樓。遞酌金蓮杯酒，簾底月如鉤。醉篆紅牋字，錦篋香留。　可奈樊川夢醒，任彩雲飛散，鏡冷清秋。聽鄰簫吹起，淚浣鷫鸘裘。甚重逢、旗亭舊客，話明妝、拍曲數從頭。銀鐙畔、臢芙蓉影，一一添愁。

採桑子　十年前與邵次公先生同居京師，别後湖海飄泊，音信勘通。近聞避難巴蜀，爲倚兩解寄之

錦茵紅燭城南夜，送别高樓。還記前遊。折柳章臺玉露秋。　風雲三峽猿嘯急，朝發黄牛。莫宿黄牛。詞客西行定白頭。

前調

鏡中青鬢愁中換，倚瑟當歌。新譜揚荷。先生詞集名。一夜西風墮淚多。　羈游倦作臨邛客，舊市經過。沈醉顏酡。還有文君賣酒壚。

浣溪沙　浣溪東路舊有關廟，五月十三日祭獻甚盛。今直日人擾華江山半壁，感慨賦此

靈鼓年年動聖顏。壽亭功績著人間。青天過雨洗刀環。　今日中原騷擾甚，幾回籌策出師難。得教名將鎮江山。

菩薩蠻　出征軍人歸里，邀飲有作

胡笳夜咽輪臺路。間關誰識征人苦。歲歲枕金戈。望鄉明月多。　故家喬木在。廻日丁年改。置酒一酡顏。夢遥千萬山。

鷓鴣天

陌上尋芳舊夢酣。幾番風信落層檐。林塘日日春嗁鳥，田舍家家夜養蠶。　春欲盡，亂紅憨。青旗賣酒客停驂。吟鞭摇斷虹橋路，争咲山陰陸劍南。

南歌子　雲居山

古木廻巖迴，飛泉瀉石寒。清風嶺上躡僊鸞。似聽赤松招我、白雲端。　采藥人重到，生花筆已還。天開畫卷乞評删。一霎纖纖雨洗、九層山。

慶春澤　浣溪懷古

碧水流霞，青萡鎖石，浣紗遺迹猶存。桃李蹊荒，東風惜取香痕。鷓鴣春殿花飛盡，正捧

心、愁損芳魂。悵而今。月冷西家，人散東鄰。館娃歌舞當時事，話玉璫珠帳，點染灰塵。故國蘿山，黛眉長效輕顰。扁舟自逐鴟夷遠，泛五湖、飄泊餘春。儘沈吟。響屧歸來，一縷溪雲。上闋系乙丑歲遊苧蘿山作，頃檢舊稿，更爲點定，附存卷末。

以上《越吟樓詩詞稿·瑤瑟餘音》

詞人小傳

丁三在（一—五）

丁三在（一八八〇—一九一七），字善之，號不識、子居。浙江錢塘人。南社社友。曾任職江南圖書館，精於版本目録之學，創聚珍仿宋活字版。有《小槐簃吟稿》《丁子居賸草》。

丁立棠（六—一三）

丁立棠（一八六〇—一九一八），字禾生，號訒庵。原籍丹徒。丁立鈞堂弟。工詩詞，精醫學。清光緒年間鄉試附貢生。光緒三十三年春被商界人士公推任東臺商會總理。有《寄漚詞稿》，與楊世沅《止广詞鈔》合刊行世。

丁　寧（一三—六三）

丁寧（一九〇二—一九八〇），女，字懷楓，號還軒。江蘇鎮江人。師事陳含光、程善之。曾任職於南京國學圖書館。一九四九年後任職於安徽圖書館、文史館。與龍榆生、夏承燾有唱和。有《還軒詞》。

于右任（六三—七二）

于右任（一八七九—一九六四），名伯循，號騷心，別署騷人、髯翁。陝西三原人。清光緒癸卯舉人。同盟會員，民國任交通部長、中央執行委員、監察院長。工詩詞，其詩雄健暢達、悲壯蒼涼。擅草書。有《右任文存》《右任詩存》《于右任詩詞集》。

王允皙（七二—八五）

王允皙（一八六七—一九二九），字又點，號碧棲。福建長樂人。光緒十一年舉人。官安徽婺源縣知縣。有《碧棲詞》一卷，與《碧棲詩》合刊。

王芃生（八五—一一七）

王芃生（一八九三—一九四六），原名大楨，別署曰叟。湖南醴陵人。民國五年畢業於日本陸軍軍需學校。民國七年隨日軍至符拉迪沃斯托克、伯力等地實習。後任國民黨軍事委員會國際問題研究所主任、國民政府交通部次長。有《莫哀歌草》附詞一卷、《詞學管窺》等。

王　浩（一一七一—一四一）

王浩（一八九四—一九二三），原名朝瑋，字然甫，號瘦湘。江西南昌人。王易弟。有《思齋詩》《倚柱詞》。

王撲墀（一四一—一四七）

王撲墀（一八六四—一九二三年後），字季彤，號蠖叟。江蘇金壇人。有《蚓篋詞》。

王朝陽（一四七—一六五）

王朝陽（一八八二—一九三二），字旭輪，號飲鶴，晚號野鶴。江蘇常熟人。師事蔣韶九。曾任江蘇教育會會長、江蘇省立第一師範學校校長。與吴梅等結琴社。又入白雪詞社。有《柯亭殘笛譜》一卷，與其《止園吟稿》一卷合刊。

王義臣（一六五—一七六）

王義臣（一八九三—一九五八後），字植槐。湖南湘鄉人。年方弱冠，即棄學外謀，旋充湖南《新聞日報》《大中國日報》編輯。後投筆從戎，任少校秘書。隨師北伐，兼任湖南、安徽等省禁毒分局局長、煙酒屠宰税分局局長、湖南水警咨議等職。台兒莊戰役後，感時傷事，解甲挈眷東下，息影滬濱。曾參加樂天詩社。有《槐庭詩詞集》。

王　邁（一七七一一七八）

王邁（一九〇五—一九三四），字達之，號喬倩。福建閩縣人。王壽昌子。多愁善病，嘗眷念一婢，游汴久，抑鬱而死。有《喬倩詩詞》，附於王壽昌《曉齋遺稿》之後。

王德方（一七八一一九二）

王德方，女，四川簡陽人。郭延室。撰《滋蘭館詞》一卷，與郭延《丹隱詞》合刊。

王鏡寰（一九二—二一五）

王鏡寰（一八六九—？），字次青。江蘇無錫人。光緒十五年鄉試未中，後以助賑授同知銜候選通判。因時事日非而不仕。入民國，以詩文自娛，遇災施賑，減租惠民。有《梅墅集》。

仇　埰（二一五—二六五）

仇埰（一八七二—一九四五），字亮卿，號述盦。江蘇上元人。宣統拔貢。試用浙江知縣。民國居里，抗戰後寓滬。與夏敬觀、林葆桓、吴眉孫等唱和往來。有《鞠讌詞》二卷。另輯有《金陵詞鈔續編》。

玉　并 （二六六—二六九）

玉并（一九〇三—一九三〇），女，字珊珊。大興人。四歲喪母，寄養於姑母家。聰慧，喜讀書。十五歲嫁三多爲妾，後以『玉』爲姓。又喜畫梅，並名其室曰『香珊瑚館』。民國十九年病逝。有《香珊瑚館詩詞》。

吕景蕙 （二七〇—二七九）

吕景蕙（一八七四—一九二四），女，字若蘇，號璇友。江蘇陽湖人。吕景端妹，同里趙苕卿室。有《紉佩軒詩詞草》一卷。

朱自清 （二七九—二八三）

朱自清（一八九八—一九四八），原名自華，號秋實，後改名自清，字佩弦。原籍浙江紹興，出生於江蘇東海。曾任清華大學中國文學系主任，抗戰期間任教於西南聯大。有《敝帚集》。

朱兆蓉 （二八三—二八四）

朱兆蓉，字芙鏡，一字鏡芙，自號秋江外史，又號西湖仙史。江蘇如皋人。光緒二十六年，八國聯軍攻陷北京，隨扈光緒皇帝、慈禧太后西行西安。光緒三十二年，派往杭州稽查寧海冤獄。光緒三十五年，調任遂昌知縣，爲清最後一任遂昌縣令。工詩詞，善撫琴，喜治印。著有《染雪盦詞》一卷。

朱樂之（二八四—三四〇）

朱樂之（一八八三—一九六〇），浙江杭州人。工書畫，尤擅水墨畫。二十世紀四十年代旅居四川，曾與江梵衆在重慶舉辦聯合書畫展，頗受好評。有《西溪壬午詞稿》等。

朱應徵（三四〇—三五五）

朱應徵，字保之，號其然道人。湖南長沙人。張之洞婿，劉肇隅弟子。有《盪瀾簃詞鈔》（又名《哀逝集》）。

任援道（三五五—三七六）

任援道（一八九〇—一九八〇），號豁盦。江蘇宜興人。早年入保定軍官學校。曾參加辛亥革命。民國二十四年任冀察政務委員會外交委員。抗日戰爭爆發後投敵。民國二十七年三月任南京『維新政府』綏靖部部長。民國二十九年三月汪僞國民政府成立後，歷任蘇浙皖三省『綏靖』軍總司令、代理軍事參議院院長、軍事委員會委員、『綏靖』軍官學校校長、汪僞國民黨中央監察委員、第一方面軍總司令、海軍部部長、江蘇省長、軍事委員會駐蘇州『綏靖』公署主任等職。民國三十四年日本投降後，被蔣介石委任爲南京先遣軍第一路總司令。後逃往香港，死於加拿大。學詞於蔣兆蘭，有《青萍詞》一卷。

向迪琮（三七七—四二八）

向迪琮（一八八九—一九六九），字仲堅，號柳溪。四川雙流人。同盟會員。民國時任職於内務部、行政院，後爲四川大學教授。中華人民共和國成立後爲上海文史館、上海醫學文獻館館員。有《柳溪長短句》二集。

江子愚（四二九—五二五）

江子愚（一八八七—一九六二），原名椿，字子愚，以字行。四川雙流人。幼讀私塾，喜詩古文詞，擅長書法。清末入京會試，擢拔貢，留吏部供職。辛亥革命後，由京返川。民國二年，受四川軍政府之聘，任四川《國民公報》主筆兼總編輯。民國十一年，任四川永甯道公署秘書。同年，又任雙流縣文獻徵訪處主任委員，致力於鄉邦文獻搜集整理。民國十三年，楊森主川政，受聘爲成都市政公署顧問、秘書長。民國十四年，任資中縣長。民國十五年至十八年，於重慶任川軍第二軍（楊森部）九師顧問、四川軍務署顧問。民國十九年接任重慶《巴蜀日報》總主筆。

民國二十五年至一九四九年，任劉文輝二四軍軍部秘書，常駐成都。同期尚任四川省政府政務視察員、川康綏靖公署顧問。一九五三年，受聘任四川省文史館館員。一九六二年，因患腸癌在成都病故。著有《古代蜀詩評判》《冬青閣詩選》《萸軒詩》《萸軒詩存續稿》《筆溪漁籩》《冬青閣聯語》《椒華詞》《聽秋詞》《小紅簫譜》《冬青詞》等數十卷。

祁世倬（五二五—五二六）

祁世倬（一八六一—一九三〇），字漢雲。江蘇銅山人。光緒二十年甲午科進士，與王嘉詵齊名。早歲師從劉庠、張文虎、馮煦等人，政治傾向保守。辛亥革命後思想漸趨開明，於興辦新學、振興地方教育事業頗有建樹。先後任雲龍書院國文講席、銅山公學校務長、徐州師範校長。有《雙梅五桂軒集》十一卷，含《非不齋詩餘》一卷。

芮善（五二七—五五五）

芮善（一八八〇—一九五六），原名青，字敬於，室名一樹冬青館、無相龕、碧桐館。祖籍江蘇溧陽，生於四川成都。近代著名山水畫家、蜀中畫壇領袖。芮善與齊白石、張大千、方旭、林思進爲莫逆之交，亦與黄君璧、陸儼少等人友善。傳統畫學功底深厚，專攻四王，亦長於詩餘。有《霜草庴詞》。

花景福（五五五—五七五）

花景福（一九〇九—一九七九），字病鶴，又字並蕚、睫巢，晚號寢翁、東平老人。江蘇常熟人。弱冠學業於米行，三十六歲後供職於紗布廠，直至一九七二年退休。致力於詩詞、校勘、考證諸學，於詞章尤著。詩得杜少陵、李義山之格調，更涉獵宋元明清諸家之作，自開生面。早年參加虞社、芳草社。一生著作甚富，詩集有《速火集》《爝火集》《石火集》，詞曲有《焦尾琴趣》《續三橋春遊曲》，詩話有《南明詩話》《虞社詩話》《十朝詩話》等。

李大防（五七五—五九〇）

李大防，字範之。四川開縣人。李宗羲之子。民國初期任趙州知州，民國二年任福建省長汪筱巖秘書，民國八年爲安徽政務廳廳長、安徽安慶道道尹。後任教於安徽大學。有《嘯樓集》《嘯樓續集》《寒翠詞》《訒盦詩存》《莊子王本集注》等。

李叔同（五九〇—五九三）

李叔同（一八八〇—一九四二），初名廣侯，字息霜，法名演音，號弘一。浙江平湖人。南社社員，民國任教於浙江兩級師範學院、南京高等師範學院。後於杭州虎跑寺出家爲僧。有詞見

《南社詞集》。

李宣倜（五九三—五九九）

李宣倜（一八八八—一九六一），字釋戡，號蘇堂、太疏，别號汰書，晚號蔬畦。福建閩縣人。李宗言子。幼時從舅祖沈瑜慶學詩，於同、光諸老，皆及摳衣奉手，而接其議論。清末留學日本。民國初年官陸軍中將、行政院參事。全面抗戰爆發後投敵，曾任汪僞國民政府印鑄局局長。工詩詞，精音律，喜顧曲遊山，結交戲曲界人士。有《蘇堂詩拾》附詞傳世。

李國模（五九九—六一二）

李國模（一八八四—一九三二），字方儒，號筱崖，又號吟梅館主。安徽合肥人。光緒間監生，官山東補用道。師事李景卿。有《瘦蝶詞》一卷附《哀輓録》一卷。

李溥芳（六一二—六三三）

李溥芳（約一八七四—？），字筱珊。河北灤縣人。有《宗經室消愁詞》《宗經室文存》《宗經室詩存》。

李綺青（六三三—六八三）

李綺青（一八五九—一九二五），字漢父，一字漢珍，别號倦齋老人。廣東歸善人。光緒十六年進士，官吉林甯安府知府。有《草間詞》《聽風聽水詞》《倦齋吟稿》。

李錫禎（六八三—六八五）

李錫禎（一九一七—一九九〇後），字駒南，號秀萍室主。廣東新寧人。國立中山大學文學院中國文學系畢業，後歷任廣東省立長沙師範教員、臺山縣立師範訓導主任等職。晚歲，移居美國。有《秀萍室詩稿》附詩餘。

李　孺（六八五—七二〇）

李孺，原名寶巽，字子申，號龠闇。漢軍正白旗人。光緒十一年舉人，官至湖北提學使。有《龠闇詞》一卷。

吴白匋（七二一—七六五）

吴白匋（一九〇六—一九九二），原名徵鑄，號靈瑣，晚號無隱室主人。江蘇儀徵人。師事吴梅、胡小石。曾執教於金陵大學、國立女子師範學院。入如社。建國後任教於南京大學。有

《靈瑣詞》《鳳褐庵詞》《鳳褐庵詩詞集》《熱雲韻語》《白石道人詞小箋》。

吴　放（一七六六—一七七〇）

吴放（一八六七—一九三二），原名蔚光，號劍門，别號松龕。江蘇武進人。曾宦游燕、瀋、粵東。辛亥革命後，歸里大火弄築聊園，創立苔岑詩社。有《劍門詩集》《衲蘭龕詞續》。

吴　梅（一七七〇—一八二二）

吴梅（一八八四—一九三九），字瞿安，號霜厓。江蘇長洲人。光緒二十七年補縣學生員。入民國歷任東南大學、中央大學教授等。有《霜厓詞録》一卷，另有《霜厓詩録》《霜厓曲録》《詞學通論》《詞選》等。

吴曾源（一八二二—一八四九）

吴曾源（一八七〇—一九三四），字守經，號伯淵，又號九珠。江蘇吴縣人。吴梅叔父。光緒二十三年舉人。官内閣中書。入民國，退歸故里。有《井眉軒長短句》一卷外編一卷。

吴漢聲（一八四九—一八七七）

吴漢聲（一八八一—一九三七），字采蓴，號莽廬。江蘇崇明人。有《莽廬詞稿》。

吴　駿（一八七七—一八八三）

吴駿，字竟成。江西南豐人。有《己未秋詞》一卷。

何承天（一八八五—一八九二）

何承天（一九〇四—？），字子皇。廣東興寧人。民國十九年留學日本，後服務於軍界。有《耦園詩詞百首》。

何振岱（一八九三—一九三四）

何振岱（一八六七—一九五二），字梅生，號心與、覺廬、悦明，晚年自號梅叟。福建閩縣人。師事謝章鋌。光緒二十三年舉人，應江西布政使沈瑜慶聘，爲藩署文案。辛亥革命後在福州主纂《西湖志》兼《福建通志》。擅畫能琴，書法融碑帖於一爐，功力深厚。詩作成就亦高，以其深微淡遠、疏宕幽逸，於閩派中獨樹一幟，爲『同光體』閩派之殿軍。有《我春室詞集》一卷、《我春室詩集》一卷。

何　適（一九三四—一九七七）

何適（一九〇八—一九六七），字訪仙。福建惠安人。國立北平大學畢業，後赴法留學，入南錫大學，獲法學學士學位。曾任國立廣東法科學院及私立廣州大學等校教授。民國三十五年當選爲『制憲國民大會』代表，民國三十七年當選爲立法院委員。後去臺灣。著有《政治學概論》《國際私法》《國際公法》《法學緒論》《官梅閣詩餘》《官梅閣詩詞集》等。

佘賢勳（一九七七—一九八三）

佘賢勳（一九〇八—一九四一），字磊霞。安徽無爲人。中學畢業後，入金陵大學中文系，師事胡翔冬、吴梅、黄季剛等研習詩詞、古文。民國十七年畢業，任南京匯文女子中學教員。民國十九年起在金陵大學中文系任教，民國二十九年任金陵大學中文系教授兼系主任。民國三十年病逝於成都。卒後，其夫人陳澤珩輯其作品爲《珍廬詩詞稿》行世。另有講稿《中國詩學》《文學概論》等。

辛際周（一九八三—一九九九）

辛際周（一八八五—一九五七），字祥雲，中年好佛，自號心禪居士，晚年號灰木散人。江西萬載人。曾參與籌建江西省通志館，並擔任該館協纂。平日除治學外，以詩詞自遣，有《灰木詩存》六卷附《夢痕詞》一卷。

汪兆銓（九九九—一〇一七）

汪兆銓（一八五九—一九二八），字莘伯，晚號惺默。廣東番禺人。光緒十一年舉人。官廣東海陽縣教諭。有《惺默齋詞》一卷，附於《惺默齋集》。

汪吟龍（一〇一七—一〇二二）

汪吟龍，字子雲。安徽桐城人。曾游京師，師事梁啟超。有《子雲文筆》《子雲詩詞》。

汪　東（一〇二二—一三三三）

汪東（一八九〇—一九六三），原名東寶，字叔初，改今名，字旭初，號寄庵。江蘇吴縣人。汪鳳藻之子，榮寶弟。章太炎弟子。曾任中央大學中文系教授、主任。民國二十七年後任監察委員、重慶復旦大學教授、禮樂館館長。一九四九後任上海市文管會委員。有《夢秋詞》二十卷。

汪炳麟（一三三五—一三四六）

汪炳麟（一九〇〇—一九二七），字裔雯，又字石青，别署玲山怪石。安徽黟縣人。幼年曾隨父客居蕪湖，就讀於蕪湖聖雅各學校。畢業回黟縣，以教書爲生。擅詩工詞。有《吴江吟》

《伴梅吟竹》《儷樂園詩餘》，劇作有《鴛鴦塚傳奇》等。

汪恩瑶（一三四六—一三四八）

汪恩瑶，女。字鶴琴。江蘇吴縣人。吴章模室。有《醉月軒遺稿》一卷。

汪浣澐（一三四八—一三五三）

汪浣澐（一八八七—一九四五），女。陳偉震母。幼嫻經史。任女校教師。訓子畢業軍校，北伐、抗日俱有功。有《瘦梅館詩詞鈔》。

汪曾武（一三五三—一四五一）

汪曾武（一八六七—一九五三），字仲虎，又字君剛，號鷉龕。江蘇太倉人。光緒二十年舉人，官民政部郎中。有《味莼詞》六卷。

汪曾保（一四五二—一四六〇）

汪曾保（？—一九二三），字艾民，號悔庵。江蘇太倉人。光緒丁酉拔貢。與朱文熊交密。有《悔盦詞鈔》。

沈尹默（一四六〇—一五二五）

沈尹默（一八八三—一九七一），原名君默。浙江吴興人。五四時任《新青年》編輯，參與新文化運動。歷任北京大學、燕京大學等校教授。入如社。中華人民共和國成立後任中央文史館副館長。以書法馳名，並擅詩詞。有《秋明長短句》《念遠詞》《松壑詞》等，另有《沈尹默詩詞集》《沈尹默手書詞稿四種》。

沈世澤（一五二五—一五三三）

沈世澤，字愛廬，號覺鷗子，别署天問樓主。江蘇寶山人。詩筆清麗。有《仙好樓韻語》。

沈祖棻（一五三三—一六四一）

沈祖棻（一九〇九—一九七七），女，字子苾，别署紫曼。浙江海鹽人。程千帆室。師事汪東。中央大學畢業，歷主金陵大學、華西大學、武漢大學教席。有《涉江詞》《宋詞賞析》等。

沈琇瑩（一六四一—一七一七）

沈琇瑩（一八七〇—一九四〇後），字笙琛，號南嶽傲樵。湖南清泉人。王闓運弟子。林爾嘉友。晚年流寓閩中，入椒莊吟社。有《寄傲山館詞稿》十四卷。

沈惟賢（一七一七—一七二五）

沈惟賢（一八六九—一九四三），字思齊，一字師徐，晚號逋翁。江蘇華亭人。光緒十七年舉人。官浙江候補知府。入民國，任江蘇省參議院議員。有《平原村人詞》一卷附《逋居士集》後。

宋伯魯（一七二五—一七四九）

宋伯魯（一八五三—一九三二），字子純，一字芝棟，號芝友，一號竹心，又號芝田。陝西醴泉人。光緒十二年進士。官山東監察御史。入民國任新疆通志館館長。有《蕤紅詞》一卷、《海棠仙館詩餘》一卷。

宋育仁（一七五〇—一七七二）

宋育仁（一八五八—一九三一），字芸子，一字芸巖，號道復、復庵。四川富順人。光緒十二年進士。官翰林院編修、湖北候補道。入民國，任成都國學院院長，兼四川通志局總纂。與趙熙、林思進等人結詞社。有《城南詞》一卷、《問琴閣詞》一卷。

邵　章（一七七三—一八七三）

邵章（一八七二—一九五三），譜名孝章，字伯褧，號崇百，别號倬盦。浙江仁和人。邵懿辰孫。譚獻弟子。光緒二十九年進士。官至奉天提學使。與夏孫桐、張爾田等有交遊。有《雲淙琴趣》四卷。

范問照（一八七三—一八七五）

范問照（？—一九七五），字夢樵，號考槃室主人。福建福州人。工詩。民國時期，曾於福建省銀行任文書工作。後任中學教師。有《考槃室詩選》附於《考槃室詩餘》。

林思進（一八七六—一九五三）

林思進（一八七三—一九五三），字山腴，晚號清寂翁。四川華陽人。光緒二十八年舉人，官内閣中書。民國時任大學教授、圖書館館長，與趙熙、鄧潛等在成都組織春禪詞社。有《清寂詞録》五卷附《清寂堂集》後。

林修竹（一九五三—一九八六）

林修竹（一八八四—一九四八），字茂泉。山東掖縣人。近代實業家、教育家。少入私塾，聰敏過人。光緒二十八年選派入日本高等工業學校學習，成績優異，連續三年獲得校長精勤獎。宣統三年學成歸國，終生以提倡實業、發展教育爲己任。工詩詞、好戲曲，曾參加儔社、城南詩社，亦曾與張萼熊、王伯龍、俞伯明等詞友結成玉瀾詞社。有《澄懷閣詩集》《澄懷閣詞》《茂泉實業文集》等著作，另編有《歷代治黄史》等書。

林鵾翔（一九八六—二〇七一）

林鵾翔（一八七一—一九四〇），字鐵尊，號半櫻。浙江歸安人。學詞於朱祖謀，晚年倡結甌社。光緒二十八年舉人。有《半櫻詞》二卷續二卷等。

郁達夫（二〇七一—二〇七四）

郁達夫（一八九六—一九四五），原名文。浙江富陽人。任北京大學講師，武昌師範大學、中山大學教授。與郭沫若組織創造社，以小説馳名，後到南洋主編《星洲日報》。有《郁達夫詩詞集》。

郁錫璜（二〇七四—二〇七八）

郁錫璜（一八八二—一九四一），字葆青，號餐霞。上海人。郁懷智子。承父業經商，名著商界。光緒三十一年與同仁創建商餘學會，任副會長。宣統三年出任上海商團副會長，參與上海革命軍行動。工詩，兼善書法，曾與陳鶴柴、孫玉聲組織鳴社。有《餐霞書話》《餐霞集》《蘭襟集》。

易孺 （二〇七八—二一三一）

易孺（一八七四—一九四一），原名重熹，字季復，後改名韋齋，號大厂，又號宜雅翁、待公、花鄰詞客等，晚復改今名，號念庵。廣東鶴山人。陳澧再傳弟子。中年遊學日本，晚年在北京、上海各大學任教授。有《大厂詞稿》九卷等。

金兆蕃 （二一三一—二一七〇）

金兆蕃（一八六八—一九五〇），字籛孫，別署安樂鄉人。浙江嘉興人。光緒十五年恩科舉人，官內閣中書、度支部司長。民國入清史館，任會計司司長。師事蔣廷黻，入聊園詞社。曾爲徐世昌代編《晚晴簃詩匯》，並編纂《檇李叢書》。有《藥夢詞》二卷續一卷、《七十後詞》一卷等。

金嗣芬 （二一七一—二一七三）

金嗣芬（一八七七—？），字楚青，自號謇靈修館主人。江蘇江寧人。金世和之弟。幼受業於吴鳴麒。曾在滬上報館任職，後奉端方之命赴日本調查學務半年。光緒三十二年優貢，官江西上猶知縣。一九二三年尚在世。有《東湖消夏續録》《板橋雜記補》等，《謇靈修館詞鈔》一卷與《謇靈修館詩鈔》合刊。

金　榜　（二一七三—二一八九）

金榜，字振聲。江蘇常州人。與房善繼交密。有《雪堂詞鈔》。

金　震　（二一八九—二一九一）

金震（一九〇四—？），字東雷。江蘇吴縣人。師事金天羽。嘗主天津《大公報》筆政，後回里入章太炎辦蘇州國學講習所。有《東廬詩鈔》六卷附《東廬詩餘》十首。

金鶴翔　（二一九一—二二三四）

金鶴翔（一八六五—一九三一），字琴一，號幼香，别號病鶴居士。江蘇常熟人。歲貢生。與黄人、沈汝瑾、劉毓盤交密。有《病鶴詞》二卷附《病鶴詩稿》後。

周葆貽　（二二三五—二二四五）

周葆貽（一八六七—一九三九），字企言。江蘇武進人。民國時創蘭社於鄉里，門徒衆多，與朱祖謀、謝玉岑、金武祥等有唱和。有《企言詩存》二卷、《詞存》一卷。

周岸登（二二四五—二四六三）

周岸登（一八七五—一九四二），又名彦威，字道援，號二窗，一號癸叔，别號癸辛詞人。四川威遠人。光緒二十八年舉人，官廣西陽朔知縣。入民國，歷任廈門大學、四川大學教授。有《邛都詞》、《長江詞》、《和庚子秋詞》等詞集十餘稿，後編爲《蜀雅》十二卷、《别集》二卷。

周慶雲（二四六三—二四九二）

周慶雲（一八六四—一九三四），字景星，號湘舲，又號夢坡。浙江烏程人。附貢生，官永康縣教諭、直隸知州、民政部主事。民國寓居上海，主漚社、淞社等詞社。有《夢坡詞存》二卷。另輯《兩浙詞人小傳》十六卷、《潯溪詞徵》二卷。

周應昌（二四九二—二五五七）

周應昌（一八六四—一九四一），字嘯溪，號霞棲。江蘇東臺人。光緒十一年舉人，二十四年進士，官河南扶溝縣、洧川縣知縣。有《霞棲詞鈔》二卷、《續鈔》一卷、《三鈔》一卷。

胡小石　（二五五八—二五六三）

胡小石（一八八八—一九六二），原名光煒，字倩尹，號夏廬，晚號沙公。浙江嘉興人。曾任中央大學、金陵大學教授，南京大學文學院院長、圖書館館長。有《願夏廬詞鈔》。

胡先驌　（二五六三—二五八五）

胡先驌（一八九四—一九六八），字步曾，號懺盦。江西新建人。留美獲植物學博士，歸國後先後任東南大學、中央大學教授、中央研究院院士。有《懺盦詞稿》附《懺盦詩稿》後。

胡　振　（二五八五—二六〇七）

胡振（一八八四—一九四三），字汀鷺，别號喑公、喑禪，晚號大濁道人。江蘇無錫人。自小好讀詩書，愛好書畫。擅詩詞，主張『詩要渾樸，詞要尖峭』，當時有『畫、詩、書三绝』之譽。與詞人謝玉岑友善，多有唱和。歿後，門人許瘦峰編其遺文詩詞集《鬧紅精舍遺稿》附詞傳世。另有《汀鷺題畫詩鈔》一卷，附詞一卷。

胡漢民　（二六〇七—二六一二）

胡漢民（一八七九—一九三五），原名衍鴻，字展堂，號不匱翁。廣東番禺人。光緒辛丑補行庚子科舉人，入民國任國民政府主席。工詩詞，與冒鶴亭、龍榆生等有唱和。有《不匱室詩鈔》八卷，附詩餘一卷。

柳亞子（二六一二—二六五五）

柳亞子（一八八七—一九五八），原名慰高，字安如，後改名人權，號亞盧，再改名棄疾，字亞子。江蘇吴江人。光緒二十八年諸生，後入同盟會，發起領導南社。入民國，任上海通志館館長。有《磨劍室詩詞集》。

俞平伯（二六五六—二六七三）

俞平伯（一八八九—一九九〇），原名銘衡。浙江德清人。民國八年畢業於北京大學，先後擔任上海大學、燕京大學、清華大學、北京大學教授。早年參加新文化運動，加入過新潮社、文學研究會等文學團體。有《古槐書屋詞》二卷。

俞　琎（二六七三—二六七八）

俞琎（一八八四—一九四五前），女，字佩瑗，一字琬君，晚年號湛持居士。浙江德清人。俞樾曾孫女，俞陛雲女，俞平伯長姊，侯官郭則澐室。擅長詩、詞、琴、棋、書法。逝後子郭可詵等整理手稿，編爲《臨漪館詩稿》三卷及《臨漪館詞稿》一卷，附於郭則澐《龍顧山房詩賸集》之後。

俞鴻籌（二六七八—二六八二）

俞鴻籌（一九〇八—一九七二），字運之，號嘯琴。江蘇常熟人。十五歲即爲虞社社員，且爲社中骨幹。後入上海震旦大學預科習法文，中途卒業，又入上海法政學院治法律。抗戰期間，在上海從事抗日救國活動。抗戰勝利後，絶意從政，以寫詩著述自娱。曾協修《重修常昭合志》，著《唐律疏義詮釋》。有《捨庵詩詞殘稿》。

俞鍾彦（二六八二—二六九三）

俞鍾彦（一八七八—一九四八後），字瑞澄。江蘇江寧人。任教於無錫國學專科學校。有《薋香榭詩詞稿》。

施贊唐（二六九五—二七一三）

施贊唐（一八五六—一九一八），字琴甫，別號四紅詞人，辛亥後易名槁蟫。江蘇寶山人。諸生。曾任羅陽兩等小學校長。有《聊復軒詩存》附詩餘、《蜕塵軒詩存》附詩餘。

洪汝沖（二七一三—二七四七）

洪汝沖，字用父，一字未丹，一作味聃。湖南長沙人。官刑部主事、遼陽知州、吉林知府。與程頌萬、陳鋭等人有唱和。有《候蛩詞》五卷。

洪炳文（二七四七—二七六一）

洪炳文（一八六八—一九一八），字博卿，號棟園，别署好逑子。浙江瑞安人。熟諳自然科學，嘗著《空中飛行原理》。好作戲曲，爲近代戲曲作家。一生製劇數十種，如《電球遊》《月球遊》《懸嶴猿》《水巖宫》《白桃花》等，多爲抄本。另有《棟園雜著》《花信樓詞存》等。

冼景熙（二七六一—二七六七）

冼景熙（一八六一—一九三一），字紹勤。廣東南海人。有《維心亨齋詩詞集》四卷。

姚　光（二七六七—二七六八）

姚光（一八九一—一九四五），名後超，字鳳石，號石子，又號復廬。江蘇金山人。世代書香，爲金山望族。宣統元年南社始創時，即爲骨幹。民國元年與舅父高吹萬同創國學商兑會。民國七年繼柳亞子任南社主任，曾出資刊印《南社叢刻》第二十、二十一集。曾在金山創辦學校、圖書館、育嬰堂等。抗戰中蟄居上海，編《金山藝文志》。畢生好詩詞，有《荒江樵唱》《復廬詞鈔》等。

姚　華　（二七六八—二八三六）

姚華（一八七六—一九三〇），字一鄂，號重光，晚字茫父，號弗堂，別署蓮花庵主。貴州貴筑人。光緒二十三年舉人，光緒三十年進士，官郵傳部主事。入民國任臨時參議院議員、女子師範學校校長。與陳師曾、許之衡、李宣倜等有唱和。有《弗堂詞》二卷、《庚午春詞》一卷。

姚鵷雛　（二八三七—二八八九）

姚鵷雛（一八九三—一九五四），原名錫鈞，字雄伯、宛若，號鵷雛，別署龍公、紅豆詞人等。原籍浙江吴興，生於上海松江。肄業京師大學堂，南歸後，寓上海，入南社，歷主各報刊筆政，鼓吹民族革命。民國肇建，傭書游幕，任江蘇教育廳、監察院秘書多年。後任松江縣縣長。與陳匪石、汪東、沈尹默多有唱和。有《蒼雪詞》《榆眉室文存》《止觀室詩話》《怡養簃詩》等。

秦之濟　（二八八九—二九〇七）

秦之濟（一九〇一—一九七〇），字伯未，又字一辛，號謙齋。上海人。自幼酷愛文學和醫學，凡經史子集、諸家醫典、詩詞歌賦、琴棋書畫，無不涉獵。工詩詞，善書畫，好金石之學。民國十年創辦上海中醫書局，自編醫書醫刊，校訂古籍，整理出版。後任上海市第十一人民醫院中醫內科主任、衛生部中醫顧問。有《秦伯未詩》附詩餘、《謙齋詩詞集》。

秦更年（二九〇七—二九一八）

秦更年（一八八三—一九六〇？），字曼青。江蘇江都人。與吴庠、冼玉清等有交遊。有《嬰闇詩餘》。

馬汝鄴（二九一八—二九二〇）

馬汝鄴（一八九〇—一九七〇），女。字書成。四川成都人。回族，馬福祥繼室。父馬淑午，清末任吉林將軍署僉事。民國十五年在天津任教，以詩文聞名。馬福祥去世後，曾任國民黨立法委員。一九四九年後流寓臺灣。有《晦珠館近稿》。

馬敘倫（二九二〇—二九三六）

馬敘倫（一八八四—一九七六），字夷初。浙江杭縣人。師事章太炎、吴梅，曾任清華大學、北京大學教授，國民政府教育部次長，中華人民共和國成立後任教育部長。有《寒香宧詞》《石屋餘瀋》等。

袁天庚（二九三六—二九七九）

袁天庚，字夢白，號夢翁，别署無耳尊者，室名八百里湖荷花詞館。浙江會稽人。南社成員。工花卉，筆近張熊。精鑒别。有《八百里湖荷花漁唱》《八百里荷花館題畫詞》，又輯有《戊午春詞》。

袁毓麐（二九七九—三〇一一）

袁毓麐（一八七三—一九三四），初名榮潤，改名毓麐，字文藪，筆名讕太郎、讕言、讕和尚，以字行。浙江杭州人。光緒二十三年副貢。創《杭州白話報》，曾任《杭州日報》主筆。歷任國會議員、國税廳廳長、財政部錢幣司司長、甘肅財政廳廳長等職。有《香蘭詞》一卷、《香蘭詞續》一卷。

莊夢齡（三〇一二—三〇一四）

莊夢齡（？—一九三八），字與九。江蘇武進人。有《静妙齋全集》附詞一卷。

夏仁虎（三〇一四—三一一九）

夏仁虎（一八七四—一九六三），字蔚如，號嘯庵，别號枝巢子、枝翁、枝巢子、枝巢盲叟等。江蘇上元人。光緒二十四年舉人，官郵傳部郎中。辛亥革命後，任職民國北洋政府交通部、財政部。張作霖入關後，先後擔任國務院政務處長、財政部次長、代理總長、國務院秘書長。民國十八年，棄官歸隱，專事著書和講學，並擔任北京大學講師和北京師範大學教授。後任國務院秘書長。有《嘯盦詩存》十三卷、《枝巢編年詩稿》十三卷、《和陶詩》四卷、《歗盦詞》五卷等。

夏孫桐（三一一九—三一六八）

夏孫桐（一八五七—一九四二），字閏枝，一字悔生，號龍高，晚號閏庵。江蘇江陰人。光緒八年舉人，十八年成進士。官浙江湖州、杭州知府。嘗佐徐世昌輯《清儒學案》。入聊園詞社。與王鵬運、鄭文焯、朱祖謀等有唱和。有《悔龕詞》一卷、續一卷。

夏紹笙（三一六九—三二〇四）

夏紹笙（一八七五—一九三九），字伏雛，號鈞齋，又號蠡園、綺秋。湖南衡陽人。夏時濟次子。官安徽候補道。與王鵬運等時相唱和。有《綺秋閣文選》四卷、《樂府》四卷、《綺秋閣詩選》十卷、《華夏樓文集續編》二十卷，另有《綺秋閣詞集》二十四卷（存八卷）。

夏敬觀（三二〇四—三二九一）

夏敬觀（一八七五—一九五三），字劍丞，號盥人，又號吷盦。江西新建人。光緒二十年舉人，佐張之洞幕。歷任三江師範學堂、復旦公學、中國公學監督，民國初任浙江省教育廳長。旋退隱滬西。有《吷盦詞》《忍古樓詞話》《詞調溯源》等。

夏慶紱（三二九一—三二九五）

夏慶紱（一八六九—？），字文之，號紹鉢。江蘇江寧人。光緒二十年舉人。有《聱齋詞稿》一卷，與《聱齋詩稿》合刊。

倪澄瀛（三二九五—三三〇〇）

倪澄瀛（一八七五—一九三五），字蓬仙，又字蠖公，晚號天倪老人。江蘇江都人。天資聰穎，十八歲出爲童子師，三十歲應縣試名列第一。科舉廢，繼研經史，畢生以課徒爲業。喜吟詠，積稿成卷。卒後，其作品由子倪鐸輯爲《蠖廬詩詞合存》。另有《天倪閣六十述事詩》等存世。

徐乃昌（三三〇〇—三三〇五）

徐乃昌（一八六二—一九四三），字積餘，號隨庵。安徽南陵人。光緒十九年舉人，官江南鹽法道兼金陵關監督。有《冰絃詞》。另輯刻《小檀欒室閨秀詞鈔》《皖詞紀勝》。

徐日堃（三三〇五—三三〇六）

徐日堃（一八八八—一九二四），號意園。江蘇吴縣人。任吴縣第六高等小學教員。有《意園遺稿》一卷。

徐自華（三三〇七—三三二五）

徐自華（一八七三—一九三五），女。字寄塵，號懺慧。浙江石門人。南潯梅福均室。曾任潯溪女學校及競雄女學校校長、秋社社長。有《懺慧詞》一卷。

徐致章（三三二五—三三八一）

徐致章（一八七八—一九二三），字白平，一字堯文，號焕琪，又號拙廬、吟香。江蘇宜興人。同治十二年優貢，十四年舉人，官浙江瑞安縣知縣。宣統元年告老還鄉。晚年拜蔣兆蘭爲師。年雖古稀，學詞不倦，三年而成，有《拙廬詞草》四卷。民國十年二月，徐致章與蔣兆蘭、程適等人倡立白雪詞社，多有唱和。另輯《樂府補題後集》二卷。

徐壽兹（三三八一—三四〇〇）

徐壽兹（一八五二—一九一七），原名謙，字受之，一字岫芝，號亢盦。江蘇元和人。光緒五年舉人，官河南許州知州。民國曾官江蘇政務廳長。與許玉瑑、易順鼎、王以敏有唱和。有《濟遊詞鈔》二卷、《亢庵詞稿》一卷。

徐　鋆（三四〇〇—三四一九）

徐鋆（一八八五—一九三六），字貫恂，號澹廬，別號紫琅山民。江蘇南通人。年十八補博士弟子員，光緒十九年恩科舉人，試用知縣。有《澹廬詩餘》二卷，又輯有《崇川詞徵》。

徐震堮（三四二〇—三四五〇）

徐震堮（一九〇一—一九八六），字聲越。浙江嘉善人。中央大學畢業，師事吴梅，任教於浙江大學，一九四九後任華東師範大學教授。有《聲越詞録》《夢松風閣詩文集》《世説新語校箋》等。

徐禮輔（三四五〇—三四七〇）

徐禮輔（一八九三—？），字儁村。廣東香山人。邵瑞彭弟子。有《淥水餘音》一卷。

徐蘊華（三四七一—三四七六）

徐蘊華（一八八四—一九六一），字小淑，一字雙韻。浙江石門人。徐自華妹，林亮奇室。生有異稟，聰穎絶人，經書過目成誦。幼年隨父宦粵東，讀書不輟。精書法，兼工吟詠，尤長於書札。曾加入同盟會、光復會。一九四九年後受聘爲上海文史館館員。有《度針樓遺稿》一卷。

凌應霖（三四七六—三四九七）

凌應霖（一八六九—一九三三），字甘伯，號雨巖。江蘇吴江人。一生教讀行醫。有《静寄軒詞餘》。

高　旭（三四九七—三五三四）

高旭（一八七七—一九二五），字天梅，號劍公、鈍劍。江蘇金山人。光緒三十年留學日本東京法政大學，歸國後任教上海健行公學。南社發起人之一。有《徂東詞》《歇浦漁唱》《簫心劍膽詞》《滄桑紅淚詞》《願無盡廬詞》《鴛鴦湖上詞》《微波詞》《浮海詞》諸詞集，另有《天梅佚詞》一卷。

高肇楨　（三五三四—三六一三）

高肇楨（一八七七—一九五八），字慕周，號且園。江蘇江都人。清附生，擅文學，工倚聲。科舉廢，改學法律，復從戎幕。喜遊歷，先後遊越、湘、楚等地，歷古人未歷之境。曾任安徽懷甯縣政府秘書。中華人民共和國成立後，任江蘇省文史館館員。工詞。有《半秋軒詞存》《半秋軒詞續》。

高德馨　（三六一三—三六三二）

高德馨，字遠香，號鮃隱，别號鮃溪退士、轉溪退士。江蘇吴縣人。官浙江候補知縣。與吴九珠、張茂炯、吴梅等創立琴社。有《鮃隱詞鈔》《遠香詩詞遺稿》。

高　燮　（三六三三—三六七〇）

高燮（一八七九—一九五八），字時若，號吹萬、寒隱等，江蘇金山人。光緒二十九年與高旭、高增在松江創辦覺民社，出版《覺民》月刊。光緒三十四年在上海組建並主持寒隱社。後又爲南社成員。多才多藝，擅長書畫及金石。一生以文藝交友，與陳去病甚密。有《天人合評吹萬樓詞》一卷，後人輯有《高燮集》。

郭　延（三六七一—三七二〇）

郭延（一八七九—？），字季吾，一作季武。四川叙永人。趙熙及向楚弟子。曾赴日本習算學，回國入兩廣總督岑春煊幕府，後返四川綿州任官。晚年在成都等地與趙熙、向楚、林思進、宋育仁、方旭、曾孝谷、杜柴扉、龐石帚、釋傳度等名流詩酒唱和。有《丹隱詩存》《丹隱詞》《和白石道人歌曲》等。

郭則澐（三七二〇—三八五一）

郭則澐（一八八二—一九四七），字嘯麓，又字孑庵，一字蟄園，號蟄園、雪坪，又號桂巖，别號龍顧山人。福建侯官人。郭曾炘子。光緒二十八年舉人，二十九年成進士，官浙江温處兵備道，署浙江提學使。民國任銓敘局局長、國務院秘書長、僑務局總裁等職，後引隱退，在北京結聊園、蟄園詞社，在天津結須社。有《龍顧山房詩餘》八卷、《龍顧山房詩餘續集》一卷。另有《龍顧山房詩集》十五卷、《清詞玉屑》十二卷等。

郭堅忍（三八五一—三八六七）

郭堅忍（一八六九—一九四〇），女。字延秋。江蘇江都人。陳芷漁室。與秋瑾交誼甚厚。

創辦揚州私立女子公學。有《遊絲詞》一卷。

唐玉虬 (三八六七—三八六八)

唐玉虬(一八九四—一九八八)，名鼎元，字玉虬，號髯公，以字行。江蘇武進人。自學成才，業醫。抗戰期間居成都，受聘爲中央國醫館學術整理委員會名譽委員，空軍參謀學校、軍士學校國文教官，華西大學國文教師。中華人民共和國成立後，曾任南京中醫學院圖書館館長等職。有《荆川公年譜》八卷，詩集有《五言樓詩草》《國聲集》《入蜀稿》《懷珊集》等。

陸明桓 (三八六八—三八七六)

陸明桓(一九〇二—一九二九)，字簡敬，號蘇齋。江蘇吴江人。南社社友。柳亞子從妹倩雯之婿。兄明埜。曾發願欲辦私家圖書館，供人閲覽。收輯陸氏先人書成《松陵陸氏叢著》，並重金購買邑中名人遺著，編爲《松陵先哲叢書》。有《彼汾一曲樓詞》傳世。

陳方恪 (三八七六—三九一三)

陳方恪(一八九五—一九六六)，字彦通，號鸞陂。江西義寧人。陳三立子，衡恪弟。震旦學院畢業。曾任上海正風文學院、南方大學教授，中華人民共和國成立後任南京圖書館研究員。有《殢香館詞》《浩翠樓詞》《鸞陂詞》《適屨集》等，今大輯爲《陳方恪詩詞集》。

陳去病（三九一三—三九二四）

陳去病（一八七四—一九三三），字佩忍，號巢南，別號垂虹亭長。江蘇吴江人。光緒二十一年諸生。早年以辦報爲業，先後主創《江蘇》《二十世紀大舞臺》《警鐘日報》《中華新報》《大漢報》等。曾任東南大學教授。中年時與柳亞子等創建南社。入民國，參與『二次革命』、護法運動，出任國民黨江蘇臨時省黨部委員、江蘇革命博物館館長等。有詞見《南社叢刻》《陳去病詩文集》。

陳仲權（三九二四—三九二六）

陳仲權（一八八〇—一九一五），名以義，字仲權。浙江嘉興人。光緒三十年留學日本早稻田大學。翌年入同盟會。後與鄒宏賓返浙辦學。武昌起義前夕，任滬嘉杭一線聯絡員，負責密運軍械彈藥。浙江光復後，參加蘇浙聯軍攻克南京之役。民國二年隨陳其美反袁，派遣王明山、王皖峰刺死袁心腹上海鎮守使鄭汝成。民國四年十一月被張宗昌派人詭稱密談，遭下毒暴卒於滬。曾爲南社社員。有《先烈陳仲權先生遺著》附詞。

陳名珂　（三九二六—三九三四）

陳名珂（一八九二—一九七二），字季鳴，號文無。江蘇江陰人。大小篆尤擅，沈尹默、朱復戡於其小篆推崇備至。工詩詞，爲江陰陶社社員。江陰陶社創始於祝廷華、謝鼎鎔二人。抗日戰争時期，陶社毁。民國三十三年，陳名珂與謝鼎鎔重振陶社於上海，輯《陶社叢編》甲乙集、《獨學庵集》。另有《文無館詩鈔》二卷附《文無館詞鈔》一卷。

陳協恭　（三九三四—三九五七）

陳協恭，號研因。江蘇武進人。民國三十六年時突患瘋痺之症，歸臥月餘，方復起居。兩年間，翻閲韓楚原所編《白香詞譜》百首，迴環雒誦，至再至三，偶爾步韻，積之既久，遂成一册，是爲詞集《和白香詞》，於民國三十八年秋由友人印行。

陳昌任　（三九五七—三九六四）

陳昌任（一八七一—一九五六），又名任，字公孟，號西禪，亦號標寄。江蘇元和人。宣統元年舉優貢。民國元年任蘇州市議會議長。民國二年赴日游學。回國後，歷任江蘇出品協會駐滬幹事、江蘇水利局總文牘。民國三十三年皈依圓瑛法師。著有《滄海樓詩集》四卷附《櫟寮詞》一卷。

陳宗彝（三九六四）

陳宗彝（一八七一—一九四二），字慕周，號謳公。江蘇江陰人。清光緒時舉人，考授内閣中書，召試經濟特科。後從事教育，執教於南菁學堂。擅詩文，工書法。歷任學政陸寶忠、江督端方幕府文案、南洋方言學堂監督。有《漚公遺稿》附詞。

陳　衍（三九六五—三九七七）

陳衍（一八五六—一九三七），字叔伊，號石遺。福建侯官人。光緒八年舉人。入劉銘傳、張之洞幕，光緒末年任學部主事。入民國任廈門大學、無錫國專教授。有《朱絲詞》二卷，另有《石遺室詩集》《石遺室文集》。

陳匪石（三九七七—四〇六九）

陳匪石（一八八四—一九五九），原名世宜，字小樹，號倦鶴。江蘇上元人。師事張仲炘、朱祖謀。先後入南社、如社。中央大學教授。有《舊時月色齋詞》一卷、《倦鶴近體樂府》五卷續集一卷。

陳　栩（四〇七一—四二〇〇）

陳栩（一八七九—一九四〇），原名壽嵩，字栩園，號蝶仙，别署天虚我生。浙江錢塘人。南社社員，爲《申報》副刊《自由談》編輯。有《天虚我生詞集》《香雪樓詞》《新疑雨集》《栩園遺稿》等。

陳家慶（四二〇〇—四二四八）

陳家慶（一九〇四—一九七〇），女。字秀元，號碧湘。湖南寧鄉人。陳家鼎妹，徐澄宇室。吴梅弟子。曾任教於安徽大學、重慶大學，中華人民共和國成立後任教於上海中醫學院。有《碧湘閣集》（含詞一卷）、《碧湘閣近稿》。另有《黄山攬勝集》（與夫徐澄宇合著）。

陳景寔（四二四八—四二五八）

陳景寔（一八七八—？），字夢初。安徽鳳臺人。四方遊幕，足跡徧海宇。光緒末執教於壽州公學，宣統元年辭之。有《觀塵因室詩話初集》一卷、《觀塵因室詞曲合鈔》十二卷。

陳曾壽（四二五八—四二八三）

陳曾壽（一八七八—一九四九），字仁先，號蒼虬，别署耐寂、復志、焦庵。湖北蘄水人。光緒二十八年舉人，二十九年成進士。官至都察院廣東道監察御史、學部右侍郎。有《蒼虬閣詩》十卷、《舊月簃詞》一卷。

陳　慈（四二八三—四二八五）

陳慈（一八八九—一九四八後），字朗生。湖北武昌人。十六歲爲前清附生。十八歲往吴淞上海肄習西文。二十一歲欲逃禪而未果。二十九至四十六歲，久寓維揚、姑蘇。曾任上海勤業女子師範學校國文教員、倉聖明智大學及華嚴大學國文教員，並爲頻伽精舍鈔寫四庫書籍於西湖圖書館，爲西湖昭慶寺編纂志書，還曾在蘇滬設立古琴研究社，教授古琴。五十歲入川，寓居北碚，任南岸慈雲寺佛教中醫慈濟醫院内科醫師。有醫案數卷、小説《少婦奇緣》一卷、英文《佛教論》一卷，另有《待月齋存稿》十六卷。

陳　鋭（四二八五—四三一七）

陳鋭（一八五九—一九二二），字伯弢，一字伯濤，號褎碧。湖南武陵人。光緒十九年舉人，署江蘇靖江縣知縣。有《褎碧齋詞》一卷、《褎碧齋詞續》一卷，另有《褎碧齋詩》《褎碧齋文》等。

陳衡恪（四三一七—四三二四）

陳衡恪（一八七六—一九二三），字師曾，號槐堂，别號朽道人。江西義寧人。畢業於日本高等師範學校，歸國後任江西教育司長、教育部圖書編輯。曾任教於北京女師、北京高師、北京美術學校、美術專門學校。有《中國繪畫史》等，今人輯有《陳衡恪詩文集》。

陳寶琛（四三二四—四三三五）

陳寶琛（一八四八—一九三五），字敬嘉，又字伯潛，號弢庵。福建閩縣人。同治四年舉人，七年成進士，官至山西巡撫，弼德院顧問大臣。謚文忠。有《滄趣樓詞》一卷，與《滄趣樓詩集》合刊。

陳　夔（四三三五—四三六〇）

陳夔（一八七一？—一九二三後），字子韶，號伯瓠。浙江諸暨人。爲學冥心希古，詩文潔浄精微。馬一浮先生謂其詞勝於詩，遂專心致力於詞。有《慮尊詞》《然脂詞》，爲其門人刊録。

陳　夔（四三六一—四三九三）

陳夔（一八七〇？—一九二七？），字典詔。江蘇鎮洋人。唐文治表弟，沈曾植弟子。諸生，壯歲官江西德化知縣。有《詩餘口業》一卷。

孫正礽 （四三九三—四四一〇）

孫正礽（一八四五—一九一八），字雲伯，晚號螻叟。江蘇江寧人。布衣。晚年卜居鳳凰臺側。有《憶香詞》（一名《水南草堂詞存》）一卷。

孫念希 （四四一〇—四四二五）

孫念希（一八八〇—一九五四），原名松齡，字念希、念生、錫朋，號過隙。河北蠡縣人。出身書香門第，清末舉人。光緒二十八年考入山東高等學堂歷史科，與樓辛木、吴次風、高亦吾等十餘人組織樂群學會、玫瑰詩社，後響應蔡元培等人號召參加反清運動。曾任北京市政府秘書長、國憲起草委員，後任教於天津北洋大學、北京師範大學等。中華人民共和國成立後，任山東文史館館員。有《花知屋詩詞雜著》。

孫景賢 （四四二五—四四三二）

孫景賢（一八八〇—一九一九），字希孟，號龍尾，别署藤谷古香。江蘇常熟人。張鴻弟子。日本明治大學法律科畢業。曾任職於清政府駐長崎領事館。入民國任國務院參議。有《梅邊樂府》一卷，與《龍吟草》合刊。

孫肇圻 （四四三三—四四三八）

孫肇圻（一八八一—一九五三），字北萱，號頌陀。江蘇無錫人。十七歲肄業於紹興中西學堂。光緒二十八年遊庠，宣統元年拔貢，宣統二年朝考一等、殿試二等。辛亥後歸里爲市董事、省議員。後任江蘇國語講習所教員。民國十年自金陵移居上海習商賈事。有《簫心劍氣樓詩存》附詩餘。

黄文琛 （四四三八—四四六七）

黄文琛（一八五六—一九二六?），字雲門，號秋孫，亦號慵仙，晚號雲窩慵叟。江蘇江寧人。黄文達弟，與舒昌森唱和頗多。曾創龍川新社。光緒十九年恩科舉人。有《疏篁待月詞草》三卷，與《青琅玕館文賸》合刊。又輯有《江甯黄氏家集》。

黄協塤 （四四六八—四四七五）

黄協塤（一八五三—一九二四），字式權，號鶴窠村人，又號夢畹。上海人。曾主《申報》筆政多年。師事張文虎，與舒昌森、鄒弢等有唱和。有《賓紅閣樂府》一卷，與《鶴窠村人詩稿》合刊。

黄　侃（四四七七—四五六八）

黄侃（一八八六—一九三五），字季剛，又字梅君，別署量守居士等。湖北蘄春人。師事章太炎、劉師培。光緒二十年考入湖北文普中學堂，後留學日本，歸國任《春聲日報》主編、北京大學等高校教授。有《量守廬詞鈔》《黄季剛詩文鈔》等。

黄榮康（四五六八—四五八三）

黄榮康（一八七七—一九四五），字祝蕖，號凹園，別號大荒道人，晚號蕨庵。廣東三水人。終身從事教育，曾組織烽火詩社，又長於字畫，於荔灣結『清遊會』，與高劍父、陳樹人等交密。生平著述頗豐，有《求謙齋文集》《求謙齋詩文續集》《擊劍詞鈔》《三水詩存》《三水藝文略》等，另有《凹園詞》一卷，附於《凹園詩鈔》。

黄紹璟（四五八三—四六二三）

黄紹璟，字劍鳴。廣西容州人。年輕時留學日本，回國後先後在北京故宮和閩南等地工作。曾從軍抗日。有《松岡詩餘》一卷。

許之衡　（四六二四—四六六五）

許之衡（一八七七—一九三五），字守白，自號飲流齋主人。廣東番禺人。歲貢生，後畢業於日本明治大學，歷任北京大學教授兼研究所國學門導師。有《守白詞》甲乙稿，另有《詞選及作法》。

許元竑　（四六六五—四六七七）

許元竑（一九〇一—一九七一），亦作許元雄。廣東揭陽人。民國十二年就讀於廣州政法學校，後返汕執教。曾參加李濟深、蔣光鼐等反蔣『閩變』事件。『七七事變』後，奉命到新加坡、馬來西亞宣傳抗日救國，旋任遠征軍司令部法官。民國三十七年民革在香港成立，任民革中央監委。中華人民共和國成立後，任職於中央華僑事務委員會，被選爲民革中央候補委員。擅吟事，曾參加柳亞子所組織扶餘詩社，自民國以來寫有大量詩作。先後出版有《三疊雲箋》《湖上風裁》及《光影在萱園》。

許南英　（四六七八—四六九〇）

許南英（一八五五—一九一七），字子蘊，號蘊白，或作允白，別號窺園主人、留髮頭陀、龍馬縣。入民國，一度任龍溪縣長。有《窺園詞》一卷附《窺園留草》後。

書生、毘舍耶客等。臺灣臺南人。光緒十一年中舉，十六年成進士，官廣東徐聞、三水等縣知

章士釗（四六九〇—四七六一）

章士釗（一八八一—一九七三），字行嚴，號孤桐。湖南長沙人。曾任民國北洋政府段祺瑞政府司法總長兼教育總長，國民政府國民參政會參政員。中華人民共和國成立後歷任政務院法制委員會委員、全國人民代表大會常務委員會委員等職。有《長沙章先生桂游詞鈔》《入秦草》《滬遊草》《滬遊草後集》，又有《孤桐詩稿》，今人輯有《章士釗詩詞集》。

章衣萍（四七六二—四七六八）

章衣萍（一九〇二—一九四七），乳名竈輝，又名洪熙（鴻熙）。安徽績溪人。曾在陶行知所創辦教育改進社主編《教育雜誌》，與魯迅籌辦《語絲》月刊。南社和左翼作家聯盟成員。有《古廟集》《一束情書》《櫻花集》，另有《看月樓詞》。

章　柱（四七六九—四七九四）

章柱（一九一〇—一九九〇），字石承，號澄心詞客。江蘇泰縣人。暨南大學畢業，後赴東

京帝國大學留學。龍榆生弟子。一九四九年後任教於揚州師範學院。有《藕香館詞》及新詩集《石承的詩》。

章　華（四七九四—四八〇九）

章華（一八七二—一九三〇），字曼仙，號嘯蘇。湖南長沙人。光緒十九年舉人，二十一年進士，官郵傳部郎中、軍機章京。曾入聊園詞社。有《盋山舊館詞》一卷，又有《淡月平芳館詞》（一名《鉢山舊館詞》）一卷，與《倚山閣詩》合刊。

章　鈺（四八〇九—四八四四）

章鈺（一八六五—一九三七），字式之，號堅孟，又號霜根，别署蟄存，晚號霜根老人。江蘇長洲人。光緒二十九年進士，官外務部主事。有《四當齋集》十四卷，含詞一卷。

梁文燦（四八四四—四八八八）

梁文燦，字質生，號炙笙。山東濰縣人。光緒二十年進士，官至福建道監察御史。有《蒙拾堂詞稿》四種四卷。

梁啓超（四八八八—四九〇二）

梁啓超（一八七三—一九二九），字卓如，號任公，又號飲冰室主人。廣東新會人。光緒十五年舉人。師事康有爲，發動戊戌變法。失敗後，亡命日本。民國曾任司法總長，後任清華研究院導師。有《飲冰室詞》一卷，見《飲冰室文集》。

張丙廉（四九〇三—四九五四）

張丙廉（一八六三—？），原名堯燊，字夢蘧。四川射洪人。光緒二十一年進士，官法部主事、江蘇無錫縣知縣。民國初年，旅居北平，貧乏不能自存，憔悴遽歿，無以爲殮，其友向迪琮等爲經紀其喪。有《聞妙香室詞鈔》五卷。

張仲炘（四九五四—五〇二六）

張仲炘（一八五四—一九一九），字慕京，號次珊。湖北江夏人。光緒元年舉人，三年成進士，官至通政司參議，入軍機。解職後，受聘爲湖北存古學堂講席。有《瞻園詞》二卷續一卷。

張汝釗（五〇二七—五〇三八）

張汝釗（一九〇〇—一九六九），女。字曙蕉。浙江慈溪人。二十六歲自國民大學英文文學系畢業。先後結識印光法師和太虚法師，皈依佛教。曾受蔣介石聘請，至奉化爲其長子蔣經國及兒媳講學。一九五〇年，在慈溪妙音精舍剃度爲尼，賜名本空，號弘量。擅長詩文，有《緑天簃詩集》《緑天簃詞集》《海漚集》等。

張克家（五〇三八—五〇七二）

張克家（一八四四—？），字仲佳，號如法老人。天津人。父張芝庭爲津門通儒，幼承家學，精擅詩文。清光緒十七年舉人，揀選知縣。歷任直隸督練處總參議、探訪局提調、直隸警務公所顧問、禁煙處處長等職。以詩風超邁聞名於清末民初津門詩壇。有《如法受持館詩》《如法受持館詩續》《如法受持館詩餘》各一卷及《如法受持館文集》四卷傳世。

張茂炯（五〇七二—五一三二）

張茂炯（一八七五—一九三六），字仲清，號艮廬，别號懺庵。江蘇吴縣人。張茂鏞堂弟。光緒二十三年舉人，三十年成進士。官度支部主事、鹽政院總務廳長。曾與吴曾源、吴梅等創消夏詞社。有《艮廬詞》一卷續集一卷外集一卷。

張慎儀（五一三二—五一五九）

張慎儀（一八四六—一九一八後），字淑威，號嫛園，一號芋圃。四川成都人。民國時入春禪詞社。有《今悔庵詞》一卷，見《篗園叢書》。

張爾田（五一五九—五一九七）

張爾田（一八七四—一九四五），官名采田，字孟劬，一字遁堪。浙江錢塘人。初官刑部，繼候補江蘇知府。嗜詞，亦精於西北史地。曾任北京大學教授，晚年任燕京大學國學總導師。有《遯盦樂府》二卷。

張榮培（五一九七—五二四〇）

張榮培（一八七二—一九三七後），字蟄公。江蘇長洲人。與吴梅、舒昌森等有唱和。有《惜餘春館詞鈔》一卷。

張錫麟（五二四〇—五二六六）

張錫麟，字務洪。廣東番禺人。光緒丁酉拔貢。清末，掌教廣雅書院。辛亥革命後，曾入安福軍幕。工駢儷、詩詞及書法。有《椝園詞鈔》一卷。

張　錦（五二六六—五二六七）

張錦，女。字麗芬。湖南長沙人。張百熙次女，沛郡朱應徵室。有《閑與軒遺稿》一卷，附詞六首。

張鴻藻（五二六七—五二六九）

張鴻藻，字茆芹。湖南善化人。有《大孤集》九種，含《詞草》一卷。

彭慰曾（五二六九—五二七七）

彭慰曾，字安之。江蘇吴縣人。張榮培弟子。有《耦園課存》。

彭駿聲（五二七七—五二八五）

彭駿聲，字景文，號浣花居士。江西贛縣人。有《浣花詞集》。

董受祺（五二八五—五三一五）

董受祺（一八六二—一九二一），後易名受祺，字綬紫。江蘇陽湖人。光緒十五年舉人。入鎮撫使陳毅幕任軍法科科長。有《鑄鐵詞》一卷、《碧雲詞》一卷。

董康（五三一五—五三三四）

董康（一八六七—一九四六），字授經，亦作綬金。江蘇武進人。光緒十六年進士。曾任刑部主事。民國爲北京大學等高校教授，後任職日僞華北臨時政府。有《課花盦詞》一卷。

董巽觀（五三三四—五三五六）

董巽觀（一八九七—一九七〇），原名祥晉，字吉甫，號董人。浙江嘉興人。董宗善子。工書，擅北魏石刻。善填詞，亦能丹青。有《垂楊館筆譚》《春雨齋詞甲乙稿》。

董憲（五三五七—五三六八）

董憲（一八九五—一九三一），字伯度。江蘇武進人。南洋公學畢業生。曾任理化教員。原在常州任教，後至揚州省立第八中學任教。有《含碧堂詩稿》十四卷附《含碧堂詞稿》一卷。

程文楷（五三六八—五三八六）

程文楷，字仲清。江蘇儀徵人。辛亥時追隨革命軍。有《蘭錡詞》一卷。

程先甲（五三八七—五四〇〇）

程先甲（一八七二—一九三二），字鼎丞，號一夔，晚號百花仙子。江蘇江寧人。光緒十七年舉人。任江南高等學堂教授等。有《程一夔詞》一卷、《百仙詞》四卷。

程松生（五四〇〇—五四二三）

程松生（一八六三—？），字夢侯，號筠甫。安徽歙縣人。光緒十七年舉人。官江蘇盱眙廳同知。有《香雪盦詞賸》一卷。

程宗岱（五四二四—五四三七）

程宗岱（一八五四—？），字青嶽。江蘇儀徵人。工詞，與宣哲、胡穎之等有唱和。有《夢薌詞》二卷。

程學鑾（五四三七—五四七六）

程學鑾（一八七九—一九六〇），字仰坡，號坡公。浙江杭縣人。舉人出身。後赴日本留學，早稻田大學畢業後回國。歷任駐日本公使館書記官、駐新加坡領事兼代理總領事、駐法國公使館參贊、北洋政府外交部通商司科長。民國十四年三月，被任命爲北洋政府外交部駐浙江特派交涉員。民國十五年去職。每以詩書字畫自娱。一九五六年，被聘爲上海市文史館館員。有《他山詞存》四卷。

喬大壯（五四七六—五五〇八）

喬大壯（一八九二—一九四八），原名曾劬，字大壯，以字行，又字勤父、勤孫，號壯殹，别署壯夫、勞庵、波外翁等。四川華陽人。曾任中央大學教授。民國三十六年赴臺灣大學中文系任主任，次年解職，投水自沉於蘇州。有《波外樂章》四卷。

傅友琴（五五〇九—五五一〇）

傅友琴，女。字潤南。江蘇毘陵人。吴放室。有《蘋香室詩詞草》一卷。

傅熊湘（五五一一—五五五〇）

傅熊湘（一八八四—一九三一），原名專，字文渠，一字君劍，號鈍安、屯艮、鈍根。湖南醴陵人。畢業於嶽麓書院，長期以辦報爲業。入民國曾任安徽棉税局局長、湖南省圖書館館長。歷主湖南《長沙日報》《國民黨日報》筆政，主持南社湘集多年。有《鈍安詞》一卷，見《鈍安遺集》。

舒昌森（五五五一—五六四八）

舒昌森（一八五二—一九二七），號問梅，别署梅庵。江蘇寶山人。供職蘇州税關。有《問梅山館詞鈔》六卷。

魯　元　（五六四八—五六五〇）

魯元（一九〇七—二〇〇〇），原名蔭宗，字子真，號十無生，晚號實無老人。白族。雲南劍川人。民國十五年經推薦入國學研習所，師從章太炎。肄業後考取黄埔軍校第六期，攻研炮兵、坦克等軍事專業。自北伐至抗日戰争結束，屢建戰功，逐級擢升。民國三十四年任中將受降指導官，於南昌接受華中侵華日軍呈獻投降書。一九四九年拒赴臺灣，一九八七年任雲南省人民政府參事。魯元著述頗豐，有《大地永春閣詞草》《九天一草廬詩稿》《詩經講義》《離騷講義》《子真年譜》等。

鄒　弢　（五六五〇—五六六八）

鄒弢（一八五〇—一九三一），字翰飛，自號酒丐，别號瘦鶴詞人、瀟湘館侍者。江蘇金匱人。光緒元年諸生，曾任教於湖南啟明女學。有《三借廬詞賸》一卷，見《三借廬集》，另有《詞學捷徑》等。

曾習經　（五六六九—五六八二）

曾習經（一八六七—一九二六），字剛甫，號蟄庵。廣東揭陽人。光緒十五年舉人，十六年成進士，官户部主事、度支部右丞，兼印刷局總辦、憲政編查館學部咨議等。有《蟄庵詩存》一卷、《蟄庵詞》一卷。

曾福謙（五六八二—五六八四）

曾福謙（一八五一—一九二二），字伯厚。福建閩縣人。光緒十二年進士，官四川奉節縣知縣。有《梅花龕詞草》一卷，與《梅花龕詩》合刊。

曾覺之（五六八四—五七〇八）

曾覺之（一九〇一—一九八二），原名展謨，字居敬，筆名解人。廣東興寧人。民國九年中學畢業後，升入北京大學預科學習。僅數月，又考取廣東省政府僉學留法。曾相繼在里昂大學、巴黎大學文科專攻文學和哲學。民國十八年歸國後，先在南京中央大學教授法語，繼任北平中法大學文學系主任兼《中法大學》月刊主編。抗日戰争期間，轉入漢學研究所專事《中國思想》翻譯工作。抗戰勝利後，漢學所解散，重返中法大學執教。一九五二年任教於北京大學西方語言文學系，學識淵博，兼翻譯、創作、研究於一身。譯有法國羅丹《美術論》等。著有散文集《歸心》、詩詞集《幻》。

湯執盤 （五七〇八—五七三五）

湯執盤，字飽詢。湖南長沙人。民國時任教於長沙周南女校。有《粹玉詞》一卷。

温倩華 （五七三五—五七四〇）

温倩華（一八九五—一九二一），女。字佩萼。江蘇無錫人。過暢侯室。陳栩弟子。有《黛吟樓詞稿》一卷。

靳　志 （五七四〇—五八三〇）

靳志（一八七七—一九六九），原名項曾，字仲雲。河南祥符人。光緒二十三年舉人，二十九年成進士。官農商部主事。曾遠遊歐洲，歸入外交部任職，以詩什爲日課。有《居易齋詩餘》一卷，附於《居易齋詩集》，又有稿本《居易齋詩餘》卷二，未刊。

楊无恙 （五八三一—五八三七）

楊无恙（一八九四—一九五二），原名元愷，字冠南，號讓漁。江蘇常熟人。家富於貲，少任俠，中年始折節讀書。常游四方，訪求名勝。董康往日本講學，邀作私人記室。抗戰軍興，正流寓滬上，爲避敵寇誘逼糾纏，旋回故里，就居曾氏虚霩園，直至以肺疾殁。有《无恙吟稿》《續稿》《三稿》《天光集》《便埋菴集》等。

楊文俊（五八三七—五八三九）

楊文俊（一八六五—一九四四），字蔚卿。浙江會稽人。父楊槐。楊文俊曾官兩淮掘港鹽場大使。能詩善畫。有《退庵詩餘》一卷。

楊圻（五八三九—五九〇六）

楊圻（一八七五—一九四一），原名朝慶，字雲史，號野王，易名鑑瑩。江蘇常熟人。師事陳汝康。與翁之潤、張鴻、章華、曹元忠等有唱和。光緒二十八年舉人，官郵傳部郎中、駐新加坡總領事。有《江山萬里樓詞鈔》四卷，與《江山萬里樓詩鈔》合刊，又有《玉龍詞》一卷。

楊述章（五九〇六—五九六三）

楊述章（一八九二—？），字綺塵。湖南長沙人。與吴芝瑛、樊增祥、陳鋭等有唱和。有《雲想山莊詩集》四卷、《雲想山莊詞集》六卷。

楊俊（五九六三—五九八一）

楊俊（一八七二—一九五二），原名蟾桂，字楞秋，號詠裳，室名夢花館。江蘇元和人。師事張茂炯，入琴社。曾任吴縣圖書館館長。有《夢花館詞鈔》一卷。

楊　莊（五九八一—五九八四）

楊莊（一八七八—一九四〇），女。字叔姬。湖南湘潭人。楊度妹，師事王闓運，後適湘綺子王代懿。曾赴日本留學。有《湘潭楊叔姬詞録》一卷，王闓運批點。

楊壽枏（五九八五—六〇〇二）

楊壽枏（一八六八—一九四八），初名壽楨，字味雲，晚號苓泉居士。江蘇無錫人。光緒十七年舉人，官農工商部主事、度支部左參議，民國以後任財政部次長。與樊增祥、林葆恒等有交遊，曾入須社。有《蒻摩館詞》二卷、《補鈔》一卷，見《雲在山房類稿》。

楊鍾虞（六〇〇二—六〇〇七）

楊鍾虞（一九〇五—？），楊百城女。自號女文奴。江蘇常熟人。畢業於淑琴女子師範學校。酷愛詩詞，詩作甚衆。二十歲時，父親爲其刊印《課餘吟詩草》。一九四九年後，曾加入常熟縣詩詞組『奉命作詩』。有《課餘吟詞草》。

楊鐵夫（六〇〇七—六一二〇）

楊鐵夫（一八六九—一九四三），名玉銜，字懿生，號鐵夫、季良、鸞坡，以號行。廣東香山人，後定居香港。師事朱祖謀，入漚社、午社。民國間曾任無錫國專詞學教授及香港廣州大學、國民大學教授。有《雙樹居詞》《抱香詞》《夢窗詞箋釋》《清真詞選箋釋》等。

賈景德（六一二〇—六一二四）

賈景德（一八八〇—一九六〇），字煜如。山西沁水人。父賈作人，光緒十五年登己丑科進士。叔父賈耕，乙酉拔貢，辛卯舉人，先後主講潞安府上黨書院和令德堂。民國曾入漫社，與周退舟、張白翔有唱和。又倡韜園詩社，併入午社。有《韜園詩餘》一卷附《韜園詩集》後。

趙子立（六一二四—六一二九）

趙子立（一九〇八—一九九二），字一峰。河南永城人。陸軍中將。中央軍校第六期畢業。抗日戰爭時期曾任第九戰區參謀長，解放戰爭時期初任鄭州綏靖公署參謀長，後任第五綏靖區副司令、河南省政府主席。一九四九年十二月在四川巴中縣率部起義。中華人民共和國成立後曾在南京軍事學院任教。歷任民革中央常委，第五、六屆全國政協常委，文史資料委員會專員。有《一峰集》。

趙紫宸　（六一三〇—六一六四）

趙紫宸（一八八八—一九七九），浙江杭縣人。先後就讀於東吴大學、美國梵德彼爾大學。曾任東吴大學教授。民國三十年授聖公會會長（牧師）職，民國三十六年獲美國普林斯頓大學榮譽神學博士學位，民國三十七年當選世界基督教會聯合會副主席。對中國古典文學造詣尤深，擅長詩詞創作。有《玻璆聲》三卷。

蔡　守　（六一六五—六一八七）

蔡守（一八七九—一九四一），原名珣，字哲夫，後更名守，字成城，號寒瓊。廣東順德人。擅書畫篆刻，師從黄賓虹。南社社員。曾加入國學保存會，襄助鄧實等編輯《國粹學報》。有《寒瓊遺稿》詩詞各一卷。

蔡晋鏞　（六一八七—六二〇五）

蔡晋鏞（一八九六—一九五七），原名俊鏞，字韻笙，號雁村，一號巽堪。江蘇吴縣人。光緒二十年舉人，官河南知縣。曾創辦蘇州草橋中學。與鄧邦述、吴梅等組六一詞社，以填詞消暑，事後刻有《六一消夏詞》。有《雁村詞》一卷。

蔡　瑩　（六二〇五—六二一九）

蔡瑩（一八九六—一九五二），字正華，號小安樂窩主人。浙江吴興人。與王欣夫、陳運彰、況又韓等有唱和。有《比玉詞》《睡禪詞》《朱彊村望江南題清詞箋注》。

蔡寶善　（六二一九—六二八三）

蔡寶善（一八六九—一九三九），字師愚，號孟庵。浙江德清人。光緒二十九年經濟特科進士，民國七年任江蘇政務廳長。張鳴珂弟子，曾入六一消夏社，與鄧邦述、吴梅、吴曾源、張茂炯等人唱和。有《一粟庵詞集》二卷、《聽潮音館詞集》三卷、《滄浪漁笛譜》一卷。

蔣梅笙　（六二八五—六三〇五）

蔣梅笙（一八七〇—一九四二），名兆燮，以字行。江蘇宜興人。父蔣萼，字醉園，光緒舉人，有《醉園詩存》二十六卷。兄蔣兆蘭，工詞，爲『白雪詞社』主要成員，有《青蕤庵詞》。蔣梅笙幼承家學，十歲能詩擅文。十八歲應全縣士子考試，獲第一名。二十五歲應科舉考試，縣試、院試均列第一。後師從古文大家顧雲。乙巳歲試再考第一，因是年廢除科舉，遂絶意仕進。後歷任上海震旦公學、倉聖明智大學、復旦大學、金陵女大及重慶大學教授。著有《蜃影詞》《理齋近十年詩詞》《詞學概論》《學詩法》《莊子淺訓》《國學入門》等。

廖仲愷（六三〇五—六三一〇）

廖仲愷（一八七七—一九二五），原名恩煦，又名夷白，字仲愷。廣東惠陽人。恩燾弟。早年留學日本，光緒三十一年加入同盟會，始終擁戴孫中山及其革命方針，曾任廣東財政廳長。有《雙清詞草》一卷。

廖恩燾（六三一〇—六四九三）

廖恩燾（一八六五—一九五四），字鳳舒，號懺庵，又號珠海夢餘生。廣東惠陽人。曾任駐古巴領事、駐日本公使等。後任江蘇省金陵關監督，受詞於朱祖謀。有《懺庵詞》八卷、《懺庵詞續稿》四卷《半舫齋詩餘》一卷等。

鄭元昭（六四九三—六五一二）

鄭元昭（一八七〇—一九四三），女。字嵐屏。林則徐曾外孫女，何振岱室。從振岱學詩詞，伉儷之情甚篤。有《天香室詞集》附振岱《我春室集》後。

鄭　騫　（六五一二—六五三〇）

鄭騫（一九〇六—一九九一），字因百，一作穎白。遼寧鐵嶺人。燕京大學畢業，先後任教於燕京大學、臺灣大學。有《景午叢編》，詞集有《永陰集》一卷。

鄧　潛　（六五三〇—六五七九）

鄧潛（一八五六—一九二八），原名維琪，字華溪。貴州貴筑人。光緒十五年進士。官四川富順縣知縣。有《牟珠詞》一卷補遺一卷。

鄧鴻荃　（六五七九—六六三二）

鄧鴻荃，原名鴻儀，字雨人，號休庵。廣西臨桂人。王鵬運妹婿。光緒十五年舉人。官四川候補道。年近七十卒。有《秋雁詞》一卷。

奭　良　（六六三二—六六六七）

奭良（一八五一—一九三〇），字召南，裕瑚魯氏。滿洲鑲黄旗人。早年頗負詩文，有『八旗才子』之稱。蔭生。官湖北荆宜施道、江蘇淮揚道，辛亥革命後去官。民國時期，應清史館館長趙爾巽聘，在館有年，曾修訂《清史稿》。熟悉清史掌故。有《野棠軒詞集》四卷。

樓巍（六六六七—六七〇〇）

樓巍（一八五八？—？），字幼静。浙江諸暨人。有詞集《瑶瑟餘音》，另有詩集《蓬根吟稿》。

徵引書目

別集

一峯集一卷　趙子立撰　民國三十三年鉛印本

一粟龕詞集二卷　蔡寶善撰　清宣統元年西安圖書館鉛印本

丁子居詩餘一卷　丁三在撰　民國十年丁氏聚珍仿宋版鉛印本

入秦草一卷　章士釗撰　民國三十一年鉛印本

八十後詩詞一卷　金兆蕃撰　一九五一年嘉興金氏鉛印安樂鄉人文附本

八百里荷花館題畫詞一卷　袁天庚撰　民國二十三年鉛印本

八百里湖荷花漁唱二卷　袁天庚撰　民國二十三年鉛印本

三借廬詞賸一卷　鄒弢撰　民國三年鉛印三借廬賸稿本

三疊雲箋不分卷　許元竑撰　民國三十三年廣西日報社鉛印本

于右任詩詞集不分卷　于右任撰　一九八四年湖南人民出版社鉛印本

大厂詞稿九卷　易孺撰　民國二十四年商務印書館影印本

大地永春閣詞草一卷　魯元撰　民國三十四年鉛印九天一草廬詩稿本
大孤詞草一卷　張鴻藻撰　民國十三年大孤詩集附本
小紅簫譜一卷　江子愚撰　民國十五年鉛印本
己未秋詞一卷　吴駿撰　民國二十七年鉛印本
井眉軒長短句一卷外編一卷　吴曾源撰　民國二十二年刻本
天香室詞集一卷　鄭元昭撰　一九五五年油印本
天香室詞鈔一卷　鄭元昭撰　稿本
天梅遺詞七卷　高旭撰　二〇〇三年社會科學文獻出版社高旭集本
天虚我生詞集五卷　陳栩撰　民國五年中華圖書館鉛印天虚我生詩詞稿本
天巢詞一卷　金鶴翔撰　稿本
廿四花風館詞鈔一卷　陳昭常撰　民國三十年木活字本
五厄詞集稿一卷　楊鐵夫撰　楊百福堂鉛印楊鐵夫先生遺稿本
不匱室詩餘一卷　胡漢民撰　民國二十五年石印不匱室詩鈔本
水南閣詞一卷　徐紹楨撰　民國二十四年文明書局石印本
今悔庵詞一卷　張慎儀撰　民國八年刻本

丹隱居詞存不分卷　郭延撰　稿本
丹隱詞一卷　郭延撰　民國抄郭丹隱夫婦詞曲本、民國二十四年成都刻本
文無館詞鈔一卷　陳名珂撰　民國三十一年鉛印文無館詩鈔本
亢盦詞稿一卷　徐壽兹撰　民國十一年鉛印亢盦遺稿本
幻一卷　曾覺之撰　民國鉛印本
玉虬殘詞一卷　唐玉虬撰　民國三十七年鉛印本
玉龍詞一卷　楊圻撰　清光緒刻題襟集本
邛都詞二卷　周岸登撰　民國四年鉛印本
古槐書屋詞二卷　俞平伯撰　民國影印本
平原村人詞一卷　沈惟賢撰　民國二十八年刻本
凹園詞一卷　黄榮康撰　民國十年刻凹園詩鈔本
四當齋集十四卷　章鈺撰　稿本、民國二十六年鉛印本
仙好樓韻語四卷　沈世澤撰　民國大豐書局石印本
他山詞存四卷　程學鑾撰　一九五七年油印本
半秋軒詞存二卷　高肇楨撰　民國二十四年鉛印本

半秋軒詞續一卷 高肇楨撰 民國三十年鉛印本
半舫齋詩餘一卷 廖恩燾撰 民國二十八年鉛印本
半畝園集六卷 陳栩撰 民國十九年鉛印栩園近稿本
半櫻詞二卷 林鵾翔撰 稿本、民國十六年鉛印本
半櫻詞未刊稿 林鵾翔撰 抄本
半櫻詞(卷三)一卷 林鵾翔撰 稿本
半櫻詞續二卷 林鵾翔撰 民國二十七年鉛印本
汀鷺題畫詞一卷 胡振撰 民國十七年鉛印本
永陰集一卷 鄭騫撰 民國鉛印本
弗堂詞二卷 姚華撰 民國十九年鉛印弗堂類稿本
考槃室詩餘一卷 范問照撰 民國三十三年鉛印考槃室詩選本
耳順集一卷丁戊餘生草補遺一卷 陳栩撰 民國二十六年鉛印本
西谿壬午詞稿一卷 朱樂之撰 民國三十一年油印本
西谿詞稿不分卷 朱樂之撰 稿本
百仙詞四卷 程先甲撰 民國十八年千一齋刻本

朱絲詞二卷　陳衍撰　民國七年刻本
企言詞存一卷　周葆貽撰　民國二十四年鉛印本
冰弦詞一卷　徐乃昌撰　稿本
江山萬里樓詞一卷　楊圻撰　抄本
江山萬里樓詞鈔四卷　楊圻撰　民國十五年鉛印本
守白詞甲稿一卷乙稿一卷　許之衡撰　民國十九年鉛印本
艮廬詞一卷續集一卷外集一卷　張茂炯撰　民國二十年石印本
如法受持館詩餘一卷　張克家撰　民國八年鉛印本
牟珠詞一卷　鄧潛撰　民國十一年刻本
花知屋詞一卷　孫念希撰　民國三十六年鉛印花知屋詩詞雜著本
花信樓詞存一卷　洪炳文撰　民國油印本
李叔同詩詞集不分卷　李叔同撰　二〇一二年灕江出版社本
吹萬樓詞不分卷　高燮撰　一九九九年中國人民大學出版社高燮集本
映庵詞不分卷　夏敬觀撰　稿本
映盦詞四卷　夏敬觀撰　民國二十六年中華書局鉛印本

我春室詞集一卷　何振岱撰　一九五五年油印本、抄本

秀萍室詩餘不分卷　李錫禎撰　民國三十六年中國印務書局鉛印秀萍室詩稿本

含碧堂詞稿一卷　董憲撰　民國二十二年鉛印含碧堂詩稿附本

沈尹默先生佚詩集　沈尹默撰　二〇〇二年華寶齋影印本

青萍詞一卷　任援道撰　民國二十九年刻本

長江詞二卷　周岸登撰　民國三年鉛印本

長沙章先生詞稿不分卷　章士釗撰　二〇〇九年湖南人民出版社章士釗詩詞集本

抱香室詞存稿一卷　楊鐵夫撰　民國朵雲軒紅格稿本

抱香室詞集外稿一卷　楊鐵夫撰　楊百福堂鉛印楊鐵夫先生遺稿本

抱香詞一卷　楊鐵夫撰　民國二十三年鉛印本

拙廬詞草四卷　徐致章撰　民國十二年鉛印本

松岡詩餘一卷　黃紹璟撰　民國二十五年鉛印本

東廬詩餘一卷　金震撰　民國二十五年鉛印東廬詩鈔附本

郁達夫詩詞鈔　郁達夫撰　一九六二年香港上海書局排印本

非不齋詩餘一卷　祁世倬撰　民國二十一年鉛印雙梅五桂軒詩存附本

味逸遺稿二卷　蔡瑩撰　一九五五年小安樂窩油印本

味蒓詞（又名趣園詩餘）五卷　汪曾武撰　民國三十年鉛印本

味蒓詞一卷　汪曾武撰　稿本

和白石道人歌曲一卷　郭延撰　民國抄本

和白香詞一卷　陳協恭撰　民國三十八年鉛印本

彼汾一曲樓詞一卷　陸明桓撰　民國十九年鉛印本

念遠詞一卷松壑詞一卷　沈尹默撰　民國三十五年鉛印雍園詞鈔本、一九八四年齊魯書社沈尹默手書詞稿四種據手稿影印本

波外樂章四卷　喬大壯撰　民國二十九年刻本

官梅閣詞不分卷　何適撰　民國二十一年審美書社鉛印官梅閣詩詞集本

官梅閣詩餘不分卷　何適撰　民國二十三年鉛印本

居易齋詩餘一卷　靳志撰　民國二十一年鉛印本

居易齋詩餘（卷二）一卷　靳志撰　稿本

春雨齋詞三卷　董巽觀撰　董氏叢書稿本

春雨齋詞甲乙稿二卷　董巽觀撰　民國石印本

珍廬詞集一卷　佘賢勳撰　民國三十一年刻珍廬詩詞集本
玻瓈聲三卷　趙紫宸撰　民國二十七年鉛印本
城南詞一卷　宋育仁撰　清宣統二年鉛印哀怨集附本
草間詞一卷　李綺青撰　民國七年鉛印本
胡汀鷺先生遺稿詞二卷　胡振撰　民國三十四年鉛印胡汀鷺先生遺稿本
柯亭殘笛譜一卷　王朝陽撰　民國二十三年鉛印本
柳谿長短句一卷二集一卷　向迪琮撰　民國十八年雙流向氏刻本
看月樓詞草不分卷　章衣萍撰　民國二十一年鉛印本
香珊瑚館詩詞集一卷　玉并撰　民國十九年鉛印本
香雪樓詞一卷香雪樓詞二集一卷　陳栩撰　民國十三年鉛印栩園叢稿二編本
香雪盦詞賸一卷　程松生撰　民國二年鉛印本
香蘭詞一卷　袁毓麐撰　民國二十一年刻本
香蘭詞續一卷　袁毓麐撰　稿本
秋明長短句一卷　沈尹默撰　一九五一年影印本
秋明詞一卷　沈尹默撰　民國十八年鉛印本

秋雁詞一卷　鄧鴻荃撰　民國七年成都刻本、民國鉛印雙秋詞本

待月齋存稾十六卷　陳慈撰　民國二十一年至三十八年蘇州古琴研究社鉛印本

俞平伯舊體詩鈔三卷　俞平伯撰　一九八九年四川人民出版社鉛印本

彦通詞録不分卷　陳方恪撰　二〇〇七年江西人民出版社陳方恪詩詞集本

染雪盦詞一卷　朱兆蓉撰　民國六年中華圖書館石印染雪盦遺稿本

衲蘭龕詞續一卷　吴放撰　民國八年鉛印劍門詩集附本

退庵詩餘一卷　楊文俊撰　一九五三年抄本

紉佩軒詩詞草一卷　吕景蕙撰　民國二十三年鉛印本

秦伯未詩餘不分卷　秦之濟撰　民國十九年鉛印秦伯未詩附本

莽廬詞稿一卷　吴漢聲撰　民國十九年鉛印本

莫哀歌草二卷附白話詞一卷　王芃生撰　民國三十三年油印本

栩園芰賸草六卷　陳栩撰　清宣統三年刻本

栩園詞集五卷　陳栩撰　民國五年鉛印栩園叢稿初編本

栩園遺稿二卷　陳栩撰　民國二十九年鉛印本

蒕山舊館詞一卷　章華撰　清光緒二十五年刻本

蚓篴詞一卷　王揆墀撰　民國十二年鉛印本
蚓篴詞一卷　王揆墀撰　民國十五年鉛印蠖廬續選本
倚柱詞一卷　王浩撰　民國石印本
候蛩詞一卷　洪汝沖撰　民國元年鉛印本、民國六年鉛印本
候蛩詞五卷　洪汝沖撰　民國十四年鉛印本
倦鶴近體樂府五卷續集一卷　陳匪石撰　一九六〇年油印本
徐蘊華詞集一卷　徐蘊華撰　一九九九年社會科學文獻出版社徐蘊華林寒碧詩文合集本
病倩詞不分卷　陳去病撰　二〇〇九年上海古籍出版社陳去病全集本
病鶴詞稿二卷　金鶴翔撰　民國二十二年鉛印本
瓶花詞一卷舊月詞一卷　郭則澐撰　稿本
浙游詩詞草一卷　金鶴翔撰　稿本
涉江詞五卷　沈祖棻撰　一九七八年油印本、一九八二年湖南人民出版社鉛印本
涉江詞外集五卷　沈祖棻撰　詞學第八、九輯連載本
宗經室消愁詞一卷　李溥芳撰　民國十三年鉛印本宗經室詩存附本
海棠仙館詩餘一卷　宋伯魯撰　民國十三年刻海棠仙館詩集附本

海棠香夢詞四卷和白香詞譜一卷　陳栩撰　清光緒二十六年刻本

浮樓詞鈔一卷　金鶴翔撰　稿本

浣花詞集一卷　彭駿聲撰　民國二十六年鉛印浣花詩集附本

悔盦詞鈔一卷　汪曾保撰　民國二十三年養泉齋鉛印悔盦詩詞鈔本

悔龕詞一卷　夏孫桐撰　民國十五年刻本

悔龕詞一卷悔龕詞續一卷　夏孫桐撰　一九六二年鉛印本

悔龕詞箋注集外篇一卷　夏孫桐撰　夏志蘭、夏武康編　二〇〇一年内蒙古大學出版社鉛印本

先烈陳仲權先生遺著不分卷　陳仲權撰　民國二十五年鉛印本

陳衡恪詞一卷　陳衡恪撰　二〇〇九年江西人民出版社陳衡恪詩文集本

娱生軒詞一卷　王德楷撰　民國二十二年金陵盧氏飲虹簃刻本

理齋近十年詩詞二卷　蔣梅笙撰　民國三十年鉛印本

捫蝨談室詞詞一卷集外詞一卷　廖恩燾撰　民國三十七年鉛印本

聊復軒詩餘附存一卷　施贊唐撰　民國八年木活字印聊復軒詩存附本

黄山攬勝集　徐英、陳家慶撰　民國二十六年中華書局鉛印本

黄季剛詞鈔　黄侃撰　一九八五年湖北人民出版社黄季剛詩文鈔本

梅月龕詞一卷 曾福謙撰 民國二十五年鉛印梅月龕詩附本

梅邊樂府一卷 孫景賢撰 民國九年虹隱樓鉛印龍吟草附本

匏盦詩餘一卷 汪曾蔭撰 民國二十二年太倉汪氏桐華館鉛印匏盦詩賸附本

雪堂詞鈔一卷 金榜撰 民國十九年木活字本

虛霩詞一卷 楊无恙撰 一九六〇年石印無恙後集本

野棠軒詞集四卷 奭良撰 民國十八年刻野棠軒全集本

野棠軒獻酬詞不分卷 奭良撰 民國十八年刻野棠軒全集本

問梅山館詞鈔五卷詞賸一卷 舒昌森撰 民國十四年鉛印本

問琴閣詞一卷 宋育仁撰 清光緒刻本

晦珠館詩詞稿一卷 馬汝鄴撰 民國十七年鉛印晦珠館近稿本

梨雲館詞鈔一卷 王鏡寰撰 民國三十五年上海中華書局鉛印梅墅集本

裒碧齋詞一卷 陳鋭撰 稿本

裒碧齋詞一卷續集詞一卷 陳鋭撰 民國十九年鉛印裒碧齋集本

敝帚集不分卷 朱自清撰 一九七八年據王湜華鈔本複印本

清寂詞録五卷 林思進撰 民國三十二年刻本

淡軒詞鈔一卷　洪之霖撰　民國十六年鉛印本
渌水餘音一卷　徐禮輔撰　民國三十三年香山徐氏刻本
惜餘春館詞鈔一卷　張榮培撰　民國十六年鉛印本
寄傲山館詞稿十四卷　沈琇瑩撰　民國二十九年鉛印菽莊叢書本
寄漚詞稿一卷　丁立棠撰　民國二十九年鶴天精舍刻寄漚止广詞合鈔本
陽春詞一卷　汪吟龍撰　民國十九年山西教育學院石印子雲詩詞本
雁村詞一卷　蔡晉鏞撰　民國二十二年吴縣徐氏卓觀齋刻本
雲史悼亡五種　楊圻撰　民國鉛印本
雲淙琴趣三卷　邵章撰　民國十九年倬盦邵氏刻本
雲淙琴趣（卷四）一卷　邵章撰　一九五三年油印倬盦遺稿本
雲想山莊詞集六卷　楊述章撰　民國鉛印本
紫櫻仙館詩詞草僅存一卷　蔣汝倫撰　民國十八年鉛印本
量守廬詞鈔五卷　黄侃撰　民國三十四年鉛印本
量守廬詞鈔遺補　黄侃撰　二〇一六年中華書局黄季剛詩文集本
閑與軒遺稿一卷附録三卷　張錦撰　民國二十二年鉛印閑與軒遺稿本

喬倩詞詞一卷　王邁撰　民國二十五年刻曉齋遺稿附本

焦尾琴趣一卷　花景福撰　一九六一年爝火集焦尾琴趣合訂油印本

鈍安詞一卷　傅熊湘撰　民國二十年鉛印鈍安遺集本

鈍庵詞二卷　傅熊湘撰　民國抄本

飲冰室文集四十五卷　梁啟超撰　民國十五年中華書局鉛印飲冰室合集本

飲露詞一卷　李國香撰　二〇〇三年上海古籍出版社江山萬里樓詩詞鈔本

湖樓集四卷　陳栩撰　民國二十二年鉛印栩園近稿本

湖影詞一卷　周演巽撰　民國十三年鉛印慧明居士遺稿本

湘潭楊叔姬詞録一卷　楊莊撰　民國二十九年鉛印湘潭楊叔姬詩録附本

游絲詞一卷　郭堅忍撰　民國三年揚州埂子街作新社鉛印本

游瀘草前集一卷　章士釗撰　民國三十三年鉛印本

滋蘭館詞一卷　王德方撰　民國抄郭丹隱夫婦詞曲本

惺默齋詞一卷　汪兆銓撰　民國八年刻惺默齋集本

寒香宧詞稿　馬敘倫撰　一九八五年文史資料出版社馬敘倫詩詞選本

寒翠詞三卷　李大防撰　民國十九年鉛印本（卷三爲民國二十四年石印本）

寒瓊遺稿二卷 蔡守撰 民國三十二年鉛印本

疏肝齋廣州俗語詞漫存一卷 廖恩燾撰 稿本

疏篁待月詞三卷 黄文琛撰 民國十八年鉛印本

遠香詩詞遺稿不分卷 高德馨撰 民國抄本

夢花館詞一卷 楊俊撰 民國二十六年鉛印本

夢坡詞存二卷 周慶雲撰 民國二十二年鉛印本

夢松風閣詞稿 徐震堮撰 一九九一年華東師範大學出版社本

夢秋詞二十卷補遺一卷 汪東撰 一九八五年齊魯書社影印手稿本

夢痕詞一卷 辛際周撰 民國三十二年鉛印灰木詩存附本

夢薌詞二卷 程宗岱撰 民國五年鉛印本

蒼雪詞三卷 姚鵷雛撰 一九六五年油印本

蒙拾堂詞稿八卷 梁文燦撰 民國十八年鉛印本小書巢叢刊第二集本

楊雲史僑港詩文鈔不分卷 楊圻撰 民國抄本

槐庭娱晚集 王義臣撰 一九五八年油印本

槐庭詞草一卷 王義臣撰 一九五七年油印槐庭詩詞集本

蜃影詞一卷　蔣梅笙撰　民國十九年鉛印理齋類稿本
蜕塵軒詩餘附存一卷　施贊唐撰　民国八年木活字印蜕塵軒詩存附本
蜀雅十二卷別集二卷　周岸登撰　民國二十年鉛印本
蜀雅續稿二卷（存卷二）　周岸登撰　民國二十二年石印本
榘園詞鈔一卷　張錫麟撰　民國二十一年刻本
詩餘口業一卷　陳夔撰　民國十六年鉛印本
意園遺稿五卷　徐日塈撰　民國十七年鉛印本
滄浪漁笛譜一卷　蔡寶善撰　民國二十五年鉛印本
静妙齋坿詞一卷　莊夢齡撰　民國二十八年願賢堂刻静妙齋全集本
静寄軒詩餘一卷　凌甘伯撰　民國鈔本
碧棲詞一卷　王允晳撰　民國二十三年鉛印碧棲詩詞本
碧雲詞一卷　董受祺撰　民國十一年誦芬室刻本
碧湘閣近稿（黄山紀游詞）一卷　陳家慶撰　民國石印本
碧湘閣集詞一卷　陳家慶撰　民國二十二年鉛印碧湘閣集本
瑶瑟餘音一卷　樓巍撰　民國二十九年木活字印越吟樓詩詞稾本

趙紫宸晚年詞詩選　趙紫宸撰　二〇一〇年商務印書館趙紫宸文集第四卷
壽樓春課一卷　易孺撰　民國二十七年鉛印本
聞妙香室詞鈔五卷　張丙廉撰　民國十二年陸軍部印刷所鉛印本
遯盦樂府二卷　張爾田撰　民國三十年龍氏忍寒廬校刻本
遯盦樂府續集一卷　張爾田撰　民國雙照樓鈔本
鳳褐庵詞三卷　吴白匋撰　一九八一年油印鳳褐庵詩詞集本
廣詠梅詞一卷　林鶤翔撰　民國鉛印本
瘦梅館詞一卷　汪浣澐撰　民國三十五年鉛印瘦梅館詩詞鈔本
瘦蝶詞一卷　李國模撰　民國二十二年蘇州毛上珍鉛印本
粹玉詞一卷　湯執盤撰　民國十九年石印本
漚公遺稿二卷　陳宗彝撰　民國三十二年陶社鉛印本
賓紅閣樂府不分卷　黄協塤撰　民國十六年鉛印鶴窠村人詩稿附本
綺秋閣詞集二十四卷（存卷十七至卷二十四）　民國藝文石印社夏氏叢書本
維心亭齋詩詞四卷　冼景熙撰　民國二十五年鉛印本
緑天簃詞集一卷　張汝釗撰　民國十四年鉛印緑天簃詩集附本

綴珍集附詞一卷　孫肇圻撰　民國二年鉛印本
耦園詩詞百首一卷　何承天撰　民國二十年石印本
耦園課存一卷　彭慰曾撰　民國十六年鉛印惜餘春館詞鈔附本
熱河韵語　吴白匋撰　二〇〇年南京大學出版社吴白匋詩詞集本
蕤紅詞一卷　宋伯魯撰　民國三年鉛印本
醉月軒遺稿一卷　汪恩瑶撰　民國十二年鉛印本
慮尊詞一卷然脂詞一卷　陳夔撰　民國十一年鉛印本
影樹亭和詞摘存一卷　廖恩燾撰　民國三十八年鉛印本
影樹亭詞一卷影樹亭詞續稿一卷　廖恩燾撰　一九五一年華强印務公司鉛印本
課花盦詞一卷　董康撰　民國二十九年毘陵董氏誦芬室刻本
課餘吟詞草一卷　楊鍾虞撰　民國二十四年鉛印課餘吟詩詞草本
聱齋詞稿一卷　夏慶紱撰　民國刻本
薜羅館詞草一卷　陸榮撰　民國抄本
餐霞詩餘一卷　郁錫璜撰　民國三十年鉛印餐霞集本
鴦摩館詞鈔一卷補鈔一卷　楊壽枏撰　民國刻雲在山房類稿本

還軒詞四卷拾遺一卷　丁寧撰　一九八一年油印本
還軒詞存三卷　丁寧撰　一九五七年油印本
還軒詞存四卷　丁寧撰　一九七八年油印本
磨劍室詞初集一卷二集一卷三集一卷劍頭詞一卷巴山集一卷北長集一卷補編一卷　柳亞子撰　一九八五年柳亞子詩詞集本
龍顧山房詩餘八卷　郭則澐撰　民國刻龍顧山房全集本
澹月平芳館詞一卷　章華撰　民國十九年刻倚山閣詩附本
澹廬詩餘二卷　徐鋆撰　民國二十年鉛印本
憶香詞不分卷　孫正礽撰　民國二十六年上海仿古書店鉛印本
窺園詞草一卷　許南英撰　民國二十二年北平和濟印書局鉛印本
蟄庵詞一卷　曾習經撰　民國二十二年刻本
聲越詞録一卷　徐震堮撰　民國十九年鉛印聲越詩録附本
鞠讌詞二卷　仇埰撰　民國三十六年鉛印本
舊月簃詞一卷　陳曾壽撰　民國十年鉛印本、民國十一年江寧蔣氏真賞樓鉛印本、一九五〇年鉛印本
舊時月色齋詞　陳匪石撰　稿本

擊劍詞鈔一卷　黄榮康撰　民國二十四年刻芋園叢書本

臨漪館詞稿一卷　俞璡撰　民國三十三年鉛印臨漪館詩稿附本

霜厓詞録一卷　吴梅撰　民國三十一年文通書局鉛印本、民國三十二年吴縣潘氏影印本

霜草宧詞一卷　芮善撰　民國二十三年日新社鉛印本

霞棲詞鈔二卷詞續鈔一卷詞三鈔一卷　周應昌撰　民國十七年至二十五年鉛印本

嬰闇詩餘一卷　秦更年撰　一九六〇年油印嬰闇詩存附本

黛吟樓詞稿一卷　温倩華撰　民國十年鉛印黛吟樓遺稿本

龠闇詞一卷　李孺撰　民國二十二年無冰閣鉛印本

謙齋詩詞集七卷　秦之濟撰　民國鉛印秦氏叢書本

謙齋詩詞二集八卷　秦之濟撰　一九五二年油印本

盪瀾簃詞鈔一卷　朱應徵撰　民國二十二年鉛印本

濟游詞鈔一卷　徐壽玆撰　民國五年鉛印本

謇靈修館詞鈔一卷　金嗣芬撰　民國二十一年鉛印謇靈修館詩附本

歗盦詞甲稿乙稿二卷丙稿丁稿二卷歗盦詞拾一卷　夏仁虎撰　民國六年刻本

藕香館詞一卷　章柱撰　民國十九年石印本

藥夢詞二卷　金兆蕃撰　民國二十年刻本
藥夢詞續一卷七十後詞一卷　金兆蕃撰　民國嘉興金氏續刻安樂鄉人詩附本
瞻園詞二卷　張仲炘撰　清光緒三十一年刻本
瞻園詞續一卷　張仲炘撰　民國二十五年刻本
雙清詞草不分卷　廖仲愷撰　民國十七年開明書店影印本
雙樹居詞二卷　楊鐵夫撰　民國鉛印本
鮃隱詞鈔一卷　高德馨撰　民國二十四年鉛印本
蘋香室詩詞草一卷　傅友琴撰　民國八年鉛印劍門詩集附本
蘋香榭詞稿一卷　俞鍾彥撰　民国三十六年年無錫藝海美術印書館鉛印蘋香榭詩詞稿本
蘇堂詩拾一卷坿詞一卷　李汰書撰　一九五六年油印本
櫟寮詞一卷　陳昌任撰　一九五七年鉛印滄海樓詩集本
願夏廬詞鈔一卷　胡小石撰　一九八二年上海古籍出版社胡小石論文集本
蠖廬詞抄一卷　倪澄瀛撰　一九九〇年影印本
簫心劍氣樓詩餘附存一卷　孫肇圻撰　民國十九年鉛印簫心劍氣樓詩存附本
蘭錡詞一卷　程文楷撰　民國十六年石印本

懺慧詞一卷　徐自華撰　清光緒三十四年鉛印本
懺盦詞八卷　廖恩燾撰　民國二十年鉛印本
懺盦詞稿一卷　胡先驌撰　二〇一三年黄山書社胡先驌詩文集本
懺盦詞續稾四卷　廖恩燾撰　民國二十三年鉛印本
䩄庵詩餘一卷　張茂鏞撰　民國元年鉛印䩄庵漫稿本
儷樂園詩餘一卷　汪炳麟撰　民國抄本
聽水齋詞一卷　陳寶琛撰　民國二十七年刻滄趣樓詩集附本
聽秋詞不分卷　江子愚撰　民國三年鉛印本
聽風聽水詞一卷　李綺青撰　民國八年鉛印本
聽潮音館詞集三卷　蔡寶善撰　民國十九年鉛印本
鑄鐵詞一卷　董受祺撰　清光緒二十五年刻本
觀塵因室詞曲合鈔一卷　陳景寔撰　民國二十六年鉛印本

總集社課等

水香洲酬唱集四卷　郭則澐輯　民國二十五年鉛印本
午社詞一卷　午社輯　民國二十九年鉛印本

今詞綜四卷　沈宗畸輯　民國集成圖書公司鉛印本
六一消夏詞一卷和作一卷　鄧邦述輯　民國十八年石印本
正始社叢刻　正始社輯　民國鉛印本
戊午春詞一卷　袁天庚輯　民國七年石印本
全清詞鈔　葉恭綽輯　一九八二年中華書局排印本
全閩詞　劉榮平編　廣陵書社二〇一六年排印本
如社詞鈔不分卷　如社輯　民國二十五年鉛印本
花行小集一卷　鄧鴻荃輯　民國八年刻本
希社叢編不分卷　希社編　民國鉛印本
忍古樓詞話　夏敬觀撰　詞話叢編本
苔痕詞　苔岑吟社輯　民國鉛印苔岑叢書本
和白石詞一卷　夏仁虎等撰　民國二十七年鉛印本
采風録　國風社輯　民國二十一年鉛印本
庚子秋詞二卷　王鵬運輯　清光緒二十六年刻本
春禪詞社詞一卷　鄧鴻荃輯　民國六年刻本

南社詞集　柳亞子編　民國二十五年鉛印本
咫社詞鈔四卷　關賡麟輯　一九五三年油印本
紉秋軒詞鈔不分卷　苔岑吟社輯　民國鉛印苔岑叢書本
倉庚詞不分卷　仇埰輯　民國十九年鉛印本
訒庵填詞圖一卷題詠一卷　林葆恒輯　民國二十六年影印及鉛印本
海門吟社初編　趙光榮撰輯　民國五年鉛印本
清名家詞　陳乃乾輯　民國二十六年開明書店鉛印本
清詞玉屑十二卷　郭則澐撰　民國二十五年刻本
稊園吟集甲稿　關賡麟輯　一九五五年油印本
稊園癸卯吟集未定稿　關賡麟輯　一九六三年油印本
詞綜補遺一百卷　林葆恒輯　一九九二年書目文獻出版社據稿本影印本
煙沽漁唱七卷　郭則澐等撰　民國二十二年鉛印本
慎社詞録　慎社輯　民國鉛印本
閩詞徵六卷　林葆恒輯　民國二十年刻本
廣篋中詞四卷　葉恭綽纂　民國二十四年鉛印本

漚社詞鈔二十集附和作　漚社輯　民國二十二年鉛印本

甌社詞鈔　陳閎慧輯　民國十年鉛印本

樂府指迷箋釋一卷　蔡嵩雲撰　民國三十七年中華書局鉛印本

樂府補題後集甲編一卷乙編一卷　白雪詞社輯　民國十七年鉛印本

潛社彙刊　吴梅輯　民國鉛印本

藝社詩詞鈔　藝社編　民國三年石印本

期刊

人民評論　民國二十五年

大道半月刊　新民編輯社編　民國二十三年

上海畫報　民國十四年至二十一年

小雅　上海光華大學中國語文學會編　民國十九年至二十年

小説大觀　包笑天編　民國四年至九年　上海文明書局發行

小説月報　王蘊章等編　宣統二年至民國二十年　商務印書館出版

小説月報　顧冷觀等編　民國二十九年至三十三年　聯華廣告公司出版部發行

小説新報　李定夷主編　民國四年至十二年　國華書局發行

天津商報畫刊 民國二十年至二十六年

中大季刊 北京中國大學出版部編 民國十五年至十六年

中心評論 中心評論社編 民國二十五年

中社雜誌 林嵩尊編 民國十四年至十五年 上海中社發行

中華實業叢報 民國十年 中華實業叢報社發行

中華樂府 張庚由等編 民國三十年 中華樂府月刊社發行

中國文學 柳龍光編 民國三十三年 華北作家協會出版

中國詩刊 中國詩刊社編 民國三十一年

中國實業雜誌 民國三年到六年 上海商務印書館發行

中國學報 方湖主編 民國三十二年至三十三年 中國學報社發行

中醫雜誌 中醫雜誌社編 民國十一年至十九年中醫學會發行

公議 民國二十九年至三十年 公議出版社發行

文建週刊 民國二十四年 中國文化建設協會四川分會發行

文星雜誌 倪羲抱編 民國四年至五年 上海國學昌明社出版

文藝春秋 章衣萍主編 民國二十二年至二十三年 文藝春秋社出版

心力　民國二十二年至二十三年　心力雜誌社發行

幻術月刊　民國十一年　三廉學社幻術科發行

世界學生　世界學生月刊社編　民國三十一年至三十二年

古學叢刊　北京古學院編輯組編　民國二十八年至二十九年　北京古學院發行

北大學生　北京大學學生月刊委員會編　民國十九年至二十年

北洋畫報　吴秋塵主編　民國十五年至二十六年　天津北洋畫報社發行

北野雜誌　鄭北野編　民國十九年

北寧鐵路月刊　天津鐵路局編　民國二十年至二十七年

半月　周瘦鵑編　民國十年至十四年　大東書局發行

永安月刊　鄭留編　民國二十八至三十八年　永安公司永安月刊社發行

民族詩壇　盧冀野主編　民國二十七年至三十二年

民强　寧波民强中學校校友會編　民國十五年　寧波民强中學校發行

民憲　左舜生編　民國三十四至三十五年

民權素　劉鐵冷、蔣箸超編　民國三年至五年　民權出版社出版發行

西北森林　江福利主編　民國三十二年至三十三年　國立西北技藝專科學校發行

同聲月刊 同聲月刊社編 民國二十九年至三十四年

自修 自修週刊社編 民國二十七年至三十一年

江山公報 民國十九年 江山縣公署發行

江蘇民政 江蘇省民政廳編 民國二十四年、三十五年

江蘇廣播雙週刊 江蘇省廣播電臺編 民國二十四年至二十五年 江蘇省政府秘書處第三股發行

安徽大學月刊 安徽大學編譯委員會編 民國二十二年至二十四年

安大季刊 民國二十五年

求是月刊 求是月刊社編 民國二十四年至二十五年 健康實驗學社發行

佛學月刊 北京宏慈廣濟寺編 民國十年

沙磁文化月刊 民國二十九年至三十二年

青鶴 青鶴雜誌社編 民國二十一年至二十六年

東北叢刊 遼寧省教育廳編譯處編 民國十九至二十年

制言 章太炎主編 民國二十四年至二十九年 章氏國學講習會發行

金陵光 姚興主編 宣統元年至民國十九年 金陵大學校發行

金陵週刊 南京金陵大學校學生會週刊社編 民國十六年至十七年 金陵週刊社出版

政治家　民國十四年至十五年　吳淞國立政治大學發行

南社湘集　民國十三年至二十六年　南社湘集通訊處發行

香艷集　民國二年至三年　廣益書局發行

香艷雜誌　王均卿等編　民國三年至四年　中華圖書館發行

秋星　徐知希編　民國四年　秋星小說報社出版

秋霞詩社月刊　秋霞詩社編　民國三十年至三十一年　秋霞詩社發行

音樂雜誌　國樂改進社編　民國十七年至二十一年

津浦鐵路月刊　津浦鐵路管理局總務處編查課編　民國十九年至二十四年

約翰聲　上海聖約翰大學編　光緒二十五年至民國二十六年　上海聖約翰人學發行

華西學報　華西協合大學中國文學系編　民國二十二年至三十年　華西協合大學哈佛燕京學社出版

華安　上海華安合群保壽有限公司編　宣統三年至民國十五年

華國　華國月刊社編　民國十二年至十五年

華僑先鋒　華僑先鋒月刊社編　民國二十七年至三十七年

特教通訊　民國二十八年至三十三年

浙江　嚴慎子等編　民國十五年至十九年　浙江月報社發行

海光　上海商業儲蓄銀行編　民國十八年至三十八年

海軍期刊　國民革命軍海軍總司令部編譯處編　民國十七年至三十一年

教育生活　教育生活雜誌社編　民國二十三年至二十六年

教育通訊　教育通訊週刊社編　民國二十七年至民國三十八年

教戰　民國三十年　第五補充兵訓練處特別黨部中國國民黨軍政部

梅社月刊　金病鶴主編　民國二十七年

國立四川大學校刊　國立四川大學秘書處編　民國二十八年至三十七年

國立成都大學校刊　民國二十九年至三十年

國立京師大學校女子第一部週刊　民國十六年至十七年

國民　國民雜誌社編，民國八年至十年

國風報　何國楨編　宣統二年至宣統三年　國風報館發行

國聞周報　國聞週報社編　民國十三年至二十六年

國粹學報　鄧實主編　光緒三十一年至宣統三年　國粹叢編社發行

國學卮林　民國十九年　國立武昌高等師範學校國文歷史地理學會發行

國學商榷　徐匯生等編　民國三十四年

國學論衡 國學會編審委員會國學論衡編纂部編 民國二十二年至二十六年 國學會發行

國學叢刊 國學研究會編 民國十二年至十五年

國學雜誌 倪羲抱編 民國四年至五年 國學昌明社發行

國藝 中國文藝協會編輯委員會編 民國二十九年至三十一年 中國文藝協會發行

進德月刊 民國二十四年至二十六年

逸經 謝興堯、陸丹林主編 民國二十五年至二十六年

清華月刊 民國二十六年

斯文 金陵大學文學院中國文學系編 民國二十九年至三十二年 金陵大學文學院發行

雅言 雅言雜誌社編。民國二年至四年

雅言 雅言社編 民國二十九年至三十三年

紫葡萄 民國十四年至十五年

紫羅蘭 周瘦鵑編 民國十四年至三十四年 大東書局發行

集成 集成社編 民國三十六年

詞學季刊 龍沐勛編 民國二十二年至二十五年 民智書局發行

遊戲新報 遊戲新報社編 民國十九年

遊戲雜誌 王鈍根編 民國二年至四年 中華圖書館發行

虞社 虞社編 民國九年至民國二十六年

粵秀文壘 民國三十五年至三十六年 粵秀出版社出版

微言 微言週刊社編 民國二十二年至二十三年

新上海 王天恨、邵飄飖主編 民國二十二年至二十四年 滬濱出版社出版

新時代 民國二十八年、三十四年 新時代出版社出版

新新新聞每旬增刊 民國二十七年至三十二年 成都新新新聞報館發行

新劇雜誌 夏秋風編 民國三年

滄海 滄海編輯部編 民國十二年至十四年 上海滄社發行

羣雅 民國二十九年至三十年

臺灣建設 民國三十七年至三十八年 臺灣建設出版社出版

臺灣詩報 曾今可主編 民國三十八年 臺灣詩壇社發行

廣肇週報 羅伯夔編 民國八年至民國九年 廣肇週報公司出版發行

燕大月刊 燕京大學燕大月刊社編輯部編 民國十六年至二十三年 燕京大學燕大月刊社經理部發行

燕大雙週刊 民國三十四至三十七年

戰地黨政月刊　民國三十一年至三十二年　軍事委員會戰地黨政委員會發行

學海　香港學海週刊社編　民國十九年

學衡　吴宓主編　民國十一年至二十二年　上海中華書局、南京鐘山書局出版

學藝　丙辰學社編輯科編　民國六年至一九五六年　學藝雜誌社發行

禮拜六　王鈍根、周瘦鵑分任編　民國三年至三十八年　上海中華圖書館發行

藝文　民國三十三年至三十四年　藝文社發行

雙星　上海雙星雜誌社編　民國四年

織雲雜誌　顧癡遯、杜嘯霞編　民國三年　上海掃葉山房發行

鐵路協會會報　民國二年至十七年　鐵路協會本部事務所發行

後　記

《全民國詞》(第一輯)終於要面世了,正是杏花如雪時候。

我師從楊海明先生攻讀博士學位時,原本喜歡唐宋詩詞的我被引入了現當代詞學的研究,當時由於學殖未深,對於近現代文學缺乏應有的了解,頗有些不情願看,奈師命難違,最終還是聽從了楊師的建議。後來有幸跟隨莫礪鋒先生做博士後研究工作,本以爲可以重拾舊業,哪知莫師鄭重其事地指出,我的博士後工作仍以現當代詞學爲重心。等到跟隨鍾振振繼續博士後研究工作,最初將選題定爲『唐宋分調詞史』,開題後,一次與鍾師閒談時,先生委婉地建議,還是應當以已有積累的現當代詞學爲研究對象。我選取了『南社詞學研究』作爲博士後研究的重心。隨著與鍾師交流的深入,談及『全民國詞』編纂的想法,先生馬上予以首肯。於是在二〇〇六年南昌詞學國際研討會上,筆者首次在《民國詞史綜論》一文中提出了編纂『全民國詞』的設想。會下,周明初先生專門找到本人,肯定此舉大有可爲。由此,筆者在全面梳理民國詞學文獻、考論詞史問題時,對民國詞作的搜輯與整理也提上日程。但真正要進入實際編纂,尚需要時機。

幸運的是，國家對近現代文獻的保護與研究日益重視。如二〇一一年，爲搶救、保護民國時期珍貴文獻，繼承和弘揚優秀文化，國家圖書館聯合國内文獻收藏單位，策劃了『民國時期文獻保護計劃』項目，得到文化部、財政部大力支持。在如此大好背景下，二〇一三年浙江古籍出版社的領導楊林海、錢之江等先生毅然決定立項出版《全民國詞》，二〇一五年獲得國家出版基金資助。

鑒於此領域爲學術空白點，其文獻查找、考索的難度又較大，於是我們決定以分輯的方式編纂，俟全部詞人詞作搜求完成後，再重新編纂。現在所出版完成的《全民國詞》第一輯，收詞人二百二十一家，詞作（含殘句）約二萬八千首。此數字只是目前我們現已掌握的民國詞作的一小部分。民國時期的詞人到底有多少位，依然是個未知數。可預判的是，隨著我們分輯編纂與推出《全民國詞》，答案終有水落石出之日。

在《全民國詞》（第一輯）的編纂過程中，恩師鍾振振先生無論從文獻整理問題處理，還是從學術理論與方法都給予極大的關心與指導。如對『民國詞』的斷代、收録範圍等問題以及正確表述問題都有專門指教。特别是在本書最後編校時，先生又專程到上海來坐鎮指導與親自校勘。我的同門與研究生們，在本書的文獻整理、校對與各種事務方面，也付出了不少辛勞與心血。同門中，朱德慈、薛玉坤、王愛榮等專門從事近現代詞研究，本人請益頗多。《全民國詞》

（第一輯）正式編纂始於二〇一三年，但搜集相關文獻卻更早。像我的研究生昝聖騫、孫文周、劉岳磊、張響、鄭華萍、許夢婕、郝文達等經常與我赴上海圖書館等地去搜訪文獻。如今他們都已博士畢業。此外，南京師範大學的研究生如王睿、宗瑞冰、白帥敏、馬石丁、阮瓊、楊賀、張錦、張楚楚、王兆娟、周翔、方俊、伏蒙蒙、孫會芳、陳旭鳴、張曉丹、仇俊超、宋亞鳳、邰旻、齊伯倫、劉棟等，上海大學的研究生蘇鵬飛、姚霞麗、萇雨晴、閆菲、付聰敏等均參與本書的最初校對與整理。我曾授過課的研究生胡鵬、吴嘉烜、董秀秀、張蕊蕊等也參與過部分校對工作。

這裏必須要專門提到本書的責任編輯路偉先生。作爲責任編輯，他所付出的辛勞不僅是編輯文字方面，在所收詞人詞作的編排與補輯方面所付出的汗水也特別多。爲了將此輯中詞作儘可能收全，往常熟，至嘉興，跑上海，調動各種關係查找、複印相關文獻。此種精神讓我肅然起敬的同時，也有欣慰之感。問及他爲何這麽認真時，他說：『做編輯，能碰到一個斷代全編這樣有意義有影響的項目是不容易的，既然做，就要往好裏做，心裏才踏實。』也正是路偉先生的這種踏實認真、精益求精的態度，本書的問世才姗姗而來遲。較之原計劃，雖是不少延遲，但總算可以給衆多研究者提供了大宗的民國詞學文獻。

本書得以問世，還承蒙學界衆多前輩的垂愛與教誨。如王兆鵬先生從本人攻讀博士到今天指導博士一直關愛有加。施議對先生不僅厚愛拳拳，還特頒大序。程傑先生多年屬意本人成長，告誡研究當著眼大問題、大方向，不當盯住一丁點的小問題，如此才能有大氣象、大格局。彭玉平先生賜序之外，多年來一直獎掖、勉勵本人前行。現在北京大學工作的張劍先生，雖然年紀略小，但一直是我學術上的良友、畏友，十多年前曾相約要從文獻做起，多爲世人做鋪路的工作。國家圖書館出版社的南江濤先生也是本書出版的功臣，當時我剛獲得教授資格不久，他便從聯繫到本人，委以主持各種民國時期文獻整理的任務。臺灣的林玫儀先生不僅爲本人到臺灣查尋資料提供人力幫助，還提供了不少寶貴意見。邵炳軍、趙生群、李保民、朱惠國、孫克强、彭國忠、龐堅、楊柏嶺、鄒西禮、姚蓉等學界前輩與朋友均在本書的編纂過程給予過不同的關注。此外，趙王瑋、鄭凌峰、楊啟宇、閔定慶、陸蓓容、苗文葉、許文彦、沈秋燕、汪政、卿朝暉、朱家英、王紅朝、時潤民、朱學博、吴奇、付鳳娟等人，或提供珍稀文獻，或告知文獻線索，或代爲校對書稿，得到他們的助力，此書也在原有基礎上更上一層樓。本人就職上海大學後，領導與同事對此書的出版也相當關心。在此一併謹申謝忱。

此書出版後，有人『拍巴掌』的同時，更會有人來『拍板磚』。整理如此巨大規模的詞學文獻，不足與疏陋之處乃勢之必然。各位方家如能多多指教，匡我不逮，將是對我的莫大厚愛。『家有敝帚，享之千金』，此書或難盡如人意，但對於我依舊是大喜事一樁。本當作新詞以抒胸懷，奈才情有限，於此謹以舊作詩詞各一獻芹。其一爲《將進酒·用太白原韻》：『民國風，還吹民國夢裏來，民國花老多少回。民國賦，休在民國圈裏發，詩魂怕披民國雪。當時娑婆少清歡，詩慰潦倒度日月。美雨勁襲舊體圮，白話革命新詩來。烽火萬里詩萬首，弱水三千飲幾杯。清遺老，留學生，新舊體，論不停。多少驚人句，喊破喉嚨有誰聽。相如賦賤話劇貴，幾人沉醉幾人醒。雅集結社古董事，不如小説炫文名。詩詞曲賦稱國粹，誤認新體是諧謔。新舊文學無優劣，如今爲何費斟酌。沙成塔，腋成裘，何日同飲慶功酒，且用舊體寫盡愁。』其二爲《念奴嬌·用東坡原韻》：『新詩獨領、風騷久，舊體三成文物。衆志成城，荒拓盡，必貫新牆舊壁。文白分野，古今分界，冤枉終可雪。詞山詩海，同遊檢閱英傑。多少遺老文章，社團唱和事，任君開發。雅韻風流，烽火間，化恨似鴻明滅。閑夢當年，誰妖孽選學，誰損毫髮。孰優孰劣，從此休問明月。』兩首作品雖不專爲民國詞而作，會心人當解其中滋味。

如果將編纂《全民國詞》比成種一棵樹，播種、萌芽、生長在南京師範大學的隨園，而開花、結果時已在上海大學的溯園。溯園，夙緣？ 溯源？ 到底今生爲何與現當代舊體文學結緣？問那些正開得紅紅白白的花，花也無語。

己亥花朝於海上紅爐一雪齋

曹辛華